U0949650

第二版编辑出版说明

“天下之事，不难于立法，而难于法之必行。”习近平总书记强调：“法律的生命力在于实施，法律的权威也在于实施。”随着中国特色社会主义法律体系的构建完成，最高人民法院监督、指导地方各级人民法院和专门法院在审判工作中正确、统一适用法律的任务更加艰巨，责任更加重大，意义更加深远。党的十八大以来，最高人民法院多次强调，要认真研究具体法律适用中出现的新情况、新问题，通过制定或修改司法解释、下发指导性意见、发布指导性案例等方式，确保法律适用和裁判尺度的统一。

由于历史发展、发布载体等原因，蕴藏于最高人民法院司法解释、司法文件、指导性案例、会议纪要、个案答复、裁判文书等文件和案例中的大量司法观点，存在相对分散、没有集中梳理、不便于查阅以及新旧文件阐述不完全一致等问题，从而在某种程度上影响了广大法官以及其他法律职业者对法律的正确理解与统一适用。为解决此问题，相关图书出版单位付出辛勤劳动，出版了很多梳理或解读最高人民法院司法文件的图书，但这些图书仍不能完全满足读者对权威、有效、实用、系统的司法观点的需求。为此，我们于 2017 年专门策划、编辑了《新编版最高人民法院司法观点集成》(六卷本)。该套书自上市以来，深受广大读者的好评，在法律实务图书出版市场形成了良好的口碑、广泛的知名度和高度的品牌价值。

但是，不容忽视的是，近五年来，用于提炼最高人民法院司法观点的新依据和新材料大量增加，该套书的内容随着司法实践的发展而渐显滞后。为进一步增强图书内容的时效性，作者团队决定从 2021 年起启动新编版的修订工作，从而帮助读者学习、运用最高人民法院新的司法观点。考虑到各卷的修订背景各不相同，面对的读者也有所差异，本次修订将按照“成熟一部出版一部”的原则，依次推出各卷的第二版。

二

顾名思义，《新编最高人民法院司法观点集成》（第二版）是一部可以通览最高人民法院各类司法观点的权威司法实务指导用书，其对于不断提高广大法官准确理解和适用法律的能力，统一各类案件裁判标准，从而提高各类案件的审判质量有着积极的参考作用。

我们编写本套书最大的出发点是解决司法实务工作者在实际办案中或在处理具体法律事务中，遇到难点、疑点、热点以及前沿问题时寻找确定性司法依据的需求问题。我国是成文法国家，以法律条文为审判的根本依据，但抽象的法律文本落实到复杂的现实纠纷中存在很大的适用和解释空间，常常给办理具体案件的法官、律师等实务工作者带来困扰。作为最高审判机关的最高人民法院，为统一裁判尺度，确保司法公正，制定和公布了大量的司法解释以及司法解释性文件，还通过其他多种形式表达其适用法律的观点，如：全国性审判工作会议上的院长、庭长讲话，发布专项司法指导性政策文件，在一些典型案件的判决中宣示其司法立场，发布指导性案例或者在《最高人民法院公报》上选登地方法院典型案例以肯定其做法。最高人民法院各审判业务庭也常以“函复”“庭推纪要”“解答”“专题论述”等形式阐述对具体法律适用问题的意见或倾向性观点，在不同程度和层面上反映最高人民法院的司法态度和立场。此外，最高人民法院的法官对审判实务中的新情况、新问题，特别是疑难复杂问题，推出了大量的研究著述，对司法实务也有一定的影响。

对于司法实务工作者而言，上述司法观点对他们的实际办案无疑具有极强的指导和参考价值。但这些司法观点的载体，形式多样、效力各异，虽然互联网越来越发达、法律数据库的种类也越来越多，但仍不能满足他们系统或分类查找、理解与适用的需求，而对于并不经常收集和阅读各类审判指导刊物的读者来说，就更难以全面、准确和及时地知悉。

为此，我们组织既有审判实务经验，又注重法学理论研究的作者，以最高人民法院发布的司法解释、司法文件、指导性案例、会议纪要、个案答复、裁判文书和《最高人民法院公报》刊载的案例等为依据和素材，将散见于各种资料中的对审判工作具有指导性、参考性的内容进行收集、分类、归纳，从最具实践价值和理论意义的内容中提炼出最高人民法院的司法观点，整理编写而成这套《新编最高人民法院司法观点集成》(第二版)。

二

《新编最高人民法院司法观点集成》(第二版) 秉承立足实践、突出实用、重在指导、体现权威的编辑宗旨，致力于为广大法官以及其他法律职业者提供系统完整的、有针对性的、权威的实务指导和参考。

努力提升司法观点的精细程度，以充分体现司法观点的权威性、时效性、实用性、系统性，是我们编写本书的目标。在修订过程中，我们广泛、认真地听取了各级人民法院法官、律师和其他法律从业人员的意见与建议，也征求了一些法学专家、学者的意见与建议。根据这些意见与建议，我们全面梳理、深入挖掘、精准归纳最高人民法院司法观点，于是就有了呈现在广大读者面前的《新编最高人民法院司法观点集成》(第二版)。

本套丛书的特点有三个：其一，以司法解释为核心。书中编入的司法观点首先注重从现行有效的司法解释中提炼，突出观点来源的权威性。其二，全面梳理、立体呈现。以司法解释为核心，全面收集最高人民法院各种政策文件、指导性案例、裁判文书等，形成对司法观点多维度、多层面的立体支撑。其三，仔细甄别、去旧选新。对最高人民法院公布的各项司法解释、司法文件、指导性案例、裁判文书等进行仔细甄别，对已失效的内容予以排除，只选取现行有效的文件和资料。

三

《新编最高人民法院司法观点集成》(第二版) 整体包括以下栏目：

【最高人民法院司法解释】最高人民法院在审判工作中针对具体应用法律的问题，作出的解释、规定、规则、批复和决定。

【最高人民法院司法文件】最高人民法院单独或与其他部门联合发布的通知、全国性的审判业务会议纪要等文件。

【最高人民法院司法政策】最高人民法院院领导在有关审判工作会议或其他会议上所作的重要讲话。

【最高人民法院答复】最高人民法院及各业务庭、局、室就下级法院或其他单位对法律适用问题或具体案件的处理问题的请示、函等所作的答复。

【最高人民法院审判业务意见】最高人民法院各业务庭、局、室发布的关于审判工作和具体法律适用问题的意见，以及组织编写的审判指导丛书中的庭推纪要、审判实务释疑、倾向性意见、研究意见、审判综述等内容。

【最高人民法院专业法官会议纪要】最高人民法院专业法官会议在讨论案件的法律适用问题，或者与事实认定高度关联的证据规则适用问题，以及其他事项过程中形成的纪要。

【最高人民法院指导性案例】最高人民法院确立并统一发布的对全国法院审判、执行工作具有指导作用的指导性案例，各级人民法院审判类似案件时应当参照。

【最高人民法院裁判案例】最高人民法院审判并确立了新的裁判规则的案例，或者虽未确立新的裁判规则，但对法律、司法解释中不够具体的规则进行了界定、解释或者例证的案例，包括在中国裁判文书网上公布的裁判文书。

【最高人民法院公报案例】《最高人民法院公报》除登载最高人民法院裁判文书外，所选登的案例都是由最高人民法院正式选编并作为参考性案例对外公布的，虽然其中的大部分案例不是由最高人民法院直接审判，但这些案例所涉及的法律适用问题得到了最高人民法院的认可，直接反映了最高人民法院对有关法律适用问题的具体意见。

【最高人民法院参考案例】最高人民法院公布的典型案例以及由最高人民法院各业务庭、局、室所编选推出的参考案例。

【链接：理解与适用（参照）】最高人民法院司法解释、司法文件、指导性案例公布后，相关起草部门或人员针对文件或案例所撰写的理解与适用（参照）、解读、解答等内容。

【链接：答记者问】最高人民法院院领导以及各业务庭、局、室负责人在新的司法解释和司法文件出台时召开的新闻发布会上的答记者问内容。

【链接：信箱】《司法信箱》是最高人民法院机关刊——《人民司法》的传统栏目，其答复意见一般是由最高人民法院各审判业务庭业务骨干撰写，并经庭长审定；《民事审判信箱》是最高人民法院民事审判第一庭编写的《民事审判指导与参考》中的栏目；《再审信箱》是最高人民法院审判监督庭编写的《审判监督指导》中的栏目。

【链接：最高人民法院法官著述】最高人民法院法官发表在《人民司法》《法律适用》《中国应用法学》以及“中国审判指导丛书”等刊物和个人专著上的著述。这些著述反映了最高人民法院法官对一些法律问题的研究情况和倾向性意见，虽然是以个人名义发表，从法理上说属于学理解释，但无疑也颇具参考价值。

四

刑事卷的第二版仍由何帆主编。全卷分为 5 册，400 万字，共 1865 个司法观点。相对第一版，增加了近 40 万字，324 个司法观点。由于第二版删除了第一版中大量过时的内容，整体新增内容占到全书的 35%左右。为方便读者了解，特将此次修订说明如下：

关于“增”。本次修订，增补了近 30 个最高人民法院司法解释，50 余个最高人民法院司法文件，14 个最高人民法院指导性案例，6 个最高人民法院公报案例，近 300 个最高人民法院参考案例。其他栏目亦根据新的材料进行了相应补充。此次增补实体部分涉及扫黑除恶、正当防卫、疫情防控、知识产权、食品药品安全、信息网络、生态环境、野生动物资源等内容。程序部分主要涉及 2021 年施行的刑事诉讼法司法解释，相应地，第二版第五册以新解释为核心予以全面修订。

关于“删”。本次修订，对于已被明确废止的最高人民法院司法解释、司法文件、答复，直接予以删除；对于最高人民法院参考案例，则根据刑法修正案（十一）以及新公布的司法解释、司法文件进行全面梳理，剔除与之相矛盾和不合时宜的案例，以避免读者误用。

关于“改”。本次修订，除了上述增删的内容，更是对编排体例和适用内容进行了优化，切实提升读者的阅读体验。一是强化分类梳理，增加标题层次。例如，第一版第六章危害公共安全罪有104个司法观点，没有二级标题；第二版增加8个二级标题。又如，第一版第九章侵犯财产罪共165个司法观点，没有二级标题；第二版不仅增加了10个二级标题，还在较多二级标题下增设三级标题。如抢劫罪下分一般情节的定罪量刑、加重处罚情节的认定和转化型抢劫三种情形。无论是二级标题，还是三级标题，其统领的司法观点均按固有的逻辑顺序予以排列。如涉及自首部分的司法观点依照自动投案、如实供述自己的罪行排列。二是强调就近原则，调整栏目顺序。第一版各个司法观点下的栏目，基本按照文件、案例、著述的顺序排列，虽然整体上比较统一，但却割裂了部分栏目内容之间的联系。第二版注重内容的实质关联，将相关栏目尽量依次排序，方便读者对照阅读。比如，【最高人民法院司法解释】下跟排【链接：理解与适用】，【最高人民法院指导性案例】下跟排【链接：理解与参照】。三是定位适用痛点，增加新旧规定之间不一致之处的说明。有些司法解释、司法文件没有被明文废止，有些答复、审判业务意见根本就无法纳入清理范围，但实际上，上述文件的个别条文与后公布的刑法修正案、司法解释、司法文件的相关规定并不一致。对于这些不一致之处，第一版未作处理，第二版则以注释的形式予以说明，尽可能理清新旧规则之间的关系，指出需要注意的地方，以便于读者准确理解和适用。

五

本套丛书的内容来自：《最高人民法院公报》，最高人民法院机关刊《人民司法》杂志，“中国审判指导丛书”，“法律与司法解释理解与适用丛书”，最高人民法院各业务庭、局、室编写的司法实务类著作等公开出版物，以及最高人民法院网、中国裁判文书网等网站公开发布的信息。在编辑过程中，我们对原文进行了必要的提炼，对非文件类栏目的引用内容所涉及的法律全简称、法条序号等予以了统一。

在本套丛书中，我们精心节选了部分最高人民法院法官的合作作品、个人专著，他们深入细致的阐述有助于读者更清晰地了解最高人民法院司法观点的深刻含义，以便读者在实务工作中正确适用。对于这些作者，我们由衷地表示感谢！

由于我们所掌握的资料和编写水平有限，对最高人民法院司法解释、司法政策精神等所包含的司法观点的理解、提炼可能不尽准确，所梳理的最高人民法院司法观点仅供读者在法律实务工作中参考适用，故凡与法律、司法解释不一致的，或者法律、司法解释有新规定的，应当按照法律、司法解释的规定适用。本书的编辑内容和体例尚有可改进之处，请读者给我们多提宝贵意见，以便将来继续修订更新。

杜万华

2022年12月

本卷总目

CONTENTS

本册细目

CONTENTS

第一编 刑法总则

第一章 刑法的任务、基本原则和适用范围

第二章 犯 罪

第二编 刑法分则

第一章 危害公共安全罪

第一编 | PART 01

刑法总则

第一章 | CHAPTER 01

刑法的任务、基本原则和适用范围

一、政策精神①

001 坚持以习近平新时代中国特色社会主义思想为指导，充分发挥刑事审判职能作用，切实做好新时代人民法院刑事审判工作

关键词｜习近平新时代中国特色社会主义思想｜刑事审判职能｜刑事审判工作总体要求｜刑事审判工作主要任务｜

【最高人民法院司法政策】

党的十八大以来,人民法院坚决贯彻党中央决策部署,充分发挥刑事审判职能作用,为维护国家安全和社会稳定、维护人民群众生命和财产安全、维护社会主义市场经济秩序等作出重要贡献。新的征程上,各级人民法院要坚持以习近平新时代中国特色社会主义思想为指导,深入学习贯彻习近平总书记在庆祝中国共产党成立100周年大会上的重要讲话,深入贯彻习近平法治思想,增强"四个意识"、坚定"四个自信"、做到"两个维护",贯彻总体国家安全观,统筹发展和安全,推动建设更高水平的平安中国、法治中国。要坚持严格公正司法,落实宽严相济刑事政策,严格贯彻罪刑法定、罪责刑相适应、证据裁判、疑罪从无等原则制度,确保惩罚犯罪与保障人权、程序公正与实体公正相统一。要站稳人民立场,树立正确司法理念,兼顾国法天理人情,大力弘扬社会主义核心价值观。要深化刑事司法改革,深入推进以审判为中心的刑事诉讼制度改革,准确适用认罪认罚从宽制度,进一步推进庭审实质化。要准确把握我国社会主要矛盾变化带来的新特征新要求,加强对新情况新问题的研究,妥善审理新类型犯罪案件,切实解决人民群众难点痛点堵点问题。要建设党和人民信得过、靠得住、能放心的过硬刑事审判队伍,推动刑事审判工作高质量发展,为全面建设社会主义现代化国家创造安全稳定的社会环境。

——《充分发挥刑事审判职能作用 为全面建设社会主义现代化国家创造安全稳定的社会环境——最高人民法院党组书记、院长周强对全国法院刑事审判工作座谈会的批示》(2021年7月5日),载最高人民法院刑事审判第一、二、三、四、五庭编:《刑事审判参考》(总第130辑),人民法院出版社2022年版,第151—152页。

① 本书的各级标题是编者根据刑法、刑事诉讼法的编章节体例,并结合实际办案需要及司法观点的相关相似性,予以综合整理而成。

当前,国内改革发展稳定任务繁重,国际形势发生深刻变化,安全稳定环境面临新挑战,依法维护国家安全和社会稳定任务艰巨。随着我国社会主要矛盾发生重大变化,人民群众在民主、法治、公平、正义、安全、环境等方面的要求日益增长,对刑事审判的质量与效率、法律效果与社会效果、实体公正与程序公正都提出了新的更高要求。各级法院要坚持以习近平新时代中国特色社会主义思想为指导,深入学习贯彻习近平总书记全面依法治国新理念新思想新战略,紧紧围绕“努力让人民群众在每一个司法案件中感受到公平正义”目标,坚持司法为民、公正司法主线,树立适应新时代新要求的刑事司法理念,充分发挥刑事审判职能作用,更好履行维护国家政治安全、确保社会大局稳定、促进社会公平正义、保障人民安居乐业的职责任务。

一是牢牢坚持党的绝对领导。坚持以习近平新时代中国特色社会主义思想武装头脑、指导实践、推动工作,增强“四个意识”、坚定“四个自信”、做到“两个维护”,把党的政治、思想和组织领导贯穿到刑事审判全过程和各方面,坚定不移走中国特色社会主义法治道路。认真贯彻落实《中国共产党政法工作条例》,充分发挥中国特色社会主义的政治优势、制度优势,紧紧依靠党的领导推进刑事审判工作。

二是牢固树立适应新时代新要求的刑事司法理念。全面准确把握刑事审判职能作用,更好服务经济持续健康发展和社会大局稳定。准确把握人民群众在新时代对公平正义的需要,坚持实体公正与程序公正相统一、公正与效率相协调。兼顾天理国法人情,尊重群众朴素情感和公平正义观。准确理解适用宽严相济刑事政策,做到该宽则宽、当严则严、宽严相济、罚当其罪。更好发挥刑罚社会功能,践行和弘扬社会主义核心价值观,惩恶扬善,伸张正义。

三是坚决维护国家政治安全和社会大局稳定。全面贯彻总体国家安全观,严厉打击各种渗透颠覆破坏、暴力恐怖、民族分裂、宗教极端犯罪。咬定三年为期目标不放松,准确把握扫黑除恶阶段性新形势新任务,紧盯涉黑涉恶重大案件不放,紧盯“保护伞”“关系网”不放,紧盯黑恶势力经济基础不放,加大“打伞破网”“打财断血”力度,确保依法打深打透、除恶务尽。坚持严格公正司法,准确把握法律政策,始终坚持以事实为根据、以法律为准绳,坚决防止人为“拔高”或者“降格”,确保每一起案件都经得起法律和历史检验。依法惩治腐败犯罪,认真贯彻监察法和修改后的刑事诉讼法,准确适用刑事缺席审判制度,促进反腐败斗争深入开展。全力防范化解金融风险,严厉打击非法集资、网络传销、内幕交易、操纵市场等经济犯罪,统筹依法审判与追赃挽损、化解风险、维护稳定工作。

四是切实增强人民群众安全感。依法严惩杀人、抢劫、绑架、强奸、拐卖、毒品、涉枪涉爆等严重危害社会秩序犯罪,依法惩处盗窃、诈骗、抢夺、敲诈勒索等多发性侵财犯罪,坚决维护人民群众生命财产安全。加大惩治环境资源犯罪力度,注重发挥罚金刑的惩罚和补偿作用，助力打好蓝天碧水净土保卫战。依法严惩危害食品药品安全犯罪，研究出台危害药品安全刑事案件司法解释，准确把握未经批准进口仿制药的罪与非罪界限，认真落实疫苗管理法，对涉疫苗犯罪依法从严追究刑事责任。依法严惩制售伪劣农业生产资料犯罪和脱贫攻坚领域腐败犯罪，积极服务乡村振兴战略。依法严惩侵害留守妇女儿童、危害校园安全、妨害公共交通安全、电信网络诈骗、侵犯公民个人信息等犯罪，促进解决严重影响群众安全感的突出问题。认真研究解决打击"套路贷"犯罪中出现的问题，推进刑事和民事司法政策有机衔接。加强产权刑事司法保护，依法惩治各类侵犯产权犯罪，坚决纠正涉产权冤错案件，切实保护企业和企业家合法权益。

五是深化以审判为中心的刑事诉讼制度改革。紧紧依靠党的领导，推动健全政法各单位各尽其职、配合有力、制约有效的工作机制。严格执行"三项规程"，落实证人、鉴定人、侦查人员出庭作证制度，促进庭审实质化。推进跨部门大数据办案平台建设，推动刑事案件智能辅助办案系统的优化升级和推广应用，提高办案质量。加强审判经验总结和案例指导工作，促进统一刑事证据认定标准和裁判标准。推进跨部门刑事涉案财物管理平台建设，推动刑事涉案财物追缴处置程序规范化。加大附带民事赔偿和财产刑执行力度。推进案件繁简分流，完善认罪认罚从宽制度和刑事速裁程序，进一步健全中国特色多层次刑事诉讼制度体系。

六是加强人权司法保障。坚持把尊重和保障人权贯穿刑事审判全过程，进一步扭转重打击轻保护、重实体轻程序等观念，推动在更高层次上实现惩罚犯罪与保障人权相统一。严格遵循罪刑法定、罪责刑相适应原则，坚持证据裁判、疑罪从无，确保定罪公正、量刑公正、程序公正，坚决守住防止冤错案件的底线。充分保障被告人及其辩护人依法行使诉讼权利，尊重和保障律师依法履职，推进律师辩护全覆盖试点，加强法律援助工作，通过控辩审以及诉讼参与人等各方努力，切实维护司法公正。

七是努力建设忠诚干净担当的刑事审判队伍。认真落实新修订的法官法，坚持革命化、正规化、专业化、职业化方向，全面推进高素质刑事审判队伍建设。旗帜鲜明把党的政治建设摆在首位，教育引导广大刑事审判法官切实增强政治觉悟和政治能力。加强司法能力建设，提高刑事法官审查证据、认定事实、适用法律等方面专业化水平，全面提升法律政策运用能力、防控风险能力、群众工作能力、科技运用能力和舆论引导能力。加强刑事审判力量配备，强化职业保障，为刑事审判法官坚持原则、依法办案提供有力支持，切实增强刑事审判岗位的尊荣感和吸引力，着力解决人员流失、力量弱化、年龄断层等问题。坚持从严教育、从严管理、从严监督，完善审判权力运行监督制约机制，全面落实司法责任制，着力解决刑事审判领域的不规范不公正问题，以零容忍态度严惩司法腐败，确保公正廉洁司法。

八是更加自觉地接受人大监督。及时向人大及其常委会报告人民法院工作情况，坚决执行人大及其常委会的决定、决议，认真听取人大代表的建议、批评和意见，主动接受群众监督，不断加强和改进刑事审判工作。

针对当前刑事审判工作面临的问题和困难，提出三点建议：一是根据我国经济社会发展状况和惩治刑事犯罪需要，进一步健全完善金融犯罪、网络犯罪等有关刑事立法，为依法惩治犯罪提供更加有力的法律武器。二是加大对以审判为中心的刑事诉讼制度改革的支持力度，适时修订刑事诉讼法，完善证人、鉴定人、侦查人员出庭作证和非法证据排除等制度，推动健全以审判为中心的刑事诉讼制度体系。三是进一步加强对刑事审判工作的监督，推动地方各级人大常委会听取人民法院刑事审判工作情况报告，对刑法、刑事诉讼法实施情况开展专项监督，推动解决司法实践中的问题和困难，关心支持刑事审判队伍建设，促进刑事审判工作健康发展。

——周强：《最高人民法院关于加强刑事审判工作情况的报告——2019 年 10 月 23 日在第十三届全国人民代表大会常务委员会第十四次会议上》，载最高人民法院网 2019 年 10 月 23 日，https://www.court.gov.cn/zixun-xiangqing-194071.html。

新时代刑事审判工作的总体要求是，始终坚持以习近平新时代中国特色社会主义思想为指导，深入学习贯彻习近平总书记全面依法治国新理念新思想新战略，坚持党对人民法院工作的绝对领导，增强“四个意识”、坚定“四个自信”、做到“两个维护”，围绕“努力让人民群众在每一个司法案件中感受到公平正义”的目标，坚持服务大局、司法为民、公正司法，贯彻总体国家安全观，落实宽严相济刑事政策，树立适应新时代新要求的刑事司法理念，深化刑事司法改革，加强刑事审判队伍建设，不断提高刑事司法水平，更好发挥刑事审判职能作用，为推动建设更高水平的平安中国、法治中国提供有力司法服务和保障。新时代刑事审判工作的主要任务是，全力维护国家政治安全，确保社会大局稳定，维护社会主义市场经济秩序，着力服务保障民生，加强人权司法保障，着力防范化解社会风险及审判工作风险，扎实推进刑事审判领域司法体制改革。

——《周强出席第七次全国刑事审判工作会议强调 牢记初心使命 忠诚履职尽责 努力把新时代刑事审判工作提高到新水平》，载《人民法院报》2019 年 10 月 18 日，第 1 版。

002 践行习近平法治思想，贯彻新时代刑事司法理念

关键词｜习近平法治思想｜刑事司法理念｜

【最高人民法院司法政策】

要树立适应新时代新要求的刑事司法理念，努力让人民群众在每一个司法案件中感受到公平正义。要准确理解刑事政策，突出打击重点，落实宽严相济刑事政策，确保罪责刑相适应。要正确适用刑事法律，兼顾天理国法人情，坚持严格公正司法，以严谨的法理彰显司法的理性，以公认的情理展示司法的良知。要深刻认识刑法的社会功能，主动服务经济社会发展，积极回应社会关切，保持刑法谦抑性，发挥公正裁判的引领作用，弘扬社会主义核心价值观。要严格遵循证明标准，强化责任意识，履行把关职责，坚持对法律负责、对历史负责，坚持疑罪从无，依法惩罚犯罪、保障人权。要推进繁简分流，科学合理配置审判力量，着力办好重点案件，推进庭审实质化、规范化建设，加强裁判说理，制作精品文书。要深化司法公开，不断拓展公开的广度和深度，主动接受当事人和社会各界监督，实行阳光司法。

——《周强出席第七次全国刑事审判工作会议 强调牢记初心使命 忠诚履职尽责 努力把新时代刑事审判工作提高到新水平》，载《人民法院报》2019年10月18日，第1版。

习近平法治思想的“十一个坚持”深刻回答了事关全面依法治国理论和实践的方向性、根本性、全局性重大问题，为我们树立和贯彻新时代刑事司法理念、推动刑事审判实践提供了根本遵循。各级法院要坚持以习近平法治思想为指导，贯彻新时代刑事司法理念，不断提升刑事审判工作水平。

一是坚持党对司法工作的绝对领导，坚定不移走中国特色社会主义法治道路。人民法院首先是政治机关，是人民民主专政的“刀把子”，刑事审判领域体现得最为鲜明，筑牢政治忠诚、旗帜鲜明讲政治是刑事法官最基本的政治品质，要牢记政法姓党是政法机关永远不变的根和魂。要强化对党的创新理论学习运用，学深悟透习近平总书记“七一”重要讲话精神，践行习近平法治思想，真正用蕴含其中的马克思主义立场观点方法分析问题、端正理念、推动工作。要牢记“国之大者”，坚决贯彻党和国家刑事司法政策，自觉通过审判工作巩固党的执政基础、维护国家长治久安。要深刻领悟“讲政治和讲法律统一起来”的实践要求，办理案件、制定司法文件、谋划部署工作等，都要善于从政治高度、大局视野审视判断，实现法律效果、政治效果、社会效果有机统一。

二是坚守人民立场，努力让人民群众在每一个司法案件中感受到公平正义。习近平总书记指出：“江山就是人民、人民就是江山，打江山、守江山，守的是人民的心。”要坚持以人民为中心，把体现人民利益、反映人民意愿、维护人民权益、增进人民福祉落实到审判工作全过程。要深入践行习近平法治思想中蕴含的人民立场，维护最广大人民群众的根本利益，对人民群众深恶痛绝的犯罪零容忍，对人民群众在刑事诉讼中的急难愁盼问题用心解决，让人民群众对公平正义更加可感可触。要兼顾国法天理人情，将法律的专业判断与人民群众朴素的公平正义观结合起来，在定罪量刑上既要考虑具体法条适用，也要考虑刑法基本原则、立法目的和价值导向，以及我国现阶段的基本国情，坚持以严谨的法理彰显司法理性，以公认的情理展示司法良知，大力弘扬社会主义核心价值观。要坚持尊重民意与保持法治定力相统一，在办理案件过程中，自觉接受监督，倾听人民呼声，尊重人民群众朴素的正义感，同时，要严格公正司法、依法裁判，不能搞舆论审判，确保判决结果公平公正，符合最广大人民群众的根本利益。

三是精准落实宽严相济，努力用最低刑罚成本争取最好治理效果。近年来，各级法院准确贯彻宽严相济刑事政策和“保留死刑，严格控制和慎重适用死刑”政策，有力维护了社会公平正义，但也有少数法院在理解和落实上存在一些问题。要根据犯罪性质和具体情况，做到该宽则宽、当严则严、宽严相济、罚当其罪。一方面，用好用足“从严”的一面，对严重危害国家安全和公共安全、严重影响人民群众安全感、严重挑战法律和伦理底线的案件，该重判要重到位，该判处死刑的要坚决判处死刑，有力震慑犯罪；另一方面，切实体现“从宽”的一面，对具备法定、酌定从宽情节的案件，该从宽的依法从宽，发挥政策感召力，打击和孤立极少数，教育、感化和挽救大多数。要坚持罪责刑相适应，充分考虑犯罪行为的社会危害性、被告人的主观恶性和人身危险性，具体分析，区别对待。比如，对于婚姻家庭、邻里纠纷等民间矛盾激化引发的故意杀人、故意伤害等案件，应当与发生在社会上的严重危害社会治安案件有所区别。要从有利于化解矛盾出发，总体上可以考虑从宽处罚，特别是适用死刑要十分慎重，但也不是一律从宽，必须区分案发起因、犯罪后果、具体情节、作案手段、主观恶性、社会影响，等等，斟酌案件是否具备从宽条件。又比如，对于自首、立功、累犯的认定，要坚持全面审查、精准权衡、具体分析。对于各种法定酌定、从重从宽情节同时具备的，要考虑从重与从宽哪一方面情节更加突出，审慎作出判断。

——《新时代新征程 新形势新作为 推动刑事审判工作高质量发展——最高人民法院党组副书记、常务副院长贺荣在全国法院刑事审判工作座谈会上的讲话（节选）》（2021 年 7 月 9 日），载最高人民法院刑事审判第一、二、三、四、五庭编：《刑事审判参考》（总第 130 辑），人民法院出版社 2022 年版，第 155—157 页。

003 在刑事审判工作中要切实贯彻执行宽严相济刑事政策

关键词 | 宽严相济刑事政策 | 罪责刑相适应 |

【最高人民法院司法文件】

一、贯彻宽严相济刑事政策的总体要求

1. 贯彻宽严相济刑事政策,要根据犯罪的具体情况,实行区别对待,做到该宽则宽,当严则严,宽严相济,罚当其罪,打击和孤立极少数,教育、感化和挽救大多数,最大限度地减少社会对立面,促进社会和谐稳定,维护国家长治久安。

2. 要正确把握宽与严的关系,切实做到宽严并用。既要注意克服重刑主义思想影响,防止片面从严,也要避免受轻刑化思想影响,一味从宽。

3. 贯彻宽严相济刑事政策,必须坚持严格依法办案,切实贯彻落实罪刑法定原则、罪刑相适应原则和法律面前人人平等原则,依照法律规定准确定罪量刑。从宽和从严都必须依照法律规定进行,做到宽严有据,罚当其罪。

4. 要根据经济社会的发展和治安形势的变化,尤其要根据犯罪情况的变化,在法律规定的范围内,适时调整从宽和从严的对象、范围和力度。要全面、客观把握不同时期不同地区的经济社会状况和社会治安形势,充分考虑人民群众的安全感以及惩治犯罪的实际需要,注重从严打击严重危害国家安全、社会治安和人民群众利益的犯罪。对于犯罪性质尚不严重,情节较轻和社会危害性较小的犯罪,以及被告人认罪、悔罪,从宽处罚更有利于社会和谐稳定的,依法可以从宽处理。

5. 贯彻宽严相济刑事政策,必须严格依法进行,维护法律的统一和权威,确保良好的法律效果。同时,必须充分考虑案件的处理是否有利于赢得广大人民群众的支持和社会稳定,是否有利于瓦解犯罪,化解矛盾,是否有利于罪犯的教育改造和回归社会,是否有利于减少社会对抗,促进社会和谐,争取更好的社会效果。要注意在裁判文书中充分说明裁判理由,尤其是从宽或从严的理由,促使被告人认罪服法,注重教育群众,实现案件裁判法律效果和社会效果的有机统一。

——《最高人民法院关于贯彻宽严相济刑事政策的若干意见》(2010 年 2 月 8 日,法发〔2010〕9 号)。

二、准确把握宽严相济刑事政策

6. 继续坚持依法严惩严重刑事犯罪的方针。对危害国家安全犯罪、恐怖犯罪、黑社会性质组织犯罪以及爆炸、杀人、抢劫、绑架、毒品等严重危害社会治安、严重影响人民群众安全感的犯罪,始终保持高压态势,依法从严打击。对以农村留守妇女、儿童、老人及社会弱势群体为侵害对象,人民群众深恶痛绝的犯罪,坚决依法严惩。

对国家工作人员贪污贿赂、滥用职权、失职渎职的严重犯罪,包庇纵容黑恶势力犯罪、重大安全责任事故、制售伪劣食品、药品所涉及的国家工作人员职务犯罪,发生在社会保障、征地拆迁、灾后重建、企业改制、医疗、教育、就业等领域严重损害群众利益、社会影响恶劣的国家工作人员职务犯罪，发生在经济社会建设重点领域、重点行业的严重商业贿赂犯罪，依法从严惩处。

对集资诈骗、贷款诈骗、制贩假币等严重危害金融秩序的犯罪，生产、销售假药、劣药、有毒有害食品等严重危害食品药品安全的犯罪，严重侵犯知识产权和制售假冒伪劣商品犯罪，造成严重后果的重大安全责任事故犯罪，重大环境污染、非法采矿、盗伐林木等严重破坏生态环境的犯罪，依法从严惩处。对受害群众较多的涉众型案件，积极配合有关部门做好善后处置工作，最大限度地维护群众的合法权益。

7. 区别对待不同性质的犯罪，做到该宽则宽，当严则严，宽严相济，罚当其罪。对严重刑事犯罪依法严厉惩处的同时，对具有法定或酌定从宽处罚情节的被告人，依法在量刑时予以考虑，最大限度地分化、瓦解犯罪分子，最大限度地减少社会对立面。对较轻刑事犯罪依法从轻处罚的同时，充分考虑被告人是否具有屡教不改、严重滋扰社会、群众反映强烈等酌定从严处罚的情况，在量刑上有所体现，使犯罪分子受到应有处罚。

对因生产生活、邻里纠纷、婚姻家庭等民间矛盾激化引发，事出有因、针对特定对象，对社会治安秩序没有重大影响的犯罪，要着眼于和谐稳定，下大力气做好矛盾化解工作。被害人及其亲属对被告人表示谅解的，应作为酌定从轻情节，量刑时充分考虑。

8. 精心审理刑事大案要案。对案情敏感、社会高度关注的刑事案件，在严格依法办案的前提下，充分运用政治智慧和法律智慧，确保裁判法律效果和社会效果高度统一，使案件的审理成为执行国家法律和政策的典范。案件审理过程中，及时回应社会关切，加强司法宣传和舆论引导，营造有利于案件依法妥善处理的良好环境。

——《最高人民法院关于充分发挥刑事审判职能作用深入推进社会矛盾化解的若干意见》(2010 年 12 月 31 日，法发〔2010〕63 号)。

8. 坚持宽严相济的刑事政策。宽严相济是党和国家一项基本的刑事司法政策，是我国在惩治犯罪、维护稳定的长期实践中形成的重要经验，是惩办与宽大相结合政策在新时期的继承、发展与完善。正确贯彻宽严相济的刑事政策，核心是实行区别对待，目标是促进社会和谐稳定，保持国家长治久安。在新形势下，必须更加注重贯彻执行宽严相济的刑事政策，根据维护社会稳定的需要和犯罪的具体情况，依法准确惩罚犯罪，做到该严则严，当宽则宽，宽严适度，效果良好，以打击、孤立极少数，教育和挽救大多数，最大限度地减少不和谐因素，最大限度地增加和谐因素。

——《最高人民法院关于进一步加强刑事审判工作的决定》(2007年8月28日,法发〔2007〕28号)。

【最高人民法院司法政策】

近年来,人民法院在刑事审判中严格执行刑事法律,准确贯彻宽严相济刑事政策和"保留死刑,严格控制和慎重适用死刑"政策,有力维护了社会大局稳定、促进了社会公平正义。我们要坚持立足我国国情,立足我国现阶段发展状况,充分考虑法律因素、政策因素、社会因素和人民群众的公平正义观以及认知接受程度,全案考察、综合权衡,确保量刑公正。

一要突出打击重点,落实宽严相济政策。运用刑罚惩治犯罪,是维护国家安全、社会稳定、人民安宁的重要手段。要突出打击重点,对于严重危害国家安全、公共安全犯罪,对于杀人、抢劫、强奸、绑架、涉黑涉恶、涉枪涉爆等严重影响人民群众安全感的犯罪,对于报复社会型暴力犯罪,对于残害老幼妇孺等严重挑战法律和伦理底线、践踏社会良知的重大犯罪,对于走私、制造、大宗贩卖毒品及毒枭、职业毒贩等重大毒品犯罪,要坚决依法严惩,该判处重刑乃至死刑的要毫不手软。要落实宽严相济,量刑贵在区别对待、轻重有别,要从赢得民心、巩固党的执政根基的高度,强化刑罚效益考量,该重判的重到位,重到足以震慑犯罪,该轻判的也要轻到位,轻到足以体现政策、分化瓦解犯罪分子,促进社会和谐稳定,维护国家长治久安。

二要坚持罪责刑相适应、法理情相融合。我们一直强调,要区分案件性质和具体情节。对于严重危害社会治安案件,要坚持依法严惩,同时也要加以区别对待,对情节一般、主观恶性不大、地位作用较小的,该从宽的也要从宽。对于民间矛盾激化引发的案件,应当与严重危害社会治安案件有所区别,总体上考虑从宽处罚,特别是适用死刑一定要十分慎重,但也不是一律从宽。要考虑案件具体情节和危害后果,以罪责刑相适应为原则,融合国法天理人情,斟酌案件是否具备从宽条件。必须坚持具体案件具体分析,区分案发起因,区分犯罪后果,区分具体情节,区分作案手段,区分主观恶性,区分社会影响。例如,对案发起因,要在查清事实基础上,遵循社会主义核心价值观,结合公序良俗来准确评判,分析被告人、被害人的过错责任大小。同样是夫妻矛盾引发的案件,有的是双方性格不合,谈不上谁对谁错,有的是一方有赌博、吸毒、婚外情、家暴等恶习,有的是离婚后纠缠不休、威胁骚扰,这些因素量刑时都要认真区分。被害人有明显过错的,对量刑的影响往往不亚于法定从宽情节。又如,对犯罪手段,要考虑是否使用枪支、硫酸等危险、残忍方法,手段有无节制,是否置之死地而后快,等等。对于自首,要考虑投案的主动性,是典型的自首还是仅仅是可以视为自首的情形，自首对案件侦破的价值大小，是在公安机关尚未发现犯罪事实时自首，还是已发现犯罪事实、尚未确定嫌疑人时自首，或者是已确定嫌疑人并开展抓捕时自首。犯罪事实尚未被发现时自动投案的，和明知他人报案而在现场等待的，价值和分量差别很大。父母采用强制手段“送子归案”的，虽然不构成自首，但这一情节分量很重，不亚于典型的自首。对于立功，要考虑本身犯罪和检举他人犯罪的性质、严重程度，对侦破案件的作用大小，功是否足以抵罪。对于累犯，要考虑前罪的性质和严重程度，是否是暴力犯罪。要坚持全面审查、精准权衡，对于各种法定酌定、从重从宽情节同时具备的，看从重与从宽哪一方面的情节更加突出、分量更重，审慎作出决断。

——《精准把握刑事政策 加强统筹凝聚共识 推进各项制度措施有效实施——最高人民法院党组成员、副院长李少平在全国法院刑事审判工作座谈会上的讲话（节选）》（2021 年 7 月 9 日），载最高人民法院刑事审判第一、二、三、四、五庭编：《刑事审判参考》（总第 130 辑），人民法院出版社 2022 年版，第 164—166 页。

004 办好刑事案件，重在善于运用现有的刑事审判制度和机制

关键词 | 刑事审判制度 | 刑事审判机制 |

【最高人民法院司法政策】

办好刑事案件，重在善于运用现有的制度机制。进入新时代，随着司法改革大力推进，现已形成了一系列集中集体智慧、统一法律适用、解决难题分歧、保证公正司法的制度机制。就审判环节而言，原有的制度机制和新的制度机制已经很完备，关键是使用好落实好。

一要用好合议庭合议制度。合议制是现代司法的基本制度，无论什么样的司法制度，都或多或少地实行合议制，完全排斥合议制的个人独断司法已不复存在。我国从清末变法开始实行合议制，1949 年以后，人民法院审理普通刑事案件，基本上都是组成合议庭审理的。合议庭是集中集体司法智慧、防止个人偏见的重要机制，“三个臭皮匠胜过一个诸葛亮”的俗语，讲的也是集体智慧胜过个人才干。笔者认为，合议制用好了，能够解决执法办案过程中大部分疑难复杂问题。落实合议庭合议的实质化问题，既可以防止合议庭中的案件承办人唱独角戏，又可以防止合议庭的审判长独断专行个人说了算。要保证合议意见平等发表在合议庭，事实证据认定在合议庭，意见分歧解决在合议庭，公正裁判形成在合议庭，确保合议庭成为解决意见分歧和疑难问题的一道重要程序。

二要用好专业法官（主审法官）会议制度。专业法官会议是新时代司法改革

的产物，法院内同一专业的法官或者跨专业的法官聚在一起，共同讨论司法实践中遇到的疑难复杂问题，是一个解决案件处理分歧、统一司法见解和裁判尺度的重要机制，用好了能够解决大量司法实践难题。笔者在最高人民法院第二巡回法庭工作时，我们努力把专业法官会议开成办案心得交流会、法学理论问题研讨会、法律实务问题会诊会、认识分歧统一会和办案能力提升会，用这个机制不仅解决了法庭在个案处理中遇到的绝大多数疑难、复杂问题，而且使得包括笔者在内的专业法官的司法能力得到了整体提升。两年多时间里，第二巡回法庭只有两个案件提交到院审判委员会讨论，提交的原因还不是让审判委员会讨论法庭解决不了的问题，而是让审判委员会统一两个案子所涉及的法律统一适用问题。这个机制的运用还附带形成了审判经验和学术成果，并以第二巡回法庭主审法官会议讨论案例纪要的形式出版，受到法律实务界的好评，发挥了制度机制的外溢效益。

三要用好审判委员会制度。审判委员会是人民法院最高的审判组织，是中国特色的司法制度，如何看待和使用这个制度一度很有争议。实践证明，这个制度彰显了司法民主，体现了集体决策，突出了平等讨论，贯彻了民主集中制，法官和法院用好这个制度至关重要。在长期的司法实践中，一方面，审判委员会在讨论重大疑难复杂问题，总结审判经验和保证公正司法方面发挥了重要作用。另一方面，一些法院的审判委员会运行也存在需要解决的问题，比如审判委员会职能错位问题即过于重视讨论个案处理结果而忽视总结审判经验和提炼裁判规则问题，主持或参加审判委员会的委员不是从追求司法公正而是从其他角度出发发表讨论意见问题，依法不应当提交审判委员会讨论的案件被大量地提交到审判委员会讨论，而真正需要提交审判委员会讨论的案件则由于各种原因不能提交到会议讨论问题，审判委员会的议事规则因法院而异甚至因主持人的个人喜好而异问题，审判委员会的运行存在一言堂或者走形式问题，等等。如果能够把审判委员会现存的各种问题解决了，法院和法官就能够用这个集体决策机制解决掉执法办案过程中遇到的绝大部分疑难复杂问题，统一法律适用和保证公正司法便会有可靠的机制保障。

四要用好其他法律统一适用机制。一般讲，刑事执法办案中遇到的所有问题，最终都可以归结为法律统一适用还是不统一适用问题，包括司法实践中发生的所有冤假错案，本质上都是在法律统一适用上犯了错误，即执法司法机关把没有实施犯罪行为依法不该定罪量刑的人定了罪判了刑。所以，健全完善法律统一适用机制并切实运用好，对于解决执法办案中遇到的各类难题、防范冤假错案意义重大。应当点赞的是，近年来，最高人民法院连续出台了多项重要举措，建立健全法律统一适用机制，解决法律适用不统一难题。如 2020 年 7 月出台的《最高人民法院关于统一法律适用加强类案检索的指导意见（试行）》，2021 年 1 月出台的《最高人民法院关于完善人民法院专业法官会议工作机制的指导意见》和 2021 年 9 月出台的

《最高人民法院统一法律适用工作实施办法》,这些司法文件聚焦法律适用不统一难题,坚持正确的目标导向和价值取向,就如何解决刑事审判实践中遇到的疑难问题和法律适用不统一问题,作出了有针对性可操作性的规定,提出了明确要求。办理刑事案件,要认真学习研究并运用这些文件中的规定,把文件的要求落到实处。

——胡云腾:《办好刑事案件应当重视的几个问题》,载胡云腾主编:《刑法办案思路与疑难释解(第一卷)》,中国法制出版社 2022 年版,第 3—5 页(代序)。

二、空间效力

005 外国人在我国境内对外国人犯罪，我国法院具有刑事管辖权

关键词｜属地管辖｜外国人犯罪｜驱逐出境｜

【链接：最高人民法院法官著述】

这里有两个问题：一是外国人（包括无国籍人）在我国境内犯罪，能否适用我国刑法定罪量刑？二是外国人对外国人犯罪，我国人民法院能否行使刑事管辖权？根据我国刑法第六条第一款的规定，外国人在我国领域内犯罪（除享有外交特权和豁免权通过外交途径解决外），适用我国刑法，我国人民法院有权管辖。这是属地管辖权，体现了我国国家主权原则。

对外国人能否适用附加剥夺政治权利的问题。依照我国刑法第五十七条第一款、第五十六条第一款的规定及有关司法解释，对于被判处死刑、无期徒刑、危害国家安全的犯罪分子，应当附加剥夺政治权利；对于严重破坏社会秩序的犯罪分子，可以附加剥夺政治权利。从审判实践的情况看，被判处十年以上刑罚的犯罪分子，一般都被列为可供选择的附加剥夺政治权利的适用对象。但对于外国人是否附加剥夺政治权利，法律上没有明确规定。理论和实践上，大家都认为，我国刑法所列举的政治权利是我国宪法赋予我国公民的权利，外国人不享有这些权利，当然也就不存在对他们剥夺政治权利的问题。因此，人民法院在对外国人判处刑罚时，不适用剥夺政治权利。

对于犯罪的外国人是否附加驱逐出境的问题。我国刑法第三十五条规定，对于犯罪的外国人，可以独立适用或者附加适用驱逐出境。但什么条件下独立适用，什么条件下附加适用，什么条件下可以不附加适用，刑法没有明确规定。那么在具体适用驱逐出境时要具体案件具体分析，既要考虑行为人犯罪的性质、情节、后果，也要考虑国家间的关系和国家斗争的需要。一般情况，对于犯有危害国家安全、严重危害社会治安等严重犯罪的外国人，应当附加驱逐出境；而对犯罪行为较轻且在我国境内有企业、财产，刑满后需要继续留驻我国的外国人，可以不附加驱逐出境。这对行为人既是一种刑罚的处罚，又可以防止他们在我国境内重新犯罪。

——胡云腾主编：《刑法办案思路与疑难释解（第一卷）》，中国法制出版社2022年版，第10—11页。

006 我国公民在我国领域外犯罪如何适用我国法律追究刑事责任

关键词｜属人管辖｜但书｜

【最高人民法院参考案例】

陈先贵聚众扰乱社会秩序案(《刑事审判参考》案例第61号)

要旨：根据刑法第七条第一款的规定，中华人民共和国公民在中华人民共和国领域外犯本法规定之罪的，适用本法，但是按本法规定的最高刑为三年以下有期徒刑的，可以不予追究。这里的可以不予追究，并不是一律不予追究。根据案件的具体情况，被告人的犯罪行为，情节、后果严重的，仍应依法追究其刑事责任。

本案被告人陈先贵在科威特犯聚众扰乱社会秩序罪，因其不是首要分子，而是积极参加者，依照刑法第二百九十条第一款的规定，法定最高刑期为三年以下有期徒刑，根据刑法第七条第一款的规定，可以不予追究其刑事责任。但根据本案的具体情况，被告人陈先贵的犯罪行为，不仅使其所在公司的生产经营活动无法正常进行，造成了严重经济损失，而且损坏了我国公司、企业在国外的形象，在国际上产生了恶劣影响，后果严重，仍应依法追究其刑事责任。因此，金堂县人民法院根据被告人陈先贵的犯罪事实与情节，以聚众扰乱社会秩序罪判处其有期徒刑二年；成都市中级人民法院依法维持原判，均是适当的。

此外，应当指出，刑法第七条第一款"但书"规定："按照本法规定的最高刑为三年以下有期徒刑的，可以不予追究。"这里的"最高刑为三年以下有期徒刑"是指条文的最高法定刑，即刑法规定的该罪名的最高刑罚为三年以下有期徒刑，而不是指对被告人实际判处的刑罚。也就是说，如果我国公民在我国领域外犯有刑法规定最高法定刑为三年以下有期徒刑罪行的，我国法院可以不再追究其刑事责任；但是，如果其犯有刑法规定最高法定刑为三年以上有期徒刑罪行的，不论其可能被判处何种刑罚，刑期是多长，均须依照我国刑法追究被告人的刑事责任。我国法院在实际追究被告人刑事责任时，应依照刑法第六十一条的规定，根据被告人的犯罪事实、犯罪的性质、情节和对于社会的危害程度依法判处，不受必须判处被告人三年以上有期徒刑的限制。对被告人实际判处的刑罚，既可以高于三年有期徒刑，也可以低于三年有期徒刑。

——《刑事审判参考》(总第8辑)。[①]

---

① 《刑事审判参考》是由最高人民法院各刑庭共同编写的连续出版物，本书对其中的案例内容摘录较多，出于节约版面考虑，编者对【最高人民法院参考案例】栏目下案例的引用注释予以简化。

007 具有中国国籍同时又持有外国护照的被告人国籍的认定

关键词 | 属人管辖 | 国籍认定 |

【最高人民法院参考案例】

袁闵钢、包华敏骗取出境证件案(《刑事审判参考》案例第 69 号)

要旨:人民法院在审查被告人身份时,对被告人是否具有或者是否丧失中国国籍,依法应以我公安部门确定的为准。对本案被告人袁闵钢,我公安部门已根据我国法律的有关规定确认其只具有中国国籍,人民法院应以此作为认定被告人身份的依据。

本案被告人袁闵钢的国籍问题即系国际社会普遍存在的国籍积极冲突现象。对袁闵钢的国籍予以确认,不仅是要确认我国对此案的属人管辖权,而且涉及人民法院审理此案是否适用涉外案件审理程序,以及是否适用对外国人独立或者附加适用的刑罚。认定袁闵钢具有中国国籍,主要有以下几点理由:

第一,国籍问题是涉及国家主权和国家利益的重要问题。现行国际法关于此问题的一个重要原则是:每个国家有权以自己的法律决定谁是它的国民。根据国际惯例,对于自然人国籍的积极冲突(即包括双重国籍),原始国籍政府对国籍问题有优先管辖权。袁闵钢的原始国籍是中国国籍,因此,我国首先有权依据我国法律来确认袁闵钢是否具有中国国籍或者说是否已丧失中国国籍。因此,那种认为只要持外国护照,加入外国国籍,又经外国使馆承认的,就当然应认定其有外国国籍的看法是错误的。

第二,被告人袁闵钢不符合自动丧失中国国籍的条件。根据国籍法第九条的规定:“定居外国的中国公民,自愿加入或取得外国国籍的,即自动丧失中国国籍。”也就是说,自动丧失中国国籍必须同时具备两个条件:一是中国公民定居外国;二是自愿加入或取得外国国籍。而本案被告人袁闵钢 1989 年底受日本公司委托进驻××国××市工作,1993 年 2 月以投资移民的方式花高价买取了××国护照,加入××国籍,1993 年 4 月归国。袁闵钢只是购买了××国护照,实际上并未在××国定居。因此,被告人袁闵钢不符合自动丧失中国国籍的法定条件,在其未根据我国国籍法的规定办理退出中国国籍的申请并获有关部门批准以前,其仍具有中国国籍。

第三,根据我国国籍法第三条的规定,我国政府不承认中国公民具有双重国籍。因此,在已依法确定被告人袁闵钢具有中国国籍后,我国政府不承认袁闵钢具有其他国家国籍。

第四,《最高人民法院关于执行〈中华人民共和国刑事诉讼法〉若干问题的解释》第三百一十四条规定:“外国人的国籍以其入境时的有效证件予以确认;国籍不明的,以公安机关会同外事部门查明的为准。”对此规定应理解为,在确认被告人系外国人的前提下，对其外国国籍以其入境时的有效证件予以确认；国籍不明的，以公安机关会同外事部门查明的为准。本案被告人袁闵钢尽管持××国护照入境，但其同时具有明确的中国国籍，又不符合自动丧失中国国籍的条件，也没有办理退出中国国籍的手续，按照我国法律，我国不承认其具有××国国籍，袁闵钢不属于外国人，故上述规定不适用于本案。国籍法第十五条、第十六条规定："受理国籍申请的机关，在国内为当地市、县公安局"，"加入、退出和恢复中国国籍的申请，由中华人民共和国公安部审批"。因此，人民法院在审查被告人身份时，对被告人是否具有或者是否丧失中国国籍，依法应以我公安部门确定的为准。对本案被告人袁闵钢，我公安部门已根据我国法律的有关规定确认其只具有中国国籍，人民法院应以此作为认定被告人身份的依据。

——《刑事审判参考》（总第9辑）。

三、时间效力

008 刑法、刑法修正案、刑事司法解释时间效力的一般规定

关键词｜刑法时间效力｜溯及力｜从旧兼从轻｜

【最高人民法院司法解释】

为正确适用刑法,现就人民法院1997年10月1日以后审理的刑事案件,具体适用修订前的刑法或者修订后的刑法的有关问题规定如下:

第一条　对于行为人1997年9月30日以前实施的犯罪行为,在人民检察院、公安机关、国家安全机关立案侦查或者在人民法院受理案件以后,行为人逃避侦查或者审判,超过追诉期限或者被害人在追诉期限内提出控告,人民法院、人民检察院、公安机关应当立案而不予立案,超过追诉期限的,是否追究行为人的刑事责任,适用修订前的刑法第七十七条的规定。

第二条　犯罪分子1997年9月30日以前犯罪,不具有法定减轻处罚情节,但是根据案件的具体情况需要在法定刑以下判处刑罚的,适用修订前的刑法第五十九条第二款的规定。

第三条　前罪判处的刑罚已经执行完毕或者赦免,在1997年9月30日以前又犯应当判处有期徒刑以上刑罚之罪,是否构成累犯,适用修订前的刑法第六十一条的规定;1997年10月1日以后又犯应当判处有期徒刑以上刑罚之罪的,是否构成累犯,适用刑法第六十五条的规定。

第四条　1997年9月30日以前被采取强制措施的犯罪嫌疑人、被告人或者1997年9月30日以前犯罪,1997年10月1日以后仍在服刑的罪犯,如实供述司法机关还未掌握的本人其他罪行的,适用刑法第六十七条第二款的规定。

第五条　1997年9月30日以前犯罪的犯罪分子,有揭发他人犯罪行为,或者提供重要线索,从而得以侦破其他案件等立功表现的,适用刑法第六十八条的规定。

第六条　1997年9月30日以前犯罪被宣告缓刑的犯罪分子,在1997年10月1日以后的缓刑考验期间又犯新罪、被发现漏罪或者违反法律、行政法规或者国务院公安部门有关缓刑的监督管理规定,情节严重的,适用刑法第七十七条的规定,撤销缓刑。

第七条 1997年9月30日以前犯罪，1997年10月1日以后仍在服刑的犯罪分子，因特殊情况，需要不受执行刑期限制假释的，适用刑法第八十一条第一款的规定，报经最高人民法院核准。

第八条 1997年9月30日以前犯罪，1997年10月1日以后仍在服刑的累犯以及因杀人、爆炸、抢劫、强奸、绑架等暴力性犯罪被判处十年以上有期徒刑、无期徒刑的犯罪分子，适用修订前的刑法第七十三条的规定，可以假释。

第九条 1997年9月30日以前被假释的犯罪分子，在1997年10月1日以后的假释考验期内，又犯新罪、被发现漏罪或者违反法律、行政法规或者国务院公安部门有关假释的监督管理规定的，适用刑法第八十六条的规定，撤销假释。

第十条 按照审判监督程序重新审判的案件，适用行为时的法律。

——《最高人民法院关于适用刑法时间效力规定若干问题的解释》(1997年10月1日，法释〔1997〕5号)。

第一条 对于2011年4月30日以前犯罪，依法应当判处管制或者宣告缓刑的，人民法院根据犯罪情况，认为确有必要同时禁止犯罪分子在管制期间或者缓刑考验期内从事特定活动，进入特定区域、场所，接触特定人的，适用修正后刑法第三十八条第二款或者第七十二条第二款的规定。

犯罪分子在管制期间或者缓刑考验期内，违反人民法院判决中的禁止令的，适用修正后刑法第三十八条第四款或者第七十七条第二款的规定。

第二条 2011年4月30日以前犯罪，判处死刑缓期执行的，适用修正前刑法第五十条的规定。

被告人具有累犯情节，或者所犯之罪是故意杀人、强奸、抢劫、绑架、放火、爆炸、投放危险物质或者有组织的暴力性犯罪，罪行极其严重，根据修正前刑法判处死刑缓期执行不能体现罪刑相适应原则，而根据修正后刑法判处死刑缓期执行同时决定限制减刑可以罚当其罪的，适用修正后刑法第五十条第二款的规定。

第三条 被判处有期徒刑以上刑罚，刑罚执行完毕或者赦免以后，在2011年4月30日以前再犯应当判处有期徒刑以上刑罚之罪的，是否构成累犯，适用修正前刑法第六十五条的规定；但是，前罪实施时不满十八周岁的，是否构成累犯，适用修正后刑法第六十五条的规定。

曾犯危害国家安全犯罪，刑罚执行完毕或者赦免以后，在2011年4月30日以前再犯危害国家安全犯罪的，是否构成累犯，适用修正前刑法第六十六条的规定。

曾被判处有期徒刑以上刑罚，或者曾犯危害国家安全犯罪、恐怖活动犯罪、黑社会性质的组织犯罪，在2011年5月1日以后再犯罪的，是否构成累犯，适用修正后刑法第六十五条、第六十六条的规定。

第四条　2011年4月30日以前犯罪，虽不具有自首情节，但是如实供述自己罪行的，适用修正后刑法第六十七条第三款的规定。

第五条　2011年4月30日以前犯罪，犯罪后自首又有重大立功表现的，适用修正前刑法第六十八条第二款的规定。

第六条　2011年4月30日以前一人犯数罪，应当数罪并罚的，适用修正前刑法第六十九条的规定；2011年4月30日前后一人犯数罪，其中一罪发生在2011年5月1日以后的，适用修正后刑法第六十九条的规定。

第七条　2011年4月30日以前犯罪，被判处无期徒刑的罪犯，减刑以后或者假释前实际执行的刑期，适用修正前刑法第七十八条第二款、第八十一条第一款的规定。

第八条　2011年4月30日以前犯罪，因具有累犯情节或者系故意杀人、强奸、抢劫、绑架、放火、爆炸、投放危险物质或者有组织的暴力性犯罪并被判处十年以上有期徒刑、无期徒刑的犯罪分子，2011年5月1日以后仍在服刑的，能否假释，适用修正前刑法第八十一条第二款的规定；2011年4月30日以前犯罪，因其他暴力性犯罪被判处十年以上有期徒刑、无期徒刑的犯罪分子，2011年5月1日以后仍在服刑的，能否假释，适用修正后刑法第八十一条第二款、第三款的规定。

——《最高人民法院关于〈中华人民共和国刑法修正案(八)〉时间效力问题的解释》(2011年5月1日，法释〔2011〕9号)。

第一条　对于2015年10月31日以前因利用职业便利实施犯罪，或者实施违背职业要求的特定义务的犯罪的，不适用修正后刑法第三十七条之一第一款的规定。其他法律、行政法规另有规定的，从其规定。

第二条　对于被判处死刑缓期执行的犯罪分子，在死刑缓期执行期间，且在2015年10月31日以前故意犯罪的，适用修正后刑法第五十条第一款的规定。

第三条　对于2015年10月31日以前一人犯数罪，数罪中有判处有期徒刑和拘役，有期徒刑和管制，或者拘役和管制，予以数罪并罚的，适用修正后刑法第六十九条第二款的规定。

第四条　对于2015年10月31日以前通过信息网络实施的刑法第二百四十六条第一款规定的侮辱、诽谤行为，被害人向人民法院告诉，但提供证据确有困难的，适用修正后刑法第二百四十六条第三款的规定。

第五条　对于2015年10月31日以前实施的刑法第二百六十条第一款规定的虐待行为，被害人没有能力告诉，或者因受到强制、威吓无法告诉的，适用修正后刑法第二百六十条第三款的规定。

第六条　对于2015年10月31日以前组织考试作弊，为他人组织考试作弊提供作弊器材或者其他帮助，以及非法向他人出售或者提供考试试题、答案，根据修正前刑法应当以非法获取国家秘密罪、非法生产、销售间谍专用器材罪①或者故意泄露国家秘密罪等追究刑事责任的，适用修正前刑法的有关规定。但是，根据修正后刑法第二百八十四条之一的规定处刑较轻的，适用修正后刑法的有关规定。

第七条 对于2015年10月31日以前以捏造的事实提起民事诉讼，妨害司法秩序或者严重侵害他人合法权益，根据修正前刑法应当以伪造公司、企业、事业单位、人民团体印章罪或者妨害作证罪等追究刑事责任的，适用修正前刑法的有关规定。但是，根据修正后刑法第三百零七条之一的规定处刑较轻的，适用修正后刑法的有关规定。

实施第一款行为，非法占有他人财产或者逃避合法债务，根据修正前刑法应当以诈骗罪、职务侵占罪或者贪污罪等追究刑事责任的，适用修正前刑法的有关规定。

第八条 对于2015年10月31日以前实施贪污、受贿行为，罪行极其严重，根据修正前刑法判处死刑缓期执行不能体现罪刑相适应原则，而根据修正后刑法判处死刑缓期执行同时决定在其死刑缓期执行二年期满依法减为无期徒刑后，终身监禁，不得减刑、假释可以罚当其罪的，适用修正后刑法第三百八十三条第四款的规定。根据修正前刑法判处死刑缓期执行足以罚当其罪的，不适用修正后刑法第三百八十三条第四款的规定。

第九条 本解释自2015年11月1日起施行。

——《最高人民法院关于〈中华人民共和国刑法修正案（九）〉时间效力问题的解释》（2015年11月1日，法释〔2015〕19号）。

为正确适用司法解释办理案件，现对适用刑事司法解释时间效力问题提出如下意见：

一、司法解释是最高人民法院对审判工作中具体应用法律问题和最高人民检察院对检察工作中具体应用法律问题所作的具有法律效力的解释，自发布或者规定之日起施行，效力适用于法律的施行期间。

二、对于司法解释实施前发生的行为，行为时没有相关司法解释，司法解释施行后尚未处理或者正在处理的案件，依照司法解释的规定办理。

三、对于新的司法解释实施前发生的行为，行为时已有相关司法解释，依照行为时的司法解释办理，但适用新的司法解释对犯罪嫌疑人、被告人有利的，适用新的司法解释。

四、对于在司法解释施行前已办结的案件，按照当时的法律和司法解释，认定

① 罪名已调整为“非法生产、销售专用间谍器材、窃听、窃照专用器材罪”。

事实和适用法律没有错误的,不再变动。

——《最高人民法院、最高人民检察院关于适用刑事司法解释时间效力问题的规定》(2001 年 12 月 17 日,高检发释字〔2001〕5 号)。

【最高人民法院司法文件】

三、修订的刑法实施后,各级人民法院必须坚决贯彻执行。对于修订的刑法实施前发生的行为,10 月 1 日实施后尚未处理或者正在处理的案件,依照修订的刑法第十二条的规定办理;对于修订的刑法实施前,人民法院已审结的案件,实施后人民法院按照审判监督程序重新审理的,适用原审结时的有关法律规定。

四、修订的刑法实施前,人民法院审判刑事案件仍然应当依照现行刑法和人大常委会修改、补充刑法的有关决定、补充规定及最高人民法院的有关司法解释,并应遵守刑事诉讼法有关程序和期限的规定。

五、修订的刑法实施后,对已明令废止的全国人大常委会有关决定和补充规定,最高人民法院原作出的有关司法解释不再适用。但是如果修订的刑法有关条文实质内容没有变化的,人民法院在刑事审判工作中,在没有新的司法解释前,可参照执行。其他对于与修订的刑法规定相抵触的司法解释,不再适用。

——《最高人民法院关于认真学习宣传贯彻修订的〈中华人民共和国刑法〉的通知》(1997 年 3 月 25 日,法发〔1997〕3 号)。

二、2021 年 2 月 28 日以前发生的行为,2021 年 3 月 1 日以后尚未处理或者正在处理的,依照《中华人民共和国刑法》第十二条和相关司法解释办理。

办理前款规定的案件,适用经《刑法修正案(十一)》修正的《中华人民共和国刑法》规定的,依照《最高人民法院、最高人民检察院关于执行〈中华人民共和国刑法〉确定罪名的补充规定(七)》(法释〔2021〕2 号)确定罪名。

三、修正前刑法规定的主刑较重但未规定附加刑,修正后刑法规定的主刑较轻但规定并处附加刑的,应当适用修正后刑法的有关规定,在判处主刑时并处附加刑,但应当妥当把握主刑、附加刑的幅度,确保体现从旧兼从轻的原则。

——《最高人民法院、最高人民检察院、公安部、司法部关于适用〈中华人民共和国刑法修正案(十一)〉有关问题的通知》(2021 年 5 月 20 日,法发〔2021〕16 号)。

【最高人民法院答复】

一、1997 年刑法施行以前实施的犯罪行为,1997 年刑法施行以后仍在追诉时效期限内,具有“在人民检察院、公安机关、国家安全机关立案侦查或者在人民法院受理案件以后,逃避侦查或者审判”或者“被害人在追诉期限内提出控告,人民法院、人民检察院、公安机关应当立案而不予立案”情形的，适用1997年刑法第八十八条的规定，不受追诉期限的限制。

二、1997年刑法施行以前实施的犯罪行为，1997年刑法施行时已超过追诉期限的，是否追究行为人的刑事责任，应当适用1979年刑法第七十七条的规定。

——《最高人民法院研究室关于如何理解和适用1997年刑法第十二条第一款规定有关问题征求意见的复函》(2019年6月4日，法研〔2019〕52号)。

一、根据刑法第十二条的规定，应当以行为实施时，而不是审判时，作为新旧法选择适用的判断基础。故《最高人民法院关于适用刑法时间效力规定若干问题的解释》第八条规定的“1997年9月30日以前犯罪，1997年10月1日以后仍在服刑的累犯以及因杀人、爆炸、抢劫、强奸、绑架等暴力性犯罪被判处十年以上有期徒刑、无期徒刑的犯罪分子”，包括1997年9月30日以前犯罪，已被羁押尚未判决的犯罪分子。

二、经《中华人民共和国刑法修正案(八)》修正前刑法第八十一条第二款规定的“暴力性犯罪”，不仅包括杀人、爆炸、抢劫、强奸、绑架五种，也包括故意伤害等其他暴力性犯罪。

——《最高人民法院研究室关于假释时间效力法律适用问题的答复》(2011年7月15日，法研〔2011〕97号)。

009 “单方欺诈型”虚假诉讼行为发生在刑法修正案（九）施行之前，刑法修正案(九)施行之日尚未处理的，应如何处理

关键词｜刑法修正案｜溯及力｜虚假诉讼罪｜诈骗罪｜

【最高人民法院参考案例】

朱港春、李俊乐诈骗案(《刑事审判参考》案例第1371号)

要旨：发生在刑法修正案(九)施行之前，刑法修正案(九)施行后尚未处理完毕，同时符合虚假诉讼罪构成要件和诈骗罪等侵财型犯罪构成要件的行为，适用修正前刑法的有关规定。

(二)“单方欺诈型”虚假诉讼行为发生在刑法修正案(九)施行之前，刑法修正案(九)施行之日尚未处理的，应当适用修正前刑法规定，以诈骗罪定罪处罚

被告人朱港春、李俊乐在债务人已经全部清偿借款的情况下，采用拒不偿还借条、将担保人篡改为借款人等手段，捏造他人对自己负有债务的事实，向人民法院提起民事诉讼，该行为符合刑法第三百零七条之一规定的虚假诉讼罪的构成要件。

但是,虚假诉讼罪是 2015 年 11 月 1 日施行的刑法修正案(九)增设的罪名,朱港春、李俊乐的行为发生在刑法修正案(九)施行之前,而刑法修正案(九)施行之日尚未处理完毕,涉及刑法规范的选择适用问题。

对于刑法规范的选择即刑法的溯及力问题,刑法理论和实践中普遍采用从旧兼从轻原则。刑法第十二条第一款规定:"中华人民共和国成立以后本法施行以前的行为,如果当时的法律不认为是犯罪的,适用当时的法律;如果当时的法律认为是犯罪的,依照本法总则第四章第八节的规定应当追诉的,按照当时的法律追究刑事责任,但是如果本法不认为是犯罪或者处刑较轻的,适用本法。"在立法层面上确立了刑法规范选择的从旧兼从轻原则。为了解决刑法修正案(九)施行之后的刑法规范选择问题,最高人民法院出台了《关于〈中华人民共和国刑法修正案(九)〉时间效力问题的解释》(以下简称《时间效力解释》),对刑法修正案(九)施行前后虚假诉讼罪的认定问题作出了专门规定。根据《时间效力解释》第七条第二款的规定,实施虚假诉讼行为,非法占有他人财产或者逃避合法债务,根据修正前刑法应当以诈骗罪、职务侵占罪或者贪污罪等追究刑事责任的,适用修正前刑法的有关规定。

根据《最高人民法院关于适用刑法第十二条几个问题的解释》的规定,刑法第十二条规定的"处刑较轻",是指刑法对某种犯罪规定的刑罚即法定刑比修订前刑法轻。法定刑较轻是指法定最高刑较轻;如果法定最高刑相同,则指法定最低刑较轻。据此,在某一行为同时符合虚假诉讼罪构成要件和诈骗罪等侵财型犯罪构成要件的情况下,由于诈骗罪等侵财型犯罪的法定最高刑一般高于虚假诉讼罪,根据刑法第三百零七条之一第三款的规定,应以诈骗罪等侵财型犯罪从重处罚。但是,如果适用修正前刑法的规定,对该行为应直接以诈骗罪等侵财型犯罪定罪处罚,无从重处罚的要求。《时间效力解释》第七条第二款规定,对发生在刑法修正案(九)施行之前,刑法修正案(九)施行后尚未处理完毕,同时符合虚假诉讼罪构成要件和诈骗罪等侵财型犯罪构成要件的行为,适用修正前刑法的有关规定。因而,本案认定为诈骗罪等侵财型犯罪,是贯彻落实从旧兼从轻原则的必然结果。

——《刑事审判参考》(总第 124 辑)。

010 在虚假诉讼犯罪案件处理中,应如何正确适用从旧兼从轻原则

关键词|虚假诉讼|从旧兼从轻|

【最高人民法院参考案例】

张崇光、张崇荣虚假诉讼案(《刑事审判参考》案例第1380号)

要旨:根据司法解释确定的比较方法,妨害作证罪、帮助伪造证据罪和虚假诉讼罪的法定最高刑相同,但妨害作证罪和帮助伪造证据罪的法定最低刑均为拘役,而虚假诉讼罪的法定最低刑为管制和罚金,故虚假诉讼罪系处刑较轻的罪名。

(二)如何在虚假诉讼犯罪案件中正确适用从旧兼从轻原则

被告人张崇光、张崇荣实施以捏造的事实提起民事诉讼的行为时,刑法中并无虚假诉讼罪这一罪名。在这种情况下,应当分析二被告人的行为是否符合刑法规定的其他犯罪的构成要件,不能简单地以刑法中未规定虚假诉讼罪为由,认定二被告人的行为不构成犯罪。

首先,被告人张崇光的行为符合妨害作证罪的构成要件。妨害作证罪,是指采用暴力、威胁、贿买等方法阻止证人作证或者指使他人作伪证的行为。妨害作证罪是举动犯,只要实施了妨害作证行为,均可能构成本罪。妨害作证行为既可以发生在民事案件中,也可以发生在刑事案件、经济案件和行政案件中。妨害作证行为既可以发生在诉讼活动过程中,也可以发生在当事人或者公诉机关提起诉讼以前,行为人在提起诉讼以前实施妨害作证行为的,同样会影响即将进行的诉讼活动,妨害司法机关的正常诉讼活动,与在诉讼过程中实施妨害作证行为的社会危害性并不存在本质区别。张崇光为达到虚构建筑工程优先受偿权、逃避人民法院强制执行的目的,指使被告人张崇荣作伪证,伪造建筑工程施工合同,捏造虚假的债权债务关系和民事纠纷,并以伪造的证据为依据向人民法院提起民事诉讼,行为符合妨害作证罪的构成要件。

其次,被告人张崇荣的行为符合帮助伪造证据罪的构成要件。刑法第三百零七条第二款规定的帮助毁灭、伪造证据属于选择性罪名,其中,帮助伪造证据罪,是指帮助诉讼活动中的当事人伪造证据,情节严重的行为。本罪中的当事人范围较广,既包括刑事诉讼中的被害人、自诉人、犯罪嫌疑人、被告人和附带民事诉讼原告人,也包括民事诉讼中的原告、被告、共同诉讼人、第三人,以及行政诉讼中的原告、被告,等等。所谓伪造证据,是指凭空捏造实际根本不存在的证据,或者对现有证据进行篡改、歪曲、加工、整理使其脱离事实真相的行为。帮助当事人伪造证据必须达到情节严重的程度才能构成本罪;所谓情节严重,主要是指行为人犯罪动机卑劣、多次帮助当事人伪造证据、帮助重大案件当事人伪造证据、因实施帮助伪造证据行为导致诉讼活动无法正常进行或者中止,以及导致错案错判、造成恶劣影响等情形。张崇荣帮助民事诉讼中的被告张崇光在虚构的建筑工程施工合同上以承包人的身份签字,伪造重要证据并据以提起民事诉讼,导致人民法院基于该证据出具民事调解书,严重影响农行临海支行诉金意来公司借款纠纷一案民事判决的正常执行,已达到情节严重的程度,行为符合帮助伪造证据罪的构成要件。

在认定被告人张崇光、张崇荣的行为依照行为时法构成妨害作证罪和帮助伪造证据罪、根据裁判时法构成虚假诉讼罪的情况下,需要根据从旧兼从轻原则,选择适用刑法规范确定其刑事责任。《最高人民法院关于〈中华人民共和国刑法修正案(九)〉时间效力问题的解释》第七条规定:"对于2015年10月31日以前以捏造的事实提起民事诉讼,妨害司法秩序或者严重侵害他人合法权益,根据修正前刑法应当以伪造公司、企业、事业单位、人民团体印章罪或者妨害作证罪等追究刑事责任的,适用修正前刑法的有关规定。但是,根据修正后刑法第三百零七条之一的规定处刑较轻的,适用修正后刑法的有关规定。"上述规定是从旧兼从轻原则在虚假诉讼犯罪案件处理过程中的具体体现。但是,如何正确理解刑法第十二条和该解释第七条规定中的"处刑较轻",理论和实践中仍然存在不同理解:第一种意见认为,"处刑较轻"是指可能判处的实际刑罚较轻;第二种意见认为,"处刑较轻"是指刑法规定的法定刑较轻。本案中,二审出庭检察员建议改判二被告人分别构成妨害作证罪和帮助伪造证据罪,判处有期徒刑,不并处罚金,明显采纳了第一种意见。

我们赞同第二种意见。这里涉及的主要问题在于,"处刑较轻"的判断标准是法定刑还是宣告刑。《最高人民法院关于适用刑法第十二条几个问题的解释》(以下简称《问题解释》)第一条规定:"刑法第十二条规定的'处刑较轻',是指刑法对某种犯罪规定的刑罚即法定刑比修订前刑法轻。法定刑较轻是指法定最高刑较轻;如果法定最高刑相同,则指法定最低刑较轻。"据此,确定两个以上罪名的刑罚轻重,判断标准是刑法针对各个罪名规定的法定刑,而非人民法院判决确定的宣告刑。如果刑法规定的某一罪名的法定刑比另一罪名的法定刑轻,即使人民法院判决最终确定的宣告刑由于存在附加刑而对被告人更为不利,也不能认定法定刑较轻的罪名属于重罪。具体判断过程中,应当首先比较不同罪名的主刑,主刑相同的,再比较附加刑。

本案涉及的比较对象为妨害作证罪、帮助伪造证据罪和虚假诉讼罪。根据刑法的规定,帮助伪造证据罪仅有三年以下有期徒刑或者拘役一个法定刑幅度,而妨害作证罪和虚假诉讼罪各有两个法定刑幅度。《问题解释》第二条规定:"如果刑法规定的某一犯罪只有一个法定刑幅度,法定最高刑或者最低刑是指该法定刑幅度的最高刑或者最低刑;如果刑法规定的某一犯罪有两个以上的法定刑幅度,法定最高刑或者最低刑是指具体犯罪行为应当适用的法定刑幅度的最高刑或者最低刑。"根据在案证据,被告人张崇光、张崇荣所犯虚假诉讼罪以及张崇光所犯妨害作证罪均不属于情节严重,妨害作证罪应当适用的法定刑幅度为三年以下有期徒刑或者拘役,虚假诉讼罪应当适用的法定刑幅度为三年以下有期徒刑、拘役或者管制,并处或者单处罚金。根据司法解释确定的比较方法,妨害作证罪、帮助伪造证据罪和虚假诉讼罪的法定最高刑相同,但妨害作证罪和帮助伪造证据罪的法定最低刑均为拘役,而虚假诉讼罪的法定最低刑为管制和罚金,故虚假诉讼罪系处刑较轻的罪名。

综上,一审、二审法院对被告人张崇光、张崇荣均以虚假诉讼罪定罪处罚,符合从旧兼从轻原则,是适当的。

——《刑事审判参考》(总第 124 辑)。

011 刑事司法解释是对刑法本来含义作出的具体适用的解释，其溯及效力应与法律的溯及力相同

关键词｜刑事司法解释｜溯及力｜

【最高人民法院参考案例】

杨海波等贩卖淫秽物品牟利案(《刑事审判参考》案例第 5 号)

要旨:司法解释是对法律本来含义作出的具体适用的解释,因此其溯及效力应当与法律的溯及力相同。在我国的司法实践中,虽然并不因司法解释新的具体规定再去纠正、修改以前已经生效的判决裁定,但是,只要案件起诉后,无论是在一审还是二审阶段发布了有关司法解释,均应当适用该解释,与有关法律一并作为定罪处刑的依据。

最高人民法院 1998 年 12 月 17 日《关于审理非法出版物刑事案件具体应用法律若干问题的解释》(以下简称《解释》),对刑法规定的贩卖淫秽物品牟利罪名中的罪与非罪的界限、什么是“情节严重”“情节特别严重”作出了具体解释,为人民法院在全国范围内开展的“扫黄打非”斗争提供了定罪量刑的数量标准。

本案发生在 1998 年 6 月 13 日,即在《解释》发布施行之前,本案二审期间,《解释》发布施行。由于司法解释是对法律本来含义作出的具体适用的解释,因此其溯及效力应当与法律的溯及力相同。在我国的司法实践中,虽然并不因司法解释新的具体规定再去纠正、修改以前已经生效的判决裁定,但是,只要案件起诉后,无论是在一审还是二审阶段发布了有关司法解释,均应当适用该解释,与有关法律一并作为定罪处刑的依据。因此,本案的审理应当适用该解释。

——《刑事审判参考》(总第 1 辑)。

【链接：最高人民法院法官著述】

刑事司法解释不属于法律，但是刑事司法解释又具有法律效力，也是人民法院裁判的重要依据，对司法实践有很大的作用。我们认为，除了有特殊规定的以外，司法解释本身没有自己独立的时间效力，因为司法解释是依据法律的适用问题所作的解释，依法解释是它的基本原则，它只不过是把法律规定得不明确，或者理解有不同意见的问题规定得更加明确，更加具体。所以从理论上讲，应当认为司法解释是符合立法原意的，是和法律规定精神一致的，它的效力也是依附于法律的效力。原则上讲，法律什么时候生效，司法解释就应当什么时候有效。但是在司法实践中，司法解释往往滞后，但滞后是客观的，因为司法解释是在总结司法实践的基础上作出的，不可能一个法律公布后马上就全部解释了。即便作了解释，这个解释也不一定符合实际情况，所以滞后是正常的。滞后就可能产生问题，因为案件总是要判的，法律一生效，就要受理案件，就要审判案件。在这种情况下，也可能过去判的案件和现在的司法解释规定不一致。我们认为，总的原则是：第一点，只要是在司法解释发布的时候正在审理的案件，或者没有审理的案件，只要发生在司法解释所解释的这个法律生效之后，都要适用这个司法解释。第二点，司法解释发布之前已经处理的案件，如果没有太大的错误，原则上不再变动。为什么？一是因为过去法律规定不明确，二是维护法院判决的严肃性和稳定性。第三点，对于涉及罪与非罪的，涉及量刑畸轻畸重的，可以按照审判监督程序纠正。

——胡云腾主编：《刑法办案思路与疑难释解（第一卷）》，中国法制出版社2022年版，第41页。

012 对某一问题，1997年刑法施行前和施行后均有相关司法解释，如果行为发生在1997年刑法施行之后、相关司法解释颁布生效之前，应如何适用司法解释

关键词｜刑事司法解释｜溯及力｜从旧兼从轻｜

【最高人民法院答复】

原审被告人侯磊非法买卖枪支的行为发生在修订后的《刑法》实施以后，而该案审理时《最高人民法院关于审理非法制造、买卖、运输枪支、弹药、爆炸物等刑事案件具体应用法律若干问题的解释》尚未颁布，因此，依照我院法发〔1997〕3号《关于认真学习宣传贯彻修订的〈中华人民共和国刑法〉的通知》的精神，该案应参照1995年9月20日最高人民法院法发〔1995〕20号《关于办理非法制造、买卖、运输

非军用枪支、弹药刑事案件适用法律问题的解释》的规定办理。

——《最高人民法院关于九七刑法实施后发生的非法买卖枪支案件，审理时新的司法解释尚未作出，是否可以参照1995年9月20日最高人民法院〈关于办理非法制造、买卖、运输非军用枪支、弹药刑事案件适用法律问题的解释〉的规定审理案件请示的复函》(2003年7月29日，〔2003〕刑立他字第8号)。

【最高人民法院参考案例】

朱香海、左正红等非法买卖枪支、贪污案(《刑事审判参考》案例第328号)

要旨：对某一问题，1997年刑法施行前和施行后均有相关司法解释，如果行为发生在1997年刑法施行之后、相关司法解释颁布生效之前，不应当适用1997年刑法施行之前的司法解释，而应当适用刑法施行后的司法解释。

对于1997年刑法施行以后，2001年5月15日发布的《关于审理非法制造、买卖、运输枪支、弹药、爆炸物等刑事案件具体应用法律若干问题的解释》(以下简称2001年《解释》)施行以前实施的非法买卖枪支犯罪，是参照执行1995年9月20日发布的《关于办理非法制造、买卖、运输非军用枪支、弹药刑事案件适用法律问题的解释》(以下简称1995年《解释》)，还是适用2001年《解释》？我们认为，应当适用后者。理由是：

第一，《最高人民法院关于司法解释工作的若干规定》第十二条规定："司法解释在颁布了新的法律，或在原法律修改、废止，或者制定了新的司法解释后，不再具有法律效力。"1995年《解释》是最高人民法院对1979年刑法第一百一十二条的解释，如果行为发生于1997年刑法施行以后，则1995年《解释》对1997年刑法施行以后发生的行为不具有法律效力。

第二，《最高人民法院、最高人民检察院关于适用刑事司法解释时间效力问题的规定》第一条规定："司法解释是最高人民法院对审判工作中具体应用法律问题和最高人民检察院对检察工作中具体应用法律问题所作的具有法律效力的解释，自发布或者规定之日起施行，效力适用于法律的施行期间。"第二条规定："对于司法解释实施前发生的行为，行为时没有相关司法解释，司法解释施行后尚未处理或者正在处理的案件，依照司法解释的规定办理。"第四条规定："对于在司法解释施行前已办结的案件，按照当时的法律和司法解释，认定事实和适用法律没有错误的，不再变动。"换言之，司法解释是最高司法机关对法律条文本身含义的进一步明确，其时间效力与其所解释的法律相同。

最高人民法院2001年5月15日法释〔2001〕15号公告明确，2001年《解释》自2001年5月16日起施行，其主要目的在于维护判决的既判力，即只要该司法解释施行前已办结的案件在认定事实和适用法律方面没有错误，即使在定罪量刑标准上与2001年《解释》不一致,也不能根据2001年《解释》对已经生效的裁判提起审判监督程序进行再审。而对于2001年《解释》施行以后尚未处理或者正在处理的案件,只要应当适用其解释的法律,2001年《解释》就适用该案件。本案各被告人非法买卖枪支的行为均发生于1997年刑法施行期间,应当适用1997年刑法,也当然应当适用2001年《解释》。

第三,1997年3月25日《最高人民法院关于认真学习宣传贯彻修订的〈中华人民共和国刑法〉的通知》第五条规定:“修订的刑法实施后,对已明令废止的全国人大常委会有关决定和补充规定,最高人民法院原作出的有关司法解释不再适用。但是如果修订的刑法有关条文实质内容没有变化的,人民法院在刑事审判工作中,在没有新的司法解释前,可参照执行。其他对于与修订的刑法规定相抵触的司法解释,不再适用。”因此,对于发生于1997年刑法施行以后的刑事案件,参照执行1997年刑法施行以前颁行的司法解释的前提条件是“刑法有关条文实质内容没有变化”,且“没有新的司法解释”。虽然1997年刑法第一百二十五条与1979年刑法第一百一十二条的实质内容没有变化,但在2001年《解释》已对1997年刑法第一百二十五条的含义进行了解释的情况下,就不能参照执行1995年《解释》。

——《刑事审判参考》(总第42辑)。

013 对于同一个具体应用法律问题,最高司法机关在刑法颁布生效期间先后作出了两个司法解释的,应如何适用司法解释

关键词 | 刑事司法解释 | 溯及力 | 从旧兼从轻 |

【最高人民法院参考案例】

谭慧渊、蒋菊香侵犯著作权案(《刑事审判参考》案例第417号)

要旨:对于同一个具体应用法律问题,最高司法机关在刑法颁布生效期间先后作出了两个司法解释的,需要适用从旧兼从轻原则,选择适用对被告人最有利的司法解释。

对于新的司法解释实施前发生的行为,行为时已有相关司法解释对有关法律条文进行解释的,应当适用从旧兼从轻原则,依照行为时的司法解释办理,但适用新的司法解释对犯罪嫌疑人、被告人有利的,应适用新的司法解释。

如本案裁判生效前,对于侵犯著作权犯罪的法律适用,最高人民法院先后公布了两个司法解释,一个是1998年12月17日公布的《最高人民法院关于审理非法出版物刑事案件具体应用法律若干问题的解释》(以下简称《非法出版物刑事案件解释》);另一个是2004年12月8日公布的《最高人民法院、最高人民检察院关于

办理侵犯知识产权刑事案件具体应用法律若干问题的解释》(以下简称《知识产权刑事案件解释》)。

《非法出版物刑事案件解释》第二条对侵犯著作权罪作的规定为:“以营利为目的,实施刑法第二百一十七条所列侵犯著作权行为之一,个人违法所得数额在五万元以上,单位违法所得数额在二十万元以上的,属于‘违法所得数额较大’;具有下列情形之一的,属于‘有其他严重情节’:(一)因侵犯著作权曾经两次以上被追究行政责任或者民事责任,两年内又实施刑法第二百一十七条所列侵犯著作权行为之一的;(二)个人非法经营数额在二十万元以上,单位非法经营数额在一百万元以上的;(三)造成其他严重后果的。以营利为目的,实施刑法第二百一十七条所列侵犯著作权行为之一,个人违法所得数额在二十万元以上,单位违法所得数额在一百万元以上的,属于‘违法所得数额巨大’。具有下列情形之一的,属于‘有其他特别严重情节’:(一)个人非法经营数额在一百万元以上,单位非法经营数额在五百万元以上的;(二)造成其他特别严重后果的。”

《知识产权刑事案件解释》第五条对侵犯著作权罪作的规定为:“以营利为目的,实施刑法第二百一十七条所列侵犯著作权行为之一,违法所得数额在三万元以上的,属于‘违法所得数额较大’;具有下列情形之一的,属于‘有其他严重情节’,应当以侵犯著作权罪判处三年以下有期徒刑或者拘役,并处或者单处罚金:(一)非法经营数额在五万元以上的;(二)未经著作权人许可,复制发行其文字作品、音乐、电影、电视、录像作品、计算机软件及其他作品,复制品数量合计在一千张(份)以上的;(三)其他严重情节的情形。”第十五条规定:“单位实施刑法第二百一十三条至第二百一十九条规定的行为,按照本解释规定的相应个人犯罪的定罪量刑标准的三倍定罪量刑。”

《知识产权刑事案件解释》颁行后,就应当适用于所有正在审理和尚未审理的侵犯知识产权犯罪案件,即使侵犯知识产权犯罪行为发生在该司法解释施行以前,这是司法解释适用的一般原则。但是,由于之前施行的《非法出版物刑事案件解释》也对刑法第二百一十七条规定的侵犯著作权罪的定罪处刑标准作了规定,那么就涉及对于《知识产权刑事案件解释》颁行以前发生但在其颁行以后才处理的侵犯著作权刑事案件,是适用《非法出版物刑事案件解释》还是《知识产权刑事案件解释》的问题。对此,《最高人民法院、最高人民检察院关于适用刑事司法解释时间效力问题的规定》第三条规定:“对于新的司法解释实施前发生的行为,行为时已有相关司法解释,依照行为时的司法解释办理,但适用新的司法解释对犯罪嫌疑人、被告人有利的,适用新的司法解释。”据此,对于同一个具体应用法律问题先后有两个司法解释的,应当根据刑法第十二条第一款规定的从旧兼从轻原则,选择适用对被告人最有利的司法解释。从以上两个司法解释对于侵犯著作权罪的规定可以看出，按照从旧兼从轻的原则，对于2004年12月21日以前发生的正在审理和尚未审理的侵犯著作权刑事案件，显然应当适用《非法出版物刑事案件解释》。

——《刑事审判参考》(总第53辑)。

014 二审期间因刑法修改及司法解释出台导致定罪量刑标准发生变化的，应如何适用法律

关键词 | 刑法修正案 | 刑事司法解释 | 溯及力 | 从旧兼从轻 |

【最高人民法院参考案例】

耿三有受贿案(《刑事审判参考》案例第1150号)

要旨：本案被告人耿三有共计受贿人民币75.7815万元，根据1997年刑法的规定，应处以"十年以上有期徒刑或者无期徒刑"。在二审审理期间，根据修正后的刑法及司法解释的规定，受贿数额二十万元以上不满三百万元的属于"数额巨大"，应处"三年以上十年以下有期徒刑"。耿三有受贿75.7815万元，属于"数额巨大"，应处"三年以上十年以下有期徒刑"。与旧法相比，修改后的刑法及相关司法解释的处罚明显较轻，这种情况下应遵循从旧兼从轻的刑法适用原则，适用处罚较轻的新标准对被告人定罪量刑。

(一)刑法修正案亦应适用从旧兼从轻原则

我国刑法(1997年刑法)对于溯及力问题，从实际需要和罪刑法定的要求出发，采用了从旧兼从轻的原则。刑法第十二条规定："中华人民共和国成立以后本法施行以前的行为，如果当时的法律不认为是犯罪的，适用当时的法律；如果当时的法律认为是犯罪的，依照本法总则第四章第八节的规定应当追诉的，按照当时的法律追究刑事责任，但是如果本法不认为是犯罪或者处刑较轻的，适用本法。本法施行以前，依照当时的法律已经作出的生效判决，继续有效。"对此，我们认为，刑法修正案仍然应当贯彻刑法所规定的从旧兼从轻原则，区分以下不同情况进行处理：

1. 1997年刑法不认为是犯罪，刑法修正案认为是犯罪的，只能适用刑法修正案生效以前的刑法，刑法修正案不具有溯及力。因此，不能以刑法修正案已经将该行为规定为犯罪、犯罪的主体范围已经扩大、犯罪构成的行为要件标准已经降低为由而追究行为人的刑事责任。

2. 1997年刑法认为是犯罪，但刑法修正案不认为是犯罪的，只要这种行为未经审判或者判决尚未生效，应当适用刑法修正案的规定，即刑法修正案具有溯及力。

3. 1997年刑法和刑法修正案都认为是犯罪，并且按照刑法第四章第八节的规

定应当追诉的,原则上应按 1997 年刑法追究刑事责任。但是,如果 1997 年刑法处罚比刑法修正案重的,则适用刑法修正案。

4. 根据 1997 年刑法已经作出了生效判决的,该判决继续有效。即使按刑法修正案的规定,其行为不构成犯罪或者处刑较 1997 年刑法要轻,也不例外。因为,对一种行为刑法是否溯及适用,只限于未经审理或者虽经审理但尚未作出生效判决的场合;已经生效的判决,不应根据刑法的规定加以改变,以维护人民法院生效判决的严肃性和稳定性。[①] 对此,1997 年刑法第十二条第二款已作出了明确规定。

就本案来讲,一审判决日期为 2015 年 10 月 19 日,宣判后被告人提出上诉,刑法修正案(九)于 2015 年 8 月 29 日公布、同年 11 月 1 日起施行,此时本案正在二审审理之中。因此,本案能否适用刑法修正案(九)关键在于比较 1997 年刑法和刑法修正案(九)对于贪污受贿犯罪的刑罚哪个更轻,如果刑法修正案(九)更轻,则应适用修正案。但是刑法修正案(九)只是将贪污贿赂犯罪的定罪量刑标准由以前规定的单纯的数额标准,修改为数额加情节的标准,并将数额划分为"数额较大""数额巨大"及"数额特别巨大"三个层次,而没有规定"数额较大""数额巨大"及"数额特别巨大"的具体标准,据此无法确定被告人耿三有受贿犯罪的具体情节和应适用的刑罚,也就无从比较新旧刑法规定的刑罚孰轻孰重。2016 年 4 月 18 日,《解释》[②]公布并自该日起施行,进一步将刑法修正案(九)规定的"数额较大""数额巨大"及"数额特别巨大"的标准明确化、具体化。那么对于本案《解释》是否具有溯及力?

我们认为,从刑法司法解释本身的性质来看,按照最高人民法院 2007 年 3 月 9 日颁布的《关于司法解释工作的规定》第六条的规定,司法解释只能对刑事司法实践活动中具体适用刑事法律问题进行解释,是立法原意内就如何具体应用刑事法律中所产生的问题加以明确化、具体化。所以,司法解释具有依附性特征,即必须严格地依附于所解释的刑法条文之规定,不能创制新的法律,不得对刑法修改、补充。因此,它的效力与其所解释的刑法效力同步,也即它的生效时间应与其所解释的刑法生效时间相同。从这个角度理解,《解释》应与刑法修正案(九)的效力同步,即《解释》虽于 2016 年 4 月 18 日公布,但其效力可以溯及至 2015 年 11 月 1 日刑法修正案(九)施行之日。

此外,2001 年 12 月 7 日,最高人民法院、最高人民检察院颁布的《关于适用刑事司法解释时间效力问题的规定》(以下简称《规定》)明确规定:"二、对于司法解释实施前发生的行为,行为时没有相关司法解释,司法解释施行后尚未处理或者正

---

① 黄太云:《刑法修正案和刑法立法解释溯及力问题探析》,载《人民检察》2006 年第 19 期。

② 即《最高人民法院、最高人民检察院关于办理贪污贿赂刑事案件适用法律若干问题的解释》(法释〔2016〕9 号)。

在处理的案件,依照司法解释的规定办理。三、对于新的司法解释实施前发生的行为,行为时已有相关司法解释,依照行为时的司法解释办理,但适用新的司法解释对犯罪嫌疑人、被告人有利的,适用新的司法解释。四、对于在司法解释施行前已办结的案件,按照当时的法律和司法解释,认定事实和适用法律没有错误的,不再变动。”具体到司法实践中,对于某一司法解释的适用应先看该解释出台前是否对同一问题有其他解释,如果没有其他解释,该解释是唯一司法解释,则适用该解释。如果在同一问题上先后出台两个解释且内容出现矛盾时,应选择有利于犯罪嫌疑人、被告人的司法解释作为定罪量刑之依据。

本案中,被告人耿三有共计受贿人民币 75.7815 万元,根据 1997 年刑法的规定,应处以“十年以上有期徒刑或者无期徒刑”,故一审法院判处其有期徒刑十二年并无不当;在二审审理期间,根据修正后的刑法及司法解释的规定,受贿数额二十万元以上不满三百万元的属于“数额巨大”,应处“三年以上十年以下有期徒刑”。耿三有受贿 75.7815 万元,属于“数额巨大”,应处“三年以上十年以下有期徒刑”。与旧法相比,修改后的刑法及相关司法解释的处罚明显较轻,这种情况下应遵循从旧兼从轻的刑法适用原则,适用处罚较轻的新标准对被告人定罪量刑,即刑法修正案(九)和《解释》对本案均有溯及力。因此,二审法院按照从旧兼从轻的原则将耿三有的刑期改判为有期徒刑五年是符合法律规定的。

——《刑事审判参考》(总第 106 辑)。

015 “跨法犯”的刑法适用

关键词|跨法犯|持续犯|连续犯|溯及力|

【链接:最高人民法院法官著述】

“跨法犯”是 1997 年新刑法颁布施行后产生的一个新的概念。它是指行为人的行为开始于新刑法生效之前而结束于新刑法生效以后,跨越新旧刑法的一种犯罪形态。由于“跨法犯”中涉及的部分行为发生于新刑法生效以前,因此,研究“跨法犯”无法回避刑法中的溯及力问题。

对于“跨法犯”的刑法适用问题,理论上存在几种不同的观点:有人认为,“跨法犯”涉及新旧刑法的适用,应采用从旧兼从轻原则,即原则上适用旧刑法,只有在新刑法比旧刑法处刑较轻的情况下才适用新刑法。其理由是:“跨法犯”的行为始于新刑法生效之前,尽管新刑法生效后仍有部分行为,但只是初始行为的持续或连续,总体上应认为是新刑法生效之前的行为,所以不能排除从旧兼从轻原则的适用。有人则认为,“跨法犯”的行为始于旧刑法有效期,终于新刑法生效后。从行为的阶段性来看，一般应分别适用旧刑法和新刑法。其理由是："跨法犯"的部分行为在旧刑法有效期内，部分行为在新刑法生效后。对新刑法生效前的行为，按从旧兼从轻原则，一般应适用旧刑法；而新刑法生效后的行为，则一般适用新刑法。还有人认为，对"跨法犯"应一律适用新刑法。其理由是："跨法犯"之所以跨越新旧刑法，是由于其行为处于连续或继续状态，从实施犯罪行为开始到行为终了这一过程中，行为人都是处于犯罪的状态，且"跨法犯"的犯罪行为终了于新刑法生效后。按刑法第八十九条规定："追诉期限从犯罪之日起计算；犯罪行为有连续或者继续状态的，从犯罪行为终了之日起计算……"因此，对"跨法犯"应以新刑法生效后的犯罪行为对待，统一适用新刑法。

理论上对上述几个观点中的第三种观点一般较为认同，而司法实践中也有相应的司法解释。1998 年 12 月 2 日，《最高人民检察院关于对跨越修订刑法施行日期的继续犯罪、连续犯罪以及其他同种数罪应如何具体适用刑法问题的批复》中指出：(1)对于开始于 1997 年 9 月 30 日以前，继续到 1997 年 10 月 1 日以后终了的继续犯罪，应当适用修订刑法一并进行追诉。(2)对于开始于 1997 年 9 月 30 日以前，连续到 1997 年 10 月 1 日以后的连续犯罪，或者在 1997 年 10 月 1 日前后分别实施同种类数罪，其中罪名、构成要件、情节以及法定刑均没有变化的，应当适用修订刑法，一并进行追诉；罪名、构成要件、情节以及法定刑已经变化的，也应当适用修订刑法，一并进行追诉，但是修订刑法比原刑法所规定的构成要件和情节较为严格，或者法定刑较重的，在提起公诉时应当提出酌情从轻处理意见。

我们基本赞同理论和司法实践中的对于"跨法犯"应适用新刑法的观点。但是，在对"跨法犯"适用新刑法时应注意几个问题：

其一，不要任意扩大"跨法犯"的范围。按照通论，"跨法犯"的行为必须具有"继续或者连续"状态，即按"跨法犯"处理的犯罪必须是通常所说的持续犯和连续犯。由于持续犯是指犯罪行为在一定时间内呈持续状态的犯罪，其本质在于行为随着形态的持续而持续，并随着形态的停止而终了。连续犯则是指行为人基于数个同一的犯罪故意，连续多次实施数个性质相同的犯罪的行为，触犯同一罪名的犯罪形态。可见，同种类的犯罪并有连续或者持续状态是认定"跨法犯"最重要的依据。当然，如果同样的行为在新旧刑法中规定为不同的罪名，则同样也可以按同种类的犯罪认定。例如，行为人开始于新刑法生效前并连续到新刑法生效后的聚众斗殴行为，由于原刑法对于聚众斗殴行为是以流氓罪认定的，而新刑法则以聚众斗殴罪认定。尽管罪名不同，但由于行为人的行为完全相同，所以仍可以按新刑法的聚众斗殴罪统一加以认定，而不需要实施数罪并罚。同样的情况在诈骗类犯罪案件的认定和处理中更为常见。但是，理论上和实践中我们应该注意不要将"隔时犯"作为"跨法犯"对待。即对于行为发生在新刑法生效之前，但是行为并没有连续或者继续状态，只是结果发生在新刑法生效以后的情况，我们仍然应该以行为时法（即旧刑法）作为定罪量刑的依据，而不能对行为人的行为适用新刑法。

其二，如果在新刑法规定的法定刑重于旧刑法时，对于“跨法犯”虽然仍然应当适用新刑法的规定，但是在量刑时理应对新刑法生效前的行为作从轻考虑。这首先是因为，以行为终了时的法律作为适用依据，符合我国刑法有关追诉期限的规定。由于我国刑法对继续犯和连续犯的追诉期限采用以行为终了时有效的法律为准，因此尽管刑法并未对“跨法犯”问题作专门的规定，但同一刑法条文中的规定理应保持一致性，也即对于“跨法犯”也应以行为终了时的法律作为适用依据。其次，以行为终了时的法律作为适用依据，也并非我们国家的独创，其他国家也有如此做法。

其三，对“跨法犯”适用行为终了时的法律并不意味着我们可以不考虑有利于被告人的原则。相反，由于“跨法犯”中的行为确实有一部分是发生在新刑法生效之前的，如果新刑法所规定的法定刑重于旧刑法，简单适用新刑法就必然会导致出现不利于被告人的结果。从罪刑法定原则要求出发，我们理应在量刑时将这一情况作为从轻处罚的考虑因素。只有这样才能既做到保持刑法规定的一致性，又不违背罪刑法定原则中有利于被告人的精神。

——胡云腾主编：《刑法办案思路与疑难释解（第一卷）》，中国法制出版社2022年版，第39—41页。

016 刑法第十二条中“处刑较轻”的理解与适用

关键词｜溯及力｜处刑较轻｜法定刑｜宣告刑｜

【最高人民法院司法解释】

第一条　刑法第十二条规定的“处刑较轻”，是指刑法对某种犯罪规定的刑罚即法定刑比修订前刑法轻。法定刑较轻是指法定最高刑较轻；如果法定最高刑相同，则指法定最低刑较轻。

第二条　如果刑法规定的某一犯罪只有一个法定刑幅度，法定最高刑或者最低刑是指该法定刑幅度的最高刑或者最低刑；如果刑法规定的某一犯罪有两个以上的法定刑幅度，法定最高刑或者最低刑是指具体犯罪行为应当适用的法定刑幅度的最高刑或者最低刑。

第三条　一九九七年十月一日以后审理一九九七年九月三十日以前发生的刑事案件，如果刑法规定的定罪处刑标准、法定刑与修订前刑法相同的，应当适用修订前的刑法。

——《最高人民法院关于适用刑法第十二条几个问题的解释》(1998 年 1 月 13 日,法释〔1997〕12 号)。

【链接：最高人民法院法官著述】

我们认为,比较处刑的轻重应以法定刑作为标准,而不能以实际宣告刑作为标准。以法定刑作为比较标准,不仅符合立法原意,而且也便于实际司法操作。这主要是因为,如果以行为时法与裁判时法对某一具体犯罪行为所作的具体宣告刑的轻重作为比较标准,这就意味着,人民法院在选择法律时,必须先以行为时法对行为人的行为作一次量刑,然后再以裁判时法对行为人的行为再作一次量刑,并在两次量刑后,比较具体量刑结果的轻重,从而选择法律,再作一次最后量刑。这样做不仅大大增加了法院的工作量,而且也违反量刑的一般原则,因为,在没有选择好法律的情况下进行量刑本身就存在不妥之处。

以法定刑作为比较处刑轻重的标准,其科学性在于法定刑比较直观、明确且具有可比性,而且法定刑的轻重直接反映了立法者对某一犯罪行为所作的评价,所以其最接近立法原意。就此而言,以法定刑作为比较轻重的标准,并按法定最高刑、法定最低刑为比较顺序,无疑是正确的。

——胡云腾主编:《刑法办案思路与疑难释解(第一卷)》,中国法制出版社 2022 年版,第 38 页。

四、其他

017 修正前后刑法条文在裁判文书中的表述

关键词｜刑法条文表述｜刑事裁判文书｜

【最高人民法院司法解释】

近来，一些法院就在裁判文书中引用修正前后刑法条文如何具体表述问题请示我院。经研究，批复如下：

一、根据案件情况，裁判文书引用1997年3月14日第八届全国人民代表大会第五次会议修订的刑法条文，应当根据具体情况分别表述：

（一）有关刑法条文在修订的刑法施行后未经修正，或者经过修正，但引用的是现行有效条文，表述为“《中华人民共和国刑法》第××条”。

（二）有关刑法条文经过修正，引用修正前的条文，表述为“1997年修订的《中华人民共和国刑法》第××条”。

（三）有关刑法条文经两次以上修正，引用经修正、且为最后一次修正前的条文，表述为“经××××年《中华人民共和国刑法修正案（×）》修正的《中华人民共和国刑法》第××条”。

二、根据案件情况，裁判文书引用1997年3月14日第八届全国人民代表大会第五次会议修订前的刑法条文，应当表述为“1979年《中华人民共和国刑法》第××条”。

三、根据案件情况，裁判文书引用有关单行刑法条文，应当直接引用相应该条例、补充规定或者决定的具体条款。

四、《最高人民法院关于在裁判文书中如何引用修订前、后刑法名称的通知》（法〔1997〕192号）、《最高人民法院关于在裁判文书中如何引用刑法修正案的批复》（法释〔2007〕7号）不再适用。

——《最高人民法院关于在裁判文书中如何表述修正前后刑法条文的批复》（2012年6月1日，法释〔2012〕7号）。

【链接：理解与适用】

《批复》第一条明确了在裁判文书中引用1997年3月14日第八届全国人民代

表大会第五次会议修订的刑法条文如何表述的问题。对于此种情形,应当区分三种情况分别表述:

1. 有关刑法条文在 1997 年 10 月 1 日后未经修正,或者经过修正,但引用的是现行有效条文,表述为"《中华人民共和国刑法》第××条"

例如,刑法第二百六十三条(抢劫罪)在 1997 年 10 月 1 日后未经修正,故引用该条文的,应当表述为"《中华人民共和国刑法》第二百六十三条";又如,刑法第二百六十四条(盗窃罪)经 2011 年 2 月 25 日刑法修正案(八)修正,如根据案件情况和从旧兼从轻原则,对被告人应适用修正后即现行有效刑法条文的,也应表述为"《中华人民共和国刑法》第二百六十四条"。

有关刑法条文在 1997 年 10 月 1 日后如未经修正,引用时应表述为"《中华人民共和国刑法》第××条",对此不存在认识分歧。但对有关刑法条文在 1997 年 10 月 1 日后经过修正,而引用的是现行有效条文的,应当如何表述,在《批复》起草过程中曾有不同意见。有一种意见认为,为明确起见,此种情形下,应表述为"经××××年《中华人民共和国刑法修正案(×)》修正的《中华人民共和国刑法》第××条"。经研究,没有采纳这一意见,主要是考虑:从便利司法实践出发,对有关刑法条文的表述应尽可能简洁。而绝大多数案件、常态案件无疑是要适用现行有效的刑法条文,因此,如有关条文在 1997 年 10 月 1 日后经过修正,而引用的是现行有效条文的,表述为"《中华人民共和国刑法》第××条",最为简洁、可取。相反,如规定此种情形下要表述为"经××××年《中华人民共和国刑法修正案(×)》修正的《中华人民共和国刑法》第××条",在新旧法衔接的短暂过渡期过去后仍一直要沿用这样表述,显然失之烦琐;此外,按此种表述,如引用的是修正前刑法,直接表述为《中华人民共和国刑法》不合适,因易让人误解为是现行刑法;表述为"经《中华人民共和国刑法修正案(×)》修正前的《中华人民共和国刑法》"同样也很烦琐。

2. 有关刑法条文在 1997 年 10 月 1 日后经过修正,引用修正前的条文,表述为"1997 年修订的《中华人民共和国刑法》第××条"

例如,刑法第六十五条(一般累犯)曾经 2011 年 2 月 25 日刑法修正案(八)修正,如根据案件情况和从旧兼从轻原则,对被告人应适用修正前刑法条文的,则应表述为"1997 年修订的《中华人民共和国刑法》第六十五条"。再如,刑法第一百九十一条(洗钱罪)曾经 2001 年 12 月 29 日刑法修正案(三)、2006 年 6 月 29 日刑法修正案(六)两次修正,如根据案件情况和从旧兼从轻原则,对被告人应适用两次修正前,即 1997 年修订刑法时规定的第一百九十一条的,也应表述为"1997 年修订的《中华人民共和国刑法》第一百九十一条"。

3. 有关刑法条文在 1997 年 10 月 1 日后经两次以上修正,引用经修正、且为最后一次修正前的条文,表述为"经××××年《中华人民共和国刑法修正案(×)》修正的《中华人民共和国刑法》第××条”

例如,刑法第二百二十五条(非法经营罪)曾 1999 年 12 月 25 日刑法修正案、2009 年 2 月 28 日刑法修正案(七)两次修正,如根据案件情况和从旧兼从轻原则,对被告人应适用经 1999 年刑法修正案修正后的刑法第二百二十五条的,则应表述为“经 1999 年《中华人民共和国刑法修正案》修正的《中华人民共和国刑法》第二百二十五条”。

需要说明的是,截至目前,有关刑法条文在 1997 年 10 月 1 日后经两次以上修正的只有七个条文,因此,按此种方式表述的应该极少。

——胡云腾、周加海、喻海松:《〈关于在裁判文书中如何表述修正前后刑法条文的批复〉的理解与适用》,载《人民司法·应用》2012 年第 13 期。

018 刑事裁判文书对法律、法规等规范性法律文件的依法引用

关键词 | 刑事裁判文书 | 引用法律、法规 | 裁判文书释法说理 |

【最高人民法院司法解释】

第一条 人民法院的裁判文书应当依法引用相关法律、法规等规范性法律文件作为裁判依据。引用时应当准确完整写明规范性法律文件的名称、条款序号,需要引用具体条文的,应当整条引用。

第二条 并列引用多个规范性法律文件的,引用顺序如下:法律及法律解释、行政法规、地方性法规、自治条例或者单行条例、司法解释。同时引用两部以上法律的,应当先引用基本法律,后引用其他法律。引用包括实体法和程序法的,先引用实体法,后引用程序法。

第三条 刑事裁判文书应当引用法律、法律解释或者司法解释。刑事附带民事诉讼裁判文书引用规范性法律文件,同时适用本规定第四条规定。

第四条 民事裁判文书应当引用法律、法律解释或者司法解释。对于应当适用的行政法规、地方性法规或者自治条例和单行条例,可以直接引用。

第六条 对于本规定第三条、第四条、第五条规定之外的规范性文件,根据审理案件的需要,经审查认定为合法有效的,可以作为裁判说理的依据。

第七条 人民法院制作裁判文书确需引用的规范性法律文件之间存在冲突,根据立法法等有关法律规定无法选择适用的,应当依法提请有决定权的机关做出裁决,不得自行在裁判文书中认定相关规范性法律文件的效力。

第八条 本院以前发布的司法解释与本规定不一致的,以本规定为准。

——《最高人民法院关于裁判文书引用法律、法规等规范性法律文件的规定》

(2009 年 11 月 4 日,法释〔2009〕14 号)。

【最高人民法院司法文件】

十二、裁判文书引用规范性法律文件进行释法说理,应当适用《最高人民法院关于裁判文书引用法律、法规等规范性法律文件的规定》等相关规定,准确、完整地写明规范性法律文件的名称、条款项序号;需要加注引号引用条文内容的,应当表述准确和完整。

十三、除依据法律法规、司法解释的规定外,法官可以运用下列论据论证裁判理由,以提高裁判结论的正当性和可接受性:最高人民法院发布的指导性案例;最高人民法院发布的非司法解释类审判业务规范性文件;公理、情理、经验法则、交易惯例、民间规约、职业伦理;立法说明等立法材料;采取历史、体系、比较等法律解释方法时使用的材料;法理及通行学术观点;与法律、司法解释等规范性法律文件不相冲突的其他论据。

——《最高人民法院关于加强和规范裁判文书释法说理的指导意见》(2018 年 6 月 13 日,法发〔2018〕10 号)。

第二章 | CHAPTER 02

犯罪

一、犯罪和刑事责任

019 刑法第十三条“但书”是否可以直接作为裁判依据

关键词|情节显著轻微危害不大的|居民身份证|

【最高人民法院公报案例】

上海市静安区人民检察院诉张美华伪造居民身份证案(二审法院:上海市第二中级人民法院)

要旨:被告人在未能补办遗失居民身份证的情况下,雇用他人以本人的真实身份资料伪造居民身份证,供自己在日常生活中使用的行为,虽然违反身份证管理的法律法规,但情节显著轻微、危害不大,根据刑法第十三条的规定,应认定不构成犯罪。

——《最高人民法院公报》2004 年第 12 期。

【链接:最高人民法院法官著述】

有观点认为,刑法第十三条“但书”不能作为裁判的直接依据。我们认为,人民法院在审理案件时,如果被告人的行为确实符合“情节显著轻微危害不大”的情形,可以依据刑法第十三条规定宣判被告人无罪。《最高人民法院公报》2004 年第 12 期刊登的上海市静安区人民检察院诉张某华伪造居民身份证案,就是例证。该案“裁判摘要”中写道:“被告人在未能补办遗失居民身份证的情况下,雇用他人以本人的真实身份资料伪造居民身份证,供自己在日常生活中使用的行为,虽然违反身份证管理的法律规定,但情节显著轻微、危害不大,根据刑法第十三条的规定,应认定不构成犯罪。”从而表明了最高人民法院的观点。

……

刑法第十三条在规定了犯罪的概念后,又规定“但是情节显著轻微危害不大的,不认为是犯罪”。这一规定,是对犯罪概念的补充,从而使犯罪概念更具有周密性和科学性。“但书”部分的规定不是可有可无的,是犯罪概念的重要组成部分,是从反面来说明什么行为不是犯罪,应该说这是对犯罪概念的补充,将罪与非罪的界限明确划分开来。

对“但书”应作如下理解:

(1)这里所规定的“不认为是犯罪”的行为,必须同时具备“情节显著轻微”和

"危害不大"这两个条件。对于这类问题,应综合考虑主客观因素,依照刑法的具体规定加以判断和认定。一般而言,所谓"情节显著轻微",是指透过犯罪事实所体现出来的行为特征排除了犯罪的严重性,无论事实特征还是行为特征都属于轻微的违法,这是构成情节显著轻微的基本前提。认定情节是否轻微的事实特征较多。例如,行为对客体或犯罪对象没有多大破坏;行为实施的时间、地点和手段不完全支持犯罪的成立;行为的结果不严重或者数额较小;不是出于故意;是由于正当防卫或紧急避险或事出有因实施某一行为等因素,都可以作为认定情节轻微的依据。所谓"危害不大",主要是指行为所产生或可能产生的社会危害性较小。情节显著轻微和危害不大这两个方面都可能从同一过程的事实特征中反映出来,一般来说,情节显著轻微的行为对社会的危害就相对较小。但行为危害性的大小并不必然反证出行为的情节显著轻微。因为行为的情节是客观化的行为事实,是可以用证据加以证明的法律事实特征;而危害性则是行为对社会产生的和可能会产生的影响,它所体现的更多是社会意义上的而不是法律意义上的。所以,"但书"将二者并列为确定罪与非罪的界限是有一定道理的。"情节显著轻微"和"危害不大"这一规定是划分罪与非罪的总的法律标准,在划分罪与非罪时,要特别注意将一般违法行为与犯罪区别开来。

(2)规定"不认为是犯罪",是指刑法认为不构成犯罪,而不能理解为已经构成犯罪,而不作为犯罪来论处。即从本质上来说,不具有或不全部具有犯罪的三个基本特征。

(3)要把"但书"与免予刑事处罚区别开。刑法第三十七条规定:"对于犯罪情节轻微不需要判处刑罚的,可以免予刑事处罚……"这里所说的"情节轻微",不仅与"但书"规定的"情节显著轻微危害不大"在程度上有很大差别,而且二者在性质上也完全不同。"但书"规定是完全不构成犯罪的情况,而第三十七条规定是已构成犯罪,但情节轻微,不需要判刑的,可以免予刑事处罚的情况。还要注意把认定是否构成犯罪所依据的情节与作为量刑的情节区分开来,前者是划分罪与非罪的依据,后者是决定刑罚轻重的依据。

——胡云腾主编:《刑法办案思路与疑难释解(第一卷)》,中国法制出版社 2022 年版,第 43、49—50 页。

020 认定犯罪时应当坚持主客观相统一原则

关键词 | 犯罪认定 | 主客观相统一 | 主观罪过 | 社会危害程度 |

【最高人民法院参考案例】

乌斯曼江、吐尔逊故意伤害案(《刑事审判参考》案例第347号)

要旨:被告人行为是否构成犯罪,应当从犯罪构成并结合本案的事实和证据进行全面分析。

犯罪构成是指我国刑法规定的,决定某一行为的社会危害性及其程度而为该行为构成犯罪所必需的一切主观要件和客观要件的有机统一。由此看来,犯罪构成的主要特征就是行为的主、客观相统一和社会危害性及其程度。

行为的主、客观相统一是犯罪构成的一大特征。任何犯罪都是在主观罪过支配下实施的行为,主观罪过产生于对客观世界的反映,而它产生后在客观上表现为特定行为对社会产生危害作用,而危害社会的行为等客观情况又成为检验主观方面的标准。因此,犯罪的主、客观要件是相互依存、互为前提、缺一不可的,形成了一个相互联系、相互作用又相互制约的有机统一体。

此外,行为的社会危害性及其程度是犯罪构成的另一重要特征。犯罪的本质特征是行为具有严重社会危害性,因此犯罪构成实质上是严重社会危害性的构成。凡是犯罪构成要件的事实特征理所当然地必须反映行为的社会危害性及其程度,这是衡量事实特征能否成为犯罪构成要件的客观标准。

——《刑事审判参考》(总第44辑)。

021 准确认定行为人的主观故意应查明行为人的认识状态和意志态度

关键词|犯罪故意|认识要素|意志要素|

【最高人民法院参考案例】

官其明故意杀人案(《刑事审判参考》案例第344号)

要旨:要准确认定行为人的主观故意,必须查明行为人的认识状态,即行为人是否对相应犯罪构成要件中的客观方面也就是事实有着明确的认识,以此为基础,再考察行为人的意志态度,从而判断行为人是否存在犯罪故意以及是直接故意还是间接故意。

行为人的主观故意是行为人实施犯罪行为时的一种主观心理状态,它包括认识因素和意志因素两个层面。要准确认定行为人的主观故意,首先必须查明行为人的认识状态,即行为人是否对相应犯罪构成要件中的客观方面也就是事实有着明确的认识,以此为基础,再考察行为人的意志态度,从而判断行为人是否存在犯罪故意以及何种故意(直接故意还是间接故意)。行为人的认识是否还包括违法性认识，理论界有不同的意见，但按照现行刑法第十四条“明知自己的行为会发生危害社会的结果，并且希望或者放任这种结果的发生，因而构成犯罪的，是故意犯罪”的规定，对于我国刑法中犯罪故意的主观认识为事实性认识并无争议。一般认为，事实性认识的内容包括以下几个方面：(1)对行为客观方面的认识，即知道自己在干什么。(2)对法律所规定的危险或结果的认识，在危险犯或结果犯中，行为人应认识到其行为会产生法律所设定的危险或结果。(3)对行为对象的认识。当行为的对象成为犯罪的构成要件时，行为人对行为所指向的对象必须有明确的认识，否则，行为人就会因为对其行为指向的对象无认识而不知晓行为所影响的社会关系。(4)对行为的时间、地点和方法、手段的认识。对于某些以一定的时间、地点和方法、手段作为特殊构成要件的个罪来说，行为人必须对行为的时间、地点和方法、手段有明确的认识。

由于认识属于人的主观范畴，因而对行为人事实性认识的判断较难把握。刑法理论关于事实性认识的判断标准主要有以下几种观点：一是纯粹的客观说，认为应根据事实的客观存在来判断行为人的事实性认识，没有必要考虑行为人的主观状况。二是纯粹的主观说，坚持以行为人的主张作为认定行为人事实性认识存在与否的唯一依据。三是合理的客观说，强调如果合理的人能预见产生的结果是其行为的自然的、盖然的结果时，就应该认定被告人也能够预见。四是合理的主观说，认为事实性认识的判断以行为人自身的认识为基础，同时参考一般人的认识。在我们看来，前三种标准或轻视甚至完全排除行为人的主观实际，或过分依赖行为人的主观实际而忽略一般人的情况，追求事物的两个极端，因而欠妥，相比之下，合理的主观说是可取的，因为事实性认识是认定行为人主观故意的基础，当然不能脱离行为人的主观认识，否则就有可能与行为人的实际情况不符，但是，行为人的主观故意是最终由法官来认定的，法官必然要考虑一般人（合理的人）的情况，以一般人（合理的人）能否认识为标准作出基础性的判断，然后根据行为人的具体情况进行修正。

——《刑事审判参考》（总第44辑）。

022 明知其先行行为可能引发严重危害后果，能采取而不采取积极有效措施予以防止的，如何定性

关键词｜不作为犯罪构成要件｜间接故意｜

【最高人民法院参考案例】

杨某某故意伤害案(《刑事审判参考》案例第 432 号)

要旨:明知其先行行为可能引发严重危害后果,能采取而不采取积极有效措施予以防止,其行为系不作为犯罪。

1. 明知其先行行为可能引发严重危害后果,能采取而不采取积极有效措施予以防止,其行为系不作为犯罪

行为人在案件发生过程中,采取的不予告知、不阻止等消极行为是否属于不作为犯罪?对此,我们需要结合不作为犯罪的构成要件进行分析。

(1)不作为犯罪须以行为人负有某种特定义务为前提。这种特定义务通常来源于以下四个方面:法律明文规定的义务、职务上和业务要求的义务、法律行为引起的义务、行为人的先行行为引起的义务。其中先行行为引起的义务是指,由于行为人先前实施的行为,而使刑法所保护的某种法益处于危险状态时,行为人负有采取积极有效措施来排除危险或防止危害结果发生的特定义务。行为人如果不履行这种义务,情节严重或造成严重后果的,就是以"不作为"形式实施的犯罪行为。先行行为的义务是由行为人先前实施的行为派生出来的,至于先前实施的行为是否违法,并不要求。本案被告人杨某某负有因其先行行为而产生的告诉被害人真相、防止危险发生的义务。

(2)不作为犯罪须是行为人有能力履行特定义务,而没有履行。这种没有履行的方式既可以表现为逃避履行义务的行为,也可以表现为抗拒履行义务的行为。本案被告人完全有时间、有能力履行告知义务,但杨某某采取消极态度不予履行,任由危害后果发生,其行为符合不作为犯罪的第二项构成条件。

(3)被告人的不作为与危害后果间有因果关系。不作为犯罪与危害后果的因果联系在于不作为人的作为能否防止结果的发生。因此,要判断不作为与危害后果间是否有因果关系,只能从当危害后果即将发生时,如果行为人实施一定的"作为",即可以防止危害后果发生;而其不实施"作为"来防止此后果的发生,那么该"不作为"就与危害后果的发生有了必然的因果联系。本案应当认定杨某某的"不作为"是导致本案危害后果的必然原因,其"不作为"与危害后果间有刑法意义上的必然因果关系。

2. 被告人杨某某对被害人的伤害后果持放任态度,系间接故意犯罪

犯罪故意是行为人对其所实施的危害社会的行为及其危害结果所持的一种主观心理态度,包括认识因素和意志因素两个方面的内容。犯罪故意的认识因素是指行为人明知自己的行为会发生危害社会的结果的心理态度,即行为人对自己的行为及结果具有社会危害性是有认识的。行为人的认识因素是认定行为人犯罪故

意的前提和基本条件。犯罪故意的意志因素是认定犯罪故意的决定性因素。依意志因素形式的不同,犯罪故意分为直接故意和间接故意。直接故意是指行为人明知自己的行为会发生危害社会的结果,并且希望这种结果发生的心理态度。间接故意是指行为人明知自己的行为可能发生危害社会的结果,并且有意放任,以致发生这种结果的心理态度。间接故意的认识因素是指行为人认识到自己的行为可能发生危害社会的结果,而不包括认识到自己的行为必然发生危害社会的结果。如果行为人已认识到自己的行为必然发生危害结果而又决意实施的,则不存在放任的可能,当属直接故意。对于案件行为人的主观故意,应当从这两方面来分析,才能正确判断行为人主观上是否存在犯罪故意,以及是直接故意还是间接故意。

从意志因素上分析,杨某某对危害结果的发生持放任态度。因此可以判断,被告人杨某某在认识因素和意志因素上均符合间接故意犯罪的主观特征。

——《刑事审判参考》(总第55辑)。

023 刑法因果关系的认定

关键词 | 因果关系 | 介入因素 |

【最高人民法院参考案例】

杨某某、杜某某放火案(《刑事审判参考》案例第1117号)

要旨:(1)因果关系研究的是行为与结果之间的引起与被引起的关系,而不是对行为与结果本身的研究。(2)因果关系是一种客观联系,并且是一种特定条件下的客观联系,不能离开客观条件认定因果关系。(3)一个危害结果完全可能由数个危害行为造成,在认定某种行为造成了某一危害结果时,不能轻易否认该危害结果可能同时由其他行为造成。(4)在行为人的行为介入其他因素时,要根据具体情况综合判断行为人的行为与结果之间的关系。

我们认为,不管采取何种学说,在认定因果关系时应当注意以下几点:(1)因果关系研究的是行为与结果之间的引起与被引起的关系,而不是对行为与结果本身的研究。(2)因果关系是一种客观联系,并且是一种特定条件下的客观联系,不能离开客观条件认定因果关系。(3)一个危害结果完全可能由数个危害行为造成,在认定某种行为造成了某一危害结果时,不能轻易否认该危害结果可能同时由其他行为造成。(4)在行为人的行为介入其他因素时,要根据具体情况综合判断行为人的行为与结果之间的关系,具体应当考察四个方面的因素:一是行为人的行为导致结果发生的可能性的大小;二是介入因素的异常性大小;三是介入因素对结果发生作用的大小;四是介入因素是否属于行为人的管辖范围。当被告人实施行为后,介入了被害人行为,导致结果的发生时,应根据案件具体情况判断被害人实施的行为是否具有通常性。如果被告人实施的行为,导致被害人不得不或者在通常情况下会实施介入行为,则该介入行为对被告人的行为与结果之间的因果关系没有影响;如果被害人的介入行为属于通常情况下不会实施的行为,即异常行为,该行为对结果又起到决定性作用,则不能将结果归责于被告人的行为。

本案中,二被告人事先预谋,案发当晚杨某某在院墙外放风,杜某某携带汽油、稻草、爆竹、盆子、打火机等放火工具进入院内,先断了高某某家的电源开关,将汽油泼洒在东、西屋窗台及外屋门上后,又用木棍击碎东屋窗玻璃并向屋内泼洒汽油,二被告人实施这一系列行为后,被害人高某、卢某某被惊醒,使用警用手电照明后又开启电击功能击打出电火花引发大火将高某、卢某某烧伤,卢某某经抢救无效死亡,高某损伤经鉴定为重伤。被害人使用警用手电照明并使用电击功能击打出电火花这一介入因素,是否能够切断二被告人放火行为与被害人伤亡结果的因果关系呢?我们认为,将介入因素放到犯罪构成中去考察,可以得出这一因果关系未曾切断,因而应当肯定二被告人的行为与本案危害结果之间存在刑法上的因果关系的结论。

——《刑事审判参考》(总第105辑)。

024 介入原因中断因果关系的条件如何把握

关键词丨因果关系丨介入原因丨

【最高人民法院参考案例】

张校抢劫案(《刑事审判参考》案例第685号)

要旨:成立中断的因果关系,必须具备以下条件。其一,须有另一原因的介入;其二,介入原因须为异常原因,即通常情况下不会介入的某种行为或自然力;其三,中途介入的原因须合乎规律地引起最后结果的发生。

刑法上的因果关系从形式上可以区分为简单因果关系、复杂因果关系、中断的因果关系三种。简单因果关系,是指一个危害行为直接而合乎规律地引起一个或几个危害结果的发生。复杂因果关系,是指两个或两个以上的危害行为共同作用或先后衔接产生一个或几个危害结果。所谓中断的因果关系,是指某种危害行为引起或正在引起某种危害结果,在因果关系的发展过程中,介入了另一原因,如介入了第三者的行为、被害人自身的行为或特殊自然事实等其他因素,从而切断了原来的因果关系,行为人只对另一原因介入前的情形负责,介入原因引起的最后结果与前因行为之间没有因果关系。成立中断的因果关系,必须具备以下条件:其一,须有另一原因的介入；其二，介入原因须为异常原因，即通常情况下不会介入的某种行为或自然力；其三，中途介入的原因须合乎规律地引起最后结果的发生。其具体判断标准为：一是先前行为对结果发生所起的作用大小。作用大，则先前行为与结果有因果关系，反之则无。二是介入因素的异常性大小。过于异常，则先前行为与结果无因果关系，反之则有。三是介入因素本身对结果发生所起的作用大小。作用大，则先前行为与结果无因果关系，反之则有。如甲持生锈刀具刺伤乙的手指，案发后不久公安机关即对乙作出鉴定，认定其伤势为轻微伤。但由于乙缺乏基本常识，未对破伤风情况作出有效预防，最终发生破伤风引发死亡。对此，我们断不会说要认定甲是故意伤害致死。又如，甲握拳击伤乙致其脾脏破裂，法医鉴定乙构成重伤，法院最终以甲故意伤害致人重伤对其处刑。但事隔两年后，乙因始终无法康复并引发其他并发症，导致死亡。我们也不会因此将甲重新送上法庭，判定他当初的伤害行为是故意伤害致人死亡，从而改变量刑。上述两个案例均显示被害人自身的行为对结果发生的作用力较前行为大，故阻断了前行为与死亡结果的因果关系。而本文所讨论的医院救治中的失误则属于上述的介入因素，故必须考察被告人抢劫这一先前行为与介入因素——医疗行为对于被害人死亡的结果各自作用的大小、医疗行为异常性大小。

——《刑事审判参考》（总第79辑）。

025 疏忽大意的过失的认定

关键词 | 犯罪过失 | 疏忽大意的过失 |

【最高人民法院参考案例】

穆志祥过失致人死亡案（《刑事审判参考》案例第201号）

要旨：应当预见自己的行为可能发生危害社会的结果，因为疏忽大意而没有预见，或者已经预见而轻信能够避免，以致发生这种结果的，是过失犯罪。犯罪过失包括疏忽大意的过失和过于自信的过失两种。

刑法第十五条规定："应当预见自己的行为可能发生危害社会的结果，因为疏忽大意而没有预见，或者已经预见而轻信能够避免，以致发生这种结果的，是过失犯罪。"据此规定，犯罪过失包括疏忽大意的过失和过于自信的过失两种。

疏忽大意的过失是指行为人应当预见自己的行为可能发生危害社会的结果，由于疏忽大意而没有预见的心理状态。构成疏忽大意的过失须具备三个要件：(1)行为人应当预见自己的行为可能发生危害社会的结果。所谓应当预见，一是指行为人有预见的义务，这种预见的义务或者来自法律和各种规章制度所规定的共同生活规则，或者来自社会多年积累形成的普遍认知；二是指行为人当时具有预见的能力（可能）。行为人是否应有预见的能力，应结合行为人本身的身心状况、知识经验、水平和能力等主观条件和行为时的各种客观条件全面考察。只有既具有预见义务又具备预见能力（可能）的，才能认定行为人应当预见。(2)行为人没有预见自己的行为可能发生危害社会的结果。(3)行为人对可能发生的危害结果缺乏认识，没能预见，是由于自己的疏忽大意造成的。过于自信的过失是指行为人已经预见到自己的行为可能发行危害社会的结果，但轻信能够避免的主观心理状态。这也就是说，过于自信的过失必须以实际已经预见为前提，同时又自信依据一定的主客观条件能够避免危害结果的发生。

——《刑事审判参考》(总第 28 辑)。

026 疏忽大意的过失与意外事件的区分

关键词｜犯罪过失｜疏忽大意的过失｜意外事件｜

【最高人民法院参考案例】

朱家平过失致人死亡案(《刑事审判参考》案例第 346 号)

要旨：意外事件与疏忽大意的过失区分的关键是判断行为人是否应当预见、能够预见。

意外事件与疏忽大意的过失有相似之处，表现在行为人事实上都没有预见到自己行为的危害结果，客观上又都发生了危害结果。但是，在意外事件中，行为人是不应当预见、不能够预见危害结果的发生，而疏忽大意的过失的行为人是应当预见、能够预见危害结果的发生，只是由于疏忽大意才没有预见。因此，二者区分的关键是判断行为人是否应当预见、能够预见。

疏忽大意的过失通常被称为无认识的过失，行为人没有预见到自己的行为可能发生危害社会的结果，没有预见并非行为人不能预见危害结果，而是在应当预见的前提下由于疏忽大意才没有预见，如果行为人小心谨慎、认真负责，那么就会预见到危害结果的发生。因此，有注意能力未尽注意义务是疏忽大意过失的行为人承担刑事责任的根据。在司法实践中，判断疏忽大意的过失，不是判断行为人是否疏忽大意，而是判断行为人是否应当预见、能够预见，如果应当预见、能够预见而没有预见就表明行为人疏忽大意了。

疏忽大意过失中的注意义务是为一般人所设定的，不需要考虑具体情况。注意义务不仅来源于法律、法令、职务和业务方面的规章制度所确定的义务，而且包括日常生活准则所提出的义务，即“社会生活上必要的注意”。

预见能力因人而异，有高低大小之分，需要进行具体的判断：(1)判断的基础，应当把行为人的智能水平、行为本身的危险性和行为时的客观环境结合起来；(2)判断的方法，要坚持从客观到主观，把对一般人的注意义务与具体行为人的智能水平结合起来；(3)判断的标准，应当在考察一般人的预见能力基础上充分考虑行为人的具体智能情况。详言之，首先，考察行为人所属的一般人能否预见结果的发生；其次，再考虑行为人的智能水平是高于一般人还是低于一般人。如果一般人能够预见，但行为人智能水平低，则不宜认定过失；如果行为人的智能水平不低于一般人，则可以认定过失；如果一般人不能预见，而行为人的智能水平明显高于一般人，则可以认定为过失。

——《刑事审判参考》(总第44辑)。

027 不作为的间接故意杀人与过失致人死亡的区分

关键词 | 过于自信的过失 | 间接故意 |

【最高人民法院参考案例】

李宁、王昌兵过失致人死亡案(《刑事审判参考》案例第370号)

要旨：过于自信的过失，行为人不仅不希望发生这种危害结果，而且是完全反对这种结果发生的，而间接故意，行为人认识到会发生某种危害结果，但对这种危害结果的发生持一种放任态度。

过于自信的过失与间接故意的根本区别在于：过于自信的过失，行为人不仅不希望发生这种危害结果，而且是完全反对这种结果发生的。行为人预见到危害结果可能发生，但是根据自己的认识和判断相信可以避免危害结果的发生，发生这种危害结果违背其主观意愿，出乎其意料之外。而间接故意，行为人认识到会发生某种危害结果，但对这种危害结果的发生持一种放任态度，既不积极追求，也不设法避免，该结果的发生不违背其主观意愿。本案中，二被告人的行为已经表现出不希望被害人死亡的明确意愿，不具有既不追求也不反对的主观心态。而不作为的犯罪以行为人负有某种特定义务并能够履行为前提。即，首先，行为人负有某种特定的义务，这种义务是法律赋予的或是行为人职务或业务上的要求，或者行为人先前行为具有发生一定危险结果的危险而负有的防止其发生的义务；其次，行为人有能力履行该种义务，这种能力包括身体素质、技术条件、环境因素、客观可能等多方面环节。在这种情况下，履行该特定义务是刑法的要求。

从本案来看，被害人跳水虽是二被告人侵害行为所致，但被害人作为成年人，有完全的判断和认知能力，能够控制自己的行为和意识，其选择跳水逃走，说明其具备一定的自我救助条件和能力;而且,从本案现有的证据反映,二被告人并不具备对被害人施救的能力。故二被告人不符合行为人负有某种特定义务并能够履行的不作为犯罪的前提,不属于不作为的间接故意犯罪。因此,本案不构成(间接)故意杀人罪。

……

过失犯罪中,行为人对危害结果的发生既不追求,也不放任,而是应当预见而没有预见,或已经预见却轻信能够避免,主观上反对危害结果的发生。本案中,被告人李宁、王昌兵殴打被害人阎世平,致使被害人跳水逃走以摆脱李、王二人的殴打和纠缠。李宁、王昌兵在阎世平跳水之后,未进一步实施加害行为,而是调转车头用车灯照射水面,劝被害人上岸。见被害人仍蹬水前行不肯返回时,被告人王昌兵还曾让李宁下水拉阎一把,因李水性也不好,不敢下水。后三人为消除阎世平的顾虑促使其上岸,遂开车离开湖堤。由此可见,二被告人既不希望也不放任被害人死亡结果的发生。二被告人离开现场的目的是让被害人消除顾虑,尽快脱离危险之地,并非置被害人于水中而不顾。二被告人对于被害人可能会出现的后果是有所预见的,但轻信被害人在其离开后会返回岸上。因此,二被告人对被害人可能出现的死亡后果是持一种过于自信的过失心态。

——《刑事审判参考》(总第47辑)。

028 户籍证明与其他证据材料互相矛盾时,如何认定被告人的年龄

关键词|户籍证明|刑事责任年龄|有利于被告人|

【最高人民法院司法解释】

第一百四十六条　审查被告人实施被指控的犯罪时或者审判时是否达到相应法定责任年龄,应当根据户籍证明、出生证明文件、学籍卡、人口普查登记、无利害关系人的证言等证据综合判断。

证明被告人已满十二周岁、十四周岁、十六周岁、十八周岁或者不满七十五周岁的证据不足的,应当作出有利于被告人的认定。

——《最高人民法院关于适用〈中华人民共和国刑事诉讼法〉的解释》(2021年3月1日,法释〔2021〕1号)。

第四条第一款　对于没有充分证据证明被告人实施被指控的犯罪时已经达到法定刑事责任年龄确实无法查明的,应当推定其没有达到相应法定刑事责任年龄。

——《最高人民法院关于审理未成年人刑事案件具体应用法律若干问题的解

释》(2006 年 1 月 23 日，法释〔2006〕1 号)。

【最高人民法院司法文件】

第四十条 审查被告人实施犯罪时是否已满十八周岁，一般应当以户籍证明为依据；对户籍证明有异议，并有经查证属实的出生证明文件、无利害关系人的证言等证据证明被告人不满十八周岁的，应认定被告人不满十八周岁；没有户籍证明以及出生证明文件的，应当根据人口普查登记、无利害关系人的证言等证据综合进行判断，必要时，可以进行骨龄鉴定，并将结果作为判断被告人年龄的参考。

未排除证据之间的矛盾，无充分证据证明被告人实施被指控的犯罪时已满十八周岁且确实无法查明的，不能认定其已满十八周岁。

——《最高人民法院、最高人民检察院、公安部、国家安全部、司法部关于办理死刑案件审查判断证据若干问题的规定》(2010 年 7 月 1 日，法发〔2010〕20 号)。

【最高人民法院参考案例】

郭永明等绑架案(《刑事审判参考》案例第 684 号)

要旨：死刑案件的严格证明标准要求必须查证清楚被告人的年龄，并应精确到具体的年月日。经过反复调查仍无法查清的，则应推定其犯罪时未满十八周岁，不能判处死刑。

(二)被告人犯罪时是否年满十八周岁的证据存疑，应当按照“存疑有利于被告人”的原则掌握

由于死刑是剥夺人的生命权利的刑罚，因而办理死刑案件时必须更加严格遵循证据裁判原则，确保定罪准确，量刑适当。在刑事审判特别是在审理死刑案件时，必须把被告人犯罪时的实际年龄作为案件的重要事实予以查清。在一般情况下，认定被告人的实际年龄应当以户口登记为基本依据，结合人口普查登记和其他有关材料，并经过认真调查核实后加以确定。对被告人实际年龄有异议或者疑义时，更应当多方查证核实。如果有足够证据认定户口登记册上记载的年龄有误，就应以查明的实际年龄来认定。反复调查，确实查不清的，应当按照从宽的原则予以掌握，以留有余地。

2006 年印发的《最高人民法院关于审理未成年人刑事案件具体应用法律若干问题的解释》第四条第一款规定：“对于没有充分证据证明被告人实施被指控的犯罪时已经达到法定刑事责任年龄确实无法查明的，应当推定其没有达到相应法定刑事责任年龄。”2010 年 7 月 1 日起施行的《最高人民法院、最高人民检察院、公安部、国家安全部、司法部关于办理死刑案件审查判断证据若干问题的规定》第四十条规定：“审查被告人实施犯罪时是否已满十八周岁，一般应当以户籍证明为依据；

对户籍证明有异议,并有经查证属实的出生证明文件、无利害关系人的证言等证据证明被告不满十八周岁的,应认定被告人不满十八周岁;没有户籍证明以及出生证明文件的,应当根据人口普查登记、无利害关系人的证言等证据综合进行判断,必要时,可以进行骨龄鉴定,并将结果作为判断被告人年龄的参考。”“未排除证据之间的矛盾,无充分证据证明被告人实施被指控的犯罪时已满十八周岁且确实无法查明的,不能认定其已满十八周岁。”上述规定对被告人年龄处于刑事责任“临界点”的案件提供了具体可行的解决方案,是刑法谦抑原则在司法实务中的运用。对于被告人因罪行极其严重而可能判处死刑的,其犯罪时实际年龄是否已满十八周岁,直接关系对其能否适用死刑。死刑案件的严格证明标准要求必须查证清楚被告人的年龄,并应精确到具体的年月日,包括是公历还是农历。经过反复调查仍无法查清的,则应推定其犯罪时未满十八周岁,不能判处死刑。

——《刑事审判参考》(总第79辑)。

伍金洪、黄南燕绑架案(《刑事审判参考》案例第659号)

要旨:户籍证明与其他证据材料存在矛盾时,如果其他证据材料能够相互印证,经审查能够证明被告人真实年龄的,可以排除户籍证明等法定证据,以其他证据来认定年龄;当户籍证明与其他证据材料的矛盾无法得到排除时,应当正确贯彻“有利于被告人”原则,准确认定被告人的年龄。

(三)如果其他证据材料能够相互印证,经审查能够证明被告人真实年龄的,可以排除户籍证明等法定证据,以其他证据来认定年龄

考虑到我国户籍证明有可能在其原始生成阶段因为种种原因而造成错误,因此,出生证明、计生办证明、学籍证明等其他证据若能够相互印证,共同补强被告人的供述或辩解,并能达到使一般人确信的程度,那么就可以合理地排除户籍证明,采信能够相互印证、共同补强的证据。

(四)当户籍证明与其他证据材料的矛盾无法得到排除时,应当正确贯彻“有利于被告人”原则,准确认定被告人的年龄

司法实践中,一些司法人员未能正确理解“有利于被告人”原则,一旦遇到不同于户籍证明的证据,就轻易否定户籍证明,盲目作出有利于被告人的认定。我们认为,对被告人提出的出生时间与户籍证明载明的时间不一致时,应当根据具体情况来分析判断:

1. 当被告人的出生时间涉及是否追究其刑事责任时,户籍证证实被告人作案时已经达到指控罪名的刑事责任年龄,但被告人提出相反意见时,其应当承担举证责任,向法庭提交有关证据。法庭对被告人提交的上述证据的合法性、真实性、关联性进行调查、审理、质证、认证后方可使用。只有这些证据足以证明控方提供的

户籍证明等确实存在疑问时，才能根据“有利于被告人”的原则，认定被告人未达到相应刑事责任年龄。而不能认为，只要被告方提出相反证据，就应当作出“有利于被告人”的年龄推定。因为户籍证明是权威机关按照法定程序制作出具的，并且系早年形成，具有较强的证明效力，在被告方没有提供足够证据推翻的情况下，应当维护其证明价值，以此来认定被告人的出生时间。

2. 当被告人的出生时间涉及是否对其适用死刑时，对被告人举证责任要求可相对宽松一些。死刑是对生命权的剥夺，死刑案件的证明标准比其他刑事案件更加严格。对可能被判处死刑的被告人，在认定其作案时年龄的问题上，也应当适用死刑案件的“排除一切合理怀疑”这一最高证明标准。如果被告人辩解其作案时不满十八周岁并提出了一定证据，即使控方已经提出了户籍证明或其他相关证据，但只要其中某项证据存在疑问，或者在被告人及其辩护人提出的相反证据不能被完全否定的情况下，法庭应当尽最大努力仔细核查（包括请专家鉴定等），经核查后仍不能达到上述的证明标准时，应当不适用死刑立即执行。

3. 被告人的出生时间不影响对被告人的定罪、量刑时，一般情况下采用控方提交的户籍证明等书面法定证据。当被告方提出的法定证据足以推翻控方提交的证据时，经法庭质证，控方对这些证据的合法性、真实性、关联性不持异议时，可以采信被告方提供的证据。

——《刑事审判参考》（总第77辑）。

029 公安机关的户籍材料存在重大瑕疵的，如何认定被告人犯罪时的年龄

关键词 | 户籍证明 | 犯罪时年龄 | 刑事责任年龄 |

【最高人民法院参考案例】

乔某诈骗案（《刑事审判参考》案例第851号）

要旨：公安机关无正当理由变更原始户籍登记中的出生日期，且变更后的信息与在案证据存在冲突的，应从证据合法性和有利于被告人的角度，严格进行审查判断。

（一）审查判断被告人年龄证据的一般原则

在具体案件中，一般坚持以下审查判断原则：

1. 穷尽原则。对被告人年龄证据的审查一般要穷尽一切司法调查取证手段，通过建议补充侦查、委托有关部门协查、实地走访调查、进行骨龄鉴定等多种形式，查找与被告人年龄有关的证据，最大限度查明被告人实施犯罪行为时的真实年龄。

2. 公文性书证优先原则。公文性书证一般指国家机关、企业事业单位、人民团体在法定权限范围内制作的文书,并以此文书作为证明案件有关情况的书证。与年龄有关的公文性书证,一般包括公安机关的户籍信息材料、医院的出生证明、学校的学籍信息等。这类书证与其他证据相比,具有较强的权威性、可信性,具有较强的证明力。如果案件中存在多份内容不一致的公文性书证,则应当视具体情况予以认定:(1)以认定户籍登记信息为原则,以不采信户籍登记信息为例外。(2)医院的出生证明与户籍登记信息不一致的,如能作出合理解释,则出生证明的效力高于户籍登记信息,因为出生证明是户籍登记的基础。(3)在没有出生证明的情况下,户籍登记信息与医院的分娩病例或者被告人案发前的学籍信息、疫苗注射登记等原始信息不一致的,应当结合被告人的供述及家属证言,在能够得到合理解释的前提下,作出有利于被告人的认定。(4)公安机关出具的证明材料与户籍登记信息不一致的,原则应当按照原始户籍登记信息来认定被告人的年龄,在公安机关能说明理由,并对被告人的户籍登记信息依法作出修改后,可以结合在案证据,依照变更后的年龄予以认定。(5)村(居)委会、乡(镇)人民政府出具的证明材料如果没有加盖公安机关的户籍专用章,其证明力要低于公安机关出具的证明材料及户籍登记信息,且一般要与其他证据结合起来判定其证明效力。

3. 原始书证优先原则。有关年龄认定的原始证据,一般形成于案发之前,且直接来源于客观事实,具有较强的证明力。但原始证据中的言词证据具有不稳定、不准确等特点,其效力要低于原始书证。如村(居)委会的原始户籍登记材料已经交给派出所或者因时间久远而丢失,村(居)委会的当事者根据记忆形成书面证明材料并加盖村(居)委会乃至(乡)镇人民政府的公章,由于原始书证已无法查找,故上述表面上属于书证的证明材料,实质上为证人证言,属于原始言词证据,其单独作为证据使用的证明力较低。

4. 言词证据与其他类型证据结合判断的原则。言词证据(被告人供述、证人证言等)具有易变、模糊等特征,如果与其他类型的证据(如书证、鉴定意见)存在不一致之处,原则上应当以其他类型的年龄证据为准。但考虑到我国部分地方受客观条件所限、户籍登记混乱等因素,即使户籍登记信息完全可采,仍有可能在其生成阶段发生错误。因此,如果结合其他类型证据,能够相互印证补强,对户籍登记信息形成合理质疑,那么就可以采纳补强的言词证据作为裁判依据。如当时当地确实存在按照农历填报出生日期的习惯,接生婆、邻居、同班同学出具的证言均证明被告人的出生日期系按农历计算,同时通过骨龄鉴定无法排除被告人犯罪时未成年可能性的,可以认定被告人犯罪时尚未成年。

5. 存疑有利于被告人的原则。根据《最高人民法院关于审理未成年人刑事案件具体应用法律若干问题的解释》第四条的规定,对于没有充分证据证明被告人实施被指控的犯罪时已经达到法定刑事责任年龄且确实无法查明的，应当推定其没有达到相应法定刑事责任年龄。相关证据足以证明被告人实施被指控的犯罪时已经达到法定刑事责任年龄，但是无法准确查明被告人具体出生日期的，应当认定其达到相应法定刑事责任年龄。但需要注意的是，只有在穷尽一切司法调查手段仍无法查清被告人的具体出生日期的情况下，才能适用上述推定原则。

（二）公安机关无正当理由变更原始户籍登记中的出生日期，且变更后的信息与在案证据存在冲突的，应从证据合法性和有利于被告人的角度，严格进行审查判断

按照被告人年龄认定的基本原则，在各类证据存在矛盾的情况下，原则应当以现在的户籍登记日期为准。但是，本案中的户籍登记却存在重大瑕疵。根据《户口登记条例》《公安部关于不得随意更改户口簿出生年月日的通知》（公信传〔1986〕594 号）等有关规定，对更改出生日期的，要持慎重态度，原则上不予更改，特殊情况需要更正的，一般应当由本人或者其监护人提出书面申请，提供原始户口底页或者迁移证存根及申请人原始档案资料，填写相应的审批表格，由派出所调查原始出生报户档案和户口迁转档案，必要时还要与相关当事人形成谈话笔录，并形成调查报告，经派出所所长核查签注意见后，报县级公安机关户政部门、区公安机关审核后，在派出所办理相关更正手续。然而，乔某户籍地的公安机关无法提供对乔某年龄进行变更的合法依据及原始档案资料，亦不能进行合理说明，故上述变更后的户籍登记信息存在重大瑕疵。另外，因乔某 2005 年户籍登记变更前的原始户籍底档中记载的出生日期现已作废，司法机关亦不能直接根据原始户籍底档认定其出生日期，何况上述户籍底档记载的出生日期与乔某中学的入学登记卡存在冲突。同理，由于被告人小学和中学的入学登记卡上记载的出生日期不一致，且中学入学登记日期又与被告人的供述、乔母的证言存在冲突，故亦不能直接按照小学或者中学入学登记卡的日期认定被告人的出生日期。二审法院在穷尽各种调查手段后（乔某的接生婆已去世、没有可供查询的医疗防疫记录、村委会没有当年报登年龄的原始记录等），综合在案证据，无法准确判断乔某的出生日期。因此，二审法院根据存疑有利于被告人的原则，依据最高人民法院相关司法解释，依法认定乔某实施全部犯罪时已达到法定责任年龄但属于减轻刑事责任年龄阶段，并据此予以改判。

——《刑事审判参考》（总第 91 辑）。

030 已满十四周岁不满十六周岁的未成年人实施刑法第十七条第二款规定以外行为的，应如何处理

关键词 | 未成年人犯罪 | 刑法第十七条 |

【最高人民法院司法解释】

第五条 已满十四周岁不满十六周岁的人实施刑法第十七条第二款规定以外的行为，如果同时触犯了刑法第十七条第二款规定的，应当依照刑法第十七条第二款的规定确定罪名，定罪处罚。

——《最高人民法院关于审理未成年人刑事案件具体应用法律若干问题的解释》（2006 年 1 月 23 日，法释〔2006〕1 号）。

【链接：理解与适用】

《关于审理未成年人刑事案件具体应用法律若干问题的解释》（以下简称《解释》）第五条是关于刑法总则第十七条第二款适用问题的规定。该条主要针对司法实践中已满十四周岁不满十六周岁未成年人实施刑法第十七条第二款规定以外的行为，而这些行为与刑法第十七条第二款所列举行为的性质和危害程度相当甚至更为严重的情形，是否应当追究未成年人刑事责任以及定何种罪名的问题。

通过广泛征求意见和讨论，对刑法第十七条第二款的理解与适用形成以下三个意见：

第一，已满十四周岁不满十六周岁的人实施了刑法第十七条第二款没有列举的行为时，如果同时实施了刑法第十七条第二款规定的故意杀人等八种犯罪行为的，比如在绑架中杀人的、在拐卖妇女儿童中强奸的等，这种情况下应当对其追究刑事责任。主要理由是：该年龄段未成年人故意杀人、强奸的尚且应当负刑事责任，如果他同时有杀人和绑架或者拐卖妇女儿童和强奸两种行为，就更应当追究其刑事责任。

第二，该年龄段未成年人实施刑法第十七条第二款没有列举的行为，比如制造、走私毒品等行为，在刑法第十七条第二款中没有明确列举。这种情况下，如果未成年人没有同时实施刑法第十七条所规定的贩卖毒品行为的，这种情形即便制造、走私毒品等行为性质和危害程度与刑法所列举行为相当甚至更为严重，也不应追究其刑事责任，否则就违反了刑法第十七条第二款的规定，与罪刑法定原则的要求不符。

第三，对绑架中杀人的或者拐卖妇女儿童中强奸等这类情形，应当按照与刑法第十七条第二款的规定相对应的八个罪名定罪处罚，比如绑架杀人的，应当定故意杀人罪；拐卖妇女儿童中强奸的，定强奸罪。主要理由是：如果对该年龄段的人绑架杀人的定绑架罪、拐卖妇女儿童中强奸的定拐卖妇女儿童罪，则势必导致客观上对该年龄段未成年人实施的绑架、拐卖妇女儿童行为追究刑事责任的结果，与刑法规定该年龄段的人为限制刑事责任主体的立法本意相悖。

根据上述三个意见,《解释》第五条规定:“已满十四周岁不满十六周岁的人实施刑法第十七条第二款规定以外的行为,如果同时触犯了刑法第十七条第二款规定的,应当依照刑法第十七条第二款的规定确定罪名,定罪处罚。”

——李兵:《〈关于审理未成年人刑事案件具体应用法律若干问题的解释〉的理解与适用》,载《人民司法》2006 年第 4 期。

【最高人民法院审判业务意见】

审判长会议认为,对已满十四周岁不满十六周岁的人绑架并杀害被绑架人的,应当依照刑法第二百三十二条的规定,以故意杀人罪追究其刑事责任,理由概述如下:

一、刑法第十七条第二款中的“故意杀人”泛指一种犯罪行为,而不是特指刑法第二百三十二条故意杀人罪这一具体罪名。

1. 刑法修改在前,司法解释确定罪名在后,立法本身并未明确罪名。刑法第十七条第二款中所称“犯……罪”只能是指某种罪行,而不可能预见性地明指嗣后司法解释确定的罪名。

2. 刑法第十七条第二款中的“故意伤害致人重伤或者死亡”的表述,很明显是指罪行而非具体的罪名,因为按司法解释,该种罪行应确定罪名为故意伤害罪,而非“故意伤害致人重伤或者死亡罪”。据此,也可以印证与其并列的“犯故意杀人罪”的表述,应当是指一种罪行,因为并列的表述在种属归类上应当是一致的。

3. 犯罪行为是刑法立法规范的对象,罪名则是对犯罪行为本质特征的概括。刑法第十七条第二款旨在解决已满十四周岁不满十六周岁的人负刑事责任的范围。刑法确定上述年龄段的人应负刑事责任范围的统一标准,只是犯罪行为本身,也即是规定哪些种类的犯罪行为应负刑事责任,不可能、也不会解决哪几种犯罪行为应为哪几种罪名。

4. 把刑法第十七条第二款中的“故意杀人”理解为指一种犯罪行为,符合立法本意,并非任意地扩张解释,不违背罪刑法定原则。相反,如果将其理解为仅限于刑法第二百三十二条规定的故意杀人罪,而不包括杀害被绑架人的犯罪行为,对已满十四周岁不满十六周岁的人故意杀人的,要负刑事责任,而绑架杀人、劫持航空器杀人等不负刑事责任,这显然有悖立法本意,势必破坏立法确立的相对刑事责任年龄应负刑事责任的统一标准和基础。

二、刑法第二百三十九条中“绑架并杀害被绑架人的”,实质上是绑架和故意杀人两个行为的结合规定。根据刑法第十七条第二款的规定,已满十四周岁不满十六周岁的人,虽不对绑架行为负刑事责任,但仍应对故意杀人行为负刑事责任。因此,应当依照刑法第二百三十二条以故意杀人罪追究其刑事责任。

需要指出的是,上述结论仅是针对已满十四周岁不满十六周岁的人绑架并杀害被绑架人的,主张应当依照刑法第二百三十二条追究其刑事责任。至于已满十六周岁的人绑架并杀害被绑架人的,因其属于完全刑事责任年龄人,按刑法规定,既须对绑架行为负刑事责任,也须对故意杀人行为负刑事责任,因而,仍应当直接依照刑法第二百三十九条第一款以绑架罪定罪处罚。

——《最高人民法院刑事审判第一庭审判长会议关于已满 14 周岁不满 16 周岁的人绑架并杀害被绑架人的行为如何适用法律问题的研究意见》,载最高人民法院刑事审判第一、第二庭:《刑事审判参考》(总第 12 辑),法律出版社 2001 年版,第 87—88 页。

【链接:最高人民法院法官著述】

刑法第十七条第二款规定:"已满十四周岁不满十六周岁的人,犯故意杀人、故意伤害致人重伤或者死亡、强奸、抢劫、贩卖毒品、放火、爆炸、投毒[①]罪的,应当负刑事责任。"

司法实践中遇到的问题是:由于刑法第十七条第二款只规定了八种犯罪,如果已满十四周岁不满十六周岁的未成年人参与绑架活动是否应负刑事责任?对此,刑法学界有不同看法。有的学者认为,由于这种犯罪的"危害性特别大,凡是年满 14 岁并具有责任能力的人,均可构成"。我们认为,刑法第十七条第二款规定的八种犯罪,是指具体犯罪行为而不是具体罪名。按照罪刑法定原则和刑法第十七条第二款的规定,已满十四周岁不满十六周岁的人,如果仅参加了绑架的行为,但未参与杀害、伤害被绑架人,没有实施刑法第十七条第二款规定的故意杀人、故意伤害致人重伤或者死亡行为,该未成年人对这种绑架行为不负刑事责任。但应责令他的家长或者监护人加以管教;在必要的时候,也可以由政府收容教养。如果在绑架过程中实施了杀害或者伤害(致人重伤或死亡)被绑架人的行为的,则应按故意杀人罪、故意伤害罪追究其刑事责任。

——周道鸾、张军、高憬宏、熊选国:《刑法实务若干问题研究》,载《人民司法》2003 年第 11 期。

031 已满十二周岁不满十四周岁未成年人犯罪的认定

关键词|未成年人犯罪|刑事责任|

---

① 刑法修正案(十一)已修改为"投放危险物质"。以下同。

【链接：理解与适用】

1. 关于承担刑事责任的范围。本条中“犯故意杀人、故意伤害罪”应理解为特定罪行，即故意杀人、故意伤害的具体犯罪行为，而非特定、具体的罪名。这种理解与刑法第十七条第二款规定的理解保持一致，符合刑法体系解释的原则。2002年7月24日全国人民代表大会常务委员会法制工作委员会发布的《关于已满十四周岁不满十六周岁的人承担刑事责任范围问题的答复意见》指出，我国刑法第十七条第二款规定的“犯故意杀人、故意伤害致人重伤或者死亡、强奸、抢劫、贩卖毒品、放火、爆炸、投毒罪”这八种犯罪，“是指具体犯罪行为而不是具体罪名”，对此可称为“行为说”。紧随其后，2003年《最高人民检察院关于相对刑事责任年龄的人承担刑事责任范围有关问题的答复》（〔2003〕高检研发第13号）确认了“行为说”，规定：“相对刑事责任年龄的人实施了刑法第十七条第二款规定的行为……”2006年《最高人民法院关于审理未成年人刑事案件具体应用法律若干问题的解释》（法释〔2006〕1号）也确认了“行为说”，第五条规定：“已满十四周岁不满十六周岁的人实施刑法第十七条第二款规定以外的行为……”这些规定成为学界和司法实务界的主流观点和裁判依据。

“以特别残忍手段致人重伤造成严重残疾”的理解与把握。此处规定是对故意伤害行为承担刑事责任的规定。刑法第二百三十四条故意伤害罪第二款规定：“……以特别残忍手段致人重伤造成严重残疾的，处十年以上有期徒刑、无期徒刑或者死刑。本法另有规定的，依照规定。”刑法总则与分则规定相互对应，保持一致。[①] 在具体理解上，“以特别残忍手段致人重伤造成严重残疾”包括“以特别残忍手段”“致人重伤”“造成严重残疾”三个要素。“以特别残忍手段”主要是挖眼、割去耳朵、剁脚等特别残忍的伤害方式，可根据具体情况予以认定判断。“重伤”，依照刑法第九十五条的规定，是指有下列情形之一的伤害：（1）使人肢体残废或者毁人容貌的；（2）使人丧失听觉、视觉或者其他器官机能的；（3）其他对于人身健康有重大伤害的。关于“造成严重残疾”，最高人民法院印发的《全国法院维护农村稳定刑事审判工作座谈会纪要》（法〔1999〕217号）规定，参照1996年国家技术监督局颁布的《职工工伤与职业病致残程度鉴定标准》，刑法第二百三十四条第二款规定的“严重残疾”是指下列情形之一：被害人身体器官大部缺损、器官明显畸形、身体器官有中等功能障碍、造成严重并发症等。残疾程度可以分为一般残疾（十至七级）、严重残疾（六至三级）、特别严重残疾（二至一级），六级以上视为“严重残疾”。2016年，最高人民法院、最高人民检察院、公安部、国家安全部、司法部发布《人体

① 许永安主编：《中华人民共和国刑法修正案（十一）解读》，中国法制出版社2021年版，第6页。

损伤致残程度分级》,2017 年 1 月 1 日起依据该标准确定伤残等级。

对于已满十二周岁不满十四周岁的未成年人实施的故意杀人、故意伤害,致人死亡或者以特别残忍手段致人重伤造成严重残疾,情节恶劣的,如何认定罪名。例如,以杀人方式实施抢劫、强奸的,致人死亡或者在绑架过程中杀害人质的行为,如何认定罪名。一种观点认为,这种情形下应根据刑法分则规定的具体罪名认定为抢劫罪、强奸罪或绑架罪。《最高人民检察院法律政策研究室关于相对刑事责任年龄的人承担刑事责任范围有关问题的答复》(〔2003〕高检研发第 13 号)即采取这种观点,明确规定:“相对刑事责任年龄的人实施了刑法第十七条第二款规定的行为,应当追究刑事责任的,其罪名应当根据所触犯的刑法分则具体条文认定。对于绑架后杀害被绑架人的,其罪名应认定为绑架罪。”另外一种观点认为,对于这类情形,虽然涉及刑法分则规定的各类犯罪,但只能认定为故意杀人罪或者故意伤害罪。最高人民法院相关司法解释即采取这种观点,《最高人民法院关于审理未成年人刑事案件具体应用法律若干问题的解释》(法释〔2006〕1 号)第五条规定:“已满十四周岁不满十六周岁的人实施刑法第十七条第二款规定以外的行为,如果同时触犯了刑法第十七条第二款规定的,应当依照刑法第十七条第二款的规定确定罪名,定罪处罚。”本书认为,对于这种情形的定罪,应该认定为故意杀人罪或者故意伤害罪。因刑法规定的已满十二周岁不满十四周岁的未成年人承担刑事责任的范围仅限于这两类行为,刑法对于这两类行为之外的要件、要素不应评价。例如,对于强奸、抢劫、绑架过程中故意杀人的行为,刑法仅应评价其故意杀人行为的刑事责任,而符合故意杀人罪以外的构成要件要素,属于过剩的构成要件要素,法律不予评价,这符合刑法规定的原理,也是罪刑法定原则的当然之理。反之,认定为强奸罪、抢劫罪、绑架罪,定罪时超出了刑法规定的应承担刑事责任的部分,纳入法律不允许评价的要素,违反了罪刑法定原则。

2. 关于“情节恶劣”的理解。在未成年人犯罪中,对于“情节恶劣”如何理解也存在一定认识分歧。有的观点认为,只要是“犯故意杀人、故意伤害罪,致人死亡或者以特别残忍手段致人重伤造成严重残疾”的,都应追究刑事责任,因为这类情形本身就是“情节恶劣”。经研究认为,对于“情节恶劣”原则上限于直接故意的行为,再根据案件的具体情况,从起因、动机、目的、作案手段、社会影响等方面,结合犯罪前一贯表现、犯罪后认罪悔罪以及犯罪行为手段牵连性,作出综合判断。例如,行为人奸杀女童,又多次实施故意伤害、强奸行为的,明显属于“情节恶劣”。司法实践中一些情形则不宜认定为“情节恶劣”,如防卫过当的故意杀人、故意伤害行为中致人死亡的,对未成年人存在长期虐待或性侵等被害人具有重大过错的等情形。

3. 下调刑事责任年龄追诉的特别程序。基于严格限制刑事责任年龄下调范围的考虑,修正后刑法第十七条第三款在具体程序上设置了“经最高人民检察院核准追诉”的要件。

对于此类案件是否有必要设置特殊的程序，存在不同意见。赞成意见认为，设置最高人民检察院核准程序，可以进一步体现限缩适用的精神，也可以实现缓冲社会舆论压力的作用，防止因社会舆论压力对未成年人犯罪追诉过多；反对意见认为，设置最高人民检察院核准程序，可能会导致诉与不诉的标准不统一，出现罪责刑不相适应的情形。最终，修正后刑法第十七条第三款规定了最高人民检察院核准这一程序。本书认为，这一规定具有合理性和必要性：其一，规定核准的程序要件有法律规定的先例可循。例如，刑法第八十七条第(四)项规定：“法定最高刑为无期徒刑、死刑的，经过二十年。如果二十年以后认为必须追诉的，须报请最高人民检察院核准。”又如，刑事诉讼法第二百九十一条第一款规定：“对于贪污贿赂犯罪案件，以及需要及时进行审判，经最高人民检察院核准的严重危害国家安全犯罪、恐怖活动犯罪案件，犯罪嫌疑人、被告人在境外，监察机关、公安机关移送起诉，人民检察院认为犯罪事实已经查清，证据确实、充分，依法应当追究刑事责任的，可以向人民法院提起公诉。……”因此，规定这一程序符合刑事诉讼程序中检察机关的职能定位。其二，必须经最高人民检察院核准，进一步体现了严格控制对已满十二周岁不满十四周岁的人追究刑事责任的立法精神，同时可以确保执法标准相对统一，防止各地形成差异。

——杨万明主编：《〈刑法修正案（十一）〉条文及配套〈罪名补充规定（七）〉理解与适用》，人民法院出版社2021年版，第24—27页。

032 未成年人犯罪可能判处三年以上有期徒刑的，是否可以免予刑事处罚

关键词 | 未成年人犯罪 | 免予刑事处罚 |

【最高人民法院司法解释】

第十七条 未成年罪犯根据其所犯罪行，可能被判处拘役、三年以下有期徒刑，如果悔罪表现好，并具有下列情形之一的，应当依照刑法第三十七条的规定免予刑事处罚：

(一)系又聋又哑的人或者盲人；

(二)防卫过当或者避险过当；

(三)犯罪预备、中止或者未遂；

(四)共同犯罪中从犯、胁从犯；

(五)犯罪后自首或者有立功表现；

(六)其他犯罪情节轻微不需要判处刑罚的。

——《最高人民法院关于审理未成年人刑事案件具体应用法律若干问题的解释》(2006年1月23日,法释〔2006〕1号)。

【最高人民法院参考案例】

李春伟、史熠东抢劫案(《刑事审判参考》案例第480号)

要旨:《最高人民法院关于审理未成年人刑事案件具体应用法律若干问题的解释》第十七条的规定并未涵括所有免予刑事处罚的情形,也未禁止对犯法定刑为三年以上有期徒刑之罪的未成年被告人免予刑事处罚,在适用第十七条决定是否免予刑事处罚时,要全面、有序地衡量各种从宽处罚情节,避免重复评价。

根据2006年《最高人民法院关于审理未成年人刑事案件具体应用法律若干问题的解释》(以下简称《解释》)第十七条的规定,对符合《解释》第十七条所规定条件的未成年被告人,不是"可以"而是"应当"免予刑事处罚。但是,本案被告人所犯罪行为抢劫罪,其法定最低刑为三年有期徒刑,对于此类犯法定刑三年以上有期徒刑犯罪的未成年被告人,能否适用免予刑事处罚?同时,《解释》第十七条的规定存在从宽处罚情节竞合情况,在判断是否对被告人适用免予刑事处罚时,应当如何运用、考量这些情节,才能避免重复评价?现对这些问题分析如下:

1.《解释》第十七条的规定并未涵括所有免予刑事处罚的情形,也未禁止对犯法定刑为三年以上有期徒刑之罪的未成年被告人免予刑事处罚

首先,《解释》第十七条是对刑法第三十七条规定的免予刑事处罚条件的一种具体化,但并未涵括所有可能免予刑事处罚的情形。刑法第三十七条规定,对犯罪情节轻微不需要判处刑罚的,可以免予刑事处罚。这是对于免予刑事处罚的原则性规定,与之对应的是刑法总则和分则中一些关于免予刑事处罚的具体规定,如又聋又哑的人或者盲人犯罪,防卫过当,避险过当,犯罪预备或者中止,共同犯罪中的从犯或者胁从犯,自首或者重大立功,非法种植毒品原植物但在收获前自动铲除,行贿人在被追诉前主动交代行贿行为的,均可能免予刑事处罚。但不论基于哪种理由免予刑事处罚,都应当符合刑法第三十七条的一般规定,即属于"犯罪情节轻微不需要判处刑罚的"。《解释》第十七条是就未成年人犯罪问题对刑法第三十七条免予刑事处罚条件的具体化,之所以采取列举式方法作出了如此具体的规定,并要求对符合这些条件的未成年被告人"应当"免予刑事处罚,就是为了充分贯彻"教育为主,惩罚为辅"的原则,并尽可能地增强审判中的可操作性,避免因自由裁量不当而对部分应免予刑事处罚的未成年被告人判处了刑罚。正因为规定的是"应当"免予刑事处罚的条件,所以起草时结合司法经验使用了较为严密的文字表述,以确保"应当"免予刑事处罚的都是"犯罪情节轻微"的未成年被告人。这样,

该条文也就不可能把所有可能免予刑事处罚的情形都涵括进来，因此《解释》第十七条第（六）项还规定了兜底条款，以涵括对于司法实践中出现的其他可免予刑事处罚的情形。

其次，“可能被判处拘役、三年以下有期徒刑”是指宣告刑而非法定刑，也就是说法定刑为三年徒刑以上时，也存在免予刑事处罚的余地。对《解释》第十七条规定的刑罚条件，我们认为，这里规定的刑罚条件是指宣告刑而不是法定刑，即审判机关根据被告人犯罪的事实、性质、情节及对社会的危害程度，依法对被告人可能判处的刑罚。理由在于：（1）《解释》第十七条明确使用了“可能被判处……”的表述，按照文义解释方法，显然是指宣告刑而不是法定刑；如果是指法定刑，则应当通过文字来直接表明。例如，刑法第八十七条关于时效的规定，明确使用了“法定最高刑”的表述，故不可能被认为是宣告刑；刑法第七十二条关于缓刑的适用条件明确使用了“被判处”的表述，所指则是宣告刑而不可能是法定刑。《最高人民法院关于执行〈中华人民共和国刑事诉讼法〉若干问题的解释》第二百二十条规定：“刑事诉讼法第一百七十四条第（一）项规定的可能判处三年以下有期徒刑、拘役、管制、单处罚金的公诉案件，是指被告人被指控的一罪或者数罪，可能被宣告判处的刑罚为三年以下有期徒刑、拘役、管制、单处罚金的案件。”这实际上是对“判处”的含义作出了解释，即所指是宣告刑而不是法定刑。（2）《解释》第十七条不可能把法定刑为三年以上有期徒刑的犯罪排除在可适用免予刑事处罚的范围之外。因为被告人的犯罪情节是否轻微，虽然主要但并不完全是由法定刑的高低来决定的，对于犯法定刑为三年以上有期徒刑的犯罪，根据具体案情也完全可能属于犯罪情节轻微。同时，刑法第三十七条并没有以法定刑作为适用免予刑事处罚的条件，因此《解释》第十七条也不可能僭越立法权来不当缩小免予刑事处罚的适用范围。可见，本案被告人所犯抢劫罪的法定刑虽为有期徒刑三年以上，也可以根据具体案情决定是否适用免予刑事处罚。

2. 在适用《解释》第十七条决定是否免予刑事处罚时，要全面、有序地衡量各种从宽处罚情节，避免重复评价

根据《解释》第十七条，对未成年人犯罪“应当”免予刑事处罚的，要同时符合三项条件：（1）可能被判处三年以下有期徒刑或者拘役；（2）悔罪表现好；（3）具有六项从宽处罚情节之一。据此，在判断对被告人能否适用免予刑事处罚时，裁量过程具有很强的顺序性和逻辑性，不能笼统地同时运用各种情节“估推”出结论，否则就会出现对某一情节重复评价的现象。我们认为，对于未成年人免予刑事处罚的适用，可以分为以下三个步骤来权衡决定。

第一，以所犯罪行本身为基础判断对被告人可能适用的刑罚，也就是按照刑法第六十一条规定的量刑基准（犯罪的事实、犯罪的性质、情节和对于社会的危害程

度)来量定刑罚。

第二,衡量悔罪表现的作用。一般认为,悔罪表现属于酌定从轻处罚情节,但对于适用缓刑而言,则是法定的必备条件。免予刑事处罚是比适用缓刑更宽大的处理方法,故自然要求被告人有更好的悔罪表现。对于“悔罪表现好”的具体含义,《解释》没有作出规定,通常认为是指到案后如实交代所犯罪行,向被害人真诚表达歉意,积极退赃,积极赔偿被害人的经济损失等。悔罪表现的有无与好坏直接反映被告人人身危险性的大小,对法官决定刑罚量及其执行方式具有重要影响,故应当认真审查,严格把关。对于仅在庭审时简单地口头表示悔意,但有条件退赔而不退赔的,不能认定为悔罪表现好。

第三,对于具有《解释》第十七条所列六项从宽处罚情节之一的被告人,应适用免予刑事处罚。对于符合适用缓刑条件的被告人是否进一步适用免予刑事处罚,关键看其是否具有《解释》第十七条所列六项从宽处罚情节之一。在这六项从宽情节中,前五项属于刑法明确规定可能免予刑事处罚的情节,而第(六)项则属于兜底规定,以涵括前五项之外的其他可能免予刑事处罚的情节。

——《刑事审判参考》(总第61辑)。

033 如何理解和把握刑法第十七条之一关于对已满七十五周岁的老年人犯罪从宽处罚的规定

关键词 | 已满七十五周岁的人犯罪 | 从宽处罚 |

【链接:最高人民法院法官著述】

(1)对已满七十五周岁被告人的处罚原则

一是关于故意犯罪的从宽处罚。对已满七十五周岁的故意犯罪人的刑事责任承担上是“可以从轻或者减轻处罚”,也就是说并非对每一个已满七十五周岁的故意犯罪人都一律从轻或减轻处罚。究竟是否从宽处罚,或者说是否该从轻还是减轻,应结合个案,根据犯罪行为的性质、情节和社会危害程度等因素确定。就立法倾向而言,一般先考虑从轻或减轻处罚,除非犯罪行为的性质严重、情节恶劣、社会危害程度较大等,才对此类行为人不予从轻或减轻处罚。

二是关于过失犯罪的从宽处罚。对于已满七十五周岁的过失犯罪人的刑事责任,本条规定“应当从轻或者减轻处罚”,但不能免除处罚。一方面,这是由过失犯罪主观恶性相对不深的性质所决定的;另一方面,已满七十五周岁的老年人认识和控制自己行为性质和后果的能力较青壮年有所减弱,其刑事责任亦相应较轻。在过失犯罪的情况下,与已满十四周岁不满十八周岁的人犯罪的处罚原则是相同的,都是“应当从轻或者减轻处罚”。

(2)关于已满七十五周岁的人犯罪年龄的认定

在以往的司法实践中，由于没有将“已满七十五周岁”的年龄作为量刑情节，对老年犯罪嫌疑人、被告人年龄的认定争议不大，一般采用户籍年龄。在此应当说明，公安部门出具的户籍证明要求加盖户口专用章，从人口信息网上下载的《人口信息登记表》不符合要求，因为此信息未必是最新和真实的，不能真实地反映老年犯罪嫌疑人、被告人的身份状况。刑法修正案(八)生效以后，由于“已满七十五周岁”成为法定的量刑身份，难免对是否已满七十五周岁的问题上引起争议，应当引起我们的注意，积极寻求司法对策。

在审查老年人是否已满七十五周岁的问题上，鉴于老年人年事已高，出生证明等相关材料较难取得，如果发生争议，尽一切手段仍无法查实的情况下，完全有必要借助骨骼年龄的鉴定结论认定老年人的实际年龄。但是，人的生长发育受遗传因素影响，不同的人发育规律不尽一致，同时，营养水平、饮食习惯、气候环境、人文环境等多种因素也决定了不同的人在同一年龄阶段的骨骼发育状况可能也不完全相同，因此，骨龄与实际年龄也许会产生一定的误差。对于骨龄鉴定结论的审查判断，应当注意从以下几个方面把握：

①注意审查鉴定机构、鉴定人员的资质。骨龄鉴定结论属于一种科学证据，只有具有相应专门科学知识的人才能运用自身的知识作出判断，得出相应的结论。因此，从事骨龄鉴定的机构和从业者必须具备相应资格。否则，鉴定结论不予认可。

②结合被告人供述等其他证据进行判断。由于骨龄鉴定不能得出确定唯一的结论，在审查判断时应参考犯罪嫌疑人、被告人的供述等，可能的情况下，还应调取学历登记、父母、亲戚、邻居等的证言，综合参考判断。

③注意鉴定时间与犯罪时间的差异。对老年犯罪嫌疑人、被告人进行骨龄鉴定的时间一般是在其被抓获后或审查起诉阶段，抑或法庭审理过程中，但无论在哪个时间进行鉴定，得出的结论都是被鉴定时的骨龄，与实施犯罪行为时的骨龄有时间上的间隔，因此，应根据鉴定结论推断犯罪时的年龄。

④要酌情考虑骨龄鉴定的误差因素。如果骨龄鉴定得出被鉴定人的年龄上限接近七十五周岁，而老年犯罪嫌疑人、被告人供述犯罪时已满七十五周岁，以及鉴定结论下限接近七十五周岁、上限超过七十五周岁的，应按照有利于被告人的原则，认定行为人犯罪时已满七十五周岁。

(3)对刑法修正案(八)施行时已满七十五周岁的人实施犯罪的判决尚未生效案件或者施行后受理案件的处理

“法不溯及既往”是原则，而在新法有利于行为人时溯及既往适用为例外，逐渐成为国际社会刑事立法的通例。根据刑法第十二条第二款的规定，“本法施行以前,依照当时的法律已经作出的生效判决,继续有效”。此处“本法”指现行刑法。刑法修正案(八)是对现行刑法的修正,所以“本法”自然包括刑法修正案(八)。在刑法修正案(八)施行以前,依照当时的法律对已满七十五周岁的人已经作出的生效判决,继续有效。也就是说,刑法修正案(八)对其生效以前的已满七十五周岁的人实施的犯罪行为不发生效力,即不溯及既往。但是,刑法修正案(八)对其施行时已满七十五周岁的人实施犯罪的判决尚未生效的案件,以及施行前发生而在施行后发现和处理的犯罪行为均具有溯及力,这是因为刑法修正案(八)第一条暨修正后刑法第十七条之一,对已满七十五周岁的人犯罪作出了从宽处罚的规定,而修正前刑法没有作出相关规定。

在此,应当指出的是,刑法修正案(八)第一条对已满七十五周岁的人故意犯罪规定的是“可以从轻或者减轻处罚”,在考量此类行为人的行为性质、情节和危害程度等以后,决定对其不从轻或减轻处罚的时候,尽管依据修正前后刑法对行为人都没有从轻或减轻处罚,仍然要适用修正后刑法即修正后刑法第十七条之一,理由是刑法修正案(八)即修正后刑法第十七条之一的规定轻于修正前刑法。

——胡云腾主编:《刑法办案思路与疑难释解(第一卷)》,中国法制出版社2022年版,第123—125页。

034 如何理解和认定刑法第四十九条审判的时候已满七十五周岁的人“以特别残忍手段致人死亡”

关键词|以特别残忍手段致人死亡|已满七十五周岁的人犯罪|

【最高人民法院参考案例】

胡金亭故意杀人案(《刑事审判参考》案例第830号)

要旨:在具体案件中,对“特别残忍手段”可以综合从以下几个方面理解和认定:(1)杀人手段;(2)行为过程;(3)以其他让社会民众普遍难以接受的手段和方式杀害被害人的。

(一)如何理解和认定“以特别残忍手段致人死亡”

1. 如何理解和认定“特别残忍手段”

众所周知,任何一个犯罪目的的实现都必须借助一定的犯罪手段。犯罪手段不仅可以反映犯罪行为的客观损害程度,还可以反映行为主体的主观恶性和人身危险性大小。因此,犯罪手段在我国司法实践中往往是一个重要的酌定量刑情节。司法实践中,在死刑判决、裁定书中的“裁判理由”部分,“犯罪手段残忍”“犯罪手段特别残忍”“犯罪手段极其恶劣”等表述充分表明“犯罪手段残忍”或者“犯罪手段特别残忍”已经成为适用死刑立即执行的一个重要依据，特别是在年满七十五周岁的老年人故意杀人案件中，“特别残忍手段”更是适用死刑的唯一法定依据。由此可见，对“手段特别残忍”的理解足以影响死刑在实践中的具体适用。

关于“特别残忍手段”的含义，当前立法、司法机关均未作出具体解释，司法实践中，往往只能由法官自由裁量。如此一来，在具体案件中适用不一以及量刑偏差自然是难以避免的问题。我们认为，对于故意杀人罪中的“特别残忍手段”可以参照故意伤害罪中的“特别残忍手段”进行认定。关于刑法第二百三十四条第二款中“致人死亡或者以特别残忍手段致人重伤造成严重残疾”中“特别残忍手段”的理解，全国人大常委会法制工作委员会刑法室编著的《中华人民共和国刑法释义》一书认为，本条中的“特别残忍手段”，是指故意造成他人严重残疾而采用毁容、挖人眼睛、砍掉人双脚等特别残忍的手段伤害他人的行为。这一解释依然是粗线条式的，同时亦存在循环定义的逻辑问题，对于具体司法适用问题的解决难以起到实质效果。

一般手段杀人与以特别残忍手段杀人，两者的相同之处在于侵害了被害人的生命权，两者的区别在于对善良风俗、伦理底线、人类恻隐心的侵犯程度不同。因此，对故意杀人罪中“特别残忍手段”的理解和认定，应当符合社会民众一般的观念。我们认为，在具体案件中，对“特别残忍手段”可以综合从以下几个方面理解和认定：(1)杀人手段：使用焚烧、冷冻、油煎、毒蛇猛兽撕咬、分解肢体、剥皮等凶残狠毒方法杀死被害人的。(2)行为过程：犯罪行为持续时间长、次数频繁、折磨被害人的主观故意强。如用凶器数十次捅刺被害人的；长时间暴力折磨被害人，故意加重其痛苦程度的；在被害人失去反抗能力后求饶、逃跑、呼救的过程中，仍然执意追杀被害人的。(3)以其他让社会民众普遍难以接受的手段和方式杀害被害人的。

本案中，胡金亭在作案手段上选择的是持刀杀人，而并非其他非常见的凶残狠毒方法；在行为次数上仅仅捅刺了一刀，并非连续捅刺；在被害人失去反抗能力之后也并没有再次捅刺。综上，胡金亭的犯罪手段一般，一审法院认定其作案以“特别残忍手段”不当，二审法院认定其作案手段不属于“以特别残忍手段致人死亡”，依法不适用死刑是正确的。

2. 对“特别残忍手段”与“情节特别恶劣”应当区别认定

有观点认为，刑法第四十九条第二款关于“以特别残忍手段致人死亡”的除外规定范围太小，应当扩大为“情节特别恶劣”。即对老年人犯罪是否适用死刑，除了要考虑犯罪行为是否特别残忍之外，还应当综合考虑主观恶性和人身危险性等因素，而不应仅凭手段残忍致人死亡这一情节作出判决。我们认为，“以特别残忍手段致人死亡”仅仅是“情节特别恶劣”的情形之一，“情节特别恶劣”涵盖的范围更广。如果将“以特别残忍手段致人死亡”替换为“情节特别恶劣”，无疑扩大了已满七十五周岁的老年人适用死刑的限制范围,有违刑法第四十九条第二款的立法初衷。

本案中,一审法院在认定"以特别残忍手段致人死亡"时,将胡金亭有预谋、事先准备凶器以及在公开场合行凶等事实情状作为认定"特别残忍手段"的依据,实际混淆了"特别残忍手段"与"情节特别恶劣"的认定,不当扩大了对老年人犯罪死刑适用的范围,与"有关老年人免除死刑"的立法精神相背离。二审法院认定胡金亭的故意杀人行为不属于"特别残忍手段"是正确的。

——《刑事审判参考》(总第90辑)。

035 对已满七十五周岁的老年人犯罪是否适用无期徒刑,以及能否同时适用刑法第十七条之一的规定

关键词|已满七十五周岁的人犯罪|无期徒刑|从轻或者减轻处罚|

【最高人民法院参考案例】

胡金亭故意杀人案(《刑事审判参考》案例第830号)

要旨:对年满七十五周岁的老年人罪犯,是否可以判处无期徒刑,取决于对年满七十五周岁的老年人故意犯罪是否适用从轻或者减轻处罚,而是否适用从轻或者减轻处罚,应当根据具体犯罪事实和犯罪情节予以综合认定。

(二)对已满七十五周岁的老年人犯罪是否适用无期徒刑以及能否同时适用刑法第十七条之一的规定

由于对刑法第四十九条第二款和刑法第十七条之一有不同的理解,对年满七十五周岁的老年人犯罪是否适用无期徒刑的问题,理论界存在"肯定说"和"否定说"之争。

"否定说"认为,刑法第四十九条第二款规定"审判的时候已满七十五周岁的人,不适用死刑",这是禁止性规范;刑法第十七条之一规定"对老年罪犯适用刑罚,可以从轻或者减轻处罚"这是命令性规范。上述两条规定并行不悖,在具体案件中,一般都同时适用。由于刑法第四十九条第二款明确排除了对老年罪犯适用死刑,因而其法定最高刑只能是无期徒刑,同时根据刑法第十七条的规定,对老年罪犯一般应予以从轻或者减轻处罚,而该条关于"从轻处罚"的规定无法在无期徒刑的范围内得以体现,所以,对老年人在适用从轻处罚的规定时不能适用无期徒刑。"肯定说"则认为,对老年人不适用死刑而判处无期徒刑,已经体现了从宽处罚,可以不再适用刑法第十七条之一的规定,因此,可以对老年人罪犯适用无期徒刑。

我们认为，从法律规定分析，是否同时适用刑法第十七条之一和第四十九条第二款的规定，要视具体情形而定：如果年满七十五周岁的老年人犯罪属于可以从轻或者减轻处罚但最终未适用从轻或者减轻处罚的，无须同时适用；如果年满七十五周岁的老年人犯罪属于可以从轻或者减轻处罚且最终适用从轻或者减轻处罚的，或者属于应当从轻或者减轻处罚的，应当同时适用。在认定不属于"以特别残忍手段致人死亡"的前提下：对于年满七十五周岁的老年人故意犯罪无须同时适用刑法第十七条之一和第四十九条第二款规定的情形，可以对年满七十五周岁的老年人判处无期徒刑；对于年满七十五周岁的老年人故意犯罪同时适用刑法第十七条之一和第四十九条第二款规定的情形，对年满七十五周岁的老年人不应判处无期徒刑。基于上述分析，对年满七十五周岁的老年人罪犯，是否可以判处无期徒刑，取决于对年满七十五周岁的老年人故意犯罪是否适用从轻或者减轻处罚，而是否适用从轻或者减轻处罚，应当根据具体犯罪事实和犯罪情节予以综合认定。

本案中，二审法院在认定被告人胡金亭犯罪手段不属于"以特别残忍手段致人死亡"的同时，综合本案具体犯罪事实和各种犯罪情节，认为胡金亭所犯罪行严重，对其不适用从轻或者减轻处罚，从而对其判处无期徒刑是正确的。由于刑法第十七条之一的规定可以延伸出适用从轻或者减轻处罚和不适用从轻或者减轻处罚的可能，故二审判决同时引用刑法第十七条之一和第四十九条第二款的规定，是规范、妥当的。

——《刑事审判参考》(总第90辑)。

036 对限制刑事责任能力的精神病人如何处罚

关键词｜限制刑事责任能力｜精神病人｜

【最高人民法院参考案例】

李典故意杀人案(《刑事审判参考》案例第49号)

要旨：如果被告人犯罪情节特别恶劣，后果特别严重，民愤很大，可以依法从轻处罚；如果被告人所犯罪行不是特别严重，情节不是特别恶劣，也可以依法减轻处罚。

限制责任能力的精神病人犯罪的刑事责任，既不同于有完全刑事责任能力的犯罪人，又不同于完全没有刑事责任能力的精神病人。前者由于其认识能力和控制能力正常，应对其危害社会的行为和后果承担全部刑事责任，故应根据其所犯罪行和犯罪情节、手段、后果等决定应当判处的刑罚。后者由于完全丧失辨认自己行为的性质，或者完全丧失控制自己行为的能力，其主观上没有罪过，尽管行为造成了客观的危害结果,但不是犯罪行为,依法不承担刑事责任。

限制责任能力的精神病人,由于患有精神疾病,有精神障碍,致使辨认或者控制自己行为能力明显削弱。其所实施的危害社会行为,既有犯罪成分,也有病理性精神障碍因素。他们在实施危害社会行为时,对自己行为的辨认或者控制能力并未完全丧失,只有部分缺损;其动机的相当成分则是为了满足个人意愿。因此,这部分人既不是无责任能力人,也不是完全责任能力人,而是限制(部分)责任能力人。被告人李典所患精神分裂症,属于常见的精神错乱的一类精神病。这类精神病具有严重的人格改变,整体精神状态包括感知、思维、情感、意志多方面精神功能产生紊乱,其认知能力和情感、适应社会功能都产生了明显改变。认知能力欠缺,对行为后果难以预期;欠缺行为控制能力,不能像正常人那样很好适应社会生活,经常出现各种各样精神障碍和行为混乱。这种精神分裂症在发病期间,有严重的精神异常,有整体状态的明显改变,存在人格及思维混乱、情感的冷漠、意志和行为的脱离常轨。但并不是精神生活每个方面都出现障碍,作为一个人的自我保护需要,常常是表现较好的,如对自己的饮食,对亲属和朋友的一般关系的认识等,对某些方面的利害关系也会有所顾及。被告人李典行凶是由于"手中无钱花"的想法所激发的报复心理,并作了一定的犯罪准备,说明其对自己的犯罪行为有一定的辨认能力。但是终究由于认知、情感和意志障碍,对他所选择的行凶行为缺乏适当的估计和预见行为的后果,以及缺乏适当的衡量这一行为对自己的利害关系,且不能把握到适当的程度,故其在愤怒和仇恨的情绪之下,很轻易地选择行凶这一行为。这在精神状态正常的人中,通常是难以见到和难于理解的。如果不联系这种精神分裂症本身的病理学特点,不联系本案的具体情况,就难以很好地解释。因此,根据本案的实际情况,对李典犯罪的责任承担,应认定为限制责任能力。

限制责任能力的精神病人,由于其主观上有一定的罪过,因此应承担刑事责任。但由于其认识能力和控制能力因疾病而削弱,其主观恶性有所减轻,因此其承担的刑事责任也应减轻。1979 年刑法对限制责任能力的精神病人的刑事责任没有规定,而本案一审阶段正是 1979 年刑法实施期间,如何处理本案没有明确法律依据。但司法实践中对此类案件一般均酌予从轻处罚。经过修订的现行刑法增加了限制责任能力人犯罪的处罚条款,刑法第十八条第三款规定:"尚未完全丧失辨认或者控制自己行为能力的精神病人犯罪的,应当负刑事责任,但是可以从轻或者减轻处罚。"那么,什么样的情况下从轻处罚,什么样的情况下减轻处罚呢?这要根据案件的具体情况。如果被告人犯罪情节特别恶劣,后果特别严重,民愤很大,可以依法从轻处罚;如果被告人所犯罪行不是特别严重,情节不是特别恶劣,也可以依法减轻处罚。本案被告人李典,因为泄愤报复而窜入被害人续某住宅将其杀死,情节特别恶劣,后果特别严重,应在法律规定的故意杀人、情节严重的量刑幅度内从轻处罚。

——《刑事审判参考》(总第7辑)。

阿古敦故意杀人案(《刑事审判参考》案例第152号)

要旨:对限制刑事责任能力的精神病人犯罪的,可以从轻或减轻处罚。

确定行为人无刑事责任能力或限制刑事责任能力的法定情形之一,是刑法第十八条规定的精神病人。需要指出的是,从立法原意上看,对刑法第十八条规定的精神病人应作广义的理解,即应理解为司法精神病学中所说的精神障碍或精神疾患。它既包括医学上通常所说的精神病,如精神分裂症、躁狂抑郁性精神病、偏执型精神病这些明确诊断的精神疾病,还应包括精神发育迟滞、精神发育不全以及非精神病性精神障碍,如神经官能症(包括癔症、强迫症、焦虑症、神经衰弱等)、人格障碍(又名变态人格)、性心理障碍(又名性变态)等。司法实践中,判断行为人是否患有精神病,患有何种精神病及其轻重程度,有无刑事责任能力,要经过司法精神病学专家鉴定和司法人员审查才能确认。只有经过司法人员审查确定的鉴定结论,才能够作为认定行为人是否应当负刑事责任,或者负何种程度的刑事责任的证据使用。

由于精神病人精神障碍的类别和程度不同,从而影响到其是否承担刑事责任,或是承担部分还是全部刑事责任。1979年刑法对精神病人的刑事责任,采用的是"两分法",即将精神病人的刑事责任分为无刑事责任和完全刑事责任。但在司法实践中,有的精神病人犯罪时并未完全丧失辨认能力和控制能力,只是因病使其辨认能力减弱和控制能力有所下降。对这部分人应如何处罚没有法律依据。修订刑法在保留和完善1979年刑法第十五条规定的同时,增设了尚未完全丧失辨认或者控制能力的精神病人犯罪的刑事责任的规定,采用了"三分法",即将精神病人的刑事责任划分为无刑事责任、完全刑事责任和限制刑事责任,弥补了1979年刑法对刑事责任规定不够完善的缺陷。

刑法第十八条第三款规定:"尚未完全丧失辨认或者控制自己行为能力的精神病人犯罪,应当负刑事责任,但是可以从轻或者减轻处罚。"该款是对那些属于限制刑事责任能力的精神病人应当如何处罚的规定。所谓"尚未完全丧失辨认或者控制能力",是指精神病人在实施危害社会的行为时,由于精神障碍,致使其辨认能力减弱,控制能力下降。这种精神病人一般包括以下两类:一是处于早期或部分缓解期的精神病人;二是某些非精神病性精神障碍人。这类精神病人在实施危害社会的行为时,一方面具有一定的辨认或者控制自己行为的能力,因此应当承担刑事责任;另一方面,其辨认能力或者控制能力又因精神疾病而受到明显削弱,所以在追究刑事责任时可以从轻或减轻处罚。值得注意的是,虽然该款规定的是"可以"而不是“应当”从轻或者减轻,但应当理解为在一般情况下都应该予以从轻或者减轻处罚。

——《刑事审判参考》(总第24辑)。

037 在严重暴力犯罪案件中,对具有轻度精神障碍,认识和控制能力所受影响不大的被告人,是否可以不从轻处罚

关键词|轻度精神障碍|从轻处罚|

【最高人民法院参考案例】

杜成军故意杀人案(《刑事审判参考》案例第927号)

要旨:行为人仅具有轻度精神发育迟缓伴精神障碍,对其作案时的辨认和控制能力影响不大,不足以对其从轻处罚。

本案被告人杜成军患有轻度精神发育迟滞伴精神障碍,其作案时被评估为部分刑事责任能力,具有法定的可以从轻处罚的情节,但其所犯故意杀人罪行极其严重,具备刑法规定的死刑适用条件,因此,本案审理过程中,对被告人杜成军能否适用死刑并同时适用刑法第十八条第三款的规定予以从轻处罚,成为本案争议的焦点。第一种意见认为,被告人杜成军犯罪手段特别残忍,犯罪后果特别严重,社会危害性极大,在当地引起极大民愤。杜成军仅具有轻度精神发育迟缓伴精神障碍,对其作案时的辨认和控制能力影响不大,不足以对其从轻处罚。杜成军报复心极强,人身危险性极大,如果不对其判处死刑,可能继续危害被害人一家甚至延伸至其他社会人员,故应当对杜成军判处死刑立即执行。

第二种意见认为,被告人杜成军罪行确实严重,人身危险性也很大,但是根据鉴定意见及相关证人证言,杜成军确属部分刑事责任能力人,其辨认和控制自己行为的能力弱于常人,应当依照刑法第十八条第三款的规定,对杜成军从轻处罚,不判处死刑立即执行。

我们赞同第一种意见,对被告人杜成军判处死刑立即执行,不适用从轻处罚情节。

——《刑事审判参考》(总第95辑)。

038 如何审查智力障碍者的刑事责任能力

关键词|刑事责任能力|智力障碍|

【最高人民法院参考案例】

被告人李鹏盗窃案(《刑事审判参考》案例第950号)

要旨:审查智力障碍者的刑事责任能力是一个综合性的工作,需要考虑行为人的犯罪动机是否有现实基础、作案后的表现、社会适应能力、犯罪性质、行为人的一贯品质和前科行为等多项因素。

(二)智力障碍行为人的辨认、控制能力的审查

对智力障碍行为人的刑事责任能力的判断并非易事,在通过智商测试确定行为人有智力缺陷的基础上(医学标准),刑法还规定了辨认、控制能力标准(法学标准),辨认能力是指对行为的物理性质、社会危害性、必要性的认识,控制能力则体现了主观意志对客观行为的支配程度,其与辨认能力紧密相连,一般没有辨认能力就不会有控制能力,但存在辨认能力尚存,因情感、意志等方面的障碍,导致控制能力缺失的情况。辨认、控制能力是人的主观心理状态,很多时候主观心理和外在行为存在背离现象,探究智力障碍行为人主观心理的难度更大,但仍有迹可循,通常可以从以下方面审查智力障碍行为人的辨认、控制能力,以判断被告人的责任能力:

1. 行为人的犯罪动机是否有现实基础。犯罪动机是判断行为人主观方面是否具有故意或者过失最直接的依据,很多案件正是因为司法人员对行为人的作案动机产生疑惑而启动精神病鉴定程序,有学者指出可以依据动机判断精神障碍者的刑事责任能力,可见犯罪动机的重要性。动机是指行为人满足某种需求的意愿和心理状态。一般而言,只有出于现实动机作案的智力障碍者才有刑事责任能力。智力障碍者的犯罪动机可分为四种情形:(1)动机不明。正常人实施犯罪行为总是存在一定的动机,例如谋财、满足性欲等。对智力障碍者来说,如果智力缺损严重到使行为人意识不到自己在做什么,或者不能意识到自己真正在做什么,即属于无作案动机,或者称为动机模糊、动机不明,多表现为行为人不能说明自己作案的原因,或者所说的原因十分奇特,与现实情况完全背离,行为人归案后可能对作案动机完全遗忘,还可能记不清自己的作案经过。(2)病理性动机。此种情况在单纯智力障碍者身上比较少见,但有些智力障碍者合并出现其他精神障碍,如智力障碍并发精神分裂症、偏执型精神病等,就可能出现幻觉、妄想等知觉、思维障碍,虽然此类行为人存在明确的动机,但他们的动机是出于虚幻的需要,正常人无法理解,正因为此种动机无法被人理解,比较容易识别。(3)现实动机。此种动机与精神正常者产生的动机区别不大,都是出于生理、社会、心理等需要,即便这种需求不是合理、合法的需求,也属于现实动机,对智力障碍者来说,他们有可能不能采取正确、恰当的方式满足自己的需求,或者难以控制自己的欲望从而实施犯罪行为。对

基于现实动机作案的智力障碍行为人需要仔细甄别，与普通人的道德品质和法律意识低下区别开来，防止将严重智力障碍者视为普通人犯罪。有些智力障碍行为人由于思维能力差，推理判断往往不符合逻辑，虽然他们的动机是现实的，但多多少少显得荒谬可笑，对基于现实动机作案的智力障碍行为人的审查，不在于行为的动机方面，而在于行为的控制、行为方式上面，即行为人是否能支配自己的情绪、行为，是否能以正常方式满足自己的欲望。例如，有的智力障碍行为人不能对强奸行为作出合法与非法的判断，他们不能理解性欲的本质，不清楚法律、社会规范对性行为有何限制，因为不能通过正常、合法的方法解决性欲冲动而实施强奸行为，其中比较严重的智力障碍者甚至可能不加选择的侵犯亲人、邻居等，而对于辨认能力正常的人而言，他们一般会对犯罪对象有所选择。(4)混合动机。即病理性动机和现实动机的混杂，其中某种动机可能占据主导地位，审查时要特别注意行为人作案是否具有深层次病理性的原因，而不能仅仅根据直接的、现实的原因认定其作案动机。有的智力障碍行为人归案后所供犯罪动机看起来合乎情理，但深究下去可能发现该动机受到其他精神障碍的影响。

具体到本案，被告人李鹏虽然智力偏低，但其实施盗窃犯罪的动机明确，其供述因为没有工作，也没人给他经济资助，没有钱花，就想偷别人的东西卖钱；其盗窃车内财物后，把赃物拿到礼品回收店换了钱，然后来到一家游戏厅买了数百元的游戏机币玩游戏，直到游戏币玩完了准备继续作案时，被巡逻的安保队员抓获。故其主观上就是为了非法占有他人财物以满足自己的物质需求。综合看来，本案未发现李鹏有任何虚幻的、不明确的动机，可以认定其作案是出于现实动机。

2. 作案后的表现。作案后的表现是判明行为人对行为的辨认、控制能力一个重要的参考因素。对智力障碍行为人来说，犯罪前后智力障碍不会有明显的变化，可以通过归案后的表现确认其犯罪时的辨认、控制能力。犯罪行为人犯罪后的表现主要体现在两点：(1)自我保护行为。自我保护是指犯罪人为逃避惩罚和追究责任，有意识地向司法人员回避、虚构事实，或者负隅顽抗、毁灭证据。对自我保护能力欠缺的智力障碍者来说，他们由于智力受损，往往采取的手段比较幼稚，很难取得他人的信任，还可能暴露自己；有些严重的智力障碍者由于根本不知道自己做了什么，完全不存在自我保护能力。自我保护行为反映了行为人对自己行为性质和后果的认识，较好地体现了行为人辨认、控制能力的强弱。但也要看到，具备自我保护意识和行为不能说明被告人一定没有精神障碍，有自我保护意识和行为只是衡量行为人辨认、控制能力的重要依据之一，但还要结合其他依据综合判断。(2)对犯罪的认识。对犯罪的认识也体现出行为人对犯罪后果的认识和对自己行为合法性的认识。精神障碍者对犯罪行为的认识有多种情况，如坦然承认、无动于衷、固执己见、屡教不改等。智力障碍者较为常见的情形是认罪伏法，他们对自己的行为后果可能缺乏深入的认识，对司法人员的讯问通常有问必答，有的轻度智力障碍者甚至会夸大自己的犯罪行为；较为严重的智力障碍者对自己的犯罪细节通常不能完整的回忆，有时对犯罪后果表现出冷漠、无动于衷的情绪。

本案中，被告人李鹏懂得作案时避开行人，盗窃后迅速逃离现场，将窃得的赃物拿到礼品回收店卖钱时，店主询问赃物来源，李鹏编造谎言说是朋友送的。在对李鹏进行司法精神病鉴定时，其称自己计算了一下盗窃金额只有一千多元，最多判刑半年，自己被判过刑，最多再加半年，如果判重了会上诉。从上述表现看，李鹏有自我保护意识，知道自己的行为是犯罪行为，会受到什么样的惩罚，对案件的性质和后果能够正确认识。

3. 社会适应能力。社会适应能力是对被鉴定人的职业工作、婚姻家庭、社会交往、个人生活能力、对外界的兴趣等多个方面的综合性评价。由于精神病鉴定对智力障碍者的智力水平评估通常是一次性测试，难免出现不准确的情况，社会适应能力的评估显得尤为重要，且社会适应能力的评定具有客观性，往往比智力测试更为可靠。特别是评定轻度精神发育迟滞和边缘智力行为人的责任能力时，智力水平不能完全反映出他们对犯罪行为的认识程度，而社会适应能力是更有价值的评定标准。评估行为人的社会适应能力，需要考察行为人的成长历程、学习经历、工作能力、人际交往情况、兴趣爱好等内容，其中大部分与案件没有直接关联，公安机关取证时往往不会全面进行调查，这需要审判人员根据案件材料全面掌握与被告人社会适应能力项目相关的证据，必要时可亲自进行调查取证，以正确评估被告人的社会适应能力。

本案中，被告人李鹏虽然幼时生长发育迟缓，学龄期学习成绩差，初中一年级未读完即辍学，一直未从事稳定工作，但其盗窃汽车后备厢的犯罪手段具备相当的技术含量，知道把赃物拿去礼品回收店卖钱，能编造赃物来源欺骗店主，且其长期混迹于网吧、游戏厅，懂得操作电脑、游戏机。综上，可以判断其社会适应能力基本正常。

4. 犯罪性质。有精神医学学者指出，有智力障碍的人只是在一些高难度的问题上表现出与常人差异，但在基本的社会道德问题上他们应该有行为能力，所以他们应当对自己的行为后果负责。犯罪性质与智力障碍者刑事责任能力存在紧密关联，可以用自然犯和法定犯的区分来予以说明。自然犯和法定犯的概念由意大利法学家加罗法洛最早提出。自然犯是指侵害法益的同时明显违反伦理道德的犯罪，例如杀人、强奸、放火等传统犯罪；法定犯则是与自然犯相对应的概念，主要是违反行政、经济法规的犯罪。虽然二者之间没有绝对的界限，但在智力障碍者身上，该划分仍然具有相当重要的意义。一般而言，智力障碍者大多实施的是侵财犯罪、暴力犯罪、性犯罪等自然犯，一方面是由于他们的劳动能力和生活环境差，加之道德水平低下,通过实施以上类型的犯罪可以满足欲望;另一方面是因为他们参与社会活动有限,实施法定犯的能力和条件有所欠缺。当然,也有一些轻度智力障碍者由于认识能力上的缺陷,可能会以好玩、寻求刺激的心态实施扰乱社会秩序的行为,即便因此造成重大人员伤亡或者财产损失,更多还是因为他们对行政法规、经济法规的不理解所致,此类犯罪更符合法定犯的定义。

对实施了不同性质犯罪的智力障碍者的刑事责任能力需要区分对待。通常认为,只要智力障碍行为人具备了基本的认识能力,就能判断自己的行为是否违背社会道德.从而不会去实施杀人、放火、强奸等自然犯。例如,在司法鉴定中,对轻度智力障碍者实施拨打虚假恐怖信息报警电话,通常可以认定为无责任能力或者限制责任能力,而对他们实施的预谋杀人犯罪,一般认为具有完全责任能力。也就是说,智力障碍行为人的智力水平达到一定程度后,可以认为他们对基本的社会伦理道德有充分的认识,只是对更为复杂的社会规则认识程度可能不足。

本案被告人李鹏所实施的盗窃犯罪是典型的自然犯,其智商达到了边缘智力水平,能充分认识到盗窃他人财物的行为是社会规范和法律不允许的,会受到严厉的惩罚。

5.行为人的一贯品质和前科行为。有些智力障碍者由于是非观念薄弱,好逸恶劳,容易受到社会不良思想的影响,往往多次犯罪,甚至因犯罪受到惩罚,出狱后仍屡教不改,在判断刑事责任能力时应当将首次犯案者和屡屡作案者加以区别。例如,1962 年美国《模范刑法典》在认定“精神疾病或精神缺陷”时就明确将屡次犯罪或其他反社会行为的异常表现排除在外。我国刑法规定对累犯要从重处罚,该规定不仅针对正常人,对智力障碍者也同样适用。实践中智力障碍者屡次犯案并不罕见,他们通过犯罪既满足欲望,也锻炼了胆识,积累了犯罪经验,加上意志薄弱,道德情感低下,容易走上再犯道路。对此类智力障碍者而言,他们能认识到自己的行为违反社会规则,会造成严重危害后果。如果一犯再犯,说明其道德低下,存在容易放纵自己行为的主观倾向。

本案被告人李鹏以前也曾因盗窃他人车内财物被判处有期徒刑二年,其明知盗窃他人财物的行为是犯罪行为,又再次实施,说明其道德水平极低,主观上完全放弃对自己行为的约束。因此,在判断其刑事责任能力时应当从严考虑。

审查智力障碍者的刑事责任能力是一个综合性的工作,在一些案件中需要考虑的因素可能不止以上几点,例如,有些案件中智力障碍行为人可能有器质性基础(如大脑器质性损伤),还可能有其他精神障碍(如智力障碍合并精神分裂症等)等,审查案件时需要具体分析、全面考虑,确保准确认定行为人的刑事责任能力,做到不枉不纵。

本案对被告人李鹏的精神病鉴定意见指出,李鹏的精神活动正常,其智力虽处于边缘水平，抽象思维能力较常人稍差，思维的广度、深度、灵敏性较差，社会适应能力较常人低。但根据其作案的动机、手段、过程、作案前后的表现等，李鹏作案时辨认、控制能力均存在，对该盗窃案具有完全刑事责任能力。以上鉴定意见综合审查了李鹏的智力水平、犯罪动机、对犯罪的认识、社会适应能力、前科表现等方面，对李鹏的刑事责任能力作出了准确的认定，故人民法院予以采信。

——《刑事审判参考》（总第 96 辑）。

039 如何结合临床诊断证明和司法精神病鉴定意见准确认定行为人作案时的刑事责任能力

关键词 | 刑事责任能力 | 司法鉴定意见 |

【最高人民法院参考案例】

连恩青故意杀人案（《刑事审判参考》案例第 1286 号）

要旨：临床诊断结果和司法鉴定意见对行为人精神状态的判断不一致时，法官要严格、审慎审查，结合相关证据准确认定行为人作案时的刑事责任能力。

刑事责任能力是指行为人能够辨认或者控制自己行为，并对自己行为负责任的能力。刑法第十八条规定：精神病人在不能辨认或者不能控制自己行为的时候造成危害结果，经法定程序鉴定确认的，不负刑事责任；间歇性的精神病人在精神正常的时候犯罪，应当负刑事责任；尚未完全丧失辨认或者控制自己行为能力的精神病人犯罪的，应当负刑事责任，但是可以从轻或者减轻处罚。对于有精神障碍的行为人，在医院临床诊断或司法鉴定过程中，可能会因诊断或鉴定角度不同、侧重点不同而得出不同的结论。而且，临床诊断和司法鉴定的思路、方法不同：临床诊断往往是"有病推定"，检查患者或者查看病历时会搜索有病依据；而司法鉴定则是"无病推定"，需全面搜集并审查判断患者的所有情况，审查案情的全部材料，而临床诊断则没有这一过程。故临床诊断结果和司法鉴定意见可能不相一致。当二者关于被告人精神状态的判断不一致时，法官要严格、审慎审查，结合相关证据准确认定被告人作案时的刑事责任能力。

本案中，被告人连恩青作案前曾在其家人劝说下到上海市精神卫生中心进行了为期两个多月的精神疾病方面的治疗，被诊断为持久妄想性障碍，作案时距出院十天时间。浙江省立同德医院在连恩青归案后对其进行司法精神病鉴定，认为连恩青患有疑病症，未达到妄想的程度；作案时意识清晰，作案动机现实，辨认和控制能力存在，有完全刑事责任能力。可见，连恩青所患是持久妄想性障碍还是疑病症，医院诊断结果与司法鉴定意见并不一致。这就需要法官根据两种精神障碍的不同特征,结合被告人的具体症状作出判定。本案复核阶段,法官曾两次当面提审连恩青,并邀请精神病学专家面对面观察其精神状态,还多次就本案涉及的精神病学方面的专业性问题咨询权威专家,组织专家论证,进行全面、审慎的审查。一般而言,对精神障碍者刑事责任能力进行判断分两个层次:第一层次是判断行为人是否有精神障碍,及患有何种精神障碍;第二层次是进一步判断行为人是否因精神障碍而致辨认或者控制行为的能力减弱或丧失。

——《刑事审判参考》(总第96辑)。

040 行为人因吸毒致神志异常而实施严重危害社会行为的，应如何承担刑事责任

关键词｜刑事责任能力｜吸毒后犯罪｜

【最高人民法院公报案例】

福州市人民检察院诉彭崧故意杀人案(二审法院:福建省高级人民法院)

要旨:行为人因吸毒后产生神志异常而实施危害社会的行为,构成犯罪的,依法应当承担刑事责任。

福建省高级人民法院二审认为:上诉人彭崧应对其杀人行为承担刑事责任。

首先,根据刑法的有关规定,在以下几种情形下行为人对其实施的造成一定损害后果的行为不负刑事责任:(1)行为人实施刑法规定的犯罪行为时尚未达到刑事责任年龄,即实施故意杀人、故意伤害致人重伤或者死亡、强奸、抢劫、贩卖毒品、放火、爆炸、投毒等犯罪行为时不满十四周岁,实施刑法规定的其他犯罪行为时不满十六周岁;(2)精神病人在不能辨认或者不能控制自己行为的时候造成危害结果,经法定程序鉴定确认的;(3)为了使国家、公共利益、本人或者他人的人身、财产和其他权利免受正在进行的不法侵害,而采取的制止不法侵害的正当防卫行为,对不法侵害人造成损害但没有超过必要限度的;(4)为了使国家、公共利益、本人或者他人的人身、财产和其他权利免受正在发生的危险,不得已采取的紧急避险行为,造成损害但没有超过必要限度的。上诉人彭崧在服食摇头丸药性发作后实施杀人行为,导致被害人阮召森死亡,其行为具有严重的社会危害性,且显然不属于上述刑法规定的不负刑事责任的情形。

其次,上诉人彭崧并未患有任何精神病,其服食摇头丸后产生的短暂神志异常,与醉酒后的短暂神志异常在本质上是相同的。我国刑法第十八条规定,醉酒的人犯罪,应当负刑事责任。根据该规定,因醉酒后出现短暂神志异常而犯罪的应当负刑事责任。因此,因吸毒后出现短暂神志异常而犯罪的,也应当负刑事责任。

再次,吸食包括摇头丸在内的毒品是违法行为。上诉人彭崧曾经多次服食摇头丸,并出现过服药后的幻想症状。对此彭崧自己完全清楚。案发当晚,作为一个具有正常行为能力的人,在明知自己吸食毒品后会产生短暂神志异常的情况下,彭崧仍然自愿服食摇头丸,最终导致神志异常而实施杀人行为。正是彭崧的自愿吸毒行为,使其陷于神志异常状态,并在此状态下实施犯罪行为,造成严重的危害后果。故彭崧应当对自己的行为承担刑事责任。

——《最高人民法院公报》2007 年第 7 期。

041 在醉酒状态中故意杀人行为的定罪

关键词｜故意杀人罪｜醉酒｜死刑适用｜

【最高人民法院审判业务意见】

有关部门就醉酒后在公共场所持刀连续捅刺多人,致多人死伤行为的定性问题征求最高人民法院研究室意见。

最高人民法院研究室经研究认为:醉酒后在公共场所持刀连续捅刺,致多人死伤的行为,宜定性为故意杀人罪(故意伤害罪被吸收)。

——喻海松:《最高人民法院研究室关于醉酒后在公共场所持刀连续捅刺,致多人死伤行为如何定性问题的研究意见》,载最高人民法院研究室编著:《司法研究与指导》(总第 2 辑),人民法院出版社 2012 年版,第 116 页。

042 在故意杀人犯罪中醉酒状态能否作为酌定从轻处罚情节

关键词｜醉酒｜从轻处罚｜

【最高人民法院参考案例】

侯卫春故意杀人案(《刑事审判参考》案例第 610 号)

要旨:醉酒虽然不是法定从轻处罚情节,但毕竟醉酒犯罪与正常状态下犯罪不同。因此醉酒犯罪的人,应当承担刑事责任,但一般情况下应当严格控制死刑的适用。

(一)醉酒的人犯罪,应当承担刑事责任,但一般情况下应严格控制死刑的适用

虽然刑法明确规定醉酒的人犯罪应当负刑事责任,醉酒亦不属于法定从宽处罚情节,但醉酒犯罪与正常状态下犯罪毕竟有所区别,对于在醉酒状态下实施的故

意杀人犯罪，在适用死刑时应特别慎重，除情节特别恶劣、后果特别严重、主观恶性及人身危险性极大的犯罪分子外，一般可不判处死刑立即执行。这是因为，刑法明文规定死刑只适用于罪行极其严重的犯罪分子，而犯罪分子的罪行是否极其严重，应从犯罪行为的社会危害性、犯罪分子的主观恶性和人身危险性等方面综合审查判断，不能偏重其中的一个方面，唯有如此，才能实现罪与刑的均衡，确保法律效果与社会效果的有机统一。具体到醉酒杀人犯罪：首先，社会危害性方面。社会危害性是由多种因素决定的，衡量社会危害性的大小，不能仅看客观的、物质的损害结果，还要考虑我国的国情、社情和民情，分析行为对人民群众安全感等社会心理造成的影响。我国酒文化历史悠久，酒文化已渗透到人们社会生活的各个方面，社会公众对醉酒人的辨控能力减弱存有共识，对酒后滋事伤人现象易于谅解，因此，醉酒杀人与正常状态下杀人所造成的社会负面影响不同，社会危害性也相应存在差别。其次，主观恶性方面。醉酒会导致人的辨认控制能力减弱，这一点已为医学和司法精神病学所认同，我国交通运输管理法律法规明确禁止酒后驾车便是一个很好的例证。在辨认控制能力受到削弱的情况下实施杀人犯罪，与正常状态下实施的杀人犯罪相比，行为人的主观恶性相对较小，道德非难程度也相应减小。再次，人身危险性方面。人身危险性的大小应从行为人有无前科及平时表现、犯罪后的悔罪情况等方面综合把握。人在醉酒状态下易出现情绪兴奋、行为失控等表现，醉酒杀人犯罪通常是在当事人之间事前没有任何矛盾的情况突然发生，行为人多系初犯，酒醒之后懊悔不已，因此，行为人的人身危险性也相对较小。

需要特别说明的是，对于那些预谋犯罪而故意酒后杀人即借酒行凶的犯罪分子，由于主观恶性深，犯罪情节恶劣，不属于因醉酒而酌情考虑的范畴，仍应依法从严惩处。

（二）综合衡量本案各量刑情节，并考虑被告人侯卫春醉酒杀人的实际情况，对其可不判处死刑立即执行

本案被告人侯卫春在案发当天多次与他人饮酒，晚上又主动邀请被害人到其家中饮酒，最终导致行为失控，致被害人死亡。侯卫春系自陷于醉酒状态，在醉酒原因上存在明显过错，应当为其醉酒状态下的杀人行为承担刑事责任。但是考虑到：第一，侯卫春与被害人平日关系较好，素无矛盾，没有杀害被害人的动机，也就是说其没有故意醉酒后实施杀人犯罪的预谋，这与那种为了实施犯罪而故意醉酒的情形在非难程度上具有显著不同。第二，侯卫春的醉酒与本案的发生之间并非是一种必然联系，而只是一种偶然联系。在认识因素上，只能认定侯卫春明知其酒后容易滋事，且意志因素上没有希望或者积极追求这种结果尤其是杀人结果的发生，这一点从其酒醒后积极施救并认罪悔罪的行为可以看出，同时，由于醉酒严重影响了侯卫春的辨认控制能力，故不能简单地根据其使用菜刀反复砍击被害人要

害部位的客观行为来评价其意志因素，进而认为其犯意坚决。就其犯罪故意的认识因素和意志因素而言，侯卫春的主观恶性尚不属极深。第三，虽然侯卫春在案发前有过多次酒后滋事伤人经历，可认为其具有一定人身危险性，但其此前酒后违法经历多系随意殴打、无故辱骂他人等没有严重后果发生的轻微违法犯罪行为，与那些多次或连续实施严重刑事犯罪、执意报复社会、危害社会治安和群众安全感的犯罪分子相比，其人身危险性尚不属极大，不能作为适用死刑立即执行的人身危险性依据。而且，侯卫春的违法犯罪行为多与饮酒存在密切联系，只要剥夺其饮酒条件或使其戒除酗酒恶习，便可有效防止再犯，此亦说明其人身危险性并非极大。第四，侯卫春在案发次日清晨酒醒后主动将被害人送至当地诊所救治，其施救行为虽未能挽救被害人生命，但说明其有一定的悔罪表现。侯卫春归案后能够坦白交代，认罪态度较好，具有酌定从轻处罚情节。第五，侯卫春虽有前科，但所犯前罪较轻。综合考虑侯卫春的罪责严重程度，并结合其醉酒状态下辨认控制能力较弱的实际，其尚不属于必须判处死刑立即执行的对象。

综上，对醉酒状态下实施故意杀人行为的人，一般情况下应严格控制死刑的适用，但单纯的醉酒状态不足以作为一个酌定从轻处罚情节，是否予以从轻处罚，应结合其他认罪、悔罪等情节予以综合认定。

——《刑事审判参考》（总第73辑）。

043 醉酒状态下实施犯罪，量刑时可否酌情考虑导致行为人醉酒的原因，予以从轻处罚

关键词 | 醉酒 | 从轻处罚 |

【最高人民法院参考案例】

房国忠故意杀人案（《刑事审判参考》案例第554号）

要旨：被告人系受被害人的邀请而大量饮酒，导致醉酒，并在醉酒状态下实施杀人犯罪，量刑时可以对此情况予以考虑，酌情从轻处罚。

（一）对于酒后犯罪，审判实践中应适当考虑醉酒犯罪的原因及状态

对于醉酒后犯罪，我国刑法仅作了笼统的规定，即刑法第十八条第四款规定的“醉酒的人犯罪，应当负刑事责任”，虽然对醉酒的人犯罪可以参照该条前三款关于精神病人犯罪的规定处罚，但除此之外，并没有对醉酒人犯罪的不同情况再加以细分。从立法本意分析，如此规定，应是基于此种情况下的醉酒行为人对其醉酒状态本身应具有一定的故意或过失，且其醉酒后一般也只是控制能力下降而并非完全丧失辨认控制能力，同时在现实中又难以对行为人是否为规避刑事责任而故意

借酒犯罪,以及醉酒犯罪者自我控制能力下降到何种程度等问题进行准确认定,为防范犯罪分子借酒行凶以求宽免之企图及最大限度地保护无辜受害者的合法权益而作出的严格性规定。换言之,如果法律不明确规定醉酒的人犯罪应当负刑事责任,就可能会让极少数犯罪分子有机可乘,有意识地借此规避法律,在实施有预谋的犯罪之前大量饮酒,或者借酒实施犯罪行为。这对于预防事前有预谋的故意醉酒后犯罪,惩罚此类犯罪,维护社会秩序是具有重要意义的。

但是,审判实践中,如果在量刑时不加区别地将所有生理性醉酒(即相对于病理性醉酒而言,尚未完全丧失辨认控制能力状态)下的犯罪行为一概而论,也必然会产生过于绝对的问题,容易产生量刑失衡。如对于因不可抗力或不能预见的原因醉酒,以及陷入所谓"共济失调期"或"昏睡期"(醉酒人的辨认或控制能力完全丧失)的醉酒状态下犯罪等情况,这些情况下行为人在犯罪的主观方面与未醉酒的正常人还是存在较大区别的,其主观可责性相对较低,在量刑时亦应予以适当考虑,这是贯彻罪责刑相适应原则的必然要求。

(二)结合被告人房国忠犯罪时的精神状态,酌情考虑导致其在醉酒原因上的过错程度,对其可不判处死刑立即执行

醉酒的原因,有可能是行为人故意、过失所造成,也可能是某些不能预见、不可抗拒的因素。而根据主客观相一致原则,在造成同样后果的醉酒犯罪行为中,为实施犯罪而故意制造醉酒假象、借酒壮胆或明知自己会"酒后乱性"而饮酒等故意醉酒行为的主观恶性最为严重,过失醉酒者次之,因不能预见或不可抗拒的原因醉酒者最轻。因此,在醉酒人犯罪的案件中,应当适当考察其醉酒的原因,对确有特殊情况的应当在量刑时予以酌情考虑,以实现罪责刑的均衡。有些国家的刑法已对此作出明确规定,如在英国刑法中有明确的"自愿醉酒"与"非自愿醉酒"的区分,其各自承担的刑事责任也有巨大不同。

结合本案具体情况,被害人白建江、被告人房国忠二人先后共喝下近三瓶白酒,均进入生理醉酒状态,出现易激动、言语增多、辨认能力低下等表现。在此状态下二人发生争执、厮打,被告人房国忠实施了杀人行为。房国忠对于自己的醉酒存在主观过错,应当为其醉酒状态下的杀人行为承担刑事责任。但是,考虑到房国忠在醉酒原因上的过错程度及其犯罪时的精神状态,对其可以酌情从轻处罚:首先,房国忠与被害人白建江二人素不相识,相互之间没有积怨,不存在房国忠借酒对白建江进行报复,即在醉酒前存在犯罪预谋、故意醉酒后杀害白建江的可能。其次,被害人白建江仅为找人陪饮而主动邀请并不相识的房国忠饮酒,二人共同将白建江带的两瓶白酒喝完,之后白建江又主动将房国忠带到自家继续饮酒,致使房国忠严重醉酒。白建江的积极邀请饮酒行为对于促成房国忠醉酒有一定责任,降低了房国忠对于自己醉酒原因的过错程度。本案属于典型的酒后激情杀人,二人在事

前没有任何矛盾的情况下突然发生争吵、厮打，而这一切如果在正常状态下可能是完全可以避免甚至根本不会发生的，因此，在一定程度上可以说被害人的行为引起的被告人醉酒是本案的主要诱因。最后，虽然不能确认房国忠当时已醉到丧失意志的状态，但其作案后还穿着沾有大量血迹的衣服在街上乱转，可见其辨认、控制能力已经明显下降；这种情况下与被害人发生争执而杀人，与头脑清醒状态下的预谋杀人以及激情杀人行为相比，房国忠的主观恶性、人身危险性和社会危害性均相对较小。此外，对于醉酒人的控制能力与一般人正常状态下具有不同，这一点有社会共识，酒后故意杀人与正常状态下预谋杀人、激情杀人所造成的社会负面影响具有差别，公众一般对正常状态下的故意杀人行为具有较为一致的评价倾向，而对不判处醉酒后杀人死刑存在一定的理解和接受心理。

——《刑事审判参考》（总第 68 辑）。

044 盲人犯罪应如何认定和处罚

关键词｜盲人犯罪｜医学标准｜视力残疾与犯罪的关系｜

【最高人民法院参考案例】

苏同强、王男敲诈勒索案（《刑事审判参考》案例第 469 号）

要旨：刑法第十九条中“盲人”的认定标准应参考通行医学标准。对“盲人”犯罪是否适用刑法第十九条从宽处罚，须依据视力残疾与犯罪的关系而定。

（一）参考通行医学标准，被告人苏同强不属于刑法意义上的“盲人”

刑法第十九条规定：“又聋又哑的人或者盲人犯罪，可以从轻、减轻或者免除处罚。”但对于“盲人”的界定，并无专门规定。从生活意义上看，盲人即双目失明的人，《现代汉语词典》也将盲人解释为“失去视力的人”。但视力作为人的重要生理机能，并非仅有“有视力”或者“无视力”两种情形，而是同人的身高、体重一样有着不同的评价数值，从最好的视力到完全没有视力之间存在一个序列空间。这就意味着，医学上或者刑法上对“盲人”认定都应当有一定的标准，而不会同生活意义上对“盲人”的理解完全一样。

本案中，吉林市船营区人民政府残疾人联合会的指定医院对被告人苏同强的视力状况进行检查后，确定其两眼矫正视力分别为 0.06 和 0.08，评定为“二级低视力”残疾人，并发给了残疾人证书。该证书使用的是旧分类标准，所注明的“二级低视力”，根据《中国残疾人实用评定标准》现在应当归为三级视力残疾，根据《人体重伤鉴定标准》现在应当归为低视力二级，但均高于 0.05 的“盲人”标准。这证明被告人苏同强在犯罪时的视力状况，按照医学上的标准不属于“盲人”，自然也不能认定为刑法第十九条所规定的“盲人”。据苏同强供述，他的视力状况对生活影响很大，但他可以靠近电脑屏幕操作电脑，甚至在电脑上看电影，这也证明他不属于生活意义上完全失去视力的盲人。据此，法院未予认定被告人苏同强系盲人是正确的。

（二）对“盲人”犯罪是否适用刑法第十九条从宽处罚，须依据视力残疾与犯罪的关系而定

刑法之所以规定对盲人犯罪与聋、哑人犯罪，可以从轻、减轻或者免除处罚，主要是考虑视觉、听觉和说话是人类个体生存、发展的极为重要的功能，丧失这些功能会导致人的认知、学习、交流等很多方面的能力下降，不能正常融入社会生活，也造成这些残疾人心理上异常、性格上偏执。这样，他们辨认和控制自己行为的能力或多或少就有所下降，对某一行为是否具有社会危害性和违法性的判断能力也弱于常人，故追究其刑事责任时可以从宽处罚。不过，这是就整体上而言的，具体案件中的盲人是否一定具有明显减弱的辨认和控制能力，则因人而异。司法实践中，对盲人犯罪要根据案件的具体情况来决定是否从宽处罚。

具体而言，司法中适用刑法第十九条对盲人被告人从宽处罚，应当在全面分析犯罪性质、情节和危害程度的基础上，重点分析“盲人”身份对实施犯罪行为的具体影响。对于被告人实施犯罪行为与其“盲人”身份有直接联系的，应当依法从宽处罚。

本案被告人苏同强不属于盲人，故不具备适用刑法第十九条予以从宽处罚的前提条件。即便其视力低于0.05，可认定为盲人，从其实施的犯罪行为看，也可不从宽处罚。因为他在视力残疾的情况下依旧能够与同案被告人王男共同策划、共同发送电子邮件敲诈勒索他人财物，并冒用他人身份证件在银行开设账户以接收敲诈所得的钱款，这说明其视力残疾并不是促成他犯罪的原因，对其实施犯罪也未构成实质影响。因此，本案被告人苏同强既不具备“盲人”这种法定从宽处罚情节，也不具备因视力残疾而导致犯罪的酌定从宽处罚情节，一、二审法院没有就其视力残疾问题对其从宽处罚是适当的。

——《刑事审判参考》（总第59辑）。

045 准确适用正当防卫制度的总体要求

关键词｜正当防卫｜防卫过当｜

【最高人民法院司法文件】

1. 把握立法精神，严格公正办案。正当防卫是法律赋予公民的权利。要准确

理解和把握正当防卫的法律规定和立法精神，对于符合正当防卫成立条件的，坚决依法认定。要切实防止“谁能闹谁有理”“谁死伤谁有理”的错误做法，坚决捍卫“法不能向不法让步”的法治精神。

2. 立足具体案情，依法准确认定。要立足防卫人防卫时的具体情境，综合考虑案件发生的整体经过，结合一般人在类似情境下的可能反应，依法准确把握防卫的时间、限度等条件。要充分考虑防卫人面临不法侵害时的紧迫状态和紧张心理，防止在事后以正常情况下冷静理性、客观精确的标准去评判防卫人。

3. 坚持法理情统一，维护公平正义。认定是否构成正当防卫、是否防卫过当以及对防卫过当裁量刑罚时，要注重查明前因后果，分清是非曲直，确保案件处理于法有据、于理应当、于情相容，符合人民群众的公平正义观念，实现法律效果与社会效果的有机统一。

4. 准确把握界限，防止不当认定。对于以防卫为名行不法侵害之实的违法犯罪行为，要坚决避免认定为正当防卫或者防卫过当。对于虽具有防卫性质，但防卫行为明显超过必要限度造成重大损害的，应当依法认定为防卫过当。

——《最高人民法院、最高人民检察院、公安部关于依法适用正当防卫制度的指导意见》（2020 年 8 月 28 日，法发〔2020〕31 号）。

046 准确把握正当防卫的起因条件

关键词 | 正当防卫 | 起因条件 |

【最高人民法院司法文件】

5. 准确把握正当防卫的起因条件。正当防卫的前提是存在不法侵害。不法侵害既包括侵犯生命、健康权利的行为，也包括侵犯人身自由、公私财产等权利的行为；既包括犯罪行为，也包括违法行为。不应将不法侵害不当限缩为暴力侵害或者犯罪行为。对于非法限制他人人身自由、非法侵入他人住宅等不法侵害，可以实行防卫。不法侵害既包括针对本人的不法侵害，也包括危害国家、公共利益或者针对他人的不法侵害。对于正在进行的拉拽方向盘、殴打司机等妨害安全驾驶、危害公共安全的违法犯罪行为，可以实行防卫。成年人对于未成年人正在实施的针对其他未成年人的不法侵害，应当劝阻、制止；劝阻、制止无效的，可以实行防卫。

——《最高人民法院、最高人民检察院、公安部关于依法适用正当防卫制度的指导意见》（2020 年 8 月 28 日，法发〔2020〕31 号）。

一、准确认定行为性质,依法从严惩处妨害安全驾驶犯罪

（四）对正在进行的妨害安全驾驶的违法犯罪行为,乘客等人员有权采取措施予以制止。制止行为造成违法犯罪行为人损害,符合法定条件的,应当认定为正当防卫。

——《最高人民法院、最高人民检察院、公安部关于依法惩治妨害公共交通工具安全驾驶违法犯罪行为的指导意见》(2019年1月8日,公通字〔2019〕1号)。

【链接:理解与适用】

根据刑法规定,正当防卫的目的是使国家、公共利益、本人或者他人的人身、财产和其他权利免受正在进行的不法侵害。据此,正当防卫的起因是存在不法侵害。为指导司法实践正确把握不法侵害的内涵和外延,《指导意见》第五条规定:"不法侵害既包括侵犯生命、健康权利的行为,也包括侵犯人身自由、公私财产等权利的行为;既包括犯罪行为,也包括违法行为。""不法侵害既包括针对本人的不法侵害,也包括危害国家、公共利益或者针对他人的不法侵害。对于正在进行的拉拽方向盘、殴打司机等妨害安全驾驶、危害公共安全的违法犯罪行为,可以实行防卫。""成年人对于未成年人正在实施的针对其他未成年人的不法侵害,应当劝阻、制止;劝阻、制止无效的,可以实行防卫。"

对非法限制他人人身自由等不法侵害是否可以实行防卫,存在不同认识。从刑法规定来看,对不法侵害并未作出限制性规定,将部分不法侵害排除在正当防卫的起因之外,于法无据。基于此,《指导意见》第五条专门规定:"对于非法限制他人人身自由、非法侵入他人住宅等不法侵害,可以实行防卫。"实际上,这也是司法实践的通行做法。例如,在"于欢案"(最高人民法院指导案例93号于欢故意伤害案)中,杜某某等人对于欢及其母亲持续实施限制人身自由的非法拘禁行为,即被认定为不法侵害。再如,在汪天佑正当防卫案(《指导意见》所附典型案例一)中,燕某某、赵某与汪天佑并不相识,且不表明身份、天黑时强行踹开纱门闯入汪天佑家,该非法侵入住宅的行为足以对汪天佑及其家人的人身、财产造成严重威胁,引发极大心理恐慌,也应认定为不法侵害,可以进行防卫。

此外,对于不法侵害是否应当具有紧迫性,以及如何把握紧迫性,存在争议。有观点认为,正在进行的不法侵害即具有紧迫性,不需要再行就紧迫性作出判断;也有观点认为,正在进行的不法侵害是否具有紧迫性,需要单独判断,如非法拘禁行为不具有紧迫性,不能正当防卫。从境外情况来看,英美法系一般要求不法侵害对生命健康权造成迫在眉睫的危险;大陆法系中,德国规定对人格、婚姻、房屋权等的不法侵害都可以进行正当防卫,而日本最高裁判所则认为紧迫主要指不法侵害正在进行,即着重考虑的是防卫时间问题。鉴于这一问题存在较大争议,《指导意

见》未作明确规定，司法实践在处理相关案件时，宜把握如下原则：正当防卫是紧急情况下保护合法权益的非常措施，因此不法侵害应当具有紧迫性；同时，对紧迫性不能作过于狭隘的理解和判断。具体而言，只要存在正在进行的不法侵害，通常就应当认定为具有防卫紧迫性，不能把紧迫性人为限缩为造成人身伤害或者公共安全危险等重大后果，对非法拘禁等不法侵害行为也可以进行防卫。但是，有些不法侵害，如侵犯知识产权行为、重婚等，采取加害性的防卫行为予以制止有悖常情常理，通过报案等方式解决更为可取的，不宜认为具有防卫的紧迫性和必要性。

——指导意见起草小组：《〈关于依法适用正当防卫制度的指导意见〉的理解与适用》，载《人民司法·应用》2020 年第 28 期。

【最高人民法院指导性案例】

于欢故意伤害案（最高人民法院指导案例 93 号）

裁判要点：对正在进行的非法限制他人人身自由的行为，应当认定为刑法第二十条第一款规定的"不法侵害"，可以进行正当防卫。

首先，于欢的捅刺行为具有防卫性。案发当时杜某 2 等人对于欢、苏某持续实施着限制人身自由的非法拘禁行为，并伴有侮辱人格和对于欢推搡、拍打等行为；民警到达现场后，于欢和苏某想随民警走出接待室时，杜某 2 等人阻止二人离开，并对于欢实施推拉、围堵等行为，在于欢持刀警告时仍出言挑衅并逼近，实施正当防卫所要求的不法侵害客观存在并正在进行；于欢是在人身自由受到违法侵害、人身安全面临现实威胁的情况下持刀捅刺，且捅刺的对象都是在其警告后仍向其靠近围逼的人。因此，可以认定其是为了使本人和其母亲的人身权利免受正在进行的不法侵害，而采取的制止不法侵害行为，具备正当防卫的客观和主观条件，具有防卫性质。

——《最高人民法院关于发布第 18 批指导性案例的通知》（2018 年 6 月 20 日，法〔2018〕164 号）。

【最高人民法院参考案例】

汪天佑正当防卫案——正当防卫起因条件的把握（涉正当防卫典型案例之一）

典型意义：根据刑法第二十条第一款的规定，正当防卫的前提是存在不法侵害，这是正当防卫的起因条件。司法适用中，要准确把握正当防卫的起因条件，既要防止对不法侵害作不当限缩，又要防止将以防卫为名行不法侵害之实的违法犯罪行为错误认定为防卫行为。

第一，准确把握不法侵害的范围。不法侵害既包括侵犯生命、健康权利的行为，也包括侵犯人身自由、公私财产等权利的行为；既包括针对本人的不法侵害，也包括危害国家、公共利益或者针对他人的不法侵害。要防止将不法侵害限缩为暴力侵害或者犯罪行为,进而排除对轻微暴力侵害或者非暴力侵害以及违法行为实行正当防卫。对于非法侵入他人住宅等不法侵害,可以实行防卫。本案中,燕某某、赵某与汪天佑并不相识,且不表明身份、天黑时强行踹开纱门闯入汪天佑家,该非法侵入住宅的行为不仅侵害了他人的居住安宁,而且已对他人的人身、财产造成严重威胁,应当认定为"不法侵害",可以进行防卫。因此,汪天佑为制止不法侵害,随手拿起摩托车减震器,在双方厮打过程中将燕某某、赵某打伤,致一人轻伤一级、一人轻微伤的行为属于正当防卫。

第二,妥当认定因琐事引发的防卫行为。实践中,对于因琐事发生争执,引发打斗的案件,判断行为人的行为是否系防卫行为,较之一般案件更为困难,须妥当把握。特别是,不能认为因琐事发生争执、冲突,引发打斗的,就不再存在防卫的空间。双方因琐事发生冲突,冲突结束后,一方又实施不法侵害,对方还击,包括使用工具还击的,一般应当认定为防卫行为。本案中,汪天佑与汪某某系邻居,双方曾因汪某某家建房产生矛盾,但矛盾已经调解解决。此后,汪某某的女婿燕某某驾车与赵某、杨某某来到汪天佑家准备质问纠纷一事,进而实施了非法侵入住宅的行为。综合全案可以发现,汪天佑随手拿起摩托车减震器实施的还击行为,系为制止不法侵害,并无斗殴意图,故最终认定其还击行为属于正当防卫。

——《涉正当防卫典型案例》,载最高人民法院网 2020 年 9 月 3 日,https://www.court.gov.cn/zixun-xiangqing-251621.html。

盛春平正当防卫案——正当防卫时间条件、限度条件的把握(涉正当防卫典型案例之二)

典型意义:第一,关于正当防卫的起因条件。正当防卫的前提是存在不法侵害。不法侵害既包括侵犯生命、健康权利的行为,也包括侵犯人身自由、公私财产等权利的行为;既包括犯罪行为,也包括违法行为。就本案而言,本案案发开始时和案发过程中盛春平并不知道成某某、郭某等人是传销组织人员,也不了解他们的意图。在整个过程中,盛春平始终不能明确认识到自己陷入的是传销窝点,甚至以为对方要摘自己的器官,其感受到人身安全面临不法侵害是有事实根据的。而且,盛春平进入传销窝点后即被控制,随着成某某、郭某等人行为的持续,盛春平的恐惧感不断增强。盛春平到桐庐是和郭某初次见面,且进入郭某自称的住处后,盛春平提出上厕所、给家里人打电话,均被制止,此时其已经感觉到了危险。之后一名陌生男子不断劝盛春平进入里面房间,而里面又出来一名陌生男子,盛春平感觉到危险升级,拒绝他们靠近。而后房间内又出来三名陌生男子逼近,对盛春平而言,不断升级的危险不仅客观而且紧迫。盛春平拿出随身携带的刀具警告阻吓不法侵害人无效后，精神紧张状态进一步增强。传销人员不断逼近，成某某上前夺刀。从当时情境看，盛春平面临客观存在且威胁、危害程度不断升级的不法侵害，其行为符合正当防卫的起因条件。

——《涉正当防卫典型案例》，载最高人民法院网2020年9月3日，https://www.court.gov.cn/zixun-xiangqing-251621.html。

周文友故意杀人案（《刑事审判参考》案例第363号）

要旨：存在“不法侵害”是正当防卫成立的前提条件，但只有这种不法侵害具有紧迫性时，才允许对其实行防卫。

刑法第二十条规定：为了使国家、公共利益、本人或者他人的人身、财产和其他权利免受正在进行的不法侵害，而采取的制止不法侵害的行为，对不法侵害人造成损害的，属于正当防卫，不负刑事责任。正当防卫是我国刑法中规定的违法性阻却事由之一，在社会生活中，正当防卫从表面上看具有加害性，但实质并不具备犯罪构成要件，也不具有社会危害性，属于一种排除社会危害性的行为，它是我国刑法的重要制度之一。根据刑法的规定，正当防卫是为了合法权益免受侵害，在紧急情况下制止不法侵害，赋予公民实施自力救济以便保护合法权益的一项措施。存在“不法侵害”是正当防卫成立的前提条件，但只有这种不法侵害具有紧迫性时，才允许对其实行防卫。

——《刑事审判参考》（总第46辑）。

047 准确把握正当防卫的时间条件

关键词 | 正当防卫 | 时间条件 |

【最高人民法院司法文件】

6. 准确把握正当防卫的时间条件。正当防卫必须是针对正在进行的不法侵害。对于不法侵害已经形成现实、紧迫危险的，应当认定为不法侵害已经开始；对于不法侵害虽然暂时中断或者被暂时制止，但不法侵害人仍有继续实施侵害的现实可能性的，应当认定为不法侵害仍在进行；在财产犯罪中，不法侵害人虽已取得财物，但通过追赶、阻击等措施能够追回财物的，可以视为不法侵害仍在进行；对于不法侵害人确已失去侵害能力或者确已放弃侵害的，应当认定为不法侵害已经结束。对于不法侵害是否已经开始或者结束，应当立足防卫人在防卫时所处情境，按照社会公众的一般认知，依法作出合乎情理的判断，不能苛求防卫人。对于防卫人因为恐慌、紧张等心理，对不法侵害是否已经开始或者结束产生错误认识的，应当根据主客观相统一原则,依法作出妥当处理。

——《最高人民法院、最高人民检察院、公安部关于依法适用正当防卫制度的指导意见》(2020 年 8 月 28 日,法发〔2020〕31 号)。

【链接:理解与适用】

根据刑法规定,正当防卫必须是针对正在进行的不法侵害,即不法侵害已经开始、尚未结束。《指导意见》第六条对司法实践中准确把握正当防卫的时间条件应当注意的相关问题作了明确。

其一,关于不法侵害的开始时间。一般认为,可以将不法侵害的着手认定为开始时间,但在理论上和实践中,对于不同不法侵害行为着手的认定标准往往存在争议。因此,以着手作为认定标准,不够明确,难以统一认识。实际上,不法侵害是否开始,主要应当看不法侵害是否造成现实、紧迫危险。基于此,《指导意见》第六条规定:"对于不法侵害已经形成现实、紧迫危险的,应当认定为不法侵害已经开始。"根据该条规定,如果不法侵害已经实际危害人身、财产安全,当然属于已经开始;虽未造成实际损害,但已经形成现实、紧迫危险,不进行防卫就会失去防卫时机,无法再进行有效防卫的,也应当认为不法侵害已经开始,允许进行防卫,即可以"先下手为强"。司法实践中有案件也是这样处理的。例如,在刘敬章正当防卫案[福建省长汀县人民法院(2013)汀刑初字第 133 号刑事裁定]中,刘敬章孤身一人住在深山寺庙,年过六旬。不法侵害人在提出借住寺庙的要求被拒绝后,攀墙进入庙内,持菜刀踢门闯入刘敬章的卧室。刘敬章因听到脚步声,用手机准备向他人求救,此时借助手机屏幕光亮看到持刀闯入的不法侵害人后,拿起放在床头边的柴刀向其猛砍一刀。此种情形下,不法侵害已经形成现实、紧迫危险,故刘敬章的行为具有防卫性质,属于正当防卫。

其二,关于不法侵害的结束时间。《指导意见》第六条明确:"对于不法侵害虽然暂时中断或者被暂时制止,但不法侵害人仍有继续实施侵害的现实可能性的,应当认定为不法侵害仍在进行","对于不法侵害人确已失去侵害能力或者确已放弃侵害的,应当认定为不法侵害已经结束"。司法实践中还需要注意把握好两个问题:(1)犯罪达到既遂状态,并不必然意味着不法侵害已经结束。就继续犯而言,犯罪既遂后,犯罪行为与不法状态在一定时间内同时处于继续状态,显然不宜以犯罪既遂作为不法侵害的结束时间。(2)针对财产的不法侵害,侵害人取得财物后,不宜一概认定不法侵害已经结束,而应当根据案件具体情况作出判断。特别是,如果防卫行为从整体上看是一体的,应当认为不法侵害没有结束。"一体"一般指的是同一机会、同一场合、同一动机,中间没有明显中断。按照上述一体判断原则,对盗窃犯盗窃后逃跑时被害人发现,并追击、当场取回被窃财物的,可以根据案件具体情况认定属于正当防卫。实际上，刑事诉讼法第八十四条关于对“正在实行犯罪或者在犯罪后即时被发觉的”，可以立即扭送公安机关、人民检察院或者人民法院处理的规定，也可以佐证上述论断的妥当性。基于此，《指导意见》第六条明确：“在财产犯罪中，不法侵害人虽已取得财物，但通过追赶、阻击等措施能够追回财物的，可以视为不法侵害仍在进行。”

其三，关于时间条件的判断方法。在紧张情境下，要求防卫人对不法侵害是否已经开始、是否还会继续，作出准确的、分毫不差的判断，实属强人所难。基于此，《指导意见》第六条强调：“对于不法侵害是否已经开始或者结束，应当立足防卫人在防卫时所处情境，按照社会公众的一般认知，依法作出合乎情理的判断，不能苛求防卫人。”例如，在“昆山龙哥案”（最高人民检察院指导性案例第 47 号于海明正当防卫案）中，不法侵害人从轿车内取出砍刀对防卫人于海明实施侵害。在砍刀被于海明抢走后，侵害人又跑向之前藏匿砍刀的轿车。此种情形下，站在一般人的立场，完全可以认为侵害人很可能是要寻找其他凶器继续实施侵害，不法侵害并未结束，因此，于海明继续追砍两刀的行为，仍具有防卫性质。再如“涞源反杀案”（即王新元、赵印芝正当防卫案）中，防卫人王新元居住在村边，周边住宅无人居住，案发时已是深夜，现场无灯光，不法侵害人持凶器翻墙进入王新元住宅，对王新元一家实施不法侵害，王新元等受到惊吓，呼救无应，精神高度紧张，心里极度恐慌，在侵害人倒地后，王新元等无法判断其是否还具有侵害能力，要求他们即刻停止防卫不具有合理性和现实性。故而，王新元等人的行为并不违反正当防卫的时间条件。

其四，关于防卫不适时的法律责任。实践中较为突出的问题是有关事后防卫的认定与处理问题。从境外情况来看，有学者把事后防卫解释为“量的防卫过当”，主张适用防卫过当从宽处罚的规定。我国也有学者提倡引入这一规则。经研究认为，“量的防卫过当”概念的提出，具有一定合理性，但能否引入我国的司法实践，需要进一步研究。根据我国刑法规定，对不法侵害已经结束，特别是明显已经结束的情况下实施防卫行为的，难以按防卫过当认定和处理，但考虑到在紧张情境下，对不法侵害是否已经结束往往不易作出准确判断，加之防卫人采取的防卫行为大多带有激情、激愤因素，故在定性特别是量刑时应当有所考虑。基于此，《指导意见》第六条强调：“对于防卫人因为恐慌、紧张等心理，对不法侵害是否已经开始或者结束产生错误认识的，应当根据主客观相统一原则，依法作出妥当处理。”

——指导意见起草小组：《〈关于依法适用正当防卫制度的指导意见〉的理解与适用》，载《人民司法 · 应用》2020 年第 28 期。

【最高人民法院参考案例】

盛春平正当防卫案——正当防卫时间条件、限度条件的把握(涉正当防卫典型案例之二)

典型意义:第二,关于正当防卫的时间条件。正当防卫必须是针对正在进行的不法侵害。对于不法侵害已经形成现实、紧迫危险的,应当认定为不法侵害已经开始。本案中,传销组织得知盛春平来杭后,一边指令郭某前去接站诱进,一边准备实施以恐吓、体罚、殴打和长期拘禁等违法犯罪行为为主要内容的"抖新人"措施威逼盛春平加入传销组织,系正在进行的有组织侵害行为。盛春平进入案发现场后,即遭多人逼近实施拘禁,其遂拿出随身携带的水果刀,警告阻吓传销人员放其离开,而传销组织人员反而增加人手进一步逼近,侵害手段不断升级。由此可见,本案中的不法侵害已经开始、正在进行,且危险程度不断升级,符合正当防卫的时间条件。

——《涉正当防卫典型案例》,载最高人民法院网 2020 年 9 月 3 日,https://www.court.gov.cn/zixun-xiangqing-251621.html。

李英俊故意伤害案(《刑事审判参考》案例第 1126 号)

要旨:不法侵害人持刀闯进院内并躲进玉米地后,行为人搜寻不法侵害人时发生打斗,造成不法侵害人死亡的,构成正当防卫。

(一)被害人刘振强躲进玉米地后其实施的不法侵害并未结束

刘振强凌晨持刺刀砍击被告人李英俊家大门,后翻墙进入李家院内划割厨房纱窗,其行为严重威胁李英俊及家人的人身安全,属正在进行的不法侵害。刘振强划割纱窗被李英俊妻子发现后躲入院内的玉米地,虽未继续行凶,但其躲避的目的是准备逃离现场还是伺机行凶,根据现有证据无法查明。同时,在案证据证实刘振强患有精神病,案发时处于精神异常状态,攻击他人的可能性较大。由于该玉米地与李家住房均用围墙围在一个大院落内,且玉米地与住房距离较近,刘振强躲在玉米地内对李家人仍有现实威胁,也可认为是侵害状态的延续,故认为被害人躲入玉米地后不法侵害仍然存在的意见有一定道理。

(二)被告人李英俊在多名村民前来帮助的情况下持械进入玉米地寻找被害人刘振强的行为具有正当性、合理性,不应认定其具有加害故意

面对躲在自家院内玉米地里的持刀男子,由于不能确定其是否再次实施侵害,李英俊有权利保护自身及家人的安全,其进玉米地搜寻持刀人的目的是排除现实危险,携带铁管防身也是人之常情,即使其认识到可能与对方发生打斗,对对方造成伤害,也不影响其目的的正当性。刑事诉讼法第八十二条规定,对正在实行犯罪

或者在犯罪后即时被发觉的人，任何公民都可以立即扭送公安机关、人民检察院或者人民法院处理。如将在自家院内搜捕潜在侵害人的行为认定为意图加害他人的行为，则是对公民自行抓捕、扭送犯罪嫌疑人权利的不当限制，与刑法鼓励、提倡同犯罪分子作斗争的立法目的不符。有意见认为，多名村民到场后李家人的安全已有保证，李英俊应等待警察到场处置，其直接持械进入玉米地进行搜索，处理不当，应承担相应的法律责任。我们认为，选择等待警察到场处置虽然也是一种处理方式，但在自家院内搜捕潜在侵害人是公民应有的权利，况且案发时为凌晨，光线较暗，刘振强躲过在场人员的监控潜入室内行凶的可能性是客观存在的。因此，李英俊在警察到来之前自行搜捕不法侵害人，既是合法的，也是合理的。

（三）被告人李英俊在玉米地中与被害人刘振强发生打斗，并将刘振强打倒的行为属于无过当防卫

根据李英俊的供述，二人相遇后刘振强首先持刀攻击，李英俊在还击中将刘振强打倒。李英俊供述的二人在玉米地里发生打斗的情节无其他人目击，但当时在院内的多名证人均证实李英俊进入玉米地后听到铁器撞击声，一定程度上印证了李英俊所供打斗情节。结合李英俊打倒刘振强后立即呼叫他人，其家人积极协助救治的情节看，其在打斗中无明显的杀伤意图，打击手段亦有节制，对其供述应予采信。因此，李英俊在遭到刘振强持刀攻击的情况下持铁管还击并将刘振强打倒的行为，符合刑法第二十条第三款规定的无过当防卫的构成要件，系正当防卫，依法不负刑事责任。一、二审法院认定李英俊无罪是正确的。

——《刑事审判参考》（总第105辑）。

048 准确把握正当防卫的对象条件

关键词 | 正当防卫 | 对象条件 |

【最高人民法院司法文件】

7. 准确把握正当防卫的对象条件。正当防卫必须针对不法侵害人进行。对于多人共同实施不法侵害的，既可以针对直接实施不法侵害的人进行防卫，也可以针对在现场共同实施不法侵害的人进行防卫。明知侵害人是无刑事责任能力人或者限制刑事责任能力人的，应当尽量使用其他方式避免或者制止侵害；没有其他方式可以避免、制止不法侵害，或者不法侵害严重危及人身安全的，可以进行反击。

——《最高人民法院、最高人民检察院、公安部关于依法适用正当防卫制度的指导意见》（2020年8月28日，法发〔2020〕31号）。

【链接：理解与适用】

根据刑法规定，正当防卫必须针对不法侵害人进行，而不能针对不法侵害人以外的第三人进行。当然，不能狭隘地将不法侵害人理解为实行行为的实施者，而是也包括现场的组织者、教唆者和帮助者。基于此，《指导意见》第七条规定："正当防卫必须针对不法侵害人进行。对于多人共同实施不法侵害的，既可以针对直接实施不法侵害的人进行防卫，也可以针对在现场共同实施不法侵害的人进行防卫。"例如，在陈天杰正当防卫案（《指导意见》所附典型案例三）中，击打到陈天杰头部的虽然只是纪某某，但容某乙当时也围在陈天杰身边手持钢管殴打陈天杰，也属于不法侵害人，陈天杰可以对其实施防卫。

对于不法侵害人是否包括精神病人、未成年人，存在不同认识。多数观点主张，对精神病人、未成年人等实施的侵害应当尽量采取避险行为。经研究认为，从人道主义精神出发，上述观点具有合理性，但需注意的是，此种情形下的退避是有条件的。如果没有退避可能，或者退避会造成更大损害结果发生，应当允许进行防卫。基于此，《指导意见》第七条规定："明知侵害人是无刑事责任能力人或者限制刑事责任能力人的，应当尽量使用其他方式避免或者制止侵害；没有其他方式可以避免、制止不法侵害，或者不法侵害严重危及人身安全的，可以进行反击。"司法实践中也有案件肯定对精神病人可以实行正当防卫。例如，在范尚秀防卫过当案（《刑事审判参考》第353号案例）中，范尚秀被其患精神病的同胞兄弟追打，范尚秀在跑了几圈之后，因无力跑动，转身夺下木棒进行反击，属于防卫行为。

对此，还要注意两个问题：（1）未成年防卫人面对未成年不法侵害人时，防卫人本身的自我保护能力弱，辨认控制能力不足，不能一味要求其退避；（2）某些情况下，不法侵害人是否属于精神病人或者未成年人不易判断，对于确实未认识到不法侵害人是精神病人或者未成年人的，不适用上述规则。

——指导意见起草小组：《〈关于依法适用正当防卫制度的指导意见〉的理解与适用》，载《人民司法·应用》2020年第28期。

【最高人民法院指导性案例】

张那木拉正当防卫案（最高人民法院指导案例144号）

裁判要点：对于多人共同实施不法侵害，部分不法侵害人已被制伏，但其他不法侵害人仍在继续实施侵害的，仍然可以进行防卫。

法院生效裁判认为，张那木拉的行为系正当防卫行为，而且是刑法第二十条第三款规定的特殊防卫行为。本案中，张那木拉是在周某强、陈某2新等人突然闯入其私人场所，实施严重不法侵害的情况下进行反击的。周某强、陈某2新等四人均提前准备了作案工具，进入现场时两人分别手持长约五十厘米的砍刀，一人持铁锹，一人持铁锤，而张那木拉一方是并无任何思想准备的。周某强一方闯入屋内后径行对张那木拉实施拖拽，并在张那木拉转身向后挣脱时，使用所携带的凶器砸砍张那木拉后脑部。从侵害方人数、所持凶器、打击部位等情节看，以普通人的认识水平判断，应当认为不法侵害已经达到现实危害张那木拉的人身安全、危及其生命安全的程度，属于刑法第二十条第三款规定的“行凶”。张那木拉为制止正在进行的不法侵害，顺手从身边抓起一把平时生活所用刀具捅刺不法侵害人，具有正当性，属于正当防卫。

另外，监控录像显示陈某2新倒地后，周某强跑向屋外后仍然挥舞砍刀，此时张那木拉及其兄张某1人身安全面临的危险并没有完全排除，其在屋外打伤周某强的行为仍然属于防卫行为。

——《最高人民法院关于发布第26批指导性案例的通知》（2020年12月31日，法〔2020〕352号）。

【最高人民法院参考案例】

盛春平正当防卫案——正当防卫时间条件、限度条件的把握（涉正当防卫典型案例之二）

典型意义：第三，关于正当防卫的对象条件。正当防卫必须针对不法侵害人进行。对于多人共同实施不法侵害的，既可以针对直接实施不法侵害的人进行防卫，也可以针对在现场共同实施不法侵害的人进行防卫。本案中，一群以“天津天狮”为名义的传销人员有组织地共同实施不法侵害。其中，成某某不仅参与围逼盛春平，而且当盛春平拿出随身携带的刀具警告时，还上前意图夺刀。此时，盛春平对其实施防卫，属于该种情境下一般人的正常反应，完全符合正当防卫的对象条件。

——《涉正当防卫典型案例》，载最高人民法院网2020年9月3日，https://www.court.gov.cn/zixun-xiangqing-251621.html。

陈天杰正当防卫案——正当防卫与相互斗殴的界分（涉正当防卫典型案例之三）

典型意义：第三，要准确把握正当防卫的对象条件。正当防卫必须针对不法侵害人进行。对于多人共同实施不法侵害的，既可以针对直接实施不法侵害的人进行防卫，也可以针对在现场共同实施不法侵害的人进行防卫。本案中，击打到陈天杰头部的虽然只是纪某某，但容某乙当时也围在陈天杰身边，手持钢管殴打陈天杰，亦属于不法侵害人，陈天杰可对其实行防卫。当时陈天杰被围打，疲于应对，场面混乱。容某乙等人持足以严重危及他人人身安全的凶器主动攻击陈天杰，严重侵犯陈天杰、孙某某的人身权利。此时，陈天杰用小刀刺、划正在对其围殴的容某乙等人，符合正当防卫的对象条件，属于正当防卫。

——《涉正当防卫典型案例》，载最高人民法院网2020年9月3日，https://www.court.gov.cn/zixun-xiangqing-251621.html。

范尚秀故意伤害案(《刑事审判参考》案例第353号)

要旨：对于不能辨认或者不能控制自己行为的精神病人实施的不法侵害行为可以实施正当防卫。具体而言，在遇到无刑事责任能力人的侵害时，如果明知侵害者是无刑事责任能力人并有条件用逃跑等其他方法避免侵害时，则不得实施正当防卫；如果不知道侵害者是无刑事责任能力人，或者不能用逃跑等其他方法避免侵害时，才可以实行正当防卫。

1. 为了保护自己的人身权利而直接对侵害人实施的制止行为，不属于紧急避险

根据刑法第二十条和第二十一条的规定，正当防卫和紧急避险的目的均是为了保护国家、公共利益、本人或者他人的人身、财产和其他权利。二者的区别主要体现在对象和手段上。从对象上看，正当防卫的对象是正在进行的不法侵害，而紧急避险的对象是正在发生的危险；从手段上看，制止不法侵害行为的，属于正当防卫，而采用损害第三者合法权益的方法以挽救或者保护较大合法权益免受损害的，是紧急避险。被害人对被告人的人身权利实施侵害，被告人对侵害行为人采取制止行为不属于紧急避险。

2. 对于不能辨认或者不能控制自己行为的精神病人实施的不法侵害行为可以实施正当防卫

首先，刑法第二十条第一款规定的"不法侵害"，不仅包括犯罪行为，还包括一般违法行为。虽然刑法第二十条第三款将特殊防卫的前提条件限定为"严重危及人身安全的暴力犯罪"，但对一般防卫而言，刑法既没有要求是犯罪行为，也没有要求是一种严重违法行为，只要是违法行为损害了国家、公共利益以及公民的人身、财产和其他权利，均可以采取制止行为。

其次，无刑事责任能力的精神病人实施的侵害行为，也是危害社会的行为，仍属于不法侵害。虽然刑法第十八条第一款规定，精神病人在不能辨认或者不能控制自己行为的时候造成危害结果，经法定程序鉴定确认的，不负刑事责任。但刑法并没有免除精神病人的民事违法责任。相反，民法通则第一百三十三条规定："无民事行为能力人、限制民事行为能力人造成他人损害的，由监护人承担民事责任。监护人尽了监护责任的，可以适当减轻他的民事责任。有财产的无民事行为任能力人、限制民事行为能力人造成他人损害的，从本人财产中支付赔偿费用。不足部

分,由监护人适当赔偿,但单位担任监护人的除外。”由于民事违法行为仍是一种不法行为,不能辨认或者不能控制自己行为的精神病人实施的侵害行为仍属于一种不法侵害,因此不能完全将其排除在正当防卫的对象之外,对这种不法侵害当然是可以进行正当防卫的。但是,无刑事责任能力人的侵害行为明显不能等同于有刑事责任能力人的故意侵害,对于无刑事责任能力的精神病人的侵害行为实施正当防卫时,应当尽一切努力避免对精神病人造成不应有的身体或精神的损害。一般而言,在遇到无刑事责任能力人的侵害时,如果明知侵害者是无刑事责任能力人并有条件用逃跑等其他方法避免侵害时,则不得实施正当防卫;如果不知道侵害者是无刑事责任能力人,或者不能用逃跑等其他方法避免侵害时,才可以实行正当防卫。

3. 对于无刑事责任能力人的侵害行为实行正当防卫,不能超过必要限度造成重大损害

正当防卫的限度条件,是指正当防卫不能明显超过必要限度而对不法侵害人造成重大损害。刑法并未对正当防卫的必要限度规定具体的标准,在处理具体案件时,应当结合不法侵害的性质、危险性以及防卫的强度、后果等方面综合考虑。

——《刑事审判参考》(总第45辑)。

049 准确把握正当防卫的意图条件

关键词 | 正当防卫 | 意图条件 |

【最高人民法院司法文件】

8. 准确把握正当防卫的意图条件。正当防卫必须是为了使国家、公共利益、本人或者他人的人身、财产和其他权利免受不法侵害。对于故意以语言、行为等挑动对方侵害自己再予以反击的防卫挑拨,不应认定为防卫行为。

——《最高人民法院、最高人民检察院、公安部关于依法适用正当防卫制度的指导意见》(2020年8月28日,法发〔2020〕31号)。

【链接:理解与适用】

根据刑法规定,正当防卫必须具有正当的防卫意图。《指导意见》第八条规定:“正当防卫必须是为了使国家、公共利益、本人或者他人的人身、财产和其他权利免受不法侵害。对于故意以语言、行为等挑动对方侵害自己再予以反击的防卫挑拨,不应认定为防卫行为。”司法实践中理解和认定防卫意图,需要着重把握如下两个问题:

其一,《指导意见》第十条明确:“对于显著轻微的不法侵害,行为人在可以辨识的情况下,直接使用足以致人重伤或者死亡的方式进行制止的,不应认定为防卫行为。”这是因为,所谓“防卫”行为与加害行为有明显、重大悬殊,严重不相称,无法认定行为人具有防卫意图。例如,为防止小偷偷走一个苹果而对其开枪射击的,即使当时没有其他制止办法,也不能认定行为人具有防卫意图,不成立正当防卫或者防卫过当。又如,在刘金胜故意伤害案(《指导意见》所附典型案例五)中,刘金胜因家庭矛盾打了黄某甲(与刘金胜非婚生育四名子女)两耳光,黄某甲让其兄长黄某乙出面调处。黄某乙、李某某各打了坐在床上的刘金胜一耳光,刘金胜随即从被子下拿出菜刀砍伤黄某乙头部,并拽住见状欲跑的李某某,向其头部连砍三刀。黄某乙、李某某打刘金胜耳光的行为显属发生在一般争吵中的轻微暴力,有别于以给他人身体造成伤害为目的的攻击性不法侵害行为,因此,刘金胜因家庭婚姻情感问题矛盾激化被打了两耳光便径直持刀连砍他人头部的行为,不应当认定为防卫行为。当然,对于上述行为,考虑到事出有因,在量刑时可以酌情从宽。

其二,《指导意见》第十条还规定:“不法侵害系因行为人的重大过错引发,行为人在可以使用其他手段避免侵害的情况下,仍故意使用足以致人重伤或者死亡的方式还击的,不应认定为防卫行为。”按照上述规定,处理此类涉正当防卫案件,要综合考量前因后果,作出符合法理和情理的准确判断。例如,丈夫看到妻子与奸夫一起逛商场,持自行车 U 型锁砸奸夫,奸夫本可逃跑,但却持匕首将丈夫刺死。此种情形下,丈夫的加害行为事出有因,且加害对象特定,与一般的故意伤害行为在社会危害性上存在较大不同。如果不考虑事件的起因,认定奸夫的行为属于防卫过当甚至正当防卫,对其只能在十年有期徒刑以下处刑,甚至要宣告无罪,从情理上难以为人民群众所认同。因此,对于行为人在起因方面有重大过错的情形,应当认为其有退避义务,只有在无法避让的情况下才能进行防卫。

——指导意见起草小组:《〈关于依法适用正当防卫制度的指导意见〉的理解与适用》,载《人民司法 · 应用》2020 年第 28 期。

【最高人民法院参考案例】

杨建伟故意伤害、杨建平正当防卫案——准备工具防卫与准备工具斗殴的界分(涉正当防卫典型案例之四)

典型意义:第一,正当防卫必须出于免受不法侵害的正当动机。根据刑法第二十条第一款的规定,正当防卫的意图既包括使本人的人身、财产和其他权利免受不法侵害,也包括使国家、公共利益或者他人的人身、财产和其他权利免受不法侵害。本案中,彭某某返回现场用手指向杨建平,面对挑衅,杨建平未予理会。彭某某与杨建伟发生打斗时,杨建平仍未参与。彭某某等四人持洋镐把围殴杨建伟并将其打倒在地，致其头部流血，双方力量明显悬殊，此时杨建平持刀刺向彭某某。杨建平的行为是为了制止杨建伟正在遭受的严重不法侵害，符合正当防卫的意图条件。彭某某被刺后逃离，黄某等人对杨建伟的攻击并未停止，杨建平继续追赶彭某某的行为应认定为正当防卫。综上，杨建平的行为系正当防卫，不负刑事责任。

——《涉正当防卫典型案例》，载最高人民法院网 2020 年 9 月 3 日，https://www.court.gov.cn/zixun-xiangqing-251621.html。

050 准确界分防卫行为与相互斗殴

关键词 | 防卫行为 | 相互斗殴 |

【最高人民法院司法文件】

9. 准确界分防卫行为与相互斗殴。防卫行为与相互斗殴具有外观上的相似性，准确区分两者要坚持主客观相统一原则，通过综合考量案发起因、对冲突升级是否有过错、是否使用或者准备使用凶器、是否采用明显不相当的暴力、是否纠集他人参与打斗等客观情节，准确判断行为人的主观意图和行为性质。

因琐事发生争执，双方均不能保持克制而引发打斗，对于有过错的一方先动手且手段明显过激，或者一方先动手，在对方努力避免冲突的情况下仍继续侵害的，还击一方的行为一般应当认定为防卫行为。

双方因琐事发生冲突，冲突结束后，一方又实施不法侵害，对方还击，包括使用工具还击的，一般应当认定为防卫行为。不能仅因行为人事先进行防卫准备，就影响对其防卫意图的认定。

——《最高人民法院、最高人民检察院、公安部关于依法适用正当防卫制度的指导意见》（2020 年 8 月 28 日，法发〔2020〕31 号）。

【链接：理解与适用】

正当防卫是制止不法侵害的正当行为，属于“正对不正”；而相互斗殴则是互相加害的违法犯罪行为，属于“不正对不正”，显然，二者具有根本不同的属性。但是，正当防卫与相互斗殴都可能造成对方的损害，外在表现具有相似性，要准确区分两者，往往并非易事。司法实践中，个别案件存在“和稀泥”“各打五十大板”的现象，只要造成对方轻伤以上后果的就各自按犯罪处理，仅仅将可能具有的防卫因素作为量刑情节酌情考虑。这种处理方法将复杂问题简单化，看似简单方便，但模糊了“正”与“不正”之间的界限，混淆了违法阻却事由和酌定量刑情节之间的区别，既不符合正当防卫制度的法律规定和立法精神，也难以取得良好的社会效果。

为指导司法实践，《指导意见》专门对正当防卫与相互斗殴的界分这一重点和难点问题作出了规定。

其一，坚持主客观相统一原则和综合判断。《指导意见》第九条规定："防卫行为与相互斗殴具有外观上的相似性，准确区分两者要坚持主客观相统一原则，通过综合考量案发起因、对冲突升级是否有过错、是否使用或者准备使用凶器、是否采用明显不相当的暴力、是否纠集他人参与打斗等客观情节，准确判断行为人的主观意图和行为性质。"根据上述规定，司法实践中，对正当防卫和相互斗殴进行综合判断的要点包括但不限于以下方面：(1)对引发矛盾是否存在过错；(2)是否先动手，导致冲突升级；(3)是否采用明显不相当的暴力进行回应；(4)是否使用管制刀具或者其他足以致人死伤的凶器；(5)是否纠集他人参与打斗等。通过综合判断，认定行为人具有泄愤、立威等意图或者其他非法目的的，应当认为具有互殴性质；反之，认定行为人是为了防止自身或者他人受到侵害的防卫行为。例如，在陈天杰正当防卫案中，陈天杰在其妻子被调戏、其被辱骂的情况下，面对冲上来欲对其进行殴打的不法侵害人，陈天杰欲还击，但被其妻子和他人拦开。陈天杰在扶被不法侵害人推倒在地的妻子时，多名侵害人先后冲过来对陈天杰拳打脚踢，继而持械殴打陈天杰。打斗中，陈天杰持刀捅刺，致一人死亡、多人受伤。综合上述情况，陈天杰是在其妻子被羞辱、自己被殴打后，为维护自己与妻子的尊严、保护自己与妻子的人身安全、防止不法侵害而被动进行还击，不具有伤害他人的犯罪故意，其行为属于正当防卫而非相互斗殴。

需要特别说明的是，上述判断应当是综合判断，不能简单地依据其中一项就断定是否属于正当防卫。实践中要避免如下两个判断误区：(1)"先动手原则"，即先动手的就是不法侵害，后动手的就是正当防卫。经研究认为，这种观点过于绝对。例如，行为人的车位无故被他人堵拦，行为人好言相劝，对方就是不挪，甚至态度蛮横，行为人被逼无奈，情急之下推搡、拉扯甚至拳击对方的，后动手的一方并不必然具有防卫性质。(2)对"打上门"的还击就是正当防卫。一般而言，双方事先约定到特定地点打斗的，是典型的相互斗殴；一方打上门，另一方还击的，通常具有防卫性质，但也不能绝对化。例如，在江苏常熟何强、曾勇等聚众斗殴案中，打斗双方"砍刀队"和"菜刀队"都具有涉恶背景，双方在打斗前恶语相向、互有挑衅，致矛盾升级。所谓的"防卫方"在公司内纠集人员、准备菜刀等工具，待人员就位、工具准备完毕后，主动邀约对方上门，随后双方相互持械斗殴。综合上述情况，所谓的"防卫方"主观上并非基于防卫的意图，而是想以逸待劳，对斗殴的发生持积极态度，应当认定为相互斗殴。

其二，妥当把握因琐事引发打斗所涉及的正当防卫与相互斗殴的界分。实践中，相约斗殴的情形已比较少见，更多的冲突是因琐事临时引发。需要注意的是，并非因琐事发生争执、冲突，引发打斗的，就一定是相互斗殴。此类案件也完全有可能成立正当防卫。例如，《指导意见》第九条规定："因琐事发生争执，双方均不能保持克制而引发打斗，对于有过错的一方先动手且手段明显过激，或者一方先动手，在对方努力避免冲突的情况下仍继续侵害的，还击一方的行为一般应当认定为防卫行为。"

此外，双方曾因矛盾引发冲突，结束后，一方再次纠缠，另一方反击的，也可能成立正当防卫。此种情形下，前一次冲突仅为后一次打斗的背景和缘由，并不必然决定后一次打斗的性质。后一次打斗如果符合正当防卫成立条件，应当依法认定。《指导意见》第九条对此作出了规定："双方因琐事发生冲突，冲突结束后，一方又实施不法侵害，对方还击，包括使用工具还击的，一般应当认定为防卫行为。不能仅因行为人事先进行防卫准备，就影响对其防卫意图的认定。"例如，在"武汉摸狗案"（《指导意见》所附典型案例四杨建伟故意伤害、杨建平正当防卫案）中，彭某某因狗被杨建平摸了一下，与杨建平、杨建伟兄弟发生口角，彭某某扬言要找人报复时，杨建伟回应"那你来打啊"，该回应不能表明杨建伟系与彭某某相约打斗。杨建伟在彭某某出言挑衅，并扬言报复后，准备刀具系出于防卫目的。彭某某带人持械返回现场，冲至杨建伟家门口首先拳击其面部，杨建伟才持刀反击，应当肯定其行为的防卫性质。

——指导意见起草小组：《〈关于依法适用正当防卫制度的指导意见〉的理解与适用》，载《人民司法·应用》2020年第28期。

【最高人民法院参考案例】

陈天杰正当防卫案——正当防卫与相互斗殴的界分（涉正当防卫典型案例之三）

典型意义：第一，准确区分正当防卫与相互斗殴。正当防卫与相互斗殴在外观上具有相似性，但性质存在本质差异。对于因琐事发生争执，引发打斗的，在判断行为人的行为是互殴还是防卫时，要综合考量案发的起因、对冲突升级是否有过错、是否使用或者准备使用凶器、是否采用明显不相当的暴力、是否纠集他人参与打斗等客观情节，准确判断行为人的主观意图和行为性质。本案中，陈天杰在其妻子孙某某被调戏、其被辱骂的情况下，面对冲上来欲对其殴打的周某某，陈天杰也欲还击，被孙某某和刘某甲拦开。陈天杰在扶劝架时被推倒在地的孙某某时，周某某、容某乙和纪某某先后冲过来对陈天杰拳打脚踢，继而持械殴打陈天杰。陈天杰持刀捅伤被害人时，正是被容某乙等人持械殴打的紧迫期间。因此，陈天杰是在其妻子被羞辱、自己被打后为维护自己与妻子的尊严、保护自己与妻子的人身安全，防止不法侵害而被动进行的还击，其行为属于防卫而非斗殴。

——《涉正当防卫典型案例》,载最高人民法院网 2020 年 9 月 3 日,https://www.court.gov.cn/zixun-xiangqing-251621.html。

杨建伟故意伤害、杨建平正当防卫案——准备工具防卫与准备工具斗殴的界分(涉正当防卫典型案例之四)

典型意义:第二,妥当界分准备工具防卫与准备工具斗殴。实践中,防卫行为在客观上也可能表现为双方相互打斗,具有互殴的形式与外观。二者界分的关键就在于行为人是具有防卫意图还是斗殴意图。本案中,彭某某与杨建伟兄弟二人并不相识,突发口角,彭某某扬言要找人报复时,杨建伟回应"那你来打啊",该回应不能认定杨建伟系与彭某某相约打斗。行为人为防卫可能发生的不法侵害,准备防卫工具的,不必然影响正当防卫的认定。杨建伟在彭某某出言挑衅,并扬言报复后,准备刀具系出于防卫目的。彭某某带人持械返回现场,冲至杨建伟家门口拳击其面部,杨建伟才持刀刺向彭某某胸腹部,该行为是为了制止正在进行的不法侵害,应当认定为防卫行为。

——《涉正当防卫典型案例》,载最高人民法院网 2020 年 9 月 3 日,https://www.court.gov.cn/zixun-xiangqing-251621.html。

李明故意伤害案(《刑事审判参考》案例第 433 号)

要旨:为预防不法侵害的发生携带防范性刀具,不能阻却其在遭遇不法侵害时运用该刀具实施的防卫行为成立正当防卫。区分正当防卫和互殴的关键在于有无防卫意图。

1. 为预防不法侵害而携带防范性刀具的定性

刑法规定正当防卫,其目的在于抵制正在发生的不法侵害,保护合法权益。

本案被告人为预防不法侵害的发生携带防范性刀具,不能阻却其在遭遇不法侵害时运用该刀具实施的防卫行为成立正当防卫。只要其行为对不法侵害者所造成的损害与其保护的合法权益的价值之间不明显失衡,且防卫的效果又是针对正在进行的不法侵害,就应当认定为正当防卫。当然,也只有在预防措施的效果是针对不法侵害的发生而进行时,方成立正当防卫。在预先采取防范措施的场合,防范的对象一般是不特定的,在有的情况下,其行为是针对不法侵害人发生作用,而在有的情况下,则会损害无辜者的合法权益。因此,如果该行为不是对不法侵害发生了效果,而是造成其他无辜人员的伤亡或者财产损失,也不能成立正当防卫,应依具体情况对该危害行为追究相应的刑事责任。

2. 互殴与正当防卫的界限在于有无防卫意图

区分正当防卫和互殴的关键在于有无防卫意图。互殴行为之所以不能构成正当防卫，正是因为斗殴双方缺乏防卫意图。在互相斗殴中，斗殴双方都具有殴击、伤害对方的故意，双方都以侵害对方为目的，并在此意图支配下积极实施侵害对方的行为，根本不存在正当防卫所要求的防卫意图，因此斗殴双方的任何一方均不得主张正当防卫的权利。

由于互殴行为和正当防卫行为在其主观构成上有着显著的区别，因此，在司法实践中，判断某一行为属于互殴还是正当防卫，可以从行为人主观上的认识因素和意志因素两方面来进行。从认识因素来说，互殴行为一般多具有预谋性，行为人对互殴的时间、地点、相对人比较明确，有相对具体的计划，往往为之作出充分准备，并很可能携带互殴所需凶器等。而正当防卫行为一般多具有突发性，侵害事件突然发生，行为人对该侵害事件发生的时间、地点以及相对人事先往往并不明知，为了保护自己的合法权益，被迫采取措施进行抵御或者反击。从意志因素看，互殴行为具有主动性和不法侵害性，互殴行为人主观上都有侵害对方的故意，在此侵害对方的故意意图支配下，其行为往往表现出明显的主动性，斗殴双方一般会主动地采取促使其侵害意图达成的多种措施以使对方遭受侵害，并积极追求或放任对方伤害结果的发生。正当防卫行为则具有被动性和防卫性。在突遭他人不法侵害的情况下，防卫人往往没有选择的余地，只能被动地采取措施，加入到事件中。其可能被动地防御，也可能主动地反击，但不管以何种方式，行为人的主观目的在于制止不法侵害，保护合法权益，行为往往表现出防卫性和一定的节制性。

——《刑事审判参考》（总第55辑）。

胡咏平故意伤害案（《刑事审判参考》案例第224号）

要旨：当人身安全受到威胁后便准备防卫工具并在受到侵害时使用，不影响防卫性质的认定。

（一）当人身安全受到威胁后可以准备防卫工具

抗诉机关认为，当人身安全受到威胁时，应当向单位领导或公安机关报告以缓和矛盾、解决纠纷。胡咏平不向单位领导或公安机关报告，反而事先准备工具，说明其主观上有斗殴故意。因此，本案胡咏平的反击行为，不属于防卫，而是斗殴。我们认为，公诉机关的这一推断，失之妥当。首先，行为人在人身安全受到威胁后但尚未受到危害前便准备工具的行为本身并不能说明是为了防卫还是为了斗殴，其目的只能根据相关事实和证据来确定，而不能恣意推测。本案中胡咏平始终供称，其准备工具是为了防卫，如果张成兵不叫人打他，他不会主动去打人。事实也表明，胡咏平从同事处得知张成兵扬言在下班后要叫人殴打他后，并未纠集他人准备与张成兵一伙人斗殴，也不知道张成兵会叫多少人，在什么时间、什么地点殴打他，为应对现实的威胁，以防不测，事先准备防卫工具本身不足以表明胡咏平就具有与对方争勇斗狠,打架或斗殴的故意。而且胡咏平确实是在下班路上被张成兵一伙拦住殴打后才反击,且反击一下就逃离,而未主动出击,也未连续反击。这说明胡咏平准备工具的目的是防卫而不是斗殴。因此,本案现有事实和证据均不能表明胡咏平事先准备工具是为了与张成兵等人斗殴。其次,公力救济手段毕竟有限,特别是像本案,胡咏平所受到的威胁并非确定且重大,时间、地点又不确定,此种情形公安机关通常多为事后救济,即使其事先向公司领导或公安机关报告,恐也难以得到有效保护。正因如此,为了更加有效地保护公民的生命和财产安全,我国刑法才规定了正当防卫制度。公民既然有正当防卫权,因此,当其人身安全面临威胁时,就应当允许其做必要的防卫准备。本案抗诉机关认为,当一个人的人身安全面临威胁时,只能报告单位领导或公安机关,而不能做防卫准备,出门时只能徒手空拳,受到不法侵害时,只能呼救或逃跑,只有在呼救或逃跑无效时才能就地取材或夺取对方工具进行防卫,这一观点显然不合情理,不利于公民合法权利的保护,也与正当防卫的立法精神相悖。因此,本案被告人胡咏平在其人身安全受到威胁后遭到危害前准备防卫工具,并无不当,也不为法律所当然禁止。最后,在价值取向上,刑法应当弘扬正义,惩邪扬善。胡咏平系从外地来厦门打工,为人一贯忠厚老实,当面临人身安全威胁时,势单力孤,处于弱者的不利地位。张成兵扬言要找人殴打胡咏平,并提前离厂去纠集打手。邱序道、邱海华二人明知打人违法,仍积极充当帮凶,且携带凶器。面对人多势众、气势汹汹的一方的恶意寻衅,事先准备防卫工具,以防不测,是自然的反应,对此不应有过度的苛求与限制。因此,纵使在本案被告人胡咏平准备钢筋条是为了防卫还是为了斗殴难以界定的情况下,也应当作出有利于胡咏平的推定,只有这样,才能符合去恶扬善的刑法本意。综上,我们认为,认定本案被告人胡咏平事先准备工具的目的是防卫而非斗殴,是合乎本案事实与情理的。

应当指出的是,当公民受到人身威胁时,要尽可能向单位领导或公安机关报告,通过组织手段解决矛盾,防范危害。确有必要做防卫准备时,选择的防卫工具、防卫准备方式要适当,要注意防卫准备行为本身不能触犯法律的禁止性规定,如不能非法持有枪支防身,不能采用私设电网等足以危害公共安全的行为来防范盗窃、非法入侵等。但是否有报告,是否事先准备防卫工具以及准备什么样的防卫工具,均属于另一个问题,不影响防卫性质的认定。

——《刑事审判参考》(总第30辑)。

张建国故意伤害案(《刑事审判参考》案例第138号)

要旨:互殴停止后又为制止他方突然袭击而防卫的行为,系被侵害人出于防卫目的而依法实施的制止不法侵害的行为,属于正当防卫。

互殴停止后又加害对方的,性质就可能发生变化。这可以分为两种情况:一是双方停止斗殴后,一方受他人鼓动或出于报复侵害的目的又突然袭击对方的;二是一方自动放弃斗殴或主动退出斗殴现场,另一方继续殴打对方的。上述两种情况,均是因情况发生变化,互殴转变为一方殴打另一方。被殴打方已从互殴时的侵害者转变为被侵害者。根据我国刑法第二十条的规定,被侵害人为维护合法权益不受侵害而实施的制止不法侵害的行为属于正当防卫。据此,互殴停止后,一方突然袭击或继续实施侵害行为,另一方依法享有正当防卫的权利。被侵害人出于防卫目的而依法实施的制止不法侵害的行为,依法具有正当防卫的性质。需要指出的是,由双方互殴转变为一方自动放弃斗殴或主动退出斗殴现场,应该具有彻底性,并表现出明显的阶段性,而不包括互殴双方打斗中的此消彼长、强弱转换等情形变化。

——《刑事审判参考》(总第 22 辑)。

苏良才故意伤害案(《刑事审判参考》案例第 130 号)

要旨:互殴中的故意伤害行为不具有防卫性质。

在因互殴致人死亡的案件中,行为人往往以防卫过当为由进行辩解,要求减轻或者免除处罚。但根据刑法第二十条第二款的规定,防卫过当是指为了使国家、公共利益、本人或者他人的人身、财产和其他权利免受正在进行的不法侵害,而对不法侵害者所实施的明显超过必要限度造成重大损害的行为。也就是说,防卫过当以正当防卫为前提条件,即要求行为人的行为具有防卫性和目的的正当性。在客观上,要求有不法侵害的发生;主观上,行为人的动机是为了使国家、公共利益、本人或者他人的人身、财产和其他权利免受正在进行的不法侵害,即主观上不具有危害社会的意图,是无犯罪目的的。只是由于行为人在实施防卫过程中针对不法侵害所采取的防卫行为明显超过必要限度,才造成重大的损害。防卫过当的行为,虽然具有一定的社会危害性,但行为人的动机是出于正当防卫,其主观上恶性较小,社会危害性也小于其他故意犯罪行为,因此,刑法明确规定:"正当防卫明显超过必要限度造成重大损害的,应当负刑事责任,但是应当减轻或者免除处罚。"而在打架斗殴中,一般情况下,双方都是出于主动的,双方都有侵害对方的故意,双方的行为都是不法侵害行为,因此,双方的行为都不属于正当防卫的范畴。

——《刑事审判参考》(总第 21 辑)。

051 防止将滥用防卫权的行为认定为防卫行为

关键词 | 滥用防卫权 | 防卫行为 |

【最高人民法院司法文件】

10. 防止将滥用防卫权的行为认定为防卫行为。对于显著轻微的不法侵害,行为人在可以辨识的情况下,直接使用足以致人重伤或者死亡的方式进行制止的,不应认定为防卫行为。不法侵害系因行为人的重大过错引发,行为人在可以使用其他手段避免侵害的情况下,仍故意使用足以致人重伤或者死亡的方式还击的,不应认定为防卫行为。

——《最高人民法院、最高人民检察院、公安部关于依法适用正当防卫制度的指导意见》(2020 年 8 月 28 日,法发〔2020〕31 号)。

【最高人民法院参考案例】

刘金胜故意伤害案——滥用防卫权行为的认定(涉正当防卫典型案例之五)

典型意义:根据刑法第二十条第一款的规定,正当防卫是针对正在进行的不法侵害,而采取的对不法侵害人造成损害的制止行为。司法适用中,既要依法维护公民的正当防卫权利,也要注意把握界限,防止滥用防卫权,特别是对于针对轻微不法侵害实施致人死伤的还击行为,要根据案件具体情况,准确认定是正当防卫、防卫过当还是一般违法犯罪行为。

第一,注意把握界限,防止权利滥用。本案中,黄某乙、李某某打刘金胜耳光的行为,显属发生在一般争吵中的轻微暴力,有别于以给他人身体造成伤害为目的的攻击性不法侵害行为。因此,刘金胜因家庭婚姻情感问题矛盾激化被打了两耳光便径直手持菜刀连砍他人头部,致人轻伤的行为,没有防卫意图,属于泄愤行为,不应当认定为防卫行为。

第二,注重查明前因后果,分清是非曲直。办理涉正当防卫案件,要根据整体案情,结合社会公众的一般认知,做到依法准确认定。要坚持法理情统一,确保案件的定性处理于法有据、于理应当、于情相容,符合人民群众的公平正义观念。对于因恋爱、婚姻、家庭、邻里纠纷等民间矛盾激化或者因劳动纠纷、管理失当等原因引发的不法侵害,特别是发生在亲友之间的,要求优先选择其他制止手段,而非径直选择致人死伤的还击行为,符合人民群众的公平正义观念,契合我国文化传统。对于相关案件,在认定是否属于正当防卫以及防卫过当时,要综合案件具体情况、特别是被害方有无过错以及过错大小进行判断。本案中,刘金胜与黄某甲因家庭、情感问题发生争吵,刘金胜打了黄某甲两耳光,这是引发后续黄某乙、李某某等实施上门质问争吵行为的直接原因。换言之,本案因家庭琐事引发,且刘金胜具有重大过错。据此,法院对刘金胜致人轻伤的行为,以故意伤害罪判处其有期徒刑一年,契合人民群众公平正义观念,实现了法律效果与社会效果的有机统一。

——《涉正当防卫典型案例》，载最高人民法院网 2020 年 9 月 3 日，https://www.court.gov.cn/zixun-xiangqing-251621.html。

052 假想防卫的认定和处理

关键词｜假想防卫｜过失致人死亡｜

【最高人民法院参考案例】

王长友过失致人死亡案(《刑事审判参考》案例第 124 号)

要旨：夜间误认来人为非法侵入住宅者而以防卫的故意暴力致对方死亡的，构成假想防卫；假想防卫不构成故意犯罪。

假想防卫对并不存在的“不法侵害”或“不法侵害人”，是基于行为人主观想象或推测，但这种主观想象或推测，绝不是脱离实际情形的任意想象，而是需要一定的客观前提，也就是说，假想防卫人在实行假想防卫时，主观上误认为发生了某种实际并不存在的不法侵害，是要有一定合理的根据的。

假想防卫是过失犯罪还是故意犯罪，是司法实践中必须要搞清楚的一个问题。首先，应该对“故意犯罪”有个正确的理解，不能把刑法理论上讲的故意与心理学理论上所讲的故意等同、混淆起来。根据刑法第十四条的规定，故意犯罪是指行为人明知自己的行为会发生危害社会的结果，并且希望或放任这种结果发生，而假想防卫则是建立在行为人对其行为性质即其行为不具有社会危害性的错误认识的基础上发生的。假想防卫虽然是故意的行为，但这种故意是建立在对客观事实错误认识基础上的，自以为是在对不法侵害实行正当防卫。行为人不仅没有认识到其行为会发生危害社会的后果，而且认为自己的行为是合法正当的，而犯罪故意则是以行为人明知自己的行为会发生危害社会的后果为前提的。因此，假想防卫的故意只有心理学上的意义，而不是刑法上的犯罪故意。这也就是说，假想防卫的行为人，在主观上是为了保护自己的合法权益免遭侵害，其行为在客观上造成的危害是由于认识错误所致，其主观上没有犯罪故意，因此，假想防卫中是不可能存在故意犯罪的。如果构成相关过失犯罪的，可以以过失犯罪处理。

——《刑事审判参考》(总第 20 辑)。

053 准确把握防卫过当的认定条件

关键词｜防卫过当｜造成重大损害｜明显超过必要限度｜

【最高人民法院司法文件】

11. 准确把握防卫过当的认定条件。根据刑法第二十条第二款的规定,认定防卫过当应当同时具备“明显超过必要限度”和“造成重大损害”两个条件,缺一不可。

——《最高人民法院、最高人民检察院、公安部关于依法适用正当防卫制度的指导意见》(2020 年 8 月 28 日,法发〔2020〕31 号)。

【链接:理解与适用】

关于“明显超过必要限度,造成重大损害”是一个要件还是两个要件,存在不同认识。有观点主张应当作为一个要件来把握,但多数观点主张作为两个不同要件来把握。经研究认为,从立法表述分析,“明显超过必要限度”和“造成重大损害”应是两个相互独立的要件,前者是对行为相当性的考察,后者是对结果相当性的考察;从司法实践来看,造成重大损害但未明显超过必要限度的案件比比皆是,明显超过必要限度但未造成重大损害的情况也客观存在。例如,相对弱小的不法侵害人徒手侵害,体格强壮的防卫人持械还击,符合明显超过必要限度要件,但只要没有造成重大损害的,则不构成防卫过当。比较而言,将明显超过必要限度和造成重大损害作为两个要件把握更为妥当,更符合为正当防卫适当“松绑”的立法精神。基于此,《指导意见》第十一条要求准确把握防卫过当的认定条件,即“根据刑法第二十条第二款的规定,认定防卫过当应当同时具备‘明显超过必要限度’和‘造成重大损害’两个条件,缺一不可”。

——指导意见起草小组:《〈关于依法适用正当防卫制度的指导意见〉的理解与适用》,载《人民司法·应用》2020 年第 28 期。

【最高人民法院指导性案例】

于欢故意伤害案(最高人民法院指导案例 93 号)

裁判要点:判断防卫是否过当,应当综合考虑不法侵害的性质、手段、强度、危害程度,以及防卫行为的性质、时机、手段、强度、所处环境和损害后果等情节。对非法限制他人人身自由并伴有侮辱、轻微殴打,且并不十分紧迫的不法侵害,进行防卫致人死亡重伤的,应当认定为刑法第二十条第二款规定的“明显超过必要限度造成重大损害”。

最后,于欢的捅刺行为属于防卫过当。刑法第二十条第二款规定:“正当防卫明显超过必要限度造成重大损害的,应当负刑事责任,但是应当减轻或者免除处罚。”由此可见,防卫过当是在具备正当防卫客观和主观前提条件下,防卫反击明显超越必要限度，并造成致人重伤或死亡的过当结果。认定防卫是否“明显超过必要限度”，应当从不法侵害的性质、手段、强度、危害程度，以及防卫行为的性质、时机、手段、强度、所处环境和损害后果等方面综合分析判定。本案中，杜某2一方虽然人数较多，但其实施不法侵害的意图是给苏某夫妇施加压力以催讨债务，在催债过程中未携带、使用任何器械；在民警朱某等进入接待室前，杜某2一方对于欢母子实施的是非法限制人身自由、侮辱和对于欢拍打面颊、揪抓头发等行为，其目的仍是逼迫苏某夫妇尽快还款；在民警进入接待室时，双方没有发生激烈对峙和肢体冲突，当民警警告不能打架后，杜某2一方并无打架的言行；在民警走出接待室寻找报警人期间，于欢和讨债人员均可透过接待室玻璃清晰看见停在院内的警车警灯闪烁，应当知道民警并未离开；在于欢持刀警告不要逼过来时，杜某2等人虽有出言挑衅并向于欢围逼的行为，但并未实施强烈的攻击行为。因此，于欢面临的不法侵害并不紧迫和严重，而其却持刃长15.3厘米的单刃尖刀连续捅刺四人，致一人死亡、二人重伤、一人轻伤，且其中一人系被背后捅伤，故应当认定于欢的防卫行为明显超过必要限度造成重大损害，属于防卫过当。

——《最高人民法院关于发布第18批指导性案例的通知》（2018年6月20日，法〔2018〕164号）。

【最高人民法院参考案例】

杨建伟故意伤害、杨建平正当防卫案——准备工具防卫与准备工具斗殴的界分（涉正当防卫典型案例之四）

典型意义：第三，把握正当防卫的限度条件以准确认定防卫过当。根据刑法第二十条第二款的规定，防卫过当应当同时具备“明显超过必要限度”和“造成重大损害”两个条件，缺一不可。本案中，彭某某空手击打杨建伟面部，杨建伟此时并非面临严重的不法侵害，却持刀捅刺彭某某胸、腹部等要害部位，杨建伟的防卫行为明显超过必要限度。杨建伟的防卫行为并非制止彭某某空手击打的不法侵害所必需，从损害后果看，彭某某要害部位多处致命刀伤系杨建伟所致，是其死亡的主要原因，杨建伟的防卫行为明显超过必要限度造成重大损害，属于防卫过当，构成故意伤害罪。具体而言，杨建伟对防卫行为明显超过必要限度造成重大损害主观上持故意，但对于造成死亡结果系过失，故对其防卫过当行为应当以故意伤害致人死亡作出评价。

——《涉正当防卫典型案例》，载最高人民法院网2020年9月3日，https://www.court.gov.cn/zixun-xiangqing-251621.html。

赵泉华被控故意伤害案(《刑事审判参考》案例第297号)

要旨:对实施非法侵入住宅的行为人可以实行正当防卫。对非法侵入住宅的行为人实行正当防卫,造成轻伤后果的,不承担故意伤害的刑事责任。

实施正当防卫就有可能对不法侵害人造成一定的伤害后果,但只要防卫行为没有明显超过必要限度造成重大损害,依法就不负刑事责任。这里关键的问题就是如何把握"正当防卫不能明显超过必要限度造成重大损害"。我们认为,这一要件实质上包含了两个并列的判断标准:一是防卫措施不能明显超过必要限度。一般而言,防卫人所采取的防卫措施应当与不法侵害行为基本相当。当然值得注意的是,刑法规定的标准是不能明显超过。"明显超过",表明立法强调对防卫人所采取的防卫措施不必过于苛求。二是防卫结果不能造成重大损害。重大损害不等于一般损害。所谓重大损害,在有关司法解释没有明确之前,最高人民法院应当把握在没有造成不法侵害人人身重大损害,包括重伤以上这一限度内。以上两个标准必须同时具备,才能认定为防卫过当。具体说,行为人的防卫措施虽然明显超过必要限度但防卫结果客观上并未造成重大损害,或者防卫结果客观上虽造成严重损害但防卫措施并不明显超过必要限度,均不能认定为防卫过当。如行为人采取防卫措施,造成一人轻伤一人轻微伤,不属于造成重大损害,因此,行为人的防卫行为完全符合我国刑法第二十条第二款关于正当防卫的规定,依法不应对不法侵害人的轻伤后果承担刑事责任。

——《刑事审判参考》(总第38辑)。

韩霖故意伤害案(《刑事审判参考》案例第569号)

要旨:为免受他人殴打,在逃离的过程中,捅刺追赶的不法侵害人,造成不法侵害人死亡的后果,构成防卫过当。

首先,韩霖为使自身人身权利免受正在进行的不法侵害而采取制止不法侵害的行为,具有防卫的正当性。

本案中,韩霖所实施的防卫行为,满足存在不法侵害且不法侵害正在进行的正当防卫时间条件。所谓"不法侵害",应包括犯罪行为但并不止于犯罪的一切违法、危害社会行为,这些行为给社会秩序和公民权益带来现实危害,均属于不法侵害的范围。本案中,被害人王某仅因嫉妒,即纠集多人,先在网吧滋事,再行殴打韩霖,韩霖的人身安全权利因此遭受到现实的不法侵害。所谓"不法侵害正在进行",其起止时间应以不法侵害人着手实行侵害行为时始,至不法侵害停止或已不可能继续侵害或威胁合法权益时止。把握不法侵害是否正在进行,其实质是考量合法权益是否处于紧迫、现实的侵害和威胁之下,以使防卫行为成为保护法益的必要手段。结合本案案情考察,被害人一方纠集多人,进网吧拖拽、在门口守候和殴打被害人，其先期行为已经严重威胁并已侵犯韩霖的人身安全权益，应认定其不法行为已经实施；面对被害人一方明显的不法侵害意图和已经实施的殴打等不法侵害行为，韩霖为免遭不法侵害的继续而逃脱，被害人等仍然群起追赶，可见被害人一方的不法侵害对韩霖的人身安全所造成的威胁并没有消除或停止，并可能进一步加重，对韩霖的不法侵害行为处于持续状态。因此，韩霖实施反击时，正值不法侵害行为正在进行的紧迫期间，其实施防卫行为是适时的。认为只有当韩霖在遭受被害人殴打的瞬间予以反击，方能满足正当防卫成立的时间条件，否则属于事后防卫的观点是不准确的。

韩霖实施反击行为，还满足遭受不法侵害的当场、针对不法侵害人实施的场合及对象条件。本案的案发原因是被害人王某因嫉妒而欲殴打韩霖，王某在其中起了纠集他人、唆使他人进入网吧寻衅以及积极主动地单独、亲自实施进入网吧滋事、殴打及追赶韩霖的行为，是组织、指挥、实施寻衅滋事的主要不法侵害人；韩霖是在被害人王某追上其且有其他同伙尾随被害人正在追击的时候，针对被害人本人，当场实施反击，抵制其所实行的不法侵害行为，以使其停止侵害或丧失侵害能力，符合防卫的目的。

综上所述，韩霖以防卫的意识而实施防卫的行为，是在满足刑法所规定的正当防卫时空条件情形之下实施的，对此二审法院判决认定韩霖对不法侵害人实施防卫行为是适时的、必要的意见是正确的。

其次，韩霖的防卫行为明显超过必要限度，造成重大损害，属于防卫过当。

根据我国刑法第二十条第二款的规定，正当防卫明显超过必要限度造成重大损害的，应当负刑事责任，刑法理论上将此种情况称为防卫过当。根据刑法的规定，认定防卫过当的标准在于防卫行为是否超过“必要限度”。从积极行使的方面说，防卫行为须是必要的，是制止不法侵害、保护法益的合理需要。从这方面看，是否“必需”，要分析不法侵害行为的危险程度、侵害者的主观心态以及侵害手段、强度、人员多少与强弱、现场所处客观环境与形势等。从消极限制的方面说，防卫行为必须是有限度的，因而所造成的危害是应有的、必需的，是制止不法侵害所需要的。从这方面看，表现在防卫行为所保护的合法权益与防卫行为所造成的损害后果之间不能差距过大，不能为了保护微小权利而造成不法侵害人重伤或者死亡。当然，并非凡是超过必要限度的防卫行为都是过当，只有“明显”超过其必要性并造成重大损害的，才是防卫过当。

具体分析本案情况，被害人王某一方所实施的不法侵害行为，从目的和意志上看，案发前并没有明确预谋，在案发过程中，意图已明朗并限于拳脚殴打的范围之内；从手段上看，被害人一方赤手空拳，没有持械，仅实施了拖拉、撕扯、脚踢、围堵、追赶等行为，采取的手段及暴力强度尚未达到对韩霖人身安全造成严重危害的程度。在这种情况下，从必要性方面看韩霖所实施的行为，韩霖作为一名在校大学生，能够认知其采取持刀捅刺不法侵害人的防卫手段、强度，已经远远超过足以制止不法侵害人所实施的侵害行为的手段和强度。从限制性方面看，韩霖实施的行为所造成的致不法侵害人死亡的严重后果，实际上也已经超出不法侵害人对其殴打行为通常可能造成的人身安全损害后果，两者存在过于巨大的悬殊和明显的失衡，造成了不该有的重大人身伤亡的严重后果。综上，足以认定韩霖的防卫行为符合明显超过必要限度造成重大损害，属于防卫过当。

对于被告人韩霖的二审辩护人提出韩的行为是针对正在进行的严重危及人身安全的暴力犯罪所采取的防卫行为，不属于防卫过当的辩护意见，我们认为，刑法第二十条第三款所规定的特殊正当防卫制度，是对防卫正在进行行凶、杀人、抢劫、强奸、绑架以及其他严重危及人身安全的暴力犯罪的行为规定的无过当防卫条款，刑法之所以作出这样的规定，是因为此类暴力犯罪侵害强度极大，对人身安全的危害极严重，而且具有高度紧迫性和危险性，防卫人往往必须采取可能导致不法侵害人重大伤亡后果的极端手段，才足以达到制止不法侵害。而综观本案，仅能说明被害人意图殴打被告人，尚无充足证据表明被害人欲对被告人行凶甚至杀害。因此，被害人一方实施的不法侵害行为不属于该款法条列举的侵害行为情况，韩霖采取的防卫措施只能适用一般正当防卫的规定。二审法院认定韩霖的行为系防卫过当，且构成故意伤害罪是正确的。

最后，韩霖所实施防卫过当行为，应当负刑事责任，但是依法应当减轻或免除处罚。

我国刑法规定，正当防卫不负刑事责任，表明了国家对于和犯罪行为作斗争，以保护公共利益、公民人身和其他权利的防卫行为所持肯定的法律评价态度。相应地，刑法规定，对于防卫过当行为，应当减轻或者免除处罚，这是因为，此类行为，从主观上考察防卫人的心理状态，行为人具备制止不法侵害、保护合法权益的意图，其主观恶性小；从客观行为上看，其在遭受不法侵害的迫切情势下进行反击，社会危害性比传统意义上的一般犯罪形式小；从处理案件的法律效果和社会效果上看，对于防卫过当行为予以从宽处罚，有利于保护和鼓励公民同犯罪作斗争的积极性，以及保护公民进行正当防卫的合法权益。

本案中，被告人韩霖在遭受不法侵害时，在具备正当防卫的法定时空条件下，以防卫的意识实施的防卫行为，具有一定正当性，但是，其防卫行为超出必要限度并造成了被害人死亡的结果。二审法院依法认定被告人韩霖的行为属于防卫过当，构成故意伤害罪；并考虑韩霖有自首情节，以及取得被害人家属谅解的情况，改判其有期徒刑七年，符合刑法的规定，体现了宽严相济的刑事政策精神。

——《刑事审判参考》（总第69辑）。

石龙回故意伤害案(《刑事审判参考》案例第1456号)

要旨:在互相打斗过程中,一方为了使前来劝阻的妻子免受不法侵害,造成另一方死亡的,构成防卫过当。

1. 本案存在不法侵害

《指导意见》第五条规定:“正当防卫的前提是存在不法侵害。不法侵害既包括侵犯生命、健康权利的行为,也包括侵犯人身自由、公私财产等权利的行为;既包括犯罪行为,也包括违法行为。不应将不法侵害不当限缩为暴力侵害或者犯罪行为。对于非法限制他人人身自由、非法侵入他人住宅等不法侵害,可以实行防卫。不法侵害既包括针对本人的不法侵害,也包括危害国家、公共利益或者针对他人的不法侵害。……”本案被害人李某虽为噪音问题而来到被告人石龙回出租房理论,但借着酒后状态猛敲房门,未经石龙回等人同意,欲强行进入出租房内,侵害了石龙回的居住安宁;李某与石龙回发生争吵后,两人发生对骂、肢体冲突,石某见状为避免更大的冲突而进行劝阻,李某却用拳头击打石某头面部,故李某的行为具有不法性,侵害了石某的身体权及健康权。从当时的情境看,石某面临客观存在的且威胁、危害程度可能不断升级的不法侵害,石龙回的行为符合防卫的起因条件。

2. 本案不法侵害正在进行并且是紧迫的

《指导意见》第六条规定:“正当防卫必须是针对正在进行的不法侵害。对于不法侵害已经形成现实、紧迫危险的,应当认定为不法侵害已经开始;……”本案中,李某系一米八以上的壮汉,案发当晚又系酒后状态,从被告人石龙回当时所处的情境来看,按照社会公众的一般认知,不法侵害呈现升级趋势,具有一定的危险性,不论是侵入住宅还是侵害他人身体健康,均能认定不法侵害正在进行,且该不法侵害并非显著轻微,具有紧迫性,石龙回的行为符合防卫的时间条件。

3. 本案被告人石龙回的反击行为是针对不法侵害人进行的

《指导意见》第七条中规定:“正当防卫必须针对不法侵害人进行。”根据上述分析,李某非法进入出租房、拳打石某,系不法侵害人,石龙回的行为符合防卫的对象条件。

4. 本案被告人石龙回的反击行为是为了他人的人身权利不受侵害

《指导意见》第八条中规定:“正当防卫必须是为了使国家、公共利益、本人或者他人的人身、财产和其他权利免受不法侵害。”本案中,石龙回认识到石某的人身安全正受到威胁,情急之下用啤酒瓶击打李某头部的行为是希望制止李某侵害石某,是为了保护石某的合法权益,其行为属于该种情境下一般人的正常反应,符合防卫的意图条件。

5. 本案被告人石龙回的行为同时具备“明显超过必要限度”和“造成重大损害”两个条件

《指导意见》第十二条规定:“防卫是否‘明显超过必要限度’,应当综合不法侵害的性质、手段、强度、危害程度和防卫的时机、手段、强度、损害后果等情节，考虑双方力量对比，立足防卫人防卫时所处情境，结合社会公众的一般认知作出判断。在判断不法侵害的危害程度时，不仅要考虑已经造成的损害，还要考虑造成进一步损害的紧迫危险性和现实可能性。……”第十三条规定：“‘造成重大损害’是指造成不法侵害人重伤、死亡。……”本案中李某空手来到石龙回出租房，用拳头击打石某头面部，未使用致命性凶器，亦没有严重危及他人人身安全，对石某人身权利的侵害较轻，石龙回用啤酒瓶重击李某的要害部位，并造成李某死亡的危害结果，符合“明显超过必要限度造成重大损害”的规定。

——《刑事审判参考》（总第 130 辑）。

054 准确认定“明显超过必要限度”

关键词｜明显超过必要限度｜防卫行为｜

【最高人民法院司法文件】

12. 准确认定“明显超过必要限度”。防卫是否“明显超过必要限度”，应当综合不法侵害的性质、手段、强度、危害程度和防卫的时机、手段、强度、损害后果等情节，考虑双方力量对比，立足防卫人防卫时所处情境，结合社会公众的一般认知作出判断。在判断不法侵害的危害程度时，不仅要考虑已经造成的损害，还要考虑造成进一步损害的紧迫危险性和现实可能性。不应当苛求防卫人必须采取与不法侵害基本相当的反击方式和强度。通过综合考量，对于防卫行为与不法侵害相差悬殊、明显过激的，应当认定防卫明显超过必要限度。

——《最高人民法院、最高人民检察院、公安部关于依法适用正当防卫制度的指导意见》（2020 年 8 月 28 日，法发〔2020〕31 号）。

【链接：理解与适用】

所谓明显超过必要限度，简单地讲，就是指防卫行为的强度和力度与不法侵害的强度和力度相差悬殊。要防止“唯结果论”，避免只要造成不法侵害人重伤、死亡的，就一律认定为明显超过必要限度；而且，在防卫行为与不法侵害之间进行比较时，应当站在防卫人当时的情境之中，从一般人的角度去考察。基于此，《指导意见》第十二条明确要求：“防卫是否‘明显超过必要限度’，应当综合不法侵害的性质、手段、强度、危害程度和防卫的时机、手段、强度、损害后果等情节，考虑双方力量对比，立足防卫人防卫时所处情境，结合社会公众的一般认知作出判断。在判断不法侵害的危害程度时，不仅要考虑已经造成的损害，还要考虑造成进一步损害的紧迫危险性和现实可能性。”例如，在盛春平正当防卫案（《指导意见》所附典型案例二）中，多名传销组织人员对盛春平实施人身控制，盛春平多次请求离开被拒。在多名传销人员逼近、成某某意图夺刀的情形下，盛春平持刀挥刺，刺中成某某。成某某出院后未遵医嘱继续进行康复治疗，导致心脏在愈合过程中继续出血，于数日后死亡。考虑案发当场双方力量对比情况，特别是盛春平所面临的不法侵害的严重威胁程度，同时考虑成某某的死亡过程和原因，应当认为盛春平的防卫行为没有明显超过必要限度，符合正当防卫的限度条件，成立正当防卫。

要反对“对等武装论”，避免苛求防卫人必须采取与不法侵害基本相当的反击方式和强度，更不能机械地理解为反击行为与不法侵害行为的方式、强度要对等、相同。例如，不法侵害人徒手，防卫人持刀，是否必然明显超过必要限度，不能一概而论，须作综合判断。特别是，要把防卫人作为常人而不是圣人来看待，不能当“事后诸葛亮”，要求防卫人对防卫程度把握得恰到好处、不差分毫。基于此，《指导意见》第十二条规定：“不应当苛求防卫人必须采取与不法侵害基本相当的反击方式和强度。通过综合考量，对于防卫行为与不法侵害相差悬殊、明显过激的，应当认定防卫明显超过必要限度。”例如，在赵宇正当防卫案（《指导意见》所附典型案例六）中，虽然赵宇的行为造成了不法侵害人重伤二级的后果，但是从行为手段上看，双方都是赤手空拳，赵宇的拉拽行为与不法侵害人的侵害行为基本相当。从行为过程来看，赵宇制止不法侵害的行为是连续的，是自然而然发生的，是当时场景下的本能反应，因此，应当认定赵宇的行为没有明显超过必要限度。再如，在陈某正当防卫案（最高人民检察院指导性案例第 45 号）中，陈某的防卫行为致三人重伤，客观上造成了重大损害。但是，陈某被九人围住殴打，其中有人使用了钢管、石块等工具，双方实力相差悬殊，陈某借助水果刀增强防卫能力，在手段强度上合情合理。并且，对方在陈某逃脱时仍持续追打，共同侵害行为没有停止，所以就制止整体不法侵害的实际需要来看，陈某持刀挥刺也没有不相适应之处。综合来看，陈某的防卫行为没有明显超过必要限度。

需要注意的是，制止不法侵害所必需的防卫，是否就属于必要的防卫？经研究认为，不宜一概而论。一方面，正如前文所述，对显著轻微的不法侵害采取的严重失衡的制止行为，即使属于保护该细小利益所必需，也不能认可其为必要的防卫行为。另一方面，如强调只能采取必需的防卫措施，则给防卫人附加了过多的退避义务，缩小了正当防卫的成立空间，亦不符合为正当防卫适当“松绑”的政策取向。

——指导意见起草小组：《〈关于依法适用正当防卫制度的指导意见〉的理解与适用》，载《人民司法 · 应用》2020 年第 28 期。

【最高人民法院参考案例】

盛春平正当防卫案——正当防卫时间条件、限度条件的把握(涉正当防卫典型案例之二)

典型意义:第四,关于正当防卫的限度条件。防卫是否"明显超过必要限度",应当综合不法侵害的性质、手段、强度、危害程度和防卫的时机、手段、强度、损害后果等情节,考虑双方力量对比,立足防卫人防卫时所处情境,结合社会公众的一般认知作出判断。在判断不法侵害的危害程度时,不仅要考虑已经造成的损害,还要考虑造成进一步损害的紧迫危险性和现实可能性。本案中,多名传销组织人员对盛春平实施人身控制,盛春平在多次请求离开被拒并遭唐某某等人逼近时,拿出随身携带的水果刀予以警告,同时提出愿交付随身携带的钱财以求离开,但仍遭拒绝。其后,又有多名传销人员来到客厅。成某某等人陆续向盛春平逼近,并意图夺刀。此种情形下,盛春平持刀挥刺,划伤成某某右手腕及左颈,刺中成某某的左侧胸部,致心脏破裂。成某某受伤后经住院治疗,已经出院,但未遵医嘱继续进行康复治疗,导致心脏在愈合过程中继续出血,最终于出院一周后因心包填塞而死亡。考虑案发当场双方力量对比情况,特别是盛春平所面临的不法侵害的严重程度,同时考虑成某某的死亡过程和原因,应当认为盛春平的防卫行为没有明显超过必要限度,符合正当防卫的限度条件。

——《涉正当防卫典型案例》,载最高人民法院网2020年9月3日,https://www.court.gov.cn/zixun-xiangqing-251621.html。

赵宇正当防卫案——"明显超过必要限度"的认定(涉正当防卫典型案例之六)

典型意义:根据刑法第二十条第二款的规定,防卫过当应当同时具备"明显超过必要限度"和"造成重大损害"两个条件,缺一不可。造成重大损害是指造成不法侵害人重伤、死亡,对此不难判断。实践中较难把握的是相关防卫行为是否明显超过必要限度,不少案件处理中存在认识分歧。司法适用中,要注意综合考虑案件具体情况,结合社会公众的一般认知,对防卫行为是否"明显超过必要限度"作出准确判断。

第一,防卫过当仍属于防卫行为,只是明显超过必要限度并造成重大损害。本案中,李某强行踹门进入他人住宅,将邹某摁在墙上殴打其头部,赵宇闻声下楼查看,为了制止李某对邹某以强欺弱,出手相助,拉拽李某。赵宇的行为属于为了使他人的人身权利免受正在进行的不法侵害,而采取的制止不法侵害的行为,符合正当防卫的起因条件、时间条件、对象条件和意图条件等要件,具有防卫性质。

第二，对防卫行为“明显超过必要限度”的判断，应当坚持综合考量原则。防卫是否“明显超过必要限度”，应当综合不法侵害的性质、手段、强度、危害程度和防卫的时机、手段、强度、损害后果等情节，考虑双方力量对比，立足防卫人防卫时所处情境，结合社会公众的一般认知作出判断。在判断不法侵害的危害程度时，不仅要考虑已经造成的损害，还要考虑造成进一步损害的紧迫危险性和现实可能性。不应当苛求防卫人必须采取与不法侵害基本相当的反击方式和强度，更不能机械地理解为反击行为与不法侵害行为的方式要对等，强度要精准。防卫行为虽然超过必要限度但并不明显的，不能认定为防卫过当。本案虽然造成了李某重伤二级的后果，但是，从赵宇的行为手段、行为目的、行为过程、行为强度等具体情节来看，没有“明显超过必要限度”。赵宇在阻止、拉拽李某的过程中，致李某倒地，在李某起身后欲殴打赵宇，并用言语威胁的情况下，赵宇随即将李某推倒在地，朝李某腹部踩一脚，导致李某横结肠破裂，属于重伤二级。从行为手段上看，双方都是赤手空拳，赵宇的拉拽行为与李某的不法侵害行为基本相当。从赵宇的行为过程来看，赵宇制止李某的不法侵害行为是连续的，自然而然发生的，是在当时场景下的本能反应。李某倒地后，并未完全被制服，仍然存在起身后继续实施不法侵害的现实可能性。此时，赵宇朝李某腹部踩一脚，其目的是阻止李某继续实施不法侵害，并没有泄愤报复等个人目的，应当认定为正当防卫。

——《涉正当防卫典型案例》，载最高人民法院网 2020 年 9 月 3 日，https://www.court.gov.cn/zixun-xiangqing-251621.html。

055 如何认定家庭暴力中防卫行为是否“明显超过必要限度”

关键词 | 家庭暴力 | 正当防卫 | 防卫限度 |

【最高人民法院司法文件】

19. 准确认定对家庭暴力的正当防卫。为了使本人或者他人的人身权利免受不法侵害，对正在进行的家庭暴力采取制止行为，只要符合刑法规定的条件，就应当依法认定为正当防卫，不负刑事责任。防卫行为造成施暴人重伤、死亡，且明显超过必要限度，属于防卫过当，应当负刑事责任，但是应当减轻或者免除处罚。

认定防卫行为是否“明显超过必要限度”，应当以足以制止并使防卫人免受家庭暴力不法侵害的需要为标准，根据施暴人正在实施家庭暴力的严重程度、手段的残忍程度，防卫人所处的环境、面临的危险程度、采取的制止暴力的手段、造成施暴人重大损害的程度，以及既往家庭暴力的严重程度等进行综合判断。

20. 充分考虑案件中的防卫因素和过错责任。对于长期遭受家庭暴力后，在激愤、恐惧状态下为了防止再次遭受家庭暴力，或者为了摆脱家庭暴力而故意杀害、伤害施暴人，被告人的行为具有防卫因素，施暴人在案件起因上具有明显过错或者直接责任的，可以酌情从宽处罚。对于因遭受严重家庭暴力，身体、精神受到重大损害而故意杀害施暴人；或者因不堪忍受长期家庭暴力而故意杀害施暴人，犯罪情节不是特别恶劣，手段不是特别残忍的，可以认定为刑法第二百三十二条规定的故意杀人"情节较轻"。在服刑期间确有悔改表现的，可以根据其家庭情况，依法放宽减刑的幅度，缩短减刑的起始时间与间隔时间；符合假释条件的，应当假释。被杀害施暴人的近亲属表示谅解的，在量刑、减刑、假释时应当予以充分考虑。

——《最高人民法院、最高人民检察院、公安部、司法部关于依法办理家庭暴力犯罪案件的意见》(2015 年 3 月 2 日，法发〔2015〕4 号)。

056 准确认定"造成重大损害"

关键词｜造成重大损害｜防卫行为｜

【最高人民法院司法文件】

13. 准确认定"造成重大损害"。"造成重大损害"是指造成不法侵害人重伤、死亡。造成轻伤及以下损害的，不属于重大损害。防卫行为虽然明显超过必要限度但没有造成重大损害的，不应认定为防卫过当。

——《最高人民法院、最高人民检察院、公安部关于依法适用正当防卫制度的指导意见》(2020 年 8 月 28 日，法发〔2020〕31 号)。

【链接：理解与适用】

1979 年刑法第十七条第二款规定，"正当防卫超过必要限度造成不应有的危害的"，成立防卫过当。由于"不应有的危害"含义不明，不利于鼓励群众与犯罪作斗争，1997 年刑法第二十条第二款将"不应有的危害"修改为"重大损害"。对于重大损害的含义，也存在一定争议，主要涉及轻伤及以下损害应否被涵括的问题。从实践来看，防卫行为造成多人以上轻伤的行为并不常见，而造成个别人轻伤的则明显不宜认定为重大损害。基于此，《指导意见》第十三条明确规定："'造成重大损害'是指造成不法侵害人重伤、死亡。造成轻伤及以下损害的，不属于重大损害。防卫行为虽然明显超过必要限度但没有造成重大损害的，不应认定为防卫过当。"例如，在赵泉华正当防卫案(《刑事审判参考》第 297 号案例)中，赵泉华与不法侵害人在舞厅因琐事发生争执。后侵害人多次至赵泉华家，采用踢门等方法寻衅，均因赵泉华避让而未果。某晚，侵害人再次上门，强行踢开赵泉华家上锁的房门闯入其中。赵泉华为制止不法侵害持械朝侵害人挥击,致一人轻伤、一人轻微伤,该防卫行为没有明显超过必要限度造成重大损害,构成正当防卫。

——指导意见起草小组:《〈关于依法适用正当防卫制度的指导意见〉的理解与适用》,载《人民司法 · 应用》2020年第28期。

057 准确把握防卫过当的刑罚裁量

关键词｜防卫过当｜刑罚裁量｜

【最高人民法院司法文件】

14. 准确把握防卫过当的刑罚裁量。防卫过当应当负刑事责任,但是应当减轻或者免除处罚。要综合考虑案件情况,特别是不法侵害人的过错程度、不法侵害的严重程度以及防卫人面对不法侵害的恐慌、紧张等心理,确保刑罚裁量适当、公正。对于因侵害人实施严重贬损他人人格尊严、严重违反伦理道德的不法侵害,或者多次、长期实施不法侵害所引发的防卫过当行为,在量刑时应当充分考虑,以确保案件处理既经得起法律检验,又符合社会公平正义观念。

——《最高人民法院、最高人民检察院、公安部关于依法适用正当防卫制度的指导意见》(2020年8月28日,法发〔2020〕31号)。

【链接:理解与适用】

根据刑法第二十条第二款的规定,防卫过当的应当负刑事责任,但是应当减轻或者免除处罚。"防卫过当"并非独立的罪名,没有配置独立的法定刑。对于防卫过当,首先要确定防卫人所触犯的罪名;在决定减轻处罚还是免除处罚以及减轻处罚的具体幅度时,要综合考虑案件情况,实现罪责刑相适应。基于此,《指导意见》第十四条要求:"要综合考虑案件情况,特别是不法侵害人的过错程度、不法侵害的严重程度以及防卫人面对不法侵害的恐慌、紧张等心理,确保刑罚裁量适当、公正。"

处理防卫过当案件时,如果不法侵害具有特殊情节,在刑罚裁量时应作特别考虑,以确保量刑结果为社会公众所认同。基于此,《指导意见》第十四条明确要求:"对于因侵害人实施严重贬损他人人格尊严、严重违反伦理道德的不法侵害,或者多次、长期实施不法侵害所引发的防卫过当行为,在量刑时应当充分考虑,以确保案件处理既经得起法律检验,又符合社会公平正义观念。"例如,长期遭丈夫虐待的妻子,在丈夫施暴时将丈夫杀死的,如果认定为防卫过当,在量刑时应当尽量从宽,以符合人民群众的公平正义观念。

——指导意见起草小组:《〈关于依法适用正当防卫制度的指导意见〉的理解与适用》,载《人民司法·应用》2020年第28期。

【最高人民法院指导性案例】

于欢故意伤害案(最高人民法院指导案例93号)

裁判要点:防卫过当案件,如系因被害人实施严重贬损他人人格尊严或者亵渎人伦的不法侵害引发的,量刑时对此应予充分考虑,以确保司法裁判既经得起法律检验,也符合社会公平正义观念。

二、关于定罪量刑

首先,关于定罪。本案中,于欢连续捅刺四人,但捅刺对象都是当时围逼在其身边的人,未对离其较远的其他不法侵害人进行捅刺,对不法侵害人每人捅刺一刀,未对同一不法侵害人连续捅刺。可见,于欢的目的在于制止不法侵害并离开接待室,在案证据不能证实其具有追求或放任致人死亡危害结果发生的故意,故于欢的行为不构成故意杀人罪,但他为了追求防卫效果的实现,对致多人伤亡的过当结果的发生持听之任之的态度,已构成防卫过当情形下的故意伤害罪。认定于欢的行为构成故意伤害罪,既是严格司法的要求,又符合人民群众的公平正义观念。

其次,关于量刑。刑法第二十条第二款规定:"正当防卫明显超过必要限度造成重大损害的,应当负刑事责任,但是应当减轻或者免除处罚。"综合考虑本案防卫权益的性质、防卫方法、防卫强度、防卫起因、损害后果、过当程度、所处环境等情节,对于欢应当减轻处罚。

被害方对引发本案具有严重过错。本案案发前,吴某、赵某1指使杜某2等人实施过侮辱苏某、干扰源大公司生产经营等逼债行为,苏某多次报警,吴某等人的不法逼债行为并未收敛。案发当日,杜某2等人对于欢、苏某实施非法限制人身自由、侮辱及对于欢间有推搡、拍打、卡颈部等行为,于欢及其母亲苏某连日来多次遭受催逼、骚扰、侮辱,导致于欢实施防卫行为时难免带有恐惧、愤怒等因素。尤其是杜某2裸露下体侮辱苏某对引发本案有重大过错。案发当日,杜某2当着于欢之面公然以裸露下体的方式侮辱其母亲苏某。虽然距于欢实施防卫行为已间隔约二十分钟,但于欢捅刺杜某2等人时难免带有报复杜某2辱母的情绪,故杜某2裸露下体侮辱苏某的行为是引发本案的重要因素,在刑罚裁量上应当作为对于欢有利的情节重点考虑。

杜某2的辱母行为严重违法、亵渎人伦,应当受到惩罚和谴责,但于欢在民警尚在现场调查,警车仍在现场闪烁警灯的情形下,为离开接待室摆脱围堵而持刀连续捅刺四人,致一人死亡、二人重伤、一人轻伤,且其中一重伤者系于欢从背部捅刺,损害后果严重,且除杜某2以外,其他三人并未实施侮辱于欢母亲的行为,其防卫行为造成损害远远大于其保护的合法权益，防卫明显过当。于欢及其母亲的人身自由和人格尊严应当受到法律保护，但于欢的防卫行为明显超过必要限度并造成多人伤亡严重后果，超出法律所容许的限度，依法也应当承担刑事责任。

根据我国刑法规定，故意伤害致人死亡的，处十年以上有期徒刑、无期徒刑或者死刑；防卫过当的，应当减轻或者免除处罚。如上所述，于欢的防卫行为明显超过必要限度造成重大伤亡后果，减轻处罚依法应当在三至十年有期徒刑的法定刑幅度内量刑。鉴于于欢归案后如实供述主要罪行，且被害方有以恶劣手段侮辱于欢之母的严重过错等可以从轻处罚情节，综合考虑于欢犯罪的事实、性质、情节和危害后果，遂判处于欢有期徒刑五年。

——《最高人民法院关于发布第18批指导性案例的通知》（2018年6月20日，法〔2018〕164号）。

058 “特殊防卫”应当如何认定

关键词 | 特殊防卫 | 行凶 |

【最高人民法院审判业务意见】

1979年刑法第十七条对正当防卫和防卫过当规定得比较抽象、笼统，特别是将防卫过当界定为“超过必要限度造成不应有的危害”，因在实践中缺乏可操作性，致使对正当防卫的限度条件掌握过严，束缚了防卫人正当防卫权的行使，不利于同犯罪行为作斗争。1997年刑法不但完善了正当防卫的概念，进一步明确了防卫过当的行为，而且特别增加了一款，即第二十条第三款，规定“对正在进行行凶、杀人、抢劫、强奸、绑架以及其他严重危及人身安全的暴力犯罪，采取防卫行为，造成不法侵害人伤亡的，不属于防卫过当，不负刑事责任”。此款规定使守法的人在受到严重危害人身安全的暴力侵害，采取防卫行为时，可以不必过于顾虑防卫的手段、结果。当前，各种暴力犯罪在一些地方较为猖獗，严重危害了人身安全，也严重破坏了社会治安秩序，刑法这一新的规定有利于鼓励人民群众同严重危及公民人身安全的暴力犯罪作斗争，弘扬正气，震慑犯罪，这是该款立法目的之所在。

该款规定不同于一般的正当防卫，我们称之为“特殊防卫”，有人称其为“无限防卫”。它具有以下特点：特殊防卫的前提必须是针对严重危及公民人身安全的暴力犯罪。首先，不法侵害行为是针对人身安全的，即危害公民的生命权、健康权、自由权和性权利，而不是人身之外的财产权利、民主权利等其他合法权益，对其他合法权益的不法侵害行为采取防卫行为的，适用一般防卫的规定。这是特殊防卫区别于一般防卫的一个重要特征。如抢夺所侵犯的客体是财产权利，对抢夺行为进行的防卫则不应当适用特殊防卫。其次,针对人身安全的不法侵害行为具有暴力性,属于犯罪行为。这与一般防卫的只属"不法"性侵害有明显不同。如行凶、杀人、抢劫、强奸、绑架行为,均属严重犯罪行为。应当指出的是,对杀人、抢劫、强奸、绑架应作广义的理解,它不仅仅指这四种犯罪行为,也包括以此种暴力性行为为手段,而触犯其他罪名的犯罪行为,如以抢劫为手段的抢劫枪支、弹药、爆炸物行为,以绑架为手段的拐卖妇女、儿童行为。此外,针对人的生命、健康采取放火、爆炸、决水等其他暴力方法实施侵害,也是具有暴力性的侵害行为。再次,这种不法侵害行为应当达到一定的严重程度。必须是严重危及人身安全,即这种危害有可能造成人身严重伤害,甚至危及生命。对一些充其量只能造成轻伤害的轻微暴力侵害,则不能适用特殊防卫。因此,对"行凶"行为要注意区分危害的严重性程度。该款规定的"行凶"行为仅指严重危及人身安全的非法伤害行为,如使用凶器暴力行凶、有可能致人重伤的伤害行为。

根据该款规定,只要符合以上条件,则防卫人采取的防卫手段、造成的结果法律没有限制,即使造成不法侵害人伤亡的,依法也不属防卫过当,不负刑事责任。这是特殊防卫区别于一般防卫在防卫后果上的本质特征。这一规定,是针对这类严重危及人身安全的暴力犯罪具有侵害性质严重、手段凶残的特点作出的。对此类犯罪行为,防卫人往往处于被动、孤立、极为危险的境地,这种情况下,如对防卫人限制过苛,则难以取得制止犯罪,保护公民人身权利不受侵害的效果,亦不利于鼓励人民群众对犯罪行为作斗争。

毫无疑问,刑法第二十条第三款是人民群众同严重危害人身安全的犯罪行为作斗争的有力武器。但在实际审判业务中,此类案件往往情况复杂、造成的后果严重,因此要注意案件发生的前因后果,把握住正当防卫的正义性这一基本要素,排除防卫挑拨、假想防卫等情况,既要保护人民群众依法维护自己合法权利的行为,又要防止坏人假借防卫而犯罪,以体现刑法本条款的立法原意。

——最高人民法院刑一庭:《叶永朝故意杀人案——刑法第20条第3款应如何理解与适用》,载《法律适用》2000年第3期。

【最高人民法院指导性案例】

于欢故意伤害案(最高人民法院指导案例93号)

裁判要点:对非法限制他人人身自由并伴有侮辱、轻微殴打的行为,不应当认定为刑法第二十条第三款规定的"严重危及人身安全的暴力犯罪"。

其次,于欢的捅刺行为不属于特殊防卫。刑法第二十条第三款规定:"对正在进行行凶、杀人、抢劫、强奸、绑架以及其他严重危及人身安全的暴力犯罪,采取防卫行为,造成不法侵害人伤亡的,不属于防卫过当,不负刑事责任。"根据这一规定,特殊防卫的适用前提条件是存在严重危及本人或他人人身安全的暴力犯罪。本案中，虽然杜某2等人对于欢母子实施了非法限制人身自由、侮辱、轻微殴打等人身侵害行为，但这些不法侵害不是严重危及人身安全的暴力犯罪。其一，杜某2等人实施的非法限制人身自由、侮辱等不法侵害行为，虽然侵犯了于欢母子的人身自由、人格尊严等合法权益，但并不具有严重危及于欢母子人身安全的性质；其二，杜某2等人按肩膀、推拉等强制或者殴打行为，虽然让于欢母子的人身安全、身体健康权遭受了侵害，但这种不法侵害只是轻微的暴力侵犯，既不是针对生命权的不法侵害，又不是发生严重侵害于欢母子身体健康权的情形，因而不属于严重危及人身安全的暴力犯罪。其三，苏某、于某1系主动通过他人协调、担保，向吴某借贷，自愿接受吴某所提10%的月息。既不存在苏某、于某1被强迫向吴某高息借贷的事实，又不存在吴某强迫苏某、于某1借贷的事实，与司法解释以借贷为名采用暴力、胁迫手段获取他人财物以抢劫罪论处的规定明显不符。可见杜某2等人实施的多种不法侵害行为，符合可以实施一般防卫行为的前提条件，但不具备实施特殊防卫的前提条件，故于欢的捅刺行为不属于特殊防卫。

——《最高人民法院关于发布第18批指导性案例的通知》（2018年6月20日，法〔2018〕164号）。

【最高人民法院参考案例】

陈天杰正当防卫案——正当防卫与相互斗殴的界分（涉正当防卫典型案例之三）

典型意义：第二，准确把握特殊防卫的起因条件。本案还涉及特殊防卫适用的相关问题。有观点提出，从双方关系和起因、容某乙等人选择打击的部位及强度看，容某乙等人的行为不属于严重危及人身安全的暴力犯罪。根据刑法规定，不能要求只有在不法侵害已经对人身安全实际造成严重危害时才能进行特殊防卫，在不法侵害足以严重危及人身安全的情况下就可以进行特殊防卫。本案中，容某乙等人持械击打的是陈天杰的头部，是人体的重要部位，在陈天杰戴安全帽的情况下致头部轻微伤，钢管打到安全帽后滑到手臂，仍致手臂皮内、皮下出血，可见打击力度之大。在当时的情形下，陈天杰只能根据对方的人数、所持的工具来判断自身所面临的处境。容某乙、纪某某、周某某三人都喝了酒，气势汹汹，并持足以严重危及他人重大人身安全的凶器，在场的孙某某、刘某甲都曾阻拦，但孙某某阻拦周某某、刘某甲阻拦纪某某时均被甩倒。而且，陈天杰是半蹲着左手护住其妻孙某某、右手持小刀进行防卫的，这种姿势不是一种主动攻击的姿势，而是一种被动防御的姿势，且手持的是一把刀刃只有六厘米左右的小刀，只要对方不主动靠近攻击就不会被捅刺到。综上，应当认为本案符合特殊防卫的适用条件，陈天杰的防卫行为造成不法侵害人伤亡的,不属于防卫过当,不负刑事责任。

——《涉正当防卫典型案例》,载最高人民法院网 2020 年 9 月 3 日,https://www.court.gov.cn/zixun-xiangqing-251621.html。

陈月浮正当防卫案——特殊防卫的具体适用(涉正当防卫典型案例之七)

典型意义:第一,根据刑法规定,特殊防卫的起因条件限于正在进行的行凶、杀人、抢劫、强奸、绑架以及其他严重危及人身安全的暴力犯罪。与一般防卫不同,特殊防卫起因条件的实质在于不法侵害系"严重危及人身安全"的暴力犯罪。需要注意的是,行凶、杀人、抢劫、强奸、绑架等不法侵害必须严重危及人身安全且系暴力犯罪,才能实行特殊防卫;相关不法侵害没有严重危及人身安全的,应当适用一般防卫的法律规定。对于相关不法侵害是否严重危及人身安全,应当注意从不法侵害是否具有暴力性、是否严重危及人身安全、是否达到犯罪程度等方面作出判断。本案中,陈某某无故持菜刀凌晨上门砍伤陈月浮,属于使用致命性凶器实施的严重危及他人人身安全的不法侵害,应当认定为"行凶",对此陈月浮可以实行特殊防卫。

——《涉正当防卫典型案例》,载最高人民法院网 2020 年 9 月 3 日,https://www.court.gov.cn/zixun-xiangqing-251621.html

李小龙等被控故意伤害案(《刑事审判参考》案例第 261 号)

要旨:对正在进行行凶、杀人、抢劫、强奸、绑架以及其他严重危及人身安全的暴力犯罪,采取防卫行为,造成不法侵害人伤亡的,不属于防卫过当,不负刑事责任。只有持那种足以严重危及他人的重大人身安全的凶器、器械伤人的行为,才可以认定为特殊防卫中的"行凶"。

特殊防卫不同于一般防卫就在于其防卫起因上的特殊性。一般防卫所针对的是正在进行的不法侵害行为,而特殊防卫所针对的却是对正在进行的行凶、杀人、抢劫、强奸、绑架以及其他严重危及人身安全的暴力犯罪。这也正是成立特殊防卫的必要条件。正确理解特殊防卫的条件,应当着重把握以下要点:

1. 必须是正在进行的暴力犯罪行为。暴力犯罪,简言之,就是以暴力为手段实施的犯罪行为。对非以暴力为手段实施的其他严重犯罪行为,不能实施特殊防卫。对以非暴力手段实施的抢劫、绑架等条文明确列举的犯罪行为,一般也不宜实施特殊防卫。正在进行的暴力犯罪,是指暴力犯罪行为已经着手实施,尚未实行完毕。在暴力侵害行为尚未着手的情况下,显然是不能进行特殊防卫的。也就是不能以严重的暴力犯罪正在预备,马上就要付诸实施为借口,实施特殊防卫。值得注意的是刑法规定特殊防卫的条件是暴力犯罪,是否构成犯罪,严格地说应由司法机关依照法定程序判定。对防卫人而言，由于特殊防卫都是在现实的、紧迫的危急状态下实施的，无法要求防卫人判定正在实施的暴力侵害行为已然构成犯罪，才可以实施特殊防卫。法律之所以使用暴力犯罪这一表述，意仅在强调正在进行的暴力侵害行为，其对他人的人身危险性已足以达到相当严重的程度。

2. 足以严重危及人身安全。人身安全主要包括他人的生命安全、健康安全，妇女的性的不可侵犯的权利。非针对他人人身安全的暴力犯罪行为，如对抢夺等针对物所实施的暴力犯罪行为，就不能实施特殊防卫。所谓严重危及人身安全，主要是强调暴力侵害行为对他人人身安全危害的现实性、急迫性和严重性。如暴力侵害程度足以危及他人的生命安全，足以对他人的健康造成严重损害后果的，无疑都是可以实施特殊防卫的。但需要说明的是，暴力侵害也有程度之分，对轻微的暴力伤害，就不能实施特殊防卫。对正在进行的暴力侵害行为，能否实施特殊防卫，关键要看该行为是否足以严重危及他人的重大的人身安全。特殊防卫是以可以杀死不法侵害人为代价的，因此，特殊防卫所要保护的也必须是相等的公民的重大法益。只有他人的生命安全、重大的健康安全、妇女性的不可侵犯的权利，才可以视为相等的重大的法益。

3. 对以暴力实施的杀人、抢劫、强奸、绑架犯罪行为可以实施特殊防卫，比较容易把握。但是何谓“行凶”呢？我们认为，对“行凶”的理解应当遵循上述关于特殊防卫条件的基本认识，即首先“行凶”必须是一种已着手的暴力侵害行为，其次，“行凶”必须足以严重危及他人的重大人身安全。故“行凶”不应该是一般的拳脚相加之类的暴力侵害，持械殴打也不一定都是可以实施特殊防卫的“行凶”。只有持那种足以严重危及他人的重大人身安全的凶器、器械伤人的行为，才可以认定为“行凶”。

——《刑事审判参考》（总第 34 辑）。

059 准确理解和把握“行凶”

关键词 | 行凶 | 特殊防卫 |

【最高人民法院司法文件】

15. 准确理解和把握“行凶”。根据刑法第二十条第三款的规定，下列行为应当认定为“行凶”：（1）使用致命性凶器，严重危及他人人身安全的；（2）未使用凶器或者未使用致命性凶器，但是根据不法侵害的人数、打击部位和力度等情况，确已严重危及他人人身安全的。虽然尚未造成实际损害，但已对人身安全造成严重、紧迫危险的，可以认定为“行凶”。

——《最高人民法院、最高人民检察院、公安部关于依法适用正当防卫制度的指导意见》(2020 年 8 月 28 日,法发〔2020〕31 号)。

【链接:理解与适用】

行凶不是刑法规定的独立罪名,这就使得司法实践中有时难以准确把握其内涵和外延,对具体案件的处理存在不同认识。为统一司法适用,《指导意见》第十五条对行凶作了例举性的规定。具体而言,下列行为应当认定为行凶:

一是使用致命性凶器,严重危及他人人身安全的。司法实践中,通常表现为行为人持管制刀具、枪支等凶器实施侵害。例如,在陈月浮正当防卫案(《指导意见》所附典型案例七)中,不法侵害人无故持菜刀凌晨上门砍伤陈月浮,属于使用致命性凶器实施的严重危及他人人身安全的不法侵害,应当认定为行凶,对此可以实行特殊防卫。

二是未使用凶器或者未使用致命性凶器,但是根据不法侵害的人数、打击部位和力度等情况,确已严重危及他人人身安全的。对此,需要根据案件具体情况准确判断是否达到确已严重危及他人人身安全的程度。例如,侵害人针对心脏、颅颈等致命部位实施侵害的,或者多人对一人长时间围殴,已致被害人头破血流仍不罢休的,则可以认定为行凶。作出上述规定,旨在提醒办案人员,不能仅因不法侵害人没有使用致命性凶器或者没有使用凶器就简单排除特殊防卫的适用。

同时,《指导意见》第十五条还明确:"虽然尚未造成实际损害,但已对人身安全造成严重、紧迫危险的,可以认定为'行凶'。"例如,在陈天杰正当防卫案中,有意见认为,从双方关系和起因、不法侵害人选择打击的部位及强度来看,侵害人的行为不属于严重危及人身安全的暴力犯罪。但是,经审理查明,侵害人持械击打的是陈天杰的头部,属于人体的重要部位,在陈天杰戴安全帽的情况下致头部轻微伤,钢管打到安全帽后滑到手臂,致手臂皮内、皮下出血,可见打击力度之大;侵害人喝了酒,气势汹汹,并持足以严重危及他人人身安全的凶器,在场的其他人员都曾阻拦,但阻拦时均被侵害人甩倒。鉴于此,应当认为侵害人已对他人人身安全造成严重、紧迫危险,可以实行特殊防卫。

需要强调的是,《指导意见》第十五条只是对行凶作了例举性规定,未能囊括司法实践中的所有情形。对于明文规定以外的情形,要根据上述规定的精神,把握严重危及人身安全这一实质要件,作出准确判断。

——指导意见起草小组:《〈关于依法适用正当防卫制度的指导意见〉的理解与适用》,载《人民司法·应用》2020 年第 28 期。

【最高人民法院指导性案例】

张那木拉正当防卫案（最高人民法院指导案例144号）

裁判要点：对于使用致命性凶器攻击他人要害部位，严重危及他人人身安全的行为，应当认定为刑法第二十条第三款规定的“行凶”，可以适用特殊防卫的有关规定。

法院生效裁判认为，张那木拉的行为系正当防卫行为，而且是刑法第二十条第三款规定的特殊防卫行为。本案中，张那木拉是在周某强、陈某2新等人突然闯入其私人场所，实施严重不法侵害的情况下进行反击的。周某强、陈某2新等四人均提前准备了作案工具，进入现场时两人分别手持长约五十厘米的砍刀，一人持铁锹，一人持铁锤，而张那木拉一方是并无任何思想准备的。周某强一方闯入屋内后径行对张那木拉实施拖拽，并在张那木拉转身向后挣脱时，使用所携带的凶器砸砍张那木拉后脑部。从侵害方人数、所持凶器、打击部位等情节看，以普通人的认识水平判断，应当认为不法侵害已经达到现实危害张那木拉的人身安全、危及其生命安全的程度，属于刑法第二十条第三款规定的“行凶”。张那木拉为制止正在进行的不法侵害，顺手从身边抓起一把平时生活所用刀具捅刺不法侵害人，具有正当性，属于正当防卫。

——《最高人民法院关于发布第26批指导性案例的通知》（2020年12月31日，法〔2020〕352号）。

【最高人民法院参考案例】

陈月浮正当防卫案——特殊防卫的具体适用（涉正当防卫典型案例之七）

典型意义：第二，刑法第二十条第三款规定的“行凶”，可以是使用致命性凶器实施的严重危及他人人身安全的行为，也可以是以其他形式实施的严重危及他人人身安全的行为。不法侵害人的具体故意内容不确定，但根据侵害行为发生的时间、地点及不法侵害人持有凶器判断，暴力侵害行为足以严重危及人身安全的，防卫人可以实行特殊防卫。本案中，陈某某持菜刀砍中陈月浮脸部致其轻伤，陈某某再次砍向陈月浮时被其挡开，菜刀掉到地上。此时，要求陈月浮被菜刀砍伤后保持高度冷静，在将行凶者打倒之后，还要仔细判断行凶者有没有继续行凶的能力，这对于在黑夜之中高度惊恐的防卫人，是强人所难。因此，综合考虑案件的具体情况，应当认为在陈某某菜刀掉到地上之后仍然可以实行防卫。

——《涉正当防卫典型案例》，载最高人民法院网2020年9月3日，https://www.court.gov.cn/zixun-xiangqing-251621.html。

060 准确理解和把握“杀人、抢劫、强奸、绑架”

关键词｜杀人｜抢劫｜强奸｜绑架｜特殊防卫｜

【最高人民法院司法文件】

16. 准确理解和把握“杀人、抢劫、强奸、绑架”。刑法第二十条第三款规定的“杀人、抢劫、强奸、绑架”，是指具体犯罪行为而不是具体罪名。在实施不法侵害过程中存在杀人、抢劫、强奸、绑架等严重危及人身安全的暴力犯罪行为的，如以暴力手段抢劫枪支、弹药、爆炸物或者以绑架手段拐卖妇女、儿童的，可以实行特殊防卫。有关行为没有严重危及人身安全的，应当适用一般防卫的法律规定。

——《最高人民法院、最高人民检察院、公安部关于依法适用正当防卫制度的指导意见》（2020年8月28日，法发〔2020〕31号）。

【链接：理解与适用】

根据司法实践反映的问题，《指导意见》第十六条对特殊防卫起因条件所涉及的杀人、抢劫、强奸、绑架的理解和把握问题作了明确，着重强调了两点：

其一，杀人、抢劫、强奸、绑架是指具体犯罪行为而非具体罪名，司法实践中要根据行为性质作具体把握。对此，《指导意见》第十六条规定：“在实施不法侵害过程中存在杀人、抢劫、强奸、绑架等严重危及人身安全的暴力犯罪行为的，如以暴力手段抢劫枪支、弹药、爆炸物或者以绑架手段拐卖妇女、儿童的，可以实行特殊防卫。”

其二，《指导意见》第十六条规定：“有关行为没有严重危及人身安全的，应当适用一般防卫的法律规定。”这主要是考虑，虽是杀人、抢劫、强奸、绑架等行为，但方式不同，紧迫程度有异，如客观上尚未严重危及人身安全，不宜一律主张适用没有限度要求的特殊防卫，否则不符合比例原则，会走上另一个极端，导致防卫权的滥用。例如，没有携带凶器，以“掏钱出来，不然就揍你”的方式进行抢劫的，不宜认为符合特殊防卫的起因条件。

——指导意见起草小组：《〈关于依法适用正当防卫制度的指导意见〉的理解与适用》，载《人民司法·应用》2020年第28期。

061 准确理解和把握“其他严重危及人身安全的暴力犯罪”

关键词｜其他严重危及人身安全的暴力犯罪｜特殊防卫｜

【最高人民法院司法文件】

17. 准确理解和把握“其他严重危及人身安全的暴力犯罪”。刑法第二十条第三款规定的“其他严重危及人身安全的暴力犯罪”，应当是与杀人、抢劫、强奸、绑架行为相当，并具有致人重伤或者死亡的紧迫危险和现实可能的暴力犯罪。

——《最高人民法院、最高人民检察院、公安部关于依法适用正当防卫制度的指导意见》(2020 年 8 月 28 日，法发〔2020〕31 号)。

【链接：理解与适用】

根据司法实践反映的问题，《指导意见》第十七条对特殊防卫起因条件所涉及的其他严重危及人身安全的暴力犯罪的理解和把握问题作了明确。其他严重危及人身安全的暴力犯罪应当与杀人、抢劫、强奸、绑架行为的暴力程度相当，这是体系解释的当然要求，也是特殊防卫立法意旨的当然要求。基于此，《指导意见》第十七条规定：“刑法第二十条第三款规定的‘其他严重危及人身安全的暴力犯罪’，应当是与杀人、抢劫、强奸、绑架行为相当，并具有致人重伤或者死亡的紧迫危险和现实可能的暴力犯罪。”

司法实践中，对其他严重危及人身安全的暴力犯罪的认定应当坚持综合判断，审查判断不法侵害是否属于其他严重危及人身安全的暴力犯罪时，应当注意从不法侵害是否具有暴力性、是否严重危及人身安全、是否达到犯罪程度等方面作出判断。例如，在人流密集的公共场所驾车冲撞，危害公共安全的，无疑可以认定为其他严重危及人身安全的暴力犯罪，符合特殊防卫的起因条件。

——指导意见起草小组：《〈关于依法适用正当防卫制度的指导意见〉的理解与适用》，载《人民司法 · 应用》2020 年第 28 期。

062 准确把握一般防卫与特殊防卫的关系

关键词 | 一般防卫 | 特殊防卫 |

【最高人民法院司法文件】

18. 准确把握一般防卫与特殊防卫的关系。对于不符合特殊防卫起因条件的防卫行为，致不法侵害人伤亡的，如果没有明显超过必要限度，也应当认定为正当防卫，不负刑事责任。

——《最高人民法院、最高人民检察院、公安部关于依法适用正当防卫制度的指导意见》(2020 年 8 月 28 日，法发〔2020〕31 号)。

【链接：理解与适用】

关于刑法第二十条第三款规定的特殊防卫与第一款规定的一般防卫的关系，存在“提示性规定说”和“法律拟制说”两种不同观点。提示说认为，特殊防卫中的起因条件即行凶、杀人、抢劫、强奸、绑架以及其他严重危及人身安全的暴力犯罪本身侵害程度相当严重，此种情形下，被侵害人采取防卫行为，造成不法侵害人伤亡的，本来就应当认为并未明显超过必要限度，法律专门规定，只不过是为了进一步提示办案人员；拟制说认为，对行凶、杀人、抢劫、强奸、绑架以及其他严重危及人身安全的暴力犯罪的不法侵害实施防卫，本来也有限度要求，应作具体判断，只是法律基于此类不法侵害的严重性、特殊性，为进一步给正当防卫适当“松绑”，特别规定此种情形下造成不法侵害人伤亡的，不属于防卫过当，不负刑事责任。无论采取哪种观点，实际均是认为相关行为成立正当防卫，不是防卫过当。因此，在我们看来，两种观点虽然在理论分析的基础上存在差异，但用诸实践，对案件的认定意见通常并无不同。

结合实践情况，对于特殊防卫与一般防卫的区分，关键是要注意，一般防卫也可能致不法侵害人死亡，只要未明显超过必要限度，仍然成立正当防卫，不负刑事责任。对此，《指导意见》第十八条明确：“对于不符合特殊防卫起因条件的防卫行为，致不法侵害人伤亡的，如果没有明显超过必要限度，也应当认定为正当防卫，不负刑事责任。”

——指导意见起草小组：《〈关于依法适用正当防卫制度的指导意见〉的理解与适用》，载《人民司法·应用》2020年第28期。

063 不履行紧急避险行为引起的作为义务的行为如何定性

关键词｜紧急避险｜先行行为｜作为义务｜不作为｜

【最高人民法院参考案例】

王仁兴破坏交通设施案(《刑事审判参考》案例第295号)

要旨：紧急避险是一种排除社会危害性的行为。不履行因紧急避险行为引起的作为义务可以构成不作为犯罪。

紧急避险是一种排除社会危害性的行为，其特点在于：在两个合法权益发生冲突，又只能保存其中一个的紧急情况下，法律允许为了保护较大的权益而牺牲较小的权益。因此，从整体上看，紧急避险行为是有益于社会的合法行为。法律要求避险所损害的权益（必须是现实的权益而非期待的权益）必须小于所要保护的权益，才能认为是合法的。否则,就应视为避险超过必要限度。

刑法上的不作为,是指行为人应当履行某种特定的法律义务且有能力履行而不去履行。构成不作为犯必须以行为人负有履行特定的法律义务为前提,即负有作为义务。实践中,行为人的作为义务主要来自于三个方面:一是法律明文规定的义务;二是职务上或者业务上所要求必须承担的义务;三是行为人先行行为引起的义务。所谓先行行为引起的义务,是指由于行为人先前实施的行为,使某种合法权益处于危险状态时,该行为人负有采取有效措施积极防止危害结果发生的义务。行为人只要有能力履行而不履行该先行行为所引起的作为义务就可以构成不作为犯罪,先行行为是合法行为也不能免除行为人的作为义务。

——《刑事审判参考》(总第 38 辑)。

二、犯罪的预备、未遂和中止

064 意图实施两项犯罪但实施一个犯罪预备行为构成几罪

关键词|犯罪预备|犯意表示|禁止重复评价原则|

【最高人民法院参考案例】

张正权等抢劫案(《刑事审判参考》案例第467号)

要旨:为实施特定犯罪而准备工具、制造条件的,应当认定为犯罪预备。同一个行为,不能被两个犯罪构成重复评价。

1. 为实施特定犯罪而准备工具、制造条件的,应当认定为犯罪预备

根据刑法第二十二条第一款的规定,犯罪预备是指为了犯罪,准备工具、制造条件的行为。据此,成立犯罪预备应当具有四个特征,即行为人主观上是为了实行犯罪,客观上实施了犯罪预备行为,事实上未能着手实行犯罪,未能着手实行犯罪是由于行为人意志以外的原因。犯罪预备作为故意犯罪的初期形态,虽然还没有着手实行犯罪,但客观上造成了对法益的现实威胁或者侵害的现实可能性,依照刑法应当追究刑事责任;由于预备犯还没有造成犯罪结果,对法益的侵害通常小于既遂犯,因此刑法规定对于预备犯,可以比照既遂犯从轻、减轻或者免除处罚。

犯意表示是指行为人通过一定的方式,将内心的犯罪意图表现于外部的行为。其特征是:(1)犯意表示是一种单纯将犯罪意图表现于外部的行为;(2)它需要借助语言、文字或者具体的行为举动等一定的方式能够被他人所感知;(3)它是一种犯罪意图的单纯流露,对以后可能实施的犯罪是否易于实行、便于完成尚不能起到制造条件的作用。

犯意表示与犯罪预备的本质区别在于,犯罪预备是对实行犯罪起促进作用的行为,即准备犯罪工具、制造条件,也就是有实现其犯罪故意的行为;而犯意表示行为只是单纯流露犯意,不是实现犯意的具体行为,没有对法益构成现实威胁,因此,犯意表示并不是我国刑法所规定的可以构成犯罪的"危害社会的行为",只有建立在为了该犯意表示而"准备工具、制造条件"的基础之上的具体行为,才能评价为"危害社会的行为"从而可能成立犯罪预备。

从成立犯罪预备的核心要求看,仅有犯意表示而没有具体准备工具、制造条件行为的,不能认定为犯罪预备。根据刑法规定,犯罪预备要求的行为包括两类:

(1)准备工具,即准备实行犯罪的工具,如购买犯罪工具、制造犯罪工具、改装物品使之适应犯罪需要以及盗窃他人物品作为犯罪工具等。(2)制造条件,即除准备工具以外的一切为实行犯罪制造条件的预备行为,可以表现为:①制造实行犯罪的客观条件,如调查犯罪场所和被害人行踪、出发前往犯罪场所或者守候被害人的到来、诱骗被害人前往犯罪场所等;②创造实行犯罪的主体条件,如勾结纠集犯罪同伙、寻找共犯人等;③制造实行犯罪的现实作案条件,如商议犯罪的实行计划、进行分工等。

本案中,被告人张正权、张文普、徐世五共同预谋到偏僻地段针对单身女性行人实施抢劫,并先后购买了匕首、透明胶带等作案工具,多次携带匕首和透明胶带到安吉县递铺镇阳光工业园区附近潜伏,伺机等候合适的目标出现后实施抢劫,这些行为都是典型的抢劫犯罪预备行为,远远超出了犯意表示的范畴,客观上造成了对法益的现实威胁,应当以抢劫罪(犯罪预备)定罪处罚。至于三被告人是否同时成立强奸罪(犯罪预备),下文详述。

2. 同一个行为,不能被两个犯罪构成重复评价

刑法理论上的禁止重复评价原则,是指在定罪量刑时禁止对同一犯罪构成事实予以两次或两次以上的法律评价,据此,当然包括禁止对同一行为被两个或两个以上的犯罪构成同时评价。从功能上讲,该原则是对罪责刑相适应原则的一种贯彻,对于犯罪人的人权保障具有重要意义。本案中,被告人张正权、张文普、徐世五预谋实施抢劫犯罪过程中,张正权与张文普曾商议如果遇有漂亮女性则实施强奸,徐世五明确表示不参与强奸犯罪,无强奸的共同故意,自然不能认定为强奸罪。但对于被告人张正权、张文普,其商议实施强奸的行为在成立抢劫罪(犯罪预备)的同时是否能够构成强奸罪(犯罪预备)?结论是否定的。理由是:基于禁止重复评价原则,如果同一行为既为抢劫犯罪的预备行为,又为强奸犯罪的预备行为时,不能被抢劫、强奸的犯罪构成所同时评价,也就是说不能同时成立抢劫罪(犯罪预备)和强奸罪(犯罪预备)。从本案被告人张正权、张文普、徐世五实施的整个行为过程看,其先后购买并携带匕首、透明胶带等作案工具到安吉县递铺镇阳光工业园区附近潜伏,伺机等候作案目标出现的行为应视为刑法意义上的一个行为,虽然既可以将三被告人的犯罪预备行为理解为抢劫犯罪准备工具、创造条件,也可视为强奸犯罪准备工具、创造条件,但从禁止重复评价原则出发,作为一个行为只能为一个犯罪构成所评价,而不能被两个犯罪构成予以重复评价,在刑法没有明文规定的情况下,不能既认定为抢劫罪的预备,又认定为强奸罪的预备,而应按照择一重罪的原则定罪处罚。从本案情况看,我们认为,应当选择抢劫罪对被告人张正权、张文普定罪处罚。从罪质看,强奸罪侵犯的客体为人身权,而抢劫罪侵犯的是复杂客体,既侵犯人身权,又侵犯财产权,抢劫罪的罪质重于强奸罪;从刑罚处罚看,抢劫

罪与强奸罪可处自由刑的幅度相同,但抢劫犯罪还应当并处财产刑,因而也是抢劫罪重于强奸罪;从本案实际情况看,张正权、张文普的一系列准备工具、预谋分工、寻找作案目标等行为,对实施抢劫犯罪来说是确定的,而对是否实施强奸犯罪则是附条件的,因为二被告人预谋当抢劫对象如果是漂亮女性才同时实施强奸犯罪,该条件是否能成就,取决于抢劫犯罪的实施情况及合适犯罪对象的出现,具有一定偶然性,因此从犯意确定角度看,以抢劫罪对二被告人定罪处罚更为准确。

综上所述,法院对被告人张正权、张文普、徐世五的预备行为仅定抢劫罪(犯罪预备),而没有同时认定为强奸罪(犯罪预备)是正确的。

——《刑事审判参考》(总第59辑)。

065 如何认定预备犯的刑事责任

关键词 |犯罪预备|社会危害程度|刑事责任|

【最高人民法院参考案例】

夏洪生抢劫、破坏电力设备案(《刑事审判参考》案例第644号)

要旨:骗乘出租车欲到目的地抢劫,因唯恐被发觉而在中途放弃的,应当认定为抢劫预备阶段的犯罪中止。

抢劫被害人周喜章的行为构成抢劫预备阶段的中止。第一,被告人夏洪生伙同张金宝乘出租车,并要求司机行驶至偏僻地点,确实属于确定抢劫目标并为抢劫创造条件的行为,符合刑法关于犯罪预备的规定。第二,将"乘坐出租车"的行为认定为着手抢劫有过早之嫌。"着手实施犯罪"意味着给法益已经带来急迫的危险,就抢劫罪而言,只有当犯罪行为人使被害人的人身或财产法益面临急迫的危险之时,才宜认定为"着手抢劫"。具体到抢劫出租车司机这一类型犯罪,"着手抢劫"的认定标准应与其他类型的抢劫犯罪一致,即以出租车司机的人身和财产法益所面临的危险是否具有急迫性来判断。如果犯罪行为人以抢劫为目的乘坐出租车,但还未采取任何暴力、胁迫手段,则法益所面临危险急迫性并不明显。第三,一般人携带刀具乘坐出租车的行为,与本案在客观方面完全一致。前者显然无罪,若认定本案已经构成"着手实施抢劫",仅依据二被告人的主观故意而定罪,难免有主观定罪之嫌。所以,抢劫周喜章的行为仍处于抢劫预备阶段。本案中,夏洪生、张金宝乘坐周喜章的出租车行驶了一段路程,周喜章拒绝前行至夏洪生指定的偏僻地点,二被告人遂下车。无论是采取认定犯罪中止的主观说,即被告人担心实施抢劫有可能被发现而自动放弃犯罪;还是采取认定犯罪中止的客观说,即以一般人观点来看,在当时情况下二被告人仍有实施抢劫之可能性而自动放弃犯罪,均可认为二被告人构成犯罪中止。综上，夏洪生、张宝抢劫周喜章的行为构成抢劫预备阶段的中止。

——《刑事审判参考》（总第76辑）。

黄斌等抢劫案（《刑事审判参考》案例第139号）

要旨：仅仅为实施犯罪准备工具、制造条件的，构成犯罪预备，对于预备犯，应当结合社会危害程度决定从轻、减轻或者免除处罚，情节显著轻微危害不大的，可不作为犯罪处理。

需要指出的是，刑法第二十二条第一款，只是犯罪预备行为的概念，却非预备犯的完整内涵。完整的预备犯概念，还需揭示出犯罪预备与犯罪未遂以及犯罪预备过程中的犯罪中止的区别。结合刑法第二十三条第一款、第二十四条第一款有关犯罪未遂和犯罪中止的规定，除上述两个特征外，预备犯还应具有以下两个基本特征：一是尚未着手实行犯罪。是否已经着手实行犯罪，是犯罪预备和犯罪未遂的本质区别。倘若行为人已经着手实行犯罪，那就不可能再有犯罪预备的问题了。司法实践中，判断是否“着手”，还是应根据具体案件的具体情况，结合刑法条文的有关规定，具体分析、认定。具体到抢劫案件而言，由于抢劫罪的成立，必须以行为人已实施了暴力、威胁等法定的犯罪方法为要件，因此，只有行为人已开始了实施上述特定的方法行为，才能视为犯罪着手。二是未着手实行犯罪是由于行为人意志以外的原因。这是犯罪预备与预备阶段中的犯罪中止的根本区别。预备阶段中的犯罪中止是指在犯罪预备过程中，行为人自动放弃犯罪预备行为或是在可以着手实行犯罪的情况下，自动放弃着手犯罪。无论何种情形，行为人均必须是主观上自愿主动放弃，而不是因外部原因被迫放弃。

我国刑法第二十二条第二款规定：“对于预备犯，可以比照既遂犯从轻、减轻或者免除处罚。”单从这一条文来看，似乎我国对预备犯是采均须定罪处罚的原则，至多是定罪免予处罚。其实不然，由于我国刑法第十三条在规定犯罪概念时，又同时规定“但情节显著轻微危害不大的，不认为是犯罪”。因此，司法实践中，对那些情节显著轻微危害不大的预备犯，如一些轻罪的预备犯，不予追究，不仅有依据，而且也是必要的。对预备犯是否定罪，如何量刑，是否从轻，是从轻、减轻还是免除处罚，总的来说，要看其预备行为的社会危害性程度。而衡量犯罪预备行为的社会危害性程度，又无外乎要借助以下因素加以分析，这包括预备实行的犯罪的性质、所准备的工具的类型、制造条件的充分程度等。显然，行为人欲实行犯罪的性质越严重，所准备工具的凶险性、杀伤力越大，制造的条件越充分，犯罪对象面临的危险性越大，预备行为的社会危害性程度也就越大，反之亦然。

——《刑事审判参考》（总第22辑）。

066 对象不能犯如何定罪处罚

关键词|犯罪未遂|绝对不能犯|相对不能犯|

【最高人民法院参考案例】

胡斌、张筠筠等故意杀人、运输毒品(未遂)案(《刑事审判参考》案例第37号)

要旨:对象不能犯中的相对不能犯,应当治罪处罚,但属于犯罪未遂,对其中行为的社会危害性小于欲犯之罪的,一般应当从轻或者减轻处罚,对其中行为的社会危害性大于欲犯之罪的,不应当从轻、减轻处罚。

对于不能犯能否予以治罪,应当区分绝对不能犯与相对不能犯两种情形作出处理。

绝对不能犯与相对不能犯的主要区别在于:前者意欲实施的行为与其实际实施的行为是一致的,但因使用的手段与目的之间的因果关系是建立在反科学、超自然的基础上,故该种手段行为在任何情况下都不可能引起危害结果发生,不具有实质的社会危害性;后者所认识到的手段与目的之间的因果联系是真实的、有科学根据的,只是因为行为人一时疏忽致使意欲实施的行为与其实际实施的行为形似而质异,才未能造成犯罪结果。否则,其所使用的手段或工具就能合乎规律地引起危害结果发生,实现其犯罪目的。因此,刑法理论上一般认为,绝对不能犯不构成犯罪,而相对不能犯则构成犯罪未遂。

不能犯未遂并非对社会没有危害,在决定对其是否从轻处罚时,应当区分不同情况处理:

其一,对于行为的客观危害性相对较小的,如误把头痛粉当"白粉"(即海洛因)予以出售,因头痛粉对人体健康的危害不大,一般应依法予以从轻或者减轻处罚;

其二,对于行为的客观危害性虽比欲犯之罪较小,但也具有较为严重社会危害性的,如本案被告人转移、藏匿尸体的行为,客观上必然严重妨害刑事侦查活动,同样具有严重的社会危害性,可以适当予以从轻处罚;

其三,对于行为的客观危害性大于欲犯之罪的,如误把海洛因当作麝香进行走私,因走私毒品罪重于欲犯的走私珍贵动物制品罪,即欲犯较轻之罪而实犯较重之罪,虽然应依法认定犯罪未遂,但一般不能予以从轻处罚。

在司法实践中,应当根据具体案情区分不同情况,决定对不能犯之未遂具体如何处罚。

——《刑事审判参考》(总第5辑)。

067 如何认定故意杀人未遂情形下行为人的主观心态

关键词 | 犯罪未遂 | 故意杀人 |

【最高人民法院参考案例】

郭春故意杀人案(《刑事审判参考》案例第964号)

要旨:行为人具有剥夺他人生命的故意,但由于意志以外的原因而使其犯罪行为未能得逞,应当按照故意杀人罪(未遂)的罪责定罪量刑。

我们认为,被害人未死亡的结果系被告人意志以外的原因造成,被告人的行为符合故意杀人犯罪实行终了的未遂的构成特征。理由如下:

第一,被害人死亡结果未发生这一客观事实存在于被告人意志以外,且不以其意志为转移。从性质上看,犯罪未遂中“意志以外的原因”应当与行为人完成犯罪的愿望相矛盾,本案被告人在其认定被害人已死亡、不可能再被“救活”的情况下,才停止其加害行为并逃离现场,这一点在其行凶后逃至其表妹张宏英住处时称自己杀了姚么妹等相关供述中可以得到印证。

第二,对被害人被“有效施救”这一客观事实,被告人没有预见,也不可能预见。本案属于典型的事实认识错误,具体而言,属于对因果关系的认识错误,即特定的犯罪结果未发生而行为人误以为已经发生,从而停止犯罪活动。根据刑法理论,判断“意志以外的原因”不要求其客观上足以阻止犯罪结果发生,而应当以行为人主观感受为标准。在被告人拒不认罪的案件中,还要适度参考平均人的主观认知标准。尽管本案被告人客观上本可继续实施导致死亡结果发生的杀人行为,但其因认识错误而“放弃”犯罪,符合未遂犯的本质特征。

第三,被害人被“有效施救”这一介入因素一经成为现实,被告人故意杀人的行为就无法达到既遂,这正是犯罪未遂成立的应有之义。从作用上看,“意志以外的原因”应当与犯罪行为的发展和完成的进程相冲突。本案中,对被害人的相关施救行为无疑切断了被告人的客观杀人行为与死亡结果之间的自然发展进程,使行为人在该次杀人意志支配下的犯罪行为所指向的逻辑结果最终无法实现。

——《刑事审判参考》(总第97辑)。

068 间接故意犯罪是否存在未遂形态

关键词 | 犯罪未遂 | 间接故意 | 危害结果 |

【最高人民法院参考案例】

曹成金故意杀人案(《刑事审判参考》案例第129号)

要旨:间接故意犯罪不存在未遂形态,行为人如果出于间接故意而实施危害行为,没有造成法定后果的,不构成相应犯罪的未遂。

刑法第二十三条第一款规定:"已经着手实行犯罪,由于犯罪分子意志以外的原因而未得逞的,是犯罪未遂。"犯罪未遂的成立一般应具备以下三个特征:第一,行为人已经着手实施犯罪。即行为人开始实施刑法分则规定的犯罪构成要件中具体的犯罪行为。至于行为是否实行完毕,不影响犯罪未遂的成立。第二,没有发生犯罪分子所追求的危害结果。这是区别犯罪未遂与既遂的主要标志。第三,没有发生危害结果是犯罪分子意志以外的原因所致。这一特征将犯罪未遂与犯罪中止区别开来。

由于本案被告人曹成金的行为没有发生死亡或者伤害的严重后果,其行为是否构成故意杀人罪(未遂)或者故意伤害罪(未遂),应取决于这种结果是否由于其意志以外的原因所致。从案件起因上看,被告人曹成金与郑林等人没有利害关系,事先不存在非法剥夺郑林等人生命或者伤害郑林等人的直接故意;在其到铜陵市劝说熊燕随其回江西被拒绝后,掏出非法携带的枪支,现有证据只能证实是为了吓唬郑林等人,不能证实是为了实施故意杀人或者伤害行为;在争夺枪支的过程中,曹成金突然对郑开枪,此行为具有突发性,是一种不计后果的行为,在主观上应认定为是一种间接故意,即对其行为可能造成他人或死亡、或受伤,或者无任何物质损害结果,都是行为人放任心理所包含的内容,并非是单纯地希望发生危害结果。正因为在间接故意中,行为人对危害结果的发生与否是持一种放任态度,当法律上的危害结果发生时,则已成立犯罪既遂,如造成被害人死亡的,应以故意杀人罪定罪处罚;造成被害人受伤(轻伤以上)的,应以故意伤害罪定罪处罚;而没有造成人员伤亡,也是行为人这种放任心理所包含的,而不是什么意志以外的原因所致,无所谓"得逞"与否,犯罪未遂也就无从谈起了。因此,对本案被告人曹成金的行为,不能以故意杀人罪(未遂)或者故意伤害罪(未遂)追究刑事责任。公诉机关指控的罪名不准确,辩护人的辩护意见也不能采纳。

——《刑事审判参考》(总第21辑)。

069 在拖欠被害人钱款情况下,以暴力、胁迫手段逼迫被害人书写收条的行为,如何定性,是既遂还是未遂

关键词|犯罪既遂|犯罪未遂|抢劫罪|

【最高人民法院参考案例】

刁海珠抢劫案(《刑事审判参考》案例第1063号)

要旨:在拖欠被害人钱款情况下,以暴力、胁迫手段逼迫被害人书写收条的行为,属于抢劫既遂。

我们认为,被告人刁海珠等人以暴力、胁迫手段逼迫彭桂根书写七十五万元的收条,进而消灭债务的犯罪行为,属于抢劫既遂。主要理由如下:

第一,被告人刁海珠通过强迫彭桂根书写七十五万元的收条,已经实现了非法占有七十五万元的犯罪目的。从表面上看,刁海珠等人的暴力行为没有获取实实在在的财物,仅拿到了一张收条。收条本身虽不是有形财物,但却是双方债权债务消灭的主要证明凭证,刁海珠拿到彭桂根书写的收条、彭桂根就难以再向刁海珠主张原有的七十五万元债权。对刁海珠而言,其拖欠彭桂根七十五万元,实际上等同于事先占有了该笔款项,但这种占有是以刁海珠、彭桂根二人的债权债务关系为前提条件的,即刁海珠负有向彭桂根归还该七十五万元的义务。刁海珠之所以逼迫彭桂根书写收条,目的就是消除双方的债权债务关系,消除彭桂根日后行使返还该款项请求权的可能性,彻底占有其事先占有的七十五万元,不再归还。在刁海珠拿到彭桂根收条的那一刻起,就已经实现了犯罪目的,原来由刁海珠占有的七十五万元就变为了"非法占有",故应当属于犯罪既遂。

第二,以财产性利益为犯罪对象的抢劫案件,应当以财产性权益是否在客观上受到实际侵害作为判断既遂和未遂的标准。本案在犯罪既遂和未遂的问题上产生争议,主要是由于抢劫对象特殊,并非实实在在的七十五万元现金,而是能够体现消除七十五万元债权的收条。有观点认为,被害人可以通过提起民事诉讼的方式主张自己的合法债权,因此,被告人的行为并不能改变原有的债权债务关系,属于犯罪未遂。这种观点值得商榷。实际上,即使在以有形财物作为犯罪对象的抢劫犯罪中,被害人对被抢财物的所有权也没有丧失,只是丧失了占有而已,对此,显然不能以被害人可以通过提起民事诉讼主张自己对被抢财物的所有权为由认定本案情形属于犯罪未遂。此外,即使彭桂根提起民事诉讼,是否能够胜诉,也并不确定。因此,不能以被害人可以通过民事诉讼等方式获得救济为由认定本案情形属于犯罪未遂。

从对财产权的侵犯角度来看,对于以有形财物作为抢劫对象的案件,被害人拥有财产权的主要方式就是对财物的占有,一旦被害人因犯罪行为丧失对财物的占有,其财产权就遭到了实际侵害,对此类案件,应当以行为人是否实际劫取财物作为判断既遂和未遂的标准。对于以财产性利益作为抢劫对象的案件,被害人的财产权并不直接体现为对有形财物的实际占有,而是体现为各种财产权利义务关系,如果因犯罪行为改变了原有的财产权利关系,导致被害人丧失了财产性利益,被害人的财产权就遭到了实际侵害,对此类案件,应当以行为人是否改变了原有的财产权利关系作为判断既遂和未遂的标准。

——《刑事审判参考》(总第102辑)。

070 如何把握贩卖淫秽物品牟利罪既遂、未遂的认定标准

关键词 | 犯罪未遂 | 犯罪既遂 |

【最高人民法院参考案例】

张正亮贩卖淫秽物品牟利案(《刑事审判参考》案例第1086号)

要旨:对于不同类型的贩卖行为,是否认定既遂,应当考察行为所处的阶段(或者程度),不能一概以行为着手作为认定既遂的标准。

被告人张正亮贩卖淫秽物品牟利的行为属于犯罪未遂。具体分析如下:

鉴于"淫秽物品"在社会上传播后将对公众身心健康和社会风气造成不良影响,而贩卖淫秽物品牟利罪并无具体、有形、可衡量的损害后果,因此,出于牟利目的对淫秽物品的买卖行为都应当认定为对社会管理秩序造成了损害。据此,贩卖淫秽物品牟利罪不属于结果犯,而属于行为犯。行为犯通常以法律规定的犯罪行为的完成作为既遂认定标准,但行为犯中的犯罪行为并不是一着手实行即告完成。有的行为犯,犯罪行为有一个实行过程,通常要达到一定阶段(或者程度),才能视为行为的完成。

具体到贩卖淫秽物品牟利罪,其中的"贩卖"本义是一种市场交易行为,通常是指出于牟利目的以低价购进淫秽物品再以高价卖出的行为,但也包括有偿转让淫秽物品的行为。立足该类犯罪的发案特点和常见情形,以下四种行为均应认定为贩卖淫秽物品牟利罪中的"贩卖行为":一是为牟利欲低价购进、高价出售,在购买时被查获的行为;二是为牟利低价购进后,正在进行出售(代售)被查获的行为;三是为牟利低价购进后,已出售并获利的行为;四是不能查明系低价购进,但确为牟利正在出售(代售)或已出售并获利的行为。实践中,基于公安机关对此类犯罪的严厉打击,行为人往往具有较强的反侦查意识,此类犯罪多是行为人为牟利而低价购买淫秽物品后在运输途中被查获,或者在摆摊、店铺进行代售或零星销售时被查获。已经出售获利或者大量购买时被查获的情形较为少见。

对于上述不同类型的贩卖行为,是否认定既遂,应当考察行为所处的阶段(或者程度),不能一概以行为着手作为认定既遂的标准。例如,对于前述第一种情形,虽然为牟利而购买淫秽物品的行为也妨害了社会管理秩序,依法已经构成犯罪,但

是不能认定行为人只要购买淫秽物品就成立犯罪既遂,通常还要求行为人实际取得所购买的淫秽物品,毕竟“购买型”犯罪与“出售型”犯罪的社会危害存在一定差异。

本案中,被告人张正亮曾与卖家联系,此次由伍海琼与卖家联系好发货,货到后张正亮去货运站办理提货手续,尚未取到货物时即被抓获。尽管张正亮已经着手实施购买行为,既有购买的主观意思,又有购买、付款、取货的行为,但由于其尚未验货和取到货物,犯罪行为未达到既遂状态。且在案证据表明,公安机关已经掌握张正亮的犯罪线索,进行蹲点守候,张正亮的犯罪行为已经处于公安机关控制之下,不可能得逞。据此,本案应认定为犯罪未遂。

——《刑事审判参考》(总第103辑)。

071 涉疫情诈骗犯罪未遂的认定

关键词 | 犯罪未遂 | 犯罪既遂 | 诈骗罪 |

【最高人民法院参考案例】

孙佳英、蒋志诈骗案(《刑事审判参考》案例第1321号)

要旨:对情节严重的涉疫情诈骗未遂行为应当定罪处罚。

作为一种普通的故意犯罪,诈骗罪理应存在既遂和未遂形态的区分。理由如下:

其一,犯罪既遂与否的标准是刑法分则对该种犯罪所规定的构成要件是否已经齐备,齐备则为既遂,不齐备则为未遂。诈骗罪的未遂形态契合修正的犯罪构成。我国刑法条文中关于诈骗罪的规定列明了其基本的犯罪构成,就具体的诈骗犯罪而言,诈骗数额不能满足基本的犯罪构成,并不意味着其也不符合修正的犯罪构成。其二,司法解释对诈骗罪基本犯存在未遂形态的观点予以肯定。《最高人民法院、最高人民检察院关于办理诈骗刑事案件具体应用法律若干问题的解释》(以下简称《诈骗解释》)第五条规定,在犯罪数额不符合基本犯罪构成的前提下,如果诈骗行为以数额巨大的财物为诈骗目的,或者具有其他严重情节,也能够成立诈骗罪。其三,对诈骗犯罪基本犯的未遂行为能否认定为诈骗罪的未遂犯,在于其是否符合刑法第十三条“但书”的规定,即如果该诈骗行为确属情节显著轻微危害不大的,就不应该将其认定为犯罪加以处罚;如果该诈骗行为不属于情节显著轻微危害不大的范围,则应将其认定为诈骗犯罪加以处罚。因而,诈骗罪同样存在未遂形态,且诈骗罪的未遂行为主要表现为两种形式:一是被害人并未因行为人的欺诈行为失去对财产的控制;二是虽然被害人基于行为人的欺诈行为失去对财产的控制,但该失控财产的数额并未达到数额较大的程度。

本案中，被告人孙佳英、蒋志在疫情防控期间，冒用他人名义，利用公众同情心理，以赈灾募捐为由实施诈骗活动，由于公安机关查处及时，当天即将二人传唤到案，因而截至案发，尚未有钱转入微信账户。但是，二被告人打印附有孙佳英微信收款二维码的虚假募捐材料，并多处张贴、散发，这已经是着手实施犯罪，因被公安机关及时查处才未能得逞，应当属于犯罪未遂。

对于该未遂行为是否应当定罪处罚，《诈骗解释》第五条规定，诈骗未遂，以数额巨大的财物为诈骗目的的，或者具有其他严重情节的，应当定罪处罚。因而，本案认定的焦点在于被告人是否属于"有其他严重情节"的情形。结合本案的具体情形，我们认为，本案被告人主观恶性大、社会影响恶劣。具体理由如下：一是被告人利用疫情防控期间，大家合力抗击疫情的同情心和同理心，冒用慈善机构名义，发起虚假募捐式诈骗，行为性质恶劣。二是被告人通过到处散布、张贴虚假材料的方式实施犯罪行为，不仅影响社会管理秩序，而且被害对象不特定，侵害面广。三是被告人通过宣传册上附微信二维码的形式骗取钱财，与受害者之间通过虚拟平台进行财物流转，钱财追回难度高、查处难度大。综合以上分析，二被告人的行为属于"具有其他严重情节"的情形、应当依照刑法第二百六十六条关于诈骗罪的规定依法处理。

——《刑事审判参考》(总第 121 辑)。

072 对于数额犯，犯罪既遂部分与未遂部分分别对应不同法定刑幅度的，应如何量刑

关键词｜数额犯｜犯罪既遂｜犯罪未遂｜

【最高人民法院司法文件】

6. 在认定"套路贷"犯罪数额时，应当与民间借贷相区别，从整体上予以否定性评价，"虚高债务"和以"利息""保证金""中介费""服务费""违约金"等名目被犯罪嫌疑人、被告人非法占有的财物，均应计入犯罪数额。

犯罪嫌疑人、被告人实际给付被害人的本金数额，不计入犯罪数额。

已经着手实施"套路贷"，但因意志以外原因未得逞的，可以根据相关罪名所涉及的刑法、司法解释规定，按照已着手非法占有的财物数额认定犯罪未遂。既有既遂，又有未遂，犯罪既遂部分与未遂部分分别对应不同法定刑幅度的，应当先决定对未遂部分是否减轻处罚，确定未遂部分对应的法定刑幅度，再与既遂部分对应的法定刑幅度进行比较，选择处罚较重的法定刑幅度，并酌情从重处罚；二者在同

一量刑幅度的，以犯罪既遂酌情从重处罚。

——《最高人民法院、最高人民检察院、公安部、司法部关于办理“套路贷”刑事案件若干问题的意见》(2019 年 4 月 9 日，法发〔2019〕11 号)。

【最高人民法院指导性案例】

王新明合同诈骗案(最高人民法院指导案例 62 号)

裁判要点：在数额犯中，犯罪既遂部分与未遂部分分别对应不同法定刑幅度的，应当先决定对未遂部分是否减轻处罚，确定未遂部分对应的法定刑幅度，再与既遂部分对应的法定刑幅度进行比较，选择适用处罚较重的法定刑幅度，并酌情从重处罚；二者在同一量刑幅度的，以犯罪既遂酌情从重处罚。

法院生效裁判认为：王新明以非法占有为目的，冒用他人名义签订合同，其行为已构成合同诈骗罪。一审判决事实清楚，证据确实、充分，定性准确，审判程序合法，但未评价未遂七十万元的犯罪事实不当，予以纠正。根据刑法及司法解释的有关规定，考虑王新明合同诈骗既遂三十万元，未遂七十万元但可对该部分减轻处罚，王新明如实供述犯罪事实，退赔全部赃款取得被害人的谅解等因素，原判量刑在法定刑幅度之内，且抗诉机关亦未对量刑提出异议，故应予维持。北京市石景山区人民检察院的抗诉意见及北京市人民检察院第一分院的支持抗诉意见，酌予采纳。鉴于二审期间王新明申请撤诉，撤回上诉的申请符合法律规定，故二审法院裁定依法准许撤回上诉，维持原判。

本案争议焦点是，在数额犯中犯罪既遂与未遂并存时如何量刑。《最高人民法院、最高人民检察院关于办理诈骗刑事案件具体应用法律若干问题的解释》第六条规定：“诈骗既有既遂，又有未遂，分别达到不同量刑幅度的，依照处罚较重的规定处罚；达到同一量刑幅度的，以诈骗罪既遂处罚。”因此，对于数额犯中犯罪行为既遂与未遂并存且均构成犯罪的情况，在确定全案适用的法定刑幅度时，先就未遂部分进行是否减轻处罚的评价，确定未遂部分所对应的法定刑幅度，再与既遂部分对应的法定刑幅度比较，确定全案适用的法定刑幅度。如果既遂部分对应的法定刑幅度较重或者二者相同的，应当以既遂部分对应的法定刑幅度确定全案适用的法定刑幅度，将包括未遂部分在内的其他情节作为确定量刑起点的调节要素进而确定基准刑。如果未遂部分对应的法定刑幅度较重的，应当以未遂部分对应的法定刑幅度确定全案适用的法定刑幅度，将包括既遂部分在内的其他情节，连同未遂部分的未遂情节一并作为量刑起点的调节要素进而确定基准刑。

本案中，王新明的合同诈骗犯罪行为既遂部分为三十万元，根据司法解释及北京市的具体执行标准，对应的法定刑幅度为有期徒刑三年以上十年以下；未遂部分为七十万元，结合本案的具体情况，应当对该未遂部分减一档处罚，未遂部分法定刑幅度应为有期徒刑三年以上十年以下,与既遂部分三十万元对应的法定刑幅度相同。因此,以合同诈骗既遂三十万元的基本犯罪事实确定对王新明适用的法定刑幅度为有期徒刑三年以上十年以下,将未遂部分七十万元的犯罪事实,连同其如实供述犯罪事实、退赔全部赃款、取得被害人谅解等一并作为量刑情节,故对王新明从轻处罚,判处有期徒刑六年,并处罚金人民币六万元。

——《最高人民法院关于发布第 13 批指导性案例的通知》(2016 年 6 月 30 日,法〔2016〕214 号)。

【链接:理解与参照】

(一)刑法第二十三条第二款具有量刑情节和确定未遂部分法定刑幅度的双重功能

我国刑法分则关于法定刑幅度的设置,是以犯罪既遂形态为标本的。对于未遂犯,根据刑法总则的规定,一般应当予以处罚,只是目前有的司法解释提高了未遂犯的入罪门槛。"两高"于 2011 年 4 月 8 日起施行的《关于办理诈骗刑事案件具体应用法律若干问题的解释》(以下简称《诈骗案件解释》)第五条规定,"诈骗未遂,以数额巨大的财物为诈骗目标的,或者具有其他严重情节的,应当定罪处罚"。2013 年 4 月 2 日"两高"公布的《关于办理盗窃刑事案件适用法律若干问题的解释》第十二条作了类似的规定。刑法分则并未单独就未遂犯另行设置法定刑幅度,只是在刑法第二十三条第二款规定,"对于未遂犯,可以比照既遂犯从轻或者减轻处罚"。在以往司法实践中,对于数额犯,无论全案只有未遂,还是并存的既遂部分不够定罪条件,但根据有关司法解释的规定既遂和未遂总数额达到入罪标准,就以犯罪未遂处理,或者说既遂与未遂并存且均构成犯罪的情况下,一直以犯罪总数额确定法定刑幅度,然后认定全案未遂,将未遂作为量刑情节,比照既遂犯从轻或者减轻处罚。在这一过程中,刑法第二十三条第二款的规定,一直作为量刑情节对待,是在法定刑幅度、量刑起点及基准刑确定之后对未遂情节的评价。

《诈骗案件解释》第六条规定:"诈骗既有既遂,又有未遂,分别达到不同量刑幅度的,依照处罚较重的规定处罚;达到同一量刑幅度的,以诈骗罪既遂处罚。"因此,对于诈骗既遂与未遂并存且均构成犯罪的,在确定全案适用的法定刑幅度之前,应当就既遂部分与未遂部分分别对应的法定刑幅度进行比较。也就是说,首先需要确定既遂部分与未遂部分分别对应的法定刑幅度。鉴于刑法分则中的法定刑幅度是针对既遂犯设置的,未遂部分并无直接对应的法定刑幅度,这就给如何确定未遂部分的法定刑幅度带来了问题。笔者认为,要准确理解和适用《诈骗案件解释》的上述规定,在既遂与未遂并存且均单独构成犯罪的情况下,确定未遂部分对应的法定刑幅度,应当根据刑法第二十三条第二款的规定,与未遂部分对应的既遂形态(即既遂犯)进行比较,决定是否对单独构成犯罪的未遂部分减轻处罚,即决定是否减轻处罚后选择法定刑幅度,进而确定未遂部分对应的法定刑幅度,再与既遂部分对应的法定刑幅度进行比较。在这一过程中,刑法第二十三条第二款并非作为量刑情节在确定法定刑幅度、量刑起点、基准刑后对全案适用,而是在量刑起点确定之前的法定刑幅度确定过程中适用,这与以往仅将刑法第二十三条第二款理解为量刑情节是截然不同的。也就是说,对于刑法第二十三条第二款,不能仅仅理解为对全案适用的未遂量刑情节,在既遂与未遂并存且均构成犯罪的情况下,还需理解为确定未遂部分对应的法定刑幅度的原则,进而作为对我国刑法分则以犯罪既遂形态设置法定刑幅度这一原则的补充。唯其如此,才能将刑法第二十三条第二款"对于未遂犯,可以比照既遂犯从轻或者减轻处罚"的规定,全面贯彻到具体案件中。据此,刑法第二十三条第二款具有双重功能,在全案未遂的情况下,该规定的适用体现为未遂情节对基准刑的调节功能;在全案认定既遂且未遂部分构成犯罪的情况下,该规定的适用体现为在确定未遂部分法定刑幅度过程中对其对应的既遂犯法定刑幅度的调节功能。

这一问题产生的根源,在于我国刑法理论中关于罪数问题,对于既遂未遂并存的,无论在认识上、评价上还是科刑上,均是作为一罪处理。如果在科刑上作为数罪处理,对于刑法第二十三条第二款的规定,仅仅理解为未遂量刑情节即可,无须赋予其对未遂犯对应既遂犯法定刑幅度的调节功能,与以往惯例并无二致。

(二)既遂与未遂并存的,应择一重确定法定刑幅度

在《诈骗案件解释》之前,对于数额犯,实践中一直以既遂和未遂的总数额作为犯罪数额,进而确定全案的法定刑幅度,将未遂部分作为未遂情节对全案适用。例如,在有关办理生产、销售伪劣商品刑事案件等个别司法解释中,明确规定既遂数额不够定罪条件的情况下,将未遂的入罪数额标准提高到既遂的入罪数额标准的三倍以上。但该司法解释只是提高了全案未遂的入罪数额标准,对于既遂与未遂并存且已够定罪条件的情况下,实践中同样以既遂和未遂的总数额作为犯罪数额,进而确定全案的法定刑幅度,将未遂部分作为未遂情节对全案适用。2001 年 4 月 9 日《最高人民法院、最高人民检察院关于办理生产、销售伪劣商品刑事案件具体应用法律若干问题的解释》第二条第二款规定,"伪劣商品尚未销售,货值金额达到刑法第一百四十条规定销售金额三倍以上的,以生产、销售伪劣产品罪(未遂)定罪处罚"。2010 年 3 月 2 日《最高人民法院、最高人民检察院关于办理非法生产、销售烟草专卖品等刑事案件具体应用法律若干问题的解释》也有类似规定。上述司法解释将未遂的入罪数额标准提高到既遂的入罪数额标准的三倍。但根据犯罪形态的一般理论,在既遂与未遂并存且既遂部分构成犯罪的情况下,由于部分行为已经既遂且构成犯罪,整个犯罪就已经既遂,就不存在未遂的问题。为了解决

实践中存在的部分行为已经既遂且既遂部分已经达到定罪数额标准的情况下，仅因存在未遂部分又认定整个犯罪属于未遂的理论困境，同时避免因对全案运用部分行为未遂的未遂情节减轻处罚导致量刑畸轻，《诈骗案件解释》第六条确定了以既遂部分和未遂部分分别对应的法定刑幅度择一重的处理原则，而不以既遂和未遂累计的犯罪总数额确定法定刑幅度。对于《诈骗案件解释》就既遂与未遂并存且均构成犯罪情况下法定刑幅度确定思路的转变，有观点认为，是以重行为对轻行为的吸收关系为基础（不能理解为既遂行为对未遂行为的吸收）。笔者认为，姑且不论刑法理论中吸收犯的成立侵害的法益是否必须为同一法益（既遂与未遂并存的情况下，侵害数个法益的情况很常见），但是对于上述解释第六条中的"达到同一量刑幅度的，以诈骗罪既遂处罚"的规定，显然不能认为达到同一量刑幅度的未遂行为一定比既遂行为轻，前述有关吸收犯的理论无法在该解释中一以贯之。该解释对既遂与未遂并存且均构成犯罪情况下法定刑幅度确定思路的转变，出发点是为了解决实践中利用部分未遂对全案幅度减轻的量刑畸轻问题，是对量刑过程中的自由裁量权进行规范，是在不违背刑法总则第二十三条第二款规定的情况下，对以往不当量刑方法的纠正。

此后，"两高"出台的有关办理知识产权刑事案件，非法生产、销售烟草专卖品刑事案件，盗窃刑事案件等司法解释重申了这一处理原则。据此，尽管"两高"没有明确办理合同诈骗案件是否贯彻这一原则，但按照在没有特殊规定的情况下，对于同类问题应当同样处理的原则，对于处理其他既遂与未遂并存的案件，在既遂数额、未遂数额均达到定罪标准的情况下，也应当贯彻这一处理原则。即比较既遂数额、未遂数额所对应的法定刑幅度，在较重法定刑幅度内量刑。

在只有既遂或者只有未遂的情况下，确定法定刑幅度的数额与犯罪数额是一致的，但是在既遂与未遂并存的情况下，确定法定刑幅度的数额不再是既遂和未遂累计的犯罪总数额，而分别是既遂部分的犯罪数额或者未遂部分的犯罪数额。具体而言，有以下几种情形：

1. 全案只有既遂或者只有未遂的。这种情况下，确定法定刑幅度的数额与全案犯罪数额是一致的。

2. 既遂与未遂并存但只有一者符合定罪条件的。这种情况下，确定法定刑幅度的数额为构成犯罪的既遂数额或者未遂数额，不构成犯罪的既遂部分或者未遂部分并不存在确定法定刑幅度的问题。

3. 既遂与未遂并存二者均符合定罪条件的。这种情况下，既遂部分与未遂部分均对应相应的法定刑幅度。根据《诈骗案件解释》的规定，全案的法定刑幅度根据二者中对应的法定刑幅度较重的确定；在二者对应的法定刑幅度一致的情况下，以既遂处罚，即根据既遂部分对应的法定刑幅度确定全案的法定刑幅度。该种情形下，决定全案适用的法定刑幅度的数额并非全案犯罪总数额，而是既遂部分数额或者未遂部分数额。

4. 既遂与未遂并存，均未单独构成犯罪但总数额符合定罪条件的。对于这种情况能否作为犯罪处理，认识上并不统一，实践中做法也不尽一致，目前只有最高人民法院、最高人民检察院于 2010 年 3 月公布的《关于办理非法生产、销售烟草专卖品等刑事案件具体应用法律若干问题的解释》予以明确。该解释第二条规定："伪劣卷烟、雪茄烟等烟草专卖品尚未销售，货值金额达到刑法第一百四十条规定的销售金额定罪起点数额标准的三倍以上的，或者销售金额未达到五万元，但与未销售货值金额合计达到十五万元以上的，以生产、销售伪劣产品罪（未遂）定罪处罚。"对于这种情况，根据既遂与未遂累计的犯罪总数额确定全案适用的法定刑幅度，并认定全案具有未遂情节。这里需要注意的是，该种处理方式仅仅适用于解决既遂与未遂均不够定罪条件但总数额已够定罪条件的入罪问题，只涉及第一刑档。如果未遂部分已经达到第二量刑档次，则依据上文的第二种处理原则处理。

决定全案法定刑幅度的数额，也就是选择刑罚档次的数额，为了表述的方便，可以称之为刑档数额，以便与犯罪数额相区别。《诈骗案件解释》公布后，在既遂与未遂并存的情况下，刑档数额与犯罪总数额并不完全一致，也不能等同于既遂数额或者未遂数额。在具体案件中，应当根据上述不同情形分别确定刑档数额。

本案例中，被告人王新明的合同诈骗犯罪行为既遂部分为三十万元，对应法定刑幅度为有期徒刑三年以上十年以下；未遂部分为七十万元，在未考虑未遂情节的情况下，对应的法定刑幅度为十年以上有期徒刑、无期徒刑，比既遂部分对应的法定刑幅度重。一审法院仅以诈骗既遂的三十万元作为刑档数额，将对应的法定刑幅度确定为全案适用的法定刑幅度，而未与诈骗未遂的七十万元所对应的法定刑幅度相比较，确定全案应当适用的法定刑幅度，存在不当。鉴于本案既遂部分与未遂部分均构成犯罪，根据上述所列第三种处理情形，检察机关所提应当以王新明的犯罪总数额一百万元确定法定刑幅度的抗诉意见也存在不当。

（三）对未遂部分，应先进行是否减轻处罚的评价，再确定其对应的法定刑幅度

在既遂与未遂并存且未遂部分对应的法定刑幅度重于既遂部分对应的法定刑幅度的情况下，比较难处理的是如何确定未遂部分对应的法定刑幅度。尽管《诈骗案件解释》规定了既遂与未遂并存以分别对应的法定刑幅度择一重的处理原则，但并没有明确如何确定未遂部分对应的法定刑幅度，以及能否对未遂部分减轻、如何减轻等具体问题。对此，实践中存在不同看法。

一种意见认为，直接根据未遂部分的犯罪数额确定对应的法定刑幅度，与既遂部分比较后，择一重确定全案适用的法定刑幅度。如果未遂部分对应的法定刑幅度重，将既遂部分与未遂部分的未遂情节在量刑过程中综合予以评价；如果既遂部

分对应的法定刑幅度重或者一样,则将未遂部分及未遂情节在量刑过程中综合评价。这种方法在实践中简单易行,便于操作。该意见仍然是将未遂部分的未遂情节作为包括既遂部分在内的整个犯罪的未遂情节对待,进而对整个犯罪从轻或者减轻处罚。

但根据该意见,至少在理论上和实务中存在以下三个方面的问题:

1. 在未遂的问题上自相矛盾。根据该意见,对于既遂部分对应的法定刑幅度重于未遂部分对应的法定刑幅度或者一致的,将既遂数额作为刑档数额确定应当适用的法定刑幅度。但是对于未遂部分犯罪数额对应的法定刑幅度重于既遂部分的,则以未遂部分犯罪数额作为刑档数额确定全案适用的法定刑幅度。在全案适用的法定刑幅度确定以后,再根据未遂部分进行减轻处罚,无论是否考虑既遂部分对量刑的影响,均是对全案进行的减轻处罚,而不是单独对未遂部分的减轻处罚,客观上同样陷入了在认定犯罪已经既遂的前提下又认定全案存在未遂情节的理论困境。

2. 如果允许减轻处罚,导致裁量幅度过大,在既遂部分与未遂部分分别对应的法定刑幅度差别较小的情况下,容易出现量刑畸轻的现象。该意见的解决思路,在未遂部分与既遂部分分别对应的法定刑幅度差别较大的情况下,出现的问题较少。以诈骗为例,行为人诈骗既遂部分五千元,未遂部分五十万元,在没有其他法定减轻情节的情况下,无论是认定全案未遂减轻一档量刑,还是先就未遂部分减轻一档后再考虑既遂部分进行量刑,实践中差别并不大。但是在既遂部分与未遂部分分别对应的法定刑幅度差别较小的情况下,就容易出现量刑畸轻的现象。同样以诈骗为例,如行为人诈骗既遂部分四十九万元,未遂部分五百万元,在没有其他法定减轻情节的情况下,因未遂部分对应法定刑幅度重于既遂部分,从而对全案进行减轻处罚,并不属于法律适用错误。但考虑到既遂部分非常接近第三刑档(即十年以上有期徒刑、无期徒刑)的量刑数额标准,且未遂部分数额远远超过第三刑档的量刑数额标准,上述情形与既遂部分五十万元的社会危害性相比较,无疑前者的社会危害性更大,如对前者能够减轻处罚,而后者却不能减轻处罚,量刑显然不均衡。

另一种意见认为,未遂部分的未遂情节应当仅适用于未遂部分,不能适用于整个犯罪。应当根据未遂情节对未遂部分先进行是否减轻的评价后,确定未遂部分对应的法定刑幅度,再与既遂部分进行比较,确定全案适用的法定刑幅度,并将未做评价的既遂数额在量刑时予以考虑。

笔者认为,后一种意见更为妥当。主要理由是:

1. 当未遂部分对应的法定刑幅度重于既遂部分时,在二者对应的法定刑幅度差别较大的情况下,允许减轻处罚,能够防止量刑畸重。以诈骗罪为例,如果行为人诈骗 50.5 万元,其中五千元既遂,五十万元未遂,则需要在诈骗五千元既遂和诈骗五十万元未遂分别对应的法定刑幅度之间择一重。如果对诈骗五十万元未遂部分，确定法定刑幅度之前不进行未遂情节的减轻与否的评价，则确定的法定刑幅度为第三量刑档次（即十年以上有期徒刑或者无期徒刑），与诈骗五千元既遂部分所对应的第一量刑档次（即三年有期徒刑以下刑罚）比较后，对被告人量刑的法定刑幅度则为第三量刑档次，即十年以上有期徒刑或者无期徒刑。由于整个犯罪已经既遂，对全案不能适用未遂情节，那么在对既遂部分及未遂部分的未遂情节综合评价后，在没有其他法定减轻情节并排除特别减轻的前提下，即使从轻幅度再大，最低也要判处十年有期徒刑。而如果行为人诈骗五百万元或更多，且未遂，即使无其他法定减轻情节，也可以根据未遂情节减轻判处十年有期徒刑以下刑罚。然后，就二者的社会危害性比较，实践中很难作出诈骗五百万元（或者犯罪数额更大）未遂的社会危害性比诈骗五十万元未遂、五千元既遂的社会危害性更大的判断，从而导致后者的量刑畸重。所以，在此情况下，在确定与既遂部分比较的未遂部分对应的法定刑幅度时，应当允许先行考虑未遂部分是否需要减轻处罚。

2. 当未遂部分对应的法定刑幅度重于既遂部分时，在二者对应的法定刑幅度差别较小的情况下，先考虑未遂部分是否减轻处罚，有利于发挥既遂部分对未遂部分从宽幅度过大的限制功能，避免量刑畸轻。同样以诈骗为例。如行为人诈骗既遂部分四十九万元，未遂部分五百万元，且没有其他法定减轻情节。在确定未遂部分五百万元应当对应（而非直接对应）的法定刑幅度过程中，如不予减轻选择法定刑幅度，自然避免了量刑畸轻情况的发生。这里关注的是，如果综合全案其他案件事实，予以减轻选择法定刑幅度，即刑法第二百六十六条的第二量刑档次（即有期徒刑三年以上十年以下），那么就与诈骗既遂部分四十九万元对应的法定刑幅度一致，根据《诈骗案件解释》第五条的规定，以诈骗罪既遂处罚，也就是以既遂部分犯罪数额作为刑档数额确定法定刑幅度，将未遂部分在量刑中予以考虑。在此过程中，既遂部分体现出了对未遂部分在量刑上从宽幅度过大的限制功能，从而有利于避免量刑畸轻。而在前一种意见中，未遂五百万元的未遂情节对全案适用，既遂四十九万元仅作为量刑过程中的因素之一影响未遂情节的从宽幅度，而非直接以既遂部分的四十九万元作为刑档数额且将未遂五百万元作为从重因素，既遂部分对未遂部分从宽幅度的限制功能就难以得到有效发挥。

3. 在既遂部分对应的法定刑幅度重于未遂部分或者二者一致时，这样处理能够避免在未遂问题上的自相矛盾。对未遂部分，在与既遂部分比较法定刑幅度轻重时，先进行是否减轻的评价，而不是与既遂部分对应的法定刑幅度进行比较后进行是否减轻的评价，能够将对未遂部分是否减轻的评价限定于未遂部分，而不扩展到包括既遂部分在内的全案犯罪事实，从而避免了既认定全案既遂又将未遂部分的未遂情节作为全案未遂情节的情况。

4.这样处理符合办理类似案件司法解释的要求。上述第二种意见与《诈骗案件解释》第五条规定的精神以及该解释起草者对该条文的阐释是相符的。在该解释的理解与适用文章中,起草者对《诈骗案件解释》第五条进行了阐释,在诈骗既遂与未遂并存且均构成犯罪的情形下,“对于此类案件,首先要分别根据行为人的既遂数额和未遂数额判定其各自所对应的法定刑幅度,未遂部分还需同时考虑可以从轻或者减轻处罚;之后根据比较结果,如果既遂部分所对应的量刑幅度较重,或者既、未遂所对应的量刑幅度相同的,以既遂部分所对应的量刑幅度为基础酌情从重处罚;反之,如未遂部分对应的量刑幅度较重的,则以该量刑幅度为基础,酌情从重处罚”。[①] 合同诈骗是从诈骗中分离出来的,二者诸多相似,可以参照适用诈骗的有关规定。

5.这样做也符合《最高人民法院关于常见犯罪的量刑指导意见》(以下简称《量刑指导意见》)的规定精神。最高人民法院2013年12月23日印发的该意见规定,具有未成年人犯罪、老年人犯罪、限制行为能力的精神病人犯罪、又聋又哑的人或者盲人犯罪,防卫过当、避险过当、犯罪预备、犯罪未遂、犯罪中止,从犯、胁从犯和教唆犯等量刑情节的,先适用该量刑情节对基准刑进行调节,在此基础上,再适用其他量刑情节进行调节。

(四)未遂部分的未遂情节在量刑中的具体体现

根据《量刑指导意见》中关于量刑步骤的相关规定,量刑过程分为三个不同阶段,分别为“根据基本犯罪构成事实在相应的法定刑幅度内确定量刑起点;根据其他影响犯罪构成的犯罪数额、犯罪次数、犯罪后果等犯罪事实,在量刑起点的基础上增加刑罚量确定基准刑;根据量刑情节调节基准刑,并综合考虑全案情况,依法确定宣告刑”。据此,如全案认定未遂,则将未遂情节在量刑的第三阶段即根据量刑情节调节基准刑的过程中进行评价。这里需要探讨的是,在既遂与未遂并存且均构成犯罪的情况下,如何体现未遂部分的未遂情节。根据《诈骗案件解释》第五条的规定及前述第二种意见,在既遂与未遂并存且均构成犯罪的情况下,不能将全案认定为未遂,未遂部分的未遂情节不再作为全案量刑情节在量刑的第三阶段即根据量刑情节调节基准刑的过程中进行评价,而是在前两个阶段进行评价,并且由于决定全案适用的法定刑幅度的刑档数额可能是既遂数额也可能是未遂数额,未遂部分的未遂情节的适用在不同案件中就会出现不同的适用情况,从而需要进行具体探讨。

1.根据既遂数额确定法定刑幅度。在确定量刑起点阶段,首先要根据基本犯罪构成事实确定全案适用的法定刑幅度。对于既遂与未遂并存且均构成犯罪的,

---

① 胡云腾、周加海等:《〈关于办理诈骗刑事案件具体应用法律若干问题的解释〉的理解与适用》,载《人民司法·应用》2011年第9期。

由于决定全案适用的法定刑幅度的刑档数额可能是既遂数额，也可能是未遂数额，所以确定量刑起点的基本犯罪构成事实既可能是既遂部分犯罪事实，也可能是未遂部分犯罪事实。对于以既遂部分犯罪事实作为基本犯罪构成事实确定量刑起点的，未遂部分犯罪事实作为其他影响犯罪构成的犯罪数额、犯罪次数、犯罪后果等犯罪事实，在根据既遂部分犯罪事实确定的量刑起点的基础上增加刑罚量进而确定基准刑。也就是说，在此过程中，未遂部分犯罪事实连同该部分的未遂情节是作为增加刑罚量的因素即量刑中的从重因素得以体现，这与将未遂情节作为全案适用的量刑情节进行从宽处罚是截然不同的。

2. 根据未遂数额确定法定刑幅度。对于以未遂部分犯罪事实作为基本犯罪构成事实确定量刑起点的，未遂部分犯罪事实作为其他影响犯罪构成的犯罪数额、犯罪次数、犯罪后果等犯罪事实，在根据未遂部分犯罪事实确定的量刑起点的基础上增加刑罚量，进而确定基准刑。这种情况下，未遂部分的未遂情节是在量刑的第一阶段即确定量刑起点阶段进行评价，由于这里不涉及既遂部分犯罪事实，对未遂部分未遂情节的评价仅仅局限于未遂部分犯罪事实范围内，在该阶段对未遂部分未遂情节的评价类似于全案未遂中对未遂情节的评价。因此，无论是否根据未遂部分的未遂情节对确定全案适用的法定刑幅度进行减轻选择，未遂部分的未遂情节在该阶段体现的都是对未遂部分犯罪事实的从宽处罚。这与以既遂部分犯罪事实作为基本犯罪构成事实确定量刑起点后对未遂部分未遂情节的评价是不同的。

在根据未遂数额确定全案适用的法定刑幅度过程中，根据《诈骗案件解释》第5条的规定及前述第二种意见，在与既遂部分对应的法定刑幅度进行轻重比较时，需要就未遂部分的未遂情节是否对未遂数额直接对应的法定刑幅度进行减轻的评价。这里要区分两种情形：第一种情形是不予减轻选择法定刑幅度。在这种情形中，未遂部分的未遂情节并未在法定刑幅度确定过程中得到实际体现，仅仅作为基本犯罪构成事实的一部分在确定量刑起点过程中予以评价。第二种情形是予以减轻选择法定刑幅度。在这种情形中，未遂部分的未遂情节在法定刑幅度确定过程中得到了实际体现，但由于这种体现限于法定刑幅度的减轻选择，未遂情节究竟应从宽到何种程度并未完全体现。因此，要就未遂情节进行完全评价，在减轻选择法定刑幅度之外，还需在之后确定量刑起点的过程中，作为基本犯罪构成事实的一部分进行评价。在这一过程中，对未遂部分的未遂情节进行了两次评价，但并不属于重复评价，只有将两次评价结合起来，才能对未遂部分的未遂情节评价充分。

本案例中，被告人王新明合同诈骗未遂部分七十万元，对应法定刑幅度为十年有期徒刑以上刑罚，结合本案的具体情况，应当对该未遂部分减轻处罚，所以确定的未遂部分法定刑幅度应当为三年以上十年以下有期徒刑，与合同诈骗既遂部分三十万元所对应的法定刑幅度一致。参照《诈骗案件解释》第五条的规定，以合同诈骗罪既遂三十万元的犯罪事实作为基本犯罪构成事实,确定全案适用的法定刑幅度,并确定量刑起点。将未遂部分七十万元作为其他影响犯罪构成的犯罪数额、犯罪次数、犯罪后果等犯罪事实,确定适当的刑罚增加量,进而在量刑起点的基础上确定基准刑,未遂部分的未遂情节作为未遂部分犯罪事实的一部分,作为量刑过程中的从重因素得以体现。故一审判决根据诈骗既遂的三十万元确定法定刑幅度后,并未将未遂部分的七十万元在量刑过程中进行评价,存在不当。二审阶段在对未遂部分评价后,认为尽管一审法院未评价未遂部分存在不当,但量刑在总体上适当,故裁定准许撤回上诉,维持原判。

——最高人民法院案例指导工作办公室:《指导案例 62 号〈王新明合同诈骗案〉的理解与参照——数额犯中既遂与未遂并存的量刑》,载《人民司法 · 案例》2017 年第 23 期。

073 中止犯罪中的"损害"如何认定和适用

关键词|犯罪中止|损害|免除处罚|

【最高人民法院参考案例】

朱高伟强奸、故意杀人案(《刑事审判参考》案例第 601 号)

要旨:中止犯造成的"损害"是建立在犯罪成立评价前提下的,不能等同于一般意义上的损伤。犯罪行为的危害结果如果尚未达到刑法惩处的严重程度,不能认定其犯罪中止造成了损害,对该犯罪行为应当免除处罚。

1997 年修订刑法时完善了 1979 年刑法关于中止犯的处罚原则,将"损害"概念引入,明确规定"对于中止犯,没有造成损害的,应当免除处罚;造成损害的,应当减轻处罚"。因此,确定损害的内涵对于正确处理中止犯具有重要意义。

犯罪中止是指犯罪过程中,自动放弃犯罪或者自动有效地防止犯罪结果发生的情形。对于中止犯,由于犯罪人在能够完成犯罪的情况下主动放弃犯罪或者积极有效地防止犯罪结果的发生,其主观恶性相对较轻,且没有造成客观危害结果,因此刑法对于中止犯采取了应当或者免除处罚的谦抑态度。

中止犯要构成犯罪,必须满足刑法第十三条关于犯罪概念的规定,即中止犯应当是具有严重社会危害性的行为,是能够为刑法所评价的行为,对于那些情节显著轻微、危害不大的行为,不能认定为犯罪,自然也就谈不上成立中止犯的可能。这是确立中止犯惩罚标准"损害"的基本点。因此,中止犯造成的"损害"是建立在犯罪成立评价前提下的,不能等同于一般意义上的损伤。作为刑法规定的中止犯中的"损害"概念:从质的方面来说,损害是指犯罪行为对犯罪对象造成的破坏,根据犯罪对象不同可以分为物质性损害和非物质性损害。物质性损害，如人体机能损伤、物体毁损等，是由以物质为对象的犯罪行为造成的；非物质性损害，如名誉的毁损、人格的损害等，是由以非物质为对象的犯罪行为造成的。从量的方面来说，损害是为刑法所评价的达到一定严重社会危害程度的后果，而不是一般意义上的损伤，否则就存在刑法对中止犯的评价比既遂犯还要严苛的可能，违背刑法设置中止犯的初衷。例如，在不考虑行为人主观方面的情况下，如果一个行为造成被害人轻微伤，如果考虑定故意伤害罪，因该损伤尚未达到刑法评价的严重程度，不能以犯罪追究；但如果认定为故意杀人罪中止犯的损害，则根据刑法规定，应当在三年至十年有期徒刑之间量刑。如此认定中止犯的"损害"，中止犯反而成为法律从严惩处的情节，有违立法初衷。

本案中，被告人朱高伟在对被害人实施强奸后为掩盖罪行，意图杀人灭口而实施掐脖、勒颈等行为显然已构成故意杀人罪。朱高伟在用手掐、用毛巾勒被害人颈部意图杀人过程中，因发现被害人的脸涨得通红，头不停地摇，面部恐怖，感到害怕，不忍心下手遂解开被害人手脚上的绳子而放弃犯罪，对此被害人陈某也陈述，因其向朱高伟求饶，朱高伟将其松开，让其回家，可见，朱高伟在能够继续实施杀人行为的情况下主动放弃了犯罪，符合刑法规定的犯罪中止成立条件，应当构成故意杀人罪的中止犯。朱高伟的杀人行为从给被害人造成的危害，从物质性损害角度看造成了被害人颈部勒痕等轻微伤，从非物质性损害角度看对被害人的精神造成极大恐慌，那么这些是否属于刑法意义上的故意杀人犯罪中止造成的损害呢？我们认为，首先，故意杀人罪的行为人实施故意杀人行为追求的犯罪目的是造成他人的死亡，故意杀人罪作为一种重刑处罚的犯罪，刑法评价其社会危害性主要是从给被害人造成的物质性损害而言的，即对于被害人的身体造成的伤害，而并非从精神损害上进行评价，因而故意杀人罪犯罪中止所造成损害应指的是对被害人的身体伤害，对于本案中因朱高伟的故意杀人行为给被害人造成的精神上极大恐慌，不能成为认定故意杀人罪犯罪中止所造成损害的根据。其次，虽然朱高伟的故意杀人行为客观给被害人造成颈部勒痕等轻微伤结果，但刑法对于侵犯公民人身权利犯罪追究刑事责任的损害结果要求至少达到轻伤标准，典型的如故意伤害罪，举轻以明重，故意杀人罪作为比故意伤害罪更重的犯罪，亦应对故意杀人犯罪中止的损害进行相应的要求，否则就会出现中止犯反而成为法律从严惩处的情节，有违罪刑均衡，也不符合刑法设置中止犯的初衷，因此，对于本案中的轻微伤结果，不能认定为故意杀人罪犯罪中止所造成损害。

综上，由于本案被告人朱高伟的故意杀人行为仅给被害人造轻微伤，其危害尚未达到刑法惩处的严重程度，故不能认定其犯罪中止造成了损害，依照法律规定，对于朱高伟的故意杀人行为应免除处罚，据此，二审法院对朱高伟所犯故意杀人罪免予刑事处罚是正确的。

——《刑事审判参考》(总第72辑)。

074 自动放弃重复侵害行为的，能否认定为犯罪中止

关键词｜犯罪中止｜自动放弃重复侵害行为｜

【最高人民法院参考案例】

李官容抢劫、故意杀人案(《刑事审判参考》案例第611号)

要旨:在具体案件中应当客观分析判断行为人停止犯罪究竟是自动性为主,还是被迫性为主,如果有足够依据判定行为人停止犯罪是以被迫性为主,则可以认定犯罪停止形态为未遂。

“放弃重复实施的侵害行为”的特征主要有主客观两方面的条件:一是客观上,已经实施的侵害行为未能发生预期的危害结果,而且,同时存在着继续实施犯罪行为的可能性;二是主观上,认识到可以重复继续实施自己的犯罪行为而放弃重复实施,并且行为人预期的法定结果始终没有发生。一般而言,自动放弃重复侵害行为可以认定为犯罪中止。因为行为人在客观上具备可以继续实施犯罪的条件,主观上对继续实施犯罪的可能性亦有清醒的认识,放弃本来可以继续实施的犯罪行为,表现出放弃犯罪的自觉性。

然而,现实情况非常复杂,必须具体情况具体分析。如果停止犯罪完全是出于被告人的本意,放弃本来可以继续实施的犯罪行为,自然应当认定为犯罪中止。但是,如果不是完全自动地放弃重复侵害行为,而是既有自动性,也有被迫性,就应当实事求是,客观分析判断究竟是自动性为主,还是被迫性为主,如果有足够依据判定行为人停止犯罪是以被迫性为主,则可以认定犯罪停止形态为未遂。

——《刑事审判参考》(总第73辑)。

075 如何判定犯罪中止与犯罪未遂的区别

关键词｜犯罪中止｜犯罪未遂｜

【最高人民法院参考案例】

王元帅、邵文喜抢劫、故意杀人案(《刑事审判参考》案例第242号)

要旨:已经着手实施犯罪,由于犯罪分子意志以外的原因而未得逞的,是犯罪

未遂。在犯罪过程中，自动放弃犯罪或者自动有效地防止犯罪结果发生的，是犯罪中止。

犯罪未遂和犯罪中止都是没有完成犯罪的行为状态，二者在以下几个方面均有所不同：

1. 发生的时间不同。犯罪未遂发生在已经着手实施犯罪以后，犯罪预备阶段不存在犯罪未遂。犯罪中止则要求必须在犯罪过程中放弃犯罪，即在实施犯罪预备或者在着手实施犯罪以后，达到即遂以前放弃犯罪，均能构成犯罪中止。

2. 未能完成犯罪的原因不同。在犯罪未遂中，犯罪未能得逞是由于行为人意志以外的原因，犯罪的实际结果违背行为人的本意，即欲为而不能为。在犯罪中止中，行为人出于自己的意志而主动放弃当时可以继续实施和完成的犯罪，即能为而不为。这是犯罪中止与犯罪未遂的根本区别。

3. 行为结果不同。犯罪未遂的结果是犯罪未得逞，是指行为人没有完成某一犯罪的全部构成要件，并不等于不发生任何损害结果。犯罪中止要求行为人必须彻底地放弃犯罪。自动有效地防止犯罪结果发生的犯罪中止还要求行为人必须有效地防止他已经实施的犯罪行为之法定犯罪结果的发生。

4. 刑事责任不同。根据我国刑法的规定，对于未遂犯，可以比照既遂犯从轻或者减轻处罚；对于中止犯，没有造成损害的，应当免除处罚，造成损害的，应当减轻处罚。对中止犯的处罚轻于未遂犯，其目的是鼓励犯罪分子不要把犯罪行为进行下去，从而有效地保护国家和人民的利益免遭犯罪的侵害。

——《刑事审判参考》(总第 32 辑)。

076 在犯罪预备阶段单独停止犯罪，未积极阻止同案犯继续实施犯罪，也未有效防止共同犯罪结果发生的，能否成立犯罪中止

关键词 | 共同犯罪 | 犯罪中止 | 犯罪既遂 |

【最高人民法院参考案例】

刘星抢劫案(《刑事审判参考》案例第 949 号)

要旨：共同犯罪人单纯放弃个人继续犯罪，未阻止他人实行行为或者有效防止危害结果发生的，不能成立犯罪中止。

共同犯罪从形式上可区分为简单共同犯罪和复杂共同犯罪，二者评判犯罪中止的成立存在不同。简单共同犯罪中，二人以上共同故意实行犯罪，若部分共同实行犯在犯罪过程中自动放弃犯罪，又成功阻止其他共同实行犯放弃犯罪，犯罪过程不再延续的，各共同实行犯均成立犯罪中止；该放弃犯罪者虽未能说服他人的，但

通过自身努力有效避免危害结果发生的，其依然构成犯罪中止，而相对其他未放弃者而言，危害结果的未发生是意志以外因素所致，则构成犯罪未遂；该放弃犯罪者若未能有效劝服其他实行犯，或者未能采取合理、有效措施，避免危害结果发生，致使犯罪既遂的，各实行犯均应对危害结果承担刑事责任。复杂共同犯罪中，虽然内部存在分工，各共犯对犯罪过程参与程度不同，但对是否成立犯罪中止的判断，基本原则等同于简单共同犯罪，主要把握放弃犯罪者终止自身行为、对其他共犯是否成功施加影响或有效避免危害结果的发生等几方面内容。对其他非主动放弃犯罪的共犯的犯罪形态把握，就要看危害结果未发生的状态与其主观心态是否背离，是否因其主动放弃犯罪心态下付出的努力，或者成立犯罪中止，或者成立犯罪未遂。若未能有效避免犯罪结果发生的，均构成犯罪既遂。本案中，刘星系复杂共同犯罪中的帮助犯，其虽然放弃继续实施犯罪，但未有效阻止实行犯薛占全放弃继续实施犯罪，也未有效防止犯罪结果的发生，薛占全继续实行并完成抢劫行为，故刘星的行为不构成犯罪中止，应当认定为抢劫既遂。

——《刑事审判参考》（总第96辑）。

三、共同犯罪

077 宽严相济刑事政策在共同犯罪案件中的贯彻

关键词｜宽严相济刑事政策｜共同犯罪｜

【最高人民法院司法文件】

30. 对于恐怖组织犯罪、邪教组织犯罪、黑社会性质组织犯罪和进行走私、诈骗、贩毒等犯罪活动的犯罪集团，在处理时要分别情况，区别对待：对犯罪组织或集团中的为首组织、指挥、策划者和骨干分子，要依法从严惩处，该判处重刑或死刑的要坚决判处重刑或死刑；对受欺骗、胁迫参加犯罪组织、犯罪集团或只是一般参加者，在犯罪中起次要、辅助作用的从犯，依法应当从轻或减轻处罚，符合缓刑条件的，可以适用缓刑。

对于群体性事件中发生的杀人、放火、抢劫、伤害等犯罪案件，要注意重点打击其中的组织、指挥、策划者和直接实施犯罪行为的积极参与者；对因被煽动、欺骗、裹胁而参加，情节较轻，经教育确有悔改表现的，应当依法从宽处理。

31. 对于一般共同犯罪案件，应当充分考虑各被告人在共同犯罪中的地位和作用，以及在主观恶性和人身危险性方面的不同，根据事实和证据能分清主从犯的，都应当认定主从犯。有多名主犯的，应在主犯中进一步区分出罪行最为严重者。对于多名被告人共同致死一名被害人的案件，要进一步分清各被告人的作用，准确确定各被告人的罪责，以做到区别对待；不能以分不清主次为由，简单地一律判处重刑。

33. 在共同犯罪案件中，对于主犯或首要分子检举、揭发同案地位、作用较次犯罪分子构成立功的，从轻或者减轻处罚应当从严掌握，如果从轻处罚可能导致全案量刑失衡的，一般不予从轻处罚；如果检举、揭发的是其他犯罪案件中罪行同样严重的犯罪分子，或者协助抓获的是同案中的其他主犯、首要分子的，原则上应予依法从轻或者减轻处罚。对于从犯或犯罪集团中的一般成员立功，特别是协助抓获主犯、首要分子的，应当充分体现政策，依法从轻、减轻或者免除处罚。

——《最高人民法院关于贯彻宽严相济刑事政策的若干意见》（2010 年 2 月 8 日，法发〔2010〕9 号）。

078 共同犯罪是否要求各共同犯罪人的犯罪故意内容完全一致

关键词｜共同犯罪｜犯罪故意内容｜犯罪动机｜意思联络｜

【最高人民法院参考案例】

焦祥根、焦祥林故意杀人案(《刑事审判参考》案例第633号)

要旨:各行为人的犯罪动机是否一致,不影响共同犯罪的成立。在发生了危害结果的情况下,各行为人的行为作为一个整体与危害结果之间具有因果关系,故可以肯定各人的行为与危害结果之间具有因果关系,各人均应对危害结果承担责任。

刑法第二十五条第一款规定:"共同犯罪是指二人以上共同故意犯罪。"据此,认定共同犯罪须具备主客观两方面的条件,即各行为人具有共同的犯罪故意和共同的犯罪行为。"共同故意"意味着各行为人都明知共同犯罪行为的性质、危害结果,并且希望或者放任危害结果的发生,也要求各行为人主观上有意思联络,都意识到自己不是在孤立地实施犯罪,而是同他人一起共同犯罪。这种意思联络能够起到相互促进、强化犯意、激励犯罪的作用,这是共同犯罪不同于单独犯罪的一个显著特征。至于各行为人的犯罪动机是否一致,不影响共同犯罪的成立。犯罪动机只是刺激、促使行为人实施犯罪行为的内心起因或思想活动,只反映行为人基于何种心理原因实施犯罪行为,对于认定犯罪是否成立基本没有实质意义。"共同行为"不仅指各行为人都实施了属于同一犯罪构成的行为,而且指各人的行为在共同故意支配下相互配合、相互协调、相互补充,形成一个整体。在发生了危害结果的情况下,各自的行为作为一个整体与危害结果之间具有因果关系,故也可以肯定各人的行为与危害结果之间具有因果关系,各人均应对危害结果承担责任。

——《刑事审判参考》(总第75辑)。

刘岗、王小军、庄志德金融凭证诈骗案(《刑事审判参考》案例第168号)

要旨:犯罪故意内容不一致的,可以构成共同犯罪。

构成共同犯罪,必须具备主、客观两个方面的要件,即共同犯罪故意、共同犯罪行为。作为共同犯罪主观要件的共同犯罪故意,指的是各共同犯罪人通过犯意联络,明知自己与他人配合共同实施犯罪会造成某种危害结果,并且希望或者放任这种危害结果发生的心理态度。可见,各共同犯罪人之间的犯意联络及对行为危害结果的预见是构成共同犯罪故意的实质性内容,而对危害结果的态度却可以有希望或者放任两种不同形式。也就是说,在共同犯罪故意的认定中,并不要求各共同犯罪人的犯罪故意内容完全一致,也并不要求各共同犯罪人分别独自具备某具体犯罪的主观要件的全部内容,如特定目的等,而只以各共同犯罪人的犯意相互连接,共同形成某一具体犯罪的主观要件整体为满足。实际上,各个共同犯罪人由于其地位、角色的不同,他们的犯罪故意内容往往是有所不同的,比如,组织犯的组织故意、实行犯的实行故意、教唆犯的教唆故意、帮助犯的帮助故意,均有其各自不同的特点。对于帮助故意的认定,只要求证明帮助犯明知他人将要实行犯罪,并积极提供帮助、创造便利条件即可,至于有无特定的犯罪目的、犯罪结果是否其所积极追求的,均不影响帮助故意的认定。如妇女帮助男子实施强奸行为,该妇女虽并不具有强奸目的,但仍能成立强奸罪共犯。这一点在我国的立法例及司法解释上也得到了充分的体现,比如刑法第一百五十六条关于走私罪共犯的规定、《关于办理生产、销售伪劣商品刑事案件具体应用法律若干问题的解释》第九条关于生产、销售伪劣商品犯罪的共犯的规定等。

——《刑事审判参考》(总第25辑)。

079 无明确的犯罪意思联络，但为诈骗犯罪分子提取赃款并获利，是否构成诈骗共犯

关键词｜犯罪意思联络｜共同犯罪｜

【最高人民法院参考案例】

林在清等人诈骗案(《刑事审判参考》案例第1203号)

要旨:对共同犯罪而言,有无直接明确的意思联络,并不影响共同犯罪的成立。共谋的内容是共同协议决定实行犯罪,但共谋并不要求必须谋议犯罪的时间、地点、手段以及具体实行方法的细节,即使行为人不知道这些情况,只要参加犯罪基本问题的谋议就可以认定为共谋。

在共同实行犯罪的情况下,各共同犯罪人必须具有全面与互相的主观联系。所谓共同犯罪故意,是指各共同犯罪人通过意思联络,认识到他们的共同犯罪行为会发生危害社会的结果,并决意参与共同犯罪,希望或放任这种结果发生的心理态度。意思联络就是共同犯罪人以明示或暗示的方法表明愿意共同实施某种犯罪。正是这种意思联络,各共同犯罪人的个人犯罪故意才结成一体,转化为共同的犯罪故意,这种共同犯罪人之间的意思联络并不要求所有共同犯罪人之间都必须存在,只要实行犯与其他共同犯罪人之间存在意思联络即可,事前犯意联络就是故意犯罪的重要方式,它通常包括共同犯罪人之间用语言或文字互相沟通犯罪意思,就拟实施的犯罪性质、实施方法、地点、时间和分工进行商议,有时也以表示同意的身体动作作为犯意联络的行为表现。对共同犯罪而言,有无直接明确的意思联络,并不影响共同犯罪的成立。共谋的内容是共同协议决定实行犯罪,但共谋并不要求必须谋议犯罪的时间、地点、手段以及具体实行方法的细节,即使行为人不知道这些

情况,只要参加犯罪基本问题的谋议就可以认定为共谋。在共同谋议实行犯罪的场合,不论其是否直接参与实行行为,都应据其在共同犯罪中所起的作用处罚。在司法实践中,法官在认定行为人的犯罪故意时就是根据行为人的行为表现,结合自身的经验、知识和一般的常理、常识进行推断。……

……本案也是如此,各犯罪人的行为方式虽有差异,但这种差异是基于林在清与诈骗上线网络聊天时即已确定的不同分工,他们之间是一种协作配合的关系,尽管三被告人在实施诈骗犯罪之前对犯什么罪以及如何实施犯罪等事项与诈骗上线事前无明确的犯罪预谋,但先后实施不同的犯罪行为均没有超出林在清与上线商议的范围:

首先,如上所述,本案三被告人与柯世铉等上线具有实施诈骗犯罪的共同犯罪故意,其犯罪的目的均是希望通过实施虚构事实、隐瞒真相的手段获取不特定被害人的钱财,其相互之间目的明确、手段共知,均指向同一的诈骗犯罪。

其次,各犯罪人之间行为的不同只是他们之间因特殊诈骗行为的要求而导致的不同分工。本案与其他普通共同犯罪的区别在于三被告人与诈骗上线并未见面,与被害人是通过网络联系,犯罪钱财的取得也不是从被害人手中直接取得,行为的实施具有时间、空间的不同一性,因而需要犯罪行为人采取各自不同的方法、手段。三名被告人的取款行为正是适应这种需要的行为。

最后,三被告人行为与上线的前期行为都是诈骗目的实现不可分割的组成部分,缺一不可。柯世铉等上线一方在实施自身行为时认识到自己实施完毕后,林在清等人自然会去取款并汇给自己,而林在清等三被告人在实施自身的取款行为时亦明知或应当知道取款资金来自柯世铉等上线的前期诈骗所得。事实上从购买银行卡,到通过网络向不特定人员发送虚假信息诱使他人为获得所谓钱财或避免利益受损而将钱款转移,再到将此钱款转入犯罪行为人控制的银行卡,整个过程都是诈骗犯罪的实行行为,无论是缺少诈骗上线的前期行为,还是三被告人后期到附近ATM机上将上线骗得的尚在银行的钱财取出行为,该诈骗犯罪的实际目的均不能得逞。需要特别强调的是,三被告人行为并非如有些共同犯罪中的帮助行为。认定帮助犯要从行为人在共同犯罪中的地位、参与程度、具体犯罪情节以及危害后果原因大小等因素综合考量,本案三被告人所实施行为是诈骗目的得以实现不可缺少的必要条件,缺少其行为则诈骗结果不能实现,这与在共同犯罪中未直接实行犯罪,只是对实行犯罪提供方便条件的帮助行为是有原则区别的,我们不能错误地认为虚构事实让被害人将钱款转入预先设立的账户是诈骗,其他过程都是一种辅助行为,如此则会产生林在清等三被告人行为在整个犯罪过程中的必要性以及是否构成诈骗共犯的困惑。

——《刑事审判参考》(总第110辑)。

080 持有型犯罪中如何认定共同故意

关键词｜持有型犯罪｜共同故意｜明知｜

【最高人民法院参考案例】

叶燕兵非法持有枪支案(《刑事审判参考》案例第 644 号)

要旨:为帮其他人解决纠纷而邀约持枪者携枪帮忙,主观上有非法控制、使用枪支的意图,客观上又通过持枪者实现了对枪支非法持有的状态,二人属于共同犯罪。

非法持有枪支罪的共同犯罪,要求各行为人在主观上明知所持有的枪支为管制物品,明知自己缺乏持有枪支的合法条件和资格而持有,同时各行为人之间对持有枪支的行为具有意思联络。具体到本案中,被告人韩勇杰虽在持有枪支前与叶燕兵并无通谋,但非法持有枪支属于继续犯,只要行为人非法持有着枪支,这种不法行为就一直处于持续状态,即一直处于犯罪过程中。叶燕兵明知枪支属于管制物品,其和韩杰均不具有合法的持枪资格,但却在韩勇杰非法持有枪支期间邀约韩携枪帮忙。叶燕兵主观上具有非法使用韩勇杰所持枪支的意图,韩勇杰对此表示同意,而使用枪支的必然前提就是对枪支的持有,因此,自韩勇杰同意携枪与叶燕兵一道前去帮忙之时起,二人已就非法持有枪支达成合意,形成非法持有枪支的共同犯罪故意。

对于韩勇杰携枪支、弹药上车时,叶燕兵要求韩勇杰将枪支交由自己保管,并让韩勇杰不要一起去,被韩勇杰拒绝并坚持自己携带枪支一同前往这一情节,我们认为,两人事实上就已经达成了非法持有枪支的共同故意,而后无论谁直接持有枪支,只是具体行为方式不同,并不影响共同犯罪故意的形成,且韩勇杰拒绝的是叶燕兵对枪支单独、直接的持有。不论韩勇杰出于何种考虑,只要没有拒绝叶燕兵让其持有枪支前去帮忙的邀请,二人在非法持有枪支的行为上就达成了共同的犯罪故意。

——《刑事审判参考》(总第 76 辑)。

081 如何区分共同犯罪与同时犯

关键词｜共同犯罪｜同时犯｜意思联络｜

【最高人民法院参考案例】

刘正波、刘海平强奸案(《刑事审判参考》案例第658号)

要旨:共同犯罪行为人必须对共同犯罪具有故意,但如果各行为人之间欠缺相互协同实施特定犯罪行为的意思沟通,则不构成共同犯罪,只不过是同时犯,作为单独犯只对所实施的犯罪行为承担责任。

根据我国刑法第二十五条第一款的规定,共同犯罪是指二人以上共同故意犯罪。一般认为,共同犯罪必须具备主观上的共同犯罪故意和客观上的共同犯罪行为两个必要条件。共同的犯罪故意主要是指各行为人之间必须存在关于共同实施特定犯罪行为的犯意联络。共同的犯罪行为主要是指各行为人在犯意联络的基础上共同实施相应的犯罪行为。

实践中,对共同犯罪故意的认定需要关注以下两个方面的内容:一是共同犯罪故意的认识因素和意志因素;二是共同犯罪人之间的犯意联络。具体言之,共同犯罪故意的认识因素是指各行为人对本人和他人共同实施的犯罪行为所具有的社会危害性的认识。共同犯罪故意的意志因素即各行为人在认识到共同犯罪社会危害性的基础上决意共同实施犯罪行为,希望或者放任共同犯罪危害结果发生的心理态度。而共同犯罪的犯意联络则是指各行为人关于相互协同实施特定犯罪行为的意思沟通,这种意思沟通可以采用明示或者默示的方式进行,其实质上是指各行为人共同实施特定犯罪行为的"合意"。共同犯罪行为人必须对共同犯罪具有故意,但如果各行为人之间欠缺相互协同实施特定犯罪行为的意思沟通,则不构成共同犯罪,只不过是同时犯,作为单独犯只对所实施的犯罪行为承担责任。

——《刑事审判参考》(总第77辑)。

082 如何认定事前通谋型共同犯罪

关键词｜共同犯罪｜事先通谋｜

【最高人民法院参考案例】

冉国成、冉儒超、冉鸿雁故意杀人、包庇案(《刑事审判参考》案例第254号)

要旨:事前通谋的共同犯罪,是指各共犯在着手实行犯罪以前,相互之间就准备实施的犯罪予以沟通、谋划和准备,如邀约同伙,决定犯罪的时间、地点、对象、方式,对参与犯罪的人员进行分工,谋划犯罪后逃避处罚的对策等。

在刑法理论上,根据共同犯罪故意形成的时间,将共同犯罪分为事前通谋的共同犯罪和事前无通谋的共同犯罪(事中通谋的共同犯罪)。所谓"事前",就是在着手实行犯罪以前；所谓“通谋”，是指为犯罪而同谋共议。具体而言，是指各共犯在着手实行犯罪以前，相互之间就准备实施的犯罪予以沟通、谋划和准备，如邀约同伙，决定犯罪的时间、地点、对象、方式，对参与犯罪的人员进行分工，谋划犯罪后逃避处罚的对策等。在事前通谋的共同犯罪中，共同的犯罪故意是各共犯在着手实行犯罪之前的通谋之中形成的，因此，各共犯之间的意思联络即表现为通谋。通谋之后，各共犯基于在通谋中所形成的共同犯罪故意而实施的一切行为都是共同的犯罪行为。故对于为他人犯罪提供帮助的行为，无论是事前提供帮助还是事后提供帮助，也无论是为实行犯罪提供帮助，还是为犯罪分子逃避处罚提供帮助，只要帮助人与犯罪实行人之间事前有通谋，那么，该帮助行为都是共同犯罪中的组成部分，是在共同犯罪故意的支配下实施的共同犯罪行为，应以共同犯罪论处。

刑法第三百一十条第二款规定，窝藏、包庇犯罪的人，事前通谋的，以共同犯罪论处，其理由就在于此。值得注意的是，这里所说的“事前”，应当理解为被窝藏、包庇的犯罪人实行犯罪之前，而不是实施窝藏、包庇行为之前。如果将其理解为实施窝藏、包庇行为之前，不仅不符合共同犯罪的原理，而且也使该条规定没有必要。至于事中通谋的共同犯罪，一般而言，共同的犯罪故意是在着手实施犯罪之时或在实行犯罪之中，通过共同参与犯罪或为他人实施犯罪提供帮助而形成的，故共犯之间的意思联络主要表现为犯罪行为之间的相互配合。如果共同犯罪故意是在实行犯罪过程中形成的，而帮助犯的行为是在实行犯的行为完成后才实施，仍然应以共犯论处。

在共同犯罪中，无论是事前有无通谋，共犯之间的意思联络是必不可少的，否则，就无法形成共同的犯罪故意。必须强调的是，这种意思联络是相互的和双向的，即在认识因素上，各行为人不仅认识到自己在犯罪，而且认识到其他共犯也在与其一起实施犯罪，同时，还都认识到他们共同的犯罪行为会引起的某种危害结果的发生，正如所谓的“知己知彼”。在意志因素上，都决意参与共同犯罪，并希望或放任共同的犯罪行为引起某种犯罪后果。如果行为人仅仅认识到自己在实施犯罪，而没有认识到其他犯罪人在配合其实施该犯罪，或者行为人虽然认识到他人在实施犯罪，但自己却未以其行为或语言向其他犯罪人表明自己决意参与该犯罪，那么，二者之间就因缺乏意思联络而未形成共同的犯罪故意，因而不构成共同犯罪。

——《刑事审判参考》（总第33辑）。

083 共同犯罪如何认定为犯罪集团

关键词 | 犯罪集团 | 共同犯罪 |

【最高人民法院参考案例】

练永伟等贩卖毒品案(《刑事审判参考》案例第413号)

要旨:犯罪集团内部都具有较强的组织性和一定的稳定性,这是犯罪集团成立的必要条件,也是区别一般共同犯罪的主要特征。

司法实践中,对于那些具有明确分工、多次实施同一犯罪的共同犯罪是否能够认定成立犯罪集团往往成为案件审理的难点。

1997年修订的刑法在总结以往有关规定经验的基础上,对犯罪集团进行了更为科学、合理的界定,刑法第二十六条第二款规定:“三人以上为共同实施犯罪而组成的较为固定的犯罪组织,是犯罪集团。”根据这一规定,犯罪集团的成立必须具备以下条件:(1)参加人数必须是三人以上。(2)具有较为明确的犯罪目的性,即犯罪集团是其成员以反复多次实施一种或几种犯罪为目的而组织起来的。(3)具有相当的稳固性,即犯罪集团的成员是为了在较长时期内多次进行犯罪活动而组织起来的,而不是临时或者偶尔纠合在一起的,有明显的首要分子,主要成员固定,一般在实施一次犯罪后,犯罪人之间的相互联系和组织形式仍然存在。(4)具有较强的组织性,即犯罪集团具有较严密的组织,表现在组织制度上,往往通过一定的成文或不成文的律规维系在一起,有较严格的组织纪律,明确的组织宗旨;在组织结构上,成员较为固定,并且内部之间有较明确、固定的组织分工和等级划分,存在领导与被领导的明显层级关系,可分为首要分子、骨干分子、一般成员分子等。当然,不同的犯罪集团在组织严密程度上各有不同,有的组织性很强,甚至有成文“纪律”“帮规”来维系和约束集团成员的活动,而有的组织性则相对弱一些。但总体来说犯罪集团内部都具有较强的组织性和一定的稳定性,这是犯罪集团成立的必要条件,也是区别一般共同犯罪的主要特征。

——《刑事审判参考》(总第52辑)。

084 公司化运作的犯罪集团中各行为人刑事责任的区分

关键词|犯罪集团|主犯|从犯|

【最高人民法院参考案例】

范裕榔等诈骗案(《刑事审判参考》案例第951号)

要旨:诈骗集团成员分工协作,共享犯罪利益,均应对集团全部诈骗数额承担刑事责任,应当综合考虑“职务”等因素认定公司化运作的犯罪集团中的主从犯。

(一)诈骗集团成员分工协作,共享犯罪利益,均应对集团全部诈骗数额承担

刑事责任

被告人范裕榔等人组建起比较稳固的犯罪集团实施诈骗，该诈骗集团采取公司化运作模式，各被告人参与流水线诈骗作业，诈骗所得按公司制定的分配比例分给扮演不同角色的成员。范裕榔系奇盛公司负责人，陈俊达、简铭助分别负责财务、文件收发等工作，三被告人的犯罪行为在诈骗集团中具有总体性、组织性，故该三人应当对全案犯罪数额负责。其余四十名扮演不同角色具体实施诈骗行为的被告人，仅对其诈骗成功的数额负责，还是应当对全案诈骗数额承担刑事责任，这是本案的重要问题。我们认为，公司化运作的犯罪集团实施的诈骗行为具有整体性，本案其余四十名被告人亦应对全案诈骗数额承担刑事责任。主要理由包括：第一，奇盛公司既是组织严密、结构完整、较为固定的犯罪集团，又是完全按照公司管理模式运作的实体。范裕榔等人以公司名义租用场地，统一编配诈骗台词，安装用于诈骗的电信设备，统一向成员分发我国台湾地区居民信息资料。公司实行分组只是为了便于管理，各组皆受公司领导，分组并不影响对公司犯罪行为整体性的认定。第二，扮演不同角色的各被告人在主观上受共同诈骗故意支配，客观上相互配合实施了共同诈骗行为。在实施诈骗过程中，奇盛公司各组成员间并无严格的界限，存在穿插配合实施诈骗的情况，体现了公司行动的整体性和目标的一致性。第三，最为关键的是，诈骗成员根据公司制定的分配制度，共享诈骗利益。具体表现在：(1)该诈骗集团在一周内的诈骗总金额达到二百万元新台币时，全部台湾地区行为人每人会分得一千元人民币的奖金；(2)扮演护士的大陆女被告人不论诈骗是否成功，每月基本工资为人民币二千五百元，全勤奖为人民币五百元；(3)公司统一负责所有被告人的食宿。由此可见，各被告人实施的诈骗行为均系奇盛公司诈骗犯罪的组成部分，行为性质相同，目标一致，故不论“工作业绩”如何，均应对奇盛公司的全部犯罪数额承担刑事责任。一审、二审法院认定本案全体被告人均应对全案诈骗数额承担刑事责任是正确的。

(二)应当综合考虑“职务”等因素认定公司化运作的犯罪集团中的主从犯

如前所述，本案中所有被告人均应当对全案高达人民币七百六十八万余元的诈骗犯罪数额承担责任，只有准确认定各被告人在共同犯罪中的地位、作用，合理运用相关量刑情节，才能实现对每一被告人量刑适当。范裕榔是奇盛公司的实际管理者，陈俊达、简铭助是公司的行政管理人员，三被告人对维持公司运转起着重要作用，认定其三人为主犯，自不待言。其余四十名分角色实施诈骗的被告人参与实施诈骗行为，均属实行犯，但在共同犯罪中所起的作用有主次之分。奇盛公司实施犯罪的基本模式是分角色与被害人接触，各角色环环相扣，直至被害人受骗上当。因此，在认定这些行为人在共同犯罪中的地位、作用时，所扮演的角色是一个重要的考量因素。越接近诈骗链条末端的角色对诈骗技巧要求越高，对被害人施加的影响越大,其单次诈骗成功率也越高。同时,能够扮演高端的角色也一定程度上说明行为人的诈骗技巧、内部影响力都是比较突出的。此外,还要综合考虑各被告人的入职时间、在公司中的地位及获利情况进行综合判断。本案中,陈裕仁等九名被告人入职较早,在诈骗中扮演警察队长、检察官等高端角色,施骗技巧复杂,以被害人会被收押、银行账户会被司法机关冻结等事由,要求被害人配合调查工作,进而转移资金,系骗取被害人财产的关键角色,在诈骗中起主导作用,且获利较多,应当认定为主犯。王锡元等十九名被告人扮演警员角色,吕文英等十二名被告人扮演医院工作人员角色,该三十一名被告人仅参与诈骗的试探和引导活动,参与程度较低,骗取被害人信任的成功率也较低,且获利较少,在共同犯罪中起次要作用,故均应认定为从犯。其中,黄剑梅等六名被告人扮演医院工作人员,作案时间短、实施诈骗行为次数少、分赃少,犯罪情节较轻,适用缓刑确实不致再危害社会,故依法可对黄剑梅等六人宣告缓刑。

——《刑事审判参考》(总第96辑)。

085 恶势力、恶势力犯罪集团的认定标准

关键词|恶势力|恶势力犯罪集团|犯罪集团|

【最高人民法院司法文件】

14.具有下列情形的组织,应当认定为"恶势力":经常纠集在一起,以暴力、威胁或者其他手段,在一定区域或者行业内多次实施违法犯罪活动,为非作恶,欺压百姓,扰乱经济、社会生活秩序,造成较为恶劣的社会影响,但尚未形成黑社会性质组织的违法犯罪组织。恶势力一般为三人以上,纠集者相对固定,违法犯罪活动主要为强迫交易、故意伤害、非法拘禁、敲诈勒索、故意毁坏财物、聚众斗殴、寻衅滋事等,同时还可能伴随实施开设赌场、组织卖淫、强迫卖淫、贩卖毒品、运输毒品、制造毒品、抢劫、抢夺、聚众扰乱社会秩序、聚众扰乱公共场所秩序、交通秩序以及聚众"打砸抢"等。

在相关法律文书中的犯罪事认定部分,可使用"恶势力"等表述加以描述。

15.恶势力犯罪集团是符合犯罪集团法定条件的恶势力犯罪组织,其特征表现为:有三名以上的组织成员,有明显的首要分子,重要成员较为固定,组织成员经常纠集在一起,共同故意实施三次以上恶势力惯常实施的犯罪活动或者其他犯罪活动。

16.公安机关、人民检察院、人民法院在办理恶势力犯罪案件时,应当依照上述规定,区别于普通刑事案件,充分运用《刑法》总则关于共同犯罪和犯罪集团的规

定，依法从严惩处。

——《最高人民法院、最高人民检察院、公安部、司法部关于办理黑恶势力犯罪案件若干问题的指导意见》（2018 年 1 月 16 日，法发〔2018〕1 号）。

4. 恶势力，是指经常纠集在一起，以暴力、威胁或者其他手段，在一定区域或者行业内多次实施违法犯罪活动，为非作恶，欺压百姓，扰乱经济、社会生活秩序，造成较为恶劣的社会影响，但尚未形成黑社会性质组织的违法犯罪组织。

5. 单纯为牟取不法经济利益而实施的“黄、赌、毒、盗、抢、骗”等违法犯罪活动，不具有为非作恶、欺压百姓特征的，或者因本人及近亲属的婚恋纠纷、家庭纠纷、邻里纠纷、劳动纠纷、合法债务纠纷而引发以及其他确属事出有因的违法犯罪活动，不应作为恶势力案件处理。

6. 恶势力一般为 3 人以上，纠集者相对固定。纠集者，是指在恶势力实施的违法犯罪活动中起组织、策划、指挥作用的违法犯罪分子。成员较为固定且符合恶势力其他认定条件，但多次实施违法犯罪活动是由不同的成员组织、策划、指挥，也可以认定为恶势力，有前述行为的成员均可以认定为纠集者。

恶势力的其他成员，是指知道或应当知道与他人经常纠集在一起是为了共同实施违法犯罪，仍按照纠集者的组织、策划、指挥参与违法犯罪活动的违法犯罪分子，包括已有充分证据证明但尚未归案的人员，以及因法定情形不予追究法律责任，或者因参与实施恶势力违法犯罪活动已受到行政或刑事处罚的人员。仅因临时雇佣或被雇佣、利用或被利用以及受蒙蔽参与少量恶势力违法犯罪活动的，一般不应认定为恶势力成员。

7. “经常纠集在一起，以暴力、威胁或者其他手段，在一定区域或者行业内多次实施违法犯罪活动”，是指犯罪嫌疑人、被告人于 2 年之内，以暴力、威胁或者其他手段，在一定区域或者行业内多次实施违法犯罪活动，且包括纠集者在内，至少应有 2 名相同的成员多次参与实施违法犯罪活动。对于“纠集在一起”时间明显较短，实施违法犯罪活动刚刚达到“多次”标准，且尚不足以造成较为恶劣影响的，一般不应认定为恶势力。

8. 恶势力实施的违法犯罪活动，主要为强迫交易、故意伤害、非法拘禁、敲诈勒索、故意毁坏财物、聚众斗殴、寻衅滋事，但也包括具有为非作恶、欺压百姓特征，主要以暴力、威胁为手段的其他违法犯罪活动。

恶势力还可能伴随实施开设赌场、组织卖淫、强迫卖淫、贩卖毒品、运输毒品、制造毒品、抢劫、抢夺、聚众扰乱社会秩序、聚众扰乱公共场所秩序、交通秩序以及聚众“打砸抢”等违法犯罪活动，但仅有前述伴随实施的违法犯罪活动，且不能认定具有为非作恶、欺压百姓特征的，一般不应认定为恶势力。

9. 办理恶势力刑事案件,“多次实施违法犯罪活动”至少应包括1次犯罪活动。对于反复实施强迫交易、非法拘禁、敲诈勒索、寻衅滋事等单一性质的违法行为,单次情节、数额尚不构成犯罪,但按照刑法或者有关司法解释、规范性文件的规定累加后应作为犯罪处理的,在认定是否属于“多次实施违法犯罪活动”时,可将已用于累加的违法行为计为1次犯罪活动,其他违法行为单独计算违法活动的次数。

已被处理或者已作为民间纠纷调处,后经查证确属恶势力违法犯罪活动的,均可以作为认定恶势力的事实依据,但不符合法定情形的,不得重新追究法律责任。

10. 认定“扰乱经济、社会生活秩序,造成较为恶劣的社会影响”,应当结合侵害对象及其数量、违法犯罪次数、手段、规模、人身损害后果、经济损失数额、违法所得数额、引起社会秩序混乱的程度以及对人民群众安全感的影响程度等因素综合把握。

11. 恶势力犯罪集团,是指符合恶势力全部认定条件,同时又符合犯罪集团法定条件的犯罪组织。

恶势力犯罪集团的首要分子,是指在恶势力犯罪集团中起组织、策划、指挥作用的犯罪分子。恶势力犯罪集团的其他成员,是指知道或者应当知道是为共同实施犯罪而组成的较为固定的犯罪组织,仍接受首要分子领导、管理、指挥,并参与该组织犯罪活动的犯罪分子。

恶势力犯罪集团应当有组织地实施多次犯罪活动,同时还可能伴随实施违法活动。恶势力犯罪集团所实施的违法犯罪活动,参照《指导意见》第十条第二款的规定认定。

12. 全部成员或者首要分子、纠集者以及其他重要成员均为未成年人、老年人、残疾人的,认定恶势力、恶势力犯罪集团时应当特别慎重。

——《最高人民法院、最高人民检察院、公安部、司法部关于办理恶势力刑事案件若干问题的意见》(2019年4月9日,法发〔2019〕10号)。

【链接:理解与适用】

(一)关于恶势力、恶势力犯罪集团的认定标准

1. 关于“为非作恶,欺压百姓”特征,以及恶势力与普通违法犯罪团伙的区别

《意见》第四条沿用了《指导意见》对恶势力的定义,其中“尚未形成黑社会性质组织的违法犯罪组织”这一表述,既明确了恶势力与黑社会性质组织间的内在联系,也厘清了恶势力与普通违法犯罪团伙的关系。作为一种共同违法犯罪的特殊形式,恶势力在组织形式、行为方式、危害后果等方面与黑社会性质组织均有一定的相似之处,虽尚未达到黑社会性质组织的严重程度,但已经初具雏形,如果不加以限制和打击,就有可能发展成为黑社会性质组织。扫黑除恶专项斗争之所以明

确提出“扫黑”与“除恶”并重，正是因为准确洞察“黑”与“恶”的内在联系，故而要以“打早打小”的惩治策略来实现“斩草除根”的惩治效果。基于同样的理由，恶势力的定义与黑社会性质组织的认定标准也具有明显的相似性和对应性。比如，二者都要求“以暴力、威胁或者其他手段，多次实施违法犯罪活动”；又如，恶势力定义中的“为非作恶，欺压百姓”，与黑社会性质组织行为特征中的“为非作恶，欺压、残害群众”相对应，“造成较为恶劣的社会影响”与黑社会性质组织危害性特征中的“形成非法控制或者重大影响”相对应。因此，在认定恶势力时，要深刻理解和准确把握“黑”与“恶”的关系以及恶势力与普通违法犯罪团伙的区别，避免认定扩大化、随意化，确保“打准打实”的原则落到实处。

(1)办案时要认真审查违法犯罪活动是否带有“为非作恶，欺压百姓”特征。黑社会性质组织的危害性特征中有“称霸一方”的要求，这实际上不仅勾勒出黑社会性质组织形成的不法状态，同时也反映了黑社会性质组织的总体违法犯罪意图，从而可以清晰地划定黑社会性质组织与恐怖组织、邪教组织等其他犯罪组织的楚河汉界。恶势力的定义中未包含类似的主观方面要求，主要是考虑恶势力尚处于相对松散的低端形态，不宜完全参照黑社会性质组织的认定标准。但是，“恶”与“黑”的演进关系和内在联系，决定了恶势力实施违法犯罪活动一般都会不同程度地带有“形成非法影响、谋求强势地位”的意图，并会通过不断累积的非法影响、日益巩固的强势地位攫取不法利益，壮大自身实力，最终形成对一定区域或者行业的非法控制，完成恶势力向黑社会性质组织的蜕变。在司法实践中，违法犯罪意图往往较为抽象和复杂，不易判断和把握，这就需要根据犯罪嫌疑人、被告人的客观行为，特别是违法犯罪活动的动机、起因、手段等情节来认定。就恶势力“形成非法影响、谋求强势地位”的意图而言，其表征于外的便是实施违法犯罪活动必然带有“为非作恶，欺压百姓”的特征。因此，“为非作恶，欺压百姓”这一特征便成为了区分恶势力和普通共同犯罪团伙的关键标志。所谓“为非作恶，欺压百姓”，从字面上来理解，是指做坏事、施恶行，欺负、压迫群众，办案时要注意全面、准确地把握其含义。首先，“为非作恶”，不仅指行为性质具有不法性，同时也要求行为的动机、目的、起因带有不法性，因婚恋纠纷、家庭纠纷、邻里纠纷、劳动纠纷、合法债务纠纷而引发以及其他确属事出有因的违法犯罪活动，就不宜归入“为非作恶”之列。其次，“欺压百姓”，要求“为非作恶”的方式、手段带有欺凌、强制、压迫的性质，也就是要利用物理强制或心理强制手段侵害群众权益。因此，暴力、威胁应是恶势力较常采用的违法犯罪活动手段。此处需要说明的是，实践中经常会有这样的案件：恶势力之间互相争斗，违法犯罪活动未伤及无辜群众，是否属于“欺压百姓”？我们认为，“欺压百姓”既包括直接以普通群众为对象实施违法犯罪活动的情形，也包括因逞强争霸、好勇斗狠、树立恶名、抢夺地盘等不法动机实施违法犯罪活动，直接或间接破坏人民群众安全感的情形。这是因为,恶势力处于不断发展过程中,违法犯罪活动对象并不特定,即便在个案中未直接侵害普通群众权益,但其发展壮大后必然会对人民群众的人身权利、财产权利、民主权利形成威胁或造成损害,故对“欺压百姓”不应作狭义理解。

(2)办案时要准确区分恶势力与普通违法犯罪团伙。恶势力与普通违法犯罪团伙都具有一定的组织性、稳定性,但二者在有无“为非作恶,欺压百姓”特征、有无“造成较为恶劣的社会影响”等方面存在区别。在具体案件中,可以从以下方面分解细化:

一是违法犯罪手段具有特定性。如前所述,“欺压百姓”的特定含义,决定了恶势力实施违法犯罪活动应当以暴力、威胁为主要手段。而普通违法犯罪团伙则没有这方面要求,犯罪手段要根据其具体实施的犯罪行为而定。

二是行为方式具有公开性。恶势力实施违法犯罪活动一般都会不同程度地带有“形成非法影响、谋求强势地位”的意图,而且客观上要求“在一定区域或者行业内,造成较为恶劣的社会影响”,因此,其实施违法犯罪活动必然具有一定的公开性,也就是通常所说的“横行乡里,肆无忌惮”。而普通共同违法犯罪通常采用较为隐蔽的方式实施,在实现犯罪目的后就设法隐匿踪迹、毁灭痕迹,不会有意制造或者放任形成不法影响。

三是危害后果具有多重性。恶势力因为意图“形成非法影响、谋求强势地位”,其违法犯罪活动带来的危害往往具有复合性,在侵犯公民人身、财产权利的同时,还会破坏市场经济秩序或者社会管理秩序。而普通违法犯罪团伙一般是出于某种特定的违法犯罪目的而聚集,造成的危害后果通常具有单一性。因此,《意见》第五条作出排除性规定,将“单纯为牟取不法经济利益而实施的‘黄、赌、毒、盗、抢、骗’等违法犯罪活动,不具有为非作恶、欺压百姓特征的”排除在恶势力案件之外。同时,在《意见》其他条款中也有类似提示,认定恶势力、恶势力犯罪集团时,应杜绝只看“人数”“行为次数”和“罪名”的错误倾向。

2. 关于恶势力的成员人数及各类成员的认定、区分

《意见》第六条吸收了《指导意见》中“恶势力一般为三人以上,纠集者相对固定”的规定,并明确了恶势力纠集者、其他成员的认定和区分。关于恶势力的成员人数,有一种观点认为,由于《指导意见》规定恶势力是“一般”而非“应当”为三人以上,因此,对于二人共同实施,甚至一人单独实施多次违法犯罪活动,造成较为恶劣社会影响的,也完全可以认定为“二人恶势力”甚至“一人恶势力”。我们认为,这种观点并不准确,在绝大多数案件中应当将恶势力的成员人数把握在三人以上。主要理由是,恶势力是一类违法犯罪组织,作为共同违法犯罪的特殊形式,不论是从刑法相关规定还是从文义解释来看,其人数下限原则上都应高于一般的共同违

法犯罪，只有在“为非作恶，欺压百姓”特征十分明显、危害后果特别严重的极个别情况下，才可以考虑认定“二人恶势力”。至于“一人恶势力”，则明显不符合违法犯罪组织的基本构成条件，应当坚决排除在外。

关于恶势力的纠集者，《指导意见》规定“纠集者相对固定”却没有明确纠集者的概念，使实践中各地、政法各单位对恶势力的纠集者理解、把握有不同程度差异。为此，《意见》明确“纠集者，是指在恶势力实施的违法犯罪活动中起组织、策划、指挥作用的违法犯罪分子”。需要说明，由于恶势力属于相对松散的违法犯罪组织，故其纠集者所起的组织、策划、指挥作用主要体现在恶势力实施的具体违法犯罪活动中，不必然及于整个违法犯罪组织的运行、活动。此外，有意见提出，实践中常有多名较为固定的违法犯罪分子相互纠集，除多次实施违法犯罪活动是由不同的人员组织、策划、指挥外，均符合恶势力其他认定条件，建议将此类情况也认定为恶势力。我们经研究认为，在前述情况下，多名违法犯罪分子通常关系较为紧密、地位基本相当，在多次违法犯罪活动中起组织、策划、指挥作用的具体人员虽有不同，但也是视情况在特定几人中产生，因而符合“恶势力纠集者相对固定”这一规定的本质要求。故《意见》采纳了这一观点，并且明确有组织、策划、指挥具体违法犯罪活动行为的成员均可以认定为纠集者。

关于恶势力的其他成员，《意见》坚持了主客观相一致原则，要求行为人需要在主观认识上“知道或者应当知道与他人经常纠集在一起是为了共同实施违法犯罪”，在主观意志上要有加入恶势力的意愿，即“仍按照纠集者的组织、策划、指挥”，在客观行为上“参与违法犯罪活动”，方可认定为恶势力成员。对于那些主观上并无加入恶势力意愿，仅因临时雇佣或被雇佣、利用或被利用以及受蒙蔽参与少量恶势力违法犯罪活动的人员，一般不应认定为恶势力成员。从实践情况来看，行为人有无参与恶势力实施的违法犯罪活动一般能够通过充分的证据直观反映，而行为人的主观认知与态度则要结合其参与违法犯罪活动时的具体行为、所起作用、与其他恶势力成员间的关系等事实予以认定。在办理案件时，应当结合《意见》规定注意把握以下两点：一是行为人在知晓与他人经常纠集在一起是为了共同实施违法犯罪的情况下，依然按照纠集者组织、策划、指挥行事，通常会具体表现为与其他成员平时联系较紧密、对所参与实施的违法犯罪活动的动机、起因、对象比较了解且行为积极、作用明显等；二是在适用恶势力成员的排除性规定时，要注意把握参与违法犯罪活动的“临时”“少量”。对于表面虽有雇佣或被雇佣、利用或被利用关系，但是长时间或者多次参与恶势力违法犯罪活动的，应当视为行为人已具有加入恶势力的意愿，避免违法犯罪分子利用规定逃避打击。

3. 关于“经常纠集在一起”的把握

根据《指导意见》规定，认定恶势力要求犯罪嫌疑人、被告人经常纠集在一起，并且多次实施违法犯罪活动。但对于“经常纠集在一起”应当如何理解、把握,《指导意见》并未明确。我们认为,认定“经常纠集在一起”,要审查犯罪嫌疑人、被告人日常联系是否紧密,但更主要的是看有无在一定时期内共同“多次实施违法犯罪活动”,前者很大程度上需要通过后者的时间跨度和参与人员稳定性来反映和证明。

(1)关于多次实施违法犯罪活动的时间跨度

“经常纠集在一起”,实际上反映了对违法犯罪组织持续性的要求,而这种持续性主要是靠一定时期内违法犯罪活动的反复实施来体现。一方面“多次实施违法犯罪活动”需要达到一定的频密度,不能相隔过久,另一方面也要求违法犯罪活动不能过于集中,换言之,就是“纠集在一起”的时间不能过于短暂。因此,有必要对“多次实施违法犯罪活动”的时间跨度加以适当限定。例如,甲、乙、丙三人曾经共同实施过两起寻衅滋事违法活动,之后很长一段时间里没有惹是生非,直至六七年后又共同实施了一起故意伤害犯罪,在形式上虽然符合“多人”“多次”标准,但由于违法活动和犯罪活动的时间间隔过长,实际上已经难以认定甲、乙、丙三人“经常纠集在一起”,不应以恶势力来评价。又如,甲、乙、丙三人在短短数天内连续共同实施三起违法犯罪活动,但除此之外再无其他违法犯罪事实,尽管在形式上同样也已符合“多人”“多次”标准,但由于“纠集在一起”的时间明显较短,故不足以作为违法犯罪组织来评价。当然这种情形并不绝对,如果时间虽短,但违法犯罪活动远超“多次”标准,且已造成较为恶劣的社会影响,同时符合其他认定条件的,也可以认定为恶势力。

(2)关于成员的稳定性

恶势力作为一类违法犯罪组织,其成员需要有一定的稳定性,如果每次参与实施违法犯罪活动的人员都变化不定,那么也很难认定其已形成“组织”。因此,本次出台的意见规定“包括纠集者在内,至少应有 2 名相同的成员多次参与实施违法犯罪活动”,办案时要特别注意这一点,不能不区分情况,简单地将若干不同人员实施违法犯罪活动叠加,打包后作为恶势力刑事案件来处理。

4. 关于恶势力主要实施和伴随实施的违法犯罪活动

恶势力主要实施的违法犯罪活动,是指恶势力惯常实施且能够较明显地反映恶势力“为非作恶,欺压百姓”特征的违法犯罪活动。《指导意见》提示性地列举了强迫交易、故意伤害、非法拘禁、敲诈勒索、故意毁坏财物、聚众斗殴、寻衅滋事,并在之后加了一个“等”字。实践中有观点认为,犯罪嫌疑人、被告人只要多次共同实施上述七类中的一种或数种违法犯罪活动,就可以认定为恶势力。对此,前文已作分析,不能简单地以罪名来认定恶势力,办案时还要根据案件的动机、起因、对象、危害后果等综合判断。此外,实践中对于“等”字也有不同理解,《意见》第八条第一款针对该问题作出回应。

与“主要实施”相对应，开设赌场、组织卖淫、强迫卖淫、贩卖毒品、运输毒品、制造毒品、抢劫、抢夺、聚众扰乱社会秩序、聚众扰乱公共场所秩序、交通秩序以及聚众“打砸抢”等，是恶势力案件中伴随实施的违法犯罪活动。之所以称之为“伴随实施”，是因为这些违法犯罪活动在恶势力案件中虽然也很常见，但有的缺少公开性，有的没有具体被害人，有的危害后果仅限于侵害财产权，还有的往往事出有因，故在通常情况下，仅有这些违法犯罪活动还不足以体现恶势力“为非作恶，欺压百姓”的特征。因此，如果犯罪嫌疑人、被告人仅仅是共同实施了以上一种或数种违法犯罪活动，一般不应认定为恶势力。但这也并不绝对，诸如聚众“打砸抢”等违法犯罪活动，在不少案件中也可以明显地反映出犯罪嫌疑人、被告人“为非作恶，欺压百姓”的特征，如果同时符合其他认定条件，也可认定为恶势力。基于以上理解，《意见》第八条第二款对《指导意见》中恶势力伴随实施的违法犯罪活动有关规定进行了进一步完善。

5. 关于反复实施单一性质违法行为的评价

《意见》第九条第一款规定：“对于反复实施强迫交易、非法拘禁、敲诈勒索、寻衅滋事等单一性质的违法行为，单次情节、数额尚不构成犯罪，但按照刑法或者有关司法解释、规范性文件的规定累加后应作为犯罪处理的，在认定是否属于‘多次实施违法犯罪活动’时，可将已用于累加的违法行为计为一次犯罪活动，其他违法行为单独计算违法活动的次数。”以上规定，主要考虑违法行为是恶势力违法犯罪活动的重要组成部分，对于认定恶势力意义重大。特别是对那些“大罪不犯，小恶不断”的团伙，如果其行为符合“为非作恶，欺压百姓”特征，且已造成较为恶劣的社会影响的，完全有必要作为恶势力打击处理。以寻衅滋事为例，假如犯罪嫌疑人、被告人共同实施了五次随意殴打他人的寻衅滋事违法行为，虽然只能按照一罪处理，但超出“多次随意殴打他人”入罪标准的那部分违法行为，可以单独计算违法活动的次数，也就是视为一次犯罪活动和二次违法活动，这样就符合了恶势力“多次实施违法犯罪活动”的要求，如果同时符合其他认定条件的，应当作为恶势力案件处理。如此认定，可以更加全面、准确评价相关违法犯罪活动所造成的社会危害。

6. 关于恶势力危害后果的认定

《指导意见》规定，恶势力“扰乱经济、社会生活秩序，造成较为恶劣的社会影响”，但没有明确前述后果应当如何认定。我们认为，恶势力“造成较为恶劣的社会影响”并不是仅指案件的社会知晓度或者产生的轰动效应，而是与黑社会性质组织形成的非法控制或者重大影响相类似，表现为对经济、社会生活秩序干扰、破坏和影响程度。故《意见》第十条借鉴黑社会性质组织犯罪危害性特征的规定，从侵害对象及其数量、违法犯罪次数、手段、规模、人身损害后果、经济损失数额、违法所得数额、引起社会秩序混乱的程度以及对人民群众安全感的影响程度等方面提出了认定恶势力危害后果的方向性指引,供办案机关结合案情和本地区实际情况综合把握。

7. 恶势力犯罪集团的有关问题

《意见》第十一条在《指导意见》有关规定的基础上对恶势力犯罪集团的定义作出了进一步明确,即符合恶势力全部认定条件,同时又符合犯罪集团法定条件的犯罪组织。可以说,恶势力是形成恶势力犯罪集团的基础,恶势力犯罪集团是恶势力的下一发展形态。与恶势力的纠集者不同,由于犯罪集团是一个法定概念,刑法中对犯罪集团的首要分子已有明确界定,因而《意见》对于恶势力犯罪集团首要分子的定义也宜与之保持一致。

对恶势力犯罪集团的首要分子,按照恶势力集团所犯全部罪行处罚,是用足用好刑法总则关于犯罪集团的规定,实现依法从严惩处的重要途径。为此,只有准确认定恶势力犯罪集团实施的违法犯罪活动,将集团与成员个人的违法犯罪区分开来,才能确保精准打击、不枉不纵。由于黑社会性质组织属于特殊的犯罪集团,因而在违法犯罪活动区分问题上与恶势力犯罪集团具有一致性,故《意见》明确直接参照《指导意见》第十条第二款的规定认定恶势力犯罪集团所实施的违法犯罪活动。

8. 关于特定群体认定恶势力、恶势力犯罪集团的问题

考虑到未成年人、老年人、残疾人由于心智、身体等方面的特点,在实施违法犯罪的方式和行为表现上往往与典型的恶势力、恶势力犯罪集团有所区别。故《意见》第十二条明确,全部成员或者首要分子、纠集者以及其他重要成员均为未成年人、老年人、残疾人的,认定恶势力、恶势力犯罪集团时应当特别慎重。

——朱和庆、周川、李梦龙:《〈关于办理恶势力刑事案件若干问题的意见〉的理解与适用》,载《人民司法·应用》2019 年第 19 期。

【最高人民法院指导性案例】

吴强等敲诈勒索、抢劫、故意伤害案(最高人民法院指导案例 187 号)

裁判要点:恶势力犯罪集团是符合犯罪集团法定条件的恶势力犯罪组织。恶势力犯罪集团应当具备"为非作恶、欺压百姓"特征,其行为"造成较为恶劣的社会影响",因而实施违法犯罪活动必然具有一定的公然性,且手段应具有较严重的强迫性、压制性。普通犯罪集团实施犯罪活动如仅为牟取不法经济利益,缺乏造成较为恶劣社会影响的意图,在行为方式的公然性、犯罪手段的强迫压制程度等方面与恶势力犯罪集团存在区别,可按犯罪集团处理,但不应认定为恶势力犯罪集团。

法院生效裁判认为:被告人吴强等人实施的犯罪活动明显是为了牟取不法经济利益,但缺乏"形成非法影响、谋求强势地位",进而造成较为恶劣社会影响的意

图。在敲诈勒索犯罪中,被告人吴强等人的主要犯罪手段是约熟人吃饭,设局“劝酒”造成被害人酒后驾车,再制造交通事故,进而以报警相要挟,通过所谓的“协商”实现对被害人财物的非法占有。吴强等人在单纯“谋财”意图的支配下实施敲诈勒索、抢劫犯罪,“为非作恶,欺压百姓”的特征尚不明显,犯罪手段、行为方式与典型的恶势力犯罪集团存在明显差异,实际所侵犯的法益也基本集中在公民财产权利方面。恶势力犯罪集团是符合犯罪集团法定条件的恶势力犯罪组织,其特征表现为:有三名以上的组织成员,有明显的首要分子,重要成员较为固定,组织成员经常纠集在一起,共同故意实施三次以上恶势力惯常实施的犯罪活动或其他犯罪活动。本案被告人系单纯为牟取不法经济利益而实施违法犯罪活动,不具有“为非作恶,欺压百姓”特征,参照《最高人民法院、最高人民检察院、公安部、司法部关于办理黑恶势力犯罪案件若干问题的指导意见》中关于恶势力、恶势力犯罪集团应符合“经常纠集在一起,以暴力、威胁或者其他手段,在一定区域或者行业内多次实施违法犯罪活动,为非作恶,欺压百姓,扰乱经济、社会生活秩序,造成较为恶劣的社会影响,但尚未形成黑社会性质组织的违法犯罪组织”的认定要求,本案不能认定为恶势力犯罪集团,应按一般犯罪集团对各被告人定罪量刑。

——《最高人民法院关于发布第33批指导性案例的通知》(2022年11月29日,法〔2022〕236号)。

【最高人民法院参考案例】

吴强等人敲诈勒索、抢劫、贩卖毒品、故意伤害案(《刑事审判参考》案例第1360号)

要旨:恶势力犯罪集团与普通犯罪集团的区分,主要审查在符合犯罪集团法定条件的同时,是否还符合恶势力的全部认定条件。

那么如何解决恶势力犯罪集团与普通犯罪集团的区分问题呢?我们认为,恶势力与普通犯罪团伙、恶势力犯罪集团与普通犯罪集团的区别都可从“恶”与“黑”的关系入手加以把握。具体来说,恶势力是黑社会性质组织的雏形,恶势力犯罪集团是恶势力的下一个发展形态,如果不加以限制和打击,二者都有可能发展成为黑社会性质组织。《指导意见》和《意见》在恶势力的定义中,使用“尚未形成黑社会性质组织的违法犯罪组织”这一表述,正是对“恶”与“黑”演进关系和内在联系的明示。基于这种内在联系和演进关系,恶势力、恶势力犯罪集团在主观方面虽然没有同黑社会性质组织一样强烈的自我发展要求,但二者实施违法犯罪活动一般都会不同程度带有“形成非法影响、谋求强势地位”的意图,并在这一意图的支配下完成“量”的积累,最终实现由“恶”到“黑”的蜕变。换言之,恶势力、恶势力犯罪集团“形成非法影响、谋求强势地位”的意图在一定程度上可以看作黑社会性质组织

“争霸一方”总体意图的“前奏”。在客观方面，相对于黑社会性质组织行为特征中的“为非作恶，欺压、残害群众”和危害性特征中的“形成非法控制或者重大影响”，恶势力、恶势力犯罪集团实施违法犯罪活动必然带有“为非作恶，欺压百姓”的特征，并且“造成较为恶劣的社会影响”。而普通犯罪团伙、普通犯罪集团则尚不具有前述“恶”与“黑”的演进关系，因此不具备恶势力、恶势力犯罪集团实施违法犯罪活动的全部主客观特征，在打击方式上也不需要通过“定恶”来增强否定性评价，提升惩治力度。

在司法实践中，恶势力、恶势力犯罪集团实施违法犯罪活动的主客观特征往往通过危害结果、行为公开性、违法犯罪手段等事实要素表现出来，需要结合具体案情综合分析、把握：一是由于恶势力、恶势力犯罪集团具有“形成非法影响、谋求强势地位”的意图，其实施违法犯罪活动所造成的危害往往具有复合性，不仅侵犯公民人身、财产权利，还破坏市场经济秩序或者社会管理秩序。二是恶势力、恶势力犯罪集团由于不同程度带有“形成非法影响、谋求强势地位”的意图，且需要“在一定区域或者行业内，造成较为恶劣的社会影响”，其所实施的违法犯罪活动必然具有一定的公开性。三是恶势力、恶势力犯罪集团实施违法犯罪活动必然带有“为非作恶，欺压百姓”的特征。其中，“欺压百姓”要求恶势力、恶势力犯罪集团实施违法犯罪活动应当以暴力、威胁为主要手段，带有欺凌、强制、压迫的性质。

——《刑事审判参考》(总第 123 辑)。

周方健等人聚众斗殴、寻衅滋事、开设赌场案(《刑事审判参考》案例第 1361 号)

要旨：对犯罪特征的梳理是正确适用法律的有效途径，准确把握恶势力的法律特征，是区分恶势力与一般共同犯罪的关键。

1. 共同实施违法犯罪活动的人员具有一定的稳定性。虽然 2018 年《指导意见》在人员结构上将 2009 年《纪要》中规定的“纠集者、骨干成员相对固定”修改为“纠集者相对固定”，但是 2019 年《恶势力意见》又进一步明确，在多次实施的违法犯罪中，包括纠集者在内，至少有两名相同的成员多次共同参与实施。换言之，恶势力成员纠合在一起应具备一定的延续性、长期性和稳定性。如此定义恶势力的人员特征，就是要严格规制恶势力标准、防止拔高认定的直接体现。恶势力，顾名思义，既要有多次违法犯罪其成“恶”的一面，也要有相对稳定其成“势”的要求，如果仅仅是纠集者相对固定，但每次违法犯罪均是由不同的人员临时组合，作案后即散伙，下一次违法犯罪又随机组合，则难以在一定区域或者行业形成有影响的“势力”，按照一般共同犯罪处理即可，因此纠集者相对固定和部分成员相对稳定是恶势力犯罪在人员特征上区别于一般共同犯罪的门槛条件。需要注意的是，如果恶势力违法犯罪事实有充分证据证明,仅是因为部分成员尚未归案,或者因法定情形不予追究法律责任,或者所参与实施的违法犯罪活动已受到行政或刑事处罚的,即使被告人不足三人,也不影响恶势力的认定。

2. 以暴力、威胁或者“软暴力”等手段实施违法犯罪活动。在恶势力违法犯罪过程中,暴力、威胁是最为常见的手段特征,其社会危害性也通常具体表现在这个方面,这一点没有争议。同时也应当看到,实践中恶势力犯罪手段日趋多样,传统的暴力性手段呈现逐渐减少趋势,很多是采用滋扰、纠缠、哄闹、聚众造势等手段以实现其不法目的。当这种非暴力手段“足以使他人产生恐惧、恐慌进而形成心理强制,或者足以影响、限制人身自由、危及人身财产安全,影响正常生活、工作、生产、经营”时,可以说其对人身财产安全、社会治安秩序和经济秩序的危害程度与暴力、威胁手段并无显著差别,也可以形成恶势力“为非作恶,欺压百姓”的特殊社会危害。需要注意的是:第一,“软暴力”应当“以暴力、威胁的现实可能性为基础”,其边界不应无限扩大;第二,“软暴力”仅是违法犯罪的方式、手法,案件是否属于恶势力犯罪,还应当根据恶势力的各项具体认定标准来审查判断。

3. 在一定区域或者行业内多次实施违法犯罪活动,为非作恶、欺压百姓。恶势力与一般共同犯罪的行为性质均具有不法性,二者在犯罪特征上的区别在于,恶势力通常表现为在一定区域或者行业内侵害不特定对象的人身权利和财产权利,扰乱经济、社会生活秩序,动机多为逞强斗狠、恃强凌弱、强索硬要、插手纠纷、排除竞争等,行为往往具有公开性,危害后果往往具有多重性,这是恶势力区别于其他一般共同犯罪的本质特征,也是认定恶势力犯罪的关键所在,在审查时需要重点把握。2019 年《恶势力意见》列举了强迫交易等七种恶势力惯常实施以及其他十余种可能伴随实施的违法犯罪类型,同时还反向列举了排除认定恶势力的情形,目的就是要在实务操作层面上对恶势力具有的“为非作恶、欺压百姓”这一本质特征进行反复强调。对于单纯为牟取不法经济利益而实施的违法犯罪活动,不具有为非作恶、欺压百姓特征的,或者因民间矛盾纠纷而引发以及其他确属事出有因的违法犯罪活动,构成什么罪就按照什么罪判处刑罚,不能拔高作为恶势力案件处理。应当注意的是,关于“一定行业”的理解,可以参照 2009 年《纪要》中的相关规定,既包括合法行业,也包括黄、赌、毒等非法行业。此外,认定恶势时还需要注意“多次实施违法犯罪”的时间跨度问题,对于多次违法犯罪之间的间隔较久,或者只是在明显较短时间内实施多次违法犯罪的,由于难以体现违法犯罪的“持续性”“经常性”,故一般不作为恶势力犯罪处理。

4. 具备向黑社会性质组织发展的过渡性特征。2009 年《纪要》将恶势力定位为“黑社会性质组织的雏形”,2019 年《恶势力意见》将恶势力定位为“尚未形成黑社会性质组织的违法犯罪组织”,不管是哪种表述,均肯定了恶势力呈现出向黑社会性质组织动态发展的趋势。根据所处发展阶段的不同,恶势力既有松散型的违法犯罪团伙形态,也有紧密型的犯罪集团形态,有的则最终发展为黑社会性质组织。恶势力的动态发展形态,决定了其与黑社会性质组织的危害性特征一脉相承,虽然尚未达到黑社会性质组织“称霸一方”“形成非法控制或重大影响”的程度,但通过违法犯罪也已经对正常的经济社会管理秩序形成对抗,并在一定区域或行业内“造成较为恶劣的社会影响”。

——《刑事审判参考》(总第123辑)。

086 正确运用宽严相济刑事政策处理恶势力案件的要求

关键词|宽严相济刑事政策|恶势力|

【最高人民法院司法文件】

13. 对于恶势力的纠集者、恶势力犯罪集团的首要分子、重要成员以及恶势力、恶势力犯罪集团共同犯罪中罪责严重的主犯,要正确运用法律规定加大惩处力度,对依法应当判处重刑或死刑的,坚决判处重刑或死刑。同时要严格掌握取保候审,严格掌握不起诉,严格掌握缓刑、减刑、假释,严格掌握保外就医适用条件,充分利用资格刑、财产刑等法律手段全方位从严惩处。对于符合刑法第三十七条之一规定的,可以依法禁止其从事相关职业。

对于恶势力、恶势力犯罪集团的其他成员,在共同犯罪中罪责相对较小、人身危险性、主观恶性相对不大的,具有自首、立功、坦白、初犯等法定或酌定从宽处罚情节,可以依法从轻、减轻或免除处罚。认罪认罚或者仅参与实施少量的犯罪活动且只起次要、辅助作用,符合缓刑条件的,可以适用缓刑。

14. 恶势力犯罪集团的首要分子检举揭发与该犯罪集团及其违法犯罪活动有关联的其他犯罪线索,如果在认定立功的问题上存在事实、证据或法律适用方面的争议,应当严格把握。依法应认定为立功或者重大立功的,在决定是否从宽处罚、如何从宽处罚时,应当根据罪责刑相一致原则从严掌握。可能导致全案量刑明显失衡的,不予从宽处罚。

恶势力犯罪集团的其他成员如果能够配合司法机关查办案件,有提供线索、帮助收集证据或者其他协助行为,并在侦破恶势力犯罪集团案件、查处“保护伞”等方面起到较大作用的,即使依法不能认定立功,一般也应酌情对其从轻处罚。

15. 犯罪嫌疑人、被告人同时具有法定、酌定从严和法定、酌定从宽处罚情节的,量刑时要根据所犯具体罪行的严重程度,结合被告人在恶势力、恶势力犯罪集团中的地位、作用、主观恶性、人身危险性等因素整体把握。对于恶势力的纠集者、恶势力犯罪集团的首要分子、重要成员，量刑时要体现总体从严。对于在共同犯罪中罪责相对较小、人身危险性、主观恶性相对不大，且能够真诚认罪悔罪的其他成员，量刑时要体现总体从宽。

16. 恶势力刑事案件的犯罪嫌疑人、被告人自愿如实供述自己的罪行，承认指控的犯罪事实，愿意接受处罚的，可以依法从宽处理，并适用认罪认罚从宽制度。对于犯罪性质恶劣、犯罪手段残忍、社会危害严重的犯罪嫌疑人、被告人，虽然认罪认罚，但不足以从轻处罚的，不适用该制度。

——《最高人民法院、最高人民检察院、公安部、司法部关于办理恶势力刑事案件若干问题的意见》（2019 年 4 月 9 日，法发〔2019〕10 号）。

【链接：理解与适用】

1. 关于运用宽严相济刑事政策的总体把握

宽严相济刑事政策是我国的基本刑事政策，贯穿于刑事立法、刑事司法和刑罚执行的全过程，在办理恶势力刑事案件过程中同样需要一以贯之。宽严相济的核心就是要根据犯罪的具体情况，实行区别对待，做到该宽则宽，当严则严，宽严相济，罚当其罪。首先，对于恶势力犯罪整体来说，由于其严重的社会危害性，与办理其他刑事案件相比，在总体上应当体现依法从严惩处方针，这是宽严相济刑事政策的内在要求。其次，对具体的恶势力刑事案件而言，要深刻认识"没有区别就没有政策"，不能将依法严惩简单理解为一律从严，而是要充分体现区分情况、区别对待的原则，根据犯罪嫌疑人、被告人的主观恶性、人身危险性、在恶势力、恶势力犯罪集团中的地位、作用以及在具体犯罪中的罪责来确定不同的刑罚，切实全面发挥刑罚功能，做到坚持宽严并举、突出惩治重点，实现政治效果、法律效果和社会效果的统一。最后，要注重综合运用多种法律手段充分体现依法从"严"、从"宽"的政策要求，这也是《意见》第十三条着重解决的问题。

2. 对恶势力犯罪集团不同类型成员立功情节的把握

根据《意见》第十四条的规定，对恶势力犯罪集团首要分子的立功情节应当从严把握、区别对待。这一规定是宽严相济刑事政策的具体体现，是对既往严格把握黑社会性质组织的组织者、领导者立功情节相关规定的借鉴和发展，进一步体现了不让犯罪分子利用优势地位得利的从严惩处精神。在研究起草过程中，有观点认为，对恶势力纠集者的立功情节也应从严把握、区别对待。我们认为，恶势力犯罪集团属于为共同实施犯罪而组成的较为固定的犯罪组织，已经达到了相当高的组织化程度，离黑社会性质组织更近一步，但恶势力还处在"纠集"层面，组织较为松散，纠集者的作用一般只体现在具体违法犯罪活动中，平时与其他成员大多没有领导、管理关系，故其没有明显的优势地位，难以与恶势力犯罪集团的首要分子相提并论,故《意见》未采纳这种观点。此外,《意见》还昭示了对于恶势力犯罪集团的其他成员通过提供线索、帮助收集证据或者其他协助行为,配合司法机关查办案件的应予积极评价,并且明确提出,在侦破恶势力犯罪集团案件、查处“保护伞”等方面起到较大作用的,即使依法不能认定立功,一般也应酌情对其从轻处罚,可以起到分化、瓦解犯罪分子,提高案件查办效率的效果。

3. 对同时具有从严、从宽处罚情节的把握

实践中,常有恶势力刑事案件的犯罪嫌疑人、被告人同时具有法定、酌定从严和法定、酌定从宽处罚情节,需要在量刑时作出总体把握。对此,《意见》在吸收《最高人民法院关于贯彻宽严相济刑事政策的若干意见》(法发〔2010〕9 号)有关规定的基础上,进一步强调对于恶势力的纠集者、恶势力犯罪集团的首要分子、重要成员,量刑时要体现总体从严;对于在共同犯罪中罪责相对较小、人身危险性、主观恶性相对不大,且能够真诚认罪悔罪的其他成员,量刑时要体现总体从宽。通过这一规定,《意见》力求实现对宽和严两种手段的综合运用,对不同的犯罪和犯罪分子作出区别对待,切实做到严中有宽、宽以济严;宽中有严、严以济宽。

4. 关于认罪认罚从宽制度的适用

2018 年 10 月 26 日,十三届全国人大常委会第六次会议通过《关于修改〈中华人民共和国刑事诉讼法〉的决定》,将认罪认罚从宽制度改革成果以法律形式固定下来。认罪认罚从宽制度对于更好落实坦白从宽、全面贯彻宽严相济,推进繁简分流,实现公正与效率相统一都有着重要意义。但是,在办理恶势力刑事案件过程中能否适用该制度存在争议,实践中也确实存在“不敢用”的问题。我们认为,认罪认罚从宽制度是宽严相济、坦白从宽刑事政策的具体化和制度化,其制度定位决定了认罪认罚从宽制度没有特别的案件范围限制。故《意见》规定,恶势力刑事案件的犯罪嫌疑人、被告人自愿如实供述自己的罪行,承认指控的犯罪事实,愿意接受处罚的,可以依法从宽处理,并适用认罪认罚从宽制度。但是,需要注意,根据刑事诉讼法第十五条的规定,认罪认罚从宽绝不是“一律从宽”,而是“依法”从宽、“可以”从宽,在适用时必须坚持宽严相济刑事政策。因此,对那些犯罪性质恶劣、犯罪手段残忍、社会危害严重的犯罪嫌疑人、被告人,其认罪认罚不足以从轻处罚的,《意见》也明确对其排除适用认罪认罚从宽制度。

——朱和庆、周川、李梦龙:《〈关于办理恶势力刑事案件若干问题的意见〉的理解与适用》,载《人民司法·应用》2019 年第 19 期。

087 恶势力刑事案件的文书表述

关键词 | 恶势力 | 刑事裁判文书 |

【最高人民法院司法文件】

17. 人民法院、人民检察院、公安机关经审查认为案件符合恶势力认定标准的，应当在起诉意见书、起诉书、判决书、裁定书等法律文书中的案件事实部分明确表述，列明恶势力的纠集者、其他成员、违法犯罪事实以及据以认定的证据；符合恶势力犯罪集团认定标准的，应当在上述法律文书中明确定性，列明首要分子、其他成员、违法犯罪事实以及据以认定的证据，并引用刑法总则关于犯罪集团的相关规定。被告人及其辩护人对恶势力定性提出辩解和辩护意见，人民法院可以在裁判文书中予以评析回应。

恶势力刑事案件的起诉意见书、起诉书、判决书、裁定书等法律文书，可以在案件事实部分先概述恶势力、恶势力犯罪集团的概括事实，再分述具体的恶势力违法犯罪事实。

——《最高人民法院、最高人民检察院、公安部、司法部关于办理恶势力刑事案件若干问题的意见》（2019 年 4 月 9 日，法发〔2019〕10 号）。

【链接：理解与适用】

《指导意见》第十四条第二款规定："在相关法律文书的犯罪事实认定部分，可使用'恶势力'等表述加以描述。"这是相比以往规范性文件的一大创新之处，首次提出了恶势力的法律文书表述问题，对于办理恶势力刑事案件的制度化、规范化具有重要意义。《意见》基于一年多来扫黑除恶专项斗争的司法实践，对恶势力刑事案件法律文书的制作规范作了进一步完善，主要体现在以下方面：

一是《意见》第十七条将"可使用'恶势力'等表述加以描述"的要求上升为"应当"明确表述或者定性。主要考虑，认定恶势力、恶势力犯罪集团是对犯罪嫌疑人、被告人的否定性评价，一旦认定就要在刑事诉讼各阶段对其体现整体从严，对犯罪嫌疑人、被告人的实体和程序利益影响重大。《意见》要求在法律文书中一律明确表述恶势力或者明确恶势力犯罪集团的定性，不仅体现了司法公开的基本精神，也是对当事人知情权和辩解、辩护权的进一步保障。此外，在相关法律文书中明确表述恶势力或者明确恶势力犯罪集团的定性，还有利于侦查、审查起诉、审判、执行各阶段工作的顺畅衔接，进一步提高恶势力刑事案件办理的法治化、规范化水平。

二是《意见》提出了恶势力刑事案件法律文书的制作要求和指引。《意见》明确要求认定恶势力的案件，要同时在法律文书事实部分列明恶势力的纠集者、其他成员、违法犯罪事实以及据以认定的证据；符合恶势力犯罪集团认定标准的，同时应当列明首要分子、其他成员、违法犯罪事实以及据以认定的证据，并引用刑法总则关于犯罪集团的相关规定。同时，《意见》还明确"被告人及其辩护人对恶势力定性提出辩解和辩护意见,人民法院可以在裁判文书中予以评析回应”,既统一了实践中的不同做法,也符合裁判说理的工作要求。

——朱和庆、周川、李梦龙:《〈关于办理恶势力刑事案件若干问题的意见〉的理解与适用》,载《人民司法·应用》2019年第19期。

088 恶势力案件中不诉不理原则和上诉不加刑原则的适用

关键词 | 恶势力 | 不诉不理 | 上诉不加刑 |

【最高人民法院司法文件】

18. 对于公安机关未在起诉意见书中明确认定,人民检察院在审查起诉期间发现构成恶势力或者恶势力犯罪集团,且相关违法犯罪事实已经查清,证据确实、充分,依法应追究刑事责任的,应当作出起诉决定,根据查明的事实向人民法院提起公诉,并在起诉书中明确认定为恶势力或者恶势力犯罪集团。人民检察院认为恶势力相关违法犯罪事实不清、证据不足,或者存在遗漏恶势力违法犯罪事实、遗漏同案犯罪嫌疑人等情形需要补充侦查的,应当提出具体的书面意见,连同案卷材料一并退回公安机关补充侦查;人民检察院也可以自行侦查,必要时可以要求公安机关提供协助。

对于人民检察院未在起诉书中明确认定,人民法院在审判期间发现构成恶势力或恶势力犯罪集团的,可以建议人民检察院补充或者变更起诉;人民检察院不同意或者在七日内未回复意见的,人民法院不应主动认定,可仅就起诉指控的犯罪事实依照相关规定作出判决、裁定。

审理被告人或者被告人的法定代理人、辩护人、近亲属上诉的案件时,一审判决认定黑社会性质组织有误的,二审法院应当纠正,符合恶势力、恶势力犯罪集团认定标准,应当作出相应认定;一审判决认定恶势力或恶势力犯罪集团有误的,应当纠正,但不得升格认定;一审判决未认定恶势力或恶势力犯罪集团的,不得增加认定。

——《最高人民法院、最高人民检察院、公安部、司法部关于办理恶势力刑事案件若干问题的意见》(2019年4月9日,法发〔2019〕10号)。

【链接:理解与适用】

根据不诉不理原则,《意见》规定,人民检察院如果没有指控恶势力或恶势力犯罪集团的,人民法院不应主动认定,可仅就起诉指控的犯罪事实依照相关规定作出判决、裁定;还根据上诉不加刑原则规定,审理上诉案件时,一审认定黑恶势力有误，二审可以纠正，但不能增加或者升格认定，充分保障被告人的上诉权，防止上诉可能给被告人带来的不利后果。对此，在《意见》研究起草过程中曾有不同观点，认为恶势力不是独立的罪名，仅属于司法认定的事实和酌定的量刑情节，所以即便人民检察院未在起诉书中指控，人民法院在审判期间发现构成恶势力，可以主动认定；同理，一审判决在认定恶势力存在错误，该定未定的，二审法院可以通过增加认定来予以纠正。我们认为，产生这一分歧的关键在于对认定恶势力的法律意义应如何定位。根据《指导意见》和《意见》规定，认定恶势力不仅会导致量刑从重，还会产生其他不利于被告人的法律后果，一是在执行刑罚时，减刑、假释、保外就医等均会被从严掌握，二是认定恶势力后，在适用部分罪名（如敲诈勒索罪）时入罪标准会有相应降低。因此，是否认定恶势力，事实上对被告人实体、程序利益均有重大影响，应当受到不诉不理原则和上诉不加刑原则的限制，故《意见》未采纳前述观点。

——朱和庆、周川、李梦龙：《〈关于办理恶势力刑事案件若干问题的意见〉的理解与适用》，载《人民司法 · 应用》2019 年第 19 期。

089 “套路贷”的共犯认定

关键词｜套路贷｜共同犯罪｜

【最高人民法院司法文件】

5. 多人共同实施“套路贷”犯罪，犯罪嫌疑人、被告人在所参与的犯罪中起主要作用的，应当认定为主犯，对其参与或组织、指挥的全部犯罪承担刑事责任；起次要或辅助作用的，应当认定为从犯。

明知他人实施“套路贷”犯罪，具有以下情形之一的，以相关犯罪的共犯论处，但刑法和司法解释等另有规定的除外：

（1）组织发送“贷款”信息、广告，吸引、介绍被害人“借款”的；

（2）提供资金、场所、银行卡、账号、交通工具等帮助的；

（3）出售、提供、帮助获取公民个人信息的；

（4）协助制造走账记录等虚假给付事实的；

（5）协助办理公证的；

（6）协助以虚假事实提起诉讼或者仲裁的；

（7）协助套现、取现、办理动产或不动产过户等，转移犯罪所得及其产生的收益的；

（8）其他符合共同犯罪规定的情形。

上述规定中的“明知他人实施‘套路贷’犯罪”，应当结合行为人的认知能力、既往经历、行为次数和手段、与同案人、被害人的关系、获利情况、是否曾因“套路贷”受过处罚、是否故意规避查处等主客观因素综合分析认定。

——《最高人民法院、最高人民检察院、公安部、司法部关于办理“套路贷”刑事案件若干问题的意见》(2019年4月9日，法发〔2019〕11号)。

【链接：理解与适用】

《意见》第五条对于“套路贷”犯罪案件中的共犯问题作出了规定。实践中，“套路贷”犯罪多为共同犯罪，分工日趋细化，环节众多，其中“拉客户”、协助制造走账记录等配合、支持、帮助行为对于“套路贷”犯罪顺利实施并最终达成非法占有目的发挥了重要作用。

由于“套路贷”犯罪的暴利性，围绕“套路贷”俨然已经形成了一个犯罪链条，不仅产生了所谓“贷款中介”等专门为“套路贷”犯罪分子提供“服务”的职业化群体，而且还有一些具有专业知识背景或者在相关行业从业的人员参与其中，在加剧“套路贷”犯罪社会危害的同时，也增加了发现、惩治犯罪的难度。

为实现对“套路贷”犯罪的全链条打击，《意见》明确了“套路贷”共同犯罪人的处理，规定明知他人实施“套路贷”犯罪，仍具有组织发送“贷款”信息、广告，吸引、介绍被害人“借款”等情形的，除刑法和司法解释等另有规定外，以相关犯罪的共犯论处。

根据刑法第二十五条的规定，共同犯罪离不开共同犯意，而共同犯意历来又是司法实践中的认定难点。

在《意见》起草过程中，《意见》稿一度采用“与‘套路贷’犯罪分子事先通谋”才能以共犯论处的观点。在后续修改中将“通谋”改为“明知”，主要考虑“通谋”一般会被理解为二名以上行为人通过交流沟通形成共同犯罪故意的过程，而反映这一过程的证据往往难以获取，大多数情况下严重依赖口供，容易出现只要一方否认就难以形成闭合证据链的情况。尤其在当前“套路贷”犯罪链条化的背景下，“套路贷”共同犯罪人之间分工明确、配合默契，往往通过心照不宣的方式形成犯意联络，不再依赖明示沟通，如果以“通谋”作为入罪条件，可能会在实践中抬高认定标准，从而放纵犯罪。但是，将“通谋”改为“明知”并不意味着可以无视共同犯罪基本原理，摒弃共同犯意这一共同犯罪成立的主观要件，办案时，对于行为人之间有无意思联络应当作出准确的审查判断。

对于如何审查判断行为人是否“明知他人实施‘套路贷’犯罪”，《意见》第五条第三款规定：“应当结合行为人的认知能力、既往经历、行为次数和手段、与同案人、被害人的关系、获利情况、是否曾因‘套路贷’受过处罚、是否故意规避查处等主客观因素综合分析认定。”在实践中，对“明知”作出判断需要基于一定的事实基础，指向行为人主观“明知”的因素越多、指向性越强，司法工作人员也就越能作出准确判断。因此，对于前述认定“明知”的考量因素，应当准确理解、通盘考虑、综合评定，不能“只看一点、不及其余”，要切实防止认定范围不当扩大。

——朱和庆、周川、李梦龙：《〈关于办理“套路贷”刑事案件若干问题的意见〉的理解与适用》，载《人民司法 · 应用》2019 年第 19 期。

090 如何认定共同犯罪中实行犯、教唆犯、帮助犯的犯罪中止

关键词 | 共同犯罪 | 实行犯 | 教唆犯 | 帮助犯 | 犯罪中止 |

【最高人民法院参考案例】

韩江维等抢劫、强奸案(《刑事审判参考》案例第 750 号)

要旨：指认被害人住址并多次参与蹲守，但此后未参与实施抢劫的，不属于犯罪中止。

对于共同犯罪的中止，我国刑法没有作出明确规定，需要根据刑法有关犯罪中止和共同犯罪的规定，区分共同实行犯、教唆犯、帮助犯三种共同犯罪形态，运用刑法理论进行分析认定。

对于共同实行犯，各共犯人之间按照分工，相互利用，相互配合，共同完成犯罪，其责任原理是“部分实行全部责任”，故只有当共同犯罪人均中止犯罪，没有发生犯罪结果时，构成整个共同犯罪的中止；对于部分人主动放弃犯罪的，则要根据具体情形认定犯罪停止形态，主要有以下三种情形：第一，如果共同犯罪中的部分人主动放弃犯罪，并有效阻止其他人继续犯罪，或者阻止犯罪结果发生的，主动放弃者属于犯罪中止。此种情形下的其他共犯人，如果系经劝说后自动停止犯罪的，也属于犯罪中止。如果系因客观原因而未能完成犯罪的，则属于犯罪未遂。第二，如果共同犯罪中的部分人主动退出，但没有采取任何措施阻止其他共犯继续犯罪的，对主动退出者仍应当认定为犯罪既遂，如因其提前退出而导致在共同犯罪中所起的作用较小，可依法对退出者从轻处罚。第三，如果部分人在实行过程中主动停止犯罪，且积极采取措施阻止其他人继续犯罪，但最终未能有效阻止犯罪结果发生的，对主动退出者是否认定犯罪中止，存在争议。有观点认为，在此种情形下考虑主动退出者为阻止犯罪付出了积极努力，主观恶性和人身危险性明显下降，可以考虑按照犯罪中止或者未遂来处罚。这种观点在主观考虑方面具有一定合理性，但毕竟客观危害结果已经发生，因此司法实践中尚难以认同。目前实践中比较普遍的做法是对主动退出者仍认定为犯罪既遂，但量刑时应当考虑其主动退出并阻止

其他共犯人继续完成犯罪的情节,如主动退出者符合从犯特征的,依法认定为从犯,应当从轻处罚。

教唆犯是促使本来没有犯意的人实施犯罪。教唆者在被教唆者产生犯意,后实施犯罪之前撤回自己的教唆,并劝说被教唆者放弃犯罪,但最终未能阻止被教唆者继续实行犯罪的,教唆犯的停止形态应认定为既遂。如果教唆者撤销教唆后,被教唆者接受教唆犯的劝说,最终放弃或者有效防止犯罪结果发生的,则教唆犯和实行犯均构成犯罪中止。如果教唆者撤回教唆后,原有的教唆无法对被教唆者提供心理上的支持,被教唆者的犯罪行为是在新的动机作用下实施的,此种情况下教唆犯仍构成犯罪中止。

帮助犯,是指故意帮助他人实行犯罪。这种帮助可以分为物理(有形)帮助和心理(无形)帮助。物理帮助,是指帮助者在他人实行犯罪之前或者实行犯罪过程中给予行为上的帮助,使他人易于实行犯罪或者易于完成犯罪行为。如提供资金、作案工具,传授使用作案工具的方法,提供被害人的住址、电话、作息规律等重要个人信息等。心理帮助,是指帮助者实施的使本有犯意的人强化其犯意的言语激励等行为。帮助犯在提供帮助后,如果主动停止帮助,及时阻止实行犯实施犯罪或者有效防止犯罪结果发生的,可以构成犯罪中止。如果帮助犯在实行犯着手前主动退出犯罪,且已消除其帮助行为与犯罪结果之间的因果关系的,则属于预备阶段的中止。如果帮助犯仅是自行退出,而没有消除已提供的帮助与犯罪结果之间的因果关系的,则属于犯罪既遂。如果帮助犯为消除已提供的帮助付出了诚挚的努力,但仍未能阻止实行犯实施犯罪或者有效防止犯罪结果发生的,虽构成犯罪既遂,但在量刑时对帮助犯阻止犯罪付出的努力应作适当考虑,可以从轻处罚。

——《刑事审判参考》(总第84辑)。

黄土保等故意伤害案(《刑事审判参考》案例第199号)

要旨:教唆犯在实施完其教唆行为后,在其他被教唆人为犯罪进行预备活动时,仅是其个人表示放弃犯罪意图,或仅仅通知其中一个或几个被教唆人,停止实施其教唆的犯罪行为,不能认为该教唆犯是"自动放弃犯罪",从而成立犯罪中止。教唆犯在实施完其教唆行为后,在其他被教唆人已经着手实施犯罪以后,虽其个人意图中止犯罪,但未能积极参与有效阻止犯罪结果发生,也不能认为该教唆犯成立犯罪中止。

犯罪中止发生在犯罪过程中,而犯罪过程又可包括犯罪预备与犯罪实行两个阶段。因此,犯罪中止可以包括预备阶段的中止和实行阶段的中止两种情况。预备阶段的犯罪中止,就是指条文中"自动放弃犯罪"的情形。也就是说行为人在犯罪预备阶段,只要主观上放弃了犯罪意图,客观上自动停止了犯罪的继续实施,就可以成立犯罪中止。实行阶段的中止，是指行为人已经着手实施犯罪行为以后的中止。实行阶段的中止，如不足以产生危害结果，只要自动停止实行行为即可；如足以产生危害结果的，就必须以“自动有效地防止犯罪结果发生”为必要。对行为人来说，“自动放弃犯罪”或“自动有效地防止犯罪结果的发生”，只要满足其中一项即构成犯罪中止。但是我们也应意识到，上述关于犯罪中止的规定，主要是针对单独犯罪这种情形作出的。在单独犯罪中，按照上述规定认定犯罪中止是相对比较容易把握的。但是共同犯罪中也同样存在着犯罪中止的情形。由于共同犯罪是由各共犯基于主观上的共同犯罪故意而实施的共同犯罪行为，并形成一个相互联系、相互作用、相互制约的整体，成为犯罪结果发生的共同原因，这就决定了共同犯罪中止有区别于单独犯罪中止的复杂性。比如，教唆犯在实施完其教唆行为后，在其他被教唆人为犯罪进行预备活动时，仅是其个人表示放弃犯罪意图，或仅仅通知其中一个或几个被教唆人，停止实施其教唆的犯罪行为，不能认为该教唆犯是“自动放弃犯罪”，从而成立犯罪中止。又比如，教唆犯在实施完其教唆行为后，在其他被教唆人已经着手实施犯罪以后，虽其个人意图中止犯罪，但未能积极参与有效阻止犯罪结果发生，也不能认为该教唆犯成立犯罪中止。

——《刑事审判参考》（总第28辑）。

张烨等强奸、强制猥亵妇女案（《刑事审判参考》案例第125号）

要旨：实施强奸行为后，出于猥亵的故意又对被害人实施猥亵行为的，应以强奸罪和强制猥亵妇女罪①数罪并罚；强奸的帮助犯在实行犯实施强奸行为后，放弃对被害人实施奸淫的，不构成犯罪中止。

罪数的判断应当根据主客观相统一的犯罪构成标准说。根据这一标准，确定罪数的单复，应该以犯罪构成的个数为依据，即行为人的犯罪事实具备一个犯罪构成的为一罪，具备数个犯罪构成的则为数罪。如果行为人以强奸的故意对被害人实施奸淫行为，符合强奸罪的犯罪构成，构成强奸罪；如果在奸淫行为完成后，又以猥亵的故意，实施猥亵行为，以发泄其性欲，符合强制猥亵罪的犯罪构成，成立强制猥亵妇女罪，二行为之间不存在相互包容等关系。虽然二行为侵害的是同一犯罪对象，但这并不能影响其犯罪构成的独立性。在着手强奸前及实行强奸过程中的强制猥亵行为应当为强奸所包容、吸收，是因为这种强制猥亵可以作为强奸罪的预备行为或实行行为中自然可能具有的附随行为来理解，但在强奸行为完成后，另起犯意猥亵被害人，就不能被先前的强奸行为所包容吸纳，当然此猥亵行为更不是强奸行为的必然延伸，二者之间不存在吸收或者牵连关系。所以，对行为人的行为应

① 罪名已调整为“强制猥亵、侮辱罪”。

当定两罪,而不是强奸一罪。

强奸的帮助犯在实行犯实施强奸行为后,放弃对被害人实施奸淫的,不构成犯罪中止。成立犯罪中止,不仅要求行为人客观上放弃了犯罪行为,而且还要求行为人主观上必须自动、彻底地放弃该犯罪意图。四是中止的有效性,即在犯罪行为实行终了而犯罪结果尚未发生的情况下,要成立犯罪中止,仅消极地停止犯罪行为还不够,行为人还必须采取积极措施有效地防止犯罪结果的发生,倘未能有效地防止犯罪结果发生,则行为人仍不能成立犯罪中止。总之,犯罪中止必须是主客观的统一,主观上行为人必须自动彻底地放弃了犯罪意图,客观上行为人必须放弃了犯罪行为或有效地防止了结果的发生。司法实践中,根据上述规则认定个人单独犯罪的中止问题,一般而言是较容易的。但是共同犯罪不同于单独犯罪,共同犯罪的中止较单独犯罪的中止又复杂些。由于共同犯罪的各个行为之间相互联结,相互补充、利用,形成有机整体,与犯罪结果之间存在着整体上的因果关系,因此,各犯罪人不仅要对本人行为负责,还要对其他共同犯罪人的行为负责。故一般情况下,共同犯罪的中止要求在放弃本人的犯罪行为时,还必须有效地制止其他共同犯罪人的犯罪行为,防止犯罪结果的发生。易言之,在共同犯罪的场合,犯罪一经着手,单个的共同犯罪人,仅是消极地自动放弃个人的实行行为,但没有积极阻止其他共同犯罪人的犯罪行为,并有效地防止共同犯罪结果的发生,对共同犯罪结果并不断绝因果关系,就不能构成中止犯,也不能免除其对共同犯罪结果的责任。

——《刑事审判参考》(总第20辑)。

091 共同犯罪中的主从犯如何认定

关键词 | 共同犯罪 | 实行犯 | 教唆犯 | 帮助犯 | 犯罪中止 |

【最高人民法院参考案例】

龙世成、吴正跃故意杀人、抢劫案(《刑事审判参考》案例第634号)

要旨:如果各被告人均系主犯,且罪责相当,应从多种角度进一步区分主犯之间的罪责大小,进而准确适用刑罚。

如果各被告人均系主犯,且罪责相当的,如何进一步区分主犯之间的罪责,便成为棘手问题。不少案件,由于区分主犯之间罪责的困难,常有对两名被告人均判处死刑的做法。然而,这种做法是不妥当的,根据死刑政策精神应从多种角度进一步区分主犯之间的罪责大小,进而准确适用死刑。

首先,可以从各被告人在犯罪中的具体行为来分析其地位、作用。在犯罪预备阶段,通常包括提起犯意、选择犯罪对象、准备犯罪工具等环节。区分各被告人在这一阶段的具体作用，原则上以提起犯意者为主。通常，预谋过程中提起犯意的被告人往往会积极实施犯罪，且常常对共同犯罪行为有一定的控制力，故作用相对突出。对于起意后积极准备工具，直接参与实施抢劫和杀人行为的，即使其在实行阶段的作用与其他被告人相同甚至略小，可以认定其整体罪责较大。但是，如果二人均有犯意，仅是其中一人先说出，另一人一拍即合，并积极参与预谋，起意者在实行阶段作用不突出的，则不宜认定起意者罪责最大。实践中，证实有关犯罪预备事实，尤其是犯意提起这一事实的证据往往只有各被告供述，如果被告人供述一致，自然容易认定。但常有各被告人供述不一致、相互推诿的情形，这就要结合各被告人自身情况、与被害人的关系等因素，综合分析认定。在实行阶段，关键看谁的行为对造成被害人死亡的结果所起作用相对较大。大体上，实施抢劫和伤人行为越主动的，罪责越大，而使用暴力手段有所节制者，罪责相对较小。例如，各被告人均积极动手杀人，但有的连续捅刺多刀，有的仅捅刺一两刀，则捅刺刀数多的罪责较大；再如，一人击打或者捅刺的是被害人的胸腹部等要害部位，另一人捅刺的是腿部、臀部等次要部位，则捅刺要害部位的罪责较大；又如，两被告人一前一后用同样凶器伤及被害人的同样部位，伤害程度也基本相当，则先实施伤害行为的罪责相对大。在犯罪后续阶段，通常有毁灭罪证、分赃等环节。分析各被告人在这一阶段的具体行为，对于区分他们在共同犯罪中的作用具有补充作用，特别是在无法准确区分各被告人在前两个阶段的作用时，区分各被告人在此阶段的作用大小，有利于准确适用死刑。在一般情况下，可通过下列环节比较所起作用的大小：抛尸、分尸或实施其他毁灭罪证行为的被告比没有参与这些行为的被告人作用大；主持分赃的被告人比其他被告人作用大；分赃多的被告人比分赃少的被告人作用大；负责分赃的被告人比其他被告人作用大。

其次，区分各被告人在主观恶性、人身危险性等方面的差异，是确定各被告人罪责的重要依据。如果通过比较犯罪的具体作用无法准确区分被告人罪责大小的，还应当考察各被告人自身情况、犯罪前后表现等因素，来确定各被告人的罪责。例如，一般情况下，成年人和未成年人共同犯罪的，成年人罪责较大；父子或者兄弟共同犯罪的，父亲或者兄长的罪责较大；有累犯、再犯情节或者违法记录的被告人，比素行良好的初犯的罪责更大。从犯罪后表现看，作案后自首、立功、认罪悔罪、积极赔偿、取得被害人谅解的比不具备这些情节的被告人的罪责要小。当然，对被告人最终罪责的认定，均是综合分析判断的结果。对于犯罪情节十分恶劣、犯罪后果极其严重的案件，如果被告人在预谋、实施、分赃方面作用明显较大，即使其犯罪后有自首或者立功表现，但该情节不足以从轻处罚的，也可以依法判处死刑。

——《刑事审判参考》（总第 75 辑）。

于爱银、戴永阳故意杀人案(《刑事审判参考》案例第388号)

要旨:共同的犯罪故意和共同的犯罪行为,是构成共同犯罪的两个必要条件。从犯与其他主犯的区别应综合考虑共同犯罪中所处的地位、参与程度、犯罪情节以及对造成危害结果产生作用的大小等各方面的因素来确定。

1. 共同犯罪的理解

所谓共同犯罪故意,是指共同犯罪人通过意思联络,认识到他们共同的犯罪行为会发生危害社会的结果,并决意共同实施犯罪,希望或者放任该结果发生的心理态度。"共同"不仅有"相同"的含义,而且有"合意"的含义。它包括两方面内容:一是各共同犯罪人都有相同的犯罪故意,要求各共犯人都明知共同犯罪行为的性质、危害社会的结果,并且希望或者放任危害结果的发生。各共犯人均对同一犯罪持有故意,而不要求故意的形式和具体内容完全相同。就故意形式而言,双方均为直接故意、间接故意以及一方直接故意一方间接故意,只要是同一犯罪的故意,都可成立共同犯罪。就故意的具体内容来说,只要求各共犯人具有法定的认识因素(即明知自己的行为会发生危害社会的结果的主观心理状态)和意志因素(即希望或者放任危害结果发生的主观心理态度),即使故意的具体内容不完全相同,如实行犯与帮助犯的故意,也可成立共同犯罪。二是各共犯人之间具有意思联络,都认识到自己不是在孤立地实施犯罪,而是在和他人一起共同犯罪。

所谓共同犯罪行为,不仅指各共犯人都实施了同一犯罪构成的行为,而且各共犯人的行为在共同故意支配下相互配合、相互协调、相互补充,形成一个整体。"共同行为"意味着各共犯人的行为都是共同犯罪行为这一整体的组成部分;在发生危害结果的情况下,各共犯人的行为作为一个整体与危害结果之间具有因果关系。共同犯罪行为的分工情况可能表现为四种情况:实行行为、组织行为、教唆行为或者帮助行为。也就是说,共同犯罪行为可以分为实行行为和非实行行为,非实行行为包括组织行为、教唆行为或者帮助行为。共同行为有两种表现形式:一是简单共同行为,所有行为主体的行为都符合具体的作为犯罪构成要件行为的基本特征,而组合成共同行为;二是复杂共同行为,行为具有明确的分工,每一行为主体的单独行为并不完全具备完整的行为结构,甚至并不属于犯罪构成要件的行为,但经过组合后,整体的行为不仅能够全面满足具体的行为要件,并且成为危害结果的合一原因的共同行为。

2. 主、从犯的认定

在处理共同犯罪案件时,要注意将从犯与主犯区别开来。在共同犯罪案件中,可能共同犯罪人都是主犯,但不可能都是从犯,一般说来总是有主有从。从犯与犯罪集团的首要分子不难区别,问题在于从犯与其他主犯的区别,区别的根据是在共同犯罪中所起的作用是主要作用还是次要或者辅助作用。这应综合考虑其在共同犯罪中所处的地位、参与程度、犯罪情节以及对造成危害结果产生作用的大小等各方面的因素来确定。从审判实践来看,主犯一般在事前提出犯意,担当导演角色,纠集、邀约他人,出谋划策;实施犯罪时积极参加,担当主角,往往还指挥、协调他人的行动,所犯罪行较重,或者直接造成严重的危害后果;有的事后还有策划掩盖罪行、毁灭罪证、逃避处罚的行为。而从犯在客观上担当配角,不直接实施具体犯罪构成客观要件的行为,帮助准备、实施犯罪,为共同犯罪创造有利条件和环境,或者虽然直接参与实施了犯罪行为,但罪行较轻,没有直接造成危害后果或者危害后果并不严重;在主观上,犯罪时与其他共同犯罪人具有共同的犯罪故意,但听从主犯的安排、授意和指挥,主观恶性较小。

——《刑事审判参考》(总第 49 辑)。

092 共同致一人死亡的案件中，如何认定罪责最严重的主犯

关键词 | 共同犯罪 | 主犯 |

【最高人民法院参考案例】

郭光伟、李涛抢劫案(《刑事审判参考》案例第 1224 号)

要旨:认定地位作用最突出、罪责最严重的主犯,应当全面考察犯意形成、犯罪实施、犯罪后各阶段的行为及案外因素等,确定各行为人在共同犯罪中的具体地位、作用及主观恶性、人身危险性。

(二)司法实践中如何认定罪责最为严重的共同致死被告人

1. 认定罪责最严重的共同致死被告人可考量的因素

共同致死案件中如有多名主犯的,如何在主犯中区分出罪责最为严重者和较为严重者,是正确适用死刑的关键。如何认定地位作用最突出、罪责最严重的主犯,我们认为,应当全面考察犯意形成、犯罪实施、犯罪后各阶段的行为及案外因素等,确定各被告人在共同犯罪中的具体地位、作用及主观恶性、人身危险性。区分被告人罪责时,可结合全案的犯罪事实,综合考虑下列因素:

(1)从犯罪动机的角度,一般来说,动机卑劣的被告人主观恶性深,如具有奸夫淫妇谋害本夫、出于恶意竞争杀害竞争对手、预谋杀人或杀人决意明显、性情残暴动辄肆意杀人、抢劫杀害孤寡老人或少年儿童等动机、因素的被告人,罪责相对较大。

(2)从犯意产生的角度,一般来说,提起犯意的被告人罪责相对较大。通常提起犯意的被告人往往会积极实施犯罪,且对共同犯罪行为有一定的控制力,故作用相对突出,罪责相对较大。但如果二人均有犯意,仅一人首先提出,另一人一拍即合并积极参与预谋,起意者在实行阶段作用并不突出的,也可不认定起意者罪责最大。此外,实践中常有各被告人供述不一、互相推诿的情形,这就需要结合各被告

人前后供述、自身情况及与被害人的关系等因素，综合认定，确实无法确定起意者的，也可认定为共同起意。

(3)从参与犯罪积极程度的角度，一般来说，主动参加、纠集他人参与犯罪、全程参与、积极实施、直接行凶的被告人罪责相对较大。如某一被告人组织、策划、指挥整个犯罪过程，则应认定其罪责较大，而听从他人指挥实施犯罪的，可认定为罪责相对较小。

(4)从犯罪准备的角度，一般来说，提出并积极准备犯罪工具、物色作案对象、策划犯罪路线、实施踩点等行为的被告人罪责相对较大。

(5)从实施致死行为的角度，实施最核心和最重要致死行为的被告人罪责相对较大，即在能够分清各被告人的行为对死亡结果所起的具体作用的情况下，实施直接致死行为的被告人罪责较大。一人下手凶狠，连续捅刺多刀，另一人捅刺一两刀，明显有节制，则捅刺刀数多的被告人罪责较大。一人击打或者捅刺的是被害人的胸腹部等要害部位，另一人捅刺的是腿部、臀部等次要部位，则捅刺要害部位的被告人罪责较大。采取扼掐颈部方法杀人，一人动手掐，另一人按住被害人手脚，则直接扼掐的被告人罪责较大。二人以上先后用同样凶器捅刺被害人的同样部位，伤害程度相当的，则先实施行为的被告人罪责较大。

(6)从案后抛尸、毁灭罪证等的角度，一般来说，作案后提议破坏案发现场、毁灭尸体及作案工具等罪证，并积极实施的，其罪责相对较大。

(7)从赃款赃物处理的角度，一般来说，对赃款赃物的分配具有决定权或者分得较多赃款赃物的被告人罪责相对较大。

(8)从案外因素的角度，如被告人的性别、年龄及成长经历，是否有犯罪前科，是否更熟悉作案地点及周边情况，被告人之间的相互关系等，这些因素可以从侧面说明哪个被告人的犯意更坚决，犯罪经验更丰富，犯罪过程中的主导性更强，也可用于区分各被告人的地位作用、罪责轻重。

(9)从犯罪后的表现来看，作案后有自首、立功、认罪悔罪、积极赔偿、主动施救、取得被害人谅解等情节的被告人，罪责要比没有这些情节的被告人相对较小。

在审判实践中，判断被告人罪责的大小需要从不同角度同时展开，而不能局限于某一角度。对被告人最终罪责的认定，应是综合分析判断的结果。而对于在犯罪过程中地位、作用明显大于其他被告人，即使被告人犯罪后有自首或立功表现，但该情节依法不足以从轻处罚的，也可以对该被告人判处死刑立即执行。另外，在共同犯罪人罪责确实难以区分时，如果其中某个被告人系累犯，也可从主观恶性和人身危险性的角度予以区分。

如果通过以上各个方面的仔细区分，仍然难以区分罪责大小的，也不宜一律判处两名以上被告人死刑立即执行。如果犯罪性质不是特别恶劣，情节、后果不是特别严重的,基于“严格控制、慎重适用”的死刑政策,也可以对各被告人均不判处死刑立即执行。

2. 在雇凶杀人、伤害案中如何认定罪责最严重的主犯

在雇凶杀人、伤害致一人死亡的案件中,一般不宜同时判处雇凶者与受雇者死刑立即执行,应根据雇凶犯罪的不同情况,准确认定罪责最严重的主犯。

一般而言,下列情形也可以认定雇凶者是罪责最严重的主犯:(1)雇凶者不仅雇用他人犯罪,而且与受雇者共同直接实施;(2)雇凶者虽没有直接实施犯罪,但参与了共同犯罪的策划,实施了具体组织、指挥行为的;(3)雇凶者雇用未成年人实施犯罪的;(4)多名受雇者地位作用相当,责任相对分散或者责任难以分清,雇凶者应对全案负责,应认定雇凶者为罪责最严重的主犯。

一般而言,下列情形可以认定受雇者是罪责最严重的主犯:(1)雇凶者只是笼统提出犯意,没有实施组织、指挥行为,而系受雇者积极主动实施杀人、伤害行为的;(2)受雇者明显超出雇凶者授意范围实施故意杀人、故意伤害犯罪,因行为过限造成更严重危害后果的。

——《刑事审判参考》(总第112辑)。

白云江、谭蓓蓓故意杀人、抢劫、强奸案(《刑事审判参考》案例第1256号)

要旨:在共同故意杀人犯罪中,有两名以上主犯的,应进一步细分其地位、作用。

在共同犯罪中,准确认定各被告人的地位、作用,区分主从犯,并在此基础上更进一步区分各主犯之间或各从犯之间作用大小,对最终确定各被告人的量刑至关重要。在一些故意杀人的共同犯罪案件,特别是两人共同犯罪的案件中,被告人共同预谋,分工配合,共同实施杀人行为,均系主犯。对这种案件,如果仅致一人死亡又依法应当判处死刑的,原则上不能同时判处两名被告人死刑,而应当仔细区分、综合判定各被告人在共同犯罪中的地位、作用,尽可能进一步区分罪责大小,只对其中地位、作用最突出,罪责最严重者判处死刑。审判中要防止为了追求严惩,以难以分清罪责为由,简单地一律判处死刑的做法。同时,需要注意的是,有的案件中,罪责相对较大的被告人因具有法定从宽处罚情节而不能判处死刑的,如犯罪时未成年或者系怀孕的妇女,作案后自首、立功等,此时不能为了追求适用死刑,而把共犯中罪责相对较轻又没有法定从宽处罚情节的被告人升格判处死刑。

有意见认为,既然都是主犯,地位和作用基本相同,技术上很难再进一步区分罪责大小。我们认为,尽管这种区分确实有困难,但仍可以从犯罪过程的各个阶段对各被告人的作用进行综合分析、认定。就故意杀人犯罪而言,主要有提起犯意,纠集同案人,准备作案工具,选择、确定犯罪目标,制定犯罪计划,对参与人员进行

分工,实施具体犯罪过程中的行为(如实施直接致人死亡的行为),资助同案人出逃等环节。具体到个案,上述情节的认定,主要依靠各被告人的供述。在各被告人利益存在冲突的情况下,很可能存在互相推诿的情况,这就需要对各被告人的供述进行认真分析,对供述真伪作出判断,进而对各被告人的地位、作用进行区分。

——《刑事审判参考》(总第114辑)。

093 重大毒品犯罪中,共同犯罪人及上下家之间如何适用刑罚

关键词 | 共同犯罪 | 上下家 | 毒品犯罪 | 死刑 |

【最高人民法院参考案例】

张菊、王福贵、周道会贩卖、运输毒品案(《刑事审判参考》案例第1265号)

要旨:对于既是共同犯罪又是上下家的被告人,要在分清主次的基础上根据各自的地位和作用依法确定是否适用死刑;对于单纯的上下家,要综合考虑各自在促成毒品交易中的作用大小,慎重决定适用死刑。

(一)对于既是共同犯罪又是上下家的被告人,要在分清主次的基础上根据各自的地位和作用依法确定是否适用死刑

从本案的贩毒事实来看,主要涉及两部分:一是张菊、王福贵、周道会等人实施的贩卖毒品事实;二是张菊、周海全、王海涛合伙购买毒品及张菊向多人出售毒品的事实。由于第一部分事实系涉及三被告人贩毒的主要事实,故对此予以重点分析。在被告人张菊、王福贵、周道会等人实施的贩卖毒品事实中,尽管王福贵、张菊均系周道会的下家,但二人的关系并不是单纯的共同犯罪,而是有一个发展变化的过程。最初王福贵是张菊的上家,提供毒品,加价交给张菊贩卖,各自获利,后来王福贵与张菊逐步发展成为共同贩毒,共同获利,主要表现是:二人以兄妹相称,王福贵持有张菊所租部分房屋的钥匙,二人协作完成贩毒事宜,商定共分利润。从具体作用来看,王福贵提供最初的毒品,交给张菊贩卖获利,二人使用贩毒回收的本金和利润继续购进毒品、扩大贩毒;张菊接收王福贵购进的毒品,自主联系在本地销售并组织多人为其运送,且租用多处房屋用于贩毒,除将少量贩毒利润留作日常支出外,将大部分收入交由王福贵继续购进毒品。从上述变化情况来看,二人的主要关系是共同犯罪。从二人在共同犯罪中的地位和作用来看,王福贵有稳定货源,张菊有流通渠道,二人均有各自的优势和较大的独立性,“强强联手”后扩大贩毒规模,二人在共同犯罪中均起主要作用,均系主犯,地位、作用基本相当。

被告人张菊结伙贩卖甲基苯丙胺5145克,贩毒数量巨大;在与王福贵的共同犯罪中,如前所述,张菊系地位和作用突出的主犯;在与周海全、王海涛共同犯罪

中，张菊系主要货主，不仅拍板确定赴安徽购毒，而且负责安排毒资、提供路费、给予辛苦费等事宜，购买毒品的数量也是由其决定，其地位和作用在三人中最为突出。此外，本案中，张菊系唐山毒品销售网络的重要源头，拥有为数众多的下线买家，尽管每次销售数量不多，但因买家多、次数多，总量也不小，而且少量多销的方式更加隐蔽，流入社会危害更大。毒品零包贩卖，也是从严打击的重点。鉴于张菊犯罪情节严重，社会危害极大，罪行极其严重，结合其另有大量贩毒行为的实际情况，判处其死刑适当。被告人王福贵提议与张菊共同贩毒，承诺获利后与张菊年底分红，积极筹措毒资，主动联系上线周道会约购毒品，并事先交付毒资，亦系地位和作用突出的主犯，共查获其贩卖毒品 4591 克，犯罪情节严重，社会危害极大，应依法惩处，结合其另有大量贩毒行为的实际情况，判处其死刑适当。

（二）对于单纯的上下家，要综合考虑各自在促成毒品交易中的作用大小，慎重决定适用死刑

被告人王福贵、张菊从被告人周道会处购进毒品，然后由张菊出售给他人，因此双方是上下家关系，即周道会是上家，王福贵、张菊是下家。对同一宗毒品的上下家，判处几人死刑、如何选择适用死刑，一直是司法实践中困惑的问题。为此，《武汉会议纪要》规定，对于买卖同宗毒品的上下家，涉案毒品数量刚超过实际掌握的死刑数量标准的，一般不能同时判处死刑；上家主动联络销售毒品，积极促成毒品交易的，通常可以判处上家死刑；下家积极筹款，主动向上家约购毒品，对促成毒品交易起更大作用的，可以考虑判处下家死刑。涉案毒品数量达到巨大以上的，也要综合上述因素决定死刑适用。

从本案情况来看，被告人周道会虽系王福贵的上家，但属于居中倒卖，其接收王福贵的毒资后又联系他人购进毒品加价贩卖，且雇用他人协助完成贩卖、寄运事宜，罪责严重，应依法惩处。但与张菊、王福贵相比，周道会的作用相对较小：首先，周道会贩卖毒品的数量少于张菊、王福贵贩卖毒品的数量，获利更是少之又少，尚不及王福贵从张菊处获取的差价，对此应在量刑时予以适当考虑；其次，周道会虽然是毒品上家，但其并不是持有毒品待价而沽，而是王福贵主动找他联系并先支付毒资，其才去联系毒品，故其在贩卖毒品的合意、联络等方面，均具有一定的被动性，也就是说，在促成毒品交易方面，周道会的作用明显要小于王福贵。根据《武汉会议纪要》的规定以及周道会贩卖毒品的数量和情节，对其可以不判处死刑。

——《刑事审判参考》（总第 114 辑）。

094 组织卖淫共同犯罪中的主犯认定

关键词 | 共同犯罪 | 主犯 | 组织卖淫罪 |

【最高人民法院参考案例】

方斌等组织卖淫案(《刑事审判参考》案例第1268号)

要旨:在组织卖淫共同犯罪中,主要投资人一般应认定为主犯。

1. 组织卖淫罪有主犯、从犯之分

司法实践中有观点认为,组织卖淫罪只有主犯,没有从犯。我们不认同这种观点。任何一种犯罪,在数人共同犯罪的形态中,除都是主犯或者共同正犯的情况外,均应按照各自在犯罪中所起到的作用大小,区分为主犯和从犯。在通常情况下,组织卖淫犯罪涉及的人员较多、关系复杂,既有组织者、各类管理人员,又有一般的服务人员。他们之间有不同的职责分工,共同参与犯罪活动,要根据其行为区分不同的罪责,确定主犯、从犯。

2. 在组织卖淫共同犯罪中,主要投资人一般应认定为主犯

对于主要投资人而言,其实际上是卖淫场所的所有人或实际经营者,虽然通常并不直接参与卖淫场所的日常经营管理,而是通过雇用、指使管理人员负责卖淫场所的日常经营运行,但主要投资人在整个组织卖淫共同犯罪过程中起到了组织、策划、指挥等主要作用,具有绝对的支配权和领导地位,其他参与组织卖淫犯罪的人员都受其指挥、服从其领导,二者之间是上下级的关系。故主要投资人在犯罪组织中的地位高、作用大,属于“幕后黑手”“老板”“大哥”,当然应该对组织卖淫活动承担全部责任,是第一主犯。

本案中,被告人方斌在豪瑞特酒店利用从事服务行业的便利条件,以招募、雇佣、容留等手段,控制多人从事卖淫行为,其已构成组织卖淫罪。方斌虽然没有直接参与卖淫活动的具体事务管理,但其作为会所实际投资人,雇用他人管理卖淫活动,是整个卖淫活动的控制者,起主要作用,是主犯,应当按照其组织的全部犯罪处罚。一、二审法院认定方斌系组织卖淫共同犯罪的主犯是正确的。

——《刑事审判参考》(总第115辑)。

095 如何区分组织卖淫罪的从犯与协助组织卖淫罪

关键词 | 共同犯罪 | 从犯 | 协助组织卖淫罪 |

【最高人民法院参考案例】

杨恩星等组织卖淫案(《刑事审判参考》案例第1269号)

要旨:协助组织卖淫罪是将组织卖淫罪的帮助行为单独成罪,而非将组织卖淫罪的所有从犯单独成罪;协助组织卖淫罪与组织卖淫罪的从犯的本质区别在于行

为不同，而非作用大小。

（一）协助组织卖淫罪是将组织卖淫罪的帮助行为单独成罪，而非将组织卖淫罪的所有从犯单独成罪

我国 1979 年刑法没有规定协助组织卖淫罪。1991 年《全国人民代表大会常务委员会关于严禁卖淫嫖娼的决定》（以下简称《决定》）第一次从法律上确认了组织卖淫罪和协助组织卖淫罪。随后，最高人民法院、最高人民检察院于 1992 年出台《关于执行〈全国人民代表大会常务委员会关于严禁卖淫嫖娼的决定〉的若干问题的解答》（以下简称《解答》）在第三条解释了协助组织卖淫罪的罪状，即"协助组织他人卖淫罪，是指在组织他人卖淫的共同犯罪中起帮助作用的行为。如充当保镖、打手、管帐人等"。1997 年刑法吸纳了上述内容。2011 年，刑法修正案（八）修改了本罪的罪状，将"协助组织他人卖淫的"修改为"为组织卖淫的人招募、运送人员或者有其他协助组织他人卖淫行为的"。2017 年 7 月 25 日实施的《最高人民法院、最高人民检察院关于办理组织、强迫、引诱、容留、介绍卖淫刑事案件适用法律若干问题的解释》（以下简称《涉卖淫刑案解释》）对本罪罪状进行了详细的解释，即"明知他人实施组织卖淫犯罪活动而为其招募、运送人员或者充当保镖、打手、管账人等的，依照刑法第三百五十八条第四款的规定，以协助组织卖淫罪定罪处罚，不以组织卖淫罪的从犯论处"。

从以上协助组织卖淫罪的相关规定可以看出，组织卖淫罪与协助组织卖淫罪在一般情况下属于实质上的共同犯罪，协助组织卖淫行为属于组织卖淫行为中的帮助行为。在我国刑法理论中，一般来说，帮助犯从属于正犯，与正犯构成共同犯罪。在刑法没有对帮助犯设置具体罪状并单独规定法定刑的情况下，对帮助犯只能适用正犯的法定刑，并结合刑法总则规定的从犯处罚原则进行处罚。但考虑到实践中某些帮助行为已出现类型化趋势，社会危害性也较大，为加大对此类行为的打击，我国刑法分则将部分帮助行为规定为独立犯罪，如刑法第一百零七条规定的资助危害国家安全犯罪活动罪，第一百二十条之一第一款规定的帮助恐怖活动罪以及第三百五十八条第四款规定的协助组织卖淫罪。协助组织卖淫行为单独成罪，主要是由于司法实践中组织卖淫者往往不能单独完成犯罪，需要合作者或者帮助者才能顺利实施组织卖淫行为。在组织卖淫者开设"娱乐场所"的过程中，离不开保镖、打手、管账人等的"协助"，这些协助组织行为已经常态化、类型化，甚至可以说必不可少。而由于其中犯罪人之间的分工不同、作用不同，导致各自承担的刑事责任也是不同的。因此，将这些协助组织行为从组织卖淫行为中分离出来，进行区别定罪量刑。此外，司法实践中也存在不少协助者独立于组织卖淫者的情况，如一些行为人专门负责招募、雇用、运输、培训卖淫者，他们不仅仅服务于某一个组织卖淫团伙，而是同时为数个组织卖淫团伙服务。这种情况下，如果简单地按照共同

犯罪理论,将其作为某一个组织卖淫团伙的共犯来处理,就很可能会遗漏掉协助者的其他协助行为。

综上,协助组织卖淫者可以认为是组织卖淫者的帮助犯,在帮助犯没有单独成罪的情况下,确实属于从犯的一种,但并不是从犯的全部。在协助组织卖淫行为单独成罪以后,对该行为不再按照组织卖淫罪的从犯处理,而是作为独立的犯罪定罪量刑。但这并不意味着组织卖淫罪中不存在从犯,或者说组织卖淫罪的从犯就是协助组织卖淫罪。实践中有种观点认为,组织卖淫罪一般是由数人或者多个环节组成的共同犯罪行为,凡是共同组织卖淫罪的主犯都应当定性为组织卖淫罪,凡是共同组织卖淫罪的从犯都应当定协助组织卖淫罪。我们认为,这种观点是错误的,协助组织卖淫罪是一种独立的犯罪,而不是共同组织卖淫罪的从犯;共同组织卖淫罪的从犯,应当定性为组织卖淫罪,而不能定性为协助组织卖淫罪。

(二)协助组织卖淫罪与组织卖淫罪的从犯的本质区别在于行为不同,而非作用大小

组织卖淫罪的从犯与协助组织卖淫罪的区分历来是司法实践中的难点。我们认为,协助组织卖淫行为属于帮助犯,帮助犯与主行为实施者即实行犯是按照分工不同划分的,即帮助犯不实施主行为,两者的本质区别在于行为人在组织卖淫活动过程中的分工,而不是作用大小。在组织卖淫活动中,凡是对卖淫者的卖淫活动直接进行管理、控制的行为人,体现为以招募、雇佣、强迫、引诱、容留等手段,管理、控制多人从事卖淫,核心是策划、指挥、管理、控制、安排、调度等组织行为,应当构成组织卖淫罪。其中起主要作用的是主犯,起次要、辅助作用的是从犯,但从犯实施的行为也应是组织行为,只是这种组织行为相对于主要组织者而言作用相对次要。而协助组织卖淫罪中行为人所实施的行为不能是组织行为,不与卖淫行为发生直接联系,只能是在外围保障卖淫活动顺利进行的辅助行为。根据刑法和《涉卖淫刑案解释》的规定,协助组织卖淫罪的客观行为主要表现为:以招工为名,通过广告、互联网等方式,协助诱骗、招募妇女卖淫,但本身不参与组织卖淫活动;提供交通工具,为组织卖淫者接送、转移卖淫人员,只收取相应运输费用;充当保镖,看家护院、望风放哨;充当打手,协助强迫妇女卖淫;为组织卖淫者充当管账人等。

在司法实践中,对于将组织他人卖淫场所中的"老板"认定为组织者是没有异议的,但对于经理、领班等其他管理人员能否认定为组织者存在争议。我们认为,在整个卖淫组织中,出资者、指挥者固然属于组织卖淫者,经理、领班等其他管理人员也实施具体的管理行为,只是其地位和作用相对于出资者、指挥者来说较小,但只要与卖淫人员之间存在管理与被管理的关系,而不是实施单纯的帮助行为,其实质上就实施了组织卖淫罪的实行行为,故也应将这部分管理人员的管理行为认定为组织卖淫行为。

本案中，被告人纪文峰在卖淫场所中担当客服的角色，主要负责接听嫖客电话、指引嫖客前往指定地点进行嫖娼，此外纪文峰还负责创建该卖淫店工作微信群、面试卖淫女、办理卖淫女请假事宜等工作。这些行为中，前者即接听嫖客电话、指引嫖客前往嫖娼的地点、面试卖淫女等属于协助组织卖淫行为；但后者即建立杨恩星、逢锦敏还有卖淫女在内的微信工作群、准许卖淫女请假等行为，却属于组织卖淫行为，因为这些行为已经超出了协助组织卖淫的行为范畴，而属于组织卖淫中的管理行为。在这种情况下，应如何认定被告人纪文峰的行为性质？我们认为，应当综合全案分析纪文峰行为的本质特征。纪文峰是卖淫店合伙人杨恩星的情人，组织卖淫活动是杨恩星的唯一经济来源，纪文峰的日常花费均由杨恩星提供，纪文峰实际是在杨恩星的指使下，与逄锦敏分工负责共同管理卖淫活动，因此，组织卖淫活动并从中牟取利益是其实施所有行为的目的。在其实施组织卖淫行为时，虽然同时实施了性质上属于协助组织卖淫的行为，但两类行为是密切相关的。也就是说，行为人基于同一犯罪目的（组织卖淫），同时实施两类行为，分别触犯了不同罪名，但行为之间具有牵连关系的，属于牵连犯，应当从一重罪处断，即按照组织卖淫罪来定罪处罚。原审法院在判决时《涉卖淫刑案解释》尚未公布实施，但认定被告人纪文峰的行为构成组织卖淫罪，与《涉卖淫刑案解释》的规定是完全一致的；原审法院同时考虑到，相对于杨恩星、逄锦敏来说，纪文峰的作用相对次之，认定其为从犯，判处有期徒刑二年六个月，并处罚金二万元是适当的。

——《刑事审判参考》（总第115辑）。

096 共同犯罪中实行过限的认定

关键词 | 共同犯罪 | 实行过限 | 教唆犯 | 实行犯 |

【最高人民法院审判业务意见】

所谓实行过限，是指在共同犯罪中，由实行犯实施的某种超出共同犯罪人共同谋议之罪范围的犯罪行为，其具有以下特征：(1)实行过限行为首先必须是一种犯罪行为；(2)实行过限行为发生在共同谋议之罪的实施过程当中；(3)这种行为是由实行犯基于本人的故意或过失单独实施的；(4)这种行为超出了共同犯罪人共同谋议之罪的范围。由于实行过限行为，是实行犯在实施共同犯罪过程中单独实施的超出共同犯罪人共同谋议的犯罪行为，其他共犯对这种行为在主观上没有罪过，因此，过限行为的刑事责任只能由该实行犯独自承担，其他共犯对此不承担刑事责任，而仅承担共同谋议之罪的刑事责任。

认定是不是实行过限，总的来说，是看实行犯的实行行为是否超出了共同犯罪人共同谋议之罪的范围。由于共同犯罪的复杂性,共同谋议之罪的范围往往存在模糊性、不确定性。司法实践中,认定是不是实行过限,常会有些难度,需要运用有关证据审慎加以判定。就教唆人和被教唆人共同犯罪而言,主要是要认真研究教唆人的教唆内容。实践中,教唆人的教唆内容不外乎有两种情形:一种是教唆内容明确,另一种是教唆内容概括、不明确。具体地说,在教唆人的教唆内容明确、特定的情况下,被教唆人实施了超出教唆内容范围以外的行为,即属于实行过限,对教唆人和被教唆人就应当按照实行过限的刑事责任承担原则,分别追究不同的刑事责任;在教唆人的教唆内容不明确或不太明确的情况下,只要是由于教唆人的教唆行为使被教唆人产生了犯意并实施的,就应当视为没有超出教唆内容范围,不属于实行过限,教唆人和被教唆人应共同对其承担刑事责任。如教唆人以某种犯罪为教唆内容进行教唆,而被教唆人却实施了另种罪行,以及教唆人以某种犯罪为教唆内容,且对犯罪目标、程度等均有明确指示时,而被教唆人却在超出目标、程度外予以实施,这都是实行过限的适例;反之,教唆人以实行此罪或彼罪为内容而教唆,或者仅以实施某种犯罪为内容予以教唆,但对犯罪的目标或程度等却没有明确的指示,则被教唆人无论是实行了此罪或彼罪,或二者都实施了,或者无论是在多大范围或程度上实施了该罪,都不属于实行过限,教唆人和被教唆人都必须对被教唆人的实行行为承担共同犯罪的刑事责任。

——《实行过限、转化犯的司法认定及处理》,载最高人民法院刑事审判第一庭、第二庭:《刑事审判参考》(总第22辑),法律出版社2001年版,第76—77页。

【最高人民法院参考案例】

王兴佰、韩涛、王永央故意伤害案(《刑事审判参考》案例第409号)

要旨:共同犯罪中有共同实行犯罪、教唆犯罪、帮助犯罪等几种情形,每种情形的实行过限都有不同的判定原则。

1. 教唆犯中的实行过限认定

教唆犯是犯意的发起者,没有教唆犯的教唆,就不会有该犯罪行为的发生,特别是使用威胁、强迫、命令等方法的教唆犯,因此教唆犯在共同犯罪中往往起主要作用。在教唆犯罪的情形下,判定实行行为过限的基本原则是看被教唆人的行为是否超出了教唆的范围。在教唆内容较为确定的情况下,认定被教唆人的行为是否属于实行过限较为容易,但如果教唆犯的教唆内容较为概括,由于教唆内容不太明确,确定被教唆人的行为是否实行过限就较为困难。尤其是在一些教唆伤害的案件中,教唆者出于教唆伤害他人的故意往往使用诸如“收拾一顿”“整他一顿”“弄他”“摆平他”“教训”等内涵外延较为模糊的言语,在不同的语言环境中,不同阅历背景的人理解的含义往往是有分歧的。对于这种盖然性教唆,实际的危害结果取决于实行行为的具体实施状况，轻伤、重伤甚至死亡的危害结果都可能发生，但无论哪一种结果的出现都是由教唆犯的授意所引起，均可涵盖在教唆犯的犯意中。因此，在这种情况下，由于教唆犯的盖然性教唆而使被教唆人产生了犯意，实施了教唆故意涵括内的犯罪行为，只要没有明显超出教唆范围的，都不应视为实行过限。

司法实践中，对于教唆故意范围的认定，主要看教唆者的教唆内容是否明确，即教唆犯对被教唆人的实行行为有无明确要求：或正面明确要求用什么犯罪手段达到什么犯罪后果，如明确要求用棍棒打断被害人的一条腿；或从反面明确禁止实行犯采用什么手段，不得达到什么犯罪结果等，如在伤害中不得使用刀具、不得击打被害人头部，不得将被害人打死等。如果教唆内容明确，则以教唆内容为标准判断实行者行为是否过限。如果教唆内容不明确，则属于一种盖然的内容，一般情况下不应认定实行行为过限，除非实行行为显而易见地超出教唆内容。

2. 实行犯中的实行过限认定

在共同实行犯罪的情形下，判定实行行为过限的基本原则是看其他实行犯对个别实行犯所谓的"过限行为"是否知情。如果共同实行犯罪人中有人实施了原来共同预谋以外的犯罪，其他共同实行犯根本不知情，则判定预谋外的犯罪行为系实行过限行为，由实行者本人对其过限行为和后果承担责任；如果其他实行犯知情，除非其有明确、有效的制止行为，则一般认为实行犯之间在实施犯罪当场临时达成了犯意沟通，其他人对实行者的行为予以了默认或支持，个别犯罪人的行为不属于实行过限，其行为造成的危害结果由各实行犯共同承担责任。

——《刑事审判参考》（总第52辑）。

陈卫国、余建华故意杀人案（《刑事审判参考》案例第408号）

要旨：共同犯罪人不应对实行过限行为承担责任。

根据我国刑法主客观相统一的原则和共同犯罪的有关理论，每个共同犯罪人承担刑事责任都必须以他对所实施的犯罪行为具备犯罪故意为前提，也必须以其实施的犯罪行为对危害结果具有因果联系为前提。共同犯罪人的主观故意可以是概括的故意，但这一概括的故意是有限度的，如果部分共同犯罪人这一故意内容在犯罪行为实施阶段没有明显转化，仍停留在对原来的认识内容上，则由于对转化后的故意内容缺乏刑法意义上的认识，对过限行为不应承担责任。但是，如果部分共犯人所实施的行为客观上与实行过限行为所导致的结果存在有一定关联，在量刑时应酌情考虑这一情节。

——《刑事审判参考》（总第52辑）。

097 间接正犯是否存在实行行为过限

关键词 | 间接正犯 | 实行过限 |

【最高人民法院参考案例】

徐文斌诈骗案(《刑事审判参考》案例第1439号)

要旨:间接正犯中的实行行为人超出间接正犯的授意实施的行为构成实行行为过限。

(一)被告人徐文斌构成诈骗罪的间接正犯,张某、卢某等人不构成犯罪

间接正犯也叫间接实行犯,是指犯罪人不亲自实施犯罪的实行行为而是假借他人之手,即通过强制或欺骗手段支配、利用其他人实施一定行为,以达成犯罪目的。间接正犯不出现在犯罪现场,也不参与实施具体犯罪行为,而是幕后的操纵者和支配者,在具体行为实施者不承担刑事责任的情况下,间接正犯要对实施者的行为所造成的犯罪结果承担刑事责任。间接正犯主要的犯罪形态包括:(1)利用没有犯罪意图(过失或不知情)的人来犯罪,如甲医生欲杀害病人丙,将毒针交给不知情的护士乙,乙给丙注射后致丙死亡;(2)利用无刑事责任能力的人犯罪,如利用尚未达到刑事责任年龄的人或精神病人来犯罪,在利用尚未达到刑事责任年龄的人犯罪情形下,间接正犯和教唆犯有交叉。

本案中,被告人徐文斌对陕西国际商贸学院的学生张某谎称自己有帮学生代缴并减免一半学费的能力,取得张某的信任;张某又纠集了卢某、郑某等学生在学校内进行宣传,张某、卢某、郑某等实际收取了三十八名学生的学费三十一万余元。在整个犯罪过程中,张某、卢某等人对徐文斌虚构事实、隐瞒真相的诈骗故意是不知情的,实际上是被徐文斌利用和支配的,充当了徐文斌具体实施诈骗行为的工具。所以张某、卢某等人具体收取学费的行为是没有犯罪意图的行为,不构成徐文斌诈骗罪的共同犯罪人,徐文斌单独构成诈骗罪。与一般的间接正犯不同的是,本案中张某、卢某等人在被告人徐文斌所称的可以减免一半学费的基础上又进行"加码",向学生宣称是以六折左右的比例来收取学费,因此多收了部分钱财,多出的部分被张某、卢某等人私分。关于张某、卢某等人具体实施行为时超出徐文斌的授意范围另外获利这一情节该如何评价,有两种观点:

第一种观点认为,张某、卢某等人的行为是单独的诈骗行为,理由是张某、卢某等人信以为真的"事实"是能够帮学生减免一半学费,但是却出于牟利的动机,对学生谎称以六折的价格来收取学费,构成刑法上的"虚构事实、隐瞒真相";第二种观点认为,张某、卢某等人的行为属于不当得利,不构成犯罪。

我们同意第二种观点。张某、卢某等人为被告人徐文斌所欺骗,对徐文斌可以减免学费的说法信以为真,张某、卢某等人没有诈骗他人的主观故意,这是本案成

立间接正犯的基础。在此基础上张某、卢某等人贪图利益，在徐文斌承诺的返利之外，又想到可以向学生“加码”另行收费，即使是六折的价格收取学费，对于学生而言仍然是很有吸引力的，只要徐文斌最后以减半的学费把事情办成了，那么张某、卢某等人从中赚取的这部分差价就不存在任何问题。这种行为类似于某些房地产商的关系户炒卖房票，如将从房地产商处给的八折购房优惠又“加码”以九折转让给购买者赚取差价，此类行为存在违法或不合规之处，但主观上没有诈骗的故意，客观上也不符合诈骗罪的行为要件，不构成犯罪。

（二）被告人徐文斌不应对张某、卢某等人超额获利的数额承担诈骗罪的刑事责任，间接正犯中也存在实行行为过限

典型的实行行为过限存在于普通的共同犯罪中，一般指在共同犯罪中，部分共同犯罪人实施了超过原共同商定的犯罪故意范围以外的行为。共同犯罪要求共同犯罪人具有共同故意，对行为的性质及可能造成的危害结果具有共同的认知和意志。根据主客观相一致的原则和责任主义原则，实施过限行为的行为人自己承担过限部分的行为责任，没有共同故意的其他共同犯罪人，不应对此承担刑事责任。如甲与乙商议共同抢劫丙家的财物，两人进入丙家控制丙后即分头搜找财物，但乙不仅盗窃了财物，还强奸了丙的妻子。乙的强奸行为明显超出了甲与乙共同故意的范围，甲应对甲、乙搜得的所有财物负责，但不对乙的强奸行为负责。

间接正犯是一种特殊、复杂的犯罪形态。基于我国刑法规定“共同犯罪是指二人以上共同故意犯罪”，因此间接正犯不属于共同犯罪，所以一直作为单个人的犯罪来处理，追究个人的刑事责任。但因为间接正犯中毕竟存在支配利用他人的犯罪人与被支配利用的实行行为人，实行行为人当然有可能超出授意范围行事。而且，实行行为过限不仅仅局限于行为性质的过限，也包括数额的过限。如甲明确授意十三岁的儿童乙到丙家中盗窃丙放在衣柜里的金银首饰，但乙到丙家中取得金银首饰后又拿走了丙的钱包，并单独占有了该钱包，甲对此亦不知情，乙因未到刑事责任年龄故无论是对金银首饰还是钱包都不构成盗窃罪，甲也不应对乙超出授意范围取得的钱包负责。当然，如果甲的授意是概括故意，那么即使乙背着甲额外窃取的数额也未超出甲的故意范围，甲虽不知情仍应负责。

本案中，公诉机关认为，被告人徐文斌利用了张某、卢某等人的行为实施诈骗，行为最终造成了被害人三十一万余元的钱财被骗，虽然张某、卢某等人只交给了徐文斌二十万余元，但因张某、卢某等人不构成犯罪，徐文斌单独构成诈骗罪，且三十一万余元被骗的结果是徐文斌造成的，故徐文斌的诈骗数额应为三十一万余元。根据上文分析，我们认为，本案中徐文斌系诈骗罪的间接正犯，而张某、卢某等人为实行行为人，张某、卢某等人单独“加码”额外获利的行为超出了徐文斌的授意范围，而且多收取的八万余元也没有交给徐文斌，徐文斌对此毫不知情，本案属于实

行过限中数额过限的情形。根据主客观相一致的原则,徐文斌不应对张某、卢某等人超出其授意范围获得的八万元承担刑事责任

——《刑事审判参考》(总第129辑)。

098 共同预谋并实施盗窃后离开,对同伙的二次盗窃行为是否担责

关键词 | 共同预谋 | 共同犯罪 |

【最高人民法院参考案例】

翟高生、杨永涛等盗窃、抢劫案(《刑事审判参考》案例第1214号)

要旨:共同预谋并实施盗窃后离开,对同伙的二次盗窃行为应承担责任。

本案中,被告人杨永涛参与共谋盗窃后仅参与了第一次盗窃行为,但未直接参与第二次盗窃行为,而第二次盗窃行为却是其提议下形成的盗窃共同故意内容之下的犯罪行为。因此,杨永涛对第二次盗窃行为属于共谋共同正犯。

当然,究竟应否承认共谋共同正犯的概念,在学界还存在诸多争议。本文提及这个概念,仅仅是为了研究案例所用。真正要解决本案例涉及的问题,还必须根据刑法通行理论及刑法条文的规定。刑法第二十五条第一款规定,共同犯罪是指二人以上共同故意犯罪。根据该条规定,我们认为,杨永涛应当对同案被告人的第二次盗窃行为负刑事责任。

(一)被告人杨永涛主观上对实施盗窃犯罪具有概括故意,且同案被告人的盗窃行为在其策划的共同故意范围内

刑法理论中的概括故意,是指行为人明知自己的行为会发生危害社会的结果,但对侵害范围和侵害性质的认识尚不明确,而希望或者放任结果发生的心理态度。概括故意从认识内容上可以分为对行为手段、性质认识不明确的概括故意,对行为对象认识不明确的概括故意和对危害结果认识不明确的概括故意。本案中被告人杨永涛对于第二次盗窃行为的主观故意就属于最后一种,即"对危害结果范围认识不明确的概括故意,行为人故意实施危害行为,明知自己的行为会导致某种危害结果的发生,但对于自己的行为会造成多大的危害结果,波及多少犯罪对象,认识处于不确定状态"。此种主观状态也可以理解为具有犯罪的间接故意,即虽未直接希望并追求危害结果的发生,但是对发生危害后果存在放任的心态。

本案中,杨永涛伙同翟高生等人秘密窃取公司财物,其首先提起犯意,并在盗窃活动中负责组织、策划、窃取、销赃、分赃等工作,系犯罪团伙的重要成员。本案两次盗窃活动是基于概括的故意,行为的时间、地点也具有连续性,构成刑法上的连续犯,虽然杨永涛没有直接参加第二次盗窃,但由于其在被盗公司工作过,对公

司产品价值、存放地点、安全保卫等环境较为熟悉，并在实施合谋时将上述情况告诉翟高生等人，故其在第一次盗窃中所起作用十分重要，客观上也为第二次实施盗窃提供了极大的便利，没有其在先的组织策划行为，后一次盗窃行为完成的可能性较小，两次行为具有紧密的联系。因此，杨永涛作为犯意的提出者，能明确认识到其行为会造成他人财物损失的后果，但是对造成多大的损失并不明确，因为具体盗窃的数量、财物总价值是难以在事先确定的，即杨永涛具有对危害结果的范围认识不明确的概括故意。换言之，杨永涛对第二次盗窃行为在主观上是一种放任的心态，属于间接故意。

（二）被告人杨永涛参与销赃行为系对全部盗窃活动的事后追认

首先，销赃行为是盗窃活动的重要后续行为，虽然属于事后不可罚行为，但销赃数额的多少在一定程度上可以影响量刑的幅度。其次，行为人积极参与销赃表明其主观上具有强烈的非法占有该部分财物的意图，并积极追求该非法利益。最后，积极参与销赃系对全部盗窃活动的一种事后追认，即该行为后果的发生不但不违背其主观意愿，反而得到其默认。本案中，被告人杨永涛在案发次日得知在其离开后，翟高生等人再次返回案发现场实施盗窃的情况后并未提出异议，并且积极联系买主，着手实施销赃，充分表明了其对翟高生等人第二次实施的盗窃行为是认同的，至少主观上并不排斥。综上，本案中的二次盗窃，均在被告人杨永涛提议形成的共同故意的范围内。并且，共同故意的内容也是盗窃公司摄像头。在共同故意的形成过程中，杨永涛起重要的、关键的作用，甚至支配作用，是犯意的提出者，是整个盗窃活动的组织策划者。除非其在第一次盗窃后，明确提出不再盗窃，仅以第一次盗窃已经得手的财物为限。但是，对第二次盗窃行为，杨永涛不仅没有排斥之意，反而在第二次盗窃得手后负责联系销赃，使盗窃的利益目的得以实现。因此，杨永涛对于翟高生等人的第二次盗窃行为虽没有明确、具体的认识，但该盗窃行为完全包含在其实施盗窃的概括故意之中，而非实行过限行为。

——《刑事审判参考》（总第111辑）。

099 教唆未满十四周岁未成年人犯罪的处罚

关键词 | 共同犯罪 | 教唆犯 | 未成年人犯罪 | 从重处罚 |

【最高人民法院审判业务意见】

我们认为，教唆未满十四周岁的未成年人犯罪的，应当依照刑法第二十九条第一款的规定从重处罚，具体理由如下：刑法之所以对教唆未成年人犯罪的行为规定为法定从重处罚情节，主要是出于对未成年人的特殊保护。未成年人思想不够成熟,社会经验不足,辨别是非能力弱,容易被其他人利用。未成年人年龄越小,其辨别和控制能力越差,越容易被其他人教唆利用。因此,教唆人往往利用未成年人的辨认、控制能力较差的弱点,唆使其犯罪。教唆年龄越小的未成年人犯罪,其社会危害性就越大。所以,刑法第二十九条第一款规定对教唆人予以从重处罚,是有科学根据和完全必要的。同时,对这里的"犯罪",应当主要从实施的犯罪行为角度去理解,并非指被教唆者的行为一定要符合犯罪构成要件从而构成犯罪。刑法条文中多处用到"犯罪"一词,但并非全部指的是构成犯罪的理解。这一点,相关解释也有指明。2002年7月24日全国人大常委会法制工作委员会在《关于已满14周岁不满16周岁的人承担刑事责任范围的答复意见》中指出:刑法第十七条第二款规定的八种犯罪,是指具体犯罪行为而不是具体罪名。基于这种理解,虽然教唆不满十四周岁的未成年人实施犯罪的,教唆人成立间接正犯,但并不影响在教唆人与被教唆人非成立共同犯罪的间接正犯情况下,对教唆人依法进行从重处罚。

综上,刑法第二十九条第一款中"教唆不满十八周岁的人实施犯罪"应当理解为教唆不满十八周岁的人实施犯罪行为,既包括被教唆者达到刑事责任年龄的情形,也包括被教唆者未达到刑事责任年龄的情形,既包括教唆人与被教唆者构成共同犯罪的情形,也包括教唆人与被教唆者不构成共同犯罪的情形。只要被教唆者不满十八周岁,不论教唆人与被教唆的未成年人是否构成共同犯罪,对于教唆人都应当适用刑法第二十九条第一款的规定从重处罚。

——《教唆未满14周岁未成年人犯罪的如何处罚》,载最高人民法院刑事审判第一、二、三、四、五庭主办:《刑事审判参考》(总第54辑),法律出版社2007年版,第142—143页。

100 被雇佣人的犯罪行为超出雇佣人授意范围的责任如何认定

关键词|共同犯罪|教唆犯|雇佣犯罪|过限行为|

【最高人民法院参考案例】

吴学友故意伤害案(《刑事审判参考》案例第200号)

要旨:被雇佣人实施的行为未达到犯罪的程度又超出授意的范围,对雇佣人一般也应追究刑事责任。对被雇佣人超出雇佣范围实施的他种罪行,雇佣人不承担刑事责任。

对雇佣犯罪处理,应遵循刑法有关教唆犯罪的一般规定。从刑法规定上看,教唆犯的成立只需具备两个要件:一是主观方面须具有教唆他人实行犯罪的故意;二是客观方面须具有引起他人实行犯罪意图的教唆行为。原则上讲,教唆犯的成立,不以被教唆人实际产生犯罪意图或者实行被教唆之罪为必要，而只要教唆人基于教唆的故意实施了教唆行为即可。如果被教唆者接受了教唆，实施了被教唆之罪，则教唆者与被教唆者之间，成立共同犯罪关系。反之，二者之间不存在共犯关系，对教唆犯应以单独犯罪论处。为此，刑法第二十九条第二款规定，“如果被教唆的人没有犯被教唆的罪，对于教唆犯可以从轻或者减轻处罚”，此即是关于教唆未遂的处罚规定。根据此项规定，对教唆未遂的教唆犯一般都需要定罪处罚（因为刑法未规定可以免除处罚），尤其是对那些教唆他人犯某一重罪或者教唆未成年人犯罪的行为人而言，更应如此，除非根据刑法第十三条认为系“情节显著轻微，不认为是犯罪的”或者根据刑法第三十七条认为系“犯罪情节轻微不需要判处刑罚，可以免予刑事处罚”的。

实践中，所谓教唆未遂的情形，既可表现为被教唆人没有实施被教唆之罪，也可以表现为被教唆人虽实施了被教唆的犯罪行为，但由于某种原因未能达到法定的后果而未达到犯罪程度等。此外，如教唆人教唆 A 罪，而被教唆人却实施了 B 罪，也都可以视为“没有犯被教唆之罪”。实践中，还有一种常会出现的情况是：教唆人教唆 A 罪的加重形态，而被教唆人却仅实施了 A 罪的基本形态，或者教唆人教唆 A 罪的基本形态，而被教唆人却实施了 A 罪的加重形态。前种情况，由于被教唆人的实行行为没有达到教唆、雇佣的要求，教唆、雇佣人仅对已发生的实际后果负责，不按加重形态论处。后种情况被教唆人虽然超出了教唆授意的程度，但被教唆人所犯之罪又确系按教唆人授意所为，故教唆人仍应对被教唆人实际实行的犯罪后果承担相应的刑事责任。需要指出的是，“教唆犯”不是罪名，不能定教唆罪，对于教唆犯，应当按照其所教唆的实际内容确定罪名。

根据上述规定和理解，对雇佣犯罪中的雇佣者而言，只要其具备了雇佣犯罪的意图，而且实施了雇佣犯罪的行为，不论被雇佣的人有无按其雇佣要求实行了雇佣犯罪行为，或实行到何种程度，一般都应按其所雇佣的犯罪罪名，来对其追究其雇佣犯罪未遂的刑事责任。除非其雇佣犯罪情节显著轻微，可不认为是犯罪，或者是雇佣犯罪情节轻微可不需要判处刑罚。

在雇佣犯罪关系中，如果被雇佣人没有实施被雇佣的犯罪行为，则雇佣人和被雇佣人之间不存在共同犯罪关系，对雇佣人一般应按其所雇佣的犯罪罪名来单独追究其雇佣犯罪未遂的刑事责任。相反，在被雇佣者实行了所雇佣的犯罪的情况下，除要求雇佣行为与被雇佣者的实行行为之间具有因果关系外，还要求雇佣人所授意之罪与被雇佣人实行之罪具有同一性。只有在这种情况下，雇佣人和被雇佣人才能就所雇佣之罪的罪名构成共同犯罪。如果被雇佣人在实施雇佣犯罪的过程中又另行实施了雇佣之罪以外的他种犯罪，对此，雇佣人和被雇佣人之间就该“过限的行为”不存在共同犯罪关系。因为，就该“过限的行为”而言，双方没有共同故意，被雇佣人单方的“过限行为”超出了雇佣人的雇佣意图和要求之外。对此，雇佣人只按其所雇佣的犯罪负刑事责任，而“过限行为”则应由被雇佣人个人负责。

——《刑事审判参考》（总第28辑）。

101 网络雇凶杀人案件中罪责最为严重主犯的认定

关键词 | 共同犯罪 | 主犯 |

【最高人民法院参考案例】

叶得利、孙鹏辉故意杀人、孙鹏辉窝藏案（《刑事审判参考》案例第1454号）

要旨：实践中，应从雇凶者和受雇者在共同犯罪中的地位和作用着手，准确认定罪责最为严重者。

具体来说，一般可从以下几方面考虑：（1）雇凶者不仅提起犯意，还与受雇者共同直接实施犯罪，雇凶者罪责最为严重。（2）雇凶者虽没有直接实施犯罪，但参与了共同犯罪的策划，以其为主制定犯罪方案，组织、指挥受雇者实施犯罪，雇凶者罪责最为严重。（3）雇凶者雇用有刑事责任能力的未成年人实施犯罪，雇凶者罪责最为严重（如雇用无刑事责任能力的未成年人实施犯罪则属于间接正犯）。（4）雇凶者雇用多人作案，各受雇者地位作用相当，责任相对分散或者责任难以分清，雇凶者则应对全案负责，罪责最为严重。（5）受雇者要求退出犯罪、中止犯罪，雇凶者通过提高酬劳等方式坚定受雇者犯罪意志的，雇凶者罪责最为严重。（6）雇凶者仅笼统提出犯意，没有参与策划犯罪，没有实施组织、指挥行为，也没有实行行为的，受雇者积极主动实施犯罪行为，受雇者罪责最为严重。（7）受雇者明显超出雇凶者授意范围实施犯罪，因行为过限造成更严重危害后果，受雇者罪责最为严重。（8）雇凶者撤回犯意，要求受雇者停止犯罪，受雇者仍然坚持实施犯罪行为，受雇者罪责最为严重。

具体到本案中，被告人叶得利作为雇凶者，虽然没有与受雇者韩卫民、孙鹏辉共同直接实施故意杀人行为，但其提起犯意，通过网络发布雇凶杀人信息，为主制定杀人方案，提供资金以及被害人的行踪信息，组织、指挥受雇者实施杀人行为，多次催促受雇者作案，中途通过加价进一步坚定受雇者杀人决心，甚至在案发当天下午，叶得利还曾指使孙鹏辉、韩卫民以办理承兑贴现业务为名将张某霜骗至偏僻处，欲杀害未果，韩卫民杀死张某霜后，叶得利还指示孙鹏辉去现场查看、取回韩卫民手机。综上，叶得利的行为符合前述第二、第五两种情形，在共同犯罪中的地位和所起作用均大于受雇者，应认定为罪责最为严重的主犯。

——《刑事审判参考》（总第130辑）。

四、单位犯罪[①]

102 如何区分单位犯罪与个人犯罪

关键词｜单位犯罪｜违法所得归属｜

【最高人民法院司法解释】

第一条 刑法第三十条规定的公司、企业、事业单位，既包括国有、集体所有的公司、企业、事业单位，也包括依法设立的合资经营、合作经营企业和具有法人资格的独资、私营等公司、企业、事业单位。

第二条 个人为进行违法犯罪活动而设立的公司、企业、事业单位实施犯罪的，或者公司、企业、事业单位设立后，以实施犯罪为主要活动的，不以单位犯罪论处。

第三条 盗用单位名义实施犯罪，违法所得由实施犯罪的个人私分的，依照刑法有关自然人犯罪的规定定罪处罚。

——《最高人民法院关于审理单位犯罪案件具体应用法律有关问题的解释》(1999 年 7 月 3 日，法释〔1999〕14 号)。

【链接：理解与适用】

司法实践中应当注意根据案件的具体情形进行认定涉案单位是否“以实施犯罪为主要活动”，对于“主要活动”的把握，不应仅仅局限为“数量”“次数”等简单的量化指标，还应综合考虑犯罪活动的影响、后果等因素，以作出准确认定。

——孙军工：《〈关于审理单位犯罪案件具体应用法律有关问题的解释〉的理解与适用》，载最高人民法院刑事审判第一、二、三、四、五庭主办：《中国刑事审判指导案例 1》(增订第 3 版)，第 675 页。

【最高人民法院司法文件】

(一)关于单位犯罪问题

根据刑法和《最高人民法院关于审理单位犯罪案件具体应用法律有关问题的

① 该部分内容应与本书第三编第三章中“单位犯罪案件的审理”结合理解与适用。

解释》的规定,以单位名义实施犯罪,违法所得归单位所有的,是单位犯罪。

——《全国法院审理金融犯罪案件工作座谈会纪要》(2001年1月21日,法〔2001〕8号)。

【最高人民法院参考案例】

马汝方等贷款诈骗、违法发放贷款、挪用资金案(《刑事审判参考》案例第305号)

要旨:单位行为与个人行为的区分,应从单位是否真实、依法成立,是否属于单位整体意志支配下的行为,是否为单位谋取利益,是否以单位名义等方面来加以具体判断。

单位犯罪首先是单位整体犯罪,同时,单位犯罪又必须通过作为其组成人员的自然人来实施。作为单位组成人员的自然人,一方面具备单位人员身份,受制于单位意志;另一方面又是具有独立思想的个体,可以实施独立于单位之外的个人行为。作为单位组成人员的自然人的这种双重身份决定了他在社会生活中的行为既可能是单位行为,也可能是个人行为。因此,如何判断单位成员所实施的行为(尤其是数个单位成员共同实施的行为)是单位行为还是个人行为,就成为实践中认定犯罪行为是否属于单位犯罪的关键。

根据刑法和有关司法解释的规定,单位行为与个人行为的区分,在实践中可以结合以下几个方面来加以具体判断:(1)单位是否真实、依法成立。单位是依照有关法律设立,具备财产、名称、场所、组织机构等承担法律责任所需条件的组织。对于为了进行违法犯罪活动而设立的公司、企业、事业单位实施犯罪的,或者公司、企业、事业单位设立后,以实施犯罪为主要活动的,由于不符合单位设立的宗旨,且通常具有借此规避法律制裁的非法目的,故应按自然人犯罪处理。(2)是否属于单位整体意志支配下的行为。单位犯罪是在单位意志支配下实施的,行为人的行为是单位意志的体现;而个人犯罪则完全是在其个人意志支配下实施的,体现的是其个人意志。单位意志一般由单位决策机构或者有权决策人员通过一定的决策程序来加以体现。未经单位集体研究决定或者单位负责人决定、同意的行为,一般不能认定为单位意志行为。(3)是否为单位谋取利益。在故意犯罪尤其是牟利型犯罪中,只有在为本单位谋利益的情况下,才能认定为单位行为。如为单位谋取非法利益而进行走私,违法所得全部归单位所有的,即属单位行为,相反,即便以单位名义走私,但违法所得由参与人个人私分的,则一般应认为是自然人共同犯罪。(4)是否以单位名义。一般情况下,单位犯罪要求以单位名义实施。对于这里的"以单位名义"应作实质性理解。对于打着单位旗号,利用单位名义为个人谋利益而非为单位谋利益的不法行为,不能认定为单位犯罪。根据最高人民法院在《关于审理单位犯罪案件具体应用法律有关问题的解释》中规定，盗用单位名义实施犯罪，违法所得由实施犯罪的个人取得的，不是单位犯罪，应当依照刑法有关自然人犯罪的规定定罪处罚。

——《刑事审判参考》（总第 39 辑）。

103 以单位的分支机构或者内设机构、部门的名义实施犯罪且违法所得归上述机构所有的能否认定为单位犯罪

关键词 | 单位犯罪 | 犯罪主体 | 分支机构 | 内设机构 |

【最高人民法院司法文件】

（一）关于单位犯罪问题

……

1. ……以单位的分支机构或者内设机构、部门的名义实施犯罪，违法所得亦归分支机构或者内设机构、部门所有的，应认定为单位犯罪。不能因为单位的分支机构或者内设机构、部门没有可供执行罚金的财产，就不将其认定为单位犯罪，而按照个人犯罪处理。

——《全国法院审理金融犯罪案件工作座谈会纪要》（2001 年 1 月 21 日，法〔2001〕8 号）。

104 如何认定境外公司、企业的单位犯罪主体资格

关键词 | 单位犯罪 | 犯罪主体 | 境外公司 |

【最高人民法院答复】

符合我国法人资格条件的外国公司、企业、事业单位，在我国领域内实施危害社会的行为，依照我国《刑法》构成犯罪的，应当依照我国《刑法》关于单位犯罪的规定追究刑事责任。

个人为在我国领域内进行违法犯罪活动而设立的外国公司、企业、事业单位实施犯罪的，或者外国公司、企业、事业单位设立后在我国领域内以实施违法犯罪为主要活动的，不以单位犯罪论处。

——《最高人民法院研究室关于外国公司、企业、事业单位在我国领域内犯罪如何适用法律问题的答复》（2003 年 10 月 15 日，法研〔2003〕153 号）。

105 如何认定私营公司、企业的单位犯罪主体资格

关键词 | 单位犯罪 | 犯罪主体 | 私营公司、企业 |

【最高人民法院参考案例】

周敏合同诈骗案(《刑事审判参考》案例第726号)

要旨:一人公司实施犯罪情况下,应从是否具有独立的财产利益、是否具有独立的意志、是否具有公司法所要求的法人治理结构、是否依照章程规定的宗旨运转、是否依照法定的条件和程序成立等方面判断一人公司是否具有独立人格。

我们认为,与其他单位一样,一人公司的行为能否构成单位犯罪的标准同样在于其是否具有独立人格。有观点认为,一人公司实质上与股东个人在人格、意志、利益上均无法有效区分:一人公司只有一个股东,出资和经营均由该股东一人所为,利益也归属于该特定股东,没有公司独立的利益,不能区分公司财产和股东个人财产;一人公司的股东一人控制着公司的经营活动,公司的意志和股东的意志无法区分,公司没有独立的意志。这与我国刑法规定的单位犯罪主体特征不符,所以一人公司实施的犯罪只能按个人犯罪论处,而不可能构成单位犯罪。

上述观点从公司的独立人格入手来论证单位犯罪的思维是正确的,但对一人公司独立性的判断值得进一步商榷。一人公司不是只有一个人的公司,而是指股东仅为一人(自然人或法人)并由该股东持有公司全部出资的有限责任公司。一人公司完全有可能具有独立的法人人格,其与传统有限责任公司唯一的区别仅仅是股东的个数不同。正如前文所述,股东的个数及身份与单位犯罪的成立毫无关系,一人公司完全有可能构成单位犯罪。一人公司的特殊性仅仅在于其只有一名股东,该股东持有公司的全部出资。由于只有一位出资人,出资人与公司之间容易产生关联交易而导致人格混同,一人公司的人格因为其股东的单一性而具有不稳定性:因此,判断具体犯罪行为中的一人公司是否具有独立人格,应当根据以下几项标准:

第一,是否具有独立的财产利益。公司的财产和出资人的财产必须能够分离,公司的财产状况必须是独立的。一人公司虽然只有一个出资人,但是一旦出资人依照法律程序办理手续成为股东,地位就发生了变化,其个人出资的财产也不再是其个人财产,而是公司财产,成为公司开展正常经营活动的重要保证,具有相对独立性。如果股东的财产和公司的财产混合,公司成为股东随意支配的对象,甚至成为股东实施违法犯罪行为的工具,那么公司就没有自己独立的人格。既然公司连独立的财产都没有,独立的意志和独立的人格就无从谈起。没有独立的意志和人格,就不能独立承担责任,也就不能成为单位犯罪的主体。独立的财产是公司具有独立人格的基本前提,因此,修订后的公司法规定:“一人有限责任公司的股东不能

证明公司财产独立于股东自己的财产的，应当对公司债务承担连带责任。"公司法人的本质特征在于股东的有限责任，如果法律要求一人公司的股东对外承担连带责任，就意味着否定了公司的独立人格：也就是说，如果公司财产不能持续地独立于股东财产，二者之间发生混同，公司就将丧失独立人格，公司财产成为股东的个人财产，以公司名义进行的犯罪行为也只能是股东的个人行为，而不是单位犯罪。公司的财产独立性的证明责任应当由股东自己来承担，如果其无法承担证明责任的，原则上就应当否定公司的独立人格。

第二，是否具有独立的意志。一人公司的意志是否独立是判断其是否具备单位犯罪主体适格性的实质要件。在一人公司的股东与管理人分离的情况下，公司的独立意志是比较明显的。在股东与管理者系一人的情况下，一人公司的意志虽然来源于唯一股东，却与其自然人意志不可混为一谈。公司的意志体现为决策权限的法定性和程序性，如果股东为了公司利益在法律及公司章程规定的职权范围内依照一定程序实施特定行为，则这种行为就应当视为公司的决策而不是股东的个人意志。判断一人公司是否有独立的意志，还要看公司形式是否被滥用，公司的人格只有在法律和公司章程规定的程序中才存在。如果滥用公司形式，违背公司的根本利益或者超出法定权限、程序，则股东的行为意志就与公司的意志相背离，公司就失去了独立的意志，而与股东、管理人员混同，这种情形下显然只需要处罚自然人。比如，一人公司的股东为了偿还个人赌债，以公司的名义实施合同诈骗，好处归个人所有的，则公司在行为过程中并不具备独立意志，而成为个人犯罪的工具，显然不能当作单位犯罪来处理。

第三，是否具有公司法所要求的法人治理结构。依照法律规定，具有独立人格的公司必须要有一定的场所、人员和组织机构，股东行使公司法所规定的职权时必须以书面形式作出并置于公司备案。一人公司只有一个股东，公司行为与股东个人行为容易发生竞合，故公司的经营行为应当以公司的名义进行，一人公司必须拥有独立的名义。只有行为是以公司名义实施，且其目的是追求公司利益或履行公司职责，才能视为单位行为。如果行为是以公司名义实施，甚至在形式上已经过集体决议，但实质上并非追求公司利益或履行公司职责，则不能视为单位行为，不能作为单位犯罪处理。如果行为是以股东个人名义进行的，原则上应当视为股东的个人行为，构成犯罪的，也不能作为单位犯罪处理。

第四，是否依照章程规定的宗旨运转。具有独立人格的一人公司应当有自己的章程和特定宗旨，公司的章程、宗旨等还要符合法律规定，因为这些是公司人格的具体体现之一。一人公司的设立及存在均有其特定的目的和宗旨，并在法律允许的范围内追求其利益。其收益首先应对公司所负债务负责，而不是直接转为股东的个人私利。一人公司成立的目的必须是依法从事经营活动，且客观上确实从事了一定的合法经营活动。当单一股东或其他成员实施的行为与公司目标完全相反时,就超出了公司的意志范围。因此,如果个人为进行违法犯罪活动而设立的一人公司,或者一人公司设立后以实施犯罪为主要活动的,不能构成单位犯罪,而只能视为股东的个人犯罪。

第五,是否依照法定的条件和程序成立。一人公司的设立以及存续均应当具有合法性。合法性要求实体合法与程序合法,在实体或程序方面不合法的一人公司属于应当予以取消的对象,不具备法律承认的独立人格,不能成为单位行为的主体。首先,一人公司必须依法成立,经过工商行政管理部门登记注册,依法取得法人地位。没有经过工商登记注册的一人公司不能成为单位犯罪的主体,构成犯罪的,按照个人犯罪处理。其次,一人公司要符合公司法规定的最低注册资本数,而且必须一次性缴足。在因设立瑕疵造成一人公司人格否定、公司成立自始无效的情况下,该一人公司不符合独立法人的形式标准,因此,不具备构成刑法上的单位主体的基本前提。

——《刑事审判参考》(总第82辑)。

上海新客派信息技术有限公司、王志强虚开增值税专用发票案(《刑事审判参考》案例第725号)

要旨:依法成立的一人公司可以成为单位犯罪的主体。

并不是所有的一人公司都可以成为单位犯罪的主体,从刑法的实质合理性标准来考察,只有依法成立,取得法人地位,具有独立人格的一人公司,才有可能成为单位犯罪的主体。

1. 一人公司必须严格依法成立。首先,一人公司必须依法成立,经过工商登记注册,取得法人地位。没有经过工商登记注册取得法人地位的一人公司不能成为单位犯罪的主体,构成犯罪的,按照自然人犯罪处理。其次,一人公司必须按照公司法而不是按照个人独资企业法注册登记。按照个人独资企业法成立的独资企业不能取得法人资格,投资者必须以其个人财产对企业债务承担无限责任,这种独资企业不能成为单位犯罪的主体。

2. 一人公司必须具有独立的人格。公司的独立人格主要体现在财产的独立和意志独立上。就一人公司而言:首先,一人公司必须达到公司法规定的最低注册资本数。按照公司法的规定,一人公司的注册资本最低必须达到十万元,而且必须一次性缴足。如果一人公司实施犯罪行为时注册资本没有到位,因而影响到责任的承担,则在这种情况下不能成为单位犯罪的主体。如果一人公司成立时虽然没有一次性缴足注册资本,但实施犯罪行为时注册资本已经缴足,则这种行为虽然违反了公司法,但只是一种行政违法行为,依照相关规定予以行政处罚就可以了,不影响公司单位犯罪的主体资格。其次,公司的财产必须和股东的财产能够分离,如果股东的财产和公司的财产混合,公司成为股东的另外一个自我,甚至成为股东实施不法行为乃至犯罪行为的一个工具。公司没有自己独立的人格,既没有自己的独立意志,也不能独立承担责任,故不可能成为单位犯罪的主体。按照公司法的规定,一人公司必须在每一会计年度终了时编制财务会计报告,并经会计师事务所审计。一人公司股东不能证明公司财产独立于股东自己财产的,应当对公司债务承担连带责任。在这种情况下,公司不能成为单位犯罪的主体,以公司名义实施的犯罪应当按照自然人犯罪处理。应当明确的是,公司的财产是否与股东的个人财产相分离,股东应当承担证明责任;如果股东不愿或者不能承担证明责任的,就要承担导致公司人格被否定的法律后果。

3. 一人公司必须具有公司法所要求的法人治理结构。比如,一人公司应当有自己的章程,股东行使公司法所规定的职权时必须以书面形式作出,并置于公司备案。鉴于一人公司只有一个股东,公司行为与股东个人行为容易发生竞合,故公司的经营行为应当以公司的名义进行。凡是以股东个人的名义进行的行为,均应当视为股东的个人行为,构成犯罪的,追究股东的自然人责任,而不能以单位犯罪处理。

4. 一人公司成立的目的必须是依法从事经营活动,且客观上确实从事了一定的合法经营活动。如果一人公司是以从事非法甚至犯罪活动为目的而成立,或者成立后主要是从事非法或犯罪活动的,不能成为单位犯罪的主体。

从本案来看,被告单位新客派公司系按照我国公司法关于一人公司的规定依法注册登记成立,具有独立的人格和法人治理结构,客观上也确实从事了一定的合法经营活动,故其实施的犯罪应当按照单位犯罪而不是个人犯罪处理。

——《刑事审判参考》(总第 82 辑)。

106 企业犯罪后被合并的如何追究刑事责任

关键词 | 单位犯罪 | 企业合并 | 罚金数额 |

【最高人民法院司法解释】

第三百四十五条 审判期间,被告单位合并、分立的,应当将原单位列为被告单位,并注明合并、分立情况。对被告单位所判处的罚金以其在新单位的财产及收益为限。

——《最高人民法院关于适用〈中华人民共和国刑事诉讼法〉的解释》(2021 年 3 月 1 日,法释〔2021〕1 号)。

【最高人民法院答复】

人民检察院起诉时该犯罪企业已被合并到一个新企业的，仍应依法追究原犯罪企业及其直接负责的主管人员和其他直接人员的刑事责任。人民法院审判时，对被告单位应列原犯罪企业名称，但注明已被并入新的企业，对被告单位所判处的罚金数额以其并入新的企业的财产及收益为限。

——《最高人民法院研究室关于企业犯罪后被合并应当如何追究刑事责任问题的答复》(1998年11月18日)。

107 单位犯罪中直接负责的主管人员和其他直接责任人员的责任如何区分

关键词｜单位犯罪｜犯罪主体｜主管人员｜直接责任人员｜

【最高人民法院司法解释】

在审理单位故意犯罪案件时，对其直接负责的主管人员和其他直接责任人员，可不区分主犯、从犯，按照其在单位犯罪中所起的作用判处刑罚。

——《最高人民法院关于审理单位犯罪案件对其直接负责的主管人员和其他直接责任人员是否区分主犯、从犯问题的批复》(2000年10月10日，法释〔2000〕31号)。

【链接：理解与适用】

一、单位故意犯罪案件，对其直接负责的主管人员和其他直接责任人员，原则上不区分主、从犯

根据刑法第三十条和《最高人民法院关于审理单位犯罪案件具体应用法律有关问题的解释》的规定，以单位名义实施犯罪，违法所得归单位所有的，是单位犯罪。构成犯罪的单位，既可以是具备法人资格的单位，也可以是不具备法人资格的单位。由于单位犯罪一般是单位的法定决策机构，如理事会、董事会等，或者董事长、总经理等通过单位的决策程序作出决定的，交由单位内部具体部门或人员以单位名义实施的，因此，对于单位犯罪案件中的自然人，只追究直接负责的主管人员和其他直接责任人员的刑事责任。所谓"直接负责的主管人员"，是指犯罪单位中对单位犯罪起主要决策作用的主管人员。所谓"其他直接责任人员"，是指在直接负责的主管人员的授意、指挥、组织下，积极参与实施单位犯罪的单位内部人员。刑法的这种规定实际上已根据其地位不同区分了主管人员和直接责任人员的责任

范围。在司法实践中，对单位犯罪中直接负责的主管人员和其他直接责任人员，按照其对单位犯罪所起的作用，根据罪、责、刑相适应的原则，能够正确地确定刑事责任，没有必要再区分主犯、从犯。而且，从刑法关于共同犯罪的规定来看，主、从犯的区分主要是针对自然人犯罪而言的，犯罪单位中主管人员和直接责任人员的共同犯罪不同于普通自然人的共同犯罪。因此，《批复》规定，在审理单位故意犯罪案件时，对其直接负责的主管人员和其他直接责任人员，可不区分主、从犯，按照直接负责的主管人员和其他直接责任人员在单位犯罪中所起的作用，在刑法规定的具体刑罚种类和幅度之内判处刑罚即可。

此外，刑法第二十五条规定的共同犯罪，是指“二人以上共同故意犯罪”。因此，单位过失犯罪的案件，如重大劳动安全事故罪、工程重大安全事故罪、重大环境污染事故罪①，等等，不可能存在单位与单位之间以及单位与自然人之间的共同犯罪，也不可能存在单位内部直接责任人员之间的共同犯罪问题，故不能对单位内部直接责任人员区分主、从犯追究刑事责任。基于此，最高人民法院对《批复》的适用范围作了限制性规定，即“在审理单位故意犯罪案件时”。

虽然单位犯罪是以单位整体名义实施的，但单位是法律拟制的组织，其犯罪行为只能由单位内部的有关人员代表单位实施。在以单位名义实施犯罪时，有关责任人员具有共同的、实施单位犯罪的故意和共同的、实施单位犯罪的行为，只有从这一意义上讲，才可以成立共同犯罪。而且有关责任人员存在直接负责的主管人员和其他直接责任人员的区分，他们对于单位犯罪所起的作用也不尽相同，有主要作用和次要作用之分，根据刑法第二十六条、第二十七条的规定，就可以有主、从犯之分。虽然对于单位犯罪案件中直接负责的主管人员和其他直接责任人员一般情况下不需要按照共同犯罪区分主、从犯，但根据具体案件的特殊情况，也不完全排除可以进行这种区分。所谓特殊情况，主要是指根据具体案情，如果不区分主、从犯，在对被告人决定刑罚时很难做到罪、责、刑相适应。例如，一般情况下，单位中直接负责的主管人员处于决策和指挥实施犯罪的地位，具有概括的犯罪故意，应该对单位故意范围内的整个犯罪结果负责，即应负主要责任；单位中其他直接责任人员处于具体实施犯罪的地位，具有具体的犯罪故意，应该对其在单位故意范围内具体实施的行为负责。但是，犯罪单位中直接负责的主管人员并不是对于任何单位故意犯罪都起主要作用，其他直接责任人员也并不都起次要作用。在某些情况下，直接负责的主管人员对在单位犯罪中所起的作用明显轻于其他直接责任人员，如果对于主管人员不减轻或者免除处罚，就不能做到罪、责、刑的完全适应，不能准确地对直接负责的主管人员和其他直接责任人员判处刑罚。在这种情况下，就可以而且应当区分主、从犯。

---

① 罪名已调整为“污染环境罪”。

二、贯彻执行《批复》可能遇到的问题

1. 单位与单位之间、单位与自然人之间可以构成共同犯罪。鉴于刑法第三十条规定了单位可以作为犯罪的主体,根据刑法第二十五条关于共同犯罪的规定及刑法理论,单位可以成为共同犯罪的主体,一个单位和其他单位,以及单位和自然人之间在共同故意的基础上可以实施共同的犯罪行为,从而构成共同犯罪——当然,这里的自然人只能是单位以外的自然人,即非单位内部人员。在单位之间、单位和自然人之间共同犯罪的情况下,根据具体案情,有的就可以或者应当区分主、从犯,以追究单位和自然人不尽相同的刑事责任。

2. 适用《批复》时如何确定犯罪单位中责任人员的罪名。在单位犯罪的情况下,尽管对单位及其内部责任人员都要判处刑罚,但认定构成的犯罪则只能有一个,只能成立单位犯罪的一个罪名。对于犯罪单位中的责任人员区分主、从犯判处刑罚时,应当以单位犯罪的罪名作为单位中有关责任人员的罪名。

——祝二军:《〈关于审理单位犯罪案件对其直接负责的主管人员和其他直接责任人员 是否区分主犯、从犯问题的批复〉的理解与适用》,载最高人民法院刑事审判第一、二、三、四、五庭主办:《中国刑事审判指导案例 1》(增订第 3 版),第 677—678 页。

【最高人民法院司法文件】

(一)关于单位犯罪问题

……

2. 单位犯罪直接负责的主管人员和其他直接责任人员的认定:直接负责的主管人员,是在单位实施的犯罪中起决定、批准、授意、纵容、指挥等作用的人员,一般是单位的主管负责人,包括法定代表人。其他直接责任人员,是在单位犯罪中具体实施犯罪并起较大作用的人员,既可以是单位的经营管理人员,也可以是单位的职工,包括聘任、雇佣的人员。应当注意的是,在单位犯罪中,对于受单位领导指派或奉命而参与实施了一定犯罪行为的人员,一般不宜作为直接责任人员追究刑事责任。对单位犯罪中的直接负责的主管人员和其他直接责任人员,应根据其在单位犯罪中的地位、作用和犯罪情节,分别处以相应的刑罚,主管人员与直接责任人员,在个案中,不是当然的主、从犯关系,有的案件,主管人员与直接责任人员在实施犯罪行为的主从关系不明显的,可不分主、从犯。但具体案件可以分清主、从犯,且不分清主、从犯,在同一法定刑档次、幅度内量刑无法做到罪刑相适应的,应当分清主、从犯,依法处罚。

——《全国法院审理金融犯罪案件工作座谈会纪要》(2001 年 1 月 21 日,法〔2001〕8 号)。

【最高人民法院参考案例】

北京匡达制药厂偷税案(《刑事审判参考》案例第251号)

要旨:未参与策划、组织、实施单位犯罪行为的单位法定代表人,不能因单位犯罪而追究其刑事责任。

对“直接负责的主管人员”的理解,我国刑法及相关司法解释未作具体规定,我们认为,应从以下两个方面来加以把握:一是直接负责的主管人员是在单位中实际行使管理职权的负责人员;二是对单位具体犯罪行为负有主管责任。该两个条件缺一不可,如非单位的管理人员,就谈不上主管人员;如与单位犯罪无直接关系,就不能说对单位犯罪负有直接责任。司法实践中,主管人员主要包括单位法定代表人、单位的主要负责人、单位的部门负责人等。但以上单位的管理人员并非在任何情况下都要对单位犯罪承担刑事责任,只有当其在单位犯罪中起着组织、指挥、决策作用,所实施的行为与单位犯罪行为融为一体,成为单位犯罪行为组成部分之时,上述人员才能成为单位犯罪的处罚主体,对单位犯罪承担刑事责任。需强调指出的是,单位的法定代表人,也即“一把手”,作为单位的最主要的领导成员,在单位里对重要问题的决定会起着至为重要的作用,在单位实施犯罪的情况下,是否均需对单位犯罪负责?对此,同样不能一概而论,应否承担刑事责任,仍需视其是否具体介入了单位犯罪行为,在单位犯罪过程中是否起到了组织、指挥、决策作用而定。如主持单位领导层集体研究、决定或者依职权个人决定实施单位犯罪的情况下,当属“直接负责的主管人员”;反之,在由单位其他领导决定、指挥、组织实施单位犯罪、不在其本人职权分工范围之内、本人并不知情的情况下,则不应以单位犯罪直接负责的主管人员追究其刑事责任。当然,单位的法定代表人因失职行为,依法构成其他犯罪的,另当别论。

——《刑事审判参考》(总第33辑)。

【链接:最高人民法院法官著述】

问题:我们在审理一起单位走私案件中,对于单位犯罪的主管人员和直接责任人员能否区分主从犯理解不一,存有肯定与否定两种对立观点。请问对单位犯罪的有关责任人员能否区分主、从犯?

《刑事审判参考》编辑部认为:关于这一问题,最高人民法院曾作出有关批复,2000年10月10日起施行的《最高人民法院关于审理单位犯罪案件对其直接负责的主管人员和直接责任人员是否区分主犯、从犯问题的批复》指出,在审理单位故意犯罪案件时,对其直接负责的主管人员和直接责任人员,可不区分主、从犯,按照其在单位犯罪中实际所起的作用判处刑罚。随后,在2001年1月21日印发的《全国法院审理金融犯罪案件工作座谈会纪要》中又强调指出：对单位犯罪中的直接负责的主管人员和其他直接责任人员，应根据其在单位犯罪中的地位、作用和犯罪情节，分别处以相应的刑罚，主管人员与直接责任人员，在个案中，不是当然的主、从犯关系，有的案件，主管人员与直接责任人员实施犯罪行为的主从关系不明显的，可不分主、从犯。但具体案件可以分清主、从犯，且不分清主、从犯，在同一法定刑档次、幅度内量刑无法做到罪刑相适应的，应当分清主、从犯，依法处罚。

我们认为，主、从犯是针对共同犯罪而言的，单位犯罪不同于共同犯罪，单位犯罪还包括非共同犯罪的过失犯罪。因此，对单位内部的直接负责的主管人员和其他直接责任人员，原则上一般情况下不区分主、从犯，按照责任人所起作用，在刑法规定的具体刑罚种类和幅度内判处刑罚。但是，特殊情况下，单位故意犯罪的责任人员在犯罪活动中的地位、作用不同，根据具体案情可以分清主、从犯，且不分清主、从犯，在同一法定刑档次、幅度内量刑无法做到罪刑相适应的，可将单位故意犯罪中有关责任人员的犯罪行为作为一种特殊的共同犯罪，分清主、从犯，按照刑法分则具体条文以及总则有关规定判处刑罚，对其中起次要作用的从犯，应当减轻或者免除处罚。

——本刊编辑部：《单位犯罪的责任人员是否区分主、从犯》，载最高人民法院刑事审判第一、二、三、四、五庭主办：《刑事审判参考》（总第 53 辑），第 111—112 页。

108 单位责任人员在实施单位犯罪的同时，其个人又犯相同之罪应如何处理

关键词｜单位犯罪｜同种数罪｜数罪并罚｜

【最高人民法院参考案例】

张俊等走私普通货物案（《刑事审判参考》案例第 455 号）

要旨：单位责任人员在实施单位犯罪的同时，其个人又犯与单位犯罪相同之罪的，应数罪并罚。

由于本案被告人张俊、高飞的行为触犯了两个相同的罪名，对二被告人是否应当数罪并罚，需要区分这两个犯罪是属于同种数罪，还是异种数罪。

在我国刑法中，对于单位和自然人，如果犯同种罪的，由于犯罪行为的主要特征与侵犯的直接客体相同，只是主体不同，立法并没有根据犯罪主体的不同而对此设定不同的罪名，因此，虽然单位犯罪与其相应的自然人犯罪的罪名相同，但这并不等于单位实施与自然人实施罪名相同的犯罪二者就是同种犯罪，因为二者的犯

罪构成显然不同:(1)主体不同。单位犯罪主体是单位这个法律“拟制人”;而自然人犯罪主体就是自然人本身。(2)主观要件不同。单位犯罪要求犯罪行为体现的是单位意志,其犯罪目的一般是为实现单位利益;而自然人犯罪的主观方面则是体现自然人本人的意志,追求个人利益或其他目的的实现。(3)客观要件不同。单位犯罪带来的非法利益通常归单位所得(当然,各行为人可能因其在单位犯罪得到利益,但那只是在单位获得利益后再次分配问题);而自然人犯罪所得利益归个人所得。在一些具体罪名中,有的还因主体不同,刑法及有关司法解释对单位犯罪和个人犯罪的具体定罪标准要求以及量刑幅度都有不同要求。如走私普通货物罪中,根据刑法第一百五十三条和《最高人民法院关于审理走私刑事案件具体应用法律若干问题的解释》第十条的规定,自然人的定罪标准是偷逃应缴税额在五万元以上,而单位的定罪标准则在二十五万元以上。

由此可见,本案被告人张俊、高飞分别作为各自所在单位的直接责任人员实施了(单位)走私普通货物罪,此外还以自然人身份独立实施了走私普通货物罪,虽然这两种犯罪罪名相同,但二者的犯罪构成具有本质的不同,显然属于两种犯罪,因此,这种情况应属于异种数罪,应当适用刑法第六十九条的规定进行数罪并罚。

——《刑事审判参考》(总第58辑)。

109 在仅能由单位构成犯罪的情形下，能否认定非适格主体与单位构成共犯

关键词 | 单位犯罪 | 非适格主体 | 共犯 |

【最高人民法院参考案例】

徐国桢等私分国有资产罪案(《刑事审判参考》案例第939号)

要旨:特定的主体要素作为违法要素并不是成立共犯不可欠缺的构成要件要素。非特定的主体不能单独成为特定主体的正犯,但若是和特定的主体一起,就可共同引起符合构成要件的事实。因而,非特定的主体可以成立特定主体所犯之罪的共犯。但当特定主体要素是作为责任要素时,则不可缺失。因特定的主体要素所致使的刑罚有轻重时,不具有这种要素的共犯,对其科处通常刑罚。

首先,从定罪角度分析,非适格主体可以成为由适格主体实施犯罪的共犯。刑法所规定的特定犯罪必须具备特定的主体要素,其仅是针对单独犯而言的。对于教唆犯、帮助犯则不需要具备特定的主体要素。根据共同犯罪成立理论中的行为共同说(事实共同说),共同犯罪应当是指数人共同实施了构成要件的行为,而不是共同实施特定的犯罪。质言之,不要求行为人共同实施特定的犯罪,只要行为具

有共同性就可以成立共同犯罪。至于共犯人的责任问题,则需要个别认定。因而,对于非适格主体参与实施私分国有资产行为,只要非适格主体与适格单位共同实施了私分国有资产的行为,就可以成立共同犯罪。

其次,从量刑角度分析,对于共犯中非适格主体的量刑,一般按照普通主体适用刑罚或者以从犯身份适用刑罚。具体而言,在仅由适格主体实施的犯罪案件中,如果刑法规定对适格主体适用从重的刑罚,对不适格主体的共犯人,只能适用通常之刑罚。如,刑法第二百三十八条第四款规定:"国家机关工作人员利用职权犯前三款罪的,依照前三款的规定从重处罚。"当非国家机关工作人员与国家机关工作人员共同非法拘禁他人的,则不可以对非国家机关工作人员适用从重处罚的规定。如果刑法未规定对适格主体适用从轻或者从重的刑罚,对不适格主体一般按照从犯地位适用刑罚。本案就属于这种情形。

本案中,由于私分国有资产罪仅能由国家机关、国有公司、企业、事业单位、人民团体等单位主体构成,监测站系适格单位主体,应当认定监测站为实行犯,且系主犯,并据此确定被告人徐国桢的刑罚;自然人陈晓晖系非适格自然人主体,其为监测站顺利私分国有资产提供了重要帮助,起到了次要作用,故与监测站构成私分国有资产罪的共同犯罪,但系从犯,应当从轻或者减轻处罚。据此,对陈晓晖应当以单位直接负责的主管人员徐国桢的处罚标准为基点,同种情况下,原则上其所承担的刑事责任不能重于徐国桢的刑事责任。

——《刑事审判参考》(总第95辑)。

110 如何认定单位犯罪中直接负责的主管人员

关键词 | 单位犯罪 | 直接负责的主管人员 |

【最高人民法院参考案例】

苏州市安派精密电子有限公司、庞美兴、罗正华虚开增值税专用发票案(《刑事审判参考》案例第1284号)

要旨:直接负责的主管人员应为单位的管理人员,不包括一般工作人员;单位的管理人员应对单位犯罪直接负责。

1. 直接负责的主管人员应为单位的管理人员,不包括一般工作人员

单位犯罪是由单位决策机构按照单位决策程序决定,产生单位犯意,再由直接责任人员实施的。而单位犯意一经产生,即表现为单位的整体意志。单位决策机构的成员范围并不及于单位的全体成员,在一般情况下,能够跻身单位决策层的,往往是单位的管理人员。这部分人涵盖多个层级,既可以是单位的高层管理人员,

如董事会成员、党组成员、法定代表人等；也可以是单位的中下层管理人员，如分公司负责人、部门负责人等。进入决策机构意味着上述人员可以按照单位内部既有的决策程序，参与决定单位运行过程中的重大事项，包括实施单位犯罪。

相对于管理人员，单位中的一般工作人员往往不担负管理职责，其参与单位事务的主要方式不是决策，而是执行。作为单位意志的执行者，尽管一般工作人员也可以在有限的范围内影响单位决策，但其无法决定单位意志的产生、形成和变更。因此，一般工作人员不属于直接负责的主管人员，只可能作为其他直接责任人员而存在。

2. 单位的管理人员应对单位犯罪直接负责

2001 年 1 月 21 日最高人民法院发布的《全国法院审理金融犯罪案件工作座谈会纪要》（以下简称《纪要》）在“关于单位犯罪问题”的第二条规定，直接负责的主管人员，是在单位实施的犯罪中起决定、批准、授意、纵容、指挥等作用的人员，一般是单位的主管负责人，包括法定代表人。

应当注意的是，直接负责包括“直接”和“负责”两个方面，在强调“负责”的同时，不能忽视“直接”。如前所述，单位犯意产生于单位的决策机构按照预设的决策程序所作的决定，而单位的决策机构中包含众多管理人员，并非每个管理人员都会参与决策的制定和完善。实践中，不同管理人员在决策程序的不同阶段的参与程度千差万别。例如，虚开增值税专用发票常伴有资金的走账和回流，一般而言，单位在对外支付大额资金前需要履行内部审批程序，如先由采购部门填写付款申请单，然后报采购部门主管审批同意，再报分管业务经理审批同意，最后交由董事长审批同意后付款。如果董事长召集各环节管理人员开会，研究决定购买发票抵扣税款，并敦促各环节管理人员在合同签订、资金走账和回流以及货物入库、单据制作等方面提供审批便利，则可以认为各环节的管理人员存在犯意沟通，均为单位犯罪的顺利实施提供了相应的保障，各环节的管理人员均应对单位犯罪直接负责，承担相应的刑事责任。但在司法实践中，并非每个案件都属于上述这种典型的审批流程各环节的管理人员沟通犯意、各司其职，全部参与决策单位犯罪的情形。单位的管理人员在预谋犯罪时，出于封锁消息、逃避处罚的目的，往往会限定参与犯罪的人员范围，可能表现为上级管理人员选择审批流程中重要环节的负责人参与，而对次要环节的负责人则隐瞒实情，仅以行政命令的方式要求其贯彻上级决定；也可能表现为下级管理人员欺瞒上级，以伪造的合同、送货单、入库单等手续骗得上级的同意和审批，以单位名义决策、实施犯罪。在上述情形中，审批流程各环节的管理人员对单位犯罪所承担责任的性质是有区别的。其中，明确知晓单位犯意、积极参与单位犯罪的决策和组织，并为上下环节实施犯罪提供职务便利的管理人员应对单位犯罪直接负责；而因受蒙蔽不当履行工作职责，或者虽然知晓他人意图实施犯罪,但本人并未实际参与决定、批准、授意、纵容、指挥等重要工作,只是出于下级对上级的服从,受上级指派或者奉命完成本职工作的管理人员,因缺乏犯罪的故意或主动性,且其权限通常仅涉及程序性事项,难以对单位犯罪的最终决策产生实质影响,一般不宜认定为直接责任人员,以避免不当扩大打击范围。

需要指出的是,相比单位中下层管理人员而言,高层管理人员在单位中的地位更高,决策权限更大,影响单位犯罪的能力也更强。因此,在单位犯罪中,高层管理人员的决策权比中下层管理人员更具有实质意义,但这并不意味着高层管理人员就当然地构成犯罪,中下层管理人员就与犯罪无缘。是否构成犯罪与职务级别、地位高低、权力大小并无必然联系,关键在于该管理人员在单位犯罪中的参与程度是否起到了《纪要》中所论及的“决定、批准、授意、纵容、指挥等”五种重要作用。如果没起到上述重要作用,即便该管理人员是单位的“一把手”、主要负责人,也不应对单位犯罪直接负责。

——《刑事审判参考》(总第117辑)。

111 以村民委员会名义实施犯罪的,是否构成单位犯罪应当具体分析

关键词 | 单位犯罪 | 村民委员会 |

【最高人民法院参考案例】

赵石山、王海杰、杨建波非法占用农用地案(《刑事审判参考》案例第1398号)

要旨:具体个案中,并非只要以村委会名义实施的犯罪行为,均构成单位犯罪,对此应当作实质意义上的判断:单位犯罪应当体现单位意志,以村委会名义实施,且违法所得归全体村民或村集体所有;否则,仍应当以自然人犯罪分别追究个人的刑事责任。

关于村民委员会是否能够作为单位犯罪的主体,法律及相关司法解释中尚无明确规定,2001年1月,最高人民法院印发的《全国法院审理金融犯罪案件工作座谈会纪要》中指出,以单位名义实施犯罪,违法所得归单位所有的,是单位犯罪。2002年,最高人民法院、最高人民检察院、海关总署联合发布的《关于办理走私刑事案件适用法律若干问题的意见》中指出,具有下列特征的,可以认定为单位走私犯罪:(1)以单位的名义实施走私犯罪,即由单位集体研究决定,或者由单位的负责人或者被授权的其他人员决定、同意;(2)为单位谋取不正当利益或者违法所得大部分归单位所有。该意见再次强调了“以单位名义实施犯罪”和“违法所得归单位所有”是认定单位犯罪的两个实质性要件。2007年3月,《公安部关于村民委员会可否构成单位犯罪主体问题的批复》中指出,对以村民委员会名义实施犯罪的,

不应以单位犯罪论。对此，我们认为，村委会有自己的名称、组织机构和场所，有自己的经费，且能够以自己的名义承担相应的责任，符合刑法规定的单位的形式特征和实质特征，可以作为单位犯罪的主体。且在司法实践中，为了本村村民或村集体的利益，以村委会名义实施的非法占用农用地、非法采矿、非法转让土地使用权等犯罪活动频发，将村委会认定为单位犯罪的主体，有利于规范村委会的行为，有效打击和遏制相关犯罪活动。

但在具体个案中，并非只要以村委会名义实施的犯罪行为，均构成单位犯罪，对此应当作实质意义上的判断：即单位犯罪应当体现单位意志，以村委会名义实施，且违法所得归全体村民或村集体所有；否则，仍应当以自然人犯罪分别追究个人的刑事责任。这样也有利于打击冒用、盗用村委会名义谋求个人私利的犯罪活动。本案中，被告人赵石山、杨建波、王海杰经商议后擅自决定修建公墓，并将村土地承包给村民作为墓地使用，三被告人的行为虽以村委会的名义作出，但从主体身份、决策过程、违法所得的归属等方面来看，不宜认定为单位犯罪。

——《刑事审判参考》（总第 125 辑）。

刘楚荣、刘汉杰、刘立辉诈骗案（《刑事审判参考》案例第 1420 号）

要旨：村民委员会符合“单位”的构成要件和法律特征，可认定为单位犯罪的适格主体。

一般认为，刑法意义上的“单位”，是指经依法成立，拥有独立的财产和经费，能以自己的名义承担法律责任的组织。村民委员会是经依法成立的基层群众性自治组织，有自己的名称、组织机构、住所、财产和经费，符合单位的构成要件。

虽然刑法第三十条只列举了公司、企业、事业单位、机关、团体五种单位类型，但该条规定的是单位负刑事责任的范围，是对单位犯罪的追诉对象作出明确规定，即何种类型的单位在实施犯罪行为以后可以予以追诉。所以，刑法第三十条既不是对单位犯罪下定义，也不是对单位犯罪的适格主体作出限定，我们不能因为刑法第三十条没有将村民委员会列为单位犯罪的追诉对象，就认定村民委员会不是单位犯罪的适格主体。若只将单位犯罪的适格主体局限于公司、企业、事业单位、机关、团体这五种类型，就有可能出现将实质上属于单位犯罪性质的案件定性为自然人犯罪，这既不符合案件的客观事实，也不符合罪责刑相适应原则，无法对被告人作出适当的判罚。

2001 年 1 月 21 日《全国法院审理金融犯罪案件工作座谈会纪要》中明确，根据刑法和《最高人民法院关于审理单位犯罪案件具体应用法律有关问题的解释》的规定，以单位名义实施犯罪，违法所得归单位所有的，是单位犯罪。与自然人犯罪相比，单位犯罪除了有上述两个特征外，还有着单位行为处处体现决策者集体意志的特点。村民委员会作为基层群众性自治组织,依法有权办理本村的公共事务,管理本村属于村农民集体所有的土地和其他财产。2008 年 11 月 20 日《最高人民法院、最高人民检察院关于办理商业贿赂刑事案件适用法律若干问题的意见》第二条规定,刑法第一百六十三条、第一百六十四条规定的“其他单位”,既包括事业单位、社会团体、村民委员会、居民委员会、村民小组等常设性的组织,也包括为组织体育赛事、文艺演出或者其他正当活动而成立的组委会、筹委会、工程承包队等非常设性的组织。该司法解释性文件明确了村民委员会属于刑法规定中的“单位”范畴。因此,村民委员会符合“单位”的构成要件和法律特征,将村民委员会认定为“单位”的类型之一,既符合法律规定,也符合我国存在多种单位组织类型的客观现状。

——《刑事审判参考》(总第 128 辑)。

112 对单位实施的刑法中没有明文规定为单位犯罪的行为如何定罪处罚

关键词 | 单位犯罪 | 诈骗罪 |

【最高人民法院参考案例】

杜中亚、李章舵贪污、非法转让土地使用权、诈骗案(《刑事审判参考》案例第 1445 号)

要旨:单位实施刑法规定的危害社会的行为,刑法分则和其他法律未规定追究单位的刑事责任的,对组织、策划、实施该危害社会行为的人依法追究刑事责任。

我们认为,被告人杜中亚、李章舵犯罪的主观动机是为了解决村内学校建设资金,犯罪系村委会集体决策、实施,犯罪所得亦被实际用于学校建设,二人所犯诈骗罪存在单位犯罪的因素。由于刑法分则并未规定单位可以成为诈骗罪的主体,根据《全国人民代表大会常务委员会关于〈中华人民共和国刑法〉第三十条的解释》的规定,公司、企业、事业单位、机关、团体等单位实施刑法规定的危害社会的行为,刑法分则和其他法律未规定追究单位的刑事责任的,对组织、策划、实施该危害社会行为的人依法追究刑事责任。杜中亚、李章舵直接组织、策划、实施了相关诈骗行为,应当依法对此承担个人责任,但是在量刑中可以充分考虑单位犯罪的因素。

——《刑事审判参考》(总第 129 辑)。

刘楚荣、刘汉杰、刘立辉诈骗案(《刑事审判参考》案例第 1420 号)

要旨:单位实施刑法规定的危害社会的行为,刑法分则和其他法律未规定追究单位的刑事责任的，对组织、策划、实施该危害社会行为的人依法追究刑事责任。

本案中，三被告人时任刘畔村村民委员会干部，在办理该村迁坟事宜过程中，和其他村干部合谋骗取迁坟补偿款，该犯意应当视为刘畔村村民委员会的集体意志体现，而后三被告人又以刘畔村村民委员会的名义实施上述行为，所骗得的款项也归村集体所有，用于村开支。因此，我们认为该诈骗行为的实施主体是刘畔村村民委员会。依照《全国人民代表大会常务委员会关于〈中华人民共和国刑法〉第三十条的解释》的规定，公司、企业、事业单位、机关、团体等单位实施刑法规定的危害社会的行为，刑法分则和其他法律未规定追究单位的刑事责任的，对组织、策划、实施该危害社会行为的人依法追究刑事责任。三被告人属于刘畔村村民委员会实施诈骗行为过程中的组织、策划、实施人员，应当对诈骗罪承担刑事责任。

我们认为，村民委员会符合"单位"的构成要件和法律特征，属于单位犯罪的适格主体。以村民委员会为主体实施的危害社会的行为，应当认定为单位犯罪。但由于刑法第三十条没有规定村民委员会可以作为追诉对象承担刑事责任，且刑法第二百六十六条未规定以诈骗罪追究单位的刑事责任，本着对罪刑法定原则的严格遵守，无法对村民委员会进行追诉，只能在认定为单位犯罪的情况下，依照《全国人民代表大会常务委员会关于〈中华人民共和国刑法〉第三十条的解释》，对组织、策划、实施该危害社会行为的人依法追究刑事责任，但对于村民委员会的违法所得，则可以依照刑法第六十四条的规定进行追缴。

——《刑事审判参考》（总第128辑）。

113 非法集资犯罪案件中对单位犯罪的认定

关键词 | 单位犯罪 | 非法集资 |

【最高人民法院司法文件】

二、关于单位犯罪的认定问题

单位实施非法集资犯罪活动，全部或者大部分违法所得归单位所有的，应当认定为单位犯罪。

个人为进行非法集资犯罪活动而设立的单位实施犯罪的，或者单位设立后，以实施非法集资犯罪活动为主要活动的，不以单位犯罪论处，对单位中组织、策划、实施非法集资犯罪活动的人员应当以自然人犯罪依法追究刑事责任。

判断单位是否以实施非法集资犯罪活动为主要活动，应当根据单位实施非法集资的次数、频度、持续时间、资金规模、资金流向、投入人力物力情况、单位进行正当经营的状况以及犯罪活动的影响、后果等因素综合考虑认定。

三、关于涉案下属单位的处理问题

办理非法集资刑事案件中,人民法院、人民检察院、公安机关应当全面查清涉案单位,包括上级单位(总公司、母公司)和下属单位(分公司、子公司)的主体资格、层级、关系、地位、作用、资金流向等,区分情况依法作出处理。

上级单位已被认定为单位犯罪,下属单位实施非法集资犯罪活动,且全部或者大部分违法所得归下属单位所有的,对该下属单位也应当认定为单位犯罪。上级单位和下属单位构成共同犯罪的,应当根据犯罪单位的地位、作用,确定犯罪单位的刑事责任。

上级单位已被认定为单位犯罪,下属单位实施非法集资犯罪活动,但全部或者大部分违法所得归上级单位所有的,对下属单位不单独认定为单位犯罪。下属单位中涉嫌犯罪的人员,可以作为上级单位的其他直接责任人员依法追究刑事责任。

上级单位未被认定为单位犯罪,下属单位被认定为单位犯罪的,对上级单位中组织、策划、实施非法集资犯罪的人员,一般可以与下属单位按照自然人与单位共同犯罪处理。

上级单位与下属单位均未被认定为单位犯罪的,一般以上级单位与下属单位中承担组织、领导、管理、协调职责的主管人员和发挥主要作用的人员作为主犯,以其他积极参加非法集资犯罪的人员作为从犯,按照自然人共同犯罪处理。

——《最高人民法院、最高人民检察院、公安部关于办理非法集资刑事案件若干问题的意见》(2019 年 1 月 30 日,高检会〔2019〕2 号)。

第三章 | CHAPTER 03

刑罚

一、免予刑事处罚

114 未成年人犯罪免予刑事处罚应满足的条件

关键词｜未成年人犯罪｜免予刑事处罚｜

【最高人民法院司法解释】

第十七条　未成年罪犯根据其所犯罪行，可能被判处拘役、三年以下有期徒刑，如果悔罪表现好，并具有下列情形之一的，应当依照刑法第三十七条的规定免予刑事处罚：

（一）系又聋又哑的人或者盲人；

（二）防卫过当或者避险过当；

（三）犯罪预备、中止或者未遂；

（四）共同犯罪中从犯、胁从犯；

（五）犯罪后自首或者有立功表现；

（六）其他犯罪情节轻微不需要判处刑罚的。

——《最高人民法院关于审理未成年人刑事案件具体应用法律若干问题的解释》（2006年1月23日，法释〔2006〕1号）。

【最高人民法院司法文件】

15. 被告人的行为已经构成犯罪，但犯罪情节轻微，或者未成年人、在校学生实施的较轻犯罪，或者被告人具有犯罪预备、犯罪中止、从犯、胁从犯、防卫过当、避险过当等情节，依法不需要判处刑罚的，可以免予刑事处罚。对免予刑事处罚的，应当根据刑法第三十七条规定，做好善后、帮教工作或者交由有关部门进行处理，争取更好的社会效果。

——《最高人民法院关于贯彻宽严相济刑事政策的若干意见》（2010年2月8日，法发〔2010〕9号）。

115 盗窃行为属刑法第三十七条规定的“犯罪情节轻微不需要判处刑罚”的情形的认定

关键词｜犯罪情节轻微不需要判处刑罚｜免予刑事处罚｜

【最高人民法院公报案例】

陕西省府谷县人民检察院诉郝卫东盗窃案(一审法院:陕西省府谷县人民法院)

要旨:刑法第三十七条规定,对于犯罪情节轻微不需要判处刑罚的,可以免予刑事处罚。在审理盗窃案件中,盗窃数额是判断犯罪情节及社会危害性的重要依据,但不是唯一依据,还应综合考虑案件其他情节及被告人的主观恶性和人身危险性等因素。如果盗窃犯罪的案情特殊,综合判断犯罪情节确属轻微的,即使犯罪数额巨大,也可以免予刑事处罚。

判断某一盗窃犯罪行为是否属于刑法第三十七条的“情节轻微”,要根据刑法及相关司法解释的规定,综合考虑犯罪手段、犯罪对象、退赃情况及社会反应等情况,客观评价刑罚处罚的必要性。在案件具有特殊的事实、情节等情况下,要切实贯彻落实宽严相济的刑事政策,真正做到正确裁量、罪刑相当。

被告人郝卫东以非法占有为目的,秘密窃取他人财物,且数额特别巨大,其行为已构成盗窃罪,公诉机关指控罪名成立,依法应予惩处。依据《最高人民法院关于审理盗窃案件具体应用法律若干问题的解释》第一条第(四)项的规定,偷拿自己家的财物或者其近亲属的财物,一般可不按犯罪处理;对确有追究刑事责任必要的,处罚时也应与一般盗窃案件有所区别。本案中,被告人与被害人郝喜厚虽不是法定的近亲属,但被告人系被害人的亲侄孙,属五代以内旁系血亲,且被告人从小就和被害人一起生活,二人亲情深厚,在被告人犯罪后,被害人多次向法庭要求对被告人从宽处理。被告人归案后认罪态度好,悔罪表现明显,且所盗款项大部分被及时追回,不足部分也由其亲属退赔给了失主。综合考虑本案被告人的犯罪情节、危害后果及其悔罪表现,被告人的犯罪行为应属刑法第三十七条规定的“犯罪情节轻微不需要判处刑罚”的情形,故可对被告人免予刑事处罚。

——《最高人民法院公报》2011 年第 5 期。

二、刑期计算

116 刑事裁判文书中刑期起止日期如何表述

关键词｜刑事裁判文书｜刑期起止日期｜

【最高人民法院司法解释】

根据刑法第四十一条、第四十四条、第四十七条和《法院刑事诉讼文书样式》(样本)的规定,判处管制、拘役、有期徒刑的,应当在刑事裁判文书中写明刑种、刑期和主刑刑期的起止日期及折抵办法。刑期从判决执行之日起计算。判决执行以前先行羁押的,羁押一日折抵刑期一日(判处管制刑的,羁押一日折抵刑期二日),即自××××年××月××日(羁押之日)起至××××年××月××日止。羁押期间取保候审的,刑期的终止日顺延。

——《最高人民法院关于刑事裁判文书中刑期起止日期如何表述问题的批复》(2000 年 3 月 4 日,法释〔2000〕7 号)。

117 被告人因同一事实被刑事拘留两次，第一次被拘留的时间是否折抵刑期

关键词｜刑期折抵｜刑事拘留两次｜

【链接：信箱】

问题:某院审理的被告人王某故意伤害一案中,王某于 1996 年 3 月 29 日因伤害被刑事拘留,后被害人的伤情经市检察院法医鉴定,构不成轻伤,故县检察院未批捕,王某于当年 5 月 1 日被释放。后被害人的伤情又经市公、检、法法医鉴定,认定已构成轻伤,县公安局于 8 月 8 日再次对王某刑事拘留。法院在计算刑期时,是否应将被告人第一次被拘留的时间计算在内?

《人民司法》研究组认为:关于被告人被刑事拘留两次,第二次拘留后因与前次拘留系同一事实被人民法院判处刑罚,其第一次被刑事拘留的日期能否折抵刑期的问题,应分别不同情况处理。根据来信提供的情况分析,如果第一次刑事拘留

被依法撤销，被告人已依法获得赔偿的，其被拘留的日期不予折抵刑期；如果第一次刑事拘留未被撤销，被告人未获得国家赔偿的，其因同一事实第一次被刑事拘留的日期应予折抵刑期。

——《人民司法》1998 年第 1 期。

118 罪犯羁押日期如何起算

关键词 | 羁押日期 | 起算方式 |

【链接：信箱】

问题：刑法第四十四条、第四十七条规定：拘役的刑期、有期徒刑的刑期，“从判决执行之日起计算；判决执行以前先行羁押的，羁押一日折抵刑期一日”。那么，羁押日期从何时起算？由于现行法律和司法解释都未作明确规定，目前，在我国法院审判实务中，各地法院甚至各个法院对罪犯羁押日期的起算都各不相同。据了解，大致有这样几种起算方式：一是从犯罪嫌疑人被抓获之日起算，其起算依据是侦查机关办案人员个人或者单位写的抓捕证明（有的是说明）。二是从犯罪嫌疑人投案自首之日起算，其起算依据是接待单位写的证明，或者是侦查机关接待人员作的接待自首的笔录。三是从对犯罪嫌疑人宣布刑事拘留之日起算，其起算依据是公安机关的刑事拘留证。四是从对犯罪嫌疑人逮捕之日起算，其起算依据是公安机关的逮捕证。笔者认为，罪犯的羁押日期只能依据上述第三、第四种方式，即对犯罪嫌疑人实行刑事拘留的，从犯罪嫌疑人在刑事拘留证上签字之日起起算；没有实行刑事拘留而直接逮捕的，从犯罪嫌疑人在逮捕证上签字之日起起算。

《人民司法》研究组认为：关于羁押日期从何时起算问题，通常认为，对犯罪嫌疑人采取拘留、逮捕强制措施时起属于开始羁押。根据刑事诉讼法及《公安机关办理刑事案件程序规定》的有关规定，拘留、逮捕犯罪嫌疑人时，必须出示拘留证、逮捕证，被拘留、逮捕人要在拘留证、逮捕证上签名（盖章）、捺指印。因此，羁押日期应当从对犯罪嫌疑人采取拘留、逮捕强制措施之日起算。至于来信中提到的犯罪嫌疑人被抓获之日、犯罪嫌疑人投案自首之日，这些并不是对犯罪嫌疑人采取羁押措施的规范表述，不能作为羁押日期起算。

——《人民司法 · 应用》2007 年第 17 期。

119 并案处理中前案未认定为犯罪的，前案羁押日期是否应折抵刑期

关键词 | 刑期折抵 | 并案处理 |

【链接：信箱】

问题：某院在审理被告人郭某诈骗罪一案时，发现被告人郭某在 2006 年 11 月 12 日因涉嫌诈骗六十万元被 A 县公安局刑事拘留。在该拘留期限内，A 县公安局发现被告人郭某在 B 县又涉嫌另外一起诈骗案件，且被告人郭某系 B 县人，遂将被告人郭某移交给 B 县公安局，B 县公安局于 2006 年 12 月 9 日又为郭某办理了刑事拘留手续。后检察机关以郭某涉嫌该两起诈骗犯罪向法院提起公诉。法院经审理后，认为郭某在 A 县实施的那一起诈骗事实不清、证据不足，没有认定，只认定了在 B 县实施的那一起诈骗，遂依法判处被告人郭某有期徒刑十年。在计算被告人郭某的起刑日期时，存有两种意见：一种意见认为，既然没有认定 A 县的那一起诈骗，那么不应将在 A 县的羁押日期进行折抵，应从 B 县的刑事拘留日期开始计算；另一种意见认为，虽然没有认定 A 县的那一起诈骗系并案处理，应当视为因同一个案件而被公安机关采取强制措施，应当从 A 县的刑事拘留日期开始计算郭某的起刑日期。

《人民司法》研究组认为：刑法第四十七条规定，判决执行以前先行羁押的，羁押一日折抵刑期一日。据此，《最高人民法院关于刑事裁判文书中刑期起止日期如何表述问题的批复》进一步明确刑期从羁押之日起算。来信中提到的案例，虽然判决没有认定 A 县诈骗案，但公安机关采取了刑事拘留措施，剥夺了被告人的人身自由，该羁押时间应当从判处的刑期中折抵。因此，同意来信中后一种意见，即刑期应当从 A 县的刑事拘留之日起算。

——《人民司法 · 应用》2009 年第 5 期。

120 未被羁押的被告人被判处管制的刑期如何起算

关键词｜管制｜刑期起算方式｜

【链接：信箱】

问题：未被羁押的被告人袁某于 2006 年 11 月 21 日被法院判处管制六个月。对本案管制的刑期如何起算，有两种不同意见：一是认为因判决书是 11 月 23 日送达被告人的，而刑事案件的上诉期为十日，故其管制刑期自 2006 年 12 月 4 日起至 2007 年 6 月 3 日止。二是认为应以宣判之日作为其刑期的起算日，故其管制刑期自 2006 年 11 月 21 日起至 2007 年 5 月 20 日止。理由在于：对于判处管制刑的案件，一般都是在宣告判决的同时就将被告人交付执行。

《人民司法》研究组认为：根据刑法第四十一条规定，管制的刑期从判决执行之日起计算。因此,管制刑期不是从判决宣判之日或者上诉期满之日起算,而是从判决执行之日起算。关于你们信中提及的未被羁押的被告人被判处管制的刑期起算问题,经研究认为,要看被告人是否上诉或者检察机关是否抗诉。如果没有上诉或者抗诉的,上诉期满后判决生效,从人民法院将被告人交付执行之日起算;如果被告人上诉或者检察机关抗诉,则判决不能生效,不能交付执行,更谈不上刑期起算,而应当待二审法院作出判决后计算。

——《人民司法 · 应用》2007 年第 13 期。

121 因错判在服刑期“脱逃”后确有犯罪，其错判服刑日期不宜与后判刑期折抵，可在量刑时酌情从轻或减轻处罚

关键词｜错判“脱逃”｜刑期折抵｜

【最高人民法院答复】

对被错判徒刑的,在服刑期间“脱逃”的行为,可不以脱逃论罪判刑;但在脱逃期间犯罪的,应依法定罪判刑;对被错判已服刑的日期与后来犯罪所判处的刑期不宜折抵,可在量刑时酌情考虑从轻或减轻处罚。

——《最高人民法院研究室关于因错判在服刑期“脱逃”后确有犯罪,其错判服刑期限可否与后判刑期折抵问题的电话答复》(1983 年 8 月 31 日)。

122 原判有期徒刑的罪犯被再审改判无期徒刑应如何计算实际执行刑期

关键词｜再审改判｜实际执行刑期｜

【最高人民法院审判业务意见】

有关部门就原判有期徒刑的罪犯被再审改判无期徒刑应如何计算实际执行刑期问题征求最高人民法院研究室意见。最高人民法院研究室经研究认为:

原判有期徒刑的罪犯经再审改判为无期徒刑的,无期徒刑的执行期间从再审判决确定之日起计算。但是,改判前原判确定之日起已经执行的刑期,在决定假释时应当计算为无期徒刑实际执行的刑期。

——喻海松:《最高人民法院研究室关于原判有期徒刑的罪犯被再审改判无期徒刑应如何计算实际执行刑期问题的研究意见》,载最高人民法院研究室编著:

《司法研究与指导》(总第2辑),人民法院出版社2012年版,第158页。

123 先前被羁押行为与最终定罪行为并非同一行为时,羁押日期可否折抵刑期

关键词|刑期计算|先行羁押|

【最高人民法院参考案例】

陈春莲贩卖毒品案(《刑事审判参考》案例第1280号)

要旨:被告人先行羁押时间能否最终折抵刑期,不能一概而论。只有先前被羁押行为与最终定罪行为系同一行为,或者虽然不是同一行为,但二者之间存在密切关联时才可以予以折抵。

根据"同一行为"和"关联性"标准,对于司法实践中出现的如下四种情形,均可以纳入刑期折抵的范围中来:(1)行为人因为甲行为被采取羁押措施,在上述羁押措施执行完毕后,又因甲行为构成犯罪而进入刑事诉讼,最终被判处管制、拘役、有期徒刑的,之前的羁押日期应当折抵刑期。(2)行为人因为甲行为被采取刑事羁押措施,在对甲行为侦查期间,又发现乙行为涉嫌犯罪,但针对乙行为并未采取刑事羁押措施,最终因乙行为被判处管制、拘役、有期徒刑的,因甲行为被刑事拘留、逮捕的时间应当折抵刑期。(3)行为人因为甲行为被侦查期间,发现了乙行为涉嫌犯罪,如果针对乙行为采取刑事羁押措施,但最终因甲行为被判处管制、拘役、有期徒刑的,因乙行为被刑事拘留、逮捕的时间应当折抵刑期。(4)行为人因为甲行为被采取刑事羁押措施,后变更为取保候审或监视居住,其间发现了乙行为涉嫌犯罪并针对乙行为采取刑事拘留、逮捕措施,最终因乙行为被判处管制、拘役、有期徒刑的,针对甲、乙两个行为所采取的刑事拘留、逮捕措施的时间均应当折抵刑期。需要指出的是,针对行为人所实施的数个行为,公安机关不一定均采取刑事强制措施,完全可能针对甲行为采取行政强制措施或者予以行政拘留,而对乙行为采取刑事拘留、逮捕等刑事强制措施,此时需要区分情况来折抵刑期。如果甲行为最终构成犯罪,依据"同一行为"或"关联性"标准,针对甲行为所采取的行政强制措施或者予以行政拘留也可以折抵刑期。但如果甲行为不构成犯罪,针对甲行为所采取的行政强制措施能否折抵刑期呢?我们认为,答案是否定的。因为行政机关有权根据执法具体情况实施限制人身自由的行政措施,也有权对相应的违法行为处以拘留等行政处罚,被告人对行政违法行为应当承担相应的行政法律责任,是违法必究原则的体现。如果再予以折抵刑期,则在事实上使行为人的行政违法行为未受到追究,放纵了行为人的违法行为。以毒品案件为例,如行为人因为吸毒被查获,

在被采取行政拘留措施后又发现其还有贩毒行为，遂对其予以立案并采取刑事拘留措施。尽管二者在程序上具有一定连续性，但吸毒与贩毒是两个行为，不折抵刑期并不违背“一事不再罚”原则；更重要的是，吸毒行为本身就应当受到行政拘留，不折抵刑期也不涉及国家赔偿的问题；相反，如果到贩卖毒品罪中去折抵刑期，则吸毒行为等于没有受到任何惩罚，显然是放纵了违法行为。

——《刑事审判参考》（总第115辑）。

三、死刑

124 如何把握严格控制和慎重适用死刑的政策

关键词 | 宽严相济刑事政策 | 慎用死刑 |

【最高人民法院司法文件】

29. 要准确理解和严格执行“保留死刑,严格控制和慎重适用死刑”的政策。对于罪行极其严重的犯罪分子,论罪应当判处死刑的,要坚决依法判处死刑。要依法严格控制死刑的适用,统一死刑案件的裁判标准,确保死刑只适用于极少数罪行极其严重的犯罪分子。拟判处死刑的具体案件定罪或者量刑的证据必须确实、充分,得出唯一结论。对于罪行极其严重,但只要是依法可不立即执行的,就不应当判处死刑立即执行。

——《最高人民法院关于贯彻宽严相济刑事政策的若干意见》(2010 年 2 月 8 日,法发〔2010〕9 号)。

【链接:理解与适用】

严格控制和慎重适用死刑。《意见》第二十九条强调要准确理解和严格执行“保留死刑,严格控制和慎重适用死刑”的政策。“保留死刑,严格控制和慎重适用死刑”是我们党和国家一贯的死刑政策,与宽严相济刑事政策也是完全一致的。保留死刑符合我国现阶段国情,是维护国家安全和社会稳定,维护人民群众安全感的客观需要。依法对罪行极其严重的犯罪分子适用死刑,在今后一个相当长的时期内,仍然是维护国家安全和社会稳定、保护人民群众根本利益、保障经济社会发展的重要手段。严格控制和慎重适用死刑,则是立足于教育、感化和挽救大多数,最大限度地减少社会对立面,促进社会和谐。

严格控制是对死刑适用总体上、战略上和趋势上的严格把握,就是要防止任何不必要的适用甚至滥用。严格控制,绝非人为减少死刑适用,而是要求必须通过严格依法、严格标准、严格适用,以确保死刑这一最严厉的刑罚真正只适用于极少数罪行极其严重、不堪教育改造的犯罪分子。慎重适用则是对死刑个案在具体事实认定、证据审查和法律适用、政策把握上的极其慎重态度,就是要绝对防止死刑案件出现任何人为差误,导致冤杀错判,确保每一起死刑案件都经得起历史检验、经得起人民群众检验、经得起法律检验，真正办成“铁案”。落实慎重适用，必须切实执行严格统一的证据裁判标准、严格统一的法律政策标准。一方面，适用死刑必须严格统一地坚持证据裁判的最高标准和最严要求。在事实、证据上，各级人民法院都不能冒一丝一毫的误判死刑的风险。对于定罪证据或者重要量刑证据有疑问、有欠缺，不能排除合理怀疑，不能得出唯一结论的，绝对不能适用死刑。另一方面，适用死刑必须严格统一地把握法律政策标准。对依法不应当判处死刑的案件，无论面临多大的压力，都要坚持对党的事业负责、对人民根本利益负责、对国家法律负责，绝不能违法适用死刑。

对依法可以判处死刑的案件，是否判处死刑，要结合被告人的犯罪原因、犯罪情节、危害后果、有无前科、认罪悔罪态度等法定、酌定量刑情节综合判定。具有法定从宽情节的，应当最大限度体现立法精神；有酌定从宽情节的，也应当充分体现政策，能不判处死刑立即执行的，尽最大努力做好工作，落实政策，争取更好的社会效果。对于一些罪行极其严重、论罪应判处死刑的犯罪分子，鉴于其具有自首、立功等法定从轻处罚情节，或者具有全部退缴赃款、因民间矛盾引发且取得被害人谅解等酌定从宽处罚情节，依法不判处其死刑立即执行，体现了死刑政策“严中有宽”的精神，符合宽严相济刑事政策的要求。要严格执行《关于审理故意杀人、故意伤害案件正确适用死刑问题的指导意见》《全国部分法院审理毒品犯罪案件工作座谈会纪要》等文件，切实贯彻已经形成共识的政策把握原则。对于具有自首、立功等法定从宽处罚情节的被告人，必须尽可能地兑现政策，依法从宽。对于共同犯罪、同时可能判处两人甚至多人死刑的案件，应当仔细区分、综合判定各被告人在共同犯罪中的地位、作用及其人身危险性，实行区别对待。对于从属性运输毒品犯罪，在量刑上，应当与走私、贩卖、制造毒品有所区别，不应仅以涉案毒品数量的大小而决定刑罚的适用。

——高贵君、李睿懿、毛宜全、侯宏林：《〈关于贯彻宽严相济刑事政策的若干意见〉的理解与适用》，载《人民司法 · 应用》2010 年第 7 期。

【最高人民法院参考案例】

张某故意杀人案（《刑事审判参考》案例第 761 号）

要旨：对于被告人是否判处死刑，应从罪行评价、预防犯罪、矛盾化解的角度进行综合考量，遵循罪责刑相适应的原则，作出慎重裁判。

（一）罪行评价角度

该案由家庭矛盾引发，两名被害人是被告人的父母。两名被害人在孝敬老人、管教子女等方面存在严重过错，且系激发被告人产生犯意的重要诱因，因此对被告人的罪行评价应当区别于一般故意杀人犯罪。

从主观方面分析，该案在犯罪起因上属多因一果情形。被告人对其父母即两名被害人的怨恨始于其中一名被害人殴打被告人的祖母、侵占其祖母的房产和对被告人长期采用暴力管教。

从客观方面分析，被害人的过错属于刑法中的过错，由此对被告人的罪行评价相应有所调整。被害人的过错不仅严重违背中国传统的家庭伦理，而且属于严重的违法行为。故意杀人犯罪案件中，被害人即便有过错，也不可像民事责任那样要求被害人分担部分刑事责任。然而，被害人是否有过错的认定直接影响到被告人主观恶性和人身危险性的评价，从而影响罪行评价，最终影响到量刑。本案被害人的严重过错是诱发本案发生的重要诱因，从中体现出被告人的主观恶性和人身危险性程度较一般故意杀人犯罪要低。

（二）预防犯罪角度

本案被告人刚过判处死刑年龄，性格可塑性强，改造难度小，客观、全面、综合把握各种从严、从宽情节，从预防犯罪目的考虑，本着贯彻宽严相济刑事政策和严格控制、慎重适用的死刑政策精神，可对被告人从轻处罚。

根据社会防卫论的研究成果，要从根本上预防犯罪，必须准确分析犯罪的社会原因和个体原因，有针对性地进行防范和矫治。被告人决意实施犯罪，有其性格偏激的原因，而这一性格的形成又与其家庭教育密不可分。加上被告人正处于未成年人向成年人过渡的阶段，对这一过渡年龄阶段的犯罪人，只要有足够的改造空间，被害人家属及广大民众无明显抵制情绪，就不应该放弃以教育为主的方式改造和预防犯罪。

（三）矛盾化解角度

本案被告人是两被害人的独生子，被告人的祖母因本案已经失去了儿子、儿媳，若对被告人再判处死刑立即执行，意味着断子绝孙，被告人的祖母就无人赡养，从而必然留下一定社会隐患，被告人的祖母多次不惜以死请求法院对被告人从轻处罚，当地社区民众均表示同情。因此，母系被害方不再坚决要求判处被告人死刑立即执行，父系被害人坚决要求不判处死刑立即执行，社区群众也希望不判处死刑立即执行。从社会矛盾化解角度分析，对被告人判处死缓不仅有利于社会矛盾化解，还准确体现了罪责刑相适应，更好地实现法律效果和社会效果的有机统一。

——《刑事审判参考》（总第85辑）。

125 如何理解“罪行极其严重”的含义

关键词 | 罪行极其严重 | 社会危害性 | 人身危险性 |

【最高人民法院参考案例】

闫新华故意杀人、盗窃案(《刑事审判参考》案例第393号)

要旨:"罪行极其严重"包含三个方面的内容。判断被告人的犯罪行为是否极其严重,应当根据刑法和司法解释的有关规定,并综合考虑上述主客观因素,严格认定。

所谓罪行极其严重,是指犯罪性质极其严重,犯罪手段、后果等情节极其严重,被告人的主观恶性和人身危险性极大。"罪行极其严重"是死刑适用的实质条件,包含三个方面的内容:一是被告人的行为触犯了刑法规定的可以判处死刑的罪名,且行为性质极其恶劣;二是被告人所犯罪行的情节特别严重,且造成了特别严重的社会危害后果;三是被告人的主观恶性和人身危险性极大。判断被告人的犯罪行为是否极其严重,应当根据刑法和司法解释的有关规定,并综合考虑上述主客观因素,严格认定。

——《刑事审判参考》(总第50辑)。

126 主观恶性极深、人身危险性极大的被告人,即使通过赔偿取得被害方谅解也可判处死刑

关键词 | 主观恶性 | 死刑 |

【最高人民法院参考案例】

林明龙强奸案(《刑事审判参考》案例第636号)

要旨:如果被告人主观恶性极深,人身危险性极大,则即便被告人家属积极赔偿,取得被害方谅解,也不能作为应当从轻处罚情节。

如何处理民事赔偿与量刑之间的关系,是刑事审判中一个重要而敏感的问题。《最高人民法院关于贯彻宽严相济刑事政策的若干意见》(以下简称《意见》)第二十三条规定:"被告人案发后对被害人积极进行赔偿,并认罪、悔罪的,依法可以作为酌定量刑情节予以考虑。因婚姻家庭等民间纠纷激化引发的犯罪,被害人及其家属对被告人表示谅解的,应当作为酌定量刑情节予以考虑。"这一规定是当前人民法院处理这一关系的基本政策法律依据。

被告人积极赔偿,认罪、悔罪,或是被害方谅解,属于犯罪后的情节,在一定程度上影响了被告人主观恶性和人身危险性的评价,因此,在量刑时应当予以充分考虑。但是,量刑是一个综合衡量的过程,各种量刑情节,包括从重、从轻的情节,法定、酌定的情节都需要权衡。其中,犯罪性质和犯罪行为给社会造成的危害程度是

决定被告人刑罚的最基本因素，片面夸大积极赔偿或谅解等罪后情节的作用，忽视犯罪性质和犯罪行为本身的社会危害都是不正确的。实践中，在决定被告人最终刑罚时，除考虑犯罪的性质、情节、后果及被告人的主观恶性、人身危险性等因素外，还要结合宽严相济刑事政策的要求进行综合评判。因民间纠纷激化引发的犯罪，因为发生在特定的当事人之间，其社会危害性与严重危害社会治安的犯罪有区别，在处理时，如果被害方对被告人表示谅解，原则上应从轻处罚，而且人民法院还应当加大对此类案件的民事调解工作力度，化解当事人双方的矛盾，促成被害方的谅解。只要赔偿得好，被害方又谅解的，就可以大胆地从轻，一般都不考虑判处死刑立即执行，这是贯彻宽严相济刑事政策的要求，不属于"以钱买命"。但是，对于那些严重危害社会治安、严重影响人民群众安全感的案件、犯罪情节特别恶劣、犯罪后果特别严重的案件以及犯罪分子的主观恶性极深、人身危险性极大的案件，即使被告人积极赔偿，获得被害方谅解，但论罪应当判处死刑的，还是应依法判处死刑；也就是说，要着重考虑犯罪行为的社会危害性以及由此造成的严重社会影响，对量刑社会效果的评价不能仅局限于赔偿和被害方的谅解。

强奸致人死亡是严重危害社会治安的犯罪，与民间纠纷引发的犯罪存在明显区别，这类犯罪针对的对象往往不特定，严重损害人民群众的安全感，属于宽严相济刑事政策中从严惩处的重点对象。本案中，林明龙深夜尾随未成年被害人到住处，在居民楼的楼道上将被害人强奸致死，其犯罪性质特别严重，情节特别恶劣，犯罪后果特别严重，并在当地造成了恶劣的社会影响，属于罪行极其严重的犯罪分子，应当依法严惩。

联系本案，林明龙的家属私下找到被害人家属进行协商，达成书面谅解协议。根据协议，林明龙家属赔偿四十五万元，被害人家属对林明龙的行为表示谅解，并请求对其从轻处罚。从协议内容看，协议赔偿数额超出法院判决赔偿数额（判决赔偿二十余万元）一倍多，而且大部分赔偿款（三十五万元）以不判处林明龙死刑立即执行为前提。这种出于获取巨额赔偿款目的而表示的谅解，很难说得上是真诚的谅解。而且，本案被告人林明龙多次犯罪，系累犯。其先后被四次判刑、一次劳教，每次都是时隔不久又再犯案，可谓屡教不改，主观恶性极深，人身危险性极大。对如此恶劣的犯罪分子，如果仅因被告人家庭有钱赔偿就可以从轻处罚，实质上意味着有钱可以买命，如此不但会严重破坏法律的平等和公正，而且会损害人民法院的司法权威。因此，本案核准被告人林明龙死刑，没有因被告人家属积极赔偿、被害方谅解而对被告人从轻处罚是正确的。

——《刑事审判参考》（总第75辑）。

127 罪行极其严重的故意杀人未遂案件能否适用死刑立即执行

关键词 | 死刑 | 故意杀人罪 | 犯罪未遂 |

【最高人民法院参考案例】

覃玉顺强奸、故意杀人案(《刑事审判参考》案例第657号)

要旨:对罪行极其严重的故意杀人未遂犯,可以依法判处死刑立即执行;对强奸后为毁灭证据而故意伤害、杀害被害人致被害人重伤、死亡的,不属于刑法第二百三十六条规定的因强奸"致使被害人重伤、死亡或者造成其他严重后果",而应当分别认定为强奸罪、故意杀人罪或者故意伤害罪,实行数罪并罚。

(一)对罪行极其严重的故意杀人未遂犯,可以依法判处死刑立即执行

刑法第六十一条规定:"人民法院在对犯罪分子决定刑罚的时候,应当根据犯罪的事实、性质、情节和对于社会的危害程度,依照刑法的有关规定判处。"这是对量刑原则的基本规定,是罪刑相适应原则的具体化。量刑情节是反映罪行轻重以及行为人的人身危险程度,从而影响刑罚轻重的各种情况。量刑情节有法定情节和酌定情节之分。法定情节是刑法明文规定在量刑时应当予以考虑的情节,以刑法是否就法定情节的功能作出绝对性规定为标准,又可将法定情节分为应当型情节和可以型情节。前者是刑法明文规定的,对量刑应当产生从宽或从严影响的情节,如中止犯与累犯;后者是刑法明文规定的,对量刑可能产生从宽影响的情节,如未遂犯。酌定情节是刑法未作明文规定,根据刑事立法精神与刑事政策,由法院从审判经验中总结出来的,在量刑时需要酌情考虑的情节。

犯罪未遂是司法实践中一种常见的法定从宽处罚情节。刑法第二十三条规定:"已经着手实行犯罪,由于犯罪分子意志以外的原因而未得逞的,是犯罪未遂。对于未遂犯,可以比照既遂犯从轻或者减轻处罚。"这种规定的根据在于,以犯罪未遂论处的行为完全符合犯罪构成要件,其社会危害性达到了应受刑罚处罚的程度,故应当负刑事责任。同时,以犯罪未遂论处的行为的社会危害性通常小于犯罪既遂的情形,故对于未遂犯原则上可以比照既遂犯从轻或者减轻处罚。"可以"而非"应当"从宽处罚,意味着刑法对未遂犯采取的从宽原则是得减主义而非必减主义,即通常给予从宽处罚,但法官根据案件的具体情况,也可以不予从宽处罚。这一原则也适用于处理犯罪未遂与死刑适用的关系。刑法规定,死刑只适用于罪行极其严重的犯罪分子。一般认为,没有造成被害人死亡的故意杀人未遂情形,因社会危害性小于故意杀人既遂,因此一般不判处被告人死刑立即执行。但有原则就有例外,对于犯罪动机极其卑劣、情节特别恶劣、手段特别残忍,致被害人严重伤害、社会影响极坏的案件,也可考虑判处死刑立即执行。

本案就是这种情况。被告人覃玉顺强奸被害人代某后欲杀人灭口,在持刀捅

刺时因发现村民赶来而被迫放弃继续实施杀人行为,被害人经及时抢救亦未发生被告人所追求的死亡结果,故被告人的行为属于故意杀人未遂。但是,从覃玉顺犯罪的具体情况看,存在诸多应予以从严惩处的情节。具体包括:(1)覃玉顺为掩盖强奸罪行而持刀捅刺被害人,发现被害人未死后又多次持刀捅刺并扯断被害人漏出的小肠。(2)尽管被害人幸免于死,伤势却十分严重。(3)被告人的行为在当地亦造成了恶劣的社会影响。(4)被告人认罪、悔罪态度不好,对强奸被害人并扯断被害人小肠的情节予以否认、回避。综上,被告人覃玉顺故意杀人虽系未遂,但其行为已造成极其严重的后果,主观恶性极深、人身危险性极大,其未遂情节不足以对其从轻处罚,应依法判处死刑。

(二)二审期间不能对被告人以强奸罪判处死刑

首先,被告人覃玉顺的行为完全符合强奸罪和故意杀人罪的构成条件,应当认定为两个罪名。刑法第二百三十六条规定,强奸"致使被害人重伤、死亡或者造成其他严重后果的",以强奸罪处十年以上有期徒刑、无期徒刑或者死刑。这里的"重伤、死亡"是指强奸行为导致被害人性器官严重损伤,或者系在强奸过程中为制服被害人反抗而施加暴力,导致被害人重伤、死亡,不包括强奸行为完成后出于报复、灭口等动机而故意伤害、杀害被害人的情形。对于后一种情形,应当分别认定为强奸罪、故意杀人罪或者故意伤害罪,实行数罪并罚。本案中,虽然被告人覃玉顺先持刀捅刺被害人胸部,再强奸被害人,但此处的损伤并未构成重伤,此时对其行为可认定为强奸罪一罪。强奸完毕后,被告人为掩盖罪行而另起杀人犯意,持刀捅刺被害人,并扯断其小肠,致被害人重伤,完全符合故意杀人罪的构成条件。故对覃玉顺的行为应当认定为强奸罪和故意杀人罪,数罪并罚。如单认定为强奸罪,则不能完全反映被告人试图杀害被害人的主观故意,不符合主客观相统一的定罪原则。

其次,二审期间如对被告人覃玉顺以强奸罪判处死刑,则违反上诉不加刑原则。本案中,一审法院作出判决,对被告人覃玉顺以故意杀人罪判处死刑,剥夺政治权利终身;以强奸罪判处有期徒刑十年,决定执行死刑,剥夺政治权利终身。宣判后,被告人提出上诉,但检察院未提出抗诉,故二审法院应当对被告人适用上诉不加刑原则。即便有意见认为被告人的行为属于故意杀人未遂,不宜以故意杀人罪判处死刑,但也不能转而加重强奸罪的刑罚,以强奸罪判处被告人死刑。如果这样做,则显然违反上诉不加刑原则。据此,二审法院最后维持一审判决,是正确的。

——《刑事审判参考》(总第77辑)。

128 对于兼有法定从轻和从重处罚情节的罪行极其严重的被告人，如何慎用死刑立即执行

关键词 | 慎用死刑 | 量刑情节 |

【最高人民法院参考案例】

闫新华故意杀人、盗窃案(《刑事审判参考》案例第 393 号)

要旨:对于既具有自首这样法定从轻处罚情节,又具有累犯这样法定从重处罚情节的罪行极其严重的被告人,应当综合衡量影响量刑的各种因素,审慎适用死刑立即执行。

根据我国刑法的规定,对于自首的被告人,可以从轻或者减轻处罚;对于犯罪较轻的,可以免除处罚。对法律规定中的“可以从轻”,应理解为从轻是原则,不从轻是例外。特别是对应判处死刑立即执行的,如果具有法定可以从轻或减轻处罚情节的,一般不应判处死刑立即执行。当然,对于具体案件最终是否从轻或减轻处罚,还是要由法官根据犯罪的客观危害和犯罪人的主观恶性以及自首、立功等情节的司法价值,以及法定、酌定从轻情节与从重情节等影响量刑的因素进行综合比较、平衡,依法裁量。强调因具有自首这一法定从轻情节而对被告人从轻处罚,或是强调因具有累犯这一法定从重情节而对被告人从重处罚都是片面的。是否应给予罪行极其严重的被告人从宽处罚,判处死刑缓期二年执行,不仅涉及对自首制度的立法意图及司法价值准确把握的问题,还涉及对死缓制度中“不是必须立即执行的”规定的正确适用。

——《刑事审判参考》(总第 50 辑)。

129 虽有自首情节，但依法不足以对其从宽处罚的，仍可适用死刑

关键词 | 死刑 | 自首 |

【最高人民法院裁判案例】

杨光毅强奸案[最高人民法院(2021)最高法刑核 78493152 号刑事裁定书]

要旨:对具有自首情节的被告人是否从宽处罚、从宽处罚的幅度,应当考虑其犯罪事实、犯罪性质、犯罪情节、危害后果、社会影响、被告人的主观恶性和人身危险性,还应考虑投案的主动性、供述的及时性和稳定性等,对于犯罪情节特别恶劣、犯罪后果特别严重、被告人主观恶性深、人身危险性大的,依法可以不从宽处罚。

本院认为,原审被告人杨光毅奸淫不满十四周岁的幼女,其行为构成强奸罪。

杨光毅强奸幼女情节恶劣,且致被害人杨某某死亡,依法应当在十年以上有期徒刑、无期徒刑或者死刑的幅度内判处刑罚。杨光毅奸淫仅十周岁的幼女,依法应当从重、从严惩处。杨光毅为发泄私欲,无视国法,经事先预谋,携带刀具强行劫持幼女,采取掐颈、刺破眼球、捅刺颈部等极端残忍手段对杨某某实施奸淫,且奸淫之后将杨某某装袋捆扎,用扔、踢、滚等方式带下山,恐被害人不死又将其在水中浸泡,后抛尸于山林隐蔽处。杨光毅的犯罪动机卑劣,犯罪手段特别残忍,犯罪情节特别恶劣,危害后果特别严重。

案发后,原审被告人杨光毅在父亲陪同下到公安机关投案并如实供述了强奸致死被害人的主要犯罪事实,系自首。但杨光毅系在公安机关已掌握一定线索并对其排查询问后迫于压力而投案;虽交代了强奸致人死亡等主要犯罪事实,但对有关强奸的部分重要事实予以隐瞒;虽然认罪,但原审、再审及死刑复核期间并未实质悔罪;其投案虽对案件侦破起到积极作用,但并未达到至关重要的程度。是否因杨光毅自首而对其从宽处罚,应当在全面考察其所犯罪行的性质、情节和对社会的危害程度的基础上,结合其主观恶性、人身危险性和自首的具体情况等综合评判。

严厉惩处严重损害未成年人身心健康的犯罪行为是我国法律的明确规定。保留死刑,严格控制和慎重适用死刑,是我国现阶段的死刑政策。根据法律规定及死刑政策,对于罪行不是十分严重的犯罪分子,不得适用死刑,但是,对于罪行极其严重,严重影响人民群众安全感的暴力犯罪分子依法判处死刑,是我国的民情所在,民愿所向,民意所期。杨光毅的犯罪行为既违国法,又悖天理,更逆人情,严重突破国家法律界线,严重挑战伦理道德底线,严重冲击社会公共安全红线,社会危害性极大。杨光毅主观恶性深,人身危险性大,罪行极其严重,依法应当予以严惩。杨光毅虽有自首情节,但依法不足以对其从宽处罚。

——《刑事审判参考》(总第129辑)。

130 共同犯罪中作用相对较大的主犯因具有法定从轻情节而未判处死刑的,对其他主犯能否适用死刑

关键词 | 死刑 | 共同犯罪 |

【最高人民法院参考案例】

高洪雷等贩卖、运输毒品,介绍卖淫案(《刑事审判参考》案例第1279号)

要旨:在毒品共同犯罪中作用相对较大的主犯因具有法定从宽情节而未判处死刑的,对其他罪责相对较小的主犯不应"升格"判处死刑。

司法实践中经常遇到这样的情形,毒品共同犯罪中的某一主犯的罪行极其严

重. 依法应当判处死刑,但因其具有自首或者立功等法定从宽处罚情节,法院对其从宽判处死刑缓期执行,而另一名主犯所犯罪行亦很严重,但其在共同犯罪中所起作用略小于前者,对其能否判处死刑立即执行?本案就属于这种情形。被告人高洪雷与杨军练贩卖、运输毒品数量大,已超过适用死刑的毒品数量标准。二人在共同犯罪中均起主要作用,均系主犯,且二人积极预谋并筹集毒资,主动向毒品上家约购毒品,并前往上家所在地购买毒品,相对于毒品上家而言,对促成毒品交易起到了更大作用,杨军练又系累犯,可以说二人均属罪行极其严重。那么,本案能否同时判处两名被告人死刑,或者应当对哪一名被告人适用死刑?这就需要立足案情本身,根据罪责刑相适应原则作出稳妥裁判。

2015 年印发的《全国法院毒品犯罪审判工作座谈会纪要》(以下简称《武汉会议纪要》)规定:"毒品共同犯罪的死刑适用应当与该案的毒品数量、社会危害及被告人的犯罪情节、主观恶性、人身危险性相适应。涉案毒品数量刚超过实际掌握的死刑数量标准,依法应当适用死刑的,要尽量区分主犯间的罪责大小,一般只对其中罪责最大的一名主犯判处死刑。"根据这一规定,毒品共同犯罪的死刑适用要严格贯彻罪责刑相适应原则,涉案毒品的数量不同,毒品犯罪造成的社会危害不同,适用死刑的具体情况也有所区别。对于贩卖、运输毒品共同犯罪中有两名以上主犯,涉案毒品数量刚超过实际掌握的死刑数量标准的,应当全面考察各主犯在共同犯罪中实际发挥作用的差别,一般只选择其中罪责最大的一名主犯依法判处死刑;即便两名以上主犯均具有法定从重处罚情节,也要充分比较主观恶性和人身危险性方面的差异,同时判处二人死刑应当特别慎重。换言之,即便同为罪行极其严重且依法可以判处死刑的主犯,也要注意区分彼此之间罪责大小,进一步区分出罪行最为严重者,并非一律判处死刑立即执行,更不能在罪责最为严重的主犯没有被判处死刑的情况下,对罪责稍次的主犯"升格"适用死刑。

根据以上分析,本案毒品数量近三千五百克,以目前实际掌握的死刑数量标准,不宜判处二人死刑立即执行。被告人杨军练归案后对公安机关抓获毒品上家起到了一定协助作用,一审法院认定其行为构成重大立功,并考虑其能够如实供述主要犯罪事实,依法对其判处死刑,缓期二年执行。在此情况下,是否要判处被告人高洪雷死刑呢?答案是否定的,主要理由在于:其一,杨军练在贩卖、运输毒品共同犯罪中所起作用大于高洪雷,系罪行最为严重的主犯,又系累犯,论罪应依法判处死刑。在杨军练因具有重大立功表现这一法定从宽处罚情节而未被判处死刑的情况下,不宜对罪责稍次的主犯高洪雷"升格"判处死刑立即执行,否则,就违反了《武汉会议纪要》的相关规定。其二,毒品数量是毒品犯罪案件量刑的重要情节,但不是唯一情节,在考虑是否适用死刑时,更不能只强调毒品数量,忽视其他情节,而应当综合考虑毒品数量、犯罪情节等各种因素。高洪雷贩卖、运输毒品数量确实已经超过适用死刑的数量标准，但其并非罪行最严重的主犯，也不具有法定或者重大酌定从重处罚情节，而且从归案到复核提讯，始终如实供认犯罪，有悔罪表现，对公安机关抓获参与出资购买第二宗毒品的共同作案人起到积极作用。其三，第二宗毒品已全部被公安机关查获，未进一步流入社会造成严重危害，此情节在量刑时亦需酌情考虑。

——《刑事审判参考》（总第 115 辑）。

131 对多人共同致死一人的严重暴力犯罪案件，如何准确把握宽严相济刑事政策和死刑政策

关键词｜死刑｜共同犯罪｜宽严相济｜

【最高人民法院参考案例】

牛旭旭、张延明、郭华涛等人绑架案（《刑事审判参考》案例第 1275 号）

要旨：在共同犯罪案件中判处一名以上被告人死刑的，要充分考虑罪行的整体严重程度和各主犯的具体罪责。

对于绑架等严重暴力犯罪，在政策把握上应当体现“从严”的政策要求，该判处死刑的要坚决依法判处。同时，也需要充分注意到，由于死刑是最为严厉的刑罚，适用时应当贯彻执行“严格控制、慎重适用死刑”政策，防止不必要地过多适用死刑，从而背离宽严相济刑事政策的精神。根据《意见》①第三十一条，对于多名被告人共同致死一名被害人的共同犯罪案件，应当充分考虑各被告人在共同犯罪中的地位和作用上的差别以及在主观恶性和人身危险性方面的差异，如果有多名主犯的，还要在主犯中进一步区分出罪行最为严重者，这是对共同犯罪案件各被告人决定刑罚时应当遵循的规则。即便按照“杀人偿命”“一命抵一命”的朴素正义观念，对两名以上被告人同时适用死刑也应当特别慎重，原则上不宜同时适用死刑。从近年来的司法实践来看，对于多人共同致死一名被害人的暴力犯罪案件，原则上只判处一人死刑，但是，作为例外，如果某一案件的整体罪行十分严重，各被告人的罪责又确实十分接近，需要通过判处两人死刑来体现严惩并实现量刑平衡的，也可以考虑同时判处两人死刑。

——《刑事审判参考》（总第 115 辑）。

① 即《最高人民法院关于贯彻宽严相济刑事政策的若干意见》（法发〔2010〕9 号）。

132 因同案犯在逃致被告人在共同犯罪中地位、作用不明的，如何慎用死刑

关键词 | 慎用死刑 | 共同犯罪 | 同案犯在逃 | 明知 |

【最高人民法院参考案例】

宋光军运输毒品案(《刑事审判参考》案例第 405 号)

要旨:对于同案犯在逃致使被告人在共同犯罪中地位、作用不明的,应慎用死刑。

(一)毒品犯罪中"明知"的认定

明知,究其实质而言,属于主观上的内容。被告人自己的供述,是认定其是否明知的一个重要依据。但是,如果完全依据被告人的供述,则可能导致放纵犯罪的结果。特别是在被告人先供后翻的情况下,许多案件就无法定案。如被告人对其行李包内是否藏有毒品,在侦查阶段作过"明知"的供述,但到了审判阶段,则作了"不明知"的辩解。在这种情况下,仅根据被告人的供述,是难以认定其是否明知包内藏有毒品的,故有必要在充分分析案件证据的基础上,根据法律逻辑推定被告人是否具有主观明知。

(二)因同案犯在逃而致被告人在共同犯罪中地位、作用不明的应慎用死刑

判断共犯所处的地位和作用,必须全面分析。由于同案犯在逃,其他共同被告人在共同犯罪中地位、作用难以查清。因此,应慎用死刑。

——《刑事审判参考》(总第 51 辑)。

133 民间纠纷激化引发的案件如何慎用死刑

关键词 | 慎用死刑 | 民间纠纷 |

【最高人民法院司法文件】

22. 对于因恋爱、婚姻、家庭、邻里纠纷等民间矛盾激化引发的犯罪,因劳动纠纷、管理失当等原因引发、犯罪动机不属恶劣的犯罪,因被害方过错或者基于义愤引发的或者具有防卫因素的突发性犯罪,应酌情从宽处罚。

——《最高人民法院关于贯彻宽严相济刑事政策的若干意见》(2010 年 2 月 8 日,法发〔2010〕9 号)。

(一)关于故意杀人、故意伤害案件

要准确把握故意杀人犯罪适用死刑的标准。对故意杀人犯罪是否判处死刑,不仅要看是否造成了被害人死亡结果,还要综合考虑案件的全部情况。对于因婚姻家庭、邻里纠纷等民间矛盾激化引发的故意杀人犯罪,适用死刑一定要十分慎重,应当与发生在社会上的严重危害社会治安的其他故意杀人犯罪案件有所区别。对于被害人一方有明显过错或对矛盾激化负有直接责任,或者被告人有法定从轻处罚情节的,一般不应判处死刑立即执行。

——《全国法院维护农村稳定刑事审判工作座谈会纪要》(1999年10月27日,法〔1999〕217号)。

【最高人民法院参考案例】

张士禄故意杀人案(《刑事审判参考》案例第1240号)

要旨:因民间矛盾激化引发、被害方在案件前因上负有一定责任的,在量刑时应酌情从宽处罚。

根据《最高人民法院关于贯彻宽严相济刑事政策的若干意见》(以下简称《意见》)第二十二条的规定,对于因恋爱、婚姻、家庭、邻里纠纷等民间矛盾激化引发的犯罪,因被害方过错或者基于义愤引发的或者具有防卫因素的突发性犯罪,应酌情从宽处罚:此类被告人犯罪系事出有因,与发生在社会上针对不特定多数人的严重危害社会治安的暴力犯罪,在主观恶性、人身危险性和社会危害性上有明显差别,故在对被告人量刑时应体现差别。总体而言,对此类犯罪应酌情从宽,充分体现宽严相济刑事政策中区别对待的精神,从而更加有效地改造罪犯和预防犯罪。

本案中,被告人张士禄及被害人亲属均证实因被害人张文平家的牛吃了张士禄家的庄稼,双方发生纠纷,属于民间矛盾引发的案件;且张文平之子张留江为此曾携刀找过张士禄,虽然二人当时未碰面,但此举具有挑衅性质,引起张士禄的不满,村干部亦反映张文平经常将牛放到他人庄稼地里,村民对此也多有不满。故被害人张文平在案件起因上虽不构成过错,但亦负有一定的责任,且在一定程度上激化了双方的矛盾。因此,在量刑时,对被告人张士禄应酌情从宽处罚。

——《刑事审判参考》(总第113辑)。

张保林故意杀人案(《刑事审判参考》案例第1241号)

要旨:审理民间矛盾引发的死刑案件,不能仅看危害后果,还应综合考虑全案因素,严格贯彻宽严相济刑事政策,依法、谨慎作出裁判。

案件性质不同,被告人是否具有从轻、从重处罚情节,直接决定法院能否主动出面做民事调解工作,以及调解的力度和方式方法。因此,吃透案情,区分案件性质,判明被告人具有的量刑情节,是确定能否调解、如何调解的基础。

最高人民法院复核的死刑案件中,因民间矛盾激化引发的故意杀人案件占相当比例。对这类案件适用死刑,应当与诸如抢劫杀人、强奸杀人等严重危害社会治安的案件加以区别。所谓民间矛盾,主要指在普通老百姓之间,因为日常生活、生产中的具体琐事引发的矛盾纠纷。比如,家庭亲属因矛盾引发的纠纷,婚恋关系矛盾引发的纠纷,邻里之间因宅基地、山墙、道路等引发的纠纷,民间债权债务引发的纠纷,个人之间因说闲话、家长里短等引发的恩怨纠纷,等等。民间矛盾的主要特点:一是作案人一般都是普通百姓,常常是初犯、偶犯;二是一般发生在熟人之间,对象特定;三是作案人往往因为性格、认知和控制力上的弱点导致犯罪,具有突发性、偶然性。总之,民间矛盾引发的犯罪一般被告人主观恶性、人身危险性与严重危害社会治安的犯罪分子明显不同,对社会治安的危害相对较小,适用死刑立即执行应当慎重。

——《刑事审判参考》(总第113辑)。

134 被害人具有过错的案件如何慎用死刑

关键词 | 慎用死刑 | 被害人过错 |

【最高人民法院参考案例】

贾淑芳故意杀人案(《刑事审判参考》案例第362号)

要旨:在被害方有明显过错的杀人案件中对被告人一般不应判处死刑立即执行。

那么如何正确把握应当判处死刑,但不是必须立即执行的情形呢?我们认为这需要不断总结司法实践经验。1999年10月最高人民法院下发的《全国法院维护农村稳定刑事审判工作座谈会纪要》(以下简称《纪要》)中指出:"要准确把握故意杀人犯罪适用死刑的标准。对故意杀人犯罪是否判处死刑,不仅要看是否造成了被害人死亡的后果,还要综合考虑案件的全部情况。对于因婚姻家庭、邻里纠纷等民间矛盾激化引发的故意杀人犯罪,适用死刑一定要十分慎重,应当与发生在社会上的严重危害社会治安的其他故意杀人犯罪案件有所区别。对于被害人一方有明显过错或对矛盾激化负有直接责任,或者被告人有法定从轻处罚情节的,一般不应当判处死刑立即执行。"上述这段话就是对故意杀人案件中,如何正确把握应当判处死刑,但不是必须立即执行的情形的司法实践经验的总结,具有司法政策的性质,各中级人民法院和具有死刑复核权的高级人民法院对此应当予以切实贯彻。

——《刑事审判参考》(总第46辑)。

135 罪行极其严重的被告人如实供述公安机关没有掌握的关键犯罪情节并赔偿经济损失的应慎用死刑

关键词|慎用死刑|如实供述|赔偿损失|从轻处罚|

【最高人民法院参考案例】

杜益忠故意伤害致人死亡案(《刑事审判参考》案例第459号)

要旨:被告人所犯罪行极其严重,论罪应对其判处死刑立即执行,但其如实供认公安机关没有掌握的致人死亡的关键情节,且其家属积极赔偿了附带民事诉讼原告人的经济损失,可以酌情从轻处罚,改判死刑缓期二年执行。

刑法第四十八条第一款规定:“对于应当判处死刑的犯罪分子,如果不是必须立即执行的,可以判处死刑同时宣告缓期二年执行。”死缓制度的设立,是对死刑在实际执行上的特殊规定,从而使一部分罪该处死,但不是必须立即执行的犯罪分子有一个改过自新的机会,同时减少了死刑立即执行的实际适用,是我国严格限制死刑适用政策的具体体现。从司法实践看,所谓“不是必须立即执行”死刑的,在大部分情况下是因为犯罪的社会危害性同必须立即执行死刑的社会危害性有程度上的差别,在少数情况属于存在一定的特殊量刑情节应当在量刑时予以考虑,这是贯彻宽严相济刑事政策的基本要求。

综上,杜益忠的供认,对认定致命伤是谁形成的这一关键事实,有重要作用,其归案后如实供述自己犯罪事实的行为,应属于认罪态度好,在一定程度上反映了其悔罪心理及人身危险性的降低;况且,在二审期间,杜益忠的亲属积极代为承担了全部附带民事诉讼的赔偿责任,附带民事诉讼原告人表示愿意接受这笔赔偿,并对杜益忠表示了一定的谅解。参照《最高人民法院关于刑事附带民事诉讼范围问题的规定》第四条的规定,对此可作为酌定量刑情节予以考虑。因此,虽然被告人杜益忠所犯罪行极其严重,论罪应对其判处死刑立即执行,但其如实供认公安机关没有掌握的致人死亡的关键情节,且其家属积极赔偿了附带民事诉讼原告人的经济损失,可以酌情从轻处罚,二审法院综合考虑全案情节,改判其死刑缓期二年执行,给予杜益忠改过自新的机会是适当的,正确贯彻了我国宽严相济的刑事政策,体现了法律效果与社会效果的统一。

——《刑事审判参考》(总第58辑)。

136 近亲属之间故意杀人犯罪案件应慎用死刑

关键词|慎用死刑|近亲属之间故意杀人|

【最高人民法院参考案例】

张某故意杀人案(《刑事审判参考》案例第761号)

要旨:近亲属之间的杀人犯罪案件中贯彻宽严相济刑事政策和体现罪责刑相适应,慎用死刑。

本案原审被告人张某作案手段十分残忍,犯罪意志十分坚决,危害后果十分严重,以一般故意杀人罪论,应当判处张某死刑立即执行。然而,本案具有诸多特殊之处:犯罪发生在近亲属之间;诱发案件发生的原因较为复杂;被害人存在一定过错;被告人犯罪时刚满十九周岁,刚过可以判处死刑的年龄;其社会危害性、对社会公众安全感的影响均与严重危害社会治安犯罪有所不同。对于上述特殊情况,要客观、全面、综合把握,以贯彻落实宽严相济刑事政策,科学体现罪责刑相适应原则。

我们认为,本案原审被告人张某虽然犯罪手段十分残忍,犯罪后果极其严重,但综合本案的特殊情况,可对张某判处死刑不立即执行。具体理由如下:

(一)罪行评价角度:本案由家庭矛盾引发,系近亲属之间犯罪,被害人在孝敬老人、管教子女等方面存在严重过错,且系激发被告人产生犯意的重要诱因,因此对被告人的罪行评价应当区别于一般故意杀人犯罪。

(二)预防犯罪角度:本案被告人刚过判处死刑年龄,性格可塑性强,改造难度小,客观、全面、综合把握各种从严、从宽情节,从预防犯罪目的考虑,本着贯彻宽严相济刑事政策和严格控制、慎重适用的死刑政策精神,可对被告人从轻处罚。

(三)矛盾化解角度:本案被告人是二被害人的独生子,母系被害方不再坚决要求判处被告人死刑立即执行,父系被害方坚决要求不判处死刑立即执行,社区群众也希望不判处死刑立即执行,从社会矛盾化解角度分析,判处被告人死缓更能实现法律效果和社会效果的有机统一。

——《刑事审判参考》(总第85辑)。

137 共同毒品犯罪案件死刑政策的把握

关键词 | 死刑 | 共同犯罪 |

【最高人民法院参考案例】

练永伟等贩卖毒品案(《刑事审判参考》案例第413号)

要旨:家庭成员参与共同犯罪,依法均可判处死刑的,一般不宜对所有参与犯罪的家庭成员适用死刑立即执行。

对于一个家庭中有数名成员参与犯罪的死刑适用,已不单纯是法律问题,还涉及政策问题。虽然刑法及司法解释中没有对数名家庭成员共同犯罪,且罪行均极其严重的,对各被告人不宜均判处极刑作出相应的规定,但从法律效果和社会效果的有机统一出发,判处死刑不能不考虑我国社会的传统人情伦理观念,基于人道主义,在司法实践中,对于家庭成员共同犯罪的,可以根据各成员的地位、作用及对社会的危害程度,尽量有所区别,一般情况下不宜全部适用死刑立即执行。对在共同犯罪中地位相对较低、作用相对较小的判处死刑,缓期二年执行,既严惩了犯罪不会出现轻纵罪犯的不良后果,体现了法律的威严,也容易得到广大群众对于法院判决的理解和支持,有利于达到法院裁判的法律效果和社会效果的有机统一。

——《刑事审判参考》(总第52辑)。

陈恒武、李祥光贩卖、运输毒品案(《刑事审判参考》案例第1229号)

要旨:部分共同犯罪人未到案的案件,在案被告人与未到案共同犯罪人均属罪行极其严重,即使共同犯罪人到案也不影响对在案被告人适用死刑的,可以依法判处在案被告人死刑。

对共同犯罪案件如何把握死刑政策,现在普遍的认识和做法是,对于二人或者多人致死一人的案件,原则上只对其中罪责最为突出的被告人判处死刑。对此,《最高人民法院关于贯彻宽严相济刑事政策的若干意见》有明确的指导意见:“对于多名被告人共同致死一名被害人的案件,要进一步分清各被告人的作用,准确确定各被告人的罪责,以做到区别对待;不能以分不清主次为由,简单地一律判处重刑。”当然,作为极少数例外情况,对多人致死一人的,也可能有判处二人死刑的情况。

针对毒品共同犯罪,通常也是参照上述政策精神来把握死刑适用。最高人民法院于2008年印发的《全国部分法院审理毒品犯罪案件工作座谈会纪要》(以下简称《大连会议纪要》)中明确提出:共同犯罪中能分清主从犯的,不能因为涉案的毒品数量特别巨大,就不分主从犯而一律将被告人认定为主犯或者实际上都按主犯处罚,一律判处重刑甚至死刑;对于共同犯罪中有多个主犯或者共同犯罪人的,要全面考察各主犯或者共同犯罪人在共同犯罪中实际发挥作用的差别,主观恶性和人身危险性方面的差异,对罪责或者人身危险性更大的主犯或者共同犯罪人判处更重的刑罚。如果共同犯罪毒品数量刚达到实际掌握的死刑数量标准,但各共同犯罪人作用相当,或者责任大小难以区分的,可以不判处死刑立即执行。由此可见,毒品共同犯罪中,一方面需要考虑毒品数量,另一方面需要认真审查各被告人的地位、作用,要注意从犯意的提起、与毒品源头的紧密程度、出资额、分工等方面进行审查,区分罪责大小。

同时，由毒品犯罪的特殊性所决定，在一些毒品犯罪案件中，只抓获部分涉毒人员，甚至有相当一部分案件主犯在逃。此时仍要根据在案证据比较在案被告人与在逃人员的罪责，若在案证据足以证明被告人地位、作用明显大于在逃同案犯或者地位、作用基本相当时，仍可依法核准在案被告人死刑。最高人民法院于2015年印发的《全国法院毒品犯罪审判工作座谈会纪要》中明确指出："对于部分共同犯罪人未到案的案件，在案被告人与未到案共同犯罪人均属罪行极其严重，即使共同犯罪人到案也不影响对在案被告人适用死刑的，可以依法判处在案被告人死刑……"

——《刑事审判参考》（总第112辑）。

常茂、吴江运输毒品案（《刑事审判参考》案例第1307号）

要旨：同一案件存在多名主犯的，在适用死刑时应遵循两个基本原则：一是慎重适用死刑，在符合法律规定和政策精神的情况下，尽量只对其中罪责最大的一名主犯适用死刑；二是不存在机械的死刑适用的"人数指标"，判处二人以上死刑符合罪刑相适应原则，并有利于全案量刑平衡的，可以依法判处。

1. 对于涉案毒品数量刚超过实际掌握的死刑数量标准，依法应当适用死刑的，一般只对其中罪责最大的一名主犯适用死刑

司法实践中，对于毒品犯罪的量刑通常遵循"数量加情节"的原则，毒品犯罪数量对毒品犯罪的定罪，特别是量刑具有重要的基础性影响，在某种意义上直接关系到对被告人能否适用死刑。当然，毒品数量并不是毒品犯罪量刑的唯一考虑因素，还要综合考虑被告人的犯罪情节、危害后果、主观恶性等多种因素。《武汉会议纪要》即体现了这一精神，依据该纪要的规定，对于涉案毒品数量刚超过实际掌握的死刑数量标准，依法应当适用死刑的，各主犯间的作用能够区分主次的，对于罪责稍次的主犯一般可不适用死刑。

2. 涉案毒品数量达到巨大以上，罪责稍次的主犯具有法定、重大酌定从重处罚情节，判处二人以上死刑符合罪刑相适应原则，并有利于全案量刑平衡的，可以依法判处

在涉案毒品数量达到巨大以上的情况下，判处罪责稍次的主犯死刑仍需具备两个条件：一是判处二人以上死刑符合罪刑相适应原则，并有利于全案量刑平衡；二是具有法定或重大酌定从重处罚情节。关于法定或重大酌定从重处罚情节的范围，通常包括：（1）累犯、毒品再犯、毒枭、职业毒犯等主观恶性深、人身危险性大的犯罪分子；（2）属于走私、制造毒品和大宗贩卖毒品等源头性犯罪的；（3）武装掩护走私、贩卖、运输、制造毒品的，或以暴力抗拒检查、拘捕，情节严重的；（4）利用、教唆未成年人实施毒品犯罪，或者向未成年人出售毒品的；（5）其他反映被告人主观

恶性深、人身危险性大的情节。

——《刑事审判参考》(总第 120 辑)。

138 死刑案件如何把握“证据确实、充分”的定案标准

关键词 | 死刑 | 证据确实、充分标准 |

【最高人民法院参考案例】

苏光虎故意杀人案(《刑事审判参考》案例第 762 号)

要旨:证据确实、充分,就是要做到排除合理怀疑,得出确定无疑的唯一结论。如果在案证据达不到这个标准,依法就不能定案。

刑事诉讼法第一百六十二条规定:“案件事实清楚,证据确实、充分,依据法律认定被告人有罪的,应当作出有罪判决;证据不足,不能认定被告人有罪的,应当作出证据不足、指控的犯罪不能成立的无罪判决。”这是法律关于有罪判决证据标准的基本规定。因该规定较为原则,实践中,特别是在死刑案件中,对如何把握“事实清楚,证据确实、充分”的定案标准,认识不一。2007 年最高人民法院统一行使死刑案件核准权后,司法机关更为注重死刑案件的证据把关,相关操作细则也逐步成形。2010 年,最高人民法院会同最高人民检察院、公安部、国家安全部、司法部联合发布了《关于办理死刑案件审查判断证据若干问题的规定》(以下简称《审查规定》)和《关于办理刑事案件排除非法证据若干问题的规定》,对刑事案件特别是死刑案件审查判断证据问题作了系统、详细规定,是我国刑事证据制度的重大理论和实践成果。根据《审查规定》第五条的规定,“证据确实、充分”要同时满足五个条件:(1)定罪量刑的事实都有证据证明;(2)每一个定案的证据均已经法定程序查证属实;(3)证据与证据之间、证据与案件事实之间不存在矛盾或者矛盾得以合理排除;(4)共同犯罪案件中,被告人的地位、作用均已查清;(5)根据证据认定案件事实的过程符合逻辑和经验规则,由证据得出的结论为唯一结论。由上述规定可知,证据确实、充分,就是要做到排除合理怀疑,得出确定无疑的唯一结论。如果在案证据达不到这个标准,依法就不能定案。

——《刑事审判参考》(总第 85 辑)。

张洁清故意杀人案(《刑事审判参考》案例第 1258 号)

要旨:防卫行为属于阻却犯罪事由,是应当有证据证明的定罪量刑事实。

本案中,虽然认定被告人张洁清持木槌杀死被害人邢某某的证据已经确实、充分,但是对于张洁清到案后所供述的因被害人邢某某持菜刀划其颈部,其才就地持

木槌打击邢某某头部的情节亦需要进行判断和证明。张洁清的行为是否存在防卫性质，直接关系到本案是否存在阻却犯罪事由，张洁清是否受到被害人的不法侵害，是否具有犯罪的主观罪过？如果存在防卫性质，是否属于防卫过当，能否成立特殊防卫？上述问题必然会对张洁清行为的定性及对其量刑产生重大影响。因此，上述事实也是本案认定被告人实施故意杀人所必须证明的事实。

……

被告人张洁清供述的邢某某持刀先对其实施侵害，其为自卫才就地持木槌打击邢某某头部的情节，能够得到尸体鉴定意见、现场勘验、检查笔录的部分印证，且与在案的活体鉴定意见等证据没有矛盾。在有一定客观性证据予以印证，且没有足够的反向证据能够推翻被告人供述的情况下，现有证据不能排除被告人供述的真实性，不能排除邢某某持刀对张洁清实施侵害在先的合理怀疑。换言之，即不能排除张洁清的行为存在防卫性质的可能。在这一影响定罪量刑的重大情节尚未查清，证据未达确实、充分的情况下，以故意杀人罪判处被告人张洁清死刑显然有违刑事诉讼法要求。

——《刑事审判参考》（总第 114 辑）。

139 贩卖毒品案件中上下家的罪责区分及死刑适用

关键词 | 死刑 | 贩卖毒品 |

【最高人民法院参考案例】

张成建等贩卖毒品案（《刑事审判参考》案例第 1194 号）

要旨：对于贩卖毒品案件中的上下家，要结合其贩毒数量、次数及对象范围，犯罪的主动性，对促成交易所发挥的作用，犯罪行为的危害后果等因素，综合考虑其主观恶性和人身危险性，慎重、稳妥地决定死刑适用。

在办理毒品犯罪案件过程中，为更好地区分各犯罪人在整个毒品犯罪中的地位与作用，准确认定其罪责大小，通常会将具有密切关联的上下游案件进行并案审理。对于买卖同宗毒品的上下家，由于涉案毒品总量并没有增加，毒品数量刚刚超过实际掌握的死刑数量标准的，一般不同时判处死刑。那么，应当如何对上下家准确适用死刑呢？对此，最高人民法院 2015 年 5 月 18 日印发的《全国法院毒品犯罪审判工作座谈会纪要》（以下简称《武汉会议纪要》）明确规定：“对于贩卖毒品案件中的上下家，要结合其贩毒数量、次数及对象范围，犯罪的主动性，对促成交易所发挥的作用，犯罪行为的危害后果等因素，综合考虑其主观恶性和人身危险性，慎重、稳妥地决定死刑适用。对于买卖同宗毒品的上下家，涉案毒品数量刚超过实际掌握的死刑数量标准的,一般不能同时判处死刑;上家主动联络销售毒品,积极促成毒品交易的,通常可以判处上家死刑;下家积极筹资,主动向上家约购毒品,对促成毒品交易起更大作用的,可以考虑判处下家死刑。涉案毒品数量达到巨大以上的,也要综合上述因素决定死刑适用,同时判处上下家死刑符合罪刑相适应原则,并有利于全案量刑平衡的,可以依法判处。”

本案中,被告人贺建波与被告人张成建系买卖毒品的上下家关系,且就二人交易的三千三百克甲基苯丙胺而言,二人属于买卖同宗毒品的上下家。从判决认定的贩卖毒品数量来看,贺建波与张成建二人贩毒数量基本相当,且均已达到了实际掌握的死刑数量标准,但尚未达到数量巨大的程度,故根据《武汉会议纪要》上述规定的精神,不宜对两人同时判处死刑。关于应当对上家还是下家适用死刑的问题,一、二审及最高人民法院复核均认为,尽管张成建系毒品下家,但其在与上家贺建波的毒品交易中更为积极主动,所起的作用、主观恶性及人身危险性均大于贺建波,故最终决定判处张成建死刑立即执行。

——《刑事审判参考》(总第110辑)。

唐立新、蔡立兵贩卖毒品案(《刑事审判参考》案例第1290号)

要旨:要根据“数量+其他情节”的原则,准确把握贩卖毒品案件中的上下家的死刑适用标准。

贩卖毒品案件中的上下家的死刑适用问题,一直是审判实践中的难题。在以往一段时期内,存在对毒品上家判处死刑、对下家判处死缓的思路和做法。因为毒品上家掌握毒品来源,系毒品源头或者更接近毒源,相较于下家,社会危害更大,罪责更重。但2015年最高人民法院印发的《全国法院毒品犯罪审判工作座谈会纪要》(以下简称《武汉会议纪要》)出台后,对以往的做法有所调整。《武汉会议纪要》首次对毒品犯罪上下家的死刑适用问题作出规定,即对于贩卖毒品案件中的上下家,要结合其贩毒数量、次数及对象范围,犯罪的主动性,对促成交易所发挥的作用,犯罪行为的危害后果等因素,综合考虑其主观恶性和人身危险性,慎重、稳妥地决定死刑适用。对于买卖同宗毒品的上下家,涉案毒品数量刚超过实际掌握的死刑数量标准的,一般不能同时判处死刑;上家主动联络销售毒品,积极促成毒品交易的,通常可以判处上家死刑;下家积极筹资,主动向上家约购毒品.对促成交易起更大作用的,可以考虑判处下家死刑。涉案毒品数量达到巨大以上的,也要综合上述因素决定死刑适用,同时判处上下家死刑符合罪刑相适应原则,并有利于全案量刑平衡的,可以依法判处。上述规定,对于处理贩卖毒品案件中的上下家死刑适用问题具有重要指导意义。

——《刑事审判参考》(总第117辑)。

140 制造毒品案件中，缴获的毒品系液态毒品，判处死刑应特别慎重

关键词 | 死刑 | 制造毒品 |

【最高人民法院参考案例】

林清泉制造毒品案(《刑事审判参考》案例第1228号)

要旨:含甲基苯丙胺的液态毒品的社会危害性相对较小,对缴获的毒品均呈液态的制造毒品案件,判处死刑应当特别慎重。

《全国部分法院审理毒品犯罪案件工作座谈会纪要》(以下简称《大连会议纪要》)规定,已经制成毒品,达到实际掌握的死刑数量标准的,可以判处死刑;数量特别巨大的,应当判处死刑。根据上述规定,在决定能否对被告人判处死刑时,制出成品的数量是更为重要的考虑因素。认定的制造毒品数量虽已达到实际掌握的死刑数量标准,但尚未制造出成品的,或者仅制造出少量成品,绝大多数为粗制毒品或者半成品的,由于其社会危害与已经制成成品待售的情形有明显不同,故一般不宜对被告人适用死刑。这样考虑的原因在于,毒品半成品因无法被直接吸食、消费,与毒品成品的危害紧迫性不一样,其客观危害没那么紧迫。

此外,毒品犯罪的数量虽然能反映毒品犯罪行为社会危害性的大小,对定罪量刑有非常重要的意义,但它仍只是依法惩处毒品犯罪的一个基础情节,而不是唯一情节。因此,在执行毒品犯罪数量标准时不能将之简单化、绝对化,特别是对被告人可能判处死刑的案件,更不能简单地将数量标准作为判处死刑的唯一尺度。是否判处死刑还必须综合考虑被告人犯罪情节、危害后果、主观恶性等多种因素。

本案中,被告人林清泉购入原料即为毒品半成品,由于加工工艺等问题,林清泉始终未能制出成品。从林清泉的犯罪手段来看,林清泉制毒所用工具均来自普通家庭厨房所用,并非专门用来加工毒品的器皿,说明林清泉非长期制毒人员,其应不属于制毒惯犯,且其采取的加工工艺简单,也并未实际制造出毒品成品。综合考虑被告人的犯罪情节、危害后果及主观恶性,并考虑其归案后能够如实供述主要犯罪事实,依法可以从轻处罚,故最高人民法院裁定依法不核准林清泉死刑。

——《刑事审判参考》(总第112辑)。

141 故意伤害致人死亡且被告人有多次前科的，如何正确适用死刑

关键词 | 死刑 | 前科 |

【最高人民法院参考案例】

刘宏伟故意伤害案(《刑事审判参考》案例第1273号)

要旨:决定是否适用死刑时应对前科做客观分析,综合前罪和后罪的具体情况评估被告人的人身危险性,特别是再次实施严重暴力犯罪的可能性。也就是说,有前科不能当然成为适用死刑的理由,不能简单因被告人有前科就对原本可以不适用死刑的犯罪"升格"适用死刑。

(一)对故意伤害致人死亡的案件,犯罪手段特别残忍,情节特别恶劣的,才可以考虑判处被告人死刑

刑法第二百三十四条第二款规定,故意伤害致人死亡的,处十年以上有期徒刑、无期徒刑或者死刑。该条对三种不同刑罚由轻到重进行排列,从中可以看出,对于故意伤害致人死亡的,立法上要求首先考虑适用十年以上有期徒刑、无期徒刑,死刑是排在最后的,故只有在极个别情况下才可以考虑适用死刑。这与刑法第二百三十二条对故意杀人罪规定的刑罚由重到轻进行排列的情况正好相反,即故意杀人的,处死刑、无期徒刑或者十年以上有期徒刑,两个条款所反映出的立法意图存在明显区别。1999年印发的《全国法院维护农村稳定刑事审判工作座谈会纪要》规定,故意伤害致人死亡,手段特别残忍,情节特别恶劣的,才可以判处死刑。这说明,在司法实践中,对故意伤害致人死亡案件要更加严格执行死刑政策,在把握是否适用死刑时也要更加严格。最高人民法院2007年统一行使死刑核准权后,严格控制故意伤害罪的死刑适用,一般仅对犯罪情节特别恶劣、手段特别残忍、造成特别严重后果的情形适用死刑,如以特别残忍的手段进行伤害并致被害人死亡或者严重残疾,为报复社会而伤害不特定人员致人死亡等情形。在个案中决定能否适用死刑,应对被告人的全部犯罪情节进行综合分析判断,以确定是否具备适用死刑的基础。

(二)对于被告人具有前科的,要根据前科的具体情形客观评估其人身危险性,不能一概而论

被告人的前科反映出的人身危险性,是量刑时需要予以考虑的情节。被告人构成累犯,应当依法从重处罚,尤其构成累犯的前罪是暴力性犯罪或者严重的非暴力性犯罪的,说明其人身危险性较大,对死刑适用的影响更大。如果被告人的前科不构成累犯,其前科情况也反映出其既往表现不佳,再犯可能性较大,可酌情从重处罚,但在决定是否适用死刑时应对前科做客观分析,综合前罪和后罪的具体情况评估被告人的人身危险性,特别是再次实施严重暴力犯罪的可能性。也就是说,有前科不能当然成为适用死刑的理由,不能简单因被告人有前科就对原本可以不适用死刑的犯罪"升格"适用死刑。本案被告人刘宏伟有三次前科,但均系判处刑罚

不超过三年有期徒刑的盗窃罪、诈骗罪等非暴力性犯罪，与其本次实施的故意伤害犯罪在性质和严重程度上都有明显不同，不能据此认定被告人再次实施严重暴力犯罪的可能性明显大于没有前科的被告人。即刘宏伟的三次较轻前科尚不足以导致对其“从重”至判处死刑立即执行。

——《刑事审判参考》(总第115辑)。

142 对采用灌、泼硫酸方式故意伤害他人的，如何把握死刑适用标准

关键词 | 死刑 | 故意伤害罪 |

【最高人民法院参考案例】

刘传林故意伤害案(《刑事审判参考》案例第1287号)

要旨：对于以特别残忍手段造成被害人重伤致特别严重残疾的被告人，可以适用死刑立即执行。

从近年的司法实践来看，对故意伤害案件适用死刑，要综合考虑犯罪的起因、动机、目的、手段等情节，犯罪的后果，被告人的主观恶性和人身危害性等因素，全面分析影响量刑的轻重情节，根据被告人的罪责，并考虑涉案当地的社会治安状况和犯罪行为对人民群众安全感的影响，区分案件的不同情况对待，以确保死刑的慎重适用。其中，对于故意伤害致人死亡的被告人决定是否适用死刑时，要将严重危害社会治安的案件与民间纠纷引发的案件进行区分，将手段特别残忍、情节特别恶劣的与手段、情节一般的进行区分，将预谋犯罪与激情犯罪进行区分，等等。对于以特别残忍手段致人重伤造成严重残疾的故意伤害案件，适用死刑时应当更加严格把握，并不是只要达到“严重残疾”的程度就必须判处被告人死刑，而是要根据致人“严重残疾”的具体情况，综合考虑犯罪情节和“严重残疾”的程度等情况，慎重决定。对于以特别残忍手段造成被害人重伤致特别严重残疾的被告人，可以适用死刑立即执行。

需要指出的是，虽然本案被告人刘传林被核准死刑，但对故意伤害犯罪适用死刑整体上应十分慎重。泼硫酸通常被认为属于特别残忍的犯罪手段，但如在后果不属于极其严重，而只是致一人重伤，残疾等级也不是很高的情况下，则一般不判处死刑立即执行。此外，对于因民间矛盾激化引发的、犯罪情节和后果一般的伤害案件，被害人有过错或者对引发案件负有直接责任的伤害案件，被告人犯罪后对被害人积极施救或者积极赔偿、取得被害方谅解的伤害案件，一般不适用死刑。对于伤害案件，即使犯罪后果严重，只要犯罪手段不是特别残忍、情节不是特别恶劣的，也应本着化解社会矛盾、修复被破坏的社会关系的目的，尽量开展附带民事调解等

矛盾化解工作,以确保死刑的慎重适用。

——《刑事审判参考》(总第 117 辑)。

143 "审判时怀孕的妇女"如何认定

关键词|死刑|审判时怀孕的妇女|

【最高人民法院司法解释】

怀孕妇女因涉嫌犯罪在羁押期间自然流产后,又因同一事实被起诉、交付审判的,应当视为"审判的时候怀孕的妇女",依法不适用死刑。

——《最高人民法院关于对怀孕妇女在羁押期间自然流产审判时是否可以适用死刑问题的批复》(1998 年 8 月 13 日,法释〔1998〕18 号)。

【最高人民法院答复】

在羁押期间已是孕妇的被告人,无论其怀孕是否属于违反国家计划生育政策,也不论其是否自然流产或者经人工流产以及流产后移送起诉或审判期间的长短,仍应执行我院〔83〕法研字第 18 号《关于人民法院审判严重刑事犯罪案件中具体应用法律的若干问题的答复》中对第三个问题的答复:"对于这类案件,应当按照刑法第四十四条①和刑事诉讼法第一百五十四条②的规定办理,即:人民法院对审判的时候怀孕的妇女,不适用死刑。如果人民法院在审判时发现,在羁押受审时已是孕妇的,仍应依照上述法律规定,不适用死刑。"

——《最高人民法院研究室关于如何理解"审判的时候怀孕的妇女不适用死刑"问题的电话答复》(1991 年 3 月 18 日)。

【最高人民法院参考案例】

韩雅利贩卖毒品、韩镇平窝藏毒品案(《刑事审判参考》案例第 250 号)

要旨:羁押期间做人工流产后脱逃,多年后又被抓获交付审判的,不能适用死刑。

我们认为,所谓"审判时怀孕的妇女",不仅包括审判时正在怀孕的妇女,而且也应包括因犯罪被羁押时已怀孕,但在审判前因某种原因自然或人工流产的妇女,即适用于刑事诉讼的整个过程。也就是说,只要刑事诉讼程序已经启动,尚未结

---

① 1997 年刑法第四十九条。

② 2018 年刑事诉讼法第二百六十二条。

束，对此期间怀孕的妇女，无论基于何种原因，均不适用死刑。

在羁押期间脱逃，反映出被告人不愿承担刑事责任，不愿接受刑罚处罚的主观心态，该行为依法构成犯罪的应当另行定罪量刑，不构成犯罪的，可作为对脱逃前犯罪量刑的情节予以考虑。脱逃行为导致的是原诉讼程序的中止，并非结束，在其被抓捕归案后，原诉讼程序继续进行，而不是开始一个新的诉讼。该行为并没有改变脱逃前已形成的事实，如果被告人在脱逃前羁押时已是怀孕妇女，那么无论自然流产、人工流产，仍都视为审判的时候怀孕的妇女，不适用死刑。需要指出的是怀孕妇女羁押期间流产后，只有因同一犯罪事实被起诉，交付审判的，才依法不适用死刑。这一点在最高人民法院 1998 年在对河北省高级人民法院所作的《关于对怀孕妇女在羁押期间自然流产审判时是否可以适用死刑问题的批复》中已然明确。该答复称"怀孕妇女涉嫌犯罪在羁押期间自然流产后，又因同一事实被起诉，交付审判的，应当视为'审判的时候怀孕的妇女'，依法不适用死刑"。很明显，批复强调了"因同一事实被起诉"这一要件，即是指怀孕妇女在羁押期间流产前所实施的犯罪被起诉审判，对该怀孕妇女不适用死刑。言下之意，如果起诉及审判的是流产之后的犯罪，则不属于同一事实的范围，不受上述规定的限制。

——《刑事审判参考》（总第 32 辑）。

张怡懿、杨珺故意杀人案（《刑事审判参考》案例第 240 号）

要旨：审判时怀孕的妇女，不适用死刑。对怀孕妇女因涉嫌犯罪在羁押期间自然流产后，又因同一事实被起诉、交付审判的，应视为"审判时怀孕的妇女"。

刑法第四十九条规定："审判时怀孕的妇女，不适用死刑。"从文义上看，上述规定中所谓的"审判时"，似乎仅指从人民检察院提起公诉时起至人民法院作出判决生效时止。但这样的文义理解过于狭窄，并不符合立法原意。为此，最高人民法院在 1983 年作出的〔83〕法研字第 18 号《关于人民法院审判严重刑事犯罪案件中具体应用法律的若干问题的答复》中，针对刑法的有关规定，作出进一步的解释，即：人民法院对审判时怀孕的妇女，不适用死刑；如果在审判时发现，在羁押受审时已是孕妇的仍应不适用死刑，即使是被人工流产的，亦应视为"审判时怀孕的妇女"。1997 年刑法修订实施后，最高人民法院在法释〔1998〕18 号《关于对怀孕妇女在羁押期间自然流产审判时是否适用死刑问题的批复》中再次指出：对怀孕妇女因涉嫌犯罪在羁押期间自然流产后，又因同一事实被起诉、交付审判的，应视为"审判时怀孕的妇女"。该司法解释进一步明确将怀孕妇女从因涉嫌犯罪被羁押时起至人民检察院提起公诉时止的期间亦视为"审判时"，在原有的司法解释基础上又迈进了一步，其精神是为了确保胎儿的生命及婴儿的正常发育。胎儿、婴儿是无辜的，不能因孕妇有罪而诛及胎儿或婴儿。同时，也体现了司法对孕妇的人道关怀。

可见,司法实践中,对“审判时”应作广义理解,即应是指从犯罪嫌疑人涉嫌犯罪而被羁押时起至人民法院依法作出判决生效时止的刑事诉讼全过程。

——《刑事审判参考》(总第32辑)。

144 如何掌握审判的时候已满七十五周岁的人的死刑适用

关键词|死刑|审判时已满七十五周岁|

【最高人民法院参考案例】

尹宝书故意杀人案(《刑事审判参考》案例第1022号)

要旨:对审判时已满七十五周岁的人不适用死刑是一项原则性规定,实践中若出现被告人以特别残忍手段致人死亡(如杀人后肢解尸体),且主观恶性和人身危险性很大的,即使审判时已满七十五周岁,也仍可以判处死刑。

2011年施行的刑法修正案(八)在刑法第四十九条中增设的第二款规定:“审判的时候已满七十五周岁的人,不适用死刑,但以特别残忍手段致人死亡的除外。”该条文完善了刑法在死刑适用方面对特殊年龄主体的规定,体现了刑罚人道主义和尊老的传统文化,也是对严格控制和慎重适用死刑政策的深入贯彻,符合刑事立法的文明进步趋势。社会生活中,年满七十五周岁的老年人犯严重暴力犯罪的情形较为少见,如何准确理解和适用刑法第四十九条第二款的规定,特别是如何认定“特别残忍手段”,是一个重要实践问题。

首先,死刑复核阶段属于刑法第四十九条第二款规定的“审判的时候”。我国的刑事案件审判实行两审终审制,但死刑案件有特殊性,除一审、二审程序外,还有死刑复核程序,只有经过最高人民法院适用死刑复核程序审理并裁定核准后,死刑案件的判决才发生法律效力。尽管死刑复核程序不采取开庭审理方式,检察机关和辩护律师的介入方式也与一、二审有所区别,但死刑复核程序无疑仍然属于“审判的时候”。被告人在侦查、起诉,以及一、二审期间未满七十五周岁,但经过一段时间的诉讼期间后,在死刑复核程序中年龄达到七十五周岁的,仍然应当认定为在“审判的时候”年满七十五周岁。

其次,对“特别残忍手段”的认定不能泛化。“特别残忍手段”,是刑事司法实践中的常用词,在暴力犯罪案件中尤为常见,存在泛化适用的问题。究竟哪些情形可以称得上“特别残忍手段”,需要逐步统一认识、加强规范。全国人大常委会法制工作委员会刑法室编著的《中华人民共和国刑法释义》,对“特别残忍手段”的释义是:采用毁容、挖人眼睛、砍掉双脚等特别残忍的行为。实践中,一般认为,出自冷酷坚决的犯意,给被害人的肉体和精神造成特别严重的痛苦、折磨、恐惧,可视为特别残忍手段。比如:使用焚烧、冷冻、泼洒强酸强碱等强腐蚀物品致人死亡的;砍下被害人四肢或者挑断被害人筋脉的;以挖眼睛、割耳鼻等手段毁损被害人容颜的;砍击、刺扎被害人生殖部位的;用尖刀等利器捅刺被害人要害部位数十刀,或者用铁锤、砖块等钝器反复击打被害人头部致人死亡的;活埋被害人致人窒息死亡的;杀死被害人后肢解其尸体的;长时间暴力折磨被害人肉体的,等等。"特别残忍手段"都应当是肉体上极为痛苦、公众心理上难以接受的作案手段。因此,不能认为只要使用了暴力手段,就属于手段特别残忍。

——《刑事审判参考》(总第100辑)。

145 死缓犯执行死刑"情节恶劣"的认定标准

关键词 | 死缓期间故意犯罪 | 情节恶劣 |

【最高人民法院参考案例】

高某某故意伤害案(《刑事审判参考》案例第1369号)

要旨:在司法实践中,判断是否达到"情节恶劣"的程度,可以根据犯罪的动机、手段、造成的危害后果等犯罪情节,并结合罪犯在缓期执行期间的改造、悔罪表现等,综合作出判断。

1. 从犯罪原因上看,如果死缓罪犯所犯新罪事出有因,被害人有一定的过错或者责任,或者说系受被害人刺激而为,则说明该罪犯主观上并没有积极地对抗改造;如果其出于狭隘心态而针对他人或者不特定多数人实施犯罪,并且没有可归责于该罪犯以外的原因,则充分说明其主观上仍抱有仇恨社会的心态、抗拒改造。

2. 从犯罪手段及后果上看,如果被告人的犯罪手段节制,未造成特别严重后果,说明其内心对法制尚有敬畏之心,仍有改造余地;如果其行为毫无节制,受制于意外因素才被终止,或者造成特别严重的后果,则说明其行为不计后果,无视甚至蔑视法制,没有再改造的可能性。

3. 从死缓罪犯在缓期执行期间的整体表现来看,如果其在考验期间一贯表现不好,经常有不服管教、故意违反监规的行为,说明其主观上具有拒绝改造的心态,认定其故意犯罪是否属于"情节恶劣"时应当将这些情况考虑进来,从严对待;如果其在考验期间一贯表现良好,积极接受改造,则认定其故意犯罪是否属于情节恶劣时也应当结合其平时表现,从宽对待。

4. 死缓罪犯新犯故意犯罪被判处三年有期徒刑以上刑罚或者五年有期徒刑以上刑罚的,可以作为判断"情节恶劣"的重要参考,但不能一概而论,仍应结合上述三个情节予以综合判断。比如,对于被告人出于正当防卫的目的而实施故意杀人或者故意伤害犯罪,可能也会被判处五年以上有期徒刑,但如果绝对认定这种情况下即应执行死刑,恐怕与社会公众的道德价值观念也相违背;如果死缓罪犯实施以不特定多数人为犯罪对象的故意犯罪,如实施放火、爆炸、决水、投毒等,即使因未遂仅被判处三年以上五年以下有期徒刑的,但犯罪已反映出该罪犯极端仇视社会的心理和反社会人格,主观恶性和人身危险性极大. 也应当判决报请最高人民法院核准死刑。

——《刑事审判参考》(总第 124 辑)。

【链接:理解与适用】

早在刑法修正案(九)起草过程中,即有意见提出,将对死缓犯执行死刑的条件修改为"故意犯罪,情节恶劣",存在标准不明确、难把握,容易导致自由裁量失当的问题,建议根据对死缓犯所犯故意犯罪应判处的刑罚轻重,设定具体、统一的执行死刑的条件,以方便实务操作,同时确保公正司法。如可规定死缓期间故意犯罪,被判处五年(或者三年)有期徒刑以上刑罚的,即应报请最高人民法院核准后执行死刑;反之,如被判处的刑罚在五年(或者三年)有期徒刑以下的,即对死缓犯所犯新罪与原被判死缓之罪实行数罪并罚,其后重新计算死缓考验期。上述意见具有一定的合理性。但是,其一,如上所述,死缓期间故意犯罪的情况复杂。按该观点,无疑能减少对上述第一类案件(虽在死缓期间故意犯罪但情节一般的案件)处理中的困难和争议,但却无法解决上述第二类案件(虽在死缓期间故意犯罪但原死缓判决存在问题)的妥当处理问题。其二,从实践看,死缓期间故意犯罪的案件总量极少。即使下级法院相关案件的认定处理把握失当,由于要统一报最高人民法院核准或者备案,仍可通过法定程序予以纠正。正是因此,刑法修正案(九)未采纳上述意见,而仍将对死缓犯执行死刑的条件修改为"故意犯罪,情节恶劣"的。

回顾法律修改研究论证过程,结合司法实践情况,在理解和适用修改后刑法第五十条规定中的"情节恶劣"时,总体应注意把握以下两点:一是对该条规定中的"情节"应作广义理解,亦即应从死缓期间故意犯罪的性质、后果、起因以及罪犯犯罪前后的表现等方面,综合判断该故意犯罪是否属于"情节恶劣",死缓罪犯是否不堪改造。二是需区分案件不同情况,综合考虑原死缓判决的正当性和死缓期间故意犯罪的严重程度,把握"情节恶劣"的准确认定。

具体而言:(1)一般可根据对死缓期间故意犯罪所应判处的刑罚把握其是否属于"情节恶劣"。经初步研究,笔者认为,可考虑将判处五年有期徒刑以上刑罚作为"情节恶劣"的认定标准之一。主要考虑:理论上、实践中,五年有期徒刑以上刑罚属重刑,死缓期间又犯应处五年有期徒刑以上刑罚的重罪的,可说明罪犯已不堪改造;刑法修正案(九)对死缓故意犯罪执行死刑的规定作出修改,目的是要进一步落实严格控制和慎重适用死刑政策，以又犯重罪作为“故意犯罪，情节恶劣”的具体认定标准，能够较好体现立法精神。(2)对两类特殊案件要作特别考虑和处理。一类是死缓期间故意犯罪，被判处的刑罚虽在五年有期徒刑以下的，但综合考虑罪犯实施犯罪的性质、后果、起因等，能够明显表征其实施犯罪是出于抗拒改造、能够明显说明其已不堪改造的，也可认定其故意犯罪“情节恶劣”。如在死缓期间为抗拒改造，无故伤害他人，致多人轻伤的，尽管根据刑法第二百三十四条规定和“判前同种数罪不并罚”的司法实践，对其所犯之罪最重只能判处三年有期徒刑，但考虑案件起因和危害后果，仍可考虑认定其所犯之罪“情节恶劣”。又如在死缓期间曾经故意犯罪，未被执行死刑，此后不思悔改，再次故意犯罪的，也可考虑认定其所犯之罪属于“情节恶劣”。另一类是虽在死缓期间故意犯罪，但此前死缓判决存在问题的。对此类案件，除非死缓犯又犯的故意犯罪已达到判处死刑立即执行的标准，否则不能认定为“情节恶劣”，不能对其执行死刑。

——最高人民法院研究室、最高人民法院刑法修改工作小组办公室编著：《〈刑法修正案(九)〉条文及配套司法解释理解与适用》，人民法院出版社 2015 年版，第 31—32 页。

146 死刑缓期执行期间因有漏罪而被起诉，在漏罪审理期间又故意犯新罪，是否属于死刑缓期执行期间故意犯罪情形

关键词 | 死刑缓期执行 | 漏罪 | 故意犯新罪 |

【最高人民法院参考案例】

陈黎明故意伤害案(《刑事审判参考》案例第 775 号)

要旨：在死刑缓期执行期间因有漏罪而被起诉，在漏罪审理期间又故意犯新罪，属于在死刑缓期执行期间故意犯罪情形。

(一)在死刑缓期执行期间因有漏罪而被起诉，在漏罪审理期间又故意犯新罪，认定属于在死刑缓期执行期间故意犯罪情形，符合刑法总则关于死刑的相关规定和立法本意

首先，从刑法规定分析。刑法第五十条规定：“判处死刑缓期执行的，在死刑缓期执行期间，如果没有故意犯罪，二年期满以后，减为无期徒刑；如果确有重大立功表现，二年期满以后，减为二十五年有期徒刑；如果故意犯罪，查证属实的，由最高人民法院核准，执行死刑。死刑缓期执行的期间，从判决确定之日起计算。”第五十一条规定：“死刑缓期执行的期间，从判决确定之日起计算。死刑缓期执行减为有期徒刑的刑期，从死刑缓刑执行期满之日起计算。”关于死刑缓期执行判决的确定

之日,《最高人民法院关于死刑缓期执行的期间如何确定问题的批复》明确规定"死刑缓期执行的期间,从判决或者裁定核准死刑缓期二年执行的法律文书宣告或送达之日起计算"。

其次,从刑事政策分析。刑法第七十条、第七十一条对漏罪与犯新罪分别确立了"先并后减"及"先减后并"的并罚原则。其原理在于漏罪仅是被告人在宣告判决以前未主动交代全部犯罪事实或者司法机关未全部查清犯罪事实,刑法、刑事诉讼法并不存在强制被告人坦白、认罪的规定,因此对漏罪确立"先并后减"的并罚原则,漏罪与未漏罪情形之间不存在处罚轻重的差异;而犯新罪是被告人在判决宣告以后的羁押期间或者服刑期间,又继续犯新罪,不但从中体现出被告人的主观恶性和人身危险性没有消除,而且体现出其对劳动改造的抵制态度,因此有必要区别犯新罪和未犯新罪的处罚轻重,确立"先减后并"的并罚原则具有内在合理性。

(二)死刑缓期执行期间因有漏罪而被起诉,在漏罪审理期间又故意犯新罪,并不改变罪犯因前罪被判处死刑缓期执行期间的起算日期

首先,从判决效力分析。2007年4月24日,被告人陈黎明因犯有抢劫罪、敲诈勒索罪两项漏罪,被杭州市中级人民法院判处刑罚,并与前罪判处的死刑缓期执行并罚,再次判处陈黎明死刑缓期执行。虽然一审法院作出了新的判决,但就前罪判处陈黎明死刑缓期执行的终审判决已经生效,并没有因为一审法院对漏罪作出新的判决而失效。再者,前罪终审判决由浙江省高级人民法院作出,一审法院的判决在诉讼程序层面也不具备撤销上一级法院已作出的终审判决的效力。换言之,浙江省高级人民法院先前以强奸罪核准对陈黎明判处死刑缓期执行的终审裁定、复核判决书依然有效。基于这一分析,陈黎明所犯前罪的死刑缓期执行期间的起算日期,不应因为一审法院对漏罪作出的新判决而发生改变。

其次,从刑事政策分析。刑法对在刑事诉讼过程中基于侥幸心理,有意隐瞒犯罪事实导致漏罪再次审判漏罪因而损耗司法资源的被告人,虽然未确立从重处罚的原则,但至少应当禁止该类事由的发生成为对被告人有利的一个情节。如果前罪的死刑缓期执行期间因漏罪被起诉而不认定为死刑缓期执行期间,则意味着对犯新罪的罪犯而言,在死刑缓期执行期间发现漏罪被起诉的结果更为有利。这种结果必然会大大激发行为人犯罪后隐瞒犯罪的心理,显然与刑事政策背道而驰。

——《刑事审判参考》(总第86辑)。

四、罚金

147 依法单处罚金的适用条件

关键词 | 单处罚金 | 刑事速裁 |

【最高人民法院司法解释】

第四条 犯罪情节较轻，适用单处罚金不致再危害社会并具有下列情形之一的，可以依法单处罚金：

（一）偶犯或者初犯；

（二）自首或者有立功表现的；

（三）犯罪时不满十八周岁的；

（四）犯罪预备、中止或者未遂的；

（五）被胁迫参加犯罪的；

（六）全部退赃并有悔罪表现的；

（七）其他可以依法单处罚金的情形。

——《最高人民法院关于适用财产刑若干问题的规定》（2000年12月19日，法释〔2000〕45号）。

148 未成年人犯罪案件中罚金刑的适用

关键词 | 罚金 | 未成年人犯罪 |

【最高人民法院司法解释】

第十五条 对未成年罪犯实施刑法规定的“并处”没收财产或者罚金的犯罪，应当依法判处相应的财产刑；对未成年罪犯实施刑法规定的“可以并处”没收财产或者罚金的犯罪，一般不判处财产刑。

对未成年罪犯判处罚金刑时，应当依法从轻或者减轻判处，并根据犯罪情节，综合考虑其缴纳罚金的能力，确定罚金数额。但罚金的最低数额不得少于五百元人民币。

对被判处罚金刑的未成年罪犯,其监护人或者其他人自愿代为垫付罚金的,人民法院应当允许。

——《最高人民法院关于审理未成年人刑事案件具体应用法律若干问题的解释》(2006 年 1 月 23 日,法释〔2006〕1 号)。

【链接:信箱】

问题:未成年人犯抢劫罪,个人没有财产,是否可以并处罚金?如果处以罚金刑,能否命其法定代理人缴纳?

《人民司法》研究组认为:根据刑法第二百六十三条的规定,对于犯抢劫罪的,应当在判处一定刑罚的同时并处罚金或者没收财产,这当然包括未成年人犯抢劫罪的情形在内。对于未成年人被判处罚金刑,本人又没有财产可供执行的,应当依照刑法第五十三条的规定处理,即人民法院在任何时候发现被执行人有可以执行的财产,应当随时追缴。对于未成年人被判处罚金刑,其法定代理人代为缴纳的,人民法院可以收缴,但不能强制其代为缴纳。因为罚金刑作为刑罚,只能适用于犯罪者本人,而不能及于其他任何人。应当指出的是,对于未成年人适用罚金刑,同样应当根据刑法第十七条第三款的规定,从轻或者减轻处罚。

——《人民司法》1999 年第 9 期。

149 新旧法选择适用时罚金刑的判处

关键词|罚金|贪污罪|

【最高人民法院参考案例】

周爱武、周晓贪污案(《刑事审判参考》案例第 1139 号)

要旨:比较法定刑的轻重,首要的标准在于主刑的轻重,而不在于刑种的多少。在两个主刑存在轻重之分的情况下,有无附加刑不影响法定刑轻重的判断。主刑重的,属于处刑较重的;主刑轻的,属于处刑较轻的。这是因为,在我国的刑罚体系中,主刑与附加刑具有不同的地位,主刑的适用范围广、惩罚力度大,而附加刑只能附加适用,或者作为一种轻刑独立适用于轻罪。当然,如果两个条文对应的主刑相同,而一个有附加刑,另一个没有附加刑,则有附加刑的重于没有附加刑的。

刑法修正案(九)颁布以前,刑法对贪污罪没有设置罚金刑。刑法修正案(九)

对贪污罪设立了罚金刑,《解释》①又进一步明确了罚金的数额,从而让贪污犯罪分子受到经济上的严厉制裁。这一立法变化,使贪污罪的刑罚从单一主刑转变为主刑、附加刑同时科处。对于刑法修正案(九)实施之后的犯罪行为,并处罚金自然没有争议,但对于刑法修正案(九)实施之前的犯罪行为,能否适用罚金刑存在争议。这主要涉及从旧兼从轻原则的理解问题,即对于行为时原本没有罚金刑的案件,适用新法后判处罚金刑是否违背从旧兼从轻的原则。

刑法第十二条规定:"中华人民共和国成立以后本法施行以前的行为,如果当时的法律不认为是犯罪的,适用当时的法律;如果当时的法律认为是犯罪的,依照本法总则第四章第八节的规定应当追诉的,按照当时的法律追究刑事责任,但是如果本法不认为是犯罪或者处刑较轻的,适用本法。"这一规定确立了从旧兼从轻的刑法适用原则。在新旧法交替时期,从旧兼从轻原则对案件中的法律适用问题具有重大指导意义。《最高人民法院关于适用刑法第十二条几个问题的解释》进一步明确:"刑法第十二条规定的'处刑较轻',是指刑法对某种犯罪规定的刑罚即法定刑比修订前刑法轻。"同时规定:"如果刑法规定的某一犯罪有两个以上的法定刑幅度,法定最高刑或者最低刑是指具体犯罪行为应当适用的法定刑幅度的最高刑或者最低刑。"这一司法解释规定了比较法定刑轻重的方法。即比较法定刑轻重,主要看同样的犯罪行为,在新旧法中所对应的法定刑幅度,从中选取较轻的法定刑幅度适用。如果新法较轻的,则适用新法。适用新法,当然要适用新法规定的全部法定刑。

如果旧法未规定附加刑,而新法增设了附加刑,如何比较法定刑轻重呢?我们认为,比较法定刑的轻重,首要的标准在于主刑的轻重,而不在于刑种的多少。在两个主刑存在轻重之分的情况下,有无附加刑不影响法定刑轻重的判断。主刑重的,属于处刑较重的;主刑轻的,属于处刑较轻的。这是因为,在我国的刑罚体系中,主刑与附加刑具有不同的地位,主刑的适用范围广、惩罚力度大,而附加刑只能附加适用,或者作为一种轻刑独立适用于轻罪。当然,如果两个条文对应的主刑相同,而一个有附加刑,另一个没有附加刑,则有附加刑的重于没有附加刑的。此外,从法定刑的性质来看,在同时规定有主刑和附加刑的情况下,二者是一个有机整体。适用某一法律条文,必须做到完整适用,而不能割裂开来。如果主刑用新法,附加刑用旧法,新法旧法同时适用,则违背了从旧兼从轻原则,造成法律适用上的混乱。

适用附加刑还有一个价值判断的问题,即主刑的降低与附加刑的平衡问题,主刑减少的刑期与附加刑增加、罚金经济价值的比较,不同地区是有差别的,应综合

① 即《最高人民法院、最高人民检察院关于办理贪污贿赂刑事案件适用法律若干问题的解释》(法释〔2016〕9号)。

判断适用附加刑的数量,附加刑的判处还要考虑被告人的执行能力、过错等。

具体到本案中,二被告人贪污九十余万元,按照旧刑法,对应的法定刑幅度为有期徒刑十年以上的刑罚。而按照新刑法,对应的法定刑幅度为三年以上十年以下有期徒刑,并处罚金。新法的法定刑幅度在整体上轻于旧法,可以直接选择新法的法定刑幅度作为量刑依据,新法的法定刑中就包括了罚金刑。这一做法,既符合从旧兼从轻的原则,也是刑法第十二条所规定的"适用本法"的当然要求。相反,选择适用新法的主刑,而不适用罚金刑,则是缺乏法律依据的做法。

——《刑事审判参考》(总第106辑)。

五、剥夺政治权利

150 对外国人能否附加剥夺政治权利

关键词 | 剥夺政治权利 | 外国人犯罪 |

【最高人民法院参考案例】

方金青惠投毒案(《刑事审判参考》案例第98号)

要旨:对外国人不能附加剥夺政治权利。

对犯罪的外国人能否判处剥夺政治权利,以往实践中做法不一。我国刑法第五十四条规定,剥夺政治权利是剥夺下列权利:(一)选举权、被选举权;(二)言论、出版、集会、结社、游行、示威自由的权利;(三)担任国家机关职务的权利;(四)担任国有公司、企业、事业单位和人民团体领导职务的权利。上述权利是我国公民依法享有的参与国家管理和政治活动的权利,是宪法赋予中国公民的权利,外国籍被告人并不享有,也就不存在剥夺的问题。本案中方金青惠虽然已与中国公民结婚,但并未加入中国国籍,所以,对其不能附加剥夺政治权利。

——《刑事审判参考》(总第16辑)。

151 被判处剥夺政治权利的罪犯能否出版自然科学著作

关键词 | 剥夺政治权利 | 出版权 |

【链接：信箱】

问题:被判处剥夺政治权利的罪犯,在被剥夺政治权利的刑期内能否出版其自然科学著作?对此,存在两种意见。一种意见认为,根据刑法第五十四条,判处剥夺政治权利之后,出版权利也被剥夺。自然科学著作虽然不含有政治见解,但剥夺犯罪分子的出版权(包括出版自然科学著作的权利)是对其给予政治上的否定评价。剥夺政治权利针对的对象是人(犯罪分子),而不是物(著作),故被剥夺政治权利的罪犯不能出版其自然科学著作。另一种意见认为,出版自然科学著作的权利不属于政治权利,自然科学著作不具有政治主张的内容,对刑法第五十四条规定应理解为剥夺的是出版具有政治见解和思想的文章或著作的权利,因此,被判处剥夺政治权利的罪犯,享有出版自然科学著作的权利。

《人民司法》研究组认为:刑法第五十四条明确规定了剥夺政治权利的具体内容,其中第(二)项中的"出版权利",既包括出版社会科学著作的权利,也包括出版自然科学著作的权利,即被判处剥夺政治权利的罪犯,不得出版任何内容的著作。因此,来信中的第一种意见是正确的。

——《人民司法》2001 年第 8 期。

152 对于严重破坏社会秩序的被告人能否附加剥夺政治权利

关键词|剥夺政治权利|严重破坏社会秩序|

【最高人民法院司法解释】

根据刑法第五十六条规定,对于故意杀人、强奸、放火、爆炸、投毒、抢劫等严重破坏社会秩序的犯罪分子,可以附加剥夺政治权利。对故意伤害、盗窃等其他严重破坏社会秩序的犯罪,犯罪分子主观恶性较深、犯罪情节恶劣、罪行严重的,也可以依法附加剥夺政治权利。

——《最高人民法院关于对故意伤害、盗窃等严重破坏社会秩序的犯罪分子能否附加剥夺政治权利问题的批复》(1998 年 1 月 13 日,法释〔1997〕11 号)。

【链接:信箱】

问题:某院最近审理了一起生产、销售伪劣产品案件,根据被告人的犯罪行为,该院依照刑法第一百四十条的规定对其判处有期徒刑十五年,但对被告人应否剥夺政治权利产生了两种意见。一种意见认为,刑法第五十六条规定列举的可以附加剥夺政治权利的犯罪分子中,并不包括犯生产、销售伪劣产品罪的犯罪分子,故不应对其附加剥夺政治权利。另一种意见认为,刑法第五十六条规定列举的可以附加剥夺政治权利的犯罪分子中虽然没有生产、销售伪劣产品罪,但从该条内容看,既然规定"对于故意杀人、强奸、放火、爆炸、投毒、抢劫等严重破坏社会秩序的犯罪分子,可以附加剥夺政治权利",就说明可以附加剥夺政治权利的犯罪分子不仅指该条列举的六种,只要是达到严重破坏社会秩序的犯罪分子,都可以附加剥夺政治权利。本案被告人的行为破坏了社会主义市场经济秩序,刑期又在十年以上,应属严重破坏社会秩序的犯罪分子,理所当然地可以附加剥夺政治权利。

《人民司法》研究组认为:《最高人民法院关于对故意伤害、盗窃等严重破坏社会秩序的犯罪分子能否附加剥夺政治权利问题的批复》规定,根据刑法第五十六条规定，对于故意杀人、强奸放火、爆炸、投毒、抢劫等严重破坏社会秩序的犯罪分子，可以附加剥夺政治权利。对故意伤害、盗窃等其他严重破坏社会秩序的犯罪，犯罪分子主观恶性较深、犯罪情节恶劣、罪行严重的，也可以依法附加剥夺政治权利。因此，对于生产、销售伪劣产品犯罪，如果严重破坏社会秩序，犯罪分子主观恶性较深、犯罪情节恶劣、罪行严重的，也可以依法附加剥夺政治权利。

——《人民司法 · 应用》2008 年第 19 期。

六、没收财产

153 如何执行没收个人全部财产问题

关键词|没收个人全部财产|执行|

【最高人民法院司法解释】

第一条　本规定所称刑事裁判涉财产部分的执行,是指发生法律效力的刑事裁判主文确定的下列事项的执行:

(一)罚金、没收财产;

(二)责令退赔;

(三)处置随案移送的赃款赃物;

(四)没收随案移送的供犯罪所用本人财物;

(五)其他应当由人民法院执行的相关事项。

刑事附带民事裁判的执行,适用民事执行的有关规定。

第二条　刑事裁判涉财产部分,由第一审人民法院执行。第一审人民法院可以委托财产所在地的同级人民法院执行。

第九条　判处没收财产的,应当执行刑事裁判生效时被执行人合法所有的财产。

执行没收财产或罚金刑,应当参照被扶养人住所地政府公布的上年度当地居民最低生活费标准,保留被执行人及其所扶养家属的生活必需费用。

——《最高人民法院关于刑事裁判涉财产部分执行的若干规定》(2014 年 11 月 6 日,法释〔2014〕13 号)。

【最高人民法院审判业务意见】

有关部门就如何执行没收个人全部财产问题征求最高人民法院研究室意见。最高人民法院研究室经研究认为:

刑法第五十九条规定:“没收财产是没收犯罪分子个人所有财产的一部或者全部。没收全部财产的,应当对犯罪分子个人及其扶养的家属保留必需的生活费用。”“在判处没收财产的时候,不得没收属于犯罪分子家属所有或者应有的财产。”第六十四条规定:“犯罪分子违法所得的一切财物,应当予以追缴或者责令退赔。”据此,作为附加刑的没收个人全部财产,应当是没收犯罪分子个人合法所有的全部财产。如相关财产属于违法所得,应通过追缴、退赔程序予以追回;如相关财产确属犯罪分子家属所有或者应有的财产,也不得作为没收对象。在没收财产前,如犯罪分子的财产与其他家庭成员的财产处于共有状态,应当从中分割出属于犯罪分子个人所有的财产后予以没收。

——黄应生:《最高人民法院研究室关于如何执行没收个人全部财产问题的研究意见》,载最高人民法院研究室编:《司法研究与指导》(总第1辑),人民法院出版社2012年版,第170页。

第四章 | CHAPTER 04

刑罚的具体运用

一、量刑

154 如何把握量刑的指导原则和基本方法

关键词 | 量刑的基本原则 | 量刑的基本方法 |

【最高人民法院司法文件】

一、量刑的指导原则

(一)量刑应当以事实为根据,以法律为准绳,根据犯罪的事实、性质、情节和对于社会的危害程度,决定判处的刑罚。

(二)量刑既要考虑被告人所犯罪行的轻重,又要考虑被告人应负刑事责任的大小,做到罪责刑相适应,实现惩罚和预防犯罪的目的。

(三)量刑应当贯彻宽严相济的刑事政策,做到该宽则宽,当严则严,宽严相济,罚当其罪,确保裁判政治效果、法律效果和社会效果的统一。

(四)量刑要客观、全面把握不同时期不同地区的经济社会发展和治安形势的变化,确保刑法任务的实现;对于同一地区同一时期案情相似的案件,所判处的刑罚应当基本均衡。

二、量刑的基本方法

量刑时,应当以定性分析为主,定量分析为辅,依次确定量刑起点、基准刑和宣告刑。

(一)量刑步骤

1. 根据基本犯罪构成事实在相应的法定刑幅度内确定量刑起点。

2. 根据其他影响犯罪构成的犯罪数额、犯罪次数、犯罪后果等犯罪事实,在量刑起点的基础上增加刑罚量确定基准刑。

3. 根据量刑情节调节基准刑,并综合考虑全案情况,依法确定宣告刑。

(二)调节基准刑的方法

1. 具有单个量刑情节的,根据量刑情节的调节比例直接调节基准刑。

2. 具有多个量刑情节的,一般根据各个量刑情节的调节比例,采用同向相加、逆向相减的方法调节基准刑;具有未成年人犯罪、老年人犯罪、限制行为能力的精神病人犯罪、又聋又哑的人或者盲人犯罪,防卫过当、避险过当、犯罪预备、犯罪未遂、犯罪中止,从犯、胁从犯和教唆犯等量刑情节的,先适用该量刑情节对基准刑进行调节，在此基础上，再适用其他量刑情节进行调节。

3. 被告人犯数罪，同时具有适用于个罪的立功、累犯等量刑情节的，先适用该量刑情节调节个罪的基准刑，确定个罪所应判处的刑罚，再依法实行数罪并罚，决定执行的刑罚。

（三）确定宣告刑的方法

1. 量刑情节对基准刑的调节结果在法定刑幅度内，且罪责刑相适应的，可以直接确定为宣告刑；具有应当减轻处罚情节的，应当依法在法定最低刑以下确定宣告刑。

2. 量刑情节对基准刑的调节结果在法定最低刑以下，具有法定减轻处罚情节，且罪责刑相适应的，可以直接确定为宣告刑；只有从轻处罚情节的，可以依法确定法定最低刑为宣告刑；但是根据案件的特殊情况，经最高人民法院核准，也可以在法定刑以下判处刑罚。

3. 量刑情节对基准刑的调节结果在法定最高刑以上的，可以依法确定法定最高刑为宣告刑。

4. 综合考虑全案情况，独任审判员或合议庭可以在20%的幅度内对调节结果进行调整，确定宣告刑。当调节后的结果仍不符合罪责刑相适应原则的，应当提交审判委员会讨论，依法确定宣告刑。

5. 综合全案犯罪事实和量刑情节，依法应当判处无期徒刑以上刑罚、拘役、管制或者单处附加刑、缓刑、免予刑事处罚的，应当依法适用。

（四）判处罚金刑，应当以犯罪情节为根据，并综合考虑被告人缴纳罚金的能力，依法决定罚金数额。

（五）适用缓刑，应当综合考虑被告人的犯罪情节、悔罪表现、再犯罪的危险以及宣告缓刑对所居住社区的影响，依法作出决定。

——《最高人民法院、最高人民检察院关于常见犯罪的量刑指导意见（试行）》（2021年7月1日，法发〔2021〕21号）。

155 常见量刑情节的适用

关键词 | 量刑情节 | 法定量刑情节 | 酌定量刑情节 |

【最高人民法院司法文件】

三、常见量刑情节的适用

量刑时应当充分考虑各种法定和酌定量刑情节，根据案件的全部犯罪事实以及量刑情节的不同情形，依法确定量刑情节的适用及其调节比例。对黑恶势力犯罪、严重暴力犯罪、毒品犯罪、性侵未成年人犯罪等危害严重的犯罪,在确定从宽的幅度时,应当从严掌握;对犯罪情节较轻的犯罪,应当充分体现从宽。具体确定各个量刑情节的调节比例时,应当综合平衡调节幅度与实际增减刑罚量的关系,确保罪责刑相适应。

(一)对于未成年人犯罪,综合考虑未成年人对犯罪的认知能力、实施犯罪行为的动机和目的、犯罪时的年龄、是否初犯、偶犯、悔罪表现、个人成长经历和一贯表现等情况,应当予以从宽处罚。

1. 已满十二周岁不满十六周岁的未成年人犯罪,减少基准刑的30%—60%;

2. 已满十六周岁不满十八周岁的未成年人犯罪,减少基准刑的10%—50%。

(二)对于已满七十五周岁的老年人故意犯罪,综合考虑犯罪的性质、情节、后果等情况,可以减少基准刑的40%以下;过失犯罪的,减少基准刑的20%—50%。

(三)对于又聋又哑的人或者盲人犯罪,综合考虑犯罪性质、情节、后果以及聋哑人或者盲人犯罪时的控制能力等情况,可以减少基准刑的50%以下;犯罪较轻的,可以减少基准刑的50%以上或者依法免除处罚。

(四)对于未遂犯,综合考虑犯罪行为的实行程度、造成损害的大小、犯罪未得逞的原因等情况,可以比照既遂犯减少基准刑的50%以下。

(五)对于从犯,综合考虑其在共同犯罪中的地位、作用等情况,应当予以从宽处罚,减少基准刑的20%—50%;犯罪较轻的,减少基准刑的50%以上或者依法免除处罚。

(六)对于自首情节,综合考虑自首的动机、时间、方式、罪行轻重、如实供述罪行的程度以及悔罪表现等情况,可以减少基准刑的40%以下;犯罪较轻的,可以减少基准刑的40%以上或者依法免除处罚。恶意利用自首规避法律制裁等不足以从宽处罚的除外。

(七)对于坦白情节,综合考虑如实供述罪行的阶段、程度、罪行轻重以及悔罪表现等情况,确定从宽的幅度。

1. 如实供述自己罪行的,可以减少基准刑的20%以下;

2. 如实供述司法机关尚未掌握的同种较重罪行的,可以减少基准刑的10%—30%;

3. 因如实供述自己罪行,避免特别严重后果发生的,可以减少基准刑的30%—50%。

(八)对于当庭自愿认罪的,根据犯罪的性质、罪行的轻重、认罪程度以及悔罪表现等情况,可以减少基准刑的10%以下。依法认定自首、坦白的除外。

(九)对于立功情节,综合考虑立功的大小、次数、内容、来源、效果以及罪行轻重等情况,确定从宽的幅度。

1. 一般立功的，可以减少基准刑的 20%以下；

2. 重大立功的，可以减少基准刑的 20%—50%；犯罪较轻的，减少基准刑的 50%以上或者依法免除处罚。

（十）对于退赃、退赔的，综合考虑犯罪性质，退赃、退赔行为对损害结果所能弥补的程度，退赃、退赔的数额及主动程度等情况，可以减少基准刑的 30%以下；对抢劫等严重危害社会治安犯罪的，应当从严掌握。

（十一）对于积极赔偿被害人经济损失并取得谅解的，综合考虑犯罪性质、赔偿数额、赔偿能力以及认罪悔罪表现等情况，可以减少基准刑的 40%以下；积极赔偿但没有取得谅解的，可以减少基准刑的 30%以下；尽管没有赔偿，但取得谅解的，可以减少基准刑的 20%以下。对抢劫、强奸等严重危害社会治安犯罪的，应当从严掌握。

（十二）对于当事人根据刑事诉讼法第二百八十八条达成刑事和解协议的，综合考虑犯罪性质、赔偿数额、赔礼道歉以及真诚悔罪等情况，可以减少基准刑的 50%以下；犯罪较轻的，可以减少基准刑的 50%以上或者依法免除处罚。

（十三）对于被告人在羁押期间表现好的，可以减少基准刑的 10%以下。

（十四）对于被告人认罪认罚的，综合考虑犯罪的性质、罪行的轻重、认罪认罚的阶段、程度、价值、悔罪表现等情况，可以减少基准刑的 30%以下；具有自首、重大坦白、退赃退赔、赔偿谅解、刑事和解等情节的，可以减少基准刑的 60%以下，犯罪较轻的，可以减少基准刑的 60%以上或者依法免除处罚。认罪认罚与自首、坦白、当庭自愿认罪、退赃退赔、赔偿谅解、刑事和解、羁押期间表现好等量刑情节不作重复评价。

（十五）对于累犯，综合考虑前后罪的性质、刑罚执行完毕或赦免以后至再犯罪时间的长短以及前后罪罪行轻重等情况，应当增加基准刑的 10%—40%，一般不少于 3 个月。

（十六）对于有前科的，综合考虑前科的性质、时间间隔长短、次数、处罚轻重等情况，可以增加基准刑的 10%以下。前科犯罪为过失犯罪和未成年人犯罪的除外。

（十七）对于犯罪对象为未成年人、老年人、残疾人、孕妇等弱势人员的，综合考虑犯罪的性质、犯罪的严重程度等情况，可以增加基准刑的 20%以下。

（十八）对于在重大自然灾害、预防、控制突发传染病疫情等灾害期间故意犯罪的，根据案件的具体情况，可以增加基准刑的 20%以下。

——《最高人民法院、最高人民检察院关于常见犯罪的量刑指导意见（试行）》（2021 年 7 月 1 日，法发〔2021〕21 号）。

156 贯彻宽严相济刑事政策的具体要求

关键词｜宽严相济刑事政策｜暴力犯罪｜经济犯罪｜

【最高人民法院司法文件】

二、准确把握宽严相济刑事政策

6. 继续坚持依法严惩严重刑事犯罪的方针。对危害国家安全犯罪、恐怖犯罪、黑社会性质组织犯罪以及爆炸、杀人、抢劫、绑架、毒品等严重危害社会治安、严重影响人民群众安全感的犯罪,始终保持高压态势,依法从严打击。对以农村留守妇女、儿童、老人及社会弱势群体为侵害对象,人民群众深恶痛绝的犯罪,坚决依法严惩。

对国家工作人员贪污贿赂、滥用职权、失职渎职的严重犯罪,包庇纵容黑恶势力犯罪、重大安全责任事故、制售伪劣食品、药品所涉及的国家工作人员职务犯罪,发生在社会保障、征地拆迁、灾后重建、企业改制、医疗、教育、就业等领域严重损害群众利益、社会影响恶劣的国家工作人员职务犯罪,发生在经济社会建设重点领域、重点行业的严重商业贿赂犯罪,依法从严惩处。

对集资诈骗、贷款诈骗、制贩假币等严重危害金融秩序的犯罪,生产、销售假药、劣药、有毒有害食品等严重危害食品药品安全的犯罪,严重侵犯知识产权和制售假冒伪劣商品犯罪,造成严重后果的重大安全责任事故犯罪,重大环境污染、非法采矿、采盗伐林木等严重破坏生态环境的犯罪,依法从严惩处。对受害群众较多的涉众型案件,积极配合有关部门做好善后处置工作,最大限度地维护群众的合法权益。

7. 区别对待不同性质的犯罪,做到该宽则宽,当严则严,宽严相济,罚当其罪。对严重刑事犯罪依法严厉惩处的同时,对具有法定或酌定从宽处罚情节的被告人,依法在量刑时予以考虑,最大限度地分化、瓦解犯罪分子,最大限度地减少社会对立面。对较轻刑事犯罪依法从轻处罚的同时,充分考虑被告人是否具有屡教不改、严重滋扰社会、群众反映强烈等酌定从严处罚的情况,在量刑上有所体现,使犯罪分子受到应有处罚。

对因生产生活、邻里纠纷、婚姻家庭等民间矛盾激化引发,事出有因、针对特定对象,对社会治安秩序没有重大影响的犯罪,要着眼于和谐稳定,下大力气做好矛盾化解工作。被害人及其亲属对被告人表示谅解的,应作为酌定从轻情节,量刑时充分考虑。

8. 精心审理刑事大案要案。对案情敏感、社会高度关注的刑事案件,在严格依法办案的前提下,充分运用政治智慧和法律智慧,确保裁判法律效果和社会效果高度统一,使案件的审理成为执行国家法律和政策的典范。案件审理过程中,及时回应社会关切,加强司法宣传和舆论引导,营造有利于案件依法妥善处理的良好环境。

——《最高人民法院关于充分发挥刑事审判职能作用深入推进社会矛盾化解的若干意见》(2010 年 12 月 31 日,法发〔2010〕63 号)。

【最高人民法院审判业务意见】

一、宽严相济刑事政策在经济犯罪案件审判中的具体贯彻

(一)关于从严惩处的案件范围。根据《意见》[①]第九条规定,发生在经济领域、需依法从严惩处的主要是指下列严重犯罪:以高利率或高回报为诱饵,针对社会公众实施的非法集资、非法证券、传销、地下"六合彩"等涉众型犯罪;制售假冒伪劣、有毒、有害食品、药品等损害群众切身利益的犯罪;制售伪劣农药、兽药、化肥、种子等坑农害农的犯罪;制贩假币、操纵证券期货市场、金融诈骗等严重危害金融秩序的犯罪;走私,逃税、骗税,虚开增值税专用发票等严重侵害国家经济利益的犯罪;重大环境污染、非法采矿、盗伐林木等各种严重破坏环境资源的犯罪。

(二)关于政策法律界限。对于当前金融危机背景下的经济违法行为,应当根据《意见》第四条规定的"审时度势"原则、第五条规定的"两个效果相统一"原则以及第十四条、第二十三条规定的从宽要求,审慎分析判断其社会危害性,从有利于保障经济增长、维护社会稳定的角度依法准确定罪量刑。以非法集资案件为例说明如下:一是要准确界定非法集资与民间借贷、商业交易的政策法律界限。未经社会公开宣传,在单位职工或者亲友内部针对特定对象筹集资金的,一般可以不作为非法集资。二是要准确把握非法集资罪与非罪的界限。资金主要用于生产经营及相关活动,行为人有还款意愿,能够及时清退集资款项,情节轻微,社会危害不大的,可以免予刑事处罚或者不作为犯罪处理。此外,对于"边缘案""踩线案"、罪与非罪界限一时难以划清的案件,要从有利于促进企业生存发展、有利于保障员工生计、有利于维护社会和谐稳定的高度,依法妥善处理,可定可不定的,原则上不按犯罪处理。特别对于涉及企业、公司法定代表人、技术人员因政策界限不明而实施的轻微违法犯罪,更要依法慎重处理。

(三)关于刑罚适用。(1)根据《意见》第六条关于从严处理的原则性规定以及第二十九条关于死刑适用政策的规定,对于数额特别巨大、情节特别恶劣、危害后果特别严重的经济犯罪,要依法从严惩处,对于罪行极其严重的经济犯罪分子,依法应当判处死刑的,要坚决适用死刑;对假币犯罪累犯、惯犯、涉案假币数额巨大或者全部流入社会的犯罪分子,应当依法从重判处;对于伪造货币集团的首要分子、

① 即《最高人民法院关于贯彻宽严相济刑事政策的若干意见》(法发〔2010〕9 号)。

骨干分子,伪造假币数额特别巨大或者有其他特别严重情节,罪行极其严重的犯罪分子,应当判处死刑的,要坚决依法判处死刑;对数额特别巨大,肆意挥霍集资资金或者归案后拒不交代赃款去向,造成特别重大经济损失或者致使被害人自杀身亡等严重后果的集资诈骗犯罪分子,应当依法从重判处;对造成严重疾患、伤亡后果或者以婴幼儿、危重病人为对象,社会影响恶劣的制售有毒有害食品、假药劣药犯罪分子,应当依法从重判处。(2)根据《意见》第二十五条规定的宽严"相济"要求,应当区分犯罪行为的具体情形区别对待。以走私犯罪为例,对海上偷运走私、绕关走私等未向海关报关的走私与价格瞒骗走私,走私特殊物品与走私普通货物、物品在具体量刑都应当有所区别;对进口走私象牙等珍贵动物制品犯罪在量刑时应当酌情考虑出口国家的法律规定以及行为人的主观认识因素。(3)要切实执行《意见》第十二条有关"对于侵财型和贪利型犯罪,更要注重通过依法适用财产刑使犯罪分子受到经济上的惩罚"的规定,以最大限度地挽回国家和人民利益的损失,安抚受害群众。同时,此类犯罪的目的就是获得非法利益,有针对性地加大经济制裁,特别是执行的力度,以有效地剥夺犯罪分子重新犯罪的条件,发挥刑罚的预防犯罪功能。

二、宽严相济刑事政策在职务犯罪案件审判中的具体贯彻

(一)关于从严惩处的案件范围。保持惩治腐败的高压态势,依法从严惩治腐败,是我国惩治和预防腐败工作的一项长期政策。根据《意见》第八条第一款规定,当前要特别注意严肃惩处以下职务犯罪:发生在领导机关和领导干部中滥用职权、贪污贿赂、腐化堕落、失职渎职等职务犯罪;工程建设、土地出让、产权交易、医药购销、政府采购、资源开发和经销、金融等多发易发领域的商业贿赂犯罪;在扩内需、保增长,灾后恢复重建等专项工作中发生的贪污贿赂、挪用公款、渎职等职务犯罪;黑恶势力犯罪、重大安全生产事故、重大食品安全等群体性事件背后的行贿受贿、徇私舞弊、滥用职权、玩忽职守等职务犯罪;贪污、挪用、侵占农业投资专项资金等职务犯罪。

(二)关于政策法律界限。在坚持依法从严惩处职务犯罪的同时,同样需要根据《意见》第十四条、第二十五条的规定,体现宽严"相济",做到严中有宽、宽以济严。以贿赂犯罪为例说明如下:(1)对于收受财物后于案发前退还或上交所收财物的,应当区分情况作出不同处理:收受请托人财物后及时退还或者上交的,因其受贿故意不能确定,同时为了感化、教育潜在受贿犯罪分子,故不宜以受贿处理;受贿后因自身或者与其受贿有关联的人、事被查处,为掩饰犯罪而退还或者上交的,因受贿行为既已完毕,且无主动悔罪之意思,故不影响受贿罪的认定。(2)对于行业、领域内带有一定普遍性、涉案人员众多的案件,要注意区别对待,防止因打击面过宽导致不良的社会效果;特别是对于普通医生的商业贿赂犯罪问题,更要注意运

用多种手段治理应对。对收受回扣数额巨大的;明知药品伪劣,但为收受回扣而要求医院予以采购的;为收受回扣而给病人大量开药或者使用不对症药品,造成严重后果的;收受回扣造成其他严重影响等情形,应依法追究刑事责任。(3)对于性质恶劣、情节严重、涉案范围广、影响面大的商业犯罪案件,特别是对于顶风作案的,或者案发后隐瞒犯罪事实、毁灭证据、订立攻守同盟、负案潜逃等企图逃避法律追究的,应当依照《意见》第八条第二款的规定依法从严惩处的同时,对于在自查自纠中主动向单位、行业主管(监管)部门讲清问题、积极退赃的,或者检举、揭发他人犯罪行为,有自首、立功情节的,应当依照《意见》有关规定依法从轻、减轻或者免予处罚。

(三)关于自首、立功等量刑情节的运用。自首、立功是法定的从宽情节。实践中要注意依照《意见》第十七条、第十八条等规定,结合"两高"《关于办理职务犯罪案件认定自首、立功等量刑情节若干问题的意见》的规定,做好职务犯罪案件审判工作中宽严相济刑事政策与法律规定的有机结合,具体如下:(1)要严格掌握自首、立功等量刑情节的法定标准和认定程序,确保自首、立功等量刑情节认定的严肃性和规范性。(2)对于具有自首情节的犯罪分子,应当根据犯罪事实并结合自动投案的动机、阶段、客观环境,交代犯罪事实的完整性、稳定性以及悔罪表现等具体情节,依法决定是否从轻、减轻或者免除处罚以及从轻、减轻处罚的幅度。(3)对于具有立功情节的犯罪分子,应当根据犯罪事实并结合立功表现所起作用的大小、所破获案件的罪行轻重、所抓获犯罪嫌疑人可能判处的法定刑以及立功的时机等具体情节,依法决定是否从轻、减轻或者免除处罚以及从轻、减轻处罚的幅度。(4)对于犯罪分子依法不成立自首,但主动交代犯罪事实的,应当视其主动交代的犯罪事实情况及对证据收集的作用大小、酌情从轻处罚。(5)赃款赃物追回的,应当注意区分贪污、受贿等不同性质的犯罪以及犯罪分子在追赃中的具体表现,决定是否从轻处罚以及从轻处罚的幅度。

(四)关于缓刑等非监禁刑的适用。在依照《意见》第十四条、第十五条、第十六条规定适用缓刑等非监禁刑时,应当充分考虑到当前职务犯罪案件缓刑等非监禁刑适用比例偏高的实际情况,以及职务犯罪案件适用非监禁刑所需要的社会民意基础和过多适用非监禁刑可能带来的社会负面影响。贪污、受贿犯罪分子具有下列情形之一的,一般不得适用缓刑:致使国家、集体和人民利益遭受重大损失或者影响恶劣的;不退赃或者退赃不积极,无悔罪表现的;犯罪动机、手段等情节恶劣,或者将赃款用于非法经营、走私、赌博、行贿等违法犯罪活动的;属于共同犯罪中情节严重的主犯,或者犯有数罪的;曾因职务、经济违法犯罪行为受过行政处分或者刑事处罚的;犯罪涉及的财物属于救灾、抢险、防汛、防疫、优抚、扶贫、移民、救济、捐助、社会保险、教育、征地、拆迁等专项款项和物资的。渎职犯罪分子具有下列情形之一的，一般不适用缓刑：（1）依法减轻处罚后判处三年有期徒刑以下刑罚的；（2）渎职犯罪造成特别恶劣影响的；（3）渎职行为同时构成其他犯罪，以渎职犯罪一罪处理或者实行数罪并罚的。

——最高人民法院刑二庭：《宽严相济在经济犯罪和职务犯罪案件审判中的具体贯彻》，载《人民法院报》2010 年 4 月 7 日，第 6 版。

二、故意杀人、伤害案件审判中宽严相济的把握

1. 注意区分两类不同性质的案件。故意杀人、故意伤害侵犯的是人的生命和身体健康，社会危害大，直接影响到人民群众的安全感，《意见》第七条将故意杀人、故意伤害致人死亡犯罪作为严惩的重点是十分必要的。但是，实践中的故意杀人、伤害案件复杂多样，处理时要注意分别案件的不同性质，做到区别对待。

实践中，故意杀人、伤害案件从性质上通常可分为两类：一类是严重危害社会治安、严重影响人民群众安全感的案件，如极端仇视国家和社会，以不特定人为行凶对象的；一类是因婚姻家庭、邻里纠纷等民间矛盾激化引发的案件。对于前者应当作为严惩的重点，依法判处被告人重刑直至判处死刑。对于后者处理时应注意体现从严的精神，在判处重刑尤其是适用死刑时应特别慎重，除犯罪情节特别恶劣、犯罪后果特别严重、人身危险性极大的被告人外，一般不应当判处死刑。对于被害人在起因上存在过错或者是被告人案发后积极赔偿，真诚悔罪，取得被害人或其家属谅解的，应依法从宽处罚，对同时有法定从轻、减轻处罚情节的，应考虑在无期徒刑以下裁量刑罚。同时应重视此类案件中的附带民事调解工作，努力化解双方矛盾，实现积极的“案结事了”，增进社会和谐，达成法律效果与社会效果的有机统一。《意见》第二十三条是对此审判经验的总结。

此外，实践中一些致人死亡的犯罪是故意杀人还是故意伤害往往难以区分，在认定时除从作案工具、打击的部位、力度等方面进行判断外，也要注意考虑犯罪起因等因素。对于民间纠纷引发的案件，如果难以区分是故意杀人还是故意伤害时，一般可考虑定故意伤害罪。

2. 充分考虑各种犯罪情节。犯罪情节包括犯罪的动机、手段、对象、场所及造成的后果等，不同的犯罪情节反映不同的社会危害性。犯罪情节多属酌定量刑情节，法律往往未作明确的规定，但犯罪情节是适用刑罚的基础，是具体案件决定从严或从宽处罚的基本依据，需要在案件审理中进行仔细甄别，以准确判断犯罪的社会危害性。有的案件犯罪动机特别卑劣，比如为了铲除政治对手而雇凶杀人的，也有一些人犯罪是出于义愤，甚至是“大义灭亲”“为民除害”的动机杀人。有的案件犯罪手段特别残忍，比如采取放火、泼硫酸等方法把人活活烧死的故意杀人行为。犯罪后果也可以分为一般、严重和特别严重几档。在实际中一般认为故意杀人、故

意伤害一人死亡的为后果严重,致二人以上死亡的为犯罪后果特别严重。特定的犯罪对象和场所也反映社会危害性的不同,如针对妇女、儿童等弱势群体或在公共场所实施的杀人、伤害,就具有较大的社会危害性。以上犯罪动机卑劣,或者犯罪手段残忍,或者犯罪后果严重,或者针对妇女、儿童等弱势群体作案等情节恶劣的,又无其他法定或酌定从轻情节应当依法从重判处。如果犯罪情节一般,被告人真诚悔罪,或有立功、自首等法定从轻情节的,一般应考虑从宽处罚。

实践中,故意杀人、伤害案件的被告人既有法定或酌定的从宽情节,又有法定或酌定从严情节的情形比较常见,此时,就应当根据《意见》第二十八条,在全面考察犯罪的事实、性质、情节和对社会危害程度的基础上,结合被告人的主观恶性、人身危险性、社会治安状况等因素,综合作出分析判断。

3. 充分考虑主观恶性和人身危险性。《意见》第十条、第十六条明确了被告人的主观恶性和人身危险性是从严和从宽的重要依据,在适用刑罚时必须充分考虑。主观恶性是被告人对自己行为及社会危害性所抱的心理态度,在一定程度上反映了被告人的改造可能性。一般来说,经过精心策划的、有长时间计划的杀人、伤害,显示被告人的主观恶性深;激情犯罪,临时起意的犯罪,因被害人的过错行为引发的犯罪,显示的主观恶性较小。对主观恶性深的被告人要从严惩处,主观恶性较小的被告人则可考虑适用较轻的刑罚。

人身危险性即再犯可能性,可从被告人有无前科、平时表现及悔罪情况等方面综合判断。人身危险性大的被告人,要依法从重处罚。如累犯中前罪系暴力犯罪,或者曾因暴力犯罪被判重刑后又犯故意杀人、故意伤害致人死亡的;平时横行乡里,寻衅滋事杀人、伤害致人死亡的,应依法从重判处。人身危险性小的被告人,应依法体现从宽精神。如被告人平时表现较好,激情犯罪,系初犯、偶犯的;被告人杀人或伤人后有抢救被害人行为的,在量刑时应该酌情予以从宽处罚。

未成年人及老年人的故意杀人、伤害犯罪与一般人犯罪相比,主观恶性和人身危险性等方面有一定特殊性,在处理时应当依据《意见》的第二十条、第二十一条考虑从宽。对犯故意杀人、伤害罪的未成年人,要坚持"教育为主,惩罚为辅"的原则和"教育、感化、挽救"的方针进行处罚。对于情节较轻、后果不重的伤害案件,可以依法适用缓刑,或者判处管制、单处罚金等非监禁刑。对于情节严重的未成年人,也应当从轻或减轻处罚。对于已满十四周岁不满十六周岁的未成年人,一般不判处无期徒刑。对于七十周岁以上的老年人犯故意杀人、伤害罪的,由于其已没有再犯罪的可能,在综合考虑其犯罪情节和主观恶性、人身危险性的基础上,一般也应酌情从宽处罚。

4. 严格控制和慎重适用死刑。故意杀人和故意伤害犯罪在判处死刑的案件中所占比例最高,审判中要按照《意见》第二十九条的规定,准确理解和严格执行"保留死刑，严格控制和慎重适用死刑”的死刑政策，坚持统一的死刑适用标准，确保死刑只适用于极少数罪行极其严重的犯罪分子；坚持严格的证据标准，确保把每一起判处死刑的案件都办成铁案。对于罪行极其严重，但只要有法定、酌定从轻情节，依法可不立即执行的，就不应当判处死刑立即执行。

对于自首的故意杀人、故意伤害致人死亡的被告人，除犯罪情节特别恶劣，犯罪后果特别严重的，一般不应考虑判处死刑立即执行。对亲属送被告人归案或协助抓获被告人的，也应视为自首，原则上应当从宽处罚。对具有立功表现的故意杀人、故意伤害致死的被告人，一般也应当体现从宽，可考虑不判处死刑立即执行。但如果犯罪情节特别恶劣，犯罪后果特别严重的，即使有立功情节，也可以不予从轻处罚。

共同犯罪中，多名被告人共同致死一名被害人的，原则上只判处一人死刑。处理时，根据案件的事实和证据能分清主从犯的，都应当认定主从犯；有多名主犯的，应当在主犯中进一步区分出罪行最为严重者和较为严重者，不能以分不清主次为由，简单地一律判处死刑。

三、黑社会性质组织犯罪案件审判中宽严相济的把握

1. 准确认定黑社会性质组织。黑社会性质组织犯罪由于其严重的社会危害性，在打击处理上不能等其坐大后进行，要坚持“严打”的方针，坚持“打早打小”的策略。但黑社会性质组织的认定，必须严格依照刑法和《全国人民代表大会常务委员会关于〈中华人民共和国刑法〉第二百九十四条第一款的解释》的规定，从组织特征、经济特征、行为特征和非法控制特征四个方面进行分析。认定黑社会性质组织犯罪四个特征必须同时具备。当然，实践中许多黑社会性质组织并不是四个特征都很明显，在具体认定时，应根据立法本意，认真审查、分析黑社会性质组织四个特征相互间的内在联系，准确评价涉案犯罪组织所造成的社会危害。既要防止将已具备黑社会性质组织四个特征的案件“降格”处理，也不能因为强调严厉打击将不具备四个特征的犯罪团伙“拔高”认定为黑社会性质组织。在黑社会性质组织犯罪的审判中贯彻宽严相济刑事政策，要始终坚持严格依法办案，坚持法定标准，这是《意见》的基本要求。

2. 区别对待黑社会性质组织的不同成员。《意见》第三十条明确了黑社会性质组织中不同成员的处理原则：分别情况，区别对待。对于组织者、领导者应依法从严惩处，其承担责任的犯罪不限于自己组织、策划、指挥和实施的犯罪，而应对组织所犯的全部罪行承担责任。实践中，一些黑社会性质组织的组织者、领导者，只是以其直接实施的犯罪起诉、审判，实际上是轻纵了他们的罪行。要在区分组织犯罪和组织成员犯罪的基础上，合理划定组织者、领导者的责任范围，做到不枉不纵。同时，还要注意责任范围和责任程度的区别，不能简单认为组织者、领导者就是具

体犯罪中责任最重的主犯。对于组织成员实施的黑社会性质组织犯罪，组织者、领导者只是事后知晓，甚至根本不知晓，其就只应负有一般的责任，直接实施的成员无疑应负最重的责任。

对于积极参加者，应根据其在具体犯罪中的地位、作用，确定其应承担的刑事责任。确属黑社会性质组织骨干成员的，应依法从严处罚。对犯罪情节较轻的其他参加人员以及初犯、偶犯、未成年犯，则要依法从轻、减轻处罚。对于参加黑社会性质的组织，没有实施其他违法犯罪活动的，或者受蒙蔽、胁迫参加黑社会性质的组织，情节轻微的，则可以不作为犯罪处理。

此外，在处理黑社会性质组织成员间的检举、揭发问题上，既要考虑线索本身的价值，也要考虑检举、揭发者在黑社会性质组织犯罪中的地位、作用，防止出现全案量刑失衡的现象。组织者、领导者检举揭发与该黑社会性质组织及其违法犯罪活动有关联的其他犯罪线索，即使依法构成立功或者重大立功，在考虑是否从轻量刑时也应从严予以掌握。积极参加者、其他参加者配合司法机关查办案件，有提供线索、帮助收集证据或者其他协助行为，并对侦破黑社会性质组织犯罪案件起到一定作用的，即使依法不能认定立功，一般也应酌情对其从轻处罚。

——最高人民法院刑三庭：《在审理故意杀人、伤害及黑社会性质组织犯罪案件中切实贯彻宽严相济刑事政策》，载《人民法院报》2010年4月14日，第6版。

157 准确把握和正确适用宽严相济刑事政策中依法从“严”的政策要求

关键词｜刑罚的具体运用｜宽严相济刑事政策｜依法从严｜

【最高人民法院司法文件】

6. 继续坚持依法严惩严重刑事犯罪的方针。对危害国家安全犯罪、恐怖犯罪、黑社会性质组织犯罪以及爆炸、杀人、抢劫、绑架、毒品等严重危害社会治安、严重影响人民群众安全感的犯罪，始终保持高压态势，依法从严打击。对以农村留守妇女、儿童、老人及社会弱势群体为侵害对象，人民群众深恶痛绝的犯罪，坚决依法严惩。

对国家工作人员贪污贿赂、滥用职权、失职渎职的严重犯罪，包庇纵容黑恶势力犯罪、重大安全责任事故、制售伪劣食品、药品所涉及的国家工作人员职务犯罪，发生在社会保障、征地拆迁、灾后重建、企业改制、医疗、教育、就业等领域严重损害群众利益、社会影响恶劣的国家工作人员职务犯罪，发生在经济社会建设重点领域、重点行业的严重商业贿赂犯罪，依法从严惩处。

对集资诈骗、贷款诈骗、制贩假币等严重危害金融秩序的犯罪,生产、销售假药、劣药、有毒有害食品等严重危害食品药品安全的犯罪,严重侵犯知识产权和制售假冒伪劣商品犯罪,造成严重后果的重大安全责任事故犯罪,重大环境污染、非法采矿、盗伐林木等严重破坏生态环境的犯罪,依法从严惩处。对受害群众较多的涉众型案件,积极配合有关部门做好善后处置工作,最大限度地维护群众的合法权益。

——《最高人民法院关于充分发挥刑事审判职能作用深入推进社会矛盾化解的若干意见》(2010 年 12 月 31 日,法发〔2010〕63 号)。

二、准确把握和正确适用依法从"严"的政策要求

6. 宽严相济刑事政策中的从"严",主要是指对于罪行十分严重、社会危害性极大,依法应当判处重刑或死刑的,要坚决地判处重刑或死刑;对于社会危害大或者具有法定、酌定从重处罚情节,以及主观恶性深、人身危险性大的被告人,要依法从严惩处。在审判活动中通过体现依法从"严"的政策要求,有效震慑犯罪分子和社会不稳定分子,达到有效遏制犯罪、预防犯罪的目的。

7. 贯彻宽严相济刑事政策,必须毫不动摇地坚持依法严惩严重刑事犯罪的方针。对于危害国家安全犯罪、恐怖组织犯罪、邪教组织犯罪、黑社会性质组织犯罪、恶势力犯罪、故意危害公共安全犯罪等严重危害国家政权稳固和社会治安的犯罪,故意杀人、故意伤害致人死亡、强奸、绑架、拐卖妇女儿童、抢劫、重大抢夺、重大盗窃等严重暴力犯罪和严重影响人民群众安全感的犯罪,走私、贩卖、运输、制造毒品等毒害人民健康的犯罪,要作为严惩的重点,依法从重处罚。尤其对于极端仇视国家和社会,以不特定人为侵害对象,所犯罪行特别严重的犯罪分子,该重判的要坚决依法重判,该判处死刑的要坚决依法判处死刑。

8. 对于国家工作人员贪污贿赂、滥用职权、失职渎职的严重犯罪,黑恶势力犯罪、重大安全责任事故、制售伪劣食品药品所涉及的国家工作人员职务犯罪,发生在社会保障、征地拆迁、灾后重建、企业改制、医疗、教育、就业等领域严重损害群众利益、社会影响恶劣、群众反映强烈的国家工作人员职务犯罪,发生在经济社会建设重点领域、重点行业的严重商业贿赂犯罪等,要依法从严惩处。

对于国家工作人员职务犯罪和商业贿赂犯罪中性质恶劣、情节严重、涉案范围广、影响面大的,或者案发后隐瞒犯罪事实、毁灭证据、订立攻守同盟、负案潜逃等拒不认罪悔罪的,要坚决依法从严惩处。

对于被告人犯罪所得数额不大,但对国家财产和人民群众利益造成重大损失、社会影响极其恶劣的职务犯罪和商业贿赂犯罪案件,也应依法从严惩处。

要严格掌握职务犯罪法定减轻处罚情节的认定标准与减轻处罚的幅度,严格

控制依法减轻处罚后判处三年以下有期徒刑适用缓刑的范围，切实规范职务犯罪缓刑、免予刑事处罚的适用。

9. 当前和今后一段时期，对于集资诈骗、贷款诈骗、制贩假币以及扰乱、操纵证券、期货市场等严重危害金融秩序的犯罪，生产、销售假药、劣药、有毒有害食品等严重危害食品药品安全的犯罪，走私等严重侵害国家经济利益的犯罪，造成严重后果的重大安全责任事故犯罪，重大环境污染、非法采矿、盗伐林木等各种严重破坏环境资源的犯罪等，要依法从严惩处，维护国家的经济秩序，保护广大人民群众的生命健康安全。

10. 严惩严重刑事犯罪，必须充分考虑被告人的主观恶性和人身危险性。对于事先精心预谋、策划犯罪的被告人，具有惯犯、职业犯等情节的被告人，或者因故意犯罪受过刑事处罚、在缓刑、假释考验期内又犯罪的被告人，要依法严惩，以实现刑罚特殊预防的功能。

11. 要依法从严惩处累犯和毒品再犯。凡是依法构成累犯和毒品再犯的，即使犯罪情节较轻，也要体现从严惩处的精神。尤其是对于前罪为暴力犯罪或被判处重刑的累犯，更要依法从严惩处。

12. 要注重综合运用多种刑罚手段，特别是要重视依法适用财产刑，有效惩治犯罪。对于法律规定有附加财产刑的，要依法适用。对于侵财型和贪利型犯罪，更要注重通过依法适用财产刑使犯罪分子受到经济上的惩罚，剥夺其重新犯罪的能力和条件。要切实加大财产刑的执行力度，确保刑罚的严厉性和惩罚功能得以实现。被告人非法占有、处置被害人财产不能退赃的，在决定刑罚时，应作为重要情节予以考虑，体现从严处罚的精神。

13. 对于刑事案件被告人，要严格依法追究刑事责任，切实做到不枉不纵。要在确保司法公正的前提下，努力提高司法效率。特别是对于那些严重危害社会治安，引起社会关注的刑事案件，要在确保案件质量的前提下，抓紧审理，及时宣判。

——《最高人民法院关于贯彻宽严相济刑事政策的若干意见》(2010 年 2 月 8 日，法发〔2010〕9 号)。

【最高人民法院审判业务意见】

从严惩处不是对一切犯罪、一切犯罪分子都从严，而是要考虑社会治安形势，考虑人民群众的安全感以及惩治犯罪的实际需要。按照《意见》的要求，要“注重从严打击严重危害国家安全、社会治安和人民群众利益的犯罪”。当前，从严惩处的重点主要包括以下几个方面：

一是依法严惩严重危害国家政权稳固和社会治安的犯罪、严重暴力犯罪和严重影响人民群众安全感的犯罪、严重危害人民群众健康的犯罪。国家安全、社会稳定是经济发展的基础,是广大人民群众的根本利益所在。因此,对于危害国家安全犯罪、恐怖组织犯罪、邪教组织犯罪、黑恶势力犯罪、故意危害公共安全犯罪等必须从严惩处。尤其对于极端仇视国家和社会,以不特定人为侵害对象,危害后果特别严重的犯罪分子,要坚决严惩直至判处死刑。严重暴力犯罪、重大侵财犯罪、毒品犯罪严重危害人民群众的生命、健康和财产安全,一直是司法机关打击的重点。当前,要严厉惩处故意杀人、故意伤害致人死亡的犯罪,保护公民的生命安全;严厉惩处强奸、拐卖妇女儿童的犯罪,保护妇女儿童的人身安全;严厉惩处抢劫、绑架、重大抢夺、重大盗窃犯罪,保护公民人身、财产安全;严厉惩处走私、贩卖、运输、制造毒品犯罪,保护公民身体健康。

二是依法严惩严重职务犯罪和严重商业贿赂犯罪。严重职务犯罪侵害了公务人员职务的廉洁性、合法性,侵犯了公民的合法权利,损害了群众的切身利益,严重影响党和政府在人民群众中的威信和形象,必须依法严惩。当前,对于国家工作人员贪污贿赂犯罪以及充当黑恶势力保护伞、失职渎职造成重大安全责任事故、食品药品安全事故的,侵占挪用社会保险、保障基金、灾后重建经费的,对于利用企业改制侵吞国有资产或造成国有资产流失的,对于医疗、教育、就业等领域的严重商业贿赂犯罪等,要依法从严惩处。要严格职务犯罪减轻处罚、缓刑、免刑的条件和标准,规范减轻处罚、缓刑、免刑的适用,特别是对那些造成国家财产和人民群众利益重大损失、社会影响极其恶劣的职务犯罪和商业贿赂犯罪,一般不宜适用缓刑、免予刑事处罚,以防止造成不良社会效果。

三是依法严惩严重经济犯罪,维护市场经济秩序,保障国家经济安全和金融安全。当前和今后一段时期,要依法严惩严重危害金融秩序的犯罪,主要是集资诈骗、贷款诈骗、制贩假币以及扰乱、操纵证券期货市场等犯罪,维护金融秩序;要严惩严重危害食品、药品安全的犯罪,主要是生产、销售假药劣药、有毒有害食品的犯罪,保护人民群众的身体健康;要严惩走私犯罪、重大安全责任事故犯罪、严重破坏环境资源犯罪,保护国家重大经济利益及生产秩序,保护自然资源环境。

对犯罪的从严惩处主要体现在对犯罪分子的量刑上。要根据案件的事实和法律的规定,对于罪行、情节严重的犯罪体现从严的精神。《意见》指出:“严惩严重刑事犯罪,必须充分考虑被告人的主观恶性和人身危险性”,“要注重综合运用多种刑罚手段,特别是要重视依法适用财产刑,有效惩治犯罪”。

一是要充分考虑犯罪行为的社会危害性,对于犯罪造成国家利益和人民群众生命、健康、财产重大损失的,要依法从重量刑。同时,要充分考虑案件的法定或酌定从重处罚情节。对于被告人有法定或酌定从重处罚情节的,如共同犯罪中的主犯、集团犯罪中的组织、策划、指挥者和骨干分子等,要依法从重处罚。

二是要充分考虑被告人的主观恶性、人身危险性对量刑的影响。主观恶性的大小是犯罪分子应负刑事责任的重要根据。对于主观恶性大的犯罪分子，如犯罪情节恶劣、犯罪手段残忍、犯罪动机卑劣的，特别是对于事先精心预谋、策划犯罪的被告人，要依法从严惩处。人身危险性的大小是对犯罪分子进行特殊预防的重要依据，对于惯犯、职业犯、累犯、再犯、在缓刑假释考验期内又犯罪等人身危险性特别大的犯罪分子，也要依法从严惩处。

三是对于罪行极其严重的犯罪分子，要坚决地适用重刑直至死刑，以震慑犯罪、伸张正义、鼓舞人民群众与严重犯罪行为作斗争。死刑是对罪行极其严重的犯罪分子的一种最严厉的刑罚方法，虽然我国采取严格控制、慎重适用死刑的方针，但是基于犯罪的客观形势和人民群众的要求，我们仍然保留死刑并适度使用，不仅震慑了犯罪，也满足了群众的正义要求，社会效果是好的。因此，人民法院对于那些罪行极其严重、人身危险性极大的犯罪分子，依法应当判处死刑立即执行的，要毫不手软，坚决判处。

四是对严重犯罪分子不仅可以判处死刑、徒刑，还要依法适用财产刑，如没收财产、罚金等刑罚。对侵财型和贪利型犯罪，要依法没收犯罪分子的犯罪所得，以剥夺犯罪分子重新犯罪的能力和条件。要把犯罪分子的退赃情况作为对其量刑轻重的重要依据，对于拒不退赃的，要依法从重处罚，对于赃款被挥霍客观上不能退赃的，也要适度从严。

——最高人民法院刑事审判第一庭：《准确把握和正确适用依法从严政策要求》，载《人民法院报》2010 年 3 月 24 日，第 6 版。

158 如何准确把握妨害疫情防控犯罪中的“依法严惩”

关键词 | 量刑 | 疫情防控 |

【最高人民法院参考案例】

应鑫迪诈骗案(《刑事审判参考》案例第 1322 号)

要旨：在预防、控制突发传染病疫情等灾害期间，假借研制、生产或者销售用于预防、控制突发传染病疫情等灾害用品的名义，诈骗公私财物数额较大的，依照刑法有关诈骗罪的规定定罪，依法从重处罚。

本案中，被告人应鑫迪诈骗金额 6295 元．刚达到浙江省高级人民法院根据最高人民法院司法解释授权规定的该省关于诈骗罪六千元的起刑标准，被告人还有退赃和认罪认罚等法定、酌定从轻处罚情节，按照该省以往同类案件的司法实践，一般可判处拘役，并宣告缓刑。但本案发生在抗击新冠肺炎疫情的特殊时期，被告人又是假借销售用于预防突发传染病疫情用品的名义诈骗他人财物，相比正常时期的诈骗犯罪行为,社会危害性更大。对此,《最高人民法院、最高人民检察院关于办理妨害预防、控制突发传染病疫情等灾害的刑事案件具体应用法律若干问题的解释》第七条规定:“在预防、控制突发传染病疫情等灾害期间,假借研制、生产或者销售用于预防、控制突发传染病疫情等灾害用品的名义,诈骗公私财物数额较大的,依照刑法有关诈骗罪的规定定罪,依法从重处罚。”浙江省公检法三家下发的《关于涉新型冠状病毒感染肺炎疫情刑事案件办理工作的若干规定》亦要求全省各级法院正确运用法律规定加大惩处力度,体现依法从严惩处精神。

——《刑事审判参考》(总第121辑)。

谢益波、邵颖妨害公务案(《刑事审判参考》案例第1326号)

要旨:对新冠肺炎疫情防控期间实施妨害疫情防控的犯罪应采取“依法严惩”的刑事政策,既要严格依照法律规定准确定性、保障诉权,也要全面结合犯罪事实与防控需要从重量刑。同时,在刑事政策的具体运用过程中,刑法应保持必要的谦抑性,不能片面地强调一律从严从重,而是要体现人性化的善意关怀,结合案件具体情况,实行区别对待,落实宽严相济刑事政策。

(二)要全面结合犯罪事实与防控需要从严惩处

“依法严惩”的核心是从重处罚。从刑罚处罚根据来看,在新冠肺炎疫情防控期间实施了妨害疫情防控犯罪,阻碍防控工作的顺利推进,可能会造成疫情的进一步蔓延,给人民群众造成了不必要的恐慌和传染风险,也会增加社会的不稳定因素,该行为在客观上具有严重的社会危害性;行为人主观上在明知目前系疫情防控期却实施妨害疫情防控犯罪,表明其主观恶性和人身危险性较大,因此,对上述行为人进行严厉惩处具有充分的刑罚根据。《防控意见》规定,对于在疫情防控期间实施有关违法犯罪的,要作为从重情节予以考量,依法体现从严的政策要求。

在司法实践中,一方面,要全面结合犯罪事实,对于在妨害疫情防控犯罪中社会危害性大或者具有法定、酌定从重处罚情节,以及主观恶性深、人身危险性大的被告人,要依法从重量刑,通过审判实践体现依法严惩的政策要求,有效震慑犯罪分子和社会不稳定分子,达到有效遏制犯罪、预防犯罪的目的。另一方面,要全面、客观把握疫情防控的不同时期不同地区的社会形势,充分考虑人民群众的安全感以及惩治犯罪的实际需要,注重从严打击。因此,在新冠肺炎疫情防控期间,对妨害疫情防控犯罪情节恶劣、危害后果严重、人民群众反映强烈的案件,要依法予以从重处罚,严格控制对相关被告人适用缓刑、管制、免刑、单处罚金等非监禁刑;加大财产刑的处罚力度,采取有效措施依法追缴犯罪违法所得,不让犯罪分子在经济上非法获利;对利用职业便利实施犯罪或违背职业要求特定义务的犯罪,可依法决定对被告人的职业禁止。

就本案而言，被告人谢益波在被害人无明显过错情况下随意殴打被害人，并使用水泥块作为工具连续击打其头部，致被害人四处轻微伤，可见被告人主观恶性和人身危险性较大、犯罪情节恶劣，同时考虑被告人谢益波在疫情防控期间实施妨害公务行为，社会危害性远远高于正常时期的同类犯罪。因此，综合全案的犯罪事实和防控需要，应对被告人谢益波依法予以从重处罚。

（三）要综合考虑人性化的关怀，确保宽严相济

"依法严惩"的误区是片面从严。贯彻宽严相济刑事政策，要根据犯罪的具体情况，实行区别对待，做到该宽则宽，当严则严，切实做到宽严并用，罚当其罪。在妨害疫情防控犯罪中，刑事政策必须采取依法从严，但这并不是否认宽严相济，我们应注意克服重刑主义思想影响，防止片面从严。刑法应保持必要的谦抑性，在强调依法严惩的同时，要充分贯彻宽严相济刑事政策，在定罪、量刑、羁押等方面都要保持必要的审慎，体现善意的人性关怀，确保办案三个效果的有机统一。对于情节显著轻微、危害不大的行为，不作为犯罪处理；对于情节较轻、社会危害性较小的犯罪，或者罪行虽然严重、但具有法定、酌定从宽处罚情节，以及主观恶性相对较小、人身危险性不大的被告人，可以依法从轻、减轻或者免除处罚；对于所犯罪行不重、主观恶性不深、人身危险性较小、有悔改表现、不致再危害社会的犯罪分子，要依法从宽处理；符合条件的，应当依法适用缓刑或者管制、单处罚金等非监禁刑。

——《刑事审判参考》（总第121辑）。

159 准确把握和正确适用宽严相济刑事政策中依法从"宽"的政策要求

关键词 | 刑罚的具体运用 | 宽严相济刑事政策 | 依法从宽 |

【最高人民法院司法文件】

12. 妥善处理附带民事赔偿与量刑的关系。被告人案发后对被害人积极赔偿，并认罪、悔罪的，依法可以作为酌定量刑情节予以考虑，对轻微刑事案件的被告人，应当考虑适用非监禁刑。被告人认罪、悔罪、赔礼道歉、积极赔偿，取得被害人谅解的，依法可以从宽处理。对于严重危害社会治安、人民群众反映强烈、依法应当从严惩处的犯罪，不能仅以经济赔偿作为决定从轻处罚的条件。

13. 重视发挥刑事和解在化解社会矛盾方面的积极作用。人民法院审理轻微刑事案件，通过当事人双方充分交流、协商，自愿达成和解协议并履行到位，有助于切实保护被害人合法权益，有效化解双方仇怨，避免产生新的矛盾，应当积极推进。

14. 积极探索、推进刑事和解工作。适用刑事和解，既要考虑当事人双方的意

愿,也要考虑案件的性质和社会公众的接受能力。现阶段,对自诉案件和可能判处三年有期徒刑以下刑罚的侵犯公民个人权利案件、交通肇事案件,应当积极适用刑事和解,同时注重发挥刑事和解对化解当事人的矛盾、减少社会对抗、促进被告人改造的普遍功能。

15. 注重发挥司法能动作用促进和解。对符合和解条件的案件,做好法律、政策释明工作,在征得双方同意后,调动一切有利于矛盾化解的因素促进和解,引导双方以赔礼道歉、赔偿物质损失、履行特定义务等多种形式达成谅解,及时审查、确认和解协议效力,监督协议履行情况,确保被害人权益得到切实保护。

……

24. 充分发挥刑事被害人救助在贯彻宽严相济刑事政策方面的积极作用。对于因婚姻家庭、邻里纠纷等民间矛盾激化引发的案件,特别是被害人一方有明显过错、对矛盾激化有直接责任,或者被告人有法定从轻处罚情节的,通过及时救助,舒缓被害人及其近亲属的情绪,保证案件正常审理。对于严重危害社会治安的恶性犯罪,必须毫不动摇地依法严惩犯罪分子,同时注重通过及时救助,切实维护被害人的合法权益,促进社会和谐、稳定。

——《最高人民法院关于充分发挥刑事审判职能作用深入推进社会矛盾化解的若干意见》(2010 年 12 月 31 日,法发〔2010〕63 号)。

三、准确把握和正确适用依法从“宽”的政策要求

14. 宽严相济刑事政策中的从“宽”,主要是指对于情节较轻、社会危害性较小的犯罪,或者罪行虽然严重,但具有法定、酌定从宽处罚情节,以及主观恶性相对较小、人身危险性不大的被告人,可以依法从轻、减轻或者免除处罚;对于具有一定社会危害性,但情节显著轻微危害不大的行为,不作为犯罪处理;对于依法可不监禁的,尽量适用缓刑或者判处管制、单处罚金等非监禁刑。

15. 被告人的行为已经构成犯罪,但犯罪情节轻微,或者未成年人、在校学生实施的较轻犯罪,或者被告人具有犯罪预备、犯罪中止、从犯、胁从犯、防卫过当、避险过当等情节,依法不需要判处刑罚的,可以免予刑事处罚。对免予刑事处罚的,应当根据刑法第三十七条规定,做好善后、帮教工作或者交由有关部门进行处理,争取更好的社会效果。

16. 对于所犯罪行不重、主观恶性不深、人身危险性较小、有悔改表现、不致再危害社会的犯罪分子,要依法从宽处理。对于其中具备条件的,应当依法适用缓刑或者管制、单处罚金等非监禁刑。同时配合做好社区矫正,加强教育、感化、帮教、挽救工作。

17. 对于自首的被告人,除了罪行极其严重、主观恶性极深、人身危险性极大,

或者恶意地利用自首规避法律制裁者以外，一般均应当依法从宽处罚。

对于亲属以不同形式送被告人归案或协助司法机关抓获被告人而认定为自首的，原则上都应当依法从宽处罚；有的虽然不能认定为自首，但考虑到被告人亲属支持司法机关工作，促使被告人到案、认罪、悔罪，在决定对被告人具体处罚时，也应当予以充分考虑。

18. 对于被告人检举揭发他人犯罪构成立功的，一般均应当依法从宽处罚。对于犯罪情节不是十分恶劣，犯罪后果不是十分严重的被告人立功的，从宽处罚的幅度应当更大。

19. 对于较轻犯罪的初犯、偶犯，应当综合考虑其犯罪的动机、手段、情节、后果和犯罪时的主观状态，酌情予以从宽处罚。对于犯罪情节轻微的初犯、偶犯，可以免予刑事处罚；依法应当予以刑事处罚的，也应当尽量适用缓刑或者判处管制、单处罚金等非监禁刑。

20. 对于未成年人犯罪，在具体考虑其实施犯罪的动机和目的、犯罪性质、情节和社会危害程度的同时，还要充分考虑其是否属于初犯，归案后是否悔罪，以及个人成长经历和一贯表现等因素，坚持“教育为主、惩罚为辅”的原则和“教育、感化、挽救”的方针进行处理。对于偶尔盗窃、抢夺、诈骗，数额刚达到较大的标准，案发后能如实交代并积极退赃的，可以认定为情节显著轻微，不作为犯罪处理。对于罪行较轻的，可以依法适当多适用缓刑或者判处管制、单处罚金等非监禁刑；依法可免予刑事处罚的，应当免予刑事处罚。对于犯罪情节严重的未成年人，也应当依照刑法第十七条第三款①的规定予以从轻或者减轻处罚。对于已满十四周岁不满十六周岁的未成年犯罪人，一般不判处无期徒刑。

21. 对于老年人犯罪，要充分考虑其犯罪的动机、目的、情节、后果以及悔罪表现等，并结合其人身危险性和再犯可能性，酌情予以从宽处罚。

22. 对于因恋爱、婚姻、家庭、邻里纠纷等民间矛盾激化引发的犯罪，因劳动纠纷、管理失当等原因引发、犯罪动机不属恶劣的犯罪，因被害方过错或者基于义愤引发的或者具有防卫因素的突发性犯罪，应酌情从宽处罚。

23. 被告人案发后对被害人积极进行赔偿，并认罪、悔罪的，依法可以作为酌定量刑情节予以考虑。因婚姻家庭等民间纠纷激化引发的犯罪，被害人及其家属对被告人表示谅解的，应当作为酌定量刑情节予以考虑。犯罪情节轻微，取得被害人谅解的，可以依法从宽处理，不需判处刑罚的，可以免予刑事处罚。

24. 对于刑事被告人，如果采取取保候审、监视居住等非羁押性强制措施足以防止发生社会危险性，且不影响刑事诉讼正常进行的，一般可不采取羁押措施。对

① 现行刑法第十七条第四款。

人民检察院提起公诉而被告人未被采取逮捕措施的，除存在被告人逃跑、串供、重新犯罪等具有人身危险性或者可能影响刑事诉讼正常进行的情形外，人民法院一般可不决定逮捕被告人。

——《最高人民法院关于贯彻宽严相济刑事政策的若干意见》(2010 年 2 月 8 日，法发〔2010〕9 号)。

160 准确把握和正确适用宽严相济刑事政策中“相济”的政策要求

关键词 | 刑罚的具体运用 | 宽严相济刑事政策 | 宽严相济 |

【最高人民法院司法文件】

7. 区别对待不同性质的犯罪，做到该宽则宽，当严则严，宽严相济，罚当其罪。对严重刑事犯罪依法严厉惩处的同时，对具有法定或酌定从宽处罚情节的被告人，依法在量刑时予以考虑，最大限度地分化、瓦解犯罪分子，最大限度地减少社会对立面。对较轻刑事犯罪依法从轻处罚的同时，充分考虑被告人是否具有屡教不改、严重滋扰社会、群众反映强烈等酌定从严处罚的情况，在量刑上有所体现，使犯罪分子受到应有处罚。

对因生产生活、邻里纠纷、婚姻家庭等民间矛盾激化引发，事出有因、针对特定对象，对社会治安秩序没有重大影响的犯罪，要着眼于和谐稳定，下大力气做好矛盾化解工作。被害人及其亲属对被告人表示谅解的，应作为酌定从轻情节，量刑时充分考虑。

——《最高人民法院关于充分发挥刑事审判职能作用深入推进社会矛盾化解的若干意见》(2010 年 12 月 31 日，法发〔2010〕63 号)。

四、准确把握和正确适用宽严“相济”的政策要求

25. 宽严相济刑事政策中的“相济”，主要是指在对各类犯罪依法处罚时，要善于综合运用宽和严两种手段，对不同的犯罪和犯罪分子区别对待，做到严中有宽、宽以济严；宽中有严、严以济宽。

26. 在对严重刑事犯罪依法从严惩处的同时，对被告人具有自首、立功、从犯等法定或酌定从宽处罚情节的，还要注意宽以济严，根据犯罪的具体情况，依法应当或可以从宽的，都应当在量刑上予以充分考虑。

27. 在对较轻刑事犯罪依法从轻处罚的同时，要注意严以济宽，充分考虑被告人是否具有屡教不改、严重滋扰社会、群众反映强烈等酌定从严处罚的情况，对于不从严不足以有效惩戒者，也应当在量刑上有所体现，做到济之以严，使犯罪分子

受到应有处罚，切实增强改造效果。

28. 对于被告人同时具有法定、酌定从严和法定、酌定从宽处罚情节的案件，要在全面考察犯罪的事实、性质、情节和对社会危害程度的基础上，结合被告人的主观恶性、人身危险性、社会治安状况等因素，综合作出分析判断，总体从严，或者总体从宽。

29. 要准确理解和严格执行“保留死刑，严格控制和慎重适用死刑”的政策。对于罪行极其严重的犯罪分子，论罪应当判处死刑的，要坚决依法判处死刑。要依法严格控制死刑的适用，统一死刑案件的裁判标准，确保死刑只适用于极少数罪行极其严重的犯罪分子。拟判处死刑的具体案件定罪或者量刑的证据必须确实、充分，得出唯一结论。对于罪行极其严重，但只要是依法可不立即执行的，就不应当判处死刑立即执行。

30. 对于恐怖组织犯罪、邪教组织犯罪、黑社会性质组织犯罪和进行走私、诈骗、贩毒等犯罪活动的犯罪集团，在处理时要分别情况，区别对待：对犯罪组织或集团中的为首组织、指挥、策划者和骨干分子，要依法从严惩处，该判处重刑或死刑的要坚决判处重刑或死刑；对受欺骗、胁迫参加犯罪组织、犯罪集团或只是一般参加者，在犯罪中起次要、辅助作用的从犯，依法应当从轻或减轻处罚，符合缓刑条件的，可以适用缓刑。

对于群体性事件中发生的杀人、放火、抢劫、伤害等犯罪案件，要注意重点打击其中的组织、指挥、策划者和直接实施犯罪行为的积极参与者；对因被煽动、欺骗、裹胁而参加，情节较轻，经教育确有悔改表现的，应当依法从宽处理。

31. 对于一般共同犯罪案件，应当充分考虑各被告人在共同犯罪中的地位和作用，以及在主观恶性和人身危险性方面的不同，根据事实和证据能分清主从犯的，都应当认定主从犯。有多名主犯的，应在主犯中进一步区分出罪行最为严重者。对于多名被告人共同致死一名被害人的案件，要进一步分清各被告人的作用，准确确定各被告人的罪责，以做到区别对待；不能以分不清主次为由，简单地一律判处重刑。

32. 对于过失犯罪，如安全责任事故犯罪等，主要应当根据犯罪造成危害后果的严重程度、被告人主观罪过的大小以及被告人案发后的表现等，综合掌握处罚的宽严尺度。对于过失犯罪后积极抢救、挽回损失或者有效防止损失进一步扩大的，要依法从宽。对于造成的危害后果虽然不是特别严重，但情节特别恶劣或案发后故意隐瞒案情，甚至逃逸，给及时查明事故原因和迅速组织抢救造成贻误的，则要依法从重处罚。

33. 在共同犯罪案件中，对于主犯或首要分子检举、揭发同案地位、作用较次犯罪分子构成立功的，从轻或者减轻处罚应当从严掌握，如果从轻处罚可能导致全案量刑失衡的，一般不予从轻处罚；如果检举、揭发的是其他犯罪案件中罪行同样严重的犯罪分子，或者协助抓获的是同案中的其他主犯、首要分子的，原则上应予依法从轻或者减轻处罚。对于从犯或犯罪集团中的一般成员立功，特别是协助抓获主犯、首要分子的，应当充分体现政策，依法从轻、减轻或者免除处罚。

34. 对于危害国家安全犯罪、故意危害公共安全犯罪、严重暴力犯罪、涉众型经济犯罪等严重犯罪；恐怖组织犯罪、邪教组织犯罪、黑恶势力犯罪等有组织犯罪的领导者、组织者和骨干分子；毒品犯罪再犯的严重犯罪者；确有执行能力而拒不依法积极主动缴付财产执行财产刑或确有履行能力而不积极主动履行附带民事赔偿责任的，在依法减刑、假释时，应当从严掌握。对累犯减刑时，应当从严掌握。拒不交代真实身份或对减刑、假释材料弄虚作假，不符合减刑、假释条件的，不得减刑、假释。

对于因犯故意杀人、爆炸、抢劫、强奸、绑架等暴力犯罪，致人死亡或严重残疾而被判处死刑缓期二年执行或无期徒刑的罪犯，要严格控制减刑的频度和每次减刑的幅度，要保证其相对较长的实际服刑期限，维护公平正义，确保改造效果。

对于未成年犯、老年犯、残疾罪犯、过失犯、中止犯、胁从犯、积极主动缴付财产执行财产刑或履行民事赔偿责任的罪犯、因防卫过当或避险过当而判处徒刑的罪犯以及其他主观恶性不深、人身危险性不大的罪犯，在依法减刑、假释时，应当根据悔改表现予以从宽掌握。对认罪服法，遵守监规，积极参加学习、劳动，确有悔改表现的，依法予以减刑，减刑的幅度可以适当放宽，间隔的时间可以相应缩短。符合刑法第八十一条第一款规定的假释条件的，应当依法多适用假释。

——《最高人民法院关于贯彻宽严相济刑事政策的若干意见》（2010 年 2 月 8 日，法发〔2010〕9 号）。

161 对多个量刑情节并存的案件如何处理

关键词｜刑罚的具体运用｜量刑｜同向相加、逆向相减｜

【最高人民法院司法文件】

（二）调节基准刑的方法

2. 具有多个量刑情节的，一般根据各个量刑情节的调节比例，采用同向相加、逆向相减的方法调节基准刑；具有未成年人犯罪、老年人犯罪、限制行为能力的精神病人犯罪、又聋又哑的人或者盲人犯罪，防卫过当、避险过当、犯罪预备、犯罪未遂、犯罪中止，从犯、胁从犯和教唆犯等量刑情节的，先适用该量刑情节对基准刑进行调节，在此基础上，再适用其他量刑情节进行调节。

3. 被告人犯数罪,同时具有适用于个罪的立功、累犯等量刑情节的,先适用该量刑情节调节个罪的基准刑,确定个罪所应判处的刑罚,再依法实行数罪并罚,决定执行的刑罚。

——《最高人民法院、最高人民检察院关于常见犯罪的量刑指导意见(试行)》(2021 年 7 月 1 日,法发〔2021〕21 号)。

28. 对于被告人同时具有法定、酌定从严和法定、酌定从宽处罚情节的案件,要在全面考察犯罪的事实、性质、情节和对社会危害程度的基础上,结合被告人的主观恶性、人身危险性、社会治安状况等因素,综合作出分析判断,总体从严,或者总体从宽。

——《最高人民法院关于贯彻宽严相济刑事政策的若干意见》(2010 年 2 月 8 日,法发〔2010〕9 号)。

【最高人民法院参考案例】

黄志坚故意杀人案(《刑事审判参考》案例第 994 号)

要旨:基于量刑情节的复杂性,就逆向情节并存的情况而言,应当综合比较分析后予以判断。具体而言,包括三个步骤:一是考察案件各量刑情节对于量刑的影响程度。二是将这些情节对量刑的影响程度的大小进行分析比较,考察是否有一方情节占据较显著的优势。对于显著优势情节,一般应当在综合案情的前提下优先适用。三是如果逆向情节相互间并无优势而大致相当(主要是指只有从轻情节和从重情节并存的情形),则先考虑从重情节估量出刑种与刑度,然后考虑从轻情节,确定最终的刑罚。

1. 逆向情节并存时量刑的基本步骤

《最高人民法院关于常见犯罪的量刑指导意见》(以下简称《量刑意见》)规定:"量刑时要充分考虑各种法定和酌定量刑情节,根据案件的全部犯罪事实以及量刑情节的不同情形,依法确定量刑情节的适用及其调节比例……具体确定各个量刑情节的调节比例时,应当综合平衡调节幅度与实际增减刑罚量的关系,确保罪责刑相适应。"虽然《量刑意见》主要是用于规范有期徒刑刑罚裁量时的标准,在拟适用死刑、无期徒刑刑种时无法体现各量刑情节的调节比例,但《量刑意见》所体现的罪责刑相适应等量刑基本原则和综合分析平衡的基本方法,对包括死刑案件在内的所有刑事案件,均具有参考和借鉴意义。

根据上述精神,基于量刑情节的复杂性,就本案所涉及的逆向情节并存的情况而言,我们认为,应当综合比较分析后予以判断。具体而言,包括三个步骤:一是考察案件各量刑情节对于量刑的影响程度。二是将这些情节对量刑的影响程度的大小进行分析比较,考察是否有一方情节占据较显著的优势。对于显著优势情节,一般应当在综合案情的前提下优先适用。三是如果逆向情节相互间并无优势而大致相当(主要是指只有从轻情节和从重情节并存的情形),则先考虑从重情节估量出刑种与刑度,然后考虑从轻情节,确定最终的刑罚。

2. 准确适用优势量刑情节应当把握以下原则

(1)罪中情节一般优于罪前、罪后情节。以犯罪情节与犯罪行为在时间上的先后关系为准,可分为罪前情节、罪中情节、罪后情节。罪前情节一般是指犯罪实施前的情节,如案发起因、一贯表现等;罪中情节一般是指犯罪过程中的各种情节,如犯罪手段、犯罪后果等;罪后情节一般是指犯罪后的态度,如案发后行为、悔罪态度等。罪中情节与犯罪构成紧密相关,是影响罪行的情节,反映了犯罪行为的事实要素,直接体现了犯罪行为社会危害性的大小。罪前、罪后情节主要是反映行为人主观恶性与人身危险性的情节,体现犯罪起因、动机、悔罪态度等。一般情况下,罪中情节对量刑的影响更为关键和重要。

(2)单一的应当型情节与可以型情节相比,单一的法定情节与酌定情节相比,前者一般为优势情节。应当型情节是对法定情节必须适用的绝对性规定,可以型情节则仍然有一定选择适用的余地;法定情节是刑法明文规定需要在量刑时考虑的情节,而酌定情节则是根据刑事政策和刑法精神,在量刑酌定考虑的情节。

(3)从重与减轻情节并存时,减轻情节一般为优势情节。因为从重只能在法定刑幅度内从重,而减轻则是在法定刑以下判处。不论犯罪的情节多么严重,在法定刑以内应当判处多重的刑罚,一旦适用减轻处罚,就应当依法在法定刑以下判处。此种情况下,即使有从重情节,也不应改变在法定刑以下判处刑罚的情况。因此,减轻情节对于从重处罚而言属于优势情节。具体操作时,应当在与罪行相应的法定刑最低刑的下一格量刑幅度内,估量出一定的刑罚,而后在该量刑幅度内. 再从重处罚。

(4)从重与免刑情节并存时,免刑情节一般为优势情节。有观点认为,免刑情节是对一切可罚情节的彻底否定,是对任何法定刑罚的免除,故在从重与免刑情节并存时,应当不考虑从重处罚而直接裁量决定免除处罚。我们认为,对此应当综合分析,不宜过于绝对。我国刑法没有规定免刑的单一功能情节,免刑情节多以“从轻、减轻或者免除处罚”的多功能情节出现,可见立法者对免刑情节的规定较为慎重。在同时存在免除处罚和从重情节的情况下,一般应当慎用免刑情节。一般情况下,在多功能情节中选择是否免除处罚时,应当首先估量免刑情节对量刑结果的影响,而后再考虑从重情节,并“尽可能缩小从重处罚的分量”,以罪刑相适应原则为指引,谨慎决定是否免除处罚。另外,虽然从重情节与免刑情节并存时,是否免除刑罚应当慎重,但最终的量刑一般应当轻于从重与减轻情节并存的情形。

（5）优势情节可以由多个同向情节累积形成。如行为人实施诈骗行为刚达到当地数额巨大的标准，又系累犯，应当在三年以上有期徒刑从重处罚，但又存在自首和重大立功情节，且在共同诈骗中系从犯，则应当将以上从宽情节与从严情节各自累积后比较，相较之下从宽的情节占据优势，综合衡量后，对行为人可判处三年以下有期徒刑。

（6）应当型情节相对于可以型情节、法定情节相对于酌定情节的优势不是绝对的。我们认为，优势情节是相对而言，优势一方必须要综合全案不同情节的地位作用加以分析判断，一般不存在只要单一出现就完全排除其他任何逆向情节适用的绝对优势情节。优势情节的确立及其适用，必须牢牢把握罪责刑相适应原则，依据法律规定，通过综合分析来比较各种量刑情节对量刑结果的影响，最终决定实际的刑罚。

3. 关于从重与从轻情节并存难以确定优势情节时的量刑适用

从重情节与从轻情节并存的情况比较常见，这种逆向情节并存的情况往往难以确定优势一方。此种情况下，一般应当先考虑所有的从重处罚的情节，在此基础上先拟定一个要判处的刑罚，之后在从重处罚的基础上再考虑所有的从轻处罚情节，将拟处的刑罚幅度向下适当降低，即“先从重再从轻”。

有观点认为，先考虑从重情节，会导致在任何情况下，趋严的情节都是优先的、首要的情节，因此不利于被告人，也不利于司法机关公正合理地量刑。其实，这种观点是对本方法的误读。因为，并非先考虑哪个情节，哪个情节就更重要：先考虑从重情节，可在法定刑内确定上限，使裁判者明晓本案所能判处刑罚或者刑期的顶点；再从轻，可以使从轻情节得到充分体现。在此种方法下可以出现在法定刑下限判处的情况，有利于被告人。反之，如果采用先从轻后从重的方法，貌似优先考虑和趋向于从轻，但实际上则不利于从轻情节的体现：一是即使裁判者在先考虑从轻时已到了法定刑下限，再考虑从重则势必要在刑罚或者刑期上予以提升，难以出现在法定刑下限判处的情况；二是采取先轻后重往往在实际考虑从重情节时难以把握限度，有“上浮过限”的可能，导致从轻情节作用被弱化。综上，采取“先从重再从轻”，相较之下对被告人更为有利，符合刑法的谦抑性。

需要指出的是，从重、从轻的量刑适用顺序，不仅在操作上应当准确，而且在裁判文书中也应当清晰反映。否则，就可能造成量刑不当的误读。如某被告人参与抢劫，系共同犯罪中的从犯，但系累犯，一审判决表述为：被告人系从犯，应当从轻处罚，又系累犯，应当从重处罚，最终对其判处有期徒刑三年。检察机关认为，既然从犯应当从轻，从轻到了法定刑下限就是三年有期徒刑，那么之后表述的累犯这一从重情节根本没有体现，于是提起抗诉。此系文书表述中的“近因效应”，如果先表述从重再表述从轻，则从逻辑上在法定刑下限判处也就能够成立，不至于造成逻辑上的混乱和理解上的偏差。

——《刑事审判参考》(总第98辑)。

耿三有受贿案(《刑事审判参考》案例第1150号)

要旨:兼有从重情节和从轻情节量刑时不能采取简单的抵销处理,而应根据不同情节的作用(包括正面和负面)大小和影响程度分别考量,然后再进行综合评价。

那么,对于同时具有从重和从轻处罚情节的被告人,应该如何量刑呢?一种意见认为,从重情节和从轻情节虽方向相逆,但性质相同,作用相似,都是为了修正刑罚的幅度,二者一加一减,可以相互抵销;另一种意见认为,兼有从重情节和从轻情节量刑时不能采取简单的抵销处理,而应根据不同情节的作用(包括正面和负面)大小和影响程度分别考量,然后再进行综合评价。

我们赞同后一种意见。因为,量刑情节是影响量刑的各种主客观事实情况,这些情况虽被归纳为几大类别,如自首、立功、犯罪预备、中止、未遂等,但具体分析,各种情节的价值或者说影响力并不是等量齐观的,即便是同一种量刑情节,其意义也不尽相同。以自首为例,一般自首和特别自首是不一样的,罪行还未被发现便已自首和被抓捕期间自首亦不相同。如果对各种量刑情节不加区分地相互抵销,就可能会犯以偏概全的错误。就本案来说,确定被告人耿三有的最终刑罚大致可分为几个步骤:首先,根据受贿的数额和基本情节确定基准刑,如耿三有受贿七十多万元,结合其认罪态度、悔罪表现及实际退赃等情况,可确定其基准刑为四年半至五年;其次,针对耿三有所具有的索贿情节,依法应予从重处罚,从重处罚的幅度,结合索贿的数额等情况,参照量刑规范化的一般要求,可掌握在基准刑的20%—30%上下;最后,考虑耿三有检举、揭发他人贿赂犯罪的立功表现,依法予以从轻处罚,从轻处罚的幅度,根据《最高人民法院关于常见犯罪的量刑指导意见》(2014年1月1日起实施)的规定,"一般立功的,可以减少基准刑的20%以下"。

——《刑事审判参考》(总第106辑)。

162 被害人过错的认定标准

关键词|量刑|被害人过错|

【最高人民法院参考案例】

余正希故意伤害案(《刑事审判参考》案例第1368号)

要旨:在刑事案件中,被害人是否有过错也影响被告人的量刑。刑法意义上的被害人过错,是指被害人出于主观上的过错实施了错误或不当的行为,且该行为违背了法律或者社会公序良俗、伦理规范等，侵犯了被告人的合法权益或其他正当利益，客观上激发了犯罪行为的发生。

实践中，认定被害人具有刑法意义上的过错，应具备以下条件：

第一，过错行为的实施者是被害人。如果过错行为是第三人所实施的，而被告人却针对被害人实施了犯罪行为，那么不能认定被害人有过错。

第二，被害人实施的行为违反了法律规定，或者违背社会公序良俗、伦理规范，应当受到社会的否定性评价。同时，这种应受谴责性应当达到一定的程度，即并非所有的过错都属于刑法意义上的过错，轻微的过错，不属于刑法意义上的被害人过错。在司法实践中，通常认为，只有被害人的言语或行为对被告人的合法权益或者社会公共利益造成比较恶劣的影响或比较严重的损害，为常人所不能容忍时，才属于刑法评判的范畴。比如，因夫妻矛盾引发的杀妻案件中，如果是因为妻子有婚外性关系，违背夫妻忠诚义务的，通常认为属于被害人过错；如果仅仅因为夫妻双方日常争执引发案件，通常不认为被害人有过错。

第三，被害人主观上具有过错。即被害人主观上是故意或过失的心态，应当受到法律或道德上的谴责。至于不可归咎于被害人的其他行为，则不能认定为被害人过错。

第四，过错行为与犯罪行为的发生之间具有关联性。这表现在以下几个方面：一是时间上的相近性，必须是过错行为在前，犯罪行为在后。同时，如果过错行为已经发生很久，被告人在多年之后实施犯罪行为的，通常情况下不再认定是被害人的过错激发了犯罪的发生。二是利益上的关联性，利益关联性是被害人行为构成过错的事实条件。比如，甲住在乙家与乙同居数年，后二人在生活中发生矛盾，乙欲结束这种同居关系而不让甲在其家继续居住，甲搬出后恼怒，于某夜潜入乙家将乙杀死。本案的诱因是乙不让甲在乙家居住，但乙的行为并未侵犯甲的正当利益因而不构成过错。两人同居关系与案件的发生并没有利益关联性，故而本案中乙与甲同居之后又将甲从其家中赶出，都不属于被害人过错。三是作用上的因果性，即被害人的过错行为与犯罪行为的发生之间具有引起与被引起的因果关系，被害人的行为直接激化或加剧了被告人的犯罪。

——《刑事审判参考》（总第124辑）。

163 对暴力抗拒行政执法的故意杀人、伤害案件，如何判定被害人是否有过错

关键词｜量刑｜被害人过错｜

【最高人民法院参考案例】

陈锦国故意杀人案(《刑事审判参考》案例第1254号)

要旨:在审判实践中,对行政执法相对人采用暴力手段抗拒行政执法的故意杀人、伤害案件是否适用死刑,需要在查清案件起因的基础上,准确分析被害人有无过错,从而作出公正判决。

(一)行政管理的目的与动机是否正当

为了保障社会生产、生活的正常进行,保障公民的合法权益,维持一个安定良好的社会秩序十分必要。行政管理是政府相关部门对社会公共事务进行的一种有组织的管理活动,目的是维护安定有序的社会环境,并非谋求行政机关或公务人员的特殊利益。服从行政管理是行政执法相对人应当履行的法定义务,相关公民即使认为行政执法人员的具体行政行为侵犯了其合法权益,也应当通过行政复议、行政诉讼等合法途径进行维权,而不应采取暴力手段直接妨碍、抗拒行政管理。一般来说,采用暴力手段抗拒行政执法的行为不仅干扰和破坏了正常的行政管理活动.也侵犯了行政执法人员的人身权利,具有较为严重的社会危害性。对合法的行政管理进行抗拒,主要是因为有的行政相对人法制观念淡薄,有的人性格冲动或者不明真相,有的则是妄图通过对抗来满足自己的不正当利益诉求。在这种情况下,行政执法者当然不存在过错。因此,对于被告人采用暴力手段抗拒行政执法引发的故意杀人、伤害案件,在判断被害人是否存在过错时应当重视对行政管理目的和动机的审查,具体分析案发起因,准确判断被害人是否存在过错。

(二)行政强制程序是否规范

行政强制是行政执法的方式之一。根据行政强制法第二条的规定,行政强制包括行政强制措施和行政强制执行。其中,行政强制措施是指行政机关在行政管理过程中为制止违法行为、防止证据损毁、避免危害发生、控制危险扩大等情形,依法对公民的人身自由实施暂时性限制,或者对公民、法人或者其他组织的财物实施暂时性控制的行为。行政强制执行是指行政机关或者行政机关申请人民法院,对不履行行政决定的公民、法人或者其他组织,依法强制履行义务的行为。

(三)暴力抗法行为是否具有防卫因素

在暴力抗法引发的故意杀人、伤害案件中,被告人及其辩护人往往提出被告人遭到执法人员辱骂、殴打、伤害或者毁损财物等的辩护意见,主张被告人的犯罪行为具有防卫因素,被害人具有过错。行政强制法规定的行政强制措施包括对人身自由的暂时性限制和对物的暂时性控制,但仅限于为了制止违法行为、防止证据损毁、避免危害发生、控制危险扩大等合法目的。行政执法人员在执法过程中出于逞强、泄愤等原因,在没有行政强制的合理需要情况下,故意伤害、杀害行政相对人或者毁损行政相对人财物的,在性质上应属于其个人的违法犯罪行为。对此,行政相对人作为公民依法享有正当防卫的权利。即使行政相对人的正当防卫超过必要限度,也可以认为具有防卫因素,依法予以从宽处罚。反过来,如果行政执法人员正常执行公务时遭到行政相对人暴力抗法,在人身、财产安全受到不法侵害时,不仅拥有采取行政强制措施的职权,而且作为公民个人也同样享有采取正当防卫的权利。实践中,应当根据行政强制措施的实施情况、双方肢体冲突发生的原因、双方的损伤特征和损伤程度、财物毁损的原因和损失价值等实际情况,具体分析判断被告人的暴力抗法行为是否具有防卫因素。

——《刑事审判参考》(总第 114 辑)。

164 刑事审判中民事纠纷的基础事实严重影响到量刑的是否有必要审查确认

关键词 | 量刑 | 犯罪动机 |

【最高人民法院参考案例】

关盛艺盗窃案(《刑事审判参考》案例第 1012 号)

要旨:某一民事争议的基础事实严重影响到量刑时,则有必要尽可能查明。

犯罪动机是刺激、促使行为人实施犯罪行为的内心起因或者思想活动,很大程度上反映了行为人的主观恶性、人身危险性以及所实施的行为的社会危害性的大小,亦涉及被害人对本案发生是否存在过错的问题,是重要的量刑情节。在刑事审判中,有必要尽可能地查明行为人的犯罪动机,并在量刑时予以充分考虑。本案中,被告人关盛艺及其辩护人提出,关盛艺是因为苏玮拖欠其垫付的业务款而私下取走误以为是苏玮的财物,其主观恶性较低,犯罪情节较轻微。在此情况下,应当查明该辩解事实,以客观、准确地对被告人进行量刑。

苏玮是否拖欠被告人关盛艺的钱款,是查明关盛艺犯罪动机的基础事实。关盛艺与苏玮之间有无债权债务关系,系民事争议,一般应当按照民事诉讼的相关规则进行审理。通常情况下,对于该种民事纠纷,应当由关盛艺提起民事起诉,以确认其与苏玮之间存在债权债务关系,并判令苏玮偿还其钱款,履行给付义务。但在双方对该债权债务关系存在争议且未提起民事诉讼的情况下,刑事法庭能否对该民事争议进行审查,并认定相关事实,是一个值得探讨的问题。我们认为,根据当前法院内部业务庭之间的分工,刑事审判中对于附带民事诉讼之外的其他民事纠纷,一般不能作出处理。但是,当某一民事争议的基础事实严重影响到量刑时,则有必要尽可能查明。

……

需要说明的是,刑事审判中对上述民事争议基础事实的审查与认定,仅属于查明案情的需要。不同于刑事附带民事诉讼或者纯粹的民事诉讼,上述民事争议不属于本案诉讼标的,故刑事裁判文书中不能判决苏玮偿还关盛艺的钱款。也就是说,对于关盛艺而言,其不能以刑事判决书认定的民事争议基础事实,要求苏玮履行还款义务或向执行部门申请强制执行。

——《刑事审判参考》(总第99辑)。

165 如何理解“在法定刑以下判处刑罚”

关键词 | 量刑 | 法定刑以下 | 量刑幅度 |

【最高人民法院答复】

刑法第六十三条第一款规定的“在法定刑以下判处刑罚”,是指在法定量刑幅度的最低刑以下判处刑罚。刑法分则中规定的“处十年以上有期徒刑、无期徒刑或者死刑”,是一个量刑幅度,而不是“十年以上有期徒刑”、“无期徒刑”和“死刑”三个量刑幅度。

——《最高人民法院研究室关于如何理解“在法定刑以下判处刑罚”问题的答复》(2012年5月30日,法研〔2012〕67号)。

【链接:理解与适用】

刑法第六十三条第一款规定的“在法定刑以下判处刑罚”,是指在法定量刑幅度的最低刑以下判处刑罚。刑法分则中规定的“处十年以上有期徒刑、无期徒刑或者死刑”,是一个量刑幅度,而不是“十年以上有期徒刑”“无期徒刑”和“死刑”三个量刑幅度。主要理由如下:

1.“法定量刑幅度”是“法定刑”的一种。根据有无幅度,“法定刑”可分为二种:一是没有幅度的法定刑,法官量刑时没有选择余地,也称绝对确定的法定刑;二是具有一定幅度的法定刑,法官量刑时可以在法定幅度内酌情裁量,可称为“法定量刑幅度”。比如,刑法第二百三十九条规定:“以勒索财物为目的绑架他人的,或者绑架他人作为人质的,处十年以上有期徒刑或者无期徒刑,并处罚金或者没收财产;情节较轻的,处五年以上十年以下有期徒刑,并处罚金。”“犯前款罪,致使被绑架人死亡或者杀害被绑架人的,处死刑,并处没收财产。”该法条根据绑架罪的轻重不同,规定了三个法定刑,其中,“处十年以上有期徒刑或者无期徒刑”和“处五年以上十年以下有期徒刑”就是“法定量刑幅度”;而“处死刑”就是绝对确定的刑罚,只能称“法定刑”，而不宜称“法定量刑幅度”。而且，该法条中的“处十年以上有期徒刑或者无期徒刑”，是一个法定量刑幅度，而非“无期徒刑”和“十年以上有期徒刑”两个法定量刑幅度。

2.“在法定刑以下判处刑罚”是指在法定量刑幅度的最低刑以下判处刑罚。《最高人民法院研究室关于如何理解和掌握“在法定刑以下减轻”处罚问题的电话答复》(1990年4月27日)曾经明确规定：减轻处罚是指“应当在法定刑以下判处刑罚”。这里所说的“法定刑”，是指根据被告人所犯罪行的轻重，应当分别适用的刑法规定的不同条款或者相应的量刑幅度。在同一法定刑幅度中适用较轻的刑种或者较低的刑期，是“从轻处罚”，不是“减轻处罚”。所以，当法定刑有幅度时，“在法定刑以下判处刑罚”，就是指在法定量刑幅度的最低刑以下判处刑罚。

另外，关于特殊情况下的酌定减轻处罚能否下二档处罚的问题。刑法第六十三条第二款规定：“犯罪分子虽然不具有本法规定的减轻处罚情节，但是根据案件的特殊情况，经最高人民法院核准，也可以在法定刑以下判处刑罚。”有意见认为，鉴于报最高人民法院核准是个特殊程序，为了政治、外交、国防、宗教、统战等国家利益的需要，以及为了实现极特殊个案的公正，确有必要的，也可以下二档处罚。正如许霆虽没有法定减轻处罚情节，但经最高人民法院核准，对其下二档处罚，取得了很好的社会效果。但因该问题不属于请示内容，故未在答复中涉及。

——黄应生：《〈最高人民法院研究室关于如何理解“在法定刑以下判处刑罚”问题的答复〉的解读》，载最高人民法院研究室编著：《司法研究与指导》(总第2辑)，人民法院出版社2012年版，第88—89页。

【最高人民法院裁判案例】

杜中亚、李章舵贪污、非法转让土地使用权、诈骗案[最高人民法院(2020)最高法刑核45265337号刑事裁定书]

要旨：对于共同犯罪，对行为人可适用在法定刑以下判处刑罚。

本院认为，被告人杜中亚、李章舵以非法占有为目的，共同虚构事实骗取他人财物的行为，依法均已构成诈骗罪。本起犯罪虽系村委会集体决策、实施，二被告人亦未私自占有赃款，但根据《全国人民代表大会常务委员会关于〈中华人民共和国刑法〉第三十条的解释》的规定，公司、企业、事业单位、机关、团体等单位实施刑法规定的危害社会的行为，刑法分则和其他法律未规定追究单位的刑事责任的，对组织、策划、实施该危害社会行为的人依法追究刑事责任，故应以诈骗罪追究二被告人的刑事责任。二被告人诈骗财物五十九万元，属于数额特别巨大，依法应当在“十年以上有期徒刑或者无期徒刑，并处罚金或者没收财产”的量刑幅度内判处刑罚，但鉴于二被告人犯罪的主观动机是为了解决村内小学建设资金，犯罪所得亦被实际用于学校建设，二被告人的主观恶性和行为的社会危害性均相对较小，因此，对二人可以在上述法定刑幅度以下，即"三年以上十年以下有期徒刑，并处罚金"的量刑幅度内判处刑罚。第一审、第二审判决认定的二被告人犯诈骗罪的事实清楚，证据确实、充分，定罪准确。审判程序合法。第二审判决量刑适当。

——《刑事审判参考》（总第 129 辑）。

【最高人民法院参考案例】

王海旺非法经营案（《刑事审判参考》案例第 1237 号）

要旨：在司法实践中，一方面，要严格掌握法定刑以下判处刑罚的适用范围，以此确保依法统一规范量刑；另一方面，对于确有特殊情况的案件又要敢于、善于适用，以此体现立法精神，实现宽严相济。

法定刑以下判处刑罚是我国刑法规定的特别宽宥制度，即不存在法定减轻处罚情节，但是考虑到案件的特殊情况在法定刑以下判处刑罚的一项制度安排。刑法没有明确何为"特殊情况"，这为个案量刑更好地实现法、理、情的融合和平衡提供了弹性空间，而运用不当又有可能损及刑罚适用的统一性和规范性，这也是刑法规定法定刑以下判处刑罚须经最高人民法院核准的原因所在。在司法实践中，一方面，要严格掌握法定刑以下判处刑罚的适用范围，以此确保依法统一规范量刑；另一方面，对于确有特殊情况的案件又要敢于、善于适用，以此体现立法精神，实现宽严相济。

应当指出，案件是否具有法定刑以下判处刑罚的特殊情况，通常并不取决于某一个情节，而是多个情节综合认定的结果。综合本案事实和情节，对被告人王海旺在法定刑以下量刑是适当而必要的。一是行为表现。在案证据证明，王海旺的行为主要表现为明知是假冒注册商标的伪劣卷烟而予以保管、运输、帮助销售。帮助销售行为属于非法经营行为的具体表现，虽不影响其非法经营卷烟行为这一基本事实的认定，但在量刑上与指使或者单独销售卷烟的非法经营行为应有所区别。二是行为后果。王海旺非法经营的伪劣卷烟尚未售出，未造成具体危害结果，虽然由于非法经营行为的特殊性，行为人只要实施了生产、运输、销售等任何一个环节的行为，通常均应认定为既遂，但对此情节量刑时有必要酌予考虑。三是经营数额。根据《烟草解释》、2001 年公布的《伪劣商品解释》、2004 年公布的《最高人民法院、最高人民检察院关于办理侵犯知识产权刑事案件具体应用法律若干问题的解释》等规定的精神，假冒伪劣卷烟的经营数额，原则上应优先以实际销售价格作为认定标准，在实际销售价格无法查明的情况下才以真品的市场价格认定。本案由于假烟尚未出售等原因，无法查清实际销售价格，故基于真品市场价格认定非法经营数额三十七万余元。有必要注意的是，假烟的实际销售价格和真品的市场价格通常是存在较大差别的，这一点在量刑时需要特别加以考虑。四是家庭情况。王海旺十四周岁的女儿身患骨髓增生异常综合征，多次因失血性休克入院治疗，急需进行骨髓移植手术，手术费用高昂，王海旺既是家庭的经济支柱，同时还是女儿骨髓移植的优选供髓者。五是罪后情节。王海旺对一审判决认定的事实无异议，真诚悔罪，没有再犯罪的危险。上述事实和情节涉及基本事实、量刑情节、家庭伦理、未成年人权益保护等各个方面，这些因素的综合考量赋予了本案特殊性，据此在法定刑以下判处刑罚既符合法律，又合乎情理，有利于实现各种不同政策利益的平衡，实现个案处理法律效果和社会效果的有机统一。

——《刑事审判参考》（总第113辑）。

166 上一级人民法院同意在法定刑以下判处刑罚的，可以不制作裁定文书，但应制作书面报告层报最高人民法院核准

关键词 | 法定刑以下 | 减轻处罚 |

【最高人民法院参考案例】

周标受贿案（《刑事审判参考》案例第1017号）

要旨：上一级人民法院同意原判的，不必作出裁定，但应当制作书面报告层报最高人民法院核准。

对于上一级人民法院同意原判的，应当以何种形式逐级报请最高人民法院核准，实践中意见分歧较大，主要存在以裁定和以书面报告两种形式的意见。

我们认为，上一级人民法院同意原判的，不必作出裁定，但应当制作书面报告层报最高人民法院核准。主要理由如下：首先，根据刑法第六十三条第二款的规定，只有最高人民法院有权核准在法定刑以下判处刑罚的判决，其他上一级人民法院没有实质意义上的核准权，只是在层报过程中起到“把关”作用，没有制作同意原判裁定的法理依据。其次，如上一级人民法院都可以作出同意原判的裁定，那么最高人民法院是核准原审判决还是其上一级人民法院的裁定，容易引起混乱。再次，2013年施行的《最高人民法院关于适用〈中华人民共和国刑事诉讼法〉的解释》（以下简称《解释》）第三百三十六条规定，上一级人民法院复核下级法院未上（抗）诉法定刑以下判处刑罚的案件，同意原判的，应当书面层报最高人民法院核准；不同意的，应当裁定发回重新审判。该规定对上一级人民法院何种情况下适用裁定进行了明确的限定，同意原判的应当以书面报告形式层报最高人民法院核准。《解释》出台后，有必要依照《解释》的规定对此类问题进行统一和规范。

——《刑事审判参考》（总第99辑）。

167 如何准确适用刑法第六十四条对被害人财产的处置

关键词 | 被害人财产 | 追缴 | 责令退赔 |

【最高人民法院答复】

根据刑法第六十四条和《最高人民法院关于适用〈中华人民共和国刑事诉讼法〉的解释》第一百三十八条、第一百三十九条①的规定,被告人非法占有、处置被害人财产的,应当依法予以追缴或者责令退赔。据此,追缴或者责令退赔的具体内容,应当在判决主文中写明;其中,判决前已经发还被害人的财产,应当注明。被害人提起附带民事诉讼,或者另行提起民事诉讼请求返还被非法占有、处置的财产的,人民法院不予受理。

——《最高人民法院关于适用刑法第六十四条有关问题的批复》(2013年10月21日,法〔2013〕229号)。

168 “供犯罪所用的本人财物”的司法认定

关键词 | 供犯罪所用的本人财物 | 没收 |

【最高人民法院参考案例】

郗菲菲、李超、蒋超超、林恺盗窃案(《刑事审判参考》案例第1302号)

要旨:对刑法第六十四条规定的应当予以没收的“供犯罪所用的本人财物”,应结合财物与犯罪的关联程度、是否损害他人合法民事权利等因素,综合衡量财物价值与犯罪情节的相当性作出认定。

(一)“供犯罪所用的财物”应是与犯罪有经常性或密切性联系,对犯罪实施具有重要作用的财物

对于“供犯罪所用”的理解认识,按照文义解释方法,即为犯罪而使用的财物。从广义范围而言,所有在犯罪预备、犯罪实行过程中使用的与犯罪有联系的财物都包含在上述范围。照此逻辑,犯罪中被告人实际使用的与犯罪没有必然联系的生活必需品或日常用品,如穿着的衣服、鞋袜也都属于“供犯罪所用”,如果予以没收,显然有违常情常理,会引发法律评价与社会经验的冲突问题。按照法律解释方法理论,在文义解释出现问题时,就需要采用文理解释方法,从立法本意和法律精

---

① 2021年施行的《最高人民法院关于适用〈中华人民共和国刑事诉讼法〉的解释》(法释〔2021〕1号)第一百七十五条、第一百七十六条。

神去把握条文的内涵和外延。刑法之所以规定将“供犯罪所用的财物”予以没收，主要目的是特殊预防、剥夺被告人再犯能力，当然实际上也会产生一定惩罚效果。基于对没收“供犯罪所用的财物”这一行为目的、性质的分析，因而在认定“供犯罪所用的财物”时主要应从财物与犯罪的关联性方面去把握，需要考量财物对于犯罪的作用大小、联系紧密程度等因素。对于专门用于犯罪的财物应认定为“供犯罪所用”没有争议。对于非专门用于犯罪的财物，可从以下两个方面去判断：

第一，财物与犯罪应该存在直接或者密切联系。所谓直接联系就是该财物对犯罪行为或结果的发生起到决定或者直接作用，或者说该财物是实施或者完成犯罪行为的必要条件或重要条件，比如在运输毒品犯罪中的轿车，就与犯罪有着直接联系；所谓密切联系，即财物和犯罪存在经常性的联系，财物经常用于犯罪，反复使用。

第二，被告人有将财物用于犯罪的主观认识。刑法第六十四条虽未限定没收“供犯罪所用的本人财物”必须发生在故意犯罪中，但从文义解释来看，“供犯罪所用”是被告人在主观上对财物用于犯罪有明确的认识，继而积极主动地在犯罪中使用该财物。由于过失犯罪中，被告人对犯罪实施缺乏主动性，对犯罪目的实现也没有积极追求，对于财物在犯罪中的使用缺乏主动性和明确认识，故所涉财物不属于应当没收的情形。

本案中，被告人蒋超超、林恺的轿车的主要用途为家庭生活和工作，没有连续性或者长期性用于实施盗窃犯罪，故不属于专门用于犯罪的财物。同时，该轿车只是交通工具，并非盗窃犯罪实施的必要条件或者重要条件，故不应认定为“供犯罪所用”。

（二）没收的财物应为本人所有且予以没收对第三人的合法权利不会构成损害

按照文义解释，“本人财物”就是指被告人进行犯罪活动所使用的属于其本人所有的财物。但随着经济社会的快速发展，财产流转日益频繁，权利主体多元化，权利内容呈现多层次性和交叉性。一个财物可能同时存在叠加的多项权利。因此，在作出没收供犯罪所用的本人财物判决时，仅审查被告人本人是否对该财物具有所有权尚不全面。对“本人财物”的认定，不仅要对被告人是否具有所有权进行审查，还应注意予以没收是否会损害第三人合法权利。

本案中，被告人蒋超超、林恺的轿车涉及夫妻财产共有关系和银行的抵押权，如果刑事判决不顾上述情况简单予以没收，割裂了刑民关系，必然侵害合法民事权利，有损法律的统一性和严肃性。

（三）应坚持相当性原则衡量拟没收财物的价值是否与犯罪的危害性相当

对“供犯罪所用的财物”予以没收，虽然不属于我国刑法所规定的法定刑罚种类，但并不能否定其所具有的惩罚性效果。因此，在认定是否属于应当没收的“供犯罪所用的财物”时，应坚持相当性原则，根据罪刑相一致的基本原则进行衡量，如果拟没收的财物价值明显超过犯罪危害性质和危害程度所对应的应受惩罚程度，说明没收会与社会基本认知和普遍价值判断产生冲突，反向证明没收的不合理。

——《刑事审判参考》（总第120辑）。

169 被告人赔偿被害人物质损失的，人民法院可以作为量刑情节予以考虑

关键词｜对被害人赔偿｜量刑｜

【最高人民法院司法解释】

第一百七十六条　被告人非法占有、处置被害人财产的，应当依法予以追缴或者责令退赔。被害人提起附带民事诉讼的，人民法院不予受理。追缴、退赔的情况，可以作为量刑情节考虑。

第一百九十四条　审理刑事附带民事诉讼案件，人民法院应当结合被告人赔偿被害人物质损失的情况认定其悔罪表现，并在量刑时予以考虑。

——《最高人民法院关于适用〈中华人民共和国刑事诉讼法〉的解释》（2021年3月1日，法释〔2021〕1号）。

第十九条　刑事附带民事案件的未成年被告人有个人财产的，应当由本人承担民事赔偿责任，不足部分由监护人予以赔偿，但单位担任监护人的除外。

被告人对被害人物质损失的赔偿情况，可以作为量刑情节予以考虑。

——《最高人民法院关于审理未成年人刑事案件具体应用法律若干问题的解释》（2006年1月23日，法释〔2006〕1号）。

【最高人民法院司法文件】

（十）对于退赃、退赔的，综合考虑犯罪性质，退赃、退赔行为对损害结果所能弥补的程度，退赃、退赔的数额及主动程度等情况，可以减少基准刑的30%以下；对抢劫等严重危害社会治安犯罪的，应当从严掌握。

——《最高人民法院、最高人民检察院关于常见犯罪的量刑指导意见（试行）》（2021年7月1日，法发〔2021〕21号）。

23. 被告人案发后对被害人积极进行赔偿，并认罪、悔罪的，依法可以作为酌定量刑情节予以考虑。因婚姻家庭等民间纠纷激化引发的犯罪，被害人及其家属对被告人表示谅解的，应当作为酌定量刑情节予以考虑。犯罪情节轻微，取得被害人

谅解的,可以依法从宽处理,不需判处刑罚的,可以免予刑事处罚。

——《最高人民法院关于贯彻宽严相济刑事政策的若干意见》(2010 年 2 月 8 日,法发〔2010〕9 号)。

170 黑社会性质组织的组织者、领导者通过赔偿经济损失取得被害人家属谅解的，量刑时应如何把握

关键词｜量刑｜组织者、领导者｜

【最高人民法院参考案例】

邓统文等人组织、领导、参加黑社会性质组织案(《刑事审判参考》案例第1161号)

要旨:审理黑社会性质组织犯罪案件,不仅应当查明谅解是否确属真实意思表示以及赔偿款项与黑社会性质组织违法所得有无关联,而且在决定是否从宽处罚、如何从宽处罚时,也应当从严掌握。可能导致全案量刑明显失衡的,不予从宽处罚。

众所周知,黑社会性质组织犯罪案件的社会危害远大于普通刑事案件,黑社会性质组织头目、骨干分子的人身危险性也往往更大。同时,黑社会性质组织通过违法犯罪活动积聚了较强的经济实力,社会关系也较为广泛,更容易通过经济赔偿来取得被害方谅解。为了不给黑社会性质组织犯罪分子逃避处罚留下可乘之机,2015 年《全国部分法院审理黑社会性质组织犯罪案件工作座谈会纪要》(以下简称 2015 年《纪要》)规定:“审理黑社会性质组织犯罪案件,应当通过判处和执行民事赔偿以及积极开展司法救助来最大限度地弥补被害人及其亲属的损失。被害人及其亲属确有特殊困难,需要接受被认定为黑社会性质组织成员的被告人赔偿并因此表示谅解的,量刑时应当特别慎重。不仅应当查明谅解是否确属真实意思表示以及赔偿款项与黑社会性质组织违法所得有无关联,而且在决定是否从宽处罚、如何从宽处罚时,也应当从严掌握。可能导致全案量刑明显失衡的,不予从宽处罚。”笔者认为,对于该纪要中的前述规定,审判时应从以下几方面来理解和把握:一是被害人谅解必须基于真实意思表示。由于黑社会性质组织体系严密,人员构成复杂,经济实力较强,因此,即便在被司法机关打掉之后,仍有可能残存一定的犯罪能力和社会活动能力。审判时,若被害方对黑社会性质组织犯罪分子表示谅解的,一定要审慎核实背景情况,排除因受到威逼、诱骗而违背真实意愿的情形。二是被告人的赔偿款项应当与黑社会性质组织的违法犯罪所得无关。根据刑法第六十四条的规定,犯罪分子违法所得的一切财物,都应当予以追缴或者责令退赔。但是,在

黑社会性质组织犯罪案件中,犯罪分子往往采取各种手段极力掩饰、隐瞒违法犯罪所得的来源、去向,给司法机关的追缴工作制造困难。因此,审判时应当认真甄别赔偿款项的来源,不能让黑社会性质组织犯罪分子利用隐匿的违法犯罪所得在量刑时获利。三是在谅解意思真实、赔偿款项与违法犯罪所得无关的情况下,量刑仍应从严把握。如前所述,黑社会性质组织犯罪具有极大的社会危害,对于此类犯罪分子原则上不能因被害方谅解而予以从宽处罚。如果被害方确因特殊生活困难急需获得经济赔偿的(如丧失劳动能力以及急需支付就学、就医费用等),在考虑是否从宽以及确定从宽幅度时,要以保证罪责刑相一致、实现刑罚目的以及全案量刑平衡为底线。

——《刑事审判参考》(总第107辑)。

171 对严重危害社会治安和影响人民群众安全感的犯罪，应慎重把握被告人亲属代为赔偿情节对被告人量刑的影响

关键词｜量刑｜代位赔偿｜

【最高人民法院参考案例】

被告人胡方权故意杀人、非法拘禁案(《刑事审判参考》案例第1239号)

要旨:被告人积极赔偿和被害人及其亲属谅解虽然是重要的酌定从宽处罚情节,但在严重刑事犯罪中,是否对被告人从宽及从宽的幅度,必须结合犯罪事实、性质及其他情节进行综合衡量,给予适当、准确的评价。

据此,被告人积极赔偿和被害人及其亲属谅解是重要的酌定从宽处罚情节,但要注意准确、全面把握:第一,被告人案发后对被害人积极进行赔偿,“可以”从宽量刑,而非必须从宽处罚;并且,根据此情节对被告人从宽处罚,被告人不仅要有实际的赔偿,还应当认罪、悔罪。第二,被害人及其亲属谅解而对被告人从轻处罚的上述规定,一般适用于“因婚姻家庭等民间纠纷激化引发的犯罪”。第三,被害人及其亲属谅解的本质是被告人与被害人及其亲属双方在自愿协商一致的基础上,通过被告人真诚悔罪,赔礼道歉并支付被害人的损失,以此来取得被害人及其亲属的谅解,从而修复被破坏的社会关系。在被害人死亡或者无法独立表达意志的情况下,对被害人亲属谅解的背景、原因是否确系真实、自愿,更要从严审查和把握,要注意审查是否违背社会良好风尚和公众朴素的正义情感。第四,被告人积极赔偿和被害人及其亲属谅解虽然是重要的酌定从宽处罚情节,但在严重刑事犯罪中,是否对被告人从宽及从宽的幅度,必须结合犯罪事实、性质及其他情节进行综合衡量,给予适当、准确的评价。

——《刑事审判参考》(总第113辑)。

172 被告人取得被害人谅解的，人民法院可以作为量刑情节考虑

关键词 | 被害人谅解 | 刑事和解 | 从轻处罚 |

【最高人民法院司法文件】

(十一)对于积极赔偿被害人经济损失并取得谅解的,综合考虑犯罪性质、赔偿数额、赔偿能力以及认罪悔罪表现等情况,可以减少基准刑的40%以下;积极赔偿但没有取得谅解的,可以减少基准刑的30%以下;尽管没有赔偿,但取得谅解的,可以减少基准刑的20%以下。对抢劫、强奸等严重危害社会治安犯罪的,应当从严掌握。

(十二)对于当事人根据刑事诉讼法第二百八十八条达成刑事和解协议的,综合考虑犯罪性质、赔偿数额、赔礼道歉以及真诚悔罪等情况,可以减少基准刑的50%以下;犯罪较轻的,可以减少基准刑的50%以上或者依法免除处罚。

——《最高人民法院、最高人民检察院关于常见犯罪的量刑指导意见(试行)》(2021年7月1日,法发〔2021〕21号)。

40.对于刑事自诉案件,要尽可能多做化解矛盾的调解工作,促进双方自行和解。对于经过司法机关做工作,被告人认罪悔过,愿意赔偿被害人损失,取得被害人谅解,从而达成和解协议的,可以由自诉人撤回起诉,或者对被告人依法从轻或免予刑事处罚。对于可公诉、也可自诉的刑事案件,检察机关提起公诉的,人民法院应当依法进行审理,依法定罪处罚。对民间纠纷引发的轻伤害等轻微刑事案件,诉至法院后当事人自行和解的,应当予以准许并记录在案。人民法院也可以在不违反法律规定的前提下,对此类案件尝试做一些促进和解的工作。

41.要尽可能把握一切有利于附带民事诉讼调解结案的积极因素,多做促进当事人双方和解的辨法析理工作,以更好地落实宽严相济刑事政策,努力做到案结事了。要充分发挥被告人、被害人所在单位、社区基层组织、辩护人、诉讼代理人和近亲属在附带民事诉讼调解工作中的积极作用,协调各方共同做好促进调解工作,尽可能通过调解达成民事赔偿协议并以此取得被害人及其家属对被告人的谅解,化解矛盾,促进社会和谐。

——《最高人民法院关于贯彻宽严相济刑事政策的若干意见》(2010年2月8日,法发〔2010〕9号)。

173 未成年人犯罪情节极其严重的，可否判处无期徒刑

关键词 | 未成年人犯罪 | 情节极其严重 | 无期徒刑 |

【最高人民法院司法解释】

第十三条　未成年人犯罪只有罪行极其严重的,才可以适用无期徒刑。对已满十四周岁不满十六周岁的人犯罪一般不判处无期徒刑。

——《最高人民法院关于审理未成年人刑事案件具体应用法律若干问题的解释》(2006 年 1 月 23 日,法释〔2006〕1 号)。

【最高人民法院参考案例】

扎西达娃等抢劫案(《刑事审判参考》案例第 184 号)

要旨:对罪行极其严重的未成年被告人除另有从重情节外,一般可不判处无期徒刑。

一般而言,对罪行极其严重的未成年被告人除另有法定或酌情从重情节外,不判处无期徒刑当然是可以的,也是较为适宜的。不过,对于罪行极其严重的未成年犯罪人也并不是一律不能判处无期徒刑。首先,从立法角度看,刑法仅规定对未成年人不适用死刑,也就是说对未成年人所处的刑罚最高刑为无期徒刑。如果依第一种意见,则等于对未成年人既不能适用死刑,也不能适用无期徒刑。这显然并不合乎立法原意,否则立法可以直接规定对未成年人不适用无期徒刑。其次,从司法实践来看,对于那些罪行极其严重,同时又具有一个或多个法定从重处罚情节的未成年犯罪人,法官仍可以根据案件的具体情况,酌情决定是否适用无期徒刑的刑罚。因为,在同时具有法定应当从重和法定应当从轻相反量刑情节的情况下,就有从轻情节与从重情节在量刑上的平衡问题。遇有此种情形时,决定如何适用刑罚,当然也不能简单地一概而论,一方面应当从有利于未成年被告人出发,另一方面也要考虑具体犯罪事实,符合罪责刑相一致的原则。需要指出的是,“重复适用”的说法是不尽科学的。刑法在规定对未成年犯罪人不适用死刑的同时又规定对未成年犯罪人,应当从轻处罚,前者为死刑排除规则,实质上是宣布对未成年犯罪人取消死刑(包括死缓),并将其法定最高刑限制在无期徒刑以内。后者则为具体量刑时应当把握的法定情节,旨在突出对未成年犯罪人与成年犯罪人区别对待的刑事政策,体现对未成年犯罪人从宽量刑的立法精神。这是两个层次上的问题,并非所谓的“重复适用”,否则刑法就完全可以规定是可以从轻而非应当从轻。总之,对未成年犯罪人适用刑罚,既要注意将未成年人犯罪与成年人犯罪区别开来,又要注意统筹考虑,避免简单化。

——《刑事审判参考》(总第 26 辑)。

二、累犯

174 二审裁判文书生效后，发现被告人在因一审判处的有期徒刑届满被取保候审期间又犯新罪的，在对新罪进行审判时能否认定该被告人构成累犯

关键词 | 累犯 | 刑罚执行完毕 |

【最高人民法院参考案例】

周崇敏贩卖毒品案(《刑事审判参考》案例第1068号)

要旨:行为人前罪所判处的刑罚在二审阶段因羁押期届满而被取保候审,从时间节点来看,其犯本罪在前罪二审裁判文书生效前,而前罪判处的刑罚此时因判决尚未生效而未进入执行程序,故不属于刑罚执行完毕后再犯罪,不符合累犯的构成条件。

刑法第六十五条第一款规定,被判处有期徒刑以上刑罚的犯罪分子,刑罚执行完毕或者赦免以后,在五年以内再犯应当判处有期徒刑以上刑罚之罪的,是累犯,应当从重处罚,但是过失犯罪和不满十八周岁的人犯罪的除外。关于理解和认定"刑罚执行完毕",需要把握以下三点:

首先,关于刑罚种类的界定。我国刑法规定的刑罚种类既有主刑,也包括附加刑,但构成累犯所要求的"刑罚执行完毕"仅限于指主刑执行完毕,被判处附加刑的,附加刑是否执行完毕不影响累犯的构成。主要是考虑到从刑法对累犯规定的用语表述来看,前罪、后罪均要求判处或应判处有期徒刑以上刑罚,强调的侧重点在主刑;后罪构成累犯,与前罪所判处的刑罚执行完毕有法定时间间隔限制,即五年内,意在突出被告人的人身危险性大。而附加刑的执行与主刑并不完全同步。例如,主刑是有期徒刑,附加剥夺政治权利的,自主刑执行完毕才计算剥夺政治权利的刑期,如将"刑罚执行完毕"理解为包括主刑和附加刑都执行完毕,则过分延长了前、后罪的时间间隔,有违累犯制度从重处罚的初衷。

其次,关于"刑罚执行完毕"时间点的把握。刑事诉讼法第二百四十八条规定:"判决和裁定在发生法律效力后执行。下列判决和裁定是发生法律效力的判决和裁定:(一)已过法定期限没有上诉、抗诉的判决和裁定;(二)终审的判决和裁定;(三)最高人民法院核准的死刑的判决和高级人民法院核准的死刑缓期二年执

行的判决。”由此可见,刑罚执行的内容是判决和裁定,执行的前提条件是裁判发生法律效力,刑罚执行的起点是裁判发生法律效力之时。刑罚执行完毕,既包括有期徒刑实际执行完毕,也包括假释考验期满;被判处缓刑的犯人,在缓刑考验期满后再犯罪的,不构成累犯,系因缓刑考验期满意味着所判处的主刑不再执行,本质上区别于刑罚执行完毕。

最后,要准确区分刑罚执行完毕与羁押期限届满。刑罚是以限制或剥夺犯罪人权益为内容的最严厉的强制性法律制裁方法,羁押是司法机关对犯罪嫌疑人在判决生效前的暂时关押,羁押不是刑事诉讼法规定的强制措施,而是因适用拘留、逮捕等剥夺人身自由的强制措施而形成的附带性后果及状态,两者在性质、内容、适用主体与对象等方面各成体系。两者的关联主要体现在“刑期折抵”:对先行羁押的被告人,如经审判被确认有罪,且判处刑罚为管制、拘役、有期徒刑的,则判决生效前羁押的时间相应折抵判决所确定的刑期;如经审判被确认无罪,则属于错误羁押,可依据国家赔偿法申请赔偿。如果被逮捕羁押的被告人所羁押的时间已届满第一审人民法院对其判处的刑期期限,因案件进入二审程序或复核程序,一审判决尚未生效的,则人民法院应当对其变更强制措施或者予以释放,但这并不属于刑罚执行完毕。

需要指出的是,从我国刑法对数罪并罚的制度规定来看,被告人周崇敏属于在判决生效前又犯新罪,表面上看似符合刑法第六十九条“判决宣告前犯数罪予以并罚”的情形,但在前罪二审裁定书宣告前,并未发现周崇敏另犯本案新罪的情况,且前罪判决生效时已无余刑可执行,故不具备实行数罪并罚的客观条件和必要性。相对而言,法院在本案中将周崇敏认定为“曾因贩卖毒品罪被判过刑”的毒品再犯予以从重处罚,处理是正确的。

——《刑事审判参考》(总第102辑)。

175 前罪刑罚被执行完毕后,因审判监督程序被加重刑罚,被告人在加重刑罚执行期间又犯新罪,是否构成累犯

关键词 | 累犯 | 刑罚执行完毕 |

【最高人民法院参考案例】

石加肆盗窃案(《刑事审判参考》案例第1082号)

要旨:原审判决刑罚执行完毕后,又因再审判决增加了前罪的刑罚量,在增量刑罚尚未执行完毕的情况下,不能认定为“刑罚执行完毕”的情形。

根据刑法第六十五条、第六十六条的规定和相关理论,累犯(一般累犯和特殊

累犯）的成立前提必须是刑罚执行完毕或者赦免以后，本案中被告人的后罪是否发生在前罪刑罚执行完毕后便成为其是否构成累犯的关键。本案的特殊之处在于被告人在前罪审判过程中隐瞒了个人真实身份信息，导致原审判决未正确认定累犯情节，量刑不当。原审法院在审判后罪过程中发现了前罪判决的错误，根据刑事诉讼法及司法解释的有关规定，启动审判监督程序，撤销原审判决后加重了被告人的刑罚。因此，本案的焦点在于，原审判决刑罚执行完毕后，又因再审判决增加了前罪的刑罚量，在增量刑罚尚未执行完毕的情况下，是否属于“刑罚执行完毕”的情形。

我们认为，因被告人自己隐瞒个人信息而导致法院对前罪再审并增加了刑罚量的情况下，增量刑罚尚未执行完毕的，不能认定为前罪刑罚执行完毕。再审裁判是法院通过刑事审判监督程序对已经发生法律效力的判决和裁定，因发现确有错误而重新进行审理后所作出的裁判。再审裁判一经作出，已经生效的原审裁判就不再有效。对被告人执行刑罚，也就应当以再审裁判为依据。本案中，被告人前罪的原审判决虽然已经实际执行完毕，但该“执行完毕”是建立在原审判决的基础上的。鉴于原“刑罚执行完毕”的基础——原审刑事判决已经被撤销，随之而来的是被告人必须执行再审判决确定的增量刑罚。在增量刑罚尚未执行完毕的情况下，不应认定为前罪“刑罚执行完毕”。因此，被告人的本次犯罪行为实施于前罪尚未执行完毕的期间内，不符合累犯构成的时间要件，不应认定为累犯。

——《刑事审判参考》（总第103辑）。

176 以制造社会恐怖为目的而实施的故意杀人、爆炸、绑架等犯罪，是否可以认定为特殊累犯中的“恐怖活动犯罪”

关键词 | 刑罚的具体运用 | 特殊累犯 | 恐怖活动犯罪 |

【链接：理解与适用】

以制造社会恐怖为目的而实施的故意杀人、爆炸、绑架等犯罪，是否可以认定为特殊累犯中的“恐怖活动犯罪”。对此问题也有分歧意见，肯定论认为，以制造社会恐怖为目的而实施的故意杀人、爆炸、绑架等犯罪，正是恐怖活动犯罪的典型形式，理应纳入特殊累犯的范围；否定论认为，以制造社会恐怖为目的而实施的故意杀人、爆炸、绑架等犯罪，在犯罪认定和罪名表述上与普通犯罪无异，比如在罪名中都不含“恐怖”两字，仅从罪名上无法辨认，在是否构成特殊累犯的认定上存在现实困难，因此，不宜将其纳入特殊累犯的范围。初步研究认为，特殊累犯中使用的是“恐怖活动犯罪”，而不是“恐怖活动的组织犯罪”，说明不要求必须是组织、领导、参加恐怖组织罪或者必须是恐怖组织及其成员实施的恐怖活动犯罪才构成特殊累犯，只要有确凿证据证实是以制造社会恐怖为目的而实施的故意杀人、爆炸、绑架等犯罪，不管是由恐怖组织及其成员实施，还是由其他人实施，均宜认定为特殊累犯中的"恐怖活动犯罪"。当然，是否以制造社会恐怖为目的，必须从严掌握，特别是对于恐怖组织及其成员以外的其他人实施的犯罪，必须有确凿的证据，充分的理由和十足的把握才能认定，否则不宜轻易认定为恐怖活动犯罪，以免不当地扩大打击面。至于否定论提出的仅从罪名无从判定是否属于恐怖活动犯罪的问题，确实存在，必须高度重视、设法解决。初步考虑，修正后刑法实施后，可以在罪名之后用括号注明恐怖二字，如"故意杀人罪（恐怖）""爆炸罪（恐怖）"等，以示跟普通刑事犯罪的区别。如果以后的司法解释有明确规定的，遵照其规定。另外，之所以将具有制造社会恐怖目的的故意杀人爆炸、绑架等犯罪纳入特殊累犯中的"恐怖活动犯罪"，原因还在于恐怖活动犯罪是一种国际性犯罪，往往是国外境外的恐怖组织派遣人员到国内进行恐怖活动犯罪，要认定在国内实施具体犯罪的行为人犯有组织、领导、参加恐怖组织罪，存在一定的现实困难。如果规定只有犯组织、领导、参加恐怖组织罪才构成特殊累犯，无疑不利于打击恐怖活动，与修正特殊累犯制度的立法目的相悖。

为此，恐怖活动犯罪不仅包括组织、领导、参加恐怖组织罪，还应当包括由恐怖活动组织及其成员或者其他人实施的，以制造社会恐怖为目的的危害公共安全、危害公民人身或者财产权利、危害社会管理秩序等犯罪，例如放火、决水、爆炸、投放危险物质，非法制造、买卖、运输、储存危险物质，故意杀人、故意伤害、绑架等犯罪。可见，构成特殊累犯的恐怖活动犯罪所涉罪名是比较广泛的。

——张军主编：《〈刑法修正案（八）〉条文及配套司法解释理解与适用》，人民法院出版社2011年版，第72—73页。

177 被告人前次犯罪跨越十八周岁且被判处有期徒刑，在刑罚执行完毕后五年内再犯应当判处有期徒刑以上刑罚之罪的，是否构成累犯

关键词 | 量刑 | 累犯 |

【最高人民法院答复】

行为人在十八周岁前后实施数罪或者数个行为，如果其已满十八周岁以后的犯罪为故意犯罪且被判处或者明显应当被判处有期徒刑以上刑罚，在刑罚执行完毕或者赦免后五年内，又故意再犯应当判处有期徒刑以上刑罚之罪的，应当认定为累犯。

——《最高人民法院研究室关于适用刑法第六十五条第一款有关问题的答复》(法研〔2013〕84 号)。

【最高人民法院裁判案例】

钟某抢劫案(《刑事审判参考》案例第 1173 号)

要旨:应当坚持刑法第六十五条第一款体现的对未成年人犯罪尽量从宽处罚的精神,兼顾便于司法实践操作,以十八周岁后实施的犯罪的罪质及应判处的刑罚为判断的侧重点,结合十八周岁前所犯之罪合并执行的刑罚执行完毕的期限,判断是否构成累犯。

从刑法第六十五条第一款所体现的立法精神来看,是否构成累犯,一般需要符合罪质(前后罪均须为故意犯罪)、刑度(前后罪均应判处有期徒刑以上刑罚)、时间条件(刑罚执行完毕后五年以内)三个方面的要求。同时,为体现对未成年犯罪人的特殊保护,即使符合构成累犯所要求的罪质、刑度和时间条件,如果前罪系不满十八周岁时实施的,也不能认定为累犯。实践中争议较大的一种情形是,被告人所犯前罪跨越了十八周岁年龄段,宣告刑或数罪并罚合并决定执行的刑罚系有期徒刑,那么,被告人是否属于前罪系不满十八周岁时实施、可不以累犯论处的例外情况?

我们认为,既不能因为前罪中有十八周岁前实施的犯罪,就一概认为不构成累犯,也不能完全不考虑十八周岁前后数罪的罪质及应判处的刑罚,只根据宣告刑或合并执行的刑罚是否是有期徒刑以上刑罚,来认定是否构成累犯。应当坚持刑法第六十五条第一款体现的对未成年人犯罪尽量从宽处罚的精神,兼顾便于司法实践操作,以十八周岁后实施的犯罪的罪质及应判处的刑罚为判断的侧重点,结合十八周岁前所犯之罪合并执行的刑罚执行完毕的期限,判断是否构成累犯。

试举例说明:甲于十八周岁前实施抢劫,十八周岁后实施盗窃,其中所犯抢劫罪被判有期徒刑三年,盗窃罪被判处拘役五个月,合并决定执行有期徒刑三年二个月。如果甲在刑罚执行完毕以后五年以内又实施了新的故意犯罪被判有期徒刑,那么,鉴于甲在十八周岁后实施的盗窃罪仅判处拘役,就不能简单以前罪合并执行的刑罚系有期徒刑为依据,认定甲构成累犯。

如果前罪即十八周岁前后实施的数罪为同种数罪或连续犯,即使最终判处的刑罚不体现每起犯罪独立的宣告刑,也可以根据其数罪情节分别对应的量刑幅度,确定十八周岁后实施的犯罪是否应当判处有期徒刑以上刑罚。如果应当判处有期徒刑的,在其他条件也符合的情况下,可以认定被告人系累犯。如果综合考虑被告人十八周岁前后所实施的全部罪行而对其判处有期徒刑,但单独考虑十八周岁后实施的部分犯罪行为的性质、情节,或者被告人具有自首、立功、从犯等从轻、减轻处罚情节,处于可判处有期徒刑与拘役或者管制、单处罚金等刑罚的临界点的,那么，从存疑有利于被告人及特殊保护未成年人的原则考虑，一般不宜认定为累犯。

——《刑事审判参考》（总第108辑）。

178 缓刑犯在考验期满后五年内再犯应当判处有期徒刑以上刑罚之罪应否认定为累犯

关键词 | 累犯 | 缓刑 |

【最高人民法院司法解释】

被判处有期徒刑宣告缓刑的犯罪分子，在缓刑考验期满后五年内再犯应当判处有期徒刑以上刑罚之罪的，因前罪判处的有期徒刑并未执行，不具备刑法第六十五条规定的"刑罚执行完毕"的要件，故不应认定为累犯，但可作为对新罪确定刑罚的酌定从重情节予以考虑。

——《最高人民法院、最高人民检察院关于缓刑犯在考验期满后五年内再犯应当判处有期徒刑以上刑罚之罪应否认定为累犯问题的批复》（2020年1月20日，高检发释字〔2020〕1号）。

179 准确把握累犯、毒品再犯情节对毒品犯罪案件量刑的影响

关键词 | 累犯 | 毒品再犯 | 毒品犯罪 |

【最高人民法院司法文件】

（六）累犯、毒品再犯问题

累犯、毒品再犯是法定从重处罚情节，即使本次毒品犯罪情节较轻，也要体现从严惩处的精神。尤其对于曾因实施严重暴力犯罪被判刑的累犯、刑满释放后短期内又实施毒品犯罪的再犯，以及在缓刑、假释、暂予监外执行期间又实施毒品犯罪的再犯，应当严格体现从重处罚。

对于因同一毒品犯罪前科同时构成累犯和毒品再犯的被告人，在裁判文书中应当同时引用刑法关于累犯和毒品再犯的条款，但在量刑时不得重复予以从重处罚。对于因不同犯罪前科同时构成累犯和毒品再犯的被告人，量刑时的从重处罚幅度一般应大于前述情形。

——《全国法院毒品犯罪审判工作座谈会纪要》（2015年5月18日，法〔2015〕129号）。

八、毒品再犯问题

根据刑法第三百五十六条规定，只要因走私、贩卖、运输、制造、非法持有毒品罪被判过刑，不论是在刑罚执行完毕后，还是在缓刑、假释或者暂予监外执行期间，又犯刑法分则第六章第七节规定的犯罪的，都是毒品再犯，应当从重处罚。

因走私、贩卖、运输、制造、非法持有毒品罪被判刑的犯罪分子，在缓刑、假释或者暂予监外执行期间又犯刑法分则第六章第七节规定的犯罪的，应当在对其所犯新的毒品犯罪适用刑法第三百五十六条从重处罚的规定确定刑罚后，再依法数罪并罚。

对同时构成累犯和毒品再犯的被告人，应当同时引用刑法关于累犯和毒品再犯的条款从重处罚。

——《全国部分法院审理毒品犯罪案件工作座谈会纪要》（2008 年 12 月 1 日，法〔2008〕324 号）。

【链接：理解与适用】

2008 年《大连会议纪要》在此方面已有一些规定，2015 年《武汉会议纪要》对《大连会议纪要》的相关规定作了补充和完善。第一，《武汉会议纪要》进一步明确了累犯、毒品再犯情节对毒品犯罪案件量刑的影响，强调要根据宽严相济刑事政策的要求，对累犯、毒品再犯依法从严惩处，并具体规定了其中几类严惩的重点。第二，《武汉会议纪要》规定了同时具有累犯、毒品再犯情节的刑罚适用及法条引用问题。《大连会议纪要》规定，对同时构成累犯和毒品再犯的被告人，应当同时引用刑法关于累犯和毒品再犯的条款从重处罚。对此类被告人是否要重复予以从重处罚，实践中有不同认识。《武汉会议纪要》对《大连会议纪要》的上述规定加以完善，区分两种情形作出规定：一是对于因同一毒品犯罪前科同时构成累犯和毒品再犯的被告人，在裁判文书中应当同时引用刑法关于累犯和毒品再犯的条款，但在量刑时不得重复予以从重处罚。二是对于因不同犯罪前科同时构成累犯和毒品再犯的被告人，量刑时的从重处罚幅度一般应大于前述情形，以体现区别。之所以规定为“一般”，是考虑到实践中存在一些例外情况。例如，对于分别因罪行较轻的盗窃罪和非法持有毒品罪而同时构成累犯和毒品再犯的被告人，对其从重处罚幅度未必大于因单一的严重贩卖毒品罪而同时构成累犯和毒品再犯的被告人。

——高贵君、马岩、方文军、李静然：《〈全国法院毒品犯罪审判工作座谈会纪要〉的理解与适用》，载最高人民法院刑事审判第一、二、三、四、五庭主办：《刑事审判参考》（总第 102 辑），法律出版社 2016 年版，第 153 页。

三、自首和立功

180 犯罪嫌疑人有合理依据判断会有人及时报案，客观上有足够时间、条件逃跑而未逃跑，符合立法本意，应视为自动投案

关键词｜待捕型自首｜自动投案｜

【最高人民法院司法文件】

一、关于“自动投案”的具体认定

《解释》[①]第一条第(一)项规定七种应当视为自动投案的情形,体现了犯罪嫌疑人投案的主动性和自愿性。根据《解释》第一条第(一)项的规定,犯罪嫌疑人具有以下情形之一的,也应当视为自动投案:1. 犯罪后主动报案,虽未表明自己是作案人,但没有逃离现场,在司法机关询问时交代自己罪行的;2. 明知他人报案而在现场等待,抓捕时无拒捕行为,供认犯罪事实的;3. 在司法机关未确定犯罪嫌疑人,尚在一般性排查询问时主动交代自己罪行的;4. 因特定违法行为被采取劳动教养、行政拘留、司法拘留、强制隔离戒毒等行政、司法强制措施期间,主动向执行机关交代尚未被掌握的犯罪行为的;5. 其他符合立法本意,应当视为自动投案的情形。

……

——《最高人民法院关于处理自首和立功若干具体问题的意见》(2010 年 12 月 22 日,法发〔2010〕60 号)。

【链接：理解与适用】

三、“自动投案”的具体认定

(二)“明知他人报案而在现场等待”的情形

《意见》增加的第二种情形是“明知他人报案而在现场等待,抓捕时无拒捕行为,供认犯罪事实的”,犯罪嫌疑人作案后虽然没有亲自报警。但在明知他人报案的情况下有机会逃走而未逃走,留在现场等待抓捕,即“能逃而不逃”,这种情形体现了其主动、自愿将己交付法律制裁的意图,对控制犯罪嫌疑人有一定意义,故应当认定为自动投案。但是,如果犯罪嫌疑人系因受伤、醉酒、被群众包围等客观因

① 即《最高人民法院关于处理自首和立功具体应用法律若干问题的解释》(法释〔1998〕8 号)。

素而未能逃跑,或者滞留现场是寻找作案机会、继续作案而非等待抓捕,则不能认定为自动投案。

——周峰、薛淑兰、孟伟:《〈关于处理自首和立功若干具体问题的意见〉的理解与适用》,载最高人民法院刑事审判第一、二、三、四、五庭主办:《刑事审判参考》(总第80辑),法律出版社2011年版,第167—180页。

【最高人民法院参考案例】

韩永仁故意伤害案(《刑事审判参考》案例第1059号)

要旨:行为人根据现场情况,有合理依据判断有人及时报案的,属于“明知他人报案”;行为人在案发后有足够的时间、条件能逃跑而未逃跑,自愿在现场等待被抓捕的,属于“在现场等待”。

被告人韩永仁故意伤人后刀具被在大厅值班的服务员金岚捡起,韩永仁见状回到锅炉房休息室。金岚随即拨打“120”急救电话,并电话告知经理庞秀平。后韩永仁再次来到大厅,见逯永君趴在地上不动,地上有不少血,询问金岚是否报“120”,得到答允后回到锅炉房休息室。后庞秀平拨打“110”报警电话,并派饭店员工赵立东、方强到锅炉房看锅炉的运转情况及韩永仁的动向,韩永仁始终在锅炉房休息室待着,直至被公安人员带走。

我们认为,《意见》规定的“明知他人报案”包括两种情况:一种是行为人作案后在现场等待,现场有人报案,行为人看到或者听到他人报案,当然属于“明知他人报案”;另一种是行为人虽然没有亲眼看到或者亲耳听到他人报案,但根据当时情况可以认定为“明知他人报案”的情形。判断后一种情形下的“明知他人报案”,主要是结合案件的具体情况和行为人的自身情况,推断其主观上是否“明知”。对于当时的被告人来说,犯罪事实已经昭然若揭,在场证人还打了电话,无论是拨打“110”还是“120”,韩永仁都有合理的依据相信警察会赶到现场,所以韩永仁供述“我没报警,我寻思应该有人报警”的情况是真实可信的。

“明知他人报案而在现场等待,抓捕时无拒捕行为,供认犯罪事实”的情形之所以能认定为自动投案,在于其具备自动投案的本质特征:投案的主动性和自愿性。而投案的主动性和自愿性集中体现在“在现场等待”这一行为中。故此处的“在现场等待”只能是上述第三种情况,即行为人有机会逃走而未逃走,留在现场等待抓捕,主动、自愿地将自己交付法律制裁。具体来说,首先需要判断行为人在当时的情况下是否有条件逃走,如果行为人因为受伤、意识不清、被群众包围等客观因素而不得不留在现场,并非能够自由选择是否留在现场,则不能认定为自动投案。其次需要判断行为人不逃走的主观目的是什么,如果滞留现场是为了寻找作案机会、继续作案等而非等待抓捕,则不能认定为自动投案。

——《刑事审判参考》(总第102辑)。

金复生以危险方法危害公共安全、故意杀人案(《刑事审判参考》案例第1236号)

要旨:现场待捕型自首的基础是行为人报案的主动性和自愿性,这种主动性和自愿性是通过明知司法机关必然到案发现场而在现场等待的形式表现出来的,包括相互依托的两个方面:一是明知他人报案;二是留在现场等待归案。

首先,金复生在本案中的具体表现不能成立现场待捕型自首。金复生的辩护人认为,金复生连续撞人结束后,明知必然有人报警,能够逃跑而未逃跑,在车内等待民警前来抓捕,到案后如实供述犯罪事实,符合《最高人民法院关于处理自首和立功若干具体问题的意见》中"明知他人报案而在现场等待,抓捕时无拒捕行为,供认犯罪事实"的自动投案情形,构成现场待捕型自首。我们认为,作为"视为自动投案"的一种情形,现场待捕型自首的基础是行为人投案的主动性和自愿性,这种主动性和自愿性是通过明知司法机关必然到案发现场而在现场等待的形式表现出来的,包括相互依托的两个方面:一是明知他人报案;二是留在现场等待归案。两者的结合体现出行为人主动将自己置于司法机关控制之下的主观愿望和客观行为,在一定意义上等同于行为人自动投案,故可视为自动投案。实践中,"他人报案"这一事实一般应是有具体的报案人和明确的报案内容,但在人员比较繁杂的案发现场,即使行为人不能确定具体的报案人员和报案的事实,但能够概括或笼统地知道有人报案,也可认定"明知"的成立。另外,从"明知他人报案"的结果来看,多数情况下"他人报案"应是有效或成功的报案,即司法机关通过本次报案掌握了案发的相关信息,并基于此信息而予以相应处理。如果行为人所明知的并不是一次有效或成功的报案,但行为人误以为他人报案成功而主动留在案发现场等待,最终被查获归案的,考虑到其归案的主动性和自愿性,一般也可认定为"明知他人报案"。

本案中,被告人金复生撞人后的归案不能成立现场待捕型自首。主要理由是:其一,根据在案证据,不能得出金复生"明知他人报案"的结论。公安机关出具的"110"接处警记录及受案登记表、立案决定书等证据证明,朝阳公安分局接到群众报警后即将本案立为刑事案件侦查。金复生一直供称不知有人报警,现有证据既无法确定金复生明知具体的报案人员和报案的事实,也无法确定金复生概括或笼统地知道有人报案的情况。其二,根据在案证据,也不能得出金复生在现场等待归案的结论。在案证据显示,金复生是因为其所驾车辆撞到了停在路边的白色金杯车而无法继续行驶,金复生也供称:"中间有人开我的车门往车里踹了一脚,我就把车门锁上了。"这表明金复生系因缺乏逃离现场的客观条件而滞留现场,并非"等待归案"。况且,金复生在被抓捕时并未完全予以配合。张朝锋、韩立新等证人的证言均证明案发后金复生始终没下车,是在警察到达现场后被“拉下车”的。出警的两位民警的证言也证明:金复生当时“已撞蒙,坐在车内,没有投案迹象”,“拉开车门嫌疑人不下车,我们从车内将嫌疑人拽下车控制”。这表明金复生并未完全配合公安机关的抓捕行为。综上,不能认定金复生成立现场待捕型自首。

——《刑事审判参考》(总第 113 辑)。

181 “明知他人报案而在现场等待”的“现场”范围

关键词 | 自首 | 现场 |

【最高人民法院参考案例】

赵迎锋故意杀人案(《刑事审判参考》案例第 1455 号)

要旨:认定“现场”的具体范围根据个案情况而有所不同,但范围不宜过大,且犯罪嫌疑人没有藏匿等行为,侦查人员到达犯罪现场后即可发现,或者通过简单排查、走访、询问便能找到犯罪嫌疑人,方可视为“现场等待”。

本案在审理过程中,有意见认为被告人赵迎锋明知他人报案而在现场等待,抓捕时无拒捕等行为,符合《意见》第一条第一款中规定的第二种情形,也应当视为自动投案。我们认为该观点对上述规定中“现场”范围的理解是值得商榷的。

我们认为,自动投案要求体现犯罪嫌疑人投案的主动性和自愿性。犯罪嫌疑人作案后明知他人报警,没有潜逃并在犯罪现场或附近等待,该行为能够体现其将自己交由司法机关控制之下的主观意愿,可以视为自动投案。因此,此处的“现场”应指犯罪现场,而非其他场所。在此基础上,认定“现场”的具体范围根据个案情况而有所不同,但范围不宜过大,且犯罪嫌疑人没有藏匿等行为,侦查人员到达犯罪现场后即可发现,或者通过简单排查、走访、询问便能找到犯罪嫌疑人,方可视为“现场等待”。反之,若犯罪嫌疑人作案后即逃离现场,或者虽未逃离但就地隐匿、伪装,公安机关到达现场后难以发现,需要更加深入的侦查才能锁定的,就不能视为“现场等待”。本案中,被告人赵迎锋作案后即驾车潜逃,抓捕现场与犯罪现场毫无关联且距离遥远,因此不能认定为明知他人报案而在现场等待,无拒捕行为,不能以该理由视为自动投案。

——《刑事审判参考》(总第 130 辑)。

182 作案后报警但没有讲明自己为犯罪人，滞留犯罪现场等候警方处理的情形属于自动投案

关键词｜自动投案｜待捕型自首｜

【最高人民法院参考案例】

陈国策故意伤害案(《刑事审判参考》案例第394号)

要旨:被告人在故意伤害犯罪过程中多次用电话报警,但报警内容未涉及自己的犯罪行为,案发后滞留现场等候警方处理,并在警方讯问后如实供述主要犯罪事实的,应当认定为自首。

主要理由是:其一,被告人滞留作案现场等候警方处理的行为,具有自动性,应当视为自动投案。根据《最高人民法院关于处理自首和立功具体应用法律若干问题的解释》第一条第(一)项的规定:“自动投案,是指犯罪事实或犯罪嫌疑人未被司法机关发觉,或者虽被发觉,但犯罪嫌疑人尚未受到讯问、未被采取强制措施时,主动、直接向公安机关、人民检察院或者人民法院投案。”刑法设立自首制度的目的,就是鼓励犯罪人自动投案和如实供述,以达到利用较低的司法成本查明案情,及时进行刑事追诉的目的。对于案发过程中,无论是被告人本人报警或由他人报警,也不论报警内容是否涉及被告人的犯罪行为,只要有证据证实被告人案发后滞留现场是出于等候警方处理之目的,即可认定被告人到案具有自动性,视为自动投案。其二,被告人在警方询问(或者讯问)过程中,如实供述了本人及同案人的主要犯罪事实的,应当认定为“如实供述自己的罪行”。

——《刑事审判参考》(总第50辑)。

183 行为人打电话报警但未承认自己实施犯罪行为的，是否构成自首

关键词｜自首｜自动投案｜

【最高人民法院参考案例】

黄光故意杀人、诈骗案(《刑事审判参考》案例第1044号)

要旨:自首的成立,必须同时符合自动投案和如实供述两个要件。

自动投案,一般是指犯罪事实或者犯罪嫌疑人未被司法机关发觉,或者虽然被发觉,但犯罪嫌疑人尚未受到办案机关的调查谈话、讯问,或者未被宣布采取调查措施或者强制措施、未被群众扭送时,主动将自己置于办案机关的合法控制下,接受审查与裁判的行为。就本案而言,黄光打电话报警称三人食物中毒,要求出警。

但报警时并未称其投毒,且自始至终没有告知或者提示医生三人系因服用大茶药而中毒,致被害人龙利源因抢救无效而死亡。黄光的报警,并不必然将自己置身于犯罪嫌疑人的身份。公安机关直到经过大量调查工作,取得一定证据后,才对黄光刑事拘留。黄光的报警与公安机关将黄光作为犯罪嫌疑人采取强制措施之间没有关联性,黄光缺乏自动投案的要件。

——《刑事审判参考》(总第 101 辑)。

184 对于“准备去投案”的被告人，如何通过其准备行为来判断是否确有投案意愿

关键词 | 自首 | 自动投案 |

【最高人民法院司法解释】

第一条第(一)项 根据刑法第六十七条第一款的规定,犯罪以后自动投案,如实供述自己的罪行的,是自首。

(一)……经查实确已准备去投案,或者正在投案途中,被公安机关捕获的,应当视为自动投案。

……

——《最高人民法院关于处理自首和立功具体应用法律若干问题的解释》(1998 年 5 月 9 日,法释〔1998〕8 号)。

【最高人民法院参考案例】

徐勇故意杀人案(《刑事审判参考》案例第 1078 号)

要旨:认定被告人是否“确已准备去投案”,需具备以下几点:(1)必须有准备投案的客观行为;(2)准备行为必须是与投案相关的必要行为;(3)准备行为必须能够清楚地反映投案意愿;(4)投案意愿必须具有连续性;(5)准备投案必须有相应的证据加以证明。

被告人徐勇作案后在亲属的规劝下,表示先回家与妻子告别再去投案,但回家后即醉倒,其亲属主动报案后,协助公安人员将昏睡的徐勇带至公安机关。次日,徐勇醒酒后即如实供述了犯罪事实。根据已查明的事实、证据,徐勇的行为属于“经查实确已准备去投案”,并结合其如实供述罪行,而依法认定其构成自首。

我们认为,对这种“准备投案”的认定,应当强调的不仅仅是被告人的心理活动,更重要的是已经为投案实施了一定的准备活动,客观行为已经能够清楚地反映准备投案的主观心态。具体而言,可以从以下几个方面认定被告人是否“确已准备

去报案”：

1. 必须有准备投案的客观行为

正如仅有犯意表示不构成犯罪一样，准备投案不能仅仅是被告人的一种纯粹的心理活动或者单纯的意思表示。原因在于，主观意愿如果没有外化为客观行为，并不具有法律意义，不仅如此，由于缺乏客观行为，司法机关对于被告人的心理活动也无从查证。这就要求，被告人必须在投案意愿的支配下，为投案实施了一定的准备行为，并且有客观的事实、证据来加以证明。例如，被告人已向他人表示将要投案，但在时间和条件允许的情况下，却一直没有任何为投案做准备的行为，这种情形就不能认定为准备投案。

2. 准备行为必须是与投案相关的必要行为

被告人作案后总会实施一系列活动，有的被告人归案后则辩称这些活动是为投案做准备。在这种情况下，就需要准确界定准备行为的范围。从司法实践来看，可以归入投案准备的行为主要有两类：一是为投案准备工具、创造条件的情形，如了解投案对象和场所路线，为投案准备交通工具、生活用具，请求父母、亲友陪同投案，正在书写供词准备带去投案，因受伤等原因正在寻找他人代为投案，等等；二是为投案解除后顾之忧、安排后事的情形，如投案前与亲友告别，交代债权债务，安排赡养老人、抚养子女事宜，等等。一般来说，以上情形都可以认定为是与投案相关的必要行为。反之，对那些与投案并无直接关系亦非必要的情形，则不能认定为准备投案。如被告人归案后辩称，归案前正在四处查找同案犯下落，准备找到之后带着立功线索投案的，即便该辩解有其他证据支持，但由于此情形并非投案的必要准备行为，在投案时间上也不可预期，故一般不能认定为准备投案。

3. 准备行为必须能够清楚地反映投案意愿

即便准备行为是与投案相关的必要行为，也要对是否能够清楚地反映出被告人的投案意愿进行审查。有的准备行为能够较为明显地反映出被告人的投案意愿，如请求亲友陪同投案，但也有一些准备行为具有双重性质，如准备交通工具、与家人告别，既可能是为投案创造条件或者解除后顾之忧，也可能是为潜逃做准备。对这种情形，如果仅有被告人供述，缺乏其他证据有力印证的，由于所谓的准备行为并不能清楚地反映出投案意愿，一般就不能认定为准备投案。

4. 投案意愿必须具有连续性

准备投案的情形之所以能认定为自动投案，是因为被告人确实在投案意愿的支配下实施了准备投案的行为，只是由于被公安机关及时抓获等意志以外的原因，才未能进一步实施投案行为。易言之，如果没有客观因素介入，被告人将会最终实际投案。这就要求，被告人的投案意愿必须具有连续性，产生投案意愿、准备投案之后又改变初衷的，或者犹豫不决的，一般不能认定为准备投案。例如，被告人在原籍地作案后外逃，在亲属的劝说下准备投案而返回原籍地，但返回后一个月一直未去投案，后被公安机关抓获，被告人辩称准备投案，其亲属也能证明说服被告人返回原籍地准备投案的过程。但是，所谓的“准备投案”竟然准备了一个月，这说明其投案意愿发生了变化。实际上，从客观行为看，被告人返回原籍地时确实是准备投案，但之后又放弃了投案意愿，所以不能认定为准备投案。又如，被告人确实是在准备投案途中被公安人员抓获，但在讯问时未能及时、如实供述犯罪事实，在多次讯问后才如实供述的，或者在抓捕时拒捕、逃跑的，都说明其投案意愿存在反复，一般也不能认定为准备投案。

5. 准备投案必须有相应的证据加以证明

对前述四个方面的审查认定，都离不开相应的证据。根据《解释》的规定，构成“准备投案”，必须要求“经查实确已准备去投案”，这里就存在一个证明标准的问题。对准备投案的证明标准当然不能要求过高，不能以“事实清楚，证据确实、充分”的定罪标准来衡量，但也不能动辄以有利于被告人为由，对其辩解在既无法查实也无法排除的情况下一概采信。因为《解释》强调，必须是“经查实确已准备去投案”，一方面要求“经查实”，另一方面要求被告人“确已”准备投案。对此，可以从被告人准备投案行为的客观表现、归案后供述的主动性和及时性、相关证人对被告人归案前言行的证言等方面进行综合审查判断。一般来说，被告人辩称准备投案，却提不出相应的证据线索，司法机关经查证也未发现确能证明其已为投案做准备的证据的，不能认定为准备投案。在有被告人供述及相关证人证言等证据证明被告人准备投案的情形下，必须认真审查言词证据的客观性、真实性、关联性，如分析供述与证言的印证关系、有无矛盾之处、供述与证言是否稳定、证言的制作时间、证人与被告人的亲疏利害关系，同时将言词证据与其他证据进行比对，审慎作出判断。

——《刑事审判参考》（总第 103 辑）。

185 如何准确把握自首制度适用中的“送亲投案”

关键词 | 自首 | 送亲投案 |

【最高人民法院参考案例】

赵迎锋故意杀人案（《刑事审判参考》案例第 1455 号）

要旨：送亲投案，应当视为自动投案。

（一）“送亲投案”的性质和要求以及与亲友捆绑送嫌疑人归案、亲友协助抓捕的区别

“送亲投案”是指《解释》[①]第一条第（一）项规定的“并非出于犯罪嫌疑人主动，而是经亲友规劝、陪同投案的；公安机关通知犯罪嫌疑人的亲友，或者亲友主动报案后，将犯罪嫌疑人送去投案”的情形。亲友将犯罪嫌疑人送去投案不仅客观上节约了司法资源，深层次上也能够反映犯罪嫌疑人对于被送投案没有反抗的主观心态，愿意将自己置于司法机关控制之下——至少并不反对、抗拒，与自首制度设立的初衷相符，因而《解释》将此种情形规定为“应当视为自动投案”。相对于“送亲投案”而言，亲友协助公安机关抓捕犯罪嫌疑人与捆绑送嫌疑人归案则明显不同，该两种情形虽然在一定程度上节约了司法资源，但无论哪一种情形，犯罪嫌疑人均缺乏自愿将自己置于司法机关控制之下接受审查这个核心要件，因此不能视为自动投案。

本案中，被告人赵迎锋在作案后主动联系亲友赵某某等人，并主动告知自己所处位置，当赵某某等亲友找到赵迎锋并再次报警告知警方具体位置时，赵迎锋对此是明知的，在案证据也证实赵迎锋虽已服毒却未丧失行动能力，可以驾车逃走。对于亲友报警，尤其是将具体位置告知公安人员，赵迎锋不但明知，而且没有反抗或抗拒，很大程度上能够反映其投案的主观意愿，这与亲友“捆绑送嫌疑人归案”中，嫌疑人对“归案”抗拒、抵触有着本质区别。从作用角度来讲，亲友将“控制”下的犯罪嫌疑人交付公安机关的行为具有主动性、决定性，远远大于亲友“协助抓捕”的附属性、配合性，完全符合“送亲投案”的实质要求，应当视为自动投案。

那么，亲友主动报案后，将犯罪嫌疑人送去投案的情形，是不是应当有形式要求，也就是说是否需要将犯罪嫌疑人送至特定场所呢？我们认为，送亲投案的核心要件是犯罪嫌疑人亲友将嫌疑人交由司法机关等其他符合法律要求的单位、部门控制，客观上节约司法资源。因此，考量“送亲投案”应当从实质角度出发，而不应简单考虑地点和形式，只要是主动交由司法机关控制之下的行为，均应当视为“送亲投案”，包括但不局限于将犯罪嫌疑人送至具体特定场所。

——《刑事审判参考》（总第130辑）。

186 亲友将犯罪嫌疑人哄骗、捆绑、麻醉后送交司法机关以及亲友带领或者联系侦查人员抓获犯罪嫌疑人的行为，不能认定为自首

关键词｜自首｜送首｜

① 即《最高人民法院关于处理自首和立功具体应用法律若干问题的解释》（法释〔1998〕8号）。

【最高人民法院司法文件】

一、关于“自动投案”的具体认定

……

犯罪嫌疑人被亲友采用捆绑等手段送到司法机关，或者在亲友带领侦查人员前来抓捕时无拒捕行为，并如实供认犯罪事实的，虽然不能认定为自动投案，但可以参照法律对自首的有关规定酌情从轻处罚。

——《最高人民法院关于处理自首和立功若干具体问题的意见》(2010 年 12 月 22 日，法发〔2010〕60 号)。

【链接：理解与适用】

三、“自动投案”的具体认定

(五)采用捆绑手段“送子归案”的情形

在《意见》制定过程中，对亲属采用捆绑手段“送子归案”的情形能否认定为自首也存在较大争议。有观点认为，此种情形与《解释》[①]第一条第(一)项中的亲友陪同投案无本质差别，犯罪嫌疑人亲属舍弃亲情而将嫌疑人交付国家审判，目的是使犯罪嫌疑人得到从宽处罚，对这种“大义灭亲”的行为应予肯定和鼓励，因而应视为自动投案。我们经反复斟酌后认为，犯罪嫌疑人被亲友采用捆绑等手段送到司法机关，或者在不明知的情况下被亲友带领侦查人员前来抓获的，由于犯罪嫌疑人并无投案的主动性和自愿性，完全是被动归案，将此认定为自动投案既不符合自首的本质特征，也违背了主客观相统一的刑法原则，而且破坏了人们对于自首的一般理解。因此，上述情形不宜认定为自动投案。

但是，法律对这种“大义灭亲”的行为应予充分肯定和积极鼓励，在量刑时一般应当考虑犯罪嫌疑人亲友的意愿，参照法律对自首的有关规定酌情从轻处罚。当然，如果犯罪嫌疑人亲友是出于对犯罪嫌疑人的痛恨而实施“送子归案”等行为，并不要求对犯罪嫌疑人宽大处理，在量刑时也可以不予从轻处罚。

——周峰、薛淑兰、孟伟：《〈关于处理自首和立功若干具体问题的意见〉的理解与适用》，载最高人民法院刑事审判第一、二、三、四、五庭主办：《刑事审判参考》(总第 80 辑)，法律出版社 2011 年版，第 167—180 页。

---

① 即《最高人民法院关于处理自首和立功具体应用法律若干问题的解释》(法释〔1998〕8 号)。

【最高人民法院参考案例】

吕志明故意杀人、强奸、放火案(《刑事审判参考》案例第699号)

要旨:如果亲友并不明知犯罪嫌疑人实施了犯罪行为,亲友主动与司法机关联系的目的并不是让犯罪嫌疑人接受司法机关的处理,而是为了撇清犯罪嫌疑,则不应认定为自动投案。

1.《解释》和《意见》虽然对"自动投案"采取了相对较宽的认定标准,但始终要求"自动投案"应具有主动性和自愿性,即行为人是在意志自由的前提下主动地、自愿地将自己置于司法机关的管束、控制下,准备接受司法机关的处理。投案不论出于何种动机,只要行为人犯罪后主动将自己交由司法机关进行处置,都不影响投案的自动性,不影响自动投案的成立。但是,"自动投案"对于投案目的有特定要求,即行为人必须明确告知其到司法机关的目的是投案,接受司法机关的处理。如果行为人主动到司法机关的目的是为自己开脱罪责或者表明自己"清白"的,则不符合自动投案的本质要求,不能认定为自动投案。

2.将"送亲归案"认定为自动投案的重要前提条件是,犯罪嫌疑人的亲友已知道犯罪嫌疑人实施了一种或几种犯罪行为。即犯罪嫌疑人的亲友明知犯罪嫌疑人实施了犯罪行为,仍然主动联系有关机关或人员,亲自"陪首"或者"送首",目的是将犯罪嫌疑人有效地置于司法机关的控制之下,使犯罪嫌疑人承担相应的法律后果。如果亲友并不明知犯罪嫌疑人实施了犯罪行为,亲友主动与司法机关联系的目的并不是让犯罪嫌疑人接受司法机关的处理,而是为了撇清犯罪嫌疑,则不应认定为自动投案。

——《刑事审判参考》(总第80辑)。

187 亲属主动报案并带领民警抓获被告人的,被告人是否成立自首

关键词｜自首｜亲属主动报案｜协助抓捕｜

【最高人民法院参考案例】

王宪梓故意杀人案(《刑事审判参考》案例第1223号)

要旨:亲属主动报案并带领公安人员抓获被告人,被告人并非自动投案,不构成自首。

自动投案是成立自首的必备条件。根据最高人民法院于1998年发布的《关于处理自首和立功具体应用法律若干问题的解释》(以下简称《自首立功解释》)、2010年发布的《关于处理自首和立功若干具体问题的意见》(以下简称《自首立功

意见》），自动投案分为典型的自动投案和应当视为自动投案两种。

首先，《自首立功解释》第一条第（一）项规定，自动投案，是指犯罪事实或者犯罪嫌疑人未被司法机关发觉，或者虽被发觉，但犯罪嫌疑人尚未受到讯问、未被采取强制措施时，主动、直接向公安机关、人民检察院或者人民法院投案。本案中被告人王宪梓显然不属于此种典型的自动投案。

其次，《自首立功解释》列举了七种应当视为自动投案的情形，其中第七种情形为“公安机关通知犯罪嫌疑人的亲友，或者亲友主动报案后，将犯罪嫌疑人送去投案”。本案中，被告人王宪梓的母亲虽然主动向公安机关报案，但未送王宪梓投案，故不属于此种应当视为自动投案的情形。

再次，《自首立功意见》在《自首立功解释》的基础上，增加四种应当视为自动投案的情形，还设立了兜底条款。其中第二种情形为“明知他人报案而在现场等待，抓捕时无拒捕行为，供认犯罪事实”。本案中，被告人王宪梓并不知道母亲报案，更不知道母亲带领公安人员对他进行抓捕，因此王宪梓也不符合此种应当视为自动投案的情形。

最后，从《自首立功解释》和《自首立功意见》中列举的应当视为自动投案的情形来看，《自首立功解释》和《自首立功意见》虽然对自动投案采取了较为宽松的认定标准，但没有也不可能突破自动投案应具有的主动性和自愿性要求。正是根据此要求，《自首立功意见》将犯罪嫌疑人没有投案主动性和自愿性的行为，认为是被动归案的情形，即被亲友采取捆绑等手段送到司法机关，或者在亲友带领侦查人员前来抓捕时无拒捕行为的，均不能认定为自动投案。本案中，被告人王宪梓的母亲报案并带领公安人员抓获王宪梓，在整个过程中，王宪梓没有主动投案、自愿投案的意思表示和行为，而是被动归案，故王宪梓及其辩护人所提王宪梓具有自首情节不能成立。

——《刑事审判参考》（总第112辑）。

188 被告人符合自首条件但其亲属阻碍抓捕的，被告人仍然构成自首

关键词 | 自首 | 阻碍抓捕 |

【最高人民法院参考案例】

张东生故意杀人案（《刑事审判参考》案例第598号）

要旨：被告人具备自首要件，其亲属不配合抓捕不影响自首的成立。

本案是一起因恋爱情感纠纷引发的故意杀人案件，事实清楚，证据确实、充分。在审理过程中，存在争议的问题是被告人张东生是否具有自首情节。对此，有两种

不同意见：

一种意见认为，张东生被公安机关锁定为重大犯罪嫌疑人后，虽然其在胡同口看到公安人员时主动表明了身份及投案意思，但当其家人不配合公安人员工作时，张东生没有任何劝阻言行，主观上缺乏自首的主动意思表示，说明其内心并不反对家人拦阻抓捕的行为，因而张东生的行为不符合自首的成立条件。

另一种意见认为，张东生归案时，自动投案的条件已经具备。当其家人不配合公安人员工作时，张东生虽没有任何劝阻言行，但不影响自动投案成立，其投案后能如实交代自己的犯罪事实，应当认定具有自首情节。

我们认为后一种意见是正确的，具体理由如下：

刑法第六十七条规定，犯罪以后自动投案，如实供述自己的罪行的，是自首。据此，自首的成立需具备两个条件，即自动投案和如实供述所犯罪行。《最高人民法院关于处理自首和立功具体应用法律若干问题的解释》（以下简称《解释》）第一条规定，“犯罪后逃跑，在被通缉、追捕过程中，主动投案的；经查实确已准备去投案，或者正在投案途中，被公安机关抓获的，应当视为自动投案”。“犯罪嫌疑人自动投案后又逃跑的，不能认定为自首”。据此，本案认定被告人张东生是否构成自首，主要应从两个方面分析：一方面是看张东生的行为是否具备“在被通缉、追捕过程中主动投案，或经查实确已准备去投案，以及正在投案途中，被公安机关抓获”等成立自首的基本要件；另一方面是看张东生是否有投案后又逃跑等否定其自首行为的反向情节。具体分析如下：

一方面，从案件事实来看，被告人张东生杀死被害人后，先后到了朋友和亲戚家，将杀死被害人的事告诉了亲友。亲友们都劝他自首。张东生也有投案的意愿，但想回家看一下生病的母亲后再去自首。亲友们送张东生回家，在返回其家的胡同口时看到前来抓捕的公安人员，在公安人员尚未采取抓捕措施，甚至在尚未确认他就是张东生之前，主动说出“我是张东生，我要自首”。因此，张东生虽然没有直接去公安机关投案，且是在看到公安人员后才表示自首，但分析张东生的供述及其看到公安人员后的言行表现，结合其他证人的证言等现有证据，能够确认张东生的确实准备“回家看一下生病的母亲后再去自首”，具有自首的内心意愿；且张东生在看到公安人员后主动说出自己的身份，并明确说要自首，已经有了投案的具体言行表示。在这一阶段，张东生的行为已符合自动投案的情形，无论张东生是在回家探母的路上还是在直接去公安机关投案的路上被抓获，均可认定为“确已准备去投案，或者正在投案途中”，不影响其“应当视为自动投案”这一基本要件的成立。关于这一点，不存在争议。

本案是否认定张东生构成自首的主要争议集中在另一方面：在公安人员已将张东生带上警车后，闻讯赶来的张东生父母不配合工作，和亲属、邻居数十人对民警进行围困，并企图抢回张东生，阻挠正常执法。在此期间，张东生没有任何劝阻言行，但也没有参与阻挠、围困或直接逃跑，最终还是被公安机关带回。这种情况下是否仍能认定自首，要对被告人的主观意志进行深入分析。如果张东生此时逃跑，或者家人抢回（这种情形与"投案后又逃跑"的情况类似），后未再主动投案，说明其已放弃了自动投案的想法，根据《解释》规定，当然不能认定为自首。而本案中，张东生投案后在家人围困、阻挠抓捕的情况下，虽然没有主动劝阻家人，但毕竟没有脱逃，主观上并无逃跑或抗拒抓捕的意思表示，客观上也没有实施配合家人阻挠抓捕的行为，只是态度有些消极，说明被告人当时主观上处于一种较为复杂的内心矛盾斗争之中，就其当时所处情境而言，出现这种想法也是正常的。从张东生的客观表现分析，当时他身处如此混乱的场面之中，既没有鼓动亲友闹事，更没有趁机逃脱，说明他并没有放弃自动投案的想法，不能因为他没有劝阻言行而否定其已作出的投案表示和行为，因此，这一阶段张东生家属不配合抓捕的行为不影响其自动投案的成立。

综上，在被告人张东生自动归案后如实交代自己的犯罪事实的情况下，可以认定其有自首情节，依法可以从轻处罚。最高人民法院以此为由依法对其不核准死刑，发回重审是适当的。

——《刑事审判参考》（总第72辑）。

189 非法持有毒品者主动向公安机关上交毒品的，是否构成自首

关键词 | 自首 | 非法持有毒品罪 | 犯罪较轻 |

【最高人民法院参考案例】

周某非法持有毒品案（《刑事审判参考》案例第1084号）

要旨：主动上交所藏毒品时，行为人非法持有毒品已有一定的时间，非法持有毒品犯罪已构成既遂，不宜认定构成犯罪中止，应当以自首论处。

1. 非法持有毒品者主动向公安机关上交毒品的，构成自首

我们认为，持有型犯罪在犯罪形态方面的特点是一经持有即达成既遂，即行为人实施持有行为、犯罪进入实行阶段后，持有状态即形成，持有犯罪便已达成既遂形态，不可能再向另外一种停止形态，即犯罪中止形态逆向转化，其持有行为是否发生实际的危害结果，不影响持有犯罪既遂的成立。在持有犯罪行为实施时，因不存在明显的行为终了与犯罪既遂之间的时间间隔，故不具备形成犯罪中止的时间条件；同理，持有行为实施后也不太可能再出现未遂等未完成形态。若对该问题作进一步探讨，持有型犯罪在预备阶段可能因行为人自动停止，不再着手实施犯罪，

从而构成预备阶段的犯罪中止,如行为人为了实施非法持有毒品犯罪购买保险柜、包装袋、电子秤等物品后,在接取毒品前主动放弃犯罪,不再着手实施持有毒品行为。本案中,周某主动上交所藏毒品时,其非法持有毒品已有一定的时间,非法持有毒品犯罪已构成既遂,不宜认定构成犯罪中止,应当以自首论处。

2. 结合具体案情可认定其真诚悔罪,犯罪行为无实质危害的,属于自首条款中的"犯罪较轻",对被告人可免除处罚

刑法第六十七条第一款规定:"对于自首的犯罪分子,可以从轻或者减轻处罚。其中,犯罪较轻的,可以免除处罚。"在常见的毒品案件中,对非法持有甲基苯丙胺(冰毒)一百多克的犯罪确实无法作出"犯罪较轻"的认定,但本案的具体情节确实较为特殊,需与一般案件区别对待。本案中,被告人周某在公安机关事先完全不掌握其犯罪线索的情况下主动上交其非法持有的毒品,这种做法在司法实践中比较罕见。第一,从客观上看,其上交毒品的行为使其非法持有毒品行为的社会危害性明显低于一般的同类犯罪,其犯罪行为对社会也没有造成任何实质危害,并且极大节约了司法资源,对其行为多方面的积极意义应在量刑时予以充分考虑。第二,从主观上看,周某投案的动机是与毒品决裂,痛改前非,尽心赡养老母。在公安机关未掌握其犯罪线索的情况下,其完全可以采取私下销毁毒品等方式,既实现自己的目的,又逃避法律制裁,但为表示真诚悔改的态度,其将毒品上交公安机关,愿意接受刑事处罚,说明其悔罪态度真诚、坚决,再次实施毒品犯罪的可能性很小。周某虽系毒品再犯,但其人身危险性明显不同于一般的毒品犯罪分子。第三,对周某给予最大程度的从宽处罚,对教育、感化毒品犯罪分子,鼓励涉毒人员主动远离毒品具有良好的示范效应。因此,综合上述三方面因素分析,对周某的非法持有毒品行为认定为"犯罪较轻",进而对其免除处罚,符合罪刑相适应原则。二审法院综合考量犯罪行为具体的社会危害性和犯罪人的人身危险程度,灵活适用量刑规范化规定,改判周某犯非法持有毒品罪,免予刑事处罚,定罪准确,量刑适当,取得了良好的法律效果和社会效果。

——《刑事审判参考》(总第103辑)。

190 犯罪嫌疑与形迹可疑如何区分

关键词|自首|犯罪嫌疑|形迹可疑|自动投案|

【最高人民法院司法解释】

第一条第(一)项　根据刑法第六十七条第一款的规定,犯罪以后自动投案,如实供述自己的罪行的,是自首。

（一）……罪行尚未被司法机关发觉，仅因形迹可疑，被司法机关盘问后，主动交代自己的罪行的……应当视为自动投案。

……

——《最高人民法院关于处理自首和立功具体应用法律若干问题的解释》（1998 年 5 月 9 日，法释〔1998〕8 号）。

【最高人民法院司法文件】

一、关于"自动投案"的具体认定

……

罪行未被有关部门、司法机关发觉，仅因形迹可疑被盘问、教育后，主动交代了犯罪事实的，应当视为自动投案，但有关部门、司法机关在其身上、随身携带的物品、驾乘的交通工具等处发现与犯罪有关的物品的，不能认定为自动投案。

……

——《最高人民法院关于处理自首和立功若干具体问题的意见》（2010 年 12 月 22 日，法发〔2010〕60 号）。

【链接：理解与适用】

三、"自动投案"的具体认定

（三）"形迹可疑"型自首

对于《意见》第一条第二款规定的"形迹可疑"型自首的认定，需要把握的重点是主动交代犯罪事实对确定犯罪嫌疑人是否具有实质意义，因为自首一方面体现了犯罪嫌疑人的悔罪态度，可以防止其留在社会上继续犯罪；另一方面也有利于节约司法资源，实现司法的经济性。仅因形迹可疑被盘问、教育后主动交代犯罪事实，若有关部门并未掌握其他证据。则其主动交代对确定犯罪嫌疑人具有决定性的实质意义，应认定为自动投案；若有关部门在其交代时或者交代后即在其身上、随身物品、交通工具等处搜获与犯罪有关的物品，则即便其不交代，有关部门仍可掌握犯罪证据，故此类情形下的交代对确定犯罪嫌疑人不具有实质意义，一般不能认定为自动投案。

上述情形在毒品犯罪案件中较为多见。例如，公安机关设卡例行检查时发现某人神色慌张，形迹可疑，遂对其进行盘问，此人即交代了运输毒品的犯罪事实，公安人员随后在其随身携带的行李箱内查获毒品，这类情形就不能认定为自动投案，当然，如果与犯罪有关的物品是通过正常工作方法难以发现的，如某人运输毒品时发现前方五百米处有检查站，即将毒品埋在路边，该人在检查站因神色慌张而被盘问，即交代了犯罪事实并带领公安人员找到了埋藏的毒品，此时的主动交代对确定犯罪嫌疑人就具有实质意义,则可认定为自动投案。对于其他类似情形,可以根据上述规定的精神具体把握。

——周峰、薛淑兰、孟伟:《〈关于处理自首和立功若干具体问题的意见〉的理解与适用》,载最高人民法院刑事审判第一、二、三、四、五庭主办:《刑事审判参考》(总第 80 辑),法律出版社 2011 年版,第 167—180 页。

【最高人民法院参考案例】

杨文博非法持有毒品案(《刑事审判参考》案例第 1037 号)

要旨:因形迹可疑被盘查时发现随身携带的挎包内藏有可疑物品,在被带至公安机关接受调查时,如实供述了非法持有毒品事实的,不构成自首。

"形迹可疑"一词,是指对方的举动和神色让人起疑心。这种疑心,是司法工作人员基于经验、常理对怀疑对象所作的一种主观判断。从侦查人员的角度看,在"形迹可疑"语境下,侦查人员还没有掌握任何可疑物品,即尚未掌握被怀疑者犯罪的任何证据或者线索,因而只能对被怀疑者进行盘问、教育,而无权对其采取进一步的侦查措施。从被怀疑者的角度看,此时他不能被作为刑事侦查程序意义上的犯罪嫌疑人。这个时候,如果被怀疑对象主动交代了自己尚未被司法机关发觉的罪行,应当视为自动投案。因此,如果被怀疑者的罪证已经被侦查人员所掌握,或者侦查人员凭借一定的事实、证据以及工作经验或者他人提供的线索,对特定对象产生了某种具体的、有针对性的怀疑,从而可以将嫌疑人与某种具体犯罪行为相联系,则该嫌疑对象已经成为刑事侦查程序意义上的犯罪嫌疑人。此时犯罪嫌疑人交代犯罪事实的,不属于《解释》规定的"罪行尚未被司法机关发觉",不能认定为自动投案。

刑法第六十七条第三款规定,犯罪嫌疑人虽然不具有自首情节,但是如实供述自己罪行的,可以从轻处罚。本案中,被告人虽然不具有自首情节,但其到案后能够如实供述犯罪事实,依法可以从轻处罚。

——《刑事审判参考》(总第 100 辑)。

张芳元故意杀人案(《刑事审判参考》案例第 944 号)

要旨:行为人如实供述罪行之前司法机关是否已经掌握足以合理怀疑行为人实施某种犯罪的证据或者线索,从而在行为人与具体案件之间建立起直接、明确的联系,是区分"形迹可疑"与"犯罪嫌疑"的关键。

"形迹可疑"和"犯罪嫌疑"之间的区别主要在于:一是产生怀疑的依据不同。对"形迹可疑"的判断主要是依据工作经验和常识、常情、常理,有时甚至是依据直觉所形成的猜测;"犯罪嫌疑"则是对所掌握的证据分析、判断后形成的推定,有被合理怀疑的事实根据。二是对证据和线索的要求程度不同。“形迹可疑”仅是针对特定行为人的衣着、举止、言谈或者表情而产生的一般性怀疑，司法人员无须掌握任何与特定案件相关联的证据或线索；而“犯罪嫌疑”则是有针对性的怀疑，强调司法人员必须以一定的线索、证据为依据，将行为人与某种具体犯罪相联系。简言之，行为人如实供述罪行之前司法机关是否已经掌握足以合理怀疑行为人实施某种犯罪的证据或者线索，从而在行为人与具体案件之间建立起直接、明确的联系，是区分“形迹可疑”与“犯罪嫌疑”的关键。

——《刑事审判参考》（总第96辑）。

191 作案后有自杀行为的还能不能构成自首

关键词 | 自首 | 自杀 |

【最高人民法院参考案例】

孟庆宝故意杀人案（《刑事审判参考》案例第1212号）

要旨：对于畏罪自杀被救起后向不知晓具体案情的公安人员主动供述犯罪事实的行为，是否认定为自首，应当按照形迹可疑型自首的上述构成要件，综合考虑犯罪人的自杀动机、行凶与自杀的时间空间距离、侦查人员与盘问人员的同一关系、案件事实的知晓范围与程度等予以客观认定，而不能将犯罪人放弃生命的行为简单等同于逃避法律制裁，从而一概地排除适用自首制度。

就本案而言，2013年7月25日晚，被告人的岳父王家某虽向沈阳市公安局于洪分局北陵派出所报案，但当晚公安机关现场勘查直至23时结束，未正式立案，亦未把孟庆宝列为犯罪嫌疑人进行通缉或者录入全国公安信息网络在逃人员信息数据库，直至2013年7月26日，沈阳市公安局于洪分局才对该案正式立案。故在此之前，应当认为孟庆宝的犯罪事实尚未被除北陵派出所以外的其他地区公安机关掌握。2013年7月26日清晨，造化派出所接到报警，报警人称有一男子投湖，造化派出所民警出警时并不知投湖男子身份及其罪行，投湖行为本身亦无法与杀人犯罪建立联系，即行为人与具体案件之间的客观联系尚未被公安机关明确，应属于“犯罪事实尚未被司法机关发现”的情形。被告人孟庆宝投湖自杀被救起后，造化派出所的出警民警对其进行盘问的主要内容为投湖原因，属于因形迹可疑而盘问，孟庆宝在投湖现场即主动交代了自己的杀人罪行，虽杀人的细节并不完整，但不能否认造化派出所民警知悉孟庆宝杀害妻子事实的源头系孟庆宝自述，应当视为自动投案。被带至造化派出所后，孟庆宝如实供述了犯罪事实，其行为符合形迹可疑型自首的上述构成要件，依法成立自首。

——《刑事审判参考》(总第111辑)。

赵迎锋故意杀人案(《刑事审判参考》案例第1455号)

要旨:作案后有自杀行为的能否认定自首应当具体分析。

实践中,犯罪嫌疑人作案后有自杀行为的,一般不认定为自首。但是否一概不予认定还需结合具体案情进行具体分析。对于投案前有自杀行为,自动投案或者打电话投案后再无自杀行为,此后如实供述自己罪行的,可以认定为自首。因此,自杀行为并不是自动投案的必然排除要件,即使犯罪嫌疑人在作案后曾试图自杀,但只要其之后重新愿意将自己置于司法机关控制之下,并主动投案的,仍可以被认定为自动投案。

本案中,被告人赵迎锋虽然在作案后通过喝农药、撞车等方式自杀,但在自杀未果后主动联系亲属,并在亲属报警告知公安具体位置时,没有阻拦、潜逃或继续自杀,说明此时赵迎锋已经具备投案的主动性和自愿性,符合法律规定的,也可能构成自首。

——《刑事审判参考》(总第130辑)。

192 自动投案的行为发生在犯罪嫌疑人被办案机关控制之后的，不构成自首

关键词|自动投案|自首|

【最高人民法院参考案例】

杨金凤、赵琪等诈骗案(《刑事审判参考》案例第880号)

要旨:犯罪嫌疑人被司法机关控制后,经允许脱离控制,又按指令自行到案并如实供述犯罪事实的,不构成自首。

本案在审理过程中,对被告人赵琪的行为是否构成自首,形成两种意见:一种意见认为,犯罪嫌疑人投案的行为只有发生在其“被办案机关控制”之前,才能认定为自首中的“自动投案”。本案中,赵琪的投案行为发生在“被办案机关控制”之后,故赵琪的投案行为不成立自首;另一种意见认为,赵琪犯罪后虽然被公安人员发觉,但其在被采取强制措施或者接受讯问之前,因正当理由脱离了办案机关的控制,赵琪经过思想斗争,能逃而不逃,选择主动回到案发地点接受讯问的行为,属于自动投案,且其如实供述了其犯罪事实,应当构成自首。

我们赞同前一种意见,被告人赵琪的投案行为不成立自首。本案中,赵琪如实供述了自己的犯罪事实,因此,其是否构成自首,关键在于其是否属于自动投案。

对此，可从以下几个方面进行分析：

（一）“侦查管控”的确定性、针对性

基于行文简洁角度考虑，下文将办案机关根据确切犯罪事实或者线索对犯罪嫌疑人实施强制性约束、讯问并告知犯罪嫌疑人必须接受调查的行为，称为“侦查管控”。“侦查管控”要求办案机关根据具体的案件线索，对犯罪嫌疑人及其所犯罪行有比较具体的认识：一方面，办案机关控制犯罪嫌疑人，系确定犯罪嫌疑人的基本情况后对其进行控制，此时办案人员基本了解案件事实，知晓嫌疑人的自然情况，控制行为具有确定性、针对性；另一方面，办案机关对嫌疑人涉嫌的罪名、罪行的性质有比较具体的认识，并向犯罪嫌疑人明确告知因涉嫌何种罪名必须接受办案机关调查。

只有深刻理解和把握“侦查管控”的确定性和针对性，才能将在“侦查管控”之后的投案与在一般性排查询问时或者仅因形迹可疑盘问时交代罪行的“视为自动投案”情形区分开来。

（二）“侦查管控”的强制性、义务性

首先，“侦查管控”系办案机关将嫌疑人置于实际约束、控制范围之内，进行调查、讯问、宣布采取调查措施或者强制措施，具有一定的强制性。其次，“侦查管控”包含但不限于刑事诉讼法规定的五种强制措施。只要办案机关采取合法手段对犯罪嫌疑人进行一定的约束，进行调查、讯问，并向犯罪嫌疑人告知涉嫌犯罪，即可认为犯罪嫌疑人被办案机关“侦查管控”。此外，犯罪嫌疑人被办案机关控制后，有义务如实回答办案人员的提问，配合办案人员调查案件情况并保障刑事诉讼程序的顺利进行。

只有深刻理解和把握“侦查管控”的强制性和义务性，才能够将“侦查管控”与电话传唤、犯罪嫌疑人被发觉但没有接受讯问或者被采取强制措施等情况区分开来。区分的关键在于犯罪嫌疑人在被电话传唤或者仅被办案机关发觉时，尚处于自由状态。

（三）“自动投案”的时间应当限制在犯罪嫌疑人“被办案机关控制”之前

法律之所以规定自首，旨在鼓励犯罪分子认罪、悔罪，降低社会危险性，节约司法成本并提高司法效率。犯罪嫌疑人在被办案机关控制之前自动投案并如实供述自己的罪行，体现了其认罪、悔罪的态度，降低了社会危险性，同时，也减少了办案机关发现案件线索、进行侦查、实施抓捕的成本，提高了案件侦破的效率。犯罪嫌疑人被办案机关控制后，虽然也可以通过如实供述来表达自己的悔罪态度，但主动性与自动投案不可同日而语，办案机关侦破案件的司法成本已被消耗，不存在节约司法成本、提高司法效率的可能性。本案犯罪嫌疑人经公安机关允许脱离控制，而后又按公安机关指令自行到案的行为，对其被办案机关控制前的认罪悔罪态度和司法成本的节约无任何影响,犯罪嫌疑人脱离"侦查管控"后又自行到案的行为,系被办案机关控制后应当履行的义务,不属于自首范畴内的自动投案。

《最高人民法院、最高人民检察院关于办理职务犯罪案件认定自首、立功等量刑情节若干问题的意见》(以下简称《意见》)规定:"犯罪事实或者犯罪分子未被办案机关掌握,或者虽然被掌握,但犯罪分子尚未受到调查谈话、讯问,或者未被宣布采取调查措施或者强制措施时,向办案机关投案的,是自动投案。"根据这一规定,我们认为,办案机关掌握犯罪事实、对嫌疑人调查谈话、讯问、宣布调查措施或者强制措施的行为,均系办案机关控制犯罪嫌疑人的行为,具有强制性、义务性、针对性、明确性的特征,而犯罪嫌疑人在上述情形下向办案机关投案的行为,均不属于自动投案。因此,犯罪嫌疑人自动投案只有发生在其被办案机关控制之前,才有可能构成自首。

(四)本案中赵琪的行为不属于"自动投案"

第一,本案中,侦查机关接到明确的举报——北京百佳联合企业管理中心内有人进行电话诈骗,而后在该公司的楼内查获了所有正在实施诈骗的工作人员,赵琪即为其中之一,且为公司的副总经理,办案机关的"侦查管控"行为具有确定性、针对性;第二,办案人员当面明确告知赵琪涉嫌犯诈骗罪必须接受调查。此时,办案机关对赵琪的控制行为具有强制性,赵琪有义务如实回答办案人员的提问,配合办案人员调查案件情况并保障刑事诉讼程序的顺利进行;第三,赵琪经办案人员同意,前往幼儿园接孩子回家后又回案发地点接受调查,虽然从表面上看具有自动投案的形式,但该行为发生在被赵琪被办案机关控制之后,不符合自首中的"自动投案"时间特征。

综上,本案被告人赵琪的投案行为不符合自首中"自动投案"的时间特征,不属于"自动投案",一审、二审法院不认定其投案行为成立自首是正确的。

——《刑事审判参考》(总第93辑)。

193 余罪自首的理解与适用

关键词|余罪自首|同种罪行|

【最高人民法院司法解释】

第二条　根据刑法第六十七条第二款的规定,被采取强制措施的犯罪嫌疑人、被告人和已宣判的罪犯,如实供述司法机关尚未掌握的罪行,与司法机关已掌握的或者判决确定的罪行属不同种罪行的,以自首论。

——《最高人民法院关于处理自首和立功具体应用法律若干问题的解释》

（1998年5月9日，法释〔1998〕8号）。

【最高人民法院司法文件】

三、关于“司法机关还未掌握的本人其他罪行”和“不同种罪行”的具体认定

犯罪嫌疑人、被告人在被采取强制措施期间，向司法机关主动如实供述本人的其他罪行，该罪行能否认定为司法机关已掌握，应根据不同情形区别对待。如果该罪行已被通缉，一般应以该司法机关是否在通缉令发布范围内作出判断，不在通缉令发布范围内的，应认定为还未掌握，在通缉令发布范围内的，应视为已掌握；如果该罪行已录入全国公安信息网络在逃人员信息数据库，应视为已掌握。如果该罪行未被通缉、也未录入全国公安信息网络在逃人员信息数据库，应以该司法机关是否已实际掌握该罪行为标准。

犯罪嫌疑人、被告人在被采取强制措施期间如实供述本人其他罪行，该罪行与司法机关已掌握的罪行属同种罪行还是不同种罪行，一般应以罪名区分。虽然如实供述的其他罪行的罪名与司法机关已掌握犯罪的罪名不同，但如实供述的其他犯罪与司法机关已掌握的犯罪属选择性罪名或者在法律、事实上密切关联，如因受贿被采取强制措施后，又交代因受贿为他人谋取利益行为，构成滥用职权罪的，应认定为同种罪行。

——《最高人民法院关于处理自首和立功若干具体问题的意见》（2010年12月22日，法发〔2010〕60号）。

【链接：理解与适用】

五、“司法机关还未掌握的本人其他罪行”和“不同种罪行”的具体认定

根据刑法第六十七条第二款和《解释》第二条的规定，被采取强制措施的犯罪嫌疑人、被告人和正在服刑的罪犯，如实供述司法机关尚未掌握的罪行，与司法机关已掌握的或者判决确定的罪行属不同种罪行的，以自首论。这在理论上一般称为“余罪自首”。对如何认定“司法机关还未掌握”和“不同种罪行”，实践中存在一定争议，《意见》对此进行了明确。

（一）“司法机关还未掌握”的认定

司法实践中，对被采取强制措施期间交代被通缉、被网上追逃（即录入全国公安信息网络在逃人员信息数据库）的其他罪行，能否认定为“司法机关还未掌握”，存在分歧意见。一种意见认为，判断司法机关是否掌握应当实事求是，以采取强制措施的司法机关是否实际掌握为标准。另一种意见认为，如果该司法机关在通缉令发布范围之内，或者该罪行已网上追逃，就应认为已掌握。

我们同意后一种意见，理由是：近年来，随着电脑网络技术的不断推广普及，全

国公安机关的网上追逃系统已得到广泛运用,公安力量在相当程度上被有效地整合为一体。公安机关抓获犯罪嫌疑人后有上网比对的职责和工作程序,只要余罪被通缉且该公安机关又在通缉令发布范围之内,或者余罪被网上追逃,一般都能够查实。因此,《意见》明确规定,如果余罪已被通缉,而采取强制措施的司法机关又在通缉令发布范围之内,或者余罪已录入全国公安信息网络在逃人员信息数据库的,应视为司法机关已掌握,否则,应以该司法机关是否实际掌握该罪行为标准。

(二)"不同种罪行"的认定

何为"同种罪行",何为"不同种罪行",司法实践中一般是以罪名区分,这一标准便于操作,但对于所涉犯罪系选择性罪名等情形,各地掌握的标准不一,导致在是否认定为自首、是否从宽处罚方面差异较大。因此,《意见》规定,对不同种罪行的认定,首先要以罪名区分,罪名不同的,还要考虑余罪与已掌握的犯罪是否属于选择性罪名或者在法律、事实上密切关联。罪名不同且不属选择性罪名,在法律、事实上也没有密切关联的,才能认定为不同种罪行。具体标准是:

1. 如实供述的其他犯罪与司法机关已掌握的犯罪为选择性罪名,如已掌握的是走私毒品行为,又供述了制造毒品罪行,仍属同种罪行;

2. 如实供述的其他犯罪与司法机关已掌握的犯罪在法律、事实上密切关联,如因受贿被采取强制措施,又交代因受贿为他人谋取利益的行为,构成滥用职权罪的,应认定为同种罪行。

——周峰、薛淑兰、孟伟:《〈关于处理自首和立功若干具体问题的意见〉的理解与适用》,载最高人民法院刑事审判第一、二、三、四、五庭主办:《刑事审判参考》(总第80辑),法律出版社2011年版,第167—180页。

【最高人民法院参考案例】

蒋文正爆炸、敲诈勒索案(《刑事审判参考》案例第703号)

要旨:被告人主动供述的公安机关未掌握的两起敲诈勒索罪行,与公安机关已掌握的爆炸后敲诈勒索罪行属同种罪行,不构成自首。

在本案审理中产生两种意见。一种意见认为,蒋文正在泰康医院实施爆炸并进行敲诈勒索的行为构成爆炸罪,不构成敲诈勒索罪。因此,其主动供述的另两起敲诈勒索犯罪与司法机关已掌握的罪行属不同种罪行,构成自首。另一种意见认为,蒋文正归案时,司法机关已掌握了其涉嫌爆炸罪、敲诈勒索罪的罪行,故其主动供述的另两起敲诈勒索犯罪属同种罪行,不构成自首。

我们认为,在认定余罪自首中有两点需要注意:

首先,应当明确,对于如何判断"同种罪行""不同种罪行",在司法实践中一直坚持的标准是,原则上以罪名(或者犯罪构成)区分,罪名不同的,一般属不同种罪行。这种观点也得到了刑法学界的肯定,成为通说。但2010年《最高人民法院关于处理自首和立功若干具体问题的意见》(以下简称《意见》)对何为"同种罪行"作了进一步的明确。《意见》第三条第二款规定:"犯罪嫌疑人、被告人在被采取强制措施期间如实供述本人其他罪行,该罪行与司法机关已掌握的罪行属同种罪行还是不同种罪行,一般应以罪名区分。虽然如实供述的其他罪行的罪名与司法机关已掌握犯罪的罪名不同,但如实供述的其他犯罪与司法机关已掌握的犯罪属选择性罪名或者在法律、事实上密切关联……应认定为同种罪行。"

其次,《解释》既然区分了"司法机关已掌握的罪行"和"判决确定的罪行"两种情形,说明这两者应该有所区别,否则就没有必要并列规定。前一种情形,则是指司法机关已了解到一定线索、证据,可以形成合理怀疑的罪行。后一种情形很明确,是指法院判决确认的罪行。司法机关已掌握的罪行与判决确定的罪行构成不同罪名的情况在司法实践中并非个例。例如,公安机关已掌握的罪行构成两个罪名,但检察机关对次要罪名未起诉,法院亦未认定,即为适例。

综上,《解释》关于余罪自首的规定就可以被理解为,被采取强制措施的犯罪嫌疑人、被告人和已宣判的罪犯,如实供述司法机关尚未掌握的罪行,与司法机关已掌握的罪行或者判决确定的罪行均构成不同罪名的,成立自首(按《意见》规定,属选择性罪名或者存在法律、事实关联的除外);与司法机关已掌握的罪行或者判决确定的罪行构成相同罪名的,不成立自首。当然,如果司法机关已掌握的罪行经查不实,则应当以判决确定的罪名,来认定是否构成余罪自首。这里的"罪名",不限于法院判决确定的罪名。认定罪名的法律标准是犯罪构成,数行为符合同一犯罪构成的,就是同一罪名;符合不同犯罪构成的,就是不同罪名。所以,《意见》规定的是"以罪名区分",而不是以"判决确定的罪名区分"。

本案中,蒋文正归案时,公安机关已经掌握了其为敲诈勒索而实施爆炸的罪行。从犯罪构成看,该行为构成爆炸罪、敲诈勒索罪两个罪名。但理论上和实践中一般都认为,这种情形属于牵连犯,即以实施某一犯罪为目的,其方法行为或者结果行为又触犯其他罪名的犯罪形态。牵连犯的特征之一就是实施两个行为,符合两个犯罪构成,触犯两个不同的罪名。所以说,牵连犯属实质的数罪,即行为本来构成两个罪,但按照刑法理论和司法惯例一般都择一重罪从重处罚,当然刑法有特殊规定的除外。既然在蒋文正归案时,公安机关已经掌握了其涉嫌爆炸并敲诈勒索的罪行,该罪行构成爆炸罪、敲诈勒索罪,所以,此时公安机关已经掌握了蒋文正涉嫌这两个罪名。蒋文正归案后主动如实供述的另两起敲诈勒索,与公安机关已掌握的部分罪行都构成敲诈勒索罪,属于同种罪行,故不能认定为自首。

——《刑事审判参考》(总第80辑)。

王志勤贪污、受贿案(《刑事审判参考》案例第695号)

要旨:对于被告人归案后交代的犯罪事实是否构成自首,不能单纯依赖侦查机关出具的说明材料,而应综合各方面证据综合考虑。

《最高人民法院关于处理自首和立功若干具体问题的意见》(以下简称《意见》)第七条规定:“人民法院审查自首证据材料,应当包括被告人投案经过、有罪供述以及能够证明其投案情况的其他材料……”该规定意在强调法院应当对被告人的自首情节作为判决事实的重要组成部分进行审查,而不能单纯依赖侦查机关出具的说明材料,对于被告人归案后交代的犯罪事实是否构成自首,也应当按照该规定的精神执行。在国家工作人员贪污、贿赂犯罪案件自首情节的审查中,还应注意的一个问题是,这些案件往往是先经过纪检监察机关的立案调查,再移送检察机关立案侦查,根据《最高人民法院、最高人民检察院关于办理职务犯罪案件认定自首、立功等量刑情节若干问题的意见》(以下简称《职务意见》)的规定,“犯罪事实未被办案机关掌握,或者虽被掌握,但犯罪分子尚未受到调查谈话,或者未被采取调查措施时,向办案机关投案的,是自动投案;没有自动投案,在办案机关调查谈话、采取调查措施期间,如实交代办案机关掌握的线索所针对的事实的,不能认定为自首”。因此,人民法院在审查被告人是否构成自首时,应当注意审查纪检监察机关在立案、调查过程中形成的相关证据,而不能仅以侦查机关出具的证明材料为准。

——《刑事审判参考》(总第80辑)。

孟令廷故意杀人、故意伤害案(《刑事审判参考》案例第965号)

要旨:对于余罪自首的认定,应当从三个方面进行审查。第一,必须是如实供述余罪。第二,所供余罪必须是本人的其他罪行,与所犯新罪不属于选择性罪名或者不存在事实、法律上的关联。第三,所供述余罪必须为司法机关不掌握。

对于在被采取强制措施期间,如实供述司法机关尚未掌握的本人其他罪行的情况,理论界一般称为余罪自首。对于余罪自首的认定,应当从以下三个方面进行审查:

第一,必须是如实供述余罪。《最高人民法院关于处理自首和立功若干具体问题的意见》(以下简称《意见》)规定,如实供述自己的罪行,“除供述自己的主要犯罪事实外,还应包括姓名、年龄、职业、住址、前科等情况”。该规定要求行为人不仅要供述所犯余罪罪行,还要交代其真实身份。对于隐瞒自己的真实身份等情况,影响对其定罪量刑的,不能认定为如实供述自己的罪行。被告人孟令廷因故意伤害被公安机关刑事拘留,在羁押期间向公安机关不仅主动交代了自己故意杀人的罪行,还如实供述了自己的真实身份,即之前是冒用其弟“孟令敏”的姓名等身份情况，其真实身份是孟令廷。

第二，所供余罪必须是本人的其他罪行，与所犯新罪不属于选择性罪名或者不存在事实、法律上的关联。《最高人民法院关于处理自首和立功具体应用法律若干问题的解释》第二条规定，“被采取强制措施的犯罪嫌疑人、被告人和已宣判的罪犯，如实供述司法机关尚未掌握的罪行，与司法机关已掌握的或者判决确定的罪行属不同种罪行的，以自首论”。《意见》对“不同种罪行”的认定又作了进一步规定：“犯罪嫌疑人、被告人在被采取强制措施期间如实供述本人其他罪行，该罪行与司法机关已掌握的罪行属同种罪行还是不同种罪行，一般应以罪名区分。虽然如实供述的其他罪行的罪名与司法机关已掌握犯罪的罪名不同，但如实供述的其他犯罪与司法机关已掌握的犯罪属选择性罪名或者在法律、事实上密切关联……应认定为同种罪行。”虽然孟令廷如实供述的故意杀人犯罪与司法机关已掌握的故意伤害犯罪，犯罪事实均系孟令廷因与被害人产生矛盾后，持菜刀砍击被害人，但两者分属不同罪名，且不存在法律或事实上的关联，属于不同种罪行。

第三，所供述余罪必须为司法机关不掌握。该条件是认定此类情形是否构成余罪自首的关键。对何为“司法机关还未掌握的本人其他罪行”，《意见》规定：“犯罪嫌疑人、被告人在被采取强制措施期间，向司法机关主动如实供述本人的其他罪行，该罪行能否认定为司法机关已掌握，应根据不同情形区别对待。如果该罪行已被通缉，一般应以该司法机关是否在通缉令发布范围内作出判断，不在通缉令发布范围内的，应当认定为还未掌握，在通缉令发布范围内的，应视为已掌握；如果该罪行已录入全国公安信息网络在逃人员信息数据库，应视为已掌握。如果该罪行未被通缉、也未录入全国公安信息网络在逃人员信息数据库，应以该司法机关是否已实际掌握该罪行为标准。”需要指出的是，该条意见针对的是行为人身份信息明确的情形。如果行为人潜逃期间或者因新罪到案后为掩盖漏罪或者前科，长期使用化名或者自报虚假身份，即便该行为人被公安机关上网通缉，该余罪亦难以为司法机关所掌握。因此，不能简单以“是否在司法机关通缉令发布范围内”或“该罪行是否录入全国公安信息网络在逃人员信息数据库”作为司法机关是否掌握的标准，而应本着实事求是、具体情况具体分析的态度审查判断，不宜搞“一刀切”。认定司机机关是否掌握余罪罪行，既不能把握得过窄，影响行为人交代余罪的积极性，又不能放得过宽，导致行为人借助余罪自首减轻罪责。对于行为人采用化名的情形，司法审判中应当综合审查在案证据，结合公安机关侦查惯例等情况，具体分析司法机关有无掌握其余罪的条件与可能，对于行为人外逃后长期使用化名，司法机关对其真实身份的查证又无其他任何线索的，如果行为人因实施其他犯罪到案后如实交代真实身份信息及所犯余罪，可以认定构成余罪自首。如果司法机关有明确、清晰的查证身份线索，不宜认定行为人对余罪构成自首。

——《刑事审判参考》(总第 97 辑)。

194 行为人在取保候审期间犯新罪而逃跑，被公安机关依法通缉后又自动投案并如实供述罪行的，是否认定全案构成自首

关键词 | 自首 | 取保候审 |

【最高人民法院参考案例】

吴某强奸、故意伤害案(《刑事审判参考》案例第 1081 号)

要旨:对行为人在犯强奸罪被取保候审期间,又犯故意伤害罪而逃跑,尔后自动投案并如实供述犯罪事实的行为,是否认定为自首,需区别对待。

2013 年 4 月 13 日 3 时许,被告人吴某因涉嫌犯强奸罪被刑事拘留,同月 20 日被取保候审。之后,吴某在取保候审期间逃跑,被公安机关依法通缉。同年 12 月 30 日,吴某又因会车问题与被害人范永记发生纠纷,后吴某持木棍殴打范永记,致范永记轻伤。

2014 年 9 月 10 日,被告人吴某主动向公安机关投案,到案后如实供述了其实施强奸、故意伤害的犯罪事实。

审查认为,被告人吴某因涉嫌犯强奸罪而被取保候审,在此期间内逃跑,其后自动投案的行为不应认定为自首。吴某因涉嫌犯故意伤害罪,在未被讯问、采取强制措施之前逃跑,后又自动投案并如实供述自己犯罪事实的,可以认定为自首。因此,对其所犯故意伤害罪可认定为自首,对其所犯强奸罪不应认定为自首。

——《刑事审判参考》(总第 103 辑)。

195 取保候审期间脱逃又主动投案并如实供述罪行的，不能认定为自首

关键词 | 自首 | 取保候审 |

【最高人民法院答复】

对于行为人原不具有自动投案情节,在被取保候审期间逃跑后主动归案的情形,不能认定为自动投案。

——《最高人民法院研究室关于自动投案法律适用问题的答复》(2013 年 1 月 20 日,法研〔2013〕10 号)。

【最高人民法院参考案例】

潘平盗窃案(《刑事审判参考》案例第1303号)

要旨:自动性不仅要求行为人出于本人的意志将自己的人身置于司法机关的控制之下接受审查、制裁,还意味着犯罪嫌疑人的投案应当只针对其犯罪行为本身,而不涉及对其他行为或情节的评价。

首先,虽然1998年《最高人民法院关于处理自首和立功具体应用法律若干问题的解释》(以下简称《解释》)第一条规定,并非出于犯罪嫌疑人主动,而是经亲友规劝、陪同投案的;公安机关通知犯罪嫌疑人的亲友,或者亲友主动报案后,将犯罪嫌疑人送去投案的,也应当视为自动投案。但"陪首"和"送首"也是在犯罪嫌疑人同意或者默许接受司法机关制裁的情况下,才能成立。本案中,被告人在取保候审期间脱逃,表明其不愿意接受司法机关的制裁,不能体现其悔罪态度,不符合自首构成要件中"自动性"的要求。其次,刑法中的"自动投案"是具体而非抽象的判断,必须结合具体行为加以解释。本案中,被告人潘平的自动投案不完全是针对其盗窃犯罪行为,而是包括对其逃跑行为所产生后果的事后补救。如果犯罪嫌疑人不是在取保候审期间脱逃,而是在被公安机关羁押期间逃跑并构成脱逃罪的,那么其之后的投案可以评价为对脱逃罪构成自首。但对于之前的犯罪,则不再构成自首。

——《刑事审判参考》(总第120辑)。

196 犯罪嫌疑人自动投案后,如实供述自己的罪行,认定为自首

关键词 | 自首 | 如实供述 | 主要犯罪事实 |

【最高人民法院司法解释】

第一条第(二)项 根据刑法第六十七条第一款的规定,犯罪以后自动投案,如实供述自己的罪行的,是自首。

……

(二)如实供述自己的罪行,是指犯罪嫌疑人自动投案后,如实交代自己的主要犯罪事实。

犯有数罪的犯罪嫌疑人仅如实供述所犯数罪中部分犯罪的,只对如实供述部分犯罪的行为,认定为自首。

共同犯罪案件中的犯罪嫌疑人,除如实供述自己的罪行,还应当供述所知的同案犯,主犯则应当供述所知其他同案的共同犯罪事实,才能认定为自首。

犯罪嫌疑人自动投案并如实供述自己的罪行后又翻供的，不能认定为自首，但在一审判决前又能如实供述的，应当认定为自首。

——《最高人民法院关于处理自首和立功具体应用法律若干问题的解释》（1998年5月9日，法释〔1998〕8号）。

【最高人民法院司法文件】

二、关于"如实供述自己的罪行"的具体认定

《解释》第一条第（二）项规定如实供述自己的罪行，除供述自己的主要犯罪事实外，还应包括姓名、年龄、职业、住址、前科等情况。犯罪嫌疑人供述的身份等情况与真实情况虽有差别，但不影响定罪量刑的，应认定为如实供述自己的罪行。犯罪嫌疑人自动投案后隐瞒自己的真实身份等情况，影响对其定罪量刑的，不能认定为如实供述自己的罪行。

犯罪嫌疑人多次实施同种罪行的，应当综合考虑已交代的犯罪事实与未交代的犯罪事实的危害程度，决定是否认定为如实供述主要犯罪事实。虽然投案后没有交代全部犯罪事实，但如实交代的犯罪情节重于未交代的犯罪情节，或者如实交代的犯罪数额多于未交代的犯罪数额，一般应认定为如实供述自己的主要犯罪事实。无法区分已交代的与未交代的犯罪情节的严重程度，或者已交代的犯罪数额与未交代的犯罪数额相当，一般不认定为如实供述自己的主要犯罪事实。

犯罪嫌疑人自动投案时虽然没有交代自己的主要犯罪事实，但在司法机关掌握其主要犯罪事实之前主动交代的，应认定为如实供述自己的罪行。

——《最高人民法院关于处理自首和立功若干具体问题的意见》（2010年12月22日，法发〔2010〕60号）。

【链接：理解与适用】

四、"如实供述自己的罪行"的具体认定

（一）不如实供述身份等情况

在调研中发现，犯罪分子到案后不如实交代身份等基本情况的越来越多，有的是"面子"问题，但相当一部分是企图隐瞒漏罪或者前科情况。前者说不上有主观恶意，后者则违背了自首的立法本意，既影响到准确、及时、有效地打击犯罪，也不利于监所管理，因此《意见》规定，如实供述自己的罪行，应包括供述主要犯罪事实和姓名、年龄、职业、住址、前科等情况，并对如何认定如实交代身份进行了明确。以不如实供述身份是否影响定罪量刑为标准，如果犯罪嫌疑人供述的身份等情况与真实情况虽有差别，但不影响定罪量刑的，如真实年龄为二十二岁，但谎称为十九岁，可认定为"如实供述自己的罪行"；如果犯罪嫌疑人自动投案后隐瞒自己的

真实身份等情况，如冒用他人姓名企图隐瞒前科情况，影响对其定罪量刑的，则不能认定为“如实供述自己的罪行”。司法实践中可能还会出现隐瞒身份的其他情形，可以根据隐瞒的内容是否影响定罪量刑为标准进行分析判断。

（二）“主要犯罪事实”的认定

《解释》第一条第（二）项规定：“如实供述自己的罪行，是指犯罪嫌疑人自动投案后，如实交代自己的主要犯罪事实……”学术界有观点认为，主要犯罪事实，是指对犯罪嫌疑人行为的性质认定有决定意义的事实、情节（即定罪事实）以及对量刑有重大影响的事实、情节（即重大量刑事实）；而所谓“对量刑有重大影响的事实情节”，则是指决定对犯罪嫌疑人应适用的法定刑档次是否升格的情节，以及在总体危害程度上比其他部分事实、情节更大的事实、情节，我们基本同意这种观点，主要犯罪事实首先包括定罪事实，自不待言；而对于量刑事实、则应区分已如实供述与未如实供述部分的严重程度，决定是否认定为如实供述自己的主要犯罪事实。

对于犯罪嫌疑人多次实施同种罪行的，《意见》规定，认定是否如实供述主要犯罪事实的基本标准，是已交代的犯罪事实与未交代的犯罪事实的危害程度并规定了区分犯罪情节与犯罪数额的具体标准，即如实交代的犯罪情节重于未交代的犯罪情节，或者如实交代的犯罪数额多于未交代的犯罪数额，一般应认定为如实供述自己的主要犯罪事实。在这里，犯罪数额的多少一般都有比较明确的界限。而犯罪情节的轻重，则要根据情节的危害程度、对量刑的影响加以判断。如被告人抢劫作案三起，其中第三起致人死亡，被告人投案后如实交代了前两起，隐瞒了第三起，由于致人死亡的一起犯罪对量刑有决定性的影响，如实交代的犯罪情节轻于未交代的犯罪情节。故不应认定为如实供述主要犯罪事实。

需要注意的是，上述标准不仅可以适用于犯罪嫌疑人多次实施同种罪行的情形，在犯罪嫌疑人仅实施一次犯罪行为的情形下也可以参照适用。如犯罪嫌疑人开枪将被害人打死后投案，谎称系枪支走火致死，由于嫌疑人隐瞒了持枪杀人这一对定罪量刑具有决定性影响的犯罪情节，因此，不能认定为如实供述主要犯罪事实。在共同犯罪的场合下，犯罪嫌疑人投案后推卸罪责，隐瞒重大犯罪情节的，也不能认定为如实供述主要犯罪事实。如犯罪嫌疑人结伙入户抢劫。其直接致死一人，劫得财物数千元，但其自动投案后仅如实交代参与抢劫的基本事实，隐瞒了自己直接致死被害人的关键事实。在此情形下，犯罪嫌疑人虽然如实供述了参与抢劫的事实，但未如实供述直接致人死亡这一更严重的犯罪情节，故不能认定为如实供述主要犯罪事实。

还需要注意的是，《意见》对“如实供述主要犯罪事实”和“如实供述身份”和认定采取了不同的标准。只要如实供述的犯罪事实对量刑的影响大于所隐瞒的事实，就可以认定为“如实供述主要犯罪事实”；而只要隐瞒的身份情况对量刑有影响，就不能认定为"如实供述自己的罪行"。例如，犯罪嫌疑人实施一般抢劫犯罪三起，三起抢劫的犯罪情节大致相当，自动投案后如实交代了两起，可认定为自首；若其自动投案后如实交代了三起，但为隐瞒其盗窃前科而不如实供述身份，则不能认定为自首。在这里，虽然其隐瞒的一起抢劫罪行对量刑的影响可能要大于盗窃前科，但如前所述，不如实供述身份对司法实践的危害很大，既可能导致冤假错案的发生，又浪费诉讼资源，影响诉讼效率，因此，《意见》对不如实供述身份的情形规定了较为不利的法律后果。

此外，"主要犯罪事实"之"主要"是相对于"次要"而言的，如果用百分比表示，"主要"是超过50%。因此，《意见》规定，在无法区分已交代的与未交代的犯罪情节的严重程度，或者在已交代的犯罪数额与未交代的犯罪数额相当的情形下，一般不认定为如实供述主要犯罪事实。

(三)"如实供述"的时间限制

《解释》规定，犯罪嫌疑人自动投案并如实供述自己的罪行后又翻供的，不能认定为自首；但在一审判决前又能如实供述的，应当认定为自首。相应地，被告人在一审阶段翻供、二审阶段又如实供述的，则不能认定为自首；一审认定为自首，被告人在二审阶段翻供的，也不能改变自首的认定。从《解释》规定的精神可以看出，如实供述必须是在司法机关掌握主要犯罪事实之前，才能体现悔罪态度，节约司法资源，

在司法实践中，有的犯罪嫌疑人投案后一直未主动如实供述主要犯罪事实，有的是在侦查机关掌握证据后才交代，有的是在一审庭审中才交代，还有的甚至是在二审庭审或者二审发回重审后才交代，在此情形下，犯罪嫌疑人虽然自动投案，但投案后不主动如实供述，体现不出其悔罪态度，案件得以侦破主要依靠侦查机关的努力，未体现出节约司法资源的宗旨。故不能认定为自首。犯罪嫌疑人自动投案后，虽然投案初期没有交代自己的主要犯罪事实，但在司法机关掌握其主要犯罪事实之前主动交代的，还应认定为供述自己的罪行。

——周峰、薛淑兰、孟伟：《〈关于处理自首和立功若干具体问题的意见〉的理解与适用》，载最高人民法院刑事审判第一、二、三、四、五庭主办：《刑事审判参考》(总第80辑)，法律出版社2011年版，第167—180页。

【最高人民法院参考案例】

李吉林故意杀人案(《刑事审判参考》案例第705号)

要旨：被告人如实供述杀人罪行后，又翻供称被害人先实施严重伤害行为的，应当视为对主要犯罪事实的翻供，不能构成自首。

本案被告人李吉林自公安机关最后一次讯问开始，一直到最高人民法院复核

审提讯,始终供称其不是趁被害人肖某不备而行凶,而是在肖先用刀捅了其腹部两刀之后而杀害了肖某。关于此节事实,虽然一、二审法院及最高人民法院均认为李吉林的翻供不能成立,但一、二审法院认定李吉林虽然翻供但仍详细供述自己的作案动机及过程,可以认为是如实供述主要犯罪事实,成立自首。而最高人民法院否认了一、二审法院的认定意见,认为李吉林有关被害人先行实施严重伤害行为的翻供表明其并未如实供述自己的主要犯罪事实,因此,李吉林行为不成立自首。由此可见,有关被害人先行实施严重伤害行为的供述是否属于主要犯罪事实内容,李吉林对此翻供是否属于主要犯罪事实的翻供是审理本案的关键之所在。

根据《最高人民法院关于处理自首和立功具体应用法律若干问题的解释》第一条第(二)项的规定,"如实供述自己的罪行,是指犯罪嫌疑人自动投案后,如实交代自己的主要犯罪事实"。"犯罪嫌疑人自动投案并如实供述自己的罪行后又翻供的,不能认定为自首,但在一审判决前又能如实供述的,应当认定为自首"。司法实践中,成立自首所要求如实供述的"主要犯罪事实",一般是指对认定行为人的行为性质有决定意义以及对量刑有重大影响的事实、情节等。本案中,如果认可李吉林关于被害人先捅其两刀的供述,则意味着李吉林的行为性质由故意杀人转为带有防卫性质的行为,由有预谋的恶性杀人行为转为临时的应急行为,意味着刑法对李吉林行为性质及主观恶性的评价将发生重大变化。而且,李吉林的翻供如果成立,意味着必然认定本案被害人在案件发生过程中存在严重过错,如此必然会对李吉林刑事责任大小的评价产生重大影响。因此,李吉林关于被害人先捅其两刀的供述,是对影响其定罪量刑的重要情节的翻供,应当认定为对案件主要犯罪事实的翻供。由于李吉林在侦查阶段后期推翻了其之前已经供认的故意杀人行为的主要犯罪事实,且在一审判决前仍然坚持该翻供,故不能认定其如实交代了主要犯罪事实,从而不能认定其行为构成自首。

——《刑事审判参考》(总第80辑)。

闫光富故意杀人案(《刑事审判参考》案例第565号)

要旨:犯罪嫌疑人接到公安机关调查通知后到案,但未供述犯罪事实,在公安机关掌握了部分证据后始予供述的,不能构成自首。

本案是一起性质恶劣、后果极其严重的故意杀人犯罪案件,事实清楚,证据确实、充分,在审理过程中存在争议的问题是被告人闫光富是否具有自首情节。对此,有两种不同意见:一种意见认为,闫光富接到公安机关的电话通知后前往公安机关,在公安机关尚未找到李国华的尸体,尚不能确认李已被害并且为其所害的情况下,主动向公安机关供述了其杀死李的事实,系自首;另一种意见认为,闫光富到达公安机关后,并未主动供述其杀害李国华的犯罪事实,公安技术人员在闫驾驶的汽车中检出残留血迹后，经讯问，闫才供认其犯罪事实。虽然李国华的尸体是在闫的带领下找到的，但该情节系闫光富供述其犯罪事实的组成部分，不能因此认定闫光富具有自首情节。

我们认为后一种意见是正确的。具体分析如下：

刑法第六十七条规定，犯罪以后自动投案，如实供述自己的罪行的，是自首。据此，自首的成立需具备两个条件，即自动投案和如实供述所犯罪行。根据《最高人民法院关于处理自首和立功具体应用法律若干问题的解释》（以下简称《解释》）的规定，自动投案是指犯罪事实或犯罪嫌疑人未被司法机关发觉，或者虽被发觉，但犯罪嫌疑人未受到讯问、未被采取强制措施时，主动直接向公安机关、人民检察院或者人民法院投案。也就是说，自动投案的时间既可以是在犯罪被发现之前，也可以是在犯罪被发现之后。实践中自动投案一般包括以下几种情况：(1)在犯罪事实和犯罪人均未被发现的情况下主动投案；(2)在犯罪事实已被发现，但尚未查清犯罪人的情况下主动投案；(3)在犯罪事实已被发现，仅因形迹可疑，被有关组织盘问、教育后，主动交代自己的罪行的；(4)犯罪事实和犯罪人均已被发现，但在尚未被司法机关讯问或采取强制措施以前主动投案；(5)犯罪后逃跑，在被通缉、追捕过程中主动投案；(6)经查实确已准备去投案，或者正在投案途中，被公安机关抓获的，视为自动投案。

本案中，被害人李国华失踪次日晚，其妻阮光玉即向公安机关报案，并向公安机关提供了李国华失踪前，其办公室电话的最后打入者系闫光富，闫欠李一百余万元债务，李失踪前曾向闫催收未果，李失踪后在家中没有找到闫的借款凭据等情况。公安机关随即对闫光富进行调查，经调取闫光富的手机通话记录并查看主要路口收费站监控视频，发现闫光富于李国华失踪当晚曾驾车前往黔江区石柱县境内，后又连夜赶往万州区，行为反常，据此分析李国华很可能被害，闫光富具有作案嫌疑，遂于6月6日打电话通知闫光富到公安机关接受调查。闫光富于当日15时左右驾车到达公安机关，但并未主动供述其杀害李国华的犯罪事实。在公安机关技术人员对闫光富驾驶的轿车进行勘查，发现后备箱残留部分痕迹，经检验系人血后，闫光富的犯罪嫌疑上升，即于17时许开始对闫光富进行讯问，但闫仍隐瞒案发当天驾车离开忠县的事实，后经思想教育，闫于18时左右供述了杀害李国华的犯罪事实。当晚，在闫光富的带领下，公安机关找到了李的尸体。

可见，被告人闫光富的行为明显不符合前述第一、二、四、五、六种的情形。那么，闫光富的行为是否符合前述第三种因形迹可疑而投案的情形？这是审判过程中引发争议的关键之所在，其核心问题是如何界分形迹可疑与犯罪嫌疑。对此，从司法实践看，区分二者的关键在于司法机关是否已掌握了一定的具体证据，根据已掌握的证据能够把行为人同发生的犯罪案件联系起来，也即根据现有证据能否认定行为人具有犯罪嫌疑。如果司法人员只是根据经验、直觉认为行为人可能是作案人，而没有切实、具体的证据作为判断基础，则不能认为行为人具有犯罪嫌疑，仅属于形迹可疑；如果司法人员掌握了指向行为人犯罪的具体证据，如在其身上或住处发现赃物、作案工具、被害人血迹等，则可以认为行为人具有犯罪嫌疑，而不仅仅是形迹可疑。行为人在因形迹可疑受到盘问、教育时主动交代自己所犯罪行的，应当认定自首；相反，在被确定为犯罪嫌疑人的情况下经讯问而交代犯罪事实的，不属于自动投案，不构成自首。本案被告人闫光富在供述犯罪事实前的行为可分为两个阶段，在到公安机关接受调查前，公安人员怀疑李国华可能被害，且闫光富有作案嫌疑，但这种怀疑主要来自经验和直觉，并没有切实、具体的证据来支持，故闫光富的行为更多地符合形迹可疑的特征。在闫光富到公安机关后，公安机关一边安排民警与其谈话，一边安排技术人员对其所驾驶轿车进行勘查。结果发现，闫光富的轿车后备厢被水冲洗过，并有浓烈的血腥气味，后备箱底部有暗红色斑迹，经提取作血迹预试验，确定系人血。在此情况下，公安人员遂开始对闫光富进行讯问，但闫仍试图隐瞒犯罪事实，后经思想教育，才供述了杀害李国华的犯罪事实。可见，在闫光富交代所犯罪行前，公安机关已经掌握了认定闫光富具有犯罪嫌疑的一定具体证据，虽然这时对从其轿车内检出的血迹尚未通过 DNA 鉴定确认系李国华的血迹，但结合李国华不正常失踪、闫光富欠其巨额债务、案发时间段内行为反常等情况，足以认定闫光富具有重大作案嫌疑，而不再是单纯的形迹可疑。闫光富此时交代所犯罪行，显然不属于因形迹可疑而自动投案，不能认定为自首。至于其带领公安人员找到被害人李国华的尸体，此情节系其应当如实供述所犯罪行的一部分，属于判断认罪态度好坏的依据，但不能据此认定其有自首表现。

综上，被告人闫光富不具有自首情节，虽然其到案后认罪态度较好，但鉴于其犯罪动机卑劣，手段凶残，后果和罪行极其严重，不足以从轻处罚，故最高人民法院依法对其核准了死刑立即执行。

——《刑事审判参考》（总第 69 辑）。

197 自动投案后将性质恶劣的故意杀人行为编造为相约自杀，能否成立自首

关键词 | 自首 | 相约自杀 |

【最高人民法院参考案例】

许涛故意杀人案(《刑事审判参考》案例第 1244 号)

要旨:对于隐瞒编造案发起因与作案动机的情形,是否影响自首的认定不能一概而论,而应当仔细考察、判断该情节是否对量刑有重大影响。

本案中,被告人许涛投案后主动交代了故意杀人事实,仅是隐瞒了案发起因及杀人动机,看似供述了主要犯罪事实,实则不然。故意杀人案件的案发起因及犯罪嫌疑人的作案动机可以反映其主观恶性与人身危险性的大小,属于重要的酌定量刑情节。但在多数情况下,案发起因及作案动机对量刑不会产生重大影响。因此,犯罪嫌疑人只要如实供述了故意杀人罪的要件事实,即便对案发起因事实或作案动机情节有所隐瞒、编造,亦不影响自首的成立。许涛隐瞒其冒充债主身份,以还债为由将任某某骗至案发现场,并编造与任某某相约自杀的虚假案情,上述情况是否影响许涛自首的认定,需要考量所编造的相约自杀情节是否会对量刑产生重大影响。相约自杀是二人以上互相约定自愿共同自杀的行为。司法实践中,相约自杀案件中以故意杀人罪追究未自杀者刑事责任的,主要存在于教唆自杀、帮助自杀及直接杀死对方三种情形之中。但是,除特定情况下的教唆自杀外,其他相约自杀的行为通常被认定为情节较轻的杀人行为,一般适用三年以上十年以下有期徒刑的法定刑幅度。依照许涛的辩解,本案中的相约自杀行为从性质上讲是一种得承诺(受托)杀人,量刑通常较轻,与有预谋的故意杀人相比,适用轻重明显有别的法定刑档次,许涛所隐瞒的事实情节显然对量刑有重大影响。因此,对于隐瞒编造案发起因与作案动机的情形,是否影响自首的认定不能一概而论,而应当仔细考察、判断该情节是否对量刑有重大影响。许涛为减轻罪责,隐瞒重要量刑情节,并故意歪曲案件事实,对其冒充债主身份,以还债为由将任某某骗至案发现场及真实杀人动机等主要犯罪事实未予供认,企图蒙混过关,不符合构成自首所要求的"如实供述自己的罪行"的条件。

——《刑事审判参考》(总第 113 辑)。

198 被告人对行为性质的辩解不影响自首成立

关键词 | 刑罚的具体运用 | 自首 | 辩解 |

【最高人民法院司法解释】

根据刑法第六十七条第一款和《最高人民法院关于处理自首和立功具体应用法律若干问题的解释》第一条的规定,犯罪以后自动投案,如实供述自己的罪行的,是自首。被告人对行为性质的辩解不影响自首的成立。

——《最高人民法院关于被告人对行为性质的辩解是否影响自首成立问题的批复》(2004 年 3 月 26 日,法释〔2004〕2 号)。

199 如实供述主要犯罪事实，不仅要求行为人如实供述客观行为，也要求如实供述其犯罪时的主观心态

关键词 | 自首 | 辩解 | 如实供述 |

【最高人民法院参考案例】

冯维达、周峰故意杀人案(《刑事审判参考》案例第 943 号)

要旨:"如实供述自己的罪行(主要犯罪事实)"不仅要求行为人如实供述客观行为,还要求如实供述其犯罪时的主观心态。

对于如何理解"如实供述自己的罪行(主要犯罪事实)"及"对行为性质的辩解不影响自首的成立"这两个有关自首认定的重要问题,理论界和实务界均有不同意见。我们认为,"如实供述自己的罪行(主要犯罪事实)"是指如实供述自己的"主要(基本)犯罪构成事实",犯罪构成事实不仅包括主体、客体和客观方面的事实,还包括主观方面的事实,是主客观方面的统一,因此,"如实供述自己的罪行(主要犯罪事实)"不仅要求行为人如实供述客观行为,还要求如实供述其犯罪时的主观心态,否则就不能认定为自首。

(一)主观心态属于"主要犯罪事实"

犯罪事实是指客观存在的犯罪的一切实际情况的总和,包括犯罪的全部活动及其结果。犯罪事实包括犯罪构成事实和非犯罪构成事实。犯罪构成事实包括犯罪客体要件、犯罪客观要件、犯罪主体要件、犯罪主观要件的事实。犯罪构成事实是认定犯罪所必须具备的事实,因此它属于主要犯罪事实。在犯罪构成事实中,尽管犯罪客观要件事实(危害行为、危害结果、行为的时间、地点、方法等)是定罪的基础,但犯罪主观要件事实(行为人对实施的危害行为及其危害结果所持的主观心理态度)对区分罪与非罪、一罪与数罪、轻罪与重罪具有重要意义。罪过的形式和内容,直接反映出行为人主观上对危害行为及危害结果的态度。既然犯罪构成事实是主要犯罪事实,那么,行为人主观心态作为犯罪主观要件事实,当然属于"主要犯罪事实"。因此,行为人自动投案后是否如实供述犯罪主观心态,必然影响自首的认定。

（二）“对行为性质的辩解”与“是否如实供述主观心态”本质上是两个层面的问题

首先，“对行为性质的辩解”与“对主观心态的辩解”存在质的区别。“对行为性质的辩解”是对犯罪行为的定性，即犯罪行为在法律上是否应当被认定为犯罪所作的辩解，而不是对主观心态内容（是故意还是过失、是直接故意还是间接故意等）的辩解。最高人民法院2004年下发的《关于被告人对行为性质的辩解是否影响自首成立问题的批复》所规定的对自己行为的性质进行辩解，必须是在行为人已经“如实供述自己的罪行”的前提下，即在本质上是对法律适用方面的辩解，而不是对犯罪事实本身是否存在的辩解。对行为性质的辩解与对主观心态的辩解是两个不同层次的问题。因为“对于自己的行为是否构成犯罪，是一个主观认识问题，法律只强调自首要求犯罪嫌疑人把自己的行为事实如实地交代，至于是否对自己的行为有正确的法律认识，在自首的认定中是不需要加以评价的”。举例而言，行为人在自动投案后如实交代了持刀取得被害人财物的犯罪事实，但辩解其行为不构成抢劫罪，而是抢夺罪，这其实是行为人对行为法律性质的一种主观认识，认识的对错不能否认其如实供述了犯罪事实。反之，如果行为人自动投案后虽然承认从被害人处取得财物，但辩称是被害人归还给他的欠款，否认具有非法占有被害人财物的主观心态，则属于未如实供述主要犯罪事实，不能认定为自首。

其次，主观心态固然可以通过行为人的客观行为以及在案证据进行认定，但不能据此认为，认定自首可以不必要求行为人如实供述自己的主观心态。正如，行为人的客观行为虽然通常能够通过行为人口供之外的其他证据予以证实（如目击证人证言），但不能据此认为，认定自首行为人亦无须如实供述自己的客观行为。

——《刑事审判参考》（总第96辑）。

200 经公安机关口头或电话传唤后到案，并如实供述自己罪行的，应认定为自首

关键词 | 自首 | 自动投案 | 强制措施 |

【最高人民法院司法解释】

第一条第（一）项　根据刑法第六十七条第一款的规定，犯罪以后自动投案，如实供述自己的罪行的，是自首。

（一）自动投案，是指犯罪事实或者犯罪嫌疑人未被司法机关发觉，或者虽被发觉，但犯罪嫌疑人尚未受到讯问、未被采取强制措施时，主动、直接向公安机关、人民检察院或者人民法院投案。

……

——《最高人民法院关于处理自首和立功具体应用法律若干问题的解释》(1998 年 5 月 9 日,法释〔1998〕8 号)。

【最高人民法院参考案例】

王春明盗窃案(《刑事审判参考》案例第 354 号)

要旨:被公安机关口头或电话传唤到案,应认定为“自动投案”,如实供述自己的罪行的,应认定为自首。

我们认为,对于经公安机关传唤到案,并如实供述自己罪行的,是否应认定为自首,关键在于犯罪嫌疑人经传唤到案是否属于自动投案。根据《最高人民法院关于处理自首和立功具体应用法律若干问题的解释》(以下简称《解释》)第一条第(一)项的规定,自动投案,是指犯罪事实或者犯罪嫌疑人尚未被司法机关发觉,或者虽被发觉,但犯罪嫌疑人尚未受到讯问、未被采取强制措施时,主动、直接向司法机关投案。犯罪嫌疑人经公安机关口头传唤到案的情况,符合上述《解释》的规定,应视为自动投案。

首先,传唤不属于强制措施。被传唤后归案符合《解释》第一条第(一)项规定的“在未受到讯问、未被采取强制措施之前”的时间范围。传唤和拘传不同,传唤是使用传票通知犯罪嫌疑人在指定的时间自行到指定的地点接受讯问的诉讼行为,它强调被传唤人到案的自觉性,且传唤不得使用械具。而拘传则是强制犯罪嫌疑人依法到案接受讯问的一种强制措施。通常情况下,拘传适用于经过依法传唤,无正当理由拒不到案的犯罪嫌疑人。可见,传唤与拘传有着本质的不同,法律并未将传唤包括在强制措施之内。

其次,经传唤归案的犯罪嫌疑人具有归案的自动性和主动性。犯罪嫌疑人经传唤后,自主选择的余地还是很大的,其可以选择归案,也可拒不到案甚至逃离,而其能主动归案,就表明其有认罪悔改、接受惩罚的主观目的,即具有归案的自动性和主动性。《解释》中尚有“犯罪后逃跑,在被通缉、追捕过程中,主动投案的”以及“通知犯罪嫌疑人的亲友,将犯罪嫌疑人送去投案的”视为自动投案的规定,而仅仅受到传唤便直接归案的,反而不视为自动投案,于法于理都不通,也不符合立法本意。

综上,犯罪嫌疑人被公安机关口头或电话传唤后直接到案,并如实供述自己的罪行的,应当认定为自首。

——《刑事审判参考》(总第 45 辑)。

201 如实供述司法机关尚未掌握的选择性罪名中的某一罪行，不构成自首

关键词｜自首｜选择性罪名｜

【最高人民法院参考案例】

彭佳升贩卖、运输毒品案(《刑事审判参考》案例第593号)

要旨：因运输毒品被抓获后又如实供述司法机关未掌握的贩卖毒品罪行不构成自首。

本案中，对于被告人彭佳升因运输毒品被抓获又如实供述贩卖毒品的事实，能否构成自首的问题，在审理过程中曾有不同意见：一种意见认为，被告人因运输毒品被抓获，又主动供述了贩卖不同宗毒品，应认定为自首。理由在于：第一，是否属同种罪行，不能以对数个犯罪行为是否实行数罪并罚来确定，应以罪名为准，运输和贩卖不同宗毒品是两起相互独立的犯罪，犯罪构成不同，罪名不同，因此属于不同种罪行；第二，自首制度的本意是鼓励犯罪人认罪、悔罪，如实供述司法机关尚未掌握的罪行，以利于侦破案件，追诉犯罪，节约司法成本，即使对选择性罪名不实行数罪并罚，仍可以以自首论。另一种意见认为，无论被告人如实供述的贩卖毒品与公安机关掌握的运输的毒品是否为同一宗，均不构成自首。刑法第三百四十七条规定的走私、贩卖、运输、制造毒品罪是同种罪行；根据《最高人民法院关于处理自首和立功具体应用法律若干问题的解释》有关规定，对供述不同种罪行的，以自首论，对供述同种罪行的不能以自首论。彭佳升运输、贩卖毒品的行为属于同种罪行，故不构成自首。

法院最终采纳了第二种意见，具体理由如下：

(一)根据我国刑法的规定，行为人分别实施走私、贩卖、运输不同宗毒品的行为，属于同种罪行。

首先，犯罪的分类是由刑法规定的。我国刑法分则将犯罪分为十大类(十章)，每个大类中又分成了若干小类。对某些犯罪在同一法律条款中也进行了分类，在每一类别中的各种犯罪均属该类的同类犯罪。但对某一条款中的数个罪行是否属于同种罪行，则应以刑法规定是否按一罪判处为标准，按一罪判处的就是同种罪行，按数罪判处的就是不同种罪行。我国刑法第三百四十七条将走私、贩卖、运输、制造毒品罪规定在同一法条中，并规定对多次走私、贩卖、运输、制造毒品，未经处理的，毒品的数量累计计算。最高人民法院2008年12月印发的《全国部分法院审理毒品犯罪案件工作座谈会纪要》进一步明确规定，“对不同宗毒品分别实施了不同种犯罪行为的，应对不同行为并列确定罪名，累计毒品数量，不实行数罪并罚”。根据以上规定，走私、贩卖、运输、制造毒品罪是选择性罪名，对行为人实施贩

卖、运输毒品两种以上行为的，不论是否同一宗毒品，只定一个罪名，在量刑上只适用一个法定刑，不实行数罪并罚。刑法这一规定明确将这四个行为视为同种罪行，同时也表明这些行为的基本性质、社会危害性等是基本相同的。故对同一被告人，即使对不同宗的毒品分别实施了走私、贩卖或运输行为，也不再分别定罪量刑，而是将走私、贩卖、运输毒品的行为合并成一个选择性罪名，适用一个法定刑。

其次，选择性罪名中包含的数个不同罪名属于刑法规定的同种罪行。我国刑法分则在许多同一个条款中都规定了数个犯罪构成及相对应的数个罪名，有的属于并列罪名，有的属于选择性罪名，二者的功能是不同的，不能混淆。如对于并列罪名（如第一百一十四条），行为人实施该条款中的两个以上犯罪行为，就构成数罪，应实行数罪并罚，而不能合并为一罪。而对于选择性罪名则不然，数个罪名既可分解单独定罪，也可以合并组合为一罪（复合性罪名），事实上是两个以上的罪行，根据刑法规定按一罪判处，而不定数罪。如行为人实施其中一个行为的，就定其中一个罪名，该行为符合一个单一的犯罪构成；实施两种以上行为的，根据刑法规定只定一个复合性罪名，行为符合一个复合性犯罪构成。这种情况实质上是数个犯罪构成合并为一个复合性犯罪构成而成为一罪，该罪名中的各罪行系同种罪行。选择性罪名与单独罪名、并列罪名不同，它既可以分解成几个小罪名，又可以由不同的罪名组合成一个复合性罪名。而刑法之所以赋予选择性罪名如此灵活的处理方式，是因为选择性罪名所规定的数个犯罪行为是有内在联系、互为条件的，实践中经常交错实施，且对社会的危害程度是相同的。实践中，行为人对于同一宗毒品既可能连续实施以上全部行为，也可能有选择性地参与实施其中一种行为，还可能有选择性地参与不同宗毒品犯罪的某一阶段或全部的行为。为使这些行为、方式上具有选择性的犯罪受到相应的处罚，故刑法也简便、概括地规定了选择性罪名，同时也规定不论实施了几种犯罪行为，对行为人在法律上都按一罪处理，不存在数罪并罚的情况。这也符合刑法规定同一罪名中的数个罪行属于同种罪行的立法本意。

综上，选择性罪名的犯罪构成是一种法定的特别犯罪构成。不能简单地以触犯了不同的具体罪名，来确定是否属于同种罪行还是不同种罪行。根据我国刑法及司法解释的上述规定，本案中被告人彭佳升如实供述司法机关尚未掌握的贩卖不同宗毒品的罪行，与司法机关已经掌握的运输毒品的罪行属于同种罪行，故不能以自首论。

（二）对如实供述司法机关尚未掌握的选择性罪名中的某一罪行以自首论，会导致量刑上的不均衡。

运输毒品的行为人被抓获后供述司法机关尚未掌握的其他毒品犯罪，可能出现以下三种情况：(1)甲运输毒品被抓获，又供述了另一宗运输毒品的事实；(2)甲运输毒品被抓获,又供述了另一宗贩卖毒品的事实;(3)甲运输毒品被抓获,又供述了这宗毒品系其在甲地购买后准备运到乙地贩卖的事实,而后又供述了其他运输、贩卖毒品的事实。按照第一种意见,只有第(2)种情况对贩卖毒品应以自首论。但实际上这三种情况中被告人认罪、悔罪的态度是相当的,在三者并无本质区别的情况下,对于是否构成自首这一法定从轻、减轻情节作出不同判断,不仅逻辑上说不通,还会导致对这三种情况量刑的不均衡,有失刑事处罚的统一性。

(三)对于被告人如实供述司法机关尚未掌握的选择性罪名中的某一罪行不以自首论,并不意味着不可以对被告人从宽处罚,从而违背鼓励被告人认罪悔罪的立法精神。虽然此种情况与自首有所区别,但在刑事法律和司法实践中仍应给予鼓励,依法适当从宽处罚。《最高人民法院关于处理自首和立功具体应用法律若干问题的解释》第四条就明确规定,"如实供述司法机关尚未掌握的罪行,与司法机关已掌握的或者判决确定的罪行属同种罪行的,可以酌情从轻处罚"。……

——《刑事审判参考》(总第71辑)。

202 自诉案件中的被告人同样可以构成自首

关键词|自首|自诉案件|

【最高人民法院参考案例】

刘某诉江某故意伤害案(《刑事审判参考》案例第172号)

要旨:只要符合自首成立的法定条件,无论是公诉案件还是自诉案件,都应当认定为自首,不能因自诉案件的犯罪事实和犯罪嫌疑人容易被司法机关发现和掌握,就不适用刑法关于自首的规定。

自诉案件是相对于公诉案件而言的,是我国刑事诉讼法根据提起诉讼的主体不同而作的程序上的分类。虽然刑事诉讼法规定人民法院在审理自诉案件过程中可以调解,宣告判决前,自诉人可以与被告人自行和解,或者撤回自诉,被告人在诉讼过程中可以对自诉人提起反诉,但都属于程序上的处理,主要解决诉权问题,不涉及对案件实体问题的认定。而对实体问题的认定,无论是公诉案件,还是自诉案件,其认定依据只能是刑法的规定。关于自首,我国刑法第六十七条仅规定了自首的成立条件及其处罚原则,并未对可以成立自首的案件性质作任何限制。也就是说,只要符合自首成立的法定条件,无论是公诉案件还是自诉案件,都应当认定为自首,不能因自诉案件的犯罪事实和犯罪嫌疑人容易被司法机关发现和掌握,就不适用刑法关于自首的规定。

——《刑事审判参考》(总第25辑)。

203 职务犯罪中的自首应如何认定[①]

关键词 | 职务犯罪 | 自首 | 单位自首 |

【最高人民法院司法文件】

一、关于自首的认定和处理

根据刑法第六十七条第一款的规定，成立自首需同时具备自动投案和如实供述自己的罪行两个要件。犯罪事实或者犯罪分子未被办案机关掌握，或者虽被掌握，但犯罪分子尚未受到调查谈话、讯问，或者未被宣布采取调查措施或者强制措施时，向办案机关投案的，是自动投案。在此期间如实交代自己的主要犯罪事实的，应当认定为自首。

犯罪分子向所在单位等办案机关以外的单位、组织或者有关负责人员投案的，应当视为自动投案。

没有自动投案，在办案机关调查谈话、讯问、采取调查措施或者强制措施期间，犯罪分子如实交代办案机关掌握的线索所针对的事实的，不能认定为自首。

没有自动投案，但具有以下情形之一的，以自首论：(1)犯罪分子如实交代办案机关未掌握的罪行，与办案机关已掌握的罪行属不同种罪行的；(2)办案机关所掌握线索针对的犯罪事实不成立，在此范围外犯罪分子交代同种罪行的。

单位犯罪案件中，单位集体决定或者单位负责人决定而自动投案，如实交代单位犯罪事实的，或者单位直接负责的主管人员自动投案，如实交代单位犯罪事实的，应当认定为单位自首。单位自首的，直接负责的主管人员和直接责任人员未自动投案，但如实交代自己知道的犯罪事实的，可以视为自首；拒不交代自己知道的犯罪事实或者逃避法律追究的，不应当认定为自首。单位没有自首，直接责任人员自动投案并如实交代自己知道的犯罪事实的，对该直接责任人员应当认定为自首。

对于具有自首情节的犯罪分子，办案机关移送案件时应当予以说明并移交相关证据材料。

对于具有自首情节的犯罪分子，应当根据犯罪的事实、性质、情节和对于社会的危害程度，结合自动投案的动机、阶段、客观环境，交代犯罪事实的完整性、稳定性以及悔罪表现等具体情节，依法决定是否从轻、减轻或者免除处罚以及从轻、减轻处罚的幅度。

——《最高人民法院、最高人民检察院关于办理职务犯罪案件认定自首、立功等量刑情节若干问题的意见》(2009 年 3 月 12 日，法发〔2009〕13 号)。

---

① 对于有关职务犯罪的司法观点下的文件和案例，应结合 2018 年刑事诉讼法的修正及监察法的公布所带来的调整变化予以妥当理解和适用。

【链接：理解与适用】

(一)关于自首的认定和处理

在自首的认定和处理问题上,《意见》作了五个方面的规定。

1. 办案机关采取调查措施期间的自首认定

对于纪检监察机关采取调查措施期间交代罪行的,能否认定为自首,理论和实践部门长期存在分歧:一种意见认为,纪检监察等办案机关不是法律规定的司法机关,纪检监察机关调查期间如实交代罪行的,均可认定为自首;另一种意见认为,不宜一概以有无自动投案作为是否成立自首的条件。该意见论者又分为两种不同观点:一种观点主张以办案机关是否立案作为成立自首与否的认定基准;另一种观点主张以办案机关是否确切掌握犯罪事实作为认定基准。

经研究,自动投案和如实供述自己的罪行是成立自首的两个法定要件,两者缺一不可,必须同时具备,在纪检监察机关采取调查措施期间交代罪行的自首认定,同样应当以此为准。纪检监察部门的办案活动虽然不属于司法活动,但其所采取的调查谈话、调查措施与司法机关的讯问、强制措施的内容、目的、效果基本相同,两者具有可比性。当前职务犯罪案件多以纪检监察部门的调查为前置程序,如将纪检监察部门调查期间交代罪行的一概以自首论。势必导致职务犯罪案件自首认定的不当扩大,并在职务犯罪案件和非职务犯罪案件的自首认定中产生实质性的不公。从有利于案件查办的角度出发主张区别情形分别认定的意见,缺乏法律和理论支撑;一方面,在办案机关立案之前的初步核实阶段即有可能采取"两规""两指"等调查措施,办案实践中的立案具有一定的迟滞性;另一方面自首的认定问题与办案机关是否掌握犯罪事实的确切证据无关。为此,《意见》规定:"没有自动投案,在办案机关调查谈话、讯问、采取调查措施或者强制措施期间,犯罪分子如实交代办案机关掌握的线索所针对的事实的,不能认定为自首。"同时,鉴于纪检监察机关办案的特殊性,《意见》对自动投案规定了具体的认定标准,即"犯罪事实或者犯罪分子未被办案机关掌握,或者虽被掌握,但犯罪分子尚未受到调查谈话、讯问,或者未被宣布采取调查措施或者强制措施时,向办案机关投案的,是自动投案"。

在理解本规定时,应注意以下四点:

第一,犯罪事实、犯罪分子是否被掌握,犯罪分子是否被采取调查措施或者强制措施,是相对于办案机关而言的。这里的办案机关仅限定为纪检、监察、公安、检察等法定职能部门,为避免实践执行中可能产生的误解,《意见》进一步明确:"犯罪分子向所在单位等办案机关以外的单位、组织或者有关负责人员投案的,应当视为自动投案。"

第二,纪检、监察机关办案程序一般是先初步核实,后立案,再调查,依照有关规定，在初步核实阶段也可以采取包括“两规”在内的调查措施。因此，这里的“调查”，指的是措施意义上的调查，非程序意义上的调查。

第三，“调查谈话”不同于诫勉谈话，一般指的是立案后依照有关调查程序进行的谈话，考虑到办案实践中立案情况较为复杂，为方便实践部门根据案件情况作出更为合理的认定，故《意见》对此未作进一步明确。

第四，《意见》特别规定“被宣布采取调查措施”，主要是考虑到调查措施与刑事司法中的强制措施有所不同，在被调查人对调查活动不知情的情况下，自动投案并如实交代罪行的，仍应认定为自首。只有在被宣布采取调查措施期间，被调查人已经知道对其采取调查活动的情况下才丧失自动投案的可能。

2. “准自首”的认定

根据职务犯罪案件的实际情况，在刑法和《最高人民法院关于处理自首和立功具体应用法律若干问题的解释》有关规定的基础上，《意见》明确了两种无自动投案的准自首的具体情形，即：(1) 犯罪分子如实交代办案机关未掌握的罪行，与办案机关已掌握的罪行属不同种罪行的；(2) 办案机关所掌握线索针对的犯罪事实不成立，在此范围外犯罪分子交代同种罪行的。

对于上述第二种情形，有意见主张按坦白处理，以增强司法可操作性。经研究，此情形属于实质上的准自首，故未采纳。

3. 单位自首的认定

2002 年由最高人民法院、最高人民检察院、海关总署联合发布的《关于办理走私刑事案件适用法律若干问题的意见》中对单位走私犯罪案件的自首认定问题提出了一个初步意见，但实践中对于该规定是否具有普遍适用性以及单位自首的具体认定标准存在不同看法。鉴于职务犯罪案件特别是贿赂犯罪案件中较多存在单位犯罪情形，《意见》对单位犯罪的自首认定问题予以专门规定，即“单位犯罪案件中，单位集体决定或者单位负责人决定而自动投案，如实交代单位犯罪事实的；或者单位直接负责的主管人员自动投案，如实交代单位犯罪事实的，应当认定为单位自首。单位自首的，直接负责的主管人员和直接责任人员未自动投案，但如实交代自己知道的犯罪事实的，可以视为自首；拒不交代自己知道的犯罪事实或者逃避法律追究的，不应当认定为自首。单位没有自首，直接责任人员自动投案并如实交代自己知道的犯罪事实的，对该直接责任人员应当认定为自首”。

准确理解本规定，关键在于把握四个要点：(1) 单位可以成立自首；(2) 区分单位自首与个人自首、检举、揭发的关键在于投案人代表的是单位还是个人；(3) 单位自首的效果可及于个人，但需以个人如实交代其掌握犯罪行为条件；(4) 个人自首的成立不以单位自首为条件，但个人自首的效果不能及于单位。

讨论中有意见提出，应对单位直接负责的主管人员的自首认定为单位自首的情形加以必要限制。即具有在单位法定代表人、负责人不知情的情况下实施单位犯罪的，直接负责的主管人员自动投案并如实交代才能构成单位自首。经研究，单位直接负责的主管人员一般也是单位的负责人，其个人意志也代表单位的意志，其个人决定实施的犯罪一般均作单位犯罪处理，故将其未经单位法定代表人以及其他负责人同意，或者在单位法定代表人以及其他负责人不知情的情况下的自首视同为单位自首，是妥当的，且这样规定也有利于鼓励单位直接负责的主管人员自首，防止“铁板一块”。同时，单位自首并不意味着单位法定代表人或者其他负责人当然成立自首，根据本款规定确定的原则，单位法定代表人或者其他负责人拒不交代自己知道的犯罪事实或逃避法律追究的，同样不能认定为自首。本规定体现了刑事司法的一般原则和宽严相济政策的要求，故未采纳。

4. 认定自首的事实根据

鉴于职务犯罪案件查办主体的复杂性，纪律处分与司法处理性质上的不同，纪检监察机关移送司法机关查处的案件还须进行证据转化等程序。为加强配合，确保各办案环节的有机衔接以及自首认定的规范性和严肃性，《意见》规定：“对于具有自首情节的犯罪分子，办案机关移送案件时应当予以说明并移交相关证据材料。”

需要注意的是，为方便实际办案，本规定要求仅适用于存在自首问题的情形，不存在自首问题的无须说明和移交证据材料，以免给办案机关增加不必要的负担。同时，《意见》的这一精神应当一体适用于坦白、退赃等量刑情节。至于移送的具体范围和方式等问题，目前有关机关正在加紧研究解决。

5. 自首情节的具体运用

对于具有自首情节的犯罪分子，是否从轻、减轻或者免除处罚以及从轻、减轻处罚的幅度，取决于犯罪行为和自首行为两个方面的具体情况。为此，《意见》对可供参考判断的相关考量因素作了细化规定，即：(1)犯罪的事实、性质、情节和对于社会的危害程度；(2)自动投案的动机、阶段、客观环境，交代犯罪事实的完整性、稳定性以及悔罪表现等。

——刘为波：《〈关于办理职务犯罪案件认定自首、立功等量刑情节若干问题的意见〉的理解与适用》，载最高人民法院刑事审判第一、二、三、四、五庭主办：《刑事审判参考》(总第68辑)，法律出版社2009年版，第121—133页。

【最高人民法院参考案例】

刘某、姚某挪用公款案(《刑事审判参考》案例第755号)

要旨：职务犯罪案件中“办案机关掌握的线索”，不限于直接查证犯罪事实的线索，还包括与查证犯罪事实有关联的线索。

由于职务犯罪案件的侦办程序有一定特殊性，职务犯罪案件中，对自首的认定往往存在不少争议。为解决这些问题,2009 年最高人民法院会同最高人民检察院制度定了《关于办理职务犯罪案件认定自首、立功等量刑情节若干问题的意见》(以下简称《意见》)。根据《意见》第一条的规定,没有自动投案,在办案机关调查谈话、讯问、采取调查措施或者强制措施期间,犯罪分子如实交代办案机关掌握的线索所针对事实的,不能认定为自首。但办案机关所掌握的线索针对的犯罪事实不成立,在此范围外犯罪分子交代同种罪行的,以自首论。可见,在办案机关未掌握犯罪事实,但掌握相关线索的情况下,即使犯罪分子交代该线索所针对的犯罪事实,也不能认定为自首。近年来,人民群众对依法从严打击职务犯罪的呼声越来越高。《意见》对职务犯罪自首规定了较普通犯罪更为严格的条件,符合实践中打击职务犯罪的司法需要。

既然办案机关掌握的线索是认定职务犯罪自首的重要标准,那么如何准确理解和把握"办案机关掌握的线索"范围,就成为职务犯罪自首认定最关键的问题之一。"线索"本身是一个中性概念,线索不等于犯罪事实本身,有时甚至不能起到直接查证犯罪事实的作用。在刑事案件中,"线索"大致可以分为两种类型:一种是能够直接查证犯罪事实的线索;另一种是不能直接查证犯罪事实,但与查证犯罪事实有关联的线索。如果办案机关掌握了第一类线索,就应视为掌握了一定的犯罪事实,犯罪分子在被据此调查谈话时交代犯罪事实的,不能认定为自首。如果办案机关掌握了第二类线索,因该类线索不能直接查证犯罪事实,犯罪分子在被调查谈话期间交代犯罪事实的,是否构成自首存在争议。我们认为,根据《意见》的精神,这种情形同样不能认定为自首。根据此类线索虽不能直接认定犯罪事实,但此类线索具有指向犯罪事实的作用。办案机关掌握此类线索后,能够研判行为人可能涉嫌的犯罪性质和类型。一般而言,办案机关找行为人调查谈话具有一定的针对性,行为人由此交待犯罪事实的,应该认定属于此线索针对的事实,不能认定为自首。

——《刑事审判参考》(总第 84 辑)。

吴江、李晓光挪用公款案(《刑事审判参考》案例第 709 号)

要旨:职务犯罪案件中,被告人须在纪律监察部门对其采取明确的调查措施前投案方能构成自动投案,在此前提下符合自首其他构成要件的,依法应认定为自首。

职务犯罪的侦查具有不同于普通犯罪的特点,主要表现为一般具有纪律监察部门的前置性调查程序,因此,必须对这种前置性的调查程序予以实事求是的认定,以准确界定职务犯罪案件中自首的成立标准。

由于纪律监察部门的办案活动所采取的调查谈话、调查措施与司法机关的侦查措施在内容、目的、效果方面具有相似性,立足于自首主要反映被告人认罪悔罪及有利于司法机关侦破案件的制度特征和价值取向,最高人民法院在《关于办理职务犯罪案件认定自首、立功等量刑情节若干问题的意见》中规定:“没有自动投案,在办案机关调查谈话、讯问、采取调查措施或者强制措施期间,犯罪分子如实交代办案机关掌握的线索所针对的事实的,不能认定为自首。”同时,上述意见对职务犯罪中的自动投案也予以了明确规定:“犯罪事实或者犯罪分子未被办案机关掌握,或者虽被掌握,但犯罪分子尚未受到调查谈话、讯问,或者未被宣布采取调查措施或者强制措施时,向办案机关投案的,是自动投案。”这里的办案机关包括纪检机关及刑事侦查机关等法定职能部门,如果犯罪分子在其犯罪事实未被司法机关掌握之前,向所在单位等办案机关以外的单位、组织或者有关负责人员投案的,应当视为自动投案。

——《刑事审判参考》(总第80辑)。

204 职务犯罪中关于如实交代犯罪事实的认定和处理[①]

关键词|职务犯罪|坦白|

【最高人民法院司法文件】

三、关于如实交代犯罪事实的认定和处理

犯罪分子依法不成立自首,但如实交代犯罪事实,有下列情形之一的,可以酌情从轻处罚:(1)办案机关掌握部分犯罪事实,犯罪分子交代了同种其他犯罪事实的;(2)办案机关掌握的证据不充分,犯罪分子如实交代有助于收集定案证据的。

犯罪分子如实交代犯罪事实,有下列情形之一的,一般应当从轻处罚:(1)办案机关仅掌握小部分犯罪事实,犯罪分子交代了大部分未被掌握的同种犯罪事实的;(2)如实交代对于定案证据的收集有重要作用的。

——《最高人民法院、最高人民检察院关于办理职务犯罪案件认定自首、立功等量刑情节若干问题的意见》(2009年3月12日,法发〔2009〕13号)。

【链接:理解与适用】

《意见》第三条对依法不成立自首,但如实交代犯罪事实的犯罪分子,区分具体情况提出了程度不同的处理意见,本条规定自首情形属于“坦白”范畴,但较通常理解的坦白范围要窄一些。一般而言,犯罪分子在被动归案后,如实供述自己的

① 本司法观点的适用,应根据经刑法修正案(八)修正后的刑法第六十七条第三款关于坦白从宽处理的规定妥当把握。

罪行，不管司法机关掌握程度如何，均应视为坦白。《意见》仅列举了四种情形，为避免逻辑上的不周延，故未使用“坦白”这一称谓。

坦白是一个酌定量刑情节，实践中没有疑问。《意见》之所以特别强调坦白的量刑意义，主要有两点考虑：一是宽严相济。坦白对于案件的侦破和顺利起诉、审判，具有重要作用，特别是在一些较为隐蔽、难以取证的职务犯罪案件中，坦白所起的作用不一定小于自首等法定量刑情节，而这一点往往为我们办案人员所忽视，在量刑上没有得到应有的体现。二是疏堵并举。刑法在贪污、受贿罪的法定刑规定上存在一些不足，集中体现在计赃论罚这一单一量刑模式所带来的量刑失衡问题。为实现量刑均衡，一些检察院、法院在个别案件处理上有意识地放宽自首的认定标准。《意见》在严格自首认定条件的同时，强调坦白在量刑中的作用，既有效防止了自首认定的随意性，又能确保在法律限度内尽可能地实现个案公正。

《意见》列举了四种坦白情形，即(1)办案机关掌握部分犯罪事实，犯罪分子交代了同种其他犯罪事实的；(2)办案机关掌握的证据不充分，犯罪分子如实交代有助于收集定案证据的；(3)办案机关仅掌握小部分犯罪事实，犯罪分子交代了大部分未被掌握的同种犯罪事实的；(4)如实交代对于定案证据的收集有重要作用的，是对职务犯罪案件办理实践的经验总结，同时也是量刑方面的实际需要。具有本条规定的坦白情节的，量刑上均应不同程度地加以考虑，特别是后两种情形，一般应当从轻处罚。对于司法机关已经完全掌握犯罪分子的犯罪事实情况下的坦白，量刑上则不一定要考虑，实践意义不大，故《意见》未作规定。

对于本条列举的情形，讨论中存在一些不同意见。

一种意见认为，对于主动交代司法机关未掌握的同种罪行，尤其是在主动交代的犯罪事实成为案件的主要犯罪事实的，是否一概认定为坦白，理论和实践均存在争议。鉴于职务犯罪案件自身的特点和此类案件查办工作的特殊性，从有利于敦促犯罪分子悔罪、交代余罪的办案需要出发，建议区分情况，将犯罪分子交代同种主要犯罪事实的，以自首论。经研究，对于交代同种犯罪事实的处理，《最高人民法院关于处理自首和立功具体应用法律若干问题的解释》已有明确规定，而且区分主要犯罪事实和次要犯罪事实在实践中不易操作，故未采纳。

另一种意见认为，“如实交代对于定案证据的收集有重要作用”，意味着办案机关掌握的证据不充分，不交代不足以认定犯罪。此种情形类似于因形迹可疑被盘查而主动交代犯罪事实的情形，应以自首论。经研究，形迹可疑意味着犯罪事实尚未被发觉，这里所规定的基于一定的证据而对犯罪事实有所发觉的情形存在根本性的不同。而且，从案件查办活动看，证据的收集一般都有一个渐次充实的过程，故未采纳。

——刘为波：《〈关于办理职务犯罪案件认定自首、立功等量刑情节若干问题的意见〉的理解与适用》,载最高人民法院刑事审判第一、二、三、四、五庭主办:《刑事审判参考》(总第68辑),法律出版社2009年版,第121—133页。

205 在自首、立功案件中宽严相济政策的把握

关键词|自首|立功|宽严相济刑事政策|

【最高人民法院司法文件】

八、关于对自首、立功的被告人的处罚

对具有自首、立功情节的被告人是否从宽处罚、从宽处罚的幅度,应当考虑其犯罪事实、犯罪性质、犯罪情节、危害后果、社会影响、被告人的主观恶性和人身危险性等。自首的还应考虑投案的主动性、供述的及时性和稳定性等。立功的还应考虑检举揭发罪行的轻重、被检举揭发的人可能或者已经被判处的刑罚、提供的线索对侦破案件或者协助抓捕其他犯罪嫌疑人所起作用的大小等。

具有自首或者立功情节的,一般应依法从轻、减轻处罚;犯罪情节较轻的,可以免除处罚。类似情况下,对具有自首情节的被告人的从宽幅度要适当宽于具有立功情节的被告人。

虽然具有自首或者立功情节,但犯罪情节特别恶劣、犯罪后果特别严重、被告人主观恶性深、人身危险性大,或者在犯罪前即为规避法律、逃避处罚而准备自首、立功的,可以不从宽处罚。

对于被告人具有自首、立功情节,同时又有累犯、毒品再犯等法定从重处罚情节的,既要考虑自首、立功的具体情节,又要考虑被告人的主观恶性、人身危险性等因素,综合分析判断,确定从宽或者从严处罚。累犯的前罪为非暴力犯罪的,一般可以从宽处罚,前罪为暴力犯罪或者前、后罪为同类犯罪的,可以不从宽处罚。

在共同犯罪案件中,对具有自首、立功情节的被告人的处罚,应注意共同犯罪人以及首要分子、主犯、从犯之间的量刑平衡。犯罪集团的首要分子、共同犯罪的主犯检举揭发或者协助司法机关抓捕同案地位、作用较次的犯罪分子的,从宽处罚与否应当从严掌握,如果从轻处罚可能导致全案量刑失衡的,一般不从轻处罚;如果检举揭发或者协助司法机关抓捕的是其他案件中罪行同样严重的犯罪分子,一般应依法从宽处罚。对于犯罪集团的一般成员、共同犯罪的从犯立功的,特别是协助抓捕首要分子、主犯的,应当充分体现政策,依法从宽处罚。

——《最高人民法院关于处理自首和立功若干具体问题的意见》(2010年12月22日,法发〔2010〕60号)。

14. 宽严相济刑事政策中的从“宽”，主要是指对于情节较轻、社会危害性较小的犯罪，或者罪行虽然严重，但具有法定、酌定从宽处罚情节，以及主观恶性相对较小、人身危险性不大的被告人，可以依法从轻、减轻或者免除处罚；对于具有一定社会危害性，但情节显著轻微危害不大的行为，不作为犯罪处理；对于依法可不监禁的，尽量适用缓刑或者判处管制、单处罚金等非监禁刑。

17. 对于自首的被告人，除了罪行极其严重、主观恶性极深、人身危险性极大，或者恶意地利用自首规避法律制裁者以外，一般均应当依法从宽处罚。

对于亲属以不同形式送被告人归案或协助司法机关抓获被告人而认定为自首的，原则上都应当依法从宽处罚；有的虽然不能认定为自首，但考虑到被告人亲属支持司法机关工作，促使被告人到案、认罪、悔罪，在决定对被告人具体处罚时，也应当予以充分考虑。

18. 对于被告人检举揭发他人犯罪构成立功的，一般均应当依法从宽处罚。对于犯罪情节不是十分恶劣，犯罪后果不是十分严重的被告人立功的，从宽处罚的幅度应当更大。

26. 在对严重刑事犯罪依法从严惩处的同时，对被告人具有自首、立功、从犯等法定或酌定从宽处罚情节的，还要注意宽以济严，根据犯罪的具体情况，依法应当或可以从宽的，都应当在量刑上予以充分考虑。

33. 在共同犯罪案件中，对于主犯或首要分子检举、揭发同案地位、作用较次犯罪分子构成立功的，从轻或者减轻处罚应当从严掌握，如果从轻处罚可能导致全案量刑失衡的，一般不予从轻处罚；如果检举、揭发的是其他犯罪案件中罪行同样严重的犯罪分子，或者协助抓获的是同案中的其他主犯、首要分子的，原则上应予依法从轻或者减轻处罚。对于从犯或犯罪集团中的一般成员立功，特别是协助抓获主犯、首要分子的，应当充分体现政策，依法从轻、减轻或者免除处罚。

——《最高人民法院关于贯彻宽严相济刑事政策的若干意见》（2010 年 2 月 8 日，法发〔2010〕9 号）。

【链接：理解与适用】

八、对自首、立功的被告人的处罚

（一）自首对量刑的影响一般大于立功

《意见》规定：“类似情况下，对具有自首情节的被告人的从宽幅度要适当宽于具有立功情节的被告人。”之所以这样规定，主要是考虑到自首情节对每一名犯罪分子机会均等，而立功不是人人都有机会，且自首比立功更能充分体现出犯罪分子的悔罪态度，故对自首的认定标准和从宽幅度的掌握要更宽一些。最高人民法院于 2010 年 9 月印发的《人民法院量刑指导意见（试行）》（法发〔2010〕36 号）规定，

对于自首情节，可以减少基准刑的 40%以下，

犯罪较轻的可以减少基准刑的 40%以上或者依法免除处罚；对于立功情节，一般立功的可以减少基准刑的 20%以下，重大立功的可以减少基准刑的 20%—50%。重大立功且犯罪较轻的可以减少基准刑的 50%以上或者依法免除处罚。上述规定也体现了这种政策精神。

（二）自首、立功情节与从重情节并存案件的处理

《意见》规定，对具有自首、立功情节（包括重大立功）的被告人是否从宽处罚、从宽处罚的幅度，应当从犯罪行为，主观恶性和人身危险性，自首、立功的具体情节三方面综合考虑，一般应依法从轻、减轻处罚。这里的“一般应”强调的是没有其他特殊情况的都要从宽，以准确贯彻宽严相济刑事政策精神，争取更好的法律效果和社会效果。如果案件同时具备自首、立功情节和累犯、毒品再犯等法定从重情节，或者犯罪情节特别恶劣、犯罪后果特别严重、主观恶性深、人身危险性大等酌定从重情节，在考察犯罪行为和主观恶性、人身危险性的基础上，要重点分析各种量刑情节的性质及具体情况，如自首的主动性、立功的大小、累犯的前罪的性质和严重程度等，根据各情节反映的社会危害性和人身危险性的程度，具体考量每个情节对刑罚裁量的影响。最终确定从宽、从重处罚或者将从宽、从重情节予以抵消。

（三）共同犯罪的量刑平衡

在共同犯罪案件中，对具有立功情节的被告人量刑时，要特别注意共同犯罪人之间的量刑平衡。对此把握的一般标准是“功是否足以折罪”。因为立功制度的出发点是鼓励犯罪分子检举揭发其他犯罪，以更充分地实现刑法惩治犯罪、预防犯罪的目的。立功不大，对于惩治犯罪、预防犯罪的社会意义相应不大，对立功者从宽处罚的幅度就不应该大；立功虽大，但若立功者的罪行十分严重，如果从宽处罚或者从宽的幅度过大，对其处罚的刑法效果就会削弱。所以，即使从宽，幅度也不宜过大。例如，在毒品犯罪案件中，“毒枭”掌握的犯罪线索和立功机会相对较多，但其罪行严重，“马仔”的罪行较轻，但不容易获得立功线索，如果对有立功情节的“毒枭”从宽幅度过大，会导致同案犯量刑失衡，刑罚惩罚和预防犯罪的功能就无从体现。

基于上述考虑，《意见》对首要分子、主犯协助抓捕地位、作用较次的同案犯，首要分子、主犯协助抓捕罪行同样严重的非同案犯，地位、作用较次的犯罪分子协助抓捕首要分子、主犯三种情形进行了区分，这三种情形的立功对量刑的影响是由小到大的递进关系。

——周峰、薛淑兰、孟伟：《〈关于处理自首和立功若干具体问题的意见〉的理解与适用》，载最高人民法院刑事审判第一、二、三、四、五庭主办：《刑事审判参考》（总第 80 辑），法律出版社 2011 年版，第 167—180 页。

206 立功等从轻处罚事实的认定可以适用优势证明标准

关键词 | 立功 | 证明标准 | 优势标准 |

【最高人民法院参考案例】

李梦杰、刘辉贩卖毒品案(《刑事审判参考》案例第 1035 号)

要旨:立功等从轻处罚事实的认定可以采用自由证明,而非一律适用最严格证明。

自由证明与严格证明的区别除了上文提及的证据种类、提出和调查方式外,另一显著区别在于两者的证明标准不同,即严格证明适用“排除合理怀疑”的通常标准,而自由证明则适用优势证明标准。

司法实践中,对于诸如立功等有利于被告人的量刑情节,通常由被告方提出。相应地,被告方通常会承担主要的证明责任。具体而言,被告方的这种证明责任需要达到优势证据的程度,并在达到这一程度之后,将证明责任再次转移给公诉方。公诉方此时要承担证明该项量刑情节不成立的责任,并为此证明到优势证据的程度。在被告方与公诉方的证明处于势均力敌的状态下,法庭根据对控辩双方量刑证据的权衡,最终裁断哪一方的证明达到了相对优势的程度。换言之,在存在两种相反的事实认定的可能下,只要其中一种事实存在的可能性具有证据上的相对优势,也就是相对另一种事实存在的可能性而言,该种事实成立的可能性更大一些,那么,法庭就该确信该种事实的成立,并将其作为裁判的依据。

——《刑事审判参考》(总第 100 辑)。

207 立功线索来源的具体认定

关键词 | 立功线索来源 | 利用职务便利 |

【最高人民法院司法文件】

四、关于立功线索来源的具体认定

犯罪分子通过贿买、暴力、胁迫等非法手段,或者被羁押后与律师、亲友会见过程中违反监管规定,获取他人犯罪线索并“检举揭发”的,不能认定为有立功表现。

犯罪分子将本人以往查办犯罪职务活动中掌握的,或者从负有查办犯罪、监管职责的国家工作人员处获取的他人犯罪线索予以检举揭发的,不能认定为有立功表现。

——《最高人民法院关于处理自首和立功若干具体问题的意见》(2010 年 12

月22日,法发〔2010〕60号)。

【链接:理解与适用】

在司法实践中,犯罪分子为获得从宽处罚,有时会不择手段的以贿买、暴力、胁迫、引诱犯罪等非法手段,或者通过违反监管规定获取他人犯罪线索,而有能力、有机会获得上述线索的往往又是首要分子、主犯、再犯和黑恶势力犯罪分子,对上述情形若认定为立功,则违背了立功制度的初衷。因此,《意见》对立功线索来源作了必要的限制,犯罪分子将从以下几种途径获取的他人犯罪线索予以检举揭发的,均不认定为立功:(1)通过贿买、暴力、胁迫等非法手段获取的线索;(2)被羁押后与律师、亲友会见过程中违反监管规定获取的线索;(3)本人以往查办犯罪职务活动中掌握的线索;(4)从负有查办犯罪、监管职责的国家工作人员处获取的线索。

——周峰、薛淑兰、孟伟:《〈关于处理自首和立功若干具体问题的意见〉的理解与适用》,载最高人民法院刑事审判第一、二、三、四、五庭主办:《刑事审判参考》(总第80辑),法律出版社2011年版,第167—180页。

208 被告人协助公安机关抓获同案犯,同案犯未被作为犯罪处理的,不影响被告人构成立功

关键词|立功|协助抓捕|同案犯|

【最高人民法院司法解释】

第五条　根据刑法第六十八条第一款的规定,犯罪分子到案后有检举、揭发他人犯罪行为,包括共同犯罪案件中的犯罪分子揭发同案犯共同犯罪以外的其他犯罪,经查证属实;提供侦破其他案件的重要线索,经查证属实;阻止他人犯罪活动;协助司法机关抓捕其他犯罪嫌疑人(包括同案犯);具有其他有利于国家和社会的突出表现的,应当认定为有立功表现。

——《最高人民法院关于处理自首和立功具体应用法律若干问题的解释》(1998年5月9日,法释〔1998〕8号)。

【最高人民法院司法文件】

五、关于"协助抓捕其他犯罪嫌疑人"的具体认定

犯罪分子具有下列行为之一,使司法机关抓获其他犯罪嫌疑人的,属于《解释》第五条规定的"协助司法机关抓捕其他犯罪嫌疑人":1.按照司法机关的安排,以打电话、发信息等方式将其他犯罪嫌疑人(包括同案犯)约至指定地点的;2.按

照司法机关的安排，当场指认、辨认其他犯罪嫌疑人（包括同案犯）的；3. 带领侦查人员抓获其他犯罪嫌疑人（包括同案犯）的；4. 提供司法机关尚未掌握的其他案件犯罪嫌疑人的联络方式、藏匿地址的，等等。

……

六、关于立功线索的查证程序和具体认定

……

根据被告人检举揭发破获的他人犯罪案件，如果已有审判结果，应当依据判决确认的事实认定是否查证属实；如果被检举揭发的他人犯罪案件尚未进入审判程序，可以依据侦查机关提供的书面查证情况认定是否查证属实。

……

——《最高人民法院关于处理自首和立功若干具体问题的意见》（2010 年 12 月 22 日，法发〔2010〕60 号）。

【最高人民法院参考案例】

朱莎菲贩卖毒品案（《刑事审判参考》案例第 1036 号）

要旨：从有利于被告人和便宜诉讼进程的角度考虑，可以由审理检举人的人民法院根据现有证据认定被检举人是否构成犯罪以及可能判处的刑罚，并据此认定检举人是否构成立功。

对于被告人朱莎菲协助公安机关抓获张志超的行为是否构成立功，我们认为，认定协助抓捕其他犯罪嫌疑人（包括同案犯）型立功属于刑法第六十八条规定的“犯罪分子有揭发他人犯罪行为，查证属实的”，应当满足三个条件：一是行为条件。即行为人应当有协助抓捕其他犯罪嫌疑人（包括同案犯）的行为，具体包括《意见》第五条第一款规定的四种情形等。二是对象条件。即被协助抓获的犯罪嫌疑人确有犯罪行为。三是结果条件。即被协助抓获的犯罪嫌疑人的犯罪行为经查证属实。

人民法院对被告人的立功情节应当进行实质审查。人民法院既可以根据被告人一方提出的请求和意见，对有关机关未予认定的立功情节进行审查，也可以根据职权，对有关机关认定被告人构成立功的结论进行实质审查。本案中，人民法院对公安机关出具的证实张志超不构成犯罪的《情况说明》，不应简单进行形式审查后直接采纳，而应根据案情和其他相关证据进行综合评判。我们认为，公安机关在《情况说明》中关于张志超不构成犯罪的结论和理由均不能成立。张志超明知朱莎菲欲实施贩卖毒品犯罪而为其代购毒品，为朱莎菲贩卖毒品提供实际帮助，与朱莎菲构成共同犯罪，应当按照贩卖毒品罪的共犯论处。

对于被检举者的犯罪行为是否“查证属实”，不宜一概要求依据相应的刑事判决。实践中,对检举者的判决与被检举者的判决之间常常会出现较长的时间间隔。若一味强调只有人民法院判决才能确定被检举者的犯罪行为是否“查证属实”,无疑会错过对检举者在量刑阶段进行从宽处罚的时机,不利于保障犯罪人的正当权利。因此,从有利于被告人和便宜诉讼进程的角度考虑,可以由审理检举人的人民法院根据现有证据认定被检举人是否构成犯罪以及可能判处的刑罚,并据此认定检举人是否构成立功。本案中,朱莎菲协助抓获张志超的行为构成立功。

——《刑事审判参考》(总第100辑)。

209 立功线索的查证程序和具体认定

关键词 | 立功线索 | 查证程序 |

【最高人民法院司法文件】

六、关于立功线索的查证程序和具体认定

被告人在一、二审审理期间检举揭发他人犯罪行为或者提供侦破其他案件的重要线索,人民法院经审查认为该线索内容具体、指向明确的,应及时移交有关人民检察院或者公安机关依法处理。

侦查机关出具材料,表明在三个月内还不能查证并抓获被检举揭发的人,或者不能查实的,人民法院审理案件可不再等待查证结果。

被告人检举揭发他人犯罪行为或者提供侦破其他案件的重要线索经查证不属实,又重复提供同一线索,且没有提出新的证据材料的,可以不再查证。

根据被告人检举揭发破获的他人犯罪案件,如果已有审判结果,应当依据判决确认的事实认定是否查证属实;如果被检举揭发的他人犯罪案件尚未进入审判程序,可以依据侦查机关提供的书面查证情况认定是否查证属实。检举揭发的线索经查确有犯罪发生,或者确定了犯罪嫌疑人,可能构成重大立功,只是未能将犯罪嫌疑人抓获归案的,对可能判处死刑的被告人一般要留有余地,对其他被告人原则上应酌情从轻处罚。

被告人检举揭发或者协助抓获的人的行为构成犯罪,但因法定事由不追究刑事责任、不起诉、终止审理的,不影响对被告人立功表现的认定;被告人检举揭发或者协助抓获的人的行为应判处无期徒刑以上刑罚,但因具有法定、酌定从宽情节,宣告刑为有期徒刑或者更轻刑罚的,不影响对被告人重大立功表现的认定。

——《最高人民法院关于处理自首和立功若干具体问题的意见》(2010年12月22日,法发〔2010〕60号)。

【最高人民法院参考案例】

张令、樊业勇抢劫、盗窃案(《刑事审判参考》案例第614号)

要旨:协助抓获盗窃同案犯,该同案犯因他罪被判处死缓,能否认定为重大立功应从立功的法定要件具体分析。

(一)认定的主观要求

主客观相统一原则是贯穿我国刑事立法和司法总的基本原则,立功制度也必须坚持这一总的原则。首先,从意识因素分析:其一,立功必然有主观目的,虽然认罪、悔罪态度不在要求之列,但要求犯罪分子必须是有意识地为减轻罪责而实施的行为。犯罪分子无意间透露了他人的犯罪线索,或者在不能控制自己的意志时碰巧阻止了他人的犯罪行为,都不能认定为立功;其二,犯罪分子对立功的内容有一个概括的认识,尽管这一认识不要求十分精确。如犯罪分子是协助抓捕其他重大犯罪嫌疑人,那么应当对其他犯罪嫌疑人所实施的重大犯罪事实有一定的掌握。其次,从意志因素分析,犯罪分子对立功内容必须不是持反对态度。犯罪分子对协助抓捕行为不但是持希望的态度,而且对司法机关能够查证认定立功所依据的犯罪事实持不反对的态度。

本案被告人张令在因盗窃被抓获的情况下,既未供述自己的抢劫事实,也未揭发同案犯樊业勇的抢劫事实,可见其主观上不希望他们的抢劫事实被司法机关发现,其对司法机关抓获樊业勇之后所查证的犯罪事实结果在内心持反对之态。因此,认定立功的依据只能是司法机关所查证属实的盗窃事实,而不是抢劫事实。

(二)认定的时间要求

在协助抓捕型立功中,认定是否属于《解释》中的重大犯罪嫌疑人应当有一定的时间要求,即应当以实施协助抓捕行为时犯罪分子所揭发的犯罪事实或者侦查机关所掌握的犯罪事实为依据。犯罪分子协助抓捕其他犯罪嫌疑人时,根据犯罪分子揭发的犯罪事实或者侦查机关已经掌握的犯罪事实可能判处无期徒刑以上刑罚的,应认定该犯罪分子为重大犯罪嫌疑人;根据当时犯罪分子揭发的犯罪事实或者司法机关已经掌握的犯罪事实虽然尚不能明确能否判处无期徒刑以上刑罚,但根据已经掌握的犯罪线索,通过继续侦查所查证的犯罪事实,确定可能判处无期徒刑以上刑罚的,也可以认定为重大犯罪嫌疑人。但是,如果根据当时犯罪分子揭发的犯罪事实或者侦查机关已经掌握的犯罪事实不能确定为重大犯罪嫌疑人,而是根据抓捕之后查明的其他犯罪事实才确定其为重大犯罪嫌疑人的,不属于《解释》第七条中的"重大犯罪嫌疑人"。

——《刑事审判参考》(总第73辑)。

210 被告人协助司法机关抓捕其他犯罪嫌疑人的，构成立功

关键词｜立功｜从轻处罚｜

【最高人民法院司法解释】

第五条　根据刑法第六十八条第一款的规定,犯罪分子到案后有检举、揭发他人犯罪行为,包括共同犯罪案件中的犯罪分子揭发同案犯共同犯罪以外的其他犯罪,经查证属实;提供侦破其他案件的重要线索,经查证属实;阻止他人犯罪活动;协助司法机关抓捕其他犯罪嫌疑人(包括同案犯);具有其他有利于国家和社会的突出表现的,应当认定为有立功表现。

第六条　共同犯罪案件的犯罪分子到案后,揭发同案犯共同犯罪事实的,可以酌情予以从轻处罚。

——《最高人民法院关于处理自首和立功具体应用法律若干问题的解释》(1998 年 5 月 9 日,法释〔1998〕8 号)。

【最高人民法院司法文件】

五、关于"协助抓捕其他犯罪嫌疑人"的具体认定

犯罪分子具有下列行为之一,使司法机关抓获其他犯罪嫌疑人的,属于《解释》第五条规定的"协助司法机关抓捕其他犯罪嫌疑人":1. 按照司法机关的安排,以打电话、发信息等方式将其他犯罪嫌疑人(包括同案犯)约至指定地点的;2. 按照司法机关的安排,当场指认、辨认其他犯罪嫌疑人(包括同案犯)的;3. 带领侦查人员抓获其他犯罪嫌疑人(包括同案犯)的;4. 提供司法机关尚未掌握的其他案件犯罪嫌疑人的联络方式、藏匿地址的,等等。

犯罪分子提供同案犯姓名、住址、体貌特征等基本情况,或者提供犯罪前、犯罪中掌握、使用的同案犯联络方式、藏匿地址,司法机关据此抓捕同案犯的,不能认定为协助司法机关抓捕同案犯。

——《最高人民法院关于处理自首和立功若干具体问题的意见》(2010 年 12 月 22 日,法发〔2010〕60 号)。

【链接：理解与适用】

七、"协助抓捕其他犯罪嫌疑人"的具体认定

《解释》第五条规定:"……协助司法机关抓捕其他犯罪嫌疑人(包括同案犯)的,应当认定为有立功表现。"司法实践中对如何认定"协助抓捕"把握的标准不尽一致。《意见》明确了四种可认定为协助抓捕的情形和一种不能认定的情形。

四种可以认定的情形是:(1)按照司法机关的安排,以打电话、发信息等方式

将其他犯罪嫌疑人（包括同案犯）约至指定地点的；(2)按照司法机关的安排，当场指认、辨认其他犯罪嫌疑人（包括同案犯）的；(3)带领侦查人员抓获其他犯罪嫌疑人（包括同案犯）的；(4)提供司法机关尚未掌握的其他案件犯罪嫌疑人的联络方式，藏匿地址的等。

鉴于同案犯的基本情况（包括同案犯的姓名、地址、体貌特征等信息）属于犯罪分子应当供述的范畴，而犯罪前、犯罪中掌握、使用的同案犯联络方式、藏匿地址，则属于预谋、实施犯罪的范畴，也是犯罪分子应当供述的内容。因此，《意见》规定犯罪分子仅仅提供上述信息，司法机关据此抓捕同案犯的，不能认定为协助抓捕同案犯。但是，如果按照司法机关的安排，将同案犯约至指定地点、当场指认同案犯，或者带领侦查人员抓获同案犯的，则可认定为立功。因为此类协助，犯罪分子完全可以不予配合，而其一旦主动、积极协助，个人则要承受一定压力，承担一定风险，因此，应当通过认定为立功予以"鼓励"。

——周峰、薛淑兰、孟伟：《〈关于处理自首和立功若干具体问题的意见〉的理解与适用》，载最高人民法院刑事审判第一、二、三、四、五庭主办：《刑事审判参考》（总第80辑），法律出版社2011年版，第167—180页。

【最高人民法院参考案例】

刘伟等抢劫案（《刑事审判参考》案例第712号）

要旨：被告人带领公安人员抓捕同案犯过程中，未对同案犯住处及其本人进行指认，且公安机关是在当地警方和相关人员协助下抓获同案犯，被告人的带捉行为不构成立功。

根据《最高人民法院关于处理自首和立功具体应用法律若干问题的解释》（以下简称《解释》）第五条、第七条的规定，犯罪分子到案后协助司法机关抓捕其他犯罪嫌疑人（包括同案犯）的构成立功，其中抓获重大犯罪嫌疑人构成重大立功。所谓重大犯罪嫌疑人，一般是指犯罪嫌疑人、被告人可能被判处无期徒刑以上刑罚或者在本省、自治区、直辖市或者全国范围内有较大影响等情形。我国刑法所确立的立功制度和对立功犯从宽处罚的原则，具有重大的意义：一方面，可以激励犯罪分子悔过自新，重新做人，使其能以较为积极的态度协助司法机关工作，提高司法机关办案的效率，节省司法资源；另一方面，可以有效地瓦解犯罪势力，促使其他犯罪分子主动归案，减少因犯罪分子留在社会上而对社会构成的潜在威胁。司法实践中，对已到案的犯罪分子协助司法机关抓捕其他犯罪嫌疑人，构成立功的，要把握三个条件：一是确实有协助抓捕的必要；二是客观上有协助司法机关抓捕其他犯罪嫌疑人的具体行为；三是协助行为对抓捕其他犯罪嫌疑人确实起到了作用。犯罪分子到案后如实交代了同案犯姓名、住址、体貌特征（如面部疤痕、肢体残疾等）基本情况，或者犯罪前、犯罪过程中掌握的同案犯联系方式（如手机号、QQ号等）、藏匿地址，公安机关据此抓捕同案犯的，该情形属于如实交代基本犯罪事实的范畴，不能认定为立功。协助抓捕其他犯罪嫌疑人的具体行为，包括按照司法机关的安排诱捕其他犯罪嫌疑人，带领公安人员抓捕其他犯罪嫌疑人，并当场指认其他犯罪嫌疑人等。审查判断协助抓捕行为是否构成立功，关键是审查该协助行为对司法机关抓捕其他犯罪嫌疑人是否确实起到了作用，如通过诱捕，抓获其他犯罪嫌疑人，或者带领公安人员抓捕其他犯罪嫌疑人，并当场指认其他犯罪嫌疑人的，就属于起到了协助作用，应认定为立功。反之，被诱捕的同案犯没有上钩；带领公安人员抓捕其他犯罪嫌疑人，没有抓到，公安机关通过其他途径抓获的其他犯罪嫌疑人，则属于没有起到协助抓捕作用，不应认定为立功。

在本案中，现有证据显示，谢辉、刘伟被抓获后分别交代了伙同姬义抢劫杀害董宝玲的犯罪事实，且谢辉先于刘伟交代，并交代出姬义案发前在廊坊火车站附近开小卖部，并在火车站附近铁锋旅馆租了一间房与其女友长期居住、生活，且姬义右手缺失。刘伟、谢辉交代同案犯姬义的基本情况包括姓名、住址、身体特征等属于坦白交代基本犯罪事实，仅表明其二人认罪态度好，不属于立功的范畴。关于这一点，不存在争议。本案争议的焦点在于，公安人员考虑到刘伟对当地相对较熟，为确保顺利抓获姬义，必要时可由刘伟对姬义及姬义住处予以指认。为此，押解刘伟到河北省廊坊市，但按照二人供述找到铁锋旅馆后，刘伟却说不出姬义具体的房间号，公安人员找到当地站前派出所民警配合抓捕，并从旅馆负责人处得知，有一缺少右臂男子在旅馆9号房间与其对象一起租住，公安人员在该房间将姬义当场抓获，且在该房间内当场搜出被抢联想笔记本电脑，整个抓捕过程中刘伟并未下车对姬义住处及其本人进行指认。以上事实可以看出，公安人员虽然押解刘伟到了抓捕现场，但却是在当地警方和相关人员帮助下找到并抓获姬义，刘伟对抓获姬义没有起到更实质性的作用，其行为不属于协助司法机关抓捕同案犯，天津市高级人民法院认定刘伟的行为不构成重大立功是适当的。

综上，审查已到案被告人协助司法机关抓捕其他犯罪嫌疑人（包括同案犯），不仅要凭公安机关出具的抓获经过等证明材料作出判断，而且还应结合全部在案证据，认真、仔细分析研究，如已到案全部被告人的供述，尤其是第一次供述是否如实交代了同案犯的姓名、住址、联系方式、身体特征等基本情况，协助抓捕的具体行为，重点审查协助行为对抓捕其他犯罪嫌疑人（包括同案犯）是否确实起到帮助作用，对其行为是否构成立功作出全面的分析、客观公正的认定，从而对其作出罚当其罪的判决，真正做到不枉不纵。

——《刑事审判参考》（总第80辑）。

胡国栋抢劫案(《刑事审判参考》案例第 711 号)

要旨:自首后主动交代获悉的同案犯的关押场所并予以指认的,构成立功。

对于司法机关根据被告人自首时交代的情况抓获同案犯的,能否同时认定其有立功表现,可以区分以下情形具体分析:

第一,被告人自首时交代同案犯的姓名或绰号、性别、年龄、体貌特征、住址、籍贯、联系电话、QQ 号等个人信息的,属于其应供述的范围,是成立自首所必备的条件。如果被告人自首时不交代或不如实交代同案犯的这些基本信息,则不能认定为如实交代,不能认定为自首。公安机关根据自首被告人交代的同案犯基本信息抓获同案犯的,不能在认定自首之外再认定被告人有立功表现,否则就是评价过剩,属于适用法律不当。

第二,被告人自首时交代了同案犯的姓名、性别、年龄、体貌特征、住址、联系电话等基本信息,又提供了同案犯的可能藏匿地等线索,而该线索是司法机关通过正常工作程序能够掌握的,则也不能认定被告人有立功表现,仅应认定其有自首情节。

第三,被告人自首时交代了同案犯的罪行和基本信息,又提供了司法机关无法通过正常工作程序掌握的有关同案犯的线索,司法机关正是通过该线索将同案犯抓获归案的,那么,不论被告人是否带领公安机关前往现场抓捕,都应当认定其行为对司法机关抓获同案犯起到了必要的协助作用,构成立功。

第四,判断被告人提供的同案犯信息是否属于司法机关通过正常工作程序能够掌握的范围,应当立足于已然事实。对共同犯罪的被告人自首时所交代的案犯的罪行和基本信息超越了“如实供述”的范围,并对抓获同案犯确实起到必要的协助作用的,应根据《解释》第五条的规定,同时认定具有自首和立功表现,依法从宽处罚。准确把握这一原则,对于切实贯彻宽严相济的刑事政策,分化瓦解犯罪分子,感召犯罪人改过自新,具有积极的现实意义。

——《刑事审判参考》(总第 80 辑)。

王奕发、刘演平敲诈勒索案(《刑事审判参考》案例第 706 号)

要旨:仅简单提供同案犯姓名、住址、体貌特征等基本情况,司法机关据此抓捕同案犯的,不属于“协助司法机关抓捕其他犯罪嫌疑人”的情形。

如果被告人只是提供了同案犯的姓名、住址、体貌特征等基本情况,或者提供犯罪前、犯罪中掌握、使用的同案犯联络方式、藏匿地址,而没有当场辨认、指认同案犯,或者没有按照司法机关的安排将同案犯约至指定地点,或者没有带领侦查人员抓获同案犯的,按照《意见》第五条第二款的规定,是不能认定为“协助司法机关抓捕同案犯”的。

——《刑事审判参考》(总第80辑)。

211 被告人亲属“代为立功”的，不能认定被告人立功

关键词 | 立功 | 代为立功 |

【最高人民法院司法文件】

四、关于立功线索来源的具体认定

……

犯罪分子亲友为使犯罪分子“立功”,向司法机关提供他人犯罪线索、协助抓捕犯罪嫌疑人的,不能认定为犯罪分子有立功表现。

——《最高人民法院关于处理自首和立功若干具体问题的意见》(2010年12月22日,法发〔2010〕60号)。

【链接：理解与适用】

六、立功线索来源的具体认定

……

对于司法实践中经常遇到的犯罪分子亲友代为“立功”的情形,由于刑法规定的立功主体只能是“犯罪分子”,唯此才能体现出其“将功补过”的悔罪态度,故对与犯罪分子无关、纯粹由其亲友实施的“立功”行为,对其亲友应由社会予以褒奖,不宜认定为犯罪分子的立功表现。

——周峰、薛淑兰、孟伟:《〈关于处理自首和立功若干具体问题的意见〉的理解与适用》,载最高人民法院刑事审判第一、二、三、四、五庭主办:《刑事审判参考》(总第80辑),法律出版社2011年版,第167—180页。

【最高人民法院参考案例】

冯绍龙等强奸案(《刑事审判参考》案例第713号)

要旨:被告人亲属协助公安机关抓获其他犯罪嫌疑人的,不认定为立功。

(一)2009年最高人民法院、最高人民检察院联合出台的《关于办理职务犯罪案件认定自首、立功等量刑情节若干问题的意见》(以下简称《职务意见》)中明确规定了立功必须是犯罪分子本人实施的行为,亲友代为实施的,不应认定为犯罪分子的立功表现;同时,对立功线索来源作出限制性规定,明确以非法手段或途径获取的以及因职务获取的等均不能认定为立功。

(二)综观我国刑事立法、司法解释关于立功的规定,不难解读在宽严相济的

刑事政策下，国家鼓励犯罪分子以多种有益于国家、社会的方式积极立功，争取宽大处理。同时，在结合司法实践经验的基础上，为避免或减少不正当立功形式的出现，实现立功制度的公正性，严格限制立功的成立要件，更加注重立功的正当性和亲力性。在此情况下，被告人亲属代为立功的，因被告人未亲自实施立功行为，不具备亲力性，认定其立功缺乏正当性依据，不能认定被告人立功成为应有之义。

《职务意见》适用范围是职务犯罪案件，但根据刑事法律体系的贯通性和一致性，可借助《职务意见》的规定对普通刑事案件中存在的同样法律问题进行系统解释，自然可得出被告人亲属代为立功的行为不能认定为被告人立功这一结果。

（三）被告人亲属代为立功的行为，虽然不能认定为被告人的行为，但在具备一定条件时，可酌情对被告人从轻处罚。不认定被告人立功，就避免违背促进犯罪分子真心悔罪这一立法目的；在具备一定条件时，可酌情对被告人从轻处罚，这样即使未认定被告人立功，但因其亲属代为立功的行为同样可为其带来从轻处罚的结果时，就会鼓励被告人亲属多立功，同样可实现提高司法机关的办案效率、分化瓦解犯罪的立法目的。

（四）需要注意的是，不是所有被告人亲属代为立功的都可以对被告人从轻处罚，我们认为需具备以下条件：（1）被告人亲属的立功结果是基于被告人提供的线索或者相关信息，也就是说，被告人亲属之所以能够提供其他案件的重要线索或者能协助司法机关抓获其他犯罪嫌疑人，与被告人提供信息有关；（2）被告人及其亲属在获取线索来源及亲属在代为立功过程中，不能通过非法手段或有违法行为。如此，在亲属代为立功过程中，要求被告人必须在某种程度上亲自参与，这是对其从轻处罚的前提；代为立功的整个过程具备合法性是对被告人从轻处罚的法定条件。如果被告人亲属为使被告人获得从轻处罚，而单方面地代为立功，因被告人并未参与，不能体现出被告人主观上是否有悔罪表现，故不能对被告人从轻处罚；或者被告人及其亲属的立功线索或机会系采取非法手段获得的，根据《意见》第四条的规定，也不能认定被告人的行为系立功，不能据此对被告人从轻处罚。

——《刑事审判参考》（总第80辑）。

212 犯罪分子检举揭发对合犯罪行为的，不能认定为立功

关键词 | 立功 | 对合犯罪 |

【最高人民法院参考案例】

杨彦玲故意杀人案（《刑事审判参考》案例第714号）

要旨：如实供述自己所参与的对合型犯罪中对方的犯罪行为，不构成立功。

对合型犯罪又称对合犯、对向犯，是指某一犯罪的实施或完成必须基于行为双方之间的对应行为，双方互为实现特定犯罪构成的必要条件。对合型犯罪分为三种情形：一是双方的罪名与法定刑相同，如重婚罪；二是双方的罪名与法定刑都不相同，如行贿罪和受贿罪、拐卖妇女罪与收买被拐卖的妇女罪；三是只处罚一方的行为（片面的对合犯），如贩卖淫秽物品牟利罪，只处罚贩卖者，不处罚购买者。对于该种情形，立法者一般是考虑到对应的两方行为具有定型性、通常性，其中一方的行为需要用刑罚惩罚，而另一方的行为不具有可罚性，因而只规定了一方的行为构成犯罪。另一方的行为虽然未规定为犯罪，但通常也不具有合法性。

在对合型犯罪中，参与犯罪的一方如实供述自己的犯罪行为系其法定义务。因为，参与者双方的行为均系对方行为成立的必要条件，一方交代自己的犯罪事实必然包含了对方的犯罪事实；同样，交代对方的犯罪事实也必然包含了自己的犯罪事实。这种互相包含的必然性决定了犯罪分子的供述必然属于与自己实施的犯罪相关的问题，换言之，也就是交代的对方的行为不属于“他人犯罪行为”或“其他案件的重要线索”。

《最高人民法院关于处理自首和立功若干具体问题的意见》第四条关于立功线索来源的具体认定，从立功制度的初衷（一方面反映出犯罪分子的人身危险性较低，另一方面客观上有利于案件侦破）出发，对立功线索的来源作了必要的限制，对于四种途径获取的他人犯罪线索，均不能认定为立功。根据该条规定的精神，犯罪分子检举、揭发自己所参与的对合型犯罪中对方的行为的，因为线索来源上不具有正当性，因此，也不能认定为立功。

——《刑事审判参考》（总第80辑）。

【链接：理解与适用】

六、立功线索来源的具体认定

……

犯罪分子检举揭发对合犯罪行为的，也不能认定为立功。所谓对合犯，或称对向犯，一般认为是指实施行为者双方互为实现特定犯罪构成的必要条件，或者说互为实施犯罪的对方，如行贿与受贿、拐卖妇女与收买被拐卖的妇女、出售毒品与购买毒品等。以行贿与受贿为例，行贿人交代受贿的，只能认定为如实供述其行贿犯罪事实，而不能同时认定为揭发他人受贿犯罪，因为这是行贿人如实供述自己罪行的必然内容。而且，这一犯罪线索是行贿人通过贿赂的非法手段获取的，在线索来源上具有不正当性，故不能认定为立功。当然，如果行贿人检举揭发的受贿人的其他受贿犯罪，则可以认定为立功。

——周峰、薛淑兰、孟伟：《〈关于处理自首和立功若干具体问题的意见〉的理解与适用》，载最高人民法院刑事审判第一、二、三、四、五庭主办：《刑事审判参考》（总第80辑），法律出版社2011年版，第167—180页。

213 被告人劝说同案犯自首的，可以认定为立功

关键词｜立功｜劝说自首｜同案犯｜

【最高人民法院参考案例】

霍海龙等虚开用于抵扣税款发票案（《刑事审判参考》案例第708号）

要旨：劝说、陪同同案犯自首的，可认定为立功。

（一）认定劝说、陪同同案犯自首为立功表现符合立功的立法本意

刑法设立立功制度，并对有立功表现的行为人给予从轻甚至减轻的刑罚优遇，其实质根据有两点：一是从法律上说，行为人在犯罪后揭发他人犯罪行为，或者提供重要线索，从而得以侦破其他案件，表明行为人对犯罪行为价值的否定，因而其再犯可能性会有所减小，利用刑罚对其进行个别预防的需要减弱。二是从政策上，对揭发他人犯罪行为，或者提供重要线索等行为，给予刑罚上的从轻，有利于鼓励行为人犯罪之后揭发他人犯罪、阻止他人犯罪、协助司法机关抓获其他犯罪嫌疑人等，有利于预防新的犯罪或司法机关及时发现、侦破已经发生的犯罪案件。

（二）劝说、陪同同案犯自首相比"协助司法机关抓捕其他犯罪嫌疑人（包括同案犯）"更具有效性

司法解释中明确规定"协助司法机关抓捕其他犯罪嫌疑人（包括同案犯）"为立功表现，而劝说、陪同同案犯自首的行为与该行为相比，明显经济效果更好。因为就共同犯罪而言，行为人在协助司法机关抓捕同案犯后，可能会出现同案犯拒不认罪、抵赖、推脱情形，从而加大查证的难度，增加办案的司法成本。而劝说、陪同同案犯自首，既省去了抓捕的环节，又可以较快地查明犯罪事实，这情形显然比协助司法机关抓捕其他犯罪嫌疑人更节省司法资源，更提高办案效率，更符合立功的精神，因此，当然应认定为立功。

（三）法律适用上应适用"具有其他有利于国家和社会的突出表现的"规定

比较劝说、陪同同案犯自首的行为与该司法解释其他立功表现情形，特别是协助司法机关抓捕其他犯罪嫌疑人（包括同案犯），劝说、陪同同犯自首的情况，更加有利于司法机关对已经发生的犯罪的惩罚，也更有利于司法资源的节约，因此，理应认为是具有"突出表现的"。故而，对劝说、陪同同案犯自首的行为，认定其属于司法解释中"具有其他有利于国家和社会的突出表现的"的情形，构成刑法上的立功表现。相反，主张劝说、陪同同案犯自首属于"协助司法机关抓捕其他犯罪嫌疑

人(包括同案犯)"的见解,将会在被劝说、被陪同同案犯的处理上面临严重的逻辑矛盾。因为劝说、陪同同案犯自首仅仅涉及劝说者与陪同者的量刑情节的认定,即劝说者、陪同者是否构成立功表现,还涉及被劝说者与被陪同者即同案犯的量刑节的认定。因为同案犯在行为人劝说、陪同下到公安机关投案,依法应构成自首,如果对行为人适用了"协助司法机关抓捕其犯罪嫌疑人(包括同案犯)"的规定,则一方面是行为人协助机关抓捕同案犯,而另一方面是同案犯到司法机关进行自首,这显然存在逻辑上的矛盾。

——《刑事审判参考》(总第80辑)。

214 被告人投案后,委托家属动员同案人投案的,能否认定为立功

关键词|立功|同案犯|

【最高人民法院参考案例】

曹显深、杨永旭、张剑等故意伤害案(《刑事审判参考》案例第1170号)

要旨:刑法上的立功的主体,原则上应限定为犯罪嫌疑人、被告人本人。

(一)立功的主体原则上应限定为犯罪嫌疑人、被告人本人

无论是刑法还是《解释》《意见》,所规定的立功的主体都是"犯罪分子"。如果是在侦查、审查起诉阶段检举、揭发他人犯罪行为的,立功的主体就是犯罪嫌疑人;如果是在审判阶段提供重要线索从而得以侦破其他案件的,立功的主体就是被告人。因此,刑法上的立功的主体,原则上应限定为犯罪嫌疑人、被告人本人。这就是学理上讲的立功具有"亲为性"的特征。犯罪分子的亲属"协助立功"的,不符合立功的主体要件,因此,不能认定为犯罪分子具有立功表现。

(二)对《意见》所列举的"协助抓捕其他犯罪嫌疑人"的理解与适用,应当采取缩小解释

《意见》虽然在列举了四种常见"协助抓捕其他犯罪嫌疑人"的情形后,加上了"等等"二字,但对"等等"应当进行严格的限制解释,不能认为凡是对侦破案件起到一定的协助作用,节约了一定的司法资源就一律认定为立功。在具体情形的认定上,应当坚持两点:一看是否按照司法机关的安排而配合作出相应行为;二看将重要信息提供的对象是否是司法机关。前者的要点是,提供的协助行为是依照司法机关的安排所为,表明其有配合司法机关侦破案件的意愿和行为,如《意见》列举的第一、第二种协助方式,即"按照司法机关的安排,以打电话、发信息等方式将其他犯罪嫌疑人(包括同案犯)约至指定地点的"和"按照司法机关的安排,当场指

认、辨认其他犯罪嫌疑人(包括同案犯)的”,无不强调是按照司法机关的安排而为。后者的要点是将重要信息向司法机关提供,如《意见》列举的第三、第四种协助方式,即“带领侦查人员抓获其他犯罪嫌疑人(包括同案犯)的”和“提供司法机关尚未掌握的其他案件犯罪嫌疑人的联络方式、藏匿地址的”,均要求是将重要信息向司法机关提供,之后由司法机关前往抓获。这体现出对立功持谨慎认定的态度,一方面,立法不鼓励“私力缉凶”这一冒险方式,以免发生新的悲剧;另一方面,也是为了防止饱受诟病的“串通买功”现象发生,人为制造不公正的量刑。

——《刑事审判参考》(总第 108 辑)。

215 被窝藏人主动供述他人窝藏犯罪的，不能认定为立功

关键词｜立功｜窝藏罪｜

【最高人民法院参考案例】

蔡勇、李光等故意伤害、窝藏案(《刑事审判参考》案例第 223 号)

要旨:被窝藏人主动供述他人窝藏犯罪的,不能认定为立功。

我们认为,刑法和司法解释规定的“揭发他人犯罪行为”,应该理解为与本人的违法犯罪行为无关的他人犯罪行为。甲揭发的乙的窝藏犯罪行为,与甲本人的犯罪行为及其逃匿行为皆有关联性,因此不能认定为立功表现。具体应把握以下两个方面:

一是犯罪分子本人实施的犯罪行为与其揭发的他人犯罪行为之间不得存在关联性,否则不属于揭发他人犯罪行为,这也就是说对偶犯相互揭发相对方的犯罪行为不能认定为立功表现。对偶犯是指必须由犯罪行为人双方共同实施对应行为才能完成的某种犯罪,比如重婚罪、受贿罪与行贿罪等。对偶犯中的任何一方在供述自己的犯罪行为时,必然要涉及相对一方的犯罪行为,否则就不能完整地叙述整个犯罪事实,故其性质属于如实供述的范畴,而不属于揭发他人犯罪行为,因而不能认定为立功。

二是犯罪分子揭发的他人犯罪行为与本人实施的犯罪行为之间,不能存在因果关系,否则也不能认定为揭发他人犯罪行为,即揭发连累犯不能认定为立功。连累犯是指事先与他人无通谋,也未曾允诺事后会提供帮助,但在事后明知他人已经实施了犯罪,仍然向其提供帮助,帮助其逃避司法机关的刑事追诉的行为,比如窝藏犯、包庇犯等。连累犯的犯罪行为总是基于被帮助的犯罪分子的先行犯罪行为而实施,没有先行的犯罪行为,也就不会发生为犯罪分子提供帮助的犯罪行为。所

以,接受连累犯帮助的犯罪分子对连累犯实施犯罪具有原因力,实际上是连累犯的制造者,双方的犯罪行为是相辅相成、缺一不可的,存在因果关系。接受帮助的犯罪分子在犯罪之后逃避司法机关追究其刑事责任的行为,客观上妨碍了司法机关对犯罪的刑事追诉和刑罚执行活动,该行为同样具有社会危害性。只是我国刑法未将这一行为规定为犯罪,因而对接受帮助的犯罪分子不认定为窝藏罪的共犯而为。尽管如此,但其确定是窝藏犯罪的制造者和参与者。所以,揭发连累犯犯罪行为的,不能认定为有立功表现。

——《刑事审判参考》(总第30辑)。

216 被告人对公安机关的侦查工作起协助作用，虽不认定为立功，但可酌情从轻

关键词｜立功｜从轻处罚｜

【最高人民法院参考案例】

石敬伟偷税、贪污案(《刑事审判参考》案例第710号)

要旨:被羁押期间将他人串供字条交给监管人员,对进一步查证他人犯罪起了一定的协助作用,虽不认定为立功,但可酌情从轻处罚。

评价犯罪分子的行为是否属于立功,一方面,要从实效性角度,考查其行为是否对国家和社会有较大贡献;另一方面,还要从法定性角度,考查其行为是否符合法律关于立功的规定。

(一)被告人向监管人员提供他人串供字条的行为,不属于《解释》第五条规定的第一、二种情形,即不属于“检举、揭发他人犯罪行为,经查证属实”“提供侦破其他案件的重要线索,经查证属实”的情形。首先,《解释》第五条规定的上述情形均应发生在司法机关侦破被检举、揭发的案件之前。其次,这里所讲的犯罪“线索”,是指关于具体犯罪活动的相关信息,这些信息通常会给司法机关侦破案件提供具体犯罪人的信息。但是,一旦案件侦破后,再向司法机关提供该案相关犯罪活动信息的,由于该信息对案件的侦破并不具有实质意义,将不再属于“提供侦破其他案件的重要线索”。

(二)被告人向监管人员提供他人串供字条的行为,不属于《解释》第五条规定的第三种情形,即不属于“阻止他人犯罪活动”的情形。

(三)被告人向监管人员提供他人串供字条的行为,不属于《解释》第五条规定的第四种情形,即不属于“协助司法机关抓捕其他犯罪嫌疑人”的情形。协助司法

机关抓捕其他犯罪嫌疑人的前提,是行为人在向法机关提供协助之前,该犯罪嫌疑人尚未被抓捕,人身自由尚未被限制,仍然处于在逃的状态。

（四）被告人向监管人员提供他人串供字条的行为,是有利于国家和社会的行为,但未达到“突出表现”的程度,故不属于《解释》第五条规定的第五种情形,即不属于“具有其他有利于家和社会的突出表现”的情形。

（五）被告人向监管人员提供他人串供字条的行为虽不能认定立功,但鉴于其有利于社会,可以酌情从轻处罚。

——《刑事审判参考》（总第80辑）。

217 同案犯罪嫌疑人带领被害方成功抓捕同案犯的行为，可以认定为有立功表现

关键词｜同案犯｜立功｜

【最高人民法院审判业务意见】

有关部门就带领被害方抓捕同案犯能否认定为有立功表现问题征求最高人民法院研究室意见。最高人民法院研究室经研究认为:

共同犯罪嫌疑人带领被害方抓捕同案犯的行为,在同案犯被抓捕并被扭送司法机关的情况下,可以认定为有立功表现。

——刘涛:《最高人民法院研究室关于带领被害方抓捕同案犯能否认定为有立功表现问题的研究意见》,载最高人民法院研究室编:《司法研究与指导》（总第1辑）,人民法院出版社2012年版,第182页。

218 刑法第七十八条与第六十八条规定的“重大立功表现”不完全相同

关键词｜重大立功表现｜发明创造｜减刑｜

【最高人民法院司法解释】

第七条 根据刑法第六十八条第一款的规定,犯罪分子有检举、揭发他人重大犯罪行为,经查证属实;提供侦破其他重大案件的重要线索,经查证属实;阻止他人重大犯罪活动;协助司法机关抓捕其他重大犯罪嫌疑人（包括同案犯）;对国家和

社会有其他重大贡献等表现的,应当认定为有重大立功表现。

——《最高人民法院关于处理自首和立功具体应用法律若干问题的解释》(1998 年 5 月 9 日,法释〔1998〕8 号)。

【最高人民法院答复】

罪犯在服刑期间的发明创造构成立功或者重大立功的,可以作为依法减刑的条件予以考虑,但不能作为追诉漏罪的法定量刑情节考虑。

——《最高人民法院研究室关于罪犯在刑罚执行期间的发明创造能否按照重大立功表现作为对其漏罪审判时的量刑情节问题的答复》(2011 年 6 月 14 日,法研〔2011〕79 号)。

【链接:理解与适用】

刑法第六十八条和第七十八条规定的重大立功表现不尽相同,被告人在前罪刑罚执行过程中的重大立功表现,不能作为对其漏罪审判时的法定量刑情节予以考虑。理由如下:

1. 刑法第六十八条和第七十八条规定的立功表现在成立时间、法律效果等方面均存在区别。刑法第六十八条规定:"犯罪分子有揭发他人犯罪行为,查证属实的,或者提供重要线索,从而得以侦破其他案件等立功表现的,可以从轻或者减轻处罚;有重大立功表现的,可以减轻或者免除处罚。"而刑法第七十八条规定,有下列重大立功表现之一的,应当减刑:"(一)阻止他人重大犯罪活动的;(二)检举监狱内外重大犯罪活动,经查证属实的;(三)有发明创造或者重大技术革新的;(四)在日常生产、生活中舍己救人的;(五)在抗御自然灾害或者排除重大事故中,有突出表现的;(六)对国家和社会有其他重大贡献的。"可见,量刑制度中的"重大立功表现"应当是犯罪分子到案后、判决生效前的表现,侧重于鼓励被告人及时检举揭发,配合司法机关打击和惩治犯罪;被告人具有重大立功表现的,可以减轻或者免除处罚。而减刑制度中的"重大立功表现"则是判决生效后的罪犯在服刑期间的表现,侧重于鼓励罪犯积极改造,为国家和社会作出贡献;罪犯具有重大立功表现的,应当减刑。鉴于犯罪分子到案后至判决生效前的期间一般较短,且我国当前的判前羁押率较高,被告人取得发明创造的现实可能性太小,刑法和相关司法解释遂未将发明创造明确规定为量刑制度中的立功表现。但是,如果在个案中,被告人确实是在到案后至判决生效前的期间内取得发明创造成果的,则可以将其作为量刑情节考虑。

2. 本案被告人的发明创造是其前罪服刑期间的表现,而非漏罪到案后的表现。在请示所涉案件中,被告人的发明创造是在其漏罪被发现、追诉前取得的,而不是漏罪到案后的表现，故不能在漏罪审判时作为“重大立功表现”予以认定。但是，在量刑时，应当综合考虑被告人的犯罪后果、情节、犯罪前后的表现等情况作出罚当其罪的判决。

——黄应生、刘涛：《〈最高人民法院研究室关于罪犯在刑罚执行期间的发明创造能否按照重大立功表现作为对其漏罪审判时的量刑情节问题的答复〉的解读》，载最高人民法院研究室编著：《司法研究与指导》（总第2辑），人民法院出版社2012年版，第77—78页。

219 故意隐瞒自己参与共同犯罪的事实，而以“证人”身份按照司法机关安排指认同案犯的行为不构成立功

关键词 | 立功 | 到案后 | 协助抓捕 |

【最高人民法院参考案例】

李虎、李善东等故意伤害案（《刑事审判参考》案例第1125号）

要旨：行为人只有到案后，才可能构成立功。

立功制度蕴含的功利主义价值取向更为突出，其基本出发点就在于，通过对立功的犯罪分子在量刑时从宽处罚，鼓励犯罪分子检举、揭发他人犯罪，协助司法机关侦破案件，抓获其他犯罪嫌疑人，或者作出其他对社会有贡献的行为。换言之，立功是一种将功赎罪的刑罚奖励制度。为了克服追求功利主义可能带来的负面影响，对可构成立功的领域范围（主要限于与查缉犯罪相关）及时间条件予以限制，以体现公正价值，确有必要性。特别是从司法实践来看，因《最高人民法院关于处理自首和立功具体应用法律若干问题的解释》（以下简称《解释》）将“其他有利于国家和社会的突出表现”也视为立功，如果不将立功限定为“到案后”，则立功的范围漫无边际、认定上流于随意，将给犯罪分子逃避法律制裁以可乘之机，有损法律的权威和公正。“到案后”一般情况下，意味着犯罪分子的人身自由已受到一定程度的控制，犯罪分子将功赎罪的主观愿望才明晰化，也能防止立功制度的滥用。因此《解释》将立功的起始时间明确为“到案后”，是科学的。“到案后”一般应理解为犯罪分子在被有关机关或个人控制之下或者其自愿置于有关机关或个人的控制之下。当然，对“到案后”也不能机械地理解为司法机关为办案之目的而控制犯罪分子之后，还可以包括其他有关机关单位等发现犯罪分子有违法犯罪嫌疑而接触、控制犯罪分子之后。实践中，犯罪分子主动到有关机关投案交代自己的罪行并揭发他人犯罪，只是由于种种原因公安司法机关对其犯罪行为未予及时立案的，也不影

响对其立功情节的认定。《解释》所规定的“到案后”虽然主要是限定立功成立的时间要件,但从一定程度上,也可体现犯罪分子“将功赎罪”的主观意愿。对实践中存在的犯罪分子虽尚未置于有关机关控制之下(即现实到案),但有证据证实其确已准备投案或者在投案途中,其实施协助抓捕同案犯、向司法机关提供侦破其他案件的线索等符合立功客观要件行为的,对其应当认定为立功。例如,被告人伙同同案犯实施抢劫后潜逃,得知被通缉后,向公安机关打电话表示准备投案,同时应公安机关要求与同案犯进行联系并会面,配合公安机关抓获同案犯的,对被告人上述协助抓捕行为可以解释为是“到案后”所实施。

本案中被告人李虎在第一次接受询问时,公安机关虽然有条件对李虎进行约束、控制,但因未发现其有犯罪嫌疑而在客观上没有对李虎采取强制措施,而是让其自行离开,李虎故意隐瞒涉案事实,也没有任何投案的意愿。因此,李虎在接受公安机关第一次询问时不属于“到案”。李虎故意隐瞒自己指使李善东等人殴打被害人的犯罪事实,有逃避法律追究的意图;其后以“证人”身份协助司法机关对同案犯李善东进行指认,也未体现任何“将功赎罪”的意愿。因此,严格来讲,即使被告人李虎指认同案犯的行为对司法机关抓捕同案犯起到一定协助作用,也不能认定是发生在“到案后”,法院对其协助抓捕行为不认定为立功,是正确的。

——《刑事审判参考》(总第105辑)。

220 案件审理期间,被告人积极救助同监室自杀人员的行为,是否构成刑法第六十八条规定的立功

关键词|立功|量刑立功|减刑立功|

【最高人民法院参考案例】

刘哲骏等诈骗案(《刑事审判参考》案例第1216号)

要旨:犯罪人在审理期间救助他人的行为可以认定为立功,但是因为此类行为不同于检举揭发、提供线索类的立功,具体适用缺乏相应的规范详细规定,在司法实践中,对此类行为的认定需要注意行为的真实性、效用性、比例性等问题。

从文义解释的角度来看,刑法第六十八条和第七十八条均规定了立功,理论界通常将前者称为量刑立功,将后者称为减刑立功。刑法第七十八条规定,对于判处管制、拘役、有期徒刑、无期徒刑的犯罪分子,在执行期间,有立功表现的,可以减刑;有重大立功表现的,应当减刑;其中下列六种情形属于重大立功表现:(1)阻止他人重大犯罪活动的;(2)检举监狱内外重大活动,经查证属实的;(3)有发明创造

或者重大技术革新的；(4)在日常生产生活中舍己救人的；(5)在抗御自然灾害或者排除重大事故中，有突出表现的；(6)对国家和社会有其他重大贡献的。我们认为，第六十八条规定的立功概念应当是与第七十八条的规定相统一的，也即第七十八条第一款所列舍己救人等行为系“重大立功”，那么除程度上的差异外，与第一款的普通“立功”概念内涵应该是统一的，而刑法第七十八条第一款又并未对普通“立功”行为进行明确界定，以区分于第六十八条的“立功”。那么，依据文义解释及刑法的内在统一，当然应当理解为刑法第七十八条第一款规定的“立功”与第六十八条“立功”概念内涵是一致的。

关于量刑立功和减刑立功的分类，根本上仅是从功能角度区分，体现的仅是前者在审理阶段适用，后者在执行阶段适用的不同。就立功所要求的人身危险性降低和社会效用这两个要素而言，二者应该是没有根本区别的。不能以区分两个学理概念的方式，直接否定两个条款中“立功”概念内涵的一致性，否则很难解释这种情况，即同样一种行为，在审理阶段不能进行法定的从宽处理，而在执行阶段，就可以援引第七十八条进行减刑，该情况显然既违反刑法同一性，也不利于犯罪人权利保护。

——《刑事审判参考》(总第111辑)。

221 检举本人与他人共同盗窃中他人超出犯意致人死亡的行为是否构成立功

关键词｜立功｜检举同案犯｜实行过限｜

【最高人民法院参考案例】

张才文等抢劫、盗窃案(《刑事审判参考》案例第1225号)

要旨：检举盗窃同伙超出犯意致人死亡的行为，属于与共同盗窃犯罪事实密切关联的行为，因而属于应当如实供述的内容。

实行过限行为，在罪责上由过限行为实施人自己承担。但这并不能就此认为过限行为是游离于共同犯罪行为之外的完全独立的行为。过限行为与共同犯罪行为之间在因果关系上存在紧密的事实关联关系。如果没有共同犯罪事实的存在，就不会发生过限行为，过限行为虽然由过限行为人单独实施，但却是在共同犯罪行为实施过程中或实施之后才发生的。在本案中，杨有军的致人死亡行为，是在张才文、杨有军等人实施共同盗窃犯罪中产生的，没有他们的共同盗窃行为，就没有杨有军的致人死亡这一实行过限行为。如果杨有军是在共同犯罪之外，另行单独实施在犯意的产生、犯罪的预谋、犯罪的实行、犯罪的后果利益均由其一个承担和享受的犯罪,则不属于共同犯罪的实行过限行为,自然与共同犯罪无关。但杨有军的致人死亡行为,恰恰就发生在共同盗窃犯罪的过程中,与共同盗窃犯罪密不可分。杨有军的致人死亡行为是张才文供述自己共同盗窃行为时必须交代的同案犯的密切关联行为,如果要把共同盗窃的行为及后果交代清楚,就不可避免地会涉及杨有军实行过限的致人死亡行为;反之,若张才文未交代杨有军的致人死亡行为,则无法交代清楚其参与的共同盗窃事实。

因此,我们要把"共同犯罪以外的其他犯罪"和"与共同犯罪密切联系的关联犯罪"区分开来。如何判断密切联系的关联犯罪?主要判断依据就是关联犯罪与共同犯罪存在密切联系,或者说关联犯罪是在共同犯罪基础上实施的犯罪。对此,《自首和立功意见》第三条规定:被告人"如实供述的其他犯罪与司法机关已掌握的犯罪属选择性罪名或者在法律、事实上密切关联,如因受贿被采取强制措施后,又交代因受贿为他人谋取利益行为,构成滥用职权罪的,应认定为同种罪行"。我们认为,《自首和立功意见》将受贿罪和滥用职权罪这两个罪名不同,因具有法律、事实上的密切关联,而规定为属于"同种罪行",可以作为判断一个犯罪是"共同犯罪的关联犯罪"还是单独的"共同犯罪以外的其他犯罪"的参考。

综上所述,张才文必须如实供述其参与的共同盗窃犯罪过程中由杨有军单独实施的致人死亡的过限行为,司法机关才能认定张才文如实供述司法机关未掌握的其他罪行。其如实供述杨有军的实行过限行为,属于其应当供述的与共同盗窃犯罪具有密切联系的关联行为,因而不属于"共同犯罪案件中的犯罪分子揭发同案犯共同犯罪以外的其他犯罪"的情形,不构成立功。

——《刑事审判参考》(总第112辑)。

222 虽然现场指认同案犯,但对抓捕未起到实际作用的,不构成立功

关键词|立功|同案犯|

【最高人民法院参考案例】

张杰、曲建宇等故意杀人案(《刑事审判参考》案例第1259号)

要旨:对于协助行为,不仅要从形式上或者类型上进行把握,还要从实质上对协助作用的有无和大小进行"量"的把握,而不宜不加区分,简单援引相关规范性文件规定的协助行为类型一律认定为立功。

不论哪种形式的协助抓捕型立功,都必须符合以下三个条件:一是客观上有协

助行为，这一点无须解释。需要注意的是，如果是通过提供各类抓捕线索进行协助，线索来源应当有正当性，不能是通过贿买、胁迫、违反监规等途径获取的线索。此外，也不能是犯罪前、犯罪中掌握或者使用的同案犯联络方式、藏匿地址，以及同案犯的基本情况（姓名、住址、体貌特征等）。如本案中曲建宇主动提供同案犯孟繁旭的工作单位，就属于如实交代同案犯基本情况，不构成立功。二是成功抓获其他犯罪嫌疑人。若未能抓获其他犯罪嫌疑人，不能认定为立功，即便被告人的配合诱捕、当场指认、带领抓捕、提供线索等协助行为准确到位，但因抓捕措施不力或者出现意外情况等原因而未能实际抓获的，不能认定为立功，但可酌情从轻处罚。三是协助行为确实起到实际作用。这一点是判断是否构成立功的关键，也往往容易产生分歧。有意见认为，可以根据协助作用的大小来区分一般立功和重大立功，作用小的可认定为一般立功，此观点没有法律依据。还有意见认为，协助作用是指"主导、关键性作用"，但是，即便从字面含义来理解，"协助"作用也不应限定为"主导"作用或者"关键"作用。从现有规范性文件来看，无论是刑法规定的"提供重要线索，从而得以侦破其他案件"，还是《大连会议纪要》规定的"确实起到协助作用"，抑或《职务犯罪自首立功意见》规定的"要有实际作用"，都强调协助行为必须起到实际作用，而非可有可无、无关紧要。换言之，如果没有被告人的协助，公安机关难以抓获其他犯罪嫌疑人，正是有了被告人的协助，公安机关才能顺利抓获。因此，对于协助行为，不仅要从形式上或者类型上进行把握，还要从实质上对协助作用的有无和大小进行"量"的把握，而不宜不加区分，简单援引相关规范性文件规定的协助行为类型一律认定为立功。协助行为没有实际作用的，不构成立功；协助行为起到实际作用的，可以构成立功，具体作用大小在确定从宽幅度时要有所考虑。

——《刑事审判参考》（总第114辑）。

223 带领侦查人员抓捕同案犯，但并未当场捕获的，能否认定有立功表现

关键词 | 立功 | 同案犯 |

【最高人民法院参考案例】

江彬、余志灵、陈浩保险诈骗、诈骗案（《刑事审判参考》案例第1365号）

要旨：已归案的犯罪分子协助司法机关抓捕其他犯罪嫌疑人（包括同案犯）的，能否认定有立功表现，关键在于如何理解行为人是否有协助抓捕行为以及协助

行为对抓捕其他犯罪嫌疑人(包括同案犯)是否起决定性作用。

1. 应结合案件具体情况综合分析被告人的相关供述是否属于如实供述自己罪行的范畴

《最高人民法院关于处理自首和立功若干具体问题的意见》第五项关于"协助抓捕其他犯罪嫌疑人"的具体认定中规定:"犯罪分子提供同案犯姓名、住址、体貌特征等基本情况,或者提供犯罪前、犯罪中掌握、使用的同案犯联络方式、藏匿地址,司法机关据此抓捕同案犯的,不能认定为协助司法机关抓捕同案犯。"该项规定明确上述内容属于被告人如实供述的范畴,如果既认定被告人有如实供述这一法定的从轻处罚情节,再认定被告人具有立功情节,有重复评价之嫌。

本案中,三被告人实施的犯罪行为均在 2015 年 5 月之前,江彬于犯罪行为完成后在正常社会交往过程中知晓陈浩于同年 6 月搬到新的租住地点,可见陈浩的租住地与本案的犯罪行为之间没有关联性,那么江彬即便不向公安机关陈述陈浩新的租住地,亦能够把其伙同他人共同实施犯罪的行为说清楚,不影响司法机关对其如实供述情节的认定。江彬对同案犯陈浩租住地的陈述已超出了其应当如实供述的范畴。后公安机关借助江彬提供的信息及时抓获同案犯,江彬供述同案犯的住址信息,可以看作为公安机关捕获同案犯提供了重要线索。

2. 带领公安机关抓捕同案犯的行为与如实供述不能混同

最高人民法院在《全国部分法院审理毒品犯罪案件工作座谈会纪要》规定:"共同犯罪中同案犯的基本情况,包括同案犯姓名、住址、体貌特征、联络方式等信息,属于被告人应当供述的范围。公安机关根据被告人供述抓获同案犯的,不应认定其有立功表现。被告人在公安机关抓获同案犯过程中确实起到协助作用的,例如,经被告人现场指认、辨认抓获了同案犯;被告人带领公安人员抓获了同案犯等,属于协助司法机关抓获同案犯,应认定为立功。"

参照上述规定,本案中,被告人江彬带领侦查人员去同案犯的租住地进行现场指认,公安机关依据江彬的指认,最终在该租住处将同案犯陈浩抓获。江彬的带领行为客观上为公安机关顺利捕获同案犯起到很大的协助作用,因此,不能与如实供述相混同。

3. 未当场抓获不影响立功的认定

前述第一种观点认为,该案中被告人江彬带领侦查人员并没有将陈浩当场抓获,所以不构成立功。我们认为,相关司法解释中均只强调构成立功需有其他犯罪嫌疑人(包括同案犯)被抓获的实际结果,并没有规定带领侦查人员抓获其他犯罪嫌疑人(包括同案犯)的,需要当场抓获才构成立功。因此,是否当场抓获并不当然阻却立功的认定。具体到本案,江彬提供了公安机关未掌握的同案犯租住地这一重要线索,并带领侦查人员指认具体地点,其协助抓捕行为已经完成。侦查人员在掌握了以上信息后于次日直接到该地点将陈浩抓获,并未再付出时间和精力去排查,江彬在整个过程中所起的作用与带领侦查人员将陈浩当场抓获基本无异,江彬提供信息的行为与抓获同案犯陈浩的结果之间有因果关系,正是借助于江彬提供的信息,公安机关才得以及时抓获同案犯。如果一定要以是否当场抓获来确定立功与否,则侦查人员若在第二日将江彬从看守所提出,让江彬重复指认一遍,再将同案犯抓获,则江彬构成立功;若侦查人员自行前往抓获,江彬即不构成立功,这显然是不合理的。

——《刑事审判参考》(总第 124 辑)。

224 被告人具有重大立功表现，不宜减轻或者免除处罚时，可否从轻处罚

关键词 | 重大立功 | 减轻处罚 | 免除处罚 | 从轻处罚 |

【最高人民法院审判业务意见】

根据刑法第六十八条规定,犯罪分子有重大立功表现的,“可以减轻或者免除处罚”。从立法原意讲,刑法第六十八条规定中的“可以”,是指除具有非常特殊的情形或者具有法定从重处罚情节外,都要予以减轻或者免除处罚。但是,犯罪分子具有重大立功表现,又具有非常特殊的情形或者具有法定从重处罚情节,不宜予以减轻处罚或者免除处罚时,是否可以对其从轻处罚?

一种意见认为,可以从轻处罚。只有具有非常特殊的情形,如故意杀人犯罪分子致多人死亡的,或者具有多个从重处罚情节,确实不宜从轻处罚的,才不予从轻处罚。

另一种意见认为,不可以从轻处罚。首先,从立法表述上看,并不能逻辑地得出“可以从轻处罚”的结论。其次,这也不是立法的疏漏。因为,从审判实践看,有的犯罪分子罪行的严重程度令人难以想象,对这样的犯罪分子就不能从轻处罚。

为此,最高人民法院刑事审判第四庭于 2017 年 2 月 28 日召开审判长联席会议,对具有重大立功表现,又不宜减轻或者免除处罚时,能否从轻处罚的问题进行了研究。认为:

在一般情况下,犯罪分子具有重大立功表现,又不宜减轻或者免处罚时,可以给予从轻处罚。理由如下:

1. 法律条文规定了减轻处罚或者免除处罚并没有排斥从轻处罚。唐律中有关于“举重以明轻”“举轻以明重”的规定,这是适用刑罚的一个基本原理,至今,刑事

司法工作中仍然沿用。依此原理,可以认为,既然一般的立功都可以从轻或者减轻处罚,那么重大立功更可以从轻处罚,对具有重大立功表现但不宜减轻或者免除处罚的罪犯予以从轻处罚,并不违背法律逻辑。

2. 我国现行的司法解释和刑事政策性文件对从宽处罚的有关规定,也说明在"具有重大立功表现,又不宜减轻或者免除处罚时",可以从轻处罚。(1)《最高人民法院关于贯彻宽严相济刑事政策的若干意见》(法发〔2010〕9号,自2010年2月8日起实施)第二十六条规定:"在对严重刑事犯罪依法从严惩处的同时,对被告人具有自首、立功、从犯等法定或酌定从宽处罚情节的,还要注意宽以济严,根据犯罪的具体情况,依法应当或可以从宽的,都应当在量刑上予以充分考虑。"这里将自首、立功、从犯等均以从宽处罚情节表述,而不是简单地表述为从轻处罚情节或者减轻处罚情节。可见,从轻处罚情节和减轻处罚情节都属于从宽处罚情节的范畴,在实践中,适用从轻处罚还是减轻处罚,往往需要根据案件的具体情况选择适用。(2)《最高人民法院关于常见犯罪的量刑指导意见》(法发〔2017〕7号)在第三部分"常见量刑情节的适用"第七条规定:对于立功情节,综合考虑立功的大小、次数、内容、来源、效果以及罪行轻重等情况,确定从宽的幅度。①一般立功的,可以减少基准刑的20%以下。②重大立功的,可以减少基准刑的20%—50%,犯罪较轻的,减少基准刑的50%以上或者依法免除处罚。这里的20%—50%,未必是减轻处罚。如某被告人抢劫,按其犯罪事实,基准刑为七年,其具有重大立功表现,减少基准刑50%,实际量刑为三年六个月。而这一刑罚,按照抢劫罪三年至十年有期徒刑的量刑幅度,就属于从轻处罚,而不是减轻处罚。(3)在司法实践中,不具有法定从轻处罚情节但具有酌定从轻处罚情节的,也可以从轻处罚。既然酌定情节都可以作为从轻处罚的依据,那么,法定从宽情节,特别是法定减轻处罚情节,更可以作为从轻处罚的依据。

3. 不能以实践中的某些个案否定从轻处罚的适用。实践中确实有个别案件,犯罪分子虽然具有重大立功表现,但具有非常特殊的情形,或者具有多个从重处罚情节,确实不宜从轻处罚。但大多数案件并不存在这样的情况。我们不能以法律适用的个别性来否定法律适用的普遍性。

4. 在法律文书中如何表述的问题。可以表述为:被告人虽然具有重大立功表现,但根据本案的具体情况(具体案件中应说明什么具体情况),不宜减轻处罚或者免除处罚,但可从轻处罚。

——最高人民法院刑四庭:《被告人具有重大立功表现,不宜减轻或者免除处罚时,可否从轻处罚》,载最高人民法院刑事审判第一、二、三、四、五庭编:《刑事审判参考》(总第125辑),人民法院出版社2020年版,第194—196页。

225 职务犯罪中立功的认定

关键词 | 职务犯罪 | 立功 | 协助立功 | 抽象立功 |

【最高人民法院司法文件】

二、关于立功的认定和处理

立功必须是犯罪分子本人实施的行为。为使犯罪分子得到从轻处理，犯罪分子的亲友直接向有关机关揭发他人犯罪行为，提供侦破其他案件的重要线索，或者协助司法机关抓捕其他犯罪嫌疑人的，不应当认定为犯罪分子的立功表现。

据以立功的他人罪行材料应当指明具体犯罪事实；据以立功的线索或者协助行为对于侦破案件或者抓捕犯罪嫌疑人要有实际作用。犯罪分子揭发他人犯罪行为时没有指明具体犯罪事实的；揭发的犯罪事实与查实的犯罪事实不具有关联性的；提供的线索或者协助行为对于其他案件的侦破或者其他犯罪嫌疑人的抓捕不具有实际作用的，不能认定为立功表现。

犯罪分子揭发他人犯罪行为，提供侦破其他案件重要线索的，必须经查证属实，才能认定为立功。审查是否构成立功，不仅要审查办案机关的说明材料，还要审查有关事实和证据以及与案件定性处罚相关的法律文书，如立案决定书、逮捕决定书、侦查终结报告、起诉意见书、起诉书或者判决书等。

据以立功的线索、材料来源有下列情形之一的，不能认定为立功：（1）本人通过非法手段或者非法途径获取的；（2）本人因原担任的查禁犯罪等职务获取的；（3）他人违反监管规定向犯罪分子提供的；（4）负有查禁犯罪活动职责的国家机关工作人员或者其他国家工作人员利用职务便利提供的。

犯罪分子检举、揭发的他人犯罪，提供侦破其他案件的重要线索，阻止他人的犯罪活动，或者协助司法机关抓捕的其他犯罪嫌疑人，犯罪嫌疑人、被告人依法可能被判处无期徒刑以上刑罚的，应当认定为有重大立功表现。其中，可能被判处无期徒刑以上刑罚，是指根据犯罪行为的事实、情节可能判处无期徒刑以上刑罚。案件已经判决的，以实际判处的刑罚为准。但是，根据犯罪行为的事实、情节应当判处无期徒刑以上刑罚，因被判刑人有法定情节经依法从轻、减轻处罚后判处有期徒刑的，应当认定为重大立功。

对于具有立功情节的犯罪分子，应当根据犯罪的事实、性质、情节和对于社会的危害程度，结合立功表现所起作用的大小、所破获案件的罪行轻重、所抓获犯罪嫌疑人可能判处的法定刑以及立功的时机等具体情节，依法决定是否从轻、减轻或者免除处罚以及从轻、减轻处罚的幅度。

——《最高人民法院、最高人民检察院关于办理职务犯罪案件认定自首、立功等量刑情节若干问题的意见》(2009 年 3 月 12 日,法发〔2009〕13 号)。

【链接:理解与适用】

在立功的认定和处理问题上,《意见》作了六个方面的规定,分别是"协助立功""抽象立功"、立功事实的审查、线索来源与立功认定、重大立功中无期徒刑以上刑罚的理解以及立功情节的运用原则。

1."协助立功"

实践中,犯罪分子请求亲友"协助立功"或者犯罪分子的亲友主动"协助立功"的情形屡有发生;司法认定中也存在不同意见。我们认为,立功应该具有亲为性,由犯罪分子的亲友而非其本人直接实施的行为,不能归之于犯罪分子,故"协助立功"不属于刑法规定中的立功。为此,《意见》规定:"为使犯罪分子得到从轻处理,犯罪分子的亲友直接向有关机关揭发他人犯罪行为,提供侦破其他案件的重要线索,或者协助司法机关抓捕其他犯罪嫌疑人的,不应当认定为犯罪分子的立功表现。"

在理解本规定时,应注意两点:

第一,《意见》强调"直接"二字,意在说明亲友的协助行为与犯罪分子本人并无实质性联系。如犯罪分子本人掌握了他人的犯罪行为,其他案件线索,或者其他犯罪嫌疑人的藏匿地点,因客观原因借由其亲友帮助得以将其他案件侦破或者将其他犯罪嫌疑人抓捕的,则另当别论。

第二,犯罪分子的亲友应犯罪分子的要求直接向有关机关揭发他人犯罪行为,提供侦破其他案件的重要线索,或者协助司法机关抓捕其他犯罪嫌疑人的,客观上起到了积极作用,而且在一定程度上也体现了犯罪分子的主观意愿,虽不成立立功,但在量刑时可以结合案件具体情况适当考虑。

2."抽象立功"

"抽象立功"指的是没有具体证据材料和犯罪事实指向的检举、揭发行为。比如,仅根据一夜暴富或者关系密切而检举、揭发他人有贪污或者受贿行为。对此,我们认为,检举、揭发须以具体犯罪事实为前提,此种情形下即便事后查明被检举、揭发的人确有犯罪事实,但因与所谓的检举、揭发行为并无实质性关联,故不属于立功。为此,《意见》规定,"据以立功的线索或者协助行为犯罪分子揭发他人犯罪行为时没有指明具体犯罪事实的;揭发的犯罪事实与查实的犯罪事实不具有关联性的",不能认定为立功表现。同时,为进一步强调据以立功的线索或者协助行为对于侦破案件或者抓捕罪犯应当具有客观效果这一点,《意见》规定:"提供的线索或者协助行为对于其他案件的侦破或者其他犯罪分子的抓捕不具有实际作用的,不能认定为立功表现。"

3. 立功事实的审查

“查证属实”是认定立功的一个法定要求。实践中一些案件往往只有简单说明，司法机关难以据此得出结论。为有效防止立功认定的随意性，确保立功认定的严肃性，《意见》规定，审查是否构成立功，不仅要审查办案机关的说明材料，还要审查有关事实和证据以及与案件定性处罚相关的法律文书。

4. 线索来源与立功认定

立功的认定，应否考虑据以立功的线索、材料的来源情况，实践中存在不同看法。一种意见认为，基于立功这一制度安排的基本价值诉求，立功材料的具体来源一般情况下不影响立功的认定，只是在决定是否从轻、减轻处罚以及从轻、减轻处罚的幅度时应予以考虑。

经研究，在线索来源问题上，需要兼顾公正与功利两种价值诉求的内在平衡，任何功利的获取不得以牺牲公正为代价，作为社会公平正义的守护者，司法机关更应坚守这一原则，为正确发挥司法导向作用，维护社会公平正义理念，《意见》对据以立功的线索、材料来源作出了限制性规定。明确以下情形不能认定为立功：(1)犯罪分子通过非法手段或者非法途径获取的；(2)犯罪分子因原担任的查禁犯罪等职务获取的；(3)他人违反监管规定向犯罪分子提供的；(4)负有查禁犯罪活动职责的国家机关工作人员或者其他国家工作人员利用职务便利提供的。

上述四种情形不得认定为立功，是由其行为本身的违法性所决定的，任何人不得从其违法行为中获利，是一个基本的司法准则。其中，第三、四种情形属于国家工作人员滥用公权，其本身即为违纪、违法甚至是犯罪行为。

讨论中，有意见提出，来源不正当的应一概不认定为立功。经研究，“不正当”一词过于模糊，内涵外延难以界定。而且，不正当手段是否一概作为排除立功认定的事由，需作进一步研究。比如，在押人员之间的“买功”行为，是否属于不正当手段以及是否一概不应认定为立功，均存疑问，故未采纳。

5. 重大立功中无期徒刑以上刑罚的理解

根据《最高人民法院关于处理自首和立功具体应用法律若干问题的解释》的有关规定，犯罪分子检举、揭发他人犯罪，提供侦破其他案件的重要线索，阻止他人的犯罪活动，或者协助司法机关抓捕的其他犯罪嫌疑人，犯罪嫌疑人、被告人依法可能被判处无期徒刑以上刑罚的，应当认定为有重大立功表现。对于这里的“可能被判处无期徒刑以上刑罚”的判断依据，司法实践中存在法定刑、宣告刑、执行刑等不同看法。比如，有意见认为，“可能被判处无期徒刑以上刑罚”，是指根据被检举、揭发的犯罪行为本身的严重程度来判断该行为可能判处无期徒刑以上刑罚。案件结案后，是否实际判处无期徒刑以上刑罚，不影响重大立功的认定。据此意见，在有确定的判决作为认定依据的情形下，如果被检举、揭发、协助抓获的罪犯的犯罪行为本身应当依法判处无期徒刑以上刑罚，只是由于该罪犯具有自首、立功、未成年人等犯罪行为事实以外的从轻、减轻量刑情节而被判处无期徒刑以下刑期的，对该罪犯仍应认定“重大犯罪嫌疑人”。另有意见认为，“可能被判处无期徒刑以上刑罚”应当理解为针对人民法院对有关人员尚未作出判决情形下所作的规定，相关“重大案件”已经作出判决，被检举、揭发、协助抓获的罪犯已经被实际判处有期徒刑以下刑罚的，表明该罪犯已经不存在判处无期徒刑以上刑罚的可能性，因而不应对检举者、揭发者、协助抓获者认定为重大立功，唯有如此，才能找到明确的判断界限。

经研究，上述两种意见均有可取之处但又失于绝对，《意见》在综合两种意见的基础上规定，“可能被判处无期徒刑以上刑罚，是指根据犯罪行为的事实、情节可能判处无期徒刑以上刑罚。案件已经判决的，以实际判处的刑罚为准。但是，根据犯罪行为的事实、情节应当判处无期徒刑以上刑罚，因被判刑人有法定情节经依法从轻、减轻处罚后判处有期徒刑的，应当认定为重大立功”。

在理解本规定时，应注意以下两点：

第一，“可能被判处无期徒刑以上刑罚”，是指根据立功行为实施时就已经存在的案件的主客观事实、情节，依法可能被判处无期徒刑以上刑罚。

第二，案件已经判决的，除因被判刑人在立功行为实施后形成新的量刑情节经依法从轻、减轻处罚后判处有期徒刑之外，应当以实际判处的刑罚为准。

6. 立功情节的具体运用

对于具有立功表现的犯罪分子，在具体适用刑罚时应当充分考虑犯罪行为和立功表现两个方面的具体情况，为方便实践操作，《意见》对该两个方面的具体情况均作了细化规定。

——刘为波：《〈关于办理职务犯罪案件认定自首、立功等量刑情节若干问题的意见〉的理解与适用》，载最高人民法院刑事审判第一、二、三、四、五庭主办：《刑事审判参考》（总第68辑），法律出版社2009年版，第121—133页。

【最高人民法院参考案例】

汪光斌受贿案（《刑事审判参考》案例第607号）

要旨：被告人在担任看守所副所长期间获得的立功线索，只要线索来源不是基于职务获取，可依法认定为立功。

《最高人民法院、最高人民检察院关于办理职务犯罪案件认定自首、立功等量刑情节若干问题的意见》（以下简称《意见》）对职务犯罪分子立功的认定和处理进一步细化，明确了四种情形不能认定为立功：（1）本人通过非法手段或者非法途径获取的;(2)本人因原担任的查禁犯罪等职务获取的;(3)他人违反监管规定向犯罪分子提供的;(4)负有查禁犯罪活动职责的国家机关工作人员或者其他因家工作人员利用职务便利提供的。司法实践中对第一、三、四种情形一般没有疑义,但是对第二种情形中获取立功的线索来源是否需要利用“职务”没有明确规定,导致产生争议。在本案的审理过程中,对于是否认定汪光斌构成立功,产生了不同的意见:一种观点认为,汪光斌系人民警察,根据《意见》第二条关于“本人因原担任的查禁犯罪等职务获取的”线索来源不能认定为立功的规定,汪光斌有查禁犯罪的职责,因此按照规定不能认定为立功;另一种观点认为,汪光斌虽系人民警察,但汪光斌获取的线索来源没有利用其查禁犯罪的职务上的便利或者利用职务形成的便利条件,依法可认定为立功。

我们同意第二种观点,汪光斌的检举行为依法可认定为立功。理由如下:

第一,从体系解释来看,在刑法、相关司法解释以及司法解释性文件中关于职务犯罪的提法,涉及“职务”以及相关用语“职权或者地位形成的便利条件”“职务上的便利”“职务上的行为”等,都有动词“利用”加以限定。虽然《意见》中没有使用“利用”一词,但我们不能由此认为,这里不需要利用职务上的便利。从法律对于职务犯罪的规定来看,刑法惩治的是利用“职务”的渎职行为,《意见》亦是针对职务犯罪专门出台的。负有查禁犯罪职责的行为人在案发前有报告、移送或者处置违法犯罪案件的职责,但没有及时报告、移送或处置的,是一种不履行职责的渎职行为。犯罪后将犯罪线索检举揭发,实质上是其职责的怠于履行,只能视为对其渎职的补救。《意见》规定的四种不能认定为立功的第一、三、四种情形均系违法行为。任何人不应从其违法行为中获利,这是基本的司法准则。因此,对于职务犯罪行为人利用职务获取的立功线索、材料来源,依法不应当认定为立功。但对于没有利用职务获取的犯罪线索应依法认定为立功。因为刑法规定的身份犯都是相对的,任何职务犯罪行为人除了其刑法评价的法定身份以外还有作为一般犯罪主体的非法定身份,对于具有特定身份的人基于非法定身份实施的行为,其身份对其进行刑法评价时不产生影响。例如,国家工作人员没有利用职务便利实施一般盗窃行为时,国家工作人员的身份对其定罪量刑是没有法定影响的,如果职务犯罪行为人没有利用其职务实施犯罪行为,难以构成职务犯罪。同理,没有利用职务获取立功线索、材料来源,对职务犯罪中立功等量刑情节的评价是不产生影响的。本案中,汪光斌获取的立功线索并没有利用职务上的便利,而是基于与被检举犯罪嫌疑人的亲友关系在生活中获取,与《意见》规制的相关范围并不一致,因此认定汪光斌的行为成立立功符合对刑法的体系解释。

第二,从刑法的规定来看,法律设立立功制度的目的在于鼓励犯罪分子检举揭发其他犯罪行为,协助司法机关及时侦破案件。成立立功的结果是犯罪分子可能得到从轻或者减轻处罚,其实质根据主要有两点:一方面,犯罪分子在犯罪后揭发他人犯罪行为或者提供重要线索从而得以侦破其他案件,将功抵过,体现了犯罪分子的一定悔罪态度;另一方面,犯罪分子在犯罪后揭发他人犯罪行为或者提供重要线索,有利于司法机关及时发现侦破其他犯罪案件,有利于节约司法资源,降低司法成本。可见,功利与公正并重是立功制度的本质特征。从制定《意见》的背景来看,主要是由于司法实践中职务犯罪案件轻刑适用比例偏高,立功等量刑情节的认定和运用不够规范,导致职务犯罪案件刑罚适用的统一性和严肃性大打折扣,致使部分职务犯罪案件在处理上失之于宽,需要严格加以规范。《意见》解决的是在立功线索来源上公正和功利两种价值诉求的内在平衡问题,即不能以牺牲公正为代价获取功利,行为人如果利用查禁犯罪的职务获取立功线索,不应当认定为立功。同理,没有利用职务获取的立功线索当然依法应认定为立功。本案中,汪光斌获取的立功线索并非利用职务便利获取,不属于《意见》规定的有关四种不认定立功的情形,其提供的线索实现了节省司法成本的效果,体现了其一定悔罪态度,认定立功符合刑法设立立功制度的目的。

第三,从人民警察法的规定来看,汪光斌获取立功线索的行为不属于职务行为。人民警察法第十九条规定:人民警察在非工作时间,遇有其职责范围内的紧急情况,应当履行职责。人民警察法第六条对公安机关人民警察的职责分为十三类,公安机关的内设机构也是根据人民警察法的规定相应地分为交通警察、刑事侦查警察、治安警察、户籍及出入境管理警察等。每个公安民警的职责依其所在部门和职位而确定。例外的情况是,人民警察法第二十一条规定:人民警察遇到公民人身、财产安全受到侵犯或者处于其他危难情形,应当立即救助。由以上规定出发,公安人员除遇到公民人身、财产受到侵犯或者出于其他危难情形以外,是不能随便超越职权行使职责的。本案中,汪光斌的立功线索针对的是该犯罪嫌疑人已经实施犯罪行为,是已发生了的犯罪事实,并不属于人民警察法第二十一条规定的公安机关的人民警察应当立即予以处理的情形。对于犯罪事实的侦查和犯罪嫌疑人的追捕按照相关规定也应由相关侦查人员负责。汪光斌作为异地看守所副所长,并没有侦破此案件的法定职责,因而认定汪光斌的行为成立立功并不违反人民警察法的规定。

——《刑事审判参考》(总第72辑)。

沈同贵受贿案(《刑事审判参考》案例第707号)

要旨:阻止他人犯罪活动,他人因未达刑事责任年龄而未被追究刑事责任的,行为人的阻止行为仍构成立功。

（一）“阻止他人犯罪活动”立功，并未要求“他人犯罪活动”实际上构成犯罪。第一，从词源本义来看。“阻止他人犯罪活动”中的“犯罪活动”是作为名词使用的，从字义上来说，应是指为达到犯罪目的而采取的行动，而并不等同于犯罪。第二，从立法用语来看。虽然《解释》对什么是“犯罪活动”未作明确规定，但这种表述已经体现了立法的取向，即此处的“犯罪活动”并不等于实际的“犯罪”，此与该词语本身的含义也是一致的。第三，“构成犯罪”应从形式上理解，是指行为具有社会危害性，具备了某种犯罪构成的客观要件。至于该行为因主体不具备刑事责任能力而不追究刑事责任，或因情节显著轻微、已过追诉时效、被赦免、被告人死亡等原因而不立案、撤销案件、不起诉、终止审理或宣告无罪的，不影响对立功的认定。

（二）“阻止他人犯罪活动”立功成立的要件

第一，对于“犯罪活动”的理解。只要某人的行为具有社会危害性，且具备了某种犯罪的客观外在表现，即可认定其行为是“犯罪活动”。

第二，对“阻止”的理解。当阻止犯罪活动一般情况下都要具备相应的风险，但我们认为“阻止”在行为方式上并不要求一定是有高度人身危险的激烈对抗，也可以是较为和缓的劝告、说服，或者是向司法机关告发等。此外，“阻止”不但要求有“阻”的行为，还要求有“止”的效果，即他人的犯罪活动停止，或者在特定时间内不再继续，或者法益受侵犯的状态或结果及时得到控制或消除。司法实践中，若行为人虽然积极拦阻他人犯罪活动，但因势单力孤或意外事件等原因而未产生使犯罪活动在客观上停止的实际效果，那么就不能认定为立功。当然，尽管此情形不构成立功，但行为人实施此行为反映了其悔罪态度，表明其人身危险性、再犯可能性相对降低，在实际量刑中可结合行为人在阻止犯罪活动中的介入程度、作用大小等具体情形，将其作为从轻处罚的酌定情节，以此体现国家和社会对这种积极行为的肯定及鼓励，从而更好地贯彻宽严相济刑事政策。

第三，对“他人”的理解。这里的“他人”既包括自然人，也包括单位。对于其中的自然人，不受犯罪主体中刑事责任能力的限制，包括由于年龄、精神状态等原因而无刑事责任能力或限制刑事责任能力的人。我们认为，如果阻止的是与被阻止人共同犯罪之外的其他犯罪活动，应当视为立功；如果是在共同犯罪中阻止共犯犯罪，在我国刑法中这属于共同犯罪形态的问题，不属于立功适用的范畴。

第四，“他人犯罪活动”必须与阻止行为之间具备因果关系，即必须是因为阻止行为的介入，犯罪活动才得以停止。

第五，“阻止他人犯罪活动”必须是在当场，有特定的时间、空间的限制。这里的“当场”，可以理解为行为人进行犯罪预备的现场、实施犯罪活动的现场以及当即被追捕过程中的现场。对此的理解主要涉及两个方面:其一,犯罪活动被阻止大多发生在犯罪实行中,合法权益被侵害的紧迫性较高,但在紧迫性未必很高的犯罪预备时即予以制止,依然可以成立"阻止他人犯罪活动";其二,若受侵害的事实已发生,但是实施犯罪活动的人尚未脱离特定时空,存在及时维护受侵害法益或使其免受进一步侵害的可能性,亦可成立"阻止他人犯罪活动"。

——《刑事审判参考》(总第80辑)。

226 贿赂犯罪中立功的认定

关键词｜立功｜受贿罪｜行贿罪｜如实供述｜

【最高人民法院司法解释】

第七条　因行贿人在被追诉前主动交待行贿行为而破获相关受贿案件的,对行贿人不适用刑法第六十八条关于立功的规定,依照刑法第三百九十条第二款的规定,可以减轻或者免除处罚。

单位行贿的,在被追诉前,单位集体决定或者单位负责人决定主动交待单位行贿行为的,依照刑法第三百九十条第二款的规定,对单位及相关责任人员可以减轻处罚或者免除处罚;受委托直接办理单位行贿事项的直接责任人员在被追诉前主动交待自己知道的单位行贿行为的,对该直接责任人员可以依照刑法第三百九十条第二款的规定减轻处罚或者免除处罚。

第九条　行贿人揭发受贿人与其行贿无关的其他犯罪行为,查证属实的,依照刑法第六十八条关于立功的规定,可以从轻、减轻或者免除处罚。

——《最高人民法院、最高人民检察院关于办理行贿刑事案件具体应用法律若干问题的解释》(2013年1月1日,法释〔2012〕22号)。

【最高人民法院司法文件】

三、关于"司法机关还未掌握的本人其他罪行"和"不同种罪行"的具体认定

……

犯罪嫌疑人、被告人在被采取强制措施期间如实供述本人其他罪行,该罪行与司法机关已掌握的罪行属同种罪行还是不同种罪行,一般应以罪名区分。虽然如实供述的其他罪行的罪名与司法机关已掌握犯罪的罪名不同,但如实供述的其他犯罪与司法机关已掌握的犯罪属选择性罪名或者在法律、事实上密切关联,如因受

贿被采取强制措施后，又交代因受贿为他人谋取利益行为，构成滥用职权罪的，应认定为同种罪行。

——《最高人民法院关于处理自首和立功若干具体问题的意见》（2010 年 12 月 22 日，法发〔2010〕60 号）。

【最高人民法院参考案例】

刘凯受贿案（《刑事审判参考》案例第 1020 号）

要旨：被告人因涉嫌受贿到案后供述了自己的受贿事实，同时主动交代了自己使用部分受贿款向他人行贿的事实，不构成立功。

被告人刘凯 2012 年 12 月 28 日因涉嫌犯受贿罪被逮捕，其到案后主动交代了用受贿款向张海行贿的事实，使其他贿赂案件得以侦破。

1. 因涉嫌受贿到案后如实供述所收受财物的使用情况的，不属于其对受贿犯罪事实的如实供述范围，由此又涉嫌其他犯罪或者揭发他人犯罪的，可能构成自首、立功。

立功是司法实践中比较常见，同时也是司法认定上容易产生争议的问题。行为人因涉嫌某种犯罪到案后，供述该罪事实时又供述了与该罪具有一定关联性的其他事实，甚至因此揭发他人犯罪的，如何判断行为人的供述是否超出了其对前罪如实供述的必要范围，后续供述能否构成自首或者立功，是实务中的难点。总体来说，应当以齐备犯罪构成要件包含的全部构成要件要素为标准，来界定行为人对某一犯罪的供述是否完整、充分。行为人实施犯罪的某些情节又涉及本人或者他人的其他犯罪的，如这些情节没有超出该罪的犯罪构成，则仍然属于对该罪的如实供述，因行为人的供述又破获本人或者他人的其他犯罪的，不构成自首或者立功。由于此类情节本身属于该罪犯罪事实的组成部分，与该罪密不可分，如不如实供述此类情节，该罪的基本犯罪事实就不可能完全查清。例如，依法配枪的人员，因涉嫌非法出租、出借枪支到案后，其供述非法出租、出借枪支事实时必然要交代出租、出借枪支的对象，即使因此提供他人非法持有枪支的犯罪线索，破获了其他案件，也不构成立功。在非法买卖假发票、假币、毒品等违禁品的犯罪中，这一点表现得尤为明显，参与非法交易的一方到案后，如实供述对方情况的，仍然属于对其本人实施的非法交易行为的供述范围。贿赂犯罪也具有这样的特点，供述受贿事实，必须交代行贿人的情况；供述行贿事实，同样必须交待受贿人的情况。除对贿赂的提供人、收受人必须交代外，如有利用职权谋利情节，行为人对谋利情节的供述亦属于对贿赂犯罪基本事实的供述。

但是，如果行为人因涉嫌犯罪到案后，供述该罪事实时又供述了超出该罪犯罪构成要件相关事实的,其后续供述构成自首或者立功。行为人在供述犯罪事实时,可能会对案发起因、赃物处理等不属于犯罪构成要件的情节一并供述,此时其供述如涉及本人其他犯罪或者他人犯罪情况,可能构成自首或者立功。例如,行为人在供述故意杀人事实时,供称其与被害人多年前共同绑架他人,后因怕被害人揭发而杀害被害人,其构成绑架罪的自首。在受贿犯罪中,行为人受贿后对贿赂款物的具体使用情况,并不属于受贿罪的构成要素,使用贿赂款物涉及其他犯罪的,对该情节的交代可能构成自首或者立功。本案中,被告人刘凯因涉嫌受贿罪被捕后,交待自己使用部分受贿款向其上级领导张海行贿,刘凯对行贿事实的供述,已超出其对受贿犯罪承担的如实供述范围。考虑到司法机关根据该线索已侦破张海受贿一案,刘凯确已具备构成自首或者立功的可能条件。

2. 主动供述行贿事实并由此破获他人受贿案件的,其中揭发他人受贿犯罪的内容属于如实供述行贿事实的一部分,可构成行贿罪的自首,不构成立功。

贿赂犯罪属于对合犯,实施贿赂行为的双方互为实现特定犯罪的必要条件。无论是行贿罪还是受贿罪,其客观方面的要件都必然包含财物转移的全过程,均涉及双方当事人。根据前面的分析,行为人供述行贿事实的,必然供述对方的受贿事实,否则其供述的行贿事实就不完整,达不到如实供述的要求。故其对他人受贿犯罪的揭发,并未超出其对行贿犯罪承担的如实供述范围,不能另外构成立功。

本案中,被告人刘凯因涉嫌受贿到案后供述了自己的受贿事实,同时主动交代了自己使用部分受贿款向他人行贿的事实。刘凯主动供述行贿事实同时产生了两方面的积极作用:一方面其主动交代了司法机关尚未掌握的行贿事实,司法机关据此查明该事实,节约了司法资源;另一方面,司法机关根据其供述侦破了他人受贿的案件,其供述具有揭发他人犯罪的效果。刘凯主动供述行贿事实,可以认定其构成行贿罪的自首。虽然其自首行为客观上具有揭发他人犯罪的作用,但不能再认定其构成立功,否则就是对同一行为的重复评价。刘凯除了具有行贿罪自首情节,同时,还符合刑法第三百九十条条第二款关于"行贿人在被追诉前主动交待行贿行为的,可以减轻处罚或者免除处罚"的规定。公诉机关根据该款规定,已对其所犯行贿罪不予起诉,这是对其所犯行贿罪具有自首情节的充分肯定评价,人民法院在审判阶段自然不能再将该情节重复评价为立功。

——《刑事审判参考》(总第 99 辑)。

被告单位成都主导科技有限责任公司、被告人王黎单位行贿案(《刑事审判参考》案例第 1282 号)

要旨:行贿人构成立功,必须是揭发受贿人与其行贿无关的其他犯罪事实。

根据《行贿解释》第九条的规定，行贿人构成立功，必须是揭发受贿人与其行贿无关的其他犯罪事实。本案中，王黎系因行贿犯罪（向刘瑞扬行贿）归案后，又主动供述司法机关尚未掌握的本人其他行贿事实（向戴伟跃行贿），该事实属于与其行贿在法律上、事实上有紧密关联的事实.而非揭发他人其他犯罪，故不应认定为立功。王黎如实供述自己行贿的犯罪事实，依法应当认定为坦白，可以从轻处罚。同时，需要注意的是，王黎虽然不具有立功情节，但王黎的主动交代行为在客观上为司法机关查明戴伟跃受贿案件起到了积极作用，在量刑时应予考虑。

——《刑事审判参考》（总第115辑）。

四、数罪并罚

227 刑罚执行期间发现漏罪或又犯新罪，判决作出时原判刑罚已经执行完毕的情况如何处理

关键词｜漏罪｜原判刑罚执行完毕｜

【最高人民法院审判业务意见】

刑法总则第四章第四节对数罪并罚作出了明确规定，其中第七十条、第七十一条分别规定了刑罚执行期间发现漏罪或又犯新罪的并罚方法。但是，在实践中，由于诉讼过程需要一定时间等原因，可能出现对漏罪、新罪作出判决时，原判刑罚终止日期已过的情况，对此类情况如何处理，实践中不无争议。比如：被告人某甲2001年4月5日因犯抢劫罪被判处有期徒刑三年（刑期自1999年12月12日起至2002年12月11日止），在某监狱服刑期间，因发现其在判决宣告以前犯有强奸罪，于2002年7月押解至某看守所羁押。同年11月底至2003年1月，某甲多次与同监号被羁押人员预谋，计划挟持监管干部脱逃。因被监管干部发觉而未得逞。其行为已构成暴动越狱罪，属犯罪预备，应予惩处。2003年5月，一审法院对某甲的上述罪行作出判决，但此时原判刑罚终止日期已过。

本案在量刑时对是否需要数罪并罚产生了两种不同意见：一种意见认为，本案漏罪、新罪判决作出时，原判决确定的刑罚终止日期已过，不需要再将漏罪、新罪判处的刑罚与原判刑罚数罪并罚，直接将漏罪、新罪判处的刑罚按照刑法第六十九条的规定并罚即可；另一种意见则主张，应将漏罪、新罪判处的刑罚和原判刑罚按照刑法规定的并罚原则和方法进行数罪并罚。

对此类情况究竟应当如何处理？我们认为：

一、判决宣告以后、刑罚执行完毕以前，发现漏罪或又犯新罪的，无论漏罪、新罪判决作出时是否已过原判决确定的刑罚终止日期，均应依法实行数罪并罚

1. 如何理解立法本意

本案中，某甲在前罪抢劫罪的刑罚执行完毕以前发现漏罪强奸罪，押解至看守所后又犯暴动越狱罪。其行为符合数罪并罚的条件，依法应实行数罪并罚。即对某甲应同时按照刑法第七十条、第七十一条的规定进行并罚。刑法的这两条规定，在时间范围上仅明确要求“判决宣告以后，刑罚执行完毕以前”发现漏罪或又犯新

罪的，除此之外没有其他任何适用时间上的限制。因此，不能因诉讼过程的长短、宣判时间的不同而产生任何变化。否则，就会使刑法规定的数罪并罚制度增加了新的适用条件限制，进而使数罪并罚原则的适用因漏罪、新罪诉讼进程长短的差异而处于无法确定的状态，使相同罪行可能因诉讼时间长短的不同而受到不同的处罚，这不仅不符合罪刑法定原则，而且还违背了法律面前人人平等、同罪同罚的精神。

以本案为例，原判决确定的刑罚终止日期为2002年12月11日，如果对漏罪或新罪的判决在2002年12月11日以前作出，则适用数罪并罚，如果在2002年12月12日以后作出，则只需执行对漏罪或新罪作出的判决，不需再与前罪刑罚数罪并罚，这种做法显然于法无据；同时，这种做法还变相地加重了被告人的刑罚。例如，某被告人因犯甲罪被判处有期徒刑十年，执行九年零六个月后发现漏罪乙罪被押解回看守所，六个月后其因乙罪被判处五年有期徒刑。按照数罪并罚原则，除按照最高总和刑期决定执行有期徒刑十五年外，该被告人的最终刑罚应少于十五年。如不进行并罚，漏罪刑罚从原判决确定的刑罚终止之次日起算，该被告人最终被判处的刑罚只能是十五年。同理，对于新罪不进行并罚也存在此弊的可能。

2. 如何理解"刑罚执行完毕以前"

"刑罚执行完毕以前"应是指犯罪分子因发现漏罪或新罪时原判决尚未执行完毕，此后，其身份即转化为犯罪嫌疑人，并随着对其漏罪、新罪的立案侦查等诉讼程序的启动而进入诉讼阶段，其被羁押的期间自被视为对其作出新判决前的侦查、起诉、审判等诉讼活动期间。因此，不论其是否被解离执行机关（我国监狱法第六十条规定，对罪犯在监狱内犯罪的案件，由监狱进行侦查），对其原判刑罚的执行均应自其被发现漏罪、新罪时即告中止。以"发现漏罪"或"犯新罪"这一中断点为界，中断点之前的刑罚为原判已经执行的刑期，中断点之后的刑罚为尚未执行的刑期，即残余刑。需要强调的是，此处的"发现漏罪"有其特定的法律内涵，专指漏罪被"司法机关"发现。如果某一漏罪司法机关尚未发现，仅被他人知晓，显然不会产生数罪并罚。当然，司法机关"发现漏罪"或犯罪分子"犯新罪"的标志，不取决于任何组织或个人的主观认识，而应当是合理的、明确的法律标准，即应当是刑事诉讼程序的启动——立案。在刑罚执行期间既发现漏罪又犯新罪的情况下，则应以在刑罚执行期间漏罪或新罪中最先立案的时间作为标志。

但是，中止后的这段羁押期间应在新判决确定的刑罚期间中予以折抵，实际上，新判决确定的有期徒刑的起算时间为原判刑罚的中止时间。

二、在既发现漏罪又犯有新罪的情况下，漏罪、新罪与前罪的并罚应按照分别并罚、顺序并罚的方法进行

本案中某甲在判决宣告后，刑罚执行完毕以前，不仅发现有漏判的强奸罪，而

且又犯新罪暴动越狱罪。对其数罪并罚同时涉及刑法第七十条、第七十一条规定的并罚问题。对此种情形，我们认为，应先将漏罪刑罚与原判刑罚并罚，决定应当执行的刑罚，然后再将新罪刑罚与前一判决决定执行的刑罚中未执行的刑罚并罚，决定应执行的刑罚。

这是因为，在判决宣告以后、刑罚执行完毕以前，既发现漏罪又犯新罪的情况下所形成的罪数关系，不是典型的数罪关系，即不是仅适用刑法第七十条解决的前罪与漏罪的数罪关系，也不是仅适用刑法第七十一条解决的前罪与新罪的数罪关系，而是既适用"先并后减"方法又适用"先减后并"方法予以解决的、同时由前罪、漏罪、新罪构成的复杂数罪关系。对于这种必然兼采"先并后减"和"先减后并"方法并罚的数罪，如果为了简便易行，只采用一种方法对漏罪和新罪同时进行并罚，无论是只采用"先并后减"的方法并罚，抑或只采用"先减后并"的方法并罚，都会因无条件、无根据地扩大相应规则的适用范围而背离刑法规定。此外，即使是对新罪和漏罪分别适用"先减后并"方法和"先并后减"方法进行并罚，也会因新罪并罚在先、漏罪并罚在后的不合理顺序，导致并罚的最终结果违背刑事立法本意。因此，对于在刑罚执行期间发现漏罪又犯新罪的情况下，应当采取对数罪分别判决、顺序并罚的方法，即在对漏罪和新罪分别定罪量刑的基础上，对漏罪、新罪分别适用先并后减、先减后并的方法作出判决，并按照漏罪在先、新罪在后的顺序进行两次并罚，所得结果即为整个数罪并罚的结果。

另有一点需要指出的是：如果罪犯的原判或漏罪所判刑罚是无期徒刑或死缓，按照吸收原则，则不论其执行刑期长短，只要是刑罚执行完毕以前发现漏罪的，都应并罚为无期徒刑或死缓，已经执行的刑期亦不能予以折抵。

——本刊编辑部：《刑罚执行期间发现漏罪、新罪判决作出时原判刑罚终止日期已过的如何处理》，载最高人民法院刑事审判第一、二、三、四、五庭主办：《刑事审判参考》（总第53辑），法律出版社2007年版，第106—110页。

【最高人民法院参考案例】

王雲盗窃案（《刑事审判参考》案例第1028号）

要旨：刑罚执行期间发现漏罪，判决作出时原判刑罚已执行完毕的应当适用漏罪数罪并罚。

（一）符合刑法第七十条规定的立法本意

1. 关于"漏罪"的理解。从立法原意看，漏罪必须符合以下几个条件：其一，该漏罪在判决宣告之前就已实施，直至判决宣告以后、刑罚执行完毕以前才被发现；其二，该漏罪是在判决宣告以后，并已经发生法律效力时才被发现。因为只有当判决发生法律效力时，刑罚的执行才开始。其三，该漏罪必须是未超过刑法规定的追诉时效。已过追诉时效的，由于刑事责任的追诉期限已过，不能再进行数罪并罚。其四，该漏罪既可以是一罪，也可以是数罪；既可以是与前罪相同性质之罪，也可以是不同性质之罪。从本案具体情况看，后实施的盗窃行为发生在2013年5月22日、24日，实施的时间在前罪判决宣告2013年11月6日之前，且前罪判决发生了法律效力，后实施的盗窃罪亦未过追诉时效，与前罪属于同一性质，符合漏罪的构成特征。

2. 关于“发现”的理解。从立法原意看，此处的“发现”是指通过司法机关侦查、他人揭发或犯罪分子自首等途径发现犯罪分子还有其他罪行。此处的“发现”有其特定的法律内涵：一方面，如何确定发现的时间标准。无论是通过司法机关侦查、他人揭发，还是犯罪分子自首等途径，漏罪最终都应被司法机关发现。如果漏罪尚未被司法机关发现，仅被他人知晓，显然不符合法律原意，不会产生数罪并罚。当然，司法机关发现漏罪时间节点的标志，不能取决于任何组织或者个人的主观认识，而应当是合理、明确的法律标准。我们认为，一般情形下应当以刑事立案为发现时间。公安机关进行刑事立案时，一般已初步掌握了犯罪嫌疑人的基本情况，但是有些案件因其复杂性和特殊性，缺少明确的犯罪嫌疑人。在这种情形下，应当以公安机关通过侦查等方式明确犯罪嫌疑人时为发现时间。另一方面，如何理解“发现”的法律意义。发现漏罪一是确立了实行数罪并罚法律规定的基本前提，二是确立了发现漏罪时作为前罪原判刑罚执行的界点，即发现漏罪之前为前罪原判刑罚已执行的刑期，发现漏罪之后为前罪原判刑罚未执行的刑期。因此，发现漏罪之后所羁押的时间应在数罪并罚所确定的刑罚期间中予以折抵。

（二）符合法律规定的确定性

根据刑法第七十条的规定，发现漏罪的时间范围仅明确要求“判决宣告以后，刑罚执行完毕以前”，除此之外并没有其他任何适用时间上的限制，也没有其他限制性规定。因此，不能因诉讼过程的长短、宣判时间的不同而产生任何变化。否则，就会使刑法第七十条的规定处于不确定状态，使数罪并罚制度增加了新的适用条件限制，进而导致数罪并罚的适用因漏罪侦查进程、宣判时间的长短差异而产生错乱。有观点认为，不论漏罪的发现时间，只要前罪原判刑罚已执行完毕，就不再适用数罪并罚。这一观点值得商榷。如果采用这一观点，不仅量刑时于法无据，而且还会变相地加重被告人的刑罚。因此，第一种意见不仅违背了罪刑法定原则，而且还违背了法律面前人人平等的精神。

综上所述，在判决宣告以后、刑罚执行完毕以前，发现漏罪，无论漏罪判决作出时前罪原判刑罚是否已执行完毕，均应依法实行数罪并罚。

——《刑事审判参考》（总第100辑）。

沈青鼠、王威盗窃案(《刑事审判参考》案例第1027号)

要旨:刑罚执行期间发现漏罪,判决作出时原判刑罚已执行完毕的应当适用漏罪数罪并罚。

(一)漏罪数罪并罚中发现漏罪的时间节点及理解

刑法第七十条规定:"判决宣告以后,刑罚执行完毕以前,发现被判刑的犯罪分子在判决宣告以前还有其他罪没有判决的,应当对新发现的罪作出判决,把前后两个判决所判处的刑罚,依照本法第六十九条的规定,决定执行的刑罚。已经执行的刑期,应当计算在新判决决定的刑期以内。"对于该条的理解,需要把握两个关键点:一是发现漏罪的时间节点要求,二是发现漏罪的"发现"含义理解。

漏罪数罪并罚要求发现漏罪的时间节点必须是在前判"判决宣告以后,刑罚执行完毕以前",在此期间发现漏罪的应当适用数罪并罚,否则可能单独就漏罪进行追诉。

"发现"是指侦查机关对犯罪事实立案侦查,并有相关证据证明服刑犯实施了犯罪事实,即将服刑犯明确为犯罪嫌疑人。(1)"发现"的主体通常要求是侦查机关,自诉案件情况下"发现"的主体也可以是人民法院。刑事诉讼法第一百零七条规定:"公安机关或者人民检察院发现犯罪事实或者犯罪嫌疑人,应当按照管辖范围,立案侦查。"第一百零八条规定:"任何单位和个人发现有犯罪事实或者犯罪嫌疑人,有权利也有义务向公安机关、人民检察院或者人民法院报案或者举报。被害人对侵犯其人身、财产权利的犯罪事实或者犯罪嫌疑人,有权向公安机关、人民检察院或者人民法院报案或者控告。公安机关、人民检察院或者人民法院对于报案、控告、举报,都应当接受。对于不属于自己管辖的,应当移送主管机关处理,并且通知报案人、控告人、举报人;对于不属于自己管辖而又必须采取紧急措施的,应当先采取紧急措施,然后移送主管机关。犯罪人向公安机关、人民检察院或者人民法院自首的,适用第三款规定。"根据上述条款的规定,侦查机关(包括公安机关与检察院)对于自己发现的犯罪事实,根据管辖立案侦查;对于其他单位、个人报案、举报、控告的犯罪事实,也根据管辖立案侦查。如果仅有相关单位或者个人发现犯罪事实,而不报案、举报、控告,则无法进入刑事追诉程序从而"发现"漏罪,并对漏罪的服刑犯进行处罚,因此"发现"的主体通常要求是侦查机关。当然,如果是自诉案件,人民法院直接受理自诉案件,"发现"的主体也可以是人民法院。(2)"发现"有相应的程序性要求,且达到一定证明程度。公安、检察机关"发现"犯罪事实后进行立案侦查,但此时并不一定达到"发现"的证明程度要求,因为"发现"犯罪事实,仅是表明有人实施了犯罪行为需要追究刑事责任,故进行立案侦查,只有通过一定调查,掌握相关证据证明相关犯罪事实系服刑犯实施的,才达到"发现"漏罪的程度要求。对于自诉案件而言,人民法院受理自诉案件后,经过初步审查服刑犯确实实施了相关犯罪事实的，可以认为是“发现”漏罪。（3）“发现”不同于“定罪”。由于“发现”漏罪只是刑事追诉的初步阶段，尚需通过进一步调查，并经起诉、审判后，才能对前罪服刑犯、漏罪被告人进行定罪处罚。因此，“发现”仅仅意味着明确或者锁定了犯罪嫌疑人。

（二）刑罚执行期间发现漏罪，判决作出时原判刑罚已执行完毕的应当适用漏罪数罪并罚

本案存在一定特殊性，即被告人沈青鼠、王威的前罪与新发现的罪均系共同犯罪，但沈青鼠在本院判决时前判刑罚已经执行完毕，而王威尚处于服刑中。对于尚处于服刑中的王威应当适用漏罪数罪并罚不存在异议，但对于前判刑罚已经执行完毕的沈青鼠是否也适用漏罪数罪并罚，需要进一步分析。

如前所述，要适用漏罪数罪并罚，一是符合发现漏罪的时间节点要求；二是符合发现漏罪的相应程序及证明程度要求。

——《刑事审判参考》（总第100辑）。

228 刑罚执行完毕后对以前未能依法并案处理的犯罪行为如何裁判

关键词 | 数罪并罚 | 漏罪 |

【最高人民法院参考案例】

朱韩英、郭东云诈骗案（《刑事审判参考》案例第1217号）

要旨：在刑罚执行完毕后发现漏罪，不得适用刑法第七十条、第七十一条规定的数罪并罚制度，而应对漏罪单独定罪量刑。

第二，服刑期满后发现漏罪的，将漏罪与前罪数罪并罚不符合法律规定。刑法第七十条规定：“判决宣告以后，刑罚执行完毕以前，发现被判刑的犯罪分子在判决宣告以前还有其他罪没有判决的，应当对新发现的罪作出判决，把前后两个判决所判处的刑罚，依照本法第六十九条的规定，决定执行的刑罚。已经执行的刑期，应当计算在新判决决定的刑期以内。”由此可知，适用刑法第七十条进行数罪并罚的时间条件是发现漏罪在“判决宣告以后，刑罚执行完毕以前”，不包括在刑罚执行完毕以后，才发现漏罪的情形。设立数罪并罚制度的目的是解决人民法院在量刑时如何处理宣告刑和正在执行的刑罚之间的并罚问题。数罪并罚的前提是数罪的刑罚均未执行或未执行完毕。对于刑罚执行完毕以后，才发现判决宣告之前还有其他罪没有判决而应当追诉的，应当依法另行定罪量刑。因此，将已经执行完毕的刑罚作为数罪并罚的适用对象不符合法律逻辑，数罪中只有一罪存在未执行的刑罚没有适用数罪并罚的必要性。

——《刑事审判参考》(总第 111 辑)。

229 判决宣告前犯有同种数罪但被分案起诉，后罪判决时能否与前罪并罚

关键词 | 数罪并罚 | 分案起诉 |

【最高人民法院参考案例】

陈菊玲非法进行节育手术案(《刑事审判参考》案例第 1191 号)

要旨:在审理过程中,法院发现被告人犯有同种数罪但被人为分案处理的,可以建议检察机关并案起诉;检察机关不予并案处理的,应仅就起诉的犯罪事实作出裁判,在审理后起诉的犯罪事实时,可以适用刑法第七十条关于漏罪并罚的规定。

因此,人民法院在审理过程中,发现被告人犯有同种数罪但被检察机关人为分案处理的,因分案处理的事实影响对被告人的定罪,可以建议检察机关并案起诉。二审法院发现被告人在第一审判决宣告以前还有同种漏罪没有判决的,也可以发回重审,并协调检察机关并案处理。检察机关不同意或者在七日内未回复意见的,法院应当仅就起诉指控的犯罪事实作出裁判。判决生效以后,检察机关另案起诉其他同种漏罪的,并案以一罪处理的前提条件已经消失,法院必须对漏罪依法予以审理,构成犯罪的,单独予以定罪判刑。鉴于此前判处的刑罚尚未执行完毕,亦不属于刑法第六十九条规定的判决宣告以前一人犯数罪及第七十一条规定的刑罚执行期间发现新罪的情形,故对漏罪进行审判时,适用刑法第七十条关于漏罪并罚的规定进行处理,是相对合理的选择。

就本案而言,昆山市人民法院在判决宣告前,发现被告人陈菊玲在审理期间又实施了非法进行节育手术犯罪并被公安机关立案侦查,所涉新罪与检察机关已经起诉指控的犯罪属同种罪行。检察机关知晓陈菊玲有该起同种犯罪事实,却不予并案起诉。昆山市人民法院根据《刑事诉讼法解释》第二百四十三条的规定,建议昆山市人民检察院补充起诉,但昆山市人民检察院仍未对陈菊玲前后两罪并案公诉。昆山市人民法院无权主动并案审理陈菊玲的同种数罪,最终只能仅就起诉指控的陈菊玲对被害人张某某非法进行节育手术犯罪部分进行审判,判处陈菊玲有期徒刑一年九个月,并处罚金人民币一万元。判决生效之后,刑罚执行完毕以前,检察机关又起诉指控陈菊玲对被害人周某某非法进行节育手术犯罪。昆山市人民法院受理后,对陈菊玲在判决宣告以前实施的同种漏罪进行审判,判处陈菊玲有期徒刑一年十个月,并处罚金人民币一万元,并根据刑法第七十条的规定,与其前罪判处的刑罚实行并罚。昆山市人民法院的一审判决于法有据,在审理程序和适用

法律上并无不当。但检察机关该种分案处理的做法，不利于提高诉讼效率，实践中应尽量避免。

——《刑事审判参考》（总第 109 辑）。

230 在暂予监外执行期间犯新罪被抓获，如何计算前罪余刑

关键词 | 数罪并罚 | 暂予监外执行 | 新罪 |

【最高人民法院参考案例】

沙学民容留他人吸毒案（《刑事审判参考》案例第 1085 号）

要旨：被暂予监外执行的罪犯在监外执行期间犯新罪并被抓获，应以被告人被抓获之日为界点计算前罪的剩余刑期，并根据刑法第七十一条进行并罚。

被告人沙学民 2013 年 2 月 4 日因犯贩卖毒品罪被判处有期徒刑一年，并处罚金人民币一千元，同年 2 月 18 日因病被决定暂予监外执行。同年 4 月 10 日因涉嫌犯容留他人吸毒罪再次被抓获。

在前案中，被告人沙学民于 2011 年 11 月 10 日被抓获，同年 11 月 12 日被取保候审，羁押时间为三天。2014 年 2 月 17 日社区矫正机构对沙学民作了社区矫正期满，依法解除社区矫正的宣告，并出具矫正期满解除社区矫正证明书。

被暂予监外执行的罪犯在监外执行期间犯新罪并被抓获，社区矫正机关未及时出具收监建议书，而后出具社区矫正期满的证明书，对于被告人的前罪是否有剩余刑期，存在不同的意见。

我们认为，根据刑事诉讼法第二百五十七条的规定，对于暂予监外执行的罪犯，有法律规定情形之一的，应当及时收监。由此可见，暂予监外执行制度具有明显的临时性特征，随时可能因法定情形的出现而中止。2013 年 4 月 10 日被告人沙学民因涉嫌犯容留他人吸毒罪被公安机关抓获，根据最高人民法院、最高人民检察院、公安部、司法部联合制定的《社区矫正实施办法》第二十六条的规定，暂予监外执行的社区矫正人员违反有关法律、行政法规和监督管理规定，情节严重的，由居住地县级司法行政机关向批准、决定机关提出收监执行的建议书。举轻以明重，被告人的行为显然是违反有关法律、行政法规和监督管理规定，情节严重的行为，社区矫正机构应依法出具收监建议书。

本案中，社区矫正机构即无锡市北塘区司法局应在被告人因犯新罪被抓获之日依法向北塘区人民法院提出对被告人沙学民进行收监执行的建议书，但北塘区司法局没有及时向北塘区人民法院提出收监建议。这种不利的后果应由被告人自己承担，也就是说，其在被公安机关抓获后继续履行的接受社区矫正的时间不计入

其刑期。因为《社区矫正实施办法》第十一条规定："社区矫正人员应当定期向司法所报告遵纪守法、接受监督管理、参加教育学习、社区服务和社会活动的情况。"显然,本案被告人没有履行应尽的义务。

因此,本案被告人2013年4月10日被抓获当天,已不符合暂予监外执行条件,应通过法定程序中止前罪的暂予监外执行。同时,被告人被抓获当天即被公安机关采取刑事强制措施,即被告人从抓获之日起应当计入新罪的刑事强制措施时间,不应视为所服前罪判决的刑期。综上,本案应以被告人被抓获之日为界点计算前罪的剩余刑期。

——《刑事审判参考》(总第103辑)。

231 保外就医期限届满后未归监又重新犯罪的如何计算余刑

关键词|数罪并罚|保外就医|暂予监外执行|新罪|

【最高人民法院参考案例】

潘光荣、赖铭有抢劫案(《刑事审判参考》案例第1127号)

要旨:保外就医期限届满后未归监又重新犯罪的,应以被告人保外就医一年期满后第二日为界点计算前罪的剩余刑期,并根据刑法第七十一条进行并罚。

被告人潘光荣1990年4月22日因犯抢劫罪被判处无期徒刑,剥夺政治权利终身,判决生效后在A监狱服刑。1993年7月3日减刑为十九年,剥夺政治权利五年;1995年减刑一年九个月,剥夺政治权利五年不变(服刑期至2010年10月2日止)。A监狱报广西壮族自治区劳改局于1996年11月6日获得批准,1996年11月29日给潘光荣办理了监外执行(保外就医)一年的手续。2000年8月16日,广西壮族自治区监狱管理局要求对潘光荣收监检查病情,A监狱多次联系潘光荣的保证人及去潘光荣居住地均未找到潘光荣本人。2012年2月29日,潘光荣、赖铭有共同实施抢劫犯罪并于同年3月29日被抓获。

我们认为,潘光荣于1996年11月29日因保外就医被予以监外执行一年,期满后潘光荣没有取得继续保外就医亦未被收监,属于在暂予监外执行期间脱逃、漏管,期满后的时间不应计入已执行刑期,潘光荣从1997年11月29日起至2010年10月2日止,余刑共十二年十个月三天,剥夺政治权利五年。

刑事诉讼法第二百五十七条规定:"对暂予监外执行的罪犯有下列情形之一的,应当及时收监:(一)发现不符合暂予监外执行条件的;(二)严重违反有关暂予监外执行监督管理规定的;(三)暂予监外执行的情形消失后,罪犯刑期未满的。……罪犯在暂予监外执行期间脱逃的,脱逃的期间不计入刑期。"《最高人民法院、最高人民检察院、公安部、国家安全部、司法部、全国人大常委会法制工作委员会关于实施刑诉法若干问题的规定》第三十四条规定："刑事诉讼法第二百五十七条第三款规定：'不符合暂予监外执行条件的罪犯通过贿赂等非法手段被暂予监外执行条件的，在监外执行的期间不计入执行刑期。罪犯在暂予监外执行期间脱逃的，脱逃的期间不计入执行刑期。'对于人民法院决定暂予监外执行的罪犯具有上述情形的，人民法院在决定予以收监的同时，应当确定不计入刑期的期间。对于监狱管理机关或者公安机关决定暂予监外执行的罪犯具有上述情形的，罪犯被收监后，所在监狱或者看守所应当及时向所在地的中级人民法院提出不执行刑期的建议书，由人民法院审核裁定。"

从上述规定可以看出，虽然现行法律法规对保外就医期限届满未收监又重新犯罪的，如何计算余刑没有具体的规定，但基本原则是明确、一致的，即保外就医期间违反相关监管规定脱管、脱逃的，脱管、脱逃期间不计入行刑期。我们认为，这种规定有利于更好地实现保外就医制度的法律效果与社会效果。保外就医制度的本质在于彰显人道主义精神，体现刑罚执行的人性化，是对患严重疾病罪犯的一种人道主义待遇。但在司法实践中，由于监管不力、法律规定缺失等诸多原因，导致"一保到底""保而不医"等保外就医后脱管、漏管问题频繁发生，甚至出现罪犯持续数年脱管，流散社会威胁社会稳定和安全的情况，如本案中的潘光荣就是在脱管后再次实施严重暴力犯罪。因此，对于保外就医如何计入刑罚执行期间的问题，应当以更加严格和审慎的标准来认定，如果将罪犯保外就医期满后未办理延期手续、未归监的时间都计入刑罚执行期间，无异于引导和鼓励保外就医的罪犯违反规定和脱管，这显然与保外就医制度设立的初衷相背离。

——《刑事审判参考》(总第105辑)。

232 在执行附加刑剥夺政治权利期间犯新罪应如何处理

关键词 | 附加刑 | 犯新罪 | 数罪并罚 |

【最高人民法院司法解释】

一、对判处有期徒刑并处剥夺政治权利的罪犯，主刑已执行完毕，在执行附加刑剥夺政治权利期间又犯新罪，如果所犯新罪无须附加剥夺政治权利的，依照刑法第七十一条的规定数罪并罚。

二、前罪尚未执行完毕的附加刑剥夺政治权利的刑期从新罪的主刑有期徒刑执行之日起停止计算，并依照刑法第五十八条规定从新罪的主刑有期徒刑执行完毕之日或者假释之日起继续计算；附加刑剥夺政治权利的效力施用于新罪的主刑执行期间。

三、对判处有期徒刑的罪犯，主刑已执行完毕，在执行附加刑剥夺政治权利期间又犯新罪，如果所犯新罪也剥夺政治权利的，依照刑法第五十五条、第五十七条、第七十一条的规定并罚。

——《最高人民法院关于在执行附加刑剥夺政治权利期间犯新罪应如何处理的批复》(2009年6月10日，法释〔2009〕10号)。

233 附加财产刑尚未执行完毕以前再犯罪的，前罪判处的财产刑不应并罚

关键词｜刑罚的具体运用｜数罪并罚｜附加刑｜财产刑｜

【链接：理解与适用】

(二)关于附加财产刑尚未执行完毕前再犯罪的并罚问题

罪犯在主刑执行完毕后的财产刑执行完毕之前，也可能会再犯罪，所犯新罪可能不附加财产刑，也可能附加财产刑。在此情形下，是否要将前罪尚未执行完毕的财产刑与新罪判处的刑罚并罚？对此，《最高人民法院关于适用财产刑若干问题的规定》等相关司法解释没有作出规定。实践中有不同处理意见。一种意见认为，罚金、没收财产等财产刑与剥夺政治权利都是附加刑，既然《最高人民法院关于在执行附加刑剥夺政治权利期间犯新罪应如何处理的批复》已经明确规定对附加剥夺政治权利期间再犯罪的应当实行并罚，那么，对于附加财产刑执行完毕之前再犯罪的，应当参照此规定实行并罚。另一种意见认为，附加财产刑虽然同剥夺政治权利一样也是附加刑，但附加剥夺政治权利的执行有期限限制，而附加财产刑的执行没有期限限制，且附加财产刑能否执行完毕受多种因素影响，故对于在前罪所判附加财产刑没有执行完毕之前再犯罪的，不论后罪是否判处附加财产刑，均不应当实行并罚。

我们认为，后一种意见更为妥当，即不宜实行并罚。主要理由有三点：第一，附加罚金、没收财产等财产刑虽然也是附加刑，但与附加剥夺政治权利在执行方式上有很大区别。附加剥夺政治权利有明确的执行期限，即“从徒刑、拘役执行完毕之日或者从假释之日起计算”，而附加财产刑尤其是罚金刑并没有明确的执行期限，对于罪犯不能全部缴纳罚金的，人民法院在任何时候发现被执行人有可以执行的财产，应当随时追缴。据此，对于在前罪判处的附加财产刑执行完毕之前被告人又犯新罪的，如果实行并罚，则不论前罪时间多么久远，只要再次犯罪，均要进行并罚，这不切合实际。第二，附加财产刑的执行一直是人民法院执行工作中的一个难

题，对于没有多少财产的个人，附加财产刑往往沦为“空判”，不可能执行到位。即使对于有财产的，也常因其财产被转移、隐藏或未与家庭其他成员的财产分割开，而难以执行到位。也就是说，财产刑的执行比附加剥夺政治权利要复杂得多，能否执行到位，受多种因素影响，并非是通过与新罪并罚的方式能有效解决的。第三，如果对此种情形要求实行并罚，客观上会给人民法院刑事审判庭的工作带来不必要的负担。当前，流动人口犯罪所占比例很高，对于被告人曾在异地犯罪且被判处罚金刑的，如果要求实行并罚，则意味着审判新罪的法院要调查前罪所判处的附加财产刑是否已执行，这在当前人民法院尚未建立全国统一的财产刑执行查询系统的情况下，显然很难做到，会给刑事审判工作增加大量不必要的负担。即使查实前罪的财产刑未执行，与新罪所判刑罚并罚，其结果仍往往是空判，没有实际意义。有意见认为，如果对此情形不实行并罚，则当被告人因新罪被判处没收全部财产的，而前罪的罚金刑又还没有执行的，对该罚金刑是否还须继续执行？我们认为，这种情形与被告人因犯数罪同时被判处没收个人全部财产和罚金刑的情形有所不同，对后者应当按照相关司法解释的规定采取吸收原则，不再执行罚金刑，但前者因新罪判处没收个人全部财产后，不必然说明被告人没有能力缴纳罚金。如果被告人因新罪被判处死刑，且没收个人全部财产的，说明不可能再缴纳罚金，对前罪没有执行的罚金刑，可以终结执行。如果被告人因新罪被判处的主刑是死缓或者无期徒刑，且没收个人全部财产的，考虑被告人将来仍可出狱，仍有可能获得经济收入，故可待其将来有财产时再继续追缴。

——张军主编：《〈刑法修正案（八）〉条文及配套司法解释理解与适用》，人民法院出版社2011年版，第102—104页。

234 前罪符合犯罪记录封存条件，在前罪假释考验期限内又犯新罪的，应否撤销假释，依法数罪并罚

关键词｜数罪并罚｜犯罪记录封存｜假释｜

【最高人民法院参考案例】

沈超故意杀人、抢劫案（《刑事审判参考》案例第1300号）

要旨：犯罪记录封存并非犯罪记录消灭，并不排斥在封存后的刑事诉讼中对已封存的犯罪记录进行法律评价。

2012年刑事诉讼法第二百七十五条规定了未成年人的犯罪记录封存制度。《最高人民法院、最高人民检察院、公安部、国家安全部、司法部关于建立犯罪人员犯罪记录制度的意见》以及立法机关相关立法说明都明确表示，我国建立未成年人

犯罪记录封存制度是为了贯彻落实党和国家对违法犯罪未成年人的“教育、感化、挽救”方针和“教育为主、惩罚为辅”原则，消除“犯罪标签”对受过刑事处罚的未成年人在入伍、就业方面的影响，最终目的是帮助失足青少年回归社会。该制度的本质是“封存”而非“消灭”，因此，不能将“犯罪记录封存”等同于“犯罪记录消灭”，并进而禁止在此后的刑事诉讼中对犯罪记录进行法律评价。司法机关为办案需要可以使用已封存之犯罪记录也是实践中通行的做法。

——《刑事审判参考》(总第120辑)。

五、缓刑

235 在缓刑上诉期内又犯新罪的，应当参照适用刑法第七十七条，撤销缓刑，并实行数罪并罚

关键词 | 缓刑 | 数罪并罚 |

【最高人民法院参考案例】

包武伟危险驾驶案(《刑事审判参考》案例第 1073 号)

要旨:行为人在缓刑判决宣告后至生效前又犯新罪,不再符合缓刑的实质条件,应撤销缓刑后数罪并罚。

缓刑适用的实质条件是缓刑适用的标准,是指据以判断对行为人不实际执行刑罚也不至于再危害社会或再犯罪的条件。我国刑法第七十二条第一款规定:“对于被判处拘役、三年以下有期徒刑的犯罪分子,同时符合下列条件的,可以宣告缓刑,对其中不满十八周岁的人、怀孕的妇女和已满七十五周岁的人,应当宣告缓刑:(一)犯罪情节较轻;(二)有悔罪表现;(三)没有再犯罪的危险;(四)宣告缓刑对所居住社区没有重大不良影响。”据此,是否可以适用缓刑的关键是看行为人是否具有社会危害性。

犯罪分子的悔罪表现是考量其行为社会危险性的主要因素之一,决定缓刑适用与否。司法实践中,悔罪表现的判断不仅要看行为人对于其所犯罪行有无痛心与追悔,更要看其有无改过自新的意愿与行动,如主动采取减少、弥补或者挽回其犯罪行为所造成的危害结果的措施,在内心深处深刻认识到所犯罪行的性质和危害,真诚的自我谴责、反省等。

行为人没有再犯罪的危险是宣告缓刑所期待的重要目标宗旨。判定“没有再犯罪的危险”所解决的问题实质是再犯预测问题,即行为人没有再犯罪的动机或可能性。再犯预测不能主观臆断,应当依据客观事实进行综合论证,即应当综合案件的各种情况和行为人的主客观因素,作一个整体性的观察与评价。行为人在原审判决尚未生效时又犯危险驾驶罪,说明其并未从前罪的刑罚中汲取教训,对法律心存藐视,不符合适用缓刑的条件。缓刑作为一种刑罚执行方式,当然具有刑罚的威慑和教育功能。缓刑虽然是“附条件地不执行原判刑罚”,但是行为人已经被实际追诉和被宣告了刑罚,被宣告的刑罚是否能够免除执行并不能当即最终确定。缓

刑的适用如同给行为人带上一个“紧箍咒”，促使其自我约束和良好改造，避免收监执行成为现实。然而本案行为人在缓刑判决尚未生效时又犯新罪，足以说明初判缓刑已失去威慑和教育功能，应予以撤销以资补救。

刑法第七十七条是撤销缓刑判决的唯一法律依据。该条规定了撤销缓刑的两个要件：一是时间要件，即缓刑考验期内或者判决宣告之前；二是事实要件，即新罪、漏罪或者有情节严重但尚不构成犯罪的违法行为。对于缓刑判决宣告后生效前又犯新罪的，适用哪条法律规定，在刑法上找不到直接依据。因为案件的情况虽然符合第七十七条规定的事实要件，但与时间要件并不吻合。我们认为，应当参照第七十七条的规定作出撤销缓刑的判决。理由主要是：本案情形符合撤销缓刑的实质要件。事实要件和时间要件相比较，事实要件是实质要件，是撤销缓刑的根本理由。如果没有事实要件，那么，撤销缓刑就没有了事实根据。而时间要件的意义在于，它只是事实要件必要的补充要件，即事实要件必须发生在时间要件的范围内。立法者在精心设计法条时所考虑的是，在缓刑判决还没宣告时还有其他罪没有判决的，就不具备适用缓刑的实质条件；在缓刑考验期限内犯新罪的，则说明缓刑已经失去威慑和教育功能。因此，出现上述情况的，都应当撤销缓刑。但是，由于法律条文永远涵括不了现实，立法者所未能预料的是，在缓刑判决宣告后至确定前（即本案所指的未生效缓刑判决上诉期内的情况），缓刑考验期限还未开始计算。这是第七十七条规定的时间要件上的一个漏洞，而现实中恰恰就有被告人在这个时间段内实施新的犯罪行为。既然如前所述不能通过再审程序撤销缓刑判决，而撤销缓刑判决却是符合第七十七条的本质精神的，那么，虽然第七十七条规定的时间要件没有明确包括本案的情况，缓刑判决仍然应当撤销。在这种情形下，只有参照适用第七十七条是比较科学的。需要明确的是，参照适用完全不同于传统刑法中的类推。类推指的是法条没有明文规定为犯罪，但行为具有社会危害性，因而比照最相类似的刑法条文确定行为构成犯罪。而参照适用第七十七条指的是，缓刑判决必须撤销，但又找不到撤销的直接条文依据。其前提是行为人的几个行为均构成犯罪且均需要判处刑罚。因此，适用第七十七条撤销缓刑，符合适用法律的正当性原则。

——《刑事审判参考》（总第103辑）。

236 作为情节加重犯适用条件的“情节严重”与缓刑适用条件中的“犯罪情节较轻”在适用时并不矛盾

关键词｜缓刑｜犯罪情节较轻｜情节加重犯｜

【最高人民法院参考案例】

谭永民非法持有枪支案(《刑事审判参考》案例第1003号)

要旨:认定缓刑适用条件中的“犯罪情节较轻”与作为情节加重犯的“情节严重”,在评价目的、参照标准和评价内容等方面有所不同。

刑法修正案(八)对缓刑适用条件进行了如下修改:“对于被判处拘役、三年以下有期徒刑的犯罪分子,同时符合下列条件的,可以宣告缓刑:(一)犯罪情节较轻;(二)有悔罪表现;(三)没有再犯罪的危险;(四)宣告缓刑对所居住社区没有重大不良影响。”因此,刑法修正案(八)施行后,“犯罪情节较轻”是适用缓刑的一个必要条件。作为情节加重犯适用条件的“情节严重”是否与缓刑适用条件中的“犯罪情节较轻”在适用时相矛盾,实践中存在不同认识。

我们认为,认定缓刑适用条件中的“犯罪情节较轻”与作为情节加重犯的“情节严重”,在评价目的、参照标准和评价内容等方面有所不同:

1. 二者评价目的和参照标准不同。情节加重犯中的“情节严重”是与该罪的基本构成相比较而言的,即以某个犯罪的基本构成特征作为参照,以此来认定某个犯罪行为在具备该罪基本构成特征的基础上,是否还具有更加严重的情节,从而决定对被告人是否适用加重法定刑,本质上属于量刑层面的问题,一般情况下,与刑罚的执行方式(即应判处实刑还是缓刑)关联不大。

而作为缓刑适用条件的“犯罪情节较轻”,是一种能够综合反映犯罪分子所犯罪行的社会危害程度和主观恶性大小,并影响到刑罚执行方式的条件,是在确定行为人已构成犯罪并应判处刑罚和确定具体刑种、刑度基础上,对选择刑罚执行方式的评价,因此,有别于刑法分则规定的加重量刑情节。

为了避免对犯罪情节重复评价,即在量刑时已经考量犯罪情节的轻重,在决定刑罚执行方式时又二次评价上述量刑情节是否符合缓刑适用条件的“犯罪情节较轻”,我们认为,宜将缓刑适用条件的“犯罪情节较轻”界定为立法的特别提示性规定。因为,“判处拘役、三年以下有期徒刑”是刑法总则第七十二条明确规定的缓刑适用的前置性要件,也可称为刑种、刑度要件,但符合这一要件的犯罪分子显然很多,并不是判处该刑罚的犯罪分子都可以适用缓刑,故第七十二条同时列举了四项条件以明确缓刑的适用范围,其中第(一)项条件即“犯罪情节较轻”。换言之,此处的“犯罪情节较轻”意在限制缓刑的适用,将一些虽然判处拘役、三年以下有期徒刑,但经整体评价社会危害性大、主观恶性深的罪犯排除在适用缓刑之外。

2. 二者评价内容不同。根据罪刑法定原则,作为情节加重犯的加重情节,应当由刑法或者司法解释明确规定,没有规定的,应当结合其他刑法渊源,根据案件具体情况,从贯彻罪责刑相适应的角度在个案中综合分析、慎重把握。从我国刑法分则来看,明确加重处罚情节的刑法条款大多采取逐项列举式规定。如刑法第二百三十六条对"二人以上轮奸""在公共场所当众强奸妇女"等加重情节的规定;又如刑法第二百六十三条对"入户抢劫""在公共交通工具上抢劫""持枪抢劫"等情节的规定。司法解释对加重处罚情节的明确也大多采取列举式规定。如《枪支弹药解释》第五条第二款对刑法第一百二十八条第一款规定的"情节严重"列举了五种情节,包括:(1)非法持有、私藏军用枪支二支以上的;(2)非法持有、私藏以火药为动力发射枪弹的非军用枪支二支以上或者以压缩气体等为动力的其他非军用枪支五支以上的;(3)非法持有、私藏军用子弹一百发以上,气枪铅弹五千发以上或者其他非军用子弹一千发以上的;(4)非法持有、私藏手榴弹三枚以上的;(5)达到本条第一款规定的最低数量标准,并具有造成严重后果等其他恶劣情节的。上述条款侧重从枪支弹药性能、数量或者严重后果等犯罪客观方面,对非法持有枪支犯罪是否应当加重处罚逐一作出规定,这符合非法持有枪支罪主要是以非法持有状态体现其对公共安全潜在危害程度的本质特征。

评价犯罪分子是否符合缓刑适用条件的"犯罪情节较轻",要综合评价犯罪分子的主观和客观方面,既要考虑刑法分则或者司法解释规定的量刑情节,又要在评价犯罪行为本身情节轻重的基础上,考察个案中是否还存在支撑对其选择较为轻缓的刑罚执行方式的特殊事实依据和理由。具体要从犯罪构成的四个方面进行把握:

(1)关于犯罪主体方面,即犯罪人的身体、精神状况及身份职业情况,是否系未成年人,是否精神健全,是否具有特殊身份等。通常情况下,未成年犯、老年犯及患有间歇性精神病的犯罪人,在罪行本身并不严重的情况下,可以考虑认定为犯罪情节较轻。而某些犯罪如果由特殊身份的人实施就具有较大的社会危害性,如利用教师身份实施猥亵儿童犯罪,即使只判处了拘役,也不宜认定为犯罪情节较轻。

(2)关于犯罪主观方面,包括主观罪过(故意或过失)、犯罪动机等。过失犯罪的行为人主观恶性相对较小,相对于故意犯罪可优先考虑认定为犯罪情节较轻。对出于义愤、正当防卫或者因为紧急避险以及满足基本生活需求、抚养小孩、赡养老人等动机实施的犯罪,可以考虑认定为犯罪情节较轻,而对于一些动机卑劣的犯罪则不宜认定为犯罪情节较轻。

(3)关于犯罪客观方面,包括危害行为、危害结果及犯罪对象等方面。对于未造成严重后果、被害人身心受伤害较小或者取得被害人谅解的犯罪可以考虑认定为犯罪情节较轻。而对于犯罪手段残忍、被害人身心受到严重伤害、对老人、儿童等弱势群体实施的犯罪,则不宜认定为犯罪情节较轻。若犯罪后果未发生,或者已发生但在事后得到完全或者大部分弥补的,也可以认定为犯罪较轻,如预备犯、中止犯等。

（4）关于犯罪客体方面，刑法所要保护的法益越重要，对认定是否属于犯罪情节较轻，越要从严把握。例如，抢劫本身属于严重犯罪，具有持枪抢劫、入户抢劫等加重处罚情节的，即使同时具备其他从轻、减轻情节，整体上通常也不宜评价为犯罪情节较轻。相反，如果基本犯侵犯的法益不那么严重，那么，即使具备加重情节，在综合考量其他从轻情节、因素的情况下，也有可能评价为犯罪情节较轻。

值得注意的是，在判断被告人是否具备缓刑适用条件中的“犯罪情节较轻”时，对上述几个方面的因素不能孤立来看，也不能脱离社会一般公众的标准进行评价，这一点有别于量刑时对情节轻重的判断。对量刑情节的判断，要严格限定在法律和个案事实的框架内，而是否选择缓刑的刑罚执行方式，还要考虑一般公众的认知和刑事政策。如就具体的贪污受贿犯罪而言，情形、情节千差万别，既存在情节特别严重的个案，也存在情节较轻的个案，在量刑时需要区别对待。但即使从量刑意义上属情节较轻的贪污受贿犯罪，从社会公众和刑事政策的角度考量，认定“犯罪情节较轻”需要从严掌握。再如，对于成年人实施奸淫、猥亵幼女犯罪的，根据2013年《最高人民法院、最高人民检察院、公安部、司法部关于依法惩治性侵害未成年人犯罪的意见》的规定，一般不适用缓刑，这是刑事政策的特殊考量，并不是说所有此类犯罪从量刑意义上都很严重并都应当判处三年以上有期徒刑，但显然，一般不能将其界定为符合缓刑条件的“犯罪情节较轻”。

通过上述比较可以看出，认定缓刑适用条件的“犯罪情节较轻”所考虑的因素通常比认定情节加重犯所考虑的因素更为广泛，不能认为情节加重犯就必然是一种具有严重社会危害性的犯罪行为，就必然不符合缓刑适用条件。特别是在非法持有枪支犯罪中，认定非法持有枪支犯罪是否“情节严重”，对照司法解释的列举式规定，标准十分清晰，对于应当判处实刑的案件来说，如何量刑不存在争议。但如果要判断对行为人应当判处实刑还是缓刑，只考虑司法解释列举的枪支性能和数量这些客观情节，显然会失之片面。行为人基于何种原因持有枪支，持有枪支时间长短，枪支流入社会或者被用于非法目的的可能性大小，以及是否具有未成年人、老年人、累犯等特殊身份等，均不同程度上影响到对该非法持有枪支犯罪行为社会危害性的判断。因此，虽然通常来说，具备加重情节的非法持有枪支犯罪，相对于只符合基本构成要件的犯罪，对公共安全的潜在危害更加严重，在是否适用缓刑时要更加慎重把握，但不排除在一些特殊个案中，存在着其他可以被考虑为“犯罪情节较轻”的因素。如果经综合权衡，对被告人宣告缓刑要比判处实刑，更有利于实现刑罚的目的和取得更好的法律、社会效果，也可以认定被告人符合刑法第七十二条第一款规定的缓刑适用条件。这样处理，对一些确实存在特殊情况的个案，可以避免出现如果严格依照司法解释列举的加重处罚情节对被告人升格法定刑，可能导致刑罚过于严苛而偏离罪责程度的极端情形发生。

——《刑事审判参考》(总第99辑)。

237 被告人在缓刑考验期内与行贿人达成贿赂合意，在缓刑执行期满后收取财物的，能否认定“在缓刑考验期内犯新罪”

关键词｜缓刑考验期｜犯新罪｜

【最高人民法院参考案例】

尹乐、李文颐非国家工作人员受贿案(《刑事审判参考》案例第1266号)

要旨:在司法实践中应注意区分受贿罪和非国家工作人员受贿罪的犯罪构成要件与犯罪事实组成要素的不同性质,不应将两者混为一谈。

犯罪构成要件一般指的是认定构成犯罪的基本要件,一般包括适格的主体、犯意、实施行为以及是否有阻却事由等,犯罪要件齐备后就应认定构成犯罪,而在构成犯罪的前提下,一些犯罪行为的事实构成要素一般仅影响判断是否属于犯罪特殊形态及对行为人的刑罚裁量,如是否属于犯罪未遂、犯罪中止,是否有从轻、减轻情节等,并不影响对其犯罪成立与否的认定。例如,甲利用职务便利为他人谋取了利益并商定了受贿金额,在未收到贿赂款时即被举报并案发,甲构成受贿罪的时间应为其与行贿人达成贿赂合意并利用职务便利为行贿人谋取利益的时间,尚未收到财物仅评价为未遂,但并不影响甲在该时间点构成受贿罪。

具体到本案,被告人尹乐与行贿人商谈并就收受贿赂的金额达成合意的时间是在其缓刑考验期内,其为行贿人利用职务便利谋取利益的行为时间也是在缓刑考验期内,虽然其收受贿赂款的时间是在其缓刑考验期满后,但其犯罪的成立时间点仍应认定是在缓刑考验期内,其事后收受索贿款的行为仅为贯彻其事先与行贿人达成的收买职务行为的合意,其为行贿人谋取利益的行为已经现实性地对职务廉洁性造成了侵害,故其行为已构成非国家工作人员受贿罪。在这里,被告人收受贿赂款的行为并非衡量其行为是否构罪的要件,而是犯罪构成的事实要素之一,仅对评价其行为既遂未遂有意义。故本案一审、二审认定被告人尹乐在缓刑考验期内犯罪,并据此撤销缓刑数罪并罚的处理是正确的。

——《刑事审判参考》(总第114辑)。

238 后罪的预备行为发生在前罪的缓刑考验期内、实行行为发生在缓刑考验期满后，应否撤销缓刑将前后罪并罚

关键词 | 缓刑 | 缓刑考验期 |

【最高人民法院参考案例】

董军立故意毁坏财物案(《刑事审判参考》案例第 1424 号)

要旨:行为人所犯新罪的实行行为虽然发生在其前罪缓刑考验期满后,但犯罪预备行为发生在前罪缓刑考验期限内。应当将犯罪预备行为与实行行为作为一个完整的犯罪过程来理解,而不能只考察犯罪实行行为的时间。

(二)应当将犯罪预备行为与实行行为作为一个完整的犯罪过程来考察

根据刑法第七十七条的规定,被宣告缓刑的犯罪分子,在缓刑考验期限内犯新罪的,应当撤销缓刑,对新犯的罪作出判决,把前罪与后罪所判处的刑罚,依照刑法第六十九条的规定,决定执行的刑罚。因此,判断被告人董军立故意毁坏财物犯罪是否属于在缓刑考验期限内实施,直接决定了其前罪所判处的缓刑是否应当撤销。

前述第一种观点的缺陷就在于将一个完整犯罪过程的预备行为与实行行为割裂开来,将犯罪事实发生的时间孤立地定格在实行行为发生的时间上。我们认为,对犯罪预备行为与实行行为应当作为一个完整的犯罪过程来考察。阐述这一问题,首先要弄清犯罪形态与犯罪阶段的关系。故意犯罪既存在形态,也存在阶段。其一,故意犯罪行为是一个过程,由相互连接的预备阶段与实行阶段组成。预备阶段与实行阶段密切相连,前者是为后者做准备的阶段,后者是前者的发展。处在预备阶段的行为是预备行为,处在实行阶段的行为是实行行为。其二,犯罪形态与犯罪阶段相互依存、相互制约。在预备阶段只能出现犯罪预备与中止形态,在实行阶段只能出现犯罪未遂、中止与既遂形态。其三,犯罪形态与犯罪阶段又相互区别。前者是静止的行为状态,后者是动态的发展过程;前者没有先后连续性,后者具有连续性;一个故意犯罪行为不可能出现几种犯罪形态,但可能经过几个阶段。

本案中,虽然被告人孙林泼洒漆料的行为发生在被告人董军立前罪缓刑考验期满后,但其预备行为发生在前罪缓刑考验期限内。而两人故意毁坏财物犯罪的完整过程则由犯意的形成、犯罪预谋阶段、犯罪实行阶段所构成。一般情况下,仅有犯意的形成,是不受刑事处罚的。而犯罪预备阶段,即使行为人仅仅实施了犯罪预备行为,之后再未继续实施犯罪,根据刑法第二十二条的规定,也是可能受到刑事处罚的。如果之后继续实施实行行为,则其预备行为被实行行为所吸收,法律将按照其实行行为进行处罚。按照实行行为处罚并不是说预备阶段的预备行为不受处罚。在量刑时,其预备行为的性质、程度、所体现的犯罪人主观恶性,均是应予以考虑的。因此,不能无视犯罪预备行为,而仅仅依据犯罪实行行为的时间来认定董

军立、孙林故意毁坏财物的犯罪实施时间。可以说,两人故意毁坏财物的犯罪时间不是一个时间点,而是一个时间段。综上,二被告人在董军立前罪缓刑考验期限内实施犯罪预备行为,在缓刑考验期满后实施犯罪实行行为,应当认定为犯罪行为在董军立前罪缓刑考验期限内就开始实施。

同时,被告人董军立、孙林系共同犯罪。董军立首先提出犯意,并指使孙林实施实行行为,且提供被害人代大升的相关信息;孙林也积极出谋划策,提出用其工地上的漆料作为作案工具,并具体实施泼洒漆料的实行行为。两人都是共同犯罪的主犯。董军立应当对孙林的实行行为承担刑事责任。

(三)如果行为人在缓刑考验期限内只实施了犯罪预备行为而没有后续的实行行为,是否撤销前罪缓刑应当具体分析

刑法第二十二条第二款规定,对于预备犯,可以比照既遂犯从轻、减轻处罚或者免除处罚。亦即我国刑法总则规定原则上处罚犯罪预备,但事实上,对犯罪预备的处罚具有例外性。也就是说,许多犯罪预备行为没有达到值得科处刑罚的程度。但刑法分则对于哪些犯罪应当处罚犯罪预备没有明文规定。所以,必须对具体故意犯罪预备行为的可罚性进行考察。我们认为,通常包括以下三种情况:(1)罪质严重的预备行为可以对犯罪预备进行处罚,如故意杀人的预备行为等;(2)罪质一般的预备行为,只有情节严重时,才以犯罪预备论处;(3)罪质轻微的预备行为,一般不轻易以犯罪预备论处。一般来说,罪质的轻重取决于保护法益的重要程度。

在司法实践中,处罚犯罪预备是例外。这是因为:其一,预备行为并不具备犯罪构成的完整要件,行为的社会危害性极其有限,行为人的人身危险性也不明显。其二,犯罪预备行为不能直接对法益造成侵害结果与具体危险状态,因而对法益的威胁并不紧迫,在通常情况下没有值得科处刑罚的实质违法性。其三,犯罪预备行为的外部形态往往是日常生活行为(如行为人购买菜刀准备用于抢劫),如果大量处罚犯罪预备行为,就必然导致原本不是犯罪预备的日常生活行为也受到怀疑,极可能使一些外部形态类似于准备工具的日常生活行为受到刑罚制裁。其四,在犯罪预备阶段,行为人可能随时放弃犯意,如果广泛地处罚预备行为,反而可能促使行为人着手实行犯罪。基于以上理由,对犯罪预备的成立范围必须进行严格限制,即只能将实质上值得刑事处罚的犯罪预备行为作为犯罪处罚。

综上,如果行为人在缓刑考验期限内只是实施了犯罪预备行为,而没有后续的实行行为,可能不需以犯罪处理。如果对其犯罪预备不以犯罪处理,除非行为人符合刑法第七十七条第二款规定的撤销缓刑的情形,否则不能轻易撤销缓刑。但当行为人实施了后续的实行行为,即使实行行为发生在缓刑考验期满之后,或者行为人的预备行为本身有必要进行刑事处罚时,则应当撤销前罪所判处的缓刑,与新罪的犯罪预备所判处的刑罚实行并罚。故本案中法院撤销被告人董军立前罪的缓

刑,与后罪进行并罚,是正确的。

——《刑事审判参考》(总第128辑)。

239 在缓刑考验期间犯新罪，但在新罪判决前缓刑已被撤销，如何适用刑法条款数罪并罚

关键词 | 缓刑 | 缓刑已被撤销 |

【最高人民法院参考案例】

董元寻衅滋事案(《刑事审判参考》案例第1460号)

要旨:在缓刑考验期间犯新罪,但在新罪判决前缓刑已被撤销的,新罪判决仍应援引刑法第七十七条。

被告人董元在缓刑考验期间犯新罪,本质上属于刑法第七十七条调整的范围,缓刑考验期间不存在刑罚执行的问题,通过缓刑考验期的法律后果是原判的刑罚就不再执行,并公开予以宣告,本案的特殊性在于,在新罪判决前,前罪判处缓刑部分已经司法行政机关建议予以撤销,但这并未超出刑法第七十七条的调整范围,故本案仍应适用刑法第七十七条的规定予以数罪并罚。

——《刑事审判参考》(总第130辑)。

240 撤销缓刑案件中的刑期计算问题

关键词 | 撤销缓刑 | 刑期折抵 |

【最高人民法院司法解释】

最近,有的法院反映,关于在撤销缓刑时罪犯在宣告缓刑前羁押的时间能否折抵刑期的问题不明确。经研究,批复如下:

根据刑法第七十七条的规定,对被宣告缓刑的犯罪分子撤销缓刑执行原判刑罚的,对其在宣告缓刑前羁押的时间应当折抵刑期。

——《最高人民法院关于撤销缓刑时罪犯在宣告缓刑前羁押的时间能否折抵刑期问题的批复》(2002年4月18日,法释〔2002〕11号)。

【最高人民法院参考案例】

代海业盗窃案(《刑事审判参考》案例第648号)

要旨:对被告人前罪先行羁押的时间予以折抵,应当在数罪并罚执行的刑罚决定后进行。

缓刑考验期内犯新罪如何数罪并罚?

第一,"缓刑考验期内"与刑法第七十一条规定的"刑罚执行完毕以前"属于两个不同层面的问题。"刑罚执行完毕以前"是相对于刑罚已经开始执行而言的,而缓刑是附条件的不执行,在缓刑考验期间原判刑罚是否执行尚处于不确定状态,故无从谈起刑罚是否已经执行完毕。此外,刑法第七十三条第三款规定"缓刑考验期限,从判决确定之日起计算",这一规定未曾涉及任何先行羁押的时间折抵缓刑考验期的问题。因此,在缓刑考验期限内犯新罪与在判决宣告以后刑罚执行完毕以前犯新罪属于不同情形,两者不可混为一谈。在缓刑考验期限内犯新罪或者发现漏罪实行数罪并罚的,均不适用刑法第七十条或第七十一条有关数罪并罚的规定,而应适用刑法第七十七条的规定。

第二,缓刑的实质是暂缓刑罚的执行,如果犯罪分子在缓刑考验期内未发生撤销缓刑的法定情形,原判刑罚将不再执行,因此,在缓刑考验期间根本不存在刑罚执行问题。对宣告缓刑的罪犯来说,其"前罪没有执行的刑罚"就是其判决宣告的刑罚,而不应当将先行羁押的时间混同于已经执行的刑罚予以扣除。

第三,对被告人前罪先行羁押的时间予以折抵,应当在数罪并罚执行的刑罚决定后进行。《最高人民法院关于撤销缓刑时罪犯在宣告缓刑前羁押的时间能否折抵刑期问题的批复》(以下简称《批复》)规定:"根据刑法第七十七条的规定,对被宣告缓刑的犯罪分子撤销缓刑执行原判刑罚的,对其在宣告缓刑前羁押的时间应当折抵刑期。"虽然该《批复》针对的是"执行原判刑罚"的情形,但其司法精神对数罪并罚酌情形仍可适用。判决执行以前先行羁押时间折抵刑期的目的是确保被告人的合法权益,同时也便于计算有期徒刑的刑期和起止时间,属于判决执行的范畴,与理论上对刑法第七十条、第七十一条概括的数罪并罚原则"先减后并"或"先并后减"中的"减"根本不同,后者目的在于决定数罪执行的刑罚,至于实际执行的期限,则属于刑罚确定后执行有期徒刑的计算问题,包括先行羁押时间的折抵问题。缓刑犯在缓刑期间犯新罪,表明其主观恶性较大,在处理上应当体现从重处罚原则。但刑法第七十七条规定的是撤销缓刑,"把前罪和后罪所判处的刑罚,依照本法第六十九条的规定,决定执行的刑罚",可见,立法对缓刑犯又犯新罪的从重处罚主要体现在对其缓刑的撤销,而不在于实际执行刑期方面。

——《刑事审判参考》(总第76辑)。

王园被撤销缓刑案(《刑事审判参考》案例第238号)

要旨：根据刑法第七十七条的规定，被宣告缓刑的犯罪分子，在缓刑考验期限内犯新罪、发现判决宣告以前还有其他罪没有判决的和违反法律、行政法规或者国务院公安部门有关缓刑的监督管理规定，情节严重的，应当撤销缓刑，执行原判刑罚。

刑法第七十七条第二款规定，被宣告缓刑的犯罪分子在缓刑考验期内因违反法律、行政法规或者国务院公安部门有关缓刑监督管理规定，情节严重被依法撤销缓刑的，应当收监执行原判刑罚。由于原判是缓刑而非实刑，原判宣告之前被宣告缓刑的犯罪分子有可能已被先行羁押，同时被宣告缓刑的犯罪分子在缓刑考验期内因违反法律、行政法规或者国务院公安部门有关缓刑监督管理规定，情节严重在被依法撤销缓刑前也有可能被先行行政或刑事拘留，或者因涉嫌再犯新罪或者发现漏罪被先行羁押。那么，先行羁押的期间应当如何从撤销缓刑后实际执行的刑期中予以折抵扣除呢？我们认为，具体折抵扣除办法应当是：

1. 被宣告缓刑的犯罪分子在缓刑考验期内因再犯新罪或者发现漏罪依法被撤销缓刑的，首先应按照刑法第七十七条第一款的规定，对新罪作出判决，再依照刑法第六十九条确定应当实际执行的刑期。然后再将因前罪被先行羁押的时间和因新罪被先行羁押的时间一并从最后宣告的刑罚中予以折抵扣除。

2. 被宣告缓刑的犯罪分子在缓刑考验期内因违反法律、行政法规或者国务院公安部门有关缓刑监督管理规定，情节严重被依法撤销缓刑的，一般只应将因前罪被先行羁押的时间从撤销缓刑执行原判刑期中予以折抵扣除。缓刑犯在缓刑考验期内因违反法律、行政法规或者国务院公安部门有关缓刑监督管理规定，情节严重而被依法采取行政强制措施或行政处罚而羁押的时间，由于针对的是另一个行为，因此，不能从撤销缓刑后实际执行的刑期中予以折抵。

——《刑事审判参考》(总第32辑)。

241 严格掌握职务犯罪案件缓刑的适用

关键词 | 缓刑 | 职务犯罪 |

【最高人民法院司法文件】

一、严格掌握职务犯罪案件缓刑、免予刑事处罚的适用。职务犯罪案件的刑罚适用直接关系反腐败工作的实际效果。人民法院、人民检察院要深刻认识职务犯罪的严重社会危害性，正确贯彻宽严相济刑事政策，充分发挥刑罚的惩治和预防功能。要在全面把握犯罪事实和量刑情节的基础上严格依照刑法规定的条件适用缓刑、免予刑事处罚，既要考虑从宽情节，又要考虑从严情节；既要做到刑罚与犯罪相当，又要做到刑罚执行方式与犯罪相当，切实避免缓刑、免予刑事处罚不当适用造成的消极影响。

二、具有下列情形之一的职务犯罪分子，一般不适用缓刑或者免予刑事处罚：

（一）不如实供述罪行的；

（二）不予退缴赃款赃物或者将赃款赃物用于非法活动的；

（三）属于共同犯罪中情节严重的主犯的；

（四）犯有数个职务犯罪依法实行并罚或者以一罪处理的；

（五）曾因职务违纪违法行为受过行政处分的；

（六）犯罪涉及的财物属于救灾、抢险、防汛、优抚、扶贫、移民、救济、防疫等特定款物的；

（七）受贿犯罪中具有索贿情节的；

（八）渎职犯罪中徇私舞弊情节或者滥用职权情节恶劣的；

（九）其他不应适用缓刑、免予刑事处罚的情形。

——《最高人民法院、最高人民检察院关于办理职务犯罪案件严格适用缓刑、免予刑事处罚若干问题的意见》（2012年8月8日，法发〔2012〕17号）。

【最高人民法院参考案例】

吴江、李晓光挪用公款案（《刑事审判参考》案例第709号）

要旨：对职务犯罪案件中具有自首和重大立功情节的被告人，法院应当在全面考察其各项量刑情节和被告人的人身危险性的基础上，依法决定适当的宣告刑。

基于自首且重大立功情节反映出被告人主观恶性较小、人身危险性显著降低的考虑，刑法典将自首且重大立功设置为必减型量刑情节，即应当减轻或者免除处罚，审判机关在量刑时必须在法定刑以下判处刑罚或者免除刑罚，没有自由裁量的余地。新近公布的刑法修正案（八）删除了该必减型情节，但由于刑法典对自首情节和重大立功情节已分别作出规定，取消该量刑情节并不意味着今后对具备自首和重大立功情节的被告人不再从宽处罚，而是法律赋予审判机关更大的自由裁量权，以实现具体刑事案件中的罪刑均衡。在刑事司法实践中，法院对具有自首且重大立功的被告人大多进行减轻处罚的处理方式，但法院在减轻处罚时对减轻幅度多采取较为严格的限制，一般均以减轻一个刑罚等级为基本限度。而针对职务犯罪案件，《最高人民法院关于贯彻宽严相济刑事政策的若干意见》第八条明确要求，要严格掌握职务犯罪法定减轻处罚情节的认定标准和减轻处罚的幅度，严格控制依法减轻处罚后判处三年以下有期徒刑适用缓刑的范围，切实规范职务犯罪缓刑、免予刑事处罚的适用。

虽然职务犯罪的缓刑适用标准要比其他犯罪更为严格，但并不是说对职务犯罪被告人一律不适用缓刑，而是对缓刑本着严格控制的要求进行适用。本案中，李晓光在审判期间被确认为正在怀孕，法院认为从司法人性化出发，同时也注意充分保护妇女和儿童的合法权益，因此，在考察李晓光的身体情况并确认对其适用缓刑不致再危害社会后，决定对李晓光适用缓刑。刑法修正案（八）明确将怀孕的妇女作为重点适用缓刑的对象之一，本案虽然在刑法修正案（八）公布之前判决，但其对李晓光适用缓刑符合最新的立法精神，体现了宽严相济的刑事政策要求。

——《刑事审判参考》（总第80辑）。

242 严格掌握行贿犯罪中缓刑、免予刑事处罚的适用

关键词｜缓刑｜行贿罪｜

【最高人民法院司法解释】

第十条 实施行贿犯罪，具有下列情形之一的，一般不适用缓刑和免予刑事处罚：

（一）向三人以上行贿的；

（二）因行贿受过行政处罚或者刑事处罚的；

（三）为实施违法犯罪活动而行贿的；

（四）造成严重危害后果的；

（五）其他不适用缓刑和免予刑事处罚的情形。

具有刑法第三百九十条第二款规定的情形的，不受前款规定的限制。

——《最高人民法院、最高人民检察院关于办理行贿刑事案件具体应用法律若干问题的意见》（2013年1月1日，法释〔2012〕22号）。

243 对判处管制或者宣告缓刑的未成年被告人，可以根据其犯罪的具体情况以及禁止事项与所犯罪行的关联程度，对其适用“禁止令”

关键词｜未成年人犯罪｜管制｜宣告缓刑｜禁止令｜

【最高人民法院指导性案例】

董某某、宋某某抢劫案（最高人民法院指导案例14号）

裁判要点：对判处管制或者宣告缓刑的未成年被告人，可以根据其犯罪的具体

情况以及禁止事项与所犯罪行的关联程度，对其适用“禁止令”。对于未成年人因上网诱发犯罪的，可以禁止其在一定期限内进入网吧等特定场所。

法院生效裁判认为：被告人董某某、宋某某以非法占有为目的，以暴力威胁方法劫取他人财物，其行为均已构成抢劫罪。鉴于董某某、宋某某系持刀抢劫；犯罪时不满十八周岁，且均为初犯，到案后认罪悔罪态度较好，宋某某还是在校学生，符合缓刑条件，决定分别判处二被告人有期徒刑二年六个月，缓刑三年。考虑到被告人主要是因上网吧需要网费而诱发了抢劫犯罪；二被告人长期迷恋网络游戏，网吧等场所与其犯罪有密切联系；如果将被告人与引发其犯罪的场所相隔离，有利于家长和社区在缓刑期间对其进行有效管教，预防再次犯罪；被告人犯罪时不满十八周岁，平时自我控制能力较差，对其适用禁止令的期限确定为与缓刑考验期相同的三年，有利于其改过自新，因此，依法判决禁止二被告人在缓刑考验期内进入网吧等特定场所。

——《最高人民法院关于发布第四批指导性案例的通知》(2013 年 1 月 31 日，法〔2013〕24 号)。

【链接：理解与参照】

(一)禁止令的性质

刑法修正案(八)公布后，刑法学界和司法实务部门围绕修正案规定的禁止令的性质进行了研讨。有的观点提出，修正案有关可以对判处管制、宣告缓刑的罪犯宣告禁止“从事特定活动”的规定，包含了剥夺罪犯某种资格的内容，特别是《规定》[①]第三条对有关“从事特定活动”的界定，更进一步明确了可以通过实施禁止令，在禁止令执行期间剥夺罪犯从事若干具体民事活动的权利和资格，因此，禁止令是对现行刑法规定的资格刑的进一步拓展和补充，在此基础上未来有可能增设新的资格刑种类。还有观点提出，“禁止令是刑法意义上的保安处分”，是我国将保安处分纳入刑法典的开端。“两高”“两部”有关负责人在《规定》答记者问中则明确指出，“禁止令不是一种新的刑罚，而是对管制犯、缓刑犯具体执行监管措施的革新”。我们认为，审判实践中对禁止令性质的把握应当以“两高”“两部”解读的立场和观点为准。关于禁止令的性质，审判中应注意两方面问题：一是禁止令既然不是一种新的刑罚，那么决定对罪犯适用禁止令，除了要考虑其罪行因素外，应当以其人身危险性和在社区矫正过程中再犯罪的可能性等因素作为重点考量依据。二是如果罪犯不服法院作出的禁止令决定，是否允许其就禁止令上诉？或者说对禁止令的实施有没有司法救济的途径？这是与禁止令性质问题密切相关的另一个

---

① 即《最高人民法院、最高人民检察院、公安部、司法部关于对判处管制、宣告缓刑的犯罪分子适用禁止令有关问题的规定(试行)》(法发〔2011〕9 号)。

问题。当下学界相当一部分学者认为，此次新增加的禁止令实际上是保安处分司法化的情形。因此，罪犯可以就法官作出的禁止令提起上诉。而根据“两高”“两部”的解读，禁止令只是一种监管措施的创新，并未就禁止令能否上诉问题予以明确。鉴于此种情况，我们认为，对于罪犯不服禁止令决定而提起上诉，考虑到《规定》已经明确将宣告禁止令的内容作为判决的主要事项之一，要求写在判决书的判决内容中；禁止令又是强制罪犯应当履行的法律义务等情况，依据刑事诉讼法第二百一十六条“被告人、自诉人和他们的法定代理人，不服地方各级人民法院第一审的判决、裁定，有权用书状或者口头向上一级人民法院上诉”的规定，可以允许其依法提起上诉。

（二）禁止令的立法目的

此次修改刑法，从贯彻落实宽严相济的刑事政策，完善我国有关从宽处理方面的法律制度，规范非监禁刑适用的角度，根据实践中管制执行和缓刑考验期内加强对社区服刑罪犯管理的实际需要，增加规定了禁止令措施。其立法目的一是维护社会稳定，保护被害人、证人的人身安全；二是帮助适用管制、缓刑的犯罪分子改过自新，防止其再次犯罪。“两高”“两部”有关负责人在就《规定》答记者问中进一步指出，“从立法精神看，禁止令的主要目的在于强化对犯罪分子的有效监管，促进其教育矫正、防止其再次危害社会”。准确把握增设禁止令的立法目的，对于审判实践中正确执行禁止令规定也具有重要意义。比如法官在确定禁止令时，除了掌握罪犯的犯罪情况外，还要充分了解罪犯的性格特点、一贯表现等情况，以此为据来判断禁止令是否有适用的必要，并同样以此为据确定对矫正该罪犯能切实发挥作用的个性化禁止令内容。

（三）适用禁止令应当把握的原则

一是必要性原则。对被判处管制、宣告缓刑的罪犯不是一律应当同时宣告禁止令。是否宣告禁止令有赖于法官的自由裁量。考虑到禁止令虽然不是刑罚，但对罪犯而言毕竟是增加了带有法律强制性的义务，从刑法的谦抑性原则出发，法官行使这种自由裁量权应非常审慎，非确有必要的情况下不宜采取这项措施。禁止令是加强对罪犯监管的一项措施，只有针对社区矫正中确实有可能再犯罪、有一定人身危险性的罪犯才应当适用。实践中应避免主要依据犯罪分子罪行的客观危害大小来决定是否宣告禁止令，更不能将本不应适用管制、缓刑的犯罪分子降格判决，再适用禁止令进行量刑平衡，从而将禁止令作为一种刑罚的替代措施。

二是合法性原则。刑法修正案（八）规定了可以对犯罪分子予以禁止的三种情况，即“从事特定活动，进入特定区域、场所，接触特定的人”。《规定》第三、四、五条又对上述三方面进行了进一步解读和规制。虽然禁止令是对管制和缓刑罪犯监管措施的革新，法官在决定禁止令中享有较大的自由裁量权；禁止令是修正案新增加的规定,审判实践中没有现成的经验做法可资借鉴,禁止令制度还有待于广大刑事法官在审判实践中大胆探索并加以完善。但应予明确的是,禁止令涉及对罪犯人身自由、人身权利的限制,因此,法官在审判实践中应当注意严格执行刑法的规定,不允许超越上述法律和相关规范性文件所确定的范围另外创设新的禁止令内容。

三是针对性原则。禁止令是一项个性化的社区矫正措施,应当针对罪犯本人的情况及其所实施犯罪的具体特点,决定应否对其适用以及如何适用禁止令,注意"对症施治"。针对性原则有两项具体要求:一是应否宣告禁止令以及禁止令的内容要适应不同罪犯的个体情况和特点,既不应不了解相关情况就草率地作出决定,也要避免作出的禁止令决定"放之四海而皆准";二是要在规范性文件规定的期限内,决定适应不同罪犯的禁止令执行期限。刑法修正案(八)对适用禁止令条件规定的较为原则,即"根据犯罪情况"来宣告禁止令。《规定》则具体列举了属于"犯罪情况"应予考察的几个方面。《规定》第二条规定:"人民法院根据犯罪原因、犯罪性质、犯罪手段、犯罪后的悔罪表现、个人一贯表现等情况"决定适用禁止令,而上述几方面情况与禁止令适用之间的连接点在于"与犯罪分子所犯罪行的关联程度。"只有通过了解、分析这些关联点与犯罪发生的关联程度,才能据此确定应否适用禁止令以及适用何种禁止令,以便通过禁止令的实施,取得特殊预防和矫正罪犯的效果。

比如,《规定》第二条规定了犯罪原因。本案例中被告人董某某和宋某某就是因经常到网吧上网,沉迷于网络游戏不能自拔,为筹集上网费用而实施了抢劫犯罪。经常到网吧上网、沉迷于网络是诱发本案例中未成年人犯罪的直接原因,其与本案中未成年人犯罪有直接的关联。考虑到这两名罪犯一旦判处了缓刑,回归社区后,对其进入网吧行为如果不加以限制,极有可能重新诱发犯罪,本案例在充分考虑了未成年人犯罪原因的因素后,作出了其社区矫正期间禁止进入网吧等场所的禁止令。从以往全国法院判处的未成年人犯罪案件中,抢劫和盗窃罪占全部未成年人犯罪的50%以上;其中因网瘾到网吧上网缺少网费而引发抢劫、盗窃等侵犯财产犯罪的情况又在未成年人抢劫和盗窃犯罪案件中占相当比例。因此,本案例具一定典型性。从作出该项禁止令的法院后续跟踪所了解的情况看,禁止令对约束两名罪犯上网吧的行为,保证其顺利渡过缓刑考验期发挥了良好作用。

又如,《规定》第二条规定了将犯罪性质作为对罪犯适用禁止令应予考察的另一项内容。对此规定不能简单理解为凡是犯罪性质严重的罪犯就一律要对其适用禁止令。犯罪性质是对犯罪分子定罪量刑的一个重要依据,而禁止令的适用主要为了防止再犯罪,因此,应当通过对其犯罪性质的考察,分析其再犯罪可能性大小,如果其再犯罪可能性比较大,就应当适用禁止令。本案例中,未成年人实施的抢劫犯罪属于犯罪性质比较严重的一种侵犯财产犯罪，但这一点并没有作为本案例中对其适用禁止令的主要依据。相反，一些犯罪的性质虽然比较轻，但如果其在社区矫正过程中仍然有再犯罪较大可能的，也应对其适用禁止令。

再如，《规定》第二条规定了犯罪手段也应作为考察事项。该规定要求不仅要考察犯罪手段的恶劣程度，更重要的是要关注其犯罪方法或者手段是否具备重复实施的可能性。实践中某些犯罪的犯罪手段、行为模式因与其日常生产生活密切相关，易于重复实施。最典型的例子就是犯罪分子在从事日常生产经营活动中，掺杂、掺假牟取暴利的犯罪；还有一些犯罪分子掌握证券、贷款、票据、信用卡方面一定的专门知识、技能，他们利用这些知识技能实施了证券犯罪、贷款犯罪、票据犯罪、信用卡犯罪等，如果放任其社区矫正期间的行为而不予有针对性约束，那么他们就极有可能出于某种习惯或者其他原因故技重施、继续从事危害社会的犯罪活动。

最后，《规定》第二条还规定要考察犯罪后的悔罪表现、个人一贯表现。本案例中，通过对未成年人一贯表现的调查发现，罪犯此前有六七年泡网吧的经历，有了一定网瘾；并且此前上网费用来源有时是偷家里的钱物，有时找同学借；家长和学校对他们上网吧的行为长期缺乏有效约束手段。根据上述情况及罪犯自我约束能力差的特点，法院决定对其适用了禁止令。因此，对自制力较差、不对其日常行为有效约束就可能再次犯罪的罪犯，应重点考虑宣告禁止令，以便有效约束其在社区的行为，防止重新犯罪。而对于罪犯悔罪表现好，平时一贯表现也比较好的罪犯，则一般可不对其适用禁止令。

总之，应当在客观了解、全面掌握罪犯的上述情况的前提下，从预防罪犯在社区矫正过程中重新犯罪、维护社会稳定、保护证人和被害人安全的角度出发，对罪犯宣告禁止令。

四是可操作性原则。禁止令作为法律义务，一方面要靠罪犯自觉履行，另一方面也要靠罪犯所在家庭、社区矫正机构的监督，以确保其不成为一纸空文。因此，确定禁止令内容时应充分考虑可操作性。可操作性原则在贯彻落实中主要应注意两方面问题：一是禁止令内容应当符合现阶段我国社区矫正试点工作发展的水平。如果禁止令宣告后，社区矫正机构根本无法或者无力对罪犯是否执行该项禁止令的情况进行有效掌控和监督，那么禁止令的宣告就流于形式，罪犯违反禁止令的情况无法及时知悉，可能影响判决的权威性。当然，人民法院在合理确定禁止令事项前提下，现阶段也应适度参与、积极配合社区矫正工作的开展，协助加强对罪犯执行禁止令情况的监督和管理。特别是对宣告禁止令的未成年罪犯，少年法庭应当坚持多年来行之有效的“向后延伸”工作制度，通过定期或者不定期走访管制或者缓刑罪犯，及时了解其社区矫正的情况和存在问题，帮助社区矫正机构对未成年罪犯的行为进行有效管束和矫正。二是注意不能因为禁止令而影响犯罪分子正常生活以及各项法定权利的行使。

多年来,各地少年法庭坚持建立和完善对未成年被告人情况的调查报告制度,有的法院还探索通过心理测评的方法,对未成年罪犯人身危险性、再犯罪可能性进行评估,作为是否判处管制或者宣告缓刑、宣告禁止令的辅助参考。这些工作和经验都为未成年人犯罪案件准确适用禁止令打下良好基础,提供了有利条件。

"两高""两部"有关负责人在《规定》答记者问中强调指出,"对于有关法律法规已经明确禁止的内容,不能再通过禁止令的形式予以禁止"。例如,根据有关法律规定,任何人均不得吸食毒品,因此,不能作出"禁止吸食毒品"的禁止令;又如,相关法律已经规定,违反道路交通安全法律、法规的规定,发生重大交通事故,构成犯罪的,依法追究刑事责任,并由公安机关交通管理部门吊销机动车驾驶证,因此,对犯有相关罪行被判处管制、宣告缓刑的犯罪分子,也不能作出"禁止驾驶机动车"的禁止令。上述意见主要是考虑到法律法规已经明确对某项行为予以禁止,如果法院再对罪犯宣告禁止该内容,反而容易引起歧义,产生禁止令执行完毕后是否就允许当事人实施类似行为的疑义。因此,审判实践中对此不能再宣告禁止令。有的观点提出,有关未成年人禁止进入网吧的问题,未成年人保护法已经作出了明确规定。根据上述"两高""两部"的意见,对未成年罪犯就不应作出禁止进入网吧的禁止令。我们认为,未成年罪犯只要在判决生效时已经成年,就不属于违反未成年人保护法禁止性规定的情形,可以对其作出禁止进入网吧的禁止令。本案例中的两名罪犯在案件审理过程中就已年满十八周岁,因此,可以对其作出禁止进入网吧的禁止令。但需要注意的是,实践中如果遇到判决生效时未成年罪犯仍未满十八周岁的情形,则不宜再行宣告禁止进入网吧的禁止令。

——最高人民法院案例指导工作办公室:《指导案例 14 号〈董某某、宋某某抢劫案〉的理解与参照——对到网吧上网诱发犯罪的未成年人如何适用"禁止令"》,载最高人民法院案例指导工作办公室编著:《中国案例指导》(总第 2 辑),法律出版社 2015 年版,第 35—40 页。

244 禁止令具体内容的理解和适用

关键词|缓刑|禁止令|

【最高人民法院司法文件】

第三条　人民法院可以根据犯罪情况,禁止判处管制、宣告缓刑的犯罪分子在管制执行期间、缓刑考验期限内从事以下一项或者几项活动:

（一）个人为进行违法犯罪活动而设立公司、企业、事业单位或者在设立公司、企业、事业单位后以实施犯罪为主要活动的，禁止设立公司、企业、事业单位；

（二）实施证券犯罪、贷款犯罪、票据犯罪、信用卡犯罪等金融犯罪的，禁止从事证券交易、申领贷款、使用票据或者申领、使用信用卡等金融活动；

（三）利用从事特定生产经营活动实施犯罪的，禁止从事相关生产经营活动；

（四）附带民事赔偿义务未履行完毕，违法所得未追缴、退赔到位，或者罚金尚未足额缴纳的，禁止从事高消费活动；

（五）其他确有必要禁止从事的活动。

第四条 人民法院可以根据犯罪情况，禁止判处管制、宣告缓刑的犯罪分子在管制执行期间、缓刑考验期限内进入以下一类或者几类区域、场所：

（一）禁止进入夜总会、酒吧、迪厅、网吧等娱乐场所；

（二）未经执行机关批准，禁止进入举办大型群众性活动的场所；

（三）禁止进入中小学校区、幼儿园园区及周边地区，确因本人就学、居住等原因，经执行机关批准的除外；

（四）其他确有必要禁止进入的区域、场所。

第五条 人民法院可以根据犯罪情况，禁止判处管制、宣告缓刑的犯罪分子在管制执行期间、缓刑考验期限内接触以下一类或者几类人员：

（一）未经对方同意，禁止接触被害人及其法定代理人、近亲属；

（二）未经对方同意，禁止接触证人及其法定代理人、近亲属；

（三）未经对方同意，禁止接触控告人、批评人、举报人及其法定代理人、近亲属；

（四）禁止接触同案犯；

（五）禁止接触其他可能遭受其侵害、滋扰的人或者可能诱发其再次危害社会的人。

——《最高人民法院、最高人民检察院、公安部、司法部关于对判处管制、宣告缓刑的犯罪分子适用禁止令有关问题的规定（试行）》（2011年5月1日，法发〔2011〕9号）。

【链接：理解与适用】

（三）禁止“从事特定活动”“进入特定区域、场所”“接触特定的人”的具体理解

《规定》第三条对可禁止从事的“特定活动”作了明确规定：（1）个人为进行违法犯罪活动而设立公司、企业、事业单位或者在设立公司、企业、事业单位后以实施犯罪为主要活动的，禁止设立公司、企业、事业单位。（2）实施证券犯罪、贷款犯

罪、票据犯罪、信用卡犯罪等金融犯罪的，禁止从事证券交易、申领贷款、使用票据或者申领、使用信用卡等金融活动。例如，因签发空头支票，犯票据诈骗罪被判处缓刑的，可以禁止使用票据。(3)利用从事特定生产经营活动实施犯罪的，禁止从事相关生产经营活动。例如，因犯生产、销售不符合安全标准的食品罪被判处缓刑的，可以禁止从事食品生产经营活动。(4)附带民事赔偿义务未履行完毕，违法所得未追缴、退赔到位，或者罚金尚未足额缴纳的，禁止从事高消费活动。这有助于维护被害人的合法权益，维护裁判的权威性，同时也能敦促犯罪分子积极改造，悔过自新。(5)其他确有必要禁止从事的活动。例如，犯罪分子是在酒后犯罪，且有酗酒习性的，可作出"禁止饮酒"的决定等。

《规定》第四条对可禁止进入的"特定区域、场所"作了明确：(1)考虑到组织、强迫、引诱、容留、介绍卖淫，制作、贩卖、传播淫秽物品，贩卖毒品，强奸，强制猥亵、侮辱妇女，赌博，组织、领导、参加黑社会性质组织等犯罪经常发生在娱乐场所，违法犯罪分子经常在娱乐场所从事吸食、注射毒品，卖淫、嫖娼等违法活动，一些青少年因经常出入娱乐场所沾染恶习或者形成酒瘾、毒瘾、网瘾而走上犯罪道路，将"夜总会、酒吧、迪厅、网吧等娱乐场所"列为可禁止进入的区域、场所之一。根据《娱乐场所管理条例》第二条的规定，娱乐场所，是指以营利为目的，并向公众开放、消费者自娱自乐的歌舞、游艺等场所。(2)鉴于有的犯罪分子系在举办大型群众性活动的场所实施寻衅滋事等犯罪，将"举办大型群众性活动的场所"列为可禁止进入的区域、场所之一，同时考虑到执行机关为促进犯罪分子教育矫正，亦可能阻止管制犯、缓刑犯参加大型群众性活动，特别限定在"未经执行机关批准"的情形。根据《大型群众性活动安全管理条例》第二条的规定，大型群众性活动，是指法人或者其他组织面向社会公众举办的每场次预计参加人数达到一千人以上的体育比赛、演唱会、音乐会、展览、展销、游园、灯会、庙会、花会、焰火晚会、人才招聘会、现场开奖的彩票销售等活动，但影剧院、音乐厅、公园、娱乐场所等在其日常业务范围内举办的活动除外。(3)鉴于有的犯罪分子在中小学校区、幼儿园园区及周边地区实施敲诈勒索、寻衅滋事等违法犯罪活动，将"中小学校区、幼儿园园区及周边地区"列为可禁止进入的区域、场所之一，但确因本人就学、居住等原因，经执行机关批准的除外。在司法实践中，中小学校区、幼儿园园区的周边地区的范围应把握在中小学校区、幼儿园园区周围二百米范围内。(4)其他确有必要禁止进入的区域、场所。

《规定》第五条对可禁止接触的"特定的人"作了明确，主要规定了如下两类人员：(1)与原犯罪相关联，犯罪分子可能侵害、滋扰的人，包括被害人、证人、控告人、批评人、举报人，以及上述人员的法定代理人、近亲属。考虑到在经被害人、证人、控告人、批评人、举报人等有关人员的同意后，与其接触，一来并不违背有关人员的意愿,二来也可以给犯罪分子创造表达悔过、争取谅解的机会,有利于化解社会矛盾,修复社会关系,特别将相关禁止接触事项限定在"未经对方同意"的情形。该条规定中的"近亲属",应根据刑事诉讼法第八十二条的规定把握,即指夫、妻、父、母、子、女、同胞兄弟姊妹。(2)可能对犯罪分子产生不良影响,诱发其再次犯罪的人员。考虑到犯罪分子接触同案犯,不利于教育矫正,为实现特殊预防,将同案犯列为可禁止接触的对象。此外,还设置了兜底条款,规定禁止接触"其他可能遭受其侵害、滋扰的人或者可能诱发其再次危害社会的人"。例如,因贩卖毒品、非法持有毒品被判处管制、缓刑的,可禁止其故意接触吸毒人群、有毒品犯罪前科的人;因盗窃被判处管制、缓刑的,可禁止其故意接触有抢劫、盗窃、诈骗、抢夺和掩饰、隐瞒犯罪所得、犯罪所得收益犯罪前科的人。

——胡云腾、周加海、喻海松:《〈关于对判处管制、宣告缓刑的犯罪分子适用禁止令有关问题的规定(试行)〉的理解与适用》,载最高人民法院刑事审判第一、二、三、四、五庭主办:《刑事审判参考》(总第82辑),法律出版社2012年版,第88—98页。

六、减刑和假释

245 减刑、假释案件实体审查的内容

关键词 | 减刑 | 假释 | 实质审查 |

【最高人民法院司法解释】

第二条 对于罪犯符合刑法第七十八条第一款规定"可以减刑"条件的案件,在办理时应当综合考察罪犯犯罪的性质和具体情节、社会危害程度、原判刑罚及生效裁判中财产性判项的履行情况、交付执行后的一贯表现等因素。

第三条 "确有悔改表现"是指同时具备以下条件:

(一)认罪悔罪;

(二)遵守法律法规及监规,接受教育改造;

(三)积极参加思想、文化、职业技术教育;

(四)积极参加劳动,努力完成劳动任务。

对职务犯罪、破坏金融管理秩序和金融诈骗犯罪、组织(领导、参加、包庇、纵容)黑社会性质组织犯罪等罪犯,不积极退赃、协助追缴赃款赃物、赔偿损失,或者服刑期间利用个人影响力和社会关系等不正当手段意图获得减刑、假释的,不认定其"确有悔改表现"。

罪犯在刑罚执行期间的申诉权利应当依法保护,对其正当申诉不能不加分析地认为是不认罪悔罪。

第四条 具有下列情形之一的,可以认定为有"立功表现":

(一)阻止他人实施犯罪活动的;

(二)检举、揭发监狱内外犯罪活动,或者提供重要的破案线索,经查证属实的;

(三)协助司法机关抓捕其他犯罪嫌疑人的;

(四)在生产、科研中进行技术革新,成绩突出的;

(五)在抗御自然灾害或者排除重大事故中,表现积极的;

(六)对国家和社会有其他较大贡献的。

第(四)项、第(六)项中的技术革新或者其他较大贡献应当由罪犯在刑罚执行期间独立或者为主完成,并经省级主管部门确认。

第五条 具有下列情形之一的,应当认定为有"重大立功表现":

(一)阻止他人实施重大犯罪活动的；

(二)检举监狱内外重大犯罪活动，经查证属实的；

(三)协助司法机关抓捕其他重大犯罪嫌疑人的；

(四)有发明创造或者重大技术革新的；

(五)在日常生产、生活中舍己救人的；

(六)在抗御自然灾害或者排除重大事故中，有突出表现的；

(七)对国家和社会有其他重大贡献的。

第(四)项中的发明创造或者重大技术革新应当是罪犯在刑罚执行期间独立或者为主完成并经国家主管部门确认的发明专利，且不包括实用新型专利和外观设计专利；第(七)项中的其他重大贡献应当由罪犯在刑罚执行期间独立或者为主完成，并经国家主管部门确认。

第二十二条 办理假释案件，认定“没有再犯罪的危险”，除符合刑法第八十一条规定的情形外，还应当根据犯罪的具体情节、原判刑罚情况，在刑罚执行中的一贯表现，罪犯的年龄、身体状况、性格特征，假释后生活来源以及监管条件等因素综合考虑。

——《最高人民法院关于办理减刑、假释案件具体应用法律若干问题的规定》(2017年1月1日，法释〔2016〕23号)。

第五条 人民法院审理减刑、假释案件，除应当审查罪犯在执行期间的一贯表现外，还应当综合考虑犯罪的具体情节、原判刑罚情况、财产刑执行情况、附带民事裁判履行情况、罪犯退赃退赔等情况。

人民法院审理假释案件，除应当审查第一款所列情形外，还应当综合考虑罪犯的年龄、身体状况、性格特征、假释后生活来源以及监管条件等影响再犯罪的因素。

执行机关以罪犯有立功表现或重大立功表现为由提出减刑的，应当审查立功或重大立功表现是否属实。涉及发明创造、技术革新或者其他贡献的，应当审查该成果是否系罪犯在执行期间独立完成，并经有关主管机关确认。

——《最高人民法院关于减刑、假释案件审理程序的规定》(2014年6月1日，法释〔2014〕5号)。

【链接：理解与适用】①

(四)“确有悔改表现”的认定

随着监狱、看守所监管改造理念以及监管改造环境、方式、手段等的发展，罪犯

---

① 相关起草者对2012年《最高人民法院关于办理减刑、假释案件具体应用法律若干问题的规定》撰写的理解与适用内容仍有借鉴意义。

"确有悔改表现"的内容在实践中也发生了一些转变。监狱系统提出,1997年《减刑、假释司法解释》所规定"确有悔改表现"的内容在一定程度上已经与司法实践脱节,需要进行更新。《规定》根据监狱系统的建议并经过征求其他相关部门的意见,规定为:"'确有悔改表现'是指同时具备以下四个方面情形:认罪悔罪;认真遵守法律法规及监规,接受教育改造;积极参加思想、文化、职业技术教育;积极参加劳动,努力完成劳动任务。"与1997年《减刑、假释司法解释》相比,一是将"认罪服法"修改为"认罪悔罪",并明确要求对罪犯在刑罚执行期间提出申诉的,要依法保护其申诉权利,不应不加分析地认为是不认罪悔罪,从而解决将罪犯申诉视为不"服法"的问题。二是将"认真遵守监规"修改为"认真遵守法律法规及监规",罪犯在服刑期间不仅要遵守监狱规定,还应遵守法律法规及其他纪律。三是将"积极参加政治、文化、技术学习"修改为"积极参加思想、文化、职业技术教育",并与"接受教育改造"一并作为一个方面的内容,以与目前教育改造内容相一致。四是将"完成生产任务"修改为"努力完成劳动任务",有一些罪犯的改造岗位不直接从事生产劳动,规定为完成"生产"任务,覆盖面较窄,且罪犯参加劳动也是对其进行改造的需要。

……

(一)"没有再犯罪的危险"的认定

我国1997年刑法规定的假释条件为"认真遵守监规、接受教育改造,确有悔改表现,假释后不致危害社会"。1997年《减刑、假释司法解释》将"不致再危害社会"解释为"罪犯在刑罚执行期间一贯表现好,确有悔改表现,不致再违法、重新犯罪的,或者是老年、身体有残疾(不含自伤致残),并丧失作案能力的情形。"司法实践中反映,"不致再危害社会"的标准过高,且不好把握。刑法修正案(八)将"不致再危害社会"修改为"没有再犯罪的危险",增强了该假释标准的可操作性,具有重要意义。但具体应如何准确地把握"没有再犯罪的危险",仍然是司法实践中面临的难点问题,有必要在司法解释中对"没有再犯罪的危险"的判断因素进一步加以细化,我们为此也重点进行了调研。《规定》明确:"办理假释案件,判断'没有再犯罪的危险',除符合刑法第八十一条规定的情形外,还应当根据犯罪的具体情节、原判刑罚情况,在刑罚执行中的一贯表现,罪犯的年龄、身体状况、性格特征,假释后生活来源以及监管条件等因素综合考虑。"

根据《规定》并结合调研情况,"没有再犯罪的危险"的判断基本可以归纳为以下三个方面:第一,犯罪情节及原判刑罚情况。这是判断罪犯是否符合假释条件的参照基础,不能疏于考量。第二,罪犯改造表现及人身危险性表征。罪犯在改造期间内认真遵守监规,接受教育改造,确有悔改表现,也是假释适用的基本条件。同时,还应调查罪犯犯罪前的一贯表现,罪犯的性格特征、心理状态等人格状况,以进一步判断其人身危险性高低，这对于假释适用应产生直接影响。第三，罪犯假释后的社会接纳情况。罪犯被假释后的生活来源、监管条件以及共同居住的家庭成员及收入情况等，对于罪犯能否顺利重新回归社会有重要影响，也是决定假释适用的重要因素。

——黄永维、聂洪勇、李宗诚：《〈关于办理减刑、假释案件具体应用法律若干问题的规定〉的理解与适用》，载最高人民法院刑事审判第一、二、三、四、五庭主办：《刑事审判参考》（总第 84 辑），法律出版社 2012 年版，第 208—218 页。

246 减刑、假释案件中宽严相济政策的把握

关键词 | 刑罚的具体运用 | 宽严相济刑事政策 | 减刑 | 假释 |

【最高人民法院司法解释】

第一条 减刑、假释是激励罪犯改造的刑罚制度，减刑、假释的适用应当贯彻宽严相济刑事政策，最大限度地发挥刑罚的功能，实现刑罚的目的。

——《最高人民法院关于办理减刑、假释案件具体应用法律若干问题的规定》（2017 年 1 月 1 日，法释〔2016〕23 号）。

【最高人民法院司法文件】

六、依法正确适用非监禁刑

19. 重视依法适用非监禁刑。充分发挥非监禁刑轻缓、经济、执行多样的优势，使罪行较轻者避免因被监禁与其他罪犯“交叉感染”，尽可能减少对其家庭、社会关系的影响，减少社会对立面。

20. 依法正确把握非监禁刑适用的对象。对于犯罪性质恶劣、罪行严重、主观恶性深、人身危险性大，或者具有法定、酌定从重处罚情节，以及依法大幅度减轻处罚后的被告人，一般不适用非监禁刑。对于依法减轻处罚后判处三年有期徒刑以下刑罚的职务犯罪案件，严格控制缓刑适用。

21. 确保非监禁刑执行效果。配合有关部门积极推动社区矫正工作，充分利用社会力量帮助罪犯顺利回归社会。适用非监禁刑时，除考虑案件本身的性质、情节、社会危害等因素外，应注意当地非监禁刑的执行条件、实施社区矫正的可行性，保证非监禁刑执行到位，避免脱管、漏管。

——《最高人民法院关于充分发挥刑事审判职能作用深入推进社会矛盾化解的若干意见》（2010 年 12 月 31 日，法发〔2010〕63 号）。

34. 对于危害国家安全犯罪、故意危害公共安全犯罪、严重暴力犯罪、涉众型经济犯罪等严重犯罪；恐怖组织犯罪、邪教组织犯罪、黑恶势力犯罪等有组织犯罪的领导者、组织者和骨干分子；毒品犯罪再犯的严重犯罪者；确有执行能力而拒不依法积极主动缴付财产执行财产刑或确有履行能力而不积极主动履行附带民事赔偿责任的，在依法减刑、假释时，应当从严掌握。对累犯减刑时，应当从严掌握。拒不交代真实身份或对减刑、假释材料弄虚作假，不符合减刑、假释条件的，不得减刑、假释。

对于因犯故意杀人、爆炸、抢劫、强奸、绑架等暴力犯罪，致人死亡或严重残疾而被判处死刑缓期二年执行或无期徒刑的罪犯，要严格控制减刑的频度和每次减刑的幅度，要保证其相对较长的实际服刑期限，维护公平正义，确保改造效果。对于未成年犯、老年犯、残疾罪犯、过失犯、中止犯、胁从犯、积极主动缴付财产执行财产刑或履行民事赔偿责任的罪犯、因防卫过当或避险过当而判处徒刑的罪犯以及其他主观恶性不深、人身危险性不大的罪犯，在依法减刑、假释时，应当根据悔改表现予以从宽掌握。对认罪服法，遵守监规，积极参加学习、劳动，确有悔改表现的，依法予以减刑，减刑的幅度可以适当放宽，间隔的时间可以相应缩短。符合刑法第八十一条第一款规定的假释条件的，应当依法多适用假释。

——《最高人民法院关于贯彻宽严相济刑事政策的若干意见》(2010年2月8日，法发〔2010〕9号)。

247 在办理减刑、假释案件中应当审查处理罪犯财产性判项的履行情况

关键词｜减刑｜假释｜财产性判项｜

【最高人民法院司法解释】

第二条　对于罪犯符合刑法第七十八条第一款规定“可以减刑”条件的案件，在办理时应当综合考察罪犯犯罪的性质和具体情节、社会危害程度、原判刑罚及生效裁判中财产性判项的履行情况、交付执行后的一贯表现等因素。

第二十七条　对于生效裁判中有财产性判项，罪犯确有履行能力而不履行或者不全部履行的，不予假释。

第三十八条　人民法院作出的刑事判决、裁定发生法律效力后，在依照刑事诉讼法第二百五十三条、第二百五十四条的规定将罪犯交付执行刑罚时，如果生效裁判中有财产性判项，人民法院应当将反映财产性判项执行、履行情况的有关材料一并随案移送刑罚执行机关。罪犯在服刑期间本人履行或者其亲属代为履行生效裁

判中财产性判项的，应当及时向刑罚执行机关报告。刑罚执行机关报请减刑时应随案移送以上材料。

人民法院办理减刑、假释案件时，可以向原一审人民法院核实罪犯履行财产性判项的情况。原一审人民法院应当出具相关证明。

刑罚执行期间，负责办理减刑、假释案件的人民法院可以协助原一审人民法院执行生效裁判中的财产性判项。

第四十一条 本规定所称“财产性判项”是指判决罪犯承担的附带民事赔偿义务判项，以及追缴、责令退赔、罚金、没收财产等判项。

——《最高人民法院关于办理减刑、假释案件具体应用法律若干问题的规定》（2017年1月1日，法释〔2016〕23号）。

【链接：理解与适用】①

对于在办理减刑、假释案件中如何审查处理罪犯财产刑执行情况，主要应注意以下两个方面：

1. 将罪犯财产刑执行情况明确作为减刑、假释案件的审查范围。对于被判处财产刑的罪犯，刑罚执行机关应告知其财产刑履行情况将影响到对其认罪悔罪态度的认定。对于如何正确审查认定罪犯是否具备财产刑的执行能力，法律没有规定，也没有具体的司法解释。在办理减刑、假释案件中，可以通过生效判决认定的罪犯获利情况、赃款有无被追缴、罚金有无主动履行等事实，利用听证、个别谈话、向监狱机关调查了解罪犯的消费情况等方式，确定罪犯有无财产刑执行能力。在审查中应综合考虑各方面的情况，不能仅凭监狱证明或者罪犯原户籍所在地派出所、村（居）委会等单位证明对罪犯的财产刑执行能力作简单认定，而是要对能反映罪犯财产刑执行能力的所有情况进行全面审查，即对罪犯财产刑执行能力进行实质审查。全面审查的主要对象包括：有关单位对罪犯家庭经济情况的证明；罪犯对赃款赃物去向的说明；侦查机关侦查情况；罪犯亲属会见时花费情况、汇款情况以及罪犯在监每月平均消费水平；监狱证明；罪犯入监填写的家庭经济状况；罪犯暂缓执行财产刑申请报告；附带民事诉讼原告证明；罪犯提供的其他能够证明其财产刑执行能力的相关材料。

2. 对于罪犯确无财产刑执行能力而未履行财产刑判决的，不应以其未履行财产刑判决而影响对其减刑、假释。罪犯在监狱服刑期间的表现是罪犯能否减刑、假释的主要考量因素，财产刑的执行只是一个方面。罪犯不执行财产刑的原因很多，既有有能力执行而拒不执行，也有确无执行能力而未执行。不能简单采取“一刀

① 相关起草者对2012年《最高人民法院关于办理减刑、假释案件具体应用法律若干问题的规定》撰写的理解与适用内容仍有借鉴意义。

切”的办法,不能对未执行财产刑的罪犯一味不予减刑、假释,否则就会让那些确无能力执行的罪犯产生抗拒改造的心理。实践中,办理减刑、假释案件,应坚持贯彻宽严相济的刑事政策,坚持审慎原则和区分原则:对积极执行财产刑的罪犯,在减刑、假释时适度从宽掌握;对明显有执行能力而没有执行的,从严掌握。

——最高人民法院审判监督庭编著:《最高人民法院关于减刑、假释司法解释理解与适用》,人民法院出版社 2014 年版,第 44—45 页。

248 原具有国家工作人员身份的罪犯减刑、假释的特别规定

关键词 | 国家工作人员 | 减刑 | 假释 |

【最高人民法院司法解释】

第一条 对拒不认罪悔罪的,或者确有履行能力而不履行或者不全部履行生效裁判中财产性判项的,不予假释,一般不予减刑。

第二条 被判处十年以上有期徒刑,符合减刑条件的,执行三年以上方可减刑;被判处不满十年有期徒刑,符合减刑条件的,执行二年以上方可减刑。

确有悔改表现或者有立功表现的,一次减刑不超过六个月有期徒刑;确有悔改表现并有立功表现的,一次减刑不超过九个月有期徒刑;有重大立功表现的,一次减刑不超过一年有期徒刑。

被判处十年以上有期徒刑的,两次减刑之间应当间隔二年以上;被判处不满十年有期徒刑的,两次减刑之间应当间隔一年六个月以上。

第三条 被判处无期徒刑,符合减刑条件的,执行四年以上方可减刑。

确有悔改表现或者有立功表现的,可以减为二十三年有期徒刑;确有悔改表现并有立功表现的,可以减为二十二年以上二十三年以下有期徒刑;有重大立功表现的,可以减为二十一年以上二十二年以下有期徒刑。

无期徒刑减为有期徒刑后再减刑时,减刑幅度比照本规定第二条的规定执行。两次减刑之间应当间隔二年以上。

第四条 被判处死刑缓期执行的,减为无期徒刑后,符合减刑条件的,执行四年以上方可减刑。

确有悔改表现或者有立功表现的,可以减为二十五年有期徒刑;确有悔改表现并有立功表现的,可以减为二十四年六个月以上二十五年以下有期徒刑;有重大立功表现的,可以减为二十四年以上二十四年六个月以下有期徒刑。

减为有期徒刑后再减刑时,减刑幅度比照本规定第二条的规定执行。两次减刑之间应当间隔二年以上。

第五条 罪犯有重大立功表现的,减刑时可以不受上述起始时间和间隔时间的限制。

第六条 对本规定所指贪污贿赂罪犯适用假释时,应当从严掌握。

——《最高人民法院关于办理减刑、假释案件具体应用法律的补充规定》(2019年6月1日,法释〔2019〕6号)。

249 罪犯在服刑期间提出申诉，不能一概认为是不认罪服法，依法可以予以减刑

关键词 | 申诉 | 减刑 |

【最高人民法院司法解释】

第三条第三款 罪犯在刑罚执行期间的申诉权利应当依法保护,对其正当申诉不能不加分析地认为是不认罪悔罪。

——《最高人民法院关于办理减刑、假释案件具体应用法律若干问题的规定》(2017年1月1日,法释〔2016〕23号)。

【链接：理解与适用】①

罪犯在服刑期间提出申诉,不能一概认为是不认罪服法,根据本案的具体情况,依法可以对该罪犯予以减刑。理由如下:

首先,申诉是服刑罪犯的一项法定权利。1996年刑事诉讼法第二百零三条规定:"当事人及其法定代理人、近亲属,对已经发生法律效力的判决、裁定,可以向人民法院或者人民检察院提出申诉,但是不能停止判决、裁定的执行。"1994年监狱法第二十一条规定,罪犯对生效的判决不服的,可以提出申诉。对于罪犯的申诉,人民检察院或者人民法院应当及时处理。第二十三条规定,罪犯的申诉、控告、检举材料,监狱应当及时转递,不得扣压。第二十四条规定,监狱在执行刑罚过程中,根据罪犯的申诉,认为判决可能有错误的,应当提请人民检察院或者人民法院处理,人民检察院或者人民法院应当自收到监狱提请处理意见书之日起六个月内将处理结果通知监狱。《1997年减刑假释规定》第一条第(一)项规定:"对罪犯在刑罚执行期间提出申诉的,要依法保护其申诉权利。对罪犯申诉应当具体情况具体分析,不应当一概认为是不认罪服法。"(《规定》第二条第二款规定:"对罪犯在刑

① 相关起草者对2012年《最高人民法院关于办理减刑、假释案件具体应用法律若干问题的规定》撰写的理解与适用内容仍有借鉴意义。

罚执行期间提出申诉的，要依法保护其申诉权利，对罪犯申诉不应不加分析地认为是不认罪悔罪。"）本案中，该罪犯虽多次向相关法院及最高人民检察院等提交申诉材料，但属于正常的申诉，不属无理缠诉。对其在刑罚执行期间提出的申诉，不能认为是不认罪服法。

其次，罪犯在刑罚执行期间能够遵守监规纪律，按时参加学习活动，积极参加生产劳动，完成劳动任务，并先后七次获得监狱奖励，符合我国刑法第七十八条以及《1997年减刑假释规定》第一条规定的减刑条件，依法可以对其减刑。

再次，虽然申诉是罪犯的一项权利，但获得减刑并非是罪犯的权利，而是国家对服刑罪犯的一种奖励，是否对罪犯减刑不以罪犯的意志为转移。除法律及司法解释规定的"应当减刑"的情形外，对于符合减刑条件的罪犯，刑罚执行机关可以提请减刑也可以不提请减刑，不以罪犯申请减刑或反对减刑为条件，故本案中，该服刑罪犯虽书面要求不减刑，但因其符合减刑条件，刑罚执行机关仍然可以提请对其减刑。

——最高人民法院审判监督庭编著：《最高人民法院关于减刑、假释司法解释理解与适用》，人民法院出版社2014年版，第40—41页。

250 有期徒刑罪犯的减刑幅度、起始时间、间隔时间

关键词｜有期徒刑｜减刑幅度｜减刑起始时间｜减刑间隔时间｜

【最高人民法院司法解释】

第六条　被判处有期徒刑的罪犯减刑起始时间为：不满五年有期徒刑的，应当执行一年以上方可减刑；五年以上不满十年有期徒刑的，应当执行一年六个月以上方可减刑；十年以上有期徒刑的，应当执行二年以上方可减刑。有期徒刑减刑的起始时间自判决执行之日起计算。

确有悔改表现或者有立功表现的，一次减刑不超过九个月有期徒刑；确有悔改表现并有立功表现的，一次减刑不超过一年有期徒刑；有重大立功表现的，一次减刑不超过一年六个月有期徒刑；确有悔改表现并有重大立功表现的，一次减刑不超过二年有期徒刑。

被判处不满十年有期徒刑的罪犯，两次减刑间隔时间不得少于一年；被判处十年以上有期徒刑的罪犯，两次减刑间隔时间不得少于一年六个月。减刑间隔时间不得低于上次减刑减去的刑期。

罪犯有重大立功表现的，可以不受上述减刑起始时间和间隔时间的限制。

第七条　对符合减刑条件的职务犯罪罪犯，破坏金融管理秩序和金融诈骗犯

罪罪犯，组织、领导、参加、包庇、纵容黑社会性质组织犯罪罪犯，危害国家安全犯罪罪犯，恐怖活动犯罪罪犯，毒品犯罪集团的首要分子及毒品再犯，累犯，确有履行能力而不履行或者不全部履行生效裁判中财产性判项的罪犯，被判处十年以下有期徒刑的，执行二年以上方可减刑，减刑幅度应当比照本规定第六条从严掌握，一次减刑不超过一年有期徒刑，两次减刑之间应当间隔一年以上。

对被判处十年以上有期徒刑的前款罪犯，以及因故意杀人、强奸、抢劫、绑架、放火、爆炸、投放危险物质或者有组织的暴力性犯罪被判处十年以上有期徒刑的罪犯，数罪并罚且其中两罪以上被判处十年以上有期徒刑的罪犯，执行二年以上方可减刑，减刑幅度应当比照本规定第六条从严掌握，一次减刑不超过一年有期徒刑，两次减刑之间应当间隔一年六个月以上。

罪犯有重大立功表现的，可以不受上述减刑起始时间和间隔时间的限制。

第十七条第一款 被判处有期徒刑罪犯减刑时，对附加剥夺政治权利的期限可以酌减。酌减后剥夺政治权利的期限，不得少于一年。

——《最高人民法院关于办理减刑、假释案件具体应用法律若干问题的规定》（2017 年 1 月 1 日，法释〔2016〕23 号）。

251 无期徒刑罪犯的减刑幅度、起始时间、间隔时间

关键词 | 无期徒刑 | 减刑幅度 | 减刑起始时间 | 减刑间隔时间 |

【最高人民法院司法解释】

第八条 被判处无期徒刑的罪犯在刑罚执行期间，符合减刑条件的，执行二年以上，可以减刑。减刑幅度为：确有悔改表现或者有立功表现的，可以减为二十二年有期徒刑；确有悔改表现并有立功表现的，可以减为二十一年以上二十二年以下有期徒刑；有重大立功表现的，可以减为二十年以上二十一年以下有期徒刑；确有悔改表现并有重大立功表现的，可以减为十九年以上二十年以下有期徒刑。无期徒刑罪犯减为有期徒刑后再减刑时，减刑幅度依照本规定第六条的规定执行。两次减刑间隔时间不得少于二年。

罪犯有重大立功表现的，可以不受上述减刑起始时间和间隔时间的限制。

第九条 对被判处无期徒刑的职务犯罪罪犯，破坏金融管理秩序和金融诈骗犯罪罪犯，组织、领导、参加、包庇、纵容黑社会性质组织犯罪罪犯，危害国家安全犯罪罪犯，恐怖活动犯罪罪犯，毒品犯罪集团的首要分子及毒品再犯，累犯以及因故意杀人、强奸、抢劫、绑架、放火、爆炸、投放危险物质或者有组织的暴力性犯罪的罪犯，确有履行能力而不履行或者不全部履行生效裁判中财产性判项的罪犯，数罪并

罚被判处无期徒刑的罪犯,符合减刑条件的,执行三年以上方可减刑,减刑幅度应当比照本规定第八条从严掌握,减刑后的刑期最低不得少于二十年有期徒刑;减为有期徒刑后再减刑时,减刑幅度比照本规定第六条从严掌握,一次不超过一年有期徒刑,两次减刑之间应当间隔二年以上。

罪犯有重大立功表现的,可以不受上述减刑起始时间和间隔时间的限制。

第十七条第二款　被判处死刑缓期执行、无期徒刑的罪犯减为有期徒刑时,应当将附加剥夺政治权利的期限减为七年以上十年以下,经过一次或者几次减刑后,最终剥夺政治权利的期限不得少于三年。

——《最高人民法院关于办理减刑、假释案件具体应用法律若干问题的规定》(2017年1月1日,法释〔2016〕23号)。

252 死刑缓期执行罪犯的减刑

关键词|死刑缓期执行|限制减刑|终身监禁|减刑|

【最高人民法院司法解释】

第十条　被判处死刑缓期执行的罪犯减为无期徒刑后,符合减刑条件的,执行三年以上方可减刑。减刑幅度为:确有悔改表现或者有立功表现的,可以减为二十五年有期徒刑;确有悔改表现并有立功表现的,可以减为二十四年以上二十五年以下有期徒刑;有重大立功表现的,可以减为二十三年以上二十四年以下有期徒刑;确有悔改表现并有重大立功表现的,可以减为二十二年以上二十三年以下有期徒刑。

被判处死刑缓期执行的罪犯减为有期徒刑后再减刑时,比照本规定第八条的规定办理。

第十一条　对被判处死刑缓期执行的职务犯罪罪犯,破坏金融管理秩序和金融诈骗犯罪罪犯,组织、领导、参加、包庇、纵容黑社会性质组织犯罪罪犯,危害国家安全犯罪罪犯,恐怖活动犯罪罪犯,毒品犯罪集团的首要分子及毒品再犯,累犯以及因故意杀人、强奸、抢劫、绑架、放火、爆炸、投放危险物质或者有组织的暴力性犯罪的罪犯,确有履行能力而不履行或者不全部履行生效裁判中财产性判项的罪犯,数罪并罚被判处死刑缓期执行的罪犯,减为无期徒刑后,符合减刑条件的,执行三年以上方可减刑,一般减为二十五年有期徒刑,有立功表现或者重大立功表现的,可以比照本规定第十条减为二十三年以上二十五年以下有期徒刑;减为有期徒刑后再减刑时,减刑幅度比照本规定第六条从严掌握,一次不超过一年有期徒刑,两次减刑之间应当间隔二年以上。

第十二条 被判处死刑缓期执行的罪犯经过一次或者几次减刑后，其实际执行的刑期不得少于十五年，死刑缓期执行期间不包括在内。

死刑缓期执行罪犯在缓期执行期间不服从监管、抗拒改造，尚未构成犯罪的，在减为无期徒刑后再减刑时应当适当从严。

第十三条 被限制减刑的死刑缓期执行罪犯，减为无期徒刑后，符合减刑条件的，执行五年以上方可减刑。减刑间隔时间和减刑幅度依照本规定第九条的规定执行。

第十四条 被限制减刑的死刑缓期执行罪犯，减为有期徒刑后再减刑时，一次减刑不超过六个月有期徒刑，两次减刑间隔时间不得少于二年。有重大立功表现的，间隔时间可以适当缩短，但一次减刑不超过一年有期徒刑。

第十五条 对被判处终身监禁的罪犯，在死刑缓期执行期满依法减为无期徒刑的裁定中，应当明确终身监禁，不得再减刑或者假释。

——《最高人民法院关于办理减刑、假释案件具体应用法律若干问题的规定》（2017 年 1 月 1 日，法释〔2016〕23 号）。

253 严格把握死刑缓期执行同时限制减刑的条件

关键词 | 死刑缓期执行 | 限制减刑 |

【最高人民法院司法解释】

第一条 根据刑法第五十条第二款的规定，对被判处死刑缓期执行的累犯以及因故意杀人、强奸、抢劫、绑架、放火、爆炸、投放危险物质或者有组织的暴力性犯罪被判处死刑缓期执行的犯罪分子，人民法院根据犯罪情节、人身危险性等情况，可以在作出裁判的同时决定对其限制减刑。

——《最高人民法院关于死刑缓期执行限制减刑案件审理程序若干问题的规定》（2011 年 5 月 1 日，法释〔2011〕8 号）。

【链接：理解与适用】

《规定》虽然主要规定死刑缓期执行限制减刑案件的审理程序，没有规定适用限制减刑的实体条件，但考虑死刑缓期执行限制减刑制度的重要性，《规定》第一条实际上已经在一定程度上体现了适用限制减刑的实体原则。这里，根据立法本意，结合《规定》第一条，就适用限制减刑应当遵循的司法原则略作阐述。

一是应当坚持罪刑法定原则。罪刑法定原则是刑事司法工作中要遵循的重要基本原则，对被判处死刑缓期执行的被告人是否限制减刑，也应当遵循这一原则。

刑法第五十条第二款对死缓限制减刑规定了三种情形（以下简称“1+8”），只有对这三种情形的案件，判处被告人死刑缓期执行的，才可以考虑限制减刑。除此之外的情形，判处被告人死刑缓期执行的，一律不得限制减刑。审判工作中在执行这一规定时，较为突出的问题是，要正确处理因故意伤害罪被判处死刑缓期执行的案件。刑法第五十条第二款列举的七种具体犯罪中，没有故意伤害罪，但这是实践中判处死刑或者死刑缓期执行较多的一种犯罪。按照罪刑法定原则，今后，对于犯故意伤害罪被判处死刑缓期执行的，如果被告人系累犯或者故意伤害属于有组织的暴力性犯罪的，可以对被告人同时决定限制减刑。对于不属于这两种情形的故意伤害犯罪，对被告人判处死刑缓期执行的，不能同时决定限制减刑。

二是应当坚持罪刑相适应原则。罪刑相适应原则也是刑法的基本原则，对于司法机关依法公正判刑尤为重要。刑法第五条规定：“刑罚的轻重，应当与犯罪分子所犯罪行和承担的刑事责任相适应。”据此，限制减刑应当仅适用于判处死刑立即执行过重，但判处死刑缓期执行不限制减刑又偏轻的案件。从法律规定看，尽管第五十条第二款已经限制了对死缓犯限制减刑的范围仅适用于“1+8”情形，但由于是否限制减刑要根据“犯罪情节等情况”作出决定，存在一定弹性或者裁量余地，故适用范围仍可能较宽。在此情况下，就十分有必要在司法适用中强调严格遵循罪刑相适应原则。具体而言，在对被告人判处死刑缓期执行时决定是否限制减刑，要综合考虑犯罪的性质，犯罪的起因、动机、目的、手段等情节，犯罪的后果，被告人的主观恶性和人身危险性等因素，全面分析量刑情节，严格依法适用，确保法律效果与社会效果的有机统一。对于判处死刑缓期执行不须限制减刑，就能做到有效制裁犯罪的案件，绝不应当对被告人限制减刑。工作中遇到是否须限制减刑把握不准的案件，宜采取保守的做法，不适用限制减刑。

三是应当坚持有利于严格执行死刑政策的原则。这是在决定是否限制减刑时要遵循的最重要的一条原则。从立法目的看，对判处死刑缓期执行的被告人限制减刑，并不是为了单纯加重死缓刑的严厉性，而是为进一步严格执行死刑政策创造条件。即通过延长部分死缓犯的实际执行期，充分发挥死缓刑的严厉性，改变以往“死刑过重、生刑过轻”的刑罚执行不平衡现象。由此，一部分以往因判处死刑缓期执行做不到罚当其罪而判处了死刑立即执行的案件，尤其是以往因被害方反映强烈等原因而“被迫”判处了死刑立即执行的案件，在刑法修正案（八）施行后，可以判处死刑缓期执行并限制减刑。这既有利于进一步严格执行死刑政策，也有利于实现对少数罪行极其严重的死缓犯的严惩。但是，单从刑法条文难以解读出这种立法目的。实践中可能会有人以刑法关于判处死刑立即执行和死刑缓期执行的条件没有变化为由，认为刑法只是单纯加重了生刑，而不会从控制死刑的角度来理解和适用对死缓犯限制减刑的规定，这就很可能造成对限制减刑的不当适用，出现死刑未得到控制而生刑又加重了的现象。因此,在司法适用中必须强调,对死缓犯限制减刑应当以有利于严格执行死刑政策为前提。凡是判处死刑缓期执行不须限制减刑已经符合罪刑相适应原则或者能够实现裁判效果的案件,绝不应当再限制减刑。只有对于以往本可以判处死刑缓期执行,但因死刑缓期执行的实际执行期过短,惩罚力度不够,进而判处了死刑立即执行的案件,今后由于有了限制减刑制度,能够有效制裁犯罪,才可以考虑在判处死缓的同时决定限制减刑。也就是说,对判处死刑缓期执行的被告人适用限制减刑,针对的是以往应判处死刑立即执行的案件,而不是以往判处死刑缓期执行的案件。对每一起案件的被告人判处死刑缓期执行并限制减刑,均应当围绕这一立法目的展开。

——高贵君、马岩、方文军:《〈关于死刑缓期执行限制减刑案件审理程序若干问题的规定〉的理解与适用》,载最高人民法院刑事审判第一、二、三、四、五庭主办:《中国刑事审判指导案例 1》(增订第 3 版),法律出版社 2017 年版,第 690—691 页。

【最高人民法院指导性案例】

王志才故意杀人案(最高人民法院指导案例 4 号)

裁判要点:因恋爱、婚姻矛盾激化引发的故意杀人案件,被告人犯罪手段残忍,论罪应当判处死刑,但被告人具有坦白悔罪、积极赔偿等从轻处罚情节,同时被害人亲属要求严惩的,人民法院根据案件性质、犯罪情节、危害后果和被告人的主观恶性及人身危险性,可以依法判处被告人死刑,缓期二年执行,同时决定限制减刑,以有效化解社会矛盾,促进社会和谐。

山东省高级人民法院经重新审理认为:被告人王志才的行为已构成故意杀人罪,罪行极其严重,论罪应当判处死刑。鉴于本案系因婚恋纠纷引发,王志才求婚不成,恼怒并起意杀人,归案后坦白悔罪,积极赔偿被害方经济损失,且平时表现较好,故对其判处死刑,可不立即执行。同时考虑到王志才故意杀人手段特别残忍,被害人亲属不予谅解,要求依法从严惩处,为有效化解社会矛盾,依照刑法第五十条第二款等规定,判处被告人王志才死刑,缓期二年执行,同时决定对其限制减刑。

——《最高人民法院关于发布第一批指导性案例的通知》(2011 年 12 月 20 日,法〔2011〕354 号)。

李飞故意杀人案(最高人民法院指导案例 12 号)

裁判要点:对于因民间矛盾引发的故意杀人案件,被告人犯罪手段残忍,且系累犯,论罪应当判处死刑,但被告人亲属主动协助公安机关将其抓捕归案,并积极赔偿的,人民法院根据案件具体情节,从尽量化解社会矛盾角度考虑,可以依法判处被告人死刑,缓期二年执行,同时决定限制减刑。

黑龙江省高级人民法院经重新审理认为:被告人李飞的行为已构成故意杀人罪,罪行极其严重,论罪应当判处死刑。本案系因民间矛盾引发的犯罪;案发后李飞的母亲梁某某在得知李飞杀人后的行踪时,主动、及时到公安机关反映情况,并积极配合公安机关将李飞抓获归案;李飞在公安机关对其进行抓捕时,顺从归案,没有反抗行为,并在归案后始终如实供述自己的犯罪事实,认罪态度好;在本案审理期间,李飞的母亲代为赔偿被害方经济损失;李飞虽系累犯,但此前所犯盗窃罪的情节较轻。综合考虑上述情节,可以对李飞酌情从宽处罚,对其可不判处死刑立即执行。同时,鉴于其故意杀人手段残忍,又系累犯,且被害人亲属不予谅解,故依法判处被告人李飞死刑,缓期二年执行,同时决定对其限制减刑。

——《最高人民法院关于发布第三批指导性案例的通知》(2012 年 9 月 18 日,法〔2012〕227 号)。

【链接:理解与参照】

1. 应当严格把握死缓限制减刑的适用对象。判处死缓并限制减刑,虽不是独立的刑种,但实际已成为介于死刑立即执行与单纯死刑缓期执行之间的过渡刑罚,适用对象应当是判处死刑立即执行偏重,单纯判处死缓又偏轻的犯罪分子。结合该指导性案例,对于因恋爱、婚姻等民间矛盾激化引发的故意杀人案件,论罪可以判处死刑缓期执行的,如果被害方强烈要求判处死刑,民事赔偿调解工作难以有效开展,根据被告人的犯罪情节、人身危险性等情况,限制减刑有利于惩罚和预防犯罪,有利于化解矛盾、案结事了,促进社会和谐的,应当依法适用限制减刑。

对此类案件可以依法判处死缓并限制减刑,首先是因为此类案件往往事出有因,有临时突发性,在社会危害性上不同于其他严重危害社会治安和群众安全感的故意杀人案件,在死刑适用上也应当有所区别。对此,最高人民法院 1999 年印发的《全国法院维护农村稳定刑事审判工作座谈会纪要》就曾指出:"对于因婚姻家庭、邻里纠纷等民间矛盾激化引发的故意杀人犯罪,适用死刑一定十分慎重,应当与发生在社会上的严重危害社会治安其他故意杀人犯罪案件有所区别。"2010 年印发的《关于贯彻宽严相济刑事政策的若干意见》第二十二条再次强调:"对于因恋爱、婚姻、家庭、邻里纠纷等民间矛盾激化引发的犯罪,因劳动纠纷、管理失当等原因引发、犯罪动机不属恶劣的犯罪,因被害方过错或者基于义愤引发的或者具有防卫因素的突发性犯罪,应酌情从宽处罚。"其次,这样有利于严格执行死刑政策,实现裁判法律效果和社会效果的良好统一,保障和促进社会和谐稳定。自 2007 年最高人民法院统一行使死刑核准权以来,特别是近年来各级法院对因民间矛盾激化引发的故意杀人案件,严把死刑适用关,积极做好民事赔偿调解工作,对相当一部分被告人没有判处或者核准死刑立即执行,更好地贯彻了严格控制和慎重适用死刑的政策。但是,由于人民群众普遍存在“杀人偿命”的传统报应观念,一部分案件的被害人亲属对此不能完全理解和接受,甚至不断上访和闹访,强烈要求判处被告人死刑立即执行。因此,刑法修正案(八)实施后,可以通过判处死缓并限制减刑,减少此类案件的死刑立即执行的适用,更好地执行死刑政策,同时疏解被害方的报应情绪,做到案结事了,促进社会和谐稳定。

2. 注意防止两方面的适用不当。对于此类案件适用死刑缓期执行并限制减刑时,应当防止适用不当,注意以下两个方面。一方面,对于应当判处死刑立即执行的,仍要依法判处。对于虽系民间矛盾激化引发的故意杀人案件,但如果犯罪后果特别严重的,如杀害多人或者“灭门”案等,一般应当判处死刑立即执行,而不是判处死刑缓期执行并限制减刑。另一方面,对于通过民事赔偿调解工作,能够取得被害方谅解,判处死刑缓期执行能够做到罚当其罪和案结事了的,也不能简单地适用限制减刑,以免造成限制减刑的滥用。

3. 应当根据被告人犯罪情节、人身危险性等情况,综合分析判断。由于司法实践中情况比较复杂,一些案件被告人往往同时具有法定、酌定的从严和从宽处罚的情节,形成情节冲突的局面。对此,根据宽严相济刑事政策的要求,应当在全面考察犯罪的性质、情节和对社会危害程度的基础上,结合被告人的主观恶性、人身危险性等因素,充分考虑相关因素,进行综合分析判断,决定总体从严,或者总体从宽,依法作出罚当其罪、效果良好的裁判。

——最高人民法院案例指导工作办公室:《〈王志才故意杀人案〉的理解与参照》,载《人民司法·案例》2014年第6期。

(一)关于被判处死刑缓期执行的累犯的限制减刑

根据刑法规定,累犯一般是指因故意犯罪被判处有期徒刑以上刑罚,在刑罚执行完毕或者赦免以后五年内,再次故意犯应当判处有期徒刑以上刑罚之罪的犯罪分子,也包括因“危害国家安全犯罪、恐怖活动犯罪、黑社会性质的组织犯罪的犯罪分子,在刑罚执行完毕或者赦免以后,在任何时候再犯上述任一类罪”的特殊累犯。累犯因体现了犯罪分子较高的人身危险性和较深的主观恶性,所以刑法明确规定,对于累犯应当从重处罚。但是,累犯的前罪与后罪情况有多种情形:依罪行轻重程度来分,包括轻罪+轻罪、轻罪+重罪、重罪+轻罪、重罪+重罪;依犯罪行为的暴力性来分,包括非暴力性犯罪+非暴力性犯罪、非暴力性犯罪+暴力性犯罪、暴力性犯罪+非暴力性犯罪、暴力性犯罪+暴力性犯罪;依犯罪行为次数来分,又有一起犯罪+一起犯罪、一起犯罪+多起犯罪、多起犯罪+一起犯罪和多起犯罪+多起犯罪。在上述前罪与后罪之间的关系模式中,不同的关系模式所体现的累犯的人身危险性和主观恶性有所不同。因此要进一步区分累犯的人身危险性和主观恶性程度,并在量刑时有所区别和体现。具体而言,当累犯的前罪和后罪均为严重的暴力性犯罪、同类犯罪或者数罪时,累犯情节所体现的人身危险性和主观恶性就更大,对被告人一般应当限制减刑;当累犯的前罪并非暴力性犯罪或者虽系暴力性犯罪,但情节较轻的,尤其是因民间矛盾激化引发的犯罪,则累犯情节对于是否适用限制减刑的影响相对较小,要根据案件的具体情节和被告人的人身危险性,按照罪刑相适应原则的要求,决定是否限制减刑,而不能一律对其限制减刑。本案例中,被告人李飞前罪为盗窃罪,被判处有期徒刑二年,所犯前罪系非暴力性犯罪,被判处的刑罚亦较轻。从前罪与后罪的关系模式看,系轻罪+重罪、非暴力性犯罪+暴力性犯罪、一起犯罪+一起犯罪。这说明李飞的人身危险性和主观恶性尚不是极其严重。结合本案其他情节,判处被告人死缓并限制减刑能够罚当其罪,收到较好的法律效果和社会效果。

值得注意的是,司法实践中还有一种情形,即被告人曾因犯罪被判刑,但不构成累犯的情形。对于这种情形的罪犯,如果本次犯罪被判处死刑缓期执行,也符合刑法规定限制减刑的前提条件,则应当根据其前罪与后罪的犯罪性质和具体情节,结合罪犯的人身危险性和主观恶性,决定是否对其限制减刑,而不能一律限制减刑或不限制减刑。

——最高人民法院案例指导工作办公室:《〈李飞故意杀人案〉的理解与参照》,载《人民司法·案例》2014年第6期。

254 共同犯罪案件中限制减刑如何适用

关键词｜共同犯罪｜死缓限制减刑｜

【最高人民法院参考案例】

宋江平、平建卫抢劫、盗窃案(《刑事审判参考》案例第739号)

要旨:对于二人或者多人共同犯罪致一人死亡的案件,要进一步区分主犯之间的罪责大小,仅对其中罪责最大的主犯判处死刑立即执行。

(二)对共同犯罪案件中判处死刑缓期执行的被告人适用限制减刑的条件

近年来为严格控制和慎重适用死刑,对于二人或者多人共同犯罪致一人死亡的案件,要进一步区分主犯之间的罪责大小,仅对其中罪责最大的主犯判处死刑立即执行。2010年最高人民法院印发的《关于贯彻宽严相济刑事政策的若干意见》中规定“对于多名被告人共同致死一名被害人的案件,要进一步分清各被告人的作用,准确确定各被告人的罪责,以做到区别对待;不能以分不清主次为由,简单地一律判处重刑”。这里的“重刑”主要是指死刑立即执行。在有些案件中,数名主犯之间罪责差别不大,罪责相对略小的主犯被判处了死刑缓期执行。对这类主犯是否限制减刑,关键看其主观恶性和人身危险性的大小。如果被判处死刑缓期执行的被告人犯罪手段残忍,犯罪性质和情节恶劣,或者是累犯或者有前科,表现出较大的主观恶性和人身危险性的,在符合刑法第五十条第二款规定的前提下,可以决定对其限制减刑。这样把握,既体现出严格执行死刑政策,又充分体现了对此类主犯的严惩,实现与判处死刑立即执行主犯之间的量刑平衡。反之,如果判处死刑缓期执行的被告人犯罪手段和情节一般,也没有前科,不能认定其主观恶性深、人身危险性大的,则判处死刑缓期执行就已经体现严惩,并能实现与判处死刑立即执行主犯之间的量刑平衡,自然也就不应当再对其限制减刑。

本案中,被告人宋江平、平建卫伙同他人实施了一起抢劫和两起盗窃犯罪。其中,抢劫是主要罪行,二被告人也因该罪被一、二审法院判处死刑立即执行。最高人民法院复核后,对被告人宋江平核准死刑。理由是:宋江平伙同平建卫等人以故意杀人手段实施抢劫,捅刺被害人全身数十刀,手段特别残忍,罪行极其严重;宋江平虽未直接动手杀人,但其提议抢劫,纠集其他人参与作案,并负责组织、指挥,作用最为突出;同时,宋曾因犯抢劫罪被判刑七年,刑满释放后二年多又犯抢劫罪、盗窃罪,主观恶性深、人身危险性大,应当依法严惩,一、二审对其判处死刑适当。

但是,对于被告人平建卫,最高人民法院复核后对其改判了死刑缓期执行并限制减刑。主要理由在于,虽然平建卫在抢劫共同犯罪中行为积极主动,首先动手捅刺被害人,其供述自己一人捅刺被害人多刀,且系从正面捅刺,是致死被害人的直接责任人之一,罪行极其严重,论罪可以判处死刑立即执行。但是,平建卫系被宋江平纠集参与作案,在作案过程中听从宋的指挥,一定程度上处于受支配地位,且犯罪时刚满十八周岁,归案后认罪、悔罪态度尚好,从严格执行死刑政策角度出发,尚不属于判处死刑必须立即执行;而抢劫罪是刑法第五十条第二款规定的可以限制减刑的七种具体犯罪之一。鉴于前两点理由,且为实现与第一主犯宋江平之间的量刑平衡,对平建卫判处死刑缓期执行,应当同时决定对其限制减刑。当然,如果本起抢劫犯罪手段不是这么残忍,尚不能认定平建卫主观恶性深、人身危险性大,则不应对其限制减刑。

——《刑事审判参考》(总第 83 辑)。

255 2011 年 4 月 30 日以前犯罪的能否适用限制减刑

关键词 | 限制减刑 | 时间效力 |

【最高人民法院司法解释】

第二条　2011年4月30日以前犯罪，判处死刑缓期执行的，适用修正前刑法第五十条的规定。

被告人具有累犯情节，或者所犯之罪是故意杀人、强奸、抢劫、绑架、放火、爆炸、投放危险物质或者有组织的暴力性犯罪，罪行极其严重，根据修正前刑法判处死刑缓期执行不能体现罪刑相适应原则，而根据修正后刑法判处死刑缓期执行同时决定限制减刑可以罚当其罪的，适用修正后刑法第五十条第二款的规定。

——《最高人民法院关于〈中华人民共和国刑法修正案（八）〉时间效力问题的解释》（2011年5月1日，法释〔2011〕9号）。

【最高人民法院参考案例】

宋江平、平建卫抢劫、盗窃案（《刑事审判参考》案例第739号）

要旨：根据修正前刑法判处死刑缓期执行不能体现罪刑相适应原则，而根据修正后刑法判处死刑缓期执行同时决定限制减刑可以罚当其罪的，适用修正后刑法第五十条第二款的规定。

值得一提的是，本案的犯罪时间发生在2008年，而刑法修正案（八）自2011年5月1日起公布施行，似乎不能依据刑法修正案（八）对被告人平建卫限制减刑。但如前所述，死刑缓期执行限制减刑制度是从严格执行死刑政策的角度来适用的，限制减刑的对象是按照修正前刑法应当判处死刑立即执行，但因形势变化、宽严相济刑事政策的进一步贯彻以及死缓制度的完善，依照修正后刑法可不判处死刑立即执行者。相对于判处死刑立即执行而言，对被告人判处死刑缓期执行并限制减刑属于较轻的刑罚。在此种条件下，修正后的刑法对被告人有利，也完全符合“从旧兼从轻”的刑法适用原则。正是基于这些理由，《最高人民法院关于〈中华人民共和国刑法修正案（八）〉时间效力问题的解释》第二条第二款规定：“被告人具有累犯情节，或者所犯之罪是故意杀人、强奸、抢劫、绑架、放火、爆炸、投放危险物质或者有组织的暴力性犯罪，罪行极其严重，根据修正前刑法判处死刑缓期执行不能体现罪刑相适应原则，而根据修正后刑法判处死刑缓期执行同时决定限制减刑可以罚当其罪的，适用修正后刑法第五十条第二款的规定。”今后，对于此类案件适用限制减刑的时间效力问题，均应当依照司法解释的该项规定办理。

——《刑事审判参考》（总第83辑）。

256 再审判决改变原判决、裁定的，原减刑、假释裁定的效力认定

关键词 | 审判监督程序 | 减刑 | 假释 |

【最高人民法院司法解释】

第三十二条 人民法院按照审判监督程序重新审理的案件，裁定维持原判决、裁定的，原减刑、假释裁定继续有效。

再审裁判改变原判决、裁定的，原减刑、假释裁定自动失效，执行机关应当及时报请有管辖权的人民法院重新作出是否减刑、假释的裁定。重新作出减刑裁定时，不受本规定有关减刑起始时间、间隔时间和减刑幅度的限制。重新裁定时应综合考虑各方面因素，减刑幅度不得超过原裁定减去的刑期总和。

再审改判为死刑缓期执行或者无期徒刑的，在新判决减为有期徒刑之时，原判决已经实际执行的刑期一并扣减。

再审裁判宣告无罪的，原减刑、假释裁定自动失效。

——《最高人民法院关于办理减刑、假释案件具体应用法律若干问题的规定》（2017 年 1 月 1 日，法释〔2016〕23 号）。

【最高人民法院答复】

根据刑法第五十一条、第八十条的规定，原被判处有期徒刑的罪犯再审被改判为死刑缓刑执行或者无期徒刑后，在执行该刑罚过程中，根据其悔改或者立功表现被减为有期徒刑的，其刑期从死刑缓期执行期满之日起或者裁定减刑之日起计算。对原有期徒刑判决执行前先行羁押的日期，不能计算在改判的死刑缓期执行或者无期徒刑减为有期徒刑后的刑期之内；对原有期徒刑判决执行后的服刑日期，则应当计算在改判的死刑缓期执行或者无期徒刑减为有期徒刑后的刑期之内。

——《最高人民法院研究室关于对原被判处有期徒刑、再审被改判为死刑缓期执行或者无期徒刑的罪犯减刑时，对其原服刑能否折抵减刑后刑期问题的答复》（2005 年 12 月 5 日，法研〔2005〕182 号）。

【最高人民法院审判业务意见】

有关部门就原判有期徒刑的罪犯被再审改判无期徒刑应如何计算实际执行刑期问题征求最高人民法院研究室意见。最高人民法院研究室经研究认为：

原判有期徒刑的罪犯经再审改判为无期徒刑的，无期徒刑的执行期间从再审判决确定之日起计算。但是，改判前原判确定之日起已经执行的刑期，在决定假释时应当计算为无期徒刑实际执行的刑期。

……

原判有期徒刑的罪犯经再审改判为无期徒刑的,原判有期徒刑判决执行以前先行羁押的期间不应计算在改判后无期徒刑的实际执行刑期之内,即改判前原判确定之日起已经执行的刑期,在决定假释时才应当计算为无期徒刑实际执行的刑期。

——喻海松:《最高人民法院研究室关于原判有期徒刑的罪犯被再审改判无期徒刑应如何计算实际执行刑期问题的研究意见》,载最高人民法院研究室编著:《司法研究与指导》(总第2辑),人民法院出版社2012年版,第158、161页。

257 罪犯因漏罪或者又犯新罪数罪并罚时的减刑

关键词 | 漏罪 | 新罪 | 数罪并罚 | 减刑 |

【最高人民法院司法解释】

第二十一条　被判处有期徒刑、无期徒刑的罪犯在刑罚执行期间又故意犯罪,新罪被判处有期徒刑的,自新罪判决确定之日起三年内不予减刑;新罪被判处无期徒刑的,自新罪判决确定之日起四年内不予减刑。

罪犯在死刑缓期执行期间又故意犯罪,未被执行死刑的,死刑缓期执行的期间重新计算,减为无期徒刑后,五年内不予减刑。

被判处死刑缓期执行罪犯减刑后,在刑罚执行期间又故意犯罪的,依照第一款规定处理。

第三十三条　罪犯被裁定减刑后,刑罚执行期间因故意犯罪而数罪并罚时,经减刑裁定减去的刑期不计入已经执行的刑期。原判死刑缓期执行减为无期徒刑、有期徒刑,或者无期徒刑减为有期徒刑的裁定继续有效。

第三十四条　罪犯被裁定减刑后,刑罚执行期间因发现漏罪而数罪并罚的,原减刑裁定自动失效。如漏罪系罪犯主动交代的,对其原减去的刑期,由执行机关报请有管辖权的人民法院重新作出减刑裁定,予以确认;如漏罪系有关机关发现或者他人检举揭发的,由执行机关报请有管辖权的人民法院,在原减刑裁定减去的刑期总和之内,酌情重新裁定。

第三十五条　被判处死刑缓期执行的罪犯,在死刑缓期执行期内被发现漏罪,依据刑法第七十条规定数罪并罚,决定执行死刑缓期执行的,死刑缓期执行期间自新判决确定之日起计算,已经执行的死刑缓期执行期间计入新判决的死刑缓期执行期间内,但漏罪被判处死刑缓期执行的除外。

第三十六条　被判处死刑缓期执行的罪犯,在死刑缓期执行期满后被发现漏罪,依据刑法第七十条规定数罪并罚,决定执行死刑缓期执行的,交付执行时对罪犯实际执行无期徒刑,死缓考验期不再执行,但漏罪被判处死刑缓期执行的除外。

在无期徒刑减为有期徒刑时,前罪死刑缓期执行减为无期徒刑之日起至新判决生效之日止已经实际执行的刑期,应当计算在减刑裁定决定执行的刑期以内。

原减刑裁定减去的刑期依照本规定第三十四条处理。

第三十七条 被判处无期徒刑的罪犯在减为有期徒刑后因发现漏罪,依据刑法第七十条规定数罪并罚,决定执行无期徒刑的,前罪无期徒刑生效之日起至新判决生效之日止已经实际执行的刑期,应当在新判决的无期徒刑减为有期徒刑时,在减刑裁定决定执行的刑期内扣减。

无期徒刑罪犯减为有期徒刑后因发现漏罪判处三年有期徒刑以下刑罚,数罪并罚决定执行无期徒刑的,在新判决生效后执行一年以上,符合减刑条件的,可以减为有期徒刑,减刑幅度依照本规定第八条、第九条的规定执行。

原减刑裁定减去的刑期依照本规定第三十四条处理。

——《最高人民法院关于办理减刑、假释案件具体应用法律若干问题的规定》(2017 年 1 月 1 日,法释〔2016〕23 号)。

【最高人民法院参考案例】

石加肆盗窃案(《刑事审判参考》案例第 1082 号)

要旨:前罪服刑期间经减刑裁定减去的刑期不应计入已经执行的刑期之中。

本案的前罪原审判决虽已被依法撤销,但被告人服刑期间的减刑裁定如何评价在实践中尚存争议。有人认为,减刑是基于被告人服刑期间的行为、人格作出的评价,一经法定程序作出即具有法律效力,不应因漏罪或者新罪的裁判而撤销已经依法作出的减刑等裁定,否则将有损减刑的严肃性和权威性。

我们认为,减刑的深层动因在于人身危险性的良性变化。在本质上,减刑是对原判执行过程的改变,并非对原判判决的改变。刑罚执行虽以判决确定的刑罚为执行内容,但并不仅仅是裁判权的附庸,刑罚执行本身具有相对独立性:刑罚执行过程中可以根据犯罪人的悔改表现或者立功表现,对判决所确定的刑罚依法加以调整。进入刑罚执行阶段,犯罪已成客观事实,犯罪性质不再发生变化,犯罪行为本身不存在使刑罚变更的原因;而犯罪人是鲜活的个体,其个体情况和改造程度的变化差异构成刑罚变更的基础。犯罪人从服刑初始被动接受法律制裁到为了缩短承受刑罚痛苦的时间而积极改造直至逐渐降低犯罪意愿并使自身行为符合社会利益的过程,根本上是其人身危险性趋向减弱的动态变化。但漏罪的发现或新罪的实施恰恰否认了被告人人身危险性弱化的可能性,与减刑的初衷背道而驰。因此,被告人在前罪服刑期间经减刑裁定减去的一年六个月十五天不能计入已经执行的刑期,即前罪实际执行的刑期为二年十一个月十五天。

——《刑事审判参考》(总第 103 辑)。

258 经减刑裁定减去的刑期可否计入假释执行期限

关键词|减刑裁定|假释执行期限|

【链接:理解与适用】

关于经减刑裁定减去的刑期可否计入假释执行期限,实践中有两种观点。一种观点认为,从有利于被告人的角度出发,经减刑减去的刑期应该计入假释执行期限。另一种观点认为,刑法第八十一条明文规定必须执行原判刑期二分之一以上,如果符合条件,才可以假释,经减刑裁定减去的刑期不能并入假释执行期限。我们同意第二种意见。理由如下:第一,减刑是对罪犯服刑期间认罪悔罪,积极改造,确有悔改表现的奖励,是通过法定的程序缩短罪犯拟服刑的刑期,并非实际服刑的期限;第二,《最高人民法院关于罪犯因漏罪、新罪数罪并罚时原减刑裁定应如何处理的意见》规定:"罪犯被裁定减刑后,因被发现漏罪或者又犯新罪而依法进行数罪并罚时,经减刑裁定减去的刑期不计入已经执行的刑期。"该文件在出台之前,最高人民法院在办理张某、董某超案件时,曾书面向全国人大常委会法工委征求意见,法工委复函明确,经减刑减去的刑期,不计入已经执行的刑期。最高人民法院这一文件虽然针对的情形不同,但其明确了减刑减去的刑期不属于已经执行的刑期。

——最高人民法院审判监督庭编著:《最高人民法院关于减刑、假释司法解释理解与适用》,人民法院出版社 2014 年版,第 188—189 页。

259 保外就医期间可否计入假释的执行期限

关键词|保外就医期间|假释执行期限|

【链接:理解与适用】

罪犯在保外就医期间被及时收监前的期间能否折抵刑期?根据 1988 年最高人民检察院、公安部、司法部联合颁布的《关于不允许暂予监外执行的罪犯外出经商问题的通知》第二条的规定,对于未经批准,擅自离开居住地的暂予监外执行罪犯,其外出期间不能计入刑期。根据 1989 年最高人民法院、最高人民检察院、公安部、司法部联合颁布的《关于依法加强对管制、剥夺政治权利、缓刑、假释和暂予监外执行罪犯监督考察工作的通知》第五条第二款的规定，经过批准外出的监外罪犯，其被许可外出的期间，应计入执行期，但超过许可的时间不计入执行期。根据1990年司法部、最高人民检察院、公安部联合颁布的《罪犯保外就医执行办法》第十六条的规定，罪犯保外就医期间计入执行刑期，但采取非法手段骗取保外就医、经查证属实的除外。保外就医罪犯未经公安机关批准擅自外出的期间不计入执行刑期。根据以上规定，法律一般允许保外就医期间应当折抵刑期，但骗保以及超过批准的时空范围所经过的时间不折抵刑期。

如果罪犯在保外就医地实施了违法犯罪行为，对于这样一种行为所造成的未及时收监的情形，主要有两种情况：一是执行机关自己的原因造成的，如玩忽职守等；二是罪犯采取隐瞒、抵抗、逃逸、欺骗等违法行为造成的，以至于其脱离了执行机关的监管。对于前一种情形，由于罪犯依然在执行机关的监管下，其人身自由依然受到了严格的限制，未及时收监而经过的时间应该折抵刑期。而对于后一种情形，由于其经过的时间丧失了人道主义基础和执行机关批准的前提，因此，该期间实质上不属于保外就医期间，不应当予以折抵刑期。如果未及时收监的结果是执行机关和罪犯共同造成的，那么就应当视主要原因而定。如果主要是执行机关的原因，就应当允许刑期折抵；如果主要是罪犯的原因，则不应当进行刑期折抵。

——最高人民法院审判监督庭编著：《最高人民法院关于减刑、假释司法解释理解与适用》，人民法院出版社2014年版，第189页。

260 无期徒刑罪犯假释的最低服刑期限如何计算

关键词 | 无期徒刑 | 假释最低服刑期限 |

【链接：理解与适用】

刑法修正案（八）将无期徒刑罪犯假释的实际执行刑期上调至十三年，这其中是否包含着判决前的羁押期间，实践中有两种不同的意见。一种意见认为，刑法对于无期徒刑罪犯的实际执行刑期不能少于十三年的规定，应当自无期徒刑判决确定之日起计算，判决前的羁押日期不计入；另一种意见认为，我国刑法规定的无期徒刑罪犯假释的实际执行期限，应当包括无期徒刑判决确定前的羁押期在内。因为就无期徒刑本身的性质来说，是剥夺犯罪分子终身自由刑的刑罚方法，自判决确定之后开始执行，不存在刑期计算问题。但是，当被判处无期徒刑的罪犯符合一定条件考虑其假释问题时，则必须明确实际执行的刑期究竟是多少，要严格依法办理。经研究，我们同意第一种意见，即无期徒刑判决前的羁押期间不能计入假释执行期间。主要理由是：第一，无期徒刑由其自身的特性所决定，羁押期间无法与其折抵,而只能被其吸收。我国刑法第四十七条只规定了羁押期间与有期徒刑之间的折抵,而对无期徒刑判决前的羁押期间折抵问题没作规定。第二,根据《规定》的规定,无期徒刑实际执行的期限,应当从判决确定之日起计算,这就是说判决确定前的羁押期间不属于"实际执行期间",当然也就不能计入无期徒刑罪犯假释所需要的"实际执行期间"之内。

——最高人民法院审判监督庭编著:《最高人民法院关于减刑、假释司法解释理解与适用》,人民法院出版社2014年版,第191—192页。

261 假释时间效力法律适用问题

关键词 | 假释时间效力 | 不得假释 |

【最高人民法院司法解释】

第八条 2011年4月30日以前犯罪,因具有累犯情节或者系故意杀人、强奸、抢劫、绑架、放火、爆炸、投放危险物质或者有组织的暴力性犯罪并被判处十年以上有期徒刑、无期徒刑的犯罪分子,2011年5月1日以后仍在服刑的,能否假释,适用修正前刑法第八十一条第二款的规定;2011年4月30日以前犯罪,因其他暴力性犯罪被判处十年以上有期徒刑、无期徒刑的犯罪分子,2011年5月1日以后仍在服刑的,能否假释,适用修正后刑法第八十一条第二款、第三款的规定。

——《最高人民法院关于〈中华人民共和国刑法修正案(八)〉时间效力问题的解释》(2011年5月1日,法释〔2011〕9号)。

【最高人民法院答复】

一、根据刑法第十二条的规定,应当以行为实施时,而不是审判时,作为新旧法选择适用的判断基础。故《最高人民法院关于适用刑法时间效力规定若干问题的解释》第八条规定的"1997年9月30日以前犯罪,1997年10月1日以后仍在服刑的累犯以及因杀人、爆炸、抢劫、强奸、绑架等暴力性犯罪被判处十年以上有期徒刑、无期徒刑的犯罪分子",包括1997年9月30日以前犯罪,已被羁押尚未判决的犯罪分子。

二、经《中华人民共和国刑法修正案(八)》修正前刑法第八十一条第二款规定的"暴力性犯罪",不仅包括杀人、爆炸、抢劫、强奸、绑架五种,也包括故意伤害等其他暴力性犯罪。

——《最高人民法院研究室关于假释时间效力法律适用问题的答复》(2011年7月15日,法研〔2011〕97号)。

【链接：理解与适用】

(八)不得假释的法律适用问题

修正前刑法第八十一条第二款规定："对累犯以及因杀人、爆炸、抢劫、强奸、绑架等暴力性犯罪被判处十年以上有期徒刑、无期徒刑的犯罪分子,不得假释。"而修正后刑法第八十一条第二款规定："对累犯以及因故意杀人、强奸、抢劫、绑架、放火、爆炸、投放危险物质或者有组织的暴力性犯罪被判处十年以上有期徒刑、无期徒刑的犯罪分子,不得假释。"对比可见,两者对不得假释罪犯的范围规定有所不同。有些罪犯,如因犯普通的故意伤害罪(即不是有组织的故意伤害犯罪)被判处十年以上有期徒刑的罪犯,依照修正前刑法的规定,本属不得假释之列,但依照修正后刑法的规定,则可以假释。

为明确刑法修正案(八)生效后,不得假释罪犯范围的具体把握问题,本解释第八条作出了专门规定:(1)2011 年 4 月 30 日以前犯罪,因具有累犯情节或者系故意杀人、强奸、抢劫、绑架、放火、爆炸、投放危险物质或者有组织的暴力性犯罪并被判处十年以上有期徒刑、无期徒刑的犯罪分子,2011 年 5 月 1 日以后仍在服刑的,能否假释,适用修正前刑法第八十一条第二款的规定。即如果犯罪分子具有累犯情节或者所犯罪行同时也属暴力性犯罪的,不得假释;如果犯罪分子不具有累犯情节,所犯罪行也不是暴力性犯罪,则可以假释。(2)2011 年 4 月 30 日以前犯罪,因其他暴力性犯罪被判处十年以上有期徒刑、无期徒刑的犯罪分子,2011 年 5 月 1 日以后仍在服刑的,能否假释,适用修正后刑法第八十一条第二、三款的规定,即可以假释。

——胡云腾、周加海、刘涛:《〈关于《中华人民共和国刑法修正案(八)》时间效力问题的解释〉的理解与适用》,载最高人民法院刑事审判第一、二、三、四、五庭主办:《刑事审判参考》(总第 81 辑),第 121—129 页。

262 对"不得假释"情形的理解

关键词 | 死刑缓期执行 | 假释 |

【最高人民法院司法解释】

第二十五条 对累犯以及因故意杀人、强奸、抢劫、绑架、放火、爆炸、投放危险物质或者有组织的暴力性犯罪被判处十年以上有期徒刑、无期徒刑的罪犯,不得假释。

因前款情形和犯罪被判处死刑缓期执行的罪犯,被减为无期徒刑、有期徒刑后,也不得假释。

第三十条 依照刑法第八十六条规定被撤销假释的罪犯,一般不得再假释。但依照该条第二款被撤销假释的罪犯,如果罪犯对漏罪曾作如实供述但原判未予认定,或者漏罪系其自首,符合假释条件的,可以再假释。

被撤销假释的罪犯,收监后符合减刑条件的,可以减刑,但减刑起始时间自收监之日起计算。

——《最高人民法院关于办理减刑、假释案件具体应用法律若干问题的规定》(2017年1月1日,法释〔2016〕23号)。

263 假释的起始时间、间隔时间

关键词 | 假释起始时间 | 假释间隔时间 |

【最高人民法院司法解释】

第二十三条 被判处有期徒刑的罪犯假释时,执行原判刑期二分之一的时间,应当从判决执行之日起计算,判决执行以前先行羁押的,羁押一日折抵刑期一日。

被判处无期徒刑的罪犯假释时,刑法中关于实际执行刑期不得少于十三年的时间,应当从判决生效之日起计算。判决生效以前先行羁押的时间不予折抵。

被判处死刑缓期执行的罪犯减为无期徒刑或者有期徒刑后,实际执行十五年以上,方可假释,该实际执行时间应当从死刑缓期执行期满之日起计算。死刑缓期执行期间不包括在内,判决确定以前先行羁押的时间不予折抵。

第二十八条 罪犯减刑后又假释的,间隔时间不得少于一年;对一次减去一年以上有期徒刑后,决定假释的,间隔时间不得少于一年六个月。

罪犯减刑后余刑不足二年,决定假释的,可以适当缩短间隔时间。

——《最高人民法院关于办理减刑、假释案件具体应用法律若干问题的规定》(2017年1月1日,法释〔2016〕23号)。

264 适用假释的从宽掌握条件

关键词 | 假释 | 依法从宽 |

【最高人民法院司法解释】

第二十六条 对下列罪犯适用假释时可以依法从宽掌握:

(一)过失犯罪的罪犯、中止犯罪的罪犯、被胁迫参加犯罪的罪犯；

(二)因防卫过当或者紧急避险过当而被判处有期徒刑以上刑罚的罪犯；

(三)犯罪时未满十八周岁的罪犯；

(四)基本丧失劳动能力、生活难以自理，假释后生活确有着落的老年罪犯、患严重疾病罪犯或者身体残疾罪犯；

(五)服刑期间改造表现特别突出的罪犯；

(六)具有其他可以从宽假释情形的罪犯。

罪犯既符合法定减刑条件，又符合法定假释条件的，可以优先适用假释。

——《最高人民法院关于办理减刑、假释案件具体应用法律若干问题的规定》(2017年1月1日，法释〔2016〕23号)。

七、时效

265 继续犯的追诉期限应当从犯罪行为终了之日起计算

关键词｜追诉｜继续犯｜行为终了｜重婚罪｜

【最高人民法院参考案例】

田某某重婚案(《刑事审判参考》案例第1062号)

要旨:已婚的被告人与他人建立事实婚姻关系后,又单方终止事实婚姻关系的,并不意味着重婚行为终了。

重婚不法行为和不法状态自始至终同时存在,持续侵害一夫一妻制的婚姻制度,完全符合继续犯的特征,属于继续犯。重婚登记或者事实婚姻关系的确立只意味着重婚行为的开始而不是终了,不应把后婚婚姻关系的确立与以后的以夫妻名义共同生活行为割裂开来,而应当将二者视为完整统一的重婚行为,前者是后者开始的标志。刑法第八十九条规定,“追诉期限……犯罪行为有连续或者继续状态的,从犯罪行为终了之日起计算”。因此,重婚罪的追诉期限应当从重婚行为终了之日起计算。

认定重婚行为是否终了应当着重考虑两个因素:一是行为人是否作出解除事实婚姻的意思表示;二是该意思表示实质上是否起到解除婚姻关系的作用。无论是法律婚姻还是事实婚姻,婚姻关系毕竟由男女双方结成,一方作出解除婚姻关系的意思表示,并不必然导致婚姻关系自此解除,另一方是否愿意维持婚姻关系,双方是否解决财产分割、子女抚养等重大问题等因素,在认定婚姻关系是否解除时也要予以考虑。后婚系事实婚姻的,行为人单方作出解除婚姻关系的意思表示后,如另一方对此予以认可,二人不再以夫妻名义共同生活,此种情况下即可认定事实婚姻关系自此解除,如有遗留的财产分割、子女抚养问题,可在日后通过民事纠纷解决渠道解决;如另一方对此不予认可,则说明双方对是否继续保持事实婚姻关系存在争议,从保护弱势群体、维护社会公序良俗的角度出发,应综合考虑夫妻双方的态度,财产分割、子女抚养等问题的解决情况等因素判断婚姻关系是否解除。

——《刑事审判参考》(总第102辑)。

266 正确理解和适用刑法第八十八条第二款关于追诉时效延长的规定

关键词 | 追诉期限 | 控告 |

【最高人民法院参考案例】

林捷波故意伤害案(《刑事审判参考》案例第945号)

要旨:被害人在追诉时效内提出控告,人民法院、人民检察院、公安机关应当立案而不立案的,不受追诉时效的限制。

适用刑法第八十八条第二款,必须同时具备以下条件:

(一)被害人在追诉时效内提出控告

首先,这里的被害人不能狭义地理解为被害人本人,而应理解为包括被害人本人及其法定代理人、近亲属。因为现实中被害人可能会因本人身体原因或者受到强制、威吓而不能或者不敢提出控告,此时若不允许被害人的法定代理人或者近亲属代为控告,便与立法精神相悖,也不符合我国刑法增设该款保障被害人权益的目的。

其次,被害人必须在追诉期限内提出控告,该追诉期限是指刑法第八十七条所规定的期限。

再次,刑事诉讼法第一百零八条第二款规定:"被害人对侵犯其人身、财产权利的犯罪事实或者犯罪嫌疑人,有权向公安机关、人民检察院或者人民法院报案或者控告。""报案"指任何单位和个人(不限于被害人)发现犯罪事实后,向有关司法机关报告,请求审查处理的行为,通常报案人在报案时不知道犯罪嫌疑人是谁。"控告"则一般指被害人或者其法定代理人、近亲属为了维护被害人的权益,向有关司法机关指控具体的犯罪嫌疑人及其犯罪事实,请求追究犯罪嫌疑人的刑事责任的行为被害人进行控告的前提是必须知道具体的犯罪嫌疑人,如果被害人不知道犯罪嫌疑人是谁,而只是报案反映自己被侵害的事实的,则不能适用刑法第八十八条第二款的规定。

(二)人民法院、人民检察院、公安机关应当立案而不予立案

立案是刑事诉讼开始的第一个独立的诉讼阶段,对刑事诉讼案件的进行具有决定性意义。除公安机关、人民检察院自行发现或获取的材料是立案的材料来源外,报案、控告、举报和自首是司法机关立案材料中的主要来源。刑事诉讼法第一百一十条规定:"人民法院、人民检察院或者公安机关对于报案、控告、举报和自首的材料,应当按照管辖范围,迅速进行审查,认为有犯罪事实需要追究刑事责任的时候,应当立案;认为没有犯罪事实,或者犯罪事实显著轻微,不需要追究刑事责任的时候,不予立案,并且将不立案的原因通知控告人。控告人如果不服,可以申请复议。"根据本条规定,刑事立案必须具备两个条件:一是有犯罪事实发生,二是需要追究刑事责任。所谓"应当立案",是指符合上述规定的立案条件;所谓"应当立

案而不立案”，是指对符合立案条件的，并不具有“没有犯罪事实，或者犯罪事实显著轻微，不需要追究刑事责任的”不予立案情况，人民法院、人民检察院、公安机关却未予立案的情形。

——《刑事审判参考》（总第 96 辑）。

267 滥用职权罪追诉时效期限的起算点应如何认定

关键词｜追诉时效｜滥用职权罪｜

【最高人民法院答复】

二、国有公司人员滥用职权或失职罪的追诉期限应从损失结果发生之日起计算。就本案而言，追诉期限应以法律意义上的损失发生为标准，即以人民法院民事终审判决之日起计算。

——《最高人民法院刑事审判第二庭关于国有公司人员滥用职权犯罪追诉期限等问题的答复》（2005 年 1 月 13 日）。

【最高人民法院参考案例】

沈某某滥用职权案（《刑事审判参考》案例第 1134 号）

要旨：追诉期限仍应从滥用职权行为造成的侵害结果发生之日起算，而不能以侵害结果终了之日起算。

我们认为，滥用职权罪属于状态犯，而非继续犯。滥用职权罪的犯罪行为实行终了后产生不法状态，即侵害结果，此后，侵害结果虽然一直存在，但滥用职权行为本身已经实行终了，没有持续，因此，追诉期限仍应从滥用职权行为造成的侵害结果发生之日起算，而不能以侵害结果终了之日起算。本案中，被告人沈某某违法行使审批权，致张某青的出生日期和身份信息被重新录入户政管理系统，使其抢劫的犯罪事实得不到及时的追究。后又在张某青的征兵政审工作中不负责任地出具张某青符合征兵政审条件和无违法违纪及不良行为的意见，致张某青于 2007 年 12 月 1 日应征入伍服兵役等危害后果发生后。在危害后果持续期间，沈某某再没有实施其他滥用职权的行为，追诉期限应从 2007 年 12 月 1 日起算，之后张某青继续服兵役至 2011 年 9 月才被抓获归案，这期间是不法状态的持续，而不是犯罪行为的持续。

——《刑事审判参考》（总第 105 辑）。

268 共同犯罪追诉期限的确定规则

关键词 | 追诉时效 | 共同犯罪 |

【最高人民法院参考案例】

杨伟故意伤害案(《刑事审判参考》案例第745号)

要旨:共同犯罪案件,宜一体确定追诉时效,确保同案被告人的追诉时效一致。

第五,对于共同犯罪,确定从犯追诉期限时所适用的法律条款与确定主犯追诉期限所适用的法律条款应当同一。不论从犯的参与程度,即使从犯有从轻、减轻情节,其追诉期限与主犯的追诉期限应当一致,这是共同犯罪追诉的一体性以及保证诉讼程序完整性的要求。

具体到本案,被告人杨伟所实施的故意伤害行为,虽然其行为不是导致被害人死亡的直接原因,且情节较为轻微,但是作为共同犯罪的参与人,既然其参与行为造成了死亡结果,就应按照致人死亡情形的故意伤害行为确定追诉期限,即应按照……二十年的追诉期限。本案在2008年立案时未过追诉期限,因此,应对杨伟追究刑事责任。

——《刑事审判参考》(总第84辑)。

269 死刑缓期执行期间犯脱逃罪的，追诉时效的判断

关键词 | 追诉时效 | 脱逃罪 |

【最高人民法院参考案例】

张丽荣脱逃案(《刑事审判参考》案例第1278号)

要旨:"强制措施"应理解为人民法院、人民检察院、公安机关采取的拘留、逮捕等法定刑事强制措施,不能扩大解释为一切被限制人身自由的状态。

被告人张丽荣因犯故意杀人罪,被判处死刑,缓期二年执行,核准裁定送达后死刑缓期执行期间已经开始计算,其又故意犯罪,因张丽荣所犯脱逃罪法定最高刑为五年有期徒刑,追诉时效应为十年。张丽荣脱逃后,侦查机关没有及时针对其脱逃犯罪立案侦查和采取强制措施,直至2005年11月4日决定对张丽荣刑事拘留,并以其涉嫌犯故意杀人罪上网通缉。根据1997年10月1日起施行的《最高人民法院关于适用刑法时间效力规定若干问题的解释》第一条的规定,对于行为人1997年9月30日前实施的犯罪行为,在人民检察院、公安机关、国家安全机关立案侦查或者在人民法院受理案件以后,行为人逃避侦查或者审判,超过追诉期限或者

被害人在追诉期限内提出控告,人民法院、人民检察院、公安机关应该立案而不立案,超过追诉期限的,是否追究行为人的刑事责任,适用修订前的刑法第七十七条的规定,即"在人民法院、人民检察院、公安机关采取强制措施以后,逃避侦查或者审判的,不受追诉期限的限制"。张丽荣犯脱逃罪的追诉期限为十年,公安机关在其脱逃犯罪后的十年内(1993 年 9 月 8 日至 2003 年 9 月 7 日)没有对张丽荣采取强制措施,其犯罪行为已超过追诉期限,不应再追诉,对公诉机关提出张丽荣犯脱逃罪的指控,应裁定终止审理。对于第一种意见将张丽荣因故意杀人犯罪被羁押解释为采取强制措施,我们认为该意见有扩大解释的问题。首先,前述"强制措施"应理解为人民法院、人民检察院、公安机关采取的拘留、逮捕等法定刑事强制措施,不能扩大解释为一切被限制人身自由的状态。张丽荣脱逃时虽被羁押,但被羁押的依据是前罪的生效判决,属于服刑而非被采取刑事强制措施。其次,如果该意见成立,那么所有脱逃案件将不存在追诉时效的问题,因为脱逃的前提就是被羁押,另外,对于脱逃的犯罪类型,主流的观点均认为其系状态犯而不是持续犯,张丽荣脱逃获得"自由"后即为犯罪既遂,后续表现为脱逃的状态。

——《刑事审判参考》(总第 115 辑)。

270 立案追诉后因法律司法解释修改导致追诉时效发生变化的案件的法律适用

关键词|追诉时效|法律修改|

【最高人民法院答复】

追诉时效是依照法律规定对犯罪分子追究刑事责任的期限,在追诉时效期限内,司法机关应当依法追究犯罪分子刑事责任。对于法院正在审理的贪污贿赂案件,应当依据司法机关立案侦查时的法律规定认定追诉时效。依据立案侦查时的法律规定未过时效,且已经进入诉讼程序的案件,在新的法律规定生效后应当继续审理。

——《最高人民法院关于被告人林少钦受贿请示一案的答复》(2017 年 2 月 13 日,〔2016〕最高法刑他 5934 号)。

【最高人民法院参考案例】

林少钦受贿案(《刑事审判参考》案例第 1296 号)

要旨:追诉时效制度具有独立的程序价值,追诉行为开始后不再受追诉时效的限制。

根据刑法相关规定,追诉期限应依据司法机关立案侦查时的法律规定予以认定，对于在立案侦查时未过追诉时效且已进入诉讼程序的案件，在新的法律规定生效后应继续审理。上诉人林少钦利用职务便利，为陈荣强谋取利益，收受陈荣强一万美元的受贿行为发生在2000年年底，侦查机关于2014年6月对林少钦立案侦查，根据立案侦查时的法律规定，其追诉时效为十五年，故本案未超过追诉时效。林少钦身为国家工作人员，利用职务上的便利，为他人谋取利益，非法收受他人钱款一万美元，其行为已构成受贿罪。林少钦归案后如实供述自己的犯罪事实，属坦白，且退出全部赃款，酌情予以从轻处罚。原判认定事实清楚，证据充分，定罪准确，审判程序合法。因本案审理期间，刑法修正案（九）及相关司法解释颁布施行，受贿罪的定罪量刑标准发生变化，二审依法予以改判。

——《刑事审判参考》（总第117辑）。

第五章 | CHAPTER 05

其他规定

271 如何认定国家出资企业中的国家工作人员

关键词|国家出资企业|国家工作人员|从事公务|

【最高人民法院司法解释】

在国有资本控股、参股的股份有限公司中从事管理工作的人员，除受国家机关、国有公司、企业、事业单位委派从事公务的以外，不属于国家工作人员。对其利用职务上的便利，将本单位财物非法占为己有，数额较大的，应当依照刑法第二百七十一条第一款的规定，以职务侵占罪定罪处罚。

——《最高人民法院关于在国有资本控股、参股的股份有限公司中从事管理工作的人员利用职务便利非法占有本公司财物如何定罪问题的批复》(2001 年 5 月 26 日，法释〔2001〕17 号)。

为准确认定刑法分则第三章第三节中的国有公司、企业人员，现对国有控股、参股的股份有限公司中的国有公司、企业人员解释如下：

国有公司、企业委派到国有控股、参股公司从事公务的人员，以国有公司、企业人员论。

——《最高人民法院关于如何认定国有控股、参股股份有限公司中的国有公司、企业人员的解释》(2005 年 8 月 11 日，法释〔2005〕10 号)。

【最高人民法院司法文件】

六、关于国家出资企业中国家工作人员的认定

经国家机关、国有公司、企业、事业单位提名、推荐、任命、批准等，在国有控股、参股公司及其分支机构中从事公务的人员，应当认定为国家工作人员。具体的任命机构和程序，不影响国家工作人员的认定。

经国家出资企业中负有管理、监督国有资产职责的组织批准或者研究决定，代表其在国有控股、参股公司及其分支机构中从事组织、领导、监督、经营、管理工作的人员，应当认定为国家工作人员。

国家出资企业中的国家工作人员，在国家出资企业中持有个人股份或者同时接受非国有股东委托的，不影响其国家工作人员身份的认定。

七、关于国家出资企业的界定

本意见所称“国家出资企业”，包括国家出资的国有独资公司、国有独资企业，以及国有资本控股公司、国有资本参股公司。

是否属于国家出资企业不清楚的，应遵循“谁投资、谁拥有产权”的原则进行界定。企业注册登记中的资金来源与实际出资不符的，应根据实际出资情况确定

企业的性质。企业实际出资情况不清楚的，可以综合工商注册、分配形式、经营管理等因素确定企业的性质。

——《最高人民法院、最高人民检察院关于办理国家出资企业中职务犯罪案件具体应用法律若干问题的意见》（2010 年 11 月 26 日，法发〔2010〕49 号）。

【最高人民法院参考案例】

章国钧受贿案（《刑事审判参考》案例第 974 号）

要旨："间接委派"在认定时需要从严把握两个方面的问题。一是对于"负有管理、监督国有资产职责的组织"的界定；二是对于"组织、领导、监督、经营、管理工作"的理解，不能肆意扩大国家工作人员的范围。

《意见》规定："本意见所称'国家出资企业'，包括国家出资的国有独资公司、国有独资企业，以及国有资本控股公司、国有资本参股公司。是否属于国家出资企业不清楚的，应遵循'谁投资、谁拥有产权'的原则进行界定。企业注册登记中的资金来源与实际出资不符的，应根据实际出资情况确定企业的性质。企业实际出资情况不清楚的，可以综合工商注册、分配形式、经营管理等因素确定企业的性质。"根据上述规定，无论是国家直接投资还是间接投资，只要企业中含有国有资本的成分，不论国有资本所占份额的大小，均应认定为国家出资企业，不能仅将国家直接投资的企业认定为国家出资企业。司法实践中，有观点认为，如果将国家出资企业的范围扩大，将会导致国家工作人员的范围扩大。对于这种观点，我们认为，国家出资企业的认定与国家工作人员的认定是两个层面的问题，国家出资企业概念的扩大并不必然导致对国家工作人员打击范围的扩大。因为，国家出资企业的认定仅为国家工作人员的认定提供一定的基础条件，不能当然认为只要是国家出资企业的工作人员就一定是国家工作人员，认定是否国家工作人员，关键要看该企业人员从事的工作是否具有公务的性质，不能仅以国有资本所占比例大小作为认定国家工作人员的标准。

《意见》将国家出资企业中的国家工作人员分为两种类型：一种是"经国家机关、国有公司、企业、事业单位提名、推荐、任命、批准等，在国有控股、参股公司及其分支机构中从事公务的人员。具体的任命机构和程序，不影响国家工作人员的认定"。此种类型与刑法第九十三条第二款的规定是一致的，司法实践中出现的频率较高，易于认定。另一种是"经国家出资企业中负有管理、监督国有资产职责的组织批准或者研究决定，代表其在国有控股、参股公司及其分支机构中从事组织、领导、监督、经营、管理工作的人员"。此种类型对委派主体作了适度的扩张解释，又称为"间接委派"，在认定时需要从严把握两个方面的问题：一是对于"负有管理、监督国有资产职责的组织"的界定；二是对于"组织、领导、监督、经营、管理工作"

的理解,不能肆意扩大国家工作人员的范围。

首先,“负有管理、监督国有资产职责的组织”如何界定。根据《意见》的精神,这里所谓的“组织”,除国家资产监督管理机构、国有公司、企业、事业单位外,主要是指上级或者本级国家出资企业内部的党委、党政联席会。因为,根据党管干部的组织原则,国家出资企业中一般设有党委,以国家出资企业中负有管理、监督国有资产职责的组织作为委派主体,既反映了当前国家出资企业的经营管理实际,又体现了从事公务活动这一认定国家工作人员的实质要求,可以保证认定范围的正当性、确定性和内敛性。

其次,“代表其从事组织、领导、监督、经营、管理工作”如何理解。在认定国家工作人员身份时,不仅要审查“党委任命”这一形式要件,还要审查行为人是否具有“代表性”,以及所从事工作的性质是否属于“从事公务”这两个实质要件。一方面,行为人必须对任命其的组织具有一定的“代表性”,行为人虽经有关组织研究决定任命,但是如果该任职与委派组织没有必然的联系,行为人对委派组织亦无职责义务关系的,则不应认定为国家工作人员。另一方面,行为人必须要在国家出资企业中“从事公务”。关于“从事公务”如何理解,2003年《全国法院审理经济犯罪案件工作座谈会纪要》(以下简称《纪要》)明确规定:“从事公务,是指代表国家机关、国有公司、企业、事业单位、人民团体等履行组织、领导、监督、管理等职责。公务主要表现为与职权相联系的公共事务以及监督、管理国有财产的职务活动。如国家机关工作人员依法履行职责,国有公司的董事、经理、监事、会计、出纳人员等管理、监督国有财产等活动,属于从事公务。那些不具备职权内容的劳务活动、技术服务工作,如售货员、售票员等所从事的工作,一般不认为是公务。”《纪要》的规定将公务与劳务区别开来,更加有针对性地强调公务与职权的关联性,突出公务的管理性特征。一般认为,在国家出资企业中,中层以上的管理人员可以被视为代表管理、监督国有资产职责的组织从事公务,中层以下的管理人员如果主要从事事务性、技术性、业务性等方面的工作,则一般不宜认定为从事公务。

——《刑事审判参考》(总第97辑)。

李培光贪污、挪用公款案(《刑事审判参考》案例第1016号)

要旨:在国有控股、参股公司中国家工作人员身份的认定中,除了需要审查行为人的任命程序,还需要审查其是否“代表负有管理、监督国有资产职责的组织”,从事“组织、领导、监督、经营、管理工作”。

这一审查主要围绕以下三个特征进行:(1)代表性。作为授权方的负有管理、监督国有资产职责的组织,与作为被授权方的国家工作人员,通过批准、研究决定等政治授权行为方式,产生一种认可被授权方法律行为所建立的法律关系的效果,并将这种法律关系最终归属于国家。也即在国有出资企业中，国家工作人员系代表国有资产的监督、管理组织从事工作，这种代表性是认定国家工作人员身份的首要特征。(2)公务性。公务首先是管理性的事务，而不是一般的技术性、业务性的活动，与劳务相比其具有明显的管理属性。公务与职权具有紧密的关联。(3)与国有资产的紧密关联性。对于经党政联席会等形式批准、任命的人员，实践中把握的原则是，只要从事的是公务，一般都认定为国家工作人员。但对于未经党政联席会等形式批准、任命的人员，还要区分是公司整体的公务，还是代表国有资产管理、监督部门从事公务，只有代表国有投资主体行使监督、管理国有资产的职权，才能认定为国家工作人员。本案中，无证据证实被告人李培光属于“受国家机关、国有公司、企业、事业单位委派从事公务”的情形，综合案情和各种证据分析，难以认定其代表国有投资主体行使监督、管理国有资产的职权，因此，从实质层面分析，不应认定李培光具有国家工作人员的身份。

——《刑事审判参考》(总第99辑)。

王海洋非国家工作人员受贿、挪用资金案(《刑事审判参考》案例第1055号)

要旨：对于国家出资企业中的工作人员是否属于“国家工作人员”，应当从形式要件和实质要件分别判断。

《出资企业意见》第六条将非国有独资的国家出资企业中的国家工作人员分为两种类型：第一种类型与刑法第九十三条第二款对应，属于“委派型”国家工作人员。本案中，被告人王海洋所在公司及上级公司均为国有控股公司，故不属于国有公司委派到非国有公司任职的情形。第二种类型即“间接委派型”或者“代表型”国家工作人员。《国家出资企业意见》第六条第二款规定：“经国家出资企业中负有管理、监督国有资产职责的组织批准或者研究决定，代表其在国有控股、参股公司及其分支机构中从事组织、领导、监督、经营、管理工作的人员，应当认定为国家工作人员。”根据该规定，对于国家出资企业中的工作人员是否属于“国家工作人员”，应当从以下两个方面进行认定：一是形式要件，即经国家出资企业中负有管理、监督国有资产职责的组织批准或者研究决定。这里的“组织”主要是指上级或者本级国家出资企业内部的党委、党政联席会。二是实质要件，即代表负有管理、监督国有资产职责的组织在国有控股、参股公司及其分支机构中从事组织、领导、监督、经营、管理工作，实质要件具有“代表性”和“公务性”两个特征。在判断层次上，对于形式要件、实质要件的判断分别属于形式判断和实质判断，首先要进行形式判断，形式判断是进行实质判断的重要前提和依据。

——《刑事审判参考》(总第102辑)。

272 当行为人同时具有国家工作人员等多种身份时应如何认定其行为性质

关键词 | 国家工作人员 | 村民委员会 |

【最高人民法院参考案例】

刘楚荣、刘汉杰、刘立辉诈骗案(《刑事审判参考》案例第1420号)

要旨:当被告人同时具有国家工作人员等多种身份时,应当以其实施犯罪行为时所利用的具体身份来认定其行为性质。

由于被告人刘楚荣在实施骗取迁坟补偿款的过程中同时具有多种身份,其除了任刘畔村村民委员会党支部书记、村民委员会主任外,还任沙溪镇政府成立的厦深铁路沙溪段建设协调领导小组成员,因此,对本案的定性出现了两种不同意见。第一种意见认为,被告人刘楚荣作为村民委员会等村基层组织人员,协助人民政府从事征地拆迁补偿等行政管理工作,依照2000年4月29日《全国人民代表大会常务委员会关于〈中华人民共和国刑法〉第九十三条第二款的解释》,被告人刘楚荣属于"其他依照法律从事公务的人员",以国家工作人员论,应当定性为贪污罪。第二种意见认为,被告人刘楚荣虽然具有国家工作人员身份,但其在本案中并无利用国家工作人员职务上的便利,其实际上是利用村民委员会主任的身份实施了骗取迁坟补偿款的行为,应当定性为诈骗罪。

我们同意第二种意见。当被告人同时具有国家工作人员及其他等多种身份时,国家工作人员的身份对其他身份不存在绝对的吸收关系,不能因被告人具有国家工作人员的身份,就当然认为被告人是利用该身份实施了犯罪行为,而应当厘清哪一个身份是被告人实施犯罪行为时所真正利用的身份,才能对被告人的行为作出准确定性。

——《刑事审判参考》(总第128辑)。

273 如何理解和适用刑法中的"国家规定"

关键词 | 国家规定 | 非法经营犯罪 |

【最高人民法院司法文件】

日前,国务院法制办就国务院办公厅文件的有关规定是否可以认定为刑法中的"国家规定"予以统一、规范。为切实做好相关刑事案件审判工作,准确把握刑法有关条文规定的"违反国家规定"的认定标准,依法惩治犯罪,统一法律适用,现就有关问题通知如下：

一、根据刑法第九十六条的规定，刑法中的"国家规定"是指，全国人民代表大会及其常务委员会制定的法律和决定，国务院制定的行政法规、规定的行政措施、发布的决定和命令。其中，"国务院规定的行政措施"应当由国务院决定，通常以行政法规或者国务院制发文件的形式加以规定。以国务院办公厅名义制发的文件，符合以下条件的，亦应视为刑法中的"国家规定"：(1)有明确的法律依据或者同相关行政法规不相抵触；(2)经国务院常务会议讨论通过或者经国务院批准；(3)在国务院公报上公开发布。

二、各级人民法院在刑事审判工作中，对有关案件所涉及的"违反国家规定"的认定，要依照相关法律、行政法规及司法解释的规定准确把握。对于规定不明确的，要按照本通知的要求审慎认定。对于违反地方性法规、部门规章的行为，不得认定为"违反国家规定"。对被告人的行为是否"违反国家规定"存在争议的，应当作为法律适用问题，逐级向最高人民法院请示。

三、各级人民法院审理非法经营犯罪案件，要依法严格把握刑法第二百二十五条第(四)的适用范围。对被告人的行为是否属于刑法第二百二十五条第(四)规定的"其他严重扰乱市场秩序的非法经营行为"，有关司法解释未作明确规定的，应当作为法律适用问题，逐级向最高人民法院请示。

——《最高人民法院关于准确理解和适用刑法中"国家规定"的有关问题的通知》(2011 年 4 月 8 日，法发〔2011〕155 号)。

274 刑法总则的规定能够而且应该适用于刑法分则

关键词 | 刑法总则 | 刑法分则 |

【链接：最高人民法院法官著述】

首先，刑法总则的规定适用于刑法分则，对刑法分则起指导作用，尤其是在分则规定模糊、不周延或者因为经济社会发展而出现滞后的情况下，需要对分则条文进行解释时，应遵照刑法总则的规定尤其是总则中的刑法的基本原则进行解释。但是，如果分则有特殊规定，根据特别法优于一般法的原则，则按该特殊规定执行。例如，根据刑法第六十七条第三款的规定，犯罪嫌疑人虽不具有自首情节，但是如实供述自己罪行的，可以从轻处罚，因其如实供述自己罪行，避免特别严重后果发生的，可以减轻处罚。而根据刑法第三百八十三条的规定，犯贪污罪，在提起公诉前如实供述自己罪行、真诚悔罪、积极退赃，避免、减少损害结果的发生，可以从轻、减轻或者免除处罚。相比于刑法总则，刑法分则相应条款增加了免除处罚的规定，具体适用时,应按刑法分则规定量刑。

其次,刑法总则的内容对于其他包含犯罪和刑罚内容的法律也适用,在适用其他法律规定定罪处罚时,应遵循刑法总则的规定。但是,如果其他包含犯罪和刑罚内容的法律对于刑法总则规定的有关问题又作出了特殊规定,根据特别法优于一般法的原则,应依照该法律的特别规定执行。

——胡云腾主编:《刑法办案思路与疑难释解(第一卷)》,中国法制出版社2022年版,第3—4页。

第二编 | PART 02

刑法分则

第一章 | CHAPTER 01

危害公共安全罪

一、放火、爆炸、投放危险物质等犯罪

275 醉酒后点燃停放在居民住宅旁电动车的行为定性

关键词 | 放火罪 | 犯罪故意 | 危险犯 |

【最高人民法院参考案例】

陈俊伟放火案(《刑事审判参考》案例第 1448 号)

要旨:放火罪的认定应当客观上足以危害公共安全且主观上具有放火的故意,这是放火罪区别于其他犯罪的关键所在。

故意杀人、故意毁坏财物、寻衅滋事等犯罪均可以放火的手段实施,如何区分放火罪和以放火手段实施的其他犯罪,关系到被告人的准确定罪量刑,实践中存在争议。根据我国刑法第一百一十四条、第一百一十五条的规定,放火罪属于危害公共安全的犯罪。我们认为,放火罪的认定应当客观上足以危害公共安全且主观上具有放火的故意,这是放火罪区别于其他犯罪的关键所在。具体可以从以下方面区分:

1. 对象是否特定

所谓公共安全是指不特定多数人的生命、健康或重大公私财产的安全。一般而言,如果行为人采取放火方法,侵害的是特定对象,并有意识地把损害限制在特定对象范围内,则不宜认定放火罪。如果行为人使用放火的方法,尽管动机上追求的是侵害特定对象和目标,而实际损害对象范围是不特定的,则属放火罪。

2. 危险是否具体

一般认为,危险犯是指以发生某种危险状态作为构成要件的犯罪,分为具体危险犯和抽象危险犯。在区分具体危险犯与抽象危险犯时,主要考虑两个因素:一是危险是否属于行为之外的独立构成要件要素,如果属于,系具体危险犯,反之则是抽象危险犯;二是危险的存在与否,是需要由司法者根据个案事实进行具体的判断,还是立法者基于对相关类型化行为的一般判断作出推定,具体危险犯需要司法者进行个别化判断,抽象危险犯仅需立法者进行类型化判断。由此可知,放火罪属于具体危险犯。一是因为刑法第一百一十四条在规定了放火的实行行为后还专门规定了危害公共安全的要件;二是不是任何放火的行为都会造成公共危险,而是要结合案件情况具体分析。

3. 后果是否可控

放火行为一经实施,就可能造成不特定多数人的伤亡或者使不特定的公私财产遭受难以预料的重大损失。这种犯罪后果的严重性和广泛性往往是难以预料的,甚至是行为人自己也难以控制的,这也是放火罪与以放火方法实施的故意杀人罪、故意毁坏财物罪、寻衅滋事罪的本质区别。如果行为人实施放火行为,而将火势有效地控制在较小范围内,没有危害也不足以危害不特定多数人的生命、健康和重大公私财产安全,就不构成放火罪,而应根据案件具体事实情节,认定相应的犯罪。

4. 是否追求或放任后果发生

认定是否存在故意,不能以被告人的供述作为唯一或者最重要的证据,关键还是要结合案件的客观情况认定。具体而言:一是被告人主观上对行为在客观上导致结果发生的可能性的认识程度;二是被告人对结果发生的追求程度。如果行为在客观上导致公共安全危害结果发生的可能性很高,而被告人主观上也清楚地认识到这一点,却放任甚至积极追求该结果,则应认定成立放火的故意;如果行为在客观上导致公共安全危害结果发生的可能性很高,而被告人没有认识到行为会导致结果的发生,或虽认识到但轻信可以避免,则更可能成立过失;如果行为导致危害公共安全结果发生的概率较低,且被告人也不追求、未放任该结果,则不构成放火的故意,根据案件具体情况构成相应其他犯罪。

——《刑事审判参考》(总第130辑)。

276 以盗窃为目的放火烧毁货物列车的行为应认定为放火罪

关键词 | 放火罪 | 故意毁坏财物罪 | 盗窃罪 |

【最高人民法院参考案例】

叶朝红等放火案(《刑事审判参考》案例第239号)

要旨:以盗窃为目的放火烧毁货物列车行为的定性,关键在于行为人的放火行为是否足以危及公共安全。如果行为人主观上明知在火车站放火会危及公共安全,客观上又实施了该行为,符合放火罪的构成要件,应认定为放火罪,而不应定为故意毁坏财物罪。

是否危及公共安全,是区别放火罪与故意毁坏财物罪的关键。《最高人民法院关于审理盗窃案件具体应用法律若干问题的解释》第十二条第(五)项规定"盗窃公私财物未构成盗窃罪,但因采用破坏性手段造成公私财物损毁数额较大的,以故意毁坏财物罪定罪处罚"。故意毁坏财物罪的破坏性手段多种多样,当然也可以包括采用放火的方法。但放火罪和故意毁坏财物罪是有区别的。放火罪属于危害公共安全的犯罪,侵犯的客体是公共安全;而故意毁坏财物罪,属于侵犯财产的犯罪,其侵犯的客体是公私财产的所有权。放火罪与故意毁坏财物罪区别的关键在于行为人的放火行为是否足以危及公共安全。判断行为人的放火行为是否足以危及公共安全,要结合放火的地点以及放火时周围的具体环境等因素来分析。本案中,叶朝红等人实施放火的地点是景德镇火车站,其放火的对象是临时停靠的货物列车,放火时景德镇火车站所有轨道均停靠列车,临近是候车室、站台,其放火的货物列车中第三节是油罐车辆,对可能造成的后果被告人是明知的。被告人主观上明知在火车站放火会危及公共安全,客观上又实施了该行为,符合放火罪的构成要件,应认定为放火罪,而不应定为故意毁坏财物罪。

——《刑事审判参考》(总第32辑)。

277 以诈骗保险金为目的放火烧毁投保汽车但不具有保险诈骗罪主体资格的,仅构成放火罪

关键词|放火罪|保险诈骗罪|

【最高人民法院参考案例】

王新生等放火案(《刑事审判参考》案例第150号)

要旨:以诈骗保险金为目的放火烧毁投保汽车,客观上足以危害公共安全的,主体上不具备保险诈骗罪特殊主体资格的,仅构成放火罪不构成保险诈骗罪。

本案中,教唆他人放火的被告人王新生、实施放火的被告人赵红钦,他们实行共同放火行为的地点是车站,放火时周围停有十多辆其他汽车,邻近是家属楼、加油站等,且两被告人对此是明知的。两被告人的共同放火行为,客观上足以危及公共安全,主观上明知自己共同的放火行为会危及公共安全,但为实现骗取保险金的目的,仍放任这种危险的发生,符合放火罪的主客观构成要件,已构成放火罪。保险诈骗罪是特殊主体,不具有特定身份的人虽能与具有特定身份的人构成保险诈骗共同犯罪,但不可能单独构成保险诈骗罪。本案中,尽管被告人的行为在主观方面、客观方面都比较近似于保险诈骗罪的构成要件,但被告人不具备保险诈骗罪的主体资格,因此,不构成保险诈骗罪。根据刑法第一百九十八条规定,保险诈骗罪的犯罪主体一般有三,即投保人、被保险人或受益人。所谓投保人,是指与保险人订立保险合同,并按照保险合同约定支付保险费的人。本案中,符合这一规定且与保险公司签订保险合同的是篙县汽车站,王新生显然不是投保人。所谓被保险人,是指其财产或人身受保险合同保障,享有保险金请求权的人。本案中的被保险人

仍是篙县汽车站(合同中已载明)。受益人,是指人身保险合同中由被保险人或投保人指定的享有保险金请求权的人,它只存在于人身保险合同中,而本案属于财产保险。此外,刑法第一百九十八条第四款的规定:“保险事故的鉴定人、证明人、财产评估人故意提供虚假的证明文件,为他人诈骗提供条件的,以保险诈骗的共犯论处。”本案中的被告人显然也不符合这款规定的主体身份。综上所述,本案被告人王新生只是篙县汽车站一辆客车的承包人,并非该客车的投保人,根本不具备保险诈骗罪的主体资格,其主观上欲以放火毁物的手段骗取保险金的想法和做法,其实是其对保险合同的一种误解。正因为王新生、赵红钦都不具备保险诈骗罪的主体资格,所以其放火行为只构成放火罪而不能同时构成保险诈骗罪。

——《刑事审判参考》(总第24辑)。

278 明知爆炸物危害后果而意图威胁他人放任危害结果发生的，应认定为爆炸罪

关键词 | 爆炸罪 | 过失爆炸罪 | 间接故意 |

【最高人民法院参考案例】

于光平爆炸案(《刑事审判参考》案例第24号)

要旨:明知手榴弹爆炸的危害后果,却仍拧开手榴弹的后盖,持弹威胁他人,放任危害后果发生的行为,构成间接故意的爆炸罪;被害人有明显过错的,可对被告人酌情从轻处罚。

犯罪故意的意志因素包括希望和放任。间接故意的标志是放任意志,即当行为人明知自己的行为会发生危害社会的结果时,完全可以停止自己的行为,以避免危害结果的发生,但行为人不放弃自己的行为,放任危害结果的发生。本案中,没有证据证明是于光平直接拉响了手榴弹,不能认定其是出于直接故意。其持手榴弹的目的是吓唬闯入自家院中的人,但用手榴弹这种高度危险的爆炸物在人群中进行威胁,其危险性是不言而喻的。于光平明知这种危险性,为了吓唬他人,竟不顾这种危险性的可能发生,执意实施持弹威胁的行为,其对手榴弹爆炸这一危害后果的发生明显是采取放任的态度。因此,对于光平明知手榴弹爆炸的危害后果,却仍拧开手榴弹的后盖,持弹威胁他人,放任危害后果发生的行为,构成爆炸罪。

——《刑事审判参考》(总第4辑)。

279 以报复特定人为目的而实施不计危害后果的爆炸行为的，构成爆炸罪

关键词 | 故意杀人罪 | 爆炸罪 |

【最高人民法院参考案例】

赖贵勇爆炸案(《刑事审判参考》案例第 137 号)

要旨:以报复特定人为目的而实施的不计危害后果的爆炸行为构成爆炸罪。

在实践中,如果行为人以爆炸为手段来杀害特定的人,而不危及公共安全的,其行为构成故意杀人罪;如果行为人以爆炸为手段来杀害特定的人,而结果却危及或足以危及公共安全的,且对其危害公共安全的后果持追求或放任的态度,应当按照爆炸罪处理。

——《刑事审判参考》(总第 22 辑)。

280 出于泄愤利用放置于公共场所的工业探伤机对人照射，放任与被害人相邻他人被照射的，应认定为投放危险物质罪

关键词 | 投放危险物质罪 | 量刑 |

【最高人民法院参考案例】

古计明、方振华投放危险物质案(《刑事审判参考》案例第 358 号)

要旨:被告人出于泄愤的动机,利用铱射线工业探伤机对被害人进行照射,致被害人重伤。由于工业探伤机被放置于公共场所,当其开机照射被害人时,不可避免地将照射与被害人相邻的他人,被告人行为构成投放危险物质罪。在量刑时应留有余地。

被告人出于泄愤的动机,为了报复被害人,利用铱射线工业探伤机对被害人进行照射,致被害人重伤。此外,由于工业探伤机被放置于公共场所,当其开机照射被害人时,不可避免地将照射与被害人相邻的他人,其犯罪行为侵害了社会的公共安全,即不特定多数人的生命健康,正常的生活、生产、工作的安全和重大公私财产的安全。依照刑法修正案(三)第二条,被告人行为均已构成投放危险物质罪。

需指出的是,从危害后果而言,受工业探伤机照射会产生核辐射损伤,而核辐射损伤有远后效应和遗传效应两大显著特点。对被辐射的群体而言,远后效应和遗传效应必然在某些人身上出现。但对于被辐射的某个人而言,远后效应和遗传效应未必会出现。这既与被照射的剂量有关,也与个体身体差异有关。就现在的

医疗水平而言，放射性损伤可以引起致畸、致癌、致突变等远后效应，尚无法对此进行确切评价。另外，我们现行适用的《人体重伤鉴定标准》《人体轻微伤的鉴定标准》[1]没有将放射性造成的器官损伤列入其中，只有原则性规定，尚不能解决本案的重伤、轻伤标准问题。因此，量刑应留有余地。

——《刑事审判参考》(总第46辑)。

281 环境污染行为构成投放危险物质罪的认定

关键词 | 投放危险物质罪 | 污染环境罪 |

【最高人民法院司法文件】

6. 关于投放危险物质罪的适用

会议认为，司法实践中对环境污染行为适用投放危险物质罪追究刑事责任时，应当重点审查判断行为人的主观恶性、污染行为恶劣程度、污染物的毒害性危险性、污染持续时间、污染结果是否可逆、是否对公共安全造成现实、具体、明确的危险或者危害等各方面因素。对于行为人明知其排放、倾倒、处置的污染物含有毒害性、放射性、传染病病原体等危险物质，仍实施环境污染行为放任其危害公共安全，造成重大人员伤亡、重大公私财产损失等严重后果，以污染环境罪论处明显不足以罚当其罪的，可以按投放危险物质罪定罪量刑。实践中，此类情形主要是向饮用水水源保护区，饮用水供水单位取水口和出水口，南水北调水库、干渠、涵洞等配套工程，重要渔业水体以及自然保护区核心区等特殊保护区域，排放、倾倒、处置毒害性极强的污染物，危害公共安全并造成严重后果的情形。

——《最高人民法院、最高人民检察院、公安部、司法部、生态环境部关于办理环境污染刑事案件有关问题座谈会纪要》(2019年2月20日，高检会〔2019〕3号)。

282 对特定被害人投放毒物致死致伤多人的，构成故意杀人罪

关键词 | 投放危险物质罪 | 故意杀人罪 | 故意伤害罪 | 想象竞合 |

---

① 最高人民法院、最高人民检察院、公安部2013年8月30日发布的《人体损伤程度鉴定标准》废止并取代了上述两个鉴定标准。

【最高人民法院参考案例】

陈美娟投放危险物质案(《刑事审判参考》案例第276号)

要旨:投放危险物质罪,是指故意投放毒害性、放射性、传染病病原体等物质,危害公共安全的行为。区分投放危险物质罪和故意杀人罪,关键在于行为人所实施的投放危险物质行为,是否具有同时威胁或危害其他不特定人生命、健康或者财产安全,即危害公共安全的危险性质。

在司法实践中,对一些以杀害特定少数人为目的而实施投放危险物质行为的案件的定性常常会产生争议。我们认为,对这类案件的定性,关键在于要对下列事实形成准确判断,即行为人所实施的投放危险物质行为,是否具有同时威胁或危害其他不特定人生命、健康或者财产安全,即危害公共安全的危险性质。具体而言,如果行为人所实施的投放危险物质的行为,除了可能造成其意图杀害的特定少数人死亡的结果外,还可能威胁或危害到其他不特定人的生命、健康或者财产安全,且行为人对此又有认识,则说明行为人在积极追求特定少数人死亡结果发生的同时,还存在放任危害公共安全结果发生的心态,此时,行为人的行为属于(间接故意)投放危险物质罪与(直接故意)故意杀人罪的想象竞合犯,依照想象竞合犯之"从一重处断"原则,应当对其以投放危险物质罪论处;这里需要说明的是,投放危险物质罪与故意杀人罪的法定刑虽然完全相同,但是,由于危害公共安全罪在整体上要重于侵犯公民人身权利、民主权利罪(一般认为,我国刑法分则章节基本是按由重至轻的顺序排列的);故意杀人罪的减轻构成(属于结果犯)要比投放危险物质罪的基本构成(属于危险犯)相对更为严格;在观念上,一般认为投放危险物质罪要比故意杀人罪更为严重,因此,在上述两罪发生竞合的情况下,按照"从一重处断"的原则,应当对行为人以投放危险物质罪论处。反之,如果行为人的投放危险物质行为在客观上并不具有威胁或危害其他不特定人生命、健康或者财产安全的性质,或者虽具有这种性质,但行为人对此没有认识,则其行为不符合投放危险物质罪的构成,应当认定其构成故意杀人罪。

——《刑事审判参考》(总第36辑)。

方金青惠投毒案(《刑事审判参考》案例第98号)

要旨:针对特定的被害人投放毒物致死致伤多人的行为,构成故意杀人罪。

由于投毒罪[①]与以投毒为手段的故意杀人罪在手段、后果上相类似,司法实践

① 刑法修正案(三)对刑法第一百一十四条、第一百一十五条第一款作了修改,《最高人民法院、最高人民检察院关于执行〈中华人民共和国刑法〉确定罪名的补充规定》(法释〔2002〕7号)相应地将投毒罪更改为投放危险物质罪。

中二者容易混淆。投毒罪与故意杀人罪分属不同的犯罪种类，区别两者主要看犯罪的客体与主观故意内容。

从犯罪客体上看，作为危害公共安全罪的一种，投毒罪侵犯的是公共安全，也就是不特定多数人的生命、健康、财产的安全；故意杀人罪属于侵犯公民人身权利的犯罪，其侵犯的客体是公民的人身权利，即特定公民的人身权利。简而言之，投毒罪指向不特定多数人，而故意杀人罪以特定的人为对象。从主观故意内容看，投毒罪的主体须具有危害公共安全即不特定多数人生命、健康、财产安全的故意，而故意杀人罪的主体则具有剥夺特定人生命的故意。在实践中，当某人投放毒物目的在于剥夺特定人的生命而不危及公共安全时，应认定为故意杀人罪。

——《刑事审判参考》（总第16辑）。

二、以危险方法危害公共安全罪

283 在家中释放天然气用以自杀，但引发室内、室外数次爆炸的，如何认定因果关系

关键词｜以危险方法危害公共安全罪｜自杀｜间接故意｜

【最高人民法院参考案例】

阎某以危险方法危害公共安全案(《刑事审判参考》案例第 1198 号)

要旨:明知天然气是易燃易爆气体,为求自杀而故意释放家中天然气进而引发爆炸,危害公共安全,其行为已构成以危险方法危害公共安全罪。

最高人民法院认为,被告人阎某明知天然气是易燃易爆气体,为求自杀而故意释放家中天然气进而引发爆炸,危害公共安全,其行为已构成以危险方法危害公共安全罪。阎某的犯罪行为致一人死亡、数人受轻微伤,并使公私财产遭受重大损失,罪行严重,应依法惩处。鉴于阎某系为自杀而实施犯罪行为,主观上属间接故意,根据本案的具体情况,对阎某可不判处死刑立即执行。第二审裁定认定的事实清楚,证据确实、充分,定罪准确,审判程序合法。据此,依照刑事诉讼法第二百三十五条、第二百三十九条和《最高人民法院关于适用〈中华人民共和国刑事诉讼法〉的解释》第三百五十条第(五)项、第三百五十三条第一款之规定,裁定不核准并撤销天津市高级人民法院维持第一审以以危险方法危害公共安全罪判处被告人阎某死刑,剥夺政治权利终身的刑事裁定,发回天津市高级人民法院重新审判。

天津市高级人民法院经重新审理,以以危险方法危害公共安全罪判处被告人阎某死刑,缓期二年执行,剥夺政治权利终身。

——《刑事审判参考》(总第 110 辑)。

284 在城市主干路驾驶机动车撞击他人车辆制造交通事故以勒索钱财的行为，构成以危险方法危害公共安全罪

关键词｜以危险方法危害公共安全罪｜故意杀人罪｜敲诈勒索罪｜

【最高人民法院参考案例】

李跃等以危险方法危害公共安全案(《刑事审判参考》案例第 587 号)

要旨:在城市主干路采用故意驾驶机动车撞击他人车辆制造交通事故的手段勒索钱财构成以危险方法危害公共安全罪。

关于本案的定性,在审理中曾有两种不同意见:一种意见认为,李跃等被告人的行为构成敲诈勒索罪;另一种意见认为,李跃等被告人的行为构成以危险方法危害公共安全罪。

敲诈勒索罪,是指以非法占有为目的,对被害人实施威胁或者要挟的方法,强行索取数额较大的公私财物的行为。以危险方法危害公共安全罪,是指使用除放火、决水、爆炸、投放危险物质以外的其他方法,危害公共安全的行为。本案中,李跃等被告人驾车在城市主干道及部分高速公路上故意撞击他人车辆,制造交通事故,并采用要挟甚至威胁的方法,向被害人索要钱财,符合敲诈勒索罪的构成特征;同时,李跃等被告人驾车故意撞击他人车辆,制造交通事故的手段行为,也符合以危险方法危害公共安全罪的构成要件。具体理由如下:

首先,从客观方面看,被告人在城市主干道及部分高速公路上驾车"碰瓷"足以危害到公共安全。所谓公共安全,指不特定多数人的生命、健康和重大公私财产的安全。这里的"不特定",是相对其他犯罪的后果是"特定"而言的。侵犯公民人身权利的犯罪和侵犯财产的犯罪也会造成多人、多物的损害,但其是以某个、某几个特定的人或者某种特定的财产为侵犯对象的,可能造成的危害后果的范围有一定局限性,并且多是可以预料、可以控制的。但以危险方法危害公共安全罪,侵害的对象往往具有不特定性或虽然对象特定但是危害后果具有不特定性。其危害后果或者可能造成的危险不是限定于特定的个人或财产,而是不特定人或重大公私财产的安全,而且绝大多数犯罪往往在行为前无法确定其侵害的对象的范围,也无法预料和控制可能造成的后果及程度,所造成的危害后果常常超出了行为人的预料和控制。据此,行为是否具有危及不特定人的生命、健康和重大公私财产安全的现实可能性,应是判定其能否成立危害公共安全罪的关键。

需要指出的是,以危险方法危害公共安全罪的"不特定性"并不否认行为人在实施犯罪行为时有特定的对象,但其行为所造成或可能造成的危害后果则是行为人事先难以预料、难以控制的。因此,就这类犯罪的本质特征而言,不管行为人实施危害行为时主观上有无特定的侵犯对象,但只要其行为具有危害或足以危害公共安全的不特定性,即使行为人实施的犯罪对象是明确的,也应当认定此行为属于危害公共安全的犯罪。

本案中,虽然被告人的犯罪行为针对的是特定的对象,即每起犯罪均是被告人在众多潜在的被害人中通过精心选择而确定的勒索对象，最终也没有造成危害公共安全的严重后果，但是分析其发生的具体环境和采用的手段，不难得出这种行为具有危及公共安全的属性。因为，在城市主干路及高速路上，车流量大且行车速度快，由于行为人所采取的突然变速冲撞正在正常行使的被害车辆的方法，很可能造成快速行驶的被害车辆因突然受到撞击或紧急避让而失去控制，进而造成不特定人的死伤或者公私财产遭受重大损失。换言之，此类行为已具有危及公共安全的现实可能性。因此，应认定其已经具有危害公共安全的属性。当然，发生在道路交通事故中的“碰瓷”案件情况多样，不能一概认定为危害公共安全犯罪。对于利用道路混乱、机动车停车起步阶段以及违规行驶等，用身体故意或假装与机动车发生碰撞而声称受伤，要求对方“赔偿”，以及在居民区、行人稀少的街道等场所，车流量少，行车速度慢，驾驶机动车制造“碰瓷”事故的，其发生危及不特定或多数人安全的结果之可能性很小，不具有危及公共安全的现实危险，故一般不能以以危险方法危害公共安全罪论处，应根据行为人的主观故意，以敲诈勒索罪、诈骗罪或者保险诈骗罪等来定罪处罚。

其次，从主观方面看，被告人在驾驶机动车“碰瓷”案件中，故意撞击他人车辆的主观目的是制造交通事故，从而勒索钱财，而对其行为可能产生危害公共安全的结果则持一种“放任”的态度，属于间接故意。以危险方法危害公共安全罪的主观方面是故意，包括直接故意和间接故意。不论行为的目的、动机如何，只要行为人主观上出于故意，并付诸实际行动，且由于其行为对公共安全造成了危害或者使公共安全处于一种危险的状态，就可以认定行为人构成本罪。至于所造成的危害结果是否超出行为人的预料和控制，即被告人对其行为造成的后果的具体认识，一般不影响其犯罪成立与否，实际上危害公共安全罪的主观要件也未有类似要求。所以，那种以驾驶机动车“碰瓷”时，未能预见会发生危害公共安全的后果，或者说危害结果是超出其预料和控制的范围，因而不构成以危险方法危害公共安全罪的观点，是不正确的。

此外，特定犯罪目的、动机的存在，可能会使罪名的认定出现竞合情况。对于“碰瓷”类犯罪而言，一般以非法获取他人钱财或者骗取保险偿付金为目的，故同时构成敲诈勒索罪或诈骗罪、保险诈骗罪等，属于刑法理论上的牵连犯，对此一般应从一重罪处罚。

最后，此种作案手段属于与放火、决水、爆炸、投放危险物质的危险性相当的“其他危险方法”。从刑法第一百一十四条、第一百一十五条规定看，“其他危险方法”是与“放火、决水、爆炸”等并列的行为方式，同属一个法条，适用同档法定刑。因此，基于罪刑相适应原则的精神，对其应参照放火、爆炸等罪的可罚性来理解，即在危险性上应当与放火、爆炸等行为具有可罚的相当性。既然刑法第一百一十五条已明确规定了第一百一十四条发展后的结果是“致人重伤、死亡或者公私财产遭受重大损失”，那么，作为可以直接转化为犯罪结果的具体危险犯，第一百一十四条的“其他危险方法”，在性质上就必须能够导致不特定多数人重伤、死亡或者公私财产遭受重大损失的结果，即实质上具有致不特定或者多数人重伤、死亡的现实可能性。具体而言，刑法第一百一十四条规定的所谓其他危险方法，一是指放火、决水、爆炸、投放危险物质以外的方法；二是指与放火、决水、爆炸、投放危险物质的危险性相当的、足以危害公共安全的方法。使用这些危险方法，同放火、决水、爆炸、投放危险物质一样，一经实施就可能危及不特定多数人的生命、健康或者重大公私财产的安全。本案中，由于城市主干路和高速路是国家及地区的重要交通干道，具有车流量大、行车速度快以及行人众多等特点，一旦在某路段出现突发性事件，极有可能在瞬间造成重大交通事故。特别是此类行为是采取突然变速冲撞正在正常行使的其他车辆的方法，从一般人的常识判断，很有可能使被害车辆因受到撞击或紧急避让而失去控制，从而酿成车毁人亡的严重后果。可见，这种作案手段与放火、决水、爆炸、投放危险物质的危险性相当，足以危害公共安全。因此，将其认定为以危险方法危害公共安全罪，是符合该罪的本质和立法精神的。

综上所述，被告人李跃等在实施敲诈勒索的目的犯罪行为过程中，其驾车冲撞其他车辆制造交通事故的手段行为又触犯了以危险方法危害公共安全罪，按照牵连犯从一重罪处断的原则，应按照以危险方法危害公共安全罪定罪处罚。

——《刑事审判参考》（总第71辑）。

285 故意驾车冲撞疫情防控站的行为定性

关键词 | 以危险方法危害公共安全罪 | 故意杀人罪 |

【最高人民法院参考案例】

支玖龙以危险方法危害公共安全案（《刑事审判参考》案例第1314号）

要旨：行为人在新冠肺炎疫情防控期间，因办理小区出入手续，与工作人员发生口角，为发泄不满情绪，在疫情防控工作站连续两次驾车冲撞疫情防控工作人员及周边人群，致使两名工作人员轻微伤和防疫物资受损，危害公共安全，尚未造成严重后果，其行为已经构成以危险方法危害公共安全罪，依法应予惩处。

1. 被告人的行为在客观上危害了不特定多人的生命、健康和重大公私财产的安全

本案中，被告人支玖龙虽然驾车冲撞的对象是直接对其人员及车辆执行核实、检测及登记防控措施且与其发生争执的刘井平、邢佳伟，且驾车冲撞的结果也是导致该二人轻微伤，但其两次驾车冲撞之时，帐篷外除二人外还聚集有十多人，帐篷内有多少人及公私财物其并不可知。支玖龙在此情况下为泄愤报复而驾车冲撞，

因而导致现场十多人的生命健康及帐篷、帐篷内电脑等公私财物处于高度危险状态。综合支玖龙的两次驾车冲撞的速度、距离及方向，现场人员数量及分布，现场财物数量及分布，支玖龙驾车冲撞前及过程中的言语行为，该行为给二被害人造成的身体损伤及给公共财产造成的实际损失等，可以判断支玖龙的驾车冲撞行为在暴力程度、危险程度等方面与爆炸、放火等危害公共安全的犯罪行为具有相当性，对周围十多名防疫工作人员、群众的生命健康及重大公私财物造成了具体的现实危险，已经严重危害到公共安全。

2. 被告人主观上明知并放任其行为对公共安全的危险

从表面上看，被告人支玖龙驾车冲撞的直接行为对象是刘井平和邢佳伟这两名疫情防控工作人员，被告人对于造成刘井平、邢佳伟二人伤害的结果是持积极追求的态度，但同时，被告人作为机动车驾驶人员，对于行驶中的汽车具有高度危险性是明知的，对于现场还有其他防疫工作人员及等待办理出入登记的小区居民等十多人在场亦是明知的，对于帐篷内是否还有其他人员及财物是不明确的，但其因一己之愤，不管不顾执意驾车两次冲撞，其对于自身行为可能置现场不特定多人的生命健康和财产安全于危险状态这一点是明知并且放任的。无论最终出现何种后果，都未超出其心理预期，因而其主观上完全符合以危险方法危害公共安全罪的主观罪过形式。

——《刑事审判参考》(总第 121 辑)。

286 故意传播突发传染病病原体危害公共安全的，应认定为以危险方法危害公共安全罪

关键词｜以危险方法危害公共安全罪｜过失以危险方法危害公共安全罪｜

【最高人民法院司法解释】

第一条 故意传播突发传染病病原体，危害公共安全的，依照刑法第一百一十四条、第一百一十五条第一款的规定，按照以危险方法危害公共安全罪定罪处罚。

患有突发传染病或者疑似突发传染病而拒绝接受检疫、强制隔离或者治疗，过失造成传染病传播，情节严重，危害公共安全的，依照刑法第一百一十五条第二款的规定，按照过失以危险方法危害公共安全罪定罪处罚。①

---

① 对本条尤其是第二款的适用，需要结合《最高人民法院、最高人民检察院、公安部、司法部关于依法惩治妨害新型冠状病毒感染肺炎疫情防控违法犯罪的意见》(法发〔2020〕7 号)妥当把握。具体可参见“两高”相关负责人答记者问的对应内容。

——《最高人民法院、最高人民检察院关于办理妨害预防、控制突发传染病疫情等灾害的刑事案件具体应用法律若干问题的解释》（2003 年 5 月 15 日，法释〔2003〕8 号）。

287 故意传播新型冠状病毒感染肺炎病原体，构成以危险方法危害公共安全罪的认定

关键词 | 以危险方法危害公共安全罪 | 故意传播新型冠状病毒感染肺炎病原体 |

【最高人民法院司法文件】

二、准确适用法律，依法严惩妨害疫情防控的各类违法犯罪

（一）依法严惩抗拒疫情防控措施犯罪。故意传播新型冠状病毒感染肺炎病原体，具有下列情形之一，危害公共安全的，依照刑法第一百一十四条、第一百一十五条第一款的规定，以以危险方法危害公共安全罪定罪处罚：

1. 已经确诊的新型冠状病毒感染肺炎病人、病原携带者，拒绝隔离治疗或者隔离期未满擅自脱离隔离治疗，并进入公共场所或者公共交通工具的；

2. 新型冠状病毒感染肺炎疑似病人拒绝隔离治疗或者隔离期未满擅自脱离隔离治疗，并进入公共场所或者公共交通工具，造成新型冠状病毒传播的。

其他拒绝执行卫生防疫机构依照传染病防治法提出的防控措施，引起新型冠状病毒传播或者有传播严重危险的，依照刑法第三百三十条的规定，以妨害传染病防治罪定罪处罚。

——《最高人民法院、最高人民检察院、公安部、司法部关于依法惩治妨害新型冠状病毒感染肺炎疫情防控违法犯罪的意见》（2020 年 2 月 6 日，法发〔2020〕7 号）。

【链接：答记者问】

问：在办理妨害疫情防控犯罪案件时，如何准确适用以危险方法危害公共安全罪和妨害传染病防治罪？

答："两高"、公安部、司法部《关于依法惩治妨害新型冠状病毒感染肺炎疫情防控违法犯罪的意见》（以下称《意见》）中规定："故意传播新型冠状病毒感染肺炎病原体，具有下列情形之一，危害公共安全的，依照刑法第一百一十四条、第一百一十五条第一款的规定，以以危险方法危害公共安全罪定罪处罚：1. 已经确诊的新型冠状病毒感染肺炎病人、病原携带者，拒绝隔离治疗或者隔离期未满擅自脱离隔离治疗，并进入公共场所或者公共交通工具的；2. 新型冠状病毒感染肺炎疑似病人拒绝隔离治疗或者隔离期未满擅自脱离隔离治疗，并进入公共场所或者公共交通工

具,造成新型冠状病毒传播的。"根据这一规定,在办理妨害疫情防控措施犯罪案件适用以危险方法危害公共安全罪时,应当注意把握以下三个方面:一是主体上限于已确诊的新冠肺炎病人、病原携带者,或者新冠肺炎疑似病人;二是主观上具有传播新冠肺炎病原体的故意;三是客观上表现为拒绝隔离治疗或者隔离期未满擅自脱离隔离治疗,实施了进入公共场所或者公共交通工具的行为,其中新冠肺炎疑似病人还要求造成新型冠状病毒传播的后果。实践中,适用以危险方法危害公共安全罪应当依法从严把握。对于《意见》中规定的两种情形,应当适用以危险方法危害公共安全罪。此外,对于明知自身已经确诊为新冠肺炎病人或者疑似病人,出于报复社会等主观故意,恶意向不特定多数人传播病毒,后果严重、情节恶劣的,也应当适用以危险方法危害公共安全罪。对于其他拒绝执行疫情防控措施,引起新型冠状病毒传播或者有传播严重危险的行为,依照刑法第三百三十条的规定,适用妨害传染病防治罪。

问:目前,对妨害疫情防控措施过失造成传染病传播的行为,有的地方以过失以危险方法危害公共安全罪立案,有的地方以妨害传染病防治罪立案,司法机关应当如何准确适用罪名?

答:2003 年"两高"《关于办理妨害预防、控制突发传染病疫情等灾害的刑事案件具体应用法律若干问题的解释》没有规定妨害传染病防治罪的适用,而是规定对于患有突发传染病或者疑似突发传染病而拒绝接受检疫、强制隔离或者治疗,过失造成传染病传播,情节严重,危害公共安全的,按照过失以危险方法危害公共安全罪定罪处罚。这主要是由于 2003 年原卫生部将"非典"列入法定传染病,但未明确为甲类传染病或者按照甲类传染病管理,导致适用妨害传染病防治罪存在障碍。此次疫情防控工作中,国家卫健委经国务院批准发布 2020 年第 1 号公告,已经明确将新型冠状病毒感染肺炎纳入传染病防治法规定的乙类传染病,并采取甲类传染病的预防、控制措施。为充分体现依法防控的要求,《意见》出台后,对于此类拒绝执行卫生防疫机构等依照传染病防治法规定提出的预防、控制措施,造成新冠肺炎传播的行为,应当适用妨害传染病防治罪。需要进一步指出的是,妨害传染病防治罪危害公共卫生,实际上也是一种危害公共安全的行为,其与过失以危险方法危害公共安全罪,实际上是法条竞合关系,应当按照特别法优于一般法的适用原则,优先适用妨害传染病防治罪。

问:如何认定"已经确诊的新冠肺炎病人"和"新冠肺炎疑似病人"?对行为人当时不清楚自身状况,事后被确定为新冠肺炎病人或者疑似病人的,是否可以认定?

答:根据传染病防治法第七十八条的规定,传染病病人、疑似传染病病人是指根据国务院卫生行政部门发布的《中华人民共和国传染病防治法规定管理的传染病诊断标准》，符合传染病病人和疑似传染病病人诊断标准的人。目前，国家卫健委等部门已经印发《新型冠状病毒肺炎诊疗方案》，明确了确诊病例和疑似病例的诊断标准。实践中，对于“已经确诊的新冠肺炎病人”和“新冠肺炎疑似病人”的认定，应当以医疗机构出具的诊断结论、检验报告等为依据。对于行为人虽然出现发热、干咳、乏力等某些新冠肺炎感染症状，但没有医疗机构出具相关诊断结论、检验报告的，不能认定为《意见》第一条规定的“已经确诊的新冠肺炎病人”“新冠肺炎疑似病人”。办案中，对于实施妨害疫情防控行为时尚未经医疗机构确诊为新冠肺炎病人或者疑似病人，但事后经诊断、检验，被确认系新冠肺炎病人或者疑似病人的，不应适用《意见》关于确诊病人或者疑似病人故意传播新冠肺炎病原体构成有关犯罪的规定。

——孙航：《依法惩治妨害疫情防控违法犯罪 切实保障人民群众生命健康安全——最高人民法院研究室主任姜启波 最高人民检察院法律政策研究室主任高景峰联合答记者问》，载《人民法院报》2020 年 2 月 28 日，第 3 版。

288 因吸毒长期处于精神障碍状态，在病情缓解期再次吸毒陷于精神障碍过程中驾驶机动车，受被害妄想影响行为失控，在道路上高速驾车连续冲撞车辆的，应当评定为限定刑事责任能力，构成以危险方法危害公共安全罪

关键词 | 交通肇事 | 毒驾 | 刑事责任能力 | 主观罪过 |

【最高人民法院参考案例】

叶丹以危险方法危害公共安全案（《刑事审判参考》案例第 919 号）

要旨：被告人因吸毒长期处于精神障碍状态，在病情缓解期再次吸毒陷于精神障碍过程中驾驶机动车的，宜认定行为人具有限定责任能力。对于自陷于精神障碍的行为人，应当根据其自陷时对危害结果的意识和意志状态认定其对结果所持的主观罪过。

我们认为，在评定毒品所致精神障碍者的刑事责任能力时，应当注意以下两个方面：一是毒品对人体生理和心理的危害性远远大于酒精，因吸毒导致的杀人、抢劫、强奸等恶性犯罪案件屡见不鲜，虽然刑法未明确规定吸毒的人应当负刑事责任，但基于社会利益原则，吸毒的人也应负刑事责任。二是尽管毒品所致精神障碍者属于特殊情形，对吸毒者刑事责任能力的评定也必须坚持医学标准（医学诊断）与法学标准（辨认能力和控制能力）两个要件缺一不可的原则。在这两个评定要件中，医学

标准是评定责任能力的基础,不能因为吸毒行为是违法行为,吸毒引发的危害行为后果严重就脱离医学诊断,为求从严惩处而将吸毒者一律评定为完全刑事责任能力。综上,对自愿摄入毒品者进行刑事责任能力评定时,应当以社会利益原则为主要导向,参考相关精神病鉴定意见,在此基础上判断该精神障碍是否影响其实施危害行为时的辨认和控制能力,以及影响程度,最终评定其责任能力等级。

行为人因饮酒、吸毒等行为使自己一时陷入丧失或者尚未完全丧失责任能力的状态,并在该状态下实施了符合犯罪构成要件特征的行为的,根据刑法规定和原因自由行为理论,应当负刑事责任。然而,这一认定原则并未解决行为人实施自陷行为时已经处于辨认或者控制能力减弱甚至完全丧失情形下刑事责任的认定问题。本案的特殊之处在于被告人叶丹吸毒时恰恰属于此种情形。在案证据显示,叶丹有长达五年的精神病史,经多次强制戒毒和治疗均无效,即便在病情缓解期,辨认和控制能力也较正常人有所削弱,其对毒品的依赖性也高于一般吸毒人员。质言之,其在最后一次吸食毒品之时,其辨认能力和控制能力就异于正常人,即处于限制能力状态。根据原因自由行为理论分析,即使对自陷行为人按照吸食毒品时的责任能力认定其刑事责任能力,叶丹也应被认定为限制责任能力人。

对于自陷于精神障碍的行为人,应当根据其自陷时对危害结果的意识和意志状态认定其对结果所持的主观罪过。我们认为,对行为人实施自陷行为时已经处于辨认或者控制能力减弱甚至完全丧失情形的,既然刑事责任能力应当从自陷行为时的状态进行评定,那么其对自陷后实施的犯罪行为后果所持的意志态度也应当从自陷行为时的状态进行分析评定,即根据行为人实施原因行为时对危害结果的意识和意志状态进行判断。如果行为人已经认识到一旦自己陷于精神障碍状态,可能会引起危害结果发生的紧迫危险,仍然希望或者放任自己陷于精神障碍状态的,其主观罪过为故意;如果行为人对自己陷入精神障碍状态后引发危害结果发生的危险没有预见,或者虽有预见但轻信可以避免的,那么其主观罪过为过失。当原因行为是吸毒行为时,判断行为人对危害结果是持希望、放任还是反对、否定态度,有必要对行为人是否存在吸毒史进行重点考察。吸毒史较长的人,其对吸毒后会出现兴奋、自控力下降、行为鲁莽、易激惹、幻觉(快乐情绪体验)等精神障碍症状(暂称一般症状)一般具有较深的认识,故行为人知道或者应当知道其自陷行为导致精神障碍状态的高度盖然性,在这种情形下实施自陷行为并实施符合构成要件特征行为的,一般宜认为行为人对危害结果持希望或者放任态度。吸毒史较短的人,对于吸毒后会出现病理性错觉或者被害妄想(恐怖情绪体验)、失去意识等精神障碍症状(暂称特别症状)的认识一般比较模糊或者较浅,虽然可能略有所闻但因未亲身经历而可能存在侥幸心理。因此,这类人员对其自陷行为导致精神障碍状态的可能性程度认识较低,在这种情形下实施自陷行为并实施符合构成要件特征行为的，一般宜认为行为人对危害结果持反对、否定态度。

本案中，被告人叶丹多次接受精神病院治疗，其对自己吸食“麻果”后会陷入精神障碍的状态是有充分认识的，对自己在精神障碍状态下行为失控，可能实施放火、持刀乱砍、打人等危害行为亦有一定认识，但因毒瘾难以戒断而多次复吸，全然不管不顾可能出现的危害结果。因此，叶丹对其自愿吸食毒品，陷入精神障碍状态下实施的行为应当负故意责任。本案发生在市区繁华路段、交通高峰期，叶丹吸毒后受被害妄想影响行为失控，在道路上高速驾车横冲直撞，连续冲撞十二辆车，直至被警车逼停，其行为已具有与放火、决水、爆炸、投放危险物质等危险方法相当的危险性。但鉴于本案未造成人员伤亡的严重后果，仅致使公私财产损失三万余元，故一审法院按照刑法第一百一十四条的规定，对叶丹以以危险方法危害公共安全罪定罪，并酌情从轻处罚，判处四年有期徒刑，是适当的。

——《刑事审判参考》（总第 94 辑）。

289 醉酒驾车构成以危险方法危害公共安全罪的认定及量刑

关键词 | 以危险方法危害公共安全罪 | 醉酒驾车 |

【最高人民法院司法文件】

一、准确适用法律，依法严惩醉酒驾车犯罪

刑法规定，醉酒的人犯罪，应当负刑事责任。行为人明知酒后驾车违法、醉酒驾车会危害公共安全，却无视法律醉酒驾车，特别是在肇事后继续驾车冲撞，造成重大伤亡，说明行为人主观上对持续发生的危害结果持放任态度，具有危害公共安全的故意。对此类醉酒驾车造成重大伤亡的，应依法以以危险方法危害公共安全罪定罪。

2009 年 9 月 8 日公布的两起醉酒驾车犯罪案件中，被告人黎景全和被告人孙伟铭都是在严重醉酒状态下驾车肇事，连续冲撞，造成重大伤亡。其中，黎景全驾车肇事后，不顾伤者及劝阻他的众多村民的安危，继续驾车行驶，致 2 人死亡，1 人轻伤；孙伟铭长期无证驾驶，多次违反交通法规，在醉酒驾车与其他车辆追尾后，为逃逸继续驾车超限速行驶，先后与 4 辆正常行驶的轿车相撞，造成 4 人死亡、1 人重伤。被告人黎景全和被告人孙伟铭在醉酒驾车发生交通事故后，继续驾车冲撞行驶，其主观上对他人伤亡的危害结果明显持放任态度，具有危害公共安全的故意。二被告人的行为均已构成以危险方法危害公共安全罪。

二、贯彻宽严相济刑事政策，适当裁量刑罚

根据刑法第一百一十五条第一款的规定，醉酒驾车，放任危害结果发生，造成重大伤亡事故,构成以危险方法危害公共安全罪的,应处以十年以上有期徒刑、无期徒刑或者死刑。具体决定对被告人的刑罚时,要综合考虑此类犯罪的性质、被告人的犯罪情节、危害后果及其主观恶性、人身危险性。一般情况下,醉酒驾车构成本罪的,行为人在主观上并不希望、也不追求危害结果的发生,属于间接故意犯罪,行为的主观恶性与以制造事端为目的而恶意驾车撞人并造成重大伤亡后果的直接故意犯罪有所不同,因此,在决定刑罚时,也应当有所区别。此外,醉酒状态下驾车,行为人的辨认和控制能力实际有所减弱,量刑时也应酌情考虑。

被告人黎景全和被告人孙伟铭醉酒驾车犯罪案件,依法没有适用死刑,而是分别判处无期徒刑,主要考虑到二被告人均系间接故意犯罪,与直接故意犯罪相比,主观恶性不是很深,人身危险性不是很大;犯罪时驾驶车辆的控制能力有所减弱;归案后认罪、悔罪态度较好,积极赔偿被害方的经济损失,一定程度上获得了被害方的谅解。广东省高级人民法院和四川省高级人民法院的终审裁判对二被告人的量刑是适当的。

——《最高人民法院关于醉酒驾车犯罪法律适用问题的意见》(2009 年 9 月 11 日,法发〔2009〕47 号)。

【链接:理解与适用】

事实上,醉酒驾车犯罪,一般情况下,大致分为两种情形:一种情形是醉酒驾车肇事后,立即停止行驶,即所谓一次碰撞;另一种情形是醉酒驾车肇事后,继续驾车行驶,以致再次肇事,造成更为严重的后果,即所谓二次碰撞。这两种情形下,行为人主观上对危害结果的发生所持的心态并不相同。在一次碰撞情形下,除非有充分的证据证明行为人对危害结果的发生持希望或放任态度,否则,难以认定其主观上具有危害公共安全的直接故意或间接故意,只能认定行为人主观上是过失,以交通肇事罪论处。在二次碰撞情形下,行为人醉酒驾车发生一次碰撞后,足以认识到其醉酒驾车行为具有高度的危险性,会对他人的生命安全造成伤害,然而,其对此漠然置之,不顾道路上行驶的其他车辆及行人的安全,出于逃逸等目的,仍然继续驾车行驶,以致再次肇事,冲撞车辆或行人,造成更为严重的后果。此种情形之下,行为人将他人的生命置于高度危险之中,其本人已经没有能力对这种危险予以控制,危险随时随地都会发生,却依然不管不顾、置之不理。这种情形明显反映出行为人完全不计自己醉酒驾车行为的后果,对他人伤亡的危害结果持放任态度,主观上具有危害公共安全的间接故意,应定以危险方法危害公共安全罪。因此,《意见》指出,此类醉酒驾车造成重大伤亡的,行为人主观上对持续发生的危害结果持放任态度,具有危害公共安全的故意,应依法按照以危险方法危害公共安全罪定罪。

——高贵君、韩维中、王飞：《〈关于醉酒驾车犯罪法律适用问题的意见〉的理解与适用》，载最高人民法院刑事审判第一、二、三、四、五庭主办：《中国刑事审判指导案例2》（增订第3版），法律出版社2017年版，第327页。

290 如何认定醉驾致人死亡案件中行为人的主观心态

关键词 | 以危险方法危害公共安全罪 | 交通肇事罪 |

【最高人民法院参考案例】

李彬交通肇事案（《刑事审判参考》案例第1271号）

要旨：区分交通肇事罪和以危险方法危害公共安全罪，关键在于准确认定行为人的罪过形式，即属于间接故意还是过于自信的过失。

从理论上来看，区分交通肇事罪和以危险方法危害公共安全罪，关键在于准确认定行为人的罪过形式，即属于间接故意还是过于自信的过失。审判实践中，考虑到行为人犯罪时的主观心态只存在于其意志中，要证明其主观心态只能通过其认知水平、行为时间、地点、对象、力度、使用的工具以及事发后表现等外在表象，根据主客观相一致的原则，运用经验与逻辑形成判断，以此来认定行为人的主观心态。间接故意与过于自信的过失的区别体现在认识因素和意志因素两方面。第一，间接故意的认识因素为"明知自己的行为会发生危害社会的结果"，而过于自信的过失则是"已经预见自己的行为可能发生危害社会的结果"。在间接故意的心态下，行为人清楚明确地知道发生危害结果的高度可能性；而在过于自信的过失心态下，行为人只是凭经验认识到危害结果发生的可能性，至于危害结果是否将会发生则存在很大的不确定性。第二，在意志因素方面，间接故意是放任危害结果发生，即行为人对于危害结果的发生不反对、不排斥；而过于自信的过失则是行为人轻信能够避免发生危害结果，其对危害结果的发生是反对、排斥的。因此，只要有证据证明行为人事前并没有明显的危害社会意图，事后有尽量避免危害结果发生的补救举动，一般就应当认为其主观心态属于过于自信的过失。从另一个角度分析，如果有充分的证据证明行为人为了实施某些偏离交通目的的高度危险行为而放任危害结果发生，可以认定其具有危害公共安全的间接故意，可能构成以危险方法危害公共安全罪。例如，出于竞技、斗气等动机酒后驾车追逐竞驶，肇事后为逃离现场或躲避执法连续冲撞行人、车辆，都是比较典型的以驾车肇事方式实施的以危险方法危害公共安全行为。至于醉酒，只是反映行为人违反交通法规严重程度的情节，可在量刑时予以考虑，一般不能作为认定行为人具有危害公共安全间接故意的关键因素。

最高人民法院2009年发布的《关于醉酒驾车犯罪法律适用问题的意见》指出，“行为人明知酒后驾车违法、醉酒驾车会危害公共安全，却无视法律醉酒驾车，特别是在肇事后继续驾车冲撞，造成重大伤亡，说明行为人主观上对持续发生的危害结果持放任态度，具有危害公共安全的故意。对此类醉酒驾车造成重大伤亡的，应依法以以危险方法危害公共安全罪定罪”。根据上述文件的精神，在司法实践中可大体遵循以下标准区分交通肇事罪和以危险方法危害公共安全罪：(1)仅有一次碰撞行为的，除非有充分的证据证明行为人对危害结果的发生持希望或放任态度，否则不能认定其具有危害公共安全的直接或间接故意，只能认定为过失，以交通肇事罪论处。其中，对造成特别重大伤亡后果的案件，不能仅因后果极其严重就认定行为人当时出于故意心态，即不能仅凭结果认定主观心态，还要综合案件的具体情节来认定。例如，对于醉酒后不顾他人劝阻强行开车，并在人群密集的场所高速甚至超速行驶，从而一次性撞击造成重大伤亡的，可以考虑认定为以危险方法危害公共安全罪。反之，如果在车流量、人流量不大的道路上醉酒驾车，因一时疏忽没有避让行人，一次性撞击造成重大伤亡的，则不宜认定为以危险方法危害公共安全罪。(2)有两次以上碰撞行为的，说明行为人出于逃逸等目的，将他人的生命置于高度危险之中，其本人已没有能力对这种危险进行有效控制，但依然不管不顾，为逃脱罪责放任危害结果的发生，一般可认定具有危害公共安全的间接故意，可以以危险方法危害公共安全罪论处。

本案中，被告人李彬案发前大量饮酒，处于醉酒状态，且驾车过程中超速行驶，但不能仅以其大量饮酒、有超速行为就认定其主观上具有危害公共安全的故意。综合其事前、事中、事后的表现来看，其主观上仍属于过于自信的过失，构成交通肇事罪。具体理由有三点：(1)醉酒超速驾车的情况下，既有可能发生本案这种撞击他人的事故，也有可能发生撞击其他车辆或翻车等伤及自身的事故，李彬在醉酒超速驾车时虽意识到有发生事故的可能性，但显然并不希望发生事故。(2)醉酒、超速驾车行为严重违反交通法规，但此种行为是否属于危害公共安全的高度危险行为，需要结合具体案情评估行为人操纵车辆、保证交通安全的能力。根据李彬的供述，其驾车通过事发路段时按了喇叭，并认为行人会避让所以没有减速，发现被害人时来不及躲闪因而发生相撞。上述情节反映其事发时具有一定避险能力和避险意识，并且也有相应的避险举动，其行为尚不属于危害公共安全的高度危险行为。(3)虽然不能单纯以事后行为判断行为人事发时的主观心态，但行为人事发后的即时表现对认定其主观心态也是重要的参考因素。李彬发现自己肇事后，及时返回现场拨打“120”，并主动承认自己醉酒驾车撞人，这些事后表现反映出其对危害后果的发生是持反对态度的，并无放任危害结果发生的心态。

——《刑事审判参考》(总第115辑)。

291 食品销售人员对亚硝酸盐未尽妥善保管义务导致亚硝酸盐混入食品中出售，致人伤亡，构成过失以危险方法危害公共安全罪

关键词｜过失以危险方法危害公共安全罪｜过失投放危险物质罪｜

【最高人民法院参考案例】

许小渠过失以危险方法危害公共安全案(《刑事审判参考》案例第 1041 号)

要旨:行为人的未妥善保管行为发生在食品销售流通领域,对社会公共安全造成了潜在的和现实的威胁,该行为构成刑法上的"其他危险方法"。

过失以危险方法危害公共安全罪、过失投放危险物质罪、过失致人死亡罪,罪过形式均是过失且都有可能发生了致人死亡的结果,但被告人许小渠的行为不构成过失投放危险物质罪和过失致人死亡罪。过失投放危险物质罪,要求被告人有过失投放的行为,即行为人主动实施了一定的行为,导致危险物质混入食物中,他人进食后中毒,产生危害后果,如在日常生活中将农药与饮用水放在一起,做饭时误将农药当作水,造成多人中毒伤亡的后果等。本案被告人只是在调配硝卤水的过程中拿出亚硝酸盐后,没有及时将这种危险物质放回、保管好,客观上并没有实施投放的行为,是其他店员在不知情的情况下将亚硝酸盐混入白糖中出售的,投放的行为并非许小渠所实施,故不能构成过失投放危险物质罪。过失致人死亡罪侵犯的客体是公民个人生命健康,危害的对象具有特定性,本案被告人的未妥善保管行为发生在食品销售流通领域,其食品向不特定的公众进行销售,一旦将危险物质混入食品中,会对社会公共安全造成威胁,这种威胁针对不特定多数人,而非特定的个人,故不能构成过失致人死亡罪。

过失以危险方法危害公共安全罪,是指过失以放火、决水、爆炸、投放危险物质以外的其他危险方法,致人重伤、死亡或者使公私财产遭受重大损失的行为。本罪侵犯的客体是公共安全;客观方面表现为行为人过失以放火、决水、爆炸、投放危险物质以外的其他危险方法,致人重伤、死亡或者使公私财产遭受重大损失;主体为一般主体;主观方面为过失。本罪的"其他危险方法"是指与放火、决水、爆炸、投放危险物质等方法危害性相当的方法,而不是泛指一切对公共安全具有危害性的方法,即该方法应当具有"大规模"和"杀伤性"。"大规模"是指该方法一经实施就可能危害到多数人或者不特定的人,"杀伤性"是指行为后果严重,该方法能够造成致人重伤、死亡或者使公私财产遭受重大损失的后果。

被告人许小渠对危害结果的发生在主观上具有过失,客观上实施了对亚硝酸盐未尽到妥善保管义务,将其遗留在食品销售区域的行为。许小渠的未妥善保管行为发生在食品销售流通领域,对社会公共安全造成了潜在的和现实的威胁,该行为构成刑法上的"其他危险方法"。该行为危害到不特定多数人的生命健康,并最终导致一

死一轻微伤的严重后果,符合过失以危险方法危害公共安全罪的构成要件。

——《刑事审判参考》(总第 101 辑)。

292 以危险方法危害公共安全罪中的“不特定多数人”的理解

关键词|以危险方法危害公共安全罪|不特定多数人|

【最高人民法院参考案例】

郑小教以危险方法危害公共安全案(《刑事审判参考》案例第 1072 号)

要旨:采用驾车撞人的危险方法冲向不特定多数人,对危害不特定多数人生命健康安全持放任态度,应当认定为以危险方法危害公共安全罪。

故意杀人罪所要保护的是普通公民个人的人身权利;而危害公共安全罪设立的目的在于将生命、健康等个人法益抽象为社会利益作为保护对象,故危害公共安全罪最突出的特点是其“社会性”。对于以危险方法危害公共安全罪的犯罪对象“不特定多数人”的含义,应当从其“社会性”的特点出发进行理解。以危险方法危害公共安全罪保护的是公众的生命、健康,而“公众”与“社会性”均要求重视量的“多数”。换言之,“多数”是“公共”概念的核心。“不特定”也意味着随时有向“多数”发展的现实可能性,会使社会多数成员遭受危害和侵害。司法实践中,一般有两种情况会认定为“不特定多数人”,从而构成危害公共安全犯罪:第一种情形是行为针对的对象是不特定的,且行为人事先也没有预料到具体的危害后果;第二种情形是行为人针对的对象是相对特定的,但实际造成的后果是行为人没有预料的,不能控制的。侵害“不特定多数人”,并不是说行为人没有特定的侵犯对象或目标,而是行为人主观上有一定的侵害对象,对损害的可能范围也有一定的预判,但对最终造成或者可能造成的危害后果难以控制,从而危害特定人之外的人身或者财产安全。本案中,被告人郑小教意图驾驶小汽车撞向拆迁人员,虽然现场的拆迁人员是相对特定的,但是一方面现场拆迁人员本身就人数众多;另一方面除了拆迁人员外,现场还有郑小教的邻居和亲属,用小汽车撞人时是很难控制具体的侵害对象以及所造成的侵害后果的。事实证明,本案就因郑小教的行为导致多名拆迁人员及郑小教母亲受伤的后果,因此郑小教的行为虽然针对的是相对特定的对象,但是对于最终侵害的对象及造成的后果均无法控制和预料,应当认定其侵犯的对象是“不特定多数人”。一审法院以本案是“在特定的拆违现场有针对性地冲撞特定的工作人员,不具有危害公共安全的特性”为由否定“不特定性”是不当的。此外,本案即使现场只有拆迁人员,也应当认定为以危险方法危害公共安全罪。如前所述,危害公共安全中侵害客体的“不特定多数人”核心在于“多数”和“社会性”,即使侵害对象相对特定是拆迁人员，但鉴于本案拆迁人员多达数十人，符合一般意义上的多数要求，且郑小教的行为方式也无法控制最终的危害后果，故而其侵害的对象仍属于“不特定多数人”。

“公共安全”不等同于“公共场所的安全”。一审法院认为，案发现场道路是被告人家庭使用的相对封闭的场所，故不宜认定为侵犯公共安全，从而不宜认定为以危险方法危害公共安全罪。我们认为，首先，“公共安全”的词义应解释为多数人的生命、健康和公私财产的安全。公共安全包括信息安全、食品安全、公共卫生安全等，是一个抽象的概念。虽然在公共场所更容易发生侵犯公共安全的案件，但是公共安全不等同于公共场所的安全。其次，公共安全的核心在于“多数”，而不论是封闭的场所还是开放的公共场所，即使是在相对封闭的场所发生了多数人的损害后果，也有可能属于侵犯公共安全的行为。本案中，首先，案发现场道路并非被告人家庭所有或单独使用，而只是由于特殊的地理位置，被告人家庭使用的频率较高，但这并不能排斥他人行走或使用，故案发现场并不属于封闭的场所；其次，即使案发现场属于封闭的场所，但由于郑小教驾车冲撞的行为危害到“不特定多数人”的健康、生命安全，其行为就具有了危害公共安全的性质。

综上，本案中被告人郑小教为泄愤，驾驶车辆在公共场所连续冲撞他人致多人轻伤、轻微伤的行为，是以危险方法危害公共安全罪的典型犯罪手段。当然，我们在处理类似案件时，也应当综合考虑案件的起因、当事人的主观故意及相关的犯罪情节等，合理把握案件的定罪与量刑，做到罚当其罪。二审法院改判郑小教犯以危险方法危害公共安全罪，判处有期徒刑七年是适当的。

——《刑事审判参考》（总第103辑）。

293 不同犯意支配下实施的连续行为构成故意杀人罪和以危险方法危害公共安全罪的认定

关键词 | 以危险方法危害公共安全罪 | 故意杀人罪 |

【最高人民法院参考案例】

金复生以危险方法危害公共安全、故意杀人案（《刑事审判参考》案例第1236号）

要旨：对不同犯意支配下实施的连续行为，应综合考量行为发生、发展至结束的全过程，按照主客观相一致原则予以准确评价。

本案即2014年12月26日发生在北京繁华地段的“工体连环撞人案”。该案的一个显著特点是被告人金复生在不同犯意支配下实施了连续危害社会的行为，对这些行为如何进行准确评价是本案审理中的突出问题。我们认为，对不同犯意支配下实施的连续行为应从犯罪构成要件入手，结合具体案情作出综合评价。我国刑法理论中的犯罪构成要件具有犯罪个别化机能，使一罪与其他犯罪相区别。根据刑法理论通说，犯罪主观方面是犯罪主体对其所实施的危害行为及危害后果所持的心理态度，包括故意、过失、动机、目的等。一般来说，即使行为方式相同或类似，如果主观方面不同，所构成的犯罪也不尽相同。换言之，犯罪主体在不同主观故意支配下的行为构成不同的犯罪。例如，同样是持刀故意伤人的行为，甲多次扎刺被害人的头部、胸腹部等致命部位，而乙仅轻微划割被害人的四肢、臀部等非致命部位，显示出二人的主观故意不同，构成的犯罪亦不相同。因此，对不同犯意支配下行为人实施的具体行为应结合全案证据综合考量才能予以正确评价。

综观本案，被告人金复生的行为可分为三个现场，分别是朝阳区工体东路 5 号楼东侧辅路（三里屯经济管理中心附近），朝阳区朝阳门外大街中国工商银行朝阳支行南侧主路（以下简称朝外大街），以及北京工人体育场院内（以下简称工体院内）。虽然案发在不同的地点且金复生针对不同对象实施了驾车撞击行为，但从在案证据来看，金复生的相关行为不宜截然分开，而应从其行为发生、发展的全过程分析其行为的性质。

首先，金复生撞击第一被害人康某的行为构成故意杀人罪（未遂）。从客观行为来看，2014 年 12 月 26 日 10 时许金复生驾车在朝阳区工体东路 5 号楼东侧辅路故意撞击三里屯经济管理中心司机康某，造成康某头部受轻微伤。公安机关出具的现场勘验笔录及现场照片证明，现场东侧为南北走向的工人体育场东路，西侧为工体东路小区，周边路人较多。金复生的作案目标具有针对性，表明其犯罪行为侵害的客体是康某的人身权利，并非公共安全。从犯罪主观方面来看，据金复生的供述，他与三里屯经济管理中心因民事纠纷产生矛盾，遂意图驾驶机动车撞死该中心的人员以泄愤。其供称："我与三里屯经济管理中心因北京市朝阳区三里屯幸福一村十巷 23 号房产权一事打官司，因该中心有关领导的行为导致我在官司中败诉，就想开车撞死他们，自己也不活了。该中心的人都知道我是受冤枉的，因此我决定只要是这单位的人就开车撞。"可见，金复生最初是计划以开车撞人的方式实施报复，其明知开车撞人可能会致受害人死亡，却为发泄个人私怨而决意实施，足见其至少是持放任的主观心态。至于犯罪对象，金复生确定的目标是三里屯经济管理中心的领导或其他人员，即犯罪对象是特定的。其供称："我见赵某（三里屯经济管理中心的现任领导）的司机送赵某到单位。赵某先下车，我和司机仅隔一个小路口，我挂上最大动力档，以二三十公里的时速撞向司机。我通过后视镜见对方倒地便加速离开。"可见，金复生在本案第一现场驾车撞人是有预谋实施的故意杀人行为，该行为也是其当初谋划的自认为可控制的行为。该行为没有达到其犯罪目的，即"开车撞死他们"的危害结果并没有发生，而仅造成被害人康某轻微伤，故属于犯罪未遂。

其次，被告人金复生撞击吴某等十一人的行为应综合评价为以危险方法危害公共安全罪。除上述第一现场的行为外，如何评价金复生在第二现场（朝外大街）和第三现场（工体院内）的行为性质，存在一定争议。争议点包括：其一，金复生在第二现场的行为是故意还是过失？其二，金复生在第二现场和第三现场的行为是连续的行为还是各自独立的行为？金复生的辩护人认为，金复生实施第一现场的行为后，在驾车加速逃跑过程中扭回头看是否有人追赶，出于过失撞到吴某，致吴某轻伤，属于一般的交通肇事行为，故金复生在第二现场的行为不构成犯罪。我们认为，对金复生在离开第一现场之后实施的行为应结合具体案情综合认定。根据第二现场受害人吴某的陈述及现场监控录像，可以清楚地看到，吴某等行人当时正沿人行横道由南向北穿行马路且即将到达马路对面，金复生所驾驶的车辆从东向西直接朝吴某等行人冲来，且在接近行人时车辆有明显加速。金复生也供称："撞完司机后我慌忙逃跑……我的车速约每小时六七十公里，我也没踩刹车就撞了对方（吴某）。撞人后我继续驾车逃跑……从南门进入工人体育场。我从北门开往东门，在路上见人就撞，印象中撞了六七个人，具体数字不记得了……我撞的人与我打官司的事没有关系。我这么做的目的就是想多撞人，制造影响。"可见，金复生在第一现场的行为结束后先是为逃跑而在繁华地段高速行驶以致撞人，后为制造影响在工体院内连续对不特定的无辜行人进行冲撞，其故意或放任危害结果发生的主观心态是贯穿始终的。金复生作为有多年驾驶经验的老司机，明知驾车在有行人穿行的繁华路段高速行驶有可能撞到行人，但其先放任撞人结果的发生，再追求撞人结果的发生，故对其后续行为可以进行整体评价，即金复生在本案第二现场和第三现场的行为是连续的整体行为，构成以危险方法危害公共安全罪。

——《刑事审判参考》（总第113辑）。

294 盗窃、破坏窨井盖构成破坏交通设施罪和以危险方法危害公共安全罪的认定

关键词｜破坏交通设施罪｜以危险方法危害公共安全罪｜

【最高人民法院司法文件】

一、盗窃、破坏正在使用中的社会机动车通行道路上的窨井盖，足以使汽车、电车发生倾覆、毁坏危险，尚未造成严重后果的，依照刑法第一百一十七条的规定，以破坏交通设施罪定罪处罚；造成严重后果的，依照刑法第一百一十九条第一款的规定处罚。

过失造成严重后果的,依照刑法第一百一十九条第二款的规定,以过失损坏交通设施罪定罪处罚。

二、盗窃、破坏人员密集往来的非机动车道、人行道以及车站、码头、公园、广场、学校、商业中心、厂区、社区、院落等生产生活、人员聚集场所的窨井盖,足以危害公共安全,尚未造成严重后果的,依照刑法第一百一十四条的规定,以以危险方法危害公共安全罪定罪处罚;致人重伤、死亡或者使公私财产遭受重大损失的,依照刑法第一百一十五条第一款的规定处罚。

过失致人重伤、死亡或者使公私财产遭受重大损失的,依照刑法第一百一十五条第二款的规定,以过失以危险方法危害公共安全罪定罪处罚。

——《最高人民法院、最高人民检察院、公安部关于办理涉窨井盖相关刑事案件的指导意见》(2020年3月16日,高检发〔2020〕3号)。

三、破坏特定对象的犯罪

295 破坏交通工具罪与放火罪的区别

关键词 | 破坏交通工具罪 | 放火罪 |

【最高人民法院参考案例】

叶朝红等放火案(《刑事审判参考》案例第 239 号)

要旨:以放火的方法破坏正在使用中的公共交通工具,并足以使该交通工具发生倾覆、毁坏危险的,是危害公共安全的行为。行为人的行为同时触犯了放火罪和破坏交通工具罪的想象竞合,考虑到两罪法定刑完全相同,应考虑犯罪对象的不同选择更符合行为特征的罪名。

以放火的方法破坏正在使用中的公共交通工具,并足以使该交通工具发生倾覆、毁坏危险的,是危害公共安全的行为。在这种情况下,行为人既具备放火罪的犯罪构成,又同时具备破坏交通工具罪的犯罪构成,形成两罪的竞合,即一行为触犯两罪名。对竞合犯的处断原则,目前我国刑法理论界和司法实务界均主张“从一重处断”,即按照该行为所触犯的数罪名中法定刑最重的那个罪名论处。如行为人以盗窃为目的实施了放火的行为,而放火所危及的对象是正在使用中的货物列车,因此,两个罪名,构成二罪的竞合。这一竞合的特殊性在于二罪的法定刑完全相同,那么如何选择本案的适用罪名呢?我们认为,在这种情况下,分析行为人的主观目的,对于罪名的正确选择就显得特别重要。一般来说,用放火的手段破坏交通工具的行为,行为人主观上应当积极追求交通工具损坏的结果,应当具备特定的目的。我们知道,犯罪目的虽不是犯罪构成要件,但它却是直接故意犯罪和间接故意犯罪的区分点。只有直接故意犯罪中才存在有犯罪目的,因为直接故意是希望犯罪结果发生,即积极追求这种结果的发生;而间接故意,由于其对危害结果的发生并非是希望和积极追求,仅是持一种放任的态度,因此,间接故意犯罪中不存在犯罪目的。用放火的方式破坏交通工具其主观故意上应是直接故意,它所要追求的是交通工具损坏的结果,换言之,其犯罪目的直接指向交通工具本身。行为人实施放火行为的目的是盗窃,放火所直接指向的是货物列车上所装载的物而非列车本身。因为行为人能够预见到其行为足以危及公共安全的结果却仍放任这种结果的发生,故符合(间接故意)放火罪的犯罪构成。行为人所实施的放火行为,虽也存在造成交通工具毁坏的危险,且客观上也造成了交通工具一定程度的毁坏,但不符合破坏交通工具罪的直接故意特征，故定放火罪而非破坏交通工具罪更符合本案的行为特点。

——《刑事审判参考》（总第32辑）。

296 疫情防控期间，构成破坏交通设施罪的认定

关键词｜破坏交通设施罪｜疫情防控｜

【最高人民法院司法文件】

二、准确适用法律，依法严惩妨害疫情防控的各类违法犯罪

（八）依法严惩破坏交通设施犯罪。在疫情防控期间，破坏轨道、桥梁、隧道、公路、机场、航道、灯塔、标志或者进行其他破坏活动，足以使火车、汽车、电车、船只、航空器发生倾覆、毁坏危险的，依照刑法第一百一十七条、第一百一十九条第一款的规定，以破坏交通设施罪定罪处罚。

办理破坏交通设施案件，要区分具体情况，依法审慎处理。对于为了防止疫情蔓延，未经批准擅自封路阻碍交通，未造成严重后果的，一般不以犯罪论处，由主管部门予以纠正。

——《最高人民法院、最高人民检察院、公安部、司法部关于依法惩治妨害新型冠状病毒感染肺炎疫情防控违法犯罪的意见》（2020年2月6日，法发〔2020〕7号）。

297 不履行因紧急避险行为引起的作为义务，可构成破坏交通设施罪

关键词｜紧急避险｜不作为｜破坏交通设施罪｜

【最高人民法院参考案例】

王仁兴破坏交通设施案（《刑事审判参考》案例第295号）

要旨：不履行因紧急避险行为所引起的作为义务也能构成破坏交通设施罪。

上诉人王仁兴在其渔船存在翻沉的现实危险下，不得已解开航标船钢缆绳来保护其与他人人身及渔船财产的行为，虽系紧急避险，但在危险消除后，明知航标船漂离会造成船舶发生倾覆、毁坏危险，应负有采取相应积极救济措施消除危险状态的义务，王仁兴能够履行该义务而未履行，属不作为，其行为构成了破坏交通设施罪，应负刑事责任。本案在审理中，对被告人王仁兴的行为如何定性及量刑有两种意见：第一种意见认为，被告人王仁兴解开航标船钢缆绳的先前行为属紧急避

险，但王仁兴在其危险解除后，明知航标船流失会造成其他过往船舶在通过该航标船流域时发生危险，其应负有立即向航道管理部门报告以防止危害发生的义务，王仁兴未履行该义务，其不作为的行为构成了破坏交通设施罪，应负刑事责任。鉴于本案未发生严重后果，被告人王仁兴认罪态度较好，对其适用缓刑不致再危害社会，可适用缓刑。第二种意见认为，破坏交通设施罪的危险犯是行为人采取了某种破坏手段的犯罪行为而造成的一种危险状态，被告人王仁兴所实施的"破坏"行为即解开航标船钢缆绳的行为已被确认为系紧急避险行为，其本身是合法行为而非犯罪行为，而本案危险状态的发生是由于其合法行为引起，而不是不作为行为引起，且本案亦没有危害后果发生，因此被告人王仁兴的行为不构成犯罪，不应负刑事责任。

刑法上的不作为，是指行为人应当履行某种特定的法律义务且有能力履行而不去履行。构成不作为犯必须以行为人负有履行特定的法律义务为前提，即负有作为义务。实践中，行为人的作为义务主要来自于三个方面：一是法律明文规定的义务；二是职务上或者业务上所要求必须承担的义务；三是行为人先行行为引起的义务。所谓先行行为引起的义务，是指由于行为人先前实施的行为，使某种合法权益处于危险状态时，该行为人负有采取有效措施积极防止危害结果发生的义务。就本案而言，被告人王仁兴解开航标船钢缆绳的行为即是先行行为，该先行行为在消除其自身危险的同时又造成了对交通安全设施的破坏，从而使其他船舶航行处于危险状态，此时该先行行为就引起了被告人王仁兴在其正当权益得以保全的情况下，负有采取积极救济措施消除危险状态的作为义务。王仁兴有条件、有能力履行这一义务，却采取放任的态度，听之任之，符合刑法不作为的特征。

本案中，被告人王仁兴不履行该作为义务是否构成不作为犯罪是争议的焦点。我们认为，首先，被告人王仁兴是一名长期在长江航道上打鱼的渔民，其明知解开航标船钢缆绳的破坏交通安全设施的行为会给其他船舶航行安全造成危险，却在自我紧急避险实施后驾船回到家里，在有能力及时向航道管理部门报告以消除危险的情况下，未采取任何救济措施，放任危险状态继续存在，主观上属间接故意。其次，虽然本案危险状态的发生是由于紧急避险的合法行为所引起，但是本案从紧急避险行为实施完毕后到航标船复位这个时段危险状态仍一直持续存在，这足以使其他过往的船舶存在发生倾覆、毁坏等严重的后果，而这种危险状态的持续存在与被告人王仁兴在紧急避险的情形消失后，不采取任何积极救济措施的不作为行为有直接的因果关系。第三，司法实践中，不作为行为一般要造成实际的损害后果才构成犯罪。但破坏交通设施是一种危害公共安全的犯罪，是危险犯，只要行为人的破坏行为使船只存在发生倾覆、毁坏等危险状态即可构成犯罪，实际造成的损害后果只是作为量刑时加重处罚的情节。虽然被告人王仁兴解开航标船钢缆绳的破坏交通安全设施行为属紧急避险,但其在实施紧急避险后,客观上又造成其他过往船舶处于发生倾覆、毁坏的危险状态,王仁兴不履行消除危险状态的作为义务,已经构成破坏交通设施罪。王仁兴的不作为行为可能发生两种危害后果:一是航标船可能发生倾覆、毁坏;二是其他过往船舶可能发生触礁倾覆或毁坏。本案虽只造成人民币一千五百余元的航标船复位实际损失,但也应同时看到,只是由于群众及时报案和重庆航道局木洞站及时将航标船复位,才避免了可能的严重后果的发生。第四,先行行为是不是合法行为并不能免除行为人因其先行行为所引起的作为义务。行为人只要有能力履行而不履行该先行行为所引起的作为义务就可以构成不作为犯罪,先行行为是合法行为也不能免除行为人的作为义务。综上,行为人因实施紧急避险行为造成交通设施被损坏,在紧急避险结束后,行为人有义务采取积极的救济措施消除危险,如果行为人有条件能够履行而不履行,应构成不作为的破坏交通设施罪。

——《刑事审判参考》(总第38辑)。

298 盗窃电力设备,同时危害公共安全的,构成盗窃罪和破坏电力设备罪的想象竞合犯[①]

关键词 | 破坏电力设备罪 | 盗窃罪 | 想象竞合 |

【最高人民法院司法解释】

第十一条　盗窃公私财物并造成财物损毁的,按照下列规定处理:

(一)采用破坏性手段盗窃公私财物,造成其他财物损毁的,以盗窃罪从重处罚;同时构成盗窃罪和其他犯罪的,择一重罪从重处罚;

(二)实施盗窃犯罪后,为掩盖罪行或者报复等,故意毁坏其他财物构成犯罪的,以盗窃罪和构成的其他犯罪数罪并罚;

(三)盗窃行为未构成犯罪,但损毁财物构成其他犯罪的,以其他犯罪定罪处罚。

——《最高人民法院、最高人民检察院关于办理盗窃刑事案件适用法律若干问题的解释》(2013年4月4日,法释〔2013〕8号)。

---

① 在司法实践中,应当根据破坏电力设备行为的对象以及是否危及公共安全来区分破坏电力设备罪与盗窃罪。行为人如果采用破坏性的手段盗窃不属于正在使用中的电力设备或者正在使用中的电力设备的附属部件,但没有危及危害公共安全的,则不构成破坏电力设备罪,应当以盗窃罪论处。行为人如果以非法占有为目的盗窃电力设备,危害了公共安全,构成想象竞合犯,应依据2013年4月2日公布的《最高人民法院、最高人民检察院关于办理盗窃刑事案件适用法律若干问题的解释》第十一条的规定,择一重罪从重处罚。

第三条 盗窃电力设备,危害公共安全,但不构成盗窃罪的,以破坏电力设备罪定罪处罚;同时构成盗窃罪和破坏电力设备罪的,依照刑法处罚较重的规定定罪处罚。

盗窃电力设备,没有危及公共安全,但应当追究刑事责任的,可以根据案件的不同情况,按照盗窃罪等犯罪处理。

——《最高人民法院关于审理破坏电力设备刑事案件具体应用法律若干问题的解释》(2007 年 8 月 21 日,法释〔2007〕15 号)。

【最高人民法院参考案例】

冯留民破坏电力设备、盗窃案(《刑事审判参考》案例第 504 号)

要旨:被告人盗割正在使用中的光铝线的行为构成了破坏电力设备罪与盗窃罪的想象竞合,应以破坏电力设备罪追究刑事责任。

关于被告人行为“危害公共安全”的认定问题。由于司法解释特别强调了“盗窃电力设备,没有危及公共安全的”的情形,在审理此类犯罪案件时,如何认定其犯罪行为是否对于公共安全造成威胁显得非常重要。一般认为,如果盗割的是正在使用中的高压输电线路备用线,或者用于医疗、交通、抢险、生产、养殖等领域的正在使用中的电路,往往会危害公共安全,而对于一般生活用电、景观照明等用电线路则要视其损害的范围及时间,以及是否造成了严重后果而定。因此在没有相关证据直接证明其对公共安全造成实际损害的情况下,就只能通过其所偷窃的电力设备的地点和用途来判断其对于公共安全的危害程度。

——《刑事审判参考》(总第 64 辑)。

彭定安破坏电力设备案(《刑事审判参考》案例第 219 号)

要旨:盗割铁路电气化接触网回流线的行为,应以破坏电力设备罪处罚。

铁路电气化接触网回流线是牵引电流的重要通道,其作用相当于普通照明电路中的零线,被剪断后将会造成牵引供电系统回流电路不畅通,电路参数发生变化,电能损耗加大,牵引变电所不能可靠动作,严重时电流中断。因此,铁路电气化接触网回流线与轨道、桥梁、隧道、公路、机场、航道、灯塔、标志等设施不同,它实质上起着保障电力输送畅通的作用,盗割回流线有可能造成电力供应中断,牵引机车失去动力而停车,但本身并不会足以使列车发生倾覆、毁坏的危险。如上所述,铁路电气化接触网回流线,虽然是交通设施的辅助设施,但其本身又具有独立的属性,故将铁路电气化接触网回流线认定为电力设备更符合司法实际。

行为人盗割铁路电气化接触网回流线的行为,既触犯了刑法第二百六十四条的规定,构成盗窃罪,又触犯了刑法第一百一十八条的规定,构成破坏电力设备罪,系想象竞合犯，依照《最高人民法院关于审理盗窃案件具体应用法律若干问题的解释》第十二条第(二)项“盗窃使用中的电力设备，同时构成盗窃罪和破坏电力设备罪的，择一重罪处罚”的规定，即应以破坏电力设备罪论处。

——《刑事审判参考》(总第30辑)。

299 盗窃电力设备过程中对过往群众施以暴力行为的定性

关键词｜盗窃电力设备｜破坏电力设备罪｜抢劫罪｜

【最高人民法院参考案例】

杨辉、石磊等破坏电力设备案(《刑事审判参考》案例第575号)

要旨：盗窃电力设备过程中，以暴力手段控制无抓捕意图的过往群众的不构成抢劫罪，构成破坏电力设备罪。

(一)盗窃电力设备犯罪过程中，以暴力手段控制、殴打无抓捕意图的过往群众，不构成抢劫罪

抢劫罪，是指以非法占有为目的，以对被害人当场实施暴力或者以当场实施暴力相威胁，或者以使被害人不能抗拒的方法，迫使其当场交出财物或者夺走其财物的行为。在抢劫罪中，行为人采用暴力、胁迫或其他手段，对被害人实施人身攻击，使之产生恐惧，不能反抗或不敢反抗，以达到非法占有他人财物的目的。行为人的抢劫行为有两个指向目标：一种是为劫取财物，对财物所有人、保管人或持有人实施暴力、胁迫或其他人身强制行为(手段行为)，这种行为侵害的客体是人身权利；一种是劫取财物的行为(目的行为)，它侵害的客体是他人的财产权。与抢劫罪的双重客体相对应，抢劫罪的行为对象因此也是双重的，即除了财物外，还包括人。“人”作为抢劫罪的行为对象，即被害人，常态表现的是针对财物的所有者、保管者或持有者，而不是与对象财物无关的其他人。因为针对财物所有人、保管人或持有人之外的在场人实施暴力，一般情况下达不到迫使财物所有人、保管人、持有人被迫交出财物的目的，不符合抢劫罪的暴力劫财的本质特征。当然，在特定情况下，如在盗窃现场，行为人对财物所有者和协助抓捕的群众实施暴力，也可以实现暴力劫财的效果，符合刑法有关以抢劫定罪的规定。本案中，各被告人长期以盗剪电缆为生，组织严密，分工明确，形成了比较固定的盗窃团伙，他们一般采取秘密窃取的方法盗剪电缆，但当有群众从案发现场附近经过时，为保证犯罪行为的顺利实施，即持凶器控制过往群众，若遇反抗，则殴打反抗者。各被告人采用暴力手段控制过往群众的目的是顺利实施盗剪电缆这一犯罪行为，而不是为了占有过往群众的财物。客观上，各被告人也只是实施了盗剪电缆的行为，并未劫取被其控制之群众的

财物；同时，本案中的过往群众也非被剪电缆的所有人或守护人，也无抓捕被告人的意图或行为。各被告人实施暴力，控制过往群众的行为只是手段行为，剪取电缆才是其目的行为，上述行为特征符合破坏电力设备罪和故意伤害罪的牵连犯，应择一重罪处罚。就本案而言，各被告人的行为仅构成破坏电力设备罪，而非抢劫罪。

（二）盗窃电力设备过程中，为抗拒抓捕而当场使用暴力或者以暴力相威胁的，可以适用刑法第二百六十九条的规定，以抢劫罪定罪处罚

前文分析了在盗窃电力设备过程中，行为人控制、殴打对其并无抓捕意图的过往群众的行为不构成转化型抢劫罪，但在司法实践中，行为人盗窃正在使用中的电力设备，为抗拒抓捕而对电力设备的管理者或实施抓捕者当场使用暴力或以暴力相威胁的情况并不鲜见（与此类似的还有盗窃广播电视设施、盗伐林木等），在这种情况下，对行为人能否依刑法第二百六十九条的规定，以抢劫罪定罪处罚，学界的意见并不统一，归纳起来主要有以下三种观点：一是否定说。此观点认为，刑法第二百六十九条规定的“犯盗窃、诈骗、抢夺罪”，只限于侵犯财产罪一章中的普通盗窃、诈骗、抢夺罪，且该前行为必须独立成罪，其他特殊类型的盗窃（如盗窃电力设备）、诈骗（如金融诈骗）、抢夺（如抢夺枪支、弹药）由于刑法规定了单独的罪名和法定刑，就有别于普通盗窃、诈骗、抢夺犯罪，在刑法无明文规定的情况下，不能转化为抢劫罪。二是肯定说。此观点认为，盗窃电力设备，无论是构成破坏电力设备罪，还是盗窃罪；或者是既不构成破坏电力设备罪，也不构成盗窃罪；或者是同时构成破坏电力设备罪与盗窃罪，都不影响其在法定条件下可以转化为抢劫罪。三是区别对待说。此观点认为，对于盗窃电力设备不构成破坏电力设备罪，但构成盗窃罪的，可以转化为抢劫罪；但盗窃电力设备没有构成盗窃罪，只构成破坏电力设备罪的，则不能转化为抢劫罪，理由是破坏电力设备罪属于危害公共安全的犯罪，与转化型抢劫罪的前提条件“犯盗窃罪”不符。

我们认为，盗窃电力设备过程中，为抗拒抓捕而实施暴力或以暴力相威胁的，可以转化为抢劫罪。

首先，转化型抢劫罪的成立并不以前行为构成犯罪为必要。尽管刑法第二百六十九条表述的是“犯盗窃、诈骗、抢夺罪”，但并不意味着要求这些行为事实上已经构成犯罪。因为抢劫罪的成立没有数额限制，故转化型抢劫罪的成立也不应有数额限制，由于转化型抢劫行为人也是“当场”使用暴力或以暴力相威胁，与普通抢劫并无本质区别，所以只能将其理解为行为人有犯盗窃罪、诈骗罪、抢夺罪的故意和行为，才谈得上向抢劫罪的转化，否则会不当缩小转化型抢劫罪的打击范围，有违立法意图。对此，有关司法解释也予以了肯定。1988 年最高人民法院、最高人民检察院发布的《关于如何适用刑法第一百五十三条的批复》指出：“在司法实践中，有的被告人实施盗窃、诈骗、抢夺行为，虽未达到‘数额较大’，但为窝藏赃

物、抗拒逮捕或者毁灭罪证而当场使用暴力或者以暴力相威胁，情节严重的，可按照刑法第一百五十三条的规定，依照刑法（注：1979年刑法）第一百五十条抢劫罪处罚”；2005年《最高人民法院关于审理抢劫、抢夺刑事案件适用法律若干问题的意见》中也再次对此给予明确。据此，只要行为人故意实施了盗窃、诈骗、抢夺行为，无论是否达到构成犯罪的标准，都符合转化型抢劫罪成立的前提条件。

其次，刑法第二百六十九条规定的“盗窃、诈骗、抢夺罪”应理解为类罪。上述否定说的论据之一为，盗窃罪、诈骗罪、抢劫罪都规定在侵犯财产罪一章，其侵犯的共同客体是公私财物的所有权，因此，具有转化为抢劫罪的客体基础；而破坏电力设备罪规定在危害公共安全罪一章，与财产犯罪侵犯的客体不同，不能转化。我们认为，抢劫罪属于侵犯财产犯罪，因此，转化型抢劫罪，其先行行为之对象必须是公私财物，犯罪主观方面也必须具有非法占有的目的。以特定财物为犯罪对象，如盗窃电力设备，与盗窃普通财物在侵犯公私财物所有权这一客体上并无本质的不同，只是罪名有差异。在此情况下，盗窃电力设备的行为构成破坏电力设备罪与盗窃罪的想象竞合，虽然有的情况下不以盗窃罪定罪而以破坏电力设备罪定罪，这是因为在想象竞合的情况下，某一行为同时触犯两个罪名应择一重罪论处，并非其行为不属盗窃行为，不构成盗窃罪，而是根据相关法律适用原则，不以盗窃罪定罪处罚而已。且如前所述，应将刑法第二百六十九条规定的“犯盗窃、诈骗、抢夺罪”理解为实施了盗窃、诈骗、抢夺性质的行为，而不拘泥于罪名，此外，从转化抢劫的立法意图出发，这些特殊盗窃、诈骗、抢夺虽在罪名上有所区别，侵犯的对象有所区别，而其本质上是一样的，都以非法占有为目的，秘密窃取公私财物，或以虚构事实或隐瞒真相的方法骗取他人财物，或公开抢夺公私财物，因此，从理论上讲，普通的盗窃罪、诈骗罪、抢夺罪可以转化为抢劫罪，那么，特殊的盗窃罪、诈骗罪、抢夺罪更可以转化为抢劫罪。如果因为刑法将特殊的盗窃罪、诈骗罪、抢夺罪从普通盗窃罪、诈骗罪、抢夺罪种中分离出来规定为不同罪名，反而使得这些特殊罪不能转化为抢劫罪，这显然破坏了刑法体系解释的当然结论，有违罪刑相适应的原则。因此，刑法第二百六十九条规定的“盗窃、诈骗、抢夺罪”应理解为类罪，而非特指盗窃、诈骗、抢夺三个罪。

需要指出的是，肯定盗窃电力设备的行为在法定条件下可以转化为抢劫罪，并不意味着最终对行为人以抢劫罪定罪处罚。根据《最高人民法院关于审理盗窃案件具体应用法律若干问题的解释》第十二条的规定，盗窃使用中的电力设备，同时构成盗窃罪和破坏电力设备罪的，应择一重罪处罚。因此，当对盗窃行为选择破坏电力设备罪处罚较重，而盗窃行为又具备转化型抢劫罪的构成时，对行为人应在破坏电力设备罪和抢劫罪中择一重罪处罚。

——《刑事审判参考》（总第70辑）。

300 破坏电力设备罪中“电力设备”的把握

关键词 | 破坏电力设备罪 | 电力设备 |

【最高人民法院司法解释】

第四条第一款 本解释所称电力设备，是指处于运行、应急等使用中的电力设备；已经通电使用，只是由于枯水季节或电力不足等原因暂停使用的电力设备；已经交付使用但尚未通电的电力设备。不包括尚未安装完毕，或者已经安装完毕但尚未交付使用的电力设备。

——《最高人民法院关于审理破坏电力设备刑事案件具体应用法律若干问题的解释》(2007 年 8 月 21 日，法释〔2007〕15 号)。

【链接：理解与适用】

关于电力设备的范围，在《解释》起草过程中和实践中主要涉及两个问题有争议，一个是电力设备是否等同于电力设施问题，另一个是电力设备是否是正在使用的电力设备问题。

1. 关于电力设备是否等同于电力设施问题

关于电力设备是否等同于电力设施问题，刑法第一百一十八条和第一百一十九条表述的都是电力设备，而国务院 1987 年 9 月 15 日发布的《电力设施保护条例》中使用的是电力设施，该条例第二条规定，条例适用于中华人民共和国境内已建或在建的电力设施，包括发电设施、变电设施和电力线路设施及其有关辅助设施。该条例第八条、第九条进一步明确了发电设施、变电设施和电力线路设施的保护范围。有一种观点认为，电力设备与电力设施的概念应当具有同一性，即只要是发供电所必需的设施或设备均可以称为电力设备，因此建议《解释》将电力设备的外延扩大至《电力设施保护条例》所规定的电力设施的保护范围。否则，将有大量的电力设施被排除在外，使《电力设施保护条例》的立法目的落空。

根据《现代汉语词典》的解释，设备是指进行某项工作或供应某种需要所必需的成套建筑或器物；设施是指为进行某项工作或满足某种需要而建立起来的机构、系统、组织、建筑等。经研究认为，从字面含义来看，二者的含义不尽一致，从立法目的来看二者也不尽一致。从刑法的立法目的来看，重点保护的是维持电力运行所必需的电力设备。而非广义的电力设施。

破坏电力设备罪是危害公共安全的犯罪，本质上要求破坏电力设备的行为能够危害公共安全，而有些电力设施，主要是一些辅助设施，即使遭到破坏，也不可能对公共安全造成任何影响。相比刑法中的电力设备而言，《电力设施保护条例》中的电力设施的范围还是过于广泛，因此，《解释》没有采纳将电力设备等同于电力设施的观点,而是依照刑法采取了电力设备的表述。

2. 关于电力设备是否是正在使用中的电力设备

对此主要有两种意见。一种意见认为,刑法理论通常认为,破坏正在使用的电力设备才可能危害公共安全,如果没有破坏正在使用的电力设备,不存在危害公共安全的问题。另一种意见认为,刑法对电力设备没有限制性规定,《解释》不宜突破刑法对此做限制性规定,而且实践中还会对何为正在使用产生不同理解。还有意见认为,前一种意见说的是正在使用的电力设备,但司法解释中又将一些由于枯水季节或电力不足等原因暂停使用的电力设备的情形也认定为属于正在使用,从一般逻辑考虑会产生自相矛盾。

对于这个问题,我们认为,从危害公共安全罪的性质考虑,关键是看破坏电力设备能否危害公共安全。因此,《解释》综合考虑了上述各种意见及理由,没有直接明确电力设备是否是正在使用中的电力设备,而是规定:本解释所称电力设备的范围,是指处于运行、应急等使用中的电力设备;已经通电使用,只是由于枯水季节或电力不足等原因暂停使用的电力设备;已经交付使用但尚未通电的电力设备。同时也指出,不包括尚未安装完毕,或者已经安装完毕但尚未交付使用的电力设备。

——李洪江:《〈关于审理破坏电力设备刑事案件具体应用法律若干问题的解释〉的理解与适用》,载《人民司法·应用》2007年第23期。

301 破坏电力设备罪中“直接损失”的把握

关键词|破坏电力设备罪|直接损失|

【最高人民法院司法解释】

第四条第二款　本解释中直接经济损失的计算范围,包括电量损失金额,被毁损设备材料的购置、更换、修复费用,以及因停电给用户造成的直接经济损失等。

——《最高人民法院关于审理破坏电力设备刑事案件具体应用法律若干问题的解释》(2007年8月21日,法释〔2007〕15号)。

【链接:理解与适用】

《解释》第一条第(三)项规定了破坏电力设备造成直接经济损失一百万元以上属于造成严重后果,这就涉及直接经济损失的计算范围问题。关于直接经济损失的计算范围,《解释》第四条规定,包括电量损失金额,被毁损设备材料的购置、更换、修复费用,以及因停电给用户造成的直接经济损失等。

这种直接经济损失不仅包括设备损坏本身的损失,还包括因设备损坏导致的电量损失，之所以将因设备损坏导致的电量损失也纳入到直接损失的范畴，在于电力发、供、用是同时进行的，破坏电力设备或过失损坏电力设备导致停电的，必然直接造成电量的减少，减少的电量折合成金额即经济损失的数额。另外，出于平等保护电力企业和电力用户的利益考虑，《解释》明确规定将用户所受到的直接经济损失也纳入计算范围。例如，破坏电力设备造成钢铁厂火炉铁水凝结的，钢铁厂为修理火炉及处理铁水而发生的费用，就属于直接经济损失。

——李洪江：《〈关于审理破坏电力设备刑事案件具体应用法律若干问题的解释〉的理解与适用》，载《人民司法 · 应用》2007 年第 23 期。

302 破坏易燃易爆设备罪中"危害公共安全""造成严重后果"的把握

关键词｜破坏易燃易爆设备罪｜造成严重后果｜

【最高人民法院司法解释】

第二条 实施本解释第一条规定的行为，具有下列情形之一的，属于刑法第一百一十九条第一款规定的"造成严重后果"，依照刑法第一百一十九条第一款的规定定罪处罚：

（一）造成一人以上死亡、三人以上重伤或者十人以上轻伤的；

（二）造成井喷或者重大环境污染事故的；

（三）造成直接经济损失数额在五十万元以上的；

（四）造成其他严重后果的。

——《最高人民法院、最高人民检察院关于办理盗窃油气、破坏油气设备等刑事案件具体应用法律若干问题的解释》（2007 年 1 月 19 日，法释〔2007〕3 号）。

【链接：理解与适用】

需要说明的是，《解释》第二条第（一）项对于人员轻伤、重伤或者死亡的单项数量作了规定，如果案件中出现了轻伤、重伤单项虽然达不到规定的人数，但是轻重伤合计的人数明显超过了单项人数的情况，例如在实践中遇到"造成一人重伤并且同时有五人轻伤"，或者"造成二人重伤并且三人轻伤的"，等等。这些情形的危害性与本条第（一）项规定的情形大体相当，虽然不符合本条第（一）项规定的情形，但可以适用本条第（四）项规定的情形解决此类问题。

——李洪江：《〈关于办理盗窃油气、破坏油气设备等刑事案件具体应用法律若干问题的解释〉的理解与适用》，载最高人民法院刑事审判第一、二、三、四、五庭主办：《中国刑事审判指导案例 2》（增订第 3 版），法律出版社 2017 年版，第

273 页。

【最高人民法院司法文件】

一、关于危害公共安全的认定

在实施盗窃油气等行为过程中,破坏正在使用的油气设备,具有下列情形之一的,应当认定为刑法第一百一十八条规定的“危害公共安全”:

(一)采用切割、打孔、撬砸、拆卸手段的,但是明显未危害公共安全的除外;

(二)采用开、关等手段,足以引发火灾、爆炸等危险的。

六、关于直接经济损失的认定

《最高人民法院、最高人民检察院关于办理盗窃油气、破坏油气设备等刑事案件具体应用法律若干问题的解释》第二条第三项规定的“直接经济损失”包括因实施盗窃油气等行为直接造成的油气损失以及采取抢修堵漏等措施所产生的费用。

对于直接经济损失数额,综合油气企业提供的证据材料、犯罪嫌疑人、被告人及其辩护人所提辩解、辩护意见等认定;难以确定的,依据价格认证机构出具的报告,结合其他证据认定。

油气企业提供的证据材料,应当有工作人员签名和企业公章。

——《最高人民法院、最高人民检察院、公安部关于办理盗窃油气、破坏油气设备等刑事案件适用法律若干问题的意见》(2018 年 9 月 28 日,法发〔2018〕18 号)。

【链接:理解与适用】

(一)进一步明确“危害公共安全”具体表现

在办理盗窃油气、破坏油气设备案件过程中,对采用切割、打孔、撬砸、拆卸、开关等手段破坏正在使用的油气设备的行为,是否达到危害公共安全的程度,是认定其属于刑法第一百一十八条破坏易燃易爆设备罪的关键。行为人实施《解释》第一条规定的“切割、打孔、撬砸、拆卸、开关等手段破坏正在使用的油气设备”的行为,判断该行为是否达到危害公共安全的程度存在一定的困难,致使对是否构成犯罪难以认定或者认定标准不统一,影响案件办理效果。因此,有必要通过《意见》明确“危害公共安全”的认定方法。

根据《意见》第一条规定,在实施盗窃油气等行为过程中,破坏正在使用的油气设备,“危害公共安全”的情形有两种:

一是“采用切割、打孔、撬砸、拆卸手段的”。采用切割、打孔、撬砸、拆卸手段破坏正在使用的油气设备的,一般应认定为“危害公共安全”。油气属于易燃易爆物品,采用上述破坏性手段盗窃油气的,极易使油气或者油气设备发生爆炸,危害公共安全。虽然行为人为了逃避打击,会采用多种方法防止盗窃油气、破坏油气设备过程中发生燃烧或者爆炸事故，但采用上述方式盗窃油气、破坏油气设备诱发爆炸的危险是客观存在的。此种盗窃油气行为一旦引发爆炸事故，在危及社会公共安全的同时，也会对生态环境造成严重破坏，给油气企业造成巨大损失。同时，鉴于打孔盗油的情况较为复杂，《意见》明确了切割、打孔、撬砸、拆卸手段的例外规定，即这些行为“明显未危害公共安全的”，不应认定为刑法第一百一十八条规定的“危害公共安全”。实践中，行为人采用切割、打孔、撬砸、拆卸手段盗窃油气的，一般存在一定的工作流程，对刚开始实施切割、打孔、撬砸、拆卸手段，如刚安装好打孔盗油设备或者刚刚开始启动切割、打孔等，尚未对油气管道造成损害的，不应将此种行为视为危害公共安全的行为。

二是采用开、关等手段，足以引发火灾、爆炸等危险的。输油输气管道、油水井等油气设备都有严格的操作规程，不得随意开关。从近年来的司法实践经验看，采用开、关方式盗窃油气的情形较为复杂，其行为能否引发爆炸等危害公共安全的危险，要进行具体认定。实践中，采用开、关方式盗窃油气，可以分为以下情形：(1)按照油气企业工作技术规程，利用开、关手段操作油气设备盗窃油气。此类行为主体通常是油气企业内部技术人员或者油气企业内部其他熟悉操作规程的人员。(2)开、关油气设备上违法“打孔栽阀”的阀门盗窃油气。对按照油气企业工作技术规范，开、关油气设备盗窃油气，引发爆炸等危害公共安全的危险性低。上述行为能否都按照危害公共安全罪定罪处罚，需要对行为的社会危害性程度作进一步的分析认定。只有此类行为“足以引发火灾、爆炸等危险”，才能认定为刑法第一百一十八条规定的“危害公共安全”。对于开、关油气设备上“打孔栽阀”的阀门盗窃油气的行为，由于行为不符合油气企业工作技术规范，客观上存在引起油气泄漏，导致火灾或者爆炸等的危险。同时，考虑到开、关行为本身的破坏性不明显，因此有必要对开、关与切割、打孔、撬砸、拆卸进行合理区分。只有在开、关足以引发火灾、爆炸等危险，致使不特定多数人的生命、健康或者重大公私财产处于危险状态，才能认定为危害公共安全。

（六）关于直接经济损失等的认定

《解释》将盗窃油气导致的直接经济损失作为定罪量刑标准，但并没有明确损失的范围。实践中，打孔盗油除引发被盗油气损失外，还包括管道毁损费用、应急抢修费用、油气管道停输损失等；有的打孔盗油案件，造成大量油气泄漏，严重污染了当地环境；有的引发火灾、爆炸等事故，还会造成人员伤亡等严重后果。对油气企业而言，上述多项直接经济损失中，被盗油气损失在整个经济损失中通常所占比例较小，其他几个方面的损失所占比例较大。如果仅把被盗油气损失作为直接经济损失，会造成打击不力；如果把盗窃油气引发的直接经济损失扩大化，也会造成罪刑失衡。《意见》第六条第一款明确规定，直接经济损失的范围，包括因实施盗窃油气等行为直接造成的油气损失以及采取抢修堵漏等措施所产生的费用。油气损失,是指油气企业损失数额,不仅包括行为人盗取的油气价值,还包括因盗窃油气行为造成滴漏跑冒的油气价值。采取抢修堵漏等措施所产生的费用,包括油气企业因维修被损坏油气设备支付的各项费用,含人工费、材料费等。根据司法实践需要对直接经济损失范围予以明确,有利于准确认定行为人的刑事责任。

《意见》第六条、第七条同时明确了直接经济损失数额、油气质量、标准等问题的认定方法。实践中,被盗油气损失数额以及采取抢修堵漏等措施所产生的费用、油气质量、标准等问题,一般由被盗油气企业出具相应的证明材料。考虑到油气企业在诉讼过程中居于被害人的地位,从公平公正角度考虑,司法机关应在听取犯罪嫌疑人、被告人辩解以及辩护人辩护意见基础上综合认定。直接经济损失数额难以确定的,可以根据价格认定机构出具的报告,结合其他证据材料加以认定;被盗油气质量、标准等专门性问题难以确定的,可以由司法鉴定机构出具鉴定意见或者公安机关指定的机构出具报告,结合其他证据材料认定。为进一步增强油气企业证据材料的客观性,《意见》还明确规定,油气企业提供的证据材料,应当有工作人员签名和企业公章。

——缐杰、杨建军:《〈关于办理盗窃油气、破坏油气设备等刑事案件适用法律若干问题的意见〉理解与适用》,载《人民检察》2019 年第 3 期。

303 盗窃油气同时构成盗窃罪和破坏易燃易爆设备罪的,依照刑法处罚较重的规定定罪处罚

关键词｜破坏易燃易爆设备罪｜盗窃罪｜

【最高人民法院司法解释】

第一条　在实施盗窃油气等行为过程中,采用切割、打孔、撬砸、拆卸、开关等手段破坏正在使用的油气设备的,属于刑法第一百一十八条规定的“破坏燃气或者其他易燃易爆设备”的行为;危害公共安全,尚未造成严重后果的,依照刑法第一百一十八条的规定定罪处罚。

第三条　盗窃油气或者正在使用的油气设备,构成犯罪,但未危害公共安全的,依照刑法第二百六十四条的规定,以盗窃罪定罪处罚。

盗窃油气,数额巨大但尚未运离现场的,以盗窃未遂定罪处罚。

为他人盗窃油气而偷开油气井、油气管道等油气设备阀门排放油气或者提供其他帮助的,以盗窃罪的共犯定罪处罚。

第四条　盗窃油气同时构成盗窃罪和破坏易燃易爆设备罪的,依照刑法处罚

较重的规定定罪处罚。

——《最高人民法院、最高人民检察院关于办理盗窃油气、破坏油气设备等刑事案件具体应用法律若干问题的解释》(2007 年 1 月 19 日，法释〔2007〕3 号)。

304 盗窃公用电信设备数额没有达到盗窃罪的定罪标准，但危害公共安全的，构成破坏公用电信设施罪

关键词｜破坏公用电信设施罪｜盗窃罪｜

【最高人民法院司法解释】

第三条 故意破坏正在使用的公用电信设施尚未危害公共安全，或者故意毁坏尚未投入使用的公用电信设施，造成财物损失，构成犯罪的，依照刑法第二百七十五条规定，以故意毁坏财物罪定罪处罚。

盗窃公用电信设施价值数额不大，但是构成危害公共安全犯罪的，依照刑法第一百二十四条的规定定罪处罚；盗窃公用电信设施同时构成盗窃罪和破坏公用电信设施罪的，依照处罚较重的规定定罪处罚。

——《最高人民法院关于审理破坏公用电信设施刑事案件具体应用法律若干问题的解释》(2005 年 1 月 11 日，法释〔2004〕21 号)。

305 破坏公用电信设施罪中行为方式与后果的认定

关键词｜破坏公用电信设施罪｜危害公共安全｜严重后果｜

【最高人民法院司法解释】

第一条 采用截断通信线路、损毁通信设备或者删除、修改、增加电信网计算机信息系统中存储、处理或者传输的数据和应用程序等手段，故意破坏正在使用的公用电信设施，具有下列情形之一的，属于刑法第一百二十四条规定的“危害公共安全”，依照刑法第一百二十四条第一款规定，以破坏公用电信设施罪处三年以上七年以下有期徒刑：

（一）造成火警、匪警、医疗急救、交通事故报警、救灾、抢险、防汛等通信中断或者严重障碍，并因此贻误救助、救治、救灾、抢险等，致使人员死亡一人、重伤三人以上或者造成财产损失三十万元以上的；

（二）造成二千以上不满一万用户通信中断一小时以上，或者一万以上用户通

信中断不满一小时的；

（三）在一个本地网范围内，网间通信全阻、关口局至某一局向全部中断或网间某一业务全部中断不满二小时或者直接影响范围不满五万（用户×小时）的；

（四）造成网间通信严重障碍，一日内累计二小时以上不满十二小时的；

（五）其他危害公共安全的情形。

第二条　实施本解释第一条规定的行为，具有下列情形之一的，属于刑法第一百二十四条第一款规定的“严重后果”，以破坏公用电信设施罪处七年以上有期徒刑：

（一）造成火警、匪警、医疗急救、交通事故报警、救灾、抢险、防汛等通信中断或者严重障碍，并因此贻误救助、救治、救灾、抢险等，致使人员死亡二人以上、重伤六人以上或者造成财产损失六十万元以上的；

（二）造成一万以上用户通信中断一小时以上的；

（三）在一个本地网范围内，网间通信全阻、关口局至某一局向全部中断或网间某一业务全部中断二小时以上或者直接影响范围五万（用户×小时）以上的；

（四）造成网间通信严重障碍，一日内累计十二小时以上的；

（五）造成其他严重后果的。

——《最高人民法院关于审理破坏公用电信设施刑事案件具体应用法律若干问题的解释》（2005 年 1 月 11 日，法释〔2004〕21 号）。

306 破坏广播电视设施罪中行为方式与后果的认定

关键词｜破坏广播电视设施罪｜危害公共安全｜造成严重后果｜

【最高人民法院司法解释】

第一条　采取拆卸、毁坏设备，剪割缆线，删除、修改、增加广播电视设备系统中存储、处理、传输的数据和应用程序，非法占用频率等手段，破坏正在使用的广播电视设施，具有下列情形之一的，依照刑法第一百二十四条第一款的规定，以破坏广播电视设施罪处三年以上七年以下有期徒刑：

（一）造成救灾、抢险、防汛和灾害预警等重大公共信息无法发布的；

（二）造成县级、地市（设区的市）级广播电视台中直接关系节目播出的设施无法使用，信号无法播出的；

（三）造成省级以上广播电视传输网内的设施无法使用，地市（设区的市）级广播电视传输网内的设施无法使用三小时以上，县级广播电视传输网内的设施无法使用十二小时以上，信号无法传输的；

（四）其他危害公共安全的情形。

第二条 实施本解释第一条规定的行为，具有下列情形之一的，应当认定为刑法第一百二十四条第一款规定的“造成严重后果”，以破坏广播电视设施罪处七年以上有期徒刑：

（一）造成救灾、抢险、防汛和灾害预警等重大公共信息无法发布，因此贻误排除险情或者疏导群众，致使一人以上死亡、三人以上重伤或者财产损失五十万元以上，或者引起严重社会恐慌、社会秩序混乱的；

（二）造成省级以上广播电视台中直接关系节目播出的设施无法使用，信号无法播出的；

（三）造成省级以上广播电视传输网内的设施无法使用三小时以上，地市（设区的市）级广播电视传输网内的设施无法使用十二小时以上，县级广播电视传输网内的设施无法使用四十八小时以上，信号无法传输的；

（四）造成其他严重后果的。

第三条 过失损坏正在使用的广播电视设施，造成本解释第二条规定的严重后果的，依照刑法第一百二十四条第二款的规定，以过失损坏广播电视设施罪处三年以上七年以下有期徒刑；情节较轻的，处三年以下有期徒刑或者拘役。

过失损坏广播电视设施构成犯罪，但能主动向有关部门报告，积极赔偿损失或者修复被损坏设施的，可以酌情从宽处罚。

——《最高人民法院关于审理破坏广播电视设施等刑事案件具体应用法律若干问题的解释》（2011 年 6 月 13 日，法释〔2011〕13 号）。

307 破坏广播电视设施罪与盗窃罪、故意毁坏财物罪的区分

关键词 | 破坏广播电视设施罪 | 盗窃罪 | 故意毁坏财物罪 |

【最高人民法院司法解释】

第五条 盗窃正在使用的广播电视设施，尚未构成盗窃罪，但具有本解释第一条、第二条规定情形的，以破坏广播电视设施罪定罪处罚；同时构成盗窃罪和破坏广播电视设施罪的，依照处罚较重的规定定罪处罚。

第六条 破坏正在使用的广播电视设施未危及公共安全，或者故意毁坏尚未投入使用的广播电视设施，造成财物损失数额较大或者有其他严重情节的，以故意毁坏财物罪定罪处罚。

——《最高人民法院关于审理破坏广播电视设施等刑事案件具体应用法律若干问题的解释》（2011 年 6 月 13 日，法释〔2011〕13 号）。

四、恐怖活动和极端主义等犯罪

308 组织、领导、参加恐怖组织罪的认定

关键词｜组织、领导、参加恐怖组织罪｜数罪并罚｜

【最高人民法院司法文件】

(一)具有下列情形之一的,应当认定为刑法第一百二十条规定的"组织、领导恐怖活动组织",以组织、领导恐怖组织罪定罪处罚:

1. 发起、建立恐怖活动组织的;

2. 恐怖活动组织成立后,对组织及其日常运行负责决策、指挥、管理的;

3. 恐怖活动组织成立后,组织、策划、指挥该组织成员进行恐怖活动的;

4. 其他组织、领导恐怖活动组织的情形。

具有下列情形之一的,应当认定为刑法第一百二十条规定的"积极参加",以参加恐怖组织罪定罪处罚:

1. 纠集他人共同参加恐怖活动组织的;

2. 多次参加恐怖活动组织的;

3. 曾因参加恐怖活动组织、实施恐怖活动被追究刑事责任或者二年内受过行政处罚,又参加恐怖活动组织的;

4. 在恐怖活动组织中实施恐怖活动且作用突出的;

5. 在恐怖活动组织中积极协助组织、领导者实施组织、领导行为的;

6. 其他积极参加恐怖活动组织的情形。

参加恐怖活动组织,但不具有前两款规定情形的,应当认定为刑法第一百二十条规定的"其他参加",以参加恐怖组织罪定罪处罚。

犯刑法第一百二十条规定的犯罪,又实施杀人、放火、爆炸、绑架、抢劫等犯罪的,依照数罪并罚的规定定罪处罚。

——《最高人民法院、最高人民检察院、公安部、司法部关于办理恐怖活动和极端主义犯罪案件适用法律若干问题的意见》(2018 年 3 月 16 日,高检会〔2018〕1 号)。

【最高人民法院参考案例】

依斯坎达尔·艾海提等组织、领导、参加恐怖组织，故意杀人案（《刑事审判参考》案例第1220号）

要旨：对于组织、领导、参加恐怖组织罪，应当客观、正确对待恐怖活动组织成员地位与其应当承担的刑事责任的关系。

正确认定和区分恐怖活动组织的三类成员以后，还需要根据法律规定确定各行为人应当承担的刑事责任。刑法第二十六条第三款、第四款规定："对组织、领导犯罪集团的首要分子，按照集团所犯的全部罪行处罚。对于第三款规定以外的主犯，应当按照其所参与的或者组织、指挥的全部犯罪处罚。"根据上述规定，作为犯罪集团的恐怖活动组织的组织者、领导者，应当按照组织所犯的全部罪行承担刑事责任；恐怖活动组织的积极参加者和其他参加者，应当按照其所参与的犯罪承担刑事责任。

具体到本案，被告人依斯坎达尔·艾海提、吐尔洪·托合尼亚孜、玉山·买买提虽未参与实施昆明火车站恐怖杀人行为，但三人是恐怖活动组织的组织者、领导者，且系昆明火车站恐怖袭击活动的策划者，在此次暴恐事件发生前、因涉嫌其他犯罪被抓获后，隐瞒组织成员即将实施恐怖袭击活动的情况，造成极其严重的犯罪后果，故均应当按照组织所犯的全部罪行处罚，对昆明火车站恐怖袭击造成的严重后果承担刑事责任。被告人帕提古丽·托合提作为恐怖活动组织的积极参加者，应当按照其所参与的犯罪承担刑事责任，其为实施昆明火车站暴力恐怖活动制作暴恐旗帜，并直接参与实施恐怖杀人行为，在昆明火车站恐怖杀人犯罪活动中起主要作用，应当对昆明火车站恐怖袭击造成的严重后果承担刑事责任。

值得注意的是，应当客观、正确对待恐怖活动组织成员地位与其应当承担的刑事责任的关系，不能为了判处重刑或者因为组织者、领导者已死亡或在逃而将积极参加者拔高认定为组织者、领导者；同时，即便只是积极参加者，如果在实施杀人、放火、爆炸等恐怖活动时行为积极、作用突出，而相关恐怖活动造成严重后果，仍可根据其实施的恐怖活动的行为性质以故意杀人罪、放火罪、爆炸罪等罪名依法判处重刑乃至死刑。

——《刑事审判参考》（总第112辑）。

309 帮助恐怖活动罪的认定

关键词｜帮助恐怖活动罪｜洗钱罪｜

【最高人民法院司法解释】

第五条　非法从事资金支付结算业务或者非法买卖外汇，构成非法经营罪，同时又构成刑法第一百二十条之一规定的帮助恐怖活动罪或者第一百九十一条规定的洗钱罪的，依照处罚较重的规定定罪处罚。

——《最高人民法院、最高人民检察院关于办理非法从事资金支付结算业务、非法买卖外汇刑事案件适用法律若干问题的解释》(2019年2月1日，法释〔2019〕1号)。

第五条　刑法第一百二十条之一规定的"资助"①，是指为恐怖活动组织或者实施恐怖活动的个人筹集、提供经费、物资或者提供场所以及其他物质便利的行为。

刑法第一百二十条之一规定的"实施恐怖活动的个人"，包括预谋实施、准备实施和实际实施恐怖活动的个人。

——《最高人民法院关于审理洗钱等刑事案件具体应用法律若干问题的解释》(2009年11月11日，法释〔2009〕15号)。

【链接：理解与适用】

刑法第一百二十条之一对资助恐怖活动罪的罪状规定较为原则，实践中在一些名词概念的理解上存在分歧，比如，筹集但尚未提供资金的行为能否独立构成资助行为，资助恐怖活动是否需以实施具体恐怖活动为条件等。同时考虑到当前理论上一般均将恐怖融资视为反向洗钱行为，相关公约文件也都将资助恐怖行为置于大的洗钱概念之下在反洗钱框架内予以规范，故在《解释》中一并解决。《解释》主要明确了三个方面的问题：

第一，资助包括筹集资金和提供资金两种具体行为，单纯的筹集资金行为，同样应以资助恐怖活动罪定罪处罚。刑法第一百二十条之一未明确将为恐怖主义目的的筹集资金行为(即资金尚未转交恐怖分子或者恐怖组织的情形)单独规定为犯罪。对此，理论上或许可以将筹集行为解释进刑法规定的资助行为，但实践中更为可能的是将其解释为资助行为的准备行为或者未遂行为，而非将之直接解释为资助行为。在公约文件均明确要求将提供和筹集并列作为资助的两种具体行为方式的情形下，有必要通过司法解释来明确。应当说，《解释》所持意见完全符合立

① 刑法修正案(九)对刑法第一百二十条之一作了修改。《最高人民法院、最高人民检察院关于执行〈中华人民共和国刑法〉确定罪名的补充规定(六)》将刑法第一百二十条之一的罪名修改为帮助恐怖活动罪，取消了资助恐怖活动罪罪名。对于本条的理解与适用内容应按刑法修正后的规定妥当把握。

法本意。(1)立法修订系根据公约文件和联合国安理会有关决议作出的,这在《关于〈中华人民共和国刑法修正案(三)(草案)〉的理解与适用》中有清楚的理解与适用:“考虑到联合国安理会于今年 9 月 29 日通过了第 1373 号决议,规定各国应将为恐怖活动提供或者筹集资金的行为规定为犯罪。”(2)刑法中使用的是“资助”这一大概念,这也是从有关公约的标题即联合国制止向恐怖主义提供资助的国际公约直接套用过来的,对于公约规定的具体行为方式当可涵括。(3)“提供资助”所对应的英文词的基本含义为“融资”,显然不以提供为限。

第二,资助的方式不以金钱为限,为恐怖活动组织或者实施恐怖活动的个人筹集、提供经费、物资或者提供场所以及其他物质便利的行为,均属于资助行为。相关公约文件对此均有明确解释,比如联合国制止向恐怖主义提供资助的国际公约规定:“资金系指所有各种资产,不论是有形或无形资产、是动产还是不动产、不论以何种方式取得,和以任何形式、包括电子或数字形式证明这种资产的产权或权益的法律文件或证书,包括但不限于银行贷记、旅行支票、银行支票、邮政汇票、股票、证券、债券、汇票和信用证。”现解释文字将之表述为经费、物资、场所以及其他物质便利,主要有三个方面的考虑:一是基于立法背景,与公约要求保持高度一致;二是符合中文表述习惯;三是遵循旧例。在国家安全法实施细则有关“资助”的解释性文字中即有提供经费、场所和物资等类似表述。

第三,资助恐怖活动罪的成立不以被资助的人具体实施恐怖活动为条件,预谋实施、准备实施和实际实施恐怖活动的个人,均属于刑法第一百二十条之一规定的实施恐怖活动的个人。根据刑法第一百二十条之一的字面表述,资助恐怖活动罪的成立应否与具体实施恐怖活动挂钩,在理解上不无分歧。《解释》对此持否定意见,主要理由是:(1)“实施恐怖活动的”这一文字表述是关于性质的界定,而非对具体行为的要求。(2)资助的对象应当是组织或者个人,而不应以恐怖行为为限。按照公约文件要求,为恐怖组织或者恐怖分子提供实施恐怖活动之外的日常生活或者奢侈消费的帮助,同样属于资助恐怖行为。(3)《解释》规定的落脚点在于资助恐怖的认定,而非追究实施恐怖活动行为人的责任。所以,即便准备实施恐怖活动的个人尚未实施恐怖活动,但资助行为实施完毕的,依法追究资助恐怖的刑事责任具有充分的法理和事实依据。

——刘为波:《〈关于审理洗钱等刑事案件具体应用法律若干问题的解释〉的理解与适用》,载《人民司法·应用》2009 年第 23 期。

【最高人民法院司法文件】

(二)具有下列情形之一的,依照刑法第一百二十条之一的规定,以帮助恐怖活动罪定罪处罚:

1. 以募捐、变卖房产、转移资金等方式为恐怖活动组织、实施恐怖活动的个人、恐怖活动培训筹集、提供经费，或者提供器材、设备、交通工具、武器装备等物资，或者提供其他物质便利的；

2. 以宣传、招收、介绍、输送等方式为恐怖活动组织、实施恐怖活动、恐怖活动培训招募人员的；

3. 以帮助非法出入境，或者为非法出入境提供中介服务、中转运送、停留住宿、伪造身份证明材料等便利，或者充当向导、帮助探查偷越国（边）境路线等方式，为恐怖活动组织、实施恐怖活动、恐怖活动培训运送人员的；

4. 其他资助恐怖活动组织、实施恐怖活动的个人、怖活动培训，或者为恐怖活动组织、实施恐怖活动、恐怖活动培训招募、运送人员的情形。

实施恐怖活动的个人，包括已经实施恐怖活动的个人，也包括准备实施、正在实施恐怖活动的个人。包括在我国领域内实施恐怖活动的个人，也包括在我国领域外实施恐怖活动的个人。包括我国公民，也包括外国公民和无国籍人。

帮助恐怖活动罪的主观故意，应当根据案件具体情况，结合行为人的具体行为、认知能力、一贯表现和职业等综合认定。

明知是恐怖活动犯罪所得及其产生的收益，为掩饰、隐瞒其来源和性质，而提供资金账户，协助将财产转换为现金、金融票据、有价证券，通过转账或者其他结算方式协助资金转移，协助将资金汇往境外的，以洗钱罪定罪处罚。事先通谋的，以相关恐怖活动犯罪的共同犯罪论处。

——《最高人民法院、最高人民检察院、公安部、司法部关于办理恐怖活动和极端主义犯罪案件适用法律若干问题的意见》（2018 年 3 月 16 日，高检会〔2018〕1 号）。

10. 实施刑法第一百九十一条规定的洗钱行为，构成洗钱罪的同时，又构成刑法第三百四十九条规定的窝藏、转移、隐瞒毒赃罪，刑法第一百二十条之一规定的帮助恐怖活动罪，或者刑法第二百二十五条规定的非法经营罪的，依照处罚较重的规定定罪处罚。法律和司法解释另有规定的除外。

——《最高人民法院、最高人民检察院、公安部关于办理洗钱刑事案件若干问题的意见》（2020 年 11 月 6 日，法发〔2020〕41 号）。

310 准备实施恐怖活动罪的认定

关键词｜准备实施恐怖活动罪｜恐怖活动培训｜

【最高人民法院司法文件】

（三）具有下列情形之一的，依照刑法第一百二十条之二的规定，以准备实施恐怖活动罪定罪处罚：

1. 为实施恐怖活动制造、购买、储存、运输凶器，易燃易爆、易制爆品，腐蚀性、放射性、传染性、毒害性物品等危险物品，或者其他工具的；

2. 以当面传授、开办培训班、组建训练营、开办论坛、组织收听收看音频视频资料等方式，或者利用网站、网页、论坛、博客、微博客、网盘、即时通信、通讯群组、聊天室等网络平台、网络应用服务组织恐怖活动培训的，或者积极参加恐怖活动心理体能培训，传授、学习犯罪技能方法或者进行恐怖活动训练的；

3. 为实施恐怖活动，通过拨打电话、发送短信、电子邮件等方式，或者利用网站、网页、论坛、博客、微博客、网盘、即时通信、通讯群组、聊天室等网络平台、网络应用服务与境外恐怖活动组织、人员联络的；

4. 为实施恐怖活动出入境或者组织、策划、煽动、拉拢他人出入境的；

5. 为实施恐怖活动进行策划或者其他准备的情形。

——《最高人民法院、最高人民检察院、公安部、司法部关于办理恐怖活动和极端主义犯罪案件适用法律若干问题的意见》（2018 年 3 月 16 日，高检会〔2018〕1 号）。

311 宣扬恐怖主义、极端主义、煽动实施恐怖活动罪的认定

关键词 | 宣扬恐怖主义、极端主义、煽动实施恐怖活动罪 | 恐怖主义 | 极端主义 |

【最高人民法院司法文件】

（四）实施下列行为之一，宣扬恐怖主义、极端主义或者煽动实施恐怖活动的，依照刑法第一百二十条之三的规定，以宣扬恐怖主义、极端主义、煽动实施恐怖活动罪定罪处罚：

1. 编写、出版、印刷、复制、发行、散发、播放载有宣扬恐怖主义、极端主义内容的图书、报刊、文稿、图片或者音频视频资料的；

2. 设计、生产、制作、销售、租赁、运输、托运、寄递、散发、展示带有宣扬恐怖主义、极端主义内容的标识、标志、服饰、旗帜、徽章、器物、纪念品等物品的；

3. 利用网站、网页、论坛、博客、微博客、网盘、即时通信、通讯群组、聊天室等网络平台、网络应用服务等登载、张贴、复制、发送、播放、演示载有恐怖主义、极端主义内容的图书、报刊、文稿、图片或者音频视频资料的；

4. 网站、网页、论坛、博客、微博客、网盘、即时通信、通讯群组、聊天室等网络平

合、网络应用服务的建立、开办、经营、管理者,明知他人利用网络平台、网络应用服务散布、宣扬恐怖主义、极端主义内容,经相关行政主管部门处罚后仍允许或者放任他人发布的;

5. 利用教经、讲经、解经、学经、婚礼、葬礼、纪念、聚会和文体活动等宣扬恐怖主义、极端主义、煽动实施恐怖活动的;

6. 其他宣扬恐怖主义、极端主义、煽动实施恐怖活动的行为。

——《最高人民法院、最高人民检察院、公安部、司法部关于办理恐怖活动和极端主义犯罪案件适用法律若干问题的意见》(2018 年 3 月 16 日,高检会〔2018〕1 号)。

312 利用极端主义破坏法律实施罪的认定

关键词|利用极端主义破坏法律实施罪|破坏国家法律制度实施|

【最高人民法院司法文件】

(五)利用极端主义,实施下列行为之一的,依照刑法第一百二十条之四的规定,以利用极端主义破坏法律实施罪定罪处罚:

1. 煽动、胁迫群众以宗教仪式取代结婚、离婚登记,或者干涉婚姻自由的;

2. 煽动、胁迫群众破坏国家法律确立的司法制度实施的;

3. 煽动、胁迫群众干涉未成年人接受义务教育,或者破坏学校教育制度、国家教育考试制度等国家法律规定的教育制度的;

4. 煽动、胁迫群众抵制人民政府依法管理,或者阻碍国家机关工作人员依法执行职务的;

5. 煽动、胁迫群众损毁居民身份证、居民户口簿等国家法定证件以及人民币的;

6. 煽动、胁迫群众驱赶其他民族、有其他信仰的人员离开居住地,或者干涉他人生活和生产经营的;

7. 其他煽动、胁迫群众破坏国家法律制度实施的行为。

——《最高人民法院、最高人民检察院、公安部、司法部关于办理恐怖活动和极端主义犯罪案件适用法律若干问题的意见》(2018 年 3 月 16 日,高检会〔2018〕1 号)。

313 强制穿戴宣扬恐怖主义、极端主义服饰、标志罪的认定

关键词|强制穿戴宣扬恐怖主义、极端主义服饰、标志罪|服饰、标志|

【最高人民法院司法文件】

（六）具有下列情形之一的，依照刑法第一百二十条之五的规定，以强制穿戴宣扬恐怖主义、极端主义服饰、标志罪定罪处罚：

1. 以暴力、胁迫等方式强制他人在公共场所穿着、佩戴宣扬恐怖主义、极端主义服饰的；

2. 以暴力、胁迫等方式强制他人在公共场所穿着、佩戴含有恐怖主义、极端主义的文字、符号、图形、口号、徽章的服饰、标志的；

3. 其他强制他人穿戴宣扬恐怖主义、极端主义服饰、标志的情形。

——《最高人民法院、最高人民检察院、公安部、司法部关于办理恐怖活动和极端主义犯罪案件适用法律若干问题的意见》（2018 年 3 月 16 日，高检会〔2018〕1 号）。

314 非法持有宣扬恐怖主义、极端主义物品罪的认定

关键词 | 非法持有宣扬恐怖主义、极端主义物品罪 | 非法持有 |

【最高人民法院司法文件】

（七）明知是载有宣扬恐怖主义、极端主义内容的图书、报刊、文稿、图片、音频视频资料、服饰、标志或者其他物品而非法持有，达到下列数量标准之一的，依照刑法第一百二十条之六的规定，以非法持有宣扬恐怖主义、极端主义物品罪定罪处罚：

1. 图书、刊物二十册以上，或者电子图书、刊物五册以上的；

2. 报纸一百份（张）以上，或者电子报纸二十份（张）以上的；

3. 文稿、图片一百篇（张）以上，或者电子文稿、图片二十篇（张）以上，或者电子文档五十万字符以上的；

4. 录音带、录像带等音像制品二十个以上，或者电子音频视频资料五个以上，或者电子音频视频资料二十分钟以上的；

5. 服饰、标志二十件以上的。

非法持有宣扬恐怖主义、极端主义的物品，虽未达到前款规定的数量标准，但具有多次持有，持有多类物品，造成严重后果或者恶劣社会影响，曾因实施恐怖活动、极端主义违法犯罪被追究刑事责任或者二年内受过行政处罚等情形之一的，也可以定罪处罚。

多次非法持有宣扬恐怖主义、极端主义的物品，未经处理的，数量应当累计计算。非法持有宣扬恐怖主义、极端主义的物品，涉及不同种类或者形式的，可以根

据本条规定的不同数量标准的相应比例折算后累计计算。

非法持有宣扬恐怖主义、极端主义物品罪主观故意中的"明知"，应当根据案件具体情况，以行为人实施的客观行为为基础，结合其一贯表现，具体行为、程度、手段、事后态度，以及年龄、认知和受教育程度、所从事的职业等综合审查判断。

具有下列情形之一，行为人不能做出合理解释的，可以认定其"明知"，但有证据证明确属被蒙骗的除外：

1. 曾因实施恐怖活动、极端主义违法犯罪被追究刑事责任，或者二年内受过行政处罚，或者被责令改正后又实施的；

2. 在执法人员检查时，有逃跑、丢弃携带物品或者逃避、抗拒检查等行为，在其携带、藏匿或者丢弃的物品中查获宣扬恐怖主义、极端主义的物品的；

3. 采用伪装、隐匿、暗语、手势、代号等隐蔽方式制作、散发、持有宣扬恐怖主义、极端主义的物品的；

4. 以虚假身份、地址或者其他虚假方式办理托运、寄递手续，在托运、寄递的物品中查获宣扬恐怖主义、极端主义的物品的；

5. 有其他证据足以证明行为人应当知道的情形。

——《最高人民法院、最高人民检察院、公安部、司法部关于办理恐怖活动和极端主义犯罪案件适用法律若干问题的意见》(2018 年 3 月 16 日，高检会〔2018〕1 号)。

315 杀人后劫车逃跑的行为构成劫持汽车罪

关键词｜故意杀人罪｜劫持汽车罪｜

【最高人民法院参考案例】

陈志故意杀人、劫持汽车案(《刑事审判参考》案例第 866 号)

要旨：在实施杀人行为后，持刀胁迫车主驾车带其逃离现场，没有非法占有汽车的目的，也未实际占有该车辆，被告人后行为构成劫持汽车罪而非抢劫罪。

陈志在实施杀人行为后，持刀胁迫车主驾车带其逃离现场，既没有非法占有汽车的目的，也未实际占有该车辆，因此，其对汽车实施的行为属于劫持，而非劫取。在涉及劫车犯罪时，抢劫罪与劫持汽车罪比较容易混淆。两罪有相同之处：如行为人主观上都是出于故意，客观上都表现为暴力、胁迫或者其他方法控制车辆。同时，两罪也有明显的区别，主要体现在：第一，抢劫罪的行为人有非法占有所劫车辆的目的，即"劫取"；而劫持汽车罪的行为人没有非法占有所劫车辆的目的，行为人一般只是为了临时控制汽车按自己意图行驶，即"劫持"。正确理解和把握"劫取"与"劫持"的区别是本案定性的关键。劫取，是指通过暴力、胁迫等手段取得，有非法占有的含义;劫持,是指通过暴力、胁迫等手段要挟、挟持,并无非法占有的含义。第二,抢劫罪作为刑法第五章侵犯财产罪中的犯罪,侵害的是公私财物的所有权和特定公民的人身健康权;而劫持汽车罪作为刑法第二章危害公共安全罪中的犯罪,危害的是公共安全,如交通运输安全和不特定人的人身、财产安全。

具体到本案,被告人陈志的劫车行为构成劫持汽车罪,而非抢劫罪。被告人采取暴力、胁迫方法劫持汽车的行为危及公共安全。劫持汽车罪要求行为人故意使用暴力、胁迫等行为劫持汽车,行为人在明知驾驶员不同意其搭乘的情况下,仍对驾驶员实施暴力、胁迫等行为,从而非法控制汽车。只要行为人实施了劫持汽车的行为,足以对公共安全造成威胁,即可构成本罪。如果行为人认为驾驶员同意其搭乘汽车,也未实施暴力、胁迫行为,且驾驶员未有反抗行为,则不应认定为劫持。如果行为人将驾驶员赶走,自行驾驶汽车离开,且非法占有汽车或者造成车辆失踪无法找到的,则可以认定行为人具有非法占有汽车的故意。因为在这种情况下驾驶员已失去对汽车的控制,行为人的主观意图已经不只是暂时的劫持,而是对汽车的非法占有,故应当认定为抢劫罪。本案中,被告人陈志持刀闯入车内,胁迫车主开车送其离开现场,并在高速公路上违章行驶,已经危及公共安全,符合劫持汽车罪的客观特征。

——《刑事审判参考》(总第92辑)。

五、涉枪支、弹药、爆炸物、危险物质犯罪

316 如何认定涉枪支、弹药、爆炸物、易燃易爆危险物品犯罪

关键词｜枪支｜弹药｜爆炸物｜易燃易爆危险物品｜

【最高人民法院司法文件】

二、正确认定犯罪

4. 非法制造、买卖、运输、邮寄、储存、盗窃、抢夺、抢劫、持有、私藏、走私枪支、弹药、爆炸物,并利用该枪支、弹药、爆炸物实施故意杀人、故意伤害、抢劫、绑架等犯罪的,依照数罪并罚的规定处罚。

5. 违反危险化学品安全管理规定,未经依法批准或者许可擅自从事易燃易爆危险物品道路运输活动,或者实施其他违反危险化学品安全管理规定通过道路运输易燃易爆危险物品的行为,危及公共安全的,依照刑法第一百三十三条之一第一款第四项的规定,以危险驾驶罪定罪处罚。

在易燃易爆危险物品生产、经营、储存等高度危险的生产作业活动中违反有关安全管理的规定,有下列情形之一,具有发生重大伤亡事故或者其他严重后果的现实危险的,依照刑法第一百三十四条之一第三项的规定,以危险作业罪定罪处罚:

(1)委托无资质企业或者个人储存易燃易爆危险物品的;

(2)在储存的普通货物中夹带易燃易爆危险物品的;

(3)将易燃易爆危险物品谎报或者匿报为普通货物申报、储存的;

(4)其他涉及安全生产的事项未经依法批准或者许可,擅自从事易燃易爆危险物品生产、经营、储存等活动的情形。

实施前两款行为,同时构成刑法第一百三十条规定之罪等其他犯罪的,依照处罚较重的规定定罪处罚;导致发生重大伤亡事故或者其他严重后果,符合刑法第一百三十四条、第一百三十五条、第一百三十六条等规定的,依照各该条的规定定罪从重处罚。

6. 在易燃易爆危险物品生产、储存、运输、使用中违反有关安全管理的规定,实施本意见第 5 条前两款规定以外的其他行为,导致发生重大事故,造成严重后果,符合刑法第一百三十六条等规定的,以危险物品肇事罪等罪名定罪处罚。

7. 实施刑法第一百三十六条规定等行为,向负有安全生产监督管理职责的部门不报、谎报或者迟报相关情况的,从重处罚;同时构成刑法第一百三十九条之一

规定之罪的，依照数罪并罚的规定处罚。

8. 在水路、铁路、航空易燃易爆危险物品运输生产作业活动中违反有关安全管理的规定，有下列情形之一，明知存在重大事故隐患而不排除，足以危害公共安全的，依照刑法第一百一十四条的规定，以以危险方法危害公共安全罪定罪处罚；致人重伤、死亡或者使公私财产遭受重大损失的，依照刑法第一百一十五条第一款的规定处罚：

（1）未经依法批准或者许可，擅自从事易燃易爆危险物品运输的；

（2）委托无资质企业或者个人承运易燃易爆危险物品的；

（3）在托运的普通货物中夹带易燃易爆危险物品的；

（4）将易燃易爆危险物品谎报或者匿报为普通货物托运的；

（5）其他在水路、铁路、航空易燃易爆危险物品运输活动中违反有关安全管理规定的情形。

非法携带易燃易爆危险物品进入水路、铁路、航空公共交通工具或者有关公共场所，危及公共安全，情节严重的，依照刑法第一百三十条的规定，以非法携带危险物品危及公共安全罪定罪处罚。

9. 通过邮件、快件夹带易燃易爆危险物品，或者将易燃易爆危险物品谎报为普通物品交寄，符合本意见第 5 条至第 8 条规定的，依照各该条的规定定罪处罚。

三、准确把握刑事政策

10. 对于非法制造、买卖、运输、邮寄、储存、持有、私藏、走私枪支、弹药，以及非法制造、买卖、运输、邮寄、储存爆炸物的行为，应当依照刑法和《最高人民法院关于审理非法制造、买卖、运输枪支、弹药、爆炸物等刑事案件具体应用法律若干问题的解释》《最高人民法院、最高人民检察院关于办理走私刑事案件适用法律若干问题的解释》等规定，从严追究刑事责任。

11. 对于非法制造、买卖、运输、邮寄、储存、持有、私藏、走私以压缩气体为动力且枪口比动能较低的枪支以及气枪铅弹的行为，应当依照刑法和《最高人民法院、最高人民检察院关于涉以压缩气体为动力的枪支、气枪铅弹刑事案件定罪量刑问题的批复》的规定，综合考虑案件情节，综合评估社会危害性，坚持主客观相统一，决定是否追究刑事责任以及如何裁量刑罚，确保罪责刑相适应。

12. 利用信息网络非法买卖枪支、弹药、爆炸物、易燃易爆危险物品，或者利用寄递渠道非法运输枪支、弹药、爆炸物、易燃易爆危险物品，依法构成犯罪的，从严追究刑事责任。

13. 确因正常生产、生活需要，以及因从事合法的生产经营活动而非法生产、储存、使用、经营、运输易燃易爆危险物品，依法构成犯罪，没有造成严重社会危害，并确有悔改表现的，可以从轻处罚。

14. 将非法枪支、弹药、爆炸物主动上交公安机关，或者将未经依法批准或者许可生产、储存、使用、经营、运输的易燃易爆危险物品主动上交行政执法机关处置的，可以从轻处罚；未造成实际危害后果，犯罪情节轻微不需要判处刑罚的，可以依法不起诉或者免予刑事处罚；成立自首的，可以依法从轻、减轻或者免除处罚。

有揭发他人涉枪支、弹药、爆炸物、易燃易爆危险物品犯罪行为，查证属实的，或者提供重要线索，从而得以侦破其他涉枪支、弹药、爆炸物、易燃易爆危险物品案件等立功表现的，可以依法从轻或者减轻处罚；有重大立功表现的，可以依法减轻或者免除处罚。

——《最高人民法院、最高人民检察院、公安部、工业和信息化部、住房和城乡建设部、交通运输部、应急管理部、国家铁路局、中国民用航空局、国家邮政局关于依法惩治涉枪支、弹药、爆炸物、易燃易爆危险物品犯罪的意见》(2021 年 12 月 31 日，法发〔2021〕35 号)。

317 非法制造、买卖、运输、邮寄、储存枪支、弹药、爆炸物罪中“非法储存”的理解

关键词｜枪支｜弹药｜爆炸物｜非法储存｜

【最高人民法院司法解释】

第八条第一款　刑法第一百二十五条第一款规定的“非法储存”，是指明知是他人非法制造、买卖、运输、邮寄的枪支、弹药而为其存放的行为，或者非法存放爆炸物的行为。

——《最高人民法院关于审理非法制造、买卖、运输枪支、弹药、爆炸物等刑事案件具体应用法律若干问题的解释》(2001 年 5 月 16 日，法释〔2001〕15 号；2010 年 1 月 1 日，法释〔2009〕18 号修正)。

【链接：理解与适用】

《最高人民法院关于修改〈关于审理非法制造、买卖、运输枪支、弹药、爆炸物等刑事案件具体应用法律若干问题的解释〉的决定》(以下简称《决定》)第一条是对非法储存定义的修改。《解释》第八条第一款的内容为：“刑法第一百二十五条第一款规定的‘非法储存’，是指明知是他人非法制造、买卖、运输、邮寄的枪支、弹药、爆炸物而为其存放的行为。”《决定》第一条将其修改为：“刑法第一百二十五条第一款规定的‘非法储存’，是指明知是他人非法制造、买卖、运输、邮寄的枪支、弹药而为其存放的行为，或者非法存放爆炸物的行为。”这样修改，就把非法存放通过

各种途径获得的爆炸物都囊括进来，既堵塞了在打击非法储存爆炸物犯罪方面的漏洞，又继续坚持了《解释》确定的非法储存枪支、弹药罪和非法持有、私藏枪支、弹药罪的区分标准。

——周海洋：《〈关于修改《关于审理非法制造、买卖、运输枪支、弹药、爆炸物等刑事案件具体应用法律若干问题的解释》的决定〉的理解与适用》，载《人民司法·应用》2010 年第 1 期。

318 确因生产、生活所需，非法买卖爆炸物的行为的定罪量刑

关键词｜非法买卖爆炸物罪｜情节严重｜

【最高人民法院司法解释】

第九条 因筑路、建房、打井、整修宅基地和土地等正常生产、生活需要，以及因从事合法的生产经营活动而非法制造、买卖、运输、邮寄、储存爆炸物，数量达到本解释第一条规定标准，没有造成严重社会危害，并确有悔改表现的，可依法从轻处罚；情节轻微的，可以免除处罚。

具有前款情形，数量虽达到本解释第二条规定标准的，也可以不认定为刑法第一百二十五条第一款规定的“情节严重”。

在公共场所、居民区等人员集中区域非法制造、买卖、运输、邮寄、储存爆炸物，或者因非法制造、买卖、运输、邮寄、储存爆炸物三年内受到两次以上行政处罚又实施上述行为，数量达到本解释规定标准的，不适用前两款量刑的规定。

——《最高人民法院关于审理非法制造、买卖、运输枪支、弹药、爆炸物等刑事案件具体应用法律若干问题的解释》（2001 年 5 月 16 日，法释〔2001〕15 号；2010 年 1 月 1 日，法释〔2009〕18 号修正）。

【链接：理解与适用】

《最高人民法院关于修改〈关于审理非法制造、买卖、运输枪支、弹药、爆炸物等刑事案件具体应用法律若干问题的解释〉的决定》（以下简称《决定》）第二条共三款，解决了三个方面的问题：一是将生产、生活明确为筑路、建房、打井、整修宅基地和土地等正常生产、生活以及合法的生产经营活动，这就明确界定了生产、生活的范围，有利于审判实践操作；二是解决了《解释》没有规定减轻处罚而带来的刑罚适用难题，将定罪量刑的数量标准和其他情节结合起来，综合考察犯罪行为是否达到了情节严重的程度，以此来决定是否适用情节严重所对应的法定刑；三是规定了从轻、不认定为情节严重、免除处罚的除外情形，对在公共场所、居民区等人员集

中区域实施涉爆炸物犯罪行为，即使因筑路、建房、打井、整修宅基地和土地等正常生产、生活所需以及从事合法的生产经营活动，也不能降低刑事处罚强度，以更为有效地维护公共安全。

《决定》第三条没有实质性内容，由于《决定》第二条是对《解释》新增加的一条，作为《解释》的第九条，那么《解释》的原第九条就变更为第十条。《决定》第三条是对此变更的一个说明。

关于生产、生活内涵的明确。《决定》第二条对生产、生活的内涵进行了明确，将其限定为筑路、建房、打井、整修宅基地和耕地等正常的生产、生活和合法的生产经营活动，这一规定符合法律精神和当前实际。在调研中我们了解到，原来利用非法制造、买卖、运输的爆炸物进行非法生产经营活动的地区，主要是非法采挖矿产资源较为严重的山西以及非法生产、销售烟花爆竹的湖南等地。现在，这些地区的行政管理力度进一步加大，行政执法行为进一步规范，对非法生产经营活动的整治力度不断加强，非法开采的煤窑和非法生产烟花爆竹的小作坊等基本被打击、取缔、关闭，为非法生产经营活动而非法制造、买卖、运输爆炸物的现象经有关管理部门重点整治、打击，现在已大大减少。

将生产、生活的内涵进行这样的限定，有利于打击非法的生产经营活动，体现刑法的严肃性和导向功能。非法的生产经营活动本身就是应当被禁止的，因进行非法的生产经营活动而实施非法的涉爆行为，安全性是无法保障的，更应当制止，不能迁就。同时，这样规定能够为行政执法和监管提供有力的刑事保障，促进经济健康安全发展，更好地实现科学发展的目标。另外，从维护国家安全和社会治安需要出发，打击“三股势力”、严重暴力犯罪的任务短期内不会减轻，对枪支、弹药、爆炸物的管控只能进一步加强，而不能有丝毫的放松。杜绝和堵塞枪支、弹药、爆炸物流入不法分子手中的一切可能途径，是包括法院在内的司法机关的重要职责。

关于情节严重的理解。有同志认为，《决定》规定因正常生产、生活需要和合法的生产经营活动而实施涉爆犯罪，数量虽然达到处十年以上有期徒刑、无期徒刑或者死刑的标准，但可以不认定为情节严重，这是否意味着规定了减轻处罚情节？我们认为，这不是规定了减轻处罚，而是此类犯罪行为没有达到情节严重，所以不能按照情节严重处罚。由于现实情况的复杂性，一些因正常生产、生活和合法的生产经营活动而实施的非法涉爆行为并没有造成严重的社会危害，其社会危害性决定了不能在十年以上有期徒刑、无期徒刑或者死刑的幅度内判处刑罚。一般讲，法院的司法解释不宜直接规定哪些情节具有减轻处罚功能，但有权规定哪些情节属于情节严重，哪些情节不属于情节严重。《决定》第二条第二款规定：“具有前款情形（第一款规定的情形：因筑路、建房、打井、整修宅基地和土地等正常生产、生活需要，或者因从事合法的生产经营活动而非法制造、买卖、运输、邮寄、储存爆炸物，没有造成严重社会危害，并确有悔改表现的），数量虽达到本解释第二条规定标准的，也可以不认定为刑法第一百二十五条第一款规定的‘情节严重’。”这样规定能够将数量和其他情形结合起来认定犯罪行为是否情节严重，而不仅仅根据数量认定情节严重，更符合实际情况，也更符合立法精神。根据这一规定，对于那些数量虽达到《解释》第二条规定的标准，但如果具有上述特定情形的行为，不认定为情节严重，人民法院就可以在第一个法定刑幅度内量刑，这样就有效地解决了此前需要减轻处罚才能解决的难题。

——周海洋：《〈关于修改《关于审理非法制造、买卖、运输枪支、弹药、爆炸物等刑事案件具体应用法律若干问题的解释》的决定〉的理解与适用》，载《人民司法·应用》2010年第1期。

319 因个人爱好，以收藏为目的购买枪支、弹药的行为如何定性

关键词｜枪支｜弹药｜

【最高人民法院参考案例】

王挺等走私武器、弹药，非法买卖枪支、弹药，非法持有枪支、弹药案（《刑事审判参考》案例第1075号）

要旨：按照文义解释规则，对刑法第一百二十五条第一款规定的“买卖”，应理解为买进或者卖出；从实质解释的角度来看，行为人是否具有牟利目的，不影响对非法买卖枪支、弹药行为的定性。

（一）按照文义解释规则，对刑法第一百二十五条第一款规定的“买卖”，应理解为买进或者卖出

刑法分则在规定涉枪犯罪时使用“买卖”一词，而没有使用“贩卖”“倒卖”等用语，显然是刻意与后者作了区分，将“买卖”理解为买进或者卖出的行为，既是对立法本意的尊重，也符合从严打击涉枪犯罪的立法精神。近年来发布的相关司法解释和指导案例也是这样把握“买卖”的含义的。2009年修订的《最高人民法院关于审理非法制造、买卖、运输枪支、弹药、爆炸物等刑事案件具体应用法律若干问题的解释》第九条规定：“因……等正常生产、生活需要，以及因从事合法的生产经营活动而非法制造、买卖、运输、邮寄、储存爆炸物，数量达到本解释第一条规定标准，没有造成严重社会危害，并确有悔改表现的，可依法从轻处罚；情节轻微的，可以免除处罚。”根据该规定，因生产、生活需要非法买卖爆炸物的，仍应定非法买卖爆炸物罪，并不要求具有转卖牟利的目的。2009年最高人民法院、最高人民检察院、公安部制定的《关于办理制毒物品犯罪案件适用法律若干问题的意见》第一条规定：

“违反国家规定，实施下列行为之一的，认定为刑法第三百五十条规定的非法买卖制毒物品行为：1. 未经许可或者备案，擅自购买、销售易制毒化学品的……”根据该指导文件的规定，只要实施购买或销售易制毒化学品行为之一的，即可认定为非法买卖制毒物品行为，不要求兼具买进、卖出行为，是否具有牟利目的，亦不影响非法买卖制毒物品行为的认定。最高人民法院2013年颁布的13号指导案例“王召成等非法买卖、储存危险物质案”中指出：“‘非法买卖’毒害性物质，是指违反法律和国家主管部门规定，未经有关主管部门批准许可，擅自购买或者出售毒害性物质的行为，并不需要兼有买进和卖出的行为。”综上，对刑法分则规定非法买卖违禁品犯罪时使用的“买卖”一词的含义，应作相对统一的理解和把握，实施非法购买或者出售枪支、弹药行为之一的，均属于非法买卖枪支、弹药行为。

（二）从实质解释的角度来看，行为人是否具有牟利目的，不影响对非法买卖枪支、弹药行为的定性

刑法及相关司法解释均未规定非法买卖枪支、弹药罪需具有牟利目的，上述有关枪支、弹药、爆炸物的司法解释只规定因生产、生活需要实施相应涉爆炸物行为的，对该主观因素在量刑时可予以考虑。认为牟利目的影响非法买卖枪支、弹药罪成立的观点，虽然也有一定道理，但法律依据不充分。涉枪犯罪属于严重危害公共安全的犯罪，不是经济犯罪，要求构成此类犯罪具有牟利目的也不具有犯罪构成上的正当性。实践中，对因个人爱好，出于收藏目的购买枪支、弹药行为的危害，存在一定的认识误区。有观点认为，行为人买枪后未用于非法活动，亦未转卖牟利，对公共安全未造成严重危害的，认定为非法持有型犯罪足以罚当其罪。我们认为，我国历来严格控制枪支、弹药的流转，禁止个人买卖、持有。非法买卖的行为人对获取枪支、弹药具有较强的主动性，往往根据其需要通过非法渠道购买，这种非法交易既刺激了枪支、弹药的非法流转，也使其持有规模随意扩大，一旦枪支、弹药因被盗等原因流入社会，后果不堪设想，对公共安全具有极大的潜在风险，必须依法以非法买卖枪支、弹药罪予以惩处。本案中，被告人薛风非法购买各类枪支八支，另非法持有各类枪支六支、弹药三万余发。如果不是非法购买，其不可能持有数量巨大、种类多样的枪支、弹药。刑法规定非法买卖枪支、弹药罪，是基于此类行为对公共安全造成的抽象危险，并不要求造成实际损害，因此不能因为未发生实际损害，不具有牟利目的，就转而认定为较轻罪名，对此类犯罪蕴藏的巨大潜在危害，必须给予充分的刑法评价。

——《刑事审判参考》（总第103辑）。

320 如何对非法制造、买卖、运输、邮寄、储存、持有、私藏、走私以压缩气体为动力的枪支、气枪铅弹行为定罪量刑

关键词 | 枪支 | 气枪铅弹 |

【最高人民法院司法解释】

一、对于非法制造、买卖、运输、邮寄、储存、持有、私藏、走私以压缩气体为动力且枪口比动能较低的枪支的行为，在决定是否追究刑事责任以及如何裁量刑罚时，不仅应当考虑涉案枪支的数量，而且应当充分考虑涉案枪支的外观、材质、发射物、购买场所和渠道、价格、用途、致伤力大小、是否易于通过改制提升致伤力，以及行为人的主观认知、动机目的、一贯表现、违法所得、是否规避调查等情节，综合评估社会危害性，坚持主客观相统一，确保罪责刑相适应。

二、对于非法制造、买卖、运输、邮寄、储存、持有、私藏、走私气枪铅弹的行为，在决定是否追究刑事责任以及如何裁量刑罚时，应当综合考虑气枪铅弹的数量、用途以及行为人的动机目的、一贯表现、违法所得、是否规避调查等情节，综合评估社会危害性，确保罪责刑相适应。①

——《最高人民法院、最高人民检察院关于涉以压缩气体为动力的枪支、气枪铅弹刑事案件定罪量刑问题的批复》（2018 年 3 月 30 日，法释〔2018〕8 号）。

【链接：理解与适用】

（一）非法制造、买卖、运输、邮寄、储存、持有、私藏、走私以压缩气体为动力且枪口比动能较低的枪支的定罪量刑

《批复》规定："对于非法制造、买卖、运输、邮寄、储存、持有、私藏、走私以压缩气体为动力且枪口比动能较低的枪支的行为，在决定是否追究刑事责任以及如何裁量刑罚时，不仅应当考虑涉案枪支的数量，而且应当充分考虑涉案枪支的外观、材质、发射物、购买场所和渠道、价格、用途、致伤力大小、是否易于通过改制提升致伤力，以及行为人的主观认知、动机目的、一贯表现、违法所得、是否规避调查等情节，综合评估社会危害性，坚持主客观相统一，确保罪责刑相适应。"据此，对于非法制造、买卖、运输、邮寄、储存、持有、私藏、走私以压缩气体为动力且枪口比动能较低的枪支案件，在决定是否追究刑事责任以及如何裁量刑罚时，不应当唯枪支数量论，而应当根据案件情况综合评估社会危害性。具体而言，除涉案枪支的数量外，

① 对《最高人民法院关于审理非法制造、买卖、运输枪支、弹药、爆炸物等刑事案件具体应用法律若干问题的解释》中规定的定罪量刑标准，需结合相关案件具体情况，综合评估社会危害性，依据本司法解释的内容规定，妥当裁量刑罚。

还应当充分考虑如下情况：

一是涉案枪支的外观、材质、发射物、购买场所和渠道、价格。这主要是考虑到实践中一些以压缩气体为动力且枪口比动能较低的枪支，虽然经鉴定枪口比动能达到了枪支认定标准，但是从其外观看一般人明显不会认识到系枪支（如玩具枪），材质通常不同于一般枪支（如使用材质较差的塑料），发射物明显致伤力较小（如发射 BB 弹），就购买场所和渠道而言一般人认为购买不到枪支的地方（如玩具市场），就价格而言一般人认为不可能是枪支的对价（如仅花费了几十元钱）。对于上述情形，在决定是否追究刑事责任以及如何裁量刑罚时，就应当根据相应情节作出特别考虑。

二是涉案枪支的致伤力大小、是否易于通过改制提升致伤力。以压缩气体为动力的枪支的枪口比动能区间较大，且由于发射物不同，枪支致伤力存在明显差异。因此，在办理具体案件时，应当要求公安机关做好涉案枪支的鉴定工作，涉案枪支的鉴定意见要载明枪支的数量、发射物、枪口比动能的具体数值等情况，以便判断其致伤力大小。此外，此类枪支中的部分枪支，其本身致伤力不大，但易于通过改制达到较大致伤力，具有更大的社会危害性。对于是否易于通过改制提升致伤力，应当由公诉机关予以证明，必要时可以通过鉴定人、有专门知识的人出庭作证的方式作进一步判断。

三是涉案枪支的用途和行为人的主观认知、动机目的、一贯表现、违法所得、是否规避调查等情节。这主要侧重从行为人角度对社会危害性进行考量。特别是，要坚持主客观相统一，防止“客观归罪”，即只要涉案枪支经鉴定认定为枪支即追究刑事责任，而对行为人主观上是否明知涉案物品系枪支置之不顾。根据主客观相统一原则的要求，对于此类案件的处理，要根据在案证据对行为人主观明知作出准确认定，对于不能认定行为人主观上明知涉案物品系枪支的，不认定为犯罪。例如，赵某某、朱某某夫妇在集贸市场内销售“玩具枪”，公安机关从其作为玩具出售的枪状物中起获四十三支，经鉴定均为以弹簧为动力转化为压缩气体发射球形弹丸，其中有十八支符合枪支标准。在本案的审查起诉阶段，检察机关认为，对赵某某、朱某某夫妇在集贸市场内销售“玩具枪”的行为，没有充分的证据证明其主观上明知出售的物品系枪支并具有非法买卖枪支的故意，故依法作出存疑不起诉处理。该案的处理，正是从主观明知方面作了准确判断，体现了主客观相统一原则的基本要求。

此外，对行为人的动机目的、违法所得的考量，主要考虑以牟利或者实施其他违法犯罪为目的，非法制造、买卖、运输、邮寄、储存、持有、私藏、走私枪支的行为，社会危害性较大。相反，对于以收藏、娱乐为目的，非法购买、持有以压缩气体为动力、枪口比动能较低且不属于易于通过改制提升致伤力的枪支的，社会危害性相对较小，应当依法从宽处罚；如果行为人系初犯，确有悔改表现，没有造成严重后果的，可以依法不起诉或者免予刑事处罚；情节显著轻微危害不大的，不以犯罪论处；确有必要判处刑罚的，可以非法持有枪支罪依法从宽处罚。对行为人是否规避调查的考量，主要考虑行为人是否采用伪装、隐藏等有意规避有关部门调查的方式实施上述涉枪违法犯罪的行为。

需要注意的是，在《批复》起草过程中，对于是否应当明确"枪口比动能较低"的具体数值，存在不同认识。经慎重研究认为，涉以压缩气体为动力的枪支的案件情况非常复杂，在决定是否追究刑事责任以及如何裁量刑罚时，需要考虑枪口比动能这一重要因素，但更须根据案件情况综合考量。在此背景下，如对"枪口比动能较低"的具体数值作出规定，恐会导致对具体案件的处理陷入"一刀切"的困境，不符合《批复》所确立的综合考量精神。例如，涉案枪支的枪口比动能虽然较低，但是易于通过改制提升致伤力，社会危害性大，如受制于"枪口比动能较低"的具体数值，可能难以依法严惩；相反，涉案枪支的枪口比动能虽然达到一定数值，比如达到 11 焦耳/平方厘米，但综合考虑购买场所和渠道、价格、用途等因素，综合评估认为社会危害性不大的，若受制于"枪口比动能较低"的具体数值，可能出现处理过苛、处罚过严的问题。基于上述考虑，《批复》最终未对"枪口比动能较低"的具体数值作出明确，司法实践中，应当根据案件具体情况，在综合考虑其他相关情节的基础上，妥当把握"枪口比动能较低"的认定。

顺带提及的是，司法实践中对于涉"火柴枪"等其他致伤力较低的枪支的案件的处理，同样存在类似的问题。鉴于相关问题尚待进一步总结司法经验，《批复》未作明确规定。但是，处理具体案件时，可以根据《批复》的精神，在决定是否追究刑事责任以及如何裁量刑罚时，综合评估社会危害性，坚持主客观相统一，实现罪责刑相适应。

（二）对于非法制造、买卖、运输、邮寄、储存、持有、私藏、走私气枪铅弹的定罪量刑

《批复》规定："对于非法制造、买卖、运输、邮寄、储存、持有、私藏、走私气枪铅弹的行为，在决定是否追究刑事责任以及如何裁量刑罚时，应当综合考虑气枪铅弹的数量、用途以及行为人的动机目的、一贯表现、违法所得、是否规避调查等情节，综合评估社会危害性，确保罪责刑相适应。"据此，对于非法制造、买卖、运输、邮寄、储存、持有、私藏、走私气枪铅弹的行为，也要避免唯数量论，而应当根据案件情况综合评估社会危害性，妥当决定是否追究刑事责任以及如何裁量刑罚，确保罪责刑相适应。

除气枪铅弹外，用其他金属加工的气枪弹与气枪铅弹可能具有大致相当的致伤力。因此，为避免司法实践中对"气枪铅弹"作机械把握，《批复》明确气枪铅弹是指"用铅、铅合金或者其他金属加工的气枪弹"。

——最高人民法院研究室刑事处:《〈最高人民法院、最高人民检察院关于涉以压缩气体为动力的枪支、气枪铅弹刑事案件定罪量刑问题的批复〉的理解与适用》,载最高人民法院网 2018 年 3 月 28 日,https://www.court.gov.cn/zixun-xiangqing-88472.html。

321 非法买卖枪支时以毒品冲抵部分价款的,应当以贩卖毒品罪与非法买卖枪支罪并罚

关键词|贩卖毒品罪|非法买卖枪支罪|

【最高人民法院参考案例】

庄木根、刘平平、郑斌非法买卖枪支、贩卖毒品案(《刑事审判参考》案例第 463 号)

要旨:以毒品冲抵部分买卖枪支价款的行为构成贩卖毒品罪;与非法买卖枪支罪不构成牵连犯从一重处断,应当以贩卖毒品罪与非法买卖枪支罪数罪并罚。

(一)以毒品冲抵部分买卖枪支价款的行为构成贩卖毒品罪

贩卖毒品罪是指明知是毒品而故意予以贩卖的行为。本案被告人以毒品冲抵部分买卖枪支价款的行为能否构成贩卖毒品罪,关键在于对贩卖毒品罪中"贩卖毒品"的行为如何理解。对于"贩卖毒品"行为的界定,理论上存在较大的争议,如有人认为,贩卖毒品表现为非法转手倒卖毒品或者销售自制毒品的行为;也有人认为,所谓贩卖,其实质是有偿转让,包括买卖与交换,不管是先买后卖,还是先卖后买,也不论是批发,还是零售。还有人认为,贩卖毒品是指有偿转让毒品或者以贩卖为目的而非法收购毒品。有偿转让毒品,即行为人将毒品交付给对方,并从对方获取物质利益。如果是无偿转让毒品,则不属于贩卖毒品。对此,1994 年《最高人民法院关于适用〈全国人民代表大会常务委员会关于禁毒的决定〉若干问题的解释》作了明确规定,贩卖毒品是指明知是毒品而非法销售或者以贩卖为目的而非法收买毒品的行为。据此,贩卖毒品罪的客观行为包括两种:一是非法销售毒品;二是以贩卖为目的非法收买毒品。

就本案而言,以毒品冲抵部分买卖枪支价款是否属于非法销售毒品行为呢?这涉及如何界定"贩卖""销售"的含义问题。从字面含义上理解,《现代汉语词典》将"贩卖"解释为"商人买进货物再卖出以获取利润";将"销售"解释为"卖出(商品)"。依此解释,我们似乎难以作出符合性的判断。但是,对某一法律用语的解释,除了采用文理解释的方法外,更应注意将其放在特定法律背景情境之内作出合目的性的理论解释。贩卖毒品罪惩治的是毒品流通领域内的犯罪,司法实践中最为常见的贩卖方式是行为人买入毒品后转手卖出,从中牟利,即"转手倒卖"。但

对下列情形，刑法和相关司法解释也都明确规定构成贩卖毒品罪：（1）居间介绍贩卖毒品的；（2）容留他人吸毒并出售毒品的；（3）依法从事生产、运输、管理、使用国家管制的麻醉药品、精神药品的单位和个人违反国家规定，以牟利为目的，向吸食、注射毒品的人提供国家管制的麻醉药品、精神药品的；（4）依法从事生产、运输、管理、使用国家管制的麻醉药品、精神药品的单位和人员明知对方是贩卖毒品的犯罪分子，而向其提供国家管制的麻醉药品、精神药品的；（5）自己制造毒品后用以销售的；（6）将父辈、祖辈遗留下来的毒品向他人出卖牟利的。考察其中有些行为方式，其内容也已不为"贩卖"字面含义所包含，也就是说，刑法上的"贩卖""销售"的含义与生活用语中的含义是有一定区别的。

贩卖毒品罪作为国际犯罪，考察国际条约中的相关规定对于我们也有借鉴意义。《联合国禁止非法贩运麻醉药品和精神药物公约》将"非法贩运"界定为，违反《1961 年公约》、经修正的《1961 年公约》或《1971 年公约》的各项规定，生产、制造、提炼、配制、提供、兜售、分销、出售、以任何条件交付、经纪、发送、过境发送、运输、进口或出口任何麻醉药品或精神药物；为了进行上述目的所列任何活动，占有或购买任何麻醉药品或精神药物；故意占有、购买或种植麻醉药品或精神药物以供个人消费的行为等。可见，联合国公约对贩卖毒品也采用了广义上的概念，从实质意义上对贩卖毒品行为进行了界定。

综上，我们认为，在对我国刑法中贩卖毒品罪中"贩卖""销售"的刑法意义进行界定时，必须根据我国的立法状况结合国家对毒品犯罪的刑事政策，进行实质意义上的合目的性解释，而非仅仅从字面意义上理解。对毒品犯罪，我国历来采取的是严厉打击的刑事政策，贩卖毒品罪作为流通领域内的毒品犯罪，其危害主要表现在生产出的毒品经贩卖后流入社会实现扩散，严重妨害了国家对麻醉药品和精神药品的管制，对不特定多数人的身体健康造成损害，败坏社会风气。从实质上而言，贩卖的本质就是一种有偿的转让行为，即毒品的交易存在对价，但这种对价的体现形式，不应仅仅局限于金钱，也可以是以毒品易货，或是以毒品抵债等，因为这些转让形式实质上均属于有偿转让，转让人都通过国家法律禁止的不法行为取得了经济上的利益，毒品都流入了社会，其社会危害与典型的换取金钱的贩卖行为在法益侵害上没有本质的区别，应当成立贩卖毒品行为。在本案中，被告人刘平平将一把自制手枪、一发子弹以人民币三千五百元出售给被告人郑斌，被告人郑斌除支付二千一百元现金外，剩余一千四百元由郑斌以 1.7 克左右的冰毒作价交付。可以看出，这 1.7 克左右的冰毒是以一千四百元有偿转让给刘平平的，因此，以毒品冲抵部分买卖枪支价款应属于实质意义上的贩卖行为，被告人郑斌应构成贩卖毒品罪。对于接受毒品的被告人刘平平而言，由于现有的证据不能证明其具有贩卖的故意，且数量未达十克，因此不能以贩卖毒品罪或非法持有毒品罪追究其刑事责任。

(二)贩卖毒品行为与非法买卖枪支行为之间不存在牵连关系,应予数罪并罚

我国刑法理论中的牵连犯,是指行为人以实施某一犯罪为目的,而其犯罪的方法(手段)行为或结果行为触犯其他罪名的情况,对于牵连犯,一般择一重罪处罚不实行数罪并罚。要成立牵连犯,需具备以下条件:必须实施了数个独立的犯罪行为;数个独立的犯罪行为必须触犯不同的罪名;数个独立的犯罪行为之间必须具有牵连关系,这种牵连关系既可以是目的行为与方法(手段)行为的关系,也可以是原因行为与结果行为的关系。结合本案,对被告人郑斌,其行为究竟是构成一罪还是以两罪并罚,其争议的焦点集中在非法买卖枪支与贩卖毒品行为的牵连关系判断上。

刑法理论通说认为,犯罪构成是罪数的判断标准。牵连犯作为处断的一罪,是两个具有牵连关系的犯罪行为分别符合不同的犯罪构成,因而属于实质的数罪,但只是基于刑事政策的考虑,在司法适用上才作为一罪处理。既然罪数的判断标准是犯罪构成,那么牵连犯作为处断的一罪也必须具有犯罪构成理论上的依据。这种依据自然就落到了牵连关系的确定上,也即牵连关系必须能够说明不同的犯罪行为具有一罪的内在本质。也就是说,牵连关系的内容应当包含某种犯罪构成的内容,使得当两个犯罪行为具有这种关系的时候,能够充足一个犯罪构成。这种关系才能够充分说明牵连犯的一罪性,也才能为牵连犯作为一罪处理找到充分的罪数根据。那么,这种牵连关系应如何界定呢?我们认为,先后实施的两个行为若分别符合不同犯罪构成,其主观上必然具有不同的罪过,客观上必然具有不同的危害行为,因而可能发生重合的构成要件,只能够是客体要件。行为对法益的侵害,是一个渐进的过程,具有不同的行为阶段。刑法为了能够全面地保护法益,往往对侵犯法益的不同行为阶段设置不同的犯罪构成加以评价。因此,对同一法益的同一侵犯过程之中,往往可能存在不同的行为过程符合不同的犯罪构成之现象。如果先后发生的两个符合不同构成要件的犯罪行为,处于对同一法益的同一次侵犯过程中,这说明两个犯罪行为所侵犯的是同一法益,换言之,当两个犯罪行为处于对同一法益的同一次侵犯过程中时,这两个犯罪行为能够充足一个犯罪构成,根据犯罪构成的罪数判断标准,可以成立一罪,因而可以适用从一重罪处断的原则,不实行数罪并罚。

就本案而言,如前所述,被告人郑斌以毒品冲抵部分买卖枪支价款的行为已经单独成罪,构成贩卖毒品罪,根据刑法分则的规定,贩卖毒品罪属于刑法分则第六章妨害社会管理秩序罪,侵犯的是国家对于毒品的管制秩序;其非法买卖枪支的行为亦构成犯罪,非法买卖枪支罪属于刑法分则第二章危害公共安全罪,侵犯的是公共安全,可见,被告人郑斌以毒品冲抵部分买卖枪支价款作为其实施非法买卖枪支

犯罪的方法行为，与非法买卖枪支的目的行为侵犯的法益并不属于同一法益，这两个犯罪行为不能够充足一个犯罪构成，而分别符合不同的犯罪构成，依照上述牵连关系的认定原则，显然被告人郑斌贩卖毒品的行为与非法买卖枪支的行为不能成立牵连犯所要求的牵连关系，因而不能构成牵连犯，而应以贩卖毒品罪与非法买卖枪支罪实行数罪并罚。

——《刑事审判参考》（总第59辑）。

322 非法制造、买卖、运输、储存毒鼠强等禁用剧毒化学品危害公共安全的，构成非法制造、买卖、运输、储存危险物质罪

关键词｜毒鼠强｜非法制造、买卖、运输、储存危险物质罪｜

【最高人民法院司法解释】

第一条 非法制造、买卖、运输、储存毒鼠强等禁用剧毒化学品，危害公共安全，具有下列情形之一的，依照刑法第一百二十五条的规定，以非法制造、买卖、运输、储存危险物质罪，处三年以上十年以下有期徒刑：

（一）非法制造、买卖、运输、储存原粉、原液、制剂50克以上，或者饵料2千克以上的；

（二）在非法制造、买卖、运输、储存过程中致人重伤、死亡或者造成公私财产损失10万元以上的。

第五条 本解释施行以前，确因生产、生活需要而非法制造、买卖、运输、储存毒鼠强等禁用剧毒化学品饵料自用，没有造成严重社会危害的，可以依照刑法第十三条的规定，不作为犯罪处理。

本解释施行以后，确因生产、生活需要而非法制造、买卖、运输、储存毒鼠强等禁用剧毒化学品饵料自用，构成犯罪，但没有造成严重社会危害，经教育确有悔改表现的，可以依法从轻、减轻或者免除处罚。

第六条 本解释所称"毒鼠强等禁用剧毒化学品"，是指国家明令禁止的毒鼠强、氟乙酰胺、氟乙酸钠、毒鼠硅、甘氟（见附表）。

——《最高人民法院、最高人民检察院关于办理非法制造、买卖、运输、储存毒鼠强等禁用剧毒化学品刑事案件具体应用法律若干问题的解释》（2003年10月1日，法释〔2003〕14号）。

323 磷化铝应当认定为属于刑法规定的毒害性物质

关键词 | 磷化铝 | 毒害性物质 |

【最高人民法院审判业务意见】

有关部门就磷化铝片剂是否属于刑法第一百二十五条规定的毒害性物质征求最高人民法院研究室意见。最高人民法院研究室经研究认为:

磷化铝片剂属于刑法中规定的毒害性物质,但是结合磷化铝在粮食储存中被广泛使用以及案件的具体情况,可以对被告人从宽处理。

——周海洋:《最高人民法院研究室关于磷化铝是否属于刑法规定的毒害性物质的研究意见》,载最高人民法院研究室编:《司法研究与指导》(总第1辑),人民法院出版社2012年版,第194页。

324 “非法买卖”毒害性物质并不需要兼有买进和卖出的行为

关键词 | 非法买卖、储存危险物质 | 买进和卖出 |

【最高人民法院指导性案例】

王召成等非法买卖、储存危险物质案(最高人民法院指导案例13号)

裁判要点:“非法买卖”毒害性物质,是指违反法律和国家主管部门规定,未经有关主管部门批准许可,擅自购买或者出售毒害性物质的行为,并不需要兼有买进和卖出的行为。

被告人王召成、金国淼、孙永法、钟伟东、周智明在未取得剧毒化学品使用许可证的情况下,违反国务院《危险化学品安全管理条例》等规定,明知氰化钠是剧毒化学品仍非法买卖、储存,危害公共安全,其行为均已构成非法买卖、储存危险物质罪,且系共同犯罪。关于王召成的辩护人提出的辩护意见,经查,氰化钠虽不属于禁用剧毒化学品,但系列入危险化学品名录中严格监督管理的限用的剧毒化学品,易致人中毒或者死亡,对人体、环境具有极大的毒害性和极度危险性,极易对环境和人的生命健康造成重大威胁和危害,属于刑法第一百二十五条第二款规定的“毒害性”物质;“非法买卖”毒害性物质,是指违反法律和国家主管部门规定,未经有关主管部门批准许可,擅自购买或者出售毒害性物质的行为,并不需要兼有买进和卖出的行为;王召成等人不具备购买、储存氰化钠的资格和条件,违反国家有关监管规定,非法买卖、储存大量剧毒化学品,逃避有关主管部门的安全监督管理,破坏危险化学品管理秩序,已对人民群众的生命、健康和财产安全产生现实威胁,足以危害公共安全,故王召成等人的行为已构成非法买卖、储存危险物质罪,上述辩护意见不予采纳。王召成、金国森、孙永法、钟伟东、周智明到案后均能如实供述自己的罪行,且购买氰化钠用于电镀生产,未发生事故,未发现严重环境污染,没有造成严重后果,依法可以从轻处罚。根据五被告人的犯罪情节及悔罪表现等情况,对其可依法宣告缓刑。公诉机关提出的量刑建议,王召成、钟伟东、周智明请求从轻处罚的意见,予以采纳,故依法作出如上判决。

——《最高人民法院关于发布第四批指导性案例的通知》(2013 年 1 月 31 日,法〔2013〕24 号)。

【链接：理解与参照】

(二)关于买卖危险物质是否必须兼有买进和卖出行为问题

对这一问题,司法实践中有两种相反的不同意见:持肯定意见的认为,这里的"买卖"应当兼有"买"和"卖"的行为,为自己使用而购买且没有出卖行为的,不构成买卖危险物质罪。持否定意见的则认为,买卖危险物质,只要有买的行为或者卖的行为即可构成犯罪,无须兼有买和卖的行为。

持肯定意见的主要理由如下:其一,从文义解释来看,单纯购买行为不属于刑法规定的"买卖"。"买卖"是指"生意",是一种买进后再卖出的商业经营活动,仅仅是为自己使用而买进的行为不能称之为"买卖"。其二,刑法和司法解释并未明确规定单纯购买行为也构成"买卖"型犯罪。刑法在其他罪名中规定销售、收购、出售、购买等,而不用买卖来概括,就是例证。其三,单纯购买人为了自己生产或生活使用,一般不会造成危害公共安全的严重后果。且此类购买者往往众多,对买者进行刑事追究,打击面过大。因此,五被告人中只有王召成同时有购买和加价出售氰化钠的行为,应以非法买卖危险物质罪追究刑事责任,其余被告人仅有购买行为,不构成非法买卖危险物质罪。

该指导案例持否定意见,认为买卖危险物质是指购买或者出售危险物质,并不需要兼有买进和卖出的行为。主要理由如下:

1. 从刑法规定来看,在刑法规定的买卖型犯罪中,单纯的买进或者卖出、兼有买进和卖出的行为均可构成犯罪。从买卖的语义范围及其行为表现方式来看,买卖包括既买进又卖出、买进、卖出三种情形。对于买卖型犯罪,如果同时惩罚买卖的行为,刑法在罪状表述上一般直接采用"买卖"一词,如买卖国家机关公文、证件、印章罪,非法买卖警用装备罪,买卖毒品原植物种子、幼苗罪,非法买卖枪支、弹药、爆炸物罪;或者同时表述买和卖的行为,如出售、购买、运输假币罪;或对买和卖的行为各自确定罪名,如非法出售增值税专用发票罪、非法购买增值税专用发票罪、购买伪造的增值税专用发票罪。如果刑法仅惩罚出卖行为,则在罪状表述上采用“出卖、贩卖、销售、倒卖”等，如擅自出卖国有档案罪，贩卖毒品罪，销售有毒、有害食品罪，倒卖车船票罪。

2. 从体系解释来看，刑法中相同用语应当具有相同含义。司法实践中，对于其他买卖型犯罪，也并未要求兼有买和卖的行为。例如，非法买卖枪支、弹药、爆炸物罪，贩卖毒品罪，买卖国家机关公文、证件、印章罪，非法买卖警用装备罪，非法买卖制毒物品罪，非法买卖毒品原植物种子、幼苗罪，买卖武装部队公文、证件、印章罪，非法买卖军用标志罪①等，只要有买或卖的行为之一，即可构成犯罪，并不需要兼有买和卖的行为。反之，如果要求非法买卖毒害性物质兼有买、卖行为，不仅破坏了刑法用语的一致性，而且会放纵大部分买卖型犯罪，难以有效惩治此类犯罪和保障公共安全。

3. 从相关司法解释来看，买卖并不需要兼有买进和卖出。早在 1994 年 12 月 20 日，《最高人民法院关于适用〈全国人民代表大会常务委员会关于禁毒的决定〉的若干问题的解释》第二部分“走私、贩卖、运输、制造毒品罪”中就曾指出：“贩卖毒品，是指明知是毒品而非法销售或者以贩卖为目的而非法收买毒品的行为。”尽管这一司法解释因刑法修订而失效，但修订后的刑法对该罪的规定没有变化，仍然具有参照价值。2012 年 5 月 16 日《最高人民检察院、公安部关于公安机关管辖的刑事案件立案追诉标准的规定（三）》中第一条第三款指出，本条（走私、贩卖、运输、制造毒品罪）规定的“贩卖”是指明知是毒品而非法销售或者以贩卖为目的而非法收买的行为。第六条第三款规定只要有销售易制毒化学品的情形，即可以非法买卖制毒物品案立案追诉，并未要求兼有买、卖行为。

4. 从与行政法规协调角度来看，“买卖”无须兼有买进和卖出。国务院《危险化学品安全管理条例》第三十八条、第四十条、第四十二条规定，个人不得购买剧毒化学品（农药除外），禁止向个人销售剧毒化学品，使用剧毒化学品的单位不得出借、转让其购买的剧毒化学品。因此，为了保障该法规的实施，搞好刑法与行政法规的衔接和协调，非法买卖毒害性物质，不应当仅限于兼有买进和卖出的行为。

5. 从社会危害性来看，非法买进或者卖出危险物质的行为，与兼有买进与卖出危险物质的行为同样具有社会危害性。非法买卖毒害性物质的社会危害性，主要是体现在非法买进或者卖出危险物质，违反了国家监管规定，对社会公共安全造成严重威胁，而不体现在买进、卖出危险物质的行为区别上。从刑法第一百二十五条的立法原意看，追究此类犯罪刑事责任的原因在于买卖危险物质对公共安全的严重威胁，购买危险物质用于生产的行为与兼有买进和卖出的经营危险物质的行为，同样会对公共安全造成危险。在买进或者卖出氰化钠等危险物质过程中，没有资质的单位或者个人，逃避监管，破坏危险物质管理秩序，已对公共安全形成威胁。

---

① 罪名已调整为“非法生产、买卖武装部队制式服装罪”和“伪造、盗窃、买卖、非法提供、非法使用武装部队专用标志罪”。

特别是遇到台风、暴雨等天气或者运输途中发生交通事故，大量群众可能因饮用受到污染的水源而中毒伤亡，从而发生严重的环境污染或者人身伤亡等危害公共安全的严重后果。对非法买进或者卖出氰化钠等剧毒化学品的行为进行惩处，主要是为了防止行为人买进后可能用于投毒或者破坏生产、污染环境，防止在买进或者卖出剧毒化学品过程中对环境或者人民群众的生命、健康造成威胁或者危害。

三、其他需要说明的问题

（三）关于贯彻宽严相济刑事政策问题

当前，在民营经济比较发达的地区，有的不具备购买、运输、储存氰化钠等剧毒化学品资格和条件的个体经营者和中小企业，往往在未取得购买、运输许可证的情况下，非法买卖、储存氰化钠用于电镀。由于非法买卖、储存危险物质，潜在危害大，严重危害公共安全，对于符合刑事追诉标准的，应当严格依法查处，以遏制非法买卖、储存危险物质犯罪活动，促进企业依法生产经营。当然，为了避免打击面过大，根据最高人民法院2010年2月8日印发的《关于贯彻宽严相济刑事政策的若干意见》的有关要求，参照《最高人民法院关于审理非法制造、买卖、运输枪支、弹药、爆炸物等刑事案件具体应用法律若干问题的解释》第九条的规定，对于确因正常生产、生活需要，非法买卖、储存危险物质，没有造成严重社会危害而构成犯罪，情节较轻、社会危害性较小的，或者具有法定、酌定从宽处罚情节，或者没有造成严重后果，并有悔改表现的，以及主观恶性较小、人身危险性不大的被告人，可以区别不同案件具体情况，依法从轻、减轻或者免除处罚；对于确因正常生产、生活需要，非法买卖、储存少量危险物质，没有造成严重社会危害，不致危害公共安全的，可不以犯罪论处。

——最高人民法院案例指导工作办公室：《指导案例13号〈王召成等非法买卖、储存危险物质案〉的理解与参照——非法买卖毒害性物质的认定标准》，载最高人民法院案例指导工作办公室编著：《中国案例指导》（总第2辑），法律出版社2015年版，第15—17、20页。

325 国家严格监督管理的氰化钠等剧毒化学品应属于“毒害性”物质

关键词 | 非法买卖、储存危险物质 | 氰化钠 | 毒害性 |

【最高人民法院指导性案例】

王召成等非法买卖、储存危险物质案（最高人民法院指导案例13号）

裁判要点：国家严格监督管理的氰化钠等剧毒化学品，易致人中毒或者死亡，对人体、环境具有极大的毒害性和危险性，属于刑法第一百二十五条第二款规定的“毒害性”物质。

——《最高人民法院关于发布第四批指导性案例的通知》(2013 年 1 月 31 日,法〔2013〕24 号)。

【链接:理解与参照】

(一)关于氰化钠等剧毒化学品是否属于刑法规定的毒害性物质问题

对于这一问题,刑法和司法解释没有明确具体规定,司法实践中也有不同意见。持否定意见的认为,氰化钠等剧毒化学品不属于刑法第一百二十五条第二款规定的毒害性物质。持肯定意见的认为,氰化钠等剧毒化学品,属于刑法第一百二十五条第二款规定的毒害性物质。

持否定意见的主要理由是最高人民法院、最高人民检察院 2003 年 9 月 4 日颁发的《关于办理非法制造、买卖、运输、储存毒鼠强等禁用剧毒化学品刑事案件具体应用法律若干问题的解释》第六条明确规定,本解释所称“毒鼠强等禁用剧毒化学品”是指国家明令禁止的毒鼠强、氟乙酰胺、氟乙酸钠、毒鼠硅、甘氟。因此,刑法第一百二十五条第二款所指的“毒害性”物质应当是指国家明令禁止的有毒物质,而氰化钠等属限用剧毒化学品,但不属于禁止使用的化学品,不宜将其认定为刑法第一百二十五条第二款规定的“毒害性”物质。

该指导案例对这一问题持肯定意见,认为氰化钠等剧毒化学品属于刑法第一百二十五条第二款规定的毒害性物质。主要理由如下:

1. 刑法规定所指的“毒害性”物质并非仅限于上述司法解释所指的毒鼠强等禁用剧毒物质。首先,上述司法解释只是说明毒鼠强等五种禁用剧毒化学品系“毒害性”物质,并没有将刑法第一百二十五条第二款中的毒害性物质限定在所列举的五种禁用剧毒化学品。上述司法解释列举的五种剧毒化学品,主要用于生产、生活中灭鼠,因生产工艺简单,利润高,大量充斥城乡市场,由此类剧毒化学品导致的投毒等严重危害公共安全事件频繁发生。该司法解释正是针对禁用灭鼠药严重威胁公共安全的实际情况,为了配合在全国开展的收缴毒鼠强等禁用剧毒鼠药的专项行动,从源头上遏制利用毒鼠强等危害公共安全犯罪案件发生的需要而制定的,并不是对毒害性物质的全面解释,更没有说限用的剧毒化学品不属于毒害性物质。该司法解释列明的毒鼠强等五种禁用剧毒化学品,只是刑法中毒害性物质的一小部分,二者相去甚远,更不能画等号。其次,举轻以明重。在国家安全生产监督管理局、公安部等八部委公布的剧毒化学品名录中,还存在与毒鼠强等处于同一毒性级别,以及在毒性上高于毒鼠强的剧毒化学品。如果将刑法规定的毒害性物质仅限定在司法解释的五种剧毒杀鼠剂,那么犯罪对象是毒性上高于或者等同于五种杀鼠剂的剧毒化学品时则不能定罪处罚。这显然不符合刑法立法原意。最后,2013 年 6 月 19 日起施行的《最高人民法院、最高人民检察院关于办理环境污染刑事案件适用法律若干问题的解释》第十条第(二)项，从污染环境的角度，将剧毒化学品、列入重点环境管理危险化学品名录的化学品以及含有上述化学品的物质，认定为“有毒物质”。这更充分说明“毒害性”物质并非仅限于毒鼠强等禁用剧毒物质。

2. 从文义解释角度看，氰化钠等剧毒化学品显然属于毒害性物质。目前我国法律对何为毒害性物质尚无明确规定，从词语含义上讲，毒害性物质就是指能够对人产生毒害，破坏体内组织和生理机能，引起机体功能障碍、疾病甚至死亡的物质，包括化学性毒物(如酚、氰、氯、磷等)、生物性毒物和微生物类毒物等。刑法规定的毒害性物质是从公共危险性角度来考虑的，包括所有能够对人产生毒害、危害公共安全的物质，化学性毒物仅是其中的一部分。

3. 从体系解释的角度看，对刑法中相同用语应当作统一理解。刑法第一百一十四条、第一百一十五条、第一百二十五条、第一百二十七条、第一百三十六条和第二百九十一条之一都有“毒害性物质”的表述，在司法实践中，对于氰化钠等剧毒化学品属于刑法其他条文中的毒害性物质并无争议。因此，从刑法对毒害性物质的概念保持一致性的角度看，对刑法第一百二十五条中的毒害性物质与其他条文中的毒害性物质也应当作同样理解。

三、其他需要说明的问题

(一)关于毒害性物质的认定问题

认定某一物质是否属于毒害性物质，首先要看该物质是否具有“毒害性”的特性，能否破坏体内组织和生理机能，引起功能障碍、疾病甚至死亡。其次要看该物质是否具有公共危险性。刑法将非法制造、买卖、运输、储存危险物质罪列入危害公共安全罪中，就说明该罪侵犯的客体是公共安全，因此认定毒害性物质时，应当审查该物质和相关行为是否具有公共危险性，是否足以威胁公共安全，可能造成不特定多数人伤亡或者公私财产损失。再次要看该物质在生产、流通等环节是否受到法律法规禁止或者限制。

鉴于毒害性物质的特性，为了保障安全生产、经营和生活，国务院相关部门制定了对毒害性物质的一系列管理制度和监管名录，这为我们判断某一物质是否属于毒害性物质提供了参考和帮助。根据《危险化学品安全管理条例》规定，危险化学品是指具有毒害、腐蚀、爆炸、燃烧、助燃等性质，对人体、设施、环境具有危害的剧毒化学品和其他化学品。危险化学品名录，由国务院安全生产监督管理部门会同工业和信息化、公安、环境保护、卫生、检验检疫、交通运输、农业主管部门，根据化学品危险特性的鉴别和分类标准进行确定、公布，并适时调整。现已制定和公布了《危险化学品名录》《首批重点监管的危险化学品名录》《剧毒化学品名录》《一般毒物品目录》和《高毒物品目录》。《剧毒化学品名录》中所列的化学品只是危险化学品中剧毒的那一部分,是否列入该目录以一定的口服、注射和吸入的致死量为标准,没有列入的物品,并不表明其不具有毒害性。也就是说,即使没有列入《剧毒化学品名录》中的化学品,也可能具有毒害性,仍然属于毒害性物质。例如,磷化铝虽然可以作为用于防治储粮害虫的农药,但是它吸潮或遇水自行分解,释放出的磷化氢气体对人体有剧毒,达到 0.14MG/L 时,使人呼吸困难,以至死亡,具有很强的毒害性。公安部 1993 年 10 月发布且现在仍然有效的《剧毒物品品名表》,列入了磷化铝和磷化铝农药。因此,磷化铝属于刑法中规定的毒害性物质。可见,危险化学品与毒害性物质在范围上存在交叉,危险化学品中的剧毒化学品属于毒害性物质,其他化学品不一定具有毒害性,而毒害性物质不限于剧毒化学品。需要说明的是,对于没有列入监管名录而难以确定是否具有毒害性的物质,应当聘请毒物专家进行鉴定。

本案例中的氰化钠为白色粒状或熔块,在湿空气中吸湿并分解产生微量氰化氢气体,剧毒,最小致死量 2.85MG/KG,有腐蚀性,易致人中毒或者死亡,对人体、环境具有相当大的毒害性和极度危险性,极易对环境和人的生命健康造成重大威胁,一直被国家列入《剧毒化学品名录》中重点监管,系国家严格监督管理的限用剧毒化学品。也就是说,氰化钠不仅具有毒害性,而且具有公共危险性,在生产、流通、储存等环节受到法律法规的管理和限制,显然属于毒害性物质。

(二)关于未造成严重后果是否构成犯罪问题

对于这一问题,司法实践中有的认为,非法买卖、储存危险物质用于生产,未造成严重后果或环境污染的,不构成犯罪。本案例中,各被告人将购得的氰化钠用于电镀生产,未造成环境污染或破坏事故,没有造成严重后果,不应追究刑事责任。其主要理由如下:一是最高人民检察院、公安部 2008 年 6 月 25 日印发的《关于公安机关管辖的刑事案件立案追诉标准的规定(一)》第二条规定,对造成人员伤亡、经济损失、严重环境污染等后果的,应予立案追诉,而对案例中的情形没有明确列举。二是公安部《剧毒化学品购买和公路运输许可证件管理办法》(2005 年 8 月 1 日起施行)第二十条规定,对无证买卖、运输剧毒化学品的,进行行政处罚;对发生重大事故,造成严重后果的,依法追究刑事责任。

我们认为,非法买卖、储存危险物质罪的构成并不要求必须造成严重危害后果或者重大事故,只要实施非法买卖、储存危险物质行为,危害公共安全的即可构成犯罪。案例中的被告人王召成等人购买、储存氰化钠,虽用于电镀生产,未发生事故或者造成严重环境污染,但其不具备购买、储存氰化钠的资格和条件,逃避有关主管部门的安全监督管理,违反国家规定买卖、储存大量剧毒化学品,已对人民群众的生命、健康和财产安全产生现实威胁,足以危害公共安全,其行为已构成非法买卖、储存危险物质罪。主要理由如下:

1. 符合刑法立法规定的原意。根据刑法第一百二十五条第一款和第二款规定，非法买卖、储存危险物质，危害公共安全的，即可构成犯罪；情节严重的，则判处更重的刑罚。我国刑法理论通说也认为，由于毒害性物质因其自身的特性而具有巨大的杀伤力和危险性，只要实施了非法买卖、储存危险物质的行为，原则上都要定罪处罚。至于是否足以危害公共安全，要从毒害性物质的毒性、数量，制造、运输、储存条件和环境以及行为人及其所在单位的防范措施等方面综合分析。

2. 符合有关司法解释的规定。司法解释对非法买卖“毒鼠强”等毒害性物质的定罪标准并不限于造成严重危害后果，危险物质的数量同样是定罪处罚标准之一。上述《关于公安机关管辖的刑事案件立案追诉标准的规定(一)》第二条，虽然仅在第(三)项列出了非法制造、买卖、运输、储存毒鼠强等五种灭鼠药的数量的追诉标准，但是第(七)项还有“其他危害公共安全的情形”的兜底性表述，可以涵盖非法买卖、储存氰化钠等剧毒化学品危害公共安全的情形。

3. 符合立法法有关上位法与下位法效力的规定。公安部 2005 年上述有关规章中仅对发生重大事故或者造成严重后果的追究刑事责任的表述，不仅与 2008 年上述立案追诉标准的有关规定不协调，而且与国务院有关行政法规不一致。公安部《剧毒化学品购买和公路运输许可证件管理办法》第二十条规定，对无证买卖、运输剧毒化学品的，进行行政处罚，对发生重大事故，造成严重后果的，依法追究刑事责任。第二十四条第二款规定，未按运输通行证核准载明的要求运输剧毒化学品的，尚未造成严重后果的予以行政处罚，构成犯罪的，依法追究刑事责任。国务院在 2002 年 1 月 26 日公布并于 2011 年 2 月 16 日修订的《危险化学品安全管理条例》第七十五条规定，违反本条例规定，“构成犯罪的，依法追究刑事责任”。可见，国务院行政法规的有关规定与刑法相关规定协调，而公安部有关规章的表述有不尽完善之处。根据我国立法法第七十九条法律的效力高于法规和规章，行政法规的效力高于地方性法规和规章的规定，应当适用刑法和行政法规的规定。

——最高人民法院案例指导工作办公室：《指导案例 13 号〈王召成等非法买卖、储存危险物质案〉的理解与参照——非法买卖毒害性物质的认定标准》，载最高人民法院案例指导工作办公室编著：《中国案例指导》(总第 2 辑)，法律出版社 2015 年版，第 14—15、17—20 页。

326 私藏枪支、弹药罪中“配备、配置枪支的条件消除”的理解

关键词 | 私藏枪支、弹药罪 | 配备、配置枪支 |

【最高人民法院参考案例】

郭继东私藏枪支弹药宣告无罪案(《刑事审判参考》案例第 359 号)

要旨:配备枪支条件的消除应当是指出现法律、法规规定的情形,经相关部门审查,取消其配枪资格,收回其持枪证件。

我们认为:应当根据枪支管理法等法律、法规的规定来理解并认定郭继东配备、配置枪支的条件是否消除。枪支管理法第二十六条第一款规定"配备公务用枪的人员不再符合持枪条件时,由所在单位收回枪支和持枪证件。"公安部《公安机关公务用枪管理使用规定》第十七条规定了佩带、使用枪支的人民警察应当具备的条件,第二十条、第二十一条规定了收回持枪证件和枪支的条件。根据上述规定,配备枪支条件的消除应当是指出现法律、法规规定的情形,经相关部门审查,取消其配枪资格,收回其持枪证件。因此,以执行完具体任务或工作调动时即为配备、配置枪支条件消除的理解是不可取的。枪支管理法第二十三条规定:"配备、配置枪支的单位和个人必须妥善保管枪支,确保枪支安全……对交由个人使用的枪支,必须建立严格的枪支登记、交接、检查、保养等管理制度,使用完毕,及时收回。"上述规定说明枪支使用完毕及时交回是在依法配备、配置枪支期间,对枪支使用的规定,不涉及配备、配置枪支条件消除的问题。将枪支使用过程中的管理规定理解为配备、配置枪支条件的消除不符合法律、法规的精神。简而言之,若将用后及时交回作为条件消除理解的话,那么按照枪支使用管理的规定,执行任务结束后将枪支交回,即为配备、配置枪支条件消除,再接受任务时需要重新具备配备、配置枪支的条件,这种理解显然不符合法律、法规的规定。此外,《公安机关公务用枪管理使用规定》第二十条第(一)项规定,"因退休或工作调动等原因离开配备公务用枪岗位的"收回持枪证,个人保管的枪支由所在单位收回。但此项规定中并未涉及取消配备、配置枪支条件。

——《刑事审判参考》(总第 46 辑)。

327 不符合配备、配置枪支条件的人员,违反枪支管理法律、法规的规定,擅自持有枪支的行为应定非法持有枪支罪

关键词|非法持有枪支罪|私藏枪支罪|犯罪主体|

【最高人民法院参考案例】

姜方平非法持有枪支、故意伤害案(《刑事审判参考》案例第 221 号)

要旨:不符合配备、配置枪支条件的人员,违反枪支管理法律、法规的规定,擅

自持有枪支的行为应定非法持有枪支罪。

在刑法第一百二十八条规定中,非法持有枪支与私藏枪支是选择罪名,两种罪名既有相同点又有区别。相同之处是:(1)两者都是违反枪支管理法律、法规的行为;(2)行为人都是没有资格配备、配置枪支的人员;(3)行为人都持有枪支。但两者之间的区别也是明显的,主要是主体资格不同。根据《最高人民法院关于审理非法制造、买卖、运输枪支、弹药、爆炸物等刑事案件具体应用法律若干问题的解释》第八条第二款、第三款的规定,非法持有枪支指不符合配备、配置枪支条件的人员,违反枪支管理法律、法规的规定,擅自持有枪支的行为;私藏枪支指依法配备、配置枪支的人员,在配备、配置枪支的条件消除后,违反枪支管理法律、法规的规定,私自藏匿所配备、配置的枪支且拒不交出的行为。可见,私藏枪支罪的主体是特殊主体,即行为人先前具有配备、配置枪支的资格,而非法持有枪支罪的主体是一般主体。两者的区别还在于,根据司法解释的精神,私自藏匿枪支者如果事后能主动交出或经教育后即主动交出的,一般不定罪,而非法持有枪支者无论是否主动交出均构成犯罪。

——《刑事审判参考》(总第30辑)。

328 持有不能正常击发的枪支不构成非法持有枪支罪

关键词 | 非法持有枪支罪 | "枪支"的认定 |

【链接:最高人民法院法官著述】

问题:公安机关在李某身上查获仿军用手枪一支。经鉴定,该枪状物具备枪支的基本结构,但不能正常击发。请问,李某的行为是否构成非法持有枪支罪?

《刑事审判参考》编辑部认为:根据枪支管理法的规定,枪支是指以火药或者压缩气体等为动力,利用管状器具发射金属弹丸或者其他物质,足以致人伤亡或者丧失知觉的各种枪支。据此,枪支的本质特征是必须具有杀伤力。

根据刑法第一百二十八条的规定,认定非法持有枪支罪中的"枪支"应当依据有关枪支的管理规定进行确定。李某持有的枪支,虽然具备枪支的基本结构,但因不能正常击发,不具备杀伤力,故不具备枪支的本质特征。因此,该枪支不属于刑法规范所调整的枪支对象,李某的行为不构成非法持有枪支罪。

——本刊编辑部:《持有不能正常击发的枪支是否构成非法持有枪支罪》,载最高人民法院刑事审判第一、二、三、四、五庭主办:《刑事审判参考》(总第58辑),法律出版社2008年版,第89页。

329 非法持有、私藏枪支、弹药、爆炸物中“非法持有、私藏”的认定

关键词 | 非法储存 | 非法持有 | 私藏 |

【最高人民法院司法解释】

第八条第二款、第三款 刑法第一百二十八条第一款规定的“非法持有”,是指不符合配备、配置枪支、弹药条件的人员,违反枪支管理法律、法规的规定,擅自持有枪支、弹药的行为。

刑法第一百二十八条第一款规定的“私藏”,是指依法配备、配置枪支、弹药的人员,在配备、配置枪支、弹药的条件消除后,违反枪支管理法律、法规的规定,私自藏匿所配备、配置的枪支、弹药且拒不交出的行为。

——《最高人民法院关于审理非法制造、买卖、运输枪支、弹药、爆炸物等刑事案件具体应用法律若干问题的解释》(2001 年 5 月 16 日,法释〔2001〕15 号;2010 年 1 月 1 日,法释〔2009〕18 号修正)。

330 非法运输、储存爆炸物罪和非法携带危险物品危及公共安全罪的区分

关键词 | 非法运输、储存爆炸物罪 | 非法携带危险物品危及公共安全罪 |

【最高人民法院参考案例】

孔德明非法携带危险物品危及公共安全罪(《刑事审判参考》案例第 368 号)

要旨:非法储存爆炸物是指明知他人非法制造、买卖、运输、邮寄的枪支、弹药、爆炸物而为其存放的行为。非法携带枪支、弹药、管制刀具、危险物品危及公共安全罪,是指违反法律、法规,携带枪支、弹药、管制刀具或者危险物品进入公共场所或公共交通工具,危及公共安全,情节严重的行为。

非法储存爆炸物罪和非法携带危险物品危及公共安全罪侵犯的客体都不是特定公民的生命、健康及公私财物的安全和国家对爆炸物等危险物品的管理制度。所谓非法储存爆炸物,文义上的解释当然是指违反国家有关规定,未经有关部门批准,私自收藏或存积爆炸物的行为,既可以藏在家中,又可以存放在他处,不论地点如何,只要属于非法即可。根据最高人民法院 2009 年《关于审理非法制造、买卖、运输枪支、弹药、爆炸物等刑事案件具体应用法律若干问题的解释》第八条规定,“刑法第一百二十五条第一款规定的‘非法储存’是指明知是他人非法制造、买卖、

运输、邮寄的枪支、弹药、爆炸物而为其存放的行为”。可见，此司法解释无疑是对刑法第一百二十五条关于“非法储存”的认定作了限制性的解释，即行为人所储存的枪支、弹药、爆炸物是经他人非法制造、买卖、运输或邮寄的，并且是为他人存放的行为。非法携带枪支、弹药、管制刀具、危险物品危及公共安全罪，是指违反法律、法规，携带枪支、弹药、管制刀具或者危险物品进入公共场所或公共交通工具，危及公共安全，情节严重的行为。本罪属选择性罪名，也是刑法新增设的罪名。

——《刑事审判参考》(总第47辑)。

六、交通肇事罪

331 实施“碰瓷”构成交通肇事罪的认定

关键词｜交通肇事罪｜碰瓷｜

【最高人民法院司法文件】

六、实施“碰瓷”,驾驶机动车对其他机动车进行追逐、冲撞、挤别、拦截或者突然加减速、急刹车等可能影响交通安全的行为,因而发生重大事故,致人重伤、死亡或者使公私财物遭受重大损失,符合刑法第一百三十三条规定的,以交通肇事罪定罪处罚。

九、共同故意实施“碰瓷”犯罪,起主要作用的,应当认定为主犯,对其参与或者组织、指挥的全部犯罪承担刑事责任;起次要或者辅助作用的,应当认定为从犯,依法予以从轻、减轻处罚或者免除处罚。

三人以上为共同故意实施“碰瓷”犯罪而组成的较为固定的犯罪组织,应当认定为犯罪集团。对首要分子应当按照集团所犯全部罪行处罚。

符合黑恶势力认定标准的,应当按照黑社会性质组织、恶势力或者恶势力犯罪集团侦查、起诉、审判。

——《最高人民法院、最高人民检察院、公安部关于依法办理“碰瓷”违法犯罪案件的指导意见》(2020 年 9 月 22 日,公通字〔2020〕12 号)。

332 "交通运输肇事后逃逸"[①]，是指行为人的交通肇事行为首先已构成交通肇事罪的基本犯后，为逃避法律追究而逃跑的行为

关键词 | 交通肇事罪 | 肇事逃逸 |

【最高人民法院司法解释】

第二条 交通肇事具有下列情形之一的,处三年以下有期徒刑或者拘役:

(一)死亡一人或者重伤三人以上,负事故全部或者主要责任的;

(二)死亡三人以上,负事故同等责任的;

(三)造成公共财产或者他人财产直接损失,负事故全部或者主要责任,无能力赔偿数额在三十万元以上的。

交通肇事致一人以上重伤,负事故全部或者主要责任,并具有下列情形之一的,以交通肇事罪定罪处罚:

(一)酒后、吸食毒品后驾驶机动车辆的;

(二)无驾驶资格驾驶机动车辆的;

(三)明知是安全装置不全或者安全机件失灵的机动车辆而驾驶的;

(四)明知是无牌证或者已报废的机动车辆而驾驶的;

(五)严重超载驾驶的;

(六)为逃避法律追究逃离事故现场的。

第三条 "交通运输肇事后逃逸",是指行为人具有本解释第二条第一款规定和第二款第(一)至(五)项规定的情形之一,在发生交通事故后,为逃避法律追究而逃跑的行为。

——《最高人民法院关于审理交通肇事刑事案件具体应用法律若干问题的解释》(2000 年 11 月 21 日,法释〔2000〕33 号)。

---

① 在司法实践中,肇事人逃逸的目的大多是为了逃避法律追究,但也有少数肇事人的逃逸确实是出于害怕受害方或者其他围观群众对其进行殴打或是当时精神高度紧张慌乱而逃等原因。认定肇事人"逃逸"不能仅仅看肇事人是否离开现场,其关键在于肇事人是否同时具备"积极履行救助义务"和"立即投案"的行为特征。如果肇事人肇事后积极对被害人进行救助,如拦截车辆将被害人送往医院,并立即报案在医院守候等待公安机关的审查处理等情形下,虽然其离开了肇事现场,但为了救助被害人的,当然不属于交通肇事后"逃逸"。反之,如果肇事人积极履行救助义务后没有立即投案,如将被害人送往医院后而逃跑的,或者虽然肇事人立即投案但有能力履行却没有积极履行救助义务,均属于肇事后"为逃避法律追究"的逃逸行为。如行为人确已构成交通肇事后逃逸,即使其在逃逸过程中或是在逃逸状态持续过程中及时放弃其逃避法律追究的目的,主动投案、如实供述并听候处理的,该事后"中止逃逸"的行为不能推翻对其先前逃逸行为的认定,而仅可认定其事后的行为为自首。

【最高人民法院参考案例】

刘本露交通肇事案(《刑事审判参考》案例第788号)

要旨:交通肇事后,行为人因受伤在医院治疗,公安机关向其询问案情时,拒不交代肇事经过,并虚构身份信息,后逃离医院的行为,应认定为交通肇事后逃逸。

(一)“交通肇事后逃逸”的认定标准

“交通肇事后逃逸”的基本含义是指发生交通事故后,肇事者不履行保护现场、积极抢救、迅速报案等义务,而逃跑的行为。根据《解释》第三条的规定,要认定逃逸,行为人主观上必须具有“为了逃避法律追究”的目的,客观上实施了逃跑行为,且这里的逃跑不应限定为仅从事故现场逃跑。

司法实践中,存在大量交通肇事后逃逸的情形。有的肇事者因在事故中受伤而没有现场逃跑的条件,却在治疗中见机逃离,如本案被告人刘本露;有的肇事者将伤者送到医院抢救后发现伤势严重或者死亡,则留下假名、假电话后失踪。这些情况同样体现出行为人的主观恶性加深,加大了案件的侦破难度,增加了被害人生命财产损失的风险。基于上述分析,我们认为,只要是在交通肇事后为逃避法律追究而逃离的行为,都应当认定为“交通肇事后逃逸”。

(二)认定“交通肇事后逃逸”的时空界限

本案争议的焦点之一是逃逸行为是否仅限定在事故现场。我们认为,将逃逸行为仅限定在事故现场值得商榷。一是法律、法规及相关规范性文件均未对逃逸的时间和地点作限制规定。如果仅将逃逸行为限定在事故现场,那么性质同样恶劣的逃避法律追究的行为就得不到有效规制,如此势必会影响此类犯罪的惩处力度,也与相关立法精神不符。二是在司法实践中,肇事者往往在事故现场无法逃离,如肇事者自己受伤或者被卡在车内、遭被害人亲属围堵或者公安人员及时赶到现场等情形。但在调查取证或者医院治疗期间,肇事者往往借对其人身约束相对放松的机会而逃离。因此,对事后逃逸行为有必要与事故现场逃逸行为一样予以打击。将交通肇事逃逸场所限制理解为事故现场是机械套用公安部的《道路交通事故处理程序规定》,忽略了刑法第一百三十三条及《解释》所体现的立法和政策精神。

当然,对于交通肇事后逃离行为,也不能一概认定为交通肇事逃逸。实践中,在交通事故发生后,肇事者在事故现场遭到被害人亲属等围攻,被害人亲属等由于悲愤情绪对肇事者实施殴打报复的情形并不少见。这种在事故现场肇事者因害怕被殴打报复而暂时躲避,或者在将被害人送到医院抢救后,因害怕被殴打报复而暂时躲避,事后又主动归案的,不应认定为交通肇事逃逸。对于在事故现场,肇事者因害怕遭到被害人亲属等的殴打而逃离现场所涉及的主观认定,必须从严,必须是在被害人亲属等可能及时赶到事故现场的情形。在该情形下,肇事者逃离现场一般不会严重影响到对被害人的抢救治疗,更何况肇事者事后又主动归案,表明其并未有逃避相关法律责任的主观心理和客观表现。如果肇事者明知被害人亲属等不可能及时赶到现场,则表明肇事者并非因害怕遭到殴打而逃离现场,其对被害人的生死具有置之不理的心理,因此对其逃离事故现场行为应当认定为交通肇事逃逸。对于肇事者将被害人送到医院抢救的情形,肇事者因害怕家属殴打报复,暂时躲避,事后又主动归案的,表明肇事者已履行了抢救义务,客观上又未逃避法律责任,亦不能认定为交通肇事逃逸。

(三)被告人刘本露交通肇事后逃逸具有逃避法律追究的故意

本案中,被告人刘本露的行为构成交通肇事罪毋庸置疑,但其选择在交通肇事后逃逸的行为能否体现出其在主观上具有逃避法律追究的故意,需要结合具体案情以及有关附随情状综合认定。基于以下几个方面的分析,我们认为,刘本露在交通肇事后主观上具有逃避法律追究的故意:(1)刘本露不具备现场逃离的条件,其自己在事故中也受伤;(2)刘本露离开时未受到任何束缚,并非因害怕殴打、报复一类的原因而暂时躲避;(3)刘本露未承担任何救助、赔付义务,对被害人不闻不问即逃离;(4)刘本露在医院时未向其询问情况的公安人员如实交代事故经过,即逃离前已经暴露有逃避法律追究的客观行为表现。

——《刑事审判参考》(总第 87 辑)。

王友彬交通肇事案(《刑事审判参考》案例第 697 号)

要旨:在接受交警部门首次处理前,为逃避法律追究擅自离开与其肇事行为具有紧密联系的抢救医院,构成交通肇事后的逃逸行为,且一经实施即告成立。即使逃离抢救场所后又主动到交警部门接受处理,仍不影响认定其成立“交通肇事后逃逸”。

被告人王友彬在交通肇事后擅自离开就诊医院,十余小时后才到交警部门接受调查处理,其行为是否构成“交通肇事后逃逸”？对此,审理过程中存在不同意见。第一种意见认为,王友彬在交通事故发生后擅自离开就诊医院,属于逃离事故现场,已构成逃逸,无论逃逸多久、多远,也无论其事后有何举动,均不影响认定逃逸;第二种意见认为,王友彬虽然擅自离开就诊医院,但数小时后即到交警部门接受调查处理,并未逃避法律追究,不构成逃逸;第三种意见认为,王友彬只是离开就诊医院,不属于逃离事故现场,不构成逃逸。

我们同意第一种意见,被告人王友彬构成“交通肇事后逃逸”。在此,有必要对“交通肇事后逃逸”的时间、地点进行界定,以明晰其成立要件。

(一)对交通肇事后逃逸的时空界定

刑法第一百三十三条规定:“违反交通运输管理法规,因而发生重大事故,致人重伤、死亡或者使公私财产遭受重大损失的,处三年以下有期徒刑或者拘役;交通运输肇事后逃逸或者有其他特别恶劣情节的,处三年以上七年以下有期徒刑;因逃逸致人死亡的,处七年以上有期徒刑。”该规定将“交通肇事后逃逸”“因逃逸致人死亡”作为交通肇事罪的法定加重情节,并设定了不同的法定刑幅度。

《最高人民法院关于审理交通肇事刑事案件具体应用法律若干问题的解释》(以下简称《解释》)第三条规定:“‘交通运输肇事后逃逸’,是指行为人具有本解释第二条第一款规定和第二款第(一)至(五)项规定的情形之一,在发生交通事故后,为逃避法律追究而逃跑的行为。”据此,判断行为人是否构成“交通肇事后逃逸”,应从以下几方面来进行分析:

1. 考察行为人的交通肇事行为是否已构成交通肇事罪的基本犯。根据《解释》第二条第一款和第二款第(一)至(五)项的规定,行为人只有具备以下八种情形,才可能构成交通肇事罪基本犯,即:(1)死亡一人或者重伤三人以上,负事故全部或者主要责任的;(2)死亡三人以上,负事故同等责任的;(3)造成公共财产或者他人财产直接损失,负事故全部或者主要责任,无能力赔偿数额在三十万元以上的;(4)酒后、吸食毒品后驾驶机动车辆的,交通肇事致一人以上重伤,负事故全部或者主要责任;(5)无驾驶资格驾驶机动车辆的,交通肇事致一人以上重伤,负事故全部或者主要责任;(6)明知是安全装置不全或者安全机件失灵的机动车辆而驾驶的,交通肇事致一人以上重伤,负事故全部或者主要责任;(7)明知是无牌证或者已报废的机动车辆而驾驶的,交通肇事致一人以上重伤,负事故全部或者主要责任;(8)严重超载驾驶的,交通肇事致一人以上重伤,负事故全部或者主要责任。因此,如果行为人肇事情节轻微,负事故次要或同等责任,未造成人员伤亡或重大财产损失的,由于其行为不构成交通肇事罪的基本犯,即使其在交通事故发生后逃逸,也不构成“交通肇事后逃逸”。

2. 考察行为人是否明知自己造成了交通事故。这里所说的“明知”,是指行为人“知道”或者“应当知道”。如果行为人“应当知道”自己造成了交通事故而装作不知道,逃离事故现场的,仍应认定为“交通肇事后逃逸”。判断行为人是否明知,应坚持主客观相统一的原则,不仅要看行为人的供述,还应从肇事当时的时间、地点、路况、行为人具备的知识、经验等方面客观地评判其是否明知,从而确定其是否构成逃逸。

3. 考察行为人是否具有逃避法律追究的主观目的。这里的“逃避法律追究”,既包括逃避刑事法律追究,也包括逃避民事法律追究、行政法律追究。具体而言,就是不履行相关法定义务,如保护现场、抢救伤者、迅速报案、听候处理等义务,逃避承担相应的法律责任,如民事赔偿、行政处罚、刑事定罪处刑等责任。行为人在发生交通事故后,只要逃避上述任何一种法律责任追究,即为“逃避法律追究”。

4. 考察行为人客观上是否实施了逃离现场的行为。具体而言，是指行为人交通肇事后，在接受事故处理机关首次处理前，故意逃离事故现场或相关场所，使自身不受被害方、群众或事故处理人员控制的行为。这里就涉及对“交通肇事后逃逸”的时空界定问题，只有对“逃逸”的时间、地点予以明确，才能准确判断行为人是否实施了逃离现场的行为。

首先，必须对行为人“逃逸”的时间予以界定。《解释》将“逃逸”的时间界定为“在发生交通事故后”。那么，是否在事故发生后的任何时间逃跑，均可认定为逃逸？我们认为不是。只有发生在交通事故发生后、行为人接受事故处理机关首次处理前这一段时间内的逃跑行为方能成立本规定中的“逃逸”。所谓首次处理，是指事故处理机关将行为人列为肇事嫌疑人采取的首次处理措施，如接受审讯、酒精含量检测、行政拘留、刑事拘留等。如行为人交通肇事后留在现场接受调查，但未如实供述，且让他人顶罪，事故处理机关对其询问时并未将其列为肇事嫌疑人，其事后逃跑的，也应认定为交通肇事后逃逸。但如果行为人接受首次处理后逃跑，由于被害人一般都已经得到救治，事故行为人也已确定，行为人的逃跑不会再扩大或加重对被害人的危害后果，实为脱离事故处理机关控制、监管的脱逃行为，故不应再将其认定为交通肇事后的逃逸行为，对此，依法追究其脱逃行为的责任即可。如果行为人在事故发生后已被公安机关采取刑事拘留或者取保候审等强制措施的，又实施逃离现场行为的，可依法追究其脱逃行为的责任，而不应再将其脱逃行为认定为交通肇事后的逃逸行为。

需要注意的是，行为人为逃避法律追究，在事故发生后、被作为肇事嫌疑人接受事故处理机关首次处理前，实施逃离现场行为的，一经实施即告成立，不论其逃离现场多远或逃逸的时间有多久，也不论其逃逸后有何举动，均不影响对其逃逸行为性质的认定。因此，行为人为逃避法律追究，逃离事故现场，后基于个人良心发现而返回现场、接受处理，或者逃离现场不远即被拦截、抓获，均不影响“交通肇事后逃逸”情节的成立。

其次，必须对行为人“逃逸”的空间予以界定。《解释》未对逃跑的场所作出限定，但从其条文意旨看，应不局限于“事故发生现场”。所谓现场，是指犯罪分子作案的地点和遗留与犯罪有关的痕迹、物品的一切场所。我们认为，交通肇事逃逸的现场不仅包括事故发生现场，而且包括与事故发生现场具有紧密联系的场所，如抢救事故伤亡者的医院、调查事故责任的交警部门等。因为逃离事故发生现场固然会使事故责任认定等陷于困境，但逃离医院、交警部门等场所也会妨碍事故处理，逃避法律追究。例如，行为人交通肇事后未逃离事故现场，主动将伤者送往医院抢救，后恐承担医疗费用或者为了逃避刑事责任而擅自离开医院的，属逃离现场，应认定为逃逸。又如，行为人交通肇事后主动前往交警部门办公楼，欲投案自首，后畏罪潜逃,其离开事故发生现场时虽未产生逃避法律追究目的,但离开事故处理现场的目的是逃避法律追究,亦属逃离现场,应认定为逃逸。

——《刑事审判参考》(总第80辑)。

孙贤玉交通肇事案(《刑事审判参考》案例第415号)

要旨:肇事人离开现场时是否"积极履行救助义务"是认定"逃逸"性质的本质要件。肇事人离开现场时是否"立即投案"是评判"逃逸"性质的形式要件。"积极履行救助义务"与"立即投案"均是"接受法律追究"的表现形式,两者具有内在联系。

在司法实践中,肇事人逃逸的目的大多是为了逃避法律追究,但也有少数肇事人的逃逸确实是出于害怕受害方或者其他围观群众对其进行殴打或是当时精神高度紧张慌乱而逃等原因。结合立法设置"交通肇事后逃逸"加重处罚情节的初衷,我们认为,认定肇事人"逃逸"不能仅仅看肇事人是否离开现场,其关键在于肇事人是否同时具备"积极履行救助义务"和"立即投案"的行为特征。如果肇事人肇事后积极对被害人进行救助,如拦截车辆将被害人送往医院,并立即报案在医院守候等待公安机关的审查处理,虽然其离开了肇事现场,但系为了救助被害人所致,当然不属于交通肇事后"逃逸"。反之,如果肇事人积极履行救助义务后没有立即投案,如将被害人送往医院后而逃跑的;或者虽然肇事人立即投案但有能力履行却没有积极履行救助义务,均属于肇事后"为逃避法律追究"的"逃逸"行为。

(一)肇事人离开现场时是否"积极履行救助义务"是认定"逃逸"性质的本质要件

刑法禁止交通肇事后逃逸,主要目的在于最大限度地保护被害人的利益,维护交通管理秩序。交通运输关系着公民生命财产的安全,交通事故一旦发生,被害人生命安全将处于危险状态,任何延误都可能导致被害人生命危险的加剧,甚至可能导致被害人死亡结果的发生。早一分钟抢救,被害人就多一分被挽救的希望,损失就有可能减少一分。而作为造成这一危险状态的肇事者,只要他还有行动的能力和自由,抢救伤者就是他的首要义务,特别是在没有其他救助者在场的场合,其自身的这种义务就愈发重要和突出。

(二)肇事人离开现场时是否"立即投案"是评判"逃逸"性质的形式要件

2000年《最高人民法院关于审理交通肇事刑事案件具体应用法律若干问题的解释》中明确规定了"逃逸"是指"为逃避法律追究而逃跑的行为",因而,肇事人离开肇事现场后是否"立即投案",能够反映出肇事人是否具有"接受法律追究"的主观故意,如果肇事人"立即投案",说明肇事人离开现场与"主动投案"两个行为之间具有密切的不可分割的连续性,反映出肇事人在主观上具有"接受法律追究"的意向，客观上也已经开始实施“接受法律追究”的行为，不应认定其“逃逸”；如果肇事人“逃离现场”后没有立即投案，而是经过一段时间后“事后投案”，则说明肇事人的“逃离”与“投案”分属两个独立的行为，这种“事后投案”不能成为否定其肇事后“逃逸”的理由。应认定为“逃逸”。至于是“立即投案”还是“事后投案”，应当根据投案路途远近、投案时间间隔长短等案件当时的客观情况，结合日常生活经验来认定。

（三）“积极履行救助义务”与“立即投案”均是“接受法律追究”的表现形式，两者具有内在联系

大多数情况下，交通肇事后的逃逸都存在逃离现场、不履行救助义务及畏罪潜逃的情形，但也存在着“救助后逃跑”或者“不救助但投案”或者“先救助后逃跑再投案”等情形。从交通肇事后“逃逸”的法律文义理解，“逃逸”应当包含两层解释，一是逃离现场，不履行救助义务；二是为逃避法律追究而畏罪潜逃。从这一角度而言，“畏罪潜逃”包含了“不履行救助义务”，“不履行救助义务”是“畏罪潜逃”的外在表现之一。因此，我们认为“积极履行救助义务”与“立即投案”均是“接受法律追究”的表现形式，两者具有内在联系，缺一不可。

——《刑事审判参考》（总第53辑）。

周立杰交通肇事案（《刑事审判参考》案例第176号）

要旨：“交通运输肇事后逃逸”，是指行为人的交通肇事行为首先已构成交通肇事罪的基本犯后，为逃避法律追究而逃跑的行为。

最高人民法院2000年11月通过的《关于审理交通肇事刑事案件具体应用法律若干问题的解释》（以下简称《解释》）第三条规定：“交通运输肇事后逃逸”，是指行为人具有本解释第二条第一款规定和第二条第二款第（一）至第（五）项规定的情形之一，在发生交通事故后，为逃避法律追究而逃跑的行为。据此，成立“交通肇事后逃逸”必须同时具备以下要件：

1. 行为人的交通肇事行为具有《解释》第二条第一款规定和第二条第二款第（一）至第（五）项规定的情形之一，也即是行为人的交通肇事行为首先必须已构成交通肇事罪的基本犯。

2. 行为人必须是基于为逃避法律追究的目的而逃跑。所谓逃逸，客观上表现为逃离事故现场、畏罪潜逃的行为。

除上面已论及的在认定行为人有无逃避法律追究目的时，应充分考虑区分不同情况，把握有无报案条件和可能的因素以外，在有些交通肇事案件中，还应注意把握行为人对其肇事行为的认识情况以及逃逸后又自首的情形。如果行为人确已构成交通肇事后逃逸，那么，即便行为人在逃逸过程中或是在逃逸状态持续过程

中,能及时放弃其逃避法律追究的目的,主动投案,如实供述,听候处理,且也不论其中止逃逸是基于个人良心发现还是害怕罪责加重等何种缘故,该事后"中止逃逸"的行为均不得推翻对其先前逃逸行为的认定,而仅认定其事后的行为为自首,即分开认定,而不宜相互冲抵。理由如下:(1)刑法第二十四条规定的犯罪中止,是指在犯罪过程中,自动放弃犯罪或者自动有效地防止犯罪结果的发生。交通肇事罪是过失犯、结果犯,不可能存在犯罪中止的情形。交通肇事后逃逸仅是交通肇事罪中的法定加重量刑情形之一,对中止逃逸的行为,不能与犯罪中止相类比,更不能混为一谈。(2)所谓"逃逸中止"实质上是行为人主动结束逃逸继续状态,与犯罪人事后主动退赃并无本质差异,该事后行为在能成立自首的情况下,应当认定为自首,在不符合自首的情况下,也可以作为对其酌情从轻判处的情节,但不影响对其先前行为性质的认定。(3)在发生因肇事人逃逸而致受伤人由于得不到及时救助而死亡的情况下,所谓的"中止逃逸"行为不影响"逃逸致人死亡"的认定,同理,也不影响"交通肇事后逃逸"行为的认定。

——《刑事审判参考》(总第26辑)。

333 交通肇事后逃逸情节的认定

关键词|交通肇事后逃逸|交通肇事罪|

【最高人民法院参考案例】

龚某交通肇事案(《刑事审判参考》案例第857号)

要旨:肇事者已经履行道路交通安全法规定的肇事者必须履行的法定义务,接受公安机关处理后,在侦查、起诉、审判阶段逃离,或者经传唤不到案,取保候审或者被监视居住期间逃跑,行为人只是违背刑事诉讼法规定的法定义务的,不能认定为"肇事后逃逸"。

(一)"交通肇事后逃逸"情节认定的三个条件

刑法第一百三十三条规定"交通肇事后逃逸"的应当判处三年以上七年以下有期徒刑。根据《最高人民法院关于审理交通肇事刑事案件具体应用法律若干问题的解释》的规定,"交通肇事后逃逸",是指发生交通事故后,行为人具有该解释第二条第一款规定或者第二款第(一)至(五)项规定的情形之一,为逃避法律追究而逃跑的行为。交通肇事后逃逸的行为往往造成被害人不能得到及时救治,经济损失无法得到赔偿,同时严重影响民警对案件的查处,因此具有很大的社会危害性。正因为如此,1997年刑法在修改时增加了对交通肇事后逃逸行为加重处罚的规定。这一立法目的主要体现在两点:一是为了及时抢救伤者,防止事故损失的扩大;二是查清事故责任,便于事故处理及法律责任的承担。

基于上述分析,我们认为,构成“交通肇事后逃逸”应当同时具备以下三个条件:(1)行为必须齐备交通肇事罪的基本犯罪构成要件,这是认定“交通肇事后逃逸”情节的基础条件。(2)行为人主观上具有“逃避法律追究”的目的,这是认定“交通肇事后逃逸”的主观条件。逃避法律追究,包括逃避刑事责任、民事责任、行政责任追究。实践中,行为人如果没有正当的理由离开事故现场(包括但不限定于事故现场),应当认定行为人具有逃逸法律追究之主观目的。(3)客观上有逃离的行为,且逃离行为可能影响到对被害人的救助、导致事故损失的扩大、妨害民警对事故的查处。如果行为人的“逃离”没有影响其对道路交通安全法规定之法定义务的履行,则不应认定其“逃离”行为构成“交通肇事后逃逸”情节,从而不应承担交通肇事罪加重之刑罚。

具体联系本案,被告人龚某的行为不构成“交通肇事后逃逸”。道路交通安全法第七十条规定:“肇事者发生交通事故后必须立即停车,保护现场;造成人身伤亡的,应当立即抢救受伤人员,并迅速报告执勤交通警察或者公安机关交通管理部门。”结合本案查明的事实,被告人龚某案发后留在现场,积极配合交通警察查处,且及时救助受伤人员,已经履行了道路交通安全法规定的肇事者必须履行的法定义务。龚某在被害人住院治疗期间离开佛山市顺德区去深圳市,是否构成“交通肇事后逃逸”情节,关键在于龚某主观上是否具有逃避法律追究的目的。我们认为,龚某离开案发地的行为客观上没有影响到案发时对被害人的及时救助,没有导致事故损失的扩大。龚某离开案发地的时间是在交通警察已经对事故现场勘查后,被害人在医院治疗期间。这个期间,事故的危害结果处在待定状态,龚某的法律责任也处于待定状态,公安机关也未对其采取任何强制措施,更为主要的是,龚某在得知被害人医治无效死亡后,主动向公安机关投案,接受处罚,由此可见,龚某的行为并没有妨害民警对事故的查处。

综上,被告人龚某的行为不符合“交通肇事后逃逸”情节的认定条件,不能认定为“交通肇事后逃逸”。

(二)实践中几种常见关联行为的认定

实践中还有几种常见情况,虽然与本案无关,但鉴于其在实践处理中多有争议,故在此一并作简要论述。基于上述分析,我们认为,以下情形,一般可作如下处理:

1. 肇事者有正当理由逃离事故现场,之后立即报警并接受公安机关处理的,可以不认定为逃逸。该情形中的理由正当与否,应当视肇事者的行为是否影响对伤者的抢救、防止事故损失的扩大,是否影响对事故的查处等为标准。如肇事者被殴打,有人身危险时逃离事故现场,并及时报案,并接受公安机关处理,即使客观上影响到当时对被害人的救助、影响到交通民警当场对事故的查处,因其不具有逃避追究的主观目的,故不能认定肇事者具有"交通肇事后逃逸"情节。

2. 肇事者在事故发生后,立即抢救受伤人员,且为了抢救受伤人员而离开事故现场的,这种情况下肇事者可能承担对其不利的责任后果,但不应认定其具有"交通肇事后逃逸"情节。如果肇事者在事故发生后,立即抢救受伤人员,之后不报警不接受公安机关查处,为逃避法律追究而逃离的,应当认定为"交通肇事后逃逸"。

3. 肇事者在事故发生后,用电话报警,之后逃离事故现场,或者在逃离现场后报警,逃避法律责任的,应当认定为"交通肇事后逃逸"。

综上,如果肇事者已经履行道路交通安全法规定的肇事者必须履行的法定义务,接受公安机关处理后,在侦查、起诉、审判阶段逃离,或者经传唤不到案,取保候审或者被监视居住期间逃跑,行为人只是违背刑事诉讼法规定的法定义务的,不能认定为"肇事后逃逸"。

——《刑事审判参考》(总第92辑)。

334 肇事后逃逸可视情评价为入罪条件或加重处罚情节

关键词|交通肇事后逃逸|入罪条件|禁止重复评价|加重处罚情节|

【最高人民法院公报案例】

安徽省颍上县人民检察院诉龚德田交通肇事案(二审法院:安徽省阜阳市中级人民法院)

要旨:交通肇事案件中,已作为入罪要件的逃逸行为,不能再作为对被告人加重处罚的量刑情节而予以重复评价。

对于一审法院认为上诉人龚德田驾驶机动车辆在公共道路上超速行驶,违反交通运输管理法规,因而发生重大事故,致一人死亡,承担事故的主要责任,且肇事后逃逸,其行为构成交通肇事罪,并依照刑法第一百三十三条、第六十七条第一款、第七十二条第一款及《最高人民法院关于审理交通肇事刑事案件具体应用法律若干问题的解释》第二条第一款第(一)项、第三条之规定,以龚德田犯交通肇事罪,判处有期徒刑三年,缓刑四年的判决,经查,根据刑法第一百三十三条、《最高人民法院关于审理交通肇事刑事案件具体应用法律若干问题的解释》第二条第一款的规定,交通肇事致一人死亡的,需同时具备负事故全责或者主要责任,行为人才能构成交通肇事罪。就本案而言,交警部门就是根据龚德田驾驶机动车超速行驶并且在事故发生后弃车离开现场认定其对事故负主要责任。即龚德田弃车离开现场的行为是其行为构成交通肇事罪的构成要件。因此,原判适用《最高人民法院关于审理交通肇事刑事案件具体应用法律若干问题的解释》第三条的规定，认定龚德田行为构成交通肇事罪，且系交通肇事后逃逸，显然是对其逃逸行为重复评价，属于适用法律错误，依法应予纠正。龚德田违反交通运输管理法规，驾驶机动车辆在公共道路上超速行驶，因而发生重大事故，致一人死亡，且在事故发生后弃车离开现场，承担事故的主要责任，其行为已构成交通肇事罪，依法应予惩处。原判事实清楚，证据确实、充分，定罪准确，审判程序合法。但适用法律有错误，依法应予以改判。

——《最高人民法院公报》2017 年第 6 期。

【最高人民法院参考案例】

马国旺交通肇事案(《刑事审判参考》案例第 858 号)

要旨：被告人有多个违反交通运输管理法规的行为时，如果肇事后逃逸作为认定交通肇事罪的依据的，根据禁止重复评价原则，不得再作为加重处罚情节；如果其他违章行为足以认定构成交通肇事罪的基本犯，则交通肇事后逃逸应当认定为加重处罚情节。

(一)肇事后逃逸可视情评价为入罪条件或加重处罚情节，在本案中应认定为加重处罚情节

道路交通安全法第七十条规定："在道路上发生交通事故，车辆驾驶人应当立即停车，保护现场；造成人身伤亡的，车辆驾驶人应当立即抢救受伤人员，并迅速报告执勤的交通警察或者公安机关交通管理部门。"据此，车辆驾驶人在肇事后负有保护现场、抢救伤员、等候处理的法定义务，这一义务源于其造成交通事故的先行行为。肇事后的逃逸行为违反了上述法定义务，是对他人生命与健康的漠视，使被害人得不到及时救助，生命健康受到威胁，经济损失无法弥补，同时还增加公安机关侦破案件的难度，增加司法资源的消耗，故法律对这种行为应当给予否定评价。具体分为两个层次：一是逃逸作为构成交通肇事罪的入罪条件。《最高人民法院关于审理交通肇事刑事案件具体应用法律若干问题的解释》(以下简称《解释》)第二条第二款规定，交通肇事致一人以上重伤，负事故全部或者主要责任，并具有下列情形之一的，以交通肇事罪定罪处罚，其中第(六)项情形是"为逃避法律追究逃离事故现场"。显然，在交通肇事致人重伤的情形下，如果不具备《解释》第二条第二款前五项情形，则逃逸行为应当作为定罪情节使用。二是逃逸作为交通肇事罪的加重处罚情节。根据刑法第一百三十三条的规定，交通运输肇事后逃逸或者有其他特别恶劣情节的，处三年以上七年以下有期徒刑；因逃逸致人死亡的，处七年以上有期徒刑。该条为交通肇事罪设定了三个法定刑幅度，在已构成基本犯的前提下，如另有逃逸情节，则可依法升档量刑。

逃逸情节作为入罪条件，又可分为两种情形：第一，逃逸作为事故责任认定的依据。交通肇事罪的认定以分清事故责任为基础，要求行为人承担同等以上（包括同等、主要或者全部）责任，如仅承担次要责任或者无责任，就不构成交通肇事罪。而逃逸行为与责任认定密切相关。根据《道路交通安全法实施条例》第九十二条，发生交通事故后当事人逃逸的，逃逸的当事人承担全部责任，但有证据证明对方当事人也有过错的，可以减轻责任。也就是说，在因行为人逃逸导致交通事故责任无法认定的情况下，逃逸行为就作为认定行为人承担主要或者全部责任的依据，继而作为交通肇事罪的入罪要件。根据《解释》第二条第一款的规定，因逃逸被认定承担同等以上责任，造成的人员伤亡情况或财产损失情况达到该款规定标准的，可能构成交通肇事罪。第二，逃逸行为与其他条件结合作为入罪条件。《解释》第二条第二款规定了交通肇事致人重伤构成犯罪的情形。在此情况下，逃逸与致一人以上重伤，负事故全部或者主要责任相结合作为入罪条件。值得注意的是，根据《解释》第二条第二款认定犯罪时，如在责任认定环节已经考虑了逃逸情节，则只能根据该款规定的前五种情节判断行为人是否构成犯罪，不能依据该款第（六）项“为逃避法律追究逃离事故现场”认定行为人构成交通肇事罪，否则就是对逃逸行为的重复评价。同理，根据禁止重复评价原则，在上述两种情形下，逃逸行为都不能再作为加重处罚情节使用。根据刑法第一百三十三条的规定，逃逸行为作为加重处罚情节的条件是，行为人逃逸之前的肇事行为从损害后果和应负的责任，已构成交通肇事罪的基本犯。在此基础上，行为人又有逃逸行为，该逃逸行为才可作为加重处罚情节。《解释》第三条对此种情形作了专门界定。

就本案而言，被告人马国旺有多个违反交通运输管理法规的行为，如无证驾驶、违章停车、肇事后逃逸，但结合案情看，无证驾驶和逃逸本身并不直接导致交通事故的发生，责任认定的主要依据是马国旺的车辆尾部挤占道路通行，致使被害人刘大喜骑摩托车撞到该车辆右侧后部，造成刘大喜重伤。因此，在认定马国旺是否负有事故责任时，主要考虑的是其违章停车行为，逃逸行为并未作为认定依据。马国旺无证驾驶机动车，且违章停车，致一人重伤，负事故的全部责任，根据《解释》第二条第二款第（二）项，已构成交通肇事罪的基本犯。在此基础上，马国旺又有逃逸情节，则应当将逃逸作为加重处罚情节对待，对马国旺应当在三年以上七年以下有期徒刑范围内量刑。

——《刑事审判参考》（总第92辑）。

335 交通肇事逃逸致人死亡的认定

关键词｜交通肇事罪｜肇事逃逸｜因逃逸致人死亡｜

【最高人民法院司法解释】

第五条 “因逃逸致人死亡”，是指行为人在交通肇事后为逃避法律追究而逃跑，致使被害人因得不到救助而死亡的情形。

交通肇事后，单位主管人员、机动车辆所有人、承包人或者乘车人指使肇事人逃逸，致使被害人因得不到救助而死亡的，以交通肇事罪的共犯论处。

——《最高人民法院关于审理交通肇事刑事案件具体应用法律若干问题的解释》（2000年11月21日，法释〔2000〕33号）。

【最高人民法院参考案例】

钱竹平交通肇事案（《刑事审判参考》案例第342号）

要旨：“因逃逸致人死亡”的认定必须以逃逸行为的存在为前提。在客观上，逃逸行为与死亡结果之间应当具有因果关系。及时的“救助”是确定逃逸与死亡之间是否存在刑法上的因果关系的一个中介。

第一，“因逃逸致人死亡”的认定必须以逃逸行为的存在为前提。

在一般情况下，逃逸者同时具有逃避抢救和肇事责任归结的动机。但特殊情况下，可能存在并不逃避抢救义务但尽可能逃避肇事责任归结这种单一动机的情况。如行为人驾车将被害人撞成重伤后将被害人送至医院，后乘机逃走。在实践中，交通肇事行为人在肇事后离开现场的原因和目的是多种多样的，有的是为了逃避法律追究，有的是害怕被害人亲属和群众的报复殴打，有的可能是正在去投案和抢救伤者的途中。因此，正确认定行为人主观上是否具有逃避法律追究对于认定行为人是否属于“逃逸”具有重要意义。

行为人客观上表现为逃脱、躲避。交通肇事后逃离现场的行为是逃逸的典型情形，但由于逃逸行为的本质是对抢救义务的不作为和对责任归结的逃避，因此，认定是否属于逃逸行为并非是考察行为人是在现场抑或在非现场，《解释》规定的“逃逸”也没有时间和场所的限定。

第二，在客观上，逃逸行为与死亡结果之间应当具有因果关系。

《解释》明确规定，被害人的死亡是由于肇事者逃逸、使其得不到救助所致。由此，被害人的死亡与肇事者的逃逸存在刑法意义上的因果关系，即被害人若得到及时救治，本可以避免死亡的后果，但由于肇事者逃避自己的抢救义务致使被害人死亡结果的发生。因此要注意考察，救助行为是否能够阻止死亡结果的发生。如果从被害人的伤情看，及时送往医院也不能避免被害人死亡的，或者被害人死亡结果的最终发生并非肇事者逃逸行为所致，那么，不能认定肇事者的逃逸行为与被害人死亡结果之间具有因果关系，不能认定为“因逃逸致人死亡”，只能按照“交通运输肇事后逃逸”处罚。同时,在时间上,死亡必然发生在逃逸行为过程中或者逃逸之后。如果先前的交通肇事行为发生时已经致被害人死亡的,即使肇事者实施逃逸行为,仍然属于“交通运输后逃逸”,而不能认定为“因逃逸致人死亡”。

第三,司法解释所规定的“救助”没有特定的指向,因此应该理解为既可以是肇事者的救助,也可以是其他人的救助。及时的“救助”是确定逃逸与死亡之间是否存在刑法上的因果关系的一个中介。

——《刑事审判参考》(总第44辑)。

336 交通肇事撞伤他人后逃离现场,致被害人被后续车辆碾压致死的如何定性

关键词|交通肇事罪|因逃逸致人死亡|

【最高人民法院参考案例】

邵大平交通肇事案(《刑事审判参考》案例第1118号)

要旨:交通肇事撞伤他人后逃离现场,致被害人被后续车辆碾压致死的,构成交通肇事罪。

(二)“因逃逸致人死亡”的认定不以行为人在逃逸前的交通肇事行为中的责任大小为前提条件

如前所述,认定“因逃逸致人死亡”的关键在于确定逃逸行为与死亡结果的因果关系。在一般情况下,行为人逃逸后,被害人仅仅因为没有得到救助而死亡,认定行为人构成“因逃逸致人死亡”不成问题。但在实践中,行为人逃逸后,被害人又被第三人的交通行为碰撞,在这种情况下,因第一次肇事者的逃逸行为与死亡结果间介入了其他因素,因果关系的认定就变得复杂了。

1. 行为人在逃逸前的交通事故中的责任大小不影响“因逃逸致人死亡”的认定

如前所述,认定“因逃逸致人死亡”不以行为人逃逸前的交通肇事行为构成交通肇事罪为前提,故不需要考量肇事行为的责任认定。但在二次碰撞事故中,因存在第二次碰撞,如对第一次的事故责任不加区分即认定存在因果关系,是否有加重肇事者负担之嫌?我们认为,是否介入第二次碰撞事故,不影响行为人逃逸行为与被害人死亡结果之间是否具有因果关系的判断。因为“交通肇事后逃逸”和“因逃逸致人死亡”的加重处罚基础虽然均为未履行法定义务,但在实践层面,前者的基础侧重于未履行报警、保护现场等义务,以及对其后交通状况所造成的抽象危险等;而后者的救助义务更加突出,并非仅仅是抽象的危险,其作为要求要高于前者。如道路交通安全法第七十条在规定保护现场、抢救伤员和报警义务时,就没有提及

事故责任大小，《最高人民法院关于审理交通肇事刑事案件具体应用法律若干问题的解释》（以下简称《解释》）第五条亦未有对肇事者的责任要求，故在二次碰撞事故中，即使不考虑将逃逸推定为全责的情况，第一次肇事者的责任大小，也不能成为阻却“因逃逸致人死亡”认定的事由。

2. 介入因素一般不能阻断逃逸行为与被害人死亡的因果关系

二次碰撞交通事故的客观过程为：第一次碰撞—行为人逃逸—被害人无法离开或停留在现场—第二次碰撞—被害人死亡。因此，逃逸行为与死亡结果间介入了两个因素，就需要分析其因果关系是否存在被切断或影响（原因力大小变更）的可能。

（1）被害人行为介入对因果关系的影响。一般而言，被害人的介入因素存在几种情形：①被害人不得不或者几乎必然（通常）实施介入因素；②行为人导致被害人介入异常行为，但结合被害人的心理、精神因素，该介入可视为有通常性；③被害人的行为对结果作用轻微；④被害人的介入有异常性。理论上认为，只有第四种情形下被害人介入因素才阻断行为人的行为与结果间的因果关系。本案中，从邵大平车辆左后视镜掉落、前挡风玻璃左下角破裂，左前门撞凹，现场遗留左后视镜等碰撞痕迹，可知第一次碰撞显非轻微碰撞，事发后，被害人在原地呼叫路人帮忙的行为，也不具有异常性，无法得出存在刻意停留的判断。另外，两次碰撞的间隔非常短，被害人的介入因素不能阻断邵大平逃逸行为与被害人死亡结果间的因果关系。

（2）第二次碰撞行为介入对因果关系的影响。第二次碰撞行为属第三人介入的问题，其是否阻断第一次行为的因果关系需考量以下因素：①逃逸行为导致结果发生的危险性大小；②介入因素异常性大小；③介入因素对结果发生的作用大小；④介入因素是否为逃逸行为的可控范围。本案地点为车流量大的国道，案发时间为足以影响视线的夜间，被害人被邵大平碰撞后仍停留在国道上，因此，邵的逃逸行为对后续碰撞具有较大的危险和原因力。经认定，两次碰撞对死亡负同等责任，故不能认为后续碰撞具有异常性。如果邵大平将被害人挪动到安全位置或采取安全措施，即有避免后续碰撞的可能，其却径行离开。综合考量，后续碰撞不能阻断或影响邵大平逃逸行为与被害人死亡结果间的因果关系。

（三）正确区分二次碰撞事故中的“因逃逸致人死亡”和不作为故意杀人

《解释》第六条规定，行为人在交通肇事后为逃避法律追究，将被害人带离事故现场后隐藏或者遗弃，致使被害人无法得到救助而死亡或者严重残疾的，应当分别以故意杀人罪或者故意伤害罪定罪处罚。而交通肇事“因逃逸致人死亡”具有一定的不作为属性，且逃逸行为确在主观上具有某种程度的故意，实践中亦有案例认定二次碰撞事故中,逃逸致人死亡构成不作为故意杀人。① 我们认为,不作为故意杀人与因逃逸致人死亡之间存在一定的共性:(1)行为人主观目的都是逃避法律追究;(2)行为人都实施了逃跑的行为;(3)行为人逃逸前的交通肇事未必构成交通肇事罪;(4)被害人均未得到救助而死亡。但两者之间的区别也是明显的:(1)前者对被害人的死亡持放任态度,而后者主观上并不希望被害人死亡结果的发生;(2)前者对被害人实施了隐藏或者遗弃等主动作为行为,而后者仅仅是逃逸,未实施其他不利于被害人救助的行为;(3)前者以出现被害人死亡的后果为必要条件,而后者则以出现被害人死亡的后果为必要条件;(4)前者被害人死亡的直接原因是因为无法得到救助,而后者是被害人得不到及时救助。

在二次碰撞事故中,认定行为人的逃逸行为构成不作为的故意杀人罪应当慎重。其一,从法律规定的层面来看,刑法针对"因逃逸致人死亡"已作出明确规定,《解释》第六条也仅规定了"移置性逃逸"以故意杀人罪论处,如果一律认定"因逃逸致人死亡"为不作为故意杀人,则直接导致了"因逃逸致人死亡"规定的虚置。其二,"因逃逸致人死亡"的处理结果较故意杀人罪差距明显,从刑罚设置上看二者的基本模式应有不同。那么如何在二次碰撞事故中对逃逸行为进行准确认定呢?我们认为,不作为行为与结果之间的关系,至少应达到相当的程度。如对溺水者负有救助义务的人不作为,其行为与死亡结果之间就具有相当因果关系,即被害人死亡的概率非常高,生还具有异常性。而二次碰撞事故中,介入了第三人的行为(第二次碰撞),此因素发生的可能性却远不及溺水案中被害人死亡的概率高。如不对第三人的行为进行评价,仅从形式上认定是否构成不作为犯罪是不恰当的。

在"移置性逃逸"中,移置致被害人死亡的风险升高,相当于拿走溺水者唯一求生的木板,等价于故意杀人。同理,在二次碰撞事故中,也应重点考量被害人因何种原因处于危险状态、危险程度、被害人对逃逸者的依赖程度、逃逸者履行义务的难易程度、逃逸者不履行义务对结果的原因力、将结果仅归责于逃逸是否合适等因素,综合判断逃逸行为与故意杀人间是否具有等价性。一般而言,与作为等价的逃逸行为,第二次事故的发生应具有较大的必然性。实践中,事故责任认定具有一定的参考意义(当然,需分析认定理由)。如经认定,第二次碰撞肇事者不负责任,则第二次事故发生具有较大的必然性,逃逸行为对被害人死亡结果具有等价于作为的原因力;如第二次碰撞的第三人负有较大的过错,即其发生具有一定的偶然性,也很难将逃逸行为与再次碰撞致死被害人间的原因力同等考量,应认定为"因逃逸致人死亡"。本案中,经事故责任认定,第一、二次碰撞对被害人的死亡负同等责任,第二次碰撞存有较大过错,但也未达到阻断第一次行为与被害人死亡结果的

---

① 参见叶琦、蔡恩破:《李中海故意杀人案——如何认定交通肇事逃逸案件中的间接故意杀人犯罪》,载最高人民法院刑事审判第一、二、三、四、五庭主办:《刑事审判参考》(总第95辑),法律出版社2014年版。

因果关系的地步。因此，邵大平的行为应属犯罪，并应被认定为交通肇事"因逃逸致人死亡"。

——《刑事审判参考》（总第105辑）。

337 肇事者交通事故后滞留现场不履行救助义务，在二次事故发生后，隐瞒身份并离开现场，可以构成因逃逸致人死亡

关键词 | 交通肇事罪 | 因逃逸致人死亡 |

【最高人民法院参考案例】

汪庆樟交通肇事案（《刑事审判参考》案例第1364号）

要旨：是否认定"因逃逸致人死亡"中的逃逸，不应仅限于交通事故后逃离事故现场，还需要根据肇事者的主观目的与社会危害性进行评判。

本案的特殊性在于，被告人在交通事故发生后并未马上离开现场，而在后车发生第二次事故后，隐瞒身份并离开现场，该行为能否认定为逃逸，存在争议。我们认为，是否认定"因逃逸致人死亡"中的逃逸，不应仅限于交通事故后逃离事故现场，还需要根据肇事者的主观目的与社会危害性进行评判。

1. 逃离现场不是交通肇事逃逸的唯一要件

《道路交通事故处理程序规定》中规定，交通肇事逃逸，是指发生道路交通事故后，当事人为逃避法律责任，驾驶或者遗弃车辆逃离道路交通事故现场以及潜逃藏匿的行为。司法实践中，大多数情形下，逃逸表现为逃离现场，但现实的情况千差万别，有的没有逃离现场也可能构成逃逸，而有的离开现场却不构成逃逸。同样，《最高人民法院关于审理交通肇事刑事案件具体应用法律若干问题的解释》（以下简称《解释》）的原文使用的是抽象的"逃跑"，可见《解释》并没有把是否在"现场"作为硬性要件，而"逃跑"的手段与形式也是多种多样，核心问题仍在于是否逃避法律的追究。司法实践中，在事故现场躲藏、在现场却谎称不是肇事者或者虽在现场但指使、同意他人冒名顶替等情形，其最终目的是隐瞒肇事者身份、逃避法律的追究，仍然可以构成"逃逸"。

《浙江省高级人民法院关于在审理交通肇事刑事案件中正确认定逃逸等问题的会议纪要》第三条规定，让人顶替的情形有多种，有的肇事者让同车人顶替或者打电话让人来现场顶替；有的肇事者逃离现场后叫顶替者到现场，应认定为交通肇事逃逸并从重处罚。处理这类案件，还要区分肇事者是否逃离了事故现场。对肇事者让人顶替但自己没有逃离现场的，可酌情从轻处罚。参考这一规定，在一定条件下即使没有离开事故现场也可以构成交通肇事逃逸。

2. 认定“因逃逸致人死亡”中“逃逸”的关键是有救助能力而不履行救助义务

交通肇事后逃逸行为的本质特征就是为了逃避法律追究不履行法定义务，因而正确认定“逃逸”也应当围绕肇事者在肇事后是否履行了法定义务去考察。“因逃逸致人死亡”中的逃逸，应着重于审查肇事者在有救助能力的情况下是否履行了救助义务。

首先，本案被告人的供述及其他在案证据证实，在后车肇事者问询时，被告人隐瞒了自己的肇事者身份，并马上驾驶电动车逃离现场，反映了被告人在肇事后有逃避法律追究的主观故意。其次，两次事故是一个整体的延续状态。根据视频监控显示，事故发生后，被告人下车开始捡东西、扶二轮电动车。在后车发生事故后，被告人驾驶二轮电动车离开。在这个三分钟的延续状态里，被告人神志清醒、行动自如、未受到任何威胁，其在有救助能力和条件的情形下，未采取任何救助措施，而是在短时间内实施了逃离事故现场的行为。最后，本案第二次碰撞后，后车肇事者下车查看，并问被告人有什么东西，被告人回答没有。虽然被告人第一次事故发生后没有立即逃跑，而是在第二次事故后才离开现场，但其在此期间没有表明自己是肇事者，而是将自己隐匿在现场。隐匿行为从本质上说仍是一种交通肇事后的逃逸行为，人在现场与不在现场没有本质区别，因为现场的人民群众和警察都无法发现其就是肇事者，其自身不受被害方、群众或者事故处理人员控制。因此，被告人在有救助能力的情况下未履行救助义务，可以认定其属于“因逃逸致人死亡”中的“逃逸”。

——《刑事审判参考》(总第124辑)。

338 在无法确定被害人准确死亡时间的情况下，被害人遭连环碾轧，如何认定“逃逸行为”以及连续碾轧情形下，因果关系及介入因素的评定

关键词｜交通肇事罪｜肇事逃逸｜因果关系｜

【最高人民法院参考案例】

王爱华、陈玉华交通肇事案(《刑事审判参考》案例第1450号)

要旨：由于不能确定被害人在遭到第一次碾轧时是否死亡，根据刑法谦抑性原则，从有利于被告人角度出发，不认定“逃逸致人死亡”，而认定交通肇事后逃逸。

首先，本案根据道路交通事故认定书中载明的道路交通事故的证据及交通事故的成因分析，被告人陈玉华驾驶使用性能不合格的重型货车违法上路行驶，是造成此事故的主要原因，且在事发后逃逸，陈玉华主观上具有过失心理；樊红居驾驶

机动车疏忽观察是造成此次事故的次要原因。认定陈玉华应负事故的主要责任，樊红居应负事故的次要责任。

其次，本案发生时间是凌晨4时许，视线模糊，被告人供述无法确定被害人是否死亡，且后续车辆驾驶员反映没有发现被害人有呼救等异常路面情况，也就是说无法确定被害人是否在第一次碾轧后已经死亡的事实。

最后，事故责任认定书作出的是一种综合性的判断，并不能明确证明被害人死亡的具体原因。结合案发的时间以及各行为人对现场的描述，后车撞击时被害人没有呼救行为，事故责任认定书只能说明被害人死亡是多因一果，结合案发当时的具体情况，并不能确定被害人在被本案被告人第一次碾轧时是否已经死亡。

在此种情况下如何认定被告人的责任，应当从相关法律规定出发，探索出符合司法实践需求的裁判规则。本案采用第三种意见，不完全采信事故责任认定书关于责任的认定和分析，既认可事故责任认定书中被告人对事故承担主要责任的结论，同时对被害人的死因根据客观情况进行认定，在证据无法还原客观事实时，作有利于被告人的理解。《刑事审判参考》有类似案例，如第1118号邵大平交通肇事案，不同之处在于邵大平驾驶车辆碰撞到被害人徐某珠后，致徐某珠身体局部受伤倒地。事发后，徐某珠在原地呼叫路人帮忙。邵大平逃逸产生了致使被害人徐某珠因伤无法离开现场继而发生被其他车辆碾轧致死的后果，邵大平的逃逸行为与危害结果之间具有刑法意义上的因果关系，应认定为交通肇事逃逸致人死亡。而本案中，由于不能确定被害人在遭到第一次碾轧时是否死亡，根据刑法谦抑性原则，从有利于被告人角度出发，不认定"逃逸致人死亡"，而认定陈玉华交通肇事后逃逸，适用升格法定刑更加符合社会的认知，也是罪责刑相适应原则的体现。

……

本案不能排除被害人系由两辆车辆连续碾轧而导致死亡。在第一肇事者被告人陈玉华过失撞击被害人倒地后，第二肇事者樊红居再次碾轧的行为，是否中断陈玉华的先行行为与被害人死亡结果之间的因果关系？通说认为，因果关系的介入因素是指在先行行为引起危害结果发生的过程中，介入第三人行为、被害人行为、行为人的第二次行为或者自然事件，从而引起因果关系可能发生异常变化的情况。介入因素是否阻断实行行为的因果关系，主要从以下几个方面考虑：第一，实行行为导致结果发生的概率大小；第二，介入因素是否异常，如果介入原因属于通常介入，则一般不中断因果关系；第三，介入因素对结果发生作用的大小。如果实行行为已经具备造成损害后果发生的极大可能性，后续的介入因素只是起到推进作用，即使具体的死亡是由介入因素直接导致的，也应归责于在先的实行行为，也即，实行行为与损害后果之间存在因果关系。

本案发生时间是凌晨4时许，二被告人在明知发生交通事故后，理应驻车报警积极实施救助，但是合谋后却选择逃逸，根据二被告人供述，不能确定受害人当场是否已死亡。本案在审理中出现一个逻辑障碍：如果被害人第一次碾轧已经死亡，则二被告人仅承担肇事后逃逸的刑事责任，而不适用“逃逸致人死亡”的量刑幅度，且后面的碾轧人不需要承担责任；如果被害人是第二次碾轧才死亡，则前车的行为人需要承担“逃逸致人死亡”的刑事责任，后车的行为人也需要承担责任。

本案在对前车行为人的刑事责任的认定中，采取了谦抑和有利于被告人的原则，未认定前车行为人逃逸致人死亡。在对后车行为人责任的认定中，认为樊红居的肇事介入因素不能阻断本案二被告人成立交通肇事罪，依据交通肇事罪的入罪标准，樊红居不应被追究刑事责任。

——《刑事审判参考》(总第130辑)。

339 交通肇事逃逸后以贿买的方式指使他人冒名顶罪、作伪证的，应以交通肇事罪和妨害作证罪数罪并罚

关键词｜交通肇事罪｜妨害作证罪｜数罪并罚｜

【最高人民法院参考案例】

俞耀交通肇事案(《刑事审判参考》案例第681号)

要旨：在交通肇事致人死亡逃逸后，以贿买的方式指使他人冒名顶罪、作伪证，应以交通肇事罪和妨害作证罪两罪并罚。

(一)以贿买方式指使他人冒名顶罪的行为不属于交通肇事罪中的“逃逸”行为

《最高人民法院关于审理交通肇事刑事案件具体应用法律若干问题的解释》(以下简称《解释》)对交通肇事罪中的“逃逸”情节作了明文规定。《解释》第三条规定：“‘交通运输肇事后逃逸’，是指行为人在发生交通事故后，为逃避法律追究而逃跑的行为。”看来，刑法意义上的“逃逸”表现为逃跑，即逃离现场。根据2011年修正的道路交通安全法第七十条第一款的规定，发生交通事故后，肇事者必须立即停车，保护现场，抢救伤者和财产，报警，听候处理，这是肇事者的法定义务。肇事者在交通肇事后逃逸即意味着不履行上述法定义务，是行为人对应该履行而且能够履行的法定义务的不履行。这项义务的不履行会产生一系列严重甚至不可挽救的后果，正是这项义务的不履行使逃逸行为具备了刑法所要求的严重社会危害性。唯其如此，刑法第一百三十条将交通运输肇事后逃逸与特别恶劣情节并列。对交通运输肇事后的逃逸行为处三年以上七年以下有期徒刑，对因逃逸致人死亡的，处七年以上有期徒刑。本案被告人俞耀在事故发生后逃离现场，不积极保护现场，不抢救伤者，不及时报警，听候处理，故具有刑法意义上的逃逸情节，应以该档

法定刑予以量刑。而俞耀以贿买方式指使他人冒名顶罪的行为是一种积极行为，且与抢救伤者和财产的关联性不大，故不应将其性质等同于刑法意义上的“逃逸”行为，不能将其认定为交通肇事罪的一个量刑情节。

（二）被告人以贿买方式只是他人冒名顶罪的行为构成妨害作证罪

妨害作证罪，是指以暴力、威胁、贿买等方式组织证人作证或者指使他人作伪证。本罪所保护的法益是司法活动的客观公正性。以贿买的方式指使他人冒名顶罪、作伪证的行为，妨害司法活动的公正性，符合妨害作证罪的构成要件，理由如下：

1. 符合妨害作证罪的主体要件。我国刑法理论一般认为，当事人也可以成为妨害作证罪主体。在司法实践中主要是与案件有利害关系的人，如犯罪嫌疑人、被告人的亲戚、朋友等。如果是犯罪嫌疑人、被告人本人采取非法手段妨害作证的，也构成本罪。但是，对此不能绝对化。被告人本人作虚假陈述的，不能成立伪证罪，也不能成立妨害作证罪。

2. 符合妨害作证罪的主观条件。妨害作证罪只能由故意构成。行为人明知自己妨害作证的行为会发生妨害司法活动的客观公正性的结果，并且希望或者放任这种结果发生。至于行为人是意图使当事人受到从轻处罚甚至免予处罚，还是意图使当事人受到从重处罚，均不影响本罪的成立。本案被告人俞耀对自己以贿买方式指使他人顶罪、作伪证的行为的违法性与危害后果是明知的，具备妨害作证罪的主观要件。

3. 符合妨害作证罪的客观要件。妨害作证罪的行为，表现为以暴力、威胁、贿买等方式阻止证人作证或者指使他人作伪证。“以暴力、威胁、贿买等方法”的规定，既是对组织证人作证的行为方式的限定，也是对指使他人作伪证的行为方式的限定。如果被告人采取一般的嘱托、请求、劝诱等行为阻止他人作证或者指使他人作伪证的，一般不以妨害作证罪论处。但是，如果被告人采取暴力、威胁、贿买等方式阻止他人作证或者指使他人作伪证的，则应认定为妨害作证罪。本案被告人俞耀为了达到目的而采取了积极贿买的方式，符合妨害作证罪的客观要件。

根据罪刑法定原则，本案被告人俞耀为了逃避法律追究所实施的逃离现场的行为应根据《解释》第三条的规定认定为交通肇事中的“逃逸”，以贿买方式指使他人顶罪、作伪证的行为应依据刑法第三百零七条第一款的规定，认定为妨害作证罪。因此，应以交通肇事罪与妨害作证罪两罪并罚追究被告人俞耀的刑事责任。

——《刑事审判参考》（总第 79 辑）。

340 交通肇事后将被害人带离事故现场后遗弃，致使被害人无法得到救助而死亡的，以故意杀人罪定罪处罚

关键词｜交通肇事罪｜故意杀人罪｜

【最高人民法院司法解释】

第六条　行为人在交通肇事后为逃避法律追究，将被害人带离事故现场后隐藏或者遗弃，致使被害人无法得到救助而死亡或者严重残疾的，应当分别依照刑法第二百三十二条、第二百三十四条第二款的规定，以故意杀人罪或者故意伤害罪定罪处罚。

——《最高人民法院关于审理交通肇事刑事案件具体应用法律若干问题的解释》(2000年11月21日，法释〔2000〕33号)。

【最高人民法院参考案例】

倪庆国交通肇事案(《刑事审判参考》案例第220号)

要旨：行为人在交通肇事后为逃避法律追究，将被害人带离现场后隐藏或遗弃，致使被害人无法得到救助而死亡或者严重残疾的，应当分别依照刑法第二百三十二条、第二百三十四条第二款的规定，以故意杀人罪或者故意伤害罪定罪处罚。

以故意杀人罪或者故意伤害罪追究刑事责任的交通肇事案件应当同时符合以下条件：(1)行为人必须有在交通肇事后将被害人带离事故现场后予以隐藏或者遗弃的行为。这包括两个方面，一是将被害人带离事故现场，二是将被害人隐藏或者遗弃。“隐藏”是指将被害人置于隐蔽的、秘密的地点、场所或者进行掩盖、伪装，使人在正常情况下难以发现或者根本不能发现；“遗弃”是指将被害人转移到其他非隐蔽、非秘密的场所抛弃。没有将被害人带离事故现场，只是将被害人留在现场听之任之自己逃逸的，不是这里所讲遗弃。(2)行为人实施上述行为的主观目的是逃避法律追究，即是为了逃避其依法应当承担的各种法律责任，至于该目的能否得逞不影响定罪。实践中，肇事人将被害人带离事故现场，可以是出于抢救被害人的紧急需要或者因为惧怕被害人亲属的非法报复等其他目的，但如果进而将被害人隐藏或者遗弃后自己再逃逸的，一般就足以认定肇事人主观上具有逃避法律追究的目的。(3)被害人最终死亡或者造成严重残疾，且该结果系因被隐藏或者遗弃而无法得到救助所致。这包括两层意思：一是如果被害人虽被隐藏或遗弃，但因有他力救助或其他原因而没有发生死亡或严重残疾的后果，或者发生的后果没有达到严重残疾的程度，对肇事人就不能以故意杀人罪或者故意伤害罪定罪处罚；二是被害人死亡或者严重残疾的后果在没带离现场隐藏或遗弃之前发生，不是由于被隐藏或者遗弃而无法得到救助所致，如事故当场即死亡或因伤势严重，被隐

藏或遗弃前后不可避免地要发生死亡的，也同样不能对肇事人以故意杀人罪或者故意伤害罪定罪处罚。

——《刑事审判参考》（总第30辑）。

341 被告人交通肇事后明知有异物被拖曳于汽车底下，继续驾车逃逸放任他人死亡结果发生的，构成故意杀人罪

关键词｜交通肇事罪｜间接故意｜故意杀人罪｜

【最高人民法院参考案例】

陆华故意杀人案（《刑事审判参考》案例第910号）

要旨：被告人在实施交通肇事行为后，为逃避法律追究，明知有异物被拖拽于汽车底下，继续驾车行驶可能会导致被害人死亡结果的发生，而继续驾车逃逸，放任这种危害结果的发生，并最终导致被害人死亡，其后行为属于间接故意杀人，其行为构成故意杀人罪。

行为人酒后驾驶致人死亡，其行为构成交通肇事罪还是故意杀人罪，从理论上较为容易区分，即总的原则是：行为人对被害人死亡结果在意志上持放任态度的构成故意杀人罪，在意志上持反对、否定态度的构成交通肇事罪。然而，由于在实践中对行为人主观意志上究竟是持放任态度还是持反对、否定态度，比较难以区分，从而往往导致对酒后驾驶致人死亡的定性认识不一。本案之所以会产生上述不同意见，就在于对被告人陆华主观罪过的认定存在一定难度。对于行为人过失发生交通事故后，为逃避法律追究，将被害人带离事故现场后隐藏或者遗弃，致使被害人无法得到救助而死亡的，因其先后实施了交通肇事行为和将被害人带离事故现场隐藏或者遗弃的行为，明显反映出其主观罪过由过失发生交通事故转化到希望或者放任被害人死亡，构成故意杀人罪没有异议。但对于行为人将被害人撞倒后，为驾车逃离现场，而驾车冲撞、碾压、拖拽被害人，致被害人死亡的，因其行为具有连续性，是在继续驾车前进过程中发生，加之行为人系酒后驾驶，辨认能力和控制能力在不同程度上受到酒精的影响，其是否能够认识到发生交通事故，以及继续驾车时冲撞、碾压、拖拽了被害人，实践中认定起来比较难，进而影响到对其行为的定性。对于此种情形，需要结合发生交通事故的具体情形、行为人的醉酒程度、现场的环境等因素综合分析行为人的主观意志状态。就本案而言，我们同意后一种意见，即认定陆华在发生交通事故后，放任被害人死亡结果的发生，其行为构成故意杀人罪。具体理由如下：

（一）被告人先后实施了两个行为，即交通肇事行为和肇事后驾车拖拽被害

人,致被害人死亡的行为。区分交通肇事罪和故意杀人罪的要点之一在于判断行为人实施了交通肇事一个行为还是交通肇事和故意杀人两个行为(将交通工具作为故意杀人的工具,实施了一个杀人行为的除外)。

(二)被告人在主观意志上对被害人的死亡结果持放任态度而非反对、否定态度。区分交通肇事罪和故意杀人罪的另一要点是判断行为人能否认识到其行为的性质(即意识状态),并据此进而认定行为人的意志状态(即是放任还是反对、否定态度)。对于酒后驾驶者,需要判断其辨认能力和控制能力受到酒精的影响程度,特别是行为人实施了交通肇事和杀人两个行为的,需要判断行为人对其杀人行为是否有认识。

——《刑事审判参考》(总第94辑)。

342 肇事交通工具的单位主管人员可以成为交通肇事罪的犯罪主体

关键词|交通肇事罪|单位主管人员|犯罪主体|

【最高人民法院司法解释】

第二条　交通肇事具有下列情形之一的,处三年以下有期徒刑或者拘役:

(一)死亡一人或者重伤三人以上,负事故全部或者主要责任的;

(二)死亡三人以上,负事故同等责任的;

(三)造成公共财产或者他人财产直接损失,负事故全部或者主要责任,无能力赔偿数额在三十万元以上的。

交通肇事致一人以上重伤,负事故全部或者主要责任,并具有下列情形之一的,以交通肇事罪定罪处罚:

(一)酒后、吸食毒品后驾驶机动车辆的;

(二)无驾驶资格驾驶机动车辆的;

(三)明知是安全装置不全或者安全机件失灵的机动车辆而驾驶的;

(四)明知是无牌证或者已报废的机动车辆而驾驶的;

(五)严重超载驾驶的;

(六)为逃避法律追究逃离事故现场的。

第七条　单位主管人员、机动车辆所有人或者机动车辆承包人指使、强令他人违章驾驶造成重大交通事故,具有本解释第二条规定情形之一的,以交通肇事罪定罪处罚。

——《最高人民法院关于审理交通肇事刑事案件具体应用法律若干问题的解释》(2000年11月21日,法释〔2000〕33号)。

【最高人民法院参考案例】

梁应金、周守金等交通肇事案(《刑事审判参考》案例第 84 号)

要旨:肇事交通工具的单位主管人员不履行管理职责,导致发生重大交通事故的,构成交通肇事罪。

首先,根据刑法第一百三十三条的规定,违反交通运输管理法规,因而发生重大事故,致人重伤、死亡或者使公私财产遭受重大损失的行为,构成交通肇事罪。其次,非交通运输管理人员违反交通运输管理法规,也可以引起重大交通事故。再次,船舶等交通工具所有人属于对交通工具的营运安全负有管理职责的人员。

本案中,被告人梁应金作为“榕建”号客船所有人的法定代表人,对“榕建”号客船的营运安全具有管理职责,在“榕建”号船舶未达到适航状态之前,不应将“榕建”号船舶投入运营,但其违反了内河交通安全管理条例,聘用不具备资格的驾驶员周守金,安排无合格职务证书的梁如兵、石萍和周良全任船员,并且未按规定配足船员,在擅自改造船舶,决定升高驾驶舱后,未经检验即投入营运。也就是说,被告人梁应金将不具备适航条件的“榕建”号投入运营,实质上是指使周守金等人违章驾驶。在“榕建”号投入营运后,被告人梁应金对船舶长期超载运输不予管理,听任梁应金等长期违章驾驶,最终导致“榕建”号因违章驾驶而倾覆,造成一百三十人死亡的特大交通事故。参照《最高人民法院关于审理交通肇事刑事案件具体应用法律若干问题的解释》第七条“单位主管人员、机动车辆所有人或者机动车辆承包人指使、强令他人违章驾驶造成重大交通事故”,以交通肇事罪定罪处罚的规定,被告人梁应金的行为,完全符合交通肇事罪的构成要件,应当以交通肇事罪追究其刑事责任。

——《刑事审判参考》(总第 13 辑)。

343 纵容他人醉酒驾驶造成重大交通事故不宜以交通肇事罪共犯处理

关键词 | 纵容他人醉酒驾驶 | 重大交通事故 | 共同犯罪 |

【最高人民法院审判业务意见】

有关部门就纵容他人醉酒驾驶造成重大交通事故定性问题征求最高人民法院研究室意见。最高人民法院研究室经研究认为:

对“纵容他人在道路上醉酒驾驶机动车造成重大交通事故”的,不宜以交通肇事罪追究刑事责任。主要考虑:将机动车交由醉酒者驾驶与指使、强令他人违章驾驶相比,行为人的主观故意明显不同,以交通肇事罪追究将机动车交由醉酒者驾驶的人的刑事责任，不符合共同犯罪原理，当事人之间对危害后果不存在共同罪过。

——黄应生、刘涛：《最高人民法院研究室关于纵容他人醉酒驾驶造成重大交通事故定性问题的研究意见》，载最高人民法院研究室编著：《司法研究与指导》（总第2辑），人民法院出版社2012年版，第99页。

344 超速驾车撞死人行道内行人的，构成交通肇事罪

关键词｜交通肇事罪｜以危险方法危害公共安全罪｜量刑｜

【最高人民法院参考案例】

胡斌交通肇事案（《刑事审判参考》案例第588号）

要旨：超速驾车撞死人行道内行人构成交通肇事罪。

（一）被告人胡斌的行为应当定性为交通肇事罪，不能认定为以危险方法危害公共安全罪或者过失以危险方法危害公共安全罪

本案系一起广受媒体关注的交通肇事案件，在审理过程中，对于被告人胡斌严重超速驾车撞死一人的行为如何定性有三种不同的意见：第一种意见认为，胡斌的行为构成交通肇事罪；第二种意见认为，胡斌的行为构成以危险方法危害公共安全罪；第三种意见认为，胡斌的行为构成过失以危险方法危害公共安全罪。

我们认为，根据本案情况，对被告人胡斌应以交通肇事罪进行定罪，理由是：从犯罪构成看，以危险方法危害公共安全罪、过失以危险方法危害公共安全罪与交通肇事罪侵犯的客体都是公共安全，客观方面均表现为行为人实施了一定危害公共安全的行为，这三个罪名在犯罪客体与客观方面存在一定的相同之处，但这三个罪名之间的区别还是比较明显的。其中，以危险方法危害公共安全罪是故意犯罪，行为人的主观心态是故意，是希望或者放任危害公共安全危害结果的发生；而交通肇事罪与过失以危险方法危害公共安全罪的主观方面是过失，包括过于自信的过失和疏忽大意的过失，即应当预见到自己的行为可能发生危害社会公共安全的结果，因为疏忽大意而没有预见或已经预见而轻信能够避免。根据本案庭审查明的事实，被告人胡斌平时喜欢开快车，但其认为凭自己的驾驶技术能够避免事故的发生。案发当晚，虽然胡斌属于在城市主要道路上严重超速驾驶，但在驾车过程中未违反交通信号灯指令，遇红灯时能够停车，只是因为没有注意观察前方路面情况而撞上在人行横道上行走的被害人谭卓，可见，其当晚驾车除了违反交通法规超速行驶外还是能够基本遵守交通规则的。当胡斌发现撞人后，立即踩刹车并下车查看谭卓的伤势情况，随即拨打了120急救电话以及122报警电话，并留在现场等候处理。这一系列行为反映了胡斌肇事时主观上不希望交通事故的发生，也没有放任

交通事故发生的表现，对被害人谭卓的死亡其内心是持否定和排斥态度的，应当属于过失的心态，因此，胡斌行为的主观方面不符合以危险方法危害公共安全罪的主观要件，其行为不能构成以危险方法危害公共安全罪。

过失以危险方法危害公共安全罪和交通肇事罪的主观心态都是过失，刑法第一百一十五条第二款规定的过失以危险方法危害公共安全罪，是针对行为人实施了刑法分则没有明确规定具体危险方法的过失危害公共安全的行为，对于这种刑法分则没有规定但行为的社会危害性具有危害公共安全的过失行为，就应该以过失以危险方法危害公共安全罪进行定罪量刑。而对于违反交通运输管理法规，发生重大事故，致人重伤、死亡或者使公私财产遭受重大损失的，刑法分则第二章危害公共安全罪中专门规定了交通肇事罪。据此，在交通运输过程中，如果行为人违反交通运输管理法规，过失造成重大事故发生法定危害结果的，应以交通肇事罪定罪处罚。因此，根据罪刑法定原则，本案被告人胡斌在城市主要道路上严重违章超速驾车撞死一人的行为不符合过失以危险方法危害公共安全罪的构成要件，应以交通肇事罪定罪。

（二）对于被告人胡斌如何量刑

首先，被告人胡斌犯交通肇事罪，但不能认定其有“其他特别恶劣情节”。

根据刑法第一百三十三条的规定，犯交通肇事罪如果没有逃逸或者其他特别恶劣情节的，应在第一档法定刑幅度内量刑，即在三年以下有期徒刑或者拘役内量刑。本案庭审中，被害人的诉讼代理人提出胡斌有其他特别恶劣情节，应在三年以上七年以下有期徒刑幅度内从重处罚。对此，法院没有采纳，依据的是最高人民法院的司法解释。2000 年 11 月《最高人民法院关于审理交通肇事刑事案件具体应用法律若干问题的解释》第四条对于交通肇事罪的“其他特别恶劣情节”进行了规定，即交通肇事具有下列情形之一的，属于“有其他特别恶劣情节”，处三年以上七年以下有期徒刑：（1）死亡二人或者重伤五人以上，负事故全部或者主要责任的；（2）死亡六人以上，负事故同等责任的；（3）造成公共财产或者他人财产直接损失，负事故全部或者主要责任，无能力赔偿数额在六十万元以上的。对照以上规定，胡斌的行为显然不具备以上司法解释所规定的三种其他特别恶劣情节的情形。因此，在被告人胡斌违章驾车肇事致一人死亡的情况下，不能对其在三年以上七年以下有期徒刑幅度内量刑，只能适用第一档法定刑幅度。

其次，根据本案的具体情况，可以顶格判处被告人胡斌有期徒刑三年。

根据刑法第一百三十三条规定，对被告人胡斌交通肇事的行为应在三年以下有期徒刑或者拘役幅度内量刑。案发后，胡斌亲属积极代为赔偿了被害人家属的经济损失，根据《最高人民法院关于刑事附带民事诉讼范围问题的规定》第四条关于“被告人已经赔偿被害人物质损失的，人民法院可以作为量刑情节予以考虑”的规定,对胡斌可以酌情从轻处罚。但是,在本案中,胡斌具有以下多项酌定从重情节:(1)胡斌驾驶的是非法改装的车辆,车辆本身的安全条件就不符合有关规定,其对此明知而仍开车上路,主观受谴责性较高;(2)胡斌无视限速规定,在城市主要道路上严重超速行驶,作为驾驶员明知违法而为之,主观恶性较大;(3)胡斌在驾车过程中有与同伴相互追赶的情形,无视在住宅密集区域相互追赶对公共财产和行人安全可能造成的危险,行为恶劣;(4)撞死在人行道内的一名行人,危害后果严重,且在当地造成了恶劣的社会影响。综上,虽然胡斌有积极赔偿被害方经济损失的酌定从轻情节,但其肇事行为恶劣,危害后果严重,尚不足以减轻其罪责。为了引导民众进一步尊重生命安全,警醒和督促司机在驾驶车辆过程中充分履行注意义务,减少交通违章肇事行为,法院综合全案情节,在法定刑幅度内顶格判处胡斌有期徒刑三年是妥当的。

——《刑事审判参考》(总第71辑)。

345 行人引起的交通肇事案件的司法认定

关键词|交通肇事罪|行人|

【最高人民法院参考案例】

胡伦霞交通肇事案(《刑事审判参考》案例第1297号)

要旨:行人可以成为交通肇事罪的主体。

虽然车辆是交通事故中不可缺少的要素,但我们不能就此得出结论,认为交通肇事刑事案件(交通肇事罪)只追究机动车及其驾驶人的责任。

刑法第一百三十三条规定,违反交通运输管理法规,因而发生重大事故,致人重伤、死亡或者公私财产遭受重大损失的,处三年以下有期徒刑或者拘役。可以看出,自1997年刑法修订之后,交通肇事罪的主体扩大为一般主体。[①] 而《最高人民法院关于审理交通肇事刑事案件具体应用法律若干问题的解释》(以下简称《解释》)第一条规定:"从事交通运输人员或者非交通运输人员,违反交通运输管理法规发生重大交通事故,在分清事故责任的基础上,对于构成犯罪的,依照刑法第一百三十三条的规定定罪处罚。"《解释》进一步明确了交通肇事罪的主体包括非交通运输人员,即包括行人及非机动车的驾驶人。从实际发生的交通肇事案件来看,因行人和非机动车驾驶人违章造成交通事故的情形也时有发生,给公民的生命、健康和公私财产安全造成了危害。因此,虽然行人和非机动车驾驶人在道路交通中

---

① 1979年刑法规定,交通肇事罪的主体为"从事交通运输的人员"。

属于相对的弱者,应给予特别的关照,但其违反交通管理法规发生交通事故,也危及了交通安全,理应依法按照交通肇事罪处罚。

——《刑事审判参考》(总第120辑)。

346 对运输货车自行滑坡造成他人死亡如何定性处理

关键词 | 交通肇事罪 | 死亡 | 因果关系 |

【最高人民法院审判业务意见】

有关部门就对运输货车自行滑坡造成他人死亡如何定性处理问题征求最高人民法院研究室意见。最高人民法院研究室经研究认为:

行为人严重超载与事故发生之间如有因果关系,行为人的行为已符合交通肇事罪的构成,但考虑到本案发生具有一定的偶发性,如通过民事赔偿能够化解矛盾,被害方不坚持追诉,也可不追究行为人的刑事责任。如行为人严重超载与事故发生之间不能认定存在因果关系,则应认定为意外事件。

——黄应生、刘涛:《最高人民法院研究室关于对运输货车自行滑坡造成他人死亡如何定性处理问题的研究意见》,载最高人民法院研究室编著:《司法研究与指导》(总第2辑),人民法院出版社2012年版,第102页。

347 交通肇事罪与故意杀人罪的区别

关键词 | 交通肇事罪 | 故意杀人罪 | 主观方面 |

【最高人民法院公报案例】

陈孙铭交通肇事抗诉案(最高人民法院再审)

要旨:被告人违反交通法规,酒后高速驾驶摩托车,为逃避检查逆行冲关,以致发生将突然跑至公路中间拦截违章行车的执勤武警战士撞伤致死的严重后果,经具体分析无法认定其对发生将武警撞死的严重后果事先在主观上持明知或者放任的心理态度,故其行为构成交通肇事罪,而非故意杀人罪。

被告人陈孙铭实施从当时无人无车的逆行车道上冲关的行为是故意的,其故意的内容是为了逃避检查和扣车;陈孙铭当时无法预料到游希良会突然出现在逆行车道上进行拦截,在他发现后,车速和距离已经决定了相撞是不可避免的。因此,无法认定陈孙铭对发生将游希良撞死的严重后果事先在主观上持有明知或者放任的心理态度。

原审被告人陈孙铭违反交通法规，酒后高速驾驶摩托车，为逃避检查逆行冲关，以致发生将突然跑至公路中间拦截违章行车的执勤武警战士撞伤致死的严重后果，其行为构成交通肇事罪，且情节特别恶劣。福建省高级人民法院依照1979年刑法第一百一十三条的规定对陈孙铭定罪量刑，并无不当，应予维持。最高人民检察院认为陈孙铭的行为构成故意杀人罪的抗诉理由不能成立，不予采纳。

——《最高人民法院公报》1999年第4期。

348 吸毒后驾驶机动车致使发生交通事故的，如果行为人主观上不希望或者放任危害结果发生的，应当定性为交通肇事罪，致使多人死伤的属于“其他特别恶劣情节”

关键词|交通肇事|毒驾|其他特别恶劣情节|

【最高人民法院参考案例】

张超泽交通肇事案(《刑事审判参考》案例第918号)

要旨：被告人吸毒后驾驶机动车致使发生交通事故的，结合本案证据认定被告人主观上系过失，客观行为属于交通肇事，应当认定为交通肇事罪。吸毒后驾驶致多人死伤的行为认定为“其他特别恶劣情节”。

(一)对于吸食毒品后驾驶机动车发生重大交通事故的行为，应当结合具体案情进行定性分析。交通肇事罪、过失以危险方法危害公共安全罪、以危险方法危害公共安全罪均被规定在刑法分则第二章，侵害的客体均是公共安全。一般违反交通法规的驾驶行为，如超速、闯红灯、逆向行驶等，虽具有一定的危险性，但与放火、决水、爆炸、投放危险物质等危险方法相比，在侵害对象的范围、危害后果的严重程度上存在明显区别，此类违规驾驶行为往往具有一定的可控性，故发生交通事故的一般构成交通肇事罪。但吸毒后驾驶机动车(以下简称“毒驾”)、醉酒驾驶机动车(以下简称“醉驾”)因驾驶员处于高度兴奋或者疲惫的不清醒状态，有的甚至出现严重意识障碍、行为失控，其对车辆的操控能力大大减弱，交通事故发生的可能性、危及范围、后果的严重程度均处于不可控的状态，故容易成为与放火、决水、爆炸、投放危险物质等程度相当的危险方法。毒驾、醉驾发生重大事故的案件，对行为人的定性往往需要在交通肇事罪、过失以危险方法危害公共安全罪、以危险方法危害公共安全罪三者中作出辨析。既要从客观上进行审查分析，也要从主观上进行审查分析。如果行为人在意志状态上系反对、否定态度，即罪过形式系过失，则同时符合过失以危险方法危害公共安全罪和交通肇事罪的构成特征，因二者系一般条款与特别条款的关系，故以交通肇事罪定罪更为妥当；如果行为人在意志状态系放任态度，即罪过形式系间接故意，则构成以危险方法危害公共安全罪；如果行为人在意志状态上系希望态度，即罪过形式系直接故意，则需要判断行为对象是否特定以及是否危害公共安全，在故意杀人罪、故意伤害罪与以危险方法危害公共安全罪等罪中进行辨析。

本案争议的焦点在于，被告人张超泽的行为是构成交通肇事罪还是以危险方法危害公共安全罪。我们认为，根据本案的事实和证据，并结合相关刑法理论和司法实践，张超泽对交通事故的发生在意志状态上系反对、否定态度，即罪过形式为过失，其行为构成交通肇事罪。

（二）吸毒后驾驶机动车交通肇事造成特别严重后果的，属于刑法第一百三十三条规定的"其他特别恶劣情节"。刑法第一百三十三条对交通肇事罪规定了三个不同的量刑幅度，其中交通运输肇事后逃逸或者有其他特别恶劣情节的，处三年以上七年以下有期徒刑。《最高人民法院关于审理交通肇事刑事案件具体应用法律若干问题的解释》（以下简称《解释》）第四条对"其他特别恶劣情节"列举了三种情形：一是死亡二人以上或者重伤五人以上，负事故全部或者主要责任的；二是死亡六人以上，负事故同等责任的；三是造成公共财产或者他人财产直接损失，负事故全部或者主要责任，无能力赔偿数额在六十万元以上的。本案中，被告人张超泽吸毒后在繁华路段驾车冲撞多车、多人，造成了一人死亡、五人轻伤、七人轻微伤的严重后果，社会影响恶劣，但并不在《解释》规定的上述三种情形之列。在此情况下，能否认定张超泽的行为属于"其他特别恶劣情节"，存在一定争议。有观点认为，《解释》第四条没有设置兜底条款，故除了该条列举的上述三种情形外，均不属于交通肇事罪"其他特别恶劣情节"。我们认为，对"其他特别恶劣情节"的把握，要采取原则性与灵活性相统一的原则。

第一，从《解释》第四条的规定看，并未绝对排除该条规定之外的其他情形属于"其他特别恶劣情节"。司法解释是对如何适用法律的进一步明确，既涉及对概念性术语的界定，又涉及对一些具体情节的细化，应当区分司法解释的对象，准确把握其内涵和精神。以《解释》第三条规定为例："'交通运输肇事后逃逸'，是指行为人具有本解释第二条第一款规定和第二款第（一）至（五）项规定的情形之一，在发生交通事故后，为逃避法律追究而逃跑的行为。"该条对"交通运输肇事后逃逸"的解释，就属于概念界定，内容十分明确。而《解释》第四条规定"交通肇事具有下列情形之一的，属于'有其他特别恶劣情节'"。这种列举式的表述方式则相对灵活，对于符合《解释》列举的三种情形之一的，应当认定为"有其他特别恶劣情节"，而对其他情形是否属于"其他特别恶劣情节"，《解释》则未作出排除性或者禁止性规定。故判断其他情形是否属于"其他特别恶劣情节"，可以依照刑法和《解释》规定的精神,结合具体案情作出判断。

第二,从《解释》第二条规定的精神看,应当将吸毒后驾驶致多人死伤的行为认定为“其他特别恶劣情节”。《解释》第二条第一款规定,致一人死亡或者三人以上重伤,负事故全部或者主要责任的,构成交通肇事罪。同时,该条第二款规定,交通肇事致一人以上重伤,负事故全部或者主要责任,并具有该款列举的六种情形之一的,亦构成交通肇事罪。其中,第(一)项即是“酒后、吸食毒品后驾驶机动车辆的”,说明《解释》在交通肇事罪的入罪标准上,区分了一般情形和毒驾等特殊情形。根据这一规定精神,在量刑上也应区分不同情形确定从严处罚的尺度。一般情况下“死亡二人以上或者重伤五人以上,负事故全部或者主要责任的”属于“其他特别恶劣情节”,那么,对于具有毒驾情节的,可比照该项规定适当降低致人伤亡的程度。如果毒驾肇事致一人以上死亡、多人受伤的,就可以考虑认定为“其他特别恶劣情节”。

——《刑事审判参考》(总第94辑)。

349 交通肇事案中自首的认定

关键词｜交通肇事罪｜肇事逃逸｜自动投案｜自首｜

【最高人民法院司法文件】

一、关于“自动投案”的具体认定

……

交通肇事后保护现场、抢救伤者,并向公安机关报告的,应认定为自动投案,构成自首的,因上述行为同时系犯罪嫌疑人的法定义务,对其是否从宽、从宽幅度要适当从严掌握。交通肇事逃逸后自动投案,如实供述自己罪行的,应认定为自首,但应依法以较重法定刑为基准,视情决定对其是否从宽处罚以及从宽处罚的幅度。

……

——《最高人民法院关于处理自首和立功若干具体问题的意见》(2010年12月22日,法发〔2010〕60号)。

【链接:理解与适用】

三、“自动投案”的具体认定

(四)交通肇事罪的自首

交通肇事后保护现场、抢救伤者、向公安机关报告的,能否认定为自动投案?实务界和学界均存在很大争议。在《意见》制定过程中也有不同意见,亟须明确规范。

认为此情形不能认定为自首的理由是：(1)道路交通安全法第七十条明确规定保护现场、抢救伤者、向公安机关报告是犯罪嫌疑人的法定义务，既然是履行法定义务，就不应当再重复评价。(2)刑法第一百三十三条对交通肇事罪规定了三种情形的量刑幅度，其中对未逃逸的情形规定了较轻的法定刑，对逃逸的情形特别规定了较重的法定刑，刑法没有任何一种犯罪因行为人逃逸即规定加重处罚，表明刑法也认为交通肇事犯罪嫌疑人保护现场、抢救伤者、向公安机关报告是其法定义务，不是自首，不需要给予自首从轻或者减轻处罚的待遇；相反，如不履行法定义务，应加重处罚。(3)对犯罪嫌疑人履行法定义务的行为不认定为自首，不必然引发鼓励肇事者逃逸的负面效果，司法实践中，有不少地方如浙江省正式规定此种行为不属自首，道路交通安全法第七十条规定依然执行得很好。这是因为逃逸与不逃逸行为的法定刑幅度完全不同，处罚结果差异较大。即使逃逸后又自首的，因为只能在更重的法定刑幅度内从宽，也不会出现量刑失衡。个别减轻处罚的，只要有特殊情形，也符合罪刑相适应原则。

认为此种情形应认定为自首的理由是：(1)道路交通安全法第七十条虽明文规定保护现场、抢救伤员、向公安机关报告是犯罪嫌疑人的法定义务，但与刑法上认定其为自动投案并不矛盾，后者是对前者的支持、鼓励。(2)如果否认交通肇事罪存在自首，而承认其他责任事故存在自首，明显会导致交通肇事罪与其他责任事故犯罪的不协调。(3)此情形认定为自首，有利于鼓励肇事者在最短时间内抢救伤者；反之，有可能助长逃逸行为，产生不良社会效果。(4)刑法第一百三十三条第一种量刑幅度内的不逃逸并不等于自动投案，实践中还存在诸多既未逃逸也未自动投案的情形。(5)自首是刑法总则规定的量刑制度，应对刑法分则个罪符合自首构成要件的情形普遍适用。

经研究，我们同意后一种意见。同时，为确保统一法律适用后有良好的导向和效果，将此情形规定为："交通肇事后保护现场、抢救伤者，并向公安机关报告的，应认定为自动投案，构成自首的，因上述行为同时系犯罪嫌疑人的法定义务，对其是否从宽、从宽幅度要适当从严掌握。交通肇事逃逸后自动投案，如实供述自己罪行的，应认定为自首，但应依法以较重法定刑为基准，视情决定对其是否从宽处罚和从宽处罚的幅度。"

——周峰、薛淑兰、孟伟：《〈关于处理自首和立功若干具体问题的意见〉的理解与适用》，载最高人民法院刑事审判第一、二、三、四、五庭主办：《刑事审判参考》（总第80辑），法律出版社2011年版，第167—180页。

【最高人民法院参考案例】

王友彬交通肇事案(《刑事审判参考》案例第697号)

要旨:被告人王友彬交通肇事后逃逸,后又主动到交警部门接受调查处理,如实供述其交通肇事罪行,应认定为自首。

被告人王友彬交通肇事后逃逸,十余小时后到交警部门接受调查,如实供述了其交通肇事的犯罪事实,是否构成自首?对此,审理过程中存在较大分歧。第一种意见认为,王友彬符合自首的法定条件,应认定为自首;第二种意见认为,王友彬主动投案后,否认肇事后逃逸,未如实供述罪行,不能认定为自首;第三种意见认为,交通肇事后逃逸不存在自首问题,如认定为自首,说明行为人没有逃避法律追究的主观目的,则不能认定为逃逸。

我们同意第一种意见,行为人交通肇事逃逸后主动投案,如实供述自己罪行,仍可成立自首情节,理由如下:

1. 刑法总则规定的自首制度,应对刑法分则各罪符合自首成立要件的情形普遍适用。按照刑法总则指导分则的原理,无论行为人交通肇事后是否逃逸,只要符合刑法总则第六十七条规定的自首成立要件,即自动投案、如实供述自己罪行两个要件,均可成立自首情节。

2. "交通肇事后逃逸"和"投案自首"是在两种主观故意支配下实施的两个独立行为,应分别进行法律评价。逃逸是行为人为逃避法律追究而实施的逃跑行为,自首是行为人出于本人意愿自动投案、如实供述罪行的行为,两者相互独立,互不影响。不能因为行为人肇事后逃逸而否定其事后投案自首,也不能因为其事后自首而推翻对其先前逃逸行为的认定。

3. 对自动投案、如实供述罪行的交通肇事逃逸者适用自首,有利于鼓励肇事者主动投案,悔过自新;同时,有利于在最短时间内查清事实、分清责任,及时赔偿被害方,使案件得以及时侦破、审结,节约司法资源,符合刑法立法本意。

基于此,2010年《最高人民法院关于处理自首和立功若干具体问题的意见》(以下简称《意见》)第一条第三款明确规定:"……交通肇事逃逸后自动投案,如实供述自己罪行的,应认定为自首。但应依法以较重法定刑为基准,视情决定对其是否从宽处罚以及从宽处罚的幅度。"

具体到本案,被告人王友彬交通肇事后逃逸,后又主动到交警部门接受调查处理,如实供述其交通肇事罪行,应认定为自首。需要指出的是,王友彬否认肇事后逃逸,不影响成立自首。根据2004年《最高人民法院关于被告人对行为性质的辩解是否影响自首成立问题的批复》的规定,行为人对行为性质的辩解不影响自首的成立。王友彬归案后对于自己交通肇事始终供认,只是对离开医院的目的、性质进行辩解，仍属如实供述罪行，不影响成立自首。

具体到量刑，根据《意见》第一条第三款的规定，被告人王友彬具有“交通肇事后逃逸”的法定加重情节，对其量刑时，应依法以较重法定刑为基准，在综合考察其犯罪情节、危害后果、主观恶性、人身危险性等因素的基础上，决定是否对其予以从宽处罚及从宽幅度。王友彬既有自首的法定情节，又有积极赔偿、取得被害人亲属谅解的酌定情节。根据 2010 年《最高人民法院关于贯彻宽严相济刑事政策的若干意见》第十七条、第二十三条的规定，对于自首的被告人，除了罪行极其严重、主观恶性极深、人身危险性极大，或者恶意利用自首规避法律制裁者以外，一般均应依法从宽处罚；对于积极赔偿被害人且取得谅解的，亦应作为酌定量刑情节予以考虑。因此，原审法院以较重法定刑为基准，决定对王友彬从宽处罚，既符合《意见》的有关规定，也符合宽严相济刑事政策的精神。

需要指出的是，王友彬逃离抢救场所的行为，并未致使被害人得不到救助而死亡，不符合《最高人民法院关于审理交通肇事刑事案件具体应用法律若干问题的解释》第五条规定的情形，不属“因逃逸致人死亡”，应适用三年以上七年以下有期徒刑作为基准刑。原审法院在此基础上对其减轻处罚是适当的。

——《刑事审判参考》（总第 80 辑）。

谭继伟交通肇事案（《刑事审判参考》案例第 696 号）

要旨：在交通肇事后留在现场，积极抢救伤者和财产，主动报警等候处理，如实供述罪行，应依法认定为自首。在此基础上，通过亲属积极赔偿被害方的经济损失，取得被害方谅解的，一般应予从宽处罚。

（一）交通肇事后报警并留在现场等候处理的，应认定为自动投案

1. 对交通肇事罪的行为人适用自首规定，是罪刑法定原则的当然要求，是刑法第三条规定的应有之义。罪刑法定原则要求对行为人定罪处刑要以刑法的明确规定为依据，刑法没有明确规定的，不得定罪处刑。这里定罪处刑当然包括定罪和处刑两个方面。不仅罪与非罪、此罪与彼罪的区分须有明确的法律依据，认定自首、立功等法定量刑情节也必须以法律的明文规定作为依据。根据刑法第一百零一条的规定，刑法总则适用于刑法分则，除非刑法分则有特殊规定。刑法总则并没有对适用刑法第六十七条关于自首的条件作出任何限制性规定，刑法第一百三十三条关于交通肇事罪的规定，也没有排除自首制度的适用。因此，刑法总则关于自首的规定是完全适用于刑法分则第一百三十三条交通肇事罪的。虽然道路交通安全法明确规定，肇事后停车报警、抢救伤员和财产、保护现场是肇事者的法定义务，但这只是行政法规对肇事者规定的行政法定义务，并不能成为成立刑法上自首的阻却理由，更不能因为多数肇事者事后履行行政法定义务的行为就否认其成立自首。

2. 对交通肇事罪的行为人适用自首规定,是刑法平等原则的必然要求。刑法的平等原则简单说就是在刑法面前人人平等,其重要内容之一就是平等地裁量刑罚。具体说就是,在犯罪性质、危害程度和行为人的人身危险性都相同的情况下,所处的刑罚也应当相同。就交通肇事者是否适用自首的规定,即是平等地裁量刑罚的问题。如果交通肇事者在肇事后积极救助伤者、及时报警、保护现场,并留在现场等候处理,到案后能如实供述,其行为符合了刑法关于自首成立的一般规定,就应当与构成自首条件的其他犯罪的行为人平等地被认定为自首。否则,对交通肇事者而言,就是不平等地适用法律,违反了刑法的平等原则。

3. 对交通肇事罪的行为人适用自首规定,体现了罪刑相适应原则。罪刑相适应,是指刑罚的轻重应当与犯罪分子所犯罪行和承担的刑事责任相适应。该原则要求对犯罪人量刑要以犯罪的危害程度以及犯罪人的人身危险性为尺度,其中包括两个方面:其一,犯罪行为本身的危害程度;其二,犯罪人的主观恶性。就交通肇事者而言,对其量刑,其一,要考虑其交通肇事本身的危害程度;其二,要考虑肇事者是否履行行政法规定的行政法定义务,在接受处理时是否如实供述等,肇事者的事后行为如果符合了自首的一般规定,说明其人身危险性有所减轻,就应对其予以正面积极的评价,认定其具有自首情节,量刑时也要予以考虑。只有将履行了行政法定义务的情况与不履行行政法定义务的情况区别对待,才能真正体现罪刑相适应原则。如此,还能确立良好的价值导向,鼓励肇事者事后积极施救,积极配合有关机关的处理,从而有效地防止危害后果的进一步扩大,节约司法成本。反对交通肇事适用自首制度的学者指出,刑法第一百三十三条对交通肇事罪规定了三档法定刑,其中第二档专门适用于交通肇事后逃逸和具有恶劣情节的交通肇事罪。交通肇事后逃逸的,适用第二档法定刑,交通肇事后不逃逸的才适用第一档法定刑。该观点认为,所谓交通肇事后不逃逸,其实就是主动报警、保护现场、等候处理或者护送被害人去医院。可见,从逻辑上分析,立法原意本来就没有把肇事后主动报警的行为按自首处理,而是隐含在较轻的量刑幅度处理。该观点将不逃逸解释为自首,明显不当。因为不逃逸并不等于自首,其间存在诸多中间形态。比如,肇事后既没有主动报警,也没有保护现场和救助被害人,仅仅留在现场,事后也不如实供述自己罪行,这既不是逃逸,也不是自首。如果将这种既不逃逸也不报警的情况,或者报警后不如实供述的情况,与肇事后主动报警、保护现场、等候处理和如实供述的情况都适用第一档法定刑,不仅违背了罪刑相适应原则,还违背了平等原则。

4. 对交通肇事罪的行为人适用自首规定,不违背禁止重复评价原则。重复评价,是指同一个量刑情节被重复利用了两次。那种认为在交通肇事案件中,肇事者在事故发生后主动报告公安机关,是其应当履行的法定义务,而不能认定为自首的观点是不正确的。首先,交通肇事后的法定义务是在道路交通安全法中规定的,在刑法中被规定为法定从轻情节，并不违反禁止重复评价原则。其次，履行行政法定义务与自首并非等同关系，最为明显的是，行为人虽然保护现场、抢救伤者并报警，但并不承认自己是肇事者即不如实供述自己罪行的，纵然履行了行政法定义务，也不符合自首条件，既然并非等同，就不存在重复评价的问题。换言之，不履行道路交通安全法规定的行政法定义务，所承担的是行政法的法律后果，履行此行政法定义务，虽然可以避免在行政法上承担更为严重的责任，但并没有成为行政处罚的从轻、减免情节。所以，在刑事审判过程中，依据刑法认定其自首，并不与行政法重复评价。

2010 年 12 月 22 日《最高人民法院关于处理自首和立功若干具体问题的意见》（以下简称《意见》）也明确规定，交通肇事后保护现场、抢救伤者，并向公安机关报告的，应认定为自动投案，到案后如实供述自己的犯罪行为的，应当认定为自首，只是在量刑时应考虑到上述行为同时系犯罪嫌疑人的法定义务，对其是否从宽、从宽幅度要适当从严掌握。《意见》再次肯定了交通肇事犯罪案件中，如果肇事者在事故发生后没有逃逸，保护现场，抢救伤者和财产，主动向公案机关报案或自动投案，并如实供述自己的罪行的，应当依法认定为自首。该《意见》还明确规定，交通肇事逃逸后自动投案，如实供述自己罪行的，也应认定为自首，但在量刑时，应依法以较重法定刑为基准刑，视情况决定对其是否从宽处罚以及从宽处罚的幅度。

司法实践中，以下几类交通肇事后报警，并在现场等候处理的行为，均应认定为自首：(1)交通肇事后，立即报警，保护现场、抢救伤员和财产，归案后又如实供述自己罪行的；(2)交通肇事后，委托他人代为报警，自己忙于保护现场、抢救伤员和财产，归案后又如实供述自己罪行的；(3)交通肇事后，明知他人已经报警，自己在现场等候交警部门处理，归案后又如实供述自己罪行的。

（二）行为人在交通肇事后自首的，且通过亲属积极赔偿被害方的经济损失，取得被害方谅解的，一般应予从宽处罚

《最高人民法院关于贯彻宽严相济刑事政策的若干意见》第一条规定，贯彻宽严相济刑事政策，要根据犯罪的具体情况，实行区别对待，做到该宽则宽，当严则严，宽严相济，罚当其罪。第十七条和第二十三条进一步规定，对于自首的被告人，除了罪行极其严重、主观恶性极深、人身危险性极大，或者恶意地利用自首规避法律制裁者除外，一般均应当依法从宽处罚；被告人案发后对被害人积极进行赔偿，并认罪、悔罪的，依法可以作为酌定量刑情节予以考虑，犯罪情节轻微，取得被害人谅解的，可以依法从宽处理。本案中，被告人谭继伟在驾车行驶过程中，违反道路交通管理法规，造成致一人死亡的重大交通事故，且负事故主要责任，其行为已构成交通肇事罪，依法判处其有期徒刑一年零六个月。但没有认定被告人谭继伟在

交通肇事后,积极报警施救并接受交警处理的行为构成自首。二审法院经审理查明,认为该行为构成自首;同时,在二审审理过程中,谭继伟的亲属与被害人的亲属达成了和解协议,赔偿了被害人经济损失人民币二十万元,取得了被害人亲属的谅解,被害人亲属也请求法院对谭继伟从轻处罚。综上,二审法院认为,谭继伟交通肇事后,有自首情节,可以对其从轻处罚;谭继伟在庭审中,认罪态度好,并真诚悔罪,通过其亲属积极赔偿被害人的经济损失,可以酌情对其从轻处理。于是,二审法院撤销了一审法院的判决,以谭继伟犯交通肇事罪,判处有期徒刑一年,缓刑一年零六个月。综合本案的犯罪性质、情节、危害后果及行为人的主观恶性、人身危险性以及犯罪后的悔罪表现,根据宽严相济的刑事政策,对犯罪分子适用缓刑确实不致再危害社会的,可以宣告缓刑。因此,二审法院对谭继伟适用缓刑是适当的。

——《刑事审判参考》(总第 80 辑)。

350 交通肇事罪的量刑

关键词｜交通肇事罪｜量刑｜

【最高人民法院司法文件】

(一)交通肇事罪

1. 构成交通肇事罪的,根据下列不同情形在相应的幅度内确定量刑起点:

(1)致人重伤、死亡或者使公私财产遭受重大损失的,在二年以下有期徒刑、拘役幅度内确定量刑起点。

(2)交通运输肇事后逃逸或者有其他特别恶劣情节的,在三年至五年有期徒刑幅度内确定量刑起点。

(3)因逃逸致一人死亡的,在七年至十年有期徒刑幅度内确定量刑起点。

2. 在量刑起点的基础上,根据事故责任、致人重伤、死亡的人数或者财产损失的数额以及逃逸等其他影响犯罪构成的犯罪事实增加刑罚量,确定基准刑。

3. 构成交通肇事罪的,综合考虑事故责任、危害后果、赔偿谅解等犯罪事实、量刑情节,以及被告人的主观恶性、人生危险性、认罪悔罪等因素,决定缓刑的适用。

——《最高人民法院、最高人民检察院关于常见犯罪的量刑指导意见(试行)》(2021 年 7 月 1 日,法发〔2021〕21 号)。

七、危险驾驶罪和妨害安全驾驶罪

351 危险驾驶罪认定

关键词｜危险驾驶罪｜犯罪构成｜

【链接：理解与适用】

（一）犯罪客体

危险驾驶罪侵犯的客体是道路运输的正常秩序和公共安全。近年来，危险驾驶行为呈现高发、多发态势，违反了道路运输法律法规，侵害了道路运输的正常秩序，而且对道路上其他不特定多数人的生命健康和财产安全具有较大的抽象危险性。此种抽象危险若转化为现实危害，将会给社会和广大人民群众的生命、健康、财产造成严重危害。为了更好地实现刑法的预防功能，刑法实现防线前移，将危险驾驶机动车这种原本由行政管理手段调整的违法行为规定为犯罪，以加强对民生的保护。

（二）犯罪客观方面

危险驾驶罪的客观方面表现为在道路上驾驶机动车追逐竞驶，情节恶劣，或者在道路上醉酒驾驶机动车，或者从事校车业务或者旅客运输，严重超过额定乘员载客，或者严重超过规定时速行驶，或者违反危险化学品安全管理规定运输危险化学品，危及公共安全的行为。根据道路交通安全法第一百一十九条的规定，"道路"是指公路、城市道路和虽在单位管辖范围但允许社会机动车通行的地方，包括广场、公共停车场等用于公众通行的场所。因此，各单位，如校园、小区里允许社会机动车通行的道路都应当认定为"道路"。"机动车"，是指以动力装置驱动或者牵引，上道路行驶的供人员乘用或者用于运送物品以及进行工程专项作业的轮式车辆。需要注意的是，根据国家有关规定，机动车不限于汽车，还包括摩托车和农用车等，但电动自行车等不在其中。特别是，超过国家限速和自重的"超标"电动自行车①是否属于"机动车"，理论界和实务界有不同认识。我们认为，在相关行政法规明确将"超标"电动自行车规定为机动车，并按照机动车的要求进行管理之前，不宜认定"超标"电动自行车属于"机动车"。

---

① 道路交通安全法第五十八条规定："残疾人机动轮椅车、电动自行车在非机动车道内行驶时，最高时速不得超过十五公里。"但从实践来看，电动自行车的最高时速设计时远远超过了十五公里，实际行驶时也难以限制在时速十五公里的范围内。

本罪在客观方面具体可分为四种情形：(1)追逐竞驶，情节恶劣的。需要注意的是，为了限制入罪范围，秉持刑法的谦抑性，刑法将此种情形构成犯罪限制为情节恶劣，一般的追逐竞驶行为尚不构成犯罪。(2)醉酒驾驶机动车的。酒后、醉酒驾驶机动车是导致交通事故的重要危险因素之一。刑法将在道路上醉酒驾驶机动车的行为规定为犯罪，以更为有效地惩治和预防醉酒驾驶行为。(3)从事校车业务或者旅客运输，严重超过额定乘员载客，或者严重超过规定时速行驶的行为。从事校车业务或者旅客运输，不仅涉及自载乘客的安全，还涉及道路上其他参与者的安全，需要予以特别保护。而从实践来看，超过额定成员载客和超过时速行驶是导致校车、客运事故的主要原因。因此，刑法将在道路上从事客运业务，严重超过额定乘员载客，或者严重超过规定时速行驶的行为规定为犯罪。(4)违反危险化学品安全管理规定运输危险化学品，危及公共安全的行为。危险化学品具有毒害、腐蚀、爆炸、燃烧、助燃等性质，对于危险化学品的运输必须符合相应的安全管理规定，以免危及公共安全。为进一步规范在道路上运输危险化学品的行为，刑法将违反危险化学品安全管理规定运输危险化学品，危及公共安全的情形规定为犯罪。

(三)犯罪主体

危险驾驶罪的主体为一般主体，凡已满16周岁且具有刑事责任能力的自然人均可以构成本罪主体。实践中主要是机动车驾驶人员。根据修正后刑法第一百三十三条之一第二款的规定，机动车所有人、管理人对从事校车业务或者旅客运输严重超载超速、违反规定运输危险化学品危及公共安全的行为负有直接责任的，也可以成立危险驾驶罪。

(四)犯罪主观方面

危险驾驶罪的主观方面由故意构成，既可以是直接故意，也可以是间接故意。

——最高人民法院研究室、最高人民法院刑法修改工作小组办公室编著：《〈刑法修正案(九)〉条文及配套司法解释理解与适用》，人民法院出版社2015年版，第119—122页。

352 醉酒驾驶机动车的认定

关键词｜醉酒驾驶｜危险驾驶罪｜

【最高人民法院司法文件】

一、在道路上驾驶机动车，血液酒精含量达到80毫克/100毫升以上的，属于醉酒驾驶机动车，依照刑法第一百三十三条之一第一款的规定，以危险驾驶罪定罪处罚。

前款规定的“道路”“机动车”，适用道路交通安全法的有关规定。

——《最高人民法院、最高人民检察院、公安部关于办理醉酒驾驶机动车刑事案件适用法律若干问题的意见》（2013年12月18日，法发〔2013〕15号）。

【链接：理解与适用】

（一）关于如何认定在道路上醉酒驾驶机动车

经研究，危险驾驶罪属于行政犯，如果没有特别需要扩张或者限制解释的理由，对概念性法律术语的规定应与其所依附的行政法规保持一致。据此，《意见》第一条对“醉酒”“道路”“机动车”作了界定。

1. 关于“醉酒”的认定标准

2004年5月31日，国家质量监督检验检疫总局发布的强制性国家标准《车辆驾驶人员血液、呼气酒精含量阈值与检验》（GB19522-2004）规定，车辆驾驶人员血液中的酒精含量大于或者等于80毫克/100毫升的驾驶行为，属于醉酒驾车。2011年7月1日施行的修订后《车辆驾驶人员血液、呼气酒精含量阈值与检验》（GB19522-2010，以下简称《国标》）继续沿用这一标准。办理醉酒驾驶机动车刑事案件，是否应以血液酒精含量80毫克/100毫升作为入罪标准？经研究，血液酒精含量80毫克/100毫升是根据我国驾驶人员生理特点，经过大量调查研究、多方论证的结果，具有较强的科学性，且实践操作多年，已得到社会广泛认可，可以采用。故《意见》第一条第一款规定，在道路上醉酒驾驶机动车，血液酒精含量达到80毫克/100毫升的，属于醉酒驾驶机动车。

——高贵君、马岩、方文军、曾琳：《〈关于办理醉酒驾驶机动车刑事案件适用法律若干问题的意见〉的理解与适用》，载《人民司法·应用》2014年第3期。

353 醉酒驾驶认定的依据

关键词｜醉酒驾驶认定｜危险驾驶罪｜

【最高人民法院司法文件】

五、公安机关在查处醉酒驾驶机动车的犯罪嫌疑人时，对查获经过、呼气酒精含量检验和抽取血样过程应当制作记录；有条件的，应当拍照、录音或者录像；有证人的，应当收集证人证言。

六、血液酒精含量检验鉴定意见是认定犯罪嫌疑人是否醉酒的依据。犯罪嫌疑人经呼气酒精含量检验达到本意见第一条规定的醉酒标准，在抽取血样之前脱逃的，可以以呼气酒精含量检验结果作为认定其醉酒的依据。

犯罪嫌疑人在公安机关依法检查时，为逃避法律追究，在呼气酒精含量检验或者抽取血样前又饮酒，经检验其血液酒精含量达到本意见第一条规定的醉酒标准的，应当认定为醉酒。

——《最高人民法院、最高人民检察院、公安部关于办理醉酒驾驶机动车刑事案件适用法律若干问题的意见》（2013 年 12 月 18 日，法发〔2013〕15 号）。

【链接：理解与适用】

（五）关于对公安机关办理醉酒驾驶机动车刑事案件调查取证的要求

公安部于 2011 年 9 月 19 日发布了《关于公安机关办理醉酒驾驶机动车犯罪案件的指导意见》（公交管〔2011〕190 号，以下简称《公安机关办理醉驾案件意见》），已对公安机关办理醉酒驾驶机动车刑事案件的调查取证程序作了详细规定，故《意见》第五条仅概括地强调了对查获经过、呼气酒精含量检验和血样抽取、证人证言等重要证据的收集要求。在《意见》起草过程中，有的部门提出，为促进公安机关全面、客观收集证据，建议规定对查获经过、呼气酒精含量检验和抽取血样过程必须拍照、录音或者录像。经研究，有的地方执法人员不具备随身携带照相、录音或者录像设备的条件，如临时发现醉酒驾驶机动车嫌疑并查处的，难以做到同步拍照、录音或者录像，故该条仅规定“有条件的，应当拍照、录音或者录像”，未要求一律这么做。

（六）关于认定犯罪嫌疑人、被告人醉酒的依据

《国标》规定了四种检测驾驶人员是否酒后驾驶的方法，即呼气酒精含量检验、血液酒精含量检验、唾液酒精检测、人体平衡试验。其中，呼气酒精含量按 1∶2200 的比例换算成血液酒精含量；对不具备呼气或者血液酒精含量检验条件的，应进行唾液酒精定性检测或者人体平衡试验评价驾驶能力。上述四种方法是否均适用于办理醉酒驾驶机动车刑事案件，是《意见》需要明确的问题。

经研究，唾液酒精检测一般作为定性检测。人体平衡试验虽考虑了驾驶人员对酒精耐受力的个体差异，但可能受试验人员主观判断的影响，易产生争议，均不适合作为认定醉酒驾驶犯罪的检验方法。呼气酒精含量检验相较唾液酒精定性检测和人体平衡试验，检验方法和结果更为科学、客观。但实践表明，呼气酒精含量检测结果会受到口腔酒精、吹气技术、呼出气体温度、周围环境温度湿度等主客观因素的影响，且呼出气体酒精含量检测仪在不同地域使用时稳定性不同，一些检测仪精确度不够高，特别是测出的数值处于临界点时易受到质疑，故多在酒驾初查时使用。相较而言，血液酒精含量检验被证明是四种检测方法中最精准的方法。《公安机关办理醉驾案件意见》规定，交通民警在检查中发现机动车驾驶人有酒后驾驶机动车嫌疑的应当立即进行呼气酒精测试，对涉嫌醉酒驾驶机动车的应当立即提

取血样，送交县级以上公安机关检验鉴定机构或者其他具备资格的检验鉴定机构检验。据此，《意见》第六条第一款规定血液酒精含量检验鉴定意见是认定犯罪嫌疑人是否醉酒的依据。同时规定，犯罪嫌疑人在抽取血样前脱逃的可以作为例外，以呼气酒精含量检验结果作为认定其醉酒的依据。主要考虑是，呼气酒精含量检验存在一定的误差，一般不宜作为认定犯罪嫌疑人、被告人醉酒的依据，但犯罪嫌疑人脱逃的，其应当承担脱逃行为带来的不利后果。此外，对于犯罪嫌疑人系特殊体质不适合抽取血样作血液酒精含量检验的，也可以以呼气酒精含量检验结果作为认定其醉酒的依据。因这种情况较为少见，故《意见》未专门作出规定。

在《意见》起草过程中，有的部门建议，实践中有的犯罪嫌疑人为逃避法律追究，在检查时当场饮酒，《意见》可明确规定以其饮酒后的血液酒精含量检验结果作为认定其醉酒的依据。但也有部门提出，虽然从常情分析，如果犯罪嫌疑人没有醉酒驾驶，其没有必要在检查时饮酒，但若以此为依据，无法证明犯罪嫌疑人驾车时血液酒精含量已经达到80毫克/100毫升以上的醉酒状态，有推定犯罪之嫌。经研究，《意见》采纳了第一种意见。主要理由有两点：第一，醉驾入刑的目的是加大对醉酒驾驶机动车行为的惩罚力度，有效防范风险，如果犯罪嫌疑人醉酒驾驶后可以此方法逃避法律追究，将会产生不良示范效应，不利于对社会安全和公众利益的保护。第二，犯罪嫌疑人停车接受公安机关执法检查时，属于被迫、非正常停驶，法律上可以拟制为仍处于驾驶状态，其在此期间饮酒的，仍可视为在驾驶时饮酒，其饮酒后血液酒精含量达到80毫克/100毫升以上的，可以认定为醉酒驾驶机动车。因此，即便犯罪嫌疑人在检查前的实际血液酒精含量未达到80毫克/100毫升，其也应当承担在检查时饮酒带来的不利后果。

需要说明的是，在极个别情况下，即使没有血液酒精含量鉴定意见、呼气酒精含量检验结果，也可认定犯罪嫌疑人醉酒驾车。例如，犯罪嫌疑人在发生交通事故后逃跑，导致血液中无法检出酒精含量值，或者检出的酒精含量值未达80毫克/100毫升的，如果确有其他确实、充分的证据证明犯罪嫌疑人在驾车前大量饮酒，通过侦查实验等方式能证明犯罪嫌疑人驾驶时的血液酒精含量足以达到80毫克/100毫升以上的，也可以依法认定醉酒驾驶。但这种做法属于例外情况，不是常态，更不能据此认为办案中可以不进行血液酒精含量检验。

——高贵君、马岩、方文军、曾琳：《〈关于办理醉酒驾驶机动车刑事案件适用法律若干问题的意见〉的理解与适用》，载《人民司法·应用》2014年第3期。

【最高人民法院参考案例】

孙林海危险驾驶案（《刑事审判参考》案例第958号）

要旨：血液酒精含量检验鉴定意见是认定行为人是否处于醉酒状态的关键依

据,行为人拒绝交警配合检测的不利后果由行为人承担。

(一)血液酒精含量检验鉴定意见是认定行为人是否处于醉酒状态的关键依据。醉酒驾驶,是指在醉酒状态下在道路上驾驶机动车的行为。根据《车辆驾驶人员血液、呼吸酒精含量阈值与检验》的规定,车辆驾驶人员血液中的酒精含量大于或者等于80毫克/100毫升的,属于醉酒驾驶。《意见》第一条沿用了这一数值标准。从刑法规定分析,醉酒驾驶是否构成犯罪不需要司法人员判断醉酒行为是否具有现实的公共危险,只要行为人处于醉酒状态即可构成犯罪。实践中,交警部门采取的酒精检测主要包括两种形式:呼气酒精含量检测与血液酒精含量检测。在处理醉驾问题时,通常会对驾驶人员先进行呼气酒精含量检验,如果呼气检验结果达到或者接近醉酒标准,再对驾驶人员进行血液酒精含量检验。《意见》第六条第一款规定:"血液酒精含量检验鉴定意见是认定犯罪嫌疑人是否醉酒的依据。"该条规定包含三点含义:(1)认定行为人构成醉驾的基础为血液酒精含量检验鉴定意见。(2)血液酒精含量检验鉴定意见的实体、程序均应合法有效。若因存在非法内容而被法院排除,不能定罪。(3)呼气酒精含量检测结果与血液酒精含量检验鉴定意见存在冲突时,应当以后者为准。

(二)行为人拒绝配合执法,实施不利于自身的行为而产生的法律后果应当自行承担。醉驾入刑以来,执法、司法机关对醉驾行为"零容忍"的打击力度极大地增加了刑法的威慑力,即使是心存侥幸而酒后驾车之人对于被查的后果也往往心知肚明。因此,实践中为逃避处罚,常常会出现五花八门的拒绝配合甚至阻挠交警正常执法的行为。具体来看,主要包括以下几类:第一,逃避酒精检测,如将自己锁在车内、弃车逃跑等;第二,在进行呼气酒精检测时不配合,拒绝进行呼气酒精检测;第三,在进行呼气酒精检测之后通过逃跑等方式逃避血液酒精含量检测;第四,在进行相应酒精检测时通过故意饮酒等方式破坏检测结果。本案中,被告人孙林海也多次阻挠交警对其进行酒精含量检测:在交通事故现场不配合交警进行呼气酒精检测;当被带至交警中队之后,仍然采取多种手段拒绝进行呼气酒精检测,又在呼气酒精检测完毕之后逃离;在被抓获之后,当血液酒精检验鉴定意见明确其已经达到醉驾标准时,一方面要求重新鉴定,另一方面还辩称曾在逃离交警中队的途中喝酒御寒,提出该血液酒精含量鉴定不能作为证据使用。对于行为人拒绝配合执法,实施不利于其自身的行为,从而产生的法律后果应当由行为人承担。

——《刑事审判参考》(总第97辑)。

王树宝危险驾驶案(《刑事审判参考》案例第903号)

要旨:对未当场查获被告人醉酒驾驶机动车且被告人系"零口供"的案件,应当综合证据分析判断查明被告人醉酒驾驶的事实。

醉酒驾驶机动车刑事案件多因公安机关交通管理部门在道路上设卡检查、临时抽查而案发，或者因被告人醉酒驾车发生交通事故后紧急报警而案发。由于此类案件多系当场查获，被告人一般对醉酒驾车犯罪事实予以供认。但对于未当场查获的醉酒驾车案件，可能存在被告人拒不供认犯罪事实的"零口供"情形。本案被告人王树宝系在停车之后与他人发生纠纷，因群众报警而案发。王树宝到案后，始终作无罪辩解，称其系在饮酒之前驾车到现场。王树宝的妻子随车同行，目睹整个案发经过，亦作出相同内容的证言。对于此类"零口供"案件，如何根据其他证据认定被告人醉酒驾驶机动车的犯罪事实，我们认为，可以从以下三个方面入手进行审查：

（一）审查有无证明案件犯罪事实的直接证据

直接证据是能够单独、直接证明案件主要事实的证据。由于直接证据不需要经过中间环节，也无须借助其他证据进行逻辑推理即可直观证明案件的主要事实，故有较强的证明力。醉酒驾驶机动车刑事案件常见的直接证据有：被告人承认其在道路上醉酒驾驶机动车的有罪供述、目睹被告人醉酒驾车经过的证人证言、因被告人醉酒驾车而遭受损害的被害人陈述、证实被告人醉酒驾车经过或者当场查获经过的录音、录像资料等。本案中，王树宝虽然拒不供认醉酒驾车，但有目击证人证言及王树宝的辨认笔录等直接证据证实其属于醉酒状态驾车行驶。（1）在案发现场洗车店排队洗车的证人顾某、陈某、张某的证言和洗衣店老板曹某的证言均证实，王树宝驾驶车牌号为苏 A91078 的出租车从黄家圩路由北向南行驶，掉头停到洗车店对面马路，随后王树宝下车辱骂并殴打曹某。当时王树宝满嘴酒气，口齿不清，还打拉架的人。顾某、陈某立即打电话报警，随后赶到洗衣店的民警将王树宝当场抓获。（2）证人陈某、张某和被害人曹某均混合辨认出王树宝系驾驶出租车的司机。虽然这些都是言词证据，难免受人的主观因素影响，但上述证人所述细节均能相互印证，一致证实王树宝驾驶出租车在道路上行驶，以及停车、下车、发生纠纷直至被抓获的全过程，证明力较强。（3）上述证人均还证实，王树宝开车、停车、下车的行为具有连续性，其间并未穿插王树宝辩称的停车之后饮酒的行为，且王树宝下车时已是满嘴酒气、口齿不清，呈现醉酒状态。综合上述直接证据，足以认定王树宝醉酒驾驶的犯罪事实。

（二）审查有无证明案件主要事实、情节的间接证据

间接证据虽然不能直接、单独证明案件的主要事实，但能够证明案件事实的某种情况或者与主要事实有关联的一些情节，因此，有必要予以重点审查。经审查，本案收集到的间接证据比较充分：（1）调取的苏 A91078 号出租车运行 GPS 定位系统记录和报警平台记录证实，该车于案发当日 4 时 43 分开始从南京市下关区和燕路小市街路口出发，4 时 47 分行驶至下关区黄家圩 32 号洗车店的对面停车，此后

该车停靠在路边再未行驶,4 时 52 分群众拨打报警电话。GPS 定位系统记录和报警平台记录属于书证,证明力较强,如实反映了出租车在道路上行驶的路线、时间等基本事实,以及发生纠纷、群众报警的时间。该间接证据证实,王树宝在洗衣店对面停车与其在洗衣店发生纠纷后群众报警的时间仅相距五分钟,在如此短的时间内完成大量饮酒、呈现醉酒状态、与他人发生纠纷并殴斗等一系列行为,基本上不可能。因此,该组证据从时间上排除了王树宝停车后饮酒并达到醉酒状态的可能,也印证了上述证人关于王树宝停车后即下车并呈现醉酒状态的证言。(2)抓获经过和血液酒精含量鉴定意见证实,民警将王树宝抓获后,将其带至医院进行血液抽样检验。经鉴定,其血样酒精含量为 140.5 毫克/100 毫升,属醉酒状态。(3)虽然王树宝及其妻否认王树宝系酒后驾驶,但均承认系王树宝本人驾驶出租车,排除了他人将车开至现场停放的可能性。故现有证据足以认定驾驶出租车到现场的人就是王树宝。综上,即使本案没有目击证人等直接证据,GPS 定位系统记录、报警平台记录、抓获经过、血液酒精含量鉴定意见、王树宝的供述及其妻子的证言等证据,也能形成完整的证据体系,足以证实王树宝在道路上醉酒驾车的事实。

(三)审查判断被告人供述的真实性

被告人作为刑事诉讼中被追究的对象,案件的处理结果与其有切身的利害关系,被告人否认犯罪事实或者供述时避重就轻均符合人趋利避害的本性。因此,需要通过收集其他证据去分析、判断被告人供述的真实性。被告人拒不供认犯罪事实的,只要其不保持沉默,总能从其无罪、罪轻的辩解中找到查明事实真相的线索。本案中,被告人王树宝归案后虽然始终否认醉酒驾车,但其所作无罪辩解所存在的自相矛盾、不合常理之处,反证了其辩解的虚假性。王树宝在侦查阶段初次讯问时辩称,案发当日其与洗车店老板发生纠葛,为此产生不满,遂电话联系其妻子,让妻子携带半瓶白酒与其一同前往洗车店找老板算账。二人驾车至洗车店对面停车以后,其与妻子到附近的小吃摊点了两个菜,其喝了半斤左右白酒,其妻子喝了一瓶啤酒。吃了约一小时后二人返回车上。其与妻子闲聊约十五分钟,而后下车与他人发生纠纷。在侦查人员明示 GPS 定位系统记录显示的时间与其供述不符后,王树宝以记不清为由辩解。在第二次讯问中,王树宝改称,其与妻子前往现场之前在他处吃饭一小时左右,没有喝酒,到现场后停车喝酒,时间记不清了,与其第一次供述所称停车之后吃宵夜时喝酒的情节相矛盾。在一审庭审中,王树宝又辩称,其开车到达现场停车后,与妻子一同到三五百米远的烧烤摊买了羊肉串,其在摊旁用大约四分钟时间喝下约半斤白酒,随后与妻子回到车上闲聊了两句,大约十秒钟后与他人发生了纠纷。王树宝在短短的五分钟内完成上述行为明显不合常理,亦与证人证言证实其停车后直接下车发生纠纷的情节相矛盾。对于其供述前后不一致的原因,王树宝解释称酒后记不清楚。讯问笔录显示,王树宝第一次接受讯问是从案发当日16时11分开始，此时距其归案已有十一个小时，其应处于比较清醒的状态，从其归案时血液酒精含量为140.5毫克/100毫升，并非深度醉酒的情况分析，其记忆力也未受到酒精的严重影响，故其对喝酒的时间和场合应有大致清晰的记忆。退一步而言，即便其第一次接受讯问时已记不清饮酒情节，其又如何在案发三十日之后开庭时（5月31日）反而能清楚记得案发前吃宵夜饮酒之事，这些都难以自圆其说，亦不符合常人的记忆规律。可见，王树宝的无罪辩解前后不一，不合常理，且与在案的其他证据相矛盾，不足采信。

综上，对于未被当场查获的被告人"零口供"的危险驾驶案件，除了通过审查判断直接证据、间接证据外，还应结合现有证据对被告人无罪辩解进行综合分析判断，从而进一步加强内心确信。本案正是运用这一综合审查判断证据的方法，查明被告人王树宝危险驾驶的犯罪事实。

——《刑事审判参考》（总第94辑）。

354 危险驾驶罪中"道路"的认定

关键词 | 危险驾驶罪 | 道路 |

【最高人民法院司法文件】

一、在道路上驾驶机动车，血液酒精含量达到80毫克/100毫升以上的，属于醉酒驾驶机动车，依照刑法第一百三十三条之一第一款的规定，以危险驾驶罪定罪处罚。

前款规定的"道路""机动车"，适用道路交通安全法的有关规定。

——《最高人民法院、最高人民检察院、公安部关于办理醉酒驾驶机动车刑事案件适用法律若干问题的意见》（2013年12月18日，法发〔2013〕15号）。

【链接：理解与适用】

（一）关于如何认定在道路上醉酒驾驶机动车

2."道路"的含义

道路交通安全法第一百一十九条规定："道路，是指公路、城市道路和虽在单位管辖范围但允许社会机动车通行的地方，包括广场、公共停车场等用于公众通行的场所。"《意见》第一条第二款规定危险驾驶罪中的"道路"适用这一规定。需要说明的是，实践中对如何理解道路交通安全法规定的"虽在单位管辖范围但允许社会机动车通行的地方"存在不小争议。例如，机关、企事业单位、厂矿、校园、住宅小区等单位管辖范围内的路段、停车场在何种情况下属于"允许社会机动车通行的地方”？经研究，判断这些地方是否属于道路，关键在于其是否符合道路的公共性特征。无论管理方式是收费还是免费、机动车进出是否需要登记，只要允许不特定的社会机动车自由通行，就属于道路；如果仅允许与管辖单位及其人员有业务往来、亲友关系等特定事由的来访者的机动车通行的，则不属于允许社会机动车通行的地方，不能认定为道路。

——高贵君、马岩、方文军、曾琳：《〈关于办理醉酒驾驶机动车刑事案件适用法律若干问题的意见〉的理解与适用》，载《人民司法·应用》2014 年第 3 期。

【最高人民法院参考案例】

廖开田危险驾驶案（《刑事审判参考》案例第 893 号）

要旨：社会车辆只要登记车牌号或者交纳一定费用，即可在小区内进出、停放的，在该管理模式下的小区道路、停车场属于道路交通安全法规定的“道路”。被告人在该小区内醉酒驾驶机动车，属于在道路上醉酒驾驶，其行为构成危险驾驶罪。

小区是居民聚居的生活场所，居住的人数众多，且随着社会的发展，小区的规模越来越大，小区内车辆通行的路段往往也是行人和非机动车通行的地方，在小区内醉驾对公共安全具有较大的危险性。如果在道路交通安全法规定之外，另以“是否作为公共路段穿行”作为认定道路的标准，将不利于保障小区内生活的人民群众人身财产安全。故对小区道路的认定应当与道路交通安全法的规定精神保持一致，以是否“允许社会车辆通行”作为判断标准。

常见的小区对社会车辆的管理方式有以下三种：第一种是开放式管理，即小区管理者在小区进出口未设置卡点，或者虽设置卡点，但从未拦截，社会车辆无须任何手续即可在小区内自由进出、停放；第二种是半开放半封闭式管理，即在小区进出口设卡拦截，社会车辆若要进出小区，需要受访业主的同意、登记车牌号或者交纳一定的停车、通行费用；第三种是封闭式管理，即在小区进出口设卡拦截，非业主车辆一律不允许通行，或者征得受访业主同意后，来访车辆停放在小区指定区域。对于第一种和第三种管理方式下的小区道路的定性争议不大，前者属于典型的“允许”社会车辆通行，后者则相反，不属于“道路”。对于如何界定第二种管理方式下的小区道路的性质，则存在较大争议。

我们认为，对道路的认定关键在于对道路“公共性”的理解。而何谓“公共”，最本质的特征在于对象的不特定性。无论单位对其管辖范围内的路段、停车场采取的管理方式是收费还是免费、车辆进出是否需要登记，只要允许不特定的社会车辆自由通行，就属于道路；如果仅允许与管辖单位、人员有业务往来、亲友关系等特定事由的来访者的车辆通行，则不属于允许社会车辆通行。就小区而言，如果来访车辆经业主同意后可停放的，因其进出小区的条件建立在来访者与受访业主的亲友关系之上，故对象相对特定，范围相对较小，此种管理方式下的小区不具有公共性，不属于允许社会车辆通行的地方。若社会车辆只要登记车牌号或者交纳一定费用，即可在小区内进出、停放的，则其通行条件并无特定的人身依附关系，对象不特定，范围面向社会大众，在该管理模式下的小区道路、停车场与公共道路、停车场无异，属于允许社会车辆通行的地方。特别是有的地方公共停车场车位有限，为充分利用社会资源，当地政府出台政策鼓励企事业单位、小区将内部停车场面向公众，实行错时收费停车，社会车辆在单位管辖区域内通行的情况将越来越普遍。如果将这些停车场不认定为道路，将不利于保障这些地方的交通安全。

本案中，在案证据证实，案发地龙江半岛花园物业服务中心与开发商签订的合同约定的是非封闭式管理，实际执行的也是开放式管理，小区非住户车辆可以在小区内自由出入、停放，因此，该小区道路具有公共性，属于道路交通安全法规定的"道路"。被告人廖开田在该小区内醉酒驾驶机动车，属于在道路上醉酒驾驶，其行为构成危险驾驶罪。

——《刑事审判参考》（总第94辑）。

李启铭交通肇事案（《刑事审判参考》案例第892号）

要旨：允许社会车辆通行的校园道路属于道路交通安全法规定的"道路"。被告人肇事地点河北大学新校区生活区路段属于道路交通安全法规定的"道路"，被告人醉驾肇事的行为构成交通肇事罪。

从相关法律文件对"道路"规定的内容分析，"道路"的范围呈扩大趋势。1988年公布施行的《中华人民共和国道路交通管理条例》（以下简称《条例》）第二条规定："本条例所称的道路，是指公路、城市街道和胡同（里巷），以及公共广场、公共停车场等供车辆、行人通行的地方。"据此，最高人民法院2000年制定的《最高人民法院关于审理交通肇事刑事案件具体应用法律若干问题的解释》将"道路"明确为实行公共交通管理的范围，将机关、企事业单位、校园、厂矿等单位内部管辖的路段排除在"道路"的范围之外。但实践中，不少企事业单位、校园、厂矿的厂区、园区不断扩大，且系开放式管理，社会车辆、行人经常借道通行，在该路段发生人车相撞的事故越来越多，当事人常报警要求交通管理部门出警认定事故责任，以便于事故的后续处理。但受《条例》限制，对在这些路段驾驶交通工具发生的事故不能认定为交通事故，相关保险公司也不愿意承担赔付责任，致使肇事者和受害者的权益均难以得到有效保障。因此，《条例》关于"道路"的规定越来越与实践中不断出现的新情况不符。有鉴于此，2004年公布施行的道路交通安全法修改了"道路"的含义，扩大了公共交通管理的范围，将"道路"的范围明确为"公路、城市道路和虽在单位管辖范围但允许社会机动车通行的地方,包括广场、公共停车场等用于公众通行的场所”。这样,就把单位管辖范围内允许社会车辆通行的路段纳入到“道路”范围,以更好地维护这些路段的交通秩序,保护肇事者和受害者的合法权益。

本案肇事地点位于河北大学新校区生活区,属于典型的单位管辖范围。该生活区虽设有围墙、大门,相对封闭,但系开放式园区,具有比较完善的社会服务功能,社会车辆只需登记车号就可以进出生活区南门,门口也设有限速五公里的交通标志,说明河北大学对其新校区生活区的路段是按照道路进行管理的。公安机关收集的车辆监控录像和门卫的证言等证据显示,社会车辆实际上不经登记也可通行。故该生活区内的道路属于道路交通安全法规定的“虽在单位管辖范围但允许社会机动车通行的地方”。被告人李启铭违反交通运输管理法规,在校园道路上醉驾并发生重大交通事故,致一人死亡、一人轻伤,负事故全部责任,其行为构成交通肇事罪。

——《刑事审判参考》(总第94辑)。

谢忠德危险驾驶案(《刑事审判参考》案例第760号)

要旨:对危险驾驶罪中“道路”的理解应重点把握驾驶行为发生地是否具有“公共性”,只要具有“公共性”,就应当认定为“道路”,“乡间小道”能够被认定为危险驾驶罪状中的“道路”。

本案中,被告人谢忠德的血液检材的酒精含量为144.7mg/100ml,达到了醉酒的标准,谢忠德的行为构成醉酒驾驶没有问题。本案的特殊之处在于,谢忠德的醉驾行为发生在农村的乡间小道(北京市顺义区仁和镇河南村西口处)上。“乡间小道”能否被认定为危险驾驶罪状中的“道路”,值得进一步探讨。

关于道路的范围,2011年修正的道路交通安全法第一百一十九条第(一)项作了明确界定:“‘道路’,是指公路、城市道路和虽在单位管辖范围但允许社会机动车通行的地方,包括广场、公共停车场等用于公众通行的场所。”其中,“公路”“城市道路”的具体范围,根据1999年最高人民法院、公安部联合发布的《关于处理道路交通事故案件有关问题的通知》第二条的规定,“公路是指《中华人民共和国公路管理条例》规定的,经公路主管部门验收认定的城间、城乡间、乡间能行驶汽车的公共道路(包括国道、省道、县道和乡道)”。由此,有观点认为,立法既然以列举的方式罗列了道路的范畴,这就将城市街道、胡同、国道、省道、县道和乡道以外的发生地排除在危险驾驶的发生地范围之外。换言之,在上述列举的地点以外发生的醉驾,不能被纳入危险驾驶的范畴。

我们认为,此种理解看似严格遵循了立法的规定,实则偏离了立法的意图。随着“汽车社会”的到来,危险驾驶行为数量直线上升,这一现象带来的潜在危险和现实危害迫使立法者对危险驾驶行为的社会危害性重新作出评价。2011年刑法修正案(八)将危险驾驶行为纳入刑法调整范围。危险驾驶罪的直接法益是交通安全,危害的是不特定的多数人的生命、健康或者重大公私财产的安全。危险驾驶以一定危险状态的产生作为构成犯罪的基本要件,危险驾驶罪是危险犯,无论是否实际发生了损害后果,都可以构成危险驾驶罪。唯其如此,立法将危险驾驶行为限定发生在“道路”这一特定的空间场域,其保护的不仅是特定事故的受损害方(在发生交通事故的情况下),而且包括不特定的多数人的生命、健康或者重大公私财产的安全。

在明确这一立法意图的基础上,我们认为,对危险驾驶罪中“道路”的理解应重点把握驾驶行为发生地是否具有“公共性”,只要具有“公共性”,就应当认定为“道路”。近年来,随着经济的发展,农村的一些道路出现了明显的公路化演变,行驶的机动车数量大量增多,机动车在农村道路上发生的交通事故也大幅增加。因此,将农村中具有一定规模和较强公共性的农村道路纳入“道路”范畴不仅符合立法的价值取向,而且也顺应了司法实践发展的需要。

本案发生在北京市顺义区仁和镇河南村西口处,为了慎重起见,北京市公安局顺义分局交通支队在经过实地调查后,为此地的“公共性”出具了相关证明,“谢忠德危险驾驶案发地为空旷地,可以通行社会车辆,根据道路交通安全法第一百一十九条第(一)项的规定,符合道路范畴”。因此,将被告人谢忠德在此地发生的醉驾行为定性为危险驾驶罪,是符合立法规定的。

——《刑事审判参考》(总第85辑)。

355 在道路上醉酒驾驶超标电动自行车的，不构成危险驾驶罪

关键词 | 醉酒驾驶 | 超标电动自行车 |

【最高人民法院司法文件】

一、在道路上驾驶机动车,血液酒精含量达到80毫克/100毫升以上的,属于醉酒驾驶机动车,依照刑法第一百三十三条之一第一款的规定,以危险驾驶罪定罪处罚。

前款规定的“道路”“机动车”,适用道路交通安全法的有关规定。

——《最高人民法院、最高人民检察院、公安部关于办理醉酒驾驶机动车刑事案件适用法律若干问题的意见》(2013年12月18日,法发〔2013〕15号)。

【链接：理解与适用】

(一)关于如何认定在道路上醉酒驾驶机动车

3.“机动车”的含义

道路交通安全法第一百一十九条规定:“机动车是指以动力装置驱动或者牵引,上道路行驶的供人员乘用或者用于运送物品以及进行工程专项作业的轮式车辆”。《意见》第一条第二款规定危险驾驶罪中的“机动车”适用这一规定。需要说明的是,实践中对有动力装置驱动且设计最高时速、空车质量、外形尺寸接近或等同于机动车的电动自行车等交通工具(以下简称超标车),是否属于机动车存在争议。各地司法机关对醉酒驾驶超标车的行为是否以危险驾驶罪入罪处理不尽一致。经研究,相关法规并未明确规定超标车属于机动车,有关部门也未将超标车作为机动车进行管理,在此情况下,公众普遍认为超标车不属于机动车,醉酒驾驶超标车的行为人不具有危险驾驶机动车的违法性认识。因此,尽管醉酒驾驶超标车存在较大安全隐患,但在相关法规未明确规定超标车属于机动车的情况下,不宜对醉酒驾驶超标车的行为以危险驾驶罪定罪处罚。

——高贵君、马岩、方文军、曾琳:《〈关于办理醉酒驾驶机动车刑事案件适用法律若干问题的意见〉的理解与适用》,载《人民司法·应用》2014年第3期。

【最高人民法院参考案例】

林某危险驾驶案(《刑事审判参考》案例第894号)

要旨:不宜将超标电动自行车认定为“机动车”,在道路上醉酒驾驶超标电动自行车的,不构成危险驾驶罪。

实践中,对于汽车、货车等常见车型认定为机动车没有异议,但对于以动力装置驱动且设计最高时速、空车质量、外形尺寸超出有关国家标准,达到或者接近机动车标准的电动自行车等交通工具(以下简称“超标车”)是否属于机动车,争议较大。各地司法机关对醉驾超标电动自行车的行为是否构成危险驾驶罪,存在不同认识。

我们认为:(一)危险驾驶罪属于行政犯,对“机动车”等概念性法律术语的理解应当与其所对应的行政法规保持一致,不能随意扩大解释。目前,对于超标电动自行车是否属于机动车,相关行政法规并未作出明确规定。虽然根据《机动车运行安全技术条件》(强制性国家标准GB7258-2012,以下简称《机动车国标》)对摩托车的规定,部分超标电动自行车符合摩托车的技术条件,似属机动车,但《机动车国标》并未明确规定超标电动自行车属于机动车,只是规定符合国家标准的残疾人机动轮椅车、电动自行车不属于摩托车。退而言之,即使《机动车国标》明确规定超标电动自行车属于机动车，其法律性质与效力也存在疑问。标准化法规定，保障人体健康、人身、财产安全的标准和法律、行政法规规定强制执行的标准是强制标准，必须执行。据此，《机动车国标》属于强制性国家标准，但强制性国家标准是否属于行政法规、部门规章，法律并无明确规定。虽然从其设置的权利义务和效力等实质要件判断，强制性国家标准与部门规章并无实质差异，但从其制定与发布的程序、体系结构、名称内容等形式要件判断，其不属于部门规章，只是接近于行政规范性文件。因此，国家标准对人民法院审理案件有一定的参考价值，但不具有法律规范意义上的约束力。只有行政法规或者部门规章明确规定超标电动自行车属于机动车之后，人民法院才能据此认定超标电动自行车属于法律意义上的机动车。在此之前，不应片面地以超标电动自行车符合《机动车国标》的规定，或者以道路交通安全法未排除超标电动自行车属于机动车为由，据此认定醉酒驾驶超标电动自行车或者驾驶超标电动自行车追逐竞驶情节恶劣的行为构成危险驾驶罪。这种认定，属于不合理的扩大解释，违反了罪刑法定原则，在实践层面还会造成行政执法的困境。道路交通安全法规定，无证驾驶机动车应当受行政处罚，但公安机关交通管理部门从未颁发过超标电动自行车驾驶证，故无权对无证驾驶超标电动自行车的行为进行处罚，对醉驾超标电动自行车者吊销机动车驾驶证的行政处罚更是无从谈起。

（二）将超标电动自行车作为机动车进行规定和管理存在较多困难。一是当前尚不具备将超标电动自行车规定为机动车的现实条件。2009 年 6 月 25 日制定的《电动摩托车和轻便摩托车通用技术条件》（强制性国家标准 GB24157-2009，以下简称《摩托车国标》）本拟于 2010 年 1 月 1 日施行，但其规定最大设计车速为 20—50km/h 的属于轻便摩托车，遭到电动自行车生产厂商和消费者的抵制。因目前生产和销售的大部分电动自行车的最大设计车速已超过 20km/h，如果将这部分电动自行车作为轻便摩托车进行管理，会导致大量生产厂商被迫停业停产整顿甚至转产，也会增加消费者的出行成本，购买力会大幅下降。2009 年 12 月 15 日，国家标准化管理委员会不得不专门就电动摩托车相关标准实施事项下发通知（国标委工一〔2009〕98 号），决定暂缓实施《摩托车国标》等四项国家标准中涉及电动轻便摩托车的内容，并表示将加快电动自行车国家标准的修订工作。2012 年 5 月 11 日，《机动车国标》发布后，再次引发超标电动自行车是否属于机动车的争议。同年 8 月 14 日，国家标准化管理委员会在与公安部、工业和信息化部、交通运输部、中国轻工业联合会、中国自行车协会等部门代表和有关专家参加的座谈会上达成一致意见，国家标准《电动自行车通用技术条件》的修订要适应产业发展的新形势，其不受限于《机动车国标》等现有国家标准相关条款的规定。在《电动自行车通用技术条件》新标准出台后，国家标准化管理委员会将及时梳理和调整相关国家标准,保持国家标准之间的一致性。因此,超标车的性质仍需留待电动自行车国标修订完善时予以明确。二是将超标电动自行车作为机动车进行管理难度较大,且超标电动自行车在机动车道上行驶存在较大安全隐患。根据机动车管理的相关规定,机动车在上路行驶前,应当通过公安机关交通管理部门的登记审查,获得机动车登记证书、号牌和行驶证,投保机动车交通事故责任强制保险,驾驶人还应当考取机动车驾驶证。这些工作需要投入大量的人力、物力和时间。超标电动自行车一旦证照齐全,就可以在机动车道上行驶。但大量超标电动自行车与汽车、摩托车在有限的机动车道上抢行,这无疑会造成一种无序状态,大大增加交通事故发生的几率。

(三)公众普遍认为超标电动自行车不属于机动车,此类醉驾或者追逐竞驶的行为人往往不具有相关违法性认识。与故意杀人、抢劫、强奸等自然犯不同,危险驾驶罪是行政犯,对行为人违法性认识的要求更高。不仅要求行为人认识到自己是在驾车的事实,还要求行为人认识到驾驶的车辆属于法律意义上的机动车。从该罪防范社会危险的罪质特征考虑,判断行为人是否认识到其驾驶的车辆属于法律意义上的机动车,需要综合根据一般人的生活经验、认识水平和理解能力进行评价。如前所述,国家既未对超标电动自行车的法律属性作出明确规定,又未对其按照机动车进行管理,在此情况下要求普通公众认识到超标电动自行车属于机动车,既不现实,也不妥当,甚至有些强人所难。因此,目前醉驾超标电动自行车或者驾驶超标电动自行车追逐竞驶的行为人普遍不具有构成危险驾驶罪所需的违法性认识。如对这种行为追究刑事责任,违背了主客观相统一的定罪原则。实践中,有的地方为了解决行为人主观故意的认识问题,由交通管理部门出具情况说明或者鉴定意见,称涉案的超标电动自行车属于机动车。然而,这种做法既不能证明行为人认识到自己驾驶的电动自行车属于超标电动自行车,更不能证明行为人认识到超标电动自行车属于机动车。况且,在相关行政法规未明确规定超标电动自行车属于机动车的情况下,地方交通管理部门或者鉴定机构认定超标电动自行车属于机动车,超出了其权限范围。本案被告人林某到案后认罪,且未提出上诉,并非因为其认为自己驾驶的电动自行车属于机动车,而是基于醉酒驾车一律要受刑事处罚的错误认识。故不能因为林某认罪,就简单认为其具有危险驾驶的违法性认识。

(四)将醉驾超标车等行为以危险驾驶罪定罪处罚,打击面过大,社会效果不好。电动自行车因其方便快捷,已成为人们常用的重要交通工具之一。据统计,我国电动自行车保有量目前已超过 1.6 亿辆,且逐年快速递增。由于大部分电动自行车都存在超标现象,如果将醉驾超标电动自行车等行为一律作为犯罪处理,将会大大扩大刑法的打击面。这样的效果并不好,毕竟驾驶电动自行车的绝大多数行为人都是没有前科劣迹的普通公民,一旦被贴上“犯罪人”的标签,对其工作、生活和家庭影响较大,甚至会带来影响社会稳定的不和谐因素。从这个角度考虑,对醉驾超标电动自行车等行为也不宜作为犯罪处理。如果行为人驾驶超标电动自行车超速行驶的(超过15km/h),可以对其处以警告、罚款或者扣留车辆的行政处罚。如果发生轻微交通事故,可以通过民事赔偿予以补救。如果发生重大交通事故,符合交通肇事罪构成要件的,可以依法处理。

当然,一些地方醉驾超标电动自行车的现象较为严重,发生多起交通事故,也确实需要高度重视超标电动自行车存在的安全隐患。这需要相关主管部门采取有力措施,规范电动自行车生产和消费市场,修改完善电动自行车运行安全技术条件,适当提高电动自行车最大设计车速。必要时,可以考虑将其中一部分符合摩托车技术条件的超标电动自行车作为机动车进行管理。但在有关部门明确将超标电动自行车纳入机动车产品目录进行规范之前,公安、司法机关不宜因醉驾超标电动自行车的行为对道路交通安全构成较大威胁,就将其认定为犯罪。综上考虑,类似本案情形,作无罪处理更为妥当。

——《刑事审判参考》(总第94辑)。

356 醉酒驾驶机动车的从重处罚情节

关键词 | 醉酒驾驶 | 从重处罚情节 |

【最高人民法院司法文件】

二、醉酒驾驶机动车,具有下列情形之一的,依照刑法第一百三十三条之一第一款的规定,从重处罚:

(一)造成交通事故且负事故全部或者主要责任,或者造成交通事故后逃逸,尚未构成其他犯罪的;

(二)血液酒精含量达到200毫克/100毫升以上的;

(三)在高速公路、城市快速路上驾驶的;

(四)驾驶载有乘客的营运机动车的;

(五)有严重超员、超载或者超速驾驶,无驾驶资格驾驶机动车,使用伪造或者变造的机动车牌证等严重违反道路交通安全法的行为的;

(六)逃避公安机关依法检查,或者拒绝、阻碍公安机关依法检查尚未构成其他犯罪的;

(七)曾因酒后驾驶机动车受过行政处罚或者刑事追究的;

(八)其他可以从重处罚的情形。

——《最高人民法院、最高人民检察院、公安部关于办理醉酒驾驶机动车刑事案件适用法律若干问题的意见》(2013年12月18日,法发〔2013〕15号)。

【链接:理解与适用】

(二)关于醉酒驾驶机动车的从重处罚情节

《意见》第二条从醉酒驾驶机动车的后果、醉酒驾驶行为的危险性、行为人的主观恶性等方面,规定了七种从重处罚的情形,并设置了一项兜底规定。具体说明如下:

1. 关于醉酒驾驶机动车造成交通事故的情形

《意见》第二条第(一)项规定,醉酒驾驶机动车造成交通事故且负事故全部或者主要责任,或者造成交通事故后逃逸,尚未构成其他犯罪的,从重处罚。理解该项规定,主要注意四点:第一,该项规定的发生交通事故从重处罚,是以尚未构成其他犯罪为前提。第二,实践中,醉驾者并不一定对交通事故的发生负主要责任,可能对方的过错更为严重,故该项规定对醉驾造成交通事故且负事故全部或者主要责任的从重处罚,但被告人造成交通事故后逃逸的,因其性质恶劣,即使只负次要责任,也应从重处罚。第三,该项并未明确规定发生交通事故致人损伤的程度和人数,以及造成财产损失的具体数额。主要考虑是,危险驾驶罪属于抽象危险犯,对于醉驾发生实际危害后果的,一般情况下均应从重处罚。如以人员受伤程度或者财产损失数额作为是否从重处罚的标准,难以保证标准的科学性,且规定过细会导致缺乏灵活性,难以应对实践中的复杂情况。例如,发生交通事故致多人轻微伤的并不一定小于致一人轻伤的严重程度;又如,发生相同程度的车辆碰撞,因对方车辆价值不同,产生的维修费用可能相差悬殊。故该项规定未以交通事故的具体后果作为划分是否从重处罚的标准。但实践中,可以根据交通事故的具体危害程度,确定从重处罚的幅度。第四,对于发生交通事故仅致本人受伤或者财产损失的,系被告人为自己的犯罪行为付出的代价,不应因此对其从重处罚。只有造成他人受伤或者公私财产损失的,才对量刑产生影响。

2. 关于危险性较高的醉酒驾驶机动车行为

《意见》第二条第(二)至(五)项规定了四种危险性较高的醉酒驾驶机动车行为。

关于"血液酒精含量达到200毫克/100毫升以上"。主要考虑是,被告人醉酒程度越高,对其驾驶能力的影响越大,发生交通事故的风险越高,故对醉酒程度较高的被告人应从重处罚。关于从重处罚的血液酒精含量值的确定,经抽样调查,行为人血液酒精含量在160毫克/100毫升以上的约占查处者的40%,若以该含量值作为从重处罚的标准,加上其他从重处罚的情形,约有一半以上的被告人可能会被从重处罚,整体量刑偏重。而被告人血液酒精含量在200毫克/100毫升以上的约占查处者的20%，以此作为从重处罚的标准较为适中，不会导致从重处罚面过宽。

关于“在高速公路、城市快速路上驾驶”。主要考虑是，这种类型的道路车流量一般较大、车速较快，一旦发生交通事故，多为连环撞车，后果较普通道路严重，故对在此类道路上醉酒驾驶机动车的被告人应从重处罚。在《意见》起草过程中，有的部门建议对在闹市区、繁华路段醉酒驾驶机动车的被告人也应从重处罚。该建议具有一定合理性，但鉴于闹市区、繁华路段在实践中难以界定，容易引发争议，故该项未予明确规定。如在人流量、车流量明显大的路段醉酒驾驶的，也可作为其他从重处罚的情形予以处理。

关于“驾驶载有乘客的营运机动车”。主要考虑是，驾驶营运机动车的从业者应有更高的行业自律要求，其醉酒驾驶机动车的行为会对不特定乘客的生命财产安全造成严重威胁，故应从重处罚。不过，为避免从重处罚范围过宽，宜限于载有乘客的情形，对驾驶空载营运机动车的，因其醉酒驾驶行为不会对乘客安全构成实际危险，故不能据此从重处罚。

关于“有严重超员、超载或者超速驾驶，无驾驶资格驾驶机动车，使用伪造或者变造的机动车牌证等严重违反道路交通安全法的行为”。理解该项规定，主要注意两点：第一，道路交通安全法规定了多种违法驾驶行为，该项只列举了三种严重的情形，主要是考虑这些情形在实践中较为常见，或是对道路安全带来高度危险，或是反映出被告人恶意违法。明确列举有利于提示公安机关在查处醉酒驾驶机动车时注意收集相关证据。对于其他违反道路交通安全法的行为，如违反交通信号灯、逆向行驶等涉及道路通行安全规定的驾驶行为，也可酌情从重处罚。第二，应结合道路交通安全法的有关规定，认定该项规定的三种情形。该项规定的“严重超员、超载或者超速驾驶”是指超过额定乘员20%、超过核定载质量30%或者超过规定时速50%的；“无驾驶资格驾驶机动车”是指未取得机动车驾驶证，或者虽取得机动车驾驶证，但准驾车型不符的；“使用伪造、变造的机动车牌证”是指行为人明知是伪造、变造的机动车号牌、行驶证、驾驶证等牌证而使用的。

3. 关于醉酒驾驶机动车的行为人主观恶性较大的情形

《意见》第二条第(六)(七)项规定了两种反映醉酒驾驶机动车的行为人主观恶性较大的情形。

关于“逃避公安机关依法检查，或者拒绝、阻碍公安机关依法检查尚未构成其他犯罪的”。醉驾入刑后，为逃避法律追究，行为人采取各种方式逃避、拒绝甚至阻碍公安机关查处酒后驾驶的现象增多。如，有的驾车逃逸；有的待在驾驶室拒绝打开车门车窗；有的在遭遇检查时大量饮水，或者大量饮酒。对于这些采取非暴力、威胁手段逃避、拒绝或者阻碍检查的，应当从重处罚。对于采取驾车冲卡、推搡、恐吓执法人员等暴力、威胁手段拒绝、阻碍检查的，如果该手段尚未达到构成犯罪的严重程度，属于从重处罚情节；如果构成其他犯罪的，应当依照处罚较重的规定或者数罪并罚的规定处罚。

关于“曾因酒后驾驶机动车受过行政处罚或者刑事追究的”。在《意见》起草过程中，有的部门建议对酒后驾驶机动车受过行政处罚或者刑事追究的年限作出规定。经研究，行为人曾因酒后驾驶机动车被处罚后再次醉酒驾车的，反映其不思悔改和对公共安全、他人生命财产安全的漠视态度，应从严惩处，不宜对年限作出明确规定。不过，对于前次因酒后驾车受处罚的时间久远的（如十年前），与时间短暂的（如一年前），行为人在主观恶性上有所不同，量刑上可适当体现区别对待。

4. 关于“其他可以从重处罚的情形”

考虑到实践中醉酒驾驶机动车的情形比较复杂，《意见》第二条设置了一项兜底规定，以应对实践中可能出现的其他情节恶劣、应予从重处罚的情形。为避免不当扩大从重处罚的范围，执法工作中应当严格适用该项规定。只有符合其他七项的规定精神，体现出驾驶行为危险性程度较高、行为人主观恶性较大的其他情形，才可以酌情从重处罚。

需要特别说明的是，《意见》第二条对具有上述从重处罚情节的行为人并未明确规定“应当”从重处罚。主要考虑是，实践中醉酒驾驶机动车的情形比较复杂，一般情况下行为人具有上述情节的应当从重处罚，但也存在例外情形。如，对于仅造成他人轻微擦伤或者致车辆轻微剐蹭，且行为人积极赔偿被害人损失取得谅解的，可以考虑不从重处罚；又如，在一些地区无证驾驶摩托车的现象比较普遍，如果一律从重处罚会造成打击过严，效果未必好，故对于无证驾驶摩托车但未发生交通事故的行为人也可考虑不予从重处罚。

——高贵君、马岩、方文军、曾琳：《〈关于办理醉酒驾驶机动车刑事案件适用法律若干问题的意见〉的理解与适用》，载《人民司法·应用》2014 年第 3 期。

【最高人民法院参考案例】

罗代智危险驾驶案（《刑事审判参考》案例第 898 号）

要旨：被告人具有多项从重、从轻处罚情节的，应当综合考虑决定危险驾驶罪合适的宣告刑。

在道路上醉酒驾驶机动车的情况较为复杂，不同情形的醉驾，对公共安全的危险程度以及所反映出的行为人的主观恶性、人身危险性有较大差别。在处理醉驾型危险驾驶案件时，应当全面审查醉驾的具体情节，做到区别对待，宽严相济，罚当其罪。我们认为，可着重考虑以下两个方面：

（一）考察醉酒驾驶的危险程度

从刑法关于危险驾驶罪的规定分析，只要行为符合醉酒驾驶的行为特征，即被认为具有危险性，这种危险是法律拟制的危险，而非现实的、具体的危险，理论上称之为抽象危险。醉酒驾驶对他人人身财产和公共安全造成的危险程度是本罪处罚的依据。考察危险程度的主要参考要素有：(1)行为人是否造成现实的危害，即是否发生交通事故及事故的严重程度，具体包括财产损失和人员受伤情况。(2)行为人案发时的驾驶能力如何，主要以血液酒精含量为判断标准。《车辆驾驶人员血液、呼气酒精含量阈值与检验》（强制性国家标准 GB19522-2010）根据一般人体质，规定驾驶人血液酒精含量大于或者等于 80 毫克/100 毫升的，属于醉酒后驾驶。如果行为人血液酒精含量远远超过该标准，就应当认定其醉酒程度较高，驾驶能力受到较大影响，危险程度也较大，应当从重处罚。如果行为人血液酒精含量刚超过醉驾标准，且未发生交通事故的，说明酒精对其驾驶能力的影响不大，现实危险性相对较小，可以酌情从轻处罚。判断驾驶能力的另一个参考因素是行为人有无驾驶资格，即是否属于无证驾驶或者准驾车型不符。由于汽车具有高风险性，驾驶人员需要经过培训掌握驾驶技能和道路安全知识，通过考试并取得驾驶证后才有资格在道路上驾车。因此，如果行为人系无证驾驶，即认定其不具备驾驶能力，即使其实际掌握一定的驾驶技能，从严控风险的角度，原则上也应视为其不具备驾驶能力。特别是汽车、货车、客车等对驾驶技术要求较高的机动车，如系无证驾驶的，一般可以考虑从重处罚。对于驾驶的车型系驾驶技术要求相对较低的摩托车，没有发生交通事故的，可以根据案情适当考虑不予从重处罚。(3)行为人是否实施了严重违反道路交通安全法的其他行为。一般情况下，道路交通安全法禁止的行为都涉及安全驾驶，但有的行为如违章停车与安全驾驶关系不大，故判断是否严重违反道路交通安全法行为的标准，是看该违章行为是否对道路交通安全构成现实的严重威胁。如，行为人超过规定时速 50%以上驾驶，违反交通信号灯，逆向行驶或者违规超车；又如，行为人驾驶车辆的安全性能难以保证的，包括：明知是安全装置不全或者安全机件失灵的机动车而驾驶，明知是拼装、改装或者报废的机动车而驾驶，超载驾驶或者违法载人，等等。(4)醉驾行为严重威胁到不特定多数人的生命安全，一旦发生交通事故，后果会特别严重。如，驾驶营运载客机动车，驾驶载有爆炸物品、易燃易爆化学物品以及剧毒、放射性等危险物品的机动车，在高速公路、城市快速路、闹市区、繁华路段醉驾，等等。

（二）考察行为人的主观恶性和人身危险大小

可以从行为人在以下三个阶段的表现来判断：(1)实施醉驾行为前的表现。如，是否曾因酒后驾驶受过行政处罚或者刑事处罚，是否有多次严重违反道路交通安全法的行为，是否不顾他人劝阻坚持醉驾，是否故意遮挡、污损或者不按照规定安装号牌，或者明知是伪造、变造或者其他机动车号牌而使用的，等等。(2)被查获时的表现。是配合公安机关依法执行检查，还是实施了当场饮酒、锁车门不下车、抵制呼气酒精含量检测或者抗拒抽血检验等不配合检查,甚至冲卡逃避检查、暴力抗拒检查的行为;发生交通事故的,是否积极救援伤者,主动打电话报警,或者明知他人报警而在现场等候警方处理;等等。(3)归案后的认罪悔罪态度。如,是否如实供述罪行,当庭表示认罪;是否积极赔偿被害人的经济损失,取得被害人的谅解;等等。

本案中,被告人罗代智具有多项从重处罚情节。一是发生了实际的危害后果。罗代智驾驶的汽车与被害人苏耿利的电动车发生碰撞,致苏耿利倒地受轻微伤。二是醉酒程度较高。其血液酒精含量为193.2毫克/100毫升,远远超过80毫克/100毫升的醉驾标准。三是在肇事后试图逃避法律追究。交通事故发生后,罗代智下车稍作查看,随即驾车逃逸,而未对被害人进行救助。四是案发后罗代智试图让下属顶罪,在公安机关对其第一次讯问时拒不承认酒后驾车及肇事的事实,企图逃避处罚。五是本案社会影响恶劣。罗代智身为警察知法犯法,醉酒驾驶警车,在市区繁华路段发生交通事故后驾车逃逸,现场多名群众围观,社会影响恶劣。同时,罗代智也有可以酌情从轻处罚的情节。罗代智在庭审中如实供述犯罪事实,悔罪态度较好,且在一审法院主持下与被害人达成民事赔偿调解协议,支付苏耿利赔偿款人民币三千五百元,取得苏耿利的谅解,对其可以酌情从轻处罚。综合考虑以上从重、从轻处罚情节,一审法院对被告人罗代智判处拘役五个月,并处罚金人民币五千元,量刑适当,体现了宽严相济刑事政策的精神。

——《刑事审判参考》(总第94辑)。

357 醉酒驾驶机动车,以暴力、威胁方法阻碍公安机关依法检查,又构成袭警罪等其他犯罪的,依照数罪并罚的规定处罚

关键词 | 醉酒驾驶 | 妨害公务罪 | 数罪并罚 | 袭警罪 |

【最高人民法院司法文件】

三、醉酒驾驶机动车,以暴力、威胁方法阻碍公安机关依法检查,又构成妨害公务罪[①]等其他犯罪的,依照数罪并罚的规定处罚。

——《最高人民法院、最高人民检察院、公安部关于办理醉酒驾驶机动车刑事案件适用法律若干问题的意见》(2013年12月18日,法发〔2013〕15号)。

① 刑法修正案(十一)增设了袭警罪的条款,相关文件和案例按新的法律规定理解和参照。

【链接：理解与适用】

（三）关于醉酒驾驶机动车数罪并罚的规定

在《意见》起草过程中，有的部门反映，实践中存在暴力抗拒公安机关依法检查的情况，建议《意见》明确规定如何处理。经研究，被告人在道路上醉酒驾驶机动车，其行为已构成危险驾驶罪；其后又以暴力、威胁方法阻碍公安机关依法检查的，是为逃避法律追究而实施的符合其他犯罪构成的行为。故《意见》第三条规定，此种情形下应依照数罪并罚的规定处罚。理解该条规定，主要注意两点：第一，该条规定中“以暴力、威胁方法阻碍公安机关依法检查”不包括采取驾驶机动车冲撞执法人员的方法。被告人醉酒驾驶机动车冲撞执法人员的，其行为既符合危险驾驶罪的构成要件，也符合妨害公务罪的构成要件，依照刑法第一百三十三条之一第二款的规定，应以处罚较重的妨害公务罪定罪处罚。若该冲撞行为严重危害公共安全，或者致人重伤、死亡、使公私财产遭受重大损失，符合以危险方法危害公共安全罪、交通肇事罪、故意杀人罪、故意伤害罪、故意毁坏财物罪等其他犯罪构成要件的，依照处罚较重的规定定罪处罚。第二，被告人采取驾驶机动车冲撞之外的其他暴力、威胁方法阻碍公安机关依法检查的，以妨害公务罪和危险驾驶罪数罪并罚；若该阻碍检查的行为致人重伤、死亡或者造成数额较大的财产损失，符合故意杀人罪、故意伤害罪、故意毁坏财物罪等其他犯罪构成要件的，以处罚较重的规定定罪，并与危险驾驶罪数罪并罚。

——高贵君、马岩、方文军、曾琳：《〈关于办理醉酒驾驶机动车刑事案件适用法律若干问题的意见〉的理解与适用》，载《人民司法 · 应用》2014 年第 3 期。

【最高人民法院参考案例】

于岗危险驾驶、妨害公务案（《刑事审判参考》案例第 901 号）

要旨：醉酒驾驶并抗拒检查，符合数罪构成要件的，应当数罪并罚。

通常情况下，行为人实施的行为是单一行为还是数个行为，是决定从一重处罚还是数罪并罚的根据。我们认为，判断某行为是否属于单一行为，主要考察该行为的客观事实情状是否具有一致性特征，兼顾行为动机的考察，行为动机只能作为参考因素而非决定因素。通常认为，符合构成要件的各个自然行为至少在其主要部分互相重合时才能认定是一个行为。本案中，于岗的行为不具有单一行为的一致性特征。如果于岗采取驾驶汽车冲撞的方式抗拒检查，则驾驶行为与抗拒检查行为互相重合，具有一致性特征。然而，事实是于岗醉酒驾驶行为和抗拒检查行为先后相继发生，其下车后抗拒检查时醉酒驾驶行为已经终结，相互间不存在任何的重合。同时，于岗醉酒驾驶和抗拒检查的行为系出于不同的犯罪动机。于岗在道路上醉酒驾驶汽车只是为了实现其从甲地到乙地的交通运输目的,而其抗拒公安机关执法人员检查,则是因为害怕醉驾行为受到处罚,而采取积极对抗的方式逃避法律追究。两者的动机明显不同。可见,于岗醉酒驾驶行为和抗拒检查行为虽然有一定关联,但在性质上是相互独立的两个行为,并非单一行为。

本案中,于岗明知在道路上醉酒驾驶机动车具有危险性,仍在醉酒状态下驾驶汽车在城市高速路上行驶,置公共安全于不顾,其行为构成危险驾驶罪。该行为造成的危险状态一直持续到于岗被执勤民警拦下为止。此时,于岗的危险驾驶行为已经构成犯罪既遂。此后于岗弃车逃跑,被民警抓获并带至检查站依法检查时,其推搡、拉扯民警警服,阻碍民警检查,并将民警打成轻微伤,这一系列举动已经超出危险驾驶罪的行为范畴,属于妨害公务罪中阻碍国家机关工作人员依法执行职务的行为,扰乱了国家管理秩序。综上,于岗在不同故意的支配下,先后实施了两个不同行为,分别符合危险驾驶罪和妨害公务罪的构成特征,应当按照数罪并罚的原则予以并罚。

——《刑事审判参考》(总第94辑)。

358 醉驾逃逸后找人“顶包”，并指使他人提供虚假证言，导致无法及时检验血液酒精含量的，应以危险驾驶罪、妨害作证罪数罪并罚

关键词|醉酒驾驶|妨害作证罪|危险驾驶罪|数罪并罚|

【最高人民法院参考案例】

孔某危险驾驶案(《刑事审判参考》案例第904号)

要旨:醉驾逃逸后找人“顶包”,并指使他人提供虚假证言,导致无法及时检验血液酒精含量的,应当以危险驾驶罪、妨害作证罪数罪并罚。

行为人酒后在道路上驾驶机动车,因逃逸而无法及时检验其驾驶时的血液酒精含量,但根据其他间接证据能够认定其驾车时已处于醉酒状态的,可以认定其行为构成危险驾驶罪。

由于人体内的酒精会因挥发、分解、消化、排泄而逐步减少直至消失,所以对于行为人逃逸,以致未能及时进行血液酒精含量鉴定的情形如何处理,实践中做法不一。有观点认为,危险驾驶罪的构成要件中明确要求行为人醉酒驾驶的才能入罪。缺失血液酒精含量鉴定意见这一关键证据的,不能推定行为人达到醉酒程度,将其入罪,否则,就违反了罪刑法定这最重要的刑法基本原则。我们认为,上述意见值得商榷。醉驾入刑后,酒后驾驶抗拒、逃避检查、交通肇事后逃逸的现象逐渐增多,网络上甚至出现了专门为醉酒驾驶行为支招逃避刑事追究的“醉驾肇事逃逸攻

略”。这些所谓的“攻略”致使一些醉酒驾驶行为人心存侥幸，误以为只要及时逃脱，待酒精挥发、分解、消化、排泄后，血液酒精含量就会大幅度下降甚至消失，如此就能够逃避刑法处罚。因此，在绝大多数情况下，应当要求公诉机关提供血液酒精含量的鉴定意见，但同时应当保留一定的例外。如果在任何情况下都要求将血液酒精含量鉴定意见作为认定醉酒的唯一依据，既不利于遏制和预防醉驾犯罪，甚至还会纵容醉驾肇事逃逸的行为。司法实践中，根据间接证据定案的情况不在少数，只要间接证据达到确实、充分的证明程度，能够排除合理怀疑的，仍可认定为醉酒驾驶。只是在这种情形下，对取证要求更高，要穷尽一切手段收集能够证明行为人在驾驶时处于醉酒状态的各类证据。具体包括以下几类：一是证实行为人在驾驶前曾经饮酒或者肇事时呈现醉态的证人证言、被害人陈述。如，与行为人一同饮酒的人和饭店工作人员关于行为人喝酒的时间、品种、数量、度数以及驾车时的状态等情节的证言，目击证人或者被害人描述行为人肇事后步态、神态等状况的证言。二是证实行为人饮酒、驾车离开时的饭店监控录像、道路监控录像等视听资料。三是专业人员的鉴定意见。对于行为人逃逸不久即被抓获，体内还能检出血液酒精含量值，但低于 80 毫克/100 毫升的，可以委托专业人员按照业内通行的 10 毫克/(100 毫升 · 小时)的血液清除率往回推算行为人驾驶时的血液酒精含量。四是侦查实验。根据有关证人证言、监控录像等证据证实的行为人饮酒的时间、品种、数量、度数以及距驾驶的时间等情节进行侦查实验，“还原”行为人驾驶时的状态后，提取其血样送检。如果血液酒精含量达到 80 毫克/100 毫升的，结合上述证据，可以认定行为人驾驶时呈醉酒状态。需要强调的是，鉴于血液酒精含量检验鉴定意见的重要性以及缺失后的不可弥补性，根据间接证据定案，是迫不得已的做法，应当极为慎重。被告人孔某醉酒驾驶机动车发生交通事故后逃逸，为逃避法律追究，找人“顶包”，并指使他人作伪证，导致公安机关无法及时进行血液酒精含量检验，妨碍了对其醉酒驾驶机动车追究法律责任的正常办案程序，也导致多名证人因提供虚假证言被行政处罚，侵害了司法机关正常的诉讼活动和公民依法作证的权利，其行为构成妨害作证罪，应当与其所犯危险驾驶罪数罪并罚。

——《刑事审判参考》(总第 94 辑)。

359 醉酒驾驶机动车致使本人重伤的，不构成交通肇事罪但构成危险驾驶罪

关键词｜醉酒驾驶｜交通肇事罪｜危险驾驶罪｜

【最高人民法院参考案例】

杨某危险驾驶案(《刑事审判参考》案例第917号)

要旨:对于危险驾驶仅致本人受伤且不具有从重处罚情节的,可以酌情从宽处罚。

危险驾驶罪不以发生危害结果为入罪要件,醉酒后驾驶机动车即可构成本罪。

危险驾驶罪系抽象危险犯,刑法并未以发生实际危害后果作为该罪构成要件。对于抽象危险犯,只要实施了刑法所类型化的危险行为,即该行为只要具有发生危害结果的高度危险,就达到了纳入刑法评价的严重程度。故通常情况下,只要行为人在道路上醉酒驾驶机动车,就可认定其对道路交通安全和他人人身财产安全构成一种紧迫危险的状态,即符合醉驾型危险驾驶罪的构成特征。

危险驾驶案件中发生的交通事故后果是否作为从重处罚情节,需要结合具体情形而定。一般情况下,危险驾驶发生交通事故,说明该行为具有了现实危险性,但是否作为从重处罚情节,仍需区分具体情形。在醉驾型危险驾驶案件中,交通事故这一后果往往只是作为衡量醉酒程度的指标之一。一般而言,发生交通事故的比未发生交通事故的,体现的醉酒程度要更为严重,从而可以在法定刑幅度内从重处罚。当然,血液酒精含量高的,因个体差异也未必发生交通事故,故还应当结合具体案情对交通事故这一后果所带来的量刑影响进行综合评定。考虑到危险驾驶主要是侵害了公共安全,即侵害了不特定多数人的人身、财产安全,对于危险驾驶仅造成本人死亡的,失去了刑法评价的意义;对于危险驾驶仅造成本人伤害或者财产损失的,也宜当将这一后果视为行为人对自己犯罪行为付出的代价,而不宜作为从重处罚情节。这样的理解,也符合相关司法解释的精神。如《最高人民法院关于审理交通肇事刑事案件具体应用法律若干问题的解释》第二条关于交通肇事罪的入罪标准和第四条关于交通肇事罪"有其他特别恶劣情节"的规定,将交通肇事的财产损失范围限制在"造成公共财产或者他人财产直接损失",将肇事者的个人财产损失排除在外。因此,对危险驾驶发生交通事故情形的从重处罚,一般不应包括导致本人伤亡或者财产损失的情况。

对于危险驾驶仅致本人受伤且不具有从重处罚情节的,从刑罚的谦抑精神出发,可以酌情从宽处罚。实践中,因驾驶摩托车属于"肉包铁",常发生醉酒驾驶摩托车撞到树上、掉进沟里、跌倒在地等致行为人本人自伤的后果。这种情况下,行为人的身体和精神已经因其犯罪行为付出了一定程度的代价,如果再施以严厉的刑罚,有违刑罚谦抑精神。特别是在有的案件中,行为人承担着家庭主要经济来源,因本人遭受伤残而支出的医疗费用已是一笔沉重的负担,加上失去主要经济来源的家庭,容易转化为社会负担和不稳定因素。这种情形下,对仅导致自伤的醉驾行为人科以刑罚或者重罚,社会效果并不好。当然,在具体把握处罚幅度时,应当主要考虑行为人在道路上醉酒驾驶机动车有无法定从重处罚情节,是否属于犯罪情节较轻、情节轻微或者显著轻微,避免单纯将行为人本人受伤作为判断其醉驾情节轻微与否的主要因素。以本案为例,被告人杨某在城市道路上醉酒驾驶摩托车,其血液酒精含量已高达224.06毫克/100毫升,醉酒程度严重,其倒地自伤的结果也说明其驾驶能力受到酒精的严重影响,其驾驶行为具有高度的危险性。考虑到本案没有发生致他人受伤、公私财产损失的交通事故,犯罪情节较轻,故可以对其从轻处罚。这样处理,既以本案具体情节为基础,又适当考虑了被告人自伤的情况,对宽严相济程度的把握更为妥当。

——《刑事审判参考》(总第94辑)。

郑帮巧危险驾驶案(《刑事审判参考》案例第900号)

要旨:被告人醉酒驾驶机动车致使本人受伤的不构成交通肇事罪,但在道路上醉酒驾车的构成危险驾驶罪。

(一)犯罪一般是对他人法益的侵害,单纯的自损行为不构成犯罪。自损行为是指行为人侵害自己法益的行为,这种行为原则上没有违法性,因为在不危及国家、公共安全的前提下,自然人有权在不侵害他人权益的前提下处分自己的权益(生命权的处分亦除外)。我国刑法及司法解释中以人的伤亡作为定罪量刑条件的,一般不包含对本人造成的伤亡。如刑法第二百三十三条规定的"过失致人死亡的",此处的人显然不包括本人。再如故意伤害罪、过失致人重伤罪,刑法更是直接明确规定为"故意伤害他人身体""过失伤害他人致人重伤"。例外的情形是,如果这种自损行为同时侵害他人的权益,危及国家和公共安全,则应当依法定罪处罚。如,军人战时自伤,在自己身上绑上炸弹并在公共场所实施爆炸等。

(二)对《最高人民法院关于审理交通肇事刑事案件具体应用法律若干问题的解释》(以下简称《解释》)中"致一人以上重伤"中的"人"应当作不包括本人的限缩解释。限缩解释,是指缩小法律条文之文义,使之局限于核心意义,以正确阐释法律条文真实合理含义的解释方法。《解释》中规定的致"人"死亡、致"人"重伤等,如果按照文字本身之义,"人"包括本人和他人,但如此理解就会带来逻辑上的混乱。如,《解释》第二条第一款第(一)项规定交通肇事罪的定罪条件之一为"死亡一人或者重伤三人以上,负事故全部或者主要责任的"。很显然,此处的"死亡一人"不包括本人,因为如果本人已死亡,再规定其行为构成犯罪既无法律上的必要,也没有实际意义。从刑法的体系解释来看,同一法条或者关联法条中相同文字的内涵与外延应当是一致的。既然"死亡一人"的"人"不包括本人,那么"重伤三人"的"人"也不应包括本人。同理,该法条第二款中的酒后驾驶"致一人以上重伤”中的“人”也不应当包括本人。

（三）对过失致本人重伤的行为定罪量刑有违社会一般人的认识。犯罪的本质特征是达到应受刑罚处罚程度的社会危害性，即社会危害性达到一定严重程度的行为才构成犯罪，酒后驾车致本人重伤的人，由于其对他人并未造成实际损失，而本人又是事故的实际受害人，往往成为同情对象，如将此种行为定罪处罚，有违常识常情常理。从纵向比较，故意伤害自己的不构成犯罪，举重以明轻，过失致本人重伤的亦不应构成犯罪。从横向比较，过失致人重伤罪要求致他人重伤才构成犯罪，同时过失犯罪，若在交通肇事案件中过失致本人重伤就构成犯罪，则将破坏罪刑阶梯构建的平衡。

综上，本案被告人郑帮巧醉驾致本人重伤的结果，不应作为交通肇事罪的构成要件进行评价，但其在道路上醉酒驾驶机动车的行为本身已齐备危险驾驶罪的构成要件，依法应当予以惩处。

——《刑事审判参考》（总第94辑）。

360 对于为挪动车位而在道路上醉酒驾驶机动车，且行驶距离较短、速度较慢、未发生严重后果的，可以不作为犯罪处理

关键词｜醉酒驾驶｜危险驾驶罪｜

【最高人民法院参考案例】

唐浩彬危险驾驶案（《刑事审判参考》案例第895号）

要旨：行为人只要在道路上醉酒驾驶机动车，即具有法律拟制的危险性，符合危险驾驶罪的客观要件。对于为挪动车位而在道路上醉酒驾驶机动车，且行驶距离较短、速度较慢、未发生严重后果的，可以不作为犯罪处理。

（一）行为人只要在道路上醉酒驾驶机动车，即具有法律拟制的危险性，符合危险驾驶罪的客观要件。刑法第一百三十三条之一第一款规定，在道路上醉酒驾驶机动车的，处拘役，并处罚金。根据该规定，危险驾驶罪不以发生具体危害后果为构成要件，理论上属于抽象危险犯，即立法上根据一般人的社会生活经验，将在道路上醉酒驾驶机动车的行为类型化为具有发生危害结果的紧迫（高度）危险。该危险不需要司法上的具体判断，只要行为人实施了在道路上醉酒驾驶机动车的行为，就推定其具有该类型化的紧迫危险，符合危险驾驶罪的客观要件。除非根据一般人的社会生活经验，认为具体案件中的特别情况导致该醉驾行为根本不存在任何危险时，司法上才需要进行判断，但这种例外情形在生活中极其罕见。即便是未醉酒情形下的简单倒车行为，因控制不好车速、车距，而与其他车辆发生碰撞，甚

至将油门当作刹车猛踩，造成他人重伤、死亡的个案也非常普遍，更不用说醉酒状态下的倒车行为。故以驾驶距离较短、速度较慢为由主张醉酒驾驶没有危险，理由上难以成立。本案中，虽然唐浩彬的驾驶目的是将车挪动到几米外的路对面停放，并慢速倒车，但从其行为最终发生与其他车辆碰撞的结果分析，其驾驶能力已受到酒精的严重影响，其醉酒后挪动车位的行为不仅具有发生危害结果的高度危险，还发生了实害结果，符合危险驾驶罪的客观要件。

（二）行为人明知自己饮酒仍在道路上驾驶机动车，具有危险驾驶罪的主观故意。危险驾驶罪属于抽象危险犯和行政犯，判断行为人是否具有醉酒驾驶机动车的主观故意，应当充分考虑其罪质特点。犯罪故意是认识因素和意志因素的统一。一是在认识因素方面，行为人应当对该罪构成要件要素“道路”“醉酒”“驾驶”“机动车”的社会意义有一定认识。该认识不要求达到确切的程度，行为人只要认识到其是在饮酒后驾驶机动车即可，至于其饮酒后血液酒精含量是否达到 80 毫克/100 毫升、驾驶的路段是否属于法律意义上的道路等内容，均不是认定行为人犯罪故意的主观要素范围。同时，行为人还应对在道路上醉酒驾驶机动车具有危险性有一定的认识，但该认识以一般人的社会生活经验为根据，而不是以行为人自己的判断为标准，更不要求行为人对危险性程度及是否会发生危害结果有确切具体的认识。二是在意志因素方面，要求行为人对其在道路上醉酒驾驶机动车可能发生的危险持放任态度。本案中，唐浩彬饮酒后将车交给其女朋友驾驶，表明其已认识到在道路上醉酒驾驶机动车具有高度危险性，且明知这是一种违法行为，故采取了避免措施。但唐浩彬在其女朋友驾车发生事故，民警要求挪动车位时，误认为其饮酒后的驾驶技术仍好于其女朋友而主动上车驾驶，反映出其虽然认识到醉驾行为具有危险性，但为挪动车位而置这种危险状态于不顾，故应当认定其具有危险驾驶的主观故意。

（三）对于为挪动车位而在道路上醉酒驾驶机动车，且行驶距离较短、速度较慢的、未发生严重后果的，可以不作为犯罪处理。对于行为人出于符合情理的驾驶目的，在道路上醉酒驾驶机动车的，在定罪处罚时应当深入贯彻宽严相济刑事政策，该从宽的，一定要体现从宽政策。就为挪车而短距离醉驾的案件而言，如果没有发生实际危害结果或者仅发生轻微碰、擦后果的，可以根据具体情节，认定犯罪情节显著轻微，适用“但书”条款，不作为犯罪处理，或者作免予刑事处罚。如果仅发生轻微的交通事故，致使车辆刮擦、致人轻微伤等，且行为人认罪、悔罪，积极赔偿被害人损失并取得谅解的，可以不作为犯罪处理或者作免予刑事处罚处理。如果发生致人轻伤以上的交通事故，一般不宜认为犯罪情节显著轻微，但结合具体案情、行为人的认罪、悔罪表现和赔偿情况，为体现从宽处罚精神，可以对被告人适用缓刑。本案中，唐浩彬一开始并无醉酒驾驶机动车的主观故意，而是在其女朋友驾车发生事故,妨碍其他车辆通行,民警要求挪车的特殊情况下,才产生醉驾犯意,故其主观恶性明显小于其他主动醉酒驾驶机动车的行为人。从唐浩彬实施的行为看,其发动汽车后并未快速行驶,而是控制车速缓慢倒车,准备将车停放在几米外的道路对面,该行为的危险性明显小于醉酒驾驶机动车高速行驶、长距离行驶的情形。虽然唐浩彬的醉驾行为发生了实际危害结果,但只是轻微的车辆碰撞,且其积极赔偿车主修车费用,具有认罪、悔罪表现。故综合考虑上述情节,对唐浩彬的行为不作为犯罪处理或者作不起诉或者定罪免刑处理均符合法律规定。

——《刑事审判参考》(总第94辑)。

361 醉驾案件中犯罪情节轻微的认定

关键词|醉酒驾驶|危险驾驶罪|犯罪情节轻微|

【最高人民法院参考案例】

吴晓明危险驾驶案(《刑事审判参考》案例第896号)

要旨:根据被告人醉驾的客观行为、主观恶性、行为人人身危险性等,综合考虑犯罪社会危害性,对被告人定罪但免予刑事处罚。

在醉驾型危险驾驶案件中,以行为和行为人为视角,可将量刑情节分为两类:

关于行为方面,主要有以下几种情节:(1)醉驾的时空环境,即时间、路段、距离。包括:醉驾的时间是深夜车辆较少时还是白天车流高峰期,醉驾持续的时间有多长,饮酒与驾驶之间间隔的时间长短;醉驾的路段是繁华闹市还是人迹稀少的区域,是普通道路还是城市快速路、高速公路;被查获时醉驾的距离,离目的地的剩余距离。(2)醉驾的机动车车况。包括:是"铁包肉"的汽车还是"肉包铁"的普通摩托车;是私家车还是正在营运的客车;是符合安全技术条件的机动车还是改装车、报废车;是独自醉驾还是载有亲友醉驾。(3)是否还有其他违反道路交通安全法的行为。包括:无证驾驶或者准驾车型不符;严重超速、超载、超员;违反交通信号;吸毒后驾驶;伪造、变造、遮挡号牌等。(4)醉驾的后果,即是否发生交通事故以及造成后果的严重程度。

关于行为人方面,主要有以下几种情节:(1)醉酒程度,即行为人的血液酒精含量是刚超过认定醉酒驾驶的标准80毫克/100毫升,还是超出很高。(2)犯罪态度。包括:是否有主动停止醉驾、自首、坦白、立功或者积极赔偿等法定或者酌定从宽处罚情节;是否有拒不配合检查、弃车逃匿,甚至殴打、驾车冲撞执法人员、冲卡等恶劣行为。(3)犯罪动机或者对醉驾行为本身的认识。包括:是否有违法性认识,误以为休息数小时或者隔夜之后会醒酒而醉驾;是忽视醉驾对公共安全造成的危险而执意醉驾，还是出于救助他人而不得已醉驾；是否采取避免措施；等等。(4)行为人的一贯表现。如是否有醉驾、酒驾以及其他前科劣迹。

上述情形，基本能够准确反映出醉驾行为的社会危害程度以及行为人的人身危险大小，是决定对行为人从重或者从轻处罚的重要参考因素。就从宽处罚而言，由于危险驾驶罪是刑法分则中唯一一个主刑设置为拘役的罪名，其轻罪的罪质特点决定了对行为人从宽处罚时，往往需要在缓刑、免予刑事处罚、不作为犯罪处理三者中权衡，为此就有必要准确区分何种情形属于犯罪情节较轻、犯罪情节轻微、犯罪情节显著轻微。仅从上述列举的几类情形中，就可以看出醉驾犯罪情况比较复杂，对何种情形属于情节较轻、轻微或者显著轻微，需要在司法实践中不断探索。这也是最高人民法院、最高人民检察院、公安部未在其联合制定的《关于办理醉酒驾驶机动车刑事案件适用法律若干问题的意见》中明确相关认定标准的一个重要原因。

我们认为，审判实践中，可以尝试从醉驾行为的社会危害程度和行为人的人身危险性大小入手，以“定性+定量”的方式明确以下区分原则：

一是对于没有发生交通事故，行为人认罪、悔罪，且无其他法定或者酌定从轻、从重处罚情节的，一般可以认定为醉驾情节较轻；对于虽然发生交通事故，但只造成轻微人身伤害或者财产损失，且被告人积极赔偿取得谅解，无其他从重处罚情节的，也可以认定为醉驾情节较轻；对于既有从轻处罚情节又有从重处罚情节的，是否整体上认定为醉驾情节较轻，应当从严掌握。根据刑法第七十二条的规定，醉驾情节较轻的，依法可以适用缓刑。

二是犯罪情节轻微可以免予刑事处罚的，除不低于缓刑的适用条件外，还应当同时具备以下条件：(1)被告人无从重处罚情节，原则上没有发生交通事故，即便发生交通事故，也仅造成轻微财产损失，或者轻微人身伤害，且被告人积极赔偿，取得被害人谅解；(2)至少具备一项法定或者酌定从宽处罚情节，如自首、坦白、立功、自动停止醉驾等；(3)醉酒程度一般，血液酒精含量在160毫克/100毫升以下；(4)有符合情理的醉驾理由，如为救治病人而醉驾、在休息较长时间后误以为醒酒而醉驾、为挪动车位而短距离醉驾等。

三是犯罪情节显著轻微可以不认为是犯罪的，除不低于免予刑事处罚的适用条件外，在“量”上应当更加严格把握，要求同时具备：(1)没有发生交通事故或者仅造成特别轻微财产损失或者人身伤害；(2)血液酒精含量在100毫克/100毫升以下；(3)醉驾的时间和距离极短，根据一般人的经验判断，几乎没有发生交通事故的可能性。

本案中，被告人吴晓明具备多个法定或者酌定从轻处罚的量刑情节。一是未发生实害后果，社会危害性较小。吴晓明血液酒精含量为89.4毫克/100毫升，刚达到醉驾标准,且其醉驾时间在凌晨1时许,行驶路线非城市主干道,路上车辆行人稀少,相比于醉酒程度高或者在交通繁忙时段和路段的醉驾行为,发生交通事故的风险较低,对道路公共安全造成的威胁很小。二是主观恶性较小。案发当晚,吴晓明由其司机驾车送至酒店参加同学聚会,说明其对酒后驾车的危险性已有一定认知,并作了相应防范。聚会结束后,吴晓明派司机去送同学回家,在此期间突然得知未满周岁的女儿发高烧,情急之下没有选择打车或者乘坐其他交通工具回家,而是选择自己醉驾,其救女心切可以得到社会公众广泛理解和宽容,亦是人之常情,故其主观恶性与其他持侥幸心理的醉驾行为人相比要小。三是行为人的人身危险性较小。吴晓明具有正当职业,以往表现较好,无犯罪前科,是初犯,且到案后如实供述罪行,庭审中具有认罪、悔罪表现。四是本案不存在从重处罚量刑情节。鉴于吴晓明并非主动停止醉驾,而系被查获而停止醉驾,被查获时已行驶约1.8公里,综合考虑,可以认定吴晓明的醉驾行为属于"犯罪情节轻微"而非"显著轻微"情形。故依照刑法第三十七条的规定,依法对吴晓明宣告有罪,但免予刑事处罚,既深入贯彻了宽严相济刑事政策依法从宽精神,也体现了罪责刑相适应原则。

——《刑事审判参考》(总第94辑)。

362 危险驾驶罪中"追逐竞驶""情节恶劣"的认定

关键词|危险驾驶罪|追逐竞驶|情节恶劣|

【最高人民法院指导性案例】

张某某、金某危险驾驶案(最高人民法院指导案例第32号)

裁判要点:(1)机动车驾驶人员出于竞技、追求刺激、斗气或者其他动机,在道路上曲折穿行、快速追赶行驶的,属于刑法第一百三十三条之一规定的"追逐竞驶"。(2)追逐竞驶虽未造成人员伤亡或财产损失,但综合考虑超过限速、闯红灯、强行超车、抗拒交通执法等严重违反道路交通安全法的行为,足以威胁他人生命、财产安全的,属于危险驾驶罪中"情节恶劣"的情形。

法院生效裁判认为:根据刑法第一百三十三条之一第一款规定,"在道路上驾驶机动车追逐竞驶,情节恶劣的"构成危险驾驶罪。刑法规定的"追逐竞驶",一般指行为人出于竞技、追求刺激、斗气或者其他动机,二人或二人以上分别驾驶机动车,违反道路交通安全规定,在道路上快速追赶行驶的行为。本案中,从主观驾驶心态上看,二被告人张某某、金某到案后先后供述"心里面想找点享乐和刺激""在道路上穿插、超车、得到心理满足";在面临红灯时,"刹车不舒服、逢车必超""前方有车就变道曲折行驶再超越"。二被告人上述供述与相关视听资料相互印证,可以反映出其追求刺激、炫耀驾驶技能的竞技心理。从客观行为上看，二被告人驾驶超标大功率的改装摩托车，为追求速度，多次随意变道、闯红灯、大幅超速等严重违章。从行驶路线看，二被告人共同自浦东新区乐园路99号出发，至陆家浜路、河南南路路口接人，约定了竞相行驶的起点和终点。综上，可以认定二被告人的行为属于危险驾驶罪中的“追逐竞驶”。

关于本案被告人的行为是否属于“情节恶劣”，应从其追逐竞驶行为的具体表现、危害程度、造成的危害后果等方面，综合分析其对道路交通秩序、不特定多人生命、财产安全威胁的程度是否“恶劣”。本案中，二被告人追逐竞驶行为，虽未造成人员伤亡和财产损失，但从以下情形分析，属于危险驾驶罪中的“情节恶劣”：第一，从驾驶的车辆看，二被告人驾驶的系无牌和套牌的大功率改装摩托车；第二，从行驶速度看，总体驾驶速度很快，多处路段超速达50%以上；第三，从驾驶方式看，反复并线、穿插前车、多次闯红灯行驶；第四，从对待执法的态度看，二被告人在民警盘查时驾车逃离；第五，从行驶路段看，途经的杨高路、张杨路、南浦大桥、复兴东路隧道等均系城市主干道，沿途还有多处学校、公交和地铁站点、居民小区、大型超市等路段，交通流量较大，行驶距离较长，在高速驾驶的刺激心态下和躲避民警盘查的紧张心态下，极易引发重大恶性交通事故。上述行为，给公共交通安全造成一定危险，足以威胁他人生命、财产安全，故可以认定二被告人追逐竞驶的行为属于危险驾驶罪中的“情节恶劣”。

——《最高人民法院关于发布第八批指导性案例的通知》（2014年12月18日，法〔2014〕327号）。

【链接：理解与参照】

（一）对“追逐竞驶”应当坚持主客观统一原则予以认定

追逐竞驶，从一般意义上理解，是对追赶行驶、比赛驾驶速度或者比拼驾驶技能的状态的描述。刑法第一百三十三条之一规定：“在道路上驾驶机动车追逐竞驶，情节恶劣的，或者在道路上醉酒驾驶机动车的，处拘役，并处罚金。”依据该规定，刑法危险驾驶罪中追逐竞驶的犯罪主体为一般主体，即在道路上行驶的机动车的驾驶人。犯罪人主观上为故意，并且从实践中的具体情况来看，较常见的是出于行为人为了比拼驾驶技术、追求飙车的刺激感、与其他行驶中的车辆斗气或出于其他动机而实施。本案例中结合行为人主观状态和客观行为，行为人构成了追逐竞驶：首先，从主观动机上看，本案中二被告人到案后先后供述“一起出去晃晃、兜兜、跑跑路”，后又先后具体分别供述“自己手痒，心里面想找点享乐和刺激”“有段时间没开过了，手痒、心里要感受驾驶这种车辆的快感，所以就一起驾车去了”“开这种世界顶级摩托车心里感到舒服、刺激、速度快”“享受这种大功率世界顶级摩托车的刺激感”,可以印证二被告人出于追求刺激进行驾驶的主观意思联络。其次,从竞技心态上看,二被告人分别供述“只管发挥自己的驾车技能”“在道路上穿插、超车,得到心理满足”,在面临红灯时“相信自己操控车辆的技能闯过去不会出事”“相信自己的驾车技能”“刹车不舒服,逢车必超”。这也得到相关证人证言、街面监控的印证,可以印证其相约竞技的驾驶心态。再次,从行驶路线上看,二被告人均供述行驶路线系一起自浦东新区乐园路99号出发,至陆家浜路、河南南路路口接人,“谁先到、谁就等谁”,这也得到相关证人证言佐证,可以证明二被告人共同约定了驾驶路线的起点和终点,从而补强二被告人的竞技驾驶心态。最后,从行驶状态上看,二被告人均系驾驶依据法律法规不能上牌的大功率摩托车,反复并线、随意曲折变道超车、绝大部分路段超速、高速行驶、逢车必超,在行驶途中还屡次闯红灯、相互超越,这也有街面监控视频、测速鉴定意见、二被告人多次及当庭供述等证据证实,从客观行为方面进一步印证二被告人在道路上驾驶机动车追逐竞驶的状态。结合在案证据,可以认定二被告人的行为构成了刑法所规定的追逐竞驶。

鉴于本案例中二行为人属于同向行驶,且设定了一个共同驾驶目的地的情形,而实践中,在道路上驾驶机动车追逐竞驶的,可能还存在其他的行为表现形态。比如,有可能仅为一人在道路上飙车,以特定的或不特定其他车辆作为追逐目标,且没有设定目的地;有的是二名以上的多人实施的追逐竞驶行为;有的则可能是二人或二人以上人员非同向竞驶,而是反向行驶,但约定了一个共同驾驶目的地等。鉴于实践中情况比较复杂多样,不是仅限于案例中这一种情形,经征求刑一庭、刑五庭和公安部意见,裁判要点第一条立足案例的基本案情,但作了适度延展,将追逐竞驶行为表述为:“机动车驾驶人员出于竞技、追求刺激、斗气或者其他动机,在道路上曲折穿行、快速追赶行驶的,属于刑法第一百三十三条之一规定的‘追逐竞驶’”。也就是说,司法实践中认定追逐竞驶,一方面要求符合机动车驾驶人员出于竞技、追求刺激、斗气或者其他动机的要件;另一方面,机动车驾驶人员不论有几人,不论是否设定了行驶的起点和终点,也不论是同向而行抑或是反向行驶的,只要具有驾驶机动车在道路上曲折穿行、快速追赶行驶的情形,就可以认定为追逐竞驶行为。

(二)“情节恶劣”应当从追逐竞驶行为的具体表现、造成危害的程度、危害后果等方面认定

危险驾驶罪是刑法分则第二章“危害公共安全罪”中的一个新增罪名,其侵害的客体主要是道路交通秩序,同时也威胁到不特定多数人的生命、财产安全。追逐竞驶型危险驾驶罪的“情节恶劣”,是评价追逐竞驶行为应否入罪的重要条件,一般需要结合追逐竞驶行为的具体表现及所造成危害的程度、后果等方面,分析其对道路交通秩序、不特定多人生命、财产安全威胁的程度是否达到恶劣来判定。

本案例中，二被告人虽然具有驾驶资格，但其行为被认定属于情节恶劣，是根据以下情形综合进行判定的：

一是二被告人追逐竞驶行为严重违反了道路交通安全规定：驾驶无牌照改装的大功率摩托车，在密集车流中任意穿插变道，曲折变线，多次闯红灯，致使沿途正常行驶的车辆纷纷闪避；交管部门监测到二车至少在四个路段超速行驶，并且其中在三个路段超速接近限速的一倍，造成所经路段交通秩序混乱。

二是案发时恰逢周五晚高峰，车流和人流均十分密集。二被告人行驶路线长达28.5公里，沿途经过多个公交站点、居民小区、学校和大型超市，追逐竞驶行为足以对途经人员车辆的生命财产安全造成威胁。

三是在交警对其拦查时，不仅不配合盘查，反而加速逃离，逃避执法。

综合以上三方面情形，本案例在裁判中认定被告人行为属于情节恶劣。梳理本案法官判断"情节恶劣"的依据，可以提炼归纳为三点：一是追逐竞驶中严重违反道路交通安全规定；二是扰乱了沿途正常的道路交通秩序或居民生活秩序，引起人员、车辆恐慌；三是足以威胁途经人员、车辆的生命财产安全。

裁判要点第二条主要根据本案例的情节，对"情节恶劣"判定标准进行了概括。征求意见中，对该标准的表述，主要有以下三种不同观点。第一种观点认为，行为人追逐竞驶，虽未造成人员伤亡或财产损失，但具有超过限速50%以上、闯红灯、强行超车或抗拒交通执法等严重违反道路交通安全规定行为之一的，即应当认定为情节恶劣。第二种观点认为，行为人追逐竞驶的，应当综合考虑超过限速、闯红灯、强行超车、抗拒交通执法等违反道路交通安全规定的情节，判断是否构成情节恶劣。第三种观点认为，宜表述为"行为人追逐竞驶，虽未造成人员伤亡或财产损失，但具有超过限速50%以上、闯红灯、强行超车或抗拒交通执法等严重违反道路交通安全规定行为，足以威胁途经人员生命、财产安全的，也属于危险驾驶罪中'情节恶劣'的情形"。考虑到如果按第一种观点界定"情节恶劣"，可能导致该类危险驾驶罪的入罪门槛过低，打击面过宽，不符合刑法谦抑性原则的要求；而按第二种观点界定"情节恶劣"则过于原则，对"情节恶劣"的限定失之笼统，司法实践中不易把握，操作性不强；第三种观点则存在表述不明确、不清晰的问题，尤其是前面所罗列的几种具体情节是只需具备其一即可，还是需要同时具备才能认定，不清晰。经过研究，最终裁判要点第二条表述为："追逐竞驶虽未造成人员伤亡或财产损失，但综合考虑超过限速、闯红灯、强行超车、抗拒交通执法等严重违反道路交通安全法的行为，足以威胁他人生命、财产安全的"，属于危险驾驶罪中情节恶劣的情形。也就是说，行为人追逐竞驶行为"超过限速、闯红灯、强行超车、抗拒交通执法等严重违反道路交通安全法的行为"，不论被告人是实施了其中几种，还是只具有其中一种情形，只要其行为达到足以威胁他人生命、财产安全程度的，即可认定情节恶劣。这样表述明确了判断“情节恶劣”的底线标准，即必须达到足以威胁他人生命、财产安全的程度。

总之，追逐竞驶型危险驾驶犯罪与醉酒后在道路上驾驶机动车的犯罪行为相比，侦查比较困难、取证难度较大，但其社会危害性显而易见。在司法实践中认定该罪成立时，应当从行为人主观故意和动机、客观驾驶行为、危险状态评估三个方面深入辨析，并严格依照证据裁判原则予以认定。

三、需要说明的问题

（一）危险驾驶罪与交通肇事罪和以危险方法危害公共安全罪竞合的问题

刑法第一百三十三条之一第二款对此问题做了规定，即“有前款行为，同时构成其他犯罪的，依照处罚较重的规定定罪处罚”。根据该款规定，界定危险驾驶罪中追逐竞驶的“情节恶劣”，还要注意同时考虑此种行为人危险驾驶罪的条件，与交通肇事罪和以危险方法危害公共安全罪的入罪条件要相衔接。只有在不构成交通肇事罪或者以危险方法危害公共安全罪的情况下，追逐竞驶行为情节恶劣的，才有可能以危险驾驶罪定罪处罚。如果行为人追逐竞驶，造成人员伤亡或者公私财产重大损失，符合刑法第一百三十三条交通肇事罪构成要件的，根据刑法第一百三十三条之一第二款规定的精神，应当依照刑法第一百三十三条的规定，以交通肇事罪定罪处罚，而行为人追逐竞驶的行为，可以作为处罚的量刑情节予以考虑。由于刑法第一百一十五条规定的以危险方法危害公共安全罪，最高可判处死刑，属于严重犯罪，对于因追逐竞驶的危险驾驶行为而应当定以危险方法危害公共安全罪的，必须注意严格把握入罪条件，同时还应当注意对这类情况予以适当量刑，罚当其罪。

（二）防止打击面过宽问题

本案例涉及的追逐竞驶型危险驾驶犯罪，属于尚未造成任何人员伤亡和财产损失的情形，因此，在该类犯罪中也属于比较常见、犯罪危害结果在同类犯罪中相对较轻微的情况。将该案例作为指导性案例，也是希望通过该指导案例的示范性裁判，确立类似情形下“情节恶劣”的判定标准，作为该类犯罪入罪的低限标杆指导审判。司法实践中不宜再进一步放宽掌握该罪的入罪尺度，注意避免造成打击面过宽的问题。还需要说明的是，刑法第一百三十三条之一规定中的“机动车”和“道路”，应当依照道路交通安全法的相关规定予以认定。

——最高人民法院案例指导工作办公室：《指导案例 32 号〈张某某、金某危险驾驶案〉的理解与参照——危险驾驶罪中“追逐竞驶”“情节恶劣”的认定》，载《人民司法·案例》2015 年第 18 辑。

363 追逐竞驶造成交通事故尚不构成交通肇事罪的，应当综合其主客观行为判断是构成危险驾驶罪还是以危险方法危害公共安全罪

关键词｜追逐竞驶｜交通肇事罪｜危险驾驶罪｜以危险方法危害公共安全罪｜

【最高人民法院参考案例】

彭建伟危险驾驶案(《刑事审判参考》案例第 907 号)

要旨：被告人追逐竞驶行为虽然造成交通事故但不构成交通肇事罪，对交通事故后果并不希望或者放任的，客观上行为危险程度也达不到与放火、决水、爆炸、投放危险物质等相当性的，应认定为危险驾驶罪。

(一)要看行为人对追逐竞驶造成的交通事故后果是持过于自信的过失意志状态还是持希望或者放任的意志状态。

危险驾驶罪是抽象危险犯，只要行为人实施了刑法规定的危险驾驶行为，即认为其行为对交通安全造成了社会一般人均能认识到的危险。因此，行为人在实施危险驾驶行为时一般都明知存在潜在的危险(但不明知必然发生)，正因为如此，就危险驾驶本身而言，行为人都是持故意的意志状态。然而，值得注意的是，行为人对危险驾驶行为持希望或者放任的意志状态，并不意味着行为人对危险驾驶行为造成的危害结果也持希望或者放任的意志状态。汽车本身是一种危险性较大的交通工具，违反道路交通安全通行规定的驾驶行为，不仅会对他人生命财产安全造成危险，也会对驾驶人本人的生命财产安全造成危险。作为一个理性的人，通常不会拿自己的生命安全去冒险，除非有值得其去冒险的动机或者情由。故行为人虽然明知其追逐竞驶行为存在潜在的危险，但轻信自己的驾驶能力，认为该危险不会转化为现实危害。从这个意义上说，危险驾驶罪的行为人对发生交通事故的意志状态与交通肇事罪一样。而以危险方法危害公共安全罪要求行为人不但明知其实施的危险行为存在的潜在的危险，而且希望或者放任这种潜在的危险向现实损害转化。实践中，以危险方法危害公共安全罪定罪处罚的追逐竞驶行为，行为人多数情况下也不希望潜在的危险向现实损害转化，只不过为达到某种目的、出于某种动机而最终放任危害后果的发生。如，行为人出于泄愤目的在道路上追逐竞驶特定车辆，即便在追逐过程中碰撞上其他正常行驶的车辆，但为实现追赶特定车辆的目的，不管不顾对道路交通安全造成的现实危害而继续追逐竞驶，从而导致更为严重的交通事故发生。这种情形是典型的以危险方法危害公共安全罪。反观本案，被告人彭建伟在驾驶途中因与侯墨宣驾驶的宝来汽车发生别挡，出于争强好胜的斗气心理，临时起意追逐对方车辆，其碰撞上停放在路边的其他车辆后即停止驾驶行为，并下车持砖头砸坏宝来汽车的前挡风玻璃，由此体现出其主观上并不希望或者放任其危险驾驶行为对他人人身财产造成损害，因此，不符合以危险方法危害公共

安全罪的主观构成特征。

（二）要看追逐竞驶的行为是否达到与放火、决水、爆炸、投放危险物质等行为相当的危险程度。

追逐竞驶行为构成以危险方法危害公共安全罪的，要求该行为具有与放火、决水、爆炸、投放危险物质等行为相当的危险程度。所谓相当的危险程度，既可以体现在该行为对不特定多数人的人身财产安全所带来的潜在危险相当，也可以体现在所造成的现实危害后果相当。这些行为本身具有相当的不可控性，一旦发生危险，侵害的对象、范围、严重程度具有不可控性。如，在闹市区繁华路段严重超速追逐竞驶，连续多次撞击多车，致多人重伤、死亡或者使公私财产遭受重大损失的，或者虽然致人受伤程度、财产损失数额尚未达到严重后果的程度，但侵害对象多、涉及范围广，已对公共安全造成现实侵害的，均符合以危险方法危害公共安全罪的客观要件。对于行为人实施了追逐竞驶行为，仅发生轻微交通事故（尚未达到交通肇事罪的严重事故），侵害对象、范围有限的，说明该行为尚未达到严重危害公共安全的程度，行为人对其驾驶的车辆仍有一定的可控性，故认定为危险驾驶罪更为妥当。本案中，彭建伟在车流量相对不大的城镇道路上与他人追逐竞驶，导致双方车辆共同撞上路边停放的其他车辆，仅是一般的交通事故，其危险驾驶行为尚不具有与放火、决水、爆炸及投放危险物质相当的危险性程度，因此不符合以危险方法危害公共安全罪的客观特征。

此外，交通肇事罪轻于以危险方法危害公共安全罪，如果对追逐竞驶造成交通事故的行为认定不构成交通肇事罪，但认定构成以危险方法危害公共安全罪，从举轻以明重的角度分析，在定罪逻辑上难以自圆其说。

——《刑事审判参考》（总第 94 辑）。

364 危险驾驶罪、交通肇事罪与以危险方法危害公共安全罪的区分

关键词｜危险驾驶罪｜交通肇事罪｜以危险方法危害公共安全罪｜

【最高人民法院参考案例】

孙福成以危险方法危害公共安全案（《刑事审判参考》案例第 913 号）

要旨：被告人无视国家交通安全法规和公共安全，在严重醉酒的状态下，驾车行驶于车辆密集的城市道路上，在与其他车辆发生追尾碰撞后，不仅不及时停车，反而继续驾车行驶，并在长达数公里的行驶途中多次与同向车道正常行驶的机动车发生碰撞，最终造成人员伤亡和财产损失的严重后果，其行为构成以危险方法危害公共安全罪。综合考虑本案造成的危害后果，被告人的主观恶性，以及被告人全

额赔偿被害方经济损失，取得被害方谅解等因素，最终决定对其判处有期徒刑十一年，剥夺政治权利一年。

以危险方法危害公共安全罪的法定刑幅度非常大，涉及三个刑种，故在具体案件中容易造成同案不判罚的现象发生。根据《关于醉酒驾车犯罪法律适用问题的意见》（以下简称《意见》）的相关规定，在此类案件中，决定对被告人的刑罚时，要综合考虑此类犯罪的性质、被告人的犯罪情节、危害后果及其主观恶性、人身危险性，具体可以着重考虑以下四个方面因素：

一是醉驾行为造成的危害后果。《意见》规定醉酒驾车放任危害结果的发生，造成重大伤亡的，以以危险方法危害公共安全罪定罪处罚，但未对重大伤亡的认定标准予以明确。但从《意见》配发的典型案例、交通肇事的司法解释规定分析，可以对重大伤亡的认定标准形成一个大致的认识。在《意见》配发的两起典型案例中，黎景全醉酒驾车致二人死亡、一人轻伤，被判处无期徒刑；孙伟铭醉酒驾车致四人死亡、一人重伤，造成公私财产损失人民币五万余元，一审判处死刑，二审改判无期徒刑。《最高人民法院关于审理交通肇事刑事案件具体应用法律若干问题的解释》（以下简称《解释》）第二条规定，死亡一人或者重伤三人以上，负事故全部或者主要责任的；死亡三人以上，负事故同等责任的，处三年以下有期徒刑或者拘役。《解释》第四条规定，死亡二人以上或者重伤五人以上，负事故全部或者主要责任的；死亡六人以上，负事故同等责任的，属于“有其他特别恶劣情节”，处三年以上七年以下有期徒刑。参照上述案例判罚和上述规定，我们认为，可以将以危险方法危害公共安全犯罪（醉驾）造成的重大伤亡大体分为以下三档：第一档是死亡一人或者重伤三人以上，负事故全部或者主要责任的，一般可以判处十年以上有期徒刑。第二档是死亡二人以上或者重伤五人以上，负事故全部或者主要责任的，一般可以判处十五年以上有期徒刑或者无期徒刑。第三档是死亡三人以上，负事故全部或者主要责任的，一般可以判处无期徒刑或者死刑。本案中，被告人孙福成醉酒驾车致一人死亡、一人轻伤，对其量刑大致在十年以上有期徒刑的幅度内。

二是行为人的主观恶性。一般情况下，行为人醉酒驾车构成以危险方法危害公共安全罪的，主观上并不希望、追求危害结果的发生，属于间接故意犯罪，与以制造事端为目的恶意驾车撞人并造成重大伤亡的直接故意犯罪相比，此类行为人的主观恶性相对较小。故在适用刑罚时，应当与直接故意犯罪有所区别。同时，行为人犯罪时的辨认和控制能力状况，一定程度上可以体现行为人的主观恶性和人身危险程度。行为人在醉酒状态下驾车，辨认和控制能力实际上都有所减弱，正因为如此，一方在醉酒后所实施的一些行为，更容易获取另一方的谅解。虽然刑法规定醉酒的人犯罪应当负刑事责任，但基于其主观恶性的考虑，一般可以酌情从宽处罚。另一方面，行为人具有无证驾驶、超速驾驶，逃避、阻碍公安机关执法检查，或者曾因酒驾被处罚等情形的，说明行为人对他人生命健康安全漠不关心，认罪、悔罪态度较差，可以对其酌情从重处罚。本案中，孙福成血液酒精含量高达272.6毫克/100毫升，表明其驾车前大量饮酒，醉酒程度极高，在此种状态下驾车的风险极大，但其不管不顾这种高度危险性，执意酒后驾驶，且在第一次冲撞之后又连续发生四次冲撞，直至冲到路边墙面才被迫停住，体现出其主观恶性很深，故不宜对其在起点刑上判处刑罚。

三是要注意把握民事赔偿与量刑的关系。根据刑法第三十六条的规定，犯罪分子应当赔偿其犯罪行为致使被害人遭受的经济损失。由此规范层面分析，醉酒驾车犯罪行为人依法向被害方作出赔偿是其法定义务，行为人履行赔偿义务，不应影响到对其刑事责任的追究。然而，在实践层面，即使法有明文规定，对被害方是否作出赔偿也在很大程度上依赖于行为人的意志抉择。因此，行为人积极赔偿被害方经济损失的，可以体现出行为人认罪、悔罪的诚意，缓解了社会矛盾，也在一定程度上减轻了其犯罪行为所造成的社会危害，量刑时可以酌情从轻处罚。《最高人民法院关于贯彻宽严相济刑事政策的若干意见》第二十三条规定："被告人案发后对被害人积极进行赔偿，并认罪、悔罪的，依法可以作为酌定量刑情节予以考虑。"《最高人民法院关于常见犯罪的量刑指导意见》第九条规定："对于积极赔偿被害人经济损失并取得谅解的，综合考虑犯罪性质、赔偿数额、赔偿能力以及认罪、悔罪程度等情况，可以减少基准刑的40%以下；积极赔偿但没有取得谅解的，可以减少基准刑的30%以下；尽管没有赔偿，但取得谅解的，可以减少基准刑的20%以下；其中抢劫、强奸等严重危害社会治安犯罪的应从严掌握。"本案中，孙福成的亲属对造成的经济损失已全部代为赔偿，被害人田正福、田鑫的亲属以及被害人陈学会、朱佩林出具书面材料表示谅解，请求对孙福成从宽处罚。据此，对孙福成可在法定量刑幅度内从轻处罚。

四是要注意把握法律效果与社会效果的统一。醉酒驾车犯罪严重威胁公共安全，社会关注度高，要使裁判获得人民群众的认同，适度考虑民意是有必要的。由于民意具有多面性，司法裁判既要尊重民意，也要注意甄别个案反映出的民意的真实性，要注意对新媒体形势下个别媒体发声替代民意的甄别，要注重对舆论的引导，注意审查舆论的盲动性，避免被媒体牵着鼻子走。针对本案社会关注度较高的情况，一审法院在判决前以多种方式广泛了解民意。一是在公安机关的配合下，拟定调查提纲并释明法律规定，到案发地段附近的社区了解居民对本案的看法；二是到被告人的工作单位了解情况，听取单位对案件处理的意见；三是借助电视台对庭审进行全程录播，扬州政府网亦对该案进行网上同步直播；四是邀请部分人大代表旁听庭审。从上述渠道反馈的民意看，多数人要求对被告人孙福成从严惩处，但对其案发后的悔罪表现亦予以认可，建议给其重新做人的机会，部分人大代表明确表示十至十一年的量刑建议较为合理。

——《刑事审判参考》(总第94辑)。

黄世华以危险方法危害公共安全案(《刑事审判参考》案例第912号)

要旨:被告人在醉酒驾驶逃逸过程中,无视不特定多数人的生命、健康和财产安全,并实际造成了不特定多数人的伤亡和重大财产损失,故其之前针对特定对象和之后造成不特定对象伤亡的行为应当从整体上评价为一个法律行为,以以危险方法危害公共安全罪一罪论处。

刑法理论通说一般认为,危害公共安全犯罪中的"危害公共安全"是指故意或者过失危害"不特定多数人"的生命、健康或者重大公私财产安全。据此,危害公共安全不仅是对多数人的生命、健康或者重大财产的损害,而且这种损害所针对的对象还是不特定的,这也是危害公共安全犯罪和侵犯公民人身权利犯罪、侵犯财产犯罪的主要区别之一。然而,要作这一准确区分,必须对"不特定多数人"的含义有一个准确的理解。"不特定多数人"是指不特定并且多数的人,它排斥"特定的多数人""特定的少数人""不特定的少数人"等情形。"不特定"是一种客观的判断,它包含两个方面的内容:一是犯罪对象的不确定性,二是危害后果的不确定性。司法实践中,被认定为危害公共安全犯罪的通常有两种情形:一种情形是行为针对的对象是不特定的,并且行为人事先也没预料到危害后果,危害后果也是不特定的;另一种情形是行为针对的对象是特定的,但实际造成的后果却是行为人没有预料,也不能控制的。从危害公共安全犯罪的这两种情形分析,"不特定多数人"中的"不特定",是相对于其他犯罪对象的"特定"而言,而"多数"则是相对于其他犯罪只能危害到个别少数对象而言。侵害不特定多数人,并不是说行为没有特定的侵犯对象或者目标。实施危害公共安全犯罪的行为人,有的在主观上有侵犯的特定对象,同时也会对损害的可能范围有一定预判,在某一特定阶段指向的特定目标,但行为最终造成或者可能造成的危害后果是行为人难以控制,从而危害到之前特定人之外的人或者财产。因此,不能将危害公共安全犯罪中的"不特定多数人"理解为没有特定的侵犯对象或者目标。

在行为人具有特定侵犯对象或者目标的犯罪中,如何确定行为是构成危害公共安全犯罪还是其他犯罪?我们认为,不能仅以行为人的主观认识为标准,而应当采取客观主义的立场,即犯罪行为一经实施,不论行为人主观上是否针对特定的对象,只要在一定条件下造成了众多人员伤亡或者公私财产的广泛损失,或者形成对公众生命财产安全的重大威胁,就应当认定其构成危害公共安全犯罪。

本案中,被告人黄世华醉酒驾车追尾被害人沈建国的出租车后,为逃避处罚而驾车逃逸,在路口遇红灯停车后,沈建国赶上并拦在黄世华的汽车前与其理论,但黄世华不顾沈建国的人身安危,强行启动汽车,将沈建国顶在引擎盖上高速行驶,此时,沈建国对于黄世华来说是特定的行为对象,黄世华将特定对象顶在引擎盖上高速行驶,至少有放任被害人伤亡的故意,因此,仅此节行为符合故意伤害罪或者故意杀人罪的构成特征。但结合案发的时空环境,黄世华系白天在车流人流密集的城市主干道醉酒驾车,将沈建国顶在车辆引擎盖上高速行驶,其主观目的虽然是想摆脱被害人,但客观上对该路段不特定多数人的生命、健康及财产安全构成重大威胁,且其行为的后果不仅导致了沈建国被撞身亡,还造成被撞车辆内多人死伤和重大财产损失。黄世华虽然看似针对沈建国这一特定的对象实施犯罪行为,但其在实施针对特定对象的犯罪过程中,无视不特定多数人的生命、健康和财产安全,并实际造成了不特定多数人的伤亡和重大财产损失,故其之前针对特定对象和之后造成不特定对象伤亡的行为应当从整体上评价为一个法律行为,以以危险方法危害公共安全罪一罪论处。

——《刑事审判参考》(总第94辑)。

任寒青以危险方法危害公共安全案(《刑事审判参考》案例第911号)

要旨:被告人实施的一系列行为,不但侵害了特定对象的人身、财产安全,同时还对其他不特定多数人的人身、财产安全构成危害,且其冲撞警察执法的行为,符合妨害公务罪①、故意伤害罪和以危险方法危害公共安全罪等数个罪名的构成特征,应当以以危险方法危害公共安全罪定罪处罚。

被告人任寒青在执勤交警张之宇示意其停车检查时,将张之宇撞击到引擎盖上,后不顾张之宇要求停车的呼喊,高速行驶1.9公里,最后紧急刹车将张之宇甩下车,符合刑法关于妨害公务罪的规定,即"以暴力、威胁方法阻碍国家机关工作人员依法执行职务"。因任寒青的行为致张之宇轻伤,又符合刑法关于故意伤害罪的规定。妨害公务罪的法定刑为三年以下有期徒刑、拘役、管制或者罚金,故意伤害罪(轻伤)的法定刑为三年以下有期徒刑、拘役或者管制,后者最低刑的设置高于前者。参照上海市高级人民法院、上海市人民检察院、上海市公安局、上海市司法局《关于本市办理妨害人民警察依法执行职务违法犯罪案件的意见》第三条第二款的规定,此种情况下可以故意伤害罪定罪处罚。然而,本案无论认定任寒青的行为构成故意伤害罪还是妨害公务罪,均不能涵盖其实施的全部犯罪事实。很显然,上述罪名仅是针对任寒青伤害张之宇的行为在法律上进行了评价,而未对任寒青在此过程中驾车冲撞被害人李小霞车辆、撞毁隔离栏,以及超速行驶、逆向行驶、闯红灯、呈"S"形行驶、影响其他车辆正常行驶等一系列行为作出法律评价。基于这

① 刑法修正案(十一)增设了袭警罪的条款,相关文件和案例按新的法律规定理解和参照。

一考虑，我们认为，应当认定任寒青构成以危险方法危害公共安全罪。以危险方法危害公共安全罪的构成特征，可以完整评价任寒青实施的全部行为。为避免重复评价，对妨害公务罪、故意伤害罪不宜另行认定。

综上，被告人任寒青在道路上高度危险驾驶，对公共安全造成严重危害，致1人轻伤、公私财物受损，其行为构成以危险方法危害公共安全罪。

——《刑事审判参考》（总第94辑）。

杜军交通肇事案（《刑事审判参考》案例第909号）

要旨：被告人在主观上没有放任危害结果发生的间接故意，客观上仅实施了一次撞击行为，综合全案证据应当认定为交通肇事罪。

以危险方法危害公共安全罪和交通肇事罪在犯罪客体（公共安全）、部分犯罪客观方面（驾车行为引发事故）、犯罪主体（一般主体）这三个方面的特征基本相同，但在犯罪主观方面、部分犯罪客观方面又存在明显区别。首先，主观方面，前者的罪过形式是故意，醉驾案件中多表现为间接故意，即放任的意志状态；而后者的罪过形式是过失，多为过于自信的过失。根据现行刑法理论界和实务界的通说观点，对此类犯罪的罪过形式，应当根据"主观支配客观，客观反映主观"的原理，结合案件具体情况进行认定。具体而言，应当结合行为人是否具有驾驶资质、是否正常行驶、行驶速度、车况路况、能见度、案发地点车辆及行人多少、肇事后的表现，以及行为人关于主观心态的供述、相关证人的证言等情况，进行综合认定。

本案中，认定被告人杜军在主观上没有放任危害结果发生的间接故意，其对三死一伤的后果系过于自信的过失，主要是基于以下三点理由：（1）杜军为避免危害后果发生采取了一定的措施。杜军饮酒后并未立即开车，而是休息数小时后才开车，表明其已经认识到酒后开车对公共安全有较大的危险，为避免发生这种危险而采取了一定的措施。虽然这项措施客观上没有完全消除醉酒状态，但反映出行为人主观上既不希望也不放任危害后果发生的心态。（2）当杜军意识到其驾驶的汽车撞人后立即采取了制动措施，并下车查看情况，发现确实撞到人后立即报警，表明其并非不管不顾危害结果的发生，而是对危害后果的发生持反对、否定的态度。（3）杜军的行车速度比较正常，从现场刹车印迹分析，肇事时车速为68—71公里/小时，不属于超速行驶，表明杜军不具有因醉酒后过于兴奋而超速驾车放任危害后果发生的故意。

被告人杜军在客观上仅实施了一次撞击的行为。最高人民法院2009年下发的《关于醉酒驾车犯罪法律适用问题的意见》（以下简称《意见》）第一条规定："行为人明知酒后驾车违法、醉酒驾车会危害公共安全，却无视法律醉酒驾车，特别是在肇事后继续驾车冲撞，造成重大伤亡的，说明行为人主观上对持续发生的危害结果持放任态度,具有危害公共安全的故意。对此类醉酒驾车造成重大伤亡的,应依法以以危险方法危害公共安全罪定罪。”从《意见》规定的精神分析,行为人发生二次或者二次以上冲撞的,行为人对其行为造成的后果持放任态度的可能性大(在惊慌失措情形下为避免后果发生二次碰撞的除外),倾向认定以危险方法危害公共安全罪。而行为人仅发生一次冲撞、造成严重后果的,行为人对其造成的后果持反对、否定的可能性大,故倾向认定交通肇事罪。《意见》所配发的黎景全、孙伟铭醉酒驾车肇事案均是典型的醉酒驾车连续冲撞的案例。而本案被告人杜军仅发生一次冲撞。现场勘验、检查笔录证实,肇事车辆的制动痕迹从路边斜向路中,有一连续的长 26.3 米的刹车痕迹,之后肇事车辆停驶,没有再发动。四名被害人被车撞倒的位置分布在制动痕迹起点前后,止于停车位置,其中三名被害人倒地的位置均在制动起点之后。这充分说明杜军驾车撞击被害人系一个连续不间断的过程,且其发现车撞人后立即踩刹车制动,只实施了一次撞击行为,而非发现撞人之后停车再开再撞。多名目击证人亦证实这一情节。故对杜军宜以交通肇事罪论处。

需要说明的是,行为人是仅发生一次冲撞行为还是二次或者二次以上冲撞行为,只是体现行为人对危害后果所持意志状态的一个方面,不能将此作为划分交通肇事罪与以危险方法危害公共安全罪的唯一标准。对于仅发生一次冲撞行为的情形,并非绝对排除构成以危险方法危害公共安全罪的可能。对于具有以下情形之一,确有证据证实行为人明知酒后驾车可能发生交通事故,仍不管不顾执意驾车,导致一次冲撞发生重大伤亡的,仍然可能依法构成以危险方法危害公共安全罪:(1)行为人曾有酒后驾车交通肇事经历的;(2)在车辆密集的繁华地段故意实施超速 50%以上驾驶、违反交通信号灯驾驶、逆向行驶等严重威胁道路交通安全的行为;(3)驾车前遭到他人竭力劝阻,仍执意醉驾的等。这些情节一定程度上反映出行为人对危害后果可能持放任心态。

——《刑事审判参考》(总第 94 辑)。

黎景全以危险方法危害公共安全案(《刑事审判参考》案例第 908 号)

要旨:被告人酒后驾车冲撞人群,其行为构成以危险方法危害公共安全罪。黎景全酒后驾车撞人,致二人死亡、一人轻伤,犯罪情节恶劣,后果特别严重,依法应当惩处。鉴于黎景全是在严重醉酒状态下作案,属于间接故意犯罪,与蓄意危害公共安全的直接故意犯罪应当有所区别;其归案后认罪、悔罪态度较好,依法可以不判处死刑。

最高人民法院经复核认为,被告人黎景全酒后驾车冲撞人群,其行为构成以危险方法危害公共安全罪。黎景全酒后驾车撞人,致二人死亡、一人轻伤,犯罪情节恶劣,后果特别严重,依法应当惩处。鉴于黎景全是在严重醉酒状态下作案,属于间接故意犯罪，与蓄意危害公共安全的直接故意犯罪应当有所区别；其归案后认罪、悔罪态度较好，依法可以不判处死刑。

（一）在醉酒驾驶发生严重事故的案件中应当全面、客观认定主观意志，并据此准确区别认定交通肇事罪和以危险方法危害公共安全罪。

本案审理过程中，对被告人黎景全的行为定性，有交通肇事罪、过失以危险方法危害公共安全罪和以危险方法危害公共安全罪三种意见。经研究，对于醉酒驾车发生重大事故，行为人对危害结果持否定态度的，同时符合过失以危险方法危害公共安全罪和交通肇事罪的构成要件的，因二者对应的法条具有一般条款与特别条款的关系性质，以交通肇事罪定罪更为妥当。故争议的焦点集中于交通肇事罪和以危险方法危害公共安全罪之间。一种意见认为，汽车是高度危险的驾驶工具，一旦发生交通事故，不仅对他人人身财产安全造成极大危害，对驾驶人本人的人身财产安全也是巨大威胁，实践中醉驾者本人伤亡的不在少数。因此，行为人饮酒后仍驾驶汽车，往往是出于对自己驾驶技术的高度自信，认为可以避免交通事故的发生，故其对实际发生的交通事故往往持过于自信的过失。即便行为人在发生交通事故后逃跑途中再次发生交通事故的，也是在轻信不会再发生交通事故的意志支配下，即在罪过上应当认定为过失。否则，这种将自己置于高度危险状态下的行为有违一般人趋利避害的行为规律。本案中，黎景全处于严重醉酒状态，控制和辨认能力明显减弱，其因急于逃离现场而加大油门驾车冲出花地，对该行为会导致他人伤亡的结果认识不足，且其中一名死者梁锡全系黎景全的好友，从情理分析其也不会放任梁锡全死亡结果的发生。故认定黎景全对事故持过失心态，其行为构成交通肇事罪比较妥当。另一种意见认为，醉酒驾驶造成人员伤亡的，不宜一概认定为交通肇事罪或者以危险方法危害公共安全罪，需要结合案情本身具体分析。一般情况下，行为人对其醉酒驾驶发生交通事故持过失罪过，但不排除有的行为人出于逃避法律追究的动机，而不管不顾是否还会发生交通事故，继续驾车逃跑并再次发生冲撞，导致更为严重的事故发生。本案中，黎景全在已经认识到其醉酒驾车会发生交通事故的情况下，为逃离现场而加大油门驾车冲向人群，导致二人死亡，其主观方面已从最初的过于自信的过失转化为放任的间接故意，危害到不特定多数人的生命财产安全，以以危险方法危害公共安全罪定罪处罚更为妥当。

司法实践中，认定行为人主观罪过是一个非常复杂的问题，对过于自信的过失和放任的间接故意作出区分尤为困难。醉酒驾驶犯罪行为人主观罪过形式到底是放任的间接故意还是过于自信的过失，具有一定的模糊性，难以准确认定。一般情况下，醉酒驾车肇事，大致具有以下三种情形：一种情形是醉酒驾车肇事后，立即停止行驶，即所谓一次碰撞；第二种情形是醉酒驾车肇事后，为避免后果采取紧急制动措施，但因惊慌失措，而发生二次碰撞；第三种情形是醉酒驾车肇事后，继续驾车行驶，以致再次肇事，造成更为严重的后果，即也发生二次碰撞。对于第一种情形，关于行为人对危害结果的发生持希望或者放任态度的认定，在证据上要从严把握，除非有确实、充分的证据，一般情况下都是认定行为人对危害结果持过失罪过，进而以交通肇事罪论处。第二种情形与第三种情形都发生二次碰撞，但行为人对危害结果所持的主观意志是迥然不同的。第二种情形下，行为人是为了避免发生危害结果，对危害结果持绝对否定态度，但因为惊慌失措，导致没有控制危害结果的发生，体现出其主观罪过为过失。第三种情形下，行为人醉酒驾车发生一次碰撞后，完全能够认识到其醉酒驾车行为具有高度的危险性，极有可能再次发生安全事故，危及他人的生命安全，但对此全然不顾，仍然继续驾车行驶，以致再次冲撞车辆或行人，造成更为严重的后果。这种情形明显反映出行为人不计醉酒驾车后果，对他人伤亡的危害结果持放任态度，主观上具有危害公共安全的间接故意，应当构成以危险方法危害公共安全罪。

就本案而言，我们赞同被告人黎景全的行为构成以危险方法危害公共安全罪的意见。从黎景全酒后驾车冲撞的行为分析，大致可以分为两个阶段。在第一个阶段，黎景全驾车行驶过程中，先是蹭倒骑摩托车的梁锡全，其随即下车查看，见未造成严重后果，便再次上车发动引擎，继续快速前行。后又从后面撞倒同向行驶以正常速度骑自行车的李洁霞、陈柏宇母子，致陈柏宇轻伤，黎景全随即踩下刹车。从黎景全撞上梁锡全后下车查看，以及撞上李洁霞母子后立即采取制动措施的行为看，其在事故发生时虽然处于严重醉酒状态，但仍有一定的辨认和控制能力，其并不希望或者放任危害结果的发生，对碰撞持过失心态，且此时造成的后果均不严重，故其行为仅属于一般的交通肇事违法行为。在第二个阶段，黎景全撞倒李洁霞母子后，多名群众见其已经刹车即上前劝阻、包围车辆，此时黎景全所驾驶车辆的车窗是打开的，其并不是处于封闭的环境中，而是具备感知、认识周围环境和人员的条件。从事后勘查发现主要是右后车轮碾压被害人的情况看，黎景全撞人时正在调头转弯，说明其对外界事物有认识，知道自己被众人围堵并急于离开现场，其对自己的行为仍具备一定的辨认和控制能力。黎景全出于逃离现场的动机，不管不顾站在车旁群众的生命安危，锁闭车门、打转方向、加大油门继续行驶，导致未及躲避的李洁霞和在车旁劝阻其继续驾驶的梁锡全被车撞倒死亡。此时黎景全对可能发生致人死亡的结果持放任心态，其主观罪过已转化为间接故意。另有多名目击证人证实，如果不是上前劝阻的其他群众躲避及时，本案可能造成更加严重的后果。

需要说明的是，事故发生后，黎景全在医院被约束至酒醒，其辩称对具体作案过程无记忆，只记得此前在酒楼喝酒，以及第一次撞倒梁锡全曾下车查看，对此后的事情已经没有印象。我们认为，黎景全事后对部分经历毫无印象的情况，属于记忆缺损，与酒精作用抑制脑部记忆细胞功能的发挥有关，其对具体作案过程无记忆，并不妨碍对其作案时主观方面的认定。综上，我们认为，黎景全作案时对外界情况和事物具有认知能力，主观上具有放任危害结果发生的故意，客观上实施了危害公共安全的行为，其行为构成以危险方法危害公共安全罪。

（二）对醉酒驾车肇事构成以危险方法危害公共安全罪的，应当结合行为人主观恶性和社会危害性等方面综合评定，不能局限于造成后果的严重程度。

根据刑法的规定，死刑只适用于罪行极其严重的犯罪分子。犯罪分子是否属于罪行极其严重，应当从犯罪分子的主观恶性、人身危险性和犯罪行为的社会危害性等方面进行综合分析认定，不能只看犯罪行为所造成的危害后果。醉酒驾车肇事最终认定以危险方法危害公共安全罪的案件，与直接故意以放火、决水、爆炸、投放危险物质等危险方法危害公共安全的案件，以及以制造事端为目的而恶意驾车撞人并造成重大伤亡后果的案件相比，行为性质、犯罪情节、危害后果以及行为人的主观恶性、人身危险性都存在一定的不同。一般情况下，醉酒驾车构成该罪的，行为人在主观上并不希望、也不追求危害结果的发生，即一般属于间接故意犯罪。这一特质，应当在决定对行为人的刑罚时有所体现。醉酒状态下驾车，行为人的辨认和控制能力实际有所减弱，量刑时可以酌情考虑。此外，行为人积极赔偿被害方的经济损失，取得被害方谅解的，也可以酌情从宽处罚。本案中，被告人黎景全撞倒素不相识的李洁霞母子和交情深厚的梁锡全，并非出于直接故意，在处刑上应当与直接故意危害公共安全的行为有所区别。血液酒精含量鉴定意见证明，黎景全当时处于高度醉酒状态，其对自己行为的辨认和控制能力有所下降，在冲动之下才造成惨剧，且其归案后认罪、悔罪态度较好，有积极赔偿被害人亲属的意愿，可以酌情从宽处罚。故最高人民法院依法裁定不核准黎景全死刑，发回广东省高级人民法院重新审判。

广东省高级人民法院重新审理期间，被告人黎景全的亲属倾其所有，筹集人民币十五万元赔偿给被害方。广东省高级人民法院认为，黎景全醉酒驾车冲撞人群，犯罪情节恶劣，后果严重，但鉴于黎景全系间接故意犯罪，与蓄意危害公共安全的直接故意犯罪相比，主观恶性不是很深，人身危险性不是很大；犯罪时处于严重醉酒状态，辨认和控制能力有所减弱；归案后认罪、悔罪态度较好，且积极赔偿被害方的经济损失，依法可以从轻处罚。据此，广东省高级人民法院以被告人黎景全犯以危险方法危害公共安全罪，判处无期徒刑，剥夺政治权利终身。

——《刑事审判参考》（总第94辑）。

365 危险驾驶罪的被告人也可以依法适用缓刑

关键词|醉酒驾驶|危险驾驶罪|缓刑适用|

【最高人民法院参考案例】

魏海涛危险驾驶案(《刑事审判参考》案例第897号)

要旨:虽然发生交通事故,但事故后果并不严重,且被告人积极赔偿、认罪、悔罪的,综合考虑全案情节,仍可以认定为犯罪情节较轻,对被告人依法可以宣告缓刑。

危险驾驶罪的犯罪情节较轻,不以是否发生交通事故为划分标准。对于虽然发生交通事故,但事故后果并不严重,且被告人积极赔偿、认罪、悔罪的,综合考虑全案情节,仍可以认定为犯罪情节较轻,对被告人依法可以宣告缓刑。本案虽然发生了交通事故,但魏海涛的汽车被公交车追尾时处于停止状态,且案发时间是在凌晨5时,路上车少人稀,事故双方均未受到较大财产损失和人身伤害,也未殃及他人,社会危害性较小。魏海涛在驾车之前已休息约四小时,属于"隔夜醉驾",尽管该情节不能成为其"出罪"的理由,但反映出其醉酒驾驶的意愿并不强烈,其之所以醉驾与其对自己体内酒精尚未完全代谢、仍处于醉酒状态的认识不够存在重大关系。同时,魏海涛在发现雾大能见度较低时,为防止发生交通事故而主动停车,体现出其具有防范交通事故危险的主观意愿;魏海涛案发后如实供述自己的罪行,积极赔偿另一肇事方经济损失并取得谅解。综合上述情节,魏海涛犯罪情节较轻,主观恶性较小,有悔罪表现,没有再犯危险,对其宣告缓刑对所居住社区没有重大不良影响,依法可以适用刑法第七十二条第一款的规定,对其宣告缓刑。

除上述理由外,对本案的量刑还可以考虑以下因素。醉驾入刑后,每年全国有数万人因醉酒驾驶机动车而成为犯罪分子。这些人绝大部分是遵纪守法、没有前科劣迹的普通公民,年龄主要集中在二十岁至四十五岁,高中以下文化程度者居多,大部分有稳定工作,是家庭主要收入来源。对这部分人动用刑罚虽然能够获得一定的威慑效果,但同时也会对社会产生一定的负面影响。这部分人不仅在羁押服刑期间容易被"交叉感染",刑满释放后可能成为无业人员,增加家庭和社会负担,还有可能变成社会不稳定、不和谐因素,甚至走向社会的对立面。因此,在危险驾驶案件中,一定要贯彻落实好宽严相济刑事政策,不能把醉驾的社会危害过于放大,片面强调从严惩处。缓刑是我国从宽处理法律制度的关键组成部分,是贯彻宽严相济刑事政策的重要体现。从缓刑的适用对象看,是被判处拘役、三年以下有期徒刑的犯罪分子,这表明被判处缓刑的犯罪分子所犯罪行并不十分严重,情节也不恶劣,故人民法院在考虑对犯罪分子是否适用缓刑时,要特别注重考虑其有无再犯罪的可能性,重点分析通过缓刑能否实现对其教育改造的刑罚目的。具体到醉驾型危险驾驶案件,只要被告人系初犯、偶犯,没有曾因酒后驾驶受过行政处罚或者刑事追究的,且符合法律规定其他条件时,就有适用缓刑的余地。不过,为达到有效遏制、预防醉驾犯罪的目的,对缓刑的适用也不能失之过宽。对具有发生交通事故、肇事后逃逸、严重超速超载、无证驾驶、逃避或者阻碍公安机关依法检查等从重处罚情节的被告人,适用缓刑时应当从严掌握,一般不适用缓刑。

——《刑事审判参考》(总第 94 辑)。

366 危险驾驶罪自首的认定

关键词｜危险驾驶罪｜自首｜

【最高人民法院参考案例】

黄建忠危险驾驶案(《刑事审判参考》案例第 899 号)

要旨:被告人在得知对方当事人报警后,在人身未受到控制情况下选择了未逃离现场,自愿留在现场等候警方处理,应当认定为"自动投案"。在公安人员到来后,主动交代其在驾车前饮酒的事实,并配合公安人员对其进行呼气酒精含量测试和抽取血样,应当认定其如实供述自己的罪行,应当认定构成"自首"。

根据刑法第六十七条第一款的规定,犯罪以后自动投案,如实供述自己的罪行的,是自首。因此,判断被告人是否具有自首情节,需要考察"自动投案"和"如实供述自己的罪行"两个因素。

1. 关于"自动投案"的认定

实践中,醉酒驾驶案件中自动投案的情形与其他刑事案件中的常见情形有一定区别。通常情况下,"自动投案"是被告人在其犯罪事实或者其本人未被司法机关发觉,或者虽被发觉,但尚未受到讯问、未被采取强制措施时,主动、直接向司法机关或者所在单位等投案,或者经亲友规劝陪同投案、送其投案。由于醉驾案件一般是公安机关交通管理部门例行检查时案发,或者发生了交通事故后因当事人、群众报警而案发,故被告人主动、直接到司法机关投案自首的情形极少。对于公安机关例行检查的,即使犯罪嫌疑人在被公安人员询问、呼气酒精检查之前主动交代醉酒驾驶的,也不构成自首。因为在此种情形下,虽然犯罪嫌疑人交代具有一定的主动性,但其归案具有被动性,即使其不主动交代,公安人员通过检查也能发现其醉驾的犯罪事实,故应当认定为坦白。对于报警后案发的,具体区分为两种情况:一种情况是发生交通事故后,犯罪嫌疑人主动报警,这属于典型的自动投案。另外一种情况是他人报警。对于他人报警的,犯罪嫌疑人明知他人报警的情况下,仍自愿留在现场等候警方处理,即能逃而不逃,且无拒捕行为的,才能视为自动投案。如果犯罪嫌疑人根本不知道他人已经报警而留在现场,或者在得知他人报警后欲逃离现场,但被对方当事人控制或者群众围堵而被动留在现场的,则不能认定为自动投案。犯罪嫌疑人得知他人报警后逃离现场,事后迫于压力又主动到公安机关交代犯罪事实的,可以认定为自动投案。本案中,被告人黄建忠在得知对方当事人报警后,在人身未受到控制情况下选择了未逃离现场,自愿留在现场等候警方处理,属于典型的能逃而不逃情形,应当认定为“自动投案”。

2. 关于“如实供述自己的罪行”的认定

《最高人民法院关于处理自首和立功具体应用法律若干问题的解释》第一条第(二)项规定:“如实供述自己的罪行,是指犯罪嫌疑人自动投案后,如实交代自己的主要犯罪事实。”我们认为,所谓主要犯罪事实,是指对犯罪嫌疑人行为的性质认定有决定意义的事实、情节(即基本犯罪构成事实)以及对量刑有重大影响的事实、情节(即重大量刑事实)。对于基本犯罪构成事实,犯罪嫌疑人应当全部供述,而无“主”“次”之分;对于重大量刑事实,则可区分已如实供述与未如实供述部分的严重程度,决定是否认定为如实供述自己的主要犯罪事实。如果如实交代的犯罪情节重于未交代的犯罪情节,一般应当认定为如实供述自己的主要犯罪事实;无法区分已交代的与未交代的犯罪情节的严重程度,一般不认定为如实供述自己的主要犯罪事实。对于醉驾型危险驾驶案件,基本构成要件事实包括:在驾车之前是否饮酒;是否驾车上路行驶;驾驶何种车型。其中,是否饮酒是最基本的构成事实,不管犯罪嫌疑人是在见到公安人员后主动交代饮酒事实,还是在公安人员根据其精神状态怀疑其饮酒并对其进行讯问后承认饮酒事实,均属于如实供述自己的罪行。如果犯罪嫌疑人虽然承认饮酒的事实,但不配合甚至采取暴力手段抗拒对其进行呼气酒精含量测试或者血样收集的,不能成立“如实供述自己的罪行”。还有的犯罪嫌疑人在交通肇事后逃逸,待血液中酒精含量极低或者检不出酒精含量后才投案,并否认醉酒驾驶,只承认自己是肇事者,亦不属于“如实供述自己的罪行”。影响犯罪嫌疑人量刑的重要犯罪事实可参考最高人民法院、最高人民检察院、公安部联合制定的《关于办理醉酒驾驶机动车刑事案件适用法律若干问题的意见》第二条从重处罚情节的规定,包括:是否及如何发生交通事故的,饮酒的数量、品种、间隔驾驶的时间,是否在高速公路、城市快速路上驾驶,是否有超员、超载、超速驾驶、无证驾驶、使用伪造或者变造的机动车牌证等严重违反道路交通安全法的行为,等等。需要说明的是,《最高人民法院关于处理自首和立功若干具体问题的意见》对“如实供述主要犯罪事实”和“如实供述身份”的认定采用了不同的标准。如实供述的犯罪事实对量刑的影响大于所隐瞒的事实,可以认定为“如实供述主要犯罪事实”;而对于隐瞒身份的行为作了零容忍规定,只要隐瞒的身份情况对量刑有影响,就不能认定为“如实供述自己的罪行”。因此,对于醉驾型危险驾驶案件,如犯罪嫌疑人隐瞒自己曾因酒后驾驶受过行政处罚或者刑事追究的，不能认定为如实供述自己的罪行。本案中，被告人黄建忠在公安人员到来后，主动交代其在驾车前饮酒的事实，并配合公安人员对其进行呼气酒精含量测试和抽取血样，应当认定其如实供述自己的罪行。

（二）根据具体的自首情形决定对被告人的从宽处罚程度

醉驾型危险驾驶案件中，对具有自首情节的被告人是否从宽处罚以及从宽处罚的程度，应当区分不同情形区别对待

根据刑法第六十七条的规定，对于自首的犯罪分子，可以从轻或者减轻处罚。其中，犯罪较轻的，可以免除处罚。危险驾驶罪本身属于轻罪，故被告人具有自首情节的，一般可以从轻处罚。但如前所述，醉驾案件中被告人自动投案的情形不同，有主动报警的，也有他人报警的，故在从轻处罚的程度上应当有所区别。如果被告人主动报警的，一般应当从轻处罚，其中没有发生交通事故的，或者只是造成轻微财产损失，没有人员伤亡的，可以不作为犯罪处理或者免除处罚。在他人报警的情况下，如果被告人未逃离现场，是因为精神上受到一定程度的强制而不敢逃逸，则从轻处罚的幅度可以小于其主动报警的情况；如果造成较为严重的交通事故（尚不构成交通肇事罪），亦可以考虑不予从轻处罚。对于被告人交通肇事逃逸后自动投案，如实供述自己罪行，构成自首的，可视具体情形决定是否对其从轻处罚以及从轻处罚的幅度，一般不能免除处罚。

——《刑事审判参考》（总第94辑）。

367 危险驾驶罪的量刑

关键词 | 醉酒驾驶 | 罚金刑 | 量刑 | 从宽处罚 |

【最高人民法院司法文件】

（二）危险驾驶罪

1. 构成危险驾驶罪的，依法在一个月至六个月拘役幅度内确定宣告刑。

2. 构成危险驾驶罪的，根据危险驾驶行为、实际损害后果等犯罪情节，综合考虑被告人缴纳罚金的能力，决定罚金数额。

3. 构成危险驾驶罪的，综合考虑危险驾驶行为、危害后果等犯罪事实、量刑情节，以及被告人主观恶性、人身危险性、认罪悔罪表现等因素，决定缓刑的适用。

——《最高人民法院、最高人民检察院关于常见犯罪的量刑指导意见（试行）》（2021年7月1日，法发〔2021〕21号）。

四、对醉酒驾驶机动车的被告人判处罚金，应当根据被告人的醉酒程度、是否造成实际损害、认罪悔罪态度等情况，确定与主刑相适应的罚金数额。

——《最高人民法院、最高人民检察院、公安部关于办理醉酒驾驶机动车刑事案件适用法律若干问题的意见》(2013 年 12 月 18 日，法发〔2013〕15 号)。

【链接：理解与适用】

(四)关于罚金刑的规定

在《意见》起草过程中，有的部门反映，一些地方存在危险驾驶罪判处罚金数额偏高、主刑与罚金刑失衡等问题，建议《意见》明确规定该罪的罚金刑数额。考虑到《意见》仅是指导性文件，不宜对个罪的罚金刑具体数额幅度和计算标准作出具体规定，故《意见》第四条参照《最高人民法院关于适用财产刑若干问题的规定》(法释〔2000〕45 号，以下简称《财产刑规定》)第二条作出原则性规定："对醉酒驾驶机动车的被告人判处罚金，应当根据被告人的醉酒程度、是否造成实际损害、认罪悔罪态度等情况，确定与主刑相适应的罚金数额。"在确定罚金具体数额时，应注意两点：第一，罚金的数额应与主刑相适应，避免出现主刑轻、罚金重的倒挂现象，更不能"以罚代刑"。第二，被告人已赔偿被害人经济损失的，反映其认罪悔罪态度较好，确定罚金数额时应予以适当考虑。

另需说明的是，该条曾规定判处罚金要"综合考虑被告人缴纳罚金的能力"。在征求意见过程中，有的部门提出，刑法未将"被告人缴纳罚金的能力"作为确定罚金数额的条件和因素，建议删除该规定。经研究，该规定来源于《财产刑规定》第二条关于判处罚金应当"综合考虑犯罪分子缴纳罚金的能力"的规定，且从司法实践看，如果不适当考虑被告人的经济状况，仅根据犯罪行为本身决定罚金数额，不利于体现罪刑相适应和刑罚个别化原则。考虑到目前刑法仅规定"应当根据犯罪情节决定罚金数额"，且实践中此类案件判处罚金数额一般为数千元，被告人基本有能力缴纳，罚金刑执行问题并不突出，故采纳了上述部门意见，没有保留"综合考虑被告人缴纳罚金的能力"的规定。

四、关于从宽处罚的问题

(一)关于如何适用刑法总则从宽处罚的问题

在《意见》起草过程中，各部门一致认为，宽严相济刑事政策作为一项基本刑事政策，也应当适用于醉酒驾驶机动车刑事案件，但对在此类案件中如何具体贯彻落实宽严相济刑事政策，特别是如何体现从宽处罚，始终存在争议。这是《意见》对此问题暂不作出规定的主要原因。我们认为，危险驾驶罪是刑法中唯一仅将拘役规定为主刑的轻罪，该罪的法定刑虽轻，但其刑罚适用也应当坚持罪刑相适应的基本原则，体现"轻罪轻刑"，而不能一味强调严惩，甚至当从宽处理的而不依法从宽。对于醉酒驾驶机动车情节较轻、情节轻微或者显著轻微的情形，可以适用刑法总则的规定，依法宣告缓刑、免予刑事处罚或者不作为犯罪处理。例如，对被告人不具有《意见》第二条规定的从重处罚情形的，根据刑法第七十二条的规定，可以依法宣告缓刑。对虽具有《意见》第二条规定的从重处罚情节的被告人，亦非完全不能适用缓刑，只是适用时要依法从严掌握。再如，对不具有《意见》第二条规定的从重处罚情形，且血液酒精含量刚超过80毫克/100毫升，具有自首、立功等法定从宽处罚情节，或者具有自动停止驾驶、短距离驾驶等酌定从宽处罚情节，或者具有为救治病人而醉酒驾驶等符合情理的事由的（紧急避险除外），可以认定为醉酒驾驶机动车情节轻微或者显著轻微，依照刑法第三十七条、第十三条的规定，免予刑事处罚或者不作为犯罪处理。当然，免予刑事处罚和不作为犯罪处理的应当是极少数案件，这与醉驾犯罪的整体状况是一致的。

（二）关于对醉酒驾驶摩托车能否从宽处罚问题

在《意见》起草过程中，有的部门反映，醉驾入刑的初衷是打击醉酒驾驶汽车犯罪，并非打击醉酒驾驶摩托车犯罪。但我国摩托车保有量较大，约占机动车总量的40%，一些地区查处醉酒驾驶摩托车的情况比较突出，而醉酒驾驶摩托车属“肉包铁”，其危险性小于醉酒驾驶汽车（俗称“铁包肉”），建议量刑时对醉酒驾驶的车型作区别对待。经研究，该建议具有一定合理性，但考虑到实践中醉酒驾驶摩托车的情形比较复杂，如果规定对醉酒驾驶摩托车的一律比照醉酒驾驶汽车的予以从宽处罚，未必符合实际情况，故未采纳该建议。实践中，对醉酒驾驶摩托车的，可根据具体案情酌情处理，必要时可以从宽处罚。

——高贵君、马岩、方文军、曾琳：《〈关于办理醉酒驾驶机动车刑事案件适用法律若干问题的意见〉的理解与适用》，载《人民司法·应用》2014年第3期。

368 妨害安全驾驶罪与交通肇事罪、以危险方法危害公共安全罪的区分

关键词｜妨害安全驾驶罪｜交通肇事罪｜以危险方法危害公共安全罪｜

【链接：理解与适用】

1. 本罪与交通肇事罪的关系。修正后刑法第一百三十三条之二第二款规定的妨害安全驾驶罪，可能与交通肇事罪形成想象竞合关系。如果行驶中公共交通工具的驾驶人员擅离职守，与他人互殴或者殴打他人，因而发生交通事故，满足交通肇事罪的构成要件的，按照本条第三款“依照处罚较重的规定定罪处罚”的规则，应当以交通肇事罪追究行为人的刑事责任。

2. 本罪与以危险方法危害公共安全罪的关系。两罪虽然都是危害公共安全的犯罪,但两罪的行为性质不同。刑法第一百一十四条规定的“以其他危险方法”应当是与放火、决水、爆炸、投放危险物质性质相同的危害公共安全行为,而妨害公共交通工具安全驾驶虽然存在危害公共安全的可能性,但一般情况下不具有现实的危险性,实践中乘客与司机往往因琐事发生争执,进而动手,多数乘客主观恶性并不大,只是因一时冲动殴打司机,抢控方向盘,并非故意要将公共交通工具置于危险境地,且多数并未造成危害后果,有的虽然造成一定危害后果,但后果也不严重,如发生车辆剐蹭。为体现宽严相济刑事政策和罪刑相适应原则,避免适用以危险方法危害公共安全罪而导致刑罚过重,刑法修正案(十一)增加了妨害安全驾驶罪,实践中对于在行驶中的公共交通工具上发生的因司乘纠纷而引发的互殴、厮打等妨害安全驾驶行为一般不宜再适用刑法第一百一十四条规定的以危险方法危害公共安全罪。对于个别情况下,行为人妨害公共交通工具安全驾驶的行为,造成了不特定多数人生命财产安全的具体危险甚至实际后果,最高判处一年有期徒刑明显偏轻,符合刑法第一百一十四条规定的,可以按照以危险方法危害公共安全罪追究。①

——杨万明主编:《〈刑法修正案(十一)〉条文及配套〈罪名补充规定(七)〉理解与适用》,人民法院出版社 2021 年版,第 37—38 页。

369 妨害安全驾驶罪中对“危及公共安全”和“暴力”的判定和把握

关键词 | 妨害安全驾驶罪 | 危及公共安全 | 暴力 |

【链接:理解与适用】

(二)如何判定“危及公共安全”

实施妨害安全驾驶行为,必须危及公共安全,才能构成妨害安全驾驶罪。实践中,应注意把握“危及公共安全”的入罪要件,准确划定罪与非罪的界限。一般而言,妨害公共交通工具安全驾驶的行为或者驾驶人员擅离职守与他人发生斗殴或者殴打他人,行为本身就有极高的危险性,在实践中可以进一步结合行为发生的时间、位置,交通工具行驶的线路,行为人妨害驾驶行为的严重程度,行为发生后对公共交通工具行驶状态造成的影响,一旦发生事故可能造成的损害后果等综合作出判断。对于其中确实尚未危及公共安全的,依法不能作为犯罪处理。

---

① 参见许永安主编:《中华人民共和国刑法修正案(十一)解读》,中国法制出版社 2021 年版,第 22—23 页。

（三）关于对妨害安全驾驶罪中“暴力”的把握

刑法分则第二章“危害公共安全罪”的规定中，使用了“暴力”这一措辞描述罪状的罪名有劫持航空器罪、暴力危及飞行安全罪等。以劫持航空器罪为例，其所称“暴力”，主要是指犯罪分子使用强暴手段，如杀害、殴打等方法劫持航空器的行为[①]，强调了行为的强制性和危害性；在“侵犯公民人身权利、民主权利罪”一章中，以强奸罪为例，暴力手段是指“犯罪分子直接对被害妇女施以殴打等危害妇女人身安全和人身自由，使妇女不能抗拒的手段”，强调了不能反抗、不敢反抗的程度[②]。而本罪所规制的对象，是妨害驾驶、危及公共安全的行为，并不要求其暴力强制程度达到了使驾驶人员实际受伤、受害的地步，关键在于是否妨害了正常的驾驶行为，是否使驾驶人员的操作行为受到实际影响和干扰，只要驾驶人员的操作受到干扰且足以达到危及公共安全的程度，就能够构成本罪。综上，在实践中，不能以是否造成伤害、伤情等级等为判断标准，而应当结合具体案情，判断其行为是否达到了干扰驾驶的程度。需要注意的是，言语辱骂、威胁似不能认定为本罪规定的“暴力”。原因在于，驾驶人员的职业属性要求其应当对行车安全高度负责，在没有实际行为对驾驶活动进行干扰的情况下，辱骂及威胁的言语不足以使驾驶人员的正常活动受到影响，驾驶人员应当以更理智妥当的方式对待和处置。

——杨万明主编：《〈刑法修正案（十一）〉条文及配套〈罪名补充规定（七）〉理解与适用》，人民法院出版社 2021 年版，第 37—38 页。

---

① 参见郎胜主编：《中华人民共和国刑法释义》，法律出版社 2011 年版，第 148 页。

② 参见郎胜主编：《中华人民共和国刑法释义》，法律出版社 2011 年版，第 420 页。

八、危害安全生产犯罪

370 危害生产安全犯罪主体的认定

关键词｜危害生产安全犯罪｜犯罪主体｜直接负责的主管人员｜其他直接责任人员｜负有报告职责的人员｜

【最高人民法院司法解释】

第一条　刑法第一百三十四条第一款规定的犯罪主体，包括对生产、作业负有组织、指挥或者管理职责的负责人、管理人员、实际控制人、投资人等人员，以及直接从事生产、作业的人员。

第二条　刑法第一百三十四条第二款规定的犯罪主体，包括对生产、作业负有组织、指挥或者管理职责的负责人、管理人员、实际控制人、投资人等人员。

第三条　刑法第一百三十五条规定的“直接负责的主管人员和其他直接责任人员”，是指对安全生产设施或者安全生产条件不符合国家规定负有直接责任的生产经营单位负责人、管理人员、实际控制人、投资人，以及其他对安全生产设施或者安全生产条件负有管理、维护职责的人员。

第四条　刑法第一百三十九条之一规定的“负有报告职责的人员”是指负有组织、指挥或者管理职责的负责人、管理人员、实际控制人、投资人，以及其他负有报告职责的人员。

——《最高人民法院、最高人民检察院关于办理危害生产安全刑事案件适用法律若干问题的解释》(2015 年 12 月 16 日，法释〔2015〕22 号)。

371 强令他人违章冒险作业的认定

关键词｜强令他人违章冒险作业｜明知｜

【最高人民法院司法解释】

第五条　明知存在事故隐患、继续作业存在危险，仍然违反有关安全管理的规定，实施下列行为之一的，应当认定为刑法第一百三十四条第二款规定的“强令他人违章冒险作业”：

（一）利用组织、指挥、管理职权，强制他人违章作业的；

（二）采取威逼、胁迫、恐吓等手段，强制他人违章作业的；

（三）故意掩盖事故隐患，组织他人违章作业的；

（四）其他强令他人违章作业的行为。①

——《最高人民法院、最高人民检察院关于办理危害生产安全刑事案件适用法律若干问题的解释》（2015年12月16日，法释〔2015〕22号）。

372 危害生产安全刑事案件宽严相济刑事政策和量刑情节的适用

关键词 | 危害生产安全犯罪 | 量刑情节 | 宽严相济刑事政策 |

【最高人民法院司法解释】

第十二条 实施刑法第一百三十二条、第一百三十四条至第一百三十九条之一规定的犯罪行为，具有下列情形之一的，从重处罚：

（一）未依法取得安全许可证件或者安全许可证件过期、被暂扣、吊销、注销后从事生产经营活动的；

（二）关闭、破坏必要的安全监控和报警设备的；

（三）已经发现事故隐患，经有关部门或者个人提出后，仍不采取措施的；

（四）一年内曾因危害生产安全违法犯罪活动受过行政处罚或者刑事处罚的；

（五）采取弄虚作假、行贿等手段，故意逃避、阻挠负有安全监督管理职责的部门实施监督检查的；

（六）安全事故发生后转移财产意图逃避承担责任的；

（七）其他从重处罚的情形。

实施前款第五项规定的行为，同时构成刑法第三百八十九条规定的犯罪的，依照数罪并罚的规定处罚。

第十三条 实施刑法第一百三十二条、第一百三十四条至第一百三十九条之一规定的犯罪行为，在安全事故发生后积极组织、参与事故抢救，或者积极配合调查、主动赔偿损失的，可以酌情从轻处罚。

第十六条 对于实施危害生产安全犯罪适用缓刑的犯罪分子，可以根据犯罪情况，禁止其在缓刑考验期限内从事与安全生产相关联的特定活动；对于被判处刑罚的犯罪分子，可以根据犯罪情况和预防再犯罪的需要，禁止其自刑罚执行完毕之日或者假释之日起三年至五年内从事与安全生产相关的职业。

① 对本条的适用，需根据经刑法修正案（十一）修正后的刑法第一百三十四条第二款妥当把握。

——《最高人民法院、最高人民检察院关于办理危害生产安全刑事案件适用法律若干问题的解释》(2015年12月16日,法释〔2015〕22号)。

【最高人民法院司法文件】

五、准确把握宽严相济刑事政策

13. 审理危害生产安全刑事案件,应综合考虑生产安全事故所造成的伤亡人数、经济损失、环境污染、社会影响、事故原因与被告人职责的关联程度、被告人主观过错大小、事故发生后被告人的施救表现、履行赔偿责任情况等,正确适用刑罚,确保裁判法律效果和社会效果相统一。

……

15. 相关犯罪中,具有以下情形之一的,依法从重处罚:

(一)国家工作人员违反规定投资入股生产经营企业,构成危害生产安全犯罪的;

(二)贪污贿赂行为与事故发生存在关联性的;

(三)国家工作人员的职务犯罪与事故存在直接因果关系的;

(四)以行贿方式逃避安全生产监督管理,或者非法、违法生产、作业的;

(五)生产安全事故发生后,负有报告职责的国家工作人员不报或者谎报事故情况,贻误事故抢救,尚未构成不报、谎报安全事故罪的;

(六)事故发生后,采取转移、藏匿、毁灭遇难人员尸体,或者毁灭、伪造、隐藏影响事故调查的证据,或者转移财产,逃避责任的;

(七)曾因安全生产设施或者安全生产条件不符合国家规定,被监督管理部门处罚或责令改正,一年内再次违规生产致使发生重大生产安全事故的。

16. 对于事故发生后,积极施救,努力挽回事故损失,有效避免损失扩大;积极配合调查,赔偿受害人损失的,可依法从宽处罚。

六、依法正确适用缓刑和减刑、假释

17. 对于危害后果较轻,在责任事故中不负主要责任,符合法律有关缓刑适用条件的,可以依法适用缓刑,但应注意根据案件具体情况,区别对待,严格控制,避免适用不当造成的负面影响。

18. 对于具有下列情形的被告人,原则上不适用缓刑:

(一)具有本意见第14条、第15条所规定的情形的;

(二)数罪并罚的。

19. 宣告缓刑,可以根据犯罪情况,同时禁止犯罪分子在缓刑考验期限内从事与安全生产有关的特定活动。

20. 办理与危害生产安全犯罪相关的减刑、假释案件,要严格执行刑法、刑事诉讼法和有关司法解释规定。是否决定减刑、假释，既要看罪犯服刑期间的悔改表现，还要充分考虑原判认定的犯罪事实、性质、情节、社会危害程度等情况。

——《最高人民法院关于进一步加强危害生产安全刑事案件审判工作的意见》（2011年12月30日，法发〔2011〕20号）。

373 危害生产安全犯罪和其他犯罪的区分与竞合

关键词 | 危害生产安全犯罪 | 数罪并罚 |

【最高人民法院司法解释】

第十条 在安全事故发生后，直接负责的主管人员和其他直接责任人员故意阻挠开展抢救，导致人员死亡或者重伤，或者为了逃避法律追究，对被害人进行隐藏、遗弃，致使被害人因无法得到救助而死亡或者重度残疾的，分别依照刑法第二百三十二条、第二百三十四条的规定，以故意杀人罪或者故意伤害罪定罪处罚。

第十一条 生产不符合保障人身、财产安全的国家标准、行业标准的安全设备，或者明知安全设备不符合保障人身、财产安全的国家标准、行业标准而进行销售，致使发生安全事故，造成严重后果的，依照刑法第一百四十六条的规定，以生产、销售不符合安全标准的产品罪定罪处罚。

第十四条 国家工作人员违反规定投资入股生产经营，构成本解释规定的有关犯罪的，或者国家工作人员的贪污、受贿犯罪行为与安全事故发生存在关联性的，从重处罚；同时构成贪污、受贿犯罪和危害生产安全犯罪的，依照数罪并罚的规定处罚。

第十五条 国家机关工作人员在履行安全监督管理职责时滥用职权、玩忽职守，致使公共财产、国家和人民利益遭受重大损失的，或者徇私舞弊，对发现的刑事案件依法应当移交司法机关追究刑事责任而不移交，情节严重的，分别依照刑法第三百九十七条、第四百零二条的规定，以滥用职权罪、玩忽职守罪或者徇私舞弊不移交刑事案件罪定罪处罚。

公司、企业、事业单位的工作人员在依法或者受委托行使安全监督管理职责时滥用职权或者玩忽职守，构成犯罪的，应当依照《全国人民代表大会常务委员会关于〈中华人民共和国刑法〉第九章渎职罪主体适用问题的解释》的规定，适用渎职罪的规定追究刑事责任。

——《最高人民法院、最高人民检察院关于办理危害生产安全刑事案件适用法律若干问题的解释》（2015年12月16日，法释〔2015〕22号）。

【最高人民法院司法文件】

四、准确适用法律

9. 严格把握危害生产安全犯罪与以其他危险方法危害公共安全罪的界限，不应将生产经营中违章违规的故意不加区别地视为对危害后果发生的故意。

10. 以行贿方式逃避安全生产监督管理，或者非法、违法生产、作业，导致发生重大生产安全事故，构成数罪的，依照数罪并罚的规定处罚。

违反安全生产管理规定，非法采矿、破坏性采矿或排放、倾倒、处置有害物质严重污染环境，造成重大伤亡事故或者其他严重后果，同时构成危害生产安全犯罪和破坏环境资源保护犯罪的，依照数罪并罚的规定处罚。

11. 安全事故发生后，负有报告职责的国家工作人员不报或者谎报事故情况，贻误事故抢救，情节严重，构成不报、谎报安全事故罪，同时构成职务犯罪或其他危害生产安全犯罪的，依照数罪并罚的规定处罚。

——《最高人民法院关于进一步加强危害生产安全刑事案件审判工作的意见》(2011 年 12 月 30 日，法发〔2011〕20 号)。

374 危险作业罪的竞合适用

关键词｜危险作业罪｜非法制造、买卖、运输、储存危险物质罪｜法条竞合｜

【链接：理解与适用】

1. 与部分危害公共安全犯罪，主要是刑法第一百三十一条、第一百三十二条、第一百三十四条至第一百三十九条之一规定的事故类犯罪的关系。犯危险作业罪，同时构成相应事故类犯罪的，可以按照重行为吸收轻行为的原则，适用处罚较重的规定定罪处罚，在不违反禁止双重评价原则的前提下，将危险作业行为作为从重处罚情节；如果所犯危险作业罪与事故类犯罪分属不同行为，数罪并罚。

根据刑法第一百三十三条之一第一款第(四)项的规定，“违反危险化学品安全管理规定运输危险化学品，危及公共安全的”，可以构成危险驾驶罪，但可否同时适用刑法第一百三十四条之一第(三)项的规定，构成危险作业罪？经研究认为，倾向持肯定意见，主要有两点考虑：(1)刑法第一百三十四条之一第(三)项规定的“等”可以理解为“等外”，将运输危险化学品纳入危险作业罪的规制范围，不违反刑法的明确规定；(2)危险驾驶罪的法定刑为拘役，明显轻于危险作业罪的法定刑“一年以下有期徒刑、拘役或者管制”，如果认为非法运输危险化学品的行为只能适用危险驾驶罪，既可能导致罪责刑不相适应，又不利于确保生产安全。当然，从法条关系看，刑法第一百三十三条之一第一款第（四）项似为特别法，而危险作业罪属于一般法，按照特别法优于一般法的原则，只要不出现明显的罪刑失衡、罚不当罪的情况，优先适用危险驾驶罪，可能比较妥当。

2. 危险作业罪与非法制造、买卖、运输、储存危险物质罪的关系。未经许可，擅自从事矿山开采、金属冶炼、建筑施工，以及危险物品生产、经营、储存等高度危险的生产作业活动，构成危险作业罪的，也可能同时构成非法制造、买卖、运输、储存危险物质罪。在出现竞合的情况下，如何选择适用法律，还需要进一步研究。本书倾向于认为，如果所生产、经营、存储的危险物品是用于正常的生产、生活的，宜以危险作业罪论处。

——杨万明主编：《〈刑法修正案（十一）〉条文及配套〈罪名补充规定（七）〉理解与适用》，人民法院出版社2021年版，第62页。

375 用人单位违反职业病防治法的规定，职业病危害预防设施不符合国家规定，因而发生重大伤亡事故或者造成其他严重后果的，以重大劳动安全事故罪定罪处罚

关键词 | 重大劳动安全事故罪 | 职业病防治法 |

【最高人民法院答复】

用人单位违反职业病防治法的规定，职业病危害预防设施不符合国家规定，因而发生重大伤亡事故或者造成其他严重后果的，对直接负责的主管人员和其他直接责任人员，可以依照刑法第一百三十五条的规定，以重大劳动安全事故罪定罪处罚。

——《最高人民法院研究室关于被告人阮某重大劳动安全事故案有关法律适用问题的答复》（2009年12月25日，法研〔2009〕228号）。

376 重大劳动安全事故罪与重大责任事故罪竞合的处理

关键词 | 重大劳动安全事故罪 | 重大责任事故罪 | 法条竞合 |

【最高人民法院参考案例】

尚知国等重大劳动安全事故案（《刑事审判参考》案例第505号）

要旨：在完全是由于安全生产设施或者安全生产条件不符合国家规定的情况

下进行生产、作业，因而发生重大伤亡事故或者造成其他严重后果的情况下，应当以重大劳动安全事故罪定罪量刑。在安全生产设施或者安全生产条件不符合国家规定的情况下，在生产、作业中又违反具体的安全管理规定，因而发生重大伤亡事故或者造成其他严重后果的，应区分不同情况选择较为妥当的罪名定罪量刑。

司法实践中，当工厂、矿山、林场、建筑企业或者其他企业、事业单位发生重大伤亡事故或者造成其他严重后果，当重大责任事故罪与重大劳动安全事故罪的客观方面和主体都出现竞合时，应当按照下列原则处理：

1. 在完全是由于安全生产设施或者安全生产条件不符合国家规定的情况下进行生产、作业，因而发生重大伤亡事故或者造成其他严重后果的情况下，应当以重大劳动安全事故罪定罪量刑。因为这是立法规定的典型重大劳动安全事故犯罪，即使这种行为本身也是一种违反有关安全管理规定的行为，从罪名评价的最相符合性考虑，一般不以重大责任事故罪认定。

2. 在安全生产设施或者安全生产条件不符合国家规定的情况下，在生产、作业中又违反具体的安全管理规定，因而发生重大伤亡事故或者造成其他严重后果的，应区分不同情况选择较为妥当的罪名定罪量刑。(1)当二罪中某一罪的情节明显重于另一罪时，应按情节较重的罪名定罪量刑。(2)当二罪的情节基本相当的情况下，对于实际控制人、投资人，他们对安全生产设施或者安全生产条件是否符合国家规定负有直接责任，在无法查清对生产、作业是否负有组织、指挥或者管理职责时，以重大劳动安全事故罪定罪量刑。如果对生产、作业同时负有组织、指挥或者管理职责时，我们认为，为了司法实践的统一，一般仍以重大劳动安全事故罪定罪为宜，而将“在生产、作业中违反有关安全管理的规定”的行为作为从重处罚的情节；对于负责人、管理人员，他们既对生产、作业负有组织、指挥或者管理职责，又对安全生产设施或者安全生产条件是否符合国家规定负有直接责任。出于同样的考虑，对他们一般也以重大劳动安全事故罪定罪为宜，而将“在生产、作业中违反有关安全管理的规定”的行为作为从重处罚的情节。对于“对安全生产设施或者安全生产条件负有管理、维护职责的电工、瓦斯检查工等人员”，亦参照上述原则处理。

——《刑事审判参考》(总第64辑)。

377 有危险货物运输从业资格的人员、从事剧毒化学品运输工作的专业人员犯危险物品肇事罪的认定

关键词｜危险物品肇事罪｜特定义务｜

【最高人民法院公报案例】

淮安市人民检察院诉康兆永、王刚危险物品肇事案(一审法院:淮安市中级人民法院)

要旨:(1)有危险货物运输从业资格的人员,明知使用具有安全隐患的机动车超载运输剧毒化学品,有可能引发危害公共安全的事故,却轻信能够避免,以致这种事故发生并造成严重后果的,构成刑法第一百三十六条规定的危险物品肇事罪。(2)从事剧毒化学品运输工作的专业人员,在发生交通事故致使剧毒化学品泄漏后,有义务利用随车配备的应急处理器材和防护用品抢救对方车辆上的受伤人员,有义务在现场附近设置警戒区域,有义务及时报警并在报警时主动说明危险物品的特征、可能发生的危害,以及需要采取何种救助工具与救助方式才能防止、减轻以至消除危害,有义务在现场等待抢险人员的到来,利用自己对剧毒危险化学品的专业知识以及对运输车辆构造的了解,协助抢险人员处置突发事故。从事剧毒化学品运输工作的专业人员不履行这些义务,应当对由此造成的特别严重后果承担责任。

——《最高人民法院公报》2006 年第 8 期。

378 工程质量监督站属于工程重大安全事故罪的犯罪主体

关键词 | 工程重大安全事故罪 | 工程质量监督站 | 犯罪主体 |

【最高人民法院参考案例】

赵祥忠工程重大安全事故案(《刑事审判参考》案例第 39 号)

要旨:工程质量监督站属于刑法第一百三十七条规定的工程重大安全事故罪主体,即工程监理单位。

工程重大安全事故罪的主体“工程监理单位”,是指依法对建筑工程进行监督管理,担任工程质量监督职责的单位。虽然工程质量监督站与监理公司在行政划分上有区别,质量监督站是事业单位,基于授权对工程实行质量监督;监理公司是企业单位,在订立合同的基础上对工程进行质量监督,但它们都共同具有工程质量监督的职责,都是工程质量监督单位。因此,从广义上讲,工程质量监督站亦属于“工程监理单位”。就本案而言,1994 年 11 月 5 日,质监站接受綦江县城建委就虹桥工程进行质量监督的申请,未再委托其他工程监理单位。质监站已成为唯一有权对虹桥工程质量进行监督的专门单位,不仅对虹桥工程质量进行宏观监控,而且对具体工程质量实施监督,特别是对虹桥工程的关键部件主拱钢管的生产负有不可推卸的质量监督职责。作为接受并履行工程质量监督职责的质监站,已实际承担了工程质量监督职责,为实际的工程监理单位。赵祥忠身为质监站站长,符合刑法第一百三十七条规定的主体身份。其在对虹桥工程履行质量监督职责过程中,违反建筑法规,降低工程质量标准,以致造成重大安全事故,对虹桥的垮塌负有重要的直接责任,其行为已构成工程重大安全事故罪。

——《刑事审判参考》(总第6辑)。

379 明知接送幼儿专用车辆有安全隐患而未予检修的构成教育设施重大安全事故罪

关键词|教育设施重大安全事故罪|专用车辆|

【最高人民法院公报案例】

郑州市中原区人民检察院诉高知先、乔永杰过失致人死亡案(二审法院:郑州市中级人民法院)

要旨:幼儿教育单位的负责人明知本单位接送幼儿的专用车辆有安全隐患,不符合行车要求,而不采取必要的检修措施,仍让他人使用该车接送幼儿,以致在车辆发生故障后,驾驶人员违规操作引起车辆失火,使被接送的幼儿多人伤亡,该负责人的行为构成刑法第一百三十八条规定的教育设施重大安全事故罪。

原审被告人乔永杰违反交通运输法规,驾驶机动车发生重大交通事故,致四人死亡、二人重伤、车辆烧毁的严重后果,情节特别恶劣,应依法惩处,一审以交通肇事罪定罪处罚,是正确的。主管人员、肇事车辆的管理所有人,只有在指使、强令他人违章驾驶而造成重大交通事故的情况下,才能以交通肇事罪定罪处罚。上诉人高知先既不是交通事故中的直接肇事者,本案证据也不能证明高知先指使、强令乔永杰违规操作,却能证明在得知车辆出现故障后,高知先租用其他车辆将故障车上的幼儿送走,并告知乔永杰修理故障车。可见,一审认定高知先指使乔永杰违规驾驶,缺乏证据支持,高知先的行为不应构成交通肇事罪。

刑法第一百三十八条规定:"明知校舍或者教育教学设施有危险,而不采取措施或者不及时报告,致使发生重大伤亡事故的,对直接责任人员,处三年以下有期徒刑或者拘役;后果特别严重的,处三年以上七年以下有期徒刑。"这是刑法规定的教育设施重大安全事故罪。该罪侵犯的客体,是公共安全和教学管理秩序,主体是对教育教学设施负有维护义务的直接人员,主观方面表现为过失,客观方面表现为不采取措施或者不及时报告致使发生重大伤亡事故的行为。"不采取措施",既包括没有采取任何措施,也包括没有采取任何有效措施。幼儿园是实施幼儿教育的机构；本案事故车辆，是月亮船幼儿园专用于接送幼儿的工具，是教育教学设施。上诉人高知先作为月亮船幼儿园园长，对该教育教学设施的安全负有直接责任。高知先明知该车油路堵塞急需检修，不履行职责将该车交给专业人员检修以便排除危险，却让原审被告人乔永杰使用这个已确定存在安全隐患的教育教学设施接送幼儿。本案车毁人伤亡的危害后果，固然是乔永杰违反交通运输法规的行为直接造成的，但其中三名幼儿被烧死、二名幼儿被烧伤，却与高知先明知教育教学设施有危险而将其继续投入使用的行为有因果关系。高知先的行为有严重的社会危害性，应当以教育设施重大安全事故罪追究其刑事责任。

——《最高人民法院公报》2005 年第 1 期。

新编

最高人民法院司法观点集成

刑事卷 I
（第二版）

总 主 编｜杜万华　　副总主编｜刘德权
本卷主编｜何　帆

中国民主法制出版社
全国百佳图书出版单位

THE COLLECTION OF
THE SUPREME PEOPLE'S COURT'S
JUDICIAL RULES

麦读

MyRead

走向上的路　追求正义与智慧

麦读

MyRead

走向上的路　追求正义与智慧

THE COLLECTION OF
THE SUPREME PEOPLE'S COURT'S
JUDICIAL RULES

新编

最高人民法院司法观点集成

刑事卷 II

（第二版）

总 主 编｜杜万华　　副总主编｜刘德权

本卷主编｜何　帆

中国民主法制出版社

全国百佳图书出版单位

本卷总目

CONTENTS

本册细目

CONTENTS

第二章 破坏社会主义市场经济秩序罪

第二章 | CHAPTER 02

破坏社会主义市场经济秩序罪

一、生产、销售伪劣商品罪

(一)生产、销售伪劣产品罪

380 生产、销售伪劣产品罪的司法认定

关键词｜生产、销售伪劣产品罪｜择一重处罪｜

【最高人民法院司法解释】

第十一条　以提供给他人生产、销售、提供药品为目的,违反国家规定,生产、销售不符合药用要求的原料、辅料,符合刑法第一百四十条规定的,以生产、销售伪劣产品罪从重处罚;同时构成其他犯罪的,依照处罚较重的规定定罪处罚。

——《最高人民法院、最高人民检察院关于办理危害药品安全刑事案件适用法律若干问题的解释》(2022 年 3 月 6 日,高检发释字〔2022〕1 号)。

第十五条　生产、销售不符合食品安全标准的食品添加剂,用于食品的包装材料、容器、洗涤剂、消毒剂,或者用于食品生产经营的工具、设备等,符合刑法第一百四十条规定的,以生产、销售伪劣产品罪定罪处罚。

生产、销售用超过保质期的食品原料、超过保质期的食品、回收食品作为原料的食品,或者以更改生产日期、保质期、改换包装等方式销售超过保质期的食品、回收食品,适用前款的规定定罪处罚。

实施前两款行为,同时构成生产、销售不符合安全标准的食品罪,生产、销售不符合安全标准的产品罪等其他犯罪的,依照处罚较重的规定定罪处罚。

——《最高人民法院、最高人民检察院关于办理危害食品安全刑事案件适用法律若干问题的解释》(2022 年 1 月 1 日,法释〔2021〕24 号)。

该解释废止后,对以非碘盐充当碘盐或者以工业用盐等非食盐充当食盐等危害食盐安全的行为,人民检察院可以依据《最高人民法院、最高人民检察院关于办理生产、销售伪劣商品刑事案件具体应用法律若干问题的解释》(法释〔2001〕10号)、《最高人民法院、最高人民检察院关于办理危害食品安全刑事案件适用法律

若干问题的解释》(法释〔2013〕12号)[①]的规定,分别不同情况,以生产、销售伪劣产品罪,或者生产、销售不符合安全标准的食品罪,或者生产、销售有毒、有害食品罪追究刑事责任。

——《最高人民检察院关于废止〈最高人民检察院关于办理非法经营食盐刑事案件具体应用法律若干问题的解释〉的决定》(2020年4月1日,高检发释字〔2020〕2号)。[②]

第一条 生产、销售伪劣卷烟、雪茄烟等烟草专卖品,销售金额在五万元以上的,依照刑法第一百四十条的规定,以生产、销售伪劣产品罪定罪处罚。

……

第二条 伪劣卷烟、雪茄烟等烟草专卖品尚未销售,货值金额达到刑法第一百四十条规定的销售金额定罪起点数额标准的三倍以上的,或者销售金额未达到五万元,但与未销售货值金额合计达到十五万元以上的,以生产、销售伪劣产品罪(未遂)定罪处罚。

销售金额和未销售货值金额分别达到不同的法定刑幅度或者均达到同一法定刑幅度的,在处罚较重的法定刑幅度内酌情从重处罚。

查获的未销售的伪劣卷烟、雪茄烟,能够查清销售价格的,按照实际销售价格计算。无法查清实际销售价格,有品牌的,按照该品牌卷烟、雪茄烟的查获地省级烟草专卖行政主管部门出具的零售价格计算;无品牌的,按照查获地省级烟草专卖行政主管部门出具的上年度卷烟平均零售价格计算。

第五条 行为人实施非法生产、销售烟草专卖品犯罪,同时构成生产、销售伪劣产品罪、侵犯知识产权犯罪、非法经营罪的,依照处罚较重的规定定罪处罚。

第六条 明知他人实施本解释第一条所列犯罪,而为其提供贷款、资金、账号、发票、证明、许可证件,或者提供生产、经营场所、设备、运输、仓储、保管、邮寄、代理进出口等便利条件,或者提供生产技术、卷烟配方的,应当按照共犯追究刑事责任。

第七条 办理非法生产、销售烟草专卖品等刑事案件,需要对伪劣烟草专卖品鉴定的,应当委托国务院产品质量监督管理部门和省、自治区、直辖市人民政府产品质量监督管理部门指定的烟草质量检测机构进行。

——《最高人民法院、最高人民检察院关于办理非法生产、销售烟草专卖品等刑事案件具体应用法律若干问题的解释》(2010年3月26日,法释〔2010〕7号)。

第二条 在预防、控制突发传染病疫情等灾害期间,生产、销售伪劣的防治、防

---

① 该司法解释已被废止,现行有效的司法解释为法释〔2021〕24号。

② 该决定虽由最高人民检察院作出,但今后案件要按"两高"司法解释处理。

护产品、物资,或者生产、销售用于防治传染病的假药、劣药,构成犯罪的,分别依照刑法第一百四十条、第一百四十一条、第一百四十二条的规定,以生产、销售伪劣产品罪,生产、销售假药罪或者生产、销售劣药罪定罪,依法从重处罚。

——《最高人民法院、最高人民检察院关于办理妨害预防、控制突发传染病疫情等灾害的刑事案件具体应用法律若干问题的解释》(2003年5月15日,法释〔2003〕8号)。

【最高人民法院司法文件】

(三)依法严惩制假售假犯罪。在疫情防控期间,生产、销售伪劣的防治、防护产品、物资,或者生产、销售用于防治新型冠状病毒感染肺炎的假药、劣药,符合刑法第一百四十条、第一百四十一条、第一百四十二条规定的,以生产、销售伪劣产品罪,生产、销售假药罪或者生产、销售劣药罪定罪处罚。

在疫情防控期间,生产不符合保障人体健康的国家标准、行业标准的医用口罩、护目镜、防护服等医用器材,或者销售明知是不符合标准的医用器材,足以严重危害人体健康的,依照刑法第一百四十五条的规定,以生产、销售不符合标准的医用器材罪定罪处罚。

——《最高人民法院、最高人民检察院、公安部、司法部关于依法惩治妨害新型冠状病毒感染肺炎疫情防控违法犯罪的意见》(2020年2月6日,法发〔2020〕7号)。

在办理非设关地走私成品油刑事案件中,发现行为人在销售的成品油中掺杂、掺假,以假充真,以次充好或者以不合格油品冒充合格油品,构成犯罪的,依照刑法第一百四十条的规定,对该行为以生产、销售伪劣产品罪定罪处罚。

——《最高人民法院、最高人民检察院、海关总署打击非设关地成品油走私专题研讨会会议纪要》(2019年10月25日,署缉发〔2019〕210号)。

一、……非法生产、经营烟花爆竹及相关行为涉及生产、销售伪劣产品或不符合安全标准产品,构成生产、销售伪劣产品罪或生产、销售不符合安全标准产品罪的,应当依照刑法第一百四十条、第一百四十六条的规定定罪处罚……上述非法生产经营烟花爆竹行为的定罪量刑和立案追诉标准,分别按照……《最高人民法院最高人民检察院关于办理生产、销售伪劣商品刑事案件具体应用法律若干问题的解释》(法释〔2001〕10号)、《最高人民检察院、公安部关于公安机关管辖的刑事案件立案追诉标准的规定(一)》(公通字〔2008〕36号)、《最高人民检察院、公安部关于公安机关管辖的刑事案件立案追诉标准的规定(二)》(公通字〔2010〕23号)等有关规定执行。

——《最高人民法院、最高人民检察院、公安部、监管总局关于依法加强对涉嫌犯罪的非法生产经营烟花爆竹行为刑事责任追究的通知》(2012 年 9 月 6 日，安监总管三〔2012〕116 号)。

(一)关于生产伪劣烟草制品尚未销售或者尚未完全销售行为定罪量刑问题①

根据刑法第一百四十条的规定，生产、销售伪劣烟草制品，销售金额在五万元以上的，构成生产、销售伪劣产品罪。

根据《最高人民法院、最高人民检察院关于办理生产、销售伪劣商品刑事案件具体应用法律若干问题的解释》的有关规定，销售金额是指生产者、销售者出售伪劣烟草制品后所得和应得的全部违法收入。伪劣烟草制品尚未销售，货值金额达到刑法第一百四十条规定的销售金额三倍(十五万元)以上的，以生产、销售伪劣产品罪(未遂)定罪处罚。货值金额以违法生产、销售的伪劣产品的标价计算；没有标价的，按照同类合格产品的市场中间价格计算。货值金额难以确定的，按照国家计划委员会、最高人民法院、最高人民检察院、公安部 1997 年 4 月 22 日联合发布的《扣押、追缴、没收物品估价管理办法》的规定，委托指定的估价机构确定。

伪劣烟草制品尚未销售，货值金额分别达到十五万元以上不满二十万元、二十万元以上不满五十万元、五十万元以上不满二百万元、二百万元以上的，分别依照刑法第一百四十条规定的各量刑档次定罪处罚。

伪劣烟草制品的销售金额不满五万元，但与尚未销售的伪劣烟草制品的货值金额合计达到十五万元以上的，以生产、销售伪劣产品罪(未遂)定罪处罚。

生产伪劣烟草制品尚未销售，无法计算货值金额，有下列情形之一的，以生产、销售伪劣产品罪(未遂)定罪处罚：

1. 生产伪劣烟用烟丝数量在 1000 公斤以上的；

2. 生产伪劣烟用烟叶数量在 1500 公斤以上的。

(二)关于非法生产、拼装、销售烟草专用机械行为定罪处罚问题

非法生产、拼装、销售烟草专用机械行为，依照刑法第一百四十条的规定，以生产、销售伪劣产品罪追究刑事责任。

——《最高人民法院、最高人民检察院、公安部、国家烟草专卖局关于办理假冒伪劣烟草制品等刑事案件适用法律问题座谈会纪要》(2003 年 12 月 23 日，商检会〔2003〕4 号)。

---

① 本条内容已被司法解释法释〔2010〕7 号第二条所修改。

381 生产、销售伪劣产品行为方式的界定和鉴定

关键词|生产、销售伪劣产品罪|伪劣产品|

【最高人民法院司法解释】

第一条　刑法第一百四十条规定的“在产品中掺杂、掺假”，是指在产品中掺入杂质或者异物，致使产品质量不符合国家法律、法规或者产品明示质量标准规定的质量要求，降低、失去应有使用性能的行为。

刑法第一百四十条规定的“以假充真”，是指以不具有某种使用性能的产品冒充具有该种使用性能的产品的行为。

刑法第一百四十条规定的“以次充好”，是指以低等级、低档次产品冒充高等级、高档次产品，或者以残次、废旧零配件组合、拼装后冒充正品或者新产品的行为。

刑法第一百四十条规定的“不合格产品”，是指不符合《中华人民共和国产品质量法》第二十六条第二款规定的质量要求的产品。

对本条规定的上述行为难以确定的，应当委托法律、行政法规规定的产品质量检验机构进行鉴定。

——《最高人民法院、最高人民检察院关于办理生产、销售伪劣商品刑事案件具体应用法律若干问题的解释》(2001 年 4 月 10 日，法释〔2001〕10 号)。

【链接：理解与适用】

《解释》第一条前四款对刑法第一百四十条规定的生产、销售伪劣产品“在产品中掺杂、掺假”“以假充真”“以次充好”“以不合格产品冒充合格产品”等四种行为方式进行了界定。

(一)关于“在产品中掺杂、掺假”。从字面上看，所有在产品中掺入杂质或者异物的行为，都可以称之为“在产品中掺杂、掺假”，但这样解释，诸如在一吨大米中掺入一把沙子等情节显著轻微的行为也就被包括进去，显然覆盖面太过宽泛。从立法本意考虑，我们理解，刑法打击的重点，应该是该种行为的结果，即“致使产品不符合质量要求，降低、失去应有的使用性能”。其中，产品的质量要求有些由法律、法规规定，有些由国家标准、行业标准规定，有些由产品或其包装上注明采用的产品标准以及以产品说明、实物样品等方式表明。

(二)关于“以假充真”。我们理解，以假充真本质上是以不具有某种使用性能的产品冒充具有该种使用性能的产品的行为。例如，以萝卜冒充人参，以土豆冒充天麻等。

有一种意见认为，假冒他人的品牌、产地、厂名、厂址的行为，也属于“以假充

真”，情节严重，构成犯罪的，也应该依照刑法第一百四十条的规定追究刑事责任。我们理解，第一，刑法规定了侵犯注册商标和注册商标标识的犯罪，而没有规定侵犯品牌、产地、厂名、厂址的犯罪，产品质量法第五十三条也没有规定对侵犯品牌、产地、厂名、厂址的行为“构成犯罪的，依法追究刑事责任”。就是说，立法者认为侵犯品牌、产地、厂名、厂址行为的社会危害性没有侵犯注册商标和注册商标标识的社会危害性大，尚不足以动用刑法惩处。第二，如果将侵犯品牌、产地、厂名、厂址的行为解释为“以假充真”，以生产、销售伪劣商品犯罪对这种行为判处的刑罚，将远远高于对侵犯注册商标和注册商标标识犯罪判处的刑罚，造成量刑上的轻重失衡，与立法本意不符。第三，根据刑法有关规定，对于假冒他人注册商标构成犯罪的行为，如果假冒产品的质量合格，应认定为侵犯注册商标的犯罪；如果假冒产品的质量不合格，则应当认定为属于生产、销售伪劣商品中的“以次充好”，而不是“以假充真”。

（三）关于“以次充好”。一般来说，以次充好，是指以质量差的产品冒充质量好的产品的行为，也即以低等级、低档次产品冒充高等级、高档次产品的行为。在实践中大量发生的以残、次、废的零配件组合、拼装后冒充正品的行为，以及以旧的零配件组合、拼装后冒充新的产品的行为，是这次“打假”斗争的重点，也属于以次充好，《解释》对此进行了强调。

（四）关于“不合格产品”。产品质量法第二十六条第二款规定：“产品质量应当符合下列要求：(1)不存在危及人身、财产安全的不合理的危险，有保障人体健康和人身、财产安全的国家标准、行业标准的，应当符合该标准；(2)具备产品应当具备的使用性能，但是，对产品存在使用性能的瑕疵作出说明的除外；(3)符合在产品或者其包装上注明采用的产品标准，符合以产品说明、实物样品等方式表明的质量状况。”该款是对产品质量的总的要求，因此，《解释》第一条第四款规定：刑法第一百四十条规定的“不合格产品”，是指不符合《中华人民共和国产品质量法》第二十六条第二款规定的质量要求的产品。

对此，有的人提出：对不合格的产品要作必要的区分，有瑕疵的次等品只要标明情况也是可以销售的，只有在卖的时候才能知道是否冒充了合格产品，因此，应将在仓库中查获的不合格产品与在销售环节查获的不合格产品区别开。我们理解，次等品根据规定只要标明质量状况是可以销售的，只有冒充没有瑕疵的产品时才是“不合格产品”。如果在仓库中查获，其尚未“冒充”，自然不属于伪劣产品。但是如果已经实施了“冒充”的行为，则属于不合格产品。

在查处生产、销售伪劣产品犯罪过程中，对于某些行为是否属于“在产品中掺杂、掺假”“以假充真”“以次充好”“以不合格产品冒充合格产品”，可能无法直接判断，这就涉及鉴定问题。对此，应该委托法律、行政法规规定的产品质量检验机构进行鉴定。例如，产品质量法第十九条规定："产品质量检验机构必须具备相应的检测条件和能力，经省级以上人民政府产品质量监督部门或者其授权的部门考核合格后，方可承担产品质量检验工作。法律、行政法规对产品质量检验机构另有规定的，依照有关法律、行政法规的规定执行。"标准化法第十九条规定："县级以上政府标准化行政主管部门，可以根据需要设置检验机构，或者授权其他单位的检验机构，对产品是否符合标准进行检验。法律、行政法规对检验机构另有规定的，依照法律、行政法规的规定执行。处理有关产品是否符合标准的争议，以前款规定的检验机构的检验数据为准。"

——熊选国、祝二军：《〈最高人民法院、最高人民检察院关于办理生产、销售伪劣商品刑事案件具体应用法律若干问题的解释〉的理解与适用》，载最高人民法院研究室编：《最高人民法院司法解释理解与适用全书（下卷）》，法律出版社2016年版，第174—175页。

【最高人民法院司法文件】

自全国开展整顿和规范市场经济秩序工作以来，各地人民法院陆续受理了一批生产、销售伪劣产品、假冒商标和非法经营等严重破坏社会主义市场经济秩序的犯罪案件。此类案件中涉及的生产、销售的产品，有的纯属伪劣产品，有的则只是侵犯知识产权的产品。由于涉案产品是否"以假充真"、"以次充好"、"以不合格产品冒充合格产品"，直接影响到对被告人的定罪及处刑，为准确适用刑法和《最高人民法院、最高人民检察院关于办理生产、销售伪劣商品刑事案件具体应用法律若干问题的解释》（以下简称《解释》），严惩假冒伪劣商品犯罪，不放纵和轻纵犯罪分子，现就审理生产、销售伪劣商品、假冒商标和非法经营等严重破坏社会主义市场经济秩序的犯罪案件中可能涉及的假冒伪劣商品的有关鉴定问题通知如下：

一、对于提起公诉的生产、销售伪劣产品、假冒商标、非法经营等严重破坏社会主义市场经济秩序的犯罪案件，所涉生产、销售的产品是否属于"以假充真"、"以次充好"、"以不合格产品冒充合格产品"难以确定的，应当根据《解释》第一条第五款的规定，由公诉机关委托法律、行政法规规定的产品质量检验机构进行鉴定。

二、根据《解释》第三条和第四条的规定，人民法院受理的生产、销售假药犯罪案件和生产、销售不符合卫生标准的食品犯罪案件，均需有"省级以上药品监督管理部门设置或者确定的药品检验机构"和"省级以上卫生行政部门确定的机构"出具的鉴定结论。①

三、经鉴定确系伪劣商品，被告人的行为既构成生产、销售伪劣产品罪，又构成生产、销售假药罪或者生产、销售不符合卫生标准的食品罪②，或者同时构成侵犯知识产权、非法经营等其他犯罪的，根据刑法第一百四十九条第二款和《解释》第十条的规定，应当依照处罚较重的规定定罪处罚。

——《最高人民法院关于审理生产、销售伪劣商品刑事案件有关鉴定问题的通知》（2001 年 5 月 21 日，法〔2001〕70 号）。

【最高人民法院参考案例】

王洪成生产、销售伪劣产品案（《刑事审判参考》案例第 8 号）

要旨：没有国际标准、国家标准、行业标准、地方标准可供执行的新产品，应执行企业标准，如果产品没有达到生产者、销售者所许诺的性能，即属于伪劣产品。

标准化法规定了产品质量标准。该法将我国的产品质量标准分为国际标准、国家标准、行业标准、地方标准和企业标准。

对于没有国际标准、国家标准、行业标准、地方标准可供执行的"新产品"，应执行企业标准。根据企业标准生产、销售的产品，应当具备其许诺的使用性能。如果不具有生产者、销售者所许诺的性能，就是不合格产品，属于我国刑法生产、销售伪劣产品罪中的"伪劣产品"，行为人的行为构成该罪的，应当以该罪处罚。

——《刑事审判参考》（总第 2 辑）。

---

① 本条规定的内容实际已被新的司法解释所调整。（1）《最高人民法院、最高人民检察院关于办理危害药品安全刑事案件适用法律若干问题的解释》（高检发释字〔2022〕1 号）第十九条规定："刑法第一百四十一条、第一百四十二条规定的'假药''劣药'，依照《中华人民共和国药品管理法》的规定认定。对于《中华人民共和国药品管理法》第九十八条第二款第二项、第四项及第三款第三项至第六项规定的假药、劣药，能够根据现场查获的原料、包装，结合犯罪嫌疑人、被告人供述等证据材料作出判断的，可以由地市级以上药品监督管理部门出具认定意见。对于依据《中华人民共和国药品管理法》第九十八条第二款、第三款的其他规定认定假药、劣药，或者是否属于第九十八条第二款第二项、第三款第六项规定的假药、劣药存在争议的，应当由省级以上药品监督管理部门设置或者确定的药品检验机构进行检验，出具质量检验结论。司法机关根据认定意见、检验结论，结合其他证据作出认定。"（2）《最高人民法院、最高人民检察院关于办理危害食品安全刑事案件适用法律若干问题的解释》（法释〔2021〕24 号）第二十四条规定："'足以造成严重食物中毒事故或者其他严重食源性疾病''有毒、有害的非食品原料'等专门性问题难以确定的，司法机关可以依据鉴定意见、检验报告、地市级以上相关行政主管部门组织出具的书面意见，结合其他证据作出认定。必要时，专门性问题由省级以上相关行政主管部门组织出具书面意见。"

② 罪名已调整为"生产、销售不符合安全标准的食品罪"。

382 仅凭产品系非法入境、印制张贴虚假内容标签等行为不能推定系伪劣产品

关键词|生产、销售伪劣产品罪|伪劣产品|

【最高人民法院参考案例】

徐云、桑林华等非法经营案(《刑事审判参考》案例第1453号)

要旨:在无法对产品质量进行实质性检测的情况下,仅凭非法入境、印制张贴虚假内容标签等行为,不能推定产品系伪劣产品,故不能认定构成销售伪劣产品罪。

经查证,被告人徐云、桑林华、汪志国在销售过程中曾先后委托三家鉴定机构针对杏仁果皮中黄曲霉毒素是否超标做过四次检测。第一次,2017年12月7日由通标标准技术服务(上海)有限公司出具测试报告:黄曲霉毒素B1、B2、G1、G2、(B1+B2+G1+G2)为ND(即未检出);第二次,2018年1月30日由青岛捷励行咨询有限公司出具技术咨询项目报告:黄曲霉毒素B1检出值均超标,为不合格产品;第三次,2018年6月13日由山东众合天成检验有限公司出具检测报告:黄曲霉毒素B1、B2、G1、G2、总量为ND;第四次,2018年7月31日由通标标准技术服务(上海)有限公司再次检测:黄曲霉毒素B1、B2、G1、G2、(B1+B2+G1+G2)为ND。另被告人明知产品未取得任何检验检疫合格文件,为促进销售而擅自制作标有"符合进口卫生标准、检验合格"等虚假内容的商品标签;当部分牧场反馈因喂食造成有奶牛拉稀等不正常现象时,没有立即停止销售。

审理中,有一种观点认为,虽然《检验报告》不能作为刑事证据采信,但综合以下因素,本案仍可以认定销售伪劣产品罪:明知国家禁止进口杏仁果皮,仍采取逃避商检手段进口并在国内销售;自行制作含有产品符合进口卫生标准、检验合格等虚假内容的商品标签贴附在包装袋上;虽然针对黄曲霉毒素进行过多次检测,但因检测方法不同出现结论反复时,没有继续委托有资质检验机构作出权威性结论以排除黄曲霉毒素超标的隐患;当部分牧场反馈因喂食造成有奶牛拉稀等不正常现象时,没有立即停止销售行为,这些都反映出被告人对可能存在的产品隐患或质量问题有不负责任之心态,据此可以推定杏仁果皮系伪劣产品,进而认定构成销售伪劣产品罪。对此我们认为,刑法第一百四十条规定,生产、销售伪劣产品罪是指在产品中掺杂、掺假、以假充真、以次充好或者以不合格产品冒充合格产品的行为。2001年《最高人民法院、最高人民检察院关于办理生产、销售伪劣商品刑事案件具体应用法律若干问题的解释》对何为掺杂、掺假、以假充真、以次充好、不合格产品

进行释明，“不合格产品”是指不符合产品质量法第二十六条第二款①规定的质量要求的产品。对上述行为难以确定的，应当委托法律、行政法规规定的产品质量检验机构进行鉴定。从上述规定看，伪劣产品的界定采用实质判断说，即从产品本身质量、使用性能及性能高低来判定，对于无关产品性能及质量的行为，如仅有伪造或冒用生产商、产地、认证标志、张贴含有虚假内容标签等，则排除在伪劣产品的范围之外。被告人委托进行四次检测中有三次检测结果为黄曲霉毒素 ND 即合格，仅有一次检测黄曲霉毒素 B1 超标，某一次检测中某一项指标不达标，仅说明该批次产品质量存在一定程度的瑕疵，但不能据此推定出“全部产品不合格、属于伪劣产品”的结论。同理，当部分牧场反馈有奶牛拉稀等现象时没有立即停止销售行为，仅说明被告人对于产品质量存在的瑕疵有疏忽、侥幸或不认真对待之嫌，不能以此推断销售产品属于伪劣产品。对于非法入境的产品，不能仅凭国家禁止进口的行政规定，就推定属于刑法意义上的伪劣产品。②

本案中，因国家禁止作为饲料进口杏仁果皮，故国内暂时没有针对杏仁果皮的质量检验标准，但仍可以对饲料成分进行检测。国家质检总局、国家标准委《饲料卫生标准》（GB 13078—2017）对饲料卫生标准及试验方法等有明确规定。据此，认定构成销售伪劣产品罪，必须有产品质量检验机构依据上述国家标准对杏仁果皮作出系不合格产品的鉴定结论。由于上海实验室的鉴定资质存在明显瑕疵，导致《检验报告》不能作为证据采信。同时，我们在走访海关、质检部门时了解到，因杏仁果皮在仓库中存放较长时间，相关指标会随着时间推移发生重大变化，目前已不能重新鉴定，无法还原案发时的产品质量情况。

——《刑事审判参考》（总第 130 辑）。

---

① 产品质量法第二十六条第二款规定：“产品质量应当符合下列要求：（一）不存在危及人身财产安全的不合理的危险，有保障人体健康和人身、财产安全的国家标准、行业标准的，应当符合该标准；（二）具备产品应当具备的使用性能，但是，对产品存在使用性能的瑕疵作出说明的除外；（三）符合在产品或者包装上注明采用的产品标准，符合以产品说明、实物样品等方式表明的质量状况。”

② 这一思路在陆勇代购抗癌药一案及药品管理法关于假药规定的修订中亦有体现。尽管伪劣产品与假药的认定不能进行简单类比，二者的法律规定不尽相同，但思路可作参酌。陆勇系江苏省无锡市一名私营企业主，2002 年查出患有慢粒性白血病，需要长期服用抗癌药品。国内正规“格列卫”瑞士进口每盒 2. 35 万元，陆勇从日本购买印度生产的同类药品仅需每盒四千元，后直接从印度购买，并通过 QQ 群向病友推荐，之后药品价格降为每盒二百元。为方便给印度公司汇款，陆勇购买三张信用卡帮病友代购药品。2013 年 11 月，湖南省沅江市公安局以涉嫌妨害信用卡管理罪对陆勇刑事拘留。2014 年 7 月，沅江市检察院以妨害信用卡管理罪、销售假药罪对陆勇提起公诉。后数百名白血病患者联名写信，请求对陆勇免予刑事处罚。2015 年 1 月，沅江市检察院向沅江市法院撤回起诉；同年 2 月，对本案作出不起诉决定。案后，理论实务界对于药品管理法中非法入境的药品即认定为假药的规定，提出诸多质疑与讨论，随后 2019 年修订药品管理法时，取消上述规定，即不能仅凭药品系非法入境即判定为假药。[2001 年修订的药品管理法第四十八条规定：“……有下列情形之一的，为假药：……（二）依照本法必须批准而未经批准生产、进口，或者依照本法必须检验而未经检验即销售的……”2019 年修订后的药品管理法第九十八条取消上述第（二）项规定。]

383 利用疫情销售“三无”口罩的罪名适用

关键词｜销售伪劣产品罪｜口罩｜

【最高人民法院参考案例】

方永胜销售伪劣产品案(《刑事审判参考》案例第1315号)

要旨:疫情防控期间,以出售非医用口罩的名义销售“三无”劣质口罩的,应认定为销售伪劣产品罪。

根据刑法第一百四十条之规定,销售伪劣产品罪的客观表现形式为掺杂掺假、以假充真、以次充好、以不合格冒充合格,其行为存在一定的假冒、欺骗成分,与诈骗罪的虚构事实、隐瞒真相、欺骗他人等手段存在一定交叉,因而实践中较容易混淆。要对二者进行准确区分,应当注意从以下几点入手:

1. 考察交易是否实际完成

在销售伪劣产品罪中,销售伪劣产品的行为人隐瞒或者虚构产品的真实质量,只是为了引诱对方与其订立合同并进行交易,但客观上确实发生了交易行为,本质上仍属于货物买卖关系,只是交付的货物质量不符合标准;而在诈骗犯罪中,行为人隐瞒真相或者虚构事实的目的在于直接占有对方财物,并没有真实的交易意图,因此通常不会交付货物甚至没有标的物存在,也不排除进行部分交易的可能,本质上没有完成全部交易,只是以“交易”或部分“交易”为名虚构骗局、诱人上当,进而骗取他人财物。本案中,尽管被告人方永胜销售的口罩起不到应有防护作用,但其仍然交付了口罩,存在真实的交易,区别于以销售为名,但实际并不发货或部分发货进而骗取他人财物的情形。

2. 判断实际交付的财物与对方所支付财物价值差距是否较大

在诈骗罪中,也有行为人实际或部分交付财物的情形,但可能是以交付少量财物骗取对方信任后进而诈骗更多财物或者交付的财物与真实产品质量或规格相去甚远甚至毫无关联,在成本上可以忽略不计或价值不大,如以玻璃冒充钻石、以普通石头冒充玉石进行销售。而在销售伪劣产品罪中,行为人主观上具有履行合同的意图,尽管其所交付的产品价值通常低于真实、合格的产品,但也并非毫无价值,而是含有一定成本,即行为人谋取的是伪劣产品与真实产品的差价,追求的是非法利润,而不是为了骗取对方钱款。本案中,被告人方永胜所销售的口罩虽系不合格产品,但亦有成本,且售卖平均价格不到一元,与合格非医用口罩的市场价格差距不大,区别于以销售为名,但商品与真实产品相去甚远或毫无价值、骗取他人财物的情形。

3. 从二者的侵犯客体进行区分、把握

诈骗罪所侵犯的客体是公私财物所有权,而销售伪劣产品罪所侵犯的客体是国家产品质量管理制度和市场秩序。当前,全国人民正齐心协力、众志成城地打一场新型冠状病毒肺炎疫情的防控阻击战，而个别无良商家却见利忘义，违法违规销售疫情防控用品，虽然消费者的财物在一定程度上也是有损失的，但更严重的危害后果是损害了广大消费者的合法利益，对使用者的身心健康造成不良影响，严重扰乱了市场秩序，妨碍了疫情防控工作的开展。因此，从犯罪客体的角度进行区分，本案中被告人方永胜的行为也更符合销售伪劣产品罪。

——《刑事审判参考》（总第 121 辑）。

【链接：答记者问】

问：《最高人民法院、最高人民检察院、公安部、司法部关于依法惩治妨害新型冠状病毒感染肺炎疫情防控违法犯罪的意见》要求严惩制假售假犯罪，对相关行为规定可以视情适用生产、销售伪劣产品罪。司法适用中，对于生产、销售伪劣口罩的案件适用该罪名应当注意哪些问题？

答：根据刑法第一百四十条的规定，“生产者、销售者在产品中掺杂、掺假，以假充真，以次充好或者以不合格产品冒充合格产品，销售金额五万元以上”的，构成生产、销售伪劣产品罪。对于生产、销售伪劣口罩案件适用本罪名应当注意把握以下三方面问题：

第一，准确把握产品质量标准。对于涉案口罩是否属于“伪劣产品”，要依据相关标准作出判断。根据产品质量法、标准化法等法律法规的规定，对于相关伪劣产品的认定，原则上应当优先以强制性标准或者产品注明的质量标准为依据。因此，如果涉案口罩注明了国家标准、行业标准，或者注明的质量标准高于国家标准、行业标准的，应当按照其明示的标准判断是否属于合格产品。如果涉案口罩未注明质量标准，或者注明的质量标准低于国家标准、行业标准的，则应当按照国家标准、行业标准判断其是否属于合格产品。比如，医用防护口罩、医用外科口罩，在没有注明高于国家标准、行业标准的质量标准的情形下，一般可以分别按照国家标准 GB19083-2010（医用防护口罩）、行业标准 YY0469-2011（医用外科口罩）进行判断。

需要注意的是，有的地方对涉案口罩一律按照国家标准 GB2626-2006（呼吸防护用品自吸过滤式防颗粒物呼吸器）进行鉴定，只要对颗粒物的过滤率达不到该标准中的最低标准 KN90 的，均认定为“伪劣产品”。这有所不妥。涉案口罩是否属于伪劣产品的司法认定，应当根据口罩的种类、用途等不同情况适用相应的标准。根据法律和有关司法解释的精神，对于涉案口罩标明种类的，应当按照标明的种类选择适用的判断标准；如果涉案口罩未标明种类或者是“三无”产品，则应当综合考虑其包装、宣传、价格、销售对象等情况，作出妥当认定，进而选择适用相应标准进行判断。

第二,视情依法委托鉴定机构。《最高人民法院、最高人民检察院关于办理生产、销售伪劣商品刑事案件具体应用法律若干问题的解释》第一条第五款规定,对涉案口罩是否属于伪劣产品难以确定的,“应当委托法律、行政法规规定的产品质量检验机构进行鉴定”,以查明产品质量。

第三,准确查明行为人主观明知。对于销售伪劣口罩的案件适用销售伪劣产品罪,应当以行为人主观明知为前提。司法实践中,也确有个别行为系被上家所骗,购得伪劣口罩进行销售,对此不宜以销售伪劣产品罪定罪处罚。对于主观明知的认定,应当结合行为人职业、从业经历、购销双方商谈内容、购销方式与价格,货物样式与包装等证据,作出综合判断。从司法实践办理相关案件的经验来看,具有下列情形之一的,一般可以认定行为人明知,但确有相反证据的除外:(1)明知是没有生产商厂名、厂址、产品质量检验合格证的“三无”口罩而予以销售的;(2)委托生产厂商生产假冒伪劣防护用品的;(3)曾因制售假冒伪劣防护用品受过刑事处罚或者行政处罚,又销售伪劣口罩的;(4)明显违背惯常交易习惯储存、运输、交付涉案口罩的;(5)无正当理由涂改、调换或者覆盖商品的标识、包装,伪造、涂改产品说明书、合格证明等材料的;(6)从非正常渠道进购口罩,且价格明显低于市场价格的。

——徐日丹:《依法惩治妨害疫情防控违法犯罪 切实保障人民群众生命健康安全——最高人民法院研究室主任姜启波 最高人民检察院法律政策研究室主任高景峰联合答记者问(二)》,载《检察日报》2020年3月25日,第3版。

384 疫情防控期间以“三无”产品冒充“KN95”口罩进行销售行为的认定

关键词|销售伪劣产品罪|口罩|

【最高人民法院参考案例】

王丽莉、陈鹏销售伪劣产品案(《刑事审判参考》案例第1316号)

要旨:对于N95或者KN95的口罩,应针对案件证据情况具体分析。如假冒的N95或者KN95的口罩从执行标准等方面确属于医用产品的,可根据案件具体情况认定构成生产、销售不符合标准的医用器材罪。反之,如无明确标示或标注为防尘口罩的,则可能构成生产、销售伪劣产品罪。

2020年1月31日,国家卫健委发布《新型冠状病毒感染不同风险人群防护指南》和《预防新型冠状病毒感染的肺炎口罩使用指南》,推荐使用一次性使用医用口罩、医用外科口罩、KN95/N95及以上颗粒物防护口罩、医用防护口罩四种口罩。

其中，一次性使用医用口罩、医用外科口罩、医用防护口罩均已列入国家药监局发布的《医疗器械分类目录公告》（2017 年第 104 号），故销售不荐合标准的一次性使用医用口罩、医用外科口罩、医用防护口罩的，根据案件具体情况可构成销售不符合标准的医用器材罪。但销售不符合标准的 KN95/N95 及以上颗粒物防护口罩，能否构成此罪尚存在一定争议。

“N95”是美国疾病控制与预防中心下属的职业安全与健康研究所（NIOSH）制定的标准，并非特定的产品名称。只要符合 N95 标准，并且通过 NIOSH 审查的产品就可以称为 N95 型口罩。KN95 口罩则是我国对于颗粒物具有过滤效率的口罩的统称，其颗粒物过滤效率与 N95 口罩基本一致。目前，医务人员特别是直接参与救治新型冠状病毒肺炎的医护人员所使用的医用防护口罩，就属于 N95 口罩中的一种，但并不是所有的 N95 口罩都是医用防护口罩。市场中有部分 N95、KN95 口罩执行的是原国家质量监督检验和检疫局、国家标准化管理委员会公布的呼吸防护用品标准 GB2626-2006，该标准不属于医用标准的范畴。因此，只有医用防护口罩、外科口罩、医用口罩（一次性使用医用口罩），才属于销售不符合标准的医用器材犯罪中的医用器材。对于 N95 或者 KN95 的口罩，应针对案件证据情况具体分析。如假冒的 N95 或者 KN95 的口罩从执行标准等方面确属于医用产品的，可根据案件具体情况认定构成生产、销售不符合标准的医用器材罪。反之，如无明确标示或标注为防尘口罩的，则可能构成生产、销售伪劣产品罪。

综上，本案中二被告人在出售口罩前虽声称系 KN95 口罩，但给被害人发送该批口罩的证明文书上所标示的口罩类型，系特种劳动保护用品而非医用防护口罩，且涉案口罩从外观、包装上均看不出医用等字样，亦无执行标准等情况，经鉴定过滤效率亦不符合标准要求，为不合格产品。

——《刑事审判参考》（总第 121 辑）。

【链接：答记者问】

问：《最高人民法院、最高人民检察院、公安部、司法部关于依法惩治妨害新型冠状病毒感染肺炎疫情防控违法犯罪的意见》明确对制售不符合标准的医用器材行为可以适用生产、销售不符合标准的医用器材罪。司法适用中，对于生产、销售伪劣医用口罩的案件适用该罪名应当注意哪些问题？

答：根据刑法第一百四十五条的规定，“生产不符合保障人体健康的国家标准、行业标准的医疗器械、医用卫生材料，或者销售明知是不符合保障人体健康的国家标准、行业标准的医疗器械、医用卫生材料，足以严重危害人体健康的”，构成生产、销售不符合标准的医用器材罪。而根据有关规定，医用防护口罩、医用外科口罩、一次性使用医用口罩等医用口罩属于《医疗器械分类目录》规定的二类医疗器械。

因此,生产、销售伪劣医用口罩,如果足以严重危害人体健康的,可能构成生产、销售不符合标准的医用器材罪。对于生产、销售伪劣医用口罩案件适用本罪名应当注意把握如下问题:

第一,准确认定涉案医用口罩是否系不符合标准的医用器材。刑法第一百四十五条对不符合标准的医用器材明确规定为"不符合保障人体健康的国家标准、行业标准的医疗器械、医用卫生材料"。《伪劣商品解释》第六条第五款规定:"没有国家标准、行业标准的医疗器械,注册产品标准可视为'保障人体健康的行业标准'。"目前,对于相关医用口罩的案件,认定是否属于不符合标准的医用器材的,可以按照上述规定处理。

第二,严格把握"足以严重危害人体健康"的认定。生产、销售不符合标准的医用口罩构成生产、销售不符合标准的医用器材罪,需要满足"足以严重危害人体健康"的入罪要件。对于是否"足以严重危害人体健康",应当从是否具有防护、救治功能,是否可能造成贻误诊治,是否可能造成人体严重损伤,是否可能对人体健康造成严重危害等方面,结合医疗器械的功能、使用方式和适用范围等,综合判断。所谓"综合判断",不能"只看一点,不及其余",如果把涉案口罩防护功能不达标就直接认定为"足以严重危害人体健康",可能导致这一构成要件被人为虚置,不当扩大本罪的适用范围。

从一线办案部门总结的经验来看,如果涉案不符合标准的医用防护口罩、医用外科口罩、一次性使用医用口罩主要销往医疗机构,供医护人员使用,由于医护人员的特殊工作环境,通常可以认为上述不符合标准的口罩"足以严重危害人体健康"。而如果涉案不符合标准的一次性使用医用口罩销往非疫情高发地区供群众日常使用,则一般难以满足"足以严重危害人体健康"的要件。实践中,对于相关涉案医用口罩尚无确实、充分证据证明"足以严重危害人体健康",适用生产、销售不符合标准的医用器材罪存在障碍或者争议,但是销售金额五万元以上,或者货值金额十五万以上的,根据刑法和相关司法解释的规定,可以依照生产、销售伪劣产品罪定罪处罚;符合假冒注册商标、非法经营罪等其他犯罪构成的,也可以相关犯罪论处。

——徐日丹:《依法惩治妨害疫情防控违法犯罪 切实保障人民群众生命健康安全——最高人民法院研究室主任姜启波 最高人民检察院法律政策研究室主任高景峰联合答记者问(二)》,载《检察日报》2020 年 3 月 25 日,第 4 版。

385 生产、销售伪劣产品犯罪的金额标准

关键词 | 生产、销售伪劣产品罪 | 金额标准 |

【最高人民法院司法解释】

第二条 刑法第一百四十条、第一百四十九条规定的“销售金额”，是指生产者、销售者出售伪劣产品后所得和应得的全部违法收入。

伪劣产品尚未销售，货值金额达到刑法第一百四十条规定的销售金额三倍以上的，以生产、销售伪劣产品罪（未遂）定罪处罚。

货值金额以违法生产、销售的伪劣产品的标价计算；没有标价的，按照同类合格产品的市场中间价格计算。货值金额难以确定的，按照国家计划委员会、最高人民法院、最高人民检察院、公安部 1997 年 4 月 22 日联合发布的《扣押、追缴、没收物品估价管理办法》的规定，委托指定的估价机构确定。①

多次实施生产、销售伪劣产品行为，未经处理的，伪劣产品的销售金额或者货值金额累计计算。

——《最高人民法院、最高人民检察院关于办理生产、销售伪劣商品刑事案件具体应用法律若干问题的解释》（2001 年 4 月 10 日，法释〔2001〕10 号）。

【链接：理解与适用】

根据刑法第一百四十条、第一百四十九条的规定，生产、销售伪劣商品，销售金额达到五万元以上的行为构成犯罪。但是，各地在查处案件时，由于种种原因，在绝大多数案件中能够查到的仅仅是伪劣商品本身，而难以甚至根本无法查清伪劣商品的销售金额，致使大量案件无法以刑事案件立案侦查，无法进入刑事司法程序。

（一）关于生产、销售伪劣商品犯罪的销售金额问题

关于销售金额，《解释》第二条第一款作了明确规定，即“刑法第一百四十条、第一百四十九条规定的‘销售金额’，是指生产者、销售者出售伪劣产品后所得和应得的全部违法收入”。全部违法收入，不应该扣除成本及各种费用，包括所得的和应得的两种违法收入。前者指行为人出售伪劣商品后已经得到的违法收入；后者指行为人已经出售伪劣商品按照合同或者约定将要得到的违法收入。

（二）关于伪劣商品尚未销售时的金额标准问题

为妥善、有效地解决司法实践的困惑，《解释》第二条第二款规定：“伪劣产品尚未销售，货值金额达到刑法第一百四十条规定的销售金额的三倍以上的，以生产、销售伪劣产品罪（未遂）定罪处罚。”我们理解，这样规定的主要理由是：第一，社会危害性方面。生产者、销售者生产、购买伪劣商品的目的，就是为了销售。已

① 目前应为价格认证机构作出价格认证。

经生产和购买后准备销售的行为,其社会危害性是客观存在的。如果对这类行为中情节严重的情形也不定罪处罚,将会使绝大多数的制假、贩假的人逃避法律追究。第二,刑法理论方面。根据关于既遂、未遂标准的刑法理论,既遂是指行为人实施了刑法规定的全部构成要件的行为;未遂是指行为人已经着手实施犯罪,但由于行为人意志以外的原因而没有实施完毕刑法规定的全部构成要件。据此,生产、购买伪劣商品,尚未来得及销售,货值金额达到刑法第一百四十条规定的销售金额三倍以上的行为,应认定为属于销售伪劣商品犯罪的未遂状态,应以生产、销售伪劣商品犯罪(未遂)定罪处罚。第三,法律规定方面。刑法第一百四十条规定了生产、销售伪劣商品犯罪这一罪名,如果机械地以销售金额认定是否构成犯罪,则刑法条文规定的生产伪劣产品罪则毫无意义。如果对尚未销售的生产者仅因没有销售金额就不追究,显然与立法本意不符,也不利于打假工作的开展。采用货值金额可以解决打假斗争实践中存在的难点。此外,2000 年 7 月修改后的产品质量法在对生产、销售伪劣商品违法行为进行罚款处罚的规定中,也采用了"货值金额"的提法。第四,法律适用方面。刑法第一百四十条规定了四个不同的量刑幅度,有四个不同的销售金额,因此,《解释》这样规定有利于司法部门根据伪劣产品货值金额的具体情况适用不同的量刑幅度。

(三)关于货值金额的计算方法问题

产品质量法第七十二条规定:货值金额以违法生产、销售产品的标价计算;没有标价的,按照同类产品的市场价格计算。《解释》第二条第三款据此作了规定。至于货值金额难以确定的问题,应当按照原国家计划委员会、最高人民法院、最高人民检察院、公安部 1997 年 4 月 22 日联合发布的《扣押、追缴、没收物品估价管理办法》(计办〔1997〕808 号)的规定,委托指定的估价机构确定。

——熊选国、祝二军:《〈最高人民法院、最高人民检察院关于办理生产、销售伪劣商品刑事案件具体应用法律若干问题的解释〉的理解与适用》,载最高人民法院研究室编:《最高人民法院司法解释理解与适用全书(下卷)》,法律出版社 2016 年版,第 175—176 页。

386 生产、销售伪劣产品单位犯罪的认定

关键词 | 生产、销售伪劣产品罪 | 单位犯罪 |

【最高人民法院公报案例】

郭庆文生产、销售伪劣产品案(二审法院:扬州市中级人民法院)

要旨:单位是在行为人要求帮忙的情况下,在购销合同上加盖了公章,对行为

人生产、销售伪劣产品并不知情、更未参与,不成立单位犯罪。

原判认定上诉人郭庆文生产、销售伪劣产品,销售金额 12.6 万元,违法所得六万余元的犯罪事实清楚,证据确实充分,定性准确,依法追究其刑事责任是正确的。郭庆文提出“系单位犯罪”的上述理由,经查,光明蓄电池厂只是在郭庆文要求帮忙的情况下,在郭庆文签订的购销合同上加盖了公章。该厂对郭庆文生产、销售伪劣产品并不知情,更未参与郭庆文的生产、销售活动。郭庆文生产、销售伪劣产品纯属其个人行为,故“系单位犯罪”的上诉理由不能成立,不予采纳。

——《最高人民法院公报》1999 年第 3 期。

387 明知他人以销售为目的而为他人加工伪劣产品行为的定性

关键词 | 生产、销售伪劣产品罪 | 委托加工 |

【最高人民法院参考案例】

韩俊杰、付安生、韩军生生产伪劣产品案(《刑事审判参考》案例第 143 号)

要旨:明知他人以销售为目的委托加工伪劣产品,而为其加工的行为构成生产、销售伪劣产品罪;仅有伪劣产品的加工生产行为,但没有销售行为的,应以生产、销售伪劣产品罪定罪。

(一)为他人加工伪劣产品的行为构成生产、销售伪劣产品犯罪

问题在于,刑法第一百四十条在生产、销售伪劣产品罪的罪状规定中要求“销售金额五万元以上”,这意味着,光有生产行为还不足以构成本罪。构成本罪,还必须在主观上具备销售伪劣产品的故意,或者客观上存在实施销售伪劣产品的行为。在行为人为他人加工的情况下,从表面上看,似乎客观上没有实际的销售行为,也不具有销售牟利的目的,只是加工取酬,获取加工费。但是,根据我国刑法关于共同犯罪的规定,加工者明知委托者为了销售而委托,二者共同构成了生产、销售伪劣产品的完整行为。虽然两者在销售故意的具体内容上存在不同,集中体现在后者出于销售牟利的目的,而前者不具有该目的,仅仅是加工取酬,但这种目的上的不同,决定了加工者所持的是一种不同于销售者的放任的态度。对于这种主观意志、目的不同的情形,应当认定为共同犯罪故意。因为共同犯罪故意并不要求各共同犯罪人在故意内容上完全一致,而且,在存在组织犯、教唆犯、实行犯、帮助犯等多种类型的犯罪人的共同犯罪中,组织故意、教唆故意、实行故意、帮助故意,其故意内容也必将是有所不同的。认定共同犯罪故意的关键在于,各共同犯罪人是否均出于故意,并且彼此之间是否存在犯意联络。对于具体犯罪故意的内容及犯意联络的内容,则不要求保持一致。也就是说,在有认识的前提下,在具体犯罪的内

容以及犯意联络的故意内容上,各共同犯罪人既可以是"希望"的,也可以是"放任"的,既可以是出于这种目的,也可以是出于那种目的,均不影响共同犯罪故意的认定。

(二)加工者在罪名上应以生产、销售伪劣产品罪定罪处罚,不宜定生产伪劣产品罪

从刑法第一百四十条的罪状表述来看,生产、销售伪劣产品罪属于选择性罪名。选择性罪名既可概括使用,也可分解拆开使用。因此,从理论上说,本罪的具体罪名应有三个,即生产伪劣产品罪,销售伪劣产品罪,生产、销售伪劣产品罪。如果行为人只生产伪劣产品的,构成生产伪劣产品罪;只销售伪劣产品的,构成销售伪劣产品罪;既生产、又销售伪劣产品的,构成生产、销售伪劣产品罪,不实行数罪并罚。但是,根据本罪的立法规定,单纯的生产伪劣产品罪是无从成立的。因为如果生产者只是生产了伪劣产品,而并没有推向市场,就谈不上销售金额较大,因而不符合本罪的客观要件。只有当生产者生产了伪劣产品,同时又推向市场时,才可能销售金额较大。然而在这种情况下,行为人已经不是单纯地生产伪劣产品,而是既生产又销售了伪劣产品。《解释》正是基于这一考虑,规定生产伪劣产品尚未销售的,以生产、销售伪劣产品罪(未遂)定罪处罚。

——《刑事审判参考》(总第23辑)。

(二)危害药品安全犯罪

388 假劣药犯罪定罪量刑标准的把握

关键词 | 生产、销售、提供假药罪 | 生产、销售、提供劣药罪 |

【最高人民法院司法解释】

第一条　生产、销售、提供假药,具有下列情形之一的,应当酌情从重处罚:

(一)涉案药品以孕产妇、儿童或者危重病人为主要使用对象的;

(二)涉案药品属于麻醉药品、精神药品、医疗用毒性药品、放射性药品、生物制品,或者以药品类易制毒化学品冒充其他药品的;

(三)涉案药品属于注射剂药品、急救药品的;

(四)涉案药品系用于应对自然灾害、事故灾难、公共卫生事件、社会安全事件等突发事件的;

(五)药品使用单位及其工作人员生产、销售假药的;

（六）其他应当酌情从重处罚的情形。

第二条 生产、销售、提供假药，具有下列情形之一的，应当认定为刑法第一百四十一条规定的“对人体健康造成严重危害”：

（一）造成轻伤或者重伤的；

（二）造成轻度残疾或者中度残疾的；

（三）造成器官组织损伤导致一般功能障碍或者严重功能障碍的；

（四）其他对人体健康造成严重危害的情形。

第三条 生产、销售、提供假药，具有下列情形之一的，应当认定为刑法第一百四十一条规定的“其他严重情节”：

（一）引发较大突发公共卫生事件的；

（二）生产、销售、提供假药的金额二十万元以上不满五十万元的；

（三）生产、销售、提供假药的金额十万元以上不满二十万元，并具有本解释第一条规定情形之一的；

（四）根据生产、销售、提供的时间、数量、假药种类、对人体健康危害程度等，应当认定为情节严重的。

第四条 生产、销售、提供假药，具有下列情形之一的，应当认定为刑法第一百四十一条规定的“其他特别严重情节”：

（一）致人重度残疾以上的；

（二）造成三人以上重伤、中度残疾或者器官组织损伤导致严重功能障碍的；

（三）造成五人以上轻度残疾或者器官组织损伤导致一般功能障碍的；

（四）造成十人以上轻伤的；

（五）引发重大、特别重大突发公共卫生事件的；

（六）生产、销售、提供假药的金额五十万元以上的；

（七）生产、销售、提供假药的金额二十万元以上不满五十万元，并具有本解释第一条规定情形之一的；

（八）根据生产、销售、提供的时间、数量、假药种类、对人体健康危害程度等，应当认定为情节特别严重的。

第五条 生产、销售、提供劣药，具有本解释第一条规定情形之一的，应当酌情从重处罚。

生产、销售、提供劣药，具有本解释第二条规定情形之一的，应当认定为刑法第一百四十二条规定的“对人体健康造成严重危害”。

生产、销售、提供劣药，致人死亡，或者具有本解释第四条第一项至第五项规定情形之一的，应当认定为刑法第一百四十二条规定的“后果特别严重”。

——《最高人民法院、最高人民检察院关于办理危害药品安全刑事案件适用法律若干问题的解释》(2022年3月6日,高检发释字〔2022〕1号)。

【链接:理解与适用】

刑法第一百四十一条、第一百四十二条分别规定了生产、销售、提供假药罪、生产、销售、提供劣药罪。《解释》第一条至第五条明确了相关定罪量刑标准。

1. 关于假劣药犯罪的从重处罚情节

《解释》第一条、第五条第一款参考药品管理法第一百三十七条关于对药品违法行为的从重处罚规定,并根据司法实践具体情况作了补充,明确了假劣药犯罪的从重处罚情节。……

2. 关于生产、销售、提供假药罪的定罪量刑标准

根据刑法第一百四十一条的规定,生产、销售、提供假药罪是抽象危险犯,生产、销售、提供假药的,处三年以下有期徒刑或者拘役,并处罚金;对人体健康造成严重危害或者有其他严重情节的,处三年以上十年以下有期徒刑,并处罚金;致人死亡或者有其他特别严重情节的,处十年以上有期徒刑、无期徒刑或者死刑,并处罚金或者没收财产。

《解释》未设置入罪门槛,对于生产、销售、提供假药的行为,原则上都应当追究刑事责任。《解释》第二条至第四条进一步明确了生产、销售、提供假药罪的升档量刑标准。……需要提及的是,如果生产、销售、提供假药,延误诊治,虽未造成死亡、伤害等结果,但致人病情恶化、重度恶化的,可视情认定为"其他严重情节"或者"其他特别严重情节"。

3. 关于生产、销售、提供劣药罪的定罪量刑标准

根据刑法第一百四十二条的规定,生产、销售、提供劣药罪为结果犯,对人体健康造成严重危害的,处三年以上十年以下有期徒刑,并处罚金;后果特别严重的,处十年以上有期徒刑或者无期徒刑,并处罚金或者没收财产。《解释》第五条进一步明确了定罪量刑标准。……

——周加海、喻海松、李静:《〈关于办理危害药品安全刑事案件适用法律若干问题的解释〉的理解与适用》,载《人民司法·应用》2022年第10期。

389 "假药""劣药"的认定规则

关键词|假药|劣药|

【最高人民法院司法解释】

第十九条　刑法第一百四十一条、第一百四十二条规定的"假药""劣药",依

照《中华人民共和国药品管理法》的规定认定。

对于《中华人民共和国药品管理法》第九十八条第二款第二项、第四项及第三款第三项至第六项规定的假药、劣药，能够根据现场查获的原料、包装，结合犯罪嫌疑人、被告人供述等证据材料作出判断的，可以由地市级以上药品监督管理部门出具认定意见。对于依据《中华人民共和国药品管理法》第九十八条第二款、第三款的其他规定认定假药、劣药，或者是否属于第九十八条第二款第二项、第三款第六项规定的假药、劣药存在争议的，应当由省级以上药品监督管理部门设置或者确定的药品检验机构进行检验，出具质量检验结论。司法机关根据认定意见、检验结论，结合其他证据作出认定。

——《最高人民法院、最高人民检察院关于办理危害药品安全刑事案件适用法律若干问题的解释》(2022 年 3 月 6 日，高检发释字〔2022〕1 号)。

【链接：理解与适用】

药品管理法第一百二十一条规定："对假药、劣药的处罚决定，应当依法载明药品检验机构的质量检验结论。"实践中，对于该条文的适用，即哪些情形的假药、劣药的认定应当出具质量检验结论，存在不同认识。鉴于此，国家药监局经征求法工委意见，于 2020 年作出《关于假药劣药认定有关问题的复函》，提出："根据《药品管理法》第九十八条第二款第四项'药品所标明的适应症或者功能主治超出规定范围'认定为假药，以及根据《药品管理法》第九十八条第三款第三项至第七项认定为劣药，只需要事实认定，不需要对涉案药品进行检验，处罚决定亦无须载明药品检验机构的质量检验结论。"

考虑到刑事案件中假药、劣药的认定与行政处罚具有类似性，《解释》第十九条吸收上述复函的精神，明确对相关情形的假药、劣药，能够根据现场查获的原料、包装，结合犯罪嫌疑人、被告人供述等证据材料作出判断的，可以由地市级以上药品监督管理部门出具认定意见；只有在是否属于药品管理法第九十八条第二款第(二)项、第三款第(六)项规定的假药、劣药存在争议的情形下，才出具质量检验结论。需要提及的是，对于其他情形，如依据"未标明或者更改有效期的药品""未注明或者更改产品批号的药品"的规定认定劣药存在争议的，实际属于事实认定问题，无法通过质量检验结论解决问题。

此外，考虑到"以非药品冒充药品或者以他种药品冒充此种药品"情形的假药，同样存在能够根据现场查获的原料、包装，结合犯罪嫌疑人、被告人供述等证据材料作出判断的可能，如用面粉冒充药品，在制药现场发现面粉而无其他药品原料的，直接认定为"以非药品冒充药品"应无疑义，而无须再行出具质量检验结论。基于此，《解释》第十九条在上述复函的基础上，将"对于《中华人民共和国药品管理法》第九十八条第二款第二项……规定的假药,能够根据现场查获的原料、包装,结合犯罪嫌疑人、被告人供述等证据材料作出判断的”亦增加为可以不出具质量检验结论的情形。

顺带提及的是,对于依据药品管理法第九十八条第二款第(二)项规定的“以他种药品冒充此种药品”认定为假药的情形,通常是指以不具有特定功能主治的他种药品冒充此种药品的行为,如以感冒药冒充治疗高血压的药品。与之不同,对于以功能主治相同的他种药品冒充此种药品的,如药品成分、质量并无问题,不应认定属于“以他种药品冒充此种药品”,符合假冒注册商标罪等侵犯知识产权犯罪的,可按相应犯罪论处。

——周加海、喻海松、李静:《〈关于办理危害药品安全刑事案件适用法律若干问题的解释〉的理解与适用》,载《人民司法 · 应用》2022 年第 10 期。

390 根据民间传统配方私自加工药品或者销售上述药品行为是否构成犯罪的认定

关键词 | 民间传统配方 | 不以营利为目的 |

【最高人民法院司法解释】

第十八条　根据民间传统配方私自加工药品或者销售上述药品,数量不大,且未造成他人伤害后果或者延误诊治的,或者不以营利为目的实施带有自救、互助性质的生产、进口、销售药品的行为,不应当认定为犯罪。

对于是否属于民间传统配方难以确定的,根据地市级以上药品监督管理部门或者有关部门出具的认定意见,结合其他证据作出认定。

——《最高人民法院、最高人民检察院关于办理危害药品安全刑事案件适用法律若干问题的解释》(2022 年 3 月 6 日,高检发释字〔2022〕1 号)。

【链接:理解与适用】

我国民众用药情况复杂,药品供应渠道杂乱。长期以来,民众服用利用民间偏方、土方、秘方加工的药品的情况较为普遍。近些年,随着经济社会发展,擅自销售从国外、境外携带药品入境的情况逐渐增多。有的利用民间偏方、土方、秘方私自加工的“土药”,虽然未经有关部门批准,但当地群众已经普遍认可其疗效;未经批准擅自进口的“洋药”,尽管违反了我国药品管理制度,但不少并不会实际危害人体健康,相反对治疗有关疾病确有效果,有的甚至是高价购买的“救命药”。对于此类案件,一律纳入刑事规制范围,不符合实事求是的精神,也难以为社会公众理解。正是因此,

《2014 年解释》第十一条第二款规定："销售少量根据民间传统配方私自加工的药品，或者销售少量未经批准进口的国外、境外药品，没有造成他人伤害后果或者延误诊治，情节显著轻微危害不大的，不认为是犯罪。"当年限定为"少量"的情形，主要是因为根据修订前药品管理法的规定，有关药品属于应当按假药论处的情形，故只能对涉案药品系"少量"的案件，依据刑法第十三条但书的规定出罪。

药品管理法修订之后，对"假药"采取实质认定标准，根据民间传统配方私自加工的药品、未经批准走私进境的药品不能当然认定为假药；尽管有关行为仍属于违反修订后药品管理法规定的妨害药品管理行为，但根据刑法修正案（十一）新增的刑法第一百四十二条之一的规定，是否构成犯罪，需以"足以严重危害人体健康"为要件。因此，《解释》第十八条第一款对《2014 年解释》第十一条第二款作了修改完善，规定："根据民间传统配方私自加工药品或者销售上述药品，数量不大，且未造成他人伤害后果或者延误诊治的，或者不以营利为目的实施带有自救、互助性质的生产、进口、销售药品的行为，不应当认定为犯罪。"该款规定从另一面对妨害药品管理罪的准确适用作出了明确。

司法实践中应当注意的是，"民间传统配方"的表述虽然相沿成习，但无明确界定。实践中，可以参考"中医药传统知识"的界定，即"基于中华民族长期实践积累、世代传承发展、具有现实或者潜在价值的中医药理论、技术和标志符号，包括但不限于中医药古籍经典名方、单验方、诊疗技术、中药炮制技术、制剂方法、养生方法等"，以将其与"黑窝点"界分开来。根据《解释》第十八条第二款的规定，对于是否属于民间传统配方难以确定的，根据地市级以上药品监督管理部门或者有关部门出具的认定意见，结合其他证据作出认定。

——周加海、喻海松、李静：《〈关于办理危害药品安全刑事案件适用法律若干问题的解释〉的理解与适用》，载《人民司法 · 应用》2022 年第 10 期。

391 生产、销售不符合药用要求的原料、辅料行为的定性规则

关键词 | 生产、销售伪劣产品罪 | 从重处罚 |

【最高人民法院司法解释】

第十一条 以提供给他人生产、销售、提供药品为目的，违反国家规定，生产、销售不符合药用要求的原料、辅料，符合刑法第一百四十条规定的，以生产、销售伪劣产品罪从重处罚；同时构成其他犯罪的，依照处罚较重的规定定罪处罚。

——《最高人民法院、最高人民检察院关于办理危害药品安全刑事案件适用法律若干问题的解释》（2022 年 3 月 6 日，高检发释字〔2022〕1 号）。

【链接：理解与适用】

《解释》第十一条明确，以提供给他人生产、销售、提供药品为目的，违反国家规定，生产、销售不符合药用要求的原料、辅料，符合刑法第一百四十条规定的，以生产、销售伪劣产品罪从重处罚；同时构成其他犯罪的，依照处罚较重的规定处罚。之所以规定以生产、销售伪劣产品罪从重处罚，主要是考虑所涉行为与一般伪劣产品犯罪尚有不同，直接涉及药品安全，牵涉千家万户，社会危害更为严重。

——周加海、喻海松、李静：《〈关于办理危害药品安全刑事案件适用法律若干问题的解释〉的理解与适用》，载《人民司法·应用》2022年第10期。

392 假劣药生产、销售、提供行为的认定

关键词 | 生产 | 销售 | 提供 |

【最高人民法院司法解释】

第六条　以生产、销售、提供假药、劣药为目的，合成、精制、提取、储存、加工炮制药品原料，或者在将药品原料、辅料、包装材料制成成品过程中，进行配料、混合、制剂、储存、包装的，应当认定为刑法第一百四十一条、第一百四十二条规定的“生产”。

药品使用单位及其工作人员明知是假药、劣药而有偿提供给他人使用的，应当认定为刑法第一百四十一条、第一百四十二条规定的“销售”；无偿提供给他人使用的，应当认定为刑法第一百四十一条、第一百四十二条规定的“提供”。

——《最高人民法院、最高人民检察院关于办理危害药品安全刑事案件适用法律若干问题的解释》(2022年3月6日，高检发释字〔2022〕1号)。

【链接：理解与适用】

《解释》第六条第一款规定，以生产、销售、提供假药、劣药为目的，合成、精制、提取、储存、加工炮制药品原料，或者在将药品原料、辅料、包装材料制成成品过程中，进行配料、混合、制剂、储存、包装的，应当认定为刑法第一百四十一条、第一百四十二条规定的“生产”。对于印制包装材料、标签、说明书的行为，如果是生产行为人同时实施的附随行为，应当一并纳入“生产”予以评价；如果属于其他人为生产药品者实施的行为，则属于帮助行为，应当根据《解释》第九条关于共同犯罪的规定予以处理。

刑法修正案(十一)对刑法第一百四十一条规定的生产、销售假药罪和第一百

四十二条规定的生产、销售劣药罪增加了“提供”的行为方式。由此，对于“提供”与“销售”的界分，究竟应当以支付对价（是不是有偿）还是主体（是不是“药品使用单位的人员”）作为标准，存在不同认识。经研究，《解释》第六条第二款以是否支付对价作为界分标准，规定：“药品使用单位及其工作人员明知是假药、劣药而有偿提供给他人使用的，应当认定为刑法第一百四十一条、第一百四十二条规定的‘销售’；无偿提供给他人使用的，应当认定为刑法第一百四十一条、第一百四十二条规定的‘提供’。”

——周加海、喻海松、李静：《〈关于办理危害药品安全刑事案件适用法律若干问题的解释〉的理解与适用》，载《人民司法·应用》2022年第10期。

393 为销售而购买、存储假药的行为构成犯罪未遂

关键词｜销售假药罪｜犯罪未遂｜

【最高人民法院参考案例】

王明等销售假药案（《刑事审判参考》案例第1415号）

要旨：行为犯也存在预备、未遂、中止的停止形态。对于未完成法定的犯罪行为或者实行行为未达到一定程度的，应认定为犯罪未遂。

1. 生产、销售假药犯罪存在犯罪未遂

为惩治生产、销售假药、劣药犯罪，保障人民群众生命健康安全，维护药品市场秩序，刑法修正案（八）将销售假药罪从具体危险犯修改为行为犯，即只要实施了生产、销售假药的行为，即构成犯罪，并不要求一定要有实际的危险结果发生。故假药未及销售时是成立犯罪既遂、未遂还是预备，争议点在于行为犯是否存在犯罪未遂。司法实践中，有一种观点认为，对于行为犯，只要行为人实施了犯罪行为，就应当认定为既遂。对此我们持否定观点。我国刑法理论的传统观点认为，行为犯是指只要实施刑法分则所规定的实行行为就成立既遂的犯罪。行为犯以法定的犯罪行为是否完成作为犯罪是否既遂的标志。而行为完成与否的判断，应紧密结合犯罪构成要件，以对法益的侵害是否实现为标准。这种法益侵害的实现具有一定的过程（当然，过程的长短有异），且要达到一定的程度，才能过渡到既遂状态，并非一着手即能完成。在这个过程中，完全可能出现因各种主客观原因而停止的情形，因此，行为犯也存在预备、未遂、中止的停止形态。对于未完成法定的犯罪行为或者实行行为未达到一定程度的，应认定为犯罪未遂。

2. 销售假药罪的既、未遂标准

关于销售假药罪的既遂标准，实践中存在两种不同意见。第一种意见认为，销

售假药罪既遂与否以假药是否售出为准，尚未售出即被查获的为犯罪未遂。第二种意见认为，销售假药罪既遂与否应以假药是否进入交易环节为准。如果因行为人意志以外的原因而未进行实质性的交易行为，则构成犯罪未遂。

我们同意第二种意见，主要理由是：犯罪既遂是指行为人实施了刑法规定的全部构成要件并已造成法益侵害结果的行为。销售假药罪的构成要件行为或者实行行为是销售行为。但是，准确把握实行行为的起点与终点并不容易。实际上，销售行为是一个过程，卖出或者成交是一种最终既遂的体现，但并不是销售行为的全部。一般意义上来说，产品销售可以分为准备产品、寻找客户、接待客户、咨询需求、推荐产品、处理异议、签订协议、产品成交、收货付款等多个环节。在刑法规范中，出售、有偿提供给他人使用或者为出售而购买、储存都是销售的实行行为。因此，准确判断哪个环节是实行行为着手，哪个环节是实行行为完成，是认定销售假药罪既未遂的关键。刑法第二十三条第一款规定："已经着手实行犯罪，由于犯罪分子意志以外的原因而未得逞的，是犯罪未遂。"着手本质上是造成侵害法益的紧迫危险的行为。在销售他人生产的假药案件中，为出售而购入假药即意味着随时可以上架进行销售，此时已经对国家药品监管制度产生了现实的严重侵害危险，只要该行为进一步实施即可造成侵害结果，所以，购入假药的行为应当认定为着手实行犯罪。当然，购入假药只是手段，对外出售才是目的。将假药置入销售环节进行销售则是直接造成法益侵害结果、最充分地实现构成要件的行为，标志着实行行为的完成，构成犯罪既遂。

本案中，被告人郑凯文、董蕊为出售而购入、存储假药即为着手实施犯罪，后因公安机关及时查获而未能进入销售环节及售出，犯罪未完成是因其意志以外的原因，符合刑法关于犯罪未遂的认定条件。而且，将未及销售的假药认定为犯罪未遂，亦有法律依据。比如，《伪劣商品解释》第二条第二款规定："伪劣产品尚未销售，货值金额达到刑法第一百四十条规定的销售金额三倍以上的，以生产、销售伪劣产品罪(未遂)定罪处罚。"《烟草解释》第二条第一款规定："伪劣卷烟、雪茄烟等烟草专卖品尚未销售，货值金额达到刑法第一百四十条规定的销售金额定罪起点数额标准的三倍以上的，或者销售金额未达到五万元，但与未销售货值金额合计达到十五万元以上的，以生产、销售伪劣产品罪(未遂)定罪处罚。"《烟草纪要》第一条规定："伪劣烟草制品的销售金额不满五万元，但与尚未销售的伪劣烟草制品的货值金额合计达到十五万元以上的，以生产、销售伪劣产品罪(未遂)定罪处罚。"因假药属于伪劣商品，销售假药罪与销售伪劣产品罪系法条竞合关系，故在审理销售假药案件认定犯罪既未遂时，亦可参照适用上述规定。

3. 销售假药罪部分既遂、部分未遂的量刑

被告人郑凯文、董蕊实施的犯罪中既有犯罪未遂，又有犯罪既遂，且本案是根

据销售金额认定情节，在量刑时应当参照《烟草解释》等相关司法解释的规定及最高人民法院指导案例62号王新明合同诈骗案关于既有既遂又有未遂的数额犯罪如何量刑的适用，即犯罪既遂部分和犯罪未遂部分分别对应不同法定刑幅度的，应当先决定对未遂部分是否减轻处罚，确定未遂部分对应的法定刑幅度，再与既遂部分对应的法定刑幅度进行比较，选择适用处罚较重的法定刑幅度，并酌情从重处罚；两者在同一量刑幅度的，以犯罪既遂酌情从重处罚。据此，一审法院在决定郑凯文的量刑时按照先对未遂部分减轻处罚再与既遂部分进行比较后判处其有期徒刑八年六个月，在量刑方式的选择上是正确的，但考虑到一审法院对郑凯文的可得销售金额存在计算错误，二审认定的数额有所减少，再结合郑凯文的供述对抓获其他犯罪嫌疑人确实起了较大作用，二审法院认为一审判决判定的主刑过重，故予纠正。一审法院对董蕊的量刑虽系按照上述第一种方式确定，但没有考虑到如果被告人犯罪既遂数额亦在三年以上十年以下这一刑档（销售金额在十万元以上不足二十万元），特别是犯罪既遂数额刚超过十万元时，对这一相对较重行为依照上述规定判处的刑罚可能轻于一审对董蕊判处的刑罚，量刑有失平衡。一审对董蕊判处的刑罚明显过重，二审亦予以纠正。二审法院根据犯罪的事实、性质、情节和对社会的危害程度，分别改判郑凯文有期徒刑七年六个月，并处罚金人民币二十六万元；董蕊有期徒刑二年，并处罚金人民币五万元，是合适的。

——《刑事审判参考》（总第128辑）。

394 生产、销售、提供假劣药药品金额的计算规则

关键词｜药品的货值金额｜犯罪数额｜

【最高人民法院司法解释】

第二十条 对于生产、提供药品的金额，以药品的货值金额计算；销售药品的金额，以所得和可得的全部违法收入计算。

——《最高人民法院、最高人民检察院关于办理危害药品安全刑事案件适用法律若干问题的解释》（2022年3月6日，高检发释字〔2022〕1号）。

【链接：理解与适用】

《解释》第二十条规定，对于生产、提供药品的金额，以药品的货值金额计算；销售药品的金额，以所得和可得的全部违法收入计算。所谓“药品的货值金额”，可以参照药品管理法第一百五十一条“货值金额以违法生产、销售药品的标价计算；没有标价的，按照同类药品的市场价格计算”的规定把握。

——周加海、喻海松、李静:《〈关于办理危害药品安全刑事案件适用法律若干问题的解释〉的理解与适用》,载《人民司法·应用》2022 年第 10 期。

【最高人民法院参考案例】

王明等销售假药案(《刑事审判参考》案例第 1415 号)

要旨:已购进但尚未销售的假药应当计入销售金额。

关于现场查获的假药应否计入犯罪数额,实践中存在两种不同意见。第一种意见认为,现场查获的假药尚未进入销售环节,系犯罪未遂,不应计入销售金额。第二种意见认为,为销售而购入、存储假药的行为,属于销售实行行为,现场查获的假药应当计入销售金额。

我们赞同第二种意见。判定现场查获的假药是否计入销售金额,关键在于如何认定"销售"。至于何为"销售",刑法没有作出明确规定。一般意义上的"销售"即指售出的行为。但是,法定的犯罪行为往往不同于生活行为。《伪劣商品解释》第二条第一款规定:"刑法第一百四十条、第一百四十九条规定的'销售金额',是指生产者、销售者出售伪劣产品后所得和应得的全部违法收入。"据此,销售假药,是指将自己生产或者他人生产的假药非法出售(批发或零售)的行为。然而,《药品解释》第六条第二款规定:"医疗机构、医疗机构工作人员明知是假药、劣药而有偿提供给他人使用,或者为出售而购买、储存的行为,应当认定为刑法第一百四十一条、第一百四十二条规定的'销售'。"因此,刑法语境下的"销售",除了具有一般意义上的出售含义外,还应包括"有偿提供"以及"为出售而购买、储存"的中间环节行为。

实践中,有意见认为,该款仅是针对特殊主体即医疗机构、医疗机构工作人员销售假药、劣药行为作出的专门规定,不适用于非医疗机构、非医疗机构工作人员。我们认为,这种理解有失偏颇。理由是:2014 年 11 月 18 日,最高人民法院、最高人民检察院举行《药品解释》新闻发布会时指出:"考虑到医疗机构及其工作人员从事生产销售假劣药行为的危害性更大,《药品解释》中明确此类行为应当酌情从重处罚,如明知是假劣药而有偿提供给他人使用,或者为出售而购买、储存的行为,应当认定为'销售'。"可见,《药品解释》第六条第二款是一种提示性规定。该款规定与《药品解释》第一条第(四)项的目的一致,均在于加大对医疗机构或医疗机构工作人员实施危害药品安全犯罪的打击力度,而非将医疗机构、医疗机构工作人员以外的主体为出售而购买、储存假劣药的行为排除在刑事打击范围之外。否则,有违刑法修正案(八)删除生产、销售假药罪"足以严重危害人体健康"的入罪条件,以及依法严惩危害药品安全犯罪的修法目的和相关刑事政策。因此,非医疗机构、非医疗机构人员明知是假药而有偿提供给他人使用,或者为出售而购买、储存的行为,应当根据主客观相一致原则进行判断,既要考虑行为人的主观认识,也要考虑其客观行为。本案被告人郑凯文、董蕊虽然不是医疗机构人员,但其主观上具有出售的目的,客观上实施了为了销售而购买、储存假药的行为,且二人均已对外销售了部分假药,行为符合销售假药罪的构成要件。

关于销售金额的认定,根据《伪劣商品解释》第二条第一款的规定,生产、销售伪劣产品罪中的销售金额,是指生产者、销售者出售伪劣产品后所得和应得的全部违法收入,对于未售出的产品,通常计算在"货值金额"中。然而,生产、销售假(劣)药罪与生产、销售伪劣产品罪不同,并未以销售金额作入罪标准。但从《药品解释》可以看出,销售金额仍然是生产、销售假(劣)药罪量刑的重要考量因素。实践中,在多数情况下,要准确查明生产、销售假药、劣药者已实际销售的金额,往往存在很大困难;仅据销售金额定罪量刑,还存在轻纵犯罪问题,因此,对"销售金额"作广义理解,将货值金额也计入其中,是合理的、必要的。故《药品解释》对销售金额作出了不同于《伪劣商品解释》等相关司法解释或规范性文件的认定,《药品解释》第十五条规定:"本解释所称'生产、销售金额',是指生产、销售假药、劣药所得和可得的全部违法收入。"即将可得违法收入也纳入销售金额,具体包括:生产、销售后已实际得到的金额,已生产或者已购进但尚未销售的金额,已售出但尚未收到的金额。据此,现场查获的行为人已购进但尚未销售的假药的可得销售金额应当计入销售金额,否则会影响打击销售假药犯罪的力度,放纵犯罪,甚至会使犯罪分子想方设法销毁交易记录等证据,增加案件的查处难度。本案中,一审法院根据对被告人郑凯文、董蕊有利的原则,按照其对外销售的最低单价认定标价计算可得销售金额,并计入销售金额的做法符合法律规定。

——《刑事审判参考》(总第128辑)。

395 妨害药品管理罪定罪量刑标准的把握

关键词｜妨害药品管理罪｜足以严重危害人体健康｜

【最高人民法院司法解释】

第七条 实施妨害药品管理的行为,具有下列情形之一的,应当认定为刑法第一百四十二条之一规定的"足以严重危害人体健康":

(一)生产、销售国务院药品监督管理部门禁止使用的药品,综合生产、销售的时间、数量、禁止使用原因等情节,认为具有严重危害人体健康的现实危险的;

(二)未取得药品相关批准证明文件生产药品或者明知是上述药品而销售,涉案药品属于本解释第一条第一项至第三项规定情形的;

（三）未取得药品相关批准证明文件生产药品或者明知是上述药品而销售，涉案药品的适应症、功能主治或者成分不明的；

（四）未取得药品相关批准证明文件生产药品或者明知是上述药品而销售，涉案药品没有国家药品标准，且无核准的药品质量标准，但检出化学药成分的；

（五）未取得药品相关批准证明文件进口药品或者明知是上述药品而销售，涉案药品在境外也未合法上市的；

（六）在药物非临床研究或者药物临床试验过程中故意使用虚假试验用药品，或者瞒报与药物临床试验用药品相关的严重不良事件的；

（七）故意损毁原始药物非临床研究数据或者药物临床试验数据，或者编造受试动物信息、受试者信息、主要试验过程记录、研究数据、检测数据等药物非临床研究数据或者药物临床试验数据，影响药品的安全性、有效性和质量可控性的；

（八）编造生产、检验记录，影响药品的安全性、有效性和质量可控性的；

（九）其他足以严重危害人体健康的情形。

对于涉案药品是否在境外合法上市，应当根据境外药品监督管理部门或者权利人的证明等证据，结合犯罪嫌疑人、被告人及其辩护人提供的证据材料综合审查，依法作出认定。

对于"足以严重危害人体健康"难以确定的，根据地市级以上药品监督管理部门出具的认定意见，结合其他证据作出认定。

第八条　实施妨害药品管理的行为，具有本解释第二条规定情形之一的，应当认定为刑法第一百四十二条之一规定的"对人体健康造成严重危害"。

实施妨害药品管理的行为，足以严重危害人体健康，并具有下列情形之一的，应当认定为刑法第一百四十二条之一规定的"有其他严重情节"：

（一）生产、销售国务院药品监督管理部门禁止使用的药品，生产、销售的金额五十万元以上的；

（二）未取得药品相关批准证明文件生产、进口药品或者明知是上述药品而销售，生产、销售的金额五十万元以上的；

（三）药品申请注册中提供虚假的证明、数据、资料、样品或者采取其他欺骗手段，造成严重后果的；

（四）编造生产、检验记录，造成严重后果的；

（五）造成恶劣社会影响或者具有其他严重情节的情形。

实施刑法第一百四十二条之一规定的行为，同时又构成生产、销售、提供假药罪、生产、销售、提供劣药罪或者其他犯罪的，依照处罚较重的规定定罪处罚。

——《最高人民法院、最高人民检察院关于办理危害药品安全刑事案件适用法律若干问题的解释》（2022年3月6日，高检发释字〔2022〕1号）。

【链接：理解与适用】

刑法第一百四十二条之一对妨害药品管理罪的定罪量刑标准规定为“足以严重危害人体健康”“对人体健康造成严重危害或者有其他严重情节”。《解释》第七条、第八条对妨害药品管理罪的定罪量刑标准作了进一步明确。

1. 关于入罪门槛

妨害药品管理罪的客观方面表现为四种行为方式，即生产、销售国务院药品监督管理部门禁止使用的药品，未取得药品相关批准证明文件生产、进口药品或者明知是上述药品而销售，药品申请注册中提供虚假的证明、数据、资料、样品或者采取其他欺骗手段，编造生产、检验记录。根据刑法规定，妨害药品管理罪为具体危险犯，并非一实施有关行为就构成犯罪，而是以“足以严重危害人体健康”为入罪要件。

经综合各方意见反复研究认为，对于“足以严重危害人体健康”，应当根据行为类型作出具体判断。根据药品管理法的相关规定，结合司法实践经验，《解释》第七条第一款规定了认定“足以严重危害人体健康”的具体情形：(1)就生产、销售国务院药品监督管理部门禁止使用的药品行为类型而言，将“综合生产、销售的时间、数量、禁止使用原因等情节，认为具有严重危害人体健康的现实危险”作为认定标准之一[第(一)项]。所谓“禁止使用原因”，主要是指药品管理法第六十七条“禁止进口疗效不确切、不良反应大或者因其他原因危害人体健康的药品”的规定所涉情形。之所以要求综合“生产、销售的时间、数量等情节”，主要是考虑此类药品此前经过批准生产，与自始未经批准的药品在对人体健康的危害程度方面尚有差异。(2)就未取得药品相关批准证明文件生产、进口药品或者明知是上述药品而销售行为类型而言，鉴于境内未经批准药品和走私境外药品存在差异，作了区分处理。对于未取得药品相关批准证明文件生产药品或者明知是上述药品而销售，以特定药品使用对象(以孕产妇、儿童或者危重病人为主要使用对象)、特定类型(麻醉药品、精神药品、医疗用毒性药品、放射性药品、生物制品，或者以药品类易制毒化学品冒充其他药品的，以及注射剂药品、急救药品)作为认定“足以严重危害人体健康”的情形之一[第(二)项]；根据经验和常识，药品的适应症、功能主治或者成分不明的，或者药品没有国家药品标准，且无核准的药品质量标准，但检出化学药成分的，通常质量无法保障，具有严重危险性，也作为认定情形[第(三)项、第(四)项]。对于未取得药品相关批准证明文件进口药品或者明知是上述药品而销售，如果有关药品系在境外合法上市的药品，不宜认为具有严重危害人体健康的危险性，反之，如在境外也未合法上市的，应作为认定“足以严重危害人体健康”情形[第(五)项]。(3)就药品申请注册中提供虚假的证明、数据、资料、样品或者采取其他欺骗手段行为类型而言,以故意使用虚假试验药品,或者瞒报与药物临床试验用药品相关的严重不良事件[第(六)项],以及故意损毁试验数据,或者编造试验数据对药品的安全性、有效性和质量可控性造成影响[第(七)项]作为认定情形。(4)就编造生产、检验记录行为类型而言,以影响药品的安全性、有效性和质量可控性[第(八)项]作为认定情形。此外,还设置了兜底项[第(九)项]。实践中,对于未经批准进口使人形成瘾癖的麻醉药品、精神药品或者明知是上述药品而销售,特别是面向未成年人销售,即使不构成毒品犯罪的,也可以根据案件情况考虑是否属于妨害药品管理罪规定的"其他足以严重危害人体健康的情形"。

为了便于司法实践操作,《解释》第七条第二款、第三款还设置了程序规定:对于涉案药品是否在境外合法上市,应当根据境外药品监督管理部门或者权利人的证明等证据,结合犯罪嫌疑人、被告人及其辩护人提供的证据材料综合审查,依法作出认定;对于"足以严重危害人体健康"难以确定的,根据地市级以上药品监督管理部门出具的认定意见,结合其他证据作出认定。

2. 关于升档量刑情节

根据刑法第一百四十二条之一的规定,实施妨害药品管理的行为,对人体健康造成严重危害或者有其他严重情节的,处三年以上七年以下有期徒刑,并处罚金。《解释》第八条第一款、第二款对升档量刑标准的具体情形作了明确规定。同时,第三款重申了刑法第一百四十二条之一第三款关于同时构成生产、销售、提供假药罪、生产、销售、提供劣药罪或者其他犯罪的,择一重罪处断的规定。

——周加海、喻海松、李静:《〈关于办理危害药品安全刑事案件适用法律若干问题的解释〉的理解与适用》,载《人民司法·应用》2022年第10期。

396 刑法修正案(十一)施行后,对于药品注册申请造假的行为,应当适用妨害药品管理罪而非提供虚假证明文件罪的规定

关键词|妨害药品管理罪|提供虚假证明文件罪|

【最高人民法院司法解释】

第二十一条　本解释自2022年3月6日起施行。本解释公布施行后,《最高人民法院、最高人民检察院关于办理危害药品安全刑事案件适用法律若干问题的解释》(法释〔2014〕14号)、《最高人民法院、最高人民检察院关于办理药品、医疗器械注册申请材料造假刑事案件适用法律若干问题的解释》(法释〔2017〕15号)同时废止。

——《最高人民法院、最高人民检察院关于办理危害药品安全刑事案件适用法

律若干问题的解释》(2022 年 3 月 6 日,高检发释字〔2022〕1 号)。

【链接：理解与适用】

需要注意的是,在刑法修正案(十一)施行前,刑法未对药品申请注册造假行为规定专门罪名。囿于当时刑法的规定,《2017 年解释》规定对药物非临床研究机构、药物临床试验机构、合同研究组织的工作人员,故意提供虚假的药物非临床研究报告、药物临床试验报告及相关材料,情节严重的,以提供虚假证明文件罪定罪处罚;药品注册申请单位的工作人员指使药物非临床研究机构、药物临床试验机构、合同研究组织的工作人员提供的虚假药物非临床研究报告、药物临床试验报告及相关材料的,以提供虚假证明文件罪的共同犯罪论处。刑法修正案(十一)增设妨害药品管理罪,将"药品申请注册中提供虚假的证明、数据、资料、样品或者采取其他欺骗手段的"规定为客观行为方式之一。鉴于此,在刑法修正案(十一)施行后,对于药品注册申请造假的行为,应当适用妨害药品管理罪而非提供虚假证明文件罪的规定。基于此,《解释》明确废止《2017 年解释》。司法实践中应当注意的是,对于为药品注册、申请造假提供相关证明材料或者帮助的行为,不应再使用提供虚假证明文件罪,以防止形成罪刑倒挂;符合妨害药品管理罪共同犯罪的,以共犯论处。而对于医疗器械注册申请材料造假的,由于妨害药品管理罪未涉及相关行为类型,如果相关行为符合刑法第二百二十九条关于提供虚假证明文件罪规定的,也应当注意量刑平衡的问题,原则上只应适用"处五年以下有期徒刑或者拘役,并处罚金"的量刑档次。

——周加海、喻海松、李静:《〈关于办理危害药品安全刑事案件适用法律若干问题的解释〉的理解与适用》,载《人民司法 · 应用》2022 年第 10 期。

397 危害药品安全犯罪的共犯认定规则

关键词 | 共同犯罪 | 危害药品安全犯罪 |

【最高人民法院司法解释】

第九条 明知他人实施危害药品安全犯罪,而有下列情形之一的,以共同犯罪论处:

(一)提供资金、贷款、账号、发票、证明、许可证件的;

(二)提供生产、经营场所、设备或者运输、储存、保管、邮寄、销售渠道等便利条件的;

(三)提供生产技术或者原料、辅料、包装材料、标签、说明书的;

（四）提供虚假药物非临床研究报告、药物临床试验报告及相关材料的；

（五）提供广告宣传的；

（六）提供其他帮助的。

——《最高人民法院、最高人民检察院关于办理危害药品安全刑事案件适用法律若干问题的解释》（2022 年 3 月 6 日，高检发释字〔2022〕1 号）。

398 联系制作假药销售网站的行为是否构成生产、销售假药罪的共犯

关键词｜生产、销售假药罪｜共犯｜

【最高人民法院参考案例】

杨智勇销售假药案（《刑事审判参考》案例第 1074 号）

要旨：明知他人生产、销售假药、劣药，仍提供广告宣传等帮助行为的，以共同犯罪论处。

（一）“主观明知”的认定

生产、销售假药罪中的“主观明知”，既包括有证据证明行为人知道生产、销售的是假药，也包括有证据证明行为人应当知道生产、销售的是假药。司法实践中，生产、销售假药的行为人往往以不明知生产、销售的药品系假药为由，意图逃避法律惩处。因此，准确判断行为人是否具有主观明知，是审理该类案件的常见难题。特别是对于销售者主观认识的判断更加困难，因为单纯的销售者没有亲自参与商品生产的过程，确有可能不辨真伪或者被蒙骗。

在司法实践中，如果行为人辩称主观上不明知生产、销售的系假药，就需要结合行为人具体实施的行为以及涉案各环节其他行为人的供述、相关证人证言和鉴定意见等证据进行全面分析，综合认定。具体可从以下方面入手进行分析：（1）对药品生产、经营资格准入制度的认知；（2）自身对药品真假的鉴别能力和资质的认知；（3）行为人在制售假药过程中违法追逐暴利的思想和行为表现；（4）销售环节行为人对药品真实性的怀疑或者应当引起的怀疑；（5）行为人涉足药品行业的时间和对药品常识及假药危害的知晓；（6）违法制售假药过程中各行为人供述及相关证人证言对犯罪事实的相互印证；（7）行为人的年龄、文化程度、职业、阅历等方面综合情况。

（二）“行为表现”的认定

一切有偿提供假药的行为，都是销售假药的行为。销售的方式既可能是公开的，也可能是秘密的，可以直接交付，也可以间接交付。《最高人民法院、最高人民检察院关于办理危害药品安全刑事案件若干问题的解释》第八条规定，明知他人生

产、销售假药、劣药，而有下列情形之一的，以共同犯罪论处：（1）提供资金、贷款、账号、发票、证明、许可证件的；（2）提供生产、经营场所、设备或者运输、储存、保管、邮寄、网络销售渠道等便利条件的；（3）提供生产技术或者提供原料、辅料、包装材料、标签、说明书的；（4）提供广告宣传等帮助行为的。

——《刑事审判参考》（总第103辑）。

399 危害药品安全犯罪的主观故意认定规则

关键词｜主观故意｜危害药品安全犯罪｜

【最高人民法院司法解释】

第十条 办理生产、销售、提供假药、生产、销售、提供劣药、妨害药品管理等刑事案件，应当结合行为人的从业经历、认知能力、药品质量、进货渠道和价格、销售渠道和价格以及生产、销售方式等事实综合判断认定行为人的主观故意。具有下列情形之一的，可以认定行为人有实施相关犯罪的主观故意，但有证据证明确实不具有故意的除外：

（一）药品价格明显异于市场价格的；

（二）向不具有资质的生产者、销售者购买药品，且不能提供合法有效的来历证明的；

（三）逃避、抗拒监督检查的；

（四）转移、隐匿、销毁涉案药品、进销货记录的；

（五）曾因实施危害药品安全违法犯罪行为受过处罚，又实施同类行为的；

（六）其他足以认定行为人主观故意的情形。

——《最高人民法院、最高人民检察院关于办理危害药品安全刑事案件适用法律若干问题的解释》（2022年3月6日，高检发释字〔2022〕1号）。

400 危害药品安全犯罪刑罚的适用

关键词｜罚金｜职业禁止｜禁止令｜

【最高人民法院司法解释】

第十五条 对于犯生产、销售、提供假药罪、生产、销售、提供劣药罪、妨害药品管理罪的，应当结合被告人的犯罪数额、违法所得，综合考虑被告人缴纳罚金的能力，依法判处罚金。罚金一般应当在生产、销售、提供的药品金额二倍以上；共同犯罪的，对各共同犯罪人合计判处的罚金一般应当在生产、销售、提供的药品金额二倍以上。

第十六条 对于犯生产、销售、提供假药罪、生产、销售、提供劣药罪、妨害药品管理罪的，应当依照刑法规定的条件，严格缓刑、免予刑事处罚的适用。对于被判处刑罚的，可以根据犯罪情况和预防再犯罪的需要，依法宣告职业禁止或者禁止令。《中华人民共和国药品管理法》等法律、行政法规另有规定的，从其规定。

对于被不起诉或者免予刑事处罚的行为人，需要给予行政处罚、政务处分或者其他处分的，依法移送有关主管机关处理。

——《最高人民法院、最高人民检察院关于办理危害药品安全刑事案件适用法律若干问题的解释》(2022年3月6日，高检发释字〔2022〕1号)。

401 非法收购医保骗保购买的药品行为的处理

关键词 | 掩饰、隐瞒犯罪所得罪 | 诈骗罪 |

【最高人民法院司法解释】

第十三条 明知系利用医保骗保购买的药品而非法收购、销售，金额五万元以上的，应当依照刑法第三百一十二条的规定，以掩饰、隐瞒犯罪所得罪定罪处罚；指使、教唆、授意他人利用医保骗保购买药品，进而非法收购、销售，符合刑法第二百六十六条规定的，以诈骗罪定罪处罚。

对于利用医保骗保购买药品的行为人是否追究刑事责任，应当综合骗取医保基金的数额、手段、认罪悔罪态度等案件具体情节，依法妥当决定。利用医保骗保购买药品的行为人是否被追究刑事责任，不影响对非法收购、销售有关药品的行为人定罪处罚。

对于第一款规定的主观明知，应当根据药品标志、收购渠道、价格、规模及药品追溯信息等综合认定。

——《最高人民法院、最高人民检察院关于办理危害药品安全刑事案件适用法律若干问题的解释》(2022年3月6日，高检发释字〔2022〕1号)。

【链接：理解与适用】

医保基金是人民群众的“救命钱”，事关广大群众的切身利益。当前，司法实践之中存在利用医保骗保购买药品的现象。这一现象情况复杂。不少是医保人员贪图“蝇头小利”偶尔骗购医保药品，有的则是长期、多次骗保，还存在医疗机构工作人员利用职务、职业便利骗取医保基金的情况。特别值得关注的是,存在一批以倒卖医保骗保药品为业的不法分子,他们指使、教唆、引诱医保人员骗保,或者从骗保者手中收购药品,之后加价出售。正因为这些不法分子“穿针引线”、推波助澜,医保骗保逐渐形成一个地下产业和市场,亟需有效整治、重点打击。

由于医保骗保的药品质量本身没有问题,无法适用假药、劣药相关犯罪和妨害药品管理罪的规定。基于此,《解释》第十三条第一款对相关收购、销售行为区分是否事前通谋,分别适用掩饰、隐瞒犯罪所得罪和诈骗罪,即“明知系利用医保骗保购买的药品而非法收购、销售,金额五万元以上的,应当依照刑法第三百一十二条的规定,以掩饰、隐瞒犯罪所得罪定罪处罚;指使、教唆、授意他人利用医保骗保购买药品,进而非法收购、销售,符合刑法第二百六十六条规定的,以诈骗罪定罪处罚”。

鉴于医保骗保案件情况复杂,《解释》第十三条第二款专门明确了此类案件的处理政策:(1)“对于利用医保骗保购买药品的行为人是否追究刑事责任,应当综合考虑骗取医保基金的数额、手段、认罪悔罪态度等案件具体情节,依法妥当决定”,即重点惩治医保骗保犯罪的组织者、职业骗保人和利用职务职业便利骗取医保基金的行为人;对于虽实施骗保行为,数额达到诈骗罪入罪标准,但具有系初犯、偶犯、受人指使、认罪悔罪、本人也是病患者等情节,经综合考量认为犯罪情节轻微的,可以依法不起诉或者免予刑事处罚;情节显著轻微危害不大的,不作为犯罪处理。(2)“利用医保骗保购买药品的行为人是否被追究刑事责任,不影响对非法收购、销售有关药品的行为人定罪处罚”,即要重点惩治倒卖医保骗保药品“中间商”,斩断“回流药”的产业链。对此需要说明两点:其一,传统上,一般认为帮助犯,包括共同犯罪中的帮助犯和事后帮助犯,罪责往往要相对轻于实行犯。但从医保骗保类案件情况看,倒卖医保骗保药品的“中间商”往往罪责更为严重,表现在:他们往往是“一对多”地从医保人员手中收购骗保药品;不少是以此为业;涉案数额往往特别巨大;是“回流药”形成产业、市场的关键因素。将其作为打击重点,完全符合罪责刑相适应的刑法基本原则和宽严相济刑事政策,因此,《解释》第十三条第二款作出了上述规定。其二,综合看来,《解释》第十三条第一款和第二款规定,在一定程度上系对刑法第三百一十二条所规定的“犯罪”作了更符合实际的解释,即不要求必须绝对查明上游行为已符合有关犯罪的入罪标准,只要非法收购、销售的金额累计在五万元以上即可(既收购又销售的,金额应以高者计)。这是因为,倒卖骗保药品的中间商,往往是“一对多”地从医保人员手中收购药品,其累计的危害重大;从实践看,要查明其上游行为人是否已达到诈骗罪的入罪标准,往往非常困难,也无必要;特别规定非法收购、销售的药品金额在五万元以上才以掩饰、隐瞒犯罪所得罪论处,已有适当控制刑事打击面的考虑,不会形成上下游行为“罪刑倒挂”的问题。这样的规定有先例可循。针对刑法第二百八十七条之二规定的帮助信息网络犯罪活动罪，“两高”《关于办理非法利用信息网络、帮助信息网络犯罪活动等刑事案件适用法律若干问题的解释》(法释〔2019〕15号)第十二条规定，对于帮助对象原则上应当达到犯罪程度，但是例外情形下，确因客观条件限制无法查证被帮助对象是否达到犯罪的程度，但帮助行为的相关数额巨大或者造成特别严重后果的，亦可以适用帮助信息网络犯罪活动罪的相关规定。

为指导司法实践，《解释》第十三条第三款进一步明确了此类案件中主观明知的综合认定规则，即可以综合药品标志、收购渠道、价格、规模及药品追溯信息等作出认定。需要提及的是，《国家药监局关于药品信息化追溯体系建设的指导意见》(国药监药管〔2018〕35号)提出：“药品上市许可持有人和生产企业在销售药品时，应向下游企业或医疗机构提供相关追溯信息，以便下游企业或医疗机构验证反馈。”“药品批发企业在采购药品时，向上游企业索取相关追溯信息，在药品验收时进行核对，并将核对信息反馈上游企业；在销售药品时，应向下游企业或医疗机构提供相关追溯信息。”据此，可以通过药品追溯信息的索取及相关活动，对行为人对涉案药品是否系医保骗保购买的药品作出判断。

——周加海、喻海松、李静：《〈关于办理危害药品安全刑事案件适用法律若干问题的解释〉的理解与适用》，载《人民司法·应用》2022年第10期。

(三)危害食品安全犯罪

402 生产、销售不符合安全标准的食品罪定罪量刑标准的把握

关键词｜生产、销售不符合安全标准的食品罪｜生产、销售伪劣产品罪｜

【最高人民法院司法解释】

第一条 生产、销售不符合食品安全标准的食品，具有下列情形之一的，应当认定为刑法第一百四十三条规定的“足以造成严重食物中毒事故或者其他严重食源性疾病”：

(一)含有严重超出标准限量的致病性微生物、农药残留、兽药残留、生物毒素、重金属等污染物质以及其他严重危害人体健康的物质的；

(二)属于病死、死因不明或者检验检疫不合格的畜、禽、兽、水产动物肉类及其制品的；

(三)属于国家为防控疾病等特殊需要明令禁止生产、销售的；

（四）特殊医学用途配方食品、专供婴幼儿的主辅食品营养成分严重不符合食品安全标准的；

（五）其他足以造成严重食物中毒事故或者严重食源性疾病的情形。

第二条 生产、销售不符合食品安全标准的食品，具有下列情形之一的，应当认定为刑法第一百四十三条规定的“对人体健康造成严重危害”：

（一）造成轻伤以上伤害的；

（二）造成轻度残疾或者中度残疾的；

（三）造成器官组织损伤导致一般功能障碍或者严重功能障碍的；

（四）造成十人以上严重食物中毒或者其他严重食源性疾病的；

（五）其他对人体健康造成严重危害的情形。

第三条 生产、销售不符合食品安全标准的食品，具有下列情形之一的，应当认定为刑法第一百四十三条规定的“其他严重情节”：

（一）生产、销售金额二十万元以上的；

（二）生产、销售金额十万元以上不满二十万元，不符合食品安全标准的食品数量较大或者生产、销售持续时间六个月以上的；

（三）生产、销售金额十万元以上不满二十万元，属于特殊医学用途配方食品、专供婴幼儿的主辅食品的；

（四）生产、销售金额十万元以上不满二十万元，且在中小学校园、托幼机构、养老机构及周边面向未成年人、老年人销售的；

（五）生产、销售金额十万元以上不满二十万元，曾因危害食品安全犯罪受过刑事处罚或者二年内因危害食品安全违法行为受过行政处罚的；

（六）其他情节严重的情形。

第四条 生产、销售不符合食品安全标准的食品，具有下列情形之一的，应当认定为刑法第一百四十三条规定的“后果特别严重”：

（一）致人死亡的；

（二）造成重度残疾以上的；

（三）造成三人以上重伤、中度残疾或者器官组织损伤导致严重功能障碍的；

（四）造成十人以上轻伤、五人以上轻度残疾或者器官组织损伤导致一般功能障碍的；

（五）造成三十人以上严重食物中毒或者其他严重食源性疾病的；

（六）其他特别严重的后果。

——《最高人民法院、最高人民检察院关于办理危害食品安全刑事案件适用法律若干问题的解释》（2022 年 1 月 1 日，法释〔2021〕24 号）。

【链接：理解与适用】

《解释》第一条沿用了《2013年解释》将实践中具有高度危险的一些典型情形予以类型化的认定方式，其中，第（三）项中“防控疾病”是指人类可能患有的疾病，包括人畜共患疾病，但不包括非洲猪瘟等人类不会患有的疾病，因此生产、销售感染非洲猪瘟的生猪及其制品，不能适用《解释》第一条第（二）项、第（三）项的规定以生产、销售不符合安全标准的食品罪定罪处罚，但根据《解释》第十三条第二款的规定，构成生产、销售伪劣产品罪，妨害动植物防疫、检疫罪等其他犯罪的，可依照该其他犯罪定罪处罚。

需要说明的是，《2013年解释》施行以来，一些基层执法部门建议以倍比数的方式明确第一条第（一）项“严重超出”和第一条第（四）项“严重不符合”的认定标准，部分地方制定了地方标准。征求意见过程中，有意见提出建议将农药残留、兽药残留及铅、汞、镉、铬、砷、铊、锑超过食品安全标准三倍以上的认定为“严重超出”。我们经研究认为，该标准的制定不仅是法律问题，更是科学问题。鉴于食品中涉及的物质种类繁多，不同物质标准制定过程中考虑的因素多样，且超出标准后的危害差异性悬殊，如农药就有高毒、中毒、低毒和微毒之分，故难以在《解释》中一刀切地以倍比数的方式加以解决。

——安翱、高雨、肖凤：《〈关于办理危害食品安全刑事案件适用法律若干问题的解释〉的理解与适用》，载《人民司法·应用》2022年第7期。

403 食品滥用添加行为构成生产、销售不符合安全标准的食品罪的认定

关键词｜生产、销售不符合安全标准的食品罪｜食品添加剂｜

【最高人民法院司法解释】

第五条　在食品生产、销售、运输、贮存等过程中，违反食品安全标准，超限量或者超范围滥用食品添加剂，足以造成严重食物中毒事故或者其他严重食源性疾病的，依照刑法第一百四十三条的规定以生产、销售不符合安全标准的食品罪定罪处罚。

在食用农产品种植、养殖、销售、运输、贮存等过程中，违反食品安全标准，超限量或者超范围滥用添加剂、农药、兽药等，足以造成严重食物中毒事故或者其他严重食源性疾病的，适用前款的规定定罪处罚。

——《最高人民法院、最高人民检察院关于办理危害食品安全刑事案件适用法

律若干问题的解释》(2022 年 1 月 1 日,法释〔2021〕24 号)。

【链接:理解与适用】

《解释》第五条是关于食品滥用添加行为的定性处理规定,基本沿用《2013 年解释》第八条的规定。司法实践中需要注意的是:

(1)第五条第一款在适用过程中应注意把握食品滥用添加行为与食品非法添加行为的区别,特别是要注意"超范围滥用食品添加剂"与"掺入有毒、有害的非食品原料"的区分,避免将仅在部分食品中禁止使用的食品添加剂视为有毒、有害的非食品原料,进而混淆生产、销售不符合安全标准的食品罪与生产、销售有毒、有害食品罪。

(2)第五条第二款在适用时也存在同样的问题,应注意"超范围滥用农药、兽药"与"使用禁用农药、食品动物中禁止使用的药品及其他化合物等有毒、有害的非食品原料"的区分,避免将仅在部分食用农产品中禁止使用的农药、兽药认定为有毒、有害的非食品原料,进而混淆生产、销售不符合安全标准的食品罪与生产、销售有毒、有害食品罪。例如,根据农业农村部公告的禁限用农药名录,克百威禁止在蔬菜、瓜果、茶叶、菌类、中草药材上使用,但可在水稻、花生、大豆等食品农产品上使用,故在蔬菜、瓜果上使用克百威属于超范围滥用农药,应依照生产、销售不符合安全标准的食品罪处理。对于超范围滥用克百威等农药的,如果农药残留量超出标准限量的,可以生产、销售不符合安全标准的食品罪定罪处罚,既坚持了罪刑法定原则,避免定罪标准不统一,也能够实现对此类具有较高食品安全风险的犯罪予以从严惩处的效果。

——安翱、高雨、肖凤:《〈关于办理危害食品安全刑事案件适用法律若干问题的解释〉的理解与适用》,载《人民司法 · 应用》2022 年第 7 期。

【最高人民法院参考案例】

田井伟、谭亚琼生产、销售不符合安全标准的食品案(《刑事审判参考》案例第 1205 号)

要旨:生产、销售不符合安全标准的食品罪与生产、销售有毒、有害食品罪区分的关键在于行为人在食品中加入的添加剂是否属于禁止作为食品添加剂使用的有毒、有害物质。

生产、销售有毒、有害食品罪,是指在生产、销售的食品中掺入有毒、有害的非食品原料,或者销售明知掺有有毒、有害的非食品原料的食品的行为。生产、销售不符合安全标准的食品罪,是指生产、销售不符合食品安全标准的食品,足以造成严重食物中毒事故或者其他严重食源性疾病的行为。两罪均系危害食品安全的犯罪，在司法实践中容易混淆。

我们认为，两罪在犯罪客体、主体方面有相同或者相似之处，但存在本质区别：(1)犯罪客观方面不同。生产、销售有毒、有害食品罪往食品中掺入的必须是有毒、有害的非食品原料；而生产、销售不符合安全标准的食品罪在食品中掺入的原料也可能有毒有害，但其本身是食品原料。两罪在客观方面属于包含关系，即后罪包含前罪，凡是有毒、有害的食品，必然属于不符合安全标准的食品，但是不符合安全标准的食品，不一定是有毒、有害的食品。(2)构成犯罪的条件不同。前罪是行为犯，行为人只要实施刑法第一百四十四条所规定的行为就构成犯罪；而后罪是危险犯，只有"足以造成严重食物中毒事故或者其他严重食源性疾病"的，才构成本罪。……

因此，两罪区分的关键在于，行为人往食品中掺入的是否属于"有毒、有害的非食品原料"，只有行为人往食品中掺入的是有毒、有害的非食品原料，才可以构成生产、销售有毒、有害食品罪；否则，不能构成生产、销售有毒、有害食品罪，如果"足以造成严重食物中毒事故或者其他严重食源性疾病"，可以构成生产、销售不符合安全标准的食品罪。

本案中，被告人田井伟在其售卖的鸡腿中加入了亚硝酸钠，从而造成食用者一人死亡、多人中毒的严重后果，田井伟的行为构成何罪，关键在于判断亚硝酸钠是否属于"有毒、有害的非食品原料"。根据《解释》第二十条的规定，下列物质应当认定为"有毒、有害的非食品原料"：(1)法律、法规禁止在食品生产经营活动中添加、使用的物质；(2)国务院有关部门公布的《食品中可能违法添加的非食用物质名单》《保健食品中可能非法添加的物质名单》上的物质；(3)国务院有关部门公告禁止使用的农药、兽药以及其他有毒、有害物质；(4)其他危害人体健康的物质。

亚硝酸钠不属于前述法律、法规禁止在食品生产经营活动中添加、使用的物质，也不是《食品中可能违法添加的非食用物质名单》上的物质，故亚硝酸钠不属于刑法第一百四十四条所规定的"有毒、有害的非食品原料"。虽然卫生部、国家食品药品监督管理局于2012年5月28日下发的2012年第10号公告明令禁止餐饮服务单位采购、贮存、使用食品添加剂亚硝酸盐(亚硝酸钠、亚硝酸钾)，但亚硝酸钠本身的属性仍属于食品添加剂，这在国家有关食品添加剂的标准中是明确的。

——《刑事审判参考》(总第111辑)。

404 生产、销售有毒、有害食品罪定罪量刑标准的把握

关键词｜生产、销售有毒、有害食品罪｜对人体健康造成严重危害｜

【最高人民法院司法解释】

第六条 生产、销售有毒、有害食品，具有本解释第二条规定情形之一的，应当认定为刑法第一百四十四条规定的“对人体健康造成严重危害”。

第七条 生产、销售有毒、有害食品，具有下列情形之一的，应当认定为刑法第一百四十四条规定的“其他严重情节”：

（一）生产、销售金额二十万元以上不满五十万元的；

（二）生产、销售金额十万元以上不满二十万元，有毒、有害食品数量较大或者生产、销售持续时间六个月以上的；

（三）生产、销售金额十万元以上不满二十万元，属于特殊医学用途配方食品、专供婴幼儿的主辅食品的；

（四）生产、销售金额十万元以上不满二十万元，且在中小学校园、托幼机构、养老机构及周边面向未成年人、老年人销售的；

（五）生产、销售金额十万元以上不满二十万元，曾因危害食品安全犯罪受过刑事处罚或者二年内因危害食品安全违法行为受过行政处罚的；

（六）有毒、有害的非食品原料毒害性强或者含量高的；

（七）其他情节严重的情形。

第八条 生产、销售有毒、有害食品，生产、销售金额五十万元以上，或者具有本解释第四条第二项至第六项规定的情形之一的，应当认定为刑法第一百四十四条规定的“其他特别严重情节”。

——《最高人民法院、最高人民检察院关于办理危害食品安全刑事案件适用法律若干问题的解释》（2022 年 1 月 1 日，法释〔2021〕24 号）。

405 有毒、有害的非食品原料的认定

关键词 | 生产、销售有毒、有害食品罪 | 非食品原料 |

【最高人民法院司法解释】

第九条 下列物质应当认定为刑法第一百四十四条规定的“有毒、有害的非食品原料”：

（一）因危害人体健康，被法律、法规禁止在食品生产经营活动中添加、使用的物质；

（二）因危害人体健康，被国务院有关部门列入《食品中可能违法添加的非食用物质名单》《保健食品中可能非法添加的物质名单》和国务院有关部门公告的禁

用农药、《食品动物中禁止使用的药品及其他化合物清单》等名单上的物质；

（三）其他有毒、有害的物质。

第二十四条　“足以造成严重食物中毒事故或者其他严重食源性疾病”“有毒、有害的非食品原料”等专门性问题难以确定的，司法机关可以依据鉴定意见、检验报告、地市级以上相关行政主管部门组织出具的书面意见，结合其他证据作出认定。必要时，专门性问题由省级以上相关行政主管部门组织出具书面意见。

——《最高人民法院、最高人民检察院关于办理危害食品安全刑事案件适用法律若干问题的解释》（2022 年 1 月 1 日，法释〔2021〕24 号）。

【链接：理解与适用】

在司法实践中，如何把握《2013 年解释》第二十条规定的“有毒、有害的非食品原料”范围，存在一定分歧。有的将法律、法规或者国务院公告的禁用物质完全等同于有毒、有害的非食品原料，不再进行有毒、有害的实质性判断。但实际上，国务院有关部门公告禁用物质的禁用原因复杂，一些物质并非因危害人体健康被禁用，有的系因工艺或者技术上没有必要添加等情况而被禁用。

针对上述问题，《解释》第九条第（一）项和第（二）项增加了“因危害人体健康”被禁用的限制性规定，强调对第（一）项和第（二）项的禁用物质要进行有毒、有害的实质性判断，避免将禁用物质完全等同于有毒、有害的非食品原料。在此特别强调的是，有毒、有害的非食品原料要求在食品、食用农产品以及食品、食用农产品生产、种植、养殖、销售、运输、贮存等环节均被禁止添加、使用，如果仅在部分食品、食用农产品中被禁止添加、使用，或者仅在部分环节被禁止添加、使用，均不能认定为有毒、有害的非食品原料。同时，在禁用物质毒害性不明时，根据《解释》第二十四条的规定，可以依据鉴定意见、检验报告、相关行政主管部门组织出具的书面意见，结合其他证据作出认定。

——安翱、高雨、肖凤：《〈关于办理危害食品安全刑事案件适用法律若干问题的解释〉的理解与适用》，载《人民司法 · 应用》2022 年第 7 期。

【最高人民法院指导性案例】

北京阳光一佰生物技术开发有限公司、习文有等生产、销售有毒、有害食品案（最高人民法院指导案例 70 号）

裁判要点：行为人在食品生产经营中添加的虽然不是国务院有关部门公布的《食品中可能违法添加的非食用物质名单》和《保健食品中可能非法添加的物质名单》中的物质，但如果该物质与上述名单中所列物质具有同等属性，并且根据检验报告和专家意见等相关材料能够确定该物质对人体具有同等危害的，应当认定为刑法第一百四十四条规定的“有毒、有害的非食品原料”。

裁判理由：法院生效裁判认为，刑法第一百四十四条规定：“在生产、销售的食品中掺入有毒、有害的非食品原料的，或者销售明知掺有有毒、有害的非食品原料的食品的，处五年以下有期徒刑，并处罚金；对人体健康造成严重危害或者有其他严重情节的，处五年以上十年以下有期徒刑，并处罚金；致人死亡或者有其他特别严重情节的，依照本法第一百四十一条的规定处罚。”《最高人民法院、最高人民检察院关于办理危害食品安全刑事案件适用法律若干问题的解释》（以下简称《解释》）第二十条规定：“下列物质应当认定为‘有毒、有害的非食品原料’：（一）法律、法规禁止在食品生产经营活动中添加、使用的物质；（二）国务院有关部门公布的《食品中可能违法添加的非食用物质名单》《保健食品中可能非法添加的物质名单》上的物质；（三）国务院有关部门公告禁止使用的农药、兽药以及其他有毒、有害物质；（四）其他危害人体健康的物质。”第二十一条规定，“‘足以造成严重食物中毒事故或者其他严重食源性疾病’‘有毒、有害非食品原料’难以确定的，司法机关可以根据检验报告并结合专家意见等相关材料进行认定。必要时，人民法院可以依法通知有关专家出庭作出说明。”本案中，盐酸丁二胍系在我国未获得药品监督管理部门批准生产或进口，不得作为药品在我国生产、销售和使用的化学物质；其亦非食品添加剂。盐酸丁二胍也不属于上述《解释》第二十条第（二）、第（三）项规定的物质。根据扬州大学医学院葛晓群教授出具的专家意见和南京医科大学司法鉴定所的鉴定意见证明，盐酸丁二胍与《解释》第二十条第（二）项《保健食品中可能非法添加的物质名单》中的其他降糖类西药（盐酸二甲双胍、盐酸苯乙双胍）具有同等属性和同等危害。长期服用添加有盐酸丁二胍的“阳光一佰牌山芪参胶囊”有对人体产生毒副作用的风险，影响人体健康、甚至危害生命。因此，对盐酸丁二胍应当依照《解释》第二十条第（四）项、第二十一条的规定，认定为刑法第一百四十四条规定的“有毒、有害的非食品原料”。

——《最高人民法院关于发布第15批指导性案例的通知》（2016年12月28日，法〔2016〕449号）。

406 掺入、使用、非法添加有毒、有害的非食品原料构成生产、销售有毒、有害食品罪的认定

关键词 | 非食品原料 | 生产、销售有毒、有害食品罪 |

【最高人民法院司法解释】

第十一条 在食品生产、销售、运输、贮存等过程中，掺入有毒、有害的非食品

原料,或者使用有毒、有害的非食品原料生产食品的,依照刑法第一百四十四条的规定以生产、销售有毒、有害食品罪定罪处罚。

在食用农产品种植、养殖、销售、运输、贮存等过程中,使用禁用农药、食品动物中禁止使用的药品及其他化合物等有毒、有害的非食品原料,适用前款的规定定罪处罚。

在保健食品或者其他食品中非法添加国家禁用药物等有毒、有害的非食品原料的,适用第一款的规定定罪处罚。

——《最高人民法院、最高人民检察院关于办理危害食品安全刑事案件适用法律若干问题的解释》(2022年1月1日,法释〔2021〕24号)。

407 生产、销售有毒、有害食品罪“明知”的认定

关键词|生产、销售有毒、有害食品罪|明知|

【最高人民法院司法解释】

第十条　刑法第一百四十四条规定的“明知”,应当综合行为人的认知能力、食品质量、进货或者销售的渠道及价格等主、客观因素进行认定。

具有下列情形之一的,可以认定为刑法第一百四十四条规定的“明知”,但存在相反证据并经查证属实的除外:

(一)长期从事相关食品、食用农产品生产、种植、养殖、销售、运输、贮存行业,不依法履行保障食品安全义务的;

(二)没有合法有效的购货凭证,且不能提供或者拒不提供销售的相关食品来源的;

(三)以明显低于市场价格进货或者销售且无合理原因的;

(四)在有关部门发出禁令或者食品安全预警的情况下继续销售的;

(五)因实施危害食品安全行为受过行政处罚或者刑事处罚,又实施同种行为的;

(六)其他足以认定行为人明知的情形。

——《最高人民法院、最高人民检察院关于办理危害食品安全刑事案件适用法律若干问题的解释》(2022年1月1日,法释〔2021〕24号)。

【链接:理解与适用】

根据刑法第一百四十四条的规定,认定行为人构成销售有毒、有害食品罪,要求行为人明知销售的是掺有有毒、有害的非食品原料的食品。基层执法部门普遍

反映，实践中在行为人否认明知的情况下，认定明知存在困难。为此，《解释》第十条增加了相关规定。

征求意见过程中，有意见提出，《解释》列举的情形与明知的内容是掺有有毒、有害的非食品原料的食品之间没有必然关联，如以明显低于市场价格进货或者销售且无合理原因的，既可能明知销售的是掺有有毒、有害的非食品原料的食品，也可能明知销售的是不符合食品安全标准的食品。经研究，该意见涉及认定销售有毒、有害食品罪的“明知”，是否要求行为人确知所销售的食品是掺有有毒、有害的非食品原料的食品的问题。笔者认为，认定销售有毒、有害食品罪的“明知”不要求达到确知的程度，而只要达到概括性的程度即可，即只要行为人对所销售的食品存在食品安全隐患具有概括性的认识即可。这种概括性的认识，意味着食品无论是掺有有毒、有害的非食品原料，还是不符合食品安全标准，或者是伪劣食品，都没有超出行为人的主观认识。在具体案件认定时，应当遵循主客观统一原则，既要考虑行为人主观故意，也要考虑涉案食品的危害性。

——安翱、高雨、肖凤：《〈关于办理危害食品安全刑事案件适用法律若干问题的解释〉的理解与适用》，载《人民司法 · 应用》2022 年第 7 期。

【最高人民法院参考案例】

王岳超等生产、销售有毒、有害食品案（《刑事审判参考》案例第 715 号）

要旨：在认定生产、销售有毒、有害食品罪的主观要件时，必须把握“明知”的要件。总则中的“明知”是对犯罪故意成立的总的要求，而分则中的“明知”，其内容则较为特定。分则中“明知”不能局限于犯罪故意的认定，还涉及定罪量刑标准等问题。

刑法第一百四十四条规定：“在生产、销售的食品中掺入有毒、有害的非食品原料的，或者销售明知掺有有毒、有害的非食品原料的食品的，处五年以下有期徒刑，并处罚金……”刑法虽然只对销售行为规定了明知要件，但这不意味着生产行为不需要明知要件。因此，本案中“明知”的认定不应当仅仅指“是否明知召回的乳制品三聚氰胺是否超标”，还包括是否明知召回乳制品在未经合理处理和严密检测的情况下就对外销售，将会导致危害他人生命健康等危害结果。实践中，在被告人拒不承认“明知”的情况下，“明知”的认定较为复杂。本案一审法院对行为人主观要素的认定，注重了从以下五个方面的把握：一是买卖双方的成交价格；二是货物来源渠道是否正当；三是行为人对食品的认识程度；四是是否在有关部门禁止或发出安全预警的情况下继续生产、销售；五是根据行为人的年龄、经历、学识、职业、职务、职责、素质等方面。上述五个方面应当综合考虑。

——《刑事审判参考》（总第 81 辑）。

408 食品相关产品造成食品被污染行为的定性处理

关键词｜食品被污染｜生产、销售不符合安全标准的食品罪｜生产、销售有毒、有害食品罪｜

【最高人民法院司法解释】

第十二条　在食品生产、销售、运输、贮存等过程中，使用不符合食品安全标准的食品包装材料、容器、洗涤剂、消毒剂，或者用于食品生产经营的工具、设备等，造成食品被污染，符合刑法第一百四十三条、第一百四十四条规定的，以生产、销售不符合安全标准的食品罪或者生产、销售有毒、有害食品罪定罪处罚。

——《最高人民法院、最高人民检察院关于办理危害食品安全刑事案件适用法律若干问题的解释》（2022 年 1 月 1 日，法释〔2021〕24 号）。

【链接：理解与适用】

用于食品的包装材料、容器、洗涤剂、消毒剂和用于食品生产经营的工具、设备等食品相关产品直接与食品接触，其是否符合食品安全标准直接关系到食品安全。根据食品安全法的规定，食品相关产品中的致病性微生物，农药残留、兽药残留、生物毒素、重金属等污染物质以及其他危害人体健康物质的限量规定必须要符合食品安全标准，禁止生产经营被包装材料、容器、运输工具等污染的食品。

《解释》第十二条明确了食品相关产品造成食品被污染行为的定性处理。对于食品相关产品含有严重超出标准限量的致病性微生物、农药残留、兽药残留、生物毒素、重金属等污染物质以及其他严重危害人体健康的物质，造成食品被污染，足以造成严重食物中毒事故或者其他严重食源性疾病的，以生产、销售不符合安全标准的食品罪定罪处罚；对于食品相关产品造成食品中掺入有毒、有害的非食品原料的，以生产、销售有毒、有害食品罪定罪处罚。

——安翱、高雨、肖凤：《〈关于办理危害食品安全刑事案件适用法律若干问题的解释〉的理解与适用》，载《人民司法 · 应用》2022 年第 7 期。

409 用超过保质期的食品原料生产食品等行为的定性处理

关键词｜超过保质期的食品｜回收食品｜生产、销售伪劣产品罪｜

【最高人民法院司法解释】

第十五条　生产、销售不符合食品安全标准的食品添加剂，用于食品的包装材料、容器、洗涤剂、消毒剂,或者用于食品生产经营的工具、设备等,符合刑法第一百四十条规定的,以生产、销售伪劣产品罪定罪处罚。

生产、销售用超过保质期的食品原料、超过保质期的食品、回收食品作为原料的食品,或者以更改生产日期、保质期、改换包装等方式销售超过保质期的食品、回收食品,适用前款的规定定罪处罚。

实施前两款行为,同时构成生产、销售不符合安全标准的食品罪,生产、销售不符合安全标准的产品罪等其他犯罪的,依照处罚较重的规定定罪处罚。

——《最高人民法院、最高人民检察院关于办理危害食品安全刑事案件适用法律若干问题的解释》(2022 年 1 月 1 日,法释〔2021〕24 号)。

【链接：理解与适用】

生产、销售用超过保质期的食品原料、超过保质期的食品、回收食品作为原料的食品,或者销售超过保质期的食品、回收食品,均具有较高食品安全风险和社会危害性,因此被食品安全法和食品安全法实施条例明令禁止。

根据刑法第一百四十条的规定,生产者、销售者在产品中掺杂、掺假,以假充真,以次充好或者以不合格产品冒充合格产品,销售金额五万元以上的,以生产、销售伪劣产品罪定罪处罚。根据《最高人民法院、最高人民检察院关于办理生产、销售伪劣商品刑事案件具体应用法律若干问题的解释》的规定,刑法第一百四十条规定的“不合格产品”,是指不符合产品质量法第二十六条第二款规定的质量要求的产品。产品质量法第二十六条第二款第(一)项规定,产品质量应当不存在危及人身、财产安全的不合理的危险,有保障人体健康和人身、财产安全的国家标准、行业标准的,应当符合该标准。根据上述规定,用超过保质期的食品原料、超过保质期的食品、回收食品作为原料的食品和超过保质期的食品、回收食品,可认定为不合格产品。因此,《解释》第十五条第二款明确生产、销售用超过保质期的食品原料、超过保质期的食品、回收食品作为原料的食品,或者以更改生产日期、保质期、改换包装等方式销售超过保质期的食品、回收食品,符合刑法第一百四十条规定的,以生产、销售伪劣产品罪定罪处罚。司法实践中已有这方面的判例,如被告单位上海福喜公司销售用超过保质期的食品、回收食品作为原料生产食品案,即是以生产、销售伪劣产品罪定罪处罚。具体适用时,需要注意把握以下两点:

1. 关于回收食品的界定

根据食品安全法实施条例第二十九条的规定,食品安全法所称回收食品,是指已经售出,因违反法律、法规、食品安全标准或者超过保质期等原因,被召回或者退回的食品,不包括依照食品安全法第六十三条第三款的规定可以继续销售的食品。食品安全法第六十三条第三款规定,对因标签、标志或者说明书不符合食品安全标准而被召回的食品，食品生产者在采取补救措施且能保证食品安全的情况下可以继续销售；销售时应当向消费者明示补救措施。

2. 关于标注虚假生产日期、保质期行为的定性处理

标注虚假生产日期、保质期的行为也被食品安全法明令禁止。实施此类行为是否按照犯罪处理，需要严格把握所销售的食品是否超过保质期，对于采用标注虚假生产日期、保质期方式销售超过保质期的食品的，可依照《解释》第十五条第二款的规定处理；对于虽标注虚假生产日期、保质期，但销售时食品尚未超过保质期的，可由相关行政主管部门依法予以行政处罚。

——安翱、高雨、肖凤：《〈关于办理危害食品安全刑事案件适用法律若干问题的解释〉的理解与适用》，载《人民司法 · 应用》2022 年第 7 期。

410 生产、销售禁止食品使用物质等行为的定性处理

关键词｜非法经营罪｜非食品原料｜

【最高人民法院司法解释】

第十六条　以提供给他人生产、销售食品为目的，违反国家规定，生产、销售国家禁止用于食品生产、销售的非食品原料，情节严重的，依照刑法第二百二十五条的规定以非法经营罪定罪处罚。

以提供给他人生产、销售食用农产品为目的，违反国家规定，生产、销售国家禁用农药、食品动物中禁止使用的药品及其他化合物等有毒、有害的非食品原料，或者生产、销售添加上述有毒、有害的非食品原料的农药、兽药、饲料、饲料添加剂、饲料原料，情节严重的，依照前款的规定定罪处罚。

——《最高人民法院、最高人民检察院关于办理危害食品安全刑事案件适用法律若干问题的解释》(2022 年 1 月 1 日，法释〔2021〕24 号)。

【链接：理解与适用】

《解释》第十六条第一款沿用《2013 年解释》的相关规定："以提供给他人生产、销售食品为目的，违反国家规定，生产、销售国家禁止用于食品生产、销售的非食品原料，情节严重的，依照刑法第二百二十五条的规定以非法经营罪定罪处罚。"

《解释》第十六条第二款对《2013 年解释》的该款规定进行了修改完善，增加了农药、兽药、饲料、饲料添加剂、饲料原料中非法添加行为的定性处理规定，主要考虑是：司法实践中，在农药、兽药、饲料、饲料添加剂、饲料原料中非法添加禁用药物的违法犯罪问题突出。据农业农村部农药产品监督抽查结果显示，2018 年抽检样

品中擅自添加其他农药成分的，占质量不合格产品的 40.3%。此类行为严重威胁食用农产品的质量安全，亟待惩治。生产、销售添加禁用农药、食品动物中禁止使用的药品及其他化合物等有毒、有害的非食品原料的农药、兽药、饲料、饲料添加剂、饲料原料，与生产、销售国家禁用农药、食品动物中禁止使用的药品及其他化合物的行为性质和危害性相当，均属于非法经营罪第（四）项规定的“其他严重扰乱市场经济秩序的行为”，应以非法经营罪定罪处罚。

另外，该款增加了“以提供给他人生产、销售食用农产品为目的”的规定，使该款适用范围更为清晰，惩治对象更加明确。这里的生产、销售食用农产品，实际上涵盖食用农产品种植、养殖、销售、运输、贮存等各环节。

同时，根据《解释》第十八条第二款的规定，实施本解释规定的非法经营行为，同时构成生产、销售伪劣产品罪，生产、销售不符合安全标准的食品罪，生产、销售有毒、有害食品罪，生产、销售伪劣农药、兽药罪等其他犯罪的，依照处罚较重的规定定罪处罚。

——安翱、高雨、肖凤：《〈关于办理危害食品安全刑事案件适用法律若干问题的解释〉的理解与适用》，载《人民司法 · 应用》2022 年第 7 期。

411 畜禽屠宰相关环节注水注药等行为的定性处理

关键词 | 生产、销售伪劣产品罪 | 非法经营罪 |

【最高人民法院司法解释】

第十七条 违反国家规定，私设生猪屠宰厂（场），从事生猪屠宰、销售等经营活动，情节严重的，依照刑法第二百二十五条的规定以非法经营罪定罪处罚。

在畜禽屠宰相关环节，对畜禽使用食品动物中禁止使用的药品及其他化合物等有毒、有害的非食品原料，依照刑法第一百四十四条的规定以生产、销售有毒、有害食品罪定罪处罚；对畜禽注水或者注入其他物质，足以造成严重食物中毒事故或者其他严重食源性疾病的，依照刑法第一百四十三条的规定以生产、销售不符合安全标准的食品罪定罪处罚；虽不足以造成严重食物中毒事故或者其他严重食源性疾病，但符合刑法第一百四十条规定的，以生产、销售伪劣产品罪定罪处罚。

——《最高人民法院、最高人民检察院关于办理危害食品安全刑事案件适用法律若干问题的解释》（2022 年 1 月 1 日，法释〔2021〕24 号）。

【链接：理解与适用】

《解释》第十七条第二款明确了屠宰相关环节畜禽注水注药行为的定性处理。

这里的屠宰相关环节,既包括进入屠宰厂(场)后的待宰环节,也包括屠宰前的运输等相关环节。

关于是否区分药物情况作出不同定性处理。

一种意见认为,只要在屠宰相关环节对畜禽使用兽药、人用药或者其他有毒、有害物质的,就以生产、销售有毒、有害食品罪定罪处罚。

另一种意见认为,应当区分药物情况适用不同罪名,对于使用禁用药物的,以生产、销售有毒、有害食品罪定罪处罚;使用非禁用药物的,根据具体情况,分别以生产、销售不符合安全标准的食品罪,生产、销售伪劣产品罪定罪处罚。

经研究认为,从刑法第一百四十四条的构成要件来看,只有在食品(含食用农产品)生产、销售过程中使用有毒、有害的非食品原料的行为,才能以生产、销售有毒、有害食品罪定罪处罚。将屠宰相关环节对畜禽使用兽药和人用药行为一律以生产、销售有毒、有害食品罪定罪处罚,未充分考虑不同种类药品的属性差异和可能造成的危害,不符合刑法第一百四十四条的规定构成要件,不符合罪责刑相适应原则,也不利于区别对待、从严惩治严重危害食品安全犯罪。

因此,我们采纳了第二种意见,根据对畜禽注入药物等物质的差异和可能造成的危害,适用不同罪名。另外,对于仅查明有注水行为的,也要区分不同情况,准确适用法律。

1. 对于使用盐酸克仑特罗、沙丁胺醇等禁用药物的,以生产、销售有毒、有害食品罪定罪处罚。

2. 对于使用允许使用的兽药的,如果肉品中兽药残留量超标,足以造成严重食物中毒事故或者其他严重食源性疾病的,以生产、销售不符合安全标准的食品罪定罪处罚;如果肉品中兽药残留量不超标,或者所注入的兽药未规定最大残留限量,但销售金额在五万元以上的,以生产、销售伪劣产品罪定罪处罚。

司法实践中,较为常见多发的是在屠宰相关环节对畜禽注入阿托品和肾上腺素。鉴于阿托品和肾上腺素均属允许使用的兽药,不是禁用药物,故不能以生产、销售有毒、有害食品罪定罪处罚。且阿托品和肾上腺素均未规定兽药最大残留量,此类案件又通常从肉品中检不出药物残留,难以认定足以造成严重食物中毒事故或者其他严重食源性疾病,故也难以以生产、销售不符合安全标准的食品罪定罪处罚。实施此类行为,销售金额在五万元以上的,应以生产、销售伪劣产品罪定罪处罚。

3. 对于不法分子使用自己购买或者配置的化学物质,如果可以证明属于其他有毒、有害物质的,以生产、销售有毒、有害食品罪定罪处罚;如果难以证明毒害性,但销售金额在五万元以上的,可以生产、销售伪劣产品罪定罪处罚。

鉴于畜禽注药或者注入其他化学物质后,由于药物代谢等原因,往往难以从肉品中检出药物残留，进而造成取证难、鉴定难、定性难，笔者认为，在屠宰相关环节只要证明有注药行为，注药后的肉品可认定为不合格产品，销售金额在五万元以上的，即可以生产、销售伪劣产品罪定罪处罚。这既满足打击此类犯罪的现实需要，也体现了罪责刑相适应的原则。

4. 仅查明有注水行为的，对于注入污水，致肉品微生物等污染物超标，足以造成严重食物中毒事故或者其他严重食源性疾病的，以生产、销售不符合安全标准的食品罪定罪处罚；对于肉品污染物未超标，但含水量超标，且销售金额在五万元以上的，以生产、销售伪劣产品罪定罪处罚；对于污染物和含水量均不超标的，不宜认定为犯罪，应由行政主管部门依法作出行政处罚。

——安翱、高雨、肖凤：《〈关于办理危害食品安全刑事案件适用法律若干问题的解释〉的理解与适用》，载《人民司法·应用》2022 年第 7 期。

412 生产、销售不符合安全标准的食品罪和生产、销售有毒、有害食品罪共犯的认定规则

关键词 | 生产、销售不符合安全标准的食品罪 | 生产、销售有毒、有害食品罪 | 共同犯罪 |

【最高人民法院司法解释】

第十四条 明知他人生产、销售不符合食品安全标准的食品，有毒、有害食品，具有下列情形之一的，以生产、销售不符合安全标准的食品罪或者生产、销售有毒、有害食品罪的共犯论处：

（一）提供资金、贷款、账号、发票、证明、许可证件的；

（二）提供生产、经营场所或者运输、贮存、保管、邮寄、销售渠道等便利条件的；

（三）提供生产技术或者食品原料、食品添加剂、食品相关产品或者有毒、有害的非食品原料的；

（四）提供广告宣传的；

（五）提供其他帮助行为的。

——《最高人民法院、最高人民检察院关于办理危害食品安全刑事案件适用法律若干问题的解释》（2022 年 1 月 1 日，法释〔2021〕24 号）。

413 生产、销售不符合安全标准的食品罪和生产、销售有毒、有害食品罪罚金等刑罚的适用

关键词|罚金|禁止令|

【最高人民法院司法解释】

第二十一条 犯生产、销售不符合安全标准的食品罪,生产、销售有毒、有害食品罪,一般应当依法判处生产、销售金额二倍以上的罚金。

共同犯罪的,对各共同犯罪人合计判处的罚金一般应当在生产、销售金额的二倍以上。

第二十二条 对实施本解释规定之犯罪的犯罪分子,应当依照刑法规定的条件,严格适用缓刑、免予刑事处罚。对于依法适用缓刑的,可以根据犯罪情况,同时宣告禁止令。

对于被不起诉或者免予刑事处罚的行为人,需要给予行政处罚、政务处分或者其他处分的,依法移送有关主管机关处理。

——《最高人民法院、最高人民检察院关于办理危害食品安全刑事案件适用法律若干问题的解释》(2022年1月1日,法释〔2021〕24号)。

414 在食品生产或者加工过程中掺入罂粟壳等少量毒品行为的定性

关键词|生产、销售有毒、有害食品罪|罂粟壳|毒品|

【链接:理解与适用】

食品生产经营者为吸引顾客,用隐瞒事实真相或者用制造假象等欺骗手段,在食品生产经营或者餐饮加工过程中加入罂粟壳,以达到使他人上瘾后形成依赖而多销的目的,如何定性?这类行为,侵害的主要是社会主义市场经济秩序和不特定多数人的身体健康,主观目的是谋取非法利益,而不是欺骗他人吸食毒品或者谋取与毒品本身价值相称的对价,因此不构成引诱、欺骗他人吸毒罪或者贩卖毒品罪。如果符合入罪标准要求,应认定为生产、销售有毒、有害食品罪。

——张军主编:《〈刑法修正案(八)〉条文及配套司法解释理解与适用》,人民法院出版社2011年版,第204页。

415 “地沟油”犯罪的处理

关键词 | 生产、销售有毒、有害食品罪 | 地沟油 |

【最高人民法院司法文件】

一、依法严惩“地沟油”犯罪，切实维护人民群众食品安全

“地沟油”犯罪，是指用餐厨垃圾、废弃油脂、各类肉及肉制品加工废弃物等非食品原料，生产、加工“食用油”，以及明知是利用“地沟油”生产、加工的油脂而作为食用油销售的行为。“地沟油”犯罪严重危害人民群众身体健康和生命安全，严重影响国家形象，损害党和政府的公信力。各级公安机关、检察机关、人民法院要认真贯彻《刑法修正案（八）》对危害食品安全犯罪从严打击的精神，依法严惩“地沟油”犯罪，坚决打击“地沟油”进入食用领域的各种犯罪行为，坚决保护人民群众切身利益。对于涉及多地区的“地沟油”犯罪案件，各地公安机关、检察机关、人民法院要在案件管辖、调查取证等方面通力合作，形成打击合力，切实维护人民群众食品安全。

二、准确理解法律规定，严格区分犯罪界限

（一）对于利用“地沟油”生产“食用油”的，依照刑法第 144 条生产有毒、有害食品罪的规定追究刑事责任。

（二）明知是利用“地沟油”生产的“食用油”而予以销售的，依照刑法第 144 条销售有毒、有害食品罪的规定追究刑事责任。认定是否“明知”，应当结合犯罪嫌疑人、被告人的认知能力，犯罪嫌疑人、被告人及其同案人的供述和辩解，证人证言，产品质量，进货渠道及进货价格、销售渠道及销售价格等主客观因素予以综合判断。

（三）对于利用“地沟油”生产的“食用油”，已经销售出去没有实物，但是有证据证明系已被查实生产、销售有毒、有害食品犯罪事实的上线提供的，依照刑法第 144 条销售有毒、有害食品罪的规定追究刑事责任。

（四）虽无法查明“食用油”是否系利用“地沟油”生产、加工，但犯罪嫌疑人、被告人明知该“食用油”来源可疑而予以销售的，应分别情形处理：经鉴定，检出有毒、有害成分的，依照刑法第 144 条销售有毒、有害食品罪的规定追究刑事责任；属于不符合安全标准的食品的，依照刑法第 143 条销售不符合安全标准的食品罪追究刑事责任；属于以假充真、以次充好、以不合格产品冒充合格产品或者假冒注册商标，构成犯罪的，依照刑法第 140 条销售伪劣产品罪或者第 213 条假冒注册商标罪、第 214 条销售假冒注册商标的商品罪追究刑事责任。

（五）知道或应当知道他人实施以上第（一）、（二）、（三）款犯罪行为，而为其掏捞、加工、贩运“地沟油”，或者提供贷款、资金、账号、发票、证明、许可证件，或者

提供技术、生产、经营场所、运输、仓储、保管等便利条件的，依照本条第（一）、（二）、（三）款犯罪的共犯论处。

（六）对违反有关规定，掏捞、加工、贩运“地沟油”，没有证据证明用于生产“食用油”的，交由行政部门处理。

（七）对于国家工作人员在食用油安全监管和查处“地沟油”违法犯罪活动中滥用职权、玩忽职守、徇私枉法，构成犯罪的，依照刑法有关规定追究刑事责任。

三、准确把握宽严相济刑事政策在食品安全领域的适用

在对“地沟油”犯罪定罪量刑时，要充分考虑犯罪数额、犯罪分子主观恶性及其犯罪手段、犯罪行为对人民群众生命安全和身体健康的危害、对市场经济秩序的破坏程度、恶劣影响等。对于具有累犯、前科、共同犯罪的主犯、集团犯罪的首要分子等情节，以及犯罪数额巨大、情节恶劣、危害严重，群众反映强烈，给国家和人民利益造成重大损失的犯罪分子，依法严惩，罪当判处死刑的，要坚决依法判处死刑。对在同一条生产销售链上的犯罪分子，要在法定刑幅度内体现严惩源头犯罪的精神，确保生产环节与销售环节量刑的整体平衡。对于明知是“地沟油”而非法销售的公司、企业，要依法从严追究有关单位和直接责任人员的责任。对于具有自首、立功、从犯等法定情节的犯罪分子，可以依法从宽处理。要严格把握适用缓刑、免予刑事处罚的条件。对依法必须适用缓刑的，一般同时宣告禁止令，禁止其在缓刑考验期内从事与食品生产、销售等有关的活动。

——《最高人民法院、最高人民检察院、公安部关于依法严惩“地沟油”犯罪活动的通知》（2012 年 1 月 9 日，公通字〔2012〕1 号）。

【最高人民法院参考案例】

张联新、郑荷芹生产、销售有毒、有害食品，李阿明、何金友生产有毒、有害食品，王一超等销售有毒、有害食品案（《刑事审判参考》案例第 1004 号）

要旨：利用含有淋巴的花油、含有伤肉的膘肉碎、“肚下塌”等肉制品加工废弃物生产、加工的“食用油”，应当视为“新型地沟油”；惩治危害食品安全的犯罪，尚不能完全依赖于鉴定机构的鉴定，对“地沟油”的鉴定意见不应是司法机关认定“有毒、有害食品”的唯一依据。实践中，应当结合技术标准和法学标准对“有毒、有害食品”进行判定。

我们认为，刑法第一百四十四条规定的“掺入”的行为不仅限于指向产品本身，还可能针对产品的原料、半成品等，甚至还可以指向食品添加剂本身，即在食品添加剂内掺入有毒、有害物质。而所谓“有毒、有害的非食品原料”，是指对人体具有生理毒性，食用后会引起不良反应，损害机体健康的不能食用的原料。

淋巴结是猪屠宰后检疫的一个重要指标，相关资料表明，它是机体外周的免疫器官和防御结构，具有吞噬异物和各种微生物的功能，并产生免疫应答。当机体某组织或者器官受到病原微生物侵害时，很快被局部淋巴结阻截，并发生相应的变化，使淋巴结体积增大或缩小，色泽呈现出红、黑、青等。故淋巴结含有大量的病原微生物，如一些细菌、病毒等，甚至会有3,4-苯并芘等致癌物质，且本身没有什么营养。因此，完全摘除淋巴结的花油虽可食用，但其中含有的淋巴应当属于有毒、有害的非食品原料。张联新利用含有淋巴的花油、含有伤肉的膘肉碎、"肚下塌"等猪肉加工废弃物生产、加工食用油，应当认定为掺入有毒、有害非食品原料。

《食用动物油脂卫生标准》明确要求："本标准适用于以经兽医卫生检验认可的生猪、牛、羊的板油、肉膘、网膜或附着于内脏器官的纯脂肪组织，单一或多种混合炼制成的食用猪油、羊油、牛油。"《食用猪油》国家标准明确要求："健康猪经屠宰后，取其新鲜、洁净和完好的脂肪组织炼制而成的油脂。所用的脂肪组织不包含骨、碎皮、头皮、耳朵、尾巴、脏器、甲状腺、肾上腺、淋巴结、气管、粗血管、沉渣、压榨料及其他类似物，应尽可能不含肌肉组织和血管。"张联新利用含有明令禁止使用的有毒、有害非食品原料的猪肉加工废弃物生产、加工食用油，对涉案食用油无须由鉴定机构出具鉴定意见，即便检测报告有关理化指标合格，也可以生产、销售有毒、有害食品罪追究其刑事责任。

针对"地沟油"案件，直到当前也没有形成一种公认的、行之有效的鉴定方法，因此，惩治危害食品安全的犯罪，尚不能完全依赖于鉴定机构的鉴定，对"地沟油"的鉴定意见不应是司法机关认定"有毒、有害食品"的唯一依据。实践中，应当结合技术标准和法学标准对"有毒、有害食品"进行判定。对此，浙江省高级人民法院、浙江省人民检察院、浙江省公安厅联合发布的《关于办理危害食品、药品安全犯罪案件适用法律若干问题的会议纪要》明确了专门的认定原则，即"对于有确实、充分的证据证实行为人在食品中掺入国家行业主管机关明令禁止使用的非食用物质的，对涉案食品不需由鉴定机构出具鉴定意见"。

——《刑事审判参考》(总第99辑)。

416 在食品加工中使用"口水油"并销售的，应认定为生产、销售有毒、有害食品罪

关键词｜生产、销售有毒、有害食品罪｜口水油｜

【最高人民法院参考案例】

邓文均、符纯宣生产、销售有毒、有害食品案(《刑事审判参考》案例第1335号)

要旨:“口水油”属于刑法概念中的有毒、有害的非食品原料,使用“口水油”这一非食品原料加工食品并用于出售,构成生产、销售有毒、有害食品罪。

由此可见,“口水油”作为废弃食用油脂,属于国家卫生主管机关明令禁止使用的非食用物质,属于刑法概念中的有毒、有害的非食品原料,使用“口水油”这一非食品原料加工食品并用于出售,构成生产、销售有毒、有害食品罪。

需要说明的是,“口水油”犯罪是继“地沟油”犯罪之后出现的新型危害食品安全的犯罪类型,是“地沟油”犯罪的变种。鉴于食品检验的有限性及依法从严打击食品安全犯罪的需要,目前在司法实践中不宜以证据材料中缺少对“口水油”是否含有有毒、有害物质的鉴定意见便认为证据不足,不将“口水油”认定为有毒、有害的非食品原料。鉴定意见虽然直观且客观,具有较高的信服度,但不能仅以此为标准,而应本着主客观相统一的原则,结合“口水油”具有实质危害性、回收和使用“口水油”的行政违法性以及法律和司法解释的相关规定,依法对“口水油”犯罪判处刑罚。

本案中,被告人邓文均和符纯宣夫妇在经营“老四川火锅店”期间,被公安机关查获回收的火锅汤料一桶,虽然卷中没有对涉案火锅汤料是否含有有毒、有害物质进行鉴定,但结合二被告人关于回收提取剩余火锅汤料中的“口水油”以及使用“口水油”烧煮食物用于出售的供述、“口水油”系有害人体健康的物质等情况,可以依照刑法及司法解释的规定,直接认定二被告人为追求非法利益,违反食品安全管理法规和餐饮业卫生规范,使用有毒、有害的非食品原料(“口水油”)加工(烧煮)食品并出售的事实,鉴于生产、销售有毒、有害食品罪属于行为犯,只要实施该行为,无论有无造成危害后果,均已构罪,故对二被告人均应追究刑事责任。

——《刑事审判参考》(总第122辑)。

417 以工业用猪油冒充食用猪油销售行为的定性

关键词｜生产、销售有毒、有害食品罪｜主观明知｜

【最高人民法院参考案例】

林烈群、何华平等销售有害食品案(《刑事审判参考》案例第91号)

要旨:明知是工业用猪油冒充食用猪油予以销售,构成销售有害食品罪。

从本案的事实来看,林烈群销售的工业用猪油本身不属于食品的范畴。但是,依照食品卫生法的有关规定，严格禁止生产、经营下列食品："……（八）用非食品原料加工的，加入非食品用化学物质的或者将非食品当作食品的；……"林烈群为了牟取非法暴利，将工业用猪油（非食品）冒充食用猪油（食品）予以销售，显然属于"将非食品当作食品"的行为。林烈群作为以经营粮油为主的"深圳市龙岗区沙湾深安贸易部"的法人代表，多次从香港大量进口工业用猪油，尽管林烈群不知最后进口的一批工业用猪油部分被残余在包装桶中的有机锡所污染，但是，其对长期经营的工业用猪油在生产、包装、存储、销售等环节可能掺入有害人体健康的物质是明知的。林烈群和林少坤在主观上的此种"明知"，参照1992年12月11日最高人民法院、最高人民检察院发布的《关于办理盗窃案件具体应用法律的若干问题的解释》第八条的规定即"认定窝赃、销赃罪的'明知'，不能仅凭被告人的口供，应当根据案件的客观事实予以分析。只要证明被告人知道或者应当知道是犯罪所得的赃物而予以窝藏或者代为销售的，就可以认定"，也是完全可以认定的。既然林烈群和林少坤明知工业用猪油不是食用猪油，若被食用有害人体健康，仍冒充食用猪油予以销售，同时明知工业用猪油可能会掺入有害的非食品原料，可以认定，其行为系明知销售的非食用猪油掺有有害食品原料，为牟取非法利益而放任严重危害后果的发生，已经构成销售有害食品罪。

在本案中，被告人何华平等人不明知所销售的是工业用猪油，但明知是无生产日期、无生产厂家、无卫生检验合格证等不符合卫生标准的食品，仍当作食用猪油予以销售，并且其行为造成了严重危害后果。显然，何华平等被告人的行为与食品卫生法的如下规定直接相关："禁止生产、经营下列食品……（四）未经兽医卫生检验或者检验不合格的肉类及其制品；……（六）容器包装污秽不洁、严重破损或者运输工具不洁造成污染的；……（九）超过保质期限的；……"因此，法院判决判处何华平等人犯销售不符合卫生标准的食品罪①，是正确的。

——《刑事审判参考》（总第15辑）。

418 销售以"瘦肉精"饲养的肉猪致多人中毒行为的定性

关键词｜生产、销售有毒、有害食品罪｜非法经营罪｜瘦肉精｜

【最高人民法院司法解释】

第一条 未取得药品生产、经营许可证件和批准文号，非法生产、销售盐酸克仑特罗等禁止在饲料和动物饮用水中使用的药品，扰乱药品市场秩序，情节严重

① 罪名已调整为"生产、销售不符合安全标准的食品罪"。

的,依照刑法第二百二十五条第(一)项的规定,以非法经营罪追究刑事责任。

第二条　在生产、销售的饲料中添加盐酸克仑特罗等禁止在饲料和动物饮用水中使用的药品,或者销售明知是添加有该类药品的饲料,情节严重的,依照刑法第二百二十五条第(四)项的规定,以非法经营罪追究刑事责任。

第三条　使用盐酸克仑特罗等禁止在饲料和动物饮用水中使用的药品或者含有该类药品的饲料养殖供人食用的动物,或者销售明知是使用该类药品或者含有该类药品的饲料养殖的供人食用的动物的,依照刑法第一百四十四条的规定,以生产、销售有毒、有害食品罪追究刑事责任。

第四条　明知是使用盐酸克仑特罗等禁止在饲料和动物饮用水中使用的药品或者含有该类药品的饲料养殖的供人食用的动物,而提供屠宰等加工服务,或者销售其制品的,依照刑法第一百四十四条的规定,以生产、销售有毒、有害食品罪追究刑事责任。

第五条　实施本解释规定的行为,同时触犯刑法规定的两种以上犯罪的,依照处罚较重的规定追究刑事责任。

第六条　禁止在饲料和动物饮用水中使用的药品,依照国家有关部门公告的禁止在饲料和动物饮用水中使用的药物品种目录确定。

——《最高人民法院、最高人民检察院关于办理非法生产、销售、使用禁止在饲料和动物饮用水中使用的药品等刑事案件具体应用法律若干问题的解释》(2002年8月23日,法释〔2002〕26号)。

【最高人民法院参考案例】

俞亚春生产、销售有毒、有害食品案(《刑事审判参考》案例第166号)

要旨:用“瘦肉精”饲养肉猪,销售后致多人中毒的,应以生产、销售有毒食品罪定罪处罚。

综上,行为人明知“瘦肉精”是国家明令禁止使用的饲料添加剂,仍将“瘦肉精”掺入饲料喂养肉猪,并将猪肉销售给他人,从而导致众多消费者食用猪肉后中毒,其行为已构成生产、销售有毒食品罪。

但应指出的是,刑法第一百四十四条规定的生产、销售有毒、有害食品罪是选择性罪名,并且属于行为加对象性选择适用罪名。审判实践中,对这种选择性罪名的适用,不仅要考虑被告人所实施的具体行为,还要考虑被告人所实施行为的具体对象。对于被告人没有实施的行为或者对象,不应适用为罪名。如生产、销售含有“瘦肉精”的食品,属于有毒食品,相应地只能适用生产、销售有毒食品罪,而不应适用“生产、销售有毒、有害食品罪”的罪名。

——《刑事审判参考》(总第25辑)。

419 生产、销售含有兴奋剂目录所列物质的食品行为性质的认定

关键词｜兴奋剂｜生产、销售不符合安全标准的食品罪｜生产、销售有毒、有害食品罪｜

【最高人民法院司法解释】

第五条 生产、销售含有兴奋剂目录所列物质的食品，符合刑法第一百四十三条、第一百四十四条规定的，以生产、销售不符合安全标准的食品罪、生产、销售有毒、有害食品罪定罪处罚。

——《最高人民法院关于审理走私、非法经营、非法使用兴奋剂刑事案件适用法律若干问题的解释》(2020 年 1 月 1 日，法释〔2019〕16 号)。

420 生产、销售有毒、有害食品罪与投放危险物质罪的区分

关键词｜生产、销售有毒、有害食品罪｜投放危险物质罪｜

【链接：理解与适用】

生产、销售的有毒、有害食品，最终必然面向市场，因此本罪在破坏市场经济管理秩序的同时，必然同时危害公共安全，由此导致了实践中生产销售有毒、有害食品罪与投放危险物质罪难以区分的现象。生产销售有毒、有害食品罪的最低法定刑是三年，而投放危险物质罪的最低法定刑是十年，虽然两者的最高刑相同，但整体上后者明显重于前者，因此有必要论及两者的区分。

在生产、销售过程中，出于牟利的目的，在食品中掺入有毒物质的行为，可能同时构成投放危险物质罪和生产、销售有毒、有害食品罪。对于同时符合两罪的此类情形，一般情况下，基本上是适用法条竞合的一般原则(特别法优于一般法)，以生产、销售有毒、有害食品罪论处，不适用想象竞合犯的处断原则(从一重处断)。但这一做法不是绝对的，在个别案件中，也存在不同的做法。如对出于牟利目的，为增加食品数量或者改变食品色、香、味而掺入大量剧毒物品的行为，有观点主张应以投放危险物质罪论处。理由是：掺入行为人的注意义务应高于一般人，行为人知道或者应当知道物品的剧毒性及行为后果的必然性。行为人明知自己的行为必然发生危害社会的结果，而仍然实施这种行为，在主观意志上不可能存在放任问题，应等同于希望。希望危害公共安全的结果发生而投放剧毒物品的行为，是典型的投放危险物质犯罪行为。我们认为，明知行为必然发生危害社会的结果而仍然实施行为的，应当认定为希望这种结果发生，这是当前刑法理论界和实务界的主流观

点。然而,为增加食品数量或者改变食品色、香、味而掺入剧毒物品者未必明知行为必然发生危害公共安全的结果,更未必明知行为必然发生的危害结果与放火、爆炸、决水等行为的危害程度相当,不能因为注意义务高于一般人就一概认定行为人主观上明知必然发生。对于危害后果达到了与放火、爆炸、决水等危害后果相当程度的掺入行为,如果有证据表明行为人主观上是明知必然发生,则应当认定为投放危险物质罪;反之,则应当认定为生产、销售有毒、有害食品罪。

——张军主编:《〈刑法修正案(八)〉条文及配套司法解释理解与适用》,人民法院出版社2011年版,第205页。

421 生产、销售有毒、有害食品罪与以危险方法危害公共安全罪的区分

关键词｜生产、销售有毒、有害食品罪｜以危险方法危害公共安全罪｜

【链接:理解与适用】

生产、销售有毒、有害食品罪与以危险方法危害公共安全罪的区分可以比照前文对本罪与投放危险物质罪的区分予以分析。一般情况下,基本上是适用法条竞合的一般原则(特别法优于一般法),以生产、销售有毒、有害食品罪论处,不适用想象竞合犯的处断原则(从一重处断)。但在个别案件中,也可能存在不同的做法。如有证据表明行为人主观上明知必然发生危害后果,且认识到所发生的后果与放火、爆炸、决水等的危害程度相当,则应当认定为以危险方法危害公共安全罪。实践中,有观点认为,以危险方法危害公共安全罪往往具有直接进攻性特征,其行为手段的危险性应与放火、爆炸、决水、投放危险物质等的危险性相当。我们认为,以危险方法危害公共安全罪,在主观要件上还包括间接故意,因此该罪并不完全体现直接进攻性的特征。但是该观点旨在强调对于直接进攻(危害)公共安全抑或直接追求危害公共安全后果的生产、销售有毒、有害食品行为,应确立以危险方法危害公共安全罪论处的定罪思路。从这一角度分析,上述观点又有一定的合理性。

除此之外,生产、销售有毒、有害食品罪一般发生在生产、销售过程中,且所生产、销售的对象必须是食品,对于不发生在生产、销售过程中或者无掺入行为,抑或所生产、销售的对象不是食品的行为,不能认定为生产、销售有毒、有害食品罪。如在“三鹿奶粉”系列案件中,主犯张玉军、张彦章生产、销售“三聚氰胺”的混合物(“蛋白粉”),这种混合物严格来说不是食品,张玉军、张彦章也无掺入行为,因此不能认定其行为构成生产、销售有毒、有害食品罪,而其他被告人是在生

产、销售奶粉的过程中掺入了“三聚氰胺”蛋白粉，生产、销售的对象是食品，掺入的是非食品原料，因此法院认定被告人张玉军、张彦章的行为构成以危险方法危害公共安全罪，而其他同案犯的行为构成生产、销售有毒、有害食品罪是正确的。

——张军主编：《〈刑法修正案（八）〉条文及配套司法解释理解与适用》，人民法院出版社 2011 年版，第 205 页。

（四）其他

422 不符合安全标准的产品的界定

关键词｜生产、销售不符合安全标准的产品罪｜不符合安全标准的产品｜

【最高人民法院参考案例】

刘泽均、王远凯等生产、销售不符合安全标准的产品案（《刑事审判参考》案例第 47 号）

要旨：明知生产、销售的产品用于桥梁建设等关系重大人身、财产等工程项目，且产品不符合国家标准、行业标准，造成严重后果的，构成生产、销售不符合安全标准的产品罪。

从犯罪构成来看，依照刑法第一百四十六条的规定，生产、销售不符合安全标准的产品罪是指生产不符合保障人身、财产安全的国家标准、行业标准的电器、压力容器、易燃易爆产品或者其他不符合保障人身、财产安全的国家标准、行业标准的产品，或者销售明知是以上不符合保障人身、财产安全的国家标准、行业标准的产品，造成严重后果的行为；依照刑法第一百四十条的规定，生产、销售伪劣产品罪是指生产者、销售者在产品中掺杂、掺假，以假充真，以次充好或者以不合格产品冒充合格产品，销售金额在五万元以上的行为。两罪在犯罪构成上有以下相同和不同之处：（1）主观上均为故意，但故意的内容不同。在生产、销售不符合安全标准的产品罪中，要求行为人即生产者、销售者明知其所生产、销售的产品是保障人身、财产安全的产品，且没有达到国家标准、行业标准；在生产、销售伪劣产品罪中，只要求行为人明知所生产、销售的产品是不符合产品质量标准的产品。（2）犯罪对象虽然都是伪劣产品，但从刑法的意义上讲两者却有所不同，生产、销售不符合安全标准的产品罪的犯罪对象是不符合保障人身、财产安全的国家标准、行业标准的伪劣产品。生产、销售伪劣产品罪的犯罪对象则不涉及人身、财产安全。刑法第一百四十六条列举了三种犯罪对象,显然没有穷尽,实际上从立法技术的角度考虑,也不可能将犯罪对象都一一列举出来,所以该条文规定了"其他不符合保障人身、财产安全的国家标准、行业标准的产品",囊括该罪的犯罪对象。(3)客观上均实施了生产、销售伪劣产品的行为,但定罪的标准和依据不同:构成生产、销售不符合安全标准的产品罪,不仅要求行为人有生产、销售不符合保障人身、财产安全的国家标准、行业标准的产品的行为,而且还必须造成严重后果;而生产、销售伪劣产品罪则不要求造成严重后果,只要生产、销售伪劣产品的金额达到五万元以上,就可以构成犯罪;如果生产、销售不符合安全标准的产品,没有造成严重后果,但销售金额在五万元以上的,根据刑法第一百四十九条第一款的规定,应按生产、销售伪劣产品罪定罪处罚。

——《刑事审判参考》(总第7辑)。

423 生产、销售伪劣种子罪中"伪劣种子"的认定

关键词 | 生产、销售伪劣种子罪 | 伪劣种子 |

【最高人民法院参考案例】

李云平销售伪劣种子案(《刑事审判参考》案例第106号)

要旨:以此种品种种子冒充他种品种种子属伪劣种子,行为人以此种方式销售种子的,构成销售伪劣种子罪。

所谓生产、销售伪劣种子罪,是指生产者、销售者违反种子管理法规,生产、销售假种子、劣种子,使生产遭受较大损失的行为。本罪的犯罪对象是假种子和劣种子。关于假种子和劣种子的认定,种子法第四十六条有明确规定。本案中,被告人李云平将自己培育的六万余公斤玉米种冒充"鲁单50号"玉米种进行销售,无疑属于"以此种品种种子冒充他种品种种子"的销售假种子的行为。被告人的行为构成销售伪劣种子罪。

——《刑事审判参考》(总第17辑)。

二、走私罪

（一）走私犯罪一般规定

424 走私犯罪中明知的认定

关键词 | 走私罪 | 主观明知 |

【最高人民法院司法文件】

五、关于走私犯罪嫌疑人、被告人主观故意的认定问题

行为人明知自己的行为违反国家法律法规，逃避海关监管，偷逃进出境货物、物品的应缴税额，或者逃避国家有关进出境的禁止性管理，并且希望或者放任危害结果发生的，应认定为具有走私的主观故意。

走私主观故意中的"明知"是指行为人知道或者应当知道所从事的行为是走私行为。具有下列情形之一的，可以认定为"明知"，但有证据证明确属被蒙骗的除外：

（一）逃避海关监管，运输、携带、邮寄国家禁止进出境的货物、物品的；

（二）用特制的设备或者运输工具走私货物、物品的；

（三）未经海关同意，在非设关的码头、海（河）岸、陆路边境等地点，运输（驳载）、收购或者贩卖非法进出境货物、物品的；

（四）提供虚假的合同、发票、证明等商业单证委托他人办理通关手续的；

（五）以明显低于货物正常进（出）口的应缴税额委托他人代理进（出）口业务的；

（六）曾因同一种走私行为受过刑事处罚或者行政处罚的；

（七）其他有证据证明的情形。

——《最高人民法院、最高人民检察院、海关总署办理走私刑事案件适用法律若干问题的意见》（2002年7月8日，法〔2002〕139号）。

【链接：最高人民法院法官著述】

走私犯罪均为直接故意犯罪，是一种故意逃避海关监管、破坏国家对外贸易管制的行为。其中涉税的走私犯罪具有非法牟利目的，非涉税的走私犯罪通常也具有非法牟利目的，如走私淫秽物品、文物等，但不是必然以牟利为目的。对走私犯

罪的主观故意在理论上不难理解,行为人明知自己的行为违反国家法律法规,逃避海关监管,偷逃进出境货物、物品的应缴税额,或者逃避国家有关进出境的禁止性管理,并且希望或者放任危害结果发生的,应认定为具有走私的主观故意。但从司法实践的角度看,走私犯罪行为人的主观故意的认定,往往是走私刑事案件中关乎行为人罪与非罪争议的焦点。走私犯罪是一种典型的行政犯,即由于违反了行政法律法规且情节严重而构成犯罪,其行为的犯罪性需要依赖于行政法律法规的规定去认识,因而不少走私犯罪分子以对海关行政法律法规的无知为遁词否认其具有走私的主观心理。同时,由于走私犯罪行为通常发生在对外贸易活动中,证明该行为的证据常因涉及境外而难以取得,又由于走私犯罪的智能化趋向越来越明显,常常有达到一定规模的公司、企业参与其中,犯罪分子具有较为充分的反制裁准备,因而在行为人拒不如实供述的前提下,侦查人员极难取得证据有效地证明行为人的犯罪心态,客观上业已给走私犯罪的认定带来相当的难度。鉴于此,在特定场合应当允许司法机关推定行为人具有走私的主观故意。

基于上述理由,《关于办理走私刑事案件适用法律若干问题的意见》(以下简称《意见》)认为……这里,容易引起争议的是关于“应当知道”的表述。有一种观点认为,作为犯罪故意认识因素的明知,仅限于已经知道,但应当知道是指应当知道而不知道,属于犯罪过失的要素。笔者认为,这种观点不能不说是一种误解。这里的应当知道是根据客观事实推定的明知,不能理解为应当知道而不知道,即在上述诸情形下人们的生活经验已经排除了行为人不知道的可能性。这种主观心理与犯罪过失无关。实际上,现行法律和有关司法解释性文件已经运用应知或者应当知道来诠释犯罪故意的内容。例如,刑法第二百一十九条第二款规定:“明知或者应知前款所列行为,获取、使用或者披露他人的商业秘密的,以侵犯商业秘密论。”最高人民法院、最高人民检察院、公安部、国家工商行政管理局于1998年5月联合发布的《关于依法查处盗窃、抢劫机动车案件的规定》也明确将明知解释为“知道或者应当知道”。

——《走私犯罪的认定及法律适用》,载《人民司法》2002年第9期。

425 走私犯罪行为人对其走私具体对象不明确情形的处理

关键词｜走私罪｜概括主观故意｜

【最高人民法院司法文件】

六、关于行为人对其走私的具体对象不明确的案件的处理问题

走私犯罪嫌疑人主观上具有走私犯罪故意,但对其走私的具体对象不明确的,

不影响走私犯罪构成,应当根据实际的走私对象定罪处罚。但是,确有证据证明行为人因受蒙骗而对走私对象发生认识错误的,可以从轻处罚。

——《最高人民法院、最高人民检察院、海关总署办理走私刑事案件适用法律若干问题的意见》(2002 年 7 月 8 日,法〔2002〕139 号)。

【链接：最高人民法院法官著述】

走私犯罪行为人的概括主观故意问题,存在于行为人对其走私的具体对象不明确的案件中。实践中经常遇到的一类案件表明,行为人具有走私的主观故意,但没有证据证明其对所查获的走私货物、物品的性质具有明知的认识。例如,走私犯罪嫌疑人在未设关的边境偷运伪造的人民币入境,被查获后自称不知道所运输的是假币,而以为是汽车配件。这种案件如何处理?对此有两种相互对立的观点。第一种观点认为,构成特定的走私犯罪,如走私假币罪、走私毒品罪等,行为人主观上仅有一般的走私故意还不够,必须对特定货物具有明知的认识。理由是:走私罪是一个类罪名,包括走私普通货物、物品罪,走私假币罪等多种具体犯罪,各种具体犯罪的认定必须符合具体的犯罪构成。因此,在认定犯罪故意时必须要求行为人对于具体的犯罪对象具有明知的认识。第二种观点认为,行为人主观上具有走私的犯罪故意,但对其走私的具体对象不明确的,理论上可以称为概括的主观故意,此种故意支配下的行为应当认定为犯罪行为。理由是:行为人主观上具有走私的故意,虽然尚无证据证明其对走私的具体对象有明确的认识,但这种实际对象已经涵盖在行为人所能认识到的对象范围之内。持这种观点的同志还认为,如果有证据证明行为人因受蒙骗而对走私对象发生认识错误的就不按实际走私的对象定罪,那么在实务中会发生困难。不按实际走私的对象定罪在许多场合意味着按照所误解的走私对象定罪,通常认定为走私普通货物、物品罪,而走私普通货物、物品罪是以偷逃应缴税额的大小为定罪量刑标准的,在上述场合显然无法认定偷逃应缴税额。为了避免此种困难并方便司法实务,应当将那种把走私对象甲误认为走私对象乙的情形一律作为概括故意的情形来处理,而不是作为涉及罪与非罪的对象认识错误来处理。换言之,一律根据实际的走私对象定罪处罚,便于司法操作,并有利于从严打击犯罪。《办理走私刑事案件适用法律若干问题的意见》(以下简称《意见》)采纳了后一种观点。《意见》规定走私犯罪嫌疑人主观上具有走私犯罪故意,但对其走私的具体对象不明确的,不影响走私犯罪的构成,应当根据实际的走私对象定罪处罚。司法实践中通常也是按照这种观点处理的。典型的案例是最高人民法院曾经核准死刑的被告人庄添活走私假币案。被告人庄添活于 1998 年 7 月 23 日受台湾地区走私分子雇佣,从台湾运载电脑零件到大陆海域交给大陆走私分子,双方欲交接货时被我公安缉私艇截获。缉私人员在被告人庄添活等驾驶的

"天吉福"号渔船的暗仓里查获十八箱百元面额的机制版假人民币,共计 62647300 元。案发后,被告人曾辩称其不知道所偷运入境的是假币,但知道是走私物品。这就是所谓具有走私的概括故意。

——《走私犯罪的认定及法律适用》,载《人民司法》2002 年第 9 期。

426 走私犯罪既遂与未遂的认定

关键词|走私犯罪|既遂与未遂|

【最高人民法院司法解释】

第二十三条 实施走私犯罪,具有下列情形之一的,应当认定为犯罪既遂:

(一)在海关监管现场被查获的;

(二)以虚假申报方式走私,申报行为实施完毕的;

(三)以保税货物或者特定减税、免税进口的货物、物品为对象走私,在境内销售的,或者申请核销行为实施完毕的。

——《最高人民法院、最高人民检察院关于办理走私刑事案件适用法律若干问题的解释》(2014 年 9 月 10 日,法释〔2014〕10 号)。

【链接:理解与适用】

走私犯罪有无未遂以及既未遂的认定标准,实践中长期存在意见分歧。一种意见认为,走私犯罪属于行为犯,不存在未遂形态;另一种意见认为,走私犯罪属于结果犯,只有成功逃避海关监管的才成立既遂。经研究,行为犯同样存在未遂形态,犯罪既未遂的认定标准,需要结合某一类犯罪的实际情况予以具体确定。基于走私犯罪表现形式的多样性、行为实施的多环节性以及查获的现场性等特点,《解释》第二十三条区分情形对走私犯罪的既未遂认定标准作出了具体规定……

1. 监管现场查获情形的既未遂认定。《解释》规定,在海关监管现场被查获的,应当认定为犯罪既遂。适用该规定时,需要注意以下两点:一是适用范围。该规定适用于各种形式的走私犯罪,不以通关走私为限。海关监管现场包括多种场所,既可能是通关场所,也可能是绕关场所,不同场所被查获的既未遂认定标准理当协调一致、一体适用。不管是通关走私还是绕关走私,凡是在海关监管现场被查获的,均按犯罪既遂处理。二是海关监管现场的理解。实践中有一种意见认为,海关监管现场即为海关监管区,主要指的是海关查验关口和海关专设的监管货场,只有在海关监管区被查获的才可以认定为走私既遂。我们认为,该理解存在局限性,也不符合海关执法工作的实际情况。对于监管现场要注意避免作一般意义上的静态的特定场所的理解，而是应当置于监管执法权限的空间范围针对个案作动态的理解。凡是海关具体行使监管执法权力的现场，均应视为《解释》规定的海关监管现场。根据海关法第六条的规定，海关在海关监管区、海关附近沿海沿边规定地区以及海关监管区和海关附近沿海沿边规定地区以外的其他地区均可以行使相关调查权力。所以，海关有权执法的地域空间并不限于海关监管区，在有权执法的地域行使执法权力时查获走私犯罪，均应认定为在海关监管现场被查获。

2. 虚假申报通关走私的既未遂认定。《解释》规定，以虚假申报方式走私，申报行为实施完毕的，应当认定为犯罪既遂。适用该规定时，需要注意以下三点：一是行为人的申报行为独立于海关的查验行为，申报行为是否实施完毕的判断不受是否进入查验环节以及查验是否通过的影响。一种意见认为，在查验完毕前被海关依法查获的，宜认定为走私犯罪未遂。我们不同意该意见。查验行为属于不受行为人控制的海关监管活动，报关行为实施完毕，在法律上即可视同为行为人的走私行为已经实施完毕。二是申报行为实施完毕标准与海关监管现场被查获标准并行不悖。在通关走私当中，实施申报行为与海关监管现场被查获的时间不具有同步性和必然的先后顺序。申报行为实施完毕只是认定走私既遂的一个方面，申报行为尚未实施完毕即在海关监管现场被查获，只要根据相关证据足以认定构成走私犯罪的，同样应认定为走私既遂。三是对于采用在境内邮寄货物、物品方式进行走私的，一般可以参照适用申报行为实施完毕的认定标准，即行为人在邮政部门邮寄手续办理完毕的，以犯罪既遂处理。

3. 后续走私的既未遂认定。《解释》规定，以保税货物或者特定减税、免税进口的货物、物品为对象走私，在境内销售的，或者申请核销行为实施完毕的，应认定为犯罪既遂。这里明确的是刑法第一百五十四条规定的后续走私犯罪的既未遂认定意见。对于后续走私犯罪既未遂的认定标准，实践中存在多种意见。一种意见认为，应当以实际牟利作为既遂的认定标准；另一种意见认为，应从行为人将应补缴应缴税额的保税货物或者特定减税、免税进口的货物、物品实际交付给买方作为认定既遂的标准；还有意见认为，尚未销售但是已经骗取海关核销的也应认定为犯罪既遂。《解释》规定的认定标准与该三种意见均有所不同，理解和适用本规定时需要注意以下三点：一是是否实际牟利不影响既未遂的认定。刑法第一百五十四条规定的“销售牟利”的落脚点在于销售而非牟利，牟利系后续走私犯罪的主观目的要件而非客观要件，牟利目的实现与否不影响后续走私犯罪的认定，也不影响后续走私犯罪既未遂的认定。二是销售行为需要客观实施，但不要求销售行为实施完毕。销售行为是后续走私犯罪的一个重要客观行为，认定是否构成后续走私犯罪，主要的事实根据就是实施了销售行为。所以，通常情况下，后续走私犯罪行为与销售行为具有直接对应关系，销售行为不仅直接决定后续走私犯罪的认定，同时也是后续走私犯罪既未遂的重要判断标准。基于此，前述第二种意见对于销售行为客观实施的强调是必要的，但是要求销售行为实行完毕或者完成货物、物品的交付则存在问题，也与前述其他走私犯罪的未遂标准的掌握明显不相协调。销售行为实施完毕的判断标准，与牟利目的实现的判断标准实际上大同小异，在法律上而言，销售行为完成即意味着牟利目的既已实现。为了与前述监管现场被查获标准保持协调，我们认为，在销售过程中被查获的，不管货物是否完成交付、货款是否实际支付，均应认定为犯罪既遂。三是尚未实施销售行为但申请核销行为已经实施完毕的，以犯罪既遂论处。较之于销售行为，申请核销行为对于后续走私犯罪的完成更具实质性意义，对于尚未着手销售但已经申请核销的，同样应以走私犯罪论处。与前述虚假申报通关走私的道理相同，此种情形的犯罪既遂以行为人申请核销行为实施完毕为标准，而不要求实际骗取核销。

——裴显鼎等：《〈关于办理走私刑事案件适用法律若干问题的解释〉的理解与适用》，载最高人民法院刑事审判第一、二、三、四、五庭主办：《刑事审判参考》（总第100辑），法律出版社2015年版，第157—160页。

427 如何区分走私犯罪的共犯和放纵走私罪

关键词｜走私罪｜放纵走私｜共同犯罪｜

【最高人民法院司法政策】

十六、关于放纵走私罪的认定问题

依照刑法第四百一十一条的规定，负有特定监管义务的海关工作人员徇私舞弊，利用职权，放任、纵容走私犯罪行为，情节严重的，构成放纵走私罪。放纵走私行为，一般是消极的不作为。如果海关工作人员与走私分子通谋，在放纵走私过程中以积极的行为配合走私分子逃避海关监管或者在放纵走私之后分得赃款的，应以共同走私犯罪追究刑事责任。

海关工作人员收受贿赂又放纵走私的，应以受贿罪和放纵走私罪数罪并罚。

——《最高人民法院、最高人民检察院、海关总署办理走私刑事案件适用法律若干问题的意见》（2002年7月8日，法〔2002〕139号）。

【链接：最高人民法院法官著述】

第三，如何区分走私犯罪的共犯和放纵走私罪？依照刑法第四百一十一条的规定，负有特定监管义务的海关工作人员徇私舞弊，利用职权放任、纵容走私犯罪行为，情节严重的，构成放纵走私罪。放纵走私行为一般是消极的不作为。如果海关工作人员与走私分子通谋，在放纵走私过程中以积极的行为配合走私分子逃避海关监管，或者在放纵走私之后分得赃款的，应以共同走私犯罪追究刑事责任。《意见》认为，海关工作人员收受贿赂又放纵走私的，应以受贿罪和放纵走私罪数罪并罚。对此，有一种不同的观点认为，海关工作人员收受贿赂后又徇私舞弊放纵走私的，应以受贿罪或者放纵走私罪择一重罪处罚。理由是：此种情形下，若以放纵走私罪和受贿罪实行数罪并罚，不符合对同一行为不得进行重复评价的刑法原理，而是应当把放私行为作为受贿罪为行贿人谋利益的要件，或者把受贿作为放纵走私罪的原因行为（有时是目的行为）予以认定，从而按照牵连犯的处断原则予以解决。这种观点还引用刑法第三百九十九条第三款关于徇私枉法罪、枉法裁判罪和受贿罪择一重处罚的规定为佐证。《意见》没有采纳这一观点，而是主张以放纵走私罪和受贿罪实行数罪并罚。理由是：刑法第三百九十九条第三款是对特殊情况的特殊规定，不能作为分析理解刑法其他条文的依据。同时，受贿罪的为行贿人谋利益，既包括正当利益，也包括不正当利益和具有违法犯罪性质的利益，其中因为为行贿人谋利益而构成其他犯罪的，属于谋利益的极端表现，应实行数罪并罚，以示从严打击。

——《走私犯罪的认定及法律适用》，载《人民司法》2002 年第 9 期。

428 基于走私目的向海关人员行贿行为的定性

关键词｜走私普通货物、物品罪｜行贿罪｜牵连犯｜

【最高人民法院参考案例】

王红梅、王宏斌、陈一平走私普通货物、虚开增值税专用发票案（《刑事审判参考》案例第 336 号）

要旨：基于走私入境的犯罪目的，而向海关人员行贿的行为，与该走私普通货物的行为，构成牵连犯罪，不实行数罪并罚。

首先，之所以向海关人员行贿是为了将货物走私进口成功这一目的。因此，实施的走私普通货物行为与向海关人员行贿的两个独立的犯罪行为之间，在主观上符合牵连犯罪构成所必要的主观条件，即数行为之间是为了同一个犯罪目的。其次，向海关有关人员行贿的行为与将货物走私入境的行为之间，在客观上亦存在着不可分割的手段与目的的牵连关系，前者即行贿行为构成了后者即走私普通货物行为的组成部分，从而与后者构成了方法上的牵连犯罪。总之，向海关人员行贿的行为，与将货物走私入境的行为，属于两个独立的犯罪行为，触犯了两个性质完全不同的罪名即单位行贿罪与走私普通货物罪，并且都是出于将货物走私进口成功这一犯罪目的，而且在客观上存在着手段与目的的牵连关系，因此，应以牵连犯罪论处，择一重罪即走私普通货物罪定罪处罚，而不应实行数罪并罚。

——《刑事审判参考》(总第43辑)。

429 单位走私犯罪的定罪量刑标准

关键词｜单位走私犯罪｜定罪量刑标准｜

【最高人民法院司法解释】

第二十四条　单位犯刑法第一百五十一条、第一百五十二条规定之罪，依照本解释规定的标准定罪处罚。

单位犯走私普通货物、物品罪，偷逃应缴税额在二十万元以上不满一百万元的，应当依照刑法第一百五十三条第二款的规定，对单位判处罚金，并对其直接负责的主管人员和其他直接责任人员，处三年以下有期徒刑或者拘役；偷逃应缴税额在一百万元以上不满五百万元的，应当认定为"情节严重"；偷逃应缴税额在五百万元以上的，应当认定为"情节特别严重"。

——《最高人民法院、最高人民检察院关于办理走私刑事案件适用法律若干问题的解释》(2014年9月10日，法释〔2014〕10号)。

【链接：理解与适用】

1. 单位走私普通货物、物品罪的定罪量刑标准。《走私解释(一)》规定单位走私普通货物、物品罪的定罪量刑标准按照自然人犯罪标准的五倍掌握。《解释》第二十四条将之下调为自然人犯罪标准的二倍，主要有以下几点考虑：(1)刑法第一百五十三条对于走私普通货物、物品罪区分单位犯罪和自然人犯罪配置了不同的法定刑，其中单位犯罪的刑罚明显要轻于自然人犯罪，这一点在确定单位犯罪的定罪量刑标准时也应有所体现。(2)随着公司设立门槛的不断降低，单位走私犯罪数量的急剧攀升，单位利益与个人利益更趋紧密，在预留出行政处罚必要空间的基础上，单位犯罪的定罪量刑标准与自然人犯罪不宜拉开过大。(3)按照二倍标准把握，《解释》实际上将《走私解释(一)》原确定的二十五万元、七十五万元、二百五十万元三个量刑档次起点数额调整为二十万元、一百万元、五百万元。两相比较，入罪门槛基本相当但不同量刑档次的数额标准明显拉大，既可以避免案件总体数量的大起大落，同时也为均衡量刑预留出了更大的裁量空间。

2. 单位走私特定对象犯罪的定罪处罚标准。《解释》第二十四条沿用了《走私解释(一)》的做法，规定对单位走私特定对象犯罪适用与自然人犯罪相同的定罪处罚标准。其主要考虑有两点：一是刑法对于单位实施的走私特定对象犯罪与走私普通货物、物品罪在处罚规定上有所不同。单位犯前者罪与自然人犯罪同罪同罚，单位犯后者罪的处罚则轻于自然人犯罪，体现出了立法机关对于单位实施走私特定对象犯罪与自然人犯罪处罚上不作区分的倾向性立场。二是走私特定对象犯罪与走私普通货物、物品罪的危害性具体表现有所不同。走私普通货物、物品罪的危害性主要表现为偷逃税款及由此给国家造成的经济损失，而走私特定对象犯罪的危害性主要表现为对国家出于经济、社会、国防、环境安全等制定的管理制度的侵害，危害性质明显更为严重，依法应予更为严厉的否定评价。

——裴显鼎等：《〈关于办理走私刑事案件适用法律若干问题的解释〉的理解与适用》，载最高人民法院刑事审判第一、二、三、四、五庭主办：《刑事审判参考》（总第100辑），法律出版社2015年版，第160—161页。

430 单位走私犯罪中主管人员或者直接责任人员又构成个人走私犯罪的处理

关键词 | 走私罪 | 单位走私犯罪 | 个人走私犯罪 | 数罪并罚 |

【最高人民法院司法文件】

十八、关于单位走私犯罪及其直接负责的主管人员和直接责任人员的认定问题

具备下列特征的，可以认定为单位走私犯罪：（1）以单位的名义实施走私犯罪，即由单位集体研究决定，或者由单位的负责人或者被授权的其他人员决定、同意；（2）为单位谋取不正当利益或者违法所得大部分归单位所有。

依照《最高人民法院关于审理单位犯罪案件具体应用法律有关问题的解释》第二条的规定，个人为进行违法犯罪活动而设立的公司、企业、事业单位实施犯罪的，或者个人设立公司、企业、事业单位后，以实施犯罪为主要活动的，不以单位犯罪论处。单位是否以实施犯罪为主要活动，应根据单位实施走私行为的次数、频度、持续时间、单位进行合法经营的状况等因素综合考虑认定。

根据单位人员在单位走私犯罪活动中所发挥的不同作用，对其直接负责的主管人员和其他直接责任人员，可以确定为一人或者数人。对于受单位领导指派而积极参与实施走私犯罪行为的人员，如果其行为在走私犯罪的主要环节起重要作用的，可以认定为单位犯罪的直接责任人员。

——《最高人民法院、最高人民检察院、海关总署办理走私刑事案件适用法律若干问题的意见》（2002年7月8日，法〔2002〕139号）。

【链接：最高人民法院法官著述】

行为人多次参与走私活动，有的行为构成单位走私犯罪，有的行为则构成个人走私犯罪，均应依法处理，但对于具体如何处理，有不同看法。一种意见认为，对于单位犯罪和个人犯罪应从犯罪数额、危害后果等方面区分主次，按主要的犯罪处理，即如果单位走私是主要的，全案均认定为单位犯罪（具体罪名不同的除外），反之则全案认定为个人犯罪；量刑时按相加后的数额确定刑罚，如果按单位犯罪处罚的，应当酌情从重，反之则酌情从轻。这一观点的主要理由是同种数罪不得并罚。另一种意见认为，作为单位的主管人员或者直接责任人员构成的走私罪与其作为自然人犯罪主体构成的走私罪是两回事，不能混淆。因此，两者即使具体罪名相同，也应当实行数罪并罚。理由是：同种数罪不得并罚只是一条理论原则，不是刑法上的禁止性规定，应当允许有例外情况。判决宣告后发现漏罪或者又犯新罪的情形就属于例外。笔者倾向于后一种意见。在具体判决的时候可以做些技术处理。《关于办理走私刑事案件适用法律若干问题的意见》之所以没有涉及这个问题，是因为这种犯罪现象尚不具有普遍性，可以留给个案处理。

——《走私犯罪的认定及法律适用》，载《人民司法》2002 年第 9 期。

431 单位走私犯罪与个人走私犯罪的区分

关键词 | 单位走私犯罪 | 个人走私犯罪 |

【最高人民法院参考案例】

王红梅、王宏斌、陈一平走私普通货物、虚开增值税专用发票案（《刑事审判参考》案例第 336 号）

要旨：以单位名义实施走私犯罪，没有证据证实违法所得被实施犯罪的个人占有或者私分的，应当根据有利于被告人的原则，认定为单位走私犯罪。

以单位名义实施走私犯罪，现有证据只能证实少量违法所得用于单位的经营活动，绝大部分违法所得的去向无法查清的，应当根据有利于被告人的原则，认定为单位走私犯罪，而非个人犯罪。相关人员应承担单位犯罪中直接负责的主管人员和其他直接责任人员的刑事责任。

——《刑事审判参考》（总第 43 辑）。

林春华等走私普通货物案（《刑事审判参考》案例第 18 号）

要旨：以公司名义进行走私，违法所得归个人所有的，是个人犯罪。

本案被告人用来进行走私的四个公司中,宏威公司是林春华与其妻兄共同注册的有限责任公司,属于刑法第三十条所指的“公司”,但该公司实际由林春华个人出资、控制,走私的决定是林春华基于个人意志作出,违法所得亦归林个人所有,依解释规定不符合单位犯罪的条件;此外,宏威公司虽不是为走私而设,但 1997 年以后,该公司就是以进行走私为其主要活动,不能以单位犯罪论处。

——《刑事审判参考》(总第 3 辑)。

432 单位走私犯罪中直接责任人员为数人时的处理

关键词 | 单位走私犯罪 | 直接责任人员 |

【最高人民法院司法解释】

在审理单位故意犯罪案件时,对其直接负责的主管人员和其他直接责任人员,可不区分主犯、从犯,按照其在单位犯罪中所起的作用判处刑罚。

——《最高人民法院关于审理单位犯罪案件对其直接负责的主管人员和其他直接责任人员是否区分主犯、从犯问题的批复》(2000 年 10 月 10 日,法释〔2000〕31 号)。

【最高人民法院司法文件】

(一)关于单位犯罪问题

根据刑法和《最高人民法院关于审理单位犯罪案件具体应用法律有关问题的解释》的规定,以单位名义实施犯罪,违法所得归单位所有的,是单位犯罪。

1. 单位的分支机构或者内设机构、部门实施犯罪行为的处理。以单位的分支机构或者内设机构、部门的名义实施犯罪,违法所得亦归分支机构或者内设机构、部门所有的,应认定为单位犯罪。不能因为单位的分支机构或者内设机构、部门没有可供执行罚金的财产,就不将其认定为单位犯罪,而按照个人犯罪处理。

2. 单位犯罪直接负责的主管人员和其他直接责任人员的认定:直接负责的主管人员,是在单位实施的犯罪中起决定、批准、授意、纵容、指挥等作用的人员,一般是单位的主管负责人,包括法定代表人。其他直接责任人,是在单位犯罪中具体实施犯罪并起较大作用的人员,既可以是单位的经营管理人员,也可以是单位的职工,包括聘任、雇佣的人员。应当注意的是,在单位犯罪中,对于受单位领导指派或奉命而参与实施了一定犯罪行为的人员,一般不宜作为直接责任人员追究刑事责任。对单位犯罪中的直接负责的主管人员和其他直接责任人员,应根据其在单位犯罪中的地位、作用和犯罪情节,分别处以相应的刑罚,主管人员与直接责任人员,在个案中,不是当然的主、从犯关系,有的案件,主管人员与直接责任人员在实施犯罪行为的主从关系不明显的,可不分主、从犯。但具体案件可以分清主、从犯,且不分清主、从犯,在同一法定刑档次、幅度内量刑无法做到罪刑相适应的,应当分清主、从犯,依法处罚。

3. 对未作为单位犯罪起诉的单位犯罪案件的处理。对于应当认定为单位犯罪的案件,检察机关只作为自然人犯罪案件起诉的,人民法院应及时与检察机关协商,建议检察机关对犯罪单位补充起诉。如检察机关不补充起诉的,人民法院仍应依法审理,对被起诉的自然人根据指控的犯罪事实、证据及庭审查明的事实,依法按单位犯罪中的直接负责的主管人员或者其他直接责任人员追究刑事责任,并应引用刑罚分则关于单位犯罪追究直接负责的主管人员和其他直接责任人员刑事责任的有关条款。

4. 单位共同犯罪的处理。两个以上单位以共同故意实施的犯罪,应根据各单位在共同犯罪中的地位、作用大小,确定犯罪单位。

——《全国法院审理金融犯罪案件工作座谈会纪要》(2001 年 1 月 21 日,法〔2001〕8 号)。

【链接:最高人民法院法官著述】

根据单位人员在单位走私犯罪活动中所发挥的不同作用,对其直接负责的主管人员和其他直接责任人员可以确定为一人或者数人。对于受单位领导指派而积极参与实施走私犯罪行为的人员,如果其行为在走私犯罪的主要环节起重要作用的,可以认定为单位犯罪的直接责任人员。那么,对于单位走私犯罪中的责任人员是否区分主从犯?讨论此问题的意义在于:单位偷逃应缴税额超过二百五十万元的,对责任人员是否都按《最高人民法院关于审理走私刑事案件具体应用法律若干问题的解释》认定为情节特别严重,在十年以上有期徒刑的幅度内量刑?对此有不同的理解。第一种意见认为,只要偷逃应缴税额在二百五十万元以上,且没有法定从轻、减轻情节的,都应依照《解释》规定认定为情节特别严重,在十年以上有期徒刑的幅度内,按照其在单位犯罪中所起的作用量刑。第二种意见认为,首先应当根据《解释》的规定对这些责任人员都认定为情节特别严重,然后对这些责任人员根据其在单位犯罪中所起的作用不同区分主从犯;对于从犯,可在三年以上十年以下的幅度内减轻处罚。这是因为,《最高人民法院关于审理单位犯罪案件对其直接负责的主管人员是否区分主犯、从犯问题的批复》只是规定“可不区分主从犯”。这就是说,对责任人员一般情况下不区分主从犯,但在特殊情况下可区分。并且,单位犯罪中的各个责任人员之间也是一种特殊的共同犯罪关系,对这些责任人员区分主从犯,并不违背共同犯罪理论。倾向性意见是参照《全国法院审理金融犯罪案件工作座谈会纪要》的相关精神，按上述后一种意见办理。

——《走私犯罪的认定及法律适用》，载《人民司法》2002 年第 9 期。

433 单位走私犯罪自首的认定

关键词｜单位走私犯罪｜自首｜

【最高人民法院司法文件】

二十一、关于单位走私犯罪案件自首的认定问题

在办理单位走私犯罪案件中，对单位集体决定自首的，或者单位直接负责的主管人员自首的，应当认定单位自首。认定单位自首后，如实交代主要犯罪事实的单位负责的其他主管人员和其他直接责任人员，可视为自首，但对拒不交代主要犯罪事实或逃避法律追究的人员，不以自首论。

——《最高人民法院、最高人民检察院、海关总署办理走私刑事案件适用法律若干问题的意见》（2002 年 7 月 8 日，法〔2002〕139 号）。

【链接：最高人民法院法官著述】

第四，对于单位走私犯罪应否构成自首？单位是否可以认定自首？多数人认为，原则上应当认定单位犯罪的自首情节。那么如何认定单位自首？主要有两种观点。第一种观点认为，只要单位犯罪的直接负责的主管人员自首，就应对单位认定自首；单位被认定自首后，单位负责的主管人员和直接责任人员也就应当认定为自首，但对于拒不交代主要犯罪事实或逃避法律追究的部分责任人员，不得以自首论。第二种观点认为，认定单位自首后，如实交代主要犯罪事实的单位负责的其他主管人员和其他直接责任人员不认定自首，但可以依照刑法第六十七条第一款的规定从轻、减轻或者免除处罚。《办理走私刑事案件适用法律若干问题的意见》基本上按第一种观点作出规定：原则上，应当认定单位犯罪的自首情节。只要单位犯罪的直接负责的主管人员自首，就应对单位认定自首；单位被认定自首后，单位负责的主管人员和直接责任人员也就应当认定为自首，但对于拒不交代主要犯罪事实或逃避法律追究的部分责任人员，不得以自首论。

——《走私犯罪的认定及法律适用》，载《人民司法》2002 年第 9 期。

434 境外公司、企业或者其他组织能否成为单位走私犯罪主体

关键词｜单位走私犯罪｜境外公司、企业、其他组织｜

【最高人民法院司法文件】

十七、关于单位走私犯罪案件诉讼代表人的确定及其相关问题

单位走私犯罪案件的诉讼代表人,应当是单位的法定代表人或者主要负责人。单位的法定代表人或者主要负责人被依法追究刑事责任或者因其他原因无法参与刑事诉讼的,人民检察院应当另行确定被告单位的其他负责人作为诉讼代表人参加诉讼。

接到出庭通知的被告单位的诉讼代表人应当出庭应诉。拒不出庭的,人民法院在必要的时候,可以拘传到庭。

对直接负责的主管人员和其他直接责任人员均无法归案的单位走私犯罪案件,只要单位走私犯罪的事实清楚、证据确实充分,且能够确定诉讼代表人代表单位参与刑事诉讼活动的,可以先行追究该单位的刑事责任。

被告单位没有合适人选作为诉讼代表人出庭的,因不具备追究该单位刑事责任的诉讼条件,可按照单位犯罪的条款先行追究单位犯罪中直接负责的主管人员或者其他直接责任人员的刑事责任。人民法院在对单位犯罪中直接负责的主管人员或者直接责任人员进行判决时,对于扣押、冻结的走私货物、物品、违法所得以及属于犯罪单位所有的走私犯罪工具,应当一并判决予以追缴、没收。

——《最高人民法院、最高人民检察院、海关总署办理走私刑事案件适用法律若干问题的意见》(2002 年 7 月 8 日,法〔2002〕139 号)。

【链接:最高人民法院法官著述】

第一,境外公司、企业或者其他组织能否成为单位走私犯罪主体?实践中,境外公司、企业、组织实施、参与或雇佣他人实施的走私犯罪案件时有发生,多数是境外的公司、企业雇佣外籍船只运送货物走私入境。对这类案件的审理,主要存在以下特点:(1)公诉机关一般以个人走私起诉;(2)有证据表明行为人只是受雇于境外的企业、组织进行走私,具体行为人不参与分赃,只领取佣金,若以个人走私对行为人定罪量刑,明显有失公平;(3)若对境外组织指挥的企业、组织以单位走私犯罪进行处罚,则难以查明、确定该境外企业、组织的性质,且在判决后难以执行;(4)若以单位犯罪起诉,该单位不派诉讼代表人出庭,在这种情况下对境外企业、公司、组织作出判决不能收到好的社会效果;(5)若以个人走私犯罪认定,在财产刑上,因当事人是境外人,其个人财产在境外,难以执行。而走私船只是公司、企业的财产,依刑法第六十四条规定,又不能作为犯罪分子本人的财产予以没收,使犯罪单位逍遥法外。各地法院对这种情形的处理不统一,有的按个人走私处理,有的按单位犯罪追究直接责任人员处理。因情况较为复杂,《办理走私刑事案件适用法

律若干问题的意见》对此暂未涉及。笔者倾向于原则上境外公司、企业或者其他组织可以成为单位走私犯罪主体。对于涉及境外单位的案件，如无充分证据证明系境外单位走私的，只能以个人走私定罪量刑；如果有充分证据证明系境外单位走私，则应对具体的走私行为人按照单位犯罪中的直接责任人员追究刑事责任，并引用刑法分则关于单位犯罪追究直接责任人员刑事责任的有关条款；如果走私船只的所有人对走私行为并不知情，则不能没收走私船只。

——《走私犯罪的认定及法律适用》，载《人民司法》2002 年第 9 期。

435 单位走私犯罪中直接负责的主管人员和直接责任人员因死亡等原因不能归案案件的处理

关键词 | 单位走私犯罪 | 诉讼代表人 |

【最高人民法院司法文件】

十七、关于单位走私犯罪案件诉讼代表人的确定及其相关问题

单位走私犯罪案件的诉讼代表人，应当是单位的法定代表人或者主要负责人。单位的法定代表人或者主要负责人被依法追究刑事责任或者因其他原因无法参与刑事诉讼的，人民检察院应当另行确定被告单位的其他负责人作为诉讼代表人参加诉讼。

接到出庭通知的被告单位的诉讼代表人应当出庭应诉。拒不出庭的，人民法院在必要的时候，可以拘传到庭。

对直接负责的主管人员和其他直接责任人员均无法归案的单位走私犯罪案件，只要单位走私犯罪的事实清楚、证据确实充分，且能够确定诉讼代表人代表单位参与刑事诉讼活动的，可以先行追究该单位的刑事责任。

被告单位没有合适人选作为诉讼代表人出庭的，因不具备追究该单位刑事责任的诉讼条件，可按照单位犯罪的条款先行追究单位犯罪中直接负责的主管人员或者其他直接责任人员的刑事责任。人民法院在对单位犯罪中直接负责的主管人员或者直接责任人员进行判决时，对于扣押、冻结的走私货物、物品、违法所得以及属于犯罪单位所有的走私犯罪工具，应当一并判决予以追缴、没收。

——《最高人民法院、最高人民检察院、海关总署办理走私刑事案件适用法律若干问题的意见》（2002 年 7 月 8 日，法〔2002〕139 号）。

【链接：最高人民法院法官著述】

第五，如何把握单位走私犯罪案件诉讼代表人的确定及其相关问题？首先，犯

罪单位的诉讼代表人与被指控为单位犯罪的直接负责的主管人员是同一人的，能否由该人“一身兼二任”？此问题本来已在最高人民法院《关于执行刑事诉讼法若干问题的解释》第二百零八条第二款中解决了，其答案很明确：不得“一身兼二任”，人民法院应当要求人民检察院另行确定被告单位的法定代表人参加诉讼。该解释的理由主要是：犯罪单位和单位犯罪直接负责的主管人员属于并立的刑事责任承受主体，在诉讼过程中可能存在着利益冲突。该解释无疑是正确的。但是，由于实践中确定诉讼代表人比较困难，上述解释的内涵又没有得到司法界的充分理解，致使许多单位走私犯罪案件的诉讼程序因而搁浅。因此，有必要在《办理走私刑事案件适用法律若干问题的意见》（以下简称《意见》）中予以重申：单位走私犯罪案件的诉讼代表人应当是单位的法定代表人或者主要负责人。单位的法定代表人或者主要负责人被依法追究刑事责任或者因其他原因无法参与刑事诉讼的，人民检察院应当另行确定被告单位的其他负责人作为诉讼代表人参加诉讼。《意见》同时重申：“接到出庭通知的被告单位的诉讼代表人应当出庭应诉。拒不出庭的，人民法院在必要的时候，可以拘传到庭。”其次，对于单位犯罪的直接负责的主管人员和直接责任人员因死亡等原因不能归案的，如何处理？多数人的意见是：如果能够确定被告单位的诉讼代表人出庭且能查明单位走私犯罪的案件事实的，应对犯罪单位进行审理并作出判决，因为被告单位及其财产毕竟还存在。少数人认为，应依照刑事诉讼法第十五条第一款第（五）项的规定终止诉讼，理由是与犯罪行为有关系的被告人已经死亡或者不能归案，必定无法查明案情，诉讼在客观上无法进行下去。《意见》采纳了多数人观点，指出：对直接负责的主管人员和其他直接责任人员均无法归案的单位走私犯罪案件，只要单位走私犯罪的事实清楚、证据确实充分，且能够确定诉讼代表人代表单位参与刑事诉讼活动的，可以先行追究该单位的刑事责任。再次，对于确实无法确定走私犯罪单位的诉讼代表人，但单位犯罪中直接负责的主管人员或者直接责任人员已经归案的，如何处理？这种情形下，应当依照刑法分则关于单位走私犯罪的条款追究自然人的刑事责任，对犯罪单位中止审理。这就是说，被告单位没有合适人选作为诉讼代表人出庭的，因不具备追究该单位刑事责任的诉讼条件，可按照单位犯罪的条款先行追究单位犯罪中直接负责的主管人员或者其他直接责任人员的刑事责任。同时，人民法院在对单位犯罪中直接负责的主管人员或者直接责任人员进行判决时，对于扣押、冻结的走私货物、物品、违法所得以及属于犯罪单位所有的走私犯罪工具，应当一并判决予以追缴、没收。

——《走私犯罪的认定及法律适用》，载《人民司法》2002 年第 9 期。

436 如何追究海上走私犯罪的运输人的刑事责任

关键词 | 走私罪 | 海上走私犯罪 | 共同犯罪 |

【最高人民法院司法文件】

十四、关于海上走私犯罪案件如何追究运输人的刑事责任问题

对刑法第一百五十五条第(二)项规定的实施海上走私犯罪行为的运输人、收购人或者贩卖人应当追究刑事责任。对运输人,一般追究运输工具的负责人或者主要责任人的刑事责任,但对于事先通谋的、集资走私的、或者使用特殊的走私运输工具从事走私犯罪活动的,可以追究其他参与人员的刑事责任。

——《最高人民法院、最高人民检察院、海关总署办理走私刑事案件适用法律若干问题的意见》(2002 年 7 月 8 日,法〔2002〕139 号)。

【链接：最高人民法院法官著述】

第二,关于海上走私犯罪的共犯问题,即如何追究海上走私犯罪的运输人的刑事责任?根据刑法第一百五十五条第(二)项的规定,在内海、领海运输、收购、贩卖国家禁止进出口物品的,或者运输、收购、贩卖国家限制进出口的货物、物品,数额较大,没有合法证明的,以走私犯罪论处。实践中遇到的此类案件,往往只有运输人而没有货主被查获,这种情况给案件的处理带来了难度。目前面临的主要问题有:第一,在没有查获货主的情况下,能否追究运输人的刑事责任?第二,在追究运输人刑事责任时如何掌握打击面?《意见》对此作了原则性的规范:对刑法第一百五十五条第(二)项规定的实施海上走私犯罪行为的运输人、收购人或者贩卖人应当追究刑事责任。对运输人,一般追究运输工具的负责人或者主要责任人的刑事责任,但对于事先通谋的、集资走私的,或者使用特殊的走私运输工具从事走私犯罪活动的,可以追究其他参与人员的刑事责任。

——《走私犯罪的认定及法律适用》,载《人民司法》2002 年第 9 期。

(二)具体走私犯罪

437 走私武器、弹药罪定罪量刑标准的把握

关键词 | 走私武器、弹药罪 | 定罪量刑标准 |

【最高人民法院司法解释】

第一条　走私武器、弹药,具有下列情形之一的,可以认定为刑法第一百五十一条第一款规定的“情节较轻”:

(一)走私以压缩气体等非火药为动力发射枪弹的枪支二支以上不满五支的;

(二)走私气枪铅弹五百发以上不满二千五百发,或者其他子弹十发以上不满五十发的;

(三)未达到上述数量标准,但属于犯罪集团的首要分子,使用特种车辆从事走私活动,或者走私的武器、弹药被用于实施犯罪等情形的;

(四)走私各种口径在六十毫米以下常规炮弹、手榴弹或者枪榴弹等分别或者合计不满五枚的。

具有下列情形之一的,依照刑法第一百五十一条第一款的规定处七年以上有期徒刑,并处罚金或者没收财产:

(一)走私以火药为动力发射枪弹的枪支一支,或者以压缩气体等非火药为动力发射枪弹的枪支五支以上不满十支的;

(二)走私第一款第二项规定的弹药,数量在该项规定的最高数量以上不满最高数量五倍的;

(三)走私各种口径在六十毫米以下常规炮弹、手榴弹或者枪榴弹等分别或者合计达到五枚以上不满十枚,或者各种口径超过六十毫米以上常规炮弹合计不满五枚的;

(四)达到第一款第一、二、四项规定的数量标准,且属于犯罪集团的首要分子,使用特种车辆从事走私活动,或者走私的武器、弹药被用于实施犯罪等情形的。

具有下列情形之一的,应当认定为刑法第一百五十一条第一款规定的“情节特别严重”:

(一)走私第二款第一项规定的枪支,数量超过该项规定的数量标准的;

(二)走私第一款第二项规定的弹药,数量在该项规定的最高数量标准五倍以上的;

(三)走私第二款第三项规定的弹药,数量超过该项规定的数量标准,或者走私具有巨大杀伤力的非常规炮弹一枚以上的;

(四)达到第二款第一项至第三项规定的数量标准,且属于犯罪集团的首要分子,使用特种车辆从事走私活动,或者走私的武器、弹药被用于实施犯罪等情形的。

走私其他武器、弹药,构成犯罪的,参照本条各款规定的标准处罚。

第二条　刑法第一百五十一条第一款规定的“武器、弹药”的种类,参照《中华人民共和国进口税则》及《中华人民共和国禁止进出境物品表》的有关规定确定。

第三条 走私枪支散件，构成犯罪的，依照刑法第一百五十一条第一款的规定，以走私武器罪定罪处罚。成套枪支散件以相应数量的枪支计，非成套枪支散件以每三十件为一套枪支散件计。

第四条 走私各种弹药的弹头、弹壳，构成犯罪的，依照刑法第一百五十一条第一款的规定，以走私弹药罪定罪处罚。具体的定罪量刑标准，按照本解释第一条规定的数量标准的五倍执行。

走私报废或者无法组装并使用的各种弹药的弹头、弹壳，构成犯罪的，依照刑法第一百五十三条的规定，以走私普通货物、物品罪定罪处罚；属于废物的，依照刑法第一百五十二条第二款的规定，以走私废物罪定罪处罚。

弹头、弹壳是否属于前款规定的“报废或者无法组装并使用”或者“废物”，由国家有关技术部门进行鉴定。

——《最高人民法院、最高人民检察院关于办理走私刑事案件适用法律若干问题的解释》（2014 年 9 月 10 日，法释〔2014〕10 号）。[①]

【链接：理解与适用】

1. 枪支的划分。枪支是走私武器、弹药刑事案件中最为常见的走私对象，《走私解释（一）》第一条将枪支划分为“军用”与“非军用”，并据此规定了不同的定罪量刑标准。实践中反映，该分类方法存在多方面问题：一是从法律规定看，无论是枪支管理法还是刑法，均未见“军用枪支”“非军用枪支”的分类，使用该分类的法律依据不足。二是根据《公安机关涉案枪支弹药性能鉴定工作规定》的规定，枪支鉴定机构对涉案枪支只作是否为“制式”还是“非制式”的鉴定，无法作“军用”“非军用”的鉴定，司法机关在办理走私枪支犯罪案件时，经常面临司法鉴定意见与司法解释规定不相衔接的尴尬局面。三是“军用枪支”和“非军用枪支”的分类未能准确反映枪支分类的实际情况。例如，为适应公安民警执行公务需要，有关部门专门研制装备了警用枪支；又如，部分从境外走私入境的枪支系外国军工厂所生产，我国并无相对应或类似的型号，这些枪支能否认定为军用枪支，实践中存在意见分歧。

针对上述问题，《解释》第一条以枪支发射枪弹的动力来源为标准，将枪支分类调整为“以火药为动力发射枪弹的枪支”和“以压缩气体等非火药为动力发射枪弹的枪支”。主要考虑是：（1）该分类符合枪支管理法第四十六条关于枪支分类的规定。该条规定，枪支是指以火药或者压缩气体等为动力，利用管状器具发射金属

---

① 对于走私以压缩气体为动力且枪口比动能较低的枪支、气枪铅弹的案件，在决定是否追究刑事责任以及如何裁量刑罚时，应当适用《最高人民法院、最高人民检察院关于涉以压缩气体为动力的枪支、气枪铅弹刑事案件定罪量刑问题的批复》（法释〔2018〕8 号）确定的综合评估社会危害性规则。

弹丸或者其他物质,足以致人伤亡或者丧失知觉的各种枪支。(2)该分类可以更为客观地反映枪支的实际杀伤力。通常情况下,无论是制式或者非制式,军用或者非军用,以火药为动力发射枪弹的枪支,其实际杀伤性能往往要大于以压缩气体为动力发射枪弹的枪支。(3)该分类符合有关涉枪支犯罪司法解释的发展沿革:1995年《最高人民法院关于办理非法制造、买卖、运输非军用枪支、弹药刑事案件适用法律问题的解释》最早使用了“非军用枪支、弹药”的概念。《走私解释(一)》沿用了该司法解释的规定,将走私犯罪涉案枪支分为“军用”与“非军用”。2001年《最高人民法院关于审理非法制造、买卖、运输枪支、弹药、爆炸物等刑事案件具体应用法律若干问题的解释》(以下简称《枪支、弹药、爆炸物解释》)根据枪支动力来源的不同,将非军用枪支进一步划分为“以火药为动力发射枪弹”和“以压缩气体为动力发射枪弹”,并就“军用枪支”与“以火药为动力发射枪弹的非军用枪支”规定了相同的定罪量刑标准。《枪支、弹药、爆炸物解释》对枪支分类作出重要调整,正是考虑到无论是军用还是非军用枪支,只要是以火药为动力发射枪弹,所造成的杀伤力基本相当,而以压缩气体为动力发射枪弹的枪支,其威力通常要远小于以火药为动力发射枪弹的枪支。

2. 弹药的划分。与走私枪支相对应,《走私解释(一)》第一条将子弹分为“军用子弹”与“非军用子弹”,并分别规定了不同的定罪量刑标准。对此,实践中反映,气枪铅弹与其他弹药特别是以火药为动力发射的弹药的社会危害性存在重大差别,《走私解释(一)》的分类标准未能充分体现这一特点。为更好地实现罪刑相适应,《解释》不再以“军用”和“非军用”作为子弹划分的标准,而是按照发射动力的不同,将其分为“气枪铅弹”和“其他子弹”,并分别规定了不同的定罪量刑标准。适用本规定时需要注意,《解释》不再区分“军用子弹”与“非军用子弹”,除气枪铅弹外,走私其他子弹的,按同一个定罪量刑标准进行处理。这样规定,主要是考虑到除气枪铅弹外,其他子弹多是以火药为动力发射,杀伤力大,有必要予以严厉打击。同时,对于气枪铅弹的范围,实践中可以按照《公安机关涉案枪支弹药性能鉴定工作规定》关于“弹药”的鉴定标准予以认定。

3. 武器、弹药的种类。除《解释》所明确的各种武器、弹药之外,《解释》起草过程中对于爆炸物是否属于走私弹药罪的犯罪对象存在不同看法。一种意见认为,《进口税则》将爆炸物规定在“炸药;烟火制品;火柴;引火合金;易燃材料制品”章节中,而非在“武器、弹药及其零件、附件”章节中规定,从罪刑法定原则的角度,走私爆炸物的行为不宜以走私弹药罪处理,其中数量较大的,可以走私国家禁止进出口的货物、物品罪或走私普通货物、物品罪定罪处罚。基于以下两点考虑,我们认为将走私爆炸物的行为以走私弹药罪定罪处罚是必要而妥当的:一是走私弹药罪在社会危害性、行为方式等方面,与非法制造、买卖、运输、邮寄、储存枪支、弹药、爆炸物罪类似，两罪的法定刑配置也基本相同（均为三年以上有期徒刑至死刑），如将走私爆炸物的行为以走私国家禁止进出口的货物、物品罪（法定最高刑为十五年有期徒刑）或者走私普通货物、物品罪（法定最高刑为无期徒刑）处理，将会出现对在国内非法买卖、运输、邮寄、储存相同数量爆炸物行为的处罚重于走私的不合理情况。二是《进口税则》将爆炸物规定在"炸药；烟火制品；火柴；引火合金；易燃材料制品"章节中，主要是出于方便海关对进出口商品进行管理及计核应缴税额的需要，爆炸物的属性不因该规定而改变。事实上，手榴弹、枪榴弹、炮弹等弹药就是装有炸药、火药或其他爆炸物的有壳物体，与相同重量的爆炸物相比，在杀伤力等方面并无本质差别，在进出口领域的实际管控措施上也基本相同。正是基于此，《解释》第二条在武器、弹药种类规定的措辞上，特别强调"参照"而非完全"按照"《进口税则》及《禁止进出境物品表》的有关规定确定。对于爆炸物的具体范围，实践中可以按照《军品出口管理清单》《民用爆炸物品品名表》的规定进行认定。

——裴显鼎等：《〈关于办理走私刑事案件适用法律若干问题的解释〉的理解与适用》，载最高人民法院刑事审判第一、二、三、四、五庭主办：《刑事审判参考》（总第100辑），法律出版社2015年版，第145—148页。

438 走私仿真枪、管制刀具行为的定罪处罚

关键词 | 走私武器、弹药罪 | 走私国家禁止进出口的货物、物品罪 | 仿真枪 | 管制刀具 |

【最高人民法院司法解释】

第五条 走私国家禁止或者限制进出口的仿真枪、管制刀具，构成犯罪的，依照刑法第一百五十一条第三款的规定，以走私国家禁止进出口的货物、物品罪定罪处罚。具体的定罪量刑标准，适用本解释第十一条第一款第六、七项和第二款的规定。

走私的仿真枪经鉴定为枪支，构成犯罪的，依照刑法第一百五十一条第一款的规定，以走私武器罪定罪处罚。不以牟利或者从事违法犯罪活动为目的，且无其他严重情节的，可以依法从轻处罚；情节轻微不需要判处刑罚的，可以免予刑事处罚。

第十一条 走私国家禁止进出口的货物、物品，具有下列情形之一的，依照刑法第一百五十一条第三款的规定处五年以下有期徒刑或者拘役，并处或者单处罚金：

（一）走私国家一级保护野生植物五株以上不满二十五株，国家二级保护野生植物十株以上不满五十株，或者珍稀植物、珍稀植物制品数额在二十万元以上不满

一百万元的；

（二）走私重点保护古生物化石或者未命名的古生物化石不满十件，或者一般保护古生物化石十件以上不满五十件的；

（三）走私禁止进出口的有毒物质一吨以上不满五吨，或者数额在二万元以上不满十万元的；

（四）走私来自境外疫区的动植物及其产品五吨以上不满二十五吨，或者数额在五万元以上不满二十五万元的；

（五）走私木炭、硅砂等妨害环境、资源保护的货物、物品十吨以上不满五十吨，或者数额在十万元以上不满五十万元的；

（六）走私旧机动车、切割车、旧机电产品或者其他禁止进出口的货物、物品二十吨以上不满一百吨，或者数额在二十万元以上不满一百万元的；

（七）数量或者数额未达到本款第一项至第六项规定的标准，但属于犯罪集团的首要分子，使用特种车辆从事走私活动，造成环境严重污染，或者引起甲类传染病传播、重大动植物疫情等情形的。

具有下列情形之一的，应当认定为刑法第一百五十一条第三款规定的“情节严重”：

（一）走私数量或者数额超过前款第一项至第六项规定的标准的；

（二）达到前款第一项至第六项规定的标准，且属于犯罪集团的首要分子，使用特种车辆从事走私活动，造成环境严重污染，或者引起甲类传染病传播、重大动植物疫情等情形的。

——《最高人民法院、最高人民检察院关于办理走私刑事案件适用法律若干问题的解释》（2014 年 9 月 10 日，法释〔2014〕10 号）。

【链接：理解与适用】

1. 走私仿真枪、管制刀具行为的性质认定。《走私解释（一）》第一条第六款规定，走私管制刀具、仿真枪支构成犯罪的，以走私普通货物、物品罪定罪处罚。《解释》第五条第一款将之修改为，走私仿真枪、管制刀具等禁止或限制进出口货物、物品，构成犯罪的，以走私国家禁止进出口的货物、物品罪定罪处罚。其主要考虑是：（1）根据《禁止进出境物品表》以及《海关总署关于〈中华人民共和国禁止进出境物品表〉和〈中华人民共和国限制进出境物品表〉有关问题解释的公告》《海关总署关于将仿真武器列为禁止进出境物品的通知》等规范性文件的规定，仿真枪属于禁止进出口的货物、物品，管制刀具属于限制进出口的物品，均不属于走私普通货物、物品罪的犯罪对象。（2）仿真枪、管制刀具属于非涉税的货物、物品，而构成走私普通货物、物品罪要求行为人偷逃税额达到一定的数额标准，以至于实践当中往往只好采取参照玩具、厨具或者武器的进出口税率来核定走私仿真枪、管制刀具偷逃税额这种具有争议的做法。(3)《走私解释(一)》规定走私仿真枪、管制刀具的行为按走私普通货物、物品罪处理，主要是受到当时走私犯罪罪名体系的制约，实属不得已而为之。在刑法修正案(七)新增设了走私国家禁止进出口的货物、物品罪后，将走私禁止或者限制进出口的仿真枪、管制刀具的行为纳入该罪处理，符合其行为特征。

2. 走私仿真枪、管制刀具的定罪量刑标准。《解释》第五条第一款以指引的方式就走私仿真枪、管制刀具的定罪量刑标准作了规定，即应适用《解释》第十一条第一款第(六)(七)项和第二款的规定。适用该标准时应注意，《解释》第十一条第一款第(六)项采用的是数额与数量标准并列规定的方式，行为人走私仿真枪、管制刀具的数额或者数量达到其中任一标准，即应定罪处罚。

3. 走私的仿真枪经鉴定为枪支的处理。根据有关枪支性能鉴定标准及仿真枪管理的规定，发射弹丸的枪口比动能大于或者等于 1.8 焦耳/平方厘米的仿真枪，认定为枪支。据此，《解释》第五条第二款规定，走私的仿真枪经鉴定为枪支，构成犯罪的，应以走私武器罪定罪处罚。同时，考虑到实践中查获的仿真枪多是刚达到或者超出前述枪支鉴定标准，行为人走私仿真枪多是出于个人爱好，并非为了从事违法犯罪活动，此种情形的处理与其他走私枪支的行为应有所区别。为此，《解释》第五条第二款同时规定，走私的仿真枪虽经鉴定为枪支并构成犯罪，但不是以牟利或者从事违法犯罪活动为目的的走私，且无其他严重情节的，可以依法从宽处理。

适用本条规定时需注意，仿真枪的认定以公安部门作出的鉴定意见为准。2008 年《公安部关于印发〈仿真枪认定标准〉的通知》明确，仿真枪的认定工作由县级或者县级以上公安机关负责，对能够发射弹丸需要进行鉴定的，由县级以上公安机关刑事技术部门负责按照《枪支致伤力的法庭科学鉴定判据》、参照《公安机关涉案枪支弹药性能鉴定工作规定》从其所发射弹丸的能量进行鉴定是否属于枪支。

——裴显鼎等:《〈关于办理走私刑事案件适用法律若干问题的解释〉的理解与适用》，载最高人民法院刑事审判第一、二、三、四、五庭主办:《刑事审判参考》(总第 100 辑)，法律出版社 2015 年版，第 148—149 页。

439 走私仿真枪案件中鉴定机构的确定

关键词 | 走私国家禁止进出口的货物、物品罪 | 仿真枪 | 鉴定 |

【最高人民法院参考案例】

林永杰、卢志强走私普通货物案(《刑事审判参考》案例第423号)

要旨:走私仿真枪案件在审理过程中需要注意:仿真枪的枪形物品定性鉴定应该以公安部门作出的鉴定结论为准,不能仅仅依据中国进出口商品检验公司的鉴定结论。

在本案中,所涉枪形物品仿真度极高,其技术数据及性能在一定程度上与枪支近似,普通人难以从外观上区别其究竟为枪支还是仿真枪。1996年枪支管理法第四十六条规定:"本法所称枪支,是指以火药或者压缩气体等为动力,利用管状器具发射金属弹丸或者其他物质,足以致人死亡或者丧失知觉的各种枪支。"该批枪形物品也具有一定的杀伤力,也符合枪支管理法中对发射原理的描述。而枪支管理法对"足以致人死亡或者丧失知觉"标准没有明确规定,故非专业人员难以确定该批仿真枪的杀伤力是否达到上述标准,作为专业性问题,应当由有权部门进行专门鉴定才能作为定案依据。

对于枪支的管理机关,根据枪支管理法第一条、第四条的规定,除中国人民解放军、中国人民武装警察部队和民兵装备枪支的管理外,中华人民共和国境内的枪支管理工作由国务院公安部门主管。因此,鉴于本案走私的货物比较特殊,同时依据关于仿真枪的有关规定,对于"仿真枪"等有关枪形物品定性的鉴定问题不能仅仅依据上述中国进出口商品检验公司的鉴定结论,而应当以公安部门作出的鉴定结论作为定案依据。

——《刑事审判参考》(总第54辑)。

440 走私国家限制进出口的货物、物品行为性质的认定与处理

关键词|走私珍贵动物、珍贵动物制品罪|走私国家禁止进出口的货物、物品罪|走私废物罪|走私普通货物、物品罪|

【最高人民法院司法解释】

第二十一条　未经许可进出口国家限制进出口的货物、物品,构成犯罪的,应当依照刑法第一百五十一条、第一百五十二条的规定,以走私国家禁止进出口的货物、物品罪等罪名定罪处罚;偷逃应缴税额,同时又构成走私普通货物、物品罪的,依照处罚较重的规定定罪处罚。

取得许可,但超过许可数量进出口国家限制进出口的货物、物品,构成犯罪的,依照刑法第一百五十三条的规定,以走私普通货物、物品罪定罪处罚。

租用、借用或者使用购买的他人许可证，进出口国家限制进出口的货物、物品的，适用本条第一款的规定定罪处罚。

——《最高人民法院、最高人民检察院关于办理走私刑事案件适用法律若干问题的解释》（2014 年 9 月 10 日，法释〔2014〕10 号）。

【链接：理解与适用】

1. 未经许可进出口国家限制进出口的货物、物品行为的性质认定。《解释》第二十一条第一款明确，未经许可进出口国家限制进出口的货物、物品，应当依照刑法第一百五十一条、第一百五十二条的规定，以走私国家禁止进出口的货物、物品罪等罪名定罪处罚。起草过程中有意见提出，限制进出口的货物、物品不同于禁止进出口的货物、物品，未经许可走私国家限制进出口的货物、物品，如果限制进出口的货物、物品属于涉税货物、物品的，应以走私普通货物、物品罪定罪处罚；属于非涉税货物、物品的，可不作犯罪处理。《解释》未采纳该意见，主要考虑是：禁止进出口的货物、物品包括绝对禁止和相对禁止两种，刑法规定的禁止进出口不限于绝对禁止的情形。例如，针对部分驯养繁殖的野生动植物及其制品在经国务院行政主管部门批准并取得证明书的情况下可以合法进出口的问题，全国人大常委会法工委刑法室在回复有关单位的意见中明确指出："刑法第一百五十一条规定的走私国家禁止进出口的珍贵动物、珍稀植物及其制品的行为，是指走私未经国家有关部门批准，并取得相应进出口证明的珍贵动物、珍稀植物及其制品的行为。"

2. 既逃证又逃税行为的处理。部分限制进出口的货物、物品的进出口，除需要取得行政主管部门核发的许可文件之外，还需要向海关缴纳一定的税额。因此，走私这类货物、物品还有可能同时构成走私普通货物、物品罪。与走私国家禁止进出口的货物、物品罪或者走私废物罪等罪名相比，走私普通货物、物品罪的法定最高刑更重，为依法有效打击此类犯罪，《解释》第二十一条第一款进一步明确，未经许可进出口国家限制进出口的货物、物品，偷逃应缴税额，同时又构成走私普通货物、物品罪的，依照处罚较重的规定定罪处罚。

3. 使用他人许可证进出口国家限制进出口的货物、物品行为的处理。实践中大量存在租用、借用或者使用购买的他人许可证进出口国家限制进出口的货物、物品的情形。经研究，此情形同样属于未经许可走私国家禁止进出口货物、物品的行为，应一并纳入走私国家禁止进出口的货物、物品犯罪处理。为此，《解释》第二十一条第三款规定，"租用、借用或者使用购买的他人许可证，进出口国家限制进出口的货物、物品的，适用本条第一款的规定定罪处罚"。

适用本规定时需要注意与取得许可证但超过许可数量进出口行为的区分。实践中，一些拥有限制进出口货物、物品进出口许可证的企业或个人，超出许可证规定的数量进出口限制进出口的货物、物品，对于超出部分的货物、物品按走私认定在实践中无争议，但究竟应按何罪处理则意见不一。《走私解释(二)》第八条第二款中曾就超出许可范围走私废物的行为明确了处理意见："虽经许可，但超过许可数量进口国家限制进口的可用作原料的废物，超过部分以未经许可论。"实践中对该规定的合理性以及能否适用于其他走私犯罪均不无疑问。经研究，超过许可数量的进出口与没有取得许可的进出口在主观故意和危害性方面存在明显不同：超出许可证规定范围的进出口多发生在涉证又涉税的限制进出口货物、物品中，除了解决许可证、配额不敷使用的问题之外，主要目的是逃避缴纳税款，走私犯罪人也多是从事具体经营活动的企业或者个人，具有相关行业的从业资质和条件，不同于其他走私国家禁止进出口货物、物品罪，其危害性基本可控，通常以国家税款损失为限。对于此类行为，以走私普通货物、物品罪处理即可做到罚当其罪。故此，《解释》第二十一条第二款对《走私解释(二)》规定的处理原则作出了调整，明确："取得许可，但超过许可数量进出口国家限制进出口的货物、物品，构成犯罪的，依照刑法第一百五十三条的规定，以走私普通货物、物品罪定罪处罚。"

需要指出的是，《解释》第二十一条中规定的限制进出口的货物、物品，不包括实行关税配额管理的货物、物品。根据对外贸易法、货物进出口管理条例的有关规定，国家对部分进口货物可以实行关税配额管理，属于关税配额内进口的货物，按照配额内税率缴纳关税，属于关税配额外进口的货物，按照配额外税率缴纳关税。可见，关税配额证不同于其他类型的进出口许可证，实行关税配额管理的货物在本质上与普通货物、物品是相同的，只是在适用税率上存在不同。无关税配额证的企业通过借用、租用、购买的他人配额证进出口，其行为实质是将本应按配额外税率缴税进出口的货物伪报为配额内进口，危害性主要体现为国家税款损失，故应以走私普通货物、物品罪定罪处罚。

——裴显鼎等：《〈关于办理走私刑事案件适用法律若干问题的解释〉的理解与适用》，载最高人民法院刑事审判第一、二、三、四、五庭主办：《刑事审判参考》(总第100辑)，法律出版社2015年版，第155—157页。

441 走私古脊椎动物、古人类化石行为的定性

关键词｜走私文物罪｜古脊椎动物、古人类化石｜

【最高人民法院参考案例】

蓑口义则走私文物案(《刑事审判参考》案例第416号)

要旨：走私古脊椎动物、古人类化石的行为应以走私文物罪定罪处罚，走私古

脊椎动物、古人类化石以外的其他古生物化石的行为不能以走私文物罪定罪处罚。走私古脊椎动物、古人类化石不仅在定罪而且在量刑上均应与走私文物罪保持一致，在处罚时不应有所区别。

对于走私古生物化石的行为如何定性，司法实践中存在争议：第一种观点认为，古生物化石不是文物，不能成为走私文物罪的犯罪对象，从罪刑法定原则出发，走私古生物化石的行为不可能构成走私文物罪；第二种观点认为，古生物化石虽不是文物，但其珍贵程度不亚于文物，应受到与文物同样的刑法保护，国家文物局的鉴定亦确认了本案涉及的大量古生物化石可以分别视同为国家一、二、三级文物，故古生物化石可以视同为文物予以保护，可以成为走私文物罪的犯罪对象；第三种观点则认为，古生物化石不是文物，能否视同为文物，与文物受同样的刑法保护，应当依据有关法律的规定予以确定。我们同意第三种观点，理由如下：

1. 古生物化石不是文物

一般认为，文物是历史遗留下来的在人类文化发展史上有价值的东西，是人类通过自身活动所形成的、反映人类社会一定时期的历史文化风貌、对研究人类文明发展史具有研究价值的物品。物品只有经过了修饰、加工等人类活动才有可能成为文物。而古生物化石则是古代生物的遗体或遗迹埋藏在地层中，在自然力作用下，经过漫长的时间演化变成的化石，化石的形成与人类活动无关。从本质上看，古生物化石，同石油、煤炭等一样，是一种自然资源。

从我国管理和保护古生物化石的有关规定也可以得出古生物化石不是文物的结论。在我国，负责监督和管理古生物化石的行政主管部门是国土资源部及地方各级政府地质矿产主管部门，而负责监督、管理和保护文物的行政主管部门则是国家文物局及地方各级文物行政主管部门。可见，古生物化石是作为一种自然资源而不是作为文物加以管理和保护的。

综上，古生物化石不是文物，因此，走私古生物化石的行为不能简单地等同于走私文物的行为。

2. 古生物化石能否同文物一样受到保护应依据有关法律规定予以确认

虽然古生物化石不是文物，但是否走私古生物化石的行为就一概不能认定为走私文物罪呢？是否古生物化石就不能与文物一样受刑法保护呢？答案是否定的。这里首先需要明确的是，一个语词在刑法中设定时的含义、适用范围与实际生活中的需要不一定完全一致。如信用卡在生活中一般是专指具有贷款、透支功能的银行卡，不包括没有透支功能的借记卡，而《全国人民代表大会常务委员会关于〈中华人民共和国刑法〉有关信用卡规定的解释》则将刑法中的信用卡明确为具有一项或多项金融功能的银行卡，包括了贷记卡、借记卡等。作为划定“文物”范围或视同为“文物”、与“文物”受同样保护的其他物品范围的法律依据，自然是文物保护法。作为规定文物管理、保护的专门性法律，文物保护法明确规定了受国家保护的文物的范围及相应制度，同时，也明确了与文物一样受国家保护的物品的范围。所有以文物为对象的文物犯罪行为，如果行为针对的是上述化石，同样也构成文物犯罪行为，如走私文物罪虽然是以文物为犯罪对象，但如果走私的对象是上述化石，同样可构成走私文物罪。这一点已得到立法解释的支持，2005 年 12 月 29 日通过的《全国人民代表大会常务委员会关于〈中华人民共和国刑法〉有关文物的规定适用于具有科学价值的古脊椎动物化石、古人类化石的解释》指出，“刑法有关文物的规定，适用于具有科学价值的古脊椎动物化石、古人类化石”。

须明确的是，并不是所有古生物化石都适用刑法有关文物的规定。依据文物保护法的规定，只有走私古脊椎动物化石或古人类化石才能以走私文物罪定罪处罚，而走私其他古生物化石，即便这些古生物化石可能更为珍贵，科学研究价值可能更高，也不能以走私文物罪定罪处罚。

——《刑事审判参考》(总第 53 辑)。

442 走私珍贵动物、珍贵动物制品罪的对象范围、行为方式及定罪量刑

关键词｜走私珍贵动物、珍贵动物制品罪｜珍贵动物｜珍贵动物制品｜

【最高人民法院司法解释】

第一条 具有下列情形之一的，应当认定为刑法第一百五十一条第二款规定的走私国家禁止进出口的珍贵动物及其制品：

(一)未经批准擅自进出口列入经国家濒危物种进出口管理机构公布的《濒危野生动植物种国际贸易公约》附录一、附录二的野生动物及其制品；

(二)未经批准擅自出口列入《国家重点保护野生动物名录》的野生动物及其制品。

第二条 走私国家禁止进出口的珍贵动物及其制品，价值二十万元以上不满二百万元的，应当依照刑法第一百五十一条第二款的规定，以走私珍贵动物、珍贵动物制品罪处五年以上十年以下有期徒刑，并处罚金；价值二百万元以上的，应当认定为“情节特别严重”，处十年以上有期徒刑或者无期徒刑，并处没收财产；价值二万元以上不满二十万元的，应当认定为“情节较轻”，处五年以下有期徒刑，并处罚金。

实施前款规定的行为，具有下列情形之一的，从重处罚：

(一)属于犯罪集团的首要分子的；

(二)为逃避监管,使用特种交通工具实施的;

(三)二年内曾因破坏野生动物资源受过行政处罚的。

实施第一款规定的行为,不具有第二款规定的情形,且未造成动物死亡或者动物、动物制品无法追回,行为人全部退赃退赔,确有悔罪表现的,按照下列规定处理:

(一)珍贵动物及其制品价值二百万元以上的,可以处五年以上十年以下有期徒刑,并处罚金;

(二)珍贵动物及其制品价值二十万元以上不满二百万元的,可以认定为"情节较轻",处五年以下有期徒刑,并处罚金;

(三)珍贵动物及其制品价值二万元以上不满二十万元的,可以认定为犯罪情节轻微,不起诉或者免予刑事处罚;情节显著轻微危害不大的,不作为犯罪处理。

——《最高人民法院、最高人民检察院关于办理破坏野生动物资源刑事案件适用法律若干问题的解释》(2022 年 4 月 9 日,法释〔2022〕12 号)。

【链接:理解与适用】

(一)走私珍贵动物、珍贵动物制品罪的对象范围和行为方式

《2014 年走私犯罪解释》第十条第一款规定:"刑法第一百五十一条第二款规定的'珍贵动物',包括列入《国家重点保护野生动物名录》中的国家一、二级保护野生动物,《濒危野生动植物种国际贸易公约》附录Ⅰ、附录Ⅱ中的野生动物,以及驯养繁殖的上述动物。"《解释》第一条根据相关行政法律和司法实践情况作出修改完善,主要体现在两个方面:

其一,第(一)项强调"《濒危野生动植物种国际贸易公约》附录一、附录二的野生动物及其制品"应当"经国家濒危物种进出口管理机构公布"后方可作为定罪量刑的依据。通常认为,国际条约不宜直接适用为定罪量刑依据,而是应当进行转化。对此,野生动物保护法第三十五条第一款亦规定:"中华人民共和国缔结或者参加的国际公约禁止或者限制贸易的野生动物或者其制品名录,由国家濒危物种进出口管理机构制定、调整并公布。"鉴于此,本项要求"经国家濒危物种进出口管理机构公布"。

其二,第(二)项将"列入《国家重点保护野生动物名录》的野生动物及其制品"限定为"走私出境"的情形。野生动物保护法第三十五条第二款规定:"进出口列入前款名录的野生动物或者其制品的,出口国家重点保护野生动物或者其制品的,应当经国务院野生动物保护主管部门或者国务院批准,并取得国家濒危物种进出口管理机构核发的允许进出口证明书。海关依法实施进出境检疫,凭允许进出口证明书、检疫证明按照规定办理通关手续。"据此,野生动物保护法明确规定对国家重点保护野生动物及其制品实行出口管制,但是,对进口上述动物及其制品的行为

则未予专门规制。基于走私珍贵动物、珍贵动物制品罪的行政犯属性，走私珍贵动物、珍贵动物制品罪的行为方式也限于走私出境。

（二）走私珍贵动物、珍贵动物制品罪的定罪量刑标准

《2014年走私犯罪解释》按珍贵动物的数量对走私珍贵动物罪的定罪量刑标准作了规定，据此，走私珍贵动物的，不论动物种类和珍贵程度，走私一只即构成犯罪。根据司法实践反映的问题，《解释》第二条第一款以走私珍贵动物及其制品的价值作为定罪量刑的基本标准。主要考虑：（1）依据价值标准定罪量刑具有行政法律依据和现实可操作性。野生动物保护法第四章“法律责任”部分设置的罚款多以猎获物价值、野生动物及其制品价值作为基数；同时，该法第五十七条专门规定：“本法规定的猎获物价值、野生动物及其制品价值的评估标准和方法，由国务院野生动物保护主管部门制定。”2017年11月原国家林业局发布了《野生动物及其制品价值评估方法》，2019年8月农业农村部发布了《水生野生动物及其制品价值评估办法》。这两个评估方法在确定价值时，考虑了相关珍贵、濒危野生动物的珍贵、濒危程度、生态价值和市场价值等，较为科学合理，且可以根据具体实践情况及时调整。这就使得根据涉案野生动物及其制品的价值定罪量刑于法有据，实际可行。（2）依据价值标准定罪量刑更加符合罪责刑相适应原则的要求。对走私珍贵动物的行为依据数量标准定罪量刑，由于数量标准过于绝对化，导致量刑畸重。据统计，2017年至2021年五年间，走私珍贵动物、珍贵动物制品罪的重刑率高达46.07%，远高于全部犯罪的重刑率（10.70%）。而且，动物种类众多、珍贵程度有异，依照数量标准定罪量刑，走私一只双尾褐凤蝶（价值一千元）、一只天鹅（价值一万五千元）和一头黑熊（价值四万元）都要入刑，且都在五年以下有期徒刑的幅度内量刑。而改采价值标准后，根据测算，在2021年2月新发布的《国家重点保护野生动物名录》中，大概有75%价值较小的动物不再是“一只入刑”，而是需要走私一定数量（累计价值二万元以上）才能入刑；其余25%价值较大且多为大型的一级保护动物，单只价值在二万元以上，仍维持“一只入刑”，如走私一只扬子鳄（价值十万元）、一只穿山甲（价值八万元），即构成犯罪。根据价值大小合理划定量刑档次，更有利于适应动物种类多样和珍贵、濒危程度不同等实际情况，更有利于贯彻罪责刑相适应原则。

为贯彻宽严相济刑事政策，《解释》第二条第二款吸收完善《2014年走私犯罪解释》第九条第三款第（三）项的规定，设置了从重处罚情节；第三款设置了从宽处罚情节，规定对未造成动物死亡或者动物、动物制品无法追回，行为人全部退赃退赔，确有悔罪表现的案件可以从宽处理。此外，实践反映，《2014年走私犯罪解释》第九条第四款“不以牟利为目的，为留作纪念而走私珍贵动物制品进境，数额不满十万元的，可以免予刑事处罚；情节显著轻微的，不作为犯罪处理”适用效果良好。

考虑到该款规定的主要内容可为《解释》第二条第三款所涵盖,故未再作规定,实践中可以继续沿用相关做法。

——周加海、喻海松、李振华:《〈关于办理破坏野生动物资源刑事案件适用法律若干问题的解释〉的理解与适用》,载《人民司法·应用》2022年第13期。

443 走私国家禁止进出口的货物、物品罪的定罪处罚

关键词|走私国家禁止进出口的货物、物品罪|珍稀植物|

【最高人民法院司法解释】

第十一条 走私国家禁止进出口的货物、物品,具有下列情形之一的,依照刑法第一百五十一条第三款的规定处五年以下有期徒刑或者拘役,并处或者单处罚金:

(一)走私国家一级保护野生植物五株以上不满二十五株,国家二级保护野生植物十株以上不满五十株,或者珍稀植物、珍稀植物制品数额在二十万元以上不满一百万元的;

(二)走私重点保护古生物化石或者未命名的古生物化石不满十件,或者一般保护古生物化石十件以上不满五十件的;

(三)走私禁止进出口的有毒物质一吨以上不满五吨,或者数额在二万元以上不满十万元的;

(四)走私来自境外疫区的动植物及其产品五吨以上不满二十五吨,或者数额在五万元以上不满二十五万元的;

(五)走私木炭、硅砂等妨害环境、资源保护的货物、物品十吨以上不满五十吨,或者数额在十万元以上不满五十万元的;

(六)走私旧机动车、切割车、旧机电产品或者其他禁止进出口的货物、物品二十吨以上不满一百吨,或者数额在二十万元以上不满一百万元的;

(七)数量或者数额未达到本款第一项至第六项规定的标准,但属于犯罪集团的首要分子,使用特种车辆从事走私活动,造成环境严重污染,或者引起甲类传染病传播、重大动植物疫情等情形的。

具有下列情形之一的,应当认定为刑法第一百五十一条第三款规定的"情节严重":

(一)走私数量或者数额超过前款第一项至第六项规定的标准的;

(二)达到前款第一项至第六项规定的标准,且属于犯罪集团的首要分子,使用特种车辆从事走私活动,造成环境严重污染,或者引起甲类传染病传播、重大动植物疫情等情形的。

第十二条　刑法第一百五十一条第三款规定的“珍稀植物”，包括列入《国家重点保护野生植物名录》《国家重点保护野生药材物种名录》《国家珍贵树种名录》中的国家一、二级保护野生植物、国家重点保护的野生药材、珍贵树木，《濒危野生动植物种国际贸易公约》附录Ⅰ、附录Ⅱ中的野生植物，以及人工培育的上述植物。

本解释规定的“古生物化石”，按照《古生物化石保护条例》的规定予以认定。走私具有科学价值的古脊椎动物化石、古人类化石，构成犯罪的，依照刑法第一百五十一条第二款的规定，以走私文物罪定罪处罚。

——《最高人民法院、最高人民检察院关于办理走私刑事案件适用法律若干问题的解释》(2014年9月10日，法释〔2014〕10号)。

【链接：理解与适用】

1. 国家禁止进出口的货物、物品的范围。国家禁止进出口的货物、物品的规定，散见于众多法律、行政法规以及国务院有关部门依据法律、行政法规的授权发布的禁止进出口货物、物品目录当中，此外，我国缔结或者参加的国际条约、协定中亦有关于禁止进出口的货物、物品的规定。综合这些禁止进出口的货物、物品的规定，除珍稀植物及其制品、古生物化石等禁止进出口的货物、物品以外，其他禁止进出口的货物、物品根据其性质和危害程度可大致分为以下四类：第一类是国家禁止进出口或者严格限制进出口的有毒化学品及含有这类化学品的物质，走私这类货物、物品，可能引起重大的环境污染或者安全事故，危害人体健康和环境安全。第二类是来自境外疫区的动植物及其产品，这类物品可能含有危害公共卫生安全的致病细菌和病毒，一旦走私进入我国，可能会引起传染病传播或者重大动植物疫情，严重威胁我国人民群众的生命安全和身体健康，并且还会严重冲击我国畜牧业等相关行业的健康发展，破坏正常的市场经济秩序。第三类是国家出于保护国内资源和自然环境的需要而禁止进出口的货物、物品，如硅砂、木炭、腐殖土等，走私这类货物、物品的危害性，主要在于对我国资源和环境的破坏。第四类是上述货物、物品以外的其他禁止进出口的货物、物品，主要有切割车、旧汽车、旧机电产品，以及仿真枪、管制刀具等，这类货物、物品或是没有经过安全检测，或是不符合我国产业更新或者升级换代的需要，或是出于治安管理的需要而被禁止进出口。

2. 走私国家禁止进出口的货物、物品罪定罪量刑标准的理解。《解释》第十一条根据上述国家禁止进出口的货物、物品的属性以及社会危害性的大小，分别确定了不同的定罪量刑标准。适用本规定时应注意以下问题：(1)除古生物化石外，《解释》第十一条第一款就走私其他五类禁止进出口的货物、物品规定了数额与数量并用的定罪量刑标准，达到其中任一标准即构成犯罪。这样规定主要是考虑到即使在同一种类的禁止进出口货物、物品中，不同的货物、物品之间计算价值、计量数额的方式也不尽相同，不宜只规定一种标准。例如，来自同一境外疫区的动物产品，一吨牛肉的价值远大于一吨牛内脏，但二者的危害性基本相当，如只适用数额标准，则走私牛内脏的行为因数额不足《解释》规定的五万元标准不构成犯罪；如只适用数量标准，则走私牛肉的行为将因数量不足《解释》规定的五吨标准不构成犯罪。(2)有毒物质的范围，可参照 2013 年《最高人民法院、最高人民检察院关于办理环境污染刑事案件适用法律若干问题的解释》第十条的规定。具体包括以下物质：一是列入国家危险废物名录的废物，以及根据国家规定的危险废物鉴别标准和鉴别方法认定的具有危险特性的废物；二是剧毒化学品、列入重点环境管理危险化学品名录的化学品，以及含有上述化学品的物质；三是含有铅、汞、镉、铬等重金属的物质；四是《关于持久性有机污染物的斯德哥尔摩公约》附件所列物质；五是其他具有毒性，可能污染环境的物质。(3)来自境外疫区的动植物及其产品，不当然地属于国家禁止进口的货物、物品。来自境外疫区的动植物及其产品是否属于国家禁止进口的货物、物品，应以是否为我国进出境检验检疫机构所明令禁止作为认定依据。(4)“其他禁止进出口的货物、物品”的范围。《解释》第十一条第一款第(六)项规定的“其他禁止进出口的货物、物品”，主要是指仿真枪、管制刀具，以及除毒品、武器、弹药、假币、珍贵动物及其制品、文物、淫秽物品等禁止进出境的货物、物品以外的，根据《禁止进出境物品表》的规定属于“对中国政治、经济、文化、道德有害的印刷品、胶卷、照片、唱片、影片、录音带、录像带、激光视盘、计算机存储介质及其它物品”。

——裴显鼎等：《〈关于办理走私刑事案件适用法律若干问题的解释〉的理解与适用》，载最高人民法院刑事审判第一、二、三、四、五庭主办：《刑事审判参考》（总第 100 辑），法律出版社 2015 年版，第 151—152 页。

444 利用他人许可证进口可用作原料的固体废物行为性质的认定

关键词｜走私废物罪｜共同犯罪｜

【最高人民法院参考案例】

佛山市格利华经贸有限公司、王炽东、李伟雄走私废物案(《刑事审判参考》案例第 1434 号)

要旨：虽非“不具备环评资质的单位或个人”或者“相关持证企业”，但作为报关代理人，在明知他人无许可证的情况下，借用他人许可证并制作虚假报关单证，为他人走私进口国家限制进口可用作原料的固体废物，系走私废物犯罪的共犯。

根据《走私案件解释》第二十一条第三款的规定，租用、借用或者使用购买的他人许可证,进出口国家限制进出口的货物、物品的,应当依照刑法第一百五十一条、第一百五十二条的规定,以走私国家禁止进出口的货物、物品罪等罪名定罪处罚;偷逃应缴税额,同时又构成走私普通货物、物品罪的,依照处罚较重的规定定罪处罚。本案中,被告单位格利华公司和被告人王炽东、李伟雄明知客户无许可证,仍借用他人许可证并制作虚假报关单证,为客户走私进口国家限制进口的废五金、废塑料等固体废物,其行为符合《走私案件解释》第二十一条第三款的规定,鉴于本案中不存在偷逃应缴税额的情形,故应以走私废物罪追究被告单位格利华公司和被告人王炽东、李伟雄的刑事责任。

实践中,一些有许可证的企业为了提高进口通关效率,将许可证存放在有长期业务关系的报关公司处,部分报关公司为谋取非法利益,在未告知该委托企业的情况下,利用保管的许可证为其他企业进口可用作原料的固体废物。对此,有意见认为,《走私案件解释》第二十一条第三款规定的是"租用、借用"许可证,而《敦促公告》[①]第一条规定的是"利用"许可证,该种情形既非"租用",亦非"借用",属于单纯的"利用",故不适用《走私案件解释》第二十一条第三款的规定。对此,我们认为,从词义来看,"利用"是指用手段使人或物为己服务,而"租用"是指以给付一定的代价使用,"借用"是指借他人的东西来使用。一般而言,有租、借就应有出租和出借。正常情况下,出租、出借方知情并同意,但亦存在不问自取即盗用的情况。在盗用的情况下,行为人并非占有不还,而是使用后仍归还原主,只不过在此情况下原主不知情,但本质上还是借用。因此,即便行为人在未告知委托其代理合法进口可用作原料的固体废物的企业的情况下,使用了该企业存放在行为人处的许可证,即所谓"利用"了他人的许可证,本质上还是一种"借用"行为,适用《走私案件解释》第二十一条第三款处理并不存在障碍。

——《刑事审判参考》(总第129辑)。

445 走私的废物中混有普通货物的,构成走私废物罪

关键词|走私废物罪|走私普通货物罪|

【最高人民法院参考案例】

程瑞洁走私废物案(《刑事审判参考》案例第773号)

要旨:走私的废物中混有普通货物的,构成走私废物罪,而不构成走私普通货

① 此处《敦促公告》是指《最高人民法院、最高人民检察院、海关总署关于敦促走私废物违法犯罪人员投案自首的公告》。

物罪。对于在走私的废旧电器中混有全新电器这一事实，量刑时可以作为一个量刑情节酌情予以从重处罚。

本案事实清楚，海关缉私部门从被告人程瑞洁等十一人驾船走私的集装箱中查获大量废旧电视机等固体废物，并从其中一个集装箱中查获一批全新电器。公诉机关指控程瑞洁等犯走私废物罪和走私普通货物罪两项罪名，法院最后只认定了走私废物罪一项罪名。本案涉及的主要法律问题是，在走私的废物中查获普通货物的，是认定为一罪还是数罪。我们认为，对此要具体情况具体分析。

（一）行为人基于概括故意而实施走私犯罪的，应当根据实际查获的物品性质来定罪

概括故意是一种不确定的故意。在概括故意犯罪中，发生行为人预见或应当预见范围内的各种犯罪后果均不违背其意志，故可以根据实际发生的后果定罪处罚。如果行为人基于概括故意实施走私犯罪，虽不明知所走私物品的具体种类，但因走私这些物品均不违背其意志，故仍应当根据实际走私的物品性质定罪处罚。对此，最高人民法院、最高人民检察院、海关总署 2002 年印发的《关于办理走私刑事案件适用法律若干问题的意见》（以下简称《意见》）第六条规定："走私犯罪嫌疑人主观上具有走私犯罪故意，但对其走私的具体对象不明确的，不影响走私犯罪构成，应当根据实际的走私对象定罪处罚。但是，确有证据证明行为人因受蒙骗而对走私对象发生认识错误的，可以从轻处罚。"这里的"受蒙骗"不影响犯罪成立，是因为行为人有走私犯罪的故意，且对走私的物品性质持概括故意。如果行为人对走私物品的性质有明确认识，并基于这种认识而实施走私犯罪的，则不适用本规定。

（二）行为人在走私的普通货物、物品中藏匿刑法规定的特殊货物、物品的，以实际走私的货物、物品定罪处罚；构成数罪的，应予并罚

最高人民法院 2006 年出台的《关于审理走私刑事案件具体应用法律若干问题的解释（二）》（以下简称《解释（二）》）第五条规定："对在走私的普通货物、物品或者废物中藏匿刑法第一百五十一条、第一百五十二条、第三百四十七条、第三百五十条规定的货物、物品，构成犯罪的，以实际走私的货物、物品定罪处罚；构成数罪的，实行数罪并罚。"根据上述规定，行为人在走私的普通货物、物品中藏匿武器、弹药、核材料、假币、文物、淫秽物品、毒品、制毒物品等刑法专门规定的货物、物品，由于行为人对特殊货物、物品的"藏匿"行为通常是明知的，故可以按照实际查获的货物、物品定罪处罚。如果走私普通货物、物品的行为本身也构成犯罪的，则予以数罪并罚。

（三）行为人受他人雇用实施走私犯罪，且知道走私货物、物品的性质，但因受蒙骗而不知走私的货物、物品中混有其他特殊货物、物品的，应当根据其主观上认

识的走私货物、物品的性质来定罪处罚

这种情形与上述两种情形不同。一方面,行为人并非基于概括故意实施走私犯罪,而是知道所走私货物、物品的具体性质;另一方面,行为人并未直接在走私的货物、物品中藏匿某种特殊货物、物品,所查获的特殊货物、物品系他人藏匿,行为人并不知情。这种情况理论上称为抽象的事实认识错误,应当根据行为人主观认识的犯罪对象的性质定罪处罚。如果根据实际,查获的货物、物品定罪处罚,则违背了主客观相统一的定罪原则,属于客观归罪。

具体到本案,有观点认为,被告人程瑞洁等人的行为构成走私废物罪和走私普通货物罪两罪。主要理由在于,虽然雇用者郭某对程瑞洁等人声称是走私废旧电器,但程瑞洁等人并没有参与装货、卸货等工作,亦没有打开集装箱检验,实际上并不确定走私的货物性质,各被告人主观上对所走私货物的性质持放任态度,具有概括故意。同时,如只认定构成走私废物罪,也不利于打击犯罪。因此,对于本案这种在走私的废旧电器中混装有全新电器的行为,应当根据《意见》的规定,认定各被告人因受老板蒙骗而对走私对象发生认识错误,构成走私废物罪和走私普通货物罪,但可从轻处罚。

我们认为,本案被告人程瑞洁等人的行为属于上述第三种情形,应当认定只构成走私废物罪一罪。主要理由在于,据现有证据可以认定程瑞洁等主观上仅具有走私废物罪的犯罪故意,而不是基于概括性故意实施走私犯罪。首先,程瑞洁等十一名被告人到案后在侦查、审查起诉和审判阶段均辩称不知道废旧电器中混装有全新电器等普通货物。由于雇佣者郭某仍在逃,无法查证其事前是否向程瑞洁等人说明废旧电器中混装有全新电器,考虑到在案的十一名被告人均辩称不知废旧电器中混有全新电器,在没有相反证据的情况下,按照有利被告人原则,应当采信被告人的供述和辩解。其次,据程瑞洁等的供述,2007 年 9 月至 10 月,被告人已成功偷运三次废旧电器入境,均是同一批人、同一条船,每次都是偷运十二个集装箱的废旧电器入境。没有证据显示以往曾发生废旧电器中混有全新电器的情况。最后,侦查机关在本案破获前获得的情报也是该船从越南国鸿基港装载十二个集装箱的废旧电器入境,没有提到其中混有全新电器的情节。综上,根据在案证据,应当认定程瑞洁等十一名被告人不知道走私的废旧电器中混有全新电器等普通货物,主观上没有走私普通货物的故意。因此,对本案不适用《意见》第六条和《解释(二)》第五条的规定。根据主客观相统一的定罪原则,程瑞洁等被告人的行为只构成走私废物罪,而不构成走私普通货物罪。对于在走私的废旧电器中混有全新电器这一事实,量刑时可以作为一个量刑情节酌情予以从重处罚。

——《刑事审判参考》(总第 86 辑)。

446 走私普通货物、物品罪的定罪处罚

关键词｜走私普通货物、物品罪｜应缴税额｜

【最高人民法院司法解释】

第十六条 走私普通货物、物品，偷逃应缴税额在十万元以上不满五十万元的，应当认定为刑法第一百五十三条第一款规定的“偷逃应缴税额较大”；偷逃应缴税额在五十万元以上不满二百五十万元的，应当认定为“偷逃应缴税额巨大”；偷逃应缴税额在二百五十万元以上的，应当认定为“偷逃应缴税额特别巨大”。

走私普通货物、物品，具有下列情形之一，偷逃应缴税额在三十万元以上不满五十万元的，应当认定为刑法第一百五十三条第一款规定的“其他严重情节”；偷逃应缴税额在一百五十万元以上不满二百五十万元的，应当认定为“其他特别严重情节”：

（一）犯罪集团的首要分子；

（二）使用特种车辆从事走私活动的；

（三）为实施走私犯罪，向国家机关工作人员行贿的；

（四）教唆、利用未成年人、孕妇等特殊人群走私的；

（五）聚众阻挠缉私的。

第十七条 刑法第一百五十三条第一款规定的“一年内曾因走私被给予二次行政处罚后又走私”中的“一年内”，以因走私第一次受到行政处罚的生效之日与“又走私”行为实施之日的时间间隔计算确定；“被给予二次行政处罚”的走私行为，包括走私普通货物、物品以及其他货物、物品；“又走私”行为仅指走私普通货物、物品。

第十八条 刑法第一百五十三条规定的“应缴税额”，包括进出口货物、物品应当缴纳的进出口关税和进口环节海关代征税的税额。应缴税额以走私行为实施时的税则、税率、汇率和完税价格计算；多次走私的，以每次走私行为实施时的税则、税率、汇率和完税价格逐票计算；走私行为实施时间不能确定的，以案发时的税则、税率、汇率和完税价格计算。

刑法第一百五十三条第三款规定的“多次走私未经处理”，包括未经行政处理和刑事处理。

第十九条 刑法第一百五十四条规定的“保税货物”，是指经海关批准，未办理纳税手续进境，在境内储存、加工、装配后应予复运出境的货物，包括通过加工贸易、补偿贸易等方式进口的货物，以及在保税仓库、保税工厂、保税区或者免税商店内等储存、加工、寄售的货物。

第二十条 直接向走私人非法收购走私进口的货物、物品，在内海、领海、界

河、界湖运输、收购、贩卖国家禁止进出口的物品,或者没有合法证明,在内海、领海、界河、界湖运输、收购、贩卖国家限制进出口的货物、物品,构成犯罪的,应当按照走私货物、物品的种类,分别依照刑法第一百五十一条、第一百五十二条、第一百五十三条、第三百四十七条、第三百五十条的规定定罪处罚。

刑法第一百五十五条第二项规定的"内海",包括内河的入海口水域。

——《最高人民法院、最高人民检察院关于办理走私刑事案件适用法律若干问题的解释》(2014 年 9 月 10 日,法释〔2014〕10 号)。

【链接:理解与适用】

1. 走私普通货物、物品罪定罪量刑的数额标准。刑法修正案(八)取消了走私普通货物、物品罪偷逃应缴税额的具体数额规定,将该罪定罪量刑的数额标准留给司法解释来解决。《解释》第十六条规定,自然人走私普通货物、物品偷逃应缴税额十万元、五十万元、二百五十万元分别为偷逃应缴税额较大、巨大、特别巨大的起点数额,较之于修正前刑法确定的五万元、十五万元、五十万元的数额标准,《解释》作了较大幅度的上调,并进一步拉大了不同量刑幅度之间的数额比例。

作出上述调整,主要有以下三方面的考虑:一是经济社会发展水平的不断提高。与 1997 年刑法颁布时相比,2012 年全国城镇居民人均可支配收入以及农村居民人均纯收入已经分别增长了 4. 6 倍和 3. 7 倍,此种情况下,适当提高走私普通货物、物品罪的入罪数额标准是必要的。二是保持与其他类似罪名定罪量刑标准的平衡。走私普通货物、物品罪作为涉税犯罪,与逃税罪、骗取出口退税罪等罪名有一定的相似性。例如,与骗取出口退税罪相比较,走私普通货物、物品罪的社会危害性与之基本相当,2002 年《最高人民法院关于审理骗取出口退税刑事案件具体应用法律若干问题的解释》规定,骗取出口退税五万元以上的为"数额较大",五十万元以上的为"数额巨大",二百五十万元以上的为"数额特别巨大",与之相比,走私普通货物、物品罪的第二、三档次量刑幅度的数额标准明显偏低。三是量刑分布均衡。为确保同一罪名下轻刑、重刑的合理分布,不同量刑档次的数额标准需要保持合理的级差或倍差关系,尽可能避免出现动辄达到最高量刑档次的情况。《解释》第十六条将刑法原规定的大致三倍的比例关系调整为五倍,有利于克服重者不重、轻者不轻的问题,更好地体现轻轻重重的政策要求。

2. 走私普通货物、物品罪中的"其他严重情节""其他特别严重情节"。《解释》第十六条第二款通过数额结合情节的方式,将达到上一个量刑幅度偷逃应缴税额数额标准的 50%作为加重处罚的起刑点,同时通过对走私行为手段恶劣程度、社会危害程度、主观恶性程度等的分析,将走私犯罪集团的首要分子、使用特种车辆从事走私活动、为实施走私犯罪向国家机关工作人员行贿,以及利用、教唆未成年人、孕妇等特殊人群走私和聚众阻挠缉私等五种情形规定为走私普通货物、物品罪的加重处罚情节。适用该款规定时应注意，这里的"聚众阻挠缉私"，是指为抗拒缉私，采取暴力、威胁以外的其他方法阻挠海关人员的查缉，行为人如采取暴力、威胁的方法抗拒缉私的，则应根据刑法第一百五十七条第二款的规定实行数罪并罚。

3. 应缴税额的计算依据。《走私解释（一）》第六条第二款规定，走私货物、物品所偷逃的应缴税额，应当以走私行为案发时所适用的税则、税率、汇率和海关审定的完税价格计算，并以海关出具的证明为准。对此，海关总署在《关于转发和具体适用〈最高人民法院关于审理走私刑事案件具体应用法律若干问题的解释〉的通知》进一步明确，《走私解释（一）》第六条第二款所称的"走私行为案发时"，系指走私案件被揭发之时，具体执行中应以查获走私案件的立案之日（包括行政执法部门的立案之日）计算。但是，海关总署于 2002 年颁布的《海关计核涉嫌走私的货物、物品偷逃税款暂行办法》第二十八条又作出了不同的规定，即：有证据证明走私行为发生时间的，应以走私行为发生之日计算；证据无法证明走私行为发生之日或者连续走私行为终结之日的，以走私案件的受案之日计算。上述规定的差异，在一定程度上影响到了行政执法和刑事司法的严肃性和有效衔接。经研究，以犯罪行为实施当时的情况来计算犯罪数额、判断其社会危害性更为客观公正，同时考虑到实践中存在一些犯罪实施时间难以确定的情形，《解释》第十八条第一款参照经济犯罪数额认定的通行做法，确定了行为实施时为主、案发时为辅的计算原则，即：应缴税额以走私行为实施时的税则、税率、汇率和完税价格计算；走私行为实施时间不能确定的，以案发时的税则、税率、汇率和完税价格计算。

需要注意的是，由于国家政策变化等因素，关税税率往往会不断调整。在部分走私犯罪案件中，行为人进口货物时的关税税率较高，而在案发或者审判时的关税税率已经降低，甚至已经变为"零关税"。此种情形，实践中有意见认为，应当根据从旧兼从轻的法律适用原则，以变动后的税率来计核偷逃税额。我们持不同意见。税率调整变化属于事实性变化，不涉及性质的认定变化，只有在行为性质发生变化时才存在从旧兼从轻的法律适用问题，而单纯的事实变化当以行为实施当时为准，故此种情形仍应适用前述《解释》确定的原则计算偷逃数额，而不得适用"从旧兼从轻原则"的处理。

——裴显鼎等：《〈关于办理走私刑事案件适用法律若干问题的解释〉的理解与适用》，载最高人民法院刑事审判第一、二、三、四、五庭主办：《刑事审判参考》（总第 100 辑），法律出版社 2015 年版，第 152—154 页。

447 冒用远洋渔业项目确认的船舶名义，将自捕水产品作为不征税货物报关入境的行为如何定性

关键词｜走私普通货物罪｜单位犯罪｜

【最高人民法院参考案例】

舟山市某远洋渔业有限公司、李某某走私普通货物案(《刑事审判参考》案例第1119号)

要旨:远洋渔业企业在农业部审批的远洋渔业项目期满后,继续捕捞并将自捕水产品运回,冒用已获得农业部远洋渔业项目确认的船舶名义申报免税入境,构成走私普通货物罪。

舟山市中级人民法院经审理查明:2008年5月,被告单位从中国水产烟台海洋渔业公司购买报废鱿钓船“烟渔608”,当时该船获得农业部远洋渔业项目确认的免税指标,有效期至2009年3月31日。2009年4月至2010年2月,时任舟山某公司法定代表人兼总经理的被告人李某某在“烟渔608”船未能继续取得农业部远洋渔业项目确认的情况下,仍决定让“烟渔608”船在秘鲁外的公海进行远洋鱿钓作业,并冒用舟山某公司所属的已获得农业部远洋渔业项目确认的“舟东远822”船、“新世纪五十三号”船的名义,将“烟渔608”船在秘鲁外的公海先后十次钓得的鱿鱼共计509.617吨向舟山海关申报并免税进口。经鉴定,509.617吨鱿鱼计税价格为3231659.87元,海关核定偷逃税款合计858328.8元。

舟山市中级人民法院认为,经依法批准的国内远洋渔业企业运回在公海捕捞的水产品,属于海关监管的进口货物。被告单位舟山某公司违反海关法规,冒用远洋自捕水产品免税资格,逃避海关监管,走私进口货物,偷逃税款计人民币八十五万余元,被告人李某某作为单位直接负责的主管人员,被告单位及被告人的行为均构成走私普通货物罪。公诉机关指控的罪名成立。根据本案走私犯罪的具体事实、社会危害程度以及李某某到案后能如实供述等情节,可予从轻处罚。

——《刑事审判参考》(总第105辑)。

448 携带贵金属纪念币入境的行为如何定性

关键词｜走私普通物品罪｜纪念币｜

【最高人民法院参考案例】

吕丽玲走私普通物品案(《刑事审判参考》案例第 1199 号)

要旨:行为人如果逃避海关监管,携带纪念币入境,偷逃应缴税额较大的,其行为构成走私普通物品罪。

在我国,贵金属纪念币是指具有特定主题的限量发行的国家法定货币,它由金、银、铂、钯等贵金属或其合成金制作而成。人民币管理条例第十八条规定:“中国人民银行可以根据需要发行纪念币。纪念币是具有特定主题的限量发行的人民币,包括普通纪念币和贵金属纪念币。”因此,贵金属纪念币作为国家货币具有法定性。但是,贵金属纪念币又不同于流通人民币,可以买卖,1997 年 9 月 5 日《中国人民银行、国家工商行政管理局关于贯彻落实〈国务院办公厅关于禁止非法买卖人民币的通知〉的通知》第三条规定,“贵金属纪念币自发行之日起即可上市经营”。因此,贵金属纪念币具有双重属性:既有货币属性,也有商品属性,具有价值和使用价值;其价值是设计、雕刻、铸造、发行等无差别的人类劳动,使用价值是满足人们收藏、纪念、投资等需求。作为人民币的一个特殊种类,贵金属纪念币还演变成了一种艺术品、收藏品和投资品,其面额只是象征法定货币的符号,不反映其真实价值,其实际价值远高于币面价值。故可以将贵金属纪念币区别于普通的人民币,作为走私普通货物、物品罪的对象。

走私普通货物、物品罪是选择性罪名。根据海关法的规定,进出口“货物”与进出境“物品”的区别包括两个方面:一是实质要件,即货物在进出境环节或进出境目的上属于贸易性质,物品在进出境环节或进出境目的上属于非贸性质;二是形式要件,即货物应当签有合同或协议,物品则不存在合同或协议。根据上述区别,本案所涉贵金属纪念币应属于物品。行为人如果逃避海关监管,携带纪念币入境,偷逃应缴税额较大的,其行为构成走私普通物品罪。

——《刑事审判参考》(总第 110 辑)。

449 小额多次走私的认定

关键词 | 走私普通货物、物品罪 | 小额多次走私 |

【最高人民法院司法解释】

第十七条　刑法第一百五十三条第一款规定的“一年内曾因走私被给予二次行政处罚后又走私”中的“一年内”,以因走私第一次受到行政处罚的生效之日与“又走私”行为实施之日的时间间隔计算确定;“被给予二次行政处罚”的走私行为,包括走私普通货物、物品以及其他货物、物品;"又走私"行为仅指走私普通货物、物品。

——《最高人民法院、最高人民检察院关于办理走私刑事案件适用法律若干问题的解释》(2014 年 9 月 10 日,法释〔2014〕10 号)。

【链接:理解与适用】

刑法修正案(八)将小额多次走私行为纳入了刑事打击范畴。对于刑法规定中的"一年内曾因走私被给予二次行政处罚后又走私"的具体理解,实践中存在意见分歧,集中体现在"一年内"的时间计算和走私对象的范围两个方面。

《解释》第十七条规定,"一年内"应以因走私第一次受到行政处罚的生效之日与"又走私"行为实施之日的时间间隔计算确定。其中,以第一次受到行政处罚的生效之日作为时间计算起点,主要是考虑到:刑法规定的"一年内"的立足点是行政处罚而非走私行为,且行政处罚有可能滞后于走私行为的实施,故不宜以第一次走私行为实施之日作为"一年内"的时间计算起点。同时,从查处到处罚决定的作出、送达往往需要一个过程,为便于实践操作,增进司法认定的确定性,《解释》进一步明确自第一次受到行政处罚的"生效之日"起计算。需要注意的是,根据行政处罚法、海关行政处罚实施条例等法律、行政法规的规定,被处罚人不服行政处罚的,可提起行政复议或诉讼,但不影响行政处罚的生效执行,故通常情况下可直接根据处罚决定是否送达来认定行政处罚是否生效。

对于小额多次走私的对象,《解释》起草过程中存在两种不同意见:一种意见认为,刑法修正案(八)将小额多次走私行为规定在走私普通货物、物品罪之中,说明小额多次走私中的三次走私对象均应是普通货物、物品。另一种意见认为,刑法修正案(八)并未规定小额多次的犯罪对象仅限于涉税的普通货物、物品,从有效打击走私犯罪的角度考虑,应将我国刑法规定的十二个走私犯罪对象均包括在内。经研究,小额多次走私虽然规定在刑法第一百五十三条走私普通货物、物品罪中,但作为走私普通货物、物品罪处理的仅为第三次走私行为,前两次已受行政处罚的走私行为只是第三次走私行为应受刑事处罚的条件而非刑事处罚的对象。将小额多次走私中的第三次走私的行为对象限定为普通货物、物品即可,而前两次走私行为的对象可不受此限制。故此,《解释》第十七条规定,"被给予二次行政处罚"的走私行为,包括走私普通货物、物品以及其他货物、物品;"又走私"行为仅指走私普通货物、物品。

需要注意的是,《解释》未对小额多次走私规定入罪数额标准,这意味着,凡是符合刑法规定的小额多次走私行为均将构成犯罪,而不以偷逃税款是否达到一定数额标准为条件。其主要有两方面的考虑:一是从刑法规定和立法本意来看,小额多次走私犯罪属于情节犯,将小额多次走私行为入罪的立法初衷就是为了打击偷逃小税额的走私行为；二是从实践效果来看，如对小额多次走私犯罪规定入罪数额标准，很可能会为走私犯罪分子所利用，大肆采取化整为零的方式以逃避刑事打击。

——裴显鼎等：《〈关于办理走私刑事案件适用法律若干问题的解释〉的理解与适用》，载最高人民法院刑事审判第一、二、三、四、五庭主办：《刑事审判参考》（总第100辑），法律出版社2015年版，第154—155页。

450 代理转口贸易中未如实报关行为的定性

关键词｜走私普通货物、物品罪｜代理转口贸易｜

【最高人民法院参考案例】

宋世璋被控走私普通货物案(《刑事审判参考》案例第267号)

要旨：在代理转口贸易中不如实报关的行为，不构成走私普通货物罪。

走私普通货物罪在客观上表现为逃避海关监管，偷逃税款，造成国家税收损失的行为。走私普通货物行为不同于走私国家禁止出口的文物、黄金、白银等贵重金属和国家禁止进出口的珍贵动、植物及其制品及淫秽物品等其他违禁品的走私行为，其社会危害性不仅表现在违反国家海关监管制度方面，更主要是表现在偷逃关税，给国家税收造成损失。因此，行为人为进行转口贸易，将普通货物暂时转运进境，其行为在表面上虽采用了不如实报关的手段逃避海关监管，但由于在客观上没有偷逃税款，亦不会给国家造成关税损失，因此，不应以走私普通货物罪论处。

——《刑事审判参考》（总第35辑）。

451 单位与个人共同走私普通货物、物品案件应如何处理

关键词｜走私普通货物、物品罪｜单位走私｜个人走私｜共同犯罪｜

【最高人民法院司法文件】

二十、关于单位与个人共同走私普通货物、物品案件的处理问题

单位和个人（不包括单位直接负责的主管人员和其他直接责任人员）共同走私的，单位和个人均应对共同走私所偷逃应缴税额负责。

对单位和个人共同走私偷逃应缴税额为5万元以上不满25万元的，应当根据其在案件中所起的作用，区分不同情况做出处理。单位起主要作用的，对单位和个人均不追究刑事责任，由海关予以行政处理；个人起主要作用的，对个人依照刑法

有关规定追究刑事责任,对单位由海关予以行政处理。无法认定单位或个人起主要作用的,对个人和单位分别按个人犯罪和单位犯罪的标准处理。

单位和个人共同走私偷逃应缴税额超过25万元且能区分主、从犯的,应当按照刑法关于主、从犯的有关规定,对从犯从轻、减轻处罚或者免除处罚。[①]

——《最高人民法院、最高人民检察院、海关总署办理走私刑事案件适用法律若干问题的意见》(2002年7月8日,法〔2002〕139号)。

【链接:最高人民法院法官著述】

第四,单位与个人共同走私普通货物、物品案件应如何处理?这个问题缘起于《最高人民法院关于审理走私刑事案件具体应用法律若干问题的解释》对单位走私普通货物、物品犯罪和个人走私普通货物、物品犯罪规定了不同的起刑点。该种规定给办理走私刑事案件的司法实践设了一道难题,即当单位和个人构成共同走私普通货物、物品犯罪,而且偷逃税额在五万元和二十五万元之间的,如何处理?《意见》对此进行了回答:单位和个人(不包括单位直接负责的主管人员和其他直接责任人员)共同走私的,单位和个人均应对共同走私所偷逃应缴税额负责。对单位和个人共同走私偷逃应缴税额为五万元以上不满二十五万元的,应当根据其在案件中所起的作用,区分不同情况作出处理。单位起主要作用的,对单位和个人均不追究刑事责任,由海关予以行政处理;个人起主要作用的,对个人依照刑法有关规定追究刑事责任,对单位由海关予以行政处理。无法认定单位或个人起主要作用的,对个人和单位分别按个人犯罪和单位犯罪的标准处理。单位和个人共同走私偷逃应缴税额超过二十五万元且能区分主、从犯的,应当按照刑法关于主、从犯的有关规定,对从犯从轻、减轻处罚或者免除处罚。

——《走私犯罪的认定及法律适用》,载《人民司法》2002年第9期。

452 关于刑法第一百五十四条规定的"销售牟利"的理解问题

关键词|走私普通货物、物品罪|销售牟利|

【最高人民法院司法文件】

十三、关于刑法第一百五十四条规定的"销售牟利"的理解问题

刑法第一百五十四条第(一)、(二)项规定的"销售牟利",是指行为人主观上

---

① 本条规定的定罪量刑标准,《最高人民法院、最高人民检察院关于办理走私刑事案件适用法律若干问题的解释》(法释〔2014〕10号)第十六条、第二十四条已作调整,具体理解与适用时需妥当把握。

为了牟取非法利益而擅自销售海关监管的保税货物、特定减免税货物。该种行为是否构成犯罪，应当根据偷逃的应缴税额是否达到刑法第一百五十三条及相关司法解释规定的数额标准予以认定。实际获利与否或者获利多少并不影响其定罪。

——《最高人民法院、最高人民检察院、海关总署办理走私刑事案件适用法律若干问题的意见》（2002 年 7 月 8 日，法〔2002〕139 号）。

【链接：最高人民法院法官著述】

第一，如何理解刑法第一百五十四条第（一）项、第（二）项规定的销售谋利？对销售牟利应当灵活理解。实践中，经常发现一些不法分子逃避海关监管，擅自将保税货物在境内销售，但并未实际谋取了利益，有的甚至因为受骗上当遭受了损失；还有的不法分子没有销售保税货物，但通过抵债、入股等手段利用保税货物在境内牟利。上述情况似乎不具备销售牟利的全部内容，但行为人逃避海关监管、偷逃关税的走私本质已经凸现出来了。因此，这些情形均应根据立法本意认定为后续走私。基于此种考虑，《意见》指出，刑法第一百五十四条规定的销售牟利，是指行为人主观上为了牟取非法利益而擅自销售海关监管的保税货物、特定减免税货物。该种行为是否构成犯罪，应当根据偷逃的应缴税额是否达到刑法第一百五十三条及相关司法解释规定的数额标准予以认定，实际获利与否或者获利多少并不影响定罪。

——《走私犯罪的认定及法律适用》，载《人民司法》2002 年第 9 期。

453 如何认定利用购买的加工贸易登记手册、特定减免税批文等涉税单证进口货物行为的性质

关键词｜走私普通货物、货品罪｜加工贸易手册｜特定减免税批文｜

【最高人民法院司法政策】

九、关于利用购买的加工贸易登记手册、特定减免税批文等涉税单证进口货物行为的定性处理问题

加工贸易登记手册、特定减免税批文等涉税单证是海关根据国家法律法规以及有关政策性规定，给予特定企业用于保税货物经营管理和减免税优惠待遇的凭证。利用购买的加工贸易登记手册、特定减免税批文等涉税单证进口货物，实质是将一般贸易货物伪报为加工贸易保税货物或者特定减免税货物进口，以达到偷逃应缴税款的目的，应当适用刑法第一百五十三条以走私普通货物、物品罪定罪处罚。如果行为人与走私分子通谋出售上述涉税单证，或者在出卖批文后又以提供

印章、向海关伪报保税货物、特定减免税货物等方式帮助买方办理进口通关手续的,对卖方依照刑法第一百五十六条以走私罪共犯定罪处罚。买卖上述涉税单证情节严重尚未进口货物的,依照刑法第二百八十条的规定定罪处罚。

——《最高人民法院、最高人民检察院、海关总署办理走私刑事案件适用法律若干问题的意见》(2002 年 7 月 8 日,法〔2002〕139 号)。

【链接:最高人民法院法官著述】

第二,如何认定利用购买的加工贸易登记手册、特定减免税批文等涉税单证进口货物行为的性质?加工贸易登记手册、特定减免税批文等涉税单证是海关根据国家法律法规以及有关政策性规定,给予特定企业用于保税货物经营管理和减免税优惠待遇的凭证。利用购买的加工贸易登记手册、特定减免税批文等涉税单证进口货物,实质是将一般贸易货物伪报为加工。贸易保税货物或者特定减免税货物进口,以达到偷逃应缴税款的目的,应当适用刑法第一百五十三条以走私普通货物、物品罪定罪处罚。如果行为人与走私分子通谋出售上述涉税单证,或者在出卖批文后又以提供印章,向海关伪报保税货物、特定减免税货物等方式帮助买方办理进口通关手续的,对卖方依照刑法第一百五十六条以走私罪共犯定罪处罚。买卖上述涉税单证情节严重尚未进口货物的,依照刑法第二百八十条的规定定罪处罚。有一种观点认为,买卖进口货物减免税批文等涉税单证的,应当一律以走私普通货物、物品罪认定,因为此种减免税批文的唯一用途就是走私。这种意见似乎欠妥,因为买卖进口货物减免税批文等涉税单证的人尽管主观上认识到这些单证的最终用途是走私,但其与走私行为的实行者缺乏直接联系(通常是尚未发生实际的走私行为即案发),一律定为走私罪的共犯不符合共同犯罪的一般理论。

——《走私犯罪的认定及法律适用》,载《人民司法》2002 年第 9 期。

454 如何认定在加工贸易活动中骗取海关核销行为的性质

关键词|走私普通货物、物品罪|加工贸易|骗取海关核销|

【最高人民法院司法文件】

十、关于在加工贸易活动中骗取海关核销行为的认定问题

在加工贸易经营活动中,以假出口、假结转或者利用虚假单证等方式骗取海关核销,致使保税货物、物品脱离海关监管,造成国家税款流失,情节严重的,依照刑法第一百五十三条的规定,以走私普通货物、物品罪追究刑事责任。但有证据证明因不可抗力原因导致保税货物脱离海关监管,经营人无法办理正常手续而骗取海

关核销的,不认定为走私犯罪。

——《最高人民法院、最高人民检察院、海关总署办理走私刑事案件适用法律若干问题的意见》(2002 年 7 月 8 日,法〔2002〕139 号)。

【链接：最高人民法院法官著述】

第三,如何认定在加工贸易活动中骗取海关核销行为的性质？所谓加工贸易活动,是指刑法第一百五十五条第(一)项规定的来料加工、来件装配、补偿贸易等活动。发生在加工贸易领域内的走私犯罪,根据刑法规定须以在境内销售牟利为构成要件。但是,实践中发生在加工贸易领域内的大量案件的情况是:侦查机关无法查明行为人是否已经将保税货物销售牟利,而行为人确已通过假出口、假结转或者利用虚假单证等方式骗取海关核销。这种情况下,保税货物已经脱离海关监管,国家税款流失的事实亦已发生,行为人的假核销行为本质上已经具备了走私犯罪的本质特征,其中情节严重的,应当依照刑法第一百五十三条的规定,以走私普通货物、物品罪追究刑事责任。当然,有证据证明因不可抗力导致保税货物脱离海关监管,经营人无法办理正常手续而骗取海关核销的,不应当认定构成走私犯罪。因此,《意见》明确规定,在加工贸易经营活动中,以假出口、假结转或者利用虚假单证等方式骗取海关核销,致使保税货物、物品脱离海关监管,造成国家税款流失,情节严重的,依照刑法第一百五十三条的规定,以走私普通货物、物品罪追究刑事责任。但有证据证明因不可抗力原因导致保税货物脱离海关监管,经营人无法办理正常手续而骗取海关核销的,不认定为走私犯罪。

——《走私犯罪的认定及法律适用》,载《人民司法》2002 年第 9 期。

455 夹藏走私行为的认定与处理

关键词 | 夹藏走私 | 主观故意 |

【最高人民法院参考案例】

应志敏、陆毅走私废物、走私普通货物案(《刑事审判参考》案例第 840 号)

要旨:在走私犯罪案件中,应当根据相关合同约定、夹藏物品归属主体及所占体积、行为人所收报酬等情况综合认定行为人对夹藏物品是否具有走私的故意;在具体案件中,如果行为人具有走私的概括故意,对其以实际走私的物品定罪处罚并无不妥;但是,如果行为人不具有走私的概括故意,对其以实际走私的物品定罪处罚则违背了主客观相统一原则。

我们认为,在走私犯罪案件中,行为人的主观故意内容,不能简单以走私过程中查获的物品种类进行认定,而应当根据相关合同约定、夹藏物品的归属主体及所占体积、行为人所收报酬等情况综合认定行为人对夹藏物品是否具有走私的故意。

对于走私犯罪嫌疑人主观认识与具体走私对象出现不同的情形应如何处理,长期以来是司法实践中比较有争议的问题。为此,最高人民法院、最高人民检察院、海关总署 2002 年联合印发的《关于办理走私刑事案件适用法律若干问题的意见》(以下简称《意见》)第六条规定:“走私犯罪嫌疑人主观上具有走私犯罪故意,但对其走私的具体对象不明确的,不影响走私犯罪构成,应当根据实际的走私对象定罪处罚……”最高人民法院于 2006 年出台的《关于审理走私刑事案件具体应用法律若干问题的解释(二)》(以下简称《解释二》)对此作了进一步明确,在第五条中规定:“对在走私的普通货物、物品或者废物中藏匿刑法第一百五十一条、第一百五十二条、第三百四十七条、第三百五十条规定的货物、物品,构成犯罪的,以实际走私的货物、物品定罪处罚;构成数罪的,实行数罪并罚。”从字面上分析,《意见》和《解释二》似乎明确了这样一个原则,即在具体案件中如果出现走私犯罪嫌疑人的主观认识与具体走私对象不同的情形,一律“以实际走私的货物、物品定罪处罚;构成数罪的,实行数罪并罚”。《意见》公布后,特别是《解释二》出台后,不少法院在办理走私犯罪案件时基本上是按照这一原则处理的。

我们认为,《意见》《解释二》所确定的“以实际走私的货物、物品定罪处罚”仅适用于有走私的概括故意的犯罪情形:一是意识上,行为人没有走私具体对象的意思;二是意志上,行为人对实际走私对象不反对,有没有都无所谓。如果行为人对走私犯罪对象的认识非常明确,并在此基础上形成了确定的故意,并对其他走私对象明确反对,即如最终在走私货物中发现其他走私物品,也不能适用该规定。如果认真分析《解释二》第五条中“藏匿”这一用词,就不难发现,起草者有意通过“藏匿”这一表述将本条的行为进行限定。与“夹带”不同,“藏匿”必须是一种有意识地隐藏行为,行为人主观上必须在隐藏之时对所隐藏之物具有或者应当具有一定的认识,即对所隐藏之物主观上明知。如果对走私的普通货物、物品或者废物中查出的其他走私对象不明知,则不能适用《解释二》第五条的规定;同理,也不能适用《意见》第六条的规定。

不具有走私的概括故意,对走私对象中夹带的其他货物确实不明知的,根据主客观相统一原则,就夹带的货物部分不应认定行为人走私犯罪。当代刑法的主流认识既反对主观归罪,也反对客观归罪,绝大多数国家的司法实践都明确将主客观相统一原则作为定罪的基本原则。根据主客观相统一原则,认定行为人构成犯罪,除了要求行为人客观上实施了具有严重社会危害的行为,还要求行为人主观上对所实施的危害行为具有一定的罪过。无论是故意的罪过,还是过失的罪过,根据刑法第十四条、第十五条的规定,必须体现的一个共性就是行为人对所实施的危害行为具有一定认识或者应当具有一定认识。如果这个前提不存在，行为人就不存在故意、过失的罪过，根据主客观相统一原则，也就不构成犯罪。

走私犯罪是故意犯罪，走私行为人必须对走私对象具有故意的罪过，行为人主观上必须知道或者应当知道其跨境运输或者携带货物是逃避海关监管的行为。在概括的故意走私犯罪中，行为人虽然不确定具体的走私对象，但对所走私的整体对象有一个概括性的认识，即都属于逃避海关监管的对象范围，如果在其走私的对象中发现其他物品的，也不违背其意志；在非概括的故意犯罪中，行为人主观上必须知道或者应当知道其跨境运输或者携带具体物品是逃避海关监管的行为。如果在其走私的对象中发现其他物品的，则违背其意志。

基于上述分析，在具体案件中，如果行为人具有走私的概括故意，对其以实际走私的物品定罪处罚并无不妥；但是，如果行为人不具有走私的概括故意，对其以实际走私的物品定罪处罚则违背了主客观相统一原则。

——《刑事审判参考》（总第91辑）。

（三）非设关地成品油走私

456 非设关地成品油走私行为性质的认定

关键词 | 走私普通货物、物品罪 | 成品油 |

【最高人民法院司法文件】

一、关于定罪处罚

走私成品油，构成犯罪的，依照刑法第一百五十三条的规定，以走私普通货物罪定罪处罚。

对不构成走私共犯的收购人，直接向走私人购买走私的成品油，数额较大的，依照刑法第一百五十五条第（一）项的规定，以走私罪论处；向非直接走私人购买走私的成品油的，根据其主观故意，分别依照刑法第一百九十一条规定的洗钱罪或者第三百一十二条规定的掩饰、隐瞒犯罪所得、犯罪所得收益罪定罪处罚。

在办理非设关地走私成品油刑事案件中，发现行为人在销售的成品油中掺杂、掺假，以假充真，以次充好或者以不合格油品冒充合格油品，构成犯罪的，依照刑法第一百四十条的规定，对该行为以生产、销售伪劣产品罪定罪处罚。

行为人与他人事先通谋或者明知他人从事走私成品油犯罪活动，而在我国专属经济区或者公海向其贩卖、过驳成品油的，应当按照走私犯罪的共犯追究刑事责任。

明知他人从事走私成品油犯罪活动而为其提供资金、贷款、账号、发票、证明、许可文件，或者提供运输、仓储等其他便利条件的，应当按照走私犯罪的共犯追究刑事责任。

对成品油走私共同犯罪或者犯罪集团中的主要出资者、组织者，应当认定为主犯；对受雇用的联络员、船长等管理人员，可以认定为从犯，如其在走私犯罪中起重要作用的，应当认定为主犯；对其他参与人员，如船员、司机、"黑引水"、盯梢望风人员等，不以其职业、身份判断是否追究刑事责任，应当按照其在走私活动中的实际地位、作用、涉案金额、参与次数等确定是否追究刑事责任。

对在非设关地走私成品油的犯罪嫌疑人、被告人，人民检察院、人民法院应当依法严格把握不起诉、缓刑适用条件。

——《最高人民法院、最高人民检察院、海关总署打击非设关地成品油走私专题研讨会会议纪要》(2019 年 10 月 25 日，署缉发〔2019〕210 号)。

【链接：理解与适用】

1. 关于走私成品油行为性质的认定

《纪要》起草过程中，有意见提出，我国对成品油的经营实行许可制度，对成品油的进口采取的是国营贸易管理，个人以及未经许可的企业均不得从事成品油进口业务。据此，在内海、领海、界河、界湖运输、收购、贩卖成品油，数额较大，没有合法证明的，属于刑法第一百五十五条第(二)项规定的在内海、领海、界河、界湖运输、收购、贩卖国家限制进出口的货物、物品，应当依照最高人民法院、最高人民检察院 2014 年《关于办理走私刑事案件适用法律若干问题的解释》(法释〔2014〕10 号，以下简称《走私刑事案件解释》)第二十一条第一款的规定，以走私国家禁止进出口的货物、物品罪等罪名定罪处罚，偷逃应缴税额较大，同时又构成走私普通货物、物品罪的，依照处罚较重的规定定罪处罚；如不能认定为走私犯罪的，可以非法经营罪追究其刑事责任。

经研究，我们认为，上述观点错误地理解了我国许可证制度和《走私刑事案件解释》第二十一条第一款关于走私国家限制进出口的货物、物品行为性质的规定，单纯以经营许可为由认为成品油属于国家限制进出口货物、物品的依据不充分：

首先，从我国关于成品油进出口的管理规定来看，成品油属于普通货物、物品而非限制进出口的货物、物品。许可证是一种常见的行政管理措施，并非实行许可证管理的货物、物品就一概属于国家限制经营的对象。根据原对外贸易经济合作部 2002 年发布的《原油、成品油、化肥国营贸易进口经营管理试行办法》的规定，国家对原油、成品油的进口实行国营贸易管理，允许非国营贸易企业从事部分数量的进口。国营贸易企业和非国营贸易企业以外的其他企业，不得从事原油、成品油的进口业务，但国家对非国营贸易企业采取的是登记备案制。商务部2004年发布的《货物自动进口许可管理办法》的附件《自动进口许可管理货物目录》也明确将成品油列为自动进口许可证管理的货物，每年更新的《自动进口许可管理货物目录》均将成品油列在其中。货物进出口管理条例第二十二条规定，基于监测货物进口情况的需要，国务院经贸主管部门和国务院有关经济管理部门可以按照国务院规定的职责划分，对部分属于自由进口的货物实行自动进口许可证管理。综合上述行政法规和部门规章的规定来看，成品油属于自由进口的普通货物、物品。

其次，从准确理解和把握《走私刑事案件解释》第二十一条第一款的规定以及司法实践的情况来看，对走私成品油的行为也不宜按走私国家禁止进出口的货物、物品罪等非涉税走私罪名定罪处罚。《走私刑事案件解释》第二十一条第一款主要是针对实践中常见的"逃证又逃税"行为应如何处理作出的规定，这里的"逃证"指的是违反或者逃避对外贸易法第十六条中规定的限制进出口管理措施或许可证。比照对外贸易法第十六条所列举的十一类货物、物品的性质或者限制进出口的目的来看，或是为维护国家安全、社会公共利益、公共道德而限制进出口；或是出于保护环境和人民群众生命财产健康的目的而限制进出口；或是基于产业政策的需要而限制进出口；或是因缔结或参加的国际条约所承担的国际义务而限制进出口。从我国关于成品油进口的管理规定来看，成品油显然不属于对外贸易法第十六条所列举的十一类货物、物品的范围。正是基于成品油普通货物、物品的属性，实践中对走私成品油的行为一直以来也是以走私普通货物、物品罪定罪处罚。

最后，在内海、领海、界河、界湖查获的成品油案件以船舶运输成品油为主，单纯的运输行为仅系提供运输服务，不涉及对成品油的经营，而非法经营罪则要求经营的对象具有特殊性，不宜仅以运输没有合法证明的成品油即认定该行为构成非法经营罪。当然，实践中的情况不能一概而论，不排除在内海、领海、界河、界湖查获的没有合法证明的成品油来源于其他违法犯罪活动，可能构成其他犯罪。

《纪要》起草的过程中，还有意见提出，根据国务院办公厅国办发明电〔1999〕13号《关于严格查禁非法进口"红油"的紧急通知》以及海关总署1999年9月30日发布的《关于打击非法进口"红油"的公告》的规定，禁止任何单位和个人运输、储存、买卖、使用"红油"以及"红油"与其他成品油勾兑的混合成品油，经交通主管部门批准航行于国际航线和港澳航线的船舶以及具有双重户籍的港澳流动渔船使用"红油"，一律严格限制在自用合理数量范围内。从国务院办公厅和海关总署的通知和公告精神来看，"红油"应属于国家禁止进口货物。故在非设关地走私成品油犯罪案件中，如行为人走私的成品油为"红油"，应按照刑法第一百五十一条第三款的规定以走私国家禁止进口的货物、物品罪定罪处罚。

经研究,我们认为,“红油”不属于刑法第一百五十一条第三款规定的“国家禁止进口的货物、物品”。理由是:

首先,从法律法规的层面看,将“红油”视为国家禁止进口的物品没有相关的法律法规依据。截止到目前,海关总署、商务部以及原对外贸易经济合作部等部门依据对外贸易法、货物进出口管理条例颁布的若干批次的《禁止进口货物目录》中,均未将“红油”列为国家禁止进口的物品。另外,国务院办公厅《关于严格查禁非法进口“红油”的紧急通知》与海关总署《关于打击非法进口“红油”的公告》中只是规定禁止在境内运输、储存、买卖、使用“红油”,并没有将“红油”规定为禁止进口物品,无法依据上述两份文件推断“红油”为国家禁止进口物品。

其次,从实质危害性层面看,走私“红油”行为侵犯的主要是税收征管制度。“红油”实际上就是内地市场上销售使用的0号柴油,0号柴油是允许作为普通货物进口的,二者唯一的区别就是“红油”因享有香港政府的补贴而成本低、价格低、只用于香港工厂、船舶自用,不允许转卖倒卖。与《禁止进口货物目录》中规定的其他禁止进口物品不同,走私“红油”侵害的主要是税收征管制度,并没有像走私其他禁止进口物品那样损害国家的环保或是珍稀物种保护等政策。

最后,将禁止买卖的物品理解为禁止进出口的物品,在逻辑上存在问题。禁止买卖“红油”是因为“红油”在香港地区与大陆地区销售价格的巨大差别,而不是基于“红油”的自然属性。仅因行为人逃税而将“红油”认定为禁止进口的物品,属于同义反复,依照这种观点,所有的走私逃税物品都将会被认定为禁止进口的物品。

2. 直接购买走私成品油行为的认定处理

间接走私,是指刑法第一百五十五条第(一)项规定的走私行为,即直接向走私人非法收购国家禁止进口物品的,或者直接向走私人非法收购走私进口的其他货物、物品的行为。从内容上看,《纪要》中“直接向走私人购买走私的成品油,数额较大的,依照刑法第一百五十五条第(一)项的规定,以走私罪论处”的规定,与刑法第一百五十五条第(一)项的规定并无二致,因此,准确理解第一百五十五条第(一)项的规定,成为实践中准确适用《纪要》前述规定的关键。

我们认为,从刑法第一百五十五条第(一)项的字面含义看,间接走私的犯罪对象包括“国家禁止进口的货物、物品”和“其他货物、物品”;从实质上理解,间接走私的犯罪对象包括国家禁止进口的货物、物品,国家限制进出口的货物、物品和偷逃应缴税额较大的普通货物、物品。众所周知,“走私罪”是个类罪名,刑法第一百五十五条第(一)项规定“以走私罪论处”只是笼统抽象地指明了某种间接走私行为的犯罪性质,但未确定具体罪名,间接走私行为构成何罪还是应以其走私的犯罪对象作为认定标准。从走私罪的犯罪对象来看,间接走私可能触犯的罪名包括刑法第一百五十一条规定的走私武器、弹药罪,走私核材料罪,走私假币罪,走私文物罪，走私贵重金属罪，走私珍贵动物、珍贵动物制品罪，走私国家禁止进出口的货物、物品罪，以及刑法第一百五十二条规定的走私淫秽物品罪、走私废物罪和刑法第一百五十三条规定的走私普通货物、物品罪，另外，刑法第三百四十七条规定的走私毒品罪和刑法第三百五十条规定的走私制毒物品罪也可能成为该项规定行为可能适用的罪名。《走私刑事案件解释》第二十条第一款规定，行为人直接向走私人非法收购走私进口的货物、物品，构成犯罪的，应当按照走私货物、物品的种类，分别依照刑法第一百五十一条、第一百五十二条、第一百五十三条、第三百四十七条、第三百五十条的规定定罪处罚。该款诠释了刑法第一百五十五条第（一）项规定的间接走私的认定及具体定罪量刑标准，即行为人无论直接收购何种货物、物品，只要达到对应的定罪量刑标准，均可直接按所构成的走私罪名处理。具体到直接购买走私成品油行为的认定处理，如前所述，成品油属于普通货物、物品，因此，明知是走私入境的成品油直接向走私犯罪分子非法收购的，应适用刑法第一百五十三条的规定，以走私普通货物、物品罪定罪处罚。

需要注意的是，直接购私人员如与走私犯罪分子有事前或者事中通谋行为，应当依照刑法第一百五十六条的规定，以走私罪的共犯论处，并依照其在共同犯罪中的地位、作用依法确定其主、从犯身份，在此情况下，下游再行收购的人员属于一手购私而非二手购私行为，应依照刑法第一百五十五条第（一）项的规定追究其刑事责任。

3. 向非直接走私人购买走私成品油行为的认定处理

对于向非直接走私人购买走私的成品油的行为应如何处理，《纪要》规定，应根据其主观故意，分别依照刑法第一百九十一条规定的洗钱罪或者第三百一十二条规定的掩饰、隐瞒犯罪所得、犯罪所得收益罪定罪处罚。实践中，准确理解和掌握《纪要》的前述规定，应注意以下几点：

一是购买的对象应为非直接走私人出售的走私成品油。根据刑法第一百五十五条第（一）项的规定，明知走私的成品油而直接向走私人购买，偷逃应缴税额数额较大的，应以走私普通货物、物品罪定罪处罚；如行为人购买的对象并非“直接走私人”，而是经过倒手后的“二手”甚至是“三手”走私入境的成品油，对其不能再按照刑法第一百五十五条第（一）项的规定以走私普通货物、物品罪处理。在此情况下，应当以洗钱罪或者掩饰、隐瞒犯罪所得、犯罪所得收益罪定罪处罚。

二是应当根据行为人的主观故意来确定具体罪名。通常情况下，行为人向非直接走私人购买时，多数情况下均明知系走私入境的成品油，由于走私罪属于刑法第一百九十一条规定的洗钱罪的上游犯罪，因此，对其应当以洗钱罪追究刑事责任。从行为方式上看，由于行为人向非直接走私人购买走私入境的成品油多为现金交易方式，属于刑法第一百九十一条规定的“协助将财产转换为现金、金融票据、有价证券”的行为。此外,根据最高人民法院2009年《关于审理洗钱等刑事案件具体应用法律若干问题的解释》(法释〔2009〕15号,以下简称《洗钱刑事案件解释》)第三条的规定,行为人明知是犯罪所得及其产生的收益而予以掩饰、隐瞒,构成刑法第三百一十二条规定的掩饰、隐瞒犯罪所得、犯罪所得收益罪,同时又构成刑法第一百九十一条规定洗钱罪的,依照处罚较重的规定定罪处罚。行为人向非直接走私人购买走私入境的成品油可能同时触犯前述两个罪名,实践中应当注意根据查明的犯罪事实,依照《洗钱刑事案件解释》的前述规定,按照处罚较重的规定定罪处罚。实践中,也不排除行为人对于购买的成品油产生不属于走私入境的成品油,而是其他犯罪的犯罪所得或者收益的错误认识,在此情况下,根据主客观相一致的原则,应当以刑法第三百一十二条规定的掩饰、隐瞒犯罪所得、犯罪所得收益罪追究其刑事责任。需要注意的是,根据《洗钱刑事案件解释》第一条第二款的规定,行为人如将向非直接走私人购买的走私成品油误认为刑法第一百九十一条规定的上游犯罪范围内的其他犯罪违法所得及其收益的,即误认为系毒品犯罪、黑社会性质的组织犯罪、恐怖活动犯罪、贪污贿赂犯罪、破坏金融管理秩序犯罪、金融诈骗犯罪的所得及其产生的收益的,不影响该条规定的“明知”的认定,仍应以洗钱罪而非掩饰、隐瞒犯罪所得、犯罪所得收益罪追究其刑事责任。

三是应当注意,根据《洗钱刑事案件解释》第四条和最高人民法院2015年《关于审理掩饰、隐瞒犯罪所得、犯罪所得收益刑事案件适用法律若干问题的解释》(法释〔2015〕11号)第八条第一款的规定,行为人向非直接走私人购买走私成品油,构成洗钱罪或者掩饰、隐瞒犯罪所得、犯罪所得收益罪的,应当以上游犯罪事实成立为认定前提。上游犯罪尚未依法裁判,但查证属实的,不影响洗钱罪或者掩饰、隐瞒犯罪所得、犯罪所得收益罪的适用。

4. 非法经营走私入境成品油行为性质的认定

对于未取得成品油经营许可证,从事走私入境的成品油销售、仓储、运输等经营行为应如何处理。《纪要》起草过程中,曾有意见提出,收购无合法证明的成品油或在未获得许可的情况下经营成品油,严重扰乱市场秩序,情节严重的,如不能认定为走私罪的,由于我国对成品油的经营实行许可证制度,成品油的经营需取得行政主管部门颁发的许可证,故成品油属于限制买卖的物品,未取得许可证的情况下从事成品油的经营活动,属于刑法第二百二十五条第(一)项规定的“法律、行政法规规定的专营、专卖物品或者其他限制买卖的物品”。理由是:成品油系国家严格控制的重要能源物资,是直接关系国计民生的重要生产资料。根据2004年6月29日国务院会议通过的《国务院对确需保留的行政审批项目设定行政许可的决定》和商务部2006年制定发布的《成品油市场管理办法》的规定,国家对成品油经营实行许可制度,从事成品油的批发、仓储或者零售,应取得商务部或者省级人民政府商务主管部门颁发的许可证，申请成品油零售经营资格的企业，除了应当具备设施、人员、供货渠道等客观性条件外，还必须符合当地加油站行业发展规划，说明国家对成品油的经营实施严格、特殊的市场准入制度，由此判断，成品油也应当属于限制买卖的物品。另有意见认为，即使不能认定成品油属于刑法第二百二十五条第（一）项规定的“其他限制买卖的物品”，也可依照该条第（四）项的规定，认定为“其他严重扰乱市场秩序的非法经营行为”。理由是：成品油经营资格审批是《国务院对确需保留的行政审批项目设定行政许可的决定》设定的行政许可，据此，未经许可从事成品油经营活动，属于违反国家规定的经营行为。《国务院对确需保留的行政审批项目设定行政许可的决定》属于刑法第九十六条规定的“国家规定”，故无证经营成品油的行为可以依照刑法第二百二十五条第（四）项的规定，认定为“其他严重扰乱市场秩序的非法经营行为”，可以非法经营罪追究其刑事责任。

经研究，我们认为，对于未取得成品油经营许可证的情况下从事成品油销售、仓储、运输等经营行为，按照非法经营罪处理应慎重。理由是：

首先，成品油不属于刑法第二百二十五条第（一）项规定的“法律、行政法规规定的专营、专卖物品或者其他限制买卖的物品”。从刑法第二百二十五条第（一）项的规定来看，该项规定的专营、专卖物品或者其他限制买卖的物品均应为“法律、行政法规”所明确规定。从关于成品油经营的规范性文件来看，《国务院对确需保留的行政审批项目设定行政许可的决定》虽然以国务院决定的形式明确了国家对成品油经营活动实行许可制度，但该决定毕竟不是法律或者行政法规。故成品油不属于刑法第二百二十五条第（一）项规定的“法律、行政法规规定的专营、专卖物品或者其他限制买卖的物品”，对于未取得成品油经营许可证的情况下从事成品油销售、仓储、运输等经营行为，不能适用刑法第二百二十五条第（一）项的规定追究刑事责任。

其次，对于无证经营成品油的行为不加区分地按非法经营罪处理，存在打击面过大的问题。从实践看，非法从事成品油经营的行为主要可以分为超范围经营和无证经营两种情形。对于有成品油经营许可证但超范围经营的行为，一般不宜认定为非法经营罪，主要考虑是：有许可证但超范围经营成品油的行为，虽然违反了商务部《成品油市场管理办法》中不得超越经营范围进行经营活动的规定，但是这种行为一般情况下社会危害性不大。例如，有成品油零售许可证但从事批发业务的，因从事成品油零售业务亦应符合《成品油市场管理办法》中规定的相应审批标注，且涉及的成品油都是从有成品油批发资质的企业批发而来，并不会造成国家税费的损失，虽然在一定程度上可能会造成零售市场的混乱，但所造成的危害有限，给予行政处罚即可，不宜按照犯罪处理。如根据《成品油市场管理办法》第四十三条的规定,成品油经营企业超越经营范围进行经营活动的,法律、法规有具体规定的,从其规定,如法律、法规未做规定的,由所在地县级以上人民政府商务主管部门视情节依法给予警告、责令停业整顿、处违法所得三倍以下或三万元以下罚款处罚。对于无证经营成品油的行为是否可按非法经营罪处理,也应慎重。从我国关于成品油经营的政策来看,总体上呈现逐渐放宽管制的趋势,《国务院对确需保留的行政审批项目设定行政许可的决定》对成品油的经营规定实行许可制度,从事成品油的批发、仓储或者零售,应取得商务部或者省级人民政府商务主管部门颁发的许可证。随着经济社会的发展和改革开放的不断深入,对于成品油这一对流通和消费领域具有重要意义的商品经营仍继续沿用严格的审批制度已不利于经济社会的发展。为推动流通创新发展,优化消费环境,促进商业繁荣,激发国内消费潜力,更好满足人民群众消费需求,促进国民经济持续健康发展,经国务院同意,国务院办公厅于 2019 年 8 月 16 日发布的《关于加快发展流通促进商业消费的意见》(国办发〔2019〕42 号)规定,扩大成品油市场准入,取消石油成品油批发仓储经营资格审批,将成品油零售经营资格审批下放至地市级人民政府。在此情况下,对于无证经营成品油的行为不加区分地按犯罪处理,不仅存在打击面过大的问题,也与国家逐渐放开成品油经营审批权,扩大成品油市场准入的政策趋势相悖。

最后,对于无证经营成品油的行为入罪,应严格遵循最高人民法院的有关规定。为规范各级法院对刑法中"国家规定"的适用,最高人民法院于 2011 年发布了《关于准确理解和适用刑法中"国家规定"的有关问题的通知》(法〔2011〕155 号)。该通知规定,各级人民法院审理非法经营犯罪案件,要依法严格把握刑法第二百二十五条第(四)项的适用范围。对被告人的行为是否属于刑法第二百二十五条第(四)项规定的"其他严重扰乱市场秩序的非法经营行为",有关司法解释未作明确规定的,应当作为法律适用问题,逐级向最高人民法院请示。考虑到实践中无证经营成品油的行为差别较大,是否按照犯罪处理,应结合具体案情综合考量,只能对"情节严重"的非法经营行为定罪处罚。要避免将一般的行政违法行为当作刑事犯罪处理,以犯罪论处的非法经营行为应当具有相当的社会危害性和刑事处罚的必要性。并且,判断被告人的行为是否属于刑法第二百二十五条第(四)项规定的"严重扰乱市场秩序的非法经营行为",需要有法律、司法解释的明确规定。有关法律、司法解释未作明确规定的,应当作为法律适用问题,按照最高人民法院前述通知的规定,逐级报最高人民法院请示。

实践中,一些非法经营成品油的行为人为获取暴利,在销售的成品油中掺杂、掺假,以假充真,以次充好或者以不合格油品冒充合格油品销售。对此,《纪要》明确,在办理非设关地走私成品油刑事案件中,发现行为人在销售的成品油中掺杂、掺假,以假充真,以次充好或者以不合格油品冒充合格油品,构成犯罪的,应当依照刑法第一百四十条的规定,对该行为以生产、销售伪劣产品罪定罪处罚。

5. 走私成品油共犯的认定与处理

实践中,一些行为人与他人事先通谋或者明知他人从事走私成品油犯罪活动,在我国专属经济区或者公海向其贩卖、过驳成品油,或者明知他人从事走私成品油犯罪活动而为其提供资金、贷款、账号、发票、证明、许可文件,或者提供运输、仓储等其他便利条件。

我们认为,上述行为认定处理的关键在于对行为人"通谋"和"明知"的认定。关于"通谋"的认定,根据刑法第一百五十六条的规定,与走私罪犯通谋,为其提供贷款资金、账号、发票、证明、海关单证,提供运输、保管、邮寄或者其他方便的,以走私罪的共犯论处。"通谋"是共同犯罪人之间的一种共同故意,通常是发生在行为前的意思联络,称为"事前通谋",但也不排除"事中通谋"。最高人民法院、最高人民检察院、海关总署 2002 年联合发布的《办理走私刑事案件适用法律若干问题的意见》(法〔2002〕139 号,以下简称《走私意见》)第十五条对刑法第一百五十六条中的"通谋"作了阐明:"通谋是指犯罪行为人之间事先或者事中形成的共同的走私故意。下列情形可以认定为通谋:(一)对明知他人从事走私活动而同意为其提供贷款、资金、账号、发票、证明、海关单证,提供运输、保管、邮寄或者其他方便的;(二)多次为同一走私犯罪分子的走私行为提供前项帮助的。"关于"明知",《走私意见》第五条第二款也作了阐明性的规定,可以作为认定"明知"他人从事走私成品油犯罪活动认定的依据:"走私主观故意中的'明知'是指行为人知道或者应当知道所从事的行为是走私行为。具有下列情形之一的,可以认定为'明知',但有证据证明确属被蒙骗的除外:……;(二)用特制的设备或者运输工具走私货物、物品的;(三)未经海关同意,在非设关的码头、海(河)岸、陆路边境等地点,运输(驳载)、收购或者贩卖非法进出境货物、物品的;(四)提供虚假的合同、发票、证明等商业单证委托他人办理通关手续的;(五)以明显低于货物正常进(出)口的应缴税额委托他人代理进(出)口业务的;(六)曾因同一种走私行为受过刑事处罚或者行政处罚的;(七)其他有证据证明的情形。"

据此,《纪要》规定,行为人与他人事先通谋或者明知他人从事走私成品油犯罪活动,而在我国专属经济区或者公海向其贩卖、过驳成品油的,或者明知他人从事走私成品油犯罪活动而为其提供资金、贷款、账号、发票、证明、许可文件,或者提供运输、仓储等其他便利条件的,均应当按照走私犯罪的共犯追究其刑事责任。

6. 走私成品油共同犯罪主犯和从犯的认定

走私犯罪中主犯和从犯的认定问题较为复杂,应从犯意的发起、实行行为的分担与完成、获利分配等方面综合加以判断。共同走私犯罪中,原则上应尽量区分主从犯,这样既有利于分化、瓦解犯罪分子,同时也能充分体现宽严相济的刑事政策。

实践中,在办理走私成品油犯罪案件时,对于如何追究运输人和联络人的刑事责任,往往存在争议。此类案件中的“运输人”,是指水上走私行为的船舶、其他运输工具上的负责人和其他人员;“联络人”是指“黑引水员”和盯梢望风人员等。与“运输人”“联络人”相对应的是“出资人”和“组织者”。通常情况下“出资人”和“组织者”都是在幕后组织、策划、指挥,实践中,对于将“出资人”和“组织者”确定为走私成品油犯罪的主犯并追究刑事责任,通常不存在异议,但“运输人”和“联络人”的处理情况则差异较大,多数案件中对于“运输人”按从犯认定处理,对于“黑引水员”和盯梢望风人员等“联络人”有些按从犯处理,有些则未追究刑事责任。从已经处理的案件看,大多数案件是对起组织、指挥作用的船长、起主要作用的大副、轮机长、骨干船员等追究刑事责任,对其他船员、勤杂人员、搬运工人不再追究刑事责任,但也有少数案件,对从船长到船员的所有人员都追究了刑事责任。不同案件处理范围不同,主要原因是对“运输人”和“联络人”在共同走私犯罪中所起的作用和所处的地位把握尺度不统一。

为了统一执法标准,《纪要》规定,对成品油走私共同犯罪或者犯罪集团中的主要出资者、组织者,应当认定为主犯;对受雇用的联络员、船长等管理人员,可以认定为从犯;如其在走私犯罪中起重要作用的,应当认定为主犯;对其他参与人员,如船员、司机、“黑引水员”、盯梢望风人员等,不以其职业、身份判断是否追究刑事责任,应当按照其在走私活动中的实际地位、作用、涉案金额、参与次数等确定是否追究刑事责任。

《走私意见》第十四条规定:“……对于运输人,一般追究运输工具的负责人或者主要责任人的刑事责任,但对于事先通谋的、集资走私的或者使用特殊的走私运输工具从事走私犯罪活动的,可以追究其他参与人的刑事责任。”据此,在理解和把握《纪要》的前述规定时,应注意以下几点:

一是成品油走私共同犯罪或者犯罪集团中的主要出资者和组织者,应当认定为主犯。

二是受雇用的联络员、船长等管理人员一般情况下应认定为从犯,但如系在走私犯罪中起组织、指挥作用的船长、起主要作用的大副、轮机长、骨干船员等,上述人员在走私犯罪链条中属于走私行为的组织者、犯意提起者和支配他人具体实施者,应当依法认定为主犯。如果有证据证明上述人员只是初次参与,尚未获利或者获利较少,考虑到在此情况下其对于走私犯罪的认识相对较模糊、被动,作用较小,可不认定为主犯;如果是多次、反复参与走私,因其参与走私犯罪的主观认识清楚,后续积极参与、主动介入,作用很大,一般应认定为主犯。

三是对受雇佣仅从事劳务活动的其他船员、勤杂人员、搬运工人,一般情况下不再追究刑事责任,但如具有与走私犯罪分子事先通谋、参与集资走私,或者在经改装的特殊走私运输工具上从事走私犯罪活动等情形的，应当根据其在共同犯罪中的地位和作用，依法追究其刑事责任。

7. 关于走私成品油犯罪案件不起诉和缓刑的适用

《纪要》规定，对在非设关地走私成品油的犯罪嫌疑人、被告人，人民检察院、人民法院应当依法严格把握不起诉、缓刑适用条件。对此，有意见提出，前述规定有过于强调打击犯罪的倾向，实践中可能会造成可诉可不诉的尽量起诉、可缓可不缓的不判缓刑的情况。对此，我们认为，从统计数据看，相较于其他犯罪，包括非设关地走私成品油犯罪在内的走私犯罪普遍存在不起诉和适用缓刑率偏高的情况。这种情况的出现，一方面与走私犯罪“一头在外”的特殊犯罪形态有关，很多案件的“出资人”和“组织者”在内的主犯由于在境外未归案，被抓获的往往是运输人和联络人等从犯；另一方面也与部分司法机关对于不起诉和适用缓刑的标准掌握不够严格有关。为规范对非设关地成品油走私犯罪不起诉和缓刑的适用，《纪要》提出，应当依法严格把握不起诉、缓刑的适用条件。实践中，对于非设关地成品油走私犯罪不起诉和缓刑的适用，应当注意以下几点：

一是适用不起诉和缓刑应当以是否具备刑法和刑事诉讼法规定的适用条件为前提。刑法第七十二条规定，对于被判处拘役、三年以下有期徒刑的犯罪分子，同时符合犯罪情节较轻、有悔罪表现、没有再犯罪的危险、宣告缓刑对所居住社区没有重大不良影响等条件的，可以宣告缓刑；对其中不满十八周岁的人、怀孕的妇女和已满七十五周岁的人，应当宣告缓刑。刑事诉讼法第一百七十七条第二款规定，对于犯罪情节轻微，依照刑法规定不需要判处刑罚或者免除刑罚的，人民检察院可以作出不起诉决定。这里的“依照刑法规定不需要判处刑罚”，主要是指虽然不具有免除处罚的情节，但犯罪嫌疑人的犯罪情节轻微，社会危害较小，综合全案具体情况，结合刑法和司法解释关于法定刑和量刑标准的规定，认为不需要判处刑罚；“依照刑法免除刑罚”主要是指具有刑法总则规定的可以或者应当免除处罚的诸类情形。综合刑法和刑事诉讼法的前述规定，非设关地成品油走私案件的犯罪嫌疑人和被告人如符合刑法和刑事诉讼法关于适用缓刑和作出不起诉决定的相关规定，可以依法对其宣告缓刑或者作出不起诉决定。

二是应当结合案件特点和实际情况掌握缓刑和不起诉的适用。根据刑法和刑事诉讼法的相关规定，结合非设关地成品油走私案件的特点，行为人如具有下列情形的，应当依法不予宣告缓刑和适用不起诉决定：(1)犯罪嫌疑人或者被告人系累犯或者犯罪集团的首要分子的。(2)依法应当判处三年以上有期徒刑的。(3)采用暴力、威胁等手段抗拒执法的。(4)销毁电子证据或者纸质单据等证据的。(5)认罪态度不好，具有包庇同案犯等情节的。(6)曾因走私犯罪被给予刑事追究或者行政处罚后又走私的。走私犯罪分子具有上述情形的，应当依法不予适用或者从严掌握缓刑和不起诉的适用。

——郭慧、王坤、阎丽、蔺剑、陈鹿林:《〈打击非设关地成品油走私专题研讨会会议纪要〉的理解与适用》,载最高人民法院刑事审判第一、二、三、四、五庭主办:《刑事审判参考》(总第124辑),法律出版社2020年版,第193—205页。

457 非设关地成品油走私主观故意的认定

关键词｜成品油｜主观故意｜

【最高人民法院司法文件】

二、关于主观故意的认定

行为人没有合法证明,逃避监管,在非设关地运输、贩卖、收购、接卸成品油,有下列情形之一的,综合其他在案证据,可以认定具有走私犯罪故意,但有证据证明确属被蒙骗或者有其他相反证据的除外:

(一)使用"三无"船舶、虚假船名船舶、非法改装的船舶,或者使用虚假号牌车辆、非法改装、伪装的车辆的;

(二)虚假记录船舶航海日志、轮机日志,进出港未申报或者进行虚假申报的;

(三)故意关闭或者删除船载AIS系统、GPS及其他导航系统存储数据,销毁手机存储数据,或者销毁成品油交易、运输单证的;

(四)在明显不合理的隐蔽时间、偏僻地点过驳成品油的;

(五)使用无实名登记或者无法定位的手机卡、卫星电话卡等通讯工具的;

(六)使用暗号、信物进行联络、接头的;

(七)交易价格明显低于同类商品国内合规市场同期价格水平且无法作出合理解释的;

(八)使用控制的他人名下银行账户收付成品油交易款项的;

(九)逃避、抗拒执法机关检查,或者事前制定逃避执法机关检查预案的;

(十)其他可以认定具有走私犯罪故意情形的。

——《最高人民法院、最高人民检察院、海关总署打击非设关地成品油走私专题研讨会会议纪要》(2019年10月25日,署缉发〔2019〕210号)。

【链接:理解与适用】

三、关于非设关地成品油走私主观故意的认定

实践中,走私犯罪分子主观故意的认定是走私案件常见疑难问题,这在非设关地成品油走私案件中尤为突出。非设关地走私案件具有参与人员众多和团伙化等

特点,不同人员往往只参与走私过程的某一环节,被查获后,行为人常常以对其他环节不清楚为由,对犯罪主观故意提出辩解,加大案件办理难度。鉴于此,《走私意见》第五条第二款规定:“走私主观故意中的‘明知’是指行为人知道或者应当知道所从事的行为是走私行为。具有下列情形之一的,可以认定为‘明知’,但有证据证明确属被蒙骗的除外:(一)逃避海关监管,运输、携带、邮寄国家禁止进出境的货物、物品的;(二)用特制的设备或者运输工具走私货物、物品的;(三)未经海关同意,在非设关的码头、海(河)岸、陆路边境等地点,运输(驳载)、收购或者贩卖非法进出境货物、物品的;(四)提供虚假的合同、发票、证明等商业单证委托他人办理通关手续的;(五)以明显低于货物正常进(出)口的应缴税额委托他人代理进(出)口业务的;(六)曾因同一种走私行为受过刑事处罚或者行政处罚的;(七)其他有证据证明的情形。”

《纪要》在《走私意见》等规范性文件的基础上,总结实践经验,明确了可以认定走私犯罪主观故意的十种具体情形。《纪要》主要采用推定的方式认定走私犯罪主观故意,具体而言,对于行为人没有合法证明,逃避监管,在非设关地运输、贩卖、收购、接卸成品油,可以结合已经查实的特殊情形,综合认定是否具有走私犯罪故意,但有证据证明确属被蒙骗或者有其他相反证据的除外。择要言之如下:

1. 关于严重违反基本监管要求的情形

走私行为涉及货物的进出境,从正常货物进出境的角度来看,国家对于货物进出境有各种各样的监管,包括货物、资金、人员、交通工具等各方面监管,这些监管是国家从正面行政管理的角度提出各种要求。走私犯罪分子往往会采取各种方式规避相关部门的监管,以尽量降低被发现的可能性。因此,在走私犯罪案发之后,如果能够查实行为人故意违反相关监管要求,可以推定其具有走私犯罪的主观故意。以海上货物运输为例,根据相关规定,船舶应当有明确的船名、船籍港、船舶证书,改造船舶之前应当向公安边防等部门报告,船舶进出我国港口时,应当向主管机关报告航次计划、船员配备、客货载运信息等,相关信息应记载于航海日志中,配备自动识别系统(AIS)等通信、导助航设备的船舶应当始终保持设备处于工作状态。上述规定都是国家对海上货物运输最基本的要求,而在海上走私成品油中,走私犯罪分子往往大量使用“三无”船舶(无船名、无船籍港、无船舶证书),擅自改装船舶,航海日志不记载或虚假记载,航行中关闭船载 AIS 系统等来规避监管,防止自己的行踪被监管部门发现。司法实践中,具有上述情形的常常作为推定犯罪主观故意的重要依据。据此,《纪要》规定,行为人没有合法证明,逃避监管,在非设关地使用“三无”船舶、虚假船名船舶、虚假号牌车辆、非法改装的船舶、非法改装、伪装的车辆运输、贩卖、收购、接卸成品油的,或者虚假记录船舶航海日志、轮机日志,进出港未申报或者进行虚假申报的,或者故意关闭或者删除船载 AIS 系统、

GPS 及其他导航系统存储数据，销毁手机存储数据，或者销毁成品油交易、运输单证的，综合其他在案证据，可以认定具有走私犯罪故意。此外，《走私意见》第五条第二款第（三）项规定的"未经海关同意，在非设关的码头、海（河）岸、陆路边境等地点，运输（驳载）、收购或者贩卖非法进出境货物、物品的"，也属于严重违反监管要求的情形。

2. 关于明显违背商业惯例的情形

正常经济活动通常都有符合经济特征的商业惯例或者公认的行业准则，与之相反的是，可能涉嫌违法犯罪的经济活动在某个或某些环节通常会明显背离这些正常的商业惯例、行业准则。通过查清这些反常情形，有助于对走私犯罪分子主观故意的认定。走私犯罪属于典型的非正常经济行为，结合走私犯罪的一般行为方式，主要可以从货物交接、资金往来、成本收益、信息传递等方面具体分析行为人是否存在明显违背商业惯例的情形：

一是明显违背合法货物交接惯例的情形。走私犯罪分子对于可能涉嫌违法犯罪的货物，常常使用特定暗号进行交接，或者选择在明显不合理的隐蔽时间、隐蔽地点交接货物，或者采用隐蔽的方式交接货物，或者使用特制的隐蔽工具装载货物等。据此，《纪要》规定，在明显不合理的隐蔽时间、偏僻地点过驳成品油，或者使用暗号、信物进行联络、接头的，属于明显违背合法货物交接惯例的情形，可以认定为具有走私犯罪故意。此外，《走私意见》第五条第二款第（二）项规定的"用特制的设备或者运输工具走私货物、物品的"，也属于明显违背合法货物交接惯例的情形。

二是明显违背正常资金往来惯例的情形。作为以谋利为目的的经济犯罪，走私犯罪必然伴随着大额资金的往来，这在非设关地成品油走私犯罪中更为明显。实践中，行为人常常在一次交易中将大额货款故意分成多笔支付，或者通过实际控制的他人账户、地下钱庄来收付资金，或者采用直接大额现金支付等异常方式收付资金，这些都有利于认定是否具有走私犯罪的故意。据此，《纪要》规定，"使用控制的他人名下银行账户收付成品油交易款项的"，属于明显违背正常资金往来惯例的情形，可以认定为具有走私犯罪故意。

三是明显违背合理成本收益的情形。从经济活动的一般规律来看，理性的经济活动必然要求合理的成本收益，走私犯罪特别是非设关地成品油走私犯罪由于逃避了正常的监管和纳税，其交易价格往往会低于同类产品的正常市场交易价格。因此，在有证据证明交易价格明显不符合合理成本收益这一基本经济规律的情况下，可以作为认定走私犯罪主观故意的重要依据。据此，《纪要》规定，"交易价格明显低于该类商品国内合规市场同期价格水平的"，属于明显违背合理成本收益的情形，可以认定为具有走私犯罪故意。

四是明显违背正常通讯惯例的情形。非设关地走私参与人员众多，通常伴随着不同主体之间信息传递、沟通。通过分析行为人之间是否存在特殊通讯方式，在信息传递过程中是否采取明显有别于正常通讯的情形，有利于分析其犯罪主观故意。据此，《纪要》规定，“使用无实名登记或者无法定位的手机卡、卫星电话卡等通讯工具的”，属于明显违背正常通讯惯例的情形，可以认定为具有走私犯罪故意。

3. 关于刻意逃避执法检查的情形

走私犯罪分子在作案过程中为逃避打击、躲避检查或者免遭举报，往往会采取各种方式避免被执法人员发现或被他人察觉，即便走私犯罪事实被发现，也会采取各种手段销毁证据、逃避查处。案发后，通过查清走私犯罪分子是否存在刻意逃避执法检查的情形，有利于还原其作案时的主观心态，进而认定其是否具有走私犯罪故意。根据时间节点的不同，可以将逃避执法检查分为预防型和现场型两种情形：

一是预防型逃避执法检查。即在走私犯罪实施之前或者实施过程中，走私犯罪分子为避免被执法人员或他人发现、察觉，有针对性地采取各种预防性的规避措施。实践中，通常表现为派员跟踪特定执法部门活动轨迹，如派人盯梢缉私、边防、海警部门，或者派专人望风，如安排人员在卸油码头望风，或者故意绕开检查关卡或常规路线、有预谋地指使他人冒名顶替等。据此，《纪要》规定，“事前制定逃避执法机关检查预案的”，属于预防型逃避执法检查，可以认定为具有走私犯罪故意。

二是现场型逃避执法检查。即行为人在实施相关违法行为过程中或者实施完毕后，被执法人员人赃俱获时，为避免本人被查处而抗拒检查、丢弃赃物、逃跑或者临时指使他人冒名顶替等。据此，《纪要》规定，“逃避、抗拒执法机关检查”，属于现场型逃避执法检查，可以认定为具有走私犯罪故意。

此外，《纪要》规定的行为人删除船载 AIS 系统、GPS 导航等船载数据，或者销毁手机存储数据，或者销毁成品油交易、运输单证等情形，也属于刻意逃避执法检查的情形。这些情形既可能发生在违法犯罪行为被执法人员发现之前，比如每一次犯罪结束后有意识地删除数据、销毁单证，也可能发生在执法人员现场查处时，比如当场删除数据、丢弃设备等。

4. 其他可以认定具有走私犯罪故意的情形

为避免挂一漏万，《纪要》以兜底性条款的方式，规定了其他可以认定具有走私犯罪故意的情形。实践中，其他可以认定具有走私犯罪故意的情形可以从两方面来把握：

一是《走私意见》第五条第二款前六项规定的可以认定为“明知”的情形，同样适用于非设关地成品油走私犯罪故意的认定。

二是以行为人职业经历、专业背景或者具体案情中其他特别反常的情形为基础，结合经验法则、逻辑规则等判断行为人是否有犯罪主观故意。实践中，以下几类常见情形有利于认定非设关地成品油走私的主观故意:(1)是否具有同类前科走私行为。如果行为人因走私违法犯罪被打击处理后又实施同类行为的,可以认定为具有走私犯罪的主观故意。《走私意见》第五条第二款第(六)项规定的“曾因同一种走私行为受过刑事处罚或者行政处罚的”,就属于此种情形。(2)行为人背景经历。个人教育背景、职业经历、社会阅历等,可以在一定程度上反映其对相关行为特别是违法犯罪的认识程度。具体到非设关地成品油走私犯罪中,如果行为人长期生活在沿海、沿边地区,自己或者周边亲友有出海经历,或者时常通过边境地区进出境,或者长期从事成品油行业相关工作等,就比较有利于分析其是否具有走私犯罪故意。(3)是否有异常记账方式或者操作模式。行为人在实施走私犯罪的过程中,如果其记账方式、操作模式等明显异于常理常情常识,严重背离民众从事合法行为的经验法则、逻辑规则,在无法合理解释的情况下,也可以作为认定走私犯罪故意的重要依据。(4)是否使用特殊运输工具。行为人如使用特制设备、夹层、暗格实施走私活动的,可以认定为具有走私犯罪故意。

总之,非设关地成品油走私通常涉及环节多、链条长,相关参与人员时常会在不同环节、不同侧面留下一些异常痕迹,可以作为判断主观故意的基础事实,再结合具体案情进行综合认定。对于这些基础事实,应当重点把握以下两点基本要求:一是基础事实应当查证属实。实践中,不少案件能够反映出行为人有异常行为的线索,如果无法查证属实,仍然不能作为推定主观故意的依据。二是基础事实多多益善。相关基础事实越多,越有利于认定主观明知。事实上,司法实践中大量非设关地成品油走私案件是结合两种或两种以上基础事实来认定主观故意。

——郭慧、王坤、阎丽、蔺剑、陈鹿林:《〈打击非设关地成品油走私专题研讨会会议纪要〉的理解与适用》,载最高人民法院刑事审判第一、二、三、四、五庭主办:《刑事审判参考》(总第124辑),法律出版社2020年版,第205—210页。

458 非设关地成品油走私犯罪数额的认定

关键词|成品油|犯罪数额|

【最高人民法院司法文件】

三、关于犯罪数额的认定

非设关地成品油走私活动属于非法的贸易活动,计核非设关地成品油走私刑事案件的偷逃应缴税额,一律按照成品油的普通税率核定,不适用最惠国税率或者暂定税率。

查获部分走私成品油的,可以按照被查获的走私成品油标准核定应缴税额;全案没有查获成品油的，可以结合其他在案证据综合认定走私成品油的种类和数量，核定应缴税额。

办理非设关地成品油走私犯罪案件，除主要犯罪嫌疑人以外，对集团犯罪、共同犯罪中的其他犯罪嫌疑人，无法准确核定其参与走私的具体偷逃应缴税额的，可以结合在案相关证据，根据其参与走私的涉案金额、次数或者在走私活动中的地位、作用等情节决定是否追究刑事责任。

——《最高人民法院、最高人民检察院、海关总署打击非设关地成品油走私专题研讨会会议纪要》（2019 年 10 月 25 日，署缉发〔2019〕210 号）。

【链接：理解与适用】

四、关于犯罪数额认定

1. 关于非设关地成品油走私的税率适用

根据进出口关税条例的规定，我国对于进口货物征收关税适用最惠国税率、协定税率、特惠税率、普通税率等税率。此外，对进口货物在一定期限内也可以适用暂定税率。具体来看，上述税率的适用条件分别是：(1)关于最惠国税率。原产于共同适用最惠国待遇条款的世界贸易组织成员的进口货物，原产于我国签订含有互相给与最惠国待遇条款的双边贸易协定的国家或者地区的进口货物，以及原产于我国境内的进口货物，适用最惠国税率。由于我国已加入世界贸易组织（WTO），故从所有 WTO 成员国进口的货物都适用最惠国税率。即使少数与我国有贸易往来的国家未加入 WTO，如俄罗斯等国，由于这些国家都与我国签订了互惠协议，互相承认并给予对方最惠国待遇，可以说与我国建交国家进口货物的关税基本上都适用最惠国税率。(2)关于协定税率。原产于与我国签订含有关税优惠条款的区域性贸易协定的国家或者地区的进口货物，适用协定税率。我国与马尔代夫、格鲁吉亚、澳大利亚、秘鲁、新加坡、新西兰、智利、巴基斯坦、东盟等多个国家和地区组织签订了双边或多边自贸区协定，与印度、韩国、孟加拉国、斯里兰卡、老挝签订了优惠贸易的亚太贸易协定，从前述国家进口货物关税适用协定税率。(3)关于特惠税率。原产于与我国签订含有特殊关税优惠条款的贸易协定的国家或者地区的进口货物，适用特惠税率。特惠税率主要目的是鼓励不发达国家，如最不发达三十七国（埃塞俄比亚、刚果、卢旺达等国）增进与我国的友好贸易往来并发展经济。(4)关于暂定税率。暂定税率是在海关进出口税则规定的进口优惠税率和出口税率的基础上，对进口的某些重要的工农业生产原料和机电产品关键部件以及出口的部分资源型产品实施的更为优惠的关税税率。暂定税率一般按照年度制定实施，并且可以根据需要随时中止。(5)关于普通税率。原产于上述情形以外国家或者地区的进口货物，以及原产地不明的进口货物，适用普通税率。普通税率高于最惠国税率、暂定税率、协定税率、特惠税率。

实践中，由于认识不同，各地在办理非设关地成品油走私案件中适用的税率标准并不一致，有的适用普通税率，有的适用最惠国税率，造成执法、司法标准不统一，出现了非设关地成品油走私向适用低税率核定偷逃税额的地区转移的现象，形成“走私洼地”。为规范非关地成品油走私案件的办理，统一执法尺度，《纪要》明确，非设关地成品油走私活动属于非法的贸易活动，计核非设关地成品油走私刑事案件的偷逃应缴税额，一律按照成品油的普通税率核定，不适用最惠国税率或者暂定税率。对于《纪要》的上述规定，起草过程中有意见认为，对原产地不明且办案部门举证不能的案件，应当按照有利于当事人的原则适用优惠税率。支持前述观点的依据主要是海关总署关税司于2006年和2007年分别作出的两个批复。其中，海关总署关税司于2006年给拱北海关的批复（税管函〔2006〕140号）的内容是：“根据关税条例第十条规定，原产地不明的进口货物，适用普通税率。因此，无论是否涉及违规，只要进口货物原产地不明，海关都应按普通税率计核税款。但实践中，在判断货物原产地时，海关和当事人的举证责任视情况有所不同。在正常进口过程中，纳税义务人申报纳税时应首先向海关举证（如提交合同、发票、原产地证明等）所进口货物适用何种税率，如其不同意举证货物原产地，海关即应按普通税率计核税款。但在办理走私违规案件的处理过程中，海关应首先负责举证货物的原产地，如查案部门不能举证涉嫌走私违规货物原产地时，按照最惠国税率等计核税款。”海关总署关税司于2007年给杭州海关的批复（税管函〔2007〕149号）内容是：“在办理走私案件时，海关对证明案件事实负有举证责任，如原产地不明且办案部门举证不能，则应适用优惠税率计核偷逃税款。因此，对于走私违规货物，如原产地不明且办案部门举证不能，海关应适用最惠国税率计核税款；如果同时存在最惠国税率和暂定税率的，应优先适用暂定税率计核税款。”

我们认为，海关总署关税司税管函〔2006〕140号批复的前半部分内容表述“无论是否涉及违规，只要进口货物原产地不明，海关都应按普通税率计核税款”，后半部分内容又表述基于举证责任的不同，走私违规处理中适用“有利当事人原则”，前后内容明显矛盾。另外，海关总署关税司税管函〔2006〕140号批复对正常进口申报完全否认海关的举证责任，在走私违规案件处理中又将海关举证责任绝对化，既机械理解“有利当事人原则”，同时又违反执法合法便利的精神。与海关总署关税司税管函〔2006〕140号批复的问题相似，海关总署关税司税管函〔2007〕119号批复依然围绕举证责任提出有利当事人税率适用标准，其内容与海关总署关税司税管函〔2006〕140号虽然有所不同，但同样存在内容前后矛盾的问题：税管函〔2007〕119号批复的前半部分内容提出，对走私案件（不含违规案件），适用优惠税率计核偷逃税款，应包括最惠国税率、协定税率、特惠税率和暂定税率。后半部分内容又提出，对于走私违规货物，适用最惠国税率计核税款，如果同时存在最惠国税率和暂定税率的，应优先适用暂定税率计核税款。

综合以上分析，我们认为，在办理非设关地成品油走私案件计核偷逃税额的税率适用时，应当将协定税率或特惠税率排除在外并适用普通税率。理由主要有以下两点：

一是根据《海关进出口货物优惠原产地管理规定》（海关总署令第181号）规定，在满足直接运输、真实原产自协定国家等前提条件下，应当适用协定税率或者特惠税率，进口货物收货人或者其代理人要货物申报进口时，必须提交规定形式的原产地证明及有关商业单证，只有按照相应的操作程序获得法定形式的原产地证明的货物，才能适用特惠税率或协定税率。其他货物即使确实原产于优惠协定国家，如没有国家信用背书，也不能适用协定税率或特惠税率。非设关地成品油走私系绕关走私，不可能履行上述通关程序，自然不能适用协定税率或者特惠税率。

二是根据进出口关税条例的相关规定，适用最惠国税率的进口货物有暂定税率的，应当适用暂定税率。实践中，从与我国建交的所有国家进口货物，基本都适用最惠国税率，具有一定的普遍性。对走私货物按最惠国税率（有暂定税率的适用暂定税率）计核偷逃税额有一定合理性。《纪要》之所以考虑"计核非设关地成品油走私刑事案件的偷逃应缴税额，一律按照成品油的普通税率核定，不适用最惠国税率或者暂定税率"，主要是考虑到进出口关税条例规定，原产地不明的进口货物，适用普通税率。走私犯罪作为行政犯，其行政法的前置依据即为进出口关税条例，认定时理应作为行政法规依据。非设关地成品油走私链条长，环节多，时间、空间跨度大，"运、购、贮、销"分属不同团伙。境外母船在公海或专属经济区游弋，境内闯关团伙走私团伙中、小船只伺机接驳，境内货主团伙的油罐车在非设关地码头卸油，再分散到地下油库或各地消费市场。海关缉私部门、海警部门等很难一个案件打掉整个走私链条，书证少、电子证据少，没有合法证明文件，涉案船舶多为"三无船舶"或无船籍船舶，真正的组织、操作、策划走私的主犯隐藏在幕后。非设关地成品油走私的特点造成很难查清成品油的原产地。

此外，在办理非设关地成品油走私等涉及计核偷逃应缴税额的案件时需要注意的是，应当根据走私犯罪案件具有的多样性和复杂性的特点，区分不同情形分别核定行为人偷逃的应缴税额。根据《走私刑事案件解释》第十八条的规定，走私刑事案件原则上应以走私行为实施时的税则、税率、汇率和完税价格计算偷逃的应缴税额；多次走私的，以每次走私行为实施时的税则、税率、汇率和完税价格逐票计算；走私行为实施时间不能确定的，以案发时的税则、税率、汇率和完税价格计算。因为，根据刑法第一百五十三条的规定，偷逃应缴税额属于走私普通货物、物品罪的构成要件事实，在行为时与案发时相分离的情况下，只有依据行为时的税则、税率、汇率和完税价格，才能准确计核、反映相应走私行为给国家税款造成的实际危害程度。

2. 关于《纪要》发布之日起正在处理案件和新立案件的税率适用问题

《纪要》发布时，有些非设关地成品油走私案件尚处于侦查、审查起诉或起诉后尚未判决阶段。对于这些案件，如果是按最惠国税率计核偷逃应缴税额，是否需要按普通税率重新计核，存在不同认识。有意见认为，根据《最高人民法院、最高人民检察院关于适用刑事司法解释时间效力问题的规定》（高检发释字〔2001〕5 号）第二条的规定，对于司法解释实施前发生的行为，行为时没有相关司法解释，司法解释施行后尚未处理或者正在处理的案件，依照司法解释的规定处理。《纪要》虽然不是司法解释，但也属于具有普遍指导作用的规范性司法文件，故在时间效力上应当参照前述司法解释的规定执行，《纪要》发布后，对于正在处理的案件，如果是按最惠国税率计核偷逃应缴税额的，应当重新计核。另一种意见认为，《纪要》不是司法解释，不应简单地适用前述"两高"司法解释的规定，《纪要》发布前，毕竟存在海关总署关税司税管函〔2006〕140 号和税管函〔2007〕119 号两个批复，按最惠国税率计核也是有依据的。故对于正在处理的案件，应当按照"从旧兼从轻"的原则，不按普通税率重新计核偷逃应缴税额。

经研究，我们同意上述第二种意见。《纪要》发布前，由于没有明确、权威的规定，实践中各地的做法不一致，有的按最惠国税率、有的按普通税率计核偷逃应缴税额。为体现"从旧兼从轻"原则，对于走私成品油行为发生在《纪要》发布前的案件，可以按照惯常做法计核偷逃应缴税额，不必适用《纪要》关于计核税率的规定。从发文层级来看，《纪要》系海关总署与最高人民法院、最高人民检察院联合发布的规范性司法文件，其效力高于海关总署关税司税管函〔2006〕140 号批复和税管函〔2007〕119 号批复。《纪要》实际上废除了海关总署关税司的前述两个批复，明确了非设关地成品油走私偷逃应缴税额计核税率统一适用的标准，故对于走私成品油行为发生在《纪要》发布后的案件，应当按照《纪要》的规定，一律按照成品油的普通税率计核偷逃的应缴税额。

应当注意的是，在办理走私犯罪案件适用"从旧兼从轻原则"时，关税税率的变动不影响偷逃应缴税额的认定。由于关税税率往往基于国家政策等因素适时作出调整，有些走私案件会出现犯罪行为时税率较高，而在案发或者审判时关税已经降低甚至免征的情况。针对关税税率变动是否影响偷逃应缴税额的认定，实践中有观点认为，关税税率调整在性质上属于政策、法律变更范畴，应当遵循刑法上的"从旧兼从轻原则"，以变动后的关税税率重新核定偷逃应缴税额。我们认为，关税税率的调整不属于刑法意义上的政策、法律变更，不具有溯及既往的效力，故并不影响走私犯罪行为时偷逃应缴税额的认定。因为从旧兼从轻原则是一项法律适用原则，实践中应当把“法律调整”与“事实变化”严格区分开来，只有在法律调整的情况下才可以适用“从旧兼从轻原则”。关税税率变更属于犯罪构成要件事实变化的情形，正如具有国家工作人员身份的人实施职务犯罪后，在案发或者审判时已不具备国家工作人员身份的事实变化，并不影响职务犯罪的认定一样，不能适用“从旧兼从轻原则”。

3. 关于走私成品油种类和数量的认定问题

非设关地成品油走私犯罪隐蔽性强、留存证据少，走私成品油上岸后迅速分销各地，走私分子定期销毁证据，走私货物种类、数量认定难。实践中，一些地区执法司法机关仅对现场查获的成品油予以认定，对未能在现场查获的成品油以及走私分子之前的走私行为多以难以取证为由不予认定。为解决非设关地成品油走私的种类和数量的认定问题，《纪要》对此作了专门规定：“查获部分走私成品油的，可以按照被查获的走私成品油标准核定应缴税额；全案没有查获成品油的，可以结合其他在案证据综合认定走私成品油的种类和数量，核定应缴税额。”

适用《纪要》的前述规定时应注意，“查获部分走私成品油”既包括查获了一次走私行为中的部分成品油，也包括查获了行为人多次走私行为中部分成品油。对于查获了一次走私行为中的部分成品油案件，因涉案成品油来源一致，可直接根据在扣成品油认定全案走私成品油的种类、品质。对于查获了行为人多次走私行为中部分成品油的案件，因成品油走私犯罪具有的隐秘性特点，不同走私团伙有相对固定的成品油来源渠道和销售渠道，如无相反证据，可根据在扣成品油认定多次走私的走私成品油种类和品质。关于“全案没有查获成品油的，可以结合其他在案证据综合认定走私成品油的种类和数量，核定应缴税额”的规定，主要是考虑到走私分子走私成品油的动机是非法牟利，为防止被骗或“黑吃黑”，走私分子在“运、购、贮、销”各个环节要进行油品鉴别、测量或称重。对全案没有查获成品油的案件，可根据走私团伙中负责采购、销售、过驳人员的供述，收付款情况，记载测量或称重的书证，手机微信、短信等电子证据，予以综合认定。除上述认定方法外，还可以参照同期执法部门在同一海域查获的其他成品油来认定货物种类。从非设关地成品油走私特点来看，同期同一海域走私的成品油基本来源于同一批游弋于公海上的供油母船，不同走私团伙走私的成品油在货物种类上比较相近，在无相反证据的情况下，可以参照借鉴作为核税的依据。

4. 关于犯罪情节在追究刑事责任中的作用

非设关地成品油走私环节多、参与人员多、行为隐蔽，实践中，部分案件因证据所限，无法准确核定有些涉案人员走私的具体偷逃应缴税额，一些地方的司法机关以无法认定这些涉案人员偷逃的具体税额为由不予处理，影响了对成品油走私犯罪的打击效果。

我们认为,上述问题的由来主要是受1997年刑法第一百五十三条将走私普通货物、物品罪规定为数额犯的影响,1997年刑法第一百五十三条规定,偷逃数额五万元以上即构成犯罪,实践中遂将该罪视为单纯的数额犯。2011年2月25日第十一届全国人民代表大会常务委员会第十九次会议通过的刑法修正案(八)将该走私普通货物、物品罪的构成要件修正为"数额+情节",除将"小额多次走私"规定为走私普通货物、物品罪的入罪要件外,还规定该罪的第二档、第三档量刑幅度不能只考虑数额,行为人具有"其他严重情节"或者"其他特别严重情节"的,同样应当适用对应的量刑幅度。《走私刑事案件解释》根据刑法修正案(八)的上述规定和走私犯罪的特点,明确了走私普通货物、物品罪"数额+情节"的具体认定标准。因此,在办理走私普通货物案件中,不能只以偷逃税额作为定罪量刑的唯一标准,特别是对于集团犯罪、共同犯罪中主要犯罪嫌疑人、被告人以外的其他参与走私人员,在因客观原因确实无法准确核定其参与走私的具体偷逃应缴税额的情况下,可以结合在案相关证据,根据其在走私犯罪中的地位、作用等情节来准确认定其刑事责任。据此,《纪要》规定,办理非设关地成品油走私犯罪案件,除主要犯罪嫌疑人以外,对集团犯罪、共同犯罪中的其他犯罪嫌疑人,无法准确核定其参与走私的具体偷逃应缴税额的,可以结合在案相关证据,根据其参与走私的涉案金额、次数或者在走私活动中的地位、作用等情节决定是否追究刑事责任。

实践中,适用《纪要》上述规定时应当注意,可根据情节决定是否追究刑事责任的情形,限于主要犯罪嫌疑人以外的集团犯罪、共同犯罪中的其他犯罪嫌疑人,对犯罪集团的首要分子或者共同犯罪中的主犯等主要犯罪嫌疑人追究刑事责任时,应当根据其组织、指挥或者参与的走私成品油准确核定其偷逃的应缴税额。主要是考虑到走私普通货物、物品罪作为经济犯罪,其社会危害性体现在走私行为造成国家税款的流失,其他情节的社会危害程度对偷逃应缴税额有一定的从属性。准确核定主要犯罪嫌疑人走私具体的偷逃应缴税额,有利于确定整个案件是否构成犯罪及适用的量刑幅度,并为其他按情节处罚非主要犯罪嫌疑人树立了"标杆",即参照主要犯罪嫌疑人从轻或减轻处罚。

——郭慧、王坤、阎丽、蔺剑、陈鹿林:《〈打击非设关地成品油走私专题研讨会会议纪要〉的理解与适用》,载最高人民法院刑事审判第一、二、三、四、五庭主办:《刑事审判参考》(总第124辑),法律出版社2020年版,第210—217页。

三、妨害对公司、企业的管理秩序罪

459 非国家工作人员受贿罪定罪量刑标准的把握

关键词｜非国家工作人员受贿罪｜对非国家工作人员行贿罪｜定罪量刑标准｜

【最高人民法院司法解释】

第十一条 刑法第一百六十三条规定的非国家工作人员受贿罪、第二百七十一条规定的职务侵占罪中的“数额较大”“数额巨大”的数额起点，按照本解释关于受贿罪、贪污罪相对应的数额标准规定的二倍、五倍执行。

刑法第二百七十二条规定的挪用资金罪中的“数额较大”“数额巨大”以及“进行非法活动”情形的数额起点，按照本解释关于挪用公款罪“数额较大”“情节严重”以及“进行非法活动”的数额标准规定的二倍执行。

刑法第一百六十四条第一款规定的对非国家工作人员行贿罪中的“数额较大”“数额巨大”的数额起点，按照本解释第七条、第八条第一款关于行贿罪的数额标准规定的二倍执行。①

——《最高人民法院、最高人民检察院关于办理贪污贿赂刑事案件适用法律若干问题的解释》（2016 年 4 月 18 日，法释〔2016〕9 号）。

【链接：理解与适用】

4. 明确非国家工作人员职务犯罪的定罪量刑标准。鉴于非国家工作人员受贿罪、职务侵占罪、挪用资金罪、对非国家工作人员行贿罪这四个罪名的定罪量刑标准尚无明确的司法解释规定，实践中对于能否参照以及如何参照适用相对应的国家工作人员职务犯罪的定罪量刑标准较为困惑，各地司法机关具体标准掌握出入较大。为此，《关于办理贪污贿赂刑事案件适用法律若干问题的解释》（以下简称《解释》）第十一条对这四个罪名的定罪量刑标准一并作出了规定。《解释》明确其定罪量刑标准按照相对应的国家工作人员职务犯罪定罪量刑数额标准的一定的倍数执行，主要是基于以下考虑：一是体现从严治吏的政策精神。非国家工作人员受贿罪、职务侵占罪、挪用资金罪、对非国家工作人员行贿罪均不涉及公共财物和国

---

① 本条司法解释与《最高人民检察院、公安部关于公安机关管辖的刑事案件立案追诉标准的规定（二）》（公通字〔2022〕12 号）第十条、第十一条关于非国家工作人员受贿罪、对非国家工作人员行贿罪的规定不一致，需根据经刑法修正案（十一）修正后的刑法第一百六十三条等规定以及具体案件情况妥当把握。

家工作人员的职务廉洁性，一般认为其危害性要低于相对应的职务犯罪案件，对其定罪量刑标准有必要适度上提，故《解释》作出了一般按照相对应国家工作人员职务犯罪数额标准二倍执行的原则性规定。二是兼顾轻重罪的平衡需要。非国家工作人员受贿罪、职务侵占罪的第一档量刑均为五年以下有期徒刑，而相对应的国家工作人员受贿罪、贪污罪的第一档量刑是三年以下有期徒刑，为避免出现轻重倒挂问题，《解释》对非国家工作人员受贿罪、职务侵占罪中数额巨大的标准另行确定了更高倍数的起点数额，即按照受贿罪、贪污罪相对应的数额标准的五倍执行。

适用本条规定时需要注意以下几点：一是第一款规定的非国家工作人员受贿罪、职务侵占罪的数额较大、数额巨大的认定，严格以受贿罪、贪污罪中的数额较大、数额巨大的数额标准为基准，而不得考虑其中"数额+情节"的情形，即：数额较大为六万元（3 万元×2）；数额巨大为一百万元（20 万元×5）。二是第二款规定的挪用资金罪第一个量刑档中的数额较大，以挪用公款罪中数额较大的数额标准为认定基准，即十万元（5 万元×2）；挪用资金罪第二个量刑档中的数额巨大，以挪用公款罪第二个量刑档情节严重的数额标准为认定基准，即通常为四百万元（200 万元×2）；挪用资金罪第二个量刑档中数额较大不退还的数额较大，以挪用公款罪第二个量刑档情节严重中不退还的数额标准为认定基准，即二百万元（100 万元×2）。挪用资金进行非法活动的，第一个、第二个量刑档的数额标准分别以相对应的挪用公款罪第一个、第二个量刑档的数额标准的二倍执行，即入罪数额标准为六万元（3 万元×2）；数额巨大的标准通常为二百万元（100 万元×2）；数额较大不退还中数额较大的标准为一百万元（50 万元×2）。三是第三款规定的对非国家工作人员行贿罪中数额较大、数额巨大的认定，应当同时以行贿罪第一个、第二个量刑档中的单纯数额标准和"数额+情节"的数额标准为基准。即：数额较大的标准为六万元（3 万元×2）或者二万元（加重情节，1 万元×2）；数额巨大的标准为二百万元（100 万元×2）或者一百万元（加重情节，50 万元×2）。四是第三款规定对非国家工作人员行贿罪的数额认定标准时，未涉及单位犯对非国家工作人员行贿罪的情形，故单位犯对非国家工作人员行贿罪的定罪量刑标准，不适用本款规定。五是考虑到单位行贿罪、对单位行贿罪均只有一个量刑幅度，且相关追诉标准的规定可以继续适用，无须作出调整，故《解释》未再规定单位行贿罪、对单位行贿罪这两个行贿犯罪的定罪量刑标准。六是对于《解释》未明确定罪量刑标准的其他职务犯罪，实践中可参考《解释》规定的精神进行具体认定。

——裴显鼎等：《〈关于办理贪污贿赂刑事案件适用法律若干问题的解释〉的理解与适用》，载《人民司法·应用》2016 年第 19 期。

（二）对非国家工作人员受贿罪定罪升档标准的把握

刑法修正案（十一）对非国家工作人员受贿罪调整刑罚配置后的定罪升档标准，只原则规定了“数额较大”“数额巨大或者有其他严重情节”“数额特别巨大或者有其他特别严重情节”，对于犯罪的第二档、第三档量刑标准，考虑到实践中非国家工作人员受贿的情况比较复杂，在数额之外增加情节，并与刑法修正案（九）对贪污受贿罪定罪量刑标准的修改相衔接。根据《贪污贿赂解释》第十一条第一款规定，非国家工作人员受贿罪中的“数额较大”“数额巨大”的数额起点，按照该解释关于受贿罪、贪污罪相对应的数额标准规定的二倍、五倍执行，过渡期内可以参照适用，综合考量。至于具体数额和情节标准，有待新的司法解释或者规范性文件作出明确规定。需要说明的是，实践中对于本条具体刑罚的把握，应当注意准确理解立法精神，1997 年修订刑法增加本条规定和刑法修正案（十一）调整本条规定的法定刑，都是为了以刑法手段平等保护非公有制经济产权。在办理非公有制企业等单位中的贿赂犯罪时，要区分不同情况，把握好法律和政策界限，当严则严、当宽则宽。如对于建立了规范的法人治理结构，由职业经理人经营的企业，与股东兼任经营者的小型企业或者家族企业，在刑事政策掌握上应当有所区别。①

——杨万明主编：《〈刑法修正案（十一）〉条文及配套〈罪名补充规定（七）〉理解与适用》，人民法院出版社 2021 年版，第 120 页。

460 筹建中企业的工作人员利用职务便利非法收受、索取财物行为的定性

关键词 | 非国家工作人员受贿罪 | 筹建中的企业 |

【最高人民法院参考案例】

杨志华企业人员受贿案（《刑事审判参考》案例第 320 号）

要旨：筹建中的公司、企业工作人员利用职务上的便利，为请托人谋取利益，非法收受、索取请托人财物的，构成公司、企业人员受贿罪。②

对于被告人杨志华在担任青园大酒店筹建组负责人期间，利用职务上的便利，在建设及转让村办企业青园大酒店的过程中，为他人谋取利益，非法收受、索要人民币 26.5 万元的行为，应当以企业人员受贿罪定罪处罚。理由是：第一，由于刑法

① 参见许永安主编：《中华人民共和国刑法修正案（十一）解读》，中国法制出版社 2021 年版，第 100 页。

② 《最高人民法院、最高人民检察院关于执行〈中华人民共和国刑法〉确定罪名的补充规定（三）》（法释〔2007〕16 号）将刑法第一百六十三条的罪名修改为非国家工作人员受贿罪，取消了公司、企业人员受贿罪罪名。

第一百六十三条既没有限定企业的性质,也没有限定企业的存在状态,因此,只要是依法设立的企业,其工作人员利用职务便利实施犯罪活动的,就应当适用刑法关于企业工作人员犯罪的条款。同时,企业的成立需要一个过程,不能将依法设立理解为取得营业执照。没有领取《企业法人营业执照》或者《营业执照》,不应影响其企业的性质。实践中,筹建中的公司、企业因管理不规范,更容易出现侵占、受贿、挪用等腐败问题,如不将筹建中的公司、企业认定为刑法意义上的公司、企业,会放纵大量此类犯罪行为。作为企业筹建组的负责人,实际履行了经营管理权,应当认定为企业工作人员。对于其利用职务上的便利实施犯罪行为的,应当适用刑法关于企业人员犯罪的条款进行处理。第二,被告人非法收受、索要他人财物,与其在企业的筹建、转让方面为他人谋取的利益,有直接的因果关系。

——《刑事审判参考》(总第41辑)。

461 如何认定国有控股企业中一般中层管理干部的国家工作人员身份

关键词|非国家工作人员受贿罪|国有控股企业|国家工作人员|

【最高人民法院参考案例】

宋涛非国家工作人员受贿案(《刑事审判参考》案例第959号)

要旨:认定国有控股企业中一般中层管理干部是否具备国家工作人员身份,应当综合形式要件和实质要件进行把握。

最高人民法院、最高人民检察院2010年12月联合出台的《关于办理国家出资企业中职务犯罪案件具体应用法律若干问题的意见》(以下简称《意见》)除了对传统委派内容和形式进行了细化规定以及双重身份人员解释之外,首次将“代表人员”纳入国家工作人员范畴。根据《意见》第六条第二款的规定,经国家出资企业中负有管理、监督国有资产职责的组织批准或者研究决定,代表其在国有控股、参股公司及其分支机构中从事组织、领导、监督、经营、管理工作的人员,应当认定为国家工作人员。据此,判断被告人宋涛是否具有国家工作人员身份,可以从以下两个方面展开分析:

(一)形式要件:经国家出资企业中负有管理、监督国有资产职责的组织批准或者研究决定

根据《意见》第六条的规定,除受国家机关、国有公司、企业、事业单位委派外,在国有控股、参股公司等国家出资企业中,国家工作人员的认定,需具备负有管理、监督国有资产职责的组织批准或决定的形式要件。对这里的“组织”如何理解?实践中存在不同认识。有观点认为,这里的“组织”不仅包括国家出资企业中的领导部门与联

席会，还包括公司股东会、董事会、监事会。这种观点值得商榷。国有控股、参股公司的股东会、董事会、监事会是整个公司的管理、决策和执行机构，代表了包括非国有资产在内的全公司的利益，而非单纯的管理、监督国有资产的组织。《意见》第六条已对刑法的规定有了突破，对其理解应当从严把握，否则将导致国家工作人员认定的宽泛化。我们认为，"负有管理、监督国有资产职责的组织"一般是指上级或者本级国家出资企业领导部门和联席会议。根据有关组织原则，改制后的国家出资企业一般仍设有领导部门，并由本级或者上级领导部门决定人事任免。由其任命并代表其从事公务的人员，应当认定为国家工作人员。而国家出资公司的股东会、董事会、监事会，包括公司的人事组织部门，均不是适格的任命主体。

（二）实质要件：代表负有管理、监督国有资产职责的组织在国有控股、参股公司及其分支机构中从事组织、领导、监督、经营、管理工作

在国有控股、参股公司中国家工作人员身份的认定中，除了需要审查行为人的任命程序，还需要着重核实其所从事的工作性质，看其是否"代表负有管理、监督国有资产职责的组织"，从事"组织、领导、监督、经营、管理工作"。可见，从实质层面而言，国有出资企业中"代表人员"认定为国家工作人员，还要求其所从事的工作同时具备以下两大特征：(1)代表性。作为授权方的负有管理、监督国有资产职责的组织，与作为被授权方的国家工作人员，通过批准、研究决定等方式，产生一种委托法律关系。换言之，在国家出资企业中，国家工作人员系代表国有资产的监督、管理组织从事工作，这种代表性是认定国家工作人员身份的首要特征。(2)公务性。在实践认定中，要注意考察公务与职权的关联性。公务首先是管理性的事务，而不是一般的技术性、业务性的活动，与劳务相比其具有明显的管理属性。值得注意的是，在国有出资企业中，公务有公司性的公务和国家性的公务之分。前者代表公司整体利益的行为，而后者仅代表国有资产组织管理的行为。

实践中，一般做法是，行为人的身份如果符合形式要件，即经国家出资企业中负有管理、监督国有资产职责的组织批准或者研究决定，即使从事的是公司性的公务，也应以国家工作人员从事公务论。因为在国家出资企业中，国家性的公务必然包含在公司性的公务中。比较难处理的是，如果行为人的身份不符合形式要件，但从事的本质上属于国家性的公务，是否以国家工作人员从事公务论。我们认为，这种情况较少，如果出现，原则上也应以国家工作人员从事公务论。刑事实体法，对犯罪概念的界定更强调实质原则。强调这一原则的主要考虑是为了防止行为人规避法律。如果行为人实质从事国有资产的监督、管理，仅因为缺少形式要件或者故意使形式要件不成就，就不以国家工作人员从事公务论，则必然助长国家出资企业中的犯罪之风，不利于国有资产的保护。

——《刑事审判参考》(总第97辑)。

462 如何认定行政管理职权转委托情形下受托方的滥用职权及收受财物行为

关键词|非国家工作人员受贿罪|国家工作人员|转委托|

【最高人民法院参考案例】

周根强、朱江华非国家工作人员受贿案(《刑事审判参考》案例第1207号)

要旨:受国有公司的委托管理相关事务的主体因为并非直接接受国家机关的委托而不属于国家机关工作人员和国家工作人员的范畴,不属于滥用职权罪和受贿罪的适格主体,故对被告人应以非国家工作人员受贿罪定罪处罚。

需要指出的是,委托并不等同于委派。根据《全国法院审理经济犯罪案件工作座谈会纪要》的规定,"所谓委派,即委任、派遣,其形式多种多样,如任命、指派、提名、批准等"。"委派"要具有刑法效力,必须同时具备有效性、法定性、隶属性和内容特定性四个条件。所谓有效性,就是作出委派意思表示的主体必须是国家机关、国有公司、企业、事业单位而非私人委派,且其意思表示必须明确。同时,被委派人也必须作出明确的接受委派的意思表示。所谓法定性,就是委派单位必须在其法定的权限范围内作出委派的意思表示,不能越权委派。所谓隶属性,是指被委派人必须接受委派单位的领导、管理和监督,被委派人与委派单位之间的关系属于行政隶属关系而非平等委托关系。所谓内容特定性,即被委派人到被委派单位从事的工作限于领导、管理、监督的公务行为,而非诸如生产、服务等一般的劳务活动。

本案中,前期公司属国有公司,《委托实施拆迁劳务协议》等书证证实更强公司挂靠在前期公司拆迁管理部下,周、朱二人也只是接受了前期公司负责人的口头委托,这里的"挂靠""口头委托"并不等于"委派",故周、朱二人也非国有公司、企业委派到非国有公司、企业从事公务的人员;周、朱二人工作职能的依据系前期公司与更强公司之间的委托协议之规定及相关口头委托,并非依照法律从事公务。综上,周、朱二人不是刑法规定的国家工作人员。

——《刑事审判参考》(总第111辑)。

463 如何认定"受委派从事公务"

关键词|非国家工作人员受贿罪|受委派从事公务|

【最高人民法院参考案例】

朱思亮非国家工作人员受贿案(《刑事审判参考》案例第 1233 号)

要旨:委派的主体应限于两类组织:一是刑法明确规定的“国家机关、国有公司、企业、事业单位”;二是“国家出资企业中负有管理、监督国有资产职责的组织”。

二审法院认为,根据刑法和有关司法解释规定,“委派”主体限于国有单位或者国家出资企业中特定组织,湖北省联社党委不符合这一要求,不具有“委派”的主体资格。

我们同意二审法院的意见,理由是:(1)《最高人民法院、最高人民检察院关于办理国家出资企业中职务犯罪案件具体应用法律若干问题的意见》(以下简称《意见》)对于如何认定“国家机关、国有公司、企业、事业单位委派到非国有公司、企业、事业单位、社会团体从事公务”(以下简称“受委派从事公务”)规定:“经国家出资企业中负有管理、监督国有资产职责的组织批准或者研究决定,代表其在国有控股、参股公司及其分支机构中从事组织、领导、监督、经营、管理工作的人员,应当认定为国家工作人员。”据此,委派的主体应限于两类组织:一是刑法明确规定的“国家机关、国有公司、企业、事业单位”;二是上述《意见》中规定的“国家出资企业中负有管理、监督国有资产职责的组织”。从形式上看,湖北省联社不属于刑法规定的上述单位中的任何一种;省联社党委也不属于国家出资企业中的组织,本案并不具备认定“委派”的前提条件。(2)根据国务院、湖北省改革方案和湖北省联社章程,省联社的主要职能是对成员社提供协调关系、资金调剂、信息支持、风险处置等方面的有偿服务。省联社管理职责限于规范经营和防范风险等宏观方面,并不对全省众多成员社的经营管理负责,这有别于总公司对分公司的管理职能,而类似于人民银行对商业银行和其他金融机构的监督、管理。因而,省联社的管理权不应包括对高级管理人员实质意义上的任免权。朱思亮任职之所以由省联社提名,一方面是基于银行业的特殊管理需要;另一方面是基于历史传统的习惯性延续。那种认为独立自主经营各市县区信用社的管理人员必须由政府主导任命的观点,也与国务院、湖北省人民政府的改革方案、省联社章程以及给企业经营自主权的改革方向相悖。因而,本案没有充分事实依据表明省联社对于朱思亮天门联社主任职务的任命具有主导权。(3)省联社是受国家机关委托对辖区内信用社进行管理的组织,由于省政府的委托授权,省联社代为行使了省政府的部分行政职权。然而,受国家机关委托代表国家行使职权的组织本身不能视为国家机关,也并不因为这种授权委托而改变其自身的法律性质。值得注意的是,省联社的工作人员如果在代为行使行政管理职权的过程中有职务犯罪行为,应当将其视为国家工作人员,但并不因此改变省联社作为企业法人的性质。正如村民委员会等基层组织人员在受政府委托协助政府从事救灾、抢险、防汛、优抚、扶贫、移民、救济款物的管理等工作时，以国家工作人员论，但并不因此改变村委会作为基层群众自治性组织的法律性质。

——《刑事审判参考》(总第112辑)。

464 村民委员会主任在村自行修建道路中收受他人贿赂的定性

关键词｜非国家工作人员受贿罪｜村民委员会主任｜

【最高人民法院参考案例】

高世银非国家工作人员受贿案(《刑事审判参考》案例第960号)

要旨：只有依法把村农民集体土地转为国有土地，在该土地上修建道路等公共设施才属于公务活动，系“政府工程”。反之，相关建设活动仍然属于村民自治范围内的事务，建设主体为村集体经济组织或者村民委员会。从事村民自治范围经营、管理活动的村民委员会人员，不属于其他依照法律从事公务的人员。如果该类人员利用上述便利条件，非法收受他人财物，为他人谋取利益构成犯罪的，应当以非国家工作人员受贿罪追究刑事责任。

(一)经村民代表会议决定，在村集体土地上自行修建道路，属于村民自治范围内的事务

“柑木”公路硬化工程所占土地的性质为农民集体所有土地，而非国有土地。根据土地管理法第十条的规定，“农民集体所有的土地依法属于村农民集体所有的，由村集体经济组织或者村民委员会经营、管理”。第八条规定：“农村和城市郊区的土地，除由法律规定属于国家所有的以外，属于农民集体所有。”而国土资源部对在集体所有的土地上修建并管理的道路的权属则作了进一步明确。《国土资源部关于确定土地所有权和使用权的若干规定》第二十二条规定：“乡(镇)或村在集体所有的土地上修建并管理的道路、水利设施用地，分别属于乡(镇)或村农民集体所有。”据此，各级政府在农民集体土地上修建道路等公共设施，只有经法定程序，将农民集体土地转为建设用地，并按标准给予补偿后，才能把农民集体土地转为国有建设用地。本案中，綦江县建设乡村道路，并不是将农村集体土地转为国有建设用地后由有关政府部门组织建设，而是由政府补贴部分资金，在不改变土地性质的前提下，由各村自行修建并负责给予农户相应补偿。所以，綦江县、永新镇两级政府虽然给予了相应的资金补贴，并规定镇政府负责工程的组织实施，以及镇政府或者镇政府指导下的村民委员会为道路建设的责任主体，但均未改变“柑木”公路所占土地的性质为村集体土地。

"柑木"公路硬化工程属于长田村村民自治范围内的事务，建设主体为长田村及村民委员会。关于村民委员会的主体性质、工作职能，村民委员会组织法作了十分明确的规定。村民委员会组织法第二条规定："村民委员会是村民自我管理、自我教育、自我服务的基层群众性自治组织，实行民主选举、民主决策、民主管理、民主监督。村民委员会办理本村的公共事务和公益事业，调解民间纠纷，协助维护社会治安，向人民政府反映村民的意见、要求和提出建议。"第八条规定："村民委员会依照法律规定，管理本村属于村农民集体所有的土地和其他财产，引导村民合理利用自然资源，保护和改善生态环境。"本案中，"柑木"公路硬化工程，系在村农民集体土地上建设公共项目，系村民自治范围内的事务，永新镇政府赋予镇公路建设领导小组对全镇公路建设项目的申报、规划、招投标和组织实施的权力，不及于"柑木"公路硬化工程。长田村村民代表会议依法有权决定硬化"柑木"公路，村民委员会具体执行村民代表会议的决定，是合法的修路主体。

（二）被告人高世银不属于"其他依照法律从事公务的人员，以国家工作人员论"的情形

从立法沿革和相关规范性文件的规定看，村民委员会等村基层组织人员从事村民自治范围内的活动不属于"其他依照法律从事公务的人员"。（1）全国人大常委会法制工作委员会向全国人大常委会所作的《关于〈中华人民共和国刑法〉第九十三条第二款的解释（草案）》的理解与适用中，建议全国人大常委会把刑法九十三条第二款解释为"农村村民委员会等基层组织依法……从事村公共事务的管理工作属于依法从事公务，应以国家工作人员论"。但全国人大常委会最终删除了"从事村公共事务的管理工作"，改为"协助人民政府从事下列行政管理工作"。（2）《最高人民检察院关于贯彻执行〈全国人民代表大会常务委员会关于《中华人民共和国刑法》第九十三条第二款的解释〉的通知》明确指出："对村民委员会等村基层组织人员从事属于村民自治范围的经营、管理活动不能适用《解释》的规定。"根据上述法律及文件规定，高世银组织、实施"柑木"公路硬化工程建设，属于从事村民自治范围内的事务，不能"以国家工作人员论"。

同时，依据綦江县、永新镇两级政府的相关规定，虽然高世银有协助政府从事指导工程建设及监管政府补贴资金等行政管理工作的责任，但是高世银未利用这种便利，而是利用其代表长田村村民委员会组织、实施"柑木"公路硬化工程建设具有的便利条件收受贿赂，被告人实施犯罪与协助政府工作无关。

综上，只有依法把村农民集体土地转为国有土地，在该土地上修建道路等公共设施才属于公务活动，系"政府工程"。反之，相关建设活动仍然属于村民自治范围内的事务，建设主体为村集体经济组织或者村民委员会。从事村民自治范围经营、管理活动的村民委员会人员，不属于其他依照法律从事公务的人员。如果该类

人员利用上述便利条件,非法收受他人财物,为他人谋取利益构成犯罪的,应当以非国家工作人员受贿罪追究刑事责任。

——《刑事审判参考》(总第 97 辑)。

465 省农村信用合作社联合社委派到市、县、乡、镇农村信用合作社联合社、农村信用合作联社的人员是否属于“以国家工作人员论”的范围

关键词|非国家工作人员受贿罪|农村信用合作社|以国家工作人员论|

【最高人民法院参考案例】

陈凯旋受贿案(《刑事审判参考》案例第 937 号)

要旨:仅具有受国有单位委派的形式特征,但无“从事公务”这一认定国家工作人员的实质内容的,不能认定为国家工作人员。

(一)阳东农村信用合作社联合社、阳东农村信用合作联社不是国家出资企业

受计划经济体制的影响,我国的农村信用合作社经历了一段特殊的历史时期,历史债务包袱沉重,官办色彩比较浓厚。由于地方政府及相关主管部门对农村信用合作社负有一定的管理职责,对承担服务“三农”职能产生的亏损给予补贴和支持,人们习惯将其作为国家出资的银行看待。然而,根据公司法及相关法理精神,企业的性质应当以公司章程、企业工商登记的情况进行认定,国家对企业的支持和扶持,不能改变企业的性质。

阳东农村信用合作社联合社成立于 1997 年 2 月,性质为集体所有制,注册资本由社员缴纳的股本金构成,股金为基层信用社团体股和联社职工个人股两种,由中国人民银行阳江中心支行行使管理职责;2004 年 8 月阳江市银监局成立后,改由阳江市银监局行使管理职能;2005 年 10 月省联社成立后,改由省联社行使管理职能。2009 年 1 月阳东农村信用合作社联合社改为阳东农村信用合作联社后,性质为其他企业(股份合作制),发起人为县联社与辖区内十家基层法人农村信用合作社,注册资本由自然人和法人股本构成,不接受各级财政资金入股。从公司章程、企业工商登记的情况看,阳东农村信用合作社联合社为集体企业,阳东农村信用合作联社为股东出资入股,并没有国有资产成分,是具有独立企业法人资格的地方性金融机构。虽然阳东农村信用合作社联合社在 2005 至 2007 年获得省财政 497 万元不良贷款压降奖励,425.454 万元省、市、县三地财政增资扩股应补贴资金及兑付专项中央银行票据 7818.5 万元,但这只是反映政府对农村信用合作社的支持和扶持,并不能改变企业的产权性质。因此,阳东农村信用合作社联合社、阳东农村

信用合作联社均非国家出资企业，陈凯旋不属于在国有公司、企业、事业单位、人民团体中从事公务的人员。

（二）陈凯旋从事的管理工作不具有公务性质

最高人民法院2003年下发的《全国法院审理经济犯罪案件工作座谈会纪要》关于"从事公务"的理解作了如下明确规定："从事公务，是指代表国家机关、国有公司、企业、事业单位、人民团体等履行组织、领导、监督、管理等职责。公务主要表现为与职权相联系的公共事务以及监督、管理国有财产的职务活动。"根据这一规定，在认定国家工作人员身份时，不仅要审查"受委派"这一形式要件，还要审查行为人所从事的工作性质是否属于"从事公务"这一实质要件。我们认为，陈凯旋所从事的工作并非公务。首先，陈凯旋的管理职位不具有国家意志性。陈凯旋并非代表国家机关、国有企业行使职责，其管理行为与国家的意志行为不具有关联性。其次，阳东农村信用合作社联合社、阳东农村信用合作联社并非国家出资企业，没有国有资产入股，陈凯旋不存在监督国有资产的职能，也不具有行使国有资产保值增值的管理和服务职能。同时，阳东农村信用合作社联合社、阳东农村信用合作联社是独立自主经营的企业，自负盈亏，没有社会公共事务管理职能。因此，陈凯旋并非代表国家机关、国有公司、企业、事业单位、人民团体等履行组织、领导、监督、管理等职责，其所从事的工作不属于以国家管理事务以及国有财产监管事务为主要内容的公务活动。

综上，由于特定的历史原因，本案被告人陈凯旋虽然具有受国有单位委派的形式特征，但无"从事公务"这一认定国家工作人员的实质内容。一、二审法院认定陈凯旋为非国家工作人员，构成非国家工作人员受贿罪是正确的。

——《刑事审判参考》（总第95辑）。

466 在国有建设用地使用权挂牌出让过程中串通竞买的行为应如何定性

关键词｜对非国家工作人员行贿罪｜串通投标罪｜

【最高人民法院参考案例】

张建军、刘祥伟对非国家工作人员行贿案（《刑事审判参考》案例第1136号）

要旨：挂牌出让固然与招投标有相似之处，但二者无论是在概念文义，还是适用范围、操作程序、出让人否决权等方面都存在显著差异，二者的差异性远大于相似性。尽管从实质上看，挂牌出让中的串通竞买行为也具有社会危害性，但在刑法明确将串通投标罪的犯罪主体界定为投标人、招标人的情况下，客观上已不存在将挂牌出让解释为招投标从而予以定罪的空间。

本案审理过程中,对被告人张建军、刘祥伟通过贿赂指使参与竞买的其他人放弃竞买、串通报价,使请托人杨坤竞买成功的行为如何定性,存在不同意见:

第一种意见认为,二被告人的共同犯罪部分,仅构成串通投标罪一罪。理由是,挂牌出让系国土资源部《招标拍卖挂牌出让国有建设用地使用权规定》(以下简称《规定》)规定的国有建设用地出让的重要形式。虽然挂牌和招标在设置目的、运作形式等方面有很多不同点,在目前尚未出台相关法律对该制度予以规制的情况下,挂牌制度的操作也是参照招标进行的。本案中,被告人张建军、刘祥伟在国有建设用地使用权挂牌出让过程中,通过贿买参与竞买的其他公司的负责人的方法,指使其他公司负责人串通报价,放弃竞拍,使杨坤以低价获得国有建设用地使用权,其行为均构成串通投标罪。二被告人受杨坤指使向其他竞买人行贿,该行为属于前行为,是串通投标整体行为中的一部分,不应单独定罪。因此,二被告人的行为不构成对非国家工作人员行贿罪。

第二种意见认为,被告人张建军、刘祥伟受杨坤之托,在国有建设用地使用权挂牌出让过程中,向参与竞买的其他公司的负责人行贿,数额特别巨大,指使其串通报价,放弃竞拍,使杨坤以低价获得国有建设用地使用权,其行为同时构成对非国家工作人员行贿罪和串通投标罪。

第三种意见认为,对二被告人的共同犯罪部分应以对非国家工作人员行贿罪一罪定罪。从刑法规定来看,尚没有对挂牌竞买人相互串通,情节严重,追究刑事责任的规定,也无相关司法解释。本案中,二被告人为达到让几家竞买企业串通报价,从而使请托人杨坤顺利竞买成功的目的,采取了行贿的手段,该手段行为显然触犯了刑法的规定,构成对非国家工作人员行贿罪。

我们同意第三种意见,即被告人张建军、刘祥伟的行为构成对非国家工作人员行贿罪。具体理由如下:

第一,挂牌竞买不能等同于招投标。招标与挂牌均系国有建设用地使用权出让的重要形式,国土资源部《规定》对此予以明确并加以区别,按照《规定》及招标投标法的规定,招标的主要程序为:公开招标或邀请招标—投标(仅有一次竞买机会)—开标—评标—中标(发出中标通知书,招标人可否决所有投标)。招投标作为市场经济条件下一种常用的竞争方式,在我国建筑工程等领域普遍推行。《规定》第二条第四款规定,“挂牌出让国有建设用地使用权,是指出让人发布挂牌公告,按公告规定的期限将拟出让宗地的交易条件在指定的土地交易场所挂牌公布,接受竞买人的报价申请并更新挂牌价格,根据挂牌期限截止时的出价结果或者现场竞价结果确定国有建设用地使用权人的行为”,其主要程序为:出让人挂牌公告—竞买人挂牌报价—更新挂牌价(竞买人可反复更新报价,有多次竞买机会)—

确定竞得人(签订成交确认书,出让人无权否决最高挂牌人)。挂牌制度脱胎于拍卖制度,但又不同于拍卖制度,该制度有一个挂牌报价、更新报价的前置程序,而且不必然进入公开竞买程序(该程序类似于拍卖程序)。目前,挂牌出让仅发生于建设用地流通领域,在适用范围、操作程序、出让人否决权等方面与招投标程序有显著的区别。因此,挂牌竞买与招投标无论是在字面上还是实质程序上均存在差别,不能等同。

第二,法律没有明文规定为犯罪的,不能类推定罪。刑法第二百二十三条的规定:"投标人相互串通投标报价,损害招标人或其他投标人利益,情节严重的,处三年以下有期徒刑或者拘役,并处或者单处罚金。投标人与招标人串通投标,损害国家、集体、公民的合法利益的,依照前款的规定处罚。"从文义解释的角度,挂牌竞买显然不能等同于招投标。

有一种观点认为,可以忽略二者文义上的差别,从实质危害性相当的角度对串通投标罪中的招投标进行合目的的扩张解释。具体言之,该观点认为挂牌出让是在总结国有建设用地使用权拍卖和招投标实践基础上的创新,具备招投标的主要特点,同时融入了拍卖制度的某些有益成分;从危害性来看,串通竞买与串通投标均是采取串通方式消除或减少公平竞争,损害出让人或招标人利益,由串通者分享,故将挂牌出让过程中的串通竞买行为解释为串通投标,符合立法本意。

对此,我们持否定意见。刑法第二百二十三条的规定显然将串通投标罪限定在招投标领域。罪刑法定原则是刑法的基本原则,刑法的扩张解释的适用在部分条款中虽不可避免,但应该遵循基本的文义解释规则。换言之,对法律概念进行扩张解释不能远远超出概念的核心含义,解释结论要在一般公民的预测可能性范围之内。否则,抛开概念的基本语义,完全从处罚必要性的角度进行扩张解释,容易滑向类推适用的境地。挂牌出让固然与招投标有相似之处,但二者无论是在概念文义,还是适用范围、操作程序、出让人否决权等方面都存在显著差异,二者的差异性远大于相似性。尽管从实质上看,挂牌出让中的串通竞买行为也具有社会危害性,但在刑法明确将串通投标罪的犯罪主体界定为投标人、招标人的情况下,客观上已不存在将挂牌出让解释为招投标从而予以定罪的空间。

第三,数个关联行为存在牵连关系,但只有其中某一行为构成犯罪的,可以该行为触犯的罪名对被告人定罪处罚。本案中,二被告人实施了一系列的关联行为,其中包括:接受杨坤的请托向其他竞买人行贿;指使其他竞买人放弃竞买或串通报价;直接占有请托人给付的部分行贿款项等。二被告人实施的上述系列行为,存在手段行为与目的行为间的牵连关系。二被告人指使其他竞买人放弃竞买或串通报价是目的行为,向其他竞买人行贿是手段行为,但鉴于目的行为不构成犯罪,而实施的行贿行为显然触犯了刑法的规定,已构成对非国家工作人员行贿罪,依法予以认定是正确的。

——《刑事审判参考》(总第106辑)。

467 虚报注册资本罪与虚假出资罪的区分

关键词 | 虚报注册资本罪 | 虚假出资罪 | 犯罪主体 |

【链接：最高人民法院法官著述】

我们认为,在虚报注册资本罪与虚假出资罪的界定上,不仅需要遵循相关法律规定以免出现违反法定主义原则的任意解释,更需要探究法律规定背后的立法精神,以实现解释的合理性并达成解释的实践意义。基于此,虚报注册资本罪与虚假出资罪的界定基准主要在于行为主体,前者属于公司发起人、股东的整体行为;后者属于公司发起人、股东的个体行为。理由简要说明如下:(1)虚假出资可以借由公司发起人或者股东个体实施;但虚报注册资本申请公司登记只能是公司的发起人或者股东全体,正如前面所提及的,具体办理申请公司登记的人只是拟设立公司的发起人、股东全体的代表或者代理人。(2)公司法关于虚报注册资本与虚假出资的行政处罚主体的规定截然不同。其中,虚报注册资本的处罚主体是公司,而虚假出资的处罚主体是公司的发起人、股东。(3)刑法关于虚报注册资本罪的法定刑规定明显低于虚假出资罪。对于实质一样的两个行为在法定刑的设定上却轻重不同,其唯一的合理解释是虚报注册资本骗取登记的行为属于拟设立公司的"单位"行为,规定单位犯罪中责任人员较自然人犯罪更轻的刑事责任,是我国通行的一个刑事立法例。而之所以立法上未将虚报注册资本罪的犯罪主体规定为拟设立公司的"单位"犯罪,而仅仅是处罚申请公司登记的人,不外乎两个方面的考虑:其一,犯罪行为实施时公司尚未正式设立;其二,贯彻罪责自负的刑罚谦抑原则。

根据上述界定基准,可以对实践中较为常见的下属几种情形比较方便地进行区分、认定:(1)公司各发起人、股东合谋虚假出资,或者个别发起人、股东虚假出资,其他发起人、股东均知情的,因属整体行为,应以虚报注册资本罪定罪,但本着刑罚谦抑精神,处罚主体应限定为实际未出资的发起人和股东,不再适用共同犯罪的处理原则。(2)个别出资人、股东虚假出资,但代表发起人、股东整体办理公司登记申请的人未参与合谋并且不知情的,因属个体行为,应以虚假出资罪追究该虚假出资的发起人或者股东的刑事责任。(3)申请公司登记的人虚假出资,其他发起人、股东不知情的,因其兼具个体及代表整体之双重身份,同时构成虚报注册资本罪和虚假出资罪,根据想象竞合犯择一重罪的处理原则,应以虚假出资罪追究其刑事责任。(4)使用真实证明文件依法取得公司登记之后,不予交付货币、实物或者不予转移财产权的，如属单纯依照公司法设立的国内公司，应以抽逃出资罪定罪处罚；如属公司制外商投资企业，则应根据上述原则区分具体情形分别认定为虚报注册资本罪或者虚假出资罪。

——高憬宏、杨万明主编：《基层人民法院法官培训教材（实务卷 · 刑事审判篇）》，人民法院出版社2005年版，第146—148页。

468 欺诈发行证券罪对“隐瞒重要事实或者编造重大虚假内容”的把握

关键词｜欺诈发行证券罪｜隐瞒重要事实｜编造重大虚假内容｜

【链接：理解与适用】

首先，隐瞒的是哪些事实，编造的是哪些内容？以证券法规定的证券发行为例，依照证券法第十二条的规定，公司首次公开发行新股，应当符合以下条件：具备健全且运行良好的组织机构；具有持续经营能力；最近三年财务会计报告被出具无保留意见审计报告；发行人及其控股股东、实际控制人最近三年不存在贪污、贿赂、侵占财产、挪用财产或者破坏社会主义市场经济秩序的刑事犯罪；经国务院批准的国务院证券监督管理机构规定的其他条件。上市公司发行新股，应当符合经国务院批准的国务院证券监督管理机构规定的条件，具体管理办法由国务院证券监督管理机构规定。公开发行存托凭证的，应当符合首次公开发行新股的条件以及国务院证券监督管理机构规定的其他条件。依照证券法第十五条的规定，公开发行公司债券，应当符合下列条件：具备健全且运行良好的组织机构；最近三年平均可分配利润足以支付公司债券一年的利息；国务院规定的其他条件。公开发行公司债券筹集的资金，必须按照公司债券募集办法所列资金用途使用；改变资金用途，必须经债券持有人会议作出决议。公开发行公司债券筹集的资金，不得用于弥补亏损和非生产性支出。上市公司发行可转换为股票的公司债券，除应当符合第一款规定的条件外，还应当遵守证券法第十二条第二款的规定。但是，按照公司债券募集办法，上市公司通过收购本公司股份的方式进行公司债券转换的除外。其次，隐瞒、编造的应当是上述内容中的“重要事实”“重大虚假内容”。从本罪的立法目的看，相关发行文件是向社会筹集资金的重要文件，发挥着使社会公众了解公司、企业情况，维护资本市场正常秩序的重要作用。如果其内容存在重大失实，其实质就是欺骗投资者，导致投资者在不明真相的情况下作出错误的投资决策，既是对投资者和社会公众的知情权、财产权的严重侵犯，也是对资本市场管理秩序的严重扰乱。因此，在判断行为人的欺诈行为是否达到犯罪程度时，一定要准确认识立法精神,把握“重要”“重大”的内涵,结合涉案金额、所造成的后果和行为情节,审慎作出判断。例如,“丹东欣泰电气股份有限公司、温某乙等欺诈发行股票、违规披露重要信息案”,被告人温某乙、刘某胜合谋决定采取虚减应收账款、少计提坏账准备等手段,虚构有关财务数据,并在向证监会报送的首次公开发行股票并在创业板上市申请文件的定期财务报告中载入重大虚假内容。后证监会核准欣泰电气公司在创业板上市。随后欣泰电气公司在《首次公开发行股票并在创业板上市招股说明书》中亦载入了具有重大虚假内容的财务报告。欣泰电气公司股票在深圳证券交易所创业板挂牌上市后,首次以每股发行价 16.31 元的价格向社会公众公开发行 1577.8 万股,共募集资金 2.57 亿元。法院认定被告单位欣泰电气公司、被告人温某乙、刘某胜的上述行为均构成欺诈发行股票罪①。

——杨万明主编:《〈刑法修正案(十一)〉条文及配套〈罪名补充规定(七)〉理解与适用》,人民法院出版社 2021 年版,第 99—100 页。

469 在发行文件中隐瞒重要事实或者编造重大虚假内容但尚未成功发行证券行为的定性把握

关键词 | 欺诈发行证券罪 | 隐瞒重要事实 | 编造重大虚假内容 |

【链接:理解与适用】

对于这一问题,实践中形成两种观点:一种观点认为,刑法第一百六十条第一款明确写的是“发行股票或者公司、企业债券、存托凭证或者国务院依法认定的其他证券”,即仅限于已经发行证券的情形;对于尚未发行或者未成功发行的,不构成犯罪。另一种观点则认为构成犯罪,属于犯罪未遂。经研究初步认为,似不宜一概否定此种情形的犯罪属性,主要理由是:其一,发行证券是一个过程,行为人具有欺诈发行的意图,实施欺诈发行的行为,最终因为意志以外原因未能成功发行的,应当属于犯罪未遂。其二,证券法第一百八十一条第一款规定:“发行人在其公告的证券发行文件中隐瞒重要事实或者编造重大虚假内容,尚未发行证券的,处以二百万元以上二千万元以下的罚款;已经发行证券的,处以非法所募资金金额百分之十以上一倍以下的罚款。对直接负责的主管人员和其他直接责任人员,处以一百万元以上一千万元以下的罚款。”可见,证券法对于尚未发行证券的,仍要处以高额罚款。虽然刑法规制范围要小于证券法,但是证券法上的高额罚款至少表明,尚未发行证券的行为也具有较高的违法违规程度,具有一定的社会危害性。因此,在发行

① 罪名已调整为“欺诈发行证券罪”。

文件中隐瞒重要事实或者编造重大虚假内容，尚未成功发行证券，后果严重或者有其他严重情节的，不排除追究刑事责任的可能性。当然，如果没有造成严重后果或者具有其他严重情节，则不宜以犯罪论处。

——杨万明主编：《〈刑法修正案（十一）〉条文及配套〈罪名补充规定（七）〉理解与适用》，人民法院出版社2021年版，第100—101页。

470 如何认定欺诈发行证券罪中欺诈发行债券的行为

关键词｜欺诈发行证券罪｜私募债券｜

【最高人民法院参考案例】

江苏北极皓天科技有限公司、杨佳业欺诈发行债券案（《刑事审判参考》案例第1387号）

要旨：私募债券仍然符合"依照法定程序发行、约定在一定期限还本付息"的公司债券的基本特征，因此理应属于欺诈发行债券罪①的规制对象。

（一）中小企业发行私募债券属于欺诈发行债券罪的规制对象

本案中，被告单位北极皓天公司发行的是私募债券。对于此种行为是否构成欺诈发行债券罪，审理中存在两种意见。第一种意见认为，刑法规制的是发行公募债券的行为，发行私募债券不应当认定为欺诈发行债券罪。第二种意见认为，无论是公募债券还是私募债券，均属于欺诈发行债券罪的行为对象，本案应认定为欺诈发行债券罪。

我们同意第二种意见。理由如下：

根据公司法规定，公司债券是指公司依照法定程序发行、约定在一定期限还本付息的有价证券。公司债券按发行方式划分，可分为公募债券和私募债券。公募债券是指按法定手续经国家监督管理机构批准，公开向社会投资者发行的公司债券。公司法、证券法均对此作出了规定，称为公开发行的公司债券。依法公开发行的公司债券应在依法设立的证券交易所上市交易，或在全国中小企业股份转让系统或者在国务院批准的其他证券交易场所转让。

发行私募债券是解决中小企业融资难的一种方式。2012年5月，上海和深圳证券交易所各自发布《中小企业私募债券业务试点办法》，经中国证监会批准，设置了私募债券业务。《上海证券交易所中小企业私募债券业务试点办法》《深圳证券交易所中小企业私募债券业务试点办法》第二条均规定，中小企业私募债券，是

① 罪名已调整为"欺诈发行证券罪"。

指中小微型企业在中国境内以非公开方式发行和转让,约定在一定期限还本付息的公司债券。与公募债券相比,私募债券的特点在于:(1)发行人应当以非公开方式发行私募债券,不得采用广告、公开劝诱和变相公开方式,每期私募债券的投资者合计不得超过二百人。(2)私募债券的发行采用备案制(公募债券采用核准制)。发行人提交私募募集说明书等备案文件,并应当保证备案文件及信息披露内容真实、准确、完整,不得有虚假记载、误导性陈述或重大遗漏。(3)私募债券应当由证券公司承销。(4)投资者必须符合适格条件,公募债券则无此要求。可见,私募债券是指以特定的少数投资者为对象发行的债券,发行手续简单,一般不能公开上市交易。但究其本质,私募债券仍然符合"依照法定程序发行、约定在一定期限还本付息"的公司债券的基本特征,因此理应属于欺诈发行债券罪的规制对象。

(二)欺诈发行债券罪的认定标准

根据刑法第一百六十条规定,欺诈发行债券罪是指在公司、企业债券募集办法中隐瞒重要事实或者编造重大虚假内容,发行公司、企业债券,数额巨大、后果严重或者有其他严重情节的行为。实践中,主要可以从以下几个方面把握:

1. 欺诈发行债券罪的犯罪主体为特殊主体,特指发行公司、企业债券的自然人和单位。本案中,即指债券发行方北极皓天公司及法定代表人杨佳业。

2. 欺诈发行债券罪所侵犯的客体是国家对债券发行市场的管理制度以及投资者的合法权益。债券发行文件存在重大虚假、有误导性陈述或者隐瞒重要事实,必然破坏国家对债券发行市场的管理秩序,侵害投资者的合法权益。本案中,由于北极皓天公司的欺诈发行行为,实际认购人嘉实公司与后续的债权承受人中金创新(北京)资产管理有限公司遭受了数千万元的损失,案发时尚未追回,同时也对国家债券发行市场造成了较大破坏。

3. 欺诈发行债券罪在主观方面必须是出于故意,过失不构成本罪。即行为人明知自己所制作的债券募集办法不是对本公司状况或本次债券发行状况的真实、准确、完整反映,仍然积极实施。本案中,2012 年北极皓天公司处于起步阶段,其缺少资金,寻找各种方式融资,法定代表人杨佳业了解到可以发行中小企业私募债券的国家政策后,选择了一家证券公司承销。该证券公司根据上海证券交易所要求的列举备案材料清单要求杨佳业报送。杨佳业在准备债券募集办法时获知要求报送公司的销售收入和利润,但当时北极皓天公司虽然购置了部分生产设备,并与高校合作研发 LED 芯片样品,但一直没有建成投产,没有形成实际的生产能力,更没有销售收入。在此情况下,杨佳业实施了伪造生产销售数据等一系列行为,以此骗取备案,其主观故意是明显的。

4. 欺诈发行债券罪在客观方面表现为在公司、企业债券募集办法中隐瞒重要事实或者编造重大虚假内容,以欺骗手段骗取发行,数额巨大、后果严重或者其他严重情节的行为。

(1)行为人必须实施了在公司、企业债券募集办法中隐瞒重要事实或者编造重大虚假内容的行为。所谓重要事实或者重大内容,是指可能对他人产生误导、从而作出错误决定的事实。例如,发行人虚构或故意夸大公司生产经营利润和公司净资产额;对所筹资金的使用提出虚假的计划、虚假的经营生产项目;故意隐瞒、遗漏公司所负债务、订立的重要合同以及公司正在进行的重大诉讼事项;严重损害投资者合法权益和社会公共利益的其他情形等。

(2)行为人必须实施了发行公司、企业债券的行为。如果行为人仅是制作了虚假的公司、企业债券募集办法,而未实际发行,则不构成本罪。

(3)行为人制作虚假的公司、企业债券募集办法发行债券的行为,必须达到一定的严重程度,即达到“数额巨大、后果严重或者有其他严重情节的”,才构成犯罪。概而言之,欺诈发行债券罪可以分为数额标准与情节标准。从数额标准看,根据 2010 年 5 月 7 日印发的《最高人民检察院、公安部关于公安机关管辖的刑事案件立案追诉标准的规定(二)》第五条规定,发行数额达到五百万元以上才能立案追诉。从情节标准看,欺诈发行债券的“后果严重”,可以包括以下情形:(1)引发众多债权人上访、闹事等不安事端的;(2)债权人要求清退而不能及时清退的;(3)造成恶劣影响的。“其他严重情节”,可以包括以下情形:(1)拒绝监管部门检查或拒不提供有关账目的;(2)转移或者隐瞒所募集资金的;(3)利用非法募集资金从事违法犯罪活动的;(4)伪造政府公文、有效证明文件或者相关凭证、单据等。

本案中,北极皓天公司及杨佳业隐瞒公司没有建成投产,没有形成实际的生产能力,更没有销售收入的重大事实,同时,提供虚假的财务资料、找人制作虚假的财务审计报告和纳税证明,属于在债券募集办法中“隐瞒重要事实或编造重大虚假内容”的情形。其发行数额超过五百万元,已经达到了追诉标准。

需要说明的是,被告单位还提供虚假的纳税证明和纳税申报表给律师,律师按照该资料出具了不符合公司实际情况的《法律意见书》;在骗取备案后,因投资者认购意向不足,北极皓天公司债券面临发行失败时,被告人杨佳业向他人借款六千七百万元,分别以江苏佳钇莹照明科技有限公司的名义虚假认购七百万元、以深圳市华庭园投资发展有限公司的名义虚假认购六千万元,认购完成后随即归还出借人,最终实际募集到嘉实公司认购的二千七百万元资金。根据刑法第一百六十条的规定,欺诈发行债券罪关注的是债券募集过程中,即备案时的欺诈行为,而被告单位及被告人的上述欺诈行为则不在本罪的规制范围,但亦可作为量刑时考虑的因素。

(三)欺诈发行债券罪中发行数额的认定标准

欺诈发行私募债券犯罪的数额存在备案数额、销售数额和结果数额三种类型。其中,备案数额是指行为人预想通过欺诈发行行为所要达到的意向数额。销售数额是指行为人在骗取备案后,具体发行过程中募集到的债券数额。为提高发行效率,证券交易所一般要求在备案通过后六个月内,销售金额要达到备案金额的70%以上才视为发行成功,否则要取消备案。行为人为达到销售比例,可能会有虚假认购行为,因此其销售数额会有一定水分。结果数额是行为人实际募集的数额,是其欺诈发行债券的实际获利。

本案中,被告单位北极皓天公司在向上海证券交易所备案时,提出拟发行不超过一亿元的债券,这是其备案数额;实际发行过程中,其虚假认购六千七百万元债券,投资人实际认购二千七百万元债券,故其销售数额为九千四百万元;结果数额为二千七百万元。我们认为,结果数额是行为人实际募集的数额,除案发前归还以外,往往也是投资人实际遭受损失的数额,因此应当将结果数额作为欺诈发行债券罪的发行数额进行定罪量刑。

——《刑事审判参考》(总第125辑)。

471 上市公司在申请上市前后连续财务造假的行为如何认定

关键词|欺诈发行证券罪|违规披露重要信息罪|

【最高人民法院参考案例】

丹东欣泰电气股份有限公司及温德乙、刘明胜欺诈发行股票、违规披露重要信息案(《刑事审判参考》案例第1435号)

要旨:欺诈发行证券罪与违规披露重要信息罪是两个独立的罪名,侵犯的法益不同,二者也并非手段与目的的牵连关系,欺诈发行不意味着一定会违规披露,而违规披露也不一定是因为前面有欺诈发行行为。如果同时符合两个犯罪构成,就应当数罪并罚。

有观点认为,被告单位欣泰电气公司、被告人温德乙和刘明胜因本案已受到最严厉的行政处罚,应将上市之前的欺诈行为与上市后的违规披露行为按一个行为处理;即便构成两个犯罪,也不应以欺诈发行股票罪①、违规披露重要信息罪数罪并罚,应择一重罪处罚。我们认为,上述观点是不正确的。

首先,行政执法与刑事司法间应有效衔接,不能以罚代刑,已经作出的行政处罚决定不影响司法机关追究刑事责任。本案中,证券监督管理部门和司法机关各司其职、相互配合,各自根据执法、司法工作的需要,及时追究相关市场主体的法律责任。因此,证券监督管理部门作出行政处罚后,认为相关人员构成犯罪的,及时

---

① 罪名已调整为"欺诈发行证券罪"。

移送线索至公安机关立案侦查,司法机关依法追究刑事责任是正确的。

其次,我们认为,对二被告人应当数罪并罚。理由如下:

上市公司在发行、持续信息披露中的财务造假行为,严重蛀蚀了资本市场的诚信基础,损害投资者利益,应当予以惩治。资本市场财务造假行为主要通过信息违规披露的方式表现出来。对于不同阶段涉财务造假信息的违规披露行为,刑法规定了不同的罪名和相应刑罚。欺诈发行股票罪与违规披露重要信息罪是两个独立的罪名,侵犯的法益不同,二者也并非手段与目的的牵连关系,欺诈发行不意味着一定会违规披露,而违规披露也不一定是因为前面有欺诈发行行为。如果同时符合两个犯罪构成,就应当数罪并罚。经过检索相关案例,云南绿大地公司欺诈发行股票案和万福生科财务舞弊案等类似案件中也均作两罪处理,予以数罪并罚。

最后,具体到本案中,被告欣泰电气公司欺诈发行股票行为与违规披露重要信息行为发生在公司上市前后两个阶段。前一阶段欣泰电气公司通过虚构财务数据,使公司成功上市并发行股票,股票数额巨大,其所侵犯的是国家关于股票发行的管理制度;后一阶段是欣泰电气公司上市后,多次违规披露虚假的财务会计报告,最终导致公司发行的股票被终止上市交易,严重损害股东和他人的利益,其所破坏的是上市公司关于信息披露的管理制度。前后两个阶段的犯罪行为所侵犯的法益和所造成的社会危害均不相同,只有认定两罪,才能全面、客观评价其所犯罪行,真正体现罪责刑相适应原则。

需要说明的是,违规披露重要信息罪是单位犯罪,但实行单罚制,只处罚直接负责的主管人员和其他直接责任人员,从保护股东和投资者利益的角度出发对单位没有规定判处罚金。

——《刑事审判参考》(总第 129 辑)。

472 违规披露、不披露重要信息罪犯罪主体的认定

关键词｜违规披露、不披露重要信息罪｜犯罪主体｜

【最高人民法院参考案例】

董博等提供虚假财会报告案(《刑事审判参考》案例第 285 号)

要旨:提供虚假财会报告罪①中承担刑事责任的直接负责的主管人员和其他直接责任人员,既包括对公司财务会计报告的真实性、可靠性负有直接责任的公司董事长、董事、总经理、经理、监事,同时还包括直接参与虚假财务会计报告制作的

① 罪名已调整为“违规披露、不披露重要信息罪”。

工作人员。

由于提供虚假财会报告的客观行为不仅仅是提供行为,同时还内含着一个弄虚作假,制作虚假财会报告的行为,这也是提供虚假财会报告行为的应有之义,没有制假行为,自然无从谈起提供虚假财会报告的问题。所以,在认定提供虚假财会报告罪处罚主体时,需将虚假财会报告的制作和提供两方面的行为主体同时纳入分析、评价的范畴。具体言之,需对提供虚假财会报告罪承担刑事责任的直接负责的主管人员和其他直接责任人员,既包括对公司财务会计报告的真实性、可靠性负有直接责任的公司董事长、董事、总经理、经理、监事,同时还包括直接参与虚假财务会计报告制作的工作人员。前者一般表现为签署、审核财务会计报告的人员和授意、指使编制虚假的或者隐瞒重要事实的财务会计报告的公司负责人,但对制假报假不知情的公司管理人员,工作过失致使虚假财会报告提供出去的,因无主观故意,不应视为直接负责的主管人员;后者一般表现为具体编制或者参与编制虚假的或者隐瞒重要事实的财务会计报告的公司财会人员,因为公司的财会报告通常是由财会人员制作完成的,但不以财会人员为限:首先,凡是参与制作虚假报告的以及为直接编制虚假报告人员提供虚假凭证资料的人员均应视为相关责任人员;其次,是否属于需要追究刑事责任的直接责任人员,取决于该人员在犯罪中的地位和作用,而非是否具有财会人员的身份。

唯下述情形,即公司与承担审计职责的会计师事务所或其注册会计师合谋,由公司故意提供虚假的或者隐瞒重要事实的财务会计报告,同时由会计师事务所或其注册会计师出具虚假的审计报告,应如何对出具虚假审计报告的会计师事务所或其注册会计师进行定罪处罚,在实践中不无疑问,有必要在此稍加说明。我们认为,尽管两者存在共同实施犯罪的故意,对于后者仍需按提供虚假证明文件罪处理:一方面,两者的故意内容有所不同,前者主要是出于虚夸业绩欺骗股东和社会公众,后者主要是出于业务考虑;另一方面,双方的行为在刑法上可以得到充分的、相应的评价,无须按共同犯罪处理。

——《刑事审判参考》(总第37辑)。

473 依法负有披露义务的公司、企业对依法应当披露的重要信息不按规定披露的,对直接负责的主管人员如何处理,以及上市公司直接负责的主管人员违规向不具有清偿能力的控股股东提供担保的行为如何定性

关键词|违规不披露重要信息罪|负有披露义务|

【最高人民法院参考案例】

于在青违规不披露重要信息案(《刑事审判参考》案例第824号)

要旨:依法负有披露义务的公司、企业对依法应当披露的重要信息不按规定披露的,对直接负责的主管人员以违规不披露重要信息罪论处;上市公司直接负责的主管人员违规向不具有清偿能力的控股股东提供担保,未造成实际损失的,不构成背信损害上市公司利益罪。

(一)依法负有披露义务的公司、企业对依法应当披露的重要信息不按规定披露的,对直接负责的主管人员以违规不披露重要信息罪论处

违规披露、不披露重要信息罪要求行为人客观上必须实施"严重损害股东或者其他人利益"的行为或者有"其他严重情节"的行为。对于"严重损害""严重情节"的认定标准,目前尚无司法解释予以明确,实践中一般是参照适用最高人民检察院、公安部2010年5月7日联合制定的《关于公安机关管辖的刑事案件立案追诉标准的规定(二)》(以下简称《标准二》)的规定。《标准二》对违规披露、不披露重要信息案规定了以下具体的立案追诉标准:(1)造成股东、债权人或者其他人直接经济损失累计数额在五十万元以上的;(2)虚增或者虚减资产达到当期披露的资产总额30%以上;(3)虚增或者虚减利润达到当期披露的利润总额的30%以上;(4)未按照规定披露的重大诉讼、仲裁、担保、关联交易或者其他重大事项所涉及的数额或者连续十二个月的累计数额占净资产50%以上;(5)致使公司发行的股票、公司债券或者国务院依法认定的其他证券被终止上市交易或者多次被暂停上市交易;(6)致使不符合发行条件的公司、企业骗取发行核准并上市交易;(7)在公司财务会计报告中将亏损披露为盈利,或者将盈利披露为亏损;(8)多次(三次以上)提供虚假的或者隐瞒重要事实的财务会计报告,或者多次对依法应当披露的其他重要信息不按照规定披露;(9)其他严重损害股东、债权人或者其他人利益,或者有其他严重情节的情形。由上述标准可知,违规披露、不披露重要信息罪的成立,并不要求对股东和社会公众的经济利益造成实际损失,情节达到一定严重程度亦可构成本罪。本案中,被告人于在青作为上市公司的法定代表人和董事长,对上市公司依法应当披露的担保信息未按规定披露,担保金额达1.6亿余元,担保金额已经超过公司净资产,其中连续十二个月的担保累计金额占净资产的比例远远超过50%,而且连续三年对应当披露的重要信息不按照规定披露。虽然本案违规不披露重要信息的行为具体给股东和社会公众造成多大的经济损失不好认定,但根据上述情节,认定其构成违规不披露重要信息罪没有任何问题。

值得注意的是,违规披露、不披露重要信息罪虽然是单位犯罪,但与一般的单位犯罪不同,本罪实行单罚制,仅对"直接负责的主管人员和其他直接责任人员"

进行刑事处罚。立法上之所以采用单罚制，主要是基于本罪的犯罪主体公司、企业在部分案件中也是违规披露、不披露重要信息行为的被害人，在此情况下，如果再对公司、企业判处罚金，势必加重公司、企业的负担，更不利于保护股东或者其他投资者的合法权益。

（二）上市公司直接负责的主管人员违规向不具有清偿能力的控股股东提供担保，未造成实际损失的，不构成背信损害上市公司利益罪

背信损害上市公司利益罪，是刑法修正案（六）规定的新罪名。根据刑法第一百六十九条之一的规定，成立背信损害上市公司利益罪，必须是上市公司的董事、监事、高级管理人员违背对公司的忠实义务，客观上实施了利用职务便利，操纵上市公司，致使上市公司利益遭受重大损失的行为。

1. 从主体要件分析。构成本罪的主体必须是上市公司的董事、监事、高级管理人员、控股股东或者实际控制人。本案被告人于在青是上市公司江苏琼花的法定代表人、董事长，其主体身份适格。

2. 从客体要件分析。本罪侵犯的客体是公司董事、监事、高级管理人员职务的廉洁性和上市公司的经济利益。其中，行为人违背对公司的忠实义务是构成本罪最基本的特征之一。对于公司的董事、监事、高级管理人员而言，这里的"忠实义务"具体体现在：对公司事务应当忠诚尽力、忠实于公司；当其自身利益与公司利益相冲突时，应当以公司利益为重，不得将自身利益置于公司利益之上；必须为公司利益善意处理公司事务、处置其所掌握的公司资产，不得受关联企业支配"掏空"公司资产、损害公司利益。于在青未将公司利益始终放在第一位，且未为公司利益善意处置其所掌握的公司资产，应当认定其违背对公司的忠实义务。

3. 从客观要件分析。具体又包括行为要件特征和结果要件特征。

（1）行为要件特征。根据刑法第一百六十九条之一的规定，成立背信损害上市公司利益罪要求行为人必须实施了操纵上市公司的行为。刑法第一百六十九条之一明文列举了五项具体行为，其中，第（四）项为"为明显不具有清偿能力的单位或者个人提供担保，或者无正当理由为其他单位或者个人提供担保"。本案中，被告人于在青利用其担任江苏琼花法定代表人的职务便利，为明显不具有清偿能力的控股股东等关联企业提供担保，符合背信损害上市公司利益罪的行为要件特征。（2）结果要件特征。根据刑法规定，成立背信损害上市公司利益罪必须以"致使上市公司利益遭受重大损失"为要件。如果行为在客观上未给上市公司造成重大损失的，就不符合背信损害上市公司利益罪的客观要件特征。参照《标准二》第十八条的规定，"致使上市公司利益遭受重大损失"一般是指致使上市公司直接经济损失数额在一百五十万元以上或者致使公司发行的股票、公司债券或者国务院认定的其他证券被终止上市交易或者多次被暂停上市交易。从本案情况看，被告人于

在青的背信行为，不存在致使公司发行的股票、公司债券或者国务院认定的其他证券被终止上市交易或者多次被暂停上市交易的情况。于在青虽然操纵上市公司向明显不具有清偿能力的关联企业提供担保，但是在公安机关立案前，琼花集团、于在青均通过以股抵债或者用减持股票款方式向债权人清偿了全部债务，积极解除了江苏琼花的担保责任，从而未给江苏琼花造成直接经济损失。因此，于在青的行为不符合背信损害上市公司利益罪的结果要件特征，不构成背信损害上市公司利益罪。

综上，扬州市邗江区人民法院根据被告人于在青的犯罪情节、认罪悔罪表现，并结合自首情节，对公诉机关指控的背信损害上市公司利益罪不予支持，对于在青以违规不披露重要信息罪定罪处罚，定罪准确，量刑适当。

——《刑事审判参考》（总第 90 辑）。

474 妨害清算罪犯罪主体的认定

关键词｜妨害清算罪｜犯罪主体｜法人分支机构｜

【最高人民法院参考案例】

沈卫国等挪用资金、妨害清算案（《刑事审判参考》案例第 269 号）

要旨：妨害清算罪，是指公司、企业进行清算时，隐匿财产，对资产负债表或者财产清单作虚假记载，或者在未清偿债务前分配公司、企业财产，严重损害债权人或者其他人利益的行为。公司的分支机构可以构成妨害清算罪的主体。

作为单位犯罪，妨害清算罪只能由单位实施。不具有法人资格的分支机构，能否构成单位犯罪的主体呢？答案是肯定的。单位犯罪中的单位，不以法人资格为要件，公司的分支机构，只要具有相对独立的经营权，可以单独对外发生民事法律关系，其行为同样应认定为单位行为，其所实施的犯罪同样应认定为单位犯罪。这一点，最高人民法院 2001 年发布的《全国法院审理金融犯罪案件工作座谈会纪要》中予以了明确说明，以单位的分支机构或者内设机构、部门的名义实施犯罪，违法所得亦归分支机构或者内设机构、部门所有的，应认定为单位犯罪。该纪要同时强调指出，不得以单位的分支机构或者内设机构、部门没有可供执行罚金的财产，就不将其认定为单位犯罪，而按照个人犯罪处理。

——《刑事审判参考》（总第 35 辑）。

475 未实施对抗监管部门监督检查的“隐匿”行为是否构成隐匿会计凭证、会计账簿、财务会计报告罪

关键词｜隐匿会计凭证、会计账簿、财务会计报告罪｜隐匿｜

【最高人民法院参考案例】

林垦、金敏隐匿会计凭证、会计账簿、财务会计报告，非法持有枪支、弹药案（《刑事审判参考》案例第1206号）

要旨：评价某一行为是否构成隐匿会计凭证、会计账簿、财务会计报告罪，首先需要判断行为人所实施的隐匿行为是否为了逃避有关监督检查部门依法实施的监督检查。

对于何为“隐匿”，刑法未作具体规定，目前也无司法解释涉及。从会计法规定的角度，可以窥见刑法设立该罪名的目的。会计法第三十五条规定：“各单位必须依照有关法律、行政法规的规定，接受有关监督检查部门依法实施的监督检查，如实提供会计凭证、会计帐簿、财务会计报告和其他会计资料以及有关情况，不得拒绝、隐匿、谎报。”也就是说，为了逃避有关监督检查部门依法实施的监督检查而实施的隐匿，才可能构成会计法意义上的“隐匿”。由于隐匿会计凭证、会计账簿、财务会计报告罪属于行政犯而非自然犯，刑法规定的该罪中的“隐匿”宜参照有关行政法来理解。会计法规定的隐匿会计凭证、会计账簿、财务报告的目的，应当成为评价某一隐匿行为是否能够进入刑事处罚领域的依据。因而，评价某一行为是否构成隐匿会计凭证、会计账簿、财务会计报告罪，首先需要判断行为人所实施的隐匿行为是否为了逃避有关监督检查部门依法实施的监督检查。

本案中，被告人林垦之所以要求被告人金敏安排公司人员将本公司的会计资料运往郑州关联公司，是因为公司内部股东之间正在争夺公司控制权，二被告人实施转运会计资料行为期间不存在司法机关、行政机关或有关主管部门进行监督、检查或要求提供会计账册的情况。实际上，涉案会计材料所运之地并非与兰州正林公司没有任何关系，而是与兰州正林公司有关联关系的郑州正林公司以及兰州正林公司的石家庄分公司等，恰恰也印证了其转运并非为了逃避主管部门的监督检查。换言之，本案二被告人不具有刑法意义上的隐匿会计凭证、会计账簿、财务报告所要求的主观故意。

——《刑事审判参考》(总第111辑)。

476 非法经营同类营业罪与为亲友非法牟利罪的区分

关键词｜非法经营同类营业罪｜为亲友非法牟利罪｜

【最高人民法院参考案例】

杨文康非法经营同类营业案(《刑事审判参考》案例第187号)

要旨:行为人利用职务便利,将所在公司的业务交由以其亲属名义设立的公司进行经营,就其行为客观方面,应当认定为非法经营同类营业,而非为亲友非法牟利。

对此,我们认为应当把握以下两个关键点:其一,非法经营同类营业罪要求行为人具有具体的经营活动。具体的经营活动包含两层含义,一是不管是为自己,还是为他人,行为人的经营行为必须是自己积极的作为,并且其经营行为具有实质性的意义;二是具体的经营活动必须是利用职务之便,如利用本单位经营的信息为自己经营的企业营利。其二,非法经营同类营业罪要求行为人获取非法利益。获取非法利益同样包含两层含义:一是所获取的非法利益必须与其经营活动具有直接的对应关系,具体表现为经营利润或者经营报酬;二是获取非法利益须数额巨大。相比之下,为亲友非法牟利罪表现为行为人在本单位的经营管理活动中,利用职务便利经营或者参与亲友的经营行为,此其一;其二,将本单位的盈利业务交由自己的亲友进行经营,其目的在于为自己的亲友谋取非法利益,行为人虽然也可能从中得到一定的“报酬”或者“好处费”,但是,该报酬并非直接源于行为人在本单位的具体经营行为,而是其利用职务便利行为所获,属于受贿性质。实践中,有的国有公司、企业的董事、经理利用职务便利,将本单位盈利业务交由其亲友的公司、企业,自己也参与经营、从中获取巨大的非法利益并给国家利益造成了重大损失,对此,应当根据具体情况择一罪定罪处罚。两罪构成要件不同,一为获利,一为造成损失。如只具一项,则以具备者定罪;如两项行为都具备,可以定非法经营同类营业罪。

——《刑事审判参考》(总第27辑)。

477 非法经营同类营业罪犯罪主体的认定

关键词｜非法经营同类营业罪｜犯罪主体｜

【最高人民法院参考案例】

杨文康非法经营同类营业案(《刑事审判参考》案例第187号)

要旨:非法经营同类营业罪的主体是特殊主体,即国有公司、企业的董事、经理。中外合资经营公司,不应认定为国有公司。部门副经理不能成为非法经营同类营业罪的主体。

非法经营同类营业罪的主体是特殊主体,即国有公司、企业的董事、经理。实践中,一些国有公司、企业将其中层管理人员也称作经理,如部门经理、业务经理、项目经理等,有的还称为科长、处长、部长等,这类经理因系日常称谓,而非法律用语,且其负责的不是整个公司、企业的管理,而是对某一部门、某一项目、某一项业务的管理,其经营、管理权有限,故公司法未对其作竞业禁止性规定。作为法定犯,非法经营同类营业罪的主体要件应直接援引相关法律规定,而不宜作出扩大解释。国有公司、企业的部门经理等中层管理人员,一般不构成非法经营同类营业罪的主体。

——《刑事审判参考》(总第27辑)。

478 非法经营同类营业罪的主体范围及对“同类营业”的准确理解

关键词|非法经营同类营业罪|同类营业|

【最高人民法院参考案例】

吴小军非法经营同类营业、对非国家工作人员行贿案(《刑事审判参考》案例第1298号)

要旨:竞业禁止规则是市场经济的基本规则,非法经营同类营业罪是竞业禁止规则在刑法中的体现,其所保护的法益并非交易各方的利益,而是正常的市场秩序以及国有公司、企业的利益。

刑法意义上“国有公司、企业”还仅限于国有独资公司、企业,但“国有公司、企业人员”的外延已经进行了调整。换句话说,经委派到国家出资企业中从事公务的人员,虽然其所任职的企业不能被认定为刑法意义上的“国有公司、企业”,甚至委派他的单位也不是刑法意义上的“国有公司、企业”,但其本人在符合特定条件的情况下,仍可以被认定为“国有公司、企业人员”。所谓符合特定条件,主要从以下三个方面考察:一是委派的主体。适格的委派主体应当是国有公司、企业,或者国有控股、参股公司中负有管理、监督国有资产职责的组织。二是委派的实质内容,即委派是否体现国有单位、组织的意志。至于委派的具体形式、被委派单位是否通过特定程序对被委派人员进行任命等,均不影响委派的认定。三是是否从事公务,主要体现为“从事组织、领导、监督、经营、管理工作”。

本案中,省农行系国有控股公司,被告人吴小军是由省农行党委研究决定,以中国农业银行总行发文推荐的方式,推荐吴小军为国有控股的农银国联总经理(正处级)人选,作为“总经理”,其职务范围无疑属于《最高人民法院、最高人民检察院关于办理国家出资企业中职务犯罪案件具体应用法律若干问题的意见》所规定的

“组织、领导、监督、经营、管理工作”。综上，吴小军符合国家出资企业中“国家工作人员”的认定条件，属于“国有公司、企业人员”。而无论从语义解释，还是从体系解释等角度出发，“国有公司、企业的董事、经理”都应当被认定是“国有公司、企业人员”的子概念，是“国有公司、企业人员”的特定部分。吴小军经委派，担任国有控股公司的总经理，符合刑法第一百六十五条“国有公司、企业的董事、经理”的规定。综上所述，被告人吴小军具备非法经营同类营业罪的主体资格。

……

根据《国民经济行业分类》，吴小军所开展的业务对应的分类是“财务管理咨询”，而农银国联工商登记资料显示其经营范围为“投资管理；企业管理咨询；利用自有资金对外投资”，并不包括“财务管理咨询”，且两者所属类别亦有所区别。尽管如此，我们认为这并不影响非法经营同类营业罪的认定，具体理由如下：

首先，私法领域，法无明文禁止即可为。根据公司法的相关规定，公司的经营活动即便超出了其营业执照标示的范围，只要不违反国家禁止性规定，都不应当被认定为无效。故农银国联法务主管所称的“企业管理咨询是指我们对其他企业提出管理意见，也包括为资金方和资金提供方提供服务，收取中介费，撮合资金供方和需方达成协议”，更接近于农银国联对自身经营范围的理解。并且，农银国联也曾以“农银无锡”名义做过融资咨询业务，该融资咨询业务与吴小军所从事的苏宁集团、丰盛集团融资业务并无本质区别。综上，农银国联可以从事财务顾问业务，吴小军及其来恩公司的行为属于非法经营同类营业行为。

其次，“同类营业”并非“同样营业”。吴小军因自身资金实力限制，而将相关业务做成了财务顾问形式。但事实上，对于丰盛集团而言，其只需要在自己可接受的融资成本范围内实现融资即可，至于是通过财务顾问形式，还是债权投资形式均可接受。因此，如果仅仅将该笔业务作为财务顾问业务看待，进而审查农银国联是否进行“同样营业”，是相对片面的。我们应当将该笔业务作为一次交易机会，审查农银国联是否可以在自己的业务范围内满足相对方的融资需求，即审查农银国联是否有“同类营业”。经查，农银国联的经营范围包括债权投资，其也有实力通过优先劣后等形式完成债权投资。故即便认为农银国联不具备财务顾问的业务范围，农银国联也完全可以在自己登记的业务范围内实现与丰盛集团的交易。吴小军在北京总部未对“六合文化城”项目表态的情况下，对于其利用职务之便获知的丰盛集团三十亿元融资项目未作汇报，剥夺了本公司的交易机会，属于同类营业行为。

需要说明的是，被告人吴小军利用其担任农银国联总经理期间获得的交易信息及前期所做工作，通过其他公司运作苏宁集团、丰盛集团的融资项目，将本应属于农银国联的交易机会据为己有，其行为构成非法经营同类营业罪而非受贿罪。

——《刑事审判参考》（总第120辑）。

479 签订、履行合同失职被骗罪犯罪主体和客观方面的认定

关键词 | 签订、履行合同失职被骗罪 | 犯罪主体 | 犯罪客观方面 |

【最高人民法院参考案例】

高原、梁汉钊信用证诈骗，签订、履行合同失职被骗案（《刑事审判参考》案例第270号）

要旨：国企公司的部门经理，属于单位直接负责的主管人员，符合签订、履行合同失职被骗罪的主体构成要件。签订、履行合同失职被骗罪的客观构成应符合三个方面的要件：一是本体要件，严重不负责任，在签订、履行合同过程中不履行职责，即通常所谓的失职行为；二是后果要件，失职行为给国家利益造成重大损失之现实后果；三是中介要件，或者说是附加要件，造成重大损失后果之直接原因系合同对方的诈骗行为。

将签订、履行合同失职被骗罪的主体规定为国有公司、企业、事业单位直接负责的主管人员，这是1997年修订刑法的一个创新。据此，构成本罪的主体是特殊主体，应无疑问。问题在于，如何理解和认定这里的直接负责的主管人员。对此，理论和实务均存在两种不同意见的分歧。一种意见认为，签订、履行合同失职被骗罪与国家机关工作人员签订、履行合同失职被骗罪两个罪名的分立，是立法技术处理的结果，两者共同构成完整的国家工作人员失职被骗犯罪。国家机关之外的国家工作人员均应视为签订、履行合同失职被骗罪的构成主体。另一种意见认为，直接负责的主管人员作为一个法定专用名词，源于单位犯罪处罚主体的规定，其内涵及外延明显窄于国家工作人员。两种意见的基本分歧在于，直接负责的主管人员是否包括单位管理人员之外的其他责任人员。我们同意后一种意见，理由有二：一是从相关的立法例来看，直接负责的主管人员应当有别于一般的国家工作人员，与国家机关工作人员对应的应为国有公司、企业、事业单位的工作人员，而且立法上将后者规定为犯罪主体的也不乏其例，比如为亲友非法牟利罪。二是从解释的法定性、一致性的角度，应当将作为犯罪主体的直接负责的主管人员与作为处罚主体的直接负责的主管人员作同一理解。一方面，作为单位犯罪中特有的法定称谓，沿用已久，不宜作突破解释；另一方面，刑法规定中先后出现的名词，宜作前后一致之连贯解释。由此，对这里的直接负责的主管人员的理解，应当把握以下两点：一是须有管理人员之身份，行使实际管理职权；二是对合同的签订、履行负有直接责任。其中，前者不限于单位的法定代表人，单位的分管副职领导、部门、分支机构的负责人等均属管理人员；后者的着眼点在于对合同的签订与履行有无法律及职务上的责任，不在于是否具体参与合同的签订与履行，尤其是不履行或者不正确履行职责的渎职等过失犯罪中，不要求具有决定、批准、授意等参与合同的签订、履行行为。

——《刑事审判参考》(总第35辑)。

480 国有控股、参股公司、企业工作人员私分本公司、企业资产行为的认定

关键词 | 国有公司人员滥用职权罪 | 私分国有资产罪 |

【最高人民法院参考案例】

工商银行神木支行、童某等国有公司人员滥用职权案(《刑事审判参考》案例第1234号)

要旨:国有控股、参股公司、企业不属于私分国有资产罪中的“国有公司、企业”。

依据刑法及相关司法解释的规定,私分国有资产罪中的“国有公司、企业”不包括国有控股、参股公司、企业。中国工商银行改制后属于国有控股公司,神木支行作为中国工商银行的分支机构,不具备私分国有资产罪的主体要件,因此被告单位神木支行和被告人童某、温某、张某的行为不构成私分国有资产罪。被告人童某、温某、张某作为国有控股公司的主管人员,对该公司的资产严重不负责任,损公肥私,集体违法研究决定以所谓福利费和奖金的名义发放给全体职工,致使国家利益遭受重大损失,其行为均已构成国有公司人员滥用职权罪,依法应予处罚。

——《刑事审判参考》(总第112辑)。

四、破坏金融管理秩序罪

(一)与货币有关的犯罪

481 货币的范围

关键词 | 假币犯罪 | 货币 | 数额计算 |

【最高人民法院司法解释】

第一条　仿照真货币的图案、形状、色彩等特征非法制造假币,冒充真币的行为,应当认定为刑法第一百七十条规定的“伪造货币”。

对真货币采用剪贴、挖补、揭层、涂改、移位、重印等方法加工处理,改变真币形态、价值的行为,应当认定为刑法第一百七十三条规定的“变造货币”。

第三条　以正在流通的境外货币为对象的假币犯罪,依照刑法第一百七十条至第一百七十三条的规定定罪处罚。

假境外货币犯罪的数额,按照案发当日中国外汇交易中心或者中国人民银行授权机构公布的人民币对该货币的中间价折合成人民币计算。中国外汇交易中心或者中国人民银行授权机构未公布汇率中间价的境外货币,按照案发当日境内银行人民币对该货币的中间价折算成人民币,或者该货币在境内银行、国际外汇市场对美元汇率,与人民币对美元汇率中间价进行套算。

——《最高人民法院关于审理伪造货币等案件具体应用法律若干问题的解释(二)》(2010年11月3日,法释〔2010〕14号)。

第七条　本解释所称“货币”是指可在国内市场流通或者兑换的人民币和境外货币。

货币面额应当以人民币计算,其他币种以案发时国家外汇管理机关公布的外汇牌价折算成人民币。

——《最高人民法院关于审理伪造货币等案件具体应用法律若干问题的解

释》(2000 年 9 月 14 日,法释〔2000〕26 号)。[①]

【链接：理解与适用】

《解释一》第七条第一款规定:“本解释所称‘货币’是指可在国内市场流通或者兑换的人民币和境外货币。”根据这一假币犯罪对象范围的界定,以往司法实践的一般做法是:伪造国内不可兑换的境外货币,如果伪造后使用的,按诈骗罪追究行为人的刑事责任;如果只是伪造尚未使用的,则不作为犯罪处理。随着假币犯罪活动的不断发展,《解释一》的这一规定已经难以满足打击假币犯罪的现实需要。集中体现在两个方面:一是单纯伪造不可兑换的境外货币,尚未实施诈骗财物活动的,难以依法追究刑事责任。当前国内可兑换的外币仅二十余种,绝大多数外币属于国内不可兑换的货币。随着对外交往的日益发展,实践中伪造国内不可兑换的外币的活动屡有发生,而这些假外币在境内外国人聚居区或者通过跨境贩卖均能实现流通使用之目的。二是以诈骗罪追究伪造并使用假外币活动,难以做到罪刑均衡。一方面,诈骗罪的法定刑规定明显轻于伪造货币罪;另一方面,假外币的使用数额亦即诈骗数额难以充分查证。

应当说,上述问题早在《解释一》施行之初即已显现,最高人民法院也一直在根据个案具体情况对上述规定确定的假币对象范围进行调整。比如,考虑到台币尽管不能在全国范围内流通或兑换,但在境内一些地方实际流通使用,最高人民法院在 2001 年发布的《全国法院审理金融犯罪案件工作座谈会纪要》中规定,“对于伪造台币的,应当以伪造货币罪定罪处罚;出售伪造的台币的,应当以出售假币罪定罪处罚”;又如,考虑到缅币在我国一些边境地区已经在事实上形成了有条件可兑换的局面,而且,将缅币视为边境地区可兑换外币也具有一定的法规依据,《中国人民银行关于调整外币现钞管理政策有关问题的通知》(银发〔2002〕283 号)第三条,《国家外汇管理局关于印发〈边境贸易外汇管理办法〉的通知》(汇发〔2003〕113 号)第四条、第十四条、第二十七条、第二十八条规定,缅甸货币在我国云南省等边境地区可以作为边境贸易的结算货币,我国边贸企业可以保留并存入其毗邻国家货币的边境贸易账户,也可以根据意愿卖给外汇指定银行;云南省等边境地区的外汇指定银行,可以按规定加挂缅甸货币的汇价,办理其与人民币的兑换,并自行在规定的浮动范围内确定买卖差价。故此,由最高人民法院刑事审判庭编写的《刑事审判参考》(总第 37 辑)中的一篇文章指出,“对于在中缅边境伪造边境地区可兑换的缅币的行为,可以伪造货币罪定罪处罚”。

上述调整部分解决了伪造境外货币行为的定罪处罚问题,但带有明显的局限,

---

① 对本司法解释定罪处罚条款的适用,需要结合经刑法修正案(九)修正后的刑法第一百七十条及相关条文的规定妥当把握。

实践中还是存在大量难以追究刑事责任的情形。鉴于此,《解释二》第三条第一款对《解释一》第七条第一款进行了修改,规定凡是现行流通的境外货币均属于假币犯罪的对象,而不论其境内是否可以兑换。这一修改的主要依据如下:

第一,相关立法未对假币犯罪的对象范围进行限制。我国刑事立法对假币犯罪的对象规定,经历了一个从人民币向本外币的发展过程。1979 年刑法中的伪造国家货币罪,其犯罪对象仅限于人民币。随着我国改革开放的不断深入,与世界上其他国家和地区经贸往来的频繁,涉及国际核算货币的种类也越来越多,美元、英镑、日元、港币等境外货币已经愈来愈多地进入人们的生活。与此相对应,伪造外币的行为也时有发生。1995 年全国人大常委会通过的《关于惩治破坏金融秩序犯罪的决定》(以下简称《决定》)对 1979 年刑法进行了修改,将伪造国家货币罪修改为伪造货币罪,并在第二十三条明确规定,伪造货币罪中的货币包括人民币和外币,首次明确了对于外币予以同等保护。1997 年刑法第一百七十条基本上吸收了《决定》第一条的内容。虽然 1997 年刑法未再明确规定伪造货币罪中的货币包括人民币和外币,但刑法并未废止《决定》第二十三条这一非刑事责任条款,而是在第四百五十二条第三款明确规定予以保留。在相关行政管理法规中的确存在一些将外币限定为国内可兑换的货币的规定,比如《中国人民银行假币收缴、鉴定管理办法》第三条即规定,“本办法所称货币是指人民币和外币……外币是指在我国境内(香港特别行政区、澳门特别行政区及台湾地区除外)可收兑的其他国家或地区的法定货币”。但是,应当注意到,这些法规是从银行或者其他金融机构所实际经营业务的角度作出的管理性规定。既然是不可收兑的,银行或者其他金融机构就不会有相应的业务,自然也就谈不上管理的问题。所以,以行政法规的限制性规定为据对假币犯罪的对象范围设限并不可取:前者侧重的是业务监管;后者关注的应当是事实上是否存在不可兑换的外币犯罪活动,以及对此类活动以假币犯罪处理是否妥当和必要。

第二,对境外货币予以同等保护,符合当前各国刑事立法的发展方向,有利于国际合作共同打击假币犯罪。纵观各国刑法史,在外国货币的刑事保护方面经历了一个由国家主义向世界主义的发展过程,越来越多的国家正在摒弃过去的一贯做法,转而强调对外国货币的一体保护,对于罪名和法定刑规定也不再区分。此外,对外国货币予以同等保护,在相关国际公约文件中有着明确要求。1929 年签署、1931 年生效、由当时代表我国的中华民国国民政府参加缔约的《制止伪造货币国际公约》第四条规定:“不论在哪国实施,《公约》第三条规定的各种(伪造货币的)行为均需视为犯罪。”第五条规定:“对于第三条规定的行为,在处罚上不能因国内货币或者国外货币而有所区分;本条规定不得因法律或者条约上的对等待遇而变通适用。”在当前人民币区域化、国际化已经迈出实质性步伐的背景下,强调对外国货币的刑事保护尤为重要。

第三，对伪造他国流通使用但在我国境内不可兑换的外国货币的行为以货币犯罪处理，符合货币犯罪的基本构成。主张对此类行为以诈骗罪定罪处罚的主要理由是，伪造货币罪侵犯的客体是国家的金融管理制度，特别是货币的发行和管理秩序以及公私财产的所有权，而这种行为的目的往往是以此骗取钱财，而非通过对伪造的货币进行正常使用来获得利益，其主要侵犯的是公私财产所有权，故不完全符合伪造货币罪的构成要件。显然，这里是将境内不可兑换的货币与已经停止流通使用的人民币相提并论的，具有明显的时代局限性。首先，在我国刑法已经明确外币可以成为货币犯罪的对象的情况下，就不应再狭隘地将货币犯罪的侵害客体——国家货币管理秩序的理解囿于一国之内，将现行流通的外币一概纳入我国刑法的保护客体范畴，实属应有之义，故不存在客体上的问题；其次，如前所述，不可兑换的假外币在境内外国人聚居区或者通过走私出境进行流通使用已成客观事实，这与主要采取欺骗手段使用停止流通的人民币获取利益的情形存在明显不同；最后，尽管存在具体行为方式上的不同，伪造货币和诈骗两者的最终目的即非法占有他人财物这一点上并无不同，在理论上，将伪造货币并使用的行为理解为一种特殊的诈骗行为并无不当，但对以诈骗罪追究伪造、使用货币行为刑事责任的情形务必严格控制。只有对伪造在现实中确已退出流通领域、不再承担货币基本功能的货币，不再可能通过正常流通使用来获取利益的情形，才可以诈骗罪定罪处罚。而在我国境内是否可兑换，对此没有实质性的界定意义。区分两者的关键，不在于在我国境内是否可兑换，而在于其是否现行流通，包括在我国境内局部地区的事实流通以及在发行该货币的国家的合法流通。

由于《解释一》将货币犯罪中的货币限定为可在国内市场流通或者兑换的人民币和境外货币，伪造境内不可兑换的境外货币的行为不属于伪造货币犯罪，故《解释一》第七条第二款仅规定货币面额应当以人民币计算，其他币种以案发时国家外汇管理机关公布的外汇牌价折算成人民币，而未对国内不可兑换的境外货币的价格计算问题加以说明。为解决这一问题，同时考虑到《解释一》的规定也存在一些表述上的问题，故《解释二》第三条第二款对《解释一》第七条第二款的规定作了必要的修改和完善。在适用本款规定时，需要注意以下几点：

第一，境外假币犯罪的数额应当统一折算成人民币。坚持以人民币计算的原则，主要是为了统一计算标准，方便司法操作而作出的技术性规定。因为，司法解释不可能一一明确各种境外货币犯罪的数额标准，同时这样规定可以较好地解决兼有本外币的假币犯罪的数额认定问题。

第二，外汇价格的确定。(1)国内有外汇价格的，以国内价格为准。目前国家发布汇率牌价的有美元、日元、欧元、港币、英镑五种，此外，一些商业银行会自行发布一些汇率，连同上述五种在内，现有牌价的境外货币共约二十余种。(2)国内没有相应外汇价格的境外货币，通过国际外汇市场以美元为中介进行套算。国际外汇市场的汇率可以通过上网等途径二十四小时查询，故不存在操作上的问题。(3)国家外汇管理局已经不再发布汇率，当前发布汇率的是中国外汇交易中心，故《解释二》作了相应修改。而关于中国人民银行授权机构的规定，主要是出于前瞻性的考虑，不排除将来中国人民银行有可能指定其他机构公布汇率。

第三，外汇价格的计算基准。对外汇应以行为当日还是案发当日的外汇价格折算，讨论中存在不同意见。一种意见主张应当以行为当日的外汇价格进行折算，它可以相对准确地认定涉案假币的数额，避免因行为当日与案发当日之间的时间差可能导致的外汇价格的差异而影响犯罪数额认定上的准确性。经研究，以行为当日的外汇价格进行折算确实更为准确，但是考虑到实践中往往由于各种原因对行为当日难以作出准确判定，而且一些假币犯罪具有阶段性特征，同时考虑到通常情况下一段时期内外汇价格相对稳定，行为当日与案发当日之间的时间差可能导致的外汇牌价的差异对认定犯罪数额的影响一般不大，为方便实践操作，《解释二》采取了案发当日的计算基准。

——刘为波：《〈关于审理伪造货币等案件具体应用法律若干问题的解释(二)〉的理解与适用》，载《人民司法·应用》2010年第23期。

1979年刑法第一百二十二条规定："伪造国家货币或者贩运伪造的国家货币的，处三年以上七年以下有期徒刑，可以并处罚金或者没收财产。犯前款罪的首要分子或者情节特别严重的，处七年以上有期徒刑或者无期徒刑，可以并处没收财产。"随着形势发展以及伪造国家货币等犯罪的变化，全国人大常委会于1995年6月30日通过了《关于惩治破坏金融管理秩序犯罪的决定》(以下简称《决定》)。在这部单行刑法中，对伪造货币，出售、购买、运输假币，持有、使用假币，变造货币等行为规定了相应的刑罚，而且将1979年刑法中假币犯罪的犯罪对象"国家货币"扩大为"人民币和外币"，进一步加大了对假币犯罪的惩处力度。1997年刑法基本吸收了《决定》的上述规定，虽然没有对货币的范围进行更明确的理解与适用，但仍然应当理解为"人民币和外币"。因此，《解释》第七条规定，"本解释所称'货币'是指可在国内市场流通或者兑换的人民币和境外货币"，也包括各种纪念币，如国家为纪念某项重大活动而发行的纪念币、生肖纪念币等。

从司法实践的情况看，确有伪造已停止流通使用的人民币和根本不能流通的外币的案例，依照《解释》的规定对这种行为不能以伪造货币罪定罪处罚。伪造货币罪侵犯的客体是国家的金融管理制度，特别是货币发行和管理工作的秩序和公私财产的所有权。伪造已经停止流通的货币，犯罪人的目的往往是以此骗取钱财，而非通过对伪造的货币进行正常使用来获得利益(实际上也不可能通过这种方式获得利益),这种行为更主要的是侵犯了公私财产的所有权,不完全符合伪造货币罪的构成要件。对这种行为视情况以其他罪名定罪处罚更为合适。

《解释》在第七条第二款还规定:“货币的面额应当以人民币计算,其他币种以案发时国家外汇管理机关公布的外汇牌价折算成人民币。”关于其他外币的折算问题,《解释》强调以案发时的外汇牌价进行折算。实践中对此问题有不同认识,有种意见认为应当以行为时的外汇牌价进行折算。诚然,以行为时的外汇牌价进行折算可以相对准确地认定涉案假币的面额,尽量避免因行为时与案发时之间的时间差所可能导致的外汇牌价的差异而影响对犯罪数额的认定。但是,从实际情况看,以行为时的外汇牌价进行折算固然准确,但是往往由于各种原因难以对行为时作出准确的判定,进而给案件的查处带来影响,而根据案发时的外汇牌价进行折算则可以避免出现上述问题。根据国家的外汇政策分析,外汇牌价呈基本稳定的态势,行为时与案发时之间的时间差可能导致的外汇牌价的差异对认定犯罪数额的影响不大。因此,以案发时的外汇牌价进行折算是符合司法实践需要的。

——孙军工:《〈关于审理伪造货币等案件具体应用法律若干问题的解释〉的理解与适用》,载《人民司法》2000 年第 10 期。

482 伪造货币、变造货币行为的认定

关键词 | 伪造货币罪 | 伪造货币 | 变造货币 |

【最高人民法院司法解释】

第一条 仿照真货币的图案、形状、色彩等特征非法制造假币,冒充真币的行为,应当认定为刑法第一百七十条规定的“伪造货币”。

对真货币采用剪贴、挖补、揭层、涂改、移位、重印等方法加工处理,改变真币形态、价值的行为,应当认定为刑法第一百七十三条规定的“变造货币”。

——《最高人民法院关于审理伪造货币等案件具体应用法律若干问题的解释(二)》(2010 年 11 月 3 日,法释〔2010〕14 号)。

【链接:理解与适用】

对于伪造货币和变造货币行为的认定问题,早在最高人民法院 1994 年发布的《关于办理伪造国家货币、贩运伪造的国家货币、走私伪造的货币犯罪具体应用法律的若干问题的解释》(以下简称 1994 年解释)中即有规定。根据该解释,伪造货币是指仿照国家货币的图案、形状、色彩等,使用各种方法,非法制造假货币,冒充

国家货币的行为;变造货币是指对国家货币采用剪贴、挖补、揭层、涂改等方法加工处理,使国家货币改变形态、升值的行为。《解释二》对伪造货币和变造货币行为的理解重新予以规定,主要有三点考虑:一是1994年解释制定于1997年刑法修订之前,实践中对其适用效力存在不同意见;二是1994年解释确定的假币犯罪的对象范围已为1995年全国人大常委会通过的《关于惩治破坏金融秩序犯罪的决定》和1997年修订刑法所修改;三是2003年发布的《中国人民银行假币收缴、鉴定管理办法》对变造货币定义进行了修改、补充和完善。

《解释二》第一条将伪造货币表述为仿照真货币的图案、形状、色彩等特征非法制造假币,冒充真币的行为;将变造货币表述为对真货币采用剪贴、挖补、揭层、涂改、移位、重印等方法加工处理,改变真币形态、价值的行为。较之于1994年解释,主要修改有三处:一是将国家货币修改为真货币;二是根据《中国人民银行假币收缴、鉴定管理办法》的相关规定对变造货币的行为方式予以进一步细化;三是将1994年解释第二款规定中的升值修改为改变价值。其中,将国家货币修改为真货币,主要是考虑到境内外货币同等保护的需要。

据此,在具体认定伪造货币行为时,应注意以下几个问题:

第一,伪造货币是否应以仿照真货币为前提条件?起草过程中有意见认为,不应将仿照真货币作为伪造货币的必要条件,制造生活中不存在的货币如一张面额为200元的人民币同样是伪造货币,没有货币发行权的人制造足以让人信以为真的货币,即应认定为伪造货币行为。而以仿造真币设限,会不当缩小伪造货币的范围,不利于对伪造货币犯罪的打击。《解释二》坚持伪造货币需以仿照真货币为前提条件,主要考虑是:从字面而言,“伪”相对于“真”而存在,在真实货币不存在的情况下,难言伪造货币;从行为实质而言,伪造货币罪不仅侵犯了货币发行权,同时还侵犯了货币的公共信用和流通秩序,不以真实的货币为样本,仅凭行为人主观臆想而制造出来的“货币”(臆造币),由于国家根本没有发行过这种货币,故不存在破坏货币的公共信用和流通秩序的可能;从行为方式而言,臆造币的使用与伪造币的使用方式有所不同,后者侧重于伪造币的正常使用,前者侧重于虚构事实,骗取他人钱财。所以,对于非法制造臆造币的行为,以诈骗罪处理更为妥当。

第二,如何把握伪造货币的外观特征?实践中,由于技术、设备、材料等主客观条件的差异,伪造币的逼真度参差不齐,有的足以乱真,甚至可通过普通验钞机具,有的则制作粗糙,质量低劣,与真币差别较大。起草过程中,对于成立伪造货币罪是否应以伪造币具有相当的逼真度为条件,形成了两种不同意见。肯定意见认为,伪造的货币必须在外形上与法定货币极为近似,使一般人依照通常收受货币的习惯不易辨别而当作真币,才能认定为伪造货币罪;否定意见认为,假币逼真度的高低不影响本罪的构成,只要行为人实施了伪造货币的行为,即可构成本罪,不要求假币与真币完全同一。经研究，能否成立伪造货币，关键在于是否仿照真币，只要在图案、形状、色彩等方面具备了真币的基本要素，即可成立伪造货币。至于实际伪造出来的假币的外观效果和逼真程度如何，不应成为伪造货币的定罪要件，既不能因为伪造货币尚未制成成品，也不能因为做工粗糙而否认行为人实施了或者正在实施伪造货币的行为，所以，《解释二》未对伪造币的外观特征进行限定。

第三，伪造货币是否应以冒充真币为要件？起草过程中有意见建议删去1994年解释规定的冒充国家货币这一要件。《解释二》对此要件予以保留，并将其修改为冒充真币，主要是出于以下两点考虑：首先，冒充真币是仿照真币这一前提条件的逻辑延伸，冒充真币与仿照真币共同构成伪造货币行为的两个方面。明确这一点，有助于进一步区分伪造货币与非法制造臆造币两者的界限。其次，冒充真币与伪造货币的主观目的特征直接相关。对于伪造货币的目的要件，理论上存在三种不同意见：第一种意见认为存在主观故意即可构成本罪，具体出于什么目的不影响本罪的认定；第二种意见根据早期《妨害国家货币治罪条例》的规定认为本罪应以营利为目的；第三种意见借鉴国外立法规定，认为本罪应以意图流通或者行使为目的。其中第三种意见处于通说地位，并为司法实践所长期采用。明确冒充真币的要件，实际上间接地说明了伪造货币应以意图流通或者行使为其目的要件。据此，伪造后不以真币使用为目的，为炫耀画技或者供鉴赏、教学、科研使用而不进入流通领域的，不属于伪造货币行为。

在具体认定变造货币行为时，需要注意以下两点：

第一，变造货币行为方式的理解。《解释二》列举了剪贴、挖补、揭层、涂改、移位、重印六种变造货币的行为方式。其中，剪贴变造又称拼凑变造，是指对真币进行裁剪后重新粘贴、通过增加货币张数实现增值的行为。根据3/4以上票面实物形态的残缺币可兑换全额、1/2以上票面实物形态的残缺币可兑换半额的残缺币兑换办法，实践中的拼凑变造主要表现为将真币裁剪下不多于1/4的票面，在确保其原有价值不变的基础上，对裁剪下的票面进行粘贴，故剪贴变造币通常由四个1/4或者五个1/5的票面组成。挖补变造是指对票面局部图案或者材料挖走后采取一定的方式进行补全的变造行为。比如，将票面上的光变油墨挖走后通过手写、印刷等方式重新补全。揭层变造主要是指对真币进行一定的处理之后一揭为二，再用白纸等方式进行粘贴的变造行为。涂改变造主要是指对同颜色、同图案、同票幅而面额不同的真币涂改其票面金额的变造行为。此外，实践中还存在涂改年号或者冠字号等的变造行为。比如，今年年初公安机关查获的冠字号码为ET30410601—ET30410700的一百张第四套人民币（1980版）50元纸币变造币，即为第四套人民币（1990版）50元纸币涂改而成，正面冠字号码开头字母“E”和背面“1980”字样均有涂改痕迹。移位变造是指将真币的关键性部位移至其他票面的变造行为，相当于挖补变造的反向行为。重印变造是对真币局部或者全部图案通过化学手段等进行脱胎换骨，其纸张质地以及水印、安全线等主要防伪特征都是真的，但金额以至图案却是假的。重印变造主要发生在旧版美元上，因为不同面额美元钞票的规格、色调等非常相似。

第二，变造货币不以升值为条件。起草过程中在升值还是改变价值的问题上存在分歧。一种意见主张变造货币必须以升值为要件，其主要理由是：用于取材的真币，在一部分被取走后，剩余的部分仍然是真币，按照《中国人民银行残缺、污损人民币兑换办法》，在现实中尚可能以全额、半额兑换，应属于被毁损的人民币，只有改变了形态并得以升值的部分才属于变造范畴。多数意见认为，变造货币不应以升值为条件，把 50 元变为 10 元同样是变造。经研究，实践中变造货币的情况较为复杂，除剪贴拼凑之外，还有挖补、涂改等方式，此类行为虽未必在面额上有所升值、张数上有所增加，但明显不属于毁损币，应当纳入变造币范畴。而且，变造货币的行为特征在于改变真币形态，危害实质在于侵害货币的公共信用，多数变造货币行为固然是为了非法牟利，但不排除存在牟利之外的其他动机如报复社会等。主张升值论者的一个重要考虑是变造货币犯罪数额的准确计算问题。对此，主张改变价值论者同样不会对仅仅剪开但未粘贴拼凑形成完整货币的残损部分计入变造货币的数额；至于粘贴拼凑形成完整货币的，理应按其实际形成的变造币总数计算，而无减去用于取材的真币数量的道理，比如将四张 100 元的真币裁剪后重新组合粘贴成五张 100 元的变造币，变造币的数额应为 500 元而非实际升值的 100 元。综上，升值不仅没有必要，反而容易引起误解，故《解释二》将 1994 年解释规定中的升值修改为改变价值。

——刘为波：《〈关于审理伪造货币等案件具体应用法律若干问题的解释(二)〉的理解与适用》，载《人民司法 · 应用》2010 年第 23 期。

483 真伪拼凑货币行为的性质认定

关键词｜伪造货币罪｜真伪拼凑｜

【最高人民法院司法解释】

第二条　同时采用伪造和变造手段，制造真伪拼凑货币的行为，依照刑法第一百七十条的规定，以伪造货币罪定罪处罚。

——《最高人民法院关于审理伪造货币等案件具体应用法律若干问题的解释(二)》(2010 年 11 月 3 日，法释〔2010〕14 号)。

【链接：理解与适用】

真伪拼凑货币是近年来新出现的一种假币形态，但呈迅速蔓延趋势。从发案情况看，真伪拼凑货币主要见于百元钞，制作手法则五花八门。比如，将人民币一揭为二，正面保留，背面粘贴上伪造币；将人民币约1/2处裁切掉，粘贴上对应伪造币；将人民币局部揭开，正面保留，背面从水印部位与人民大会堂主图景结合处揭去，粘贴上伪造币；挖去人民币光变油墨面额数字，粘贴上伪造的光变油墨面额数字；揭去正面头像部分，粘贴上伪造币；将人民币水印部位的1/4部分裁切掉，粘贴上相应伪造币，等等。真伪拼凑货币就其基本材料而言，亦真亦假，故有人称之为伪造货币、变造货币之外的第三种假币，即伪变造货币。我国刑法只规定了伪造假币和变造假币的犯罪，这就给此种行为的法律适用带来了难题。非法制造真伪拼凑货币究竟应以变造货币还是伪造货币处理，不仅直接关系到司法定性的准确与否，而且还关系到刑事打击的力度和有效性：从两个罪名的法定刑规定看，一个是死刑，一个法定最高刑才十年有期徒刑，伪造货币罪的处罚远重于变造货币罪。

在以往的司法实践中，多数将制造真伪拼凑货币的行为认定为变造货币行为，《解释二》第二条规定此种行为以伪造货币罪定罪处罚，主要理由如下：

第一，真伪拼凑货币虽然存在局部变造，但并非完全取材于真币，在用材上与真币不具有同一性，真伪拼凑货币总体上属于伪造币。伪造行为的特征在于仿照真币，从无到有；变造行为特征在于以真币为基础改变其形态。伪造和变造两者的区分，关键在于把握两个同一：一是假币的用材与真币同一。变造货币的基本材料必须完全取自于真币，这一点从以往的司法解释和《解释二》关于"对国家货币……""在真币的基础上""对真币……加工处理"等表述以及所列举的六种具体变造手法可得以推断。二是假币的性质与真币同一。对真币形态的改变，必须确保不损害真币的同一性质。比如将金属币溶解后制成其他货币外观，则属伪造而非变造。据此，真伪拼凑货币虽然存在局部变造，但总体言之，应当认定为伪造的货币，因为真伪拼凑货币既有真币的成分，也有伪造货币的成分，并非完全取材于真币，在用材上与真币不具有同一性。

第二，对制作真伪拼凑货币的行为按伪造货币处理符合立法本意。当前多数国家均将伪造货币和变造货币规定为一个犯罪，适用一个处罚标准。区分伪造货币和变造货币，规定两个罪名，适用不同的处罚标准是我国刑事立法的一个特点。其立法背后的原因主要有两个：一是受行为方式的限制，变造货币的数量一般远远少于伪造货币的数量；二是在真币的基础上进行加工，行为人需事先投入一部分真币，变造货币所能牟取的非法利益要相对小于伪造货币。正因如此，对变造货币罪的刑罚规定要轻于伪造货币罪。而在真伪拼凑货币中，该两方面的情形均不复存在。首先,借助于伪造币,真伪拼凑货币批量制作成为可能,而且,由于难以辨认,特别是机具难以识别,真伪拼凑货币正日益成为假币犯罪分子的新宠;其次,一些真伪拼凑货币中真币比重极小,除了机具识别所需的少数关键部位之外绝大部分系伪造的货币。所以,对此类行为以伪造货币罪从严打击,符合立法本意。

第三,即便认为真伪拼凑货币中确实存在变造行为,但因单一的变造行为明显不能全面评价真伪拼凑货币这种特殊犯罪,其中伪造行为需另行评价,故真伪拼凑货币犯罪同时触犯了伪造货币和变造货币两个罪名。根据想象竞合犯择一重罪处断的司法原则,制造真伪拼凑货币的行为也应当以伪造货币罪定罪处罚。

——刘为波:《〈关于审理伪造货币等案件具体应用法律若干问题的解释(二)〉的理解与适用》,载《人民司法·应用》2010年第23期。

484 对外国残损、变形硬币进行加工修复是否属于“变造货币”

关键词|变造货币|外国残损、变形硬币|

【最高人民法院审判业务意见】

有关部门就对外国残损、变形硬币进行加工修复是否属于“变造货币”问题征求最高人民法院研究室意见。我室经研究认为:

对从废旧金属、洋垃圾中分拣的外国残损、变形硬币进行加工修复行为所涉情形较为复杂,应当区分情况处理:对其中内芯、外圈分离的硬币进行重新拼装,加工修复的,可以认定为“变造货币”;对分拣出的外国硬币进行清洗、挑选,或者对扭曲变形的外国硬币进行敲打、压平,不应认定为“变造货币”。

——喻海松:《最高人民法院研究室关于对外国残损、变形硬币进行加工修复是否属于“变造货币”问题的研究意见》,载最高人民法院研究室编著:《司法研究与指导》(总第2辑),人民法院出版社2012年版,第105页。

485 伪造境内不可兑换的境外货币行为的性质认定及数额计算

关键词|伪造货币罪|货币|货币面额|

【最高人民法院司法解释】

第三条 以正在流通的境外货币为对象的假币犯罪,依照刑法第一百七十条至第一百七十三条的规定定罪处罚。

假境外货币犯罪的数额,按照案发当日中国外汇交易中心或者中国人民银行授权机构公布的人民币对该货币的中间价折合成人民币计算。中国外汇交易中心或者中国人民银行授权机构未公布汇率中间价的境外货币,按照案发当日境内银行人民币对该货币的中间价折算成人民币,或者该货币在境内银行、国际外汇市场对美元汇率,与人民币对美元汇率中间价进行套算。

——《最高人民法院关于审理伪造货币等案件具体应用法律若干问题的解释(二)》(2010 年 11 月 3 日,法释〔2010〕14 号)。

第七条　本解释所称“货币”是指可在国内市场流通或者兑换的人民币和境外货币。

货币面额应当以人民币计算,其他币种以案发时国家外汇管理机关公布的外汇牌价折算成人民币。

——《最高人民法院关于审理伪造货币等案件具体应用法律若干问题的解释》(2000 年 9 月 14 日,法释〔2000〕26 号)。

【链接:理解与适用】

由于《解释一》将货币犯罪中的货币限定为可在国内市场流通或者兑换的人民币和境外货币,伪造境内不可兑换的境外货币的行为不属于伪造货币犯罪,故《解释一》第七条第二款仅规定货币面额应当以人民币计算,其他币种以案发时国家外汇管理机关公布的外汇牌价折算成人民币,而未对国内不可兑换的境外货币的价格计算问题加以说明。为解决这一问题,同时考虑到《解释一》的规定也存在一些表述上的问题,故《解释二》第三条第二款对《解释一》第七条第二款的规定作了必要的修改和完善。在适用本款规定时,需要注意以下几点:

第一,境外假币犯罪的数额应当统一折算成人民币。坚持以人民币计算的原则,主要是为了统一计算标准,方便司法操作而作出的技术性规定。因为,司法解释不可能一一明确各种境外货币犯罪的数额标准,同时这样规定可以较好地解决兼有本外币的假币犯罪的数额认定问题。

第二,外汇价格的确定。(1)国内有外汇价格的,以国内价格为准。目前国家发布汇率牌价的有美元、日元、欧元、港币、英镑五种,此外,一些商业银行会自行发布一些汇率,连同上述五种在内,现有牌价的境外货币共约二十余种。(2)国内没有相应外汇价格的境外货币,通过国际外汇市场以美元为中介进行套算。国际外汇市场的汇率可以通过上网等途径二十四小时查询,故不存在操作上的问题。(3)国家外汇管理局已经不再发布汇率,当前发布汇率的是中国外汇交易中心,故《解释二》作了相应修改。而关于中国人民银行授权机构的规定,主要是出于前瞻性的考虑,不排除将来中国人民银行有可能指定其他机构公布汇率。

第三,外汇价格的计算基准。对外汇应以行为当日还是案发当日的外汇价格折算,讨论中存在不同意见。一种意见主张应当以行为当日的外汇价格进行折算,它可以相对准确地认定涉案假币的数额,避免因行为当日与案发当日之间的时间差可能导致的外汇价格的差异而影响犯罪数额认定上的准确性。经研究,以行为当日的外汇价格进行折算确实更为准确,但是考虑到实践中往往由于各种原因对行为当日难以作出准确判定,而且一些假币犯罪具有阶段性特征,同时考虑到通常情况下一段时期内外汇价格相对稳定,行为当日与案发当日之间的时间差可能导致的外汇牌价的差异对认定犯罪数额的影响一般不大,为方便实践操作,《解释二》采取了案发当日的计算基准。

——刘为波:《〈关于审理伪造货币等案件具体应用法律若干问题的解释(二)〉的理解与适用》,载《人民司法 · 应用》2010 年第 23 期。

【最高人民法院审判业务意见】

对于在中缅边境伪造边境地区可兑换的缅币的行为,可以伪造货币罪定罪处罚。理由说明如下:

第一,尽管 1997 年修订刑法未再对伪造货币罪中"货币"的范围予以说明,但根据相关立法,其范围明显不仅限于人民币,这一点,立法上的脉络应当说是很清晰的。我国刑事立法对于伪造货币罪犯罪对象的规定,经历了一个从人民币到外币的过程。1979 年刑法中的伪造国家货币罪,其犯罪对象仅限于人民币。随着我国改革开放的不断深入,与世界上其他国家和地区经贸往来的频繁,涉及国际核算货币的种类也越来越多,美元、英镑、马克、港币等境外货币已经愈来愈多地进入人们的生活。与此同时,伪造外币的行为也时有发生。1995 年全国人大常委会通过的《关于惩治破坏金融秩序犯罪的决定》(以下称《决定》)对 1979 年刑法进行的修改,将伪造国家货币罪修改为伪造货币罪,并且在第二十三条明确规定,伪造货币罪中的"货币"包括"人民币和外币"。对于外币予以同等保护,禁止伪造。1997 年刑法第一百七十条基本上吸收了《决定》第一条的内容。虽然 1997 年刑法没有明确规定伪造货币罪中的"货币"包括人民币和外币,但刑法并没有废止《决定》第二十三条这一非刑事责任条款,而是在第四百五十二条第二款明确规定予以保留。

第二,从司法实践的情况来看,一些犯罪分子伪造在我国根本不能流通或者兑换的外币,甚至已经停止流通的外币,主要是为了冒充在我国可以兑换的外币骗取他人财物。这种行为不同于伪造货币的一般使用行为,此类行为在行为结构上具有一定的复合性,伪造货币更多地表现为实施诈骗的手段行为,其社会危害性也更多地体现为对他人财产权利的直接侵害,故对于此类行为可以诈骗罪追究刑事责任。在这一点上，《解释》[①]将货币的范围限定为“可在国内市场流通或者兑换的人民币和境外货币”，将伪造已停止流通货币及以低值货币冒充高值货币等部分诈骗使用行为排除在伪造货币罪之外，具有一定的积极意义。但是，对于现实生活中已经发生的伪造缅币等国货币，并通过对伪造的货币进行正常使用从中获得非法利益的行为，以及单纯实施了非法印制假缅币等国货币而没有进行诈骗财物活动的，如果不作为伪造货币行为对待，在刑法分则中将找不到相应的罪名。很明显，这种行为具有严重的社会危害性，必须予以刑事处罚。我们认为，对这种行为按照伪造货币罪定罪处罚，没有法律上的障碍，与《解释》的规定也不冲突。相反，这样处理在对伪造货币犯罪刑事评价上更为全面。

第三，一些境外货币在我国边境地区已经在事实上形成了可兑换的局面，将缅甸货币视为边境地区可兑换外币具有相关法规依据。根据外汇管理条例第五十四条、银发〔2002〕283 号《中国人民银行关于调整外币现钞管理政策有关问题的通知》第三条、汇发〔2003〕113 号《国家外汇管理局关于印发〈边境贸易外汇管理办法〉的通知》第四条、第十四条、第二十七条、第二十八条的规定，缅甸货币在我国云南省等边境地区可以作为边境贸易的结算货币，我国边贸企业可以保留并存入其毗邻国家货币的边境贸易账户，也可以根据意愿卖给外汇指定银行；云南省等边境地区的外汇指定银行，可以按规定加挂缅甸货币的汇价，办理其与人民币的兑换，并自行在规定的浮动范围内确定买卖差价。所以，缅甸货币可以与人民币实行有条件可兑换，只不过其范围仅限定在我国云南省等边境地区而已。

第四，从国际上看，对不属于我国可兑换外币予以保护，是履行国际条约义务的要求。根据《防止伪造货币的国际公约》的规定，各缔约国应通力合作惩治伪造货币（包括伪造外币）的犯罪行为。把不属本国可兑换外币同样作为保护对象，也是当前世界各国的通行做法。随着国际经济贸易的发展和全球经济一体化进程的加快，保护货币的信用已经成为世界各国的共同义务，要求各国在打击货币犯罪时不能只看到对本国金融秩序的危害，而忽略对国际社会金融秩序的危害，否则，将不利于保护货币的公共信用。同时，对不属于我国可兑换外币予以保护，也是寻求人民币获得国际保护的先决条件。基于此，在《解释》框架内对“国内市场流通或者兑换”作实质性理解，将在边境地区已经形成事实上可兑换局面的外币，一并视为国内可兑换外币，不失其必要性。

——《缅甸货币能否成为伪造货币罪的对象》，载最高人民法院刑事审判第一庭、第二庭编：《刑事审判参考》（总第 37 辑），法律出版社 2004 年版，第 202—205 页。

---

① 即《最高人民法院关于审理伪造货币等案件具体应用法律若干问题的解释》（法释〔2000〕26 号）。

486 伪造、使用停止流通的货币的定性

关键词｜伪造货币罪｜诈骗罪｜停止流通的货币｜

【最高人民法院司法解释】

第五条　以使用为目的，伪造停止流通的货币，或者使用伪造的停止流通的货币的，依照刑法第二百六十六条的规定，以诈骗罪定罪处罚。

——《最高人民法院关于审理伪造货币等案件具体应用法律若干问题的解释（二）》（2010年11月3日，法释〔2010〕14号）。

【链接：理解与适用】

已经停止流通的货币，不再具有货币属性，不再执行货币的任何功能。伪造已经停止流通的货币，犯罪人的目的往往是以此骗取钱财，而非通过对伪造的货币进行正常使用来获取利益，其主要侵犯的是公私财产的所有权而非货币的公共信用。此种行为在行为方式和侵害客体两个方面均与伪造货币罪的构成要件不符，但完全符合诈骗罪的构成要件，故《解释二》第五条规定以诈骗罪追究伪造或者使用伪造的停止流通货币行为的刑事责任。

在具体适用本条规定时，需要注意以下几点：

第一，只有以使用为目的的伪造停止流通币的行为才构成诈骗罪。使用目的是指意图流入市场，进而骗取他人财物。使用包括直接使用和间接使用，伪造停止流通币之后出售给他人使用的，应当认定为以使用为目的，即便他人明知系伪造的停止流通币。

第二，以使用为目的伪造停止流通币，尚未使用的，不影响诈骗罪的定罪。起草过程中，有意见认为，伪造但未使用的行为，尚不具备诈骗罪的基本构成要件，此种行为应以诈骗预备处理。经研究，此种行为不宜按诈骗预备处理，可以视具体情况按诈骗未遂处理。首先，就伪造的危害性而言，并不亚于使用，对之以未遂处理，可以保持量刑的基本均衡；其次，实践中的假币犯罪多为团伙性犯罪，伪造、运输、使用各个环节紧密相连，将此类诈骗的着手前移至伪造环节，符合此类假币犯罪的特点。

第三，关于停止流通币的理解。起草过程中有意见提出，如果某一货币在决定停止流通后仍可在事实上流通或者依法兑换的，则应以假币犯罪而非诈骗罪定罪处罚。经研究，停止某一货币流通，由中国人民银行报经国务院批准后决定并向社会公告。在决定停止流通某一货币之前，通常会有一个五年以上的市场稀释期，在此期间，银行只收不付；在公告决定停止流通之后，通常会有一个半年期的兑换时间，在兑换期结束次日起停止流通。停止流通币不再具有货币的功能，不得进入流

通领域，通常也不再兑换。在历次停止流通公告中，目前只有第二套纸分币在停止流通后仍可到指定机构进行兑换，其主要原因是该币市场保有量较大，短期内兑付有难度。所以，我国停止货币流通的程序严格、准备充分，停止流通币的性质清楚、内涵确定，对此类伪造、使用行为以诈骗罪定罪处罚，具有法律和事实依据。

根据本条规定的精神，还可以得出以下几点结论：(1)变造或者使用变造的停止流通币的行为同样应以诈骗罪论处；(2)已经公告决定停止流通但尚未至停止流通之日，因货币仍具有流通功能，故其间实施的犯罪应以假币犯罪论处；(3)以已届停止流通之日但仍可兑换的货币为对象实施的犯罪，因货币不再具有流通功能故应以诈骗罪论处；(4)仿照现行流通币对停止流通币进行加工处理，改变其形态并冒充现行流通币的，因其材质不再属于法律意义上的货币，故应认定为伪造行为而非变造行为。

——刘为波：《〈关于审理伪造货币等案件具体应用法律若干问题的解释(二)〉的理解与适用》，载《人民司法·应用》2010年第23期。

【最高人民法院参考案例】

杨吉茂伪造货币案(《刑事审判参考》案例第23号)

要旨：伪造外币构成伪造货币罪；伪造半成品货币构成伪造货币罪，但可酌情从轻处罚；伪造已不流通或者从来没有发行过的货币不构成伪造货币罪。

根据刑法第一百七十条的规定，"伪造货币"是指依照人民币或者外币的图案、形状、色彩等，使用印刷、复印、描绘、拓印等各种制作方法，制造假货币，冒充真货币的行为。本罪的对象是"货币"，不仅包括我国的国家货币即人民币，也包括外币在内。这里所说的"外币"是广义的，是指境外正在流通使用的货币。既包括可在中国兑换的外国货币如美元、英镑、马克等，也包括港、澳、台地区的货币，还包括不可在中国兑换的外国货币。只要伪造出的货币，不管是成品还是半成品，均应视为犯罪行为，但可根据案件的具体情况，作为量刑情节予以考虑。如果伪造的对象货币虽已不在市场中流通，但通过银行仍可兑换成流通面值的，伪造行为仍应以伪造货币罪论处。但是，如果伪造的是货币所属国未发行过的货币，不应视为犯罪，因为没有这样的真币，也就不存在这样的假币。

——《刑事审判参考》(总第3辑)。

487 购买假币后使用行为的定性与假币数额的确定

关键词 | 购买假币罪 | 犯罪数额 | 牵连犯 |

【最高人民法院司法解释】

第二条　行为人购买假币后使用,构成犯罪的,依照刑法第一百七十一条的规定,以购买假币罪定罪,从重处罚。

行为人出售、运输假币构成犯罪,同时有使用假币行为的,依照刑法第一百七十一条、第一百七十二条的规定,实行数罪并罚。

——《最高人民法院关于审理伪造货币等案件具体应用法律若干问题的解释》(2000年9月14日,法释〔2000〕26号)。

【链接:理解与适用】

刑法第一百七十一条规定了出售、购买、运输假币罪,第一百七十二条规定了持有、使用假币罪。对于行为人既有出售、购买、运输假币行为,又有使用假币行为的,是分别定罪实行数罪并罚,还是以一罪从重处罚,区别的关键在于涉案假币是否为同宗假币。对于购买、使用同宗假币的情形,《解释》第二条规定:"行为人购买假币后使用,构成犯罪的,依照刑法第一百七十一条的规定,以购买假币罪定罪,从重处罚。"对于涉及不同宗假币的情形,《解释》规定:"行为人出售、运输假币构成犯罪,同时有使用假币行为的,依照刑法第一百七十一条、第一百七十二条的规定,实行数罪并罚。"《解释》的这一规定,与刑法第一百七十一条第三款"伪造货币并出售或者运输伪造的货币的,依照本法第一百七十条的规定定罪处罚"的原则是一致的,符合刑法罪数形态的理论。

——孙军工:《〈关于审理伪造货币等案件具体应用法律若干问题的解释〉的理解与适用》,载《人民司法》2000年第10期。

【最高人民法院参考案例】

张顺发持有、使用假币案(《刑事审判参考》案例第188号)

要旨:购买假币后持有、使用的行为应以购买假币罪定罪,从重处罚。购买假币后使用的假币数额,应当包括已经使用和准备使用的数额。

虽然购买、持有、使用假币三种行为可以互为独立,我国刑法也分别规定了独立的罪名(其中,持有、使用假币属于选择性罪名),但是该三种行为在客观上存在内在的联系,构成牵连关系。结合我国的立法实际,一般认为,在刑法没有特别规定的情况下,对牵连犯应从一重罪从重处罚。我国刑法分则未对购买、持有、使用假币行为的处理作出专门规定,而从购买假币罪与持有、使用假币罪的法定刑来看,购买假币罪的处罚要重于持有、使用假币罪,故《解释》规定,"以购买假币罪定罪,从重处罚"。

因为购买和持有、使用是一个连贯的行为，购买并已使用的假币如属于同一宗假币，就表明购买是为了使用。只要购买的数额构成了购买假币罪，那么通常也就同时构成使用假币罪，即应当适用《解释》第二条的规定定罪量刑。也就是说，购买假币后使用的，不能将使用的"数额"仅仅理解为业已使用的假币数额，还应包括准备使用但因各种原因未使用出去的假币数额。

——《刑事审判参考》（总第27辑）。

488 制售假纪念币行为的性质认定及数额计算

关键词｜假币犯罪｜纪念币｜

【最高人民法院司法解释】

第四条 以中国人民银行发行的普通纪念币和贵金属纪念币为对象的假币犯罪，依照刑法第一百七十条至第一百七十三条的规定定罪处罚。

假普通纪念币犯罪的数额，以面额计算；假贵金属纪念币犯罪的数额，以贵金属纪念币的初始发售价格计算。

——《最高人民法院关于审理伪造货币等案件具体应用法律若干问题的解释（二）》（2010年11月3日，法释〔2010〕14号）。

【链接：理解与适用】

随着纪念币特别是贵金属纪念币热点项目不断增多，市场需求不断增大，国内钱币市场交易日益活跃，制造、销售假贵金属纪念币的犯罪活动日趋严重。从发案情况看，假贵金属纪念币的制售犯罪活动涉及的品种几乎涵括了近年来中国人民银行发行的所有贵金属纪念币。对于制售普通纪念币行为应以假币犯罪处理，实践中没有不同意见，但是假贵金属纪念币犯罪活动能否以货币犯罪处理存在严重分歧，即便主张以货币犯罪处理的论者也是顾虑重重。从调研情况看，主要表现在以下几个方面：(1)贵金属纪念币不具有流通手段、价值尺度、支付手段等货币的基本功能，不具有一般意义上的货币流通性，不计入货币流通量，不能充当商品流通的中介。(2)贵金属纪念币商品属性特征明显。贵金属纪念币具有价值和使用价值，其价值是凝结在贵金属纪念币中无差别的人类劳动，即设计、雕刻、铸造、发行等；使用价值是贵金属纪念币能满足人们收藏、纪念、投资等需求。其原值、面额、发售价格相分离，面额仅具有象征性意义，不具有表示贵金属纪念币价值的实质性意义。(3)制售以其实际价值为依托、不具有流通功能的贵金属纪念币，不会对国家的货币信用和金融秩序造成危害，其社会危害性主要体现在对国家纪念币专营秩序、有权发行人的知识产权以及买受人财产利益的侵害。(4)货币流通不同于一般的商品流通,以纪念币同样可在国内市场流通为由认为纪念币同样属于货币的意见,难以令人信服。(5)货币犯罪属于重罪,也是金融秩序犯罪中唯一的死刑罪名,对这类行为以货币犯罪处理,不符合有利于被告人这一司法解释原则,也不能体现罪刑相适应的要求。鉴于此,实践中的多数案件均以诈骗罪或者生产、销售伪劣产品罪定罪处罚,在犯罪数额的认定上,一般以实际诈骗的数额或者非法经营数额(包括实际销售金额以及货值金额)来计算。

经研究,尽管假贵金属纪念币不具有流通功能,但是对制售假贵金属纪念币的行为以假币犯罪处理,具有充分的法律和事实依据,前述顾虑主要源于对贵金属纪念币的片面理解。故《解释二》第四条第一款规定制售假纪念币行为应以假币犯罪定罪处罚,具体理由如下:

第一,贵金属纪念币作为国家货币,其具有法定性。贵金属纪念币属于国家货币体系的有机组成部分,人民币管理条例第十八条对此有着明确规定:“中国人民银行可以根据需要发行纪念币。纪念币是具有特定主题的限量发行的人民币,包括普通纪念币和贵金属纪念币。”在法律上将贵金属纪念币规定为国家货币,也是当前国际通行的做法。比如,美国法律在对各种金币、银币以及纪念币的面额、重量、直径、成色、图案、文字标注等要素作出规范的同时,明确其属于货币类别。

第二,贵金属纪念币具备货币的基本要素和基本属性。根据中国人民银行法、人民币管理条例以及《人民币、纪念币立项、设计、生产、发行暂行规定》等法律法规,纪念币由中国人民银行发行,纪念币的主题、面额、图案、材质、式样、规格、发行数量、发行时间等由中国人民银行确定,其中涉及重大政治、历史题材的,需报国务院批准。中国人民银行需将纪念币的主题、面额、图案、材质、式样、规格、发行数量、发行时间等予以公告。可见,纪念币发行要素规范,发售行为严肃,与其他形式的人民币并无两样。此外,从国际惯例看,贵金属纪念币没有流通性,但是具有法偿性,即货币发行机构对贵金属纪念币的面额负有法偿义务。我国法律对此没有专门规定,但基于人民币管理条例关于纪念币属于人民币这一规定,可以推断贵金属纪念币在我国同样具有法偿性。

第三,制售假贵金属币的行为符合货币犯罪的侵害客体。货币犯罪的侵害客体包括国家货币的发行权和货币的公共信用两个方面。在货币的发行管理方面,贵金属纪念币的发行权专属于中国人民银行,故制售假贵金属纪念币的行为侵犯了国家货币发行权当无疑问。同时,不具有流通功能的贵金属纪念币还同样侵害货币的公共信用:首先,理论上,贵金属纪念币的主要功能不在于流通,对货币流通不会构成实质影响,但是贵金属纪念币的法偿性决定了制售假贵金属纪念币同样可以侵害货币的公共信用乃至于国家信用;其次,事实上,贵金属纪念币以强大的国家信用为其背后支撑,假贵金属纪念币以伪劣的材质、粗糙的做工,以假乱真、以次充好,将不可避免地对贵金属纪念币的社会公共信用造成危害。

第四,制售假贵金属的行为具有多重社会危害性。除侵害国家的货币管理秩序之外,此类行为还扰乱了钱币市场秩序。此外,贵金属纪念币具有特定主题,其中一些涉及重大政治、历史题材,直接关系到我国的政治声誉;在对外方面,贵金属纪念币具有"国家名片"的作用,直接代表着国家形象;贵金属纪念币还承载了国家黄金储备的保值增值的职能。贵金属纪念币的货币和商品双重属性,决定了制售假贵金属的行为对于国家和社会的多方面危害。所以,以假币犯罪打击非法制售贵金属纪念币的行为,不存在罪刑失衡问题。

假贵金属纪念币犯罪的数额计算,是起草过程中又一个争议较大的问题,共有三种不同意见,分别是币面金额、初始发售价格和市场价格。《解释二》采取了初始发售价格的计算标准,主要理由如下:

第一,以面额计算与贵金属纪念币的实际价值明显不符。尽管人民币管理条例规定人民币依其面额支付以及《解释一》规定以面额计算犯罪数额,但是该规定明显不宜适用于贵金属纪念币。贵金属纪念币作为人民币的一个特殊种类,币面金额只是法定货币的象征性符号,不代表其实际价值,实际价值远高于面额。所以,以面额计算假贵金属纪念币犯罪的数额不符合客观实际,不仅不能做到依法有力地打击此类犯罪,还将直接导致大量犯罪活动因数额问题逃脱刑事追究。

第二,以初始发售价格计算符合贵金属纪念币的价格形成机制。贵金属纪念币的价值一般从三个层面来计量,分别是原值、面额和发售价格。其中,原值是指贵金属纪念币所含的贵金属的价值;面额是指贵金属纪念币币面上标示的货币价格;发售价格是指纪念币发售时的价格。三种计值方式既相互联系又相互独立。贵金属纪念币的商品属性决定了贵金属纪念币一般都是溢价发行(溢价额一般称为升水,即金属材质成本之外的加工费、管理费、利润等),贵金属纪念币的发售价格即据此以及项目题材、发行量、工艺技术、市场状况、历史价格情况、国际价格标准等因素制定,所以,发售价格较为全面地体现了贵金属纪念币的实际价值。

第三,以发售价格计算犯罪数额,通常都能客观地反映此类犯罪活动的社会危害性,做到不枉不纵。首先,贵金属纪念币的发售价格事先公布,假币制售者对此有清楚的了解,可以说,发售价格也是假币制售者的预期价格。从实际情况看,在假贵金属纪念币的批发、分销环节确实可能存在价格明显低于官方发售价的情况(在其他货币犯罪中也存在此情形),但在最终零售环节,假币售价基本与发售价格相当,因为假币价格明显低于发售价格的容易引起怀疑。其次,部分热点项目如奥运币的市场销售价格确实会高于发售价格,但由于现在发行的贵金属币的量都很大,多数贵金属纪念币的市场价格在很长一段时期内都能与发售价格保持大体相当,具体到假贵金属纪念币犯罪而言,其主要目的是尽快销售出去,实际销售价格一般不会高出发售价格太多。

第四,初始发售价格具有确定性和操作上的便利性。强调贵金属纪念币的商品属性的同时,不应忽视其货币属性。从货币角度看,其数额的认定应当具有相对的确定性和稳定性。在以面额计算明显不妥的情况下,退而求其次,选择具有同样确定性的发售价格作为计算依据,不失为一个相对合理的选择。贵金属纪念币发售价格由中国人民银行授权中国金币总公司统一制定。发售价格亦即市场指导价,在零售环节可能会有一定程度的浮动,但从目前价格管理上看,只许上浮不许下浮,所以,以发售价格作为犯罪数额的计算基准,一般不存在不利于被告人的情形。不可否认,随着时间的推移,部分贵金属纪念币会不断升值,其市值可能会远远高于初始发售价,但由于国内钱币市场尚有待培育,对于伪造但尚未实际销售的贵金属纪念币的市场价格难以确定,目前也无这方面的评估机构,市场价格计算标准存在客观障碍。

此外,《解释二》规定假普通纪念币犯罪的数额以面额计算,主要有以下几点考虑:(1)就发行而言,普通纪念币等值兑换;(2)就流通性这一货币基本功能而言,普通纪念币与一般人民币完全一样;(3)就市场行情而言,普通纪念币有涨有跌,以票面金额计算,可以确保普通纪念币作为人民币的严肃性和确定性;(4)以面额计算假普通纪念币犯罪的数额,符合当前司法实践的通行做法。

——刘为波:《〈关于审理伪造货币等案件具体应用法律若干问题的解释(二)〉的理解与适用》,载《人民司法·应用》2010年第23期。

(二)非法吸收公众存款罪

489 非法吸收公众存款罪的特征要件

关键词|非法吸收公众存款罪|非法性|

【最高人民法院司法解释】

第一条　违反国家金融管理法律规定,向社会公众(包括单位和个人)吸收资金的行为,同时具备下列四个条件的,除刑法另有规定的以外,应当认定为刑法第一百七十六条规定的"非法吸收公众存款或者变相吸收公众存款":

(一)未经有关部门依法许可或者借用合法经营的形式吸收资金;

(二)通过网络、媒体、推介会、传单、手机信息等途径向社会公开宣传;

（三）承诺在一定期限内以货币、实物、股权等方式还本付息或者给付回报；

（四）向社会公众即社会不特定对象吸收资金。

未向社会公开宣传，在亲友或者单位内部针对特定对象吸收资金的，不属于非法吸收或者变相吸收公众存款。

——《最高人民法院关于审理非法集资刑事案件具体应用法律若干问题的解释》（2011 年 1 月 4 日，法释〔2010〕18 号；2022 年 3 月 1 日，法释〔2022〕5 号修正）。

【链接：理解与适用】①

准确理解该四个特征要件，需注意以下几点：

第一，关于非法性特征。非法性特征，是指违反国家金融管理法律规定吸收资金，具体表现为未经有关部门依法批准吸收资金和借用合法经营的形式吸收资金两种。其中，“国家金融管理法律规定”包含三个层面的内容：一是金融管理法律规定不是单指某一个具体的法律，而是一个法律体系；二是非法集资违反的是融资管理法律规定，而不能是其他法律规定；三是只有融资管理法律规定明确禁止的吸收资金行为才有违法性。“未经有关部门依法批准”主要表现为以下四种情形：一是未经有关部门批准；二是骗取批准欺诈发行；三是具有主体资格，但具体业务未经批准；四是具有主体资格，但经营行为违法。“借用合法经营的形式吸收资金”的具体表现形式多种多样，实践中应当注意结合《解释》第二条以及《中国人民银行关于进一步打击非法集资等活动的通知》等关于非法集资行为方式的规定，根据非法集资的行为实质进行具体认定。

第二，关于公开性特征。公开性特征，是指通过媒体、推介会、传单、手机短信等途径向社会公开宣传。首先，公开宣传是公开性的实质，而具体宣传途径可以多种多样。《解释》仅列举了通过媒体、推介会、传单、手机短信几种公开宣传途径，主要是考虑到实践中这几个途径比较典型，但这只是例示性的规定，宣传途径并不以此为限，实践中常见的宣传途径还有标语、横幅、宣传册、宣传画、讲座、论坛、研讨会等形式。《解释》起草过程中有意见提出，实践中还大量存在口口相传、以人传人的现象，有必要在《解释》中特别指出。经研究，口口相传是否属于公开宣传，能否将口口相传的效果归责于集资人，需要根据主客观相一致的原则进行具体分析，区别对待，故《解释》未对此专门作出规定。对于通过口口相传进行宣传的行为，实践中可以结合“集资人”对此是否知情、对此态度如何、有无具体参与、是否设法加以阻止等主客观因素，认定是否符合公开性特征要件。其次，公开宣传不限于虚假宣传。实践中的非法集资活动通常会以实体公司的名义进行虚假宣传，蒙

---

① 该部分内容是对 2011 年施行的司法解释的理解与适用，对 2022 年施行的司法解释的理解与适用仍具有参考价值。

骗群众。但是,非法集资的本质在于违反规定向社会公众吸收资金,即使未采取欺骗手段进行虚假宣传,但因其风险控制和承担能力有限,且缺乏有力的内外部监管,社会公众的利益难以得到切实保障,法律仍有干预之必要。故尽管非法集资往往都有欺骗性,但欺骗性不属于非法集资的必备要件。

第三,关于利诱性特征。利诱性特征,是指集资人向集资群众承诺在一定期限内以货币、实物、股权等方式还本付息或者给付回报。利诱性特征包含有偿性和承诺性两个方面内容。首先,非法集资是有偿集资,对于非经济领域的公益性集资,不宜纳入非法集资的范畴;其次,非法集资具有承诺性,即不是现时给付回报,而是承诺将来给付回报。回报的方式,既包括固定回报,也包括非固定回报;给付回报的形式,除货币之外,还有实物、消费、股权等形式;具体给付回报名义,除了较为常见的利息、分红之外,还有所谓的"工资""奖金""销售提成"等。

第四,关于社会性特征。社会性特征,是指向社会公众即社会不特定对象吸收资金。社会性是非法集资的本质特征,禁止非法集资的重要目的在于保护公众投资者的利益。社会性特征包含两个层面的内容:一是指向对象的广泛性;二是指向对象的不特定性。对于社会性特征的具体认定,除了结合上述公开性特征进行分析之外,还需要注意从以下两个方面进行具体判断:一是集资参与人的抗风险能力。生活中有很多种划分人群的标准,如年龄、性别、职业、肤色、党派、宗教信仰等,但这些分类标准与非法集资中的社会公众的认定并无关系。法律干预非法集资的主要原因是社会公众缺乏投资知识,且难以承受损失风险。集资对象是否特定,应当以此为基础进行分析判断。二是集资行为的社会辐射力。对象是否特定,既要求集资人的主观意图是特定的,通常还要求其具体实施的行为是可控的。如果集资人所实施行为的辐射面连集资人自己都难以预料、控制,或者在蔓延至社会后听之任之,不设法加以阻止的,同样应当认定为向社会不特定对象进行非法集资。此外,《解释》起草过程中有意见指出,一些集资行为的对象既有不特定的自然人,又有公司、企业等单位,"社会公众"是否包括公司、企业等单位,实践中存在分歧。经研究,这里的"社会公众",不宜作为一个日常生活用语来理解。在法律上,自然人和单位均属于民商事行为的主体,具有平等的法律地位,单位同样可以成为非法集资的对象,以单位为对象的集资同样应当计入集资数额,故《解释》明确社会公众包括单位和个人。

——刘为波:《〈关于审理非法集资刑事案件具体应用法律若干问题的解释〉的理解与适用》,载最高人民法院刑事审判第一、二、三、四、五庭主办:《中国刑事审判指导案例3》(增订第3版),法律出版社2017年版,第869—870页。

【最高人民法院司法文件】

一、关于非法集资的"非法性"认定依据问题

人民法院、人民检察院、公安机关认定非法集资的"非法性"，应当以国家金融管理法律法规作为依据。对于国家金融管理法律法规仅作原则性规定的，可以根据法律规定的精神并参考中国人民银行、中国银行保险监督管理委员会、中国证券监督管理委员会等行政主管部门依照国家金融管理法律法规制定的部门规章或者国家有关金融管理的规定、办法、实施细则等规范性文件的规定予以认定。

——《最高人民法院、最高人民检察院、公安部关于办理非法集资刑事案件若干问题的意见》(2019 年 1 月 30 日，高检会〔2019〕2 号)。

二、关于"向社会公开宣传"的认定问题

《最高人民法院关于审理非法集资刑事案件具体应用法律若干问题的解释》第一条第一款第二项中的"向社会公开宣传"，包括以各种途径向社会公众传播吸收资金的信息，以及明知吸收资金的信息向社会公众扩散而予以放任等情形。

三、关于"社会公众"的认定问题

下列情形不属于《最高人民法院关于审理非法集资刑事案件具体应用法律若干问题的解释》第一条第二款规定的"针对特定对象吸收资金"的行为，应当认定为向社会公众吸收资金：

(一)在向亲友或者单位内部人员吸收资金的过程中，明知亲友或者单位内部人员向不特定对象吸收资金而予以放任的；

(二)以吸收资金为目的，将社会人员吸收为单位内部人员，并向其吸收资金的。

——《最高人民法院、最高人民检察院、公安部关于办理非法集资刑事案件适用法律若干问题的意见》(2014 年 3 月 25 日，公通字〔2014〕16 号)。

490 非法吸收公众存款的具体行为方式及其主观故意的认定

关键词 | 非法吸收公众存款罪 | 主观故意 |

【最高人民法院司法解释】

第二条 实施下列行为之一，符合本解释第一条第一款规定的条件的，应当依照刑法第一百七十六条的规定，以非法吸收公众存款罪定罪处罚：

(一)不具有房产销售的真实内容或者不以房产销售为主要目的，以返本销

售、售后包租、约定回购、销售房产份额等方式非法吸收资金的；

（二）以转让林权并代为管护等方式非法吸收资金的；

（三）以代种植（养殖）、租种植（养殖）、联合种植（养殖）等方式非法吸收资金的；

（四）不具有销售商品、提供服务的真实内容或者不以销售商品、提供服务为主要目的，以商品回购、寄存代售等方式非法吸收资金的；

（五）不具有发行股票、债券的真实内容，以虚假转让股权、发售虚构债券等方式非法吸收资金的；

（六）不具有募集基金的真实内容，以假借境外基金、发售虚构基金等方式非法吸收资金的；

（七）不具有销售保险的真实内容，以假冒保险公司、伪造保险单据等方式非法吸收资金的；

（八）以网络借贷、投资入股、虚拟币交易等方式非法吸收资金的；

（九）以委托理财、融资租赁等方式非法吸收资金的；

（十）以提供“养老服务”、投资“养老项目”、销售“老年产品”等方式非法吸收资金的；

（十一）利用民间“会”“社”等组织非法吸收资金的；

（十二）其他非法吸收资金的行为。

——《最高人民法院关于审理非法集资刑事案件具体应用法律若干问题的解释》(2011 年 1 月 4 日，法释〔2010〕18 号；2022 年 3 月 1 日，法释〔2022〕5 号修正)。

【链接：理解与适用】①

准确理解和适用本条规定，需要注意以下几点：

第一，上述列举的诸种情形重在揭示非法吸收公众存款的行为方式，在表述上未必全面完整。实践当中，仍须根据《解释》第一条关于非法集资的概念和四个特征要件进行具体认定。为此，《解释》特别强调，“实施下列行为之一，符合本解释第一条第一款规定的条件的”，才应当依法以非法吸收公众存款罪定罪处罚。

第二，吸收公众存款行为属于融资行为。生产经营、商品交易活动也向社会公开出售商品获取资金，但购买者支付价款即可获得商品或者服务作为对价，合同法、产品质量法以及消费者权益保护法对此即可提供充分保护。融投资行为则不同，资金提供者以获取未来收益为目的，并无实质意义的商品或者服务作为对价，加之信息不对称等因素，蕴藏着巨大的风险，所以法律从信息披露、准入条件、审批

---

① 该部分内容是对 2011 年施行的司法解释的理解与适用，对 2022 年施行的司法解释的理解与适用仍具有参考价值。

程序等方面规定了诸多监管措施。区分界定正常经营活动与变相吸收公众存款行为，必须由此入手，关键在于两个方面：一是有无真实的商品或者服务内容；二是是否以未来的回报为目的。基于此，《解释》第(四)项对"不具有销售商品、提供服务的真实内容或者不以销售商品、提供服务为主要目的"予以了特别强调。

第三，非法吸收公众存款罪属于破坏金融管理秩序犯罪，非法吸收公众存款罪的认定依据必须是融资管理法律规定，而不能是其他法律规定。对于其他法律规定的违反，在一定情况下对于判断是否违反融资管理规定具有一定的参考意义，但不能以对其他法律规定的违法性判断替代融资管理规定的违法性判断。以《解释》第(一)项规定为例，《商品房销售管理办法》规定，商品房预售实行预售许可制度；房地产开发企业不得采取返本销售或者变相返本销售的方式销售商品房，不得采取售后包租或者变相售后包租的方式销售未竣工商品房；商品住宅按套销售，不得分割拆零销售。但是，违反这些规定的房产销售行为并不直接意味着就是非法集资，只有实质上实施了向社会公众融资的行为，而又未依法履行相关融资法律程序的，才具有非法集资所要求的非法性。

第四，为了防止挂一漏万，《解释》规定了一个兜底条款，即第(十一)项关于"其他非法吸收资金的行为"的规定。需要强调的是，并非所有的融资行为均受融资管理法律规定调控，只有融资管理法律规定明确禁止的吸收资金行为才有违法性，实践中应注意避免不当地扩大理解。比如，民间借贷、私募基金等虽然也体现为吸收资金，并且往往也约定回报，但不属于公开地向社会公众吸收资金，因而并不违法。即便约定高额利息，也只是超出规定部分的利息不受法律保护而已，不能据此将其认定为非法集资。

——刘为波：《〈关于审理非法集资刑事案件具体应用法律若干问题的解释〉的理解与适用》，载最高人民法院刑事审判第一、二、三、四、五庭主办：《中国刑事审判指导案例3》(增订第3版)，法律出版社2017年版，第870—871页。

【最高人民法院司法文件】

四、关于主观故意的认定问题

认定犯罪嫌疑人、被告人是否具有非法吸收公众存款的犯罪故意，应当依据犯罪嫌疑人、被告人的任职情况、职业经历、专业背景、培训经历、本人因同类行为受到行政处罚或者刑事追究情况以及吸收资金方式、宣传推广、合同资料、业务流程等证据，结合其供述，进行综合分析判断。

……

办案机关在办理非法集资刑事案件中，应当根据案件具体情况注意收集运用涉及犯罪嫌疑人、被告人的以下证据：是否使用虚假身份信息对外开展业务；是否虚假订立合同、协议；是否虚假宣传，明显超出经营范围或者夸大经营、投资、服务项目及盈利能力；是否吸收资金后隐匿、销毁合同、协议、账目；是否传授或者接受规避法律、逃避监管的方法，等等。

——《最高人民法院、最高人民检察院、公安部关于办理非法集资刑事案件若干问题的意见》（2019 年 1 月 30 日，高检会〔2019〕2 号）。

491 非法吸收公众存款罪的定罪量刑标准

关键词｜非法吸收公众存款罪｜定罪量刑标准｜

【最高人民法院司法解释】

第三条　非法吸收或者变相吸收公众存款，具有下列情形之一的，应当依法追究刑事责任：

（一）非法吸收或者变相吸收公众存款数额在 100 万元以上的；

（二）非法吸收或者变相吸收公众存款对象 150 人以上的；

（三）非法吸收或者变相吸收公众存款，给存款人造成直接经济损失数额在 50 万元以上的。

非法吸收或者变相吸收公众存款数额在 50 万元以上或者给存款人造成直接经济损失数额在 25 万元以上，同时具有下列情节之一的，应当依法追究刑事责任：

（一）曾因非法集资受过刑事追究的；

（二）二年内曾因非法集资受过行政处罚的；

（三）造成恶劣社会影响或者其他严重后果的。

第四条　非法吸收或者变相吸收公众存款，具有下列情形之一的，应当认定为刑法第一百七十六条规定的“数额巨大或者有其他严重情节”：

（一）非法吸收或者变相吸收公众存款数额在 500 万元以上的；

（二）非法吸收或者变相吸收公众存款对象 500 人以上的；

（三）非法吸收或者变相吸收公众存款，给存款人造成直接经济损失数额在 250 万元以上的。

非法吸收或者变相吸收公众存款数额在 250 万元以上或者给存款人造成直接经济损失数额在 150 万元以上，同时具有本解释第三条第二款第三项情节的，应当认定为“其他严重情节”。

第五条　非法吸收或者变相吸收公众存款，具有下列情形之一的，应当认定为刑法第一百七十六条规定的“数额特别巨大或者有其他特别严重情节”：

（一）非法吸收或者变相吸收公众存款数额在 5000 万元以上的；

（二）非法吸收或者变相吸收公众存款对象5000人以上的；

（三）非法吸收或者变相吸收公众存款，给存款人造成直接经济损失数额在2500万元以上的。

非法吸收或者变相吸收公众存款数额在2500万元以上或者给存款人造成直接经济损失数额在1500万元以上，同时具有本解释第三条第二款第三项情节的，应当认定为“其他特别严重情节”。

第六条 非法吸收或者变相吸收公众存款的数额，以行为人所吸收的资金全额计算。在提起公诉前积极退赃退赔，减少损害结果发生的，可以从轻或者减轻处罚；在提起公诉后退赃退赔的，可以作为量刑情节酌情考虑。

非法吸收或者变相吸收公众存款，主要用于正常的生产经营活动，能够在提起公诉前清退所吸收资金，可以免予刑事处罚；情节显著轻微危害不大的，不作为犯罪处理。

对依法不需要追究刑事责任或者免予刑事处罚的，应当依法将案件移送有关行政机关。

——《最高人民法院关于审理非法集资刑事案件具体应用法律若干问题的解释》（2011年1月4日，法释〔2010〕18号；2022年3月1日，法释〔2022〕5号修正）。

【最高人民法院司法文件】

五、关于犯罪数额的认定问题

非法吸收或者变相吸收公众存款构成犯罪，具有下列情形之一的，向亲友或者单位内部人员吸收的资金应当与向不特定对象吸收的资金一并计入犯罪数额：

（一）在向亲友或者单位内部人员吸收资金的过程中，明知亲友或者单位内部人员向不特定对象吸收资金而予以放任的；

（二）以吸收资金为目的，将社会人员吸收为单位内部人员，并向其吸收资金的；

（三）向社会公开宣传，同时向不特定对象、亲友或者单位内部人员吸收资金的。

非法吸收或者变相吸收公众存款的数额，以行为人所吸收的资金全额计算。集资参与人收回本金或者获得回报后又重复投资的数额不予扣除，但可以作为量刑情节酌情考虑。

——《最高人民法院、最高人民检察院、公安部关于办理非法集资刑事案件若干问题的意见》（2019年1月30日，高检会〔2019〕2号）。

【最高人民法院公报案例】

陕西省渭南市人民检察院诉渭南市尤湖塔园有限责任公司、惠庆祥、陈创、冯振达非法吸收公众存款，惠庆祥挪用资金案（二审法院：陕西省高级人民法院）

要旨：未经中国人民银行批准，不以吸收公众存款的名义，向社会不特定对象吸收资金，但承诺履行的义务与吸收公众存款性质相同，即承诺在一定期限内返本付息的，属于刑法第一百七十六条规定的“变相吸收公众存款”。只要行为人实施了非法吸收公众存款的行为，无论采取何种非法吸收公众存款的手段、方式，均不影响非法吸收公众存款罪的成立。

根据取缔办法的规定，非法吸收公众存款，是指未经中国人民银行批准，向社会不特定对象吸收资金，出具凭证，承诺在一定期限内还本付息的活动；变相吸收公众存款，是指未经中国人民银行批准，不以吸收公众存款的名义，向社会不特定对象吸收资金，但承诺履行的义务与吸收公众存款性质相同的活动。在本案中，尤湖塔园公司与客户签订的合同，表面上是塔位销售合同，但双方在合同中明确约定，尤湖塔园公司对购买塔位的客户承担两年期还本返利的义务。此外，该公司推出的所谓“投资型”塔位不与特定死者的骨灰相对应，该公司承诺既可以根据塔位销售合同逐年返利，也可以更名、退单。所谓退单，是指由尤湖塔园公司按照市场价回购。由于尤湖塔园公司的虚假操作，在没有任何依据的情况下，投资型塔位的价格被不定期地不断调高，因此在退单的时候，尤湖塔园公司除了向用户返还购买时的原价，还需支付增值的部分，事实上就是变相的“返本付息”。因此，尤湖塔园公司的上述行为符合取缔办法第四条规定的变相吸收公众存款的特征，构成非法吸收公众存款罪，其上诉理由不能成立，不予采纳。

上诉人尤湖塔园公司未经金融主管机关批准，采取向社会公众销售投资型塔位，承诺到期退单兑付和向社会公众高息借款的手段，变相吸收公众存款，数额巨大，后果严重，严重扰乱了金融秩序和社会秩序，其行为已构成非法吸收公众存款罪，依法应予惩处。

——《最高人民法院公报》2008 年第 6 期。

【最高人民法院参考案例】

惠庆祥等非法吸收公众存款案（《刑事审判参考》案例第 488 号）

要旨：未经中国人民银行批准，向社会不特定对象吸收资金，虽然不以吸收公众存款的名义，但承诺在一定期限内还本付息的，属于变相吸收公众存款，构成犯罪的应依法追究刑事责任。“民间借贷”只能是针对社会中少数个人或者特定对象之间的“借贷”行为，而对于“向社会不特定对象”吸收存款的行为当然不属于

"民间借贷"。

1. 未经中国人民银行批准，向社会不特定对象吸收资金，虽然不以吸收公众存款的名义，但承诺在一定期限内还本付息的，属于变相吸收公众存款，构成犯罪的应依法追究刑事责任。

变相吸收公众存款的行为与非法吸收公众存款的行为在非法性特征、对象特征和承诺的义务等方面均是相同的，所不同的是非法吸收公众存款是以直接的名义吸收存款，表现在其出具存款凭证，并承诺在一定期限内还本付息；而变相吸收公众存款则不以直接吸收存款的名义出现，而以成立资金互助会或以投资、集资入股等名义，但承诺履行的义务与吸收公众存款性质相同。这里承诺的义务与吸收公众存款的性质相同，即都是承诺在一定期限内还本付息，从而达到吸收公众存款的目的。实践中，行为人以变相方式吸收存款的具体手段层出不穷、花样繁多。如有的单位未经批准成立资金互助组织吸收公众资金；有些企业以投资、集资等名义吸收公众资金，但并不按规定分配利润、派发股息，而是以一定利息支付；有的以代为饲养宠物，代为种植花木果树，营业房分零出售、代为出租等为名，许以高额回报以吸收资金；有的则以商品销售的方式吸收资金，以承诺返租、回购、转让等方式给予回报。这些行为以合法形式掩盖非法集资目的，犯罪分子往往与受害者签订合同，伪装成正常的生产经营活动，其实质仍然是变相抬高国家所规定的存款利率，情节严重者，必定扰乱整个社会的金融秩序，一旦行为人不能兑现承诺，必将引发社会群体性事件，影响社会稳定。

2. 如何区分合法的民间借贷和非法吸收公众存款行为？

在司法实践中，对于非法吸收公众存款罪争议最大的是如何将本罪行为与合法的民间借贷相区别。引发该问题争议的是 1999 年《最高人民法院关于如何确认公民与企业之间借贷行为效力问题的批复》（以下简称《批复》）中的规定，在该《批复》中指出，"公民与非金融企业之间的借贷属于民间借贷，只要双方当事人意思表示真实即可有效"。而非法吸收公众存款和变相吸收公众存款的行为从本质上看，即向社会不特定对象筹集资金并承诺在一定期间还本付息，这当然也属于一种"借贷"，而且该《批复》对于民间借贷行为并未限定范围，那么如何理解《批复》的规定对合法民间借贷与非法吸收公众存款进行区分呢？我们认为，刑法是规定犯罪及其刑事责任的法律规范，即刑法规定的是犯罪行为，而其他法律规定的都是一般违法行为。非法吸收公众存款罪，尽管也表现为一定民间借贷的特征，但因为其借贷的范围具有不特定的公众性且扰乱了国家金融秩序，所以具有民间借贷不会造成的严重社会危害性，这是两者的根本区别。如果民间借贷的对象范围满足前文所讲的两个条件即"非法性"和"广延性"，即未经有权机关批准和向社会不特定对象吸收资金，且借款利率高于法定利率，扰乱了国家金融秩序，则就超出了民间借贷的范畴，演化为非法吸收公众存款。而对于像“只向少数个人或者特定对象如仅限于本单位人员等吸收存款”的行为当然不是本罪中的非法吸收公众存款的行为，因为这种“民间借贷”不可能对国家金融秩序造成破坏。所以，《批复》中所讲的“民间借贷”只能是针对社会中少数个人或者特定对象之间的“借贷”行为，而对于“向社会不特定对象”吸收存款的行为当然不属于“民间借贷”。唯有如此，才能将非法吸收公众存款与合法的民间借贷区别开来。

——《刑事审判参考》(总第62辑)。

492 利用经济互助会非法集资行为的定性

关键词｜非法吸收公众存款罪｜经济互助会｜

【最高人民法院参考案例】

高远非法吸收公众存款案(《刑事审判参考》案例第56号)

要旨：利用经济互助会非法集资的行为构成非法吸收公众存款罪。

本案被告人高远作为“经济互助会”会首，以高额“尾息”为诱饵，采取“会书”承诺的方法，利用“经济互助会”非法集资3404万余元，“放会”款3226万余元，“炸会”后，尚欠其他会民会款177万余元无法归还。其中，部分会款被被告人高远用于购买房屋、家具、电器等使用、挥霍。从表面上看，被告人高远实施了非法占有他人财物的行为，通过非法集资的方式非法占有了他人的钱款，但是，被告人高远行为的目的并非是为了非法占有他人财物，侵犯其所有权，因此，其行为的实质是非法吸收公众存款，而非集资诈骗。理由如下：

首先，被告人高远的行为不是以非法占有为目的，而是以非法营利为目的。

其次，被告人高远在非法集资的过程中没有使用诈骗的方法。虽然是否使用诈骗方法不是集资诈骗罪和非法吸收公众存款罪的根本区别，但未使用诈骗方法的非法吸收公众存款行为却可以肯定不是集资诈骗行为。

再次，从定罪理论上讲，作为定罪的事实根据，只能是行为人是否构成犯罪和构成何罪的案件事实。高远行为性质的认定，应从犯罪构成的具体要件出发，实事求是地予以认定，而不能唯结果论。

最后，被告人高远的行为符合非法吸收公众存款罪的客观特征。本案中高远作为会首，以“经济互助会”的形式非法集资的行为正是“变相吸收公众存款”的典型方式。

——《刑事审判参考》(总第8辑)。

493 以投资林业为名向社会吸收资金行为的定性

关键词｜非法吸收公众存款罪｜非法集资｜

【最高人民法院审判业务意见】

在现有的刑事立法框架内，在刑事司法上将非法集资视同为变相吸存，以非法吸收公众存款罪定罪处罚，是必要的，也是可行的。国务院《非法金融机构和非法金融业务活动取缔办法》[①]以及《中国人民银行关于取缔非法金融机构和非法金融业务活动中有关问题的通知》中，对非法吸存、变相吸存、非法集资的规定，除了具体手法有所不同，三者并无实质性分别。刑法未对非法集资专门规定罪名，在以往的司法实践中，以非法占有为目的的非法吸存是以集资诈骗定罪处罚的。对于不具有非法占有目的的非法集资行为也有按非法吸收公众存款罪定罪处罚的先例。但是，对于此类以投资某些项目为名向社会公众非法吸收资金案件的违法性把握上应当慎重，除未经国家金融主管部门批准外，只有所涉及的项目及经营方式也违反了行政审批的有关规定，才作为犯罪论处。

对于此类行为，如主观上存在非法占有目的，客观上实施了诈骗行为，则应以集资诈骗罪定罪处罚。

——《最高人民法院刑事审判第二庭关于以投资林业为名向社会吸收资金行为定性的答复意见》(2004 年 9 月 8 日)。

494 非法吸收公众存款罪的量刑

关键词｜非法吸收公众存款罪｜量刑｜

【最高人民法院司法文件】

(三)非法吸收公众存款罪

1. 构成非法吸收公众存款罪的，根据下列情形在相应的幅度内确定量刑起点：

(1)犯罪情节一般的，在一年以下有期徒刑、拘役幅度内确定量刑起点。

(2)达到数额巨大起点或者有其他严重情节的，在三年至四年有期徒刑幅度内确定量刑起点。

(3)达到数额特别巨大起点或者有其他特别严重情节的，在十年至十二年有期徒刑幅度内确定量刑起点。

---

① 已被 2021 年 5 月 1 日施行的国务院《防范和处置非法集资条例》废止。

2. 在量刑起点的基础上，根据非法吸收存款数额等其他影响犯罪构成的犯罪事实增加刑罚量，确定基准刑。

3. 对于在提起公诉前积极退赃退赔，减少损害结果发生的，可以减少基准刑的40%以下；犯罪较轻的，可以减少基准刑的40%以上或者依法免除处罚。

4. 构成非法吸收公众存款罪的，根据非法吸收公众存款数额、存款人人数、给存款人造成的直接经济损失数额等犯罪情节，综合考虑被告人缴纳罚金的能力，决定罚金数额。

5. 构成非法吸收公众存款罪的，综合考虑非法吸收存款数额、存款人人数、给存款人造成的直接经济损失数额、清退资金数额等犯罪事实、量刑情节，以及被告人主观恶性、人身危险性、认罪悔罪表现等因素，决定缓刑的适用。

——《最高人民法院、最高人民检察院关于常见犯罪的量刑指导意见（试行）》（2021年7月1日，法发〔2021〕21号）。

（三）内幕交易、泄露内幕信息罪

495 内幕信息的认定

关键词｜内幕交易、泄露内幕信息罪｜内幕信息｜

【最高人民法院公报案例】

江苏省南通市人民检察院诉刘宝春、陈巧玲内幕交易案（一审法院：江苏省南通市中级人民法院）

要旨：证券交易价格具有重大影响的、尚未公开的信息属于内幕信息。

根据证券法第七十五条的规定，内幕信息是指证券交易活动中，涉及公司的经营、财务或者对该公司证券的市场价格有重大影响的尚未公开的信息，包括：持有公司百分之五以上股份的股东或者实际控制人，其持有股份或者控制公司的情况发生较大变化；公司股权结构的重大变化；国务院证券监督管理机构认定的对证券交易价格有显著影响的其他重要信息。

本案中，从参与主体和内容看，被告人刘宝春牵线的高淳陶瓷公司资产重组，涉及相对控股31.33%的股东转让股权，属于持有公司百分之五以上股份的股东，其持有股份、控制公司的情况发生较大变化的法定重大事件；由十四所受让股权，拟成为第一大股东，属于公司股权结构的重大变化。上述事项均是法定的内幕信息。从时间上看，2009年3月6日的《合作框架》是内幕信息的第一次书面化，虽双方对洽谈重组方案有几易其稿、不断完善的过程，但所涉十四所受让国有股、成为公司第一大股东和实际控制人等内容始终被保留，即十四所重组高淳陶瓷公司“借壳”上市的总思路从一开始即已确定。从知情范围看，自2009年3月6日形成《合作框架》初稿，到4月20日高淳陶瓷公司发布停牌公告、向社会公开披露重大资产重组事项前，该内幕信息的知悉人控制在很小的范围内，具有秘密性，完全符合内幕信息尚未公开的法定要求。从影响力看，因高淳陶瓷公司于停牌期间发布一系列公告信息，在2009年5月22日复牌交易后，高淳陶瓷股票连续十个涨停，充分说明资产重组事项对股票市场价格的重大影响。因此，中国证监会作出关于2009年3月6日，十四所与高淳县政府商谈由十四所重组高淳陶瓷公司，并形成合作框架，以上事项在公开披露前属于内幕信息，价格敏感期为2009年3月6日至4月20日的认定意见，有充分的事实依据和法律依据。刘宝春关于其购买高淳陶瓷股票时内幕信息尚未形成的辩解及其辩护人关于刘宝春知悉的信息不属“内幕信息”的辩护意见均不能成立。

——《最高人民法院公报》2013年第1期。

496 内幕信息的知情人员范围

关键词 | 内幕交易、泄露内幕信息罪 | 犯罪主体 | 内幕信息知情人员 |

【最高人民法院司法解释】

第一条 下列人员应当认定为刑法第一百八十条第一款规定的“证券、期货交易内幕信息的知情人员”：

（一）证券法第七十四条[①]规定的人员；

（二）期货交易管理条例第八十五条[②]第十二项规定的人员。

——《最高人民法院、最高人民检察院关于办理内幕交易、泄露内幕信息刑事案件具体应用法律若干问题的解释》（2012年6月1日，法释〔2012〕6号）。[③]

---

① 2019年修订的证券法第五十一条。

② 2017年修订的期货交易管理条例第八十一条。

③ 对本司法解释的适用，需要结合此后修改的证券法、期货交易管理条例等规定妥当把握。以下同。

【链接：理解与适用】

（一）关于内幕信息的知情人员范围

内幕信息的知情人员，包括基于管理地位、监督地位、职业地位或者通过职务行为能够接触或者获得内幕信息的人员。关于内幕信息的知情人员范围，《解释》援引了证券法第七十四条、期货交易管理条例第八十五条第（十二）项的规定。

证券法第七十四条规定："证券交易内幕信息的知情人包括：（一）发行人的董事、监事、高级管理人员；（二）持有公司百分之五以上股份的股东及其董事、监事、高级管理人员，公司的实际控制人及其董事、监事、高级管理人员；（三）发行人控股的公司及其董事、监事、高级管理人员；（四）由于所任公司职务可以获取公司有关内幕信息的人员；（五）证券监督管理机构工作人员以及由于法定职责对证券的发行、交易进行管理的其他人员；（六）保荐人、承销的证券公司、证券交易所、证券登记结算机构、证券服务机构的有关人员；（七）国务院证券监督管理机构规定的其他人。"

期货交易管理条例第八十五条第（十二）项规定："内幕信息的知情人员，是指由于其管理地位、监督地位或者职业地位，或者作为雇员、专业顾问履行职务，能够接触或者获得内幕信息的人员，包括：期货交易所的管理人员以及其他由于任职可获取内幕信息的从业人员，国务院期货监督管理机构和其他有关部门的工作人员以及国务院期货监督管理机构规定的其他人员。"

司法实践中，对内幕信息的知情人员的认定，要注意以下三个问题的把握：

1. 严格区分证券、期货监督管理机构的规定与证券、期货监督管理机构的认定

证券法第七十四条、期货交易管理条例第八十五条第（十二）项的兜底项均授予监督管理机构有权规定内幕信息的知情人员。在理解和适用这两条的兜底项时，要将监督管理机构对内幕信息的知情人员的规定与具体案件中监督管理机构对内幕信息的知情人员的认定区分开来。前者是一种抽象行政行为，具有部门规章的性质；而后者往往是应司法机关的请求，基于监督管理机构对专业知识、经验的把握而出具的一种意见材料，既不是抽象行政行为，也不是具体行政行为。证券、期货监督管理机构出具的认定意见，经司法机关审查，具有客观性、真实性和合法性的，可以作为定案的根据。

2. 发行人（上市公司）的控股股东、实际控制人控制的其他公司的董事、监事、高级管理人员不是法定的内幕信息的知情人员

在《解释》起草的过程中，有观点认为，上述人员可以通过发行人、上市公司的内部传阅文件获悉内幕信息，应当通过《解释》将上述人员明确为内幕信息的知情人员。后经征询有关部门，发行人（上市公司）的内部文件未必都传阅到其控股股

东、实际控制人控制的其他公司的董事、监事、高级管理人员，而且这种可能性很大，因而《解释》未将上述人员明确规定为内幕信息的知情人员。

3. 内幕信息的知情人员不包括单位

关于内幕信息的知情人员，证券法与期货管理条例、刑法采用的表述不同。证券法采用的是“知情人”的表述，而期货管理条例和刑法均采用的是“知情人员”的表述。由于证券法第七十四条规定的内幕信息的知情人包括持有公司百分之五以上股份的股东（公司）、发行人控股的公司，有观点认为，这与刑法第一百八十条规定的“人员”，应当包括单位，将“人员”仅解释为自然人，这与刑法第一百八十条规定单位可以成为内幕交易、泄露内幕信息罪的主体相矛盾。

经研究认为，“人员”指的仅是自然人，而不包括单位，这是汉语中的通解。这样的理解并不与刑法关于单位犯内幕交易、泄露内幕信息罪的规定相违背，因为单位犯罪并非必须由单位具体实施，而是通过具体自然人实施的。如果自然人是根据单位集体决议，为了单位利益而从事内幕交易，就应当追究单位犯内幕交易罪的责任。同理，非法获取内幕信息的人员也仅指自然人，不包括单位。

——刘晓虎等：《〈关于办理内幕交易、泄露内幕信息刑事案件具体应用法律若干问题的解释〉的理解与适用》，载最高人民法院刑事审判第一、二、三、四、五庭主办：《刑事审判参考》（总第85辑），法律出版社2012年版，第123—124页。

【最高人民法院公报案例】

江苏省南通市人民检察院诉刘宝春、陈巧玲内幕交易案（一审法院：江苏省南通市中级人民法院）

要旨：国家工作人员因履行工作职责而获取对证券交易价格具有重大影响的、尚未公开的信息的，属于内幕信息的知情人员。在内幕信息敏感期内，知情人员与关系密切人共同从事证券交易活动，情节严重的，应当以内幕交易罪定罪处罚。

根据刑法第一百八十条的规定，内幕信息的知情人员范围，依照法律、行政法规的规定确定。根据证券法第七十四条的规定，证券交易内幕信息的知情人包括相关公司人员、证券监管人员以及国务院证券监督管理机构规定的其他人。

本案中，被告人刘宝春代表南京市经委，作为十四所与高淳县政府洽谈十四所对高淳陶瓷公司资产重组事项的南京市政府部门联系人，参与了重组过程，在此期间，洽谈双方均多次告知刘宝春合作谈判的进展情况，刘宝春也多次向南京市政府分管领导进行汇报。刘宝春是因其担任的行政机关职务、履行其工作职责而获悉了内幕信息。刘宝春在价格敏感期内外借巨资买入巨额高淳陶瓷股票、谋取巨额利益的行为，也充分证明其是内幕信息知情人。作为国务院证券监督管理机构的中国证监会作出刘宝春属于证券法第七十四条规定的证券交易内幕信息知情人的认定,有充分的事实依据和法律依据,应予采信。刘宝春关于其不是内幕信息知情人的辩解及其辩护人关于刘宝春是政府机关公务人员、作为内幕交易罪的犯罪主体不适格的辩护意见均不能成立。

被告人刘宝春和被告人陈巧玲是夫妻关系,刘宝春知悉十四所重组高淳陶瓷公司的内幕信息后,泄露给陈巧玲。在刘宝春的授意下,陈巧玲通过家庭实际控制的多个股票交易账户,将刘宝春所借巨资,以及卖出其他股票所得资金全部买入高淳陶瓷股票,获得非法利益。上述事实充分说明刘宝春主观上知道高淳陶瓷公司资产重组的信息,其客观上实施具体操作股票交易、帮助实现犯罪目的的行为,构成共同犯罪。陈巧玲的辩护人关于陈巧玲的行为不构成共同犯罪的辩护意见不能成立。

——《最高人民法院公报》2013 年第 1 期。

【最高人民法院参考案例】

杜兰库、刘乃华内幕交易,刘乃华泄露内幕信息案(《刑事审判参考》案例第 757 号)

要旨:对于利用专业知识判断出重组对象的人员是否认定为内幕信息的知情人员,关键要看该类人员在利用专业知识判断时有无因职务行为获取的信息。

对于具有专业知识的人员,不论其是否是利用专业知识掌握了内幕信息的内容,原则上只要其判断时依据了因其职务或工作获取的信息,就应当认定为内幕信息的知情人员。否则,就给证券、期货领域中具有证券、期货专业的人员开辟了一条绿色通道。这样的认定也符合当前打击证券、期货违法犯罪的政策精神。本案被告人杜兰库作为中电集团总会计师,负责分管集团内部的资本运作。2009 年 3 月 23 日晚,杜兰库从十四所所长、十四所副总经济师处获悉十四所拟收购、借壳公司的概况。虽然杜兰库是在 3 月 29 日回北京后通过互联网检索或根据专业知识判断出重组对象,但其如果没有依据职务所获悉的借壳公司的概况就不可能得出重组对象。更何况杜兰库当时对通过检索或专业知识所形成的判断并未形成确信,而促使其真正形成确信的是在 3 月 31 日十四所搬迁仪式期间获知南京市政府领导就十四所收购重组事宜出面协调一事。因此,杜兰库实质上属于利用职务活动获知内幕信息,应当认定为内幕信息的知情人员。

刘乃华不是内幕信息的知情人员,也不属于通过窃取、骗取、刺探等非法手段获取信息的人员,但其作为内幕信息知情人员的配偶,从知情人员处获取信息,且在内幕信息尚未公开前,泄露内幕信息导致他人从事与该内幕信息有关的证券交易,违反了股票交易应当遵循的公开、公平和诚实、信用原则,破坏了国家对证券交易的管理制度,侵犯了投资者的合法权益。因此,内幕信息知情人员的近亲属或是与内幕信息的知情人员关系密切的人,即便是被动获悉内幕信息,也应当依法认定为非法获取内幕信息的人员。

——《刑事审判参考》(总第85辑)。

497 非法获取内幕信息的人员的范围及认定

关键词｜内幕交易、泄露内幕信息罪｜犯罪主体｜非法获取内幕信息人员｜

【最高人民法院司法解释】

第二条 具有下列行为的人员应当认定为刑法第一百八十条第一款规定的“非法获取证券、期货交易内幕信息的人员”：

(一)利用窃取、骗取、套取、窃听、利诱、刺探或者私下交易等手段获取内幕信息的；

(二)内幕信息知情人员的近亲属或者其他与内幕信息知情人员关系密切的人员，在内幕信息敏感期内，从事或者明示、暗示他人从事，或者泄露内幕信息导致他人从事与该内幕信息有关的证券、期货交易，相关交易行为明显异常，且无正当理由或者正当信息来源的；

(三)在内幕信息敏感期内，与内幕信息知情人员联络、接触，从事或者明示、暗示他人从事，或者泄露内幕信息导致他人从事与该内幕信息有关的证券、期货交易，相关交易行为明显异常，且无正当理由或者正当信息来源的。

——《最高人民法院、最高人民检察院关于办理内幕交易、泄露内幕信息刑事案件具体应用法律若干问题的解释》(2012年6月1日，法释〔2012〕6号)。

【链接：理解与适用】

(二)关于非法获取内幕信息的人员的范围

非法获取内幕信息的人员概括起来包括三类：一是非法手段型获取内幕信息的人员，即获取信息的手段行为本身是非法的，如通过窃取、刺探手段获取内幕信息的；二是特定身份型获取内幕信息的人员，即获取信息的手段行为未必是非法的，但其作为特定身份的人员不应获取内幕信息，如内幕信息知情人员的配偶从知情人员处获取内幕信息；三是积极联系型获取内幕信息的人员，即主动联络、接触行为未必是非法的，但结合行为目的分析，行为人毕竟是从内幕信息的知情人员处获取不应该获取的内幕信息，因此其获取行为是非法的。具体分述如下：

1. 关于非法手段型获取内幕信息的人员

《解释》第二条第(一)项对以非法手段获取内幕信息的人员进行了规定。在征求意见的过程中，有观点提出，窃取、骗取、套取、窃听、利诱、刺探或者私下交易这些非法手段在含义上存在交叉、重复,不如从行为人有无内幕信息知情的权利角度认定获取内幕信息的行为是否非法,任何内幕信息知情人员以外的人获取内幕信息都属于非法获取内幕信息,建议取消非法手段的规定。如果保留本项规定,建议增加被动获悉内幕信息而从事内幕交易的犯罪情形。

经研究认为,窃取、骗取、套取、窃听、利诱、刺探或者私下交易这些手段在含义上虽然不是彼此完全孤立的,但每种手段都具有明显的特色,将这些手段行为并列规定不至于造成混同。当前,主流观点认为,在定罪过程中应当坚持主客观相统一原则。在这一原则的主导下,要认定行为人是非法获取内幕信息,除了要求行为人在客观上通过行为获取信息并从事或者明示、暗示他人从事或者泄露该信息导致他人从事与该信息有关的证券、期货交易,还要求行为人在获悉信息时主观上明知该信息是内幕信息。因此,仅仅从行为人有无内幕信息知情的权利角度认定获取内幕信息是否非法的观点,难以在法理上经得住推敲。

2. 关于特定身份型非法获取内幕信息的人员

《解释》起草过程中,关于特定身份型非法获取内幕信息人员的范围,主要围绕以下两个问题展开分析讨论:

(1)应否将特定身份型非法获取内幕信息的人员范围扩展到内幕信息知情人员的配偶、父母、子女之外的其他近亲属。由于内幕信息知情人员的近亲属获取内幕信息具有天然的便利条件,要加大对内幕信息的保密力度,除了强化内幕信息知情人员的保密义务,还应适度设置内幕信息知情人员的近亲属的保密义务,所以《解释》第二条第(二)项将内幕信息知情人员的近亲属规定为特定身份型非法获取内幕信息的人员。在起草之初,唯恐打击面过大,《解释》将特定身份型非法获取内幕信息的人员范围限定为内幕信息知情人员的配偶、父母、子女。后考虑到内幕信息知情人员的兄弟姐妹、(外)祖父母、(外)孙子女以及其他近亲属与内幕信息知情人员的配偶、父母、子女具有同等便利条件,如果仅将特定身份型非法获取内幕信息的人员范围限制为配偶、父母、子女,留给内幕交易犯罪分子规避法律的空间将会非常大。基于这一考虑,《解释》将特定身份型非法获取内幕信息的人员范围扩展到内幕信息知情人员的所有近亲属。

(2)应否将特定身份型非法获取内幕信息的人员范围扩展到与内幕信息知情人员关系密切的人。肯定观点认为,内幕信息知情人员的情妇、情夫以及其他与其关系密切的人,在获取内幕信息的条件上,具有与内幕信息知情人员的近亲属同等的便利,应当设置此类人员的保密义务,将该类人员有条件地明确为非法获取内幕信息的人员。建议具体参照以下两种模式予以规定:一种模式参照《最高人民法院、最高人民检察院关于办理受贿刑事案件适用法律若干问题的意见》的规定,使用"特定关系人"的表述;另一种模式参照刑法修正案(七)"利用影响力受贿罪"的规定，使用“关系密切的人”的表述。否定观点认为，目前我国证券、期货市场处于起步发展阶段，法治理念和法律体系、制度尚不健全，如果将关系密切的人纳入非法获取内幕信息人员的范围，可能会造成打击面过大，在实践层面上也不易操作，搞不好会带来不好的社会效果。

《解释》采纳了前一种观点。具体理由如下：一是与内幕信息知情人员关系密切的人从事内幕交易或者泄露内幕信息的现象越来越普遍，需要在政策上加大打击力度。二是关系密切的人从内幕信息知情人员那里获取内幕信息，具有与近亲属一样的便利条件，而且由于其身份更具隐秘性，规避法律的空间更大，所以有必要纳入刑法的调整范围。三是在非法获取内幕信息人员的范围上，行政法与刑法没有本质区别，《最高人民法院关于审理证券行政处罚案件证据若干问题的座谈会纪要》第五条采用了“内幕信息知情人员的配偶、父母、子女以及其他有密切关系的人”的规定，为加强行刑衔接，可以参照这一表述。四是就身份关系而论，与内幕信息知情人员关系密切的人从事内幕交易与刑法第三百八十八条之一规定的与国家工作人员关系密切的人利用影响力受贿，在利用影响力这一方面具有一定的相似性，在技术规范上援引刑法第三百八十八条之一的表述并无不妥。

3. 被动型获取内幕信息的人员应否认定为非法获取内幕信息的人员

首先，必须明确两个前提：第一，此处被动型获取内幕信息的人员必须是内幕信息知情人员的近亲属或者与其关系密切的人之外的人，如果是内幕信息知情人员的近亲属或者与其关系密切的人，则无论是主动获取还是被动获取内幕信息，均属于非法获取内幕信息的人员。第二，被动型获取内幕信息的人员主观上必须是明知：一是明知信息的性质，即明知信息是内幕信息；二是明知信息的来源，即明知信息是内幕信息的知情人员泄露的或者明知信息是他人非法获取的。

在具备上述两个前提下，被动型获取内幕信息的人员应否认定为非法获取内幕信息的人员，主要存在两种观点。

一种观点认为，根据刑法的规定，内幕交易、泄露内幕信息罪的主体只有两类，即内幕信息的知情人员和非法获取内幕信息的人员。被动获取内幕信息的人员不具有保密内幕信息的义务，其行为手段也不具有非法性，因此不能认定为非法获取内幕信息的人员。

另一种观点认为，内幕交易、泄露内幕信息罪保护的法益是证券、期货交易的管理制度和投资者的合法权益，被动获取内幕信息的人员应否认定为非法获取内幕信息的人员，关键要看被动获取内幕信息的人员有无利用内幕信息侵害这些法益的目的。一些资本市场比较发达的国家对被动型获取内幕信息的人员都保留了追究刑事责任的空间。如：美国是最早对内幕交易进行立法的国家，美国证券交易委员会制定的《14e-3 号规则》规定：“当任何人已采取主要步骤进行公开收购或收购已正式展开时，其他取得与该公开收购有关的重要消息，且明知或可知此消息未公开，并明知该消息来自公开收购人或目标公司或其职员、内部人、代表进行公开收购之人，不得买进或卖出该公司之股份。”英国对内幕交易的现行立法主要体现在《1993年刑事审判法》。《1993年刑事审判法》第五章第五十七条规定了内幕人的认定条件：一是消息本身属于内幕信息或行为人知道其属于内幕信息；二是行为人从内部渠道获取的信息，或者知道该信息来自内部。欧盟关于内幕交易和市场操纵（市场滥用）2003/6号指令第四条明确，任何人如果知道或应当知道自己所掌握的信息是内幕信息，则不得从事与该内幕信息有关的证券、期货交易。日本将内幕交易罪的主体扩展到情报受领人，即包括从公司关系人处直接获悉的与上市公司内部业务相关的重要情报的人员。我国香港地区对内幕交易罪主体范围的规定与上述国家也基本相似。应当借鉴这些资本主义国家的成熟做法，有条件地将被动型获取内幕信息的人员认定为非法获取内幕信息的人员。

上述两种观点均有一定道理，考虑到我国证券、期货市场尚处于起步发展阶段，被动型获取内幕信息的人员从事内幕交易或者泄露内幕信息的情形又十分复杂，实践中难以准确把握，出于审慎起见，《解释》未将被动型获取内幕信息的人员明确规定为非法获取内幕信息的人员。值得强调的是，如果被动获取内幕信息的人员与传递信息的人员具有犯意联络，则可能构成内幕交易、泄露内幕信息罪的共犯。

（三）关于非法获取内幕信息的人员的认定

由于窃取、骗取、套取、窃听、利诱、刺探或者私下交易这些手段本身是非法的，所以对于非法手段型获取内幕信息人员的认定相对简单。在《解释》起草过程中，争议的焦点主要是围绕特定身份型、积极联系型非法获取内幕信息的人员的认定上。

鉴于有关内幕信息的知情人员与其近亲属或者与其关系密切的人之间交流信息的取证十分困难，《解释》曾借鉴《最高人民法院、最高人民检察院、公安部关于办理毒品犯罪案件适用法律若干问题的意见》第二条的做法，规定内幕信息知情人员的近亲属或者与其关系密切的人在内幕信息敏感期内从事或者明示、暗示他人从事或者泄露内幕信息导致他人从事与该内幕信息有关的证券、期货交易的，必须对相关明显异常交易或者其获得信息的来源作出合理解释，不能作出合理解释的，应当认定为非法获取内幕信息的人员。后在征求意见的过程中，有观点提出，上述规定是一种举证责任倒置，而举证责任倒置是无罪推定的例外，应当严格限制，且必须由法律明文规定。多数观点则认为，要求上述人员作出合理解释与举证责任倒置存在显著区别，认定上述人员非法获取内幕信息是基于敏感时期、敏感身份、敏感行为等基础事实所作的一种认定。换言之，根据这些基础事实就基本可以认定上述人员是非法获取内幕信息。“合理解释”本质上属于抗辩条款，发挥的是阻却犯罪事由的功能，体现的是有利被告人原则。

后经多方分析论证，鉴于使用“合理解释”这样的措辞容易给人举证责任倒置的误导，《解释》未使用“合理解释”的表述。结合实践，《解释》对特定身份型非法获取内幕信息人员的认定明确了这样一个思路：先由司法机关认定相关交易行为是否明显异常；在确定这一前提下，司法机关必须进而认定相关明显异常交易有无正当理由或者正当信息来源。相关交易人员，明示、暗示人员或者泄露内幕信息的行为人可以就其行为有无正当理由或者正当信息来源提出抗辩；对无正当理由或者无正当信息来源的，应当认定行为人为非法获取内幕信息的人员。

积极联系型获取内幕信息的人员的认定原理同上，在此不再赘述。

——刘晓虎等：《〈关于办理内幕交易、泄露内幕信息刑事案件具体应用法律若干问题的解释〉的理解与适用》，载最高人民法院刑事审判第一、二、三、四、五庭主办：《刑事审判参考》（总第85辑），法律出版社2012年版，第124—129页。

498 相关交易行为明显异常的认定

关键词 | 内幕交易、泄露内幕信息罪 | 相关交易行为明显异常 |

【最高人民法院司法解释】

第三条 本解释第二条第二项、第三项规定的“相关交易行为明显异常”，要综合以下情形，从时间吻合程度、交易背离程度和利益关联程度等方面予以认定：

（一）开户、销户、激活资金账户或者指定交易（托管）、撤销指定交易（转托管）的时间与该内幕信息形成、变化、公开时间基本一致的；

（二）资金变化与该内幕信息形成、变化、公开时间基本一致的；

（三）买入或者卖出与内幕信息有关的证券、期货合约时间与内幕信息的形成、变化和公开时间基本一致的；

（四）买入或者卖出与内幕信息有关的证券、期货合约时间与获悉内幕信息的时间基本一致的；

（五）买入或者卖出证券、期货合约行为明显与平时交易习惯不同的；

（六）买入或者卖出证券、期货合约行为，或者集中持有证券、期货合约行为与该证券、期货公开信息反映的基本面明显背离的；

（七）账户交易资金进出与该内幕信息知情人员或者非法获取人员有关联或者利害关系的；

（八）其他交易行为明显异常情形。

——《最高人民法院、最高人民检察院关于办理内幕交易、泄露内幕信息刑事案件具体应用法律若干问题的解释》(2012 年 6 月 1 日,法释〔2012〕6 号)。

【链接:理解与适用】

(四)相关交易行为明显异常的认定

1. 关于“相关交易行为”的理解

《解释》规定的“相关交易行为”,包括三类交易行为:第一类是指内幕信息的知情人员从事的与该内幕信息有关的证券、期货交易;第二类是指被明示、暗示的人员从事的与内幕信息有关的证券、期货交易;第三类是指非法获取内幕信息的人员从事的与内幕信息有关的证券、期货交易。

2. 关于“相关交易行为明显异常”的认定

实践中,对“相关交易行为明显异常”的认定主要综合从交易时间吻合程度、交易背离程度、利益关联程度三个方面进行把握。《解释》第三条吸收了这一普遍做法,明确了从以下三个方面综合把握相关交易行为是否明显异常:

一是时间吻合程度。即从行为时间与内幕信息形成、变化、公开的时间吻合程度把握。所要比对的时间主要有以下三类:行为人开户、销户、激活资金账户或者指定交易(托管)、撤销指定交易(转托管)时间;资金变化时间;相关证券、期货合约买入或者卖出时间。

二是交易背离程度。即从交易行为与正常交易的背离程度把握。正常交易主要体现在以下两点:基于平时交易习惯而采取的交易行为;基于证券、期货公开信息反映的基本面而理应采取的交易行为。

三是利益关联程度。即从账户交易资金进出与该内幕信息的知情人员或者非法获取人员有无关联或者利害关系方面把握。

所谓综合把握,是指不能单纯从上述某一个方面认定交易是否明显异常,而必须综合三个方面进行全面分析、论证。考虑到实际情况错综复杂,许多情形难以预料,《解释》第三条第(八)项还规定了兜底项。

——刘晓虎等:《〈关于办理内幕交易、泄露内幕信息刑事案件具体应用法律若干问题的解释〉的理解与适用》,载最高人民法院刑事审判第一、二、三、四、五庭主办:《刑事审判参考》(总第 85 辑),法律出版社 2012 年版,第 129—130 页。

499 内幕交易、泄露内幕信息犯罪阻却事由的理解

关键词|内幕交易、泄露内幕信息罪|阻却事由|

【最高人民法院司法解释】

第四条 具有下列情形之一的，不属于刑法第一百八十条第一款规定的从事与内幕信息有关的证券、期货交易：

（一）持有或者通过协议、其他安排与他人共同持有上市公司百分之五以上股份的自然人、法人或者其他组织收购该上市公司股份的；

（二）按照事先订立的书面合同、指令、计划从事相关证券、期货交易的；

（三）依据已被他人披露的信息而交易的；

（四）交易具有其他正当理由或者正当信息来源的。

——《最高人民法院、最高人民检察院关于办理内幕交易、泄露内幕信息刑事案件具体应用法律若干问题的解释》（2012 年 6 月 1 日，法释〔2012〕6 号）。

【链接：理解与适用】

（五）关于内幕交易、泄露内幕信息犯罪阻却事由的理解

内幕交易的抗辩条款在西方发达国家、我国香港地区被广泛应用。如：美国法律对内幕交易抗辩条款有专章规定；香港《证券期货条例》也有专章规定。借鉴这些成熟资本市场国家和地区的做法，《解释》第四条采用“列举+兜底”方式规定了四项内幕交易、泄露内幕信息犯罪的阻却事由。

1. 如何理解和适用《解释》第四条第（一）项的规定

（1）如何理解证券法第七十六条第二款的规定

《解释》第四条第（一）项规定的“持有或者通过协议、其他安排与他人共同持有上市公司百分之五以上股份的自然人、法人或者其他组织收购该上市公司股份的”援引了证券法第七十六条第二款前半部分的规定。有观点提出，证券法第七十六条第二款同时规定了“本法另有规定的适用其规定”，因此只有在排除适用证券法其他相关规定的前提下，才可将“持有或者通过协议、其他安排与他人共同持有上市公司百分之五以上股份的自然人、法人或者其他组织收购该上市公司股份的”行为认定为内幕交易犯罪的阻却事由。经研究认为，上述观点是对证券法第七十六条第二款的误读。该款行为无须附加任何其他条件，就应当认定为内幕交易犯罪的阻却事由。证券法第七十六条第一款是禁止性规定，第二款相当于除外规定，第二款中的“本法另有规定”所明确的正是该类行为属于正当、合法交易。

（2）如何在实践中把握《解释》第四条第（一）项的适用条件

司法实践中，出现了不少以收购上市公司股份为由而实际从事内幕交易的案件，如何准确理解和适用《解释》第四条第（一）项，直接影响到罪与非罪的认定。

根据相关规定，上市公司百分之五以上股份的自然人、法人或者其他组织收购

该上市公司股份的,必须向交易所报备,并在两天内不能再买卖该上市公司股票。如果拟收购百分之三十以上股份的,还必须发出要约公告,经证监会批准,也可以获取豁免权,即在不发出要约公告的条件下继续收购。上述信息无疑会严重影响到股票、期货的价格,对于收购人而言,属于强制披露的信息;对于收购人以外的人,属于禁止知悉的信息。由于收购信息与收购过程密不可分,为了鼓励、维护公司之间正常的收购,应当允许上市公司百分之五以上股份的自然人、法人或者其他组织,在该重大收购信息尚未公开前,利用该信息收购该上市公司股份。收购决议如果是经二个以上收购人商议通过的,收购行为被称为"一致行动",收购人被称为"一致行动人"。

对《解释》第四条第(一)项的适用,要注意从以下三个方面严格把握:一是关于收购人的把握。如果是单独持有上市公司百分之五以上的股份,收购人仅限单独持有人。如果是共同持有上市公司百分之五以上的股份,则收购人仅限共同持有人。二是关于收购信息的把握。如果是单独持有,收购信息指的是单独持有人拟收购上市公司的信息。如果是共同持有,则收购信息指的是共同持有人之间达成的拟收购上市公司的信息。三是关于收购行为的把握。只有收购人利用收购信息收购上市公司股票、期货的,才能适用《解释》第四条第(一)项的规定。收购人以外或者收购人利用收购信息以外的信息的,不能适用该项规定。如B公司拟收购A上市公司,A上市公司百分之五以上的股东曹某获知此消息后,利用其控制的账户购入大量A上市公司股票。曹某与B公司显然不是一致行动,B公司拟收购A公司的信息属于曹某收购A公司股份信息之外的信息,因此曹某的行为不能适用《解释》第四条第(一)项的规定。

2. 如何理解按照事先订立的书面合同、指令、计划从事相关交易作为一种阻却事由

有观点认为,内幕交易人往往会制作虚假的书面合同、指令以及计划,用作规避内幕交易的事由,建议对《解释》中的该项内容不作规定。经研究认为,如果行为人按照事先订立的书面合同、指令、计划从事相关证券、期货交易,表明其完全是出于正当理由而从事交易。因此,从实体法的角度出发,按照事先订立的书面合同、指令、计划从事相关证券、期货交易,应当作为阻却内幕交易犯罪的事由。至于对《解释》该项规定可能引发大量制作虚假合同、指令、计划的担忧,实际涉及的是刑事证据的认定,属于另一层面的问题。基于上述考虑,《解释》保留了该项规定。

3. 如何理解依据已被他人披露的信息而交易作为一种阻却事由

《解释》第四条第(三)项规定的"他人披露"是指强制披露信息以外的其他人在国务院证券监管机构指定的报刊、媒体以外的报刊、媒体披露相关信息。《解释》第四条第(三)项规定的"依据已被他人披露的信息而交易"是指行为人之所以

从事相关股票、期货交易是因为从非指定报刊、媒体获取了相关信息，换言之，是他人在非指定报刊、媒体披露的信息促使行为人从事相关股票、期货交易。广大股民对国务院证券监管机构指定的报刊、媒体披露的信息的信赖程度要远高于非指定报刊、媒体披露的信息。由于依据非指定报刊、媒体披露的信息从事股票、期货交易，实质上具有很大博弈的成分，所以即便从非指定报刊、媒体获悉的信息与后来指定报刊、媒体公布的内幕信息相同，行为人也可以基于这一事由主张自己的行为不构成犯罪。

值得强调的是，如果行为人在交易过程中同时从内幕信息的知情人员处获取了内幕信息，且真正促使行为人从事相关证券、期货交易的是行为人对内幕信息知情人员泄露的信息的信赖，则不能适用《解释》第四条第(三)项的规定。

4. 兜底抗辩事由

实践中，不可否认存在行为人依据本人的知识、经验判断或者通过其他正当途径获悉内幕信息的事实，这些事实难以一一穷举，因此《解释》第四条第(四)项规定了兜底项。

——刘晓虎等：《〈关于办理内幕交易、泄露内幕信息刑事案件具体应用法律若干问题的解释〉的理解与适用》，载最高人民法院刑事审判第一、二、三、四、五庭主办：《刑事审判参考》(总第85辑)，法律出版社2012年版，第130—133页。

【最高人民法院参考案例】

肖时庆受贿、内幕交易案(《刑事审判参考》案例第756号)

要旨：因获取让壳重组信息而指使他人购买让壳公司股票，后借壳公司改变的，不影响内幕信息的认定

内幕信息是否以真实性为构成特征，实践中存在不同观点。肯定观点认为，内幕信息必须是真实的。不真实的信息属于虚假信息，编造并传播这种信息，可能构成编造并传播证券、期货交易虚假信息罪。因误信这种信息而从事证券、期货交易的人是受害者，不能将这种虚假信息作为内幕信息而认定误信者构成内幕交易罪。反对观点则认为，内幕信息不以真实性为构成特征。实践中，国务院证券监督管理机构指定的报刊、媒体披露的信息未必都是真实的。如“银广夏”“蓝田股份”等股票，一度被视为市场绩优股，然而其在指定报刊、媒体披露的利润都是虚假的。《深圳证券交易所股票上市规则》《上海证券交易所股票上市规则》均有类似规定，即“本所根据有关法律、法规、规章对上市公司公开披露的信息进行形式审核，对其内容的真实性不承担责任”。该规定足以表明内幕信息内容上是虚假的情况完全可能存在。因此，真实性不是内幕信息的认定要件，只要信息向社会公开可能对证券、期货交易价格或者交易量产生重大影响，就应当认定为内幕信息。

上述两种观点之间没有原则性分歧，争议的焦点源于真实性的认定标准的差异。我们认为，内幕信息必须是真实的，但对真实性的认定应当坚持二元标准。

(1)对于最终公开的内幕信息，应当以相对真实为认定标准。所谓“相对真实”，是指相对于国务院证券监管机构指定的报刊、媒体首次公开的信息是真实的，只要信息与指定报刊、媒体首次公开的信息基本一致，就应当认定信息具有真实性。至于指定报刊、媒体公开的信息是否准确或者是否失实在所不问。这是基于广大股民对指定报刊、媒体信赖的考虑，信息只要经指定报刊、媒体公开，往往会对相关证券、期货的市场交易价格、交易量带来重大影响。即便该种信息不准确，甚至失实，但在尚未公开前，也应当被禁止用来从事证券、期货交易，因为利用这种相对真实的信息所带来的社会危害未必小于客观真实的信息。当然，如果信息连相对真实性都不具有，则交易人员、泄露信息人员不能构成内幕交易、泄露内幕信息罪，故意泄露人员可能构成编造并传播证券、期货交易虚假信息罪或者操纵证券、期货市场罪。如果根据社会上正常的人的预判，信息根本不可能影响有关证券、期货的交易价格或者交易量，则不管信息是否具有相对真实性，都不能认定为内幕信息，因为证券法第七十五条、刑法第一百八十条规定的“内幕信息”必须是对证券、期货交易价格或者交易量具有重大影响的信息。如果根据一般人的预判，信息对证券、期货的交易价格或者交易量具有重大影响，但实际并未产生影响的，不影响内幕信息的认定，这种情形下可能是因为偶然介入的因素导致一般人预判的影响未实现。

(2)对于因谈判失败或者公司高管人员故意违规不予披露等因素而最终未在指定报刊、媒体公开的内幕信息，应当以客观真实为认定标准。在该情形下，无法通过指定的报刊、媒体是否公开这一标准认定信息是否真实，应当以信息内容是否真正发生为认定标准。如果信息内容真实发生，就应当认定信息是真实的。

根据证券法第七十五条对内幕信息的定义和刑法第一百八十条关于内幕交易、泄露内幕信息罪罪状的描述，行为人获取的信息符合内幕信息的构成特征，应当认定为内幕信息。利用该信息从事与该信息有关的股票交易，情节严重的，应当认定构成内幕交易罪。

——《刑事审判参考》(总第85辑)。

肖时庆受贿、内幕交易案(《刑事审判参考》案例第756号)

要旨：对是基于专业知识的研判还是基于对内幕信息的确信而从事有关证券、期货交易的认定，要准确分析促使行为人作出交易决定的关键因素

在具体案件中，基于对内幕信息的确信而从事有关证券、期货交易的行为人往往会辩解其是基于专业知识的研判而作出交易决定的。对于这一辩解的真伪，要结合具体案情，准确分析促使行为人作出交易决定的因素中有无内幕信息的影响。

对于既利用了专业知识判断，又利用了获取的内幕信息而从事有关的证券、期货交易的行为，如何定性，实践中也存在一定的争议。鉴于近年来证券、期货市场犯罪的专业化、隐蔽化等特点，为从严打击证券、期货犯罪，对内幕信息的影响力不应作程度限制，不要求内幕信息对行为人交易决定的影响是唯一的，只要行为人获取的内幕信息对促使其交易决定有一定影响，即帮助其在一定程度上确信从事相关交易必定获得丰厚回报，就应当认定行为人是利用内幕信息从事内幕交易。具体把握的原则如下：

1. 对于具有专业知识的人员，即使是利用专业知识掌握了内幕信息的内容，只要其进行专业知识判断时依据其利用职务或工作便利获取的信息，也应当认定为内幕信息的知情人员。

2. 对于具有专业知识的人员，如果其通过非法手段获取了内幕信息，同时在此过程中也通过其专业知识加强了其判断，或者是先通过专业知识预判出重组对象，后通过获取内幕信息加强了对其预判的确信，原则上只要其从事与内幕信息有关的证券、期货交易，情节严重的，就应当追究内幕交易的刑事责任。

——《刑事审判参考》（总第 85 辑）。

500 内幕信息敏感期的认定

关键词｜内幕交易、泄露内幕信息罪｜内幕信息敏感期｜

【最高人民法院司法解释】

第五条 本解释所称“内幕信息敏感期”是指内幕信息自形成至公开的期间。

证券法第六十七条第二款所列“重大事件”的发生时间，第七十五条规定的“计划”、“方案”[①]以及期货交易管理条例第八十五条[②]第十一项规定的“政策”、“决定”等的形成时间，应当认定为内幕信息的形成之时。

影响内幕信息形成的动议、筹划、决策或者执行人员，其动议、筹划、决策或者执行初始时间，应当认定为内幕信息的形成之时。

内幕信息的公开，是指内幕信息在国务院证券、期货监督管理机构指定的报刊、网站等媒体披露。

——《最高人民法院、最高人民检察院关于办理内幕交易、泄露内幕信息刑事

---

① 结合 2019 年修订的证券法第五十二条、第八十条、第八十一条妥当把握。

② 2017 年修订的期货交易管理条例第八十一条。

案件具体应用法律若干问题的解释》(2012 年 6 月 1 日,法释〔2012〕6 号)。

【链接:理解与适用】

1. 关于内幕信息敏感期的理解

根据《解释》第五条第一款的规定,"内幕信息敏感期"是指内幕信息自形成至公开的期间。在《解释》起草过程中,有观点认为,公开就是社会公众知悉的时刻,一旦公开,就谈不上敏感的问题,建议将"形成至公开的期间"修改为"形成至公开之前的期间"。经研究认为,《解释》第五条第一款"形成至公开的期间"的核心词汇是"期间",公开只是一个点,公开之后,就不在此期限之内,因此"形成至公开的期间"的表述不至于造成混乱。"公开之前"表达的则是一个时段,"至公开之前"表述的期间模糊不定,在逻辑上欠缺严谨,故该意见未被采纳。

另有观点对本条规定的内幕信息敏感期的截止期提出异议,认为内幕信息公布后的较短时间内,内幕信息难以反馈到广大股民,内幕信息的部分影响力仍然存在,应当从实质影响力上把握内幕信息敏感期的截止期,建议将截止期延至内幕信息公布后的十二小时乃至二十四小时。由于刑法明文规定内幕交易、泄露内幕信息犯罪的时间点是内幕信息尚未公开前,从严格法律意义上讲,内幕信息公开了就不再是内幕信息,利用这些信息就不可能构成犯罪。再者,作为股民,应当对国务院证券监督管理机构指定报刊、媒体发布的信息在第一时间了解和掌握,不积极了解和掌握这些信息所造成的不利后果应当归结于本人的责任。对不具有第一时间了解和掌握信息条件的股民而言,其不利条件在其入市炒股时就应考虑在内,从这一角度而言,也就存在公不公平的问题。基于上述分析,《解释》明确规定内幕信息敏感期的截止期为内幕信息的公开。

2. 关于内幕信息公开的形式

内幕信息的公开是否必须通过国务院证券监管机构指定的报刊、媒体发布,实践中对这一问题存在不同认识。一种观点认为,内幕信息是否公开是以市场是否消化内幕信息作为认定标准的,不以在国务院证券监管机构指定的报刊、媒体发布为要件,在非指定报刊、媒体上发布也应视为内幕信息的公开。另一种观点认为,根据证券法第七十条的规定,内幕信息必须以在国务院证券监管机构指定的报刊、媒体发布的方式公开。

为使广大股民对非指定报刊、媒体披露的信息与指定报刊媒体公开的信息形成区别认识,保持对权威报刊、媒体发布内幕信息的信赖程度,《解释》第五条根据相关法律规定,明确内幕信息必须以在国务院证券监管机构指定的报刊、媒体发布的方式公开,强制披露信息人以外的人在非指定报刊、媒体披露内幕信息的,不能认定为内幕信息的公开。

3. 关于内幕信息形成之时的认定

在司法实践中，一般将证券法第六十七条第二款所列“重大事件”的发生时间，第七十五条规定的“计划”“方案”以及期货交易管理条例第八十五条第十一项规定的“政策”“决定”等的形成时间，认定为内幕信息的形成之时。

然而，随着证券、期货市场的飞速发展，上述认定模式越来越难适应打击证券、期货市场犯罪的需要。如广东董某内幕交易案。董曾是影响“广发证券借壳延边公路”内幕信息形成的主要决策人，董指使他人买入相关证券的行为远在内幕信息正式形成之前，按照传统理解，董的大部分行为都不在内幕信息敏感期内，对于该部分行为不能认定为内幕交易、泄露内幕信息的行为。再如江苏刘某内幕交易、泄露内幕信息案。刘曾是南京市经委主任，是牵头重组高淳陶瓷股份有限公司并借壳上市的主要参与人员。在洽谈过程中，刘指使其妻陈某买入高淳陶瓷股票六十余万股，折合四百三十万元，最终获利七百多万元。刘是在重组计划、方案正式形成之前指使其妻从事相关证券交易的，按照传统理解，该部分行为不能认定为内幕交易、泄露内幕信息的行为。然而，该部分行为的社会危害性和所体现的行为人的主观恶性比传统内幕交易、泄露内幕信息行为有过之而无不及。因此，对于能够影响内幕信息形成的动议、筹划、决策或者执行人员，应当区别于普通的内幕信息的知情人员，内幕信息的敏感期应当自其动议、筹划、决策或者执行初始时间开始起算。

——刘晓虎等：《〈关于办理内幕交易、泄露内幕信息刑事案件具体应用法律若干问题的解释〉的理解与适用》，载最高人民法院刑事审判第一、二、三、四、五庭主办：《刑事审判参考》（总第85辑），法律出版社2012年版，第133—135页。

【最高人民法院参考案例】

李启红等内幕交易、泄露内幕信息案（《刑事审判参考》案例第735号）

要旨：内幕信息敏感期应自内幕信息形成之时起至内幕信息公开时止。内幕信息知情人员建议他人买卖与内幕信息有关的证券，但没有获利的行为，构成内幕交易罪。

（一）内幕信息敏感期，是指自内幕信息开始形成之时起至内幕信息公开时止，该期间的确定直接关系内幕交易的认定。实践中，对于内幕信息的形成时间，法律法规没有明确的规定，控辩双方对此争议较大。内幕信息形成时间直接关系内幕交易性质的认定及内幕交易数额、获利数额的计算，因此，从哪个时间点上认定内幕信息已经形成，对于内幕交易罪的认定至关重要。正确认定内幕信息形成时间，关键是要准确理解和把握内幕信息特征。根据证券法的相关规定，内幕信息主要有两大特征：一是重要性；二是秘密性。重要性是指该信息本身对一般投资人的投资判断具有重大影响，足以使特定公司的证券、期货交易价格发生变动。秘密性是指该信息尚未公开，尚未被证券期货市场的投资者所知悉。在司法实践中，一般是将证券法第七十五条规定的“重大事件”“计划”“方案”等正式形成的时间认定为内幕信息形成之时。然而，对于影响内幕信息形成的决策者、筹划者、推动者或执行者决意、筹划、推动或者执行行为往往影响内幕信息的形成，足以影响证券期货交易价格。因此，上述人员决意、决策、动议或执行之时应认定为内幕信息形成之时。

（二）刑法修正案（七）在刑法第一百八十条中增设“明示、暗示他人从事上述交易活动”的规定，解决了实践中对建议他人买卖证券行为是否构成犯罪理解上的分歧。从该规定分析，内幕交易、泄露内幕信息的行为方式有买卖证券、泄露信息和明示、暗示他人从事交易，是三种并列的行为方式，对建议人买卖与内幕信息有关的证券行为是构成泄露内幕信息罪，还是构成内幕交易罪存在不同观点。一种观点认为，内幕信息知情人员的建议行为是泄露内幕信息的具体方式之一，是一种采用暗示的方式泄露内幕信息的行为，因此，应当认定构成泄露内幕信息罪。另一种观点认为，内幕信息知情人员的建议行为不是泄露内幕信息的行为，而是内幕交易行为，应当认定构成内幕交易罪。我们同意后一种观点，理由如下：首先，泄露内幕信息的行为所指向的对象是内幕信息本身，即使是行为人在泄露时对内幕信息进行了加工、增加、缩减，其内容也必须与原信息基本一致，而建议他人买卖证券的行为，已不再是仅仅向他人提供内幕信息本身，因此不构成泄露内幕信息罪。其次，根据刑法关于共同犯罪的规定，内幕信息的知情人员建议他人买卖证券，极有可能是内幕交易实施者的犯意提起者、教唆者，建议者和交易者属于内幕交易的共同犯罪，均构成内幕交易罪。根据修正后的刑法第一百八十条，建议他人买卖证券行为的构成要件有：一是主体是内幕信息的知情人员或者非法获取内幕信息的人员；二是在他人交易前为他人提供交易建议，如提供交易时间、交易数额等；三是这些交易建议是基于知情内幕信息而作出的；四是他人根据交易建议实施了内幕交易。由此而论，无论建议人有否实际获利，或者建议人有否自己进行内幕交易，其建议行为均构成内幕交易罪。

——《刑事审判参考》（总第83辑）。

501 内幕交易、泄露内幕信息的定罪量刑标准

关键词｜内幕交易、泄露内幕信息罪｜定罪量刑标准｜

【最高人民法院司法解释】

第六条 在内幕信息敏感期内从事或者明示、暗示他人从事或者泄露内幕信息导致他人从事与该内幕信息有关的证券、期货交易，具有下列情形之一的，应当认定为刑法第一百八十条第一款规定的“情节严重”：

（一）证券交易成交额在五十万元以上的；

（二）期货交易占用保证金数额在三十万元以上的；

（三）获利或者避免损失数额在十五万元以上的；

（四）三次以上的；

（五）具有其他严重情节的。①

第七条 在内幕信息敏感期内从事或者明示、暗示他人从事或者泄露内幕信息导致他人从事与该内幕信息有关的证券、期货交易，具有下列情形之一的，应当认定为刑法第一百八十条第一款规定的“情节特别严重”：

（一）证券交易成交额在二百五十万元以上的；

（二）期货交易占用保证金数额在一百五十万元以上的；

（三）获利或者避免损失数额在七十五万元以上的；

（四）具有其他特别严重情节的。

——《最高人民法院、最高人民检察院关于办理内幕交易、泄露内幕信息刑事案件具体应用法律若干问题的解释》（2012 年 6 月 1 日，法释〔2012〕6 号）。

【链接：理解与适用】

（七）内幕交易、泄露内幕信息的定罪量刑标准

1. 单次证券交易成交额、期货交易占用保证金数额的认定

如何认定单次证券交易成交额、期货交易占用保证金数额，实践中存在不同看法。一种观点认为，应当根据不同情形，以单次买入金额或者卖出金额作为成交额（占用保证金数额）。在利空消息案件中，以单次买入金额作为成交额（占用保证金数额）；在利好消息案件中，以单次卖出金额作为成交额。另一种观点认为，以初始买入金额作为成交额（占用保证金数额），既有利于被告人，也有利于证据收集，同时便于计算获利金额，应当以初始买入金额作为成交额（占用保证金数额）。

经研究认为，买入金额、卖出金额均能体现行为的社会危害程度。在有的案件中，买入金额最能准确体现行为的社会危害大小，而在有的案件中，卖出金额最能准确体现行为的社会危害大小。考虑到具体案件中情况比较复杂，《解释》对此未

---

① 《最高人民检察院、公安部关于公安机关管辖的刑事案件立案追诉标准的规定（二）》（公通字〔2022〕12 号）第三十条与本条规定不一致，对入罪门槛作了提升，需根据具体案件情况妥当把握。

确立一个统一的原则。实践中,对于单次买入金额、卖出金额不同的,比较普遍的做法是按照“从一重处断”原则,即将数量大的认定为成交额(占用保证金数额)。

2. 获利或者避免损失数额的认定

如何认定获利或者避免损失数额,是按照实际所得还是按照账面所得,是司法实践中经常遇到的问题。一种观点主张,获利或者避免损失数额应当按照实际所得计算,不能按照账面所得进行计算。另一种观点认为,获利或者避免损失数额应当按照账面所得进行计算。

经调研,在有的案件中,股票仅卖出一部分;在有的案件中,行为人为逃避处罚通常选择卖亏;而在有的案件中,对未抛售的涉案股票可能需要进行应急处理,根据具体股市行情决定是否抛售。考虑到实际情况纷繁多变,《解释》未对获利或者避免损失数额的认定确立一个总的原则。实践中比较倾向的观点是,对已抛售的股票按照实际所得计算,对未抛售的股票按照账面所得计算,但对为逃避处罚而卖亏的股票,应当按照账面所得计算。对于涉案股票暂不宜抛售的,在认定获利或者避免损失数额时,应当按照查封股票账户时的账面所得计算,但在具体追缴财产或退赔财产时,可按最终实际所得认定获利或者避免损失数额。

此外,还有一个问题值得探讨的是,企业分红能否计入获利数额?一种观点认为,企业分红与内幕交易行为无关,不应计入获利数额;另一种观点认为,企业分红与买进的股票数量成正比,而买进的股票数量直接与内幕信息的影响力有关,因此企业分红应当计入获利数额。

《解释》未对此作明确规定,实践中比较倾向的做法是,将交易过程中的企业分红计入获利数额。具体又分两种情况:一是企业业绩、分红本身是内幕信息,行为人获取该信息后,买进大量股票。该情形下,将企业分红计入获利数额没有任何争议。二是企业业绩、分红与内幕信息无关,只不过在行为人买进大量股票后,企业分发了红利。由于内幕信息的影响力主要体现在证券、期货交易量、交易价格的变化上,而交易量与企业分红数额直接成正比,即买进的股票越多,企业分红就越多。因此,企业分红多少与知情内幕信息之间具有刑法上的因果关系,应当将企业分红计入获利数额。

3. 情节严重与情节特别严重的量比

在起草之初,基于证券、期货犯罪涉及的数额一般都偏高的考虑,又鉴于其情节严重(起刑点标准)与最高人民检察院、公安部联合发布的相关立案追诉标准最好保持一致,《解释》曾单方面提高了情节特别严重的认定标准,将内幕交易、泄露内幕信息罪的情节严重和情节特别严重量化比例确定为1∶10。后在征求意见过程中,不少意见认为,通常司法解释对情节严重与情节特别严重的量化比例确定在1∶4至1∶5之间,建议本解释遵循常例。参考这一意见,《解释》将“情节严重”与

"情节特别严重"的量比确定为1∶5。

——刘晓虎等:《〈关于办理内幕交易、泄露内幕信息刑事案件具体应用法律若干问题的解释〉的理解与适用》,载最高人民法院刑事审判第一、二、三、四、五庭主办:《刑事审判参考》(总第85辑),法律出版社2012年版,第135—137页。

502 二次以上内幕交易或者泄露内幕信息相关交易数额的累计计算

关键词｜内幕交易、泄露内幕信息罪｜交易数额累计计算｜

【最高人民法院司法解释】

第八条 二次以上实施内幕交易或者泄露内幕信息行为,未经行政处理或者刑事处理的,应当对相关交易数额依法累计计算。

——《最高人民法院、最高人民检察院关于办理内幕交易、泄露内幕信息刑事案件具体应用法律若干问题的解释》(2012年6月1日,法释〔2012〕6号)。

【链接:理解与适用】

1."相关交易数额"的理解

《解释》第八条中的"相关交易数额"中的"相关交易"与《解释》第二条第(二)(三)项规定的"相关交易"含义相同。"相关交易数额",包括相关交易行为的成交额、占用保证金额、获利或者避免损失数额,不能仅理解为成交额。

2.相关交易数额是否累计计算

实践中,对这一问题存在不同主张。一种观点认为,以初始成交额(占用保证金数额)、获利或者避免损失数额认定行为人的犯罪数额,既有利于被告人,又有利于证据收集,还便于违法所得的计算。如果进行累计,一旦涉案人员对证据进行了销毁,就难以准确计算相关交易数额总量。因此,最好以初始成交额(占用保证金数额)、获利或者避免数额作为最终的犯罪数额,反对将相关交易数额进行累计。另一种观点认为,证券、期货犯罪与其他挪用公款的职务犯罪不同,证券、期货犯罪主要体现在交易量的变化对市场秩序以及由此导致的对股民权益的侵害,应当对成交额(占用保证金数额)、获利或者避免损失数额进行累计。《解释》采纳了后一种观点。

3.关于纳入累计的内幕交易行为的范围

《解释》第八条对内幕交易数额的累计计算仅作了原则性规定,即必须依法累计计算。对这一原则性规定,应理解为对内幕交易数额累计计算的限定,即单次内幕交易或者泄露内幕信息行为如不构成犯罪但超过行政处罚时效期限或者构成犯罪但超过追诉期限的，不在累计范围，但依照法律不受追诉期限限制的除外。

要准确认定累计数额，必须准确认定哪些行为能够作为累计对象。由于一般违法行为和犯罪行为的处罚时效不同，所以首先必须界分一般违法行为和犯罪行为。违法行为必须在行政处罚时效之内的限定旨在限制刑罚权的无限扩大，科学体现刑法的谦抑精神。行政违法行为，处罚时效一般为二年（逃税行为除外），对于已过处罚时效的一般违法行为，如果不能追究行政责任，那么无疑也不宜追究刑事责任，这应是社会主义法治精神的原则性要求。针对已经举报、行政执法机关或者司法机关已经立案，不受行政处罚时效期限或追诉期限限制的违法犯罪行为，行政处罚权或者刑罚权没有限制，因此对这类内幕交易行为应当纳入累计范围。

——刘晓虎等：《〈关于办理内幕交易、泄露内幕信息刑事案件具体应用法律若干问题的解释〉的理解与适用》，载最高人民法院刑事审判第一、二、三、四、五庭主办：《刑事审判参考》（总第85辑），法律出版社2012年版，第137—138页。

503 内幕交易、泄露内幕信息犯罪数额构成不同情节的处罚原则

关键词｜内幕交易、泄露内幕信息罪｜犯罪数额｜

【最高人民法院司法解释】

第九条　同一案件中，成交额、占用保证金额、获利或者避免损失额分别构成情节严重、情节特别严重的，按照处罚较重的数额定罪处罚。

构成共同犯罪的，按照共同犯罪行为人的成交总额、占用保证金总额、获利或者避免损失总额定罪处罚，但判处各被告人罚金的总额应掌握在获利或者避免损失总额的一倍以上五倍以下。

——《最高人民法院、最高人民检察院关于办理内幕交易、泄露内幕信息刑事案件具体应用法律若干问题的解释》（2012年6月1日，法释〔2012〕6号）。

【链接：理解与适用】

《解释》第九条第一款对犯罪数额构成不同情节的犯罪规定了处罚原则。

在内幕交易、泄露内幕信息案件中，只要成交额（期货案件为占用保证金额）、获利额其中之一达到入罪标准，就构成犯罪。从原理分析，社会危害性是定罪量刑最基本的依据，《解释》之所以将成交额、占用保证金额、获利额作为定罪依据，是因为这三者均能体现行为的社会危害程度。在有的案件中，交易数额（保证金额）最能准确体现行为的社会危害大小，而在有的案件中，获利或者避免损失数额最能准确体现行为的社会危害大小。理论界和实务界的主流观点均认为，同一行为成

交额(占用保证金额)、获利或者避免损失数额构成不同情节的,应当按照“从一重处断”原则确定有关被告人的量刑幅度。

由于内幕交易、泄露内幕信息犯罪有情节严重和情节特别严重两个法定刑幅度,且情节严重、情节特别严重均是通过成交额(占用保证金额)、获利或者避免损失数额来体现的,所以三者不仅是区分罪与非罪的标准,还可能是区分此罪与彼罪的标准。如在牵连犯、想象竞合犯案件中,一般是按处罚较重的罪进行定罪处罚,这就要求准确找到能够体现最重罪行的犯罪数额。这一定罪逻辑,反过来表明,在同一案件中,如果犯罪数额构成不同情节的,一般按照处罚较重的数额确定量刑幅度。

基于上述分析和论证,《解释》第九条第一款规定:“同一案件中,成交额、占用保证金额、获利或者避免损失额分别构成情节严重、情节特别严重的,按照处罚较重的数额定罪处罚。”

——刘晓虎等:《〈关于办理内幕交易、泄露内幕信息刑事案件具体应用法律若干问题的解释〉的理解与适用》,载最高人民法院刑事审判第一、二、三、四、五庭主办:《刑事审判参考》(总第85辑),法律出版社2012年版,第138页。

504 内幕交易、泄露内幕信息犯罪共犯情形罚金刑的适用

关键词 | 内幕交易、泄露内幕信息罪 | 共犯 | 罚金刑 |

【最高人民法院司法解释】

第九条 同一案件中,成交额、占用保证金额、获利或者避免损失额分别构成情节严重、情节特别严重的,按照处罚较重的数额定罪处罚。

构成共同犯罪的,按照共同犯罪行为人的成交总额、占用保证金总额、获利或者避免损失总额定罪处罚,但判处各被告人罚金的总额应掌握在获利或者避免损失总额的一倍以上五倍以下。

——《最高人民法院、最高人民检察院关于办理内幕交易、泄露内幕信息刑事案件具体应用法律若干问题的解释》(2012年6月1日,法释〔2012〕6号)。

【链接:理解与适用】

共同犯罪情形,是按照共同犯罪数额计算罚金,还是按照各自的犯罪数额计算罚金,在司法实践中不好把握,因此有必要予以明确。

一般情况下,定罪与量刑应坚持同一数额标准,但在共同犯罪案件中,特别是人数众多的共同犯罪案件中,这一原则应有所修正,否则必然导致罚金数额过大,

而出现根本无法执行的情况。《解释》第九条第二款借鉴《最高人民法院、最高人民检察院、海关总署关于办理走私刑事案件适用法律若干问题的意见》第二十二条的规定,对共同犯罪的罚金刑适用在总额上作了如下限制:构成共同犯罪的,按照共同犯罪行为人的成交总额、占用保证金总额、获利或者避免损失总额定罪处罚,但判处各被告人罚金的总额应掌握在各被告人获利或者避免损失总额的一倍以上五倍以下。

——刘晓虎等:《〈关于办理内幕交易、泄露内幕信息刑事案件具体应用法律若干问题的解释〉的理解与适用》,载最高人民法院刑事审判第一、二、三、四、五庭主办:《刑事审判参考》(总第85辑),法律出版社2012年版,第138—139页。

505 内幕交易、泄露内幕信息犯罪违法所得数额的理解

关键词 | 内幕交易、泄露内幕信息罪 | 违法所得 |

【最高人民法院司法解释】

第十条　刑法第一百八十条第一款规定的"违法所得",是指通过内幕交易行为所获利益或者避免的损失。

内幕信息的泄露人员或者内幕交易的明示、暗示人员未实际从事内幕交易的,其罚金数额按照因泄露而获悉内幕信息人员或者被明示、暗示人员从事内幕交易的违法所得计算。

——《最高人民法院、最高人民检察院关于办理内幕交易、泄露内幕信息刑事案件具体应用法律若干问题的解释》(2012年6月1日,法释〔2012〕6号)。

【链接:理解与适用】

"违法所得数额"通常被理解为"获利数额",如1995年《最高人民法院关于审理生产、销售伪劣产品刑事案件如何认定"违法所得数额"的批复》将"违法所得数额"界定为"生产、销售伪劣产品获利的数额"。由于生产、销售行业的违法犯罪行为很少涉及损失避免的认定,所以将此处的"违法所得"理解为"获利数额"有其一定的合理性。然而,证券、期货交易是一种高风险的投资行业,获取内幕信息后,买入行为可能获取暴利,卖出行为可能避免损失,因此,行为人在内幕信息敏感期内卖出证券、期货所避免的损失应当认定为刑法第一百八十条第一款规定的"违法所得"。

——刘晓虎等:《〈关于办理内幕交易、泄露内幕信息刑事案件具体应用法律若干问题的解释〉的理解与适用》,载最高人民法院刑事审判第一、二、三、四、五庭主办:《刑事审判参考》(总第85辑),法律出版社2012年版,第139页。

【最高人民法院参考案例】

王文芳泄露内幕信息、徐双全内幕交易案(《刑事审判参考》案例第920号)

要旨:在未获取股票预期价格信息的前提下,对利好型内幕信息公开后继续持股未卖,且公开当日股票价格未出现涨停的,内幕交易的违法所得应当以复牌日收盘价计算违法所得。

证券、期货交易是一种高风险的投资行业,行为人获取内幕信息后买入证券、期货可能获取暴利,卖出证券、期货可能避免损失。鉴于此,《内幕交易解释》第十条规定,内幕交易的违法所得,是指通过内幕交易行为所获利益或者避免的损失。考虑到实际情况纷繁多变,《内幕交易解释》未对违法所得的认定确立一个总的原则。我们认为,根据内幕信息对内幕交易的影响,可以将内幕信息分为利好型内幕信息和利空型内幕信息。以股票买卖为例,内幕信息知情人员进行内幕交易,其必然是在掌握利好信息时买入股票以谋取股票上涨的利益,也必然是在掌握利空信息时卖出股票以避免股票下跌的损失。

实践中,获取利好型内幕信息的人员一般是在内幕信息公告后停止涨停时卖出相关股票,除非其从内幕信息知情人员处获取了预期价位。因此,在未获取股票预期价格信息的前提下,对利好型内幕信息公开后继续持股未卖,且公开当日股票价格未出现涨停的,如何认定违法所得值得研究。我们认为,对行为人的违法所得应当区分以下情形进行区别认定:

第一,对于利好型内幕信息公开后相关股票被全部抛售的,因相关股票交易均与利用内幕交易存在因果关系,故一般应当以行为人抛售股票后的实际获利认定为违法所得。

第二,对于利好型内幕信息公开后,仅卖出部分股票的,对于已卖出的股票按照实际所得计算违法所得;对于未卖出的股票,应当按照内幕信息公开当日的账面所得计算违法所得。

对于公开后相关股票未出现涨停,被告人也未获知相关目标价信息的情况下,被告人没有卖出的部分股票,如何计算违法所得,存在两种不同意见:一种意见认为,应当以公开当日的账面所得计算;另一种意见则认为,应当以案发当日的账面所得计算。我们倾向于第一种意见,理由是:如利好型内幕信息公开当日未出现涨停,则一定程度表明内幕信息对股价的影响不够重大,其后股价变化与内幕信息是否公开没有因果关系。因此,对于上述情形下继续持股的,一般将内幕信息公开当日的账目获利认定为违法所得。

本案中,徐双全2012年2月3日从王文芳处获悉“德赛电池”股票即将因资产重组而停牌的内幕信息,于2月20日德赛电池公司发布《关于重大资产重组停牌公告》并正式停牌前连续买入"德赛电池"股票六十二万余股,3月26日德赛电池公司发布《关于终止筹划重大资产重组事项暨公司证券复牌公告》并于同日复牌。显然,徐双全从王文芳处获悉的德赛电池公司资产重组信息属于利好型内幕信息,但在复牌日宣告重组失败,"德赛电池"股票未出现涨停,现有证据无法证实徐双全获知了相关目标价信息。在此情况下,徐双全在复牌后没有马上抛售"德赛电池"股票,而是选择继续持股,并于三个月后陆续抛售所有涉案股票,共获利七百三十万余元。根据"德赛电池"股票价格变化情况,徐双全涉及利用内幕交易的股票在复牌日仍然有获利,且之后该股票价格呈上涨趋势,应当将徐双全继续持股归于其对市场的判断而作出的选择,而复牌日的获利因与利用内幕交易存在因果关系,故徐双全的违法所得应当将复牌之日2012年3月26日的账面获利认定为违法所得,而不能将实际获利的七百三十万余元全部认定为违法所得。

第三,对于利用利好型内幕信息,如果按照账面获利数额认定违法所得,那么是以收盘价、最低价或者最高价,抑或以最低价和最高价的平均价计算?目前,由于没有相关明确规定,存在不同意见。实践中主要存在四种观点:一种观点认为,应当从有利于被告人角度以最低价计算账面获利;第二种观点认为,收盘价是市场参与者们所共同认可的价格,应当以收盘价计算账面获利;第三种观点认为,可借鉴其他类似案件存在不同价格时取平均值的方法,以最低价和最高价的平均价计算账面获利;第四种观点认为,应当以最高价计算账面获利,否则轻纵犯罪。

我们倾向于第二种观点,原则应当以收盘价计算账面获利。理由是:在证券市场中,收盘价是最重要的一个数据,是赚钱或者赔钱的基准,是市场参与者们共同认可的价格。最高价是大多数人认为最佳卖出的时机,最低价是大多数人认为最佳买进的时机。最高价和最低价是价格的两个极端,以最高价计算偏高,以最低价计算偏低,故以收盘价计算较为合理。实践中,一般只有存疑时才作有利于被告人的选择,而此时不存疑,且最低价是大多数人认为最佳的买进时机,从理性人角度,一般不可能在最低价时将股票抛售,除非是为了逃避处罚,故第一种观点难以成立。而最高价可能促发涨停的预期判断,出于对连续涨停的期待,一般也不会在最高价时将股票卖出,故第四种观点亦不可取。对于平均价计算法,一般是在"遇到销售金额或者其他数额高低不等难以具体查明时,取其平均数额予以认定"。而最高价和最低价是两种性质不同的价格,前者是大多数人认为最佳卖出时机价格,后者是大多数人认为最佳买进时机价格,显然不宜简单取两者的平均数。加之收盘价是市场参与者们所共同认可的价格,以收盘价计算具有内在的合理性,故以收盘价计算对被告人较为公平。

本案中,徐双全利用内幕交易买入"德赛电池"股票六十二万余股,平均每股约21.35元。2012年3月26日,德赛电池公司复牌当日最低价每股22.80元,最高价每股 23.94 元，收盘价每股 23.77 元。徐双全在利好型内幕信息公开后未卖出相关股票，选择在复牌后继续持股，主要是基于其对市场和该股票发展走向的判断，故对其应当以复牌日收盘价计算账面获利即一百五十万余元，而不能以复牌当日最低价计算账面获利（即九十万余元）。

——《刑事审判参考》（总第 95 辑）。

506 泄露内幕信息人员、明示人员、暗示人员的罚金数额

关键词 | 内幕交易、泄露内幕信息罪 | 泄露内幕信息人员 | 明示人员 | 暗示人员 | 罚金刑 |

【最高人民法院司法解释】

第十条 刑法第一百八十条第一款规定的"违法所得"，是指通过内幕交易行为所获利益或者避免的损失。

内幕信息的泄露人员或者内幕交易的明示、暗示人员未实际从事内幕交易的，其罚金数额按照因泄露而获悉内幕信息人员或者被明示、暗示人员从事内幕交易的违法所得计算。

——《最高人民法院、最高人民检察院关于办理内幕交易、泄露内幕信息刑事案件具体应用法律若干问题的解释》（2012 年 6 月 1 日，法释〔2012〕6 号）。

【链接：理解与适用】

1. 非共犯情形下泄露内幕信息人员、明示人员、暗示人员的罚金数额

刑法第一百八十条第一款对内幕交易、泄露内幕信息罪规定了并处或者单处违法所得一倍以上五倍以下罚金，然而，对于非共犯情形下的泄露内幕信息人员、明示人员、暗示人员，此处的"违法所得"是指从事内幕交易的违法所得还是指因泄露内幕信息或者明示、暗示行为而获取的报酬，该问题亟需明确。

有观点认为，非共犯情形下泄露内幕信息人员未参与内幕交易，也就未从交易行为中获取所得。由此而论，对于此类人员，违法所得只能是因其泄露、明示、暗示行为而获取的报酬，将此处的"违法所得"理解为内幕交易人员的违法所得，违背了刑法原意。另外，获取内幕信息人员可能自己未从事内幕交易但将内幕信息再泄露，甚至连锁泄露内幕信息两三次，由此根据所有人的内幕交易违法所得对泄露人员进行处罚，便显失公平。经研究认为，刑法第一百八十条第一款规定的"违法所得"应是指内幕交易人员的违法所得。该条之所以未具体明确违法所得主体，从一个角度可以理解为是立法者的疏漏，但从另一角度也可以理解为是一种立法技

术,将此处的"违法所得"理解为内幕交易人员的违法所得,并未违背立法原意。对关系密切的人泄露内幕信息,可能根本不存在什么报酬,因此将"违法所得"理解为泄露内幕信息行为,明示、暗示行为的报酬,与立法原意不符。基于这一分析,《解释》第十条第二款规定:"内幕信息的泄露人员或者内幕交易的明示、暗示人员未实际从事内幕交易的,其罚金数额按照因泄露而获悉内幕信息人员或者被明示、暗示人员从事内幕交易的违法所得计算。"

2. 对二手以上的内幕信息传递行为是否追究刑事责任

一种观点认为,我国应当采取信息内容为主、传递身份为辅的模式。对多级传递内幕信息行为的认定,主要看被传递人是否明知其接受的信息为内幕信息,其次考虑传递人与被传递人之间的关系。但从当前司法现状出发,对二手以上的内幕信息传递行为,原则上不应追究刑事责任,否则打击面过大。如在证券、期货市场比较发达的欧盟采取的是传递身份模式,对二手以下的传递者仅给予行政处罚,而日本对二手以下的传递者则不追究任何责任。

另一种观点认为,对于内幕交易、泄露内幕信息行为的认定,关键在于内幕信息传递人主观上是否明知。如果属于明知是内幕信息而予以传递的,即表明行为人在传递时具有主观恶性,属于恶意侵犯法益,无论是第几手传递内幕信息,都应当追究刑事责任。当前,世界各国对内幕信息多级传递行为的认定模式存在一定差别。我国当前证券、期货市场秩序过乱,应借鉴美国模式进行综合治理。美国采取的是信息内容模式,传递身份在所不问。2000 年,美国有一个内幕交易案件,追究了内幕信息传递第六手的刑事责任。

经研究认为,并非所有存在二传、三传的案件都难以认定泄露内幕信息人员的责任,即便难以认定,在能够认定的限度内也应追究泄露内幕信息人员的责任。对于泄露内幕信息行为,即如二传、三传不是从内幕信息知情人员那里获悉信息,但如果泄露内幕信息人员知晓有二传、三传乃至之后的人在利用其泄露的内幕信息进行交易而不加制止或未有效制止,那么其就应当对这些从事内幕交易的行为承担责任。

——刘晓虎等:《〈关于办理内幕交易、泄露内幕信息刑事案件具体应用法律若干问题的解释〉的理解与适用》,载最高人民法院刑事审判第一、二、三、四、五庭主办:《刑事审判参考》(总第 85 辑),法律出版社 2012 年版,第 139—141 页。

507 内幕交易、泄露内幕信息犯罪无获利且未避免损失情形的罚金刑适用

关键词|内幕交易、泄露内幕信息罪|无获利且未避免损失|罚金刑|

【链接：理解与适用】

在无违法所得的情况下,如何适用罚金刑,实践中存在分歧。

一种观点认为,应当处以罚金刑,具体适用时可以选择替代标准。理由是:首先,从刑罚设置原理分析,对经济犯罪处以财产刑是必要的;其次,从刑法条文的表述分析,"并处或者单处违法所得一倍以上五倍以下罚金"意味着必须处以罚金刑;再次,突破刑法规定,弥补立法漏洞的做法,在司法解释中已有先例可循。如生产、销售伪劣商品罪中的"销售金额"就是一适例。

另一种观点认为,并处罚金刑只是为了区别单处罚金刑,即在判处主刑的同时也可以判处罚金刑,但并非必须判处罚金刑,特别是在没有违法所得的情形下。理由如下:首先,不处以罚金刑不等于不处罚,主刑的轻重仍然是罪刑均衡的主要参考指标;其次,刑法明文规定按照违法所得计算罚金,司法解释无权突破刑法对没有违法所得情形规定罚金计算标准;此外,在内幕交易、泄露内幕信息案件中,难以在违法所得之外找到计算罚金的替代标准,如果以交易额替代违法所得,那么将会大大加重内幕交易、泄露内幕信息行为人的财产刑。

《解释》对此未作明确规定。实践中,比较倾向的做法是对行为人判处一千元的罚金,即以罚金刑的下限作为判处行为人的罚金数额,如此解决了具体案件中无违法所得而无罚金参照标准与刑法规定的并处罚金而必须判处罚金之间的矛盾。

——刘晓虎等:《〈关于办理内幕交易、泄露内幕信息刑事案件具体应用法律若干问题的解释〉的理解与适用》,载最高人民法院刑事审判第一、二、三、四、五庭主办:《刑事审判参考》(总第85辑),法律出版社2012年版,第141页。

508 内幕交易、泄露内幕信息犯罪的定罪量刑标准是否区分单位和个人主体

关键词 | 内幕交易、泄露内幕信息罪 | 单位犯罪 | 个人犯罪 |

【最高人民法院司法解释】

第十一条 单位实施刑法第一百八十条第一款规定的行为,具有本解释第六条规定情形之一的,按照刑法第一百八十条第二款的规定定罪处罚。

——《最高人民法院、最高人民检察院关于办理内幕交易、泄露内幕信息刑事案件具体应用法律若干问题的解释》(2012年6月1日,法释〔2012〕6号)。

【链接：理解与适用】

有观点认为，单位犯罪和个人犯罪在起诉标准和处刑上均应有所区别。而反对观点认为，2010年《最高人民检察院、公安部关于公安机关管辖的刑事案件立案追诉标准的规定(二)》没有区分单位和个人两种主体，因此无须区别单位犯罪主体和个人犯罪主体。经研究认为，就本罪而言，刑法对单位犯罪规定了单独的法定刑，即便不对单位犯罪和个人犯罪的量刑标准加以区别，也可以追求两者之间的量刑平衡。因此，《解释》采纳了后一种观点。

——刘晓虎等：《〈关于办理内幕交易、泄露内幕信息刑事案件具体应用法律若干问题的解释〉的理解与适用》，载最高人民法院刑事审判第一、二、三、四、五庭主办：《刑事审判参考》(总第85辑)，法律出版社2012年版，第141—142页。

509 中国证监会对内幕信息有关问题所作认定的效力

关键词｜内幕交易、泄露内幕信息罪｜内幕信息｜

【最高人民法院公报案例】

江苏省南通市人民检察院诉刘宝春、陈巧玲内幕交易案(一审法院：江苏省南通市中级人民法院)

要旨：中国证监会在法定职权范围内，对本案内幕信息、知情人员、价格敏感期起止日期以及利用内幕信息进行股票交易等出具的认定意见，是根据法律授权作出的专业认定，符合客观事实和法律规定，具有证明力。

中国证监会是国务院证券监督管理机构，依法行使监督管理全国证券期货市场、维护证券期货市场秩序的行政职能。证券法赋予中国证监会对内幕信息、知情人员等的认定权。《最高人民法院、最高人民检察院、公安部、中国证券监督管理委员会关于整治非法证券活动有关问题的通知》规定，对非法证券活动是否涉嫌犯罪，由公安机关、司法机关认定；公安机关、司法机关认为需要有关行政主管机关进行性质认定的，行政主管机关应当出具认定意见。故中国证监会在法定职权范围内，对本案内幕信息、知情人员、价格敏感期起止日期以及利用内幕信息进行股票交易等出具的认定意见，是根据法律授权作出的专业认定，符合客观事实和法律规定，具有证明力。

至于上海证券交易所法律部受侦查机关的委托，经该所有关部门对涉案股票账户实际交易记录的相关数据进行核算后作出的专业统计，既与两被告人的供述、相关证人证言相一致，又与书证涉案账户股票交易的明细情况互相印证，亦具有证明力。因该回函所证明的案件事实已经查清,函件经办人员无必要再到庭作证。故两被告人的辩护人关于中国证监会、上海证券交易所法律部出具的函件不应作为本案的证据采用的辩护意见不能成立,被告人的辩护人要求出具上述函件的经办人员出庭接受质询的申请,不予采纳。

此外,对被告人刘宝春和陈巧玲关于买入高淳陶瓷股票之时没有意识到自己的行为是内幕交易犯罪的辩解,法院认为,行为时是否意识到犯罪,反映行为人主观恶性程度,可在量刑时酌情考量。但行为人对其行为的法律性质和法律后果存在认识上的错误,不影响司法机关对其行为的性质认定和责任追究。

对被告人刘宝春的辩护人关于侦查机关在 2010 年 3 月 30 日移送审查起诉以后再补充证据材料属于程序违法,应当予以排除的辩护意见,法院认为,根据刑事诉讼法的规定,在审查起诉阶段,人民检察院可以要求公安机关补充提供法庭审判所必需的证据材料。因此,在本案移送审查起诉之后,侦查机关补充收集、调取证据材料,进一步核实有关案件事实,符合法律规定。故该辩护意见不能成立。

——《最高人民法院公报》2013 年第 1 期。

【最高人民法院参考案例】

肖时庆受贿、内幕交易案(《刑事审判参考》案例第 756 号)

要旨:中国证监会应司法机关需要就内幕信息有关问题所作的认定,经审查具有客观性、合法性的,可以作为定案根据。

中国证监会就内幕交易有关问题出具的认定意见能否作为刑事诉讼证据的争议,由来已久。一种观点认为,中国证监会出具认定意见是依据行政处罚法而非刑事诉讼法作出的,作为行政主管机关,中国证监会无权收集刑事诉讼证据,因此其出具的认定意见不能作为刑事诉讼证据。另一种观点认为,中国证监会应司法机关的需要,基于其专业知识、经验的把握而出具的认定意见,可以作为刑事诉讼证据使用。

我们赞同后一种观点。对于行政执法机关根据行政法规合法收集的证据材料,是否可以直接作为刑事诉讼中的证据,曾有争议。2011 年最高人民法院、最高人民检察院、公安部、中国证监会联合印发的《关于办理证券期货违法犯罪案件工作若干问题的意见》第四条规定:"……证券监管机构可以根据司法机关办案需要,依法就案件涉及的证券期货专业问题向司法机关出具认定意见。"修改后的刑事诉讼法第五十二条也明确规定:"行政机关在行政执法和查办案件过程中收集的物证、书证、视听资料、电子数据等证据材料,在刑事诉讼中可以作为证据使用。"据此,我们认为,对于在行政执法中收集的实物性证据,因其具有客观性、稳定性,可以直接在刑事诉讼中使用。对于行政机关依据上述实物证据作出的检验报告、认定结论等,经司法机关审查,具有客观性、真实性和合法性的,可以作为定案的证据。

值得注意的是,中国证监会出具的认定意见在内容上虽然具有鉴定意见的性质,但因主体不具有鉴定资质,所以在具体证据类别上不能归类为鉴定意见。目前,实践中比较倾向的观点是将中国证监会出具的认定意见作为一种准书证予以使用。

——《刑事审判参考》(总第85辑)。

510 如何理解内幕交易犯罪案件中的"自动投案"和"如实供述主要罪行"

关键词|内幕交易犯罪|自动投案|如实供述主要罪行|

【最高人民法院参考案例】

杨治山内幕交易案(《刑事审判参考》案例第1019号)

要旨:在内幕交易犯罪案件中,只要行为人主动向基层组织或者证券监管部门如实反映自身涉案情况,并自愿等候有关部门处理的,均可认定为自动投案。根据刑法第一百八十条的规定,行为人的如实供述内容,应当包括:行为人的主体身份;所购买的相关股票名称、数量;行为人获悉内幕信息等相关情况。

(一)内幕交易犯罪案件中的"自动投案"

1. 只要行为人主动向基层组织或者证券监管部门如实反映自身涉案情况,并自愿等候有关部门处理的,均可认定为自动投案。根据《最高人民法院关于处理自首和立功具体应用法律若干问题的解释》(以下简称《解释》)第一条的规定,自动投案,是指犯罪事实或者犯罪嫌疑人未被司法机关发觉,或者虽被发觉,但犯罪嫌疑人尚未受到讯问、未被采取强制措施时,主动、直接向公安机关、人民检察院或者人民法院投案。犯罪嫌疑人向其所在单位、城乡基层组织或者其他有关负责人员投案的,应当视为自动投案。根据《最高人民法院关于处理自首和立功若干具体问题的意见》第一条第(一)项的规定,"犯罪嫌疑人具有以下情形之一的,也应当视为自动投案:1. 犯罪后主动报案,虽未表明自己是作案人,但没有逃离现场,在司法机关询问时交代自己罪行的;2. 明知他人报案而在现场等待,抓捕时无拒捕行为,供认犯罪事实的……5. 其他符合立法本意,应当视为自动投案的情形"。由此可见,在现场等候抓捕,即使非本人主动报案,亦可视为主动投案。在内幕交易案件中,由于系先由证券监管部门调查,故行为人一般均是先向证券监管部门投案,如果行为人预留联系方式,并在预留地址自愿等候有关部门处理的,比照"明知他人报案而在现场等待"的规定,应当认定行为人系主动投案。行为人在自愿等候有关部门处理过程中,被公安机关抓获到案不影响自动投案的认定。质言之,如果因行为人在等候处理过程中,因未能及时向公安机关投案而否认行为人自动投案,则可能导致内幕交易案件中的行为人自动投案不能。原因在于内幕交易犯罪往往由证券监管部门先行调查,监管部门依照调查结论作出行政处罚或者移送司法机关处理。行为人在等候处理过程中一般也无法确知调查进展情况,更无从知晓案件是否移送到公安机关。在行为人无法准确了解何时需要向公安机关投案的情况下,不能因部门之间的协调程序影响对行为人自动投案的认定。当然,如果行为人向证券监管部门主动投案并预留联系方式和家庭住址后逃跑的,则因其不具有等候处理的自愿性,依法不能认定为自动投案。

2. 行为人向证券监管部门主动投案已实现自首制度中主动投案的立法价值。从自首的立法价值分析,立法者设置自首制度的目的在于减少司法机关的追诉负担和司法成本、有效实现刑罚预防犯罪的功能。如果行为人能向司法机关自动投案如实供述,将大大提高司法机关侦破案件的效率。行为人在公安机关介入之前即主动向有关部门主动投案,并在家中等候处理,证券监管部门依照行为人供述的内容进行调查、取证,必然减轻司法机关调查、取证的负担,也必定节约司法成本。因此,从这一角度分析,行为人向证券监管部门主动投案已实现自首制度中主动投案的立法价值。从另一角度分析,内幕交易案件被移送公安机关后,由于行为人在预留的住址等候处理,公安机关即使上门采取拘留等强制措施,对司法资源的浪费也不明显,以此进行刑法负面评价的意义并不大。基于上述分析,我们认为,本案被告人杨治山的行为符合自动投案的特征。

(二)内幕交易犯罪案件中的"主要罪行"

主要罪行系指主要犯罪事实,包括罪质事实和重大罪量事实。罪质事实,是指对犯罪嫌疑人行为性质认定具有重大影响的事实、情节;重大罪量事实,是指对量刑具有重大影响的事实、情节。其中,罪质事实主要是针对罪名的构成要件。对于故意犯罪,因系有意为之,行为人是否供述了主要犯罪事实,通常不难判断。值得注意的是,在具体案件中,因不同罪名的构成要件不同,如实供述罪行中的罪质事实也相应有所不同。如在盗窃案件中,行为人如实供述罪行时,供述的内容应当包括窃取的财物种类、数量等;而在故意杀人案中,行为人如实供述的内容应当主要包括作案工具、杀人手段等事实。

我们认为,在内幕交易犯罪案件中,根据刑法第一百八十条的规定,行为人的如实供述内容,应当包括:行为人的主体身份;所购买的相关股票名称、数量;行为人获悉内幕信息等相关情况。

1. 从犯罪行为性质分析。内幕交易犯罪是一种典型的行政犯,由于证券期货违法犯罪所涉专业性较强，人民法院通常是在参考证券监管部门出具的相关认定意见的基础上认定犯罪事实。然而，证券监管部门的认定意见本身不属于内幕交易犯罪本身的事实和情节，行为人对该认定意见进行辩解或者持不同看法，不影响对其如实供述罪行的认定。在其他行政犯罪案件中也存在类似的问题。如在重大责任事故犯罪案件中，在危害后果无须证实的情况下，对行为人罪责的认定关键在于对行为人是否违反特定规章制度所要求的注意义务的认定，而行为人是否严格遵守业务规章制度和认真履行特定监督管理职责，需要经过长时间、多渠道的调查才能确定。因此，在重大责任事故案件中，行为人应当对其依照行政规章的作为和不作为进行供述，但对其行为是否存在重大责任可以不作供述，即便做无责任辩解也不影响对其如实供述罪行的认定。在重大责任事故犯罪的场合，事故原因正在调查之中，刑事责任的范围及其具体责任人尚未确定，有关人员按时接受调查并如实陈述所知道的情况的，宜视为自动投案，依法应当认定为自首。

经由上述分析，在内幕交易犯罪案件中，行为人只要如实供述了其获悉内幕信息、从事了相关股票交易的事实，就基本可以认定其如实供述了主要罪行。至于行为人对犯罪性质的辩解，具体而言，对相关信息是否为内幕信息、其从事相关证券交易时是否处于价格敏感期等内容的辩解，不影响对其如实供述主要罪行的认定。

2. 从辩解性质分析。在内幕交易案件中，行为人通常作出其主要是基于专业判断而买卖相关股票的辩解。对于该类辩解是否影响对行为人如实供述主要罪行的认定，实践中存在争议。我们认为，该类辩解本质上属于性质辩解，不属于事实辩解。根据《最高人民法院关于被告人对行为性质的辩解是否影响自首的成立问题的批复》的规定，犯罪分子对行为性质的辩解不影响自首的成立，因此，在行为人如实供述犯罪事实的前提下，作出其是主要基于专业判断而买卖相关股票的辩解不影响对其如实供述罪行的认定。内幕交易犯罪相关司法解释明确规定了对获悉内幕信息和购买股票行为之间因果联系的认定规则，行为人对这种因果联系的辩解，在本质上属于一种性质辩解，而并非事实辩解。故即使行为人作出其购买股票主要是基于专业判断的辩解，只要其如实供述犯罪事实，也不影响对其如实供述罪行的认定。

值得注意的是，如果行为人编造事实，否认自己购买股票，否认自己获悉相关信息的，则不应认定为自首。自动投案后，又编造事实为自己开脱罪责，不能认定为如实供述主要罪行。如行为人向证券稽查部门供述时称，购买股票全系自己妻子的行为，自己完全不知情也从未参与的，该辩解是一种事实辩解，不能认定为如实供述主要罪行。

综上，本案中，被告人杨治山主动找到证券监管部门反映自己涉案情况，预留了自己的联系方式和住所地址，并在上述地址等候有关部门处理，后经公安机关上门传唤到案，依法可以视为主动投案。杨治山在证券稽查阶段，说明自己系相关上市公司独立董事等身份，也交代了其知晓涉案上市公司资产重组的信息，并主动交代了其通过第三人账户购买涉案股票1499万余元的事实。后在公安机关侦查阶段，到案后亦如实供述了主要犯罪事实，故依法可以认定杨治山具有自首情节。杨治山关于其购买股票主要是基于自身专业知识判断的辩解，属于对其行为性质的辩解，不影响对自首情节的认定。

——《刑事审判参考》（总第100辑）。

（四）利用未公开信息交易罪

511 “内幕信息以外的其他未公开的信息”的认定

关键词 | 利用未公开信息交易罪 | 未公开信息 | 内幕信息 |

【最高人民法院司法解释】

第一条 刑法第一百八十条第四款规定的“内幕信息以外的其他未公开的信息”，包括下列信息：

（一）证券、期货的投资决策、交易执行信息；

（二）证券持仓数量及变化、资金数量及变化、交易动向信息；

（三）其他可能影响证券、期货交易活动的信息。

第二条 内幕信息以外的其他未公开的信息难以认定的，司法机关可以在有关行政主（监）管部门的认定意见的基础上，根据案件事实和法律规定作出认定。

——《最高人民法院、最高人民检察院关于办理利用未公开信息交易刑事案件适用法律若干问题的解释》（2019年7月1日，法释〔2019〕10号）。

【链接：理解与适用】

（一）关于“未公开信息”的认定问题

根据刑法的规定，利用未公开信息交易罪与内幕交易罪的区别主要是信息的内容、性质不同。内幕信息是指对证券、期货交易价格有重大影响，应当及时向社会公开但尚未公开的信息，如涉及证券发行人的经营、财务，涉及期货的相关政策等信息。利用未公开信息交易罪中所利用的信息主要是指证券、期货等金融机构使用客户资金购买证券、期货的投资交易信息，一般属于单位内部的商业秘密，法律并未要求此类信息应当公开，不属于内幕信息的范围，而属于“内幕信息以外的其他未公开的信息”(以下简称“未公开信息”)。

结合证券法、期货交易管理条例等相关规定,《解释》第一条就“未公开信息”作了界定。第(一)项是证券、期货的投资决策、交易执行信息,如基金投资公司即将建仓、出仓的信息等,这是“未公开信息”的常见类型,过去查处的“老鼠仓”案件所涉信息基本上属于此类信息。第(二)项是证券持仓数量及变化、资金数量及变化、交易动向信息,通常是指证券交易所、证券结算中心等金融机构工作人员利用职务便利能够获取,并且应当予以保密的重要信息,如本单位受托管理的资金的运营情况,客户的交易信息等。因这类信息不属于证券法规定的内幕信息,但又对证券交易活动具有影响,故作为“未公开信息”。需要注意的是,期货交易管理条例明确规定此类信息属于“内幕信息”,不属于“未公开信息”,如果在期货领域,利用此类信息进行非法交易的,应当以内幕交易、泄露内幕信息罪论处。第(三)项是其他可能影响证券、期货交易活动的信息。

司法实践中,对是否属于“未公开信息”难以认定的,《解释》第二条作了提示性规定。我国证券、期货领域的相关政策以及相关法律、法规正在不断改革、完善之中,如证券领域中设立科创板并实行注册制改革,新三板也在不断改革、完善等。在此背景下,很可能出现某些案件中所涉信息是否属于“未公开信息”难以认定的情况。对于“未公开信息”难以认定的,司法机关可以在有关行政主管、监管部门认定意见的基础上,根据案件事实和法律规定作出认定。

——姜永义、陈学勇、王尚明:《〈关于办理利用未公开信息交易刑事案件适用法律若干问题的解释〉的理解与适用》,载《人民法院报》2020 年 4 月 30 日,第 5 版。

【最高人民法院参考案例】

李旭利利用未公开信息交易案(《刑事审判参考》案例第 941 号)

要旨:没有被告人或者操盘手的供述或证言,综合全案相关客观证据能够认定被告人实施了利用未公开信息交易犯罪行为的,可以认定有罪;构成利用未公开信息交易罪不以“先买先卖”同时具备为要件;相关基金公司对涉案股票的买入行为是否影响涉案股票的价格及行为人是否实际获利,均非决定利用未公开信息交易犯罪是否构成的因素。

利用未公开信息交易罪在客观方面主要表现为,行为人因职务便利获取了内幕信息以外的其他未公开的信息,然后利用未公开信息从事了与该信息相关的证券期货交易活动,且情节严重。根据刑法的相关规定,行为人利用了未公开信息进行交易是认定利用未公开信息交易罪的必要条件之一。由于行为人基于职务便利获取未公开信息后,往往是通过行为人以外的其他人秘密进行交易的,要证明行为人构成犯罪，一般都需要有证据证明行为人和操盘手之间存在犯意联络，而对这一犯意联络的存在往往是通过行为人本人的供述和操盘手的证言予以证实。司法实践中，如果行为人否认犯罪，操盘手又基于种种原因拒绝提供真实证言时，被告人之间犯意联络的认定便会变得更加复杂。依照刑事诉讼法第五十三条的规定，对一切案件的判处都要重证据，重调查研究，不轻信口供。只有被告人供述，没有其他证据的，不能认定被告人有罪和处以刑罚；没有被告人供述，证据确实、充分的，可以认定被告人有罪和处以刑罚。在利用未公开信息交易犯罪案件中，能够证明行为人是否利用了未公开信息交易并非仅有言词证据，还包括书证、电子数据、鉴定意见等客观证据。由于此类案件中的犯罪手段隐蔽性强，故要更加注重对客观证据的审查。如果综合全案相关证券账户的交易记录、电子计算机的 IP 地址、证券交易资金情况等客观证据材料，能够认定行为人利用了未公开信息实施相关证券期货交易，就可以认定有罪。

"先买先卖"是典型"老鼠仓"的特征。一些基金公司、证券、期货、保险公司等资产管理机构的从业人员，主要是机构经理、操盘手，在用客户资金买入证券或者其衍生品、期货或者期权合约等金融产品前，以自己名义，或假借他人名义，或者告知其亲属、朋友、关系户，先行低价买入证券、期货等金融产品，然后用客户资金拉升到高位后自己率先卖出获利，使个人以相对较低的成本牟取暴利。由于这些人户大多隐秘，偷食股票期货上涨牟利，因而被形象地称为"老鼠仓"。"老鼠仓"只是一个约定俗称，各国对"老鼠仓"的界定并不是完全统一的。在我国，典型的"老鼠仓"是利用未公开信息交易犯罪的一种形式，但利用未公开信息罪的外延要大于典型"老鼠仓"的范围。依照刑法规定，构成利用未公开信息交易罪并不以"先买先卖"同时具备为条件。只要行为人利用因职务便利获取了未公开信息，违反规定从事与该信息相关的证券、期货交易活动，达到"情节严重"的程度，就构成该罪。如利用所任职基金公司未公开利好信息先行或者同期买入某一股票，在所任职基金公司卖出相关股票后，行为人基于个人判断或者其他原因继续持有该股票，也可构成利用未公开信息交易罪。再如，行为人在所任职基金公司买入相关股票后再买入同样股票，在获悉所任职基金公司的未公开利空信息后，先于基金卖出相同股票，也可构成利用未公开信息交易罪。

从利用未公开信息交易罪侵犯的客体来看，基金公司从业人员利用未公开信息交易相关股票的行为，不仅可能对所任职基金公司的财产利益造成直接损害，更主要的是破坏了公开、公平、公正的证券市场原则，损害了处于信息弱势的散户的利益，违背了基金从业人员对基金公司的忠实义务，损害了有关基金和基金管理人的声誉以及投资者对有关基金及基金管理人的信赖和信心，进而对有关基金的长期运作和基金份额持有人利益造成损害，并对整个证券市场造成损害。因而，刑法设置该罪，针对的就是利用未公开信息从事交易的行为，目的在于惩治该类行为对证券市场正常运行所造成的严重危害，基金公司买入行为对涉案股票价格的影响及行为人是否实际获利，均非决定犯罪是否构成的要素。

应当明确的是，刑法第一百八十条第四款的表述是“违反规定”，而不是“违反国家规定”，两者存在很大的区别。根据刑法第九十六条的规定，“违反国家规定”，“是指违反全国人民代表大会及其常务委员制定的法律和决定，国务院制定的行政法规、规定的行政措施、发布的决定和命令”。《最高人民法院关于准确理解和适用刑法中“国家规定”的有关问题的通知》(法〔2011〕155号)尽管对“国家规定”的范围作了一定延伸，但与利用未公开信息交易罪中“规定”的范围相比，要窄得多，后者不仅包括法律、行政法规，还包括部门规章、地方性法规及行业规范，但公司的内部章程不包括在内。

——《刑事审判参考》(总第96辑)。

512 刑法第一百八十条第四款规定的“违反规定”的认定

关键词｜利用未公开信息交易罪｜违反规定｜

【最高人民法院司法解释】

第三条　刑法第一百八十条第四款规定的“违反规定”，是指违反法律、行政法规、部门规章、全国性行业规范有关证券、期货未公开信息保护的规定，以及行为人所在的金融机构有关信息保密、禁止交易、禁止利益输送等规定。

——《最高人民法院、最高人民检察院关于办理利用未公开信息交易刑事案件适用法律若干问题的解释》(2019年7月1日，法释〔2019〕10号)。

【链接：理解与适用】

(二)关于“违反规定”的认定问题

刑法修正案(七)新增该罪主要是针对实践中金融机构从业人员以及有关监管部门或者行业协会的工作人员违背职业义务背信从事非法交易行为。这种行为既损害市场秩序，也损害金融机构本身或者委托人利益。鉴于当时证券法、证券投资基金法等相关法律、法规中都没有明确规定内幕信息之外的其他未公开信息的保护制度，行政立法相对滞后，打击该类违法、犯罪行为，主要依据监管部门或行业协会制定的金融机构从业人员职业规范。因此，新增该罪名时使用“违反规定”的表述。

从立法原意看，刑法第一百八十条第四款规定的“违反规定”，除了违反法律、法规、规章、全国性行业规范之外，也包括违反金融机构内部关于信息保密、禁止交易、利益输送等规章制度。《解释》第三条明确,“违反规定”包括违反法律、行政法规、部门规章、全国性行业规范有关证券、期货未公开信息保护的规定,以及行为人所在的金融机构有关信息保密、禁止交易、禁止利益输送等规定。之所以将“行为人所在金融机构有关信息保密、禁止交易、禁止利益输送等规定”纳入“违反规定”,主要考虑是:法律、行政法规、部门规章、全国性行业规范有关未公开信息保护的规定比较原则,实践中需要结合行为人所在的金融机构有关信息保密、禁止交易、禁止利益输送等规定予以认定。

——姜永义、陈学勇、王尚明:《〈关于办理利用未公开信息交易刑事案件适用法律若干问题的解释〉的理解与适用》,载《人民法院报》2020 年 4 月 30 日,第 5 版。

513 刑法第一百八十条第四款规定的行为人“明示、暗示他人从事相关交易活动”的认定

关键词 | 利用未公开信息交易罪 | 明示、暗示他人从事相关交易活动 |

【最高人民法院司法解释】

第四条 刑法第一百八十条第四款规定的行为人“明示、暗示他人从事相关交易活动”,应当综合以下方面进行认定:

(一)行为人具有获取未公开信息的职务便利;

(二)行为人获取未公开信息的初始时间与他人从事相关交易活动的初始时间具有关联性;

(三)行为人与他人之间具有亲友关系、利益关联、交易终端关联等关联关系;

(四)他人从事相关交易的证券、期货品种、交易时间与未公开信息所涉证券、期货品种、交易时间等方面基本一致;

(五)他人从事的相关交易活动明显不具有符合交易习惯、专业判断等正当理由;

(六)行为人对明示、暗示他人从事相关交易活动没有合理解释。

——《最高人民法院、最高人民检察院关于办理利用未公开信息交易刑事案件适用法律若干问题的解释》(2019 年 7 月 1 日,法释〔2019〕10 号)。

【链接:理解与适用】

(三)关于“明示、暗示他人从事相关交易活动”的认定问题

实践部门反映,由于资本市场关系复杂,技术手段先进,涉及证券、期货、法律、

会计、计算机、网络通信等诸多领域，犯罪分子往往具有较深的专业背景，熟悉资本市场运行规则和信息技术，惯于利用规则和制度的漏洞逃避法律追究，又加上证券、期货具有无纸化、信息化交易等特点，查处难度大。实践中，稽查部门查明某投资者账户与某金融机构账户的交易高度趋同，该金融机构某工作人员涉嫌对交易人"明示、暗示"相关交易活动，但双方均否认"明示、暗示"，这类案件能否移送侦查、起诉或者审判，存在不同认识，甚至发生相互扯皮、"踢皮球"的不良现象。我们认为，综合全案证据，足以认定行为人明示、暗示他人从事相关交易活动的，即使行为人和被明示、暗示人拒不交代，也应当定罪处罚。结合审判实践，并参考《最高人民法院、最高人民检察院关于办理内幕交易、泄露内幕信息刑事案件应用法律若干问题的解释》(以下简称《内幕交易罪司法解释》)有关规定，《解释》第四条从六个方面明确了"明示、暗示他人从事相关交易活动"的综合认定标准。

1. 第(一)项，行为人具有获取未公开信息的职务便利。即从主体方面判断行为人是否具有获取未公开信息的职务便利。本罪是特殊主体，行为人必须具备获取未公开信息的职务便利。行为人的职务不是金融机构的一般职务，而是涉密岗位的相关职务。对于非涉密岗位人员(如银行中与证券、期货投资无关的工作人员)偶然听到未公开信息而从事相关交易的，则不属于利用职务之便获取未公开信息。此外，还要结合《解释》第三条，看行为人是否违反所在金融机构对涉案信息的保密规定或者禁止交易的相关规定。

2. 第(二)项，行为人获取未公开信息的初始时间与他人从事相关交易活动的初始时间具有关联性。即从时间关联性来判断他人从事相关交易活动是否受到行为人的明示或者暗示。如，行为人系股票投资基金的决策者，他人在行为人投资决策期间买入了相关股票，行为人明示、暗示他人交易的关联性较强；如果他人系行为人投资决策之后买入相关股票，亦具有关联性，但关联性相对较弱，须结合其他项的规定进行综合判断；如果他人在行为人投资决策前或该信息失效后买入相关股票，则不具有关联性，应排除行为人明示、暗示他人从事相关交易活动的嫌疑。因此，要根据他人从事相关交易的初始时间，与未公开信息的生成时间、行为人获取信息的初始时间进行关联判断，是案件证据审查的重点内容之一。

3. 第(三)项，行为人与他人之间具有亲友关系、利益关联、交易终端关联等关联关系。即从行为人与他人之间的关联关系判断他人从事相关交易活动是否受到行为人的明示或者暗示。实践中，通常是从交易者与未公开信息知情人之间是否存在亲友关系、交易终端关联以及利益关联等方面进行排查，并据此发现明示、暗示他人交易的犯罪嫌疑人。如果交易者与行为人之间存在夫妻、父母、子女等密切关系，或者交易终端关联(共同使用交易的电脑、手机)等，一般可以锁定嫌疑人。如果交易者与某未公开信息知情人仅具有一般朋友关系，该知情人是否为明示、暗示人，则要结合其他证据进行综合判断。

4. 第（四）项，他人从事相关交易的证券、期货品种、交易时间与未公开信息所涉证券、期货品种、交易时间等方面基本一致。即从他人从事相关交易的证券、期货品种、交易时间与未公开信息所涉证券、期货品种、交易时间等方面是否基本一致，判断他人从事相关交易活动是否受到行为人的明示或者暗示。如，某个人账户与机构账户交易的多只股票重合度高，且在相近时间同买、同卖，即两个账户交易的股票品种及交易时间基本一致，实践中又称为"高度趋同交易"，这种情况下，明示、暗示他人从事相关交易活动的可能性就很大。趋同度的高低，通常是由证券交易所等监管机构以两个账户相近时间、交易方向相同的品种重合度等客观方面，再结合概率统计等科学方法，以百分比的方式计算趋同度。司法实践中，"高度趋同"一般是以趋同度达到 60%以上为标准。这是认定他人利用未公开信息从事相关交易活动的重要客观依据。

5. 第（五）项，他人从事的相关交易活动明显不具有符合交易习惯、专业判断等正当理由。

6. 第（六）项，行为人对明示、暗示他人从事相关交易活动没有合理解释。即对明示、暗示他人从事相关交易活动的行为人和被明示、暗示人给予合理辩解的机会，并着重提示监管稽查人员及司法人员应当充分听取有关辩解，并查证辩解的合理性。

需要注意的是，行为人明示、暗示他人从事相关交易活动，如果"他人"是行为人的配偶、父母等特殊亲属，行为人与"他人"系不可分割的利益共同体，则可认定为共同犯罪。

——姜永义、陈学勇、王尚明：《〈关于办理利用未公开信息交易刑事案件适用法律若干问题的解释〉的理解与适用》，载《人民法院报》2020 年 4 月 30 日，第 5 版。

514 利用未公开信息交易"情节严重""情节特别严重"的认定

关键词｜利用未公开信息交易罪｜情节严重｜情节特别严重｜

【最高人民法院司法解释】

第五条 利用未公开信息交易，具有下列情形之一的，应当认定为刑法第一百八十条第四款规定的"情节严重"：

（一）违法所得数额在一百万元以上的；

（二）二年内三次以上利用未公开信息交易的；

（三）明示、暗示三人以上从事相关交易活动的。

第六条　利用未公开信息交易，违法所得数额在五十万元以上，或者证券交易成交额在五百万元以上，或者期货交易占用保证金数额在一百万元以上，具有下列情形之一的，应当认定为刑法第一百八十条第四款规定的“情节严重”：

（一）以出售或者变相出售未公开信息等方式，明示、暗示他人从事相关交易活动的；

（二）因证券、期货犯罪行为受过刑事追究的；

（三）二年内因证券、期货违法行为受过行政处罚的；

（四）造成恶劣社会影响或者其他严重后果的。

第七条　刑法第一百八十条第四款规定的“依照第一款的规定处罚”，包括该条第一款关于“情节特别严重”的规定。

利用未公开信息交易，违法所得数额在一千万元以上的，应当认定为“情节特别严重”。

违法所得数额在五百万元以上，或者证券交易成交额在五千万元以上，或者期货交易占用保证金数额在一千万元以上，具有本解释第六条规定的四种情形之一的，应当认定为“情节特别严重”。

——《最高人民法院、最高人民检察院关于办理利用未公开信息交易刑事案件适用法律若干问题的解释》（2019年7月1日，法释〔2019〕10号）。

【链接：理解与适用】

（四）关于“情节严重”的认定标准

“老鼠仓”案件行为人利用未公开信息从事相关的证券、期货交易活动，或者明示、暗示他人从事相关交易活动，目的是获得巨额利益。“老鼠仓”犯罪之所以受到广大投资者的深恶痛恨，主要是因为“老鼠偷到了油”，违法获得了巨额利益，严重破坏金融管理秩序，损害市场公平、公正、公开的交易秩序，严重损害客户投资者的利益。《解释》第五条、第六条规定了“情节严重”的认定标准。其中第五条规定了三种应当认定为“情节严重”的情形，以违法所得数额作为入罪的主要标准，但并非唯一的入罪标准，同时结合实践，将“二年内三次以上利用未公开信息交易的”“明示、暗示三人以上从事相关交易活动的”作为“情节严重”的情形。

1. 关于违法所得数额标准。《解释》第五条第（一）项规定违法所得数额一百万元以上作为认定“情节严重”的数额标准，比《内幕交易罪司法解释》《立案追诉标准（二）》规定的入罪标准（违法所得数额十五万元以上）有所提高。主要考虑是：（1）与内幕交易罪相比较，内幕信息是应当向广大投资者公开，并对证券、期货价格具有重大影响的信息；未公开信息交易罪涉及的未公开信息通常是不对外公布的信息，影响范围较小，社会危害性相对较小。(2)根据违法犯罪真实案例统计数据，获利二十五万元以上占 92%；获利五十万元以上占 69%；获利一百万元以上占 61%；获利五百万元以上占 35%；获利一千万元以上占 20%。从实际进入司法程序的案件来看，95%以上的案件违法所得均在一百万元以上。以违法所得数额一百万元以上为标准，符合"老鼠仓"刑事案件实际。

2. 关于"二年内三次以上利用未公开信息交易"的认定。《解释》第五条第(二)项规定"二年内三次以上利用未公开信息交易的"作为"情节严重"的情形之一。需要注意的是，一是三次以上利用的未公开信息，是指不同的未公开信息，而不是指利用同一未公开信息进行三次以上交易；二是三次利用未公开信息交易的行为，均应达到依法应予行政处理或者刑事处理的程度，且尚未经处理的；三是三次以上利用未公开信息交易的时间段限定在二年内，超出二年时间达到三次的不属于此情形。

3. 关于"明示、暗示三人以上从事相关交易活动"的认定。《解释》第五条第(三)项规定"明示、暗示三人以上从事相关交易活动的"作为"情节严重"的情形之一。值得注意的是，其一，三人以上是指不同的人，三次以上明示、暗示同一人从事相关交易活动的不属于此种情形。其二，被明示、暗示人只有从事相关交易活动的，才构成犯罪；换言之，如果行为人仅是将信息泄露给他人，但他人没有从事相关交易活动的，不构成本罪。

4. 关于"数额+情节"的认定标准。在适当提高违法所得数额入罪标准的同时，为更有效打击该类犯罪，《解释》第六条又规定了"数额+情节"的入罪标准作为补充，明确了四种应当认定为"情节严重"的"数额+情节"的情形，即：利用未公开信息交易，违法所得数额在五十万元以上，或者证券交易成交额在五百万元以上，或者期货交易占用保证金数额在一百万元以上，具有以出售或者变相出售未公开信息等方式，明示、暗示他人从事相关交易活动的，或者因证券、期货犯罪行为受过刑事追究的，或者二年内因证券、期货违法行为受过行政处罚的，或者造成恶劣社会影响或者其他严重后果的，应当认定为刑法第一百八十条第四款规定的"情节严重"。需要注意的是，《解释》第五条规定了"情节严重"的一般认定标准，第六条规定了"数额+情节"的认定标准，对于符合第六条规定的数额标准，但不具备第六条规定的四种情形之一，又不符合第五条规定的认定标准的，不能认定为"情节严重"。

关于是否将证券交易成交额、期货交易占用保证金数额单独作为入罪标准的问题。《内幕交易罪司法解释》规定证券交易成交额、期货交易占用保证金数额作为内幕交易犯罪的入罪标准。在起草过程中，对于本罪是否也应将证券交易成交额、期货交易占用保证金额单独作为入罪标准，有不同的观点。我们经研究，考虑利用未公开信息交易罪与内幕交易罪所涉信息性质和内容的不同,对证券、期货交易市场的危害程度有所差异,利用未公开信息交易罪的社会危害性主要体现在非法获利上;证券交易成交额、期货交易占用保证金数额往往与违法所得数额相关,大多数情况下可以通过违法所得这一入罪标准对利用未公开信息交易罪进行规制与惩罚,避免两种不同数额标准的重合与交叉;从"老鼠仓"案件的实际情况看,非法获利情况居多,不获利甚至亏本的情况较少,故《解释》没有将证券交易成交额、期货交易占用保证金数额单独作为入罪标准,而是结合其他情节,在第六条"数额+情节"的情形中作了相应规定。

(五)关于"情节特别严重"的认定标准

刑法第一百八十条第四款规定"情节严重的,依照第一款的规定处罚",实践中对本罪是否包括刑法第一百八十条第一款中"情节特别严重"的情形,存在较大分歧。2015年11月23日,最高人民法院审理了最高人民检察院提起抗诉的被告人马某利用未公开信息交易案,终审判决中明确本罪包括刑法第一百八十条第一款中"情节特别严重"的情形。《解释》第七条第一款对此予以明确。

《解释》第七条第二款,参照有关司法解释,考虑本罪的实际和相关案例,按照"情节严重"违法所得数额标准的十倍确定"情节特别严重"的数额标准。相应地,《解释》第七条第三款规定了四种应当认定为"情节特别严重"的"数额+情节"的情形,即:违法所得数额在五百万元以上,或者证券交易成交额在五千万元以上、期货交易占用保证金数额在一千万元以上,具有以出售或者变相出售未公开信息等方式,明示、暗示他人从事相关交易活动的,或者因证券、期货犯罪行为受过刑事追究的,或者二年内因证券、期货违法行为受过行政处罚的,或者造成恶劣社会影响或者其他严重后果的,应当认定为"情节特别严重"。

——姜永义、陈学勇、王尚明:《〈关于办理利用未公开信息交易刑事案件适用法律若干问题的解释〉的理解与适用》,载《人民法院报》2020年4月30日,第5版。

【最高人民法院指导性案例】

马乐利用未公开信息交易案(最高人民法院指导案例61号)

裁判要点:刑法第一百八十条第四款规定的利用未公开信息交易罪援引法定刑的情形,应当是对第一款内幕交易、泄露内幕信息罪全部法定刑的引用,即利用未公开信息交易罪应有"情节严重""情节特别严重"两种情形和两个量刑档次。

法院生效裁判认为:本案事实清楚,定罪准确,争议的焦点在于如何正确理解刑法第一百八十条第四款对于第一款的援引以及如何把握利用未公开信息交易罪"情节特别严重"的认定标准。

一、对刑法第一百八十条第四款援引第一款量刑情节的理解和把握

刑法第一百八十条第一款对内幕交易、泄露内幕信息罪规定为："证券、期货交易内幕信息的知情人员或者非法获取证券、期货交易内幕信息的人员，在涉及证券的发行，证券、期货交易或者其他对证券、期货交易价格有重大影响的信息尚未公开前，买入或者卖出该证券，或者从事与该内幕信息有关的期货交易，或者泄露该信息，或者明示、暗示他人从事上述交易活动，情节严重的，处五年以下有期徒刑或者拘役，并处或者单处违法所得一倍以上五倍以下罚金；情节特别严重的，处五年以上十年以下有期徒刑，并处违法所得一倍以上五倍以下罚金。"第四款对利用未公开信息交易罪规定为："证券交易所、期货交易所、证券公司、期货经济公司、基金管理公司、商业银行、保险公司等金融机构的从业人员以及有关监管部门或者行业协会的工作人员，利用因职务便利获取的内幕信息以外的其他未公开的信息，违反规定，从事与该信息相关的证券、期货交易活动，或者明示、暗示他人从事相关交易活动，情节严重的，依照第一款的规定处罚。"

对于第四款中"情节严重的，依照第一款的规定处罚"应如何理解，在司法实践中存在不同的认识。一种观点认为，第四款中只规定了"情节严重"的情形，而未规定"情节特别严重"的情形，因此，这里的"情节严重的，依照第一款的规定处罚"只能是依照第一款中"情节严重"的量刑档次予以处罚；另一种观点认为，第四款中的"情节严重"只是入罪条款，即达到了情节严重以上的情形，依据第一款的规定处罚。至于具体处罚，应看符合第一款中的"情节严重"还是"情节特别严重"的情形，分别情况依法判处。情节严重的，"处五年以下有期徒刑"，情节特别严重的，"处五年以上十年以下有期徒刑"。

最高人民法院认为，刑法第一百八十条第四款援引法定刑的情形，应当是对第一款全部法定刑的引用，即利用未公开信息交易罪应有"情节严重""情节特别严重"两种情形和两个量刑档次。这样理解的具体理由如下：

（一）符合刑法的立法目的。由于我国基金、证券、期货等领域中，利用未公开信息交易行为比较多发，行为人利用公众投入的巨额资金作后盾，以提前买入或者提前卖出的手段获得巨额非法利益，将风险与损失转嫁到其他投资者，不仅对其任职单位的财产利益造成损害，而且严重破坏了公开、公正、公平的证券市场原则，严重损害客户投资者或处于信息弱势的散户利益，严重损害金融行业信誉，影响投资者对金融机构的信任，进而对资产管理和基金、证券、期货市场的健康发展产生严重影响。为此，刑法修正案（七）新增利用未公开信息交易罪，并将该罪与内幕交易、泄露内幕信息罪规定在同一法条中，说明两罪的违法与责任程度相当。利用未公开信息交易罪也应当适用"情节特别严重"。

（二）符合法条的文意。首先，刑法第一百八十条第四款中的"情节严重"是入

罪条款。《最高人民检察院、公安部关于公安机关管辖的刑事案件立案追诉标准的规定(二)》,对利用未公开信息交易罪规定了追诉的情节标准,说明该罪需达到“情节严重”才能被追诉。利用未公开信息交易罪属情节犯,立法要明确其情节犯属性,就必须借助“情节严重”的表述,以避免“情节不严重”的行为入罪。其次,该款中“情节严重”并不兼具量刑条款的性质。刑法条文中大量存在“情节严重”兼具定罪条款及量刑条款性质的情形,但无一例外均在其后列明了具体的法定刑。刑法第一百八十条第四款中“情节严重”之后,并未列明具体的法定刑,而是参照内幕交易、泄露内幕信息罪的法定刑。因此,本款中的“情节严重”仅具有定罪条款的性质,而不具有量刑条款的性质。

(三)符合援引法定刑立法技术的理解。援引法定刑是指对某一犯罪并不规定独立的法定刑,而是援引其他犯罪的法定刑作为该犯罪的法定刑。刑法第一百八十条第四款援引法定刑的目的是避免法条文字表述重复,并不属于法律规定不明确的情形。

综上,刑法第一百八十条第四款虽然没有明确表述“情节特别严重”,但是根据本条款设立的立法目的、法条文意及立法技术,应当包含“情节特别严重”的情形和量刑档次。

——《最高人民法院关于发布第13批指导性案例的通知》(2016年6月30日,法〔2016〕214号)。

515 利用未公开信息交易犯罪数额和违法所得的认定

关键词|利用未公开信息交易罪|犯罪数额|违法所得|

【最高人民法院司法解释】

第八条　二次以上利用未公开信息交易,依法应予行政处理或者刑事处理而未经处理的,相关交易数额或者违法所得数额累计计算。

第九条　本解释所称“违法所得”,是指行为人利用未公开信息从事与该信息相关的证券、期货交易活动所获利益或者避免的损失。

行为人明示、暗示他人利用未公开信息从事相关交易活动,被明示、暗示人员从事相关交易活动所获利益或者避免的损失,应当认定为“违法所得”。

——《最高人民法院、最高人民检察院关于办理利用未公开信息交易刑事案件适用法律若干问题的解释》(2019年7月1日,法释〔2019〕10号)。

【链接：理解与适用】

1. 犯罪数额的认定问题。利用未公开信息交易的相关交易数额或者违法所得数额是定罪量刑的依据，依法应当累计计算，但犯罪数额累计计算的前提条件是，单次利用未公开信息交易行为必须是依法应予行政处理或者刑事处理而未经处理的。对于不构成犯罪但超过行政处罚时效期限，或者构成犯罪但超过追诉期限的，相关数额不应累计计算。据此，《解释》第八条规定，二次以上利用未公开信息交易，依法应予行政处理或者刑事处理而未经处理的，相关交易数额或者违法所得数额累计计算。

2. 违法所得的认定问题。实践中，利用未公开信息交易有两种情形，一是行为人利用未公开信息从事与该信息相关的证券、期货交易活动，二是行为人本人未利用未公开信息从事相关交易活动，但被明示、暗示人利用该未公开信息从事相关交易活动。据此，《解释》第九条第一款规定，"违法所得"，是指行为人利用未公开信息从事与该信息相关的证券、期货交易活动所获利益或者避免的损失。实践中对此没有争议。第九条第二款规定，行为人明示、暗示他人利用未公开信息从事相关交易活动，被明示、暗示人员从事相关交易活动所获利益或者避免的损失，应当认定为"违法所得"。起草过程中，对该款规定存在一定争议。《解释》之所以作这样的规定，主要考虑：（1）通常情况下，被明示、暗示人与行为人之间并不构成共同犯罪，但他们从事相关交易活动属于利用未公开信息交易的重要组成部分，与行为人的明示、暗示具有直接因果关系，具有行政违法性，故他们所获利益或者避免的损失，也应当认定为"违法所得"。（2）如果将被明示、暗示人从事相关交易活动所获利益或避免的损失，不认定为违法所得，不利于打击"老鼠仓"违法犯罪活动。（3）《内幕交易罪司法解释》已将内幕交易犯罪中被明示、暗示人从事相关交易活动所获利益或避免的损失认定为"违法所得"，为保持司法解释的一致性，故加以明确。

——姜永义、陈学勇、王尚明：《〈关于办理利用未公开信息交易刑事案件适用法律若干问题的解释〉的理解与适用》，载《人民法院报》2020 年 4 月 30 日，第 5 版。

(五)操纵证券、期货市场罪

516 "以其他方法操纵证券、期货市场"的认定

关键词|操纵证券、期货市场罪|以其他方法操纵证券、期货市场|

【最高人民法院司法解释】

第一条　行为人具有下列情形之一的,可以认定为刑法第一百八十二条第一款第四项规定的"以其他方法操纵证券、期货市场"①:

(一)利用虚假或者不确定的重大信息,诱导投资者作出投资决策,影响证券、期货交易价格或者证券、期货交易量,并进行相关交易或者谋取相关利益的;

(二)通过对证券及其发行人、上市公司、期货交易标的公开作出评价、预测或者投资建议,误导投资者作出投资决策,影响证券、期货交易价格或者证券、期货交易量,并进行与其评价、预测、投资建议方向相反的证券交易或者相关期货交易的;

(三)通过策划、实施资产收购或者重组、投资新业务、股权转让、上市公司收购等虚假重大事项,误导投资者作出投资决策,影响证券交易价格或者证券交易量,并进行相关交易或者谋取相关利益的;

(四)通过控制发行人、上市公司信息的生成或者控制信息披露的内容、时点、节奏,误导投资者作出投资决策,影响证券交易价格或者证券交易量,并进行相关交易或者谋取相关利益的;

(五)不以成交为目的,频繁申报、撤单或者大额申报、撤单,误导投资者作出投资决策,影响证券、期货交易价格或者证券、期货交易量,并进行与申报相反的交易或者谋取相关利益的;

(六)通过囤积现货,影响特定期货品种市场行情,并进行相关期货交易的;

(七)以其他方法操纵证券、期货市场的。

——《最高人民法院、最高人民检察院关于办理操纵证券、期货市场刑事案件适用法律若干问题的解释》(2019年7月1日,法释〔2019〕9号)。

---

① 刑法修正案(十一)修正后,本条"以其他方法操纵证券、期货市场"中的部分行为内容已升为法律明确规定,对本条需结合法律最新修正理解和适用。

【链接：理解与适用】

（一）关于“以其他方法操纵证券、期货市场”的认定问题

同时，刑法第一百八十二条第一款第（四）项规定了“以其他方法操纵证券、期货市场”作为兜底条款。

实践中，由于相关规定不明确，对于“以其他方法操纵证券、期货市场”的认定存在不同认识。结合司法实践和实际案例，并参考相关法律、法规以及《中国证券监督管理委员会证券市场操纵行为认定指引（试行）》等规定，《解释》第一条明确了“以其他方法操纵证券、期货市场”的六种情形，同时考虑证券、期货市场操纵手段不断翻新，难以列举穷尽，该条第（七）项仍然以“以其他方法操纵证券、期货市场”作为兜底性规定。

1. “蛊惑交易操纵”，即利用虚假或者不确定的重大信息，诱导投资者作出投资决策，影响证券、期货交易价格或者证券、期货交易量，并进行相关交易或者谋取相关利益。其中“诱导投资者作出投资决策”，通常是指行为人故意编造虚假信息或者明知是虚假或不确定的信息而进行传播，使广大投资者信以为真作出错误的投资决策，从而影响交易价格或者交易量。“进行相关交易”是指进行与其蛊惑信息所涉证券、期货的交易，包括集合竞价阶段交易、连续竞价阶段交易、大宗交易、场外交易等。“谋取相关利益”，是相关交易之外的其他相关利益，如影响定向增发价格，影响股权质押价格，影响大宗交易价格，打压他人基金排名，影响公司收购价格等。

2. “抢帽子交易操纵”，也就是利用“黑嘴”荐股操纵，即通过对证券及其发行人、上市公司、期货交易标的公开作出评价、预测或者投资建议，误导投资者作出投资决策，影响证券、期货交易价格或者证券、期货交易量，并进行与其评价、预测、投资建议方向相反的证券交易或者相关期货交易。《立案追诉标准（二）》规定该类操纵的主体为“证券公司、证券投资咨询机构、专业中介机构或者从业人员”。随着自媒体等现代通信传播技术的快速发展，涉案主体既有持牌机构和分析师，也有网络工作室、网络大 V、博主等非持牌机构以及一般公民，“黑嘴”荐股的方式多种多样，如微博、股吧、视频直播、微信以及 QQ 私聊建群等，最终目的是误导投资者作出投资决策而从中获利，有的是自己反向交易从中获利，有的诱导散户买入，帮助“庄家出货”获取报酬等。

3. “重大事件操纵”，即通过策划、实施资产收购或者重组、投资新业务、股权转让、上市公司收购等虚假重大事项，误导投资者作出投资决策，影响证券交易价格或者证券交易量，并进行相关交易或者谋取相关利益。本项规定主要针对股市中近几年出现的通过策划、实施虚假重组、虚假投资、虚假股权转让、虚假收购等重

大事件,误导投资者作出投资决策,自己交易或者谋取相关利益的操纵行为,俗称证券市场中“编故事、画大饼”的操纵行为。如上市公司的发起人为减持限售股,而提前策划收购、重组等重大虚假事项,推高股价后减持获利。

4.“控制信息操纵”,即通过控制发行人、上市公司信息的生成或者控制信息披露的内容、时点、节奏,误导投资者作出投资决策,影响证券交易价格或者证券交易量,并进行相关交易或者谋取相关利益。本项的“控制信息操纵”,与刑法第一百八十二条第一款第(一)项中规定的“利用信息优势操纵”的区分在于:刑法第一百八十二条第一款第(一)项中规定的“利用信息优势操纵”是指行为人利用已有的信息,基于其先知晓、知晓得完全等优势,通过交易进行操纵,其本质是交易型操纵,即“信息优势+联合或连续买卖”。而本项“控制信息操纵”是指行为人控制信息生成和控制信息内容以及控制信息发布的时点、节奏,利用生成信息及控制信息本身,对市场投资者进行诱导,从而影响股价,本身不一定有联合或连续买卖股票,其本质是信息型操纵。此外,两者的犯罪主体不同,《立案追诉标准(二)》规定“利用信息优势操纵”的主体为特殊主体,即“上市公司及其董事、监事、高级管理人员、控股股东、实际控制人或其他关联人员”。从近年来处理的案例来看,参与“控制信息操纵”的主体身份越来越广泛,出现上述特殊主体与外部人员内外勾结,甚至外部人员收买内部人员,控制信息的生成和发布对证券市场进行操纵,故《解释》将该类操纵的主体规定为一般主体。

5.“恍骗交易操纵”(也称虚假申报操纵),即不以成交为目的,频繁申报、撤单或者大额申报、撤单,误导投资者作出投资决策,影响证券、期货交易价格或者证券、期货交易量,并进行与申报相反的交易或者谋取相关利益。在证券、期货交易市场中,报撤单是正常交易行为。该类操纵与正常报撤单的区分,要根据报撤单是否频繁,或者报撤单的金额是否巨大;是否进行与申报相反的交易;是否使用多个不同账户掩盖操作等客观方面进行综合判断。

6.“跨期、现货市场操纵”,即通过囤积现货,影响特定期货品种市场行情,并进行相关期货交易。这种操纵方法在期货市场中并不少见,甚至会发生“逼仓”现象,如小品种的期货交易中,多头持仓者预测现货不足时,凭借资金优势拉高期货价格,同时大量囤积现货,拉高现货价格,迫使空头要么高价买回期货合约认赔平仓出局,要么以高价买入现货进行实物交割,甚至空头因买不到现货交割受到违约罚款,从而出现“逼仓”现象,操纵者从而获取暴利。

——姜永义、陈学勇、朱宏伟:《〈关于办理操纵证券、期货市场刑事案件适用法律若干问题的解释〉的理解与适用》,载《人民法院报》2020年3月12日,第5版。

（一）利用信息优势操纵和蛊惑交易操纵的界分

刑法第一百八十二条第一款第（一）项中的“利用信息优势联合或者连续买卖”，与刑法修正案（十一）新增的第一款第（五）项中“利用虚假或者不确定的重大信息，诱导投资者进行证券、期货交易”，均是利用信息实施操纵，其区别何在？学界、实务界均有不同认识。经研究初步认为：第一款第（一）项的利用信息优势操纵，其本质是交易型操纵，重点是联合或者连续买卖。衡量该行为是否构成犯罪，重点是评价其交易量情况。而第一款第（五）项的本质是信息型操纵，其所利用的是虚假或者不确定的重大信息，在交易方面不要求具有“联合或者连续买卖”的特征。

（二）“抢帽子”操纵入罪标准的把握

《立案追诉标准（二）》第三十九条第（七）项规定“证券公司、证券投资咨询机构、专业中介机构或者从业人员，违背有关从业禁止的规定，买卖或者持有相关证券，通过对证券或者其发行人、上市公司公开作出评价、预测或者投资建议，在该证券的交易中谋取利益，情节严重的”，应予立案追诉。据此，对“抢帽子”操纵限定了主体范围，只有证券公司、证券投资咨询机构、专业中介机构或者从业人员可以构成“抢帽子”操纵犯罪。但当前实践中，随着自媒体技术发展，一些荐股“黑嘴”并不具有特定主体身份，其行为恶性和危害后果则如出一辙，因此，《操纵证券、期货市场解释》第一条第（二）项并未对“抢帽子”操纵限定主体，刑法修正案（十一）也没有作此限定。从实践来看，对于发生在2010年《立案追诉标准（二）》出台之后、2019年《操纵证券、期货市场解释》出台之前的行为，行为人不具有特定主体身份的，应否追究刑事责任，存在不同认识。

经研究认为：（1）《立案追诉标准（二）》虽然不是司法解释而是规范性文件，但对于刑事侦查和审查起诉具有拘束力，在刑事审判中也可以参照适用。故而，如果在《操纵证券、期货市场解释》出台前，依据刑法和《立案追诉标准（二）》认为相关“抢帽子”操纵证券市场行为不构成犯罪，进而予以行政处罚，符合当时的规定，并无不妥。（2）刑法溯及力包括刑事司法解释时间效力问题的理论根基是“不知不为罪”。在新的司法解释出台后，如果新的司法解释严于行为时的司法解释，行为人由于无法预知自己行为的不利后果，不能对行为人适用新的司法解释。《立案追诉标准（二）》将“抢帽子”操纵证券市场行为的主体明确为特殊主体（证券公司、证券投资咨询机构、专业中介机构或者从业人员），而《操纵证券、期货市场解释》将“抢帽子”操纵证券市场行为的主体明确为一般主体。基于刑事司法解释溯及力原理，不宜对行为人适用新的司法解释。

——杨万明主编：《〈刑法修正案（十一）〉条文及配套〈罪名补充规定（七）〉理解与适用》，人民法院出版社2021年版，第149—150页。

517 操纵证券、期货市场“情节严重”“情节特别严重”的认定

关键词|操纵证券、期货市场罪|情节严重|情节特别严重|

【最高人民法院司法解释】

第二条 操纵证券、期货市场,具有下列情形之一的,应当认定为刑法第一百八十二条第一款规定的“情节严重”:

(一)持有或者实际控制证券的流通股份数量达到该证券的实际流通股份总量百分之十以上,实施刑法第一百八十二条第一款第一项操纵证券市场行为,连续十个交易日的累计成交量达到同期该证券总成交量百分之二十以上的;

(二)实施刑法第一百八十二条第一款第二项、第三项操纵证券市场行为,连续十个交易日的累计成交量达到同期该证券总成交量百分之二十以上的;

(三)实施本解释第一条第一项至第四项操纵证券市场行为,证券交易成交额在一千万元以上的;

(四)实施刑法第一百八十二条第一款第一项及本解释第一条第六项操纵期货市场行为,实际控制的账户合并持仓连续十个交易日的最高值超过期货交易所限仓标准的二倍,累计成交量达到同期该期货合约总成交量百分之二十以上,且期货交易占用保证金数额在五百万元以上的;

(五)实施刑法第一百八十二条第一款第二项、第三项及本解释第一条第(一)项、第(二)项操纵期货市场行为,实际控制的账户连续十个交易日的累计成交量达到同期该期货合约总成交量百分之二十以上,且期货交易占用保证金数额在五百万元以上的;

(六)实施本解释第一条第五项操纵证券、期货市场行为,当日累计撤回申报量达到同期该证券、期货合约总申报量百分之五十以上,且证券撤回申报额在一千万元以上、撤回申报的期货合约占用保证金数额在五百万元以上的;

(七)实施操纵证券、期货市场行为,违法所得数额在一百万元以上的。

第三条 操纵证券、期货市场,违法所得数额在五十万元以上,具有下列情形之一的,应当认定为刑法第一百八十二条第一款规定的“情节严重”:

(一)发行人、上市公司及其董事、监事、高级管理人员、控股股东或者实际控制人实施操纵证券、期货市场行为的;

(二)收购人、重大资产重组的交易对方及其董事、监事、高级管理人员、控股股东或者实际控制人实施操纵证券、期货市场行为的;

(三)行为人明知操纵证券、期货市场行为被有关部门调查,仍继续实施的;

(四)因操纵证券、期货市场行为受过刑事追究的;

(五)二年内因操纵证券、期货市场行为受过行政处罚的;

（六）在市场出现重大异常波动等特定时段操纵证券、期货市场的；

（七）造成恶劣社会影响或者其他严重后果的。

第四条 具有下列情形之一的，应当认定为刑法第一百八十二条第一款规定的“情节特别严重”：

（一）持有或者实际控制证券的流通股份数量达到该证券的实际流通股份总量百分之十以上，实施刑法第一百八十二条第一款第一项操纵证券市场行为，连续十个交易日的累计成交量达到同期该证券总成交量百分之五十以上的；

（二）实施刑法第一百八十二条第一款第二项、第三项操纵证券市场行为，连续十个交易日的累计成交量达到同期该证券总成交量百分之五十以上的；

（三）实施本解释第一条第一项至第四项操纵证券市场行为，证券交易成交额在五千万元以上的；

（四）实施刑法第一百八十二条第一款第一项及本解释第一条第六项操纵期货市场行为，实际控制的账户合并持仓连续十个交易日的最高值超过期货交易所限仓标准的五倍，累计成交量达到同期该期货合约总成交量百分之五十以上，且期货交易占用保证金数额在二千五百万元以上的；

（五）实施刑法第一百八十二条第一款第二项、第三项及本解释第一条第一项、第二项操纵期货市场行为，实际控制的账户连续十个交易日的累计成交量达到同期该期货合约总成交量百分之五十以上，且期货交易占用保证金数额在二千五百万元以上的；

（六）实施操纵证券、期货市场行为，违法所得数额在一千万元以上的。

实施操纵证券、期货市场行为，违法所得数额在五百万元以上，并具有本解释第三条规定的七种情形之一的，应当认定为“情节特别严重”。

——《最高人民法院、最高人民检察院关于办理操纵证券、期货市场刑事案件适用法律若干问题的解释》(2019 年 7 月 1 日，法释〔2019〕9 号)。

【链接：理解与适用】

（二）关于“情节严重”的认定标准

“情节严重”标准与刑事立案追诉标准直接相关，是长期以来影响操纵市场刑事规制的瓶颈问题。本《解释》参照《最高人民法院、最高人民检察院关于办理内幕交易、泄露内幕信息刑事案件具体应用法律若干问题的解释》（以下简称《内幕交易罪司法解释》）和《立案追诉标准（二）》等相关规定，结合证券、期货市场当前实际发生的案件情况，并对比其他经济类案件的数额变化趋势，针对刑法第一百八十二条第一款规定的三种以及本《解释》规定的六种操纵证券、期货市场的情形，从交易金额、交易占比、违法所得金额等方面规定了七种“情节严重”的认定标准；

同时,为更加有力、有效地惩治操纵证券、期货市场犯罪,结合此类犯罪的特点,又规定了七种“数额+情节”的“情节严重”的情形。

1. 第二条第(一)项、第(二)项规定了交易型操纵证券市场的入罪标准。《解释》第二条第(一)项、第(二)项对《立案追诉标准(二)》的入罪标准作了适当调整。一方面,在连续交易操纵的入罪标准中,将持股比例由30%调整为10%。主要考虑:过去个股盘子普遍比较小,且并非全部为流通股,30%的持股比例有一定合理性。随着股权分置改革落地,目前个股盘子普遍比较大,且大部分为全流通股,30%的持股比例在现实中很难达到。根据证监会测算,沪深两市全部三千余家上市公司第三大股东平均持股比例仅3.67%。根据证券法的规定,持股5%以上的属于大股东。考虑目前仍有部分股票没有实现全流通,同时也为行政处罚预留空间,《解释》将持股优势的比例确定为10%。另一方面,在连续交易操纵、约定交易操纵、洗售操纵的入罪标准中,将“连续二十个交易日”调整为“连续十个交易日”,将累计成交量占比由30%调整为20%。主要是考虑到当前短线操纵较为普遍,调整标准后符合当前短线操作的一般规律,也符合证券交易所的统计口径,有利于加强入罪标准的可操作性。需要说明的是,本《解释》所称“连续十个交易日”,是指证券、期货市场开市交易的连续十个交易日,并非指行为人连续交易的十个交易日。

2. 第二条第(三)项规定了信息型操纵和行为型操纵证券的证券交易成交金额标准。随着社会经济的发展,《立案追诉标准(二)》规定的五十万元交易金额的入罪标准过低,可能造成选择性执法。虽然信息型操纵交易金额一般会大大低于交易型操纵,但从执法和司法实践看,移送追究刑事责任的信息型操纵案件,交易金额几乎没有低于一千万元的。根据实践中案件情况,结合中国经济较快增长现状,通货膨胀趋势,并考虑到各罪名之间数额上的平衡,《解释》中规定信息型操纵行为“证券交易成交金额在一千万元以上”为“情节严重”。需要说明的是,第二条第(三)项只是针对本《解释》第二条第(一)至(四)项规定了证券交易成交额的入罪标准,并没有针对刑法第一百八十二条第一款第(一)(二)(三)项规定证券交易成交额的入罪标准,主要考虑是,从实际案例看,交易型操纵由于存在资金的反复使用,成交金额大多达到数亿元至数百亿元,甚至数千亿元,故难以规定具体入罪标准。鉴于第二条第(一)(二)项已从相关比例方面进行了规定,故不再直接规定交易型操纵证券交易成交额标准。

3. 第二条第(四)(五)项规定的是交易型操纵期货市场的入罪标准。考虑到不同的期货品种、同一期货品种不同时段内保证金数额差异均很大,同时考虑期货市场开仓量理论上没有上限,只有很大交易量才可能实际影响到期货市场价格,结合实际案例和统计分析,统一规定为“期货交易占用保证金数额五百万元”,同时规定了成交量或持仓量占全市场的比例。对连续十个交易日的持仓最高值、累计成交量、期货占用保证金数额等数量标准，要求同时达到，缺一不可。上述标准较之《立案追诉标准（二）》中对期货操纵行为的认定标准，增加了期货交易保证金数额标准，目的是防止不活跃期货合约中少量操纵即因达到相关交易占比而被入刑。

4. 第二条第（六）项规定了虚假申报型操纵证券、期货市场的入罪标准。考虑到单纯的频繁撤回申报本身是合法的，撤回申报本身既可能是其改变主意，也可能因为其就是不以成交为目的。为防止将正常的频繁报撤单划入犯罪圈，故对频繁撤单设置较高的比例标准。同时，为避免交易不活跃证券和交易不活跃期货合约较少量即达到相关比例标准，同时规定申报交易额和保证金数额的标准，弥补了《立案追诉标准（二）》中的缺陷。对撤回申报量占比、证券撤回申报的期货合约占用保证金数额等数量标准，要求同时达到，目的在于防止不活跃合约中少量操纵即因达到相关交易占比而被入刑。

5. 第二条第（七）项规定了各类型操纵市场行为适用的违法所得数额的入罪标准。违法所得数额的入罪标准确定为一百万元，主要考虑了案件实际情况及社会经济发展水平和未来趋势。这里的违法所得数额，是指通过操纵证券、期货市场所获利益或者避免的损失。对于二次以上实施操纵证券、期货市场行为，依法应予行政处理或者刑事处理而未经处理的，相关交易数额或者违法所得数额累计计算。需要注意的是，违法所得数额标准是"情节严重"的认定标准，而不是操纵行为的认定标准，不能因为违法所得数额在一百万元以上就认定为操纵行为。只有在认定操纵行为的基础上，因违法所得数额达到一百万元以上的才能认定为"情节严重"。违法所得数额标准是认定"情节严重"的情形之一，与《解释》第二条第（一）至（六）项情形是并列关系，对于具有刑法第一百八十二条第一款规定的三种或者《解释》第一条规定的六种操纵证券、期货市场行为，只要符合《解释》第二条规定的七种情形之一的，就应当认定为"情节严重"。例如，对于交易型操纵行为，在已查明行为人存在违规的控制多个账户隐蔽操作、联合操作、对倒、自买自卖等行为的情况下，虽然不符合《解释》第二条规定的第一项、第二项的比例标准，但违法所得数额在一百万元以上的，即可认定为"情节严重"。

6. 第三条规定了（七）种"数额+情节"的"情节严重"的认定标准。为更加有力、有效地惩治操纵证券、期货市场犯罪，结合此类犯罪的特点，《解释》第三条又规定了七种"数额+情节"的"情节严重"的情形，即操纵证券、期货市场，违法所得数额在五十万元以上，具有规定的七种情形之一的，应当认定为"情节严重"。其中：该条第（一）项、第（二）项体现对特定人员操纵市场行为从严惩处的精神；第（三）项、第（六）项、第（七）项体现对特定时间、地点或场合及特定后果的操纵行为从严惩处的精神；第（三）项的"有关部门"包括司法机关、证券期货行政监管机关、证券期货交易所等；第（六）项的"市场出现重大异常波动等特定时段"侧重于市场状态的考量，即并不是指发生某一特定重大事件，而是必须发生市场反应，即“市场出现重大异常波动”时；第（七）项的“恶劣社会影响或其他严重后果”通常是市场反应之外的负面影响，如造成重大负面舆情、造成原本正常的公司破产、造成他人自杀等。

（三）关于“情节特别严重”的认定标准

在“情节严重”认定标准的基础上，《解释》第四条第一款规定了六种“情节特别严重”的认定标准，第二款规定了“数额+情节”的七种情形。参照《内幕交易罪司法解释》有关规定，证券交易成交数额或者期货交易占用保证金数额按照“情节严重”数额标准的五倍确定“情节特别严重”的标准。对于第（六）项违法所得数额标准，考虑本条第二款还规定了违法所得数额减半应当认定为“情节特别严重”的七种情形，故第一款规定的违法所得数额按照“情节严重”数额标准的十倍予以确定。需要说明的是，《解释》第二条第（六）项从撤单比例方面规定了“恍骗交易操纵”的“情节严重”的入罪标准，考虑到“恍骗交易操纵”仅是一个交易日的操纵，对市场的危害性有限，故《解释》没有规定“情节特别严重”的情形。

——姜永义、陈学勇、朱宏伟：《〈关于办理操纵证券、期货市场刑事案件适用法律若干问题的解释〉的理解与适用》，载《人民法院报》2020 年 3 月 12 日，第 5 版。

518 刑法第一百八十二条中“自己实际控制的账户”的认定

关键词 | 操纵证券、期货市场罪 | 自己实际控制的账户 |

【最高人民法院司法解释】

第五条　下列账户应当认定为刑法第一百八十二条中规定的“自己实际控制的账户”：

（一）行为人以自己名义开户并使用的实名账户；

（二）行为人向账户转入或者从账户转出资金，并承担实际损益的他人账户；

（三）行为人通过第一项、第二项以外的方式管理、支配或者使用的他人账户；

（四）行为人通过投资关系、协议等方式对账户内资产行使交易决策权的他人账户；

（五）其他有证据证明行为人具有交易决策权的账户。

有证据证明行为人对前款第一项至第三项账户内资产没有交易决策权的除外。

——《最高人民法院、最高人民检察院关于办理操纵证券、期货市场刑事案件适用法律若干问题的解释》(2019 年 7 月 1 日，法释〔2019〕9 号)。

【链接：理解与适用】

(四)关于“自己实际控制的账户”的认定问题

实践中，行为人操纵证券、期货市场时，为规避监管，绝大多数不用自己名下的账户，而利用他人账户实施操纵行为，但行为人在被调查时往往拒不承认对他人账户的实际控制权。由于证券交易方式的网络化、电子化程度越来越高，技术定位越来越困难，对账户究竟由谁控制越来越难认定。结合实际，《解释》第五条规定了四种应当认定为行为人“自己实际控制的账户”的情形：第(一)项是行为人以自己名义开户并使用的实名账户，第(二)项是行为人向账户转入或者从账户转出资金，并承担实际损益的他人账户，第(三)项是行为人通过第(一)项、第(二)项以外的方式管理、支配或者使用的他人账户，第(四)项是行为人通过投资关系、协议等方式对账户内资产行使交易决策权的他人账户。同时还规定了“自己实际控制的账户”的例外情形，即有证据证明行为人对第(一)至(三)项账户内资产没有交易决策权的除外。

在操纵案中，“对他人账户的控制”的核心是对他人账户交易行为具有决策权，即有了对他人账户交易行为的决策权，才能利用该账户对证券、期货实施操纵。由于现实中很难证明交易决策权的存在，故一般根据行为人对账户存在实际使用情形，认定行为人对该账户具有交易决策权。但实践中也存在少数情况，虽然行为人对一个账户存在实际使用，但其对该账户的交易确实没有决策权，而是根据其他人的意志进行交易，故将有证据证明行为人对该条第(一)至(三)项账户内资产没有交易决策权的排除在外。

需要说明的是，该条对“自己实际控制的账户”的解释，主要是为了解决司法实践中“对他人账户的控制”的认定问题。虽然“自己实际控制的账户”的规定仅出现在刑法第一百八十二条第一款第(三)项中，但实践中该条第一款全部四项规定中均存在“自己实际控制的账户”的问题，故对“自己实际控制的账户”所在条款，笼统地表述为“刑法第一百八十二条中”，而不具体规定为“刑法第一百八十二条第一款第三项中”。

——姜永义、陈学勇、朱宏伟：《〈关于办理操纵证券、期货市场刑事案件适用法律若干问题的解释〉的理解与适用》，载《人民法院报》2020 年 3 月 12 日，第 5 版。

519 操纵“新三板”市场的认定问题

关键词｜操纵证券、期货市场罪｜新三板｜

【最高人民法院司法解释】

第十条　对于在全国中小企业股份转让系统中实施操纵证券市场行为，社会危害性大，严重破坏公平公正的市场秩序的，比照本解释的规定执行，但本解释第二条第一项、第二项和第四条第一项、第二项除外。

——《最高人民法院、最高人民检察院关于办理操纵证券、期货市场刑事案件适用法律若干问题的解释》（2019年7月1日，法释〔2019〕9号）。

【链接：理解与适用】

（六）关于操纵“新三板”市场的认定问题

目前我国证券市场包括主板、中小板、创业板和“新三板”（全国中小企业股份转让系统），以及新设立的科创板。“新三板”市场与主板市场的主要区别是公司入市的程序和资质不同，但对证券交易的诚实信用原则、公开公正公平交易原则、稳定有序的市场秩序的要求都是相同的，故对于新三板市场中的违法犯罪行为理应坚持相同的惩罚原则。操纵主板、中小板、创业板、“新三板”、科创板证券，构成操纵证券市场犯罪的，依照《解释》的规定定罪处罚。但对操纵“新三板”证券市场行为，考虑到目前“新三板”证券市场对合格投资者适当性有较高要求，市场流动性不高，特别是在一些交易稀少的证券中，一些轻微的操纵行为就可能达到本解释所规定的相关交易行为所占比例的入罪标准。据此，《解释》第十条规定对操纵“新三板”证券市场行为，比照本《解释》的规定执行，不适用本《解释》第二条第（一）（二）项和第四条第（一）（二）项有关比例标准，所参考的主要是行为类型、违法所得、交易金额等，相关交易行为所占比例的标准在适用时应当排除适用，确保准确惩治操纵“新三板”证券市场犯罪。

——姜永义、陈学勇、朱宏伟：《〈关于办理操纵证券、期货市场刑事案件适用法律若干问题的解释〉的理解与适用》，载《人民法院报》2020年3月12日，第5版。

520 非法侵入计算机信息系统抬高股票价格获利行为的定性

关键词｜操纵证券、期货市场罪｜破坏计算机信息系统罪｜犯罪目的｜

【最高人民法院公报案例】

赵喆操纵证券交易价格案(一审法院:上海市静安区人民法院)

要旨:为了获取非法利益,利用修改计算机信息系统存储数据的方法,人为地操纵股票价格,扰乱股市交易秩序,侵犯了国家对证券的管理制度和投资者的合法权益,其行为构成操纵证券交易价格罪①,而非破坏计算机信息系统罪。

刑法第二百八十六条第二款规定,“违反国家规定,对计算机信息系统中存储、处理或者传输的数据和应用程序进行删除、修改、增加的操作,后果严重的”,是破坏计算机信息系统罪。此罪侵犯的客体,是国家对计算机信息系统设立的安全保护制度。刑法第一百八十二条规定,“有下列情形之一,操纵证券交易价格,获取不正当利益或者转嫁风险,情节严重的”,构成操纵证券交易价格罪,其中第(四)项将“以其他方法操纵证券交易价格”规定为犯罪情形之一。此罪侵犯的客体,是国家对证券的管理制度和投资者的合法权益。被告人赵喆的整个行为,从现象上看是非法侵入了他人的计算机信息系统,修改了他人计算机信息系统中存储的数据,致使他人计算机信息系统的部分信息遭到破坏。这些表象,与刑法第二百八十六条第二款规定的犯罪行为相似。但是赵喆并非以破坏国家对计算机信息系统设立的安全保护制度为目的实施犯罪行为,其行为主观上是想在引起股票价格异常上涨时抛售股票获利,客观上引起了股市价格的异常波动,结果也确实使自己及朋友获得了利益,而给三亚营业部造成二百九十五万余元的损失。赵喆的犯罪,虽然使用的手段牵连触犯了刑法第二百八十六条第二款的规定,但是侵犯的客体是刑法第一百八十二条所保护的国家对证券的管理制度和投资者的合法权益,因此构成的是操纵证券交易价格罪,不是破坏计算机信息系统罪。检察机关指控的罪名成立。

——《最高人民法院公报》2000 年第 2 期。

(六)洗钱罪

521 洗钱犯罪中明知的司法认定②

关键词 | 洗钱罪 | 明知 |

---

① 罪名已调整为“操纵证券、期货市场罪”。

② 经刑法修正案(十一)修正后的刑法第一百九十一条删除了“明知”规定。但洗钱罪为故意犯罪,必须要求明知是犯罪的违法所得及其产生的收益,仍为其洗钱的才构成犯罪。

【最高人民法院司法解释】

第一条　刑法第一百九十一条、第三百一十二条规定的“明知”，应当结合被告人的认知能力，接触他人犯罪所得及其收益的情况，犯罪所得及其收益的种类、数额，犯罪所得及其收益的转换、转移方式以及被告人的供述等主、客观因素进行认定。

具有下列情形之一的，可以认定被告人明知系犯罪所得及其收益，但有证据证明确实不知道的除外：

（一）知道他人从事犯罪活动，协助转换或者转移财物的；

（二）没有正当理由，通过非法途径协助转换或者转移财物的；

（三）没有正当理由，以明显低于市场的价格收购财物的；

（四）没有正当理由，协助转换或者转移财物，收取明显高于市场的“手续费”的；

（五）没有正当理由，协助他人将巨额现金散存于多个银行账户或者在不同银行账户之间频繁划转的；

（六）协助近亲属或者其他关系密切的人转换或者转移与其职业或者财产状况明显不符的财物的；

（七）其他可以认定行为人明知的情形。

被告人将刑法第一百九十一条规定的某一上游犯罪的犯罪所得及其收益误认为刑法第一百九十一条规定的上游犯罪范围内的其他犯罪所得及其收益的，不影响刑法第一百九十一条规定的“明知”的认定。

——《最高人民法院关于审理洗钱等刑事案件具体应用法律若干问题的解释》（2009 年 11 月 11 日，法释〔2009〕15 号）。①

【链接：理解与适用】

《解释》第一条主要解决了明知的客观推定和明知的对象内容两个问题。

第一，明知的客观推定。《解释》的基本意见是：明知不意味着确实知道，确定性认识和可能性认识均应纳入明知范畴。这是我国司法实践中长期坚持的一贯立场，相关公约文件对基于客观实际情况的推定也提出了明确要求。为方便司法操作，强化《解释》的司法指导作用，《解释》对明知的具体认定采取了概括加列举的表述方式，除对认定原则作出一般性规定，即“刑法第一百九十一条、第三百一十二条规定的‘明知’，应当结合行为人的认知能力，接触他人犯罪所得及其收益的情

① 对于本司法解释的适用，需要根据经刑法修正案（十一）修正后的刑法第一百九十一条的规定妥当把握。

况，犯罪所得及其收益的种类、数额，犯罪所得及其收益的转换、转移方式以及行为人的供述等主、客观因素进行认定”，还结合实践中的具体个案情况列举了六种推定明知的具体情形：

1. 本条第二款第（一）项在规定“协助转换或者转移财物”的同时，要求行为人知道他人从事犯罪活动，是因为这里同样存在一个推定的问题。刑法规定的是行为人明知所处理的财物系他人犯罪所得及其收益，从知道他人从事犯罪活动到知道财物来源于该犯罪活动，需要一个推定判断的过程，尽管这一推定结论明显符合常理和举证责任的一般要求。《解释》在此予以明确，是为了消除实践中在该问题理解和认定上可能出现的种种疑虑。

2. 第（二）至（五）项规定的四种情形，即通过非法途径协助转换或者转移财物、以明显低于市场的价格收购财物、协助转换或者转移财物时收取明显高于市场的手续费、协助他人将巨额现金散存于多个银行账户或者在不同银行账户之间频繁划转等，均属于洗钱行为的典型表现形式。一般情况下，根据这些行为方式本身即可推定行为人的主观明知，这里作出“没有正当理由”的限定，主要是出于科学、严谨、审慎方面的考虑，以避免因绝对化表述而可能导致的冤及无辜以及客观归罪或者有罪推定的批评。一是现实中的情况较为复杂，不能完全排除例外情形。比如，出于逃避外汇监管、套取外商政策、快捷简便地获得国际汇款服务、逃税避税、为违法犯罪活动清算资金等合法或者非法原因，实践中存在大量通过地下钱庄等非法途径转移合法资金的情形。二是根据刑事诉讼法的规定，证明犯罪人有罪的责任应当由控方承担。主观明知属于控方的查证范畴，根据客观事实推定主观明知需在确保无例外的前提下方能成立，否则为举证责任的不当转移。

第（三）（四）项没有给出一个具体的数额判断标准，而是代之以明显低于市场或者明显高于市场等相对原则的规定，主要是考虑到实践中的情况较为复杂，不宜一概而论，藉此为司法实践结合个案情况进行具体裁量留下空间。实践中在理解和认定明显低于市场或者明显高于市场时，可以结合行为当时当地的市场行情、低于或者高于市场的绝对数、比例数以及转换或者转移犯罪所得及其收益的次数等综合认定。比如，在黄广锐洗钱案中，其帮助走私犯罪分子转移赃款的手续费为赃款换成港币后的千分之一，但多次帮助该走私犯罪分子转款境外达三年之久，共计转款一亿三千万元，个人获利十余万元。本案虽然比例数相对较低，但绝对数很高，且被告人长期以此为业，逃避金融监管，故可推定其存在主观明知。

第（五）项规定中的巨额现金的认定起点，根据《金融机构大额交易和可疑交易报告管理办法》的规定和我国人均国民收入水平，各地目前可考虑以二十万元为参照标准，结合当地经济发展水平适当浮动。理由如下：（1）根据《金融机构大额交易和可疑交易报告管理办法》规定，二十万元属于大额交易的认定起点；（2）诸多司法解释文件均将二十万元作为定罪量刑的重要界点，比如，诈骗中的数额特别巨大、挪用公款中的数额巨大、渎职犯罪中的追诉起点等；(3)2007 年我国人均国民收入为 19524 元，2008 年为 22698 元，二十万元相当于该收入水平的十倍，对于社会公众而言，绝非一个小数字；(4)数额仅仅是判断的一个方面，这里更加侧重的是另外两个方面，一是现金，二是存在可疑因素(非正常的现金处理)，本起点数额看似偏低，但综合看基本符合当前的实际情况。

3. 第(六)项未规定没有正当理由的限制条件，主要是考虑到：从行为人与上游犯罪人之间存在的近亲属或者其他密切关系，已经足以判断出行为人对上游犯罪人的经济状况以及所处理财物的性质存在主观明知。而且，该款还作了“但有证据证明确实不知道的除外”的总的规定，可以有效防止司法推定的绝对化。比如，在晏大彬受贿、付尚芳洗钱一案中，付尚芳将其丈夫晏大彬交给她的九百四十三万余元受贿款，以本人或者他人的名义先后用于购买房产、投资金融理财产品或者存入银行。尽管晏大彬让付尚芳处理这些现金时未告诉其来源，但凭借晏、付二人的夫妻关系，付足以判断这些现金属于晏受贿所得，付本人也供称肯定不是正当途径来的，应该是晏的受贿所得，故法院认定付尚芳构成洗钱罪。

4.《解释》起草之初曾在第一条第一款对明知作出说明，即明知是指知道或者应当知道。专家论证会上有意见指出，尽管过去相关司法解释文件有类似表述，但从理论上看并不严谨，应当知道包括确实不知道或者说过失的情形，而《解释》强调的是明知可以通过客观证据来推定，并非要将过失的情形涵括在内。考虑到国外不乏将过失洗钱规定为犯罪的立法例，为避免司法中可能出现的不必要的误解，坚持我国洗钱犯罪为故意犯罪的立法本意，《解释》删去了该文字表述。

第二，明知的对象内容。《解释》的基本意见是：行为人对七类上游犯罪的违法所得及其收益具有概括性认识即告充足，而不要求特定到某一具体的上游犯罪所得及其收益。理由是：将明知的对象内容严格限定为七类上游犯罪中的具体类别犯罪的违法所得及其收益，与我国刑法关于认识错误的一般理论不符。行为人在七类上游犯罪的范围内将此类犯罪所得及其收益误认为彼类犯罪所得及其收益，因两者在法律性质上是一致的，不属于对犯罪构成要件对象的认识错误，故不应影响案件的定性。基于此，《解释》第一条第三款规定，“被告人将刑法第一百九十一条规定的某一上游犯罪的犯罪所得及其收益误认为刑法第一百九十一条规定的上游犯罪范围内的其他犯罪所得及其收益的，不影响刑法第一百九十一条规定的‘明知’的认定”。同时应当注意到，如行为人将七类上游犯罪所得及其收益误认为系其他犯罪所得及其收益的，因存在法定构成要件的认识错误，则不应以刑法第一百九十一条规定的洗钱罪处理。

——刘为波：《〈关于审理洗钱等刑事案件具体应用法律若干问题的解释〉的

理解与适用》，载《人民司法 · 应用》2009 年第 23 期。

（三）关于洗钱罪故意的判断

1997 年刑法明确规定行为人“明知”是毒品犯罪等七类犯罪的所得及其产生的收益，而予以洗钱的构成犯罪。对于“明知”的判断，《洗钱犯罪司法解释》第一条规定，应当结合被告人的认知能力，接触他人犯罪所得及其收益的情况，犯罪所得及其收益的种类、数额，犯罪所得及其收益的转换、转移方式以及被告人的供述等主、客观因素进行认定。司法解释在概括性规定的基础上，为方便司法操作还采用具体列举方式，列举了六种推定明知的情形，除有证据证明确实不知道的之外，均可以认定行为人对犯罪所得及其收益具有主观明知。

修正后刑法第一百九十一条洗钱罪删除了“明知”规定。有的观点提出，删除“明知”意味着本罪的主观方面也相应地进行了修改，会对犯罪认定带来负面影响。其一，容易产生客观归罪的情况。可能将行为人只要认为对方资金来路不明的间接故意、疏于审查资金来源的过失情形纳入刑事处罚范围，导致入罪门槛降低。其二，取消“明知”会加重金融机构的反洗钱义务，甚至面临刑事处罚的风险。我国反洗钱法第三条规定金融机构和按照规定应当履行反洗钱义务的特定非金融机构应履行反洗钱义务。删除“明知”会导致义务主体未履行相应反洗钱职责、未尽到合理注意义务的情形下，即可能构成犯罪，面临着刑事责任追究的风险。经研究认为，这种观点不能成立。洗钱罪为故意犯罪，必须要求明知是犯罪的违法所得及其产生的收益，仍为其洗钱的才构成犯罪。“掩饰、隐瞒”行为本身就带有故意实施相关行为的意思，在具体认定上，与“明知”要件存在一定程度的重复。在理解上，不再要求对某一种具体上游犯罪的罪名具备“明知”，如果犯罪所得及其收益确实来源于恐怖活动犯罪、走私犯罪、贪污贿赂犯罪等特定上游犯罪，最终不能以洗钱罪定罪处罚，将不能充分体现罚当其罪，与罪责刑相适应原则也不一致。①

——杨万明主编：《〈刑法修正案（十一）〉条文及配套〈罪名补充规定（七）〉理解与适用》，人民法院出版社 2021 年版，第 163—164 页。

【最高人民法院司法文件】

6. 主观上认识到是刑法第一百九十一条规定的上游犯罪的所得及其产生的收益，并实施该条第一款规定的洗钱行为的，可以认定其具有掩饰、隐瞒犯罪所得及其收益的来源和性质的目的，但有证据证明不是为掩饰、隐瞒犯罪所得及其收益的来源和性质的除外。

---

① 参见许永安主编：《中华人民共和国刑法修正案（十一）解读》，中国法制出版社 2021 年版，第 137 页。

8. 主观上认识到是刑法第一百九十一条规定的上游犯罪的所得及其产生的收益，包括知道或者应当知道。其中："知道"是指根据犯罪嫌疑人、被告人的供述、证人证言等证据，可以直接证明犯罪嫌疑人、被告人知悉、了解其所掩饰、隐瞒的是刑法第一百九十一条规定的上游犯罪的所得及其产生的收益；"应当知道"是指结合查证的主、客观证据，可以证明犯罪嫌疑人、被告人知悉、了解其所掩饰、隐瞒的是刑法第一百九十一条规定的上游犯罪的所得及其产生的收益。

认定主观认知，应当结合犯罪嫌疑人、被告人的身份背景、职业经历、认知能力及其所接触、接收的信息，与上游犯罪嫌疑人、被告人的亲属关系、上下级关系、交往情况、了解程度、信任程度，接触、接收他人犯罪所得及其收益的情况，犯罪所得及其收益的种类、数额，犯罪所得及其收益的转换、转移方式，交易行为、资金账户的异常情况，以及犯罪嫌疑人、被告人的供述及证人证言等主、客观因素，进行综合分析判断。对于犯罪嫌疑人、被告人的供述和辩解，要结合全案证据进行审查判断。

9. 主观上认识到是刑法第一百九十一条规定的上游犯罪的所得及其产生的收益，是指对上游犯罪客观事实的认识，而非对行为性质的认识。将某一上游犯罪的所得及其产生的收益认为是该条规定的其他上游犯罪的所得及其产生的收益的，不影响主观认知的认定。

——《最高人民法院、最高人民检察院、公安部关于办理洗钱刑事案件若干问题的意见》(2020年11月6日，法发〔2020〕41号)。

522 关于刑法第一百九十一条规定的以"其他方法"进行洗钱的理解

关键词｜洗钱罪｜其他方法｜

【最高人民法院司法解释】

第二条　具有下列情形之一的，可以认定为刑法第一百九十一条第一款第(五)项规定的"以其他方法掩饰、隐瞒犯罪所得及其收益的来源和性质"：

(一)通过典当、租赁、买卖、投资等方式，协助转移、转换犯罪所得及其收益的；

(二)通过与商场、饭店、娱乐场所等现金密集型场所的经营收入相混合的方式，协助转移、转换犯罪所得及其收益的；

(三)通过虚构交易、虚设债权债务、虚假担保、虚报收入等方式，协助将犯罪所得及其收益转换为"合法"财物的；

(四)通过买卖彩票、奖券等方式，协助转换犯罪所得及其收益的；

(五)通过赌博方式，协助将犯罪所得及其收益转换为赌博收益的；

（六）协助将犯罪所得及其收益携带、运输或者邮寄出入境的；

（七）通过前述规定以外的方式协助转移、转换犯罪所得及其收益的。

——《最高人民法院关于审理洗钱等刑事案件具体应用法律若干问题的解释》（2009年11月11日，法释〔2009〕15号）。

【链接：理解与适用】

《解释》第二条规定既是刑法第一百九十一条第一款第（五）项规定的其他洗钱方法的细化规定，同时又有进一步澄清洗钱行为实质的深层考虑。

从公约文件看，洗钱行为表现为两类：一是基于掩饰、隐瞒财产的非法来源或者帮助上游犯罪人逃避刑事追究之目的而转换或者转移犯罪所得的行为；二是掩饰、隐瞒上游犯罪所得的真实性质、来源等的行为。对于这两类行为的惩罚，在我国刑法中主要通过刑法第一百九十一条、第三百一十二条规定来具体落实。当前实践中的主要问题是：刑法第一百九十一条规定得较为具体，对于针对七类特定上游犯罪的洗钱行为是否具有足够的包容性？突出表现在：刑法第一百九十一条第一款第（一）至（四）项规定主要是针对通过银行类金融机构实施的洗钱行为，同时考虑到刑法第一百九十一条是作为破坏金融管理秩序罪来规定的，实践部门对于非通过银行类金融机构特别是通过金融机构以外的其他途径进行的转换、转移、掩饰、隐瞒行为是否可以通过本条第（五）项关于“以其他方法掩饰、隐瞒犯罪的违法所得及其收益的性质和来源”的规定来理解，存在疑虑，类似案件实践中多数是以第三百一十二条规定来处理或者不作为犯罪处理。

我们认为，两个法条的区分界限应落脚在是否为特定上游犯罪上，而非具体的行为方式。实践中存在的所有洗钱行为，包括通过商业银行等银行类金融机构，证券公司、保险公司等非银行类金融机构，商品交易、企业收购、投资等非金融途径以及地下钱庄、赌博、购彩、走私等非法途径实施的洗钱犯罪。只要其对象属于刑法第一百九十一条规定的上游犯罪的犯罪所得及收益，即应以刑法第一百九十一条规定的洗钱罪定罪处罚。

为方便司法操作，经对实践中发生较多的一些洗钱方式甄别分类、概括提炼，形成了本条规定的六种情形。在规定该六种情形时，主要有两点考虑：一是与刑法条文已经列明的四种情形严格区分；二是要有一定的包容性，不宜过于琐细。具体说明如下：

1. 通过典当、租赁、买卖、投资等方式，协助转移、转换犯罪所得及其收益。规定本情形主要解决两个问题：一是拾遗。即便从金融机构角度看，刑法第一百九十一条第一款第（二）项关于将财产转换为现金、金融票据、有价证券的规定也不全，比如期货、保险、黄金领域未作规定。二是补缺。第一百九十一条第一款第（二）

项仅规定将财产转换为现金、金融票据、有价证券行为，未对反向行为作出规定。同时，鉴于典当、租赁、投资领域也经常为洗钱犯罪所利用，故在此一并规定。实践中通过商品买卖进行洗钱主要表现为以犯罪所得购买贵重金属、古玩字画、房产等大宗贵重物品以及利用进出口贸易进行跨境洗钱活动等；通过投资进行洗钱主要表现为收购企业、购买股票等有价证券以及保险等。

2. 通过与商场、饭店、娱乐场所等现金密集型场所的经营收入相混合的方式，协助转移、转换犯罪所得及其收益。现金密集型行业主要是指零售、服务等行业，这类行业现金流量大，难以监管，不时掺入犯罪财产，与合法收入一同申报纳税难以被发现，故易为洗钱犯罪所用。现代意义上的洗钱概念即渊源于此。

3. 通过虚构交易、虚设债权债务、虚假担保、虚报收入等方式，协助将犯罪所得及其收益转换为合法财物。虚构交易与前述真实交易有所不同，前者侧重掩饰、隐瞒；后者侧重转移、转换。虚构交易主要体现为：通过空壳公司等在无真实交易的情况下虚买虚卖、自买自卖或者以高价购买低价物品，将赃钱合法转移给同伙。虚设债权、虚假担保与虚构交易道理相通。虚假担保在实践中主要表现为：以犯罪所得作抵押、质押取得银行合法贷款，贷款到期不还贷，抵押物、质押物交由银行变卖受偿。

4. 通过买卖彩票、奖券等方式，协助转换犯罪所得及其收益。实践中通过购买彩票、奖券等方式的洗钱，主要有三种表现：一是协助购买他人已经中彩、中奖的票券；二是协助以犯罪所得去购买彩票、奖券，并事实上中奖、中彩；三是协助用犯罪所得去购买彩票、奖券，但未能中奖、中彩。该三种情形均属对犯罪所得及其收益的转移、转换行为，故均应以洗钱犯罪论处。

5. 通过赌博方式，协助将犯罪所得及其收益转换为赌博收益。征求意见和专家论证时，有意见提出，赌博也是违法犯罪行为，不存在把赃钱合法化的问题。《解释》对此予以保留，主要有三个方面的考虑：一是赌场是一个较为典型的洗钱场所，性质上非法并不意味实践中不存在；二是当前国内存在不少通过境外赌场、网上赌场洗钱的情形；三是洗钱并不意味着非得把黑钱洗白（合法化），公约文件强调对洗钱的三个不同阶段（放置、分层、混同）均需打击。

6. 协助将犯罪所得及其收益携带、运输或者邮寄出入境。为逃避金融监测、监管，通过人体、所携行李或者交通工具偷运犯罪所得出入境，或者利用国际邮件夹带现金将赃款邮寄出入境，正日益成为重要的洗钱手段。刑法第一百九十一条仅明确了协助将资金汇往境外的洗钱手段，存在明显不足。为满足实践中的打击需要，《解释》对此予以明确。此外，对利用地下钱庄、哈瓦那等替代性兑换、汇款机制进行洗钱的行为，也应依法追究刑事责任。

——刘为波：《〈关于审理洗钱等刑事案件具体应用法律若干问题的解释〉的

理解与适用》，载《人民司法 · 应用》2009 年第 23 期。

523 上游犯罪情形对洗钱罪等犯罪认定的影响

关键词｜洗钱罪｜上游犯罪｜

【最高人民法院司法解释】

第四条 刑法第一百九十一条、第三百一十二条、第三百四十九条规定的犯罪，应当以上游犯罪事实成立为认定前提。上游犯罪尚未依法裁判，但查证属实的，不影响刑法第一百九十一条、第三百一十二条、第三百四十九条规定的犯罪的审判。

上游犯罪事实可以确认，因行为人死亡等原因依法不予追究刑事责任的，不影响刑法第一百九十一条、第三百一十二条、第三百四十九条规定的犯罪的认定。

上游犯罪事实可以确认，依法以其他罪名定罪处罚的，不影响刑法第一百九十一条、第三百一十二条、第三百四十九条规定的犯罪的认定。

本条所称“上游犯罪”，是指产生刑法第一百九十一条、第三百一十二条、第三百四十九条规定的犯罪所得及其收益的各种犯罪行为。

——《最高人民法院关于审理洗钱等刑事案件具体应用法律若干问题的解释》（2009 年 11 月 11 日，法释〔2009〕15 号）。

【链接：理解与适用】

《解释》第四条主要解决洗钱犯罪案件的审判和认定程序问题。

洗钱罪与上游犯罪密不可分，没有上游犯罪，就没有洗钱这一下游犯罪。那么，在程序上是否要求上游犯罪经人民法院先行判决确认，才能认定洗钱罪成立？《解释》对此持否定意见。主要考虑是：（1）上游犯罪与洗钱犯罪的侦查、审查起诉以及审判活动很难做到同步进行，此外，实践中还存在一些因上游犯罪人在境外、死亡等客观原因而难以对上游犯罪人诉诸刑事程序的情形，一律要求上游犯罪经定罪判刑后才能审判洗钱犯罪，既不符合立法精神，也不利于打击。（2）是否存在上游犯罪，完全可以作为洗钱犯罪的案内事实来审查，这已经成为司法实践中的一般处理原则。例如，在汪照洗钱案中，洗钱罪和其上游犯罪——毒品犯罪的判决由人民法院分别作出，而在洗钱罪判决前，毒品犯罪尚未审结；在潘儒民等洗钱案中，虽然上游犯罪人“阿元”未被抓获归案，但是根据被害人的陈述、被告人的供述以及有关书证材料，足以认定上游犯罪成立，故法院直接判处潘儒民等构成洗钱罪。类似的做法也常见于立功等量刑情节以及其他一些犯罪的认定处理。比如，对于签订、履行合同失职被骗罪的认定，相关文件明确提出，“司法机关在办理案件过程中，只要认定对方当事人的行为已经涉嫌构成诈骗犯罪，就可依法认定行为人构成签订、履行合同失职被骗罪或者国家机关工作人员签订、履行合同失职罪，而不需要搁置或者中止审理，直至对方当事人被人民法院审理并判决构成诈骗犯罪”。(3)金融行动特别工作组“反洗钱40条建议”明确要求将洗钱犯罪在程序上作为一个独立自足的犯罪来处理。基于此，《解释》第四条第一款规定：“刑法第一百九十一条、第三百一十二条、第三百四十九条规定的犯罪，应当以上游犯罪事实成立为认定前提。上游犯罪尚未依法裁判，但查证属实的，不影响刑法第一百九十一条、第三百一十二条、第三百四十九条规定的犯罪的审判。”适用本款规定时应当注意到，在上游犯罪未经审判确认甚至是上游犯罪人尚未归案的情况下，上游犯罪存在与否具有诸多不确定性，审理此类洗钱案件的法院应当慎重行事，严格把握。只有根据案件事实足以认定上游犯罪事实成立的，才能认定洗钱犯罪成立。《解释》在赋予洗钱案件审理程序的相对独立性的同时，并无降低此类洗钱案件的证明标准之意，恰恰相反，《解释》增加了司法机关对于此类洗钱案件的查证要求。

《解释》第四条第二款是针对依照刑事诉讼法第十五条规定不予追究刑事责任的情形作出的规定。根据刑法第六十四条规定以及《最高人民法院、最高人民检察院、公安部、国家安全部、司法部、全国人大常委会法制工作委员会关于刑事诉讼法实施中若干问题的规定》第十九条关于“对于在侦查、审查起诉中犯罪嫌疑人死亡，对犯罪嫌疑人的存款、汇款应当依法予以没收或者返还被害人的，可以申请人民法院裁定通知冻结犯罪嫌疑人存款、汇款的金融机构上缴国库或者返还被害人”的规定，此情形下犯罪所得及其收益的性质不变，故针对此类犯罪所得及其收益实施的洗钱行为，同样构成犯罪并应依法追究刑事责任。

《解释》第四条第三款关于“上游犯罪事实可以确认，依法以其他罪名定罪处罚的，不影响刑法第一百九十一条、第三百一十二条、第三百四十九条规定的犯罪的认定”的规定，主要是考虑到实践中存在一些吸收犯、牵连犯，法院虽然认可了某一上游犯罪，但因被其他更重的犯罪所吸收，在处理上未再按数罪并罚的原则处理的情形。经研究，此种情形虽然在最后的量刑上未将上游犯罪作为一个单独的犯罪来评价，但不影响上游犯罪的性质认定以及相关洗钱犯罪的处理。

——刘为波：《〈关于审理洗钱等刑事案件具体应用法律若干问题的解释〉的理解与适用》，载《人民司法·应用》2009年第23期。

【最高人民法院司法文件】

7. 刑法第一百九十一条规定的洗钱罪，应当以上游犯罪事实成立为认定前提。上游犯罪是否既遂，不影响洗钱罪的认定。上游犯罪尚未依法裁判，但查证属实的，不影响洗钱罪的认定。

上游犯罪事实经查证属实，因行为人死亡、未达到刑事责任年龄等原因依法不予追究刑事责任的，不影响洗钱罪的认定。

——《最高人民法院、最高人民检察院、公安部关于办理洗钱刑事案件若干问题的意见》（2020 年 11 月 6 日，法发〔2020〕41 号）。

【最高人民法院参考案例】

潘儒民、祝素贞、李大明、龚媛洗钱案（《刑事审判参考》案例第 471 号）

要旨：上游犯罪行为人虽未被定罪判刑，洗钱行为的证据确实、充分的，可以认定为洗钱罪。是否通谋，是区分上游犯罪共犯与洗钱罪的关键。区分洗钱罪与掩饰、隐瞒犯罪所得、犯罪所得收益罪应当注意，成立洗钱罪要求其行为必须造成对国家金融管理秩序的侵害。

（一）上游犯罪行为人虽未被定罪判刑，洗钱行为的证据确实、充分的，可以认定为洗钱罪

洗钱罪与上游犯罪的关系密不可分，可以说，如果没有上游犯罪，就没有洗钱罪和掩饰、隐瞒犯罪所得、犯罪所得收益罪这些下游犯罪、派生犯罪。那么，是否必须上游犯罪行为人已经被法院定罪判刑，才能认定为洗钱罪？答案是否定的。我们认为，只要有证据证明确实发生了刑法第一百九十一条明文规定的上游犯罪，行为人明知系上游犯罪的所得及其产生的收益，仍然实施为上游犯罪行为人提供资金账户、协助将财产转换为现金等掩饰、隐瞒其来源和性质的帮助行为的，就可以认定洗钱罪成立。

（二）是否通谋，是区分上游犯罪共犯与洗钱罪的关键

一般而言，如果上游犯罪正在查处或已经查处完毕，比较容易判断洗钱行为人是否为上游犯罪的共犯；但在上游犯罪行为人在逃的情况下，因掌握的证据有限，可能难以判断是否事先有共谋。在这种情况下，法院应当根据已掌握的证据情况，认真进行甄别：能够认定事先确有共谋的，则认定为上游犯罪的共犯，并根据行为人在共同犯罪中的地位、作用作出判决；如果根据现有的证据难以判定其与上游行为人存在共谋，但其实施洗钱行为的证据确实、充分的，应当就轻认定为洗钱罪。

（三）洗钱罪与掩饰、隐瞒犯罪所得、犯罪所得收益罪的区别

洗钱罪与掩饰、隐瞒犯罪所得、犯罪所得收益罪的区别主要在于：第一，犯罪客体不完全相同。第二，上游犯罪的范围不同，洗钱罪的上游犯罪只限于刑法第一百九十一条规定的犯罪，而掩饰、隐瞒犯罪所得、犯罪所得收益罪的上游犯罪为第一百九十一条规定的犯罪以外有犯罪所得的所有犯罪。第三，洗钱罪的犯罪主体既可以是个人也可以是单位，而掩饰、隐瞒犯罪所得、犯罪所得收益罪的犯罪主体只

能是个人。

区分洗钱罪与掩饰、隐瞒犯罪所得、犯罪所得收益罪还应当注意的一点是，并非所有为刑法第一百九十一条规定的犯罪掩饰、隐瞒犯罪所得的，都构成洗钱罪。洗钱罪位列于刑法分则第三章第四节破坏金融管理秩序罪中，因此成立洗钱罪要求其行为必须造成对国家金融管理秩序的侵害，这是构成本罪客体要件的必然要求，从刑法第一百九十一条列举的上述几种行为方式可以看出，前四种行为方式均借助了金融机构的相关行为，虽然第五种行为方式作为兜底条款没有明确指出具体方式，但从洗钱罪侵犯的客体出发，实践中认定是否属于该种行为仍需要该行为体现出对国家金融管理秩序的侵害才能构成。如果行为人所实施的掩饰、隐瞒行为并未侵犯国家的金融监管秩序，例如行为人明知某一贵重物品系他人受贿所得，仍帮助他人窝藏、转移该物品，以逃避司法机关的查处，该行为主要侵害了司法机关的查处活动，并未侵害国家的金融监管秩序，因此不能认定符合刑法第一百九十一条规定的第五种行为方式，而是属于刑法第三百一十二条所规定的窝藏、转移赃物行为，应当认定为掩饰、隐瞒犯罪所得罪，而非洗钱罪。

——《刑事审判参考》(总第60辑)。

524 洗钱罪等犯罪条款的竞合处理

关键词｜洗钱罪｜掩饰、隐瞒犯罪所得、犯罪所得收益罪｜窝藏、转移、隐瞒毒品、毒赃罪｜

【最高人民法院司法解释】

第三条　明知是犯罪所得及其产生的收益而予以掩饰、隐瞒，构成刑法第三百一十二条规定的犯罪，同时又构成刑法第一百九十一条或者第三百四十九条规定的犯罪的，依照处罚较重的规定定罪处罚。

——《最高人民法院关于审理洗钱等刑事案件具体应用法律若干问题的解释》(2009年11月4日，法释〔2009〕15号)。

【链接：理解与适用】

《解释》第三条的规定主要解决三个洗钱犯罪条款的竞合处理问题，同时也与《解释》第二条规定相呼应，借助一般法与特别法的适用原则间接说明：刑法第三百一十二条是洗钱犯罪的一般条款，三个法条的主要区分在于犯罪对象，以此淡化三者在行为方式和行为性质上的差异。

《解释》起草过程中有意见主张，把刑法第一百九十一条规定限定为通过金融机构实施的洗钱行为,对此之外的其他方式实施的洗钱行为依照第三百一十二条或者第三百四十九条规定的犯罪处理。经研究,该主张在理论界具有一定的代表性,但不如《解释》采取的对象区分标准简单易操作,而且,与刑法修正案(六)修订刑法第三百一十二条规定的立法本意不符。在《关于〈中华人民共和国刑法修正案(六)(草案)〉的理解与适用》和《全国人民代表大会法律委员会关于〈中华人民共和国刑法修正案(六)(草案)〉修改情况的汇报》中先后提到,“刑法第一百九十一条规定的洗钱犯罪……针对一些通常可能有巨大犯罪所得的严重犯罪而为其洗钱的行为所作的特别规定;除此之外,按照刑法第三百一十二条的规定……都可按犯罪追究刑事责任,只是具体罪名不称为洗钱罪”;“除这一条(第一百九十一条)规定的对几种严重犯罪的所得进行洗钱的犯罪外,按照我国刑法第三百一十二条的规定……都是犯罪,应当追究刑事责任,只是没有使用洗钱罪的具体罪名。为进一步明确法律界限,以利于打击对其他犯罪的违法所得予以掩饰、隐瞒的严重违法行为,法律委员会经同有关部门研究,建议对刑法第三百一十二条作必要的补充修改”。可见,区分刑法第一百九十一条和第三百一十二条规定犯罪的关键在于上游犯罪,而非具体的行为方式。

起草过程中另有意见提出,既然明确了刑法第三百一十二条规定和第一百九十一条、第三百四十九条规定属于特别法与一般法的关系,则宜写明依照刑法第一百九十一条、第三百四十九条规定定罪处罚,而非现在所表述的“依照处罚较重的规定定罪处罚”。《解释》未采纳此意见,主要有两点考虑:一是两种不同表述在实践处理结果上基本一致;二是以往司法解释的表述习惯。

——刘为波:《〈关于审理洗钱等刑事案件具体应用法律若干问题的解释〉的理解与适用》,载《人民司法 · 应用》2009 年第 23 期。

【最高人民法院司法文件】

4. 刑法第一百九十一条规定的洗钱罪与刑法第三百一十二条规定的掩饰、隐瞒犯罪所得、犯罪所得收益罪是刑法特别规定与一般规定的关系。掩饰、隐瞒犯罪所得、犯罪所得收益罪包含传统的窝藏犯罪和普通的洗钱犯罪,洗钱罪是针对毒品犯罪、黑社会性质的组织犯罪、恐怖活动犯罪、走私犯罪、贪污贿赂犯罪、破坏金融管理秩序犯罪、金融诈骗犯罪等严重犯罪而为其洗钱的行为所作的特别规定。同时符合刑法第一百九十一条和第三百一十二条规定的,优先适用第一百九十一条特别规定。

10. 实施刑法第一百九十一条规定的洗钱行为,构成洗钱罪的同时,又构成刑法第三百四十九条规定的窝藏、转移、隐瞒毒赃罪,刑法第一百二十条之一规定的帮助恐怖活动罪,或者刑法第二百二十五条规定的非法经营罪的,依照处罚较重的规定定罪处罚。法律和司法解释另有规定的除外。

具有刑法第一百九十一条规定的上游犯罪的犯罪事实，又具有为其他不是同一事实的上游犯罪洗钱的犯罪事实的，分别以上游犯罪、洗钱罪定罪处罚，依法实行数罪并罚。

——《最高人民法院、最高人民检察院、公安部关于办理洗钱刑事案件若干问题的意见》（2020 年 11 月 6 日，法发〔2020〕41 号）。

525 非法从事资金支付结算业务或者非法买卖外汇，构成非法经营罪，同时又构成洗钱罪的定罪处罚

关键词｜洗钱罪｜非法经营罪｜非法从事资金支付结算业务｜非法买卖外汇｜

【最高人民法院司法解释】

第五条　非法从事资金支付结算业务或者非法买卖外汇，构成非法经营罪，同时又构成刑法第一百二十条之一规定的帮助恐怖活动罪或者第一百九十一条规定的洗钱罪的，依照处罚较重的规定定罪处罚。

——《最高人民法院、最高人民检察院关于办理非法从事资金支付结算业务、非法买卖外汇刑事案件适用法律若干问题的解释》（2019 年 2 月 1 日，法释〔2019〕1 号）。

526 如何区分掩饰、隐瞒犯罪所得罪与洗钱罪

关键词｜洗钱罪｜掩饰、隐瞒犯罪所得罪｜

【最高人民法院参考案例】

姜某掩饰、隐瞒犯罪所得案（《刑事审判参考》案例第 1103 号）

要旨：对洗钱罪和掩饰、隐瞒犯罪所得罪的区分，要重点考察两罪的犯罪对象、犯罪客体和行为方式。

第一，两罪的主要区分点是犯罪对象，也即上游犯罪的性质不同。洗钱罪的上游犯罪只限于刑法第一百九十一条规定的毒品犯罪、黑社会性质的组织犯罪、恐怖活动犯罪、走私犯罪、贪污贿赂犯罪、破坏金融管理秩序犯罪、金融诈骗犯罪这七类犯罪，掩饰、隐瞒犯罪所得、犯罪所得收益罪的上游犯罪则是除此之外的有“犯罪所得”及其收益的所有犯罪。

第二，两罪的犯罪客体有所不同。洗钱罪位列刑法分则第二章第四节破坏金融管理秩序罪中，该罪侵犯的客体是国家的金融管理秩序，同时也侵害了司法机关的职能活动，兼具妨害司法的性质。掩饰、隐瞒犯罪所得、犯罪所得收益罪位列刑法分则第六章第二节妨害司法罪中，该罪侵犯的客体主要是司法机关追诉犯罪的职能活动，也包含上游犯罪中的被害人对财物的合法权益。从立法旨趣来看，之所以把洗钱罪独立出来单列在破坏金融管理秩序罪中，设置了相较于掩饰、隐瞒犯罪所得、犯罪所得收益罪更高的法定刑，是从保障金融安全的实际需要出发，对某些特定的通常可能有巨大犯罪所得的严重犯罪而为其洗钱的行为，作出的特别规定，而在诸如恐怖活动犯罪、毒品犯罪、走私犯罪中，洗钱行为对于上游犯罪规模的扩大和犯罪的持续发生有着比普通犯罪更大的促进作用，社会危害性更大。

第三，两罪的行为方式有所差异。洗钱罪和掩饰、隐瞒犯罪所得罪的行为方式均是“掩饰、隐瞒”，但洗钱罪的表述是“掩饰、隐瞒犯罪所得及其收益的来源和性质的”，掩饰、隐瞒犯罪所得、犯罪所得收益罪的表述是“掩饰、隐瞒的”。从字面意义上看，两者有所区别。洗钱罪由于其涉及妨害金融管理秩序和破坏国家经济安全的性质，所以侧重点在于掩饰、隐瞒犯罪所得及其收益的来源和性质，也就是俗话说的把“赃钱洗白”，披上合法的外衣；而掩饰、隐瞒犯罪所得、犯罪所得收益罪的行为方式包括掩饰、隐瞒犯罪所得及其收益的来源和性质，但又不局限于此，还包括掩饰、隐瞒犯罪所得及其收益的处所等其他情况。因此，两罪之间就发生了交叉，即使上游犯罪属于洗钱罪规定的七类上游犯罪之一，但是不涉及掩饰、隐瞒犯罪所得及其收益的来源和性质的，按照罪刑法定的要求和立法本意，仍应该定掩饰、隐瞒犯罪所得、犯罪所得收益罪而非洗钱罪。

那么，如何理解“掩饰、隐瞒来源及性质”呢？我们认为，刑法第一百九十一条规定了洗钱罪的五种行为方式，即提供资金账户；协助将财产转换为现金、金融票据、有价证券；通过转账或者其他结算方式协助资金转移；协助将资金汇往境外；以其他方式掩饰、隐瞒犯罪所得及其收益的来源和性质。第五种行为方式作为兜底条款，是对列举式规定的补充归纳，应该与前四项所列举的方式具有相当性。《最高人民法院关于审理洗钱等刑事案件具体应用法律若干问题的解释》第二条的列举式规定，在刑法第一百九十一条的基础上，又进一步明确洗钱行为可以通过商业银行等银行类的金融性机构，证券公司、保险公司等非银行类金融机构，商品交易、企业收购、投资等非金融机构以及地下钱庄、赌博等非法途径实施，意图在于淡化洗钱罪在行为方式上的特殊要求。据此，“掩饰、隐瞒来源及性质”不需要局限在金融领域或通过金融机构来实现，应当将其落脚点放在资金形式的“转换”上而非“金融机构”上。洗钱罪要求行为人借助一定的金融手段或非金融手段来实现对犯罪所得及其收益的转换，它一定有一个类似交易、兑换等的转换过程。例如，行为人明知系他人受贿犯罪所得的一个名贵花瓶而为其保管,因为不涉及资金形式的"转换",只能构成掩饰、隐瞒犯罪所得罪;同理,行为人明知系他人受贿犯罪所得的现金港币而提供场所藏匿,只是物理意义上的转移、窝藏行为,行为的落脚点在于掩饰、隐瞒实物本身,而非犯罪所得的性质和来源,不涉及资金形式的"转换",仍应定掩饰、隐瞒犯罪所得罪。

——《刑事审判参考》(总第104辑)。

(七)其他

527 骗取小额贷款公司贷款的行为是否构成骗取贷款罪

关键词|骗取贷款罪|小额贷款公司|

【最高人民法院参考案例】

江树昌骗取贷款案(《刑事审判参考》案例第962号)

要旨:小额贷款公司是经银行业监督管理机构授权的省级政府部门批准设立和主管的其他金融机构;对不足以证实行为人具有非法占有目的的骗取小额贷款公司贷款的行为,构成犯罪的,应当以骗取贷款罪论处。

小额贷款公司是经银行业监督管理机构授权的省级政府部门批准设立和主管的其他金融机构。第一,非银行金融机构的批准设立可以由中国银行业监督管理委员会负责。银行业监督管理法第二条第三款的规定,对在中华人民共和国境内设立的金融资产管理公司、信托投资公司、财务公司、金融租赁公司以及经国务院银行业监督管理机构批准设立的其他金融机构的监督管理,适用本法对银行业金融机构监督管理的规定。根据这一规定,非银行金融机构的设立可以由中国银行业监督管理委员会批准。第二,小额贷款公司是经银行业监督管理机关授权的省级政府部门批准设立的。根据《指导意见》[①]第二条第四款的规定,申请设立小额贷款公司,应当向省级政府主管部门提出正式申请,经批准后,到当地工商行政管理部门申请办理注册登记手续并领取营业执照。此外,还应当在五个工作日内向当地公安机关、中国银行业监督管理委员会派出机构和中国人民银行分支机构报送相关资料。《指导意见》是由中国银行业监督管理委员会、中国人民银行共同制

---

① 即《中国银行业监督管理委员会、中国人民银行关于小额贷款公司试点的指导意见》(银监发〔2008〕23号)。

定的，所以可以认为小额贷款公司是经银行业监督管理机关授权的省级政府部门批准设立的其他金融机构。第三，小额贷款公司的主管部门是经银行业监督管理机关授权的省级政府部门。根据《指导意见》第五条第一款的规定，凡是省级政府能明确一个主管部门（金融办或者相关机构）负责对小额贷款公司的监督管理，并愿意承担小额贷款公司风险处置责任的，方可在本省（区、市）的县域范围内开展组建小额贷款公司试点。由此可以认为，中国银行业监督管理委员会、中国人民银行作为金融机构的相关主管部门授权省级政府主管部门（金融办或者相关机构）对小额贷款公司的经营活动进行监督管理。

对不足以证实行为人具有非法占有目的的骗取小额贷款公司贷款的行为，构成犯罪的，应当以骗取贷款罪论处。实践中，骗取贷款罪和贷款诈骗罪客观上都存在骗取贷款的行为，有时贷款诈骗的行为又被认定为合同诈骗罪。在认定骗取贷款罪时，应当首先对骗取贷款罪、贷款诈骗罪和合同诈骗罪的区别予以厘清。

一方面，骗取贷款罪与贷款诈骗罪、合同诈骗罪的主要区别在于行为人是否具有非法占有目的。骗取贷款罪主观方面要求行为人不具有非法占有目的，而贷款诈骗罪和合同诈骗罪的主观方面都要求行为人具有非法占有目的。对于骗取小额贷款公司贷款的行为，只有行为人明确不具有非法占有目的或者证据不足以证实行为人具有非法占有目的时，才能依照骗取贷款罪定罪处罚。否则，应当以贷款诈骗罪或者合同诈骗罪论处。

另一方面，贷款诈骗罪与合同诈骗罪的主体不同。贷款诈骗罪的主体只能是自然人，合同诈骗罪的主体可以是自然人也可以是单位。最高人民法院印发的《全国法院审理金融犯罪案件工作座谈会纪要》规定："单位不能构成贷款诈骗罪。根据刑法第三十条和第一百九十三条的规定，单位不构成贷款诈骗罪。对于单位实施的贷款诈骗行为，不能以贷款诈骗罪定罪处罚，也不能以贷款诈骗罪追究直接负责的主管人员和其他直接责任人员的刑事责任。但是，在司法实践中，对于单位十分明显地以非法占有为目的，利用签订、履行借款合同诈骗银行或其他金融机构贷款，符合刑法第二百二十四条规定的合同诈骗罪构成要件的，应当以合同诈骗罪定罪处罚。"

——《刑事审判参考》（总第 97 辑）。

528 如何认定骗取贷款案件中行为人是否具有非法占有的目的

关键词 | 骗取贷款罪 | 贷款诈骗罪 | 非法占有目的 |

【最高人民法院参考案例】

陈恒国骗取贷款案(《刑事审判参考》案例第963号)

要旨:认定行为人主观上具有占有贷款为目的,必须具备以下条件:(1)行为人是通过欺诈手段获取贷款,即行为人实施了刑法一百九十三条规定的五项情形之一;(2)行为人到期没有归还贷款;(3)行为人贷款时即明知不具有归还能力或者贷款后实施了某种特定行为,如实施《全国法院审理金融犯罪案件工作座谈会纪要》(以下简称《纪要》)规定七种情形之一。如果行为人同时具备上述三个条件,就可以认定行为人主观上具有非法占有贷款的目的;如果行为人骗取贷款的行为欠缺上述三个条件之一,则一般不应认定其主观上具有非法占有贷款的目的,从而不能认定构成贷款诈骗罪。

骗取贷款罪与贷款诈骗罪同属于破坏社会主义经济秩序罪中的个罪,均以贷款为对象,司法实践中对两罪的认定容易混淆。根据刑法第一百七十五条之一的规定,骗取贷款罪是指以欺骗手段取得银行或者其他金融机构贷款,给银行或者其他金融机构造成重大损失或者有其他严重情节的行为。而根据刑法第一百九十三条的规定,贷款诈骗罪,是指以非法占有为目的,诈骗银行或者其他金融机构的贷款、数额较大的行为。从刑法规定的罪状分析,骗取贷款罪与贷款诈骗罪最主要的区别在于主观要件,即行为人主观上是否以非法占有为目的。贷款诈骗罪的目的不仅是骗取贷款,而且是非法占有贷款。而骗取贷款罪采用欺骗手段的目的是在不符合贷款条件的情况下取得贷款,不以非法占有为目的。

非法占有目的,是指行为人实施犯罪行为的目的,在于使财物脱离其合法所有人或者持有人的控制而将其据为己有。质言之,是指行为人改变公私财产所有权的目的。非法占有目的,是行为人的一种主观心理状态,但主观最终必定见诸于客观,不可能完全脱离客观外在活动而存在。对行为人非法占有目的的认定,可以通过行为人具体实施的客观行为加以判断。实践中,有的行为体现非法占有的目的非常直接明显,如使用虚假证明骗取贷款后携款逃跑;但也有的行为,难以单独体现行为人主观上的非法占有目的。如刑法第一百九十三条规定的五项情形:(1)编造引进资金、项目等虚假理由的;(2)使用虚假的经济合同的;(3)使用虚假的证明文件的;(4)使用虚假的产权证明作担保或者超出抵押物价值重复担保的;(5)以其他方法诈骗贷款的。上述五项情形,只能证明行为人主观上具有非法占有目的可能性,是否实际具有非法占有的目的,还必须借助相关的客观事实加以分析认定。

最高人民法院2001年1月21日印发的《纪要》强调,在司法实践中,认定是否具有非法占有的目的,应当坚持主客观相一致的原则,既要避免单纯根据损失结果客观归罪,也不能仅凭被告人自己的供述,而应当根据案件具体情况具体分析。结合司法实际，一般而言，对于行为人通过欺骗的方法非法获取资金，造成数额较大资金不能归还，并具有下列情形之一的，可以认定为具有非法占有的目的：(1)明知没有归还能力而大量骗取资金；(2)非法获取资金后逃跑的；(3)肆意挥霍骗取资金的；(4)使用骗取的资金进行犯罪活动的；(5)抽逃、转移资金、隐匿财产，以逃避返还资金的；(6)隐匿、销毁账目，或者搞假破产、假倒闭，以逃避返还资金的；(7)其他非法占有资金、拒不返还的行为。

将上述一般性经验法则具体运用到骗取贷款案件中，我们认为，认定行为人主观上具有占有贷款为目的，必须具备以下条件：(1)行为人是通过欺诈手段获取贷款，即行为人实施了刑法一百九十三条规定的五项情形之一；(2)行为人到期没有归还贷款；(3)行为人贷款时即明知不具有归还能力或者贷款后实施了某种特定行为，如实施《纪要》规定七种情形之一。如果行为人同时具备上述三个条件，就可以认定行为人主观上具有非法占有贷款的目的；如果行为人骗取贷款的行为欠缺上述三个条件之一，则一般不应认定其主观上具有非法占有贷款的目的，从而不能认定构成贷款诈骗罪。

值得注意的是，骗取贷款罪与贷款诈骗罪可能相互转化，甚至导致案件性质从刑事转化为民事，民事转化为刑事。如行为人最初的动意是为了非法占有贷款，但在取得贷款以后将贷款用于正常的生产经营活动或者受到其他良好因素的影响，其当初的意图发生了变化，贷款期满即归还贷款。这种情形达到追究刑事责任数额标准或者情节标准的，构成骗取贷款罪，未到刑事责任数额标准的，属于民事欺诈性质。反之，行为人取得贷款之前没有非法占有的意图，但在取得贷款后，客观行为表现出其主观上不愿归还贷款的情形，贷款期满后不予归还，达到数额较大的，则构成贷款诈骗罪。

——《刑事审判参考》(总第97辑)。

钢浓公司、武建钢骗取贷款、诈骗案(《刑事审判参考》案例第1208号)

要旨：审理使用虚假资料获取银行贷款案件的关键在于界定行为人是否有非法占有目的。

一般而言，使用虚假资料获取银行贷款，可能涉及两个罪名：骗取贷款罪和贷款诈骗罪。两罪同属破坏社会主义市场经济秩序犯罪，前罪侵犯的客体是金融秩序和安全，后罪侵犯的客体是国家对银行贷款的管理制度和公私财产的所有权。前罪在客观上要求以欺骗手段获取贷款后，给银行或者其他金融机构造成重大损失或者有其他严重情节，后罪仅要求骗取的贷款达到数额较大的标准即可(公安部的立案追诉标准规定为二万元以上)。前罪最高法定刑为七年有期徒刑，并处罚金；后罪最高法定刑为无期徒刑，并处没收财产。两罪在客观要件和量刑上的区别，归根结底在于，前罪并无非法占有之目的或者没有确实、充分的证据证实借款人有非法占有之目的，后罪则以明确的非法占有为主观故意，意欲侵占银行经营管理的财产。

司法实践中，囿于借款人主观故意的隐蔽性和客观行为的相似性，对借款人的行为定性往往存在较大分歧。刑法第一百九十三条规定，使用虚假的经济合同、证明文件，或者使用虚假的产权证明作担保，或者超出抵押物价值重复担保等方法骗取贷款，且有非法占有目的，数额较大的，构成贷款诈骗罪。也就是说，刑法本身并不孤立看待申请贷款时的造假行为，只有行为人主观上具备非法占有之目的，才可能因客观上的造假行为以诈骗犯罪论处。换言之，审理此类案件的关键在于界定行为人是否有非法占有目的。

本案中，被告人武建钢确有使用虚假财务报告、应收款明细表等资料的行为，亦有私刻武汉钢铁股份有限公司（物资采购）合同专用章，假冒金资公司合同员周长工的签名，与光大银行武汉分行签订《关于武汉钢浓粉末冶金有限公司（卖方）有关应收账款转让问题的三方协议》的行为，但上述行为并不能单独构成诈骗犯罪，除了被告人对其主观目的的供述外，还应结合被告人及被告单位申请贷款之前的经济状况、获取贷款之后的款项用途、款项到期后的还款意愿及还款效果等综合评价，不能仅凭行为人有使用虚假资料骗取贷款的客观行为和实际未能还款的客观结果，片面认定行为人的主观故意。

——《刑事审判参考》（总第111辑）。

529 居间贩卖伪造、变造金融票证行为的定性

关键词｜伪造、变造金融票证罪｜票据诈骗罪｜居间贩卖｜

【最高人民法院审判业务意见】

参照《最高人民法院、最高人民检察院关于办理伪造、贩卖伪造的高等院校学历、学位证明刑事案件如何适用法律问题的解释》关于“明知是伪造高等院校印章制作的学历、学位证明而贩卖的，以伪造事业单位印章罪的共犯论处”的规定，明知是伪造、变造的金融票证而贩卖，或者明知他人用于金融票证诈骗而向其出售伪造、变造的金融票证的，以伪造、变造金融票证罪或者票据诈骗罪（金融凭证诈骗罪）的共犯论处。

——《关于对居间贩卖假金融票证行为如何适用法律问题的意见》，载最高人民法院刑事审判第一庭、第二庭：《刑事审判参考》（总第27辑），法律出版社2002年版，第204页。

530 伪造金融票证罪中“伪造信用卡”的认定及量刑标准

关键词｜伪造金融票证罪｜伪造信用卡｜

【最高人民法院司法解释】

第一条 复制他人信用卡、将他人信用卡信息资料写入磁条介质、芯片或者以其他方法伪造信用卡一张以上的，应当认定为刑法第一百七十七条第一款第四项规定的“伪造信用卡”，以伪造金融票证罪定罪处罚。

伪造空白信用卡十张以上的，应当认定为刑法第一百七十七条第一款第四项规定的“伪造信用卡”，以伪造金融票证罪定罪处罚。

伪造信用卡，有下列情形之一的，应当认定为刑法第一百七十七条规定的“情节严重”：

（一）伪造信用卡五张以上不满二十五张的；

（二）伪造的信用卡内存款余额、透支额度单独或者合计数额在二十万元以上不满一百万元的；

（三）伪造空白信用卡五十张以上不满二百五十张的；

（四）其他情节严重的情形。

伪造信用卡，有下列情形之一的，应当认定为刑法第一百七十七条规定的“情节特别严重”：

（一）伪造信用卡二十五张以上的；

（二）伪造的信用卡内存款余额、透支额度单独或者合计数额在一百万元以上的；

（三）伪造空白信用卡二百五十张以上的；

（四）其他情节特别严重的情形。

本条所称“信用卡内存款余额、透支额度”，以信用卡被伪造后发卡行记录的最高存款余额、可透支额度计算。

——《最高人民法院、最高人民检察院关于办理妨害信用卡管理刑事案件具体应用法律若干问题的解释》（2009年12月16日，法释〔2009〕19号；2018年12月1日，法释〔2018〕19号修正）。

【链接：理解与适用】①

《解释》第一条共分五款，解释了伪造金融票证罪中伪造信用卡的认定，伪造空白信用卡的认定，伪造信用卡情节严重、情节特别严重的认定标准，以及信用卡

① 该部分内容是对2009年司法解释的理解与适用，对2018年司法解释的理解与适用仍有参考价值。

内存款余额、透支额度的认定方法。

该条第一款解释了应当认定为伪造信用卡的行为方式。随着信用卡科技含量的提高,境内外犯罪分子伪造信用卡的手段也在不断翻新。从司法实践反映的情况看,伪造信用卡的行为方式通常包括以下几种:一是复制他人信用卡,即将他人信用卡中的信息资料复制到伪造的信用卡中,制作所谓的“克隆卡”;二是将他人信用卡信息资料写入磁条介质、芯片,即将窃取、收买或者非法获取的他人信用卡信息资料写入伪造信用卡中的磁条介质、芯片;三是其他伪造方法,如在过期卡、作废卡、盗窃卡、丢失卡等信息完整的真实信用卡的基础上篡改关键信息,或者对非法获取的发卡银行的空白信用卡进行凸印、写磁制成信用卡等。由于刑法第一百七十七条第一款第(四)项对于伪造信用卡行为没有规定起刑点,且伪造信用卡可以通过多次写卡操作而形成不同信用卡,伪造一张信用卡即具有严重的社会危害性,故第一款未设定伪造信用卡的追诉起刑点,伪造信用卡一张以上即应构成犯罪。

第二款规定了伪造空白信用卡的处理。在征求意见过程中,有意见提出,就伪造信用卡的行为方式增加伪造空白信用卡的规定。刑法第一百七十七条之一妨害信用卡管理罪中,规定了明知是伪造的空白信用卡而持有、运输,数量较大的行为方式,主要是因为伪造的空白信用卡和真实的空白信用卡具有同样的功能,都可以用作信用卡磁条信息的载体。只要把个人信用卡磁条信息输入,就是一张可以使用的信用卡,而且持有、运输伪造的空白信用卡,往往就是伪造信用卡整个过程中的一个重要环节,社会危害性比较大。刑法将明知是伪造的空白信用卡而持有、运输,数量较大的行为规定为犯罪,但未对伪造空白信用卡的行为作出明确规定。目前,信用卡犯罪呈现出分工专业化、手段高智能化的特点,制作、运输、销售各环节相对独立,伪造空白信用卡是伪造信用卡犯罪链中的一环,犯罪分子常使用较为专业的成套制卡机器、设备及材料,大批量制造与真实信用卡的质地、模式、版块、图样相仿的空白信用卡。为了严密法网,避免实践中的法律适用困难,有必要将伪造空白信用卡列为伪造信用卡的行为方式之一。同时,考虑到伪造空白信用卡的社会危害性要略小于伪造信用卡,因此规定了十张的数量标准。由于伪造空白信用卡在实践中多呈规模化,将伪造空白信用卡的数量标准规定为十张,也更符合实际情况。

第三款规定了伪造信用卡情节严重的认定标准。主要从伪造信用卡数量和伪造的信用卡内金额进行认定,以伪造信用卡五张、空白信用卡五十张或者伪造的信用卡内存款余额、透支额度单独或者合计数额达到二十万元作为伪造信用卡情节严重的标准,同时以其他情节严重的情形作为兜底条款。其中,伪造信用卡、空白信用卡的数量标准以起刑点的五倍作为标准。数额标准考虑到信用卡分为借记卡和贷记卡，规定了存款余额、透支额度单独或者合计二十万元以上不满一百万元的标准。

第四款规定了伪造信用卡情节特别严重的认定标准。也是从伪造信用卡数量和伪造的信用卡内金额进行认定，以伪造信用卡二十五张、空白信用卡二百五十张或者伪造的信用卡内存款余额、透支额度单独或者合计数额达到一百万元作为伪造信用卡情节特别严重的标准。这里以情节严重的五倍作为情节特别严重的标准。

第五款规定了信用卡内存款余额、透支额度的认定方法。根据是否具有透支功能，信用卡分为借记卡和贷记卡，借记卡内记载有存款余额，贷记卡内记载有透支额度，伪造的信用卡内的存款余额、透支额度越高，则对发卡行和持卡人可能造成的经济损失就越大，社会危害性也就越大。同时，由于被伪造信用卡的持卡人或持伪卡的人可能取现或者消费，卡内存款余额、透支额度处于变动之中，为了从严惩处此类犯罪，《解释》规定以信用卡被伪造后发卡行记录的最高存款余额、可透支额度计算信用卡内存款余额、透支额度。

——刘涛：《〈关于办理妨害信用卡管理刑事案件具体应用法律若干问题的解释〉的理解与适用》，载《人民司法 · 应用》2010 年第 1 期。

531 妨害信用卡管理罪定罪量刑标准的把握

关键词｜妨害信用卡管理罪｜数量较大｜数量巨大｜

【最高人民法院司法解释】

第二条 明知是伪造的空白信用卡而持有、运输十张以上不满一百张的，应当认定为刑法第一百七十七条之一第一款第一项规定的“数量较大”；非法持有他人信用卡五张以上不满五十张的，应当认定为刑法第一百七十七条之一第一款第二项规定的“数量较大”。

有下列情形之一的，应当认定为刑法第一百七十七条之一第一款规定的“数量巨大”：

（一）明知是伪造的信用卡而持有、运输十张以上的；

（二）明知是伪造的空白信用卡而持有、运输一百张以上的；

（三）非法持有他人信用卡五十张以上的；

（四）使用虚假的身份证明骗领信用卡十张以上的；

（五）出售、购买、为他人提供伪造的信用卡或者以虚假的身份证明骗领的信用卡十张以上的。

违背他人意愿,使用其居民身份证、军官证、士兵证、港澳居民往来内地通行证、台湾居民来往大陆通行证、护照等身份证明申领信用卡的,或者使用伪造、变造的身份证明申领信用卡的,应当认定为刑法第一百七十七条之一第一款第三项规定的“使用虚假的身份证明骗领信用卡”。

——《最高人民法院、最高人民检察院关于办理妨害信用卡管理刑事案件具体应用法律若干问题的解释》(2009年12月16日,法释〔2009〕19号;2018年12月1日,法释〔2018〕19号修正)。

【链接:理解与适用】①

《解释》第二条共分三款,前两款解释了妨害信用卡管理罪的两个量刑幅度的适用标准,第三款规定了使用虚假的身份证明骗领信用卡的认定方法。

第一款解释了妨害信用卡管理罪第一档量刑幅度中两个数量较大的规定。根据刑法第一百七十七条之一的规定,妨害信用卡管理罪有五种行为方式,其中,明知是伪造信用卡而持有、运输,使用虚假的身份证明骗领信用卡,出售、购买、为他人提供伪造的信用卡或者以虚假的身份证明骗领的信用卡等三种行为方式没有数量的要求,涉及一张信用卡即可构成犯罪。明知是伪造的空白信用卡而持有、运输或者非法持有他人信用卡的,则要求数量较大才构成本罪。因此,第一款对这两种行为方式分别规定了十张以上和五张以上的数量标准。

第二款解释了妨害信用卡管理罪第二档量刑幅度中数量巨大的适用标准。这里以第一档量刑幅度的十倍作为掌握的标准。

第三款解释了使用虚假的身份证明骗领信用卡的认定。使用虚假身份证明包括违背他人意愿使用他人身份证明和使用伪造、变造的身份证明两种情形。对于实践中多发的非法中介协助利用虚假资信证明申请信用卡的行为,申请人向银行申请信用卡时需要提交个人真实的身份证明和资信证明,两者既有联系又有区别:身份证明是用于证明申请人主体资格的身份信息,资信证明是用于证明申请人还款能力和还款意愿等信用程度的信息。资信证明不能解释为身份证明,对利用虚假资信证明申请信用卡的行为可以依照刑法的其他规定予以处理。因此,本款中列明的仅是申请人申请信用卡时需要出具的身份证明,如居民身份证、军官证、士兵证、港澳居民往来内地通行证、台湾居民来往大陆通行证、护照等,而不包括资信证明。

此外,本款还规定了违背他人意愿的限制性条件。这一规定主要基于以下考虑:一是实践中存在很多授权他人代为办理借记卡、贷记卡的情况。例如,有些学

---

① 该部分内容是对2009年司法解释的理解与适用,对2018年司法解释的理解与适用仍有参考价值。

校、单位统一为学生、职工办理用于支付助学金、工资等资金的借记卡，有些公司经他人授权，为他人代办贷记卡申请手续等，这类情况显然不属于违背他人意愿。二是有些犯罪嫌疑人从农民手中大量收购身份证用于申领信用卡，辩称是经过他人同意，这类骗取他人同意的情形，虽然形式上取得了他人的“同意”，但实质上仍是违背他人意愿。因此，增加违背他人意愿的限制性条件，既可以防止不合理地扩大打击面，又更符合实际情况，便于操作。

——刘涛：《〈关于办理妨害信用卡管理刑事案件具体应用法律若干问题的解释〉的理解与适用》，载《人民司法 · 应用》2010 年第 1 期。

532 窃取、收买、非法提供信用卡信息罪定罪量刑标准的把握

关键词｜窃取、收买、非法提供信用卡信息罪｜数量巨大｜

【最高人民法院司法解释】

第三条 窃取、收买、非法提供他人信用卡信息资料，足以伪造可进行交易的信用卡，或者足以使他人以信用卡持卡人名义进行交易，涉及信用卡一张以上不满五张的，依照刑法第一百七十七条之一第二款的规定，以窃取、收买、非法提供信用卡信息罪定罪处罚；涉及信用卡五张以上的，应当认定为刑法第一百七十七条之一第一款规定的“数量巨大”。

——《最高人民法院、最高人民检察院关于办理妨害信用卡管理刑事案件具体应用法律若干问题的解释》（2009 年 12 月 16 日，法释〔2009〕19 号；2018 年 12 月 1 日，法释〔2018〕19 号修正）。

【链接：理解与适用】①

《解释》第三条解释了窃取、收买、非法提供信用卡信息罪的两个量刑幅度的适用标准。非法获取他人信用卡信息资料是伪造信用卡的前提。有的犯罪分子为了伪造信用卡，窃取、收买他人的信用卡信息资料，有的犯罪分子则专门向伪造信用卡的人非法提供他人的信用卡信息资料。这种窃取、收买、非法提供他人信用卡信息的行为具有严重的社会危害性：它既是伪造信用卡的前提条件，也是伪造信用卡一系列活动的关键一环，大大助长了伪造信用卡的行为，使伪造行为本身更为便利。因此，2005 年刑法修正案（五）专门增加一条，将此种行为规定为犯罪。《解释》第三条也专门对此种行为的定罪量刑标准作出了规定。

---

① 该部分内容是对 2009 年司法解释的理解与适用，对 2018 年司法解释的理解与适用仍有参考价值。

该条的关键问题是信用卡信息的数量如何计算。信用卡信息资料是一组有关发卡行代码、持卡人账号、密码、校验码等内容的加密电子数据，通常由发卡行在发卡时使用专用设备写入信用卡的磁条或芯片中，作为POS机、ATM机等终端机具识别合法用户的依据。解释稿最初以信息资料的条数作为信用卡信息的计算标准。在征求意见过程中，有意见提出，应当考虑实践中涉及的并非均为信用卡完整信息，有时可能仅是信用卡部分信息，可从以下两个角度规定信用卡信息的数量：一是窃取、收买、非法提供信用卡完整信息资料的套数；二是信用卡主账号、个人标识代码等信息资料的条项数。后经研究，《解释》以足以伪造可进行交易的信用卡和足以使他人以信用卡持卡人名义进行交易两个角度来规定窃取、收买、非法提供信用卡信息罪的量刑标准。

为保证处罚这种行为的有效性，《解释》从以下两个方面对该罪的量刑标准进行了规定。

一方面，实践中不同信用卡交易方式所要求的信用卡信息资料的数量是不同的，难以明确界定各种信用卡业务所需要的信息资料的条项数。因此，司法解释从足以伪造可进行交易的信用卡和足以使他人以信用卡持卡人名义进行交易两个角度来界定窃取、收买、非法提供信用卡信息资料行为的危害程度。足以伪造可进行交易的信用卡的信息资料，是指进行有磁交易（如在ATM和POS终端机具上进行交易）时所需要的信用卡信息资料；足以使他人以信用卡持卡人名义进行交易的信息资料，是指进行无磁交易（如网上银行和电话支付等）时所需要的信用卡信息资料，例如不使用信用卡卡片，而使用他人信用卡信息，通过网上支付或者电话支付使用信用卡。

另一方面，行为人掌握涉及一张信用卡的信息资料后，只要将其写入信用卡内，即可用于提取现金或者刷卡消费，或者以信用卡持卡人名义进行无磁交易，其社会危害性与伪造一张信用卡相当。因此，将窃取、收买、非法提供他人信用卡信息资料，足以伪造可进行交易的信用卡，或者足以使他人以信用卡持卡人名义进行交易，涉及信用卡数量一张以上作为窃取、收买、非法提供信用卡信息罪的起刑点。同时，参照该解释第一条关于伪造信用卡的规定，将第二档量刑幅度掌握为第一档量刑幅度的五倍。

——刘涛：《〈关于办理妨害信用卡管理刑事案件具体应用法律若干问题的解释〉的理解与适用》，载《人民司法·应用》2010年第1期。

533 擅自发行股票或者公司、企业债券行为的具体理解

关键词｜擅自发行股票、公司、企业债券罪｜股票｜公司、企业债券｜

【最高人民法院司法解释】

第十条 未经国家有关主管部门批准，向社会不特定对象发行、以转让股权等方式变相发行股票或者公司、企业债券，或者向特定对象发行、变相发行股票或者公司、企业债券累计超过200人的，应当认定为刑法第一百七十九条规定的“擅自发行股票或者公司、企业债券”。构成犯罪的，以擅自发行股票、公司、企业债券罪定罪处罚。

——《最高人民法院关于审理非法集资刑事案件具体应用法律若干问题的解释》（2011年1月4日，法释〔2010〕18号；2022年3月1日，法释〔2022〕5号修正）。

534 非上市股份有限公司向社会公众转让股权构成擅自发行股票罪

关键词｜擅自发行股票罪｜非上市股份有限公司｜社会公众｜转让股权｜

【最高人民法院公报案例】

上海市浦东新区人民检察院诉上海安基生物科技股份有限公司、郑戈擅自发行股票案（一审法院：上海市浦东新区人民法院）

要旨：非上市股份有限公司为筹集经营资金，在未经证券监管部门批准的情况下，委托中介机构向不特定社会公众转让公司股东的股权，其行为属于未经批准擅自发行股票的行为，数额巨大、后果严重或者有其他严重情节的，应当以擅自发行股票罪定罪处罚。

被告单位安基公司违反国家政策及相关法律规定，未经证券监管部门的批准，委托他人以公开方式向不特定社会公众发行股票，情节严重，被告人郑戈系安基公司直接负责的主管人员，其行为均已构成擅自发行股票罪。被告单位与被告人均有自首情节，依法从轻处罚。

刑法第一百七十九条规定：“未经国家有关主管部门批准，擅自发行股票或者公司、企业债券，数额巨大、后果严重或者有其他严重情节的，构成擅自发行股票、公司、企业债券罪。”依据公司法和证券法的规定，股份公司的股权表现形式就是股票，也包括未上市股份公司的股权。因此，这里的“发行股票”包括未上市公司转让股权。据此，判断行为人的行为是否构成擅自发行股票罪，应从以下几个方面分析：

一、股权转让是否属于未经国家有关主管部门批准的擅自行为。

1. 转让股权违反相关禁止性或限制性规定。国家一直禁止擅自进行非上市公司的股权交易。本案中,被告单位安基公司与被告人郑戈在 2001 年至 2007 年 8 月期间,连续不间断地擅自向社会公众转让股权,其行为违反上述规定,系在未经有关主管部门批准的情况下实施发行股票的行为。

2. 转让股权的价格具有不确定性。合法的转让股权应由第三方对公司财务状况进行审计,结合审计结论、运营情况、公司拟上市后的预增利润等综合因素,由出让方确定统一合理的出让价格,报证券监管部门批准备案后向全社会公布。本案中,转让股权价格未经过任何审计、批准备案、公开的程序,仅由被告人郑戈与中介公司商定,按照注册资本三千四百万元确定为三千四百万股,据审计报告显示,每股转让价格从 1.5 元到 4.2 元不等,包括十二种不同价格。这充分说明涉案股权转让价格具有极大的随意性和不确定性。

3. 转让股权的运作模式不合规。由于涉及社会公众权益,转让股权必须接受多方面的监管,要求运作模式必须合法规范,包括中介机构的主体资格、签订合同的内容、披露信息的要求、财务情况公开、区分收费账户与公司账户、按约履行权利义务等。本案中,被告单位安基公司与被告人郑戈转让股权没有详细工作计划,没有披露公司的详细财务状况,没有委托固定有资质的中介机构,没有签订规范的服务合同,在 2002 年到 2007 年 8 月间,被告方频繁地更换中介公司与个人,这种运作模式完全不符合规范。

二、有无实施发行股票的行为。根据本案事实,被告单位安基公司与被告人郑戈擅自向社会公众转让股权的行为,属于《国务院办公厅关于严厉打击非法发行股票和非法经营证券业务有关问题的通知》所严禁的行为,应当认定为刑法第一百七十九条规定的"擅自发行股票、公司、企业债券"的行为。

1. 受让人属于不特定对象。区分特定对象与不特定对象,应当结合投资者的选择程序、承担风险能力与人数等因素综合分析。通常情况下,出让方委托中介机构面向社会公众采用推广会等方式进行宣传,随后筛选出合适的投资人,审查投资人的资产价值与申报财产内容的真实性、是否具备识别并承担风险能力等内容,明确提示投资风险,有明确的人数和资金总量的限制。对于符合上述条件的,应当认定为属于特定对象。相反,对于不设定任何标准和人数条件,不考察投资人的具体情况,只要出资即予以接纳的情况,应当认为属于不特定对象。本案中,被告单位安基公司委托中介公司与个人,随机向上海及浙江宁波等地的居民进行推销,不审查财产状况且没有人数限制,应当认定为向不特定对象转让股权。

2. 采用公开的形式转让股权。判断公开与非公开方式的标准,是信息沟通渠道是否畅通。非公开发行是指基于相互信任与意思自治原则,双方能够交流获取真实有效的信息,无须借助第三方力量来传递信息达到沟通目的。而公开发行由于面向社会公众且信息不对称，出让方需要借助中介力量，利用广告、公告、广播、电话、推介会、说明会、网络等方式传递信息，以达到吸引投资人获取资金的目的。本案中，被告单位安基公司与被告人郑戈委托多家中介公司与个人，先采用随机拨打电话的方式，以提供理财帮助为名邀请不特定对象到中介公司，后由业务员介绍并推销股权，对于犹豫不决的客户，业务员反复打电话以动员劝诱。故可以认定涉案股权转让形式属于公开发行。

3. 募集资金全部用于经营活动和支付中介费用。实践中，存在利用擅自发行股票的方法取得资金以实施集资诈骗的情况发生，这种集资诈骗罪与擅自发行股票罪的主要区别在于主观上是否具有非法占有的目的。集资诈骗罪是以非法占有为目的，行为人发行股票只是诈骗财产的一种手段，在取得钱款后往往出现携款逃跑、挥霍滥用、抽逃转移资金、隐匿销毁账目等情况。擅自发行股票罪的主观方面则是为了非法募集生产经营资金，不具备非法占有的目的。本案中，被告单位安基公司募集资金一千一百零九万元均存入公司账户，有四百万元支付中介代理费，另有六百余万元用于公司的生产经营活动，包括租用厂房、购买设备、支付工资、研发费用等，且公司财务账册中未反映有挪用抽逃等不正常现象发生，仅仅由于客观上经营不善导致钱款不能返还，不能认定主观上具有非法占有目的。

——《最高人民法院公报》2010 年第 9 期。

535 背信运用受托财产罪与挪用资金罪、挪用公款罪的区分

关键词 | 背信运用受托财产罪 | 挪用资金罪 | 挪用公款罪 |

【最高人民法院参考案例】

兴证期货大连营业部背信运用受托财产案(《刑事审判参考》案例第 1388 号)

要旨：挪用资金、公款等行为指向的资金为公司或国家所有，而背信运用受托财产行为其指向的资金为客户所有，因此，以金融机构名义签订合同后，工作人员以单位名义背信运用受托财产，违法所得归单位所有的，金融机构亦应当承担相应的刑事责任。

3. 背信运用受托财产罪与相关罪名的区分

背信运用受托财产罪与挪用资金罪、挪用公款罪有时容易产生混淆。实践中可以从以下方面进行区分：首先是主体不同，如果挪用客户资金的行为是有关人员按领导指令，以单位名义、为单位利益实施的，则应视情形以背信运用受托财产罪论处；反之，如果该行为是金融机构中有关工作人员个人的行为，则应视情形以挪用资金罪或者挪用公款罪论处。其次，挪用资金、公款等行为指向的资金为公司或

国家所有,而背信运用受托财产行为其指向的资金为客户所有,因此,以金融机构名义签订合同后,工作人员以单位名义背信运用受托财产,违法所得归单位所有的,金融机构亦应当承担相应的刑事责任。

综上,被告单位兴证期货大连营业部违背受托义务,擅自运用客户资金,情节特别严重,其行为侵犯了国家的金融管理秩序和客户的合法权益,构成背信运用受托财产罪。被告人陈晶作为兴证期货大连营业部的员工,为单位谋取不正当利益,在未告知高明也未征得高明同意的情形下,利用其掌握的交易密码自行操作高明的期货账户;被告人孟宪伟作为兴证期货大连营业部总经理,明知陈晶私自操作高明账户,仍然向其提供交易建议并下达交易指令,具体指导陈晶利用高明的账户资金进行期货买卖,属于擅自运用客户资金的行为;二被告人代表兴证期货大连营业部实施上述行为,收取的手续费亦归兴证期货大连营业部所有,故本案构成单位犯罪。被告单位及二被告人均应承担相应的刑事责任。一、二审法院根据犯罪的事实、性质、情节和对社会的危害程度,分别判处被告单位及孟宪伟、陈晶不等的刑罚,是合适的。

——《刑事审判参考》(总第125辑)。

五、金融诈骗罪

（一）一般规定

536 金融诈骗犯罪中“非法占有目的”的认定

关键词｜金融诈骗罪｜非法占有目的｜

【最高人民法院司法文件】

（三）关于金融诈骗罪

1. 金融诈骗罪中非法占有目的的认定

金融诈骗犯罪都是以非法占有为目的的犯罪。[①] 在司法实践中，认定是否具有非法占有为目的，应当坚持主客观相一致的原则，既要避免单纯根据损失结果客观归罪，也不能仅凭被告人自己的供述，而应当根据案件具体情况具体分析。根据司法实践，对于行为人通过诈骗的方法非法获取资金，造成数额较大资金不能归还，并具有下列情形之一的，可以认定为具有非法占有的目的：

（1）明知没有归还能力而大量骗取资金的；

（2）非法获取资金后逃跑的；

（3）肆意挥霍骗取资金的；

（4）使用骗取的资金进行违法犯罪活动的；

（5）抽逃、转移资金、隐匿财产，以逃避返还资金的；

（6）隐匿、销毁账目，或者搞假破产、假倒闭，以逃避返还资金的；

（7）其他非法占有资金、拒不返还的行为。但是，在处理具体案件的时候，对于有证据证明行为人不具有非法占有目的的，不能单纯以财产不能归还就按金融诈骗罪处罚。

---

① 我国刑法规定了八个金融诈骗罪的罪名，其中集资诈骗罪和贷款诈骗罪规定要“以非法占有目的”实施犯罪行为，其余六个罪名并没有类似的规定。但是，从我国刑法关于金融诈骗罪的规定看，其立法思想仍然是在传统的财产型诈骗框架内。从金融诈骗罪的法定刑看，并不是重在处罚欺诈行为，而是重在惩罚诈骗所造成的财产损害的后果。刑法条文中未明确规定“以非法占有为目的”，并不说明这些犯罪不需要以此为成立要件，正如同不能因刑法未规定盗窃、诈骗等取得型犯罪的非法占有目的，而否认盗窃罪、诈骗罪等的非法占有目的这一“不成文的构成要件要素”一样，不能因为刑法未明确规定，而否认“以非法占有为目的”在认定金融诈骗犯罪中的决定性作用。

——《全国法院审理金融犯罪案件工作座谈会纪要》(2001年1月21日,法〔2001〕8号)。

【链接:理解与适用】

由于刑法关于金融诈骗犯罪的条文中,只对集资诈骗罪、贷款诈骗罪、信用卡诈骗罪中的“恶意透支”行为明确规定了必须具有非法占有的目的,导致实践中对其他相关诈骗犯罪是否“以非法占有为目的”产生歧义。有一种观点认为,其他金融诈骗犯罪不需要具有非法占有的目的。我们认为,金融诈骗罪作为诈骗罪的一种,具有非法占有的目的,是必要构成要件。刑法关于金融诈骗犯罪的这种规定,并不是说其他金融诈骗犯罪不要求有非法占有的目的。只是由于金融诈骗比普通诈骗犯罪的情况复杂,在认定行为人是否具有非法占有的目的上存在一定的特殊性。在集资诈骗、贷款诈骗和恶意透支信用卡行为中,行为人采取虚假手段集资、贷款或者恶意透支信用卡,并不一定都具有非法占有目的,因此,刑法才强调规定只有“以非法占有为目的”才能构成犯罪。而在其他金融诈骗犯罪中,诈骗的行为方式、手段本身已经表明行为主观上具有非法占有的目的。因此,刑法只列举实施票据诈骗、金融凭证诈骗、信用证诈骗、信用卡诈骗(恶意透支除外)、有价证券诈骗和保险诈骗犯罪的具体行为表现,没有再重复必须具有非法占有的目的。《纪要》对此予以肯定,即“金融诈骗犯罪都是以非法占有为目的的犯罪”,并根据司法实践,进一步明确了可以认定为具有非法占有目的的七种具体情形,即“(1)明知没有归还能力而大量骗取资金的;(2)非法获取资金后逃跑的;(3)肆意挥霍骗取资金的;(4)使用骗取的资金进行违法犯罪活动的;(5)抽逃、转移资金、隐匿财产,以逃避返还资金的;(6)隐匿、销毁账目,或者搞假破产、假倒闭,以逃避返还资金的;(7)其他非法占有资金、拒不返还的行为”。在司法实践中,应注意的是,这七种情形都以“行为人通过诈骗的方法非法获取资金,造成数额较大资金不能归还”为前提条件,既不能仅根据这七种情形认定行为人具有非法占有的目的,也不能单纯以财产不能归还就按金融诈骗罪处罚。

——杨万明、郭清国:《〈全国法院审理金融犯罪案件工作座谈会纪要〉的理解与运用》,载最高人民法院刑事审判第一庭、第二庭:《刑事审判参考》(总第15辑),法律出版社2001年版,第72—73页。

【最高人民法院参考案例】

郭建升被控贷款诈骗案(《刑事审判参考》案例第85号)

要旨:在贷款过程中使用了部分欺诈行为,但不具有非法占有目的的,不构成贷款诈骗罪。

在本案中，被告人郭建升身为集体所有制和其他混合所有制企业、公司的法定代表人，在向银行申请贷款的过程中，提交的财务报表对部分数字的申报有推算和虚假成分，尽管不影响其代表该公司与银行签订的贷款人民币三百万元的借款的效力，且此项贷款业务已由有关单位提供经银行确认为真实、有效的担保保证，但是其利用含有虚假项目的财务报表向银行申请贷款的行为，可以认定归属于贷款诈骗的“其他方法”的。但是该行为是否构成贷款诈骗罪，还必须进一步借助其他的行为事实来证明郭建升主观上是否具备“非法占有目的”。

综合本案中贷款的使用、不能归还贷款的原因以及郭建升对偿还贷款的主观态度等事实来分析，并不能证实郭建升在申请贷款的过程之中以及取得贷款之后具备“非法占有贷款的目的”。具体来说，郭建升最终将贷款人民币三百万元分别以现金形式或者以所购房产用作贷款抵押等方式用于了企业经营活动，而并非用于其个人经营活动及挥霍；贷款未能如其归还，确因郭建升等人对公司、企业经营管理不善所致，但该公司始终表示将尽快归还贷款本息，且担保单位亦未拒绝承担担保责任。因此，利用含有虚假项目的财务报表进行申请贷款，能否认定为“以其他方法诈骗贷款”而构成贷款诈骗罪，关键在于结合案件的其他事实来证明行为人主观上是否具备“非法占有贷款的目的”。根据《纪要》的上述精神，分析本案中对郭建升行为的不同定性，检察院主张郭建升主观上具有“非法占有目的”并构成贷款诈骗罪，显然是未能正确区分贷款诈骗罪（刑事违法行为）与贷款诈欺（民事违法行为）在主观方面的界限，而法院认定郭建升因主观上不具备“非法占有目的”而不构成贷款诈骗罪，则准确地把握了两者主观方面的界限。

——《刑事审判参考》（总第14辑）。

537 金融诈骗犯罪罪状表述中专门术语含义的确定

关键词 | 金融诈骗罪 | 专门术语 |

【链接：最高人民法院法官著述】

如何理解和适用金融诈骗犯罪的罪状表述中的“专门术语”，是办理金融诈骗案件不容回避的问题。对此要把握以下三个原则：

（一）“专门术语”的理解要采用专门含义。如邮政汇票能否解释为“汇票”？司法实践中曾经发生被告人伪造邮政汇票等汇款凭证，骗取公共财物的案件，究竟是构成票据诈骗罪还是金融凭证诈骗罪，就牵涉对刑法第一百九十四条中“票据”“金融凭证”的理解问题。根据票据法第十九条的规定，汇票是出票人签发的，委托付款人在见票时或者在指定日期无条件支付确定的金额给收款人或持票人的票据,分为银行汇票和商业汇票。而邮政汇票是指,邮政企业内部在做邮政汇兑业务时,发寄方邮政局在接到汇款人交寄款后,发寄方开具票据并签发委托收寄方邮政局,在见票后无条件支付给收款人的单据。可见,邮政汇票与汇票虽然在"汇票"字面上完全相同,但各有其专门含义,如果简单望文生义,将邮政汇票解释为汇票,认定行为人构成票据诈骗罪,便是错误的结论。根据我国邮政法和商业银行法的有关规定,邮政汇票可认定为汇款凭证,故对上述案件可以金融凭证诈骗罪论处。

(二)尊重权威部门的有权解释。为了统一方方面面的不同意见,有权部门往往会对一些刑法规定作出权威解释,以便统一执法。在理解金融诈骗犯罪的术语时,司法机关要贯彻法治原则,遵照执行这些有权解释。如借记卡能否解释为信用卡的问题。

(三)尊重金融机构提供的专业意见。对于专业术语,在不好把握的时候,往往需要听取金融专业机构的意见。如对"其他银行结算凭证"的理解问题。金融业务专业性强,司法机关在办案过程中,应尊重金融机构的专业解释意见。

——牛克乾:《金融诈骗犯罪案件法律适用的若干问题探讨》,载《法律适用》2005 年第 8 期。

(二)信用卡诈骗罪

538 信用卡诈骗罪中信用卡的认定

关键词|信用卡诈骗罪|信用卡|

【最高人民法院参考案例】

张国涛信用卡诈骗案(《刑事审判参考》案例第 472 号)

要旨:我国刑法中的信用卡,既包括国际通行意义上具有透支功能的信用卡,也包括了不具有透支功能的银行借记卡。

2004 年 12 月 29 日,全国人民代表大会常务委员会作出了《关于〈中华人民共和国刑法〉有关信用卡规定的解释》。该解释规定:刑法规定的"信用卡",是指由商业银行或者其他金融机构发行的具有消费支付、信用贷款、转账结算、存取现金等全部功能或者部分功能的电子支付卡。可见,立法机关的意图很明确,就是通过立法解释进一步扩大并统一刑法意义上"信用卡"的范围认定,即针对银行或者其他金融机构发行的电子支付卡,只要其具备消费支付、信用贷款、转账结算、存取现金等全部功能或者部分功能的,都属于刑法意义上的信用卡。据此,我国刑法中的信用卡应当既包括国际通行意义上具有透支功能的信用卡,也包括了不具有透支功能的银行借记卡。也就是说,在该立法解释出台后,刑法意义上的信用卡的范围与相关金融法规意义上的信用卡范围有所不同。作为专门性立法解释,自颁布之日起当然应当在刑事司法中遵照执行。

——《刑事审判参考》(总第60辑)。

539 信用卡诈骗罪“数额较大”“数额巨大”“数额特别巨大”的认定

关键词 | 信用卡诈骗罪 | 数额较大 | 数额特别巨大 |

【最高人民法院司法解释】

第五条第一款 使用伪造的信用卡、以虚假的身份证明骗领的信用卡、作废的信用卡或者冒用他人信用卡,进行信用卡诈骗活动,数额在五千元以上不满五万元的,应当认定为刑法第一百九十六条规定的“数额较大”;数额在五万元以上不满五十万元的,应当认定为刑法第一百九十六条规定的“数额巨大”;数额在五十万元以上的,应当认定为刑法第一百九十六条规定的“数额特别巨大”。

第八条 恶意透支,数额在五万元以上不满五十万元的,应当认定为刑法第一百九十六条规定的“数额较大”;数额在五十万元以上不满五百万元的,应当认定为刑法第一百九十六条规定的“数额巨大”;数额在五百万元以上的,应当认定为刑法第一百九十六条规定的“数额特别巨大”。

第九条 恶意透支的数额,是指公安机关刑事立案时尚未归还的实际透支的本金数额,不包括利息、复利、滞纳金、手续费等发卡银行收取的费用。归还或者支付的数额,应当认定为归还实际透支的本金。

检察机关在审查起诉、提起公诉时,应当根据发卡银行提供的交易明细、分类账单(透支账单、还款账单)等证据材料,结合犯罪嫌疑人、被告人及其辩护人所提辩解、辩护意见及相关证据材料,审查认定恶意透支的数额;恶意透支的数额难以确定的,应当依据司法会计、审计报告,结合其他证据材料审查认定。人民法院在审判过程中,应当在对上述证据材料查证属实的基础上,对恶意透支的数额作出认定。

发卡银行提供的相关证据材料,应当有银行工作人员签名和银行公章。

第十条 恶意透支数额较大,在提起公诉前全部归还或者具有其他情节轻微情形的,可以不起诉;在一审判决前全部归还或者具有其他情节轻微情形的,可以免予刑事处罚。但是,曾因信用卡诈骗受过两次以上处罚的除外。

——《最高人民法院、最高人民检察院关于办理妨害信用卡管理刑事案件具体应用法律若干问题的解释》(2009 年 12 月 16 日,法释〔2009〕19 号;2018 年 12 月 1 日,法释〔2018〕19 号修正)。

【链接:理解与适用】

《解释》第五条规定了一般信用卡诈骗罪的定罪量刑标准。该条共分两款。第一款解释了使用伪造的信用卡、以虚假的身份证明骗领的信用卡、作废的信用卡或者冒用他人信用卡,进行信用卡诈骗的三个量刑幅度的适用标准。这里数量较大、数量巨大的标准,根据 2001 年《全国法院审理金融犯罪案件工作座谈会纪要》,分别沿用 1996 年《最高人民法院关于审理诈骗案件具体应用法律的若干问题的解释》规定的五千元以上、五万元以上的标准。同时,由于此类案件涉嫌的犯罪数额大,故将不同量刑幅度掌握在十倍的差距,将数额特别巨大的标准提高到五十万元。①

——刘涛:《〈关于办理妨害信用卡管理刑事案件具体应用法律若干问题的解释〉的理解与适用》,载《人民司法 · 应用》2010 年第 1 期。

修改完善恶意透支的定罪量刑数额标准,以进一步明确恶意透支罪与非罪、罪重罪轻的界限,是起草《修改决定》的“重中之重”。《修改决定》对《解释》相关规定作了修改完善,形成了修改后《解释》第八条、第九条,适度调整了恶意透支的定罪量刑数额标准,进一步完善了恶意透支数额的计算方法。

1. 恶意透支定罪量刑数额标准的适度上调。根据我国经济社会发展情况和维护信用卡管理秩序的实际需要,在充分总结司法办案经验、实际做法和听取有关主管部门意见的基础上,经慎重研究,《修改决定》将恶意透支定罪量刑的数额标准提升至《解释》规定标准的五倍。修改后《解释》第八条规定:“恶意透支,数额在五万元以上不满五十万元的,应当认定为刑法第一百九十六条规定的‘数额较大’;数额在五十万元以上不满五百万元的,应当认定为刑法第一百九十六条规定的‘数额巨大’;数额在五百万元以上的,应当认定为刑法第一百九十六条规定的‘数额特别巨大’。”之所以作出上述调整,主要有以下几个方面的考虑:(1)根据国家统计局、中国人民银行公布的数据,相比 2009 年,2017 年我国国内生产总值(GDP)增长 147%,信用卡授信总额度增长 1100%,信用卡逾期半年未偿信贷总额占信用卡应偿信贷余额的比例下降 59%。有关方面一致认为,《解释》规定的恶意透支定罪量刑的数额标准,逐渐难以完全适应经济社会形势和信用卡市场发展现状,既不利于平等保护持卡人的权利,也不利于信用卡市场的良性健康发展和发卡银行风

① 该部分内容是对 2009 年司法解释的理解与适用,对 2018 年司法解释的理解与适用仍有参考价值。

险控制能力的提升，亟须上调。（2）一些地方的公安、司法机关在恶意透支案件中，结合案件的具体情况，实际已经按照五万元的数额标准把握恶意透支的入罪。（3）调整后的标准更加科学合理，更加符合宽严相济刑事政策的要求，能够有效改变目前对恶意透支犯罪的处罚面偏宽、量刑偏重的情况，实现此类案件的量刑更加适当，确保罪责刑相适应原则得到切实贯彻。

此外，有必要提及两个问题：（1）有意见提出，恶意透支是信用卡诈骗罪的类型之一，与信用卡诈骗罪的其他类型（使用伪造的信用卡；使用以虚假的身份证明骗领的信用卡；使用作废的信用卡；冒用他人信用卡）没有本质区别，恶意透支定罪量刑的数额标准提高后，其他类型信用卡诈骗定罪量刑的数额标准宜作相应提高。经慎重考虑，暂未采纳这一意见。主要考虑是：恶意透支是信用卡诈骗罪的绝对多数类型，其定罪量刑的数额标准，是当前办理信用卡诈骗刑事案件面临的最为突出的问题之一，有必要重点解决，而其他类型信用卡诈骗的定罪量刑数额标准未见突出问题，实施情况较好，可以继续适用。特别是，恶意透支主要属于持卡人与发卡银行的债权债务纠纷，危害相对较小，风险相对可控，其定罪量刑的数额标准，可以而且有必要与信用卡诈骗罪的其他类型保持较大差别。（2）有意见提出，恶意透支定罪量刑的数额标准，能否以及如何与信用卡诈骗罪其他类型的定罪量刑数额标准相互折抵，建议作出明确规定。经研究认为，恶意透支与信用卡诈骗罪的其他类型虽然适用同一罪名，但性质有所不同，不宜相互折抵，分别计算似更为适宜。当然，所涉问题较为复杂，可以作进一步深入研究，且主要是具体操作层面的问题，故《修改决定》未予涉及。

2. 恶意透支数额计算方法的完善。《解释》第六条第四款规定："恶意透支的数额，是指在第一款规定的条件下持卡人拒不归还的数额或者尚未归还的数额。不包括复利、滞纳金、手续费等发卡银行收取的费用。"对此，《修改决定》第四条予以吸收，并作了修改完善。修改后《解释》第九条第一款规定："恶意透支的数额，是指公安机关刑事立案时尚未归还的实际透支的本金数额，不包括利息、复利、滞纳金、手续费等发卡银行收取的费用。归还或者支付的数额，应当认定为归还实际透支的本金。"据此，对于恶意透支数额的认定，应当着重把握如下三个方面的问题：（1）恶意透支的数额是指"实际透支的本金数额"。恶意透支的犯罪对象主要是发卡银行的本金，而"利息、复利、滞纳金、手续费等发卡银行收取的费用"属于发卡银行的市场收入，通过民事等其他法律手段加以保护更为妥当，这也是《解释》第六条第四款的本意。但实践中，个别办案机关对《解释》第六条第四款的规定产生了不同理解，如有的认为"利息"不属于"复利、滞纳金、手续费"，应当计入恶意透支的数额。同时，为了避免将"利息、复利、滞纳金、手续费等发卡银行收取的费用"计入下个还款周期的"本金"，《修改决定》特别强调，恶意透支的"本金"，仅指持卡人“实际透支的”本金。(2)计算恶意透支数额的时间节点为“公安机关刑事立案时”。这是实践中的普遍做法,能够鼓励持卡人还款,有助于发卡银行及时挽回损失。(3)归还或者支付的数额,应当认定为归还实际透支的本金。实践中,持卡人逾期后归还的款项,是“还本”还是“付息”,认识不一,故此处明确为“还本”。如不作此规定,可能导致将发卡银行收取的费用变相计入恶意透支的数额,明显不当。需要强调,“归还或者支付的数额,应当认定为归还实际透支的本金”的规定,是公安、司法机关计算恶意透支犯罪数额的方法,而《信用卡管理办法》第五十七条“逾期1—90天(含)的,按照先应收利息或各项费用、后本金的顺序进行冲还;逾期91天以上的,按照先本金、后应收利息或各项费用的顺序进行冲还”的规定,则属于银行的信用卡业务规则,二者的法律依据、适用范围、制度目的等均不相同,应当并行但不能混同。

根据司法实践经验,修改后《解释》第九条第二款、第三款进一步明确了认定恶意透支数额的证据标准,规定:“检察机关在审查起诉、提起公诉时,应当根据发卡银行提供的交易明细、分类账单(透支账单、还款账单)等证据材料,结合犯罪嫌疑人、被告人及其辩护人所提辩解、辩护意见及相关证据材料,审查认定恶意透支的数额;恶意透支的数额难以确定的,应当依据司法会计、审计报告,结合其他证据材料审查认定。人民法院在审判过程中,应当在对上述证据材料查证属实的基础上,对恶意透支的数额作出认定。”“发卡银行提供的相关证据材料,应当有银行工作人员签名和银行公章。”对此,需要强调两点:其一,检察机关在审查起诉、提起公诉时,即应当收集、调取发卡银行提供的交易明细、分类账单(透支账单、还款账单)等证据材料,审查认定恶意透支的数额。其二,在一些案件中,恶意透支的数额难以确定的,检察机关应当要求有关部门出具司法会计报告或者审计报告,并结合案件其他证据审查认定恶意透支的数额,以提升恶意透支数额认定的准确性和案件处理的效率。

——耿磊:《〈关于修改《关于办理妨害信用卡管理刑事案件具体应用法律若干问题的解释》的决定〉的理解与适用》,载《人民司法·应用》2019年第1期。

【最高人民法院参考案例】

陈自渝信用卡诈骗案(《刑事审判参考》案例第841号)

要旨:人民法院只应对犯罪所得即透支的本金部分作出判决。

(一)犯罪数额只限于透支本金

恶意透支型信用卡诈骗罪是一种数额犯,只有恶意透支到一定数额时才对恶意透支的行为追究刑事责任。在恶意透支型信用卡诈骗罪中,行为人犯罪时所指向的对象只是透支的本金部分,至于后来透支本金所产生的各种费用并不是其犯罪时意图占有的部分。《最高人民法院、最高人民检察院关于办理妨害信用卡管理刑事案件具体应用法律若干问题的解释》第六条第四款规定，“嫌疑人的透支数额，应为持卡人拒不归还的数额或尚未归还的数额，不包括复利、滞纳金、手续费等”，也就是通常所称的本金。因此，持卡人意图非法占有和实际非法占有的是本金部分，依据刑法第六十四条的规定，对犯罪分子违法所得予以追缴或者责令退赔的，也仅指恶意透支的本金部分。

（二）透支本金所产生的复利等不属于犯罪造成的直接经济损失

透支本金所产生的复利，包括正常利息和罚息以及其他费用，不能认定为银行的直接损失，即不能成为犯罪侵犯的法益。信用卡发卡行与持卡人之间是一种民事法律关系，其本质是债权债务关系；双方通过《领用信用卡协议》确定权利义务，持卡人有透支的权利，但也承担着按时还款的义务，而一旦不履行义务就会产生相应的责任。这种责任在协议中实际上已经约定，就是会产生罚息、滞纳金、手续费等费用。可见，以上费用并不是银行的直接损失，而只是银行与持卡人约定的持卡人违反还款义务时承担的违约责任。而对于透支的本金产生的正常利息实际上也只是双方依据民事借款合同约定的利息，不能称之为银行的直接损失。故无论是本金产生的正常利息还是其他费用，都只是双方约定的义务的体现方式，而不能认定为银行的直接损失，从而也就不能成为该类犯罪侵犯的法益。

（三）对于透支本金所产生的复利、滞纳金等间接损失，应当通过民事救济途径解决

固然，复利、滞纳金等间接损失，对银行来说本属预期收益，也应受到法律保护。但刑事审判只限于保护被害人的直接经济损失，对于间接经济损失，即使是物质损失，也不能以追缴或者返还的方式在刑事裁判中判决。因此，银行可通过民事救济途径解决。2012 年修改后的刑事诉讼法第九十九条规定：“被害人由于被告人的犯罪行为而遭受物质损失的，在刑事诉讼过程中，有权提起附带民事诉讼。如果是国家机关、集体财产遭受损失的，人民检察院在提起公诉的时候，可以提起附带民事诉讼。”由该规定可知，对于透支本金所产生的复利、滞纳金等间接损失，不能通过附带民事诉讼解决。确有正当理由，应当通过民事救济途径解决的，被害人可以另行提起民事诉讼。

综上，在恶意透支型信用卡诈骗罪中，人民法院只应对犯罪所得即透支本金部分作出裁判，不应对复利——包括正常利息和罚息、滞纳金、手续费等费用作出处理。

——《刑事审判参考》（总第 91 辑）。

540 冒用他人信用卡的认定

关键词|信用卡诈骗罪|冒用他人信用卡|

【最高人民法院司法解释】

第五条第二款　刑法第一百九十六条第一款第三项所称“冒用他人信用卡”，包括以下情形：

（一）拾得他人信用卡并使用的；

（二）骗取他人信用卡并使用的；

（三）窃取、收买、骗取或者以其他非法方式获取他人信用卡信息资料，并通过互联网、通讯终端等使用的；

（四）其他冒用他人信用卡的情形。

——《最高人民法院、最高人民检察院关于办理妨害信用卡管理刑事案件具体应用法律若干问题的解释》（2009年12月16日，法释〔2009〕19号；2018年12月1日，法释〔2018〕19号修正）。

【链接：理解与适用】①

所谓冒用他人信用卡，是指行为人以持卡人的名义使用持卡人的信用卡骗取财物的行为。由于刑法并未对行为人取得他人信用卡的方式以及冒用的具体手段作出具体规定，故该款从以下四个方面进行了具体规定：

第（一）项是拾得他人信用卡并使用的行为，涵盖了2008年《最高人民检察院关于拾得他人信用卡并在自动柜员机（ATM机）上使用的行为如何定性问题的批复》的内容，司法实践中通常表现为三种情形：一是拾得他人遗留在ATM机里的信用卡并使用的；二是拾得他人的信用卡及其密码并使用的；三是拾得他人的信用卡后，通过猜配密码使用的。

第（二）项是骗取他人的信用卡并使用的行为。行为人骗取他人信用卡不等于骗取了信用卡所记载的钱款，只有使用了该信用卡才能取得他人的财产。因此，此种行为应当认定为冒用他人信用卡的信用卡诈骗行为。

第（三）项是窃取、收买、骗取或者以其他非法方式获取他人信用卡信息资料，并通过互联网、通讯终端等使用的行为。近年来，随着银行卡产业的发展与信息技术的进步，信用卡的使用渠道不断拓宽，信用卡诈骗活动的犯罪手段也随之发生了变化，从传统的在自动柜员机上使用他人信用卡，演变为在销售点终端机具、网上支付、电话支付渠道使用他人信用卡或者信用卡信息。以网上支付、电话支付方式

---

① 该部分内容是对2009年司法解释的理解与适用，对2018年司法解释的理解与适用仍有参考价值。

使用他人信用卡，属于以无磁交易方式实施的信用卡诈骗。这种犯罪行为，进行交易时不需要提供信用卡卡片，因此犯罪手段更为隐蔽，危害性更大。考虑到这一点，《解释》第五条专门规定了冒用他人信用卡进行信用卡诈骗的多种情形，既包括拾得、骗取他人信用卡并使用的，也包括窃取、收买、骗取或者以其他非法方式获取他人信用卡信息资料，并通过互联网、通讯终端等使用的行为。因此，利用互联网和电话等方式使用他人信用卡的行为，可以依照《解释》的这一规定追究刑事责任。

第（四）项是关于兜底条款的规定。

——刘涛：《〈关于办理妨害信用卡管理刑事案件具体应用法律若干问题的解释〉的理解与适用》，载《人民司法 · 应用》2010 年第 1 期。

【最高人民法院答复】

被告人余××利用他人遗忘在 ATM 机内已输好密码的信用卡取款的行为倾向于认定为信用卡诈骗罪。

——《最高人民法院关于被告人余××利用他人遗忘在 ATM 机内已输好密码的信用卡取款的行为如何定性请示一案的批复》（〔2017〕最高法刑他 3371 号）。

【最高人民法院参考案例】

潘安信用卡诈骗案（《刑事审判参考》案例第 1389 号）

要旨：行为人利用他人遗忘在 ATM 机内已输好密码的信用卡的取款行为构成信用卡诈骗罪。

常州市天宁区人民法院经公开审理查明：2014 年 2 月 28 日 9 时许，被告人潘安在常州市天宁区乾盛兰庭××号中国建设银行存取款一体机（ATM 机）上，趁被害人陈燕将银行卡遗忘在机器内且尚未退出取款操作界面之际，分二次从该卡内取走人民币五千五百元。案发后，潘安退赔了被害人陈燕的损失，陈燕出具谅解书对潘安予以谅解。潘安归案后如实供述了自己在上述时间、地点提取他人存款的事实。

常州市天宁区人民法院经审理认为，持银行卡在存取款一体机上使用时，输入密码与银行留存密码相符，视同银行卡所有人操作。被告人潘安在存取款一体机尚未退出的取款界面上操作提取被害人陈燕的存款、不需要输入密码，没有假冒身份欺骗银行的情节，不构成信用卡诈骗罪，其行为符合盗窃罪的构成要件。潘安以非法占有为目的，采用秘密手段，盗窃公民财物，数额较大，其行为已构成盗窃罪。为严肃国家法制，惩治犯罪，保护公私财产权利不受侵犯，依照刑法第二百六十四条、第六十七条第三款、第五十二条、第五十三条第一款以及《最高人民法院、最高人民检察院关于办理盗窃刑事案件适用法律若干问题的解释》第一条、第十四条以及刑事诉讼法第二百零一条之规定，判决被告人潘安犯盗窃罪，判处拘役二个月，并处罚金人民币二千元。

宣判后，常州市天宁区人民检察院提出抗诉，认为本案属于“拾得他人信用卡并使用”的情形，一审判决适用法律错误，应当按照信用卡诈骗罪定罪处罚，建议二审法院依法改判。

常州市人民检察院支持抗诉。出庭检察员发表如下抗诉意见：(1) ATM 机取款步骤中的输入密码系银行与持卡人约定现金占有转移的条件，只要输入密码正确并符合额度标准，ATM 机就必须吐钞，而不问取款人的真实身份，输入密码不是对持卡人真实身份的验证。(2) 从犯罪客观行为来看，被告人潘安能够得逞关键在于冒用持卡人身份，银行以为是持卡人而“自愿”实施付款行为，处于被骗地位。根据 ATM 机设置原理以及银行与持卡人达成的现金占有转移合约，输入正确密码是银行同意 ATM 机内现金占有转移的条件，而不问取款人的真实身份。拾卡人在持卡人输入密码的基础上直接按数取款，在 ATM 机吐钞之前，拾卡人与银行之间仍然处在交易之中，ATM 机界面会显示“交易正在进行中”，然后经银行“同意”才“交付”现金，体现了 ATM 机背后银行的意志，把财物“交付”给拾卡人，符合诈骗罪的客观行为表现。(3) 从犯罪行为侵害的法益看，潘安的行为不仅侵害了被害人的财产权利，还侵害了国家金融管理秩序，符合刑法分则关于信用卡诈骗罪复杂客体的构成要件。(4) 根据 2018 年 11 月 28 日《最高人民法院、最高人民检察院关于办理妨害信用卡管理刑事案件具体应用法律若干问题的解释》第五条第二款第（一）项规定，“拾得他人信用卡并使用”属于“冒用他人信用卡”的情形，其中，并未区分是否输入密码。(5) 如果定为盗窃罪则违反罪责相适应原则。从行为人主观恶性上看，拾卡人在已经输入密码的 ATM 机中取款，与拾卡人通过破解密码等方式在 ATM 机中取款的行为相比，后者的主观恶性无疑大于前者。如果认定主观恶性较小的不输入密码按数取款以盗窃罪追究刑事责任，主观恶性较大的破解输入密码按数取款却构成信用卡诈骗罪，明显违背罪责刑相适应的原则。建议二审法院依法改判。

常州市中级人民法院经开庭审理认为，《最高人民法院、最高人民检察院关于办理妨害信用卡管理刑事案件具体应用法律若干问题的解释》第五条规定，“拾得他人信用卡并使用”属于“冒用他人信用卡”的情形，本案中被告人潘安的行为系“拾得他人信用卡并使用”，其行为不仅侵犯了他人的财产所有权，还侵犯了国家的金融管理秩序，这一点有别于盗窃行为侵犯财产所有权单一客体的特征，符合信用卡诈骗罪复杂客体的构成要件，属于刑法第一百九十六条规定的“冒用他人信用卡”的情形，应认定为信用卡诈骗罪。潘安冒用他人信用卡，数额较大，其行为构成信用卡诈骗罪。常州市天宁区人民检察院所提抗诉意见、常州市人民检察院的出庭意见成立。原审适用法律不当,应予纠正。

——《刑事审判参考》(总第125辑)。

541 名为透支信用卡实为贷款情形的处理规则

关键词｜信用卡诈骗罪｜恶意透支｜

【最高人民法院司法解释】

第十一条 发卡银行违规以信用卡透支形式变相发放贷款,持卡人未按规定归还的,不适用刑法第一百九十六条"恶意透支"的规定。构成其他犯罪的,以其他犯罪论处。

——《最高人民法院、最高人民检察院关于办理妨害信用卡管理刑事案件具体应用法律若干问题的解释》(2009年12月16日,法释〔2009〕19号;2018年12月1日,法释〔2018〕19号修正)。

【链接:理解与适用】

司法实践中,个别发卡银行不采用传统的抵押担保等具有较高安全性的贷款发放方式,而是以信用卡透支的形式发放贷款,既降低了银行发放贷款的审查要求,又可以将"持卡人"透支不还的行为认定恶意透支以通过刑事手段追索贷款,从而将银行的审慎义务转移给司法机关和"持卡人"。实践中,对于此种情况能否认定为刑法第一百九十六条规定的恶意透支,存在较大争议。经研究认为,该行为实质上是借用信用卡的形式发放贷款,所发放的"信用卡"的主要功能是作为贷款载体而非用于透支消费,不符合信用卡的本质特征,此种情况下"持卡人"透支不还的行为主要属于不及时归还贷款,不应适用恶意透支的规定定罪处罚。当然,如果符合刑法第一百七十五条之一规定的骗取贷款罪、第一百九十三条规定的贷款诈骗罪等其他犯罪的,可以依照其他犯罪定罪处罚。基于此,《修改决定》增加一条,作为修改后《解释》第十一条,规定:"发卡银行违规以信用卡透支形式变相发放贷款,持卡人未按规定归还的,不适用刑法第一百九十六条'恶意透支'的规定。构成其他犯罪的,以其他犯罪论处。"

——耿磊:《〈关于修改《关于办理妨害信用卡管理刑事案件具体应用法律若干问题的解释》的决定〉的理解与适用》,载《人民司法·应用》2019年第1期。

542 恶意透支信用卡“以非法占有为目的”的认定

关键词|信用卡诈骗罪|恶意透支|以非法占有为目的|

【最高人民法院司法解释】

第六条 持卡人以非法占有为目的,超过规定限额或者规定期限透支,经发卡银行两次有效催收后超过三个月仍不归还的,应当认定为刑法第一百九十六条规定的“恶意透支”。

对于是否以非法占有为目的,应当综合持卡人信用记录、还款能力和意愿、申领和透支信用卡的状况、透支资金的用途、透支后的表现、未按规定还款的原因等情节作出判断。不得单纯依据持卡人未按规定还款的事实认定非法占有目的。

具有以下情形之一的,应当认定为刑法第一百九十六条第二款规定的“以非法占有为目的”,但有证据证明持卡人确实不具有非法占有目的的除外:

(一)明知没有还款能力而大量透支,无法归还的;

(二)使用虚假资信证明申领信用卡后透支,无法归还的;

(三)透支后通过逃匿、改变联系方式等手段,逃避银行催收的;

(四)抽逃、转移资金,隐匿财产,逃避还款的;

(五)使用透支的资金进行犯罪活动的;

(六)其他非法占有资金,拒不归还的情形。

第七条 催收同时符合下列条件的,应当认定为本解释第六条规定的“有效催收”:

(一)在透支超过规定限额或者规定期限后进行;

(二)催收应当采用能够确认持卡人收悉的方式,但持卡人故意逃避催收的除外;

(三)两次催收至少间隔三十日;

(四)符合催收的有关规定或者约定。

对于是否属于有效催收,应当根据发卡银行提供的电话录音、信息送达记录、信函送达回执、电子邮件送达记录、持卡人或者其家属签字以及其他催收原始证据材料作出判断。

发卡银行提供的相关证据材料,应当有银行工作人员签名和银行公章。

——《最高人民法院、最高人民检察院关于办理妨害信用卡管理刑事案件具体应用法律若干问题的解释》(2009年12月16日,法释〔2009〕19号;2018年12月1日,法释〔2018〕19号修正)。

【链接：理解与适用】

（一）关于"以非法占有为目的"的认定

刑法第一百九十六条规定："恶意透支，是指持卡人以非法占有为目的，超过规定限额或者规定期限透支，并且经发卡银行催收后仍不归还的行为。"《解释》第六条第一款进一步明确了"恶意透支"的含义，规定："持卡人以非法占有为目的，超过规定限额或者规定期限透支，并且经发卡银行两次催收后超过三个月仍不归还的，应当认定为刑法第一百九十六条规定的'恶意透支'。"第二款规定了应当认定为"以非法占有为目的"的六种情形：明知没有还款能力而大量透支，无法归还的；肆意挥霍透支的资金，无法归还的；透支后逃匿、改变联系方式，逃避银行催收的；抽逃、转移资金，隐匿财产，逃避还款的；使用透支的资金进行违法犯罪活动的；其他非法占有资金，拒不归还的行为。上述规定对于准确认定非法占有目的发挥了重要作用，但在具体适用中也存在一些问题。根据实践反映的问题，《修改决定》第一条对《解释》第六条作了修改完善。

1."以非法占有为目的"的独立要件地位。根据刑法第一百九十六条的规定，"以非法占有为目的"是恶意透支的主观要件，是区分恶意透支与民事纠纷、民事欺诈的最重要标准。然而，"以非法占有为目的"的规定在实践中被虚化，具体表现为依据"经发卡银行两次催收后超过三个月仍不归还"的客观行为直接认定"以非法占有为目的"，以及对持卡人提出的不具有非法占有目的的辩解（如正在与发卡银行协商还款事宜等）置之不顾。为防止客观归罪，实现主客观相统一，《修改决定》第一条对《解释》第六条作了进一步完善，特别强调"不得单纯依据未按规定还款的事实认定非法占有目的"，凸显了以非法占有为目的在认定恶意透支中的独立要件地位。

2."以非法占有为目的"的综合考量。《修改决定》第一条对《解释》第六条作了补充，增加第二款，规定："对于以非法占有为目的，应当综合持卡人信用记录、还款能力和意愿、申领和透支信用卡的状况、透支资金的用途、透支后的表现、未按规定还款的原因等情节作出判断。"据此，对非法占有目的应当根据案件的具体情况综合认定，具体可以从如下几个方面考量：申领信用卡时提交材料是否真实，有无严重弄虚作假；使用信用卡时是否具有相对稳定的还款能力，如是否具有稳定合法的工作或者收入来源等；透支情况与收入水平是否基本相符；涉案信用卡是否存在大量套现情况；透支款项用途是否合法，是否用于违法犯罪活动；是否存在持续且有效的还款行为；透支后是否与发卡银行保持联系、积极沟通，是否存在故意逃避催收的情况，等等。对于持卡人原有合法、稳定收入来源，长期正常使用信用卡，信用记录良好，但在正常透支消费后，因突发重大疾病或者其他客观原因，导致一时无力还款,事后与发卡银行积极沟通说明情况、尽力筹措还款资金的,不应认定为以非法占有为目的。

3.“以非法占有为目的”的推定情形。《修改决定》对《解释》第六条第二款关于“以非法占有为目的”的推定情形作进一步完善,主要有以下几个方面:

(1)不再将“肆意挥霍透支的资金,无法归还的”作为认定非法占有为目的的情形之一。司法实践普通反映,“肆意挥霍”的认定存在较大弹性,受持卡人自身情况和消费时间、地点等因素影响较大,且与信用卡“透支消费”这一最重要功能的界限难以准确把握,不利于信用卡功能的正常发挥和持卡人合法权益的有效维护。(2)将“使用虚假资信证明申领信用卡后透支,无法归还的”增设为认定非法占有目的的情形之一。实践中,一些持卡人通过提供虚假的财产状况、收入、职务等资信证明材料的方式,骗领信用卡或者提高信用卡的授信额度后透支,导致无法归还的情况时有出现。此种情形,反映持卡人具有相当的主观恶性,且往往是实施信用卡套现、信用卡诈骗的前提和基础,危害较大,有必要加以规制。基于此,将此种情形纳入认定非法占有目的的情形。(3)增加但书规定。鉴于司法实践的情况比较复杂,应当允许对具有本款规定推定“以非法占有为目的”的情形提出反证,即“有证据证明持卡人确实不具有非法占有目的的除外”。

(二)关于催收的认定

根据刑法第一百九十六条第二款的规定,“经发卡银行催收后仍不归还”是认定恶意透支的条件之一。根据司法实践反映的问题,《修改决定》第一条明确刑法规定的“催收”应为“有效催收”,即发卡银行的催收,只有被持卡人确实收到后,方可认定为刑法规定的“催收”。作此限定,既符合司法实践的一贯做法,又可以防止催收形式化和不当扩大刑事处罚范围,实现立法通过“催收”限定刑事处罚范围的目的。在此基础上,《修改决定》第二条通过增加一条,作为修改后《解释》第七条,进一步明确了“有效催收”的认定标准和有关问题。

1.“有效催收”的认定标准。根据修改后《解释》第七条第一款的规定,对于“有效催收”,应当从催收的时间、效果、间隔、合法性等方面加以认定。具体而言:(1)在透支超过规定限额或者规定期限后进行。持卡人的透支尚未超过规定限额或者规定期限的,属于对信用卡的合法使用,此时的所谓催收,本质上属于《中国银行业监督管理委员会商业银行信用卡业务监督管理办法》(以下简称《信用卡管理办法》)第六十七条“发卡银行应当及时就即将到期的透支金额、还款日期等信息提醒持卡人”中的“提醒”,不属于催收,故明确催收应当在透支超过规定限额或者规定期限“后”进行。(2)催收应当采用能够确认持卡人收悉的方式,但持卡人故意逃避催收的除外。这是“有效催收”的本质要求,以将持卡人由于搬迁或者出差等原因,没有收到银行催收以致未能按时还款的情况排除在外。需要注意的问题有三：一是这里的“确认持卡人收悉”，并非仅指持卡人实际知晓催收内容，也包括司法机关根据一般生活经验，判断持卡人确实收悉催收的情况，例如发卡银行按照约定，将催收短信送达持卡人的手机，即使不能证明持卡人已实际阅读，也可以认定有效催收。二是有的持卡人通过变更联系方式不通知发卡银行等方式故意逃避催收的，要求发卡银行的催收现实、确定被故意逃避催收的持卡人知悉，显然不符合现实情况。考虑到发卡银行催收与人民法院民事送达有一定的相似性，故参考《最高人民法院关于进一步加强民事送达工作的若干意见》（法发〔2017〕19 号）第六条“当事人变更送达地址，应当以书面方式告知人民法院。当事人未书面变更的，以其确认的地址为送达地址”的规定，明确对于有证据证明持卡人故意逃避催收的，不需要发卡银行的催收必须采用能够确认其收悉的方式，只要发卡银行按照与持卡人约定的方式进行了催收，例如向故意逃避催收的持卡人预留的手机号码发送催收短信的，也可以认定为有效催收。三是催收方式。2010 年《最高人民法院研究室关于信用卡犯罪法律适用若干问题的复函》（法研〔2010〕108 号）明确要求“两次催收”一般应分别采用电话、信函、上门等两种以上催收形式。对此，司法实践反映良好。《修改决定》未吸收上述规定，主要是考虑到随着信息技术的发展，催收的方式更加灵活多样，例如近年开始出现“短信”“微信”“电子邮件”等催收方式，司法解释难以全面列举；而且，在《修改决定》已经明确规定“催收应当采用能够确认持卡人收悉的方式”的情况下，对催收形式再作限制，亦无必要。（3）两次催收至少间隔三十日。作此规定，同样是为了确保持卡人能够收悉发卡银行的催收，避免短时间内连续催收造成把两次催收实质上合并为一次催收的情况。之所以确定为“三十天”，是参考了信用卡对账单的生成周期一般为三十天的做法。（4）符合催收的有关规定或者约定。此处规定的“约定”，是指持卡人与发卡银行就催收达成的合意，主要表现为持卡人同意发卡银行的信用卡章程中有关催收的条款。至于“规定”，目前主要是指《信用卡管理办法》第六十八条至第七十条的相关规定，如“不得对与债务无关的第三人进行催收”“对催收过程应当进行录音，录音资料至少保存二年备查”等。下一步关于催收的相关规定如有调整的，从其规定。

2. 认定“有效催收”的证据标准。根据修改后《解释》第七条第二款、第三款的规定，对于是否属于有效催收，应当根据发卡银行提供的电话录音、信息送达记录、信函送达回执、电子邮件送达记录、持卡人或者其家属签字以及其他催收原始证据材料作出判断。而且，发卡银行提供的相关证据材料，应当有银行工作人员签名和银行公章，以确保相关证据材料的客观真实。

此外，有必要提及的是，对于持卡人与实际透支人不一致时的催收对象及相关问题，实践中存在不同认识。经研究认为，上述问题主要系实践操作问题，《修改决定》未予涉及。具体操作中,可以根据实际透支人获得信用卡的不同方式分别作出处理:(1)违背持卡人真实意愿情形的处理。以拾得、骗取、窃取、收买,甚至抢劫、盗窃等方式获取他人信用卡后恶意透支,根据刑法和司法解释的有关规定,可以盗窃罪、信用卡诈骗罪(冒用他人信用卡)等规定定罪处罚,不需要催收。(2)未违背持卡人的真实意愿情形的处理。持卡人明知、甚至与实际透支人共谋,共同使用自己的信用卡恶意透支的,对持卡人进行催收即可。因为此种情形下,持卡人与实际透支人一般存在某种关联,且双方违反了《中国人民银行银行卡业务管理办法》(银发〔1999〕17号)第二十八条"银行卡及其帐户只限经发卡银行批准的持卡人本人使用,不得出租和转借"的规定。需要特别强调,此处只是明确催收对象是持卡人,但是否构成恶意透支型信用卡诈骗罪,以及追究的刑事责任具体主体,还需要根据案件具体情况作出判断。

——耿磊:《〈关于修改《关于办理妨害信用卡管理刑事案件具体应用法律若干问题的解释》的决定〉的理解与适用》,载《人民司法·应用》2019年第1期。

【最高人民法院参考案例】

房毅信用卡诈骗案(《刑事审判参考》案例第921号)

要旨:认定有效催收,应当对银行是否实施催收、持卡人本人是否获悉催收信息进行审查。

在恶意透支型信用卡诈骗罪中,银行催收方式多样,一般采用短信、电话催收、向户籍地或者持卡人预留的其他地址发催收信函以及上门催收等。持卡人恶意透支后往往采取各种方式逃避银行催收,拒接银行电话、更换手机号码或者拒收催收信函。司法实践中,对于有效催收的事实如何认定争议较大。主要涉及两个问题:

一是银行催收的形式。催收信函记载了透支信用卡的卡号、欠款金额、催收日期等详细信息,可直接证实催收的内容。但银行电话催收记录具有其单方面性,往往无录音或者其他证据佐证,难以反映催收内容。

二是持卡人收悉有关银行催收的信息。银行提供催收信函,证明根据持卡人所留的地址,实施过催收行为。实践中存在持卡人长期在外地工作,同住人签收信件后未转交给持卡人等情况。因此,仅凭银行提供的催收信函存根及挂号信记录仍无法证实持卡人确已收悉的,不能确认该催收的法律效力。银行必须提供证明持卡人收悉银行催收信函的信息,否则不能认定催收的有效性。

我们认为,银行信函催收还是电话催收,都是催收方式之一,无论哪种方式,均需要其他证据的印证,即查证属实的,方能认定为有效催收。原则上银行应当证明其催收内容、持卡人本人已收悉银行催收信息,否则不能认定催收的效力。这种证明最有效的方式就是由持卡人在催收函回执上签字认可,或者有电话录音的印证。

信函催收的，如果持卡人外出，则其同住成年家属签收也可以视为持卡人签收，但在这种情况下应当允许持卡人反证。如果持卡人能够举出证据证明其确实没有收到催收函，如其因为工作或者其他原因长期在外未归，确没有收到家属签收的催收函，则催收不发生效力。实践中，被告人对当庭质证的催收记录不提出异议的，法院可以对催收的有效性予以认可。若被告人庭审中提出异议，则需要具体分析。如果持卡人透支以后故意更换住址、电话号码逃避银行催收的，则只要银行有证据证明按照信用卡协议约定的持卡人地址寄送了催收函或者拨打过电话，即可认定催收的效力。否则，银行单方面提供的催收记录，无法独立证实有效催收。

就本案而言，五家银行均有电话催收情况，其中光大银行和上海银行的电话催收记录明确记载房毅本人已收悉催收信息，且经房毅辨认确认，可作为认定有效催收的证据采信。而其他银行提供的电话催收记录，没有房毅本人的确认等证据印证，故依法不能认定其实施了电话催收行为，但根据其提供的催收函件，可以认定其书面催收的事实。据此，法院认定上海银行、中国银行、深圳发展银行三张信用卡两次催收满三个月的截止期均发生在缓刑考验期内是正确的。

——《刑事审判参考》（总第95辑）。

梁保权、梁博艺信用卡诈骗案（《刑事审判参考》案例第1120号）

要旨：持卡人使用信用卡透支用于生产经营，但因经营不善等客观原因导致信用卡逾期无法偿还的，不应认定为恶意透支型信用卡诈骗犯罪中的“以非法占有为目的”。

我们认为，信用卡最主要的功能就是透支从而使持卡人得以购买超出自己现有支付能力的商品或服务，银行也以各种各样的促销活动鼓励持卡人进行透支消费，因此若仅凭客观上无法偿还欠款就认定为“以非法占有为目的”的恶意透支型信用卡诈骗，就无法将恶意透支型信用卡诈骗罪和透支不还的民事违约行为进行区分。对“以非法占有为目的”的理解仍应坚持主客观相统一的原则，综合考察行为人申领行为、透支行为、还款行为等各种因素，重点考察以下三方面的因素：

第一，行为人申领信用卡时有无虚构事实、隐瞒真相的行为。这是指行为人在申领信用卡时，因不符合申领条件或不能得到较大的透支额，而伪造部分证明材料，如收入证明、房屋产权证明等虚构其资信能力的材料，但其基本身份属实，如姓名、身份、住址和户籍资料等信息真实。这种情形与刑法第一百九十六条第一款第（一）项规定的“使用以虚假的身份证明骗领的信用卡”的情形不同，虚假的身份证明是指行为人完全以虚构的身份和虚假的申请资料申领信用卡，使银行无法找到真正的持卡人。而本案情况是，银行仍然能够找到持卡人，但却客观存在催收困难。

第二，行为人透支款项的用途。根据资金用途判断行为人是否具有非法占有目的时,应结合全案分析行为人资金用途的主要方面,对于行为人取得资金后,部分用于非法活动,部分用于合法经营的,如果大部分资金用于合法经营,到期不能归还资金主要是由于经营不善、市场风险等原因造成的,不宜认定"以非法占有为目的"。如果行为人利用信用卡到中介公司大额、频繁套现,或者透支用于不符合其承受能力的奢侈品消费或密集多次无节制的生活消费,则可断定具有非法占有的目的。

第三,透支款项时行为人的还款态度及是否逃避催收。透支额的归还行为反映行为人的信用状况,为了维护自己的信用,行为人在透支后一般会及时还款。如果行为人在透支后对还款期限和还款额根本不关心,连续透支消费,甚至通过变更电话、住址等方式逃避银行催款,这种只透支不还款的态度表明其不打算遵守信用卡合法使用的规定,对透支款项具有较明显的非法占有目的。但如果行为人在银行催收后有积极表示,或者积极还款,或者说明合理的不还款理由,并与银行约定推迟还款的计划等,都可以排除"非法占有目的"。

在本案中,涉案信用卡透支款项大部分用于二被告人的企业经营,其他小部分款项用于正常生活开支,而非奢侈品消费或者无节制消费。二被告人后因经营困难导致信用卡欠款逾期未能归还,但从涉案信用卡还款情况及二被告人应对催收的态度来看,二被告人持卡最后一笔透支消费后不久即被停卡,在银行的催收下,二被告人在两个多月后还向已经被停卡的涉案信用卡账户偿还了一笔四万元的还款,若二被告人是"以非法占有为目的"的恶意透支,就不会在两个多月后还向银行偿还这一笔数额并不小的透支款项。二被告人逾期未能继续归还欠款后,银行数十次电话催收,梁博艺或梁保权接听电话时均表示愿意归还欠款,只是申明企业经营困难希望暂缓还款,且梁保权被抓获归案时正在银行协商还款事宜。可见二被告人一直积极与银行协商还款事宜,未有变更联系电话、变更地址等逃避催收的行为。二被告人的行为不能认定为"以非法占有为目的",不构成恶意透支型的信用卡诈骗罪。

——《刑事审判参考》(总第105辑)。

543 窃取他人开卡邮件并激活信用卡使用的行为如何定性

关键词|信用卡诈骗罪|信用卡|

【最高人民法院参考案例】

王立军等信用卡诈骗案(《刑事审判参考》案例第874号)

要旨:窃取他人信用卡后激活并使用的行为构成信用卡诈骗罪。

刑法第一百九十六条第一款规定了构成信用卡诈骗罪的四种情形,即使用伪造的信用卡,使用以虚假的身份证明骗领的信用卡,使用作废的信用卡,冒用他人信用卡及恶意透支。本案被告人王立军的行为属于其中冒用他人信用卡的情形,且其套现 1.19 万元,已达到“数额较大”的标准,构成信用卡诈骗罪。

1. 私自激活他人信用卡并使用属于冒用他人信用卡行为。信用卡办理流程一般需经过申领、审核、寄送、激活、使用五个阶段。当事人申领信用卡通过审核后,银行一般会在十至十五个工作日内将卡片通过信件的形式邮寄至申领人预留的地址,申领人签收后再将卡片激活并使用。所谓“激活”,即申领人按照发卡银行寄送信件指定的步骤,拨打银行服务电话,按照语音提示输入个人预留身份资料、手机号码、初始密码等重要私密信息,成功通过审核的过程。只有成功激活才能启动“沉睡”中的卡片的各项功能。因此,激活在信用卡的申办流程中占据核心地位,信用卡不特定的价值必须通过激活这一关键步骤的完成才能最终实现。信用卡的激活应当体现申领人的意志,一般由申领人或者经其授权的人进行操作。而王立军是在信用卡申领人不知情的情况下,利用截取的开卡信件及作为同事知晓申领人身份信息的便利,私自激活信用卡,并以信用卡卡主的身份刷卡取现或者消费,侵犯他人财产权的同时也侵害了国家对信用卡的管理制度,扰乱了正常的金融管理秩序,属于冒用他人信用卡的行为。

2. 未被激活的信用卡不属于“盗窃信用卡并使用”调整的范围。《全国人民代表大会常务委员会关于〈中华人民共和国刑法〉有关信用卡规定的解释》明确规定,刑法规定的“信用卡”,是指由商业银行或者其他金融机构发行的具有消费支付、信用贷款、转账结算、存取现金等全部功能或者部分功能的电子支付卡。当然,该卡应当是真实、有效的。正如有观点提出的,刑法规定的行为对象如果是某种物品而又未附注或者明确包含伪造、无效、虚假的,那就只能理解为真实、有效的,如刑法第二百八十条规定的盗窃、抢夺、毁灭国家机关公文、证件、印章罪中的“公文、证件、印章”原则上要求必须是真实、有效的。因此,刑法第一百九十六条第三款中的“盗窃信用卡并使用”中的“信用卡”应当是已被激活、能正常使用的信用卡,即具备消费、支付、转账、存取等全部或者部分功能。无效卡、伪造卡、变造卡、涂改卡均不能归入其中。该款立法意图在于将盗窃信用卡并使用的性质界定为事后不可罚的行为,这里的信用卡本身已经具有了财产的价值属性,能够直接转化成相应价值的资金或者财物。最高人民法院曾于 1986 年 11 月 3 日在对下级法院的答复中明确:“被告人盗窃信用卡后有仿冒卡主签名进行购物、消费的行为,是将信用卡本身所含的不确定价值转化为具体财物过程,是盗窃犯罪的继续,应定盗窃罪。”本案中,发卡行邮寄给申领人的信封中的卡片因未激活,还不具备信用卡的基本功能,属于广义上的无效卡范畴,故盗窃未激活的信用卡超出了刑法第一百九十六条第三款规定的“信用卡”外延。

3. 盗窃不同财产权利载体物的处理。随着经济活动日益频繁，有价支付凭证、有价证券、有价票证及信用卡等财产权利载体逐渐丰富。根据最高人民法院 2013 年出台的《关于办理盗窃刑事案件适用法律若干问题的解释》第五条的规定，盗窃不记名、不挂失的有价支付凭证、有价证券、有价票证的，按票面数额和盗窃时应得的孳息、奖金或者奖品等可得收益一并计算盗窃数额。盗窃记名的载体物，已经兑现的，按照兑现部分的财物价值计算盗窃数额；没有兑现，但失主无法通过挂失、补领、补办手续等方式避免损失的，按照给失主造成的实际损失计算盗窃数额。这里未区分记名载体物财物价值的不同兑现方式。实务中，可视不同情形作相应认定：(1)盗窃不记名、不挂失的财产权利载体物，因能即时兑现财产权利，行为人窃取后，就拥有了对相对应财物的控制权，以盗窃罪论处。(2)盗窃记名的票据、金融凭证、信用卡，行为人不论是否采取其他欺骗行为，在兑现时，须冒充权利人行使权利从而取得载体物财产价值，且"冒用"情形是票据诈骗罪、金融凭证诈骗罪、信用卡诈骗罪客观方面均要求的行为。行为人如果冒充权利人兑现财产价值，则以上述金融诈骗罪定罪量刑。(3)盗窃除(2)以外记名的权利载体物，如果采用伪造银行预留印鉴、印章，仿冒持票人签名等形式兑现财产价值的，由于其后续欺骗行为是取得财产的关键行为，以票据诈骗罪追究刑事责任；如果盗窃的是印鉴齐全的载体物，兑现时无须另行提供身份证明等资料，将其兑现行为视为实现窃取物价值的事后不可罚行为，则以盗窃罪处理。

本案被告人王立军的行为属于上述第二类行为。信用卡作为一种记名的、使用时必须附随一定印鉴、身份证件、密码的金融凭证，行为人盗窃未激活的信用卡后，并不能无条件地获取财物。兑现财物需实施冒名激活、冒名使用的欺诈行为，故以信用卡诈骗罪处理更为合适。

综上，法院认定被告人王立军窃取他人信件，激活信用卡并使用的行为构成信用卡诈骗罪是正确的。

——《刑事审判参考》(总第 93 辑)。

544 犯信用卡诈骗罪，为抗拒抓捕而当场使用暴力的，可否转化为抢劫罪

关键词｜信用卡诈骗罪｜抢劫罪｜

【最高人民法院参考案例】

王艳峰抢劫案(《刑事审判参考》案例第 1246 号)

要旨：信用卡诈骗行为具有明显的侵财性，可以转化为抢劫。

刑法第二百六十九条规定的“犯盗窃、诈骗、抢夺罪”是指具体犯罪行为，还是仅指刑法分则第五章规定的盗窃罪、诈骗罪和抢夺罪，直接关系到转化型抢劫的适用范围。如将上述“犯盗窃、诈骗、抢夺罪”解释为第五章规定的盗窃、诈骗、抢夺罪，形式上符合罪刑法定原则，但存在一定的局限性。刑法分则在规定罪名和法定刑时，并不是严格按照对一种行为只认定为一种犯罪的模式，而是根据打击犯罪的需要，将同一性质的行为分置于不同的罪名中予以规定，从而形成法条竞合犯、想象竞合犯、结果加重犯等多种复杂的罪数形态。就盗窃、诈骗、抢夺罪而言，除刑法分则第五章规定的三个普通罪名外，还有诸多散见于各章节的相关特殊罪名，如盗伐林木罪、盗掘古墓葬罪、合同诈骗罪、金融诈骗犯罪、战时掠夺居民财物罪等。这些犯罪与普通盗窃、诈骗、抢夺罪存在法条竞合关系，前者是特殊法，后者是一般法。上述特殊类型财产犯罪完全符合普通盗窃、诈骗、抢夺罪的构成要件，因此把这些犯罪归入刑法第二百六十九规定的转化型抢劫的前提犯罪，并不违反罪刑法定原则。例如，盗窃正在使用中的电缆，属于盗窃罪与破坏电力设备罪的想象竞合犯，虽然一般根据从一重罪处断的原则认定为破坏电力设备罪，但不能否认该行为也同时符合盗窃罪的构成要件，该行为同样可以作为转化型抢劫的前提犯罪。全国人大常委会法制工作委员会在答复最高人民检察院关于相对刑事责任年龄人承担刑事责任范围问题时指出：“刑法第十七条第二款规定的八种犯罪，是指具体犯罪行为而不是具体罪名。”这便突破了将该条规定的八种犯罪仅理解为具体罪名的思维模式，对理解第二百六十九条的前提犯罪范围具有重要的参考意义。此外，从刑法分则条文的排列顺序来看，第二百六十九条排在第二百六十八条聚众哄抢罪之后，似有将聚众哄抢罪纳入第二百六十九条规定的抢夺罪之意，在一定程度上也说明能够转化为抢劫罪的抢夺罪应是指抢夺行为，不限于第二百六十七条规定的抢夺罪。本案中，被告人王艳峰的前部分行为构成信用卡诈骗罪，而信用卡诈骗罪与诈骗罪具有法条竞合关系，王艳峰的行为符合诈骗罪的构成要件，可以充当转化型抢劫的前提犯罪，因此其实施的全部行为可以认定为抢劫罪。

——《刑事审判参考》（总第 113 辑）。

545 信用卡诈骗罪的量刑

关键词 | 信用卡诈骗罪 | 量刑 |

【最高人民法院司法文件】

（五）信用卡诈骗罪

1. 构成信用卡诈骗罪的，根据下列情形在相应的幅度内确定量刑起点：

（1）达到数额较大起点的，在二年以下有期徒刑、拘役幅度内确定量刑起点。

（2）达到数额巨大起点或者有其他严重情节的，在五年至六年有期徒刑幅度内确定量刑起点。

（3）达到数额特别巨大起点或者有其他特别严重情节的，在十年至十二年有期徒刑幅度内确定量刑起点。依法应当判处无期徒刑的除外。

2. 在量刑起点的基础上，根据信用卡诈骗数额等其他影响犯罪构成的犯罪事实增加刑罚量，确定基准刑。

3. 构成信用卡诈骗罪的，根据诈骗手段、犯罪数额、危害后果等犯罪情节，综合考虑被告人缴纳罚金的能力，决定罚金数额。

4. 构成信用卡诈骗罪的，综合考虑诈骗手段、犯罪数额、危害后果、退赃退赔等犯罪事实、量刑情节，以及被告人主观恶性、人身危险性、认罪悔罪表现等因素，决定缓刑的适用。

——《最高人民法院、最高人民检察院关于常见犯罪的量刑指导意见（试行）》（2021 年 7 月 1 日，法发〔2021〕21 号）。

（三）集资诈骗罪

546 集资诈骗罪中“非法占有目的”要件的认定

关键词｜集资诈骗罪｜非法占有的目的｜

【最高人民法院司法解释】

第七条　以非法占有为目的，使用诈骗方法实施本解释第二条规定所列行为的，应当依照刑法第一百九十二条的规定，以集资诈骗罪定罪处罚。

使用诈骗方法非法集资，具有下列情形之一的，可以认定为“以非法占有为目的”：

（一）集资后不用于生产经营活动或者用于生产经营活动与筹集资金规模明显不成比例，致使集资款不能返还的；

（二）肆意挥霍集资款，致使集资款不能返还的；

（三）携带集资款逃匿的；

（四）将集资款用于违法犯罪活动的；

（五）抽逃、转移资金、隐匿财产，逃避返还资金的；

（六）隐匿、销毁账目，或者搞假破产、假倒闭，逃避返还资金的；

（七）拒不交代资金去向，逃避返还资金的；

（八）其他可以认定非法占有目的的情形。

集资诈骗罪中的非法占有目的，应当区分情形进行具体认定。行为人部分非法集资行为具有非法占有目的的，对该部分非法集资行为所涉集资款以集资诈骗罪定罪处罚；非法集资共同犯罪中部分行为人具有非法占有目的，其他行为人没有非法占有集资款的共同故意和行为的，对具有非法占有目的的行为人以集资诈骗罪定罪处罚。

——《最高人民法院关于审理非法集资刑事案件具体应用法律若干问题的解释》（2011 年 1 月 4 日，法释〔2010〕18 号；2022 年 3 月 1 日，法释〔2022〕5 号修正）。

【链接：理解与适用】[①]

适用本条规定时，应注意以下几个问题：

第一，非法占有目的的认定原则。认定是否具有非法占有为目的，应当坚持主客观相一致的原则，既要避免以诈骗方法的认定替代非法占有目的的认定，又要避免单纯根据损失结果客观归罪，同时也不能仅凭行为人自己的供述，而是应当根据案件具体情况具体分析。对于因经营不善、市场风险等意志以外的原因，造成较大数额的集资款不能返还的，不应当认定为集资诈骗罪；对于行为人使用诈骗方法非法集资，具有《解释》规定情形之一，致使数额较大集资款不能返还或者逃避返还，即使行为人不予供认的，也可以认定为集资诈骗罪。

第二，"明知没有归还能力"的理解。鉴于实践中反映《全国法院审理金融犯罪案件工作座谈会纪要》规定中的"明知没有归还能力"不易掌握，《解释》第四条第二款第（一）项将之修改规定为"集资后不用于生产经营活动或者用于生产经营活动与筹集资金规模明显不成比例"，故该项规定实际上是对"明知没有归还能力"的具体化。对于本项规定中的"生产经营活动与筹集资金规模明显不成比例"，起草过程中有意见指出该表述不够明确，操作上仍有困难，建议修改为"仅将少量资金（或者小部分资金）用于生产经营活动"。经研究，实践中的情况较为复杂，修改建议的表述较为具体，更为便于实践操作，但过于绝对；现在的表述稍显原则，但将集资规模与生产规模联系起来，通过比例关系进行分析判断更具科学性和

① 该部分内容是对 2011 年司法解释的理解与适用，对 2022 年司法解释的理解与适用仍有参考价值。

包容性。此外，另有意见提出，将后期所集资金主要用于支付前期本金和高额回报的情形，可以直接推定为以非法占有为目的。经研究，“以新还旧”“以后还前”确实可以初步断定最终不具有归还能力，但其不具有归还能力的根本原因不在于是否支付本息，而是没有具体的生产经营活动，对此，完全可以适用本项规定认定为以非法占有为目的。同时，支付本息是非法集资的一个基本特征，在一定意义上，按期支付本金和高额回报反而有可能说明行为人主观上没有非法占有目的，为了防止不必要的误解，故未采纳。

第三，“肆意挥霍”的理解。首先，这里有一个“度”的把握问题。行为人将大部分资金用于投资或生产经营活动，而将少量资金用于个人消费或挥霍的，不应仅以此认定具有非法占有的目的。这也是《解释》强调“肆意”二字的本意所在。其次，“挥霍”通常指的是消费性支出。实践中存在一些“挥霍性投资”的情形，对此需要具体情况具体分析。如行为人仅将投资行为作为对外宣传等行骗手段，投资行为纯属消耗性的，行为人也不指望从该投资行为获取收益的，可以视为“挥霍”。

第四，“携带集资款逃匿”的理解。首先，逃匿包含逃跑和藏匿的双重蕴义。以往司法文件中均表述为“逃跑”，《解释》现修改为“逃匿”，意在突出行为人逃避刑事追究的一面，避免不加区分地将各种逃跑的情形一概作集资诈骗处理。其次，逃匿必须与携款联系起来进行综合分析。逃匿可能出于躲债、筹资等多种原因，只有携款潜逃的，才足以说明行为人具有拒绝返还集资款的主观目的。

第五，“将集资款用于违法犯罪活动”的理解。《解释》起草过程中有意见指出，“用于违法犯罪活动”与非法占有目的没有必然联系，建议删去。经研究，将“用于违法犯罪活动”作为认定非法占有目的的一种情形，主要是基于政策考虑所作出的一种法律上的拟制，以体现从严打击的需要，故未采纳。此外，有意见建议增加从事高风险行业的情形，与用于违法犯罪活动一并规定。我们认为，风险高低取决于多方面因素，不易泛泛而谈，故未采纳。

第六，“拒不交代资金去向”的理解。鉴于实践中行为人拒不交代资金去向的情形较为突出，此种情形已经明显反映出非法占有的主观故意，为了从严打击此类犯罪分子，尽可能地挽回集资群众的经济损失，故《解释》增加规定了这一情形。

此外，考虑到非法集资犯罪活动往往时间较长，犯罪分子在非法集资之初不一定具有非法占有目的；非法集资犯罪活动参与实施人员众多，部分共犯不一定具有非法占有目的的犯意联络，为避免客观归罪，《解释》第四条第三款明确，“集资诈骗罪中的非法占有目的，应当区分情形进行具体认定。行为人部分非法集资行为具有非法占有目的的，对该部分非法集资行为所涉集资款以集资诈骗罪定罪处罚；非法集资共同犯罪中部分行为人具有非法占有目的，其他行为人没有非法占有集资款的共同故意和行为的，对具有非法占有目的的行为人以集资诈骗罪定罪处罚”。据此,对于非法占有目的产生于非法集资过程当中的,应当只对非法占有目的支配下实施的非法集资犯罪以集资诈骗罪处理,对于之前实施的行为,应以其他非法集资犯罪处理,实行数罪并罚;对于共同非法集资犯罪案件,应当只对具有非法占有目的的犯罪人以集资诈骗罪处理;对于不具有非法占有目的的犯意联络的犯罪人,应对其参与实施的全部事实以其他非法集资犯罪处理。

——刘为波:《〈关于审理非法集资刑事案件具体应用法律若干问题的解释〉的理解与适用》,载最高人民法院刑事审判第一、二、三、四、五庭主办:《刑事审判参考》(总第 79 辑),法律出版社 2011 年版,第 61—63 页。

【最高人民法院司法文件】

四、关于主观故意的认定问题

……

犯罪嫌疑人、被告人使用诈骗方法非法集资,符合《最高人民法院关于审理非法集资刑事案件具体应用法律若干问题的解释》第四条规定的,可以认定为集资诈骗罪中“以非法占有为目的”。

办案机关在办理非法集资刑事案件中,应当根据案件具体情况注意收集运用涉及犯罪嫌疑人、被告人的以下证据:是否使用虚假身份信息对外开展业务;是否虚假订立合同、协议;是否虚假宣传,明显超出经营范围或者夸大经营、投资、服务项目及盈利能力;是否吸收资金后隐匿、销毁合同、协议、账目;是否传授或者接受规避法律、逃避监管的方法,等等。

——《最高人民法院、最高人民检察院、公安部关于办理非法集资刑事案件若干问题的意见》(2019 年 1 月 30 日,高检会〔2019〕2 号)。

547 集资诈骗罪的定罪量刑标准

关键词｜集资诈骗罪｜定罪量刑标准｜

【最高人民法院司法解释】

第八条 集资诈骗数额在 10 万元以上的,应当认定为“数额较大”;数额在 100 万元以上的,应当认定为“数额巨大”。

集资诈骗数额在 50 万元以上,同时具有本解释第三条第二款第三项情节的,应当认定为刑法第一百九十二条规定的“其他严重情节”。

集资诈骗的数额以行为人实际骗取的数额计算,在案发前已归还的数额应予扣除。行为人为实施集资诈骗活动而支付的广告费、中介费、手续费、回扣,或者用于行贿、赠与等费用,不予扣除。行为人为实施集资诈骗活动而支付的利息,除本金未归还可予折抵本金以外,应当计入诈骗数额。

——《最高人民法院关于审理非法集资刑事案件具体应用法律若干问题的解释》(2011年1月4日,法释〔2010〕18号;2022年3月1日,法释〔2022〕5号修正)。

548 非法传销过程中携传销款潜逃的行为如何处理

关键词|组织、领导传销活动罪|集资诈骗罪|携款潜逃|

【最高人民法院参考案例】

袁鹰、欧阳湘、李巍集资诈骗案(《刑事审判参考》案例第167号)

要旨:对于非法传销过程中,携传销款潜逃的行为,应以诈骗罪或者合同诈骗罪定罪量刑。

非法传销和变相传销活动中,参与群众交纳的费用往往完全被组织者非法占有或支配,相当一部分不法分子仅将参与者交纳的小部分费用用于维持非法活动的运作,大部分转入个人账户,一旦难以为继或者罪行败露就携款潜逃。对于非法传销过程中携传销款潜逃的行为如何定性,司法实践中有不同意见。一种意见认为,传销或者变相传销具有向社会不特定公众非法募集资金的性质,行为人如果通过这种手段骗取公众钱款后携款潜逃的,应以集资诈骗罪处理。我们认为,传销或者非法传销活动虽然具有价格欺诈等特征,但与非法集资行为存在区别:一是非法集资行为人往往是承诺以定期利息、红利等形式返还巨额利益相引诱;而传销的利益主要是靠传销人自己层层发展下线来获取,没有下线就没有利益。二是非法集资一般没有或者很少有货物经营行为;而传销行为存在货物买卖行为,基本上是上线低价买进再高价卖给下线。三是非法集资的结果往往是几个主要责任人骗取大量非法资金,受害人数众多;而传销中往往是最底层、最后发展的下线、加盟者遭受损失,上线和先加入者一般不会有损失。因此,对于非法传销过程中携传销款潜逃的行为,由于有买卖货物的行为,是在非法经营活动中进行诈骗活动,没有侵犯金融管理秩序,主要侵犯的是传销参与者的财产权和市场经济秩序,因此应以诈骗罪或者合同诈骗罪定罪处罚。

——《刑事审判参考》(总第25辑)。

549 集资诈骗罪的量刑

关键词｜集资诈骗罪｜量刑｜

【最高人民法院司法文件】

（四）集资诈骗罪

1. 构成集资诈骗罪的，根据下列情形在相应的幅度内确定量刑起点：

（1）达到数额较大起点的，在三年至四年有期徒刑幅度内确定量刑起点。

（2）达到数额巨大起点或者有其他严重情节的，在七年至九年有期徒刑幅度内确定量刑起点。依法应当判处无期徒刑的除外。

2. 在量刑起点的基础上，根据集资诈骗数额等其他影响犯罪构成的犯罪事实增加刑罚量，确定基准刑。

3. 构成集资诈骗罪的，根据犯罪数额、危害后果等犯罪情节，综合考虑被告人缴纳罚金的能力，决定罚金数额。

4. 构成集资诈骗罪的，综合考虑犯罪数额、诈骗对象、危害后果、退赃退赔等犯罪事实、量刑情节，以及被告人主观恶性、人身危险性、认罪悔罪表现等因素，决定缓刑的适用。

——《最高人民法院、最高人民检察院关于常见犯罪的量刑指导意见（试行）》（2021年7月1日，法发〔2021〕21号）。

（四）贷款诈骗罪

550 单位实施的贷款诈骗行为的认定

关键词｜贷款诈骗罪｜单位犯罪｜

【最高人民法院司法文件】

2. 贷款诈骗罪的认定和处理

贷款诈骗犯罪是目前案发较多的金融诈骗犯罪之一。审理贷款诈骗犯罪案件，应当注意以下两个问题：

一是单位不能构成贷款诈骗罪。根据刑法第三十条和第一百九十三条的规定，单位不构成贷款诈骗罪。对于单位实施的贷款诈骗行为，不能以贷款诈骗罪定罪处罚，也不能以贷款诈骗罪追究直接负责的主管人员和其他直接责任人员的刑事责任。但是，在司法实践中，对于单位十分明显地以非法占有为目的，利用签订、履行借款合同诈骗银行或其他金融机构贷款，符合刑法第二百二十四条规定的合同诈骗罪构成要件的，应当以合同诈骗罪定罪处罚。

……

——《全国法院审理金融犯罪案件工作座谈会纪要》(2001年1月21日，法〔2001〕8号)。

【链接：理解与适用】

根据刑法第一百九十三条的规定，贷款诈骗罪只能由自然人构成，单位不构成本罪，而司法实践中，贷款诈骗行为，尤其是数额较大或者巨大的贷款诈骗行为，往往为单位所实施。因此，有种意见认为，单位贷款诈骗的社会危害性极大，可以考虑以合同诈骗罪定罪处罚。也有不同的意见，其主要理由是：

1. 相对于合同诈骗而言，贷款诈骗是特别法，根据法条竞合情况下，优先适用特别法条的原则，不应舍弃特别法条而适用普通法条，如单位贷款诈骗可以按合同诈骗罪定罪处罚，自然人贷款诈骗构成犯罪的，也可以按合同诈骗定罪处罚，这显然违反立法本意；

2. 刑法分则关于金融诈骗罪的规定，大多规定了单位犯罪，对贷款诈骗罪没有规定单位犯罪，应不是立法的疏漏；

3. 对单位贷款诈骗行为以合同诈骗罪定罪处罚不符合罪刑法定原则。

我们认为，单位在签订、履行借款合同过程中，骗取金融机构钱款，数额较大，完全符合刑法第二百二十四条、第二百三十一条规定的合同诈骗罪构成要件的，如不以犯罪论处，不仅属于放纵犯罪，而且有违罪刑法定原则。行为人或者单位实施的行为符合刑法规定的哪个犯罪构成，就应以哪个犯罪定罪处罚，正是罪刑法定原则的应有之义。因此，《纪要》在强调“单位不构成贷款诈骗罪。对于单位实施的贷款诈骗行为，不能以贷款诈骗罪定罪处罚，也不能以贷款诈骗罪追究直接负责的主管人员和其他直接责任人员的刑事责任”的同时，规定“在司法实践中，对于单位十分明显地以非法占有为目的，利用签订、履行借款合同诈骗银行或其他金融机构贷款，符合刑法第二百二十四条规定的合同诈骗罪构成要件的，应当以合同诈骗罪定罪处罚”。应当注意的是，对于不符合合同诈骗罪构成特征的单位贷款欺诈行为，不能以合同诈骗罪对单位定罪处罚。

——杨万明、郭清国：《〈全国法院审理金融犯罪案件工作座谈会纪要〉的理解与适用》，载最高人民法院刑事审判第一庭、第二庭：《刑事审判参考》(总第15辑)，法律出版社2001年版，第73—74页。

551 贷款诈骗罪和贷款纠纷的区分

关键词｜贷款诈骗罪｜贷款纠纷｜

【最高人民法院司法文件】

2. 贷款诈骗罪的认定和处理

贷款诈骗犯罪是目前案发较多的金融诈骗犯罪之一。审理贷款诈骗犯罪案件，应当注意以下两个问题：

……

二是要严格区分贷款诈骗与贷款纠纷的界限。对于合法取得贷款后，没有按规定的用途使用贷款，到期没有归还贷款的，不能以贷款诈骗罪定罪处罚；对于确有证据证明行为人不具有非法占有的目的，因不具备贷款的条件而采取了欺骗手段获取贷款，案发时有能力履行还贷义务，或者案发时不能归还贷款是因为意志以外的原因，如因经营不善、被骗、市场风险等，不应以贷款诈骗罪定罪处罚。

——《全国法院审理金融犯罪案件工作座谈会纪要》（2001 年 1 月 21 日，法〔2001〕8 号）。

【链接：理解与适用】

根据刑法第一百九十三条的规定，贷款诈骗罪只能由自然人构成，单位不构成本罪，而司法如何区分贷款诈骗和贷款纠纷是司法认定的难点。所谓贷款诈骗罪，是指以非法占有为目的，使用虚构事实或者隐瞒真相的方法，骗取银行或者其他金融机构贷款，数额较大的行为；所谓贷款纠纷，是指银行或者其他金融机构与贷款人之间，在签订、履行借款合同过程中产生的经济纠纷。贷款诈骗和贷款纠纷通常有一个共同点，即贷款人没有偿还到期贷款。而贷款到期没有偿还可能有多种原因，如因经营不善，致使企业亏损，无法偿还；因市场行情发生变化，没有取得预期收益而无法归还；主观上不愿按时归还等。从刑法的规定来看，贷款诈骗罪有两个显著特征：一是具有非法占有的目的，二是采用了明显的欺骗手段获取贷款，这也是区别二者的关键。因此，对于不具有非法占有目的的，即使在贷款过程中采用了欺诈手段，并且到期没有偿还贷款，也不能认定为贷款诈骗罪；同时，在贷款或者偿还贷款过程中是否采取了虚构事实或者隐瞒真相的手段，也是构成贷款诈骗罪的必要条件。对于贷款过程中没有采用刑法第一百九十三条规定的欺骗手段，取得贷款后，也没有抽逃、转移资金、隐匿财产，隐匿、销毁账目，或者搞假破产、假倒闭，以逃避返还贷款，亦没有肆意挥霍贷款的，不能以贷款诈骗罪追究行为人的刑事责任。而以非法占有为目的诈骗贷款的，无论行为人是在贷款之前产生非法占有的目的，还是在取得贷款之后、在归还贷款过程中产生非法占有目的，都不影响贷款诈骗罪的认定。因此,《纪要》强调:“对于合法取得贷款后,没有按规定的用途使用贷款,到期没有归还贷款的,不能以贷款诈骗罪定罪处罚;对于确有证据证明行为人不具有非法占有的目的,因不具备贷款的条件而采取了欺骗手段获取贷款,案发时有能力履行还贷义务,或者案发时不能归还贷款是因为意志以外的原因,如因经营不善、被骗、市场风险等,不应以贷款诈骗罪定罪处罚。”

——杨万明、郭清国:《〈全国法院审理金融犯罪案件工作座谈会纪要〉的理解与运用》,载最高人民法院刑事审判第一庭、第二庭:《刑事审判参考》(总第15辑),法律出版社2001年版,第74—75页。

【最高人民法院参考案例】

张福顺贷款诈骗案(《刑事审判参考》案例第306号)

要旨:贷款民事欺诈行为与贷款诈骗犯罪主观上都意图欺骗金融机构,客观上均实施了一定程度的欺诈行为,二者区别的关键,是行为人是否具有非法占有金融机构贷款的目的。

要认定行为人是否具有非法占有的目的,必须首先明确“非法占有”的内涵。我们认为,刑法意义上的“非法占有”,不仅是指行为人意图使财物脱离相对人而非法实际控制和管领,而且意图非法所有或者不法所有相对人的财物,为使用、收益、处分之表示。因此,不能单纯以行为人使用欺诈手段实际获取了贷款或者贷款到期不能归还,就认定行为人主观上具有非法占有贷款的目的,而应坚持主客观相一致的原则,具体情况具体分析,在对行为人贷款时的履约能力、取得贷款的手段、贷款的使用去向、贷款无法归还的原因等方面及相关客观事实进行综合分析的基础上,判断行为人是否具有非法占有贷款的目的,以准确界定是贷款欺诈行为还是贷款诈骗犯罪。

——《刑事审判参考》(总第39辑)。

吴晓丽贷款诈骗案(《刑事审判参考》案例第92号)

要旨:没有证据证明行为人具有非法占有目的的贷款欺诈行为不构成贷款诈骗罪。

根据刑法第一百九十三条规定,以非法占有为目的,使用虚构事实或者隐瞒真相的方法,骗取银行或者其他金融机构贷款,数额较大的,构成贷款诈骗罪。而贷款欺诈通常属于贷款纠纷,是指因贷款人在签订、履行借款合同过程中采取了虚构事实或者隐瞒真相的方法而产生的经济纠纷。二者区分的标准主要应从借款人主观上是否具有非法占有目的上来分析。

“非法占有的目的”属于行为人主观上的心理活动,往往通过其客观行为表现出来。从行为人具体实施的客观行为事实来判断,某些行为本身就足以证明行为人主观上具有非法占有的目的,例如,行为人使用虚假的产权证明作担保,从金融机构获取贷款后,携款逃跑的,这一行为本身就直接表明行为人主观上具有非法占有的目的。但是,某些行为本身尚不能直接表明行为人主观上是否具有非法占有的目的,例如,编造引进资金的虚假理由取得贷款,使用虚假证明文件取得贷款等,而只能间接表明行为人主观上具有非法占有目的的可能性。也就是说,在某些情况下,并不能直接表明行为人主观上具有非法占有的目的,还必须借助相关的客观事实来加以分析认定。至于查明行为人在实施了某种间接表明其主观上具有非法占有目的可能性的行为之后,还需借助哪些具体客观事实来认定行为人主观上确实具有非法占有的目的,应根据不同的犯罪构成要件来加以分析。至于如何具体认定行为人有“非法占有目的”,在最高人民法院印发的《全国法院审理金融犯罪案件工作座谈会纪要》(以下简称《纪要》)已提出明确意见:“应当坚持主客观相一致的原则,既要避免单纯根据损失结果客观归罪,也不能仅凭被告人自己的供述,而应当根据案件具体情况具体分析。对于行为人通过诈骗的方法非法获取资金,造成数额较大资金不能归还,并具有下列情形之一的,可以认定为具有非法占有的目的:(1)明知没有归还能力而大量骗取资金的;(2)非法获取资金后逃跑的;(3)肆意挥霍骗取资金的;(4)使用骗取的资金进行违法犯罪活动的;(5)抽逃、转移资金、隐匿财产,以逃避返还资金的;(6)隐匿、销毁账目,或者搞假破产、假倒闭,以逃避返还资金的;(7)其他非法转移资金、拒不返还的行为。”也就是说,判断行为人主观上具有非法占有贷款的目的,必须同时具备以下客观事实:其一,行为人是通过欺诈的手段来取得贷款的;其二,行为人到期没有归还贷款;其三,行为人贷款时即明知不具有归还能力或者贷款后实施了某种特定行为,如携款逃跑,肆意挥霍贷款,抽逃、转移资金、隐匿财产以逃避返还贷款,等等。只有在借款人同时具备上述三个条件时,才能认定借款人在主观上具有非法占有贷款的目的。若借款人所实施的行为欠缺上述条件之一的,一般不能认定其主观上具有非法占有的目的。

——《刑事审判参考》(总第 15 辑)。

552 以非法侵占物进行抵押贷款并且逾期不还贷行为的定性

关键词 | 贷款诈骗罪 | 非法侵占物 | 抵押贷款 |

【最高人民法院参考案例】

潘勇、王伟职务侵占、虚报注册资本、贷款诈骗案(《刑事审判参考》案例第192号)

要旨:以非法侵占物进行抵押贷款、逾期不还贷行为,不构成贷款诈骗罪。

首先,抵押物虽系非法侵占所得,但这对于提供贷款的银行的担保物权的实现并不构成妨碍,银行完全可以通过拍卖、变卖抵押车辆等形式实现其债权。作为抵押权人的贷款银行,对于抵押行为不存在任何过失,属于善意第三人。同时,因抵押权属于担保物权,是一种直接对物享有的权利,故银行可依据该抵押权对抗抵押物的所有权人。当行为人在贷款期限内不能偿还借款,贷款银行即抵押权人有权将抵押物折价或者以拍卖、变卖方式优先受偿。

其次,行为人将其非法占有物作贷款抵押的行为,应认定是一种对赃物的处置行为,属于职务侵占行为的延伸。我们认为,不管其主观上是否具有非法占有银行贷款不予归还的目的,因其贷款抵押行为的非法性直接源于职务侵占行为的非法性,也不宜对该种违法性进行二次评价。如果行为人非法骗取银行贷款而侵占他物作贷款抵押,则其侵占行为与骗取银行贷款行为之间,也构成牵连关系,只能以一重罪处罚。

——《刑事审判参考》(总第27辑)。

(五)票据诈骗罪和金融凭证诈骗罪

553 变造银行存单并使用行为的定性

关键词|金融凭证诈骗罪|变造金融票证罪|变造银行存单|

【最高人民法院参考案例】

刘岗、王小军、庄志德金融凭证诈骗案(《刑事审判参考》案例第168号)

要旨:变造银行存单并使用的,应以金融凭证诈骗罪定罪处罚。

对于变造银行存单的,根据刑法第一百七十七条第一款第(二)项的规定,构成变造金融票证罪;使用变造的银行存单的,根据刑法第一百九十四条第二款的规定,以金融凭证诈骗罪定罪处罚。虽然刑法没有规定变造银行存单并使用的行为如何处理,但从行为人变造银行存单和使用变造的银行存单之间的关系来看,使用变造的银行存单骗取钱财是行为人的目的,变造银行存单是实现其骗取钱财的方法、手段,对于这种具有内在牵连关系的方法行为与目的行为分别构成犯罪的,在刑法理论上被称为牵连犯。对于牵连犯的处理，除刑法有明确规定的以外，一般择一重罪处罚。考虑到金融凭证诈骗罪设有死刑，且行为人变造金融票证的目的是实施金融凭证诈骗，因此，对变造银行存单并使用的行为，应以金融凭证诈骗罪一罪定性，不实行并罚。

——《刑事审判参考》(总第25辑)。

554 伪造企业网上银行转账授权书骗取资金行为的定性

关键词 | 金融凭证诈骗罪 | 转账授权书 | 银行结算凭证 |

【最高人民法院参考案例】

张北海等人贷款诈骗、金融凭证诈骗案(《刑事审判参考》案例第424号)

要旨：网上银行企业客户账户查询、转账书符合金融凭证中的委托收款凭证的特征，属于金融凭证。行为人伪造企业网上银行转账授权书骗取资金的行为，构成金融凭证诈骗罪。

如何正确理解银行结算凭证的内涵和外延，是认定上述行为的关键。2000年8月的《中国人民银行办公厅关于单位定期存款开户证实书性质认定的批复》认为：支付结算是指单位、个人在社会经济活动中使用票据、信用卡和汇兑、托收承付、委托收款等结算方式进行货币给付及其资金清算的行为。中国人民银行为上述结算活动统一制定的书面凭证为结算凭证。2003年12月9日的《中国人民银行办公厅关于其他银行结算凭证有关问题的复函》再次明确：根据《支付结算办法》的有关规定，办理票据、信用卡和汇兑、托收承付、委托收款等转账结算业务所使用的凭证，均属银行结算凭证。此外，银行办理现金缴存或支取业务使用的有关凭证也属银行结算凭证，如现金解款单是客户到银行办理现金缴存业务的专用凭证，也是银行和客户凭以记账的依据，它证明银行与客户之间发生了资金收付关系，代表相互间债权、债务关系的建立，属于银行结算凭证。而单位定期存款开户证实书、对账单、银行询证函等，只具有证明或事后检查作用，不具有货币给付和资金清算作用，不属于结算凭证。因此，只要是在金融活动中具有货币给付和资金清算作用，并表明银行与客户之间已受理或已办结相关支付结算业务的凭据，均应认定为银行结算凭证。

就伪造企业网上银行转账授权书骗取资金的行为而言，所涉及的《中国工商银行网上银行企业客户账户查询、转账授权书》是用于网上电子银行进行收付、结算的唯一的、排他的重要依据，是用于特定主体(金融机构、存款人)之间以特定的格式记载双方的特定权利、义务的书面文件，同时也是双方记账的重要凭证，符合上述金融凭证中的委托收款凭证的特征，属于新兴电子银行业务中出现的一种非传统型的银行会计凭证，具有金融凭证所具有的转账、支付等功能，因而应属于金融票证的范畴。行为人采取诱骗企业到银行存款，办理网上银行业务后，私刻存款企业印鉴、银行印鉴，伪造存款企业网上银行转账授权书，将存款企业下挂到他公司名下作为分支机构，再利用网上银行骗取银行资金的行为，应以金融凭证诈骗罪定罪。

——《刑事审判参考》（总第54辑）。

555 金融机构工作人员利用工作之便以换折方式支取储户资金行为的定性

关键词｜金融凭证诈骗罪｜伪造金融票证罪｜牵连犯｜

【最高人民法院参考案例】

李路军金融凭证诈骗案（《刑事审判参考》案例第425号）

要旨：行为人利用窃取的他人存款信息资料伪造银行存折的行为，构成伪造金融票证罪，其后使用该伪造的存折到信用社取款的行为构成金融凭证诈骗罪。两行为之间具有手段与目的的牵连关系，成立牵连犯，应从一重处。

行为人窃取他人的存款信息资料并据此换折的行为，虽然体现出一定的秘密性，即是在利用工作便利趁其他工作人员不备之机偷偷进行的，但该行为只是为非法占有存款创造了条件，并不等于实际占有了相应的财产。也就是说，该行为只是为了下一步实施非法提取存款做准备，但尚未对存款造成实际侵害。

金融凭证诈骗罪是以非法占有为目的的犯罪，因此，是否构成金融凭证诈骗罪，不仅要看行为人是否实施了使用伪造、变造的银行结算凭证骗取钱款的行为，还要看行为人主观上是否具有非法占有的目的。行为人取款得手后，将部分诈骗所得用于购买轿车供个人使用，并携带剩余赃款出逃，足以认定其主观上具有非法占有的目的，其行为已经构成金融凭证诈骗罪。需要说明的是，储户的存折虽经行为人伪造并被提取了存款，但原存折仍是合法有效的存折，储户凭其存折当然能够依法向信用社主张提款的权利，而信用社在储户到期提款时也必须无条件向其支付存款本息。因此，实际上遭受财产损失的是信用社而不是储户，信用社才是被害人。

行为人利用窃取的他人存款信息资料伪造银行存折的行为，依法构成伪造金融票证罪，其后使用该伪造的存折到信用社取款的行为亦构成金融凭证诈骗罪，两个行为具有手段行为与目的行为的牵连关系，属于刑法理论上的牵连犯。对于牵连犯的处理,在刑法没有明确规定的情况下,刑法理论和司法实践中一般采用择一重罪论处的原则。比较行为人构成两罪应适用的法定刑幅度,显然金融凭证诈骗罪重于伪造金融票证罪,故对行为人应以金融票证诈骗罪论处。

——《刑事审判参考》(总第 54 辑)。

556 盗取空白现金支票伪造后使用行为的定性

关键词 | 票据诈骗罪 | 盗窃罪 |

【最高人民法院参考案例】

周大伟票据诈骗(未遂)案(《刑事审判参考》案例第 277 号)

要旨:盗取空白现金支票伪造后予以使用的,构成票据诈骗罪。

空白现金支票由于尚没有加盖出票人的印章,其性质如一张废纸。而印章齐全的现金支票则与之完全不同。以我国现行的现金支票制度来看,谁获得出票人印章齐全的现金支票就等于取得以该现金支票向相关金融机构的兑付权,金融机构在进行表面审核后(只需审核印章是否齐全、与预留印章是否一致、支票形式上是否真实,是否在有效期内,提款人身份证上的姓名是否与票面上的收款人一致)即当见票即付。因此,行为人盗窃印章齐全、已填写好票面金额,且数额较大的现金支票,本质上与盗窃等额的现金无异,即使未及时兑现,也应以盗窃罪处罚。行为人进而持该现金支票已从金融部门骗领现金的,其骗领行为的性质,属于兑现盗窃物品价值的行为,是盗窃行为自然所牵连的结果行为,因此,仍应定盗窃罪。上述情形下,认定盗窃数额以票面数额为准。行为人盗窃印章齐全、但未填写票面金额的现金支票,其行为性质仍为盗窃。其后,行为人自行填写票面金额,如已兑现的,以兑现数额认定为盗窃数额。有关上述问题的具体处理应以《最高人民法院关于审理盗窃案件具体应用法律若干问题的解释》第五条第(二)项的有关规定为依据。

——《刑事审判参考》(总第 36 辑)。

557 利用保管他公司工商登记、经营证章的便利条件,以他公司名义申领、签发支票并非法占有公司资金行为的定性

关键词 | 票据诈骗罪 | 伪造金融票证罪 | 牵连犯 |

【最高人民法院参考案例】

李兰香票据诈骗案(《刑事审判参考》案例第307号)

要旨:利用保管的公司相关证章擅自签发支票并加以使用,从而将该公司资金非法据为己有的行为,同时触犯了伪造金融票证罪和票据诈骗罪两个罪名,但因两者存在手段和目的之间的牵连关系,按照牵连犯的一般适用原则,应以票据诈骗罪一罪处理。

对于该行为的定性,存在两种分歧意见。一种意见认为被告人的行为构成侵占罪。理由是:由于委托人身处异地和未能及时支付手续费的原因,不能及时归还办理完的公司的有关证章,其对新成立公司的注册资金具有保管的义务,此种情形类似于公司财会人员利用公司证章占有公司财产的行为,不同的是前者是公司委托的财务人员,后者是公司聘用的财务人员,其行为是一种侵占行为,所以其行为构成侵占罪。另一种意见认为构成票据诈骗罪。理由是:被告人仅是受委托办理工商、税务登记的有关手续,在其完成公司有关手续的登记行为后,委托事项已经完成。由于被告人的身份不是新公司的成员,完成委托事项后仅是临时持有公司有关证章,而无权使用这些证章,对公司的财物不享有任何经营、管理权利,不能认定公司财物由其保管。因此,其冒领公司支票非法取得公司财产的行为既不属侵占,也不属职务侵占,应以票据诈骗罪定罪处罚。我们认为,根据行为事实和相关法律规定,将被告人的行为认定为票据诈骗罪是妥当的,理由如下:

第一,被告人行为不构成侵占罪。首先,本案不存在对物进行保管的前提。作为财产犯罪的侵占罪,不同于侵犯经济秩序犯罪,其所侵占的对象应当是具体的财产或者财产凭证。而在该行为中,被告人接受委托办理的事项是公司设立登记,其代为保管的是公司设立登记所需和所形成的证章,而非注册资金,这两点是存在差别的,不能以对于公司有关证章的保管的认定,来替代对于公司具体财产的保管的认定。实际上,公司的注册资金也无须任何人具体保管。其次,被告人不是基于对物的保管关系实现对物的直接侵占。财产犯罪表现为对对象物的直接侵占、骗取或者毁损,因而具有直接性,作为财产犯罪的侵占罪自不例外。

第二,被告人在委托事项完成后,利用保管公司工商登记、经营证章的便利条件,以该公司名义申领、签发支票进而非法占有该公司财物的行为,构成票据诈骗罪。所谓票据诈骗罪,是指以非法占有为目的,以金融票据作为工具骗取数额较大财物的行为。被告人通过开领、签发、使用支票等手段取得公司的资金并携款潜逃,具备票据诈骗罪的一般特征,应无疑问。我们认为其行为属于使用伪造支票行为。应当说,没有代理权或者超越代理权以及利用所保管的出票权利人的印章开具票据并使用行为的具体认定,在理论和实务上均存在一定的分歧,本案即属于此种情形。我们之所以将此种情形认定为使用伪造支票行为,其主要理由是,冒用他人支票以真实、有效的支票即已存在为前提,是一种单纯的使用行为。而利用管理他人印章等便利条件冒用他人名义开具并使用支票,实际上包含着一个出票行为,尽管该出票行为具有表面上的真实性,但因未经权利人授权,非权利人的意志所为,根本上是一个伪造支票的行为,即假冒他人名义伪造票据,因而也是无效的。在这里,被告人利用其保管的公司相关证章擅自签发支票并加以使用,从而将该公司资金非法据为己有的行为,实际上同时触犯了伪造金融票证罪和票据诈骗罪两个罪名,但因两者存在手段和目的之间的牵连关系,按照牵连犯的一般适用原则,应以票据诈骗罪一罪处理。

——《刑事审判参考》(总第 39 辑)。

558 以非法占有为目的使用已经贴现的真实票据质押贷款行为的定性

关键词｜票据诈骗罪｜已贴现的真实票据｜

【最高人民法院参考案例】

王世清票据诈骗、刘耀挪用资金案(《刑事审判参考》案例第 387 号)

要旨:没有利用贷款合同或者质押合同“骗取对方当事人财物”,其以非法占有为目的,使用已经贴现的真实票据质押贷款,不构成合同诈骗罪。以非法占有为目的,使用已经贴现的真实票据质押贷款的行为,属于刑法第一百九十四条第一款第(三)项规定的“冒用他人的汇票”进行诈骗活动,应当以票据诈骗罪定罪处罚。

对此案存在合同诈骗罪还是票据诈骗罪的争议。

根据刑法第一百九十四条第一款第(三)项的规定,冒用他人的汇票是构成票据诈骗罪的其中一种情形。冒用他人汇票是指擅自以合法持票人的名义,支配、使用、转让自己不具备支配权利的他人的汇票行为。“冒用”通常有三种表现形式:一是使用以非法手段获取的汇票,如以欺诈、偷盗或者胁迫等手段取得的汇票,或者明知是以上述手段取得的汇票而使用;二是没有代理权而以代理人名义使用或者代理人超越代理权限而使用;三是擅自使用他人委托代为保管的或者捡拾他人遗失的汇票。被告人以欺骗的手段从他人手中取得已经贴现过的承兑汇票,其票据的取得是非法的;在贷款过程中,明知该汇票已被贴现,自己对该汇票不具有支配权,而向银行隐瞒了事实真相,擅自以本公司作为合法持票人,使用不具备支配权的承兑汇票办理质押贷款,应视为刑法第一百九十四条第一款第(三)项规定的“冒用他人的汇票”。对于以非法占有为目的,冒用他人的汇票进行诈骗活动,构成犯罪的,应当以票据诈骗罪定罪处罚。

——《刑事审判参考》(总第49辑)。

559 票据诈骗罪主观故意的认定

关键词|票据诈骗罪|非法占有目的|

【最高人民法院参考案例】

姚建林票据诈骗案(《刑事审判参考》案例第145号)

要旨:票据诈骗罪是从传统的诈骗罪中分离出来的犯罪,构成票据诈骗罪需要具有非法占有的目的。

作为侵犯财产犯罪的票据诈骗罪,是从传统的诈骗罪中分离出来的,与诈骗罪相同,以非法占有为目的是构成本罪的必要条件。虽然刑法在关于金融诈骗犯罪的条文中,只对集资诈骗罪、贷款诈骗罪和信用卡诈骗罪中的“恶意透支”行为明确规定了必须具有非法占有的目的,没有明确规定票据诈骗罪是“以非法占有为目的”的犯罪,但并不是说票据诈骗犯罪不要求有非法占有的目的。只是由于金融诈骗比普通诈骗犯罪的情况复杂,在认定行为人是否具有非法占有的目的上存在一定的特殊性。在非法集资(诈骗)、违法贷款(诈骗)和恶意透支信用卡行为中,行为人采取虚假手段集资、贷款或者恶意透支信用卡,并不一定都具有非法占有目的,因此,刑法才强调规定“以非法占有为目的”才能构成犯罪。而在其他金融诈骗犯罪中,如果没有相反证据证明行为人不具有非法占有目的,行为人采取刑法规定的方式、手段进行金融诈骗的,一般可以表明行为人主观上具有非法占有的目的,不需要刑法作出特别规定。正如抢劫罪、盗窃罪、诈骗罪都是以非法占有为目的的犯罪,但刑法没有规定“以非法占有为目的”是此类犯罪的构成要件。因此,认定票据诈骗罪,必须查明行为人是否具有非法占有的目的。

——《刑事审判参考》(总第23辑)。

560 盗窃银行承兑汇票并使用,骗取数额较大财物的行为构成票据诈骗罪

关键词|诈骗罪|盗窃罪|票据诈骗罪|

【最高人民法院参考案例】

张平票据诈骗案(《刑事审判参考》案例第653号)

要旨:盗窃银行承兑汇票并使用,骗取数额巨大财物的行为,构成票据诈骗罪而非盗窃罪。

(一)从银行承兑汇票的特点看,行为人盗窃的物品系有保护措施的财产性权利。银行承兑汇票虽然具有与现金相类似的支付结算功能,但它并不能完全等同于现金。银行承兑汇票是一种记名、可挂失、不能即时兑现、有较多保护措施的有价证券。张平盗窃银行承兑汇票,票面的数额不应作为定罪的标准。

(二)从所侵犯的法益看,盗窃该类银行承兑汇票的行为并不必然使持票人的财产受损。张平盗窃汇票后以票据权利人的名义使用票据的行为使接收张平交付汇票的人受到财产损失,该行为损害了国家对金融票据的管理制度和正常秩序,符合票据诈骗罪的客体特征。

(三)被告人张平的行为符合票据诈骗罪的客观要件特征。根据刑法规定,张平的行为符合"冒用他人的汇票"的情形。张平明知自己不是所窃汇票的权利人,却仍向受票人明确表示票据为其所有,其以权利人的身份取得转让对价,完全符合冒用他人汇票的情形。张平骗取财物8.7万元,属于财产数额巨大的情形,齐备票据诈骗罪的客观要件。

(四)本案不宜参照适用刑法第一百九十六条第三款的规定。刑法第一百九十六条第三款的规定是特殊规定,虽然刑法规定盗窃信用卡并使用的行为构成盗窃罪,但盗窃汇票、本票、支票、信用证、有价证券并使用的行为并非一律以盗窃罪定罪。银行承兑汇票在流转过程中可能已被挂失,汇票所指向的财物可能已不存在。在该情形下,行为人要凭票获取财物主要依靠虚构事实或隐瞒真相的手段,而且行为对象不是汇票持有人,而是第三人。对于混合使用盗窃、骗取手段的行为定性,刑法理论界和实务界一般均以获取财物的关键行为作为定罪的标准。本案被告人盗窃银行承兑汇票时并未实现对银行承兑汇票项下款项的控制,其获取巨额财产的关键手段是其盗窃后的骗取行为,因此应当以票据诈骗罪定罪,而不宜认定为盗窃罪。

——《刑事审判参考》(总第77辑)。

561 骗取货物后以空头支票付款行为的定性

关键词 | 票据诈骗罪 | 合同诈骗罪 | 空头支票 |

【最高人民法院参考案例】

季某票据诈骗、合同诈骗案(《刑事审判参考》案例第93号)

要旨:诈骗罪与合同诈骗罪、票据诈骗罪是法条竞合关系,一般应择一重处。骗取货物与使用空头支票付款的先后不应影响票据诈骗罪的成立。

第一,在构成要件上,票据诈骗罪、合同诈骗罪和诈骗罪都是以非法占有为目的,使用虚构事实或者隐瞒真相的方法,骗取数额较大的公私财物的行为。但是,具体犯罪行为不同,侵犯的犯罪客体不同,罪名都不容混淆。票据诈骗罪在客体上侵犯的是国家对票据的管理制度,在客观上仅限于使用本票、汇票和支票骗取数额较大的公私财物的行为。合同诈骗罪侵犯的客体是国家对合同的管理制度,在客观上限于在签订、履行合同过程中进行诈骗的行为。如果忽略这些特定的诈骗犯罪行为特征和犯罪侵犯的特殊客体不计,行为人实施金融诈骗、合同诈骗的行为,也完全符合诈骗罪的法定构成要件,这种情形在刑法理论上被称为法条竞合。所谓法条竞合,是指一个犯罪行为同时触犯了两个刑法分则条文,其中某一法条规定的全部内容包含于另一法条的内容之中(即两个法条发生重合),或者两个法条的部分内容相同(即有所交叉)的情形。票据诈骗罪、合同诈骗罪与诈骗罪之间就属于一种包含关系,票据诈骗罪与合同诈骗罪之间是一种交叉关系。对于法条竞合的处理,刑法没有明确规定,但在刑法理论上,一般认为应择一重处断,即按照刑法规定的法定刑较重的法条定罪处刑;如数个法条的法定刑相同,则按照特别法优于普通法的原则,以特别法的法条定罪处刑。由于1997年刑法规定的金融诈骗罪的法定刑重于诈骗罪,合同诈骗罪的法定刑与诈骗罪基本相同,因此,自1997年刑法施行以后,对于实施金融诈骗或者利用合同进行诈骗,构成犯罪的行为,不应当再笼统以诈骗罪定罪处罚。

第二,骗取货物与使用空头支票付款的先后不应影响票据诈骗罪的成立。签发空头支票是在骗取财物之前还是之后,不应当影响票据诈骗罪的成立。因为,行为人完成诈骗犯罪的行为是在其签发空头支票之后。而其一旦完成整个诈骗犯罪行为,其诈骗犯罪的具体行为、侵犯的客体才能最终确定,因此行为人无论是在取得货物之前、同时还是之后签发空头支票,其行为不仅侵犯了普通诈骗罪中他人公私财物所有权这一共同客体,更主要的是还侵犯了国家对票据的管理制度这一特殊客体,符合票据诈骗罪的特征。从另一个角度看,行为人先得到商品的行为,尚不能独立构成犯罪,因此,也就不能仅以此即确定其行为特征,进而确定其具体罪名。当然,行为人利用了购销合同,形式上也触犯了刑法第二百二十四条之规定,构成合同诈骗罪。但如前所述,对这种情形的法条竞合,应按照特别法条优于普通法条的原则,选择适用特别法条,对行为人应以票据诈骗罪定罪处刑。

——《刑事审判参考》(总第 15 辑)。

562 城市信用社工作人员采取欺骗手段取得客户印鉴后，以现金支票的形式将客户账户内的资金取出非法占有的行为如何定性

关键词｜票据诈骗罪｜骗取客户印鉴｜现金支票｜

【最高人民法院参考案例】

颜强票据诈骗案(《刑事审判参考》案例第 861 号)

要旨:城市信用社工作人员,采取欺骗手段取得客户印鉴后,以现金支票的形式将客户账户内的资金取出非法占有,数额较大的,应以票据诈骗罪追究其刑事责任。

根据刑法第一百九十四条第一款第(一)项的规定,明知是伪造、变造的汇票、本票、支票而使用的,构成票据诈骗罪。根据人民银行 1997 年 9 月 19 日印发的《支付结算办法》第十四条的规定,票据的"伪造",是指"无权限人假冒他人或虚构人名义签章的行为,签章的变造属于伪造";票据的"变造",是指"无权更改票据内容的人,对票据上签章以外的记载事项加以改变的行为"。可见,票据的伪造,就是指票据签章的伪造,即以他人名义或者虚构人名义签章的票据行为。票据法规定的票据行为有四种,即出票、背书、承兑、保证。票据的"使用",包括出示、交付、兑现或者转让等形式,如将伪造、变造的票据交付给他人,以伪造、变造的票据前往银行兑现,将伪造、变造的票据转让给他人,将伪造、变造的票据作为债权凭证等,均属于对伪造、变造票据的使用。不过,无论行为人如何"使用",其实质都是采取欺骗手段,使他人误将伪造、变造的票据当作真实的票据而与行为人进行交易,以骗取他人的交易对价。

本案中,颜强在骗得金光塑印厂和金平安的印鉴后,与代建民一起假冒金平安的名义填制支票,虽然其使用的是真实的空白现金支票,但使用的金光塑印厂和金平安的印鉴系采取欺骗手段取得,且金平安的个人签名也系伪造,二人以金平安的名义完成了签名、印章的出票行为,构成伪造票据。之后,二人持该伪造的支票到银行兑现,系票据使用的形式之一,构成明知是伪造的支票而使用。二人利用银行对支票仅作形式审查的交易惯例,让柜台会计和出纳陷入该支票内容为财产所有权人金平安的真实意思表示的错误认识,并基于这种错误认识对支票进行兑现,使作为财产暂时保管人的银行作出交付行为,给被害人金平安和保证人王保松造成重大财产损失。在此环节中,被欺骗的对象是银行,但最终承受损失的却是金平安、塑印厂和保证人王保松。该情况的出现,缘于立法上对票据诈骗罪构成要件的规定,票据诈骗罪并不关心谁是被欺骗的对象,谁最终承担财产损失。实际上,在刑法意义上,被欺骗的银行仍可视为被害人,因为其交付了财产,只不过根据票据

法的规定,将财产损失的风险和责任承担转移给了票据真正的权利人,这是一种风险责任的分配,不属于刑法评价的内容。

本案被告人颜强的行为属实质的一罪,不过因为盗窃罪和票据诈骗罪的构成要件发生了重合和交叉,使颜强的同一行为触犯了两种罪名。在此情形下,需要选择一个最恰当、最全面、最准确的罪名来评价颜强的行为。盗窃罪作为侵犯财产类犯罪的一般性罪名,其对构成要件的规定较宽泛,具体到本案,该罪名无法涵盖和准确评价颜强使用伪造的支票从银行取现这一行为;且盗窃罪侵犯的是一般公私财产所有权,而颜强的行为除侵犯了金平安及其塑印厂、保证人王保松的财产所有权外,还侵犯了金融业的管理秩序和票据交易安全。因此,本案以被告人颜强的行为构成票据诈骗罪论处,更为准确。

——《刑事审判参考》(总第92辑)。

(六)保险诈骗罪

563 为骗取保险金而抢劫、杀人的应如何定罪

关键词｜抢劫罪｜故意杀人罪｜保险诈骗罪｜骗取保险金｜

【最高人民法院参考案例】

王志峰、王志生故意杀人、保险诈骗案(《刑事审判参考》案例第198号)

要旨:为骗取保险金而抢劫、杀人的应认定为抢劫罪、故意杀人罪。

本案被告人王志峰为实施其诈骗保险金的计划,先后连续杀死二人:第一阶段,被告人王志峰以合伙做生意为名将被害人朱启成骗至其老家,随后杀死朱启成并劫走其随身携带的钱财,其后又以抢来的钱为自己购买七份人寿保险,完成其欲进行保险诈骗的第一步。从这个阶段看,一方面,根据最高人民法院2001年5月22日通过的《关于抢劫过程中故意杀人案件如何定罪问题的批复》,王志峰的上述行为符合"为劫取财物而预谋故意杀人"的特征,应以抢劫罪定罪处罚;另一方面,根据刑法第二十二条"为了犯罪,准备工具、制造条件的,是犯罪预备"的规定,王志峰的上述行为也不妨视为是其在为实施保险诈骗犯罪制造条件,做第一步的准备,即杀人抢钱用来为自己买人寿保险。第二阶段,王志峰与王志生预谋商定以宴请为名在王志生经营的音像店内杀死被害人刘世伟,并焚烧尸体和音像店,借以造成王志峰被意外烧死的假象。王志峰、王志生共同杀死刘世伟后,王志峰逃往外地躲藏起来,王志生则出面向公安机关报假案,以骗取公安机关出具有关王志峰确已

被意外烧死的证明后再向太平洋保险公司骗取保险金。从这一阶段看，王志峰、王志生的上述行为同样可以从两个方面定性：一是二人共同杀死刘世为的行为，已构成故意杀人罪；二是二人共谋杀死刘世伟、制造王志峰被意外烧死的假象，是进一步为共同实施保险诈骗制造条件、做准备，同样也可认为是保险诈骗的预备行为。

以上事实和分析可以表明：被告人的王志峰的两次杀人行为，都可以分别从两个方面进行评价。虽然其最终目的是保险诈骗，但无论如何，两次已经实施并完成的都是一个完整的行为，依据禁止重复评价的原则，或是根据想象竞合犯的理论，在裁判时，只能选择定一个罪，而不能对同一行为既定抢劫罪，又定保险诈骗罪（预备）或者既定故意杀人罪，又定保险诈骗罪（预备）。因此，本案以两个重罪即抢劫罪和故意杀人罪对王志峰定罪处罚是正确的。

有一种观点认为，王志峰、王志生在上述第二阶段已开始着手实施保险诈骗，只是因为公安机关及时侦破此案，诈骗才未能得逞，因此，二人还同时构成保险诈骗罪（未遂）。故本案对二人除以故意杀人定罪处罚外，还应以保险诈骗罪定性，数罪并罚。我们认为这种观点是不妥当的。区分其保险诈骗是预备还是未遂，关键看行为人是否已"着手"实施保险诈骗行为。这就涉及如何确定保险诈骗罪的"着手"问题。根据刑法第一百九十八条第（四）项的规定，我们不难发现，本案二被告人是想通过编造未曾发生的保险事故（制造被保险人王志峰意外被烧死的假象，但其实并未发生），来得逞其骗取保险金的目的。对以该种方式实施的保险诈骗如何确定"着手"，大体有两种观点：一种观点认为行为人开始实施编造未曾发生的保险事故的行为时，即犯罪的"着手"；另一种观点则认为应以行为人开始向保险人申请给付保险金时为着手。比较这两种观点，显然后一种观点更为合理。理由是：只有行为人开始向保险公司虚构保险事故，申请赔付保险金时，才可能对保险诈骗罪的所保护法益造成实际的威胁。当行为人自行制造已发生保险事故的假象，但尚未来得及据此向保险公司申请赔付前，实质上仍是在为保险诈骗作准备，还谈不上保险诈骗罪的着手。本案就属于这种情况。因此认为王志峰、王志生二人的行为属于保险诈骗未遂的观点是错误的。

需要指出的是，根据刑法第一百九十八条第二款的规定，投保人、受益人故意造成被保险人死亡，骗取保险金的，同时构成其他犯罪的，应当予以数罪并罚。如投保人、受益人故意杀害被保险人，骗取保险金的，就应当以保险诈骗罪和故意杀人罪，实行数罪并罚。但本案并不属于这种情形。因为被王志峰、王志生杀死的被害人刘世伟并非被保险人，被保险人是王志峰自己。王志峰、王志生杀死刘世伟并焚尸烧屋，只是想以此来制造被保险人意外被烧死的假象，以便编造未曾发生的保险事故骗取保险金。

——《刑事审判参考》（总第28辑）。

564 保险诈骗罪主体与犯罪未遂的认定

关键词｜保险诈骗罪｜犯罪主体｜犯罪未遂｜

【最高人民法院参考案例】

曾劲青、黄剑新保险诈骗、故意伤害案(《刑事审判参考》案例第296号)

要旨:保险诈骗罪的犯罪主体属于特殊主体,非特殊主体可以成为共犯。保险诈骗罪是结果犯,对以骗取数额巨大的保险费为目的,虽因意志以外原因未得逞,也可以构成保险诈骗罪而予以定罪处罚。

保险诈骗罪的犯罪主体属特殊主体。就其单独犯罪形态而言,只有投保人、被保险人或者受益人才能构成保险诈骗罪;就其共同犯罪形态而言,只有保险事故的鉴定人、证明人、财产评估人故意为保险诈骗行为人提供虚假的证明文件,为其进行保险诈骗提供条件的,才能以保险诈骗罪的共犯论处。上述是刑法对保险诈骗罪的主体及共犯构成要件的严格界定,如果行为人既不是投保人、被保险人或者受益人,也不是保险事故的鉴定人、证明人、财产评估人,不具有保险诈骗犯罪的主体资格和构成共犯的主体资格,故不构成保险诈骗罪。事实上,根据刑法总则规定的共同犯罪的一般原理,我们不仅自然能够得出“保险事故的鉴定人、证明人、财产评估人故意为保险诈骗行为人提供虚假的证明文件,为其进行保险诈骗提供条件的,应构成保险诈骗罪的共犯”的结论,而且当然也能得出:除此之外,其他明知保险诈骗行为人意欲进行保险诈骗而为其提供其他条件或帮助的人,同样也能够成立保险诈骗罪的帮助犯。

刑法第一百九十八条第一款列举的五种骗取保险金数额较大的情况,均为既遂行为,构成保险诈骗罪。但对保险诈骗未得逞即未遂,是否需要定罪处罚,刑法和相关司法解释并未作出明确规定。对以骗取数额巨大的保险费为目的,虽因意志以外原因未得逞,也可以构成保险诈骗罪而予以定罪处罚。

——《刑事审判参考》(总第38辑)。

565 被保险车辆的实际所有人利用挂靠单位的名义实施保险诈骗行为的定性

关键词｜保险诈骗罪｜犯罪主体｜隐名被保险人｜间接正犯｜

【最高人民法院参考案例】

徐开雷保险诈骗案(《刑事审判参考》案例第479号)

要旨:挂靠车辆的实际所有者作为实际投保人和被保险人,对于保险标的具有直接的保险利益关系,可以成为保险诈骗罪的主体。行为人利用挂靠单位从保险公司骗得盗窃险保险金的行为,属于隐名被保险人(实际投保人)利用显名被保险人(名义投保人)名义实施的保险诈骗行为,构成保险诈骗罪的间接正犯。

我们认为,行为人作为被保险车辆的实际所有人和骗保资金的实际获取人,利用挂靠单位的名义实施的保险诈骗行为,符合保险诈骗罪的主体要件,应当认定为构成保险诈骗罪。具体理由如下:

第一,挂靠车辆的实际所有者作为实际投保人和被保险人,对于保险标的具有直接的保险利益关系,完全可以成为保险诈骗罪的主体。

一是挂靠者作为隐名被保险人和实际投保人,是保险合同权利义务的实际承受者。如所有挂靠经营方式导致名与实的分离,出于车辆行政管理的现状和实现运输目的的需要,机动车辆登记在挂靠单位名下,但实际由个人出资购买,并缴纳各项运输费用。使得在所有权领域,车辆在名义上归属挂靠单位,而实际所有人为挂靠个人。进入保险领域,车主挂靠的单位自然成为名义上的投保人或被保险人,而实际上,保险标的为挂靠者实际所有,各类保险费用也全部由挂靠者支付,挂靠者应认定为保险合同的权利义务实质承受主体。

二是对保险标的享有的保险利益实际属于挂靠者。挂靠经营双方主体与挂靠车辆之间存在明显的利益关系差异,挂靠单位通常仅负责出面办理各种运营证件、手续,代缴各项规费,向挂靠者收取管理费,并协助实际车主办理有关保险事务。除作为挂名车主外,挂靠单位与机动车辆之间无直接利害关系,即使投保车辆发生损害事故,挂靠单位实际并没有受到财产损失。相反,挂靠者作为车辆的实际所有者和经营者,与车辆有着切身的利害关系,一旦投保车辆发生意外事故,直接财产的损失承受者就是挂靠者。因此,挂靠单位对保险车辆只具有形式上的保险利益,挂靠者对投保车辆才存在着实质的保险利益。

三是挂靠者是实际的投保人和被保险人。挂靠者不以自己名义投保,是因为现实需要而与挂靠单位签订协议将车辆登记于挂靠单位名下所致。

第二,行为人利用挂靠单位从保险公司骗得盗窃险保险金的行为,属于隐名被保险人(实际投保人)利用显名被保险人(名义投保人)名义实施的保险诈骗行为,构成保险诈骗罪的间接正犯。

在具体的保险理赔操作中,保险公司只会受理名义上的被保险人(保险合同签订人)提出的理赔申请。也就是说,行为人单独对其利用挂靠单位实施的骗取保险金的行为承担刑事责任。可见，行为人利用挂靠单位从保险公司骗得保险金的行为，属于隐名被保险人（实际投保人）利用无犯罪故意的显名被保险人（名义投保人）名义实施的保险诈骗行为，构成保险诈骗罪的间接正犯。之所以不将行为人借他人之名实施的行为认定为是冒充他人的诈骗行为，而包容于诈骗客观要件内，正是因为行为人与被利用人是隐名与显名关系，隐名者利用显名者名义有其合法基础。行为人是实际被保险人的身份，而现实又不允许行为人以自己的名义处理事务，即便在实施合法行为时，隐名被保险人的一切意图、行为也理所当然地必须借助于显名被保险人的名义付诸实施。事实上，无论是隐名者，还是显名者，都明知对外的名义仅是为了事务处理的便利，隐名者才是事务的具体实施人、受益人，显名者通过提供名义、协助事务的处理等方式对隐名者利用其名义处理约定事务表示默认。也就是说隐名者利用显名者的名义处理约定事务是符合约定的，显名者对此也是明知的，无所谓冒名一说。

——《刑事审判参考》（总第 61 辑）。

六、危害税收征管罪

（一）“虚开型”犯罪

566 虚开增值税专用发票定罪量刑标准

关键词 | 虚开增值税专用发票罪 | 数额标准 |

【最高人民法院司法文件】

为正确适用刑法第二百零五条关于虚开增值税专用发票罪的有关规定，确保罪责刑相适应，现就有关问题通知如下：

一、自本通知下发之日起，人民法院在审判工作中不再参照执行《最高人民法院关于适用〈全国人民代表大会常务委员会关于惩治虚开、伪造和非法出售增值税专用发票犯罪的决定〉的若干问题的解释》（法发〔1996〕30号）第一条规定的虚开增值税专用发票罪的定罪量刑标准。

二、在新的司法解释颁行前，对虚开增值税专用发票刑事案件定罪量刑的数额标准，可以参照《最高人民法院关于审理骗取出口退税刑事案件具体应用法律若干问题的解释》（法释〔2002〕30号）第三条的规定执行，即虚开的税款数额在五万元以上的，以虚开增值税专用发票罪处三年以下有期徒刑或者拘役，并处二万元以上二十万元以下罚金；虚开的税款数额在五十万元以上的，认定为刑法第二百零五条规定的“数额较大”；虚开的税款数额在二百五十万元以上的，认定为刑法第二百零五条规定的“数额巨大”。①

——《最高人民法院关于虚开增值税专用发票定罪量刑标准有关问题的通知》（2018年8月22日，法〔2018〕226号）。

【最高人民法院答复】

为了贯彻罪刑相当原则，对虚开增值税专用发票案件的量刑数额标准，可以不再参照适用1996年《最高人民法院关于适用〈全国人民代表大会常务委员会关于

---

① 《最高人民检察院、公安部关于公安机关管辖的刑事案件立案追诉标准的规定（二）》（公通字〔2022〕12号）第五十六条与本条规定不一致，入罪门槛作了提升，需在办理具体案件中妥当把握。

惩治虚开、伪造和非法出售增值税专用发票犯罪的决定〉的若干问题的解释》。在新的司法解释制定前，对于虚开增值税专用发票案件的定罪量刑标准，可以参照《最高人民法院关于审理骗取出口退税刑事案件具体应用法律若干问题的解释》的有关规定执行。

——《最高人民法院研究室关于如何适用法发〔1996〕30号司法解释数额标准问题的电话答复》(2014年11月27日，法研〔2014〕179号)。

【链接：最高人民法院法官著述】

最高人民法院研究室作出上述电话答复，主要考虑如下：

《增值税解释》虽未明令废止，但对其中确实已明显滞后、失当的规定不再参照适用，并不违法。1997年《通知》①只是规定，1997年修改刑法后，"可参照执行"此前制定的司法解释。也就是说，如此前解释的有关规定，特别是定罪量刑标准已明显滞后、失当，不再参照执行有关规定，并不违反通知要求。

若机械适用《增值税解释》规定的数额标准量刑，将导致类似犯罪之间的量刑明显失衡，严重影响司法公正。比如，同样是涉税犯罪，根据2002年《出口退税解释》规定，以假报出口或者其他欺骗手段，骗取国家出口退税款二百五十万元以上的，处十年以上有期徒刑或者无期徒刑；而根据《增值税解释》规定，虚开增值税专用发票，虚开税款数额五十万元以上的，也处十年以上有期徒刑或者无期徒刑。而从犯罪性质、危害后果看，两罪并无多大区别，仅因制发解释的时间不同，两罪的定罪量刑标准却相差数倍。特别是对于骗取国家出口退税罪，虽然骗取税款数额相同，但一个采取虚开增值税专用发票手段，另一个采取其他手段，两者就可能量刑差异巨大，显然不够公平合理。因此，为了贯彻罪刑相当原则，实现量刑公正，不宜机械地适用《增值税解释》规定的数额标准量刑。

对于虚开增值税专用发票案件的定罪量刑标准，可以参照2002年《出口退税解释》的有关规定执行。最高人民法院已准备对1996年《增值税解释》进行修订，相关数额标准将明显提高，但新解释的出台尚需要一段时间。为了统一法律适用标准，《电话答复》规定，在新的司法解释制定前，对于虚开增值税专用发票案件的定罪量刑标准，可以参照2002年《出口退税解释》的有关规定执行。对此有三个问题需要明确：一是适用范围。不仅虚开增值税专用发票案件，还有虚开用于骗取出口退税、抵押税款发票案件也可以参照2002年《出口退税解释》的有关规定执行。二是参照标准。虚开增值税专用发票罪"虚开的税款数额较大或者有其他严重情节""虚开的税款数额巨大或者有其他特别严重情节"分别参照骗取出口退税罪

① 即《最高人民法院关于认真学习宣传贯彻修订的〈中华人民共和国刑法〉的通知》(法发〔1997〕3号)。

“数额巨大或者有其他严重情节”“数额特别巨大或者有其他特别严重情节”的数额标准执行。即虚开的税款数额较大、数额巨大的标准分别为五十万元、二百五十万元。三是判决依据。对于参照适用《出口退税解释》定罪量刑标准办理的虚开增值税专用发票案件，在裁判文书中不能将《出口退税解释》作为适用法律依据，而应当直接适用刑法第二百零五条作为法律依据。

——黄应生：《虚开增值税专用发票案件的数额标准确定》，载《人民法院报》2016年7月20日，第6版。

567 如何认定以“挂靠”有关公司名义实施经营活动并让有关公司为自己虚开增值税专用发票行为的性质

关键词｜虚开增值税专用发票｜挂靠｜

【最高人民法院答复】

一、挂靠方以挂靠形式向受票方实际销售货物，被挂靠方向受票方开具增值税专用发票的，不属于刑法第二百零五条规定的“虚开增值税专用发票”。

主要考虑：

（1）由挂靠方适用被挂靠方的经营资格进行经营活动，并向挂靠方支付挂靠费的经营方式在实践中客观存在，且带有一定普遍性。相关法律并未明确禁止以挂靠形式从事经营活动。

（2）虚开增值税专用发票罪是行政犯，对相关入罪要件的判断，应当依据、参照相关行政法规、部门规章等，而根据《国家税务总局关于纳税人对外开具增值税专用发票有关问题的公告》（国家税务总局公告2014年第39号），挂靠方以挂靠形式向受票方实际销售货物，被挂靠方向受票方开具增值税专用发票的，不属于虚开。

二、行为人利用他人的名义从事经营活动，并以他人名义开具增值税专用发票的，即便行为人与该他人之间不存在挂靠关系，但如行为人进行了实际的经营活动，主观上并无骗取抵扣税款的故意，客观上也未造成国家增值税款损失的，不宜认定为刑法第二百零五条条规定的“虚开增值税专用发票”；符合逃税罪等其他犯罪构成条件的，可以其他犯罪论处。

主要考虑：

（1）虚开增值税发票罪的危害实质在于通过虚开行为骗取抵扣税款，对于有实际交易存在的代开行为，如行为人主观上并无骗取的扣税款的故意，客观上未造成国家增值税款损失的，不宜以虚开增值税专用发票罪论处。虚开增值税专用发票罪的法定最高刑为无期徒刑，系严重犯罪，如将该罪理解为行为犯，只要虚开增值税专用发票，侵犯增值税专用发票管理秩序的，即构成犯罪并要判处重刑，也不符合罪刑责相适应原则。

(2)1996年10月17日《关于适用〈全国人民代表大会常务委员会关于惩治虚开、伪造和非法出售增值税专用发票犯罪的决定〉的若干问题的解释》虽然未被废止，但该解释制定于1997年刑法施行前，根据我院《关于认真学习宣传贯彻修订的〈中华人民共和国刑法〉的通知》(法发〔1997〕3号)第五条“修订的刑法实施后，对已明令废止的全国人大常委会有关决定和补充规定，最高人民法院原作出的有关司法解释不再适用，但是如果修订的刑法有关条文实质内容没有变化的，人民法院在刑事审判工作中，在没有新的司法解释前，可参照执行。其他对于与修订的刑法规定相抵触的司法解释，不再适用”的规定，应当根据现行刑法第二百零五条关于虚开增值税专用发票罪的规定，合理选择该解释中可以继续参照适用的条文。其中，该解释中关于“进行了实际经营活动，但让他人为自己代开增值税专用发票”也属于虚开的规定，与虚开增值税专用发票罪的规定不符，不应继续适用；如继续适用该解释的上述规定，则对于挂靠代开案件也要以犯罪论处，显然有失妥当。

(3)《刑事审判参考》曾刊登“芦才兴虚开抵扣税款发票案”。该案例提出，虚开可以用于抵扣税款的发票冲减营业额偷逃税款的行为。主观上明知所虚开的运输发票均不用于抵扣税款，客观上使用虚开发票冲减营业额的方法偷逃应纳税款，其行为不符合虚开用于抵扣税款发票罪的构成要件，属于偷税行为。2001年福建高院请示的泉州市松苑绵涤实业有限公司等虚开增值税专用发票案，被告单位不以抵扣税款为目的，而是为了显示公司实力以达到在与外商谈判中处于有利地位的目的而虚开增值税发票。我院答复认为该公司的行为不构成犯罪。

——《最高人民法院研究室〈关于如何认定以“挂靠”有关公司名义实施经营活动并让有关公司为自己虚开增值税专用发票行为的性质〉征求意见的复函》(2015年6月11日，法研〔2015〕58号)。

568 如何认定介绍他人开具、让他人为自己开具无真实货物购销的增值税专用发票的行为

关键词|虚开增值税专用发票罪|非法出售增值税专用发票罪|非法购买增值税专用发票罪|

【最高人民法院参考案例】

王小禹、鞠井田虚开增值税专用发票案(《刑事审判参考》案例第1209号)

要旨：介绍他人开具、让他人为自己开具无真实货物购销的增值税专用发票的

行为构成虚开增值税专用发票罪。

3. 二被告人的行为符合虚开增值税专用发票罪的犯罪构成

刑法第二百零五条第三款规定，虚开增值税专用发票罪是指有为他人虚开、为自己虚开、让他人为自己虚开、介绍他人虚开增值税专用发票行为之一的行为。最高人民法院1996年发布的《关于适用〈全国人民代表大会常务委员会关于惩治虚开、伪造和非法出售增值税专用发票犯罪的决定〉的若干问题的解释》（以下简称《解释》）中，对虚开增值税专用发票的行为如何认定作了明确规定：（1）没有货物购销或者没有提供或接受应税劳务而为他人、为自己、让他人为自己、介绍他人开具增值税专用发票；（2）有货物购销或者提供或接受了应税劳务但为他人、为自己、让他人为自己、介绍他人开具数量或者金额不实的增值税专用发票；（3）进行了实际经营活动，但让他人为自己代开增值税专用发票。

需要指出的是，虽然刑法并未明确规定成立虚开增值税专用发票罪必须具有特定的目的，但从本罪设立的立法原意和司法实践中的掌握来看，行为人虚开增值税专用发票的目的应是抵扣税款或者挣取"交易费""介绍费"。1995年10月30日发布的《全国人民代表大会常务委员会关于惩治虚开、伪造和非法出售增值税专用发票犯罪的决定》（以下简称《决定》）开篇即明确了设立虚开增值税专用发票罪的立法意图即"为了惩治虚开、伪造和非法出售增值税专用发票和其他发票进行偷税、骗税等犯罪活动，保障国家税收"。2004年全国部分法院经济犯罪案件审判工作座谈会对虚开增值税专用发票罪的认定进行研讨，认为对以下三种行为不应以该罪论处：（1）为虚增营业税、扩大销售收入或者制造虚假繁荣，相互对开或环开增值税专用发票的行为。（2）在货物销售过程中，一般纳税人为夸大销售业绩，虚增货物的销售环节，虚开进项增值税专用发票和销项增值税专用发票，但依法缴纳增值税并未造成国家税款损失的行为。（3）为夸大企业经济实力，通过虚开进项增值税专用发票虚增企业的固定资产，但并未利用增值税专用发票抵扣税款，国家税款亦未受到损失的行为。[①] 这也从另一方面肯定了行为人构成虚开增值税专用发票罪应当具有抵扣税款或者挣取"交易费""介绍费"的特定目的。2015年最高人民法院研究室在给公安部经济犯罪侦查局的《〈关于如何认定以"挂靠"有关公司名义实施经营活动并让有关公司为自己虚开增值税专用发票行为的性质〉征求意见的复函》中更是明确地指出："虚开增值税发票罪的危害实质在于通过虚开行为骗取抵扣税款，对于有实际交易存在的代开行为，如行为人主观上并无骗取抵扣税款的故意，客观上未造成国家增值税款损失的，不宜以虚开增值税专用发票罪论处。"

---

① 参见《全国法院经济犯罪案件审判工作座谈会综述（2004年）》。

本案中，被告人鞠井田为了抵扣税款，在没有真实货物交易的情况下，让他人为自己虚开增值税专用发票。被告人王小禹为了获取“交易费”，明知他人没有真实货物交易，而为他人虚开（或者说介绍他人虚开）增值税专用发票。二被告人均具有虚开增值税专用发票罪的主观故意，也实施了虚开增值税专用发票罪所要求的特定行为，完全符合该罪的犯罪构成要件，依法应当认定为虚开增值税专用发票罪。事实上，如果以非法出售增值税专用发票罪评价王小禹的行为，则无法涵盖其介绍他人虚开增值税专用发票的行为；以非法购买增值税专用发票罪评价鞠井田的行为，则无法涵盖其让他人为自己虚开增值税专用发票的行为。

4. 虚开增值税专用发票罪与相关罪名的界限

关于虚开增值税专用发票罪与非法出售增值税专用发票罪、非法购买增值税专用发票罪、出售伪造的增值税专用发票罪、购买伪造的增值税专用发票罪等相关增值税专用发票犯罪之间如何区分的问题，我们认为，各罪名之间各有其适用的空间。具体而言：（1）非法出售真实的空白增值税专用发票的，认定为非法出售增值税专用发票罪。出售伪造的空白增值税专用发票的，认定为出售伪造的增值税专用发票罪。（2）非法购买真实的空白增值税专用发票的，认定为非法购买增值税专用发票罪。购买伪造的空白增值税专用发票的，认定为购买伪造的增值税专用发票罪。（3）非法购买真实的定额增值税专用发票的，认定为非法购买增值税专用发票罪。出售真实的定额增值税专用发票的，认定为非法出售增值税专用发票罪。（4）非法购买伪造的定额增值税专用发票的，认定为购买伪造的增值税专用发票罪。出售伪造的定额增值税专用发票的，认定为出售伪造的增值税专用发票罪。（5）为他人开、为自己开、让他人为自己开、介绍他人开增值税专用发票，符合司法解释规定的虚开行为的，认定为虚开增值税专用发票罪。需要注意的是，在犯罪过程中，一般会存在买卖的行为，但依照刑法第二百零八条第二款规定，应直接以虚开增值税专用发票罪处罚。（6）伪造增值税专用发票的，认定为伪造增值税专用发票罪。（7）购买增值税专用发票，但无证据证明是为了虚开而购买的，认定为非法购买增值税专用发票罪；有证据证明为了虚开而购买的，则认定为虚开增值税专用发票罪。

综上，本案二被告人的行为应构成虚开增值税专用发票罪，而不是非法出售增值税专用发票罪、非法购买增值税专用发票罪。从刑法第二百零五条至第二百零八条的规定来看，第二百零八条第一款规定非法购买增值税专用发票、购买伪造的增值税专用发票罪的法定刑最轻，结合刑法第二百零八条第二款的规定，非法购买增值税专用发票罪仅限于危害发票管理的行为，一旦危害税收征管，就应当认定为处罚较重的虚开增值税专用发票罪，这也符合牵连犯从一重罪论处的处断原则。

——《刑事审判参考》（总第111辑）。

569 如开票单位未到案，能否认定受票单位构成虚开增值税专用发票罪

关键词｜虚开增值税专用发票罪｜开票单位｜受票单位｜

【最高人民法院参考案例】

苏州市安派精密电子有限公司、庞美兴、罗正华虚开增值税专用发票案(《刑事审判参考》案例第1284号)

要旨:在司法实践中,虚开增值税专用发票罪常表现为“无货虚开”,即开票单位与受票单位之间没有真实的业务往来,无真实货物交易,受票单位出于抵扣进项税额,减轻企业税负的目的,通过支付一定数额的开票费,向开票单位购买增值税专用发票。证明“无货”是办理该类案件的关键所在。

由于货物交易存在于上下家单位之间,要证实“无货”,一般需要开票单位和受票单位的相关负责人都到案,双方供证一致,再以银行账户交易记录等证据证实资金走账和回流等情况佐证,确定“无货”属实,方可认定。在真实的货物交易中,买卖双方一般不会有资金回流的情况,货款单向流入卖方。在交接货物时,通常需要填写送货单、入库单、货物清点记录等文书,并由买卖双方签字确认;而在“无货”的情况下,开票单位和受票单位为了掩盖罪行,往往会签订虚假的买卖合同,伪造送货单、入库单、清点记录等文书材料,这需要我们进行认真审查、甄别。比如,有些文书材料没有交接人员的签名,只有上下家的单位公章,显然与正常的商品交易习惯不符,则可以从侧面印证“无货”的事实。

需要说明的是,有时开票单位与受票单位为了规避税务稽查,会以支付现金的方式交易开票费,“全程无痕”,致使资金的走账和回流无迹可查,给准确认定“无货”带来困难。此时,若仅有受票单位一方供认“无货”,无其他证据印证,在审查时应倍加慎重。

本案中,浩瑜环公司和顺畅通公司均处于非正常经营状态,上述两公司的相关负责人未到案接受询问,因此,无法通过开票单位核实其与安派公司之间是否存在真实的货物交易。但是,庞美兴对安派公司和深圳两公司之间没有真实货物交易的情况供认不讳,还详细描述了资金走账和回流的具体步骤:庞美兴先将货款全额汇入深圳两公司账户,深圳两公司收到后,扣留开票费部分,并通知庞美兴来深圳见面,当面将剩余资金以现金的形式回流给庞美兴,庞美兴再将回流资金五百万元交给公司财务人员陈建枚。对此,公诉机关向法庭出示了安派公司与深圳两公司之间的银行账户交易凭证,证实确有与发票价税合计金额一致的资金转入深圳两公司账户;又出示了陈建枚提供的记账本,证实事后庞美兴确有五百万元现金回流;此外,公诉机关还向法庭出示了安派公司与深圳两公司之间的送货单,这些送

货单均为空白单据,无发货方、收货方、入库方和保管方等人员的签字,其真实性无从核实,这恰恰印证了庞美兴关于“送货单是后来伪造的”供述。因而,虽然深圳两公司未到案,但相关证据足以认定安派公司与深圳两公司之间存在虚开增值税专用发票的犯罪事实。

——《刑事审判参考》(总第117辑)。

570 税务机关利用代管监开的增值税专用发票“高开低征”行为的定性

关键词｜虚开增值税专用发票罪｜高开低征行为｜直接责任人员｜

【最高人民法院参考案例】

吴彩森、郭家春等虚开增值税专用发票案(《刑事审判参考》案例第231号)

要旨:税务机关利用代管监开的增税专用发票“高开低征”的行为,应以虚开增值税专用发票罪定罪量刑。

从主观方面看,税务机关具有放任受票人利用虚开的增值税专用发票抵扣税款或者骗取税款的故意。作为负责税收征管的税务机关,对于“高开低征”“开大征小”行为违反国家税收征管和发票管理制度,会导致受票人利用与真实的应税劳务、货物交易不符的增值税专用发票偷逃、骗取国家税款,毫无疑问是明知的,具备虚开增值税专用发票罪的主观特征。

从客观方面讲,税务机关实施了虚开增值税专用发票的行为。《最高人民法院关于适用〈全国人民代表大会常务委员会关于惩治虚开、伪造和非法出售增值税专用发票犯罪的决定〉若干问题的解释》(以下简称《解释》)主要实施了第一条第(一)项规定的为他人无货虚开增值税专用发票的行为和第一条第(二)项规定为他人开具数量或金额不实的增值税专用发票的行为,具备构成虚开增值税专用发票罪的客观特征。

另外,我们认为,税务机关“高开低征”“开大征小”的行为,不仅危害国家税收征管和发票管理制度,同时也侵犯国家税务机关职务行为的正当性。这样,税务机关的这一行为同时触犯了刑法规定的徇私舞弊不征、少征税款罪和虚开增值税专用发票罪,应当择一法定刑较重的犯罪定罪处罚。虚开增值税专用发票行为,相对于税务机关工作人员徇私舞弊不征、少征税款行为,是刑法规定的处罚较重的犯罪。

司法实践中,对单位犯罪中直接责任人员的认定,应当持慎重态度,既不能因为是单位行为而网开一面甚至放纵,也要注意不能打击面过宽。最高人民法院

2001年1月印发的《全国法院审理金融犯罪案件工作座谈会纪要》指出：其他直接责任人员，是在单位犯罪中具体实施犯罪并起较大作用的人员，既可以是单位的经营管理人员，也可以是单位的职工，包括聘任、雇佣的人员。应当注意的是，在单位犯罪中，对于受单位领导指派或奉命而参与实施了一定犯罪行为的人员，一般不宜作为直接责任人员追究刑事责任。

税务机关票管员，受领导指派为他人开具增值税专用发票，积极、多次参与犯罪活动，而且持续时间长，虚开增值税专用发票的份数多、数额巨大，在单位犯罪活动中起到了重要作用，应以单位犯罪的直接责任人员追究刑事责任。

——《刑事审判参考》(总第31辑)。

571 犯罪单位被撤销后刑事责任的认定

关键词 | 虚开增值税专用发票罪 | 单位被撤销 | 直接责任人员 |

【最高人民法院参考案例】

普宁市流沙经济发展公司等单位虚开增值税专用发票案(《刑事审判参考》案例第232号)

要旨：单位可以成为虚开增值税专用发票犯罪的主体。单位被依法撤销，不能再作为诉讼主体追究刑事责任，但该单位的主管人员和其他直接责任人员仍应依法追究刑事责任。

1. 主体方面，要看犯罪主体是否为合法单位。有两重含义：一是看究竟是单位还是个人，是否为真正的单位。只有依法设立，有必要的财产或经费，有自己的组织机构和场所，能独立承担民事责任的组织才能认定为单位。二是看究竟是合法单位还是非法单位。单位不但必须是依法设立，而且设立的目的也必须是合法经营。

2. 主观方面，要看犯意是否属于单位意志。单位意志是指单位法定代表人、主要负责人、主管人员或其他直接责任人员的个人意志，由决策机关经过一定的程序所形成单位意志的机关。决策程序亦即形成单位意志的具体形式。

3. 客观方面，要看实施者是否以单位的名义实施是否执行单位职务而实施，非法利益是否为单位所有。

单位犯罪后，由于种种原因，可能发生分立、合并或者其他资产重组等情形，以及被依法注销、宣告破产等情况。司法实践中，对于在上述情况下，应追究犯罪单位中有关责任人员单位犯罪的刑事责任没有异议，但对于是否追究犯罪单位的刑事责任，存在不同意见。

我们认为,根据立法规定和一般的刑法理论,如果实施犯罪的主体没有死亡,只要没有超过法定追诉时效,就应当依法追究刑事责任。根据我国刑事诉讼法第十五条第(五)项之规定,犯罪嫌疑人、被告人死亡的,不追究刑事责任,已经追究的,应当撤销案件,或者不起诉,或者终止审理,或者宣告无罪。《最高人民法院关于执行〈中华人民共和国刑事诉讼法〉若干问题的解释》第二百一十五条规定:人民法院审理单位犯罪案件,被告单位被注销或宣告破产,但单位犯罪直接负责的主管人员和其他直接责任人员应当负刑事责任的,应当继续审理。根据上述规定,在犯罪单位被依法注销或宣告破产的情况下,由于其作为法人的资格已经终止,行为能力和权利能力均已丧失,犯罪单位实质上已经"死亡",因此不能再追究单位的刑事责任。但在犯罪单位发生分立、合并或者其他资产重组等情形下,其权利义务被变更后的单位承担,从某种意义上讲,犯罪单位并不是完全的消灭或者说"死亡"。从"有罪必罚"和"罪责自负"的角度出发,只要承受犯罪单位权利义务的单位存在,应当追究单位犯罪的刑事责任。

2002 年 8 月最高人民法院、最高人民检察院、海关总署联合下发的《办理走私刑事案件适用法律若干问题的意见》第十九条规定:单位走私犯罪后,单位发生分立、合并或者其他资产重组等情况的,只要承受该单位权利义务的单位存在,应当追究单位走私犯罪的刑事责任。走私单位发生分立、合并或者其他资产重组后,原单位名称发生更改的,仍以原单位(名称)作为被告单位。承受原单位权利义务的单位法定代表人或者负责人作为诉讼代表人。单位走私犯罪后,发生分立、合并或者其他资产重组情形,以及被依法注销、宣告破产等情况的,无论承受该单位权利义务的单位是否存在,均应追究原单位直接负责的主管人员和其他直接责任人员的刑事责任。人民法院对原走私单位判处罚金的,应当将承受原单位权利义务的单位作为被执行人。罚金超出新单位所承受的财产的,可在执行中予以减除。该规定可以作为我们办理单位犯罪包括单位税收犯罪案件中,遇到单位犯罪后发生分立、合并或者其他资产重组情形以及被依法注销、宣告破产等情况下,如何追究刑事责任的参照。

——《刑事审判参考》(总第 31 辑)。

572 走私犯罪行为完成后以该走私货物让人虚开增值税专用发票抵扣税款行为的定性

关键词 | 虚开增值税专用发票罪 | 走私罪 | 牵连犯 |

【最高人民法院参考案例】

王红梅、王宏斌、陈一平走私普通货物、虚开增值税专用发票案(《刑事审判参考》案例第336号)

要旨:走私犯罪行为完成后,行为人再以该走私货物让人虚开增值税专用发票以抵扣税款的行为,由于不具有同一犯罪目的,因而不构成牵连犯罪。

走私行为完成后再实施虚开增值税专用发票行为,两者虽然属于独立的犯罪行为,并且具备两个完全不同性质犯罪即走私普通货物罪与虚开增值税专用发票罪的构成条件,但两者并不是为了一个犯罪目的,前者是为了将货物逃避海关监管进口,从而偷逃应缴税款的走私目的,后者则是为了抵扣税款的目的,且虚开增值税专用发票的行为发生在走私行为完成后,后者既不是前者所必须采取的方法行为,两者之间从而并不存在手段与目的的关系,也不是前者所必然出现的结果行为,走私货物行为完成后根本不会由于为了走私货物这一犯罪目的而再出现虚开增值税专用发票行为这一结果行为,两者之间因而也不存在原因与结果的关系。

——《刑事审判参考》(总第43辑)。

573 虚开用于抵扣税款的发票冲减营业额逃避缴纳税款行为的定性

关键词｜逃税罪｜虚开抵扣税款发票罪｜

【最高人民法院参考案例】

芦才兴虚开抵扣税款发票案(《刑事审判参考》案例第107号)

要旨:只有为增值税纳税人虚开或者介绍他人为增值税纳税人虚开可以用于抵扣税款发票的,才能以虚开抵扣税款发票定罪处罚。虚开可以用于抵扣税款的发票,不是为了抵扣税款,而是出于其他目的,应当结合行为人的犯罪故意和实施的客观行为择定其他罪名定罪处罚,符合偷税罪①构成要件的,以偷税罪定罪处罚。

虽然虚开抵扣税款发票罪是行为犯,只要行为人实施了虚开用于抵扣税款的发票,就可构成犯罪,至于是否已将发票用于抵扣税款,不影响虚开抵扣税款发票罪的成立。但行为人没有抵扣税款的故意,即使实施了虚开抵扣税款发票的行为,也不能以虚开抵扣税款发票罪定罪处罚。在这里,对刑法第二百零五条中的"用于抵扣税款"的理解不能过于宽泛,"用于"应指主观上想用于和客观上实际用于,而不包括虽然可以用于但行为人主观上不想用于,客观上也没有用于,也不能将行为

---

① 罪名已调整为"逃税罪"。

人使用发票意图不明的视为准备用于。虚开可以用于抵扣税款的发票,不是为了抵扣税款,而是出于其他目的,应当结合行为人的犯罪故意和实施的客观行为择定其他罪名定罪处罚。如果符合偷税罪的构成要件,可按偷税罪处理。

——《刑事审判参考》(总第17辑)。

574 税收通用完税证和车辆购置税完税证是否属于发票

关键词｜完税证｜发票｜

【最高人民法院答复】

完税证是税务机关或代征机关在收取税金时给纳税人开具的纳税证明,是证明纳税人缴纳税款情况的凭证。发票是指单位和个人在购销商品、提供或接受服务以及从事其他经营活动过程中,提供给对方的收付款的书面证明,是财务收支的法定凭证,是会计核算的原始依据。完税证与发票性质有所不同,完税证一般不能被认定为发票。

根据《全国人民代表大会常务委员会关于〈中华人民共和国刑法〉有关出口退税、抵扣税款的其他发票规定的解释》,如果完税证具有出口退税、抵扣税款功能,则属于刑法中规定的出口退税、抵扣税款的其他发票。据此,税收通用完税证和车辆购置税完税证在具有出口退税、抵扣税款功能时,属于刑法中规定的出口退税、抵扣税款的其他发票;否则,不属于一般意义上的发票。

对伪造税务机关征税专用章,非法制造税收通用完税证和车辆购置税完税证对外出售的,视情可以伪造国家机关印章罪论处;对非法购买上述两种伪造的完税证,逃避缴纳税款的,视情可以逃税罪论处。

——《最高人民法院研究室关于税收通用完税证和车辆购置税完税证是否属于发票问题的回函》(2010年8月17日,法研〔2010〕140号)。

(二)骗取出口退税罪

575 骗取出口退税罪"假报出口"情形的认定

关键词｜骗取出口退税罪｜假报出口｜

【最高人民法院司法解释】

第一条 刑法第二百零四条规定的“假报出口”，是指以虚构已税货物出口事实为目的，具有下列情形之一的行为：

（一）伪造或者签订虚假的买卖合同；

（二）以伪造、变造或者其他非法手段取得出口货物报关单、出口收汇核销单、出口货物专用缴款书等有关出口退税单据、凭证；

（三）虚开、伪造、非法购买增值税专用发票或者其他可以用于出口退税的发票；

（四）其他虚构已税货物出口事实的行为。

——《最高人民法院关于审理骗取出口退税刑事案件具体应用法律若干问题的解释》（2002 年 9 月 23 日，法释〔2002〕30 号）。

【链接：理解与适用】

出口退税是一项关联环节多、政策性强的工作，涉及税务、海关、外汇管理、外经贸、银行等多个部门，历经收购货物、报关出口、收汇核销、税务管理等数个环节。按照现行有关规定，企业申报出口退税必须同时提供四个单证：出口报关单（证明货物确已出口）、收汇核销单（证明出口已经收汇）、增值税专用发票（证明出口企业已经向供货企业支付税款）、增值税专用缴款书（证明供货企业已将税款缴入国库）。据此，《解释》第一条界定了刑法第二百零四条规定的“假报出口”的四种情形，即：（1）伪造或者签订虚假的买卖合同；（2）以伪造、变造或者其他非法手段取得出口货物报关单、出口收汇核销单、出口货物专用缴款书等有关出口退税单据、凭证；（3）虚开、伪造、非法购买增值税专用发票或者其他可以用于出口退税的发票；（4）其他虚构已税货物出口事实的行为。这些内容主要是根据目前企业申报出口退税必须提供的单证而设定的，其中，“伪造或者签订虚假的买卖合同”和“虚开、伪造、非法购买增值税专用发票或者其他可以用于出口退税的发票”，是虚构货物买卖、假报出口的常见手段。

对于“以伪造、变造或者其他非法手段取得出口货物报关单、出口收汇核销单、出口货物专用缴款书等有关出口退税单据、凭证”的规定，在论证过程中曾有一种意见认为，考虑到将来报关工作将大量采用数字化办公的发展趋势，而且为便于举证，建议将“伪造、变造或者以其他非法手段形成虚假出口退税单据凭证的相关电子信息”的行为也一并列入，以适应形势发展的需要。《解释》没有采纳这一意见，主要是因为：一是相关电子信息具体指什么不清楚，二是即使采用数字化办公方式，如果作证据使用时，还将根据数字信息出具纸质的文书，作证据使用不成问题。

而且这一内容与“虚构出口事实”之间关系不是太大,《解释》中未予规定。

——孙军工:《〈最高人民法院关于审理骗取出口退税刑事案件具体应用法律若干问题的解释〉的理解与适用》,载最高人民法院刑事审判第一庭、第二庭:《刑事审判参考》(总第29辑),法律出版社2003年版,第160—161页。

576 骗取出口退税的“其他欺骗手段”的认定

关键词|骗取出口退税罪|其他欺骗手段|

【最高人民法院司法解释】

第二条 具有下列情形之一的,应当认定为刑法第二百零四条规定的“其他欺骗手段”:

(一)骗取出口货物退税资格的;

(二)将未纳税或者免税货物作为已税货物出口的;

(三)虽有货物出口,但虚构该出口货物的品名、数量、单价等要素,骗取未实际纳税部分出口退税款的;

(四)以其他手段骗取出口退税款的。

——《最高人民法院关于审理骗取出口退税刑事案件具体应用法律若干问题的解释》(2002年9月23日,法释〔2002〕30号)。

【链接:理解与适用】

《解释》第二条规定了三种常见的骗取出口退税的“其他欺骗手段”,考虑到无法穷尽列举这一定罪条件,又规定了一个兜底性条款。申报出口退税的主体是按照国家规定可以享受出口退税的企业,具体有八类:有进出口经营权的外贸企业,有进出口经营权的自营生产企业和生产型集团公司,有进出口经营权的工贸企业、集生产与贸易为一体的集团贸易公司,外商投资企业,委托外贸企业代理出口的企业,有进出口经营权的中外合资企业和合资连锁企业,特准退还或者免征增值税和消费税的企业,以及指定退税的企业。《解释》第二条第(一)项关于“骗取出口货物退税资格”的规定,主要是针对骗取上述享受出口退税政策的企业资格而设定的。

根据《出口货物退(免)税管理办法》的规定,对出口的凡属于已征或者应征增值税、消费税的货物,除国家明确规定不予退税的货物和出口企业从小规模纳税人购进并持普通发票的部分货物外,都是出口货物退税的货物范围,均应予以退还已征的增值税和消费税。也就是说,办理出口退税的货物必须同时具备四个条件:

(1)属于增值税、消费税征税范围;(2)是报关离境的货物;(3)是在财务上作销售处理的货物;(4)是出口收汇并已核销的货物。《解释》第二条第(二)项"将未纳税或者免税货物作为已税货物出口"的规定,主要是针对上述情形作出的。

——孙军工:《〈最高人民法院关于审理骗取出口退税刑事案件具体应用法律若干问题的解释〉的理解与适用》,载最高人民法院刑事审判第一庭、第二庭:《刑事审判参考》(总第29辑),法律出版社2003年版,第161—162页。

577 骗取出口退税罪定罪量刑标准的掌握

关键词 | 骗取出口退税罪 | 定罪量刑标准 |

【最高人民法院司法解释】

第三条 骗取国家出口退税款5万元以上的,为刑法第二百零四条规定的"数额较大";骗取国家出口退税款50万元以上的,为刑法第二百零四条规定的"数额巨大";骗取国家出口退税款250万元以上的,为刑法第二百零四条规定的"数额特别巨大"。①

第四条 具有下列情形之一的,属于刑法第二百零四条规定的"其他严重情节":

(一)造成国家税款损失30万元以上并且在第一审判决宣告前无法追回的;

(二)因骗取国家出口退税行为受过行政处罚,两年内又骗取国家出口退税款数额在30万元以上的;

(三)情节严重的其他情形。

第五条 具有下列情形之一的,属于刑法第二百零四条规定的"其他特别严重情节":

(一)造成国家税款损失150万元以上并且在第一审判决宣告前无法追回的;

(二)因骗取国家出口退税行为受过行政处罚,两年内又骗取国家出口退税款数额在150万元以上的;

(三)情节特别严重的其他情形。

第七条 实施骗取国家出口退税行为,没有实际取得出口退税款的,可以比照既遂犯从轻或者减轻处罚。

第八条 国家工作人员参与实施骗取出口退税犯罪活动的,依照刑法第二百

---

① 《最高人民检察院、公安部关于公安机关管辖的刑事案件立案追诉标准的规定(二)》(公通字〔2022〕12号)第五十五条与本条规定不一致,入罪门槛作了提升,需在办理具体案件中妥当把握。

零四条第一款的规定从重处罚。

——《最高人民法院关于审理骗取出口退税刑事案件具体应用法律若干问题的解释》(2002年9月23日,法释〔2002〕30号)。

【链接:理解与适用】

这三个条文规定了骗取出口退税罪的数额认定标准和情节认定标准,需要说明的是数额标准的确定问题。以"数额较大"的标准为例,《解释》规定以五万元为数额较大的起点。据有关部门提供的情况,由于海关对十万美元以上的出口报关货物将实行严格的查验,犯罪分子为规避查验,往往以九万多美元的货物报关。九万多美元折算成人民币相当于七十多万元,按照增值税17%计算,国家退还出口企业的税款应为十二万至十三万元左右。因此,实践中查处的骗取出口退税案件涉案数额一般都要高于十万元,十万元以下的骗税案件很少发生。如果司法解释中规定的定罪数额起点太低,则等于取消了刑法第二百零四条规定的该罪的第一档量刑幅度。但是,考虑到认定骗取出口退税罪既要兼顾骗税案件的实际查处情况,也还应与其他诈骗类犯罪的定罪数额相协调,因此,《解释》规定了五万元的定罪量刑标准。

——孙军工:《〈最高人民法院关于审理骗取出口退税刑事案件具体应用法律若干问题的解释〉的理解与适用》,载最高人民法院刑事审判第一庭、第二庭:《刑事审判参考》(总第29辑),法律出版社2003年版,第162—163页。

578 有进出口经营权的公司、企业在"四自三不见"的情况下,骗取出口退税行为的定罪

关键词|骗取出口退税罪|四自三不见|

【最高人民法院司法解释】

第六条 有进出口经营权的公司、企业,明知他人意欲骗取国家出口退税款,仍违反国家有关进出口经营的规定,允许他人自带客户、自带货源、自带汇票并自行报关,骗取国家出口退税款的,依照刑法第二百零四条第一款、第二百一十一条的规定定罪处罚。

——《最高人民法院关于审理骗取出口退税刑事案件具体应用法律若干问题的解释》(2002年9月23日,法释〔2002〕30号)。

【链接：理解与适用】

第六条是法律适用中亟待解决的重点问题，即对有进出口经营权的公司、企业在“四自三不见”的情况下，骗取出口退税行为的定罪问题。所谓“四自三不见”，是指“在不见出口商品、不见供货货主、不见外商的情况下，允许或者放任他人自带客户、自带货源、自带汇票、自行报关”的行为。

外贸企业出口业务一般有两种方式，一是自营出口（本文此前表述的内容基本上是此种情形，不再赘述）；二是代理生产企业出口。这种情形主要指：外商一般是生产企业的客户，也可以是外贸企业的客户，出口的货物属生产企业所有，货物的所有权不发生转移。报关出口后，由委托的外贸企业出具代理证明单，并委托生产企业按出口退税政策办理退税业务。“四自三不见”是代理出口业务中的一种违规操作行为，主要表现为犯罪分子以委托代理出口的名义，充任中间人，既为外贸企业提供国外客户，又为外贸企业提供货源，并代办一切手续。手续齐全后，交由外贸企业办理出口退税。

一种意见认为，对于有进出口经营权的公司、企业，只要其有“四自三不见”的行为，并且行为人实际骗取了出口退税款，就应当一律定罪。经研究认为，此举的打击面过宽，特别是“三不见”的情况相对特殊，在正当的货物买卖中也有可能出现，不宜一律追究刑事责任。应当承认，“四自三不见”是国家明令禁止的做法，但是某些有进出口经营权的企业为图省事，采用这一做法的情况也较常见，这也是实践中这种做法屡禁不止的原因之一。此外，有进出口经营权的公司、企业采用“四自三不见”的方法更有一个利益上的考虑。在正规运作的情况下，有进出口经营权的公司、企业办理出口业务赚取的仅仅是货物的差价，即有进出口经营权的公司、企业从生产企业买来货物，卖给外商，从中获利。但这种获利的方式风险较大，极不稳定。而采用“四自三不见”的方法则不存在上述风险：在这种情形下，有进出口经营权的公司、企业赚取的是旱涝保收的好处费。以采用“四自三不见”的方法出口一美元为例，大约可以退税一元人民币，从一元人民币中扣除预交的 6.8% 的税款及开票、换汇、购买报关单及其他费用，有进出口经营权的公司、企业得到的好处费在二分钱至一毛钱不等。虽然好处费多少不等，但肯定会有，且远比作自营业务获取利益要稳妥。至于好处费的来源是出口企业正当申请退税所得还是骗税所得则不予追究。从目前查处的情况看，通过“四自”方式办理退税，多是骗取退税的情形。有进出口经营权的公司、企业对此心知肚明，但为了谋取好处费，往往“睁一只眼闭一只眼”。由此可以看出，有进出口经营权的公司、企业采用“四自”手段为他人办理出口货物业务，主观上至少具有放任他人实施骗取出口退税行为的故意。但是，由于这种放任态度的目的和动机较为复杂，如果他人没有实施骗税行为，则有进出口经营权的公司、企业的这种放任行为仅仅属于违规性质；如果仅根据主观上的放任态度及他人骗税的结果就追究有进出口经营权的公司、企业的刑事责任，则难免客观归罪之嫌。综上考虑，根据刑法“主客观相一致”原则，《解释》只针对有进出口经营权的公司、企业“明知他人意欲骗取国家出口退税款，仍违反国家有关进出口经营的规定，允许他人自带客户、自带货源、自带汇票并自行报关，骗取国家出口退税款”的情形，作了追究刑事责任的规定。

——孙军工：《〈最高人民法院关于审理骗取出口退税刑事案件具体应用法律若干问题的解释〉的理解与适用》，载最高人民法院刑事审判第一庭、第二庭：《刑事审判参考》（总第29辑），法律出版社2003年版，第163—164页。

【最高人民法院参考案例】

杨康林、曹培强等骗取出口退税案（《刑事审判参考》案例第329号）

要旨：有进出口经营权的公司在“四自三不见”的情况下，将代理出口业务伪造为自营出口业务，致使国家税款被骗的，应当认定具有骗取国家出口退税款的主观故意。

所谓“明知”，包括知道和应当知道。知道的情况比较好掌握，即根据案件事实、证据材料直接证实被告单位或被告人知道他人意欲骗税的目的。应当知道，则需根据行为当时的具体情况、客观条件来综合分析判断被告单位或被告人当时是否知道、能否知道，当时的心理状态究竟怎样。这是法律上的一种推定，而不是一般意义上的明知，是对客观行为的一种法律评价。“四自三不见”业务本是国家明令禁止的业务，如果在从事“四自三不见”业务中，又出现了其他一些不合常理的情况，而有进出口经营权的公司、企业仍继续坚持业务合作，造成国家税款流失，则可推定这些公司、企业主观上明知他人意欲骗税的故意，构成骗取出口退税罪。那么对明知的程度又该如何要求呢？是明知他人骗取出口退税的必然性才构成此罪，还是明知他人骗取出口退税的可能性即成立此罪？根据《解释》第六条之规定，只要有事实和证据证明有进出口经营权的公司、企业明知他人可能要骗取出口退税，仍违反规定从事“四自三不见”业务，造成国家税款流失，即可推定其主观上明知，而不要求有证据证明这些公司、企业明知他人必然要骗取出口退税。

——《刑事审判参考》（总第42辑）。

579 实施骗取出口退税犯罪，同时构成虚开增值税专用发票罪等其他犯罪应如何处理

关键词｜骗取出口退税罪｜虚开增值税专用发票罪｜

【最高人民法院司法解释】

第九条 实施骗取出口退税犯罪,同时构成虚开增值税专用发票罪等其他犯罪的,依照刑法处罚较重的规定定罪处罚。

——《最高人民法院关于审理骗取出口退税刑事案件具体应用法律若干问题的解释》(2002年9月23日,法释〔2002〕30号)。

【链接:理解与适用】

《解释》第九条规定:实施骗取出口退税犯罪,同时构成虚开增值税专用发票罪等其他犯罪的,依照刑法处罚较重的规定定罪处罚。一种意见认为,这样规定是否漏掉了应当数罪并罚的情形。经研究认为,除根据刑法第二百零四条第二款的规定,即"纳税人缴纳税款后,采取前款规定的欺骗方法,骗取所缴纳的税款的,依照本法第二百零一条的规定定罪处罚"的情况下,可能存在数罪并罚的问题外,其他情况均应按一重罪处罚。而上述情况既然刑法已有明确规定,司法解释中就不必再重申,《解释》要明确的是刑法未明确的刑罚适用问题,与法律规定并不冲突。

——孙军工:《〈最高人民法院关于审理骗取出口退税刑事案件具体应用法律若干问题的解释〉的理解与适用》,载最高人民法院刑事审判第一庭、第二庭:《刑事审判参考》(总第29辑),法律出版社2003年版,第164—165页。

(三)其他

580 非法出售的增值税专用发票份数和票面额不同时的量刑

关键词 | 非法出售增值税专用发票罪 | 犯罪数额 |

【最高人民法院参考案例】

邓冬蓉非法出售增值税专用发票案(《刑事审判参考》案例第337号)

要旨:对于非法出售增值税专用发票的份数和票面额分别达到不同量刑档次的,应适用处罚较重之规定进行量刑。

我们认为,这个问题需要从非法出售增值税专用发票罪保护的客体出发才能得出正确答案。在我国,增值税专用发票作为销货方纳税义务和购货方进项税额的依据,是购货方或出口方据以向国家税务机关抵扣税款或申请出口退税的凭证依据,在我国境内从事应税活动的一般纳税人必须按规定如实开具,如果其中任何一个环节虚构销售或出口事实而被其他一般纳税人用于进项抵扣或出口退税，在纳税申报人事实上并未缴纳该笔税款的情况下，国家据之进行了所谓的税款抵扣或出口退税，就会造成国家税款流失。可见，由于增值税专用发票具有其他一般发票所不具备的作为抵扣税款和出口退税依据的功能，可以说刑法分则规定的所有有关增值税专用发票的犯罪直接侵犯的是国家对增值税专用发票的管理制度，最终会造成国家税款流失的危害后果，非法出售增值税专用发票罪也是如此。依照规定，增值税专用发票只能从国家税务部门领购，禁止买卖。增值税专用发票被非法出售后，就可能被他人利用进行抵扣税款和出口退税，从而造成国家税款损失。由于增值税专用发票的票面额和份数均能在一定程度上反映非法出售增值税专用发票行为的社会危害性，1996年的司法解释中采用了两种计算依据。在具体个案中，可能会出现本案这种依照两种计量依据需要适用不同的法定刑档次的情况。对此，为准确评价该种非法行为的社会危害性程度，应当适用处罚较重的量刑档次进行量刑。

——《刑事审判参考》(总第43辑)。

581 购买伪造的增值税专用发票又出售行为的定性

关键词｜出售伪造的增值税专用发票罪｜购买伪造的增值税专用发票罪｜

【最高人民法院参考案例】

曾珠玉等伪造增值税专用发票案(《刑事审判参考》案例第252号)

要旨：购买伪造的增值税专用发票又出售的行为，应以出售伪造的增值税专用发票罪定罪处罚。

我们认为，刑法第二百零八条第二款规定的是，对非法购买增值税专用发票罪或者购买伪造的增值税专用发票罪与虚开增值税专用发票罪、非法出售增值税专用发票罪或者出售伪造的增值税专用发票罪的牵连犯的定罪处罚原则。其基本含义是，在行为人购买的手段行为与虚开、出售的目的行为均单独成立犯罪从而形成牵连犯罪的情况下，应以目的行为的罪名定罪处罚。因为根据我国刑法典的规定，相对于手段行为构成的犯罪来说，目的行为构成的犯罪处罚更重。这也是牵连犯从一重罪定罪处罚一般原则的要求。因此，对于行为人购买伪造的增值税专用发票又出售的行为，如果购买与出售伪造的增值税专用发票行为均成立犯罪，则应以出售伪造的增值税专用发票罪定罪处罚。只有购买伪造的增值税专用发票尚未出售或者出售行为尚未达到追究刑事责任的数额标准的情况下，考虑到犯罪行为的想象竞合和吸收关系，才以购买伪造的增值税专用发票罪定罪处罚。

本案被告人林楚秋、陈昌杰、连焕发购买伪造的增值税专用发票又出售的行为，因为其出售伪造的增值税专用发票的份数已经达到参照执行的1996年《最高人民法院关于适用〈全国人民代表大会常务委员会关于惩治虚开、伪造和非法出售增值税专用发票犯罪的决定〉的若干问题的解释》规定的追究刑事责任的数额标准，因此，应以出售伪造的增值税专用发票罪定罪处罚。需要说明的是，以出售伪造的增值税专用发票罪定罪处罚，不会带来轻纵犯罪分子的结果，因为在出售行为成立犯罪的情况下，已经购买要出售但尚未出售的伪造的增值税专用发票数额应计入其出售的犯罪数额，但可将其视为犯罪未遂的数额，作为量刑情节予以考虑。汕头市中级人民法院对于被告人林楚秋、陈昌杰、连焕发犯出售伪造的增值税专用发票罪的犯罪数额就是以其购买的数额作为定罪量刑的依据，并酌情考虑了各被告人有部分伪造的增值税专用发票尚未出售的情节。因此，所作出的判决定性是准确的，量刑是适当的。

——《刑事审判参考》(总第33辑)。

582 出售非法制造的发票罪“情节严重”的认定

关键词｜出售非法制造的发票罪｜情节严重｜

【最高人民法院参考案例】

管怀霞、高松祥出售非法制造的发票案(《刑事审判参考》案例第826号)

要旨：在没有司法解释对该罪“情节严重”的认定明确标准的情况下，不能仅根据出售发票的份数这一标准，作出对行为人不利的认定，要结合累计金额、违法所得等因素综合认定。

罪责刑相适应，不仅是立法者配置法定刑时应当遵循的一项基本原则，也是司法人员量刑时应当遵循的基本原则。该原则要求，尽管犯罪行为的表现形式多种多样，但一旦刑法规定的法定刑相当，则犯罪行为所体现的社会危害性也应当大致相当。就出售非法制造的发票犯罪而言，刑法第二百零九条第二款并没有明确规定该罪基本犯与情节加重犯的认定标准，目前也尚未有司法解释对该罪的“情节严重”认定标准予以明确。因此，在具体案件中，司法人员在对被告人定罪量刑时，不仅要考量被告人的行为是否在形式上符合具体个罪的加重构成情节，还要结合刑法第六十一条“对于犯罪分子决定刑罚的时候，应当根据犯罪的事实、犯罪的性质、情节和对于社会的危害程度，依照本法的有关规定判处”的规定，综合考量该行为的社会危害性和行为人所具有的人身危险性，对被告人定罪量刑。对于一些目前尚未有司法解释的明确规定，形式上可能符合加重情节的构成特征，但实质社会危害性上又与加重情节相差悬殊的案件，在按照加重情节处理时要特别慎重。

目前,关于出售非法制造的发票罪的定罪标准,只有立案追诉标准。对于该罪的"情节严重"情形,尚未有司法解释明确认定标准,不同地方、不同审判人员对"情节严重"把握的尺度存在较大差异。但无论是立法对数额犯加重情节的设置,还是司法解释对数额犯加重情节的规定,法定刑每上升一个档次,与之相对应的涉案数额一般会上升三倍至五倍。如《最高人民法院、最高人民检察院关于办理内幕交易、泄露内幕信息刑事案件具体应用法律若干问题的解释》将内幕交易的"情节特别严重"与"情节严重"的比例确定为5∶1。参照上述通行观念,就出售非法制造的发票罪而言,如果以立案追诉标准的五倍作为本罪"情节严重"的认定标准,则出售非法制造的发票五百份以上或者票面额累计在二百万元以上的,应当认定为出售非法制造的发票罪的"情节严重"情形。

然而,值得注意的是,随着发票样式的增多,出售非法制造的五百份发票所体现的社会危害程度与票面额累计在二百万元以上所体现的社会危害程度存在巨大落差。在实际生活中,出售非法制造的发票大致可分为以下两种类型:一是出售非法制造无数额记载的空白发票。由于空白发票给社会造成的危害性大小在客观上难以估量,对这种类型加重情节的认定以其出售的发票份数为标准较为客观,也较为合理,便于司法实务部门操作,实践中意见也较为一致。二是出售非法制造的发票既有票面金额,又有份数。对这种出售非法制造的发票行为,应当结合所开发票份数与票面金额和其他相关因素认定其社会危害程度,不能唯发票份数或者票面金额一个标准论。实践中,不少停车场的管理人员也存在开具假发票的情形,一份发票票面额有的五元,有的甚至一元,一百份发票亦不过五百元,甚至只有一百元。对该类情形是否有必要定罪处罚,实践中争议较大,绝大多数观点主张不应纳入刑法的调整范围;因此,在发票份数与累计金额均固定的情况下,在尚未有司法解释对该罪"情节严重"的认定标准作出明确规定时,以发票份数或者累计金额为标准认定"情节严重"时要特别慎重。在进行认定时,要始终围绕行为是否具有与其法定刑相当的社会危害性这一内核。

本案中被告人管怀霞、高松祥虽然非法出售的发票份数达到一万一千份,但所售发票均面额较小,累计仅二十二万元,如果按照该面额计算,尚未达到立案追诉标准。在没有其他证据证明二被告人的行为造成国家税款流失等严重后果,且全部违法所得仅为五百五十元的情况下,其行为的社会危害性尚不足以认定为严重危害国家发票管理制度,若对二被告人以出售非法制造的发票罪"情节严重"定罪量刑,则有失公允。综上,出售的发票份数与发票的累计金额之间虽然无法一一对应,但在办理发票份数与票面金额均确定的此类案件时,要兼顾二者所体现的行为的社会危害性大小,并综合其他影响行为社会危害性的因素,对被告人准确定罪量刑。

——《刑事审判参考》(总第90辑)。

583 航空运输代理机构虚开、销售虚假航空行程单的行为如何定性

关键词｜出售非法制造的发票罪｜航空行程单｜

【最高人民法院答复】

航空票务代理机构购买非法印制的空白航空行程单并出售的，或者购买非法印制的空白航空行程单后，为他人虚开并收取手续费的，其行为符合刑法第二百零九条第二款的规定，构成犯罪的，可按照出售非法制造的发票罪追究相关机构和人员的刑事责任。

航空票务代理机构的主管人员或直接责任人员与他人相互勾结，为他人利用虚开的航空行程单贪污、侵占等犯罪行为提供帮助的，以相应犯罪的共犯论处。

航空票务代理机构购买非法印制的空白航空行程单后在非法印制的航空行程单上按真实票价额填开后出具给乘机者的，或者应乘机者的要求，在非法印制的航空行程单上填开虚增的票价额后出具给乘机者的，属于使用不符合规定的发票的行为，可由税务机关予以行政处罚。

——《最高人民法院刑事审判第二庭关于航空运输代理机构虚开、销售虚假航空行程单的行为如何定性问题的复函》(2010 年 6 月 21 日，〔2010〕刑二函字第 82 号)。

584 逃避缴纳税款数额的确定

关键词｜逃税罪｜增值税专用发票｜偷税数额｜

【最高人民法院参考案例】

樟树市大京九加油城、黄春发等偷税案[①]**(《刑事审判参考》案例第 447 号)**

要旨：行为人购进货物时应当索要增值税专用发票而未索要，在账外销售货物后没有按照增值税征管规定纳税的，在计算偷税数额时，应当减除按照增值税征管规定可以申报抵扣的税额。

---

① 《最高人民法院、最高人民检察院关于执行〈中华人民共和国刑法〉确定罪名的补充规定(四)》(法释〔2009〕13 号)已将偷税罪罪名取消，将该罪名改为逃税罪。如何计算该罪中行为人的逃税数额，涉及国家税收运作的基本制度和规定细则，需要我们从法律法规的整个体系和内在精神着眼，准确选择合理的逃税数额计算依据和计算方法。行为人购进货物时应当取得但实际其未索要增值税专用发票，销售货物后亦没有按照增值税征管规定纳税，偷逃了国家税款，对此，在计算行为人的逃税数额时，是否应当减除按照增值税征管规定可以申报抵扣的税额，就存在法律法规的选择适用问题。在增值税暂行条例和国家税务总局有关通知的规定不一致的情况下，主流观点认为，这两项规定之间并不矛盾，分别针对了不同性质的情况，而刑法中逃税罪的规定与国家税务总局有关通知的规定的基本精神是一致的，因此，在计算此时行为人的逃税数额时，应当扣除已销货物的进项税额，其余数额为逃税犯罪的数额。

我们认为,增值税暂行条例第九条规定的内容看似与1998年《国家税务总局关于增值税一般纳税人发生偷税行为如何确定偷税数额和补税罚款的通知》(以下简称《税务总局通知》)第一条第二款规定的内容相矛盾,其实不然。增值税暂行条例第九条规定的是违反增值税专用发票的使用规定不予抵扣的问题,行政机关之所以作出如此规定,其本意在于促使行为人在购进货物时,索要并保管好扣税凭证、严格按照相关规定在增值税扣税凭证上注明有关事项,及时申报抵扣,规范增值税专用发票的使用。如果行为人没有按照规定进行操作,作为对增值税专用发票的不规范使用的处罚,税务机关在对行为人征收税款时,禁止行为人将已缴纳的进项税额从销项税额中抵扣,也就是对本该抵扣的进项税额不得从销项税额中抵扣,从而会使行为人多缴纳税款,因此,法规作如此规定是对纳税人怠于保管好扣税凭证、没有规范使用增值税专用发票行为的惩罚,带有行政处罚的性质。而《税务总局通知》则针对的是行为人采取账外经营手段偷税数额如何计算的问题,即如果纳税人采取账外经营,购销活动均不入账,那么就属于典型的偷税行为,根据该规定,其偷税数额应为账外经营部分的销项税额抵扣账外经营部分中已销货物进项税额后的余额。可见,其立法本意是在认定行为人构成偷税的前提下,如何计算具体的偷税数额的问题。因此,增值税暂行条例第九条规定的内容与《税务总局通知》第一条第二款之规定并不矛盾,针对的是不同性质的情况,增值税暂行条例针对的是不按规定使用增值税专用发票的行政违法处罚问题,前提是行为人并未偷税;而《税务总局通知》第一条第二款则针对的是账外经营构成偷逃增值税的前提下如何认定偷税数额的问题。

根据《最高人民法院关于审理偷税抗税刑事案件具体应用法律若干问题的解释》第三条第一款之规定,偷税数额,是指在确定的纳税期间,不缴或者少缴各税种税款的总额,偷税罪的偷税数额应以纳税人不缴或者少缴的税款数额来认定。具体到偷逃增值税而言,在认定的偷税数额时,从增值税的缴纳特点出发,应当根据纳税人的实际缴税情况客观计算因偷税造成国家的税款损失。如果行为人在购买货物时缴纳了进项增值税,在计算其偷逃销项增值税数额时,应当减去其已销货物的进项税额,其余数额为偷税犯罪的数额,这也是《税务总局通知》第一条第二款规定的基本精神。

——《刑事审判参考》(总第57辑)。

七、侵犯知识产权罪[①]

（一）一般规定

585 侵犯知识产权犯罪“非法经营数额”的认定

关键词 | 侵犯知识产权犯罪 | 非法经营数额 |

【最高人民法院司法解释】

第十二条 本解释所称“非法经营数额”，是指行为人在实施侵犯知识产权行为过程中，制造、储存、运输、销售侵权产品的价值。已销售的侵权产品的价值，按照实际销售的价格计算。制造、储存、运输和未销售的侵权产品的价值，按照标价或者已经查清的侵权产品的实际销售平均价格计算。侵权产品没有标价或者无法查清其实际销售价格的，按照被侵权产品的市场中间价格计算。

多次实施侵犯知识产权行为，未经行政处理或者刑事处罚的，非法经营数额、违法所得数额或者销售金额累计计算。

……

——《最高人民法院、最高人民检察院关于办理侵犯知识产权刑事案件具体应用法律若干问题的解释》（2004年12月22日，法释〔2004〕19号）。

【最高人民法院司法文件】

十四、关于多次实施侵犯知识产权行为累计计算数额问题

依照《最高人民法院、最高人民检察院关于办理侵犯知识产权刑事案件具体应用法律若干问题的解释》第十二条第二款的规定，多次实施侵犯知识产权行为，未经行政处理或者刑事处罚的，非法经营数额、违法所得数额或者销售金额累计计算。

二年内多次实施侵犯知识产权违法行为，未经行政处理，累计数额构成犯罪的，应当依法定罪处罚。实施侵犯知识产权犯罪行为的追诉期限，适用刑法的有关

---

① 鉴于刑法修正案（十一）对本部分犯罪的定罪量刑作了较多修正，对于其中的文件、理解与适用、案例等内容需结合法律的最新修正妥当把握。

规定,不受前述二年的限制。

——《最高人民法院、最高人民检察院、公安部关于办理侵犯知识产权刑事案件适用法律若干问题的意见》(2011年1月10日,法发〔2011〕3号)。

【链接:理解与适用】

关于多次实施侵犯知识产权行为累计计算数额问题。

《意见》第十四条对《关于办理侵犯知识产权刑事案件适用法律若干问题的解释》第十二条第二款中有关多次实施侵犯知识产权行为的数额累计计算问题进行了补充规定。主要考虑是,行政处罚法规定违法行为在二年内未被发现就不再给予行政处罚,与刑法规定的犯罪追诉期限不同。对于二年内多次实施的侵犯知识产权违法行为,每次均未达到定罪量刑标准的。如果未经行政处理,且累计数额构成犯罪的,依法定罪处罚。

需要说明的是,根据国务院《行政执法机关移送涉嫌犯罪案件的规定》第十一条之规定,对于某一侵犯知识产权行为,达到定罪量刑标准的,即使已经过行政处理,仍应移送公安机关立案追究刑事责任。其追诉期间适用刑法有关规定,不受前述二年的限制。

——逄锦温、刘福谦、王志广、丛媛:《〈关于办理侵犯知识产权刑事案件适用法律若干问题的意见〉的理解与适用》,载《人民司法·应用》2011年第5期。

【最高人民法院指导性案例】

郭明升、郭明锋、孙淑标假冒注册商标案(最高人民法院指导案例87号)

裁判要点:假冒注册商标犯罪的非法经营数额、违法所得数额,应当综合被告人供述、证人证言、被害人陈述、网络销售电子数据、被告人银行账户往来记录、送货单、快递公司电脑系统记录、被告人等所作记账等证据认定。被告人辩解称网络销售记录存在刷信誉的不真实交易,但无证据证实的,对其辩解不予采纳。

法院生效裁判认为,被告人郭明升、郭明锋、孙淑标在未经"SAMSUNG"商标注册人授权许可的情况下,购进假冒"SAMSUNG"注册商标的手机机头及配件,组装假冒"SAMSUNG"注册商标的手机,并通过网店对外以"正品行货"销售,属于未经注册商标所有人许可在同一种商品上使用与其相同的商标的行为,非法经营数额达二千余万元,非法获利二百余万元,属情节特别严重,其行为构成假冒注册商标罪。被告人郭明升、郭明锋、孙淑标虽然辩解称其网店售销记录存在刷信誉的情况,对公诉机关指控的非法经营数额、非法获利提出异议,但三被告人在公安机关的多次供述,以及公安机关查获的送货单、支付宝向被告人郭明锋银行账户付款记录、郭明锋银行账户对外付款记录、"三星数码专柜"淘宝记录、快递公司电脑系统记录、公安机关现场扣押的笔记等证据之间能够互相印证,综合公诉机关提供的证据,可以认定公诉机关关于三被告人共计销售假冒的三星 I8552 手机二万余部,销售金额二千余万元,非法获利二百余万元的指控能够成立,三被告人关于销售记录存在刷信誉行为的辩解无证据予以证实,不予采信。被告人郭明升、郭明锋、孙淑标,系共同犯罪,被告人郭明升起主要作用,是主犯;被告人郭明锋、孙淑标在共同犯罪中起辅助作用,是从犯,依法可以从轻处罚。故依法作出上述判决。

——《最高人民法院关于发布第 16 批指导性案例的通知》(2017 年 3 月 6 日,法〔2017〕53 号)。

【链接：最高人民法院法官著述】

侵犯知识产权犯罪涉及的犯罪数额主要有“销售金额”“违法所得数额”“非法经营数额”和“重大损失数额”四种。对于这些数额如何理解、如何具体计算,关系着定罪量刑的准确与否,对于认定犯罪和区分罪与非罪具有重要意义。《关于办理知识产权刑事案件应用法律若干问题的解释》(以下简称《知识产权刑事解释》)规定的“非法经营数额”的计算方法是在综合考虑各方面因素的基础上加以规定的,基本计算方法是对已销售的侵权产品的价值,按照实际销售的价格计算。

值得注意的是,《知识产权刑事解释》在价值计算方面也有很大的突破,它还规定:制造、储存、运输和未销售的侵权产品的价值,按照标价或者已经查清的侵权产品的实际销售平均价格计算。没有标价或者无法查清实际销售价格的,按照被侵权产品的市场中间价格计算。考虑到实践中查获的案件多数是侵权产品未销售出去的案件,所以,《知识产权刑事解释》的这一规定是很重要的。

——胡云腾:《正确理解知识产权刑法解释 充分发挥刑法的保护功能》,载《人民司法》2005 年第 1 期。

586 单位知识产权犯罪的处理①

关键词 | 知识产权犯罪 | 单位犯罪 |

---

① 《最高人民法院、最高人民检察院关于办理侵犯知识产权刑事案件具体应用法律若干问题的解释》第十五条规定:“单位实施刑法第二百一十三条至第二百一十九条规定的行为,按照本解释规定的相应个人犯罪的定罪量刑标准的三倍定罪量刑。”《最高人民法院、最高人民检察院关于办理侵犯知识产权刑事案件具体应用法律若干问题的解释(二)》第六条则规定:“单位实施刑法第二百一十三条至第二百一十九条规定的行为,按照《最高人民法院、最高人民检察院关于办理侵犯知识产权刑事案件具体应用法律若干问题的解释》和本解释规定的相应个人犯罪的定罪量刑标准定罪处罚。”解释(二)实质上统一了单位犯罪与个人犯罪的定罪量刑标准,实际上大幅降低了单位犯罪的定罪门槛,这是对知识产权犯罪中单位犯罪现象比较普遍的现实状况的司法回应,符合我国建设创新型国家,加大对知识产权保护的发展需求。

【最高人民法院司法解释】

第六条　单位实施刑法第二百一十三条至第二百一十九条规定的行为，按照《最高人民法院、最高人民检察院关于办理侵犯知识产权刑事案件具体应用法律若干问题的解释》和本解释规定的相应个人犯罪的定罪量刑标准定罪处罚。

——《最高人民法院、最高人民检察院关于办理侵犯知识产权刑事案件具体应用法律若干问题的解释(二)》(2007 年 4 月 5 日，法释〔2007〕6 号)。

【链接：理解与适用】

关于单位犯罪与个人犯罪的定罪量刑标准是否统一问题，一直是备受关注的问题。刑法对单位犯罪和个人犯罪的定罪量刑标准并没有加以区别，司法解释规定的情形则比较复杂。在“两高”颁布的司法解释中，二者标准有相同的，如《关于办理非法制造、买卖、运输、储存毒鼠强等禁用剧毒化学品刑事案件具体应用法律问题的解释》，也有不同的；不同的具体情况也不尽一致，有的是按照五倍标准，有的按照三倍标准。

客观上讲，单位犯罪和个人犯罪在组织形式、参与人员、行为规模、处罚方式等许多方面存在不同，如处罚方式上，按照我国刑法规定，对单位犯罪实行双罚制，即对单位判处罚金，并对其直接负责的主管人员和直接责任人员判处刑罚，而对个人犯罪则只能对个人进行处罚。考虑到单位犯罪与个人犯罪的诸多不同，因此，区别单位犯罪与个人犯罪的定罪量刑标准是有其道理的。

关于侵犯知识产权犯罪，《非法出版物解释》和《最高人民检察院、公安部关于经济犯罪案件追诉标准的规定》都规定，单位犯罪定罪量刑标准是个人犯罪定罪量刑标准的五倍。为加大知识产权的刑事司法保护力度，2004 年《解释》缩小了单位犯罪与个人犯罪的定罪量刑标准的差距，由原来的五倍降为三倍。

刑法第二百二十条规定，单位犯第二百一十三条至第二百一十九条之罪的，对单位判处罚金，并对其直接负责的主管人员和其他直接责任人员，依照各该条的规定处罚，因此刑法对知识产权犯罪并没有单位犯罪与个人犯罪标准不同的规定。目前，我国正在建设创新型国家，需要进一步加大知识产权的保护力度，考虑到知识产权犯罪中单位犯罪现象比较普遍的实际情况，因此，《解释(二)》第六条规定，单位犯罪按照 2004 年《解释》和《解释(二)》相应个人犯罪的定罪量刑标准定罪处罚。这个规定，统一了单位犯罪与个人犯罪的定罪量刑标准，实际上大幅降低了单位犯罪的定罪门槛，进一步加大了对单位侵犯知识产权犯罪的打击力度。

——李洪江：《〈关于办理侵犯知识产权刑事案件具体应用法律若干问题的解释(二)〉的理解与适用》，载最高人民法院刑事审判第一、二、三、四、五庭主办：《刑事审判参考》(总第56辑),法律出版社2007年版,第68—69页。

【最高人民法院参考案例】

邱进特等销售假冒注册商标的商品案(《刑事审判参考》案例第676号)

要旨:有些单位有正规的主营业务,但是在部分业务往来中没有按正常途径操作,或者是偶尔实施了不法行为,对于此类公司行为可以按单位犯罪来认定。但对于以实施犯罪为主要目的而设立单位或者单位设立后以实施犯罪为主要活动,即使是偶尔经营部分正当业务的,一般也不认定为单位犯罪。

(一)专门的“售假公司”不能成为单位犯罪的主体

单位行为是否构成单位犯罪,必须以刑法明文规定为前提。只有法律规定单位应负刑事责任的行为才可能构成单位犯罪,同时,也只有合法成立的公司、企业、事业单位、机关、团体才能成为单位犯罪的主体。在司法实践中,存在以单位意志决定而实施犯罪,而刑法未明文规定单位可成为此类犯罪主体的情形,如单位实施贷款诈骗罪、盗窃罪等,这类犯罪自然不能以单位犯罪论处。根据我国刑法的规定,暴力犯罪、传统的自然犯罪、货币犯罪、部分金融诈骗罪均不存在单位犯罪一说;刑法第二百二十条明文规定了单位犯第二百一十三条至二百一十九条规定之罪的处罚措施,因此,侵犯知识产权的犯罪均可由单位构成。

然而,对于公司实施的违法犯罪行为,应区别对待,并非绝对认定为或不认定为单位犯罪。为了维护社会秩序和经济秩序,保护人民的财产权,避免股东利用公司作为实施违法犯罪活动的幌子,拿公司作“挡箭牌”,以下几种情形通常不被认定为单位犯罪:(1)无法人资格的独资、合伙企业犯罪的;(2)个人以实施犯罪活动为主要目的而设立公司、企业、事业单位实施犯罪的;(3)单位设立后,以实施犯罪为主要活动的;(4)盗用单位名义实施犯罪,违法所得由个人私分的。对于此类犯罪一般不实行“双罚制”,而是依法追究直接负责的主管人员和其他直接责任人员的刑事责任。

在司法实践中,有些单位有正规的主营业务,但是在部分业务往来中没有按正常途径操作,或者是偶尔实施了不法行为,对于此类公司行为可以按单位犯罪来认定。但对于以实施犯罪为主要目的而设立单位或者单位设立后以实施犯罪为主要活动,即使是偶尔经营部分正当业务的,一般也不认定为单位犯罪。

具体到本案,被告人邱进特、邱进生以上海易才数码技术有限公司、广州特亿网络科技有限公司的名义招聘网络技术人员和网络销售业务员、在互联网上设立LV、GUCCI商品销售网站、通过互联网向外国客户销售假冒注册商标的LV、GUCCI商品,这此行为均是以公司合法形式掩盖非法目的的行为,是典型的公司设立后以实施犯罪为主要活动的行为,此类公司被俗称为“售假公司”。即使公司是合法成立,以公司的名义对外营业,且实施了部分合法的经营活动,也由于公司是以实施犯罪活动为主要业务,不能以单位犯罪论处。

——《刑事审判参考》(总第78辑)。

587 侵犯知识产权犯罪从重处罚和从轻处罚的适用

关键词|侵犯知识产权犯罪|从重处罚|从轻处罚|

【最高人民法院司法解释】

第八条　具有下列情形之一的,可以酌情从重处罚,一般不适用缓刑:

(一)主要以侵犯知识产权为业的;

(二)因侵犯知识产权被行政处罚后再次侵犯知识产权构成犯罪的;

(三)在重大自然灾害、事故灾难、公共卫生事件期间,假冒抢险救灾、防疫物资等商品的注册商标的;

(四)拒不交出违法所得的。

第九条　具有下列情形之一的,可以酌情从轻处罚:

(一)认罪认罚的;

(二)取得权利人谅解的;

(三)具有悔罪表现的;

(四)以不正当手段获取权利人的商业秘密后尚未披露、使用或者允许他人使用的。

——《最高人民法院、最高人民检察院关于办理侵犯知识产权刑事案件具体应用法律若干问题的解释(三)》(2020年9月14日,法释〔2020〕10号)。

【链接:理解与适用】

(八)从重处罚和从轻处罚的适用。为贯彻落实宽严相济刑事政策,《解释(三)》第八条、第九条分别规定了酌情从重处罚和从轻处罚的具体情形。《解释(三)》第八条规定了可以酌情从重处罚且一般不适用缓刑的四种情形,重点打击社会危害性和人身危险性较大的以侵犯知识产权为业和因侵犯知识产权被处罚后再次犯罪的情形、在特殊时期假冒特殊商品注册商标的行为以及没有悔罪表现的拒不交出违法所得的情形,充分发挥刑罚威慑和预防犯罪的功能。《解释(三)》第九条规定了酌情从轻处罚的四种情形。对认罪认罚、取得权利人谅解及具有悔罪表现的情形从轻处罚,有利于修复社会关系,化解社会矛盾。对以不正当手段获取权利人的商业秘密后尚未披露、使用或者允许他人使用的情形规定从轻处罚,一是从客观上看,该项商业秘密的知悉范围仍然较小且可控,没有用于生产经营则对权利人的竞争优势和市场竞争秩序的损害相对较小;二是明确规定从轻处罚一定程度上可以促使行为人主动停止下一步的侵权行为,防止权利人损失进一步扩大。

——林广海、许常海:《〈关于办理侵犯知识产权刑事案件具体应用法律若干问题的解释(三)〉的理解与适用》,载《人民法院报》2020 年 10 月 29 日,第 5 版。

588 侵犯知识产权犯罪罚金刑的适用

关键词 | 侵犯知识产权犯罪 | 罚金 |

【最高人民法院司法解释】

第十条 对于侵犯知识产权犯罪的,应当综合考虑犯罪违法所得数额、非法经营数额、给权利人造成的损失数额、侵权假冒物品数量及社会危害性等情节,依法判处罚金。

罚金数额一般在违法所得数额的一倍以上五倍以下确定。违法所得数额无法查清的,罚金数额一般按照非法经营数额的百分之五十以上一倍以下确定。违法所得数额和非法经营数额均无法查清,判处三年以下有期徒刑、拘役、管制或者单处罚金的,一般在三万元以上一百万元以下确定罚金数额;判处三年以上有期徒刑的,一般在十五万元以上五百万元以下确定罚金数额。

——《最高人民法院、最高人民检察院关于办理侵犯知识产权刑事案件具体应用法律若干问题的解释(三)》(2020 年 9 月 14 日,法释〔2020〕10 号)。

【链接:理解与适用】

(九)侵犯知识产权犯罪罚金刑的适用。《解释(三)》对《最高人民法院、最高人民检察院关于办理侵犯知识产权刑事案件具体应用法律若干问题的解释(二)》(法释〔2007〕6 号,以下简称《2007 年解释》)第四条的规定进行了补充,《解释(三)》第十条第一款增加了"侵权假冒物品数量"可作为依法判处罚金的考量因素;第二款增加了违法所得数额和非法经营数额均无法查清的情形下可以适用"限额罚金制",并明确在一般情况下应当依次以"违法所得数额""非法经营数额"来确定罚金数额。

——林广海、许常海:《〈关于办理侵犯知识产权刑事案件具体应用法律若干问题的解释(三)〉的理解与适用》,载《人民法院报》2020 年 10 月 29 日,第 5 版。

(二)与商标权有关的犯罪

589 假冒注册商标罪“情节严重”“情节特别严重”的认定

关键词｜假冒注册商标罪｜情节严重｜情节特别严重｜

【最高人民法院司法解释】

第一条　未经注册商标所有人许可,在同一种商品上使用与其注册商标相同的商标,具有下列情形之一的,属于刑法第二百一十三条规定的“情节严重”,应当以假冒注册商标罪判处三年以下有期徒刑或者拘役,并处或者单处罚金:

(一)非法经营数额在五万元以上或者违法所得数额在三万元以上的;

(二)假冒两种以上注册商标,非法经营数额在三万元以上或者违法所得数额在二万元以上的;

(三)其他情节严重的情形。

具有下列情形之一的,属于刑法第二百一十三条规定的“情节特别严重”,应当以假冒注册商标罪判处三年以上七年以下有期徒刑,并处罚金:

(一)非法经营数额在二十五万元以上或者违法所得数额在十五万元以上的;

(二)假冒两种以上注册商标,非法经营数额在十五万元以上或者违法所得数额在十万元以上的;

(三)其他情节特别严重的情形。①

——《最高人民法院、最高人民检察院关于办理侵犯知识产权刑事案件具体应用法律若干问题的解释》(2004 年 12 月 22 日,法释〔2004〕19 号)。

【最高人民法院司法文件】

七、关于尚未附着或者尚未全部附着假冒注册商标标识的侵权产品价值是否计入非法经营数额的问题

在计算制造、储存、运输和未销售的假冒注册商标侵权产品价值时,对于已经制作完成但尚未附着(含加贴)或者尚未全部附着(含加贴)假冒注册商标标识的产品,如果有确实、充分证据证明该产品将假冒他人注册商标,其价值计入非法经

---

① 刑法修正案(十一)对本罪的法定刑作了调整。

营数额。

——《最高人民法院、最高人民检察院、公安部关于办理侵犯知识产权刑事案件适用法律若干问题的意见》(2011年1月10日,法发〔2011〕3号)。

【最高人民法院参考案例】

孙国强等假冒注册商标案(《刑事审判参考》案例第674号)

要旨:当言词证据与物证能够相互印证,证明尚未附着或加贴假冒注册商标标识的产品将附着或加贴相关商标标识的,应当将产品价值计入非法经营数额。

我们认为,当言词证据与物证能够相互印证,证明尚未附着或加贴假冒注册商标标识的产品将附着或加贴相关商标标识的,应当将产品价值计入非法经营数额。本案公诉机关指控的数额不仅包括已经包装完毕并标有"思念"牌注册商标的箱装水饺,而且包括多达6520千克并放置在白色编织袋内尚未包装、装箱的散装水饺,这部分散装水饺的货值金额占到了整个指控金额的一半还多。行为人孙国强及其辩护人的主要辩护意见就是这部分散装水饺将会以其他商标品牌装箱对外销售,而不是以"思念"牌注册商标装箱对外销售。但是,一审法院注意到,被告人孙国强及同案犯钱书增、周健的供述以及大量证人的证言能够相互印证,并证实在公安机关查获的制假窝点一般都是将大量购入的散装水饺装入白色编织袋存放,然后均是以"思念"牌水饺的外包装对外销售。《知产意见》第七条明文规定:"在计算制造、储存、运输和未销售的假冒注册商标侵权产品价值时,对于已经制作完成但尚未附着(含加贴)或者尚未全部附着(含加贴)假冒注册商标标识的产品,如果有确实、充分证据证明该产品将假冒他人注册商标,其价值计入非法经营数额。"根据该条规定,本案的散装水饺属于侵权产品。不过,要认定这些散装水饺属于侵权产品,不但要审查本案的言词证据,还应该结合本案物证的审查来予以认定。在本案中,公安机关从孙国强的制假窝点内,不但起获了封口包装机、电子秤等作案工具,更为重要的是起获了数万个标有"思念"牌注册商标的水饺外包装袋及包装箱,这些物证强有力地印证了之前的言词证据,驳斥了孙国强的辩解。因此,一审法院在证据确实、充分的前提下,将散装水饺认定为侵权产品,并将散装水饺的价值计入非法经营数额,这一认定准确地反映了孙国强等人的犯罪行为所实际产生的社会危害性,做到了"不枉不纵"。在判定是否将尚未附着或加贴假冒注册商标标识的产品价值计入非法经营数额时,之所以要强调对物证的审查,从物证与言词证据相互印证的角度来确认相关事实是否已经达到了证据确实、充分的标准,是因为言词证据相对于物证而言,具有不稳定性、易变性。而假冒注册商标犯罪的特点,也决定了公安机关在抓获涉案被告人的同时,往往能起获大量制假工具、商标标识、外包装等重要物证。因此,法院在审理此类案件时,应当特别注意审查公安机关收集相关物证时所制作的起获经过、搜查笔录、清点记录、检查笔录、照片、录像，一方面是审查所起获物证的真实性以及与本案的关联性，另一方面则是审查公安机关取证过程的合法性。

——《刑事审判参考》（总第78辑）。

590 假冒注册商标罪"相同商标"的认定

关键词｜假冒注册商标罪｜相同商标｜

【最高人民法院司法解释】

第一条　具有下列情形之一的，可以认定为刑法第二百一十三条规定的"与其注册商标相同的商标"：

（一）改变注册商标的字体、字母大小写或者文字横竖排列，与注册商标之间基本无差别的；

（二）改变注册商标的文字、字母、数字等之间的间距，与注册商标之间基本无差别的；

（三）改变注册商标颜色，不影响体现注册商标显著特征的；

（四）在注册商标上仅增加商品通用名称、型号等缺乏显著特征要素，不影响体现注册商标显著特征的；

（五）与立体注册商标的三维标志及平面要素基本无差别的；

（六）其他与注册商标基本无差别、足以对公众产生误导的商标。

——《最高人民法院、最高人民检察院关于办理侵犯知识产权刑事案件具体应用法律若干问题的解释（三）》（2020年9月14日，法释〔2020〕10号）。

第八条第一款　刑法第二百一十三条规定的"相同的商标"，是指与被假冒的注册商标完全相同，或者与被假冒的注册商标在视觉上基本无差别、足以对公众产生误导的商标。

——《最高人民法院、最高人民检察院关于办理侵犯知识产权刑事案件具体应用法律若干问题的解释》（2004年12月22日，法释〔2004〕19号）。

【链接：理解与适用】

（一）假冒注册商标罪"相同商标"的认定。《最高人民法院、最高人民检察院关于办理侵犯知识产权刑事案件具体应用法律若干问题的解释》（法释〔2004〕19号，以下简称《2004年解释》）第八条规定，刑法第二百一十三条规定的"相同的商标”,是指与被假冒的注册商标完全相同,或者与被假冒的注册商标在视觉上基本无差别、足以对公众产生误导的商标。《最高人民法院、最高人民检察院、公安部关于办理侵犯知识产权刑事案件适用法律若干问题的意见》(法发〔2011〕3 号,以下简称《2011 年意见》)第六条对“相同商标”进行了细化。但是,在具体案件中对如何把握“与被假冒的注册商标在视觉上基本无差别、足以对公众产生误导”这一问题,仍存在较大分歧。为进一步明确标准,统一认识,《解释(三)》在《2004 年解释》《2011 年意见》的基础上进行了调整和补充,强调既要严厉打击假冒注册商标行为,又要防止突破“相同商标”的标准,将“近似商标”纳入刑法规制范围。

1. 对《2011 年意见》第六条的规定进行了调整。一是将第六条第(一)项中的“仅有细微差别”、第(二)项中的“不影响体现注册商标显著特征的”均表述为“与注册商标之间基本无差别的”,与《2004 年解释》第八条的规定保持一致,统一认定标准。二是根据新情况和司法需要,对第六条第(三)项、第(四)项进行了调整。鉴于司法实践中对颜色组合商标,如改变注册商标颜色,可能会改变注册商标的显著特征,不宜一律认定为“相同商标”,故在第(三)项中增加“不影响体现注册商标显著特征”的限定条件;鉴于商标法规定了声音商标,因此第(四)项兜底条款删除了“在视觉上”这个限定条件。

2. 对在注册商标上增加内容的情形及立体商标如何认定“相同商标”进行了明确。在注册商标上增加内容易突破“相同商标”的界限,本着从严认定原则,《解释(三)》从两个方面限制:一是增加的内容仅限于描述商品通用名称、型号等缺乏显著特征要素的文字,二是增加的内容不能影响体现注册商标的显著特征。司法实践中,对于增加并非缺乏显著特征要素的,一般情况下,应当认为影响了体现注册商标显著特征,不宜认定为“相同商标”;对于在注册商标上增加商品通用名称、型号等缺乏显著特征要素的,还要对是否影响注册商标的显著特征进行判断,继而认定是否属于“相同商标”。本项未明确规定增加“商品的图形”的情形,主要考虑,在具体案件中,增加“商品的图形”往往会影响注册商标的显著特征。因此,对于在注册商标上增加“商品的图形”的案件,认定“相同商标”应当慎重。判断立体商标是否构成“相同商标”,应当全面考虑立体商标的三维标志和平面要素,平面要素亦应当与立体注册商标的平面要素“基本无差别”。

——林广海、许常海:《〈关于办理侵犯知识产权刑事案件具体应用法律若干问题的解释(三)〉的理解与适用》,载《人民法院报》2020 年 10 月 29 日,第 5 版。

【最高人民法院司法文件】

六、关于刑法第二百一十三条规定的“与其注册商标相同的商标”的认定问题

具有下列情形之一,可以认定为“与其注册商标相同的商标”:

（一）改变注册商标的字体、字母大小写或者文字横竖排列，与注册商标之间仅有细微差别的；

（二）改变注册商标的文字、字母、数字等之间的间距，不影响体现注册商标显著特征的；

（三）改变注册商标颜色的；

（四）其他与注册商标在视觉上基本无差别、足以对公众产生误导的商标。

——《最高人民法院、最高人民检察院、公安部关于办理侵犯知识产权刑事案件适用法律若干问题的意见》（2011 年 1 月 10 日，法发〔2011〕3 号）。

591 假冒注册商标罪“同一种商品”的认定

关键词｜商品名称｜同一种商品｜与注册商标相同的商标｜

【最高人民法院司法文件】

五、关于刑法第二百一十三条规定的“同一种商品”的认定问题

名称相同的商品以及名称不同但指同一事物的商品，可以认定为“同一种商品”。“名称”是指国家工商行政管理总局商标局在商标注册工作中对商品使用的名称，通常即《商标注册用商品和服务国际分类》中规定的商品名称。“名称不同但指同一事物的商品”是指在功能、用途、主要原料、消费对象、销售渠道等方面相同或者基本相同，相关公众一般认为是同一种事物的商品。

认定“同一种商品”，应当在权利人注册商标核定使用的商品和行为人实际生产销售的商品之间进行比较。

——《最高人民法院、最高人民检察院、公安部关于办理侵犯知识产权刑事案件适用法律若干问题的意见》（2011 年 1 月 10 日，法发〔2011〕3 号）。

【最高人民法院参考案例】

孙国强等假冒注册商标案（《刑事审判参考》案例第 674 号）

要旨：在司法实践中，认定是否属于“同一种商品”，应当在权利人注册商标核定使用的商品和行为人实际生产销售的商品之间进行比较。未列入权利人注册商标核定使用范围内的商品，不应当被认定为假冒注册商标罪中的同一种商品。

我们认为，未列入权利人注册商标核定使用范围内的商品，不应当被认定为假冒注册商标罪中的同一种商品。商标，是指商品生产者或者经营者为了把自己销售的商品在市场上同其他商品生产者或者经营者的商品区分开来而使用的专用标志。而注册商标，是指经商标局核准注册的商标。在我国，商品生产者和经营者有

权在商品上使用注册商标并享有注册商标的专用权，未经注册的商标，不受法律保护。因此，假冒注册商标犯罪是对他人的注册商标专用权和国家的商标管理制度的侵犯。同时，我国相关法律及规定对注册商标专用权的保护范围也有着明确的限定。例如，商标法第三十七条规定："注册商标的专用权，以核准注册的商标和核定使用的商品为限。"《商标使用许可合同备案办法》第十一条第（五）项规定，许可使用的商品超出了该注册商标核定使用的商品范围的，商标局将对相关商标使用许可合同不予备案。假冒注册商标罪的社会危害性一方面在于，犯罪人未经注册商标权利人的许可便擅自在同种商品上附着或加贴注册商标后对外销售，通过这种"搭便车"的手段，犯罪人不但能降低自身经营成本，而且可以获取高额利润。另一方面的社会危害性在于犯罪行为直接导致注册商标权利人在同种商品销售市场上本应获得的市场份额被非法大量挤占，造成巨额经济损失。由此而论，假冒注册商标体现为在同种商品市场份额争夺中所产生的不正当竞争行为。

在本案中，公诉机关所指控的犯罪数额包括假冒"思念"牌水饺、汤圆、羊肉片的货值金额。但一审人民法院注意到，公诉机关向法庭出示的商标注册证以及核准商标转让证明证实郑州思念食品有限公司系"思念"牌注册商标的所有权人，该注册商标核定使用商品的范围为：饺子、元宵、馄饨、包子、春卷、方便米饭、八宝饭、粽子、馒头、冰淇淋（商品截止）。也就是说，行为人孙国强等人实际生产销售的商品包括：水饺、汤圆、羊肉片。毫无疑问，这三种商品都属于食品，属于食品类，但刑法相关条文规定的是"同一种商品"，而并非"同一类商品"。《最高人民法院、最高人民检察院、公安部关于办理侵犯知识产权刑事案件适用法律若干问题的意见》（以下简称《知产意见》）第五条的规定，名称相同的商品以及名称不同但指同一事物的商品，可以认定为"同一种商品"。"名称"，是指国家工商行政管理总局商标局在商标注册工作中对商品使用的名称，通常即《商标注册用商品和服务国际分类》中规定的商品名称。"名称不同但指同一事物的商品"，是指在功能、用途、主要原料、消费对象、销售渠道等方面相同或者基本相同，相关公众一般认为是同一种事物的商品。在司法实践中，认定是否属于"同一种商品"，应当在权利人注册商标核定使用的商品和行为人实际生产销售的商品之间进行比较。本案中，"水饺"与"饺子"仅一字之差，"水饺"体现出对"饺子"这种食品的烹饪方式，二者所指向的实际是同一种事物，应当认定为"同一种商品"。"汤圆"与"元宵"这两种食品在主要原料、功能、用途等方面基本是相同的，只是由于地域文化差异等因素而叫法不同，在社会公众看来，二者指向的实际也是同一种事物，也应当认定为"同一种商品"。而"羊肉片"这种商品并未被列入"思念"牌注册商标的商品核定使用范围，而"羊肉片"与"思念"牌注册商标核定使用范围内的商品相比较，不仅名称不同，而且在主要原料等方面也存在根本性的差异，社会公众不会认为"羊肉片"与核定使用范围内的任何一种商品指向的是同一种事物，当然不能认定为是“同一种商品”，也就不会与权利人在同种商品领域产生竞争。可见，行为人虽然销售带有“思念”牌商标的“羊肉片”，但这一行为尚未侵犯权利人的注册商标专用权以及我国的商标的管理制度。因而，公诉机关指控中所涉及的“羊肉片”的货值金额不应当计入犯罪数额。

——《刑事审判参考》（总第78辑）。

592 销售假冒注册商标的商品罪罪与非罪的界限

关键词｜销售假冒注册商标的商品罪｜违法所得数额｜

【链接：理解与适用】

根据修正后刑法第二百一十四条规定，销售假冒注册商标的商品罪以“违法所得数额较大或者有其他严重情节”为入罪条件。需要注意的是，这一修改并非抛弃了原规定的“销售金额数额较大”入罪的情形；相反，“销售金额数额较大”仍然可以解释为“其他严重情节”的情形之一。①

《侵犯知识产权犯罪解释》第九条第一款规定：“刑法第二百一十四条规定的‘销售金额’，是指销售假冒注册商标的商品后所得和应得的全部违法收入。”根据《侵犯知识产权犯罪解释》第二条的规定，销售金额在五万元以上的，可以构成销售假冒注册商标的商品罪。根据《侵犯知识产权犯罪意见》第八条的规定，销售明知是假冒注册商标的商品，具有下列情形之一的，依照刑法第二百一十四条的规定，以销售假冒注册商标的商品罪（未遂）定罪处罚：（1）假冒注册商标的商品尚未销售，货值金额在十五万元以上的；（2）假冒注册商标的商品部分销售，已销售金额不满五万元，但与尚未销售的假冒注册商标的商品的货值金额合计在十五万元以上的。

根据修正后刑法第二百一十四条规定，“违法所得数额巨大或者有其他特别严重情节”是销售假冒注册商标的商品罪的法定刑升档情节。对于“其他特别严重情节”，需要根据侵权行为持续的时间长短、销售能力和销售规模的大小、犯罪的组织化程度、违法所得的大小等因素综合进行判断。其中，销售金额属于具体情形之一。② 根据《侵犯知识产权犯罪解释》第二条的规定，销售金额在二十五万元以上

① 参见许永安主编：《中华人民共和国刑法修正案（十一）解读》，中国法制出版社2021年版，第175页。

② 参见许永安主编：《中华人民共和国刑法修正案（十一）解读》，中国法制出版社2021年版，第175—176页。

的，属于“有其他特别严重情节”。根据《侵犯知识产权犯罪意见》第八条的规定，假冒注册商标的商品尚未销售，货值金额分别达到十五万元以上不满二十五万元、二十五万元以上的，分别依照刑法第二百一十四条规定的各法定刑幅度定罪处罚。销售金额和未销售货值金额分别达到不同的法定刑幅度或者均达到同一法定刑幅度的，在处罚较重的法定刑或者同一法定刑幅度内酌情从重处罚。

——杨万明主编：《〈刑法修正案（十一）〉条文及配套〈罪名补充规定（七）〉理解与适用》，人民法院出版社 2021 年版，第 185—186 页。

593 销售假冒注册商标的商品罪“数额较大”“数额巨大”的认定①

关键词 | 销售假冒注册商标的商品罪 | 销售金额 |

【最高人民法院司法解释】

第二条 销售明知是假冒注册商标的商品，销售金额在五万元以上的，属于刑法第二百一十四条规定的“数额较大”，应当以销售假冒注册商标的商品罪判处三年以下有期徒刑或者拘役，并处或者单处罚金。

销售金额在二十五万元以上的，属于刑法第二百一十四条规定的“数额巨大”，应当以销售假冒注册商标的商品罪判处三年以上七年以下有期徒刑，并处罚金。②

第九条第一款 刑法第二百一十四条规定的“销售金额”，是指销售假冒注册商标的商品后所得和应得的全部违法收入。

——《最高人民法院、最高人民检察院关于办理侵犯知识产权刑事案件具体应用法律若干问题的解释》（2004 年 12 月 22 日，法释〔2004〕19 号）。

【最高人民法院参考案例】

杨昌君销售假冒注册商标的商品案（《刑事审判参考》案例第 677 号）

要旨：刑法分别设立了销售假冒注册商标的商品罪和销售伪劣产品罪，这说明假冒注册商标的商品并非必然属于伪劣产品。销售伪劣产品的行为人在主观上必然有假冒、欺诈的故意；而销售假冒注册商标的商品的行为人则未必。假冒注册商标的商品尚未销售，应当认定为犯罪未遂，以非法经营数额作为案件金额依据；在以假卖假案件中，非法经营数额应根据假冒注册商标的商品价值作为计算依据，而

---

① 在刑法修正案（十一）已作修正的情形下，本司法观点需与上一司法观点结合理解与适用。

② 刑法修正案（十一）将本罪的“销售金额”调整为“违法所得”，对本罪的法定刑作了调整。

不能以被假冒的注册商标的商品价值作为计算依据。

我们认为：

（一）区分销售假冒注册商标的商品罪和销售伪劣产品罪，应根据行为人对消费者是否具有欺诈故意。

在经济发展到一定阶段时，品牌效应对商品的销售会产生巨大的影响，甚至是决定性的因素。当前，我国消费者的消费能力空前增强，消费者崇尚品牌的心理也随之增强，一些知名品牌的商品日益受到消费者的青睐。这些知名品牌凝聚了经营者多年来的心血和汗水，且基本都经过注册成为注册商标，其商品往往价格高昂。在这种环境下，一个崇尚名牌又缺乏经济实力的消费者群体产生并不断扩大，这个群体的消费者图慕假冒商品的牌子，知假买假。以满足其消费高档商品的虚荣心。

销售假冒注册商标的商品行为是否构成销售伪劣产品罪，对案件的整体定性具有重大影响。在符合入罪标准的情况下，如果销售的假冒注册商标的商品同时属于伪劣产品，则一行为触犯二个罪名，分别构成销售假冒注册商标的商品罪和销售伪劣产品罪，根据想象竞合犯“择一重罪处罚”的原则，按照销售伪劣产品罪论处。如果销售的假冒注册商标的商品不能认定为伪劣产品，则不能以销售伪劣产品罪论处，只能以销售假冒注册商标的商品罪论处。因此，要正确对案件定性，必须准确认定假冒注册商标的商品是否是伪劣产品的问题。

刑法第二百一十四条规定了销售假冒注册商标的商品罪，第一百四十条规定了销售伪劣产品罪。两罪的分别设立说明假冒注册商标的商品并非必然属于伪劣产品。“伪劣”一词并未出现在销售伪劣产品罪的罪状之中，而是有权解释机关在对罪名进行概括时，根据罪状提炼而来的。该罪的罪状认定了四种类型的伪劣产品，分别是“掺杂、掺假”“以假充真”“以次充好”“以不合格冒充合格”。《最高人民法院、最高人民检察院关于办理生产、销售伪劣商品刑事案件具体应用法律若干问题的解释》（以下简称《伪商解释》）第一条第三款规定：“刑法第一百四十条规定的‘以次充好’，是指以低等级、低档次产品冒充高等级、高档次产品，或者以残次、废旧零配件组合、拼装后冒充正品或者新产品的行为。”由该规定可知，要认定为伪劣产品，必须有以低等级、低档次产品冒充高等级、高档次产品的行为，二者之间应达到足够的差距，且低等级、低档次产品应近似于残次品。销售伪劣产品的行为必然影响消费者对产品的使用。行为人为了销售伪劣商品，在主观上必然有假冒、欺诈的故意。

而销售假冒注册商标的商品的行为则不同。品牌商品，特别是国际知名品牌，除价格高昂外，品质也出众。要想销售假冒注册商标的商品，如果品质太差，则有可能无人问津。一旦此类商品品质尚可，又假冒了知名品牌的商标，就有可能吸引部分崇尚名牌而又缺乏经济实力的消费者。由于品牌商品的正品价格往往非常高昂，对于那些崇尚品牌的消费者来说，相对低廉的价格使他们对于假冒商品心知肚明，知假买假。销售者甚至会告诉消费者此商品为假冒品，而不需要对消费者进行欺诈。

具体联系本案，杨昌君所销售的包具有包的一般使用性能，没有证据证明包的质量低劣，或者不符合普通非品牌商品的质量标准。因此，虽然说其销售的包假冒了品牌，但不影响消费者对该包的使用，而且消费者往往是出于满足消费高档商品的虚荣心，知假买假，或者根据该商品的价格而对该商品为假冒心知肚明。因此，杨昌君的行为应认定为销售假冒注册商标的商品罪。

（二）假冒注册商标的商品尚未销售，应以非法经营数额作为定案依据，犯罪停止形态应认定为未遂。

销售假冒注册商标的商品是一种持续的行为，往往既有已经销售的部分，又有尚未销售的部分。由于购买者往往是知假买假，因此，报案或者配合司法机关取证的积极性并不高。司法机关对于销售者已经销售的商品金额往往难以查实，能够查实的，往往是其尚未销售的部分。严格地说，对于尚未销售部分根本无法计算“销售金额”。因为《最高人民法院、最高人民检察院关于办理侵犯知识产权刑事案件具体应用法律若干问题的解释》（以下简称《知产解释》）将“销售金额”解释为“销售假冒注册商标的商品后所得和应得的全部违法收入”。一般认为，“所得”的违法收入指行为人出售假冒注册商标的商品后已经得到的违法收入；“应得”的违法收入指行为人已经出售假冒注册商标的商品后按照合同或者依照约定将要得到的违法收入。假冒注册商标的商品尚未销售即被查获，销售金额无法确定，但不能据此认为该种行为不能入罪。否则，将会使大量销售假冒注册商标的商品行为得不到应有的打击。行为人购进假冒注册商标的商品，目的在于销售牟利。在此情况下，应当根据非法经营数额，以销售假冒注册商标的商品罪论处。因为非法经营数额的高低决定了其销售金额的多少，可以反映出其对社会可能造成的危害的大小。

在确定以非法经营数额作为定罪量刑依据后，就需要解决犯罪形态的问题。由于假冒注册商标的商品尚未销售即被查获，本罪的实质行为即“销售”行为尚未完成，也就没有完成刑法分则所规定的该罪的全部构成要件。销售行为未完成是因为被执法人员及时查获，属于行为人意志以外的原因，因此，假冒注册商标的商品尚未销售的犯罪停止形态，应当认定为未遂。另从行为的社会危害性角度分析，假冒注册商标的商品未实际销售出去，其危害后果必然小于该类商品已经销售出去流入社会的情形。不论是对商标权利人的侵害，还是对市场秩序的侵犯，都会因为产品未售出而减小，认定该犯罪行为为犯罪未遂更符合罪责刑相当原则。本罪的主要客观行为是“销售”而非刑法分则中其他罪名规定的“贩卖”或者“买卖”，所以不能把为了“卖出”而“买入”的行为作为其客观方面的实质行为，不能以“买入”行为作为判断构成要件是否齐备的临界点。如果因为行为人已经购进了假冒注册商标的商品，就认为其行为齐备了销售假冒注册商标的商品罪的基本构成要件，从而认定为犯罪既遂，或者因为行为人曾经实施过销售行为（虽然数额不能认定），就认定为犯罪既遂，既不符合刑法的基本理论，也难以做到罪责刑相当。2011年出台的《最高人民法院、最高人民检察院、公安部关于办理侵犯知识产权刑事案件适用法律若干问题的意见》对这类犯罪行为明确了以未遂形态处理的司法原则。

就本案而言，杨昌君从2007年5月起即开始实施销售假冒注册商标的商品的行为，但是究竟其已经销售出去多少包则无法查清。能够查清的就是起获在案的待售包的价值，所以应以待售包的价值作为定案依据。判决认定的犯罪金额都属于尚未销售的，所以应认定为犯罪未遂。

（三）在以假卖假案件中，假冒注册商标的商品尚未销售的，非法经营数额应根据假冒注册商标的商品价值作为计算依据，而不能以被假冒的注册商标的商品价值作为计算依据。

在假冒注册商标的商品已经销售的情况下，以其实际销售金额作为定案依据，实际销售金额以交易额计算，对此不会有争议。但是，在假冒注册商标的商品未销售的情况下，其非法经营数额如何计算成为司法实践中必须解决的问题。根据《知产解释》的规定，没有标价的，按照被侵权产品的市场中间价格计算。这一认定原则对于以假充真、销售伪而不劣的犯罪是可行的，因为从其犯罪的自然行为来看，消费者一般不会明知是假冒产品而购买，往往是当作被假冒的品牌产品购买的，支付的价格也往往与被假冒的品牌产品的价格相当，所以根据被侵权产品的价格计算是科学的。但对于以假卖假型销售行为，情况并非如此。通过销售者销售的场所、方式等因素，消费者一般明知是假名牌，属于知假买假，不会按照正品的价格支付。销售价格与正品价格会有很大差距，只有按照假冒的商品本身的价格计算，才符合实际情况。如果按照正品即被假冒的商品的价格计算，则严重背离了客观实际。

本案被告人杨昌君销售的包都是假冒国际知名品牌，如果按照正品的价格计算，则一个包就会价格数千元甚至数万元。在现实中，这些品牌的正品只有在大型商场或者专卖店才会有销售。杨昌君的销售场所和销售方式决定了从其处购买包的人必然知道这些包是假冒名牌的，支付的价格相当低廉。所以，价格鉴定机构实事求是，根据这种假冒名牌包的市场价格来计算，8425个包作价76万余元，均价不足百元。司法机关据此作为定案依据，能够准确评价杨昌君犯罪行为的社会危害性，是符合实际的。综上，法院的判决是正确的。

——《刑事审判参考》（总第78辑）。

594 销售假冒注册商标的商品罪中“明知”的认定

关键词 | 销售假冒注册商标的商品罪 | 明知 |

【最高人民法院司法解释】

第九条 刑法第二百一十四条规定的“销售金额”，是指销售假冒注册商标的商品后所得和应得的全部违法收入。

具有下列情形之一的，应当认定为属于刑法第二百一十四条规定的“明知”：

（一）知道自己销售的商品上的注册商标被涂改、调换或者覆盖的；

（二）因销售假冒注册商标的商品受到过行政处罚或者承担过民事责任、又销售同一种假冒注册商标的商品的；

（三）伪造、涂改商标注册人授权文件或者知道该文件被伪造、涂改的；

（四）其他知道或者应当知道是假冒注册商标的商品的情形。

——《最高人民法院、最高人民检察院关于办理侵犯知识产权刑事案件具体应用法律若干问题的解释》（2004 年 12 月 22 日，法释〔2004〕19 号）。

【链接：理解与适用】

“明知”是行为人的主观心理态度，是指犯罪行为人在主观上对自己所实施的行为的性质和后果有明确的认识。如何判断销售假冒注册商标的商品罪行为人“明知”，在司法实践中普遍反映不好判断或者难以掌握，建议在《解释》中列举一些情形。在《解释》的起草过程中对“明知”的认定也是有争议的。一种看法认为，要从商品进货渠道、销售价格、会计账目、销售手段、行为经营史等多方面搜集调查客观证据，从而准确认定行为人的主观要件。第二种看法认为，只要具有下列情形之一的，就可以认定为“明知”：（1）有证据证明行为人曾被告知所销售的是假冒注册商标的商品的；（2）销售商品的进价和质量明显低于被假冒的注册商标商品的进价和质量的；（3）根据行为人本人的经验和知识，知道自己销售的是假冒注册商标的商品的；（4）销售的假冒商品已被有关部门告知或者消费者指出后仍然销售的；（5）销售的商品从非正常渠道获得的，而这些非正常的商品在实践中大多是伪劣产品等。

国家工商行政管理局 1994 年 11 月 22 日发布的《关于执行商标法及其实施细则若干问题的通知》第六条将属于以下情形之一的，即以“明知”认定：（1）更改、调换经销商品上的商标而被当场查获的；（2）同一违法事实受到行政处罚后重犯的；（3）事先已被警告而不改正的；（4）有意选择不正当进货渠道，且价格大大低于已知正品的；（5）在发票、账目等会计凭证上弄虚作假的；（6）专业公司大规模经销假冒注册商标商品或者商标侵权商品的；（7）案发后转移、销毁物证，提供虚假证明、虚假情况的等。

我们进行了多方意见征求和论证，考虑到我国经济转型的因素，将有些不符合市场经济规律情形的规定删除，如采取不正当进货渠道、价格低于正品等。《解释》第九条第二款规定：“具有下列情形之一的，应当认定为属于刑法第二百一十四条规定的‘明知’：（一）知道自己销售的商品上的注册商标被涂改、调换或者覆盖的；（二）因销售假冒注册商标的商品受到过行政处罚或者承担过民事责任，又销售同一种假冒注册商标的商品的；（三）伪造、涂改商标注册人授权文件或者知道该文件被伪造、涂改的；（四）其他知道或者应当知道是假冒注册商标的商品的情形。”

——李晓：《〈关于办理侵犯知识产权刑事案件具体应用法律若干问题的解释〉的理解与适用》，载《人民司法》2005 年第 1 期。

595 以销售为目的购进假冒注册商标的商品尚未销售行为的定性

关键词 | 销售假冒注册商标的商品罪 | 犯罪未遂 |

【最高人民法院参考案例】

朱某销售假冒注册商标的商品案（《刑事审判参考》案例第 128 号）

要旨：以销售为目的购进假冒注册商标的商品，尚未销售就被查获的，应当以销售假冒注册商标的商品罪（未遂）定罪处罚。

在司法实践中，对于类似的行为，司法解释已作出这样之规定，2001 年 4 月 9 日最高人民法院和最高人民检察院发布的《关于办理生产、销售伪劣商品刑事案件具体应用法律若干问题的解释》（以下简称《伪劣商品刑事解释》）第二条第二款明确规定：伪劣产品尚未销售，货值金额达到刑法第一百四十条规定的销售金额三倍以上的，以生产、销售伪劣产品罪（未遂）定罪处罚。目前，对于购买假冒注册商标的商品还未销售就被查获的行为如何处理，虽然还没有司法解释，但是，这种行为与购买伪劣产品尚未销售的行为在社会危害性上性质相同。对于性质相同的案件应当按照同一的处理原则处理。所以，上述司法解释对于处理本案就有完全意义上的参照执行价值。

处理此类案件，由于大多数情况下是以同类产品的市场中间价格计算涉案商品的货值金额定罪处罚，相对于以“生产者、销售者出售伪劣产品后所得和应得的全部违法收入”计算的销售金额而言，可能会导致尚未销售假冒注册商标的商品的行为，比已经实施了销售行为的，在处理上还要重。因此，为了体现刑法第五条规定的罪刑相适应原则，在处理相关具体案件时应注意把握以下两点：一是销售金额数额“较大”

“巨大”的标准应掌握在货值金额达到销售金额三倍以上；二是对于未遂犯罪，一般应当根据刑法第二十三条第一款之规定，比照既遂犯从轻或者减轻处罚。

——《刑事审判参考》（总第21辑）。

596 假冒注册商标后又销售该假冒商品，销售价格无法查清的情况下如何认定非法经营数额

关键词 | 销售假冒注册商标的商品罪 | 假冒注册商标罪 | 销售价格 | 非法经营数额 |

【最高人民法院参考案例】

李清假冒注册商标案（《刑事审判参考》案例第859号）

要旨：侦查机关扣押李清的电脑中虽然没有其实际销售商品的价格记录，但李清在将不同批次、不同款式的假冒注册商标的商品照片放在不同价格名称的文件夹中的做法，基本反映出李清主观上出售假冒注册商标的商品的出售价格。故以李清的电脑主机中记载的不同批次、不同款式假冒注册商标的商品上标注的平均价格认定非法经营数额，更符合本案实际。

《最高人民法院、最高人民检察院关于办理侵犯知识产权刑事案件具体应用法律若干问题的解释》第十二条规定：“本解释所称‘非法经营数额’，是指行为人在实施侵犯知识产权行为过程中，制造、储存、运输、销售侵权产品的价值。已销售的侵权产品的价值，按照实际销售的价格计算。制造、储存、运输和未销售的侵权产品的价值，按照标价或者已经查清的侵权产品的实际销售平均价格计算。侵权产品没有标价或者无法查清其实际销售价格的，按照被侵权产品的市场中间价格计算。”

根据上述规定，具体到本案，被告人李清在侦查机关供述其已销售的假冒注册商标商品的平均价格在147.54元。后经查实，李清在电脑主机中记载的不同批次、不同款式假冒注册商标的商品上标注的价格高于其供述的购买“白坯衫”加上其购买假冒注册商标标识的价格，该标注的平均价格与其供述基本能够相互印证。因此，以李清在电脑主机中记载的不同批次、不同款式假冒注册商标的商品上标注的价格认定“非法经营数额”，不仅与李清的主观犯罪意图相符，而且符合司法解释的“按照标价计算”的基本精神，克服了标价仅指吊牌价的片面认识，使判处的罚金数额更加符合客观实际，且遵循了罪刑法定原则，达到了法律效果与社会效果的有机统一。

——《刑事审判参考》（总第92辑）。

597 销售假冒他人注册商标不合格产品行为的定性

关键词｜销售假冒注册商标的商品罪｜销售伪劣产品罪｜想象竞合｜

【最高人民法院参考案例】

陈建明等销售伪劣产品案(《刑事审判参考》案例第115号)

要旨:销售假冒注册商标的产品的,应按产品质量是否合格处理,产品质量合格的,以销售假冒注册商标的商品定罪处罚;产品质量不合格的,以销售假冒注册商标的商品罪或者销售伪劣产品罪从一重处罚。

就假冒注册商标的商品而言,存在两种情况:其一,假冒商标,同时,商品本身质量未达到同类产品最低质量标准,属于不合格的产品;其二,假冒商标,但商品本身质量达到同类合格产品的最低质量标准,属于合格的产品。销售假冒注册商标的产品的行为具体构成何罪,关键在于所销售商品的质量是否合格:销售质量合格的假冒注册商标的商品,应当以销售假冒注册商标的商品罪定罪处罚;销售质量不合格的假冒注册商标的商品,则应按法条竞合情况下"择一重处"的处罚原则选择销售假冒注册商标的商品罪或者销售伪劣产品罪定罪处罚。例如,行为人销售假冒注册商标的伪劣产品,销售金额在五十万元以上的,虽然同时构成了销售伪劣产品罪和销售假冒注册商标的商品罪,但依照刑法第二百一十四条之规定,销售假冒注册商标的商品罪法定最高刑为七年有期徒刑,而以销售伪劣产品罪定罪,根据其销售金额的具体情况,可判处七年以上有期徒刑或者无期徒刑;如果行为人销售假冒商标的伪劣产品,销售金额不满五万元,依法不构成销售伪劣产品罪,但其行为危害后果、情节均特别严重,就应当以销售假冒注册商标的商品罪定罪处罚。因此,为准确适用刑法和《伪劣商品刑事解释》,严惩假冒伪劣商品犯罪,不放纵和轻纵犯罪分子,对于假冒伪劣犯罪案件中所涉产品是否属于伪劣产品,应当进行鉴定。对此,最高人民法院2001年5月21日下发的《关于审理生产、销售伪劣商品刑事案件有关鉴定问题的通知》明确规定:"一、对于提起公诉的生产、销售伪劣产品、假冒商标、非法经营等严重破坏社会主义市场经济秩序的犯罪案件,所涉生产、销售的产品是否属于'以假充真'、'以次充好'、'以不合格产品冒充合格产品'难以确定的,应当根据《解释》①第一条第五款的规定,由公诉机关委托法律、行政法规规定的产品质量检验机构进行鉴定。二、根据《解释》第三条和第四条的规定,人民法院受理的生产、销售假药犯罪案件和生产、销售不符合卫生标准的食品犯罪案件,均需有'省级以上药品监督管理部门设置或者确定的药品检验机构'和'省级以上卫生行政部门确定的机构'出具的鉴定结论。三、

---

① 即《最高人民法院、最高人民检察院关于办理生产、销售伪劣商品刑事案件具体应用法律若干问题的解释》(法释〔2001〕10号)。

经鉴定确系伪劣商品，被告人的行为既构成生产、销售伪劣产品罪，又构成生产、销售假药罪或者生产、销售不符合卫生标准的食品罪①，或者同时构成侵犯知识产权、非法经营等其他犯罪的，根据刑法第一百四十九条第二款和《解释》第十条的规定，应当依照处罚较重的规定定罪处罚。”

——《刑事审判参考》（总第 19 辑）。

白升余销售假冒注册商标的商品案（《刑事审判参考》案例第 1317 号）

要旨：当行为人销售假冒注册商标的商品为伪劣产品时，应当适用想象竞合犯的处理原则，择一重罪处罚。

法条竞合关系是包容评价关系，触犯此罪必然触犯彼罪；而想象竞合关系是行为人的一行为偶然地符合多个罪名，是动态的竞合。从刑法对两罪的规定看，销售伪劣产品罪与销售假冒注册商标的商品罪并不存在必然的重合或交叉关系，伪劣产品并不一定假冒他人注册商标，而假冒注册商标的商品也不一定就是伪劣产品。因此，二者属于想象竞合而非法条竞合的关系。当行为人销售假冒注册商标的商品为伪劣产品时，应当适用想象竞合犯的处理原则，择一重罪处罚。《最高人民法院、最高人民检察院关于办理生产、销售伪劣商品刑事案件具体应用法律若干问题的解释》也明确规定：“实施生产、销售伪劣商品犯罪，同时构成侵犯知识产权、非法经营等其他犯罪的，依照处罚较重的规定定罪处罚。”

本案中，根据鉴定意见，被告人白升余所销售的带有 3M 注册商标的工业口罩为侵犯 3M 注册商标专用权的商品，且外观印刷、产品材质、性能与正品均不符，属于不合格产品。因此，被告人白升余的行为既构成销售伪劣产品罪，亦构成销售假冒注册商标的商品罪，应择一重罪处罚。被告人的销售金额为三十万余元，如果认定为销售假冒注册商标的商品罪，属于“销售金额数额巨大”，应在三年以上七年以下有期徒刑的幅度内量刑；如果认定为销售伪劣产品罪，则应在二年以上七年以下有期徒刑的幅度内量刑。两相比较，销售假冒注册商标的商品罪的法定最低刑高于销售伪劣产品罪，因此处罚更重，故法院以销售假冒注册商标的商品罪对被告人白升余定罪量刑是妥当的。

——《刑事审判参考》（总第 121 辑）。

598 侵犯商标权犯罪案件中尚未销售或者部分销售情形的定罪量刑

关键词 | 侵犯商标权犯罪 | 尚未销售 | 部分销售 |

---

① 罪名已调整为“生产、销售不符合安全标准的食品罪”。

【最高人民法院司法文件】

八、关于销售假冒注册商标的商品犯罪案件中尚未销售或者部分销售情形的定罪量刑问题

销售明知是假冒注册商标的商品,具有下列情形之一的,依照刑法第二百一十四条的规定,以销售假冒注册商标的商品罪(未遂)定罪处罚:

(一)假冒注册商标的商品尚未销售,货值金额在十五万元以上的;

(二)假冒注册商标的商品部分销售,已销售金额不满五万元,但与尚未销售的假冒注册商标的商品的货值金额合计在十五万元以上的。

假冒注册商标的商品尚未销售,货值金额分别达到十五万元以上不满二十五万元、二十五万元以上的,分别依照刑法第二百一十四条规定的各法定刑幅度定罪处罚。

销售金额和未销售货值金额分别达到不同的法定刑幅度或者均达到同一法定刑幅度的,在处罚较重的法定刑或者同一法定刑幅度内酌情从重处罚。

九、关于销售他人非法制造的注册商标标识犯罪案件中尚未销售或者部分销售情形的定罪问题

销售他人伪造、擅自制造的注册商标标识,具有下列情形之一的,依照刑法第二百一十五条的规定,以销售非法制造的注册商标标识罪(未遂)定罪处罚:

(一)尚未销售他人伪造、擅自制造的注册商标标识数量在六万件以上的;

(二)尚未销售他人伪造、擅自制造的两种以上注册商标标识数量在三万件以上的;

(三)部分销售他人伪造、擅自制造的注册商标标识,已销售标识数量不满二万件,但与尚未销售标识数量合计在六万件以上的;

(四)部分销售他人伪造、擅自制造的两种以上注册商标标识,已销售标识数量不满一万件,但与尚未销售标识数量合计在三万件以上的。

——《最高人民法院、最高人民检察院、公安部关于办理侵犯知识产权刑事案件适用法律若干问题的意见》(2011年1月10日,法发〔2011〕3号)。

【链接:理解与适用】

二、关于销售假冒注册商标的商品犯罪案件中尚未销售或者部分销售情形的定罪量刑问题

《意见》第八条共分三款,规定了尚未销售或者部分销售假冒注册商标的商品的定罪量刑标准。第一款明确了应当追究销售假冒注册商标的商品罪(未遂)的刑事责任,并进一步明确了其定罪标准:一是假冒注册商标的商品尚未销售,货值

金额在十五万元以上的；二是假冒注册商标的商品部分销售，已销售金额不满五万元。但与尚未销售的假冒注册商标的商品的货值金额合计在十五万元以上的。从司法实践中类似犯罪掌握的标准看，将未遂的犯罪金额确定为销售金额的三倍是妥当的。

第二款实际上规定了销售假冒注册商标的商品罪（未遂）数额巨大的标准。根据这一规定，假冒注册商标的商品尚未销售，货值金额达到十五万元仅是入罪标准。在适用刑法第二百一十四条规定的各个量刑档次时，并不要求货值金额达到各个量刑档次规定数额的三倍以上，即“假冒注册商标的商品尚未销售，货值金额分别达到十五万元以上不满二十五万元、二十五万元以上的，分别依照刑法第二百一十四条规定的各法定刑幅度定罪处罚”。之所以作此规定，主要是考虑在构成犯罪未遂的情况下，数额巨大的未遂标准采用和既遂相同的标准。体现了从严惩处此类犯罪的精神，同时，也与司法实践中类似犯罪的处理原则保持了一致。如《最高人民法院、最高人民检察院、公安部、国家烟草专卖局关于办理假冒伪劣烟草制品等刑事案件适用法律问题座谈会纪要》明确规定：“伪劣烟草制品尚未销售，货值金额分别达到十五万元以上不满二十万元、二十万元以上不满五十万元、五十万元以上不满二百万元、二百万元以上的分别依照刑法第一百四十条规定的各量刑档次定罪处罚。”

第三款明确了销售金额与未销售货值金额分别达到不同法定刑幅度或者均达到同一法定刑幅度的处罚原则。实践中存在两种情形，一种情形是既遂和未遂的标准均已达到，但是分别处于不同的法定刑幅度，例如，销售金额在五万元以上不满二十五万元，达到了销售假冒注册商标的商品罪第一个法定刑幅度，而已经查清的未销售货值金额在二十五万元以上，达到了该罪第二个法定刑幅度。这种情况应当按照销售假冒注册商标的商品罪（未遂），在第二个法定刑幅度内酌情从重处罚。同时考虑刑法总则中对犯罪未遂的处罚原则。另一种情形是既遂和未遂的标准均已达到，且处于同一法定刑幅度，由于此种情形的社会危害性比单纯达到犯罪既遂或者未遂之一的危害性更大，故规定在所达到的同一法定刑幅度内酌情从重处罚。此类情形的处理原则已被司法实践所认可，如《最高人民法院、最高人民检察院关于办理非法生产、销售烟草专卖品等刑事案件具体应用法律若干问题的解释》第二条第二款即为适例。

三、关于销售他人非法制造的注册商标标识犯罪案件中尚未销售或者部分销售情形的定罪问题

《意见》第九条规定了尚未销售或者部分销售他人非法制造的注册商标标识的定罪标准。由于非法制造的注册商标标识本身的成本和销售价格均非常低廉，虽然销售他人非法制造的注册商标标识罪的发案率高、涉及面广，但涉案金额往往

很小,此类案件的社会危害性主要通过销售数量得以反映。司法实践中,大部分行为人为逃避打击,通常不设立账本,也没有销售记录,导致侦查机关难以查清甚至无法查清已销售部分的数量,能够查清的仅是尚未销售的非法制造的注册商标标识数量。如果不考虑尚未销售部分的数量,仅以已销售部分数量或者金额作为定罪处罚依据。则难以追究行为人的刑事责任,不利于有效遏制犯罪。为了依法严厉打击此类犯罪,《意见》将销售非法制造的注册商标标识罪(未遂)纳入惩治范围,并将其入罪标准掌握为该罪既遂入罪标准的三倍,进一步明确了构成销售非法制造的注册商标标识罪(未遂)的四种情形:一是尚未销售他人伪造、擅自制造的注册商标标识数量在六万件以上的;二是尚未销售他人伪造、擅自制造的两种以上注册商标标识数量在三万件以上的;三是部分销售他人伪造、擅自制造的注册商标标识,已销售标识数量不满二万件,但与尚未销售标识数量合计在六万件以上的;四是部分销售他人伪造、擅自制造的两种以上注册商标标识,已销售标识数量不满一万件,但与尚未销售标识数量合计在三万件以上的。

——逄锦温、刘福谦、王志广、丛媛:《〈关于办理侵犯知识产权刑事案件适用法律若干问题的意见〉的理解与适用》,载《人民司法·应用》2011 年第 5 期。

599 非法制造、销售非法制造的注册商标标识罪"情节严重""情节特别严重"的认定

关键词|非法制造、销售非法制造的注册商标标识罪|情节严重|情节特别严重|

【最高人民法院司法解释】

第三条 伪造、擅自制造他人注册商标标识或者销售伪造、擅自制造的注册商标标识,具有下列情形之一的,属于刑法第二百一十五条规定的"情节严重",应当以非法制造、销售非法制造的注册商标标识罪判处三年以下有期徒刑、拘役或者管制,并处或者单处罚金:

(一)伪造、擅自制造或者销售伪造、擅自制造的注册商标标识数量在二万件以上,或者非法经营数额在五万元以上,或者违法所得数额在三万元以上的;

(二)伪造、擅自制造或者销售伪造、擅自制造两种以上注册商标标识数量在一万件以上,或者非法经营数额在三万元以上,或者违法所得数额在二万元以上的;

(三)其他情节严重的情形。

具有下列情形之一的,属于刑法第二百一十五条规定的"情节特别严重",应

当以非法制造、销售非法制造的注册商标标识罪判处三年以上七年以下有期徒刑，并处罚金：

（一）伪造、擅自制造或者销售伪造、擅自制造的注册商标标识数量在十万件以上，或者非法经营数额在二十五万元以上，或者违法所得数额在十五万元以上的；

（二）伪造、擅自制造或者销售伪造、擅自制造两种以上注册商标标识数量在五万件以上，或者非法经营数额在十五万元以上，或者违法所得数额在十万元以上的；

（三）其他情节特别严重的情形。①

——《最高人民法院、最高人民检察院关于办理侵犯知识产权刑事案件具体应用法律若干问题的解释》（2004 年 12 月 22 日，法释〔2004〕19 号）。

600 非法制造注册商标标识行为的认定

关键词 | 非法制造注册商标标识罪 | 假冒注册商标标识 |

【最高人民法院参考案例】

王学保非法制造注册商标标识案（《刑事审判参考》案例第 678 号）

要旨：商标标识是指与商品配套一同进入流通领域的带有商标的有形载体。带有注册商标的空旧酒瓶、包装物应属注册商标标识；将回收的空旧酒瓶、包装物与购买的假冒注册商标标识进行组装的行为属于简单的物理组合行为，但仍符合制造的本质特征，应当定性为"制造"，故将回收的空旧酒瓶、包装物与购买的假冒注册商标标识进行组装的行为构成非法制造注册商标标识罪。

我们认为，本案定性的关键是王学保的行为是否属于"伪造"，进而判断其行为是否构成"非法制造注册商标标识罪"。我们认为，被告人王学保将回收的空旧酒瓶、包装物与购买的假冒注册商标标识进行组装的行为构成非法制造注册商标标识罪。

（一）从行为性质分析，被告人的行为属于"伪造"型制造注册商标标识行为

首先，带有商标的酒瓶、包装物属于商标标识。要对回收空旧酒瓶、包装物并与购买的假冒注册商标标识进行组装的行为进行准确定性，首先必须判断酒瓶、包装物是否属于商标标识。国家工商行政管理总局多次制定规范性文件对商标标识予以明确。如 1988 年 9 月《国家工商行政管理局商标局关于商标标识含义问题的

① 刑法修正案（十一）对本罪的法定刑作了调整。

复函》指出,商标标识一般是指独立于被标志商品的商标的物质表现形式。《商标印制管理办法》第十五条规定,商标标识是指与商品配套一同进入流通领域的带有商标的有形载体。1996年6月《关于收缴商标标识有关问题的答复》中又明确规定,商标标识指的是带有商标但独立于被标志商品的物品,如带有商标的标签、封签、包装物等。参照上述文件规定,本案中带有注册商标的空旧酒瓶、包装物应属注册商标标识。其次,将酒瓶、包装物与购买的假冒注册商标标识进行组装是侵犯注册商标标识的行为。虽然该行为并未对带有注册商标标识的空瓶本身实施任何行为,但因为假冒和侵犯他人注册商标(包括商标标识)行为的本质特征是,"利用他人注册商标声誉,以生产的商品冒充商标注册人的商品,使一般消费者对商品来源产生误认,具有不同程度的欺骗性",故该行为仍侵犯了他人注册商标标识。本案被告人王学保回收上述商标标识,又购买假冒商标标识,将两者组装后成套用于假冒上述名酒,属于侵犯注册商标权人的商标标识的行为。再次,王学保的行为属于制造注册商标标识。制造即"用人工使原材料成为可供使用的物品",其实质就是行为人用人工使原本各自独立的物品重新整合成能达到目标功能的物品。其整合的方法多种多样,如提炼分离、按比例混合、化学方法、冷热加工、组装等。本案中,王学保回收的空酒瓶、包装物及购买的假标识均为用于制造的原材料,其用人工将这些原材料组合拼装成为可供再次使用的附有注册商标标识的酒类商品包装,其组装行为应当属于制造行为。2002年《国家工商行政管理总局、国家商标局关于加工带有商标标识的包装物是否属于商标印制行为的批复》就类似物理组合行为的定性作了较为权威的确认,批复认为,北京新拓塑料包装制品公司在其生产的塑料瓶上套上他人印制的商标标识,经热缩紧固,制成带有商标标识的饮料瓶行为,属于"制作带有商标的包装物"的商标印制行为。因此,虽然王学保实施的是简单的物理组合行为,但仍符合制造的本质特征,应当定性为"制造"。最后,真伪并存的组装拼凑行为在整体上应认定为伪造行为。《最高人民法院关于审理伪造货币等案件具体应用法律若干问题的解释(二)》第二条明确规定,同时采用伪造和变造手段制造真伪拼凑货币的行为,以伪造货币罪定罪处罚。参照该条规定,将空旧酒瓶、包装物与假冒注册商标标识进行组装的行为,也应认定为伪造注册商标标识行为,构成非法制造注册商标标识罪。

——《刑事审判参考》(总第78辑)。

(三)与专利权有关的犯罪

601 假冒专利罪“情节严重”的认定

关键词｜假冒专利罪｜情节严重｜

【最高人民法院司法解释】

第四条 假冒他人专利,具有下列情形之一的,属于刑法第二百一十六条规定的“情节严重”,应当以假冒专利罪判处三年以下有期徒刑或者拘役,并处或者单处罚金:

(一)非法经营数额在二十万元以上或者违法所得数额在十万元以上的;

(二)给专利权人造成直接经济损失五十万元以上的;

(三)假冒两项以上他人专利,非法经营数额在十万元以上或者违法所得数额在五万元以上的;

(四)其他情节严重的情形。①

——《最高人民法院、最高人民检察院关于办理侵犯知识产权刑事案件具体应用法律若干问题的解释》(2004 年 12 月 22 日,法释〔2004〕19 号)。

(四)与著作权有关的犯罪

602 侵犯著作权罪“违法所得数额较大”“有其他严重情节”“违法所得数额巨大”“有其他特别严重情节”的认定

关键词｜侵犯著作权罪｜违法所得数额较大｜有其他严重情节｜违法所得数额巨大｜有其他特别严重情节｜

【最高人民法院司法解释】

第五条 以营利为目的,实施刑法第二百一十七条所列侵犯著作权行为之一,

① 刑法修正案(十一)对本罪的法定刑作了调整。

违法所得数额在三万元以上的，属于“违法所得数额较大”；具有下列情形之一的，属于“有其他严重情节”，应当以侵犯著作权罪判处三年以下有期徒刑或者拘役，并处或者单处罚金：

（一）非法经营数额在五万元以上的；

（二）未经著作权人许可，复制发行其文字作品、音乐、电影、电视、录像作品、计算机软件及其他作品，复制品数量合计在一千张（份）以上的；

（三）其他严重情节的情形。

以营利为目的，实施刑法第二百一十七条所列侵犯著作权行为之一，违法所得数额在十五万元以上的，属于“违法所得数额巨大”；具有下列情形之一的，属于“有其他特别严重情节”，应当以侵犯著作权罪判处三年以上七年以下有期徒刑，并处罚金：

（一）非法经营数额在二十五万元以上的；

（二）未经著作权人许可，复制发行其文字作品、音乐、电影、电视、录像作品、计算机软件及其他作品，复制品数量合计在五千张（份）以上的；

（三）其他特别严重情节的情形。①

——《最高人民法院、最高人民检察院关于办理侵犯知识产权刑事案件具体应用法律若干问题的解释》（2004 年 12 月 22 日，法释〔2004〕19 号）。

第一条　以营利为目的，未经著作权人许可，复制发行其文字作品、音乐、电影、电视、录像作品、计算机软件及其他作品，复制品数量合计在五百张（份）以上的，属于刑法第二百一十七条规定的“有其他严重情节”；复制品数量在二千五百张（份）以上的，属于刑法第二百一十七条规定的“有其他特别严重情节”。

——《最高人民法院、最高人民检察院关于办理侵犯知识产权刑事案件具体应用法律若干问题的解释（二）》（2007 年 4 月 5 日，法释〔2007〕6 号）。

603 侵犯著作权罪的相关推定

关键词｜侵犯著作权罪｜推定｜

【最高人民法院司法解释】

第二条　在刑法第二百一十七条规定的作品、录音制品上以通常方式署名的自然人、法人或者非法人组织，应当推定为著作权人或者录音制作者，且该作品、录

① 刑法修正案（十一）对本罪的法定刑作了调整。

音制品上存在着相应权利,但有相反证明的除外。

在涉案作品、录音制品种类众多且权利人分散的案件中,有证据证明涉案复制品系非法出版、复制发行,且出版者、复制发行者不能提供获得著作权人、录音制作者许可的相关证据材料的,可以认定为刑法第二百一十七条规定的"未经著作权人许可""未经录音制作者许可"。但是,有证据证明权利人放弃权利、涉案作品的著作权或者录音制品的有关权利不受我国著作权法保护、权利保护期限已经届满的除外。

——《最高人民法院、最高人民检察院关于办理侵犯知识产权刑事案件具体应用法律若干问题的解释(三)》(2020 年 9 月 14 日,法释〔2020〕10 号)。

【链接：理解与适用】

(二)侵犯著作权罪的相关推定。近年来,侵犯著作权犯罪,特别是利用互联网犯罪的案件数量呈上升趋势,严重侵害了著作权人的利益,破坏了市场经济秩序。为进一步明确实践中著作权权属认定问题,提升打击实效,《解释(三)》第二条第一款参照著作权法第十一条第四款等相关内容,规定"在刑法第二百一十七条规定的作品、录音制品上以通常方式署名的自然人、法人或者非法人组织,应当推定为著作权人或者录音制作者,且该作品、录音制品上存在着相应权利,但有相反证明的除外"。需要注意的是,刑法第二百一十七条规定的"作品""录音录像制品",应当属于著作权法保护的对象。实践中,司法机关仍然要对涉案作品、录音录像制品是否符合著作权法保护的条件进行审查。另外,"权属推定"是一种法律推定,如果有相反证据足以推翻,则应按照相反的证据予以认定。司法实践中,司法机关应当根据案件具体情况对是否存在相反证据进行审查,对于被告人提出辩解的,应当审查判断。

根据刑法第二百一十七条的规定,"未经著作权人许可"是侵犯著作权罪的构成要件之一。一般情况下,"未经著作权人许可"的证明责任应当由公诉机关承担,而不应将证明责任配置给犯罪嫌疑人(被告人),防止强迫犯罪嫌疑人(被告人)"自证其罪"。为解决司法实践中的突出问题,《解释(三)》第二条第二款采纳了《最高人民法院、最高人民检察院、公安部关于办理侵犯知识产权刑事案件适用法律若干问题的意见》第十一条的内容,规定仅限在涉案作品、录音制品种类众多且权利人分散的案件中,且在符合"有证据证明涉案复制品系非法出版、复制发行"的条件下,出版者、复制发行者不能提供获得著作权人、录音制作者许可的相关证据材料的,才可以推定为"未经著作权人许可""未经录音制作者许可"。需要注意的是,权利人放弃权利、涉案作品的著作权或者录音制品的有关权利不受我国著作权法保护、权利保护期限已经届满的事实,仍需司法机关根据犯罪嫌疑人、被告人的辩解和案件实际情况依法收集、调取证据予以查明。

——林广海、许常海:《〈关于办理侵犯知识产权刑事案件具体应用法律若干问题的解释(三)〉的理解与适用》,载《人民法院报》2020 年 10 月 29 日,第 5 版。

【最高人民法院司法文件】

十一、关于侵犯著作权犯罪案件“未经著作权人许可”的认定问题

“未经著作权人许可”一般应当依据著作权人或者其授权的代理人、著作权集体管理组织、国家著作权行政管理部门指定的著作权认证机构出具的涉案作品版权认证文书,或者证明出版者、复制发行者伪造、涂改授权许可文件或者超出授权许可范围的证据,结合其他证据综合予以认定。

在涉案作品种类众多且权利人分散的案件中,上述证据确实难以一一取得,但有证据证明涉案复制品系非法出版、复制发行的,且出版者、复制发行者不能提供获得著作权人许可的相关证明材料的,可以认定为“未经著作权人许可”。但是,有证据证明权利人放弃权利、涉案作品的著作权不受我国著作权法保护,或者著作权保护期限已经届满的除外。

——《最高人民法院、最高人民检察院、公安部关于办理侵犯知识产权刑事案件适用法律若干问题的意见》(2011 年 1 月 10 日,法发〔2011〕3 号)。

【最高人民法院参考案例】

凌永超侵犯著作权、贩卖淫秽物品牟利案(《刑事审判参考》案例第 679 号)

要旨:在刑事审判中,对于有证据证明涉案复制品系非法复制发行,且复制发行者不能提供获得著作权人许可的相关证明材料的,可以认定为“未经著作权人许可”。

在本案审理过程中,对于如何认定“未经著作权人许可”,存在两种意见:第一种意见认为,只有经过对著作权人或者其授权的代理人的调查取证,借助其陈述及相关书证,直接证明被告人没有取得授权,才能证明其行为构成“未经著作权人许可”。而本案中,侦查机关未一一查明涉案光碟的著作权人,当然也未收集到该光碟的著作权人未许可凌永超发行其作品的证据,虽然按常识判断,该批光碟应该是未经著作权人许可的侵权复制品,但从证据角度看,尚未达到确实充分的刑事证据标准,认定“未经著作权人许可”的证据尚不充分。第二种意见认为,目前侵权盗版现象日益猖獗,并呈组织化、专业化趋势,实践中查获的大量案件存在侵权产品品种多、数量大,被侵权人人数众多的情况。在“未经著作权人许可”的认定上,机械地遵循“逐一寻找权利人取证”原则,既不具备可操作性,也容易使办案机关陷入举证困境,造成司法资源的浪费。随着网络时代侵权盗版案件的增多,这样的证据要求愈发与现实办案实际相脱离。且这样的证据要求,无疑会导致大量的侵犯

著作权犯罪行为不能受到应有的、恰当的刑事惩罚，不仅可能造成“侵犯著作权罪”的虚置，还可能使我国知识产权政策频频遭到指责，陷入被动。著作权法第五十三条规定：“复制品的发行者不能证明其发行的复制品有合法来源的，应当承担法律责任。”也就是说，行为人应当就其发行行为经过合法授权承担举证责任，这一特殊的认定规则是2001年著作权法修订时专门针对著作权保护的特点设立的。侵权嫌疑人不能提供著作权人的权利证明，即推定其侵犯著作权，该原则是目前国际上比较通行的做法。在我国，刑法渊源除了刑法典和单行刑法以外，还有“附属刑法”，即附带规定于民法、经济法、行政法等非刑事法律中的罪行规范。这些附属刑法虽然没有直接规定犯罪的构成要件和法定刑，但并不影响其法律效力的存在。著作权法第五十二条规定的法律责任即指第四十七条规定的责任，其中包括“依法追究刑事责任”，而刑法第二百一十七条和著作权法第四十七条都出现了“未经著作权人许可”的概念。这是一个专业性很强的概念，我们认为在刑事法律没有明确规定的情况下，对于如何认定“未经著作权人许可”可以参照著作权法的相关规定。在刑事审判中，对于有证据证明涉案复制品系非法复制发行，且复制发行者不能提供获得著作权人许可的相关证明材料的，可以认定为“未经著作权人许可”。本案由于涉案光碟品种多、数量大，权利人分散，确实难以一一取得著作权人或者其授权的代理人、著作权集体管理组织等出具的涉案光碟的版权认证文书。但是，本案有被告人凌永超关于其明知所贩卖的系盗版光碟的供述、证人证言、行政执法机构出具的鉴定意见等证据证明涉案光碟系非法发行，且被告人凌永超也不能提供其得到了“著作权人许可”的证明材料。综合全案证据，可以认定凌永超“未经著作权人许可”。法院在本案判决时采纳了第二种意见。

我们认为，认定凌永超以营利为目的，未经著作权人许可，发行他人作品的行为构成侵犯著作权罪是正确的。《知产意见》第十一条规定：“有证据证明涉案复制品系非法出版、复制发行的，且出版者、复制发行者不能提供获得著作权人许可的相关证明材料的，可以认定为‘未经著作权人许可’。”这一规定明确了侵犯著作权罪中“未经著作权人许可”的司法认定标准，有利于司法实践中更加合法、高效地认定侵犯著作权罪“未经著作权人许可”这一要件，为加大知识产权刑事司法的保护力度，依法惩处侵犯知识产权的犯罪活动，有效遏制侵权盗版等侵犯知识产权犯罪活动提供有力的法律武器。

——《刑事审判参考》（总第78辑）。

604 侵犯著作权罪中以营利为目的的认定

关键词 | 侵犯著作权罪 | 以营利为目的 | 未经著作权人许可 |

【最高人民法院司法解释】

第十一条第一款　以刊登收费广告等方式直接或者间接收取费用的情形，属于刑法第二百一十七条规定的“以营利为目的”。

——《最高人民法院、最高人民检察院关于办理侵犯知识产权刑事案件具体应用法律若干问题的解释》(2004年12月22日，法释〔2004年〕19号)。

【最高人民法院司法文件】

十、关于侵犯著作权犯罪案件“以营利为目的”的认定问题

除销售外，具有下列情形之一的，可以认定为“以营利为目的”：

(一)以在他人作品中刊登收费广告、捆绑第三方作品等方式直接或者间接收取费用的；

(二)通过信息网络传播他人作品，或者利用他人上传的侵权作品，在网站或者网页上提供刊登收费广告服务，直接或者间接收取费用的；

(三)以会员制方式通过信息网络传播他人作品，收取会员注册费或者其他费用的；

(四)其他利用他人作品牟利的情形。

——《最高人民法院、最高人民检察院、公安部关于办理侵犯知识产权刑事案件适用法律若干问题的意见》(2011年1月10日，法发〔2011〕31号)。

【链接：理解与适用】

以营利为目的是侵犯著作权罪的主观方面要件，要求行为人主观上具有营利目的，至于行为人营利的方式以及实际营利与否，则在所不问。司法实践中，对于通过销售侵权复制品牟取利益属于以营利为目的的认定标准，已经形成共识。但是，随着侵犯著作权犯罪的手段不断翻新，行为人的营利方式也日益多样化。例如，行为人免费提供侵权复制品供他人使用，表面上没有通过销售方式营利，但是行为人在侵权复制品上刊登收费广告或者捆绑第三方作品，通过向广告主或者第三方收取费用的方式营利，就应当认定为以营利为目的。《意见》在过去司法解释规定的基础上，综合考虑实践中已出现的各种侵犯著作权犯罪行为方式，包括在线侵权和线下侵权，进一步细化了以刊登收费广告等方式直接或者间接收取费用的情形，明确下列几种情形属于以营利为目的：(1)以在他人作品中刊登收费广告、捆绑第三方作品等方式直接或者间接收取费用的；(2)通过信息网络传播他人作品，或者利用他人上传的侵权作品，在网站或者网页上提供刊登收费广告服务，直接或者间接收取费用的；(3)以会员制方式通过信息网络传播他人作品，收取会员

注册费或者其他费用的;(4)其他利用他人作品牟利的情形。

需要说明的是,本条规定仅针对行为人主观方面的认定,至于行为人是否应当被依法追究刑事责任,则应当依照刑法规定的犯罪构成要件以及相关司法解释规定的定罪量刑标准进行认定。

——逄锦温、刘福谦、王志广、丛媛:《〈关于办理侵犯知识产权刑事案件适用法律若干问题的意见〉的理解与适用》,载《人民司法·应用》2011年第5期。

【最高人民法院公报案例】

江苏省苏州市虎丘区人民检察院诉成都共软网络科技有限公司、孙显忠等人侵犯著作权案(一审法院:江苏省苏州市虎丘区人民法院)

要旨:行为人未经著作权人许可复制其计算机软件,通过修改相应程序捆绑其他软件后在互联网上发布供他人下载,并因此获取广告费等收益的,属于刑法第二百一十七条规定的"以营利为目的"的"复制发行"行为。

关于被告单位共软公司及被告人孙显忠、张天平、洪磊、梁焯勇实施涉案行为是否以营利为目的问题。《最高人民法院、最高人民检察院关于办理侵犯知识产权刑事案件具体应用法律若干问题的解释》第十一条第一款规定:"以刊登收费广告等方式直接或者间接收取费用的情形,属于刑法第二百一十七条规定的'以营利为目的'。"本案中,虽然被告单位及各被告人通过互联网在"番茄花园"网站、"热度"网站发布涉案番茄花园版Windows系列软件时,是供公众免费下载的,没有直接从中营利,但在发布涉案"番茄花园"版Windows系列软件的同时,被告单位及各被告人通过修改浏览器主页、默认搜索页面、捆绑需推广的客户商业软件等手段,获得了广告费、推广费等巨额间接收入,共计人民币2924287.09元。因此,可以认定共软公司、孙显忠、张天平与洪磊、梁焯勇实施涉案行为的真实意图,正是在于追求巨额广告费、推广费收益,明显具有营利目的。

——《最高人民法院公报》2010年第9期。

605 侵犯著作权罪中复制发行的认定

关键词｜侵犯著作权罪｜复制发行｜既复制又发行｜

【最高人民法院司法解释】

第二条 刑法第二百一十七条侵犯著作权罪中的"复制发行",包括复制、发行或者既复制又发行的行为。

侵权产品的持有人通过广告、征订等方式推销侵权产品的,属于刑法第二百一十七条规定的“发行”。

非法出版、复制、发行他人作品,侵犯著作权构成犯罪的,按照侵犯著作权罪定罪处罚。

——《最高人民法院、最高人民检察院关于办理侵犯知识产权刑事案件具体应用法律若干问题的解释(二)》(2007 年 4 月 5 日,法释〔2007〕6 号)。

未经录音录像制作者许可,通过信息网络传播其制作的录音录像制品的行为,应当视为刑法第二百一十七条第(三)项规定的“复制发行”。

——《最高人民法院、最高人民检察院关于办理侵犯著作权刑事案件中涉及录音录像制品有关问题的批复》(2005 年 10 月 18 日,法释〔2005〕12 号)。

第十一条第三款　通过信息网络向公众传播他人文字作品、音乐、电影、电视、录像作品、计算机软件及其他作品的行为,应当视为刑法第二百一十七条规定的“复制发行”。

——《最高人民法院、最高人民检察院关于办理侵犯知识产权刑事案件具体应用法律若干问题的解释》(2004 年 12 月 22 日,法释〔2004〕19 号)。

【链接:理解与适用】

著作权法第十条对复制权和发行权分别作了规定,即以印刷、复印、拓印、录音、录像、翻录、翻拍等方式将作品制作一份或多份的权利是复制权,以出售或者赠与方式向公众提供作品的原件或者复制件的权利是发行权。刑法第二百一十七条第(一)项规定的“复制发行”,究竟是指同时具备复制与发行的行为,还是仅仅有复制或者发行之一的行为即可,关于这个问题,实践中一直有不同理解。

关于这个问题主要有三种观点:一是复制并发行说,该观点认为,并不存在只有复制行为而没有发行行为的情况,因为仅有复制行为而没有发行行为显然不能实现营利的目的,也就不可能构成侵犯著作权罪;二是复制、复制并发行择一说,该观点认为,“以营利为目的”只是本罪的主观要件,不要求行为实际获利,以营利为目的未经著作权人许可而复制其作品的,也可以构成本罪,并非要求行为人将侵权复制品发行出去获利了才构成犯罪,而发行行为不能单独成立本罪,发行单独成立本罪意味着行为人没有复制他人的作品,如违法所得数额巨大,应构成销售侵权复制品罪;三是复制、发行、复制并发行择一说,即只要具有复制或者发行之一的行为即可构成。

实践中侵犯著作权的行为比较复杂,有单独的复制行为,有复制并出租的行为,有复制后向特定人销售的行为,也有单独的发行行为,还有既复制又发行的行为。经研究认为,复制权和发行权都是法律规定属于著作权人的权利,未经著作权人许可，不管是实施复制行为，还是发行行为，或者是既复制又发行的行为，都侵犯了著作权人的著作权。因此，从保护著作权人的权利角度考虑，刑法第二百一十七条规定的“复制发行”应当包括复制、发行或者既复制又发行的行为。最高人民法院《非法出版物解释》第三条其实对这个问题已有了规定。考虑到这个问题在实践中仍有争议，《解释（二）》第二条第一款对此问题再次予以明确。

——李洪江：《〈关于办理侵犯知识产权刑事案件具体应用法律若干问题的解释（二）〉的理解与适用》，载最高人民法院刑事审判第一、二、三、四、五庭主办：《刑事审判参考》（总第56辑），法律出版社2007年版，第61—62页。

关于在网络环境下复制和发行盗版软件即在线盗版的问题，随着信息产业的飞速发展及盗版行为的日益猖獗，未经著作权人许可，在网络上复制和发行盗版软件的行为非常突出，因此有必要将在线盗版问题规定在《解释》中。信息网络传播权的概念是2001年10月27日新修订的著作权法增加的，著作权法第十条规定信息网络传播权，即以有线或者无线的方式向公众提供作品，使公众可以在其个人选定的时间和地点获得作品的权利。著作权法第四十七条规定了通过信息网络向公众传播其作品是一种侵权行为，构成犯罪的，依法追究刑事责任。因此，《解释》根据刑法、著作权法和《非法出版物解释》的有关规定，将通过信息网络向公众传播他人文字作品、音乐、电影、电视、录像作品、计算机软件及其他作品的行为，规定为属于刑法第二百一十七条规定的“复制发行”。

——李晓：《〈关于办理侵犯知识产权刑事案件具体应用法律若干问题的解释〉的理解与适用》，载《人民司法》2005年第1期。

【最高人民法院司法文件】

十二、关于刑法第二百一十七条规定的“发行”的认定及相关问题

“发行”，包括总发行、批发、零售、通过信息网络传播以及出租、展销等活动。

非法出版、复制、发行他人作品，侵犯著作权构成犯罪的，按照侵犯著作权罪定罪处罚，不认定为非法经营罪等其他犯罪。

——《最高人民法院、最高人民检察院、公安部关于办理侵犯知识产权刑事案件适用法律若干问题的意见》（2011年1月10日，法发〔2011〕3号）。

【最高人民法院公报案例】

江苏省苏州市虎丘区人民检察院诉成都共软网络科技有限公司、孙显忠等人侵犯著作权案（一审法院：江苏省苏州市虎丘区人民法院）

要旨：行为人未经著作权人许可复制其计算机软件，通过修改相应程序捆绑其

他软件后在互联网上发布供他人下载,并因此获取广告费等收益的,属于刑法第二百一十七条规定的"以营利为目的"的"复制发行"行为。

关于被告单位共软公司及被告人孙显忠、张天平、洪磊、梁焯勇是否未经著作权人许可而复制涉案系列软件的问题。经查,微软公司是微软 Windows 软件的合法著作权人。根据苏州市公安局信息网络安全监察处制作的远程勘验工作记录,"番茄花园"版 Windows 系列软件在界面上显示该软件系微软公司授权"番茄花园"制作,而根据微软公司出具的证明,微软公司没有授权任何个人、公司制作其软件。根据中国版权保护中心版权鉴定委员会出具的中版鉴字〔2008〕第 008 号至第 024 号鉴定报告以及中版鉴字〔2008〕第 008 号至第 024 号-2 号鉴定报告的补充说明,涉案"番茄花园"版 Windows 系列软件与微软 Windows 软件相比对,二者的核心程序均集中在 Windows 目录下,且二者的目录结构和文件存在大量相同的内容。据此,可以认定涉案"番茄花园"版 Windows 系列软件是根据微软 Windows 软件核心程序进行复制的产物,被告单位及各被告人系在未经软件著作权人许可的情况下实施侵权复制行为。被告人孙显忠、张天平、洪磊、梁焯勇在供述中,亦承认涉案"番茄花园"版 Windows 系列软件系盗用微软 Windows 软件加以修改、美化而成。

关于被告单位共软公司及被告人孙显忠、张天平、洪磊、梁焯勇是否实施了发行行为的问题。信息网络领域的"发行"存在一定的特殊性,与一般媒介的"发行"行为有区别。根据《最高人民法院、最高人民检察院关于办理侵犯知识产权刑事案件具体应用法律若干问题的解释》第十一条第三款的规定,行为人通过信息网络向公众传播他人文字作品、音乐、电影、电视、录像作品、计算机软件及其他作品的行为,应当视为刑法第二百一十七条规定的"发行"行为。据此,本案被告单位及各被告人通过互联网发布涉案"番茄花园"版 Windows 系列软件供不特定社会公众下载,无论其是否收取下载费用,都应当视为刑法第二百一十七条规定的"发行"行为。

——《最高人民法院公报》2010 年第 9 期。

【最高人民法院参考案例】

余刚等侵犯著作权案(《刑事审判参考》案例第 942 号)

要旨:复制部分实质性相同的计算机程序文件并加入自行编写的脚本文件形成新的外挂程序后运用的行为属于侵犯著作权罪中的"复制发行"。

1. 复制"实质性相同"和复制"完全相同"的程序文件都属于侵犯著作权罪中的"复制"

(1)"复制"的概念呈扩张式发展。在现代汉语词典中,"复制"的意思是指重复,即依照原件制作成同样的东西,多指通过临摹、拓印、印刷、复印、录音、录像、翻拍等方式。对于传统的纸质等有形传播媒介而言,"复制"一般是指通过"印刷、复印、拓印、录音、录像、翻拍等方式将作品制作一份或者多份”。在现代网络环境下，信息载体已经发生巨大变化，“复制”的概念也相应发生变化。著作权法将“复制”定义为“印刷、复印、拓印、录音、录像、翻拍等方式”。该定义之所以用“等”字，一定程度上表明对著作权法未列明但已经出现或者即将出现的新的复制方式的一种兜底性或者堵截性认可。我国 1992 年 10 月 15 日加入的《保护文学艺术作品伯尔尼公约》第九条第一款也规定：“受本公约保护的文学艺术作品的作者，享有批准以任何方式和采取任何形式复制这些作品的专有权。”可见，在有关国际公约和相关法律规定中对“复制”的方式或者形式没有任何限制。

（2）“复制”不限于复制“完全相同”的软件。对于“复制”的理解，不应当局限于当前一般观念的认识范围，可以将“复制”的行为方式全部抽象为对原件的“再现”。这种“再现”不局限于“完全相同”，而只需要具备“实质性相同”即可。实践中，行为人为迎合市场需求，在保证与原作品“实质性相同”的前提下，恶意对他人的原作品进行篡改，增加一些内容，并署原作者的姓名。这种行为，毫无疑问应当认定为“复制”。

（3）相关法规及规范性文件规定部分复制著作权人软件的行为属于侵犯著作权罪中的“复制”。计算机软件保护条例第二十四条规定：“……触犯刑律的，依照刑法关于侵犯著作权罪、销售侵权复制品罪的规定，依法追究刑事责任：（一）复制或者部分复制著作权人的软件的……”尽管相关行政性规定中是否具有“构成犯罪的”等提示性对照规定，对认定相关行为是否构成犯罪没有影响，但计算机软件保护条例关于“复制”一词的规定体现出“部分复制”行为性质等同于“完全复制”行为性质的立法原意。基于计算机软件保护条例的这一规定，我们认为，在刑法没有明确界定第二百一十七条第（一）项中“复制发行”含义的情况下，将“部分复制”纳入侵犯著作权罪中的“复制”范围（同时强调前文分析的实质性相同），并非类推解释，而是具有一定的法律根据。

2. 复制后广泛运用的行为应当认定为刑法意义上的“复制发行”

（1）“发行”的概念亦呈扩张式发展。在现代汉语词典中，“发行”是指“发出新印制的货币、债券或新出版的书刊、新制作的电影等”。“发行”最初的含义强调的是“新”，一般是指发行新的东西。著作权法第十条第一款第（六）项规定：“发行权，即以出售或者赠与方式向公众提供作品的原件或者复制件的权利。”可见，提供复制件也属于“发行”。2004 年“两高”联合制发的《关于办理侵犯知识产权刑事案件具体应用法律若干问题的解释》（以下简称《知产解释一》）第十一条第三款规定：“通过信息网络向公众传播他人文字作品、音乐、电影、电视、录像作品、计算机软件及其他作品的行为，应当视为刑法第二百一十七条规定的‘复制发行’。”2007 年“两高”联合制发的《关于办理侵犯知识产权刑事案件具体应用法律若干问题的解释(二)》(以下简称《知产解释二》)第二条第二款规定:“侵权产品的持有人通过广告、征订等方式推销侵权产品的,属于刑法第二百一十七条规定的‘发行’。”2011年“两高”、公安部《关于办理侵犯知识产权刑事案件适用法律若干问题的意见》(以下简称《知产意见》)第十二条更是将发行解释为“包括总发行、批发、零售、通过信息网络传播以及出租、展销等活动”。从上述法律及相关司法解释的规定可知,“发行”的含义整体呈不断扩展之势,由最初强调新的含义、出售或者赠与方式不断扩展到“通过网络传播”“通过广告、征订”以及批发、零售、出租、展销等活动方式。

经由上述分析,对“复制发行”的理解,应当结合国民的普通用语和刑法的规范用语语境,在罪刑法定原则的指导下,正视社会生活事实的变化,从不断变化的社会文化中挖掘和把握其准确内涵和外延。

(2)脱机外挂程序属于刑法意义上的“复制发行”。“外挂”本身系计算机程序的一种,通常是指针对一个或者多个网络游戏,通过改变游戏软件的部分程序制作而成的作弊程序,其原理是截取、修改游戏客户端和服务器之间通过通信数据包传输的数据,模拟服务器发给客户端,或者模拟客户端发给服务器,从而达到修改游戏、实现各种游戏功能增强的目的。外挂程序制作及运行的过程决定其必须对官方客户端程序的大量数据进行收集、复制和修改。以网络游戏“外挂代练”为例。根据新闻出版总署、信息产业部、国家工商行政管理总局、国家版权局、全国“扫黄打非”工作小组办公室于2003年12月18日发布的《关于开展对“私服”、“外挂”专项治理的通知》的规定,“私服”“外挂”违法行为是指未经许可或授权,破坏合法出版、他人享有著作权的互联网游戏作品的技术保护措施、修改作品数据、私自架设服务器、制作游戏充值卡(点卡),运营或者挂接运营合法出版、他人享有著作权的互联网游戏作品,从而谋取利益、侵害他人利益。“私服”“外挂”违法行为属于非法互联网出版活动,应依法予以严厉打击。实践中,这些“外挂”的制作者均是部分复制被侵权者研发的软件,轻则被侵权起诉,重则被处以刑罚。

本案涉及的脱机型外挂,是一种需要了解、掌握游戏客户端和服务器之间的通信数据包完整内容后才能制作完成的程序,与其他外挂需挂接到客户端程序不同,它可以脱离游戏的客户端程序,模拟官方的客户端进行登录、游戏,并能实现官方客户端所没有的一些功能,如自动打怪、交易等。因此,脱机型外挂系脱胎于官方客户端程序,除非掌握该游戏的内部技术秘密,一般技术层面很难完成。这种复制部分实质性相同的程序文件并加入自行编写的脚本文件形成新的外挂程序后运用的行为,应当认定为刑法意义上的“复制发行”。

虽然本案被告人销售的是“复制发行”侵权软件衍生的游戏金币,但这只是牟利行为在形式上的延伸,实质上与“复制发行”侵权软件本身的使用价值无异。因此，认定本案被告人复制部分实质性相同的计算机程序文件并加入自行编写的脚本文件形成新的外挂程序后运用的行为属于刑法意义上的“复制发行”，于法有据。

——《刑事审判参考》（总第 96 辑）。

凌永超侵犯著作权案（《刑事审判参考》案例第 678 号）

要旨：销售普通侵权盗版光碟的行为属于刑法第二百一十七条规定的“发行”的一种方式。销售侵权复制品的行为具有非法经营的性质，销售侵权复制品的行为属于非法经营行为的一种。但并非所有的销售侵权复制品的行为，都可以认定为非法经营罪。非法出版行为以非法经营罪处罚的前提是该非法出版物属于具有反动性政治内容出版物、侵权复制品、淫秽物品等以外的其他严重危害社会秩序和扰乱市场秩序的非法出版物。

被告人凌永超贩卖普通侵权盗版光碟的行为应当认定为侵犯著作权罪，不能认定为非法经营罪或者销售侵权复制品罪。本案在审理过程中对凌永超贩卖 800 张淫秽光碟的行为构成贩卖淫秽物品牟利罪没有分歧。对于其贩卖 11240 张普通盗版光碟的行为如何定性有三种不同的意见：第一种意见认为应定性为侵犯著作权罪；第二种意见认为应定性为销售侵权复制品罪；第三种意见认为应定性为非法经营罪。

我们认为，根据本案的具体情况，对被告人凌永超贩卖 11240 张普通侵权盗版光碟的行为应当以侵犯著作权罪定罪处罚。主要理由如下：

1. 凌永超贩卖普通侵权盗版光碟的行为属于刑法第二百一十七条规定的“发行”的一种方式。根据刑法第二百一十七条的规定，侵犯著作权罪是指“以营利为目的，未经著作权人许可，复制发行其文字作品、音乐、电影、电视、录像作品、计算机软件及其他作品；出版他人享有专有出版权的图书；未经录音录像制作者许可，复制发行其制作的录音录像；制作、出售假冒他人署名的美术作品，违法所得数额较大或者有其他严重情节”的行为。对于本罪客观构成要件中的“复制发行”如何理解，司法实践中亟须明确。根据 1998 年出台的《最高人民法院关于审理非法出版物刑事案件具体应用法律若干问题的解释》（以下简称《出版解释》）第三条的规定，刑法第二百一十七条第（一）项规定的“复制发行”，是指行为人以营利为目的，未经著作权人许可而实施的复制、发行或者既复制又发行的行为。该规定明确了复制行为与发行行为是否必须同时存在的问题，但并未明确如何理解“发行”的具体含义。

根据著作权法实施条例第十条的规定，“发行权”是指以出售或者赠与方式向公众提供作品的原件或复制件的权利。中华人民共和国新闻出版总署第二十号令颁行的《出版物市场管理规定》第二条第三款规定：“本规定所称‘发行’，包括总发行、批发、零售以及出租、展销等活动。”2007 年出台的《最高人民法院、最高人民检察院关于办理侵犯知识产权刑事案件具体应用法律若干问题的解释（二）》（以下简称《知产解释（二）》）第二条第二款规定：“侵权产品的持有人通过广告、征订等方式推销侵权产品的属于刑法第二百一十七条规定的‘发行’。”根据以上规定，应当认定销售侵权盗版光碟的行为也是发行的一种方式。

本案判决时，刑法和司法解释没有更加明确的规定，法院参照上述规定，认定批发、零售形式的销售行为是发行行为的方式之一，并依法认定凌永超贩卖普通侵权盗版光碟的行为属于刑法第二百一十七条规定的“发行”的一种方式是正确的。

2011 年 1 月 10 日，最高人民法院、最高人民检察院、公安部联合发布的《关于办理侵犯知识产权刑事案件适用法律若干问题的意见》（以下简称《知产意见》）第十二条第一款对刑法第二百一十七条规定的“发行”作了进一步明确。该款明确规定“发行”包括总发行、批发、零售、通过信息网络传播以及出租、展销等活动。这一规定为有效解决司法实践中对于如何认定刑法第二百一十七条规定的“发行”，在认识和处理上提供了法律依据。

2. 凌永超的行为符合侵犯著作权罪的定罪要件。首先，本案被告人的供述、证人证言、书证等证据充分证明凌永超以营利为目的实施了贩卖 11000 余张光碟的行为。对于这部分光碟，凌永超不能提供著作权人授权的证据，主观上明知该批光碟为盗版光碟，且行政执法机关的鉴定意见证明凌永超贩卖的该批光碟系非法出版物，因此应当认定该部分光碟是凌永超未经著作权人许可而发行的作品。其次，《知产解释（二）》第一条规定：“以营利为目的，未经著作权人许可，复制发行其文字作品、音乐、电影、电视、录像作品、计算机软件及其他作品，复制品数量合计在五百张（份）以上的，属于刑法第二百一十七条规定的‘有其他严重情节’；复制品数量在二千五百张（份）以上的，属于刑法第二百一十七条规定的‘有其他特别严重情节’……”凌永超贩卖 11000 余张侵权盗版光碟，属于该解释规定的“有其他特别严重情节”。综上，法院认为，凌永超的行为符合侵犯著作权罪的构成要件，应当以侵犯著作权罪定罪处罚。

3. 贩卖普通侵权盗版光碟的行为不宜认定为非法经营罪。我们认为，凌永超销售侵权盗版光碟的行为同时具备非法经营的性质。非法经营罪的本质特征是违反国家有关许可经营的规定，不具备法定资格而非法从事某种经营活动或者滥用经营资格的经营行为。由于“侵权复制品”是违反国家有关保护知识产权法律、法规规定的产品，因此，销售侵权复制品的行为具有非法经营的性质，销售侵权复制品的行为属于非法经营行为的一种。然而并非所有的销售侵权复制品的行为，都认定为非法经营罪或者销售侵权复制品罪。《出版解释》第十一条规定：“违反国家规定，出版、印刷、复制、发行本解释第一条至第十条规定以外的其他严重危害社会秩序和扰乱市场秩序的非法出版物，情节严重的，依照刑法第二百二十五条第三项的规定，以非法经营罪定罪处罚。”这一规定明确了非法出版行为以非法经营罪处罚的前提是该非法出版物属于该解释第一至十条规定的具有反动性政治内容出版物、侵权复制品、淫秽物品等以外的其他严重危害社会秩序和扰乱市场秩序的非法出版物。2007 年“两高”联合发布的《知产解释（二）》第二条第三款也明确规定：“非法出版、复制发行他人作品，侵犯著作权构成犯罪的，按照侵犯著作权罪进行处罚。”2011 年发布的《知产意见》第十二条第二款再次明确规定：“非法出版、复制、发行他人作品，侵犯著作权构成犯罪的。按照侵犯著作权罪定罪处罚，不认定为非法经营罪等其他犯罪。”上述规定进一步明确了非法发行他人作品构成犯罪的，不再认定为非法经营罪或者销售侵权复制品罪，而应按照侵犯著作权罪进行定罪处罚。

——《刑事审判参考》（总第 78 辑）。

606 未经许可将非法获得的计算机软件修改后出售牟利行为的定性

关键词｜侵犯著作权罪｜修改软件｜复制发行｜

【最高人民法院参考案例】

王安涛侵犯著作权案（《刑事审判参考》案例第 117 号）

要旨：发行未办理软件著作权登记的软件侵犯了软件开发者的软件著作权，可能构成侵犯著作权罪。未经软件著作权人许可，将其计算机软件修改后复制发行的行为，属于刑法意义上的“复制发行”。

软件著作权属于软件开发者。中国公民和单位对其所开发的软件，不论是否发表，不论在何地发表，均依照本条例享有著作权。软件著作权人享有下列各项权利：（1）发表权，即决定软件是否公之于众的权利；（2）开发者身份权，即表明开发者身份的权利以及在其软件上署名的权利；（3）使用权，即在不损害社会公共利益的前提下，以复制、展示、发行、修改、翻译、注释等方式使用其软件的权利；（4）使用许可权和获得报酬权，即许可他人以本条第（3）项中规定的部分或者全部方式使用其软件的权利和由此而获得报酬的权利；（5）转让权，即向他人转让由本条第（3）项和第（4）项规定的使用权和使用许可权的权利。下列行为，依法构成侵犯软件著作权的行为：（1）未经软件著作权人同意发表其软件作品；（2）将他人开发的软件当作自己的作品发表；（3）未经合作者同意，将与他人合作开发的软件当作自己单独完成的作品发表；（4）在他人开发的软件上署名或者涂改他人开发的软件上的署名；（5）未经软件著作权人或者其合法受让者的同意修改、翻译、注释其软件作品;(6)未经软件著作权人或者其合法受让者的同意复制或者部分复制其软件作品;(7)未经软件著作权人或者其合法受让者的同意向公众发行、展示其软件的复制品;(8)未经软件著作权人或者其合法受让者的同意向任何第三方办理其软件的许可使用或者转让事宜。

——《刑事审判参考》(总第19辑)。

607 擅自销售《党章》《十七大报告》行为的定性处理

关键词|侵犯著作权罪|非法经营罪|销售侵权复制品罪|

【最高人民法院参考案例】

张顺等人侵犯著作权案(《刑事审判参考》案例第680号)

要旨:《党章》和《十七大报告》作为党中央发布的官方文献,由一定的组织和人员负责起草,经特定的组织程序决议通过,在全党范围内具有约束力,可视为“具有立法、行政、司法性质的文件”,不存在著作权人。单纯销售、贩卖他人享有专有出版权的图书的,不属于“出版”此类图书,也就不构成侵犯著作权罪,但可能构成其他犯罪。相关机构授权人民出版社对《党章》和《十七大报告》享有专有的出版权,其他组织和个人的出版行为,侵犯了人民出版社的专有出版权,可能构成销售侵权复制品罪或非法经营罪。如同时构成上述两罪,则按想象竞合犯的处理原则,择一重罪处罚。

我们认为:

(一)销售《十七大报告》单行本、《党章》等他人享有专有出版权的图书,不构成侵犯著作权罪。侵犯著作权罪,是指以营利为目的,违反著作权法的规定,侵犯他人著作权,违法所得数额较大或者有其他严重情节的行为。刑法第二百一十七条规定了四种可以构成该罪的情形:(1)未经著作权人许可,复制发行其文字作品、音乐、电影、电视、录像作品、计算机软件及其他作品;(2)出版他人享有专有出版权的图书;(3)未经录音录像制作者许可,复制发行其制作的录音录像;(4)制作、出售假冒他人署名的美术作品。

本案中,被告人擅自销售的图书有《党章》《十七大报告》单行本和盗版的《十七大报告辅导读本》。其中,《十七大报告辅导读本》的著作权归“本书编写组”,由人民出版社享有独家出版发行权,该书著作权人明确,故根据《知产解释(二)》的规定,四被告人在未经著作权人许可的情况下,以营利为目的发行该书,只要发行数量超过五百本的定罪数量标准,即符合刑法第二百一十七条第一项情形下的“有其他严重情节”,可以按照侵犯著作权罪定罪处罚。

那么，四被告人擅自销售的《党章》或《十七大报告》单行本的数量是否应当计入其犯罪数额呢？这就涉及《党章》和《十七大报告》单行本的著作权归属问题。著作权法明确了该法的保护范围，并在第五条列举了不适用其保护的三类情形：(1)法律、法规、国家机关的决议、决定、命令和其他具有立法、行政、司法性质的文件，及其官方正式译文；(2)时事新闻；(3)历法、通用数表、通用表格和公式。显然，《党章》和《十七大报告》作为党中央发布的官方文献，由一定的组织和人员负责起草，经特定的组织程序决议通过，在全党范围内具有约束力，可视为"具有立法、行政、司法性质的文件"，属于上述第一类除外情形。换言之，《党章》和《十七大报告》都没有著作权人。为了规范《党章》和《十七大报告》的出版发行，相关机构授权人民出版社享有专有的出版权，其他任何组织和个人不得擅自出版。其他组织和个人的出版行为，侵犯人民出版社的专有出版权，按照刑法第二百一十七条第(二)项的规定，可能构成侵犯著作权罪。"出版"一词具有特定的含义，《著作权法实施细则》规定，出版是指"将作品编辑加工后经过复制向公众发行"的行为，故单纯销售、贩卖他人享有专有出版权的图书的，不属于"出版"此类图书，也就不构成侵犯著作权罪，但可能构成其他犯罪。如果行为人明知是他人侵犯出版权出版的此类刊物而予以销售，违法所得数额达到十万元以上的，可以按照销售侵权复制品罪论处。如果行为人明知是非法出版物而销售，达到二千册以上的，可以根据《最高人民法院关于审理非法出版物刑事案件具体应用法律若干问题的解释》第十一条、第十二条之规定，按照非法经营罪定罪处罚。在同时构成销售侵权复制品罪和非法经营罪的情况下，按照想象竞合犯的处理原则，择一重罪处罚。

本案中，四被告人对《十七大报告》单行本、《党章》等他人享有专有出版权的图书实施了销售行为，但没有实施出版行为，故不符合刑法第二百一十七条规定的四种侵犯著作权的情形，不能认定构成侵犯著作权罪。四人销售这两种出版物的非法所得不应计入其侵犯著作权行为的犯罪数额。相关鉴定机构认定查获的《党章》《十七大报告》单行本属于侵权复制品，所指的是侵犯了他人的专有出版权，而不是著作权。同时，本案被告人销售非法出版物的行为尚未达到非法经营罪的定罪标准，故也不能以非法经营罪论处。

(二)销售盗版《十七大报告辅导读本》的行为构成侵犯著作权罪，而非销售侵权复制品罪。本案四被告人销售的《十七大报告辅导读本》具有明确的著作权人，且经鉴定属于侵权复制品。对于四被告人的行为是否构成犯罪以及构成何种犯罪，审判过程中有两种不同意见：一种意见认为，被告人张顺、陈瑞、赵党清未经著作权人许可，发行其文字作品，均在五百册以上，其行为均构成侵犯著作权罪；被告人王红勤销售侵权复制品不足五百册，尚未达到情节严重的程度，不构成犯罪。另一种意见认为，四被告人仅销售侵权复制品，未实施侵犯著作权罪要求的复制发行或者出版行为，故性质上属于销售侵权复制品；如违法所得数额巨大，可以认定为销售侵权复制品罪；如违法所得达不到数额巨大标准，则不构成犯罪。

因侵犯著作权罪和销售侵权复制品罪的犯罪对象相同，故上述意见分歧的关键在于如何理解刑法第二百一十七条中的“发行”和第二百一十八条中的“销售”。对此，有意见认为，刑法第二百一十七条侵犯著作权罪中的“发行”指的是首次发行、出售，而第二百一十八条的销售是指发行之后的再次销售行为，是侵犯著作权犯罪后果的进一步延伸。我们认为，这种意见并不稳妥。主要理由在于：著作权法第十条对发行权作了明确界定，即以出售或者赠与方式向公众提供作品的原件或者复制件的权利。这表明，著作权法并未将发行限于第一次发行或总发行，销售本身就是著作权法意义上发行作品的一种重要方式。而刑法也没有对“发行”作出不同于著作权法的界定，故应当认为，刑法第二百一十七条中“发行”的含义与著作权法第十条中的“发行”是一致的，即无论是出版社第一次公开销售作品、复制品，还是他人购入作品、复制品之后再向公众销售，均属于“发行”。相关司法解释也体现了这种立场。《知产解释（二）》明确将刑法第二百一十七条中的“复制发行”解释为复制、发行或者既复制又发行的行为，并未要求复制与发行同时具备。最高人民法院、最高人民检察院、公安部2011年联合印发的《关于办理侵犯知识产权刑事案件适用法律若干问题的意见》对“发行”作了进一步解释，即包括总发行、批发、零售、通过信息网络传播以及出租、展销等活动。可见，现行司法解释等规范性指导文件延续了著作权法对“发行”的界定。据此，对于行为人销售了侵犯他人著作权的复制品的，可把该行为认定为侵犯著作权罪中的“发行”，由于侵犯著作权罪的定罪标准低于销售侵权复制品罪，故客观上会造成销售侵权复制品罪司法适用范围的缩小。当然，如果行为人销售的是他人非法出版的《党章》《十七大报告》等没有著作权人的侵权复制品，在违法所得数额巨大的情况下，可以构成销售侵权复制品罪。

本案中，四被告人销售侵权复制品的违法所得均没有达到销售侵权复制品罪的定罪标准（人民币十万元），不能认定为该罪。前述关于本案定性的第二种意见不可取。下面进一步分析对本案四名被告人的定罪问题。第一，前文已述，四被告人擅自销售的《党章》或《十七大报告》单行本的数量不应当计入各自的犯罪数额，故被告人张顺、陈瑞、赵党清、王红勤的犯罪对象仅为盗版的《十七大报告辅导读本》，犯罪数量分别为二千三百本、一千本、一千五百本和一百本。其中，张顺、陈瑞、赵党清未经著作权人许可，发行其文字作品的数量均超过了五百本的定罪标准，属于刑法第二百一十七条规定的“有其他严重情节”，已构成侵犯著作权罪。而王红勤在未经著作权人许可的情况下，发行数量尚未达到五百本的定罪标准，故从犯罪数额角度看，不应追究其刑事责任。第二，四被告人之间系买卖关系，相互之间缺乏共同犯罪的故意和行为，不属于共同犯罪，应分别对各自的行为负责，故被告人王红勤仅应对其销售的一百本盗版的《十七大报告辅导读本》负责，尚不构成犯罪，检察机关撤回对王红勤的起诉是正确的。综上，被告人张顺、陈瑞、赵党清的行为均构成侵犯著作权罪，被告人王红勤的行为不构成犯罪。

——《刑事审判参考》（总第78辑）。

608 共同盗印他人享有专有出版权图书行为的定性

关键词｜侵犯著作权罪｜非法经营罪｜法条竞合｜

【最高人民法院参考案例】

孟祥国、李桂英、金利杰侵犯著作权案（《刑事审判参考》案例第253号）

要旨：以营利为目的，共同盗印他人享有专有出版权图书的行为，应当以侵犯著作权罪定罪处罚。

我们认为，以非法出版物为犯罪对象的非法经营罪与侵犯著作权罪之间属于普通法条与特别法条之间的法条竞合关系。就以非法出版物为犯罪对象的非法经营罪与侵犯著作权罪而言，刑法第二百二十五条是普通法条，第二百一十七条是特别法条，在刑法没有作出特别规定的情况下，应当采用特别法条优于普通法条的适用原则，以侵犯著作权罪定罪处罚。《非法出版物刑事解释》第十一条之规定也肯定了这一原则，即“违反国家规定，出版、印刷、复制、发行本解释第一条至第十条规定以外的其他严重危害社会秩序和扰乱市场秩序的非法出版物，情节严重的，依照刑法第二百二十五条第（三）项之规定，以非法经营罪定罪处罚”。也就是说，对于以非法出版物为犯罪对象的犯罪行为，只有在没有特别法条可以适用的情况下，才能适用刑法第二百二十五条，以非法经营罪定罪处罚。《伪劣商品刑事解释》第十条关于“实施生产、销售伪劣商品犯罪，同时构成侵犯知识产权、非法经营等其他犯罪的，依照处罚较重之规定定罪处罚”之规定，是指在行为人生产、销售伪劣商品犯罪过程中，其手段、方法行为或者结果行为同时构成侵犯知识产权、非法经营等其他犯罪的情形，属于刑法理论中的牵连犯，当然应当适用处罚较重的刑法条款定罪处罚。

——《刑事审判参考》（总第33辑）。

609 销售侵权复制品罪“违法所得数额巨大”的认定

关键词｜销售侵权复制品罪｜违法所得数额巨大｜

【最高人民法院司法解释】

第六条　以营利为目的，实施刑法第二百一十八条规定的行为，违法所得数额在十万元以上的，属于“违法所得数额巨大”，应当以销售侵权复制品罪判处三年以下有期徒刑或者拘役，并处或者单处罚金。①

——《最高人民法院、最高人民检察院关于办理侵犯知识产权刑事案件具体应用法律若干问题的解释》(2004 年 12 月 22 日，法释〔2004〕19 号)。

610 销售侵权复制品罪与非法经营罪的区分

关键词｜销售侵权复制品罪｜非法经营罪｜

【最高人民法院公报案例】

上海市人民检察院第二分院诉顾然地等人非法经营案(一审法院：上海市第二中级人民法院)

要旨：行为人以营利为目的，在未取得音像制品经营许可证的情况下，低价购进明知是侵权的音像复制品后高价向境外售出，违法所得数额巨大，构成了销售侵权复制品罪。

刑法第二百二十五条规定：违反国家规定，有下列非法经营行为之一，扰乱市场秩序，情节严重的，处五年以下有期徒刑或者拘役，并处或者单处违法所得一倍以上五倍以下罚金；情节特别严重的，处五年以上有期徒刑，并处违法所得一倍以上五倍以下罚金或者没收财产：(一)未经许可经营法律、行政法规规定的专营、专卖物品或者其他限制买卖的物品的；(二)买卖进出口许可证、进出口原产地证明以及其他法律、行政法规规定的经营许可证或者批准文件的；(三)未经国家有关主管部门批准，非法经营证券、期货或者保险业务的；(四)其他严重扰乱市场秩序的非法经营行为。没有音像制品经营许可证而销售侵权音像复制品，当然扰乱市场秩序，属于该条规定的非法经营犯罪行为中的一种行为。但音像制品涉及著作权，刑法第三章第七节“侵犯知识产权罪”对侵犯著作权行为有专门规定。当非法经营的犯罪行为涉及侵犯著作权时，第二百一十八条就与侵犯知识产权罪之规定构成普通法与特别法的关系。此种情况下，特别法应当优先适用。

对销售侵权音像复制品且违法所得数额巨大的行为，刑法第三章第七节中有两个条文涉及。第二百一十七条中的发行虽然涵盖了第二百一十八条中的销售行

① 刑法修正案(十一)对本罪的法定刑作了调整。

为，但很明显，第二百一十七条的立法目的，在于打击那些未经著作权或者邻接权人许可而复制，直接侵犯著作权或者邻接权的行为；就像盗窃后销赃一样，复制后发行，通常是此罪的一个后续的不另罚的行为。第二百一十八条的立法目的，则在于打击没有复制，只是单纯销售侵权复制品的间接侵犯著作权或者邻接权的行为。

被告人顾然地为了营利，在未取得音像制品经营许可证的情况下，低价购进明知是侵权的音像复制品，然后高价销往国外。这种行为虽然扰乱市场秩序，但在本案中，市场秩序不是受侵害的主要客体；那些著作权人和录音录像制作者的著作权与邻接权，才是我国刑法要保护而被顾然地的行为所侵害的主要客体。对顾然地的行为，应当依照刑法第二百一十八条规定的销售侵权复制品罪定罪量刑。

《知识产权刑事解释》第六条规定：以营利为目的，实施刑法第二百一十八条规定的行为，违法所得数额在十万元以上的，属于“违法所得数额巨大”，应当以销售侵权复制品罪判处三年以下有期徒刑或者拘役，并处或者单处罚金。第十六条规定：明知他人实施侵犯知识产权犯罪，而为其提供贷款、资金、账号、发票、证明、许可证件，或者提供生产、经营场所或者运输、储存、代理进出口等便利条件、帮助的，以侵犯知识产权犯罪的共犯论处。被告人顾然地销售明知是未经著作权人许可而复制的侵权音像复制品，违法所得九十七万余元，数额巨大，其行为构成销售侵权复制品罪。被告人吴东、库迪、吴世彪虽然受雇于顾然地，但在明知顾然地大量销售侵权音像复制品后，仍为了获取一己私利，给顾然地提供各种帮助，是销售侵权复制品的共犯，均应依法惩处。

——《最高人民法院公报》2005 年第 9 期。

（五）侵犯商业秘密罪

611 侵犯商业秘密罪“给商业秘密权利人造成重大损失”的认定①

关键词｜侵犯商业秘密罪｜给商业秘密权利人造成重大损失｜

【最高人民法院司法解释】

第四条 实施刑法第二百一十九条规定的行为，具有下列情形之一的，应当认定为“给商业秘密的权利人造成重大损失”：

---

① 刑法修正案（十一）将“给商业秘密权利人造成重大损失”改为“情节严重”，造成重大损失属于情节严重的情形之一，对本司法观点需结合法律的最新修正理解与适用。

（一）给商业秘密的权利人造成损失数额或者因侵犯商业秘密违法所得数额在三十万元以上的；

（二）直接导致商业秘密的权利人因重大经营困难而破产、倒闭的；

（三）造成商业秘密的权利人其他重大损失的。

给商业秘密的权利人造成损失数额或者因侵犯商业秘密违法所得数额在二百五十万元以上的，应当认定为刑法第二百一十九条规定的“造成特别严重后果”。

——《最高人民法院、最高人民检察院关于办理侵犯知识产权刑事案件具体应用法律若干问题的解释（三）》（2020 年 9 月 14 日，法释〔2020〕10 号）。

【链接：理解与适用】

（四）侵犯商业秘密罪“给商业秘密权利人造成重大损失”的认定。从当前实践看，办理侵犯商业秘密罪案件的突出问题是：因商业秘密是通过权利人自己保护的方式而存在的权利，不具有排他独占权，其本身界限相对模糊且具有无形性，技术专业性强，侵权行为给商业秘密权利人造成的损失数额难以准确认定，因此刑事立案难、定罪量刑标准不统一。征求意见期间，多方建议降低入罪标准，加大对商业秘密权利人的司法保护力度。《解释（三）》充分听取了各方意见，根据司法实践需要，一是降低了入罪标准，将入罪数额从《2004 年解释》规定的“五十万元以上”调整至“三十万元以上”。二是扩充入罪情形，将因侵犯商业秘密违法所得数额、因侵犯商业秘密导致权利人破产、倒闭等情形纳入重大损失认定范围。适用本条款要注意，权利人因重大经营困难而破产、倒闭的后果与侵犯商业秘密行为之间必须具有直接的因果关系。

——林广海、许常海：《〈关于办理侵犯知识产权刑事案件具体应用法律若干问题的解释（三）〉的理解与适用》，载《人民法院报》2020 年 10 月 29 日，第 5 版。

612 侵犯商业秘密罪“造成特别严重后果”的认定①

关键词｜侵犯商业秘密罪｜造成特别严重后果｜

【最高人民法院司法解释】

第七条第二款　给商业秘密的权利人造成损失数额在二百五十万元以上的，属于刑法第二百一十九条规定的“造成特别严重后果”，应当以侵犯商业秘密罪判

---

① 刑法修正案（十一）将“造成特别严重后果”改为“情节特别严重”，特别严重后果属于情节特别严重的情形之一，对本司法观点需结合法律的最新修正理解与适用。

处三年以上七年以下有期徒刑，并处罚金。

——《最高人民法院、最高人民检察院关于办理侵犯知识产权刑事案件具体应用法律若干问题的解释》（2004 年 12 月 22 日，法释〔2004〕19 号）。

613 侵犯商业秘密罪“其他不正当手段”的认定

关键词 | 侵犯商业秘密罪 | 其他不正当手段 |

【最高人民法院司法解释】

第三条 采取非法复制、未经授权或者超越授权使用计算机信息系统等方式窃取商业秘密的，应当认定为刑法第二百一十九条第一款第一项规定的“盗窃”。

以贿赂、欺诈、电子侵入等方式获取权利人的商业秘密的，应当认定为刑法第二百一十九条第一款第一项规定的“其他不正当手段”。①

——《最高人民法院、最高人民检察院关于办理侵犯知识产权刑事案件具体应用法律若干问题的解释（三）》（2020 年 9 月 14 日，法释〔2020〕10 号）。

【链接：理解与适用】

（三）侵犯商业秘密罪“其他不正当手段”的认定。实践中，行为人为非法获取商业秘密，多采用偷拍偷录、复印记录或者未经授权、超越授权进入计算机信息系统拷贝、下载等方式秘密窃取，《解释（三）》第三条第一款将该类行为明确规定为刑法第二百一十九条第一款第（一）项的“盗窃”，突出打击重点。另外，《解释（三）》第三条第二款采纳了反不正当竞争法第九条的内容，明确规定“贿赂、欺诈、电子侵入”属于“其他不正当手段”。适用本条应当注意：一是刑法第二百一十九条第一款第（一）项规定的“以盗窃、利诱、胁迫或者其他不正当手段获取权利人的商业秘密”，规制的是“不正当获取行为”本身，故其他不正当手段的性质应当与盗窃、利诱、胁迫相当，行为本身即是不法行为。二是认定“以不正当手段获取商业秘密”的前提是，行为人此前并不掌握、知悉或者持有该项商业秘密，以区别于刑法第二百一十九条第一款第（三）项规定的违约侵犯商业秘密的行为。行为人合法正当获取商业秘密后违反保密义务侵犯商业秘密，属于刑法第二百一十九条第一款第（三）项规定的行为，而不属于该条款第（一）项规定的情形。例如，商业秘密权利人的员工参与了商业秘密研发或者因日常工作使用而知悉该项商业秘密，获取行为是合法正当的，其违反保密协议擅自复制商业秘密的行为，不属于刑法第二百

---

① 刑法修正案（十一）对此已作修正。

一十九条第一款第(一)项规定的"不正当手段"的情形。再如,商业秘密权利人的合同相对方依据合同或者在签订合同过程中知悉了权利人的商业秘密,后违反有关保守商业秘密的要求而披露、使用或者允许他人使用商业秘密的,也不应当认定为"以不正当手段获取权利人的商业秘密"。

——林广海、许常海:《〈关于办理侵犯知识产权刑事案件具体应用法律若干问题的解释(三)〉的理解与适用》,载《人民法院报》2020年10月29日,第5版。

614 侵犯商业秘密罪损失数额和违法所得数额的具体认定标准

关键词 | 侵犯商业秘密罪 | 损失数额 | 违法所得额 |

【最高人民法院司法解释】

第五条　实施刑法第二百一十九条规定的行为造成的损失数额或者违法所得数额,可以按照下列方式认定:

(一)以不正当手段获取权利人的商业秘密,尚未披露、使用或者允许他人使用的,损失数额可以根据该项商业秘密的合理许可使用费确定;

(二)以不正当手段获取权利人的商业秘密后,披露、使用或者允许他人使用的,损失数额可以根据权利人因被侵权造成销售利润的损失确定,但该损失数额低于商业秘密合理许可使用费的,根据合理许可使用费确定;

(三)违反约定、权利人有关保守商业秘密的要求,披露、使用或者允许他人使用其所掌握的商业秘密的,损失数额可以根据权利人因被侵权造成销售利润的损失确定;

(四)明知商业秘密是不正当手段获取或者是违反约定、权利人有关保守商业秘密的要求披露、使用、允许使用,仍获取、使用或者披露的,损失数额可以根据权利人因被侵权造成销售利润的损失确定;

(五)因侵犯商业秘密行为导致商业秘密已为公众所知悉或者灭失的,损失数额可以根据该项商业秘密的商业价值确定。商业秘密的商业价值,可以根据该项商业秘密的研究开发成本、实施该项商业秘密的收益综合确定;

(六)因披露或者允许他人使用商业秘密而获得的财物或者其他财产性利益,应当认定为违法所得。

前款第二项、第三项、第四项规定的权利人因被侵权造成销售利润的损失,可以根据权利人因被侵权造成销售量减少的总数乘以权利人每件产品的合理利润确定;销售量减少的总数无法确定的,可以根据侵权产品销售量乘以权利人每件产品的合理利润确定;权利人因被侵权造成销售量减少的总数和每件产品的合理利润均无法确定的，可以根据侵权产品销售量乘以每件侵权产品的合理利润确定。商业秘密系用于服务等其他经营活动的，损失数额可以根据权利人因被侵权而减少的合理利润确定。

商业秘密的权利人为减轻对商业运营、商业计划的损失或者重新恢复计算机信息系统安全、其他系统安全而支出的补救费用，应当计入给商业秘密的权利人造成的损失。

——《最高人民法院、最高人民检察院关于办理侵犯知识产权刑事案件具体应用法律若干问题的解释(三)》(2020年9月14日，法释〔2020〕10号)。

【链接：理解与适用】

(五)侵犯商业秘密罪损失数额和违法所得数额的具体认定标准。司法实践中，对侵犯商业秘密行为给权利人造成重大损失的认定标准存在不同认识，《解释(三)》根据实践情况，本着罪责刑相一致原则进一步进行了明确，区分不同行为的社会危害程度，规定不同的认定标准。

1. 通过不正当手段获取商业秘密但尚未披露、使用或者允许他人使用的情形。起草过程中主要有两种意见：一种意见认为，刑法将不正当手段获取商业秘密的行为明确规定为一种实行行为，意味着只要是非法获取了权利人的商业秘密，就可认定给权利人造成了损失。另一种意见认为，以不正当手段获取商业秘密后，因未将商业秘密用于经营活动，不宜认定给权利人造成实际损失。我们认为，鉴于以盗窃等不正当手段获取商业秘密的行为往往更加隐蔽、卑劣，权利人难以通过正常途径予以防范，社会危害性高于违反保密约定或者保密要求滥用商业秘密的行为，应当予以重点打击和防范。行为人通过不正当手段获取权利人的商业秘密，实际上节省了正常情况下获取商业秘密本应支付的许可使用费，该许可使用费正是权利人应当收取而未能收取的，应当属于遭受的损失。因此，此情形下按照该项商业秘密的合理许可使用费确定权利人的损失是合理的。适用本项时应当注意：一是以合理许可使用费作为认定损失的标准，应当限于以不正当手段获取商业秘密的情形，对于违约等其他侵犯商业秘密的行为，仍应当以商业秘密使用造成权利人销售利润的损失作为认定标准。二是合理许可使用费应当综合考虑涉案商业秘密权利人或者其他商业秘密权利人许可使用相同或者类似商业秘密收取的费用、不正当手段获取商业秘密后持有的时间等因素认定。实践中，将涉案商业秘密许可使用费的鉴定评估意见作为认定证据时，应当根据刑事诉讼法的有关规定对鉴定评估意见进行认真审查。

2. 以不正当手段获取权利人的商业秘密后，披露、使用或者允许他人使用的情形。原则上损失数额应当按照商业秘密用于经营造成权利人销售利润的减少这一损失计算，如同时存在前项规定的商业秘密合理许可使用费的，应当就高计算，不应当叠加认定或者任选其一认定。

3. 违约型侵犯商业秘密的情形。鉴于该情形下行为人对商业秘密的占有是合法正当的，较盗窃等不正当手段获取商业秘密行为而言社会危害性相对较小，在入罪门槛上应当有所区别。造成的损失按照行为人使用商业秘密造成权利人销售利润的损失计算，而不应当以商业秘密的合理许可使用费或者商业秘密的商业价值作为认定损失的依据。

4. "以侵犯商业秘密论"的情形。鉴于此种明知商业秘密来源不合法仍获取、使用、披露的"第二手"侵权行为，较直接不正当手段获取商业秘密及直接违约侵犯商业秘密行为而言，社会危害性相对小，造成的损失亦应当按照行为人使用商业秘密造成权利人销售利润的损失计算。

5. 侵权行为造成商业秘密丧失非公知性或者灭失的情形。该两种情形导致权利人的竞争优势丧失，可以将商业秘密的商业价值作为认定给权利人造成损失的依据。对于商业秘密的商业价值，可以根据该项商业秘密的研究开发成本、实施该项商业秘密的收益综合确定。需要注意的是，以商业秘密的商业价值作为认定损失的依据，只适用于商业秘密已为公众所知悉或者灭失的情形，而不应当扩大适用于其他侵犯商业秘密的情形。

《解释(三)》第五条第一款第(六)项规定了违法所得的认定。实践中，行为人以不正当手段获取商业秘密后或者违反约定将商业秘密转让给第三人使用，第三人往往支付钱款等财物，《解释(三)》规定可将该财物作为违法所得予以认定。《解释(三)》将"财产性利益"纳入违法所得的范畴，旨在囊括实践中行为人将侵犯的商业秘密作价入股、技术出资的情形。需要注意的是，在员工"跳槽"违约侵犯商业秘密的情形下，新公司往往给予员工年薪、安家费等酬薪。如果员工酬薪的取得除了提供相关商业秘密外，还主要与其自身具备的技能、经验等有关，此种情况下，一般不宜将年薪、安家费等酬薪直接认定为违法所得。

侵犯商业秘密行为造成权利人销售利润的损失如何计算，《解释(三)》第五条第二款进行了明确规定，采取递进方式认定。起草过程中，有意见认为，认定方式可以不分先后，根据案件情况具体适用。我们认为，递进方式能够更好地符合"给权利人造成重大损失"的立法本意。实践中，侵权人为获利往往低价销售侵权产品，如果直接以侵权产品销售量乘以每件侵权产品的合理利润计算权利人损失，会导致少计算相关损失，而以权利人减少的销售量乘以权利人每件产品的合理利润计算损失，能够更直接地体现侵权行为的社会危害性。有的案件中，因生产涉案产品的经营者除了商业秘密的权利人和行为人外，还有其他相关经营者，从市场竞争的不确定因素考虑，权利人被侵权后销售量的减少并不一定完全是行为人造成的结果，在这种情况下以侵权人侵权产品的销售量乘以权利人每件产品的合理利润确定损失，也是合理的。司法实践中，针对将商业秘密用于服务等非产品生产经营活动的，《解释（三）》规定损失数额可以根据权利人因被侵权而减少的合理利润确定。

为进一步加大对商业秘密权利人利益的保护，维护良好的市场竞争秩序，《解释（三）》第五条第三款规定，商业秘密的权利人为减轻对商业运营、商业计划的损失或者重新恢复计算机信息系统安全、其他系统安全而支出的补救费用，应当计入给商业秘密的权利人造成的损失。适用本款时应当注意，权利人支出的补救费用应当与侵犯商业秘密行为之间具有直接的因果关系，对于权利人怠于采取补救措施或者故意扩大损失而产生的费用，不应当计入给商业秘密权利人造成的损失。

——林广海、许常海：《〈关于办理侵犯知识产权刑事案件具体应用法律若干问题的解释（三）〉的理解与适用》，载《人民法院报》2020 年 10 月 29 日，第 5 版。

615 侵犯商业秘密的具体认定

关键词 | 侵犯商业秘密罪 | 重大损失 |

【最高人民法院公报案例】

西安市人民检察院诉裴国良侵犯商业秘密案（二审法院：陕西省高级人民法院）

要旨：凌钢连铸机主设备设计具有实用性，不为公众所知悉，能为权利人带来经济利益，权利人为其采取了保密措施，因此该技术是权利人依法受保护的商业秘密。

上诉人裴国良身为西安重研所的高级工程师，明知凌钢连铸机主设备图纸是西安重研所的商业秘密，自己与西安重研所签订过含有保密条款的劳动合同，对西安重研所的商业秘密负有保密义务，仍利用工作上的便利，将凌钢连铸机主设备图纸的电子版私自复制据为己有，后又将该电子版交由中冶公司使用，以至给西安重研所造成特别严重的后果。裴国良的行为构成侵犯商业秘密罪，应依法惩处。

——《最高人民法院公报》2006 年第 12 期。

上海市人民检察院第二分院诉周德隆等人侵犯商业秘密案（二审法院：上海市高级人民法院）

要旨：违反与原单位的保密约定，伙同他人利用原单位专利技术以外不为公众知悉的工艺技术信息，生产与原单位相同的产品，并给原单位造成重大经济损失的，应根据刑法第二百一十九条第一款第（三）项和第二款之规定，按侵犯商业秘密罪论处。明知他人违反与原单位的保密约定，仍伙同其利用掌握原单位专利技术以外不为公众知悉的工艺技术信息，生产与原单位相同的产品，并给其原单位造成重大经济损失的，应根据刑法第二百一十九条第一款第（三）项和第二款之规定，按侵犯商业秘密罪论处。

根据刑法第二百一十九条第一款第（三）项和第二款之规定，周德隆、陶国强违反与原单位的保密约定，伙同他人利用原单位专利技术以外不为公众知悉的工艺技术信息，生产与原单位相同的产品，并造成原单位重大经济损失的行为，已构成侵犯商业秘密罪；陈伟明明知他人违反与原单位的保密约定，仍伙同他人利用掌握原单位专利技术以外不为公众知悉的工艺技术信息，生产与他人（原单位）相同的产品，并造成他人（原单位）重大经济损失的行为，亦构成侵犯商业秘密罪。

……

四、关于陈伟明是否明知周德隆、陶国强违反保密要求而共同实施侵犯亚恒公司商业秘密的行为的问题

经查：伟隆公司注册成立起源于周德隆向陈伟明提出成立一家生产与亚恒公司相同产品公司的建议。伟隆公司的设备均通过周德隆、陶国强向亚恒公司原供货单位采购，设备调试、安装及其他工艺技术问题，系利用陶国强掌握的亚恒公司相关技术予以解决。亚恒公司在获悉伟隆公司涉嫌侵犯其权利的情况下，先后于2001年2月、4月、9月，以各种形式向陈伟明、陶国强指出其行为涉嫌侵犯该公司商业秘密。在侦查阶段，陈伟明供称，“我认为侵犯商业秘密是周德隆、陶国强，他们侵犯了（亚恒公司）商业秘密，他们与亚恒公司签订过保密协议，这个不关我的事，我又没有在亚恒公司工作过，又没有与亚恒公司签订过什么保密协议，不存在我侵犯亚恒公司的商业秘密的情况”。故应当认定陈伟明明知周德隆、陶国强侵犯亚恒公司商业秘密，仍与其共同实施侵犯商业秘密的行为，陈伟明及其辩护人的有关意见与事实不符，不予采信。

——《最高人民法院公报》2005年第3期。

【最高人民法院参考案例】

杨俊杰、周智平侵犯商业秘密案（《刑事审判参考》案例第609号）

要旨：权利人的涂料配方，应作为一个整体认定为商业秘密加以法律保护，不应区分公知技术和非公知技术。被告人曾经作为权利人的职员，违反保密协议，且不具备开发、研制涂料配方的能力，又未进行反向工程，可以认定其系不正当手段获取权利人的技术秘密。

（一）关于本案技术信息秘密性的认定

刑法第二百一十九条规定，商业秘密是指不为公众所知悉，能为权利人带来经

济利益，具有实用性并经权利人采取保密措施的技术信息和经营信息。本案自诉人所要求保护的技术信息和经营信息是否属于商业秘密，关键在于对秘密性的判定，即是否“不为公众所知悉”。自诉人的客户资料、油漆报价、工程标书等经营信息，显然不能从公开渠道直接获取，故不难认定具有秘密性。存在争议的是对技术信息秘密性的认定，鉴于这种认定涉及专业知识，一审法院受理本案后，依据刑事诉讼法第一百一十九条的规定，委托上海市科学技术委员会对自诉人卡伯公司主张的H800、D268、M203、D356、T600、Q586、D580、E508等配方进行是否为公知技术的鉴定。三名鉴定人分别对自诉人卡伯公司和被告人周智平、杨俊杰进行技术听证，并分别要求当事人提供用以鉴定的技术资料。被告人未提供有价值的技术资料，后经分析评议，鉴定人作出了自诉人的H800、D268、E508三种配方属于不公知技术的鉴定结论。法院经审查认为，该鉴定结论由具有鉴定资质的专家出具，鉴定程序合法，鉴定过程客观，鉴定结论有效，应依法采信，从而确认自诉人要求保护的三种技术信息具有秘密性。辩护人提出，对商业秘密的鉴定应当区分公知技术与非公知技术，否则没有证明效力。我们认为，对商业秘密区分公知技术与非公知技术是针对特定情形或者特定案件而言的，不具有普遍性。例如，甲公司掌握某项技术秘密，与乙公司联营合作后该技术秘密已公开，甲公司再要求保护该秘密中的产品配方和工艺，法院就应要求其将诉讼请求明确化，区分公知技术和非公知技术，否则可能侵犯公共利益。但本案的情形不同。自诉人的涂料配方除基础成分外，还有特殊的原料及配比。涂料助剂在涂料中具有特定性能，且每种助剂都有不同程度的副作用，会影响涂料的其他性能，故对助剂的选择、用量的确定都必须按照涂料产品的具体情况（如涂料性能、客户要求等）进行反复试验。同时，因各行各业对涂料的要求越来越高，功能性涂料发展迅猛，行业竞争十分激烈，助剂的使用更具重要意义。如何用好各种助剂往往成为涂料企业的技术关键。因此，对本案自诉人的涂料配方，应作为一个整体认定为商业秘密加以法律保护，不应区分公知技术和非公知技术。上海市科学技术委员会的技术鉴定结论也证实了这一点。

（二）关于被告人是否实施了侵犯商业秘密的行为

刑法第二百一十九条规定侵犯商业秘密有四种行为方式，其中该条第三项规定的侵犯商业秘密行为方式为：违反约定或者违反权利人有关保守商业秘密的要求，披露、使用或者允许他人使用其所掌握的商业秘密。这是一种违约型侵犯商业秘密的行为，以行为人与商业秘密权利人之间是否存在保守商业秘密的协议为前提。实践中，有时行为人掌握商业秘密本身是合法的，但由于其违反约定或者违反权利人有关保守商业秘密的要求，将自己因工作、职责掌握的商业秘密予以披露、使用，或者允许他人使用，从而构成侵权。本案被告人及其辩护人提出，被告人与自诉人之间没有保密协议，周智平还辩称其系通过反向工程掌握了该技术，不构成侵权。这种辩解和辩护意见不能成立。具体分析如下：

首先，自诉人对其技术信息和经营信息采取了保密措施，被告人违反了保密协议。对商业秘密采取保密措施，并不要求权利人采取的措施能做到万无一失，只要权利人采取了合理的保密措施，使负有保密义务以外的其他人不能轻易获得该秘密即可。关于措施是否合理，可以从以下几个角度考虑：(1)权利人是否明确了作为商业秘密保护的信息范围；(2)是否制定了相应的保密制度或以其他方法使他人知晓其掌握或接触的信息系应当保密的信息；(3)是否采取了一定的物理防范措施，除非通过不正当手段，他人轻易不能获得该信息。本案中，自诉人卡伯公司在1998年前已研制开发、生产销售各类油漆涂料，取得许可、授权，是生产、销售各类油漆涂料的权利人，并逐步形成了油漆生产技术和销售网络。该公司还制定了《保密制度》，在生产作业单上注明"保密资料"字样，并通过与员工签订《劳动合同》，明确了员工应遵守的各项规章制度。据此，应当认为，卡伯公司对其技术信息和经营油漆涂料信息采取了合理的保密措施。被告人周智平、杨俊杰在卡伯公司分别从事技术管理和经营管理，知悉该公司的商业秘密，在离开卡伯公司时擅自将自诉人的有关资料带走，且成立侨世公司后，利用上述资料生产和销售同类产品，违反了卡伯公司有关保守商业秘密的要求。周智平、杨俊杰到案后的历次供述与上述事实相符，且能相互印证，公安人员从卡伯公司的电脑中调取的《保密制度》也确认了相关事实，故应认为周智平、杨俊杰违反了卡伯公司的保密规定。

其次，被告人周智平并非通过反向工程获得自诉人的技术秘密。所谓反向工程，是指通过对终端产品的分析研究，找出该产品的原始配方或者生产工艺。反向工程是对商业秘密权的一种限制，一旦他人通过反向工程获得技术秘密，权利人则无权阻止他人披露和使用获得的技术信息。本案被告人周智平原是自诉人卡伯公司的技术部经理，仅高中文化，根据其履历反映，周不具备开发、研制涂料配方、改进生产工艺的能力。其辞职后，未经许可擅自将卡伯公司所有的意大利麦加油漆公司全套授权(原版)配方、内部色卡、客户资料、特种样品测试方法以及测试标准、产品底价、部分油漆报价单、原版产品检测报告、产品说明书、卡伯公司与客户的合同等技术资料带离卡伯公司，并伙同杨俊杰成立了分别由周妻赵某和杨母张某担任公司负责人的公司，生产销售同类产品。据此，可以认定周智平系以不正当手段而非反向工程获取了卡伯公司的技术秘密，属于侵犯商业秘密的行为。

——《刑事审判参考》(总第73辑)。

项军、孙晓斌侵犯商业秘密案(《刑事审判参考》案例第233号)

要旨：源代码是用源语言编制的计算机程序，一旦被公开，软件的核心技术即泄露，因此，源代码作为一种技术信息，当属商业秘密范畴。被告人违反合同约定义务，向他人提供权利人软件源代码，属于侵犯商业秘密的行为；明知被告人以不正当手段获取权利人的商业秘密仍加以使用，以侵犯商业秘密论。

（一）本案所涉的 Webmail 软件源代码属于商业秘密

根据刑法第二百一十九条第三款的规定，商业秘密是指“不为公众所知悉，能为权利人带来经济利益，具有实用性并经权利人采取保密措施的技术信息和经营信息”。依照《国家工商行政管理局关于禁止侵犯商业秘密行为的若干规定》第二条第五款的规定，这里的“技术信息和经营信息”，应当包括设计、程序、产品配方、制作工艺、制作方法、管理诀窍、客户名单、货源情报、产销策略、招投标中的标底及标书内容等信息。计算机软件保护条例第二条规定，计算机软件包括计算机程序及其有关文档。源代码是用源语言编制的计算机程序，是计算机软件的核心内容和软件设计方案的具体表现。源代码一旦被公开，软件的核心技术即泄露，从而会失去应用的商业价值。因此，源代码作为一种技术信息，当属商业秘密范畴。但对于本案所涉的 Webmail 软件源代码能否认定为商业秘密，还应当取决于其是否属于刑法第二百一十九条第三款规定的“不为公众所知悉，能为权利人带来经济利益，具有实用性并经权利人采取保密措施”的技术信息。

本案中，凌码公司投入一定人力、物力开发了具有独立知识产权的加密电子邮件系统 Webmail 软件，且不断进行更新完善，该软件的权利人凌码公司未曾将该软件的源代码对外公开，涉案源代码作为电子邮件系统软件的核心内容仍“不为公众所知悉”。在被告人孙晓斌与凌码公司签订的聘用合同中已明确约定：“乙方（孙晓斌）在本合同期间，参与研制开发的各项产品和技术，产权均为甲方（凌码公司）所有。未经甲方许可，任何时候乙方不得将甲方的技术用于乙方或告知第三方。”由于该保密条款中除“甲方许可”之外无其他例外规定，因此该条款的内容可以对抗除凌码公司之外的任何人。这一保密条款足以说明凌码公司已采取一定措施防止这一技术成果的泄密，具有保密性。凌码公司以九万美元（折合人民币七十四万余元）将其复制品销售给香港中国青少年网股份有限公司门户网站，说明该软件具有实用性并能给权利人带来较大的商业利润。因此，凌码公司开发的 Webmail 软件源代码属于商业秘密。

（二）被告人项军和孙晓斌的行为均侵犯了凌码公司的商业秘密

根据刑法第二百一十九条第一款的规定，违反约定或者违反权利人有关保守商业秘密的要求，披露、使用或者允许他人使用其所掌握的商业秘密的行为，属于侵犯商业秘密；明知或者应知他人向其披露的商业秘密违反了约定或者违反了权利人有关保守商业秘密的要求，仍然获取、使用或者披露他人的商业秘密的，以侵犯商业秘密论。被告人孙晓斌参与了 Webmail 软件的开发工作，在项军许诺为其向 ARL 公司推荐工作的诱惑下，违反合同约定义务，将凌码公司的 Webmail 软件源代码提供给项军,其行为已侵犯了凌码公司的商业秘密;被告人项军明知孙晓斌为其提供 Webmail 软件源代码的行为违反了凌码公司有关保守商业秘密的要求,仍然将从孙晓斌处得到的软件源代码安装在 ARL 公司的服务器上,其行为应当以侵犯商业秘密论。至于二被告人及其辩护人提出,由于孙晓斌未将其中的关键技术提供给项军,致项军编成的软件无法实现全部功能,从而影响其应有的商业价值,但公安部计算机信息系统安全产品质量检验中心出具的鉴定结论证实,凌码公司提供的 Webmail 软件源代码和从项军手提电脑中获取的源代码有较大程度上的雷同,属于同一软件不同版本的源代码,并未发现其中之一的软件有关键技术上的缺损。因此,孙晓斌及其辩护人提出的此项辩解依据不足。

(三)被告人项军、孙晓斌的行为给商业秘密的权利人造成了重大损失,已构成侵犯商业秘密罪

根据刑法第二百一十九条的规定,“给权利人造成重大损失”是侵犯商业秘密罪的必要构成要件。在刑事司法实践中,“重大损失”主要是指被害人由于被告人的犯罪行为而遭受的物质损失。依照《最高人民法院关于刑事附带民事诉讼范围问题的规定》第二条的解释,“被害人因犯罪行为遭受的物质损失,是指被害人因犯罪行为已经遭受的实际损失和必然遭受的损失”。但由于商业秘密是一种能够创造财富的技术信息或者经营信息,属于无形资产,以不正当手段获取、披露、使用或者允许他人使用权利人的商业秘密,给权利人造成的损失,通常表现为权利人现实的利益和预期的合理利益的丧失,如市场份额被削减、权利人竞争力减弱、产品在市场上的地位受到打击等而使权利人遭受物质损失,具体数额也往往难以精确计算。在刑事司法实践中,一般参照法律规定的侵权行为人应当承担的民事赔偿数额确定给权利人造成的损失数额。就侵犯商业秘密而言,根据反不正当竞争法第二十条第一款的规定,经营者侵犯商业秘密,给权利人造成损害的,应当承担损害赔偿责任。权利人的损失难以计算的,赔偿额为侵权人在侵权期间因侵权所获得的利润;并应当承担被侵害的经营者因调查该经营者侵害其合法权益的不正当竞争行为所支付的合理费用。据此,对于侵犯商业秘密犯罪行为给商业秘密权利人造成损失数额的认定,一般遵循以下原则:(1)对于能够计算权利人的损失的,应当计算权利人的损失数额;(2)权利人的损失数额难以计算的,以侵权人在侵权期间因侵犯商业秘密所获得的实际利润计算权利人的损失数额。然而,在某些情况下,权利人的损失数额和侵权人所获得的实际利润均难以查实。如本案,权利人凌码公司开发 Webmail 软件后仅出售一份后即被项军和孙晓斌以不正当手段非法披露,难以计算凌码公司的 Webmail 软件源代码被非法披露后已经遭受和必然遭受的损失,而被告人项军和孙晓斌非法披露 Webmail 软件源代码给 ARL 公司的目的是加盟 ARL 公司,得到的两台东芝笔记本电脑并非其出售 Webmail 软件源代码

的报酬，因此，两台东芝笔记本电脑的价值不能反映侵权人所获得的实际利润。在此情况下，一、二审法院以凌码公司已经销出的 Webmail 软件的销售价格认定二被告人的侵权行为给商业秘密权利人所造成的损失数额，既能反映出二被告人非法披露商业秘密使他人少支付的费用，又能反映出权利人因此而遭受的最低物质损失，这种认定方法不仅对二被告人较为有利，且与法律规定并不相悖，不失为一种合理、合法的解决办法。

——《刑事审判参考》（总第 31 辑）。

八、扰乱市场秩序罪

(一)合同诈骗罪

616 合同诈骗罪中“以非法占有为目的”的认定

关键词｜合同诈骗罪｜非法占有目的｜

【最高人民法院公报案例】

吴联大合同诈骗案(二审法院:浙江省高级人民法院)

要旨:行为人在签订和履行合同过程的一些行为具有一定的欺骗性,但其主观上不具有以欺骗的手段非法占有对方公司财产的目的,客观上具备一定的履约能力,也有积极履行合同的诚意和行动,拒退保证金是事出有因,并不是企图骗取对方公司的财产,不属于“明知自己没有履行合同的能力而采取欺骗手段骗取他人财物的”或者“隐匿合同保证金等担保合同履行的财产,拒不返还”的情形,不构成合同诈骗罪。

被告人吴联大虽系根据与樱花公司的约定与长城公司洽谈签订协议,但其在中介过程中,违背诚实信用原则,为抬高身价,在协议的封面和内容上多处以西门子公司作为主体,给人以代表西门子分公司的印象,待签订协议之后,再予修正;并且在长城公司和樱花公司签订的低压成套项目协议上又私自加进其他内容。上述欺诈行为有相应的证据证实,原判也在事实部分作了相应的认定,检察机关抗诉对此部分提出的异议成立。但综观全案,吴联大在代表樱花公司与长城公司签订和履行技术合作中,一些行为虽然具有一定的欺骗性,但其主观上尚不具有以欺骗的手段非法占有长城公司财产的目的。吴联大与长城公司签约的直接动机,是希望西门子分公司的有关技术合作项目能够转让成功,使其本人能够从中获取高额技术转让费。在客观上,吴联大作为樱花公司的商务代理,具备一定的履约能力,也有积极履行合同的诚意和行动,拒退保证金是事出有因,并不是企图骗取长城公司的财产,不属于《最高人民法院关于审理诈骗案件具体应用法律若干问题的解释》中规定的“明知自己没有履行合同的能力而采取欺骗手段骗取他人财物的”或者“隐匿合同保证金等担保合同履行的财产,拒不返还”的情形。长城公司虽在与吴联大接洽初期,受吴联大某些不当行为的误导,但终究是在经过考察了解后,确认有获得西门子分公司技术合作的可能,同意与吴联大等人签约并支付有关款项,亦不属被骗;且长城公司通过樱花公司及吴联大等人的中介,最终达到了与西门子分公司技术合作的目的,已经成为受益者。有鉴于此,吴联大的行为不构成合同诈骗罪,检察机关要求按合同诈骗罪对其定罪处罚的抗诉理由不足,不予采纳。

——《最高人民法院公报》2003 年第 1 期。

【最高人民法院参考案例】

刘恺基合同诈骗案(《刑事审判参考》案例第 646 号)

要旨:在签订合同时无履行能力,之后仍无此种能力,而依然蒙骗对方,占有对方财物,应认定为有非法占有之目的。

合同诈骗犯罪是目的犯,必须以行为人具有非法占有目的为构成要件。刑法第二百二十四条规定了合同诈骗罪的五种情形:(1)以虚构的单位或者冒用他人名义签订合同的;(2)以伪造、变造、作废的票据或者其他虚假的产权证明作担保的;(3)没有实际履行能力,以先履行小额合同或者部分履行合同的方法,诱骗对方当事人继续签订和履行合同的;(4)收受对方当事人给付的货物、货款、预付款或者担保财产后逃匿的;(5)以其他方法骗取对方当事人财物的。前四种情形规定得非常明确具体,比较容易把握与认定,但在司法实践中,被告人的行为往往与前四种情形不相符合,这就需要法官根据事实对被告人的主观方面进行分析,以认定其是否具有非法占有之目的,进而确定其行为是否构成合同诈骗罪。如何认定合同诈骗罪行为人主观上的非法占有目的,是司法实践中的重点和难点。一般而言,对行为人是否具有非法占有之目的,可以从以下几个方面进行分析:(1)行为人是否具有签订、履行合同的条件,是否创造虚假条件;(2)行为人在签订合同时有无履约能力;(3)行为人在签订和履行合同过程中有无诈骗行为;(4)行为人在签订合同后有无履行合同的实际行为;(5)行为人对取得财物的处置情况,是否有挥霍、挪用及携款潜逃等行为。

——《刑事审判参考》(总第 76 辑)。

朱某某合同诈骗案(《刑事审判参考》案例第 1076 号)

要旨:如何在司法实践中判断行为人的主观目的,应当根据其是否符合刑法所规定的具体行为,并综合考虑事前、事中、事后的各种主客观因素进行整体判断。

根据刑法第二百二十四条的规定,合同诈骗罪是指以非法占有为目的,在签订、履行合同过程中,骗取对方当事人财物,数额较大的行为。对于合同诈骗罪的行为人而言,签订合同的着眼点不在合同本身的履行,而在对合同标的物或定金的不法占有。判断行为人的行为是否构成合同诈骗罪,认定有无非法占有目的是关键。非法占有目的既可以存在于签订合同时，也可以存在于履行合同的过程中。如何在司法实践中判断行为人的主观目的，应当根据其是否符合刑法所规定的具体行为，并综合考虑事前、事中、事后的各种主客观因素进行整体判断。刑法第二百二十四条列举了四种判断非法占有目的的情形：(1)以虚构的单位或者冒用他人名义签订合同的；(2)以伪造、变造、作废的票据或者其他虚假的产权证明作担保的；(3)没有实际履行能力，以先履行小额合同或者部分履行合同的方法，诱骗对方当事人继续签订和履行合同的；(4)收受对方当事人给付的货物、货款、预付款或者担保财产后逃匿的。结合司法实践，除了上述四种情况外，具有以下情况的也可认为行为人具有非法占有为目的：(1)为了应付对方当事人索取债务，采用"拆东墙补西墙"的方法又与其他人签订合同筹措资金，以后次骗签合同所获得货物、货款、预付款、定金或者保证金归还前次欠款的；(2)起初确实只是为了解决一时资金困难，采取欺骗手段与对方当事人签订合同以暂时获取周转资金，但在有能力归还资金的情况下却故意久拖不还的；(3)收到对方货款、预付款、定金或者保证金后，不按合同约定内容履行合同，如组织约定货源、提供约定服务等，而是用于炒股或其他风险投资的；(4)通过签订合同获取对方当事人交付的货物、货款、预付款、定金或者保证金后，挥霍浪费，致使上述款物无法返还的；(5)根本没有履行合同的能力或者故意夸大自己履行合同的能力，骗取对方当事人的信任与自己签订合同，合同签订后又不积极努力设法创造履约条件履行合同以避免对方经济损失的。

——《刑事审判参考》(总第108辑)。

【链接：最高人民法院法官著述】

1."以非法占有为目的"的理解

刑法意义上的"非法占有"，不仅是指行为人意图使财物脱离相对人而非法实际控制和管领，而且意图非法所有或者不法所有相对人的财物，为使用、收益、处分之表示。

2."以非法占有为目的"的认定

认定是否具有非法占有目的，应当坚持主客观相一致的原则，既要避免单纯根据损失结果客观归罪，也不能仅凭被告人自己的供述，而应当根据案件具体情况具体分析。实践中案件情况复杂，对于"以非法占有为目的"的认定，应结合行为人的履约能力、履约行为、对取得财物的处置情况、事后态度等方面情况，加以综合判定，具体如下：

(1)主体资格是否真实。在正常的经济交易活动中，交易主体签订合同，目的是履行合同，达到交易的预期目的，而交易的安全、顺利进行并最终完成势必首先要求交易的主体必须真实存在。即便是合同民事欺诈，由于行为人的目的是通过履行合同而谋取不当或非法利益，因而在主体资格上一般也不会弄虚作假。反之，在刑事诈骗中，行为人签约时往往会以虚假面目出现，以虚构的单位或者假冒他人的名义签订合同。

(2)行为人有无履约能力。在司法认定中应注意以下几点：行为人虽不具备实际条件，但有确凿的证据证明其在履行期限内具有相应的生产经营能力，履约有可靠的保障，应认定其具有履约能力；行为人原先有履行合同的能力，但在履行合同的过程中，由于客观原因丧失了履约能力，导致无力归还他人财物的，不能以合同诈骗罪定罪处罚；行为人签订合同时没有履行合同的能力，但是在取得他人财物后为履行合同做了积极努力，但因被骗或者其他客观原因丧失归还能力的，不能以合同诈骗罪定罪处罚。

(3)行为人有无采取诈骗的行为手段。非法占有目的是主观心理内容，须通过具体行为方式及行为的实践效果去判断。手段的非法性是认定主观目的的重要依据。对诈骗犯罪而言，行为人非法占有的目的是与实施了诈骗行为联系在一起的。若行为人没有实施任何虚构事实、隐瞒真相的诈骗行为，即使最终没有履行合同，也不应认定为合同诈骗罪。值得注意的是，合同诈骗罪中的诈骗行为与合同纠纷中的民事欺诈行为，都含有欺骗的成分，但有欺骗成分的不一定就构成合同诈骗犯罪，还须进一步区分民事欺诈与刑事诈骗：首先要看欺骗的内容，如果认为行为人只是在合同标的的数量和质量上欺骗对方还属于民事欺诈的话，那么，在有无合同标的物上欺骗了对方，就已超出了民事欺诈的范围。另外，还要看欺诈的程度，即欺诈手段在签订、履行合同当中所起的作用。在刑事诈骗中，行为人完全虚构事实、隐瞒真相，没有履行合同的诚意和行为，欺诈手段在签订、履行合同当中起着根本性、绝对性的作用，而民事欺诈所追求的利益是希望通过实际履行实现，因此虽然在合同履行内容的某些内容或部分事实采取了欺骗手段，如夸大数量、质量或自己的信誉、履约能力，但对合同最终适当、全面履行的影响不存在根本的、全面的影响，属于意思表示有瑕疵的行为，应认定为一种履约前提下的民事欺诈。

(4)行为人有无实际履约行为。合同诈骗犯罪的行为人在签订合同时或在履行合同过程中没有履行或继续履行合同的诚意，其目的在于利用合同这一手段骗取对方财物，一般没有履行合同的实际履约行为或为履行合同作出努力。即使有一些履行合同的行为，那也不过是为了掩人耳目，绝不是诚心诚意地按合同规定完全彻底地履行合同，履行一小部分合同的目的是骗财作掩护。行为人虽有履行合同的能力，但签订合同后没有为履行合同做任何努力或者仅履行少部分合同，将取得的他人财物挥霍、用于其他非经营性活动，丧失归还能力的，应认定行为人具有非法占有的目的。“拆东墙补西墙”的行为不属于履约行为，而是一种诈骗行为。

(5)行为人没有履行合同的原因。在合同诈骗犯罪和合同经济纠纷都会出现行为人没有履行合同的情形,但没有履行合同并不一定是合同诈骗,还需具体分析其没有履行合同的主、客观两方面的原因。

(6)行为人的履行态度是否积极。这一点与行为人不能履行合同的原因紧密相连,作为分析问题的一个角度,有单独提出的必要。倘若行为人在合同生效后不做任何努力,能履行而不积极履行,则说明其有诈骗故意。

(7)行为人对财物的主要处置方式。在不同的心理态度支配下,对合同标的物的处置也会有所不同。行为人将骗取的财物用于个人挥霍、非法活动、归还欠款、非经营性支出等方面的,一般可以认定行为人具有非法占有目的;对于行为人将骗取的资金用于实际经营活动,包括用于炒股、炒期货、开发房地产等高风险的经营活动,并造成资金客观上无法归还的,则不能以合同诈骗罪定罪处罚。需要指出的是,这里强调财物的主要处置形式,指的是确定全部或大部分资金的走向、用途。

(8)行为人的事后态度是否积极。行为人的事后态度,也是区分行为人主观上有无诈骗故意的重要标志。如果行为人因自己的行为导致合同没有履行之后,不是及时通知对方,积极采取补救措施,以减少对方的损失,而是无正当理由地表现出种种不愿承担责任的态度,拒不赔偿、返还对方财物,或找各种理由搪塞应付,东躲西藏,避而不见,甚至收受对方财物后逃匿,可认定其具有非法占有目的。相反,如果行为人事后能积极采取补救措施,用实际行动赔偿或者减少对方损失,就不能认定其具有非法占有目的。

3. 关于非法占有目的的产生时间

对于传统的诈骗罪来说,被害人"自愿"交付财物后,诈骗犯罪已经完成,行为人的非法占有目的一般产生于其非法控制公私财物之前。但在某些情况下,行为人先占有了被害人的财物,然后使用欺骗方法,使被害人自愿放弃财物,从而非法占有他人财产,也符合诈骗罪的特征。合同诈骗罪,行为人在被害人交付财物或者款项之前,可能没有非法占有的目的,也没有采用欺骗手段使被害人产生错误认识,而是在合法占有公私财物后,以非法占有为目的,采用虚构事实或者隐瞒真相的方法,拒不交付货物或者支付货款,或者不偿还资金。因此,行为人的非法占有目的可以在行为人签订、履行合同之前产生,也可以在签订、履行合同过程中产生。

——高憬宏、杨万明主编:《基层人民法院法官培训教材(实务卷·刑事审判篇)》,人民法院出版社 2005 年版,第 231—235 页。

617 签订合同并收取对方的保证金后挪作他用是否可以认定具有非法占有目的

关键词｜合同诈骗罪｜非法占有目的｜

【最高人民法院参考案例】

高淑华、孙里海合同诈骗案(《刑事审判参考》案例第 1299 号)

要旨:应当综合合同签订的背景、被告人为生产经营所作出的努力、钱款的去向和用途等方面来判断被告人是否具有非法占有的目的,而不能简单地从客观上被告人有欺骗行为直接得出被告人主观上具有非法占有目的的结论。

1. 鑫海公司的房产项目真实存在。鑫海公司在 2011 年 8 月与曹信庄村委会签订了新民居项目意向书并交纳了四百万元保证金,虽然未能按约定交纳后续四千六百万元启动资金,但此后鑫海公司在临建用地上进行土地平整、修建道路及工人住房等前期准备时,曹信庄村委会并未制止,也未终止与鑫海公司的合同与他人另议该项目。因此,双方的合作协议实际上一直在履行,即使鑫海公司未告知世达公司曹信庄村有权终止协议,也不能据此认定其有隐瞒真相的行为。鑫海公司在与世达公司签订合同时虽然只提供了项目效果图,但由于“边干边批、先上车后买票”的情况在房地产行业普遍存在,且在案证据显示,被告人孙里海在与世达公司签约时曾告知对方项目是新民居建设,并保证尽快把项目所需手续办理齐全,作为建筑工程领域的公司,世达公司在签约时对于鑫海公司项目手续未办或不全的情况并非一无所知。

2. 认定被告人高淑华和孙里海非法占有世达公司四百万元保证金目的的证据不足。从现有证据来看,鑫海公司在曹信庄村新民居项目上确有前期投入,收取的保证金多数用于项目正常开支。鑫海公司与曹信庄村委会签订意向协议后,在临建用地上进行过土地平整、工人住房及修建道路等前期建设,并形成了相关的财产权益,所收取世达公司的四百万元保证金均被用于归还欠款、工程费用及公司的日常开支,高淑华、孙里海没有将这四百万元保证金占为己有或挥霍,主观上想将项目运作成功并围绕项目进行了一系列经营行为。

融资行为是判断被告人履约意愿的重要方面,但本案中关于被告人高淑华、孙里海融资行为的证据有限且真假未辨,无从认定。从整体来看,二被告人确实努力地在做曹信庄村新民居项目,尽管在与世达公司签约时有一些欺骗隐瞒行为,但从经验常识判断,房地产开发行业本身具有资金密集型的产业特点,资金投入大、经营风险高,鑫海公司虽然自身实力不足,但如果融资等经营行为得当,不能排除其最终盈利的可能性。因此,应当综合合同签订的背景、被告人为生产经营所作出的努力、钱款的去向和用途等方面来判断被告人是否具有非法占有的目的,而不能简单地从客观上被告人有欺骗行为直接得出被告人主观上具有非法占有目的的结论。

3. 本案资产负债问题并不突出,世达公司的损失能够通过民事途径进行救济,在一定程度上可得到挽回。截至案发时,鑫海公司在曹信庄村委会账户上还有四百万元保证金,在临建项目上也形成了相关的财产权益,不同于常见的合同诈骗犯罪,本案中鑫海公司的资产负债问题并不突出。二被告人从王腊元、世达公司等处收取的保证金主要用于曹信庄村新民居项目的临建设施、公司正常开支或者归还此前吸收的保证金,未见挥霍情况。案发时鑫海公司的账户上虽然没有现金,无法偿还世达公司的保证金,但鑫海公司此前在曹信庄村新民居项目上已完成的临建设施上仍有一定的财产权益,加上该公司此前支付给曹信庄村委会的四百万元保证金,公司的整体资产负债问题不是很突出。如处理得当,世达公司的四百万元损失可在一定程度上得到挽回。对于虽有一定的欺骗行为,但不影响被害人通过民事途径进行救济的,不宜轻易认定为诈骗犯罪,这也符合刑法的谦抑性原则。

——《刑事审判参考》(总第120辑)。

618 业务员冒用公司名义与他人签订合同违规收取货款的行为的定性

关键词｜合同诈骗罪｜冒用公司名义｜

【最高人民法院参考案例】

谭某合同诈骗案(《刑事审判参考》案例第577号)

要旨:以非法占有为目的,冒用他人名义签订合同,在履行合同过程中,明知自己没有实际履行合同的能力,以先部分履行合同的方法,诱骗他人与其继续签订、履行合同,骗取他人财物的行为,构成合同诈骗罪。

(一)被告人谭某非法占有的款项属于纸箱厂的货款,因此其行为不构成职务侵占罪或挪用资金罪

界定被告人谭某行为性质的关键在于其非法占有款项的归属性质,如果谭某占有的该款项应属其所在单位即煤气公司所有,则谭某的行为可能构成职务侵占罪或挪用资金罪;如果该款项的性质仍属于纸箱厂支付给谭某个人的货款,则谭某的行为属于合同诈骗性质。

(1)谭某的行为不能成立表见代理,谭某收取的纸箱厂的预付款不属于煤气公司所有。

纸箱厂与谭某以煤气公司名义签订合同的行为不具备成立表见代理的基本条件,因此,谭某冒用其所在公司名义与纸箱厂签订的液化气买卖协议不成立表见代

理,且事后煤气公司也没有对该协议效力进行追认,故谭某与纸箱厂所签协议的效力不及于煤气公司,其收取的纸箱厂的合同货款不属于煤气公司所有。

(2)煤气公司从未实际掌控纸箱厂的全部货款。

被告人谭某行为占有的款项在案发时既非其所在单位所有,也未受其单位实际控制,该款项系其个人非法占有的纸箱厂所按合同交付的货款,因此,谭某侵占该款项的行为没有侵害到其所在单位煤气公司的利益,而侵害的是纸箱厂的财产利益,故其行为不能构成职务侵占罪或挪用资金罪。

(二)被告人谭某具有非法占有纸箱厂货款的目的,其行为符合合同诈骗罪的构成要件

依据本案现有证据可以认定谭某具有非法占有的目的,理由在于:谭某以市场价格购入石油气,转手以明显低于市场价格卖出的行为,不但不能获取交易收入反而自己要赔钱,其在明知自己这种行为难以为继终将导致无法完全履行合同的情况下,仍然以先履行部分合同的方法,诱骗纸箱厂继续签订和履行瓶装液化石油气买卖协议,收取预付款,显然具有非法占有货款的目的。

综上所述,谭某明知自己没有履行合同的能力,以非法占有为目的,以先部分履行合同的方法欺骗纸箱厂,制造自己有能力履行合同的假象,不断诱骗纸箱厂继续签订合同支付预付款,收取纸箱厂预付款一百五十五万余元,最终给纸箱厂造成四十七万余元损失,完全符合合同诈骗罪的犯罪构成要件,应以合同诈骗罪定罪处罚。

——《刑事审判参考》(总第70辑)。

619 通过欺骗手段兼并企业后恶意处分企业财产行为的定性

关键词 | 合同诈骗罪 | 欺骗手段 | 恶意处分 |

【最高人民法院参考案例】

程庆合同诈骗案(《刑事审判参考》案例第211号)

要旨:以欺骗方法对集体企业实施“兼并”,恶意处分被兼并企业的财产并据为己有,其行为符合合同诈骗罪的特征,应以合同诈骗罪定罪处罚。

行为人通过签订“兼并”协议控制被兼并企业财产后恶意处分的行为,是否构成合同诈骗罪,关键取决于以下两个因素的认定:一是行为人在签订、履行兼并合同过程中是否采取了欺骗手段,二是行为人是否具有非法占有的目的。在实际经济生活中,因企业兼并而产生的经济纠纷大量存在,如何正确区分企业兼并中的经济纠纷与以兼并为名诈骗企业财产的界限呢?关键在于正确认定被告人是否具有

非法占有的目的。

行为人不仅没有履行兼并合同的能力，而且在以零价格实施“兼并”后，并未按照兼并合同约定履行义务，而是恶意处分被兼并企业财产，其行为充分证明其主观上无任何履行兼并协议规定义务的诚意。因此，应当认定程庆主观上具有非法占有被“兼并”企业财产的主观故意。

——《刑事审判参考》（总第29辑）。

620 以签订出国“聘请顾问协议书”为名骗取他人钱财行为的定性

关键词｜合同诈骗罪｜委托代理合同｜

【最高人民法院参考案例】

宗爽合同诈骗案（《刑事审判参考》案例第457号）

要旨：以签订出国“聘请顾问协议书”的名义骗取他人钱款的行为，构成合同诈骗罪。

合同诈骗罪是一种利用合同进行诈骗的犯罪，诈骗行为发生在合同签订、履行过程中，行为人非法占有的财物，是与合同签订、履行有关的财物，这是此罪区别于诈骗罪的主要特征。行为人与他人签订“聘请顾问协议书”，以自己承包的公司及自己成立的公司的名义，对外承揽出国签证咨询业务，收取他人钱款，许诺如办不成出国签证，再如数退还钱款。行为人所签订的“聘请顾问协议书”，表面上像一个咨询性质的协议，具有技术服务性质，但根据其提供的所谓服务内容，实质上是一个代办出国签证性质的委托代理合同。这种委托代理合同，具有一定的代理服务内容并体现了一定市场经济活动性质，利用这种合同实施的诈骗犯罪严重扰乱了正常的代办出国签证的市场秩序，因此应认定为与经济活动有关的合同。行为人的诈骗行为发生在合同的签订、履行过程之中，骗取的钱款正是合同约定的报酬标的，在没有为他人办成出国签证的情况下，携款潜逃，可以认定具有非法占有目的，因此行为人的诈骗行为，应构成合同诈骗罪。

——《刑事审判参考》（总第58辑）。

621 以签订虚假工程施工合同为诱饵骗取钱财行为的处理

关键词｜合同诈骗罪｜虚假工程施工合同｜

【最高人民法院参考案例】

王贺军合同诈骗案(《刑事审判参考》案例第403号)

要旨：以许诺让他人承揽虚假的工程项目为诱饵骗取钱财的行为，由于没有利用签订、履行合同的手段，不构成合同诈骗罪，而构成诈骗罪。

行为人假冒国家工作人员，伪造工程批文，假借承揽项目需要活动经费的名义骗取他人财物的行为，都是在签订合同之前实施的，即在与被害人签订所谓施工承包合同之前，其诈骗行为已经实施完毕，被害人的财物已经被被告人非法占有，其虚构事实骗取钱财的犯罪目的已经实现。此外，行为人诈取钱财的行为并没有伴随合同的签订、履行，其非法侵占的财物亦不是合同的标的物或其他与合同相关的财物。虽然行为人事后也与他人签订了一个虚假的工程施工承包合同，但这仅仅是掩盖其诈骗行为的手段，而不是签订、履行合同的附随结果，是否签订合同已经并不能影响其骗取财物行为的完成。可以看出，行为人虚构身份，以许诺给他人介绍承包虚假的工程项目为诱饵，借承揽工程需要各种费用为名目，利用他人想承揽有关工程项目的心理，骗取各被害人钱财的行为完全符合诈骗罪的特征，应当以诈骗罪定罪处罚。

——《刑事审判参考》(总第51辑)。

622 伪造购销合同骗取银行资金，致使反担保人遭受巨额财产损失的行为构成合同诈骗罪

关键词｜合同诈骗罪｜伪造购销合同｜

【最高人民法院参考案例】

曹戈合同诈骗案(《刑事审判参考》案例第645号)

要旨：以非法占有为目的，伪造购销合同，骗取银行与担保人、反担保人的信任，以办理银行承兑汇票的方式获取银行资金后，因合同到期不能偿还银行债务而逃匿，致使反担保人代为偿还债务，侵害了反担保人的财产权益，应构成合同诈骗罪。

在审理过程中，对被告人曹戈的行为定性，存在两种不同意见：第一种意见认为，曹戈的行为属于民事欺诈行为，不构成犯罪；第二种意见认为，曹戈的行为构成合同诈骗罪。第二种意见为一、二审判决所采纳。我们赞同这一意见，具体理由如下：

(一)反担保人能够成为主合同债务人的相对方，能够成为主合同债务人诈骗

的对象。担保法第四条规定:“第三人为债务人向债权人提供担保时,可以要求债务人提供反担保。反担保适用本法担保的规定。”第三十一条规定:“保证人承担债务后,有权向债务人追偿。”无论是对于担保合同还是对于反担保合同,担保既是为了保证债权人能够对债务人享有的债权得到履行,也是为了保证债务人能够向债权人履行债务,因此,担保合同的对象应该是主合同的双方而不是单方,与债权人签订担保合同不影响与债务人存在担保合同的效力;而在担保人代替主合同债务人承担担保责任使主合同权利义务消灭后,依法因主合同的债权人债权的让渡而享有的追偿权时,担保人才与主合同债权人脱离关系,而主合同的债务人才能成为唯一相对方。反担保亦同。既然反担保人始终能够成为主合同债务人的相对方,就能够成为主合同债务人诈骗的对象。

（二）曹戈具有间接、变相地非法占有反担保人恒通恒基公司担保财产的目的。根据刑法第二百二十四条的规定,“有下列情形之一,以非法占有为目的,在签订、履行合同过程中,骗取对方当事人财物,数额较大的……（四）收受对方当事人给付的货物、货款、预付款或者担保财产后逃匿的;（五）以其他方法骗取对方当事人财物的”。本案被告人曹戈在没有偿还能力的情况下,采取伪造、虚构购销合同事实,隐瞒真相的手段与永宁县农信社签订五百万元承兑汇票承兑合同,对于承兑汇票承兑合同中的二百万元承兑后因其无力如约偿还债务,导致一连串多米诺骨牌效应式连锁反应,先由西北亚公司承担担保从合同义务,后由恒通恒基公司承担反担保从合同的从合同义务,最终使反担保人恒通恒基公司为其承担了二百万元损失而得不到追偿。曹戈在反担保人恒通恒基公司为其承担二百万元承兑汇票债务而无法偿还的情况下,逃之夭夭,表面上看似乎占有的是永宁农信社承兑汇票的承兑款,并非恒通恒基公司的担保款,实质上却是间接、变相地实现了其非法占有恒通恒基公司二百万元财物的目的,符合刑法第二百二十四条第（四）项或者第（五）项的规定,与直接非法占有主合同相对方财物的性质是一致的。

（三）曹戈具有概括的非法占有他人财物的犯罪故意和不确定的犯罪对象,不影响对其合同诈骗罪的定性。值得注意的是,曹戈在诈骗的对象和故意的内容方面具有一定的特殊性,即其合同诈骗的对象和犯罪故意属于概括性的对象和犯罪故意。曹戈诈骗的对象和犯罪故意的内容并非是具体明确的,而是相对确定又具体移动可变的,既可能是永宁农信社,也可能是西北亚公司,还可能是反担保人恒通恒基公司,这是由于主从合同连带责任的不确定性所决定的。但是相对确定,并非绝对不确定,其犯罪对象和犯罪故意的内容最终的确定要看谁最终蒙受了损失。谁蒙受了损失,谁就成为其非法占有的受害方。曹戈通过一系列担保合同最终使恒通恒基公司蒙受了损失,所以曹戈的犯罪对象就最终确定为恒通恒基公司。根据法定符合说原理,曹戈诈骗对象和犯罪故意内容的相对不确定性并没有超过其诈骗合同相对方财物所可能指向的对象与故意内容的范围,符合合同诈骗罪的构成特征,应认定构成合同诈骗罪。

——《刑事审判参考》(总第76辑)。

623 以公司代理人的身份，通过骗取方式将收取的公司货款据为己有行为的定性

关键词｜合同诈骗罪｜公司代理人｜据为己有｜

【最高人民法院参考案例】

杨永承合同诈骗案(《刑事审判参考》案例第716号)

要旨:以公司代理人的身份,通过骗取方式将收取的公司货款据为己有,其行为构成合同诈骗罪。

诈骗犯罪的主体是一般主体,而职务侵占罪、挪用资金罪的主体是特殊主体,只限于公司、企业或其他单位的工作人员中不具有国家工作人员身份的人。在以骗取的方式实施诈骗犯罪、职务侵占罪和挪用资金时,三者容易产生混淆,认定的关键在于把握是否利用了职务之便这一要件。

职务是一项由单位分配给行为人从事的一种持续的、反复进行的工作,担当职务应当具有相对稳定性的特点,而非单位临时一次性地委托行为人从事某项事务。行为人并不是公司聘用的职工,而仅系公司临时一次性授权的、只负责某项业务洽谈的代理人,故其身份不符合职务侵占犯罪、挪用资金犯罪所要求的主体身份,不能认定其犯罪行为系利用职务上的便利而实施。

行为人行为属于以非法占有为目的,在履行其与公司的协议过程中,采用虚构事实、隐瞒真相的方法,骗取公司财产,数额特别巨大,其行为构成合同诈骗罪。可见,审判实践中,犯罪主体身份、犯罪主观故意、犯罪客观行为的准确界定对案件的定性至关重要。因此,在办案过程中,我们应当具体案件具体分析,做到事实认定清楚、法律适用准确,贯彻好罪责刑相适应的原则。

——《刑事审判参考》(总第81辑)。

624 通过向银行贷款的方式骗取担保人财产行为的定性

关键词｜合同诈骗罪｜贷款诈骗罪｜担保人财产｜

【最高人民法院参考案例】

秦文虚报注册资本、合同诈骗案(《刑事审判参考》案例第 352 号)

要旨:通过向银行贷款的方式骗取担保人财产的行为,应认定为合同诈骗罪,而非贷款诈骗罪。

司法实践中,经常遇到行为人向银行提供虚假证明文件,同时又骗取担保人的信任,以申请贷款的方式获取银行资金后,自己没有偿还贷款能力,而由担保人代为偿还部分或者全部贷款的情况,对此究竟应当以何罪论处存在一定争议,即究竟构成贷款诈骗罪还是合同诈骗罪?

我们认为,通过向银行贷款的方式骗取担保人财产的行为,表面上看是骗取银行贷款,实际上侵害的是担保人的财产权益,犯罪对象并非银行贷款而是担保合同一方当事人的财产,对此种行为应以合同诈骗罪论处。银行等金融机构为了确保所贷出的款项安全可靠,一般均要求借款人在申请贷款时提供必要的担保。担保人作为借款合同中的第三人,在借贷人不能偿还贷款本息时负责偿还贷款本息(一般担保)或承担与借款人共同偿还贷款的连带责任(连带担保)。行为人虚构事实骗取银行与担保人的信任,非法占有钱款后,银行可依据担保合同从担保人处获取担保,而担保人则是银行债务的实际承担者,受侵害的往往是担保人。即使担保人因某种客观原因如破产等情况导致无法偿还担保,银行的债权无法实现从而权益受到实际侵害,但只要担保人与银行之间所订立的担保合同具有法律效力,银行与担保人之间就成立债权、债务关系,法律关系的最终落脚点和行为侵害对象就应认定是担保人而非银行。当然,如果行为人提供虚假担保或者重复担保,骗取银行或者其他金融机构贷款的,则符合贷款诈骗罪的构成要件,理应以贷款诈骗罪论处。

——《刑事审判参考》(总第 45 辑)。

625 单位与自然人共同诈骗银行贷款行为的定性

关键词|合同诈骗罪|共同犯罪|单位犯罪|

【最高人民法院参考案例】

马汝方等贷款诈骗、违法发放贷款、挪用资金案(《刑事审判参考》案例第 305 号)

要旨:单位与自然人共同诈骗银行贷款的行为,应以合同诈骗罪定罪处罚。

单位与单位、单位与自然人之间可以构成共同犯罪,目前理论上和司法实务中均无疑问。刑法未将单位规定为贷款诈骗罪的主体,对单位实施的贷款诈骗行为,根据 2001 年《全国法院审理金融犯罪案件工作座谈会纪要》有关要求,不能以贷款诈骗罪定罪处罚，也不能以贷款诈骗罪追究直接负责的主管人员和其他直接责任人员的刑事责任。对于单位以非法占有为目的，利用签订、履行借款合同诈骗银行或其他金融机构贷款，符合刑法第二百二十四条规定的合同诈骗罪的构成要件的，应以合同诈骗罪定罪处罚。这就意味着，从自然人的角度，应认定为贷款诈骗罪，从犯罪单位的角度，则应以合同诈骗罪定罪处罚。所以，对单位与自然人共同诈骗银行贷款的行为，确实存在一个罪名的具体适用问题。对此，我们认为，可以参照《最高人民法院关于审理贪污、职务侵占案件如何认定共同犯罪几个问题的解释》的有关精神，根据全面评价的法律适用原则，结合主犯的犯罪性质来加以具体确定。如在实施贷款诈骗行为过程中，犯罪单位属于共同犯罪中的主犯，作为犯罪单位，只能构成合同诈骗罪。

——《刑事审判参考》（总第 39 辑）。

626 承运过程中承运人将承运货物暗中调包的行为如何定性

关键词 | 合同诈骗罪 | 暗中调包 |

【最高人民法院参考案例】

张海岩等合同诈骗案（《刑事审判参考》案例第 807 号）

要旨：承运过程中为非法占有财物而偷偷调包的行为应当构成诈骗类犯罪；合同诈骗罪中的“合同”必须是能够体现一定的市场秩序，体现财产转移或者交易关系，为行为人带来财产利益的合同。

盗窃罪与诈骗罪一般不难区分，但对于一些以假乱真、骗偷兼有的行为，是构成盗窃罪还是诈骗罪在实践中存在争议。理论界的主流观点认为，对骗偷兼有的行为的定性，关键要看行为人取得财物主要是通过偷还是骗。如果主要是通过秘密窃取手段而取得财物的，即使之前使用了一些欺骗手段，也应当认定构成盗窃罪；如果行为人主要是通过骗的手段而取得财物的，即使行为人在骗的过程中使用了偷的手段，也应当认定构成诈骗罪。然而，实践中有的行为人采取了一系列以假乱真、隐瞒真相的措施和手段，所有调包过程基本上都是在被害人不知情的情况下秘密进行的。在这种情况下，很难认定行为人主要是通过秘密窃取手段还是诈骗手段取得财物的。

我们认为，盗窃罪和诈骗罪的本质区别在于被害人对财物是否有转移占有的意思和行为，行为人取得财物是否基于被害人产生的错误认识，并以此进行了财产处分。在被害人不知情的情况下秘密进行的调包行为，是认定盗窃罪还是诈骗罪，关键要看被害人有无转移占有财产的意思和行为。如有则成立诈骗罪；如无则成立盗窃罪。

第一,转移占有财产的意思,是指被害人将财物交付对方占有或保管时,必须主观上同时认识到自己丧失占有。如果被害人系将财物交给从事技术或者劳务服务的人员进行某种处理,此种情况下被害人只是临时将财物交付对方,其在主观上并未放弃对财物的占有,行为人如将被害人交付的财物偷偷调包,则应当定性为盗窃。又如,行为人以“施法驱鬼”手段诱使被害人将财物作为道具交给行为人使用,行为人在“施法驱鬼”时,被害人一直待在旁边监管财物,其既无转移占有的意思,也未对财物失去控制,随时可以让行为人停止施法而交还原物。因此,行为人偷偷调包的行为只能定性为盗窃。

第二,转移占有财产的行为,是指被害人具有主动交付财产的行为。如果被害人根本没有将财物交付行为人,而是行为人偷偷将被害人的财物进行了调包,在此之后即使行为人接续有虚构事实、隐瞒真相的行为,也因被害人没有转移交付的行为而只能定性为盗窃。但如调包没有成功,而主要是依靠后续的欺骗手段,使被害人之后交付财物的,则应当定性为诈骗。

本案被告人事先预谋利用承运豆粕的机会骗取他人财物,非法占有的故意非常明显。在合同具体履行过程中,被告人采用偷偷调包的方法,即在被害人完全不知情的情况下以价值较低的货物换取价值较高的货物,同时使用了秘密窃取手段和欺骗手段。由于被告人在取得承运货物后,即取得财物的控制权,其本人作为财物的监管人,发生财物损失的责任归其承担。对于被害人而言,财物无论实际转移至何处,其与被告人之间的占有关系未发生根本的变化。质言之,被告人秘密窃取的相当于自己的财物。因此,该情况下不可能成立盗窃罪。从行为手段分析,真正促使被告人成功获取财物的关键是在收货环节。因为被告人所使用的以假乱真调包行为,促使收货人、被害人产生货已按质按量收到的错误认识,正是因为这一错误认识,被告人才顺利获得了对涉案财物的控制权。因此,被告人的行为在本质上符合诈骗的特征,应当定性为诈骗犯罪。

(二)本案被告人的行为应当构成诈骗类犯罪中的合同诈骗罪

合同诈骗罪、诈骗罪均属于采取诈骗手段非法取得他人财物,但两罪也有不同之处:

第一,两罪侵犯的客体不同。诈骗罪侵犯的是他人的财产所有权,因此被规定在“侵犯财产罪”一章中;合同诈骗罪除了侵犯他人的财产权,还侵犯了国家的合同管理制度和市场经济秩序,因此被规定在“破坏社会主义市场经济秩序罪”一章中。

第二,从客观方面来说,合同诈骗罪是指利用签订、履行合同扰乱市场经济秩序的行为。对此,刑法列举了以下五种具体方式:

(1)以虚构的单位或者冒用他人名义签订合同的；

(2)以伪造、变造、作废的票据或者其他虚假的产权证明作担保的；

(3)没有实际履行能力，以先履行小额合同或者部分履行合同的方法，诱骗对方当事人继续签订和履行合同的；

(4)收受对方当事人给付的货物、货款、预付款或者担保财产后逃匿的；

(5)以其他方法骗取对方当事人财物的。

需要说明的是，尽管刑法以列举的方式描述了合同诈骗的四种常见情形，但实践中的认定不应局限于此。只要行为人系出于非法占有他人财物的目的，并在客观上确实利用了签订、履行合同的方式骗取他人财物，就应当认定为合同诈骗。

第三，犯罪主体不尽相同。由于经济合同的签订、履行主体大多为单位，合同诈骗犯罪往往体现为以集体意志而为单位谋取利益。因此，合同诈骗罪既可以由自然人构成，也可以由单位构成；而诈骗罪属于普通的侵犯他人财产犯罪，只能由自然人构成。

(三)合同诈骗罪的关键特征是利用签订、履行合同扰乱市场经济秩序

实践中，合同诈骗罪中"合同"的认定比较疑难、复杂。我们认为，合同诈骗罪中的"合同"必须是能够体现一定的市场秩序，体现财产转移或者交易关系，为行为人带来财产利益的合同。

第一，合同诈骗罪中的"合同"主要是经济合同，诸如监护、收养、抚养等有关身份关系的合同，应当排除在外。

第二，签订合同的主体可以是自然人或者单位。有观点认为，签订合同方至少应当有一方以单位的名义，行为人以自然人的名义与他人(包括单位和个人)签订的合同不应作为合同诈骗罪所指的"合同"。我们认为，实践中相当多的经济实体往往以个人名义签订合同，如果将以个人名义签订的合同一概排除在合同诈骗罪的合同之外，不符合平等保护市场主体的原则。

第三，合同不管是以口头形式还是书面形式签订，只要能够具备合同的本质特征，即属于合同诈骗罪中的"合同"。承运合同是市场经济中较为常见的一类合同，本案被告人事先签订合同，并在履行合同过程中将承运的优质豆粕暗中调换为劣质豆粕，事后又按合同约定运送至约定地点，其正是利用合同实施了诈骗活动，不但侵害了他人财物的所有权，而且严重扰乱了正常的市场经济秩序。行为人系出于非法占有他人财物的目的，利用签订、履行合同实施诈骗犯罪活动，因此，应当按照合同诈骗罪定罪处罚。

——《刑事审判参考》(总第89辑)。

627 挂靠轮船公司的个体船主，在履行承运合同过程中采用以次充好的方式骗取收货方收货并向货主足额支付货款及运费的应如何定性

关键词｜合同诈骗罪｜挂靠｜

【最高人民法院参考案例】

吴某合同诈骗案(《刑事审判参考》案例第808号)

要旨:挂靠人员是否属于运输公司员工,可以通过挂靠人员与运输公司之间是否具有劳资关系、雇佣关系综合认定;承运合同是市场经济中较为常见的一种要式合同,事先签订合同,并在履行合同过程中实施诈骗活动,不但侵害了他人财物的所有权,而且严重扰乱了正常的市场经济秩序。因此,行为人出于非法占有他人财物的目的,利用签订、履行合同实施诈骗犯罪活动,应当按照合同诈骗罪定罪处罚。

(一)吴某与运输公司在劳资关系和业务关系上相互独立,不符合职务侵占罪的主体特征

由于严格的行政许可条件,挂靠关系在运输行业普遍存在。如水路运输需要航道航线,而一般个体难以申请到航道,由此导致绝大部分个体船主只能通过挂靠运输公司运营,而运输公司则相应收取一定的挂靠费。本案被告人吴某与某运输公司正是这种典型的挂靠关系。

对于这种挂靠人员能否认定为运输公司的员工,存在不同意见。主张构成职务侵占罪的观点认为,吴某从事个体运输业务必须依附于运输公司,且运输公司对吴某负有一定的管理职责,因此,应当认定吴某是运输公司的员工。我们认为,挂靠人员是否属于运输公司员工,可以通过挂靠人员与运输公司之间是否具有劳资关系、雇佣关系综合认定。首先,从劳资关系分析,运输公司不参与挂靠船只的日常经营,吴某作为个体船主自主经营、自负盈亏,其与运输公司在劳资关系上完全独立。其次,从业务关系分析,吴某是按照承运合同的约定履行义务,并非受运输公司委派、指派或者调度而承运货物。基于上述分析,应当认定吴某不属于运输公司的员工,不存在职务上的便利条件,吴某的行为不符合职务侵占罪的构成特征。

(二)吴某并非采用秘密窃取手段,不符合盗窃罪的构成特征

吴某在运输途中非法占有他人财物的行为是否构成盗窃罪,也是本案定性的主要争议焦点。我们认为,首先,既然吴某不属于运输公司员工,也非接受运输公司的委派从事运输任务,意味着其承运货物并非处于发货单位或者运输公司的实际控制之下,而是处于其实际占有、保管之下。将自己合法控制之下的货物变卖,不符合秘密窃取的典型特征。其次,从货物的实际状态分析,吴某的行为不符合秘密窃取的特征。司法实践中,一般通过货物的包装方式来辅助判断行为是否属于秘密窃取。如果货物是被封缄好的或者是有押运人看管的,行为人秘密打开包装

将货物取走的行为具有秘密窃取的特征。然而，本案的生铁并没有被包装或者封缄，而是处于开放性的堆放状态，故吴某置换生铁并变卖的行为不属于秘密窃取，不构成盗窃罪。

（三）吴某没有“拒不退还”的情节，不符合侵占罪的构成特征

根据刑法第一百七十条第一款的规定，侵占罪要求行为人必须具有“拒不退还”的情节。本案中，收货方 HR 公司并不知道货物被掺杂，因此向发货方如数支付货款，此后至案发期间也没有向吴某要求返还被置换的生铁块或者相应的收益。可见，吴某的行为不具有“拒不退还”的情节，不符合侵占罪的构成特征。

（四）导致本案被害人处分财产的关键因素是其主观上陷入认识错误

1. 吴某的欺骗行为是针对收货方 HR 公司实施的。首先，从犯罪行为的直接对象分析，吴某以次充好的欺骗手段针对的是 HR 公司，而非 CY 公司。吴某虽然按照运输合同为 CY 公司运输生铁，但其在装运生铁时并未采用任何欺骗手段，且 CY 公司最终没有受到任何经济损失。因此，吴某并未骗取 CY 公司的货物。其次，从货物的归属分析，CY 公司与 HR 公司约定的交货方式为“船上交货”。按照货物运输规则，在无其他特别约定下，CY 公司将货物交付运输后所有权即转移给收货方 HR 公司。质言之，吴某采用以次充好的欺骗手段，侵害的是 HR 公司的财产权益。此外，需要说明的是，运输途中调包行为的受损害方未必是一成不变的，有时因为民事赔偿的缘故，受损害方会在直接受损害方与最终损失承担方之间转移。然而，即便是发生转移，也不会改变犯罪行为所直接侵害对象的事实。因此，受损害方的转移不会对行为定性造成多大的影响。

2. HR 公司是基于认识错误而处分财产。被害人因陷入认识错误，一般是将涉案财物自愿交付给被告人，然而本案的特殊之处在于涉案财物本来就在吴某的控制之下，此后涉案财物系由吴某交付给 HR 公司，而非 HR 公司将涉案财物交付给吴某。据此，有观点认为，吴某虽然采用了一定的欺诈手段，使收货单位产生了认识错误，但收货单位并没有基于错误认识而主动交付财物，也根本没有交付的意思，因此，吴某的行为不符合诈骗罪的构成特征。关于 HR 公司的行为是否属于“处分”行为，我们认为，可以从本案的支付流程进行分析：

HR 公司 —货款、运费→ CY 公司 —运费→ 船务代理 —运费→ 吴某

（1）处分的标的物并非一定是涉案财物，支付对价也是一种处分行为。如行为人故意以一假古董售于被害人，被害人信以为真并支付巨额对价，就是典型的诈骗行为。因此，本案中，不应将“交付财物”局限理解为所运输的面包生铁。（2）HR 公司的收货及付款行为可理解为一种反向交付。处分行为已经不是传统的“一手交钱、一手交货”这种直观模式，让渡自己的权利、减免债权等均属新类型的处分。吴某通过欺骗手段，致使 HR 公司未有任何察觉，从而未就其所损失的生

铁块主张权利,属于基于认识错误而处分财产。(3)被害人未必是向行为人交付财物,但行为人因被害人交付财物的行为而受益。随着诈骗手段的不断翻新,交付的方式包括直接交付和间接交付。本案中,HR公司虽然是向第三方(托运方HY公司)交付财物,但正是其收货行为使吴某最终获利,吴某不仅获得足额的运输费,并最终非法获得以次充好换下的面包生铁的财产利益。

3. 吴某系通过欺骗手段非法获取财物的。吴某在运输途中将生铁调包掺入铁渣,系在HR公司不知情的状况下进行的,具有秘密窃取的性质,但这只是为其后实施诈骗行为创造条件,吴某并未依靠窃取行为直接取得财物。本案的犯罪过程是一个有机的整体,吴某在掺入铁渣以次充好并销赃后,HR公司未清点收货前,吴某对该笔财产只是临时占有,并未最终占有,只要HR公司在验货时发现有以次充好的现象,吴某的侵犯财产意图就将被识破,该秘密方式只是吴某实现其非法占有财物目的的辅助手段。因此,本案应当从整体上评价,不仅要考虑前阶段的以次充好的调包行为,还要考虑后面的蒙混过关的行为。相对于此前的以次充好的行为,吴某的蒙蔽行为更具有诈骗性质。其欺骗性体现在:(1)主观认识上具有诈骗的故意,即被告人主观上存在想用铁渣骗取货主的生铁赚钱的想法;(2)犯罪手段具有欺骗性质,即被告人以次充好并蒙混过关,且该行为是实现被告人犯罪意图的最关键的一环;(3)结果上具有欺骗性,被害人并不知道生铁已被混入铁渣,且按照生铁的价格足额支付,直到使用的时候才发现被掺假。可见,正是采用欺骗手法,吴某才能通过以次充好的方式截留,并取得财物的最终控制权,其行为符合诈骗罪的一般构成特征。

承运合同是市场经济中较为常见的一种要式合同,本案被告人事先签订合同,并在履行合同过程中实施了诈骗活动,不但侵害了他人财物的所有权,而且严重扰乱了正常的市场经济秩序。因此,行为人系出于非法占有他人财物的目的,利用签订、履行合同实施诈骗犯罪活动,应当按照合同诈骗罪定罪处罚。综上,某市人民法院认定被告人吴某的行为构成诈骗罪是正确的。

——《刑事审判参考》(总第89辑)。

628 通过网络交易平台诱骗二手车卖家过户车辆并出具收款凭据的行为如何定性

关键词|合同诈骗罪|网络交易平台|二手车|

【最高人民法院参考案例】

郭松飞合同诈骗案(《刑事审判参考》案例第875号)

要旨:通过赶集网骗取卖家的二手车的行为构成合同诈骗罪。

本案中，被告人郭松飞通过赶集网诱骗二手车卖家办理过户手续及出具车款收条，再持上述材料向公安机关谎称已付款，借机非法占有被骗车辆。其间，郭松飞与王井路没有签订书面协议；虽与李攀签订了二手车交易合同，但合同记载的价款是七百五十元而非真实的五十二万元，全案的书面合同材料不全。为此，在审理过程中，对本案郭松飞的行为定性存在两种意见：一种意见认为，郭松飞以谎称付款方式诱骗他人将车辆过户，骗取他人财物的行为，构成诈骗罪；第二种意见认为本案当事人之间存在合同关系，郭松飞利用合同实施诈骗的行为构成合同诈骗罪。

虽然本案的书面合同材料不全，但综合从合同关系、交易环境以及法益侵害等方面分析，应当认定郭松飞的行为构成合同诈骗罪。一是郭松飞与王井路、李攀之间存在合同关系。郭松飞与李攀签订二手车交易合同，虽然价款仅为七百五十元，但双方当事人另就交易价格实际约定为五十二万元。结合书面协议及相关口头约定判断，郭松飞与李攀之间存在合同关系。郭松飞与王井路之间虽无书面协议，但双方亦就二手车买卖的标的、价款、履行期限、地点和方式等意思表示一致，达成了内容明确的口头合同。郭松飞利用买卖合同诱骗王井路及李攀率先履行变更车辆登记、出具收条等约定义务，实施诈骗活动。二是郭松飞的诈骗行为发生在经济活动之中。赶集网内部设立了集中的二手物品交易平台，不特定的交易主体可以自由买卖各类物品，在网络上形成了一个公开市场。王井路及李攀通过赶集网面向不特定的买家出售二手车，而郭松飞亦随机选择卖家并实施诈骗。三是郭松飞的诈骗行为不仅侵犯了他人的财产权利，同时破坏了市场交易秩序。赶集网的交易主体多是出售自有物品的普通公民而非职业经营者，主要凭借自身的社会经验直接交换款物。上述市场相对缺乏统一和规范的交易规则，其正常运行更加依赖交易各方的诚实守信。郭松飞在赶集网上利用合同实施诈骗活动，侵犯了二手市场的交易秩序及合同诈骗罪的法益。

——《刑事审判参考》（总第 93 辑）。

629 通过支付预付款获得他人房产后以抵押方式向第三人借款的，既有欺骗卖房人的行为，也有欺骗抵押权人的行为，应当如何认定被害人

关键词 | 合同诈骗罪 | 房屋买卖、抵押 | 两头骗 |

【最高人民法院参考案例】

周有文、陈巧芳合同诈骗案（《刑事审判参考》案例第 876 号）

要旨：通过支付预付款获得他人房产后以抵押方式获得第三人借款过程中，既

有欺骗卖房人的行为，也有欺骗抵押权人的行为，应当认定原房主为被害人。

本案审理中，被告人周有文、陈巧芳通过支付预付款获得他人房产后以抵押方式获得第三人借款，所得款项并不用于支付剩余房款而用于个人挥霍，体现出其在与原房主签订房屋买卖合同之时即已具备了将来非法占有他人房产的主观故意，在该主观故意的支配下，二被告人相继实施了向原房主虚构自己本人或者帮助他人购买房产的事实，隐瞒其最终要以原房主的房产抵押套现的真实目的，在与多名房主签订并部分履行房屋买卖合同的过程中，骗取房产，再继续实现其他非法目的。二被告人的行为符合合同诈骗罪的构成特征，应当以合同诈骗罪论处。

我们认为，本案中作为合同诈骗犯罪的被害人只能认定为原房主，抵押权人不是被害人：

（一）犯罪行为的完成是以房屋产权登记过户为节点

犯罪行为完成即犯罪既遂，通常是指行为发生了行为人所追求的、行为性质所决定的犯罪结果。例如，诈骗犯罪的既遂，是以犯罪是否得逞为认定标准的，即被害人失去对财物的控制或者行为人控制了财物，但在适用这一标准时仍应根据所诈骗财物的形态被害人的占有状态等进行判断。

本案中，被告人的最终目的是用房产抵押套现以满足其个人需求。为实现该目的，被告人的行为包括了两个环节：第一个环节是选择卖房人，再想办法将卖房人的房产转变为其自己可以支配的状态；第二个环节是用其已经可以支配的房产抵押向他人借款，以实现其挥霍的目的。在被告人实现其最终目的的一系列行为中，有“骗”的成分，也有真实的部分。“骗”的行为集中在第一个环节，即找好傀儡人物冒充买房人，通过房产中介找到卖房人，假装要买房，让卖房人相信确实有人想从事二手房交易直至配合被告人完成所有的产权过户手续。至此，该房产已实际处于被告人的控制之下，卖房人既失去了房屋的产权又面临无法拿回剩余房款的被侵害状态，至此被告人的诈骗犯罪已经既遂。

在第二个环节中，被告人已实际控制的房产只是其后续行为的工具，用房产抵押借款则是其真实意思表示，其没有再实施“骗”的行为，签订借款协议和抵押合同、办理抵押登记手续都是在按程序进行，抵押权人出借钱款则是基于有真实的房子并办理抵押登记手续的前提，被告人的借钱和抵押权人的出借行为均是双方真实意思表示。若把被告人最终用房产抵押套现作为犯罪行为结束的节点，就难免会把被害人确定为抵押权人。

（二）本案抵押权人不应认定为合同诈骗犯罪中的被害人

本案中，因被告人无法归还欠款，抵押权人的债权也受到了侵害，但该种侵害源于被告人不按期履行还款的合同义务，应当定性为民事上的违约，与刑事意义上的犯罪具有本质区别。

1. 本案抵押权人不具备诈骗犯罪中的“被骗”特征。成立诈骗犯罪要求被害人陷入错误认识之后作出财产处分，在欺诈行为与处分财产之间，必须介入被害人的错误认识。如果被害人不是因欺诈行为产生错误认识而处分财产，就不成立诈骗犯罪。本案中，抵押权人出借钱款是因为双方在房产交易中心办理了真实的房屋抵押担保，正因如此，抵押权人并未过多了解被告人借款的真实目的和实际用途，被告人将来还不还钱或者能不能还钱并非是抵押权人决定出借与否的主要原因。据此可以认为，抵押权人出借钱款并不是基于错误认识而作出的处分，而是其实现其个人利益（收取利息）的民事行为。

2. 本案抵押权人的损失不同于诈骗犯罪中被害人的损失。诈骗犯罪中，欺诈行为使被害人处分财产后行为人便获得财产，从而使被害人的财产受到损害，即被告人控制财产意味着被害人丧失财产，两者基本具有同时性。本案中，被告人与抵押权人之间的借款合同是主合同，抵押合同是从合同。如前所述，借款合同是有效的，抵押合同自然也有效，抵押权人在收不回借款时可以实现其抵押权以维护其权利。因此，被告人对借款的控制并不意味着抵押权人对该借款的损失。相反，在房产登记过户后，被告人即控制了原房主的房产，原房主只拿到首付款而无法再拿到剩余房款的受损状态也同时形成。因此，被告人的行为看似“两头骗”，但真正受骗的只有原房主。

（三）本案抵押权人取得抵押权的行为属于善意取得，抵押权应当受到法律保护

从我国物权法对善意取得制度的规定来看，善意第三人除取得所有权的受让人之外还包括其他善意的物权人。就抵押权而言，只要抵押权人在抵押物上设置抵押权时不存在故意损害他人利益，出借款项与抵押物价值相当，且已办理抵押登记手续，即可认定抵押权人是善意的，该抵押权应当受到法律保护。本案中，目前尚无证据证实抵押权人与被告人之前有串通行为，抵押权人掏出的是与抵押房产价值相当的“真金白银”，且已办理了抵押登记手续，应当认定为善意的物权人。此外，最高人民法院、最高人民检察院于 2011 年 3 月联合出台的《关于办理诈骗刑事案件具体应用法律若干问题的解释》第十条第二款明确规定：“他人善意取得诈骗财物的，不予追缴。”可见，无论从民事相关制度还是刑事司法解释考虑，本案抵押权人的善意抵押行为应当受到法律保护。

（四）从司法处理的角度看，原房主与抵押权人不应同等对待

本案审理过程中，主张将原房主和抵押权人均视为被害人的意见的理由之一是案件判决生效后进行财产发还这一程序时，对原房主和抵押权人将会平等按照损失的比例发还，双方共同分担损失既能体现公平性，又会减少执行压力。这种观点看似合理，但与法理规定和精神背离。

刑法规定,犯罪分子违法所得的一切财物,应当予以追缴或者责令退赔。本案中,司法机关应当从被告人处追缴赃款发还原房主,以弥补剩余房款的损失。被告人将房产抵押给他人的行为本质上相当于销赃,但由于抵押权人是善意第三人,这种"销赃"又演变为受法律保护的民事法律行为,抵押权人对抵押权的主张将阻却司法机关因追赃可能对抵押权人带来的负面影响。从实际操作层面上看,涉案房产在先清偿抵押权人的债务后多余的价值才能作为被告人的财产用于弥补被害人损失。因此,对于被告人可供执行的财产,抵押权人的抵押权实现优先于司法机关的追赃。

若将抵押权人与原房主同等视为被害人,将可能出现两种情形:一是在被告人财产足够支付的情况下,司法机关对被告人借得的资金进行追缴并发还抵押权人;二是在被告人财产不足以同时支付的情况下,司法机关将按照原房主和抵押权人损失的比例发还。第一种情形导致的结果将是司法机关对民事法律行为的干涉,导致担保物权形同虚设;第二种情形则缺乏法律依据,按照相关司法解释规定,按比例发还适用于诈骗财物权属及其孳息不明确的时候。本案中,被告人与抵押权人设立抵押权时持的是已过户后的新证,在当时原房主尚未报案、房产也尚未涉讼之时应当认定为权属明确,让抵押权人与原房主共担损失是司法机关变相地侵害抵押权人利益的体现,将导致担保物权作为从属权利性质韵丧失。

综上,通过支付预付款获得他人房产后以抵押方式获得第三人借款过程中,既有欺骗卖房人的行为,也有欺骗抵押权人的行为,应当认定原房主为被害人。

——《刑事审判参考》(总第93辑)。

630 如何准确对一房二卖的行为进行刑民界分

关键词 | 合同诈骗罪 | 一房二卖 | 刑民交叉 |

【最高人民法院参考案例】

王立强合同诈骗案(《刑事审判参考》案例第961号)

要旨:对一房二卖的行为定性,关键在于行为人主观上是否具有非法占有的目的。而在此类案件中,行为人是否具有非法占有目的,需要综合行为人一房二卖的具体原因、交房的真实意思表示内容、行为人是否具有调剂交房的能力以及清偿相关债务的能力等方面的事实进行认定。特别是在售房款没有被个人挥霍、占有而是用于继续经营的情况下,对一房二卖行为人非法占有目的的认定更要审慎把握。

(一)在对一房二卖行为人是否具有非法占有他人财物的目的进行分析、认定时,要重点考察一房二卖的具体情由

本案中,仅从起诉书指控的事实来看,被告人王立强在普天大有公司出现资不

抵债的情况下，将已经签订销售合同的房屋再与他人另行签订销售合同转卖，与一般的一房二卖行为无异，非法占有的目的似不证自明。然而，从人民法院审理查明的事实分析，普天大有公司一房二卖的行为系事出有因，认定该公司在签订有关房屋销售合同时即具有非法占有他人财物的目的，理由不足。

1. 就普天大有公司与唐某有关的房屋一卖、二卖行为，依据审理查明的事实和有关刑法理论，不能认定该公司具有非法占有唐某和二手购房者财物的目的。

（1）普天大有公司不具有刑法上非法占有唐某财物的目的。普天大有公司为唐某保留其中一套房屋而将其余三套房屋转卖，系因为其认为唐某所主张的违约金赔偿数额过高、和解协议显示公平。具体情况是：审理该民事纠纷的法院一审判决普天大有公司支付给唐某与其预付款等值的巨额违约金，后二审法院以违约金过高为由将该案发回重审。在该案重新审理期间，从形式上看，双方达成了与原一审判决支付违约金数额相差仅二万余元的和解协议，并同时达成了唐某以该和解协议的已付款购买普天大有公司的四套房屋的协议。但此协议的签订仍有乘人之危的嫌疑，毕竟普天大有公司仍处于急需资金的境地，否则协议中不会商定以已付款购买四套房屋的内容。不过由此造成的结果是，唐某本来购买三套房屋，但仅因逾期交房不到一年即可以获得七套房屋。可以说，这种显失公平是诱发普天大有公司一房二卖的主要因素之一。对于这种自认为本属于自己财产，而因为不合理因素转变为他人财产，此后使用不正当手段取回的行为，要区别于一般的非法占有行为，对此类行为应进行非法占有目的的认定，不能仅从形式上侵犯了法益而一律入罪，刑法应当保留必要的克制，体现其附属性、谦抑性。这一理论和做法也已得到司法实践和相关司法解释的认同。如最高人民法院2005年印发的《关于审理抢劫、抢夺刑事案件适用法律若干问题的意见》第七条规定："抢劫赌资、犯罪所得的赃款赃物的，以抢劫罪定罪，但行为人仅以其所输赌资或所赢赌债为抢劫对象，一般不以抢劫罪定罪处罚。构成其他犯罪的，依照刑法的相关规定处罚。"根据这一规定，对于赌徒之间相互以赌资、赌债为抢劫对象的，不以抢劫罪定罪，主要考虑到这类行为"事出有因"，行为人认为其所抢的是本属于其本人的财物。而从一般公众角度来看，被抢方也不应获得涉案财物的所有权。本案中，普天大有公司并没有将唐某用该公司支付的二百万元违约金购买的四套房屋全部转卖他人，而是为唐某保留了一套，正是表明其主观上具有这样的意识：唐某应该得到的经济赔偿部分我不动，不合理的、对我显失公平的、本就属于我的财产，我至少要短暂地行使使用权（在案证据不能证实普天大有公司具有拒不支付的故意）。这样的一种主观心态显然不能等同于一般侵犯财产犯罪中的非法占有他人财物的目的。

此外，普天大有公司在为唐某保留了一套房屋的前提下，将另外三套房屋转卖，还有公司当时面临经营困境，急需资金的原因。普天大有公司这样做，是为了短时间内获取资金，是形势所趋。在其理念中，公司只要维持正常经营，其完全可以通过其他形式偿付唐某的债务，如再通过民事诉讼等方式，确定合同履行的方式以及违约金损失的赔偿等。可见，本案中普天大有公司非法占有的目的并不明显。

基于上述论述，就普天大有公司将与唐某签订的房屋销售合同项下的该三套房屋转卖他人的行为，我们认为，不具有刑法意义上的非法占有他人财物的目的。

(2)普天大有公司不具有非法占有二手购房者财物的目的。普天大有公司将上述唐某用显失公平的违约金作为购房款购买的其公司四套房屋中的三套转卖他人，其主观上具有将三套房屋交付二手购房者的真实意思表示。一般的一房二卖行为人，在签订二卖合同时，不具有向二手购房人交房的真实意思。而本案普天大有公司一房二卖的行为主要针对的是唐某主张违约金过高的行为，即一手购房人。在其看来，转卖的三套房屋在二卖合同签订时均在开发建设过程中，在公司维持正常运转的情况下，其可以顺利交房，即如一手购房人主张权利，影响其将转卖房交到二手购房人手里，其也可以通过房源调剂解决此问题。因此，可以基本认定普天大有公司对二手购房者具有交房的真实意思，普天大有公司转卖三套房是为了解决资金困难，而不是出于非法占有财物的目的。

2. 就普天大有公司与李某有关房屋的一卖、二卖行为，依据审理查明的事实，不能认定该公司具有非法占有财物的目的。在对该房屋二卖时，该公司已经作出了给一买方即李某调整房源的决定，无论是一手购房者还是二手购房者，在房源上都是有保障的。因此，普天大有公司对于一手、二手购房者都没有非法占有其财物的目的。

3. 普天大有公司在签订合同时虽隐瞒了部分事实，但不能据此认定其具有刑法意义上的非法占有他人财物的目的。虚构事实和隐瞒真相是民事欺诈和刑事诈骗的共同手段行为，因此并非只要实施了虚构事实、隐瞒真相的行为，就构成刑事诈骗。要认定构成刑事诈骗，关键要看行为人是否具有非法占有目的。本案中，在签订房屋二卖合同时，普天大有公司对一手、二手均隐瞒了与另一方签订合同的事实，但这些隐瞒行为是为了顺利签订合同，很显然其如果没有隐瞒与前手已经签订的房屋买卖合同事实，与二手的房屋买卖合同事实上根本不可能签订。然而，经深入分析，这种为了签订合同的隐瞒事实并不意味着必然具有非法占有他人财物的目的，二者在逻辑上不能等同。

(二)对于一房二卖实际交房前发生了股权、资产转让等公司变更事项的，要重点考察公司变更过程中对公司债务的处置情况

普天大有公司与后手再次签订房屋销售合同后，并没有将购房者支付的购房款挥霍，或是用于高风险经营以及其他不当、非法用途，而是用于公司经营和清偿所负债务，这恰恰表明其有继续正常经营的意愿和行为。后被告人王立强将公司

股权、土地等转让他人，并与受让方签订了协议，约定了公司股权、土地转让及公司债务承担等内容，双方虽然未就上述一房二卖购房合同今后如何实际履行作出明确安排，但这属于公司变更过程中的未明确事项，不能据此推定王立强此时产生了非法占有他人财物的故意。具体理由如下：

一是王立强在公司变更时并没有实施转移、隐匿公司资产的行为，至于一房二卖可能产生的债务当时未予以明确的原因，主要在于公司股权、资产转让、受让双方对于债务承担仅作了概括的总额约定。

二是在公司变更之际，王立强作为转让方与受让方就公司债务作了充分的约定，使包括本案一房二卖所可能产生的债务有了清偿保障。一方面，双方约定了受让方应当承担的债务总额。涉案四套房屋当时均在开发建设之中，均有房源保障。如果按照该公司将四套房屋交付给二卖购房人的意思表示履行合同，也就不存在因不向二卖购房人履行交房义务而产生债务的问题。退一步讲，如果因一房二卖产生了债务，完全可以视为该债务总额的一部分，而与其他债务平等获得清偿，将因一房二卖所可能产生的债务视为约定承担债务之外的超出部分没有事实依据。另一方面，转让、受让双方除约定上述债务承担总额外，还约定了如果实际债务超出该债务总额；超出部分由王立强承担民事责任。双方关于公司债务承担的约定，属于公司变更过程中转让、受让双方的内部约定。依据公司法关于公司发生股权转让等变更的，原公司债务由变更后的公司承继的规定，尽管该约定不能对抗外部债权人，即变更后的公司应当承继以前公司所负债务，但该约定对于内部转、受让双方而言是有效的。由此表明双方对于可能超出的债务作了充分的预计和约定。事实上，圣满公司在受让普天大有公司股权、资产后，已经如约清偿了数千万元债务。如果仅因涉及本案一房二卖的相关债务没有清偿即认定王立强的行为构成诈骗，而已经清偿的债务却不构成诈骗，则有客观归罪之嫌。

三是本案没有证据证明涉案房屋的实际归属状态如何，也没有证据证明后手购房人如果没有获得房屋，有没有获得相应的赔偿，即本案侦查机关未就普天大有公司一房二卖是否已经给他人造成经济损失调取任何证据。这些关键证据的缺失，也是本案难以认定行为人主观上具有非法占有目的的原因之一。实际上，普天大有公司在操作股权、资产转让过程中如何处置公司债务的事实未得到侦查机关、公诉机关的应有重视，这一点从本案虽然指控的是单位犯罪，却在程序上未起诉普天大有公司这一事实体现出来。忽视公司变更中的债务承担容易导致在定性上割裂公司和个人之间的关系，从而就不可能对一房二卖行为作出准确的审查定性。

（三）在刑民交叉案件中刑法应尽可能保持其谦抑性

在我国法律体系中，刑法是其他部门法的保障法，没有刑法作后盾、作保障，其他部门法往往难以得到彻底贯彻实施。这一定位同时表明，只有当一般部门法不能充分保护某种法益时,才由刑法保护。这就是刑法理论所主张的刑法的附属性、谦抑性。在经济交往中,在不损害公共利益、集体利益或者第三人利益的前提下,应当尽可能遵循当事人意思自治原则,保留由当事人自己处理、解决纠纷的最大空间,刑法应尽可能保持其谦抑性。

——《刑事审判参考》(总第97辑)。

631 合同诈骗罪的量刑

关键词｜合同诈骗罪｜量刑｜

【最高人民法院司法文件】

(六)合同诈骗罪

1. 构成合同诈骗罪的,根据下列情形在相应的幅度内确定量刑起点:

(1)达到数额较大起点的,在一年以下有期徒刑、拘役幅度内确定量刑起点。

(2)达到数额巨大起点或者有其他严重情节的,在三年至四年有期徒刑幅度内确定量刑起点。

(3)达到数额特别巨大起点或者有其他特别严重情节的,在十年至十二年有期徒刑幅度内确定量刑起点。依法应当判处无期徒刑的除外。

2. 在量刑起点的基础上,根据合同诈骗数额等其他影响犯罪构成的犯罪事实增加刑罚量,确定基准刑。

3. 构成合同诈骗罪的,根据诈骗手段、犯罪数额、损失数额、危害后果等犯罪情节,综合考虑被告人缴纳罚金的能力,决定罚金数额。

4. 构成合同诈骗罪的,综合考虑诈骗手段、犯罪数额、危害后果、退赃退赔等犯罪事实、量刑情节,以及被告人主观恶性、人身危险性、认罪悔罪表现等因素,决定缓刑的适用。

——《最高人民法院、最高人民检察院关于常见犯罪的量刑指导意见(试行)》(2021年7月1日,法发〔2021〕21号)。

(二)非法经营罪

632 非法经营罪中“违法所得”认定问题

关键词｜非法经营罪｜违法所得｜

【最高人民法院审判业务意见】

有关部门就非法经营罪中“违法所得”认定问题征求最高人民法院研究室意见。最高人民法院研究室经研究认为：

非法经营罪中的“违法所得”，应是指获利数额，即以行为人违法生产、销售商品或者提供服务所获得的全部收入（即非法经营数额），扣除其直接用于经营活动的合理支出部分后剩余的数额。

——黄应生：《最高人民法院研究室关于非法经营罪中“违法所得”认定问题的研究意见》，载最高人民法院研究室编著：《司法研究与指导》（总第3辑），人民法院出版社2013年版，第155页。

633 行政机关超越职权范围“以罚代刑”处置的非法经营数额，应作为未经处理的犯罪数额予以累计计算

关键词 | 以罚代刑 | 非法经营数额 |

【最高人民法院参考案例】

郭金元、肖东梅非法经营案（《刑事审判参考》案例第378号）

要旨：对于行政机关超越职权范围“以罚代刑”处置的非法经营数额，应作为未经处理的犯罪数额予以累计计算。

非法经营数额是判断行为人非法经营情节是否严重、行为是否构成非法经营罪的重要依据。非法经营罪作为一种行政犯，根据刑法第二百二十五条之规定，是指违反国家规定，从事非法经营活动，扰乱市场秩序情节严重的行为。根据我国刑法理论和司法实践，非法经营数额是判断非法经营情节是否严重的重要依据。对于多次未经处理的非法经营行为，犯罪数额应否累计计算，我国刑法第二百二十五条未作明确规定。但我国刑法对于以犯罪数额作为定罪量刑依据的其他犯罪，大都规定了累计计算的原则。如刑法第一百五十三条第三款规定：对多次走私未经处理的，按照累计走私货物、物品的偷逃应缴税额处罚。其他类似规定还见诸刑法第二百零一条偷税罪①，第三百四十七条走私、贩卖、运输、制造毒品罪，第三百八十三条贪污罪等。最高人民检察院2002年7月8日公布的《关于办理非法经营食盐刑事案件具体应用法律若干问题的解释》第三条明确规定：非法经营食盐行为未经处理的，其非法经营的数额累计计算。参照我国刑法的立法精神和司法解释的

① 罪名已调整为“逃税罪”。

有关规定，多次非法经营烟草未经处理的，犯罪数额也应当累计计算，但是累计计算的前提条件是"未经处理"。未经处理，是指未经刑事处罚，也未经行政处理过。前述《关于办理假冒伪劣烟草制品刑事案件适用法律问题座谈会纪要》第三条第（三）项明确规定：曾因非法经营烟草制品行为受过二次以上行政处罚又非法经营的，非法经营数额在二万元以上的，构成犯罪。这其中暗含了业已经过行政处罚的数额不计入犯罪数额的精神。

行政机关超越职权范围以罚代刑的非法经营数额应计入犯罪数额。我们认为，依照我国刑法和行政处罚法的相关规定，业经行政处罚过的非法经营数额应否计入犯罪数额，再予追究刑事责任，不能一概而论。对于行政机关未超越职权范围予以行政处罚的非法经营数额，不得累计计算作犯罪数额。对于行政机关超越职权范围"以罚代刑"处置的非法经营数额，应当作为未经处理的犯罪数额予以重新计算。构成犯罪的，追究刑事责任；多次非法经营的，犯罪数额累计计算。

——《刑事审判参考》（总第48辑）。

634 经营工业盐的行为是否构成非法经营犯罪

关键词｜非法经营罪｜工业盐｜

【最高人民法院答复】

《盐业管理条例》①第二十条虽然规定盐的批发业务由各级盐业公司统一经营，但并无相应法律责任的规定，1995年国家计委、国家经贸委下发的《关于改进工业盐供销和价格管理办法的通知》明确取消了工业盐准运证和准运章制度，工业盐已不再属于国家限制买卖的物品。因此，被告人缪绿伟经营工业盐的行为不构成非法经营犯罪。

——《最高人民法院关于被告人缪绿伟非法经营案的批复》（2008年11月28日，刑他字〔2008〕86号）。

635 超范围经营烟草制品的认定与处理

关键词｜非法经营罪｜烟草制品｜超范围经营｜

---

① 该条例已被《食盐专营办法》（2017年修订）废止。

【最高人民法院司法解释】

第一条第五款 违反国家烟草专卖管理法律制度,未经烟草专卖行政主管部门许可,无烟草专卖生产企业许可证、烟草专卖批发企业许可证、特种烟草专卖经营企业许可证、烟草专卖零售许可证等许可证明,而非法经营烟草专卖品,情节严重的,依照刑法第二百二十五条的规定,以非法经营罪处罚。

——《最高人民法院、最高人民检察院关于办理非法生产、销售烟草专卖品等刑事案件具体应用法律若干问题的解释》(2010 年 3 月 26 日,法释〔2010〕7 号)。

【链接：理解与适用】

《解释》第一条第五款规定:“违反国家烟草专卖管理法律法规,未经烟草专卖行政主管部门许可,无烟草专卖生产企业许可证、烟草专卖批发企业许可证、特种烟草专卖经营企业许可证、烟草专卖零售许可证等许可证明,非法经营烟草专卖品,情节严重的,依照刑法第二百二十五条的规定,以非法经营罪定罪处罚。”该款规定的四种许可证明是依据烟草专卖法的有关规定列举的,例如第三条规定:“国家对烟草专卖品的生产、销售、进出口依法实行专卖管理,并实行烟草专卖许可证制度。”第十二条规定:“开办烟草制品生产企业,必须经国务院烟草专卖行政主管部门批准,取得烟草专卖生产企业许可证,并经工商行政管理部门核准登记;……”第十五、十六条分别规定了经营烟草制品批发业务的企业、经营烟草制品零售业务的企业和个人,应当经批准取得烟草专卖批发企业许可证或者烟草专卖零售许可证。第三十四条规定:“无特种烟草专卖经营企业许可证经营烟草专卖品进出口业务、外国烟草制品寄售业务或者免税的外国烟草制品购销业务的,由烟草专卖行政主管部门责令停止经营上述业务,没收违法所得,并处罚款。”没有上述四个许可证而从事生产、销售烟草专卖品的行为,应当认定为刑法第二百二十五条第(一)项规定的“未经许可经营法律、行政法规规定的专营、专卖物品或者其他限制买卖的物品”的行为。

需要注意的是关于烟草专卖品准运证的问题,在征求意见的过程中,对此问题有两种不同意见。一种意见认为,烟草专卖法第三十一条明确规定没有烟草专卖品准运证或者超过准运证规定的数量托运或者自运烟草专卖品的,由烟草专卖行政机关予以行政处罚,也就是说,没有准运证不能运输烟草专卖品,这种行为同样违反刑法第二百二十五条的规定,应当认定为非法经营罪;另一种意见认为,烟草专卖品与毒品等违禁品不同,运输烟草的情况比较复杂,对没有烟草专卖品准运证运输烟草的行为一律依照刑法第二百二十五条非法经营罪处罚似不太妥当。经研究,我们采纳了后一种意见,认为烟草专卖法第三十一条虽然规定没有烟草专卖品准运证不能运输，但是，这种运输行为毕竟和刑法第二百二十五条“未经许可，经营法律、行政法规规定的专营、专卖物品……”有所不同。但是，虽然该款内容没有包括准运证的问题，但不意味着没有烟草专卖品准运证而运输的行为一律不以犯罪处理，对于明知是非法生产、销售的烟草专卖品而提供运输等便利条件的，按照《解释》第六条的规定，以共犯追究刑事责任。

关于超范围经营的行为是否按照犯罪处理的问题，即有经营许可证件，但是违反了相关法规经营合格的烟草专卖品的行为是否按照非法经营罪处理。我们认为，有许可证但超范围或者不按照规定的进货渠道进货的行为，虽然违反了有关行政法规，但是对社会的危害性不大，不宜按照犯罪处理，给予行政处罚即可。

——李晓：《〈关于办理非法生产、销售烟草专卖品等刑事案件具体应用法律若干问题的解释〉的理解与适用》，载《人民司法·应用》2010年第11期。

【最高人民法院答复】

被告人李明华持有烟草专卖零售许可证，但多次实施批发业务，而且从非指定烟草专卖部门进货的行为，属于超范围和地域经营的情形，不宜按照非法经营罪处理，应由相关主管部门进行处理。

——《最高人民法院关于被告人李明华非法经营请示一案的批复》（2011年5月6日，刑他字〔2011〕第21号）。

636 非法经营烟草制品的定罪处罚标准和涉案数额的计算方法

关键词 | 非法经营罪 | 烟草制品 | 定罪量刑标准 |

【最高人民法院司法解释】

第三条　非法经营烟草专卖品，具有下列情形之一的，应当认定为刑法第二百二十五条规定的“情节严重”：

（一）非法经营数额在五万元以上的，或者违法所得数额在二万元以上的；

（二）非法经营卷烟二十万支以上的；

（三）曾因非法经营烟草专卖品三年内受过二次以上行政处罚，又非法经营烟草专卖品且数额在三万元以上的。

具有下列情形之一的，应当认定为刑法第二百二十五条规定的“情节特别严重”：

（一）非法经营数额在二十五万元以上，或者违法所得数额在十万元以上的；

（二）非法经营卷烟一百万支以上的。

第四条 非法经营烟草专卖品,能够查清销售或者购买价格的,按照其销售或者购买的价格计算非法经营数额。无法查清销售或者购买价格的,按照下列方法计算非法经营数额：

（一）查获的卷烟、雪茄烟的价格,有品牌的,按照该品牌卷烟、雪茄烟的查获地省级烟草专卖行政主管部门出具的零售价格计算;无品牌的,按照查获地省级烟草专卖行政主管部门出具的上年度卷烟平均零售价格计算;

（二）查获的复烤烟叶、烟叶的价格按照查获地省级烟草专卖行政主管部门出具的上年度烤烟调拨平均基准价格计算;

（三）烟丝的价格按照第（二）项规定价格计算标准的一点五倍计算;

（四）卷烟辅料的价格,有品牌的,按照该品牌辅料的查获地省级烟草专卖行政主管部门出具的价格计算;无品牌的,按照查获地省级烟草专卖行政主管部门出具的上年度烟草行业生产卷烟所需该类卷烟辅料的平均价格计算;

（五）非法生产、销售、购买烟草专用机械的价格按照国务院烟草专卖行政主管部门下发的全国烟草专用机械产品指导价格目录进行计算;目录中没有该烟草专用机械的,按照省级以上烟草专卖行政主管部门出具的目录中同类烟草专用机械的平均价格计算。

——《最高人民法院、最高人民检察院关于办理非法生产、销售烟草专卖品等刑事案件具体应用法律若干问题的解释》(2010 年 3 月 26 日,法释〔2010〕7 号)。

【链接：理解与适用】

《解释》第三条规定了按照非法经营犯罪处理“情节严重”和“情节特别严重”的具体情形,第四条规定了非法经营数额的具体计算方法。

“情节严重”的情形分为非法经营数额、违法所得数额、卷烟数量和两次行政处罚后再犯等三种定罪标准。

非法经营数额在五万元以上的,或者违法所得数额在二万元以上的,应当认定为刑法第二百二十五条规定的“情节严重”。关于非法经营数额定在五万元的问题,主要考虑有两个因素:一是从司法实践中涉烟刑事案件的统计数据分析,进入刑事处罚的涉烟案件只占到所有涉烟案件的 1.1%,数量不多,非法经营犯罪案件打击面不大,其中非法经营数额在五万元以上的案件占涉烟非法经营犯罪案件的一半左右,如果把非法经营数额提高到五万元以上或者十万元的话,有五成多的非法经营犯罪案件得不到处理,总体考虑还继续沿用《会议纪要》非法经营数额五万元的标准比较合适。二是考虑到与其他司法解释的协调和平衡问题,如“两高”2004 年《关于办理侵犯知识产权刑事案件具体应用法律若干问题的解释》中关于假冒注册商标罪的非法经营数额是五万元,即本解释第一条第二款适用的数额,也就是说,假冒烟用注册商标犯罪的标准是达到非法经营数额五万元,而非法经营烟草犯罪的标准不是五万元的话,执法上会存在不平衡的情况。

关于违法所得数额的问题,1998年《最高人民法院关于审理非法出版物刑事案件具体应用法律若干问题的解释》第十七条规定,违法所得数额是指获利数额。从司法实践中查获的案件看,非法经营烟草的利润在50%左右,即非法经营五万元的话,获利数额大约二万多元。

非法经营卷烟二十万支以上的,应认定为非法经营"情节严重"的情形。这样规定的主要理由:一是"打假"现场经常查获的是散支烟,没有品牌和标价,但数量多,造成的社会危害性较大;二是考虑二十万支卷烟的价格,按照全国卷烟的平均批发价格计算,基本和非法经营数额五万元的标准相当。

《解释》规定"曾因非法经营烟草专卖品三年内受过二次以上行政处罚,又非法经营烟草专卖品且数额在三万元以上的"情形,也属于非法经营罪的"情节严重"情形。主要考虑是前两次非法经营烟草行为虽然已经受到了处罚,但行为人在明知这种行为违法的情况下再次非法经营烟草专卖品的,说明其主观恶性深,对国家烟草专卖制度的危害比初犯者更大,社会危害性大,这种行为应当认定为"情节严重"的情形,考虑到应与单纯的数额情形或者情节情形区分开来,同时也兼顾到了前两次行为已处罚过,因此在规定情节的同时又规定了低于第(一)项数额的情形,即第一款第(三)项的规定。

对"情节特别严重"的情形规定,比照"情节严重"的情形的五倍计算。即:非法经营数额在二十五万元以上,或者违法所得数额在十万元以上的;非法经营卷烟一百万支以上的。

《解释》第四条对数额的计算进行了明确规定。分为两种情形:一是非法经营烟草专卖品,能够查清销售或者购买价格的,按照其销售或者购买的价格计算非法经营数额。二是无法查清销售或者购买价格的,区分不同情况分别计算非法经营数额:

(一)查获的卷烟、雪茄烟的价格,有品牌的,按照该品牌卷烟、雪茄烟的查获地省级烟草专卖行政主管部门出具的零售价格计算;无品牌的,按照查获地省级烟草专卖行政主管部门出具的上年度卷烟平均零售价格计算;

(二)查获的复烤烟叶、烟叶的价格按照查获地省级烟草专卖行政主管部门出具的上年度烤烟调拨平均基准价格计算;

(三)烟丝的价格按照第(二)项规定价格计算标准的一点五倍计算;

(四)卷烟辅料的价格,有品牌的,按照该品牌辅料的查获地省级烟草专卖行政主管部门出具的价格计算;无品牌的,按照查获地省级烟草专卖行政主管部门出具的上年度烟草行业生产卷烟所需该类卷烟辅料的平均价格计算;

(五)非法生产、销售、购买烟草专用机械的价格按照国务院烟草专卖行政主管部门下发的全国烟草专用机械产品指导价格目录进行计算；目录中没有该烟草专用机械的，按照省级以上烟草专卖行政主管部门出具的目录中同类烟草专用机械的平均价格计算。

——李晓：《〈关于办理非法生产、销售烟草专卖品等刑事案件具体应用法律若干问题的解释〉的理解与适用》，载《人民司法 · 应用》2010 年第 11 期。

637 运输假冒台湾产香烟行为的定性

关键词｜非法经营罪｜假冒香烟｜犯罪数额｜

【最高人民法院参考案例】

高秋生、林适应等非法经营案（《刑事审判参考》案例第 212 号）

要旨：非法经营假冒台湾产香烟，情节严重的，构成非法经营罪。

对假冒长寿牌香烟的价值总额的认定，属于“货值金额难以确定”的情形。“两高”《关于办理生产、销售伪劣商品刑事案件具体应用法律若干问题的解释》第二条第三款规定：货值金额以违法生产、销售的伪劣产品的标价计算；没有标价的，按照同类合格产品的市场中间价格计算。货值金额难以确定的，按照国家计划委员会、最高人民法院、最高人民检察院、公安部 1997 年 4 月 22 日联合发布的《扣押、追缴、没收物品估价管理办法》之规定，委托指定的估价机构确定。而《扣押、追缴、没收物品估价管理办法》第四条规定：对于扣押、追缴、没收的珍贵文物，珍贵、濒危动物及其制品，珍稀植物及其制品，毒品，淫秽物品，枪支、弹药等不以价格数额作为定罪量刑标准的，不需要估价。因台湾产“长寿”牌香烟未在中国内地市场流通，亦没有同类合格产品的市场价格可参考估价，而非法经营罪并不要求价格数额作为定罪量刑的唯一标准，故以运输假冒香烟的数量认定犯罪情节。

烟草专卖法第二十二条规定：托运或者自运烟草专卖品必须持有烟草专卖行政主管部门或者烟草专卖行政主管部门授权的机构签发的准运证；无准运证的，承运人不得承运。行为人无准运证运输香烟，烟草专卖法虽然没有规定对此种行为要追究刑事责任，但不能据此简单地认定不符合刑法第二百二十五条之规定，即不构成非法经营罪。关于非法运输行为的处理，按照我国刑法规定，对于运输枪支、弹药、爆炸物、核材料、假币、毒品、毒品原植物种子、幼苗等特定对象的行为，刑法分则有相应的罪名予以规范。对于明知他人系进行违法犯罪活动而为其提供运输服务的其他非法运输行为，根据刑法总则共同犯罪的有关规定，应成立共同犯罪，运输者系相关犯罪的帮助犯或者实行犯。因此，明知他人非法经营假烟而为他人提供运输服务的行为是否构成非法经营罪，关键是要看假烟的直接经营者是否构成该罪。

——《刑事审判参考》(总第29辑)。

638 无证经营假冒伪劣卷烟的行为涉及多个罪名应如何处理

关键词｜非法经营罪｜想象竞合犯｜

【最高人民法院参考案例】

王海旺非法经营案(《刑事审判参考》案例第1237号)

要旨:无证经营假冒伪劣卷烟的行为属于想象竞合犯,应以处罚较重的罪名定罪。

2010年公布的《最高人民法院、最高人民检察院关于办理非法生产、销售烟草专卖品等刑事案件具体应用法律若干问题的解释》(以下简称《烟草解释》)第一条规定:生产、销售伪劣卷烟、雪茄烟等烟草专卖品,销售金额在五万元以上的,依照刑法第一百四十条的规定以生产、销售伪劣产品罪定罪处罚;销售明知是假冒他人注册商标的卷烟、雪茄烟等烟草专卖品,销售金额较大的,依照刑法第二百一十四条的规定以销售假冒注册商标的商品罪定罪处罚;违反国家烟草专卖管理法律法规,未经烟草专卖行政主管部门许可,无烟草专卖生产企业许可证、烟草专卖批发企业许可证、特种烟草专卖经营企业许可证、烟草专卖零售许可证等许可证明,非法经营烟草专卖品,情节严重的,依照刑法第二百二十五条的规定以非法经营罪定罪处罚。据此,无证销售假烟行为可能触犯的罪名有三个,分别是销售伪劣产品罪、销售假冒注册商标的商品罪和非法经营罪。

上述三个罪名并不必然同时构成。例如,根据刑法第一百四十条之规定,销售伪劣产品罪中的"伪劣产品",包括"在产品中掺杂、掺假,以假充真,以次充好或者以不合格产品冒充合格产品"四种情形。2001年发布的《最高人民法院、最高人民检察院关于办理生产、销售伪劣商品刑事案件具体应用法律若干问题的解释》(以下简称《伪劣商品解释》)第一条对此进行进一步的明确,其中"在产品中掺杂、掺假"是指在产品中掺入杂质或者异物,致使产品质量不符合国家法律、法规或者产品明示质量标准规定的质量要求;"以假充真"是指以不具有某种使用性能的产品冒充具有该种使用性能的商品的行为。因而销售假冒注册商标的商品的行为,并不必然触犯销售伪劣产品罪,构成该罪还需要对所售产品质量进行检测,以确定其为伪劣产品。无证销售假冒他人注册商标的卷烟,但经鉴定所售卷烟不是伪劣产品,则只构成销售假冒注册商标的商品罪和非法经营罪,而不构成销售伪劣产品罪。因此行为人构成几个罪名,需要根据具体案件事实进行分析。

具体到本案,首先,被告人王海旺销售假冒中华、玉溪等注册商标的卷烟,货值金额在十五万元以上,依照相关司法解释的规定,其行为构成销售假冒注册商标的商品罪;其次,涉案卷烟经鉴定系伪劣产品,王海旺销售假冒卷烟的行为同时构成销售伪劣产品罪;最后,王海旺无证经营假冒卷烟,情节特别严重,其行为还构成非法经营罪。

对于同时构成销售假冒注册商标的商品罪、销售伪劣产品罪和非法经营罪的经营假冒卷烟行为进行定罪处罚,实践中需要注意以下两点:一是此类竞合属于想象竞合而非法条竞合。有意见认为此类竞合属于法条竞合,并据此提出应按照"特别法优于一般法"的司法原则确定罪名。我们认为,无证销售假冒卷烟的行为之所以同时触犯三个罪名,非因该三个罪名的刑法规定存在重复或者交叉关系,而是此类行为的复合性导致其同时侵害数个不同客体所造成的,故应当认定为想象竞合而非法条竞合。也正是基于此,长期以来包括《烟草解释》等在内的相关司法解释无一例外地规定,对此类行为应当择一重罪定罪处罚。二是罪轻罪重不能笼统地从不同罪名的法定最高刑来判断,而是应当根据具体犯罪行为在不同罪名中所对应的法定刑幅度进行判断。

本案所涉卷烟货值金额三十七万余元,根据刑法及相关司法解释的规定,在销售伪劣产品罪中对应的法定刑幅度为二年以上七年以下有期徒刑;在销售假冒注册商标的商品罪中对应的法定刑幅度为三年以上七年以下有期徒刑;在非法经营罪中对应的法定刑幅度为五年以上有期徒刑。加之涉案卷烟尚未售出,以销售伪劣产品罪或者销售假冒注册商标的商品罪均属未遂,故一、二审法院适用处罚最重的非法经营罪定罪是正确的。

——《刑事审判参考》(总第113辑)。

639 不具备证券从业资格的公司与具备资格的公司合作开展证券咨询业务，是否构成非法经营罪

关键词｜非法经营罪｜证券咨询｜证券从业资格｜

【最高人民法院参考案例】

王丹、沈玮婷非法经营、虚报注册资本案(《刑事审判参考》案例第1043号)

要旨:未经批准开展证券咨询业务情节严重的,构成非法经营罪。

(一)刑法第二百二十五条第(三)项规定的证券业务的具体内容包括证券咨询业务

根据证券法第一百二十二条的规定,设立证券公司,必须经国务院证券监督管

理机构审查批准。证券法第一百二十五条另规定,经国务院证券监督管理机构批准,证券公司可以经营证券投资咨询业务。换言之,设立证券公司和开展证券投资咨询业务,都需要经国务院证券监督管理机构批准。

(二)采取与有资格经营证券咨询业务的公司合作的方式不能规避应当接受证券业主管机构批准和监管的义务

我们认为,根据证券法第一百二十五条的规定,只有经国务院证券监督管理机构批准,证券公司才能经营证券投资咨询业务;无证券咨询资格的公司与具有证券咨询资格的公司之间的合作协议不能规避其应当接受审批和监管的义务。

(三)未经批准开展证券咨询业务达到情节严重程度的才构成非法经营罪

刑法第二百二十五条规定,只有情节严重的扰乱市场秩序的行为才构成非法经营罪。这就是说,未经国家有关主管部门批准非法经营证券咨询业务的行为,并非一律认定为非法经营罪。我国刑法理论认为,刑法具有补充性:"补充性的基本含义是,只有当一般部门法不足以抑制某种法益侵害行为时,才由刑法禁止。"我国证券法第二百三十一条规定,对违反证券法构成犯罪的,依法追究刑事责任。根据《最高人民检察院、公安部关于公安机关管辖的刑事案件立案追诉标准的规定(二)》的规定,未经国家有关主管部门批准,非法经营证券、期货、保险业务,数额在三十万元以上的,或者违法所得数额在五万元以上的,应予追诉。

——《刑事审判参考》(总第101辑)。

640 超越经营范围代理转让非上市公司股权行为的处理

关键词｜非法经营罪｜超越经营范围｜情节严重｜

【最高人民法院公报案例】

浙江省宁波市人民检察院诉宁波利百代投资咨询有限公司、陈宗纬、王文责、郑淳中非法经营案(二审法院:浙江省高级人民法院)

要旨:为非法经营证券业务而设立公司,超越工商行政管理部门核准登记的公司经营范围,未经法定机关批准,向不特定的社会公众代理销售非上市股份有限公司的股权(股票),其行为属于未经批准非法经营证券业务、扰乱国家证券市场的非法经营行为,情节严重的,应当以非法经营罪定罪处罚。

三上诉人在利百代公司成立后从事非上市股份有限公司股权代理转让业务,明显超出了工商行政管理部门核准登记的经营范围。在因超范围经营被处罚后,该公司申请增加了"代办产权交易申请手续"的经营范围,但该项业务仅指接受产权所有人委托,以产权所有人的名义向产权交易机构提出产权交易申请,不包括非上市股份有限公司股权代理转让业务。根据一审庭审中出示并经质证的宁波市工商行政管理局施民伟、胡坚、范治华及证监会宁波监管局郑康斌出具的情况说明，在2004年5月召开的协调会上，有关行政执法部门向三上诉人指出：利百代公司在增加“代办产权交易申请手续”的经营范围后，经营非上市股份有限公司股权代理转让业务仍属超范围经营，要经营该项业务必须经有关证券监管部门批准。但在此后，三上诉人继续经营该项业务。据此可以认定，三上诉人具有非法经营范围的犯罪故意。三上诉人及其辩护人关于原审认定三上诉人在有关行政执法部门明确指出无权经营证券业务后仍不停止该经营行为没有证据、利百代公司增加了“代办产权交易申请手续”的经营范围后没有超范围经营即其没有非法经营的犯罪故意的上诉理由均不能成立，不予采纳。作为利百代公司的副总经理，郑淳中在共同犯罪中的地位、作用虽相对次于陈宗纬、王文责，但尚不属明显起次要或者辅助作用，不属于从犯，一身已对其酌情从轻处罚。郑淳中及其辩护人关于郑淳中在共同犯罪中只起次要作用或者辅助作用的上诉理由不能成立，不予采纳。

——《最高人民法院公报》2009年第1期。

641 以现货投资名义非法代理境外黄金合约买卖行为的定性

关键词｜非法经营罪｜现货投资｜黄金买卖｜

【最高人民法院参考案例】

刘溪、聂明湛、原维达非法经营案(《刑事审判参考》案例第727号)

要旨：以介绍现货黄金投资为名义，未经批准招揽国内客户参与境外市场的黄金合约买卖，属于组织变相期货交易活动，其行为构成非法经营罪。

根据国务院《期货交易管理条例》(以下简称《条例》)第八十九条的规定，变相期货交易的特征可以归纳如下：(1)交易集中进行，而非个别、分散协商：实践中有的意见认为，集中交易是指集中竞价交易。该观点有待进一步商榷。1999年发布的《期货交易管理暂行条例》曾规定，期货交易实行集中竞价，按照价格优先、时间优先的撮合成交原则进行。而新的《条例》则将交易方式修改为公开的集中交易方式或者国务院期货监督管理机构批准的其他方式。从《条例》对交易方式的修改可知，集中竞价不再是交易方式的要件。因此，按照新规定，涉案交易即便采用报价等非竞价方式，也不影响变相期货交易的认定。(2)交易对象为标准化合约，即合约由交易一方为了通常和重复使用而预先拟定，并在实际使用时未与对方协商。(3)交易实行保证金制度，交易者应当按照规定标准交纳资金，用于结算和保证履约。(4)交易实行当日无负债结算制度，或称“逐日盯市”。有关机构或者市场在每日交易结束后,根据当日结算价计算客户当日的持仓盈亏。如有持仓亏损必须于下一交易日前补足,否则客户在手合约会被强制平仓。(5)保证金收取比例低于合约(或者合同)标的额的20%。总之,从本质层面解析,变相期货交易与现货买卖的本质区别在于,变相期货交易中参与者的主要目的不是转移商品所有权,而是套期保值或者从期货价格变动中获取投机利益。

总之,我们认为,人民法院在办理变相期货交易案件时,应当重点关注以下几个方面:(1)审慎认定交易手法是否符合《条例》中变相期货交易的行为特征。(2)综合全案证据及事实,判断交易目的是否是对冲合约获取风险利润。(3)如果所交易的合约到期应当被依法、全面、适当履行,当事人既不能擅自变更或者解除,也不能通过对冲替代履行,并且交易不具备变相期货交易的特征或者特征不明显的,则是现货交易。(4)在必要时征询、参考行政主管部门的意见。(5)留意我国特定时期的黄金市场监管政策。总之,应当综合平衡司法介入经济活动与打击经济犯罪之间的关系,既要保护灵活、新型、合法的投资手段,又要维护正常的黄金、期货市场秩序,注重保护投资者的合法利益。

——《刑事审判参考》(总第82辑)。

642 未经许可经营现货黄金延期交收业务的行为如何定性

关键词|非法经营罪|现货黄金|延期交收|

【最高人民法院参考案例】

钟小云非法经营案(《刑事审判参考》案例第1021号)

要旨:不论钟小云经营的是黄金期货业务还是现货黄金延期交收业务,均未经有关国家主管部门审批,其擅自从事相关业务,违反了国家规定;钟小云的经营行为不受监管机构监管,也未与真正的国际伦敦金市场联通,具有较强的欺骗性,投资者的投资风险极大,故钟小云的行为具有明显的社会危害性,属于严重扰乱市场秩序的情形,应当予以惩处。钟小云的行为符合非法经营罪的构成要件,应当以非法经营罪定罪处罚。

(一)未经许可经营现货黄金延期交收业务的行为不构成诈骗罪或者合同诈骗罪

具体联系本案而言,虽然客户认为其是投资伦敦金业务,但实际其投资款通过各种途径交到华泰金恒公司后,并未被实际兑换为美元并用于投资伦敦金,因为客户通过沣琳顿公司及钟小云等人转入华泰金恒公司的人民币投资款,往往只需不到一天的时间就可以美元形式反映在其投资账户内,而这在我国现行的外汇管理制度下是不可能的。因此，沣琳顿公司的投资伦敦金业务，具有欺骗性。

然而，现有证据不足以证明被告人钟小云具有非法占有的目的。客户根据国际实时黄金价格走势进行“买涨”“买跌”操作，可以自己操盘或者聘请沣琳顿公司员工操盘，投资期间有赚有赔，可以自由选择继续投资还是退出投资。如果客户要求退出投资，公司会将客户账户内剩余的金额全部返还给客户。且钟小云是通过收取交易手续费、过夜费及获得华泰金恒公司返还佣金等方式谋利，并未直接非法占有客户的投资款。因此，钟小云的行为不构成诈骗罪或者合同诈骗罪。

（二）未经许可经营现货黄金延期交收业务的行为属于刑法规制的非法经营行为

1. 被告人钟小云从事的是现货黄金延期交收业务

现货黄金延期交收业务在我国尚属新生事物，国家主管部门对其交易制度及特点尚无明确规定。从国外有关现货黄金延期交收业务的实践情况看，现货黄金延期交收业务与黄金期货交易具有若干相同的特征，如交纳保证金、当日无负债结算等。但两者也有以下区别：（1）交割时间不同。现货黄金延期交收业务为现货交易，没有交割时间限制，而黄金期货交易为期货交易，有交割时间限制。（2）交易时间不同。现货黄金延期交收业务可以二十四小时连续交易，而黄金期货交易有固定的交易时间，我国黄金期货交易是在上午九点至十一点半，以及下午一点半至三点进行。（3）杠杆比率不同。现货黄金延期交收业务的杠杆比率为 1∶100，而黄金期货交易的杠杆比率约为 1∶10。本案中，钟小云公司的黄金交易业务没有交割时间限制，客户可以随时出金，也可以二十四小时连续交易，以 1∶100 的杠杆比率，按国际实时走势买升买跌交易。可见，从形式上看，钟小云从事的是现货黄金延期交收业务。

2. 被告人钟小云从事的现货黄金延期交收业务属于实质上的变相黄金期货交易，应当认定为刑法规制的非法经营行为

2012 年修改前的《期货交易管理条例》第八十九条第一款规定：“任何机构或者市场，未经国务院期货监督管理机构批准，采用集中交易方式进行标准化合约交易，同时采用以下交易机制或者具备以下交易机制特征之一的，为变相期货交易：（一）为参与集中交易的所有买方和卖方提供履约担保的；（二）实行当日无负债结算制度和保证金制度，同时保证金收取比例低于合约（或者合同）标的额 20%的。”2012 年修改后的《期货交易管理条例》删去了修改前《期货交易管理条例》第八十九条关于变相期货交易的规定。然而，这一修改并不意味着对变相期货交易不再监管和规制。相反，任何违反国家规定，非法经营变相黄金期货交易，应当受到刑法规制。除了修改前的《期货交易管理条例》第八十九条，中国人民银行、公安部、国家工商总局、银监会、证监会 2011 年 11 月 20 日联合下发的《关于加强黄金交易

所或从事黄金交易平台管理的通知》第一条明确规定："上海黄金交易所和上海期货交易所是经国务院批准或同意的开展黄金交易的交易所，两家交易所已能满足国内投资者的黄金现货或期货投资需求。任何地方、机构或个人均不得设立黄金交易所（交易中心），也不得在其他交易场所（交易中心）内设立黄金交易平台。"可见，我国对于机构或个人在2011年11月20日前后，在合法交易场所外设立黄金交易平台从事黄金及其衍生品交易已有明确限制。现货黄金延期交收业务除具有一般的实物黄金交易属性外，还具有资本投资的属性，必须经过主管部门审批才可从事经营。《中国人民银行南昌中心支行关于新余市沣琳顿投资顾问有限公司黄金业务行政认定的复函》认定，"新余市沣琳顿投资顾问有限公司不是上海黄金交易所或上海期货交易所会员，也没有代理开展上海黄金交易所或上海期货交易所黄金业务的资格，其设立黄金交易平台开办的黄金业务未经有权机关批准"。1999年刑法修正案在刑法第二百二十五条第（二）项之后增加一项，将未经国家主管部门批准非法经营证券、期货、保险业务的行为，纳入非法经营罪的调整范围非法经营行为。钟小云经营变相黄金期货交易，未经主管部门审批许可，违反了国家规定，属于刑法规制的非法经营行为。

3. 被告人钟小云非法经营变相黄金期货业务，严重扰乱市场秩序，且情节特别严重，依法应予追究刑事责任

本案中，钟小云非法经营黄金业务，数额达到116.58万元，属于数额特别巨大。通过上文关于现货黄金延期交收业务与合法黄金期货交易的比较，本案现货黄金延期交收业务没有交割时间限制，可以二十四小时连续交易，杠杆比率高达1∶100，其扰乱市场秩序的程度更加严重，更具社会危害性。钟小云非法经营变相黄金期货交易业务，数额达到116.58万元，依法应当认定为情节特别严重。新余市渝水区人民法院对钟小云的行为以非法经营罪论处，定罪准确。

——《刑事审判参考》（总第100辑）。

643 未经许可经营原油期货业务，并向客户提供反向提示操作的行为如何定性

关键词｜非法经营罪｜原油期货｜

【最高人民法院参考案例】

徐波等人非法经营案（《刑事审判参考》案例第1238号）

要旨：未经许可经营原油期货业务，并向客户提供反向提示操作，客户在交易过程中遭受重大损失，应认定为非法经营罪。

1. 被告人徐波等人的行为属于经营期货业务。根据中国证监会发布的《关于认定商品现货市场非法期货交易活动的标准和程序》的认定标准及中国证券监督管理委员会办公厅发布的《关于变相期货交易有关事宜的复函》，变相期货交易的形式特征主要包括目的要件和形式要件。其中，目的要件是指以标准化合约为交易对象，允许交易者以对冲平仓方式了结交易，而不以实物交收为目的或者不必交割实物。本案所涉交易参与者主要目的不是转移商品所有权，而是从原油、沥青等“现货”交易的价格变动中获取投机利益，符合变相期货的目的要件。形式要件包括：(1)交易对象为标准化合约。订立合约时并非全额付款，而只交纳一定比例作为保证金，即可买入或卖出；合约订立后，允许交易者不实际履行，而可通过反向操作、对冲平仓方式了结自己的权利和义务。本案交易者的交易对象为原油、沥青等合约，且除价格等条款外，其他条款相对固定，即客户只能选择平台设定好的合约类型进行买涨或买跌，合约订立后，亦允许交易者不实际履行。同时客户在交易时只需交纳 1/50—1. 5/100 等比例的款项作为保证金即可买卖。故本案交易对象系标准化合约。(2)交易方式为集中交易。集中交易包括集合竞价、连续竞价、电子撮合、匿名交易、做市商机制等交易方式。本案所有客户均在天津纭沣平台集中交易。天津纭沣与不同客户进行交易，客户与客户之间不进行交易，实际系做市商机制。综上，被告人徐波等人行为符合期货交易活动特征，应认定为变相从事期货业务。

2. 被告人徐波等人未经批准从事期货业务，具有非法性。天津市商务委员会在《关于天津市政府信息公开申请的答复》中明确答复，天津矿产资源交易所未向天津市商务委员会申请过现货原油销售、仓储经营资质。天津市金融工作局答复：天津矿产资源交易所成立未经过天津市金融工作局审批。2011 年 11 月《国务院关于清理整顿各类交易场所切实防范金融风险的决定》（国发〔2011〕38 号）出台，将此类交易场所纳入清理整顿范围。目前，天津市交易场所清理整顿工作尚未通过部际联席会议检查验收。因此，涉案公司开发客户到天津纭沣平台从事期货业务具有非法性。

3. 根据 2010 年 5 月 7 日《最高人民检察院、公安部关于公安机关管辖的刑事案件立案追诉标准的规定(二)》第七十九条的规定，未经国家有关主管部门批准，非法经营证券、期货、保险业务，违法所得数额在五万元以上的，应予立案追诉。被告人徐波等人所在的广江公司、沃伦公司违法所得共计四百余万元，参考有关司法解释关于其他非法经营刑事案件的定罪量刑标准规定以及《浙江省高级人民法院关于部分罪名定罪量刑情节及数额标准的意见》的规定，应属于犯非法经营罪“情节特别严重”。法院遂依法作出上述判决。

——《刑事审判参考》（总第 113 辑）。

644 刑法修正案颁布实施前未经国家有关主管部门批准，非法经营期货业务行为的定性

关键词｜非法经营罪｜期货业务｜

【最高人民法院参考案例】

周新桥等非法经营案(《刑事审判参考》案例第 564 号)

要旨:在未经国家有关主管部门批准的前提下,非法经营股市指数期货业务和国内商品期货业务,构成非法经营罪。

(一)本案被告人周新桥等人在刑法修正案公布实施之日以前的经营期货业务行为,依照当时的相关行政法律规定和刑法第二百二十五条第(三)项的规定,应当认定为非法经营罪。

1999 年 12 月 25 日公布实施的刑法修正案(以下简称《修正案》)第八条规定:"刑法第二百二十五条增加一项,作为第三项:'未经国家有关主管部门批准,非法经营证券、期货或者保险业务的';原第三项改为第四项。"据此,将本案六被告人在 1999 年 12 月 25 日之后经营期货的行为认定为非法经营罪没有疑义,但对于六被告人在 1999 年 12 月 25 日之前经营期货的行为,是否也应当认定为非法经营罪,这就涉及如何理解适用在《修正案》出台前刑法第二百二十五条第(三)项"其他严重扰乱市场秩序的非法经营行为"的法律含义(理论上通常将其称为"兜底条款")。因此,必须把以下几个方面的问题理解透彻,方能正确把握。

首先,非法经营罪中的"经营行为"的具体内涵与外延。作为"破坏社会主义市场经济秩序罪"中规定的非法经营犯罪行为,其"经营"一词理应是经济领域中的"经营"活动,通常指市场主体以营利为目的,从事某项能够为自己带来利益的活动。由此可知,经营行为具有营利的特点,包括从事工业、商业、服务业、交通运输业等经营活动。强调此"经营"行为以营利为目的是必要的,故"经营行为"应解释为以营利为目的的市场行为。

其次,非法经营罪中"非法"的法律含义。根据刑法第二百二十五条规定,"违反国家规定"是本罪成立的特定前提条件,即只要是"违反国家规定"的经营行为,就是本罪中的"非法"经营行为。根据刑法第九十六条的规定,"违反国家规定"是指违反全国人民代表大会及其常务委员会制定的法律和决定、国务院制定的行政法规、规定的行政措施、发布的决定和命令等。

最后,非法经营罪的"非法经营行为"必须具有行政违法性和刑事违法性的双重性质。随着社会经济的发展变化,国家会在不同时期对一些特殊物品实行专营、专卖以及对一些特殊的经营行为实施许可证、审批制度,以此禁止非法经营行为,维护国家的正常市场秩序。从刑法第二百二十五条列举的前三项非法经营行为可

以看出，无论是专营、专卖物品或者其他限制买卖物品，还是进出口许可证以及其他经营许可证或者批准文件，都与国家特定的经营许可制度有关。换言之，非法经营罪的行政违法性是其刑事违法性的前提。只有违反了行政法规的行为，经过刑事法律的选择将其中严重的违法行为规定为犯罪，才构成非法经营犯罪。就此而言，可以说非法经营犯罪均具有行政违法和刑事违法的双重性，行政违法性是刑事违法性的前提。

需要注意的是，由于国家根据经济形势和社会发展的具体情况，不断对专营、专卖和限制性经营以及对实行许可证制度的范围进行调整，相应的法律、法规也随之发生变化，因此在把握本罪的特定犯罪前提条件时，应以行为当时有效的法律、法规为依据。法律、法规没有明文规定禁止经营的物品，任何人进行经营，即使造成了市场秩序的严重破坏，也不能以非法经营犯罪论处，这不仅是罪刑法定原则之要求，更是非法经营罪之法定犯特征使然。当然，如果行为人的经营行为触犯了刑法的其他规定，构成其他犯罪的，则应以其他犯罪依法追究。

根据以上分析，非法经营罪中的“其他严重扰乱市场秩序的非法经营行为”，就是指除第二百二十五条第（一）（二）（三）项以外的其他违反与经营许可制度有关法律、法规且严重扰乱市场秩序的行为。

本案被告人周新桥等人均未取得从事期货经营资格，在融汇公司注册成立后，为获取高额利润商定设立交易盘房，以培训经纪人和举办股民培训班的方法，招揽客户炒作香港恒生指数期货和国内商品期货，收取交易手续费，其行为是以营利为目的的经营行为。要认定本案六被告人在《修正案》颁布实施之前实施的经营期货的行为是否构成非法经营罪，取决于其行为时是否违反了国家当时对期货业务经营资格的许可制度。因此，有必要厘清我国关于期货业务经营的法律规定，才能作出正确裁判。

证券、期货或者保险业务，均属于金融业务。经营主体的经营资格、经营能力以及经营行为等，直接关系到广大社会公众的利益和整个市场经济的有序发展，国家对于期货经纪业务的市场准入资格有着明确和严格的规定。1993 年 11 月 4 日《国务院关于坚决制止期货市场盲目发展的通知》、1995 年 7 月 20 日《国务院关于批转国务院证券委员会 1995 年证券期货工作安排意见的通知》、1998 年 8 月 1 日《国务院关于进一步整顿和规范期货市场的通知》均明确规定了未取得许可证的机构和单位一律不得从事期货经纪业务。1999 年 9 月 1 日起施行的《期货交易管理暂行条例》规定中第六十五条明确规定：“任何单位或者个人违反本条例规定，擅自从事境外期货交易的，予以取缔，没收违法所得……构成犯罪的，依法追究刑事责任。任何单位或者个人非法设立或者变相设立期货交易所、期货经纪公司，或者擅自从事期货经纪业务的，予以取缔，并依照前款的规定处罚；构成犯罪的，依法追究刑事责任。”2007 年 4 月 15 日起施行的《期货交易管理条例》重新明确了对期货业务经营的严格规定与资格许可制度以及追究刑事责任的规定。从上述规定可以看出,凡是未经特别许可经营期货或者期货经营者未达规定条件的,情节严重的,应当依法追究刑事责任。

——《刑事审判参考》(总第 69 辑)。

645 非法从事资金支付结算业务、非法买卖外汇构成非法经营罪的具体认定

关键词|非法经营罪|非法从事资金支付结算业务|非法买卖外汇|

【最高人民法院司法解释】

第一条　违反国家规定,具有下列情形之一的,属于刑法第二百二十五条第三项规定的“非法从事资金支付结算业务”:

(一)使用受理终端或者网络支付接口等方法,以虚构交易、虚开价格、交易退款等非法方式向指定付款方支付货币资金的;

(二)非法为他人提供单位银行结算账户套现或者单位银行结算账户转个人账户服务的;

(三)非法为他人提供支票套现服务的;

(四)其他非法从事资金支付结算业务的情形。

第二条　违反国家规定,实施倒买倒卖外汇或者变相买卖外汇等非法买卖外汇行为,扰乱金融市场秩序,情节严重的,依照刑法第二百二十五条第四项的规定,以非法经营罪定罪处罚。

第三条　非法从事资金支付结算业务或者非法买卖外汇,具有下列情形之一的,应当认定为非法经营行为“情节严重”:

(一)非法经营数额在五百万元以上的;

(二)违法所得数额在十万元以上的。

非法经营数额在二百五十万元以上,或者违法所得数额在五万元以上,且具有下列情形之一的,可以认定为非法经营行为“情节严重”:

(一)曾因非法从事资金支付结算业务或者非法买卖外汇犯罪行为受过刑事追究的;

(二)二年内因非法从事资金支付结算业务或者非法买卖外汇违法行为受过行政处罚的;

(三)拒不交代涉案资金去向或者拒不配合追缴工作,致使赃款无法追缴的;

(四)造成其他严重后果的。

第四条 非法从事资金支付结算业务或者非法买卖外汇,具有下列情形之一的,应当认定为非法经营行为"情节特别严重":

(一)非法经营数额在二千五百万元以上的;

(二)违法所得数额在五十万元以上的。

非法经营数额在一千二百五十万元以上,或者违法所得数额在二十五万元以上,且具有本解释第三条第二款规定的四种情形之一的,可以认定为非法经营行为"情节特别严重"。

第五条 非法从事资金支付结算业务或者非法买卖外汇,构成非法经营罪,同时又构成刑法第一百二十条之一规定的帮助恐怖活动罪或者第一百九十一条规定的洗钱罪的,依照处罚较重的规定定罪处罚。

第六条 二次以上非法从事资金支付结算业务或者非法买卖外汇,依法应予行政处理或者刑事处理而未经处理的,非法经营数额或者违法所得数额累计计算。

同一案件中,非法经营数额、违法所得数额分别构成情节严重、情节特别严重的,按照处罚较重的数额定罪处罚。

第七条 非法从事资金支付结算业务或者非法买卖外汇违法所得数额难以确定的,按非法经营数额的千分之一认定违法所得数额,依法并处或者单处违法所得一倍以上五倍以下罚金。

第八条 符合本解释第三条规定的标准,行为人如实供述犯罪事实,认罪悔罪,并积极配合调查,退缴违法所得的,可以从轻处罚;其中犯罪情节轻微的,可以依法不起诉或者免予刑事处罚。

符合刑事诉讼法规定的认罪认罚从宽适用范围和条件的,依照刑事诉讼法的规定处理。

第九条 单位实施本解释第一条、第二条规定的非法从事资金支付结算业务、非法买卖外汇行为,依照本解释规定的定罪量刑标准,对单位判处罚金,并对其直接负责的主管人员和其他直接责任人员定罪处罚。

……

第十一条 涉及外汇的犯罪数额,按照案发当日中国外汇交易中心或者中国人民银行授权机构公布的人民币对该货币的中间价折合成人民币计算。中国外汇交易中心或者中国人民银行授权机构未公布汇率中间价的境外货币,按照案发当日境内银行人民币对该货币的中间价折算成人民币,或者该货币在境内银行、国际外汇市场对美元汇率,与人民币对美元汇率中间价进行套算。

第十二条 本解释自2019年2月1日起施行。《最高人民法院关于审理骗购外汇、非法买卖外汇刑事案件具体应用法律若干问题的解释》(法释[1998]20号)

与本解释不一致的,以本解释为准。

——《最高人民法院、最高人民检察院关于办理非法从事资金支付结算业务、非法买卖外汇刑事案件适用法律若干问题的解释》(2019 年 2 月 1 日,法释〔2019〕1 号)。

【链接:理解与适用】

(一)关于"非法从事资金支付结算业务"的认定问题

根据中国人民银行《支付结算办法》的规定,支付结算是指单位、个人在社会经济活动中使用票据、信用卡和汇兑、托收承付、委托收款等结算方式进行货币给付及其资金清算的行为。银行是支付结算和资金清算的中介机构。未经中国人民银行批准的非银行金融机构和其他单位不得作为中介机构经营支付结算业务,但法律、行政法规另有规定的除外。国务院《非法金融机构和非法金融业务活动取缔办法》(1998 年 7 月 13 日起施行)规定,未经中国人民银行依法批准,任何单位和个人不得擅自设立金融机构或者擅自从事金融业务活动。刑法修正案(七)对刑法第二百二十五条规定的非法经营罪作了进一步修改完善,规定非法从事资金支付结算业务,扰乱市场秩序,情节严重的,应认定为非法经营罪。

近年来,随着互联网金融的迅猛发展,支付结算方式发生很大变化,由于刑法没有明确资金支付结算的具体情形,司法实践中对非法从事资金支付结算业务的认定存在争议。从近年查处的涉地下钱庄犯罪案件看,非法从事资金支付结算业务,主要是不法分子通过设立空壳公司,采取网银转账等方式协助他人将对公账户非法转移到对私账户、套取现金等进行非法支付结算。结合司法实际和有关案例,《解释》第一条规定了虚构支付结算、公转私、套取现金和支票套现等三种"非法从事资金支付结算业务"情形,同时规定"其他非法从事资金支付结算业务的情形"作为兜底条款,以适应支付结算方式不断变化的需要。

1. 关于虚构支付结算情形,即使用受理终端或者网络支付接口等方法,以虚构交易、虚开价格、交易退款等非法方式向指定付款方支付货币资金的。传统的信用卡套现行为,一般是指使用销售点终端机具(POS 机)等方法,以虚构交易、虚开价格、现金退货等方式向信用卡持卡人直接支付现金的行为。为打击频繁出现的信用卡套现行为,《最高人民法院、最高人民检察院关于办理妨害信用卡管理刑事案件具体应用法律若干问题的解释》(以下简称《信用卡管理司法解释》)第十二条规定:违反国家规定,使用销售点终端机具(POS 机)等方法,以虚构交易、虚开价格、现金退货等方式向信用卡持卡人直接支付现金,情节严重的,应当依据刑法第二百二十五条的规定,以非法经营罪定罪处罚。但随着互联网支付的兴起,支付结算的方式、方法发生了很大变化,支付方法包括但不限于 POS 机等终端机具,还包括其他各种受理终端和网络支付接口；套现的行为、方式也呈多样化，包括但不限于信用卡套现行为，还包括以各种非法方式向指定付款方支付货币资金的行为。据此，《解释》第一条第（一）项规定，使用受理终端或者网络支付接口等方法，以虚构交易、虚开价格、交易退款等非法方式向指定付款方支付货币资金的，属于"非法从事资金支付结算业务"情形。例如，有的不法分子购得多家可使用"蚂蚁花呗"支付的淘宝店铺，意图套现用户点击相应链接购买商品，并申请由"蚂蚁花呗"代为支付，用户在无真实商品交易的情况下点击确认收货并随即申请退货，行为人扣除手续费后将剩余款项转入套现用户的支付宝账户，从而完成套现。行为人通过网购平台套取贷记卡资金的行为就属于"非法从事资金支付结算业务"。需要注意的是，信用卡套现行为属于虚构支付结算行为的一种形式，本《解释》的规定属于一般规定，《信用卡管理司法解释》关于信用卡套现行为的规定属于特别规定，按照特别规定优于一般规定的原则，对于信用卡套现行为的认定适用《信用卡管理司法解释》，对于其他虚构支付结算行为的认定适用本《解释》。

2. 关于"公转私"、套取现金情形，即非法为他人提供单位银行结算账户套现或者单位银行结算账户转个人账户服务的。实践中，不法分子通过设立空壳公司，开设大量对公账户和个人账户，假造业务往来，再通过"公转私"业务，采取网银转账等方式协助他人将对公账户非法转到对私账户、套取现金等进行非法支付结算。此类犯罪手法隐蔽、快速、交易量大，迎合了一些人非法转移资金、非法套现的需要。支付结算型地下钱庄主要就是这种情形，一方面非法为他人提供单位银行结算账户进行套现，另一方面非法为他人提供单位银行结算账户转个人账户服务，从中收取服务费。

3. 关于支票套现情形，即非法为他人提供支票套现服务。该种情形是在没有实际交易的情况下，不法分子将他人开具的支票转到自己控制的账户，从而为他人提供现金，俗称"串票"或"支票串现金"。

（二）关于"非法买卖外汇"的认定问题

外汇是国家重要的经济资源，也是国家经济实力的体现。我国对外汇实行强制管理制度，严禁任何个人和单位实施有损外汇管理制度的违法犯罪活动，任何组织、个人在我国境内从事外汇买卖、结汇业务，必须获得国家外汇管理部门的许可并在指定场所进行。根据《全国人民代表大会常务委员会关于惩治骗购外汇、逃汇和非法买卖外汇犯罪的决定》第四条第一款的规定，在国家规定的交易场所以外买卖外汇，扰乱市场秩序，情节严重的，依照刑法第二百二十五条的规定定罪处罚。

根据外汇管理条例第四十五条的规定，非法买卖外汇主要包括倒买倒卖外汇、变相买卖外汇等情形。实践中，地下钱庄非法买卖外汇主要有较为传统的以境内直接交易形式实施的倒买倒卖外汇行为和当前常见的以境内外"对敲"方式进行资金跨国(境)兑付的变相买卖外汇行为。倒买倒卖外汇,是指不法分子在国内外汇黑市进行低买高卖,从中赚取汇率差价。此类钱庄俗称为“换汇黄牛”。变相买卖外汇,是指在形式上进行的不是人民币和外汇之间的直接买卖,而采取以外汇偿还人民币或以人民币偿还外汇、以外汇和人民币互换实现货币价值转换的行为。资金跨国(境)兑付是一种典型的变相买卖外汇行为。跨国(境)兑付型地下钱庄,不法分子与境外人员、企业、机构相勾结,或利用开立在境外的银行账户,协助他人进行跨境汇款、转移资金活动。这类地下钱庄又被称为“对敲型”地下钱庄,即资金在境内外实行单向循环,没有发生物理流动,通常以对账的形式来实现“两地平衡”。现在多数地下钱庄的主要业务是资金跨国(境)兑付,导致巨额资本外流,社会危害性巨大,属于重点打击对象。据此,《解释》第二条规定,实施倒买倒卖外汇或者变相买卖外汇等非法买卖外汇行为,扰乱金融市场秩序,情节严重的,以非法经营罪定罪处罚。

(三)关于“情节严重”“情节特别严重”的认定标准

1.“情节严重”的认定标准

最高人民法院于1998年出台的《关于审理骗购外汇、非法买卖外汇刑事案件具体应用法律若干问题的解释》(以下简称《非法买卖外汇司法解释》)第三条规定,非法买卖外汇二十万美元以上的(注:根据当时人民币对美元的利率计算,约相当于二百万元人民币),或者违法所得五万元人民币以上的,属于“情节严重”。最高人民检察院、公安部于2010年出台的《关于公安机关管辖的刑事案件立案追诉标准的规定(二)》第七十九条第(三)项规定,非法从事资金支付结算业务,数额在二百万元以上的,或者违法所得数额在五万元以上的,应以非法经营罪立案追诉。

《解释》第三条第一款规定,非法从事资金支付结算业务或者非法买卖外汇,非法经营数额在五百万元以上的,或者违法所得数额在十万元以上的,应当认定为非法经营行为“情节严重”。主要基于以下两方面考虑:

一是经济社会发展状况。《非法买卖外汇司法解释》的数额标准是二十年前制定的。我国经济社会已经发生巨大变化,人均GDP从1998年至2016年增长了七倍多(1998年为6859元,2015年为55413元)。鉴于此类犯罪属于经济犯罪,对此类犯罪的定罪量刑数额标准应与经济社会发展状况保持一定的适应性,适当提高数额标准有其客观社会基础。

二是司法实践和案例数据。从判决案例情况看,大部分案件非法经营数额均在五百万元以上。从国家外汇管理局对外发布的典型案例和提供的统计数据看,行政处罚统计数据显示,自2015年1月1日至2017年10月1日,共查处地下钱庄客户案件一千七百起,其中八百五十起案件的涉案金额在13.4万美元以上,四百二十五起案件的涉案金额在55.5万美元以上。2017年7月通报了二十五例外汇违规案例，其中非法买卖外汇涉及六件，交易金额均在五百万元以上。虽然国家外汇管理局目前只有针对地下钱庄交易对手（即地下钱庄的客户）的统计数据和案例，没有直接针对地下钱庄经营者的行政处罚，但可以通过对交易对手的行政处罚情况来判断地下钱庄经营者的经营数额，地下钱庄经营者的经营外汇交易额要远远大于交易对手的金额。

同时考虑从严打击涉地下钱庄犯罪的需要，《解释》在规定数额标准的基础上，又规定了可以认定为“情节严重”的“数额+情节”的情形。改变过去单纯“计赃论罚”“唯数额论”的做法，注重数额之外其他情节在定罪量刑中的作用。参照有关司法解释的规定，数额按照纯数额标准的50%折算，结合地下钱庄犯罪的实际，《解释》第三条第二款规定了四种可以认定为“情节严重”的“数额+情节”的标准，即非法经营数额在二百五十万元以上，或者违法所得数额在五万元以上，且具有下列情形之一的，可以认定为非法经营行为“情节严重”：(1)曾因非法从事资金支付结算业务或者非法买卖外汇犯罪行为受过刑事追究的；(2)二年内因非法从事资金支付结算业务或者非法买卖外汇违法行为受过行政处罚的；(3)拒不交代涉案资金去向或者拒不配合追缴工作，致使赃款无法追缴的；(4)造成其他严重后果的。“情节严重”的认定标准，符合我国经济社会发展状况和司法实践，充分体现了宽严相济刑事政策的精神，有利于突出打击重点，有效惩罚和预防涉地下钱庄刑事犯罪。

2.“情节特别严重”的认定标准

司法实践中，由于相关司法解释没有明确非法从事资金支付结算业务、非法买卖外汇“情节特别严重”的认定标准，导致适用法律存在困难。为从严惩处涉地下钱庄犯罪，参照有关司法解释的规定，《解释》按照“情节严重”数额标准的五倍确定“情节特别严重”的认定标准，并规定可以认定为“情节特别严重”的“数额+情节”的情形，即非法经营数额在二千五百万元以上或者违法所得数额在五十万元以上的，应当认定为非法经营行为“情节特别严重”；非法经营数额在一千二百五十万元以上或者违法所得数额在二十五万元以上，且具有《解释》第三条第二款规定的四种情形之一的，可以认定为非法经营行为“情节特别严重”。

（四）关于犯罪数额认定和刑事处罚问题

1.关于犯罪数额的认定和处罚原则

非法从事资金支付结算业务、非法买卖外汇的非法经营数额或者违法所得数额是定罪量刑的依据，依法应当累计计算，但犯罪数额累计计算的前提条件是，单次非法从事资金支付结算业务或者非法买卖外汇行为必须是依法应予行政处理或者刑事处理而未经处理的。对于不构成犯罪但超过行政处罚时效期限，或者构成犯罪但超过追诉期限的，相关数额不应累计计算。据此，《解释》第六条第一款规定，对于二次以上非法从事资金支付结算业务或者非法买卖外汇，依法应予行政处理或者刑事处理而未经处理的，非法经营数额或者违法所得数额累计计算。

在非法从事资金支付结算业务或者非法买卖外汇刑事案件中，只要非法经营数额或者违法所得数额达到入罪标准，就构成犯罪。同一行为的非法经营数额、违法所得数额构成不同情节的，一般应按“从一重处断”原则进行定罪处罚。据此，《解释》第六条第二款规定，对于同一案件中，非法经营数额、违法所得数额分别构成情节严重、情节特别严重的，按照处罚较重的数额定罪处罚。

2. 关于罚金刑的适用标准

非法经营犯罪的违法所得，包括非法经营实际获利数额和预期获利数额，既是定罪量刑的标准，也是判处罚金刑的依据。刑法第二百二十五条对非法经营罪判处罚金作出了明确规定，即依法并处或者单处违法所得一倍以上五倍以下罚金。实践中，对于能查明违法所得的案件而言，判处罚金不存在困难，但对于确实难以查明违法所得数额的，则难以确定罚金数额。在难以查明违法所得的情况下，根据有关司法解释的规定，如果按照最低罚金数额标准判处一千元罚金，显然过轻；但如果在一千元以上判处数额不等的罚金，又于法无据，有的出现悬殊的情况，影响刑罚效果。

根据调研情况和相关案例，地下钱庄的利润空间（也即违法所得）通常在非法经营数额的千分之一至千分之五之间。为便于实际操作和规范罚金的适用，《解释》第七条规定，对于非法从事资金支付结算业务或者非法买卖外汇违法所得数额难以确定的，按非法经营数额的千分之一认定违法所得数额，依法并处或者单处违法所得一倍以上五倍以下罚金。

3. 关于从宽处罚标准

为切实贯彻宽严相济的刑事政策，在加大对涉地下钱庄刑事案件犯罪分子打击力度的同时，有必要对一些具有法定或者酌定从轻处罚情节的行为人依法予以从轻处罚。参照相关司法解释的规定，《解释》第八条第一款明确了从轻处罚和出罪标准，一方面，规定对于行为人如实供述犯罪事实，认罪悔罪，并积极配合调查，退缴违法所得的，可以从轻处罚，目的是鼓励行为人如实供述犯罪事实，积极配合调查，主动退缴违法所得，便于查明犯罪事实和违法所得，及时有效地惩治犯罪；另一方面，规定对于犯罪情节轻微的，可以依法不起诉或者免予刑事处罚，目的是让一些罪行较轻、确有悔罪表现的行为人更好地回归社会，降低诉讼成本，取得好的办案效果。同时，为更好地衔接和落实认罪认罚从宽制度，《解释》第八条第二款规定，对于符合刑事诉讼法规定的认罪认罚从宽适用范围和条件的，依照刑事诉讼法的规定处理。需要注意的是，该条第一款只适用于《解释》第三条规定的在非法经营罪第一档法定刑幅度定罪处罚的情形，不适用于第二档法定刑的情形。另外，对于因犯罪情节轻微而依法不起诉或者免予刑事处罚的,不影响对行为人的行政处理。

4. 关于单位犯罪的定罪处罚标准

根据刑法第二百三十一条的规定,单位可以成为非法经营罪的主体。近年来,地下钱庄的组织模式呈多样化,既可以是自然人犯罪,也可以是单位犯罪。为加大对地下钱庄单位犯罪的惩治力度,《解释》第九条明确了单位非法从事资金支付结算业务、非法买卖外汇的,适用自然人犯罪的定罪量刑标准,对于单位实施《解释》第一条、第二条规定的非法从事资金支付结算业务、非法买卖外汇行为的,依照本解释规定的定罪量刑标准,对单位判处罚金,并对其直接负责的主管人员和其他直接责任人员定罪处罚。

(五)关于罪名竞合的处罚原则

地下钱庄和洗钱、恐怖融资有着天然的联系,地下钱庄已成为不法分子从事洗钱和转移资金的主要通道。我国刑法第一百九十一条、第一百二十条之一分别规定了洗钱罪、帮助恐怖活动罪。司法实践中,对于地下钱庄实施非法从事资金支付结算业务或者非法买卖外汇行为,通过转账或者其他结算方式协助资金转移,或者协助将资金汇往境外,构成非法经营罪,同时又构成洗钱罪或者帮助恐怖活动罪的,按照竞合犯处罚原则,依照处罚较重的规定定罪处罚。据此,《解释》第五条明确了非法经营罪与洗钱罪或者帮助恐怖活动罪竞合时的处罚原则。《解释》第五条的规定,也彰显了我国依法严厉打击洗钱、帮助恐怖活动犯罪的态度和决心,有利于进一步加强适用洗钱罪打击地下钱庄洗钱活动的力度,依法严厉惩处涉地下钱庄犯罪活动。

……

(七)关于《解释》的适用效力问题

《解释》自2019年2月1日起施行。《解释》第三条对非法买卖外汇的定罪标准作了新的规定,故《最高人民法院关于审理骗购外汇、非法买卖外汇刑事案件具体应用法律若干问题的解释》第三条规定的定罪处罚标准不再适用。应当明确的是,司法解释是对审判、检察工作中适用法律问题所作的解释,其效力适用于作为解释对象的法律施行期间。对于法律施行后、《解释》实施前发生的非法从事资金支付结算业务、非法买卖外汇行为,《解释》施行后尚未处理或者正在处理的案件,依照《解释》的规定处理;对于《解释》施行前已经办结(包括已经行政处罚)的案件,按照当时的法律和司法解释,认定事实和适用法律没有错误的,不再变动。

——姜永义、陈学勇、陈新旺:《〈关于办理非法从事资金支付结算业务、非法买卖外汇刑事案件适用法律若干问题的解释〉的理解与适用》,载《人民法院报》2020年2月27日,第5版。

646 非法从事外汇按金交易行为的定性

关键词|非法经营罪|非法从事外汇按金交易|

【最高人民法院司法解释】

第三条 在外汇指定银行和中国外汇交易中心及其分中心以外买卖外汇,扰乱金融市场秩序,具有下列情形之一的,按照刑法第二百二十五条第(三)项的规定定罪处罚:

(一)非法买卖外汇二十万美元以上的;

(二)违法所得五万元人民币以上的。

——《最高人民法院关于审理骗购外汇、非法买卖外汇刑事案件具体应用法律若干问题的解释》(1998年9月1日,法释〔1998〕20号)。

【最高人民法院参考案例】

高国华非法经营案(《刑事审判参考》案例第330号)

要旨:对于非法从事外汇按金交易,扰乱市场秩序,情节严重的,应当以非法经营罪定罪处罚。

第一,外汇按金交易是我国法律禁止的一种"在国家规定的交易场所以外非法买卖外汇"行为。由于外汇按金交易存在着高风险性和投机性,中国证监会、国家外汇管理局、国家工商行政管理局和公安部于1994年10月28日联合下发了《关于严厉查处非法外汇期货和外汇按金交易活动的通知》,明确:凡未经中国证监会和国家外汇管理局批准,且未在国家工商行政管理局登记注册的金融机构、期货经纪公司及其他机构擅自开展外汇期货和外汇按金交易,属于违法行为;客户(单位和个人)委托未经批准登记的机构进行外汇期货和外汇按金交易,无论以外币或人民币作保证金也属违法行为。依据《违反外汇管理处罚施行细则》之规定,组织和参与这种交易,属于私自经营外汇业务和私自买卖外汇,构成扰乱金融行为。未经批准,擅自从事外汇期货和外汇按金交易的双方不受法律保护。1997年6月25日《中国证券监督管理委员会关于坚决查处非法境外期货和外汇按金交易活动的通知》再次重申:对于非法从事境外期货和外汇按金交易的各类非法公司,一经查实,立即取缔并没收非法所得,构成犯罪的,追究相关人员的刑事责任。因此,外汇按金交易既属于外汇管理条例第四十一条规定的"未经外汇管理机关批准,擅自经营外汇业务",以及第四十六条规定的"私自买卖外汇、变相买卖外汇或者倒买倒卖外汇"行为,也属于《全国人民代表大会常务委员会关于惩治骗购外汇、逃汇和非法买卖外汇犯罪的决定》第四条第一款规定的"在国家规定的交易场所以外非法买卖外汇"行为。

第二，非法从事外汇按金交易，扰乱市场秩序，情节严重的，应当以非法经营罪定罪处罚。这里的“扰乱市场秩序，情节严重”，可参照执行1998年《最高人民法院关于审理骗购外汇、非法买卖外汇刑事案件具体应用法律若干问题的解释》第三条之规定，即“在外汇指定银行和中国外汇交易中心及其分中心以外买卖外汇，扰乱金融市场秩序，具有下列情形之一的，按照刑法第二百二十五条第（三）项之规定定罪处罚：（一）非法买卖外汇二十万元美元以上的；（二）非法所得五万元人民币以上的”。

第三，没有交付交易现金，亦没有实际占有非法获利款，均不影响非法经营罪的成立。由于外汇按金交易是一种远期外汇买卖方式，只要交付了部分的按金（保证金），就可以进行交易，未交付全部交易现金并不影响外汇按金交易的进行。至于没有实际占有非法获利款，并不影响非法经营罪的成立。

——《刑事审判参考》（总第42辑）。

647 非法擅自募集基金行为的定性处理

关键词｜非法经营罪｜非法擅自募集基金｜

【最高人民法院司法解释】

第十一条 违反国家规定，未经依法核准擅自发行基金份额募集基金，情节严重的，依照刑法第二百二十五条的规定，以非法经营罪定罪处罚。

——《最高人民法院关于审理非法集资刑事案件具体应用法律若干问题的解释》（2011年1月4日，法释〔2010〕18号；2022年3月1日，法释〔2022〕5号修正）。

【链接：理解与适用】①

非法发售基金份额募集基金是当前非法集资又一常见手段。对此，证券投资基金法第三十六条、第八十五条规定，基金管理人依照本法发售基金份额，募集基金，应当向国务院证券监督管理机构提交相关文件，并经国务院证券监督管理机构核准；未经国务院证券监督管理机构核准，擅自募集基金，构成犯罪的，依法追究刑事责任。据此，《解释》第七条明确规定，“违反国家规定，未经依法核准擅自发行基金份额募集基金，情节严重的，依照刑法第二百二十五条的规定，以非法经营罪定罪处罚”。需要注意的是，根据相关法律规定，本条规定所称“基金”目前仅指证券投资基金（公募基金）。《解释》未直接写明“证券投资基金”，主要是出于两方面

---

① 该部分内容是对2011年司法解释的理解与适用，对2022年司法解释的理解与适用仍有参考价值。

考虑：一是本条规定明确了“违反国家规定”这一非法性要件，不会出现不当扩大打击面的问题；二是其他类别的基金目前没有法律规制，不意味着将来不会立法规制，使用“基金”一词更具开放性和前瞻性。此外，适用本条规定时需注意与《解释》第二条第（六）项规定的区分。对于不具有募集基金的真实内容，以假借境外基金、发售虚构基金等方式非法向社会公众吸收资金，构成犯罪的，应以非法吸收公众存款罪定罪处罚。

——刘为波：《〈关于审理非法集资刑事案件具体应用法律若干问题的解释〉的理解与适用》，载最高人民法院刑事审判第一、二、三、四、五庭主办：《刑事审判参考》（总第 79 辑），法律出版社 2011 年版，第 67 页。

648 正确理解适用非法经营罪中的“其他严重扰乱市场秩序的非法经营行为”

关键词｜非法经营罪｜严重扰乱市场秩序｜

【最高人民法院指导性案例】

王力军非法经营再审改判无罪案（最高人民法院指导案例 97 号）

裁判要点：（1）对于刑法第二百二十五条第（四）项规定的“其他严重扰乱市场秩序的非法经营行为”的适用，应当根据相关行为是否具有与刑法第二百二十五条前三项规定的非法经营行为相当的社会危害性、刑事违法性和刑事处罚必要性进行判断。（2）判断违反行政管理有关规定的经营行为是否构成非法经营罪，应当考虑该经营行为是否属于严重扰乱市场秩序。对于虽然违反行政管理有关规定，但尚未严重扰乱市场秩序的经营行为，不应当认定为非法经营罪。

内蒙古自治区巴彦淖尔市中级人民法院再审认为，原判决认定的原审被告人王力军于 2014 年 11 月至 2015 年 1 月期间，没有办理粮食收购许可证及工商营业执照买卖玉米的事实清楚，其行为违反了当时的国家粮食流通管理有关规定，但尚未达到严重扰乱市场秩序的危害程度，不具备与刑法第二百二十五条规定的非法经营罪相当的社会危害性、刑事违法性和刑事处罚必要性，不构成非法经营罪。原审判决认定王力军构成非法经营罪适用法律错误，检察机关提出的王力军无证照买卖玉米的行为不构成非法经营罪的意见成立，原审被告人王力军及其辩护人提出的王力军的行为不构成犯罪的意见成立。

——《最高人民法院关于发布第 19 批指导性案例的通知》（2018 年 12 月 19 日，法〔2018〕338 号）。

【链接：理解与参照】

（一）刑法第二百二十五条第（四）项的适用规则

刑法第二百二十五条关于非法经营罪的规定中，第（四）项“其他严重扰乱市场秩序的非法经营行为”是在前三项规定明确列举的三类非法经营行为具体情形的基础上规定的条款。

有学者指出：“对于其他严重扰乱市场秩序的非法经营行为，必须根据有关的法律和司法解释加以规定，只有在有关的法律、司法解释明确地对某一种非法经营行为规定的情况下，才能根据法律、司法解释规定认定为其他严重扰乱市场秩序的非法经营行为。如果在法律、司法解释中没有明确规定，就不得认定为其他严重扰乱市场秩序的非法经营行为。”①也有学者认为：“设立非法经营罪并非意图将所有扰乱市场秩序的非法经营行为都纳入调控范围，而是要保护通过特定许可管理形成的市场经营秩序。”②故在适用该条款时，应当深刻理解法律体系结构及立法背景，区别行政规范与刑法规定的边界，分析适用条款后产生的社会后果，遵循罪刑法定原则进行严格解释。对于非法经营罪第（四）项规定的适用，应当有充足的法律依据，而且要具备与前面三项行为相当的社会危害性和刑法处罚的必要性。本案中王力军的行为确实违反了当时《粮食流通管理条例》的相关规定，但还达不到严重扰乱市场秩序的程度。

（二）适用刑法第二百二十五条第（四）项应当考虑的因素

1. 从犯罪特性上分析，犯罪行为应当具有刑事违法性、严重社会危害性、应受刑事处罚必要性。第一，从刑事违法性看，本案王力军没有办理粮食经营许可证和工商营业执照而进行粮食收购活动，确实违反了当时《粮食流通管理条例》的相关规定。但违反行政管理有关规定并不等同于刑事违法，是否构成犯罪还要看其行为是否符合定罪的特征和构成要件。第二，从严重社会危害性看，入罪行为应具有与前三项规定行为严重程度相当的社会危害性，严重与否需要从实质危害性上判断，严格区别“其他严重扰乱市场秩序的非法经营行为”的质与量，并在情节和危害后果上加以限定。本案王力军收购玉米，没有取得行政许可，但其收购行为达不到严重扰乱市场秩序、情节严重的程度与非法经营罪的社会危害性相当。第三，从应受刑事处罚的必要性看，即便具备了刑事违法性和实质的严重社会危害性，也应当考虑处罚方式带来的社会效果。本案中王立军的行为不具有与刑法第二百二十五条前三项规定的非法经营行为相当的社会危害性，因此不具有刑事处罚的必要性。

---

① 陈兴良：《口授刑法学》，中国人民大学出版社 2007 年版，第 765 页。

② 王作富、刘树德：《刑法分则专题研究》，中国人民大学出版社 2013 年版，第 256 页。

2. 应当充分考量所适用的法律产生的社会背景及社会效果。“在追究嫌疑人刑事责任时注意克制，不能超过公正报应、有效预防和必要矫正所需要的限度配置和适用刑罚，防止定罪量刑过度。在现有法律范围内不逾越法律规定的框架，在有罪和无罪判断上不勉强定罪。”①也即综合案件情况对是否必须施以刑事处罚的必要性进行考量，能够用政策、行政规范调整的，可通过民事、行政法律手段妥善处理的，不使用刑事强制措施，不必要施以严厉的刑事处罚。市场经济的本质属性要求刑法对经济自由的介入方式、程度应慎重，保持谦抑性的价值取向，尽量限制和减少刑罚权的适用。

——梁宏、马蓓蓓：《指导案例97号〈王力军非法经营再审改判无罪案〉的理解与参照——正确理解适用非法经营罪中的“其他严重扰乱市场秩序的非法经营行为”》，载《人民司法·案例》2021年第17期。

649 非法经营出版物的认定与处理

关键词｜非法经营罪｜出版物｜

【最高人民法院司法解释】

第十一条　违反国家规定，出版、印刷、复制、发行本解释第一条至第十条规定以外的其他严重危害社会秩序和扰乱市场秩序的非法出版物，情节严重的，依照刑法第二百二十五条第（三）项②的规定，以非法经营罪定罪处罚。

第十二条　个人实施本解释第十一条规定的行为，具有下列情形之一的，属于非法经营行为“情节严重”：

（一）经营数额在五万元至十万元以上的；

（二）违法所得数额在二万元至三万元以上的；

（三）经营报纸五千份或者期刊五千本或者图书二千册或者音像制品、电子出版物五百张（盒）以上的。

具有下列情形之一的，属于非法经营行为“情节特别严重”：

（一）经营数额在十五万元至三十万元以上的；

（二）违法所得数额在五万元至十万元以上的；

（三）经营报纸一万五千份或者期刊一万五千本或者图书五千册或者音像制品、电子出版物一千五百张（盒）以上的。

---

① 胡云腾：《谈谈谦抑原则在办案中的适用》，载《中国审判》2016年第12期。

② 修正后的刑法第二百二十五条第（四）项。

第十三条 单位实施本解释第十一条规定的行为,具有下列情形之一的,属于非法经营行为"情节严重":

(一)经营数额在十五万元至三十万元以上的;

(二)违法所得数额在五万元至十万元以上的;

(三)经营报纸一万五千份或者期刊一万五千本或者图书五千册或者音像制品、电子出版物一千五百张(盒)以上的。

具有下列情形之一的,属于非法经营行为"情节特别严重":

(一)经营数额在五十万元至一百万元以上的;

(二)违法所得数额在十五万元至三十万元以上的;

(三)经营报纸五万份或者期刊五万本或者图书一万五千册或者音像制品、电子出版物五千张(盒)以上的。

第十四条 实施本解释第十一条规定的行为,经营数额、违法所得数额或者经营数量接近非法经营行为"情节严重"、"情节特别严重"的数额、数量起点标准,并具有下列情形之一的,可以认定为非法经营行为"情节严重"、"情节特别严重":

(一)两年内因出版、印刷、复制、发行非法出版物受过行政处罚两次以上的;

(二)因出版、印刷、复制、发行非法出版物造成恶劣社会影响或者其他严重后果的。

第十五条 非法从事出版物的出版、印刷、复制、发行业务,严重扰乱市场秩序,情节特别严重,构成犯罪的,可以依照刑法第二百二十五条第(三)项的规定,以非法经营罪定罪处罚。

第十六条 出版单位与他人事前通谋,向其出售、出租或者以其他形式转让该出版单位的名称、书号、刊号、版号,他人实施本解释第二条、第四条、第八条、第九条、第十条、第十一条规定的行为,构成犯罪的,对该出版单位应当以共犯论处。

第十七条 本解释所称"经营数额",是指以非法出版物的定价数额乘以行为人经营的非法出版物数量所得的数额。

本解释所称"违法所得数额",是指获利数额。

非法出版物没有定价或者以境外货币定价的,其单价数额应当按照行为人实际出售的价格认定。

——《最高人民法院关于审理非法出版物刑事案件具体应用法律若干问题的解释》(1998 年 12 月 23 日,法释〔1998〕30 号)。

【链接：理解与适用】

(六)关于《解释》第十一条的规定

本条内容是针对目前实践中反映最突出的问题所作的规定。刑法修订以后,有人认为1979年刑法中的“投机倒把罪”被分解后，一些原来可以依照投机倒把罪定罪处罚的经营非法出版物的行为，现在无法定罪处罚了，从而导致对这种犯罪行为打击不力。

笔者认为，修订后刑法虽然明确规定了罪刑法定原则，但并不等于说刑法中没有明确列明的行为就一律不能定罪处罚。1979年刑法中“投机倒把罪”被分解为若干个罪名，特别是刑法第二百二十五条“非法经营罪”中概括式规定了“其他严重扰乱市场秩序的非法经营行为”，也就是说，对于一些过去依照“投机倒把罪”定罪的行为，现在仍然可以“非法经营罪”定罪处罚。可以认为，对于目前问题比较突出的，非法经营内容上有问题的非法出版物的行为定罪处罚是有法律依据的。因此，《解释》第十一条规定“违反国家规定，出版、印刷、复制、发行本解释第一条至第十条规定以外的其他严重危害社会秩序和扰乱市场秩序的非法出版物，情节严重的，依照刑法第二百二十五条第(三)项的规定，以非法经营罪定罪处罚”。

(七)关于《解释》第十二条、第十三条、第十四条的规定

这三条规定了认定非法经营罪应当掌握的情节标准，包括“经营数额”“违法所得数额”“经营数量”以及曾受行政处罚情况、造成恶劣影响等情形。其中，“经营数额”和“违法所得数额”是根据目前查获、处理的行政处罚案件和刑事案件，并参考有关部门提供的正版图书的平均定价数额确定的。考虑到有些非法出版物没有定价，上述两项数额难以取得，《解释》另特别规定了“经营数量”，这三项标准是认定“非法经营罪”的主要依据。考虑到非法经营出版物行为的特殊性，《解释》第十四条规定：实施本解释第十一条规定的行为，经营数额、违法所得数额或者经营数量接近非法经营行为“情节严重”“情节特别严重”的数额、数量起点标准，并且有两年内因出版、印刷、复制、发行非法出版物受过行政处罚两次以上；因出版、印刷、复制、发行非法出版物造成恶劣社会影响或者其他严重后果这两种情形之一的，可以认定为非法经营行为“情节严重”“情节特别严重”，单位实施上述行为的，也要依法追究刑事责任。

(八)关于《解释》第十五条的规定

非法出版物是个大概念，从内容上分析，既包括宣扬色情、迷信、有政治问题的出版物，也包括淫秽出版物、侵犯著作权的出版物等；从出版主体上分析，既有非法成立的出版单位出版物，也有依法成立的出版单位违法、违规出版的出版物。

实践中，一些非法成立的出版单位或者个人以牟利为目的，编造书号、刊号、出版单位名称，非法从事出版物的出版、印刷、复制、发行业务，对现行出版管理体制造成了严重的冲击，导致书刊市场秩序的混乱，是一种可能引发严重后果的非法经营行为，有必要通过刑罚手段进行治理。因此，《解释》第十五条规定，对于非法从事出版物的出版、印刷、复制、发行业务，严重扰乱市场秩序，情节特别严重、构成犯

罪的行为，可以依照刑法第二百二十五条第（三）项的规定，以非法经营罪定罪处罚。需要特别强调的是，只有对非法从事出版物的出版、印刷、复制、发行业务，严重扰乱市场秩序，情节特别严重、构成犯罪的行为，才可以定罪处罚。对于虽然非法从事出版物的出版、印刷、复制、发行业务，但没有严重扰乱市场秩序，情节一般，不构成犯罪的行为，不能定罪处罚，应由有关行政主管部门给予行政处罚。至于“严重扰乱市场秩序”“情节特别严重”以及“构成犯罪”的标准，鉴于非法出版活动的特殊性，《解释》未作详细规定，实践中应当根据案件的具体情况而定，从严掌握。

（九）关于《解释》第十六条的规定

本条规定的目的是打击出版单位非法出售、出租或者以其他形式转让书号的行为。据了解，目前一些出版单位，由于经营不善导致严重亏损，缺乏市场竞争力，主要靠卖书号维持现状，主管部门虽三令五申禁止这种做法，但屡禁不止。由于卖书号问题的存在，为非法出版物的出版、发行提供了便利条件。目前查获的非法出版物，有相当数量的图书使用的是正规出版单位的书号，混淆读者视听，进而导致文化市场的混乱。因此，《解释》第十六条规定：出版单位与他人事前通谋，向其出售、出租或者以其他形式转让的该出版单位的名称、书号、刊号、版号，他人实施本解释第二条、第四条、第八条、第九条、第十条、第十一条规定的行为，构成犯罪的，对该出版单位应当以共犯论处。

——孙军工：《〈关于审理非法出版物刑事案件具体应用法律若干问题的解释〉的理解与适用》，载《法律适用》1999 年第 2 期。

650 非法出版物未经装订以及无法查明定价或者销售价格的情况下，如何认定册数和经营数额

关键词 | 非法经营罪 | 非法出版物 |

【最高人民法院参考案例】

马智中、王现平非法经营案（《刑事审判参考》案例第 1211 号）

要旨：非法出版物虽未装订，但页码连贯、内容完整，可以认定为刑法意义上的“册”。被查扣的出版物散页虽未装订且无法查明定价或者销售价格，但可以散页的鉴定价格为依据计算非法经营数额。

1. 应从实质意义上认定非法印刷行为

根据《非法出版物解释》的规定，非法经营出版物的行为包括非法出版、印刷、复制、发行四种行为，行为人实施其中任何一种即可构成非法经营罪。本案中，二被告人虽然仅完成了非法印刷行为，但根据《印刷业管理条例》第二条第五款的规

定，印刷经营活动，包括经营性的排版、制版、印刷、装订、复印、影印、打印等活动。被告人王现平出于营利目的，接受被告人马智中的委托非法印刷宗教出版物，在被侦查人员查获时，已完成了排版、制版、印刷三道工序，客观上实施了《印刷业管理条例》规定的印刷经营行为，故二被告人的行为属于《非法出版物解释》中规定的"非法印刷"。

2. 已完成印刷的出版物散页，在页码连贯、内容完整的情况下，可以已装订完成的出版物为参照折算册数

本案中，被告人马智中在被告人王现平处印刷的非法出版物已完成了印刷工序，内容完整且已标注好页码，部分出版物甚至已完成折页工序。所谓折页，就是将印张按照页码顺序折叠成书刊开本尺寸的书帖，或将大幅面印张按照要求折成一定规格幅面的工作过程。折页之后的书帖才能进行各种装订，如胶订、骑订、锁线等。折页是印刷工业的一道必要工序，印刷机印出的大幅面纸必须经过折页才能形成产品。完成折页的出版物散页虽然在外观上有别于已装订完毕的出版物，但内容完整且连贯，基本不会影响阅读这一出版物的主要功能，与通常情况下的书籍并无本质区别。此外，由于出版物的页码数是确定的，折页工序是按照散页的页码顺序进行，因此，即使在未完成折页工序的情况下，如果已完成印刷工序，内容完整且标明页码，此种情况下的散页也完全可以根据内容和页码数来折算册数。

综上，页码连贯、内容完整的散页可以认定为刑法意义上的"册"。被告人王现平为被告人马智中印刷的非法类出版物虽未装订，但已完成印刷，内容完整且标明页码，且有部分已完成折页，在内容和形式上已能够做到独立区分，与已装订成册的出版物并无本质区别，可以按已装订完成的出版物折算认定为 9600 册。

……

出版物的定价或者销售价格以其成本价为基础确定，主要包括纸张、印刷、装订、发行等方面的费用，纸张和印刷费用只是成本的一部分。因此，对于未装订的散页而言，其鉴定价格通常情况下远低于出版物成品的定价或者销售价格，故以散页的鉴定价格为依据计算非法经营数额有利于被告人。本案中，在建兰新村 28 号仓库和民乐路 159 号仓库中查获的非法出版物散页由于无法以内容和页码为依据折算册数，只能以价格为基础认定非法经营数额。这些散页仅完成了印刷工序，即使不考虑后续装订等工序的成本，仅以单张散页 0.35 元的鉴定价格为标准计算，装订一本市场上正常流通的该出版物（604 个页码）的总价也仅为 13 元，远低于该出版物的一般定价或者销售价格。因此，在非法出版物尚未销售或无法查明实际销售价格的情况下，以散页的鉴定价格为依据计算非法经营数额总体上有利于被告人。

——《刑事审判参考》（总第 111 辑）。

651 印刷、发行宣扬邪教内容出版物的定性

关键词｜非法经营罪｜组织、利用邪教组织破坏法律实施罪｜

【最高人民法院参考案例】

王作武非法经营案(《刑事审判参考》案例第73号)

要旨:如果非法印制、发行宣扬法轮功邪教的书籍、图片及非法经销宣扬法轮功邪教的音像制品的行为,发生在我国政府明令取缔法轮功邪教组织之前,不应以组织、利用邪教组织破坏法律实施罪定罪处罚,而应以非法经营罪定罪处罚。如果以宣扬邪教为目的或者将非法所得资助法轮功邪教组织的印制、出售宣扬法轮功邪教组织书籍、图片及出售宣扬法轮功邪教组织音像制品的行为,发生在我国政府明令取缔法轮功邪教组织之后,应以组织、利用邪教组织破坏法律实施罪定罪处罚。

以宣扬邪教为目的或者将非法所得资助法轮功邪教组织的印制、出售宣扬法轮功邪教组织书籍、图片及出售宣扬法轮功邪教组织音像制品的行为,如果发生在1999年7月22日以后,根据《最高人民法院、最高人民检察院关于办理组织和利用邪教组织犯罪案件具体应用法律若干问题的解释》第二条之规定,应以刑法第三百条第一款规定的组织、利用邪教组织破坏法律实施罪定罪处罚。印制、出售宣扬法轮功邪教组织的书籍、图片及出售宣扬法轮功邪教组织的音像制品的行为,同时触犯了刑法第二百二十五条第(三)项和刑法第三百条规定的两个罪名,属于法规竞合。根据特别法优于普通法、重法优于轻法的原则,发生在1999年7月22日以后的印制、出售宣扬法轮功邪教组织的书籍、图片及出售宣扬法轮功邪教组织的音像制品的行为,应以组织、利用邪教组织破坏法律实施罪定罪处罚。

——《刑事审判参考》(总第10辑)。

652 对于制售有严重政治问题的非法出版物行为的定性

关键词｜非法经营罪｜非法出版物｜

【最高人民法院参考案例】

梁俊涛非法经营案(《刑事审判参考》案例第663号)

要旨:对于违反国家规定,出版、印刷、复制、发行政治性非法出版物行为应认定为非法经营罪。

（二）对于制售有严重政治问题的非法出版物行为的定性

从立法沿革来看，非法经营罪是由1979年刑法规定的投机倒把罪分解而来的。在1979年刑法施行期间，最高人民法院、最高人民检察院于1987年11月27日制发的《关于依法惩治非法出版物犯罪的通知》规定，以牟取暴利为目的，从事非法出版物的出版、印刷、发行、销售活动，非法经营或者非法获利的数额较大，情节严重的，以刑法第一百一十七条的投机倒把罪论处。最高人民法院、最高人民检察院、公安部于1991年1月30日再次制发《关于严厉打击非法出版犯罪活动的通知》，规定对于从事非法出版活动构成犯罪的，依照投机倒把罪的罪名和数额标准追究刑事责任。可见，在1997年新刑法出台以前，对于经营内容有问题的非法出版物的行为是以投机倒把罪来定罪处罚的。1997年新刑法吸收了之前的有关内容，将涉及非法出版活动的投机倒把罪分解成侵犯著作权罪、销售侵权复制品罪及非法经营罪等罪名。

由于非法经营罪是行政犯，违反国家规定是构成非法经营罪的前提条件。根据新闻出版总署1999年发布的《出版物市场管理暂行规定》规定："违反规定，发行、散发、附送或者出租含反对宪法，危害国家利益和主权，违反国家民族政策，宣扬淫秽、迷信、暴力及法律、法规禁止内容的出版物的；发行、散发、附送或者出租国家明令查禁的出版物的等，有上述行为之一的，由新闻出版行政部门没收违法发行的出版物和违法所得，并处违法所得二倍以上十倍以下的罚款；没收违法所得，处三千元以上一万元以下的罚款；情节严重的，由原发证部门责令停业整顿或者吊销许可证。"2001年国务院公布实施的《出版管理条例》第五十六条规定："出版、进口含有本条例第二十六条、第二十七条禁止内容的出版物的；明知或者应知出版物含有本条例第二十六条、第二十七条禁止内容而印刷或者复制、发行的；明知或者应知他人出版含有本条例第二十六条、第二十七条禁止内容的出版物而向其出售或者以其他形式转让本出版单位的名称、书号、刊号、版号、版面，或者出租本单位的名称、刊号的，有上述行为之一，触犯刑律的，依照刑法有关规定，依法追究刑事责任；尚不够刑事处罚的，由出版行政部门责令限期停业整顿，没收出版物、违法所得，违法经营额一万元以上的，并处违法经营额五倍以上十倍以下的罚款；违法经营额不足一万元的，并处一万元以上五万元以下的罚款；情节严重的，由原发证机关吊销许可证。"可见，制售政治性非法出版物就违反了上述行政法规而具备了行政违法性。

根据《解释》[①]第一条至第九条的规定，出版载有煽动分裂国家、破坏国家统一或者煽动颠覆国家政权、推翻社会主义制度的内容的出版物，可以构成煽动分

---

① 即《最高人民法院关于审理非法出版物刑事案件具体应用法律若干问题的解释》（法释〔1998〕30号）。

裂国家罪或煽动颠覆政权罪；对于出版载有淫秽色情内容的出版物，可以构成制作、复制、出版、贩卖、传播淫秽物品牟利罪或传播淫秽物品罪等；对于出版载有侮辱、诽谤他人内容的出版物，可以构成侮辱罪或诽谤罪；对于出版载有歧视、侮辱少数民族内容的出版物，可以构成出版歧视、侮辱少数民族作品罪。因此，在处理出版、印刷、复制、发行非法出版物的犯罪时，首先要确定非法出版物的内容和性质。当行为人出版、印刷、复制、发行的系《解释》第一条至第十条规定之外的其他严重危害社会秩序和扰乱市场秩序的非法出版物时，则有成立非法经营罪的可能。

——《刑事审判参考》（总第78辑）。

653 擅自制作网络游戏外挂出售牟利行为的定性

关键词 | 非法经营罪 | 侵犯著作权罪 | 擅自制作网络游戏外挂 |

【最高人民法院审判业务意见】

有关部门就制作、销售网络游戏外挂程序如何处理问题征求最高人民法院研究室意见。我室经研究认为：

对于制作、销售网络游戏外挂程序的行为，要全面综合判断行为的社会危害性，秉持刑法的谦抑性，慎用刑事制裁手段。对于社会危险性严重、确需追究刑事责任的制作、销售互联网游戏外挂程序行为，也应妥善选择适用罪名。对制作、销售网络游戏外挂程序的行为应以侵犯著作权罪定罪处罚，不宜适用非法经营罪、破坏计算机信息系统罪等其他罪名。

——喻海松：《最高人民法院研究室关于制作、销售网络游戏外挂程序如何处理问题的研究意见》，载最高人民法院研究室编著：《司法研究与指导》（总第2辑），人民法院出版社2012年版，第110页。

654 擅自经营国际电信来话业务行为的定性

关键词 | 非法经营罪 | 擅自经营国际电信业务 |

【最高人民法院司法解释】

第一条 违反国家规定，采取租用国际专线、私设转接设备或者其他方法，擅自经营国际电信业务或者涉港澳台电信业务进行营利活动，扰乱电信市场管理秩序,情节严重的,依照刑法第二百二十五条第(四)项的规定,以非法经营罪定罪处罚。

第二条 实施本解释第一条规定的行为,具有下列情形之一的,属于非法经营行为"情节严重":

(一)经营去话业务数额在一百万元以上的;

(二)经营来话业务造成电信资费损失数额在一百万元以上的。

具有下列情形之一的,属于非法经营行为"情节特别严重":

(一)经营去话业务数额在五百万元以上的;

(二)经营来话业务造成电信资费损失数额在五百万元以上的。

第三条 实施本解释第一条规定的行为,经营数额或者造成电信资费损失数额接近非法经营行为"情节严重"、"情节特别严重"的数额起点标准,并具有下列情形之一的,可以分别认定为非法经营行为"情节严重"、"情节特别严重":

(一)两年内因非法经营国际电信业务或者涉港澳台电信业务行为受过行政处罚两次以上的;

(二)因非法经营国际电信业务或者涉港澳台电信业务行为造成其他严重后果的。

第四条 单位实施本解释第一条规定的行为构成犯罪的,对单位判处罚金,并对其直接负责的主管人员和其他直接责任人员,依照本解释第二条、第三条的规定处罚。

第五条 违反国家规定,擅自设置、使用无线电台(站),或者擅自占用频率,非法经营国际电信业务或者涉港澳台电信业务进行营利活动,同时构成非法经营罪和刑法第二百八十八条规定的扰乱无线电通讯管理秩序罪的,依照处罚较重的规定定罪处罚。

——《最高人民法院关于审理扰乱电信市场管理秩序案件具体应用法律若干问题的解释》(2000年5月24日,法释〔2000〕12号)。

【最高人民法院司法文件】

三、获得国际电信业务经营许可的经营者(含涉港澳台电信业务经营者)明知他人非法从事国际电信业务,仍违反国家规定,采取出租、合作、授权等手段,为他人提供经营和技术条件,利用现有设备或另设国际话务转接设备并从中营利,情节严重的,应以非法经营罪的共犯追究刑事责任。

——《最高人民法院、最高人民检察院、公安部关于办理非法经营国际电信业务犯罪案件联席会议纪要》(2003年4月22日,公通字〔2002〕29号)。

655 非法生产、销售“黑广播”“伪基站”、无线电干扰器等无线电设备的定罪量刑

关键词 | 非法经营罪 | 伪基站 | 黑广播 | 无线电干扰器 |

【最高人民法院司法解释】

第四条 非法生产、销售“黑广播”“伪基站”、无线电干扰器等无线电设备，具有下列情形之一的，应当认定为刑法第二百二十五条规定的“情节严重”：

（一）非法生产、销售无线电设备三套以上的；

（二）非法经营数额五万元以上的；

（三）其他情节严重的情形。

实施前款规定的行为，数量或者数额达到前款第一项、第二项规定标准五倍以上，或者具有其他情节特别严重的情形的，应当认定为刑法第二百二十五条规定的“情节特别严重”。

在非法生产、销售无线电设备窝点查扣的零件，以组装完成的套数以及能够组装的套数认定；无法组装为成套设备的，每三套广播信号调制器（激励器）认定为一套“黑广播”设备，每三块主板认定为一套“伪基站”设备。

第五条 单位犯本解释规定之罪的，对单位判处罚金，并对直接负责的主管人员和其他直接责任人员，依照本解释规定的自然人犯罪的定罪量刑标准定罪处罚。

——《最高人民法院、最高人民检察院关于办理扰乱无线电通讯管理秩序等刑事案件适用法律若干问题的解释》（2017年7月1日，法释〔2017〕11号）。

656 疫情防控期间“哄抬物价”行为的认定及入罪标准

关键词 | 非法经营罪 | 哄抬物价 |

【最高人民法院司法文件】

二、准确适用法律，依法严惩妨害疫情防控的各类违法犯罪

（四）依法严惩哄抬物价犯罪。在疫情防控期间，违反国家有关市场经营、价格管理等规定，囤积居奇，哄抬疫情防控急需的口罩、护目镜、防护服、消毒液等防护用品、药品或者其他涉及民生的物品价格，牟取暴利，违法所得数额较大或者有其他严重情节，严重扰乱市场秩序的，依照刑法第二百二十五条第四项的规定，以非法经营罪定罪处罚。

——《最高人民法院、最高人民检察院、公安部、司法部关于依法惩治妨害新型冠

状病毒感染肺炎疫情防控违法犯罪的意见》(2020年2月6日,法发〔2020〕7号)。

【链接:答记者问】

问:《“两高两部”意见》规定,在疫情防控期间,违反国家有关市场经营、价格管理等规定,囤积居奇、哄抬物价的,可以构成非法经营罪。司法适用中如何把握囤积居奇、哄抬物价类非法经营案件的入罪标准?

答:《“两高两部”意见》规定:“在疫情防控期间,违反国家有关市场经营、价格管理等规定,囤积居奇,哄抬疫情防控急需的口罩、护目镜、防护服、消毒液等防护用品、药品或者其他涉及民生的物品价格,牟取暴利,违法所得数额较大或者有其他严重情节,严重扰乱市场秩序的,依照刑法第二百二十五条第四项的规定,以非法经营罪定罪处罚。”可见,囤积居奇、哄抬物价类非法经营案件的入罪标准是“违法所得数额较大或者有其他严重情节”。由于司法实践中情况比较复杂,难以简单地以经营数额、获利数额等作出“一刀切”的量化规定,因此,对于是否达到入罪标准,仍然需要综合把握,即综合经营者经营成本变化、涨价幅度、经营数额、获利数额、社会影响等情况,同时考虑人民群众的公平正义观念,作出妥当判断。具体办案中,要着重把握以下三个方面:

第一,准确判断行为方式。囤积居奇、哄抬物价类非法经营案件实质上是严重扰乱市场秩序的行为,故对其客观行为方式的考察是评价社会危害性程度的重要方面。例如,行为人捏造、散布涨价信息,扰乱市场价格秩序,或者大量囤积市场供应紧张、价格异常波动的防护用品、药品或者其他涉及民生的物品,哄抬物价的,就较之一般的单纯哄抬物价行为社会危害性更大,对前者更应当进行刑事惩治。又如,行为人哄抬物价,经价格主管部门告诫甚至行政处罚后继续实施相关行为的,社会危害性也更大,更加具有刑事惩治的必要。这些实际上都是认定相关非法经营案件客观行为方式和情节严重程度的重要因素。

第二,充分考虑非法经营和违法所得数额。此类案件表现为在经营活动中囤积居奇、哄抬物价,且要求“牟取暴利”,故非法经营数额本身的大小,特别是违法所得数额,是评判行为社会危害程度的重要因素。对于是否“牟取暴利”,既要考虑国家有关部门和地方政府关于市场经营、价格管理等规定,又要坚持一般人的认知标准,确保认定结果符合人民群众的公平正义观念。对于虽然超出有关价格管理规定,但幅度不大,违法所得不多,对疫情防控没有重大影响、未造成严重后果的,不应当纳入刑事处罚范围,可以由有关部门予以行政处罚。相反,对于利用物资紧俏的“商机”,坐地起价,牟取暴利的,则应当依法追究刑事责任。例如,熔喷布被称为口罩的“心脏”,原来每吨两万元左右,一些不法商家趁机通过囤积居奇、转手倒卖等方式,层层加码,牟取暴利,甚至有的竟然以高于进价或者成本价数倍甚至十几倍、几十倍的价格对外出售，最终把价格推高至每吨十几万甚至数十万元的天价。对此，应当根据囤积、倒卖的数量、次数、加价比例和获利情况等，综合认定“违法所得数额”和“其他严重情节”。对于其中情节恶劣，严重扰乱市场秩序的，应当毫不手软，坚决惩治，且应从重处罚、以儆效尤。

第三，综合考虑疫情防控差异情况。办理囤积居奇、哄抬物价类非法经营案件，要考虑各地疫情防控的差异情况、不同物资的紧缺程度，做到精准发力，避免简单“一刀切”。各地面临的疫情形势和防控任务差异较大，同样的哄抬物价行为在疫情风险等级不同地区的社会危害性是不一样的，在办案中要有所体现。在疫情风险等级较高的地区，特别是对市场供应紧张的物资囤积居奇、哄抬价格，社会危害性较大，有必要予以刑事处罚。相反，在疫情风险等级较低的地区，随着相关物资市场供应紧张程度缓解，对于哄抬物价的行为要尽量给行政处罚留有足够空间，确保刑罚的审慎适用，即使要给予刑罚处罚也可以酌情从轻处罚。

——徐日丹：《依法惩治妨害疫情防控违法犯罪 切实保障人民群众生命健康安全——最高人民法院研究室主任姜启波 最高人民检察院法律政策研究室主任高景峰联合答记者问（二）》，载《检察日报》2020年3月25日，第3版。

【最高人民法院参考案例】

上海万晖特工贸有限公司、谢世全非法经营案（《刑事审判参考》案例第1318号）

要旨：利用疫情“哄抬物价”等行为依法可以构成非法经营罪。

对于市场经营活动，既要维护市场经济秩序，坚决打击“哄抬物价”的违法犯罪行为，又要尊重市场经济规律，避免矫枉过正。正如上文所述，行政法规对“哄抬物价”的行为亦进行了规制，在实践中，多数的“哄抬物价”行为是根据行政法进行处罚，只有情节严重、社会危害性大的“哄抬物价”行为才应考虑纳入刑法的规制范围。我们认为，判断“哄抬物价”行为的罪与非罪，可以从以下几个方面进行把握：

首先，应当考虑物品价格上涨的幅度。在疫情未发生时，一种商品正常销售的进销差价率是相对稳定的。疫情发生后，因短期内供求关系发生明显变化，需求大幅上升，进货成本也会出现上扬，在排除特殊时期的运输、存储、销售等运营成本上升的价格上涨因素之后，如果购销差价在行政管理许可或者合理的幅度内，则属于正常的经营行为；对于稍微超出幅度的，可以通过行政法加以惩处；相反，如果购销差价明显超过相应幅度，明显超过市场同类商品平均价格，则可能构成非法经营罪。对于是否“牟取暴利”，既要考虑国家有关部门和地方政府关于市场经营、价格管理等规定，又要坚持一般人的认知标准，确保认定结果符合人民群众的公平正义观念。

其次,应当考虑非法经营数额和违法所得数额。此类案件表现为在经营活动中囤积居奇、哄抬物价,且要求“牟取暴利”,故非法经营数额本身的大小,特别是违法所得数额,是评判行为社会危害程度的重要因素。《最高人民检察院、公安部关于公安机关管辖的刑事案件立案追诉标准的规定(二)》第七十九条规定,违反国家规定,从事其他非法经营活动,扰乱市场秩序,具有下列情形之一的,应予立案追诉:(1)个人非法经营数额在五万元以上,或者违法所得数额在一万元以上的;(2)单位非法经营数额在五十万元以上,或者违法所得数额在十万元以上的;(3)虽未达到上述数额标准,但两年内因同种非法经营行为受过二次以上行政处罚,又进行同种非法经营行为的;(4)其他情节严重的情形。因而,对于初次犯罪且非法经营数额或者违法所得数额不大的情形,应当优先适用行政法加以惩处。对于虽然超出有关价格管理规定,但幅度不大,违法所得不多,对疫情防控没有重大影响、未造成严重后果的,不应当纳入刑事处罚范围,可以由有关部门予以行政处罚。相反,对于利用物资紧俏的“商机”,坐地起价,牟取暴利的,则应当依法追究刑事责任。

最后,应当综合考虑行为的社会危害性。口罩、抗病毒药品、消毒杀菌用品、相关医疗器械等防疫用品和粮、油、肉、蛋、菜、奶等基本民生商品,与抗击疫情和群众生活关系最为密切,在疫情期间哄抬此类商品物价,进一步加剧了社会不稳定因素,行为的社会危害性大于非法经营其他商品的行为。同时,在办案过程中也要考虑各地疫情防控的差异情况、不同物资的紧缺程度,做到精准发力,避免简单“一刀切”。由于各地面临的疫情形势和防控任务差异较大,同样的哄抬物价行为在疫情风险等级不同地区的社会危害性是不一样的,在办案中要有所体现。在疫情风险等级较高的地区,特别是对市场供应紧张的物资囤积居奇、哄抬价格,社会危害性较大,有必要予以刑事处罚。相反,在疫情风险等级较低的地区,随着相关物资市场供应紧张程度缓解,对于哄抬物价的行为要尽量给行政处罚留有足够空间,确保刑罚的审慎适用,即使要给予刑罚处罚也可以酌情从轻处罚。

本案中,被告单位及被告人谢世全在疫情防控期间,利用口罩等防疫用品市场紧张的情势和部分公众的恐慌心理,大幅提高口罩价格进行出售,最高销售价是购入价的三十余倍,非法经营数额金额 174805.4 元,违法所得 160938.4 元,能够认定被告人主观上具有牟取暴利的目的,客观上实施了违反国家有关市场经营、价格管理等规定哄抬物价的行为,情节严重,严重扰乱市场经济秩序,构成非法经营罪。

——《刑事审判参考》(总第 121 辑)。

657 非法生产、经营国家管制的第二类精神药品盐酸曲马多，应如何定性

关键词｜非法经营罪｜盐酸曲马多｜

【最高人民法院参考案例】

吴名强、黄桂荣等非法经营案（《刑事审判参考》案例第1057号）

要旨：行为人没有贩卖、制造毒品的故意，仅有生产、销售假药的故意，而其生产、销售国家管制的精神药品的行为同时又构成非法经营罪，生产、销售假药罪与非法经营罪发生竞合，应择一重罪处罚。比较两罪的法定刑，在没有出现致人体健康严重危害后果或其他严重情节的情况下，生产、销售假药罪的法定刑幅度较低，而且以生产、销售假药罪来定罪不能充分评价吴名强等人生产、销售盐酸曲马多的社会危害性，定非法经营罪更合适，能恰当地体现此类行为的本质在于违反国家禁止性管理制度。

曲马多（tramadol）是中枢非麻醉性镇痛药，化学名称为（±）-E-2-[（二甲氨基）甲基]-1-（3-甲氧基苯基）环己醇，简称反胺苯环醇。临床使用的主要是其盐酸盐，故又称盐酸曲马多。曲马多1962年在德国问世，我国自1994年起在临床上逐步推广此药。据有关资料显示，正常人如每天服用曲马多200毫克，大约半年后会产生药物依赖，而如果每天服用300—400毫克（6—8颗药）甚至更多，可在短期内上瘾，长期大剂量服用可致中枢神经兴奋、呼吸抑制，并可产生耐受性和成瘾性及其他不良反应。目前世界范围内，曲马多滥用成瘾的问题主要在我国比较严重。2007年，国家食品药品监督管理局、公安部、卫生部将其收入《麻醉药品和精神药品品种目录（2007年版）》，作为第二类精神药品进行管理，国家食品药品监督管理局、卫生部还专门下发了《关于加强曲马多等麻醉药品和精神药品监管的通知》（国食药监办〔2007〕749号）。根据刑法第三百五十七条和禁毒法的规定，毒品是指鸦片、海洛因、甲基苯丙胺（冰毒）、吗啡、大麻、可卡因以及国家规定管制的其他能够使人形成瘾癖的麻醉药品和精神药品，据此，《麻醉药品和精神药品品种目录（2013年版）》中列举的121种麻醉药品和149种精神药品依法均可认定为毒品。但我们认为，临床上也在使用的精神药品，与常见的鸦片、海洛因、甲基苯丙胺等毒品还是有所不同，特别是成瘾性、危害性相对较低的第二类精神药品，其同时具有毒品和临床药品的双重性质。盐酸曲马多药片属于第二类精神药品，目前在我国市场上仍然流通，药店里也能买到，只是对其实行严格的管理。作为毒品，盐酸曲马多药片可能被吸毒者吸食，或者在缺少海洛因、甲基苯丙胺时被犯罪分子作为替代品使用，但当以医疗等目的被生产、加工、使用时，它的本质仍然是药品。故实践中对于非法生产、销售盐酸曲马多的行为如何定罪处罚还需谨慎。

根据刑法和已有相关司法解释的精神，我们认为，对于临床上使用的国家管制的麻醉药品、精神药品，在有证据证明确实作为毒品生产、销售的才涉嫌毒品犯罪。(1)从刑法第三百五十五条第一款关于贩卖毒品罪的规定来看，只有"向走私、贩卖毒品的犯罪分子或者以牟利为目的，向吸食、注射毒品的人提供国家规定管制的能够使人形成瘾癖的麻醉药品、精神药品的"才以贩卖毒品罪定罪处罚。第三百五十五条关于非法提供麻醉药品、精神药品罪的规定，要求特殊主体即依法从事生产、运输、管理、使用国家管制的麻醉药品、精神药品的人员才能构成，而贩卖毒品罪则没有要求特殊主体不管有无生产、经营资质的人或单位，都能构成该罪。根据该条规定，无资质的行为主体单纯以生产药品供临床使用为目的，生产、经营国家管制的麻醉药品、精神药品，事实上所生产的药品也没有流向毒品市场的，就不能认定为贩卖、制造毒品罪。(2)《最高人民法院研究室关于氯胺酮能否认定为毒品问题的答复》(已失效)规定，"鉴于氯胺酮被列在第二类精神药品管制品种目录中，且实践中临床使用较多，因此，对于明知他人是吸毒人员而多次向其出售，或者贩卖氯胺酮数量较大的行为人，才能依法追究刑事责任"，当时氯胺酮还是第二类精神药品，后来调整为第一类精神药品，而且随着实践中氯胺酮逐渐成为常见类毒品，其危害性已非常明确，最高人民法院、最高人民检察院、公安部联合印发的《办理毒品犯罪案件适用法律若干问题的意见》对办理氯胺酮等毒品案件的定罪量刑标准进行了明确规定，因此，《最高人民法院研究室关于氯胺酮能否认定为毒品问题的答复》已被最高人民法院清理司法解释的决定废止，但是该答复中体现出的对涉及第二类精神药品构成毒品犯罪认定所持的谨慎态度，对本案处理有参考意义。(3)《最高人民检察院法律政策研究室关于安定注射液是否属于刑法第三百五十五条规定的精神药品问题的答复》规定，"鉴于安定注射液属于《精神药品管理办法》规定的第二类精神药品，医疗实践中使用较多，在处理此类案件时，应当慎重掌握罪与非罪的界限。对于明知他人是吸毒人员而多次向其出售安定注射液，或者贩卖安定注射液数量较大的，可以依法追究行为人的刑事责任"。(4)《公安部关于在成品药中非法添加阿普唑仑和曲马多进行销售能否认定为制造贩卖毒品有关问题的批复》(公复字〔2009〕1号)也延续了上述司法解释的原则，要求公安机关在办案中应当注意区别为治疗、戒毒依法合理使用的行为与犯罪行为的界限，"只有违反国家规定，明知是走私、贩卖毒品的人而向其提供阿普唑仑和曲马多，或者明知是吸毒人员而向其贩卖或超出规定的次数、数量向其提供阿普唑仑和曲马多的，才可以认定为犯罪"。

综上，我们认为，对非法生产、销售国家管制的麻醉药品、精神药品的行为以制造、贩卖毒品罪定罪，必须同时符合以下条件：(1)被告人明知所制造、贩卖的是麻醉药品、精神药品，并且制造、贩卖的目的是将其作为毒品的替代品，而不是作为治疗所用的药品。(2)麻醉药品、精神药品的去向明确，即毒品市场或者吸食毒品群体。(3)获得了远远超出正常药品经营所能获得的利润。

(二)本案被告人吴名强等的行为构成生产、销售伪劣产品罪，生产、销售假药罪和非法经营罪的竞合，应以非法经营罪定罪处罚

1. 被告人吴名强等的行为符合生产、销售假药罪的构成要件。生产、销售假药罪，是指明知是假药而进行生产、销售活动的行为。根据吴名强和黄桂荣的供述，其合作的目的就是制造假药，而吴玉源也供述其生产的是假药，说明三被告人都具有生产假药的主观故意。根据刑法第一百四十一条的规定，"假药"是指依照药品管理法的规定，属于假药和按假药处理的药品、非药品。药品管理法第四十八条规定："有下列情形之一的为假药：(一)药品所含成份与国家药品标准规定的成份不符的；(二)以非药品冒充药品或者以他种药品冒充此种药品的。有下列情形之一的药品，按假药论处：(一)国务院药品监督管理部门规定禁止使用的；(二)依照本法必须批准而未经批准生产、进口，或者依照本法必须检验而未经检验即销售的；(三)变质的；(四)被污染的；(五)使用依照本法必须取得批准文号而未取得批准文号的原料药生产的；(六)所标明的适应症或者功能主治超出规定范围的。"本案被告人不具有生产精神药品的资质，没有取得药品批准文号而生产精神药品，所生产的药品应认定为假药。而《最高人民法院、最高人民检察院关于办理生产、销售假药、劣药刑事案件具体应用法律若干问题的解释》(已废止)第一条规定的生产、销售假药的情形之二就包括"属于麻醉药品、精神药品的"，该条规定本身就说明生产麻醉药品、精神药品的行为有可能构成生产假药罪而非制造毒品罪。

2. 被告人吴明强等违反药品管理法规，擅自生产、销售药品，以假充真，销售金额达到五万元以上，行为符合生产、销售伪劣产品罪的构成要件。

3. 被告人吴明强等的行为还构成非法经营罪。盐酸曲马多作为国家管制的精神药品，属于非法经营罪中所指的"法律、行政法规规定的专营、专卖物品或者其他限制买卖的物品"。

《最高人民法院、最高人民检察院关于办理生产、销售假药、劣药刑事案件具体应用法律若干问题的解释》第六条规定："实施生产、销售假药、劣药犯罪，同时构成生产、销售伪劣产品、侵犯知识产权、非法经营、非法行医、非法采供血等犯罪的，依照处罚较重的规定定罪处罚。"被告人吴名强、黄桂荣、吴玉源的行为同时符合生产、销售假药罪，生产、销售伪劣产品罪和非法经营罪的构成要件，应在三罪中择一重罪处罚。刑法第一百四十一条对生产、销售假药罪的量刑规定了三个档次，其中没有"对人体健康造成严重危害或者有其他严重情节的"，"处三年以下有期徒刑或拘役，并处罚金"。刑法第一百四十条对生产、销售伪劣产品罪的量刑规定了四个档次，其中"销售金额五万元以上不满二十万元的，处二年以下有期徒刑或者拘

役,并处或者单处销售金额百分之五十以上二倍以下罚金”。刑法第二百二十五条对非法经营罪的量刑规定了两个档次,“情节严重的,处五年以下有期徒刑或者拘役,并处或者单处违法所得一倍以上五倍以下罚金;情节特别严重的,处五年以上有期徒刑,并处违法所得一倍以上五倍以下罚金或者没收财产”。根据《最高人民法院关于适用刑法第十二条几个问题的解释》的规定,如果刑法规定的某一犯罪有两个以上的法定刑幅度,法定最高刑或者最低刑是指具体犯罪行为应当适用的法定刑幅度的最高刑或者最低刑。

——《刑事审判参考》(总第 102 辑)。

658 使用 POS 机等方法进行信用卡套现行为如何定性处理

关键词|非法经营罪|信用卡套现|

【最高人民法院司法解释】

第十二条　违反国家规定,使用销售点终端机具(POS 机)等方法,以虚构交易、虚开价格、现金退货等方式向信用卡持卡人直接支付现金,情节严重的,应当依据刑法第二百二十五条的规定,以非法经营罪定罪处罚。

实施前款行为,数额在一百万元以上的,或者造成金融机构资金二十万元以上逾期未还的,或者造成金融机构经济损失十万元以上的,应当认定为刑法第二百二十五条规定的“情节严重”;数额在五百万元以上的,或者造成金融机构资金一百万元以上逾期未还的,或者造成金融机构经济损失五十万元以上的,应当认定为刑法第二百二十五条规定的“情节特别严重”。

持卡人以非法占有为目的,采用上述方式恶意透支,应当追究刑事责任的,依照刑法第一百九十六条的规定,以信用卡诈骗罪定罪处罚。

——《最高人民法院、最高人民检察院关于办理妨害信用卡管理刑事案件具体应用法律若干问题的解释》(2009 年 12 月 16 日,法释〔2009〕19 号;2018 年 12 月 1 日,法释〔2018〕19 号修正)。

【链接:理解与适用】①

故《解释》第七条专门对此进行了规定。该条共分三款,解释了使用 POS 机等进行信用卡套现行为的定性、处罚以及持卡人构成信用卡诈骗罪的情形。

对信用卡套现如何定性处罚？主要有两种意见:一种意见认为,信用卡套现是

---

① 该部分内容是对 2009 年司法解释的理解与适用,对 2018 年司法解释的理解与适用仍有参考价值。

将信用卡内的消费信贷额度直接转化为现金套取出来，相当于骗取银行贷款，应当依照刑法第一百七十五条之一骗取贷款罪定罪处罚。但骗取贷款罪的犯罪主体是信用卡持卡人，特约商户是持卡人的帮助犯，这样可能导致刑事处罚范围过大，不利于突出打击重点。另一种意见认为，信用卡套现行为中特约商户协助持卡人进行套现，是以收取手续费为目的，本质是一种非法经营行为，应依照刑法第二百二十五条非法经营罪定罪处罚。但存在的问题是目前尚无法律和行政法规明文规定禁止信用卡套现，有可能扩大非法经营罪的范围。

我们认为，刑法修正案（七）已将非法从事资金结算业务规定为非法经营罪的行为方式之一，因此对于实践中利用 POS 机、网上支付、电话支付等方法从事套现活动，情节严重，需要追究刑事责任的，可以适用刑法第二百二十五条规定处理。

故《解释》第七条第一款规定，信用卡套现以非法经营罪认定，并把打击重点定为使用 POS 机等方法实施信用卡套现的不法商户。由于信用卡套现行为的危害主要在于将金融机构资金置于高度风险之中，因此本条第二款把套现金额、逾期未还金额、金融机构经济损失作为定罪量刑的标准。我们在近年信用卡套现交易金额等统计数据的基础上，确定了该罪的定罪量刑标准，并将第二个量刑幅度掌握在第一个量刑幅度的五倍。根据中国银联商户风险监控系统的统计，2007 年套现交易金额累计一百万元的套现商户有八家，五百万元以上的没有；2008 年 1 月至 9 月，套现交易金额累计一百万元的套现商户有七十九家，五百万元以上的有二家。因此，将套现商户累计交易金额达一百万元作为定罪标准，既能有效地惩治已造成严重危害的套现商户，对社会上其他潜在的套现商户形成极大的威慑，又能避免因刑事打击面过宽而引起不良影响。同时，根据对已发套现案件的调查，通常一起套现案件案发后，所涉及的累计套现交易总额中，至少有 20%的套现交易额经发卡行采取电话、传真等一般催收措施后，仍会形成逾期三个月不能归还的透支额。此后，对于逾期三个月不能归还的透支额，经发卡银行采取上门催收、外包的专业催收、律师诉讼及公安、司法机关介入等特殊催收措施后，仍约有 50%的透支额最终无法追回，形成发卡行的实际损失。如果以商户累计套现交易金额达一百万元以上的数量标准为参考值，那么因商户从事套现造成金融机构资金二十万元以上逾期未还的，或造成金融机构经济损失十万元以上的，其社会危害性基本相当，数量标准基本协调。因此，对信用卡套现构成非法经营罪的定罪量刑标准作出了如下规定：数额在一百万元以上的，或者造成金融机构资金二十万元以上逾期未还的，或者造成金融机构经济损失十万元以上的，应当认定为刑法第二百二十五条规定的情节严重；同时将情节特别严重的标准掌握在情节严重的五倍。

第三款对持卡人构成信用卡诈骗罪的情形作了规定。持卡人以套取现金为目的，通过 POS 机商户实施套现行为的，一般不按犯罪处理；但如果其以非法占有为目的,通过POS机商户实施套现行为的,则应当以信用卡诈骗罪定罪处罚。

——刘涛:《〈关于办理妨害信用卡管理刑事案件具体应用法律若干问题的解释〉的理解与适用》,载《人民司法·应用》2010年第1期。

【最高人民法院参考案例】

张虹飚等非法经营案(《刑事审判参考》案例第863号)

要旨:行为人为自己或者实际控制的信用卡套取现金,情节严重的,均构成非法经营罪,且套现数额均应计入非法经营犯罪数额。

在本案审理过程中,有观点认为,非法经营罪中"经营"在传统意义上是指企业的供销,在供销经营关系中包括经营者和经营相对方两方主体,是一种人与人之间的关系。而特约商户在自己申领的POS机上刷卡,只有一方主体,不属于对外"经营"的范畴。

我们认为,应当准确理解信用卡套现类非法经营罪的本质。2009年12月16日出台的《解释》第七条规定:"违反国家规定,使用销售点终端机具(POS机)等方法,以虚构交易、虚开价格、现金退货等方式向信用卡持卡人直接支付现金,情节严重的,应当依据刑法第二百二十五条的规定,以非法经营罪定罪处罚。"由上述规定,对信用卡套现类非法经营罪的本质特征可以从以下几个方面进行分析。首先,从客观方面分析,信用卡套现类非法经营罪规制的是行为人在无真实交易背景下向"信用卡持卡人"直接支付现金的行为,对象是信用卡持卡人,并不禁止行为人与持卡人主体重合。特约商户持自己或者实际控制的信用卡刷卡时,行为人具有两种重合的主体身份,一是特约商户,二是代表持卡人。在其虚构的交易行为中,行为人一人担当交易双方的角色。其次,从侵犯的法益分析,信用卡套现行为之所以构成非法经营罪,是因为行为人在未发生真实商品交易的情况下,变相将信用卡的授信额度转化为现金,从而使金融机构资金置于高度风险之中,严重扰乱国家金融管理秩序。本案三被告人用自己或者实际控制的信用卡在自己的POS机上套取现金,已经现实地使银行资金置于高度风险之中,侵犯了设立非法经营罪所要保护的国家正常的金融市场秩序。再次,非法经营罪所体现的规范、指引、教育功能在于从事某种经营应当按照国家规定事先获取经营许可资格,或者遵守特定行业的特定规则。如果行为人未获取相关许可或者违反特定行业的特定规则,就应当认定为非法经营行为,情节严重的即可构成刑法第二百二十五条规定的非法经营罪。行为人申领POS机目的在于实施信用卡套现行为,不论是为他人还是为自己刷卡,均违反了不得虚构交易的特定行业规则,严重扰乱金融管理秩序,故特约商户不论是为他人套现,还是为自己套现,均属于刑法第二百二十五条规定的非法经营行为,不能因为特约商户与持卡人身份重合而将此类非法套现行为排除在刑法调整之外。

既然为自己或者实际控制的信用卡套取现金,情节严重的,均构成非法经营罪,那么两种情形的套现数额均应计入非法经营犯罪数额。倪峥的辩护人所提不应将倪峥为其实际控制的信用卡套现的数额计入非法经营犯罪数额的观点,不能成立。

(二)用后次所套取现金归还前次套取现金的,应当累计为非法经营数额

本案中,倪峥等人为了不让信用卡信誉度降低,方便继续套现,在某张信用卡还款日到期前,采取拆东墙补西墙的手法,从其他信用卡套取现金归还欠款,从而出现滚动套现的情况。有观点认为,在计算此类套现行为的犯罪数额时应当以银行被占用资金(即"本数")为基准。诈骗犯罪、挪用公款罪都是以"本数"确定犯罪数额。如《最高人民法院关于审理诈骗案件具体应用法律的若干问题的解释》(现已废止)第九条明确规定:"对于多次进行诈骗,并以后次诈骗财物归还前次诈骗财物,在计算诈骗数额时,应当将案发前已经归还的数额扣除,按实际未归还的数额认定,量刑时可将多次行骗的数额作为从重情节予以考虑。"《最高人民法院关于审理挪用公款案件具体应用法律若干问题的解释》第四条规定:"……多次挪用公款,并以后次挪用的公款归还前次挪用的公款,挪用公款数额以案发时未还的实际数额认定。"

我们认为,用后次所套取现金归还前次套取现金的,应当累计非法经营数额。首先,诈骗与挪用类犯罪侵犯的主要客体是财产所有权,如果挪用的对象是公款,则挪用类犯罪还侵犯了职务行为的廉洁性。故被害人或者被害单位的财产损失往往是衡量犯罪行为严重程度的主要因素之一,相关司法解释结合行为人主客观方面要素以最终未能归还的实际数额作为认定犯罪数额的标准的原理即在于此。而非法经营罪作为扰乱市场秩序的主要犯罪之一,其危害性主要体现在对正常市场经营秩序的严重扰乱,而不仅仅是金融机构资金的安全性。与内幕交易,操作证券、期货市场行为类似,行为人交易的次数、交易的数额本身就体现出行为扰乱市场经济秩序的严重程度。套现行为制造的虚假交易,使经济总量虚高,还可能导致虚假的经济统计数据和虚假的经济繁荣景象,进而误导经济决策。本案中,张虹飚在短短十五个月左右的时间里单独或者伙同多人,非法套现二千二百五十万元,造成信用卡交易总量的虚假放大,对市场宏观经济秩序造成严重消极影响。倘若以"本数"为犯罪数额,在行为人归还了所套取的"本数"现金金额的情况下,就不能认定为犯罪,则必然背离非法经营罪设置的初衷。其次,从入罪标准看,也应当累计计算。考虑到套现交易金额可能不能直接反映行为对金融机构资金安全性的危害程度,《解释》将信用卡套现类非法经营行为"情节严重"的入罪标准规定为三项:商户套现交易金额、造成金融机构资金逾期未还金额、造成金融机构经济损失金额。从该规定分析,就第一项而言,即指客观上实际套现交易的数额,因此,对以

后次套现归还前次套现的情形,套现数额应当累计计算。

(三)明知他人为非法套现借用 POS 机,无偿出借期间套现数额应当计入非法经营犯罪数额

张虹飚的辩护人提出,张虹飚无偿出借给倪峥等人使用期间的套现数额应当从犯罪总额中扣除。

我们认为,明知他人为非法套现借用 POS 机,即使是无偿出借,他人在无偿出借期间套现数额应当计入非法经营犯罪数额。首先,作为共同犯罪中的帮助犯,应当对共同犯罪行为承担全部责任。本案中,张虹飚除了自己实施非法套现行为外,在明知他人租借其 POS 机系从事刷卡套现违法活动情况下,仍违反银联公司相关规定将 POS 机租借给他人,并提供个人印章、财务专用章、空白支票等。该情形下,其虽然未实施直接非法经营的实行行为,但向倪峥等人提供了该类犯罪能够得逞的关键设备,属于共同犯罪中的帮助犯。帮助犯是指共同犯罪中没有直接参与犯罪的实行行为,而是向实行犯提供帮助,使其便于实施犯罪,或者促使其完成犯罪的人。帮助行为通常表现为提供犯罪工具、指示犯罪目标、查看犯罪地点、排除犯罪障碍以及事前通谋答应事后隐匿罪犯、消灭罪迹、窝藏赃物来帮助实施犯罪等情况。按照共同犯罪"部分行为全部责任"理论,张虹飚应当对提供 POS 机期间套现的金额承担相应的法律责任。其次,非法经营罪的构成不要求以牟利为目的。信用卡套现构成非法经营罪必须具备以下条件:一是行为违反国家规定;二是利用 POS 机虚构交易等方法;三是向信用卡持卡人直接支付现金;四是行为达到情节严重的程度。而行为人是否以牟利为目的、是否最终牟取了利益不影响本罪的成立。故张虹飚为他人实施非法信用卡套现行为提供犯罪工具,有偿与否,不影响对其犯罪数额的认定。

(四)租用 POS 机从事非法套现的行为人为作为出租人的持卡人非法套现的数额应当计入非法经营犯罪数额

作为特约商户,不论是为他人套现,还是为自己套现,其套现数额均应当计入犯罪数额。以这个大原则为前提,如果行为人是 POS 机租用人,持卡人是出租人,行为人为作为出租人的持卡人非法套现的数额是否应当计入非法经营犯罪数额,在审理过程中对此存在分歧。倪峥的辩护人提出,由于 POS 机是倪峥向张虹飚租用的,所以倪峥使用 POS 机期间,张虹飚套现的数额应当在犯罪总数额中予以扣除。我们认为,该意见不能成立。首先,倪峥套取现金的行为符合本罪的犯罪构成要件。相关法律和司法解释对构成本罪的主体并没有特别限定,即并不必须是特约商户才能成为本罪的犯罪主体。倪峥违反国家规定,即使是租用 POS 机为 POS 机出租人即信用卡持卡人张虹飚套取现金,情节严重的,其行为也构成非法经营罪。其次,作为 POS 机的实际控制人和使用受益人,应当对使用期间套现数额总

额负责。虽然倪峥不是 POS 机的机主，但其是实际控制人，且经倪峥亲手操作为张虹飚套取现金。虽然张虹飚是持卡人，倪峥未收套现手续费，似乎并无直接经济收益，但潜在的、替代性的收益仍然存在，如张虹飚免除部分租用费，由张虹飚安排租用人之间相互调换使用 POS 机以逃避监管等其他形式的利益。况且，倪峥不收手续费的原因不论是双方合意，还是自愿免除，都是其非法经营行为的组成部分，其是否获利不影响非法经营犯罪行为的认定。因此，倪峥应当对其使用 POS 机期间的套现总额承担刑事责任。当然，在这种情况下，张虹飚作为倪峥非法经营的共犯也应当对其作为持卡人的套现数额负刑事责任。

——《刑事审判参考》(总第 92 辑)。

659 经营彩票“优化”“缩水”不宜认定为犯罪

关键词 | 彩票经营 | 非法经营罪 |

【最高人民法院审判业务意见】

有关部门就经营彩票“优化”“缩水”业务定性问题征求最高人民法院研究室意见。最高人民法院研究室经研究认为：

经营彩票“优化”“缩水”业务是为彩民提供咨询服务的营利活动，由于目前国家有关彩票经营的规定并未禁止此种经营行为，不宜认定为犯罪。如果此种行为属于未经许可的擅自经营行为，可由行政机关予以行政处罚。

——喻海松：《最高人民法院研究室关于经营彩票“优化”“缩水”业务定性问题的研究意见》，载最高人民法院研究室编：《司法研究与指导》(总第 1 辑)，人民法院出版社 2012 年版，第 152 页。

660 未经许可从事非法经营行为，但审理期间相关行政审批项目被取消的，如何定性

关键词 | 非法经营罪 | 审批 |

【最高人民法院答复】

国务院〔2003〕5 号文件发布后，个人收购、销售黄金的行为，不构成非法经营罪。对于该文件发布前个人收购、销售黄金的行为，应按照《中华人民共和国刑法》第十二条的规定处理。

——《最高人民法院研究室关于非法经营黄金案件移送起诉期间国务院出台〈国务院关于取消第二批行政审批项目和改变一批行政审批项目管理方式的决定〉如何适用法律问题的答复》(2005 年 5 月 19 日,法研〔2005〕80 号)。

【最高人民法院参考案例】

于润龙非法经营案(《刑事审判参考》案例第 862 号)

要旨:未经许可从事非法经营行为,但审理期间相关行政审批项目被取消的,根据案件具体情况,不构成非法经营罪。

我们认为,本案主要涉及两个方面的问题,最主要的是于润龙贩卖黄金行为的定性问题,其次是对于润龙采取的强制措施问题。下文逐一分析:

(一)关于于润龙贩卖黄金行为的定性

于润龙从事黄金经营期间,黄金属于刑法第二百二十五条第(一)项规定的"专营专卖物品",但在原审一审期间,国发〔2003〕5 号文件发布后,黄金不再属于上述规定中的"专营专卖物品"。同时,于润龙的行为虽然违反《无照经营查处取缔办法》(国务院令 370 号)等相关国家规定,但根据实践中相关案件的普遍做法,并结合当时当地政府筹建黄金市场的特殊政策等因素,于润龙的行为也不属于刑法第二百二十五条第(四)项规定的"其他严重扰乱市场秩序的非法经营行为",因此不构成非法经营罪。具体理由如下:

1. 行政法的溯及力亦实行"从旧兼从轻"原则

本案其实不涉及刑法的溯及力问题。非法经营罪的认定,必须以行为"违反国家规定"为前提,此处的"国家规定"主要是指行政法律、法规及国家规定层面的行政性规定。除涉及设定标准、规则等规定外,行政法律、法规(包括国家层面的行政性规定)的溯及力与刑法的溯及力一样,均适用"从旧兼从轻"原则。行政法理论界将行政法的溯及力概括为:"程序从新,实体从旧,有利被告的除外。"根据相关解释性规定,国发〔2003〕5 号文件属于国家层面的行政性规定。国发〔2003〕5 号文件发布于 2003 年,而《金银管理条例》出台于 1983 年,两者相冲突的地方,应当适用国发〔2003〕5 号文件的规定。

2. 于润龙经营的对象不属于限制买卖的物品

国发〔2003〕5 号文件发布后,《金银管理条例》中关于黄金由中国人民银行统购统配的规定不应再适用,单位或者个人经营黄金均无须经由中国人民银行审核批准,黄金不再属于刑法第二百二十五条第(一)项规定中的"专营、专卖物品或者其他限制买卖的物品"。2003 年《中国人民银行办公厅〈关于对"非法经营黄金行为"现阶段如何认定的函〉的复函》(以下简称《银办复函》)所提中国人民银行发布的《关于调整携带黄金有关规定的通知》(银发〔2002〕320 号)针对的是企业,不包括个人的观点是正确的，但不能基于该《银办复函》推出国发〔2003〕5 号文件取消行政审批针对的是单位而不是个人的观点。“法无明文授权即禁止，法无明文禁止即自由”，是现代法治通行的理念，前者是针对有限政府而言，后者是针对法治社会权利保障而言。国发〔2003〕5 号文件发布后，没有任何法律法规规定禁止公民个人从事黄金经营，于润龙从事黄金经营没有违反相关行政许可的国家规定。原审一审、再审一审判决基于《银办复函》得出国发〔2003〕5 号文件关于取消许可的规定所针对的不包括个人的观点，属于理解错位。

3. 于润龙的行为不属于严重扰乱市场秩序的经营行为

无照经营行为虽然违反《无照经营取缔办法》等相关国家规定，但从一些相关司法实践看，一般不将无照经营、超地域经营、零售变批发经营认定为“严重扰乱市场秩序的非法经营行为”。对该类行为，实践惯例一般是作为行政违法行为进行处理。更何况，本案中，关东金世界是经桦甸市政府批准设立，并由桦甸市个体劳动者私营协会为其办理了集体所有制企业法人的营业执照，且人民银行吉林市支行、桦甸市支行对其在业务上、经营上进行经常性指导。于润龙作为关东金世界名下二十三名业户之一，虽然没有独立的营业执照，但均需向关东金世界交纳管理费，同时也需向税务机关交税。上述情况表明，于润龙实际是挂靠关东金世界从事黄金经营，有当地政府认同和支持的特定背景，应当视为具有营业执照。

——《刑事审判参考》（总第 92 辑）。

661 开采、加工、销售稀土矿产品的行为是否构成非法经营罪的认定和把握

关键词 | 非法经营罪 | 稀土 |

【最高人民法院参考案例】

曾海涵非法经营案（《刑事审判参考》案例第 1253 号）

要旨：行为人销售的稀土矿产品系其通过抵债所得，且其销售对象系有资质收购稀土矿产品的主体，其行为不属于非法经营行为，不构成非法经营罪。

我们认为，被告人曾海涵的行为可以分解为开采、加工和销售行为。这三个行为涉及三个方面的国家规定。本案在案证据无法证明曾海涵销售的稀土矿产品来源，从有利被告人的角度出发，如果认定涉案稀土矿产品来源于广苏公司，系因抵债而得，那么曾海涵开采、加工、销售稀土矿产品的行为均不构成非法经营罪。理由如下：

1. 对曾海涵的开采行为不宜追究刑事责任

曾海涵的开采行为客观上虽然违反国家规定,但其主观上没有违法开采的故意,且其行为未达到情节严重的程度。根据矿产资源法第三条的规定,开采矿产资源必须经过批准、办理登记,并符合规定的资质条件。曾海涵和郭茂春与广苏公司订立合同,为广苏公司开采稀土矿产品提供技术和劳务支持。广苏公司没有获得采矿许可证,客观上广苏公司和曾海涵开采稀土的行为均违反了矿产资源法。然而,根据承包协议,广苏公司负责相关采矿许可证照的办理,郭茂春、曾海涵仅负责具体开采事宜。在履行劳务合同过程中,广苏公司隐瞒了采矿许可证照未成功办理的事实,向郭茂春、曾海涵提供了采矿许可证的虚假复印件。故不能认定郭茂春和曾海涵主观上具有违法开采的故意。另外,从本案发生的特殊背景分析,广苏公司虽然没有实际获得采矿许可证,但其是经过崇左政府招商引资为开采稀土矿而专门成立,其边开采边申请采矿许可的行为得到当地政府的默许,和一般的未经许可偷采行为不同。基于这一背景因素考虑,行政执法机关、司法机关均未追究广苏公司违法开采的责任。同理推之,对作为承包广苏公司劳务的曾海涵亦不应追究其违法开采的刑事责任,如对主观上不具有违法开采故意的行为追究刑事责任亦有客观归罪之嫌。

2. 将碳酸盐稀土加工成草酸盐稀土的行为不属于冶炼分离加工,未违反国家规定

本案中对涉案稀土存在氧化稀土、离子型稀土、碳酸盐稀土、草酸盐稀土等多种表述。离子型稀土矿是对矿山原始状态的称呼,经过加工之后生产出离子型稀土矿产品,草酸盐稀土和碳酸盐稀土属于离子型稀土矿产品。经向有关部门了解,稀土氧化物是稀土矿产品经过复杂的萃取、分离程序后得出的产品,其交易是不受限制的。草酸盐稀土和碳酸盐稀土都属于稀土矿产品,两者的区别在于沉淀的工艺不同。通过简单加工,碳酸盐稀土也可以转变为草酸盐稀土。根据《国务院关于促进稀土行业持续健康发展的若干意见》(国发〔2011〕12 号)第二条第(五)项的规定,对稀土冶炼分离企业实行生产许可。《5 号通知》[①]第四条规定,国家禁止个体从事离子型稀土矿产品的冶炼。如果认定曾海涵销售的稀土矿产品均来源于广苏公司,因广苏公司生产的是碳酸盐稀土,销售的稀土中有部分是草酸盐稀土,两者属于不同产品,曾海涵必然存在加工行为。然而,相关资料显示,将碳酸盐稀土加工成草酸盐稀土的行为不属于冶炼分离,故曾海涵的加工行为未违反上述国家规定。

---

① 此处《5 号通知》是指国务院 1991 年颁布的《关于将钨、锡、锑、离子型稀土矿产列为国家实行保护性开采特定矿种的通知》(国发〔1991〕5 号)。

3. 曾海涵的销售行为不属于自由买卖,未违反国家规定

矿产资源法第三十四条规定,国务院规定由指定的单位统一收购的矿产品,“任何其他单位或者个人不得收购”“开采者不得向非指定单位销售”。《5号通知》第五条规定,离子型稀土矿产品属于国家统一收购的矿产品,个人不得收购,严禁自由买卖。《5号通知》属于国家行政机关在进行行政管理活动时的临时行政措施,属于国家规定。然而,如果认定曾海涵系因抵债获得稀土,那么其并未实施收购稀土的行为,且销售的对象是有加工稀土资质的企业,属于定向选择,故不属于“自由买卖”,不应认定其违反矿产资源法和《5号通知》的规定。此外,曾海涵系出于抵债原因而获得稀土,与出于牟利目的收购稀土本质不同,而且其合伙人郭茂春这种抵债方式已获得崇左市中级人民法院调解书的确认。抵债后,曾海涵并未为了追求价位而将稀土矿产品自由销售,而是销售给有加工资质的公司,不同于一般的自由买卖行为,更与专门倒卖稀土行为有本质不同。另从期待可能性理论分析,如果认定曾海涵违反了国家规定,实际剥夺了其实现债权的权利,其当初的抵债就毫无意义。可见,曾海涵将抵债获得的稀土矿产品留而不卖不具有可期待性。相反,因抵债获得稀土矿产品后,曾海涵将稀土矿产品销售给有加工稀土资质的企业是比较合理的选择。故不应认定曾海涵违反“不得向非指定单位销售”“禁止自由买卖”的规定。

——《刑事审判参考》(总第114辑)。

662 未经许可生产摩托车以及以燃油助力车名义销售摩托车的行为如何定性

关键词｜非法经营罪｜无证生产｜

【最高人民法院参考案例】

朱海林、周汝胜、谢从军非法经营案(《刑事审判参考》案例第1210号)

要旨:考虑到实践中无证生产以及采用“大排小标”方式生产摩托车的行为具有一定普遍性,是否按照犯罪处理,应结合具体案情综合考量,只能对“情节严重”的非法经营行为定罪处罚。

我国对摩托车生产实行生产准入制度,个人和企业必须获得国家行政主管部门的许可才能从事摩托车的生产。国务院2004年公布的《对确需保留的行政审批项目设定行政许可的决定》(国务院令第412号,以下简称《决定》)附件第4项对“道路机动车辆生产企业及产品公告”设定了行政许可,2009年、2016年,国务院对《决定》进行修正,保留了该项行政许可。原国家经贸委2002年发布的《摩托车生

产准入管理办法》规定,国家对摩托车生产实行准入制度,未经国家经贸委批准,任何企业和个人不得擅自从事摩托车生产。为严格执行许可制度,工信部、国家发改委等部委又下发多个文件,对委托生产等行为作出明确限制,强调摩托车生产企业本身必须获得行政许可,异地生产行为也应获得行政主管部门的批准。此外,根据《工业产品生产许可证管理条例》等行政法规和规范性文件的规定,生产助力车也需要获得许可。值得注意的是,有关规范性文件并未对销售摩托车和助力车的行为设定类似的行政许可。

本案中,朱海林的豪门公司本身无摩托车生产资质,其通过与其他企业签订挂靠协议的方式异地生产摩托车的行为未获得行政主管部门的批准,且其挂靠行为也不能使其获得生产摩托车的合法资格。综上,朱海林在没有生产资质的情况下生产摩托车的行为应属于无证生产,违反了国家规定。被告人周汝胜、谢从军只有销售摩托车的行为,未参与生产摩托车,我国目前对销售摩托车的行为并未如生产摩托车那样作出严格的准入规定,应认定周汝胜、谢从军的销售行为未违反国家规定,不构成犯罪,故一审法院裁定准许检察机关撤回对该二被告人的起诉。

……

从实践中的情况来看,因超标燃油助力车相对于摩托车具有很高的替代性,但又未如摩托车那样按机动车管理,不少商家为牟取暴利,违法生产摩托车并以燃油助力车的名义对外销售,对摩托车产销市场造成了很大冲击。本案车辆具备摩托车的属性,但以燃油助力车的名义以相对较低的价格对外销售,又不用按机动车管理,兼具摩托车的速度优势和助力车不受严格管理的便利,对消费者而言具有很强的吸引力。大量超标燃油助力车流入市场,必将严重扰乱正常的摩托车和助力车生产和销售秩序。

——《刑事审判参考》(总第111辑)。

663 未经许可经营保安服务业的行为是否构成非法经营罪

关键词|非法经营罪|保安服务业务|

【最高人民法院参考案例】

周长兵非法经营宣告无罪案(《刑事审判参考》案例第1337号)

要旨:在认定非法经营行为的前提下,要认定构成非法经营罪,还应认定该非法经营行为严重扰乱市场秩序,并达到"情节严重"的程度。

1.是否属于严重扰乱市场秩序的非法经营行为应单独评价

刑法第二百二十五条规定,非法经营行为,扰乱市场秩序,情节严重的,构成非法经营罪。该条文同时列举了四项非法经营行为，其中第（四）项是兜底性条款，规定了“其他严重扰乱市场秩序的非法经营行为”。“情节严重”的认定是一种个案认定，多是参照规范性文件的量化标准，而行为是否属于严重扰乱市场秩序的认定是一种类案认定，两者应作为不同层面的问题进行分析。实践中，有的司法工作人员习惯于按照个案中具体数额多少认定“行为是否属于严重扰乱市场秩序的非法经营行为”，形成以“情节是否严重”的认定替代“行为是否属于严重扰乱市场秩序的非法经营行为”的认定。刑法第二百二十五条第（一）项至第（二）项规定的是已被实践检验的类型化行为，无须对经营行为是否严重扰乱市场秩序进行专门评价，但该条第（四）项规定的非法经营行为包罗万象，复杂多变，难以被一一类型化。因此，《最高人民法院关于准确理解和适用刑法中“国家规定”的有关问题的通知》（以下简称《通知》）要求，各级人民法院审理非法经营犯罪案件，要依法严格把握刑法第二百二十五条第（四）项的适用范围。《通知》所强调的“严格把握”主要是指对“经营行为是否属于严重扰乱市场秩序的非法经营行为”的严格把握（不排除对个别情节严重认定标准的审慎把握）。基于上述分析，无论是根据法理精神还是按照《通知》要求，都有必要对经营行为是否属于刑法第二百二十五条第（四）项规定的严重扰乱市场秩序的非法经营行为进行单独评价。

2. 本案经营行为不属于严重扰乱市场秩序的非法经营行为

非法经营罪属于刑法第三章“破坏社会主义市场经济秩序罪”第八节“扰乱市场秩序罪”，严重扰乱市场秩序，主要是指对市场经济秩序的严重扰乱。因此，对刑法第二百二十五条第（四）项严重扰乱市场秩序的非法经营行为的评价，重点应当围绕市场经济秩序这一法益。而对于主要危害不在市场经济秩序的非法经营行为，既要分析经营行为是否缺少特许的形式要件，更要分析经营行为在实体上是否造成其他严重后果或存在其他严重危险。首先，经营保安服务业务虽然属于行政特许行业，但根据《条例》[①]第八条的规定，只要达到规定的条件就可以向公安机关提出申请，公安机关不批准的应当说明理由。因此，保安服务业务不属于严格意义上的限制经营许可业务。其次，未经行政许可经营保安服务的主要社会危害在于对人民群众人身和财产安全可能造成一定的潜在危险，对保安服务业务经营行为是否属于刑法第二百二十五条第（四）项规定的非法经营行为的认定，重点应当考察经营行为有无实质上违法犯罪行为及严重后果。对没有实施及产生《条例》第四十三条、《公安机关实施保安服务管理条例办法》第四十五条规定的泄露国家秘密、侵犯个人隐私、参与追索债务、采用暴力处理纠纷等后果的经营行为，不应认定为其他严重扰乱市场秩序的非法经营行为。

---

① 即《保安服务管理条例》（国务院令第 564 号）。

本案中,中安公司除了没有获取保安服务许可证这一形式要件外,并未实施其他违反《条例》《公安机关实施保安服务管理条例办法》的行为。中安公司的各项章程符合公司法的规定,其按照合同约定派驻保安员并提供保安服务,按时发放保安员工资,在经营保安服务业务过程中未发生其他危害后果,也未出现其他不好的反映和记录。因此,综合全案案情和基于严格把握的政策精神分析,中安公司的行为不属于严重扰乱市场秩序的非法经营行为,不构成非法经营罪。

顺便提及的是,关于从事保安服务业务经营行为应参照电信业务、POS 机套现业务确定情节严重标准的观点,缺乏法律依据。2010 年最高人民法院下发了《关于在经济犯罪审判中参照适用〈最高人民检察院、公安部关于公安机关管辖的刑事案件立案追诉标准的规定(二)〉的通知》,在没有新的司法解释或者相关指导性文件出台的前提下,应参照适用立案追诉标准的规定。保安服务业是以人力资源为依托的一种服务行业,与电信业务、POS 机套现业务区别明显,后者涉案数额普遍巨大,以一百万元作为立案追诉标准,有其合理性,但将保安服务行业从数额上提升到一百万元,与行业特点以及实际情况不符。

——《刑事审判参考》(总第 122 辑)。

664 未取得道路运输经营许可擅自从事长途大巴客运经营的行为如何定性

关键词|非法经营罪|严重扰乱市场秩序|

【最高人民法院参考案例】

欧敏、关树锦非法从事长途大巴客运经营案(《刑事审判参考》案例第 1121 号)

要旨:未取得道路运输经营许可擅自从事长途大巴客运经营活动,违反了国家规定;非法从事长途大巴客运经营活动属于“其他严重扰乱市场秩序的非法经营行为”。

根据上述规定,从事客运经营应当具备一定的条件,依照相关规定程序申请获得经营许可。必须具备“有与其(申请人)经营业务相适应并经检测合格的车辆、有符合相关条件的驾驶人员、有健全的安全生产管理制度”三个条件。申请从事班线客运经营的,还应当有明确的线路和站点方案。符合上述条件的,可以向有关道路运输管理机构提出申请。申请人取得道路运输经营许可证后,向工商行政管理机关办理有关登记手续。可见,欧敏、关树锦未取得道路运输经营许可,擅自从事客运经营的行为违反了《道路运输条例》和《无照经营查处取缔办法》的相关规定。根据《最高人民法院关于准确理解和适用刑法中“国家规定”的有关问题的通知》(法〔2011〕155 号)的规定,《道路运输条例》和《无照经营查处取缔办法》都属于刑法中的“国家规定”，因此，欧敏、关树锦的行为违反了国家规定。

……

判断某类经营行为是否属于“其他严重扰乱市场秩序的非法经营行为”，是对某类非法经营行为的属性进行判断，因此与情节是否严重的认定属于不同层面的问题，应当撇开个案特殊情节，从刑法因果关系的角度把握该类行为产生的实际危害和潜在危害，并以此进行综合认定。

非法从事长途大巴客运经营活动，不但严重扰乱道路运输市场秩序和行业秩序，危害人民群众的生命财产安全，侵害合法经营者的权益，影响行业和社会的稳定，影响道路交通安全和城市形象，而且导致交通事故频发，引发正规营运车主罢工和群众上访甚至暴力抗法的现象在全国范围内都比较普遍。(1)危害人民群众的生命财产安全。在脱离相关主管机关有效监督管理的情况下，非法营运安全隐患只会不断增多。非法营运车辆大都车况不佳、安全性能差、从业人员驾驶技术和交通安全意识良莠不齐，容易导致交通事故多发、频发。(2)引发社会不稳定因素。非法营运与团伙经营、暴力抗法等社会问题往往相伴相生，严重影响社会治安秩序。近年来，各地法院办理的多宗抢劫杀人案件，常有被告人或者被害人从事非法营运的因素。非法营运车辆多数无保险，在营运中一旦发生事故，乘客的合法权益得不到保障，容易激发上访、闹访等群体性事件，严重影响当地的社会稳定。可见，非法营运已成为引发社会不稳定因素中一个不容忽视的问题。(3)破坏正常的市场秩序。非法营运公司不缴纳税费，造成国家的税收流失；争抢客源、抢夺市场份额，使正规的客运站点和合法营运者收入减少，损害合法营运车辆的正当权益，影响行业稳定；由于其没有纳入正常的管理体系，相关部门平时也无法对其进行有效管理。(4)激发潜在的犯罪心理。因非法营运利润率极高，绝大多数非法营运车主一直在观望，如果此类行为不能得到有效遏制，将会激发更多的非法营运车辆参与非法营运。

本案中，欧敏、关树锦组织非法营运的规模大，参与非法营运的车辆和人员多，虽无证据证明已发生客观危害结果，但潜在的社会危害严重。综合实际危害结果和潜在危害因素分析，应当认定欧敏、关树锦的非法营运行为属于“其他严重扰乱市场秩序的非法经营行为”。

——《刑事审判参考》(总第105辑)。

665 未取得道路运输经营许可集合社会车辆对不特定的旅客招揽生意、拉客，从事出租汽车经营的行为如何定性

关键词 | 非法经营罪 | 出租车营运 |

【最高人民法院参考案例】

喻江、李强非法从事出租汽车经营活动案(《刑事审判参考》案例第1122号)

要旨:非法从事出租汽车营运活动是否属于严重扰乱市场秩序的非法经营行为,核心要看其经营行为的违法性以及扰乱市场秩序的严重程度,即要从其社会危害性认定其行为性质。

从上述文件可知,未取得出租车客运经营许可,擅自从事出租汽车经营活动的行为,属于违反国家规定的行为。同时,《道路运输条例》和《无照经营查处取缔办法》以及相关法规对此类行为构成犯罪追究刑事责任作了提示性规定,体现了在法律、行政法规制定时,对未取得出租车客运经营许可而擅自从事出租汽车经营活动行为的定性有了充分考虑,并有意对一般违法行为和刑事违法行为作了原则性区分和衔接,故对此类行为追究刑事责任并未违背立法初衷。

……

可见,非法从事出租汽车营运活动,严重扰乱道路运输市场秩序和出租汽车行业秩序,危害人民群众的生命财产安全,侵害出租汽车从业人员的合法权益,影响出租汽车行业和社会的稳定,属于刑法第二百二十五条规定的"其他严重扰乱市场秩序的非法经营行为"。严厉打击非法从事出租汽车经营活动,对于改善出租汽车营运环境、保障从业人员和广大群众的合法权益、促进出租汽车行业健康发展、维护市场秩序和市场公平、维护社会稳定具有重要意义。

——《刑事审判参考》(总第105辑)。

666 未经许可在城区违法搭建商铺并以招商为名收取租金的行为如何定性

关键词|非法经营罪|严重扰乱市场秩序|

【最高人民法院参考案例】

翁士喜非法经营案(《刑事审判参考》案例第1042号)

要旨:未经许可擅自开工违章搭建商铺,并对外招租收取租金的行为构成非法经营罪。

(二)被告人未经许可擅自开工建售收取租金的行为构成非法经营罪

1.被告人未经许可的行为违反了国家规定。从刑法第九十六条的规定可知,违反国家规定是指"违反全国人民代表大会及其常务委员会制定的法律和决定,国务院制定的行政法规、规定的行政措施、发布的决定和命令"。具体到非法经营罪而言，刑法第二百二十五条规定的“违反国家规定”，是指违反上述法律规定中关于从事经营性活动的许可性规定。根据建筑法第七条、第八条的规定，建筑工程开工前，建设单位应当按照国家有关规定向工程所在地县级以上人民政府建设行政主管部门申请领取施工许可证，且申请领取施工许可证应当具备一些前置条件，如已经办理该建筑工程用地批准手续，在城市规划区的建筑工程已经取得规划许可证等。建筑法无疑属于“国家规定”，因此本案被告人翁士喜未经合法审批，未申领施工许可证，违法搭建商铺的行为显然属于“违反国家规定”。

2. 被告人翁士喜的非法经营行为严重扰乱了市场秩序。区分翁士喜的非法经营行为属于民事欺诈还是犯罪，还应对该行为的社会危害后果进行评价。首先，被告人翁士喜未经许可擅自开工建售收取租金的行为严重扰乱市场秩序。房地产开发、经营活动对社会影响重大，一直受到国家的严格管控，未经许可私自进行房地产开发、经营活动，不仅破坏了国家对房地产的管理秩序，也使得其他从事此类业务的合法经营者直接面对低成本的违规经营活动的竞争，严重扰乱了房地产市场的正常经营秩序。其次，翁士喜还有其他违反国家规定的行为，如：翁士喜伙同他人为违法招商成立的岳腾基业第一分公司不具备经营市场的资格，招商过程中亦未就经营范围变更登记，违反了国务院颁布的《公司登记管理条例》；根据消防法第十五条的规定，公众聚集场所在投入使用、营业前，应当向场所所在地的县级以上地方人民政府公安机关消防机构申请消防安全检查，未经消防安全检查或者经检查不符合消防安全要求的，不得投入使用、营业。翁士喜伙同他人非法搭建的购物广场属于公众聚集场所，在投入使用前未依法申请消防检查，违反了该条规定。上述违反国家规定的行为，虽然不属于刑法第二百二十五条罪状中“违反国家规定”的行为，但该类行为越多，违反程度越深，就越体现出其扰乱市场秩序的严重程度。综合翁士喜在规划、工商、消防等手续均不具备的情况下，为实现“经营”目的，伙同他人先后两次非法招商，其行为属于严重扰乱市场秩序的非法经营行为。

3. 翁士喜违规开发、经营房地产的行为属于刑法第二百二十五条规定的“情节严重”。根据相关司法解释的规定，目前对非法经营行为是否属于“情节严重”主要依非法经营的数额或数量判断，如非法经营去话业务数额在一百万元以上，非法经营报纸五千份或者期刊五千本以上，均属于“情节严重”等。本案中，被告人翁士喜在第一次非法经营受到政府查处后，并未停止其非法经营行为，相反，为实现其营利目的，再次伙同他人通过公开宣传与三百五十余名商户签订租赁合同，收取商户缴纳各项钱款，涉案数额达一千三百余万元。在政府相关部门对翁士喜的非法经营行为进行查处期间，大量商户要求政府准许开业，发生多次大规模群体聚集、堵塞交通等事件，造成了恶劣的社会影响。虽然司法解释尚未规定非法经营市场商铺行为“情节严重”的数额或数量标准，但无论从本案的非法经营数额、涉案人数,还是所造成的社会危害性分析,翁士喜的非法经营行为的后果都已经远远超出了目前司法解释对其他类型非法经营行为规定的入罪条件,故对翁士喜的非法经营行为应认定为刑法第二百二十五条规定的"情节严重"。

——《刑事审判参考》(总第101辑)。

667 非法经营烟花爆竹制品行为的定性

关键词 | 非法经营罪 | 烟花爆竹制品 |

【最高人民法院司法文件】

一、非法生产、经营烟花爆竹及相关行为涉及非法制造、买卖、运输、邮寄、储存黑火药、烟火药,构成非法制造、买卖、运输、邮寄、储存爆炸物罪的,应当依照刑法第一百二十五条的规定定罪处罚;非法生产、经营烟花爆竹及相关行为涉及生产、销售伪劣产品或不符合安全标准产品,构成生产、销售伪劣产品罪或生产、销售不符合安全标准产品罪的,应当依照刑法第一百四十条、第一百四十六条的规定定罪处罚;非法生产、经营烟花爆竹及相关行为构成非法经营罪的,应当依照刑法第二百二十五条的规定定罪处罚。上述非法生产经营烟花爆竹行为的定罪量刑和立案追诉标准,分别按照《最高人民法院关于审理非法制造、买卖、运输枪支、弹药、爆炸物等刑事案件具体应用法律若干问题的解释》(法释〔2009〕18号)、《最高人民法院、最高人民检察院关于办理生产、销售伪劣商品刑事案件具体应用法律若干问题的解释》(法释〔2001〕10号)、《最高人民检察院、公安部关于公安机关管辖的刑事案件立案追诉标准的规定(一)》(公通字〔2008〕36号)、《最高人民检察院、公安部关于公安机关管辖的刑事案件立案追诉标准的规定(二)》(公通字〔2010〕23号)等有关规定执行。

——《最高人民法院、最高人民检察院、公安部、监管总局关于依法加强对涉嫌犯罪的非法生产经营烟花爆竹行为刑事责任追究的通知》(2012年9月6日,安监总管三〔2012〕116号)。

【最高人民法院参考案例】

易某某非法经营案(《刑事审判参考》案例第1336号)

要旨:烟花爆竹制品不属于专营专卖物品和限制买卖物品,因此经营烟花爆竹制品的行为只能根据刑法第二百二十五条第(四)项的规定认定是否构成非法经营罪。

刑法第二百二十五条第(四)项作为非法经营罪的兜底条款,在适用时一定要

慎重。之所以能适用刑法第二百二十五条第(四)项的规定认定本案构成非法经营罪,原因如下:

根据《非法生产经营烟花爆竹通知》的规定,非法生产、经营烟花爆竹制品行为是可以构成非法经营罪的。前文我们已经论述过,烟花爆竹制品不属于专营专卖物品和限制买卖物品,因此经营烟花爆竹制品的行为只能根据刑法第二百二十五条第(四)项的规定构成非法经营罪。

非法经营烟花爆竹制品的行为要认定为"其他严重扰乱市场秩序的非法经营行为"构成非法经营罪,必须和第二百二十五条前三项在社会危害性方面具有相当性,同时符合以下三个特征,即违反国家规定、扰乱市场经济秩序和情节严重。从本案案情考察,被告人易某某未经许可经营烟花爆竹制品的行为具备以上三个特征。

首先,2011 年 4 月 8 日最高人民法院发布的《关于准确理解和适用刑法中"国家规定"的有关问题的通知》(以下简称《"国家规定"通知》)中指出:"根据刑法第九十六条的规定,刑法中的'国家规定'是指,全国人民代表大会及其常务委员会制定的法律和决定,国务院制定的行政法规、规定的行政措施、发布的决定和命令。"被告人易某某擅自经营烟花爆竹制品的行为,违反了《烟花爆竹安全管理条例》第三条的规定,"国家对烟花爆竹的生产、经营、运输和举办焰火晚会以及其他大型焰火燃放活动,实行许可证制度。未经许可,任何单位或者个人不得生产、经营、运输烟花爆竹,不得举办焰火晚会以及其他大型焰火燃放活动"。该条例于 2006 年 1 月 11 日国务院第 121 次常务会议通过,自公布之日起施行,后又于 2016 年 2 月 6 日经国务院令第 666 号《国务院关于修改部分行政法规的决定》修订,属于行政法规,根据上述《"国家规定"通知》规定,违反该条例属于"违反国家规定"。

其次,本案中的未经国家许可经营烟花爆竹制品的行为,违反了烟花爆竹安全管理制度,扰乱了市场秩序,产生了刑法意义上的危险后果。虽然涉案的八发塑料圆盘击发帽是危险性小的 D 级烟花,但被告人易某某购买烟花爆竹制品一千箱,如此巨大数量的含有火药的烟花爆竹制品需要运输、仓储、分装,如果未取得许可证、不按照规范流程操作,随时可能发生危险。

最后,可以比照刑法第二百二十五条前三项的行为"情节严重"的程度或者第二百二十五条相关司法解释对"情节严重"的规定来确定情节是否严重。根据刑法及相关司法解释的规定,目前认定的非法经营行为有非法经营烟草、出版物和通过信息网络有偿发布或删除信息等,一般以非法经营数额、违法所得数额、实施非法经营行为的次数、实施非法经营行为的后果和影响等作为"情节严重"的考量标准。本案被告人易某某购买烟花爆竹制品一千箱,非法经营数额达 11.88 万元,且所经营的烟花爆竹制品在后续仓储搬运的过程中造成了八人死亡、多人受伤和巨大财产损失的后果,应当认定为“情节严重”。

——《刑事审判参考》(总第 122 辑)。

668 非法放贷构成非法经营罪的具体认定

关键词 | 非法经营罪 | 非法放贷 |

【最高人民法院司法文件】

一、违反国家规定,未经监管部门批准,或者超越经营范围,以营利为目的,经常性地向社会不特定对象发放贷款,扰乱金融市场秩序,情节严重的,依照刑法第二百二十五条第(四)项的规定,以非法经营罪定罪处罚。

前款规定中的“经常性地向社会不特定对象发放贷款”,是指 2 年内向不特定多人(包括单位和个人)以借款或其他名义出借资金 10 次以上。

贷款到期后延长还款期限的,发放贷款次数按照 1 次计算。

二、以超过 36%的实际年利率实施符合本意见第一条规定的非法放贷行为,具有下列情形之一的,属于刑法第二百二十五条规定的“情节严重”,但单次非法放贷行为实际年利率未超过 36%的,定罪量刑时不得计入:

(一)个人非法放贷数额累计在 200 万元以上的,单位非法放贷数额累计在 1000 万元以上的;

(二)个人违法所得数额累计在 80 万元以上的,单位违法所得数额累计在 400 万元以上的;

(三)个人非法放贷对象累计在 50 人以上的,单位非法放贷对象累计在 150 人以上的;

(四)造成借款人或者其近亲属自杀、死亡或者精神失常等严重后果的。

具有下列情形之一的,属于刑法第二百二十五条规定的“情节特别严重”:

(一)个人非法放贷数额累计在 1000 万元以上的,单位非法放贷数额累计在 5000 万元以上的;

(二)个人违法所得数额累计在 400 万元以上的,单位违法所得数额累计在 2000 万元以上的;

(三)个人非法放贷对象累计在 250 人以上的,单位非法放贷对象累计在 750 人以上的;

(四)造成多名借款人或者其近亲属自杀、死亡或者精神失常等特别严重后果的。

三、非法放贷数额、违法所得数额、非法放贷对象数量接近本意见第二条规定的“情节严重”“情节特别严重”的数额、数量起点标准，并具有下列情形之一的，可以分别认定为“情节严重”“情节特别严重”：

（一）2 年内因实施非法放贷行为受过行政处罚 2 次以上的；

（二）以超过 72%的实际年利率实施非法放贷行为 10 次以上的。

前款规定中的“接近”，一般应当掌握在相应数额、数量标准的 80%以上。

四、仅向亲友、单位内部人员等特定对象出借资金，不得适用本意见第一条的规定定罪处罚。但具有下列情形之一的，定罪量刑时应当与向不特定对象非法放贷的行为一并处理：

（一）通过亲友、单位内部人员等特定对象向不特定对象发放贷款的；

（二）以发放贷款为目的，将社会人员吸收为单位内部人员，并向其发放贷款的；

（三）向社会公开宣传，同时向不特定多人和亲友、单位内部人员等特定对象发放贷款的。

五、非法放贷数额应当以实际出借给借款人的本金金额认定。非法放贷行为人以介绍费、咨询费、管理费、逾期利息、违约金等名义和以从本金中预先扣除等方式收取利息的，相关数额在计算实际年利率时均应计入。

非法放贷行为人实际收取的除本金之外的全部财物，均应计入违法所得。

非法放贷行为未经处理的，非法放贷次数和数额、违法所得数额、非法放贷对象数量等应当累计计算。

六、为从事非法放贷活动，实施擅自设立金融机构、套取金融机构资金高利转贷、骗取贷款、非法吸收公众存款等行为，构成犯罪的，应当择一重罪处罚。

为强行索要因非法放贷而产生的债务，实施故意杀人、故意伤害、非法拘禁、故意毁坏财物、寻衅滋事等行为，构成犯罪的，应当数罪并罚。

纠集、指使、雇佣他人采用滋扰、纠缠、哄闹、聚众造势等手段强行索要债务，尚不单独构成犯罪，但实施非法放贷行为已构成非法经营罪的，应当按照非法经营罪的规定酌情从重处罚。

以上规定的情形，刑法、司法解释另有规定的除外。

……

八、本意见自 2019 年 10 月 21 日起施行。对于本意见施行前发生的非法放贷行为，依照最高人民法院《关于准确理解和适用刑法中“国家规定”的有关问题的通知》（法发〔2011〕155 号）的规定办理。

——《最高人民法院、最高人民检察院、公安部、司法部关于办理非法放贷刑事案件若干问题的意见》（2019 年 10 月 21 日，法发〔2019〕24 号）。

【链接：理解与适用】

一、关于非法放贷行为的认定及定罪处罚依据

实践中，非法放贷行为缺乏明确、统一认定标准，是否应对非法放贷行为追究刑事责任、应对哪些非法放贷行为追究刑事责任、应以何种罪名追究刑事责任也均存在认识分歧。为解决这些问题，《意见》第一条第一款将“非法放贷行为”界定为“违反国家规定，未经监管部门批准，或者超越经营范围，以营利为目的，经常性地向社会不特定对象发放贷款，扰乱金融市场秩序”，并在此基础上进一步明确，实施非法放贷行为达到“情节严重”程度，依照刑法第二百二十五条第（四）项的规定，以非法经营罪定罪处罚。根据《意见》规定，在认定非法放贷行为时应着重把握以下方面：

一是放贷行为的违法性。非法经营罪属于行政犯，需要“违反国家规定”才能入罪。国务院《非法金融机构和非法金融业务活动取缔办法》第四条第一款第（三）项规定，“本办法所称非法金融业务活动，是指未经中国人民银行批准，擅自从事的下列活动：……非法发放贷款、办理结算、票据贴现、资金拆借、信托投资、金融租赁、融资担保、外汇买卖”。同时，在第二十二条中规定：“设立非法金融机构或者从事非法金融业务活动，构成犯罪的，依法追究刑事责任……”银行业监督管理法第十九条规定：“未经国务院银行业监督管理机构批准，任何单位或者个人不得设立银行业金融机构或者从事银行业金融机构的业务活动。”第四十四条规定：“擅自设立银行业金融机构或者非法从事银行业金融机构的业务活动的，由国务院银行业监督管理机构予以取缔；构成犯罪的，依法追究刑事责任……”因此，从事发放贷款业务需要经过有关金融监管部门批准。“未经监管部门批准，或者超越经营范围”，是认定非法放贷行为并进而视情节对其以非法经营罪论处的必要条件。

二是放贷活动的职业性。有别于互助式的、偶然的民间资金融通行为，非法放贷作为一种经营行为，必然包含着出借目的营利性和出借行为反复性。为了准确区分非法放贷行为和正常的民间借贷，揭示非法放贷行为人以放贷为业的行为实质，《意见》第一条第一款规定非法放贷行为人需“以营利为目的，经常性地向社会不特定对象发放贷款”，并且在第一条第二款明确“前款规定中的‘经常性地向社会不特定对象发放贷款’，是指2年内向不特定多人（包括单位和个人）以借款或其他名义出借资金10次以上”。此外，《意见》第一条第三款还进一步明确了贷款到期后延长还款期限这一情况下，发放贷款次数的计算问题。应当注意的是，在延长还款期限后仅改变约定利率或者利息计算方式，但出借的本金金额未实际增加的，发放贷款次数仍按照一次计算；如果在延长还款期限后追加出借资金，或者将借款人已偿还贷款重新借出的，放贷次数另行计算。

三是放贷对象的不特定性。发放贷款行为的开放性，是非法放贷这一非法金融业务活动与民间借贷的又一重要区别。为此，《意见》第一条第一款强调非法放贷行为人发放贷款的对象是"社会不特定对象"，并且在《意见》第一条第二款将"社会不特定对象"解读为"不特定多人（包括单位和个人）"，即非法放贷行为人需要二年内累计向多个不特定的单位或者个人，以借款或其他名义出借资金十次以上。

二、关于"情节严重""情节特别严重"的一般认定标准

根据刑法第二百二十五条规定，以非法经营罪追究刑事责任需要达到"情节严重"的程度。通过刑事司法入罪处刑，是最为严厉的法律制裁措施，故应只适用于社会危害性严重，民事、行政等其他法律手段都无法有效调整的行为。实践中，非法高利放贷是非法放贷活动中危害最突出的部分，所造成的后果和引发的问题是多方面的，不仅严重扰乱金融市场秩序，制约实体经济发展，使企业或个人陷入债务深渊，而且还诱发大量非法拘禁、寻衅滋事等违法犯罪活动，并为黑恶势力滋生蔓延提供土壤。因此，《意见》将运用刑法手段打击的目标锁定为非法高利放贷，结合民事司法解释关于民间借贷利率的规定，明确"以超过36%的实际年利率实施符合本意见第一条规定的非法放贷行为"是认定非法放贷"情节严重"和"情节特别严重"的前提条件，从而有效防止扩大打击面，并为民事司法和行政执法留出必要空间。此外，根据司法统计和调研所掌握的情况，《意见》还从非法放贷数额、违法所得数额、非法放贷对象数量以及所造成的危害后果等方面，规定了非法放贷"情节严重"和"情节特别严重"的具体认定标准。

对于《意见》第二条第一款中的"以超过36%的实际年利率实施符合本意见第一条规定的非法放贷行为，具有下列情形之一的，属于刑法第二百二十五条规定的'情节严重'，但单次非法放贷行为实际年利率未超过36%的，定罪量刑时不得计入"，执法办案时需要重点把握。例如，行为人二年内共向不特定多人以借款名义出借资金十次，但其中只有九次实际年利率超过36%，还有一次未超过，则其行为不符合"以超过36%的实际年利率实施符合本意见第一条规定的非法放贷行为"的标准，不能以非法经营罪定罪处罚。又如，行为人（个人）二年内共向不特定多人以借款名义出借资金十五次，其中单次放贷行为实际年利率超过36%的有十一次，非法放贷数额共计二百一十万元；未超过36%的有四次，非法放贷数额共计九百万元。按照《意见》规定，只能根据其中十一次高利放贷行为及其相应的非法放贷数额二百一十万元定罪量刑，该行为人非法放贷构成非法经营罪，但属于"情节严重"，而非"情节特别严重"，应在五年以下有期徒刑或者拘役，并处或者单处违法所得一倍以上五倍以下罚金的法定刑幅度内量刑。

三、关于"情节严重""情节特别严重"的特别认定标准

实践中，一些犯罪嫌疑人、被告人曾因非法放贷行为受过行政处罚，但拒不悔

改并再次实施。还有一些案件,犯罪嫌疑人、被告人以超高利率大量放贷,社会危害极为严重。针对这两种恶劣情形,《意见》第三条规定了“情节严重”“情节特别严重”的特别认定标准,相应降低入罪门槛,体现依法从严惩处的精神。

四、关于“向社会不特定对象发放贷款”的把握

《意见》第四条区分不同情况,对“向社会不特定对象发放贷款”的把握问题作出明确。如果行为人出借资金仅限定于亲友、单位内部人员等特定对象,其行为就不符合非法放贷这一非法金融业务活动的对象不特定性特征,不宜认定为非法放贷,更不能以非法经营罪论处。因此,《意见》第四条规定:“仅向亲友、单位内部人员等特定对象出借资金,不得适用本意见第一条的规定定罪处罚。”

针对司法实践中非法放贷行为手段不断翻新的实际情况,为避免行为人假借向亲友、单位内部人员等特定对象出借资金之名非法放贷,《意见》第四条明确,具有以下三种情形之一的,定罪量刑时应当与向不特定对象非法放贷的行为一并处理:一是通过亲友、单位内部人员等特定对象向不特定对象发放贷款的情形。二是以发放贷款为目的,将社会人员吸收为单位内部人员,并向其发放贷款的情形。三是向社会公开宣传,同时向不特定多人和亲友、单位内部人员等特定对象发放贷款的情形。

五、关于非法放贷数额、实际年利率等的认定和计算标准

根据《意见》有关规定,实际年利率、非法放贷数额、违法所得数额、非法放贷对象数量等均是影响定罪量刑的重要因素。《意见》第五条针对调研中各方反映的问题,分别规定了实际年利率、非法放贷数额、违法所得数额等的计算方法,避免理解认识差异导致执法尺度不一。

首先,在非法放贷数额认定方面,从借款本金中预先扣除利息、计收复利等做法在非法放贷行为中极为常见,这就导致借据、收据、借条等凭证所载明的本金金额与非法放贷行为人实际出借的本金金额存在差异,究竟应以何种金额认定非法放贷数额需要明确。因此,《意见》第五条第一款结合民事法律和司法解释有关本金金额认定的规定,明确非法放贷数额应当以实际出借给借款人的本金金额,即按照借款人实际能够完全支配和使用的借款金额作出认定。

其次,在实际年利率计算方面,虽然逾期利息、违约金以及介绍费、咨询费、管理费等费用在民法上性质有所差异,但是在实践中非法放贷行为人为规避利率上限,经常假借以上名目,或者采用从本金中预先扣除等方式收取利息。《意见》第五条第一款结合民事法律和司法解释中对逾期利息、违约金、其他费用并存时,总计超过利率上限部分不予保护的规定精神,以从严管理的角度出发,明确非法放贷行为人以介绍费、咨询费、管理费、逾期利息、违约金等名义和以从本金中预先扣除等方式收取利息的,相关数额在计算实际年利率时均应计入。例如,非法放贷行为

人在单次非法放贷活动中实际出借本金一千万元，借期一年，同时与借款人约定，除按照年利率24%还本付息外，还需要支付一百八十万元的管理费。根据《意见》规定，在计算该次非法放贷行为的实际年利率时，应当以本金一千万元为基数，将二百四十万元约定利息和一百八十万元管理费一并计入，计得该次非法放贷行为的实际年利率为42%。

再次，在违法所得数额认定方面，考虑到借贷市场有着极强的复杂性，非法放贷行为人的资金来源千差万别，有的还极为隐蔽，为便于司法实践操作，《意见》第五条第二款规定"非法放贷行为人实际收取的除本金之外的全部财物，均应计入违法所得"。

最后，针对未经处理的非法放贷行为，《意见》第五条第三款明确，"非法放贷行为未经处理的，非法放贷次数和数额、违法所得数额、非法放贷对象数量等应当累计计算"。

六、关于非法放贷与伴生、次生犯罪的罪数处断问题

针对非法放贷活动易于诱发伴生、次生犯罪的特点，《意见》第六条规定了非法放贷与相关犯罪的罪数处断原则。为从事非法放贷活动，实施擅自设立金融机构、套取金融机构资金高利转贷、骗取贷款、非法吸收公众存款等行为，非法放贷行为和前述行为同时构成犯罪的，由于存在牵连或者竞合关系，所侵犯的客体具有类似性，《意见》明确除刑法、司法解释另有规定外，应当择一重罪处罚。对于非法放贷的次生犯罪，即非法放贷行为本身已构成犯罪，为强行索要因非法放贷而产生的债务，又实施故意杀人、故意伤害、非法拘禁、故意毁坏财物、寻衅滋事等行为，构成犯罪的，由于所侵犯的客体存在明显差异，《意见》明确除刑法、司法解释另有规定外，依法应当数罪并罚。

八、关于《意见》的时间效力问题

在《意见》出台前，根据《最高人民法院关于准确理解和适用刑法中"国家规定"的有关问题的通知》（法发〔2011〕155号）的规定，拟适用刑法第二百二十五条第（四）项对非法放贷行为以非法经营罪论处的案件，均应当作为法律适用问题，逐级向最高人民法院请示。根据该规定，最高人民法院曾于2012年12月26日对广东省高级人民法院请示的被告人何伟光、张勇泉等非法经营案作出批复，明确对何伟光、张勇泉等人的高利放贷行为不宜以非法经营罪定罪处罚。该批复虽然是最高人民法院对个案的批复，但是长期以来在司法实践中已然起到了重要的指导作用，为类似案件的处理提供了规范和指引。为此，《意见》第八条明确，对于《意见》施行前发生的非法放贷行为，仍依照《最高人民法院关于准确理解和适用刑法中"国家规定"的有关问题的通知》的规定办理。对于《意见》第八条规定，在司法实践中需着重把握以下方面：一是为贯彻罪刑法定原则，办案机关应当准确理解和

把握《意见》的时间效力问题，对于《意见》施行前发生的非法放贷行为，在实体处理上要注意与《最高人民法院关于被告人何伟光、张勇泉等非法经营案的批复》精神保持一致。二是行为人非法发放贷款在《意见》施行前，收回本息在《意见》施行后的，应当认定为“本意见施行前发生的非法放贷行为”。三是行为人在《意见》施行之前、之后均有非法放贷行为的，只能对施行后的行为适用《意见》相关规定定罪处罚。

——朱和庆、周川、李梦龙：《〈关于办理非法放贷刑事案件若干问题的意见〉的理解与适用》，载《人民法院报》2019 年 11 月 28 日，第 6 版。

669 经营有偿讨债业务宜否认定为刑法第二百二十五条第（四）项规定的“其他严重扰乱市场秩序的非法经营行为”

关键词｜非法经营罪｜国家规定｜有偿讨债｜

【最高人民法院司法文件】

日前，国务院法制办就国务院办公厅文件的有关规定是否可以认定为刑法中的“国家规定”予以统一、规范。为切实做好相关刑事案件审判工作，准确把握刑法有关条文规定的“违反国家规定”的认定标准，依法惩治犯罪，统一法律适用，现就有关问题通知如下：

一、根据刑法第九十六的规定，刑法中的“国家规定”是指，全国人民代表大会及其常务委员会制定的法律和决定，国务院制定的行政法规、规定的行政措施、发布的决定和命令。其中，“国务院规定的行政措施”应当由国务院决定，通常以行政法规或者国务院制发文件的形式加以规定。以国务院办公厅名义制发的文件，符合以下条件的，亦应视为刑法中的“国家规定”：(1)有明确的法律依据或者同相关行政法规不相抵触；(2)经国务院常务会议讨论通过或者经国务院批准；(3)在国务院公报上公开发布。

二、各级人民法院在刑事审判工作中，对有关案件所涉及的“违反国家规定”的认定，要依照相关法律、行政法规及司法解释的规定准确把握。对于规定不明确的，要按照本通知的要求审慎认定。对于违反地方性法规、部门规章的行为，不得认定为“违反国家规定”。对被告人的行为是否“违反国家规定”存在争议的，应当作为法律适用问题，逐级向最高人民法院请示。

三、各级人民法院审理非法经营犯罪案件，要依法严格把握刑法第二百二十五条第(四)的适用范围。对被告人的行为是否属于刑法第二百二十五条第(四)规定的“其他严重扰乱市场秩序的非法经营行为”，有关司法解释未作明确规定的，应当作为法律适用问题,逐级向最高人民法院请示。

——《最高人民法院关于准确理解和适用刑法中“国家规定”的有关问题的通知》(2011 年 4 月 8 日,法发〔2011〕155 号)。

【最高人民法院参考案例】

李彦生、胡文龙非法经营案(《刑事审判参考》案例第 1077 号)

要旨:以国务院办公厅名义制发的文件,符合以下条件的,亦应视为刑法中的“国家规定”:(1)有明确的法律依据或者同相关行政法规不相抵触。(2)经国务院常务会议讨论通过或者经国务院批准。(3)在国务院公报上公开发布。

(一)认定被告人李彦生、胡文龙经营有偿讨债业务违反“国家规定”的依据不足

1. 刑法第九十六条规定:“本法所称违反国家规定,是指违反全国人民代表大会及其常务委员会制定的法律和决定,国务院制定的行政法规、规定的行政措施、发布的决定和命令。”具体来说,刑法中的“国家规定”主要包括以下三个方面:(1)全国人民代表大会及其常务委员会通过的法律、带有单行法性质的决定,以及以修正案、立法解释等形式对现行法律作出的修改、补充的规定。全国人大常委会的内设机构如法制工作委员会等发布的文件不属于“国家规定”。(2)国务院制定的行政法规、规定的行政措施、发布的决定和命令。所谓“行政法规”,根据立法法第五十六条、第六十一条以及《行政法规制定程序条例》第四条的规定,是指由国务院总理签署并以国务院令的形式公布的规范性文件,具体名称有“条例”“规定”“办法”等,行政法规的发文主体只能是国务院。所谓“行政措施”“决定”“命令”,目前并没有统一的法定解释,根据一般理解,应将其限定为除行政法规以外的由国务院制定、规定和发布的规范性文件,既包括以国务院名义制定或者发布的有关法规性质的文件,也包括由国务院有关部委制定,经国务院批准并以国务院名义发布的文件,如果是国务院有关部委制定并以该部委的名义发布,没有经过国务院批准并以国务院名义发布的,则不属于“国家规定”。(3)国务院办公厅制发(即“国办发”)的部分文件。国务院办公厅作为协助国务院领导同志处理国务院日常工作的机构,有权以“国办发”的名义制发文件,部分“国办发”文件会就行政措施作出规定,这部分文件虽然法律位阶低于以国务院的名义发布的规范性文件,但只要有明确的法律依据或者不与行政法规的规定相抵触,经国务院同意并公开向社会发布,其效力和适用范围通常情况下应当高于地方性法规和部门规章,可视为国务院“规定的行政措施、发布的决定和命令”。最高人民法院 2011 年 4 月 8 日发布的《关于准确理解和适用刑法中“国家规定”的有关问题的通知》(法发〔2011〕155 号,以下简称《关于“国家规定”的通知》)第一条规定:“以国务院办公厅名义制发

的文件,符合以下条件的,亦应视为刑法中的‘国家规定’:(1)有明确的法律依据或者同相关行政法规不相抵触。(2)经国务院常务会议讨论通过或者经国务院批准。(3)在国务院公报上公开发布。”

2. 国家经济贸易委员会、公安部、国家工商行政管理局于2000年6月15日联合发布的《关于取缔各类讨债公司严厉打击非法讨债活动的通知》(国经贸综合〔2000〕568号,以下简称《打击非法讨债的通知》)虽然系“经报请国务院同意”,但从制发主体以及发布形式来看,均与《关于“国家规定”的通知》中关于“国家规定”范围的规定不符,不属于刑法第九十六条中的“国家规定”:首先,《打击非法讨债的通知》中虽然规定禁止开办讨债公司、从事讨债业务,但至今也没有法律、行政法规就未经许可从事讨债业务的行为性质作出明确规定。其次,《打击非法讨债的通知》系原国家经贸委、公安部、国家工商行政管理局联合发布的规范性文件,未经国务院常务会议讨论通过,也未以国务院的名义发布。最后,《打击非法讨债的通知》发布的对象是“各省、自治区、直辖市、计划单列市及新疆生产建设兵团经贸委(经委、计经委)、公安厅(局)、工商局、国务院有关部门”,并未以“国办发”文件的形式通过国务院公报面向全社会公开发布,不符合《关于“国家规定”的通知》中关于“国办发”文件的规定。因此,《打击非法讨债的通知》非国务院“规定的行政措施、发布的决定和命令”,不属于刑法第九十六条中的“国家规定”。

3. 最高人民法院、最高人民检察院、公安部于2013年4月23日联合发布的《关于依法惩处侵害公民个人信息犯罪活动的通知》(公通字〔2013〕12号,以下简称《惩处信息犯罪的通知》)虽然系最高人民法院、最高人民检察院与公安部联合发布的规范性文件,其中也提到了经营有偿讨债业务是违法犯罪行为,但并未明示具体违反的是哪个层面的法律或者行政法规,且该通知主要是就打击侵害公民个人信息犯罪作出的规定,只是附带提到实践中存在利用非法获取的公民个人信息从事非法讨债、诈骗和敲诈勒索等违法犯罪活动。因此,《惩处信息犯罪的通知》亦不足以作为认定经营有偿讨债业务的行为“违反国家规定”的法律依据。

(二)被告人李彦生、胡文龙经营有偿讨债业务的行为尚未达到“严重扰乱市场秩序”的程度

有偿讨债行为的社会危害性主要体现在对公民个人隐私和正常工作、生活秩序的破坏和干扰,对于正常的市场经济秩序虽有一定的危害,但并非主要方面。就非法经营罪来说,根据刑法第二百二十五条关于该罪构成要件的规定,其法益保护的侧重点在于市场经济秩序,因此,有偿讨债行为并不符合非法经营罪的危害实质。如果行为人在讨债过程中采取了非法获取公民个人信息、寻衅滋事、限制人身自由、暴力、威胁等手段且情节严重的,可按照其所触犯的具体罪名如侵犯公民个人信息罪、寻衅滋事罪、非法拘禁罪、非法侵入住宅罪、故意杀人罪、故意伤害罪等

罪名予以处理。

在市场经济条件下，债权人既可以通过诉讼、仲裁、调解等途径实现债权，也可以在不违法或不损害公序良俗的前提下自行向债务人追讨，这些手段为国家、社会所鼓励和认可。但是，社会生活的复杂性决定了一些债权人或是由于债务人的躲避，或是出于节约时间，或是不方便通过诉讼等途径实现债权等原因，往往通过支付一定报酬的方式请他人帮助向债务人追讨。只要行为人在追讨时未采取违法犯罪手段，或是虽有违法行为但程度较轻，其社会危害性是有限的，被侵害的对象可以通过追究行为人的民事侵权责任来维护自身的合法权益，国家相关部门也可以对行为人适用治安管理处罚措施予以制裁。这样的处理方式符合刑法的谦抑性原则，即刑法的适用对象只能是具备严重社会危害性的违法行为，作为破坏社会主义市场经济秩序罪的非法经营罪，在适用时更应注意坚持这一原则。

本案中的委托人与讨债对象均存在真实债权债务关系，被告人李彦生、胡文龙在追讨欠债时虽然对债务人有一定程度的言语威胁，但这种言语威胁是建立在债权人和债务人均在场且债务人承认欠债属实的基础上的，其目的是促使债务人尽快还债，除此之外李彦生等人并未采取其他过激的方式方法，其行为对于他人的人身、财产危害有限，无须动用刑罚手段予以制裁。

——《刑事审判参考》（总第103辑）。

670 危害食品安全行为构成非法经营罪的具体认定

关键词｜非法经营罪｜危害食品安全｜

【最高人民法院司法解释】

第十六条 以提供给他人生产、销售食品为目的，违反国家规定，生产、销售国家禁止用于食品生产、销售的非食品原料，情节严重的，依照刑法第二百二十五条的规定以非法经营罪定罪处罚。

以提供给他人生产、销售食用农产品为目的，违反国家规定，生产、销售国家禁用农药、食品动物中禁止使用的药品及其他化合物等有毒、有害的非食品原料，或者生产、销售添加上述有毒、有害的非食品原料的农药、兽药、饲料、饲料添加剂、饲料原料，情节严重的，依照前款的规定定罪处罚。

第十七条 违反国家规定，私设生猪屠宰厂（场），从事生猪屠宰、销售等经营活动，情节严重的，依照刑法第二百二十五条的规定以非法经营罪定罪处罚。

在畜禽屠宰相关环节，对畜禽使用食品动物中禁止使用的药品及其他化合物等有毒、有害的非食品原料，依照刑法第一百四十四条的规定以生产、销售有毒、有害食品罪定罪处罚;对畜禽注水或者注入其他物质,足以造成严重食物中毒事故或者其他严重食源性疾病的,依照刑法第一百四十三条的规定以生产、销售不符合安全标准的食品罪定罪处罚;虽不足以造成严重食物中毒事故或者其他严重食源性疾病,但符合刑法第一百四十条规定的,以生产、销售伪劣产品罪定罪处罚。

第十八条　实施本解释规定的非法经营行为,非法经营数额在十万元以上,或者违法所得数额在五万元以上的,应当认定为刑法第二百二十五条规定的“情节严重”;非法经营数额在五十万元以上,或者违法所得数额在二十五万元以上的,应当认定为刑法第二百二十五条规定的“情节特别严重”。

实施本解释规定的非法经营行为,同时构成生产、销售伪劣产品罪,生产、销售不符合安全标准的食品罪,生产、销售有毒、有害食品罪,生产、销售伪劣农药、兽药罪等其他犯罪的,依照处罚较重的规定定罪处罚。

第二十二条　对实施本解释规定之犯罪的犯罪分子,应当依照刑法规定的条件,严格适用缓刑、免予刑事处罚。对于依法适用缓刑的,可以根据犯罪情况,同时宣告禁止令。

对于被不起诉或者免予刑事处罚的行为人,需要给予行政处罚、政务处分或者其他处分的,依法移送有关主管机关处理。

第二十三条　单位实施本解释规定的犯罪的,对单位判处罚金,并对直接负责的主管人员和其他直接责任人员,依照本解释规定的定罪量刑标准处罚。

——《最高人民法院、最高人民检察院关于办理危害食品安全刑事案件适用法律若干问题的解释》(2022 年 1 月 1 日,法释〔2021〕24 号)。

671 环境污染刑事案件中非法经营罪的适用

关键词|非法经营罪|污染环境|

【最高人民法院司法解释】

第六条　无危险废物经营许可证从事收集、贮存、利用、处置危险废物经营活动,严重污染环境的,按照污染环境罪定罪处罚;同时构成非法经营罪的,依照处罚较重的规定定罪处罚。

实施前款规定的行为,不具有超标排放污染物、非法倾倒污染物或者其他违法造成环境污染的情形的,可以认定为非法经营情节显著轻微危害不大,不认为是犯罪;构成生产、销售伪劣产品等其他犯罪的,以其他犯罪论处。

——《最高人民法院、最高人民检察院关于办理环境污染刑事案件适用法律若干问题的解释》(2017 年 1 月 1 日,法释〔2016〕29 号)。

【链接：理解与适用】

（六）关于无危险废物经营许可证从事危险废物经营活动的定性处理问题

《解释》第六条明确了无危险废物经营许可证从事收集、贮存、利用、处置危险废物经营活动，严重污染环境行为的定性处理问题，分为两款。

该条第一款明确了实施上述行为同时构成污染环境罪和非法经营罪的，从一重罪处断。主要考虑是：无危险废物经营许可证从事收集、贮存、利用、处置危险废物经营活动，严重污染环境的，构成污染环境罪。同时，根据固体废物污染防治法第五十七条的规定，从事收集、贮存、处置危险废物经营活动的单位，必须向县级以上政府环境保护行政主管部门申请领取经营许可证；从事利用危险废物经营活动的单位，必须向国务院环境保护行政主管部门或者省、自治区、直辖市政府环境保护行政主管部门申请领取经营许可证。因此，无危险废物经营许可证从事收集、贮存、利用、处置危险废物经营活动，情节严重的，还可能构成非法经营罪。为有效应对当前涉及危险废物的环境污染犯罪的多发态势，切断危险废物非法经营活动的利益链条，该款明确了对同时构成污染环境罪和非法经营罪的从一重罪处断的原则。

该条第二款明确实施上述行为不具有造成环境污染的情形，可以认定为非法经营情节显著轻微危害不大，不认为是犯罪；构成其他犯罪的，以其他犯罪论处。主要考虑是：一是《解释》坚持对此类行为是否具有社会危害性的实质性判断原则，一些具有处置、利用危险废物能力的企业在未取得经营许可证的情况下从事处置、利用活动，只要不具有造成环境污染的情形，就不具有实质的社会危害性，不宜以非法经营罪论处。二是根据固体废物污染防治法第七十七条的规定，无经营许可证或者不按照经营许可证规定从事收集、贮存、利用、处置危险废物经营活动的，由县级以上政府环境保护行政主管部门责令停止违法行为，没收违法所得，可以并处违法所得三倍以下的罚款；不按照经营许可证规定从事上述活动的，还可以由发证机关吊销经营许可证。因此，从坚持刑法谦抑性和合理控制刑事打击面的角度出发，对上述行为给予行政处罚也能起到制裁、预防作用，不宜追究刑事责任。

——缐杰、吴峤滨：《〈关于办理环境污染刑事案件适用法律若干问题的解释〉理解与适用》，载《人民检察》2017 年第 5 期。

【最高人民法院司法文件】

5. 关于非法经营罪的适用

会议认为，准确理解和适用《环境解释》第六条的规定应当注意把握两个原则：一要坚持实质判断原则，对行为人非法经营危险废物行为的社会危害性作实质性判断。比如,一些单位或者个人虽未依法取得危险废物经营许可证,但其收集、贮存、利用、处置危险废物经营活动,没有超标排放污染物、非法倾倒污染物或者其他违法造成环境污染情形的,则不宜以非法经营罪论处。二要坚持综合判断原则,对行为人非法经营危险废物行为根据其在犯罪链条中的地位、作用综合判断其社会危害性。比如,有证据证明单位或者个人的无证经营危险废物行为属于危险废物非法经营产业链的一部分,并且已经形成了分工负责、利益均沾、相对固定的犯罪链条,如果行为人或者与其联系紧密的上游或者下游环节具有排放、倾倒、处置危险废物违法造成环境污染的情形,且交易价格明显异常的,对行为人可以根据案件具体情况在污染环境罪和非法经营罪中,择一重罪处断。

——《最高人民法院、最高人民检察院、公安部、司法部、生态环境部关于办理环境污染刑事案件有关问题座谈会纪要》(2019年2月20日,高检会〔2019〕3号)。

【链接:理解与适用】

(五)关于非法经营罪的适用

《解释》第六条规定:“无危险废物经营许可证从事收集、贮存、利用、处置危险废物经营活动,严重污染环境的,按照污染环境罪定罪处罚;同时构成非法经营罪的,依照处罚较重的规定定罪处罚。”“实施前款规定的行为,不具有超标排放污染物、非法倾倒污染物或者其他违法造成环境污染的情形的,可以认定为非法经营情节显著轻微危害不大,不认为是犯罪;构成生产、销售伪劣产品等其他犯罪的,以其他犯罪论处。”《纪要》要求坚持全链条、全环节、全流程对非法排放、倾倒、处置、经营危险废物的产业链进行刑事打击,查清犯罪网络,深挖犯罪源头,斩断利益链条,不断挤压和铲除此类犯罪滋生蔓延的空间。特别是,针对《解释》第六条规定的准确理解和适用,《纪要》要求注意把握两项原则。

一是坚持实质判断原则,对行为人非法经营危险废物行为的社会危害性作实质性判断。《解释》第六条确立了无危险废物经营许可证从事收集、贮存、利用、处置危险废物经营活动的入罪以违法造成环境污染为实质要件,未违法造成环境污染的,通常可以认定为情节显著轻微危害不大,不认为是犯罪。比如,一些单位或者个人虽未依法取得危险废物经营许可证,但其收集、贮存、利用、处置危险废物经营活动,没有违法造成环境污染情形的,则不宜以非法经营罪论处,也不宜以污染环境罪论处。需要注意的是,对于违法造成环境污染要件的判断应当采取相对宽泛的标准,即不要求一定达到《解释》第一条第(二)项以外其他项规定的严重污染环境的具体情形。例如,未按照规定安装特定污染防治设施,处置过程中超过标准排放污染物(虽然未达到超过特定标准三倍以上),或者将处置剩余的污染物违反规定倾倒的，可以认定为具备违法造成环境污染的要件。

二要坚持综合判断原则，对行为人非法经营危险废物行为根据其在犯罪链条中的地位、作用综合判断其社会危害性。比如，有证据证明单位或者个人的无证经营危险废物行为属于危险废物非法经营产业链的一部分，并且已经形成了分工负责、利益均沾、相对固定的犯罪链条，如果行为人或者与其联系紧密的上游或者下游环节具有排放、倾倒、处置危险废物违法造成环境污染的情形，且交易价格明显异常的，对行为人可以根据案件具体情况，在污染环境罪和非法经营罪中择一重罪处断。

——周加海、喻海松：《〈关于办理环境污染刑事案件有关问题座谈会纪要〉的理解与适用》，载《人民司法 · 应用》2019 年第 16 期。

672 非法经营兴奋剂刑事案件非法经营罪的适用

关键词｜非法经营罪｜兴奋剂｜

【最高人民法院司法解释】

第二条 违反国家规定，未经许可经营兴奋剂目录所列物质，涉案物质属于法律、行政法规规定的限制买卖的物品，扰乱市场秩序，情节严重的，应当依照刑法第二百二十五条的规定，以非法经营罪定罪处罚。

第八条 对于是否属于本解释规定的"兴奋剂""兴奋剂目录所列物质""体育运动""国内、国际重大体育竞赛"等专门性问题，应当依据《中华人民共和国体育法》《反兴奋剂条例》等法律法规，结合国务院体育主管部门出具的认定意见等证据材料作出认定。

——《最高人民法院关于审理走私、非法经营、非法使用兴奋剂刑事案件适用法律若干问题的解释》（2020 年 1 月 1 日，法释〔2019〕16 号）。

（三）其他

673 损害商业信誉、商品声誉罪中"他人"的界定

关键词｜损害商业信誉、商品声誉罪｜他人｜

【最高人民法院参考案例】

訾北佳损害商品声誉案(《刑事审判参考》案例第597号)

要旨:损害商业信誉、商品声誉罪中的“他人”,应当具备一定的特定性,对这种特定性的理解不能过于僵化,如果侵害了一类市场主体的商业信誉、商品声誉,作为危害更大的犯罪,举轻以明重,应当构成犯罪。

(二)损害商业信誉、商品声誉罪中的“他人”的界定

根据刑法规定,损害商业信誉、商品声誉罪的侵害对象是他人的商业信誉、商品声誉,因而正确理解这里的“他人”对准确认定本罪具有重要意义。本案审理中,有观点认为,被告人訾北佳的行为损害的是北京市的整个包子行业的声誉,并不是“某个他人”的商品声誉,因而不构成刑法第二百二十一条规定之罪。我们认为,损害商业信誉、商品声誉罪中的“他人”,毋庸置疑应当具备一定的特定性,但对这种特定性的理解不能过于僵化,因为侵犯一个市场主体的商业信誉、商品声誉可以构成犯罪,但如果侵害了一类市场主体的商业信誉、商品声誉,作为危害更大的犯罪,举轻以明重,自然应当构成犯罪,这是逻辑解释的当然结论。结合实践中此类犯罪的实际情况,这种特定性可以从以下两个方面进行理解和界定:一方面,损害商业信誉、商品声誉罪侵害的对象应具有一定归属性,即侵害的商业信誉、商品声誉必须是他人拥有的,侵害自己所有的商业信誉、商品声誉不构成本罪。这里的他人包括所有的市场主体,即从事市场活动的个人、个体工商户、个人合伙、公司、企业在内的生产者、经营者,既包括某个具体的生产者、经营者,也包括某一类商品的生产者和经营者。另一方面,损害商业信誉、商品声誉罪侵害的对象必须具备一定指向性。这是从侵害行为的证据角度而言的,即侵害行为必须有明确的指向,或是某个具体的生产者、经营者,或是某类商品的生产者、经营者。如果行为人没有针对特定生产者、经营者的商业信誉、商品声誉或者说社会公众无法确定行为人所指向的具体对象,由于被侵害方不能认定,则不能构成本罪。

司法实践中,对于行为人明确指名进行的损害商业信誉、商品声誉行为,判断侵害对象的特定性比较容易,但对于那些并未明确指名而实施的侵害行为,应当根据社会一般公众的普遍认识标准来判断侵害对象的特定性。对于行为人捏造并散布虚伪事实,虽然没有明确指出所损害的对象,没有提及某个生产者、经营者的名称或者其商品的名称,但是相关生产经营者和消费者从其捏造并散布的事实的内容上完全能够推测出是指向某一个或数个生产者、经营者的,也应认定为损害了“特定的他人”的商业信誉和商品声誉。反之,如果社会公众无法确认行为人的行为所指向的具体“他人”,则不符合本罪中特定他人的构成要件。

本案中,在被告人訾北佳故意捏造事实编制的“纸做的包子”虚假电视节目里

虽然没有明确指出是哪一家生产者，但公众观看该电视新闻后，显然会对整个北京地区的包子行业的商品质量产生质疑，这一点从该电视节目播出之后，整个北京地区包子行业的经营惨淡可以证实，故本案可以认定被告人的行为损害了相关行业的商品声誉。

——《刑事审判参考》（总第72辑）。

674 损害商业信誉、商品声誉罪的司法认定①

关键词 | 损害商业信誉、商品声誉罪 | 捏造虚伪事实 | 重大损失 |

【最高人民法院公报案例】

上海市奉贤区人民检察院诉陈恩等人损害商品声誉案（二审法院：上海市第一中级人民法院）

要旨：为诋毁他人商品的声誉，故意歪曲、夸大事实，在公共场所砸毁他人商品，对他人的生产经营活动造成重大损失的，构成损害商品声誉罪。

上诉人陈恩、金月根、金家祥等人所称双菱牌空调存在的质量问题，主要是指空调的噪声问题，其依据是环境监测部门的检测结论和江苏质检中心的检验结论。上诉人及辩护人还向法庭提供连云港消费者保护协会的调解协议书、《服务导报》的相关报道及薛启华等人的证言等证据，以证明双菱牌空调确属质量低劣产品。但相关证据证实，上述检测结论与检验结论均未说明空调的噪声超标是由空调本身的质量问题引起的，且江苏质检中心的检验结论是生产方和销售方不在场的情况下由陈恩等人取样送检的，不符合产品质量检验程序，该中心亦已声明此结论不能用于质量鉴定和质量仲裁。因此，上诉人仅凭上述两份检测与检验结论并不能够得出双菱牌空调存在质量问题的结论。至于其他证据材料虽能反映个别空调存在瑕疵的可能，但并不能反映该批双菱牌空调的整体质量情况，更不能由此直接得出双菱牌空调质量低劣的结论。双菱牌空调可能存在的瑕疵与双菱牌空调整体的质量状况有本质的区别，一般质量问题与质量低劣是不同的概念。陈恩等人明知上述区别，但既没有通过规范途径查明问题所在，也没有采取法律规定的诉讼、仲

---

① 损害商业信誉、商品声誉罪中的“重大损失”，一般是直接经济损失，但间接经济损失也是应当考虑的量刑情节。其中，造成直接经济损失的情形包括商品严重滞销、产品被大量退回、合同被停止履行、企业商誉显著降低、驰名产品声誉受到严重侵损、销售额和利润严重减少、应得收入大量减少、上市公司股票价格大幅度下跌、商誉以及其他无形资产的价值显著降低等。但对于被害人为了恢复受到损害的商业信誉和商品声誉所投入的资金（如广告费用等）或者为制止不法侵害事件而扩大的开支（如诉讼费用）等间接经济损失，不应认定为损害商业信誉、商品声誉所造成的损失，一般只在量刑或者附带民事诉讼赔偿时酌情加以考虑。

裁等合法方式维护其权益，却多次向社会公众散布有关双菱牌空调“质量低劣”“投诉无门”等与实际情况严重不符的言论，其行为具有违法性。所谓“捏造”是指虚构、编造不符合事实真相或者并不存在的事实，既包括无中生有的完全虚构，也包括在真实情况的基础上虚构部分事实以歪曲事实真相。无论采取上述何种形式，只要加以散布，均可以产生损害他人商品声誉的效果。陈恩等人在只有个别空调可能存在瑕疵，且尚未通过其他合法途径解决纠纷的情况下，即向社会公众散布上述言论，应当属于捏造并散布虚假事实的行为。上诉人金月根虽然提供了连云港市工商局拍摄的两张空调照片，以证明空调不制热，但该证据只能间接证明陈恩等人曾经向有关部门投诉过空调的质量问题，不能直接证明空调存在质量问题。因此，该证据和上诉人的行为不属于捏造并散布虚假事实行为的上诉理由及辩护意见，一并不予采纳。

上诉人钱广如于 2001 年 12 月 28 日与 2002 年 1 月 14 日发表在《南京晨报》上的两篇报道，是在听取了陈恩等人的介绍，旁听了协商谈判后，根据陈恩等人提供的环境监测报告及监测记录撰写的，其内容虽然与事实不尽相符，但在此背景下，不能排除钱广如作为一名记者，其主观上具有为消费者维权而进行舆论监督的心态，故此时不能认定钱广如的行为属于损害商品声誉的行为。然而，后来钱广如在明知双菱公司已对空调是否存在质量问题提出异议，且报社有关领导已让其不再报道此事的情况下，不仅未对事实真相加以核实，反而在得知陈恩等人欲实施砸空调的行为时，向其提议砸空调的地点，草拟不符合事实的“双菱牌空调，质量低劣，投诉无门，砸毁有理”的宣传语，并为其积极联系媒体采访该事件、发出可以开始砸空调的信号。上述行为充分证明，钱广如主观上应当明知，在双菱牌空调质量是否低劣尚待确证、陈恩等人未依照合法途径维护其权益的情况下，轻率地向公众散布“双菱牌空调，质量低劣，投诉无门”的言论，显然会对双菱牌空调的声誉产生不利影响，在客观上积极实施草拟不实宣传语、联系媒体、发出开始砸空调信号等一系列损害双菱牌空调商品声誉的行为，均不属于正当舆论监督范畴，而是共同犯罪中的一个有机组成部分。关于钱广如向法庭提交的 2002 年 3 月 15 日及 5 月 14 日《南京晨报》的新闻报道，不足以推翻该报社副总编辑王荧所作的让钱广如停止继续报道空调事件的证言，也不影响对钱广如参与策划、实施损害他人商品声誉的犯罪行为的处理。钱广如辩称其主观上没有损害双菱牌空调商品声誉的故意，客观上也不存在捏造并散布双菱牌空调质量低劣行为的上诉理由与事实不符，不予采纳。

关于上诉人的行为是否给双菱公司造成重大损失或者有其他严重情节问题。经查，陈恩等人先后三次在上海、南京等地公开砸毁双菱牌空调，又散布捏造、诋毁双菱牌空调声誉的言论，致使多家媒体进行了新闻报道，众多商家质疑、被迫终止、变更销售合同，导致双菱公司的商品声誉受损、销售量下滑的后果。经上海公信中南会计师事务所审计，自 2001 年 12 月至 2002 年 8 月 7 日，发生退货 1065 台（套），造成退货产品可销售毛利损失为人民币 576091.97 元。又据南京腾远冷气设备有限公司、江苏经纬技术装备公司、北京市冰洋制冷销售中心等多家销售商的公函、退货清单及订货合同等证据，足以证实商家退货与上诉人所实施的诋毁双菱牌空调声誉行为有内在、必然的因果关系。对于本案双菱公司的经济损失认定，除现有的审计结论计算出的直接财产损失外，还应考虑包括企业商誉价值的降低等因素，故应认定上诉人的行为对双菱牌空调的声誉造成了重大恶劣影响。

——《最高人民法院公报》2004 年第 6 期。

【最高人民法院参考案例】

王宗达损害商业信誉、商品声誉案（《刑事审判参考》案例第 85 号）

要旨：损害商业信誉、商品声誉罪中的“捏造虚伪事实”既可包括无中生有，凭空编造全部虚假事实的情形，也包括添油加醋，恶意歪曲、夸大事实或编造部分虚假事实的情形；“重大损失”一般是指直接经济损失，但间接经济损失也是应当考虑的量刑情节；应根据案件具体事实具体认定被告人的行为侵犯的是商业信誉，还是商品声誉，抑或是商业信誉和商品声誉，确定相应的罪名。

第一，“捏造并散布虚伪的事实”是损害商业信誉、商品声誉的方法和手段。因为，无论是捏造整个虚假的事实，还是捏造部分虚假的事实，只要加以散布，都可以损害他人商业信誉和商品声誉，给竞争对手造成经济损失，达到不正当竞争的目的。

第二，损害商业信誉、商品声誉罪中的“重大损失”，一般是直接经济损失，但间接经济损失也是应当考虑的量刑情节。还应强调的是，在具体认定损害行为所造成的经济损失时，应特别注意损害行为与经济损失之间的因果关系，即不能将与捏造并散布虚伪事实的行为无因果关系和不是行为必然造成的损失计算在内。至于“其他严重情节”，一般是指行为人在捏造并散布虚假事实、损害他人的商业信誉和商品声誉的过程中的除“重大损失”以外的严重情节，例如，多次损害他人商业信誉和商品声誉；因损害他人商业信誉和商品声誉被有关主管部门处罚后又损害他人商业信誉和商品声誉；虚构并散布的虚伪事实传播面较广、在消费者中产生严重的不良影响；使用恶劣的手段、捏造恶毒事实，等等。

第三，损害商业信誉、商品声誉罪是选择性罪名。因此，在处理损害商业信誉、商品声誉案件时，应根据案件具体事实具体认定被告人的行为侵犯的是商业信誉，还是商品声誉，抑或是商业信誉和商品声誉，确定相应的罪名。例如，行为人捏造并散布的虚伪事实是关于他人在信守合约或履行合同中的信誉度或者他人的生产能力和资金状况方面等内容,则只侵害了他人的商业信誉,罪名就应确定为“损害商业信誉罪”;行为人捏造并散布的虚伪事实是关于他人的产品在质量、等级、效果、方法、价格等方面的内容,则只侵害了他人的商品声誉,罪名就应确定为“损害商品声誉罪”;行为人捏造并散布的虚伪事实既针对他人的商业信誉又针对他人的商品声誉的,罪名则应确定为“损害商业信誉、商品声誉罪”。

——《刑事审判参考》(总第13辑)。

675 非法集资活动当中虚假广告行为的性质认定和处罚标准

关键词|虚假广告罪|非法集资|

【最高人民法院司法解释】

第十二条 广告经营者、广告发布者违反国家规定,利用广告为非法集资活动相关的商品或者服务作虚假宣传,具有下列情形之一的,依照刑法第二百二十二条的规定,以虚假广告罪定罪处罚:

(一)违法所得数额在10万元以上的;

(二)造成严重危害后果或者恶劣社会影响的;

(三)二年内利用广告作虚假宣传,受过行政处罚二次以上的;

(四)其他情节严重的情形。

明知他人从事欺诈发行证券,非法吸收公众存款,擅自发行股票、公司、企业债券,集资诈骗或者组织、领导传销活动等集资犯罪活动,为其提供广告等宣传的,以相关犯罪的共犯论处。

——《最高人民法院关于审理非法集资刑事案件具体应用法律若干问题的解释》(2011年1月4日,法释〔2010〕18号;2022年3月1日,法释〔2022〕5号修正)。

【链接:理解与适用】[①]

虚假广告在非法集资犯罪活动中起着重要的推波助澜作用。为使广大群众上当受骗,非法集资犯罪分子往往在社会宣传上不遗余力、不惜血本,通过媒体广告、明星代言、散发传单、内部刊物、口口相传、人物专访、举办研讨会、讲座、免费旅游、公益捐赠等各种或明或暗的方式,大肆宣传、虚张声势、制造假象。为依法打击非法集资犯罪背后的虚假广告行为,发挥刑事司法的教育和震慑作用,净化社会环境、营造良好的社会氛围,《解释》第八条对非法集资犯罪活动中的虚假广告行为

① 该部分内容是对2011年司法解释的理解与适用,对2022年司法解释的理解与适用仍有参考价值。

的定罪标准以及违法宣传当中的共犯处理作出了明确规定。

1. 关于虚假广告罪的定罪量刑标准。《解释》第八条第一款规定，广告经营者、广告发布者违反国家规定，利用广告为非法集资活动相关的商品或者服务作虚假宣传，具有下列情形之一的，依照刑法第二百二十二条的规定，以虚假广告罪定罪处罚：(1)违法所得数额在十万元以上的；(2)造成严重危害后果或者恶劣社会影响的；(3)二年内利用广告作虚假宣传，受过行政处罚二次以上的；(4)其他情节严重的情形。具体适用本款规定时，应注意以下几个问题：

第一，虚假广告罪犯罪主体的范围。《解释》起草过程中有意见提出，虚假广告罪的主体除了广告经营者、广告发布者之外，还有广告主，不应将广告主排除出去；如广告主同时构成非法集资犯罪的，可根据牵连犯的处断原则处理。经研究，几乎所有的非法集资犯罪都存在虚假广告的问题，如将广告主即非法集资犯罪分子纳入虚假广告罪的犯罪主体，会给案件处理带来很大负担；规定非法集资犯罪分子构成虚假广告罪没有实质性意义，虚假广告罪只是一个二年刑期以下的轻罪，而非法集资犯罪的刑罚明显要重得多，为突出本款规定的政策意图和打击重点，故未采纳该意见。

第二，情节严重的认定。虚假广告罪是情节犯，只有情节严重的虚假广告行为才构成犯罪。对此，《最高人民检察院、公安部关于公安机关管辖的刑事案件立案追诉标准的规定(二)》(以下简称《追诉标准二》)第七十五条规定了六种情节严重的情形，分别是：(1)违法所得数额在十万元以上的；(2)给单个消费者造成直接经济损失数额在五万元以上的，或者给多个消费者造成直接经济损失数额累计在二十万元以上的；(3)假借预防、控制突发事件的名义，利用广告作虚假宣传，致使多人上当受骗，违法所得数额在三万元以上的；(4)虽未达到上述数额标准，但两年内因利用广告作虚假宣传，受过行政处罚二次以上，又利用广告作虚假宣传的；(5)造成人身伤残的；(6)其他情节严重的情形。《解释》仅规定了四种情节严重的情形，尽管两者在表述上有一定的出入，但基本内容相同，之所以未完全沿用《追诉标准二》的表述，主要是出于下述考虑：(1)非法集资犯罪案件具有一定的特殊性，集中表现为入罪门槛较高，危害后果通常由多种因素综合导致，故对《追诉标准二》第(二)(四)(五)项规定的内容采取了较为模糊的表述方式，即：造成严重危害后果或者恶劣社会影响，而情节的具体认定则留给司法机关根据个案情况进行综合判定，以免出现集资行为人依法不构成犯罪，而广告经营者、发布者却构成虚假广告罪的不合理现象。尽管如此，《追诉标准二》确立的认定思路应予坚持，在认定危害后果时应主要从经济损失和人身伤亡等方面去判断；在认定影响恶劣时应主要从特定环境、犯罪形势、集资规模等方面去判断。(2)虚假广告行为情节是否严重，行为人的违法所得数额和被害人经济损失数额固然是重要的判断方面，但必须注意到，虚假广告罪是情节犯而非结果犯，不能仅从危害结果来判断是否构成犯罪，故《解释》保留了“其他情节严重的情形”这一兜底条款。对于该条款，实践中可以从虚假广告在媒体上发布所持续的时间、虚假广告在媒体播出的频率、虚假广告投放媒体的数量以及虚假广告内容的欺骗程度等方面进行判断。

此外，对于《解释》第八条第一款第(三)项关于“二年内利用广告作虚假宣传，受过行政处罚二次以上”的规定，《解释》起草过程中有意见指出该项规定有违“一事不再理”的处理原则。经研究，犯罪情节包括客观行为和主观恶性两个方面的内容，该项规定的核心意思是根据以前的违法行为及处罚情况判断行为人的人身危险性和再犯可能性等，其处罚的对象是新发生的行为，而非对以前处罚过的行为再次处罚，故该规定并不违反“一事不再理”原则。

2. 非法集资犯罪的共犯处理。《解释》第八条第二款规定，明知他人从事欺诈发行股票、债券，非法吸收公众存款，擅自发行股票、债券，集资诈骗或者组织、领导传销活动等集资犯罪活动，为其提供广告等宣传的，以相关犯罪的共犯论处。适用本款规定时，应注意与前述虚假广告罪的区分。具体言之，主要有以下三个方面：第一，明知内容不同。虚假集资广告犯罪中的明知，是指明知非法集资所依托的商品或者服务存在虚假信息；集资犯罪共犯的明知，是指明知他人正在实施集资犯罪活动。第二，宣传方式不同。虚假集资广告犯罪以违反广告法规定为前提，仅指通过商业广告进行虚假宣传的行为；集资犯罪的共犯的宣传方式则不受任何限制，既可以是商业广告，也可以是其他形式的广告，既可以是广告宣传，也可以是其他形式的宣传。第三，信息内容不同。虚假集资广告犯罪必须以信息虚假为前提；集资犯罪的共犯侧重于违法宣传，不以信息虚假为条件。

起草过程中有意见认为除了宣传类的共犯之外，实践中还有其他形式的共犯，建议在上述共犯规定之外，对集资犯罪的共犯问题作出一般性的规定。《解释》未采纳该意见，主要有以下方面的考虑：(1)集资犯罪多以单位名义实施，参与人员众多，为贯彻宽严相济刑事政策，有必要严格控制打击面，本着严惩首恶、教育协从的处理原则，对于积极参加人员的打击需要严格掌握，对外部帮助人员则一般不应追究；(2)实践中对于同一起集资犯罪案件往往区分犯罪人的主观方面、主体身份而适用不同的罪名，比如，区分是否具有非法占有目的而分别适用集资诈骗罪和非法吸收公众存款罪；(3)根据刑法和以往司法解释的规定，共犯行为主要表现为提供资金、场所等，而集资犯罪案件有其特殊性，被害人同时也是资金提供者，其中对于非法集资行为的性质存在主观认识的不乏其人，而且，被害人与行为人经常交错重叠，先是自己获利继而提供帮助的以及先是自己被骗继而去骗其他人的不在少数，此类人员通常不宜作为共犯处理。

最后，《解释》起草过程中还讨论了广告代言人的刑事处罚问题。一种意见认为，从立法精神、实践需要以及国外做法来看，均应将广告代言人纳入虚假广告罪的犯罪主体范围。经研究，基于当前法律规定，将广告代言人解释为虚假广告罪的犯罪主体尚有立法障碍，理由如下：(1)对于虚假广告罪的犯罪主体，刑法采取的是列明式规定，仅限于广告主、广告经营者和广告发布者三者。(2)虚假广告罪属于行政犯，成立虚假广告罪应以行政违法为前提。广告法仅规定了社会团体或者其他组织在虚假广告中向消费者推荐商品或服务应承担民事连带责任。在行政违法尚不成立的前提下，直接将之作为刑事犯罪予以打击，不符合行政犯的一般理论。(3)即便通过司法解释将广告代言人纳入虚假广告罪的主体范围，还将面临诸多实践操作问题。比如，虚假广告罪为故意犯罪，要求行为人具有主观明知，对此，实践中主要是根据行为人的法定注意义务来进行判断或者推定。而对于广告代言人的注意义务的内容、范围和程度等，当前还没有相关行政管理法律规定，在行为人辩称自己不具有主观明知的情况下，司法机关将很难证明。当然，广告代言人不属于虚假广告罪的主体，不意味着广告代言人在任何情况下均不构成犯罪，对于符合《解释》第二款规定情形的，完全可以非法集资犯罪的共犯论处。

——刘为波：《〈关于审理非法集资刑事案件具体应用法律若干问题的解释〉的理解与适用》，载最高人民法院刑事审判第一、二、三、四、五庭主办：《刑事审判参考》(总第79辑)，法律出版社2011年版，第67—69页。

676 组织、领导传销活动的认定和处理

关键词 | 组织、领导传销活动罪 | 组织者、领导者 |

【最高人民法院司法文件】

一、关于传销组织层级及人数的认定问题

以推销商品、提供服务等经营活动为名，要求参加者以缴纳费用或者购买商品、服务等方式获得加入资格，并按照一定顺序组成层级，直接或者间接以发展人员的数量作为计酬或者返利依据，引诱、胁迫参加者继续发展他人参加，骗取财物，扰乱经济社会秩序的传销组织，其组织内部参与传销活动人员在三十人以上且层级在三级以上的，应当对组织者、领导者追究刑事责任。

组织、领导多个传销组织，单个或者多个组织中的层级已达三级以上的，可将在各个组织中发展的人数合并计算。

组织者、领导者形式上脱离原传销组织后，继续从原传销组织获取报酬或者返利的，原传销组织在其脱离后发展人员的层级数和人数，应当计算为其发展的层级数和人数。

办理组织、领导传销活动刑事案件中，确因客观条件的限制无法逐一收集参与传销活动人员的言词证据的，可以结合依法收集并查证属实的缴纳、支付费用及计酬、返利记录，视听资料，传销人员关系图，银行账户交易记录，互联网电子数据，鉴定意见等证据，综合认定参与传销的人数、层级数等犯罪事实。

二、关于传销活动有关人员的认定和处理问题

下列人员可以认定为传销活动的组织者、领导者：

(一)在传销活动中起发起、策划、操纵作用的人员；

(二)在传销活动中承担管理、协调等职责的人员；

(三)在传销活动中承担宣传、培训等职责的人员；

(四)曾因组织、领导传销活动受过刑事处罚，或者一年以内因组织、领导传销活动受过行政处罚，又直接或者间接发展参与传销活动人员在十五人以上且层级在三级以上的人员；

(五)其他对传销活动的实施、传销组织的建立、扩大等起关键作用的人员。

以单位名义实施组织、领导传销活动犯罪的，对于受单位指派，仅从事劳务性工作的人员，一般不予追究刑事责任。

三、关于“骗取财物”的认定问题

传销活动的组织者、领导者采取编造、歪曲国家政策，虚构、夸大经营、投资、服务项目及盈利前景，掩饰计酬、返利真实来源或者其他欺诈手段，实施刑法第二百二十四条之一规定的行为，从参与传销活动人员缴纳的费用或者购买商品、服务的费用中非法获利的，应当认定为骗取财物。参与传销活动人员是否认为被骗，不影响骗取财物的认定。

四、关于“情节严重”的认定问题

对符合本意见第一条第一款规定的传销组织的组织者、领导者，具有下列情形之一的，应当认定为刑法第二百二十四条之一规定的“情节严重”：

(一)组织、领导的参与传销活动人员累计达一百二十人以上的；

(二)直接或者间接收取参与传销活动人员缴纳的传销资金数额累计达二百五十万元以上的；

(三)曾因组织、领导传销活动受过刑事处罚，或者一年以内因组织、领导传销活动受过行政处罚，又直接或者间接发展参与传销活动人员累计达六十人以上的；

(四)造成参与传销活动人员精神失常、自杀等严重后果的；

(五)造成其他严重后果或者恶劣社会影响的。

五、关于“团队计酬”行为的处理问题

传销活动的组织者或者领导者通过发展人员，要求传销活动的被发展人员发展其他人员加入，形成上下线关系，并以下线的销售业绩为依据计算和给付上线报

酬,牟取非法利益的,是“团队计酬”式传销活动。

以销售商品为目的、以销售业绩为计酬依据的单纯的“团队计酬”式传销活动,不作为犯罪处理。形式上采取“团队计酬”方式,但实质上属于“以发展人员的数量作为计酬或者返利依据”的传销活动,应当依照刑法第二百二十四条之一的规定,以组织、领导传销活动罪定罪处罚。

六、关于罪名的适用问题

以非法占有为目的,组织、领导传销活动,同时构成组织、领导传销活动罪和集资诈骗罪的,依照处罚较重的规定定罪处罚。

犯组织、领导传销活动罪,并实施故意伤害、非法拘禁、敲诈勒索、妨害公务、聚众扰乱社会秩序、聚众冲击国家机关、聚众扰乱公共场所秩序、交通秩序等行为,构成犯罪的,依照数罪并罚的规定处罚。

七、其他问题

本意见所称“以上”、“以内”,包括本数。

本意见所称“层级”和“级”,系指组织者、领导者与参与传销活动人员之间的上下线关系层次,而非组织者、领导者在传销组织中的身份等级。

对传销组织内部人数和层级数的计算,以及对组织者、领导者直接或者间接发展参与传销活动人员人数和层级数的计算,包括组织者、领导者本人及其本层级在内。

——《最高人民法院、最高人民检察院、公安部关于办理组织领导传销活动刑事案件适用法律若干问题的意见》(2013 年 11 月 14 日,公通字〔2013〕37 号)。

677 组织、领导传销活动罪的犯罪主体认定及罪名适用

关键词 | 组织、领导传销活动罪 | 犯罪主体 | 罪名适用 |

【最高人民法院参考案例】

王艳组织、领导传销活动案(《刑事审判参考》案例第 842 号)

要旨:下列行为均属于组织、领导行为:为传销活动的前期筹备、初步实施、未来发展实施谋划、设计起到统领作用的行为;在传销初期,实施了确定传销形式、采购商品、制定规则、发展下线和组织分工等宣传行为;在传销实施过程中,积极参与传销各方面的管理工作,如讲课、鼓动、威逼利诱、胁迫他人加入行为;等等。关于组织、领导传销活动罪名的具体认定,重点是要理顺和区分以下两个层面的关系:一是传销与单层次直销的关系问题;二是区分传销行为与多层级直销行为(团体计酬)的罪名适用问题。

(一)关于组织、领导传销活动罪中组织、领导行为的认定

由于传销活动本质是一种层级性、金字塔式的诈骗活动,涉案人员多、等级复杂,传销组织中只有极少部分人员是受益者,其余绝大部分均是传销活动的受害者。因此,不能对所有传销人员均处以刑罚,而需要根据其在传销活动中的地位、作用,分别作出不同的裁决。根据刑法第二百二十四条之一的规定,对传销活动的组织者、领导者,应当依法追究其刑事责任。所谓传销活动的组织者、领导者,是指组织、领导传销组织的犯罪分子,是传销活动犯罪的首要分子;是在传销活动中起组织、领导作用的发起人、决策人、操纵人,以及在传销活动中担负策划、指挥、布置、协调等重要职责,或者在传销活动中起到关键作用的人员。

根据相关法律及司法解释的规定,结合近年来的司法实践,我们认为,对传销活动的组织、领导行为可以作如下理解:

1."组织"行为。对本罪的组织者应当作限制解释,该罪与一般的集团犯罪不同,不处罚那些仅仅是传销的积极参加者,应当将组织者同积极参加者及一般的参与人员区分开来。在传销组织中,其组织者是指策划、纠集他人实施传销犯罪的人,即那些在传销活动前期筹备和后期发展壮大中起主要作用,同时获取实际利益的骨干成员,除此之外的人不应当作为组织者加以处理,以免扩大打击面,不利于突出对首要分子的制裁力度。

2."领导"行为,主要是指在传销组织中居于领导地位的人员,对传销组织的活动进行策划、决策、指挥、协调的行为,也包括一些幕后组织者对传销组织的实际操纵和控制行为。传销组织的领导者主要是指在传销组织的层级结构中居于最核心的,对传销组织的正常运转起关键作用的极少数成员。对领导者的身份,应当从负责管理的范围、在营销网络中的层级、涉案金额等三个方面综合认定。

基于上述分析,下列行为均属于组织、领导行为:为传销活动的前期筹备、初步实施、未来发展实施谋划、设计起到统领作用的行为;在传销初期,实施了确定传销形式、采购商品、制定规则、发展下线和组织分工等宣传行为;在传销实施过程中,积极参与传销各方面的管理工作,如讲课、鼓动、威逼利诱、胁迫他人加入行为;等等。

(二)关于组织、领导传销活动罪名的具体认定

罪与非罪的认定,重点是要理顺和区分以下两个层面的关系:

一是传销与单层次直销的关系问题。单层次直销是商品和服务的生产者将生产的产品通过专卖店或者营销人员直接把产品销售给终端客户,且给予服务的销售方式,是一种合法且受法律保护的经营行为。它与传销具有本质的区别,主要表现在以下几个方面:(1)是否以销售产品为企业营运的基础。直销以销售产品或者提供服务作为公司收益的来源。而传销则以拉人头牟利或者借销售伪劣或质次价高的产品变相拉人头牟利,有的传销甚至根本无销售产品可言。(2)是否收取

高额入门费。单层次直销企业的推销员无须缴付任何高额入门费，也不会被强制认购货品。而在传销中，参加者通过缴纳高额入门费或者被要求先认购一定数量质次价高（通常情况下价格严重高于产品价值）的产品以变相缴纳高额入门费作为参与的条件，进而刺激下线人员不择手段地拉人加入以赚取利润。(3)是否拥有经营场所。单层次直销企业都有自己的经营场所，有自己的产品和服务，销售人员都直接与公司签订合同，其从业行为直接接受公司的规范与管理。而传销的"经营者"没有自己的经营场所，也没有从事销售产品或者提供服务的经营活动，只是假借"经营活动"骗取他人信任和逃避有关机关的管理和打击，通过收取高额入门费为整个传销组织的组织者和领导者攫取暴利，其本身不会产生任何的利润和收益，也不会为国家和社会创造任何的经济价值。(4)是否遵循价值规律分配报酬。单层次直销企业的工作人员主要通过销售商品、提供服务获取利润，其薪酬的高低主要与工作人员的销售业绩相挂钩。而通过以高额回报为诱饵招揽人员从事"变相销售"的传销行为，因为其不存在销售行为，故不会产生任何的销售收入，其报酬全部来源于高额的会员费。更主要的是，并非所有传销人员都能够获取报酬，从整体上看，只有处于组织核心和顶层的领导者和组织者才能获取暴利，其余人员均是损失的承担者，不会获取任何收入。(5)是否具有完善的售后服务保障制度。单层次直销企业作为正规经营的经济体，有合格、规范、快捷的售后服务操作流程，通常能够为顾客提供完善的退货保障。而传销活动绝大部分没有产品和服务，即便提供也通常强制约定不可退货或者退货条件非常苛刻。再者，传销组织一般也不会设立专门的售后服务部门，消费者已购的产品难以退货，遇到质量问题也得不到解决，消费者退货和投诉无门的情况普遍存在。(6)是否实行制度化的人员管理。单层次直销形式下，企业对工作人员的管理模式正规、科学，有健全的工会组织，充分尊重人员的自由，保障员工的合法权益。而在传销组织中，上线主要通过非法拘禁、诱骗，甚至在某种情况下采取非常暴力的手段控制下线，并以此对下线产生威慑进而使其继续发展下线：因而在传销活动中，传销人员尤其是处于底层的人员没有人身自由，合法权益难以得到保障。正因如此，传销活动往往诱发其他类型的犯罪，给正常的社会秩序和公民的生命财产安全带来严重影响。

二是区分传销行为与多层级直销行为（团体计酬）的罪名适用问题。从刑法第二百二十四条之一关于"直接或者间接以发展人员的数量作为计酬或者返利依据"的规定可以看出，组织、领导传销活动罪规制的是以"人头数"作为计酬标准的犯罪行为；而多层次直销的团体计酬方式则表现为上线以下线的销售业绩为依据计算报酬，而不是下线的人数。这一显著区别一方面体现出以上两种行为的不同；另一方面也表明多层次直销行为不在对传销活动的刑罚打击范围之内。根据《最高人民法院关于情节严重的传销或者变相传销行为如何定性问题的批复》[出台于刑法修正案(七)施行之前,现已废止]的规定,对于多层次直销这种“团体计酬”的行为应当以非法经营罪定罪处罚。刑法修正案(七)施行之后,对于团体计酬行为是否以非法经营罪定罪处罚,目前还存在争议。因此,司法实践中有必要将传销行为与多层级直销行为(团体计酬)区别开来。

——《刑事审判参考》(总第91辑)。

678 强迫交易罪与抢劫罪的区分

关键词|强迫交易罪|抢劫罪|犯罪客体|

【最高人民法院公报案例】

重庆市渝中区人民检察院诉朱波伟、雷秀平抢劫案(一审法院:重庆市渝中区人民法院)

要旨:出租车驾驶员在正常营运过程中,为牟取非法利益,采用暴力、威胁手段,强行向乘客索取与合理价格相差悬殊的高额出租车服务费,情节严重的,其行为构成刑法第二百二十六条规定的强迫交易罪,不应以抢劫罪定罪处罚。

二罪比较,犯罪的前提条件不同,犯罪侵犯的客体不同,犯罪目的不同,犯罪的客观方面也有所不同。抢劫罪无须任何前提条件,而强迫交易罪则必须在行为人与被害人之间存在一笔交易;抢劫罪侵犯的客体是公私财物所有权和公民人身权利,强迫交易罪侵犯的客体是交易相对方的合法权益和商品交易市场秩序;抢劫罪的目的是将公私财物非法占有,强迫交易罪的目的是在不合理的价格或不正当的方式下进行交易;二罪客观方面虽然都有暴力、胁迫内容,但由于犯罪侵犯的客体不同,决定了抢劫罪使用的暴力、胁迫手段,一般都足以危及被害人的身体健康或生命安全,其强度要大于强迫交易罪使用的暴力、威胁手段。

——《最高人民法院公报》2006年第4期。

679 强迫交易过程中致人重伤,共同犯罪人刑事责任的认定

关键词|强迫交易罪|共同犯罪|实行过限|

【最高人民法院参考案例】

宋东亮、陈二永强迫交易、故意伤害案(《刑事审判参考》案例第278号)

要旨:在共同实施强迫交易的犯罪过程中,一人突发持刀重伤他人,超出了实

施强迫交易犯罪活动中所形成的共同犯罪故意，被害人被刺而受重伤的后果只能由实施重伤行为的人承担。对其他参与共同强迫交易的被告人应以强迫交易罪定罪处罚。

行为人为牟取非法利益，共同实施强迫交易的行为，用拳殴打被害人，其已经构成强迫交易的共同犯罪行为。在实施强迫交易的犯罪过程中，一人突发持刀重伤他人，超出了实施强迫交易犯罪活动中所形成的共同犯罪故意，被害人被刺而受重伤的后果只能由实施重伤行为的人承担。所以，在共同强迫交易过程中，一人突发持刀重伤他人，对其他参与共同强迫交易的被告人应以强迫交易罪定罪处罚。

——《刑事审判参考》（总第36辑）。

680 利用软暴力实施强迫交易罪的认定

关键词 | 强迫交易罪 | 软暴力 |

【最高人民法院司法文件】

五、采用“软暴力”手段，使他人产生心理恐惧或者形成心理强制，分别属于《刑法》第二百二十六条规定的“威胁”、《刑法》第二百九十三条第一款第（二）项规定的“恐吓”，同时符合其他犯罪构成要件的，应当分别以强迫交易罪、寻衅滋事罪定罪处罚。

九、采用“软暴力”手段，同时构成两种以上犯罪的，依法按照处罚较重的犯罪定罪处罚，法律另有规定的除外。

十、根据本意见第五条、第八条规定，对已受行政处罚的行为追究刑事责任的，行为人先前所受的行政拘留处罚应当折抵刑期，罚款应当抵扣罚金。

十一、雇佣、指使他人采用“软暴力”手段强迫交易、敲诈勒索，构成强迫交易罪、敲诈勒索罪的，对雇佣者、指使者，一般应当以共同犯罪中的主犯论处。

为强索不受法律保护的债务或者因其他非法目的，雇佣、指使他人采用“软暴力”手段非法剥夺他人人身自由构成非法拘禁罪，或者非法侵入他人住宅、寻衅滋事，构成非法侵入住宅罪、寻衅滋事罪的，对雇佣者、指使者，一般应当以共同犯罪中的主犯论处；因本人及近亲属合法债务、婚恋、家庭、邻里纠纷等民间矛盾而雇佣、指使，没有造成严重后果的，一般不作为犯罪处理，但经有关部门批评制止或者处理处罚后仍继续实施的除外。

——《最高人民法院、最高人民检察院、公安部、司法部关于办理实施“软暴力”的刑事案件若干问题的意见》（2019年4月9日，公通字〔2019〕15号）。

四、依法惩处利用“软暴力”实施的犯罪

17. 黑恶势力为谋取不法利益或形成非法影响，有组织地采用滋扰、纠缠、哄闹、聚众造势等手段侵犯人身权利、财产权利，破坏经济秩序、社会秩序，构成犯罪的，应当分别依照《刑法》相关规定处理：

（1）有组织地采用滋扰、纠缠、哄闹、聚众造势等手段扰乱正常的工作、生活秩序，使他人产生心理恐惧或者形成心理强制，分别属于《刑法》第二百九十三条第一款第（二）项规定的“恐吓”、《刑法》第二百二十六规定的“威胁”，同时符合其他犯罪构成条件的，应分别以寻衅滋事罪、强迫交易罪定罪处罚。

……

（2）……

雇佣、指使他人有组织地采用上述手段强迫交易、敲诈勒索，构成强迫交易罪、敲诈勒索罪的，对雇佣者、指使者，一般应当以共同犯罪中的主犯论处。

——《最高人民法院、最高人民检察院、公安部、司法部关于办理黑恶势力犯罪案件若干问题的指导意见》（2018年1月16日，法发〔2018〕1号）。

681 “其他有价票证”的认定①

关键词｜其他有价票证｜犯罪数额｜

【最高人民法院参考案例】

王珂伪造、倒卖伪造的有价票证、蔡明喜倒卖伪造的有价票证案（《刑事审判参考》案例第426号）

要旨：铁路乘车证及相关证件应认定为有价票证。无票面价额的有价票证的犯罪数额和“票证价额”的计算，应根据具体情况具体认定。

刑法第二百二十七条关于伪造、倒卖伪造的有价票证罪之规定，以“数额”作为定罪和判处主刑的标准，以“票证价额”作为判处罚金刑的依据。这里的“数额”和“票证价额”的含义是不同的，前者的范围要大于后者。如前所述，有价票证的情况非常复杂，比如本案这种铁路乘车证，与车票、船票、邮票相比，一个重大区别

---

① 对于伪造、倒卖伪造的有价票证罪中“其他有价票证”的认定，是司法认定的难点。“其他有价票证”应当是与“车票、船票、邮票”具有同一属性的有价票证，是由有关部门统一发行和管理、能够证明持票人已付出票面标明金额的货币，从而有权持票要求相应的部门提供一定服务的票证。但问题在于有的有价票证本身没有面额，这给“数额较大”“数额巨大”等的认定带来一定的困难。有鉴于此，我们认为，对于无票面价额的有价票证，可以结合伪造或者倒卖伪造有价票证的张数，给国家、企业、公民个人等造成的损失，非法所得数额，伪造、倒卖伪造相关证件、证明文件的数量等综合认定。

就是没有票面价额。因此，认定伪造、倒卖伪造有价票证“数额较大”“数额巨大”，需要综合考虑各种因素，在没有相关司法解释的情况下，司法机关在具体办理案件时应根据行为的社会危害性程度具体分析：对于有票面价额的有价票证，可以票面数额、非法所得数额等作为定罪量刑的依据，伪造有价票证的犯罪行为与倒卖车票犯罪行为的社会危害性在某种程度上具有可比性，执行中可参照《最高人民法院关于审理倒卖车票刑事案件有关问题的解释》之规定；对于无票面价额的有价票证，可以结合伪造或者倒卖伪造有价票证的张数，给国家、企业、公民个人等造成的损失，非法所得数额，伪造、倒卖伪造相关证件、证明文件的数量等综合认定。就行为人伪造、倒卖伪造的乘车证被他人免票乘车给铁路企业造成价款损失的情况。由于乘车证本身无票面价额，其价额应依使用情况定，使用人乘坐相应车次、铺席的票价即是乘车证的价额。如果是无人使用，则乘车证有价但尚无价额，被害方也无财产损失，不宜认定为犯罪数额。

——《刑事审判参考》（总第54辑）。

赵志刚伪造有价票证案（《刑事审判参考》案例第170号）

要旨：伪造、倒卖伪造的有价票证罪的犯罪对象是车票、船票、邮票或其他有价票证。这里的“其他有价票证”应当是与“车票、船票、邮票”具有同一属性的有价票证。“数额较大”是伪造、倒卖伪造的有价票证构成犯罪还是属于一般违法行为的界限标准。

对于经工商部门核准登记的营业性公共浴池的洗澡票，是经当地物价部门核定并在当地社会上流通使用，具有确定面额的一种书面凭证，尽管其在发行、使用范围上具有地域性，但从性质上讲，与车票、船票、邮票等具有相同的属性，应当属于刑法规定的“其他有价票证”。

“数额较大”是伪造有价票证构成犯罪还是仅属于一般违法行为的界限标准。这里的“数额”是指有价票证载明的价额。参照《最高人民法院关于审理倒卖车票刑事案件有关问题的解释》第一条“高价、变相加价倒卖车票或者倒卖坐席、卧铺签字号及订购车票凭证，票面数额在五千元以上，……构成刑法第二百二十七条第二款规定的‘倒卖车票情节严重’”之规定，伪造有价票证，票面数额在五千元以上的，可以认定为刑法第二百二十七条第一款规定的“数额较大”。

——《刑事审判参考》（总第25辑）。

682 以出售牟利为目的购买大量车票尚未售出行为的定性

关键词｜倒卖车票、船票罪｜犯罪目的｜犯罪既遂｜

【最高人民法院司法解释】

第一条　高价、变相加价倒卖车票或者倒卖坐席、卧铺签字号及订购车票凭证，票面数额在五千元以上，或者非法获利数额在二千元以上的，构成刑法第二百二十七条第二款规定的"倒卖车票情节严重"。

第二条　对于铁路职工倒卖车票或者与其他人员勾结倒卖车票；组织倒卖车票的首要分子；曾因倒卖车票受过治安处罚两次以上或者被劳动教养一次以上，两年内又倒卖车票，构成倒卖车票罪的，依法从重处罚。

——《最高人民法院关于审理倒卖车票刑事案件有关问题的解释》（1999年9月14日，法释〔1999〕17号）。

【最高人民法院参考案例】

刘建场、李向华倒卖车票案（《刑事审判参考》案例第379号）

要旨：以出售牟利为目的购买大量车票尚未售出的行为，以犯罪既遂处理，但在量刑上应当有所区别。

我们认为，以出售牟利为目的购买车票的行为符合倒卖车票罪的客观特征，情节严重的，应认定齐备倒卖车票罪的犯罪构成要件，以犯罪既遂处理，但在量刑上应当有所区别。

根据《最高人民法院关于执行〈中华人民共和国铁路法〉中刑事罚则若干问题的解释》和《最高人民法院关于审理倒卖车票刑事案件有关问题的解释》之规定，购买车票后高价、变相加价卖出无疑属于倒卖车票的行为。但对于以高价或变相加价出售为目的而购买车票的行为，我们认为亦属于倒卖车票行为的表现形式之一。

所以，从倒卖行为的本质特征和倒卖车票罪侵犯的客体分析，为了出卖而买当然属于"倒卖"的应有之义。上述两个司法解释虽然只明确购买车票后高价、变相加价卖出的行为属于倒卖的表现形式，但并非将以加价出售牟利为目的购买车票的行为排除在倒卖的表现形式之外，因为现实情况的复杂多变，决定了司法解释不可能也没有必要穷尽一切情形。如果考察最高人民法院的其他司法解释，也能得出为卖而买属于倒卖的结论。1994年《最高人民法院关于适用〈全国人民代表大会常务委员会关于禁毒的决定〉的若干问题的解释》曾规定：贩卖毒品是指明知是毒品而非法销售或者以贩卖为目的而非法收买毒品的行为。贩卖与倒卖的法律含义并无本质区别，既然司法解释把为了出卖而收买的行为认定为贩卖的表现形式，我们就没有理由将为了出卖而收买的行为排除在倒卖的含义之外，而应根据该司法解释的指引，作出合理、一致的认定。

——《刑事审判参考》（总第48辑）。

683 串通拍卖与串通投标是不同的法律概念，不宜将串通拍卖行为以串通投标罪论处

关键词 | 串通投标罪 | 串通拍卖 |

【最高人民法院参考案例】

黄正田、许敬杰等串通投标案(《刑事审判参考》案例第1251号)

要旨:考虑到拍卖和招标投标毕竟是两种不同的法律行为,立法上对两者分别作出规定,对串通投标设定了刑事责任,对串通拍卖则没有,故不宜以串通投标罪对串通拍卖行为定罪处罚。

拍卖是指以公开竞价的方式,将特定物品或财产权利转让给最高竞价者的买卖方式。而招标投标一般是指招标人就某特定事项向特定相对人或社会发出招标邀请,有多家投标人进行投标,最后由招标人通过对投标人在价格、质量、生产能力、交货期限和财务状况、信誉等诸方面进行综合考察,在平衡的基础上,选定投标条件最好的投标人,并与之进一步协调、商定最终成立合同法律关系的一种合同行为。从行为性质来讲,拍卖和招标投标都是竞争性的交易方式,是合同缔结的一种特殊方式,二者具有一定的相似性。但是,招标投标和拍卖仍有本质区别,如二者在概念内涵、标的、目的以及适用法律等方面都存在差异。因此,招标投标和拍卖是两个不同的概念,其外延并无包容关系。从社会上一般人的观念来看,招标投标和拍卖也是两种不同的交易方式。

国土资源部2007年9月28日颁布的《招标拍卖挂牌出让国有建设用地使用权规定》第二条第一款规定:“在中华人民共和国境内以招标、拍卖或者挂牌出让方式在土地的地表、地上或者地下设立国有建设用地使用权的,适用本规定。”该规范文件对“招标”“拍卖”或者“挂牌出让”三种方式作了具体的规定。其中,招标出让国有建设用地使用权,是指市、县人民政府国土资源行政主管部门(以下简称出让人)发布招标公告,邀请特定或者不特定的自然人、法人和其他组织参加国有建设用地使用权投标,根据投标结果确定国有建设用地使用权人的行为;拍卖出让国有建设用地使用权,是指出让人发布拍卖公告,由竞买人在指定时间、地点进行公开竞价,根据出价结果确定国有建设用地使用权人的行为;挂牌出让国有建设用地使用权,是指出让人发布挂牌公告,按公告规定的期限将拟出让宗地的交易条件在指定的土地交易场所挂牌公布,接受竞买人的报价申请并更新挂牌价格,根据挂牌期限截止时的出价结果或者现场竞价结果确定国有建设用地使用权人的行为。

从本案事实来看,本案涉及的系国有土地使用权拍卖,拍卖人萧县国土资源局在“中国土地市场网”和《安徽经济报》发布的均为涉案地块土地使用权拍卖公告,

公布了拍卖底价,采用增价拍卖方式,按照价高者得原则确定竞得人,竞买人填写了《竞买申请书》,且在指定时间、地点进行公开竞价,出让人履行的是宣布起拍价、询价、接受竞买人的报价等拍卖程序,显然不同于招标投标的内容,不属于招投标的范畴。

(二)从立法方面来看,拍卖法和招标投标法对拍卖行为与招标投标行为分别进行了规制

刑法第二百二十三条将投标人相互串通投标报价,损害招标人或者其他投标人利益,情节严重的行为,规定为犯罪。与此相适应,2000 年施行的招标投标法第五十三条规定,投标人相互串通投标或者与招标人串通投标的,中标无效,对情节严重的串通投标行为,追究相应的刑事责任。而 2004 年修改的拍卖法在刑法未明确地将串通拍卖行为入罪的情况下,仅规定了行政责任,未对此种行为追究刑事责任。该法第三十七条规定,竞买人之间、竞买人与拍卖人之间不得恶意串通,损害他人利益。第六十五条规定,竞买人之间、竞买人与拍卖人之间恶意串通,给他人造成损害的,拍卖无效,应当依法承担赔偿责任。由工商行政管理部门对参与恶意串通的竞买人处最高应价百分之十以上百分之三十以下的罚款;对参与恶意串通的拍卖人处最高应价百分之十以上百分之五十以下的罚款。

考虑到拍卖和招标投标毕竟是两种不同的法律行为,立法上对两者分别作出规定,对串通投标设定了刑事责任,对串通拍卖则没有,故不宜以串通投标罪对串通拍卖行为定罪处罚。若将串通拍卖行为作为串通投标罪客观方面的一种表现形式予以处罚,有类推之嫌。

——《刑事审判参考》(总第 114 辑)。

684 农民转让自有宅基地的行为是否构成非法转让土地使用权罪

关键词|非法转让土地使用权罪|宅基地|

【最高人民法院参考案例】

王志芳非法转让土地使用权案(《刑事审判参考》案例第 1252 号)

要旨:从农村宅基地制度的政策导向来看,对转让自有宅基地的行为不宜追究刑事责任。

被告人王志芳转让自有宅基地的行为不宜按非法转让土地使用权罪定罪处罚。理由是:(1)王志芳将自有宅基地转让给本集体经济组织以外人员的行为虽然违反了土地管理的相关法律法规,但对方亦是其他集体经济组织成员,且购买宅基地的目的是用于建设自住房,并未改变宅基地用途,也未造成集体土地流

失的损害后果，不属于《破坏土地资源刑事案件解释》规定的非法转让土地使用权罪"情节严重"的情形。(2)从目前政策发展来看，宅基地使用权及其地上房屋有在一定限度内放开流转的趋势，在相关政策试点时期，也不宜对将宅基地及其地上房屋转让给其他集体经济组织的农民的行为追究刑事责任。(3)本案涉案宅基地的地上房屋已经灭失，仅根据房屋原貌照片作出的评估价格缺少依据。王志芳非法获利是否达到《破坏土地资源刑事案件解释》规定的五十万元入罪标准存疑。

——《刑事审判参考》(总第114辑)。

685 在土地开发经营过程中，房地产公司以股权转让方式实现土地使用权流转的行为，是否构成非法转让、倒卖土地使用权罪

关键词 | 非法转让、倒卖土地使用权罪 | 股权转让 | 土地使用权转让 |

【最高人民法院参考案例】

青岛瑞驰投资有限公司、栾钢先非法转让土地使用权案(《刑事审判参考》案例第1451号)

要旨：公司股权转让与土地使用权转让具有不同的法律性质，为两个独立的法律关系。现行法律法规并无强制性规定禁止以转让公司股权形式实现土地使用权或房地产项目转让的目的，且本案中公司股东虽然发生了变化，但作为土地使用权持有主体的公司没有改变，也没有发现因股权转让而造成当地土地使用权市场秩序被严重扰乱的后果，行为人依法不构成非法转让、倒卖土地使用权罪。

(一)从股权转让与土地使用权转让的法律性质来看，公司股权转让并不会直接导致作为公司独立财产的土地使用权的变动

一般而言，在土地开发经营过程中，公司内部股权转让与土地使用权转让主要有以下区别。

1. 转让标的不同

股权转让是虚拟资本的转让，受公司法调整，不能认定为任何特定实体资产的转让。股东取得股权，意味着取得了对公司一定程度的财产支配参与权与收益分配权，而不是对某个特定财产的所有权，只有在公司财产分割时才能确认具体财产的权益。而土地使用权的转让，是一种特定实体资产支配权的转让，受土地管理法、城市房地产管理法、《城镇国有土地使用权出让和转让暂行条例》等土地法规调整。尽管股权转让中涵盖了包括土地使用权等资产在内的支配权的转移，但不能说股权转让就是土地使用权转让。

2. 转让主体不同

股权转让是公司股东之间或股东向非原公司股东的第三人转让，转让的主体是拥有公司股权的股东，而不是公司本身；根据公司法第三条的规定，公司是具有独立法人资格的主体，拥有独立的法人财产。股东完成出资后，其所投入的资产即成为公司的独立资产，股东即丧失对该部分资产的所有权，不得再对已完成出资部分的资产随意支配。土地使用权作为公司资产，所有权人为公司而不是股东，因而发生转让时的主体是公司。

3. 转让后的法律效果不同

股权转让导致公司所有者即股东的变更，其完成的标志是在工商登记部门变更股东登记事项，而不涉及土地使用权主体的变更，土地使用权仍属于原公司所有；土地使用权转让的结果则是变更土地使用权人，其完成的标志为土地使用权证记载的使用主体易名，并重新核发产权证。本案中，尽管瑞驰投资公司将持有的瑞驰建设公司股权对外转让，但转让的只是公司资产收益、参与重大决策等权利，涉案地块的土地使用权人始终登记在瑞驰建设公司名下，并未发生土地权利人变更的事实，不符合非法转让、倒卖土地使用权罪关于土地使用权主体发生变化的要件。

因此，公司产权与股东产权不能混淆，股权转让行为并不等同于对公司特定财产的处置，不能简单得出“转让股权本质上就是转让了土地使用权”的结论。

（二）从非法转让、倒卖土地使用权罪构成要件来看，构成该罪既要具备“以牟利为目的”的主观要件，又要具备扰乱土地使用权正常流转秩序并达到情节严重程度的客观要件，对于在证据上难以认定有主观牟利目的并侵害相应法益的，依法不构成该罪

本案中，经查明，瑞驰投资公司竞拍涉案土地最初确实用于开发，后经核算发现当时房地产开发成本剧增，预留资金不足以开发，且瑞驰投资公司已经与商务区开发公司签订《协议书》并支付了定金，如不参与竞拍土地将支付巨额违约金，为此决定将瑞驰建设公司股权转让给华昱诚置业公司，目的是降低投资风险，故本案股权转让行为的发生系事出有因，区别于一般非法转让、倒卖土地使用权罪中纯粹为“炒地”而参与土地开发项目的投机行为，被告单位和被告人牟利的目的并不明显。同时，非法转让、倒卖土地使用权罪保护的客体是国家的土地管理制度和正常的土地市场秩序，即通过严惩“炒地”行为，防止国有资源流失，保证土地计划严格实施，防止“炒地”扰乱市场秩序，损害社会公共利益。本案中，股权转让的行为没有改变涉案土地性质，股权转让之后土地使用权人所需承担的义务不变，仍需履行土地管理法、城市房地产管理法及土地出让合同中关于土地开发、土地利用规划等相关规定，其股权转让行为并未导致当地土地使用权市场秩序被严重扰乱的后果，

没有对刑法保护的法益造成侵害。况且任何股权变动都会导致资产控制状态的变化,不能仅因股权转让而导致的对于特定资产的间接控制变化就否定行为本身的效力。虽然客观上瑞驰投资公司从股权转让中获得利润,但其收益来自土地交易市场发展过程中带来的股份溢价,属于市场经济允许的商业预期收益。此外,公司股权价值并不单纯对应土地使用权的价值,还可能含有其他固定资产、流动资产、无形资产等价值,将股权价值简单等同于土地使用权的获利数额也是不合理的。

（三）从罪刑法定和保持刑法谦抑性的角度来看,目前并无强制性规定禁止以转让公司股权形式实现土地使用权或房地产项目转让的目的,以此追究行为人的刑事责任依据不足

我国刑法第二百二十八条规定的非法转让、倒卖土地使用权罪是典型的法定犯,其罪状是空白罪状,应以违反前置性法律法规即以违反土地管理法规为前提。根据《全国人民代表大会常务委员会关于〈中华人民共和国刑法〉第二百二十八条、第三百四十二条、第四百一十条的解释》,“违反土地管理法规”,是指违法土地管理法、森林法、草原法等法律以及行政法规中关于土地管理的规定。而在城市房地产管理法、《城镇国有土地使用权出让和转让暂行条例》等现行土地管理法规中,并无将转让股权的行为认定为非法转让、倒卖土地所有权的规定,亦未明文禁止拥有土地使用权的公司股东转让股权的规定,不能将土地使用权的“转让”行为随意扩张解释或类推解释,否则有违罪刑法定原则与刑法谦抑性原则。同时,根据公司法的相关规定,股东可以用货币出资,也可以用实物、知识产权、土地使用权等可以用货币估价并可以依法转让的非货币财产作价出资,且股东之间可以相互转让其全部或者部分股权。以转让股权方式转让土地使用权及其权益,从股权转让的角度符合公司法的规定。因此,在相关立法和司法解释没有明确禁止以股权转让方式实现土地使用权流转目的的情况下,不宜对此类行为科以刑罚。

（四）从优化生产要素市场化配置、促进土地流转体制机制改革等国家土地政策的发展方向来看,不宜将以股权转让形式出让土地使用权的行为入罪

我国实行国有土地所有权和使用权分离的土地管理制度,而积极推动土地市场化则是当前土地资源配置的主要发展方向。2020 年 3 月 30 日公布的《中共中央、国务院关于构建更加完善的要素市场化配置体制机制的意见》明确提出,“破除阻碍要素自由流动的体制机制障碍,扩大要素市场化配置范围”,“深化产业用地市场化配置改革。健全长期租赁、先租后让、弹性年期供应、作价出资（入股）等工业用地市场供应体系”,“鼓励盘活存量建设用地。充分运用市场机制盘活存量用地和低效用地,研究完善促进盘活存量建设用地的税费制度”。上述规定为打破土地流转的体制机制束缚、完善土地市场化改革提供了充分的政策依据。从国家政策调整的精神来看,在不损害公司及其他债权人利益的情况下,以公司股权转让

的重组方式实现土地开发利用，对提高土地利用效率、促进土地资源市场化配置改革、进一步激发全社会创造力和市场活力具有重要意义。房地产类企业在项目开发过程中经常出现通过股权流转实现对土地使用权重新配置的情形，如将此类行为作为犯罪追究，将使股权转让行为产生严重的不安全性和不可预期性，既不利于建设市场化的土地交易秩序，也不符合相关政策精神。刑法作为社会关系调整的最后手段，对未违反民事法律的行为进行刑事追究尤其需要慎重。因此，从刑法谦抑性的角度来讲，对被告单位瑞驰投资公司和被告人栾钢先的行为也不宜认定为犯罪。

综上，土地使用权转让和公司股权转让的要件和法律依据不同，将“股权转让行为”认定为“土地使用权转让行为”没有法律依据。对以股权转让方式实现土地使用权流转的行为的认定，具有较强的政策性，应当全面把握犯罪构成要件、案件具体情况及国家土地政策精神，按照罪刑法定的原则综合加以评判。本案中涉案土地使用权利人并没有发生变化，且没有证据显示瑞驰投资公司转让股权的行为有明显的社会危害性，因而二审法院认定被告单位瑞驰投资公司和被告人栾钢先的行为不构成非法转让、倒卖土地使用权罪是正确的。

——《刑事审判参考》（总第130辑）。

686 中介组织人员受贿后提供虚假证明文件行为的处断

关键词｜提供虚假证明文件罪｜受贿情节｜

【链接：理解与适用】

根据刑法原第二百二十九条第二款的规定，中介组织人员索取他人财物或者非法收受他人财物，又提供虚假证明文件，构成犯罪的，仍然认定为虚假证明文件罪，在更高一档量刑，即把受贿情节作为本罪的一个加重情节来考虑。该规定存在的主要问题是：(1)根据刑法第一百六十三条第一款的规定，公司、企业或者其他单位的工作人员，利用职务上的便利，索取他人财物或者非法收受他人财物，为他人谋取利益，数额较大的，处三年以下有期徒刑或者拘役，并处罚金；数额巨大或者有其他严重情节的，处三年以上十年以下有期徒刑，并处罚金；数额特别巨大或者有其他特别严重情节的，处十年以上有期徒刑或者无期徒刑，并处罚金。两相对照，刑法原第二百二十九条第二款的规定与第一百六十三条的规定不协调。(2)根据刑法第三百九十九条第四款的规定，司法工作人员收受贿赂，有徇私枉法，民事、行政枉法裁判，执行判决、裁定失职，执行判决、裁定滥用职权行为，同时构成受贿罪的，依照处罚较重的规定定罪处罚。刑法原第二百二十九条第二款的规定与此不一致，不符合刑法理论对牵连犯的一般认识。故而，刑法修正案（十一）将第二百二十九条第二款修改为“有前款行为，同时索取他人财物或者非法收受他人财物构成犯罪的，依照处罚较重的规定定罪处罚”。需要注意的是，中介组织人员受贿后故意提供虚假证明文件，还有可能构成相关犯罪的共同犯罪。例如，中介组织人员明知他人实施欺诈发行证券行为，不仅故意提供虚假证明文件，而且积极与他人进行沟通、联络，具体参与进行欺诈发行的，可能构成欺诈发行证券罪的共同犯罪。此种情形下，仍应当依照处罚较重的规定定罪处罚。

——杨万明主编：《〈刑法修正案（十一）〉条文及配套〈罪名补充规定（七）〉理解与适用》，人民法院出版社 2021 年版，第 230—231 页。

麦读
MyRead

走向上的路　追求正义与智慧

THE COLLECTION OF
THE SUPREME PEOPLE'S COURT'S
JUDICIAL RULES

新编

最高人民法院司法观点集成

刑事卷 III

（第二版）

总 主 编｜杜万华　　副总主编｜刘德权

本卷主编｜何　帆

中国民主法制出版社

全国百佳图书出版单位

本卷总目

CONTENTS

本册细目

CONTENTS

第三章 侵犯公民人身权利、民主权利罪

第四章 侵犯财产罪

第三章 | CHAPTER 03

侵犯公民人身权利、民主权利罪

一、故意杀人罪

687 吸食毒品致精神障碍后故意杀人案件的处理原则

关键词｜故意杀人罪｜吸毒｜原因自由行为｜

【最高人民法院参考案例】

陈万寿故意杀人案(《刑事审判参考》案例第 1242 号)

要旨:根据原因自由行为的法理,对于故意或者过失导致自己陷入限定责任能力状态进而实施犯罪的,应当追究刑事责任,而且不能适用从轻或者减轻处罚的规定。

被告人陈万寿作案时,处于精神活性物质所致精神障碍发病期,其发病主要原因是其常年吸食毒品所致。其吸毒行为属于可控制行为,具有违法性和自陷性,其因常年吸毒而产生幻觉实施故意杀人的行为,属刑法理论上的“原因自由行为”,也称“自陷行为”。

原因自由行为,是指具有责任能力的行为人,故意或者过失使自己一时陷入丧失或者尚未完全丧失责任能力的状态,并在该状态下实施了符合客观构成要件的违法行为。使自己陷入丧失或者尚未完全丧失责任能力状态的行为,称为原因行为;在该状态下实施的符合客观构成要件的违法行为,称为结果行为。由于行为人可以自由决定自己是否陷入上述状态,故称为原因自由行为。例如,行为人明知自己有病理性醉酒的历史,醉酒后极易实施暴力行为致伤他人,仍故意大量饮酒而致自己呈现病理性醉酒状态,随即实施了暴力行为造成伤害他人的危害后果的,即属于原因自由行为。我国刑法没有对原因自由行为作出专门规定,但规定了醉酒人的刑事责任问题。1979 年刑法第十五条第三款规定:“醉酒的人犯罪,应当负刑事责任。”1997 年刑法沿用了这一规定,在第十八条第四款作出了同样的表述,这就在刑事立法上确立了“醉酒人应当对其触犯刑事法律的危害行为负刑事责任”的原则。

按照我国刑法学界的通说,主客观相统一的原则是认定刑事责任的基本原则。主观罪过是行为人对自己行为的危害结果的心理态度,危害行为是行为人在自己意志支配下的身体动静,主观罪过和危害行为是有机统一的。而在原因自由行为的场合下,行为人的主观罪过与结果行为是“脱节”的。在原因行为时,行为人有责任能力,对将要实施的行为造成的危害结果有罪过;但在行为人实施结果行为时,处在无责任能力状态,自然也谈不上罪过的问题。为什么要追究陷入无责任能力状态的行为人的刑事责任呢？我们认为,从因果关系的角度来解释,行为人的结果行为纯粹是其实施犯罪的工具。行为人故意或过失造成自己的无责任能力状态并且在这种状态下造成了危害结果,这种利用自己为工具的行为应当被看作其实行行为,与利用物理工具的行为(如驱赶猛兽杀人)具有相同的刑法意义。在行为人起先没有实施暴行等结果行为的意思,但由于饮酒、吸毒等原因行为而产生了该意思时,可以肯定原因行为与结果之间存在因果关系。在行为人事先就有实施结果行为的意思,出于鼓起勇气等动机而饮酒、吸毒导致丧失责任能力,进而在该状态下实施了结果行为时,也可以肯定原因行为与结果之间的因果关系。既然行为人在实施与结果的发生具有因果关系的行为时具有责任能力,而且具有故意或者过失,就具有了可罚性。因此,根据原因自由行为的法理,对于故意或者过失导致自己陷入限定责任能力状态进而实施犯罪的,应当追究刑事责任,而且不能适用从轻或者减轻处罚的规定。

本案中,被告人陈万寿常年吸毒,2008 年曾被强制戒毒,其对吸食毒品系违法行为有明确的认知,且曾多次出现幻觉,仍不知悔改,自愿选择继续吸食毒品。陈万寿产生幻觉因长期吸毒所致,属原因自由行为,其因吸毒行为导致精神障碍与被害人的死亡结果存在刑法上的因果关系,其对死亡结果的发生具有支配力。陈万寿虽然因吸毒导致其辨认、控制能力受损,但其自愿吸毒使自己陷入精神障碍而实施杀人行为,与被迫、被诱骗吸毒而实施犯罪的情况不同,其对于危害结果的发生持放任态度,具有完全责任能力,应承担故意杀人罪的刑事责任。

一般来说,原因自由行为引起的犯罪,在处罚上可作为酌定从宽处罚的情节。毕竟这种情形下实施的犯罪行为与正常情况下实施的犯罪行为,在罪质上特别是主观恶性上还是有一定区别的。但是,原因自由行为产生的原因,行为人对原因自由行为的态度及行为所造成的危害后果也是必须考虑的因素。原因自由行为不能成为一律从宽处罚的理由。本案中,被告人陈万寿产生幻觉因长期吸毒所致,不仅属于自陷行为,且其对该自陷行为毫无节制,甚至故意放纵。在这种情况下,原因自由行为就不能成为从宽处罚的理由。人民法院的判决在社会生活中所发挥的行为规范和引领作用,决定了法院可以对一般的原因自由行为作出相对宽宥的裁判,但对诸如本案被告人这种放任自流、毫无节制的情形,如果也予以宽宥处理,则会在社会上起到不好的误导效果。加之本案被告人的犯罪性质恶劣、手段残忍、犯罪情节、后果均极其严重,对被告人是否作出宽宥的处理更应持十分慎重的态度。

——《刑事审判参考》(总第 113 辑)。

688 行为人短时间内实施一系列具有关联性犯罪行为的如何认定

关键词｜故意杀人罪｜故意伤害罪｜抢劫罪｜放火罪｜盗窃罪｜

【最高人民法院参考案例】

秦电志故意杀人、故意伤害、放火、抢劫、盗窃案(《刑事审判参考》案例第1222号)

要旨:行为人实施一系列具有关联性犯罪行为的,应当遵循主客观一致的原则,依法、科学地确定罪名。

行为人实施一系列具有关联性的犯罪行为,往往是在多个犯罪目的、动机临时产生的情况下实施的,甚至其中的一些行为,表面上看并无明确的犯罪目的。但是,由于人的客观行为都是具有主观内容的行为,哪怕一些看似无意识的行为,其实也是有潜意识内容的,因此,只要认真研究案情,仔细区分,就能够甄别出一系列犯罪行为中每个犯罪行为的具体犯罪目的。当然,有的犯罪目的,是在系列关联犯罪行为实施之前就已经存在于行为人主观意识中。而有的犯罪目的则临时产生于系列犯罪行为过程中,即通常所说的“临时起意”。能否正确区分存在于系列犯罪行为中的不同犯罪目的,关系到能否对行为人的犯罪行为正确定罪以及准确确定罪数的问题,也关系到最终能否对行为人的犯罪行为准确科学地量刑,从而实现罪责刑相一致的问题。在司法实务中,我们既不能机械地套用标准犯罪构成要件认定罪数,亦不能不顾行为人的具体犯罪目的和动机想当然地确定罪数,而应当严格遵循主客观相一致的原则,根据刑法学定罪理论,依据刑法具体规定,结合系列犯罪行为人的主观心理状态,确定每个行为的性质及行为实施时的客观环境等,认真分析,准确定罪并科学确定罪数。

——《刑事审判参考》(总第112辑)。

689 被告人持刀连续捅刺他人,致一死一伤的行为,成立故意杀人一罪还是故意杀人和故意伤害两罪

关键词｜故意杀人罪｜故意伤害罪｜罪数｜

【最高人民法院参考案例】

张志明故意杀人案(《刑事审判参考》案例第1243号)

要旨:一罪与数罪的认定并非以单纯的行为个数为标准,而是行为人外在的客观行为与内在的主观犯意的结合。

区分一罪与数罪的标准,刑法理论上存在各种学说,其中的犯罪构成标准说系

通说，亦为司法实践所认可。依据犯罪构成标准说，确定犯罪的单复，即一罪还是数罪，应以犯罪构成的个数为标准：具备一个犯罪构成的，构成一罪；具备数个犯罪构成的，构成数罪。犯罪构成的标准强调的是主观要件和客观要件的统一，故该标准又称为主客观相统一的标准。其中，作为犯罪的主观要件的犯罪心态（故意和过失）以及在该犯罪心态支配下的犯罪的客观要件（行为和结果）在犯罪构成中居于主导地位。在一定意义上可以说，犯罪构成的标准就是行为人在主观心态支配下实施客观行为的认定标准，不同主观心态与不同客观行为的结合决定了某一犯罪行为究竟是一罪还是数罪。其中尤其是客观行为，在区分一罪与数罪中具有举足轻重的意义，它在很大程度上决定着犯罪的个数。但刑法意义上的一罪与数罪并非以单纯的行为个数为标准，客观行为必须与主观犯意相结合，即刑法意义上的行为必须是行为人在主观犯意支配下的身体举止。

主观犯意是行为人实施特定行为时的主观心理状态。就故意犯罪而言，在行为人实施单一的自然行为（物理意义上的行为）的情形下，支配他的是单一的主观心理状态。而在行为人实施多个连续的、近似的自然行为时，其主观心理有两种表现形式：同一的犯罪故意或概括的犯罪故意。同一的犯罪故意是指行为人具有数次实施同一犯罪的故意，刑法理论上所称的连续犯多是基于同一的犯罪故意（少部分是概括的犯罪故意），即犯罪心态同一，在该犯罪心态支配下的犯罪行为所触犯的罪名亦同一（其实是犯罪行为同一）。概括的犯罪故意则是指行为人对于认识的具体内容并不明确，但明知自己的行为会发生危害社会的结果，而希望或者放任该结果发生的心理态度。根据行为人认识的具体内容的不同，概括故意可以分为对行为性质认识不明确的概括故意、对行为对象认识不明确的概括故意以及对危害结果认识不明确的概括故意三种。对行为性质和对行为对象认识不明确一般不影响犯罪的成立，此种犯罪心态支配下的行为仍可构成数罪，这便是我们通常所称的概括的犯罪故意作用下的连续犯。

对危害结果认识不明确的概括故意，具体是指行为人故意实施危害行为，明知自己的行为会导致某种危害结果的发生，但对于自己的行为会造成多大的危害结果，波及多少犯罪对象，其认识处于不确定状态，即属于对危害结果范围认识不明确的概括故意。如果行为人实施犯罪行为时对其行为造成多大的危害结果以及波及的犯罪对象并无明确认识，这种概括故意作用下的行为人实施行为时的客观表现以及危害后果可用一罪进行综合评判。换言之，在一定的概括故意下实施的连续行为，如果行为人对行为性质和行为对象均有明确认识，仅对危害结果存在不明确认识的情形下，可认定为系在一个主观犯意下实施的整体行为，构成处断的一罪。

——《刑事审判参考》（总第 113 辑）。

690 在犯罪过程中为灭口杀害被害人的，构成故意杀人罪

关键词｜故意杀人罪｜盗窃后杀人｜抢劫后杀人｜

【最高人民法院司法解释】

行为人为劫取财物而预谋故意杀人，或者在劫取财物过程中，为制服被害人反抗而故意杀人的，以抢劫罪定罪处罚。

行为人实施抢劫后，为灭口而故意杀人的，以抢劫罪和故意杀人罪定罪，实行数罪并罚。

——《最高人民法院关于抢劫过程中故意杀人案件如何定罪问题的批复》(2001年5月26日，法释〔2001〕16号)。

【最高人民法院参考案例】

卜玉华、郭臣故意杀人、抢劫案(《刑事审判参考》案例第566号)

要旨：被告人在预谋时即产生作案后杀害被害人的故意，其暴力劫取他人财物并在抢劫后故意杀人的行为已分别构成抢劫罪和故意杀人罪，依法应数罪并罚。

从立法及司法解释的相关规定来看，抢劫罪中的手段行为包括故意杀人，抢劫罪的犯罪后果也相应包括抢劫中致人死亡。关于抢劫罪的手段行为是否包括故意杀人行为，在理论界曾经有过长期的争论。刑法第二百六十三条中规定的抢劫罪的客观方面表现为"以暴力、胁迫或者其他方法抢劫公私财物"，同时又规定了"抢劫致人重伤、死亡"的加重处罚情节，出于对"暴力"程度以及"致人重伤、死亡"的不同理解，产生了上述分歧。从字面解释来看，"暴力"不应排除故意杀害抢劫对象的情形，尤其针对抢劫罪这一严重暴力性犯罪；"致人重伤、死亡"在我国刑法的立法规定中，也并不特指过失致人重伤、死亡。《最高人民法院关于抢劫过程中故意杀人案件如何定罪问题的批复》(以下简称《批复》)中明确规定："行为人为劫取财物而预谋故意杀人，或者在劫取财物过程中，为制服被害人反抗而故意杀人的，以抢劫罪定罪处罚。"据此，抢劫罪涵盖了为抢劫而实施的故意杀人行为，但并非意味着与抢劫有关的所有故意杀人行为都是抢劫行为的一部分，对此《批复》也明确规定："行为人实施抢劫后，为灭口而故意杀人的，以抢劫罪和故意杀人罪定罪，实行数罪并罚。"刑法意义上的行为，是行为主体有意识、有目的的活动，上述规定明确阐释了行为目的对于行为性质的决定性作用。

为论述方便，我们将包含于抢劫中的故意杀人行为称为第一种情形，而将独立于抢劫的事后故意杀人行为称为第二种情形。

从故意杀人行为的主观目的来看，第一种情形中杀人行为是为劫取财物而实施的暴力手段中最为严重的一种表现形式。对于行为人来说，杀人是劫财的必要

手段,不论是预谋先杀人再劫财,还是在劫财过程中为制服被害人反抗而杀人,其行为的目的均直指劫取他人财物;第二种情形中杀人行为的目的与劫取他人财物没有直接联系,此时劫取他人财物的行为已经完成,杀人通常是为了灭口或者主要是为了灭口,因此《批复》中将第二种情形明示为为灭口而故意杀人。

从故意杀人的行为与抢劫行为的关联程度来看,作为抢劫方式的故意杀人行为往往是行为人实现抢劫的主要行为方式,即行为人通过杀人的手段实现劫财的目的;独立于抢劫的故意杀人行为则不是实施抢劫的必要行为,因为行为人已通过其他暴力、胁迫等手段实现了劫财目的,此时的故意杀人行为往往是作为抢劫完成后的后续行为,为防止抢劫罪行暴露而实施的灭口行为。

从故意杀人的起意时间来看,在第一种情形下,杀人的故意只能在实施抢劫前的预谋阶段或抢劫过程中产生,而在第二种情形下,杀人的故意则可能在抢劫预谋阶段、实施阶段以及抢劫完成后产生,也即第二种情形下的杀人犯意产生的时间不影响抢劫后为灭口而实施的故意杀人的性质认定。

从犯罪构成来说,故意杀人行为是否是抢劫的手段行为,决定了是否应对该行为进行单独评价。第一种情形下,因为故意杀人行为正是抢劫罪实施暴力方面的客观表现,是犯罪构成的客观方面,如果将此种情形认定为同时构成抢劫罪和故意杀人罪,则该杀人行为既是抢劫罪的客观方面,又是故意杀人罪的客观方面,则对于同一杀人行为需要进行重复评价,不符合刑法的基本原理。同样,第二种情形下,因抢劫行为已经完成,在抢劫既遂的情况下再实施的故意杀人行为,也无法纳入抢劫罪的犯罪构成中进行评价,否则抢劫罪的客观方面的外延将会不当扩大。

综上,抢劫犯罪中故意杀人行为的性质由行为的目的决定,并且不受起意时间的限定,也即无论行为人何时起意杀人,只要杀人行为是为排除障碍,实现抢劫财物目的的,则该故意杀人行为属于抢劫的手段行为,是抢劫罪客观方面的表现,对此故意杀人行为无须单独评价,仅定抢劫罪一罪即可;如果杀人行为系抢劫完成后为防止罪行暴露而实施的灭口行为,则同样无论其杀人的故意于何时起意,仍应与抢劫行为分别评价,以抢劫罪和故意杀人罪并罚。

——《刑事审判参考》(总第69辑)。

肖明明故意杀人案(《刑事审判参考》案例第490号)

要旨:在盗窃过程中因被人发现,为灭口而杀害被害人的,应当以故意杀人罪定罪处罚。

肖明明的杀人灭口目的是非常明确的,其实施暴力的主观目的已不是为了强行劫走财物,而是单纯地为了剥夺他人的生命,具有杀人的故意而非抢劫的故意,不符合刑法第二百六十九条规定的转化抢劫的目的要件,应以故意杀人罪定罪处刑。而且,对于行为人的同一犯罪事实,不能援用不同的构成要件重复论罪;在某种因素(如行为、结果)已经被评价为一个犯罪的事实根据时,不能再将该因素作为另一个犯罪的事实根据进行评价。本案被告人仅实施了一个暴力行为,即杀人行为,此行为已作为故意杀人罪的构成要件进行了评价,不能再据此作为认定抢劫罪的根据。本案被告人系在盗窃过程中为灭口而杀人,并非"为劫取财物而预谋故意杀人或者在劫取财物过程中为制服被害人反抗而故意杀人,以及实施抢劫后为灭口而故意杀人",不符合《最高人民法院关于抢劫过程中故意杀人案件如何定罪问题的批复》的规定,因此,本案被告人的行为不能以抢劫罪和故意杀人罪并罚。

——《刑事审判参考》(总第 62 辑)。

691 实施故意杀人或者伤害行为后又盗窃或者抢劫财物的，应数罪并罚

关键词｜故意杀人罪｜盗窃罪｜数罪并罚｜

【最高人民法院司法文件】

八、关于抢劫罪数的认定

行为人实施伤害、强奸等犯罪行为,在被害人未失去知觉,利用被害人不能反抗、不敢反抗的处境,临时起意劫取他人财物的,应以此前所实施的具体犯罪与抢劫罪实行数罪并罚;在被害人失去知觉或者没有发觉的情形下,以及实施故意杀人犯罪行为之后,临时起意拿走他人财物的,应以此前所实施的具体犯罪与盗窃罪实行数罪并罚。

——《最高人民法院关于审理抢劫、抢夺刑事案件适用法律若干问题的意见》(2005 年 6 月 8 日,法发〔2005〕8 号)。

【最高人民法院参考案例】

李春林故意杀人案(《刑事审判参考》案例第 171 号)

要旨:故意杀人后临时起意非法占有被害人财物的,应以盗窃罪定罪处罚。

第一,在抢劫过程中故意杀人以抢劫罪定罪处罚的行为必须是当场使用暴力故意杀人并当场劫取被害人财物的行为。其中,故意杀人是劫取财物的手段行为,劫取财物是行为人杀人的目的,符合刑法理论上的牵连犯。第二,刑法第二百六十三条明确规定抢劫罪的犯罪对象是"公私财物"。从当场劫取财物这一抢劫犯罪的客观特征来看,这里的"财物"须具有即时取得、可转移的特点,当场不能取得、不能转移的财物一般不能成为抢劫罪的犯罪对象。以逃避债务为目的故意杀人,

仅可以使原有的债权债务关系归于消灭,缺少抢劫罪的犯罪对象。第三,从犯罪的主观故意来看,在抢劫罪中,应是先产生非法占有的目的,后发生非法占有的行为,即行为人非法占有目的应产生于行为人实际占有他人财物之前。而在以逃避债务为目的的故意杀人行为中,行为人在产生非法占有他人财物的主观犯意之前,已实际占有了债权项下的财物,不需要通过故意杀人去劫取。

故意杀人后临时起意非法占有被害人财物的,由于行为人的这一非法占有目的产生于故意杀人之后,其非法占有行为与故意杀人行为之间不存在事实上的牵连或者吸收关系,既不能将故意杀人认定为非法占有财物的手段,也不能将非法占有认定为故意杀人的从行为,非法占有是独立于故意杀人之外的行为。在这里,由于财物所有人已死亡,不复存在对所有人使用暴力、胁迫等手段抢劫的问题。行为人取得财物的手段如同从无人在场的他人处拿走财物一样,实际上是一种秘密窃取他人财物的行为。因此,对于这种故意杀人后见财起意,乘机非法占有被害人财物的行为,构成犯罪的,应以盗窃罪定罪处罚。

——《刑事审判参考》(总第 25 辑)。

692 帮助他人自杀的构成故意杀人罪

关键词 | 故意杀人罪 | 帮助自杀 | 情节较轻 |

【最高人民法院参考案例】

邓明建故意杀人案(《刑事审判参考》案例第 810 号)

要旨:被告人邓明建明知农药有剧毒性,仍将勾兑好的农药递给李术兰,邓明建主观上对李术兰的死亡持放任态度,符合故意杀人罪的主观条件。同时,邓明建客观上也实施了非法剥夺他人生命的行为,符合故意杀人罪的客观条件。

帮助自杀,是指他人已有自杀意图,行为人对其给予精神鼓励,使其坚定自杀意图,或者提供物质、条件上的帮助,使其实现自杀意图的行为。邓明建客观上也实施了非法剥夺他人生命的行为,符合故意杀人罪的客观条件。对此客观条件可从以下三个方面加以分析:

其一,邓明建实施了非法剥夺他人生命的行为。邓明建对李术兰负有赡养义务。在李术兰请求帮助自杀的情况下,邓明建不但没有劝阻,反而为其购买农药,并在勾兑后拧开瓶盖把农药递给李术兰,为李术兰自杀提供了条件。在李术兰服下农药后,邓明建没有积极实施救助,而是看着李术兰中毒身亡。邓明建虽然没有实施灌药行为,但从性质上分析,其行为属于非法剥夺他人生命的行为。值得注意的是,邓明建是否实施强行灌药行为,是法院判断其犯罪动机和其是帮助自杀还是直接动手杀人的重要依据。关于该问题，在直接证据方面仅有被告人供述，而在间接证据方面，现场勘验检查笔录、法医学尸体检验鉴定书等均证实被害人在死亡前没有进行激烈的反抗或者挣扎。因此，综合本案在案证据，法院认定邓明建没有实施强行灌药行为。

其二，邓明建的行为与李术兰的死亡结果之间存在刑法意义上的因果关系。案发前，李术兰因不堪病痛折磨而产生了轻生念头，只是由于卧病在床，无法自行实施自杀行为。在李术兰的请求下，邓明建明知农药有剧毒性，仍向李术兰提供农药。虽然其只是将农药递给李术兰，但其明知李术兰得到农药服下后，必然导致死亡结果的发生。因此，邓明建提供农药的行为与李术兰的死亡结果之间具有刑法意义上的因果关系。

其三，邓明建的行为具有刑事违法性，且不存在违法性阻却事由。帮助自杀行为涉及刑法理论中的被害人承诺问题。被害人承诺，是指经权利人允许实施损害其权益的行为。法谚云："对意欲者不产生侵害。"这表明在传统观念中被害人承诺对违法性的认定存在一定影响。然而，在当代刑事理论体系中，被害人承诺作为违法性阻却事由，存在一定的限制。一般认为，除国家利益、社会公共利益外，即使是纯属于公民个体的私权，也并非完全由权利主体自由处分。如生命权就不可自由处分，经被害人承诺而杀人的，仍然构成故意杀人罪。我国刑法没有专门就被害人承诺问题进行规定，司法实践中对有被害人承诺情形的故意杀人，原则上都不将被害人承诺作为杀人犯罪的阻却事由，但可以作为减轻刑事责任的理由。本案中，邓明建帮助自杀的行为虽然系在李术兰的请求下实施，但由于其侵害的生命权超过了被害人承诺可处分的范围，故不能排除其行为的刑事违法性，仍然构成犯罪。

同时，本案的社会危害相对较小，被告人邓明建的主观恶性和人身危险性较小，可以认定邓明建的行为属于故意杀人罪中的"情节较轻"。

——《刑事审判参考》(总第 89 辑)。

693 在玩"危险游戏"致人死亡的案件中，行为人主观心态是间接故意杀人

关键词｜故意杀人罪｜主观心态｜

【最高人民法院参考案例】

张静故意杀人案(《刑事审判参考》案例第 1045 号)

要旨：被告人作为成年人，理应对勒颈可致人死亡的常识有所认识，且当被害人被勒颈时反应激烈，伴有脚踢床板，喊叫救命等行为时，其更应明知其行为可能

会产生致人死亡的结果，但其仍放任被害人死亡结果的发生，其行为符合故意杀人罪的特征，应当以（间接）故意杀人罪对其定罪处罚。

被告人张静与被害人张丽敏相约做“用绳子勒脖子产生快感”的游戏，张静用裙带勒张丽敏颈部，且在张丽敏呼救时依然勒颈，两人的亲友、邻居等人闻声而至，在外敲窗询问，张静答称张丽敏在说梦话。后张静发现张丽敏已窒息死亡，遂割腕自杀，未果。

本案中对于被告人张静主观心态的认定，应结合在案证据、游戏本身的危险程度、日常生活经验等综合分析判断。

其一，游戏进行前，被告人张静对其行为所面临的高度危险是明知的。张静和被害人相约进行勒颈游戏，虽出于追求刺激、快感的本意，但用绳索、衣带勒颈具有高度的危险性，可致人死亡，是人所共知的常识。张静作为一个正常的成年人，不存在对此种情况认识上的障碍，理应对此有充分认识。从在案证据看，对绳勒脖颈会致人死亡这一常识的明知，亦有张静的供述予以印证。张静供述称“用裙带勒颈会把人勒死我是知道的”，故在游戏进行前，张静对其所进行的勒颈游戏可能会造成他人死亡的后果是明知的。这是认定其对被害人死亡后果所持主观心态的基础。

其二，游戏进行时，张静对其行为的现实危险性是明知的。张静供述，在勒之前被害人与其约定，如果受不了的话就喊一下“救命”，被害人如果喊“救命”，张静就不再用力了。当游戏进行了一分钟左右，被害人就有反抗和挣扎行为，且被害人喊了张静的名字，还叫了一声“救命”，双手也在乱抓张静。根据二人事先的约定，此时张静应当明知自己的勒颈行为已经给被害人带来了无法承受的痛苦和生命危险。况且，被害人当时的痛苦反应是异常激烈的，在隔壁居住的证人都听到了被害人的呼救声以及脚踢床板的声音，如此强烈的挣扎，如此大力度的反抗是完全可以为张静所感知的，也足以促使张静作出理性的判断。因此，在游戏进行中，张静对勒颈行为已现实威胁到被害人的生命安全应当是明知的。

其三，被告人张静放任了危害结果的发生。根据上述分析，张静无论是游戏前对勒颈行为可能面临的危险，还是游戏中对勒颈的现实危险性，都是明知的。在此情况下，张静是否放弃继续勒颈，表明了其对危害结果发生的主观心态。而在被害人已经出现挣扎、呼救等激烈的异常反应的情况下，张静以所谓使被害人体验快感的时间更久些为由，不但没有松手解开缠在被害人颈部的裙带，而且持续用力使被害人较长时间处于呼吸不畅的状态，最终导致被害人机械性窒息死亡。由此可见，张静在追求让被害人产生“快感”的同时，放任了被害人死亡结果的发生，其主观上更符合间接故意犯罪的构成要件。

——《刑事审判参考》（总第101辑）。

694 具有抚养义务的人，放任婴幼儿死亡危险的，应以故意杀人罪定性

关键词｜故意杀人罪｜遗弃罪｜虐待罪｜间接故意｜

【最高人民法院司法文件】

准确区分遗弃罪与故意杀人罪的界限,要根据被告人的主观故意、所实施行为的时间与地点、是否立即造成被害人死亡,以及被害人对被告人的依赖程度等进行综合判断。对于只是为了逃避扶养义务,并不希望或者放任被害人死亡,将生活不能自理的被害人弃置在福利院、医院、派出所等单位或者广场、车站等行人较多的场所,希望被害人得到他人救助的,一般以遗弃罪定罪处罚。对于希望或者放任被害人死亡,不履行必要的扶养义务,致使被害人因缺乏生活照料而死亡,或者将生活不能自理的被害人带至荒山野岭等人迹罕至的场所扔弃,使被害人难以得到他人救助的,应当以故意杀人罪定罪处罚。

——《最高人民法院、最高人民检察院、公安部、司法部关于依法办理家庭暴力犯罪案件的意见》(2015 年 3 月 2 日,法发〔2015〕4 号)。

【最高人民法院参考案例】

万道龙等故意杀人案(《刑事审判参考》案例第 993 号)

要旨:拒不履行抚养义务,将出生不久的女婴遗弃在获救希望渺茫的深山野林的,应当以故意杀人罪定性。

区分遗弃罪与采取遗弃手段实施的故意杀人罪,主要可从行为人的主观故意和客观行为两方面来分析。通常,故意杀人的行为人主观上对自己的遗弃行为会导致被遗弃人死亡的危害后果有明确认识,并且对死亡结果的发生持希望或者放任态度。而遗弃的行为人可能认识到、也可能没有认识到自己的遗弃行为会给被害人的生命、健康带来危险,其主观上并不希望、不愿意、不放纵被害人死亡或者伤害的结果发生,即如果被害人死亡或者受伤,都是违背其意愿的。

区分遗弃罪与以遗弃方式的故意杀人罪的关键点在于:行为人实施遗弃行为时,其是否考虑并给予了被害人获得救助的机会。如果是,则可以遗弃罪定罪;否则,应当以故意杀人罪来定罪。

——《刑事审判参考》(总第 98 辑)。

乐燕故意杀人案(《刑事审判参考》案例第 992 号)

要旨:具有抚养义务的人,因防止婴幼儿外出将婴幼儿留置在与外界完全隔绝的房间,为了满足其他欲求而放任婴幼儿死亡危险的,应当以故意杀人罪定性。

应当准确区分不作为故意杀人与虐待、遗弃这几类“形同实异”的犯罪行为。

遗弃罪是指对于年老、年幼、患病或者其他没有独立生活能力的人，负有抚养义务而拒绝抚养，情节恶劣的行为；而故意杀人是非法剥夺他人生命的行为。遗弃罪侵犯的是没有独立生活能力的被害人依法受扶助、照顾的权利，故意杀人侵犯的是被害人的生命权；在被告人与被害人具有特定抚养、照顾义务的情况下，应当作为而不作为，情节恶劣的，属于遗弃，但不会使被害人陷于生命危险境地，而应当作为而不作为，可能使被害人生命被剥夺的，属于不作为型的故意杀人罪；实施遗弃行为的行为人主观上并无追求或放任被害人死亡的故意。正是因为两种行为的客观危害不同、侵害的法益不同、行为人主观故意内容不同，刑法为遗弃罪和故意杀人罪配置了轻重差别十分明显的刑罚种类。在“遗弃”没有独立生活能力婴幼儿的情形下，遗弃罪与故意杀人罪的区别主要在于，在特定的时空条件下，被害人之生命安危是否依赖于对其负有特定抚养义务的行为人，如果存在这种支配依赖关系，而行为人不仅自己不履行抚养义务，还切断、排除了其他人对被害人进行救助的可能，主观上对被害人死亡结果持放任态度，那么，行为人就构成故意杀人罪；相反，抚养义务的不履行如果不会给被害人生命带来必然的、紧迫的现实危险，客观上仍存在其他人介入履行抚养义务的可能，行为人主观上既不希望、也不放任死亡结果的发生，那么，行为人就属于遗弃罪。例如，将婴儿扔在有人经常路过的地方，婴儿有可能被人施救，生命面临的危险尚不紧迫，行为人有合理依据相信婴儿无生命危险的，就属于遗弃行为；反之，如果将婴儿扔在偏僻处所，婴儿难以被人施救，生命面临必然、紧迫的现实危险的，那么，行为人对可能造成的婴儿死亡后果持无所谓的放任态度，就应当认定为故意杀人。本案被告人乐燕将两名年幼子女放在家里后独自离家，仅留下少量食物和饮水，外出一个多月不归，必然使两名年幼子女面临紧迫的生命危险，并且将门、窗封死，也排除了孩子外出获得他人实施救助的可能，所以，乐燕的行为不属于遗弃罪。

虐待罪是指对共同生活的家庭成员，经常以打骂、冻饿、禁闭、有病不给治疗或者强迫从事过度劳动等各种手段，从肉体上和精神上进行摧残迫害，情节恶劣的行为。虐待罪既可能以积极行为实施，如经常肉体折磨、精神摧残，也可能以不作为方式实施，如有病不给医治。根据刑法第二百六十条的规定，虐待家庭成员情节恶劣的，处二年以下有期徒刑、拘役或者管制，可见，虐待罪是一种相对较轻的罪行，不会侵犯被害人的生命权利，一般表现为经常或者连续折磨、摧残家庭成员身心的行为。在本案中，被告人乐燕曾经离家数日，致两名幼女因饥饿被送医院治疗，并于最后一次离家外出达一个多月，致使独自在家的两名幼女被活活饿死，其行为已非折磨、摧残幼女身心，而是使幼女生命面临被剥夺的严重危险，已超出虐待罪所能调整的范畴。

——《刑事审判参考》(总第98辑)。

695 投毒后放任目标之外他人死亡的，应认定为间接故意杀人

关键词｜故意杀人罪｜投毒｜间接故意｜

【最高人民法院参考案例】

孙连义故意杀人案(《刑事审判参考》案例第1007号)

要旨：行为人投毒后，放任他人死亡，应当认定其主观上具有间接故意，构成故意杀人罪。

间接故意是指行为人已经预见到自己的行为会导致某种结果发生而放任该结果的发生(发生并不违背其主观意志)，而过于自信的过失是指行为人已经预见到自己的行为会导致某种结果发生而轻信可以避免(发生是违背其主观意志的)。二者区分的关键在于是否违背行为人的意愿。在具体案件中，对行为人主观的认定非常复杂，尤其是间接故意和过于自信的过失的区分，更加复杂，一般要通过行为人具体的行为来分析其主观心态。从本案来看，对孙连义主观心态的认定可以从以下几个方面进行分析：

1. 孙连义投毒到茯苓复合颗粒胶囊中，而该胶囊系保健药物，用于提高人体免疫力，并非某类病人专用，其他人也有可能服用，即服用人是非特定的，实际上也是如此，在孟淑兰死后谢欣也服用了该胶囊。孙连义在实施投毒行为时，就应当知道不仅被害人孟淑兰可能服用该胶囊，其他人也是有可能服用的，而其并未因此放弃投毒，故可以认定其对其他人是否服用该胶囊是持无所谓、放任态度。

2. 从投毒之后的行为分析，根据孙连义的供述，其在孟淑兰死后，曾询问过药物下落，但在未查明具体下落时，孙连义并未继续采取其他有效措施防止他人服用这一后果的发生，实际上还是听之任之，放任结果的发生；而且，从谢玉华的证言来看，孙连义并未有过询问药物下落的行为。无论如何，孙连义在孟淑兰死亡后，并未采取有效措施预防其他后果的发生，应当认定其对其他后果的发生持放任态度。

——《刑事审判参考》(总第99辑)。

696 不作为型故意杀人罪的认定

关键词｜故意杀人罪｜不作为｜先行行为｜数罪并罚｜

【最高人民法院参考案例】

韦风强奸、故意杀人案(《刑事审判参考》案例第834号)

要旨:先行行为造成法益侵害现实危险的,行为人均应当承担避免危险实际发生的法定义务。如果行为人不积极履行救助义务,就构成刑法中的不作为犯罪。

被害人因躲避强奸在逃离过程中失足落水,行为人未实施救助,导致被害人溺水死亡。韦风因为先前置李某于危险境地的行为,使其负有刑法意义上的"保证人"义务。即在李某落入水中时,韦风负有采取有效措施救助李某的特定义务。韦风不履行这一特定的"保证人"义务,未采取任何措施救助被害人,最终导致李某溺水身亡,其行为违反了刑法的命令性规范,应当受到刑法的否定性评价,构成不作为型故意杀人罪。

在刑法明确将某些后果规定为加重情节的犯罪中,只要具有刑法上的因果关系,不区分直接和间接的,都应当纳入罪行评价,但具有其他行为介入因果关系的除外。如果具有其他行为介入,则发生因果关系的断绝。本案中,李某失足落水身亡的事实是否纳入强奸罪评价,关键在于发生李某失足落水身亡的结果之前是否具有其他行为等因素的介入。很显然,韦风因为先行行为导致其具有救助的作为义务,其不采取任何救助措施就离开现场,实质上是一种不作为。按照通说观点,不作为也是一种行为,即韦风实施了一种行为,只不过这种行为是以不作为方式实施的。这种不作为行为的介入,使原有的因果关系发生断绝,断绝后发生的行为与后果应当单独作为一个罪质来评价因果关系。而恰恰是这点,在实践中往往被忽略。本案中,那种将韦风失足落水身亡的事实主张纳入强奸罪评价的观点,忽视了不作为也是一种行为,忽视了这种行为给因果关系所带来的影响。

综上,对被告人韦风应当以强奸罪(未遂)和不作为的(间接)故意杀人罪数罪并罚,无锡市中级人民法院的判决是正确的。

——《刑事审判参考》(总第90辑)。

697 追赶小偷,致小偷跳水而不施救的行为构成故意杀人罪

关键词|故意杀人罪|先行行为|见死不救|

【最高人民法院参考案例】

颜克于等故意杀人案(《刑事审判参考》案例第475号)

要旨:虽然被害人偷窃自行车有过错,但被告人对被害人实施的殴打、追赶行为不属正当、合法行为,由此行为而致被害人自己跳入河中处于危险境地,负有法

律上的救助义务;被告人目睹被害人挣扎,并沉入水中,却不实施任何救助行为,其对被害人的死亡具有放任故意,构成不作为的故意杀人罪。

(一)颜克于等被告人先前殴打、追赶周家龙的行为在法律上产生其对周家龙处于危险状态时的救助义务

本案的关键在于确认颜克于等被告人对跳水而面临死亡危险的周家龙是否具有法律上的救助义务。一般认为,不作为犯罪的义务来源包括:法律明文规定的义务;职务或业务要求的义务;法律行为引起的义务;先行行为产生的义务。先行行为产生的义务,是指由于行为人先前实施的行为致使法律所保护的某种权利处于危险状态而产生的防止危害结果发生的义务。考察颜克于等被告人先前殴打、追赶周家龙的行为,应当属于来源于先行行为产生的救助义务。先行行为必须符合一定的条件才负有作为义务:

1. 先行行为必须是行为人本人所实施的行为

先行行为应是行为人亲自实施的行为,而不能是行为人以外的第三者。只有因自己行为导致发生(或引起)一定之危险者,始负有防止危险结果发生之义务。

2. 先行行为必须实际造成他人的危险状态存在

危险是指足以使合法权益遭受严重损害的一种事实状态。只有当该危险是由于行为人所实施的先行行为所直接造成时,行为人才负有防止危险结果发生的作为义务。

(二)颜克于等被告人的不作为与周家龙死亡结果之间具有刑法上的因果关系

就本案来说,颜克于等被告人的不履行先行行为产生的救助义务与周家龙死亡结果之间具有刑法意义上的因果关系。虽然周家龙死亡的直接原因是溺水死亡,但周家龙的死亡是一果多因的。没有颜克于等人的殴打、追赶行为,周家龙不会跳水;跳水后,如果颜克于等人履行了救助义务,周家龙就不会溺水死亡。也就是说,在周家龙跳水之后至溺水死亡之前,颜克于等人不实施救助行为即没有阻止周家龙由跳水向溺水死亡的方向发展,是引起周家龙溺水死亡结果的客观原因之一,殴打、追赶—跳水—不救助—溺水—死亡,是周家龙死亡的因果锁链。周家龙的死亡,其直接原因固然是溺水,然而却是颜克于等人没有实施救助义务,从而引起了周家龙死亡结果发生。据此,颜克于等被告人具备对周家龙死亡承担刑事责任的客观基础。

(三)颜克于等被告人对周家龙的死亡后果持放任态度

我们认为,在不作为犯罪中,不作为者对危害结果的过错形式只能是间接故意。如果过错形式是直接故意的,就不存在不作为的问题,而是一种作为犯罪了,即行为人明知自己的不履行特定义务可能或必然发生危害社会的结果,并且希望该结果发生,而利用客观上存在的自然力或其他人为因素,实现危害结果发生的

目的。

间接故意不作为犯罪是行为人明知自己的不作为可能会发生危害社会的结果，并且放任该结果发生的犯罪形态。通常所说的“见死不救”，指的就是对可能死亡之人不实施救助，而不是指利用危险状态的客观条件致他人于死地。如果周家龙跳水后，要往岸上爬，颜克于等人却实施了阻拦周家龙上岸的行为，迫使周家龙溺水死亡，那么，此时就不是“见死不救”的问题了，而是直接利用溺水这一客观条件致周家龙死亡，属于直接故意杀人的范畴。

（四）颜克于等被告人的“见死不救”，应评价为故意杀人情节较轻

我们认为，判断故意杀人是否属于情节较轻，可以从行为人主观过错、案发原因、犯罪手段、因果关系、危害结果等主客观方面综合分析判定。颜克于等被告人的“见死不救”行为虽然造成了被害人的死亡后果，但综合全案情节应评价为故意杀人情节较轻。主要理由是：（1）周家龙有实施盗窃自行车的嫌疑，在案件起因上存在一定过错；（2）颜克于等人主观上没有故意杀人的犯罪目的，其对周家龙的死亡后果只是持放任态度而不是积极追求；（3）颜克于等人没有直接实施剥夺他人生命的行为，只是在客观上实施了不正当殴打、追赶周家龙的行为，周家龙基于会游泳而跳入河中，生命处于危险境地后，颜克于等人能够履行救助义务而未履行；（4）本案的因果关系有其特殊性，周家龙的死亡系一果多因，且溺水死亡是直接原因，颜克于等人的不作为只是间接原因。因此，法院认定颜克于等人故意杀人犯罪属情节较轻是正确的。其中，被告人韩应龙积极赔偿，并取得被害人家属谅解，对其适用缓刑，也符合宽严相济的刑事政策精神。

——《刑事审判参考》（总第60辑）。

698 船舶碰撞发生船只倾覆、船员落水的后果，肇事责任人能够救助而不救助，逃离现场致使落水船员死亡行为的认定

关键词｜故意杀人罪｜先行行为｜肇事责任人｜

【最高人民法院参考案例】

陈君宏故意杀人案（《刑事审判参考》案例第1285号）

要旨：与车辆肇事不同，船舶碰撞一旦造成船员落水，船员的生命当即处于现实危险境地，肇事方不予救助的“逃逸行为”使落水船员失去获救的机会，放任了落水船员死亡后果的发生，认定为故意杀人罪符合刑法理论及相关司法解释的规定。

1. 先行行为是作为义务的来源之一，海上船舶碰撞使对方船员落水而逃逸

的，证明肇事者决意拒绝履行救助义务，放弃处于危险境地的船员的生命，依法可构成不作为的故意杀人罪。申言之，海上船舶肇事通常没有第三方救助的可能，逃逸行为使落水人员丧失唯一的获救机会，认定为故意杀人罪符合案件事实与法律规定。本案船舶碰撞发生在 2011 年 2 月 27 日凌晨 0 时 7 分许，既是冬季，又是凌晨，海水温度非常低，落水人员通常在 15—20 分钟之后便会失去知觉。夜间海上能见度较低，即使有船舶经过案发现场也很难发现落水船员，“恒利 88”轮肇事逃逸意味着落水船员失去最后一棵“救命稻草”。对于落水船员因得不到救助可能死亡的危害结果，被告人陈君宏主观上应具有明确的认识，其为了逃避法律追究而逃逸的行为，意味着放任落水船员死亡结果的发生，符合故意杀人罪的主客观要件。

2. 对本案被告人以故意杀人罪定罪处罚，符合《最高人民法院关于审理交通肇事刑事案件具体应用法律若干问题的解释》（以下简称《解释》）第六条“行为人在交通肇事后为逃避法律追究，将被害人带离事故现场后隐藏或者遗弃，致使被害人无法得到救助而死亡或者严重残疾的，应当分别依照刑法第二百三十二条、第二百三十四条第二款的规定，以故意杀人罪或者故意伤害罪定罪处罚”规定的内在精神。本案发生在深夜的茫茫大海上，肇事船舶的逃逸行为使落水船员处于无人救助的危险境地，与《解释》中“将被害人带离事故现场后隐藏或者遗弃，致使被害人无法得到救助而死亡”的情形相吻合。《解释》之所以将该种情形定性为故意杀人罪，是因为“隐藏或者遗弃”作为一种先前行为致使受害人处于无人救助的危险境地，不履行救助义务便意味着放任受害人死亡结果的发生，故符合不作为故意杀人罪的构成要件。本案虽无“将被害人带离事故现场后隐藏或者遗弃”的行为，但其逃逸行为造成的实际后果与“将被害人带离事故现场后隐藏或者遗弃”的情况并无本质不同。在司法解释已明确地将交通肇事后为逃避法律追究，将被害人带离事故现场后隐藏或者遗弃，致使被害人无法得到救助而死亡的行为认定为故意杀人的情况下，将本案被告人的行为认定为故意杀人罪，符合司法解释的精神以及刑法原理。

3. 肇事船舶在明知船员落水情况下的逃离现场行为不同于一般的交通肇事逃逸行为。陆上车辆肇事逃逸，被害人会有途经车辆或人员施救的可能，而海上船舶肇事后，被害人很难得到他船的救助，即使附近船舶闻讯赶来，通常也来不及挽回落水人员的生命，即使在水温较高的夏季，海浪、暗流也时刻会吞噬落水人员的生命。相较而言，茫茫大海上发生的逃逸行为，其实际危险性与危害性更为突出，在类似本案的场合下，被告人驾船逃离的行为，几乎意味着宣告落水人员的死亡，对此类行为的定罪处罚应当区别于一般的交通肇事逃逸行为，在其已符合不作为的故意杀人罪构成要件的情况下，应当优先考虑适用该罪名，唯此方能体现罪责刑相适应原则。

本案定性为故意杀人罪是海事刑事司法实践的一个突破。我国是海运大国，船舶肇事逃逸致使落水人员死亡和失踪的案件时有发生，以往的船舶肇事致人死亡案件要么以行政处罚和调解息事宁人，要么只追究民事侵权责任，以交通肇事罪入刑的案件比较鲜见，本案定性为故意杀人罪系全国首例。本案的示范价值在于：案件定性为故意杀人罪提高了船舶肇事逃逸行为的违法成本，最高刑期能够由交通肇事罪的有期徒刑十五年提升到故意杀人罪的死刑，从而，既可发挥刑罚一般预防的作用，也能为今后审理类似案件提供指引。

需要特别指出的是，肇事船舶的先前碰撞行为使落水人员处于危险境地，即产生救助义务，肇事船舶的逃逸行为背后反映的是不予救助的情节，这也是认定为不作为的故意杀人罪的主要依据，如果行为人虽因过失造成船舶碰撞事故，但能够积极救助遇难人员的，则不能参照本案以故意杀人罪定罪处罚。此外，在个别情况下，大船与小船在海上发生碰撞事故时，大船自身对碰撞的感受并不明显，有的甚至误认为撞到了海上漂浮物。如果能够认定责任人确实不知道本船发生了碰撞事故而驶离现场的，由于其对由此产生的救助义务不明知，即便发生人员溺亡的后果，通常也不能按照故意杀人罪论处。

——《刑事审判参考》(总第 117 辑)。

699 提供农药、刺激他人服下且未予施救而致死的行为构成故意杀人罪

关键词｜故意杀人罪｜救助义务｜帮助自杀｜

【最高人民法院参考案例】

刘祖枝故意杀人案(《刑事审判参考》案例第 746 号)

要旨：提供农药由丈夫自行服下后未采取任何救助措施导致丈夫中毒身亡的，构成故意杀人罪。

(一)提供农药由丈夫自行服下后来采取任何救助措施，导致丈夫中毒身亡的，构成故意杀人罪

刘祖枝的行为主要包括两个阶段：一是将农药提供给秦继明，并对其进行了言语刺激；二是在秦继明喝下农药后未采取任何救助措施。

关于第一阶段的行为，刘祖枝向秦继明提供农药，并对秦进行言语刺激，导致秦继明喝下农药中毒身亡：有观点认为，案发前秦继明多次有过自杀的念头，刘祖枝只是为秦继明的自杀创造条件，其行为不必然导致秦继明服毒死亡的结果发生，

该结果在刘祖枝的意料之外，故刘祖枝的行为不构成犯罪。我们认为，对帮助自杀的行为是否追究刑事责任要根据帮助者的主观和客观两个方面的情况而定：如果帮助者没有意识到他人有强烈的自杀倾向，且所提供的帮助行为与自杀后果之间不具有刑法上的因果关系，对帮助者不追究刑事责任。如果帮助者主观上明知他人有强烈的自杀倾向，客观上仍通过言行进一步强化他人自杀的决意，并提供自杀工具或者帮助他人完成自杀行为的，应当认定帮助行为与他人死亡后果之间具有刑法上的因果关系，对帮助者应当以故意杀人罪追究刑事责任。本案属于后一种情形。被害人秦继明多年患有遗传性小脑萎缩症，近年来病情恶化，因不堪病痛折磨，常在夜间叫喊，并多次产生自杀念头。案发当日，秦继明因病痛再次在深夜叫喊，引发女儿秦丽华和刘祖枝的不满。秦继明赌气说想死，刘祖枝一气之下将家中的农药敌敌畏倒入杯子，并提供给秦继明，同时说了一些"该死的相""你不是想死吗，倒点药，看你喝不喝""有本事你就喝"等之类的对秦继明有精神刺激的言语，导致秦继明服下杯中的敌敌畏。可见，刘祖枝主观上明知秦继明有强烈的自杀倾向，并意识到将敌敌畏提供给秦继明会发生秦继明服毒身亡的后果，客观上仍向秦继明提供农药，并通过言语刺激进一步增强秦继明的自杀决意，最终导致秦继明服毒身亡。刘祖枝所实施的行为与秦继明的死亡后果之间具有刑法上的因果关系，应当认定其行为构成故意杀人罪。

关于第二阶段的行为。刘祖枝在秦继明喝下农药毒性发作后未采取任何救助措施，导致秦继明中毒身亡后果的行为，符合不作为故意杀人罪的特征，不作为犯罪是指行为人负有实施某种积极行为的特定法律义务，且能够履行而不履行，从而导致危害后果发生的情形。不作为犯罪的成立需要具备以下条件：(1)行为人负有特定的作为义务；(2)行为人能够履行而不履行；(3)不履行作为义务与危害结果之间具有因果关系。作为义务的来源主要有四种，即法律明文规定的作为义务、职务或者业务要求的作为义务、法律行为引起的作为义务、先行行为引起的作为义务。

本案中，刘祖枝具有救助秦继明的义务，且当时能够履行而不履行，故其第二阶段的行为属于不作为的故意杀人。第一，刘祖枝有救助的义务。该义务来源包括先行行为产生的义务、法律明文规定的义务和基于社会公共伦理而产生的道德义务。首先，刘祖枝具有先行行为产生的义务。先行行为产生的义务，是指由于行为人先前实施的行为致使法律保护的某种法益处于危险状态，从而产生的防止危害结果发生的义务。刘祖枝向秦继明提供农药，并通过言语刺激进一步强化他人自杀的决意，刘祖枝的这一先行行为导致其负有防止秦继明死亡结果发生的义务。其次，刘祖枝具有法律规定的义务。婚姻法规定夫妻有互相扶养的义务，这种扶养包括夫妻在日常生活中的互相照料、互相供养和互相救助。刘祖枝是秦继明之妻，刘祖枝看到秦继明喝下农药毒性发作而不将其送往医院救治，违反了夫妻间互相救助的法律义务。此外，刘祖枝具有由社会道德伦理衍生的救助义务。如果秦继明的服毒地点是在人口较为密集的广场等公共场所，如果刘祖枝不实施救助，他人还可以实施救助。然而，本案发生在较为封闭的私人住所，不可能期待他人实施救助行为，因此刘祖枝具有由社会道德伦理衍生的救助义务。第二，刘祖枝有能力救助而未实施救助。秦继明喝药的时间是在凌晨 3 时许，之后就开始吐白沫，并出现呼吸困难。在场的女儿秦丽华问刘祖枝怎么办，刘祖枝回答不知道。当秦丽华给其他亲戚打电话说秦继明“快不行了”时，刘祖枝不让说是其给秦继明提供了农药。后当秦丽华提出要打“120”急救电话将秦继明送去医院，刘祖枝又说秦继明快不行了就不用送了。从凌晨 3 时许秦继明喝药到凌晨 4 时许死亡，在长达一个多小时的时间内，刘祖枝一直待在家里，没有采取任何有效的救助措施，且阻止女儿秦丽华采取救助措施，故属于有能力救助而不予救助。综合上述两点，刘祖枝对秦继明有义务、有能力救助而不予救助，放任秦继明中毒身亡的结果发生，符合不作为故意杀人罪的特征。

（二）对刘祖枝的行为可以认定为故意杀人“情节较轻”

根据刑法第二百三十二条的规定，故意杀人情节较轻的，处三年以上十年以下有期徒刑。对这里的“情节较轻”如何理解和把握，目前尚无相关司法解释进行明确。实践中一般综合考虑案件的性质，犯罪的起因、动机、目的、手段等情节，犯罪的后果，被告人的主观恶性和人身危险性等因素予以认定。把握的一般尺度是，对社会危害性较小，主观恶性和人身危险性也较小的，可以认定为故意杀人情节较轻。例如，青年男女因婚前性行为致女方怀孕产子后，因无抚养能力而杀死婴儿的；近亲属对一贯为非作恶者“大义灭亲”的；长期受被害人迫害者因不堪忍受折磨而将被害人杀死的；等等。

对于本案被告人刘祖枝的行为能否认定为故意杀人“情节较轻”，审理过程中存在一定争议。有观点认为，刘祖枝在秦继明喝下农药后，自己不予救助，还阻止女儿打急救电话抢救，犯罪情节较为恶劣，不应认定“情节较轻”。我们认为，综合本案案情，应当认定刘祖枝的行为“情节较轻”。具体理由如下：第一，秦继明多年身患重病，其因不堪病痛折磨曾多次产生轻生念头，刘祖枝能够长年坚持扶养和照料，不离不弃，已尽到夫妻之间的扶养义务。第二，近年来秦继明因病痛折磨，经常在晚上叫喊，影响其暂住地周围邻居休息，房东对此不满，要求刘祖枝尽快搬走，刘不想搬家，为此与秦继明争吵过。案发当天深夜，秦继明又在叫喊，招致秦丽华和刘祖枝的强烈不满，引发了刘祖枝与秦继明进行争吵。刘当时处于激情状态，容易作出过激反应。第三，刘祖枝向秦继明提供农药并进行言语刺激的行为，虽然与秦继明服毒身亡的结果之间存在刑法上的因果关系，但毕竟秦继明先具有自杀念头，且系本人服毒自杀，这与直接将农药灌入被害人口中的行为大相径庭，行为人的主观恶性和行为的社会危害性也不可同日而语。第四，案发后刘祖枝原籍所在地数十名村民联名出具担保书，证实刘祖枝数十年如一日地精心照顾秦继明患病的奶奶、母亲及秦继明本人，表现一贯良好；秦继明的四个兄弟姐妹也出具证明，证实秦继明现有亲属均对刘祖枝的行为表示谅解，放弃对刘祖枝提起附带民事赔偿诉讼。可见，刘祖枝具有良好的人缘关系，对其适用情节较轻进行从轻处罚不会激化社会矛盾。

此外，值得一提的是，根据最高人民法院出台的《关于〈中华人民共和国刑法修正案（八）〉时间效力问题的解释》第四条的规定，本案属于 2011 年 4 月 30 日以前犯罪，应当适用修正后刑法第六十七条第三款的情形。修正后刑法第六十七条第三款规定："犯罪嫌疑人虽不具有前两款规定的自首情节，但是如实供述自己罪行的，可以从轻处罚。"被告人刘祖枝因事后没有委托他人报警，不属于主动投案，不构成自首。但刘祖枝在被公安机关传唤后如实交代犯罪事实，具有坦白情节，依法可以从轻处罚。

综上，法院认定被告人刘祖枝的行为构成情节较轻的故意杀人罪，依法对刘祖枝判处有期徒刑七年，定罪准确，量刑适当。

——《刑事审判参考》（总第 84 辑）。

700 交通肇事罪转化为故意杀人罪主观故意的认定

关键词｜故意杀人罪｜交通肇事罪｜主观方面｜

【最高人民法院司法解释】

第六条　行为人在交通肇事后为逃避法律追究，将被害人带离事故现场后隐藏或者遗弃，致使被害人无法得到救助而死亡或者严重残疾的，应当分别依照刑法第二百三十二条、第二百三十四条第二款的规定，以故意杀人罪或者故意伤害罪定罪处罚。

——《最高人民法院关于审理交通肇事刑事案件具体应用法律若干问题的解释》（2000 年 11 月 21 日，法释〔2000〕33 号）。

【最高人民法院参考案例】

韩正连故意杀人案（《刑事审判参考》案例第 439 号）

要旨：在肇事者自己先前的交通肇事行为使被害人的生命处于现实危险状态的情况下，肇事行为人负有防止死亡危险结果发生的特定义务，如果能够履行而故意不履行，造成被害人死亡结果的就构成刑法上的不作为故意杀人犯罪。

在交通肇事转化为故意杀人罪的条件中，如何把握交通肇事转化为故意杀人罪的主观故意，是审理此类案件的难点。行为人由过失交通肇事的行为到故意杀人的行为，存在一个主观心理转变的过程。行为人交通肇事造成他人伤害主观上是出于过失，在因交通肇事已经致被害人伤害结果而使其陷于死亡的现实危险状态情况下，被害人的生命安全依赖肇事行为人的及时救护，而行为人为了逃避法律追究，不采取措施防止死亡结果的发生，而是将被害人带离事故现场后隐藏或者遗弃，致使被害人因得不到及时的救护而死亡，其承担的刑事责任不再是交通肇事的结果加重犯的责任，而是因其先行行为造成他人死亡危险状态构成的不作为的刑事责任。《道路交通事故处理办法》第七条明确规定："发生交通事故的车辆必须立即停车，当事人必须保护现场，抢救伤者和财产。"同时，由于肇事者自己先前的交通肇事行为才使被害人的生命处于现实危险状态，因此，从法律明文规定和行为人先行行为看，肇事行为人负有防止死亡危险结果发生的特定义务，如果能够履行而故意不履行，造成被害人死亡结果的就构成刑法上的不作为故意杀人犯罪。这种情况下，行为人对于造成被害人死亡的主观心态既可能希望被害人死亡，也可能是放任被害人死亡。因为行为人对被害人处于急需救助、生命安全处于危险状态是明知的，此时，再将被害人带离事故现场后隐藏或者遗弃，如果是明知自己的行为必然发生被害人死亡的结果，则属于直接故意杀人；如果仅是明知自己的行为可能会发生被害人死亡的结果，而放任这种结果的发生，则属于不作为的间接故意杀人。至于个案中被告人的主观心理状态的认定，一般可以从其实施的客观行为、肇事后被害人的伤害情况、当时的特定环境以及社会一般人的通常认识程度等方面进行综合分析判断。

——《刑事审判参考》（总第56辑）。

701 车辆所有人在交通肇事后将被害人隐藏致使被害人无法得到救助而死亡的，如何定性

关键词｜故意杀人罪｜交通肇事罪｜

【最高人民法院参考案例】

赵双江故意杀人、赵文齐交通肇事案（《刑事审判参考》案例第1169号）

要旨：车辆所有人在交通肇事后将被害人隐藏致使被害人无法得到救助而死亡的，应当以故意杀人罪论处。

首先，赵双江的行为应当认定为交通肇事罪的共犯。《最高人民法院关于审理

交通肇事刑事案件具体应用法律若干问题的解释》(以下简称《解释》)第五条对单位主管人员、机动车辆所有人、承包人或者乘车人(以下简称主管人员等)设置了一个特别义务,即不得指使肇事人逃逸,否则,致使被害人因得不到救助而死亡的,以交通肇事论。这里,对主管人员等构成交通肇事罪规定了两个前因条件:(1)指使肇事人逃逸。本案中,赵双江自己供述和赵文齐商量过将被害人拽到公路边,但没有得到赵文齐供述的印证。但是,赵双江实施了主动搭载赵文齐逃离现场的行为。举轻以明重,既然指使逃逸的行为都可认定为共犯,那么,比指使逃逸性质更严重的搭载肇事人逃逸的行为,更应以交通肇事的共犯论处。(2)致使被害人因得不到救助而死亡。如前所述,虽然本案中,被害人死亡的原因主要是交通事故,被害人即使得到救助也可能死亡,但是被害人得不到救助是肯定存在的,而且,即使徐占齐因得到救助而没有死亡的概率极低,也不等于绝对没有。赵双江与发生交通事故后已经昏迷的赵文齐不同,其是在明知徐占齐还有呼吸的情况下,将徐占齐拽入沟中从而使其完全失去了被抢救的可能。因此,对赵双江而言,可以认定为"致使被害人因得不到救助而死亡"。

其次,对赵双江可以适用《解释》第六条的规定,以"交通肇事"转化为"故意杀人"论,主要原因就是其在构成交通肇事罪的共犯后,必然随之产生行政法上对交通肇事行为人规定的一些附随义务,主要是抢救的义务。《解释》第六条也是针对这一附随义务而作出禁止性规定的,即行为人不得将被害人带离事故现场隐藏或者遗弃,否则,就要转化为故意杀人罪或者故意伤害罪(转化为何罪以结果论)。但赵双江正是实施了《解释》第六条规定的禁止性行为,将徐占齐拽入沟中,致救护人员到事故现场后找不到被害人。更为恶劣的是,在救护人员因找不到被害人而打赵双江电话时,赵双江明知可能是救护人员的电话,却不接听。

综上,法院认定赵文齐的行为构成交通肇事逃逸,并考虑到其逃离肇事现场是被赵双江搭载离开,具有一定的被动性,其逃逸行为与被害人徐占齐的死亡结果之间没有必然因果关系,因而不认定其具有"逃逸致人死亡"情节;认定赵双江的行为构成交通肇事共犯,并且因为其实施了将被害人拽入路边沟中,致被害人得不到救助,因而依法转化为故意杀人罪,在定性上是正确的。在量刑上,考虑到被害人的死亡原因主要不是两被告人的逃逸行为所致,而是交通事故所致,且被害人亲属分别与赵双江亲属、赵文齐亲属达成调解协议,被害人亲属对二被告人的犯罪行为予以谅解;赵双江在交通肇事后曾打过120急救电话,客观上有利于案件的侦破,因而均予以从轻处罚,是适当的。

——《刑事审判参考》(总第108辑)。

702 因婚姻家庭、邻里纠纷引发的故意杀人案件的量刑

关键词 | 故意杀人罪 | 民间纠纷 | 死刑 |

【最高人民法院司法文件】

要准确把握故意杀人犯罪适用死刑的标准。对故意杀人犯罪是否判处死刑，不仅要看是否造成了被害人死亡结果，还要综合考虑案件的全部情况。对于因婚姻家庭、邻里纠纷等民间矛盾激化引发的故意杀人犯罪，适用死刑一定要十分慎重，应当与发生在社会上的严重危害社会治安的其他故意杀人犯罪案件有所区别。对于被害人一方有明显过错或对矛盾激化负有直接责任，或者被告人有法定从轻处罚情节的，一般不应判处死刑立即执行。

——《全国法院维护农村稳定刑事审判工作座谈会纪要》（1999 年 10 月 27 日，法〔1999〕217 号）。

【最高人民法院指导性案例】

王志才故意杀人案（最高人民法院指导案例 4 号）

裁判要点：因恋爱、婚姻矛盾激化引发的故意杀人案件，被告人犯罪手段残忍，论罪应当判处死刑，但被告人具有坦白悔罪、积极赔偿等从轻处罚情节，同时被害人亲属要求严惩的，人民法院根据案件性质、犯罪情节、危害后果和被告人的主观恶性及人身危险性，可以依法判处被告人死刑，缓期二年执行，同时决定限制减刑，以有效化解社会矛盾，促进社会和谐。

——《最高人民法院关于发布第一批指导性案例的通知》（2011 年 12 月 20 日，法〔2011〕354 号）。

李飞故意杀人案（最高人民法院指导案例 12 号）

裁判要点：对于因民间矛盾引发的故意杀人案件，被告人犯罪手段残忍，且系累犯，论罪应当判处死刑，但被告人亲属主动协助公安机关将其抓捕归案，并积极赔偿的，人民法院根据案件具体情节，从尽量化解社会矛盾角度考虑，可以依法判处被告人死刑，缓期二年执行，同时决定限制减刑。

——《最高人民法院关于发布第三批指导性案例的通知》（2012 年 9 月 18 日，法〔2012〕227 号）。

【链接：理解与参照】

对处理这类案件的上述要求，是罪责刑相适应原则和宽严相济刑事政策的具体阐释，有利于促进社会主义和谐社会建设。首先，因民间矛盾激化引发的故意杀

人,均事出有因、属于针对特定对象实施的犯罪,这与发生在社会上、针对不特定对象实施同类犯罪的被告人相比,在主观恶性、人身危险性上有明显区别。基于罪责刑相适应刑法基本原则的要求,从预防犯罪的刑罚目的出发,为保障案件处理取得良好法律效果,对此类案件的被告人理应区别对待。其次,因民间矛盾激化引发的犯罪,被告与被害方多存在邻里、同事、亲友或者婚恋等比较密切的关系,有的还是同一家庭的成员。对此类案件,如果简单地一杀了之,往往会使当事人双方结下更深冤仇,甚至是世代冤仇;相反,如果在审判案件的同时大力促进当事人双方的矛盾化解,在尽力做好被害方思想和善后工作,敦促被告人认罪悔罪、积极赔偿的基础上,酌情对被告人从宽处罚,有益于修复遭犯罪侵害的社会关系,使邻里、家庭、社区的社会生活秩序重归融合。因此,从促进社会和谐角度考虑,为保障案件处理取得良好社会效果,对此类案件的被告人也应当与发生在社会上、针对不特定对象实施同类犯罪的被告人有所区别。

——吴光侠、林玉环:《指导案例 12 号〈李飞故意杀人案〉的理解与参照》,载江必新主编:《最高人民法院司法解释与指导性案例理解与适用(第 1 卷)》,人民法院出版社 2013 年版,第 645—648 页。

【最高人民法院公报案例】

邢台市人民检察院诉路国平故意杀人案(最高人民法院复核)

要旨:被告人的行为已构成故意杀人罪,后果严重,应依法惩处,但鉴于本案系民事纠纷引发,双方在起因上均有一定过错,且被告人在羁押期间有制止他人自杀的情节,对其判处的死刑可不立即执行。

被告人路国平的行为已构成故意杀人罪,后果严重,应依法惩处。一、二审判决定罪准确。但一、二审判决认定被告人路国平驾驶摩托车轧在被害人崔书林的腿部,并引发双方发生口角并殴斗的事实,仅有证人席海生一人证言,无其他证人证言及被告人供述印证,且与公安机关的尸检报告不符,证据不确实、充分,本院不予认定。鉴于本案系因民事纠纷引发,双方在案件起因上均有一定过错,且被告人路国平在羁押期间有制止他人自杀的表现等具体情节,对被告人路国平判处死刑,可不立即执行。

——《最高人民法院公报》2005 年第 6 期。

【最高人民法院参考案例】

张俊杰故意杀人案(《刑事审判参考》案例第 511 号)

要旨:同事间纠纷引发的杀人案件应慎重适用死刑。

《全国法院维护农村稳定刑事审判工作座谈会纪要》(以下简称《纪要》)规定,

对于因婚姻家庭、邻里纠纷等民间纠纷矛盾激化引发的故意杀人犯罪，适用死刑一定要十分慎重，应当与发生在社会上的严重危害社会治安的其他故意杀人犯罪案件有所区别。这里的民间纠纷，包括但不限于邻里纠纷，也包括那些因为工作、生活等矛盾引起的纠纷；也不限于农村的民间纠纷，城市中发生的民间纠纷也可以适用《纪要》规定的精神。

——《刑事审判参考》（总第65辑）。

吴江故意杀人案（《刑事审判参考》案例第474号）

要旨：对因恋爱矛盾激化引发的故意杀人案件，可以参照因婚姻家庭矛盾激化引发的故意杀人案件予以处理。此类案件适用死刑标准的考量因素有：(1)产生矛盾的原因是否可以归责于被害人，即被害人一方是否有明显过错或对矛盾激化负有直接责任。(2)行为人是否具有法定或酌定从轻处罚的情节。

所谓恋爱矛盾，是指恋人之间因情感、经济等问题在恋爱过程中引发的矛盾。恋爱矛盾不同于婚姻家庭矛盾，在形式上，当事人双方没有进行婚姻登记，亦没有对外以夫妻名义共同生活，既不具备合法婚姻的形式要件，也不具备事实婚姻的形式要件。在法律性质上，当事人双方无法定的权利和义务，关系不如婚姻家庭密切和稳定。在矛盾主体上，婚姻家庭矛盾的主体比恋爱矛盾主体宽泛，其既可以发生在夫妻之间，也可以发生在家庭成员中的其他主体之间，如父母子女、兄弟姊妹、共同生活的其他家庭成员之间，而恋爱矛盾的主体，一般仅限于有恋爱关系的恋人之间。

但是，恋爱矛盾与婚姻家庭矛盾在本质上有诸多共同之处：一是矛盾双方主体固定。二是矛盾双方主体间都存在感情基础。三是产生矛盾的原因和过程类似。四是矛盾双方的过错责任区分有一定难度。由以上可以看出，恋爱关系可以看作是婚姻家庭关系的延伸。当前，随着我国婚姻家庭观念的改变，恋人之间未领取结婚证而同居的现象比较普遍，当事人双方除了未到民政部门办理结婚手续外，在其他诸如情感、经济、社会交往等问题上与婚姻家庭成员间的类似问题并无本质区别。此类恋爱关系若稳定健康发展，一般就成为组成婚姻家庭的前期过程。对于这种类型的恋爱关系，可以视作准婚姻家庭关系。

据此，从矛盾的性质而言，恋爱引发的矛盾本质接近于婚姻家庭矛盾，对因此而激化引发的故意杀人案件，可参照因婚姻家庭矛盾引发的故意杀人案件来处理。本案系被告人在恋爱期间，不能正确处理因经济问题引发的矛盾，从而导致其用暴力方式杀害被害人，属于因“民间矛盾”引发的故意杀人案件，因此，在审理本案时，应当依照《全国法院维护农村稳定刑事审判工作座谈会纪要》（以下简称《纪要》）的相关精神，适用死刑时要特别慎重。

我们认为,结合《纪要》的相关规定和司法经验,对于因恋爱矛盾引发的故意杀人案件适用死刑标准的考量因素,主要有以下两个方面:

一是产生矛盾的原因是否可以归责于被害人,即被害人一方是否有明显过错或对矛盾激化负有直接责任。

所谓"明显过错",是指从法律规定、道德要求上综合考量,矛盾的产生系被害人一方有违法行为或违背社会伦理道德、善良风俗的行为。

所谓"对矛盾激化负有直接责任",是指被害人一方在矛盾的产生之初并无明显过错,但是在处理矛盾的过程中,采取不恰当的方式方法,直接激化、加剧了矛盾,刺激了行为人的犯罪心理。

二是行为人是否具有法定或酌定从轻处罚的情节。

因恋爱矛盾激化引发的故意杀人案件,其社会危害性与那些严重危害社会治安的其他故意杀人案件具有区别,因此,处理此类案件时,在死刑适用标准上要更加严格。对于行为人在案发后,确有法定或酌定从轻、减轻情节的,要尽可能地依法、全面、综合地考虑相关情节,少用、慎用死刑。除了法律规定的自首、立功等法定从轻、减轻情节外,以下情节,也是考量此类案件是否适用死刑的重要因素:一是行为人的一贯表现;二是行为人行为时的主观故意内容;三是行为人的行为方式;四是行为人的悔罪表现。

——《刑事审判参考》(总第60辑)。

宋有福、许朝相故意杀人案(《刑事审判参考》案例第35号)

要旨:农村因邻里纠纷引发的间接故意杀人,如果不是手段特别残忍、情节特别恶劣,可以不判处死刑立即执行。

第一,因邻里纠纷引起的杀人案件,虽然也属于危害严重的案件,但同那些因劫财、奸情等杀人的案件还是有区别的。对于造成了被害人死亡后果的杀人案件,由于案件的起因不同,被告人的动机的卑劣程度及主观恶性大小不完全一样,对社会的危害也不完全相同,在量刑上亦应有所区别。

第二,本案虽然造成了被害人死亡的后果,但纵观二被告人犯罪的全过程,主观上对危害后果是持放任态度,放任的程度也是不一样的。所以,即使按后果认定为杀人罪,也不能认为犯罪手段十分残忍、情节特别恶劣。

第三,本案是间接故意杀人。间接故意杀人,对被害人是死是活,并不积极追求,而是听之任之,采取放任态度。间接故意杀人的主观恶性和对社会的危害程度比直接故意杀人要小,处刑时应注意加以区别,判处死刑更应特别慎重。

——《刑事审判参考》(总第5辑)。

703 被害人有严重过错的故意杀人案件的量刑

关键词｜故意杀人罪｜被害人过错｜从轻处罚｜

【最高人民法院参考案例】

刘宝利故意杀人案(《刑事审判参考》案例第556号)

要旨:被害人因盗窃分赃不均数次带人暴力威胁被告人索拿赃款的行为,不能认定为被害人过错。

刑法意义上的被害人过错,是指被害人出于故意,实施违背社会伦理或违反法律的行为,侵犯了被告人的合法权利或者正当利益,引发被告人实施犯罪或者激化加害行为危害程度的情形。《全国法院维护农村稳定刑事审判工作座谈会纪要》(以下简称《纪要》)规定,对故意杀人犯罪是否判处死刑,不仅要看是否造成了被害人死亡结果,还要综合考虑案件的全部情况……对于被害人一方有明显过错或对矛盾激化负有直接责任,或者被告人有法定从轻处罚情节的,一般不应判处死刑立即执行。《纪要》第一次明确将被害人过错引入刑事量刑体系,这样规定主要是考虑对于故意杀人、故意伤害等互动性非常明显的刑事案件,被害人对案件引发或矛盾激化具有明显过错的,被告人的主观恶性相对较小,从而影响量刑,尤其是在可能适用死刑的案件中。

被害人过错需要具备的条件主要有:(1)过错方系被害人,被告人的犯罪行为针对的必须是有过错行为的被害人。(2)被害人必须出于故意,由于被害人过错通常出现在互动性明显的故意杀人、故意伤害等犯罪中,单纯的过失行为或者不可归咎于被害人的其他行为,不能认定为被害人过错。(3)被害人须实施了较为严重的违背社会伦理或违反法律的行为。过错的字面含义就包含了否定评价的内容,被害人过错从性质上说就是违反法律或违背道德的行为,但是并非所有的过错都能为刑法所评价,只有达到一定的严重程度才有可能被纳入刑法评价体系,才可能成为酌定量刑情节。《纪要》明确规定被害人须有"明显过错",至于是否明显,通常应以社会一般人的认识判断为标准。(4)被害人的过错行为须侵犯了被告人的合法权利或者正当利益。"合法权利"是法律明确规定予以保护的利益,"正当利益"一般是指法律虽未明文规定,但根据社会伦理为公众所赞许或认可的利益。被害人的不法或不良行为如果侵犯了被告人的合法权利或正当利益,被告人因此对被害人实施犯罪行为的,被告人应受谴责的程度相对减轻。(5)被害人的过错行为须引起被告人实施了犯罪行为或者激化了加害行为的危害程度。被害人的过错行为既可能引发刑事犯罪发生,也可能在犯罪中激化矛盾,致使被告人提升加害程度。这里,被害人的过错行为与被告人的犯罪行为必须具备引起与被引起的因果联系,而诸如被害人疏于防范、误入犯罪圈套等行为,不属于刑法意义上的被害人过错。

确认被害人过错时，不仅要分析是否具备以上五点，还应当全面考察案件的来龙去脉、发案背景，具体情况具体分析，不可简单套用。如果刑事犯罪的被害人故意侵犯被告人的生命权、健康权等权利，该行为引发了犯罪或加重犯罪侵害程度的，通常应当遵照《纪要》的规定将被害人过错作为酌定量刑情节，综合分析被告人的主观恶性和人身危险性进行量刑。但是，若被害人的上述行为由于被告人的先行侵犯行为所引起，其行为属于“以不法制不法”的，就不能简单认定为过错行为。如群殴事件中，双方均有不法行为，任何一方都存在成为加害人或被害人的可能，不能简单地以最终结果来认定被害人或加害人，也不能因此而认定被害人在案件起因上具有过错。当然，如果加害人的先行不法或不良行为已经中止，如群殴的一方已放弃继续斗殴，准备离开或被迫离开时，另一方仍无理纠缠，继续实施侵害行为的，离开者在无奈情况下实施了加害行为，此时可以考虑认定被害人存在过错。

本案中，被告人刘宝利因受到被害人张团的数次纠缠，其人身安全受到威胁，财产权也多次被侵犯，刘宝利因此实施了杀害张团的行为，表面看来已经满足被害人过错的五项条件，但是由于张团的行为系刘宝利的先行违法行为所引发，故不能简单认定张团存在过错。具体来说，本案的前因是刘宝利在数年之前纠集张团参与盗窃，事后未给张团分赃，后张团多次带人纠缠刘宝利索要赃款。刘宝利和张团均实施了盗窃行为，二人争执的内容是对盗窃赃款的占有不均，而对赃款的占有不是合法权益或正当利益，张团的行为因缺乏侵犯利益的正当性而不能被认定为被害人过错。若将张团的索要行为与刘宝利纠集张团盗窃的行为相剥离，将张团的威胁、强拿行为认定为过错，就等于承认刘宝利对窃取的财物拥有合法占有的权利，这显然与法律全面否定和惩罚盗窃行为的理念相悖。当然，这并不是说张团的行为对案件的引发没有责任，但是该行为不能被认定为被害人过错从而减轻被告人刘宝利应受谴责的程度。

——《刑事审判参考》(总第68辑)。

704 被告人因本人及家人长期遭受被害人家庭暴力而不堪忍受，在被害人再次实施家庭暴力时杀害被害人，可以认定为故意杀人罪情节较轻的情形

关键词｜故意杀人罪｜情节较轻｜

【最高人民法院参考案例】

吴某某、郑某某故意杀人案(《刑事审判参考》案例第 1124 号)

要旨:故意杀人罪中的“情节较轻”,需由法官结合个案情况具体裁量。

从以往的案例来看,对于激情杀人或者义愤杀人等情形,能否认定为“情节较轻”通常要考虑以下几个因素:一是被告人的主观恶性,包括被害人在案发起因上是否有重大过错、被告人犯罪动机是否卑劣等;二是杀人手段属于一般还是残忍,如以特别残忍手段杀人,则通常不宜认定为“情节较轻”;三是犯罪后果是否严重,如导致二人以上死亡的严重后果,通常不能认定为“情节较轻”;四是被害方及社会公众特别是当地群众对被告人行为作出的社会评价,例如,被告人姚国英故意杀人案,被害人徐树生与姚国英系夫妻关系,婚后多年中姚国英频繁受到徐树生严重虐待。在徐树生再次打骂姚国英后,姚国英趁徐树生熟睡将其杀害,后姚国英自首。法院认为被告人姚国英杀人故意系因不堪忍受徐树生的长期虐待和家庭暴力而引发,综合考虑上述几个方面的因素,认定姚国英的行为属于故意杀人罪中“情节较轻”的情形,据此,判处姚国英有期徒刑三年,并适用缓刑。

就本案而言,被告人吴某某及其母郑某某、其妹吴某,均长期遭到其父吴某军虐待,郑某某一只眼睛被吴某军殴打失明,吴某因不堪忍受吴某军虐待曾割腕自杀,后离家外出,吴某军的其他家人亦曾遭到吴某军打骂。案发当日,吴某军又对二被告人打骂施虐。因此从案发起因来看,被害人吴某军存在严重过错,二被告人并无过错。从吴某某的犯罪行为来看,可以认定其系因不堪忍受吴某军长期家庭暴力以及再次施暴报复的现实威胁,激愤之下而杀害吴某军,既无卑劣的犯罪动机,犯罪情节也无特别恶劣之处,吴某某随手从地上捡起废弃的电线勒死吴某军,犯罪手段一般,犯罪后果也不属于特别严重。当地村民对二被告人均持同情态度,对吴某军的施虐言行均表示谴责,要求对二被告人从宽处罚,吴某军的父母兄弟也均对二被告人表示谅解。综合考量以上因素,对吴某某和郑某某的故意杀人犯罪行为均可认定为情节较轻。

——《刑事审判参考》(总第 105 辑)。

姚国英故意杀人案(《刑事审判参考》案例第 647 号)

要旨:因长期遭受虐待和家庭暴力而杀夫应当认定为刑法第二百三十二条规定的“情节较轻”。

(一)因长期遭受虐待和家庭暴力而杀夫应认定为刑法第二百三十二条规定的“情节较轻”

刑法第二百三十二条规定:“故意杀人的,处死刑、无期徒刑或者十年以上有期徒刑;情节较轻的,处三年以上十年以下有期徒刑。”对该条中的“情节较轻”如何理解和认定,法律和司法解释尚无具体、明确的规定。理论界和实务界通常将以下情形视为“情节较轻”:(1)防卫过当的故意杀人,指正当防卫超过必要限度而故意将不法侵害者杀死的情形。(2)义愤杀人,指行为人或者其近亲属受被害人的虐待、侮辱或迫害,因不能忍受,为摆脱所受的虐待、侮辱、迫害而实施故意杀人的行为。(3)激情杀人,即本无杀人故意,因被害人的严重过错,在被害人的刺激、挑逗下而失去理智,当场实施故意杀人的行为。(4)受嘱托帮助他人自杀,即基于被害人的请求、自愿而帮助其自杀的行为。(5)生父母溺婴,即父母出于无力抚养、怜悯等不太恶劣的主观动机而将亲生婴儿杀死的行为。上述五种情形又以前三种较为常见和值得探讨,这三类情形有一个共通点,即被害人在案发起因上有严重过错。具体而言,是指被害人出于主观上的故意或过失,侵犯他人合法权益,对诱发被告人的犯意、激发被告人实施犯罪具有直接或间接作用。

将“被害人严重过错”作为故意杀人罪的“情节较轻”情形的法理依据在于:刑事法律负有平衡被告人和被害人之间利益的任务。这种利益上的平衡,在西方国家的刑法理论中表现为“责任分担说”和“谴责性降低说”。“责任分担说”认为,在“一些犯罪中被害人的过错行为使犯罪的发生或者犯罪危害后果的产生不能完全归咎于被告人,此时犯罪行为的责任也要部分地归咎于被害人”。“谴责性降低说”认为,在一些犯罪中“被害人在犯罪发生之前的行为,不论是否应该谴责,只要该行为推动了被告人的暴力反应,那么被告人的受谴责性都应该适当降低”。在我国,有学者提出了“过错相抵”理论,即被告人的过错与被害人的过错能够进行相互抵消或抵减,通过对被告人与被害人相互利益损害计算的方式平衡双方的权益救济途径和方式,从而达到公平保护各方权益的目的。生命权是公民的最高权益,无疑是受到法律严格保护的,但是法律在保护被害人权益的前提下,也不应忽略对被告人权益的保护。当被害人的行为违背公序良俗,违反有关法律、法规、其他规章制度,在道义上或法律上具有可谴责性或可归责性,且该行为是诱发被告人产生犯罪动机或者使犯罪动机外化最主要的因素时,就应当认定被害人具有重大过错,在该情形下,对被告人就应考虑是否按照“情节较轻”处理。

在相关司法解释性文件中,被害人过错已被明确作为量刑的一个重要考虑因素,特别是在故意杀人罪中,被害人过错被列为与法定从轻处罚情节同等位置的量刑情节。如1999年10月27日最高人民法院印发的《全国法院维护农村稳定刑事审判工作座谈会纪要》规定:“对故意杀人犯罪是否判处死刑,不仅要看是否造成了被害人死亡结果,还要综合考虑案件的全部情况。对于因婚姻家庭、邻里纠纷等民间矛盾激化引发的故意杀人犯罪,适用死刑一定要十分慎重,应当与发生在社会上的严重危害社会治安的其他故意杀人犯罪案件有所区别。对于被害人一方有明显过错或对矛盾激化负有直接责任，或者被告人有法定从轻处罚情节的，一般不应判处死刑立即执行。”2007年1月15日《最高人民法院关于为构建社会主义和谐社会提供司法保障的若干意见》第十八条明确规定：“……因被害方的过错行为引发的案件应慎用死刑立即执行。”

结合本案，我们认为，受虐杀夫的犯罪行为，从杀人原因和审判效果两方面分析，应当认定被害人存在严重过错，该类杀人行为属于故意杀人罪中的“情节较轻”情形，具体理由如下：

1. 从杀人原因分析。尽管受虐杀夫的手段通常比较残忍，且往往伴有死亡结果的发生，但这是由于妇女长期受丈夫或男友暴力虐待所致。有学者引入“受虐妇女综合征”的概念来开释这种故意杀人行为。“受虐妇女综合征”是一种特殊的行为模式，该心理症状由暴力周期和后天无助感两个概念组成。暴力的周期性循环使妇女能够预见下一轮暴力事件发生的时间及其严重程度，而一直处于恐慌的状态。长期遭受暴力以及处于恐慌，使得女性在心理上会逐渐处于瘫痪状态，变得越来越被动，越来越顺从，也越来越无助。这种精神上的钳制积压到一定程度，一旦爆发就容易走极端，丧失理智而失控。由于受虐妇女自身反抗能力的限制和出于对施暴丈夫的恐惧，失控杀夫的时间点往往不是不法侵害正在进行时，所以无法以正当防卫事由获得减轻或者免于处罚。鉴于该类情形被害人即家庭暴力的施暴者在案发起因上具有重大过错，司法实践中一般将因长期受虐而杀夫的行为认定为故意杀人罪中情节较轻的情形。

2. 从刑罚的社会效果分析。对因长期遭受虐待和家庭暴力而杀夫的妇女进行量刑时，按照“情节较轻”处理，对于遏制家庭暴力的滋生蔓延有积极的意义，能获得较好的社会效果。我国现行适用于家庭暴力方面的法律、法规可操作性不强，虽然婚姻法第三条有禁止家庭暴力的规定，但处罚的尺度和依据难以把握。规章制度上的不健全，使受虐妇女在寻求合法的救济途径时困难重重，相关机构在对受虐妇女进行保护时也显得比较无力。上述因素加之家庭暴力的隐蔽性，使得家庭暴力的施暴者更肆无忌惮，暴力行为愈演愈烈。将受虐杀夫的行为认定为犯罪情节较轻，必然会使家庭暴力的施暴者有所收敛，更加理智地权衡自己行为后果的利弊，起到良好的社会导向作用，实现社会自我防卫、主动预防犯罪的目的。同时，受虐杀夫是一种针对性很强的杀人，行为人再次犯同种罪行的可能性甚微，加之行为人主观恶性较小，在道义上得到大家的同情，严惩像她们这样几乎没有人身危险性的受虐妇女，对国家、社会及其子女都是弊大于利，还可能带来更严重的社会家庭问题，不利于社会的和谐发展。因此，将因长期遭受虐待和家庭暴力而杀夫认定为刑法第二百三十二条规定的“情节较轻”，符合宽严相济的刑事政策，顺应刑罚“轻缓化”和“人道化”的发展趋势。

本案中,被告人姚国英与被害人徐树生结婚十多年,被害人经常无故打骂、虐待被告人,被告人也多次尝试向公安机关、村委会、妇联求助,也提出过离婚,但问题难以得到彻底解决。在一次长时间打骂后,被告人长期的积怨爆发,将丈夫杀死,随后到公安机关自首。案发后,当地妇联递交了要求对被告人姚国英轻判的申请报告,当地政府出具了有六百多位群众签名要求对被告人姚国英从轻处罚的请愿书。

综上,本案是一起非常典型的因长期受虐待和家庭暴力引发的杀夫案件,被害人在案发起因上有重大过错,被告人受到民众的同情,被告人姚国英的杀夫行为应认定为刑法第二百三十二条规定的“情节较轻”。

(二)被告人姚国英符合适用缓刑的条件

如前所述,根据本案案情,被告人姚国英的故意杀人犯罪应认定为“情节较轻”,在三年以上十年以下有期徒刑的幅度内量刑。如果对姚国英判处三年有期徒刑,还能否再对其适用缓刑呢?根据刑法第七十二条第一款的规定,“对于被判处拘役、三年以下有期徒刑的犯罪分子,根据犯罪分子的犯罪情节和悔罪表现,适用缓刑确实不致再危害社会的,可以宣告缓刑”。

首先,从本案被告人姚国英犯罪的主观恶性分析,其故意杀人的原因是无法忍受被害人长期以来的虐待和家庭暴力,出于长期的积怨和对未来可能再次遭受虐待与暴力的恐惧,其主观恶性较一般的杀人行为要小得多,被害人的重大过错也很大程度上降低了被告人主观上的可谴责性。

其次,被告人姚国英具有自首情节。自首本身是法定的从轻、减轻处罚情节,能够反映其有较好的认罪态度。本案受虐杀人的对象仅限于家庭暴力的施暴者,一旦施暴者不存在,对其他人和社会也就很难再构成威胁。由此而论,被告人姚国英的社会危害性和人身危险性较小,对其使用缓刑不致再危害社会。

此外,姚国英的行为已经得到社会原谅,并受到社会舆论的同情。当地的政府、妇联以及六百多位群众纷纷要求对姚国英从轻处罚,参与庭审旁听的人大代表和政协委员也纷纷表示可以对姚国英适用缓刑。虽然民意不是法定从轻处罚的情节,但是在量刑时应考虑对被告人有利的民意并综合其他因素对被告人从轻或减轻处罚。

最后,本案中还有一个对被告人适用缓刑的考虑因素,即被告人姚国英有一个未成年的女儿需要照料,且其女儿患有先天性甲状腺肿大,需要终生服药。

综上,衢江区人民法院以故意杀人罪对被告人姚国英判处三年有期徒刑并适用缓刑的判决,符合法律规定,符合罪责刑相一致的刑法原则,符合刑罚价值论上的人道性、公正性,有利于社会和谐。

——《刑事审判参考》(总第76辑)。

705 雇凶杀人案件中被告人的责任分担

关键词｜故意杀人罪｜雇凶杀人｜罪责分担｜

【最高人民法院参考案例】

胡忠、胡学飞、童峰峰故意杀人案(《刑事审判参考》案例第555号)

要旨:雇凶犯罪是共同犯罪的一种形式,也可以说是教唆犯罪的一种特殊形式。根据雇凶者与被雇佣者在共同犯罪中的地位和作用,确定雇凶者与被雇佣者的罪责的大小,是正确量刑的前提。

确定雇凶者和被雇佣者罪责的大小的根据是各自在共同犯罪中的地位和作用,这是一条基本原则。雇凶者和被雇佣者所处的地位和所起的作用,应当根据雇凶者雇凶犯罪的目的和意图、希望达到的结果、是否直接实施犯罪行为以及参与实施犯罪的程度,被雇佣者实施犯罪行为的手段、情节以及犯罪实际造成的危害后果等综合考虑决定,不能片面判断。从审判实际看,雇凶犯罪不外乎有两种形式:一是"只动口不动手"的情形,二是"既动口又动手"的情形。根据犯罪构成理论和相关量刑理论,一般而言,客观犯罪行为的社会危害性要比提出犯意的行为的社会危害性大,因此,"只动口不动手"的雇凶者一般要比实施犯罪行为的被雇佣者的罪责要小,但也不完全排除某些情况下雇凶者的罪责也是极其严重的,如雇凶者出于极其卑劣的动机、不惜巨资、杀害多人或伤害致多人死亡的,在这种情况下,尽管被雇佣者的罪责最重,但并不能因此而减轻雇凶者的罪责。对于"既动口又动手"的雇凶者,如果雇凶者与被雇佣者都积极实施致人死亡的犯罪行为,那么,雇凶者既是犯意提起者,又是行为实施者,在致人死亡的罪责相当或者确难以分清的情况下,其罪责显然要比被雇佣者重。当然,在致人死亡的环节上,如果被雇佣者作用明显要比雇佣者大的,可认定被雇佣者的罪行最重。

就本案而言,可以说有两层雇佣关系:一是胡忠雇佣了胡学飞,胡忠是"只动口不动手"的雇凶者;二是胡学飞雇佣了童峰峰,胡学飞是"既动口又动手"的雇凶者。胡忠与胡学飞相较而言,其只出资雇佣胡学飞伤害被害人李光耀,并没有直接参与实施伤害李光耀的犯罪行为,其罪责要比直接实施致人死亡行为的被雇佣者胡学飞轻。胡学飞与童峰峰相较而言,其接受胡忠的雇佣后,又雇请了童峰峰参与作案,并且共同积极实施致人死亡的犯罪行为,其罪责显然要比其雇请的童峰峰重。就胡忠与童峰峰而言,虽然胡忠与童峰峰是一种间接的雇佣关系,但毕竟胡忠没有直接实施致人死亡的犯罪行为,其罪责也比童峰峰小。因此,本案中胡学飞罪责最重,童峰峰次之,胡忠再次之。

——《刑事审判参考》(总第68辑)。

706 邪教组织指使、胁迫他人自杀(自伤)的，构成故意杀人(伤害)罪

关键词｜邪教组织｜自杀｜故意杀人罪｜

【最高人民法院司法解释】

第十一条　组织、利用邪教组织，制造、散布迷信邪说，组织、策划、煽动、胁迫、教唆、帮助其成员或者他人实施自杀、自伤的，依照刑法第二百三十二条、第二百三十四条的规定，以故意杀人罪或者故意伤害罪定罪处罚。

——《最高人民法院、最高人民检察院关于办理组织、利用邪教组织破坏法律实施等刑事案件适用法律若干问题的解释》(2017年2月1日，法释〔2017〕3号)。

707 共同故意杀人案件多个主犯的量刑

关键词｜故意杀人罪｜共同犯罪｜主犯｜

【最高人民法院司法文件】

对于一般共同犯罪案件，应当充分考虑各被告人在共同犯罪中的地位和作用，以及在主观恶性和人身危险性方面的不同，根据事实和证据能分清主从犯的，都应当认定主从犯。有多名主犯的，应在主犯中进一步区分出罪行最为严重者。对于多名被告人共同致死一名被害人的案件，要进一步分清各被告人的作用，准确确定各被告人的罪责，以做到区别对待；不能以分不清主次为由，简单地一律判处重刑。

——《最高人民法院关于贯彻宽严相济刑事政策的若干意见》(2010年2月8日，法发〔2010〕9号)。

【最高人民法院参考案例】

王建辉、王小强等故意杀人、抢劫案(《刑事审判参考》案例第380号)

要旨：在有多个主犯的共同犯罪中，只对起最主要作用的主犯判处死刑立即执行，符合我国少杀、慎杀的死刑政策。在二审期间，上级公诉机关提出不同于下级公诉机关的公诉意见，应当以上级公诉机关的意见为最后意见。

在被害人的死亡是由混同行为造成的情形下，凡是积极实施行为的参与者均属共同犯罪中的主犯，应对被害人的死亡承担全部刑事责任。但也并不意味着所有主犯都要处以极刑。只有在行为人作案动机十分卑劣、手段极其残忍、情节特别恶劣、造成的后果极其严重，且主观恶性极深，人身危险性极大，实属罪行极其严重的情形下才予适用。在司法实践中，对共同犯罪中罪行极其严重的犯罪分子是否

判处死刑立即执行,应当考虑以下因素:多个主犯中罪行最严重的主犯已经判处死刑立即执行,其他地位、作用相对次要的主犯;共同犯罪人作用、地位相当,责任相对分散的;共同犯罪人责任不清的;同案人在逃,有证据证明被告人起次要作用的;对在案的被告人适用死刑立即执行可能影响对在逃的同案人定罪量刑的等。对具有上列因素的,一般不适用死刑立即执行。这样也符合少杀慎杀、宽严相济、罪刑相当、区别对待的政策精神和司法理念。

进入二审程序后,上级公诉机关与下级公诉机关就此问题出现截然不同的意见,这在司法实践中是不多见的。《人民检察院刑事诉讼规则》第七条规定:“在刑事诉讼中,上级人民检察院对下级人民检察院作出的决定,有权予以撤销或者变更;发现下级人民检察院已办结的案件有错误的,有权指令下级人民检察院纠正。”因此,上级公诉机关与下级公诉机关对案件事实的认定意见不一致时,人民法院应以上级公诉机关的意见作为参加诉讼的公诉意见。上级公诉机关否认了下级公诉机关对某一犯罪的认定,就是撤销了国家对被告人此种“犯罪”的追诉。换言之,审判机关对上下级公诉机关不一致的意见,只能以上级公诉机关的意见作为公诉意见,依法没有取舍的余地。其次,在刑事诉讼中,就同一犯罪事实公诉方不同意追诉,而被告人又不承认犯罪的情况下,则不成立诉讼,人民法院不能在没有诉辩双方参与的情况下进行审判和裁决,否则作出的判决缺乏诉讼前提和程序上的基础,是明显违反诉讼程序的。

——《刑事审判参考》(总第48辑)。

708 对无法排除其他人作案可能的故意杀人案件能否核准死刑

关键词 | 故意杀人罪 | 死刑复核 |

【最高人民法院参考案例】

李万华故意杀人、盗窃案(《刑事审判参考》案例第1024号)

要旨:在死刑复核过程中发现新的证据,无法排除第三人作案可能,且全案主要依靠言词证据定案,没有有力的客观性证据的,应当认定证据无法达到死刑案件的标准,不予核准死刑。

刑事诉讼法第五十三条第二款规定:“证据确实、充分,应当符合以下条件:(一)定罪量刑的事实都有证据证明;(二)据以定案的证据均经法定程序查证属实;(三)综合全案证据,对所认定事实已排除合理怀疑。”这里的“合理怀疑”是指以证据、逻辑、经验法则为根据的怀疑,即案件存在被告人无罪的可能性。没有根据的怀疑,以及对与犯罪无关事实的怀疑,不影响对案件犯罪事实的认定。

本案主要是依靠言词证据定案，故关键是现有证据要能形成一个完整的证据链条，排除其他人的作案嫌疑，绝不允许存在“合理怀疑”。

（一）证明被告人李万华实施抢劫犯罪的证据尚未达到确实、充分的程度

1. 本案证实李万华抢劫杀人的证据如下：(1)本案破案比较自然。公安机关出具的抓获经过证实，公安机关在将案发现场同一层楼搞装修的有作案时间的务工人员作为重点排查对象时，李万华逃避公安机关的调查，由此锁定李万华有重大作案嫌疑，抓获李万华后其供认犯罪。(2)李万华之兄李某某证实案发后见过李万华脸部、手上有伤痕，与李万华所供作案时受伤相印证；李万华还将在“锦绣华都”小区掐死一妇女，并窃走被害人五千元及一部手机的事实告诉过兄长李某某，并告诉过其母亲施某某“当时人死没死我不知道就跑了”。李某某系李万华之兄、施某某系李万华之母，作为近亲属提供不利于李万华的证言，能排除故意陷害李万华的可能性，因此证言可信度很高。(3)DNA 鉴定意见证实，从现场电话线上检出被害人 DNA，与李万华所供用电话线勒颈的情节相印证。(4)李万华供认主要犯罪事实，其供述的很多细节还得到其他证据印证。

2. 直接证实李万华实施犯罪的证据，除李万华的供述外，只有其兄李某某、其母施某某的证言。而其兄、其母的证言源自于李万华，属于传来证据，故直接证明李万华犯罪的证据仍然只有李万华的供述。

（二）现有证据无法排除合理怀疑

1. 存在第三人作案的可能性。案发时在同楼层另一房间进行装修的周某某只有一人在场施工，同样有作案时间。周某某案发后也曾被公安机关讯问并作出了有罪供述，后周某某翻供，由于其后侦查无实质性进展，公安机关对周某某刑事拘留后又取保候审，直至李万华归案后才解除对周某某的取保候审。因周某某在被拘留期间也曾作过有罪供述，并始终称侦查机关没有刑讯逼供，故周某某的犯罪嫌疑并未完全排除。

2. 供证矛盾较多。李万华在侦查阶段第一、二次询问时并未供认犯罪，其后的供述也前后矛盾，部分供述与证人证言有矛盾。(1)对自己是否曾用电话线勒被害人颈部，李万华供述前后不一。侦查阶段第一次讯问时其没有供述该情节，在第四次讯问时才开始供述该节事实，但一审时其又否认，二审则又承认有该情节，复核提讯时其对该节再次予以否认。其供述反反复复，且公安机关组织其对作案工具电话线进行了辨认，最终未能辨认出来。(2)对被害人手机去向，李万华供述前后不一，且手机未能提取到案。其先供称案发当天下午将被害人手机扔进河里，后供称将手机放在一个纸箱内，直至被他人发现后才扔弃。(3)对盗窃现金数目供述前后不一。李万华先供称从被害人处盗得三千八百元现金，后改供盗得五千元现金。(4)李万华在供述中曾提及，案发后其编造谎言“我在长安用砖头将一个男

子的头部打出血”并告诉李某某、杨某、罗某等人，但李某某等人均未证实该情节。

3. 部分关键证据证明力不强。李万华所供窃取的金钱数额与被害人取款凭证及明细账单一致，但该取款凭证、明细账单系在李万华供述之前提取，证明力不强；李万华所供将盗窃所得款项中的一千五百元用于支付姚某某工资一节得到姚某某证言印证，系先供后证，但该钱款也有可能系李万华本身所有，不能肯定系盗窃所得；李万华所供手机去向，与证人李某某、罗某证实的案发后看见过被害人手机相印证，李某某、罗某对该手机图片进行了辨认，但并未提取到被盗手机；同时，李某某、罗某二人证实的看见李万华持有手机的时间、地点不一致，李某某称是与李万华、罗某一起乘车时看见，而罗某否认该节，称是在装修工地李万华的纸箱内看见。

4. 全案缺乏李万华出现在现场的客观性证据。现场既未提取到李万华的衣物、相关指印、脚印等与李万华有关的物证，又未在被害人的双手甲床内检出异物，也无证人证实李万华进入过现场。

为切实防范冤假错案发生，对死刑案件要严格把握证据标准。对不能排除第三人作案可能、现有证据之间存在矛盾，证据达不到“排除合理怀疑”程度的，应当依法不予核准死刑。本案综合全案证据，无法排除合理怀疑，最高人民法院依法发回重审是适当的。

——《刑事审判参考》（总第 100 辑）。

709 行为人始终供述伙同他人作案，且在案证据不排除他人参与共同犯罪的，能否对其适用死刑

关键词 | 故意杀人罪 | 死刑 | 共同犯罪 |

【最高人民法院参考案例】

崔小虎故意杀人案（《刑事审判参考》案例第 1257 号）

要旨：我国刑事法律和刑事政策对刑事案件的证明要求，始终坚持高标准、严要求的宗旨，即要求侦查终结移送审查起诉、提起公诉、作出有罪判决的证明标准都要达到“犯罪事实清楚，证据确实、充分”。而对死刑案件的证据要求，更是坚守“经得起历史检验”的底线和“必须得出唯一性结论”的红线。

本案证据不排除被告人崔小虎伙同他人共同犯罪的可能性，不能得出崔小虎是唯一作案人的结论。若本案有共同犯罪嫌疑人存在，那么就需要对崔小虎在共同犯罪当中的地位、作用加以证明。根据崔小虎的供述，其在犯罪过程中，只持菜刀作案，并未使用匕首，并辩称张某某在共同犯罪中先后持匕首和菜刀砍刺了被害

人。从尸检鉴定情况来看,死者死于菜刀和单刃刺器创伤,倘若崔小虎与张某某都使用过菜刀作案,且张某某又可能持单刃刺器作案,两人的作用孰轻孰重就需要经过侦查、起诉和审判,根据证据加以甄别判断。因此,一、二审法院在现有证据证明不排除崔小虎伙同张某某共同犯罪,不能得出崔小虎是唯一作案人结论的情况下,认定崔小虎单独作案,继而以故意杀人罪判处崔小虎死刑显然不妥。最高人民法院根据死刑案件证据裁判原则和证明标准,以在案证据不能排除他人参与共同犯罪,依法不核准被告人崔小虎死刑,发回一审法院重新审判,是适当的。

——《刑事审判参考》(总第114辑)。

二、过失致人死亡罪

710 实施一般殴打导致特异体质被害人死亡的行为，应认定为过失致人死亡罪

关键词｜过失致人死亡罪｜特异体质｜

【最高人民法院参考案例】

都某过失致人死亡案(《刑事审判参考》案例第1079号)

要旨:被告人作为一名具备相当社会生活经验的成年人,应当能够预见拳击他人头部可能导致他人死亡的危害后果,但因为疏忽大意而没有预见到,导致发生了被害人死亡的危害后果,故应当以过失致人死亡罪定罪处罚。

1. 被告人都某的行为与被害人的死亡结果之间具有刑法上的因果关系

本案的尸体鉴定意见表明,被害人陈某死亡的原因是有高血压性并冠状动脉粥样硬化性心脏病,因发生纠纷后情绪激动、头面部(鼻根部)受外力作用等导致机体应激反应,促发有病变的心脏骤停而死亡。由该鉴定意见可知,本案被害人的死亡属于多因一果情形。死亡的直接原因是心脏病,而引发心脏病的原因是纠纷后情绪激动,以及头面部(鼻根部)受外力作用等导致机体应激反应。因此,虽然被害人的特异体质是其死亡的内在原因,但不可否认的是,正是因为被告人的暴力行为导致被害人的身体产生应激反应,促发病变心脏骤停而死亡,并非被害人自身原因促发死亡。因此,被告人的行为是被害人死亡结果发生的必要条件,两者具有刑法上的因果关系。

2. 被告人都某没有造成他人身体器官损伤的主观故意

司法实践中,常见的攻击、打斗行为表现为两种不同的情形:一种是一般争执过程中旨在造成他人身体一时疼痛的一般殴打行为;另一种是意图造成他人身体器官损伤的故意伤害行为。实践中,不能将所有的"故意"殴打致人死亡的案件,都认定为故意伤害致死。如有学者所言:"一般生活意义上的'故意'不等同于刑法上的故意。行为人只具有一般殴打的意图,并无伤害的故意,由于某种原因或者条件引起了被害人死亡的,不能认定为故意伤害致死;如果行为人对死亡结果有过失,就应认定为过失致人死亡罪。"

综合本案主客观方面的情况来看,被告人的行为属于一般殴打行为,并不属于意图造成他人身体器官损伤的故意伤害行为,因此,不宜认定被告人存在造成他人

身体器官损伤的主观故意。

3. 被告人都某对其行为导致被害人死亡的结果存在疏忽大意的过失

被告人对其行为导致被害人死亡的结果存在疏忽大意的过失。具体理由如下：在一般争执过程中，行为人实施的暴力行为属于带有加害风险的行为，行为人通过殴打他人发泄愤怒情绪的同时，伴有导致他人受伤或死亡的可能。由于此类殴打行为源于愤怒情绪，不仅具有攻击性且力度容易失控，故致人受伤或者死亡的风险具有客观性，加之行为人通过殴打他人发泄情绪的行为应受谴责，不具有合法性，因此必然要求行为人承担避免因殴打行为力度较大而导致对方处于危险状态的注意义务，一旦发生危害结果，行为人就可能因未履行注意义务而构成过失犯罪。从本案情况来看，人的头部是敏感且较为脆弱的区域，被告人作为一个精神健全、身体健硕的成年人，应当预见到用拳头击打他人头部可能造成他人受伤或者死亡的风险，但其由于疏忽大意没有预见，最终导致被害人因纠纷后情绪激动、头面部（鼻根部）受外力作用等导致机体应激反应，促发有病变的心脏骤停而死亡，故被告人应当承担过失致人死亡的责任。也正是基于此，被告人都某提出的无罪主张不能成立。当然，如果行为人只有一般的殴打行为，并未殴打被害人重要部位且殴打力度轻微，并未导致被害人产生机体应激反应并促发特殊疾病等原因死亡的，结合案件具体情况，行为人对被害人死亡结果没有过失的，则应当认定被告人无罪。

4. 认定被告人的行为构成过失致人死亡罪更符合公众的一般心理预期

为了合理明确刑法处罚范围，对于处在罪与非罪、重罪与轻罪边缘的行为，应适当结合一般人的生活和社会常理作出判断。在一般争执和殴打致人死亡案件中，被告人的行为并未直接造成被害人轻伤以上的后果，而是因被害人原有病症发作等复杂因素导致死亡，因果关系方面具有"多因一果"的特征，死亡结果具有某种程度的偶发性，对此种情形以过失致人死亡罪定罪处罚更能获得社会认同。

——《刑事审判参考》（总第103辑）。

711 对轻微殴打行为导致被害人倒地磕碰死亡的情形中，被告人罪名的认定

关键词｜过失致人死亡罪｜轻微殴打｜

【最高人民法院参考案例】

张润博过失致人死亡案（《刑事审判参考》案例第1080号）

要旨：实施拳打脚踢等轻微殴打行为导致被害人摔倒磕碰死亡或者原有病症

发作而死亡的案件如何准确定性，需结合个案事实具体分析。

首先要从事实层面入手，分析、判断涉案行为与死亡结果之间是否存在因果关系。如果因果关系得以确认，则要从规范层面入手，结合行为人的主观罪过来确定其是否应当对死亡结果承担刑事责任，以及承担何种刑事责任。

综合全案来看，被告人虽然并不希望被害人死亡的结果发生，主观上缺乏致死的直接故意，但其明显具有实施击打行为对被害人造成轻微痛苦的意图。并且，其行为受制于愤怒情绪，具有攻击性且力度容易失控，所以，其应当承担避免对方因攻击行为而摔倒磕碰致死的注意义务。一旦危害结果发生，则依法要承担相应的刑事责任。

就本案而言，被害人在起因上有一定责任，被告人在对方先辱骂、动手的情况下出手打中被害人一下，行为比较克制，到案后即交代犯罪事实并一直如实供述，认罪、悔罪态度好，双方就民事赔偿问题已达成协议，并取得被害人亲属的谅解，对此案以过失致人死亡罪认定，不仅能够做到罚当其罪，社会上也易于接受。

值得注意的是，轻微暴力致人死亡的案件较为复杂，除了类似本案的行为人意图对被害人造成轻微痛苦而实施攻击行为的情况外，还有行为人意图摆脱被害人控制或拉扯而实施的强力甩手、转身等防御行为造成他人倒地磕碰或引起原有病症发作死亡的情况。一般而言，后者的危险性较小，有的属于本能之举，亦可能不以犯罪论处，除非争执发生在马路边、行进的公共交通工具中等极易摔倒磕碰的场合或者对年老体弱者及幼童等特殊对象实施。此外，虽然是采用拳打脚踢掌推等徒手方式殴打被害人，但打击没有节制或者当时场所特殊而具有高度危险性的，如长时间殴打，或者在楼梯口、车辆穿行的马路边猛推、追赶被害人的，在一定情况下也可以认定行为人具有伤害故意。

——《刑事审判参考》（总第 103 辑）。

712 在家长体罚子女致子女死亡的情形下，准确区分故意伤害罪和过失致人死亡罪

关键词 | 过失致人死亡罪 | 故意伤害罪 |

【最高人民法院参考案例】

肖某过失致人死亡案（《刑事审判参考》案例第 996 号）

要旨：故意伤害罪、过失致人死亡罪的客观方面都可以表现为伤害行为致人死亡。实践中，应当细致考察客观行为的特征，根据案件具体情况分析被告人主观意图，准确定罪；量刑时充分考虑其动机、对象、后果等方面的特殊性，力求罪责刑相

适应。

过失致人死亡与故意伤害致死区分的关键,即在于行为人是否存在伤害他人身体健康的故意。司法实践中,对于家长体罚致死子女的案件,基于彼此间身份的特殊性,且案发于封闭环境缺乏旁证等原因,使得对行为人作案时主观意图的判断常陷入较大的分歧,导致定罪上的差异。我们认为,审查此类案件时,应从以下几方面,在考察客观行为的基础上,结合动机和案发后的表现来分析研判被告人的主观意图,最终准确定性。

首先,考察客观行为特征。客观行为是行为人基于其主观意识而实施的具体行为,是犯罪主观意图的外在表现。因此,查明、辨析具体行为特征,是区分此罪与彼罪的前提和基础。在体罚致子女重伤、死亡的案件中,要着重考察行为本身的危险性和强度,是否足以造成致人伤亡的后果。具体而言,应审查行为的打击强度、持续时间、是否使用工具、所使用工具致人伤亡的危险程度、打击方式、击打部位等。审查时应以凶器等物证、尸体鉴定意见、现场勘验检查笔录为依据,结合被告人供述及证人证言等证据加以分析研判。在综合上述因素的基础上,判断行为的危险性和强度,考量其有无超出社会大众理解的管教子女体罚行为应有的限度。

其次,查明案发起因及家庭环境。考察行为人出于何动机,是为了管教,还是肆意打骂凌虐,抑或出于个人泄愤等原因,还应查明行为人与被害人的身份关系、生活中的相处关系,是否存在经常性打骂、虐待,综合上述情况以确定案发起因。囿于我国传统文化观念等因素制约,"棍棒之下出孝子""不打不成器"等简单粗暴的教育观念和方式现仍存在,不能因为出现了伤亡结果,就将家长出于管教子女的善良动机而采取的一般程度的殴打、体罚,均认定为故意伤害犯罪。

最后,分析案发后行为。案发后行为是反映行为人作案时主观心态的一项参考因素。例如,在发现行为导致被害人生命健康受损害后,是予以二次加害,还是置之不理,抑或是马上积极施救,可不同程度反映行为人实施体罚时的主观心态。

在综合前述三个方面予以判断的基础上,尤其要注重对实行行为特征的考察,此系定性的最重要因素。案发动机与案发后态度,并不具有单独的证明意义,只有与客观行为相结合才对定性有辅助的证明价值。具体而言,对出于恶意动机而以较大强度暴力殴打子女,导致子女伤亡的,无疑应认定为故意伤害罪甚至故意杀人罪。对于因管教目的实施体罚,发现子女伤亡后积极施救的,虽然从情理上分析,一般可反映出行为人不追求故意伤害的结果,但不能一概对具有类似情节的均认定为过失致人死亡罪,还应结合客观行为分情况处理:(1)在行为人动机无恶意,造成伤亡后果后悔罪救助的前提下,若体罚子女的手段毫无节制,大大超出了年幼子女所能承受的程度,足以造成重伤或死亡后果的,就不排除认定行为人主观上对伤害结果具有间接故意,从而认定为故意伤害罪,本案即属此种情况。(2)在无恶意动机且案后悔罪救助的前提下,如果体罚子女只是一般的轻微殴打行为,本不足以导致轻伤以上后果,但由于被害人自身隐性体质问题或者其他偶然因素介入导致重伤或死亡的情况下(如被害人患有心脏疾病受激下致心功能衰竭,或掌推被害人跌倒后磕碰石块),若行为人对此并不明知,则一般应认定为过失致人死亡。另一方面,即使行为人知道被害人有疾病,但若之前曾有过轻微的打骂行为并未造成被害人身体伤害,而案发时类似的行为却发生了伤亡后果的情况下(如被害人该段时间感染心肌炎,行为人的强烈呵斥或轻微击打导致其心梗死亡),则无法认定行为人具有追求和放任危害结果发生的意图,通常也认为构成过失致人死亡。

——《刑事审判参考》(总第98辑)。

陈玲、程刚故意伤害案(《刑事审判参考》案例第567号)

要旨:被告人主观上具有非法伤害他人身体健康的故意,客观上实施了非法伤害他人身体健康的行为,其行为构成故意伤害罪,但量刑时应充分考虑被告人在动机、对象、后果等方面的特殊性。

罪过形式是行为人对犯罪行为所持的一种主观心理态度,是认定行为性质的关键因素之一。父母为教育子女而实施的体罚惩戒行为,从主观上讲,系出于善良动机,一般并不具有伤害子女的罪过,但当惩戒行为超出正常程度发生了导致子女死亡的严重后果时,就可能构成犯罪了,应结合殴打行为的具体情况认定行为人的具体罪过。

本案中,从二被告人的客观行为表现来分析,在不足三十小时内,二被告人分别使用拖鞋、鞋刷、棍棒等物体多次重复打击程泉身体多部位,致使程泉的面部、颈部、躯干及四肢的皮下组织损害已占其体表总面积的28%,二被告人作为心智健全的成年人,明知年幼的程泉肌肤娇嫩、抗击打能力低却有意识地在相当长的一段时间内实施足以损害程泉身体健康的行为,主观上具有伤害的故意,其行为已超出了正常教育、惩戒子女的一般体罚打骂行为的限度;另一方面,从被害人受伤的部位、范围和程度等情况分析,二被告人主观上对其殴打行为给被害人体表造成的伤害不可能视而不见,没有认识,因此,亦不能认定二被告人对程泉身体受损伤应当预见而没有预见或者有预见而轻信可以避免的过失心态。

法院最终对二被告人均予以了减轻处罚,对陈玲判处有期徒刑六年,对程刚判处有期徒刑四年。主要理由在于:

首先,从法律效果考虑,二被告人具有以下法定、酌定从轻、减轻处罚情节:(1)程刚在共同犯罪中系从犯,依法应当从轻或减轻处罚;陈玲有自首情节,依法可以从轻或减轻处罚。(2)二被告人的伤害行为与程泉死亡的后果之间具有法律上的因果关系,但是造成死亡结果存在其他介入因素也不可忽视,即5月28日下午，程泉被殴打后大面积皮下出血并出现乏力、嗜睡症状，陈玲作为母亲，出于关爱而给程泉进行了热水洗浴，但正是这种缺乏医学常识的关爱行为致使程泉皮下出血量增加、出血速度加快、出血面积扩散，成为程泉病情加剧的一种因素；5 月 28 日晚，在程泉出现高烧、呼吸急促等危象征兆时，程刚观察后认为无碍的无知行为，丧失了对程泉救治的时机。可见，上述介入因素，虽不能阻却因果关系的成立，但应在量刑时适当考虑。(3)在程泉病情危重时，二被告人不仅自行抢救，还拨打急救电话求救，证明其主观上并不是积极追求被害人死亡结果的发生，客观上也实施了抢救行为，尽到了救助义务，可酌情对二被告人从轻处罚。(4)本案的致伤工具是不具备一次性打击足以致人伤亡的一般性用具，打击的主要是程泉的臀部、后背、四肢等人体非要害部位，二被告人对于犯罪工具、打击部位的选择较为克制，可酌情对二被告人从轻处罚。(5)二被告人责罚程泉是为了促使程泉学好知识，寓有教子之情，其犯罪行为包含有教子心切的成分，虽然客观上方法失当，下手过重，但主观上仍是为了孩子的教育和成长，只是操之过急，犯罪动机相对来讲仍具有善良的一面，反映其主观恶性相对较轻，可酌情对二被告人从轻处罚。(6)本案是发生在家庭成员之间，犯罪对象特殊，与发生在社会上的其他严重暴力犯罪相比，社会危害性相对较轻，故在量刑上应有所区别。(7)被告人陈玲年龄尚小却未婚先育，尚未做好做母亲的心理准备，面对责任和压力，缺乏自控能力；被告人程刚虽未构成自首，但在陈玲自首后并未躲避，也未掩盖，归案后如实供述自己的罪行，认罪态度好。

其次，从社会效果考虑，亦可在法律许可的范围内，对二被告人判处相对较轻的处罚。理由在于：(1)本案是一个特殊的个案，其特殊性不仅表现在被告人行为动机和后果之间的强烈反差，也不仅表现在不同公众从不同角度出发对被告人行为评价程度的巨大差异，而且还表现在被告人事后对其行为的忏悔与其他犯罪人因惧怕惩罚而悔罪在真诚程度上的明显区别。对二被告人的量刑，除了要体现罪责刑相适应的基本原则之外，还应考虑二被告人自己酿成的家庭灾难对其内心造成的创伤和痛苦。作为被害人的亲生父母，二被告人本身也是受害者，他们可能会终生背负着沉重的心理负担，无法面对自己的爱女和父母亲人，无法原谅自己的行为。从这一角度看，这种由衷而发、伴随终生的自责、自怨、自悔和自省，也足以达到甚至超越了刑罚的惩罚和教育效果。(2)本案不仅是陈玲、程刚的家庭悲剧，也是一个社会悲剧。“打是亲骂是爱”“棍棒之下出孝子”的封建家长制传统观念是陈玲、程刚犯罪的思想根源；“望子成龙、望女成凤”，用牺牲子女的健康、快乐为代价来满足自己的虚荣心，这种扭曲的价值观是葬送程泉幼小生命的真凶；应试教育及升学、就业方面的相互攀比与残酷竞争是这场悲剧的社会原因。

——《刑事审判参考》(总第 69 辑)。

713 行为人在特殊环境下致人死亡，准确区分故意伤害罪和过失致人死亡罪

关键词｜过失致人死亡罪｜故意伤害罪｜

【最高人民法院参考案例】

季忠兵过失致人死亡案(《刑事审判参考》案例第812号)

要旨:特殊环境下,被告人行为致人死亡,应当准确评价被告人的主观罪过,继而对其行为定罪量刑。

被告人季忠兵到上海市宝山区塘祁路101号上海汇津装饰工程有限公司锅炉房门口打开水,因故与被害人汪亚龙发生争执,继而相互推搡扭打。其间,季忠兵拎起放于锅炉房边上的一个油漆桶甩向汪亚龙,致盛放桶内的香蕉水泼洒在汪亚龙身上,香蕉水随即起火燃烧,汪亚龙和季忠兵均被烧着。嗣后,两人被送往医院救治,汪亚龙因高温热作用致休克而死亡。

被告人季忠兵主观上系疏忽大意的过失。被告人作为一名油漆工,应该明知香蕉水是易燃物品,极易挥发,泼洒后将会造成大量的油气挥发,一旦遇到高温或者火种,即可着火燃烧。根据证人证言,被告人季忠兵事先已经知道该锅炉房为烧锅炉点火方便,用香蕉水引火,且季忠兵本人在案发前不久也曾给锅炉房提供过香蕉水。因此,足以认定季忠兵对该桶内盛有香蕉水是明知的。季忠兵在持桶殴打汪亚龙时,该桶盖密封,只是因其用力将桶扔向被害人才致桶内香蕉水溢出。季忠兵明知桶内有香蕉水,虽然见桶盖密封,但应当预见到用该桶殴打他人,可能导致桶内香蕉水溢出,而在锅炉房这一特定的高温环境下会发生燃烧的后果,因其没有预见,在主观上应属于疏忽大意的过失。

——《刑事审判参考》(总第89辑)。

714 在致人死亡的案件中，故意杀人罪与过失致人死亡罪的区分

关键词｜间接故意杀人｜过失致人死亡罪｜主观方面｜

【最高人民法院参考案例】

蒋勇、李刚过失致人死亡案(《刑事审判参考》案例第450号)

要旨:区分过于自信的过失致人死亡与间接故意杀人的关键仍然是查清行为人主观上对于造成他人死亡结果的心理态度,即希望避免还是持放任态度。遇到这类案件时,应着重从以下两方面审查:一是搞清双方关系,双方是否有明显矛盾,

矛盾是否达到了行为人希望对方死亡的程度,这是确定行为人是否存在造成对方死亡结果的主观故意问题的关键;二是根据案发时的现场情况,结合行为人感知能力及当时状况,判断当时是否确实存在可能避免死亡结果发生的主客观条件,这种客观条件的存在是否明显,是判断行为人对避免死亡结果发生的主客观条件是否过于自信的重要依据。

(一)被告人蒋勇、李刚没有放任被害人死亡的共同故意,不构成共同间接故意杀人罪

在司法实践中,过于自信的过失致人死亡与间接故意杀人两种犯罪行为容易混淆,两罪的区别在于过于自信的过失致人死亡的行为人希望避免造成他人死亡结果,即死亡结果的发生是违背行为人意志的;而间接故意杀人的行为人对死亡结果的发生持放任态度,既不积极追求,也不采取措施设法避免,该危害结果的发生并不违背其主观意愿。前者的行为人在预见到他人死亡结果可能发生的情况下仍然实施其行为,是因为他认为凭借一定的主客观条件可以避免死亡结果的发生,而后者的行为人在明知死亡结果可能发生的情况下仍然实施其行为,是为了实现其他目的,行为人并没有考虑到能否凭借一定的主客观条件避免他人死亡结果的发生。因此,区分过于自信的过失致人死亡与间接故意杀人的关键仍然是查清行为人主观上对于造成他人死亡结果的心理态度,即希望避免还是持放任态度。遇到这类案件时,应着重从以下两方面审查:一是搞清双方关系,双方是否有明显矛盾,矛盾是否达到了行为人希望对方死亡的程度,这是确定行为人是否存在造成对方死亡结果的主观故意问题的关键;二是根据案发时的现场情况,结合行为人感知能力及当时状况,判断当时是否确实存在可能避免死亡结果发生的主客观条件,这种客观条件的存在是否明显,是判断行为人对避免死亡结果发生的主客观条件是否过于自信的重要依据。

(二)被告人蒋勇、李刚的行为构成过失致人死亡罪

首先,被告人蒋勇与李刚相互之间存在相互信赖的关系,其行为与被害人徐维勤死亡之间有承继性的因果关系。其次,蒋勇、李刚虽然各自的行为方式不同,但是他们的罪过形态是相同的。最后,我国刑法第二十五条第二款规定:“二人以上共同过失犯罪,不以共同犯罪论处;应当负刑事责任的,按照他们所犯的罪分别处罚。”该条规定实际上承认了共同过失犯罪的合理存在,只不过不以共同犯罪处理而已。

综上,法院根据两被告人各自的过失行为对于被害人死亡结果的责任程度,分别对二人以过失致人死亡罪定罪处罚是恰当的。

——《刑事审判参考》(总第57辑)。

715 在致人死亡的案件中，故意伤害罪（致死）与过失致人死亡罪的区分

关键词 | 故意伤害罪 | 过失致人死亡罪 | 主观方面 |

【最高人民法院参考案例】

杨春过失致人死亡案(《刑事审判参考》案例第635号)

要旨：过失致人死亡罪与故意伤害罪(致死)的区分是司法实践中经常遇到但在具体案件中比较难以解决的问题。二罪在客观上均造成了被害人死亡的结果，但在量刑上差距很大，审判实践中针对个案的定罪争论时有发生。二罪难以区分的主要原因在于行为人对被害人死亡的结果均出于过失，被害人死亡结果的发生均是违背行为人意志的，行为人并不希望发生这样的危害后果。在过失致人死亡与间接故意伤害中，行为人的认识因素也大致相同，即均预见到可能发生危害后果，这就使区分更加困难。

那么二罪的本质区别在哪里？我们认为，故意伤害罪(致死)是故意伤害罪的结果加重犯，以成立故意伤害罪为前提，因此，行为人虽然对被害人死亡的加重结果系过失，但对造成被害人身体伤害系故意，也就是说行为人明知自己的行为可能会伤害被害人身体健康，希望或者放任这种危害后果的发生。而过失致人死亡罪，行为人既无伤害的故意，更无杀人的故意，行为人对危害后果持否定的态度，既不希望发生被害人身体受伤的危害后果，更不希望发生被害人死亡的危害后果。因此，本案中判断被告人杨春是过于自信的过失还是伤害的故意(间接故意)，关键在于判断行为人是不希望发生危害后果，还是根本不在乎危害后果是否发生，危害后果发生与不发生均不违背其意志。

行为人的罪过不像客观行为那样容易证明，由于种种原因，行为人可能不会如实供述其实际想法，仅仅依靠口供进行判断，难保不偏离事实。不过，罪过毕竟不是单纯的思想，其必然支配一定的危害社会行为，并且反映在这一危害行为上，这就为我们认识行为人的主观思想提供了一条途径，即通过对客观事实和外在行为的综合分析推断行为人的主观罪过。具体到本案中，被告人杨春始终辩称自己没有伤害被害人的故意，经过对案件的起因、行为的对象和条件、行为的方式、行为的结果以及行为人对结果的事后态度进行全面考察，我们认为杨春的辩解符合法理与情理，其主观上不具有伤害的间接故意，而是一种过于自信的过失。

(一)从案件的起因考察，被告人杨春没有放任伤害后果发生的现实动因。判断行为人对危害后果持怎样的态度，首先应当考察案件的起因，从被告人与被害人的关系，双方之间冲突的程度，是否存在足以使被告人放任危害后果发生的心理因素等方面进行判断。对于本案，可以从以下一些情况进行分析：被告人杨春与被害

人吴雪琴初次相识,二人不存在积怨;吴雪琴要求杨春将卸在店门口的桶装水搬入店内,杨春明确表示拒绝,为此吴雪琴产生不满,但二人之间并没有发生明显的争执,双方不曾恶言相向或实施过激行为;杨春为避免被害人纠缠,卸完水后随即离开,二人接触的时间很短,从见面到案发的时间间隔也较短,彼此不至于产生过大的仇恨。综合上述情况,被告人杨春驾车离开应该是急于脱身,试图逃避被害人要求的加重的劳动负担,没有放任被害人身体造成伤害的现实动因。

(二)从行为条件和行为方式考察,被告人杨春具有"轻信"危害后果不会发生的现实条件。间接故意不反对、不排斥危害结果的发生,是因为如果阻止其发生,将直接影响行为人所追求的目的结果的实现,所以,间接故意行为人不仅没有防止危害结果发生的打算,对有利于避免危害结果发生的因素也不予理睬。过于自信过失的行为人已经预见到危害结果发生的可能性,还要坚持实施既定行为,是因为行为人根据一定条件相信自己可以避免危害结果的发生。行为人的这种自信不是毫无根据的,而是具有一定现实有利条件的,如果行为当时根本就不具备避免危害结果的客观条件,或者行为人没有认识到这些条件,或者行为人不想利用这些条件避免危害结果,则说明行为人对危害结果的发生持放任的态度,即间接故意。为此,我们需要通过对行为当时的条件和特点判断行为人是否认识到那些能够避免危害结果发生的客观条件,这些条件是否确实客观存在从而足以使行为人产生"轻信"。本案案发时,被告人杨春刚刚发车,车速较慢,加上车身不高,被害人完全能够双脚着地,这些情况充分表明杨春是在试图摆脱被害人的纠缠,希望自己稳速慢行的过程中被害人能自动放手。基于社会一般人的认识标准,被害人应当知道行驶中的车辆严禁攀爬、悬吊及此行为可能导致的后果,杨春据此认为,被害人会主动放弃这种违反交通法规、妨碍交通安全的行为,采取适当措施避免自己遭受伤害,并估计汽车在缓慢行驶过程中被害人放手着地不会造成什么伤害后果。综合这些情况,应当认为,杨春认识到了行为时能够避免危害结果发生的一些条件,这些条件也确实客观存在,因此杨春在主观上不具备间接故意的特征,其主观罪过应是过于自信的过失。

(三)从对行为结果的事后态度考察,被告人杨春具有避免危害结果发生的意愿。间接故意不反对、不排斥危害结果的发生,不会凭借条件或采取措施避免危害结果的发生,而过于自信过失的核心在于避免危害结果的发生,行为人综合考虑到了能够避免危害结果发生的有利因素,甚至往往能采取一定措施,或调整自己的行为方式或采取一定的预防措施,设法避免危害结果发生。在危害结果发生后,行为人事后的态度也在一定程度上反映出行为时的心理态度,过于自信过失的行为人不希望危害结果发生,所以,一旦发生危害结果,行为人非常懊悔,往往采取各种补救措施,如防止危害的扩大、尽量减少损害等,而间接故意的行为人对危害结果的发生往往无动于衷,一般不采取任何补救措施。具体联系本案,杨春驾驶汽车时车速较慢,且没有实施加速行为,说明其采取了自认为能够避免危害结果发生的措施,相信自己稳速慢行,被害人会自动放手,不致对被害人造成什么伤害。被害人被碾轧时汽车仅驶出数米,杨春发现后车轮有不正常跳动后随即下车查看,事发后留在现场积极协助抢救被害人直至被抓获,并支付了即时发生的抢救费用,其采取的上述补救措施表明其内心懊悔,被害人死亡的结果完全违背其主观愿望,而非放任危害后果的发生。

综上,第一、二审法院以过失致人死亡罪追究被告人杨春的刑事责任,而不认定杨春构成故意伤害罪(致死)是符合本案事实的,适用法律是正确的。

——《刑事审判参考》(总第75辑)。

三、故意伤害罪

716 故意伤害罪中“以特别残忍手段致人重伤造成严重残疾”的认定

关键词|故意伤害罪|犯罪情节|

【最高人民法院司法文件】

要准确把握故意伤害致人重伤造成“严重残疾”的标准。参照1996年国家技术监督局颁布的《职工工伤与职业病致残程度鉴定标准》①（以下简称“工伤标准”），刑法第二百三十四条第二款规定的“严重残疾”是指下列情形之一：被害人身体器官大部缺损、器官明显畸形、身体器官有中等功能障碍、造成严重并发症等。残疾程序可以分为一般残疾（十至七级）、严重残疾（六至三级）、特别严重残疾（二至一级），六级以上视为“严重残疾”。在有关司法解释出台前，可统一参照“工伤标准”确定残疾等级。实践中，并不是只要达到“严重残疾”就判处死刑，还要根据伤害致人“严重残疾”的具体情况，综合考虑犯罪情节和危害后果来决定刑罚。故意伤害致重伤造成严重残疾，只有犯罪手段特别残忍，后果特别严重的，才能考虑适用死刑（包括死刑，缓期二年执行）。

——《全国法院维护农村稳定刑事审判工作座谈会纪要》（1999年10月27日，法〔1999〕217号）。

717 明知自己感染艾滋病病毒，故意不采取保护措施与他人发生性关系，致使他人感染艾滋病病毒的，如何定罪处罚

关键词|故意伤害罪|艾滋病病毒|传播性病罪|

【最高人民法院司法解释】

第十二条　明知自己患有艾滋病或者感染艾滋病病毒而卖淫、嫖娼的，依照刑法第三百六十条的规定，以传播性病罪定罪，从重处罚。

具有下列情形之一，致使他人感染艾滋病病毒的，认定为刑法第九十五条第三

① 现行标准为2014年版。

项“其他对于人身健康有重大伤害”所指的“重伤”，依照刑法第二百三十四条第二款的规定，以故意伤害罪定罪处罚：

（一）明知自己感染艾滋病病毒而卖淫、嫖娼的；

（二）明知自己感染艾滋病病毒，故意不采取防范措施而与他人发生性关系的。

——《最高人民法院、最高人民检察院关于办理组织、强迫、引诱、容留、介绍卖淫刑事案件适用法律若干问题的解释》（2017 年 7 月 25 日，法释〔2017〕13 号）。

【链接：理解与适用】

（二）关于故意传播艾滋病的定罪问题

刑法第三百六十条所列举的严重性病中，并未列举出艾滋病。而艾滋病的危害，实际上远远大于梅毒、淋病等。梅毒、淋病等严重性病，基本可以经过治疗而痊愈，艾滋病则很难根治，且易致人死亡。全国人大常委会法制工作委员会刑法室编著的刑法修正案（九）解读认为，性病包括艾滋病。司法实践中，对此争议比较大。有学者及司法工作者提出，考虑到传播艾滋病与其他性病在侵害法益、侵害方式及所涉及人群等方面的相似性，以及艾滋病的高度传染性、对人体的严重危害性和不可治愈性，建议将传播艾滋病认定为传播性病罪为宜，但在量刑上，对故意传播艾滋病的行为人，予以从重处罚。也有的提出，对故意传播艾滋病的行为应当以故意伤害罪等罪名定罪处罚。

我们经研究认为：

1. 关于艾滋病的性质，应当认定为严重性病。根据有关法规、规章的规定，并征询国家卫生与计划生育委员会意见后，我们认为，艾滋病属于性病，而且是最严重的性病。卫生部 1991 年 8 月 12 日发布的《性病防治管理办法》第二条明确将艾滋病规定为性病的一种，并列于淋病、梅毒之前。国务院 2006 年 1 月 18 日通过的《艾滋病防治条例》表明，国家把对艾滋病的防治放到了更加重要的战略高度，以将艾滋病与其他性病区别开来。《艾滋病防治条例》第六十二条规定，滋病病毒感染者或者艾滋病病人故意传播艾滋病的，依法承担民事赔偿责任；构成犯罪的，依法追究刑事责任。2013 年 1 月 1 日起施行的修改后的《性病防治管理办法》更加重视艾滋病的防治。该办法在艾滋病的防治机制、咨询及疫情上报方面均与一般性病一起规定，并突出艾滋病的预防工作。如该办法第四条规定，“性病防治工作与艾滋病防治工作相结合，将性病防治工作纳入各级艾滋病防治工作协调机制，整合防治资源，实行性病艾滋病综合防治”。国家卫计委在复函中也称：根据艾滋病的危害程度和特点，当前艾滋病较梅毒、淋病属于危害更加严重的性病。

2. 关于故意传播艾滋病的定性。由于艾滋病属于最严重的性病，因此，《解释》规定，明知自己患有艾滋病或者感染艾滋病病毒而卖淫、嫖娼的，以传播性病罪，从重处罚。在调研中，有意见提出，有的行为人通过卖淫、嫖娼传播艾滋病的目的，就是报复社会或者使被传播者得病死亡或者无法治愈。有的艾滋病患者不一定通过卖淫嫖娼的途径，而是通过其他方式传播，如一夜情、通奸等，这些行为危害极大。对此，如何适用法律，司法实践中存在困惑。如果有证据能够证明行为人是出于故意伤害等目的而传播艾滋病的，仅仅以传播性病罪处罚，明显有轻纵犯罪之嫌。为此，《解释》将故意传播艾滋病行为，分两种情况予以规定。一种情况是，明知自己患有艾滋病或者感染艾滋病病毒而卖淫、嫖娼，但没有致使他人感染艾滋病病毒的，以传播性病罪定罪处罚。另一种情况下，故意传播艾滋病病毒致使他人感染艾滋病病毒的，以故意伤害罪定罪处罚。其中，卖淫、嫖娼以外的性行为，以"故意不采取防范措施"为前提。这主要是考虑到艾滋病患者的生活、交友等方面不应受到歧视，而应当受到尊重。只要采取防范措施，其正当的性权利应当得到依法保护。但是由于艾滋病病毒的易传染性，这类人与他人发生性关系时，应当采取防范措施，确保不致艾滋病病毒的传染。

关于致使他人染上艾滋病病毒的伤情问题。经研究，并经征求国家卫生与计划生育委员会等部门及部分专家的意见，认为，刑法第九十五条对重伤的定义中，第(三)项"其他对于人身健康有重大伤害的"，可以适用于故意将艾滋病传染给他人，并致使他人染上艾滋病的情形，即染上艾滋病病毒的，可以认定为重伤。至于重伤等级，在《人体损伤程度鉴定标准》修改前，一般可依照刑法第二百三十四条第二款规定，犯故意伤害罪"致人重伤的，处三年以上十年以下有期徒刑"。如果致人死亡的，则可在"十年以上有期徒刑、无期徒刑或者死刑"的幅度内量刑，但适用死刑应当格外慎重。

——周峰、党建军、陆建红、杨华：《〈关于审理组织、强迫、引诱、容留、介绍卖淫刑事案件适用法律若干问题的解释〉的理解与适用》，载《人民司法·应用》2017年第25期。

【最高人民法院参考案例】

周天武故意伤害案(《刑事审判参考》案例第1274号)

要旨：明知自己感染艾滋病病毒，故意不采取保护措施与他人发生性关系，致使他人感染艾滋病病毒的，应定故意伤害罪。

本案中，被告人周天武因去医院献血而被确诊感染艾滋病病毒，其明知自己感染艾滋病病毒，而故意不采取任何防护措施与被害人多次发生性关系，主观上具有通过让被害人感染艾滋病病毒的方式伤害其身体健康的故意，客观上所实施的不采取任何防护措施而与被害人多次发生性行为的行为，已经造成被害人感染上艾滋病病毒的危害后果，给被害人的人身健康造成重大伤害，完全符合故意伤害罪的构成要件。本案虽然发生在《最高人民法院、最高人民检察院关于办理组织、强迫、引诱、容留、介绍卖淫刑事案件适用法律若干问题的解释》(以下简称《涉卖淫刑案解释》)实施之前,但是原审法院认定被告人周天武构成故意伤害罪是与《涉卖淫刑案解释》的规定一致的。

……

本案的情形被认定为故意伤害罪之后,必然面临量刑的问题。根据刑法第二百三十四条的规定,故意伤害他人身体,致人轻伤的,处三年以下有期徒刑、拘役或者管制;致人重伤的,处三年以上十年以下有期徒刑;致人死亡或者以特别残忍手段致人重伤造成严重残疾的,处十年以上有期徒刑、无期徒刑或者死刑。那么,致使他人感染艾滋病病毒的应如何认定伤情等级呢?对此,《涉卖淫刑案解释》也作出了明确规定,即此种情形下一般认定为"重伤",在"三年到十年有期徒刑"幅度内量刑。其理由在于:首先,与艾滋病病毒的损伤特点相符。如前所述,艾滋病病毒以对人体免疫系统的损害构成对人体健康的严重危害,但艾滋病病毒的这种损害是一个渐进的过程,并不具有直接致命性。在现代医疗条件下,艾滋病病毒虽不能根除但在终身服药的情况下可以控制病毒的发展,因此,感染艾滋病病毒的患者不是必然死亡,但身体健康会受到极大的伤害,这种伤害既包括艾滋病病毒本身对身体的损害,也包括长期服药导致的大量副作用,而患者为了维持生命必须终身忍受这种痛苦,因此,感染艾滋病病毒对被害人身体健康的损伤程度与重伤的损伤程度是相当的。其次,与相关司法解释的规定一致。刑法第九十五条对重伤的定义是"使人肢体残废或者毁人容貌的;使人丧失听觉、视觉或者其他器官机能的;以及其他对于人身健康有重大伤害的",根据最高人民法院、最高人民检察院、公安部、国家安全部、司法部 2013 年 8 月 30 日发布的《人体损伤程度鉴定标准》第三条的规定,重伤是指"使人肢体残废、毁人容貌、丧失听觉、丧失视觉、丧失其他器官功能或者其他对于人身健康有重大伤害的损伤,包括重伤一级和重伤二级"。其第六条规定:"未列入本标准中的物理性、化学性和生物性等致伤因素造成的人体损伤,比照本标准中的相应条款综合鉴定。"根据上述规定,感染艾滋病病毒可视为因"生物性因素"导致的"其他对于人体健康有重大伤害"的情形。因此,在目前的立法和司法解释框架内,对于明知自己感染艾滋病病毒,故意不采取保护措施与他人发生性关系,致使他人感染艾滋病病毒的行为,认定为故意伤害罪并按照"重伤"的量刑档次量刑是最为合适的。当然,如果确实致人死亡的,可在"十年以上有期徒刑、无期徒刑或者死刑"的幅度内量刑,但适用死刑应当格外慎重。

——《刑事审判参考》(总第 115 辑)。

718 持刀追砍致使他人泅水逃避，被害人溺水死亡的，构成故意伤害罪

关键词｜故意伤害罪｜因果关系｜主客观相一致｜

【最高人民法院参考案例】

赵金明等故意伤害案(《刑事审判参考》案例第 434 号)

要旨:被告人持刀追赶被害人时已具有伤害的故意,且已着手实施犯罪,该伤害行为本身具有致人死亡的高度危险,被害人泅水逃避的行为,是一种在当时特定条件下正常的自救行为。被害人溺水身亡在特定的条件下具有较高的现实可能性,故被告人持刀追砍的行为与被害人溺水死亡之间具有刑法意义上的因果关系,根据主客观相一致的定罪原则,可以对被告人以故意伤害罪定罪处罚。

(一)被告人赵金明等人主观上具有伤害的故意

本案中,根据赵金明等人因得知被害人马国超要搞自己,产生先下手为强要将马国超砍伤的作案动机,随即伙同被告人李旭等人拿刀追砍被害人马国超的事实,可以从以下方面分析其主观故意:一是从双方力量对比来看,被告人赵金明一方为多人,而被害人马国超仅一人徒手,双方力量悬殊;二是从作案工具看,赵金明等人使用的作案工具为长砍刀七把,在一般情况下,足以致人伤亡;三是从赵金明等人实施的行为看,其持刀追砍,且一下车即拿刀追赶,未与被害人有任何言语的交流和缓冲,来势凶猛;四是从被告人当时的心态来看,其在被害人跳水之后才停止追砍,又跑至附近一棉田内躲藏至少半小时,对被害人的生命持漠视态度。综上事实,可以充分认定赵金明等人主观上具有伤害的故意。

(二)被告人赵金明等人持刀追砍的行为与被害人溺水死亡之间具有刑法意义上的因果关系

(1)赵金明等人持刀追砍被害人的行为,具有严重的社会危害性。赵金明等人手持利刃在大街上追砍被害人,不仅直接危及被害人的生命和健康,而且对现场周围公民的生命和健康也构成了潜在的威胁,严重地破坏了正常的社会秩序,属于事先有预谋、有组织的共同故意伤害行为。

(2)被害人马国超泅水逃避的行为,是一种在当时特定条件下正常的自救行为。面对七名持刀暴徒近距离的追砍,必然导致被害人逃避,被害人快速奔跑是其自救的本能反应。由于现场紧邻河道,被害人的主观选择受到较大限制,其根据自身会水的特点选择泅水逃生既是被迫无奈的行为又是在当时特定条件下正常的行为。

(3)被害人溺水身亡在特定的条件下具有较高的现实可能性。虽然在一般情况下,一个会水的成年人溺水死亡的可能性并不大,但基于本案的具体情况,该可

能性转化为现实性的概率大大增加。

由此可见，上述事实原因、中介因素与危害结果之间环环相扣、紧密衔接，应该认定赵金明等人持刀追砍行为与被害人溺水身亡的结果之间存在刑法中的因果关系。本案中因果关系的联系方式属于间接联系类型，即事实原因与危害结果之间没有发生直接联系，而是介入了一些被害人个人因素，这时原因行为与危害结果之间的联系就是间接联系。

综上，赵金明等人持刀追赶被害人马国超时已具有伤害的故意，且已着手实施犯罪，该伤害行为本身具有致人死亡的高度危险，其持刀追砍的行为与被害人死亡结果之间具有刑法意义上的因果关系。根据主客观相一致的定罪原则，可以对赵金明等人以故意伤害罪定罪处罚。同时，考虑到赵金明等人在被害人马国超泅水时跑到附近躲藏，这与采取围、追、堵、截等妨碍被害人上岸的方式导致被害人溺水死亡在危害性上有一定区别，在量刑时可考虑这一因素。因此，法院的定罪量刑是妥当的。

——《刑事审判参考》(总第 55 辑)。

719 以抢回赌资为目的致人轻伤的行为，应认定为故意伤害罪

关键词｜故意伤害罪｜抢劫罪｜赌资｜

【最高人民法院参考案例】

赖忠、苏绍俊、李海等故意伤害案(《刑事审判参考》案例第 298 号)

要旨：使用暴力手段抢回赌资致人轻伤的行为，应以故意伤害罪定罪处罚。

第一，从犯罪客体看。法律规定财产所有权的转让、取得必须通过合法的手段，赌博是违法行为，赌博不能改变财产的所有权，通过赌博赢得的钱不受法律保护，被害人赢得的钱即便为被害人占有，也不表明其当然享有合法的所有权。

第二，从主观方面看。抢劫罪的主观方面是，明知是他人、法人、国家合法所有的财产，对财产合法持有人、保管人使用暴力、胁迫手段将之占为己有。行为人主观认为，被害人采用作弊手段进行赌博，故其赢得的赌资的所有权不属于被害人，仍应属于自己，因此，才使用暴力手段索回自己所输掉的赌资。由于赌资未被公安机关扣押，行为人不可能认为赌资应为国家所有。因此，行为人不属于明知赌资是他人、国家合法所有，而欲非法占为己有。

第三，从主观恶性、社会危害性看。抢劫罪侵犯公民的人身权、财产权，严重地危害社会治安，有较大的社会危害性，是刑法打击的一种严重刑事犯罪，并规定了严厉的刑罚。行为人在赌博中与被害人发生纠纷，在协商不成时，采用暴力手段强

行索回赌资,致被害人轻伤甲级,该行为的主观恶性、社会危害性与典型的抢劫犯罪相比,差异明显。

第四,从社会效果看。如对行为人的行为定抢劫罪,容易使人误解,以为赌博赢的钱,同样会受到法律的保护,与我国法律规定赌博违法相悖(当然如果不是赌博行为当事人抢回自己输掉的赌资,而是其他的人抢劫即所谓的"黑吃黑",则是另一回事)。此外,刑罚的根本目的是教育改造罪犯,对行为人的行为以故意伤害罪处罚足以实现教育改造罪犯的目的;如以抢劫罪处罚,不仅处罚过重,还使罪犯长期投入劳改,浪费国家的监狱资源,使罪犯产生对政府、社会的对抗情绪,不利于罪犯的改造和社会的长治久安。

综合以上各方面的理由,对使用暴力手段抢回赌资致人轻伤的行为,应以故意伤害罪定罪处罚。

——《刑事审判参考》(总第38辑)。

720 涉医犯罪中故意伤害罪与寻衅滋事罪的区分

关键词 | 故意伤害罪 | 寻衅滋事罪 | 涉医犯罪 |

【最高人民法院司法文件】

(一)在医疗机构内殴打医务人员或者故意伤害医务人员身体、故意损毁公私财物,尚未造成严重后果的,分别依照治安管理处罚法第四十三条、第四十九条的规定处罚;故意杀害医务人员,或者故意伤害医务人员造成轻伤以上严重后果,或者随意殴打医务人员情节恶劣、任意损毁公私财物情节严重,构成故意杀人罪、故意伤害罪、故意毁坏财物罪、寻衅滋事罪的,依照刑法的有关规定定罪处罚。

(二)在医疗机构私设灵堂、摆放花圈、焚烧纸钱、悬挂横幅、堵塞大门或者以其他方式扰乱医疗秩序,尚未造成严重损失,经劝说、警告无效的,要依法驱散,对拒不服从的人员要依法带离现场,依照治安管理处罚法第二十三条的规定处罚;聚众实施的,对首要分子和其他积极参加者依法予以治安处罚;造成严重损失或者扰乱其他公共秩序情节严重,构成寻衅滋事罪、聚众扰乱社会秩序罪、聚众扰乱公共场所秩序、交通秩序罪的,依照刑法的有关规定定罪处罚。

在医疗机构的病房、抢救室、重症监护室等场所及医疗机构的公共开放区域违规停放尸体,影响医疗秩序,经劝说、警告无效的,依照治安管理处罚法第六十五条的规定处罚;严重扰乱医疗秩序或者其他公共秩序,构成犯罪的,依照前款的规定定罪处罚。

(三)以不准离开工作场所等方式非法限制医务人员人身自由的,依照治安管理处罚法第四十条的规定处罚；构成非法拘禁罪的，依照刑法的有关规定定罪处罚。

（四）公然侮辱、恐吓医务人员的，依照治安管理处罚法第四十二条的规定处罚；采取暴力或者其他方法公然侮辱、恐吓医务人员情节严重（恶劣），构成侮辱罪、寻衅滋事罪的，依照刑法的有关规定定罪处罚。

（五）非法携带枪支、弹药、管制器具或者爆炸性、放射性、毒害性、腐蚀性物品进入医疗机构的，依照治安管理处罚法第三十条、第三十二条的规定处罚；危及公共安全情节严重，构成非法携带枪支、弹药、管制刀具、危险物品危及公共安全罪的，依照刑法的有关规定定罪处罚。

（六）对于故意扩大事态，教唆他人实施针对医疗机构或者医务人员的违法犯罪行为，或者以受他人委托处理医疗纠纷为名实施敲诈勒索、寻衅滋事等行为的，依照治安管理处罚法和刑法的有关规定从严惩处。

——《最高人民法院、最高人民检察院、公安部、司法部、国家卫生和计划生育委员会关于依法惩处涉医违法犯罪维护正常医疗秩序的意见》（2014 年 4 月 22 日，法发〔2014〕5 号）。

【最高人民法院参考案例】

肖胜故意伤害案（《刑事审判参考》案例第 1026 号）

要旨：被告人因对医院为其所做的美容手术效果不满，预谋报复，持刀到医院对参与手术的护士行凶，并对制止其行为的另外两名护士行凶，主观上伤害故意明确，客观上伤害对象特定，其行为符合故意伤害罪的构成要件。

对于此类犯罪，应当结合案发起因、犯罪对象、侵犯客体等因素进行判断。具体可以从以下几个方面进行分析：

第一，对于事出有因的殴打他人行为，案发起因影响该行为是否属于“寻衅滋事”的认定。2013 年发布的《最高人民法院、最高人民检察院关于办理寻衅滋事刑事案件适用法律若干问题的解释》（以下简称《寻衅滋事解释》）第一条第二、三款规定：“行为人因日常生活中的偶发矛盾纠纷，借故生非，实施刑法第二百九十三条规定的行为的，应当认定为‘寻衅滋事’，但矛盾系由被害人故意引发或者被害人对矛盾激化负有主要责任的除外。行为人因婚恋、家庭、邻里、债务等纠纷，实施殴打、辱骂、恐吓他人或者损毁、占用他人财物等行为的，一般不认定为‘寻衅滋事’，但经有关部门批评制止或者处理处罚后，继续实施前列行为，破坏社会秩序的除外。”根据该条规定，对于事出有因的殴打他人行为，如果起因是与他人肢体碰撞、言语不和等日常生活中的偶发矛盾，属于小题大做、借题发挥的寻衅滋事，除非该矛盾是被害人故意引发或者被害人对矛盾激化负有主要责任，即以认定寻衅滋事为原则，不认定为例外。如果起因是婚恋、家庭、邻里、债务等纠纷，行为人并非“寻衅”而是基于积怨殴打他人的，一般不认定为“寻衅滋事”，但行为人经有关部门批评制止或者处理处罚后拒不改正，继续殴打他人，破坏社会秩序的，可认定为“寻衅滋事”，即以不认定寻衅滋事为原则，认定为例外。

本案中，被告人肖胜在湖南中医研究院附属医院美容科做了胡须移植手术后，手术部位皮肤发炎、长痘，其对术后效果不满，两次到该医院美容科向医务人员“要说法”，对医务人员称发炎是正常现象、涂点消炎药可好的解释也不满意，属于典型的医疗纠纷，与《寻衅滋事解释》规定的婚恋、家庭、邻里、债务等纠纷的性质类似，而非在就诊过程中因言语不和等日常琐事与医务人员发生偶发矛盾。肖胜出于积怨报复行凶，属于有预谋的故意伤害，而非借故生事的寻衅滋事。

第二，作案对象是否特定，并非判断该行为是否构成“寻衅滋事”的标准，但对分析行为性质有重要价值。典型的寻衅滋事行为，是指行为人为寻求刺激、发泄情绪、逞强耍横等，无事生非，实施刑法第二百九十三条规定的随意殴打他人等行为。此类“无事生非”型寻衅滋事，作案对象往往具有不特定性。但对于事出有因的“借故生非”型寻衅滋事行为，以及因婚恋、家庭、邻里、债务等纠纷而引发的寻衅滋事行为，作案对象一般相对特定。故作案对象是否特定，并非判断对此类行为是否构成“寻衅滋事”的标准。作案对象不特定的，一般构成寻衅滋事；作案对象特定的，既可能构成寻衅滋事，也可能构成其他犯罪，需要具体情况具体分析。以医疗纠纷引发的殴打他人为例，如果行为人殴打对象是为其治疗的医务人员，或者是其误认为参与治疗的医务人员，作案对象相对特定，一般不认定为“寻衅滋事”，若经有关部门批评制止或者处理处罚后，继续殴打医务人员，破坏公共场所秩序的，才可构成“寻衅滋事”。如果行为人进入医疗机构后不加区分，见医务人员就动手殴打，作案对象具有随意性，“滋事”的故意十分明显，则认定为“寻衅滋事”。

本案中，被告人肖胜预谋泄愤报复的对象是为其做手术的医生，其来到该院美容科后，首先持刀砍击的对象是参与手术的护士彭芬，之后又持刀砍击站在彭芬身边的两名导诊台护士冯苗苗、李海兰。上述作案经过表明，肖胜实施犯罪行为的对象相对特定，虽然冯苗苗、李海兰并未参与对其的手术治疗，但也是该医院美容科护士，且案发时恰好站在彭芬身边，故肖胜出于伤害该科室医务人员的概括故意，持刀砍击冯、李二人，其并非不加选择地随意伤害他人。

第三，殴打他人造成公共场所秩序严重混乱，其行为同时符合寻衅滋事罪、故意伤害罪构成要件的，依照处罚较重的犯罪定罪处罚；虽在公共场所殴打他人，但未破坏社会秩序的，不构成寻衅滋事罪。寻衅滋事罪和故意伤害罪侵犯的客体不同，前者是社会秩序，后者是人身权利。对于发生在公共场所的殴打他人行为，如果造成公共场所秩序严重混乱，同时符合寻衅滋事罪和故意杀人罪、故意伤害罪等罪构成要件的，根据《寻衅滋事解释》第七条的规定，依照处罚较重的犯罪定罪处罚。本案案发地为医院美容科导诊台至诊室外的走廊，走廊放有患者等候就诊的椅子，属候诊区域。根据《公共场所卫生管理条例》（国发〔1987〕24 号）第二条的规定，医疗机构候诊室属于公共场所。如果被告人肖胜持刀行凶的行为造成医院秩序严重混乱，符合寻衅滋事罪的客体要件。但从相关证人证言看，肖胜持刀追砍护士时，附近排队等候做 B 超的数名患者立即逃离现场，肖胜作案后，医院立即组织抢救受伤的三名护士，故肖胜的行为对医院工作秩序虽造成一定影响，但没有达到影响该医院或者该院美容科正常运营的严重程度。故肖胜持刀行凶的行为侵犯的客体主要是他人的身体健康权，而非社会秩序，其行为更符合故意伤害罪的客体要件。

综上，本案被告人肖胜因不满医治效果而蓄意报复，持刀捅伤医院三名护士，其行为认定为故意伤害罪更为准确。一审法院将公诉机关指控的寻衅滋事罪变更为故意伤害罪是正确的。

——《刑事审判参考》（总第 100 辑）。

721 故意伤害罪与寻衅滋事罪、聚众斗殴罪的区分

关键词 | 故意伤害罪 | 寻衅滋事罪 | 聚众斗殴罪 |

【最高人民法院参考案例】

王立刚等故意伤害案（《刑事审判参考》案例第 507 号）

要旨：寻衅滋事的单方积极性，是相对于受害对象的被动性而言的，双方所处的状态是一方积极主动，另一方消极被动。如果行为人与受害人之间的关系不符合这种特征，则不宜认定为寻衅滋事罪。聚众斗殴罪的认定，除要求客观上双方或多方以暴力互相攻击外，还要求双方都有非法侵犯对方的意图，均是积极参与斗殴。如果行为人并没有争霸、报复等动机，则不宜认定为聚众斗殴罪。

（一）被告人的行为不宜认定为寻衅滋事罪

寻衅滋事罪是从 1979 年刑法规定的流氓罪中分解出来的，实践中认定该罪时常常与情节轻微的抢劫罪、故意伤害罪等发生混淆。准确认定该罪要从其实质特征进行把握，从该罪的概念及客观方面看，无论“寻衅”还是“滋事”，都是单方的积极行为，如“随意殴打他人”，可能是因为生活琐事，也可能是无缘由地肆意挑衅，无事生非。刑法第二百九十三条所列举规定的四种情形均体现了这一点。寻衅滋事的单方积极性，是相对于受害对象的被动性而言的，双方所处的状态是一方积极主动，另一方消极被动。如果行为人与受害人之间的关系不符合这种特征，则不宜

认定为寻衅滋事罪。

(二)被告人的行为不宜认定为聚众斗殴罪

聚众斗殴罪也是从1979年刑法规定的流氓罪中分解出来的一个罪名,其最典型的客观方面特征是双方各自纠集多人进行互殴对打,严重影响社会公共秩序。实践中,聚众斗殴大多表现为不法团伙之间出于报复、争霸等动机,成帮结伙地打群架、互相斗殴,不仅参加人数多,而且双方事先通常都有一定准备,互相侵犯对方的意图和动机较为明显。虽然聚众斗殴必然表现为双方互殴对打,但双方对打并不必然就应定性为聚众斗殴。聚众斗殴罪的认定,除要求客观上双方或多方以暴力互相攻击外,还要求双方都有非法侵犯对方的意图,均是积极参与斗殴。如果行为人并没有争霸、报复等动机,则不宜认定为聚众斗殴罪。

(三)被告人的行为宜认定为故意伤害罪

首先,被告人一方具有明显的伤害故意,并实施了伤害行为。其次,被告人一方的行为符合共同犯罪的构成条件。各被告人均出于共同故意,并共同实施了伤害行为。在整个犯罪过程中,各被告人相互配合、相互支持,共同对被害方实施伤害行为,故应共同对所造成的伤亡后果负责。如果对直接致死被害人的王立刚定性为故意伤害罪,对其他被告人不认定故意伤害罪,实际上是将他们实施的整个伤害行为人为地割裂开来,依结果定罪,而不是一种整体评价,不能充分反映犯罪行为的社会危害性。将被告人的行为认定为共同犯罪,并不会导致对各被告人不当量刑,法院根据各被告人在共同犯罪中的地位、作用和具体实施的行为,分清罪责,区分主从,恰恰可以做到罪刑均衡,罚当其罪。

综上,法院根据本案的具体情形,认定四被告人的行为构成故意伤害罪并认定为共同犯罪是正确的。

——《刑事审判参考》(总第64辑)。

722 寻衅滋事随意殴打他人致人重伤、死亡，应定故意伤害罪或故意杀人罪

关键词|故意伤害罪|寻衅滋事罪|致人重伤或死亡|

【最高人民法院参考案例】

杨安等故意伤害案(《刑事审判参考》案例第225号)

要旨:寻衅滋事过程中殴打他人致人重伤、死亡的,一般应定故意伤害罪或故意杀人罪。

二人以上共同寻衅滋事随意殴打他人致人重伤或死亡的,是对所有的共同殴

打人均定故意伤害罪或故意杀人罪，还是仅对直接造成重伤、死亡的一人或数人定故意伤害罪或故意杀人罪，而对其他参与殴打的人仍定寻衅滋事罪，对此问题，理论与实务界目前均有较大争议。我们认为，数行为人在寻衅滋事的共同故意支配下共同实施了随意殴打他人的行为，因此致人重伤或死亡的，在能够查明确系其中一人或几人的行为直接造成被害人重伤或死亡的情况下，对这些人应当以故意伤害罪或故意杀人罪来论处，是没有任何疑问的。但对其他参与共同殴打的人，是否一律以故意伤害罪或故意杀人罪来论处，则不宜一概而论。理由在于：对各共同参与随意殴打他人的人而言，参与共同殴打行为本身，仅表明他们具有明确的共同寻衅滋事的故意，尚不能充分肯定他们就一定具有共同伤害的故意。对此的判断，必须依据具体案情具体考察、分析。关键是要看各行为人之间在共同殴打过程中所形成的临时共同故意中是否包含伤害的内容以及他们各自的行为与被害人的重伤、死亡是否具有相当的因果关系。如果这两方面条件都满足，就应当以故意伤害罪或故意杀人罪的共犯论处，反之，就只应以寻衅滋事罪论处。由此而产生的定罪各异和适用的法定刑幅度差距也是正常的，因为没有特定的共同故意内容，就不可能形成该故意内容的共同犯罪。

——《刑事审判参考》（总第30辑）。

723 准确认定伤害行为与死亡结果之间的因果关系

关键词 | 故意伤害罪 | 因果关系 |

【最高人民法院参考案例】

杨道计等故意伤害案（《刑事审判参考》案例第813号）

要旨：如果案件证据不能认定系被告人的伤害行为导致被害人死亡（即使死亡事实可以认定），对被告人只能在故意伤害致人重伤的法定刑幅度内量刑。

在部分重大、复杂的案件中，一个危害行为实施后，又有其他因素介入，进而导致死亡结果的发生。这个因素可能是自然因素，也可能是他人的行为，还可能是被害人自身的因素。本案就属于有其他因素介入的情况。假设被害人饶本福确已死亡，被害人受重伤直至死亡的过程中存在被害人自身疾病、被害人擅自出院两个介入因素。在介入了其他因素而导致被害人死亡结果发生的场合，要判断某种结果是否由行为人的行为所造成，应当综合考虑行为人的行为导致结果发生的可能性大小、介入因素异常性大小、介入因素对结果发生作用的大小等。本案因客观原因而不能确认被害人饶本福已经死亡的事实，自然也无法查明饶本福的死因。虽然根据经验判断，饶本福已死亡的可能性很大，且其死亡与自身多种疾病有重要关联,但在现有证据条件下难以判断这些疾病作为介入因素是否切断了伤害行为对其死亡结果的原因力,故难以确定伤害行为与死亡结果之间的因果关系。

——《刑事审判参考》(总第89辑)。

724 从主观认识要素区分故意伤害罪和故意杀人罪

关键词 | 故意杀人罪 | 故意伤害罪 | 主观心态 |

【最高人民法院司法文件】

要注意严格区分故意杀人罪与故意伤害罪的界限。在直接故意杀人与间接故意杀人案件中,犯罪人的主观恶性程度是不同的,在处刑上也应有所区别。间接故意杀人与故意伤害致人死亡,虽然都造成了死亡的后果,但行为人故意的性质和内容是截然不同的。不注意区分犯罪的性质和故意的内容,只要有死亡后果就判处死刑的做法是错误的,这在今后的工作中,应当予以纠正。对于故意伤害致人死亡,手段特别残忍,情节特别恶劣的,才可以判处死刑。

——《全国法院维护农村稳定刑事审判工作座谈会纪要》(1999年10月27日,法〔1999〕217号)。

【最高人民法院审判业务意见】

(一)注意区分两类不同性质的案件

故意杀人、故意伤害侵犯的是人的生命和身体健康,社会危害大,直接影响到人民群众的安全感,《最高人民法院关于贯彻宽严相济刑事政策的若干意见》(以下简称《意见》)第七条将故意杀人、故意伤害致人死亡犯罪作为严惩的重点是十分必要的。但是,实践中的故意杀人、伤害案件复杂多样,处理时要注意分别案件的不同性质,做到区别对待。

实践中,故意杀人、伤害案件从性质上通常可分为两类:一类是严重危害社会治安、严重影响人民群众安全感的案件,如极端仇视国家和社会,以不特定人为行凶对象的;一类是因婚姻家庭、邻里纠纷等民间矛盾激化引发的案件。对于前者应当作为严惩的重点,依法判处被告人重刑直至判处死刑。对于后者处理时应注意体现从严的精神,在判处重刑尤其是适用死刑时应特别慎重,除犯罪情节特别恶劣、犯罪后果特别严重、人身危险性极大的被告人外,一般不应当判处死刑。对于被害人在起因上存在过错,或者是被告人案发后积极赔偿,真诚悔罪,取得被害人或其家属谅解的,应依法从宽处罚,对同时有法定从轻、减轻处罚情节的,应考虑在无期徒刑以下裁量刑罚。同时应重视此类案件中的附带民事调解工作,努力化解双方矛盾,实现积极的“案结事了”,增进社会和谐,达成法律效果与社会效果的有机统一。《意见》第二十三条是对此审判经验的总结。

此外,实践中一些致人死亡的犯罪是故意杀人还是故意伤害往往难以区分,在认定时除从作案工具、打击的部位、力度等方面进行判断外,也要注意考虑犯罪的起因等因素。对于民间纠纷引发的案件,如果难以区分是故意杀人还是故意伤害时,一般可考虑定故意伤害罪。

——最高人民法院刑事审判第三庭:《在审理故意杀人、伤害及黑社会性质组织犯罪案件中切实贯彻宽严相济刑事政策》,载《人民法院报》2010 年 4 月 14 日,第 6 版。

【最高人民法院参考案例】

李某故意伤害案(《刑事审判参考》案例第 832 号)

要旨:李某认识到其实施的是会伤害他人身体健康的行为,本应预见到其行为可能会导致被害人死亡,但因疏忽大意而未预见,从而导致被害人死亡结果的出现,故李某的行为构成故意伤害罪的结果加重犯。

首先,从意识要素分析。本案被告人李某作案时不满十八周岁,虽然认识事物的能力不及成年人,但根据其认知的实际情况,其应当知道注射特定药物应当由专业医务人员实施,不能由非医务人员实施。虽然李某并不知道所注射药物的性状和功效,但其老板孙丽娟明确告诉其该药物是“管睡觉”的,目的是让被害人在头脑不清醒时在离婚协议书上签字。据此,可以认定李某作案时已对所注射的物品是具有麻醉作用的药物具有一定认识。在作案过程中,李某帮助孙飞至少两次将针剂注入被害人体内,应当认定其对自己的行为可能会对被害人造成伤害为明知。这一结论符合社会一般人对私自注射麻醉药物可能导致的后果的认识,也与李某认识能力的实际情况相符。关于李某是否明知其行为会导致被害人死亡的问题更为复杂。我们认为,在认定被告人这一认识要素时应当结合具体案情予以分析。作案所用药物由孙丽娟提供,其对药品的性状、功效、适用对象有明确的认识,而李某作案前未接触过此类药物,仅听孙丽娟说是“管睡觉的”,故李某能认识到该药物具有麻醉作用,但对该药的具体功效、适用对象的认知有限。孙丽娟为达到离婚目的,指使孙飞与李某参与作案,李某本人与被害人并无利害冲突,如明知该药可能致人死亡,未必会参与作案。根据现有在案证据,难以认定李某对注射药物导致被害人死亡的结果知道或者应当知道。

其次,从意志要素分析。李某系受人指使协助作案,其对可能发生的伤害结果持放任态度,属间接故意。但对被害人死亡的结果,明显持反对的态度,属于应当预见而未预见情形,因此不构成故意杀人罪,而仅构成故意伤害罪。致使被害人死亡的结果仅能作为加重结果情节予以评价,不能作为李某实施行为时希望或者放任的结果内容。

——《刑事审判参考》(总第90辑)。

725 故意杀人与故意伤害案件中量刑的把握

关键词|故意杀人罪|故意伤害罪|宽严相济刑事政策|

【最高人民法院审判业务意见】

(二)充分考虑各种犯罪情节

犯罪情节包括犯罪的动机、手段、对象、场所及造成的后果等,不同的犯罪情节反映不同的社会危害性。犯罪情节多属酌定量刑情节,法律往往未作明确的规定,但犯罪情节是适用刑罚的基础,是具体案件决定从严或从宽处罚的基本依据,需要在案件审理中进行仔细甄别,以准确判断犯罪的社会危害性。

实践中,故意杀人、伤害案件的被告人既有法定或酌定的从宽情节,又有法定或酌定从严情节的情形比较常见,此时,就应当根据《最高人民法院关于贯彻宽严相济刑事政策的若干意见》(以下简称《意见》)第二十八条,在全面考察犯罪的事实、性质、情节和对社会危害程度的基础上,结合被告人的主观恶性、人身危险性、社会治安状况等因素,综合作出分析判断。

(三)充分考虑主观恶性和人身危险性

《意见》第十条、第十六条明确了被告人的主观恶性和人身危险性是从严和从宽的重要依据,在适用刑罚时必须充分考虑。主观恶性是被告人对自己行为及社会危害性所抱的心理态度,在一定程度上反映了被告人的改造可能性。一般来说,经过精心策划的、有长时间计划的杀人、伤害,显示被告人的主观恶性深;激情犯罪,临时起意的犯罪,因被害人的过错行为引发的犯罪,显示的主观恶性较小。对主观恶性深的被告人要从严惩处,主观恶性较小的被告人则可考虑适用较轻的刑罚。

人身危险性即再犯可能性,可从被告人有无前科、平时表现及悔罪情况等方面综合判断。人身危险性大的被告人,要依法从重处罚。如累犯中前罪系暴力犯罪,或者曾因暴力犯罪被判重刑后又犯故意杀人、故意伤害致人死亡的;平时横行乡里,寻衅滋事杀人、伤害致人死亡的,应依法从重判处。人身危险性小的被告人,应依法体现从宽精神。如被告人平时表现较好,激情犯罪,系初犯、偶犯的,被告人杀人或伤人后有抢救被害人行为的,在量刑时应该酌情予以从宽处罚。

未成年人及老年人的故意杀人、伤害犯罪与一般人犯罪相比,主观恶性和人身危险性等方面有一定特殊性，在处理时应当依据《意见》的第二十条、第二十一条考虑从宽。对犯故意杀人、伤害罪的未成年人，要坚持“教育为主，惩罚为辅”的原则和“教育、感化、挽救”的方针进行处罚。对于情节较轻、后果不重的伤害案件，可以依法适用缓刑，或者判处管制、单处罚金等非监禁刑。对于情节严重的未成年人，也应当从轻或减轻处罚。对于已满十四周岁不满十六周岁的未成年人，一般不判处无期徒刑。对于七十周岁以上的老年人犯故意杀人、伤害罪的，由于其已没有再犯罪的可能，在综合考虑其犯罪情节和主观恶性、人身危险性的基础上，一般也应酌情从宽处罚。

（四）严格控制和慎重适用死刑

故意杀人和故意伤害犯罪在判处死刑的案件中所占比例最高，审判中要按照《意见》第二十九条的规定，准确理解和严格执行“保留死刑，严格控制和慎重适用死刑”的死刑政策，坚持统一的死刑适用标准，确保死刑只适用于极少数罪行极其严重的犯罪分子；坚持严格的证据标准，确保把每一起判处死刑的案件都办成铁案。对于罪行极其严重，但只要有法定、酌定从轻情节，依法可不立即执行的，就不应当判处死刑立即执行。

对于自首的故意杀人、故意伤害致人死亡的被告人，除犯罪情节特别恶劣，犯罪后果特别严重的，一般不应考虑判处死刑立即执行。对亲属送被告人归案或协助抓获被告人的，也应视为自首，原则上应当从宽处罚。对具有立功表现的故意杀人、故意伤害致死的被告人，一般也应当体现从宽，可考虑不判处死刑立即执行。但如果犯罪情节特别恶劣，犯罪后果特别严重的，即使有立功情节，也可以不予从轻处罚。

共同犯罪中，多名被告人共同致死一名被害人的，原则上只判处一人死刑。处理时，根据案件的事实和证据能分清主从犯的，都应当认定主从犯；有多名主犯的，应当在主犯中进一步区分出罪行最为严重者和较为严重者，不能以分不清主次为由，简单地一律判处死刑。

——最高人民法院刑事审判第三庭：《在审理故意杀人、伤害及黑社会性质组织犯罪案件中切实贯彻宽严相济刑事政策》，载《人民法院报》2010 年 4 月 14 日，第 6 版。

726 故意伤害尊亲属致死案件的量刑

关键词｜故意伤害罪｜尊亲属｜量刑｜伦理道德｜

【最高人民法院参考案例】

索和平故意伤害案(《刑事审判参考》案例第524号)

要旨:被告人故意伤害致死生父的行为严重违背伦理道德,在量刑时应充分考虑处罚的法律效果与社会效果。

被告人索和平长期虐待父亲索金秀,此次又因琐事踢踹父亲并致其死亡。之后,索和平未采取任何救治手段,而是将索金秀拉上三轮车出村掩埋。由此看出其主观恶性极深;索和平将父亲连续踢踹致脾破裂而死,手段十分残忍;杀父案件严重违背我国传统伦理道德观念,在群众中产生很大影响,唯有严厉惩治才有利于遏制此类案件的再发。所以,应当判处索和平死刑立即执行。具体理由如下:

(一)对发生在家庭内部的案件应根据具体情形区别对待

一般而言,对于因婚姻家庭、邻里纠纷等民间矛盾激化引发的故意杀人犯罪,适用死刑应十分慎重,与发生在社会上的严重危害社会治安的其他故意杀人犯罪案件应有所区别。但这并不意味着对所有因婚姻家庭、邻里纠纷等民间矛盾激化引发的案件,都要不分情况一律从宽处罚。

(二)被告人故意伤害致死生父的行为严重违背伦理道德,在量刑时应充分考虑处罚的法律效果与社会效果

第一,被告人的行为已经严重违背了社会伦理道德,在当地造成了恶劣影响。第二,适用死刑要从社会效果与法律效果相统一的角度考虑,重视人民群众的感受,必要时可以进行调查。第三,伤害致死生父的行为不但与伦理道德不符,也与构建和谐社会的基本要求相违背。

综上所述,对待故意伤害致死尊亲属的案件,在把握死刑适用标准上一定要慎重,既要准确理解法律规定和刑事政策,也要充分考虑个案的情节和各方面的因素,力求判决结果达到法律效果与社会效果的有机统一。

——《刑事审判参考》(总第66辑)。

727 受雇佣而召集并带领他人实施故意伤害行为者的量刑

关键词|故意伤害罪|受雇佣|死刑|

【最高人民法院公报案例】

邢台市人民检察院诉陈文兵故意伤害案(最高人民法院复核)

要旨:被告人受雇佣,召集并带领其他人去伤害被害人,已构成故意伤害罪,依法应予惩处。但鉴于被告人没有直接实施伤害被害人的行为,他人实施的致被害

人死亡的行为超出被告人的犯意，且被告人归案后认罪态度好，对其判处死刑可不立即执行。

被告人陈文兵受雇佣伤害他人，召集并带领其他人到被害人的住处对被害人实施伤害的行为已构成故意伤害罪，依法应予惩处。一、二审判决认定的事实清楚，证据确实、充分，定罪准确，审判程序合法。在实施共同犯罪中，陈文兵是组织者，系主犯，依法应按照其所组织、指挥的全部犯罪处罚。鉴于其他实施犯扎死被害人的行为超出了陈文兵的犯意，陈文兵没有直接伤害被害人，且归案后认罪态度好等情节，对陈文兵判处死刑，可不立即执行。

——《最高人民法院公报》2005 年第 7 期。

728 故意伤害罪在法定刑以下量刑的情形

关键词 | 故意伤害罪 | 犯罪情节轻微 | 法定刑以下量刑 |

【最高人民法院公报案例】

石家庄市人民检察院诉王海生故意伤害案（最高人民法院复核）

要旨：被告人的行为虽构成故意伤害罪，但鉴于其主观恶性较小，伤害手段一般，犯罪情节轻微，可依照刑法第六十三条第二款的规定，在法定刑以下判处刑罚。

最高人民法院认为：被告人王海生向正在梯子上的被害人投掷土块或砖块，导致被害人从梯子上跌落、死亡的行为构成故意伤害罪。一、二审判决认定的事实清楚，证据确实、充分，定罪准确。审判程序合法。鉴于被告人王海生主观恶性较小，伤害手段一般，犯罪情节轻微，二审以故意伤害罪在法定刑以下判处有期徒刑三年适当。

——《最高人民法院公报》2005 年第 8 期。

【最高人民法院参考案例】

洪志宁故意伤害案（《刑事审判参考》案例第 389 号）

要旨：被告人拳击被害人致其冠心病发作死亡的，对被告人可经法定程序报最高人民法院核准在法定最低刑以下判处刑罚。

根据刑法第二百三十四条第二款的规定，故意伤害他人致人死亡的，应在十年以上有期徒刑、无期徒刑或者死刑的法定幅度内量刑。本案被告人洪志宁故意伤害致他人死亡，虽然不具有法定减轻处罚的情节，而且还具有累犯这一法定从重处罚情节，但是，被害人的死亡，系一果多因，其死亡的直接原因是冠心病发作，管状动脉痉挛致心跳骤停而猝死，被告人的伤害行为只是导致被害人心脏病发作的诱因之一。根据刑法的一般原理,被告人只对自己的行为负责,当其行为与其他人的行为或一定自然现象竞合时,由他人或自然现象造成的结果就不能归责于被告人。如前所述,被害人心脏病发作的诱因众多,将这些诱因共同产生的被害人心脏病发作而死亡这一后果之责任,全部由被告人承担,显然与其罪责不相适应。但是,刑法对故意伤害他人致人死亡的法定刑,是以故意伤害行为系被害人死亡的直接原因甚至唯一原因作为标准配置的。一审对被告人洪志宁判处十年零六个月的量刑明显过重,与其罪责不相适应。二审考虑即使在法定最低刑量刑仍属过重,遂依据刑法第六十三条第二款规定,在法定刑以下对被告人洪志宁判处五年有期徒刑,并报最高人民法院核准,这是符合罪刑相适应原则及特别减轻处罚法定核准程序的。

——《刑事审判参考》(总第 49 辑)。

729 殴打小偷致死行为的定罪量刑

关键词|故意伤害罪|盗窃犯罪分子|追打致死|量刑|

【最高人民法院参考案例】

闫子洲故意伤害案(《刑事审判参考》案例第 600 号)

要旨:将正在实施盗窃的犯罪分子追打致死的,法院在量刑时应当综合考虑案发前因、被告人的伤害手段、犯罪时的主观故意、危害结果的成因及社会效果等因素。

刑法第二十条规定:“为了使国家、公共利益、本人或者他人的人身、财产和其他权利免受正在进行的不法侵害,而采取的制止不法侵害的行为,对不法侵害人造成损害的,属于正当防卫,不负刑事责任。”同时规定:“正当防卫明显超过必要限度造成重大损害的,应当负刑事责任,但是应当减轻或者免除处罚。”本案被告人闫子洲是在被害人钟新付盗窃被发现后的逃跑途中,对其进行“追撵、堵截”时,持柴麦刀夯击钟新付右侧肋部,致使钟新付跌入水沟内,此后,又与同村村民持砖块砸击钟新付,致使钟新付死于沟内。此时被害人已停止盗窃,如果因对其进行抓捕,为有效阻止其逃跑,而实施了适当、必要且有限的轻微伤害行为是法律允许的,但被告人闫子洲不仅用刀将被害人打入水沟,还与他人共同用砖块将被害人砸死,其行为显然已不属于为使他人的财产权利“免受正在进行的不法侵害,而采取的制止不法侵害的行为”,故不能适用刑法关于“防卫过当”的规定对其减轻或者免除处罚。

刑法第六十一条规定,对于犯罪分子决定刑罚的时候,应当根据犯罪的事实、犯罪的性质、情节和对于社会的危害程度,进行判处。这是总的量刑原则,即对犯罪分子量刑时要充分考虑与犯罪有关的各种情节,从而正确确定刑罚。但对于没有法定减轻处罚情节的案件,要超出刑法规定的法定刑幅度进行减轻处罚,只能通过刑法规定的法定刑以下减轻处罚的特殊程序来处理。刑法第六十三条第二款规定,犯罪分子虽然不具有本法规定的减轻处罚情节,但是根据案件的特殊情况,经最高人民法院核准,也可以在法定刑以下判处刑罚。如何正确理解本款的规定,对于实践中正确贯彻减轻处罚制度具有现实意义。

根据该款规定,减轻处罚的根据是“案件的特殊情况”,对于“案件的特殊情况”,一般是指涉及政治、外交、国防、宗教、民族、统战等国家利益的情况。但是,随着社会的发展,国家除在对涉及整体社会利益的领域进行维护外,也更多地开始关注公民个人各项权利的充分实现和保护。对于刑事案件,由于个案情况有别,实践中常常出现一些对犯罪分子判处最低刑罚仍显过重的情况,因此,刑法第六十三条第二款中的“特殊情况”,除了涉及国家利益的情况外,还应包括一些个案的情节特殊的情况,主要是反映被告人主观恶性、人身危害性、社会效果等方面的因素。

根据刑法第二百三十四条第二款的规定,故意伤害他人致人重伤的,处三年以上十年以下有期徒刑;致人死亡或者以特别残忍手段致人重伤造成严重残疾的,处十年以上有期徒刑、无期徒刑或者死刑。本案中,在对被告人闫子洲量刑时,除了考虑其故意伤害致一人死亡的基本事实外,还有以下情节需要考虑:(1)被害人有严重过错。根据查明的事实,被害人钟新付当天夜晚是与他人进入被告人闫子洲所在村意图偷窃,并已经进入村民熊兰芳家中。(2)本案发生的社会背景及在当地影响。案发前,当地发生多起村民被盗事件,当地群众对偷盗行为极为愤恨。案发时该县正在开展平安建设,鼓励群众自觉参加巡逻打更,积极同违法犯罪行为作斗争。案发后,该村村民对被告人很是同情,多次上访请愿,要求对闫子洲从轻处罚。(3)被害人死亡是村民多人致伤、多种原因造成的。被告人闫子洲发现被害人钟新付后用柴麦刀的刀把朝钟右侧肋部夯了一下,致使其倒在水沟里,随后赶来的二三十名群众都拿砖头、土块砸水沟里的钟新付。根据尸体检验报告显示,死者头面部、躯干部、四肢部有多处创伤,气管、支气管及食管内有大量污泥,经检验认为死者系重型颅脑损伤合并失血性休克、溺水窒息而死亡。由此可见,致使被害人死亡并非仅闫子洲一人所为。(4)被告人闫子洲认罪态度较好,且系初犯、偶犯,其人身危险性较小。

由上可见,被告人闫子洲故意伤害致死一人,依法本应在十年以上量刑,但本案在当前的社会治安形势下具有一定普遍意义,对被告人如何量刑直接关系到公民与违法犯罪行为作斗争的积极性,关系到法律在群众心目中的形象,也直接关系到法律效果与社会效果能在多大程度上做到有机统一。综合全案各种情节,即使在法定刑幅度内对其判处十年有期徒刑的最低刑,仍显过重。在考虑本案案发前因、被告人的伤害手段、犯罪时的主观故意、危害结果的成因及社会效果等因素的基础上，一审法院对被告人闫子洲在法定刑幅度下减轻判处有期徒刑五年，最高人民法院予以核准是正确的，很好地实现了法律效果与社会效果的有机统一，应予肯定。

——《刑事审判参考》(总第72辑)。

730 故意伤害罪的量刑

关键词｜故意伤害罪｜量刑｜

【最高人民法院司法文件】

(七)故意伤害罪

1. 构成故意伤害罪的，根据下列情形在相应的幅度内确定量刑起点：

(1)故意伤害致一人轻伤的，在二年以下有期徒刑、拘役幅度内确定量刑起点。

(2)故意伤害致一人重伤的，在三年至五年有期徒刑幅度内确定量刑起点。

(3)以特别残忍手段故意伤害致一人重伤，造成六级严重残疾的，在十年至十三年有期徒刑幅度内确定量刑起点。依法应当判处无期徒刑以上刑罚的除外。

2. 在量刑起点的基础上，根据伤害后果、伤残等级、手段残忍程度等其他影响犯罪构成的犯罪事实增加刑罚量，确定基准刑。

故意伤害致人轻伤的，伤残程度可在确定量刑起点时考虑，或者作为调节基准刑的量刑情节。

3. 构成故意伤害罪的，综合考虑故意伤害的起因、手段、危害后果、赔偿谅解等犯罪事实、量刑情节，以及被告人的主观恶性、人身危险性、认罪悔罪表现等因素，决定缓刑的适用。

——《最高人民法院、最高人民检察院关于常见犯罪的量刑指导意见(试行)》(2021年7月1日，法发〔2021〕21号)。

四、非法拘禁罪

731 “软暴力”刑事案件中非法拘禁罪的定罪和量刑

关键词 | 非法拘禁罪 | 软暴力 |

【最高人民法院司法文件】

一、“软暴力”是指行为人为谋取不法利益或形成非法影响，对他人或者在有关场所进行滋扰、纠缠、哄闹、聚众造势等，足以使他人产生恐惧、恐慌进而形成心理强制，或者足以影响、限制人身自由、危及人身财产安全，影响正常生活、工作、生产、经营的违法犯罪手段。

二、“软暴力”违法犯罪手段通常的表现形式有：

（一）侵犯人身权利、民主权利、财产权利的手段，包括但不限于跟踪贴靠、扬言传播疾病、揭发隐私、恶意举报、诬告陷害、破坏、霸占财物等；

（二）扰乱正常生活、工作、生产、经营秩序的手段，包括但不限于非法侵入他人住宅、破坏生活设施、设置生活障碍、贴报喷字、拉挂横幅、燃放鞭炮、播放哀乐、摆放花圈、泼洒污物、断水断电、堵门阻工，以及通过驱赶从业人员、派驻人员据守等方式直接或间接地控制厂房、办公区、经营场所等；

（三）扰乱社会秩序的手段，包括但不限于摆场架势示威、聚众哄闹滋扰、拦路闹事等；

（四）其他符合本意见第一条规定的“软暴力”手段。

通过信息网络或者通讯工具实施，符合本意见第一条规定的违法犯罪手段，应当认定为“软暴力”。

三、行为人实施“软暴力”，具有下列情形之一，可以认定为足以使他人产生恐惧、恐慌进而形成心理强制或者足以影响、限制人身自由、危及人身财产安全或者影响正常生活、工作、生产、经营：

（一）黑恶势力实施的；

（二）以黑恶势力名义实施的；

（三）曾因组织、领导、参加黑社会性质组织、恶势力犯罪集团、恶势力以及因强迫交易、非法拘禁、敲诈勒索、聚众斗殴、寻衅滋事等犯罪受过刑事处罚后又实施的；

（四）携带凶器实施的；

(五)有组织地实施的或者足以使他人认为暴力、威胁具有现实可能性的;

(六)其他足以使他人产生恐惧、恐慌进而形成心理强制或者足以影响、限制人身自由、危及人身财产安全或者影响正常生活、工作、生产、经营的情形。

由多人实施的,编造或明示暴力违法犯罪经历进行恐吓的,或者以自报组织、头目名号、统一着装、显露纹身、特殊标识以及其他明示、暗示方式,足以使他人感知相关行为的有组织性的,应当认定为“以黑恶势力名义实施”。

由多人实施的,只要有部分行为人符合本条第一款第(一)项至第(四)项所列情形的,该项即成立。

虽然具体实施“软暴力”的行为人不符合本条第一款第(一)项、第(三)项所列情形,但雇佣者、指使者或者纠集者符合的,该项成立。

六、有组织地多次短时间非法拘禁他人的,应当认定为《刑法》第二百三十八条规定的“以其他方法非法剥夺他人人身自由”。非法拘禁他人三次以上、每次持续时间在四小时以上,或者非法拘禁他人累计时间在十二小时以上的,应当以非法拘禁罪定罪处罚。

九、采用“软暴力”手段,同时构成两种以上犯罪的,依法按照处罚较重的犯罪定罪处罚,法律另有规定的除外。

十一、雇佣、指使他人采用“软暴力”手段强迫交易、敲诈勒索,构成强迫交易罪、敲诈勒索罪的,对雇佣者、指使者,一般应当以共同犯罪中的主犯论处。

为强索不受法律保护的债务或者因其他非法目的,雇佣、指使他人采用“软暴力”手段非法剥夺他人人身自由构成非法拘禁罪,或者非法侵入他人住宅、寻衅滋事,构成非法侵入住宅罪、寻衅滋事罪的,对雇佣者、指使者,一般应当以共同犯罪中的主犯论处;因本人及近亲属合法债务、婚恋、家庭、邻里纠纷等民间矛盾而雇佣、指使,没有造成严重后果的,一般不作为犯罪处理,但经有关部门批评制止或者处理处罚后仍继续实施的除外。

——《最高人民法院、最高人民检察院、公安部、司法部关于办理实施“软暴力”的刑事案件若干问题的意见》(2019年4月9日,公通字〔2019〕15号)。

732 为特定目的而挟持人质行为的定性

关键词 | 非法拘禁罪 | 绑架罪 | 犯罪目的 | 犯罪手段 |

【最高人民法院参考案例】

胡经杰、邓明才非法拘禁案(《刑事审判参考》案例第435号)

要旨:应当严格限制对绑架罪客观行为的理解和认定,以准确体现罪刑相适应的刑法原则。在界定绑架罪与非法拘禁罪的区别时,要相当谨慎地分析被告人与被害人的关系、被告人所提出的要求实现之难易、被告人对被害人剥夺自由行为的恶劣程度、对第三人及解救方的对抗程度等,综合多方面因素情节来分析认定。

非法拘禁罪与绑架他人作为人质的绑架罪在犯罪构成上近似。非法拘禁罪要求行为人具有非法剥夺他人人身自由的行为,其目的经常表现为泄愤报复、追讨债务、显示权势等;绑架罪也要求行为人具有非法剥夺他人人身自由的行为,其目的是勒索钱财或满足行为人的不法要求。在界定两罪的区别时,我们要相当谨慎地分析被告人与被害人的关系、被告人所提出的要求实现之难易、被告人对被害人剥夺自由行为的恶劣程度、对第三人及解救方的对抗程度等,综合多方面因素情节来分析认定。现实生活中,诸如因无知、愚昧、一时冲动扣留岳母要求媳妇回家、扣押女友的父母迫使女友同意继续谈恋爱等,一般情形下不具有与绑架罪严厉刑罚相当的否定评价程度,不能认定为绑架罪。

——《刑事审判参考》(总第 55 辑)。

733 对索债型非法拘禁的认定

关键词 | 索债型非法拘禁 | 主观故意 |

【最高人民法院公报案例】

天津市人民检察院第一分院诉李彬、袁南京、胡海珍、东辉、燕玉峰、刘钰、刘少荣、刘超绑架案(二审法院:天津市高级人民法院)

要旨:根据刑法第二十五条的规定,共同犯罪是指二人以上共同故意犯罪,各共同犯罪人必须具有共同犯罪的故意。所谓共同犯罪的故意,是指各共同犯罪人通过意思联络,知道自己是和他人配合共同实施犯罪,认识到共同犯罪行为的性质以及该行为所导致的危害社会的结果,并且希望或者放任这种结果的发生。如果行为人并不了解他人真正的犯罪意图,不清楚他人所实施的犯罪行为的性质,而是被他人蒙骗或者出于自己的错误认识,在错误理解犯罪性质的情况下参与他人实施的犯罪,则不能认定该行为人与他人实施了共同犯罪,而应当依据该行为人的犯罪实际情况,按照主客观一致的原则正确定罪处罚。

被告人李彬、袁南京、胡海珍、东辉以勒索财物为目的强行绑架他人,其行为已构成绑架罪,应依法予以处罚。李彬、袁南京、胡海珍在共同犯罪中起主要作用,系主犯。东辉在共同犯罪中起次要作用,是从犯,应依法减轻处罚。

本案中,被告人燕玉峰、刘钰、刘少荣、刘超事先并未参与被告人李彬、袁南京、胡海珍、东辉合谋实施绑架犯罪,是在袁南京的纠集下,误认为是帮助他人索取债务，并基于该目的而实施了非法扣押、拘禁他人的犯罪行为。故燕玉峰、刘钰、刘少荣、刘超的行为不构成绑架共同犯罪，而应当依照刑法第二百八十三条第三款的规定，以非法拘禁罪定罪处罚。燕玉峰、刘钰、刘少荣在将被害人石林清放回后，又伙同刘川以胁迫手段向石林清索取巨额钱款，其行为构成敲诈勒索罪，应依法予以处罚。

——《最高人民法院公报》2008 年第 8 期。

【最高人民法院参考案例】

罗灵伟、蒋鼎非法拘禁案(《刑事审判参考》案例第 1008 号)

要旨：无法查清被害人是否存在侵吞账款，要根据被告人真实的意思，审查是否存在认识错误。如果被告人确实认为被害人存在侵吞账款的，从有利于被告人和坚持主客观相统一原则出发，应当认定被告人是为索取债务而非法拘禁他人。

在司法实践中，索债型非法拘禁行为涉及的债务，主要存在以下几种：

1. 合法债务。被告人与被害人存在合法的民事法律关系上的债权债务关系，被告人实施扣押、拘禁他人行为的目的是追讨自己的债务，但在进行私力救济、解决问题的过程中，采用了非法途径，具备了相应的犯罪构成，而转化为刑事案件。对于此类行为，应当认定行为人构成非法拘禁罪，同时确认其主观上的索债目的。

2. 非法债务。被告人与被害人间存在债务，但该债务系赌债、高利贷或者嫖资等法律不予保护的非法债务，行为人为索取此类非法债务而实施扣押、拘禁他人的行为，系“事出有因”。只要债务是客观存在的，应当以非法拘禁罪定罪处罚，同时也应确认行为人主观上的索债目的。对此，《最高人民法院关于对为索取法律不予保护的债务非法拘禁他人行为如何定罪问题的解释》已作了专门明确。

3. 数额超过实际债务。被告人与被害人间存在合法或者非法债务，行为人为索取债务对被害人实施了扣押、拘禁行为，但行为人在追索债务的过程中，索取的债务数额大于实际存在的债务。此种情况下，应当从被告人的真实主观犯意出发进行分析判断。如果被告人的主观目的是索取债务，而不是为了非法占有他人财物，其之所以超额索取可能是在债务范围、数目的理解、认定上存在误解、异议，其主观恶性并没有实质性的改变，那么仍然应当认定其行为构成非法拘禁罪，同时确认其主观上的索债目的。反之，如果被告人以索取“债务”为名，实施绑架、殴打、拘禁他人的行为，以实现其主观上非法占有他人财物的目的的，则应按照其行为相应的后果，如绑架罪、抢劫罪等，予以定罪处罚。

4. 债权债务关系不明确的债务。被告人与被害人之间的债权债务关系缺乏足够的证据予以查清，从民事法律关系角度出发，债权债务关系因被告人举证不能而不存在。或者被告人的利益确实受到了损失，但该损失与被害人的言行并无明确的因果关系，双方之间并不存在实际的债权债务关系。或者被告人与被害人之间实际上没有债权债务关系，行为人误认为被害人与之有债权债务关系。以上几种情形，行为人主观上均是为了索取“债务”对被害人实施扣押、拘禁等行为，因此仍然应当以非法拘禁罪定罪处罚，同时确认其主观上的索债目的。

本案中，被告人罗灵伟的行为性质就属于以上第四种情形。罗灵伟因为怀疑王华祥、陈仙兵、潘岩根在管理其经营的石渣生意期间，在账目上造假侵吞款项，认为王华祥侵吞了其三万余元的货款。为了向王华祥等人索取该笔债务，罗灵伟遂与蒋鼎等人将王华祥、陈仙兵、潘岩根三人强行带上汽车，后在水库庙边对三人实施殴打等行为，非法限制王华祥等人人身自由四个小时左右。后来罗灵伟与王华祥达成口头协议，将自己欠王华祥的三万余元欠款与该三万余元货款相抵销。综合上述案情分析，罗灵伟主观上确实是为了索要其自认为的“债务”而实施了非法拘禁及殴打等行为。该债务能否查清并不影响其主观上的索债性。蒋鼎为帮助罗灵伟实现索债的目的，与罗灵伟一起共同实施非法扣押、拘禁他人的行为，亦应确认其主观上的索债目的。

——《刑事审判参考》(总第99辑)。

734 以索取债务为目的非法扣押、拘禁债务人以外的第三人作为人质，逼迫债务人还债的行为构成非法拘禁罪

关键词｜非法拘禁罪｜索取债务｜债务人以外第三人｜

【最高人民法院参考案例】

辜正平非法拘禁案(《刑事审判参考》案例第181号)

要旨：为逼人还贷而关押借款人以外的第三人的行为，应以非法拘禁罪论处。

根据刑法第二百三十九条的规定，绑架罪包括三种情形：一是以勒索财物为目的绑架他人的，二是以勒索财物为目的偷盗婴幼儿的，三是绑架他人作为人质的。第一、二种情形行为人的犯罪目的都是“勒索财物”，而第三种情形行为人的犯罪目的条文没有明确揭示。合乎逻辑的解释结论自然是，绑架他人作为人质是为了实现勒索财物以外的不法目的，即行为人绑架他人后提出的是除勒索财物以外的其他不法要求。如行为人为实现某种政治目的绑架他人为要挟等。“绑架他人作为人质”和“为索取债务扣押、拘禁他人”的关键区别在于：前者扣押人质是为了迫使有关方面实现其某种不法要求，而后者扣押人质是为了索取债务。行为人非法扣押他人，是为了向借款人追回贷款，当然属于索债型非法拘禁罪，而非人质型绑架罪。

——《刑事审判参考》(总第26辑)。

颜通市等绑架案(《刑事审判参考》案例第157号)

要旨:给付定金方违约后为索回定金而非法扣押对方当事人子女的行为构成非法拘禁罪。

实践中有种观点认为,勒索型绑架罪与索债型非法拘禁罪的应有的区别之一是:勒索型绑架罪的对象是不特定的,犯罪人在实施绑架前可以任意选择要绑架对象,被绑架人没有任何过错。而索债型非法拘禁罪的对象则应当是特定的,即犯罪人只能是扣押与之有债权债务关系的当事人本人,并向其本人或亲属索取债务,而不能任意扣押其他与之无关的人包括当事人亲属等,并借此向与之有债权债务关系的当事人本人索取债务,否则就侵犯了无过错的他人人身自由,应以勒索型绑架罪论处。我们认为,这种观点是缺乏依据的。应当说,勒索型绑架罪的对象,对绑架人来说,确是可任意选择和不特定的。而且,一般来说,被绑架人往往与绑架人之间没有利害冲突,被绑架人也没有过错可言。而在索债型非法拘禁罪中,犯罪人所选择的被拘禁人常常就是与之有债权债务关系的当事人本人。之所以会发生拘禁索债,通常也是由于被拘禁人赖债久拖不还甚至根本不想还才引发的,被拘禁人客观上存在一定程度的过错。这些分析都是对的。但这并不等于说,索债型非法拘禁罪的对象就只能是与行为人有债权债务关系的当事人本人。首先,法律没有明确限制“为索取债务,非法拘禁、扣押他人”中的“他人”就是与行为人有债权债务关系的当事人本人。其次,在现实生活中,行为人想拘禁当事人本人索债,有时较为困难,故常常选择拘禁当事人的亲属特别是其幼年子女等,并以此来向当事人本人索债。之所以如此,就在于当事人与其亲属、子女具有特定的关系,行为人可以以其为要挟,实现其索债目的。因此,将索债型非法拘禁罪的对象仅限定于与行为人有债权债务关系的当事人本人,并将此作为与勒索型绑架罪的区别之一,既不合乎现实情况,也无法律根据。

——《刑事审判参考》(总第24辑)。

735 为索取非法债务，非法拘禁他人的行为如何定罪处罚

关键词｜非法拘禁罪｜非法债务｜绑架罪｜

【最高人民法院司法解释】

为了正确适用刑法,现就为索取高利贷、赌债等法律不予保护的债务,非法拘禁他人行为如何定罪问题解释如下:

行为人为索取高利贷、赌债等法律不予保护的债务，非法扣押、拘禁他人的，依照刑法第二百三十八条的规定定罪处罚。

——《最高人民法院关于对为索取法律不予保护的债务非法拘禁他人行为如何定罪问题的解释》(2000年7月19日，法释〔2000〕19号)。

【链接：理解与适用】

制定该司法解释的主要理由是：

(一)司法实践中，为索取法律不予保护的债务而非法拘禁他人，比较常见的是“债主”通过非法拘禁欠其赌债或高利贷的人，追索赌债或高利贷的情况。虽然刑法第二百三十八条第三款并未规定“债务”，也包括法律不予保护的债务，但考虑到为讨还赌债、高利贷等法律不予保护的债务而扣押、拘禁他人的，从行为特征上与刑法第二百三十八条第三款规定的情况最相类似。这种行为本身同样也侵犯了公民的人身权利，危害了社会安定，符合非法拘禁罪的构成要件。因追讨合法债务非法拘禁他人的，尚且要追究刑事责任，为讨还赌债、高利贷等法律不予保护的债务而扣押、拘禁他人的，更应当依法追究刑事责任。

(二)从案件情况来看，这种情况下发生的非法拘禁行为，也是“事出有因”；行为人的主观目的是将赌债、高利贷索回，索取财物一般限于所欠的财产数额，不是出于勒索财物的目的；被拘禁的对象是特定的，即欠了赌债、高利贷等法律不予保护债务的人，赌债、高利贷归还之后，被拘禁的人通常就恢复了人身自由，行为人一般不实施杀害被拘禁人的行为。因此，从行为特征分析，较之绑架罪，这种行为更符合非法拘禁罪的特征。

(三)绑架罪的法定最低刑是十年有期徒刑，如果对这种情况定绑架罪，势必会造成罪与刑不相适应。在司法实践中办理为追索法律不予保护债务而拘禁他人的案件时应当划清罪与非罪的界限，考虑到这类案件当中，特别是涉及赌债、高利贷的案件，被拘禁人也有一定的过错，在量刑中应酌情予以考虑；行为人为索取明显超出债务数额的财物而非法扣押、拘禁他人，符合绑架罪构成要件的，可以依照刑法第二百三十九条的规定定罪处罚。

——李兵：《解读〈关于对为索取法律不予保护的债务非法拘禁他人行为如何定罪问题的解释〉》，载李少平主编：《解读最高人民法院司法解释、指导性案例·刑事卷》，人民法院出版社2016年版，第498—500页。

【最高人民法院公报案例】

黄永柱非法拘禁案(二审法院:海口市中级人民法院)

要旨:行为人出于索要债务的目的,以强制的方法实施了非法剥夺他人人身自由的行为,即使索要的债务是非法的,也应当以非法拘禁罪论处,而非绑架罪。

以勒索财物为目的的绑架罪和以索取债务为目的的非法拘禁罪,有很多相似之处。二罪的犯罪主体都可以由一般公民构成,犯罪所侵害的客体都包括人身自由权,犯罪的客观方面都表现为以强制的方法剥夺他人人身自由权的行为,犯罪的主观方面都以得到财物为目的。二罪的区别在于:以取得财物为目的的绑架罪勒索的财物为他人所有,通常为被害人及其亲属所有;犯罪人在实施犯罪行为前,一般与被害人或者其亲属不存在财物往来的关系。非法拘禁罪索取的债务,则是被害人或者其亲属所欠犯罪人的债务;犯罪人在实施犯罪行为前,与被害人或者其亲属存在债权债务关系。

——《最高人民法院公报》2001 年第 6 期。

736 采取剥夺他人的人身自由方式索回已支付的赌资行为,构成非法拘禁罪

关键词 | 非法拘禁罪 | 非法债务 | 绑架罪 |

【最高人民法院参考案例】

徐强等非法拘禁案(《刑事审判参考》案例第 948 号)

要旨:被告人非法扣押、拘禁被害人的目的只是索回已支付的赌资,且索要财物的数额未超出已支付的赌资,主观上不具有非法占有他人财物的故意,不具备索财型绑架罪的主观方面要件,不宜以绑架罪定罪处罚,宜认定为非法拘禁罪。

一是要审查行为人与被害人之间是否存在债权债务关系。所谓债权,是指得请求他人为一定行为的权利;所谓债务,即相对于债权,必须为一定行为的义务。债权债务关系的发生原因主要有契约、无因管理、不当得利和侵权行为等。根据《最高人民法院关于审理抢劫、抢夺刑事案件适用法律若干问题的意见》《最高人民法院关于对为索取法律不予保护的债务非法拘禁他人行为如何定罪问题的解释》等司法解释的规定,这里的债权债务除了合法原因产生的以外,还包括因高利贷、赌博等非法行为产生的情形。行为人与被害人间是否存在债权债务关系,是区分非法拘禁罪和绑架罪的重要前提。只有行为人与被害人间存在债权债务关系,行为人拘禁被害人并向其亲友勒索财物的,才可能涉及非法拘禁罪的适用问题。

如果行为人与被害人间不存在债权债务关系，行为人拘禁被害人并向其亲友勒索财物的行为则应当认定为绑架罪。同时，需要指出，这里的债权债务关系应当是确实存在的，必须有其产生的客观原因和先行条件，而不能是毫无原因和先行条件凭空捏造的。

二是要审查行为人的主观故意和目的。行为人是否具有非法占有他人财物的主观故意和目的，是区分非法拘禁罪和绑架罪的重要依据。如果行为人出于非法占有他人财物的故意和目的，拘禁被害人并向其亲友勒索财物的，应当认定为绑架罪，反之则应当认定为非法拘禁罪。根据《最高人民法院关于审理抢劫、抢夺刑事案件适用法律若干问题的意见》规定，行为人仅以所输赌资或者所赢赌债为抢劫对象，一般不以抢劫罪定罪处罚。这种考虑主要是，行为人主观上对所输赌资性质的认识毕竟不像抢劫罪中对他人财物性质的认识那样清晰明确，其主观故意的内容与抢劫他人财物有所不同，主要是挽回赌博损失。实践中，对行为人索要所输赌资或者所赢赌债是否具有非法占有他人财物主观故意和目的的认定，一般可以从索要的数额是否超出所输赌资或者所赢赌债的数额来判断，如果仅以所输赌资或者所赢赌债为索要财物对象，且索要财物的数额未超出所输赌资或者所赢赌债，一般不宜认定行为人具有非法占有他人财物的主观故意和目的。

具体到本案，被告人徐强与同案被告人钟建周等均一致供述徐强与被害人张周勇等赌博并输给张周勇巨额钱财，因张周勇等在赌博时用脚打暗号，遂怀疑张周勇赌博作弊，才拘禁张周勇逼其归还徐强已支付的赌资；张周勇亦陈述，徐强等因怀疑其诈赌而将其拘禁；证人王绪勇、钟瑞光及同案被告人连宏滨等亦佐证起因是张周勇诈赌骗钱。虽然根据现有证据，尚无法明确认定张周勇有诈赌事实，但综合全案证据，徐强的怀疑有一定道理和依据，并非毫无原因和先行条件的凭空捏造。因此，在犯罪构成要件存疑情况下，倾向于作出有利于被告人的认定，即徐强与张周勇之间存在因赌博作弊而产生的债权债务纠纷。徐强认为有权索回已支付的赌资，主观上确实认为存在债务，属事出有因。同理，对于向张周勇家属索要财物的行为，由于徐强仅以所输赌资为索要财物对象而非法拘禁他人，主观目的是挽回赌博损失，且索要财物的数额未超出所输赌资，使用的也是自己真实姓名的银行卡，没有隐瞒身份，事后也未与同案人瓜分财物，可认定徐强非法拘禁张周勇的目的是索要所输赌资，主观上不具有非法占有他人财物的故意，故认定其假借诈赌为名勒索钱财的证据不足，不具备索财型绑架罪主观方面要件，不宜以绑架罪定罪。现有证据也足以认定其他被告人均是为帮徐强讨债而拘禁张周勇，证明徐强主观意图是索取债务而非勒索财物，故应当以非法拘禁罪定罪处罚。

——《刑事审判参考》（总第96辑）。

737 抱走年幼继女向欲离婚的妻子索要所支出的抚养费、彩礼费的行为，构成非法拘禁罪

关键词 | 非法拘禁罪 | 绑架罪 |

【最高人民法院参考案例】

贾斌非法拘禁案(《刑事审判参考》案例第997号)

要旨：贾斌挟持继女，主观上是为解决其与妻子的离婚纠纷，索要的财物属于离婚纠纷范畴，故不属于绑架罪中以勒索财物为目的的情形，符合"索债型"非法拘禁罪的特点，应当以非法拘禁罪定罪处罚。

被告人贾斌抱走继女，以索要离婚纠纷中所涉财物的行为，既不构成"索财型"绑架罪也不构成"人质型"绑架罪。首先，在主观要件上，贾斌索要的财产是其夫妻在离婚纠纷中，双方存有争议、尚未达成一致意见的财产，其索要财产的数额并未超过合理限度，其主观上不具备"索财型"绑架罪中的恶意勒索他人财物、获取不义之财的目的，故不构成"索财型"绑架罪。其次，贾斌在将其继女挟持期间，并没有以继女的生命安全威胁其妻，也没有以继女的生命相要挟提出其他非法要求，不具有"人质型"绑架罪中，为实现非法目的，以被绑架人的生命安全相要挟的客观行为要件，故不构成"人质型"绑架罪。

非法拘禁罪是指非法拘禁或者以其他方法非法剥夺他人人身自由的行为。刑法并未规定非法拘禁的目的，主观上不要求有特定目的，即只要具备非法剥夺他人人身自由的直接故意并且实施了拘禁行为即可构成本罪。这是非法拘禁罪与绑架罪在主观方面的显著区别。关于客观方面，所谓拘禁行为，其方式可以是多种多样的，典型的拘禁方式有捆绑、扣留、关押等。刑法条文中还规定了其他非法剥夺人身自由的方式，虽然没有明确列举，但是只要是客观上剥夺了人身自由的即可构成本罪。这种剥夺包括对儿童以哄骗的方式进行"软禁"、给被害人喂食安眠药，使得被害人无法知晓自身处境等，只要是非法剥夺了公民的人身自由权即构成本罪，对行为方式并无限定。另外，刑法第二百三十八条第三款规定，为索取债务非法扣押、拘禁他人的，依照非法拘禁罪处罚；《最高人民法院关于对为索取法律不予保护的债务非法拘禁他人行为如何定罪问题的解释》规定，行为人为索取高利贷、赌债等法律不予保护的债务，非法扣押、拘禁他人的，依照非法拘禁罪定罪处罚。由此可见，对索债型非法拘禁的行为，无论其债务是否合法，只要有债权债务关系存在，即以非法拘禁罪定罪处罚。

本案中，被告人贾斌为解决离婚财产纠纷，向其妻索要婚姻存续期间对其继女的抚养费、二人结婚时的彩礼等费用，而将继女擅自带至外地，并以此胁迫其妻支付上述费用，否则不送还继女。贾斌的行为符合为索要债务而非法扣押他人的情

形,依法构成非法拘禁罪。

——《刑事审判参考》(总第98辑)。

738 非法拘禁并实施伤害行为，致被害人死亡的，应定性为故意伤害罪

关键词 | 非法拘禁罪 | 绑架罪 | 故意伤害罪 |

【最高人民法院参考案例】

宋某胜等故意伤害、故意毁坏财物案(《刑事审判参考》案例第1276号)

要旨:要区分行为人主观故意的内容是非法剥夺他人生命还是要损害他人身体健康,综合犯罪构成的主客观要件认定罪名,只有这样才符合罪刑相适应原则。

刑法第二百三十八条规定,犯非法拘禁罪,使用暴力致人伤残、死亡的,依照刑法第二百三十四条、第二百三十二条的规定定罪处罚,即转化为故意伤害罪或故意杀人罪,不实行数罪并罚。通常而言,非法拘禁罪必须同时符合以下两个条件才能转化为故意伤害罪或者故意杀人罪:一是在主观故意方面,由非法剥夺他人人身自由的故意转化为非法损害他人身体健康或者非法剥夺他人生命的故意;二是在客观行为方面,必须使用暴力,并因此造成被害人伤残或者死亡的危害结果。在审理过程中有观点认为,依照该规定,非法拘禁使用暴力致人伤残的,对行为人定性为故意伤害罪;致人死亡的,对行为人应以故意杀人罪处罚。我们不同意此观点,对行为人使用暴力致人伤残、死亡的情形,不能单纯地以造成被害人伤残或者死亡的危害结果来确定行为人的罪名,否则容易陷入客观归罪的错误。正确的做法是要区分行为人主观故意的内容是非法剥夺他人生命还是要损害他人身体健康,综合犯罪构成的主客观要件认定罪名,只有这样才符合罪刑相适应原则。

本案中,被告人宋某胜、李某英等人,在得知其未成年女儿与成年男子王某发生性关系之后,基于气愤将被害人王某长时间非法控制之后,对王某进行殴打,向王某及其家人索取赔偿款,虽然上述赔偿款是法律上所不保护的非法债务,但基于有关司法解释的规定,宋某胜等人的行为应构成非法拘禁罪。后宋某胜等人多次殴打王某,致王某创伤性休克死亡,根据刑法的规定,应以故意杀人罪或故意伤害罪定罪处罚。根据本案事实,在王某生命处于危险状态时,有被告人给王某服药,并找来村医给王某治疗。各被告人显然不希望王某死亡,不具有非法剥夺他人生命的故意,各被告人的行为不符合故意杀人罪的构成要件,依法应当认定各被告人的行为由非法拘禁罪转化为故意伤害罪。

——《刑事审判参考》(总第115辑)。

739 非法拘禁罪的量刑

关键词｜非法拘禁罪｜量刑｜

【最高人民法院司法文件】

（九）非法拘禁罪

1. 构成非法拘禁罪的，根据下列情形在相应的幅度内确定量刑起点：

（1）犯罪情节一般的，在一年以下有期徒刑、拘役幅度内确定量刑起点。

（2）致一人重伤的，在三年至五年有期徒刑幅度内确定量刑起点。

（3）致一人死亡的，在十年至十三年有期徒刑幅度内确定量刑起点。

2. 在量刑起点的基础上，根据非法拘禁人数、拘禁时间、致人伤亡后果等其他影响犯罪构成的犯罪事实增加刑罚量，确定基准刑。

非法拘禁多人多次的，以非法拘禁人数作为增加刑罚量的事实，非法拘禁次数作为调节基准刑的量刑情节。

3. 有下列情节之一的，增加基准刑的10%—20%：

（1）具有殴打、侮辱情节的；

（2）国家机关工作人员利用职权非法扣押、拘禁他人的。

4. 构成非法拘禁罪的，综合考虑非法拘禁的起因、时间、危害后果等犯罪事实、量刑情节，以及被告人的主观恶性、人身危险性、认罪悔罪表现等因素，决定缓刑的适用。

——《最高人民法院、最高人民检察院关于常见犯罪的量刑指导意见（试行）》（2021年7月1日，法发〔2021〕21号）。

五、绑架罪

740 第三方受到勒索不是绑架罪必要构成要件

关键词 | 绑架罪 | 第三方受到勒索 |

【最高人民法院审判业务意见】

有关部门就第三方受到勒索是否属于绑架罪构成要件问题征求最高人民法院研究室意见。最高人民法院研究室经研究，倾向于认为：

构成绑架罪，无须以行为人自行或者通过被绑架人向被绑架人的亲友明确告知绑架事实为要件，只要以勒索财物为目的绑架他人的，均应以绑架罪论处。

——黄应生：《最高人民法院研究室关于第三方受到勒索是否属于绑架罪构成要件问题的研究意见》，载最高人民法院研究室编著：《司法研究与指导》（总第2辑），人民法院出版社2012年版，第124页。

741 在绑架案件中，能否仅依据行为人对被害人实施了人身控制行为就认定其具有“以勒索财物为目的”

关键词 | 绑架罪 | 以勒索财物为目的 |

【最高人民法院参考案例】

孙家洪、濮剑鸣等绑架、抢劫、故意杀人案(《刑事审判参考》案例第947号)

要旨：在绑架案件中，不能仅依据行为人对被害人实施了人身控制行为就认定其“以勒索财物为目的”，还相应要求行为人向第三人提出了勒索财物的意思表示或者具有证明行为人该目的存在的其他证据。

理由是：(1)绑架罪侵犯的是复杂客体，既侵犯了他人的人身权利，同时也侵犯了他人的财产权利，虽然刑法将绑架罪规定在侵犯人身权利罪一类中，但绑架罪的本质特征是利用第三人对人质安全的担忧来实现勒索财物或者达到其他非法目的，因而，不仅侵害了被害人的人身自由，而且侵犯了第三人的自决权。第三人必须在满足犯罪人非法要求与解救人质之间作出艰难选择。(2)刑法分则对绑架罪罪状的规定，不是对具体犯罪的定义，而是对犯罪类型的描述。刑法第二百三十九条采用了一些抽象性、概括性比较强的表述,将这种表述模式下的绑架行为解释为人身控制行为和勒索财物行为的有机结合,能够被一般人接受,没有超出国民的预测可能性。“单一行为说”拘泥于条文中“绑架他人”的规定,割裂了人身控制行为与勒索财物行为相互依存的内在联系,故不可取。(3)根据主客观相统一原则,主观必定见之于客观。“以勒索财物为目的”的主观直接故意必须要有勒索财物之行为或者具有相关证据(非行为)予以证明。如行为人已向被绑架人亲属或者其他人索要过财物,因其向他人索取钱财的客观行为已充分证明勒索财物的主观目的,即构成绑架罪既遂;如行为人仅实施了对被害人的人身控制行为,但有充分证据(被告人供述、被害人陈述、证人证言、物证、书证等)能够证明其主观上是以勒索财物为目的的,亦可以构成绑架罪。但如果行为人仅实施了对被害人的人身控制行为,行为人否认具有勒索目的,现有证据亦不能证明其有勒索目的的,则不能认定构成绑架罪。

——《刑事审判参考》(总第96辑)。

742 吸毒致幻挟持他人，不具有真实的绑架犯罪目的，不应认定构成绑架罪

关键词|绑架罪|非法拘禁罪|

【最高人民法院参考案例】

郑师武非法拘禁案(《刑事审判参考》案例第1172号)

要旨:行为人因吸毒患“精神活性物质(甲基苯丙胺)所致精神障碍”,作案时无辨认能力并产生幻觉,其持刀挟持被害人的绑架犯罪目的不具有客观真实性,故行为人的行为不构成绑架罪,依法只构成非法拘禁罪。

(二)依据主客观相一致的原则,被告人郑师武的行为不构成绑架罪

根据刑法第二百三十九条第一款的规定,绑架罪是指行为人以勒索财物或者满足其他不法要求为目的,使用暴力、胁迫或者其他方法,挟持或拘禁他人的行为。该罪的犯罪主体是一般主体,客体是他人的人身权利;主观方面是行为人主观上具有以勒索财物或者满足其他不法要求的目的而扣押他人为人质的故意;客观方面是行为人使用暴力、胁迫或者其他方法,绑架他人的行为。绑架罪要求行为人主观上不仅要有侵害他人人身安全与行动自由的犯罪故意,还需要特定的犯罪目的,即以“勒索财物”或“以人质安全为挟,谋取财物之外利益”之犯罪目的。“勒索财物”或“以人质安全为挟,谋取财物之外利益”是认定绑架罪不可或缺的构成要件要素。

从主观方面来看,被告人郑师武为了躲避警察追捕,进入案发仓库持刀挟持被害

人李文珍，意图通过绑架被害人作为人质来向他人索要车辆，从而驾驶车辆逃避追捕，其主观方面形式上似乎符合绑架罪所要求的“以人质安全为挟，谋取财物之外利益”的特定犯罪目的。但根据我国刑法主客观相一致原则，构成要件要素中的每一个要素都应该是客观存在的，故“绑架他人作为人质，谋取财物之外利益”应为真实明确之目的而非虚构之目的。郑师武因吸毒产生精神障碍，作案时产生了与现实情况不相符的幻觉，其被警察追捕的状态是不真实、非客观存在的，仅存在于其自己的幻觉中，故此引起的为了“躲避警察追捕”而进入案发仓库、持刀挟持李文珍欲“逃避追捕”并向他人“索车逃离现场”的所谓犯罪目的并不具有客观真实性，即郑师武事实上并不具备绑架李文珍作为人质以满足其不法要求的目的。故前述第二种观点仅凭郑师武在不真实的“犯罪目的”支配之下所产生的挟持他人的拘禁行为，便武断地认定郑师武具备绑架罪的主观方面构成要件的理由不充分。

（三）被告人郑师武的行为符合非法拘禁罪的构成要件

绑架罪的主观方面要件是一个复合要件，行为人既有非法拘禁他人而限制人身自由的主观故意，又有通过控制人质而企图实现勒索钱财或者其他目的的主观故意。本案中，被告人郑师武的行为虽然在客观上符合绑架罪的特征，但因其不具有绑架罪所要求的特定犯罪目的，即其犯绑架罪的主观方面构成要件不存在，因而不构成绑架罪。但是对郑师武所实施的挟持他人并将他人囚禁控制在仓库中的行为仍然能够进行刑法意义上的评价，因为该行为符合刑法第二百三十八条“非法拘禁他人或者以其他方法非法剥夺他人人身自由”的规定。郑师武非法剥夺了他人的人身自由，客观上实施了非法拘禁他人的行为，其主观上虽然是为了“躲避警察追捕”而持刀挟持人质欲“索车逃离现场”，但该主观故意中包含非法拘禁罪的故意内容，即郑师武亦具备非法剥夺他人人身自由的故意，符合非法拘禁罪的构成要件，构成非法拘禁罪。

——《刑事审判参考》（总第108辑）。

743 因索取债务扣押、拘禁债务人并向第三人索要明显超出债务数额钱财的行为构成绑架罪

关键词｜非法拘禁罪｜绑架罪｜索要债务｜

【最高人民法院参考案例】

孟铁保等赌博、绑架、敲诈勒索、故意伤害、非法拘禁案（《刑事审判参考》案例第74号）

要旨：为索要赌债而非法扣押、拘禁他人的行为，应以非法拘禁罪定罪处罚；如

果非法劫持并扣押他人后向被害人家属索要大大超出赌债范围的钱物的，应以绑架罪定罪处罚。

（一）为索要赌债而非法扣押、拘禁他人，索要的钱款没有超出赌债的范围或者超出不多的，应以非法拘禁罪定罪处罚

实际生活中，行为人为索取高利贷、赌债、嫖债等非法债务而扣押、拘禁他人的案件，时有发生。对于被告人孟铁保纠集被告人梁宪刚、牛志明、孟中有、孟宪亮、薛建平等劫持并限制陈云锁、杜俊杰、王铁牛、麻耀强、岳国庆等人人身自由，强索赌债的行为，一审法院认定其构成绑架罪，二审法院则认定其构成非法拘禁罪。产生两种不同的定性，主要是一、二审法院对刑法第二百三十八条第三款的规定理解有分歧。刑法第二百三十八条第三款规定“为索取债务非法扣押、拘禁他人的”，以非法拘禁罪定罪处罚。这里的“债务”，一般理解为合法债务，即民事法律关系上的财产给付义务。这种权利义务关系主要是由民事法律加以调整的。我国刑法第二百三十八条第三款之所以规定为索取债务非法扣押、拘禁他人的，以非法拘禁罪定罪处罚，立法本意并不在于以此来体现对债权的特别保护，而是要强调即使是为了索取正当、合法的债务，也不得采取扣押、拘禁他人等限制人身自由的非法方法。非法拘禁罪属于侵犯公民人身权利的犯罪，刑法所保护的是公民的人身权利，既然为索取正当、合法的债务非法限制他人人身自由就构成本罪，那么，为索取赌债、高利贷以及嫖资等法律不予保护的非法债务而扣押、拘禁他人的，以非法拘禁罪定罪处罚就更不成问题了。对此，最高人民法院于2000年6月30日通过了《关于对为索取法律不予保护的债务非法拘禁他人行为如何定罪问题的解释》，明确规定：“行为人为索取高利贷、赌债等法律不予保护的债务，非法拘禁他人的，依照刑法第二百三十八条的规定定罪处罚。”这就为今后司法机关处理类似案件提供了明确的法律依据。

本案中，被告人孟铁保纠集他人劫持陈云锁、杜俊杰、王铁牛、麻耀强、岳国庆等人并限制其人身自由，目的是强索赌债，虽然其索取的赌债属法律不予保护的债务，但毕竟不是无中生有地勒索财物，而且他们要求给付和实际索取的财物数额也没有超出实际赌债的范围或超出不多，他们非法扣押、拘禁他人，限制他人人身自由的行为，目的在于以此为手段，迫使他人履行“债务”，因此此种行为不能定绑架罪，应以非法拘禁罪定罪处刑。本案的处理虽然在《最高人民法院关于对为索取法律不予保护的债务非法拘禁他人行为如何定罪问题的解释》颁行之前，但二审法院能够准确理解和适用法律，正确定罪量刑，无疑是值得称道的。

（二）非法劫持并扣押他人后向被害人家属索要大大超出赌债范围的钱物的行为，构成绑架罪

需要指出的是，对这类性质的犯罪行为，以绑架罪定罪处罚时，应当注意，只有

行为人勒索的钱财明显大于被害人所欠的法律不予保护的债务，行为的性质已经超出为索取“债务”而非法限制他人人身自由的范围，实质上成为以非法拘禁、扣押人质为手段勒索他人钱财时，才能以绑架罪定罪处罚。如果行为人索要的钱财没有超出被害人所欠的“债务”的范围，或者两者之间差额不大，就不能以绑架罪定罪处罚。如被害人欠行为人十万元的赌债，而行为人向被害人索要十二万元、十三万元，因为毕竟有被害人欠行为人十万元赌债这一事实存在，被害人在案件的起因上亦有一定的过错，而且行为人索要超出赌债的部分钱财可能有这样或者那样的一些原因，并不一定全是为了勒索钱财，因此，这种情况一般不宜对行为人以绑架罪定罪处罚。至于行为人索要的钱财与被害人所欠“债务”的差额究竟多大，才以绑架罪定罪处罚，现行刑法和有关司法解释均未予明确，人民法院在处理具体案件时，一般应当综合考虑被告人实际索要钱物的绝对数额是否巨大；索要超出“债务”本身的钱物数额与债务本身的数额差额是否巨大；索要数额虽然特别巨大，当实际得到的与所欠“债务”数额相当，是否将所扣押的人放走等实际情况，依法认定。

——《刑事审判参考》（总第 10 辑）。

744 绑架过程中又劫走财物行为的定性

关键词 | 绑架罪 | 抢劫罪 | 罪责刑相适应 |

【最高人民法院答复】

行为人在绑架过程中，又以暴力、胁迫等手段当场劫取被害人财物，构成犯罪的，择一重罪处罚。

——《最高人民法院关于对在绑架过程中以暴力、胁迫等手段当场劫取被害人财物的行为如何适用法律问题的答复》（2001 年 11 月 8 日，法函〔2001〕68 号）。

行为人在绑架勒索犯罪过程中，又抢劫同一被害人财物的，应以绑架勒索罪[①]定罪，从重处罚；同时又抢劫他人财物的，应分别以绑架勒索罪、抢劫罪定罪，实行数罪并罚。

——《最高人民法院研究室关于对在绑架勒索犯罪过程中对同一受害人又有抢劫行为应如何定罪问题的答复》（1995 年 5 月 30 日）。

---

① 罪名已调整为“绑架罪”。

【最高人民法院审判业务意见】

实践中,在同一案中既有绑架行为又有抢劫行为的情形也时常发生。如行为人在绑架人质的过程中发现人质身上带有财物而将其非法占有的情况即是。对于这种情况如何定性？我们认为,行为人在犯罪之前仅具有绑架勒索的故意,在绑架被害人即非法控制被害人的人身自由之后,发现被害人身上带有财物而将其取走,此时,行为人的绑架行为构成绑架罪没有问题,但行为人利用被害人人身自由被限制而无法反抗的状态将其财物取走的行为却不宜另定抢劫罪,实行数罪并罚。这是因为:(1)绑架勒索本身就是以获取被绑架人或其亲友财物为目的,因此,在控制被绑架人后掳走其随身携带的财物,无论数额大小,对绑架人(包括共犯)而言,是再自然不过的事。反之,指望绑架人不掳走被绑架人随身携带的财物,则类似于刑法理论上所讲的"期待不可能"。(2)对这种情况如以抢劫罪和绑架罪并罚,实质上是将一个暴力劫持或拘禁行为既用作绑架罪的构成要件,又用作抢劫罪的构成要件,有违"禁止重复评价"的刑法原理。(3)此种情况下,仅定绑架一罪,把掳财的行为作为量刑情节考虑,与定两罪相比,也不至于轻纵犯罪人。

——《在绑架勒索过程中劫走被绑架人随身携带财物的行为如何定性》,载最高人民法院刑事审判第一庭、第二庭:《刑事审判参考》(总第24辑),法律出版社2002年版,第198—202页。

745 绑架罪犯罪形态的认定及量刑的把握

关键词｜绑架罪｜犯罪形态｜实际控制｜

【最高人民法院审判业务意见】

一、勒赎型绑架罪的既遂标准问题

1. 刑法第二百三十九条绑架罪法条所表述的罪状是"以勒索财物为目的,绑架他人"。很明显,其所表明的实行行为仅是绑架这一单一行为,而勒索财物的目的,则被明确表述为主观目的要件。目的要件在实践中能够充分证明即可,并不要求非要有相应对等的实际行为。提出勒索要求或者实施了勒索行为,是勒索目的的具体表现,但也只是勒索目的的一种认明方式。绑架罪被规定在刑法侵犯公民人身权利罪章中,即表明绑架罪侵犯的主要客体是公民的人身权利。事实上,绑架罪一经实施,公民人身权利必然受到侵犯,而其财产权利是否被侵犯则并不一定。因为,绑架行为实施后,由于被害人亲属的报案,公安人员的及时介入破案,绑架人勒索财物的目的往往难以得逞,甚至连勒索行为都未能来得及实施。即便勒索得逞,绑架行为的危害性也必然重于勒索行为。如前所述,行为人在客观方面实施了绑架行为,在主观上具有勒索财物的目的,就已然齐备了条文所要求的勒赎型绑架罪的构成要件,即应认定为绑架罪既遂。其次,确立这种既遂标准,也有利于严格保护被绑架人的人身权利,树立与立法宗旨一致的司法观,不轻纵绑架行为的犯罪人。

2. 绑架罪是继续犯,其继续状态包括绑架行为实施后持续控制被绑架人、实施勒索财物行为等,直至结束对被绑架人的控制。司法实践中,行为人实施绑架行为后,通常都有时间且大都也同时或嗣后实施了勒索行为,这是已查处的勒赎型绑架罪的常态。但常态并非解释勒赎型绑架罪客观构成要件的依据。行为人以勒索财物为目的实施绑架行为后,因意志外的原因未来得及实施勒索的情况,完全可能存在。对此,不仅应当以绑架罪论,还应当以绑架既遂论。

——《在绑架勒索过程中劫走被绑架人随身携带财物的行为如何定性》,载最高人民法院刑事审判第一庭、第二庭:《刑事审判参考》(总第 24 辑),法律出版社 2002 年版,第 198—202 页。

【最高人民法院参考案例】

白宇良、肖益军绑架案(《刑事审判参考》案例第 570 号)

要旨:被告人在进行犯罪预备活动即编造谎言联系被害人的过程中,误以为被被害人发现了真相,事情败露,遂停止了犯罪,这种认识错误本身是一个客观存在的障碍,系"意志以外的原因"迫使被告人停止了犯罪,属于犯罪预备。

正确区分犯罪预备和犯罪未遂,关键在于犯罪停止的阶段,即是停止在犯罪实行前阶段还是犯罪实行阶段。根据刑法规定,是否着手实施犯罪,是区分犯罪实行前阶段和实行阶段的标准。尚未着手实施犯罪,只是为了犯罪而准备工具、制造条件,由于意志以外的原因而停止的,属于犯罪预备;已经着手实施犯罪,由于意志以外的原因而停止的,属于犯罪未遂。一般认为,已经着手实行犯罪,是指被告人已经开始实施刑法分则规定的具体犯罪构成要件中的犯罪行为,这种行为已经不再是为犯罪的实行创造便利条件的性质,已经使刑法所保护的具体法益初步受到危害或者面临实际的威胁。据此,准确认定犯罪行为的着手,必须结合具体个罪,根据刑法分则条文的规定,考察其犯罪构成要件的客观方面。凡是实施了分则规定的某一犯罪客观构成要件方面的行为的,属于已经着手;凡是尚未实施上述行为,只是为上述行为的实行和犯罪的完成创造便利条件的,属于未着手,符合条件的,可以认定为犯罪预备。

犯罪预备有两种情形:其一是准备犯罪工具;其二是为实施犯罪创造便利条件。其中,制造条件形式多样,往往容易与实行行为相混淆,尤其是接近犯罪对象的行为。这种行为是很多犯罪的共性行为,不属于某一具体犯罪的客观要件,对犯罪对象的威胁并不迫切,不应属于实行行为,而应属于预备行为。具体到本案而言,正确认定二被告人是否着手实施绑架行为,必须正确界定绑架罪的客观行为。根据刑法第二百三十八条的规定,绑架罪是指被告人以勒索财物为目的绑架他人,或者绑架他人作为人质的行为。根据本条规定,只要实施了劫持人质行为,就属于犯罪已经着手。劫持的方式,一般表现为使用暴力、胁迫以及其他剥夺自由的手段。凡是为以暴力、胁迫等手段剥夺被害人人身自由服务、创造条件的行为,均属于绑架罪犯罪预备行为,而不应认定为实行行为。如行为人采用欺骗手段将被害人骗至或者骗离某一地点再进行挟持的,这种骗离行为尚不属于劫持行为,因为这种行为尚未真正侵害到被害人的人身自由,只有对被害人进行扣押或者关押,限制或剥夺其人身自由,才属于劫持行为。从劫持的时间角度看,只有被告人实施了暴力、胁迫等剥夺被害人人身自由的行为,才能认定为开始实施劫持行为。在此之前的行为,不论复杂简单、时间长短、内容多少、危害大小,均属于劫持开始前为劫持目的服务的行为,不应认定为劫持行为本身,也就不能认定为着手实施绑架犯罪。相应地,可以认定为绑架罪预备阶段的行为,按照犯罪预备处理。这是因为,我国刑法对绑架罪设置了严厉的刑罚,法定最低刑为有期徒刑十年。纵观我国刑法分则的规定,"十年以上有期徒刑或者无期徒刑"这一法定刑幅度所对应的都是严重的罪行,如故意伤害致人死亡、抢劫致人重伤或者死亡等犯罪。因此我们在解释、认定绑架罪的构成要件时,应考虑到其法定刑的严重程度作出相应合理的解释,以实现罪刑均衡。在确定绑架罪的"着手"时,一方面要符合"着手"的一般理论,另一方面要顾及绑架罪的特殊性。鉴于绑架罪的法定刑起点较高,确定其"着手"的时间就不宜过早,避免对较轻的行为科以过重的刑罚,从而做到罪刑相适应。具体地说,绑架罪的"着手"应该解释为实施了直接侵犯人质人身权利的行为,即劫持人质的行为。因为只有这种劫持行为才直接侵犯法益,才能与"十年以上有期徒刑或者无期徒刑"相匹配。相应地,在劫持人质之前的行为,只具有抽象的危险性,尚未对人质造成现实的危害,不足以解释为绑架的实行行为,否则会造成罪刑的不均衡。

本案中,二被告人经过预谋,准备绑架陈某某勒索财物。为了达到这一犯罪目的,二被告人进行了周密的计划与部署,包括准备犯罪工具,设骗局接近陈某某。其中准备用于扣押被害人的车辆和用于胁迫被害人的爆炸装置,均属于准备犯罪工具的范畴,系犯罪预备行为,不存争议。有争议的问题在于,被告人设骗局与被害人电话联系意图让被害人"自动地"来到其车辆上,这是否属于绑架的着手。从社会生活领域或者从被告人的主观意思中,可能会认为,经过了数月的筹划,准备了所需要的全部工具,到了案发当天,时机成熟了,便可以"着手"实施了,便打了电话与被害人联系，以至于认为这一行为属于绑架罪的着手。但是，根据上述有关绑架罪着手的认定标准，被告人只有实施了扣押被害人剥夺其人身自由的行为才能属于绑架的实行行为，才可以认定为绑架的着手。因此，被告人诱骗被害人的行为，是为实施扣押行为提供便利，创造条件，使绑架行为得以实施，应当属于犯罪预备。故本案中，二被告人的行为尚处于预备阶段，而不属于已经着手实施犯罪。

——《刑事审判参考》（总第69辑）。

俞志刚绑架案（《刑事审判参考》案例第496号）

要旨：犯罪分子绑架人质的行为一经完成，就构成犯罪既遂，之后主动放弃继续犯罪并释放人质的行为，属于犯罪既遂后的补救措施。被告人自动放弃获取赎金、将被害人安全送回，对其可经法定程序报最高人民法院核准在法定刑以下判处刑罚。

（一）犯罪分子绑架人质的行为一经完成，就构成犯罪既遂，之后主动放弃继续犯罪并释放人质的行为，属于犯罪既遂后的补救措施

对于绑架犯罪既遂的标准，只要行为人以勒索财物或其他非法目的，实施了绑架并控制他人的行为，即属犯罪既遂。理由在于：首先，基于罪刑法定原则，我国刑法学界通说认为，犯罪行为具备分则条文法定的全部构成要件是认定犯罪既遂的标准。根据刑法第二百三十九条的规定，以勒索财物为目的绑架他人的，或者绑架他人作为人质的，构成绑架罪。据此，绑架罪的实行行为仅是绑架这一单一行为，而勒索目的则属于主观目的要件。目的要件在司法中能够充分证明即可，并不要求必须有相应的实际行为。提出勒索要求或者实施了勒索行为，是勒索目的的具体体现，但也只是勒索目的的一种认明方式。因此，行为人着手实行并完成了绑架他人的行为，就充分了绑架罪的实行要件，应构成犯罪既遂。其次，确立这样的既遂标准，符合刑法严惩绑架这一严重刑事犯罪的立法意图。刑法将绑架罪规定为侵犯公民人身权利的犯罪，说明其首要保护的法益是公民人身权利。因为犯罪行为人一旦成功实施绑架他人的客观行为，便控制了他人的人身自由，对他人的人身安全造成重大威胁，严重侵害刑法所保护的法益，以之作为既遂标准，符合绑架罪的法益保护要求。至于勒索财物或者其他不法目的，仅是刑法分则所描述的实施绑架犯罪客观行为时的主观目的要件，不宜扩张引申为必须实现犯罪目的方能构成犯罪既遂，否则，会出现对于绑架行为已严重侵害刑法所保护的公民人身权利，却因没有实施勒索行为或没有勒索到财物，便无法按照既遂犯予以处罚的情形，致使重罪轻判、罚不当罪，有违刑法严惩绑架犯罪的立法本意。

（二）被告人自动放弃获取赎金、将被害人安全送回，对其可经法定程序报最高人民法院核准在法定刑以下判处刑罚

在没有发生致被绑架人死亡结果的情况下，虽然法定刑范围是十年以上有期

徒刑、无期徒刑,但是对被绑架人的人身侵害程度不同,量刑肯定不同。问题是,只要实施了绑架犯罪,在没有法定从宽量刑情节的情况下,起刑就是十年有期徒刑。在实践中,绑架犯罪的个案情况很复杂。如,在对被绑架人的人身侵害上,有致人重伤且造成严重残疾、一般重伤、轻伤、轻微伤和没有造成伤害的程度之分;在犯罪手段上有暴力、威胁,威胁但未使用暴力,既未威胁也未使用暴力之分;在其他犯罪情节上,有是否实施勒索行为,是否采取补救措施,是否主动终止继续犯罪的区分。对于上述不同情况下的绑架犯罪,显然不能简单、机械地一律在十年以上有期徒刑、无期徒刑的范围内量刑。有观点认为,只要罪犯实施了绑架行为,就应以严打的高压态势,一律给予十年有期徒刑以上的刑罚,有利于有效地遏制此类犯罪的发生。我们认为,这种观点只看到问题的一个方面,另一个方面是,在绑架犯罪行为已经实施的情况下,如何给予犯罪分子一定的悔过出路,才能最大限度地保护被绑架人的人身安全。对那些绑架情节较轻,没有对被绑架人实施暴力、威胁行为的,应该给予从宽的刑事处罚,并且要宽得足以引导和鼓励已经实施了绑架犯罪的罪犯作出放弃犯罪、不伤害被绑架人的选择。而刑法对绑架罪规定起刑即十年有期徒刑,在发挥这方面作用上存在一定的局限性。因此,有必要对某些情况特殊的案件启动特别减轻处罚程序,本案就是一个典型事例。①

——《刑事审判参考》(总第63辑)。

【链接:理解与适用】

关于绑架罪既遂的认定,应以行为人是否将被害人劫持并实际控制为标准,即行为人只要实施了绑架他人的行为,就构成绑架罪的既遂,而不是以勒索的财物是否到手等为标准。

关于绑架罪中杀人未遂的,是否适用刑法关于未遂犯从轻、减轻处罚的规定。有学者认为,可以将绑架杀人理解为结合犯,即绑架杀人罪。所谓结合犯,是指刑法将两个原本独立的犯罪结合在一起,规定为一个新罪的情况。如日本刑法规定了强盗罪和强奸罪,此外还专门规定了强盗强奸罪。因而,在绑架中杀人未遂的,属于绑架杀人罪的未遂。我们认为,这种观点值得商榷和研究。该观点在日本刑法中有足够的法律依据和理论支撑,但在中国刑法中缺乏法律依据。因为中国刑法第二百三十九条明确规定,绑架中杀人的,依然定绑架罪,而不是定绑架杀人罪,即中国刑法中并没有确认绑架杀人罪。对于绑架罪来讲,实施了绑架他人的行为,实际控制被害人,即构成绑架罪的既遂。因此,绑架中杀人未遂的,依然成立绑架罪既遂。

---

① 刑法修正案(七)第六条在绑架罪原条文基础上,增加了“情节较轻的,处五年以上十年以下有期徒刑,并处罚金”的规定。绑架他人后自动放弃继续犯罪,属于情节较轻的情形,可以适用该条规定处罚。

——最高人民法院研究室、最高人民法院刑法修改工作小组办公室编著:《〈刑法修正案(九)〉条文及配套司法解释理解与适用》,人民法院出版社 2015 年版,第 166 页。

746 绑架罪中“情节较轻”情形的认定

关键词｜绑架罪｜犯罪未遂｜情节较轻｜

【最高人民法院参考案例】

孙家洪、濮剑鸣等绑架、抢劫、故意杀人案(《刑事审判参考》案例第 947 号)

要旨:刑法总则规定的犯罪未遂等量刑情节不应适用绑架罪中“情节较轻”情形。

“情节较轻”的衡量标准应当是司法者运用一定的价值标准对确定的事实基础进行综合判断所得出的结论。由于“情节较轻”具有高度的概括性、抽象性,只有在对影响绑架罪社会危害性程度的各种主客观事实进行综合评价的基础上,才能得出某一个案是否属于“情节较轻”的结论。我们认为,影响绑架罪社会危害性轻重的事实要素大致有以下几个方面:(1)犯罪手段。绑架罪采用暴力、胁迫、诱骗等方法控制被绑架人人身自由,拘禁时间有长短之分,暴力、胁迫、诱骗等手段各不相同亦直接影响到该罪的社会危害程度。(2)犯罪后果。从人身损害方面看,是否造成了被绑架人重伤、轻伤、轻微伤或严重的精神伤害;从财产损害方面看,赎金数额有数额巨大、数额较大或未获取分文的区别,犯罪后果直接反映了行为的社会危害程度。(3)犯罪动机。行为人的动机或出于满足个人私利,或迫于生活压力,或因合法权益不能保障,或出于特定政治目的等,动机不同体现了行为主观恶性程度的差异。(4)犯罪情节。行为人具有放弃勒索赎金、是否主动释放人质;行为人与被害人是否系亲属或熟人关系;行为人是否选择以老人、妇女、儿童或者社会知名人士作为绑架对象等,上述情节对绑架罪的社会危害程度具有直接影响。在正确认定了影响绑架罪社会危害性轻重的事实要素后,还有必要探寻“情节较轻”与侵害法益的实质联系,对“情节较轻”作出价值判断。绑架罪侵害的法益在司法实践中通常表现为:人身法益(人身自由与安全)、财产法益(他人财产所有权)、社会法益(社会秩序与公共安全)。人身法益是刑法保护的重点,绑架罪必然侵犯人身自由,但在人身安全方面却客观存在侵害程度的差异,被绑架人的人身安全未受实质侵犯,人身自由限制程度较轻等因素,是认定“情节较轻”的首要判断。财产法益、社会法益虽然对判断绑架罪罪质轻重而言不具有决定性意义,但仍会对绑架罪的社会危害性程度产生重要影响。如绑架行为虽然未给被绑架人的人身安全造成严重威胁,但勒索财物数额巨大,手段卑劣,社会影响恶劣,也不能认定为“情节较轻”。

刑法总则规定的犯罪预备、未遂、中止等从轻减轻情节基于刑事立法模式以及禁止重复评价的原则,不应适用绑架罪“情节较轻”条款。我国刑法分则罪状的立法模式以单独犯的完成形态为基准,任何罪质轻重的评价都是建立在对犯罪完成形态的考察基础上,犯罪的未完成形态对罪质的轻重不能产生实质影响。犯罪预备、未遂、中止等未完成形态是刑法总则规定的法定量刑情节,对犯罪的社会危害性程度会产生很大影响,但并不能成为影响罪质轻重的因素,如果将其作为“情节较轻”的判断基础,然后再作为量刑情节适用,显然属于对同一情节的重复评价,违反了禁止重复评价的原则。本案中,被告人濮剑鸣、夏福军等人以毕某之子为绑架目标意图向毕某勒索二百万美元,事先勘查住处并准备电击棍等作案工具,在实施作案过程中已进入毕某家中,但由于意志以外的原因而未得逞,系绑架未遂,不应适用“情节较轻”条款。

另外,如果某一事实因素不能反映绑架罪社会危害性程度,自然不能成为“情节较轻”的判断基础。如一些纯粹反映行为人人身危险性程度的事实因素就不能成为判断是否属于“情节较轻”的基础,主要包括行为人的一贯表现,是否属于初犯、偶犯以及前科情况,犯罪后的认罪悔罪态度,是否具有自首、立功等情节等。上述事实因素虽然最后会影响到行为人的刑罚裁量,但它们都不能反映和体现绑架罪社会危害性程度,对绑架罪罪质轻重没有影响,因此不能成为“情节较轻”的判断基础。

——《刑事审判参考》(总第96辑)。

六、侮辱罪、诽谤罪

747 将被捉奸的妇女赤裸捆绑示众的行为，应认定为侮辱罪

关键词｜侮辱罪｜非法拘禁罪｜捆绑示众｜牵连犯｜

【最高人民法院参考案例】

周彩萍等非法拘禁案(《刑事审判参考》案例第 179 号)

要旨：将被捉奸的妇女赤裸捆绑、拘禁、示众的行为，应以侮辱罪定罪处罚。

侮辱罪和非法拘禁罪同属侵犯公民人身权利罪。侮辱罪是指以暴力或者其他方法，公然贬低、损害他人人格，破坏他人名誉，情节严重的行为。非法拘禁罪，是指以非法拘留、禁闭或其他方法，非法剥夺他人人身自由的行为。上述两罪的区别是明显的，一般情况下不容易发生混淆。被告人捉奸后使用暴力将全身赤裸的被害人捆绑示众，既有侮辱性质，同时又剥夺了被害人的人身自由，属于犯罪目的与犯罪手段的牵连，构成非法拘禁罪与侮辱罪的牵连犯。

侮辱罪与侮辱妇女罪①的法定刑幅度是不同的，后者重于前者。因此，准确区分二者十分重要。刑法第二百三十七条规定的侮辱妇女罪，是从 1979 年刑法流氓罪中分离出来的。从立法精神来看，侮辱妇女罪中的“侮辱”的含义不同于刑法第二百四十六条侮辱罪中的“侮辱”。它主要是指为获得性刺激，以淫秽举止或言语调戏妇女的行为。因此，侮辱妇女罪和侮辱罪的关键区别就在于，前者行为人是基于精神空虚等变态心理，以寻求性刺激或变态的性满足为主要动机，而后者的行为人则主要是基于泄愤、报复等动机，以贬损他人名誉为目的。除此之外，二罪的区别还表现为：(1)行为对象不同。侮辱妇女罪的对象只能是十四周岁以上的少女和成年妇女，而侮辱罪的对象则没有性别及年龄上的限制。侮辱罪虽然也可以妇女为对象，但由于其主观目的是贬损他人名誉，因此，其侵犯的对象只能是特定的妇女或特定的人；而侮辱妇女罪的动机是基于精神空虚等变态心理，寻求性刺激或变态的性满足，因此，其侵犯的对象有可能是不特定的妇女。(2)行为方式不同。根据刑法规定，构成侮辱罪必须以公然实施侮辱行为为要件，而侮辱妇女罪的构成则没有此要求，也可以是以非公然的方式进行。聚众或在公共场所当众侮辱妇女的，则适用更重的法定刑幅度。侮辱妇女罪主观上出于寻求性刺激的动机，决定了

① 罪名已调整为“强制猥亵、侮辱罪”。

其侮辱行为必须是当场对被侮辱的妇女实施,而侮辱罪对被害人所实施的侮辱行为,则既可以是当场,也可以是非当场的。

——《刑事审判参考》(总第26辑)。

748 如何认定“人肉搜索”致人自杀死亡的行为性质

关键词|侮辱罪|人肉搜索|

【最高人民法院参考案例】

蔡晓青侮辱案(《刑事审判参考》案例第1046号)

要旨:发微博要求“人肉搜索”的行为侵犯他人名誉权,属于侮辱行为。

侮辱罪侵犯的客体为公民的名誉权,名誉权是指公民或者法人对自己在社会生活中所获得的社会评价即自己的名誉,依法所享有的不可侵犯的权利。侮辱的方法有使用暴力、使用言词、使用图像文字等。就本案来看,被告人蔡晓青把被害人徐某购物的视频监控截图发到微博上,且明确指明徐某是小偷并要求“人肉搜索”,这种方式利用了互联网这一新兴媒体,虽然与传统方式不同,但本质上仍属于公然侮辱他人人格的行为。众所周知,在网络发达的当今社会,“人肉搜索”具有非常强烈的放大功能,可以把模糊、分散的线索迅速清晰、集中起来,在趋向集中的过程中可能失控。当被搜索的人是和某个具有消极影响的事件联系在一起时,社会舆论的内容往往是消极为主的,负面影响远大于正面影响,被搜索人的品德、才干、信誉等在社会中所获得的评价明显降低,致使当事人无法在现实社会中正常的工作、学习和生活,名誉权受到严重损害。因此,蔡晓青发微博要求“人肉搜索”的行为属于侮辱行为。

——《刑事审判参考》(总第101辑)。

749 利用信息网络实施诽谤、寻衅滋事犯罪的司法认定

关键词|诽谤罪|寻衅滋事罪|

【最高人民法院司法解释】

第一条　具有下列情形之一的,应当认定为刑法第二百四十六条第一款规定的“捏造事实诽谤他人”:

(一)捏造损害他人名誉的事实,在信息网络上散布,或者组织、指使人员在信

息网络上散布的；

（二）将信息网络上涉及他人的原始信息内容篡改为损害他人名誉的事实，在信息网络上散布，或者组织、指使人员在信息网络上散布的；

明知是捏造的损害他人名誉的事实，在信息网络上散布，情节恶劣的，以“捏造事实诽谤他人”论。

第二条 利用信息网络诽谤他人，具有下列情形之一的，应当认定为刑法第二百四十六条第一款规定的“情节严重”：

（一）同一诽谤信息实际被点击、浏览次数达到五千次以上，或者被转发次数达到五百次以上的；

（二）造成被害人或者其近亲属精神失常、自残、自杀等严重后果的；

（三）二年内曾因诽谤受过行政处罚，又诽谤他人的；

（四）其他情节严重的情形。

第五条 利用信息网络辱骂、恐吓他人，情节恶劣，破坏社会秩序的，依照刑法第二百九十三条第一款第（二）项的规定，以寻衅滋事罪定罪处罚。

编造虚假信息，或者明知是编造的虚假信息，在信息网络上散布，或者组织、指使人员在信息网络上散布，起哄闹事，造成公共秩序严重混乱的，依照刑法第二百九十三条第一款第（四）项的规定，以寻衅滋事罪定罪处罚。

——《最高人民法院、最高人民检察院关于办理利用信息网络实施诽谤等刑事案件适用法律若干问题的解释》（2013 年 9 月 10 日，法释〔2013〕21 号）。

【链接：理解与适用】

（一）利用信息网络实施诽谤犯罪的认定

关于“捏造事实诽谤他人”的认定。《解释》第一条对刑法第二百四十六条中的“捏造事实诽谤他人”作出了具体规定，主要包括三种行为方式：

一是“捏造并散布”。即《解释》第一条第一款第（一）项规定的“捏造损害他人名誉的事实，在信息网络上散布，或者组织、指使人员在信息网络上散布的”，是最为典型的网络诽谤行为方式，具体是指行为人捏造损害他人名誉的事实后，由本人在信息网络上散布，或者行为人捏造损害他人名誉的事实后，组织、指使人员在信息网络上散布。后者也包括行为人捏造损害他人名誉的事实后，支付报酬雇用人员在信息网络上散布。

二是“篡改并散布”。即《解释》第一条第一款第（二）项规定的“将信息网络上涉及他人的原始信息内容篡改为损害他人名誉的事实，在信息网络上散布，或者组织、指使人员在信息网络上散布的”。该项规定主要针对“歪曲捏造”的情形。“篡改”是指用作伪的手段改动或曲解，也就是实质性修改，即故意改变事实。如网络上出现一个原始帖子,称某被害人在某酒店与异性友人共进晚餐。原帖内容可能是真实的,或者即使失真,也达不到损害名誉的程度。行为人为达到诽谤他人的目的,借题发挥,恶意地将原帖内容歪曲修改为某被害人与其情妇在某酒店开房过夜。这就是典型的篡改,且篡改后的内容已经损害了他人的名誉。实践中除歪曲捏造外,还存在故意放大、渲染等情形。对此除非达到实质性修改的程度,否则一般不能认定为篡改。

三是"明知是捏造而散布"。即《解释》第一条第二款规定的"明知是捏造的损害他人名誉的事实,在信息网络上散布,情节恶劣的,以'捏造事实诽谤他人'论"。本条前款两项规定是针对造谣者,本款规定针对恶意传谣者。需要强调的是,如果行为人不明知是他人捏造的虚假事实而在信息网络上发布、转发的,即使对被害人的名誉造成了一定的损害,按照主客观相一致的原则,也不构成诽谤罪。实践中要严格区分构成犯罪的恶意诽谤行为和普通网民在不明真相情况下进行的发帖、转帖行为。适用本款规定应注意把握以下问题:

关于"明知"的认定。"明知"在刑法上包括两种情形:一是"知道",即有证据证明行为人知道特定的事实,例如行为人及其"上家"均承认,行为人明确知道在信息网络上散布的信息系"上家"捏造的损害他人名誉的事实。二是"应当知道",即行为人虽否认自己知道在信息网络上散布的信息系捏造的损害他人名誉的事实,但基于相关证据,能够推定行为人知道该情况,且行为人对此不能作出合理解释。实践中,认定行为人"应当知道"要依法有据,不能主观指证,必须依据相关证据材料综合判断。在认定"应当知道"时应当特别慎重,要将恶意传谣者与不明真相的无恶意传谣者区别开来。实践中如果把握不准或有争议的,应当本着"就低不就高""有利行为人"的原则,不认定为"应当知道"。

关于"情节恶劣"的认定。本款不仅要求行为人明知是捏造的损害他人名誉的事实,而且要求达到情节恶劣的程度,才能以捏造事实诽谤他人论。主要考虑是,对于恶意传谣者与造谣者也要区别对待。恶意传谣者不是捏造事实诽谤他人的源头,判定其行为性质,也应当注意考察具体情节的恶劣程度。需要说明的是,"情节恶劣"不同于诽谤罪入罪标准的"情节严重",它指的是恶意传谣者明知是捏造的事实而在信息网络上传播行为的恶劣程度,如行为人的动机卑劣、散布的诽谤信息内容恶毒,或者行为人长期诽谤他人等。

关于"情节严重"的认定。根据刑法第二百四十六条第一款的规定,行为人捏造事实诽谤他人,必须达到情节严重的程度,依法才构成诽谤罪。《解释》第二条采取列举的方式,明确了认定网络诽谤犯罪情节严重的具体标准,规定了较为严格的入罪门槛。

一是数量标准。《解释》第二条第(一)项规定,"同一诽谤信息实际被点击、浏览次数达到五千次以上,或者被转发次数达到五百次以上的”,应当认定为诽谤行为情节严重。如果一个捏造的损害他人名誉的信息被众多人所点击、浏览而知晓,足以说明被害人的名誉已经受到损害,具有现实的社会危害性。《解释》将被点击、浏览次数确定为五千次,是依据实证调研的结果,也参考了有关司法解释的先例。将被转发次数确定为五百次,与被点击、浏览次数保持一比十的关系,是根据网络传播规律,听取了专业部门意见,进行了技术论证,严格审慎确定的。

需要注意的是,《解释》规定的上述数量标准,是指同一诽谤信息实际被点击、浏览或者被转发次数。这就意味着,在计算具体数量时,应当扣除被害人自己点击、浏览或者转发的次数,也应当扣除网站管理人员为维护网站而点击等的次数。此外,还应扣除其他故意虚增而点击等,导致统计失真的次数。

二是危害后果标准。《解释》第二条第(二)项规定,“造成被害人或者其近亲属精神失常、自残、自杀等严重后果的”,应当认定为诽谤行为情节严重。如果网络诽谤行为在现实生活中已经造成上述后果,显然具有现实的社会危害性,构成了犯罪。此种情形就不问诽谤信息实际被点击、浏览或者被转发次数,应当认定为情节严重。

三是主观恶性标准。《解释》第二条第(三)项规定,“二年内曾因诽谤受过行政处罚,又诽谤他人的”,应当认定为诽谤行为“情节严重”。体现了刑法对行为人主观恶性、人身危险性的重视和评价。对于这种屡教不改,反复恶意诽谤他人的行为人,不论诽谤信息被点击、浏览、转发的次数,也不论是否造成被害人或者近亲属精神失常、自残、自杀等后果,也应当认定为“情节严重”。

——最高人民法院刑事审判第三庭:《解读〈关于办理利用信息网络实施诽谤等刑事案件适用法律若干问题的解释〉》,载李少平主编:《解读最高人民法院司法解释、指导性案例 · 刑事卷》,人民法院出版社 2016 年版,第 530—538 页。

【最高人民法院参考案例】

秦志晖诽谤、寻衅滋事案(《刑事审判参考》案例第 966 号)

要旨:行为人利用信息网络诽谤他人,并散布谣言,造成公共秩序混乱,应当构成诽谤罪、寻衅滋事罪,数罪并罚。

经研究,公诉机关、审判机关均认为应当认定为两罪,并将两罪并罚。主要理由如下:

第一,秦志晖的行为分别符合诽谤罪与寻衅滋事罪的构成条件。准确把握刑法规定的诽谤罪、寻衅滋事罪的犯罪构成,是正确理解利用信息网络实施的诽谤罪、寻衅滋事罪的前提条件。根据刑法第二百四十六条和第二百九十三条的规定,捏造事实诽谤他人,情节严重的,构成诽谤罪;实施在公共场所起哄闹事,造成公共场所秩序严重混乱等寻衅滋事行为,破坏社会秩序的,构成寻衅滋事罪。从犯罪客体看,诽谤罪侵犯的客体是公民的人格和名誉,寻衅滋事罪侵犯的客体是社会秩序。从罪状及行为特征看,寻衅滋事罪规定的"在公共场所起哄闹事,造成公共场所秩序严重混乱",通常是指行为人的起哄闹事行为扰乱了某一具体公共场所秩序,或者使该公共场所的相关活动不能顺利进行。在信息网络普及之前,"在公共场所起哄闹事"行为的实施地与危害后果发生地一般都在该公共场所。但随着信息网络的迅速发展,互联网、通信网、广播电视传输覆盖网呈现出"三网合一"的趋势,信息网络与人们的现实生活融为一体,其"工具属性""公共属性"凸显,利用信息网络实施寻衅滋事的行为方式及危害后果与传统的寻衅滋事呈现出不同特征。基于现实情况,《解释》第五条第二款将刑法条文中"在公共场所起哄闹事"解释为"编造虚假信息,或者明知是编造的虚假信息,在信息网络上散布,或者组织、指使人员在信息网络上散布,起哄闹事",将"造成公共场所秩序严重混乱"解释为"造成公共秩序严重混乱"。对于第一处解释,我们认为,是合理的。例如,行为人虽然不在公共场所,但其利用信息网络散布虚假信息,造成了公共场所秩序严重混乱,当然可以解释为"在公共场所起哄闹事"。对于第二处解释,我们认为,根据信息网络社会的发展程度,该解释具有现实必要性。例如,行为人利用信息网络散布地震谣言,导致多地大量群众外出"避难";散布核泄漏谣言,导致大范围的"抢盐"。上述危害后果明显严重扰乱了生产、生活、工作、营业等社会公共秩序,与寻衅滋事罪有关危害后果的立法本意相符,但又不宜概括为造成某一具体公共场所秩序混乱,而用公共秩序混乱则能较好解释该问题。但是,对于上述解释,一定要注意保持《解释》与刑法条文规定内涵的一致性,要根据刑法立法本意对《解释》的规定做限制性理解。《解释》第五条第二款规定的利用信息网络实施的寻衅滋事罪要求造成"公共秩序严重混乱",不仅指虚假信息被大量转发、评论等造成的网络秩序混乱,同时也要求造成生产、生活、工作、营业、教学等现实社会公共秩序的严重混乱。对于虚假信息被及时、有效删除,未被大量转发、评论等,尚未造成广泛影响的,或者仅仅是对网络秩序造成了影响,不宜认定为"造成公共秩序严重混乱"。本案中,被告人秦志晖捏造损害杨澜等公民人格、名誉的事实,在信息网络上被广泛散布,其行为构成诽谤罪;在"7·23"动车事故发生后,编造政府机关天价赔偿外籍乘客的虚假信息在信息网络上散布,起哄闹事,该虚假信息被转发一万一千次,评论三千三百余次,造成网络空间的混乱,同时在现实社会引发不明真相群众的不满,扰乱了政府机关善后工作,造成社会公共秩序严重混乱,其行为构成寻衅滋事罪。

第二,将秦志晖的行为认定为诽谤罪、寻衅滋事罪两罪,符合《解释》的原意。《解释》最初起草时是为了规范适用利用信息网络实施的诽谤罪的认定问题,后来增加了利用信息网络实施的寻衅滋事、敲诈勒索、非法经营犯罪的相关条款。由于寻衅滋事罪是从1979年刑法规定的流氓罪这一“口袋罪”中分解出来的罪名,《解释》在制定有关利用信息网络实施的寻衅滋事罪条款时特别审慎。根据《解释》在制定时的原意,利用信息网络实施的诽谤罪的对象是特定的自然人,而寻衅滋事罪一般针对的是单位、不特定的多人或者公共事件。如果将利用信息网络诽谤特定自然人的事实,也以破坏网络秩序等为由纳入寻衅滋事罪,则易使寻衅滋事罪演变为“口袋罪”,与罪刑法定基本原则相悖。故要区别对待,不宜一概认定为寻衅滋事罪。

第三,对诽谤杨澜等公民的事实以诽谤罪起诉、审理,可以依法保障被害人的附带民事诉讼权利。同时,通过审判,也可以有效恢复被害人的人格、名誉。

——《刑事审判参考》(总第97辑)。

750 侮辱、诽谤犯罪中“严重危害社会秩序和国家利益”的认定

关键词 | 侮辱罪 | 诽谤罪 | 自诉案件 | 公诉 |

【最高人民法院司法解释】

第三条 利用信息网络诽谤他人,具有下列情形之一的,应当认定为刑法第二百四十六条第二款规定的“严重危害社会秩序和国家利益”:

(一)引发群体性事件的;

(二)引发公共秩序混乱的;

(三)引发民族、宗教冲突的;

(四)诽谤多人,造成恶劣社会影响的;

(五)损害国家形象,严重危害国家利益的;

(六)造成恶劣国际影响的;

(七)其他严重危害社会秩序和国家利益的情形。

——《最高人民法院、最高人民检察院关于办理利用信息网络实施诽谤等刑事案件适用法律若干问题的解释》(2013年9月10日,法释〔2013〕21号)。

【链接:理解与适用】

(二)“严重危害社会秩序和国家利益”的认定

根据刑法第二百四十六条第二款的规定,诽谤罪除“严重危害社会秩序和国家利益的”情形外,属于告诉才处理的案件。对于严重危害社会秩序和国家利益的诽谤案件,应由公安机关立案侦查,人民检察院提起公诉。为了明确网络诽谤刑事案件适用公诉程序的条件,《解释》第三条列举了严重危害社会秩序和国家利益的七种情形,既充分尊重当事人的处分权,依法保护被害人的合法权益,也有助于惩治

严重危害社会秩序和国家利益的诽谤犯罪。

关于“引发群体性事件的”情形。行为人捏造事实诽谤他人，进而引发了群体性事件，显然属于已经对社会秩序造成了实际的危害。

关于“引发公共秩序混乱的”情形。主要是指妨害国家的公共管理活动，引发生产秩序、生活秩序、学习秩序、工作秩序等公共秩序的混乱。

关于“引发民族、宗教冲突的”情形。民族、宗教问题关系到国家统一、社会稳定、经济社会发展，属于非常重要的国家利益。如果行为人实施诽谤犯罪涉及民族、宗教问题，进而引发民族、宗教冲突，破坏民族团结、宗教政策的，属于对国家利益造成了严重危害。

关于“诽谤多人，造成恶劣社会影响的”情形。主要是考虑到行为人不间断地恶意诽谤多人，不仅侵犯了各个被害人的名誉权，实际上也已经严重危害了社会秩序。如果对此也适用自诉程序，需要多个被害人分别提起自诉且需要并案处理，不利于切实保护被害人的合法权益。

关于“损害国家形象，严重危害国家利益的”情形。行为人通过诽谤特定的对象，抹黑我国的政治制度，损害我国的国家形象，涉及国家利益，社会危害性大。

关于“造成恶劣国际影响的”情形。主要是指诽谤外国元首和政府首脑等，引发外事交涉、外交抗议等情形。

广大网民利用信息网络进行“网络反腐”，对反腐倡廉工作发挥了积极的作用。一些腐败案件最先就是在网络上曝光，引起有关部门的高度重视，随后得到了及时的处理。对于广大网民通过信息网络检举、揭发他人违法违纪行为的，有关部门应当认真对待，负责任地核实，及时公布调查结果。即使检举、揭发的部分内容失实，只要不是故意捏造事实诽谤他人的，或者不属明知是捏造的损害他人名誉的事实而在信息网络上散布的，就不应以诽谤罪追究刑事责任。但是，对于那些打着“网络反腐”的幌子，恶意捏造事实诽谤他人的行为，尤其是有组织地大肆诽谤他人的行为，事实清楚，证据确实充分，构成犯罪的，就应依法追究刑事责任。司法机关要严格依法办案，严格入罪标准，防止误伤那些积极进行舆论监督、但部分举报内容失实的举报者。

——最高人民法院刑事审判第三庭：《解读〈关于办理利用信息网络实施诽谤等刑事案件适用法律若干问题的解释〉》，载李少平主编：《解读最高人民法院司法解释、指导性案例 · 刑事卷》，人民法院出版社 2016 年版，第 530—538 页。

【最高人民法院参考案例】

蔡晓青侮辱案(《刑事审判参考》案例第 1046 号)

要旨：如何认定侮辱罪中“严重危害社会秩序和国家利益”可以提起公诉的

情形。

1. 如何理解侮辱罪中“严重危害社会秩序和国家利益”所指的严重程度

依照刑法第二百四十六条的规定，犯侮辱罪“告诉的才处理，但是严重危害社会秩序和国家利益的除外”。之所以规定侮辱罪要告诉才处理，主要是考虑到侮辱行为大都发生在家庭成员、邻居、同事之间或者日常生活之中，属于人民内部矛盾，且社会危害性不是很大，多数场合下可以通过调解等缓和方式来解决。此外，被害人可能不愿意让更多的人知道自己受到侮辱的事实，如果采用刑事制裁的方法解决反而会产生不好的效果。但如果属于严重危害社会秩序和国家利益的情形，则应当由检察机关提起公诉。

刑法所规定的“严重危害社会秩序和国家利益”主要是指侮辱、诽谤行为造成被害人精神失常或者自杀的；侮辱、诽谤党和国家领导人、外国元首、外交代表，严重损害国家形象或者造成恶劣国际影响的等。“严重危害社会秩序和国家利益”中的社会秩序和国家利益，不是特指危害结果或者特定对象，而应当将其视为一个综合性的标准，应当扩展到从侮辱的手段、方法、内容和主观目的等角度来进行全面考量。结合全案的案情、危害后果和情节等，进行整体分析，综合判断是否达到了“严重危害社会秩序和国家利益”的程度。

2. “严重危害社会秩序和国家利益”两者是否必须同时具备

一般来说，刑法典分则条文在两个要素之间使用“和”字时，并不一定表明同时具备的关系，而是需要从实质上进行考察，综合作出判断。如刑法第二百五十一条规定：“国家机关工作人员非法剥夺公民的宗教信仰自由和侵犯少数民族风俗习惯，情节严重的，处二年以下有期徒刑或者拘役。”该条中的“和”字表示的就是一种选择关系而非并列关系。不论国家机关工作人员非法剥夺公民的宗教信仰自由抑或是侵犯少数民族风俗习惯，只要具备其中之一，情节严重，就构成该罪。同理，刑法第二百四十六条第二款中的“严重危害社会秩序和国家利益”，两者不必要同时具备，只要具备其一即可。

——《刑事审判参考》（总第101辑）。

751 在宣传品、出版物中侮辱、诽谤他人的，应以侮辱罪或者诽谤罪定罪处罚

关键词 | 侮辱罪 | 诽谤罪 |

【最高人民法院司法解释】

第六条 在出版物中公然侮辱他人或者捏造事实诽谤他人，情节严重的，依照

刑法第二百四十六条的规定,分别以侮辱罪或者诽谤罪定罪处罚。

——《最高人民法院关于审理非法出版物刑事案件具体应用法律若干问题的解释》(1998 年 12 月 23 日,法释〔1998〕30 号)。

七、强奸和猥亵犯罪

752 利用被害人醉酒不知反抗与其发生性行为构成强奸罪

关键词 | 强奸罪 | 醉酒状态 |

【最高人民法院参考案例】

孟某等强奸案(《刑事审判参考》案例第 1061 号)

要旨:明知被害人处于认知能力减弱的醉酒状态,利用被害人不知反抗、不能亦不敢反抗的状态,与被害人发生性关系,其行为已违背被害妇女意志。

违背妇女意志,是指未经妇女同意而强行与之发生性交的行为。判断是否违背妇女意志,关键要看妇女对发生性行为是否同意,至于妇女表示同意是发生性交之前还是性交过程中,均不影响同意的成立。但女方无明显反抗行为或反抗意思表示时,不得据此推定为默示状态下的不违背妇女意志。我们认为,对妇女是否同意不能以其有无反抗为标准。由于犯罪分子在实施强奸时的客观条件和采用的手段不同,对被害妇女的强制程度也相应地有所不同,因而被害妇女对犯罪行为的反抗形式和其他表现形式也会各有所异,有的因害怕或精神受到强制而不能反抗、不敢反抗或不知反抗。因此,不能简单地以被害妇女当时有无反抗意思表示,作为认定其是否同意的唯一条件。对妇女未作反抗或者反抗表示不明显的,要通观全案,具体分析,综合认定。

一般而言,可以从以下三个方面来分析判断被告人的行为是否“违背妇女意志”:

一是案发时被害妇女的认知能力。被害人的认知能力是被害人意思表示的前提。在强奸犯罪中,被害人的意思表示直接影响犯罪的成立与否,但在判断其意思表示之前,首先需要对被害人的认知能力进行判断和识别。我国刑法学界的通说认为,不满十四周岁的幼女和精神障碍者对性权利无承诺能力,即使存在承诺也不能阻却行为人构成强奸罪。这主要是由于幼女和精神障碍者存在心智方面的不足,不能正确理解对性权利承诺的内容和意义。同样,对于年龄、智力和精神状况足以作出本人真实意思表示的被害人,也要考虑其案发当时的神志状况能否正确表达其内心真实意愿。

二是案发时被害妇女的反抗能力。强奸罪客观上通常表现为,行为人使用暴力、胁迫或者其他手段,使妇女处于不能反抗、不敢反抗、不知反抗状态或者利用妇女处于不知、无法反抗的状态而乘机实行奸淫。司法实践中,不同的被害妇女由于各自的生理、心理、性格等个人特征的不同,对暴力、胁迫或者其他手段的反应及其程度也不相同。妇女能否抗拒,或是否敢于抗拒不可能有一个统一的认定标准;妇女有无反抗能力,不能单纯地从行为人使用暴力、胁迫手段的程度来评价,还要结合妇女自身对所处环境的认知和可能遭遇更大伤害的风险预估心理,以及妇女自身身体状况等因素综合考虑。

三是被害人未作明确意思表示的客观原因。在被害人未作明确意思表示的情形下,应当对其客观原因进行具体分析。由于实践中存在未作意思表示情形下的"半推半就"、默示同意和不敢反抗、不能反抗下的未作意思表示两种性质不同的现象,我们认为应当结合案件具体事实和相关证据,对其客观原因予以分析,进而对行为人的行为作出准确评价。应当从案发当时的环境、双方是否熟人关系、被害人的身体状况、行为人的人数等因素,综合判定被害妇女是否具有选择表达不同意的意思自由。例如,行为人利用职权引诱女方,女方受到了一定程度的要挟,后在未作明确意思表示的情形下,基于互相利用之动机与行为人发生性行为。在此情形下,女方并未完全丧失意思自由,结合其"利用"之动机,即使发生女方被欺骗的情况,行为人也不构成强奸罪。也就是说,在有证据证明女方对发生性行为存有心理上的自愿认可时,可以阻却行为人构成强奸罪。本案中,被害人在到达案发现场前后,因醉酒对自身所处的环境、状况以及可能遭遇的危险并不能正确认知;在案发过程中神情呆滞伴有哭泣;在案发清醒后立即报案。这些情况可以证实被害人在心理上对性行为的发生并非持有自愿认可的态度。被害人之所以未作明确意思表示,是因为客观上不具备明确表达不同意的条件。

——《刑事审判参考》(总第102辑)。

753 婚姻关系存续期间强行与妻子发生性行为是否构成强奸罪

关键词｜婚姻存续期间｜强行发生性行为｜

【最高人民法院参考案例】

王卫明强奸案(《刑事审判参考》案例第51号)

要旨:在婚姻关系非正常存续期间,丈夫可以成为强奸罪的主体。

夫妻之间既已结婚,即相互承诺共同生活,有同居的义务。这虽未见诸法律明确规定或者法律的强制性规定,但已深深植根于人们的伦理观念之中,不需要法律明文规定。只要夫妻正常婚姻关系存续,即足以阻却婚内强奸行为成立犯罪,这也是司法实践中一般不能将婚内强奸行为作为强奸罪处理的原因。因此,在一般情况下，丈夫不能成为强奸罪的主体。但是，夫妻同居义务是从自愿结婚行为推定出来的伦理义务，不是法律规定的强制性义务。因此，不区别具体情况，对于所有的婚内强奸行为一概不以犯罪论处也是不科学的。例如在婚姻关系非正常存续期间，如离婚诉讼期间，婚姻关系已进入法定的解除程序，虽然婚姻关系仍然存在，但已不能再推定女方对性行为是一种同意的承诺，也就没有理由从婚姻关系出发否定强奸罪的成立。就本案而言，被告人王卫明两次主动向法院诉请离婚，希望解除婚姻关系，一审法院已判决准予被告人王卫明与钱某离婚，且双方当事人对离婚均无争议，只是离婚判决书尚未生效。此期间，被告人王卫明与钱某之间的婚姻关系在王卫明主观意识中实质已经消失。因为是被告人主动提出离婚，法院判决离婚后其也未反悔提出上诉，其与钱某已属非正常的婚姻关系。也就是说，因被告人王卫明的行为，双方已不再承诺履行夫妻间同居的义务。在这种情况下，被告人王卫明在这一特殊时期内，违背钱某的意志，采用扭、抓、咬等暴力手段，强行与钱某发生性行为，严重侵犯了钱某的人身权利和性权利，其行为符合强奸罪的主观和客观特征，构成强奸罪。

——《刑事审判参考》(总第 7 辑)。

白俊峰强奸案(《刑事审判参考》案例第 20 号)

要旨：丈夫在婚姻关系存续期间，采用暴力手段强行与妻子发生性行为，不构成强奸罪。

婚姻状况是确定是否构成强奸罪中违背妇女意志的法律依据。根据婚姻法的规定，合法的婚姻，产生夫妻之间特定的人身和财产关系。同居和性生活是夫妻之间对等人身权利和义务的基本内容，双方自愿登记结婚，就是对同居和性生活的法律承诺。因此，从法律上讲，合法的夫妻之间不存在丈夫对妻子性权利自由的侵犯。相反，如果妻子同意与丈夫以外的男子发生性关系却构成对合法婚姻的侵犯。所以，如果在合法婚姻关系存续期间，丈夫不顾妻子反对甚至采用暴力与妻子强行发生性关系的行为，不属刑法意义上的违背妇女意志与妇女进行性行为，不能构成强奸罪。同理，如果是非法婚姻关系或者已经进入离婚诉讼程序，婚姻关系实际已处于不确定中，丈夫违背妻子的意志，采取暴力手段，强行与其发生性关系，从刑法理论上讲是可以构成强奸罪的。但是，实践中认定此类强奸罪，与普通强奸案件有很大不同，应当特别慎重。

——《刑事审判参考》(总第 3 辑)

754 强迫他人性交、猥亵妇女供其观看的行为定性

关键词｜强奸罪｜强制猥亵罪｜罪数｜

【最高人民法院参考案例】

谭荣财、罗进东强奸、抢劫、盗窃案(《刑事审判参考》案例第495号)

要旨：行为人虽然没有亲自实施强奸、猥亵妇女的行为，但其强迫他人实施上述行为的，其属于间接实行犯，应当按照实行正犯来处理。为寻求精神刺激，在同一时间内强迫他人对同一犯罪对象实施性交和猥亵行为供其观看的行为，应当依照吸收犯的处理原则，在强奸罪和强制猥亵妇女罪[①]中择一重处罚。

行为人虽然没有亲自实施强奸、猥亵妇女的行为，但其强迫他人实施上述行为的，其属于间接实行犯，应当按照实行正犯来处理。这种情况下，未直接实施实行行为的行为人实际上是利用其他人作为犯罪工具，其虽然没有亲自直接实施强奸、猥亵行为，但行为人本人仍然构成间接实行犯，应当按照实行正犯来处理。

为寻求精神刺激，在同一时间内强迫他人对同一犯罪对象实施性交和猥亵行为供其观看的行为，应当依照吸收犯的处理原则，在强奸罪和强制猥亵妇女罪中择一重处罚。

一般情况下，行为人出于强奸的目的，强行与被害人发生性行为，由于意志以外的原因而未得逞时，心有不甘，继续实施猥亵行为，或者其强奸既遂后又继续对同一行为对象实施猥亵行为的，此时的猥亵行为是强奸行为的自然延续，当然地被强奸行为吸收，不再单独评价。但在一些特殊情况下，猥亵行为虽系强奸行为的自然延续，由于行为人采取的猥亵手段残忍、性质恶劣，或者行为人强奸未遂或中止而猥亵行为既遂，相较之下，对其猥亵行为可能判处的刑罚比对其强奸行为可能判处的刑罚更重时，那么强奸行为就可能被猥亵行为所吸收了。本案就是适例。

需要指出的是，如果行为人实施强制猥亵妇女行为与强奸行为的时间间隔较长，已经超过生理上二行为自然延续过程的，或者强奸对象与强制猥亵对象不是同一人的，则强奸行为与强制猥亵行为之间就不再具备吸收关系，不符合吸收犯的成立要件，不能再按照吸收犯的处理原则择一重处罚，而应当依照强奸罪和强制猥亵妇女罪对其实行数罪并罚。

——《刑事审判参考》(总第63辑)。

---

① 罪名已调整为“强制猥亵、侮辱罪”。

755 强奸致人重伤、死亡或者造成其他严重后果的认定

关键词｜强奸罪｜致人重伤、死亡｜

【最高人民法院参考案例】

韦风强奸、故意杀人案(《刑事审判参考》案例第 834 号)

要旨:被害人因躲避强奸在逃离过程中失足落水,行为人未实施救助,导致被害人溺水死亡,应当以强奸罪(未遂)和故意杀人罪两罪并罚。

对于被害人李某逃离过程中落水身亡这一事实,应该结合不作为犯罪理论进行评价。根据不作为犯罪理论,先行行为造成法益侵害现实危险的,行为人均应当承担避免危险实际发生的法定义务,如果行为人不积极履行救助义务,就构成刑法中的不作为犯罪。本案中,韦风因为先前置李某于危险境地的行为,使其负有刑法意义上的“保证人”义务,即在李某落入水中时,韦风负有采取有效措施救助李某的特定义务。韦风不履行这一特定的“保证人”义务,未采取任何措施救助被害人,最终导致李某溺水身亡,其行为违反了刑法的命令性规范,应当受到刑法的否定性评价,构成不作为的故意杀人罪。

刑法上的故意,是指行为人明知自己的行为会发生危害社会的结果,并且希望或者放任这种危害结果发生的一种主观罪过。就故意杀人罪的故意而言,是指行为人明知自己的行为会导致被害人死亡的结果,还希望或者放任该种结果的发生。本案发生在偏僻的河边,且系夜间,韦风应当知道在当时特定的环境下,如果其不及时救助被害人李某,就会发生李某溺水身亡的结果,但其在客观上并未对李某实施任何救助,而是完全放任李某死亡结果的发生,因此,符合故意杀人罪的构成要件。

一般情况下,一个行为原则上只能存在一种犯罪停止形态,即一个行为一旦停止于某一犯罪形态,其就不可能同时停止于另一犯罪形态。如果犯罪行为已经处在停止状态,之后发生的事实就不应再纳入已经停止的犯罪予以评价。但是对于部分犯罪,由于刑法明文将某些后果的发生作为基本犯的加重情节,而这部分后果往往是在犯罪行为实施完毕后发生的。如暴力干涉婚姻自由罪中,“致使被害人死亡的,处二年以上七年以下有期徒刑”,这里的“致使被害人死亡”是加重情节,并不必然是暴力直接致使被害人死亡,而极有可能是因为其他与婚姻紧密相关的因素所导致。从这一角度分析,作为加重情节的后果并不要求具有直接因果关系。因此,如果被害人因被强奸而投河自尽的行为,应当属于强奸罪的加重情节。那种以具有直接因果关系为由,主张被害人李某逃离过程中失足落水身亡的事实不应纳入强奸罪评价,难以经得住推敲。

在刑法明确将某些后果规定为加重情节的犯罪中,只要具有刑法上的因果关

系,不区分直接和间接,都应当纳入该罪评价,但具有其他行为介入因果关系的除外。如果具有其他行为介入,则发生因果关系的断绝。本案中,李某失足落水身亡的事实是否纳入强奸罪评价,关键在于发生李某失足落水身亡的结果之前是否具有其他行为等因素的介入。很显然,韦风因为先行行为导致其具有救助的作为义务,其不采取任何救助措施就离开现场,实质上是一种不作为。按照通说观点,不作为也是一种行为,即韦风实施了一种行为,只不过这种行为是以不作为方式实施的。这种不作为行为的介入,使原有的因果关系发生断绝,断绝后发生的行为与后果应当单独作为一个罪质来评价因果关系。而恰恰是这点,在实践中往往被忽略。本案中,那种主张将韦风失足落水身亡的事实纳入强奸罪评价的观点,忽视了不作为也是一种行为,忽视了这种行为给因果关系所带来的影响。

——《刑事审判参考》(总第90辑)。

陆振泉强奸案(《刑事审判参考》案例第514号)

要旨:被告人实施强奸行为后,被害人溺水死亡,其死亡与强奸行为间不具有直接的因果关系,不属于刑法规定的"强奸致被害人重伤、死亡"的情形。被告人的强奸行为是导致被害人溺水死亡的原因之一,属于刑法规定的"强奸造成其他严重后果"的情形。

(一)认定本案被告人陆振泉故意杀人的证据不足,其行为不构成故意杀人罪

在实施强奸的过程中,出于报复、灭口等动机,杀死被害人的,同时构成强奸罪和故意杀人罪。因为被告人产生两个不同的犯意,实施了强奸和杀人两种行为,符合两个罪的构成要件,应以强奸罪和故意杀人罪并罚。

(二)本案被害人是在被强奸后溺水而亡,其死亡与强奸行为间不具有直接的因果关系,不属于刑法规定的"强奸致被害人重伤、死亡"的情形

刑法第二百三十六条第三款对于强奸罪加重处罚的规定分为情节加重和结果加重两种情形。在该款的第(一)至(四)项,刑法采取了列举方式规定了四种情节加重情形,即"强奸妇女、奸淫幼女情节恶劣的""强奸妇女、奸淫幼女多人的""在公共场所当众强奸妇女的""二人以上轮奸的";同时,在该款第(五)项,将强奸"致使被害人重伤、死亡"和"造成其他严重后果"作为强奸罪的结果加重情形予以规定。但如何准确理解和认定上述规定,实践中却时有争议。本案就是一例。

本案现有证据只能证明,被害人是在被陆振泉强奸结束后,落入水中溺水而死,至于其是在被强奸后由被告人故意踢入河中杀死还是在强奸行为中直接因被告人的方法行为或目的行为直接导致,缺乏足够证据,因此,不能认定为属于"强奸致被害人重伤、死亡"的情形。

(三)本案被告人的强奸行为是导致被害人溺水死亡的原因之一,属于刑法规

定的“强奸造成其他严重后果”的情形

既然本案被害人的死亡既不能认定为被告人陆振泉故意杀害所致，又不能认定为系陆振泉的强奸行为直接所致，是否意味着陆振泉对被害人的死亡就不承担刑事责任了呢？答案是否定的。因为刑法第二百三十六条第三款第（五）项后半部分规定，只要因强奸“造成其他严重后果”的，也属于强奸罪加重处罚的情形之一。因而，我们还需根据结果加重犯的原理进一步审查，本案是否属于此种情形。

就本案而言，无论被害人溺水死亡的原因为何，但不可否认的是，被害人的死亡结果与被告人的强奸行为间存在刑法上的因果关系，因此，本案符合刑法第二百三十六条第三款第（五）项后半部分规定的“强奸造成其他严重后果”的情形，应认定为强奸罪的加重处罚情节。

虽然本案原判在认定陆振泉杀害被害人的这一部分事实上不完全准确，定罪不准，适用法条不准确，但其认定的基本事实清楚，量刑适当，判处被告人陆振泉死刑并无不当，审判程序合法。依照《关于复核死刑案件若干问题的规定》第二条第二款规定：“原判判处被告人死刑并无不当，但具体认定的某一事实或者引用的法律条款等不完全准确、规范的，可以在纠正后作出核准死刑的判决或者裁定。”据此，最高人民法院复核作出对被告人陆振泉犯强奸罪，判处死刑，剥夺政治权利终身的判决是正确的。

——《刑事审判参考》（总第65辑）。

曹占宝强奸案（《刑事审判参考》案例第228号）

要旨：强奸导致被害人自杀的，属于“因强奸造成其他严重后果”，应当对被告人适用十年以上有期徒刑的法定刑幅度。

《最高人民法院、最高人民检察院、公安部关于当前办理强奸案件中具体应用法律若干问题的解答》（以下简称《解答》）第四条曾明确解释：“强奸致人重伤、死亡是指强奸、奸淫幼女导致被害人性器官严重损伤或者造成其他严重伤害，甚至当场死亡或者经治疗无效死亡的。因强奸妇女或者奸淫幼女引起被害人自杀、精神失常以及其他严重后果的，属于情节特别严重之一”。1997年刑法第二百三十六条第三款对此细化规定为强奸、奸淫幼女有下列情形之一的处十年以上有期徒刑、无期徒刑或者死刑：“（一）强奸妇女、奸淫幼女情节恶劣的；（二）强奸妇女、奸淫幼女多人的；（三）在公共场所当众强奸妇女的；（四）二人以上轮奸的；（五）致被害人重伤、死亡或者造成其他严重后果的。”可见，现行刑法关于强奸罪的修改，吸收、采纳了《解答》的有关规定。需要指出的是，所谓因强奸“造成其他严重后果”，除包括因强奸妇女或者奸淫幼女引起被害人自杀或者精神失常这两种常见的情形外，结合目前的司法实践看，还应包括因强奸妇女或者奸淫幼女造成被害人怀孕分娩或堕胎等其他严重危害被害妇女或幼女身心健康的严重后果。

强奸导致被害人自杀的,被害人亲属有权利就此遭受的物质损失提起附带民事诉讼,人民法院应当予以受理并依法作出判决。刑法第三十六条规定“由于犯罪行为而使被害人遭受经济损失的,对犯罪分子除依法给予刑事处罚外,并应根据情况判处赔偿损失”。最高人民法院《关于执行刑事诉讼法解释》第八十四条也规定因犯罪行为遭受物质损失的已死亡被害人的亲属有权提起附带民事诉讼。因此,强奸导致被害人自杀的,被害人亲属有权利就此遭受的物质损失提起附带民事诉讼,人民法院应当予以受理并依法作出判决。

——《刑事审判参考》(总第30辑)。

756 采取足以致人伤亡的暴力手段实施强奸，并最终导致被害人死亡的，是以强奸罪一罪论处还是以强奸罪、故意杀人罪数罪并罚

关键词｜强奸罪｜故意杀人罪｜

【最高人民法院参考案例】

李振国强奸案(《刑事审判参考》案例第946号)

要旨:行为人为达到奸淫被害人的目的采取足以致死被害人的暴力手段,其实施的暴力行为系强奸罪的手段行为,故其行为构成强奸(致人死亡)罪一罪。

(一)采取足以致人伤亡的暴力手段实施强奸,暴力手段行为造成的伤亡后果属于强奸罪的加重构成要件要素

行为人采取足以致人伤亡的暴力手段意图实现奸淫目的的,该暴力手段与奸淫目的并不矛盾,仍属于强奸罪范畴内的暴力手段,不另外构成故意杀人罪。该暴力手段导致被害人伤亡的,构成强奸罪的加重犯。首先,强奸行为人使用暴力或者其他手段对被害人进行加害,其目的是压制被害人的反抗,使其奸淫得逞。因此,通常情况下,行为人不会采用足以致死的暴力或者其他手段,先杀死被害人与后实施奸淫行为在逻辑上存在一定矛盾。但是,如果行为人使用的暴力或者其他手段并未立刻导致被害人死亡,则行为人完全可以在被害人丧失反抗能力但未死亡时实施奸淫行为,此时先实施的手段行为与后实施的目的行为并不矛盾。其次,刑法将强奸“致使被害人重伤、死亡”的情形规定为强奸罪的加重犯,意味着立法上已将足以致使他人伤亡的暴力或者其他手段纳入强奸罪的范畴。与抢劫、绑架等犯罪一样,强奸罪也是典型的复合行为犯,即由数个相对独立的行为复合而成的犯罪形态。强奸罪包括手段行为和目的行为,手段行为即使用暴力、胁迫或者其他手段压制被害人反抗的行为,目的行为即行为人对反抗能力被抑制的被害人实施奸淫

的行为，二者共同构成了完整意义上的强奸行为。刑法规定的强奸“致使被害人重伤、死亡”，既包括目的（奸淫）行为导致被害人重伤、死亡的情形，也包括手段行为导致被害人重伤、死亡的情形。前者主要指因强奸妇女、奸淫幼女导致被害人性器官严重损伤，或者造成其他严重伤害，甚至当场死亡或者因治疗无效死亡等情形，后者主要指因对被害人实施殴打、勒颈、麻醉等行为致被害人重伤、死亡。从行为人的主观心态分析，其对致被害人重伤、死亡的结果可能出于过失，也可能出于间接故意，个别情况下不排除行为人具有直接故意。如行为人明知注射过量麻醉药会致人死亡，为奸淫被害人而对其进行过量注射，并在其死亡前实施奸淫，此时行为人采取的麻醉手段兼具压制反抗和灭口的性质，对死亡结果持直接故意的心态。值得注意的是，一般情况下手段行为实施在前，目的行为实施在后，但在强奸行为达到既遂后实施完毕前行为人仍有可能使用暴力或者其他手段持续压制被害人的反抗，使其强奸行为得以完成。此时行为人使用的暴力或者其他手段与目的行为并存，并且服务于目的行为，故仍属强奸罪的手段行为，由此造成被害人伤亡的，属于强奸罪的加重犯。例如，行为人在奸淫被害人时为阻止其呼救，持续捂压其口鼻致被害人死亡，构成强奸罪的加重犯。

本案中，被告人李振国预谋入室强奸，被被害人李某发现后将李某打昏，而后实施奸淫行为。鉴定意见证实李某系被质地较硬的钝器打击头部致严重颅脑损伤死亡，李某死亡的结果系强奸罪的手段行为导致，行为人对被害人死亡的结果持间接故意心态，属于刑法规定的强奸致人死亡的情形，不应再认定为故意杀人罪。

（二）在强奸案件中认定行为人是否构成数罪，需结合是否有报复、灭口的动机及暴力、其他手段的具体实施情况综合判断

首先，关于强奸犯罪的罪数认定，司法实践中长期以来遵循的标准是，对于强奸犯出于报复、灭口等动机，在实施强奸的过程中杀死或者伤害被害妇女、幼女的，应当分别认定为强奸罪、故意杀人罪或者故意伤害罪，数罪并罚。此处的强奸过程，既包括实施强奸罪的手段行为的过程，如行为人因被害人反抗激烈，在实施奸淫前即将被害人杀害，也包括实施目的行为的过程，如奸淫过程中为灭口将被害人杀害，此种情形在实践中更为多见。也就是说，因实施强奸犯罪构成数罪的，一般均具有报复、灭口的动机，该动机是认定数罪的必要条件。其次，行为人具有报复、灭口动机的，并非一律构成数罪，需结合其采取的暴力、其他手段的具体实施情况综合判断构成一罪还是数罪。认定强奸行为构成数罪，原则上要求行为人实施了数个暴力或者其他行为，分别服务于奸淫目的和灭口动机，如果行为人仅实施了一个手段行为，即使该行为同时服务于奸淫目的和灭口动机，也只构成强奸罪一罪，否则便是对该行为的重复评价。例如，行为人将被害人捆绑至偏僻山区的树上，实施奸淫后故意不放开被害人而自行离去，被害人因得不到救助而死亡，其行为仅构

成强奸罪一罪。前文所举的对被害人过量注射麻醉药的例子也属于这种情况。

本案中,被告人李振国潜入被害人李某家中意图强奸,其与李某素无仇怨,也没有证据显示其有报复动机。李振国被李某发现后立即将李某打昏,进而对其实施奸淫,奸淫后并未对李某实施进一步的加害,对李某的死亡持放任心态。其实施的暴力行为仅服务于奸淫目的,无论从报复、灭口动机的有无,还是从实施的暴力行为的个数分析,均达不到构成数罪的要求,故仅构成强奸罪一罪。

——《刑事审判参考》(总第96辑)。

757 因欲实施强奸导致被害人落水,被告人不实施救助,致使被害人溺水死亡的,被告人是构成故意杀人罪还是以“强奸致使被害人死亡”论处

关键词｜强奸罪｜故意杀人罪｜

【最高人民法院参考案例】

王某强奸案(《刑事审判参考》案例第982号)

要旨:法官一方面可以根据犯罪的具体事实、行为方式和危害程度进行事实判断;另一方面还可以根据犯罪涉及作为、不作为的复杂现实,结合有关立法精神进行价值判断,进而作出正确的裁判。

就本案而言,被告人王某在同案被告人黄某的居住地第一次强奸被害人熊某成立既遂不存在争议。在熊某逃离黄某住所后,王某追赶熊某并欲再次强奸熊某(此起未遂),该行为亦可作为从重情节纳入强奸罪一并评价。本案的特殊之处在于,熊某因逃避强奸落水后,王某未实施救助,坐视熊某溺亡方才离去。王某的这种“见死不救”的不作为行为是否属于强奸致使被害人死亡,是按照故意杀人罪论处还是按照强奸罪的结果加重犯论处,实践中存在分歧意见。

我们认为,王某的不作为行为可以单独构成故意杀人罪。具体理由如下:

(一)对被害人的死亡持放任结果发生,符合间接故意杀人的主观特征

犯罪故意分为直接故意和间接故意。两者的区别首先在于意志要素不同。直接故意的意志要素是希望,即积极追求危害结果的发生;而间接故意的意志要素是放任,即对结果的发生持无所谓的态度,不希望,也不反对。其次,直接故意和间接故意在意识要素上也存在一定区别。一般情况下,直接故意要求行为人对行为产生危害结果的认识程度更高,而间接故意仅要求行为人对行为产生危害结果的可能性存在一定认识即可。当然,在个别情况下,间接故意是否包括行为人认识到危害结果必然发生的情形,理论界和实务界均存在争议。

本案中，被害人熊某在逃避强奸的反抗过程中曾称要告发被告人王某，而王某对其是否由此产生杀人灭口的作案动机始终没有供述，认定熊某落水之前王某即具有杀死熊某的主观故意较为牵强。但熊某落水时正值深夜，河边行人罕至，王某应当知道不及时救助熊某，就会产生熊某溺水死亡的后果，在此情况下，王某既不亲自实施救助，也不寻求他人帮助，坐视熊某溺亡后转身离去，属于刑法上典型的不作为行为。这种不作为的行为表明，王某对熊某死亡的结果持无所谓的态度，熊某死亡并不违背王某的本意，故王某在主观上符合杀人（间接故意）的主观特征。

（二）因先行行为而负有特定救助义务，违反了这一救助义务而不作为的，具有刑法上的可罚性

在不作为犯罪理论中，特定义务是其中的重要构成要素，没有特定义务就不可能成立不作为犯罪。虽然理论上对特定义务的产生根据尚未形成统一认识，但普遍认为通常包含以下几种情形：一是基于亲缘关系而产生的特定义务，例如父母对未成年子女有抚养教育的权利和义务，此种抚养教育义务即属于特定作为义务。二是基于工作、职业关系形成的特定义务，例如医生与其诊疗的病人之间、保姆与其照料的婴儿之间，属于在工作中形成的依赖或依存关系，医生、保姆负有保护对方的特定作为义务。三是行为人与他人虽然不存在上述两种关系，但由于行为人的行为给他人制造了危险，也可产生行为人对他人的特定作为义务。此种作为义务的成立有赖于两个条件：行为人的行为是否引发了危险及行为人对危险后果是否有控制能力。以下具体联系本案进行分析：

1. 被告人王某为强奸而实施了暴力手段，这一先行行为客观上引发了被害人熊某落水的危险。本案中王某在黄某居住地第一次强奸熊某后，熊某逃离黄某的居住地，王某随后追赶熊某并欲在河边再次强奸熊某。虽然现有证据不能证实王某推熊某落水，但熊某是在受到王某犯罪行为威胁的情况下落水的事实足以认定。王某在河岸第二次着手实施的强奸行为，产生了熊某因抗拒性侵而落水的危险；由于熊某抗拒和逃避他人的性侵系其自然的反应和维护自身正当权利所必需的，故该危险不能归咎于熊某。正是由于王某制造出熊某落水的危险，故王某理应承担随之产生的救助义务。基于此，王某不实施救助行为与普通路人对于无关的人见死不救的行为本质上存在差异，王某应当承担相关刑事法律后果。

2. 被告人王某对深夜在河边追逐被害人熊某所可能产生的危险后果，具备充分的预见和控制能力。一方面，王某与同案被告人黄某系亲戚关系和近邻，王某对黄某居住地及其周围环境特别是河道的情况都非常熟悉，具备判断和预见危险的条件。另一方面，在案证据证实，王某实施第一次强奸行为时，熊某发觉后即坚决反对；后王某欲第二次强奸熊某时，熊某反抗不让王某碰她，两人在河边发生拉扯，故王某对于熊某不同意与其发生性关系而反抗，也是心知肚明的，熊某的反抗不属

于王某难以预料的过激反应。在双方的冲突中，王某的犯罪行为无疑是矛盾的主要、积极的方面。在当时的情况下，如果王某及时停止强奸行为，就完全可能避免危险进一步发展。王某即使不会游泳，也可以通过喊人等方式向其他人求助，可见王某具备履行相关救助义务的条件和可能，赋予其承担救助的作为义务顺理成章。

（三）不作为型杀人与通常的作为型杀人在社会危害性、主观恶性、人身危险性方面具有相当性

我国刑法理论目前虽然对不作为犯罪理论尚未形成共识，但是这并不妨碍法官依据主客观相统一的原则，根据犯罪构成原理探索不作为犯的等价性问题。换言之，法官一方面可以根据犯罪的具体事实、行为方式和危害程度进行事实判断；另一方面还可以根据犯罪涉及作为、不作为的复杂现实，结合有关立法精神进行价值判断，进而作出正确的裁判。

具体到本案中，我们认为，被告人王某的不作为杀人与通常的作为杀人在社会危害性、主观恶性、人身危险性方面具有相当性。一是王某的在先行为制造了可能侵害法益的现实危险，其有义务同时也具备条件和能力避免该危险。二是王某的不作为具有独立的主观罪过形式，该罪过的内容与支配其在先行为的罪过内容存在明显差异。三是王某的不作为行为与其先行行为在行为方式上可以作出明确区分，具有相对独立性。四是王某的不作为行为直接导致了死亡结果的发生，在危害结果上与作为型的故意杀人行为并无二致。五是王某的在先行为所构成的强奸罪，在犯罪构成方面难以涵盖不作为行为，仅认定强奸罪一罪将导致遗漏评价。故综合分析，应当认定王某的行为构成独立的故意杀人罪。

——《刑事审判参考》(总第98辑)。

758 轮奸的认定

关键词 | 强奸罪 | 轮奸 | 犯意联络 |

【最高人民法院参考案例】

李明明强奸案(《刑事审判参考》案例第983号)

要旨：同案犯未经共谋在不同地点先后强奸同一被害人的不构成轮奸。

上述对轮奸的概念及其法律性质的分析，为认定具体强奸犯罪中是否有轮奸情节，提出了具体的判断标准，包括：(1)主观要件。各共同犯罪人必须具有共同实行犯罪的故意，各共同犯罪人的行为在它的支配下成为一个统一整体，即均有共同实施强奸的故意，不但本人有强奸的故意，还应知道自己与他人共同直接实行犯罪。(2)客观要件。各共同犯罪人必须实行同一犯罪构成客观要件的行为，即均

对同一对象实施了强奸，并且行为人的行为在时间、空间上是有联系的，或相互补充、或相互协助，与犯罪结果之间都存在因果关系。共同犯罪故意支配着客观行为，客观行为体现了共同犯罪故意。本案中，被告人李明明、楚海洋的行为均构成强奸罪，但主观上和客观上不符合轮奸的要件，理由如下：

1. 李明明和楚海洋主观上未有强奸孙某的共同故意。共同实行犯要求各行为人之间有共同实施实行行为的意思，即有为了实现某种犯罪，而相互利用、补充对方的行为的意思联络。意思联络是共同犯罪人以明示或者暗示的方法表明愿意共同实施某种犯罪。就轮奸而言，各共同犯罪人在预谋阶段或者实施犯罪过程中达成或者默认共同强奸的故意，可以是有预谋的，也可以是临时起意，甚至可能是在轮奸之前或者过程中形成的心照不宣。但要求不仅自己具有强奸被害人的故意，同时明知其他人也有强奸被害人的故意。二者只要基于概括故意即可。

本案中，李明明和楚海洋共同将陈某、孙某带至旅社，并分别强奸陈、孙，二人的行为构成强奸罪。其后李明明在得知已有人报警的情况下，送返陈、孙二人，楚海洋亦明确表示同意。无证据证实李明明在旅馆时即有强奸孙某的意图；李明明在返回途中将孙某强奸，楚海洋并不知情，也不能认定楚海洋在强奸孙某之后，其还知晓李明明此后还会强奸孙某，故李明明强奸孙某的故意超出了此前其和楚海洋分别强奸陈某和孙某的共同故意界限。综上，李明明和楚海洋不论在旅馆时，还是在送返二被害人途中，均无共同强奸孙某的意思联络，不具备成立轮奸所要求的主观要件。

2. 李明明和楚海洋的行为不具备成立轮奸的时空要件。无论是单独犯罪还是共同犯罪，行为人对法益侵害结果承担责任均是因为自己的行为与法益侵害结果之间存在因果关系，轮奸也不例外。让行为人对轮奸结果负责，承担因具备轮奸情节而加重处罚的刑事责任，行为人的行为必须与轮奸的结果之间具有因果关系。换言之，因各共犯的行为紧密相连，相互协助或者相互补充，对轮流奸淫行为的完成具有原因力，故而行为人既要对自己直接实施的奸淫行为与结果承担责任，也要对共同故意涵盖范围内其他共同实行犯的奸淫行为承担责任。反之，如果各共同犯罪人的行为之间无关联，不是作为一个有机、统一的犯罪活动，认定为轮奸以加重处罚，则失之公平。

不可否认，实践中，共同犯罪人基于共同强奸同一被害人的故意，在多个地点分别实施强奸的情况的确存在。因此，在同一地点强奸并非认定构成轮奸的必要条件，在不同地点强奸也不能绝对排除构成轮奸的可能。这就要求从时间和空间的角度，考察各共同犯罪人的行为之间是否具有接续性，是否相互补充或者相互协助。只要各共同犯罪人具有轮流奸淫同一妇女的共同故意，对该妇女进行不间断的控制，即使二人或者多人前后实施奸淫时间间隔相对较长，甚至不在同一地点实施奸淫行为，其犯罪的社会危害性、主观恶性、人身危险性程度同被害人在同一地点、同一时间段受到多人强奸的犯罪情形是相当的，被害人所遭受的痛苦和恐惧亦是相当的，故应视为与同一地点轮奸情形无异。

本案中，被告人李明明伙同楚海洋以暴力手段将两名被害人带至旅社，李明明将陈某强奸，楚海洋将孙某强奸。后李明明送二被害人回家，至此，二人共谋的强奸行为已告终结，李、楚二人已经成立强奸罪的共同犯罪。其后李明明的送返行为割断了此前的共同犯罪和此后李明明强奸孙某的行为在时间、空间上的联系。楚海洋未与李明明进行过共谋，主观上不知晓李明明在送二被害人回家途中的行为，客观上未参与，亦未对李明明的继续强奸起到任何协助作用。李明明之后的行为与楚、李二人之前的共同犯罪行为已无任何关联。

——《刑事审判参考》(总第98辑)。

苑建民、李佳等绑架、强奸案(《刑事审判参考》案例第792号)

要旨：行为人实施强奸行为完毕离开现场后，其他帮助犯起意并对同一被害人实施轮奸行为的，该行为人不构成轮奸。

轮奸是指两名以上男子基于共同强奸犯罪的故意，对同一妇女分别实施强奸行为。轮奸是法律明确规定的一种强奸罪的加重情节，而非独立的一种犯罪。轮奸必须同时具备以下条件：一是各行为人具有共同强奸的犯意联络，即不仅自己具有实施强奸的故意，而且明知其他行为人也具有实施强奸的故意；二是必须是对同一被害人先后实施强奸行为。本案中，被告人李佳对被害人许某强奸行为实施完毕后即离开现场，不应认定其具有二人以上轮奸的加重情节。具体理由如下：

对共同犯罪故意的认定需要关注以下两个方面的内容：一是共同犯罪故意的认识因素和意志因素；二是共同犯罪行为人之间的犯意联络。具体而言，共同犯罪故意的认识因素是指各行为人对本人和他人共同实施的犯罪行为所具有的社会危害性的认识；共同犯罪故意的意志因素是指各行为人在认识到共同犯罪社会危害性的基础上决意共同实施犯罪行为，希望或者放任共同犯罪危害结果发生的心理态度；而共同犯罪行为人之间的犯意联络则是指各行为人关于相互协同实施特定犯罪行为的意思沟通，这种意思沟通可以采用明示或者默示的方式进行。共同犯罪行为人必须对共同犯罪具有故意，如果各犯罪行为人并无共同犯罪故意的认识因素和意志因素，也缺少相互协同实施特定犯罪行为的意思沟通，则不构成共同犯罪，行为人仅对自己实施的犯罪行为承担刑事责任。

本案中，李佳提出其意欲对被害人许某实施强奸时，苑建民等人表示同意，并把其他两位被害人叫离，为李佳强奸许某提供方便。从这个角度而言，苑建民等人对李佳实施强奸行为在主观上明知且达成合意。然而，李佳此时并不知道苑建民、王连军之后会对许某实施强奸，其在强奸行为实施完毕后即离开现场，其间没有与苑建民、王连军就分别实施强奸许某的行为进行意思沟通。苑建民、王连军的强奸故意是李佳离开现场后形成的，其对同一被害人许某实施的强奸行为，李佳并不知情。因此，李佳没有与他人实施轮奸的共同故意，仅需对自己实施的强奸行为负责。

需要指出的是，本案被告人李佳不构成轮奸，但不影响对被告人苑建民、王连军构成轮奸的认定。即便在李佳离开现场后，只有苑建民一人对被害人许某实施强奸，也同样应当认定苑建民构成轮奸。因为苑建民为李佳实施强奸提供帮助的行为，已经构成强奸罪的共犯，之后又单独实施强奸行为，完全符合轮奸的认定条件。

——《刑事审判参考》（总第 87 辑）。

滕开林、董洪元强奸案（《刑事审判参考》案例第 395 号）

要旨：在司法实践中，应根据轮奸须具备的条件准确认定是否构成轮奸。

轮奸是指两个以上有合意的男人先后共同强行对同一妇女进行奸淫的行为。由于轮奸给被害妇女的身心健康造成很大危害，我国刑法规定具有轮奸这一情节时，将在强奸罪基本刑的基础上加重刑罚。轮奸必须同时具备以下条件：一是各行为人具有共同强奸的意思联络，不仅自己具有强奸被害人的故意，而且明知其他行为人也具有对被害人强行奸淫的故意；二是必须对同一被害人先后实施奸淫行为；三是各行为人与被害人发生性关系，均违背被害人意愿。

——《刑事审判参考》（总第 50 辑）。

759 与不满十四周岁的人轮流奸淫同一幼女应认定为轮奸

关键词 | 强奸罪 | 轮奸 | 未成年共犯 |

【最高人民法院参考案例】

李尧强奸案（《刑事审判参考》案例第 280 号）

要旨：与不满十四周岁的人轮流奸淫同一幼女的，应认定为轮奸，构成强奸罪。

轮奸仅是一项共同的事实行为，只要行为人具有奸淫的共同认识，并在共同认识的支配下实施了轮流奸淫行为即可，而与是否符合共同犯罪并无必然关系。实践中，轮奸人之间通常表现为构成强奸共同犯罪，但也不排除不构成强奸共同犯罪的特殊情形。如与不满十四周岁的人轮流奸淫同一幼女的，虽不满十四周岁的人依法不负刑事责任，但不能因此否认其奸淫行为的存在。相反，与不满十四周岁的人对同一幼女轮流实施奸淫行为,却是客观存在的事实。因此,即使不满十四周岁的人不负刑事责任,亦应认定行为人的行为构成强奸罪,且属于“轮奸”。而且,立法规定了轮奸这一量刑情节,表明立法者认为轮奸比单独实施的强奸犯罪更为严重,对被害人的危害更大。若坚持“轮奸”的行为人必须构成强奸共同犯罪(共同实行犯),参与轮奸的人都必须具备犯罪主体的一般要件,否则就不认定为轮奸,显然既不利于打击犯罪分子,也不能有力地保护被害人的合法权益,有违立法本意。

——《刑事审判参考》(总第36辑)。

760 轮奸案件中一人强奸既遂一人未遂应以强奸罪既遂论处

关键词 | 强奸罪 | 轮奸 | 犯罪既遂 |

【最高人民法院参考案例】

张甲、张乙强奸案(《刑事审判参考》案例第790号)

要旨:强奸行为未得逞的行为人是否认定为共同犯罪的从犯,应当根据其在犯罪中的地位、作用等多方面因素综合认定。

根据刑法第二十七条的规定,从犯包括两种类型:一种是在共同犯罪中起次要作用的犯罪分子;另一种是在共同犯罪中起辅助作用的犯罪分子。司法实践中,对于起第二种辅助作用的犯罪分子的认定比较容易把握,但对第一种起次要作用从犯的认定,理论界没有明晰的界定,实践中也难以归纳、提炼出统一的认定标准。我们认为,对从犯的认定,应当根据犯意的形成、犯罪的共谋、是否参与了全部犯罪活动、是否实施了实行行为、实行行为在整个犯罪构成要件中的关键程度和所起的作用、危害后果的发生与其实行行为的关联程度、分赃情况等因素综合审查。

本案中,被告人张乙首先提出强奸杨某的犯意,被告人张甲表示同意,之后二人商定轮流强奸被害人杨某的具体分工和细节。之后,张乙独自将杨某骗至其出租屋,并且先对杨某实施强奸行为,此时,张乙的行为已经完成了强奸罪的构成要素。在共同犯罪过程中,张乙系犯罪意图的提出者,且系其将杨某骗至案发地,并率先实施了强奸行为,因此,其在共同犯罪中所处的地位和作用并不比张甲小,其参与犯罪的环节比张甲多,参与犯罪的过程比张甲更完整。虽然张乙最终因为杨某奋力反抗,没有完成强奸行为,但其先前实施的暴力强奸行为使杨某的反抗能力在一定程度上减弱,从而使张甲得以顺利完成强奸行为。从这一角度分析,杨某最终被张甲强奸的后果,是张乙与张甲二人共同行为所致。基于上述分析,本案二审法院基于张乙的犯罪行为与犯罪后果无直接因果关系而将张乙认定为从犯,值得商榷。

综上，在轮奸犯罪案件中，未得逞者的强奸行为对被害妇女或者幼女的身心健康直接造成的危害程度低于已得逞者，但对未得逞者是否认定为从犯，应当结合案件实际情况，综合未得逞者在案件中的分工、地位、作用、实际参与程度等多方面因素予以全面分析，不应仅仅从其是否完成自身的强奸行为进行片面认定。

——《刑事审判参考》（总第87辑）。

唐胜海、杨勇强奸案（《刑事审判参考》案例第281号）

要旨：轮奸案件中一人强奸既遂一人未遂的，应按强奸罪既遂论处。

对轮奸中一人以上强奸既遂，一人以上未遂的情形，由于各行为人均实施了轮奸行为，故首先应对各被告人以强奸罪定罪并按轮奸情节予以处罚。其次，由于轮奸是基于共同奸淫认识的共同实行行为，按照强奸罪中认定既未遂的一般原理，即只要实行犯强奸既遂的，对其他共犯，无论其为帮助犯、教唆犯、组织犯还是共同实行犯，都应按强奸罪既遂论。当然，所谓“都应按强奸罪既遂论”，并不是说具体量刑时就无须区别对待。相反，对帮助犯、从犯的一般应当依法给予从宽处罚，而对个人奸淫未得逞的共同实行犯也可以酌定从轻处罚。

——《刑事审判参考》（总第36辑）。

761 与被害人通奸后又帮助他人强奸被害人构成强奸罪共犯

关键词 | 强奸罪 | 通奸 | 帮助犯 | 共同犯罪 |

【最高人民法院参考案例】

滕开林、董洪元强奸案（《刑事审判参考》案例第395号）

要旨：被告人与被害人通奸后又帮助他人强奸被害人，是强奸犯罪的帮助犯，二人的行为构成强奸共同犯罪。

被告人与被害人通奸后又帮助他人强奸被害人，主观上，有与他人强奸被害人的共同故意；客观上，有帮助他人实行强奸的帮助行为，是强奸犯罪的帮助犯，二人的行为构成强奸共同犯罪。

——《刑事审判参考》（总第50辑）。

762 强奸罪的量刑

关键词|强奸罪|量刑|

【最高人民法院司法文件】

(八)强奸罪

1. 构成强奸罪的,根据下列情形在相应的幅度内确定量刑起点:

(1)强奸妇女一人的,在三年至六年有期徒刑幅度内确定量刑起点。

奸淫幼女一人的,在四年至七年有期徒刑幅度内确定量刑起点。

(2)有下列情形之一的,在十年至十三年有期徒刑幅度内确定量刑起点:强奸妇女、奸淫幼女情节恶劣的;强奸妇女、奸淫幼女三人的;在公共场所当众强奸妇女、奸淫幼女的;二人以上轮奸妇女的;奸淫不满十周岁的幼女或者造成幼女伤害的;强奸致被害人重伤或者造成其他严重后果的。依法应当判处无期徒刑以上刑罚的除外。

2. 在量刑起点的基础上,根据强奸妇女、奸淫幼女情节恶劣程度、强奸人数、致人伤害后果等其他影响犯罪构成的犯罪事实增加刑罚量,确定基准刑。

强奸多人多次的,以强奸人数作为增加刑罚量的事实,强奸次数作为调节基准刑的量刑情节。

3. 构成强奸罪的,综合考虑强奸的手段、危害后果等犯罪事实、量刑情节,以及被告人的主观恶性、人身危险性、认罪悔罪表现等因素,从严把握缓刑的适用。

——《最高人民法院、最高人民检察院关于常见犯罪的量刑指导意见(试行)》(2021 年 7 月 1 日,法发〔2021〕21 号)。

763 准确把握强奸罪适用死刑标准

关键词|强奸罪|死刑|幼女|

【最高人民法院参考案例】

淡某甲强奸、猥亵儿童案(《刑事审判参考》案例第 985 号)

要旨:判断奸幼型强奸案件是否达到“罪行极其严重”的死刑适用标准,应当依照刑法、司法解释的相关规定并结合司法审判经验,根据具体案件的事实、犯罪性质、情节和社会危害程度,着重从侵害对象、侵害人数、侵害次数或者持续时间、作案手段、危害后果等方面综合分析判断。

关于侵害对象。刑法第二百三十六条第二款规定,奸淫不满十四周岁的幼女的以强奸论处，从重处罚，体现了严厉惩罚奸淫幼女犯罪的立法态度。幼女正处于身心成长发育期，身体器官和心智水平尚未发育成熟，不能正确理解性行为的社会性质、意义和后果，在面对性侵害时缺乏自我保护的意识和能力，与成年妇女相比更容易遭受性侵害。因此，立法者对幼女给予了特殊的保护，相应地，在司法环节对奸淫幼女犯罪也应当从重处罚。一般来说，幼女年龄越小，身体发育越不成熟，受到的伤害越大，故对被告人的惩罚相应也应越严厉。

关于侵害人数。强奸罪侵害的人数越多，则罪行越严重。根据刑法第二百三十六条第三款第(二)项的规定，强奸罪的加重情节包括"强奸妇女、奸淫幼女多人"。司法实践中，一般认为强奸妇女、奸淫幼女三人以上，属于"强奸妇女、奸淫幼女多人"。这里的"多人"是指被某一行为人强奸的不同个体的总人数，而非"人次"。下列情况属于"强奸妇女、奸淫幼女多人"：(1)单独计算强奸妇女人数或者奸淫幼女人数不满三人，但两者之和达到三人以上的；(2)每次强奸妇女、奸淫幼女的人数不满三人，但累计人数达到三人以上的；(3)强奸既遂的人数不满三人，但加上强奸预备、未遂或者中止的人数达到三人以上的；(4)作为实行犯强奸的人数不满三人，但加上作为帮助犯、教唆犯强奸的人数达到三人以上的。对于奸幼型强奸案件，侵害人数达到三人以上的，应在"十年以上有期徒刑、无期徒刑或者死刑"的量刑档次内从重量刑。是否适用死刑，应从奸淫的幼女人数、强奸既遂人数、作为实行犯强奸的人数等方面具体分析。

关于作案次数或者持续时间。刑法第二百三十六条没有把强奸妇女、奸淫幼女的次数或者持续时间明确规定为强奸罪的加重情节，但通常认为，对被害人多次或者长期奸淫的，属于刑法第二百三十六条第三款第(一)项规定的"强奸妇女、奸淫幼女情节恶劣"。行为人在长达数月、数年甚至更长时间内多次对被害人进行强奸，既反映了犯罪行为极其严重的客观危害，也表明行为人具有极深的主观恶性。对于奸幼型强奸案件，如果行为人多次或者长期奸淫幼女，次数越多，连续作案时间越长，则罪行越严重，从重处罚乃至适用死刑的根据就越充分。至于达到何种作案次数或者持续时间可以考虑判处死刑，则应根据具体案情综合分析。

关于作案手段。作案手段是行为人为了达到犯罪目的而采取的具体犯罪方法。不同的作案手段对于能否顺利实现犯罪目的所起的作用不同，使被害人遭受痛苦的严重程度也不同，能够体现出犯罪行为的客观危害及行为人的主观恶性。虽然刑法第二百三十六条将强奸妇女和奸淫幼女规定在同一个法律条文中，都规定为强奸罪并配置了相同的法定刑，但在犯罪构成要件特别是犯罪手段方面，二者有明显区别。强奸妇女犯罪必须是行为人违背妇女意志，采取暴力、胁迫或者其他手段，强行与妇女发生性关系的行为。而奸淫幼女犯罪的成立，不要求行为人采取特定手段，也不论幼女是否自愿，只要行为人明知是不满十四周岁的幼女而与其发生性关系的,都应当以强奸罪论处。如果采取暴力、胁迫手段奸淫幼女,或者当着幼女亲属、熟人的面奸淫幼女,或者使用残酷、变态手段奸淫幼女的,一般都应当作为强奸罪的酌定从重处罚情节考虑。

关于危害后果。强奸罪侵犯的客体是妇女的性自由权利和幼女的身心健康权利,其危害程度是由被害人遭受的身体或精神损害大小决定的。虽然刑法第二百三十六条第三款第(五)项将"致使被害人重伤、死亡或者造成其他严重后果"规定为强奸罪的加重情节之一,但不能片面地认为只有强奸致被害人重伤、死亡才属于"罪行极其严重"。对于奸幼型强奸案件来说,即使没有出现幼女重伤、死亡后果,但随着被害人年龄增长,被强奸的经历将长期、严重地损害其身心健康,给幼女造成严重的心理创伤,留下挥之不去的心理阴影。其危害性主要表现在:一是由于行为人违背幼女意志,强行与幼女发生性行为,直接侵害了被害人的身心健康、性羞耻心理。二是在行为人以揭发隐私的胁迫手段长期奸淫幼女的情况下,幼女整日生活在担心"丑闻败露"的恐惧之中,不敢违抗行为人的意愿,也不敢将遭受强奸之事告诉任何人,承担着巨大的心理压力。三是幼女在今后的生活中,受到亲属的责骂以及来自社会的嘲讽、歧视后,会产生深深的自责心理和负罪感,极端情况下可能导致自杀,或者产生"破罐破摔"心理,不再珍惜自己的名誉、家庭,或者对男性产生仇视、报复心理,成为潜在的犯罪人。因此,在对奸幼型强奸案件决定是否适用死刑时,要特别重视被害人遭受的心理创伤程度,全面、客观地评价强奸罪行是否属于"罪行极其严重"。

——《刑事审判参考》(总第98辑)。

764 性侵害未成年人犯罪中主观明知的认定

关键词|性侵害未成年人犯罪|幼女|主观明知|

【最高人民法院司法文件】

19. 知道或者应当知道对方是不满十四周岁的幼女,而实施奸淫等性侵害行为的,应当认定行为人"明知"对方是幼女。

对于不满十二周岁的被害人实施奸淫等性侵害行为的,应当认定行为人"明知"对方是幼女。

对于已满十二周岁不满十四周岁的被害人,从其身体发育状况、言谈举止、衣着特征、生活作息规律等观察可能是幼女,而实施奸淫等性侵害行为的,应当认定行为人"明知"对方是幼女。

——《最高人民法院、最高人民检察院、公安部、司法部关于依法惩治性侵害未成年人犯罪的意见》(2013 年 10 月 23 日,法发〔2013〕12 号)。

【链接：理解与适用】

需要指出的是,对幼女进行特殊保护是世界各国的基本共识。以强奸罪为例,根据我国刑法规定和司法实践,奸淫不满十四周岁的幼女构成强奸罪,不要求采取强制手段实施,而对于使用暴力、胁迫或者其他强制手段与不满十四周岁的幼女发生性关系的,无论是否“明知”被害人为幼女,都要以强奸罪论处,从重处罚。实践中,有些犯罪嫌疑人、被告人未使用暴力、胁迫或者其他强制手段与幼女发生性关系,而以各种理由辩解是与幼女正常交往,不明知被害人是幼女,给审查认定案件事实造成一定困难。因此,必须明确,只有在采取非强制手段与幼女发生性关系的案件中,如何认定“是否明知被害人为幼女”才会成为需要解决的问题。

第十九条第一款首先明确,知道或者应当知道对方是不满十四周岁的幼女,而实施奸淫等性侵害行为的,应当认定行为人“明知”对方是幼女,这是认定奸淫幼女等性侵害犯罪主观明知问题的总原则。此外,该条第二款、第三款以幼女年龄是否达到十二周岁为标准,对如何认定“明知”,分别予以指导和规范。

其中,第二款规定,对于不满十二周岁的被害人实施奸淫等性侵害行为的,应当认定行为人“明知”对方是幼女。也就是说,即使被害人身体发育、言谈举止等呈早熟特征,行为人亦辩称其误认被害人已满十四周岁,也不应采信其辩解。如此规定主要考虑:经过对大量审结案例进行统计分析,并广泛征求各方意见,十二周岁以下幼女基本都处在接受小学教育阶段,社会关系简单,外在幼女特征相对较为明显;即使极个别幼女身体发育早于同龄人,但一般人从其言谈举止、生活作息规律等其他方面通常也足以观察其可能是幼女,而且从对幼女进行特殊保护的立场考虑,也不应存在争议。故将对不满十二周岁的被害人实施奸淫等性侵害行为,规定为“应当”认定行为人“明知”对方是幼女。

考虑到已满十二周岁不满十四周岁年龄段的幼女,其身心发育特点与已满十四周岁的未成年少女较为接近,第十九条第三款规定,从被害人身体发育状况、言谈举止、衣着特征、生活作息规律等观察可能是幼女,而实施奸淫等性侵害行为的,也应当认定行为人“明知”对方是幼女。需要指出的是,虽然区分幼女是否已满十二周岁,对“明知”问题予以分别规定,但绝不是厚此薄彼,弱化对已满十二周岁幼女的保护力度。第二、第三两款均属于对“明知”认定问题的规范指引,不同的是,第二款属于绝对确定的指引,第三款属于相对确定的指引。主要是考虑到司法实践情况的复杂性,不排除存在一般人、行为人根本不可能判断出接近十二至十四周岁年龄段中的某些被害人是不是幼女的特殊情形存在。换言之,对于已满十二周岁的幼女实施奸淫等性侵害行为的,如无极其特殊的例外情况,一般均应当认定行为人明知被害人是幼女。这里的极其特殊的例外情况,具体可从以下三个方面把握:一是客观上被害人身体发育状况、言谈举止、衣着、生活作息规律等特征确实接近成年人;二是必须确有证据或者合理依据证明行为人根本不可能知道被害人是幼女;三是行为人已经足够谨慎行事,但仍然对幼女年龄产生了误认,即使其他正常人处在行为人的场合,也难以避免这种错误判断。比如,与发育较早、貌似成人、虚报年龄的已满十二周岁不满十四周岁的幼女,在谈恋爱和正常交往过程中,双方自愿发生了性行为,确有证据证实行为人不可能知道对方是幼女的,才可以采纳其不明知的辩解,但应严格予以掌握。相反,如果行为人采取引诱、欺骗等方式,或者根本不考虑被害人是不是幼女,而甘冒风险对被害人进行奸淫等性侵害的,一般都应当认定行为人明知被害人是幼女,以实现对幼女的特殊保护,堵塞惩治犯罪的漏洞。

另外需要指出的是,对于已满十四周岁不满十六周岁的男少年与幼女在正常恋爱交往过程中自愿发生性关系的,如果行为人提出不明知被害人系幼女的辩解,是否采纳其辩解,固然应考虑青少年认知、辨识能力有别于成年人的一面,但同样也应当严格把握,一般不宜以行为人不明知幼女年龄为由,认定其不构成犯罪,对于确属情节轻微,未造成严重后果的,可根据第二十七条的规定,从政策把握的角度作非罪化处理。

——周峰、薛淑兰、赵俊甫、肖凤:《〈最高人民法院、最高人民检察院、公安部、司法部关于依法惩治性侵害未成年人犯罪的意见〉的理解与适用》,载《人民司法·应用》2014年第1期。

【最高人民法院参考案例】

何某强奸案(《刑事审判参考》案例第978号)

要旨:与已满十二周岁不满十四周岁的被害人发生性关系案件中,对行为人辩解"不明知"被害人是幼女的例外情况应当从严把握。

采取非强制手段与幼女发生性关系构成强奸罪,要求行为人"明知"被害人是不满十四周岁的幼女。"明知"被害人系幼女是构成强奸罪的主观构成特征。最高人民法院、最高人民检察院、公安部、司法部2013年联合下发的《关于依法惩治性侵害未成年人犯罪的意见》(以下简称《性侵意见》)第十九条"知道或者应当知道对方是不满十四周岁的幼女,而实施奸淫等性侵害行为的,应当认定行为人'明知'对方是幼女"的规定,再次肯定了"明知"被害人是幼女系构成该类强奸罪的主观要件。

与不满十二周岁的被害人发生性关系的,一律认定行为人"应当知道"对方是幼女。根据相关司法解释和刑法理论通说,"明知"分为"知道"和"应当知道"。

"知道"是指行为人确然知道,对于这一主观心态,直接通过在案证据予以证实即可,无须参考一般人的意识能力。而是否"应当知道",一般要参考一般人的认识能力,通过各种情状一般人均会确然知道,从而认定行为人应当知道。

通常而言,认定行为人是否"应当知道"被害人系不满十四周岁的幼女,应当考虑行为人和一般人的认知能力水平,结合行为人作案时存在的各种客观情况,进行综合分析判断。《性侵意见》第十九条第二款规定,对不满十二周岁的被害人实施奸淫等性侵害行为的,应当认定行为人"明知"对方是幼女。可以认为该司法解释性文件根据被害人不满十二周岁这一基础事实创设了一项"推定明知"。究其原因,主要是:十二周岁以下幼女基本都处在接受小学或者幼儿园教育阶段以及家庭看护中,社会关系简单,外在幼女特征相对较为明显;即使极个别幼女身体发育早于同龄人,但一般人从其言谈举止、生活作息规律等其他方面通常也能够判断出其可能是幼女,而且从对幼女进行特殊保护的立场考虑,也不应存在争议。故推定该情形中行为人知道被害人可能属于不满十四周岁的幼女,是合乎经验常识的,也不违背刑法总则对犯罪故意的一般界定。也就是说,凡是对实际不满十二周岁的被害人实施奸淫等性侵害行为的,无论行为人提出何种辩解理由,均应当认定行为人"应当知道"对方是幼女。

与已满十二周岁不满十四周岁的被害人发生性关系案件中,对行为人辩解"不明知"被害人是幼女的例外情况应当从严把握。对已满十二周岁不满十四周岁的幼女实施奸淫等性侵害行为,若无极其特殊的例外情况,一般都应当认定行为人"明知"被害人是幼女。这用的极其特殊的例外情况具体可以从以下三个方面把握:一是必须确有证据或者合理依据证明行为人根本不可能知道被害人是幼女;二是行为人已经足够谨慎行事,仍然对幼女年龄产生了误认,即使其他一般人处在行为人的场合,也难以避免这种错误判断;三是客观上被害人身体发育状况、言谈举止、衣着、生活作息规律等特征明显更像已满十四周岁。例如,与发育较早、貌似成人、虚报年龄的已满十二周岁不满十四周岁的幼女在谈恋爱和正常交往过程中,双方自愿发生了性行为,确有证据证实行为人不可能知道对方是幼女的,才可以采纳其不明知的辩解。相反,如果行为人采取引诱、欺骗等方式,或者根本不考虑被害人是不是幼女,而甘冒风险对被害人进行奸淫等性侵害行为的,一般都应当认定行为人明知被害人是幼女,以实现对幼女的特殊保护,堵塞惩治犯罪的漏洞。

——《刑事审判参考》(总第98辑)。

765 行为人明知他人系采取暴力、胁迫手段迫使被害人表面“同意”与其发生性关系的，如何定性

关键词｜强奸罪｜幼女｜

【最高人民法院参考案例】

卓智成等强奸案(《刑事审判参考》案例第979号)

要旨:行为人明知他人系采取暴力、胁迫手段迫使被害人表面“同意”与其发生性关系的,视为行为人违背被害人意志发生性关系。

奸淫不满十四周岁的幼女构成强奸罪,不要求采取强制手段实施,而对于使用暴力、胁迫或者其他强制手段与不满十四周岁的幼女发生性关系的,无论是否“明知”被害人为幼女,都应当以强奸罪论处。只有在采取非强制手段与幼女发生性关系的案件中,才需考虑行为人是否明知被害人为幼女。

本案第一起事实中,被告人卓智成强制与被害人黄某发生性关系的事实清楚,证据确实,分析如下:被害人黄某的陈述和被告人周某、钱志的供述以及证人范某的证言均证实:黄某在房间门口受到范某、周某等人威胁、殴打后被拉进房间。当时,卓智成已在房内,因黄某在房间内不配合,卓智成又走出房间责备周某等人不会办事。范某遂进入房内卫生间再次威胁、殴打黄某,并拿走黄某的衣物。从上述情况来看,系周某等人使用了暴力、威胁手段强迫黄某与卓智成发生性关系。卓智成虽然未直接指使周某等人殴打、威胁黄某,但对周某等人采取何种方法让黄某与其发生性关系持放任态度。根据当时的特殊场合和空间情况,卓智成对周某、范某等人对黄某实施的一系列暴力、胁迫行为应当是明知的,且其特意责备周某等人不会办事,说明其有纵容甚至暗示周某进一步实施强制行为之意。因此,卓智成明知他人系采取暴力、胁迫手段而迫使被害人表面“同意”与其发生性关系,应视为卓智成违背被害人意志发生性关系,构成强奸罪。刑法第二百三十六条第二款规定:“奸淫不满十四周岁的幼女的,以强奸论,从重处罚。”本起事实中,因存在暴力、胁迫手段,卓智成是否“明知”黄某系幼女,均不影响强奸罪的认定,且依法应当从重处罚。

——《刑事审判参考》(总第98辑)。

766 以金钱财物等方式引诱幼女发生性行为以强奸罪论处

关键词｜强奸罪｜幼女｜

【最高人民法院司法文件】

20. 以金钱财物等方式引诱幼女与自己发生性关系的；知道或者应当知道幼女被他人强迫卖淫而仍与其发生性关系的，均以强奸罪论处。①

——《最高人民法院、最高人民检察院、公安部、司法部关于依法惩治性侵害未成年人犯罪的意见》（2013 年 10 月 23 日，法发〔2013〕12 号）。

【最高人民法院参考案例】

卓智成等强奸案（《刑事审判参考》案例第 979 号）

要旨：指使他人物色幼女供其奸淫，事后给付中间人金钱财物的行为构成强奸罪，中间人构成强奸罪的共犯。

本案中，公诉机关最初以周某犯强迫卖淫罪、强奸罪，钱志犯强迫卖淫罪，被告人卓智成犯嫖宿幼女罪②提起公诉，第一次庭审后又变更起诉，指控三人均犯强奸罪。可见，准确区分强奸罪（特指奸淫幼女型强奸罪）与嫖宿幼女罪，强奸罪（共犯）与强迫卖淫罪，系对本案正确定性的关键前提。

与不满十四周岁的幼女发生性关系并存在一定金钱财物的给付行为，在现行法律框架下，存在既可定强奸罪也可定嫖宿幼女罪的问题。根据《关于依法惩治性侵害未成年人犯罪的意见》（以下简称《性侵意见》）第二十条的规定，以金钱财物等方式引诱幼女与自己发生性关系的，以强奸罪论处，由此可见，不能以是否给付金钱财物作为区分嫖宿幼女罪与强奸罪的界限，区分两罪的标准仍是幼女是否已实际从事卖淫活动。如果幼女此前并未从事卖淫活动，而行为人以给付金钱财物为手段，引诱幼女与自己发生性关系的，不论其采取什么手段，也不论是事前给付幼女钱财还是事后给予物质补偿，只是外表上具有"钱色交易"的特征，其实质仍是一种奸淫行为，对行为人应当以强奸罪论处。

司法实践中，行为人为达到奸淫幼女的欲望，以提供金钱、玩乐等为诱饵，唆使中间人包括一些十四五岁的中学生帮助物色幼女甚至是女同学，由中间人逼迫或者引诱、说服幼女同意与其发生性关系，尔后向中间人或者幼女给付金钱财物的现象，时有发生。根据《性侵意见》关于"以金钱财物等方式引诱幼女与自己发生性关系的以强奸罪论处"的规定，此种情形下，对与幼女发生性关系的行为人既然以强奸罪论处，意味着《性侵意见》明确不认同此类行为属于嫖宿，从而对中间人就应当以强奸罪的共犯论处。《性侵意见》第二十四条亦明确规定：介绍、帮助他人奸淫幼女的，以强奸罪的共犯论处。

---

① 刑法修正案（九）取消了嫖宿幼女罪，对这类行为适用刑法第二百三十六条第二款的规定。

② 刑法修正案（九）删除了嫖宿幼女罪的规定。

——《刑事审判参考》(总第98辑)。

767 对幼女负有特殊职责的人员与幼女发生性关系以强奸罪论处

关键词 | 强奸罪 | 幼女 | 负有特殊职责的人员 |

【最高人民法院司法文件】

21. 对幼女负有特殊职责的人员与幼女发生性关系的,以强奸罪论处。

……①

——《最高人民法院、最高人民检察院、公安部、司法部关于依法惩治性侵害未成年人犯罪的意见》(2013年10月23日,法发〔2013〕12号)。

【链接:理解与适用】

监护人、教师、医生、保姆等人员或者与幼女相熟,或者具有了解幼女真实年龄的条件,同时对幼女又负有不同于普通公民的特殊职责,对于此类人员与幼女发生性关系,即使其提出未采取暴力、胁迫等非法手段,主观上不明知被害人为幼女的辩解,司法机关也不应采纳,概因此种情形属于不证自明的事实。有鉴于此,《意见》第二十一条第一款作出了特别规定。

——周峰、薛淑兰、赵俊甫、肖凤:《〈最高人民法院、最高人民检察院、公安部、司法部关于依法惩治性侵害未成年人犯罪的意见〉的理解与适用》,载《人民司法·应用》2014年第1期。

768 "在公共场所当众强奸、猥亵"未成年人的认定

关键词 | 强奸、猥亵未成年人犯罪 | 公共场所 | 当众 |

【最高人民法院司法文件】

23. 在校园、游泳馆、儿童游乐场等公共场所对未成年人实施强奸、猥亵犯罪,只要有其他多人在场,不论在场人员是否实际看到,均可以依照刑法第二百三十六条第三款、第二百三十七条的规定,认定为在公共场所"当众"强奸妇女,强制猥亵、侮辱妇女,猥亵儿童。

---

① 关于本条,需要根据经刑法修正案(十一)修正后的刑法规定妥当把握。

——《最高人民法院、最高人民检察院、公安部、司法部关于依法惩治性侵害未成年人犯罪的意见》(2013年10月23日,法发〔2013〕12号)。

【链接：理解与适用】

我国刑法规定,猥亵儿童的,在五年以下有期徒刑或者拘役的量刑幅度内从重处罚,聚众或者在公共场所当众实施的,在五年以上有期徒刑的量刑幅度内从重处罚。奸淫幼女,在不具有刑法规定的法定加重情节的情况下,以强奸罪在三年以上十年以下有期徒刑的量刑幅度内从重处罚,在公共场所当众实施的,应处十年以上有期徒刑、无期徒刑或者死刑。是否认定为在公共场所当众实施性侵害犯罪,关系到加重处罚情节的适用,影响重大。公共场所当众实施性侵害犯罪,仅从文义理解,一般是指在车站、码头、街道及其他不特定人员可以随意进出、使用的场所,当着其他在场人员的面实施性侵害,但这属于对“公共场所”和“当众”的最狭义理解。

调研发现,在一些校园性侵害案件中,个别小学教师在教室内诸多学生在场的情况下借职务之便,以辅导功课、安排任务等名义,将其中部分年幼学生叫到教室某个角落,利用讲台、课桌等物体遮挡,对被害人进行猥亵甚至奸淫,罪行令人发指。对于“教室”这一既供多数人使用但同时又相对封闭的特殊场所,可否理解为“公共场所”,以及是否要求其他在场人员实际看到猥亵、奸淫行为,才能认定为“在公共场所当众实施猥亵、强奸”,实践中存在一定争议。根据教室(校园)的“涉众性”和“供多数人使用”的功能特征,以及“公共场所”“当众”概念在广义上理解可能包括的含义,并考虑此类犯罪的严重社会危害性,《意见》第二十三条对“公共场所”和“当众”的含义进行了明确,规定在校园、游泳馆、儿童游乐场等公共场所对未成年人实施强奸、猥亵犯罪,只要有其他多人在场,不论在场人员是否实际看到,均可以认定为在公共场所“当众”强奸妇女,强制猥亵、侮辱妇女,猥亵儿童。在适用该条规定时应注意:认定为“当众”实施性侵害犯罪虽不要求其他在场的多人实际看到,但基于“当众”概念的一般含义及具有“当众”情节处罚的严厉性,从空间上来讲,其他在场的多人一般要在行为人实施犯罪地点视力所及的范围之内,也就是说,性侵害行为处于其他在场人员随时可能发现、可以发现的状况。

——周峰、薛淑兰、赵俊甫、肖凤:《〈最高人民法院、最高人民检察院、公安部、司法部关于依法惩治性侵害未成年人犯罪的意见〉的理解与适用》,载《人民司法·应用》2014年第1期。

【最高人民法院参考案例】

吴茂东猥亵儿童案(《刑事审判参考》案例第989号)

要旨:在教室讲台猥亵儿童应当认定为在“公共场所当众”实施猥亵。

我国刑法第二百三十七条第二款规定了聚众或者在公共场所当众实施猥亵两种加重处罚情节。其中,对于认定是否属于在公共场所当众实施猥亵犯罪,实践中存在不同看法。例如,本案审理过程中,对于“教室”这一既供多数人使用但同时又相对封闭的特殊场所,能否认定为“公共场所”,以及是否要求其他在场人员实际看到猥亵行为,才能认定为“当众”猥亵,争议较大。

刑法第二百九十一条规定,聚众扰乱车站、码头、民用航空站、商场、公园、影剧院、展览会、运动场或者其他公共场所秩序,情节严重的,构成聚众扰乱公共场所秩序罪。该条以列举的方式明确了几种典型公共场所的范围。根据《辞海》的解释,公共场所是指公众可以去的地方或者对公众开放的地方;公众是指社会上大多数的人或者大众。因此,仅从文义解释的角度分析,公共场所就是指供社会上大多数的人从事工作、学习、文化、娱乐、体育、社交、参观、旅游和满足部分生活需求的一切公用建筑物、场所及其设施的总称。这一解释突出了公共场所系相对于私人场所而言及可由多数人进出、使用的功能特征。从对“公共场所”的最狭义理解来看,一般应当强调该场所“供非固定人员进出、使用”的功能特征,唯此方能体现公共场所的涉众性。学校教室是供学生学习的专门设施,一定时期内使用教室的学生范围相对固定,因此,仅从狭义解释的角度考察,似与一般意义上的公共场所有所不同。但学校教室并非私人场所,而且是供多数学生使用,具有相对的涉众性。考虑到这一点,将教室解释为“公共场所”并未超出“公共场所”概念所能包含的最广含义,也符合一般公民的理解和认知,属于合理的扩大解释。

关于“当众”实施猥亵的认定问题,一种观点认为,“当众”猥亵应当包含行为人公然实施猥亵,不惧怕其犯罪行为被公众发现的意思;另一种观点认为,“当众”猥亵就是当着众人的面实施猥亵。这两种观点或侧重于行为人的主观方面,或侧重于客观方面,都属于对“当众”的狭隘文义解释,脱离了对法条适用合目的性的考量,未必妥当。

就性侵害犯罪而言,刑法将在公共场所当众实施强奸、猥亵规定为强奸、猥亵犯罪的法定加重处罚情节,主要是因为,性活动具有高度的私密性,而当众对被害人实施强奸、猥亵,既侵犯了普通公民最基本的性羞耻心和道德情感,更重要的是,此种情形对被害人身心造成的伤害更严重,社会影响更恶劣,因此,需要对此类猥亵犯罪配置与其严重性相适应的更高法定刑。

最高人民法院、最高人民检察院、公安部、司法部联合下发的《关于依法惩治性侵害未成年人犯罪的意见》(以下简称《性侵意见》)第二十三条规定,在校园、游泳馆、儿童游乐场等公共场所对未成年人实施强奸、猥亵犯罪,只要有其他多人在场,不论在场人员是否实际看到,均可以认定为在公共场所“当众”强制猥亵、侮辱妇女,猥亵儿童。由此可见,《性侵意见》第二十三条基于从严惩治发生在校园等儿童集中的特殊场所的性侵害犯罪的政策考量，对“当众”概念并没有局限于最狭义的文义解释。也就是说，“当众”并不要求在场人员实际看到。在适用该条规定时有必要注意：认定为“当众”实施性侵害犯罪虽不要求其他在场的多人实际看到，但基于“当众”概念的一般语义及具有“当众”情节即升格法定刑幅度的严厉性，从空间上来讲，其他在场的多人一般要在行为人实施犯罪地点视力所及的范围之内。也就是说，性侵害行为处于其他在场人员随时可能发现、可以发现的状况。

本案中，被告人吴茂东趁中午学生在教室内午休，将被害人叫到讲台上对被害人进行猥亵，虽然利用了课桌等物体的遮挡，手段相对隐蔽，但此种猥亵行为处于教室内其他学生随时可能发现、可以发现的状况。而且根据法院审理查明的事实，实际上也有部分被害学生曾发现吴茂东将其他被害人叫到讲台上，并知道吴茂东在实施猥亵。因此，人民法院认定被告人吴茂东属于在公共场所当众实施猥亵是正确的。

——《刑事审判参考》（总第 98 辑）。

于书祥猥亵儿童案（《刑事审判参考》案例第 1260 号）

要旨：从罪刑相适应的角度准确认定“在公共场所当众猥亵”。

被告人于书祥无视国法，猥亵多名儿童，其行为已构成猥亵儿童罪，依法应予惩处。本案主要发生在游乐场恐怖屋内，空间相对封闭，现场除于书祥和被害人外，缺乏充分证据证实有多人在场；且于书祥系在带被害人进入恐怖城、帮忙系安全带的过程中，乘机短暂猥亵被害人，其作案手段、危害程度并非十分恶劣、严重，原判认定于书祥属“在公共场所当众猥亵儿童”不当，判处其有期徒刑五年六个月，量刑过重，应依法予以纠正。

——《刑事审判参考》（总第 114 辑）。

769 强奸、猥亵未成年人犯罪从严处罚情节的认定

关键词 | 强奸、猥亵未成年人犯罪 | 从严处罚情节 |

【最高人民法院司法文件】

25. 针对未成年人实施强奸、猥亵犯罪的，应当从重处罚，具有下列情形之一的，更要依法从严惩处：

（1）对未成年人负有特殊职责的人员、与未成年人有共同家庭生活关系的人员、国家工作人员或者冒充国家工作人员，实施强奸、猥亵犯罪的；

（2）进入未成年人住所、学生集体宿舍实施强奸、猥亵犯罪的；

（3）采取暴力、胁迫、麻醉等强制手段实施奸淫幼女、猥亵儿童犯罪的；

(4)对不满十二周岁的儿童、农村留守儿童、严重残疾或者精神智力发育迟滞的未成年人,实施强奸、猥亵犯罪的;

(5)猥亵多名未成年人,或者多次实施强奸、猥亵犯罪的;

(6)造成未成年被害人轻伤、怀孕、感染性病等后果的;

(7)有强奸、猥亵犯罪前科劣迹的。

——《最高人民法院、最高人民检察院、公安部、司法部关于依法惩治性侵害未成年人犯罪的意见》(2013年10月23日,法发〔2013〕12号)。

【链接:理解与适用】

我国刑法第二百三十六条、第二百三十七条明确规定,奸淫幼女,猥亵儿童的,从重处罚,对于强奸已满十四周岁未成年少女的,人民法院在审判实践中一般也酌定从重处罚。《意见》第二十五条从特殊身份犯罪主体、特定犯罪场所、危害性大的犯罪手段及行为、特别弱势犯罪对象、相对严重犯罪后果、被告人有性侵前科劣迹等方面,对一些酌定从严处罚情节,通过规范性文件的形式首次予以明确,以指导各级司法机关在办理性侵害未成年人犯罪案件,选择从重处罚时,更加体现依法严惩。比如,奸淫幼女一人一次,根据刑法规定,应在三年以上十年以下有期徒刑幅度内从重处罚,如果根据《人民法院量刑指导意见(试行)》,可能判处四年或者五年有期徒刑,那么,对于具有《意见》第二十五条所列情形之一,比如进入学生集体宿舍强奸的,则可判处高于四年或五年有期徒刑的刑罚,也就是在从重的基础上更加体现从严惩处。

1. 监护人、教师、教练、救助人、保姆、医生等对未成年人负有特殊职责的人员,与未成年人有共同家庭生活关系的人员,比如单身或离异母亲的同居男友对与母亲共同生活的未成年女儿实施性侵害犯罪,严重挑战社会伦理道德底线;同时,该类人员具有接触未成年人的便利条件,实施性侵害行为更为隐蔽,一般人难以发现,持续时间通常更长,未成年被害人更难以抗拒和向有关部门揭露,社会危害更大。因此,应当依法严惩。国家工作人员理应做模范守法的典范和保护未成年人的表率,而极少数国家工作人员性侵害未成年人,与普通公民实施性侵害相比,社会影响更为恶劣,也应当依法严惩。冒充国家工作人员强奸、猥亵未成年人,易在社会造成不良影响,亦应严惩。

2. 未成年人的住所、学生集体宿舍,是未成年人生活起居的主要场所,也是未成年人最应感到心理安全的场所。进入上述场所实施强奸、猥亵犯罪,严重冲击被害人的心理安全感,甚至在一定范围内造成社会恐慌,危害性大,应当严惩。从其他国家和地区立法例来看,比如,我国台湾地区"刑法"规定,违反被害人意愿性交者,构成普通强制性交罪,处三年以上十年以下有期徒刑,侵入住宅或有人居住的建筑物、船舰或隐匿其内实施的，构成加重强制性交罪，处七年以上有期徒刑，亦体现了对在特殊场所实施性侵害犯罪的严惩。

3.《意见》规定，对不满十二周岁的儿童、农村留守儿童、严重残疾或者精神智力发育迟滞的未成年人，实施强奸、猥亵，从严惩处。这是考虑到，上述被害人均属于弱势人群中的底层，更易受犯罪侵害，且危害后果更严重。需要指出的是，被害人特别年幼，在从重程度的把握上可酌情予以考虑。

4. 奸淫幼女、猥亵儿童，构成犯罪，不要求采取暴力、胁迫、麻醉等强制手段实施，但如行为人采取上述强制手段的，对被害人伤害更大，故应体现从严惩处。

5. 根据刑法第二百三十六条第三款的规定，强奸妇女、奸淫幼女多人的，属加重处罚情节。对同一名被害人多次强奸或者奸淫的，如何体现“从严”惩处，实践中存在争议。起草《意见》过程中，有意见提出，可将其解释为该条第三款规定的“强奸妇女、奸淫幼女情节恶劣”，从而适用加重处罚条款。从刑法条文来看，未将强奸、奸淫“多次”与“多人”并列规定，说明立法乃有意有所区别，即前者系针对同一名被害人实施，侵害客体单一，强奸、奸淫三次以上的社会危害性尚达不到应判处十年以上有期徒刑的严重程度。故《意见》将多次强奸明确为从重处罚情节，针对未成年人实施的，量刑时进一步体现从严。另外，刑法第二百三十七条仅规定了“聚众或者在公共场所当众实施猥亵、侮辱”的加重处罚情节，对于量刑时应予考虑的从重处罚情节未作规定。故《意见》结合司法实践经验，将“猥亵多人、多次猥亵”这两种多发、常见同时也是危害性更大的情形，明确为从重处罚情节。

6. 造成未成年被害人轻伤、怀孕、感染性病，不属于刑法第二百三十五条第三款第（五）项规定的“其他严重后果”加重处罚情节，但因对未成年被害人身心伤害大，故量刑时也要体现从严。其中，对造成未成年人怀孕，是否规定为加重处罚情节，起草《意见》阶段，存在不同意见。我们调研发现，各地法院理解掌握标准不一。经反复研究，强奸造成未成年人怀孕，会给被害人造成很大身心创伤，但怀孕系强奸的附随后果，且发现怀孕的阶段及采取干预措施的不同，对被害人身心伤害大小存在很大差异，如将怀孕解释为“其他严重后果”，未免失之于绝对，与刑法所列举的应当判处十年以上有期徒刑的五种法定情形，严重性程度有别。故将造成未成年被害人怀孕这一情节本身作为从重处罚情节掌握，更妥当一些。但也不排除，多次造成未成年被害人怀孕、流产，或者同时具有“特殊职责人员采取强制手段实施”等其他从重处罚情节的，在综合考虑的基础上，认定为刑法第二百三十六条第三款第（一）项规定的“强奸妇女、奸淫幼女情节恶劣”，从而加重处罚。

7. 有强奸、猥亵犯罪前科劣迹，又实施强奸、猥亵未成年人犯罪，前后两种行为均属性侵害不法犯罪，反映行为人主观恶性深、人身危险性大，应当从严惩处。

需要指出的是，调研过程中，有意见提出，建议列举具体情形，将刑法第二百三十六条第三款第(一)项规定的“强奸妇女、奸淫幼女情节恶劣”予以明确化。考虑到司法实践的复杂性,未采纳该种意见。鉴于《意见》第二十五条从犯罪主体、犯罪对象、犯罪地点、犯罪手段、犯罪后果等方面对强奸未成年人犯罪的从重处罚情节做了明确,实践中,可以综合考虑上述所列某几项情形,认定强奸行为是否属于“情节恶劣”。

——周峰、薛淑兰、赵俊甫、肖凤:《〈最高人民法院、最高人民检察院、公安部、司法部关于依法惩治性侵害未成年人犯罪的意见〉的理解与适用》,载《人民司法·应用》2014 年第 1 期。

【最高人民法院参考案例】

谈朝贵强奸案(《刑事审判参考》案例第 980 号)

要旨:在实践中,考察是否具有“共同家庭生活关系”,应当立足家庭的概念,准确把握“共同家庭生活关系”内涵中具有的“质”和“量”的要求。从“质”上来说,需要形成实际上的共同生活关系,如事实上的抚养关系、监护关系等;从“量”上来说,需要具有共同生活的长期性、确定性和稳定性,如果仅有几次的共同居住或者较短时间的共同居住就不属于这里所指的“共同家庭生活关系”。

根据《关于依法惩治性侵害未成年人犯罪的意见》(以下简称《性侵意见》)第二十五条的规定,“针对未成年人实施强奸、猥亵犯罪的,应当从重处罚,具有下列情形之一的,更要依法从严惩处:(1)对未成年人负有特殊职责的人员、与未成年人有共同家庭生活关系的人员、国家工作人员或者冒充国家工作人员,实施强奸、猥亵犯罪的……”可见,有“共同家庭生活关系”的人对幼女实施强奸、猥亵犯罪的,是应当从重从严处罚的情节之一。如此规定,主要是考虑到此类人员对未成年人实施性侵害犯罪,严重挑战社会伦理道德底线;同时,此类人员具有接触未成年人的便利条件,实施性侵害行为更为隐蔽,一般人难以发现,持续时间通常更长,未成年被害人更难以抗拒和向有关部门揭露,社会危害更大。但是,对于何谓“共同家庭生活关系”,刑法和相关司法解释均没有作出明确界定,由于该情节关系到对行为人的量刑,因此,对其内涵必须准确把握。

与幼女具有“共同家庭生活关系”,顾名思义,也就是与幼女具有在一个家庭中共同生活的关系。而所谓“家庭”,一般认为是指在婚姻关系、血缘关系、收养关系等基础上产生的,共同生活的人们所构成的社会生活单位,是具有血缘、婚姻、收养等关系的人们长期居住的共同群体。比较典型的是由法定关系组成的家庭,即由夫与妻,父母与子女(包括婚生或非婚生子女、合法的养子女和继子女)等。除了上述典型的家庭关系以外,现实中还有与之相当但是又不存在上述法定关系的人组成的共同生活单位。如孤儿或者生父母无力抚养的子女,由生父母的亲属、朋友抚养。上述人员共同生活在一起，相互之间也会产生与法定权利和义务类似的权利和义务，具备家庭的形式与实质。因此，在实践中，考察是否具有“共同家庭生活关系”，应当立足家庭的概念，准确把握“共同家庭生活关系”内涵中具有的“质”和“量”的要求。从“质”上来说，需要形成实际上的共同生活关系，如事实上的抚养关系、监护关系等；从“量”上来说，需要具有共同生活的长期性、确定性和稳定性，如果仅有几次的共同居住或者较短时间的共同居住就不属于这里所指的“共同家庭生活关系”。

本案中，被告人谈朝贵和被害人廖某的母亲孙某是男女朋友关系，二人虽然未办理正式结婚手续，不是合法夫妻，但是二人从2011年七八月至2012年8月这一期间同居，廖某跟随孙某共同生活，也与谈朝贵在同一住所共同居住，这种共同的生活单位实质上形成了家庭关系。谈朝贵在这种较长时间稳定的共同生活期间，与廖某形成了事实上的抚养关系，即与廖某具有了共同生活关系。因此，无论从“质”上还是“量”上，谈朝贵均属于与廖某具有“共同家庭生活关系”的人。

——《刑事审判参考》（总第98辑）。

770 不满十六周岁的人偶尔与幼女发生性行为，情节轻微、未造成严重后果的，不认定为犯罪

关键词 | 未成年人之间自愿发生性关系 | 强奸罪 |

【最高人民法院司法文件】

27. 已满十四周岁不满十六周岁的人偶尔与幼女发生性关系，情节轻微、未造成严重后果的，不认为是犯罪。

——《最高人民法院、最高人民检察院、公安部、司法部关于依法惩治性侵害未成年人犯罪的意见》（2013年10月23日，法发〔2013〕12号）。

【链接：理解与适用】

该条系对2006年《最高人民法院关于审理未成年人刑事案件具体应用法律若干问题的解释》相关规定的重申，主要是针对已满十四周岁不满十六周岁的男少年，与年龄相近的幼女在正常交往、恋爱过程中自愿发生性关系，如何予以处理提出的指导意见。此处表述虽是“偶尔”发生性关系，但主要是为了与此前司法解释的规定保持一致，实践中并不能简单以次数论，双方是否自愿、情节是否轻微、后果是否严重，是区分罪与非罪的关键，应准确把握。

在适用《关于依法惩治性侵害未成年人犯罪的意见》（以下简称《性侵意见》）

第二十七条的相关规定，判断对行为人是否可不以强奸犯罪论处时，应当注意把握如下三点：

1. 行为人一般应当处于已满十四周岁不满十六周岁的年龄阶段。之所以限定行为人为已满十四周岁不满十六周岁，而不是已满十六周岁不满十八周岁，主要是考虑到，基于特别保护不满十四周岁幼女身心健康的立场，对与之自愿发生性关系不以犯罪论处的范围应该严格把握，不能放得过宽，而已满十四周岁不满十六周岁系刑法确定的相对负刑事责任年龄界限，故对不以犯罪论处的犯罪主体范围掌握在此年龄段较为合理。当然，考虑司法实际情况的复杂性，也不是说已满十六周岁的未成年人与幼女发生性关系，就要一律以犯罪论处。比如，行为人不满十六周岁时与已满十三周岁不满十四周岁的幼女在恋爱交往中自愿发生性关系，至行为人刚满十六周岁时，二人仍保持两性关系，后因幼女父母报案而案发。如果综合全案考察，行为人的情节显著轻微的，就不宜机械地以十六周岁为界限，对十六周岁前的行为不以犯罪论处，而对刚满十六周岁以后实施的行为即以强奸罪论处。但对于具有类似特殊情况的案件，相对于不满十六周岁的人实施此类行为一般不以犯罪论处，应予以严格把握。

2. 行为人应当是与年龄相当的幼女在正常交往、恋爱过程中基于幼女自愿而与之发生性关系。对于未成年人使用暴力、胁迫等强制手段奸淫幼女的，即使该未成年人不满十六周岁，对其也不应当排除在刑事处罚范围之外。对于不满十六周岁的未成年人与幼女之间的年龄差距达到几岁，认定为双方年龄相当，从而认定其对幼女实施的性行为不具有犯罪性质，我国相关司法文件没有明确规定，主要由司法机关根据具体案件情况把握。鉴于男方的年龄限定在已满十四周岁不满十六周岁，并考虑幼女身心发育特点，适当的年龄差距范围基本可以明确，即差距限定在四岁左右相对较为合理。举例来说，已满十四周岁的男方与不满十周岁的幼女发生性关系，或者已满十五周岁不满十六周岁的男方与不满十二周岁且双方年龄差距在四岁以上的幼女发生性关系，如果男方辩称系与幼女正常恋爱交往，那么，一般不宜援引《性侵意见》第二十七条的规定对男方不以犯罪论处。当然，双方年龄差距只是反映行为的危害性是否值得刑事处罚的其中一项因素，不应予以绝对化。

3. 综合考察，未成年人与幼女发生性关系情节轻微、未对幼女身心健康造成严重伤害。

——黄尔梅主编：《性侵害未成年人犯罪司法政策案例指导与理解适用》，人民法院出版社 2014 年版，第 229—230 页。

【最高人民法院参考案例】

刘某强奸案(《刑事审判参考》案例第981号)

要旨:对未成年人与幼女正常交往过程中自愿发生性关系行为的认定,要严格把握未成年人的年龄界限。

值得注意的是,对于不满十六周岁的行为人在与幼女正常交往恋爱过程中基于幼女自愿与其发生性关系致幼女怀孕引产、流产,单就后果来看,不能说不严重,但是否一律认为行为人的行为不属于"情节轻微、不以犯罪论处",不宜一概而论。类似案件,如果双方确实存在正常恋爱交往关系,年龄差距也不大,如差距小于一周岁或者二周岁,司法机关判断对行为人是否以强奸罪论处,要特别慎重。对于双方成年亲属自行协商,被害人及其法定代理人不要求追究行为人刑事责任的,司法机关没有必要主动干预,启动司法程序。

本案中,被告人刘某与被害人赖某均系初中同学,二人产生早恋,时年刘某已满十六周岁,明知赖某不满十四周岁,仍多次与其发生了性关系,后因赖某父母发现报案而案发。相较于强行奸淫幼女,刘某所实施的行为虽不属十分严重,但从维护对幼女特殊保护的更高原则立场考虑,其已不属《最高人民法院关于审理未成年人刑事案件具体应用法律若干问题的解释》和《关于依法惩治性侵害未成年人犯罪的意见》中对未成年行为人可不以强奸犯罪论处的情形。法院依法认定刘某构成强奸罪,对刑事政策的把握是准确的。

——《刑事审判参考》(总第98辑)。

771 对强奸未成年人的成年犯罪分子一般不适用缓刑

关键词 | 强奸未成年人 | 缓刑 | 禁止令 |

【最高人民法院司法文件】

28. 对于强奸未成年人的成年犯罪分子判处刑罚时,一般不适用缓刑。

对于性侵害未成年人的犯罪分子确定是否适用缓刑,人民法院、人民检察院可以委托犯罪分子居住地的社区矫正机构,就对其宣告缓刑对所居住社区是否有重大不良影响进行调查。受委托的社区矫正机构应当及时组织调查,在规定的期限内将调查评估意见提交委托机关。

对于判处刑罚同时宣告缓刑的,可以根据犯罪情况,同时宣告禁止令,禁止犯罪分子在缓刑考验期内从事与未成年人有关的工作、活动,禁止其进入中小学校区、幼儿园园区及其他未成年人集中的场所,确因本人就学、居住等原因,经执行机关批准的除外。

——《最高人民法院、最高人民检察院、公安部、司法部关于依法惩治性侵害未成年人犯罪的意见》(2013年10月23日,法发〔2013〕12号)。

【链接:理解与适用】

强奸未成年人社会危害性大,为体现对此类犯罪的依法严惩,并有效预防犯罪,同时考虑对符合缓刑适用条件的未成年犯罪分子依法从宽,更好进行挽救、教育、改造,《意见》第二十八条要求,对此类案件的成年犯罪分子,一般不适用缓刑。鉴于不同性质的性侵害犯罪危害性大小存在差异,故《意见》只对强奸未成年人犯罪作了规定,但限制适用缓刑这一精神对于组织、强迫未成年人卖淫、严重的猥亵儿童等性侵害犯罪,同样是适用的。

需要指出的是,对强奸未成年人的成年犯罪分子一般不适用缓刑,是总体要求,但并不绝对排除适用缓刑的可能。比如,对于自动中止强奸行为,地位、作用明显较小的从犯等具有法定从轻、减轻处罚情节,判处拘役、三年以下有期徒刑,同时符合刑法规定的"犯罪情节较轻、有悔罪表现、没有再犯罪危险,宣告缓刑对所居住的社区没有重大不良影响"等条件的,在总体上从严把握的前提下,也可以适用缓刑,以体现罪刑相适应。

对于认定是否符合缓刑适用条件,《意见》规定了社区矫正机构调查的前置程序,并规定宣告缓刑的同时视情对犯罪人宣告禁止令,体现了从严适用缓刑和对特定犯罪人群加强特殊预防的精神。

——周峰、薛淑兰、赵俊甫、肖凤:《〈最高人民法院、最高人民检察院、公安部、司法部关于依法惩治性侵害未成年人犯罪的意见〉的理解与适用》,载《人民司法·应用》2014年第1期。

772 行为人因涉嫌强制猥亵妇女到案后如实供述司法机关尚未掌握的猥亵儿童事实的,是否构成自首的认定

关键词|强制猥亵罪|猥亵儿童罪|自首|

【最高人民法院参考案例】

杜周兵强奸、强制猥亵妇女、猥亵儿童案(《刑事审判参考》案例第986号)

要旨:强制猥亵妇女罪[①]与猥亵儿童罪罪名不同,也不属于选择性罪名,但是

① 罪名已调整为"强制猥亵、侮辱罪"。

两种犯罪在法律上、事实上均具有密切关联，可以视为同种罪行。

最高人民法院 1998 年出台的《关于处理自首和立功具体应用法律若干问题的解释》规定："被采取强制措施的犯罪嫌疑人、被告人和已宣判的罪犯，如实供述司法机关尚未掌握的罪行，与司法机关已掌握的或者判决确定的罪行属不同种罪行的，以自首论。被采取强制措施的犯罪嫌疑人、被告人和已宣判的罪犯，如实供述司法机关尚未掌握的罪行，与司法机关已掌握的或者判决确定的罪行属同种罪行的，可以酌情从轻处罚；如实供述的同种罪行较重的，一般应当从轻处罚。"实践中对哪些罪行属于同种罪行，存在不同认识。为解决这一问题，最高人民法院 2010 年下发的《关于处理自首和立功若干具体问题的意见》（以下简称《意见》）规定，犯罪嫌疑人、被告人在被采取强制措施期间如实供述本人其他罪行，该罪行与司法机关已经掌握的罪行属于同种罪行还是不同种罪行，一般应当以罪名区分。虽然如实供述的其他罪行的罪名与司法机关已掌握犯罪的罪名不同，但如实供述的其他犯罪与司法机关已掌握的犯罪属选择性罪名或者在法律、事实上密切关联，如因受贿被采取强制措施后，又交代因受贿为他人谋取利益行为，构成滥用职权罪的，应当认定为同种罪行。根据《意见》的上述规定，"同种罪行"包括三种情况：罪名相同的罪行、属于同一选择性罪名的罪行以及法律或者事实上密切关联的罪行。

强制猥亵妇女罪与猥亵儿童罪罪名不同，也不属于选择性罪名，但是两种犯罪在法律上、事实上均具有密切关联，可以视为同种罪行。具体理由是：第一，强制猥亵妇女罪与猥亵儿童罪在法律上具有密切关联。认定数种罪行在法律上具有密切关联，一般应当以犯罪构成要件为依据，考察数种罪行在犯罪主体、客体、客观方面的行为、结果、对象要素等方面是否具有相近性、包容性。强制猥亵妇女罪与猥亵儿童罪在客观方面均包含违背被害人意志，采用抠摸、搂抱、手淫、鸡奸等淫秽下流手段进行猥亵等行为。构成猥亵儿童罪虽然不要求行为人采用暴力、胁迫手段，但实践中对陌生儿童进行猥亵时往往也会采取一定的暴力、胁迫手段。从主观方面看，两罪均有满足不正常性欲的动机，行为人受性欲驱动对女性被害人实施猥亵时，往往对被害人是否属于幼女不加以区分，只要能满足其性欲即可。第二，强制猥亵妇女罪与猥亵儿童罪在事实上具有密切关联。认定数种罪行在事实上具有密切关联，一般应当依托司法实践，结合日常生活经验，考察数种行为在发生的概率、逻辑以及关系上是否具有关联性。在某些猥亵犯罪中行为人基于满足特殊性需求，犯罪易于得逞等考虑，随机选择某一年龄段的陌生被害人作案，其对被害人的年龄只有大致的判断。对于行为人而言，先后对两名十几岁的年幼女性实施猥亵，其犯罪手段以及犯罪目的是没有差别的，即使因被害人不满或者超过十四周岁而分别构成强制猥亵妇女罪、猥亵儿童罪，仍然是两起性质基本相同的事实。

——《刑事审判参考》（总第 98 辑）。

773 准确区分猥亵犯罪与正常医疗检查行为

关键词｜强制猥亵罪｜猥亵儿童罪｜性刺激｜

【最高人民法院参考案例】

王晓鹏强制猥亵妇女、猥亵儿童案(《刑事审判参考》案例第 987 号)

要旨:区分医疗检查与猥亵犯罪,主要从行为人的主观和客观两个方面进行甄别。

关于犯罪主观方面。医疗检查应当是以治病救人为目的,在遵循相关医疗规范的前提下,对病人进行必要、科学的医务检查和诊治;而猥亵犯罪行为的主观方面需要具备猥亵的故意。强制猥亵妇女罪①的故意,即行为人明知自己的行为违背妇女的意志,侵犯了妇女性的自主权和羞耻心,而希望或者放任这一危害结果的发生;猥亵儿童罪的故意,即行为人明知自己的行为侵犯了儿童不受性侵犯的权利,并希望此危害结果的发生。实践中,对于犯罪主观方面的证明,通常有赖于对客观行为的分析判断。因此,即使行为人辩解不具有猥亵故意,但可以通过对该"医疗检查"行为是否明显超越职责范围,是否系医疗诊治所必需的检查手段等因素,来分析行为人的主观故意。

关于犯罪客观方面,又需要注意考察以下两个方面的因素:

第一,是否使用了强制或者欺骗等不正当手段。虽然猥亵儿童罪对行为手段没有限制,儿童是否出于自愿不影响犯罪的成立,但行为人是否使用强制或者欺骗等不正当手段,可以作为区分正常医疗行为与猥亵行为的一个重要参考因素。强制手段通常包括暴力、胁迫或者其他手段,医务人员直接使用有形暴力进行猥亵的,因为有被害人陈述可加以证明,部分情况下还会有活体检验意见等证据加以佐证,故在实践中比较容易认定。而由于医务工作的特殊性,是否使用了胁迫或者其他不正当手段在认定时确有一定困难。医务人员通常要对医疗对象的身体进行检查,而医疗对象一般对专业医学知识不知或者所知不多,出于对自己身体健康状况的关切、担忧,以及对医务人员专业性的信任、敬畏,在心理上处于一定弱势地位。医务人员如利用其特殊身份和优势地位,在医院检查治疗室这一特定场所,通过有针对性的语言或者行为暗示等方式,即可对妇女、儿童的身体或者精神形成强制力,使其不能、不敢或者不知反抗。实践中,也有部分医生欺骗被害人接受非诊疗所必需的身体检查,借机实施猥亵。因此,不能完全以被害人是否明显反抗作为认定其是否自愿接受身体检查的依据。在实践中,可参考被害人所陈述的内心感受,是否感觉受到侵犯或者猥亵加以辅助认定。

---

① 罪名已调整为"强制猥亵、侮辱罪"。

本案中，被告人王晓鹏利用未成年女学生对医生权威的信任，以及对体检流程不了解等认识能力的限制，在医院诊室这一特定的封闭场所，使女学生在精神上受到强制，不能或者不知反抗，进而实施猥亵；多名女学生亦证明，在接受身体检查过程中感觉受到了侵犯。故由此可以认定王晓鹏使用了强制手段。

第二，是否明显超越了职责范围、是否系诊疗所必需。医疗检查是一种专业技术活动，因其注重可操作性和实效性，故专业操作规范绝大多数并不为法律法规所规定，只是行业内的规程，有些只是本行业从业人员的共识。通常来讲，甄别正常医疗检查与猥亵行为需要具有一定的医学知识，作为未受过专业医学教育的司法工作人员，可从以下几个层面进行审查：首先，以一般人的认识为标准，分析诊疗行为是否明显超越职责范围，比如对骨折的病人进行妇科检查，显然非诊疗所必需。其次，结合医院关于岗位职责以及检验流程的规定加以判断。由于医生的专业性强、分工细致，医院对相关流程和规范均进行了细化规定，这些规定可用作判别检查是否明显超越了职责范围、是否系诊疗所必需的依据。最后，参考专业人士的意见。在一些简单的专科检查中，依据医院的相关规定即可判断是否超出职责范畴，但对于一些较为复杂的病症需要进行详细或者有针对性的全科检查时，机械地以医院的规范来衡量难免会有所疏漏，此时就需借助医院其他医务人员的证言甚至是相关医疗机构出具的意见，进行综合判断。

本案中，提取在案的医院尿检常规步骤材料证明，正常的尿检步骤系由受检者将尿液标本送检验室，检验工作人员进行常规检验，并出具报告单，对尿检结果异常需要镜检者，检验人员提取尿液标本做镜检，对分泌物的检验由患者到相关科室由专业技术人员提供分泌物标本送检。依据该规定进行分析，被告人王晓鹏抚摸女生胸腋部、查看女生生殖器、用手在女生阴部按压等行为明显超越了其职责范围，应当认定其不属于正常的医学检查手段。

——《刑事审判参考》（总第98辑）。

774 网络语境下如何准确认定强制猥亵、侮辱罪

关键词 | 强制猥亵、侮辱罪 | 隐私视频 |

【最高人民法院参考案例】

区润生强制侮辱案（《刑事审判参考》案例第1438号）

要旨：行为人以在网络上发布被害人的隐私视频相要挟，威逼被害人拍摄隐私视频，并多次用淫秽语言骚扰、侮辱，以及拍摄淫秽照片发送给被害人，其行为已构成强制侮辱罪。

本案中,被告人区润生的行为应构成强制侮辱罪。具体而言:(1)犯罪客体方面,区润生以将隐私视频上网传播相要挟对被害人实施的一系列行为侵害了妇女性的自主决定权。(2)犯罪目的方面,区润生带有追求性刺激、性满足的目的。(3)犯罪手段方面,区润生利用女性的性羞耻心,以将隐私视频上网曝光为胁迫手段,构成强制侮辱罪中的强制手段。互联网时代,信息传播速度无法预估,网上曝光涉及面更广,传播更快,容易呈指数级增长,较传统的信息传播方式,风险更加不可控,因此,这种将隐私视频上网的非暴力胁迫方式,能够对被害人形成更强的精神强制。(4)情节要素方面。区润生以偷拍的视频相威胁,先是对被害人的精神造成了强制,又对被害人实施了长达半年之久的骚扰,具有长期性,多次试图索要被害人的自慰视频,并发送自己的不雅照片,侵犯了被害人性自主权。对于这种具有长期性、强制性并且侵害被害人性自主权的行为,依法认定为犯罪,有利于遏制互联网环境下侵犯妇女性自主权的犯罪,有良好的法律效果和社会效果。

——《刑事审判参考》(总第129辑)。

八、拐卖和收买被拐卖的妇女、儿童犯罪

775 拐卖妇女罪中的“妇女”的认定

关键词｜拐卖妇女罪｜妇女｜

【最高人民法院司法解释】

第一条 刑法第二百四十条规定的拐卖妇女罪中的“妇女”，既包括具有中国国籍的妇女，也包括具有外国国籍和无国籍的妇女。被拐卖的外国妇女没有身份证明的，不影响对犯罪分子的定罪处罚。

——《最高人民法院关于审理拐卖妇女案件适用法律有关问题的解释》(2000年1月25日，法释〔2000〕1号)。

776 关于拐卖妇女犯罪与介绍婚姻索取钱财的区分

关键词｜拐卖妇女罪｜违背妇女意志｜介绍婚姻｜

【最高人民法院司法解释】

第三条 以介绍婚姻为名，采取非法扣押身份证件、限制人身自由等方式，或者利用妇女人地生疏、语言不通、孤立无援等境况，违背妇女意志，将其出卖给他人的，应当以拐卖妇女罪追究刑事责任。

以介绍婚姻为名，与被介绍妇女串通骗取他人钱财，数额较大的，应当以诈骗罪追究刑事责任。

——《最高人民法院关于审理拐卖妇女儿童犯罪案件具体应用法律若干问题的解释》(2017年1月1日，法释〔2016〕28号)。

【链接：理解与适用】

2. 关于拐卖妇女犯罪与介绍婚姻索取钱财的区分

拐卖妇女一般表现为将被拐妇女卖给他人迫使结婚，或者将被拐妇女卖给他人迫使卖淫。通常认为，介绍婚姻索取钱财，虽然行为人也有获利行为，但其是在明知男女双方自愿及地位平等的基础上，为促成婚姻的缔结而居间介绍、联系。而

在将被拐妇女卖与他人为妻的犯罪中，行为人出于牟利动机，通常违背妇女意志或者至少是不考虑妇女真实意愿，将妇女卖给他人，并常伴有暴力、胁迫等行为。对行为人将妇女卖与他人为妻过程中，没有实施明显的暴力、胁迫等行为的，与确属介绍婚姻并索取（或者收受）钱财的行为，如何区分，涉及罪与非罪，在性质认定问题上易发生混淆，有必要予以明确。实践中，有些不法分子以介绍婚姻的名义将妇女拐带至异地，采取扣押身份证件、限制人身自由等方式迫使妇女同意与他人结婚（包括共同生活但未办理法定婚姻登记手续的情形），向他人索要或者收取钱财；也有些人为向他人索取所谓“婚姻介绍费”，利用妇女特别是外籍妇女人地生疏、语言不通，对行为人有经济、人身依赖关系，或者因没有合法出入境、居留签证担心被遣返等脆弱境况，仅以轻微言语威胁或者欺骗等方式，即可达到使妇女同意与他人结婚的目的。对类似行为，因与采取暴力等强迫手段明显的拐卖犯罪有所不同，是认定为介绍婚姻过程中发生的民事纠纷，还是认定为拐卖妇女犯罪，存在争议。

《解释》第三条第一款规定：“以介绍婚姻为名，采取非法扣押身份证件、限制人身自由等方式，或者利用妇女人地生疏、语言不通、孤立无援等境况，违背妇女意志，将其出卖给他人的，应当以拐卖妇女罪追究刑事责任。”该条款旨在明确，只要是违背妇女意志（如果妇女属无责任能力人，不能正确理解介绍婚姻行为性质，也属违背妇女意志），将妇女出卖给他人的，就构成拐卖妇女罪。在适用该条款时应注意准确判断是否违背妇女意志。实践中行为方式各异，情形复杂，特别是对于妇女处于孤立无援等脆弱境况，行为人实施“介绍婚姻”行为并索要他人（通常是男方）数额较大钱财的，被害妇女可能会作出表面“同意”的意思表示。对类似案件，要综合考察被害妇女的陈述、证人证言等证据，结合常理常情，分析行为人是否有意利用被害人的脆弱境况，使被害人不得不屈从行为人的要求，而“同意”与他人结婚；对行为人而言，是基于男女双方自愿及地位平等，为促成婚姻的缔结而居间介绍、联系，还是明知妇女非自愿但仍将妇女作为非法获利的筹码，也影响对其行为性质罪与非罪的认定。对妇女本有结婚意愿，在中介人员介绍、撮合下与男方见面、相识后，因对男方条件不满，而不愿与男方结婚或者生活，行为人以已经支付了女方及近亲属彩礼、支出了办理签证手续费用等为由，威胁妇女被迫同意，行为人在事前或事后索取、收受钱财的，也属违背妇女意志将其卖给他人，构成拐卖妇女罪。总之，在办理相关案件时，要注意认真甄别因介绍婚姻引发的民事纠纷与拐卖妇女犯罪的界限，做到不枉不纵。

《解释》起草过程中，有意见认为，对介绍婚姻行为判断构成拐卖妇女罪不要求必须违背妇女意志，妇女自愿被卖给他人为妻的，出卖人也构成拐卖妇女罪。根据刑法第二百四十条第二款的规定，拐卖妇女是指以出卖为目的，有拐骗、绑架、收买、贩卖、接送、中转妇女、儿童的行为之一的行为。刑法从主观目的与客观行为类型相结合的角度，对拐卖妇女犯罪进行了界定，条文本身似未要求违背妇女意志。但究其实质，刑法所列上述六种行为方式中，拐骗、绑架、收买、贩卖系拐卖的核心行为，接送、中转服务、受制于前述四种行为。前述四种行为方式中，对妇女实施"拐骗""绑架"显然违背了妇女意志；实施"收买""贩卖"，被买卖的妇女处于任人摆布、没有自主性的境地，例如，收买通常是向对妇女有控制权的人进行收买，而贩卖也是将自己购买从而拥有形式上控制权的妇女转卖出去，该两种行为方式本质上也属违背妇女意志。

我国已加入的《联合国打击跨国有组织犯罪公约关于预防禁止和惩治贩运人口特别是妇女和儿童行为的补充议定书》对人口贩运罪行（注：人口贩运罪行范围更宽，包括我国的拐卖妇女、儿童罪、强迫劳动罪、强迫卖淫罪等）所作界定亦体现了将违背妇女意志作为构成犯罪必备要素的立场。该公约第三条规定：

（a）"人口贩运"系指为剥削目的而通过暴力威胁或使用暴力手段，或通过其他形式的胁迫，通过诱拐、欺诈、欺骗、滥用权力或滥用脆弱境况，或通过授受酬金或利益取得对另一人有控制权的某人的同意等手段招募、运送、转移、窝藏或接收人员。剥削应至少包括利用他人卖淫进行剥削或其他形式的性剥削、强迫劳动或服务、奴役或类似奴役的做法、劳役或切除器官。

（b）如果已使用本条（a）项所述任何手段，则人口贩运活动被害人对（a）项所述的预谋进行的剥削所表示的同意并不相干。

公约（a）（b）两款分别从正反两方面揭示，如果对被害人使用了暴力、胁迫、诱拐、欺诈、滥用权力或者滥用脆弱境况等手段（对不满十八周岁的被害人进行贩运不要求涉及上述手段），则即使被害人同意，也不影响犯罪认定。概因上述手段本身即属违背被害人意志，被害人所作同意属无效同意，不阻却犯罪成立。换言之，如果未采取上述手段，则被害人同意可以阻却犯罪成立。在涉及介绍婚姻索取或收受钱财的案件中，因介绍人显然均有获利行为，如果不考察是否违背妇女意志，对介绍人均以拐卖妇女犯罪论处，就会混淆罪与非罪的界限，导致不当扩大刑事处罚范围。当然，在判断是否违背妇女意志问题上，也要注意对那些暴力、胁迫程度不明显、但同样属于违背妇女意志的拐卖行为的审查。

《解释》第三条第二款规定："以介绍婚姻为名，与被介绍妇女串通骗取他人钱财，数额较大的，应当以诈骗罪追究刑事责任。"该款所涉情形，法律适用方面本无争议，但鉴于实践中介绍人伙同被介绍的妇女以结婚为名骗取他人"彩礼""介绍费"的案件也时有发生，为提醒司法人员准确甄别此罪与彼罪，故《解释》特作提示性规定。

——杜国强、冉容、赵俊甫：《〈关于审理拐卖妇女儿童犯罪案件具体应用法律若干问题的解释〉的理解与适用》，载《人民司法·应用》2017 年第 13 期。

777 为智障妇女"介绍对象"获取利益应认定拐卖妇女罪

关键词|拐卖妇女罪|无民事行为能力|介绍婚姻|

【最高人民法院参考案例】

刘友祝拐卖妇女案(《刑事审判参考》案例第791号)

要旨:为精神发育迟滞、无民事行为能力的妇女"介绍对象"获取利益的行为,应当认定为拐卖妇女罪。

精神发育迟滞、无民事行为能力的妇女,因缺乏民事行为能力和自我保护意识,无须使用强制人身自由的手段进行拐卖,故更应注重对该类弱势群体合法权益的维护。本案被害人就是一名精神发育迟滞、无民事行为能力的妇女,因其流落在外,被告人刘友祝等人为谋取非法利益,将其非法出卖给他人。尽管刘友祝等人辩称是给被害人介绍对象,但被害人自身并无民事行为能力,刘友祝等人又并非其监护人,因此其行为实质是拐卖妇女犯罪行为。

——《刑事审判参考》(总第87辑)。

778 以拐卖妇女为目的拐卖两性人应认定为拐卖妇女罪未遂

关键词|拐卖妇女罪|两性人|犯罪未遂|

【最高人民法院参考案例】

张世林拐卖妇女案(《刑事审判参考》案例第77号)

要旨:明知是两性人而拐卖的,不构成拐卖妇女罪;不知是两性人,以拐卖妇女为目的拐卖两性人的行为构成拐卖妇女罪,但属于犯罪未遂。

(一)以拐卖妇女为目的的拐卖两性人行为构成拐卖妇女罪

本案是一起1991年9月4日《全国人民代表大会常务委员会关于严惩拐卖、绑架妇女、儿童的犯罪分子的决定》公布施行前发生、1997年刑法施行后审理的一例特殊的拐卖两性人的刑事案件。由于被告人的行为是在修订刑法实施后进行审理,因此,解决本案被告人的行为性质和法律适用问题的关键,是根据刑法第十二条第一款所确定的"从旧兼从轻"原则,应当如何具体适用法律。

从犯罪构成上分析,刑法中拐卖妇女罪的犯罪对象必须是妇女。而两性人,根据《现代汉语词典》的解释,是指"由于胚胎的畸形发育而形成的具有男性和女性两种生殖器官的人"。对于行为人明知是年满十四周岁的两性人而以出卖为目的实施拐骗、绑架、收买、贩卖、接送、中转行为的,根据罪刑法定原则,不能以拐卖妇女罪定罪处罚。但对于行为人因对犯罪对象的认识错误，误将两性人视为妇女而予以拐卖的，属于刑法理论上的对象不能犯未遂。这种对象不能犯未遂，因行为人的行为已具备刑法规定的拐卖妇女罪的全部构成要件，只是因为行为人的疏忽或者是相关知识的欠缺，致使意欲实施的行为与其实际实施的行为形似而质异，才未能发生行为所希望的犯罪后果，但仍具有社会危害性，不影响拐卖妇女罪的成立，只对犯罪形态产生影响，应以拐卖妇女（未遂）罪追究行为人的刑事责任。

——《刑事审判参考》（总第 11 辑）。

779 拐卖妇女至有关场所致其被迫卖淫的，以拐卖妇女罪论处

关键词 | 拐卖妇女罪 | 被迫卖淫 | 罪数 |

【最高人民法院司法文件】

18. 将妇女拐卖给有关场所，致使被拐卖的妇女被迫卖淫或者从事其他色情服务的，以拐卖妇女罪论处。

有关场所的经营管理人员事前与拐卖妇女的犯罪人通谋的，对该经营管理人员以拐卖妇女罪的共犯论处；同时构成拐卖妇女罪和组织卖淫罪的，择一重罪论处。

——《最高人民法院、最高人民检察院、公安部、司法部关于依法惩治拐卖妇女儿童犯罪的意见》（2010 年 3 月 15 日，法发〔2010〕7 号）。

780 收买被拐卖妇女后按其要求转卖他人应认定为拐卖妇女罪

关键词 | 拐卖妇女罪 | 收买转卖 | 罪数 |

【最高人民法院参考案例】

李邦祥拐卖妇女案（《刑事审判参考》案例第 229 号）

要旨：应收买的被拐卖妇女的要求将其再转卖给他人的行为，应定拐卖妇女罪。

收买被拐卖的妇女又出卖的，应以拐卖妇女罪一罪论处，而不实行数罪并罚。也就是说，行为人先行收买被拐卖妇女的行为，应当为其再出卖自己收买的被拐卖妇女的行为所吸收。对应收买的被拐卖妇女的要求将其再转卖给他人的行为，涉

及应被害人承诺或要求的行为（基于权利人自愿的损害行为）是否能够像正当防卫、紧急避险那样，具有排除社会危害性的属性，从而成为实质上不构成犯罪的正当事由？一般而言，属于公民个人所享有的合法权益如财产权、劳动权、隐私权等皆属于个人可自由处分的权益。因此，经权益人同意毁坏其财产，披露其隐私等均不构成毁坏财产、侮辱等罪。但公民个人的人身自由权、生命健康权尤其是生命权，他人能否在权益人的自愿同意下，给予损害或剥夺，却不无争议。我国立法和司法实践对其基本持否定态度。如他人不能在被害人的自愿同意下剥夺其生命权利、实施“安乐死”等。就应收买的被拐卖妇女的要求将其再转卖给他人的行为而言，尽管被害妇女自愿同意被告人将其转卖，在某种程度上可视为是其真实意图的反映，但是我们也应看到，被害妇女的自主选择权受到主客观的限制，且被告人对被害妇女的再卖行为有违社会公序良俗，具有社会危害性，同样为法律所禁止。因此，对被告人以拐卖妇女罪定罪。

应收买的被拐卖妇女的要求将其再转卖给他人的行为，虽然应当定罪处罚，但在具体量刑上也应当考虑到被害人自愿等因素，对被告人从宽处罚。

——《刑事审判参考》（总第 30 辑）。

781 以非法获利为目的出卖亲生子女的以拐卖儿童罪论处

关键词｜拐卖儿童罪｜非法获利｜出卖亲生子女｜

【最高人民法院司法文件】

16. 以非法获利为目的，出卖亲生子女的，应当以拐卖妇女、儿童罪论处。

——《最高人民法院、最高人民检察院、公安部、司法部关于依法惩治拐卖妇女儿童犯罪的意见》（2010 年 3 月 15 日，法发〔2010〕7 号）。

【最高人民法院参考案例】

王献光、刘永贵拐卖儿童案（《刑事审判参考》案例第 835 号）

要旨：以非法获利为目的，出卖亲生子女的，应当以拐卖儿童罪论处。

刑法第二百四十条采用简单罪状的方式对拐卖儿童罪作了规定，条文中未明确该罪的犯罪对象是否包括亲生子女。出卖亲生子女行为与典型的拐卖儿童行为相比，成因复杂，社会危害性较小，甚至可能获得社会公众的一些同情。因此，对这种行为是否构成拐卖儿童罪存在不同认识。司法实践中对此行为性质的认定也经历了一个复杂的发展变化过程。1999 年印发的《全国法院维护农村稳定刑事审判工作座谈会纪要》（以下简称《纪要》）规定：“对那些迫于生活困难、受重男轻女思想影响而出卖亲生子女或收养子女的,可不作为犯罪处理;对于出卖子女确属情节恶劣的,可按遗弃罪处罚。"《纪要》考虑到此种行为大多受生活所迫,出卖人并不具有非法获利的目的,故原则上不将此种行为认定为拐卖儿童罪。最高人民法院、最高人民检察院、公安部、民政部、司法部、全国妇联 2000 年联合印发的《关于打击拐卖妇女儿童犯罪有关问题的通知》(以下简称《通知》)第四条规定:"出卖亲生子女的,由公安机关依法没收非法所得,并处以罚款;以营利为目的,出卖不满十四周岁子女,情节恶劣的,借收养名义拐卖儿童的,以及出卖捡拾的儿童的,均应以拐卖儿童罪追究刑事责任。"《通知》首次明确了出卖子女牟利的行为应认定为拐卖儿童罪。最高人民法院、最高人民检察院、公安部、司法部 2010 年联合印发的《关于依法惩治拐卖妇女儿童犯罪的意见》(以下简称《意见》)吸纳了《纪要》和《通知》的相关内容,规定以非法获利为目的,出卖亲生子女的,应当以拐卖儿童罪论处。同时指出,区分借送养之名出卖亲生子女与民间送养行为的关键在于行为人是否具有非法获利的目的,民间送养行为不构成拐卖儿童罪,情节恶劣符合遗弃罪构成要件的,按遗弃罪处理。可见,现行司法政策改变了《纪要》原则上不认定出卖亲生子女行为构成拐卖儿童罪的认识,而是作了进一步的区分,将出于非法获利目的出卖子女的行为以拐卖儿童罪予以惩治,对法益的保护更为周到,对犯罪的打击也更为精确。

将以非法获利为目的出卖亲生子女的行为认定为拐卖儿童罪,可以从多个角度找到理由:(1)刑法对本罪的主体和犯罪对象并未作出排除性规定,故将出卖子女牟利的行为认定为本罪,与立法并不冲突。(2)1991 年收养法曾规定出卖亲生子女情节恶劣的,构成遗弃罪,而现行刑法并未将该附属刑法纳入遗弃罪的范畴,1998 年修订的收养法也取消了上述规定,这样就从立法上改变了对出卖亲生子女行为只能认定为遗弃罪的局面,为司法实践中对这种行为认定为拐卖儿童罪留出了空间。(3)司法实践中适度扩张拐卖儿童罪的适用范围,对社会上出现的将生育作为非法获利手段等恶劣行为予以打击,符合社会现实需要。《意见》规定对以非法获利为目的出卖亲生子女的,应当以拐卖儿童罪论处,正是司法政策灵活性的充分体现。

根据《意见》的规定,私自送养子女,收取少量费用,不能以拐卖儿童罪论处,如果具有恶劣情节的,可能构成遗弃罪。因此,有必要准确把握两罪的构成特征。拐卖儿童罪,是指以出卖为目的,拐骗、绑架、收买、贩卖、接送、中转儿童的行为。该罪的本质是将人作为商品出卖,一般具有牟利目的。遗弃罪,是指对于年老、年幼、患病或者其他没有独立生活能力的人,负有扶养义务而拒绝扶养,情节恶劣的行为。该罪的本质是逃避应承担的对家庭成员的抚养义务。对私自送养子女行为定性时,应重点考察两方面的因素:一是出卖人是否具有非法获利的目的;二是收养人的实际收养能力及出卖人对此的认知情况。如具备第一个因素，就可能构成拐卖儿童罪，基本排除遗弃罪的适用。如不具备第一个因素，就应对第二个因素进行分析，明知对方不具备收养能力而草率送养的，或者送养后得知对方无收养能力而放任损害结果发生的，均可能构成遗弃罪。

本案的犯罪停止形态是未遂。关于拐卖儿童罪的既遂标准如何把握，应根据不同情形具体分析，通常只要使被害人转移至行为人或者第三人的实力支配范围内为既遂，但是，出卖捡拾的儿童，出卖亲生子女的，收买被拐卖的儿童后才产生出卖犯意进而出卖儿童的，应当以出卖了被害人为既遂。

——《刑事审判参考》(总第90辑)。

武亚军、关倩倩拐卖儿童案(《刑事审判参考》案例第781号)

要旨：非法获利就是把子女当作商品，把收取的钱财作为出卖子女的身价。

一般的拐卖儿童犯罪，通常表现为采取收买、哄骗、偷盗或者强抢等方式取得对儿童的控制，然后将儿童卖出。实践中，由于未成年子女处于父母的监护之下，将亲生子女送给他人并收取一定数额的金钱，在行为方式上与一般的拐卖儿童犯罪存在差异，具有一定特殊性。对于这种行为，由于同时存在拒绝抚养和获取财物两种情形，是否认定为犯罪，以及是认定为拐卖儿童罪，还是认定为遗弃罪，存在一定争议。

为明确法律适用依据，准确区分行为性质，最高人民法院、最高人民检察院、公安部、司法部2010年联合发布的《关于依法惩治拐卖妇女儿童犯罪的意见》(以下简称《意见》)在关于定性一节中明确规定，“以非法获利为目的，出卖亲生子女的，应当以拐卖妇女、儿童罪论处”。《意见》同时要求严格区分借送养之名出卖亲生子女与民间私自送养行为的界限，确属民间私自送养行为的，不能以拐卖儿童罪论处；对私自送养导致子女身心健康受到严重损害，或者具有其他恶劣情节，符合遗弃罪特征的，可以以遗弃罪论处。区分的关键就在于，行为人是否具有非法获利目的。所谓非法获利，就是把子女当作商品，把收取的钱财作为出卖子女的身价。

对行为人将亲生子女送给他人并收取一定数额的钱财的行为，如何判断行为人主观上是为了非法获利，还是拒绝承担抚养义务，存在一定难度。司法实践中，行为人多是以家庭经济困难无力抚养、未婚先育、超生逃避计划生育政策处罚等理由，辩称其行为属于私自送养，收取的钱财只是“感谢费”“营养费”，因而不构成拐卖儿童罪。我们认为，将监护权私自转移给他人，并收取数额较大钱财的行为，首先体现了行为人拒绝承担抚养义务，其次不排除其具有非法获利目的的可能，因此从中甄别出那些单纯为了非法获利而将子女当作商品出卖的行为，既有必要，也有可能。对于那些在决定是否将子女送人时，首先或者主要考虑的是子女以后的生活、教育成长等因素，对收养人是否给付钱财以及给付的多寡并不刻意关注、追求的，一般不宜将行为人的行为定性为出卖亲生子女。

在具体案件中，对非法获利目的的认定，要注意从以下几个方面的证据综合进行审查：

一是审查是否有证据证实行为人将生育作为非法获利的手段，生育子女后即将子女出卖。对非法获利目的的认定，不能局限于一次行为的评价，要综合被告人的关联行为，准确认定被告人是否属于因经济困难而送养小孩。如被告人杜某、耿某生育一名女婴，自称女婴有病，因无钱医治，遂通过中间人介绍，将女婴送给他人抚养，并从收养人处收取六千六百元。在接下来的三年时间里，二被告人先后将所生育的三个孩子全“送”给他人“抚养”，共收取六万八千元。如果仅局限于第一次行为，很难准确认定被告人的主观目的。然而，其接下来将刚生育的 3 个子女都先后“送人”换取钱财的事实，足以体现出其借“送养”之名行敛财之实，具有非法获利目的，应当以拐卖儿童罪论处。

二是审查行为人将子女送人的背景和真实原因，并审查行为时是否考虑对方有无抚养目的、抚养能力。实践中，父母将亲生子女送人的背景、原因很复杂，有的是家庭经济状况异常困难或者突然遭遇重大变故，如亲属身染重病，导致没有能力抚养子女的；或者未婚先育，短期内无法结婚又不具备抚养能力和条件的等。在上述情况下，父母将亲生子女送给他人，首先考虑的是子女以后的成长生活、教育等因素，一般会对收养方是否有抚养目的和抚养能力进行认真斟酌考量。对方给不给抚养费、给多少抚养费，父母不会特别在意。例如，被告人黄某与前妻育有一子，再婚后又生育两个女儿，后妻子离家出走，黄某无固定职业，经济收入较低，遂产生送养一个女儿以减轻负担的念头。黄某了解到孙某有收养的想法后，将女儿送给孙某抚养，并收取了孙某给的二万元钱。在该案中，黄某虽然从孙某处收取了一定钱财，但初衷是无力抚养子女，且在了解孙某确实想收养孩子后，才将孩子送出，并非单纯为了非法获利，故法院未认定黄某出卖亲生子女。如果行为人知道或应当知道对方是“人贩子”，或者根本不考虑对方是否具有抚养目的和抚养能力，为获取钱财将子女“送”给他人的，一般情况下，可以认定行为人具有非法获利目的，应当认定构成拐卖儿童罪。

三是审查行为人收取钱财的多少以及在收取钱财过程中的态度。一方面，要考虑收取钱财的数额是否明显超出了抚育成本或“感谢费”的范围，但不能唯数额论。数额巨大的，未必都能认定行为人具有非法获利目的，如收养人经济状况较好，主动支付数额较大的“感谢费”的情形；收取钱财数额相对小的，也未必一概不认定具有非法获利目的，如父母为了偿还赌债或者挥霍享乐，以“较低价格”将子女“送人”，或者父母为出卖子女积极讨价还价，但最终只收取到少量钱财的情形，就足以体现出行为人具有非法获利目的。因此,行为人在收取钱财过程中的表现、态度,是判断其是否具有非法获利目的的一项重要因素。

总之,对于将亲生子女送给他人并收取一定数额钱财的行为,实践中一定要结合各种因素综合判断。如果认定行为人非法获利目的的证据存疑的,应当按照存疑有利于被告人的原则,根据案件具体情况,或者认定为遗弃罪,或者作无罪处理。

本案中,根据证人张永珍等的证言和同案被告人段麦寸的供述,张永珍听说有个亲戚想抱养男婴后,联系被告人关倩倩,关倩倩称要收取五万元才能将儿子送人,双方没有谈成。张永珍将该情况告诉了医院的保洁员段麦寸,段麦寸又与被告人武亚军、关倩倩联系,关倩倩说要三万元,经反复讲价,最终商定二万六千元。后一名叫蔡怀光的男子付钱后将该男婴转卖至外省。关倩倩、武亚军虽辩称系因经济困难而将刚生育的婴儿送人"抚养",并不是出卖亲生子女,但根据查明的案件事实,二人在决定是否将婴儿送人的过程中,积极与中间人讨价还价,根本不考虑对方是否具有抚养目的,也不了解、不关注孩子会被送至何处以及被何人"抚养",由此足以体现出二被告人主观上首先考虑的是将子女作为商品出卖以获取非法利益,其行为不属于民间私自送养或者遗弃子女,法院认定其构成拐卖儿童罪,定性是准确的。

——《刑事审判参考》(总第86辑)。

782 借送养之名出卖亲生子女与民间送养行为区分关键在于是否以非法获利为目的

关键词 | 拐卖儿童罪 | 民间送养行为 | 罪与非罪 |

【最高人民法院司法文件】

17. 要严格区分借送养之名出卖亲生子女与民间送养行为的界限。区分的关键在于行为人是否具有非法获利的目的。应当通过审查将子女"送"人的背景和原因、有无收取钱财及收取钱财的多少、对方是否具有抚养目的及有无抚养能力等事实,综合判断行为人是否具有非法获利的目的。

具有下列情形之一的,可以认定属于出卖亲生子女,应当以拐卖妇女、儿童罪论处:

(1)将生育作为非法获利手段,生育后即出卖子女的;

(2)明知对方不具有抚养目的,或者根本不考虑对方是否具有抚养目的,为收取钱财将子女"送"给他人的;

(3)为收取明显不属于"营养费"、"感谢费"的巨额钱财将子女"送"给他人的；

(4)其他足以反映行为人具有非法获利目的的“送养”行为的。

不是出于非法获利目的，而是迫于生活困难，或者受重男轻女思想影响，私自将没有独立生活能力的子女送给他人抚养，包括收取少量“营养费”、“感谢费”的，属于民间送养行为，不能以拐卖妇女、儿童罪论处。对私自送养导致子女身心健康受到严重损害，或者具有其他恶劣情节，符合遗弃罪特征的，可以遗弃罪论处；情节显著轻微危害不大的，可由公安机关依法予以行政处罚。

——《最高人民法院、最高人民检察院、公安部、司法部关于依法惩治拐卖妇女儿童犯罪的意见》(2010 年 3 月 15 日，法发〔2010〕7 号)。

【链接：理解与适用】

近年来，在部分地区，人贩子从贪图钱财的部分父母手中收买其亲生婴幼儿予以贩卖的情况屡有发生，甚至有一些父母将生育作为非法获利的手段，生育子女后即出卖，不仅严重侵犯婴幼儿的人身权益，而且败坏社会道德，进一步助长了拐卖儿童犯罪的泛滥。对出卖亲生子女的行为如何定性，此前出台的规范性文件已有涉及，但是实践中仍存在较大争议，既有以无罪论处的，也有以遗弃罪或拐卖妇女、儿童罪处罚的，因此亟待规范。

从刑法第二百四十条的规定来看，拐卖妇女、儿童罪，究其本质，惩治的是那些将人作为商品买卖，严重侵犯他人人身自由和独立人格尊严的社会危害行为。任何人的人身自由和人格尊严都不容侵犯，虽然父母对亲生子女(未成年)享有监护权，但是子女和父母在法律上同为独立的个体，即使是父母也不能侵犯子女的人身自由和人格尊严。父母为非法获利，将子女作为商品出卖收取钱财，与他人将其子女拐走出卖，对被拐子女的人身权利侵害无本质区别，完全符合拐卖妇女、儿童罪的构成要件。至于对出卖亲生子女的父母应以遗弃罪论处的观点，考虑到遗弃罪是不作为，侵犯的是被害人受抚养的权利，将亲生子女出卖固然使父母得以逃避抚养义务，但其危害性却不仅仅是子女得不到亲生父母的抚养，而是子女沦落为任人买卖的商品。因此，《关于依法惩治拐卖妇女儿童犯罪的意见》(以下简称《意见》)第十六条规定，对该类行为应当以拐卖妇女、儿童罪论处。但是，父母出卖亲生子女的行为同其他拐卖犯罪相比，具有一定的特殊性，《意见》要求处理此类案件必须慎重。既要依法惩治那些借送养之名出卖亲生子女的拐卖犯罪行为，又要防止不分性质差异，将只要送子女给他人并收取钱财的行为都认定为拐卖犯罪予以打击。

《意见》提出，是否具有非法获利的目的是区分罪与非罪的关键。所谓非法获利，就是把子女当作商品，把收取的钱财作为出卖子女的对价。实践中，可以通过审查将子女送人的背景和原因、有无收取钱财及收取钱财的多少、对方是否具有抚养目的及有无抚养能力等事实，综合判断行为人是否具有非法获利的目的。根据司法实践，《意见》列举了以下四种情况，作为认定行为人是否具有非法获利目的的参考：

1. 为出卖而生育，其非法获利目的作为明显。

2. 明知对方没有抚养目的，或者根本不考虑对方是否具有抚养目的，为收取钱财而将子女“送”给他人的。明知包括知道和应当知道。实践中，如果是送养的，一般情况下家庭可能因遭遇重大变故等原因导致经济异常困难，或者存在其他特殊困难，如未婚先育等，在这种背景下，父母首先考虑的是子女以后的生活、教育成长等因素，往往会对收养方是否有抚养目的和抚养能力进行斟酌考量，对方给不给抚养费、给多少抚养费，父母不会在意。反之，如果行为人明知对方不具有抚养能力，例如知道或应当知道对方是人贩子，还将子女“送”给对方，并收取钱财；或者出于偿还赌债、追求挥霍享乐生活等卑劣动机，根本不考虑对方是否具有抚养目的，而将子女“送”人并收取钱财的，可以认定行为人具有非法获利目的，以拐卖犯罪论处。

3. 为收取明显不属于营养费、感谢费的巨额钱财将子女“送”给他人。对这种情形适用时应注意：一方面要考虑收取钱财的数额是否明显超出了抚养、养育成本或感谢费的范围；另一方面，不能唯数额论，数额大的，未必都能认定行为人具有非法获利目的。例如，收养人经济状况较好，主动支付了数额较大的感谢费。而收取钱财数额小的，也未必不能认定非法获利目的，例如父母为了偿还赌债，以较低价格将子女“送”人，或者父母为卖子女积极讨价还价，但最终只收取少量钱财，也反映行为人具有非法获利的目的。

4. 其他情形反映行为人具有非法获利目的的，由司法人员根据案件实际情况综合判断。例如，行为人将二名以上亲生子女都以所谓送养名义出卖，也能在一定程度上反映其具有非法获利目的。

总之，实践中一定要结合各种因素综合判断行为人是否具有非法获利目的。如果认定非法获利目的的证据存疑的，就应当本着存疑有利于被告人的原则，根据案件的具体情况，或者认定遗弃罪，或者作无罪处理。

——周峰、薛淑兰、赵俊甫：《〈关于依法惩治拐卖妇女儿童犯罪的意见〉的理解与适用》，载《人民司法·应用》2010年第9期。

【最高人民法院参考案例】

孙如珍、卢康涛拐卖儿童案(《刑事审判参考》案例第932号)

要旨：因生活困难、重男轻女等原因，私自送养亲生子女并收取一定数额钱财的，一般不以拐卖儿童罪论处。

父母私自送养亲生子女并收取一定数额钱财的，何种情况下构成拐卖儿童罪，在具体把握上有一定难度。2010 年最高人民法院、最高人民检察院、公安部、司法部联合制定的《关于依法惩治拐卖妇女儿童犯罪的意见》（以下简称《意见》）明确规定："要严格区分借送养之名出卖亲生子女与民间送养行为的界限。区分的关键在于行为人是否具有非法获利的目的。应当通过审查将子女'送'人的背景和原因、有无收取钱财及收取钱财的多少、对方是否具有抚养目的及有无抚养能力等事实，综合判断行为人是否具有非法获利的目的。"《意见》在列举了属于出卖亲生子女，应当以拐卖儿童罪论处的四种情形的同时，又明确强调："不是出于非法获利目的，而是迫于生活困难，或者受重男轻女思想影响，私自将没有独立生活能力的子女送给他人抚养，包括收取少量'营养费'、'感谢费'的，属于民间送养行为，不能以拐卖妇女、儿童罪论处。"根据上述规定的精神，在送养亲生子女是否构成拐卖儿童罪的问题上应当从严把握犯罪构成条件，对不具有明显非法获利目的，送养子女事出有因的，一般不宜认定为拐卖儿童罪。

本案中，朱广纪夫妇已经生育了三个女孩，生活十分困难，其生育第四个孩子的目的是想得到一个男孩，在得知仍是女孩后欲终止妊娠，可见其生育孩子的初衷系自己抚养，并未将生育作为非法获利的手段。经被告人孙如珍的劝说，朱广纪夫妇才决定将女婴生出，并在女孩出生后由孙如珍联系送养，收取的二万元钱也并未明显高于抚育成本。综合全案看，朱广纪夫妇家庭生活困难，重男轻女思想严重，其私自送养亲生子女时虽然收取了一定数额的钱财，但不具有明显非法获利目的，根据《意见》的相关规定，不以拐卖儿童罪论处。此外，处理此类案件亦应考虑刑法适用的社会效果。朱广纪夫妇已养育三个孩子，生活本身就非常困难，如果再以拐卖儿童罪追究二被告人的刑事责任，势必造成其家庭生活解体，加剧社会矛盾。这一点，也是《意见》强调准确区分罪与非罪，严格控制对此类行为打击范围的重要原因。

本案的送养方、收养方均不构成拐卖儿童罪，但作为与双方多次联系并促成"收养"的人，其行为是否构成拐卖儿童罪，应当单独评价，不受送养方、收养方行为定性的影响。司法实践中，对于在私自收养儿童的过程中居间介绍并收取少量介绍费的，一般不以犯罪论处。但如果明知他人系拐卖儿童的"人贩子"，仍然利用从事诊疗、福利救助等工作的便利或者了解被拐卖方情况的条件，从事居间介绍活动的，则应当以拐卖儿童罪的共犯论处。对其中起辅助或者次要作用、没有获利或者获利较少的，可以认定为从犯。如果居间介绍者在介绍过程中直接参与交易并从中获利，其实施的拐卖儿童行为具有相对独立性，即使送养方与收养方都不构成犯罪，介绍者也可能构成拐卖儿童罪。

——《刑事审判参考》(总第95辑)。

783 医疗机构、社会福利机构等单位工作人员以非法获利为目的贩卖儿童以拐卖儿童罪论处

关键词|拐卖儿童罪|贩卖儿童|

【最高人民法院司法解释】

第二条　医疗机构、社会福利机构等单位的工作人员以非法获利为目的,将所诊疗、护理、抚养的儿童出卖给他人的,以拐卖儿童罪论处。

——《最高人民法院关于审理拐卖妇女儿童犯罪案件具体应用法律若干问题的解释》(2017年1月1日,法释〔2016〕28号)。

784 偷盗婴幼儿、强抢儿童等行为的定性

关键词|拐卖儿童罪|偷盗婴幼儿|强抢儿童|

【最高人民法院司法解释】

第一条　对婴幼儿采取欺骗、利诱等手段使其脱离监护人或者看护人的,视为刑法第二百四十条第一款第(六)项规定的"偷盗婴幼儿"。

——《最高人民法院关于审理拐卖妇女儿童犯罪案件具体应用法律若干问题的解释》(2017年1月1日,法释〔2016〕28号)。

【链接:理解与适用】

1. 关于偷盗婴幼儿的界定

不满一周岁的人为婴儿,一周岁以上不满六周岁的为幼儿。我国刑法中使用"偷盗婴幼儿"概念的法条共有两处:

其一,刑法第二百三十九条第三款规定,以勒索财物为目的偷盗婴幼儿的,依照绑架罪的规定处罚。其二,第二百四十条规定,拐卖妇女、儿童的,处五年以上十年以下有期徒刑,并处罚金;具有"以出卖目的,偷盗婴幼儿"等情节的,处十年以上有期徒刑或无期徒刑,并处罚金或者没收财产;情节特别严重的,处死刑,并处没收财产。两者的区别是主观目的不同。就拐卖儿童罪而言,如何准确理解"偷盗婴幼儿",关系到法定加重处罚情节的适用,有必要予以明确。

实践中，趁婴幼儿熟睡无人察觉，将婴幼儿抱走，属于典型的偷盗婴幼儿。但对行为人以出卖为目的，采取给付玩具、外出游玩等哄骗、利诱手段拐走婴幼儿的行为，是认定为一般情节的拐卖儿童，还是认定为加重情节的偷盗婴幼儿拐卖，则存在较大争议。否定的观点认为，刑法中偷盗的本质特征是秘密性，偷盗婴幼儿指趁婴幼儿熟睡以及监护人、看护人不注意，秘密窃取婴幼儿，以欺骗、利诱等手段拐走婴幼儿的行为属于拐骗。肯定的观点认为，偷盗一般是在财产犯罪意义上使用，指以暴力、胁迫或者麻醉以外的平和方法取得对财物的控制；以欺骗、利诱等手段拐走婴幼儿，与秘密窃取婴幼儿无本质区别，应将欺骗、利诱等手段理解为偷盗的表现形式。

《解释》第一条采纳了肯定的观点，明确规定："对婴幼儿采取欺骗、利诱等手段使其脱离监护人或者看护人的，视为刑法第二百四十条第一款第（六）项规定的'偷盗婴幼儿'。"之所以作出该解释，主要是考虑，作为不满六周岁的婴幼儿，其缺少应有的辨别是非和自我防护能力，可以将其视为监护人、看护人绝对支配、保护下的无独立意志的个体，应予特殊保护。从规范的意义上讲，采取欺骗、利诱等手段使婴幼儿脱离监护、看护，可视为针对监护人、看护人的偷盗，该情形与利用监护人、看护人疏于防范抱走熟睡的婴幼儿相比，两种行为类型具有共同特质，对婴幼儿及其家庭的社会危害也相当，应予同等法律评价，以体现对婴幼儿的特殊保护。

《解释》第一条系就针对婴幼儿采取欺骗、利诱手段使其脱离监护、看护所作的规定。《解释》起草过程中，一种意见认为，无须限定欺骗、利诱手段是否针对婴幼儿实施。例如，对婴幼儿的父母或者其他看护人虚构事实、隐瞒真相加以欺骗，将婴幼儿带走后加以出卖的，也应认定为偷盗婴幼儿出卖。经反复研究，《解释》最终未采纳该意见，主要考虑：刑法对偷盗婴幼儿出卖加重刑罚，一个重要原因是，在监护人或者看护人不知情的情况下，秘密将婴幼儿拐走，与欺骗监护人或者看护人使其自愿让行为人带走婴幼儿相比，前者查找解救婴幼儿的难度更大，社会危害性通常也大于后者。

——杜国强、冉容、赵俊甫：《〈关于审理拐卖妇女儿童犯罪案件具体应用法律若干问题的解释〉的理解与适用》，载《人民司法 · 应用》2017 年第 13 期。

【最高人民法院司法文件】

15. 以出卖为目的强抢儿童，或者捡拾儿童后予以出卖，符合刑法第二百四十条第二款规定的，应当以拐卖儿童罪论处。

以抚养为目的偷盗婴幼儿或者拐骗儿童，之后予以出卖的，以拐卖儿童罪论处。

——《最高人民法院、最高人民检察院、公安部、司法部关于依法惩治拐卖妇女儿童犯罪的意见》(2010 年 3 月 15 日,法发〔2010〕7 号)。

【最高人民法院参考案例】

郑明寿拐卖儿童案(《刑事审判参考》案例第 1000 号)

要旨:“偷盗婴幼儿”是指以暴力、胁迫或者麻醉以外的平和方法控制婴幼儿的行为,即“偷盗”的外延不仅包括秘密窃取,还包括欺骗、利诱等其他手段。

根据刑法第二百四十条的规定,一般的采取拐骗方式拐卖儿童,基本法定刑幅度是五至十年有期徒刑,而采取暴力、胁迫或者麻醉方法绑架儿童予以拐卖,或者“偷盗婴幼儿”拐卖的,则加重法定刑至十年有期徒刑以上刑罚,体现出刑法对采取后两种方式拐卖儿童的严惩立场。因此,首先有必要准确区分“拐骗”儿童与“偷盗”婴幼儿。我们认为,一般的采取拐骗方式拐卖儿童,其中的“儿童”应当理解为六周岁以上,换言之,采取欺骗、利诱等方式拐走不满六周岁的婴幼儿的(通过欺骗、利诱婴幼儿家长或者其他监护人进而拐走婴幼儿的不在此范围),应当认定为“偷盗婴幼儿”。主要理由是:不满六周岁的婴幼儿根本没有或者缺少基本的辨别是非和自保、自救能力,极易成为拐卖对象,且较之六周岁以上儿童和成年人,被拐卖后解救难度更大。因此,对不满六周岁的婴幼儿应当给予更为严格的特殊保护。例如,行为人以小恩小惠为诱饵,将正在玩耍的两三岁幼儿哄骗离开看护人视线,进而加以控制,意欲出卖,此种行为与利用看护人疏于防范,抱走熟睡的幼儿相比,行为方式的共同特征是趁看护人或者监护人不备将幼儿拐走,且两者的社会危害性没有什么本质区别,体现在刑罚裁量上,亦均应加重法定刑至十年以上有期徒刑。而六周岁以上的儿童,自我防护意识和能力有所提高,一般而言,脱离看护人独立活动的范围也有所扩大,可能基于行为人蒙骗产生错误判断,进而被行为人拐走出卖,对该种行为,根据刑法规定在五年以上十年以下有期徒刑幅度内判处刑罚,可以做到罪责刑相适应。

把本罪中的“偷盗”理解为“暴力、胁迫或者麻醉以外的平和方法”,有利于与刑法第二百四十条第一款第(五)项相区分。该项规定了“使用暴力、胁迫或者麻醉方法绑架儿童”,这里的“儿童”包括婴幼儿。实践中,行为人的暴力、胁迫或针对婴幼儿实施,或针对婴幼儿的看护人实施以排除其反抗将婴幼儿抢走均时有发生。同时,具备该种情节应当加重法定刑,与“偷盗婴幼儿”出卖法定刑幅度相同,故将“偷盗”理解为“暴力、胁迫或者麻醉”以外的方法,可以实现对婴幼儿和六岁以上儿童的全面保护,避免出现量刑失衡。

综上,“偷盗婴幼儿”是指以暴力、胁迫或者麻醉以外的平和方法直接控制婴幼儿的行为(通过欺骗、利诱婴幼儿家长或者其他监护人进而拐走婴幼儿的不在此范围),这既是特殊保护婴幼儿,从严打击拐卖婴幼儿犯罪分子的需要,也是确保罪责刑相适应，避免出现罪刑失衡的需要。就本案而言，被告人郑明寿趁男婴的看护人吴翠玲离家外出，潜入家中将男婴偷走，属于典型的“偷盗婴幼儿”。法院综合考虑婴儿被拐走不久即得到解救、未受到其他人身伤害等情节，在第二档加重法定刑幅度内对其判处有期徒刑十年，并处罚金，是正确的。

——《刑事审判参考》（总第98辑）。

785 拐卖儿童罪和拐骗儿童罪区分关键在于是否以出卖为目的

关键词｜拐卖儿童罪｜拐骗儿童罪｜主观目的｜

【最高人民法院参考案例】

胡从方拐骗儿童案（《刑事审判参考》案例第173号）

要旨：区分拐骗儿童罪和拐卖儿童罪的关键就在于行为人实施犯罪的主观目的。拐骗儿童罪的行为人不以出卖儿童（包括婴儿、幼儿）为目的，其目的通常是自己或者送他人收养，也有少数收养者是为了自己使唤、奴役拐骗来的儿童。拐卖儿童罪则必须以出卖为目的，无此目的就不构成该罪。

司法实践中，拐骗儿童罪与拐卖儿童犯罪手段相似，在认定时往往容易混淆。所谓拐骗儿童罪，是指拐骗不满十四周岁的未成年人脱离其家庭或者监护人的行为。拐卖儿童罪，则是指以出卖为目的，拐骗、绑架、收买、贩卖、接送、中转儿童的行为。根据刑法第二百四十条第一款第（六）项的规定，以出卖为目的，偷盗婴幼儿的，既是拐卖儿童犯罪行为，又是拐卖儿童罪的加重处罚情节。而拐骗儿童罪，一般情况下是以诱拐、欺骗为手段，拐骗的对象多为学龄儿童。因学龄儿童已认人、识路，故让其脱离家庭须以诱、骗为手段。对于婴幼儿，因其尚不懂事，也就不存在诱、骗使其服从、跟随，脱离父母、家庭的问题。这就是说，因拐骗对象不同，对五六岁至十四岁的儿童若拐骗其脱离家庭，常须以诱拐、欺骗为手段；对三四岁以下的婴幼儿，则一般不需以诱拐、欺骗为手段，直接以捂嘴或者乘其睡着时抢走、偷走即可达到犯罪目的。这种不需（拐骗）的拐骗儿童犯罪，虽然在刑法第二百六十二条并无明确的列举式规定，但无疑系其本意。对于直接、强行抢走、偷走婴幼儿的所谓“拐骗”儿童犯罪，与司法实践中的拐卖儿童犯罪手段并无差别。此时，区分拐骗儿童罪和拐卖儿童罪的关键就在于行为人实施犯罪的主观目的。拐骗儿童罪的行为人不以出卖儿童（包括婴儿、幼儿）为目的，其目的通常是自己或者送他人收养，也有少数收养者是为了自己使唤、奴役拐骗来的儿童。拐卖儿童罪则必须以出卖为目的，无此目的就不构成该罪。

——《刑事审判参考》（总第25辑）。

任福文拐骗儿童案(《刑事审判参考》案例第999号)

要旨:采取欺骗方式使儿童脱离家庭以供役使的行为构成拐骗儿童罪。

犯罪目的在一定程度上反映了行为人的主观恶性,并且通常是区分罪与非罪、此罪与彼罪的一个重要因素。拐骗儿童罪是侵犯公民人身权利的犯罪,刑法没有明文规定构成该罪需要具备特别目的要件,但理论界通说认为,行为人实施拐骗行为主观上一般具有收养或者役使等目的,以此区别于以勒索财物为目的的绑架罪和以出卖为目的的拐卖儿童罪。

本案中,被告人任福文在山东省某地承租房屋准备经营包子店后,千里迢迢前往四川省梁山彝族自治州招募儿童,利用当地交通不便,信息相对闭塞,民众思想单纯等客观条件,欺骗儿童家长或者监护人,以寄养为名,实为使儿童脱离家庭到其包子店打工,主观上具有拐骗儿童供其役使的犯罪目的,故符合拐骗儿童罪的主观特征。

——《刑事审判参考》(总第98辑)。

786 拐卖妇女、儿童犯罪的共犯认定及量刑把握

关键词|拐卖妇女、儿童罪|共犯|主犯|量刑|

【最高人民法院司法文件】

21. 明知他人拐卖妇女、儿童,仍然向其提供被拐卖妇女、儿童的健康证明、出生证明或者其他帮助的,以拐卖妇女、儿童罪的共犯论处。

明知他人收买被拐卖的妇女、儿童,仍然向其提供被收买妇女、儿童的户籍证明、出生证明或者其他帮助的,以收买被拐卖的妇女、儿童罪的共犯论处,但是,收买人未被追究刑事责任的除外。

认定是否"明知",应当根据证人证言、犯罪嫌疑人、被告人及其同案人供述和辩解,结合提供帮助的人次,以及是否明显违反相关规章制度、工作流程等,予以综合判断。

22. 明知他人系拐卖儿童的"人贩子",仍然利用从事诊疗、福利救助等工作的便利或者了解被拐卖方情况的条件,居间介绍的,以拐卖儿童罪的共犯论处。

23. 对于拐卖妇女、儿童犯罪的共犯,应当根据各被告人在共同犯罪中的分工、地位、作用,参与拐卖的人数、次数,以及分赃数额等,准确区分主从犯。

对于组织、领导、指挥拐卖妇女、儿童的某一个或者某几个犯罪环节,或者积极参与实施拐骗、绑架、收买、贩卖、接送、中转妇女、儿童等犯罪行为,起主要作用的,应当认定为主犯。

对于仅提供被拐卖妇女、儿童信息或者相关证明文件，或者进行居间介绍，起辅助或者次要作用，没有获利或者获利较少的，一般可认定为从犯。

对于各被告人在共同犯罪中的地位、作用区别不明显的，可以不区分主从犯。

28. 对于拐卖妇女、儿童犯罪集团的首要分子，情节严重的主犯，累犯，偷盗婴幼儿、强抢儿童情节严重，将妇女、儿童卖往境外情节严重，拐卖妇女、儿童多人多次、造成伤亡后果，或者具有其他严重情节的，依法从重处罚；情节特别严重的，依法判处死刑。

拐卖妇女、儿童，并对被拐卖的妇女、儿童实施故意杀害、伤害、猥亵、侮辱等行为，数罪并罚决定执行的刑罚应当依法体现从严。

29. 对于拐卖妇女、儿童的犯罪分子，应当注重依法适用财产刑，并切实加大执行力度，以强化刑罚的特殊预防与一般预防效果。

31. 多名家庭成员或者亲友共同参与出卖亲生子女，或者“买人为妻”、“买人为子”构成收买被拐卖的妇女、儿童罪的，一般应当在综合考察犯意提起、各行为人在犯罪中所起作用等情节的基础上，依法追究其中罪责较重者的刑事责任。对于其他情节显著轻微危害不大，不认为是犯罪的，依法不追究刑事责任；必要时可以由公安机关予以行政处罚。

32. 具有从犯、自首、立功等法定从宽处罚情节的，依法从轻、减轻或者免除处罚。

对被拐卖的妇女、儿童没有实施摧残、虐待等违法犯罪行为，或者能够协助解救被拐卖的妇女、儿童，或者具有其他酌定从宽处罚情节的，可以依法酌情从轻处罚。

33. 同时具有从严和从宽处罚情节的，要在综合考察拐卖妇女、儿童的手段、拐卖妇女、儿童或者收买被拐卖妇女、儿童的人次、危害后果以及被告人主观恶性、人身危险性等因素的基础上，结合当地此类犯罪发案情况和社会治安状况，决定对被告人总体从严或者从宽处罚。

34. 要进一步加大对跨国、跨境拐卖妇女、儿童犯罪的打击力度。加强双边或者多边“反拐”国际交流与合作，加强对被跨国、跨境拐卖的妇女、儿童的救助工作。依照我国缔结或者参加的国际条约的规定，积极行使所享有的权利，履行所承担的义务，及时请求或者提供各项司法协助，有效遏制跨国、跨境拐卖妇女、儿童犯罪。

——《最高人民法院、最高人民检察院、公安部、司法部关于依法惩治拐卖妇女儿童犯罪的意见》（2010年3月15日，法发〔2010〕7号）。

【链接：理解与适用】

为加大对拐卖妇女、儿童犯罪分子的刑事处罚力度，《意见》第二十八条根据刑法第二百四十条规定的八种法定加重处罚情节，结合当前拐卖妇女、儿童犯罪的形势，强调对首要分子，情节严重的主犯，累犯，偷盗婴幼儿、强抢儿童情节严重的，将妇女、儿童卖往境外情节严重的，拐卖妇女、儿童多人多次、造成伤亡后果的，或者具有其他严重情节的，依法从重处罚；情节特别严重的，依法判处死刑。《意见》第二十八条还规定，在拐卖妇女、儿童过程中，对被拐卖的妇女、儿童实施故意杀害、伤害、猥亵、侮辱等行为的，在数罪并罚决定执行的刑罚时应当依法体现从严，以加大对严重拐卖犯罪的惩治力度。同时，《意见》坚持区别对待原则，对具有法定或酌定从宽处罚情节的被告人，规定可以从轻、减轻或者免除处罚。

出卖亲生子女的，或者收买妇女、儿童为"人妻""人子"需要追究刑事责任的，与其他拐卖、收买犯罪相比，危害后果相对小一些。因此，《意见》第三十一条规定，对该类案件，如果涉及家庭成员或亲友较多的，要注意区别对待，切实防止打击面过大，以维护社会和谐稳定。一般应当在综合考察犯意提起、各行为人在犯罪中所起作用等情节的基础上，依法追究其中罪责较重者的刑事责任。对于其他情节显著轻微危害不大，不认为是犯罪的，依法不追究刑事责任；必要时可以由公安机关予以行政处罚，通过行政处罚措施对违法分子进行惩戒、教育。

——周峰、薛淑兰、赵俊甫：《〈关于依法惩治拐卖妇女儿童犯罪的意见〉的理解与适用》，载《人民司法·应用》2010年第9期。

787 对收买被拐卖妇女、儿童行为的处理

关键词 | 收买被拐卖妇女、儿童罪 | 罪数 |

【最高人民法院司法解释】

第四条　在国家机关工作人员排查来历不明儿童或者进行解救时，将所收买的儿童藏匿、转移或者实施其他妨碍解救行为，经说服教育仍不配合的，属于刑法第二百四十一条第六款规定的"阻碍对其进行解救"。

第五条　收买被拐卖的妇女，业已形成稳定的婚姻家庭关系，解救时被买妇女自愿继续留在当地共同生活的，可以视为"按照被买妇女的意愿，不阻碍其返回原居住地"。

第六条　收买被拐卖的妇女、儿童后又组织、强迫卖淫或者组织乞讨、进行违反治安管理活动等构成其他犯罪的，依照数罪并罚的规定处罚。

第七条　收买被拐卖的妇女、儿童，又以暴力、威胁方法阻碍国家机关工作人员解救被收买的妇女、儿童，或者聚众阻碍国家机关工作人员解救被收买的妇女、儿童，构成妨害公务罪、聚众阻碍解救被收买的妇女、儿童罪的，依照数罪并罚的规

定处罚。

第八条 出于结婚目的收买被拐卖的妇女，或者出于抚养目的收买被拐卖的儿童，涉及多名家庭成员、亲友参与的，对其中起主要作用的人员应当依法追究刑事责任。

——《最高人民法院关于审理拐卖妇女儿童犯罪案件具体应用法律若干问题的解释》（2017 年 1 月 1 日，法释〔2016〕28 号）。

【最高人民法院司法文件】

20. 明知是被拐卖的妇女、儿童而收买，具有下列情形之一的，以收买被拐卖的妇女、儿童罪论处；同时构成其他犯罪的，依照数罪并罚的规定处罚：

（1）收买被拐卖的妇女后，违背被收买妇女的意愿，阻碍其返回原居住地的；

（2）阻碍对被收买妇女、儿童进行解救的；

（3）非法剥夺、限制被收买妇女、儿童的人身自由，情节严重，或者对被收买妇女、儿童有强奸、伤害、侮辱、虐待等行为的；

（4）所收买的妇女、儿童被解救后又再次收买，或者收买多名被拐卖的妇女、儿童的；

（5）组织、诱骗、强迫被收买的妇女、儿童从事乞讨、苦役，或者盗窃、传销、卖淫等违法犯罪活动的；

（6）造成被收买妇女、儿童或者其亲属重伤、死亡以及其他严重后果的；

（7）具有其他严重情节的。

31. 多名家庭成员或者亲友共同参与出卖亲生子女，或者"买人为妻"、"买人为子"构成收买被拐卖的妇女、儿童罪的，一般应当在综合考察犯意提起、各行为人在犯罪中所起作用等情节的基础上，依法追究其中罪责较重者的刑事责任。对于其他情节显著轻微危害不大，不认为是犯罪的，依法不追究刑事责任；必要时可以由公安机关予以行政处罚。

32. 具有从犯、自首、立功等法定从宽处罚情节的，依法从轻、减轻或者免除处罚。

对被拐卖的妇女、儿童没有实施摧残、虐待等违法犯罪行为，或者能够协助解救被拐卖的妇女、儿童，或者具有其他酌定从宽处罚情节的，可以依法酌情从轻处罚。

33. 同时具有从严和从宽处罚情节的，要在综合考察拐卖妇女、儿童的手段、拐卖妇女、儿童或者收买被拐卖妇女、儿童的人次、危害后果以及被告人主观恶性、人身危险性等因素的基础上，结合当地此类犯罪发案情况和社会治安状况，决定对被告人总体从严或者从宽处罚。

——《最高人民法院、最高人民检察院、公安部、司法部关于依法惩治拐卖妇女儿童犯罪的意见》(2010 年 3 月 15 日,法发〔2010〕7 号)。①

【链接:最高人民法院法官著述】

为了有效惩治收买犯罪,并合理确定惩治范围,第二十条根据刑法第四百二十一条的规定,借鉴司法实践经验,列举了七种情形,作为是否追究行为人收买犯罪刑事责任的参考。

……

本条第(三)项是,非法剥夺、限制被收买妇女、儿童的人身自由,情节严重,或者对被收买妇女、儿童有强奸、伤害、侮辱、虐待等行为;第(五)项是,组织、诱骗、强迫被收买的妇女、儿童从事乞讨、苦役,或者盗窃、传销、卖淫等违法犯罪活动。在上述两项情形中,因为行为人严重侵犯被害人的合法权益,即使其事后不阻碍解救,也应该追究其收买行为的刑事责任,同时,因上述情形构成数罪的,还应当依法数罪并罚。其中,第(三)项规定,非法剥夺、限制被收买人的人身自由,情节严重的,才追究其收买行为的刑事责任。之所以如此规定,主要是考虑到收买妇女、儿童的,难免都会有限制其人身自由的行为,若不问情节轻重一律追究,势必导致对收买行为处罚过宽。

本条第(四)项之情形中,所收买的妇女、儿童被解救后又再次被收买的,或者收买多名被拐卖的妇女、儿童,反映收买人严重藐视法律,主观恶性较深,社会危害性较大,均应依法追究其刑事责任。

本条第(六)项之情形中,导致被收买的妇女、儿童或其亲属自杀的,或者因未尽足够注意义务等原因致被买妇女、儿童受重伤或者死亡的,该严重后果与收买者的收买行为有一定关系,对收买者应当追究刑事责任。

本条第(七)项规定的其他恶劣情节,属于兜底条款,在情节恶劣程度上应相当于本条所列举的其他六项情形。例如,知道或者应当知道儿童是被人贩子偷盗、强抢、拐骗来的,仍然向人贩子收买该儿童,这种情形是那些向人贩子收买被亲生父母自愿出卖的儿童相比,前者的主观恶性和社会危害性显然大得多,应当依法追究收买行为人的刑事责任。

关于收买被拐卖的妇女、儿童犯罪的刑罚适用,《意见》总的指导思想是有罪并罚,但应区分不同情况,准确量刑:对被收买的妇女、儿童实施违法犯罪活动或者将其作为牟利工具的,处罚时应当依法体现从严,突出刑罚的惩戒功能;其他情节

---

① 对本规范性文件的适用,需要结合此后刑法修正情况和相关司法解释及规范性文件的规定妥当把握。需注意的是,刑法修正案(九)将收买被拐卖的妇女、儿童"可以不追究刑事责任"的规定调整为"可以从轻处罚"或者"可以从轻或者减轻处罚",这就意味着对收买被拐卖的妇女、儿童的行为一律作出犯罪评价。

较轻的，依法从轻处罚，以突出刑罚的教育、挽救功能。

——周峰、薛淑兰、赵俊甫：《〈关于依法惩治拐卖妇女儿童犯罪的意见〉的理解与适用》，载《人民司法·应用》2010 年第 9 期。

【最高人民法院参考案例】

龚绍吴收买被拐卖的妇女、儿童，强迫卖淫案（《刑事审判参考》案例第 991 号）

要旨：收买被拐卖的妇女、儿童后强迫其卖淫构成收买被拐卖的妇女、儿童罪和强迫卖淫罪。

收买被拐卖的妇女、儿童后，又强迫其卖淫的，对所犯二罪应当并罚。本案中，龚绍吴采取收买被拐卖的妇女、儿童的方式，获取、控制两名被害人，继而强迫其卖淫，以谋取非法利益。龚绍吴收买被拐妇女、儿童，与强迫其卖淫之间，存在手段与目的的牵连关系。关于牵连犯的处罚，我国刑法没有明确规定。理论界对于牵连犯的处罚也存在不同认识。有观点认为，牵连犯分别侵犯了不同的法益，属于实质的数罪，应当取消牵连犯的概念，一概实行数罪并罚。但通说仍主张，对于牵连犯的处理原则，如果法律有明确规定的，依照法律的规定数罪并罚，如果法律没有明确规定的，应择一重罪从重处罚。

我国刑法对收买被拐卖的妇女、儿童罪规定的法定刑是三年以下有期徒刑、拘役或者管制，相对于拐卖妇女、儿童罪的法定刑，明显要轻。刑法将收买被拐卖妇女、儿童本身规定为独立的犯罪，配置的法定刑较低，但对被收买的妇女、儿童实施其他犯罪的，应当予以并罚。刑法第二百四十一条第二款至第四款规定："收买被拐卖的妇女，强行与其发生性关系的，依照本法第二百三十六条的规定定罪处罚。收买被拐卖的妇女、儿童，非法剥夺、限制其人身自由或者有伤害、侮辱等犯罪行为的，依照本法的有关规定定罪处罚。收买被拐卖的妇女、儿童，并有第二款、第三款规定的犯罪行为的，依照数罪并罚的规定处罚。"《关于依法惩治拐卖妇女儿童犯罪的意见》第二十条第（五）项规定，强迫被收买的妇女、儿童从事卖淫等违法犯罪活动同时构成其他犯罪的，依照数罪并罚的规定处罚。

——《刑事审判参考》（总第 98 辑）。

九、侵犯公民个人信息罪

788 “公民个人信息”既包括中国公民的个人信息，也包括外国公民和其他无国籍人的个人信息

关键词｜侵犯公民个人信息罪｜公民个人信息｜

【最高人民法院答复】

经研究，原则赞同刑法第二百五十三条之一规定的“公民个人信息”，既包括中国公民的个人信息，也包括外国公民和其他无国籍人的个人信息。主要考虑：

（1）从刑法用语看，刑法第二百五十三条之一规定的是“公民个人信息”，并未限定为“中华人民共和国公民的个人信息”，因此不应将此处的“公民个人信息”限制为中国公民的个人信息。

（2）从立法精神看，外国人、无国籍人的信息应当同中国公民的信息一样受到刑法的平等保护。

（3）从司法实践看，将外籍人、无国籍人个人信息排除在刑法保护之外，会放纵犯罪。特别是在侵犯公民个人信息犯罪案件所涉及的个人信息既有中国公民的个人信息，也有外国公民、无国籍人的个人信息时，只处罚涉及中国公民个人信息的部分，既不合理，也难操作。

——《最高人民法院研究室关于侵犯公民个人信息罪有关法律适用问题征求意见的复函》（法研〔2018〕11号）。

789 公民个人信息的范围的认定

关键词｜侵犯公民个人信息罪｜公民个人信息｜

【最高人民法院司法解释】

第一条　刑法第二百五十三条之一规定的“公民个人信息”，是指以电子或者其他方式记录的能够单独或者与其他信息结合识别特定自然人身份或者反映特定自然人活动情况的各种信息，包括姓名、身份证件号码、通信通讯联系方式、住址、账号密码、财产状况、行踪轨迹等。

——《最高人民法院、最高人民检察院关于办理侵犯公民个人信息刑事案件适用法律若干问题的解释》(2017年6月1日,法释〔2017〕10号)。

【链接：理解与适用】

(一)公民个人信息的范围

目前,我国关于个人信息的界定,最为权威的当属网络安全法的规定。网络安全法第七十六条规定:“个人信息,是指以电子或者其他方式记录的能够单独或者与其他信息结合识别自然人个人身份的各种信息,包括但不限于自然人的姓名、出生日期、身份证件号码、个人生物识别信息、住址、电话号码等。”经研究认为,网络安全法将个人信息界定为“能够识别自然人个人身份的各种信息”,显然使用的是广义的身份识别信息的概念,即既包括狭义的身份识别信息(能够识别出特定自然人身份的信息),也包括体现特定自然人活动情况的信息。例如,从实践来看,行踪轨迹信息系事关人身安全的高度敏感信息,无疑应纳入法律保护范围,且应当重点保护。但是,行踪轨迹信息明显难以纳入狭义的身份识别信息的范畴。如果认为网络安全法将此类信息排除在个人信息的范围外,恐难以为一般人所认同,也不符合保护公民个人信息的立法精神。合理的解释应当是,网络安全法是广义上使用“身份识别信息”这一概念,亦即也包括个人活动情况信息在内。基于此,《解释》第一条在上述规定的基础上,进一步明确公民个人信息包括身份识别信息和活动情况信息,规定:“刑法第二百五十三条之一规定的‘公民个人信息’,是指以电子或者其他方式记录的能够单独或者与其他信息结合识别特定自然人身份或者反映特定自然人活动情况的各种信息,包括姓名、身份证件号码、通信通讯联系方式、住址、账号密码、财产状况、行踪轨迹等。”

此外,根据《解释》第一条的规定,关于公民个人信息的外延,有以下几个具体问题值得注意:(1)公民个人信息,既包括中国公民的个人信息,也包括外国公民和其他无国籍人的个人信息。(2)公民个人信息须与特定自然人关联。这是公民个人信息所具有的关键属性。因此,经过处理无法识别特定个人且不能复原的信息,虽然也可能反映自然人活动情况,但与特定自然人无直接关联,不能成为公民个人信息的范畴。对于与特定自然人关联,可以是识别特定自然人身份,也可以是反映特定自然人活动情况。需要注意的是,无论是识别特定自然人身份,还是反映特定自然人活动情况,都应当是能够单独或者与其他信息结合所具有的功能。例如,身份证号与公民个人身份一一对应,可以单独识别公民个人身份;而工作单位、家庭住址等无法单独识别公民个人身份,需要同其他信息结合才能识别公民个人身份。但是,上述两类信息无疑都属于公民个人信息的范畴。(3)与特定自然人关联的账号密码属于公民个人信息。对于账号密码能否纳入公民个人信息的范围,存在不同认识。经研究认为,当前账号密码往往绑定身份证号、手机号码等特定信息,即使未绑定,非法获取账号密码后往往也会引发侵犯财产甚至人身的违法犯罪。因此,《解释》第一条明确将账号密码列为公民个人信息的范围。

——周加海、邹涛、喻海松:《〈关于办理侵犯公民个人信息刑事案件适用法律若干问题的解释〉的理解与适用》,载《人民司法·应用》2017 年第 19 期。

【最高人民法院参考案例】

谢新冲出售公民个人信息案(《刑事审判参考》案例第 741 号)

要旨:手机定位属于刑法保护的"公民个人信息"。

手机定位是随着手机在社会生活中的广泛使用而出现的一种技术手段。其做法是通过特定的定位技术来获取移动手机或终端用户的位置信息(经纬度坐标),在电子地图上标出被定位对象的位置。通过对手机号码进行定位,定位人能够知道被定位人的大概位置。但这种位置可能会发生变化,故手机定位属于动态信息。从生活经验看,公民在某个时间内所处的具体位置在一般情况下并不具有明显的隐私性或者权益性,对于其本人或他人而言都并非值得关注的问题。但是,当公民从事某些活动不希望被他人获悉时,因其所处具体方位与所从事的活动之间具有直接联系,一旦被他人获悉,其所从事的活动也就相当程度被暴露,损害其利益,故其所处具体位置就具有明显的隐私性和权益性,属于刑法所保护的公民个人信息。此时,对公民的手机进行定位,就属于侵犯公民隐私的行为。正是基于手机定位存在侵犯公民隐私和权益的危险,当前电信部门把手机定位作为一项特殊业务来开展,有较为严格的办理手续。如中国移动北京分公司有一项"单位通"手机定位业务,须持单位营业执照、介绍信才能办理。在这种业务中,单位可以因公务对员工的位置实现手机定位,从而查询到机主所处的大概方位,但这种业务只面向单位,并且是单位对个人的单向定位。

在办理此类案件时,较为重要的一个问题是如何计算手机定位信息的数量。有人认为,对同一部手机定位一次即属于一条信息,定位多次则属于多条信息。我们认为,对此要根据具体情况进行分析,不能一概而论。如果基于同一个人的申请,在相对固定的时间内(如一周、一个月或者一年)对同一部手机进行连续多次定位,可以计算为一条信息,但量刑时不应仅以一条信息而论,还必须考虑这种连续定位行为的危害性,体现与仅定位一次的区别。如果对手机定位后,经过一段时间再次对同一部手机进行定位,特别是申请定位人不是同一人时,则不宜计算为一条信息,可根据实际定位次数计算信息数量。本案中,被告人谢新冲出售的手机定位方式是一个手机号码授权定位一个月,可使用五十次,每次都能查到被定位人的大概位置。这种定位方式是对一个手机号码以月为单位以固定次数"打包"计价出售，虽然在一个月内对同一部手机进行了多次定位，仍可以计算为一条信息，而非多条信息，但在量刑时要体现与仅定位一次的区别。

——《刑事审判参考》（总第83辑）。

790 刑法第二百五十三条之一规定的“违反国家有关规定”的认定

关键词｜侵犯公民个人信息罪｜违反国家有关规定｜

【最高人民法院司法解释】

第二条 违反法律、行政法规、部门规章有关公民个人信息保护的规定的，应当认定为刑法第二百五十三条之一规定的“违反国家有关规定”。

——《最高人民法院、最高人民检察院关于办理侵犯公民个人信息刑事案件适用法律若干问题的解释》（2017年6月1日，法释〔2017〕10号）。

【链接：理解与适用】

（二）违反国家有关规定的认定

刑法修正案（九）将侵犯公民个人信息罪的前提要件由“违反国家规定”修改为“违反国家有关规定”。根据修法精神，《解释》第二条规定：“违反法律、行政法规、部门规章有关公民个人信息保护的规定的，应当认定为刑法第二百五十三条之一规定的‘违反国家有关规定’。”具体而言，该条将“国家有关规定”明确限于法律、行政法规、部门规章等国家层面的规定，不包括地方性法规等非国家层面的规定。

——周加海、邹涛、喻海松：《〈关于办理侵犯公民个人信息刑事案件适用法律若干问题的解释〉的理解与适用》，载《人民司法·应用》2017年第19期。

791 非法提供公民个人信息的认定

关键词｜侵犯公民个人信息罪｜提供公民个人信息｜

【最高人民法院司法解释】

第三条 向特定人提供公民个人信息，以及通过信息网络或者其他途径发布公民个人信息的，应当认定为刑法第二百五十三条之一规定的“提供公民个人信息”。

未经被收集者同意，将合法收集的公民个人信息向他人提供的，属于刑法第二百五十三条之一规定的“提供公民个人信息”，但是经过处理无法识别特定个人且不能复原的除外。

——《最高人民法院、最高人民检察院关于办理侵犯公民个人信息刑事案件适用法律若干问题的解释》(2017 年 6 月 1 日，法释〔2017〕10 号)。

【链接：理解与适用】

(三)非法提供公民个人信息的认定

根据刑法第二百五十三条之一第一款、第二款的规定，违反国家有关规定，向他人非法出售或者提供公民个人信息，是侵犯公民个人信息罪的客观行为方式之一。从司法适用的角度，以下两个问题值得关注：

1.“提供”的认定。向特定人提供公民个人信息，属于提供公民个人信息，对此不存在疑义。但是，对于通过信息网络或者其他途径发布公民个人信息，是否属于提供公民个人信息，存在不同认识。经研究认为，通过信息网络或者其他途径发布公民个人信息，实际是向不特定多数人提供公民个人信息，既然向特定人提供公民个人信息的行为属于“提供”，基于“举轻明重”的法理，前者更应当认定为“提供”。基于此，《解释》第三条第一款规定：“向特定人提供公民个人信息，以及通过信息网络或者其他途径发布公民个人信息的，应当认定为刑法第二百五十三条之一规定的‘提供公民个人信息’。”

2.合法收集公民个人信息后非法提供的认定。基于大数据发展的现实需要，网络安全法在法律层面为个人信息交易和流动留有一定空间，第四十四条规定任何个人和组织“不得非法出售或者非法向他人提供个人信息”，即不仅允许合法提供公民个人信息，而且为合法出售公民个人信息留有空间。而且，网络安全法第四十二条第一款进一步明确了合法提供公民个人信息的情形，规定：“网络运营者不得泄露、篡改、毁损其收集的个人信息；未经被收集者同意，不得向他人提供个人信息。但是，经过处理无法识别特定个人且不能复原的除外。”据此，经被收集者同意，以及匿名化处理(剔除个人关联)，是合法提供公民个人信息的两种情形，不能纳入刑事规制范围。基于此，《解释》第三条第二款规定：“未经被收集者同意，将合法收集的公民个人信息向他人提供的，属于刑法第二百五十三条之一规定的‘提供公民个人信息’，但是经过处理无法识别特定个人且不能复原的除外。”当然，这里只是明确此种情形属于提供公民个人信息，是否构成侵犯公民个人信息罪，还需要根据“违反国家有关规定”等要件作进一步判断。

——周加海、邹涛、喻海松：《〈关于办理侵犯公民个人信息刑事案件适用法律若干问题的解释〉的理解与适用》，载《人民司法·应用》2017 年第 19 期。

792 非法获取公民个人信息的认定

关键词 | 侵犯公民个人信息罪 | 非法获取公民个人信息 |

【最高人民法院司法解释】

第四条 违反国家有关规定，通过购买、收受、交换等方式获取公民个人信息，或者在履行职责、提供服务过程中收集公民个人信息的，属于刑法第二百五十三条之一第三款规定的“以其他方法非法获取公民个人信息”。

——《最高人民法院、最高人民检察院关于办理侵犯公民个人信息刑事案件适用法律若干问题的解释》(2017年6月1日，法释〔2017〕10号)。

【链接：理解与适用】

(四)非法获取公民个人信息的认定

根据刑法第二百五十三条之一第三款的规定，窃取或者以其他方法非法获取公民个人信息是侵犯公民个人信息罪的客观行为方式之一。具体而言，以下几个问题值得关注：

1. 购买公民个人信息的处理。从实践来看，非法获取公民个人信息的方式主要表现为购买、收受、交换和侵入计算机信息系统或者采用其他技术手段。对于购买公民个人信息是否属于以其他方法非法获取公民个人信息，存不同认识。有意见认为，“其他方法”应当限于与窃取危害性相当的方式(如抢夺)，不宜将购买包括在内。经研究认为，其一，刑法第二百五十三条之一第三款并未明确排除购买方法，且非法购买公民个人信息当然属于非法获取公民个人信息的情形。其二，从实践来看，当前非法获取公民个人信息的方式主要表现为非法购买，如排除此种方式，则会大幅限缩侵犯公民个人信息罪的适用范围。其三，不少侵犯公民个人信息犯罪案件，购买往往是后续出售、提供的前端环节，没有购买就没有后续的出售、提供。基于上述考虑，《解释》第四条明确规定：“违反国家有关规定，通过购买、收受、交换等方式获取公民个人信息，或者在履行职责、提供服务过程中收集公民个人信息的，属于刑法第二百五十三条之一第三款规定的‘以其他方法非法获取公民个人信息’。”

2. 获取公民个人信息行为非法的判断。对于获取公民个人信息，刑法第二百五十三条之一第三款将罪状直接表述为“非法获取”。基于体系解释的原理，对此处的“非法”，应当以是否违反国家有关规定作为判断标准。

3. 非法收集公民个人信息的处理。网络安全法第四十一条规定：“网络运营者收集、使用个人信息，应当遵循合法、正当、必要的原则，公开收集、使用规则，明示收集、使用信息的目的、方式和范围，并经被收集者同意。”“网络运营者不得收集与其提供的服务无关的个人信息，不得违反法律、行政法规的规定和双方的约定收集、使用个人信息，并应当依照法律、行政法规的规定和与用户的约定，处理其保存的个人信息。”违反上述规定，未经他人同意收集公民个人信息，或者收集与提供的服务无关的公民个人信息的，应当认定为非法获取公民个人信息。以此为基础，《解释》第四条专门明确，违反国家有关规定，在履行职责、提供服务过程中收集公民个人信息的，属于刑法第二百五十三条之一第三款规定的“以其他方法非法获取公民个人信息”。

——周加海、邹涛、喻海松：《〈关于办理侵犯公民个人信息刑事案件适用法律若干问题的解释〉的理解与适用》，载《人民司法 · 应用》2017年第19期。

793 侵犯公民个人信息罪的定罪量刑标准

关键词｜侵犯公民个人信息罪｜非法获取公民个人信息｜

【最高人民法院司法解释】

第五条　非法获取、出售或者提供公民个人信息，具有下列情形之一的，应当认定为刑法第二百五十三条之一规定的“情节严重”：

（一）出售或者提供行踪轨迹信息，被他人用于犯罪的；

（二）知道或者应当知道他人利用公民个人信息实施犯罪，向其出售或者提供的；

（三）非法获取、出售或者提供行踪轨迹信息、通信内容、征信信息、财产信息五十条以上的；

（四）非法获取、出售或者提供住宿信息、通信记录、健康生理信息、交易信息等其他可能影响人身、财产安全的公民个人信息五百条以上的；

（五）非法获取、出售或者提供第三项、第四项规定以外的公民个人信息五千条以上的；

（六）数量未达到第三项至第五项规定标准，但是按相应比例合计达到有关数量标准的；

（七）违法所得五千元以上的；

（八）将在履行职责或者提供服务过程中获得的公民个人信息出售或者提供给他人，数量或者数额达到第三项至第七项规定标准一半以上的；

（九）曾因侵犯公民个人信息受过刑事处罚或者二年内受过行政处罚，又非法获取、出售或者提供公民个人信息的；

（十）其他情节严重的情形。

实施前款规定的行为，具有下列情形之一的，应当认定为刑法第二百五十三条之一第一款规定的“情节特别严重”：

（一）造成被害人死亡、重伤、精神失常或者被绑架等严重后果的；

（二）造成重大经济损失或者恶劣社会影响的；

（三）数量或者数额达到前款第三项至第八项规定标准十倍以上的；

（四）其他情节特别严重的情形。

第六条 为合法经营活动而非法购买、收受本解释第五条第一款第三项、第四项规定以外的公民个人信息，具有下列情形之一的，应当认定为刑法第二百五十三条之一规定的“情节严重”：

（一）利用非法购买、收受的公民个人信息获利五万元以上的；

（二）曾因侵犯公民个人信息受过刑事处罚或者二年内受过行政处罚，又非法购买、收受公民个人信息的；

（三）其他情节严重的情形。

实施前款规定的行为，将购买、收受的公民个人信息非法出售或者提供的，定罪量刑标准适用本解释第五条的规定。

——《最高人民法院、最高人民检察院关于办理侵犯公民个人信息刑事案件适用法律若干问题的解释》（2017 年 6 月 1 日，法释〔2017〕10 号）。

【链接：理解与适用】

（五）侵犯公民个人信息罪的定罪量刑标准

根据刑法第二百五十三条之一的规定，非法获取、出售或者提供公民个人信息，情节严重的，处三年以下有期徒刑或者拘役，并处或者单处罚金；情节特别严重的，处三年以上七年以下有期徒刑，并处罚金。可见，侵犯公民个人信息罪系情节犯，定罪量刑标准为情节严重、情节特别严重。对于这一概括性的定罪量刑情节，宜根据司法实践的情况，从犯罪的客体、客观方面、主体、主观方面等多个角度加以考察。经充分调研，《解释》第五条规定了情节严重、情节特别严重的认定标准。

1. 情节严重的认定标准。《解释》第五条第一款从以下几个方面对侵犯公民个人信息罪的入罪标准“情节严重”明确：

一是信息类型和数量。公民个人信息的类型繁多，行踪轨迹信息、通信内容、征信信息、财产信息、住宿信息、交易信息等公民个人敏感信息涉及人身安全和财产安全，被非法获取、出售或者提供后极易引发绑架、诈骗、敲诈勒索等关联犯罪，具有更大的社会危害性。因此，基于不同类型公民个人信息的重要程度，《解释》分别设置了五十条以上、五百条以上、五千条以上的入罪标准，以实现罪责刑相适应。具体而言：

(1)非法获取、出售或者提供行踪轨迹信息、通信内容、征信信息、财产信息五十条以上的。行踪轨迹信息、通信内容、征信信息、财产信息与人身安全、财产安全直接相关，系高度敏感信息，《解释》第五条第一款第(三)项将入罪标准设置为五十条以上。需要注意的是，鉴于本项规定的入罪标准门槛较低，故此处严格限缩所涉公民个人信息的类型，仅限于行踪轨迹信息、通信内容、征信信息、财产信息四类信息，不允许司法适用中再通过等外解释予以扩大。对于行踪轨迹信息、通信内容、征信信息，司法实践中在认定上不存在争议。对于财产信息，可以根据案件具体情况把握：既包括银行账户、第三方支付结算账户、证券期货等金融服务账户的身份认证信息(一组确认用户操作权限的数据，包括账号、口令、密码、数字证书等)，也包括存款、房产等财产状况信息。

(2)非法获取、出售或者提供住宿信息、通信记录、健康生理信息、交易信息等其他可能影响人身、财产安全的公民个人信息五百条以上的。上述公民个人信息虽然在重要程度上弱于行踪轨迹信息、通信内容、征信信息、财产信息，但也与人身安全、财产安全直接相关，往往被用于“精准”诈骗等违法犯罪活动。基于此，《解释》第五条第一款第(四)项将入罪标准设置为五百条以上。需要注意的是，本项规定有“等其他可能影响人身、财产安全的公民个人信息”的表述，司法实践中可以根据具体情况作等外解释，但应当确保所适用的公民个人信息涉及人身、财产安全，且与住宿信息、通信记录、健康生理信息、交易信息在重要程度上具有相当性。

(3)非法获取、出售或者提供一般公民个人信息五千条以上的。从实践来看，除前述公民个人敏感信息外，出售、提供公民个人信息往往数量较大，动辄数万条甚至数十万条，在不少案件中甚至将公民个人信息编辑为电子文档后按兆出售。因此，不少地方对出售、提供公民个人信息的入罪掌握在数量五千条以上，基本上可以满足严厉打击此类犯罪的需要，且给行政处罚留有一定空间。基于此，《解释》第五条第一款第(五)项将非法获取、出售或者提供公民个人信息五千条以上的规定为情节严重。此外，鉴于实践中存在混杂公民个人信息的情形，《解释》第五条第一款第(六)项将“数量未达到第三项至第五项规定标准，但是按相应比例合计达到有关数量标准的”情形规定为情节严重。

二是违法所得数额。出售或者非法提供公民个人信息往往是为了牟利，故应当以违法所得作为认定情节严重的情形之一。从司法实践来看，一般公民个人信息的价格相对较低，甚至不会按条计价；而公民个人敏感信息价格通常较高，通常按条计价，特别是行踪轨迹信息可以谓之为最为昂贵的信息类型。考虑到各项规定之间的均衡，《解释》第五条第一款第(七)项将违法所得五千元以上的规定为情节严重。

三是信息用途。通常而言，非法获取公民个人信息，绝不仅是为了占有，而是有特定用途，甚至用于违法犯罪。可以说，非法获取、出售或者提供公民个人信息，不仅严重危害公民的信息安全，而且可能引发进一步犯罪。因此，此类行为引发后果的严重程度，是认定情节严重与否的重要标准。被非法获取、出售或者提供的公民个人信息，用途不同，对权利人的侵害程度也会存在差异。如果涉案的公民个人信息被用于实施其他犯罪活动，使权利人的人身、财产安全陷入高风险状态或者造成实质危害的，对此应当直接认定为情节严重或者情节特别严重，以刑事手段加以规制；而如果涉案公民个人信息未被用于犯罪活动，则社会危害性相对较小，不宜直接以此作为刑事规制的依据。基于此，《解释》第五条第一款第（二）项将“知道或者应当知道他人利用公民个人信息实施犯罪，向其出售或者提供的”规定为情节严重。从司法实践来看，行踪轨迹信息是最为敏感的公民个人信息，非法获取、出售或者提供该类信息，行为人主观上对可能被用于犯罪存在概括认识，《解释》第五条第一款第（一）项直接将“非法获取、出售或者提供行踪轨迹信息，被他人用于犯罪的”规定为情节严重，无须再具体判断主观上是否知道或者应当知道涉案信息被用于犯罪。

四是主体身份。公民个人信息泄露案件不少系内部人员作案，诸多公民个人信息买卖案件也可以见到“内鬼”参与的影子。这是侵犯公民个人信息违法犯罪泛滥的重要原因所在。由于上述情形往往发生在公民个人信息交易的最初阶段，涉案信息的数量往往较少、价格相对低廉。此种情形下，如果不设置特殊标准，往往难以对此类源头行为予以刑事惩治。基于此，为贯彻落实刑法第二百五十三条之一第二款“违反国家有关规定，将在履行职责或者提供服务过程中获得的公民个人信息，出售或者提供给他人的，依照前款的规定从重处罚”的规定，《解释》第五条第一款第（八）项对将在履行职责或者提供服务过程中获得的公民个人信息出售或者提供给他人的情形认定为情节严重设置了特殊标准，规定此种情形下出售或者提供公民个人信息，认定情节严重的数量、数额标准减半计算。当然，对于此种情形，不宜再根据刑法第二百五十三条之一第二款的规定从重处罚，以免重复评价。

五是主观恶性。曾因侵犯公民个人信息受过刑事处罚或者二年内受过行政处罚，又非法获取、出售或者提供公民个人信息的，行为人屡罚屡犯，主观恶性大。故而，《解释》第五条第一款第（九）项将此种情形规定为情节严重。

2. 情节特别严重的认定标准。《解释》第五条第二款主要从两个角度规定了情节特别严重的情形。一是数量数额标准。基于司法实践中侵犯公民个人信息犯罪涉案的公民个人信息数量相差悬殊，跨度从几千条到几十万条（甚至更大数量）不等，将情节特别严重和情节严重之间的数量数额标准设置为十倍而非五倍的倍数关系。二是严重后果。从实践来看，非法获取、出售或者提供公民个人信息，对于个人而言，可能造成人身伤亡、经济损失等后果；对于社会而言，可能引发社会恐慌，造成恶劣社会影响。基于此，将“造成被害人死亡、重伤、精神失常或者被绑架等严重后果的”“造成重大经济损失或者恶劣社会影响的”规定为情节特别严重。

3. 为合法经营活动购买、收受公民个人信息定罪量刑的特殊标准。从实践来看，购买、收受公民个人信息从事广告推销等活动的情形较为普遍。为了秉持刑法的谦抑性，体现宽严相济，《解释》第六条第一款规定：“为合法经营活动而非法购买、收受本解释第五条第一款第三项、第四项规定以外的公民个人信息，具有下列情形之一的，应当认定为刑法第二百五十三条之一规定的‘情节严重’：(一)利用非法购买、收受的公民个人信息获利五万元以上的；(二)曾因侵犯公民个人信息受过刑事处罚或者二年内受过行政处罚，又非法购买、收受公民个人信息的；(三)其他情节严重的情形。”这是《解释》针对为合法经营活动而购买、收受公民个人信息的行为设置的专门的定罪量刑标准。而且，考虑到此类行为社会危害性不大，即使构成犯罪，通常也不需要升档量刑，故只规定了情节严重的具体情形。需要注意的是，适用该定罪量刑标准须满足三个条件：一是为了合法经营活动，对此可以综合全案证据认定，但主要应当由被告人方提供相关证据；二是限于普通公民个人信息，即不包括可能影响人身、财产安全的敏感信息；三是信息没有再流出扩散，即行为方式限于购买、收受。根据《解释》第六条第二款的规定，如果将购买、收受的公民个人信息非法出售或者提供的，定罪量刑标准应当适用《解释》第五条的规定。对此应当注意的是，为了合法经营活动交换公民个人信息的，由于在获取信息的同时造成了信息扩散，不符合前述三个要件，定罪量刑标准亦应适用《解释》第五条的规定。

4. 侵犯公民个人信息单位犯罪的定罪量刑标准。根据刑法第二百五十三条之一第四款的规定，单位可以成为侵犯公民个人信息罪的主体。为切实加大对单位侵犯公民个人信息犯罪的惩治力度，《解释》第七条明确了单位实施侵犯公民个人信息犯罪的，适用自然人犯罪的定罪量刑标准，规定：“单位犯刑法第二百五十三条之一规定之罪的，依照本解释规定的相应自然人犯罪的定罪量刑标准，对直接负责的主管人员和其他直接责任人员定罪处罚，并对单位判处罚金。”

——周加海、邹涛、喻海松：《〈关于办理侵犯公民个人信息刑事案件适用法律若干问题的解释〉的理解与适用》，载《人民司法·应用》2017 年第 19 期。

794 设立网站、通讯群组侵犯公民个人信息行为的定性

关键词｜侵犯公民个人信息罪｜网站｜通讯群组｜

【最高人民法院司法解释】

第八条 设立用于实施非法获取、出售或者提供公民个人信息违法犯罪活动的网站、通讯群组，情节严重的，应当依照刑法第二百八十七条之一的规定，以非法利用信息网络罪定罪处罚；同时构成侵犯公民个人信息罪的，依照侵犯公民个人信息罪定罪处罚。

——《最高人民法院、最高人民检察院关于办理侵犯公民个人信息刑事案件适用法律若干问题的解释》(2017年6月1日，法释〔2017〕10号)。

【链接：理解与适用】

（七）设立网站、通讯群组侵犯公民个人信息行为的定性

实践中，一些行为人通过建立网站供他人进行公民个人信息交换、买卖等活动，以非法牟利。此类网站存储、流转公民个人信息量巨大，但网站建立者、直接负责的管理者未直接接触公民个人信息，不少情形下难以按照侵犯公民个人信息罪定罪处罚。根据刑法第二百八十七条之一的规定，设立用于实施违法犯罪活动的网站、通讯群组，情节严重的，构成非法利用信息网络罪。经研究认为，供他人实施非法获取、出售或者提供公民个人信息违法犯罪活动的网站、通讯群组实际上属于用于实施违法犯罪活动的网站、通讯群组，因此，《解释》第八条规定："设立用于实施非法获取、出售或者提供公民个人信息违法犯罪活动的网站、通讯群组，情节严重的，应当依照刑法第二百八十七条之一的规定，以非法利用信息网络罪定罪处罚；同时构成侵犯公民个人信息罪的，依照侵犯公民个人信息罪定罪处罚。"

——周加海、邹涛、喻海松：《〈关于办理侵犯公民个人信息刑事案件适用法律若干问题的解释〉的理解与适用》，载《人民司法·应用》2017年第19期。

795 拒不履行公民个人信息安全管理义务行为的处理

关键词｜侵犯公民个人信息罪｜拒不履行信息网络安全管理义务罪｜

【最高人民法院司法解释】

第九条 网络服务提供者拒不履行法律、行政法规规定的信息网络安全管理

义务，经监管部门责令采取改正措施而拒不改正，致使用户的公民个人信息泄露，造成严重后果的，应当依照刑法第二百八十六条之一的规定，以拒不履行信息网络安全管理义务罪定罪处罚。

——《最高人民法院、最高人民检察院关于办理侵犯公民个人信息刑事案件适用法律若干问题的解释》(2017年6月1日，法释〔2017〕10号)。

【链接：理解与适用】

(八)拒不履行公民个人信息安全管理义务行为的处理

当前，一些单位因为履行职责或者提供服务的需要，掌握着海量公民个人信息，这些信息一旦泄露，将造成恶劣社会影响和严重危害后果。实际上，侵犯公民个人信息违法犯罪的猖獗，与有关单位保护公民个人信息工作存在疏漏有一定关联，相关管理机制有进一步完善的空间。这一问题在互联网时代更为突出。为了促进网络运营者采取切实有效的措施加强对公民个人信息的保护，网络安全法明确了网络信息安全的责任主体，确立了"谁收集，谁负责"的原则，将收集和使用个人信息的网络运营者设定为个人信息保护的责任主体。其中，第四十条明确规定："网络运营者应当对其收集的用户信息严格保密，并建立健全用户信息保护制度。"与之相衔接，刑法修正案(九)设立了拒不履行信息网络安全管理义务罪，规定网络服务提供者不履行法律、行政法规规定的信息网络安全管理义务，经监管部门责令采取改正措施而拒不改正，致使用户信息泄露，造成严重后果的，处三年以下有期徒刑、拘役或者管制，并处或者单处罚金。因此，网络服务提供者未切实落实个人信息保护措施，符合刑法第二百八十六条之一规定的，可能构成拒不履行信息网络安全管理义务罪。据此，《解释》第九条规定："网络服务提供者拒不履行法律、行政法规规定的信息网络安全管理义务，经监管部门责令采取改正措施而拒不改正，致使用户的公民个人信息泄露，造成严重后果的，应当依照刑法第二百八十六条之一的规定，以拒不履行信息网络安全管理义务罪定罪处罚。"

——周加海、邹涛、喻海松：《〈关于办理侵犯公民个人信息刑事案件适用法律若干问题的解释〉的理解与适用》，载《人民司法·应用》2017年第19期。

796 涉案公民个人信息的数量计算规则

关键词｜侵犯公民个人信息罪｜公民个人信息｜

【最高人民法院司法解释】

第十一条　非法获取公民个人信息后又出售或者提供的，公民个人信息的条数不重复计算。

向不同单位或者个人分别出售、提供同一公民个人信息的,公民个人信息的条数累计计算。

对批量公民个人信息的条数,根据查获的数量直接认定,但是有证据证明信息不真实或者重复的除外。

——《最高人民法院、最高人民检察院关于办理侵犯公民个人信息刑事案件适用法律若干问题的解释》(2017 年 6 月 1 日,法释〔2017〕10 号)。

【链接：理解与适用】

(九)涉案公民个人信息的数量计算规则

针对公民个人信息数量"计算难"的实际问题,《解释》第十一条专门规定了数量计算规则。具体而言：

1. 公民个人信息的条数计算。关于公民个人信息的条数计算,如同一条信息中涉及多个个人信息的,如家庭住址、银行卡信息、电话号码,实践中往往认定为一条公民个人信息。对此问题,实践中并无太大争议,故未作专门规定。对于实践中存在的针对同一对象非法获取公民信息后又出售或者提供的情形,则明显不宜先计算非法获取的公民个人信息数量、再计算出售或者提供的公民个人信息数量,故《解释》第十一条第一款规定:"非法获取公民个人信息后又出售或者提供的,公民个人信息的条数不重复计算。"此外,考虑到公民个人信息可能被重复出售或者提供,其社会危害性明显不同于向他人出售或者提供一次的情形,故而,《解释》第十一条第二款规定:"向不同单位或者个人分别出售、提供同一公民个人信息的,公民个人信息的条数累计计算。"

2. 批量公民个人信息的数量认定规则。从实践来看,除公民个人敏感信息外,涉案的公民个人信息动辄上万条甚至数十万条。此类案件中,不排除少数情况下存在信息重复,如针对同一对象并存"姓名+住址""姓名+电话号码""姓名+身份证号"等数条信息,但要求做到完全去重较为困难。此外,对于信息的真实性也难以一一核实。个别案件中,要求办案机关电话联系权利人核实公民个人信息的做法,明显不合适。基于此,《解释》第十一条第三款规定:"对批量公民个人信息的条数,根据查获的数量直接认定,但是有证据证明信息不真实或者重复的除外。"

——周加海、邹涛、喻海松:《〈关于办理侵犯公民个人信息刑事案件适用法律若干问题的解释〉的理解与适用》,载《人民司法 · 应用》2017 年第 19 期。

十、其他

797 取得被害人承诺的犯罪案件中，可以适当减轻被告人的附带民事赔偿责任

关键词|组织出卖人体器官罪|被害人承诺|

【最高人民法院参考案例】

周凯章等人组织出卖人体器官案(《刑事审判参考》案例第1060号)

要旨:对获得被害人承诺的犯罪,被害人仍可提起附带民事诉讼,可以适当减轻被告人的附带民事赔偿责任。

在组织出卖人体器官犯罪案件中,被告人取得被害人的书面或口头承诺并不影响其行为构成本罪,但被害人作为成年人,明知国家禁止买卖人体器官,为获得金钱仍同意被告人摘除其器官,对自己重伤结果的发生也存在一定过错,应承担相应的责任。根据侵权责任法第二十六条之规定,被侵权人对损害的发生也有过错的,可以减轻侵权人的责任,故被告人周凯章等人不应对三名附带民事诉讼原告人的全部损失承担赔偿责任。关于被害人的过错可以在多大程度上减轻侵权人的责任,相关司法解释并无明确规定,个别省制定的地方性法规对此有所涉及。例如,2014年的《广东省道路交通安全条例》(已废止)第四十六条第一款规定,机动车与非机动车驾驶人、行人之间发生交通事故,非机动车驾驶人、行人负事故次要责任的,由机动车一方承担80%的赔偿责任。目前,实践中主要由法院根据双方的过错程度自由裁量,合理确定分担比例。通常,若双方对损害结果的发生负同等责任,则双方各承担50%的赔偿责任,若侵权人负主要责任,被侵权人负次要责任,则侵权人承担60%—90%的赔偿责任是合理的。本案中,周凯章等人为谋取非法利润,通过网站、中介等发布买卖器官广告,被害人为获得小额金钱,即同意将自己的器官出卖给周凯章等人用于移植给他人,虽然被害人的行为也违反公序良俗,甚至也具有一定的违法性,但被告人的违法程度更高,且已经构成犯罪,直接造成了被害人重伤的损害结果。综合分析,周凯章等人应对损害结果的发生承担主要责任,附带民事诉讼原告人对此应承担次要责任。一审法院判决周凯章等人承担60%的责任,三名附带民事诉讼原告人承担40%的责任,是妥当的。

——《刑事审判参考》(总第102辑)。

798 入户盗窃财物数额较小但严重妨碍他人居家安宁的行为，应认定为非法侵入住宅罪

关键词｜非法侵入住宅罪｜盗窃罪｜

【最高人民法院参考案例】

毛君、徐杰非法侵入住宅案(《刑事审判参考》案例第526号)

要旨:入户盗窃财物数额未达到盗窃罪定罪标准,严重妨碍他人的居住与生活安宁的,可以非法侵入住宅罪定罪处罚。

但是,对于入户盗窃行为,行为人主观上已经具有了对他人住宅非法侵犯的故意,客观上实施的入户盗窃行为也必然会对他人住宅和生活安宁造成程度不同的影响,从构成要件上看,无论是强行公开进入他人住宅还是秘密潜入他人住宅,并不是区分是否构成非法侵入住宅罪的绝对法定标准。对法律条文的理解应遵循客观解释的原则,对于非法侵入住宅罪,立法设立此罪意图保护的就是公民正常居住和生活安宁,典型的公然违背居住者的意思而闯入的行为固然侵犯了本罪保护的法益,而那种秘密进入他人住宅进行盗窃的行为除了对居住者的财产权益构成侵害外,也必然对居住者的居住安宁构成了侵害,因此,从侵犯居住安宁的法益角度说,入户盗窃者的非法入户行为与公然闯入他人住宅的行为具有一定的同质性,而且这种秘密非法入户的行为对于公民正常生活安宁的危害要比那种公然闯入住宅的行为更大,理应给予惩治。此外,随着民主、法制观念的逐渐深入人心,我国整个法律体系更加注重对公民个人权利的保护,刑法也应有所体现。非法侵入住宅罪的客观表现,刑法第二百四十五条并未明文限制为公然闯入,在实践中也不应仅限于理论上解释的非法强行侵入他人住宅或者经要求退出拒不退出这一情形。从实践中来看,如果盗窃行为被发现,行为人为了逃脱往往会采用暴力手段,这样,盗窃行为就很有可能转化为更为恶劣的对人身权利的暴力犯罪,这就使得公民的人身权利可能面临潜在的危险,从有效惩治此类犯罪的刑事政策角度考虑,只要对他人生活安宁造成了实质的危害或者现实的危险而达到必须进行刑事处罚的程度,在不能以其他犯罪定罪的情况下,该行为就可以非法侵入住宅罪论处。当然,虽然从刑法第二百四十五条表述看,成立非法侵入住宅罪并不要求情节严重或者造成严重后果,但从罪刑相适应的角度出发,只有那些严重妨碍了他人的居住与生活安宁的非法侵入行为才有必要动用刑罚手段进行惩治。因此,对于入户盗窃未达到定罪数额标准以非法侵入住宅罪论处的要予以适当的限制,只有其非法入户行为对于居住者的正常居住与生活安宁造成严重影响的才可以非法侵入住宅罪论处。我们认为,一般情况下,具有下列情形之一的,可以以非法侵入住宅罪追究刑事责任:(1)携带凶器入户或者入户后准备凶器的;(2)对户内财物进行破坏并造成较为严

重后果的;(3)对户内人员造成严重精神损害的;(4)数额接近较大标准或两次入户盗窃的;(5)其他严重影响他人正常生活和居住安宁的。

——《刑事审判参考》(总第66辑)。

799 暴力致人轻伤迫使证人在询问笔录上签名按手印的行为,应认定为暴力取证罪

关键词|暴力取证罪|迫使证人签名|致人轻伤|

【最高人民法院参考案例】

周建忠暴力取证案(《刑事审判参考》案例第158号)

要旨:暴力迫使证人在询问笔录上签名按手印并致人轻伤的行为,构成暴力取证罪。

暴力取证致人伤害与一般的故意伤害行为还是有所区别的。二者区别的关键,除犯罪主体、犯罪对象外,主要在于前者是发生在司法人员依职权取证活动中,且具有逼取证人证言的特殊目的。行为人之所以对证人实施暴力,并致证人伤害或死亡都是在其逼取证人证言的目的支配下实施的。正因如此,通常情况下,行为人对证人施暴虽是故意的,有目的的,但对致证人伤害,一般都不是持积极希望或追求态度的,而多是放任,甚至可能是过失的。实践中所发生的暴力取证致人伤害案件,其成因多在于司法工作人员急于办案、执法粗暴、特权心理作祟等缘故,即所谓"因公施暴"。刑法第二百四十七条虽没有规定暴力取证行为,情节严重的才构成犯罪,但根据刑法第十三条的规定,如暴力取证行为显著轻微危害不大的,仍无须以犯罪论处。本案被告人为逼使已怀孕近两个月的证人在询问笔录上签名按手印,而对证人腹部踢了一脚,致使证人流产,造成轻伤的后果,且在证人被踢后自述疼痛的情况下,不予理睬,其行为显然不能说是"显著轻微危害不大"。因此,法院对本案被告人以暴力取证罪定罪是正确的。

——《刑事审判参考》(总第24辑)。

800 恶意申请宣告配偶死亡后与他人结婚的行为,应认定为重婚罪

关键词|重婚罪|恶意申请|宣告死亡|

【最高人民法院参考案例】

王艳重婚案(《刑事审判参考》案例第419号)

要旨:恶意申请致配偶被宣告死亡的,申请人与被申请人的婚姻关系实质上并未消灭。申请人与他人结婚的行为构成重婚罪。

(一)恶意申请致配偶被宣告死亡的,申请人与被申请人的婚姻关系实质上并未消灭

民事法律只保护合法的民事法律关系和善意的民事行为,要求行为人在实施行为时不得侵犯他人合法权益和社会公共利益。对于恶意实施侵犯他人或公共利益情节较轻、社会危害性不大的行为,民事法律不予保护而且一般会规定相应的制裁或救济措施,并要求侵权行为人承担相应的民事责任。根据我国民法通则的规定,恶意欺诈行为应当属于无效行为,因欺诈行为而获得确认的法律关系无效,且无效的效力溯及行为开始起。因此,《最高人民法院关于贯彻执行〈中华人民共和国民法通则〉若干问题的意见(试行)》(以下简称《意见》)第三十七条的规定仅针对合法的民事行为也即申请属于善意行为才具有法律效力,对于恶意实施的欺诈申请行为则不适用本条规定。据此,对上述《意见》规定的正确理解应当是,法律对善意的申请宣告死亡,且经法定程序依法作出的宣告死亡的效力予以保护,对于宣告死亡后被宣告人出现的,依法撤销死亡宣告后,其配偶的婚姻关系以维护现存状态为原则,即尚未再婚的,夫妻关系自行恢复;如果再婚后又离婚或者再婚后配偶又死亡的,则不得认定夫妻关系自行恢复。应当说,上述司法解释的这种规定符合基本的人伦情理,有利于保护婚姻自由,维护社会家庭关系的相对稳定。而行为人恶意申请致配偶被宣告死亡,严重违法,当属无效民事行为,因行为人配偶被宣告死亡而导致婚姻关系消灭的法律关系也自始无效。因此,从民事法律关系看,婚姻关系因为被宣告死亡行为的无效而实质上并未消灭。

(二)被告人的行为应受刑事追究

在我国,公民的婚姻家庭关系在宪法之外还受到民法和刑法两大实体法的双重保障。实践中,婚姻家庭纠纷的案件同时又涉及重婚犯罪或其他婚姻家庭犯罪的现象较为常见,这就意味着,同一案件事实的性质存在刑事犯罪和民事纠纷两种可能性。要正确界定该事实的性质到底是刑事案件还是民事案件,主要取决于对该行为社会危害性的判断。对于恶意实施侵犯他人或公共利益情节较轻、社会危害性不大,未触犯刑法的行为,属于民法调整的对象,行为人只承担相应的民事责任;如果该行为社会危害性严重,触犯了刑法,根据“先刑后民”的审理原则,则应先追究行为人的刑事责任,然后再追究其民事责任。被告人恶意申请宣告配偶死亡后与他人结婚的行为已经严重侵犯了配偶的合法权益和我国法律所保护的一夫

一妻的婚姻制度,还严重扰乱了司法秩序,性质恶劣,情节严重,显然不再是一般的民事违法行为,而是已经构成刑事犯罪,应当依法追究刑事责任。

(三)被告人的行为符合重婚罪的构成要件

被告人在申请宣告配偶死亡时,故意编造配偶下落不明已满四年的虚假事实,导致法院作出宣告死亡的判决,从而取得虚假"拟制丧偶"身份与他人结婚的行为性质,与已有配偶者采取欺骗手段制作虚假手续,冒充未婚或离异的身份又与他人结婚的性质是同样的,均是重婚行为。只不过行为人骗取的虚假手续是人民法院作出的宣告死亡的判决,是重婚行为的一种特殊表现手段而已。

——《刑事审判参考》(总第53辑)。

801 外籍被告人在我国境内与他人以夫妻名义同居的行为构成重婚罪

关键词 | 重婚罪 | 事实婚姻 |

【最高人民法院参考案例】

法兰克·巴沙勒·米伦重婚案(《刑事审判参考》案例第967号)

要旨:法兰克·巴沙勒·米伦有配偶仍与他人以夫妻名义共同生活,罗敏婷明知他人有配偶而与之以夫妻名义共同生活,符合重婚罪的构成特征,应当构成重婚罪。

法兰克·巴沙勒·米伦在英国的婚姻关系,被我国法律所承认,其在我国境内的重婚行为,客观上已导致其同时拥有"两个妻子",其行为明显侵犯了我国的"一夫一妻制度",依法应当纳入我国刑法的规制范围。罗敏婷明知对方有被我国法律所承认的合法婚姻关系,仍与之以夫妻名义公开同居生活,造成对方"一夫两妻"客观事实,其行为亦侵犯了我国刑法所保护的"一夫一妻"制度,依法亦应纳入我国刑法的规制范围。

我国刑法第二百五十八条规定:"有配偶而重婚的,或者明知他人有配偶而与之结婚的,处二年以下有期徒刑或者拘役。"对于重婚行为,《中华人民共和国婚姻法释义》称,所谓重婚,是指有配偶的人又与他人结婚的违法行为。有配偶的人,未办理离婚手续又与他人登记结婚,即是重婚;虽未登记结婚,但事实上与他人以夫妻名义而公开同居生活的,亦构成重婚。明知他人有配偶而与之登记结婚,或者虽未登记结婚,但事实上与他人以夫妻名义同居生活,也构成重婚。最高人民法院2001年出台的《关于适用〈中华人民共和国婚姻法〉若干问题的解释(一)》(以下简称《婚姻法解释一》)第二条规定,婚姻法第三条规定的"有配偶者与他人同居"的情形,是指有配偶者与婚外异性,不以夫妻名义,持续、稳定地共同居住。故婚姻法第三条第二款规定的“重婚”,包含了婚姻法释义中所称的“虽未登记结婚,但事实上与他人以夫妻名义而公开同居生活”。综上分析,即重婚行为有两种。一种是“有配偶而重婚”,是指已经结婚的人,在婚姻关系存续期间,又与他人结婚;另一种是“明知他人有配偶而与之结婚”,是指本人明知他人有配偶而仍然与他人结婚。这里规定的“结婚”,既包括骗取合法手续登记结婚,又包括虽未登记结婚,但以夫妻名义共同生活的。只要是有配偶而又结婚,或者是明知他人有配偶而与之结婚的,无论是骗取合法手续登记结婚,还是未登记结婚,但以夫妻名义共同生活的,都属于重婚。

基于上述分析,本案中,被告人法兰克 · 巴沙勒 · 米伦有配偶仍与他人以夫妻名义共同生活,被告人罗敏婷明知他人有配偶而与他人以夫妻名义共同生活,均符合刑法第二百五十八条规定中的重婚罪构成特征。

——《刑事审判参考》(总第97辑)。

802 破坏军婚罪中“同居”的认定

关键词 | 破坏军婚罪 | 同居 |

【最高人民法院参考案例】

李某破坏军婚案(《刑事审判参考》案例第1457号)

要旨:在司法实践中认定破坏军婚罪,关键是要划清“同居”与通奸的界限。

所谓与现役军人的配偶“同居”,应当包括在较长时间内公开或者秘密地在一起生活的情形。这种关系以不正当的两性关系为基础,往往还伴有经济上和其他生活方面的特殊关系,显然不同于一般的通奸关系。通奸以临时性为特征,而“同居”则具有连续性、延续性。如果只是偶尔或断续地与现役军人的配偶通奸,不能认为是“同居”,也就不能以犯罪论处。《〈最高人民法院关于适用中华人民共和国婚姻法若干问题的解释(一)〉的理解与适用》中提及:在讨论过程中,有建议就同居问题规定出一个明确的期限,双方共同生活达到规定期限的,即可认定为同居。我国目前有些地方的法院已就本地区审理此类问题时作了时间上的界定。考虑到我国各地区实际情况不同,如果采取“一刀切”的做法,反而不利于具体案件的审理,不完全符合实际。现在的规定,相应地给办案法官以一定的裁量权,对法官的公正执法能力及法律素质都要求较高。[①] 可见,在司法实践中,需要根据具体案件

① 《〈最高人民法院关于适用中华人民共和国婚姻法若干问题的解释(一)〉的理解与适用》,载最高人民法院研究室编:《司法解释与审判指导》(第2辑),中国法制出版社2002年版,第3页。

的实际情况,结合时代的情感要求、通行的道德标准以及地区的文化风俗、宗教信仰等具体因素进行综合判断。同时应当考虑裁判的社会接受度、体制宽容度和可执行度等因素,不能刻板、僵化地执行法律,要确保裁判取得政治、法律、社会效果的有机统一。

有配偶者与他人同居应是持续、稳定的共同居住行为。如果双方仅偶尔或间隔地共同居住,如一夜情、嫖娼、通奸等,则该行为并不构成有配偶者与他人同居。此外,在判断共同居住行为是否具有持续性和稳定性时,也不应仅将同居的时间长短作为唯一的认定标准,而应结合案件具体情况,对双方同居时间的长短、同居关系稳定程度,以及同居频率等诸多因素进行综合考量,从而得出符合客观实际的结论。

通奸与同居并不是截然可分、一成不变的。通奸也可以转化为同居。从单独一次通奸来看,时间上有间断、地点亦不固定,但长期通奸关系保持一年以上,时间相对持续、地点相对固定,尤其是在经济上、生活上有着密切联系的,已具备同居的实质内容,对于婚姻尤其是军婚的破坏程度亦无异于同居,其实质已属于同居。破坏军婚罪保护的法益是现役军人的婚姻家庭关系,突出了现役军人配偶对婚姻的忠实义务。长期通奸造成军人婚姻关系破裂的,应当以破坏军婚罪追究刑事责任。《最高人民法院印发〈关于破坏军人婚姻罪的四个案例〉的通知》[1985年7月18日,法(研)发〔1985〕16号]发布的案例明确,在办理破坏军人婚姻案件中遇到被告人与现役军人的配偶长期通奸造成军人夫妻关系破裂的严重后果类似情况的,应当适用刑法第一百八十一条[①]的规定予以判处,即明确将长期通奸造成军婚破坏的情形等同于同居行为。修订后的刑法关于破坏军婚罪的罪状并无变化。在关于破坏军婚罪中对"同居"的理解和适用应当保持一定的连续性和一致性,这对军婚的特别保护具有现实必要性和特殊重要性。

本案中,被告人李某在明知侯某丈夫是现役军人的情况下,仍然在将近两年的时间内多次多地与侯某在宾馆开房间发生性关系,共同居住,而且造成了生育一子的严重后果。彭某在得知侯某有婚外情以及侯某乙并非亲生后,双方婚姻关系已达到实质破裂的程度。李某的行为严重损害了现役军人的婚姻权益,已经对现役军人的婚姻关系产生了实质性的破坏,并造成不可逆转的影响。

——《刑事审判参考》(总第130辑)。

---

① 此处指1979年刑法。1979刑法与1997刑法关于破坏军婚罪的罪状内容一致。

803 夫妻离婚后仍然共同生活的，属于虐待罪犯罪主体构成要件中的“家庭成员”

关键词 | 虐待罪 | 家庭成员 |

【最高人民法院参考案例】

朱朝春虐待案(《刑事审判参考》案例第998号)

要旨:夫妻离婚后仍然在一起共同生活的,二人之间的关系与婚姻法规定的夫妻关系相比,除了没有履行婚姻登记手续以及其在民事法律关系上有别于夫妻之外,其余方面差别不大。双方具有夫妻之间特有的亲密关系,无论是从大众的通常观念来看,还是出于司法实践的需要,都应当将之认定为家庭成员。

1. 从通常观念来看,夫妻离婚后仍然在一起共同生活的,二人之间的情感关系和社会关系都体现出家庭成员的特征,夫妻关系也得到社会明示或者默许的认同,离婚前形成的家庭关系仍然在延续。本案被告人朱朝春和被害人刘祎,虽然二人已协议离婚,但此后一直以夫妻名义在同一家庭中共同生活、共同抚养子女、共同购置房产,相互履行夫妻之间的权利和义务。无论是当事人自己,还是双方亲属及周围群众,都认为二人仍然是夫妻,故朱朝春和刘祎应当认定为同一家庭成员。

2. 从司法实践需要来看,夫妻离婚后仍然在一起共同生活的,如果一方对另一方实施虐待行为,采取各种手段对被害人进行身体和精神上的摧残,这种虐待行为与法定夫妻之间的虐待行为并无差异。如果不将侵害人和被害人认定为家庭成员,势必出现同样严重的虐待行为,若是发生在法定夫妻之间,则被害人可以虐待罪追究侵害人的刑事责任;但若二人离婚,则被害人无权就虐待行为提起告诉,无法追究侵害人的刑事责任。同样的侵害行为,同样的侵害主体,仅因一张离婚证书之故,就可能出现罪与非罪的迥然不同的结果,这严重违背了任何人犯罪都应平等适用法律的基本原则。因此,为了保护被害人的合法权益,夫妻离婚后仍然在一起共同生活的,如果一方对另一方实施虐待,只要达到了情节恶劣的程度,就应当以虐待罪对侵害人进行惩处,而不能因一张离婚证书就免受刑事责任追究。本案中,无论是在被告人朱朝春和被害人刘祎婚姻关系存续期间还是在二人协议离婚之后,朱朝春均对刘祎实施过多次殴打,对刘祎造成了严重的身体和精神侵害。案发当日,朱朝春再次对刘祎进行殴打,致使刘祎因无法继续忍受而自杀身亡。朱朝春对刘祎的死亡后果承担刑事责任符合法理常情。

——《刑事审判参考》(总第98辑)。

804 准确区分虐待罪、故意伤害罪和故意杀人罪

关键词｜故意杀人罪｜虐待罪｜数罪并罚｜

【最高人民法院司法文件】

17. 依法惩处虐待犯罪。采取殴打、冻饿、强迫过度劳动、限制人身自由、恐吓、侮辱、谩骂等手段，对家庭成员的身体和精神进行摧残、折磨，是实践中较为多发的虐待性质的家庭暴力。根据司法实践，具有虐待持续时间较长、次数较多；虐待手段残忍；虐待造成被害人轻微伤或者患较严重疾病；对未成年人、老年人、残疾人、孕妇、哺乳期妇女、重病患者实施较为严重的虐待行为等情形，属于刑法第二百六十条第一款规定的虐待"情节恶劣"，应当依法以虐待罪定罪处罚。

准确区分虐待犯罪致人重伤、死亡与故意伤害、故意杀人犯罪致人重伤、死亡的界限，要根据被告人的主观故意、所实施的暴力手段与方式、是否立即或者直接造成被害人伤亡后果等进行综合判断。对于被告人主观上不具有侵害被害人健康或者剥夺被害人生命的故意，而是出于追求被害人肉体和精神上的痛苦，长期或者多次实施虐待行为，逐渐造成被害人身体损害，过失导致被害人重伤或者死亡的；或者因虐待致使被害人不堪忍受而自残、自杀，导致重伤或者死亡的，属于刑法第二百六十条第二款规定的虐待"致使被害人重伤、死亡"，应当以虐待罪定罪处罚。对于被告人虽然实施家庭暴力呈现出经常性、持续性、反复性的特点，但其主观上具有希望或者放任被害人重伤或者死亡的故意，持凶器实施暴力，暴力手段残忍，暴力程度较强，直接或者立即造成被害人重伤或者死亡的，应当以故意伤害罪或者故意杀人罪定罪处罚。

……

——《最高人民法院、最高人民检察院、公安部、司法部关于依法办理家庭暴力犯罪案件的意见》(2015年3月2日，法发〔2015〕4号)。

【链接：理解与适用】

采取殴打、冻饿、强迫过度劳动、限制人身自由、恐吓、侮辱、谩骂等手段，对家庭成员的身体和精神进行摧残、折磨，是实践中较为多发的虐待性质的家庭暴力。依照刑法规定，虐待罪以虐待行为"情节恶劣"为入罪要件，但因为"情节恶劣"的具体标准不够明确，导致司法实践中对虐待罪的立案、定罪存在一定困难。《意见》第十七条结合司法实践经验，对虐待行为"情节恶劣"的情形进行了细化，规定以下四种情形可以认定为"情节恶劣"，以虐待罪定罪处罚：第一，虐待持续时间较长、次数较多的。起草过程中有意见提出，应当对虐待持续时间和次数进一步明确。但考虑到生活中虐待情形多种多样，有的持续时间长但次数并不多，有的持续

时间短但次数却很频繁，不宜对时间和次数作绝对化规定，故最终没有采纳该种意见，只是将虐待时间和次数明确提出来作为入罪考量因素之一。但是应当指出，虐待时间和次数是反映虐待严重程度的重要体现，对于长达半年的隔三岔五的虐待行为，显然应当认定为“情节恶劣”。第二，虐待手段残忍的。调研发现，生活中将被害人吊起来毒打，或者是采取针扎、烟头烫、开水淋等残忍手段实施虐待的并不少见。这类虐待行为严重背离亲情伦理，往往造成极其恶劣的社会影响，应当依法惩处。第三，虐待造成被害人轻微伤或者患较严重疾病的。调研发现，一些虐待行为造成了被害人轻微伤，因未达到轻伤程度，无法以故意伤害罪论处，也没有以虐待罪处罚。事实上，依照《人体损伤程度鉴定标准》，虐待即使是造成轻微伤程度的损害后果，如外伤后听力减退、眼球损伤影响视力、肋软骨骨折、外伤性先兆流产等，危害也并非不严重，具有犯罪化处理的必要。同时，考虑到虐待罪的法定刑比故意伤害罪要低，以“轻微伤”作为入罪标准，与故意伤害罪以“轻伤”作为入罪标准，两罪的危害后果与法定刑设置能够大致匹配，合理衔接。至于虐待造成被害人“患较严重的疾病”的规定，同样是基于从严处理该类虐待行为的需要。如长期逼迫被害人住在潮湿场所，造成被害人患严重风湿疾病、行走困难的。“较严重疾病”属于开放性用语，外延比较广泛，难以一一列举，具体认定时，一般可以从是否对被害人身体外观或器官功能造成较大影响，是否反复发作难以治愈，是否对生命健康具有较大危险，是否需要立即住院治疗等方面进行把握。第四，对未成年人、老年人、残疾人、孕妇、哺乳期妇女、重病患者实施较为严重的虐待行为的。认定“较为严重的虐待行为”，仍然需要从虐待的情节、手段、后果等方面综合判断，适当低于对其他家庭成员实施虐待构成犯罪的程度要求，这也是对未成年人等群体进行特殊保护原则的体现。

实践中，虐待犯罪致人重伤、死亡与故意伤害、故意杀人犯罪致人重伤、死亡容易产生混淆。为了实现准确定罪、罪刑相适应，《意见》第十七条还对相关犯罪的主、客观方面进行了细致辨析，明确对于主观上追求被害人肉体和精神上的痛苦，长期、多次实施虐待逐渐造成被害人身体损害导致重伤、死亡，或者致使被害人因不堪忍受虐待而自残、自杀导致重伤、死亡的，应当以虐待罪定罪处罚；对于希望或者放任被害人重伤、死亡，持凶器实施暴力，暴力手段残忍，暴力程度较强，直接或者立即造成被害人重伤或者死亡的，应当以故意伤害罪或者故意杀人罪定罪处罚。

根据《意见》第十七条规定，在具体适用虐待罪时还需要注意以下两点：第一，多数情形下的虐待表现出经常性、一贯性的特征，《最高人民法院关于适用〈中华人民共和国婚姻法〉若干问题的解释（一）》第一条也规定“持续性、经常性的家庭暴力，构成虐待”，但虐待并不限于经常性、一贯性的行为。如虐待手段残忍，或者虐待造成被害人轻微伤的，即使只实施了一次虐待，也有可能构成虐待罪。换言之,虐待罪不以虐待行为的经常性、一贯性为入罪要件。第二,应当准确区分虐待犯罪与因教育方法简单粗暴而打骂、体罚子女行为的界限。一般可以从起因上是否为了教育子女,主观上是出于虐待还是体罚的故意,手段上是否明显超过正常管教、约束的限度,后果上是否造成较为严重的身体损害等方面进行判断。

——杨万明、薛淑兰、唐俊杰:《〈关于依法办理家庭暴力犯罪案件的意见〉的理解与适用》,载《人民司法·应用》2015年第9期。

【最高人民法院参考案例】

李艳勤故意伤害案(《刑事审判参考》案例第995号)

要旨:对家庭成员长期实施虐待,虐待过程中又实施暴力殴打直接造成家庭成员重伤、死亡的,应当从犯罪的四个构成要件判断其是否构成故意伤害罪。同时构成虐待罪和故意伤害罪的,应当数罪并罚。

本案中,李艳勤的行为应当择一重罪即故意伤害罪定罪处罚,还是应将虐待罪与故意伤害罪实行并罚,在实践中存在不同观点。我们认为,这两个犯罪行为是在被告人不同的、独立的主观故意下先后实施的,侵害了不同的客体,李艳勤的行为从犯罪构成上说,已经构成了两罪,且构成要件之间不存在交叉、包容或者吸收关系,不属于法条竞合、想象竞合或者行为吸收关系,不存在必须选择适用一个罪名而排除其他罪名的情形。因此,对李艳勤本应当以虐待罪和故意伤害罪数罪并罚。但根据刑法第二百六十条的规定:虐待罪尚未致被害人重伤或死亡的,必须要告诉后才能处理。本案被害人死亡是因最后一次故意伤害行为所致,无证据表明此前的虐待行为有致被害人重伤的严重后果,被害人、其法定代理人以及其近亲属在本案中未就虐待罪提起告诉,故根据"不告不理"的原则,不能对被告人之前的虐待行为追究刑事责任。因此,法院仅以故意伤害罪对被告人李艳勤定罪量刑是正确的。

——《刑事审判参考》(总第98辑)。

蔡世祥故意伤害案(《刑事审判参考》案例第410号)

要旨:行为人对被虐待人有故意伤害行为,但没有给被害人造成轻伤以上伤害后果的,应认定为虐待罪。在经常性虐待过程中,其中一次行为人明知其行为会给被害人身体造成伤害,且客观上已经给被害人造成伤害后果的,应认定为故意伤害罪,如果将该伤害行为分离出来独立评价后,其他虐待行为能够充足虐待罪构成要件的,应当以虐待罪与故意伤害罪实行两罪并罚;如果将伤害行为分离后,其余虐待行为不构成虐待罪的,只能以行为人犯故意伤害罪一罪处罚。

(一)虐待罪与故意伤害罪之间不存在法条竞合关系

判断虐待罪与故意伤害罪是否存在法条竞合关系的关键在于两罪的构成要件

是否存在交叉或包容关系，根据刑法第二百三十四条和第二百六十条的规定，虐待罪与故意伤害罪的犯罪构成要件完全不同，并不存在构成要件上的交叉或包容关系：一是犯罪主体不同。虐待罪的犯罪主体为特殊主体，只有行为人与被害人具有家庭成员关系时才构成；故意伤害罪的犯罪主体为一般主体。二是故意内容不同。虐待罪的主观故意是使被虐待者肉体上、精神上受摧残、折磨，行为人并不想直接造成被害人伤害、死亡的结果，被害人之所以致伤、致死是由于长期被虐待的结果；故意伤害罪的行为人则积极追求或放任伤害后果的发生。三是侵犯客体不同。虐待罪侵犯的是复杂客体，即家庭成员在家庭生活中的平等权利和被害人的人身权利；故意伤害罪侵犯的是单一客体，即他人的身体健康权。四是行为特点不同。虐待罪中的虐待行为具有连续性、经常性和一贯性，这是引起被害人致伤、致死的原因，一次的虐待行为不足以构成虐待罪，更不足以造成被害人伤亡结果的发生；而故意伤害罪对被害人身体的伤害一般情况下为一次形成。

此外，法条竞合关系只能对"同一行为"进行评价时产生。行为人实施的犯罪行为有两个：一个是长期的虐待行为；一个是最后一次的故意伤害行为。在虐待过程中，故意对被害人实施的造成伤害结果的伤害行为，并不能被虐待行为所包容、评价，构成刑法意义上的独立客观行为。由此可见，行为人的伤害行为与其以前实施的虐待行为并不是刑法意义上的"同一行为"，完全可以从之前的虐待行为中分离出来，应当分别进行评价。故意伤害行为与虐待行为间不存在法条竞合关系。

（二）虐待过程中又实施故意伤害行为的定罪

实践中，由于行为人在虐待家庭成员的过程中经常伴有故意伤害的手段，容易发生被虐待人伤害甚至死亡的结果，如何定罪，涉及虐待罪与故意伤害罪的区分问题，比较复杂。我们认为，对这类案件，应当依照虐待罪与故意伤害罪的构成标准，结合具体案情分情况处理：行为人对被虐待人有故意伤害行为，但没有给被害人造成轻伤以上伤害后果的，应将其视为虐待方法之一，认定为虐待罪。在经常性虐待过程中，其中一次行为人明知其行为会给被害人身体造成伤害，且客观上已经给被害人造成伤害后果的，应当认定为故意伤害罪，如果将该伤害行为分离出来独立评价后，其他虐待行为能够充足虐待罪构成要件的，应当以虐待罪与故意伤害罪实行两罪并罚；如果将伤害行为分离后，其余虐待行为不构成虐待罪的，只能以行为人犯故意伤害罪一罪处罚。

——《刑事审判参考》（总第52辑）。

805 遗弃罪的认定

关键词 | 遗弃罪 | 故意杀人罪 | 情节恶劣 | 抚养义务 |

【最高人民法院司法文件】

17. ……

依法惩处遗弃犯罪。负有扶养义务且有扶养能力的人,拒绝扶养年幼、年老、患病或者其他没有独立生活能力的家庭成员,是危害严重的遗弃性质的家庭暴力。根据司法实践,具有对被害人长期不予照顾、不提供生活来源;驱赶、逼迫被害人离家,致使被害人流离失所或者生存困难;遗弃患严重疾病或者生活不能自理的被害人;遗弃致使被害人身体严重损害或者造成其他严重后果等情形,属于刑法第二百六十一条规定的遗弃"情节恶劣",应当依法以遗弃罪定罪处罚。

准确区分遗弃罪与故意杀人罪的界限,要根据被告人的主观故意、所实施行为的时间与地点、是否立即造成被害人死亡,以及被害人对被告人的依赖程度等进行综合判断。对于只是为了逃避扶养义务,并不希望或者放任被害人死亡,将生活不能自理的被害人弃置在福利院、医院、派出所等单位或者广场、车站等行人较多的场所,希望被害人得到他人救助的,一般以遗弃罪定罪处罚。对于希望或者放任被害人死亡,不履行必要的扶养义务,致使被害人因缺乏生活照料而死亡,或者将生活不能自理的被害人带至荒山野岭等人迹罕至的场所扔弃,使被害人难以得到他人救助的,应当以故意杀人罪定罪处罚。

——《最高人民法院、最高人民检察院、公安部、司法部关于依法办理家庭暴力犯罪案件的意见》(2015年3月2日,法发〔2015〕4号)。

【链接:理解与适用】

负有扶养义务且有扶养能力的人,拒绝扶养年幼、年老、患病或者其他没有独立生活能力的家庭成员,是危害严重的遗弃性质的家庭暴力。基于与虐待罪相同的考虑,《意见》第十七条对遗弃罪所要求的"情节恶劣"也进行了细化,规定以下四种情形可以认定为"情节恶劣",以遗弃罪定罪处罚:第一,对被害人长期不予照顾、不提供生活来源的,表现为采取不作为方式遗弃家庭成员。如一些单亲父母不愿意抚养子女,便将子女推给其他亲属,自己长期不管不问,对子女不进行任何的生活照料。第二,驱赶、逼迫被害人离家,致使被害人流离失所或者生存困难的,表现为采取作为方式遗弃家庭成员。如一些子女将年迈体弱的父母赶出家门,致使父母露宿街头,靠捡拾垃圾和他人救济为生。第三,遗弃患严重疾病或者生活不能自理的被害人。这类情形是针对遗弃对象作出的规定。患严重疾病或者生活不能自理的被害人,对扶养人的依赖程度更高,一旦被遗弃,将面临生命健康的重大危险,故对这类情形有必要定罪处罚。第四,遗弃致使被害人身体遭受严重损害或者造成其他严重后果。这类情形是针对遗弃后果作出的规定,其中"身体遭受严重损害或者造成其他严重后果”，一般指造成被害人轻伤以上，患严重疾病，或者被饿死、冻伤等情形。

实践中，遗弃罪与故意杀人罪容易产生混淆。《意见》第十七条对这两类犯罪的主、客观方面也进行了细致辨析，明确对于只是为了逃避扶养义务，但并不希望或者放任被害人死亡，将生活不能自理的被害人弃置在福利院、医院、派出所等单位或者广场、车站等行人较多的场所，希望被害人被他人发现并获得救助的，一般以遗弃罪定罪处罚；对于主观上希望或者放任被害人死亡，不履行必要的扶养义务，造成被害人因缺乏生活照料而死亡，或者是将生活不能自理的被害人带至人迹罕至、难以获得救助的场所扔弃的，如将年幼的子女长时间锁在家中致使孩子被饿死，或者将行动艰难的老人带至荒山野岭致使被饿死、冻死的，应当以故意杀人罪定罪处罚。

根据《意见》第十七条规定，在具体适用遗弃罪时应当特别注意，本罪只适用于负有扶养义务，具有扶养能力却拒不扶养的人。对于负有扶养义务，但客观上确实不具有扶养能力的人，不能以本罪论处。

——杨万明、薛淑兰、唐俊杰：《〈关于依法办理家庭暴力犯罪案件的意见〉的理解与适用》，载《人民司法·应用》2015 年第 9 期。

806 组织儿童乞讨罪的定罪量刑

关键词 | 组织儿童乞讨罪 | 暴力 | 胁迫 |

【最高人民法院参考案例】

翟雪峰、魏翠英组织儿童乞讨案(《刑事审判参考》案例第 1001 号)

要旨：司法实践中，要通过对“暴力、胁迫”手段、“组织”行为、乞讨形式以及“情节严重”等，正确认定组织儿童乞讨罪的定罪量刑。

(一)组织儿童乞讨罪中的“暴力、胁迫”不需以压制儿童反抗为必要，只要足以让儿童产生恐惧心理即可

在认定是否构成组织儿童乞讨罪中的“暴力、胁迫”时，应当充分考虑儿童身心脆弱、易受伤害等特点，程度标准不宜要求过高，无须达到足以压制儿童反抗的程度，只要在常人看来，足以使儿童产生恐惧心理即满足客观入罪条件。一般而言，对儿童实施抽耳光、踢打等轻微暴力，或者采取冻饿、凌辱、言语恐吓、精神折磨、有病不给治疗、限制人身自由、灌服精神镇定麻醉类药物等方式，组织儿童乞讨的，均符合组织儿童乞讨罪的入罪条件。

(二)组织儿童乞讨罪中的“组织”不以被组织乞讨的人员达三人为入罪条件

组织残疾人、儿童乞讨罪与上述妨害社会管理秩序的组织犯罪不同，由于该罪

的行为对象是特定的“弱者”,即使通过暴力、胁迫,发起、策划、指导、安排一名残疾人、儿童乞讨,也会贬损其人格尊严,助长儿童形成好逸恶劳或反社会性格,对残疾人、儿童身心健康造成严重伤害,同时还易诱发被组织者实施其他违法犯罪,妨害社会管理秩序,社会危害性大,因此,即使组织一名残疾人、儿童乞讨也构成犯罪,有必要予以刑事制裁。那种要求被组织乞讨者达三人以上才构成犯罪的观点,显然忽视了该类犯罪社会危害的严重性。与对组织卖淫等犯罪中的“组织”概念进行限制解释不同,对组织残疾人、儿童乞讨罪的“组织”作适度的扩大解释,避免因该罪门槛过高而放纵部分犯罪分子,合乎该罪最大限度保护社会弱势群体权益的立法宗旨,亦未超出“组织”概念文义的涵摄范围和正常公民的预测可能性。

(三)对组织儿童乞讨罪中“乞讨”形式的认定

乞讨是指“某一社会成员远离社会主流生活以苦难遭遇的叙述或者表演等为手段而换取施舍的行为”。实践中,乞讨的方式形形色色,例如,以哀求哭讨为主行乞;依靠本身的一点专长或者力所能及的技艺为资本,用以招徕或者博人欢心而换取施舍;依靠老弱病残等自身状况唤起他人同情怜悯而乞求施舍;靠各种歪门邪道如编造惨况、丢失车票等事由骗讨、诈讨,或者拦路、拉扯行人强行讨要等。根据乞讨是否以牟利为目的,可以分为生存性乞讨和职业性乞讨,前者系为解决生活困境而乞讨,后者则是将乞讨作为主要生活来源乃至发财致富的手段。

(四)对组织儿童乞讨罪中的“情节严重”应当如何把握

对组织儿童乞讨情节严重的,刑法第二百六十二条之一规定了法定加重刑,但何谓“情节严重”,尚没有司法解释作出过规定或者指引。实践中,法院审理此类案件数量极其有限,根据数量有限的生效案例和近年来组织儿童乞讨违法犯罪情况,我们认为,组织儿童乞讨构成犯罪,具有下列情形之一的,可以认定为情节严重,处三年以上七年以下有期徒刑:(1)组织不满六周岁的儿童一人以上或者已满六周岁的儿童三人以上乞讨的;(2)组织儿童采取有伤风化、严重损害儿童身心健康的方式进行乞讨的;(3)采取药物麻醉等严重损害儿童身心健康的方式迫使其乞讨的;(4)暴力迫使儿童乞讨致使乞讨儿童受轻微伤的;(5)组织儿童乞讨达一个月以上的;(6)被组织乞讨的儿童经查证系被偷盗、拐卖、拐骗的;(7)遗弃所组织的儿童或者致使被组织乞讨的儿童下落不明的;(8)组织儿童乞讨期间,因疏于照料看护,致儿童营养不良达中度以上,罹患严重疾病,伤残或者死亡的;(9)具有其他严重情节的。

组织儿童乞讨中,对儿童实施暴力造成儿童轻伤以上后果的,应当以故意伤害罪或故意杀人罪,与组织儿童乞讨罪予以并罚。此外,为组织儿童乞讨,故意致儿童残疾、畸形,符合刑法第二百三十四条规定的,对行为人应当以故意伤害罪从重处罚,其组织儿童乞讨行为另构成组织儿童乞讨罪的,依照数罪并罚的规定处罚。

——《刑事审判参考》(总第98辑)。

第四章 | CHAPTER 04

侵犯财产罪

一、抢劫罪

(一)定罪量刑

807 对抢劫罪中“暴力”“其他方法”的理解

关键词|抢劫罪|暴力|其他方法|

【最高人民法院公报案例】

内蒙古自治区乌海市人民检察院诉白雪云等抢劫案(二审法院:内蒙古自治区高级人民法院)

要旨:根据刑法第二百六十三条的规定,抢劫罪是指以非法占有为目的,以暴力、胁迫或者其他方法,强行劫取公私财物的行为。这里所称的“暴力”,是指犯罪人对被害人的身体实施打击或者强制,如杀伤、殴打、捆绑或禁闭等。行为人出于非法占有的目的,以欺骗的方法将被害人诱至其承租的住房内,而后将被害人反锁在其事先改造过的房间内,致使被害人不能反抗,从而劫取被害人随身携带的财物的,属于以对被害人的身体实施强制禁闭的暴力方法,强行劫取公私财物的行为,应按照刑法第二百六十三条的规定定罪处罚。

首先,上诉人白雪云、王乐平、王保军等人将被害人反锁在其事先改造过的房间内的行为,属于对被害人的身体实施强制禁闭的暴力行为。

根据刑法第二百六十三条的规定,抢劫罪是指以非法占有为目的,以暴力、胁迫或者其他方法,强行劫取公私财物的行为。对公私财物的所有者、保管者或者守护者当场施以暴力、胁迫或者其他手段,立即强行劫取公私财物,是构成抢劫罪的客观要件,是抢劫犯罪的重要行为特征。所谓“暴力”,是指犯罪人对被害人的身体实施打击或者强制,如杀伤、殴打、捆绑或禁闭等;所谓“胁迫”,是指犯罪人以暴力相威胁,迫使被害人不敢反抗;所谓“其他方法”,是指犯罪人采用暴力、胁迫以外的其他方法,致使被害人不能反抗或者丧失反抗能力,如麻醉等。以上方法,都是犯罪人为实施抢劫犯罪,致使被害人不能反抗、不敢反抗或者丧失反抗能力的犯罪手段。本案中,上诉人白雪云、王乐平、王保军等人向被害人谎称订购电脑配件,将被害人骗至其承租的住房内,而后将被害人反锁在其事先改造过的房间内,致使被害人对其抢劫犯罪行为不能加以反抗,其行为即属于对被害人的身体实施强制禁闭的暴力行为。

其次，上诉人白雪云、王乐平、王保军等人非法占有被害人财物的犯罪手段不是骗取，而是当场劫取。

根据刑法第二百六十六条的规定，诈骗罪是指以非法占有为目的，用虚构事实或者隐瞒真相的方法，骗取数额较大的公私财物的行为。所谓“虚构事实”，是指捏造不存在的事实，骗取被害人的信任；所谓“隐瞒真相”，是指对被害人掩盖客观存在的某种事实；所谓“骗取”，是指行为人通过上述欺骗的方法，使公私财物的所有人或者管理人产生错觉，而自愿地将公私财物交给犯罪人。综上，欺骗是诈骗犯罪人非法占有公私财物的犯罪手段。本案中，上诉人白雪云、王乐平、王保军等人向被害人谎称订购电脑配件，将被害人骗至其承租的住房内，该行为确实属于欺骗，但其实施欺骗行为的目的，仅仅是将被害人诱骗至犯罪现场，为下一步实施抢劫犯罪创造条件。而各上诉人主观上所具有的犯罪故意，是强行劫取被害人随身携带的财物，事实上实际占有被害人的财物也是通过对被害人实施强制禁闭的暴力方法而实现的。

——《最高人民法院公报》2008 年第 5 期。

【最高人民法院参考案例】

邹代明抢劫案(《刑事审判参考》案例第 159 号)

要旨：设置机关将他人禁闭起来以得逞劫财目的的行为，构成抢劫罪。

至于抢劫罪中的所谓“其他方法”，通常是指行为人针对被害人人身采用了除暴力、胁迫以外的其他各种能够使被害人不知抗拒或丧失抗拒能力的手段。司法实践中，比较常见的有对被害人使用麻醉药品、灌醉酒等手段，但又不以此为限。总的来说，判定行为人所实施的劫财手段，是否属于抢劫罪所要求的“其他方法”，关键是看该手段是否已使被害人丧失了控制自己财物的能力、丧失了抗拒他人劫取自己财物的意志自由和行动自由。将被害人引入精心设置的“机关”中，从而使被害人陷于在被劫取财物时处于不能抗拒也不能及时采取当场夺回财物控制权的有效措施的状态，从而当场劫取被害人财物的目的得以实现。这种行为完全符合抢劫罪中“其他方法”的认定标准，应当以抢劫罪定罪论处。

——《刑事审判参考》(总第 24 辑)。

808 使用暴力迫使受害人网上转账至行为人指定的账户，以抢劫罪定罪处罚

关键词｜抢劫罪｜非法拘禁罪｜追回赌资｜迫使当场交出财物｜

【最高人民法院公报案例】

广东省肇庆市人民检察院诉梁克财等抢劫案(二审法院:广东省高级人民法院)

要旨:行为人当场使用暴力控制受害人,迫使受害人通过网上银行转账的形式将钱款转入行为人指定的账户,其行为属于迫使受害人当场交出财物,符合抢劫罪的犯罪构成,应依照刑法第二百六十三条的规定定罪处罚。

本案中,被告人梁克智、梁克财及其辩护人认为二被告人没有非法占有他人财物的目的,但是根据本案事实,二被告人经事先密谋,将被害人潘汉英骗至犯罪现场加以控制并索取钱财,犯罪过程中以暴力手段迫使潘汉英通过网上银行转账的方式,将人民币54.5万元汇入梁克智指定的账户。由此可见,二被告人正是基于劫取他人钱财的目的,才实施了涉案犯罪行为。这种行为方式虽然不同于一般抢劫行为中当场使用暴力逼迫受害人交出钱财的形式,但受害人的钱款转入梁克智的账户后,即已受梁克智完全控制,其结果在本质上等同于当场使用暴力劫取钱财的行为。因此,二被告人的行为符合抢劫罪的犯罪构成。

——《最高人民法院公报》2010年第6期。

809 以借钱为名劫取财物使用后归还并付利息的行为构成抢劫罪

关键词｜抢劫罪｜绑架罪｜

【最高人民法院参考案例】

蔡苏卫等抢劫案(《刑事审判参考》案例第749号)

要旨:以借钱为名,通过暴力手段劫取财物使用后归还并偿付利息的行为,应当以抢劫罪定罪处罚。

蔡苏卫等三被告人强行将被害人从湖南省汝城县带到江西省南昌市早已准备好的出租屋内,以借钱为名,采用暴力威胁手段,逼迫被害人以帮他人借钱竞标为由打电话向亲友筹集银行承兑汇票十一张(价值二千万元),并指示其公司员工熊小贞将汇票交给蔡苏卫。蔡苏卫等三被告人的行为已经构成抢劫罪。蔡苏卫持汇票前往澳门赌博,虽然赢利后将汇票返还被害人并偿付利息,然后将其释放,但这些行为属于抢劫既遂后的后续行为,不影响对蔡苏卫等三被告人行为的定性。

值得指出的是,被告人事后归还抢劫财物并偿付利息的行为,作为犯罪既遂后"恢复原状"、减轻或避免被害人更大损失的行为,可作为酌定量刑情节予以考虑。

——《刑事审判参考》(总第84辑)。

810 为消灭债务采用暴力、胁迫手段抢回欠款凭证或逼迫他人书写收条的行为构成抢劫罪

关键词｜抢劫罪｜暴力、胁迫｜消灭债务｜犯罪形态｜

【最高人民法院参考案例】

习海珠抢劫案(《刑事审判参考》案例第 1063 号)

要旨:在拖欠被害人钱款情况下,以暴力、胁迫手段逼迫被害人书写收条的行为,构成抢劫罪既遂。

(一)在拖欠被害人钱款情况下,以暴力、胁迫手段逼迫被害人写下收条的行为,应当认定为抢劫罪

1. 抢劫罪的侵害对象既包括财物,也包括财产性利益

我国刑法第五章规定的侵犯财产罪,对相关罪名的罪状表述多采用“财物”这一概念,如“以暴力、胁迫或者其他方法抢劫公私财物的”,构成抢劫罪。单从文义来看,相关罪状表述似乎将财产犯罪的对象限定为有形的“财物”,但是,财产性利益具有财产价值,可以转化为现金或者其他财物,因此,从对财产权的法益保护角度来看,此处所谓的“财物”,不仅包括有形的“财物”,也应当包括以其他形式存在的财产性利益。抢劫有形财物与抢劫财产性利益所侵害的对象都是财产,如仅因财产的表现形式不同就加以区别对待,显然是不公平的。

此外,“侵犯财产罪”这一类罪的表述,已经明确将“财产”作为该类犯罪侵害的对象,广义的财产显然包括财产性利益。鉴于此,将抢劫罪罪状中的“财物”理解为包括有形财物之外的财产性利益,不属类推解释,不违反罪刑法定原则。本案中,被告人习海珠等人以暴力、胁迫手段逼迫被害人彭桂根书写七十五万元收条,侵犯的就是彭桂根的财产性利益。

(二)以暴力、胁迫手段逼迫被害人写下收条的行为,属于抢劫既遂

我们认为,被告人习海珠等人以暴力、胁迫手段逼迫彭桂根书写七十五万元的收条,进而消灭债务的犯罪行为,属于抢劫既遂。主要理由如下:

第一,被告人习海珠通过强迫彭桂根书写七十五万元的收条,已经实现了非法占有七十五万元的犯罪目的。从表面上看,习海珠等人的暴力行为没有获取实实在在的财物,仅拿到了一张收条。收条本身虽不是有形财物,但却是双方债权债务消灭的主要证明凭证,习海珠拿到彭桂根书写的收条,彭桂根就难以再向习海珠主张原有的七十五万元债权。对习海珠而言,其拖欠彭桂根七十五万元,实际上等同于事先占有了该笔款项,但这种占有是以习海珠、彭桂根二人的债权债务关系为前提条件的,即习海珠负有向彭桂根归还该七十五万元的义务。习海珠之所以逼迫彭桂根书写收条,目的就是消除双方的债权债务关系,消除彭桂根日后行使返还该

款项请求权的可能性,彻底占有其事先占有的七十五万元,不再归还。在习海珠拿到彭桂根收条的那一刻起,就已经实现了犯罪目的,原来由习海珠占有的七十五万元就变为了"非法占有",故应当属于犯罪既遂。

第二,以财产性利益为犯罪对象的抢劫案件,应当以财产性权益是否在客观上受到实际侵害作为判断既遂和未遂的标准。本案在犯罪既遂和未遂的问题上产生争议,主要是由于抢劫对象特殊,并非实实在在的七十五万元现金,而是能够体现消除七十五万元债权的收条。有观点认为,被害人可以通过提起民事诉讼的方式主张自己的合法债权,因此,被告人的行为并不能改变原有的债权债务关系,属于犯罪未遂。这种观点值得商榷。实际上,即使在以有形财物作为犯罪对象的抢劫犯罪中,被害人对被抢财物的所有权也没有丧失,只是丧失了占有而已,对此,显然不能以被害人可以通过提起民事诉讼主张自己对被抢财物的所有权为由认定本案情形属于犯罪未遂。此外,即使彭桂根提起民事诉讼,是否能够胜诉,也并不确定。因此,不能以被害人可以通过民事诉讼等方式获得救济为由认定本案情形属于犯罪未遂。

从对财产权的侵犯角度来看,对于以有形财物作为抢劫对象的案件,被害人拥有财产权的主要方式就是对财物的占有,一旦被害人因犯罪行为丧失对财物的占有,其财产权就遭到了实际侵害,对此类案件,应当以行为人是否实际劫取财物作为判断既遂和未遂的标准。对于以财产性利益作为抢劫对象的案件,被害人的财产权并不直接体现为对有形财物的实际占有,而是体现为各种财产权利义务关系,如果因犯罪行为改变了原有的财产权利关系,导致被害人丧失了财产性利益,被害人的财产权就遭到了实际侵害,对此类案件,应当以行为人是否改变了原有的财产权利关系作为判断既遂和未遂的标准。

本案中,被告人习海珠等人以暴力、胁迫手段迫使彭桂根书写七十五万元的收条,改变了原有的财产权利关系,导致彭桂根丧失七十五万元的债权,应当认定为抢劫犯罪既遂。公安机关及时侦破本案,恢复原有的财产权利关系,就如同公安机关追回被抢财物返回给被害人一样,属于事后行为,可以在量刑时予以考虑,但并不影响抢劫既遂的认定。

——《刑事审判参考》(总第102辑)。

戚道云等抢劫案(《刑事审判参考》案例第89号)

要旨:为消灭债务采用暴力、胁迫手段抢回欠款凭证的行为构成抢劫罪;行为人抢走欠款凭证即构成抢劫罪既遂。

(一)为消灭债务采用暴力、胁迫手段强行索回欠款凭证的行为,侵犯了被害人倪新昌的财产权和人身权利,符合抢劫罪的犯罪构成

首先,这种行为侵犯的是被害人的合法财产。从行为表面来看,行为人所

“抢”的对象是一张欠条，侵犯的仅仅是被害人的债权性证明文书，而非实实在在的财物。但是，刑法规定的抢劫罪所侵犯的不仅仅是有形的实实在在的财物，而且更主要的是侵犯了公私财产的合法所有权。欠款凭证本身虽不是财产，但却是财产权利的主要证明凭证，有时甚至是唯一的证明凭证，丧失这种凭证，债权人就难以甚至根本无法向债务人主张自己的财产权利，甚至最终会丧失财产所有权。因此，可以说，在特定情况下，欠款凭证往往就等于同值的财产。

其次，行为人所实施的行为，最终目的就是非法占有本不属于自己所有的财产。

（二）本案中，被告人戚道云等人的抢劫行为已经实施终了，债务已经消灭，属于犯罪既遂

本案中，戚道云等人强行抢回欠条，逼迫倪新昌在事先写好的收条上签字，以消灭债务的犯罪行为，在其实施终了之时，已经当场完成了已“归还”十万元债款的全部手续，其犯罪目的已经达到，已然齐备了抢劫罪的全部构成要件，故应当认定为犯罪既遂。戚道云在司法机关立案侦查之前一直占有着被害人的财产，仅因公安机关侦破案件，追回被告人抢走的财产，才没有使被害人遭受损失，这不影响犯罪既遂的成立。

——《刑事审判参考》（总第14辑）。

811 对抢劫违禁品、赌资、赃款赃物及亲属财物行为的定性

关键词 | 抢劫罪 | 违禁品 | 赌资 | 赃款、赃物 |

【最高人民法院司法文件】

七、关于抢劫特定财物行为的定性

以毒品、假币、淫秽物品等违禁品为对象，实施抢劫的，以抢劫罪定罪；抢劫的违禁品数量作为量刑情节予以考虑。抢劫违禁品后又以违禁品实施其他犯罪的，应以抢劫罪与具体实施的其他犯罪实行数罪并罚。

抢劫赌资、犯罪所得的赃款赃物的，以抢劫罪定罪，但行为人仅以其所输赌资或所赢赌债为抢劫对象，一般不以抢劫罪定罪处罚。构成其他犯罪的，依照刑法的相关规定处罚。

为个人使用，以暴力、胁迫等手段取得家庭成员或近亲属财产的，一般不以抢劫罪定罪处罚，构成其他犯罪的，依照刑法的相关规定处理；教唆或者伙同他人采取暴力、胁迫等手段劫取家庭成员或近亲属财产的，可以抢劫罪定罪处罚。

——《最高人民法院关于审理抢劫、抢夺刑事案件适用法律若干问题的意见》

(2005 年 6 月 8 日,法发〔2005〕8 号)。

【最高人民法院参考案例】

张超抢劫案(《刑事审判参考》案例第 793 号)

要旨:对赌博完毕后返回赌博现场抢走赌资的行为,应从时空条件和数额条件两个方面综合认定。

本案被告人张超的行为构成抢劫罪。对赌博完毕后返回赌博现场抢走赌资的行为定性,在适用《意见》①第七条的规定时,应当重点审查以下两个方面的要素:

一是时空条件:《意见》第七条规定的仅以其所输赌资或者所赢赌债作为抢劫对象的行为,应当发生在赌博现场。《意见》之所以规定抢劫所输赌资或者所赢赌债行为不构成抢劫罪,是基于抢回所输赌资或者所赢赌债行为的主观故意内容不符合抢劫罪的主观特征。抢回所输赌资或者所赢赌债的行为人,对所输赌资或者所赢赌债的权属性质存在模糊认识,而实施抢劫的行为人对于他人财物的权属性质认识很明确。如果在其他场所(即非赌博现场),行为人单独或者纠集他人实施抢回所输赌资或者所赢赌债行为的,其主观故意与一般的抢劫罪主观故意无异,应当构成抢劫罪。值得注意的是,对赌博现场的理解,与犯罪现场一样,要适度作扩大解释,不能严格从文义角度作限制理解。那种认为只要赌博完毕,离开了或者离开过赌博场所就不认定为"赌博现场"的观点,值得商榷。我们认为,如果时间上、空间上具有一定的接续性、邻接性,如行为人仅离开半小时就返回赌博场所,或者仅离开赌博房间不远,在宾馆同层走廊或者大堂处,实施抢回所输赌资或者所赢赌债的行为,也应认定为在赌博现场实施的行为。

二是数额条件:即抢取财物没有明显超出自己所输赌资或者所赢赌债的范围。在司法实践中,不能强求行为人在慌乱之中抢回的数额刚好与自己所输赌资或者所赢赌债的数额相等。然而,也不能将所抢数额与所输赌资或者所赢赌债数额的差距无限放大。本案被告人张超所输赌资为二百余元,但其指使李军等人持水果刀、木棒返回到新越招待所 303 房(赌博现场)抢走陈杨杨现金一千三百五十元和三星牌 S8300 型手机一部,所抢现金数额明显超出其所输赌资,所抢手机更不属于其所输赌资。上述事实体现了张超具有非常明显的占有他人财物的主观故意,其行为不适用《意见》关于赌博者抢回所输赌资的相关规定,应当以抢劫罪论处。

——《刑事审判参考》(总第 87 辑)。

---

① 即《最高人民法院关于审理抢劫、抢夺刑事案件适用法律若干问题的意见》(法发〔2005〕8 号)。

812 教唆他人抢劫自己与妻子共同财产的行为构成抢劫罪

关键词｜抢劫罪｜教唆犯｜夫妻共同财产｜

【最高人民法院参考案例】

包胜芹等故意伤害、抢劫案(《刑事审判参考》案例第 88 号)

要旨:教唆他人抢劫自己与妻子的共同财产,构成抢劫罪。

本案的特殊性在于,本案发生时被告人包胜芹与被害人陈女并未离婚。根据婚姻法的规定,夫妻在婚姻关系存续期间所得财产,归夫妻共同所有。由此看来,本案被抢财物应属于被告人与被害人(夫妻)的共同财产。那么,教唆他人抢劫自己与妻子的共同财产,能否成为抢劫罪的主体;如能成为抢劫罪的主体,是否与抢劫罪犯罪侵犯的对象只能是“国家、集体或他人所有的财物”相冲突。本案被告人包胜芹教唆他人抢劫自己与妻子的共同财产,并许诺以其作为被教唆人(实行犯)实施被教唆之罪的报酬,已不再属于一般情况下夫妻一方擅自占有、处分夫妻共同财产的民事侵权行为,而是非法占有他人财物的刑事犯罪行为。其中,被抢财物的夫妻共同财产属性,并不影响被告人包胜芹犯罪行为性质的确认,即不影响其抢劫(教唆)罪名的成立,而仅可能影响本案具体抢劫数额的认定。因此,教唆他人抢劫自己与妻子的共同财产,同样可以成为抢劫罪的主体,与抢劫罪构成要件中的“犯罪对象范围或主观目的”并不矛盾。

《最高人民法院、最高人民检察院关于办理盗窃刑事案件适用法律若干问题的解释》第八条规定,“偷拿家庭成员或者近亲属的财物,获得谅解的,一般可以不认为是犯罪;追究刑事责任的,应当酌情从宽”。即类似于中国古代刑法所说的“亲亲相盗不为罪”。那么,对“亲亲相抢”的本案被告人包胜芹认定为抢劫(教唆)罪,与该规定是否相悖呢?就本案而言,被告人包胜芹在妻子要与其离婚的特殊背景下,教唆他人故意伤害自己妻子的同时,又明确指使他人抢走妻子带回的财物,教唆抢劫财物的范围特定,并以抢得的财物许诺作为被教唆人实施故意伤害行为的报酬,已明显不同于夫妻关系正常稳定情况下的无明显暴力或仅有有限暴力但不想伤人的“亲亲相抢”,也不同于家庭成员之间因财产争议而相互抢夺,其社会危害性及主观恶性,都达到了应依照刑法定罪处罚的程度。

——《刑事审判参考》(总第 14 辑)。

813 “飞车行抢”行为构成抢劫罪的具体情形

关键词｜抢劫罪｜抢夺罪｜过失致人重伤罪｜过失致人死亡罪｜飞车行抢｜

【最高人民法院司法解释】

第六条　驾驶机动车、非机动车夺取他人财物，具有下列情形之一的，应当以抢劫罪定罪处罚：

（一）夺取他人财物时因被害人不放手而强行夺取的；

（二）驾驶车辆逼挤、撞击或者强行逼倒他人夺取财物的；

（三）明知会致人伤亡仍然强行夺取并放任造成财物持有人轻伤以上后果的。

——《最高人民法院、最高人民检察院关于办理抢夺刑事案件适用法律若干问题的解释》（2013年11月18日，法释〔2013〕25号）。

【链接：理解与适用】

（四）明确驾驶车辆夺取财物的定性问题

对驾驶车辆抢夺行为如何定性一直是实践中存在的难题。有意见认为，行为人利用快速行驶的车辆实施抢夺，除侵犯了被害人的财产权外，还必然威胁被害人的人身安全，侵害被害人人身权利，应以抢劫罪定罪处罚；另一种意见认为，驾驶车辆抢夺的对象是财物而不是被害人的人身，行为人不是故意对被害人人身使用暴力，应以抢夺罪从重处罚。经研究认为，一般情况下，驾驶车辆抢夺的，使用暴力针对的是被害人的财物，行为人没有对被害人的人身使用暴力的故意，对于实践中驾驶车辆抢夺过失造成被害人人身伤害的后果的，应该以抢夺罪从重处罚；对于驾驶车辆抢夺，因被害人保护财物而强行拖拽、威胁被害人的，此时行为方式和行为对象发生了转化，暴力不仅针对财物而且作用于被害人人身，行为性质也发生了转化，由抢夺转化为抢劫，应该以抢劫罪定罪处罚。

针对实践中的具体情况，2005年《抢劫、抢夺意见》第十一条明确了驾驶车辆夺取他人财物应当以抢劫罪定罪处罚的三种情形。《解释》第六条吸收了该意见规定的应以抢劫罪论处的三种情形，并对相关文字表述作出修改，明确驾驶机动车、非机动车夺取他人财物，夺取他人财物时因被害人不放手而强行夺取的，驾驶车辆逼挤、撞击或者强行逼倒他人夺取财物的，或者明知会致人伤亡仍然强行夺取并放任造成财物持有人轻伤以上后果的，应当以抢劫罪定罪处罚。

需要注意的是，对于驾驶机动车夺取财物案件的定性，需要根据案件具体情况，区别适用《解释》第二条第（四）项和第六条的规定。一般情况下，驾驶机动车、非机动车抢夺案件，驾驶车辆抢夺应该作为抢夺罪从严惩处的情形，抢夺公私财物的数额只要达到《解释》第一条规定的“数额较大”标准的百分之五十，即以抢夺罪追究刑事责任。特殊情况下，具有《解释》第六条规定的三种情形之一的，以抢劫罪定罪处罚。

——陈国庆、韩耀元、宋丹：《〈关于办理抢夺刑事案件适用法律若干问题的解释〉解读》，载《人民检察》2014 年第 2 期。

【最高人民法院司法文件】

十一、驾驶机动车、非机动车夺取他人财物行为的定性

对于驾驶机动车、非机动车（以下简称“驾驶车辆”）夺取他人财物的，一般以抢夺罪从重处罚。但具有下列情形之一，应当以抢劫罪定罪处罚：

（1）驾驶车辆，逼挤、撞击或强行逼倒他人以排除他人反抗，乘机夺取财物的；

（2）驾驶车辆强抢财物时，因被害人不放手而采取强拉硬拽方法劫取财物的；

（3）行为人明知其驾驶车辆强行夺取他人财物的手段会造成他人伤亡的后果，仍然强行夺取并放任造成财物持有人轻伤以上后果的。

——《最高人民法院关于审理抢劫、抢夺刑事案件适用法律若干问题的意见》（2005 年 6 月 8 日，法发〔2005〕8 号）。

【最高人民法院参考案例】

王跃军、张晓勇抢劫、盗窃案（《刑事审判参考》案例第 323 号）

要旨：“飞车行抢”刑事案件定性应具体问题具体分析，符合抢劫罪、抢夺罪或者其他犯罪构成要件的，应分别以相应的罪名定罪。

我们认为，将“飞车行抢”刑事案件一概定性为抢劫罪或者抢夺罪，或者以危害结果为标准定性为抢劫罪、抢夺罪都是不合适的，罪与非罪、此罪与彼罪的标准只能是犯罪构成，正确的做法应当是根据案件的实际情况，具体问题具体分析，符合抢劫罪、抢夺罪或者其他犯罪构成要件的，应分别以相应的罪名定罪：（1）对于并未造成人员伤亡的案件，考虑到行为人主观心态的不确定性和客观上直接针对的是财物，如果行为人抢取财物数额较大的，应以抢夺罪论处；（2）对于造成被害人伤亡后果的案件，应该结合行为人的作案手段、作案环境、作案对象等情况具体分析行为人的主观罪过，分别定性。如果行为人对于伤亡后果的主观罪过是故意（包括直接故意和间接故意），应以抢劫罪定罪处罚。如果行为人对于伤亡后果的主观罪过是过失，则分两种情况处理。在抢取财物达到“数额较大”标准时，致人轻伤的，认定为“其他严重情节”，致人重伤或者死亡的，则认定为“其他特别严重情节”，以抢夺罪定罪处罚。在抢取财物未达到“数额较大”标准时，如果仅仅过失造成了被害人轻伤以下的伤害，那么可以对行为人处以治安行政处罚，但难以定罪处罚。如果过失造成了被害人重伤或者死亡，可以根据刑法第二百三十五条或者第二百三十三条的规定，分别以过失致人重伤罪或者过失致人死亡罪定罪处罚。

——《刑事审判参考》（总第 41 辑）。

814 对“携带凶器抢夺”的具体认定

关键词｜抢劫罪｜抢夺罪｜携带凶器抢夺｜

【最高人民法院司法解释】

第六条　刑法第二百六十七条第二款规定的“携带凶器抢夺”，是指行为人随身携带枪支、爆炸物、管制刀具等国家禁止个人携带的器械进行抢夺或者为了实施犯罪而携带其他器械进行抢夺的行为。

——《最高人民法院关于审理抢劫案件具体应用法律若干问题的解释》(2000年11月28日，法释〔2000〕35号)。

【最高人民法院司法文件】

四、关于“携带凶器抢夺”的认定

《抢劫解释》第六条规定，“携带凶器抢夺”，是指行为人随身携带枪支、爆炸物、管制刀具等国家禁止个人携带的器械进行抢夺或者为了实施犯罪而携带其他器械进行抢夺的行为。行为人随身携带国家禁止个人携带的器械以外的其他器械抢夺，但有证据证明该器械确实不是为了实施犯罪准备的，不以抢劫罪定罪；行为人将随身携带凶器有意加以显示、能为被害人察觉到的，直接适用刑法第二百六十三条的规定定罪处罚；行为人携带凶器抢夺后，在逃跑过程中为窝藏赃物、抗拒抓捕或者毁灭罪证而当场使用暴力或者以暴力相威胁的，适用刑法第二百六十七条第二款的规定定罪处罚。

——《最高人民法院关于审理抢劫、抢夺刑事案件适用法律若干问题的意见》(2005年6月8日，法发〔2005〕8号)。

【链接：理解与适用】

实践中，有人对携带凶器抢夺是否构成法定加重处罚提出疑问。

1. 关于携带凶器抢夺的本质特性

笔者认为，携带凶器抢夺以抢劫罪定罪处罚，是刑法的一种特别规定。行为人所实施的行为，就行为本身而言，其实是一种抢夺行为。而抢夺，是指以非法占有为目的，公然夺取公私财产的行为。其客观方面是实施了夺取他人财物的行为，如趁本人不备夺取其财物等。抢夺罪以没有针对被害人人身使用暴力或者胁迫为前提，如果以针对人身使用暴力或者胁迫的方式夺取他人财物，应当以抢劫罪处罚。[1] 1979年刑法并没有携带凶器抢夺以抢劫罪论处的规定，1997年修订刑法时，根据司法实践，对抢夺罪的量刑作了细化规定并增加了携带凶器抢夺按照抢劫罪定罪处罚的规定。这主要是考虑到携带凶器抢夺具有很大的危险性，行为性质本身已经包含了以暴力、威胁方法侵犯他人财产权，为了严厉打击这类犯罪行为，以抢劫罪定罪处罚较为合适。[2]

2. “携带凶器抢夺”不存在转化抢劫的问题

综上，“携带凶器抢夺”是从一般“抢夺”中剥离出来进行特别规定的一种法律拟制。与一般的抢劫是存在区别的。最主要是，行为人携带凶器抢夺，虽然行为本身包含了暴力、威胁方法，但并未实际使用凶器，而且，于被害人而言，也未必感受到这种暴力、威胁。如果行为人在抢夺过程中使用了凶器，如将随身携带的凶器有意加以显示、能为被害人察觉到的，表明其主观上具有以暴力相威胁劫取他人财物的故意，客观上实施了以暴力相威胁劫取他人财物的行为，符合抢劫罪的特征，应直接以抢劫罪定罪处罚。也就是说，对于凶器本身、抢夺所处地点等，只是量刑时考虑的酌情因素，而不是必然地构成刑法第二百六十三条规定的八种加重处罚情形。例如：(1)行为人携带枪支抢夺。此种情形，以抢劫论处的原因是其携带了枪支进行抢夺，是法定的以抢劫论，而本身行为不是典型的抢劫，因此，不再以持枪抢劫罪论，避免对携带枪支行为进行重复评价。(2)在公共交通工具上抢夺、入户抢夺等，同样是法定将抢夺行为以抢劫罪论处，而不能认定为在公共交通工具上抢劫或者入户抢劫等。但是，如果行为人三次以上携带凶器抢夺的，自然构成“多次抢劫”。

如果行为人携带凶器抢夺行为实施后，为窝藏赃物、抗拒抓捕或者毁灭罪证而当场使用暴力或者以暴力相威胁的，也仍然是适用刑法第二百六十七条第二款和第二百六十三条的规定，以抢劫罪定罪处罚，而不是适用刑法第二百六十九条的规定，以转化型抢劫处理。此时，其抢劫的地点如果在户内或者公共交通工具上，则因行为本身就是抢劫，故应当认定为“入户抢劫”或者“在公共工具上抢劫”。如果以枪支作为暴力或者威胁的工具的，则可认定为“持枪抢劫”。如果使用暴力致人死亡的，则构成“抢劫致人死亡”。

——陆建红：《审理抢劫案件几个疑难问题探讨——对〈关于审理抢劫刑事案件适用法律若干问题的指导意见〉的再次解读》，载《中国刑事审判指导案例》编写组编：《中国刑事审判指导案例(4) · 侵犯财产罪》(增订本)，法律出版社2021年版，第398—399页。

---

① 全国人大常委会法制工作委员会刑法室编著：《中华人民共和国刑法解读》(第4版)，中国法制出版社2015年版，第621页。

② 全国人大常委会法制工作委员会刑法室编著：《中华人民共和国刑法解读》(第4版)，中国法制出版社2015年版，第620页。

815 携带凶器在银行营业大厅抢夺储户现金的行为构成抢劫罪

关键词｜抢劫罪｜携带凶器｜抢劫银行或者其他金融机构｜

【最高人民法院参考案例】

曾贤勇抢劫案(《刑事审判参考》案例第 190 号)

要旨:携带斧头实施抢夺的行为,应以抢劫罪定罪处罚。在银行营业大厅“抢劫”客户现金不同于抢劫银行或者其他金融机构,即不属抢劫银行。携带凶器抢夺当场被抓获,应以抢劫未遂处理。

行为人携带斧头实施抢夺,虽斧头不在国家禁止携带的器械之列,且行为人实施犯罪行为中始终未使用斧头,但其随身携带斧头属为实施抢夺而特别准备当可认定:一则斧头不属随身携带品,无缘无故将斧头携带于身不合常理;二则行为人未能就其随身携带斧头作出合理解释。因此,可以认定行为人携带斧头的目的就是为了能够顺利实施抢夺,以抢劫罪对行为人定性是正确的。

《解释》[①]第三条第一款规定:“刑法第二百六十三条第(三)项规定的‘抢劫银行或者其他金融机构’,是指抢劫银行或者其他金融机构的经营资金、有价证券和客户的资金等。”如何理解“客户的资金”?客户的资金是指来银行或者其他金融机构办理业务的客户所携带的资金还是指已存入银行的客户的资金?对此,应从立法本意来加以考虑。刑法之所以将抢劫银行或者其他金融机构等作为八种量刑情节,是为了突出打击针对银行或者其他金融机构的犯罪,以保护金融机构的安全。正在银行或者其他金融机构等待办理业务的客户毕竟不是金融机构本身,故在银行营业大厅“抢劫”客户现金的行为不宜视为对金融机构实施抢劫。但是,如果被害人的现金已递交银行或者其他金融机构工作人员,则应以抢劫银行或者其他金融机构论处。

抢劫罪既遂与未遂的区分标准问题,是刑法学界争论较大的问题。我们认为,抢劫罪存在既未遂形态,抢劫罪既遂、未遂的认定,应从其侵犯客体来加以理解。抢劫罪侵犯的是复杂客体,既侵犯财产权利又侵犯人身权利,具备劫取财物或者造成他人人身伤害后果两者之一的,均属抢劫既遂;既未劫取财物,又未造成他人人身伤害后果的,属抢劫未遂。同样的道理,刑法第二百六十三条规定的八种加重处罚情节中除“抢劫致人重伤、死亡的”这一结果加重情节之外,其余七种加重处罚情节也存在既遂、未遂问题,其中属抢劫未遂的,应当根据刑法关于加重情节的法定刑规定,结合未遂犯的处理原则量刑。

——《刑事审判参考》(总第 27 辑)。

---

① 《最高人民法院关于审理抢劫案件具体应用法律若干问题的解释》(法释〔2000〕35 号)

816 抢劫罪与强迫交易罪的区别

关键词｜抢劫罪｜强迫交易罪｜强迫借贷｜强索高额服务费｜

【最高人民法院司法文件】

2. 以暴力、胁迫手段索取超出正常交易价钱、费用的钱财的行为定性

从事正常商品买卖、交易或者劳动服务的人，以暴力、胁迫手段迫使他人交出与合理价钱、费用相差不大钱物，情节严重的，以强迫交易罪定罪处罚；以非法占有为目的，以买卖、交易、服务为幌子采用暴力、胁迫手段迫使他人交出与合理价钱、费用相差悬殊的钱物的，以抢劫罪定罪处刑。在具体认定时，既要考虑超出合理价钱、费用的绝对数额，还要考虑超出合理价钱、费用的比例，加以综合判断。

——《最高人民法院关于审理抢劫、抢夺刑事案件适用法律若干问题的意见》（2005 年 6 月 8 日，法发〔2005〕8 号）。

【最高人民法院审判业务意见】

有关部门就强迫借贷行为如何适用法律问题征求最高人民法院研究室意见。我室经研究认为：

采用暴力、威胁手段强迫他人借贷的，可以认定为刑法第二百二十六条第（二）项规定的“强迫他人提供或者接受服务”，情节严重的，以强迫交易罪论处；但是，以非法占有为目的，采用暴力、胁迫、要挟等手段强迫他人借贷，符合刑法第二百六十三条或者第二百七十四条规定的，以抢劫罪或者敲诈勒索罪论处。

——喻海松：《最高人民法院研究室关于强迫借贷行为如何适用法律问题的研究意见》，载最高人民法院研究室编著：《司法研究与指导》（总第 5 辑），人民法院出版社 2014 年版，第 183 页。

【最高人民法院公报案例】

重庆市渝中区人民检察院诉朱波伟、雷秀平抢劫案（一审法院：重庆市渝中区人民法院）

要旨：出租车驾驶员在正常营运过程中，为牟取非法利益，采用暴力、威胁手段，强行向乘客索取与合理价格相差悬殊的高额出租车服务费，情节严重的，其行为构成刑法第二百二十六条规定的强迫交易罪，不应以抢劫罪定罪处罚。

二罪比较，犯罪的前提条件不同，犯罪侵犯的客体不同，犯罪目的不同，犯罪的客观方面也有所不同。抢劫罪无须任何前提条件，而强迫交易罪则必须在行为人与被害人之间存在一笔交易；抢劫罪侵犯的客体是公私财物所有权和公民人身权利，强迫交易罪侵犯的客体是交易相对方的合法权益和商品交易市场秩序；抢劫罪

的目的是将公私财物非法占有,强迫交易罪的目的是在不合理的价格或不正当的方式下进行交易;二罪客观方面虽然都有暴力、胁迫内容,但由于犯罪侵犯的客体不同,决定了抢劫罪使用的暴力、胁迫手段,一般都足以危及被害人的身体健康或生命安全,其强度要大于强迫交易罪使用的暴力、威胁手段。

被告人朱波伟、雷秀平都是出租车驾驶员,被害人皮广思、杨建国都是出租车乘客。朱波伟与皮广思、杨建国之间,建立了服务与接受服务的交易关系,也因为存在这种关系才相遇在一起。朱波伟从事营运业务过程中,雷秀平与朱波伟相聚,明知朱波伟正在为乘客提供服务。在朱波伟为乘客提供服务的过程中,朱波伟、雷秀平使用暴力和威胁手段,强行从皮广思、杨建国身上搜取钱财。从表象上看,朱波伟、雷秀平使用的这些手段与抢劫无异。但是,朱波伟、雷秀平实施的暴力和威胁行为,其强度不足以危及被害人的身体健康或生命安全。结合二被告人使用证照真实、齐全的车辆作案,作案后将乘客送抵目的地,到目的地后主动把密码箱交还给乘客,给乘客退还一部分钱财等情节分析,朱波伟、雷秀平不是以非法占有公私财物为目的,而是要以不合理的价格完成交易。因此,朱波伟、雷秀平的行为,不符合抢劫罪构成要件,而是强迫交易。朱波伟、雷秀平身为出租车驾驶员,为牟取非法利益而无视国法,在出租车正常营运过程中违背被害人意志,单独或伙同采取暴力、威胁手段,强行索取与合理价格相差悬殊的高额出租车服务费,严重侵犯了交易对方的合法权益及出租车市场交易秩序,强迫交易情节严重,其行为触犯刑法第二百二十六条的规定,构成强迫交易罪。

——《最高人民法院公报》2006 年第 4 期。

【最高人民法院参考案例】

李洪生强迫交易案(《刑事审判参考》案例第 520 号)

要旨:使用暴力强行向他人当场“借款”并致人轻伤的行为,由于被告人主观上根本不具有交易的目的,客观上实施的也不是交易行为,而是以借款为名行抢劫之实,其行为构成抢劫罪。

准确区分强迫交易罪与抢劫罪要注意以下三点:第一,把握强迫交易罪的客体。犯罪客体往往决定犯罪性质,影响罪名的认定。强迫交易罪属于破坏市场经济秩序的犯罪,行为人通过不公平的交易来牟取非法经济利益,因此,只有在经营或者交易活动中才可能发生本罪。如果行为不是发生于商业经营活动中,则缺少构成强迫交易罪的前提条件。第二,注重法定刑对定性的制约。强迫交易罪的法定最高刑只有三年有期徒刑,而抢劫罪的法定最低刑为三年有期徒刑,说明抢劫罪的危害程度比强迫交易罪大很多,因此,强迫交易罪的行为人所使用的暴力、胁迫手段应当轻于抢劫罪,一般不能造成致人轻伤以上的后果,否则,以强迫交易罪定罪就会造成处刑上的不平衡。第三,行为人所付出对价的不公平性应有程度限制。行为人强迫对方进行交易,往往可能以不公平的对价买卖商品、提供或者接受服务,但这种对价的不公平程度应当有限度,不能与正常市场情况反差过于悬殊。如果采取暴力、胁迫手段,以交易为名行侵犯他人财产之实的,则应认定为抢劫罪或者敲诈勒索罪。

本案中,被告人李洪生当场使用暴力手段,强行向被害人孙焕然借款一百万元,并逼迫孙焕然当场筹借部分款项。虽然其书写了借条,并书面承诺无报酬替孙焕然解决其与有关公司之间的纠纷,形式上有一定交易性质,但并不符合强迫交易罪的构成要件,不能认定为强迫交易罪,而恰恰符合抢劫罪的构成要件,应认定为抢劫罪。

——《刑事审判参考》(总第66辑)。

郑小平、邹小虎抢劫案(《刑事审判参考》案例第109号)

要旨:以暴力、威胁手段强迫他人提供贷款的行为,如果不能证实行为人具有非法占有他人财物的目的,就不能以抢劫罪或者敲诈勒索罪定罪处罚。强迫金融机构工作人员提供贷款的行为,是扰乱市场秩序的行为,情节严重的,应以强迫交易罪定罪处罚。

(一)不能证实行为人具有非法占有他人财物的目的,就不能以抢劫罪或者敲诈勒索罪定罪处罚

抢劫罪和敲诈勒索罪作为侵犯财产所有权的犯罪,行为人主观上都必须有非法占有公私财物的目的。如果不能证实行为人有非法占有的目的,就不能以抢劫罪或者敲诈勒索罪对行为人定罪处罚。

(二)强迫金融机构工作人员提供贷款的行为,是扰乱市场秩序的行为,情节严重的,应以强迫交易罪定罪处罚

强迫交易罪是指以暴力、威胁手段强买强卖、强迫他人提供服务或者强迫他人接受服务,情节严重的行为。为了维护公平的市场交易秩序,刑法第二百二十六条规定了强迫交易罪,不仅意在惩处发生在商品交换过程中的强买强卖行为,也为了惩处服务行业中的强迫他人提供服务或者强迫他人接受服务的行为。金融服务业是市场经济的重要组成部分,贷款是银行或者非银行金融机构提供的一种有偿服务,也是金融市场的一种商业行为,借贷双方都应当遵循平等、自愿、公平、等价有偿和诚实信用的原则。强迫他人提供贷款或者强迫他人接受贷款,情节严重的行为,都是刑法第二百二十六条强迫交易罪的打击对象。

强迫交易罪在客观上表现为采取暴力、威胁手段强买强卖商品、强迫提供或者接受服务。侵犯的是复杂客体,一方面侵犯了公平的市场交易秩序,另一方面也侵

犯了他人的人身权利。如果强迫交易过程中采取的暴力手段致人重伤、死亡,则应按照牵连犯的处罚原则定故意伤害或者故意杀人罪。但刑法规定强迫交易罪的立法本意主要在于打击那些破坏市场交易秩序的行为,因此,只要存在交易,在交易过程中其中任何一方采取了暴力、威胁手段强买强卖商品、强迫提供或者接受服务的,如果暴力手段本身不构成犯罪,情节再严重也只能按强迫交易罪定罪。不能因为行为人采取了暴力、威胁手段,就不管双方是否存在交易的事实,一律按抢劫或者敲诈勒索等侵犯财产罪定罪处罚。当然,如果行为人以市场交易为借口,以暴力或者威胁的手段索取、强拿的财物,远远超过正常买卖、交易情况下被害人应支付的财物,可以根据刑法关于抢劫罪的规定,追究行为人的刑事责任。

——《刑事审判参考》(总第 17 辑)。

817 抢劫罪与抢夺罪的区别

关键词 | 抢劫罪 | 抢夺罪 | 犯罪客体 | 行为方式 |

【最高人民法院参考案例】

王跃军、张晓勇抢劫、盗窃案(《刑事审判参考》案例第 323 号)

要旨:抢劫罪与抢夺罪的区分应从犯罪构成角度重点把握。

抢劫罪与抢夺罪,共同点体现在主观上都以非法占有他人财物为目的,客观上都带有一定的公然性。二者的区别,从字面上看,体现在“劫”与“夺”的不同。从犯罪构成的角度看,其区别在于:(1)犯罪客体不同,抢劫罪侵犯的是双重客体,包括被害人的人身权利和财物所有权,抢夺罪侵犯的是单一客体,只是被害人的财物所有权;(2)行为方式不同,抢劫罪采取的是暴力、胁迫或者其他使被害人不能反抗或者不敢反抗的强制方法,抢夺罪是公然夺取他人控制的财物,但不能采用上述强制方法,实施抢夺行为,被害人可以当场发觉但来不及抗拒,而不是被暴力制服不能抗拒,也不是受胁迫不敢抗拒,这是抢劫罪与抢夺罪的关键区别;(3)犯罪主观要件不同,抢劫罪要求行为人既有侵犯财产的故意,又有侵犯人身权利的故意,而抢夺罪只要求行为人具有侵犯财产权利的故意;(4)犯罪主体要求不同,已满十四周岁的人即可成为抢劫罪的主体,而抢夺罪的主体要求已满十六周岁。

——《刑事审判参考》(总第 41 辑)。

818 抢劫罪与敲诈勒索罪的区别

关键词｜抢劫罪｜敲诈勒索罪｜非法占有目的｜

【最高人民法院司法文件】

1. 冒充正在执行公务的人民警察、联防人员，以抓卖淫嫖娼、赌博等违法行为为名非法占有财物的行为定性

行为人冒充正在执行公务的人民警察“抓赌”、“抓嫖”，没收赌资或者罚款的行为，构成犯罪的，以招摇撞骗罪从重处罚；在实施上述行为中使用暴力或者暴力威胁的，以抢劫罪定罪处罚。行为人冒充治安联防队员“抓赌”、“抓嫖”、没收赌资或者罚款的行为，构成犯罪的，以敲诈勒索罪定罪处罚；在实施上述行为中使用暴力或者暴力威胁的，以抢劫罪定罪处罚。

——《最高人民法院关于审理抢劫、抢夺刑事案件适用法律若干问题的意见》（2005 年 6 月 8 日，法发〔2005〕8 号）。

【最高人民法院参考案例】

林华明等敲诈勒索案（《刑事审判参考》案例第 349 号）

要旨：区分抢劫罪与敲诈勒索罪要考察被害人交出财物的心理状态。

抢劫是被害人迫于暴力或者将要实施的暴力而造成精神上的恐惧，被迫当场交出财物；敲诈勒索则是被害人迫于将要实施的暴力或者毁坏财物、名誉等造成精神上的恐惧，出于无奈，被迫于当场或者事后交出财物或者出让其他财产权利。

——《刑事审判参考》（总第 44 辑）。

何木生抢劫案（《刑事审判参考》案例第 147 号）

要旨：从行为的内容、方式、时间、空间、数额等方面，准确认定抢劫罪与敲诈勒索罪的区别。

抢劫罪是指以非法占有为目的，以暴力、胁迫或者其他方法，当场强行劫取他人财物的行为；敲诈勒索罪是指以非法占有为目的，对被害人以威胁或者要挟的方法，强行索取公私财物数额较大的行为。作为侵犯财产类犯罪，两者在主观上均以非法占有他人财物为目的；客观上均可表现为使用威胁（包括暴力威胁）、胁迫手段；客体上都不仅侵犯公私财物的所有权，同时也侵犯他人的人身权利或者其他权益，这是该两罪的共同之处。然而该两罪又是有着严格区分的，这种区分主要体现在客观方面，具体而言有以下五个方面：一是实施行为的内容不同。抢劫罪以当场实施暴力、以暴力相胁迫为其行为内容；敲诈勒索罪则仅限于威胁，不包括当场实施暴力，而且威胁的内容，不只是暴力，还包括毁坏被害人人格名誉、揭发隐私、栽

赃陷害等非暴力的内容。二是实施行为的方式不同。抢劫罪的威胁是当着被害人的面实施的,一般是以言语和动作来表示;而敲诈勒索罪的威胁可以是当着被害人的面,也可以是通过第三者来实现,可以用口头的方式来表示,也可以通过书信的方式来表示。三是实现威胁的时间和空间不同。抢劫罪的威胁具有当场即时发生暴力的现实可能性,如果被害人不交付财物,行为人就会当场加以杀害或伤害;敲诈勒索的威胁在时间和空间上,一般并不具有当场即时发生暴力的现实可能性。四是非法取得财物的时间和空间不同。抢劫罪必须是当时当场取得财物;敲诈勒索罪取得财物可以是当时当场,但更多的是在实施威胁、要挟之后一定的期限内取得。五是对构成犯罪数额要求不同。抢劫罪不要求数额较大;敲诈勒索罪则以数额较大作为其法定构成要件。

一般而言,把握住该五点区别,是可以对抢劫罪和敲诈勒索罪作出准确界定的。但在司法实践中,对以暴力相威胁、非法索取他人财物的行为,究竟是定抢劫罪还是敲诈勒索罪,往往由于对实现威胁和非法取得财物的时间和空间是否属于"当场"认识上有分歧,而造成认定上的分歧。本案即属于这种情况。我们认为,"当场"不是一个纯粹的时空概念,而是一定物质内容的存在形式。脱离了物质内容的时间和空间是不存在的,也无从把握。对于在以暴力威胁实施的抢劫罪中,"当场"的认定,必须结合行为人的暴力威胁以及所形成的对被害人的身体和精神强制的方式和程度,具体案件具体分析认定。只要暴力威胁造成了强制,且该强制一直持续,即使时间延续较长,空间也发生了一定的转换,同样可以认定符合"当场"的要求。

——《刑事审判参考》(总第23辑)。

819 抢劫罪与绑架罪的区别

关键词|抢劫罪|绑架罪|勒索行为|行为手段|

【最高人民法院司法文件】

3. 抢劫罪与绑架罪的界限

绑架罪是侵害他人人身自由权利的犯罪,其与抢劫罪的区别在于:第一,主观方面不尽相同。抢劫罪中,行为人一般出于非法占有他人财物的故意实施抢劫行为,绑架罪中,行为人既可能为勒索他人财物而实施绑架行为,也可能出于其他非经济目的实施绑架行为;第二,行为手段不尽相同。抢劫罪表现为行为人劫取财物一般应在同一时间、同一地点,具有"当场性";绑架罪表现为行为人以杀害、伤害等方式向被绑架人的亲属或其他人或单位发出威胁,索取赎金或提出其他非法要求，劫取财物一般不具有“当场性”。

绑架过程中又当场劫取被害人随身携带财物的，同时触犯绑架罪和抢劫罪两罪名，应择一重罪定罪处罚。

——《最高人民法院关于审理抢劫、抢夺刑事案件适用法律若干问题的意见》（2005年6月8日，法发〔2005〕8号）。

【最高人民法院答复】

行为人在绑架过程中，又以暴力、胁迫等手段当场劫取被害人财物，构成犯罪的，择一重罪处罚。

——《最高人民法院关于对在绑架过程中以暴力、胁迫等手段当场劫取被害人财物的行为如何适用法律问题的答复》（2001年11月8日，法函〔2001〕68号）。

【最高人民法院公报案例】

上海市黄浦区人民检察院诉陈祥国绑架案（一审法院：上海市黄浦区人民法院）

要旨：(1)勒索财物型的绑架罪，是指行为人绑架他人作为人质，以人质的安危来要挟绑架人以外的第三人，向该第三人勒索财物的行为。行为人虽然控制了被害人的人身自由，但其目的不是以被害人为人质来要挟被害人以外的第三人并向第三人勒索财物，而是对被害人实施暴力、胁迫以直接劫取财物，其行为不构成绑架罪。(2)索债型的非法拘禁罪，是指行为人以索取债务（包括合法债务与非法债务）为目的，以拘留、禁闭或者其他方法故意非法剥夺他人人身自由的行为。如果不能证实行为人与被害人之间存在债权债务关系，则不构成索债型的非法拘禁罪。(3)行为人以暴力、胁迫的方法要求被害人交出自己的财产，由于被害人的财产不在身边，行为人不得不同意被害人通知其他人送来财产，也不得不与被害人一起等待财产的到来。这种行为不是以被害人为人质向被害人以外的第三人勒索财物，而是符合“使用暴力、胁迫方法当场强行劫取财物”的抢劫罪特征，应当按照刑法第二百六十三条的规定定罪处罚。

上海市黄浦区人民法院认为：被告人陈祥国以暴力和胁迫手段向被害人何明耀强索巨款，将何明耀身边的数千元现金据为己有，还逼迫何明耀在最短时间内筹集巨款向其交付。公诉机关指控的犯罪事实清楚，证据确实、充分，应予确认。但公诉机关关于陈祥国的行为构成绑架罪的指控不能成立。刑法第二百三十九条第一款规定：“以勒索财物为目的绑架他人的，或者绑架他人作为人质的，处十年以上有期徒刑或者无期徒刑，并处罚金或者没收财产；致使被绑架人死亡或者杀害被绑架人的，处死刑，并处没收财产。”此条规定的勒索财物型绑架罪，是指行为人绑架他人作为人质，以人质的安危来要挟被绑架人以外的第三人，向第三人勒索财物的行为。在本案中,陈祥国虽然控制了何明耀的人身自由,但其目的不是以何明耀为人质来要挟何明耀以外的第三人,向第三人勒索财物,而是直接向何明耀索取财物。因此陈祥国的行为不构成绑架罪。

根据刑法第二百六十三条的规定,抢劫罪是指以非法占有为目的,对公私财产的所有人或者管理人使用暴力、胁迫或其他方法,当场强行劫取财物的行为。刑法第二百六十三条第一款规定:"已经着手实行犯罪,由于犯罪分子意志以外的原因而未得逞的,是犯罪未遂。"综观本案案情,被告人陈祥国以暴力、胁迫的方法将被害人何明耀控制在酒店客房内,不仅当场将何明耀身边的数千元现金劫为己有,还逼迫何明耀在最短时间内交付巨款。陈祥国实施不法行为的目的只有一个,就是要非法占有何明耀的财产,而不是以何明耀为人质向何明耀以外的第三人勒索财物。由于何明耀未身带巨款,陈祥国不得不同意何明耀给香港打电话筹款,也不得不与何明耀在酒店客房内等待巨款的到来,这一情节并没有改变陈祥国当场劫取他人财物的行为性质。陈祥国的主观故意以及客观行为,符合"使用暴力、胁迫方法当场强行劫取财物"的抢劫罪特征,构成抢劫罪。陈祥国在着手实行犯罪后,由于其意志以外的原因而没有达到获得巨款的犯罪目的,是犯罪未遂。需要说明的是,陈祥国的行为虽然也符合非法拘禁罪的犯罪构成,但鉴于其非法拘禁行为与抢劫行为存在手段与目的上的牵连关系,根据"择一重处"原则,对陈祥国应当以抢劫罪从重处罚。

——《最高人民法院公报》2007 年第 1 期。

淄博市人民检察院诉杨保营等人抢劫、绑架、寻衅滋事案(二审法院:山东省高级人民法院)

要旨:根据刑法第二百六十三条的规定,被告人以殴打、捆绑、禁闭为手段非法拘禁被害人,并迫使被害人直接交出现金的行为,应按抢劫罪论处。

杨保营、吴润鹏、李波驾车至张店海燕歌舞厅门前的目的,是准备在此抢劫从歌舞厅出来的"三陪小姐",其主观故意是抢劫现金,而犯罪对象却是不特定的。被害人田茂云上车后,杨保营等三人对田茂云实施了殴打、捆绑、禁闭等手段,目的是直接劫取田茂云的财产,只是由于田茂云随身没有多带现金,杨保营等人当时没有能够立即达到犯罪目的。但后来杨保营等三人仍通过暴力和胁迫等手段,迫使田茂云本人用存折取出五千元现金。杨保营等三人向被害人田茂云暴力劫取财产的行为并没有涉及其他的人,其行为特征与以勒索财物为目的的绑架他人行为是不同的,不符合绑架罪的犯罪构成,该行为应定为抢劫罪。

——《最高人民法院公报》2005 年第 2 期。

【最高人民法院参考案例】

王团结、潘友利、黄福忠抢劫、敲诈勒索案(《刑事审判参考》案例第 282 号)

要旨:挟持被害人前往其亲友处取钱的行为,应定抢劫罪。

行为人采用殴打、持刀威胁手段当场抢走被害人随身携带的财物后,又继续威胁被害人索取财物,并将被害人挟持到其亲友处取钱。由于行为人并未向被害人亲友表示被害人已被绑架,也非直接向被害人亲友实施勒索,被害人之亲友并不知道被害人此时正被挟持,也未感受到被勒索,之所以出钱的目的是帮助被害人解决缺钱问题,而非受到行为人的要挟或勒索。故应认定行为人是在向被害人本人索取钱财,而非转向被害人亲友进行勒索,行为人侵害的对象始终是被害人本人。因此,挟持被害人前往其亲友处取钱的行为,应定抢劫罪。

——《刑事审判参考》(总第 36 辑)。

杨保营等抢劫、绑架案(《刑事审判参考》案例第 272 号)

要旨:暴力劫持、拘禁他人之后迫使其本人交出现金的,构成抢劫罪。

暴力劫持、拘禁他人之后迫使其本人交出现金的行为,虽然具备了勒索绑架的一些外在特征,比如,采用暴力手段将被害人劫持至外地,实行较长时间的非法拘禁,先劫持后索财、劫持与索财之间存在一定的时空间隔等,但是,行为人实施这些行为的目的是向被绑架人本人索要财物,未曾向被绑架人以外的第三人索要财物,不具有以被绑架人为人质,向被绑架人以外的第三方索要财物的勒索绑架的基本特征,故不应将该行为认定为绑架罪。

需要指出的是,暴力劫持被害人并予以较长时间的非法拘禁,在构成抢劫罪的同时,还构成非法拘禁罪。但鉴于非法拘禁与抢劫之间存在目的与手段上的牵连关系,根据牵连犯择一重罪从重处罚的一般处理原则,应以抢劫罪一罪从重处罚。

——《刑事审判参考》(总第 35 辑)。

周建平、卫杨林、吴江、刘有志抢劫、敲诈勒索案(《刑事审判参考》案例第 114 号)

要旨:在抢劫过程中威胁被害人事后交出钱财的行为应认定为敲诈勒索罪;控制被害人人身劫取被害人本身财物的,不构成绑架罪,构成抢劫罪。

本案中被告人共同预谋,对被害人实施了暴力,将其劫持到出租车上,抢走其随身携带的财产而后又将其放掉,从其行为特征看,主要目的是得到被害人的财产,虽然对其人身自由有一定时间的直接控制,但也是为了达到顺利实施抢劫的目的,符合抢劫罪特征。因此,对被告人抢走被害人随身携带财物的行为应认定为抢劫罪。

被告人在抢劫过程中,又威胁被害人在当晚再送四万元钱到指定地点的行为应如何定性? 首先,它不是抢劫罪的一部分,因不是当场实施的,而是要求被害人事后送钱,不符合上述抢劫罪的概念特征。其次,它也不构成绑架罪,因为被告人在当场实施暴力抢劫后,已将被害人放掉,而不是对其进行直接的人身控制,使其失去行动自由。此行为的特征在于,以非法占有为目的对被害人实施威胁,对其实行精神强制,使其产生恐惧、害怕心理,不得已而交出其个人财物,符合敲诈勒索罪的构成特征。

——《刑事审判参考》(总第18辑)。

820 劫持被害人后,要求被害人以勒索之外的名义向其家属索要财物的行为构成抢劫罪

关键词|抢劫罪|绑架罪|劫持被害人|索要财物|

【最高人民法院参考案例】

张红亮等抢劫、盗窃案(《刑事审判参考》案例第637号)

要旨:劫持被害人后,要求被害人以勒赎之外的名义联系家属汇款到指定账户取得钱款的行为构成抢劫罪,而非绑架罪。

司法实践中,绑架罪与抢劫罪的界限是比较明确的,一般不会发生争议。但是,对于实践中发生的劫持被害人后,要求被害人以勒赎之外的名义联系家属汇款到指定账户取得钱款的行为,究竟是认定构成抢劫罪还是绑架罪,仍存在分歧意见。

一种意见认为,被告人张红亮等人的行为是明显的绑架索财,虽然被告人不是直接向被害人家属要钱,而是让被害人自己向家属要钱,但家属已明显感到被害人出事了、被控制了,所以,赶快把钱打入账户,随后报警。被告人于第二天从账户中取走钱款。这种情况不符合抢劫罪当场使用暴力、当场劫取被害人钱财的情况,而应认定绑架罪。另一种意见认为,被告人张红亮等均是威胁被害人让其与亲属联系索要财物,并没有直接向被害人亲属发出威胁索要赎金,其行为符合抢劫罪当场施暴、当场取财的构成要件。

我们同意第二种意见。主要理由是:

1. 我国刑法理论界一般认为,绑架罪的主客观要件,要求既要劫持被绑架人,又要利用第三人对被绑架人的人身安全的顾虑而向第三人索要钱财。本案中,虽然被害人的家属已感觉到被害人的人身安全可能受到威胁,但被告人向第三人勒索的主观意识和客观行为尚不明显,被害人是以炒股而非以赎身名义向家属要钱,

因此,被告人的行为不符合绑架罪的构成特征。

2. 刑事审判实践中,被告人控制被害人并通过被害人向其家属索要钱财的情形比较复杂:有的是通过被害人转达勒赎请求,以使被害人亲属确信其被控制的事实并增加威慑力量;有的是明确要求被害人不能暴露其被控制的事实,使被害人家属误以为其因正当事由需要钱财而提供;有的是笼统要求被害人向其家属索要钱财,至于被害人以何种名义向其家属索要钱财在所不问。前两种情形的结论比较明确,以是否胁迫第三人为标准,如是胁迫第三人,则认定绑架罪,如不是,则认定抢劫罪。对于第三种情形,由于第三人对被告人是否胁迫被害人处于不确定状态,需要视被害人与第三人的沟通情况而具体认定:如果被害人告知第三人其人身被控制而要钱,则被告人构成绑架罪;如果被害人并未告知第三人其人身被控制,即使被害人家属感知,在无证据证实被告人有明确的胁迫第三人的主观犯意和客观行为的情形下,以抢劫罪定罪处罚。这样定罪,不会轻纵犯罪分子,而且较之以绑架罪定性更有利于做到罪刑相适应。

3. 劫持被害人后通过被害人以其他理由要求其家属汇款到指定账户的行为,符合抢劫罪的构成要件。从抢劫罪的犯罪对象来讲,并不要求必须是本人财物,第三人包括被害人家属的钱财,也可以成为抢劫罪的对象。因此,被告人通过劫持被害人然后得到汇款,符合抢劫罪所要求的当场施暴、当场取得财物的要件。

——《刑事审判参考》(总第75辑)。

821 抢劫罪与寻衅滋事罪的区别

关键词｜抢劫罪｜寻衅滋事罪｜

【最高人民法院司法文件】

4. 抢劫罪与寻衅滋事罪的界限

寻衅滋事罪是严重扰乱社会秩序的犯罪,行为人实施寻衅滋事的行为时,客观上也可能表现为强拿硬要公私财物的特征。这种强拿硬要的行为与抢劫罪的区别在于:前者行为人主观上还具有逞强好胜和通过强拿硬要来填补其精神空虚等目的,后者行为人一般只具有非法占有他人财物的目的;前者行为人客观上一般不以严重侵犯他人人身权利的方法强拿硬要财物,而后者行为人则以暴力、胁迫等方式作为劫取他人财物的手段。司法实践中,对于未成年人使用或威胁使用轻微暴力强抢少量财物的行为,一般不宜以抢劫罪定罪处罚。其行为符合寻衅滋事罪特征的,可以寻衅滋事罪定罪处罚。

——《最高人民法院关于审理抢劫、抢夺刑事案件适用法律若干问题的意见》

(2005年6月8日,法发〔2005〕8号)。

822 “吊模宰客”行为一般涉及诈骗罪、强迫交易罪、敲诈勒索罪、抢劫罪几种情形

关键词|诈骗罪|强迫交易罪|敲诈勒索罪|抢劫罪|

【最高人民法院参考案例】

陈惠忠等抢劫案(《刑事审判参考》案例第730号)

要旨:“吊模宰客”①的具体行为止步于不同的阶段,则所对应的罪名也会不同。不能千篇一律地用一个罪名去套所有的“吊模宰客”犯罪,要严格根据查明的事实来分析行为特征以及与相关犯罪构成要件的契合度,从而确定具体罪名。

根据行为暴力升级的发展态势,“吊模宰客”行为一般涉及下列犯罪:

1. 诈骗罪。非暴力的“吊模宰客”行为对应的往往是诈骗罪。在此阶段,行为人采用各种欺骗手段,不具有暴力或威胁,这是其定性的关键行为特征。如安排女青年主动搭识男性被害人后,约至餐厅、酒吧消费,虚开高价,使被害人受到蒙蔽后支付钱财。被害人在此过程中未受到人身威胁,仅是财产权益受到侵害。行为人的诈骗金额达到数额较大的,可以认定构成诈骗罪。

2. 强迫交易罪。从事正常经营的单位或个人,为增加盈利,采用“吊模宰客”的手段拉生意,为促成交易使用较轻暴力、胁迫手段,强买强卖,如果其经营行为是基本正常的、稳定的,行为人追求和获取的经济利益主要源于商业经营活动,基本符合商业利润的发生规律,仅为获取更高经营利润而为之,情节严重的可以认定构成强迫交易罪。其关键特征是具有实际的商业经营活动和经营行为,其刑事责任的根据在于被告人采用了侵害人身权利和市场秩序的交易手段。

3. 敲诈勒索罪、抢劫罪。与强迫交易罪相比,敲诈勒索罪和抢劫罪具有非法占有财物的故意,行为人并非从事正常经营,而是以经营活动为幌子或诱饵,追求的主要不是商业利润,而是商业利润环节之外的他人财产,并且是通过暴力或威胁取得。如果行为人使用的是非暴力的胁迫,或者是非当场兑现的暴力胁迫,则构成敲诈勒索罪。如果行为人以当场实施暴力相威胁或者直接实施暴力而劫取财物,则构成抢劫罪。

——《刑事审判参考》(总第82辑)。

---

① “吊模宰客”,是指一些地方形容不法分子以各种名目诱骗游客到酒吧、咖啡厅、KTV、美容院等场所消费、购物,通过抬高消费金额等手段谋取高额利润,“吊模”则从消费金额中抽取一定比例的违法犯罪活动。

823 指认被害人住址并多次参与蹲守，虽此后未参与实施抢劫但未消除已提供的帮助与犯罪结果间的因果关系的，不属于犯罪中止

关键词 | 抢劫罪 | 犯罪中止 | 帮助犯 |

【最高人民法院参考案例】

韩江维等抢劫、强奸案(《刑事审判参考》案例第750号)

要旨:指认被害人住址并多次参与蹲守,但此后未参与实施抢劫,没有消除已提供的帮助与犯罪结果之间的因果关系的,属于犯罪既遂。

帮助犯,是指故意帮助他人实行犯罪。这种帮助可以分为物理(有形)帮助和心理(无形)帮助。物理帮助,是指帮助者在他人实行犯罪之前或者实行犯罪过程中给予行为上的帮助,使他人易于实行犯罪或者易于完成犯罪行为。如提供资金、作案工具,传授使用作案工具的方法,提供被害人的住址、电话、作息规律等重要个人信息等。心理帮助,是指帮助者实施的使本有犯意的人强化其犯意的言语激励等行为。帮助犯在提供帮助后,如果主动停止帮助,及时阻止实行犯实施犯罪或者有效防止犯罪结果发生的,可以构成犯罪中止。如果帮助犯在实行犯着手前主动退出犯罪,且已消除其帮助行为与犯罪结果之间的因果关系的,则属于预备阶段的中止。如果帮助犯仅是自行退出,而没有消除已提供的帮助与犯罪结果之间的因果关系的,则属于犯罪既遂。如果帮助犯为消除已提供的帮助付出了诚挚的努力,但仍未能阻止实行犯实施犯罪或者有效防止犯罪结果发生的,虽构成犯罪既遂,但在量刑时对帮助犯为积极阻止犯罪付出的努力应作适当考虑,可以从轻处罚。

孙磊在抢劫被害人张某的共同犯罪中不属于实行犯,也不属于教唆犯,而是帮助犯。综观全案,孙磊提供的帮助包括物理帮助和心理帮助。从物理帮助分析,正是孙磊提出了抢劫张某,指认了张某的具体住址,并多次与韩江维、张立二人一起蹲守。从心理帮助分析,孙磊虽然不是起意者,但其参与了预谋,并提出要杀人灭口,这是一种强化共犯犯意的行为。孙磊在多次参与蹲守未遇张某后,虽然未再继续参与作案,但显然没有消除其物理帮助和心理帮助的影响。孙磊要构成犯罪中止,就必须消除其提供的帮助,使其帮助行为与犯罪结果之间断绝因果关系。但实际情况是,孙磊仅是单纯放弃自己继续犯罪,而未采取措施防止共同犯罪结果的发生,其帮助行为与韩江维、张立后续的抢劫犯罪结果之间具有因果关系,故应认定构成犯罪既遂。

——《刑事审判参考》(总第84辑)。

824 骗乘出租车欲到目的地抢劫中途放弃的，应认定为抢劫预备阶段的犯罪中止

关键词|抢劫罪|犯罪中止|犯罪未遂|犯罪预备|

【最高人民法院参考案例】

夏洪生抢劫、破坏电力设备案(《刑事审判参考》案例第 643 号)

要旨:骗乘出租车欲到目的地抢劫因唯恐被发觉而在中途放弃的,应当认定为抢劫预备阶段的犯罪中止。

关于抢劫被害人周喜章的行为的犯罪停止形态,存在三种不同意见:第一种意见认为构成抢劫预备。理由是:被告人夏洪生伙同张金宝事先预谋、携带卡簧刀、选定作案目标并且坐上出租车的行为,系为了实施抢劫而准备工具、制造条件的犯罪预备行为。但因周喜章拒绝驾车前往夏洪生指定的偏僻地点,使得二被告人因意志以外的原因未能着手实施抢劫,故构成抢劫预备。第二种意见认为构成抢劫未遂。理由是:以出租车为抢劫目标的犯罪,认定“着手”的时间应比一般类型的抢劫犯罪提前。因为在出租车封闭、狭小的空间内,从犯罪行为人进入车内那刻起,被害人的人身和财产法益就已陷入急迫的危险之中,只要犯罪行为人“进入出租车”就应认定为开始着手实施抢劫。但因二被告人意志以外的原因未能抢劫得逞,故构成抢劫未遂。第三种意见认为构成抢劫中止。理由是:虽然周喜章拒绝驾车前往夏洪生指定的偏僻地点,但以一般人的观点来看,该因素并不足以阻止夏洪生、张金宝持刀实施抢劫。因此系二被告人自动放弃犯罪,宜认定为抢劫中止。其中,又分为抢劫预备阶段的中止和抢劫实行阶段的中止两种不同观点,理由基本同前。

我们认为,抢劫被害人周喜章的行为构成抢劫预备阶段的中止。第一,被告人夏洪生伙同张金宝乘出租车,并要求司机行驶至偏僻地点,确实属于确定抢劫目标并为抢劫创造条件的行为,符合刑法关于犯罪预备的规定。第二,将“乘坐出租车”的行为认定为“着手抢劫”有过早之嫌。“着手实施犯罪”意味着给法益已经带来急迫的危险,就抢劫罪而言,只有当犯罪行为人使被害人的人身或财产法益面临急迫的危险之时,才宜认定为“着手抢劫”。具体到抢劫出租车司机这一类型犯罪,“着手抢劫”的认定标准应与其他类型的抢劫犯罪一致,即以出租车司机的人身和财产法益所面临的危险是否具有急迫性来判断。如果犯罪行为人以抢劫为目的乘坐出租车,但还未采取任何暴力、胁迫手段,则法益所面临危险的急迫性并不明显。所以,抢劫周喜章的行为仍处于抢劫预备阶段。本案中,夏洪生、张金宝乘坐周喜章的出租车行驶了一段路程,周喜章拒绝前行至夏洪生指定的偏僻地点,二被告人遂下车。无论是采取认定犯罪中止的主观说,即被告人担心实施抢劫有可

能被发现而自动放弃犯罪；还是采取认定犯罪中止的客观说，即以一般人的观点来看，在当时情况下二被告人仍有实施抢劫之可能性而自动放弃犯罪，均可认为二被告人构成犯罪中止。

——《刑事审判参考》（总第76辑）。

825 明知他人抢劫，还于暴力行为结束后参与共同搜取被害人财物的行为定性

关键词｜抢劫罪｜共同犯罪｜事先通谋｜

【最高人民法院司法文件】

八、关于抢劫罪数的认定

行为人实施伤害、强奸等犯罪行为，在被害人未失去知觉，利用被害人不能反抗、不敢反抗的处境，临时起意劫取他人财物的，应以此前所实施的具体犯罪与抢劫罪实行数罪并罚；在被害人失去知觉或者没有发觉的情形下，以及实施故意杀人犯罪行为之后，临时起意拿走他人财物的，应以此前所实施的具体犯罪与盗窃罪实行数罪并罚。

——《最高人民法院关于审理抢劫、抢夺刑事案件适用法律若干问题的意见》（2005年6月8日，法发〔2005〕8号）。

【最高人民法院参考案例】

侯吉辉、匡家荣、何德权抢劫案（《刑事审判参考》案例第491号）

要旨：事先无通谋，但行为人明知他人抢劫的情况下，于其暴力行为致被害人死亡后参与共同搜取被害人财物的，应以抢劫罪共犯论处，并应适用刑法第二百六十三条一般抢劫罪的规定量刑。

（一）在事先无通谋，但行为人明知他人抢劫的情况下，于其暴力行为致被害人死亡后参与共同搜取被害人财物的，应以抢劫罪共犯论处

就本案而言，被告人何德权事前虽未同意参与侯吉辉、匡家荣二人抢劫犯罪的提议，事中亦未实施对被害人的暴力行为，但基于其对侯吉辉、匡家荣二人抢劫犯意的了解，在听到侯吉辉、匡家荣二人与被害人的打斗和被害人的呼救声渐小，走到现场目睹倒在血泊中的被害人和手持剔骨刀的匡家荣，以及身上有血迹的侯吉辉后，其在明知侯吉辉、匡家荣二人的行为性质、目的及已造成的犯罪后果之情形下，在侯吉辉、匡家荣二人抢劫犯罪行为处于持续状态期间，应匡家荣的要求参与了共同搜取被害人家中财物的行为，因此，符合上述事先无共谋的情形下事中参与

他人共犯的第二种情形,应当与侯吉辉、匡家荣二人构成抢劫罪的共犯。

（二）在事先无通谋,行为人在他人抢劫致被害人死亡后参与共同犯罪的,应适用刑法第二百六十三条一般抢劫罪的规定量刑

但是应当看到,就本案被害人被侯吉辉、匡家荣二人暴力致死的事实及后果而言,何德权在事前既无共同犯意,在事中亦无实施共同暴力行为,因此,根据刑法罪责自负原则,何德权对侯、匡二人在其参与抢劫犯罪前暴力致被害人死亡的行为及其后果不应承担刑事责任,否则有违罪责刑相一致的基本原则。与此相应,刑法第二百六十三条第（五）项规定的加重条款,对何德权亦不应适用。此外,需要指出的是,对于刑法第二十七条第二款对于从犯,应当从轻、减轻处罚或者免除处罚的规定,应当理解为在该从犯所应当适用的法定量刑幅度内从轻、减轻或者免除处罚,而非简单地比照主犯的量刑幅度从轻、减轻或者免除处罚。

综上,本案二审法院依照刑法第二百六十三条一般抢劫罪的规定,对何德权在十年以下三年以上有期徒刑量刑幅度内从轻改判刑罚是恰当的。

——《刑事审判参考》（总第62辑）。

826 抢劫罪的量刑

关键词 | 抢劫罪 | 量刑 |

【最高人民法院司法文件】

（十）抢劫罪

1. 构成抢劫罪的,根据下列情形在相应的幅度内确定量刑起点:

（1）抢劫一次的,在三年至六年有期徒刑幅度内确定量刑起点。

（2）有下列情形之一的,在十年至十三年有期徒刑幅度内确定量刑起点:入户抢劫的;在公共交通工具上抢劫的;抢劫银行或者其他金融机构的;抢劫三次或者抢劫数额达到数额巨大起点的;抢劫致一人重伤的;冒充军警人员抢劫的;持枪抢劫的;抢劫军用物资或者抢险、救灾、救济物资的。依法应当判处无期徒刑以上刑罚的除外。

2. 在量刑起点的基础上,根据抢劫情节严重程度、抢劫数额、次数、致人伤害后果等其他影响犯罪构成的犯罪事实增加刑罚量,确定基准刑。

3. 构成抢劫罪的,根据抢劫的数额、次数、手段、危害后果等犯罪情节,综合考虑被告人缴纳罚金的能力,决定罚金数额。

4. 构成抢劫罪的,综合考虑抢劫的起因、手段、危害后果等犯罪事实、量刑情节,以及被告人的主观恶性、人身危险性、认罪悔罪表现等因素,从严把握缓刑的

适用。

——《最高人民法院、最高人民检察院关于常见犯罪的量刑指导意见(试行)》(2021年7月1日,法发〔2021〕21号)。

827 抢劫罪判处无期徒刑、死刑的适用条件

关键词 | 抢劫罪 | 无期徒刑 | 死刑 |

【最高人民法院司法文件】

四、具有法定八种加重处罚情节的刑罚适用

2. 具有下列情形之一的,可以判处无期徒刑以上刑罚:

(1)抢劫致三人以上重伤,或者致人重伤造成严重残疾的;

(2)在抢劫过程中故意杀害他人,或者故意伤害他人,致人死亡的;

(3)具有除"抢劫致人重伤、死亡"外的两种以上加重处罚情节,或者抢劫次数特别多、抢劫数额特别巨大的。

3. 为劫取财物而预谋故意杀人,或者在劫取财物过程中为制服被害人反抗、抗拒抓捕而杀害被害人,且被告人无法定从宽处罚情节的,可依法判处死刑立即执行。对具有自首、立功等法定从轻处罚情节的,判处死刑立即执行应当慎重。对于采取故意杀人以外的其他手段实施抢劫并致人死亡的案件,要从犯罪的动机、预谋、实行行为等方面分析被告人主观恶性的大小,并从有无前科及平时表现、认罪悔罪情况等方面判断被告人的人身危险程度,不能不加区别,仅以出现被害人死亡的后果,一律判处死刑立即执行。

4. 抢劫致人重伤案件适用死刑,应当更加慎重、更加严格,除非具有采取极其残忍的手段造成被害人严重残疾等特别恶劣的情节或者造成特别严重后果的,一般不判处死刑立即执行。

5. 具有刑法第二百六十三条规定的"抢劫致人重伤、死亡"以外其他七种加重处罚情节,且犯罪情节特别恶劣、危害后果特别严重的,可依法判处死刑立即执行。认定"情节特别恶劣、危害后果特别严重",应当从严掌握,适用死刑必须非常慎重、非常严格。

——《最高人民法院关于审理抢劫刑事案件适用法律若干问题的指导意见》(2016年1月6日,法发〔2016〕2号)。

【链接:理解与适用】

2. 判处无期徒刑以上刑罚的适用条件。《指导意见》依照罪责刑相适应的原

则，在刑法规定的量刑框架内，参照量刑规范化的方法，根据“严格控制仅具有一种法定加重处罚情节的适用无期徒刑以上刑罚”的思路，细化了判处无期徒刑以上刑罚的适用条件，从而防止了量刑上的随意性。《指导意见》规定：具有下列情形之一的，可以判处无期徒刑以上刑罚：(1)抢劫致三人以上重伤，或者致人重伤造成严重残疾的；(2)在抢劫过程中故意杀害他人，或者故意伤害他人，致人死亡的；(3)具有除抢劫致人重伤、死亡外的两种以上加重处罚情节，或者抢劫次数特别多、抢劫数额特别巨大的。需要说明的是，刑法条文和以往的司法解释、规范性司法文件均未出现过“抢劫次数特别多”“抢劫数额特别巨大”的用词。我们认为，抢劫数额特别巨大，可以参考盗窃罪数额巨大的认定标准来确定。而抢劫次数特别多则没有参考依据，可根据具体案件的具体情况确定。但是，有一点是明确的：次数特别多，指的是非常多而不是一般多，比如几十次。各地在如何认定抢劫数额特别巨大、抢劫次数特别多的问题上，可加强总结，待条件成熟时，可由最高人民法院统一规定具体认定标准。

3. 适用死刑的条件。抢劫罪如何适用死刑，一直是有争议的。但是，司法实践中已经比较成熟的做法是，在一般情况下，“没有人命就不判死刑”。我们认为，这一经验值得总结，但是不能反过来说，有人命就必须判处死刑。在广泛征求意见、充分总结经验的基础上，《指导意见》对抢劫案件的死刑适用提出了非常严格的标准。其内容主要体现在三个方面：(1)具有抢劫致人死亡情节为抢劫案件适用死刑的重点，但并非凡是具有致人死亡情节的一律判处死刑。《指导意见》规定，为劫取财物而预谋故意杀人，或者在劫取财物过程中为制服被害人反抗、抗拒抓捕而杀害被害人，且被告人无法定从宽处罚情节的，可依法判处死刑立即执行。对具有自首、立功等法定从轻处罚情节的，判处死刑立即执行应当慎重。对于采取故意杀人以外的其他手段实施抢劫并致人死亡的案件，要从犯罪的动机、预谋、实行行为等方面分析被告人主观恶性的大小，并从有无前科及平时表现、认罪悔罪情况等方面判断被告人的人身危险程度，不能不加区别，仅以出现被害人死亡的后果，一律判处死刑立即执行。(2)对具有抢劫致人重伤情节的案件适用死刑，除非有特殊情节，否则一般不适用死刑。《指导意见》规定，抢劫致人重伤案件适用死刑，应当更加慎重、更加严格，除非具有采取极其残忍的手段造成被害人严重残疾等特别恶劣的情节或者造成特别严重后果的，一般不判处死刑立即执行。司法实务中，要避免简单以重伤人数决定是否适用死刑的做法，坚持以“具有采取极其残忍的手段造成被害人严重残疾等特别恶劣的情节或者造成特别严重后果”为抢劫致人重伤案件适用死刑的条件。(3)对不具有抢劫致人重伤、死亡情节的抢劫案件，一般排除死刑适用。不能简单以法定加重处罚情节的种数或者抢劫数额、抢劫次数作为适用死刑的条件。据此，《指导意见》规定，具有刑法第二百六十三条规定的抢劫致人重伤、死亡以外其他七种加重处罚情节，且犯罪情节特别恶劣、危害后果特别严重的，可依法判处死刑立即执行。认定情节特别恶劣、危害后果特别严重，应当从严掌握，适用死刑必须非常慎重、非常严格。

——陆建红、杨华、潘洁：《〈关于审理抢劫刑事案件适用法律若干问题的指导意见〉的理解与适用》，载《人民司法·应用》2016年第10期。

828 抢劫共同犯罪的刑罚适用

关键词｜抢劫罪｜共同犯罪｜

【最高人民法院司法文件】

五、抢劫共同犯罪的刑罚适用

1. 审理抢劫共同犯罪案件，应当充分考虑共同犯罪的情节及后果、共同犯罪人在抢劫中的作用以及被告人的主观恶性、人身危险性等情节，做到准确认定主从犯，分清罪责，以责定刑，罚当其罪。一案中有两名以上主犯的，要从犯罪提意、预谋、准备、行为实施、赃物处理等方面区分出罪责最大者和较大者；有两名以上从犯的，要在从犯中区分出罪责相对更轻者和较轻者。对从犯的处罚，要根据案件的具体事实、从犯的罪责，确定从轻还是减轻处罚。对具有自首、立功或者未成年人且初次抢劫等情节的从犯，可以依法免除处罚。

2. 对于共同抢劫致一人死亡的案件，依法应当判处死刑的，除犯罪手段特别残忍、情节及后果特别严重、社会影响特别恶劣、严重危害社会治安的外，一般只对共同抢劫犯罪中作用最突出、罪行最严重的那名主犯判处死刑立即执行。罪行最严重的主犯如因系未成年人而不适用死刑，或者因具有自首、立功等法定从宽处罚情节而不判处死刑立即执行的，不能不加区别地对其他主犯判处死刑立即执行。

3. 在抢劫共同犯罪案件中，有同案犯在逃的，应当根据现有证据尽量分清在押犯与在逃犯的罪责，对在押犯应按其罪责处刑。罪责确实难以分清，或者不排除在押犯的罪责可能轻于在逃犯的，对在押犯适用刑罚应当留有余地，判处死刑立即执行要格外慎重。

——《最高人民法院关于审理抢劫刑事案件适用法律若干问题的指导意见》（2016年1月6日，法发〔2016〕2号）。

【链接：理解与适用】

五、关于抢劫共同犯罪的刑罚适用

《抢劫解释》和《两抢意见》均未对抢劫共同犯罪如何适用刑罚作出规定。考虑到司法实践中,共同抢劫犯罪的案件数量非常多,新情况、新问题也不少,为进一步加强对这方面的审判指导,同时也可供审理其他共同犯罪案件借鉴,《指导意见》根据刑法关于共同犯罪的有关规定,结合司法实践经验,对主从犯的区分,对同是主犯及同是从犯的罪责区分、刑罚适用以及共同抢劫只致一人死亡的死刑适用作了详细的规定。

1. 主从犯的区分。《指导意见》指出,审理抢劫共同犯罪案件,应当充分考虑共同犯罪的情节及后果、共同犯罪人在抢劫中的作用以及被告人的主观恶性、人身危险性等情节,做到准确认定主从犯,分清罪责,以责定刑,罚当其罪。实务中,审判人员要依照刑法关于主从犯的规定,依照《指导意见》提供的方法论,准确区分主从犯。

另外,《指导意见》还对共同犯罪中有同案被告人未到案的,如何区分罪责及如何量刑作了规定,指出:应当根据现有证据尽量分清在押犯与在逃犯的罪责,对在押犯应按其罪责处刑。罪责确实难以分清,或者不排除在押犯的罪责可能轻于在逃犯的,对在押犯适用刑罚应当留有余地,判处死刑立即执行要格外慎重。

2. 对同是主犯及同是从犯的罪责区分、刑罚适用。《指导意见》针对抢劫案件常常出现一案有两名以上主犯或者从犯,而实务中不太注意对罪责再作细分的实际情况,规定了如何更加细分罪责的内容。一案中有两名以上主犯的,要从犯罪提意、预谋、准备、行为实施、赃物处理等方面区分出罪责最大者和较大者。对于一案有两名以上从犯的,要在从犯中区分出罪责相对更轻者和较轻者。

对于从犯的处罚,刑法第二十七条规定,应当从轻、减轻或者免除处罚,《指导意见》根据抢劫犯罪同时侵犯公民人身、财产权益,社会危害性相对其他侵财型案件更大的实际,要求根据案件的具体事实、从犯的罪责,确定从轻还是减轻处罚。也就是说,对抢劫案件的从犯,一般情况下不适用免除处罚。只有具有自首、立功或者未成年人且初次抢劫等情节的从犯,才可以依法免除处罚。这样规定,更加限缩了法官自由裁量权的空间,特别是避免了法官随意对抢劫犯罪从犯适用免除处罚的可能性。

3. 共同致一人死亡案件如何适用死刑?《指导意见》确立了一般只判处一名主犯死刑的原则,即:除犯罪手段特别残忍、情节及后果特别严重、社会影响特别恶劣、严重危害社会治安的外,一般只对共同抢劫犯罪中作用最突出、罪行最严重的那名主犯判处死刑立即执行。罪行最严重的主犯如因系未成年人而不适用死刑,或者因具有自首、立功等法定从宽处罚情节而不判处死刑立即执行的,不能不加区别地对其他主犯判处死刑立即执行。

——陆建红、杨华、潘洁:《〈关于审理抢劫刑事案件适用法律若干问题的指导意见〉的理解与适用》,载《人民司法·应用》2016年第10期。

829 抢劫罪累犯等情节的适用

关键词 | 抢劫罪 | 累犯 |

【最高人民法院司法文件】

六、累犯等情节的适用

根据刑法第六十五条第一款的规定,对累犯应当从重处罚。抢劫犯罪被告人具有累犯情节的,适用刑罚时要综合考虑犯罪的情节和后果,所犯前后罪的性质、间隔时间及判刑轻重等情况,决定从重处罚的力度。对于前罪系抢劫等严重暴力犯罪的累犯,应当依法加大从重处罚的力度。对于虽不构成累犯,但具有抢劫犯罪前科的,一般不适用减轻处罚和缓刑。对于可能判处死刑的罪犯具有累犯情节的也应慎重,不能只要是累犯就一律判处死刑立即执行;被告人同时具有累犯和法定从宽处罚情节的,判处死刑立即执行应当综合考虑,从严掌握。

——《最高人民法院关于审理抢劫刑事案件适用法律若干问题的指导意见》(2016年1月6日,法发〔2016〕2号)。

【链接:理解与适用】

六、关于累犯等情节的适用

根据刑法第六十五条第一款的规定,对累犯应当从重处罚。但是,如何从重,从重的力度如何掌握,在实务中,有时有一定的随意性。针对抢劫犯罪的具体情况,《指导意见》对累犯的从重处罚,制定了三个适用原则。

1. 综合考虑原则。抢劫犯罪被告人具有累犯情节的,适用刑罚时要综合考虑犯罪的情节和后果,所犯前后罪的性质、间隔时间及判刑轻重等情况,决定从重处罚的力度。

2. 考察前罪犯罪性质原则。对于前罪系抢劫等严重暴力犯罪的累犯,应当依法加大从重处罚的力度。对于虽不构成累犯,但具有抢劫犯罪前科的,一般不适用减轻处罚和缓刑。

3. 累犯对死刑适用的作用有限原则。对于可能判处死刑的罪犯具有累犯情节的也应慎重,不能只要是累犯就一律判处死刑立即执行;被告人同时具有累犯和法定从宽处罚情节的,判处死刑立即执行应当综合考虑,从严掌握。

——陆建红、杨华、潘洁:《〈关于审理抢劫刑事案件适用法律若干问题的指导意见〉的理解与适用》,载《人民司法·应用》2016年第10期。

(二)加重处罚情节的认定

830 “入户抢劫”的认定

关键词|抢劫罪|入户抢劫|转化犯|

【最高人民法院司法解释】

第一条 刑法第二百六十三条第(一)项规定的“入户抢劫”,是指为实施抢劫行为而进入他人生活的与外界相对隔离的住所,包括封闭的院落、牧民的帐篷、渔民作为家庭生活场所的渔船、为生活租用的房屋等进行抢劫的行为。

对于入户盗窃,因被发现而当场使用暴力或者以暴力相威胁的行为,应当认定为入户抢劫。

——《最高人民法院关于审理抢劫案件具体应用法律若干问题的解释》(2000年11月28日,法释〔2000〕35号)。

【最高人民法院司法文件】

1. 认定“入户抢劫”,要注重审查行为人“入户”的目的,将“入户抢劫”与“在户内抢劫”区别开来。以侵害户内人员的人身、财产为目的,入户后实施抢劫,包括入户实施盗窃、诈骗等犯罪而转化为抢劫的,应当认定为“入户抢劫”。因访友办事等原因经户内人员允许入户后,临时起意实施抢劫,或者临时起意实施盗窃、诈骗等犯罪而转化为抢劫的,不应认定为“入户抢劫”。

对于部分时间从事经营、部分时间用于生活起居的场所,行为人在非营业时间强行入内抢劫或者以购物等为名骗开房门入内抢劫的,应认定为“入户抢劫”。对于部分用于经营、部分用于生活且之间有明确隔离的场所,行为人进入生活场所实施抢劫的,应认定为“入户抢劫”;如场所之间没有明确隔离,行为人在营业时间入内实施抢劫的,不认定为“入户抢劫”,但在非营业时间入内实施抢劫的,应认定为“入户抢劫”。

——《最高人民法院关于审理抢劫刑事案件适用法律若干问题的指导意见》(2016年1月6日,法发〔2016〕2号)。

一、关于“入户抢劫”的认定

根据《抢劫解释》第一条规定,认定“入户抢劫”时,应当注意以下三个问题:一是“户”的范围。“户”在这里是指住所,其特征表现为供他人家庭生活和与外界相对隔离两个方面,前者为功能特征,后者为场所特征。一般情况下,集体宿舍、旅店宾馆、临时搭建工棚等不应认定为“户”,但在特定情况下,如果确实具有上述两个特征的,也可以认定为“户”。二是“入户”目的的非法性。进入他人住所须以实施抢劫等犯罪为目的。抢劫行为虽然发生在户内,但行为人不以实施抢劫等犯罪为目的进入他人住所,而是在户内临时起意实施抢劫的,不属于“入户抢劫”。三是暴力或者暴力胁迫行为必须发生在户内。入户实施盗窃被发现,行为人为窝藏赃物、抗拒抓捕或者毁灭罪证而当场使用暴力或者以暴力相威胁的,如果暴力或者暴力胁迫行为发生在户内,可以认定为“入户抢劫”;如果发生在户外,不能认定为“入户抢劫”。

——《最高人民法院关于审理抢劫、抢夺刑事案件适用法律若干问题的意见》(2005 年 6 月 8 日,法发〔2005〕8 号)。

【链接：理解与适用】

(一)关于入户抢劫

关于入户中“户”的概念,早在 1999 年 10 月 27 日的《全国法院维护农村稳定刑事审判工作座谈会纪要》中就有规定。该纪要称,入户盗窃中的“户”,是指家庭及其成员与外界相对隔离的生活场所,包括封闭的院落、为家庭生活租用的房屋、牧民的帐篷以及渔民作为家庭生活场所的渔船等。集生活、经营于一体的处所,在经营时间内一般不视为户。在有关审理抢劫刑事案件的司法解释和规范性文件中,《抢劫解释》和《两抢意见》均对入户抢劫有过规定。其中,《抢劫解释》第一条规定,“入户抢劫”,是指为实施抢劫行为而进入他人生活的与外界相对隔离的住所,包括封闭的院落、牧民的帐篷、渔民作为家庭生活场所的渔船、为生活租用的房屋等进行抢劫的行为。司法实践中,在户的范围、入户目的与入户抢劫的关系以及入户盗窃后转化为“入户抢劫”的认定等方面,遇到了新情况、新问题,且存在争议。《两抢意见》基于这些情况,明确了认定入户抢劫应当注意的三个问题:一是户的范围。户在这里是指住所,其特征表现为供他人家庭生活和与外界相对隔离两个方面,前者为功能特征,后者为场所特征。一般情况下,集体宿舍、旅店宾馆、临时搭建的工棚等不应认定为户,但在特定情况下,如果确实具有上述两个特征的,也可以认定为户。二是入户目的的非法性。进入他人住所须以实施抢劫等犯罪为目的。抢劫行为虽然发生在户内,但行为人不以实施抢劫等犯罪为目的进入他人住所,而是在户内临时起意实施抢劫的,不属于入户抢劫。三是暴力或者暴力胁迫行为必须发生在户内。入户实施盗窃被发现,行为人为窝藏赃物、抗拒抓捕或者毁灭罪证而当场使用暴力或者以暴力相威胁的，如果暴力或者暴力胁迫行为发生在户内，可以认定为入户抢劫；如果发生在户外，不能认定为入户抢劫。

经过多年的司法实践，围绕入户抢劫有两个问题比较突出，一是对于入户目的的非法性存有争议，即入户抢劫中的入户如何理解？是否一定要以抢劫等犯罪为目的入户？二是对于“前店后宅”或者“店宅共用”等营业外时间用于家居生活的场所可否认定为户？

针对第一个问题，《指导意见》规定，认定入户抢劫，要注重审查行为人入户的目的，将入户抢劫与在户内抢劫区别开来。以侵害户内人员的人身、财产为目的，入户后实施抢劫，包括入户实施盗窃、诈骗等犯罪而转化为抢劫的，应当认定为入户抢劫。因访友办事等原因经户内人员允许入户后，临时起意实施抢劫，或者临时起意实施盗窃、诈骗等犯罪而转化为抢劫的，不应认定为入户抢劫。这一规定，改变了《两抢意见》将入户抢劫中的入户限定于抢劫等犯罪目的的规定，扩大为“以侵害户内人员的人身、财产为目的”。换言之，即使不以犯罪为目的，而只是出于一般违法目的，只要是“以侵害户内人员的人身、财产为目的”而入户，而后实施抢劫的，均可认定为入户抢劫。这样规定，有利于更有力地保护公民的住宅安全，更严厉地打击入户抢劫犯罪。

针对第二个问题，即“前店后宅”或者“店宅共用”的情况下，如何认定户的问题。《指导意见》规定，对于部分时间从事经营、部分时间用于生活起居的场所，行为人在非营业时间强行入内抢劫或者以购物等为名骗开房门入内抢劫的，应认定为入户抢劫。对于部分用于经营、部分用于生活且之间有明确隔离的场所，行为人进入生活场所实施抢劫的，应认定为入户抢劫；如场所之间没有明确隔离，行为人在营业时间入内实施抢劫的，不认定为入户抢劫，但在非营业时间入内实施抢劫的，应认定为入户抢劫。司法实践中，各地法院基本上是按照这一原则认定“前店后宅”或者“店宅共用”是否属于户的性质的。《指导意见》只是在总结司法实践经验的基础上，以规范性文件的形式确认，以便各级法院审理此类案件时有据可依。

——陆建红、杨华、潘洁：《〈关于审理抢劫刑事案件适用法律若干问题的指导意见〉的理解与适用》，载《人民司法 · 应用》2016 年第 10 期。

1997 年刑法修订后，最高人民法院于 2000 年 11 月发布了《解释》，于 2005 年 6 月印发了《两抢意见》，又于 2016 年 1 月印发了《指导意见》，对抢劫案件的法律适用作出了规范。应该说，这三个解释和解释类文件，至今仍然都具有司法适用效力。但具体到个别问题，三个文件中有发展和变化的情况。例如，关于入户抢劫问题，《解读》[1]一文已经作了理顺，《抢劫解释》解决了户的“概念”问题，《两抢意见》阐明了“户”的功能特征和场所特征，并以举例的方式，明确集体宿舍、旅店宾馆、临时搭建工棚在不具有户的功能特征和场所特征的情况下，应排除在“户”的范围之外。《指导意见》则在总结司法实践经验的基础上，以规范性文件的形式确认司法实践中的做法，以便各级法院审理此类案件时有据可依。因此，三者之间的关系是递进式的补充和完善，而不是简单地否定。司法实践中，对非以抢劫为目的的入户，而是“以侵害户内人员的人身、财产为目的”而入户，而后实施抢劫的，应当以《指导意见》为依据，认定为“入户抢劫”，而不能以《解释》第一条关于“‘入户抢劫’，是指为实施抢劫行为而进入他人生活的与外界相对隔离的住所，包括封闭的院落、牧民的帐篷、渔民作为家庭生活场所的渔船、为生活租用的房屋等进行抢劫的行为”的规定为依据，不认定为“入户抢劫”。也就是说，三个文件中，凡是内容有发展变化的，均以发展变化了的后一个文件为依据。

——陆建红：《审理抢劫案件几个疑难问题探讨——对〈关于审理抢劫刑事案件适用法律若干问题的指导意见〉的再次解读》，载《中国刑事审判指导案例》编写组编：《中国刑事审判指导案例（4）· 侵犯财产罪》（增订本），法律出版社 2021 年版，第 397—398 页。

【最高人民法院参考案例】

陆剑钢等抢劫案（《刑事审判参考》案例第 288 号）

要旨：构成入户抢劫，应同时符合下列三个特征：一是“户”的范围。“户”即住所，其特征表现为供他人家庭生活和与外界相对隔离两个方面，前者为功能特征，后者为场所特征。二是“入户”目的的非法性。“入户”必须具有进入他人住所的非法侵入性，即进入他人住所须以实施抢劫等犯罪为目的。三是暴力或者暴力胁迫行为必须发生在户内。

入户抢劫的理解与认定，是司法实践中产生争议较多的一个问题。为准确、统一适用刑法，《最高人民法院关于审理抢劫案件具体应用法律若干问题的解释》（以下称《解释》）专门就此作出了解释性规定，即入户抢劫指的是，“为实施抢劫行为而进入他人生活的与外界相对隔离的住所，包括封闭的院落、牧民的帐篷、渔民作为家庭生活场所的渔船、为生活租用的房屋等进行抢劫的行为”。根据《解释》的规定，我们认为，构成入户抢劫，应同时符合下列三个特征：一是“户”的范围。“户”即住所，其特征表现为供他人家庭生活和与外界相对隔离两个方面，前者为功能特征，后者为场所特征。一般情况下集体宿舍、旅店宾馆、临时搭建工棚等不

---

[1] 起草小组成员撰写的《〈关于审理抢劫刑事案件适用法律若干问题的指导意见〉的理解与适用》一文。

应认定为“户”。二是“入户”目的的非法性。“入户”必须具有进入他人住所的非法侵入性,即进入他人住所须以实施抢劫等犯罪为目的。抢劫行为虽然发生在户内,但行为人基于某种合法、正当理由进入他人住所,临时起意实施抢劫的,不属于“入户抢劫”。三是暴力或者暴力胁迫行为必须发生在户内。这一点主要是针对转化抢劫而言的,比如,入户盗窃数额较大财物被发现,行为人为窝藏赃物、抗拒抓捕或者毁灭罪证在户外使用暴力或者以暴力相威胁的,则不能认定为入户抢劫。

——《刑事审判参考》(总第37辑)。

831 进入学生宿舍和旅馆抢劫不应认定构成“入户抢劫”

关键词|抢劫罪|入户抢劫|

【最高人民法院参考案例】

杨廷祥等抢劫案(《刑事审判参考》案例第309号)

要旨:即便个体家庭旅馆在空间物理结构上与原来作为家庭住所时并无两样,因其先前作为住所所具有的封闭性特征随着性质功能的改变已经不复存在,不能再视之为“户”。在个体家庭旅馆针对旅馆主人实施的抢劫行为,因抢劫行为非发生在他人“户”内,故不应认定为入户抢劫。

是否属于入户抢劫,必须严格依照《抢劫解释》第一条关于入户抢劫是指为实施抢劫行为而进入他人生活的与外界相对隔离的住所进行抢劫的行为的规定来加以理解和界定。具体言之,成立入户抢劫,应具备以下三个方面的要件:一是“户”的范围。“户”即住所,应具有为供他人家庭生活和与外界相对隔离两个方面的特征,其中,前者为功能特征,后者为场所特征。办公场所、集体宿舍、旅店宾馆、临时工棚等一般情况下不应认定为“户”,只有在特定情况下确实具有上述两个特征的,才可以认定为“户”。二是“入户”目的的非法性。“入户”必须具有进入他人住所的非法侵入性,即进入他人住所须以实施抢劫等犯罪为目的。抢劫行为虽然发生在户内,但行为人不以实施抢劫等非法侵害为目的进入他人住所,而是临时起意实施抢劫的,不属于入户抢劫。三是暴力或者暴力胁迫行为必须发生在户内。入户实施盗窃被发现,行为人为窝藏赃物、抗拒抓捕或者毁灭罪证而当场使用暴力或者以暴力相威胁的,如果暴力或者暴力胁迫行为发生在户内,可以认定为入户抢劫;如果发生在户外,则不能认定为入户抢劫。

被告人在个体家庭旅馆针对旅馆主人实施的抢劫行为是否成立入户抢劫,关键在于能否将个体家庭旅馆以及旅馆主人的居住场所认定为“户”。如果个体家庭旅馆以及旅馆主人的居住场所均不属于“户”,自然无从谈起入户抢劫;相反,如果个体家庭旅馆或者旅馆主人的居住场所可以认定为“户”，那么无疑应以入户抢劫追究刑事责任。应当说，较之于一般的抢劫旅馆行为，本处的抢劫具有一定特殊性和复杂性，具体表现在两个方面：一是旅馆系个人家庭住所改造的，属个体家庭旅馆；二是抢劫的场所系旅馆主人的居住场所，仅以旅馆主人及其家庭为抢劫对象。那么，能否据此将这里的场所认定为“户”呢？现结合前述关于“户”的两方面特征，分析说明如下：

第一，根本上而言，个体家庭旅馆是旅馆而非“户”。即便个体家庭旅馆在空间物理结构上与原来作为家庭住所时并无两样，因其先前作为住所所具有的封闭性特征随着性质功能的改变已经不复存在，所以不能再视之为“户”。

第二，具体到旅馆主人的居住场所，也不应认定为“户”。该居住场所的功能是不固定、可以随时变换的，而且这种功能上的不确定性，不存在时间段的限制，因而在具体功能上不具有可区分性，不宜认定为“户”。

综上，被告人在个体家庭旅馆针对旅馆主人实施的抢劫行为，因抢劫行为非发生在他人“户”内，故不应认定为入户抢劫。

——《刑事审判参考》（总第39辑）。

832 子女进入父母居室内抢劫一般不能认定为“入户抢劫”

关键词 | 抢劫罪 | 家庭成员抢劫 |

【最高人民法院参考案例】

明安华抢劫案（《刑事审判参考》案例第131号）

要旨：由于子女和父母属于共同生活的家庭成员，无论其进入父母的房间是否得到父母的同意，都不属于非法侵入，故子女进入父母居室内抢劫一般不能认定为“入户抢劫”。

成年子女进入父母的房间进行抢劫，在形式上符合“入户抢劫”的构成特征，但是，由于子女和父母属于共同生活的家庭成员，无论其进入父母的房间是否得到父母的同意，都不属于非法侵入；同时，从我国的传统伦理道德观念来看，无论子女是否成年或者与父母分开另住，子女进入父母的卧室或者住宅，都是正常的。因此，对于子女进入父母房间实施的抢劫行为，不能认定为“入户抢劫”。

——《刑事审判参考》（总第21辑）。

833 进入经营区域与生活区域无明显隔离的商店抢劫财物不构成入户抢劫

关键词｜抢劫罪｜入户抢劫｜

【最高人民法院公报案例】

上海市嘉定区人民检察院诉魏培明等人抢劫案(再审法院:上海市高级人民法院)

要旨:根据刑法第二百六十三条和《最高人民法院关于审理抢劫案件具体应用法律若干问题的解释》第一条第一款的规定,被告人以假借购物为由,进入他人经营和生活区域缺乏明显隔离的商店抢劫财物的行为,虽构成抢劫罪,但不构成入户抢劫的情节。

《最高人民法院关于审理抢劫案件具体应用法律若干问题的解释》规定:"户为他人生活的与外界相对隔离的住所,包括封闭的院落、牧民的帐篷、渔民作为家庭生活场所的渔船、为生活租用的房屋等。"根据该解释,作为刑法意义上的"户",应当是以生活为目的或主要以生活为目的设立的场所,而其他为生产、经营、学习设立的场所,则不宜认定为"户"。芳芳商店是以营业为目的开设的公开营业场所,虽部分区域兼有生活功能,但不具有居民私人住宅相对封闭性的特征。本案事实表明,魏培明三人在实施抢劫时,芳芳商店还在营业之中。魏培明等人是以抢商店的营业款为目的而实施犯罪,犯罪意图和指向明确。被害人的卧室仍然是商店的一部分,与商店的经营区域不处于封闭的状态,故不能以魏培明等人在此亦实施了抢劫就认定构成入户抢劫。根据本案事实,魏培明、岳向海、岳雷三人虽共谋抢劫,并共同以暴力威胁为手段实施了抢劫财物的行为,均已构成抢劫罪,但尚不能认定魏培明、岳向海、岳雷三人的具体行为构成了"入户抢劫"。

——《最高人民法院公报》2005 年第 4 期。

834 非法进入他人共同租住的房屋抢劫应认定为入户抢劫

关键词｜抢劫罪｜入户抢劫｜

【最高人民法院参考案例】

韩维等抢劫案(《刑事审判参考》案例第 466 号)

要旨:共同租住的房屋只要是供家庭生活且与外界相对隔离的,就应当认定为刑法意义上的"户"。

就本案而言,四被告人进入并实施抢劫的场所是被害人何亚东、张和平合租的房屋，二人并非一家人，除了房屋中共用部分外，他们的卧室是各自分开的，他们中任何一人的卧室对于另一人来说是相对独立的空间，在这个空间内，各自享有私生活的自由，不受他人的干扰，二人共租的房屋相对于他人和外界也同样具有隐私性和排他性，虽然二人不具有家庭成员关系，但合租的房屋系供生活所用，具有私人住所的特点，应当属于刑法意义上的"户"。值得注意的是，不具有家庭成员身份的人共同租用的住所，如果每一个承租人相对于其他人都没有相对独立的空间，该房屋应属于群体共同休息和活动的公共场所，就不能认定为刑法意义上的"户"。当然，家庭成员共同居住的住所，隐私性和排他性则是以整体体现的，即使各成员没有相对独立的空间，也不影响成立"户"。

——《刑事审判参考》（总第 59 辑）。

835 进入卖淫女出租房嫖宿后实施抢劫是否构成"入户抢劫"

关键词 | 抢劫罪 | 入户抢劫 |

【最高人民法院参考案例】

黄卫松抢劫案（《刑事审判参考》案例第 844 号）

要旨：卖淫女从事卖淫活动时其出租房对卖淫对象而言不属于"户"。

（一）卖淫女从事卖淫活动时其出租房对卖淫对象而言不属于"户"

"户"的构成需同时具备场所和功能两方面特征。换言之，"户"既要具备与外界相对隔离，具有一定的封闭性的场所特征，也要具备供家庭生活起居使用的功能特征。本案在审理过程中，主要有以下两种观点：一种观点认为，卖淫女虽然在其住所内从事卖淫活动，但这仅能表明其住所兼具性交易场所的性质，其作为住所主要发挥的仍是生活功能，因而应当认定为刑法意义上的"户"。另一种观点认为，卖淫女出租房的性质必须结合抢劫行为实施当时的实际状况进行区分判断。对于以家居场所掩盖非法营利活动的住所，抢劫行为发生时该场所实际承载的功能特征即是该场所的实质功能特征。

本案中，卖淫女出租房兼具卖淫活动场所和家居生活住所的性质。详言之，卖淫女在从事卖淫活动时，其出租房所承载的功能性质表现为卖淫活动场所；卖淫女在不从事卖淫活动时，其出租房所承载的功能性质表现为家居生活住所。该出租房表现为卖淫活动场所和家居生活住所的双重功能特征，在一定条件下两个特征可以相互转化。当没有嫖客进入出租房时，该出租房供卖淫女进行日常生活起居之用，同时具有相对封闭性和私密性，应当被认定为刑法意义上的"户"。相反，当卖淫女决定在该出租房内接纳嫖客时，该出租房实际承载的功能便转化为淫乱牟利的场所。此时,该出租房虽然具有“户”的场所特征,但不具有“户”的功能特征。

（二）本案被告人进入卖淫女出租房具有非法性

对于“入户抢劫”的认定是否限定为行为人入户之前就必须有实施抢劫的故意,理论界存在不同认识。第一种观点认为,只有为了实施抢劫行为而入户的,才构成入户抢劫;否则,只能按照普通抢劫罪处理。即使行为人具有实施其他犯罪之目的而入户,临时起意抢劫的,也不构成入户抢劫。第二种观点认为,无论行为人入户前有无抢劫故意,只要入户后抢劫的,就属于入户抢劫。因为入户后临时起意抢劫,同样严重破坏被害人对家的安全感,其危害性并不比以抢劫故意入户的小。第三种观点认为,关键要看行为人是违法入户还是合法入户以及入户的动机,只要入户前形成犯罪故意并具有入户的非法侵入性,之后实施的抢劫行为都可以认定为入户抢劫,而不论其入户前是否已经形成抢劫的故意。第一种观点单纯地以入户行为人的主观方面为视角,在司法可证明性方面存有欠缺。另外,该观点对入户行为的范围限制过严,将以强奸、杀人等目的强行入户后临时起意在户内抢劫的也排除出入户抢劫的范围,显然是不合理的。第二种观点片面认为只要抢劫行为发生在入户之后就可构成,不仅不符合我国刑法主客观相统一的原则,而且有悖于罪责刑相统一的原则,扩大了入户抢劫的惩罚范围。第三种观点认为,应当从入户行为的整体性角度考虑入户的认定标准,既包括行为人入户前的犯罪故意,也包括入户非法侵入的客观行为。但是该观点不够全面,还有待完善。

现实生活中,入户包括合法入户和违法入户。违法入户抢劫的情况比较简单,构成入户抢劫也没有疑问,如破门而入、冒充军警人员入户、用欺骗等手段入户等。因其入户不合法,无论其入户目的是不是抢劫,只要入户后实施了抢劫犯罪,均应当认定为“入户抢劫”。合法入户后,因为某种原因而进行抢劫,是否构成“入户抢劫”,情况比较复杂。我们认为,对合法入户后因为某种原因而实施抢劫的,对其入户非法性的认定不能一概而论,需要进一步区分两种情况:一种情况是入户前或者入户时就有抢劫犯罪动机的,即以合法形式掩盖非法目的,此种情况下即使是合法入户也应当认定具有入户的非法性。如利用债务关系、利用亲属关系、利用水电等物业管理维修人员身份作掩护有预谋地实施“入户抢劫”等情形。对于这些行为,行为人在入户时已具有抢劫犯意,虽然其入户行为得到主人的邀请或者许可,且是以平和的方式入户,但这是由于其以合法形式掩盖了非法目的,主人的邀请或者许可是受蒙骗而作出的非真实的意思表示。入户作为其犯罪行为的步骤之一,一开始就具有欺骗性和非法性。因此,以欺骗方式“合法”入户只是刑法上的手段行为,应当认定具有“入户”的非法性。另一种是合法入户时没有抢劫犯罪动机,临时起意抢劫,即以合法行为开始,以犯罪行为告终的,这种情况不宜认定为“入户抢劫”,如讨债不成激愤抢劫,以及亲属之间临时起意抢劫的,应当按照一般抢劫犯罪处理。值得注意的是，在合法入户的情况下，行为人一般为亲属、朋友、房屋设施维修人员等，审查合法入户的被告人事前有无抢劫动机比较复杂，要结合入户原因、犯罪预备、抢劫手段和数额等因素，综合认定。

本案中，被告人黄卫松在入户之前既有嫖娼的故意，也有抢劫的故意。黄卫松以嫖娼的方式，诱使卖淫女带其到出租房内。黄卫松的行为与上述以合法形式掩盖非法目的的情形相似（黄卫松的嫖娼行为本身就是违法的，但“入户抢劫”中的非法性是指侵入的非法性）。黄卫松的嫖娼故意与其以平和方式进入出租房存在因果关系，其以平和方式入户与抢劫行为存在手段和目的关系。因此，黄卫松具有入户目的的非法性。

综上所述，本案被告人黄卫松虽然具有入户目的的非法性、暴力发生在户内两个要件，但是由于卖淫女的出租房在犯罪时不属于刑法意义上的“户”，因此，不属于“入户抢劫”。

——《刑事审判参考》（总第 91 辑）。

836 进入无人居住的待租房屋实施抢劫，不属于“入户抢劫”

关键词｜抢劫罪｜入户抢劫｜

【最高人民法院参考案例】

韦猛抢劫案（《刑事审判参考》案例第 1180 号）

要旨：行为人抢劫被害人的现场系无人居住的待租房屋，不是“供他人家庭生活和与外界相对隔离的住所”，不属于“户”，不构成“入户抢劫”。

（二）本案作案地点待租房屋不具有“户”的功能特征，不能认定为“户”

本案被告人韦猛伙同他人在待租房屋对被害人王某某实施抢劫，是否构成“入户抢劫”，关键在于能否将该房屋认定为“户”。如果该待租房屋不属于“户”，自然“入户抢劫”无从谈起；反之，如果待租房屋可以认定为“户”，则被告人的行为构成“入户抢劫”这一加重处罚情节。

该待租房屋能否认定为“户”，要结合前述“户”的两个基本特征来确定。本案中，被告人韦猛伙同他人作案的房屋是与外界相对隔离的房屋，具备场所特征。该房屋虽系待租，却是封闭的，需要王某某拿钥匙开启方能进入，显然是与外界相对隔离的，故符合“户”的场所特征。但该房屋不具备“户”的功能特征。该房屋既不是供受害人王某某本人或者其家人生活居住使用的，也不是有他人正在居住使用的房屋，而是等待他人租住的房屋，被告人作案时无人在此居住，因此不具有“户”的功能特征。抢劫犯罪中的“入户抢劫”之所以成为加重处罚情节之一，是因“入户抢劫”不仅侵犯了公民的财产权利和人身权利,同时还侵犯了公民的住宅安宁、正常生活。只有在有人居住生活的房屋内抢劫,才可能侵犯公民的住宅和生活安宁,这种抢劫行为才具有一般抢劫行为所不具有的特殊社会危害性,才能作为加重处罚情节,判处十年以上有期徒刑的重刑。如果行为人在无人居住生活的房屋内抢劫,其行为不会对他人的住宅和生活安宁造成任何侵害,该种抢劫行为与一般抢劫行为的社会危害性无异,自然不能认定为“入户抢劫”。

综上,判断是否为“入户抢劫”,必须同时考察“户”的功能特征和场所特征,“相对隔离的场所”特征不是“户”的唯一特性。本案中被告人韦猛伙同他人抢劫被害人的现场系无人居住的待租房屋,不属于“供他人家庭生活和与外界相对隔离的住所”,一审法院认定为“入户抢劫”不当,二审法院改判是正确的。

——《刑事审判参考》(总第109辑)。

837 行为人从户外追赶被害人进入户内后实施抢劫的行为，能否认定为“入户抢劫”

关键词|抢劫罪|入户抢劫|

【最高人民法院参考案例】

刘长庚抢劫案(《刑事审判参考》案例第846号)

要旨:行为人携带工具从户外开始对被害人实施抢劫,并追赶其到户内,在户内继续实施暴力行为,符合在户内实施暴力行为的要件,应当认定为“户内实施暴力抢劫行为”。

(一)行为人以实施抢劫为目的进入他人住所符合“入户”目的的非法性

本案中,刘长庚在户外持刀威胁被害人劫取财物,见被害人吴某逃跑后,遂将吴某追赶至吴某家中,并继续采用捂嘴、持刀划伤吴某等暴力手段实施抢劫。这些事实足以表明刘长庚在“入户”前已经对吴某实施了抢劫行为,在吴某躲进家中后仍尾随其后,继续在室内实施抢劫,因此,其“入户”目的应当认定为实施抢劫。

(二)行为人实施了“入户”行为

本案中,刘长庚追赶吴某进入其日常生活的出租屋。主观上没有得到吴某的同意而进入,客观上实施了进入“户”内行为,且“入户”是为了实施抢劫行为,完全符合“入户”的法律特征。

(三)行为人在户内实施了暴力抢劫行为

“入户抢劫”中“在户内实施暴力或者暴力胁迫行为”,不应机械地理解为整个抢劫行为在户内开始实施并在户内结束,否则将大大缩小对“入户抢劫”犯罪的打击面,甚至为一些不法分子规避法律提供了“挡箭牌”。根据相关法律对住宅权利特殊保护规定的精神,我们认为,对“在户内实施暴力或者暴力胁迫行为”不应做过于严格的解释,即只要行为人的抢劫暴力行为有一部分发生在户内,就应当认定为“入户抢劫”。

——《刑事审判参考》(总第 91 辑)。

838 “在公共交通工具上抢劫”的认定

关键词｜抢劫罪｜在公共交通工具上抢劫｜特定被害人｜

【最高人民法院司法解释】

第二条 刑法第二百六十三条第(二)项规定的“在公共交通工具上抢劫”,既包括在从事旅客运输的各种公共汽车,大、中型出租车,火车,船只,飞机等正在运营中的机动公共交通工具上对旅客、司售、乘务人员实施的抢劫,也包括对运行途中的机动公共交通工具加以拦截后,对公共交通工具上的人员实施的抢劫。

——《最高人民法院关于审理抢劫案件具体应用法律若干问题的解释》(2000 年 11 月 28 日,法释〔2000〕35 号)。

【最高人民法院司法文件】

2.“公共交通工具”,包括从事旅客运输的各种公共汽车,大、中型出租车,火车,地铁,轻轨,轮船,飞机等,不含小型出租车。对于虽不具有商业营运执照,但实际从事旅客运输的大、中型交通工具,可认定为“公共交通工具”。接送职工的单位班车、接送师生的校车等大、中型交通工具,视为“公共交通工具”。

“在公共交通工具上抢劫”,既包括在处于运营状态的公共交通工具上对旅客及司售、乘务人员实施抢劫,也包括拦截运营途中的公共交通工具对旅客及司售、乘务人员实施抢劫,但不包括在未运营的公共交通工具上针对司售、乘务人员实施抢劫。以暴力、胁迫或者麻醉等手段对公共交通工具上的特定人员实施抢劫的,一般应认定为“在公共交通工具上抢劫”。

——《最高人民法院关于审理抢劫刑事案件适用法律若干问题的指导意见》(2016 年 1 月 6 日,法发〔2016〕2 号)。

二、关于“在公共交通工具上抢劫”的认定

公共交通工具承载的旅客具有不特定多数人的特点。根据《抢劫解释》第二条规定,“在公共交通工具上抢劫”主要是指在从事旅客运输的各种公共汽车、大、中型出租车、火车、船只、飞机等正在运营中的机动公共交通工具上对旅客、司售、乘务人员实施的抢劫。在未运营中的大、中型公共交通工具上针对司售、乘务人员抢劫的，或者在小型出租车上抢劫的，不属于“在公共交通工具上抢劫”。

——《最高人民法院关于审理抢劫、抢夺刑事案件适用法律若干问题的意见》（2005 年 6 月 8 日，法发〔2005〕8 号）。

【最高人民法院审判业务意见】

2000 年 11 月 28 日，《最高人民法院关于审理抢劫案件具体应用法律若干问题的解释》第二条对刑法第二百六十三条第（二）项规定的“在公共交通工具上抢劫”的含义予以明确，规定了在“大、中型出租车”上抢劫属于“在公共交通工具上抢劫”，对在小型出租汽车上抢劫是否属于“在公共交通工具上抢劫”的问题，没有更具体的予以明确。在小型出租汽车上抢劫犯罪的情况，司法实践中发生较多，在处理上，争议颇大，一些地方法院不断有请示、询问，为此，最高人民法院刑二庭召开审判长会议，对此问题进行了研究，纪要如下：

实践中发生在小型出租汽车上的抢劫犯罪案件，大多是犯罪分子以租乘为名，骗司机将出租车开到偏僻无人的地方后，针对司机行抢，或者同时抢劫司机驾驶的出租汽车。这种抢劫犯罪不是针对众多乘客实施的，因此，不同于威胁众多乘客人身、财产安全的“在公共交通工具上抢劫”犯罪案件，故不能根据刑法第二百六十三条第（二）项规定，认定为“在公共交通工具上抢劫”。

——《最高人民法院刑二庭审判长会议关于在小型出租车上抢劫能否认定为“在公共交通工具上抢劫”的问题》，载最高人民法院刑事审判第一、二、三、四、五庭主办：《中国刑事审判指导案例 4》（增订第 3 版），法律出版社 2017 年版，第 648 页。

【链接：理解与适用】

（二）关于在公共交通工具上抢劫

《抢劫解释》和《两抢意见》均对在公共交通工具上抢劫有过规定。其中，《抢劫解释》第二条规定，“在公共交通工具上抢劫”，既包括在从事旅客运输的各种公共汽车，大、中型出租车，火车，船只，飞机等正在运营中的机动公共交通工具上对旅客、司售、乘务人员实施的抢劫，也包括对运行途中的机动公共交通工具加以拦截后，对公共交通工具上的人员实施的抢劫。《两抢意见》明确了公共交通工具的最基本特征，即“公共交通工具承载的旅客具有不特定多数人的特点”，并补充规定，在未运营中的大、中型公共交通工具上针对司售、乘务人员抢劫的，或者在小型出租车上抢劫的，不属于在公共交通工具上抢劫。

《指导意见》在梳理《抢劫解释》和《两抢意见》的基础上，将两类情形下的大、中型交通工具纳入公共交通工具范围，以更大程度地保护不特定多数人乘车时的人身财产安全。一是对于虽不具有商业营运执照，但实际从事旅客运输的大、中型交通工具，可认定为公共交通工具。这样规定，主要考虑运输运营者的无证运营行为虽然违法，但乘客的人身财产安全仍然应该受到充分保护，针对不特定多数人的抢劫犯罪行为仍然应该依法受到惩罚。二是接送职工的单位班车、接送师生的校车等大、中型交通工具，视为公共交通工具。司法实践中，对此类交通工具是否属于公共交通工具存在争议，主要原因是这些班车、校车不具有营业特征。经研究认为，这些班车、校车虽然不向社会开放，但车上人员仍然属于乘客的性质，车辆仍然属于运送旅客的车辆；乘坐人员虽然相对固定，但仍然具有不特定多数人的特征。特别是接送师生的校车，车上人身财产安全必须得到最大程度保护的观念，已经广泛地被全社会认同。

《指导意见》还特别规定，以暴力、胁迫或者麻醉等手段对公共交通工具上的特定人员实施抢劫的，一般应认定为在公共交通工具上抢劫。这样规定主要是考虑到，虽然其抢劫的具体对象是特定的，但抢劫的地点位于公共交通工具上，其对不特定多数人的人身、财产的危害性依然存在，并且该抢劫犯罪行为对处于运输状态的公共交通工具带来的危害是现实的，极易危害到公共安全。

——陆建红、杨华、潘洁：《〈关于审理抢劫刑事案件适用法律若干问题的指导意见〉的理解与适用》，载《人民司法 · 应用》2016 年第 10 期。

【最高人民法院参考案例】

李政、侍鹏抢劫案（《刑事审判参考》案例第 391 号）

要旨：针对特定的被害人在公共交通工具上实施抢劫属于“在公共交通工具上抢劫”。

我们认为，本案属于刑法第二百六十三条第（二）项规定的“在公共交通工具上抢劫”。理由如下：

第一，在公共交通工具这样相对封闭的环境中进行抢劫，被害人求救及反抗能力均受到一定的限制，可能得不到及时救助而陷入被实施伤害的极大的危险状态中，精神恐惧的制约作用也使得犯罪分子往往更容易得逞，因此，其社会危害性远远大于一般的抢劫犯罪。

第二，《最高人民法院关于审理抢劫案件具体应用法律若干问题的解释》第二条对抢劫罪的这种加重情节作了进一步的明确规定。因此，只要是在运营中的公共交通工具上对乘客进行抢劫，就应当认定为“在公共交通工具上抢劫”，而不论该乘客是该公共交通工具上原有的乘客还是刚刚搭载的乘客。

第三，评判行为人的抢劫行为是否构成"在公共交通工具上抢劫"，不是以实际上行为人是否对不特定多数人实施抢劫行为为标准，而是应以不特定多数人的人身权利和财产权利是否受到威胁或者抢劫行为是否足以使得不特定多数人认为受到威胁为标准。

由于"在公共交通工具上抢劫"不仅侵犯了不特定多数乘客的人身权利和财产权利，更重要的是侵犯了特定社会环境下的社会公共秩序和公共运输安全，被告人在公共交通工具上实施抢劫，同样会使驾驶员感到受威胁（不以行为人实际威胁驾驶员以及驾驶员实际产生恐惧感为前提），影响驾驶员的驾驶安全；同时，法律并没有将公共交通工具的驾驶员排除在不特定多数人之外，被害人以及驾驶员在长途客车封闭的环境中形成了不特定多数人群体。因此，针对特定的被害人在公共交通工具上实施抢劫仍属于"在公共交通工具上抢劫"。

——《刑事审判参考》（总第49辑）。

839 "抢劫银行或者其他金融机构"的认定

关键词｜抢劫罪｜抢劫银行或者其他金融机构｜

【最高人民法院司法解释】

第三条　刑法第二百六十三条第（三）项规定的"抢劫银行或者其他金融机构"，是指抢劫银行或者其他金融机构的经营资金、有价证券和客户的资金等。

抢劫正在使用中的银行或者其他金融机构的运钞车的，视为"抢劫银行或者其他金融机构"。

——《最高人民法院关于审理抢劫案件具体应用法律若干问题的解释》（2000年11月28日，法释〔2000〕35号）。

840 "多次抢劫"的认定

关键词｜抢劫罪｜多次抢劫｜

【最高人民法院司法文件】

三、关于"多次抢劫"的认定

刑法第二百六十三条第（四）项中的"多次抢劫"是指抢劫三次以上。

对于“多次”的认定，应以行为人实施的每一次抢劫行为均已构成犯罪为前提，综合考虑犯罪故意的产生、犯罪行为实施的时间、地点等因素，客观分析、认定。对于行为人基于一个犯意实施犯罪的，如在同一地点同时对在场的多人实施抢劫的；或基于同一犯意在同一地点实施连续抢劫犯罪的，如在同一地点连续地对途经此地的多人进行抢劫的；或在一次犯罪中对一栋居民楼房中的几户居民连续实施入户抢劫的，一般应认定为一次犯罪。

——《最高人民法院关于审理抢劫、抢夺刑事案件适用法律若干问题的意见》（2005 年 6 月 8 日，法发〔2005〕8 号）。

【最高人民法院参考案例】

祝日峰、祝某强抢劫案（《刑事审判参考》案例第 1226 号）

要旨：多次抢劫预备不能认定为“多次抢劫”。

根据刑法第二百六十三条的规定，“多次抢劫”是一项法定加重处罚情节。也就是说，行为人如果具有多次抢劫情节的，应当依法在有期徒刑十年以上的刑罚幅度范围内判处。

“多次抢劫”之所以成为加重处罚情节，是因为行为人出于非法占有他人财物的目的，一而再，再而三地以暴力或者暴力相威胁的方法劫取财物，显示了行为人具有主观恶性深和社会危害大的情节，理应承担加重的刑罚。“多次”起点的确定，既要反映社会生活中一般人的认识观念，也要与刑法其他条文中的“多次”的含义保持连贯性、一致性。《最高人民法院关于审理抢劫、抢夺刑事案件适用法律若干问题的意见》（以下简称《两抢意见》）规定：“多次抢劫”，是指抢劫三次以上。根据刑法第九十九条的规定，刑法所称以上、以下、以内，包括本数，按照体系解释，抢劫“多次”应指抢劫三次以上，包括抢劫三次。

对于如何认定“多次抢劫”，《两抢意见》第三条作出明确规定：“对于‘多次’的认定，应以行为人实施的每一次抢劫行为均已构成犯罪为前提，综合考虑犯罪故意的产生、犯罪行为实施的时间、地点等因素，客观分析、认定。”我们认为，对于多次抢劫预备行为，由于行为人尚未着手实行犯罪，惯犯特征并不明显，况且“多次抢劫”的起点刑为十年有期徒刑以上的重刑，故不宜将社会危害性并不十分严重的多次抢劫预备行为纳入其中。

就本案而言，被告人祝日峰、祝某强共实施了三次预备抢劫的行为，每次都是跟踪他人，每次都因各种原因而放弃，但二人均已实施准备工具、制造条件的行为。因此，对二人的三次行为均应认定为抢劫预备行为。但是，由于预备行为还不具备犯罪构成的完整要件，因此，不能将二人的三次抢劫预备行为认定为“多次抢劫”。原审法院未作此认定是正确的。

——《刑事审判参考》(总第112辑)。

姜继红、成盛等抢劫、盗窃案(《刑事审判参考》案例第338号)

要旨:“多次抢劫”是指抢劫三次以上。其中的每次抢劫行为都应构成独立的抢劫犯罪。对于连续抢劫多人的抢劫行为是认定为一次抢劫还是“多次抢劫”,应从犯罪故意的单复数、犯罪时间的连续性和地点的相近性三个因素综合判断。

1.“多次抢劫”是指抢劫三次以上

由于刑法本身没有对“多次”这一概念作出界定,司法实践中对“多次”的认识存在较大差异,如有的依照汉语言习惯将三次认定为“多次”,有的由于行为人每次抢劫的数额不大,也没有造成人身伤亡的后果,从罪刑相适应原则处罚,将四次甚至五次认定为“多次”,为了统一刑法的适用,最高人民法院于2005年6月8日印发的《关于审理抢劫、抢夺刑事案件适用法律若干问题的意见》第三条将“多次抢劫”界定为“抢劫三次以上”。

2.“多次抢劫”中的每次抢劫行为都应构成独立的抢劫犯罪

罪刑相适应是我国刑法规定的基本原则,对抢劫罪的认定和处罚也必须坚持这一原则。“多次抢劫”作为抢劫罪的加重犯,其法定刑比普通抢劫罪重得多,应该从严掌握。因此,“多次抢劫”中的每次抢劫行为均构成独立的抢劫罪,才符合罪刑相适应的基本原则。此外,根据刑法原理,情节加重犯是在基本犯罪构成要件的基础上,通过附加一定的要件,当行为人的行为符合要件规定时,就加重行为的刑罚。情节严重犯罪在基本犯罪构成上所附加的特殊要件,其原本包括在基本犯罪构成要件中,基于社会治安形势和刑事政策的双重考量,立法机关将这些要件加以特殊规定,并配置了较重的刑罚。情节加重犯的构成必须以该情节符合基本构成为前提,否则只能认定为一般违法行为而非犯罪行为,更遑论某罪的加重犯了。故作为抢劫罪情节加重犯的“多次抢劫”,必须以符合抢劫罪基本构成要件为基础。

3.对于连续抢劫多人的抢劫行为是认定为一次抢劫还是“多次抢劫”,应从犯罪故意的单复数、犯罪时间的连续性和地点的相近性三个因素综合判断

《关于审理抢劫、抢夺刑事案件适用法律若干问题的意见》第三条规定,对于“多次”的认定,应以行为人实施的每一次抢劫行为均已构成犯罪为前提,综合考虑犯罪故意的产生、犯罪行为实施的时间、地点等因素,客观分析、认定。对于行为人基于一个犯意实施犯罪的,如在同一地点同时对在场的多人实施抢劫的;或基于同一犯意在同一地点实施连续抢劫犯罪的,如在同一地点连续地对途经此地的多人进行抢劫的;或在一次犯罪中对一栋居民楼房中的几户居民连续实施入户抢劫的,一般应认定为一次犯罪。也就是说,行为人在同一地点连续对多人同时实施抢劫的,虽然抢劫多人,但由于是基于同一犯意,不仅具有犯罪时间的连续性,还具有

犯罪地点的相近性，不属于“多次抢劫”。

——《刑事审判参考》（总第43辑）。

841 “抢劫数额巨大”的认定与抢劫犯罪数额的计算

关键词 | 抢劫罪 | 抢劫数额巨大 | 犯罪数额 |

【最高人民法院司法解释】

第四条 刑法第二百六十三条第（四）项规定的“抢劫数额巨大”的认定标准，参照各地确定的盗窃罪数额巨大的认定标准执行。

——《最高人民法院关于审理抢劫案件具体应用法律若干问题的解释》（2000年11月28日，法释〔2000〕35号）。

【最高人民法院司法文件】

3. 认定“抢劫数额巨大”，参照各地认定盗窃罪数额巨大的标准执行。抢劫数额以实际抢劫到的财物数额为依据。对以数额巨大的财物为明确目标，由于意志以外的原因，未能抢到财物或实际抢得的财物数额不大的，应同时认定“抢劫数额巨大”和犯罪未遂的情节，根据刑法有关规定，结合未遂犯的处理原则量刑。

根据《两抢意见》第六条第一款规定，抢劫信用卡后使用、消费的，以行为人实际使用、消费的数额为抢劫数额。由于行为人意志以外的原因无法实际使用、消费的部分，虽不计入抢劫数额，但应作为量刑情节考虑。通过银行转账或者电子支付、手机银行等支付平台获取抢劫财物的，以行为人实际获取的财物为抢劫数额。

——《最高人民法院关于审理抢劫刑事案件适用法律若干问题的指导意见》（2016年1月6日，法发〔2016〕2号）。

六、关于抢劫犯罪数额的计算

抢劫信用卡后使用、消费的，其实际使用、消费的数额为抢劫数额；抢劫信用卡后未实际使用、消费的，不计数额，根据情节轻重量刑。所抢信用卡数额巨大，但未实际使用、消费或者实际使用、消费的数额未达到巨大标准的，不适用“抢劫数额巨大”的法定刑。

为抢劫其他财物，劫取机动车辆当作犯罪工具或者逃跑工具使用的，被劫取机动车辆的价值计入抢劫数额；为实施抢劫以外的其他犯罪劫取机动车辆的，以抢劫罪和实施的其他犯罪实行数罪并罚。

抢劫存折、机动车辆的数额计算，参照执行《关于审理盗窃案件具体应用法律若干问题的解释》①的相关规定。

——《最高人民法院关于审理抢劫、抢夺刑事案件适用法律若干问题的意见》(2005年6月8日,法发〔2005〕8号)。

【链接:理解与适用】

(三)关于抢劫数额的认定

关于抢劫数额巨大的认定问题,《抢劫解释》第四条规定,抢劫数额巨大的认定标准,参照各地确定的盗窃罪数额巨大的认定标准执行。《指导意见》在此基础上,又补充规定:抢劫数额以实际抢劫到的财物数额为依据。对以数额巨大的财物为明确目标,由于意志以外的原因,未能抢到财物或实际抢得的财物数额不大的,应同时认定抢劫数额巨大和犯罪未遂的情节,根据刑法有关规定,结合未遂犯的处理原则量刑。这样规定,既体现了抢劫数额是重要量刑情节,但不是唯一情节的原则,又体现了定罪量刑必须主客观相结合的原则,从而解决了司法解释中出现的以数额巨大的财物为抢劫目标但实际未能抢劫到巨大数额财物的抢劫案件,一律以实际抢劫到的财物为数额依据可能轻纵犯罪的做法。

关于抢劫信用卡的犯罪数额计算,《两抢意见》针对抢劫信用卡如何计算抢劫数额问题,专门作了规定,即:抢劫信用卡后使用、消费的,其实际使用、消费的数额为抢劫数额;抢劫信用卡后未实际使用、消费的,不计数额,根据情节轻重量刑。《指导意见》补充规定,由于行为人意志以外的原因无法实际使用、消费的部分,虽不计入抢劫数额,但应作为量刑情节考虑。这一规定,使得抢劫信用卡犯罪的惩处体系更加完备,即根据三种不同情况分别作不同的处理。一是卡内余额全部被消费、使用的,以其消费、使用金额为抢劫数额;二是卡内余额部分消费和使用的,对未消费、使用部分不计入抢劫数额,作为量刑情节考虑;三是抢劫信用卡后未消费和使用的,不计数额,根据情节轻重量刑。

由于银行业的繁荣、快速发展以及互联网的普及,银行转账或者电子支付、手机银行等支付平台完全可能成为抢劫犯罪分子获取抢劫财物的手段。针对这一新情况,《指导意见》规定:通过银行转账或者电子支付、手机银行等支付平台获取抢劫财物的,以行为人实际获取的财物为抢劫数额。

——陆建红、杨华、潘洁:《〈关于审理抢劫刑事案件适用法律若干问题的指导意见〉的理解与适用》,载《人民司法·应用》2016年第10期。

---

① 已废止。可参照执行《最高人民法院、最高人民检察院关于办理盗窃刑事案件适用法律若干问题的解释》的相关规定。

【最高人民法院参考案例】

姚小林等抢劫案(《刑事审判参考》案例第1185号)

要旨:行为人虽然掌握了被害人的信用卡密码,但不代表已经控制了该信用卡内的全部财产金额,只有取出的二万元才能计入抢劫数额,因银行冻结而未能取走的五万元不应计入抢劫数额。

(一)以行为人实际获取的财物为抢劫数额,与信用卡的本质特征相符

在日常生活中,对于实物类的财产来说,控制该财产就是直接对财物本体进行控制,这种控制关系一般具有排他性,当一方将财物置于自己的实力支配之下时,另一方也就失去了对该财物的控制。但是,信用卡并非实物财产,而属于一种记载财物的金融凭证,信用卡与所记载的财物本身存在密切的联系,但又与所记载的财物存在相对分离,信用卡本身被控制并不意味着信用卡内所记载的财物也完全被控制。在抢劫犯罪案件中,行为人劫取了信用卡,甚至获取了密码,均不等于行为人已经获取了信用卡上所记载的财物;被害人丧失了对信用卡本身的控制,也不意味着已经丧失了信用卡上所记载的财物。鉴于信用卡所具有的抽象财物与具体财物的双重属性,在抢劫信用卡类犯罪中,只有以行为人从信用卡中实际获取的财物数额,也即信用卡所有人受到的实际损失为抢劫数额的认定标准,才能完整、客观地体现抢劫信用卡行为的社会危害性。

具体到本案中,被告人姚小林等人在劫取了被害人张启某的信用卡并逼问出密码后,并不意味着已经占有了该信用卡内的全部财物,被告人沈龙滨和刘某从该卡内取出现金二万元时,该二万元属于已被行为人占有的财物,应认定为抢劫数额。而被告人杨冬明以转账的方式转走该卡内的五万元,由于银行转账不能全部即时到账[①],所以转账款在实际到账时才能视为在行为人的占有之下,在到账之前仍存在被冻结、挂失等可能性而导致无法到账。本案就是因为被害人张启某在案发后及时报案,银行将该笔款项冻结而未能到账,故该笔五万元并未被行为人实际占有,不宜计入抢劫数额。

(二)以行为人实际获取的财物为抢劫数额,与相关的解释规定一致

关于抢劫信用卡的数额认定问题,《最高人民法院关于审理抢劫、抢夺刑事案件适用法律若干问题的意见》(以下简称《两抢意见》)中规定:“抢劫信用卡后使用、消费的,其实际使用、消费的数额为抢劫数额;抢劫信用卡后未实际使用、消费的,不计数额,根据情节轻重量刑。”2016年1月6日最高人民法院出台的《关于审理抢劫刑事案件适用法律若干问题的指导意见》(以下简称《抢劫指导意见》),更

① 同行转账,在柜面或者网银可以即时到账,跨行转账在工作日要求二小时内到账,遇到非工作日时间需要顺延至工作日时间。

是明确规定:"通过银行转账或者电子支付、手机银行等支付平台获取抢劫财物的,以行为人实际获取的财物为抢劫数额。"

我们认为,上述两个司法解释性文件所体现的原则是一脉相承的。《两抢意见》虽未对劫取信用卡后以转账方式获取财物的数额计算作出明确规定,但所规定的内容确立了抢劫信用卡的数额计算基本标准应为"实际损失标准",即以行为人实际使用、消费的信用卡数额作为抢劫数额,并特别强调,没有实际使用、消费的部分不能计入抢劫数额。而《抢劫指导意见》结合近年来电子银行业的快速发展以及互联网普及的新情况,对于通过银行转账或者电子支付、手机银行等支付平台获取抢劫财物的,明确以行为人实际获取的财物作为抢劫数额,这一规定仍然坚持了"实际损失标准",与《两抢意见》规定的原则相一致。

本案虽然发生在《抢劫指导意见》出台之前,但能够适用 2005 年 6 月 8 日发布的《两抢意见》,根据该意见确立的"实际损失标准",被告人姚小林等人劫取被害人张启某的信用卡后,实际获取的数额是从自动取款机内取出的二万元,通过转账方式转出的五万元由于银行冻结而未能实际获取,被害人也并未实际损失该五万元,因此该五万元不应计入抢劫数额。

此外,需要注意的是,《两抢意见》对于抢劫信用卡后没有任何实际使用、消费的情形作了规定,即在这种情况下,对于所抢劫的信用卡不计数额,根据情节轻重量刑。而《抢劫指导意见》对于行为人抢劫信用卡后部分使用、消费,部分没有使用、消费的情形作了补充规定,即"由于行为人意志以外的原因无法实际使用、消费的部分,虽不计入抢劫数额,但应作为量刑情节考虑"。我们认为,此处的"由于行为人意志以外的原因",是指行为人主观上有继续使用、消费信用卡的意愿,但由于账户冻结、密码输入错误被吞卡、取款或消费额度限制等客观方面原因导致未能继续使用、消费该信用卡。此时信用卡(主要是指借记卡)内的未使用、消费的部分虽然不能计入抢劫数额,但在量刑时应予以考虑。本案如在《抢劫指导意见》出台之后审理,则可适用该规定,对于被告人姚小林等从被害人信用卡内转账而未最终到账的五万元,虽不计入抢劫数额,但在量刑时应酌情考虑从重处罚。

——《刑事审判参考》(总第 109 辑)。

陈志故意杀人、劫持汽车案(《刑事审判参考》案例第 866 号)

要旨:行为人杀人后劫车用于逃跑,没有非法占有车辆的目的,不构成抢劫罪,应当认定为劫持汽车罪。

本案在审理过程中,对被告人陈志杀人后劫持汽车逃跑的行为如何定性存在分歧。一种意见认为,依照《最高人民法院关于审理抢劫、抢夺刑事案件适用法律若干问题的意见》(以下简称《意见》)第六条的规定,应当认定为抢劫罪;另一种意见认为，被告人陈志劫车是用于逃跑，没有非法占有车辆的目的，不构成抢劫罪，应当认定为劫持汽车罪。

我们同意后一种意见。具体理由如下：

（一）被告人的行为不符合《意见》第六条规定的情形

1. 关于《意见》第六条相关规定的理解与适用

《意见》第六条在“关于抢劫犯罪数额的计算”中规定：“为抢劫其他财物，劫取机动车辆当作犯罪工具或者逃跑工具使用的，被劫取机动车辆的价值计入抢劫数额；为实施抢劫以外的其他犯罪劫取机动车辆的，以抢劫罪和实施的其他犯罪实行数罪并罚”，即为实施抢劫犯罪或者其他犯罪而劫取机动车辆当作犯罪工具或者逃跑工具使用的，该劫车行为均构成抢劫罪。

起草《意见》的人员在相关理解和适用文章中提到，《意见》第六条之所以将为实施抢劫或其他犯罪而劫车的行为定性为抢劫罪，主要是基于行为人以暴力或者胁迫的方法劫取机动车辆的行为并不是出于法律意义上的“使用”目的，而是将其作为实施犯罪的工具非法占有，一般用后即予废弃，基本上不存在返还的情形，本质上具有非法占有的目的，客观上侵犯了他人的人身、财产权利，符合抢劫罪的特征。《意见》第六条的规定还参照了盗窃罪司法解释的相关规定（即为盗窃其他财物，偷开机动车辆作为犯罪工具使用后非法占有车辆，或者将车辆遗弃导致丢失的，被盗车辆的价值计入盗窃数额；为实施其他犯罪，偷开机动车辆作为犯罪工具使用后非法占有车辆，或者将车辆遗弃导致丢失的，依法应当将盗窃罪和其他犯罪并罚）。

虽然《意见》第六条没有像盗窃罪司法解释那样明确表述“非法占有车辆，或者将车辆遗弃导致丢失的”的前提条件，但《意见》是针对抢劫罪、抢夺罪所制定，“非法占有目的”是这两罪的主观构成要件内容，《意见》没有明确表述该主观构成要件，并不意味着该情形下构成抢劫罪无须具备“非法占有目的”这一主观构成要件。据此，《意见》将两种劫车情形均定性为抢劫罪的根本原因在于，这两种情形下，行为人对所劫车辆在本质上具有非法占有的目的。如果行为人对所劫车辆没有非法占有的目的，则不能认定构成抢劫罪。

2. 陈志的劫车逃跑行为不符合《意见》规定的情形

上述第一种意见认为被告人陈志劫车逃跑的行为符合《意见》的规定，应当构成抢劫罪。但是，深入分析就能发现陈志的行为与《意见》的规定并不契合。首先，上述规定是针对劫取机动车辆当作犯罪工具或者逃跑工具使用的行为如何定性作出的专门规定，从时间顺序看，劫车行为在前，实施其他犯罪行为在后，劫车的目的是实施抢劫或者其他犯罪活动。而本案中，陈志是杀人犯罪在前，劫车行为在后，其劫车目的是逃跑，而不是为了实施其他犯罪活动。其次，非为实施犯罪而劫车逃跑的，一般仅是将所劫车辆作为逃跑工具使用，通常情况下，行为人是胁迫驾车人按照其指使的线路行驶，或者虽然是自己直接驾驶所劫车辆，但并不将原驾车人赶下车辆，在到达目的地后就弃车而去，往往不具有非法占有所劫车辆的主观目的。

本案中，陈志在实施杀人行为后，持刀胁迫车主驾车带其逃离现场，既没有非法占有汽车的目的，也未实际占有该车辆，因此，其对汽车实施的行为属于劫持，而非劫取。《意见》中所规定的情形是为实施其他犯罪而劫取机动车辆，而非劫持机动车辆，因此陈志的行为不符合《意见》规定的情形，不构成抢劫罪。

（二）被告人的行为构成劫持汽车罪而不构成抢劫罪

在涉及劫车犯罪时，抢劫罪与劫持汽车罪比较容易混淆。两罪有相同之处：如行为人主观上都是出于故意，客观上都表现为暴力、胁迫或者其他方法控制车辆。同时，两罪也有明显的区别，主要体现在：

第一，抢劫罪的行为人有非法占有所劫车辆的目的，即“劫取”；而劫持汽车罪的行为人没有非法占有所劫车辆的目的，行为人一般只是为了临时控制汽车按自己意图行驶，即“劫持”。正确理解和把握“劫取”与“劫持”的区别是本案定性的关键。劫取，是指通过暴力、胁迫等手段取得，有非法占有的含义；劫持，是指通过暴力、胁迫等手段要挟、挟持，并无非法占有的含义。

第二，抢劫罪作为刑法第五章侵犯财产罪中的犯罪，侵害的是公私财物的所有权和特定公民的人身健康权；而劫持汽车罪作为刑法第二章危害公共安全罪中的犯罪，危害的是公共安全，如交通运输安全和不特定人的人身、财产安全。

具体到本案，被告人陈志的劫车行为构成劫持汽车罪，而非抢劫罪：

首先，被告人劫持的车辆符合劫持汽车罪的对象特征。劫持汽车罪的犯罪对象是汽车，但通常情况下应当限定为出租车以外的汽车。理由在于出租车本身具有开放性，任何人都有权利乘坐。无论行为人持何种主观态度（搭乘或者劫持），就乘坐这一行为而言，都是合法的，而且出租车原则应当按照乘客的要求行驶，他人要求出租车司机行驶到任何地点都不违法，因此一般情况下出租车不能成为劫持汽车罪的犯罪对象。但是，如果行为人使用暴力、胁迫等方法迫使出租车司机驾车在道路上横冲直撞，或者强行亲自驾驶出租车的，也可以构成劫持汽车罪，因为此种行为已经明显超出了搭乘出租车的行为模式，改变了出租车的合法用途，且危及公共安全，故应当认定属于劫持汽车的行为。本案中，被告人陈志劫持的是私家车，符合劫持汽车罪的对象特征。

其次，被告人采取暴力、胁迫方法劫持汽车的行为危及公共安全。劫持汽车罪要求行为人故意使用暴力、胁迫等行为劫持汽车，行为人在明知驾驶员不同意其搭乘的情况下，仍对驾驶员实施暴力、胁迫等行为，从而非法控制汽车。只要行为人实施了劫持汽车的行为，足以对公共安全造成威胁，即可构成本罪。如果行为人认为驾驶员同意其搭乘汽车，也未实施暴力、胁迫行为，且驾驶员未有反抗行为，则不应认定为劫持。如果行为人将驾驶员赶走，自行驾驶汽车离开，且非法占有汽车或者造成车辆失踪无法找到的，则可以认定行为人具有非法占有汽车的故意。因为在这种情况下驾驶员已失去对汽车的控制，行为人的主观意图已经不只是暂时的劫持，而是对汽车的非法占有，故应当认定为抢劫罪。本案中，被告人陈志持刀闯入车内，胁迫车主开车送其离开现场，并在高速公路上违章行驶，已经危及公共安全，符合劫持汽车罪的客观特征。

——《刑事审判参考》（总第92辑）。

夏洪生抢劫、破坏电力设备案（《刑事审判参考》案例第643号）

要旨：为抢劫其他财物，劫取机动车辆当作犯罪工具或者逃跑工具使用的，被劫取机动车辆的价值计入抢劫数额。

为逃匿而劫取但事后予以焚毁的机动车辆应否计入抢劫数额，对这个问题也存在两种意见：第一种意见认为不应当计入抢劫数额，理由是：被告人夏洪生伙同张金宝以非法占有的目的抢劫徐民志的财物，但对面包车本身并不具有非法占有的目的，而只是临时使用并随后将车烧毁，因此不应计入抢劫数额。第二种意见认为应当计入抢劫数额，理由是被抢面包车亦具有"被抢财物"的性质，理应计入抢劫数额。

我们认为，第二种意见更为合理。在类似劫取机动车辆作为犯罪工具或逃跑工具的情形中，行为人以暴力、胁迫手段劫取机动车并不是出于法律上的"使用目的"，而是作为实施其他犯罪的工具或用于犯罪后逃跑，一般用后即予毁弃，基本上不存在返还的可能。因此，可以认定行为人仍是以非法占有为目的控制和利用机动车辆，在客观上也侵害了被害人的财产法益。至于行为人毁弃机动车辆，属于"非法占有"之后的处分行为，并不阻碍"非法占有"的成立。因此，劫取机动车作为犯罪工具或逃跑工具亦成立抢劫罪，被劫取的机动车的价值应计入抢劫数额，这种处理符合相关司法解释的规定。《两抢意见》第六条规定："……为抢劫其他财物，劫取机动车辆当作犯罪工具或者逃跑工具使用的，被劫取机动车辆的价值计入抢劫数额……"依照此规定，本案中面包车的价值应当计入抢劫数额。

——《刑事审判参考》（总第76辑）。

842 抢劫过程中故意杀人行为的定性

关键词 | 抢劫罪 | 故意杀人罪 | 数罪并罚 |

【最高人民法院司法解释】

行为人为劫取财物而预谋故意杀人,或者在劫取财物过程中,为制服被害人反抗而故意杀人的,以抢劫罪定罪处罚。

行为人实施抢劫后,为灭口而故意杀人的,以抢劫罪和故意杀人罪定罪,实行数罪并罚。

——《最高人民法院关于抢劫过程中故意杀人案件如何定罪问题的批复》(2001 年 5 月 26 日,法释〔2001〕16 号)。

【最高人民法院参考案例】

蒋伟伟抢劫案(《刑事审判参考》案例第 1301 号)

要旨:为劫取财物而预谋故意杀人的行为性质的认定,主要在于区分行为人的主观动机。

《批复》明确了三种故意杀人与抢劫交织情形下的定罪,在第一种和第二种情形中,行为人是以故意杀人的手段来实施抢劫。详言之,行为人故意杀人的手段服务于抢劫财物的目的,抢劫财物和故意杀人之间存在明显的目的与手段的关系。对于行为人以杀人为目的,在实施杀人行为后,利用被害人已经死亡或者不能反抗的状态拿走被害人的财物,实践中通常认定以故意杀人罪和盗窃罪并罚。因而,判断行为人的犯罪性质,主要在于区分行为人的主观动机。当然,在实践中不乏被告人存在复杂动机的情形,如被告人和被害人素有矛盾,被告人在手头紧张时产生了抢劫被害人之念,或者被告人在预谋杀人的同时产生抢劫之念的,对于这种动机交织的情形,则应当把握行为人犯罪的主要动机和直接起因,分析被告人和被害人之间的矛盾是被告人杀人的起因还是将被害人作为抢劫对象的因素,根据案件的具体情况进行定罪、量刑。

有无劫财目的是被告人的主观意识,而主观意识的认定,一是要审查被告人的供述和辩解,二是要审查被告人的客观行为。然而,在司法实践中,被告人基于趋利避害、避重就轻的人性特点,其供述和辩解有时并不能真实反映被告人作案时的心理状态,这就要求我们不能偏信被告人的辩解。在刑事诉讼中,对被告人的供述和辩解的证据效力的认定,直接关系到定罪,在判决中具有举足轻重的作用。如果不当地采信了被告人无罪或罪轻辩解,就可能会放纵犯罪或者导致重罪轻判。因此,需要根据全案证据分析被告人供述和辩解是否具有合理性和客观性,与在案其他证据是否能够印证,再分析被告人所供述的主观目的和客观行为是否有一致性。实践中需要根据在案证据的细节信息,如犯罪动机、起因、手段、工具等证据信息或线索,来印证、辨别被告人供述和辩解的真伪。

——《刑事审判参考》(总第 120 辑)。

夏洪生抢劫、破坏电力设备案(《刑事审判参考》案例第 643 号)

要旨:行为人基于一个抢劫故意,为非法占有他人财物排除障碍而杀人的,定抢劫罪一罪;如果不是基于一个抢劫故意,则可能构成抢劫罪和故意杀人罪等数罪。

在抢劫杀人犯罪中,处抢劫一罪还是抢劫、故意杀人两罪的关键区别在于行为人是否基于一个抢劫故意,为非法占有他人财物排除障碍而杀人。如果是,则不论杀人行为是在抢劫财物之前、之时或之后,均定抢劫罪一罪;如果不是,则可能构成抢劫罪和故意杀人罪等数罪。《最高人民法院关于抢劫过程中故意杀人案件如何定罪问题的批复》规定:"行为人为劫取财物而预谋故意杀人,或者在劫取财物过程中,为制服被害人反抗而故意杀人的,以抢劫罪定罪处罚。行为人实施抢劫后,为灭口而故意杀人的,以抢劫罪和故意杀人罪定罪,实行数罪并罚。"本案中,从被告人夏洪生抢劫刘亚芹的过程来看,夏洪生产生抢劫犯意后,持刀威胁被害人,劫取财物,又捅刺被害人系连续发展行为,没有证据表明夏洪生在抢劫犯意之外又另外产生了故意杀人的犯意。基于此,我们认为,抢劫刘亚芹的行为构成抢劫罪一罪。

——《刑事审判参考》(总第 76 辑)。

赵东波、赵军故意杀人、抢劫案(《刑事审判参考》案例第 506 号)

要旨:对行为人预谋抢劫并杀人灭口,且之后按预谋内容实施抢劫完毕后,又杀人灭口的,应以抢劫罪与故意杀人罪两罪并罚。

本案对被告人以抢劫罪与故意杀人罪两罪并罚,具体理由如下:

1. 从 2001 年《最高人民法院关于抢劫过程中故意杀人案件如何定罪问题的批复》(以下简称《批复》)"行为人实施抢劫后,为灭口而故意杀人的,以抢劫罪和故意杀人罪定罪,实行数罪并罚"的表述中,我们可以直接得出对实施抢劫犯罪中故意杀人的实行数罪并罚的条件有两个:一是故意杀人的行为发生在实施抢劫之后;二是故意杀人的目的是灭口。也就是说,据此《批复》的表述不能当然推定,只有杀人灭口的故意产生在实施抢劫之后才可实行两罪并罚。因此,杀人灭口的故意既可产生在实施抢劫之后,也可产生在预谋阶段,只要在抢劫行为完成后又为了灭口而实施杀人行为的,就应当数罪并罚。

2. 根据我国刑法理论,罪名的确定,必须是主观要件和客观要件的有机统一。对于确有证据证明行为人预谋劫取财物并杀人灭口,之后按预谋内容在抢劫行为实施完毕后,又杀人灭口的情形,从主观要件来看,行为人在预谋时具有两个明确的犯罪故意,一是以暴力、胁迫手段实施劫取财物的故意;二是为灭口而杀人的故意。从客观要件来看,行为人也具有两个客观行为,一是以非杀人行为的暴力、胁迫手段劫取财物,这里必须强调劫取财物的手段是非直接剥夺他人生命的行为,否则便无"灭口"之说;二是以"灭口"为目的实施的直接剥夺他人生命的行为。该行为只能发生在抢劫行为实施完毕之后,否则应视为为制服被害人反抗而实施的杀人行为。因此,根据主客观相统一的定罪原则,此种情形中,行为人前后实施的两个行为分别符合抢劫罪和故意杀人罪的犯罪构成,应以抢劫罪和故意杀人罪两罪认定。

3. 本案二被告人具有两个犯意,并先后实施了抢劫和杀人灭口两个行为。首先,二被告人预谋抢劫并杀人灭口,虽然没有明确预谋是先抢劫还是先杀人,但杀人的目的是灭口却是明确的,因此,可以认定被告人具有劫取财物和杀人灭口两个犯意。其次,本案属于抢劫完毕后又杀人灭口的情形。本案抢劫过程实际上可区分为两个阶段,第一阶段:被告人赵东波持木棍猛击被害人高新头部后,高新即弃车沿公路逃跑,如果二被告人只为了劫财,将车骑走就实现了主要的劫财目的;第二阶段:赵东波、赵军二人追上高新将其打倒在地,逼高新交出数十元现金后,脱下高新的上衣将其捆绑在树上,但高新挣脱后又逃跑。此阶段,如果二被告人没有杀人灭口的目的,完全可以任由被害人逃跑,自己也可以携赃而逃。但是,二被告人却再一次追上被害人,实施暴力将被害人砸死,而后才驾驶劫取的电动三轮车逃离现场,可见其主观上杀人灭口的故意是十分明显的。

综上,法院认定被告人的行为构成抢劫罪和故意杀人罪两罪,对其实行两罪并罚是正确的。

——《刑事审判参考》(总第64辑)。

843 抢劫致人死亡的认定

关键词 | 抢劫罪 | 致人死亡 | 因果关系 |

【最高人民法院参考案例】

郭建良抢劫案(《刑事审判参考》案例第1183号)

要旨:"抢劫致人死亡",既包括直接故意杀人致人死亡,也包括为抢财物不顾他人死活的间接故意杀人,还包括在抢劫过程中过失致人死亡。

(一)明确"抢劫致人死亡"的含义

"抢劫致人死亡"是指行为人实施抢劫时,因其抢劫行为致被害人死亡。"抢劫致人死亡"的主观内容既包括故意杀害被害人,又包括过失致被害人死亡。刑法此处之所以规定为“致人死亡”，而不是“杀害被害人”，是因为本条款规定的是结果加重犯。通常认为，在结果加重犯中，行为人对结果的产生主观上包括故意和过失的内容，就故意而言，既包括直接故意，也包括间接故意。也就是说，“抢劫致人死亡”，既包括直接故意杀人致人死亡，也包括为抢财物不顾他人死活的间接故意杀人，还包括在抢劫过程中过失致人死亡。

之所以作出这样的解释是基于两个方面的原因：一是无论行为人主观上是直接故意、间接故意还是过失，所造成的死亡结果都是抢劫暴力犯罪的结果之一，是抢劫罪的组成部分。二是行为人实施抢劫暴力行为是为了排除妨碍，针对的是他人的身体，即健康或生命权利，但在抢劫犯罪的实施过程中很难对暴力行为进行性质或层次上的区分。如就行为性质而言，一般难以区分是直接故意杀人，还是间接故意杀人；是间接故意杀人，还是故意伤害致人死亡。只有当实际危害结果发生以后，才能确定其暴力所造成的危害程度，即致人轻伤、重伤抑或死亡。如果在实施抢劫财物的过程中，因使用暴力，如殴打、伤害、捆绑、禁闭等而致人死亡的，均应认定为“抢劫致人死亡”。

（二）正确界定抢劫行为与抢劫对象死亡结果之间的因果关系

在抢劫案件中，行为人直接对被害人实施伤害、杀害行为，造成被害人死亡的，二者当然存在因果关系。但对于行为人没有直接对被害人实施伤害、杀害行为，而被害人死亡的，如何认定二者之间的因果关系？我们认为，此种情形下，抢劫行为与被害人死亡结果之间必须具备因果关系不中断的条件，即在抢劫对象的死亡与抢劫犯罪行为人的行为有刑法上的因果关系的情况下，才能认定“抢劫致人死亡”情节成立。这也是认定“抢劫致人死亡”的关键。

刑法上的因果关系是指危害行为与危害结果之间引起与被引起的合乎规律的联系。如何认定刑法上的因果关系，存在多种学说。我们认为，在“抢劫致人死亡”情节的认定中，抢劫行为与被害人死亡结果之间的因果关系应不限于直接、必然因果关系，也包括间接、偶然因果关系，即“抢劫致人死亡”中的“致”是招致、引起（后果）的意思，而非限于直接造成。“抢劫致人死亡”，既可以解释为抢劫行为造成被害人死亡，也可以解释为因抢劫而招致被害人死亡。在抢劫中杀害或伤害被害人的，抢劫行为与死亡结果之间具有直接、必然因果关系，毫无疑问构成“抢劫致人死亡”。在抢劫过程中介入其他因素导致被害人死亡的，虽然被害人死亡由多种因素造成，但只要抢劫行为与被害人死亡之间的因果关系没有中断，仍然可以认定为抢劫致人死亡。例如，在抢劫过程中，被害人为逃跑而跌入河流淹死或者穿过马路被车轧死的，应当认定为“抢劫致人死亡”。反之，在抢劫行为发生后，由于其他因素的介入导致被害人死亡，抢劫行为与死亡结果之间的因果关系中断的，则不应认定为“抢劫致人死亡”。如被害人被抢劫后，离开现场，在回家路上因车祸而死亡,或者被害人回家后因被抢劫而自杀的,都因因果关系的中断,而不能认定为“抢劫致人死亡”。

因果关系是一种特定条件下的客观联系,不能离开客观条件认定因果关系,因此,在认定抢劫行为与被害人死亡结果之间的因果关系时必须紧密结合案件实际情况。在本案审理中,对于抢劫行为与被害人死亡结果之间的因果关系产生争议,主要是因为在被告人实施抢劫的过程中,被害人为呼救而将头伸出窗外从而坠楼死亡,也就是在被告人的抢劫行为中介入了其他因素(被害人行为)。在行为人的抢劫行为介入了其他因素时,要根据具体情况综合判断抢劫行为与被害人死亡结果之间的关系,具体应当考察以下四个方面的因素:(1)抢劫暴力行为导致结果发生的可能性大小;(2)介入因素的异常性大小;(3)介入因素对结果发生作用的大小;(4)介入因素是否属于行为人的作用范围。在抢劫行为实施中介入了被害人某些行为,进而导致死亡结果的发生时,应根据案件具体情况判断被害人实施的行为是否具有通常性,如果抢劫行为的实施导致被害人不得不或者在通常情况下会实施介入行为,则该介入行为对抢劫行为与被害人死亡结果之间的因果关系没有影响;如果被害人的介入行为属于通常情况下不会实施的行为,即异常行为,该行为对死亡结果又起到决定性作用,则抢劫行为与被害人死亡结果之间的因果关系中断。

——《刑事审判参考》(总第109辑)。

王国全抢劫案(《刑事审判参考》案例第477号)

要旨:抢劫行为必须与被害人死亡结果之间具备因果关系不中断的条件下,即肯定抢劫对象的死亡与抢劫犯罪行为人的行为有刑法上的因果关系情况下,才能认定抢劫致人死亡成立。

(一)正确界定抢劫行为与被害人死亡结果之间的关系是认定抢劫致人死亡的关键

据此,在司法实践中,抢劫致人死亡主要有三种情形:一是使用暴力追求或者放任被害人死亡结果的发生;二是使用暴力抢劫过程中过失致人死亡;三是抢劫时置被害人于危险状态而不予救助,放任其死亡结果的发生。而这三种情况无一例外地表明,被害人死亡结果之间与抢劫罪犯的抢劫行为之间都是具有“合乎规律的引起与被引起的联系”的。第一、二种情形属于直接的因果关系,即被害人的死亡完全是由于抢劫罪犯的抢劫行为直接引起的,而第三种情形则属于间接因果联系。之所以将间接因果关系下引起的被害人死亡结果也归于抢劫致人死亡,是由于抢劫致人死亡中,刑法加重评价更注重的是死亡结果,而不仅仅是死亡原因。刑法条文的表述中并没有将抢劫行为规定为被害人死亡的原因,只能说明死亡结果与抢劫行为具有一定的关系。为了不放纵犯罪，又不至于扩大惩罚面，实践中对于认定抢劫致人死亡也予以了必要的限制，即被害人死亡结果系抢劫过程中当场发生，或在行为人的抢劫实行行为影响下发生的，如抢劫过程中被害人试图逃离现场时不慎跌下山涧或遭遇车祸丧生的情形等。在此种情形下，行为人的抢劫行为在逻辑上可以归为被害人死亡的必要条件，也可以认定为抢劫致人死亡。

（二）正确界定抢劫行为人对被害人死亡结果的罪过范围，是认定抢劫致人死亡的重要因素

抢劫致人死亡中，行为人对于被害人死亡的结果不一定均持积极的追求态度。抢劫犯罪属于侵财犯罪，行为人的最终目的是获取他人财物，对被害人人身权利的侵犯主要是为了使财产所有人、持有者、保管者等不敢反抗、丧失反抗或者不能反抗，从而实现获取财物的目的。抢劫犯罪虽然是直接故意犯罪，但是直接故意的对象是财产和被害人的人身，对于被害人的死亡结果则不一定是积极追求的态度。抢劫致人死亡的主观心态不但包括故意而且包括过失。因此，只要有被害人死亡的后果出现，不论行为人主观是故意还是过失，均可以认定。根据《最高人民法院关于抢劫过程中故意杀人案件如何定罪问题的批复》，行为人为劫取财物而预谋故意杀人，或者在劫取财物过程中，为制服被害人反抗而故意杀人的，以抢劫一罪认定，适用“抢劫致人死亡”的法定条款。对于抢劫行为过失致使被害人死亡的，由于抢劫的手段行为系造成被害人死亡的原因，客观上又实现了获取财物的目的，根据罪刑法定原则，此种行为当然可以为“抢劫致人死亡”的评价所包容，应当依法予以适用。

——《刑事审判参考》（总第60辑）。

844 抢救失误能否中断抢劫行为与被害人死亡结果之间的因果关系的把握

关键词 | 抢劫罪 | 致人死亡 | 因果关系 | 抢救失误 |

【最高人民法院参考案例】

张校抢劫案（《刑事审判参考》案例第685号）

要旨：在被告人行为引起被害人死亡结果发生的可能性较大，而医院抢救行为对结果发生的影响力并非主要的情况下，医院的抢救行为并不能中断被告人的抢劫行为与被害人死亡结果之间的因果关系。

刑法上的因果关系从形式上可以区分为简单因果关系、复杂因果关系、中断的因果关系三种。简单因果关系，是指一危害行为直接而合乎规律地引起一个或几

个危害结果的发生。复杂因果关系,是指两个或两个以上的危害行为共同作用或先后衔接产生一个或几个危害结果。所谓中断的因果关系,是指某种危害行为引起或正在引起某种危害结果,在因果关系的发展过程中,介入了另一原因,如介入了第三者的行为、被害人自身的行为或特殊自然事实等其他因素,从而切断了原来的因果关系,行为人只对另一原因介入前的情形负责,介入原因引起的最后结果与前因行为之间没有因果关系。成立中断的因果关系,必须具备以下条件:其一,须有另一原因的介入;其二,介入原因须为异常原因,即通常情况下不会介入的某种行为或自然力;其三,中途介入的原因须合乎规律地引起最后结果的发生。其具体判断标准为:一是先前行为对结果发生所起的作用大小。作用大,则先前行为与结果有因果关系,反之则无。二是介入因素的异常性大小。过于异常,则先前行为与结果无因果关系,反之则有。三是介入因素本身对结果发生所起的作用大小。作用大,则先前行为与结果无因果关系,反之则有。

本文所讨论的医院救治中的失误则属于上述的介入因素,故必须考察被告人抢劫这一先前行为与介入因素——医疗行为对于被害人死亡的结果各自作用的大小、医疗行为异常性大小。在本案的因果关系中,被告人实施的行为本身就具有足以造成危害结果产生的效力,至少是被害人死亡的主要原因;医院救治中的失误,并没有使抢劫行为的效果缓和或超越替代了抢劫行为而引起结果发生。在被告人行为引起被害人死亡结果发生的可能性较大而医院抢救行为对结果发生的影响力并非主要的情况下,医院的抢救行为并不能中断被告人的抢劫行为与被害人死亡结果之间的因果关系。

——《刑事审判参考》(总第79辑)。

845 抢劫过程中致人重伤，后放火毁灭罪证致人死亡行为的定性

关键词|抢劫罪|致人重伤|致人死亡|

【最高人民法院参考案例】

魏建军抢劫、放火案(《刑事审判参考》案例第401号)

要旨:因果关系错误中的事前故意不影响故意犯罪既遂的成立。抢劫过程中使用暴力致人昏迷,误认为被害人已经死亡,为毁灭罪证又实施放火行为造成被害人窒息死亡的,因为放火时没有故意杀人的主观故意,其行为不构成故意杀人罪,应以抢劫罪定罪处罚。

(一)因果关系错误中的事前故意不影响故意犯罪既遂的成立

行为人对因果关系发展的具体样态的认识错误,在犯罪构成的评价上并不重

要。因为无论是哪一种因果关系错误，均属于在同一犯罪构成范围内的事实认识错误，故只要行为人认识到自己实施的行为会发生危害社会的结果足矣，而不要求对因果关系发展的具体样态有明确认识。因为行为人对因果关系的基本部分有认识，就充分表明行为人对刑法保护法益的背反态度，对因果关系发展的具体样态的认识如何，并不影响对行为人的刑法否定评价和归责可能性，易言之，对于行为故意的成立不发生影响。既然行为人具有实现同一犯罪构成结果的故意，如果现实所发生的结果与行为人所实施的行为也具有因果关系，行为人对其概括故意支配下现实产生的危害结果就必须承担该故意犯罪既遂的刑事责任。

行为人在抢劫过程中致人重伤，但误认为被害人已死亡，后为掩盖罪行放火毁灭罪证，致人死亡的，属于上述因果关系错误中的第二种情况。对此，我们认为，虽然这种情况下客观上有前后两个行为，是后行为最终造成的死亡结果，但前行为与死亡结果之间的因果关系并未因后行为的介入而中断，应肯定前行为与危害结果之间的因果关系，而且前后两个行为是行为人在一个概括的杀人故意下连续实施的，无论是前行为还是后行为造成的实际损害结果，与行为人意欲实现的结果完全一致，故应以故意杀人罪既遂论处。

（二）抢劫过程中使用暴力致人昏迷，误认为被害人已经死亡，为毁灭罪证又实施放火行为造成被害人窒息死亡的，因为放火时没有故意杀人的主观故意，其行为不构成故意杀人罪，应以抢劫罪定罪处罚

虽然被告人发生了因果关系的认识错误，并不影响其故意杀人罪既遂的成立，但是否应对其以故意杀人罪定罪还必须考虑其是在实施抢劫犯罪过程中实施的杀人行为的因素。被告人为了当场劫取财物，当场使用足以致人死亡的暴力手段欲将被害人杀害，在错误地认为被害人已经死亡（实际昏迷）的情况下，为了毁灭罪证、掩盖罪行而实施了放火行为，最终致被害人窒息死亡。杀死被害人的行为作为劫取财物的手段在抢劫犯罪中予以一并评价，这是符合刑法理论的，因为抢劫犯罪中暴力手段的程度往往是很高的，为排除阻力劫取他人财物而故意杀人、故意伤害致人死亡的情况经常发生，由于行为人是在抢劫的故意下实施的杀人、伤害行为，故该行为完全可以包容在抢劫罪的评价之内，我国刑法第二百六十三条也明确规定“抢劫致人重伤、死亡的”，“处十年以上有期徒刑、无期徒刑或者死刑”。这里的“致人重伤、死亡”，应该包括故意与过失致人重伤、死亡，而且，从故意杀人罪与抢劫罪的法定刑以及我国刑法规定的实行吸收加重原则的数罪并罚制度出发，将当场杀死他人取得财物的行为认定为抢劫罪予以一并评价，完全可以做到罪刑相适应，不会轻纵犯罪。对此，最高人民法院在《关于抢劫过程中故意杀人案件如何定罪问题的批复》（以下简称《批复》）中已经明确：“行为人为劫取财物而预谋故意杀人，或者在劫取财物过程中，为制服被害人反抗而故意杀人的，以抢劫罪定罪处

罚。”另外，将为劫取财物而当场杀害他人取得财物的行为统一认定为抢劫罪，在司法实践中容易操作，避免了在定罪问题上造成混乱。而对于实施抢劫后，为灭口而故意杀人的情况，该《批复》同时指出应当“以抢劫罪和故意杀人罪定罪，实行数罪并罚”，这是因为，抢劫行为完成后，抢劫罪的构成要件已经齐备，行为人为灭口而故意杀人的，系另起杀人故意实施了杀人行为，该行为并非作为劫取财物的手段而实施的，主客观相一致，应构成故意杀人罪，实行并罚。

综上，对被告人在抢劫过程中使用暴力致人重伤昏迷，后为放火毁灭罪证致人窒息死亡，由于其在实施放火行为之前主观上认为被害人已经死亡，实施放火行为之时不具备杀死被害人的主观故意，并非抢劫完成后为了灭口而故意杀人，故不构成故意杀人罪，应认定为抢劫罪。同时，被告人为毁灭罪证而实施的放火行为，符合放火罪的犯罪构成要件，还构成了放火罪，以抢劫罪和放火罪进行并罚是正确的。

——《刑事审判参考》（总第51辑）。

846 抢劫后为抗拒抓捕而实施暴力致人伤亡的行为构成抢劫罪一罪

关键词｜抢劫罪｜抗拒抓捕｜致人伤亡｜

【最高人民法院参考案例】

朱永友抢劫案（《刑事审判参考》案例第322号）

要旨：抢劫后为抗拒抓捕而实施暴力，致人伤亡的，应按抢劫罪一罪定罪处罚。

对于在实施盗窃、诈骗、抢夺犯罪过程中被发现，为抗拒抓捕而当场使用暴力，致人伤亡的，根据刑法第二百六十九条规定，构成转化型抢劫罪，不实行数罪并罚。但对于抢劫后为抗拒抓捕而当场使用暴力故意伤害他人的行为，是否实行数罪并罚，刑法和有关司法解释没有明确，理论界鲜为论及。我们认为，对于抢劫后为抗拒抓捕而实施暴力，致人伤亡的，不仅没有必要，也没有理由进行刑法上的再次评价，仍应按抢劫罪一罪定罪处罚。行为人前后实施的两次暴力行为，完全可以看作同一抢劫过程的两个不同阶段，都是服从和服务于非法占有他人财物这一犯罪目的的。正如转化抢劫犯的连续伤人行为一样，当其对第一个人实施暴力时，其行为已经构成转化的抢劫罪，此后连续实施的伤及多人的行为自然应该纳入同一抢劫罪的评价范围，不应人为地割裂前后行为的内在统一性。

——《刑事审判参考》（总第41辑）。

847 共同抢劫的部分行为人引起的致人重伤、死亡后果，其余行为人承担相同责任

关键词｜抢劫罪｜共同犯罪｜

【最高人民法院参考案例】

郭玉林等抢劫案(《刑事审判参考》案例第189号)

要旨:行为人虽未实施持刀杀害行为,但因抢劫罪所侵犯的系双重客体,对于其他共同犯罪人所致使的被害人死亡后果并未超出其主观认识范围,故同样应承担致人死亡后果的刑事责任。

行为人是否应对由其他被告人造成的被害人死亡后果承担刑事责任,关键在于如何理解共同犯罪中的实行过限理论。我们认为,实行过限指的是实行犯实施了超出共同犯罪故意的行为,因没有犯罪的共同故意,故未参与实行过限行为的其他共同犯罪人无须就过限行为承担刑事责任。对于实行过限的具体理解,应当把握以下几点:一是客观方面,过限行为必须是独立于共同犯罪行为之外的行为。亦即,过限行为与共同犯罪行为必须是两个分别受到刑法评价,在法律上具有独立意义的行为,内含于共同犯罪行为之中或者仅仅表现为共同犯罪行为的具体行为方式的,不得视为过限行为。二是主观方面,过限行为必须是共同犯罪故意之外的行为。即使某一实行犯临时起意实施了超出预谋范围的行为,其他共同犯罪人可以预见或者知悉、了解而未加阻止的,因其主观上系一种认可的态度,故也须承担责任。三是共同犯罪行为所造成的过失后果,不存在实行过限。因为该过失后果是从属于共同犯罪行为的,在我国的刑法理论和实践中,均只具有量刑上的意义,而无定罪上的意义。具体到共同抢劫犯罪,各共同犯罪人应否对其他共同犯罪人暴力行为所造成的人身伤亡这一加重结果承担刑事责任?答案是肯定的。首先,抢劫罪以同时侵犯人身权利和财产权利为其客体要件。抢劫罪包含有两个行为,一是非法占有他人财物行为;二是暴力或者暴力胁迫行为,只有同时具备该两行为的,方可构成抢劫罪。正是基于此,行为人劫取财物时,其暴力或者暴力威胁行为对被害人造成人身伤害、死亡后果的,我国刑法不再单独予以评价,而仅仅是作为抢劫罪的一个量刑情节来处理。可见,抢劫罪中的暴力伤害行为不是一个独立行为,不具备适用实行过限的前提条件。其次,抢劫罪其本身就蕴含着暴力伤害或者暴力威胁的故意,而且这种暴力伤害或者暴力威胁正是作为非法劫取他人财物的手段要件而存在的。也就是说,暴力伤害或者暴力威胁是实施抢劫犯罪所必不可少的,在共同抢劫犯罪中,即使部分行为人不希望使用暴力或者仅仅使用暴力威胁,但对其他共同犯罪人可能使用暴力应当是有预见并予以认可的,这也是抢劫罪与非暴力性财产犯罪的一个

重要不同点。因此,要求抢劫犯罪的共同犯罪人共同对其他共同犯罪人使用暴力造成的伤亡后果承担责任,并不违背主、客观相一致原则。

——《刑事审判参考》(总第27辑)。

848 "冒充军警人员抢劫"的认定

关键词｜抢劫罪｜冒充军警人员｜

【最高人民法院司法文件】

4. 认定"冒充军警人员抢劫",要注重对行为人是否穿着军警制服、携带枪支、是否出示军警证件等情节进行综合审查,判断是否足以使他人误以为是军警人员。对于行为人仅穿着类似军警的服装或仅以言语宣称系军警人员但未携带枪支、也未出示军警证件而实施抢劫的,要结合抢劫地点、时间、暴力或威胁的具体情形,依照常人判断标准,确定是否认定为"冒充军警人员抢劫"。

军警人员利用自身的真实身份实施抢劫的,不认定为"冒充军警人员抢劫",应依法从重处罚。

——《最高人民法院关于审理抢劫刑事案件适用法律若干问题的指导意见》(2016年1月6日,法发〔2016〕2号)。

【链接:理解与适用】

(四)关于冒充军警人员抢劫

《抢劫解释》和《两抢意见》均未对冒充军警人员抢劫作出过规定。司法实践中,冒充军警人员抢劫的案件却时有发生,如何认定行为人的行为是否属于冒充军警人员抢劫,各地做法不统一,理论界也未能达成一致。有的采取严格说,即只要行为人宣称自己是军警人员而实施抢劫的,一律认定为冒充军警人员抢劫。有的采取被害人感受说,即是否认定为冒充军警人员抢劫,以被害人是否充分地感受到行为人实施抢劫时的身份是军警人员为标准。经过充分调研和几上几下地讨论,《指导意见》规定了一个比较客观、操作性较强的综合判断标准、常人判断标准。即:认定冒充军警人员抢劫,要注重对行为人是否穿着军警制服、携带枪支、是否出示军警证件等情节进行综合审查,判断是否足以使他人误以为是军警人员。对于行为人仅穿着类似军警的服装或仅以言语宣称系军警人员但未携带枪支,也未出示军警证件而实施抢劫的,要结合抢劫地点、时间、暴力或威胁的具体情形,依照常人判断标准,确定是否认定为冒充军警人员抢劫。

一些学者提出,既然冒充军警人员抢劫作为法定加重处罚情节,真正的军警人员实施抢劫更要作为法定加重处罚情节。针对这一争议,《指导意见》依照刑法条文的本质含义,规定:军警人员利用自身的真实身份实施抢劫的,不认定为冒充军警人员抢劫,应依法从重处罚。

——陆建红、杨华、潘洁:《〈关于审理抢劫刑事案件适用法律若干问题的指导意见〉的理解与适用》,载《人民司法 · 应用》2016 年第 10 期。

【最高人民法院参考案例】

王志国、肖建美抢劫案(《刑事审判参考》案例第 1184 号)

要旨:对于行为人仅穿着类似军警的服装或仅以言语称系军警人员但未携带枪支,也未出示军警证件而实施抢劫的,要结合抢劫地点、时间、暴力或威胁的具体情形,依照常人判断标准,确定是否认定为"冒充军警人员抢劫"。

1. 冒充军警的行为应具有一定的表现形式。表现形式主要包括行为人主动亮明自己的军警人员身份、出示军警证件、身着军警制式服装、携带警械、驾驶军警车辆等。但并非只要行为人具有上述表现形式就一定构成"冒充军警人员抢劫",还需根据实际情况考查行为人的主观方面,如其并非出于抢劫的目的,则不宜认定为"冒充军警人员抢劫",否则将会导致客观归罪。

2. 冒充军警的行为应达到使一般人能够相信其身份的程度。冒充军警抢劫与一般抢劫的差别在于前者同时还损害了军人、警察的形象。若行为人仅用口头的方式冒充军警,且其"演技"拙劣、破绽百出,按照普通人的辨识能力可以识破,未能使一般人轻易相信,既没有构成一定的威胁程度,也没有损害军人、警察的形象,其社会危害性与一般抢劫无异,此行为不宜认定"冒充军警人员抢劫",可作为酌定从重的情节为宜。

3. 冒充军警的行为不可简单地依据结果来认定。冒充行为存在被害人相信与不信两种结果,虽然被害人是否相信对于冒充行为的认定具有一定影响,但并非只要被害人识破了行为人的假军警身份,就一概不认定为"冒充军警人员抢劫"。《抢劫指导意见》在此处使用的并非"被害人标准",而是"常人标准",即假如行为人的伎俩高超,足以使一般人信以为真,如果恰巧被具有军警专业知识的被害人轻易识破,虽然行为人冒充失败,但不可因此而不追究其责任,对此仍应认定为"冒充军警人员抢劫"而加重处罚。

本案中,被告人肖建美供称,作案时跟被害人说是派出所的,问被害人是不是找小姐了,然后就要钱,否则就带被害人到派出所;被告人王志国供称,看见被害人手里有钱,就过去把钱抢了,然后问被害人知不知道他们是干什么的,并说今天穿的是便装。由此可见,二被告人在抢劫时自称是派出所的便衣民警,虽然具有冒充军警人员的行为,但二人仅仅是口头宣称系警察,既没有穿着警察制服,也没有驾驶警用交通工具或使用警用械具等,更没有出示警察证件,以普通人的辨识能力能够轻易识破其假警察身份。案发后,被害人每天晚上去案发现场,试图抓住对其实施抢劫的两名男子,由此也可看出,被害人在案发当时根本不相信二被告人是警察,二被告人的冒充行为明显没有达到应有的程度和效果,也没有损害警察的形象,社会危害性与一般抢劫无异,不认定"冒充军警人员抢劫"为宜。

——《刑事审判参考》(总第109辑)。

849 "持枪抢劫"的认定

关键词｜抢劫罪｜持枪抢劫｜

【最高人民法院司法解释】

第五条　刑法第二百六十三条第(七)项规定的"持枪抢劫",是指行为人使用枪支或者向被害人显示持有、佩带的枪支进行抢劫的行为。"枪支"的概念和范围,适用《中华人民共和国枪支管理法》的规定。

——《最高人民法院关于审理抢劫案件具体应用法律若干问题的解释》(2000年11月28日,法释〔2000〕35号)。

850 为抢劫而携带枪支,抢劫中未使用枪支的,不是持枪抢劫

关键词｜抢劫罪｜持枪抢劫｜

【最高人民法院参考案例】

粟君才等抢劫、非法持有枪支案(《刑事审判参考》案例第436号)

要旨:为抢劫而携带枪支并不一定就属于持枪抢劫,是否属于持枪抢劫要从行为人的主观目的和客观行为的一致性上进行判断。

如果行为人携带枪支而未向对方显露或仅仅是口头上表示有枪,即带枪而未使用,从主观目的和客观行为的一致性以及社会危害性角度考虑,则均不属于我国刑法规定的持枪抢劫,否则容易造成刑罚过重而与罪责难以相当。需要指出的是,持枪抢劫中的枪支应当是属于公安机关制定的有关枪支管理办法中规定的枪支范围,如果行为人向对方显露的是不具有杀伤力的仿真枪,由于仿真枪不可能造成人身伤害,除了一时的以假乱真外不能进一步发挥枪的功效,其作用还不如管制刀具,故不属于刑法意义上的持枪抢劫,这一点有关司法解释已有明确规定。通过以

上分析可以看出，为抢劫而携带枪支并不一定就属于持枪抢劫，是否属于持枪抢劫要从行为人的主观目的和客观行为的一致性上进行判断。如果行为人到案后交代携带枪支的目的是在抢劫过程中起到威慑作用，但客观上行为人并没有持枪进行威胁或伤害，那么就不能认定是持枪抢劫。

——《刑事审判参考》（总第 55 辑）。

851 持仿真玩具枪实施抢劫，不应认定为持枪抢劫

关键词 | 抢劫罪 | 仿真玩具枪 | 持枪抢劫 |

【最高人民法院审判业务意见】

有关部门就持仿真玩具枪实施抢劫犯罪能否认定为"持枪抢劫"问题征求最高人民法院研究室意见。最高人民法院研究室经研究认为：

持仿真玩具枪实施抢劫，不应认定为"持枪抢劫"。

——刘涛：《最高人民法院研究室关于持仿真玩具枪实施抢劫犯罪有关问题的研究意见》，载最高人民法院研究室编：《司法研究与指导》（总第 1 辑），人民法院出版社 2012 年版，第 178 页。

852 抢劫罪八种加重处罚情节中是否存在未遂

关键词 | 抢劫罪 | 加重处罚情节 | 犯罪未遂 |

【最高人民法院司法文件】

十、抢劫罪的既遂、未遂的认定

抢劫罪侵犯的是复杂客体，既侵犯财产权利又侵犯人身权利，具备劫取财物或者造成他人轻伤以上后果两者之一的，均属抢劫既遂；既未劫取财物，又未造成他人人身伤害后果的，属抢劫未遂。据此，刑法第二百六十三条规定的八种处罚情节中除"抢劫致人重伤、死亡的"这一结果加重情节之外，其余七种处罚情节同样存在既遂、未遂问题，其中属抢劫未遂的，应当根据刑法关于加重情节的法定刑规定，结合未遂犯的处理原则量刑。

——《最高人民法院关于审理抢劫、抢夺刑事案件适用法律若干问题的意见》（2005 年 6 月 8 日，法发〔2005〕8 号）。

(三)转化型抢劫

853 转化型抢劫的认定

关键词|抢劫罪|转化型抢劫|当场|

【最高人民法院司法文件】

三、关于转化型抢劫犯罪的认定

根据刑法第二百六十九条的规定,“犯盗窃、诈骗、抢夺罪,为窝藏赃物、抗拒抓捕或者毁灭罪证而当场使用暴力或者以暴力相威胁的”,依照抢劫罪定罪处罚。“犯盗窃、诈骗、抢夺罪”,主要是指行为人已经着手实施盗窃、诈骗、抢夺行为,一般不考察盗窃、诈骗、抢夺行为是否既遂。但是所涉财物数额明显低于“数额较大”的标准,又不具有《两抢意见》第五条所列五种情节之一的,不构成抢劫罪。“当场”是指在盗窃、诈骗、抢夺的现场以及行为人刚离开现场即被他人发现并抓捕的情形。

对于以摆脱的方式逃脱抓捕,暴力强度较小,未造成轻伤以上后果的,可不认定为“使用暴力”,不以抢劫罪论处。

……

——《最高人民法院关于审理抢劫刑事案件适用法律若干问题的指导意见》(2016年1月6日,法发〔2016〕2号)。

五、关于转化抢劫的认定

行为人实施盗窃、诈骗、抢夺行为,未达到“数额较大”,为窝藏赃物、抗拒抓捕或者毁灭罪证当场使用暴力或者以暴力相威胁,情节较轻、危害不大的,一般不以犯罪论处;但具有下列情节之一的,可依照刑法第二百六十九条的规定,以抢劫罪定罪处罚。

(1)盗窃、诈骗、抢夺接近“数额较大”标准的;

(2)入户或在公共交通工具上盗窃、诈骗、抢夺后在户外或交通工具外实施上述行为的;

(3)使用暴力致人轻微伤以上后果的;

(4)使用凶器或以凶器相威胁的;

(5)具有其他严重情节的。

——《最高人民法院关于审理抢劫、抢夺刑事案件适用法律若干问题的意见》（2005年6月8日，法发〔2005〕8号）。

【链接：理解与适用】

《指导意见》总结《两抢意见》实施多年来的经验，在《两抢意见》规定犯盗窃、诈骗、抢夺罪一般应达到数额较大的基础上，又从四个方面作了补充规定。

1. 犯盗窃、诈骗、抢夺罪是否必须既遂？《指导意见》规定："犯盗窃、诈骗、抢夺罪"，主要是指行为人已经着手实施盗窃、诈骗、抢夺行为，一般不考察盗窃、诈骗、抢夺行为是否既遂。但是所涉财物数额明显低于数额较大的标准，又不具有《两抢意见》第五条所列五种情节之一的，不构成抢劫罪。"当场"是指在盗窃、诈骗、抢夺的现场以及行为人刚离开现场即被他人发现并抓捕的情形。

2. 犯盗窃、诈骗、抢夺罪后，暴力程度不明显的摆脱行为如何处理？比较一致的意见是，不能一律认定为转化抢劫，而应该以行为人摆脱时是否造成伤害后果为认定依据。但依照何种伤害后果为依据，存在争论。第一种意见认为，只要造成轻微伤以上后果，就应认定为构成转化型抢劫。第二种意见认为，暴力程度不明显的摆脱行为，不是典型的使用暴力或者以暴力相威胁行为，典型的暴力或者以暴力相威胁行为是指，行为人对被害人或者抓捕人故意实施殴打、伤害等危及人体健康或者生命安全的行为，或者以实施这种暴力相威胁。《指导意见》采纳了第二种意见，以将摆脱行为与主动采取暴力或暴力相威胁的行为区别开来，并对暴力程度不明显的摆脱行为提高入罪门槛，即以造成轻伤以上后果为依据。据此，《指导意见》规定，对于以摆脱的方式逃脱抓捕，暴力强度较小，未造成轻伤以上后果的，可不认定为使用暴力，不以抢劫罪论处。

……

——陆建红、杨华、潘洁：《〈关于审理抢劫刑事案件适用法律若干问题的指导意见〉的理解与适用》，载《人民司法·应用》2016年第10期。

（二）如何正确区分"使用暴力、以暴力相威胁"和"以摆脱的方式逃脱抓捕"

《指导意见》规定，对于以摆脱的方式逃脱抓捕，暴力强度较小，未造成轻伤以上后果的，可不认定为"使用暴力"，不以抢劫罪论处。《指导意见》实施一年多来，有的地方法院提出，所有的暴力行为都是为了逃脱抓捕，实践中如何理解和掌握"摆脱"的适用条件？笔者认为，这里存在一个如何理解抗拒抓捕和逃脱抓捕，如何理解主动使用暴力和被动实施摆脱行为的问题。为抗拒抓捕而采取暴力行为，其主观上的主动性极强，且对抓捕人的威胁程度较大，因其暴力的主动性，也极容易致抓捕人受到伤害。而摆脱，则体现了以下三个方面：一是行为人只是想逃脱抓捕，而未主动抗拒抓捕，这两者之间是有区别的；二是行为人逃脱抓捕的方式只是被动地实施摆脱行为，并未主动采取暴力行为；三是摆脱的方式，一般情况下对抓捕人的人身损害不大，因此，对该类行为认定为“使用暴力”的前提条件相对比较宽松，即“造成轻伤以上后果”的，才认定为“使用暴力”。而根据《两抢意见》第五条规定，行为人如果是主动抗拒抓捕的，即使盗窃、诈骗、抢夺行为未达到“数额较大”，只要其使用暴力抗拒抓捕，致人轻微伤以上后果的，即依照刑法第二百六十九条的规定，以转化型抢劫论处。

——陆建红：《审理抢劫案件几个疑难问题探讨——对〈关于审理抢劫刑事案件适用法律若干问题的指导意见〉的再次解读》，载《中国刑事审判指导案例》编写组编：《中国刑事审判指导案例（4）· 侵犯财产罪》（增订本），法律出版社 2021 年版，第 400 页。

【最高人民法院参考案例】

尹林军、任文军盗窃案（《刑事审判参考》案例第 1186 号）

要旨：盗窃后为抗拒抓捕实施暴力程度不明显的摆脱行为，不认定为“转化型抢劫”。

转化型抢劫与抢劫虽然认定性质相同，但行为人的主观恶性和行为动机毕竟不同，行为人最初目的是盗窃、诈骗、抢夺，为窝藏赃物、抗拒抓捕或者毁灭罪证才使用暴力或者以暴力相威胁，因此对其暴力程度应当有所限制，应以被害人不敢抓捕或者不能抓捕为限。如果行为人不具有伤害意图，只是为摆脱和逃跑而推推搡搡，没有造成轻伤以上后果的，则可不认定使用暴力，不以抢劫罪定罪处罚。如此处理，有效区分了主动使用暴力和被动摆脱行为之间的罪责差异，体现了刑法道义性的要求，也通过追诉后果的差异来最大限度地保障被害人的人身权益。《最高人民法院关于审理抢劫刑事案件适用法律若干问题的指导意见》（以下简称《抢劫指导意见》）亦对此作出明确规定，指出“对于以摆脱的方式逃脱抓捕，暴力程度较小，未造成轻伤以上后果的，可不认定为‘使用暴力’，不以抢劫罪论处”。

就本案而言，被告人尹林军、任文军以撬门入户的方式，从被害人陈金林家中窃取了价值一万余元的手镯、手表和现金等物，其行为已构成盗窃罪。尹林军离开前遇到返回家中的失主陈金林，陈金林随即抓住尹林军的衣领殴打其面部几拳，尹林军并未主动回击，而是想尽快摆脱被害人的抓捕。尹林军逃离途中，因被害人拉扯其衣领不放，将被害人扯至楼下；其间，被害人还踢踹尹林军，致二人摔倒，后尹林军借势脱掉外衣逃离。整个过程中，尹林军没有对被害人主动使用暴力，仅是躲闪被害人的殴打和追捕，虽致被害人摔倒，但没有造成轻伤以上的后果，依照前述观点和《抢劫指导意见》的规定，尹林军的摆脱行为不应认定为转化型抢劫的暴力行为,对其不应以抢劫罪定罪处罚。

——《刑事审判参考》(总第109辑)。

李智豪抢劫案(《刑事审判参考》案例第1201号)

要旨:“当场”是指盗窃、诈骗、抢夺罪的现场,在现场或者刚一离开现场就被人及时发觉而立即追捕的过程中,也可视为现场的延伸。

根据有关刑法理论及实践掌握,准确理解这里的“当场”,应当综合考虑以下三个方面:

1. 时空的接续性。“当场”从字面上看,就是当时和现场,包含了时间和空间两方面的要素,是时间上连续性和空间上连接性的统一体,前后行为在时间和空间上应当紧密联系,不能间断或者完全脱离。具体来说,前后行为在空间上应当具有连接性,即暴力、胁迫行为发生在盗窃、诈骗、抢夺行为现场或者与之紧密联系的场所;在时间上应具有连续性,即暴力、胁迫行为必须发生在盗窃、诈骗、抢夺行为之后,前后连续而未间断。只有在前行为与暴力、胁迫之间存在不间断的时空联系时,才能转化为抢劫罪。如果两者之间在时空关系上发生了中断,则失去了转化的可能性,不能转化为抢劫罪。一般来说,如果行为人作案后并未被及时发觉和追捕,而在其他时间或地点被发现、追捕的,应当认为不符合“当场”的条件,不能转化为抢劫罪。但是,对“当场”的理解不能过于机械,不能要求前后行为在同一时间点、同一地点上完全重合,二者之间应当允许存在短时间、短距离的间隔。比如,在行为人在超市内扒窃他人手机一部,三分钟后被害人发现被盗而在超市门口追赶上行为人,行为人为抗拒抓捕而实施暴力,在这种情况下,仍然应认为具有时间上的连续性和空间上的连接性。

2. 先后行为之间的关联性。前后行为除了时空上的紧密联系外,还要求具有引起与被引起的关联性,即事后的暴力、胁迫行为是因为前面的盗窃、诈骗、抢夺等行为而引起的,如果不是因为盗窃等前行为导致行为人被追捕,而是因为其他事由,即使行为人也同样是因为窝藏赃物、抗拒抓捕或者毁灭罪证而使用暴力或者以暴力相威胁,其前行为也不能转化为抢劫罪。

3. 追捕事态的继续性。从犯罪过程上看,实施前行为(盗窃、诈骗、抢夺)—被发现—被追捕—实施暴力或者以暴力相威胁,是一个连贯的过程,追捕的事态是持续不间断的。只要行为人始终处于追捕人耳目所及的控制范围内,即使行为人一时躲避藏匿、暂时脱离了追捕人的视线,但只要追捕行动未停止,并最终发现了行为人,整个追捕过程仍然具有继续性,行为人此时为抗拒抓捕等而使用暴力或者以暴力相威胁的,仍然属于“当场”的范围,依法构成转化型抢劫罪。如果行为人已成功脱逃,事后被他人发现而被追捕,或者因为其他犯罪行为被抓捕,即使当场使用暴力或者以暴力相威胁,该暴力行为相对于前行为而言不再是“当场”实施,已失去了转化的时空条件。持续不断的追捕过程既包括行为人尚未离开前行为现场或者刚离开现场就被人发觉并立即实施抓捕,也包括行为人作案后很快被发现并对其实施一定时间的监视后再实施抓捕。只要行为人始终处于追捕人的视线范围之内,不论持续多久,追捕的距离有多长,其暴力或者以暴力相威胁行为均属于“当场”实施。

本案的特殊之处在于,被害人方追赶被告人时,不是用肉眼直接观察到被告人,而是通过被抢车辆上的 GPS 导航定位对被告人进行追踪,且实施抢夺的地点距离被告人被截获的地点有十多公里之远。被告人被拦截后为抗拒抓捕而持枪威胁,这种情况能否认定为转化型抢劫罪中的“当场”?

基于上述分析,只要被告人始终在视线范围之内,追捕行为一直处于持续状态,那么就视为案发现场一直在延长,截获被告人的地方就可以视为“当场”。被告人的行踪始终在视线可及的范围内,是判断追捕行为是否持续的一个标准。掌握被告人行踪是实质要点,至于观察的方式,不能也没有必要局限于肉眼观察。随着经济社会的发展和科技水平的提高,除了最基本的肉眼观察外,也可以借助于各种仪器和设备进行观察,这是与客观社会生活现状相符的。就像追捕行为本身,没有必要限定于仅靠双腿追捕,借助于自行车、汽车及其他设备并不违背追捕行为的本质。因此,本案中借助 GPS 来掌握被告人的行踪,完全可以视为被告人在追捕人的视线范围之内。本案中,李智豪驾车逃离抢夺现场,谢营军立即电话告知谢冬冬,二人随即驾车追赶。在没有追上之后,谢冬冬给车主谢军卫打了电话,告知相关情况。谢军卫立即根据被抢车辆上的 GPS 使用手机对车辆进行定位,自己进行追赶,并让朋友刘万才帮忙追赶,后刘万才根据 GPS 定位一直追赶并在右安门附近拦截了李智豪。可以看出,汽车被抢夺之后,被害方的追捕行为一直处在持续状态之中,中间虽略有中断,但这种中断是很短暂的而不是长时间的,并不影响追捕行为的整体连续性,被告人的行踪也始终在被害人一方的掌握之中。因此,虽然被告人抢夺地距离被截获地有十多公里之远,这段距离应该被视为抢夺现场的延长。在这种情况下,被告人被堵截拦停后持枪威胁被害方的追赶人员,属于“当场”以暴力相威胁,构成转化型抢劫罪,法院判决的定性是准确的。

——《刑事审判参考》(总第 110 辑)。

贺喜民抢劫案(《刑事审判参考》案例第 300 号)

要旨:作为转化型抢劫罪客观要件之一的“当场”,应是时间与空间的结合体;在判断行为人的有关行为是否具有“当场”性时,应综合考虑暴力、威胁行为与先前的盗窃、诈骗、抢夺行为在时间、场所上的连接性、事实上的关联性等多种因素。

在我国刑法界，对于刑法第二百六十九条规定中的“当场”，存在如下四种不同认识：第一种观点认为，“当场”是指实施盗窃、诈骗、抢夺行为的现场。此种观点在对“当场”这一时空范围的理解上过于狭窄，不符合转化型抢劫罪的实际情况，有放纵犯罪之虞。第二种观点认为，“当场”是指窝藏赃物、抗拒抓捕、毁灭罪证有关的地方。从时间上看，可以是盗窃等行为实施时或刚实施完不久，也可以是数天、数月后；从空间上看，可以是盗窃等的犯罪地，也可以是离开盗窃等犯罪地的途中，还可以是行为人的住所等地。此种观点对“当场”的理解又失之宽泛，会扩大打击面。第三种观点认为，“当场”一是指实施盗窃、诈骗、抢夺的现场，二是指以犯罪现场为中心与犯罪分子活动有关的一定空间范围。只要犯罪分子尚未摆脱监视者力所能及的范围（包括各种仪器、工具的监测范围），都应属于“当场”。此种观点对“当场”的理解也还过于宽泛，与第二种观点存在同样的弊病。第四种观点认为，“当场”是指实施盗窃、诈骗、抢夺行为的现场，以及行为人刚一离开现场就被人及时发觉而立即被追捕中的场所。此种观点为理论界的通说。

我们认为，上述我国刑法界关于转化型抢劫罪之“当场”要件的通行解说是妥当的，日本刑法界的“机会延长理论”对于我们正确理解转化型抢劫罪的“当场”要件有一定借鉴意义。作为转化型抢劫罪客观要件之一的“当场”，应是时间与空间的结合体；在判断行为人的有关行为是否具有“当场”性时，应综合考虑暴力、威胁行为与先前的盗窃、诈骗、抢夺行为在时间、场所上的连接性、事实上的关联性等多种因素。具体地说，在犯盗窃等罪的现场使用暴力或者以暴力相威胁的，固然应当认定符合转化型抢劫罪的“当场”要件；但即便是已离开犯盗窃等罪的现场，只要其后的暴力或以暴力相威胁行为是在相隔短暂的时空范围内实施的，只要一般的社会观念认为行为人先前的盗窃等行为在该时空范围内仍处于继续状态，则也应认定行为人的行为符合转化型抢劫罪的“当场”要件。

——《刑事审判参考》（总第38辑）。

穆文军抢劫案（《刑事审判参考》案例第321号）

要旨：盗窃未遂的情况下，为抗拒抓捕而当场使用暴力，情节严重的，构成抢劫罪。

从司法实践来看，《最高人民法院、最高人民检察院关于如何适用刑法第一百五十三条的批复》自实施以来广为接受，具有其实践上的合理性。如果要求成立转化型抢劫罪必须以行为人构成盗窃罪、诈骗罪、抢夺罪为前提条件，必然会使大量具有严重社会危害性的行为无法处理。

如上所述，成立转化型抢劫罪的前提条件是实施盗窃、诈骗、抢夺行为，因此，只要行为人在实施盗窃行为过程中，为窝藏赃物、抗拒抓捕或者毁灭罪证而当场使用暴力或者以暴力相威胁的,就应当以抢劫罪定罪处罚,盗窃是否既遂不影响抢劫罪的成立。

——《刑事审判参考》(总第41辑)。

854 在他人实施盗窃为抗拒抓捕当场使用暴力的犯罪过程中加入其中的行为如何定性

关键词 | 抢劫罪 | 盗窃罪 | 转化型抢劫 |

【最高人民法院参考案例】

翟光强等抢劫案(《刑事审判参考》案例第1187号)

要旨:转化行为与后续行为的目的都是暴力抗拒抓捕,整个过程是连续的,在时间和空间上不能割裂看待,定罪上自然也不能分开对待。

刑法第二百六十九条规定,犯盗窃、诈骗、抢夺罪,为窝藏赃物、抗拒抓捕或者毁灭罪证而当场使用暴力或者以暴力相威胁的,依照第二百六十三条规定的抢劫罪定罪处罚。本案中,被告人胡丛建、孟祥友实施盗窃时被刘春风、刘光父子发现后,持斧子与刘春风、刘光打斗,致刘春风轻微伤,对该行为依照抢劫定罪处罚均无异议。关键是本案的后续行为,即被告人孟祥友当场被抓,被告人胡丛建逃跑后又纠集翟光强、贾森、张帅、井中岩暴力劫夺孟祥友,造成王吉春死亡(翟光强所致)、刘光轻微伤的行为该如何定罪量刑?公诉机关指控翟光强构成故意杀人罪,胡丛建、贾森、张帅、井中岩构成寻衅滋事罪。一、二审法院认为后续行为与先前的转化抢劫犯罪行为是一个连续的整体,故被告人胡丛建、孟祥友与被告人翟光强、贾森、张帅、井中岩均构成抢劫罪。

……

(二)转化行为与后续行为是一个连续整体

根据刑法第二百六十九条的规定,犯盗窃罪为抗拒抓捕而"当场"使用暴力的,才能按抢劫罪定罪处罚。那么这个"当场"该如何理解,是否只限于盗窃被发现的当时和现场?我们认为,对"当场"不能机械理解,它应该是个综合性的概念,涵盖了时间上的连续性和空间上的延续性,允许存在点与点之间的短暂间隔,应该是指行为人实施盗窃现场及抗拒抓捕的整个过程和现场。比如,行为人实施完盗窃行为,离开的时间短暂而马上被发现的,应认定为"当场"。如果被发现当时因条件不合适未采取抓捕,而跟踪到合适地点实行抓捕,行为人抗拒抓捕的,也应认定为"当场"。但是如果行为人实施盗窃后离开现场一段距离,因其他原因被发现的,就不宜认定为"当场",此时行为人抗拒抓捕造成人员受伤或死亡的,则应以盗窃罪和故意伤害罪或故意杀人罪等罪名追究刑事责任。

本案中，被告人胡丛建、孟祥友实施盗窃时当场抗拒抓捕，结果胡丛建逃脱、孟祥友被抓，如果胡丛建逃脱后未返回现场救人，那么转化抢劫行为结束。但是胡丛建逃脱后立即联系了翟光强、贾森、张帅、井中岩等人，邀约救人。从被害人陈述来看，他们在抓住孟祥友后即报警。在等待警察到来期间，胡丛建开车返回一次，提出愿意拿钱赎人，被拒绝后胡丛建开车离去。过了一会儿，胡丛建开车带着其他被告人到达现场，采取暴力手段强行劫夺走了孟祥友。因此，转化行为与后续行为的目的都是暴力抗拒抓捕，整个过程是连续的，在时间和空间上不能割裂看待，定罪上自然也不能分开对待。

（三）本案属于事前无通谋的共同犯罪

共同犯罪是指二人以上共同故意犯罪。主观上要求共同犯罪人有共同的故意，共同实行的意思可以形成于实行行为之前或实行行为之时。从这一点出发，共同犯罪可以分为事前通谋的共同犯罪和事前无通谋的共同犯罪。事前通谋的共同犯罪，是指着手实行犯罪之前，共犯人已经形成共同犯罪故意，就犯罪实施进行了商议和谋划。事前无通谋的共同犯罪，则是指在刚着手或实行犯罪的过程中形成共同故意犯罪的。

事前无通谋的共同犯罪中，有可能存在承继的共同犯罪现象。也就是说，前行为人的先行行为的效果在持续，后行为人在明知这种状态的情况下参与进去，后行为人就与前行为人成立共同犯罪。但是这种承继的共同犯罪人，只能对与自己的行为具有因果性的结果承担责任，利用前行为人已经造成的结果不等于后行为人的行为与该结果之间具有因果关系。例如，前行为人单独入室盗窃被发现后逃离现场，在其逃离过程中，知道真相的后行为人为了使前行为人逃避抓捕，唆使前行为人或与前行为人共同当场对他人实施暴力，后行为人虽然没有犯盗窃罪，但其参与了抗拒抓捕行为，实施了转化抢劫行为，故与前行为人成立转化型抢劫。可是在相同情况下，如果前行为人抗拒抓捕时猛踢被害人腹部一脚，后行为人参与进来后也猛踢被害人腹部一脚，最后被害人因肝脏破裂流血过多而死亡，却不能查明是谁的行为造成其肝脏破裂。前行为人和后行为人构成转化型抢劫的共犯。但在区分地位、作用时，应当考虑前行为人的暴力是为了自身利益，而后行为人仅仅是帮助前行为人逃避抓捕，因此，前行为人应当承担更加主要的责任。

本案中，被告人翟光强、贾森、张帅、井中岩与被告人胡丛建、孟祥友平时均有盗油行为。翟光强、贾森、张帅、井中岩虽然与胡丛建、孟祥友此次事先并无盗窃、抢劫犯罪的通谋，但明知胡丛建、孟祥友在盗油时被发现，孟祥友被抓获后，而仍支持胡丛建实施抗拒抓捕行为，持自制钢管斧头去劫夺孟祥友，与被告人胡丛建形成解救孟祥友、抗拒抓捕的共同犯罪故意，系事前无通谋的共同犯罪，与孟祥友、胡丛建一起成立转化抢劫。胡丛建、翟光强、贾森、张帅、井中岩一起参与实施了劫夺孟祥友的行为，在此过程中，致被害人王吉春死亡、被害人刘光受轻微伤，该危害后果与五被告人的行为之间具有因果关系，故该五人均应对王吉春死亡和刘光轻微伤的结果承担刑事责任。而孟祥友由于人身被控制无法活动，胡丛建等五人的后行为其无法控制也不能制止，已超出其犯罪故意的范围，王吉春死亡和刘光轻微伤的结果与其先行行为无因果关系，故其不应该对王吉春死亡和刘光轻微伤的结果承担刑事责任，其在先前与胡丛建共同抗拒抓捕的过程中，胡丛建将刘春风左肘砍伤，致刘春风轻微伤，孟祥友仅对该先行为造成被害人轻微伤的结果承担刑事责任。

——《刑事审判参考》(总第 109 辑)。

855 构成转化型抢劫罪必须具备为了“窝藏赃物、抗拒抓捕或者毁灭罪证”的主观要件

关键词｜抢劫罪｜诈骗未得逞｜转化型抢劫｜

【最高人民法院参考案例】

龚文彬等抢劫、贩卖毒品案(《刑事审判参考》案例第 581 号)

要旨：在诈骗过程中，受害人当场发现不愿交付财物，行为人采用威胁手段直接劫取财物的，应当直接认定为抢劫罪，而非转化型抢劫。

我们认为，区分刑法第二百六十三条的抢劫罪与刑法第二百六十九条的转化型抢劫罪，关键是从行为人的主观方面进行区分。抢劫罪中行为人当场实施暴力或者以暴力相威胁的行为具有不法占有他人财物的目的，而转化型抢劫罪中行为人当场实施暴力或者以暴力相威胁的目的，是为了“窝藏赃物、抗拒抓捕或者毁灭罪证”。所谓窝藏赃物，是指行为人在实施盗窃、诈骗、抢夺时，已经将他人财物置于自己的实际控制之下，但被人发现，为了排斥他人取回赃物，当场实施暴力或者以暴力相威胁；所谓抗拒抓捕，是指行为人在实施盗窃、诈骗、抢夺过程中或得手后，被人发现，为了不被被害人、公安人员、群众等抓获归案而对抓捕者实施暴力或者以暴力相威胁；所谓毁灭罪证，是指行为人盗窃、诈骗、抢夺过程中，为了不受法律追究、毁灭与犯罪有关的证据时，而当场对他人实施暴力或者以暴力相威胁。据此，如果行为人不是在“窝藏赃物、抗拒抓捕或毁灭罪证”的目的支配下实施暴力或者以暴力相威胁的行为，则不能构成转化型抢劫罪。比如，行为人在盗窃、诈骗、抢夺过程中被发现后，为排除妨碍进而占有财物而实施暴力或者以暴力相威胁的，应直接认定构成刑法第二百六十三条的抢劫罪。本案中，各被告人在实施诈骗过程中，被害人发现被骗不愿交付钱款，各被告人即上前围住并胁迫对方交付钱款，

此时各被告人以暴力相威胁的目的是欲从被害人处获得财物，而不是为了“窝藏赃物、抗拒抓捕、毁灭罪证”，故各被告人不具备转化型抢劫罪的主观要件，其行为符合抢劫罪的主观要件，应以刑法第二百六十三条的抢劫罪来认定。

——《刑事审判参考》（总第70辑）。

朱永友抢劫案（《刑事审判参考》案例第322号）

要旨：对于盗窃过程中为防止被害人发觉，而对被害人实施暴力的行为，应直接适用刑法第二百六十三条的规定以抢劫罪定罪处罚。

我们认为，行为人在实施盗窃过程中被发现等情况的发生，完全属于意志以外的原因，行为人必然意识到其已不可能继续通过秘密窃取方法达到非法占有他人财物的目的，此时无论其选择逃跑还是改变犯罪手段以继续实现非法占有他人财物的目的，其实施的前期行为业已构成盗窃未遂。如果行为人为了排除被害人的反抗转而对被害人实施暴力或以暴力相威胁，从而达到非法强行占有他人财物的目的，则属于犯意转化，其后续行为完全符合刑法第二百六十三条典型的抢劫罪的构成要件，而不宜认定为转化的抢劫罪。因此，对于第三种情形的处罚，无须以盗窃罪（未遂）和抢劫罪数罪并罚，而应适用吸收犯的处罚原则，即既遂行为吸收未遂行为，重罪吸收轻罪，以抢劫罪定罪处罚。

——《刑事审判参考》（总第41辑）。

856 犯信用卡诈骗罪，为抗拒抓捕而当场使用暴力的，可否转化为抢劫罪

关键词 | 抢劫罪 | 信用卡诈骗罪 | 转化型抢劫 |

【最高人民法院参考案例】

王艳峰抢劫案（《刑事审判参考》案例第1246号）

要旨：只有侵犯财产的特殊盗窃、诈骗、抢夺罪才与普通盗窃、诈骗、抢夺罪存在法条竞合关系，可以作为转化型抢劫的前提犯罪。信用卡诈骗具有明显的侵财性，故王艳峰的行为可以转化为抢劫。

（一）将刑法第二百六十九条规定的“犯盗窃、诈骗、抢夺罪”理解为具体犯罪行为，更有利于打击侵犯财产犯罪，也符合该条的立法本意

刑法第二百六十九条规定的“犯盗窃、诈骗、抢夺罪”是指具体犯罪行为，还是仅指刑法分则第五章规定的盗窃罪、诈骗罪和抢夺罪，直接关系到转化型抢劫的适用范围。如将上述“犯盗窃、诈骗、抢夺罪”解释为第五章规定的盗窃、诈骗、抢夺

罪,形式上符合罪刑法定原则,但存在一定的局限性。刑法分则在规定罪名和法定刑时,并不是严格按照对一种行为只认定为一种犯罪的模式,而是根据打击犯罪的需要,将同一性质的行为分置于不同的罪名中予以规定,从而形成法条竞合犯、想象竞合犯、结果加重犯等多种复杂的罪数形态。就盗窃、诈骗、抢夺罪而言,除刑法分则第五章规定的三个普通罪名外,还有诸多散见于各章节的相关特殊罪名,如盗伐林木罪、盗掘古墓葬罪、合同诈骗罪、金融诈骗犯罪、战时掠夺居民财物罪等。这些犯罪与普通盗窃、诈骗、抢夺罪存在法条竞合关系,前者是特殊法,后者是一般法。上述特殊类型财产犯罪完全符合普通盗窃、诈骗、抢夺罪的构成要件,因此把这些犯罪归入刑法第二百六十九条规定的转化型抢劫的前提犯罪,并不违反罪刑法定原则。例如,盗窃正在使用中的电缆,属于盗窃罪与破坏电力设备罪的想象竞合犯,虽然一般根据从一重罪处断的原则认定为破坏电力设备罪,但不能否认该行为也同时符合盗窃罪的构成要件,该行为同样可以作为转化型抢劫的前提犯罪。全国人大常委会法制工作委员会在答复最高人民检察院关于相对刑事责任年龄人承担刑事责任范围问题时指出:“刑法第十七条第二款规定的八种犯罪,是指具体犯罪行为而不是具体罪名。”这便突破了将该条规定的八种犯罪仅理解为具体罪名的思维模式,对理解第二百六十九条的前提犯罪范围具有重要的参考意义。此外,从刑法分则条文的排列顺序来看,第二百六十九条排在第二百六十八条聚众哄抢罪之后,似有将聚众哄抢罪纳入第二百六十九条规定的抢夺罪之意,在一定程度上也说明能够转化为抢劫罪的抢夺罪应是指抢夺行为,不限于第二百六十七条规定的抢夺罪。本案中,被告人王艳峰的前部分行为构成信用卡诈骗罪,而信用卡诈骗罪与诈骗罪具有法条竞合关系,王艳峰的行为符合诈骗罪的构成要件,可以充当转化型抢劫的前提犯罪,因此其实施的全部行为可以认定为抢劫罪。

刑事裁判应当契合主流价值观,赢得公众认同。只有公众对裁判结果理解、信赖、服从,刑事审判才能获得良好的社会效果。通常来说,存在暴力因素的犯罪和不存在暴力因素的犯罪对公众的心理影响是截然不同的。本案中,被害人报案时对事件的总体描述是“被抢了”,说明其对存款被取走、自己遭到殴打等情节的认知明显不同于被偷被骗等非暴力性财产犯罪,这也符合公众对此种情形的一般判断。认定被告人王艳峰的行为构成抢劫罪,更符合公众认知,更能全面评价犯罪行为的社会危害性,更易于为被害人和社会公众接受,社会效果更好。

(二)刑法第二百六十九条规定的“犯盗窃、诈骗、抢夺罪”应具有侵犯财产犯罪的属性,对于主要侵犯公共安全、社会管理秩序等其他客体的盗窃、诈骗、抢夺行为,一般不宜适用该规定以抢劫罪论处

盗窃、诈骗、抢夺行为在特定情形下能被法律拟制为抢劫罪,原因就在于这些行为与抢劫行为侵犯了相同的法益——财产权利。但从刑法条文来看,并非所有

特殊盗窃、诈骗、抢夺行为所侵害的客体均为财产权利，还包括公共安全、社会管理秩序等客体。当特殊的盗窃、诈骗、抢夺行为不是以财产权利为主要的犯罪客体时，即使行为人实施了为窝藏赃物、抗拒抓捕、毁灭罪证而当场使用暴力或者以暴力相威胁的行为，也不宜认定构成抢劫罪。例如，刑法第二百八十条规定的盗窃、抢夺国家机关公文、证件、印章罪，其保护的客体是国家机关的正常管理活动和信誉，如果行为人在盗窃国家机关公文、证件、印章时为抗拒抓捕而当场采取暴力，因其实施的前部分行为不是侵犯财产类犯罪，故不能适用刑法第二百六十九条的规定转化为抢劫罪。此外，如果盗窃、诈骗、抢夺行为侵犯的客体性质比较模糊，财产属性不十分明确，一般也不宜纳入转化型抢劫的前提犯罪范围，如盗窃尸体行为，尽管行为人可能出于牟取非法利益的目的盗窃尸体，但其侵害的主要是死者及其亲属的名誉、尊严，故该行为不宜作为转化型抢劫的前提犯罪。概言之，对于刑法分则第五章以外的其他章节规定的盗窃、诈骗、抢夺类犯罪，在判断其能否作为转化型抢劫的前提犯罪时，应以犯罪客体为基本判断标准，严格、审慎地认定转化型抢劫。

——《刑事审判参考》（总第 113 辑）。

857 转化型抢劫是否存在未遂的情况

关键词 | 抢劫罪 | 转化型抢劫 | 犯罪既遂 | 犯罪未遂 |

【链接：理解与适用】

理论界对转化型抢劫是否存在未遂形态一直争论不休。司法实践中，也存在转化型抢劫存在未遂形态的观点，其依据是《两抢意见》第十条规定的“既未劫取财物，又未造成他人人身伤害后果的属抢劫未遂”。

笔者认为，转化型抢劫罪是一种独立的犯罪形态，作为法律拟制的转化犯，其犯罪构成要件不同于一般抢劫罪，并不存在因犯罪分子意志以外的原因而未得逞的情形，只要发生转化即应为既遂，并不存在未遂形态。《两抢意见》第十条关于“既未劫取财物，又未造成他人人身伤害后果的属抢劫未遂”的规定，只适用于认定一般抢劫犯罪的既未遂，并不适用于认定转化型抢劫的既未遂。

1. 无论从犯罪未遂形态的构成还是从犯罪构成的基本理论及法律规定分析，转化型抢劫罪均不应存在未遂形态

刑法第二十三条规定：“已经着手实行犯罪，由于犯罪分子意志以外的原因而未得逞的，是犯罪未遂。”这里的“未得逞”应理解为犯罪行为没有具备刑法分则条文规定的全部构成要件。一般抢劫案件，如果“既未劫取财物，又未造成他人人身

伤害后果”的，认定为抢劫未遂，是完全符合刑法关于犯罪未遂的规定的。但是，转化型抢劫的犯罪构成与一般抢劫的犯罪构成是不一样的。根据刑法第二百六十九条的规定，认定转化的抢劫罪必须具备三个条件：第一，前提条件是必须实行盗窃、诈骗、抢夺行为，不论取得财物数额的大小，都存在转化为抢劫罪的可能；第二，行为人在实施盗窃、诈骗、抢夺行为后，还必须当场使用暴力或以暴力相威胁，强调“当场”性；第三，行为人使用暴力或以暴力相威胁的目的是窝藏赃物、抗拒抓捕或者毁灭罪证。行为的转化过程，只要求行为人具备犯前三罪的故意并着手实行了为窝藏赃物、抗拒抓捕、毁灭罪证使用暴力或以暴力相威胁的行为，即应视为其转化行为实行完毕，并不存在未遂形态。因此，《指导意见》第三条规定，认定转化型抢劫时，一般不考察盗窃、诈骗、抢夺行为是否既遂。也就是说，即使其前行为处于未遂状态的情况下，只要行为人出于抗拒抓捕等目的而当场使用暴力或者以暴力相威胁的，即构成转化型抢劫。

2. 不能从量刑的角度考虑认为转化的抢劫罪存在未遂形态

司法实践中，有观点认为，转化型抢劫较一开始就意图抢劫的标准抢劫犯罪而言，其主观恶性和人身危险程度较低，其处罚也应较有相同情节的标准抢劫犯罪为轻。所以，既未劫取财物，也未造成人身伤害后果的，应认定为转化的抢劫罪的未遂。笔者认为，转化的抢劫罪是一种法律拟制化的罪名，是抢劫罪的一种特殊形式，应与一般抢劫有所区别。《两抢意见》第五条已明确转化的抢劫要么是抢劫既遂，要么是“不认为是犯罪”这样两种结果。相应地，从量刑角度，如果认定为既遂，依法应处以三年以上有期徒刑，而“不认为是犯罪”则不需要科处刑罚。因此，不能因为从量刑考虑就要牵强地认为转化型抢劫存在未遂形态而从轻或减轻处罚。

——陆建红：《审理抢劫案件几个疑难问题探讨——对〈关于审理抢劫刑事案件适用法律若干问题的指导意见〉的再次解读》，载《中国刑事审判指导案例》编写组编：《中国刑事审判指导案例（4）· 侵犯财产罪》（增订本），法律出版社 2021 年版，第 399—400 页。

858 已满十四周岁不满十六周岁的未成年人不能成为转化型抢劫罪的犯罪主体

关键词｜抢劫罪｜转化型抢劫｜犯罪主体｜刑事责任年龄｜

【最高人民法院参考案例】

王伟华抢劫案（《刑事审判参考》案例第 777 号）

要旨：已满十四周岁不满十六周岁的未成年人，依法对盗窃罪不负刑事责任，因此不具备转化型抢劫罪的基础，不能成为转化型抢劫罪的犯罪主体。

被告人在盗窃过程中，为抗拒抓捕，当场使用暴力，形式上符合刑法第二百六十九条关于转化型抢劫罪的客观行为要件。但由于被告人是已满十四周岁不满十六周岁的未成年人，属于刑法中的限制刑事责任能力人，能否成为转化型抢劫罪的犯罪主体，在实践中存在争议。我们认为，已满十四周岁不满十六周岁的人不能成为转化型抢劫罪的犯罪主体。

（一）已满十四周岁不满十六周岁的未成年人，不能构成转化型抢劫罪。

第一，已满十四周岁不满十六周岁的未成年人，依法对盗窃罪不负刑事责任，因此不具备转化型抢劫罪的基础。被告人王伟华最初实施的是入户盗窃的行为。根据我国刑法修正案（八）第三十九条的规定，“入户盗窃”已经成为刑法第二百六十四条盗窃罪的基本行为之一，并且没有数额的要求。但是，被告人王伟华作案时是已满十四周岁未满十六周岁的相对刑事责任人，只对实施刑法第十七条第二款所列举的故意杀人、抢劫等八种犯罪负刑事责任，对盗窃行为不负刑事责任，因而不能满足构成转化型抢劫罪的前提条件。

第二，从现有司法解释的规定也可以推导出相对刑事责任能力年龄的人不能成为转化型抢劫罪的犯罪主体。《最高人民法院关于审理未成年人刑事案件具体应用法律若干问题的解释》（以下简称《解释》）第十条第一款规定：“已满十四周岁不满十六周岁的人盗窃、诈骗、抢夺他人财物，为窝藏赃物、抗拒抓捕或者毁灭罪证，当场使用暴力，故意伤害致人重伤或者死亡，或者故意杀人的，应当分别以故意伤害罪或者故意杀人罪定罪处罚。”可见，相对刑事责任年龄的人实施了转化型抢劫的行为，形式上符合转化型抢劫罪的要件，只对暴力行为造成重伤或死亡结果的以故意伤害罪或者故意杀人罪定罪处罚。该规定严格限缩了相对刑事责任年龄的人实施此类行为的处罚范围，处罚罪名上也不以抢劫罪论处，体现的是刑法对未成年人犯罪从宽处罚的立法精神。本案被告人虽然实施咬伤被害人的行为，但由于被害人的伤情并不构成重伤，因此，被告人也不构成故意伤害罪。此外，《解释》第十条第二款进一步规定：“已满十六周岁不满十八周岁的人犯盗窃、诈骗、抢夺罪，为窝藏赃物、抗拒抓捕或者毁灭罪证而当场使用暴力或者以暴力相威胁的，应当依照刑法第二百六十九条的规定定罪处罚；情节轻微的，可不以抢劫罪定罪处罚。”也就是说，只有已满十六周岁的完全刑事责任能力年龄的人，才有可能构成转化型的抢劫罪，以抢劫罪定罪量刑。

就本案来说，被告人王伟华虽然在盗窃后为抗拒抓捕而咬人，但因不满十六周岁，不符合转化型抢劫罪的犯罪主体要件，其行为不构成抢劫罪。乐山市中级人民法院根据有关司法解释的规定改判被告人王伟华不负刑事责任，适用法律是正确的。

——《刑事审判参考》（总第86辑）。

859 转化型“入户抢劫”“在公共交通工具上抢劫”“持枪抢劫”的认定

关键词|抢劫罪|入户|公共交通工具|持枪|

【最高人民法院司法文件】

三、关于转化型抢劫犯罪的认定

……

入户或者在公共交通工具上盗窃、诈骗、抢夺后,为了窝藏赃物、抗拒抓捕或者毁灭罪证,在户内或者公共交通工具上当场使用暴力或者以暴力相威胁的,构成“入户抢劫”或者“在公共交通工具上抢劫”。

……

——《最高人民法院关于审理抢劫刑事案件适用法律若干问题的指导意见》(2016年1月6日,法发〔2016〕2号)。

一、关于“入户抢劫”的认定

……三是暴力或者暴力胁迫行为必须发生在户内。入户实施盗窃被发现,行为人为窝藏赃物、抗拒抓捕或者毁灭罪证而当场使用暴力或者以暴力相威胁的,如果暴力或者暴力胁迫行为发生在户内,可以认定为“入户抢劫”;如果发生在户外,不能认定为“入户抢劫”。

——《最高人民法院关于审理抢劫、抢夺刑事案件适用法律若干问题的意见》(2005年6月8日,法发〔2005〕8号)。

【最高人民法院审判业务意见】

问题是行为人事先在公共交通工具上诈骗,事后为抗拒抓捕又在公共交通工具上对被骗人当即实施暴力,应否直接转化成“在公共交通工具上抢劫”呢?刑法第二百六十三条第(三)项规定的“在公共交通工具上抢劫”,当然主要是指那些在公共交通工具上直接实施抢劫的情形,但并未排除先在公共交通工具上实施盗窃、诈骗等后又发生转化的抢劫类型。实践中,许多行为人在实施诈骗、抢夺、盗窃时往往事先就可能存在多种故意内容,即能骗即骗,能窃就窃,骗不成、窃不成就抢或骗行、窃行一败露就立即实施相应的暴力或以暴力相威胁。此种转化型抢劫与直接实施的抢劫在主观恶性上没有什么质的区别。抱有该种心理态度的行为人入户盗窃或在公共交通工具上盗窃或诈骗的,如齐备转化型抢劫的要件,不按入户抢劫或在公共交通工具上抢劫论处,显然与立法原意不合。直接实施暴力、威胁等手段抢劫和在盗窃、诈骗、抢夺中或得手后为抗拒抓捕、窝藏赃物、毁灭罪证而临时起意实施暴力或以暴力相威胁的转化型抢劫，确有不同，危害性程度上也存在差异，这一点在量刑时应当予以考虑，但并不能作为此行为该适用何种法定刑幅度的标准。确定是否适用抢劫罪“十年以上有期徒刑、无期徒刑或死刑”的法定刑幅度，只能根据行为人具备抢劫罪的何种法定情形来认定。“在公共交通工具上抢劫”作为适用抢劫罪“十年以上有期徒刑、无期徒刑或死刑”法定刑幅度的情形之一，其构成要件有二：一是发生了抢劫行为，二是该抢劫行为发生在公共交通工具上。

从立法方面看，刑法第二百六十九条规定的“依照抢劫罪定罪处罚”，即表明“转化型抢劫”，其本质也是抢劫，得按照抢劫罪的具体情形选择适用相应的法定刑幅度，如盗、骗或抢夺数额巨大的财产后，为窝藏赃物、抗拒抓捕或毁灭罪证而当场实施暴力或以暴力相威胁的，就应当以抢劫数额巨大论；盗、骗或抢夺财产后，为窝藏赃物、抗拒抓捕或毁灭罪证而当场实施暴力因而致人重伤、死亡的，就应当以抢劫致人重伤、死亡论。二者都应适用抢劫罪“十年以上有期徒刑、无期徒刑或死刑”的法定刑幅度。而绝不可能理解为“转化型抢劫”只能适用抢劫罪“三年以上十年以下”的法定刑幅度。

从司法解释方面看，《最高人民法院关于审理抢劫案件具体应用法律若干问题的解释》第一条第二款虽只是规定了“对于入户盗窃，因被发现而当场使用暴力或者以暴力相威胁的行为，应当认定为入户抢劫”的情形，而没有规定发生在公共交通工具上的类似情形应如何认定，但我们不能将这种司法解释方式理解为司法解释有意要排除后者。刑法第二百六十三条将“入户抢劫”和“在公共交通工具上抢劫”均规定在十年以上有期徒刑、无期徒刑或者死刑的幅度内量刑，都是考虑到行为人实施抢劫地点的特殊性。司法解释规定“入户盗窃，因被发现而当场使用暴力或者以暴力相威胁的行为，应当认定为入户抢劫”，那么，在公共交通工具上盗窃或诈骗，因被发现而当场使用暴力或者以暴力相威胁的行为，依同理，亦应认定为“在公共交通工具上抢劫”。司法解释仅规定前种情形，而没有规定后种情形，是因为解释时司法实践中后种情形尚未发生过或者司法解释无必要也无可能穷尽一切情形。而法官在具体断案时，对其余情形，仍应根据司法解释精神的指引，作出合理、一致的理解。

——《在公共交通工具上犯诈骗罪后为抗拒扭送当场实施暴力的行为如何定罪量刑》，载最高人民法院刑事审判第一庭、第二庭：《刑事审判参考》（总第24辑），法律出版社2002年版，第194—197页。

【最高人民法院参考案例】

秦红抢劫案（《刑事审判参考》案例第1181号）

要旨：被允许入户后临时起意盗窃，被发现后当场使用暴力的，不能认定为“入户抢劫”。

2016年最高人民法院新颁布的《关于审理抢劫刑事案件适用法律若干问题的指导意见》(以下简称《抢劫指导意见》)对入户目的的非法性作了进一步明确。《抢劫指导意见》规定:“认定‘入户抢劫’,要注重审查行为人‘入户’的目的,将‘入户抢劫’与‘在户内抢劫’区别开来。以侵害户内人员的人身、财产为目的,入户后实施抢劫,包括入户实施盗窃、诈骗等犯罪而转化为抢劫的,应当认定为‘入户抢劫’。因访友办事等原因经户内人员允许入户后,临时起意实施抢劫,或者临时起意实施盗窃、诈骗等犯罪而转化为抢劫的,不应认定为入户抢劫。”这一规定改变了《两抢意见》将“入户抢劫”中的“入户”目的限定于抢劫等犯罪目的的规定,将其扩大为“以侵害户内人员的人身、财产为目的”。换言之,即使不以犯罪为目的,而只是出于一般违法目的,只要是“以侵害户内人员的人身、财产为目的”而入户,而后实施抢劫的,均可认定为“入户抢劫”。这样规定,更有利于有力地保护公民的住宅安全,更严厉地打击入户抢劫犯罪。

本案中,秦红是以访友为目的,在征得被害人同意后进入其家中,在被害人家中休息时,趁被害人外出之机实施的盗窃行为,因被发现而以暴力相威胁,转化为抢劫犯罪。故根据上述司法解释的规定,因无证据证明秦红进入被害人家中的目的具有非法性,无证据证明其具有侵害被害人及其家人的人身、财产目的,属于《抢劫指导意见》所规定的“因访友办事等原因经户内人员允许入户后,临时起意实施抢劫,或者临时起意实施盗窃、诈骗等犯罪而转化为抢劫”的情形,本着有利于被告人的原则,其行为不宜认定为“入户抢劫”。

——《刑事审判参考》(总第109辑)。

张红军抢劫、盗窃案(《刑事审判参考》案例第1182号)

要旨:刑法第二百六十九条规定的转化型抢劫并不要求前罪既遂,只要着手实施盗窃、诈骗、抢夺行为,为窝藏赃物、抗拒抓捕或者毁灭罪证而当场使用暴力或者以暴力相威胁的,就构成抢劫罪。

入户抢劫是抢劫罪的加重处罚情节之一,加重理由就是“入户”,即其侵犯了被害人“家”的私密性和安全性,是对公民最可靠也是最后可以依靠的处所的侵犯,其危害性明显重于普通抢劫。因此,对“户”的认定尤为重要。《抢劫解释》和《两抢意见》对此予以明确界定:“户”是指供他人生活的与外界相对隔离的住所,包括封闭的院落、牧民的帐篷、渔民作为家庭生活场所的渔船、为生活租用的房屋等。上述概念反映出两个特征:第一,要具有日常生活性,这是“户”的功能特征;第二,要具有封闭性和排他性,这是“户”的场所特征。西方法谚“我屋虽破,风可进、雨可进、国王不能进”很好地阐释了该特征,即居住者对于“户”享有排他性的权利,未经允许或法定事由不得随意入户,居住者均有要求非法侵入者离开的权利。根据上述特征可知,正是由于行为人未经允许侵犯了居住者对"户"的排他性权利,该行为才应当受到严惩,故入户的非法性就成为题中之义,即行为人基于侵害户内人员的人身、财产的非法目的入户的,就要对入户行为加重处罚;如果经过允许入户,在户内临时起意实施不法行为的,则不具有非法侵入的特性,故不能将此"入户"作为加重处罚的情节。因此,认定"入户抢劫"自然要求只有在户内实施暴力或者以暴力相威胁,如此才能体现出"入户"的非法性。对于入户实施盗窃、诈骗、抢夺的,为窝藏赃物、抗拒抓捕或者毁灭罪证,也必须是在户内使用暴力或者以暴力相威胁的,才能认定"入户抢劫";如果在户外使用暴力或者以暴力相威胁,则只能认定普通抢劫。《抢劫指导意见》也对此作出明确规定:"入户……盗窃、诈骗、抢夺后,为了窝藏赃物、抗拒抓捕或者毁灭罪证,在户内……当场使用暴力或者以暴力相威胁的,构成'入户抢劫'……"

本案中,被告人张红军为盗窃非法进入被害人许某的住所窃取现金三百元,根据刑法修正案(八)的规定,张红军的行为已经构成入户盗窃。后张红军被返回家中的许某发现,为抗拒抓捕,张红军在许某的住所内将许某打伤,致许某轻微伤。张红军基于盗窃目的非法入户,为抗拒被害人的抓捕而在户内当场使用暴力致被害人轻微伤,根据《抢劫指导意见》的规定,张红军的行为应转化为"入户抢劫"。

——《刑事审判参考》(总第 109 辑)。

庄保金抢劫案(《刑事审判参考》案例第 59 号)

要旨:入室盗窃被事主发觉,当场使用暴力构成抢劫罪的,属于入户抢劫。

(二)入室盗窃被事主发觉后当场使用暴力致人死亡,其行为构成抢劫罪,且属于入户抢劫

入户抢劫,是刑法第二百六十三条规定的犯抢劫罪法定从严惩处的情形之一。这里的"户"泛指住宅,既包括公民的固定住所和临时住所,也包括公民作为住宅使用的车、船等交通工具。公民住宅,是居住者感到人身安全的场所之一。家庭成员多有男女老少,防范能力较弱或者根本没有防范能力,因此,进入公民住宅实施的非法侵害,对公民社会安全感的威胁和破坏更为严重,其社会危害性在一般意义上比发生在其他场所的非法侵害要大。因此,入户抢劫成为一项法定的必须从严惩处的情节。入室盗窃的人是怀着秘密窃取他人财物的意图进入他人住宅的,其行为被事主发现后,对事主使用暴力,其危害性与入户抢劫并无本质差别。所以,对这种行为在认定抢劫罪的同时,还应当认定为入户抢劫。

被告人庄保金的最初犯意是盗窃罗继永承包的供销店,在盗窃行为被发现后当场对罗继永使用暴力并致其死亡,根据刑法第二百六十九条、第二百六十三条的

规定,其行为构成抢劫罪。因庄保金实施犯罪地点又是罗继永的住所,庄保金是夜间进入作案,故对庄保金应同时认定为"入户抢劫"。

被告人庄保金犯抢劫罪,具有致人死亡和入户抢劫两个法定从严惩处情节,不具备自首或者其他法定、酌定从轻处罚的情节。二审法院依法改判庄保金死刑,立即执行,最高人民法院依法予以核准,做到了罪刑相适应。

——《刑事审判参考》(总第8辑)。

刘兴明等抢劫、盗窃案(《刑事审判参考》案例第660号)

要旨:实施盗窃后持枪抗拒抓捕的行为应认定为"持枪抢劫"。

(一)将盗窃后持枪抗拒抓捕的行为认定为持枪抢劫,与相关司法解释精神一致

对盗窃后持枪抗拒抓捕行为的司法认定,涉及刑法第二百六十三条第(七)项"持枪抢劫"与第二百六十九条中的"为抗拒抓捕而当场使用暴力或者以暴力相威胁"的理解问题。《最高人民法院关于审理抢劫案件具体应用法律若干问题的解释》第一条第二款明确规定:"对于入户实施盗窃,因被发现而当场使用暴力或者以暴力相威胁的行为,应当认定为入户抢劫。"在"入户"与后续的转化型抢劫行为相承接的情况下,司法解释并未要求"入户"的初始目的与抢劫财物的目的之间具有一致性。"入户抢劫"与"持枪抢劫"均是刑法规定的八种加重处罚情节,二者的法律地位与法律效果相当,因此司法解释关于"入户抢劫"的注意性规定,对"持枪抢劫"情节的认定具有非常重要的参考意义。

(二)将盗窃后持枪抗拒抓捕的行为认定为持枪抢劫,与禁止重复评价的原则不相矛盾

定罪情节与量刑情节之间的交叉或者重合关系是客观存在的。当作为定罪情节的行为之社会危害性程度超越了该罪之基本量刑幅度时,依据法律规定适用相应的特定量刑幅度并不违反禁止重复评价原则。对于定罪情节与量刑情节存在交叉或者重合的案件,刑法评价的侧重点是不同的。以本案为例,作为定罪情节,对"持枪抗拒抓捕"评价的重点是反映行为人有否使用暴力;作为量刑情节,对"持枪抗拒抓捕"评价的重点是反映行为人实施暴力的程度。可见,虽是同一事实,但作为定罪情节和量刑情节,评价的重点是不同的。因此,将盗窃后持枪抗拒抓捕的行为认定为持枪抢劫并未违反禁止重复评价原则。

(三)将盗窃后持枪抗拒抓捕的行为认定为持枪抢劫,符合罪刑相适应原则

在分析罪重罪轻和刑事责任大小时,不仅要看犯罪的客观社会危害性,而且要结合考虑行为人的主观恶性和人身危险性,把握罪行和罪犯各方面因素综合体现的社会危害性程度。行为人在实施盗窃行为时携带枪支以备用,其主观恶性、人身

危险性和社会危害性较之于实施盗窃后临时起意使用暴力抗拒抓捕的行为尤甚。如果适用一般抢劫行为的法定刑则难以实现罪刑均衡。

——《刑事审判参考》(总第77辑)。

【链接：最高人民法院法官著述】

司法实践中,在认定转化型抢劫构成法定加重处罚情节时,应当注意以下几点:

1. 正确辨识前期犯罪可转化为“入户抢劫”或者“在公共交通工具上抢劫”的情形

行为人的前期行为与转化型抢劫存在关联,是否均能构成转化型抢劫?详言之,在如下三种情形下行为人的行为能否转化为“入户抢劫”“在公共交通工具上抢劫”:(1)行为人入户或者在公共交通工具上盗窃、诈骗、抢夺后,在户内或者公共交通工具上当场使用暴力或者以暴力相威胁的;(2)行为人入户或者在公共交通工具上盗窃、诈骗、抢夺后,在户外或者公共交通工具外当场使用暴力或者以暴力相威胁的;(3)行为人在公共交通工具外或者户外盗窃、诈骗、抢夺之后,在公共交通工具上或者在户内当场使用暴力或者以暴力相威胁的。对于上述第一、三两种情形应认定为“入户抢劫”或者“在公共交通工具上抢劫”,第二种情形不应认定为“入户抢劫”或者“在公共交通工具上抢劫”。其理由是:行为人在上述第一、三两种情形下损害了户内或者公共交通工具内的公共性,为了保护公共安全法益需要对行为人的抢劫行为加重处罚,这也是根据目的性限缩解释的原理得出的结论。对上述第二种情形之所以不能按照“在公共交通工具上抢劫”予以处罚,是因为该种情形的暴力或者暴力威胁发生在公共交通工具之外,其对公共交通工具上的公共安全法益无法造成实然的损害,对公共交通工具外部的交通运输安全也欠缺现实的危险。①

需要说明的是,入户或者在公共交通工具上抢劫的暴力行为应当发生在户内或者公共交通工具上,被害人也应该在户内或者公共交通工具上。但是,实践中,常常会遇到行为人对被害人的强制行为初始发生在户内或者公共交通工具上,却延伸至户外或者公共交通工具外的情形,如果这种暴力延伸是紧密的、不间断的,那么,就应当认定为入户抢劫或者在公共交通工具上抢劫。

2. 转化型抢劫对暴力应该有一定的要求

根据《两抢意见》第五条和《抢劫指导意见》第三条的规定,对转化型抢劫的暴力程度也是有一定要求的。一是盗窃、诈骗、抢夺未达到“数额较大”标准,行为人无加害他人的意图,暴力程度不大,未造成致人轻微伤以上后果的,一般不宜认定

---

① 陈伟:《论目的性限缩解释方法在刑事司法中的适用——以“在公共交通工具上抢劫”为例的分析》,载《法商研究》2012年第6期。

为抢劫,更不宜认定为入户抢劫或者在公共交通工具上抢劫。二是即使达到“数额较大”标准,但行为人仅以摆脱的方式逃脱抓捕,暴力强度较小,未造成轻伤以上后果的,可不认定为“使用暴力”,不以抢劫论处,更不以入户抢劫或者在公共交通工具上抢劫论处。

3. 转化后,前期犯罪数额应作为转化抢劫后的犯罪数额

转化为抢劫罪之后,转化前犯罪行为的财物数额、对象和使用暴力的程度和后果,均应成为抢劫罪的量刑情节。如盗窃财物后为抗拒抓捕而当场使用暴力致抓捕人死亡的行为,应当认定为抢劫致人死亡。

——张述元主编:《办理抢劫刑事案件指导全书》,法律出版社 2018 年版,第 80—81 页。

860 共同实施盗窃、诈骗、抢夺犯罪,部分行为人当场使用暴力或者以暴力相威胁的,其余行为人是否以抢劫罪共犯论处的认定

关键词 | 抢劫罪 | 共犯 | 转化型抢劫 |

【最高人民法院司法文件】

三、关于转化型抢劫犯罪的认定

……

两人以上共同实施盗窃、诈骗、抢夺犯罪,其中部分行为人为窝藏赃物、抗拒抓捕或者毁灭罪证而当场使用暴力或者以暴力相威胁的,对于其余行为人是否以抢劫罪共犯论处,主要看其对实施暴力或者以暴力相威胁的行为人是否形成共同犯意、提供帮助。基于一定意思联络,对实施暴力或者以暴力相威胁的行为人提供帮助或实际成为帮凶的,可以抢劫共犯论处。

——《最高人民法院关于审理抢劫刑事案件适用法律若干问题的指导意见》(2016 年 1 月 6 日,法发〔2016〕2 号)。

【链接:理解与适用】

4. 两人以上共同实施盗窃、诈骗、抢夺犯罪的转化条件。《指导意见》规定,两人以上共同实施盗窃、诈骗、抢夺犯罪,其中部分行为人为窝藏赃物、抗拒抓捕或者毁灭罪证而当场使用暴力或者以暴力相威胁的,对于其余行为人是否以抢劫罪共犯论处,主要看其对实施暴力或者以暴力相威胁的行为人是否形成共同犯意、提供帮助。基于一定意思联络,对实施暴力或者以暴力相威胁的行为人提供帮助或实际成为帮凶的,可以抢劫共犯论处。这样规定,一是强调共同犯罪转化的,须以行

为人的共同转化意愿为前提，二是避免了客观归罪，即一人使用暴力，其他共同盗窃、诈骗、抢夺行为人未必一律转化为抢劫。

——陆建红、杨华、潘洁：《〈关于审理抢劫刑事案件适用法律若干问题的指导意见〉的理解与适用》，载《人民司法 · 应用》2016 年第 10 期。

（三）共同犯罪转化案件中的主从犯认定问题

共同犯罪中的转化犯问题是学界比较忽视的一个问题，也是共同犯罪中的一种特殊的复杂的犯罪形态。共同犯罪中的转化犯是转化犯在共同犯罪中的特殊表现形态。① 而司法实践中的做法也不尽统一。为此，《指导意见》明确规定：两人以上共同实施盗窃、诈骗、抢夺犯罪，其中部分行为人为窝藏赃物、抗拒抓捕或者毁灭罪证而当场使用暴力或者以暴力相威胁的，对于其余行为人是否以抢劫罪共犯论处，主要看其对实施暴力或者以暴力相威胁的行为人是否形成共同犯意、提供帮助。基于一定意思联络，对实施暴力或者以暴力相威胁的行为人提供帮助或实际成为帮凶的，可以抢劫共犯论处。司法实践中，应当注意以下两个问题：

1. 前行为的主犯是否必然成为后行为的主犯，或者后行为的主犯必须是前行为的主犯？

笔者认为，不能完全以其前行为的主从犯地位决定转化后的主从犯地位，而应主要考虑在后行为即暴力或者威胁行为中的地位和作用。如在前行为中，望风的人为抗拒抓捕等而提出实施暴力或者以暴力威胁，前行为中的实行行为人听从了该望风人的提议，集体实施了暴力或暴力威胁的行为。在这种情况下，望风者在前行为中居于从犯地位，但转化行为中其即处于指挥者的主犯地位。

因此，转化的前提是有共同的转化意愿并实施了共同转化的行为。共同盗窃、诈骗、抢夺的意愿是转化型抢劫的前提条件和必要条件，但不是充分条件。是否转化，不能仅仅考察行为人是否有共同盗窃、诈骗、抢夺的故意，还必须考察是否有共同转化的故意。例如，以盗窃为宗旨的犯罪集团进行盗窃时，主犯明确要求不要实施暴力行为，但是在盗窃过程中，部分行为人单独为窝藏赃物、抗拒逮捕或者毁灭罪证而当场使用暴力或者以暴力相威胁，那么该实施暴力的行为人就属于转化型抢劫，而主犯仍按盗窃罪定罪；在盗窃前，主犯事先就预谋如果被发现就想尽一切办法逃脱，那么部分行为人实施暴力而窝藏赃物、抗拒逮捕或者毁灭罪证，在这种情况下，主犯也应当按照转化型抢劫处罚。② 其他共同犯罪也如此，不以行为人前

① 李心强：《共同犯罪的转化犯问题研究——以转化型抢劫为视角》，载《广西政法管理干部学院学报》2009 年第 2 期。

② 李心强：《共同犯罪的转化犯问题研究——以转化型抢劫为视角》，载《广西政法管理干部学院学报》2009 年第 2 期。

行为即盗窃、诈骗、抢夺行为中的地位、作用决定主从犯是否转化为抢劫犯罪,而完全应当依照其在转化的客观行为即“当场实施暴力或者以暴力相威胁”中是否有共同的犯意和共同的行为来决定。也就是说,在共同犯罪的转化犯中,前行为主犯的“暴力或者以暴力相威胁”行为引起犯罪转化的,对该主犯以转化型抢劫论,前行为从犯、胁从犯不是必然随前行为主犯的犯罪转化而转化。如果是前行为的从犯、胁从犯的“暴力或者以暴力相威胁”行为引起犯罪转化,则对该从犯、胁从犯以转化型抢劫论处,但前行为的主犯未必随前行为从犯的犯罪转化而转化。前行为的各共同犯罪分子之间,无论其在盗窃、诈骗、抢夺犯罪行为中是主犯还是从犯,只能确定其首先在盗窃、诈骗、抢夺罪的范围内成立共同犯罪,但是否一律转化为抢劫犯罪,标准和界线只有一个,即对实施暴力或者以暴力相威胁的行为人是否形成共同犯意、提供帮助。

2. 关于教唆犯的转化问题

刑法第二十九条规定,教唆他人犯罪的,应当按照他在共同犯罪中所起的作用处罚。教唆不满十八周岁的人犯罪的,应当从重处罚。如果被教唆的人没有犯被教唆的罪,对于教唆犯,可以从轻或者减轻处罚。

教唆犯是故意教唆他人犯罪的人,教唆犯本身不直接实行犯罪,而是故意唆使他人产生犯罪意图进而实行犯罪。教唆犯同被教唆者之间,既有共同故意,又有共同行为,构成共同犯罪。那么,教唆者是否当然地随着被教唆者转化而转化呢?笔者认为,教唆犯者只对其教唆的犯罪负责,不存在转化的问题。理由是:我国刑法总则明确规定了教唆他人犯罪的,应当按照他在共同犯罪中所起的作用处罚;如果被教唆的人没有犯被教唆的罪(如盗窃、诈骗、抢夺),对于教唆犯也应该处罚,只是可以从轻或者减轻处罚。一般认为,教唆者教唆他人犯某一特定的罪,只要教唆行为完成后,教唆者的犯罪行为就已经完成。至于如何处罚,那就看其教唆行为在共同犯罪中的作用等情况而定,而不完全取决于被教唆者是否实施被教唆的犯罪。被教唆者在实施犯罪过程中转化的,则对被教唆者另行按转化犯论处。当然,如果教唆犯事前即教唆被教唆人如果遇见有抓捕等情形可以采取暴力或者暴力威胁的,那么教唆犯也存在转化的问题。

被教唆人只实施了盗窃、诈骗、抢夺行为,而没有发生抓捕等情况,因而并没有发生转化型抢劫的问题,是否能够依照刑法关于“如果被教唆的人没有犯被教唆的罪,对于教唆犯,可以从轻或者减轻处罚”?笔者认为不能。因为在这种情形下,教唆者教唆的内容是盗窃、诈骗、抢夺,而不是转化型抢劫。转化型抢劫之所以没有发生,不是因为被教唆人没有实施,而是因为没有发生可能被抓捕等情况。

——陆建红:《审理抢劫案件几个疑难问题探讨——对〈关于审理抢劫刑事案件适用法律若干问题的指导意见〉的再次解读》,载《中国刑事审判指导案例》编写组编:《中国刑事审判指导案例(4) · 侵犯财产罪》(增订本),法律出版社 2021 年版,第 400—401 页。

【最高人民法院参考案例】

陈万学抢劫、刘永等人盗窃案(《刑事审判参考》案例第 740 号)

要旨:在共同盗窃过程中,个别或部分人因实施暴力、威胁行为转化为抢劫罪的,其他参加盗窃者并不必然转化为抢劫罪,是否对其他参与作案的人均按抢劫罪定罪处罚,需要考察各行为人之间的共谋内容,其他人对临时发生的暴力、威胁行为的态度等情况来具体分析判断。

(一)各行为人共谋作案时遇抓捕可采取暴力、威胁手段的情形。即各行为人事先明确约定,在盗窃、诈骗、抢夺过程中,如遇到抓捕,将采取暴力、威胁手段予以抗拒;或者各行为人事先虽无明确约定,但均明知有人携带了匕首、砍刀、棍棒等犯罪工具,做好了两手准备,各人对遇到抓捕时将采取暴力、威胁手段抗拒的可能性均心知肚明。在此情况下,各行为人事先在主观上已经达成一致认识,如遇他人抓捕或被害人反抗,将相互帮助或联手反击。故当实际发生某人为抗拒抓捕而当场使用暴力或以暴力相威胁的情形时,则所有参与作案的人均转化为抢劫罪。这是典型的共同转化犯罪。

(二)事先没有预谋采取暴力、威胁手段,个别行为人在犯罪过程中采取暴力、威胁手段,其他行为人事后才获悉的,不宜认定为抢劫罪的共犯。主要理由是:个别行为人在未与其他人事先约定的情况下,临时决定采取暴力、威胁手段,而其他人当时并不知情,该行为实际上属于实行过限,不能认定符合其他人的意志。即使把其他人事后参与分赃理解为对个别人过限行为的追认,但其他人客观上并没有参与实施过限行为,其事后追认与危害结果之间没有因果关系,若对其按共犯处理,则违背了主客观相一致的定罪原则,属于主观归罪。

(三)各行为人事先仅约定实施盗窃、诈骗、抢夺犯罪,未约定遇抓捕是否反抗,但作案中其他人发现个别人采取了暴力、威胁手段的情形。对此,需要根据其他人在发现有人采取暴力、胁迫手段时的表现来认定。如果其他人发现有人采取暴力、威胁手段抗拒抓捕后,均当场实施暴力、威胁行为的,则其他人也均转化为抢劫罪。如果其他人没有参与实施暴力、威胁行为的,有必要进一步区分以下三种情形来判断:(1)其他人发现个别人采取暴力、威胁手段抗拒抓捕后,仍停留在现场继续参与盗窃、诈骗或抢夺的,尽管其他人并没有实施暴力、威胁行为,但其行为表明其原有的盗窃犯意已经发生了改变,彼此之间形成了新的抢劫犯意,在这种情形下继续在现场实施犯罪的人均应一体转化为抢劫罪。(2)其他人在发现个别人采取暴力、威胁手段后,当场明确作出反对的意思表示或阻止过限行为发生危害结果。这种情况下,应认定采取暴力、威胁手段的人属于实行过限,对其他反对或者阻止者不应以抢劫罪的共同犯罪论处。(3)其他人发现个别人采取了暴力、威胁手段抗拒抓捕后,未予制止便逃离现场的,表明其他人主观上对个别人的过限行为并未给予追加认同,客观上对实行过限行为人亦未产生精神支持或鼓励,故对逃离现场的人仍应以先前的盗窃、诈骗、抢夺罪定罪处罚,而不能认定为转化型抢劫罪。

——《刑事审判参考》(总第83辑)。

张某某抢劫、李某某盗窃案(《刑事审判参考》案例第244号)

要旨:盗窃共同犯罪中部分共犯因为抗拒抓捕当场实施暴力转化为抢劫罪,其他共犯不能随之转化。

刑法第二百六十九条规定:"犯盗窃、诈骗、抢夺罪,为窝藏赃物、抗拒抓捕或者毁灭罪证而当场使用暴力或者以暴力相威胁的,依照本法第二百六十三条的规定定罪处罚。"在盗窃共同犯罪中,由于其中一部分共犯的行为使犯罪的性质发生转化,即从盗窃罪转化为抢劫罪,其他共犯的行为性质是否也都随之转化?我们认为,由盗窃罪转化为抢劫罪的特征是先窃取财物后使用暴力,要认定各个盗窃共犯的行为是否转化成为抢劫罪,关键要看行为人在窃取财物之后是否当场使用暴力或者以暴力相威胁。其中,对部分没有当场使用暴力或者以暴力相威胁的行为人,则要看其是否同意其他共犯当场使用暴力或者以暴力相威胁。如果是,其行为就由盗窃转化为抢劫;反之,其行为就不发生转化,仅负盗窃罪的刑事责任。

——《刑事审判参考》(总第32辑)。

王国清等抢劫、故意伤害、盗窃案(《刑事审判参考》案例第86号)

要旨:共同盗窃行为被发觉后,没有使用暴力的共同犯罪人不应对其他共同犯罪人使用暴力的行为承担抢劫罪的刑事责任。

共同故意是构成共同犯罪的必要条件。本案中,被告人王国清、李中保、李德玉共同故意实施盗窃犯罪,由李德玉负责望风,王国清、李中保混入购票的人群中行窃,只是分工不同。是否亲自、直接实施盗窃行为,不影响共同盗窃犯罪的成立。三被告人均应对共同盗窃行为负刑事责任。但是,盗窃被发现后,被告人王国清为抗拒抓捕而对抓捕人当场使用暴力,并致一人死亡,二人受伤的行为,由于没有证据证实在被告人王国清对抓捕人使用暴力之前,三被告人已有被发现后即使用暴力的共同故意;在盗窃行为被发现之后,被告人李中保和李德玉亦没有对抓捕人使用暴力。虽然被告人李中保和李德玉利用王国清的暴力行为暂时逃离现场,但不应对王国清的暴力行为承担刑事责任。因此,被告人李中保、李德玉不是抢劫罪的共犯,只对盗窃行为承担刑事责任。

——《刑事审判参考》(总第13辑)。

861 转化型抢劫的法律适用问题

关键词 | 抢劫罪 | 转化型抢劫 |

【链接：理解与适用】

我国刑法第二百六十九条规定,犯盗窃、诈骗、抢夺罪,为窝藏赃物、抗拒抓捕或者毁灭罪证当场使用暴力或者以暴力相威胁的,依照本法第二百六十三条的规定定罪处罚。这就是刑法关于转化型抢劫的规定。转化型抢劫罪是指行为人先行实行盗窃、诈骗、抢夺行为,由于发生法定事由,行为性质发生了变化,最终以抢劫罪定罪处罚的情况。由此可知,转化型抢劫不是一个具体的刑法罪名,只是抢劫犯罪的一种特殊构成形式,由一种犯罪构成转化为另一种犯罪构成。也就是说,在刑法中只有抢劫罪这一罪名,而没有转化抢劫罪这一罪名。因此,它在构成要件方面具有其特殊之处。如果仅仅用转化前的犯罪构成或者转化后的犯罪构成来认定转化型犯罪的成立,都难以得出正确结论。因此,我国刑法理论一般认为,刑法第二百六十九条规定的犯罪情况,是由盗窃、诈骗、抢夺转化为抢劫性质的,最终要以抢劫罪处理,可以说是一种特殊形式的抢劫罪。

司法实践中,有的法院对转化型抢劫在适用法律条文时直接适用刑法第二百六十三条,而不是先援引第二百六十九条,然后适用第二百六十三条。这实际上是对转化型抢劫的性质认识不充分的体现。如前所述,转化型抢劫是由于发生了转化的情形因而最终以抢劫罪处理。裁判文书在论述犯罪构成时应当对转化过程进行论述。如入户盗窃转化为入户抢劫的,不宜直接认定为入户抢劫,因先论证行为人入户盗窃的行为,然后论述行为人为窝藏赃物、抗拒抓捕或者毁灭罪证而当场使用暴力或者以暴力相威胁,因而应当依照抢劫罪定罪处罚。因使用暴力或者以暴力相威胁的行为发生在户内,因而构成“入户抢劫”。在适用法条上,应当先援引第二百六十九条,然后援引第二百六十三条。

——陆建红:《审理抢劫案件几个疑难问题探讨——对〈关于审理抢劫刑事案件适用法律若干问题的指导意见〉的再次解读》,载《中国刑事审判指导案例》编写组编:《中国刑事审判指导案例(4)·侵犯财产罪》(增订本),法律出版社2021年版,第401—402页。

二、盗窃罪

(一)一般规定

862 “多次盗窃”“入户盗窃”“携带凶器盗窃”“扒窃”的认定

关键词|盗窃罪|多次盗窃|入户盗窃|携带凶器盗窃|扒窃|

【最高人民法院司法解释】

第三条 二年内盗窃三次以上的,应当认定为“多次盗窃”。

非法进入供他人家庭生活,与外界相对隔离的住所盗窃的,应当认定为“入户盗窃”。

携带枪支、爆炸物、管制刀具等国家禁止个人携带的器械盗窃,或者为了实施违法犯罪携带其他足以危害他人人身安全的器械盗窃的,应当认定为“携带凶器盗窃”。

在公共场所或者公共交通工具上盗窃他人随身携带的财物的,应当认定为“扒窃”。

——《最高人民法院、最高人民检察院关于办理盗窃刑事案件适用法律若干问题的解释》(2013年4月4日,法释〔2013〕8号)。

【链接:理解与适用】

2. 关于“入户盗窃”的认定

适用中应注意:

其一,必须是非法入户后实施盗窃的,才能认定为“入户盗窃”;如是经被害人允许入户,其后见财起意,实施盗窃的,不属“入户盗窃”。

其二,某一处所是否属于“户”,应结合具体情况作出认定。他人单独生活居住的居所,属于“户”;集体宿舍、旅店宾馆、工棚等,不属于户,但如其中的一个或者几个房间被确定为供他人家庭生活所用的居室,实际上具有住室的性质,且与外界相对隔离,就可以认定为“户”。

3. 关于“携带凶器盗窃”的认定

适用中需注意:

其一，对于携带国家禁止个人携带的器械以外的其他器械盗窃的，应当根据行为人携带该器械的目的、该器械的通常用途等判断其是否具有足以危害他人人身安全的危险性，认定是否属于“携带凶器盗窃”。

如携带镊子、刀片等盗窃工具，或者随身携带有挂在钥匙圈上的小水果刀等，或者下班途中携带装有钳子、扳手等的工具箱进行盗窃的，不宜认定为“携带凶器盗窃”；符合扒窃特征的，可以扒窃论处；行为人使用所携带的器械对他人进行威胁、伤害的，可以按转化型抢劫论处。

其二，“携带凶器盗窃”应理解为实施盗窃行为时随身携带了凶器。虽然准备了凶器，但实施盗窃时并未将凶器带在身边，如将凶器留在停放在路边的车里，人离车寻找目标，实施盗窃、抗拒抓捕时均不能随手触及凶器，不足以危害他人人身安全的，不宜认定为“携带凶器盗窃”。至于携带的凶器是否在盗窃时对外显露，不影响行为的认定。

4. 关于“扒窃”的认定

刑法修正案（八）将“扒窃”与“多次盗窃”“入户盗窃”“携带凶器盗窃”并列规定为盗窃罪的入罪条件之一。根据体系解释原理，“扒窃”的不法程度、危害程度应当与“多次盗窃”“入户盗窃”“携带凶器盗窃”基本相当。

据此，《解释》第三条第四款规定：“在公共场所或者公共交通工具上盗窃他人随身携带的财物的，应当认定为‘扒窃’。”即一方面对扒窃加以场所的限制，要求必须是在公共场所或者公共交通工具上盗窃，另一方面加以对象的限制，要求必须是盗窃他人随身携带的财物。

对于如何具体理解《解释》规定的“随身携带的财物”，尚存不同认识。对于被害人携带，但不是随身携带，而是放在触手难及地方的财物，如乘坐公共交通工具时放置在行李架上的财物，不应认定为“随身携带”，对此不存在争议。对于虽已离身，但被害人放置在自己身旁、触手可及的财物，如放置在座椅旁、车筐内等的财物，应否认定为“随身携带”，尚存在较大认识分歧。

我们经研究认为，扒窃行为中“随身携带的财物”，应当限缩解释为未离身的财物，即被害人的身体与财物有接触，如装在衣服口袋内的手机、钱包，手提、肩背的包，坐躺、倚靠着的行李等。

这样把握主要考虑：

其一，能够恰当反映扒窃相对于普通盗窃更为严重的危害性。如被害人通过身体任何部位与财物的接触，直接占有和控制着财物，则意味着行为人通常不可能直接将整个财物偷走，而必须贴近被害人，采取掏兜、割包等手段偷走衣服和包内的财物。

行为人实施这种扒窃行为，一方面显示其胆子更大，从而具有更大的主观恶性;另一方面,由于容易被人及时发觉,也易发生行为人侵害他人人身安全的严重后果,对这类行为,不论盗窃数额多少都予以定罪处罚具有合理性。

反之,如财物已离身,脱离了被害人的直接占有和控制,行为人乘机窃取,相对也不容易被人及时发觉,因而引发犯罪分子制止被害人反抗从而危害其人身安全的概率就会大大降低,对窃取这类财物的,就不宜认定为"扒窃",而应按普通盗窃处理。

其二,符合立法本意。全国人大常委会法制工作委员会刑法室编写的《中华人民共和国刑法修正案(八)条文说明、立法理由及相关规定》一书指出:"扒窃行为往往采取掏兜、割包等手法,严重侵犯公民财产和人身安全,扰乱公共场所秩序。且技术性强,多为屡抓屡放的惯犯,应当予以严厉打击。"

其三,符合社会公众的一般认识。根据《现代汉语词典》的定义,"扒窃"是指"从别人身上偷窃财物"。

综上,无论从立法精神还是从社会公众的一般认识看,均应当将"扒窃"解释为盗窃与被害人身体有接触,能够为被害人直接占有和控制的财物较为合理、妥当。是否贴近人身,是否同时会危及他人的人身安全应当是区别"扒窃"与普通盗窃的关键所在。

——胡云腾、周加海、周海洋:《〈关于办理盗窃刑事案件适用法律若干问题的解释〉的理解与适用》,载《人民司法·应用》2014年第15期。

【最高人民法院参考案例】

巫建福盗窃案(《刑事审判参考》案例第1175号)

要旨:行为人"入户盗窃"钥匙的目的是盗窃"户"外的摩托车,两者系一行为的两个阶段。车钥匙作为控制和使用摩托车的载体,"入户盗窃"车钥匙的行为在整个盗窃行为中起决定性作用,故行为人在户外窃取摩托车的价值应计入"入户盗窃"数额,整体行为属"入户盗窃"。

(三)利用"入户盗窃"车钥匙在"户"外窃取摩托车的行为应认定为"入户盗窃"

司法实践中有观点认为,"入户盗窃"的客观行为,应当是行为人以盗窃为目的入户,并在户内获取财物的行为。我们认为,本案巫建福所实施的分步在户内外完成的盗窃行为,也属于"入户盗窃"。

首先,作为盗窃对象的"财物"概念,其内涵已经发生变化:凡是具有一定客观价值或使用价值的财物,原则上都可以成为财产犯罪的行为对象,如信用卡、存折、钥匙等物品。与客观价值的客观性和普遍认同不同,使用价值只有在使用中才能体现,静态的使用价值,如未使用的信用卡等,尚不足以使物品直接成为"财物"。而物品的使用过程又多表现为对其他关联财物的占有和控制,所以正是物品经使用后所达到的占有关联财物的结果,实现了其使用价值,进而才使其成为“财物”。此时,具有使用价值的物品和关联财物共同构成了一个整体性的财产权益。权利人通过直接占有财物体现所有权时,财物和财产权的存在空间是一致的,而通过控制具有使用价值的物品占有关联财物时(形式占有),财物和部分财产权益可能会存在地点分离。

其次,客观行为要结合需要保护的法益才能判断。“入户盗窃”保护的法益是住宅安宁权及住宅内的财产权,因此,只要行为已同时侵犯了两种法益,就应当符合“入户盗窃”的客观行为要求。而现实中,财物本身是否在“户”内与权利人是否在“户”内具有财产权并非完全重合,如权利人通过占有“户”内的有价支付凭证等物品,进而可以对别处的关联财物实现控制。既然财物可以通过形式占有实现控制,那么窃取“户”内形式占有载体的行为就已经侵犯了权利人对关联财物的控制。无论实际在何处获取关联财物,对财产权的侵犯在“入户盗窃”时已经发生。这也契合了对窃取支付凭证而未使用的行为认定为犯罪未遂,而非犯罪预备的司法实践。

再次,从司法效果来看。“入户盗窃”和“数额较大”类盗窃的构成要件不同,如果坚持“入户盗窃”需在户内获取财物的标准,如本案的情形,就会出现要么类似前两种观点那样强行割裂一行为、分开评价的情况,要么因“户”外财物价值不足,不以盗窃罪论。这些做法或不符合客观事实,或徒增法律漏洞,达不到良好的司法效果。

最后,实践中也要注意,并非所有与别处财物具有联系的物品都是形式占有的载体,需综合考量以下因素:(1)联系的直接性。载体的使用价值应当直接体现出财产性,反之不然。例如,身份证件如果可以直接领取财物,应属于载体;如尚需要其他行为配合才能与财物取得直接联系,则不宜认定。(2)联系的必要性。在如记名有价支付凭证、证券等与关联财物具有唯一联系的场合,即使后续获取关联财物仍需实施复杂的行为,因凭证是最终获取财物的必须途径,应视为载体。(3)联系的效用性。在获取财物未必一定要通过载体的场合,如窃取户外的车辆并非一定要获取车钥匙等,需要考量联系的效用性。就社会认知而言,车辆之所以能够安心放置在“户”外公共场所,是因为可以解锁并驱动车辆的钥匙已经被权利人安全控制在“户”内,一旦获取钥匙,就意味着可以相对轻易地在“户”外实现对车辆的控制,即整体行为中,获取钥匙的行为较启动车辆的行为更为重要,据此,车钥匙应视为载体。

——《刑事审判参考》(总第108辑)。

张金福盗窃案(《刑事审判参考》案例第1417号)

要旨:他人放置在座椅靠背的衣服外侧口袋内的财物或放置在身旁未与身体

接触的财物不属于随身携带的财物。

随身携带的财物是他人贴身放置在口袋中或包中的财物……该类财物仅限于他人带在身上的财物,即未离身的财物,如装在他人所穿衣服口袋内的手机、钱包、手提或肩背的包等,而在身体附近、处于他人现实支配之下但没有放在身上的财物不能认定为"随身携带的财物"。

——《刑事审判参考》(总第128辑)。

863 盗窃犯罪"数额较大""数额巨大""数额特别巨大"的认定

关键词|盗窃罪|数额较大|数额巨大|数额特别巨大|

【最高人民法院司法解释】

第一条 盗窃公私财物价值一千元至三千元以上、三万元至十万元以上、三十万元至五十万元以上的,应当分别认定为刑法第二百六十四条规定的"数额较大"、"数额巨大"、"数额特别巨大"。

各省、自治区、直辖市高级人民法院、人民检察院可以根据本地区经济发展状况,并考虑社会治安状况,在前款规定的数额幅度内,确定本地区执行的具体数额标准,报最高人民法院、最高人民检察院批准。

在跨地区运行的公共交通工具上盗窃,盗窃地点无法查证的,盗窃数额是否达到"数额较大"、"数额巨大"、"数额特别巨大",应当根据受理案件所在地省、自治区、直辖市高级人民法院、人民检察院确定的有关数额标准认定。

盗窃毒品等违禁品,应当按照盗窃罪处理的,根据情节轻重量刑。

第二条 盗窃公私财物,具有下列情形之一的,"数额较大"的标准可以按照前条规定标准的百分之五十确定:

(一)曾因盗窃受过刑事处罚的;

(二)一年内曾因盗窃受过行政处罚的;

(三)组织、控制未成年人盗窃的;

(四)自然灾害、事故灾害、社会安全事件等突发事件期间,在事件发生地盗窃的;

(五)盗窃残疾人、孤寡老人、丧失劳动能力人的财物的;

(六)在医院盗窃病人或者其亲友财物的;

(七)盗窃救灾、抢险、防汛、优抚、扶贫、移民、救济款物的;

(八)因盗窃造成严重后果的。

——《最高人民法院、最高人民检察院关于办理盗窃刑事案件适用法律若干问题的解释》(2013 年 4 月 4 日,法释〔2013〕8 号)。

【链接：理解与适用】

2. 关于盗窃“数额较大”认定标准的特别规定

规定第二条主要是考虑:对于盗窃犯罪而言,盗窃数额固然是影响定罪量刑的重要情节,但除此之外,行为人的一贯表现、犯罪方式、盗窃对象等也应当是影响社会危害性的重要因素。在综合考虑有关情节基础上,对盗窃“数额较大”的标准作出特别规定,可以避免“唯数额论”的不足,更好贯彻罪责刑相适应刑法基本原则和主客观相统一刑法原理。

关于本条,需特别说明以下几点:

(1)本条第(一)(二)项是根据实践中盗窃违法犯罪分子不少有前科的实际,为强化对此类屡教不改者的惩治效果而设置的。

起草过程中,对于该两项规定,曾有不同认识。有意见提出,其存在双重评价问题;特别是对曾因盗窃受过刑事处罚同时又符合累犯成立条件的行为人,如一方面降低入罪数额门槛,另一方面又按照累犯从重处罚,有双重从重之嫌。

经研究认为,本条是对盗窃“数额较大”所作的特别规定;根据本条,盗窃数额达到《解释》第一条规定标准的百分之五十,并具有相应情形的,即属于法律规定的“数额较大”。换言之,本条是在法律规定的框架内,对盗窃“数额较大”的具体认定标准所作的解释。

故对根据本条已构成盗窃罪的行为人,如同时符合累犯成立条件的,依法从重处罚,并不存在双重从重问题。对此,有关部门,包括立法机关,都不持异议。

当然,由于已将累犯作为定罪情节考虑,体现了对累犯从严惩处的立法精神,因此,在具体量刑时,要掌握好从重处罚的幅度,不宜增加过多的刑罚量,以实现罪刑相适应。

(2)关于本条第(一)项“曾因盗窃受过刑事处罚的”规定中“盗窃”的理解。

有意见提出,此处的“盗窃”,应理解为符合盗窃罪构成要件的行为,即不仅包括以盗窃罪定罪处罚的行为,也包括因法条竞合等关系虽以其他罪名(如破坏电力设备罪等)定罪处罚,但同时符合盗窃罪构成要件的行为。

经进一步研究,对该项规定中“盗窃”,应理解为仅指盗窃罪。

主要考虑:

其一,对《解释》中“盗窃”的一词,应尽可能作同一解释,否则容易造成理解适用上的困惑、混乱。

其二,设置本条第(一)(二)项的目的在于严惩盗窃惯犯,其数额标准仅为第一条规定标准的一半,故宜适当控制其适用范围。

其三,理解为符合盗窃罪构成要件的行为,从实现罪刑均衡的角度有一定道理,但符合盗窃罪构成要件的行为包括盗窃特殊物品、因盗窃又构成其他重罪、以盗窃方式实施其他犯罪、盗窃后转化抢劫等多种情形,范围很大,审查判断难度大,且容易引发争议。

(3)本条第(三)项是针对组织、控制未成年人盗窃案件多发、社会危害性更为严重的实际设置的。

起草过程中,有意见提出,本项规定不妥,因其与刑法第二百六十二条之二关于组织未成年人进行违反治安管理活动罪的规定存在竞合。

经研究认为,刑法第二百六十二条之二的规定主要是规制组织未成年人进行违反治安管理活动的行为,而本项规定则是组织、控制未成年人实施盗窃犯罪的处理问题;根据罪责刑相适应原则,显然不可能得出这样的结论,即组织未成年人盗窃的,在任何情况下,均只能以组织未成年人进行违反治安管理活动罪论处,最高只能判七年徒刑;规定本项主要是为了明确,当组织、控制未成年人实施盗窃,依法应以盗窃罪论处时,可以降低定罪量刑的数额标准,即提高定罪量刑的法定刑幅度。

3. 关于在跨地区运行的公共交通工具上盗窃数额标准的适用

适用本款时应当注意:

(1)本款规定的跨地区运行的公共交通工具,包括火车、汽车、船只、航空器等各类交通工具。

由于本款已包含在火车上盗窃数额标准确定的情形,《解释》施行后,最高人民法院、最高人民检察院、公安部1999年2月4日"两高一部"《关于铁路运输过程中盗窃罪数额认定标准问题的规定》(公发〔1999〕4号)不再适用。本款规定的跨地区,主要是指跨省、自治区、直辖市;个别省、自治区针对本省、自治区内不同市、州经济发展状况差异较大的实际,设置了有区别的盗窃数额标准的,则跨地区也包括跨市、州。

(2)对在跨地区运行的公共交通工具上盗窃的,如盗窃地点能够查明,仍应根据盗窃地有关高级人民法院、人民检察院确定的数额标准认定,只有盗窃地点无法查证的,才适用本款。

(3)对在跨地区运行的公共交通工具上盗窃,盗窃地点无法查证的案件,应当先根据刑事诉讼法及有关司法解释的规定,确定案件管辖,之后根据本款,确定应当适用的盗窃数额标准。

(4)如是在铁路运输中盗窃的案件,本款所规定的"受理案件所在地省、自治区、直辖市高级人民法院、人民检察院"应当是指对受理案件的铁路运输检察院、铁路运输法院具有领导或者指导职能的省、自治区、直辖市高级人民法院、人民检察院。

如此把握主要考虑：铁路运输法院的设置与行政区划不完全一致。某基层铁路运输法院设在甲省，但其上级法院即铁路运输中级法院可能设在乙省。如基层铁路运输法院按照甲省确定的数额标准作出判决后，被告人上诉或者检察机关抗诉，就需按照乙省的标准改判，此将人为地影响判决的稳定性。

——胡云腾、周加海、周海洋：《〈关于办理盗窃刑事案件适用法律若干问题的解释〉的理解与适用》，载《人民司法 · 应用》2014年第15期。

864 盗窃罪中数额巨大与减半认定情形并存的如何适用法律

关键词 | 盗窃罪 | 数额巨大 |

【最高人民法院参考案例】

张万盗窃案（《刑事审判参考》案例第1128号）

要旨：盗窃罪中数额巨大与减半认定情形并存的，以盗窃数额巨大标准确定刑格，减半情节作为酌定情节考虑。

《最高人民法院、最高人民检察院关于办理盗窃刑事案件适用法律若干问题的解释》（以下简称《解释》）第一条和第二条对盗窃罪的入罪和法定刑升格标准采取了“数额+情节”的规定方式。但实践中，当行为人盗窃数额满足入罪或者法定刑升格标准的同时，又具有第二条、第六条所规定的八种特定情形时，数额和情节条款的适用次序问题便引发了争议。如本案中，行为人盗窃的数额已满足数额巨大的标准，又具有减半认定的情形之一，即“在医院盗窃病人或者其亲友财物”，遂产生两种意见：第一种意见认为，应当直接以盗窃数额巨大标准确定刑格，减半情节作为酌定情节考虑；第二种意见认为，既然《解释》对盗窃罪的减半情节予以了明确规定，就应当首先根据“减半情节+减半数量”确定刑格，多出的数额作为量刑情节考虑。两种意见不仅所折射的理念不同，而且最终量刑结果相差较大。

我们认为，从盗窃罪的保护法益、法条和解释的逻辑性等方面综合考虑，第一种意见更为适当。

（一）数额与情节间的特殊关系决定了数额在入罪量刑中的首要地位

根据刑法第二百六十四条的规定，盗窃罪的升格刑分为两种：一种以数额为标准，即数额巨大、数额特别巨大；另一种以情节为标准，即其他严重情节、其他特别严重情节。数额标准与情节标准应为一般与特殊的关系，具体理由如下：

首先，盗窃罪所侵犯的法益决定了数额在量刑中的首要地位。我国刑法将盗窃罪规定在侵犯财产罪一章中，表明其所侵犯的主要法益为财产权，而财产权最重要的衡量标准便是数额大小。因为，一方面，被盗财物的经济价值越高，被害人所遭受的损失就越大，行为的社会危害性也就越大，故盗窃数额是衡量盗窃行为社会危害性大小最直观的标尺。正确区别盗窃违法行为与盗窃犯罪行为的基本界限，主要是盗窃数额。另一方面，盗窃数额也是盗窃罪法定刑升格的重要标准之一，只有达到数额巨大、数额特别巨大或者有其他相应情节时才可能判处更高的刑罚。

其次，语言间的逻辑结构决定了数额相对于其他情节的首要地位。根据逻辑规则，特殊+排除特殊的其他=全部，即数额巨大+排除数额巨大的其他严重情节=严重情节，数额特别巨大+排除数额特别巨大的其他特别严重情节=特别严重情节。换言之，盗窃罪中法定刑升格的标准为严重情节和特别严重情节，鉴于数额在盗窃罪中的特殊地位，数额巨大和数额特别巨大作为严重情节和特别严重情节中的主要情形，在罪状中予以特别规定。从语言间的逻辑结构也可见立法者的用意所在。

因此，在审理盗窃案件时，若行为人的涉案财物数额已达到相应数额标准，应当直接在相应的刑罚幅度内量刑；只有盗窃数额未达到相应标准，才根据相关司法解释的规定进行二次判断，如是否有减半认定的情形等。本案中，行为人盗窃的财物价值已达五万三千元，符合所在地区的数额巨大的标准，直接在三年以上十年以下有期徒刑的幅度内量刑即可。

（二）《解释》所列情形均系对法条相关情节的诠释，需符合解释的初衷和法条的内在逻辑

根据《解释》第六条的规定，行为人盗窃公私财物，具有在医院盗窃病人或者其亲友财物等六种情形之一，或者入户盗窃、携带凶器盗窃，且数额达到数额巨大、数额特别巨大的百分之五十的，可以分别认定为其他严重情节或者其他特别严重情节。我们认为，对《解释》相关条款规定应当注意以下几个方面：

首先，相关条款是对“唯数额论”不足的矫正。《解释》第二条出台的初衷在于：就盗窃犯罪而言，数额固然是影响定罪量刑的重要情节，但除此之外，行为人的一贯表现、犯罪方式、盗窃对象等也是影响社会危害性的重要因素。在综合考虑有关情节的基础上，对盗窃“数额较大”的标准作出特殊规定，可以避免“唯数额论”的不足，更好地贯彻罪责刑相适应、主客观相统一的刑法原则。可见，《解释》第二条所规定之情形固然是为了更好地严密刑事法网，防止实践中“唯数额论”，但其他情节相较于数额情节而言，仍处于相对次要的地位。

其次，《解释》的表述本身蕴含了情节效力的高低。《解释》对于数额情节和一般情节的诠释分别使用了“应当”和“可以”，如《解释》第一条规定“盗窃公私财物价值……应当……”第六条规定“盗窃公私财物……数额达到本解释第一条规定的‘数额巨大’、‘数额特别巨大’百分之五十的，可以……”根据刑法用语的规范性，“应当”

是一种命令性法律规范，而"可以"则是授权性法律规范的表达方式，具有允许、许可的意思。相对于"应当"规制的强制性，"可以"则有特殊情况下的例外之意，反映出立法者的倾向必然是"应当"大于"可以"，两者冲突时，前者优先适用。

因此，行为人在医院盗窃病人亲友财物已达到数额巨大标准时，应直接适用刑法第二百六十四条关于数额巨大的升格刑规定，在三年以上十年以下有期徒刑内量刑。

（三）未作为确定量刑起点和基准刑的减半情节应作为二次量刑情节予以考虑

罪责刑相适应原则要求对行为人判处的刑罚要与其所犯的犯罪行为相适应，与其行为的社会危害性相适应。而犯罪的社会危害性是一个内涵十分广泛的范畴，它既体现着主观的内容，又具有客观属性。因此，完整评价行为的社会危害性需综合考量客观方面和主观方面。作为财产类犯罪的一种，盗窃罪侵犯的主要客体是财产权，造成的主要社会危害是财产损失，将数额作为盗窃罪的主要定罪量刑标准合乎法益保护原则。但数额仅是其社会危害性的客观表现之一，不能涵盖诸如行为人的人身危险性、犯罪情节、造成后果的严重程度等情节所体现出的社会危害性。基于此，《解释》才在数额的基础上列举了特殊的减半情节。此等情节即使不能作为确定量刑起点和法定刑的依据，也应当作为宣告刑的重要考量因素。

——《刑事审判参考》（总第105辑）。

865 盗窃犯罪"其他严重情节""其他特别严重情节"的认定

关键词｜盗窃罪｜其他严重情节｜其他特别严重情节｜

【最高人民法院司法解释】

第六条 盗窃公私财物，具有本解释第二条第三项至第八项规定情形之一，或者入户盗窃、携带凶器盗窃，数额达到本解释第一条规定的"数额巨大"、"数额特别巨大"百分之五十的，可以分别认定为刑法第二百六十四条规定的"其他严重情节"或者"其他特别严重情节"。

——《最高人民法院、最高人民检察院关于办理盗窃刑事案件适用法律若干问题的解释》（2013年4月4日，法释〔2013〕8号）。

【链接：理解与适用】

关于本条，实践中需注意的是：

1. 关于提档量刑的数额标准

《解释》第六条将《98年解释》规定的提档处罚的前提由"盗窃数额达到'数额

较大'、'数额巨大'的起点"修改为"数额达到本解释第一条规定的'数额巨大'、'数额特别巨大'的百分之五十",这主要是考虑:盗窃罪属于财产犯罪,盗窃数额是反映、决定此类犯罪社会危害程度的基本因素,规定盗窃数额达到"较大""巨大"的起点标准,具有特定情形,即可提档处罚,过于严厉,与罪刑相适应原则不尽一致。

2. 关于加重情节的设定

《98 年解释》曾规定,对于"犯罪集团的首要分子或者共同犯罪中情节严重的主犯""盗窃金融机构的""流窜作案危害严重的""累犯",应当提档量刑。《解释》未再继续沿用,主要考虑:

其一,1997 年刑法已删除了主犯从重处罚的规定,再保留对首要分子、主犯可加重法定刑的规定,没有法律依据。

其二,盗窃金融机构的社会危害性不一定重于其他盗窃犯罪。

其三,随着经济社会发展,人口流动频繁,实践中多数盗窃犯罪由外地人员实施,再保留"流窜作案"的规定,将导致不少案件都要提档量刑,不符合罪责刑相适应原则。

其四,根据刑法规定,累犯只能从重处罚,将累犯规定为加重法定刑的一种情形,缺乏依据。

《解释》制定过程中,有意见提出,"多次盗窃""扒窃"亦应规定为提档处罚的情形。我们经研究认为,与"入户盗窃""携带凶器盗窃"相比,"多次盗窃""扒窃"对公民人身的现实危险性相对要低一些,根据罪责刑相适应原则,应当有所区别,故未采纳该意见。

——胡云腾、周加海、周海洋:《〈关于办理盗窃刑事案件适用法律若干问题的解释〉的理解与适用》,载《人民司法·应用》2014 年第 15 期。

866 盗窃数额的认定

关键词|盗窃罪|盗窃数额|

【最高人民法院司法解释】

第四条　盗窃的数额,按照下列方法认定:

(一)被盗财物有有效价格证明的,根据有效价格证明认定;无有效价格证明,或者根据价格证明认定盗窃数额明显不合理的,应当按照有关规定委托估价机构估价[①]；

（二）盗窃外币的，按照盗窃时中国外汇交易中心或者中国人民银行授权机构公布的人民币对该货币的中间价折合成人民币计算；中国外汇交易中心或者中国人民银行授权机构未公布汇率中间价的外币，按照盗窃时境内银行人民币对该货币的中间价折算成人民币，或者该货币在境内银行、国际外汇市场对美元汇率，与人民币对美元汇率中间价进行套算；

（三）盗窃电力、燃气、自来水等财物，盗窃数量能够查实的，按照查实的数量计算盗窃数额；盗窃数量无法查实的，以盗窃前六个月月均正常用量减去盗窃后计量仪表显示的月均用量推算盗窃数额；盗窃前正常使用不足六个月的，按照正常使用期间的月均用量减去盗窃后计量仪表显示的月均用量推算盗窃数额；

（四）明知是盗接他人通信线路、复制他人电信码号的电信设备、设施而使用的，按照合法用户为其支付的费用认定盗窃数额；无法直接确认的，以合法用户的电信设备、设施被盗接、复制后的月缴费额减去被盗接、复制前六个月的月均电话费推算盗窃数额；合法用户使用电信设备、设施不足六个月的，按照实际使用的月均电话费推算盗窃数额；

（五）盗接他人通信线路、复制他人电信码号出售的，按照销赃数额认定盗窃数额。

盗窃行为给失主造成的损失大于盗窃数额的，损失数额可以作为量刑情节考虑。

第五条　盗窃有价支付凭证、有价证券、有价票证的，按照下列方法认定盗窃数额：

（一）盗窃不记名、不挂失的有价支付凭证、有价证券、有价票证的，应当按票面数额和盗窃时应得的孳息、奖金或者奖品等可得收益一并计算盗窃数额；

（二）盗窃记名的有价支付凭证、有价证券、有价票证，已经兑现的，按照兑现部分的财物价值计算盗窃数额；没有兑现，但失主无法通过挂失、补领、补办手续等方式避免损失的，按照给失主造成的实际损失计算盗窃数额。

第九条　盗窃国有馆藏一般文物、三级文物、二级以上文物的，应当分别认定为刑法第二百六十四条规定的“数额较大”、“数额巨大”、“数额特别巨大”。

盗窃多件不同等级国有馆藏文物的，三件同级文物可以视为一件高一级文物。

盗窃民间收藏的文物的，根据本解释第四条第一款第一项的规定认定盗窃

---

① 目前，“估价”已调整为“价格认证”。

数额。①

——《最高人民法院、最高人民检察院关于办理盗窃刑事案件适用法律若干问题的解释》(2013 年 4 月 4 日,法释〔2013〕8 号)。

【链接:理解与适用】

1. 关于盗窃数额的认定方法

《98 年解释》曾根据财物性质的不同,如流通领域的商品、生产领域的产品、生产资料、生活资料、农副产品、金银珠宝、文物、邮票、纪念币、残次品、半成品等,对盗窃财物的数额认定作出十分全面、具体的规定。

经研究,该解释中不少规定已不适应目前经济社会发展实际,有的则难以操作,例如,对于该解释规定的“黄金、白银按国家定价计算”“不属于馆藏三级以上的一般文物,包括古玩、古书画等,按国有文物商店的一般零售价计算,或者按国家文物主管部门核定的价格计算”“邮票、纪念币等收藏品、纪念品,按国家有关部门核定的价格计算”等内容,在征求意见中,国家价格认证主管部门明确提出,这些物品均不在政府定价之列,相关部门无权也未曾公布过“核定价格”。

又如,该解释规定“流通领域的商品,按市场零售价的中间价格计算;属于国家定价的,……”“农副产品,按农贸市场同类产品的中等价格计算”“废品,按物资回收利用部门的收购价格计算”等,而据国家价格认证主管部门介绍,目前我国 90% 以上商品的价格已经实行市场调节,各种商品市场条件多种多样,价格形成机制各有不同,对价格准确性、合理性认定的专业要求很高。

故对有关被盗财物,如无有效证明确认其价值的,由司法人员根据市场中间价格作出认定,实际无法操作,只能是交由专业机构估价,之后由司法人员根据估价意见,结合其他证据作出认定。

鉴于此,《解释》第四条对《98 年解释》的有关规定作了较大幅度的修改。该条第四条第一款第(一)项首先规定了被盗财物数额认定的一般方法,明确:对于被盗财物有有效价格证明的,根据有效价格证明认定;无有效价格证明或者根据价格证明认定盗窃数额明显不合理的,应当按照有关规定委托估价机构估价。其后,第(二)至(五)项对盗窃外币、电力、燃气、自来水,盗接他人通信线路、复制他人电信码号使用或者出售的,规定了专门的数额认定方法。

需要说明的是,《98 年解释》曾规定,销赃数额高于按解释计算的盗窃数额的,盗窃数额按销赃数额计算。《解释》没有沿用这一规定。主要考虑:销赃数额高于

① 本条关于盗窃文物定罪量刑标准和不同等级文物折算的规定与《最高人民法院、最高人民检察院关于办理妨害文物管理等刑事案件适用法律若干问题的解释》(法释〔2015〕23 号)的相关规定不一致,应以后者规定为准。

实际盗窃数额的，被害人所遭受的损害并没有增加，以销赃数额作为盗窃数额，进而决定对行为人的定罪量刑，有失妥当。

2. 关于盗窃有价支付凭证、有价证券、有价票证（以下简称有价票证）的数额认定

《解释》第五条设两项分别对盗窃不记名、不挂失有价票证和盗窃记名有价票证的数额认定作出了规定。需要说明的是：

（1）对于盗窃不记名、不挂失的有价票证的，《98年解释》规定按票面数额和"案发时"应得的孳息、奖金或者奖品等可得收益一并计算盗窃数额。征求意见中，有部门提出该规定与其他财产犯罪、职务犯罪的数额认定方法不一致，应改为"盗窃时"。经研究，采纳了这一意见。

（2）《98年解释》规定："记名的有价支付凭证、有价证券、有价票证，如果票面价值已定并能即时兑现的，如活期存折、已到期的定期存折和已填上金额的支票，以及不需证明手续即可提取货物的提货单等，按票面数额和案发时应得的利息或者可提货物的价值计算。如果票面价值未定，但已经兑现的，按实际兑现的财物价值计算；尚未兑现的，可作为定罪量刑的情节。""不能即时兑现的记名有价支付凭证、有价证券、有价票证或者能即时兑现的有价支付凭证、有价证券、有价票证已被销毁、丢弃，而失主可以通过挂失、补领、补办手续等方式避免实际损失的，票面数额不作为定罪量刑的标准，但可作为定罪量刑的情节。"

经研究认为，这一规定过于烦琐；有的还存在不尽合理之处，如对于即时兑现的有价票证的，若行为人并未将其销毁、丢失，则即使未实际兑现，根据上述规定，也要以票面数额确定盗窃数额。

鉴于此，《解释》第五条第（二）项对上述规定作了修改，明确盗窃记名有价票证的，无论能否即时兑现，一律按行为人实际兑现的数额或者给失主造成的实际损失认定盗窃数额。

3. 关于盗窃文物的数额认定

《解释》第九条借鉴《98年解释》的有关规定，明确并完善了盗窃文物行为的定罪量刑标准。需说明以下两点：

（1）鉴于当前文物市场活跃、文物价值不断提升的实际，为加大对文物的保护力度，《解释》第九条第一款提高了盗窃国有馆藏文物的定罪处罚标准，规定盗窃国有馆藏一般文物的，就应认定为盗窃财物"数额较大"；盗窃国有馆藏三级文物、二级以上文物的，应认定为"数额巨大""数额特别巨大"。盗窃国有非馆藏文物的，也可按此标准定罪处罚。

（2）《98年解释》第九条第二款规定："一案中盗窃三级以上不同等级文物的，按照所盗文物中高级别文物的量刑幅度处罚。"有意见提出，这一规定不够清晰，如

盗窃一般文物三件的,能否折算为一件三级文物?

经研究认为,这应当是可以的,故《解释》第九条第二款对有关表述作了完善,明确“盗窃多件不同等级国有馆藏文物的,三件同级文物可以视为一件高一级文物”。

4. 关于盗窃发票的定罪量刑标准

《98 年解释》第十一条对盗窃增值税专用发票或者可以用于骗取出口退税、抵扣税款的其他发票的行为,明确了定罪量刑标准。

《解释》起草过程中,经向国家有关部门了解,当前,税务系统正在推行“金税”工程。所谓“金税”工程,即对增值税专用发票和其他具有出口退税、抵扣税款功能发票的使用,除要求纸质发票外,还需与税务系统内部核发的电子发票配合使用,两者相一致,发票的功能才能实现。目前,“金税”工程已覆盖增值税专用发票及公路、内河运输发票等多票种,对于已推行“金税”工程的票种,单纯盗窃纸质发票的行为已无实际意义。

鉴于此,《解释》未再对盗窃增值税专用发票和其他具有出口退税、抵扣税款功能发票的定罪量刑标准作出专门规定。实践中遇有相关案件,如确有社会危害性,需予定罪处罚的,可参考《98 年解释》第十一条的规定。

——胡云腾、周加海、周海洋:《〈关于办理盗窃刑事案件适用法律若干问题的解释〉的理解与适用》,载《人民司法 · 应用》2014 年第 15 期。

867 对所盗物品的价值有重大认识错误情况的处理

关键词 | 盗窃罪 | 对象认识错误 | 犯罪数额 |

【最高人民法院参考案例】

沈某某盗窃案(《刑事审判参考》案例第 315 号)

要旨:对无价值的东西误认为有较大、巨大或特别巨大价值的东西而盗走的,实践中一般可不作犯罪处理。对有较大、巨大或特别巨大价值的东西误认为是无价值的东西而随手拿走,如果当其发现具有价值后,若没有继续非法占有,一般不应作犯罪处理。对于盗窃对象价值高低的认识错误,一般应当按照盗窃对象的实际价值定罪处罚。对于将价值高的东西误认为价值低的东西拿走应因具体案情而定。

行为人对所盗物品价值是否存在重大认识错误,不能仅凭被告人的供述或辩解来认定,否则,行为人均可以自称对所盗物品价值有重大认识错误,来规避或逃脱其应负的法律责任。判断行为人是否对所盗物品价值存在重大认识错误,主要应从行为人的个人情况及其行为前后的表现来综合分析。

对此类带有特殊性的盗窃，应从以下几方面予以把握：一是从主观上进行考察，即行为人是否认识到或应当认识到。除考察其供述、个人情况外，还要综合分析其行为的时间、地点、条件、行为人与被害人等。同时，应从一般人的角度来分析，一般人均能认识的，应视为行为人认识到，以避免行为人推脱责任。对于那些抱着“能偷多少偷多少，偷到什么算什么”心态的行为人来说，其主观故意属于概括性的犯罪故意，因为无论财物价值多少都不违背行为人的本意，自应以实际价值论。二是从手段上进行考察，即行为人采取特定手段进行盗窃即视为具有概括性的故意，犯罪数额以实际价值论。如惯窃、扒窃、入室盗窃、撬锁盗窃、团伙犯罪等，因其行为的严重性，推定其为概括性的犯罪故意，以实际价值认定其盗窃数额。在推定为概括性犯罪故意时，需要注意的是当行为人辩称其不知财物的真实价值，也有充分理由相信其辩解的，而行为人又主动退回的，则应对退回部分不作犯罪处理。三是从场合特定性上进行考察，即只能发生在行为人有合法（合理）机会接触被盗物品的顺手牵羊场合。被盗物品价值大又容易被误以为小的时候，才会产生认识错误问题。应当注意的是，事实认识错误只影响到刑事责任的承担与否，而不影响责任的大小。因此，只有在特定环境和条件下才能认定被告人是否对盗窃对象的价值存在严重的认识错误，避免出现客观归罪或主观归罪的现象。

——《刑事审判参考》（总第40辑）。

868 入户盗窃信用卡后使用的数额应一并计入入户盗窃数额

关键词 | 盗窃罪 | 入户盗窃 | 盗窃数额 | 信用卡 |

【最高人民法院参考案例】

李春旺盗窃案（《刑事审判参考》案例第661号）

要旨：入户盗窃信用卡后在户外使用（包括刷卡消费、提取现金等）的数额应一并计入入户盗窃数额。

（一）将入户盗窃信用卡后取款的行为认定为入户盗窃与相关立法精神一致

在入户盗窃中存在非法侵入住宅和盗窃两种行为，二者之间属于牵连关系。牵连犯是指以实施某一犯罪为目的，但其方法行为或结果行为又触犯了其他罪名。对于入户盗窃行为而言，非法侵入住宅是从行为，表现为手段行为，盗窃是主行为，表现为目的行为，但两者都是犯罪行为，均存在严重的社会危害性。特别是在现代社会，公民的住宅是私人生活的载体，是最安全、最隐秘、最独立的私生活空间。以非法侵入他人住宅的手段实施其他犯罪行为的，在侵犯公民人身、财产等权利的同时还侵扰了居住者在住宅内的生活安宁，使公民的正常生活受到干扰，社会安全感降低。因此刑法除了单独规定“非法侵入住宅罪”外,对以“入户”手段实施的犯罪也体现从严惩处的精神。

因此,在盗窃的过程中只要存在“入户”这一情节,就应当将“入户”情节纳入刑法评价。行为人入户盗窃信用卡后取款的,与典型的入户盗窃财物的行为相比,在社会危害性方面并没有明显的不同,同样是既侵犯了公民财产权利又侵犯了公民的正常生活和居住安宁,将这种行为认定为“入户盗窃”才能体现法律和司法解释中一以贯之的从严处罚原则。

(二)将入户盗窃信用卡后取款的行为认定为入户盗窃符合刑法理论对一个犯罪行为进行整体评价的原则

刑法第一百九十六条第三款规定:盗窃信用卡并使用的,依照盗窃罪定罪处罚。根据这一规定,我们应当将盗窃并使用信用卡的行为作为一个整体来评价。行为人的盗窃行为从窃取信用卡时就已经开始,到使用信用卡获取卡内财物时结束。尤其是行为人盗窃之前或者同时获取了信用卡的密码,此时被害人信用卡内的财产实际已经被行为人所控制,而行为人之后到金融机构取现的行为可以看作是盗窃的一个持续行为,目的是最终实现不正当利益。因此,入户盗窃信用卡和使用信用卡应当作为统一不可分割的整体在刑法上进行评价。如果仅仅因为行为人获取财物的行为是在户外完成的,而不去评价其先前为了窃取信用卡非法侵入住宅的行为,显然是不合理的。

——《刑事审判参考》(总第 77 辑)。

869 行为人盗取移动代理商手机 SIM 卡后,代理商从移动公司获得该 SIM 卡返利时盗窃数额的计算

关键词｜盗窃 SIM 卡｜盗窃数额｜

【最高人民法院参考案例】

汪李芳盗窃案(《刑事审判参考》案例第 796 号)

要旨:被害代理商在行为人盗窃既遂后从移动公司获取的销售手机 SIM 卡的返利应当在认定盗窃数额时扣除。

(一)检察机关以每张五十五元(标准卡、新畅听卡)、三十五元(轻松卡)的价格认定手机 SIM 卡价值的抗诉理由不能成立

根据最高人民法院 2013 年出台的《关于办理盗窃刑事案件适用法律若干问题的解释》(以下简称《解释》)第四条的规定,被盗财物有有效价格证明的,根据有效价格证明认定;无有效价格证明,或者根据价格证明认定盗窃数额明显不合理的,

应当按照有关规定委托估价机构估价。我们认为,《解释》第四条的精神主旨贯彻了实事求是和存疑有利于被告人的认定原则。同时,刑事案件中对被盗物品的估价属于资产评估的一种,资产评估的基本原理应当同样适用于对被盗物品的估价。

根据国际通行的《国际评估准则》的界定,资产评估中的市场价值是指资产在评估基准日公开市场上最佳使用状态下最有可能实现的交换价值的估计值。由上述概念可知,移动公司以每张五十五元(标准卡、新畅听卡)、三十五元(轻松卡)销售给代理商手机 SIM 卡的价格,只是移动公司的单方定价,这一价格并不能准确反映手机 SIM 卡的公开市场价格。因为任何一个有理智的经济人,在明知不夜城手机市场手机 SIM 卡的实际售价比移动公司给其代理商的价格低二十元左右的情况下,都不会愿意向移动公司购买手机 SIM 卡。因此,检察机关以每张五十五元(标准卡、新畅听卡)、三十五元(轻松卡)的价格认定手机 SIM 卡的价值违背了价格评估原理,其抗诉理由不能成立。

(二)被害单位在被告人盗窃既遂后取得返利,在评估被窃手机 SIM 卡价值时宜采用成本法扣除返利

资产评估的基本方法有市场比较法、成本法、收益法三种。市场比较法是指在资产市场上寻找与被评估资产相类似的参照物的成交价,然后对被估资产与参照物之间的差异进行调整,将参照物的成交价视作被估资产的评估值。成本法是指按现时市场条件重新购建与被评估资产功能相同的处于全新状态下的资产的评估值。收益法是指通过估测被评估资产的未来预期收益,并将其按一定的折现率或者资本化率折成现值,以确定该项资产的评估值。资产评估方法存在多样性和可选择性,选择何种资产评估方法受到所搜集数据和信息资料、资产评估目的等因素的制约。在刑事案件中,资产评估往往是被告人定罪量刑的重要依据,以估测被评估资产的未来预期收益为方法的收益法不适用于刑事案件,价格认证机构通常采取市场比较法或者成本法评估涉案物品的价值。

本案二审审理期间,上海市价格认证中心对被窃手机 SIM 卡进行了估价(原审曾委托上海市闸北区物价局进行估价,但该局以无实物等为由不予估价),认定本案被窃手机 SIM 卡价值九万余元,即将金舟公司的购置成本价减去返利数额。上海市价格认证中心认为:(1)移动公司确定的五十五元(标准卡、新畅听卡)和三十五元(轻松卡)的价格,仅仅是一种价格符号,其代理商在市场上的实际公开售价远远低于上述价格,因此本案无论采用何种方法进行价格鉴定,都不可能得出十七万余元的价格鉴定意见;(2)价格鉴定的主要方法有市场比较法、成本法和收益法三种,具体选择何种方法对涉案物品财产进行价格鉴定,目前尚无有关法律法规明确规定,实践中一般是由价格认证机构根据涉案物品的具体情况和委托方的要求选择使用。本案手机 SIM 卡的市场销售价格各不相同,且代理商可能以涉及商业

秘密为由拒绝提供手机 SIM 卡的具体销售信息，因此以市场法进行估价鉴定在技术条件上存在障碍，采用成本法进行价格鉴定更接近于客观事实。这一认定方法与原审法院的认定方法基本相同，但原审法院判决书中有关以被害人的损失数额认定盗窃数额的表述不够确切、妥当。

根据被害单位法定代表人凌翱的陈述，以及不夜城手机市场其他经营者智凤英、高兵蕾、洪大明、汤冲等人的证言，上述手机 SIM 卡的成本价为三十二元（标准卡、新畅听卡）和十八元（轻松卡），在不夜城手机市场的售价接近成本价，可能高于成本价二元至三元销售。由于代理商不愿或者无法提供其销售手机 SIM 卡的具体数量和相应价格，使上述手机 SIM 卡的"市场零售价的中等价格"无法确定，但可以肯定的是上述手机 SIM 卡的成本价非常接近"市场零售价的中等价格"，基本等于"市场零售价的中等价格"。因此，以成本价三十二元（标准卡、新畅听卡）和十八元（轻松卡）认定本案被窃手机 SIM 卡的价值，符合资产评估原理。

金舟公司从移动公司购进的 SIM 卡的定价明显高于公开市场成本价，返利后的 SIM 卡价格与市场公开成本价基本维系平衡。因此，一审法院认定被窃手机 SIM 卡价值时扣除返利，以成本价认定被窃手机 SIM 卡价值九万余元是正确的。

——《刑事审判参考》（总第 87 辑）。

870 盗窃罪的既、未遂

关键词｜盗窃罪｜抢夺罪｜犯罪既遂｜犯罪未遂｜

【最高人民法院司法解释】

第十二条　盗窃未遂，具有下列情形之一的，应当依法追究刑事责任：

（一）以数额巨大的财物为盗窃目标的；

（二）以珍贵文物为盗窃目标的；

（三）其他情节严重的情形。

盗窃既有既遂，又有未遂，分别达到不同量刑幅度的，依照处罚较重的规定处罚；达到同一量刑幅度的，以盗窃罪既遂处罚。

——《最高人民法院、最高人民检察院关于办理盗窃刑事案件适用法律若干问题的解释》（2013 年 4 月 4 日，法释〔2013〕8 号）。

【链接：理解与适用】

1. 是否对所有盗窃未遂均应追究刑事责任？

起草过程中，曾有意见提出，根据刑法规定，对于盗窃未遂的，依法都应追究刑事责任，只是可以从轻、减轻处罚，仅规定对三种情形的盗窃未遂应当追究刑事责任没有法律依据。

经研究认为，《解释》第十二条第一款的规定并无不妥：如行为人仅以数额较大的财物为盗窃目标，最终未能得逞，通常可以认为其行为属于刑法第十三条后半段规定的“情节显著轻微危害不大”，依法不应作为犯罪处理，可由有关部门给予行政处罚，一律追究刑事责任不符合宽严相济刑事政策；如综合全案，认为情节严重的，例如盗窃数额已接近数额巨大，且行为人在两年前又曾因盗窃受过行政处罚的，完全可以根据《解释》第十二条第一款第（三）项的规定追究刑事责任。

2. 盗窃罪是行为犯还是结果犯？

在刑法修正案（八）将“入户盗窃”“携带凶器盗窃”“扒窃”增加规定为盗窃罪的入罪条件之后，有观点认为，盗窃罪的形态已由结果犯转化为行为犯，换言之，对多次盗窃、入户盗窃、携带凶器盗窃、扒窃，只要行为已实施完毕，不论是否实际窃得财物、造成被害人财产损失，均应以盗窃罪既遂论处。这一认识值得商榷：

（1）关于犯罪既遂的认定标准，理论上、实践中一般采用的是“犯罪构成要件齐备说”。而判断某一要素是否为某种犯罪的构成要件、判断行为人的行为是否已具备了某种犯罪的全部构成要件，不能仅以刑法分则的条文规定为依据，还应综合考虑该种犯罪的性质以及社会公众的一般认识。

以故意杀人罪为例，若仅从刑法第二百三十二条规定看，“故意杀人的，处……”似乎该罪是行为犯，只要着手实施杀人行为，不论有未致人死亡，都已构成故意杀人既遂。然而，理论上、实践中没有争议地认为，故意杀人罪是结果犯；致人死亡的结果是该罪的不成文构成要件要素；只有造成致人死亡结果的，才能认定故意杀人既遂。

又如抢劫罪，若仅从刑法第二百六十三条规定看，似乎该罪也是行为犯，只要以暴力、胁迫或者其他方法抢劫的，不论有无造成他人人身伤害、财产损失的后果，都已构成抢劫既遂，但我院《关于审理抢劫、抢夺刑事案件适用法律若干问题的意见》明确指出：“既未劫取财物，又未造成他人人身伤害后果的，属抢劫未遂。”

类似地，对盗窃罪的构成要件要素，也不能仅从修正后刑法第二百六十四条的规定作出分析；盗窃罪系财产犯罪，根据传统认识、社会一般观念，应当将造成他人财产损失补充解释为该罪的构成要件要素；对实施盗窃行为但没有实际造成他人财产损失的，不应认定为盗窃既遂，只能认定为盗窃未遂。否则，难以为社会公众所理解、认同，也难以体现、贯彻罪责刑相适应的刑法基本原则。

（2）1997 年修订刑法时，实际已对盗窃罪入罪条件有过修改，即将“多次盗窃”补充规定为该罪的入罪条件之一。

但刑法作出上述修改后，理论上、实践中并未因此认为盗窃罪的性质已发生变化;对于多次盗窃但未实际造成他人财产损失的,也应认定盗窃既遂,而是仍然认为,盗窃罪属于结果犯;只有实际造成被害人财产损失的才能认定盗窃既遂。刑法修正案(八)进一步将"入户盗窃""携带凶器盗窃""扒窃"增加规定为盗窃罪的入罪条件之后,也应坚持同样立场。即对多次盗窃、入户盗窃、携带凶器盗窃或者扒窃,未使被害人失去对财物的控制的,应当认定为盗窃未遂。

3. 对多次盗窃、入户盗窃、携带凶器盗窃或者扒窃未遂的,应否一律追究刑事责任?

《解释》起草过程中,有观点提出,对上述四类特殊盗窃的未遂,应当一律追究刑事责任。

经研究认为,此意见也过于绝对,也不符合刑法的相关规定,不符合宽严相济刑事政策。对多次盗窃、入户盗窃、携带凶器盗窃或者扒窃未遂,仍应依据《解释》第十二条第一款的规定,决定应否追究刑事责任;重点是要适用好《解释》第十二条第一款第(三)项的规定。

如行为人深夜通过翻窗、撬锁方式潜入他人住所盗窃的,即便未窃取到财物,也可认定其属于《解释》第十二条第一款第(三)项规定的"具有其他严重情节的情形",以盗窃未遂追究其刑事责任;反之,如确因饥饿等原因,扒窃少量财物,结果又未遂的,不追究刑事责任,由公安机关予以行政处罚,则更符合宽严相济刑事政策。

4. 如何确定盗窃未遂的基准刑?

对以数额巨大的财物为目标的盗窃未遂,是应以行为人意图盗窃的目标财物的价值作为确定其基准刑的依据,还是一律以数额较大作为确定基准刑的依据?

经研究认为,应当根据目标财物价值作为确定基准刑的依据,在此基础上,依照刑法总则有关犯罪未遂的处罚规定,从轻或者减轻处罚。否则,势必存在不当的双重从宽问题。

——胡云腾、周加海、周海洋:《〈关于办理盗窃刑事案件适用法律若干问题的解释〉的理解与适用》,载《人民司法·应用》2014年第15期。

【最高人民法院审判业务意见】

盗窃罪的既未遂标准,向来众说纷纭,大致有接触说、转移说、隐匿说、损失说、失控说、控制说、失控加控制说等诸多论点,表明这一问题具有相当的复杂性,这里不一一赘述。最具代表性、最流行、最为大家所接受的主要是失控说和控制说。失控说基于法益保护的角度认为:应以财物的所有人或保管人是否丧失对财物的占有权即控制为标准,凡是盗窃行为已使财物所有人或保管人实际丧失了对财物的控制的,即为盗窃既遂;而财物尚未脱离所有人或保管人的控制的,为盗窃未遂。控制说站在犯罪是否得逞的立场认为:应以盗窃犯是否已获得对被盗财产的实际控制为标准，盗窃犯已实际控制财物的为既遂；盗窃犯未实际控制财物的为未遂。由于物主丧失占有或控制并不一定等于盗窃犯实际占有或控制，故二说在某些案件适用上会导致不同的认定结果。应当说，二说各有千秋，不过，控制说基本上是通说，也更符合我国刑法关于犯罪既遂的一般规定。

明确了认定盗窃罪的既遂未遂标准是控制说，并不意味着就搞定了一切问题。实际上，由于盗窃对象的不同，盗窃行为使用的手段不同，以及盗窃时的环境及条件的不同，在面对千差万别的具体盗窃行为时，判断所谓取得"实际控制"仍是个极为复杂棘手的问题。总结司法实践，结合社会一般经验和常识，一般有以下几种考虑因素及常见判断类型：其一，应考虑被害人对物的控制权范围的问题。例如盗窃工厂的财物，工厂的权利范围就是整个厂区，在工厂内盗窃工人的个人财物，工人的权利范围就是本人的衣柜、工具箱等。一般情况而言，盗窃分子将财产盗离被害人权利控制范围，也就标志着控制并非法占有了财物，构成盗窃既遂。但是，由于控制范围的复杂性，也就决定了盗窃既遂与未遂的复杂性，实践中应加以区别对待。至于在无人监控或无特定控制区的室外，将财产移离原处即为既遂。其二，应考虑被盗对象的特点。被盗财物的性质、重量、体积、形状等不同，盗窃分子行窃时控制其财产的难易程度就会不同，因而认定既遂与未遂的标准也可能不同。例如窃取货币，一般只要窃离原处，即为既遂，而其他财产，则要脱离一定控制范围，才属既遂。一般来讲，如果是不能随身携带之物，应以窃出控制范围外为既遂，如果是轻便容易随身携带之物，应以将财物移离原处隐藏于身或随身携带的包内为既遂。体积小、重量轻可随身携带的财物，只要窃离原处或携带身上，即可认定既遂。如行为人将车间或办公室贵重轻便之物放到自己的包内，或隐藏于室内或室外他人不知之处，使原财产所有人失去控制而置于自己控制之下，盗窃分子已经实际上对该财产享有支配、处分权，即构成既遂。而对于体积大或沉重之物，只有将其移离于原物的有效控制区外，盗窃分子才能实际控制而成为既遂。

常见的类型有：

1. 扒窃的既未遂。一般认为，只要行为人一把被盗财物从原控制人的衣袋或提包中窃取出来，就意味着原控制人对财物的控制丧失，同时盗窃行为人获得对所窃财物的控制，为既遂。反之，如果扒窃者着手犯罪后没有能达到这种程度，还没有把财物从控制人的衣袋或提包中拿出来就被抓住，则属于未能获得对财物的控制，系未遂。

2. 入户盗窃的既未遂。由于物主对户内财物具有实际的控制权，一般认为只有盗窃行为人将所窃财物带出户外，方成立既遂。在财物被带出屋外之前，很难说盗窃行为人已经排除了被害人的控制而取得自己对被盗财物的控制。当然这也存在例外：如是货币到手即为既遂；如果是雇用工人因其有权利自由出入主人的房间,所以雇用工人乘主人不备,窃取财物置于自己支配之下,虽然没有将财物带出屋外,同样可以成立盗窃罪既遂。另外,还要根据房屋的具体情况判断何谓屋外,如果是城市的公共楼房,屋内自然是指自家所能控制的门内,而门外的楼道自然不属其可控制的范围,因此这种房间的屋外自然是指门外。而在广大农村,每户住宅除了有房屋以外,还有一个自家的小院,这个小院也是主人的控制范围,这种情况下,盗窃行为人如果只是把财物窃到房屋外,还没有出小院的范围时,一般也不能认为盗窃行为人已经取得了实际控制,所以带有院子的房屋的"屋外"一般应指院子的外边。

3. 店中盗窃的既未遂。商店在正常营业的情况下,其门口是允许任何人自由出入的,故商店对财物的合法控制范围不能以门口为标准。柜台销售的,物主对财物的合法控制范围以柜台为限,只要行为人一将财物窃出柜台即标志着行为人控制了所窃财物而成立盗窃既遂。超市型的商店,顾客可以在超市允许的范围内随便拿取商品,但是这个区域都有一个警戒线,行为人一旦把财物窃出这个警戒线,就可以认为行为人已经控制了所窃取的财物,成立盗窃既遂,无须带出商店的门口。但是如果是商店的非营业时间,则商店对其财物的控制范围就为整个商店的区域,这种情况下,盗窃行为人只有把财物窃出商店,才标志着行为人已经实际控制了所窃财物而构成既遂。

4. 企事业单位等有人管理区域内的盗窃既未遂。从原则上讲,盗窃行为人避开管理人的警戒,把所盗财物带出被管理人有权利控制的区域即为既遂。但是因为警戒管理有严有松,这当然会影响到盗窃的既遂未遂,并且被盗对象的形状有大有小,这也同样会影响到既遂未遂的时间。例如,盗窃行为人在一家工厂里盗窃工厂的财物,如果财物体积小便于藏在身上,一般来讲当行为人将财物藏在身上时就已经盗窃既遂。但是这还要根据工厂的警戒和管理的具体状况而定,如果工厂的性质比较特殊,出入门口都要经过严格检查,这种情况下,盗窃行为人在厂内窃取的财物虽然已经藏于身上,但是在没出门口之前,仍不能认为已经取得实际控制。另外,即便是工厂的门口并非严格检查,比如搜身,但是如果行为人盗窃的是体积较大无法藏于身上的财物,那么这种无法藏身的财物仍然是门口检查的范围,未出厂之前仍不能认定既遂。类似的盗窃还有很多,例如发生在博物馆、展览馆内的盗窃。所以判断从被人管理的区域内盗窃财物的既遂与未遂,必须把盗窃对象的性质与该区域的管理控制程度结合起来具体分析,才能得到正确的结论。

5. 有价证券盗窃的既未遂。有价证券一般可分为两种,一种是不记名或不挂失有价证券,如国库券、无记名股票等。其特点是义务人只对证券持有人负责给付义务,也就是"认券不认人"。这种证券其实可以视为货币,窃取了证券,也应意味着非法占有了证券上所记载的一定数额的财产,所以盗窃不记名、不挂失的有价证券的既遂未遂标准与盗窃货币类似，到手即为既遂。第二种有价证券是记名或可挂失的有价证券，如记名银行存单、汇款单、汇票、本票、支票等，其特点是义务人根据证券向证券指定的人负责给付金钱的义务，也就是“既认券又认人”。盗窃行为人盗窃得到这种有价证券后，并不意味着已经获得了对证券所记载财产的完全控制。如果行为人要进一步非法占有证券所记载的财产，就必须以权利人的身份去支取财物。所以，盗窃行为人盗得记名、可挂失的有价证券后，在冒名领取时被人发觉或在行为人冒领以前义务人挂失或在窃得有价证券后马上被人抓获等原因，导致行为人没能最终控制证券中记载的钱财，就属于因意志以外的原因而未能具备盗窃罪既遂的全部要件，应构成盗窃罪未遂；如果盗窃行为人窃得记名、可挂失的有价证券后，顺利地支取了证券中记载的财物则构成盗窃罪既遂。

6. 盗窃运输中货物的既未遂。在运输工具如铁路、汽车上作案的，一般应以货物脱离运输工具时作为既遂。如汽车在行驶中，盗窃人扒车行窃，只要将货物卸下车，即为盗窃既遂。在停留的运输工具内行窃，如有人监视、警戒的，脱离了监视、警戒区才能控制财产，因而应以盗窃分子将财产窃离监视、警戒区为既遂；没有监视、警戒的，以窃离运输工具为既遂。最后，需要特别指出的是，只要对被盗财物取得了实际控制即为既遂，至于控制时间长短不是影响盗窃既未遂的因素。例如盗窃分子进入商店盗窃，刚走出店门即被店主发现，人赃俱获。按控制说，控制时间无长短要求，盗窃分子盗窃财物已经走出店外，理应是既遂。

盗窃罪与抢夺罪的最本质区别就在于取得他人财物的行为是秘密窃取的还是公然夺取的。盗窃罪的隐蔽性与抢夺罪的公然性所针对的对象自然是相对于物主而言。如在公共场所扒窃，虽然周围的人都看到行为人的盗窃行为，但只要不被财物所有人发觉就行。这时行为人构成的是盗窃罪而非抢夺罪。相反，如果行为人尾随被害人到一条无人的小巷，当着被害人的面抢了财物就逃，行为人构成的是抢夺罪。

——《从一起个案看盗窃罪的既未遂及与相关罪的区别》，载最高人民法院刑事审判第一庭、第二庭编：《刑事审判参考》（总第46辑），法律出版社2006年版，第162—168页。

【最高人民法院参考案例】

程少杰盗窃、传授犯罪方法案（《刑事审判参考》案例第1419号）

要旨：针对财产犯罪，当行为人以数额特别巨大的财物为目标，由于意志以外的原因未实现预定目标，仅获取到部分财物时，其就实际得手部分的财物成立既遂，而就特定目标财物则属于未遂形态。

对于这种既、未遂并存的情形应当如何定罪处罚，相关司法解释中存在明确的规定：……针对盗窃犯罪，《2013年盗窃解释》第十二条明确规定：“盗窃既有既遂，又有未遂,分别达到不同量刑幅度的,依照处罚较重的规定处罚;达到同一量刑幅度的,以盗窃罪既遂处罚。”2016 年,最高人民法院审判委员会通过的 62 号指导案例——王新明合同诈骗案,确定了在数额犯中,犯罪行为既遂与未遂并存且均构成犯罪的情况,在确定全案的法定刑幅度时,先就未遂部分进行是否减轻处罚的评价,确定未遂部分所对应的法定刑幅度,再与既遂部分对应的法定刑幅度比较,确定全案适用的法定刑幅度。确定法定刑幅度后,将其他情节作为量刑的调节要素进而确定基准刑。

具体到本案中来,被告人程少杰以数额特别巨大之财物(人民币 550100 元)为盗窃目标,既有成功提现 21050 元的既遂数额,又有因其意志以外的原因而未得逞的未遂数额。在既、未遂并存的情况下,法院对二者进行分别评价后,其未遂部分属于“数额特别巨大”,根据刑法总则关于未遂的规定选择三到十年有期徒刑的法定刑幅度,结合被告人已经既遂的部分以及坦白等量刑情节,以盗窃罪判处被告人程少杰有期徒刑四年六个月,并处罚金人民币四万元,与传授犯罪方法罪判处的刑罚并罚,是正确的。

——《刑事审判参考》(总第 128 辑)。

林燕盗窃案(《刑事审判参考》案例第 557 号)

要旨:保姆对藏于户主衣帽间的财物并没有达到事实上的足以排除被害人占有的支配力,没有实现对财物的非法占有,因此构成盗窃未遂;保姆房间是房屋的组成部分之一,对藏于保姆房间的财物也应认定为盗窃未遂。

(一)主人对房屋内的财物是否具有绝对的控制力?

区分盗窃罪的既遂未遂时点,国内外刑法理论争议较大,主要有接触说、转移说、控制说、失控说、失控加控制说等。我们认为,正确区分盗窃罪的既遂与未遂,应立足于犯罪构成要件,即行为人的行为是否已经满足了盗窃罪的全部犯罪构成要件。对于盗窃罪这种典型的窃取型财产犯罪,当行为人通过秘密窃取的手段实现了非法占有财物的主观目的时,就认定为盗窃既遂。这种既遂实际上也就是行为人犯罪目的的实现,即非法占有的实现。因此,行为人非法占有他人财物应是盗窃罪既遂与未遂的区分标准,对此应当坚持主客观相一致的判断标准,其中占有的内容、方式、程度是准确判断的关键所在。

刑法上的占有,不同于民法上的占有权,仅指行为人对财物的事实上的支配和控制,这种支配具有排他性,尤其是排除了被害人对财物的事实上的占有可能,从而使行为人实现了对财物的实际上的控制。这种事实上的可支配或者可控制能力,在出现以下两种情况时较难判断:一是行为人与被害人之间存在特殊关系,比如上下级或者雇主与雇员的关系;二是特定场所。在后者情形下,除行为人直接接触并占有财物之外，多数情况下行为人首先将财物置放于一定可控制范围之内，然后才将财物转移实现占有目的，因此如何界定合理的、适当的可控制范围，成为实践中认定的难点。本案所涉的保姆在主人家中盗窃主人物品即是上述两种情况交叉的典型。

通常认为，有特定范围的场所，物主的控制能力及于该场所内任何地方，里面的任何财物都处于其实际控制之下，物主对这些财物享有事实上的控制权。我们通常所说的主人对屋内物品的占有便是典型例证，但现实情况是纷繁复杂的。主人对房屋内财物在多大程度上享有事实上的控制力，尚需结合具体情况进行分析。随着现代社会发展，房屋的功能、结构以及居住人口和规模等都发生着变化，除了传统意义上的普通居民住宅之外，还有像单元套房、豪华别墅等结构较复杂、功能较多的住所；居住人群中，除家人外还可能会有客人、保姆等不同身份的人。房屋规模不同，居住人口不同，尤其是对于那些较大规模的房屋，主人对家中财物虽然具有法律上的所有权和控制力，但事实上控制力所能及的范围却是有限的，如行为人将财物藏于屋中某个秘处，可以随时待主人不备将财物带出，此时就很难讲主人对该财物仍享有绝对的控制力了。据此，我们认为，主人对屋内财物的合理控制范围，仍需要依据社会一般观念，并结合财物的性质、形状、运送难度、社会习惯等因素综合判断。对此，可主要围绕两个方面进行：第一，被害人是否已经失去了对财物的控制。这是行为人实际控制被害人财物的前提。可借助财物的形状、性质、被藏匿位置等分析被害人查找到财物的难易程度，从而判断被害人是否仍然享有控制权。如果财物被藏匿得极其隐蔽，或是被害人根本想不到的地方，或是被害人很难查找的地方，即可认为被害人事实上已经失去了对财物的控制。比如把被害人的戒指藏匿于卫生间的垃圾桶或者墙壁上的一个小洞，相反，如果藏于电视柜或者衣柜抽屉里，则是基于一般人在通常情况下都会翻找且很容易找到的地方，此时就可理解为被害人并没有丧失对财物的占有。第二，行为人能够对财物进行事实上的控制。在这里，行为人对窃取财物的处理方式，也即藏匿方式，必须足以确保(行为人)占有，始得成立犯罪既遂。也就是说，行为人占有必须具备一定的要求、条件，只有当这种占有已经达到充分、及时的程度才可以认为行为人已经排他性地控制了该财物。换言之，被害人失去了对财物的控制并不直接导致行为人控制该财物，行为人控制财物需要满足一定的条件，这个条件是保证或者确保占有的有效性，即最终确保行为人非法占有目的的顺利实现。至于何为充分、及时的占有，需要结合具体案件进行分析。一种较为简便易行的判断方法是行为人是否很容易地实现对财物的控制。举例说明，行为人将窃得的戒指等小件物品放到一个废弃的花盆中，主人已明示要将花盆扔掉，此时行为人可以公然将财物通过花盆运送于房屋之外而不被任何人怀疑或察觉。综上，房屋的主人在多大范围内、多大程度上对被他人偷窃并藏匿于屋内的财物享有支配和控制力,需要结合案情做具体分析,不可一概而论。

(二)保姆林燕盗窃主人财物后藏于衣帽间及保姆房间属于盗窃既遂还是未遂?

1. 对藏于衣帽间的财物是否构成盗窃既遂?

本案中,被害人支某的住所系一幢三层别墅,衣帽间设在三层,且支某与被告人林燕约定:"不需要打扫二楼卧室的房间,只负责做饭和打扫客厅卫生。"虽然支某并不常去衣帽间,但其对衣帽间的所有物品均有法律上和事实上的占有和控制力;虽然林燕对藏于此处的财物也进行了必要的包装和掩饰,但鉴于衣帽间的用途和位置,支某如努力查找是不难发现被窃财物的。况且,林燕只是负责打扫卫生,除了具备可以随意进出衣帽间的便利之外,其对处于衣帽间财物的控制力是有限的。故林燕对藏于衣帽间的财物并没有达到事实上的足以排除被害人占有的支配力,没有实现对财物的非法占有,因此构成盗窃未遂。

2. 对藏于保姆房间的财物是否构成盗窃既遂?

保姆房间确实不同于房屋中的其他地方,具有一定的私密性,在一定程度上可以说是对主人房屋占有力的一种限制。但保姆房间毕竟是房屋的组成部分之一,保姆对该房间的有限的使用权不同于承租人的独立的占有权。结合本案的具体情况,我们认为,对藏于保姆房间的财物也应认定为盗窃未遂。理由如下:

第一,从是否可以排除主人找寻可能性分析,主人并未完全丧失对财物的控制。首先,被告人林燕将窃取的财物放在了保姆房间的写字台抽屉里,而没有放置于其他隐蔽场所或者一般人很难查找的地方。其次,林燕并没有对这些财物做精心的掩饰、藏匿或者采取任何其他的防范措施。或许林燕自以为保姆房间就是她的私人空间,主人不会随便翻她的东西,但是她应当预见并且已经预见到,如果主人房间内丢失了任何东西,她都会被怀疑并进而主人会在整个房屋内的任何可想象的地方查找,包括保姆房间。最后,由于保姆房间空间小、家具简单、物品少,客观上直接翻查是很容易找到的。事实上,被害人就是首先找到了保姆房间的现金和首饰。

第二,被告人林燕对财物的控制需达到充分、及时,方可实现非法占有。首先,林燕需克服房屋内现实条件的制约,如被害人和其他保姆的监督。林燕刚刚来到支某家中做家政工作,支某要求林燕"不需要打扫二楼卧室的房间,只负责做饭和打扫客厅卫生",此时如果发现了二楼卧室的房间内财物丢失,进入该卧室的人就会首先被怀疑。而由于支某共聘用了三名保姆,保姆之间相互监督,林燕必须在不被同在此处打工的另外两名保姆发现的情况下进入该卧室。其次,被盗财物放置的位置应最隐蔽,不易被察觉,即便是被放在保姆房间,也应该是位于一个常人不会找到的隐蔽角落。同时，由于存在另外两名保姆的无形的客观障碍，林燕还必须将财物藏于不易被其他保姆发现的地方，因为一旦有其他保姆发现就会将事实告诉主人，在私人住所这样的封闭场所，主人仍然在事实上控制着财物，林燕是无法随意或者轻易将财物拿走的。最后，也是最为重要的一点，被盗财物放置的位置应当利于转移，并最终实现对财物的转移占有。行为人对财物的控制最终要体现在现实的可支配上。由于财物仍处于支某的住所内，支某对房屋的所有权部分地限制了林燕的控制力，因为林燕尚未将所盗财物转移出主人家，林燕的占有始终处于一种不确定的、无法随意控制和支配的状态下。而盗窃罪需要两个行为即窃取行为和占有行为（有时候会发生两个行为的重合）方可完全实现，窃取后的转移占有是使占有现实化的必要条件。

第三，被告人林燕对财物的控制具有临时性，并未实现有效的占有。一方面，林燕主观上并不认为此时的财物已经属于自己所有。林燕在庭审时供称："取得财物后，内心一直忐忑不安，担心随时会被主人发现。"这种心理状态说明林燕充分意识到了财物仍然是在主人的房间，并没有脱离主人的控制，一旦主人发现财物丢失并查找，其盗窃行为很容易暴露；另一方面，林燕对财物的掌控时间非常短暂，也可间接说明其尚无法实现对财物的非法占有。林燕从9月8日起到被害人家中从事家政工作，短短三天时间内连续作案，从其取得财物到被害人发现财物失窃到案发也仅仅两天时间，足以说明林燕根本没有实现对财物的控制。

第四，实现量刑公正、均衡的必然要求。如果林燕的行为被认定为盗窃既遂，由于盗窃财产数额已经超过十万元，属盗窃数额特别巨大，根据刑法规定应判处十年以上有期徒刑、无期徒刑，显然超出了普通民众的心理预期，量刑过重。量刑对于定罪具有一定制约功能，量刑的轻重应准确反映犯罪行为的社会危害性和行为人的人身危险性，实现客观危害与主观恶性的统一。本案中，被告人林燕系来沪打工人员，其本身对财物或者首饰的价值并没有一个真实、准确的认识；其利用工作之便顺手牵羊，取得财物后并没有及时转移或者藏匿于更为隐蔽的地方，也没有立即逃跑；财物最终都被找回，被害人没有受到财产损失；林燕对其盗窃行为的刑事违法性有认识，但对其违法性的后果未必有清晰的认识，或者说如果林燕知道自己偷了这些现金和首饰后可能会带来十年以上的牢狱之灾，其未必会铤而走险，上述事实均说明了林燕的主观恶性及其行为的客观危害都不是很大，从罪刑相适应的原则出发，法院认定其犯罪未遂并比照既遂犯减轻处罚是适当的，实现了罪刑相当。

——《刑事审判参考》（总第68辑）。

871 盗窃油气未遂的认定

关键词｜盗窃罪｜犯罪未遂｜

【最高人民法院司法文件】

二、关于盗窃油气未遂的刑事责任

着手实施盗窃油气行为，由于意志以外的原因未得逞，具有下列情形之一的，以盗窃罪（未遂）追究刑事责任：

（一）以数额巨大的油气为盗窃目标的；

（二）已将油气装入包装物或者运输工具，达到"数额较大"标准三倍以上的；

（三）携带盗油卡子、手摇钻、电钻、电焊枪等切割、打孔、撬砸、拆卸工具的；

（四）其他情节严重的情形。

——《最高人民法院、最高人民检察院、公安部关于办理盗窃油气、破坏油气设备等刑事案件适用法律若干问题的意见》（2018年9月28日，法发〔2018〕18号）。

【链接：理解与适用】

基于上述考虑，《意见》在《盗窃解释》第十二条第一款规定的基础上，进一步对盗窃油气未遂追究刑事责任的范围予以明确，主要包括：（1）以数额巨大的油气为盗窃目标的。这是针对盗窃油气未遂重申了《盗窃解释》第十二条第一款第（一）项的规定。司法适用中，对于是否以数额巨大的油气为盗窃目标，一般应当根据包装物或者运输工具的容量，结合犯罪嫌疑人、被告人供述和辩解等作出准确判断。（2）已经装入包装物或者运输工具的油气数额达到"数额较大"标准三倍以上的。这主要针对的是当场抓获，但无法证明行为人以数额巨大的油气为盗窃目标的情况。在这种情况下，行为人已经将大量油气装载到自己的油气运输包装物或者运输工具上，其危害性已经达到应当予以刑事处罚的程度。因此，参考《最高人民法院、最高人民检察院关于办理非法生产、销售烟草专卖品等刑事案件具体应用法律若干问题的解释》（法释〔2010〕7号）第二条第一款的规定，设置了一个"三倍标准"（三千元至九千元），达到该标准以上的，应当以盗窃罪未遂定罪处罚。（3）携带盗油卡子、手摇钻、电钻、电焊枪等切割、打孔、撬砸、拆卸工具的。这主要针对的是具有较大危险性的盗窃油气人员和盗窃油气惯犯，其携带专门工具，往往实际盗窃油气的数额很大。因此，即使查获的盗窃油气数额未达到"数额巨大"或者"数额较大三倍以上"的标准，但也应认定其盗窃未遂行为属于情节严重，依法应当追究刑事责任。

需要注意的是，有观点认为，盗窃油气人员在盗窃油气的过程中当场被抓获的，已经从油气设备中盗出的油气应属于盗窃既遂。经慎重研究，《意见》没有采纳这种观点。主要考虑如下：其一，这种观点与《解释》的基本立场不一致，脱离油气设备但尚未运离现场的油气，很难被理解为“已经失控”。做此理解后，可能会导致盗窃油气未遂的认定与其他盗窃未遂的认定存在不一致。其二，当前对油气设备的防范设施已经比较完善，除了传统的实体防范、巡逻防范外，更重要的是技术防范。对于虽然没有围墙、金属栅栏等实体防范措施，但是一旦有盗窃油气行为，摄像头等设备能即时发现并随即采取控制措施的，也不好理解为“已经失控”。其三，实践中盗窃油气的行为样态比较复杂，如果一律将正在盗窃、尚未运离现场的行为均视为盗窃既遂，难免造成扩大刑事打击面，或者导致打击不准的问题。

——郝方昉：《〈关于办理盗窃油气、破坏油气设备等刑事案件适用法律若干问题的意见〉的理解与适用》，载《中国刑事审判指导案例》编写组编：《中国刑事审判指导案例(4) · 侵犯财产罪》(增订本)，法律出版社 2021 年版，第 338—339 页。

872 入户盗窃未遂的认定

关键词｜盗窃罪｜入户盗窃｜犯罪未遂｜

【最高人民法院司法解释】

第三条第二款 非法进入供他人家庭生活，与外界相对隔离的住所盗窃的，应当认定为“入户盗窃”。

——《最高人民法院、最高人民检察院关于办理盗窃刑事案件适用法律若干问题的解释》(2013 年 4 月 4 日，法释〔2013〕8 号)。

【最高人民法院审判业务意见】

有关部门就入户盗窃但未窃得财物应如何定性问题征求最高人民法院研究室意见。最高人民法院研究室经研究认为：

对入户盗窃但未实际窃得任何财物的，应当以盗窃未遂论处。

——周加海：《最高人民法院研究室关于入户盗窃但未窃得财物应如何定性问题的研究意见》，载最高人民法院研究室编著：《司法研究与指导》(总第 3 辑)，人民法院出版社 2013 年版，第 151 页。

【最高人民法院参考案例】

花荣盗窃案(《刑事审判参考》案例第 1047 号)

要旨：行为人进入被害人家中窃得形状、体积较小的财物，在实施盗窃的过程中即被群众发现，之后处于群众的监视之下，并在离开被害人住所后被人赃俱获，由于行为人走出房门后就已经取得对被窃财物的控制，被害人财产所有权已受到实质侵害，其行为构成入户盗窃既遂。

（一）入户盗窃但未窃得财物，应当认定为盗窃未遂

刑法修正案（八）对刑法第二百六十四条规定的盗窃罪进行了修改，增加了“入户盗窃、携带凶器盗窃、扒窃”等事实情节。就入户盗窃而言，处罚的重点是“入户”这个情节，即在盗窃数额达不到普通盗窃的入罪标准时，以盗窃的手段行为“入户”作为犯罪构成要件。但同时，由于修正后的刑法将盗窃罪的罪状表述为：“入户盗窃、携带凶器盗窃、扒窃的，处三年以下有期徒刑、拘役或者管制，并处或者单处罚金”，理论界和实务界对如何认定入户盗窃既未遂形态存在不同看法。而本案作为一起入户盗窃案件，其特殊性还在于被告人是在群众的监视下实施了入户盗窃，后被人赃俱获，对被告人的犯罪形态是认定为既遂还是未遂，争议较大。

一种意见认为，对于入户盗窃，即使未窃得财物，也应认定为犯罪既遂。因为刑法修正案（八）增加的“入户盗窃、携带凶器盗窃、扒窃”三类行为无数额及情节条件，行为人只要实施了这三类行为，即在形式上具备了盗窃罪的构成要件。入户盗窃虽然存在未遂状态，但是界定既遂、未遂的根据不在于是否取得财物，而是是否完成入户行为。另一种意见认为，入户盗窃但未窃得财物的，可以认定为盗窃未遂。盗窃罪是侵财犯罪，无论是要求数额的普通盗窃还是入户盗窃，既、未遂的区分还是应当坚持以侵财结果为标准。因此，仅有入户盗窃行为，但未窃得财物的，构成盗窃罪，但系犯罪未遂。

我们同意第二种意见。具体理由如下：

1.“犯罪构成要件齐备说”是认定犯罪既遂的标准

刑法分则规定的犯罪以单独的既遂犯为模式，刑法理论在讨论犯罪构成及其要件时，都讨论了成立犯罪既遂所必须具备的条件。判断行为人实施的犯罪是否构成既遂，应当以其行为是否具备了某种犯罪的全部构成要件为标准，综合考虑该种犯罪的性质以及社会公众的一般认识，而不能仅以刑法分则的条文规定为依据。如故意杀人罪，若仅从刑法第二百三十二条规定看，“故意杀人的，处死刑、无期徒刑或者十年以上有期徒刑”，似乎该罪是行为犯，只要着手实施杀人行为，不论是否致人死亡，都已构成故意杀人既遂。然而，毫无疑问，故意杀人罪是结果犯，只有造成他人死亡结果的，才能认定故意杀人既遂。又如抢劫罪，若仅从刑法第二百六十三条规定看，似乎该罪也是行为犯，只要以暴力、胁迫或者其他方法抢劫的，不论是否造成他人人身伤害、财产损失，都已构成抢劫既遂。但是，《最高人民法院关于审理抢劫、抢夺刑事案件适用法律若干问题的意见》明确指出：“既未劫取财物，又未造成他人人身伤害后果的，属抢劫未遂。”因此，不能仅以修正后刑法第二百六十四条的规定得出只要实施了入户盗窃行为，即使未取得财物也系盗窃既遂的结论。

盗窃罪侵犯的是他人的财产权益，应当将造成他人财产损失补充解释为该罪的构成要件要素。行为人只实施了入户盗窃行为，但未实际窃得财物的，由于被害人并未失去对财物的控制，其财产所有权没有实质被侵害，应当认定为盗窃未遂。

2. 犯罪成立和犯罪既遂是两个层面上的问题

犯罪既遂、未遂是在已经构成犯罪的基础上讨论犯罪是否得逞、客观危害结果是否出现。成罪标准与故意犯罪的既、未遂形态是刑法上两个紧密关联但又本质不同的概念。说其紧密关联，是因为故意犯罪的基本构成要件，多以犯罪既遂形态为标本而设定。论其差异，犯罪既、未遂形态描述的是特定危害行为的停止形态，成罪标准表达的仅仅是不同行为构成犯罪的最低刻度。立法者将达不到数额较大但有入户盗窃等情节的行为入罪，降低了入户盗窃等特殊盗窃行为的成罪标准，但是该修正并不等于一并修改了入户盗窃的既、未遂标准。且通过对成罪标准的修正已体现了对入户盗窃等行为的严厉打击，在定罪基础上坚持以财产犯罪既、未遂形态的一般评价标准“控制说”，对于入户盗窃没有窃得任何财物的认定为未遂，符合宽严相济的刑事政策的要求，也可以实现罪刑结构的均衡。

3. 入户盗窃依然应当以行为人取得他人财物为既遂标准

盗窃罪是财产犯罪，是结果犯。关于盗窃罪的既遂标准，理论上有接触说、转移说、隐匿说、失控说、控制说（取得说）、失控加控制说。通说为失控加控制说。根据通说观点，在行为人为了实施盗窃而入户的情况下，只有当行为人取得了被害人的财物，被害人失去对财物的控制时，才能认定为盗窃既遂。1997 年修订刑法时，对盗窃罪入罪门槛有过修正，即将“多次盗窃”补充规定为该罪的入罪条件之一。但刑法作出上述修改后，理论上、实践中并未因此认为盗窃罪的性质已发生变化，即认为盗窃罪已经从结果犯变成了行为犯，对于多次盗窃但未实际窃得财物的，也应认定为盗窃既遂。而是仍然认为，盗窃罪属于结果犯，只有实际窃得财物的才能认定盗窃既遂。刑法修正案（八）进一步将入户盗窃增加规定为盗窃罪的入罪条件之后，也应以行为人取得财物作为入户盗窃既遂的标准。

（二）盗窃过程中群众在户外监视并不意味着被害人未失去对财物的控制

本案中，被告人花荣实施入户盗窃时被被害人的邻居发现，但花荣并不知情，仍然进入被害人家中实施盗窃，并将窃得的财物放于口袋内，走出房门后被人赃俱获。在肯定入户盗窃仍然应当以行为人取得他人财物为既遂标准的情况下，如何评价花荣的犯罪形态，检察机关和一审法院持不同意见。

一审法院认为花荣系盗窃未遂，主要理由是：花荣在实施盗窃行为时已被周围群众发现并处于监控中，虽然之后他完成了盗窃行为，但是被害人对于被窃财物没有失去控制，且最终花荣被人赃俱获。

我们认为，当花荣进入被害人家中窃得形状、体积较小的现金和香烟放于口袋内,走出房门后就已经取得对被窃财物的控制,而被害人则失去了对被窃财物的控制,财产所有权已受到实质侵害。虽然花荣在实施盗窃的过程中被群众发现,之后处于群众的监视之下,但是群众在户外的监视不能等同于被害人对财物的控制;虽然最终花荣被人赃俱获,但是并不影响之前他已经取得对被窃财物的控制。

综上,花荣不仅实施了入户盗窃行为,且已实际窃得财物并离开被害人住所,其行为系入户盗窃既遂。鉴于花荣具有“携带凶器盗窃”“入户盗窃”两个事实情节,且被害人系独居老人,其行为具有较大的社会危害性,二审法院认定花荣系盗窃犯罪既遂,改判其有期徒刑八个月,并处罚金一千元是正确的。

——《刑事审判参考》(总第101辑)。

873 单位组织、指使盗窃的行为以盗窃罪追究组织者、指使者、直接实施者的刑事责任

关键词｜单位犯罪｜盗窃罪｜刑事责任｜

【最高人民法院司法解释】

第十三条　单位组织、指使盗窃,符合刑法第二百六十四条及本解释有关规定的,以盗窃罪追究组织者、指使者、直接实施者的刑事责任。

——《最高人民法院、最高人民检察院关于办理盗窃刑事案件适用法律若干问题的解释》(2013年4月4日,法释〔2013〕8号)。

【链接:理解与适用】

需要说明的是,2014年4月2日第十二届全国人大常委会第八次会议通过的《关于中华人民共和国刑法第十三条的解释》已就单位实施刑法分则未规定追究单位主体的各类犯罪的责任追究问题作出一体解释,规定:“公司、企业、事业单位、机关、团体等单位实施刑法规定的危害社会的行为,刑法分则和其他法律未规定追究单位的刑事责任的,对组织、策划、实施该危害社会行为的人依法追究刑事责任。”《解释》第十三条规定与立法解释精神完全一致。

实践中需注意:尽管根据《解释》,可追究组织者、指使者、直接实施者的刑事责任,但还当注意区分不同情况,贯彻体现宽严相济刑事政策。应当重点惩治组织者、指使者,积极主动的实施者。对囿于情势被迫、被动参与的,一般不宜追究其刑事责任;有多人参与组织、策划、实施,而行为人所处地位、所起作用又有明显差异的,则应依法区分主、从犯。

——胡云腾、周加海、周海洋:《〈关于办理盗窃刑事案件适用法律若干问题的

解释〉的理解与适用》，载《人民司法·应用》2014年第15期。

874 盗窃罪的量刑

关键词｜盗窃罪｜量刑｜

【最高人民法院司法文件】

（十一）盗窃罪

1. 构成盗窃罪的，根据下列情形在相应的幅度内确定量刑起点：

（1）达到数额较大起点的，二年内三次盗窃的，入户盗窃的，携带凶器盗窃的，或者扒窃的，在一年以下有期徒刑、拘役幅度内确定量刑起点。

（2）达到数额巨大起点或者有其他严重情节的，在三年至四年有期徒刑幅度内确定量刑起点。

（3）达到数额特别巨大起点或者有其他特别严重情节的，在十年至十二年有期徒刑幅度内确定量刑起点。依法应当判处无期徒刑的除外。

2. 在量刑起点的基础上，根据盗窃数额、次数、手段等其他影响犯罪构成的犯罪事实增加刑罚量，确定基准刑。

多次盗窃，数额达到较大以上的，以盗窃数额确定量刑起点，盗窃次数可作为调节基准刑的量刑情节；数额未达到较大的，以盗窃次数确定量刑起点，超过三次的次数作为增加刑罚量的事实。

3. 构成盗窃罪的，根据盗窃的数额、次数、手段、危害后果等犯罪情节，综合考虑被告人缴纳罚金的能力，在一千元以上盗窃数额二倍以下决定罚金数额；没有盗窃数额或者盗窃数额无法计算的，在一千元以上十万元以下判处罚金。

4. 构成盗窃罪的，综合考虑盗窃的起因、数额、次数、手段、退赃退赔等犯罪事实、量刑情节，以及被告人的主观恶性、人身危险性、认罪悔罪表现等因素，决定缓刑的适用。

——《最高人民法院、最高人民检察院关于常见犯罪的量刑指导意见（试行）》（2021年7月1日，法发〔2021〕21号）。

875 如何确定非数额型盗窃罪的罚金刑数额

关键词｜盗窃罪｜罚金｜

【最高人民法院参考案例】

蒲长才盗窃案(《刑事审判参考》案例第 1341 号)

要旨:对于单纯的数额型盗窃行为应当在一千元以上盗窃数额的二倍以下判处罚金,而对于非数额型盗窃行为,即使有明确的盗窃数额,但如果盗窃数额较小(未达到数额犯入罪标准的),也应按照“没有盗窃数额或者盗窃数额无法计算”之规定,在一千元以上十万元以下判处罚金。

盗窃罪是典型的侵财类犯罪,我国刑法对盗窃罪的处罚,不仅设置了自由刑,同时配置了财产刑。对于罚金刑的适用,《解释》①第十四条规定:“因盗窃犯罪,依法判处罚金刑的,应当在一千元以上盗窃数额的二倍以下判处罚金;没有盗窃数额或者盗窃数额无法计算的,应当在一千元以上十万元以下判处罚金。”上述规定不仅明确了数额型盗窃的罚金刑适用标准,同时对于没有盗窃数额或者盗窃数额无法计算的,即非数额型盗窃罚金刑的适用也作出规定。然而,对于有盗窃数额的非数额型盗窃罪的罚金刑如何判处?如本案之情形,对被告人蒲长才应当如何判处罚金刑,存在两种意见:

第一种意见认为,本案的盗窃数额可以计算,应当依照《解释》第十四条前半部分之规定,“因盗窃犯罪,依法判处罚金刑的,应当在一千元以上盗窃数额的二倍以下判处罚金”。针对本案,盗窃数额的二倍未超过一千元,应当判处罚金一千元。

第二种意见认为,由于本案被告人系因多次盗窃而构成犯罪,属于非数额型盗窃,对其判处罚金应当依照《解释》第十四条后半部分之规定,“没有盗窃数额或者盗窃数额无法计算的,应当在一千元以上十万元以下判处罚金”。

之所以会存在不同意见,其原因在于对《解释》第十四条的理解存在偏差。《解释》第十四条区别了有盗窃数额的和没有盗窃数额或者盗窃数额无法计算的两种情形。在盗窃罪作为数额犯时,将罚金数额的确定建立在盗窃数额上是完全合理的。但随着 1997 年刑法的修改和刑法修正案(八)的施行,盗窃罪已不再是纯正的数额犯,故《解释》针对非数额型盗窃行为确定了新的罚金刑判处标准。但是在司法实践中,盗窃罪除了单一的数额入罪和单一的情节入罪的情形外,还包括既符合非数额情节入罪,又存在盗窃数额的情形。就如本案,被告人四次盗窃,构成盗窃罪,盗窃数额九十多元。本案如果适用《解释》第十四条前半部分之规定,对被告人应判处“一千元以上一百八十元以下的罚金”,这显然是不符合数学逻辑的;如果适用后半部分之规定,本案却有明确的盗窃数额。因此,如何准确理解与适用《解释》第十四条之规定就显得尤为重要。我们认为,第二种意见更符合罪责

---

① 即《最高人民法院、最高人民检察院关于办理盗窃刑事案件适用法律若干问题的解释》(法释〔2013〕8 号)。

刑相适应原则,也更符合立法原意。

——《刑事审判参考》(总第 122 辑)。

(二)具体盗窃行为的认定

876 拾得他人遗失的医保卡，并在药店盗刷卡内个人医保账户资金的行为如何定性

关键词｜盗窃罪｜信用卡诈骗罪｜医保卡｜

【最高人民法院参考案例】

陈华增、梁锦仔、林冬明盗窃案(《刑事审判参考》案例第 1393 号)

要旨:加载金融功能的医保卡是由社保部门发行,医保账户和金融账户互相独立,医保个人账户资金属于个人所有,盗刷医保个人账户资金属于秘密窃取他人财物,应当定盗窃罪。

职工个人缴纳的基本医疗保险费,全部计入个人账户。用人单位缴纳的基本医疗保险费分为两部分,一部分用于建立统筹基金,一部分划入个人账户……个人账户基金只能用于支付在定点医疗机构或定点零售药店发生的,符合基本医疗保险药品目录、诊疗项目范围、医疗服务设施标准所规定项目范围内的医药费用。原则上不得提取现金,虽然使用有所限制,但在其法律性质上,《国务院关于建立城镇职工基本医疗保险制度的决定》规定"个人账户的本金和利息归个人所有,可以结转使用和继承"。因此,在药店用个人账户资金盗刷药品的行为侵犯了个人财产的所有权。本案中被告人陈华增三人在试出社会保障卡密码后,单独或合谋,在被害人不知情的情况下,在药店盗刷被害人医保个人账户资金,其行为属于采用秘密手段盗窃他人财产,行为应定盗窃罪。

——《刑事审判参考》(总第 125 辑)。

877 盗窃互联网上网流量如何认定盗窃数额

关键词｜盗窃罪｜上网流量｜盗窃数额｜

【最高人民法院审判业务意见】

有关部门就盗窃互联网上网流量如何认定盗窃数额征求最高人民法院研究室意见。我室经研究认为：

盗窃互联网上网流量的，可以按照销赃数额认定盗窃数额。

——喻海松：《最高人民法院研究室关于盗窃互联网上网流量如何认定盗窃数额研究意见》，载最高人民法院研究室编著：《司法研究与指导》（总第5辑），人民法院出版社2014年版，第180页。

878 在网络上利用出现系统故障的第三方支付平台，故意输入错误信息，无偿获取游戏点数的行为构成盗窃罪

关键词｜盗窃罪｜诈骗罪｜游戏点数

【最高人民法院参考案例】

邓玮铭盗窃案（《刑事审判参考》案例第766号）

要旨：利用出现系统故障的网络第三方交易平台无偿获取游戏点数，且造成他人损失数额较大的行为构成盗窃罪，而非诈骗罪。

盗窃罪与诈骗罪在犯罪行为客观方面的表现不同。盗窃罪客观方面的表现是秘密窃取，即行为人采取不为财产权利人或保管人所知的秘密方式将所有人或保管人的财物占为己有。诈骗罪客观方面则表现为行为人通过虚构事实或者隐瞒真相的方法，使被害人产生错误认识，从而自愿交付财物、处分财产。

根据刑法理论上的通说观点，诈骗罪中的被害人必须是能够表示自己真实意思的人，即具有一定认识能力和意志能力的主体，否则就无从判断被害人是否有“错误认识”。对于机器是否属于“有意识的主体”，我们认为，人工智能及其操作系统和硬件（设施）如果处于正常工作状态，应当视为管理者意志的体现，可以认为是属于“有意识的主体”，故可以成为诈骗的对象。然而，处于故障状态的人工智能系统和机器因已经丧失独立的意思表示能力，不能正确识别相关代码，作出的决定不能代表其管理者的真实意志，不能代表其管理者真正“处分”财物，不能成为诈骗的对象。本案中的“易宝支付”平台类似于出故障的ATM机器。出现故障的“易宝支付”未能正确识别支付代码，其下达的发货指令不能看作是其管理者和操作系统正常的意思表示和财产处分行为，因此邓玮铭的行为不构成诈骗罪。

盗窃罪中行为人秘密窃取的方式，是相对于财物的保管者或所有者而言的。本案中，邓玮铭利用出现故障的支付平台发出发货指令后，“易宝支付”系统的所

有人通融通公司并不知道邓玮铭恶意输入虚假的卡号密码。等到创娱公司发现网络上有人低价兜售游戏点数进行核查时，才发现相关情况，并告知通融通公司，通融通公司才发现“易宝支付”系统发出错误指令，通融通公司继而对创娱公司作了相应赔付，最终通融通公司成为本案的被害人。

——《刑事审判参考》（总第85辑）。

879 盗窃公用电信设施同时构成盗窃罪和破坏公用电信设施罪的，依照处罚较重的规定定罪处罚

关键词 | 公用电信设施 | 盗窃罪 | 破坏公用电信设施罪 |

【最高人民法院司法解释】

第三条第二款 盗窃公用电信设施价值数额不大，但是构成危害公共安全犯罪的，依照刑法第一百二十四条的规定定罪处罚；盗窃公用电信设施同时构成盗窃罪和破坏公用电信设施罪的，依照处罚较重的规定定罪处罚。

——《最高人民法院关于审理破坏公用电信设施刑事案件具体应用法律若干问题的解释》（2005年1月11日，法释〔2004〕21号）。

880 将电信卡非法充值后使用，盗用他人上网账号、密码上网，造成电信资费损失数额较大的，以盗窃罪定罪处罚

关键词 | 电信资费 | 盗用上网账号、密码 | 盗窃罪 |

【最高人民法院司法解释】

第七条 将电信卡非法充值后使用，造成电信资费损失数额较大的，依照刑法第二百六十四条的规定，以盗窃罪定罪处罚。

第八条 盗用他人公共信息网络上网账号、密码上网，造成他人电信资费损失数额较大的，依照刑法第二百六十四条的规定，以盗窃罪定罪处罚。

——《最高人民法院关于审理扰乱电信市场管理秩序案件具体应用法律若干问题的解释》（2000年5月24日，法释〔2000〕12号）。

【最高人民法院参考案例】

陈某盗窃案(《刑事审判参考》案例第 795 号)

要旨:窃取公司提供充值服务的密保卡数据,并进行非法充值,使公司 QQ 密保卡对应的等值服务资费遭受损失的,构成盗窃罪,盗窃数额应当按照 QQ 密保卡对应的等值服务资费实际受到的损失认定。

(一)窃取公司提供充值服务的密保卡数据并进行非法充值的,符合盗窃罪的构成特征

1. 从客体分析,充值后的 QQ 密保卡承载腾讯公司提供的等值服务资费,具有财产属性,属于公私财物

首先,QQ 密保卡是持卡人支付对价后取得有偿网络服务的指令媒介。本案中,某公司为腾讯公司制作的 QQ 密保卡本身不具有财产性,但该密保卡是为 QQ 用户提供充值服务的一种服务卡,QQ 用户通过向腾讯公司支付一定的人民币购买 QQ 密保卡后就能对其 QQ 账户进行充值,进而获得腾讯公司提供的等值服务,这种有偿服务使密保卡具备了财产性。被告人陈某用其复制的 QQ 密保卡对 QQ 账户进行非法充值,使其本人和朋友可以获得腾讯公司提供的 5030 元的等值服务,导致腾讯公司对应的等值服务资费 5030 元遭受损失。

其次,QQ 密保卡对应的等值服务资费应当纳入刑法保护的范围。刑法规定的财物,通常是指传统观念中以实物形态存在的、有形的、具有经济价值的物质。然而,随着经济社会的发展,财物的存在形态发生了巨大的变化,部分财物开始以非实物形态存在。如随着通信技术的发展,网民可以随时利用网络服务卡消费相当于货币使用的有价财产权益,网络服务卡基于其便利、安全的充值功能,已受到网民的广泛使用。虚拟财产作为盗窃的犯罪对象已日渐得到司法部门的认同,如相关司法解释已经将电力、煤气等无形财产以及代表一定财产权益的电信卡等作为盗窃的对象。最高人民法院 2000 年 5 月 12 日出台的《关于审理扰乱电信市场管理秩序案件具体应用法律若干问题的解释》(以下简称《电信解释》)第七条规定:“将电信卡非法充值后使用,造成电信资费损失数额较大的,依照刑法第二百六十四条规定,以盗窃罪定罪处罚。”第八条规定:“盗用他人公共信息网络上网账号、密码上网,造成他人电信资费损失数额较大的,依照刑法第二百六十四条的规定,以盗窃罪定罪处罚。”本案 QQ 密保卡上的数据与《电信解释》规定的公共信息网络上网的账号、密码在本质上相似,具备承载和保护一定数额的无形财产的功能,具有普通财物所具有的使用价值和交换价值。因此,陈某盗窃 QQ 密保卡上的数据并进行非法充值,致使腾讯公司对应的等值服务资费遭受损失的行为,也可以按盗窃罪定罪处罚。

2. 从主观方面分析，陈某具有非法占有的目的

陈某利用复制的QQ密保卡数据为本人及他人的QQ账户进行充值，其目的是无偿获得腾讯公司提供的5030元等值服务，其主观上具有非法占有目的。

3. 从客观方面分析，陈某的行为符合秘密窃取特征

陈某将密保卡数据秘密复制到TransFlash卡，并通过密保卡对其本人及其朋友的QQ进行充值，是在其本人所在公司和腾讯公司都不知情的情况下实施的，因此陈某的行为符合秘密窃取的本质特征。

4. 陈某的行为不构成职务侵占罪

行为人在侵占财物时利用职务上的便利是认定职务侵占罪的构成要件。本案中，陈某仅是某公司的一名普通员工，并非所窃财物的主管或经手人员，其只是利用容易接近作案目标、熟悉工作环境等有利条件，即只是利用工作条件的便利，复制了密保卡数据，与职务侵占所要求的行为方式明显不同，不构成职务侵占罪。

综上，陈某秘密复制QQ密保卡上的数据并进行非法充值，致使腾讯公司5030元等值服务资费遭受损失，其行为与秘密窃取腾讯公司财产实质上无异，符合盗窃罪的构成要件，应当按照盗窃罪定罪处罚。

（二）被告人复制QQ密保卡数据并进行非法复制的行为是否构成盗窃既遂，如何认定被告人的盗窃数额

1. 根据"失控加控制说"的通说标准，陈某的行为应当认定为盗窃罪既遂

一方面，盗窃既遂与未遂的区分在刑法理论界一直存在争议。盗窃既遂的认定标准主要有"接触说""转移说""藏匿说""损失说""失控说""控制说""失控加控制说"等多种观点，目前"失控加控制说"是我国刑法理论界的通说。"失控加控制说"主张以被盗财物是否脱离所有人或者保管人的控制并且实际置于行为人控制之下为标准，如果被盗财物已脱离所有人或者保管人控制并且已实际置于行为人控制之下，应当认定为盗窃罪既遂；反之，就应认定为盗窃罪未遂。本案中，密保卡本身不是财产，但因获得腾讯公司的等值服务而具有财产属性。被害单位实际失去控制的是与密保卡对应的等值服务资费（5030元）。陈某秘密窃取密保卡的数额并非法充值后，该部分财产即脱离了公司的控制，即已实际处于陈某可自由支配的状态，故此时盗窃行为即告完成，在停止形态上应当认定为既遂。另一方面，一个犯罪行为既遂之后就不可能再存在预备、中止、未遂等犯罪形态，更不可能出现部分行为既遂、部分行为未遂的情况。既然陈某的犯罪行为已经既遂，行为人事后对赃物的处理以及被害人事后为防止损失扩大而采取的止损措施，都是犯罪实施后的行为，对盗窃行为人的犯罪停止形态不构成任何影响。因此，行为人是否将全部密保卡充值使用，只能作为量刑情节予以考虑，不会改变行为本身的性质与犯罪停止形态。

2. 按实际财产损失认定盗窃数额,体现了相关司法解释规定的精神

本案被告人陈某仅充值了少部分 QQ 密保卡,对其犯罪数额如何确定,暂无法律及司法解释作出明确规定。然而,通过对比分析,按照实际财产损失认定盗窃数额更有利于实现罪刑均衡。首先,如果以复制数据所涉密保卡的卡面金额认定盗窃数额,则充值金额与卡面金额差距越大,对行为人的处罚就显偏重,这与当前刑事审判量刑规范化的精神是背道而驰的。其次,根据《关于办理盗窃刑事案件适用法律若干问题的解释》第四条第(四)项,“明知是盗接他人通信线路、复制他人电信码号的电信设备、设施而使用的,按照合法用户为其支付的费用认定盗窃数额”。“合法用户为其支付的费用”,实质上即被害方因行为人的窃取行为而实际失去控制的财产损失。本案中,陈某通过秘密手段窃取 QQ 密保卡上的数据进行充值,其行为实质上是使腾讯公司本应获得的等值服务资费(5030 元)遭受损害。再次,《关于办理盗窃刑事案件适用法律若干问题的解释》第五条规定,“盗窃不记名、不挂失的有价支付凭证、有价证券、有价票证的,应当按票面数额和盗窃时应得的孳息、奖金或者奖品等可得收益一并计算盗窃数额”。被盗不记名信用卡一旦到手,行为人即达到非法控制的目的,这与窃取密保卡数据进行非法充值的性质比较相似,因此,可以比照此规定认定陈某的盗窃数额。最后,根据《电信解释》第七条的规定,将电信卡非法充值后使用,造成电信资费损失数额较大的,按照电信资费损失数额以盗窃罪定罪处罚。电信资费与本案密保卡对应的等值服务资费都属于非实体财产,因此参照非法充值电信资费的相关规定,以实际财产损失认定本案盗窃数额比较符合实践做法,有利于量刑平衡。综上,D 市第三人民法院认定被告人陈某构成盗窃罪,并以腾讯公司实际所受财产损失认定盗窃数额是正确的。

——《刑事审判参考》(总第 87 辑)。

程稚瀚盗窃案(《刑事审判参考》案例第 602 号)

要旨:充值卡的明文密码及与之相对应的密码共同代表着一定金额的电信服务,该密码本身具有一定的财产价值,属于财物范畴,能够作为盗窃罪的对象。非法侵入移动公司充值中心修改充值卡数据,并将充值卡明文密码出售的行为属于将电信卡非法充值后使用,构成盗窃罪。

(一)充值卡明文密码可以成为盗窃罪的犯罪对象。

最高人民法院在《关于办理盗窃刑事案件适用法律若干问题的解释》第四条中,将电力、煤气、天然气、电信码号等无形财产划入盗窃对象“公私财物”的范围之内,第八条将有价支付凭证、有价证券、有价票证也归入盗窃犯罪对象之中。刑法第二百六十五条更是将代表一定财产权益的电信码号等作为了盗窃对象,最高人民法院在《关于审理扰乱电信市场管理秩序案件具体应用法律若干问题的解

释》第八条也明确规定，盗用他人公共信息网络上网账号、密码上网，造成他人电信资费损失数额较大的构成盗窃罪。由上可见，代表或可代表一定数额的财产权益、有别于传统财物形式的诸如账号、密码、虚拟货币等也可成为盗窃罪的犯罪对象。本案中所涉及的充值卡明文密码代表了一定金额的经济价值，可被人控制、使用并发挥其经济价值功效，属于一种可以即时兑现权益的财产权证，可以成为盗窃罪的犯罪对象。

（二）非法侵入移动公司充值中心修改充值卡数据，并将充值卡明文密码出售的行为属于将电信卡非法充值后使用，构成盗窃罪。

本案中，程稚瀚闯入移动公司充值中心，利用已充值、失去经济效用的充值卡序列号，将充值与否的数据改为未充值状态，随机设定一个密文密码后，再利用其所掌握的计算机算法，生成一个与之对应的明文密码，该行为的实质并非是窃取现成的未充值明文密码，而是对已作废的充值卡进行非法再充值，即属于无中生有，并由此具备了用户充值使用的功能。程稚瀚将充值卡非法充值后，有两种处理途径，一种是自己充值并予以使用，另一种是将明文密码出售给他人由他人进行充值并予以使用，不论采取哪种途径，对于程稚瀚而言均实现了充值卡的经济价值，而对于移动公司而言均会造成电信资费的损失。因此，不论程稚瀚采取何种处理方式均是属于《关于审理扰乱电信市场管理秩序案件具体应用法律若干问题的解释》第七条所规定的将电信卡非法充值后使用的一种方式，给移动公司造成了资费损失，应当构成盗窃罪。

——《刑事审判参考》（总第72辑）。

881 非法侵入景点检售票系统修改门票数据获取门票收益的行为如何定性

关键词｜盗窃罪｜破坏计算机信息系统罪｜

【最高人民法院参考案例】

赵宏铃等盗窃案（《刑事审判参考》案例第1202号）

要旨：行为人的行为同时触犯了破坏计算机信息系统罪和盗窃罪，根据刑法第二百八十七条之规定应当以盗窃罪定罪处罚。

被告人赵宏铃在窃取门票收益的过程中，非法侵入景点检售票系统并修改门票数据，同时触犯了破坏计算机信息系统罪和盗窃罪。其中，非法侵入景点检售票系统修改门票数据仅仅是手段行为，其目的在于随后进行的窃取门票收益，二者之间形成了典型的手段与目的的牵连关系。我国刑法尽管没有规定牵连犯的相关处理原则,但刑法理论与实务界均普遍接受“从一重定罪”原则。赵宏铃等人获得的门票收益达到四万二千元,从其所触犯的两项罪名的量刑来看,若认定为盗窃罪,属于数额巨大情形,依法应当判处三年以上十年以下有期徒刑,并处罚金;若认定为破坏计算机信息系统罪,则应当判处五年以上十五年以下有期徒刑。显然,以破坏计算机信息系统罪来认定的量刑要重于盗窃罪,根据牵连犯“从一重定罪”的原则,本来应当认定为破坏计算机信息系统罪。

然而,针对具有牵连关系的两个行为,适用“从一重定罪”原则的前提是刑法没有例外规定。如果刑法存在例外规定,明确要求以其中某项罪名来认定或者要求并罚的,那么就只能按照刑法的规定来定罪。以《最高人民法院关于审理挪用公款案件具体应用法律若干问题的解释》为例,其第七条规定:国家工作人员挪用公款进行非法活动构成其他犯罪的,或者因挪用公款而索取、收受贿赂构成犯罪的,实行并罚。根据上述规定,行为人为了进行非法活动或者为了索取、收受他人贿赂而挪用公款,尽管二者之间存在手段与目的牵连关系,但是司法解释明确要求实行并罚,故不再适用“从一重定罪”原则。同样,我国刑法就利用计算机实施犯罪也作出了例外规定。刑法第二百八十七条规定:“利用计算机实施金融诈骗、盗窃、贪污、挪用公款、窃取国家秘密或者其他犯罪的,依照本法有关规定定罪处罚。”刑法之所以安排专门的条款作上述规定,是因为在司法实践中,行为人单纯出于报复、泄愤动机而破坏计算机信息系统的情况较为少见,更多的是通过实施破坏计算机信息系统行为来实现其他目的,由此很容易出现一个行为同时侵犯数个法益触犯不同罪名的情形。在此情况下,就面临着破坏计算机信息系统罪与其他犯罪是否数罪并罚,如果不并罚又应当选择何种罪名来认定的问题。

根据刑法第二百八十七条之规定,凡是利用计算机来实施金融诈骗、盗窃、贪污、挪用公款、窃取国家秘密或者其他犯罪的,不论手段行为是否构成相关计算机犯罪,均应以金融诈骗罪、盗窃罪、贪污罪、挪用公款罪等目的犯罪定罪处罚。具体到本案,被告人赵宏铃通过非法侵入景点检售票系统修改门票数据的方式,获取了价值四万二千元的门票收益,同时构成破坏计算机信息系统罪和盗窃罪。因刑法第二百八十七条对此类行为规定了明确的处理意见,故审理法院依法以盗窃罪定罪处罚是正确的。需要指出的是,本案虽未对破坏计算机信息系统行为定罪处罚,但应当作为盗窃罪的情节在量刑时予以适当考虑。

——《刑事审判参考》(总第110辑)。

882 盗窃定期存单并冒名取款的行为构成盗窃罪

关键词|盗窃罪|定期存单|冒名取款|诈骗罪|

【最高人民法院参考案例】

张泽容、屈自强盗窃案(《刑事审判参考》案例第412号)

要旨:盗窃定期存单从银行冒名取款的行为应定性为盗窃罪而非诈骗罪。

我们认为,对于盗窃与诈骗手法相交织的非法取财行为如何定性,应当主要看行为人非法取得财物时起决定作用的手段。如果起决定作用的手段是秘密窃取,就应当定盗窃罪;如果起决定作用的手段系利用骗术,就应当认定为诈骗罪。定期存单作为一种记名有价支付凭证,在存款未取出之前,其票面数额只具有财产权利上的象征意义,仅仅盗窃定期存单并不能实现对其财产所有人的财产权益的侵犯。只有将存单票面金额内的资金兑现或者转账才能真正占有他人财产,从而实现非法占有他人财产的犯罪目的。行为人把他人的定期存单偷出仅仅是完成了盗窃行为的一部分,并没有实现其非法占有他人财产的目的,而行为人后来伪造身份证,指使他人到银行取款,最终取出存单上的现金的行为虽然使用了骗术,但该存单是行为人采取秘密手段盗窃的,骗术是在盗窃行为后实施的,考察行为人非法取得财物的主要手段或者说被害人丧失对财物的控制的根本原因在于被害人存单的被盗,也就是说,盗窃在被告人非法占有财物过程中起了决定作用。同时,从财产被害人来看,该财产的真正受害者是失主而不是银行,被害人财产受侵犯不是因为受到诈骗所致,而是因为存单被秘密盗窃所致,因此其行为的基本特征是盗窃而不是诈骗,应当认定为盗窃罪。

关于构成盗窃罪和诈骗罪的牵连犯的意见。因为牵连犯是指出于一个犯罪目的,实施数个犯罪行为,数行为之间存在手段与目的或者原因与结果的牵连关系,分别触犯数个罪名的情形。而显然行为人实施的前后两个行为,即盗窃行为与伪造身份证到银行取款的行为是一个整体,后行为是前行为的延续,两行为并非具有手段与目的或者原因与结果的牵连关系,所实施的后行为所造成的结果都可归因于盗窃行为,故本案不成立牵连犯。

——《刑事审判参考》(总第52辑)。

883 将银行卡租给他人使用后,通过挂失、补卡等手段将银行卡内租用人的存款占为己有,以盗窃罪定罪处罚

关键词 | 盗窃罪 | 侵占罪 | 出租银行卡 |

【最高人民法院公报案例】

上海市黄浦区人民检察院诉崔勇、仇国宾、张志国盗窃案(二审法院:上海市第二中级人民法院)

要旨:行为人将银行卡出租给他人使用,租用人更改银行卡密码后,因使用不慎,银行卡被ATM机吞掉。行为人出于非法占有的目的,利用租用人请求其帮助取卡之机,在租用人掌握密码并实际占有、控制银行卡内存款的情况下,通过挂失、补卡等手段将银行卡内租用人的存款取出并占为己有,其行为属于秘密窃取他人财物,应以盗窃罪定罪处罚。

一、被告人崔勇、仇国宾、张志国主观上具有非法占有他人财物的目的。

根据被告人崔勇、仇国宾、张志国的当庭供述、被害人牟驰敏的陈述以及证人罗长影、陈亚的证言,可以认定三被告人均明知仇国宾名下的涉案银行卡内的钱款不属仇国宾所有,而是牟驰敏存储的个人财产。当涉案银行卡被吞、牟驰敏要求仇国宾帮助领取银行卡时,三被告人不是协助取回涉案银行卡并交还牟驰敏,而是积极实施挂失、补卡、取款、转账等行为,将卡内钱款瓜分,明显具有非法占有他人财物的目的。

二、被告人崔勇、仇国宾、张志国的行为具有秘密窃取的性质。

盗窃罪中的“秘密窃取”是指行为人采用自认为不被财物所有者或保管者当场发觉的手段,违背财物所有者或保管者的意志,将财物转移为自己或第三者占有的行为。盗窃罪中的“秘密窃取”具有主观性、相对性、当场性的特征。主观性是指行为人主观上自认为盗窃行为不会被发觉,至于实际上是否被发觉,不影响“秘密窃取”的成立;相对性是指行为人自认为盗窃行为不会被财物的所有者或保管者发觉,至于是否会被第三者发觉,不影响“秘密窃取”的成立;当场性是指行为人自认为在实施盗窃行为当时不会被发觉,至于事后是否被发觉,不影响“秘密窃取”的成立。本案中,三被告人虽然是公然实施挂失、补卡、取款、转账等行为,但被害人并没有当场发觉,更无法阻止三被告人的行为。被害人虽然对三被告人可能侵犯其财产存在怀疑和猜测,并在案发后第一时间察觉了三被告人的犯罪行为,但这与被害人当场发觉犯罪行为具有本质区别。因此,三被告人的行为完全符合盗窃罪“秘密窃取”的特征。

三、被告人崔勇、仇国宾、张志国的行为符合盗窃罪“转移占有”的法律特征。

涉案银行卡被吞后,被害人牟驰敏虽然失去了对卡的实际控制,但基于掌握密码,并未丧失对卡内钱款的占有和控制。被告人崔勇、仇国宾、张志国如果仅仅协助被害人取回涉案银行卡,不可能控制卡内钱款。三被告人是通过积极地实施挂失、补办新卡、转账等行为,实现了对涉案银行卡内钱款的控制和占有。上述行为完全符合盗窃罪“转移占有”的法律特征。

综上所述，被告人崔勇、仇国宾、张志国以非法占有为目的，共同秘密窃取他人财物，数额特别巨大，其行为均已构成刑法第二百六十四条规定的盗窃罪，应予刑事处罚。

——《最高人民法院公报》2011 年第 9 期。

884 盗卖股票的行为构成盗窃罪

关键词｜盗窃罪｜盗卖股票｜

【最高人民法院参考案例】

钱炳良盗窃案（《刑事审判参考》案例第 325 号）

要旨：窃取他人证券股票账户账号及密码后，非法侵入他人股票账户与本人股票账户非法交易从中获利的行为构成盗窃罪。应将获利数额认定为盗窃数额。

（一）关于盗卖股票行为的定性

我们认为，被告人的行为，构成盗窃罪。理由是：

第一，非法控制他人股票账户，与自己的股票账户进行相对委托证券买卖，影响证券交易价格和交易量的行为，不构成操纵证券交易价格罪。

第二，窃取他人股票账户的账号和密码后，在被害人不知情的情况下进行股票相对买卖的行为，不符合诈骗罪的构成特征，不能以诈骗罪定罪处罚。

第三，非法侵入他人股票账户，利用窃取的账号、密码与自己的股票账户进行交易非法牟利的，应当以盗窃罪定罪处罚。

（二）盗买盗卖股票案件中盗窃数额的认定

盗窃数额是我国刑法规定对盗窃罪定罪量刑的一个重要情节。在传统的盗窃形态中，盗窃数额的认定一般不存在问题，但盗买盗卖股票案件不同于传统的盗窃行为，行为人是通过买、卖的形式窃取被害人账户上的股票和资金，由于股票价格的波动性，股票的价值在行为人作案时、案发时可能发生变化。同时，根据证券法第三十三条规定：“证券在证券交易所挂牌交易，应当采用公开的集中竞价交易方式。证券交易的集中竞价应当实行价格优先、时间优先的原则。”行为人在被害人的股票账户上进行低卖高买股票的同时，不能排除同一交易时间内具有“价格优先、时间优先”的其他人与被害人的股票账户进行股票交易，被害人遭受的损失数额一般要大于行为人实际非法占有的数额。

我们认为，获利数额认定为盗窃数额是合理的。理由是：

第一，盗窃数额，一般是指被告人盗窃财物的实际价值。对于盗窃股票的案件,应当依照《解释》[1]第五条第(二)项第一目的规定,按照股票"被盗当日证券交易所公布的该种股票成交的平均价格计算",盗窃数额应为所盗窃的股票价值总额。但对于盗买盗卖股票案件而言,被告人并非是为了直接非法占有股票所体现的财产价值,而是通过盗买盗卖股票行为获得超额价差。由于股票交易的特点,被告人为实现非法占有目的必须支付一定的价款才能取得被害人的股票、转移股票所有权才能将被害人股票账户中的资金转入自己的股票账户。换言之,被告人在被害人的股票账户中进行盗卖股票操作时,被害人并没有损失被盗卖股票体现的全部价值;被告人在被害人股票账户中进行盗买股票操作时,被害人还对行为人所盗买股票体现的实际价值有所有权,并没有损失被转出的全部资金。因此,盗买盗卖股票案件的盗窃数额不是被告人所盗买盗卖股票的全部价值。

第二,将被害人的损失数额认定为盗买盗卖股票案件的盗窃数额,考虑到了被告人盗买盗卖股票行为与被害人损失之间的因果关系,与典型盗窃案件中对被害人损失的评价相同,是司法实践中需要坚持的一般原则。但这种计算方法对盗买盗卖股票案件没有可操作性。根据证券法第二十九条的规定,股票交易必须在经证券委批准可以进行股票交易的证券场所进行。由于被告人是通过证券交易场所在被害人股票账户上进行盗买盗卖股票操作,证券交易场所的股票挂牌价就是被告人的盗买盗卖价。在被告人实施盗买盗卖行为时,盗买(卖)价与正常价之间没有差额。而被盗买盗卖当日证券交易所公布的该种股票成交的平均价格,也是被告人故意抬高或者降低的结果,不能准确反映被害人所遭受的损失。同时,从证据的角度看,被告人盗买盗卖股票前的一瞬间,该股票在证券交易所的挂牌价格几乎是无法获取的。本案认定的损失数额是被害人将被盗买(卖)股票进行协议平仓后所降低的财产价值,但由于股票交易的特点,被害人平仓时股票的价格具有很大的不确定性,这种损失不能完全归责于被告人的盗买盗卖行为。如果将被害人股票账户资产因股票价格涨跌的增减值认定为盗窃数额,可能导致轻纵被告人的情形,如当被告人在被害人的股票账户上进行盗买操作后股票价格上扬,被害人的损失可能出现负数。因此,由于股票价格的即时性和波动性,被害人的损失很难计算,在诉讼上也难以证明,将被害人的损失认定为盗窃数额,既没有可操作性,也存在着很大的不确定性。

第三,相比较而言,以被告人的获利数额作为盗买盗卖股票案件的盗窃数额,较为合理。这种认定方法虽然没有将其他股民按照"时间优先"的原则低价收购被告人盗卖股票给被害人造成的损失认定为盗窃数额,忽略了被告人盗窃行为与被害人损失之间的因果关系,但可以根据《解释》第五条第(十三)项的规定精神,

---

① 即《最高人民法院关于审理盗窃案件具体应用法律若干问题的解释》(法释〔1998〕4号)。

对于被告人盗买盗卖股票行为给被害人造成的损失，作为量刑情节予以考虑。

——《刑事审判参考》（总第41辑）。

孔庆涛盗窃案（《刑事审判参考》案例第103号）

要旨：窃取他人股票账户号码和密码后秘密使用他人账上资金高价买入朋友抛卖的股票从中获利的行为，构成盗窃罪；盗窃数额应按行为人及其朋友在股票交易中所获的差价数额认定，被害单位被盗用的资金数额及其损失数额可作为量刑情节予以考虑。

（二）本案中的盗窃数额应按被告人孔庆涛及其朋友在股票交易中所获的差价数额认定，被害单位被盗用的资金数额及其损失数额可作为量刑情节予以考虑

孔庆涛利用窃取的他人股票账户号码和交易密码，电话委托他人的开户证券公司高价买进二十万股“渝钛白”股票，包括其朋友抛卖的同种股票14500股，共盗用他人账上资金人民币1172617元（实际成交数额）；其与周劲、宋健共赚得股票交易差价人民币29717.71元，孔庆涛从中分得赃款人民币12400元，最终造成被害单位直接经济损失人民币四十五万元。孔庆涛盗用的他人账上资金数额，虽也在一定程度上反映了其行为的社会危害性，但其并非将他人账上资金全部窃为己有。也就是说被害单位并未丧失全部被盗用资金的所有权，被盗用的资金不是也不可能全部成为盗窃所占有的数额，因而，不能作为盗窃数额。孔庆涛与周劲、宋健在本案股票交易行为中共获得的差价数额，是孔庆涛实施本案所占有的实际数额，应当为本案的盗窃数额。至于被害单位的损失数额，虽准确反映了被害单位的受害程度，但只能作为犯罪情节在量刑时予以考虑。

——《刑事审判参考》（总第16辑）。

885 窃取并转让他人纺织品出口配额牟利的行为构成盗窃罪

关键词｜盗窃罪｜出口配额｜转让牟利｜

【最高人民法院参考案例】

詹伟东、詹伟京盗窃案（《刑事审判参考》案例第527号）

要旨：纺织品出口数量配额按照现行国家政策可转让，具有财产属性，可视为财物，对被告人私下窃取他人纺织品出口数量配额并转让牟利的行为，应以盗窃罪论处。

第一，纺织品出口数量配额具有“财物”属性，能够成为财产犯罪的对象。

本案被告人的行为对象为纺织品出口配额，其是一种由商务部授予具有一定

资质的贸易主体,可以在网上特定交易平台自由转让的电子数据,属于无形资产。根据国家对外贸易管理制度,涉案的纺织品出口数量配额是纺织品企业对外出口所必需的,在该行业中具有使用价值;出口配额的原始取得有业绩分配和有偿招标两种方式,配额还可以通过买卖转让继受取得,价格由买卖双方根据市场供求协商自定,也即纺织品出口配额可以在不特定的多数经济主体范围内采取货币衡量方式转让,因而具有经济价值;根据现行的管理制度,所有人取得的配额是以电磁记录的形式储存于商业部设定的网络数据库中,其所有权人对配额享有占有、使用、收益和处分的全部财产权利,并通过电子钥匙的设置来排除任意第三人对其行使所有权的干预,从配额的存在方式和流转特点看,经营者通过在特定数据库中使用电子钥匙并修改电磁记录的形式实际地对其合法取得的纺织品出口配额行使所有权能,具有排他性,能为人力管理、掌控。综上,纺织品出口数量配额作为一种可以由人力支配和管理的动产财产,与传统意义的财物并无本质区别,因此将纺织品出口配额纳入财产犯罪的调整范围,符合刑法对于财产犯罪对象的规定。

第二,合理扩张盗窃犯罪对象符合经济社会的发展趋势和现实财产保护的实际。

作为盗窃罪的犯罪对象——财物,其内涵和外延随着经济社会活动的发展也在发生变化,从有体物发展到无体物,从有形财产发展到无形财产。在经济交易活动形式和对象日益翻新的情况下,刑事法律的介入和调整应当根据刑法保护法益的本质,及时地跟上,才能发挥刑法作为保障法对于社会经济生活的调整作用。事实上,我国司法解释也在根据社会状况的发展变化不断地对盗窃对象进行着相应调整,在一定范围内逐步拓宽了盗窃犯罪对象的外延,从而有效地应对当前财产犯罪的实际情况,充分实现了刑法对于财产权利和财产秩序的保护。

——《刑事审判参考》(总第66辑)。

886 盗取、盗挖树木行为的定性

关键词｜盗窃罪｜窃为己有｜盗挖｜

【最高人民法院司法解释】

第九条　将国家、集体、他人所有并已经伐倒的树木窃为己有,以及偷砍他人房前屋后、自留地种植的零星树木,数额较大的,依照刑法第二百六十四条的规定,以盗窃罪定罪处罚。

——《最高人民法院关于审理破坏森林资源刑事案件具体应用法律若干问题的解释》(2000年12月11日,法释〔2000〕36号)。

【最高人民法院参考案例】

李波盗伐林木案(《刑事审判参考》案例第785号)

要旨:以出售为目的,盗挖价值数额较大的行道树的行为构成盗窃罪。

在本案审理过程中,对本案被告人李波以出售为目的盗挖城市道路两旁行道树的行为如何定性,存在较大分歧。一种观点同意公诉机关的指控罪名,主张应以盗伐林木罪定性;另一种观点认为城市道路两旁的行道树不属于盗伐林木罪的对象,李波的行为应定性为盗窃罪。我们赞同后一种定性意见,但在具体理由上又有所不同:

(一)城市道路两旁的行道树不是区分盗伐林木罪和盗窃罪的构成要件要素

盗伐林木罪,是指盗伐森林或者其他林木,数量较大的行为。本案中城市道路两旁栽植的成行的香樟树是行道树。有观点认为,盗伐林木罪中的林木仅包括森林法规定的防护林、用材林、经济林、薪炭林、特种用途林等林区中的大片林木,城市行道树是绿化树木,不属于盗伐林木罪状中的"森林树木",也不属于盗伐林木罪状中的"其他林木"。我们认为,城市道路两旁的行道树属于盗伐林木罪状中"其他林木"的范畴。2000年1月国务院制定施行的《森林法实施条例》第二条第三款明确规定,林木包括树木和竹子。可见,相关森林法律法规中"林木"的外延比较广泛。行道树是专门种植于道旁的树木。1987年9月5日,最高人民法院、最高人民检察院发布的《关于办理盗伐、滥伐林木案件应用法律的几个问题的解释》对林区和非林区规定了不同的入罪林木数量,对非林区林木规定了较林区林木低的入罪门槛,城乡道旁等非林区的行道树、他人自留山上的成片林木可以成为盗伐、滥伐的犯罪对象。虽然该解释已被废止,但其对盗伐、滥伐犯罪对象范围的规定依然值得借鉴、参考。城市行道树作为城市绿化有机组成部分同时受到相关法律法规的保护。森林法第三十二条第一款规定:"采伐林木必须申请采伐许可证,按许可证的规定进行采伐……"《城市绿化条例》第二十一条第二款规定:"砍伐城市树木,必须经城市人民政府城市绿化行政主管部门批准,并按照国家有关规定补植树木或者采取其他补救措施。"该条例第二十七条第(二)项进一步明确,违反本条例规定,擅自修剪或者砍伐城市树木,构成犯罪的,依法追究刑事责任。该项规定为对擅自修剪或者砍伐城市树木行为追究刑事责任提供了行政法上的指引。

由上述规范可知,行道树属于"其他林木"的范畴,可以成为盗伐林木犯罪的对象,因此,仅从行道树的角度,不能认定本案不构成盗伐林木罪。

(二)本案被告人的行为属于"盗挖",而非"盗伐",不构成盗伐林木罪

实践中,针对树木的窃取行为一般有三种情形:一是将栽于土地上的活体树木砍下后占为己有;二是将他人已经伐倒的树木,或将已经采挖离地的活体树木直接

窃为己有;三是将栽于土地上的活体树木挖出后占为己有,保持树木的活体性。第一种情形是典型的"盗伐",除了盗伐自留地的零星树木,都属于盗伐林木罪调整的范围。第二种情形《最高人民法院关于审理破坏森林资源刑事案件具体应用法律若干问题的解释》第九条已作明确规定,以盗窃罪定罪处罚。第三种情形与前两者不同,系"盗挖"。被告人李波为了达到转手香樟树获利的目的,让人盗挖后出售,属于第三种情形——"盗挖"。"盗伐"与"盗挖"存在明显的区别:一是行为方式不同。"伐"是用刀、斧、锯等把东西断开。伐木,就是用锯、斧等工具把树木弄断。实施"伐"的行为后,树木主干与其赖以生存的根部分离,根部留存于土中。而"挖"则是用工具或手从物体的表面向里用力,取出其一部分或其中包藏的东西的意思。挖木,就是用锄、铲、锹等工具把树木及其树根的主要部分从泥土中取出,将树整体与泥土分离。二是行为后果不同。"伐"后树木必然死亡,而"挖"的目的是移走栽种的树木。因此,国家林业局 2003 年下发的《关于规范树木采挖管理有关问题的通知》(以下简称《通知》)特别强调林业主管部门在核发许可证的同时"应当对批准的采挖作业进行监督管理,并主动提供有关技术服务,以提高采挖树木的成活率"。三是行为本质不同。"伐"的行为直接导致活立木的死亡,行为实施当场就对森林资源和生态环境造成破坏。而"挖"的行为虽然也可能由于采挖水平、后期环境、养护技术等因素最终导致树木死亡,造成与"伐"的行为类似的后果,但这种结果是非典型的,而且随着科技的迅猛发展,机械制造、林木养护水平日益提升,这种结果越来越少,所以"伐"与"挖"对林木资源和生态环境造成的影响存在本质的区别。《通知》第八条规定:"未经批准擅自采挖、运输、收购采挖树木,或者因采挖树木造成林地、植被破坏的,要依照法律法规关于林木采伐、林地管理、木材运输和收购的规定进行处罚。"有观点认为,既然该规定已经将采挖树木与采伐树木纳入相同的行政管理序列,那么盗伐林木的罪状就应当涵盖盗挖行为。我们认为,这种观点不妥。该规定是为了严格规范现实生活中日益增多的,但森林法等法律法规又未涉及的采挖林木行为,但对乱采乱挖行为的行政处罚则必须由法律、行政法规予以规定,不能由国家林业局通过下发通知的形式予以确定。在刑事法律领域,语义的相对确定性是法律可预测性的客观要求。盗伐林木罪所确定的核心行为"伐",即便是基于社会发展需要对"伐"作适度扩张性解释,也无法将"挖"的行为囊括进来。况且,正是由于采挖行为与采伐行为是本质上不同的两类行为,行政管理机关才有必要专门制定规定进行政策调整。

(三)盗挖行为侵犯的客体主要是财产权利和环境资源

森林和其他林木等活立木能调节气候、净化空气、防风降噪,为人类提供优美的生存环境。盗伐林木罪被列在刑法妨害社会管理秩序章中的"破坏环境资源保护"一节,是鉴于活体树木对人类的特殊贡献,国家给予特别保护。盗伐行为造成的破坏不可逆转、无法恢复，所以其最终必然破坏生态环境。而本案被告人的盗挖行为虽然未经绿化行政主管部门审批，在一定程度上违反了有关城市绿化管理制度，但毕竟未终结树木生命，尚未对生态环境造成无法挽救的后果，因此其行为危害最主要体现在侵害了树木所有人的财产所有权。随着社会经济发展和人民生活水平的不断提高，人们对生态环境日益重视，花木价格在绿化热潮中逐年攀升。活体树的价值不能再简单地以立木材积数量来衡量，树木的珍贵程度和效用、绿化工程的特殊要求、树木的生熟等因素更多地被纳入考虑范围。而一些不法分子正是看中了活体树木本身的经济价值，而不是作为木材所体现的价值，实施违法犯罪活动。本案被告人已经盗挖的十棵香樟树虽然林木蓄积量仅有 5. 1475 立方米，但价值达 35496 元，正在实施盗挖的十七棵香樟树蓄积量只有 6. 901 立方米，价值却达 53250 元。可见，本案被告人主观上追求的和行为最终实现的都是活体树木的经济价值，而非立木材积的经济价值，其行为危害主要体现在对树木所有权人的财产所有权的侵害。

综上，法院对本案被告人李波以出售为目的，盗挖行道树的行为，以盗窃罪定罪处罚是正确的。

——《刑事审判参考》（总第 86 辑）。

887 意外盗得爆炸物并藏匿的行为构成盗窃罪

关键词 | 盗窃罪 | 犯罪故意 | 爆炸物 | 藏匿行为 |

【最高人民法院审判业务意见】

我们认为，根据刑法规定和最高人民法院有关司法解释，被告人的行为构成盗窃罪，主要理由是：

1. 被告人盗窃时主观上没有盗窃爆炸物的故意，根据主客观相统一的定罪原则，其行为不能认定为盗窃爆炸物罪。

如盗窃财物而意外盗得枪支的，由于盗窃罪与盗窃枪支罪是两个不同的犯罪构成，不能认为行为人具有盗窃枪支的故意从而构成盗窃枪支罪。由于枪支也具有财产价值，可以评价为财物，在盗窃罪的范围内可以主客观相统一，应认定被告人的行为构成盗窃罪。同理，本案中意外盗得爆炸物的亦属此种情况，应以盗窃罪定罪。

2. 被告人的行为不构成非法储存爆炸物罪。根据《最高人民法院关于审理非法制造、买卖、运输枪支、弹药、爆炸物等刑事案件具体应用法律若干问题的解释》第八条的规定，非法储存爆炸物罪中“非法储存”是指“明知是他人非法制造、买卖、运输、邮寄的枪支、弹药、爆炸物而为其存放的行为”,即为他人储存爆炸物构成犯罪,而为自己储存的则不构成此罪。为自己储存的爆炸物,一般是制造、买卖、盗窃等犯罪的必然结果,属于犯罪后续行为,为此前的犯罪实行行为所吸收。根据吸收犯处罚原则,依一重罪处罚,其结果行为不再另行处罚。所以,被告人盗窃后为自己储存的行为不构成非法储存爆炸物罪。

3. 被告人的行为没有牵连触犯其他犯罪。如果盗窃后的结果行为触犯另一独立罪名,如非法携带危险物品危及公共安全罪,则可能会依照牵连犯“从一重处断”原则进行处罚。而本案被告人发现盗窃的是爆炸物后,就将其藏匿,没有非法携带爆炸物进入公共场所或者公共交通工具,危及公共安全,所以其行为也不构成非法携带危险物品危及公共安全罪。至于非法持有,由于刑法仅规定了非法持有枪支、弹药罪,并不包括爆炸物,所以其行为也不构成非法持有枪支、弹药罪。

——《意外盗得爆炸物并藏匿的该定何罪》,载最高人民法院刑事审判第一、二、三、四、五庭主办:《刑事审判参考》(总第 52 辑),法律出版社 2007 年版,第 87—89 页。

888 盗窃违禁品的行为构成盗窃罪

关键词｜盗窃罪｜盗窃毒品｜

【最高人民法院司法解释】

第一条第四款　盗窃毒品等违禁品,应当按照盗窃罪处理的,根据情节轻重量刑。

——《最高人民法院、最高人民检察院关于办理盗窃刑事案件适用法律若干问题的解释》(2013 年 4 月 4 日,法释〔2013〕8 号)。

【最高人民法院司法文件】

盗窃、抢夺、抢劫毒品的,应当分别以盗窃罪、抢夺罪或者抢劫罪定罪,但不计犯罪数额,根据情节轻重予以定罪量刑。盗窃、抢夺、抢劫毒品后又实施其他毒品犯罪的,对盗窃罪、抢夺罪、抢劫罪和所犯的具体毒品犯罪分别定罪,依法数罪并罚。走私毒品,又走私其他物品构成犯罪的,以走私毒品罪和其所犯的其他走私罪分别定罪,依法数罪并罚。

——《全国部分法院审理毒品犯罪案件工作座谈会纪要》(2008 年 12 月 1 日,法〔2008〕324 号)。

889 私自秘密取走现金后，采用留言的方式表明身份，并称会连本带利归还该现金的行为，构成盗窃罪

关键词｜盗窃罪｜单位财物｜事后归还｜

【最高人民法院参考案例】

范军盗窃案(《刑事审判参考》案例第 508 号)

要旨:被告人范军盗走单位巨额钱财,事后表明真实身份的行为不属于民间借贷,而构成盗窃罪。

(一)被告人范军盗走单位巨额钱财,事后表明真实身份的行为不属于民间借贷,而是犯罪行为

范军私自秘密取走现金后,采用留言的方式表明身份,并称会连本带利归还该现金的行为不符合民间借贷行为的实质特征,已经构成犯罪,其具体理由如下:

1. 民间借贷属于借款合同,根据最高人民法院 1999 年 2 月 13 日发布的《关于如何确认公民与企业之间借贷行为效力问题的批复》(以下简称《批复》)的规定,公民与企业之间的借贷属于民间借贷,必须双方当事人意思表示真实方可认定有效。

2. 评价一行为是否构成犯罪,需要考察该行为是否在客观上已使我国刑法所保护的法益遭受到实际的侵害。刑法关于侵犯财产类犯罪的规定,主旨是保护公私财物的合法所有权及其他合法占有状态。

(二)被告人范军的行为符合盗窃罪的构成要件,应以盗窃罪定罪处罚

首先,范军具有非法占有目的。范军秘密取得现金后将赃款带离该公司时,即已完全排除了权利人对该笔资金的支配,实现了非法占有目的;其取得赃款后,将 15.9 万元还给被害人的做法,只是其对赃款的一种处分方式,并不影响对其行为时非法占有目的的认定。

其次,范军采取了秘密窃取的作案手段。范军采取的私自偷配钥匙一把,并趁公司午休无人注意之机,进入财务室,打开壁橱,取走现金后又将壁橱锁好的系列行为,均是在该资金的所有人永丰源公司及其老板刘石丰和保管人曾再求未察觉的情况下所为,因此,范军的行为符合盗窃罪中“秘密”窃取的行为特征。其事后留下字条表明作案人身份并声称会连本带利归还给被害人的行为,只能使被害人“事后”知情,而不影响其作案时“秘密”窃取事实的成立。

最后,范军的行为已经构成盗窃罪既遂,且数额特别巨大。范军作案后携款潜逃,已经使公司丧失了对款项的控制,其行为构成盗窃既遂。范军在作案后十几天将绝大部分赃款归还的行为,使公司在最终意义上没有受到很大损失,只是属于事后的悔罪表现,不影响盗窃既遂事实的认定。

——《刑事审判参考》(总第 64 辑)。

890 偷拿自己家的财物或者近亲属的财物行为的认定

关键词｜偷拿自己家的财物｜偷拿近亲属的财物｜

【最高人民法院司法解释】

第八条　偷拿家庭成员或者近亲属的财物,获得谅解的,一般可以不认为是犯罪;追究刑事责任的,应当酌情从宽。

——《最高人民法院、最高人民检察院关于办理盗窃刑事案件适用法律若干问题的解释》(2013 年 4 月 4 日,法释〔2013〕8 号)。

第九条第三款　已满十六周岁不满十八周岁的人盗窃自己家庭或者近亲属财物,或者盗窃其他亲属财物但其他亲属要求不予追究的,可不按犯罪处理。

——《最高人民法院关于审理未成年人刑事案件具体应用法律若干问题的解释》(2006 年 1 月 23 日,法释〔2006〕1 号)。

【最高人民法院参考案例】

文某被控盗窃案(《刑事审判参考》案例第 87 号)

要旨:发生在家庭成员和近亲属之间的偷窃案件,获得谅解的,一般不认为是犯罪;确有追究刑事责任必要的,也应当酌情从宽。

偷拿自己家的财物或者近亲属的财物,与在社会上作案的盗窃犯罪不同,具有特殊性。一方面,家庭的财产关系比较复杂,家庭成员对于共有财产拥有平等的占有、使用、收益和处分的权利,相互之间还具有抚养、赡养、监护、继承等人身和财产方面的权利义务关系。由于长期共同生活和财产在生产、交换、分配、消费过程中的频繁流转,家庭成员之间的财产权利往往很难划分清楚。发生在家庭成员之间的偷盗,一般难以区分偷盗的哪些属家庭共有财产,哪些属其他家庭成员的个人财产,难以确定犯罪的具体对象。即使财产能够区分清楚,盗窃自己家里和近亲属的财物与在社会上作案的盗窃相比,行为人的主观恶性相对不深,社会危害的范围和程度也相对较小,一般不影响社会公众的利益和安全感;另一方面,家庭成员和近亲属之间发生偷盗行为的原因和情况也比较复杂,而且受害人报案后,一旦知道系由自己的近亲属所为,出于亲情或者其他种种原因,一般都不愿继续诉诸司法程序,追究作案亲属的刑事责任。在这种情况下,如果司法机关主动进行刑事追诉,将给受害人及其家庭带来不必要的消极影响,社会效果也并不好。因此,《最高人民法院关于审理盗窃案件具体应用法律若干问题的解释》第一条第(四)项明确规定:“偷拿自己家的财物或者近亲属的财物,一般可不按犯罪处理。”

当然,在司法实践中也并不排除对发生在亲属之间的某些严重的盗窃行为进行刑事追究的可能性,比如,多次盗窃亲属财物屡教不改,或者盗窃亲属财物数额巨大,或者盗窃亲属财物进行违法犯罪活动,被盗的亲属强烈要求司法机关追究其刑事责任的案件等。即使在这种情况下,司法机关处理相关具体案件,也应当充分注意行为人盗窃的毕竟是自己近亲属的财物这一特殊性,以及其亲属气愤、反感情绪也会变化的因素,根据案件事实、法律规定和刑事政策,综合考虑行为人盗窃的次数、盗窃财物的价值、给被盗亲属造成的损失、行为人和被盗亲属关系的远近及案发后的反应等情况,慎重确定是否有追究被告人刑事责任的必要。

之所以对此类案件与在社会上盗窃的案件实行区别对待,作出不同的处理,从实质上讲是因为盗窃自己家庭和近亲属的财物行为社会危害范围和程度是有限的,也就是刑法第十三条规定的“情节显著轻微危害不大”,故一般情况下司法机关不作为犯罪追究。司法机关认为确有追究必要的,也主要是从更有效地教育惩戒行为人方面考虑的。从实际上来看,偷拿自己家里和近亲属财物的行为人一般主观恶性都不深,案发后也容易取得受害人的谅解,在大多数情况下,对其不予判刑往往比判刑的社会效果要好,判处轻刑比判处重刑的社会效果要好,判处缓刑或管制刑比判处监禁刑的社会效果要好,这样可以使其不脱离家庭和亲属,放在社会上改造,更有利于家庭和亲属关系的缓和,更有利于对其进行教育挽救,从而更好地实现刑罚特殊预防和一般预防的双重目的。

——《刑事审判参考》(总第13辑)。

891 私自开走他人忘记锁闭的汽车的行为构成盗窃罪

关键词 | 盗窃罪 | 侵占罪 | 遗忘物 | 机动车辆 |

【最高人民法院公报案例】

西安市人民检察院诉韦国权盗窃案(二审法院:陕西省高级人民法院)

要旨:机动车为具有特殊属性的物,所有权人必须以所有权凭证来主张自己的所有权。机动车交易只有在办理过户登记手续后,才发生所有权的转移。同时,机动车车牌登记制度也进一步增强了所有人或占有人对车辆的控制力。因此,即使机动车所有人或者占有人在离开车辆时忘记关闭车窗、车灯,将车钥匙忘记在车上,也不能认定其完全丧失对车辆的控制,并由此推定该机动车属于遗忘物。在此情形下,行为人出于非法占有的目的,以秘密窃取的方式取得该机动车辆的,应当以盗窃罪定罪处罚。

对于涉案物品是否属于“遗忘物”，应当就案件的具体情形，参酌日常社会生活的准则加以判断。对于财物来说，一般以是否能够移动并且移动后是否损害其经济价值为标准，可分为动产和不动产。有一类动产较为特殊，例如机动车、船舶等，它们虽可移动，且移动后也不会影响其经济价值，但是这类财物的价值较大，所有人必须以所有权凭证来主张自己的所有权，相关交易必须经办理过户登记手续，所有权才发生转移。它们的物权变动遵照不动产物权变动的规则，具有区别于一般动产的特性。对于一般的动产而言，成为遗忘物的外部表现形式为物品附近没有人或者无人对该物品声明支配。但是对于机动车这类财产的占有支配，不以特别声明为必要，也不以持续不断的实际控制为先决条件，司机离开车辆，并不意味着完全失去对机动车的控制。另一方面，从社会日常生活观念来看，所有人或占有人对停放在路边的机动车的支配关系也并不因车窗未关、车门未锁、钥匙未拔而受影响，即使机动车辆的外在表现形式为暂时无人支配，也能从常理推断该车并非被人遗忘。故涉案机动车虽未关窗、关门，没拔钥匙，亦不能推定其是遗忘物。

本案上诉人韦国权实施了秘密窃取的盗窃行为。秘密窃取是指行为人主观上自认为采取了不会被财物的所有人、保管者或者经手者发觉的方法，将财物非法占有的行为。这种秘密手段是相对于财物的所有人、保管者或者经手者而言，并非旁人确实不知或者不能发现。本案中，涉案车辆车窗未关、车门未锁、钥匙未拔的不正常状况，不仅为韦国权实施盗窃行为创造了便利条件，也使得其采取的秘密手段的表现形式与一般盗窃犯罪中秘密手段（如撬门、砸窗等）的表现形式有所不同，但并不能据此认为韦国权的行为不是秘密的。韦国权是在发现车辆长时间无人管理后，潜入车中，并在确信不会被人发觉的情形下，将该车开走、藏匿，并挥霍、使用车内的财物。因此，韦国权在取得财物时，采取的是秘密窃取的非法手段。随后，韦国权在使用涉案车辆过程中，还更换了车牌号。机动车辆物权变动遵守不动产物权变动的规则，相关部门对机动车的管理也区别于一般动产，机动车牌号登记制度进一步增强了所有人或占有人对车辆的控制力。车辆丢失后，所有权人可以通过相关部门根据自己的车牌号找寻自己的车辆。因此，韦国权更换车牌的行为，实际是其秘密窃取行为的延续，借此导致机动车所有权人失去通过车牌寻找自己车辆的可能，从而实现其盗窃犯罪的目的。

上诉人韦国权在主观上有非法占有的目的。韦国权窃取车辆后，即发现了车主的身份证和联系电话，且其兄也多次敦促其归还，但韦国权一直置之不理，继续占有、使用该车，还更换车牌，对车辆进行多次维修，占有和使用该车长达九个月之久，直至被抓获。另外，韦国权还将车中存放的美元、生活物品加以挥霍、使用或藏匿。以上事实,足以认定韦国权主观上具有非法占有的目的。

根据本案的事实,上诉人韦国权的行为不是对遗忘物的占有,而是以非法占有为目的,秘密窃取他人财物,其行为构成盗窃罪,且盗窃数额特别巨大。案发后,韦国权积极赔偿被害人经济损失二万元,经查属实。鉴于韦国权能主动赔偿被害人经济损失,且被盗车辆已被追回,并未给失主造成太大经济损失,可依法酌情从轻处罚。

综上,上诉人韦国权关于“开走涉案车辆只是对他人遗忘物的非法侵占,没有非法占有的主观故意,不构成盗窃罪”的上诉意见缺少事实和法律依据,不能成立。一审判决认定事实清楚,量刑适当,审判程序合法,应予维持。

——《最高人民法院公报》2006 年第 4 期。

892 偷开机动车的定性

关键词｜盗窃罪｜偷开机动车｜

【最高人民法院司法解释】

第十条 偷开他人机动车的,按照下列规定处理:

(一)偷开机动车,导致车辆丢失的,以盗窃罪定罪处罚;

(二)为盗窃其他财物,偷开机动车作为犯罪工具使用后非法占有车辆,或者将车辆遗弃导致丢失的,被盗车辆的价值计入盗窃数额;

(三)为实施其他犯罪,偷开机动车作为犯罪工具使用后非法占有车辆,或者将车辆遗弃导致丢失的,以盗窃罪和其他犯罪数罪并罚;将车辆送回未造成丢失的,按照其所实施的其他犯罪从重处罚。

——《最高人民法院、最高人民检察院关于办理盗窃刑事案件适用法律若干问题的解释》(2013 年 4 月 4 日,法释〔2013〕8 号)。

893 误将非债务人的财物作为债务人的财物加以盗窃的行为如何定性

关键词｜盗窃罪｜认识错误｜

【最高人民法院参考案例】

关盛艺盗窃案(《刑事审判参考》案例第 1012 号)

要旨:误将非债务人的财物作为债务人的财物加以盗窃的,仍应以盗窃罪定罪处罚。

本案中，被告人关盛艺为实现自己的债权，使用事先准备的钥匙进入他人院内，将院内存放的价值二万五千元的根雕茶几当作债务人的财产运走，对其行为是否构成盗窃罪，存在不同意见。一种意见认为，关盛艺虽然客观上实施了秘密窃取他人财物的行为，但其不具备非法占有目的。理由是：关盛艺窃取财物，其主观目的是实现自己的债权，只是手段非法，对其仅应施以批评教育等非刑事处罚措施，而不应以盗窃罪追究其刑事责任。另一种意见认为，关盛艺以秘密窃取的非法手段，侵犯了他人财产权利，其行为构成盗窃罪。

我们同意第二种意见，非法占有不仅包括目的的非法性，同时也包含手段的非法性。行为人主观上以非法手段占有他人财物的故意，仍可视为具有非法占有目的，否则便是对该类违法行为的放纵。当然，在个别情况下，因目的具有正当性，以致手段的非法性所反映的行为的社会危害性大大降低，可以认定为犯罪情节显著轻微危害不大，不作为犯罪处理。如债权人为实现债权而实施盗窃，在盗窃行为实施完毕后，及时告知债务人盗窃事宜，并声明只要债务人还款即归还所窃之物。在这种情形下，由于实现债权目的的正当性及后续实现债权的跟进行为对之前不法手段具有补救功能，使占有的非法性得到一定程度的"漂白"，故对此种情形可以不作为犯罪处理。但本案中，关盛艺可以通过合法途径实现其债权，但其却采用秘密窃取手段获取财物，其具备非法占有的目的。同时，关盛艺所窃取的财物价值明显高于其债权数额，其后续亦未实施实现债权的跟进行为，如通告债务人、向人民法院起诉对所窃财物进行诉讼保全等，其占有的非法性明显，故法庭认定其因追债未果而产生非法占有目的适当。

值得探讨的是，行为人在犯罪过程中，有时会出现因为认错犯罪对象，造成预想加害的对象与实际加害的对象不一致的情况，进而对案件处理产生一定影响。本案中，债权人关盛艺将第三人谢某某的财物误认为债务人苏玮的财物而加以盗窃，属于犯罪对象认识错误。但无论是债务人的财物还是第三人的财物，体现的法益性质相同，属于同一构成要件范围内的认识错误，对犯罪行为性质不产生实质影响。故即便关盛艺对犯罪对象不产生认识错误，实际窃取了债务人苏玮的财物，亦不影响以盗窃罪追究其刑事责任。同时，犯罪对象认识错误，系犯罪动机产生之后所出现的问题，故犯罪动机对量刑的影响力依然有效，即虽然关盛艺实际盗窃的是第三人的财物，但从关盛艺实施盗窃的犯罪动机考虑，其主观恶性较小，在量刑时应予酌情从宽处理。

——《刑事审判参考》(总第99辑)。

894 窃取被公安机关扣押的本人车辆应如何定性

关键词｜盗窃罪｜非法处置扣押的财产罪｜

【最高人民法院参考案例】

何弦、汪顺太非法处置扣押的财产案(《刑事审判参考》案例第1177号)

要旨:行为人没有向司法机关索赔的目的,也未获得司法机关的赔偿,其主观上没有非法占有的目的,把自己所有而被司法机关扣押的财产擅自拿走,不构成盗窃罪。在公安机关明确告知了车辆被依法扣押的情况下,伙同他人对扣押的车辆予以转移,其行为扰乱了司法机关的正常活动,依法构成非法处置扣押的财产罪。

(二)主观上没有非法占有的目的,不构成盗窃罪

涉案车辆能够成为被告人何弦自己盗窃的对象,并不意味着被告人的行为就构成盗窃罪。盗窃罪的犯罪构成要求行为人主观上必须具有非法占有的目的,因此,是否构成盗窃罪,还要结合行为人的主观目的而定。如果行为人具有非法占有的目的,在司法机关合法占有、控制期间秘密取回车辆并索赔的,其行为构成盗窃罪,如果同时妨害了司法机关的正常诉讼活动,情节严重的,又构成非法处置扣押的财产罪,属于一个自然行为触犯数罪名的想象竞合犯,应从一重罪处断。如果行为人不具有非法占有的目的,则虽有秘密取回车辆的行为,但不能构成盗窃罪,亦不存在构成想象竞合犯的前提。

具体到本案中,何弦采取非法手段取回自己被公安机关依法扣押的车辆,是否构成盗窃罪,要结合其主观目的而定。首先,公安机关对涉案车辆依法扣押后,银行催何弦还贷款,准备起诉保证人钟某某,何弦得知后便找汪顺太帮忙想拿回涉案车辆,因此,何弦转移涉案车辆,直接目的是返还银行的贷款,而不是非法占有该车辆。其次,本案案发时间较短,何弦还没有向公安机关索赔的行为,在案也没有其他证据证实何弦具有非法占有的目的,且何弦案发后依法领回了该车辆。因此,本案没有证据证实两被告人对涉案车辆具有非法占有的目的,二被告人的行为不构成盗窃罪。

(三)二被告人的行为构成非法处置扣押的财产罪

非法处置扣押的财产罪与盗窃罪在司法实践中一般不易混淆,但是当盗窃的对象是司法机关依法查封、扣押、冻结的财产时,两罪在犯罪的具体外在表现上存在一定的交叉,易造成定性上的混淆。我们认为,应从以下几方面进行深入分析,可对两罪的异同有清晰的认识:第一,从犯罪客体方面来看,两罪在刑法上有不同的保护重心和针对对象。盗窃罪的客体主要是为了保护稳定的财产关系和合法的财产利益;非法处置扣押的财产罪侵犯的客体为司法机关的正常活动。第二,从犯罪对象上来看,盗窃罪的犯罪对象是不特定的,包括有体物和无体物;而非法处置

扣押的财产罪的犯罪对象必须是特定的,是已被司法机关扣押的财产。第三,两罪的客观方面表现不同。盗窃罪主要表现为以秘密窃取手段进行的侵犯公私财产的行为;而非法处置扣押的财产罪主要表现为隐藏、转移、变卖、故意毁损四种行为方式,且必须达到情节严重的程度。第四,两罪主观方面不同。以非法占有为目的是盗窃罪构成的必备主观要件;而非法处置扣押的财产罪的主观方面必须是出于故意,即应明知侵害的是已被司法机关扣押的财产,其主观目的的内容更为宽泛,可能包含逃避法律制裁、破坏司法机关的正常活动、获取其他非法利益等,但其犯罪目的是否明确并不影响该罪的成立,不是构成该罪的必备要件。第五,两罪的犯罪主体不同。非法处置扣押的财产罪的犯罪主体只限于被查封、扣押、冻结的财产的所有人;而盗窃罪的犯罪主体主要是被查封、扣押、冻结的财产的所有人、保管人以外的其他人采取秘密手段窃取被司法机关查封、扣押的财产,当然也不排除被查封、扣押、冻结的财产的所有人以事后获取赔偿为目的而秘密窃取被查封、扣押的财产的情形。

本案中,被告人何弦、汪顺太的行为构成非法处置扣押的财产罪。首先,从客体上分析,何弦、汪顺太将公安机关依法扣押的车辆予以转移,后被公安机关查获,其行为客观上已严重影响司法机关正常的诉讼活动,且社会影响恶劣,属情节严重。其次,从主观要件上看,公安机关对涉案车辆依法扣押后,何弦找汪顺太帮忙想拿回涉案车辆,且到公安机关涉案车辆停放处看到了自己的车,以上事实足以表明何弦已知晓车辆被依法扣押。最后,从犯罪对象上看,何弦、汪顺太转移的车辆系公安机关依法扣押的财产,具有特殊性,符合非法处置扣押的财产罪的犯罪对象特征。因此,本案中何弦、汪顺太的行为并没有直接侵害公私财产所有权关系,而是侵害了司法机关的正常管理秩序,构成非法处置扣押的财产罪。汪顺太虽然不是被查封、扣押、冻结财产的所有人、保管人,但其在本案中处于协助何弦非法处置扣押财产的情形,不具有非法占有的目的。此外,如前所述,二被告人的行为不构成盗窃罪,亦不构成想象竞合犯,仅构成非法处置扣押的财产罪一罪。

——《刑事审判参考》(总第108辑)。

叶文言、叶文语等盗窃案(《刑事审判参考》案例第339号)

要旨:本人所有的财物在他人合法占有、控制期间,能够成为自己盗窃的对象。秘密窃取他人占有的本人财物而后索赔的行为构成盗窃罪。行为人获得赔偿的数额应当认定为盗窃数额。

1. 本人所有的财物在他人合法占有、控制期间,能够成为自己盗窃的对象

根据刑法第二百六十四条的规定,盗窃罪的犯罪对象是"公私财物"。这里的公私财物实际上是指他人占有的公私财物。所谓他人,是指行为人以外的人,包括

自然人、法人和其他组织。他人占有意味着他人对该财物可能拥有所有权，也可能没有所有权。对没有所有权的财物，他人基于占有、控制之事实，负有保管和归还财物的义务。如果在占有期间财物丢失或毁损，占有人依法应负赔偿责任。从这个意义上说，没有所有权的财物在他人占有、控制期间应当认为是他人即占有人的财物。这样理解基于以下理由：第一，刑法第九十一条第二款规定，“在国家机关、国有公司、企业、集体企业和人民团体管理、使用或者运输中的私人财产，以公共财产论”。这里所言“管理、使用或者运输”，都有占有的含义。既然由国家或者集体占有之私人财产以公共财产论，那么由他人占有之财物以他人财物论，亦在情理、法理之中。第二，“以公共财产论”或“以他人财物论”是针对所有权人以外的人而言的，并未改变财物的权属，意在强调占有人对该财物的保管责任。盗窃罪侵犯的客体是公私财产所有权。刑法第九十一条第二款之所以如此规定，正是考虑到如果这类财物被盗或者灭失，国家或集体负有赔偿的责任，最终财产受损失的仍是国家或集体。同理，他人占有但非所有的财物被盗或者灭失，他人依法承担赔偿责任，实际受损失的仍是占有人即他人的财产所有权。可见，行为人自己所有之物以及行为人与他人共有之物，在他人占有期间的，也应视为他人的财物，可以成为盗窃罪的对象。

当然，本人所有的财物在他人合法占有、控制期间，能够成为自己盗窃的对象，并不意味着行为人秘密窃取他人占有的自己的财物的行为都构成盗窃罪。是否构成盗窃罪，还要结合行为人的主观目的而定。如果行为人秘密窃取他人保管之下的本人财物，是为了借此向他人索取赔偿，这实际上是以非法占有为目的，应以盗窃罪论处。相反，如果行为人秘密窃取他人保管之下的本人财物，只是为了与他人开个玩笑或逃避处罚，或者不愿将自己的财物继续置于他人占有、控制之下，并无借此索赔之意的，因其主观上没有非法占有的故意，不以盗窃罪论处。构成其他犯罪的，按其他犯罪处理。

2. 秘密窃取他人占有的本人财物而后索赔的行为只构成盗窃罪一罪

从形式上看，行为人秘密窃取他人占有的本人财物，然后隐瞒财物被自己盗走这一事实向他人索赔，符合诈骗罪的构成特征。但是，这种认定只是针对行为人实施的部分行为，没有整体考虑行为人实施的全部行为。就整体而言，行为人的行为分为两个阶段，一是先实施秘密窃取行为，二是隐瞒财物被自己盗走这一事实向他人索赔。这是行为人实施盗窃犯罪紧密联系、不可分割的两个组成部分。如果行为人只是单纯将财物秘密取回，主观上没有非法占有的目的，其行为就不构成盗窃罪。行为人进行索赔所隐瞒的事实正是此前其实施的秘密窃取财物的行为，没有前一行为，其后的索赔行为也无从提起。可见，行为人进行索赔虽然存在诈骗行为，但该诈骗行为是其盗窃的后续行为，表明了其主观上的非法占有之目的，是实现非法占有意图的关键,直接促成了实际危害结果的发生。被告人将被交管部门扣押的车辆秘密取回,仅此时的行为尚不足以表明其主观上是否具有非法占有之目的,但其后隐瞒车辆被自己窃取的事实向交管部门索赔,则充分体现了其非法占有的主观故意。被告人基于非法占有之目的而实施"先盗后骗"的行为是一个完整的盗窃行为,符合盗窃罪的构成特征,只能认定为一罪,即盗窃罪。

3. 行为人获得赔偿的数额应当认定为盗窃数额

在行为人秘密窃取他人占有的本人财物而后索赔的盗窃案件中,如何认定盗窃数额是一个值得研究的问题。在这种盗窃案件中,行为人获得赔偿的数额往往高于财物本身的价值。这是因为他人在赔偿时除考虑财物本身的价值外,往往还会考虑到因财物丢失而给所有人造成的经济损失。在这种情况下,行为人因盗窃而给他人造成的财产损失表现为他人给付的赔偿数额。由于赔偿数额实质上体现了行为人因盗窃而给他人造成的财产损失,因而应当认定为盗窃数额。即使赔偿数额低于财物本身的价值,在确定盗窃数额时也应当将赔偿数额作为盗窃数额。但应当注意的是,被告人针对被盗财物的销赃数额,应作为非法所得予以追缴。

——《刑事审判参考》(总第43辑)。

895 秘密窃取、转移本人被司法机关扣押财物行为的定性

关键词|盗窃罪|秘密窃取、转移|扣押财物|

【最高人民法院参考案例】

陆惠忠、刘敏非法处置扣押的财产案(《刑事审判参考》案例第404号)

要旨:如果有证据证明行为人窃取人民法院扣押的财物后,有向人民法院提出索赔的目的,或者已经获得赔偿的情况,则应当以盗窃罪定罪处刑;反之,如果没有非法占有目的,把自己所有而被司法机关扣押的财产擅自拿走,则不能以盗窃罪处理。

(一)主观上没有非法占有目的,不构成盗窃罪

我们认为,前两种观点片面强调所有权或者占有事实本身,容易导致过分缩小或扩大盗窃罪处罚的范围,不适应目前社会中财产关系复杂的现实,有失妥当,相比之下,区别对待说是较为合理的。这主要是因为:其一,区别对待说可以适应盗窃罪的复杂情况,更符合我国刑法主客观相统一的定罪原则要求。一方面,对于行为人以非法占有目的从财产占有人处窃财的,这种情况一般表现为行为人从财物占有人处秘密窃取了本人的财物后,还以索赔等手段,要求保管人赔偿损失的情

况。由于本人的财产在他人的合法占有之下,他人就对该财产负有保管的责任,在保管期间财物丢失,属于保管不当,应负赔偿责任。所以这种情况表面上看来窃取的是自己的财物,但实际上侵犯了他人的财产权,符合盗窃罪的本质特征,应当以盗窃罪处理。另一方面,因为在我国刑法理论和司法实践上,侵犯财产罪的犯罪客体一直被认为是他人对财产的所有权,而且需要被害人有实质的财产损害或损害危险。盗窃他人占有的本人财物的行为中,有的行为人主观上不具有非法占有的目的,其行为客观上也不会造成占有人财产的损失,因而不宜以盗窃罪论处。比如擅自溜进旅馆服务台,将自己存放的提包私下取走,只是为了图省事,并不想找旅馆索赔,也未给旅馆造成财产损失。这种情况因缺乏非法占有目的,就不能按盗窃罪处理。当然,如果其行为同时构成其他犯罪的,可以相应的罪名处理。其二,区别对待说,也可以避免所有权说和占有说的缺陷。一方面,纯粹的所有权说存在缺陷,过于缩小了财产犯罪的处罚范围,不利于维护正常财产秩序。因为随着社会和经济的发展,财产关系日益复杂,一定的占有关系也需要保护,而不是保护所有权。另一方面,纯粹的占有说也存在缺陷,如根据占有说,盗窃罪的被害人窃取被盗财物的行为也可能一概按照盗窃罪来处理,这显然扩大了处罚范围。同时,占有说也难以说明不可罚的事后行为为什么不可罚。而区别对待说,根据行为人是否具有非法占有目的区别不同情况分别处理,较好地避免了上述两种观点的不足之处。

综合上述分析,对此类案件定性的焦点在于判断被告人是否具有非法占有的目的。如果有证据证明行为人窃取人民法院扣押的财物后,有向人民法院提出索赔的目的,或者已经获得赔偿的情况,则应当以盗窃罪定罪处刑;反之,如果没有非法占有目的,把自己所有而被司法机关扣押的财产擅自拿走,则不能以盗窃罪处理。

（二）非法处置查封、扣押、冻结的财产罪与拒不执行判决、裁定罪的区分

非法处置查封、扣押、冻结的财产罪和拒不执行判决、裁定罪在构成要件上的区别:首先,在客观行为表现上,前罪行为只限于非法隐藏、转移、变卖、故意毁损已被司法机关查封、扣押、冻结的财产,而后罪则不限于此类行为,包括任何有能力而拒不执行的行为。其次,在犯罪主体上,前罪是一般主体,而后罪是特殊主体,即负有执行法院判决、裁定义务的人。再次,在行为发生时段上,前罪可以发生在整个诉讼过程中,而后罪则只能发生在法院的判决、裁定进入执行程序之后。最后,在犯罪故意上,前罪不要求特殊目的,而后罪则具有拒不执行法院裁判的目的。

根据对以上两罪的区别分析,我们认为,司法实践中对于非法处置被司法机关查封、扣押、冻结的财产的行为定性应当区分以下几种情况:如果非法隐藏、转移、变卖、故意毁损已被司法机关查封、扣押、冻结的财产的行为发生在诉讼保全程序中,而没有进入执行程序,那么应当以非法处置查封、扣押、冻结的财产罪定罪;如

果此种行为发生在执行程序中，但行为人并不是负有执行法院判决、裁定义务的人，亦应以非法处置查封、扣押、冻结的财产罪定罪；如果在执行程序中负有执行生效裁判义务的人实施了此种行为，但并没有拒不执行法院生效裁判目的的，也应当以非法处置查封、扣押、冻结的财产罪定罪；如果在执行程序中负有执行生效裁判义务的人实施了此种行为，且具有拒不执行法院生效裁判的目的，因为该行为系作为拒不执行法院裁判的手段实施的，两罪法定刑相同，以拒不执行判决、裁定罪定罪更为适当。

——《刑事审判参考》(总第51辑)。

896 帮助他人盗回本属于自己公司经营的财产，如何定性

关键词｜盗窃罪｜盗回本属自己公司经营的财产｜帮助犯｜

【最高人民法院参考案例】

廖承龙、张文清盗窃案(《刑事审判参考》案例第849号)

要旨：行为人具有非法占有目的，同案犯明知行为人具有非法占有目的，还积极实施帮助行为，属于盗窃共同犯罪中的帮助犯。

本案系二人共同盗窃处于债权人质押之下的财物，对被告人廖承龙构成合同诈骗罪、盗窃罪不存在争议，但对被告人张文清的行为定性，存在两种意见：一种意见认为，张文清本人对涉案车辆并无非法占有目的，不构成盗窃罪。另一种意见认为，张文清以帮助犯的身份与廖承龙构成盗窃罪的共犯。我们认为，第二种意见是正确的。张文清伙同廖承龙盗走债权人质押下的汽车，虽然目的是维护自身合法权益，但因未采取正当、合法的方式主张权利，故不属于自救行为。张文清明知廖承龙无权私自开走质押给债权人的汽车，为挽回自身财产损失仍积极帮助廖承龙盗回汽车，构成廖承龙盗窃的帮助犯。具体分析如下：

(一)张文清的行为不是自救行为

所谓自救行为，也称自助行为、自力救济，是指权利受到侵害的人，在无法或者不能及时按照正当法律程序获得公力救济时，实施恢复权利的行为。自救行为的最主要特征是恢复权利的紧迫性，即一旦错失良机，即使事后积极寻求公力救济也于事无补。因此，自救行为虽然对他人的合法权益乃至社会造成一定损害，但属于阻却犯罪的正当事由。本案中，张文清得知本公司出租的汽车被廖承龙非法质押后，为尽快挽回损失，遂要求并协助廖承龙将该车盗走。当时占有汽车的廖梅系通过合法途径占有该车，并进行了妥善保管。张文清返还汽车的权利要求完全可以通过诉讼、行政调解等方式实现，事后公安机关将该车返还车主的事实也证明了这

一点。张文清擅自采用盗窃手段实现非法移转占有的目的，虽然其目的具有一定正当性，但因不具有恢复权利的紧迫性，故不应认定是自救行为，应当承担相应的法律责任。

（二）廖承龙盗走已质押汽车的行为构成盗窃罪，张文清系盗窃罪的帮助犯

廖承龙将骗得的租赁汽车质押给债权人廖梅，该处分行为未征得车主的同意，事后也未获得车主的追认，因此其与廖梅对质押汽车的处分无效。关于廖梅是否合法取得该车的质押权，需要首先进一步分析其取得行为是否属于善意取得。物权法第一百零六条规定："无处分权人将不动产或者动产转让给受让人的，所有权人有权追回；除法律另有规定外，符合下列情形的，受让人取得该不动产或者动产的所有权：（一）受让人受让该不动产或者动产时是善意的；（二）以合理的价格转让；（三）转让的不动产或者动产依照法律规定应当登记的已经登记，不需要登记的已经交付给受让人。受让人依照前款规定取得不动产或者动产的所有权的，原所有权人有权向无处分权人请求赔偿损失。当事人善意取得其他物权的，参照前两款规定。"本案中，廖梅查看过该车行驶证，明知该车车主并非廖承龙，还轻信廖承龙有权质押该车，其取得质押权的行为不属于善意取得，不能依照善意取得制度取得该车的质押权。但是，值得强调的是，虽然廖梅不享有该车的质押权，但鉴于其是基于合法借贷关系而占有该车，并履行了约定的对价给付义务，故其取得该车的临时监管权是合法的，而且这种监管权受刑法保护。同时，廖承龙盗窃后并未向廖梅声明是其将车盗回，意味着不论廖梅是否最终有权取得质押车的质权，其根据质押合同应当向廖承龙承担质押车被盗的损失。即不论廖梅是否合法取得质押权，如果廖承龙盗车事实未被发现，则廖承龙的盗窃行为将为自己带来一定的财产收益。正因如此，廖承龙的秘密窃取行为具有非法占有目的，符合盗窃罪的构成特征。

张文清为索回本属于自己公司经营的汽车，其不具有通过秘密窃取行为主张增加自己财产利益的目的，因此不具有非法占有目的。但因廖承龙具有非法占有目的，张文清明知廖承龙具有非法占有目的，还积极实施帮助行为，属于盗窃共同犯罪中的帮助犯。具体可从主观和客观两个方面进行分析。

1. 从主观方面分析。张文清与廖承龙犯罪目的的重合之处在于，将本在廖梅控制下的轿车开走，并交由张文清控制。张文清的最终目的虽与廖承龙的非法占有涉案车辆的主观目的不一致，但其认识到了廖承龙实施的盗窃行为的性质及可能发生的结果，并积极提供帮助，该犯罪结果的发生也符合其利益诉求，故其就盗窃汽车这一事实与廖承龙形成了共同犯意。

2. 从客观方面分析。张文清得知车辆被廖承龙质押给他人并无钱赎回后，仍要求廖承龙设法取回汽车，并对该车进行了 GPS 定位。二人共同确定了汽车的停

放位置后，张文清向廖承龙提供了汽车备用钥匙，使得廖承龙能够顺利盗走该车。而且，廖承龙决定采取盗窃手段取回该车的犯意，显然张文清起到了推动作用，即廖承龙盗窃犯意的形成、强化与张文清有一定的关系。

（三）帮助他人使用非法手段取回自己财产的，不具有非法占有目的，量刑时应当充分考虑这一主观要件要素

本案中，张文清放弃公力救济，转而在不具有迫切需求的情况下采用私力救济手段取回财物，这种私力救济手段如被滥用，将破坏社会正常秩序，损害法律尊严，也必然会引发新的社会矛盾，因此在法律上应当对张文清的行为给予否定评价。但张文清的犯罪行为毕竟有其特殊性，不同于常见的盗窃犯罪，如何对其合理处罚，是值得探讨的重要问题。对张文清量刑时，应当考虑以下几点：第一，本案的起因是张文清所属公司的租赁车辆被骗租，张文清作为廖承龙诈骗行为的受害者，为尽快挽回损失遂伙同廖承龙共同盗窃该车，属于事出有因，主观恶性和人身危险性较小。第二，张文清的盗窃行为虽然不具有自救行为要求的急迫性，但其最终目的是恢复受损的合法权益，在情理上具有目的正当性，只是采用的方法不当。第三，在伙同廖承龙实施盗窃行为的过程中，张文清始终基于恢复自身权利的目的对廖承龙进行帮助，要求廖承龙承担返还骗取汽车的责任，自己未直接动手盗窃。二审法院综合考虑张文清的行为目的及其在共同犯罪中的地位、作用，改判其免予刑事处罚是适当的。这样处理，既能惩戒不当的私力救济行为，又充分考虑了行为人的具体情况，具有较好的法律效果和社会效果。

——《刑事审判参考》（总第91辑）。

897 与盗窃犯罪分子事前通谋的收赃行为如何定性

关键词 | 盗窃罪 | 掩饰、隐瞒犯罪所得罪 |

【最高人民法院参考案例】

郭锐、黄立新盗窃，掩饰、隐瞒犯罪所得案（《刑事审判参考》案例第1108号）

要旨：行为人与盗窃犯罪分子在事前就有通谋，就要从行为人的主观故意和客观行为两个方面来判断其行为的性质。

（一）主观上是否形成共同的犯罪故意

刑法理论中的共同犯罪，在犯罪主观方面要求各共同犯罪人之间必须具有共同的犯罪故意，而且共同犯罪的意思联络，必须发生在犯罪既遂前，即事前通谋。在认定销赃行为人与盗窃实行犯是否有事前通谋时，有三点需要特别注意：一是销赃行为人与盗窃实行犯事前通谋的时间仅限于盗窃犯罪既遂之前，在盗窃犯罪既

遂之后才进行意思联络的，不属于事前通谋；二是销赃行为人仅知道盗窃实行犯可能要去实施盗窃，但在盗窃前未与盗窃实行犯形成意思联络，在盗窃完成后才与盗窃实行犯共谋实施销赃行为的，不属于事前通谋；三是只要销赃行为人在盗窃前向盗窃实行犯承诺盗窃完成后为实行犯收购、销售盗窃所得的赃物，就可以认定双方存在事前通谋，而不要求销赃行为人对盗窃犯罪的时间、地点、方法、对象、目标等具体情节都全面了解或参与共谋。因此，当销赃行为人与盗窃实行犯在盗窃之前进行通谋，答应在盗窃以后予以窝藏、转移、收购、代为销售赃物或者以其他方式进行掩饰、隐瞒的行为系共同犯罪中的帮助行为，属于共同犯罪中的不同分工，应以盗窃罪的共犯论处。此外，如果有证据证明销赃行为人与盗窃实行犯已经形成长期、稳定、默契的合作关系，在盗窃实行犯盗得财物后按照事先约定或默契，为盗窃实行犯窝藏、转移、收购、代为销售赃物或者以其他方式进行掩饰、隐瞒的，也应当认定为双方事前存在通谋，以盗窃共犯论处。

在本案中，被告人郭锐在收购了同案犯陈志清、郭宗伟共同盗窃的一箱五粮液等品牌真白酒和陈志清单独盗窃的五箱五粮液白酒之后，就与陈志清、郭宗伟约定由郭锐在交易时提供种类、数量相对应的假白酒，换取收购陈志清从仓库所窃的真白酒，以此方法防止被害单位发现仓库五粮液白酒数量变少，从而得以反复实施盗窃行为。黄立新在第一次收购陈志清、郭宗伟盗窃的黄酒之前就与二人通谋，同意在陈志清、郭宗伟盗窃黄酒后予以收购。郭锐、黄立新主观上已经明知陈志清、郭宗伟即将实施盗窃犯罪及盗窃的方法，但其不仅没有排斥，反而在盗窃前就分别以约定用假白酒换五粮液等品牌白酒和同意收购黄酒的承诺积极追求盗窃行为的发生，均与陈志清、郭宗伟之间形成了盗窃的共同犯罪故意，应当以盗窃罪的共犯论处。

（二）客观上是否对盗窃行为起到帮助作用

共同犯罪中的帮助犯，是对实行犯的犯罪行为给予一定的物质或精神上的支持，使犯罪行为更易完成的人。这种帮助行为必须具备两个客观要件：一是行为人必须实施了帮助行为，即对实行犯的犯罪行为予以物质或精神支持，实施了使实行犯的犯罪行为更容易实现的行为。帮助行为分两种：（1）物理帮助，主要指为实行犯提供犯罪工具、创造犯罪条件等。（2）心理帮助，又称精神帮助，主要指对实行犯的行为进行激励、助言、约定事后帮助逃跑等，使实行犯的犯罪决意得到强化或使实行犯在作案过程中的心理安全感增强等。二是行为人的帮助行为必须是在实行犯犯罪前或犯罪进行时提供的帮助，否则不属于共同犯罪中的帮助。

在本案中，被告人郭锐、黄立新在事前即与陈志清、郭宗伟约定对二人盗窃所得的赃物予以收购，虽然没有直接帮助陈志清、郭宗伟实施盗窃，但增强了陈志清、郭宗伟在盗窃时的心理安全感。被告人郭锐在交易时提供种类、数量相对应的假白酒,换取收购陈志清、郭宗伟从仓库所窃的真白酒的行为,更使陈志清、郭宗伟在盗窃时相信通过这种方法可以使其犯罪行为不被发现,对陈志清、郭宗伟的盗窃行为起到了精神上的帮助和推动作用,应当认为盗窃罪的共犯。

——《刑事审判参考》(总第104辑)。

孙善凯、刘军、朱康盗窃案(《刑事审判参考》案例第1100号)

要旨:明知财物系上游犯罪人犯罪所得,事先承诺收购,事后在上游犯罪现场收购赃物的,可以认定为与上游犯罪人通谋犯罪。

结合法理和司法实践,认定掩饰、隐瞒犯罪所得行为人是否与盗窃、抢劫、诈骗、抢夺等上游犯罪分子通谋,一般从以下几个方面把握:(1)从主观上分析判断,一看其是否明知上游犯罪人实施犯罪行为。如果有证据证明掩饰、隐瞒行为人误认为上游犯罪所得是正常所得,那么,掩饰、隐瞒行为人虽然客观上起到了帮助上游犯罪人的作用,但因缺乏主观要件而不能对其定罪。二看其是否明知上游犯罪人犯罪的时间。如果上游犯罪既遂后才知道上游犯罪行为的,自然不能认定为与上游犯罪人通谋,如果事先知道(包括事中知道)上游犯罪行为,且在客观上实施了协助上游犯罪人完成犯罪的行为的,就可以认定为与上游犯罪人通谋。(2)从客观上分析判断,即其实施的掩饰、隐瞒行为是在上游犯罪完成后还是在上游犯罪实施前或者实施过程中。如果掩饰、隐瞒行为是在上游犯罪完成后才介入的,需要结合掩饰、隐瞒行为人主观是否存在事先通谋故意进行综合判断。如果掩饰、隐瞒行为在事先、事中就起到了对上游犯罪参与、配合、协助的作用,那么,就可以认定其掩饰、隐瞒的故意产生于上游犯罪实施前或实施中。

就本案而言,收赃人孙善凯明知其拟要收购的物品应该系通过非法手段获得的,仍指定相应的型号并允诺低价收购,应认定为事前通谋盗窃行为,以盗窃罪定罪量刑。

——《刑事审判参考》(总第104辑)。

898 在盗窃实行犯不知情的情况下,与销赃人事先约定、事后出资收购赃物的行为不构成盗窃共犯

关键词|盗窃罪|实行犯|共犯|

【最高人民法院参考案例】

马俊、陈小灵等盗窃、隐瞒犯罪所得案(《刑事审判参考》案例第483号)

要旨:被告人没有与盗窃实行犯事前通谋;在盗窃实行犯的盗窃过程中,被告

人的主观上也没有帮助实行犯盗窃的犯罪故意；客观上对实行犯实施的盗窃行为既没有实施心理帮助行为，也没有实施物理帮助行为；其收购赃物的行为也不是对实行犯实施盗窃的帮助行为，而是单纯的事后销赃行为，故被告人的行为不属于共同盗窃的帮助行为，不构成盗窃共犯。

在刑法理论上，对于与盗窃实行犯事先进行通谋，事后予以销赃成立盗窃共犯的依据在于，一方面销赃犯与实行犯在主观上形成了共同犯罪的故意；另一方面在于销赃犯的行为对于实行犯决意、实施犯罪起到了鼓励、支持的帮助作用，因此，符合共同犯罪的构成要件，属于共同犯罪中的帮助犯，应当以共犯论处。对于本案中被告人陈小灵向销赃犯王伟环收购余大贵等人的所盗赃物的行为，是否构成盗窃共犯，应当从上述共同犯罪的构成要件角度来分析。

（一）在盗窃行为实施前，被告人陈小灵没有与余大贵等盗窃实行犯有共同盗窃的通谋

在认定销赃行为人与盗窃实行犯是否有事前通谋时，需要特别注意以下三点：一是事前通谋的时点仅限于犯罪既遂之前，销赃行为人必须在盗窃犯罪未完成之前与盗窃实行犯存在意思联络，在盗窃犯罪既遂之后才进行意思联络的，不属事前通谋；二是销赃行为人仅知道盗窃实行犯可能要去实施盗窃，但在盗窃前未与盗窃实行犯形成意思联络，在盗窃完成后才与盗窃实行犯共谋实施销赃等行为的，不属于事前通谋；三是只要销赃行为人在盗窃前向盗窃实行犯承诺，盗窃完成后为实行犯收购、销售盗窃所得的赃物，就可认定双方存在事前通谋，不要求销赃行为人对盗窃犯罪的时间、地点、方法、对象、目标等具体情节都参与共谋或全面了解。

（二）被告人陈小灵收购赃物的行为对余大贵等人的盗窃没有起到鼓励、支持作用

要成立共同犯罪中的帮助犯，必须具备两个客观要件：一是实施了帮助行为，这是成立帮助犯的实质要求；二是必须在实行犯犯罪前或犯罪时提供了帮助，这是成立帮助犯的时限要求。所谓帮助行为，是指对实行犯的犯罪行为予以物质或精神支持，使实行犯的犯罪行为或犯罪目的更容易实现的行为。帮助行为有两种：一是心理帮助，又称精神帮助，主要指对实行犯的行为进行激励、助言、约定事后帮助逃跑等，使实行犯的犯罪决意得到强化或使实行犯在作案过程中的心理安全感增强等；二是物理帮助，主要指为实行犯提供犯罪工具、创造犯罪条件等。需要注意的是，帮助行为的时期必须是实行犯犯罪前或犯罪中实施。如果实行犯的犯罪已经实施完毕，危害结果已经发生，则不存在帮助问题。

——《刑事审判参考》（总第61辑）。

899 明知未达到刑事责任年龄的人盗卖他人或自己家中财物而帮助转移和收购的行为构成盗窃罪

关键词|盗窃罪|刑事责任年龄|共同犯罪|

【最高人民法院参考案例】

熊海涛盗窃案(《刑事审判参考》案例第1013号)

要旨:行为人明知未成年人以明显低于市场的价格向其出售正在使用中的家电,仍然实施帮助拆卸、转移并收购行为,可结合相关事实认定行为人构成盗窃罪。

本案的争议焦点是如何认定被告人熊海涛的行为性质,该行为构成民事上的不当得利,还是构成盗窃罪或者掩饰、隐瞒犯罪所得罪。我们认为,从未成年人戚某以明显低于市场的价格向其出售正在使用中的家电来看,熊海涛应当知道未成年人是在盗卖别人家或者自己家的财物,其仍然实施帮助拆卸、转移并收购行为,应当构成盗窃罪。具体理由如下:

(一)民事不当得利和财产犯罪之间是交叉关系而不是对立关系,民事不当得利行为符合刑法关于财产犯罪构成特征的,可以纳入刑法评价范围

不当得利是指没有合法根据,取得不当利益并造成他人损失的情形。行为人侵犯他人财产的事实往往同时属于民法上的不当得利,有观点认为,既然同属于民法上的不当得利,就不能再以财产犯罪论处。我们认为,这种观点不能成立。

首先,任何故意侵犯他人财产的行为,不管其是否触犯刑法,都触犯了民法关于保护公私财产权的规定,但刑法又将其中部分应当科处刑罚的侵犯财产的行为规定为财产犯罪。因此,财产犯罪都具有违反民法和违反刑法的双重性质。我国学者张明楷认为,不当得利与财产犯罪不是对立关系,而是交叉关系(即两个概念的外延在某一部分上是重合的)。对侵犯财产的行为,只有不触犯刑法时,才依照民法处理,切不可因为某种行为在民法上是不当得利,就否认其构成刑法上的财产犯罪。

其次,对同一行为同时追究刑事责任和民事责任,也符合规范竞合的处理规则。之所以出现不当得利与财产犯罪交叉的原因在于规范竞合,即不同法律根据各自不同职能对同一类行为均予以调整,但因各自调整目的不同,故应当分而治之。我国台湾民法学者王泽鉴认为,刑事责任同民事责任各有其目的,前者在于对行为予以报应,并防止将来侵害的发生,后者在于填补被害人的损害,平复过去侵害的结果,二者在发生规范竞合时,可以并行不悖。可见,对于同时构成刑法上的侵犯财产犯罪和民法上的不当得利的行为,要求行为人同时承担刑事责任(刑罚)和民事责任(返还或者退赔财产),具有一定的理论根基。

最后,刑法的谦抑性并不意味着对于任何个案都首先考虑按照民法处理,一旦

案件超出民法调整范围而又符合刑事法定标准时，则应适用刑法。谦抑性是刑法的立法原理，也是指导解释刑法的原理，但不是处理个案的规则。奥地利法学家韦伯在论述不当得利与衡平理念的关系时，曾精辟地提出一个观点，即“不当得利请求权曾艰辛地借助于衡平思想成为一项法律制度，业经制度化的不当得利已臻成熟，有其一定的构成要件及法律效果，正义和公平应当功成身退”。同样道理，刑法的谦抑性作为一项立法原则，已经通过刑法在所有侵害法益的行为中只选取部分行为规定为犯罪、对具体罪名设置一定的入罪标准等来体现，或者说罪刑法定本身就是刑法谦抑性的一种体现。在司法实践中评价一个行为是否构成犯罪时，严格遵循刑法对具体犯罪构成要件的规定，就是对谦抑原则最好的实践。对于一个符合刑法关于具体罪名构成要件规定的行为，以谦抑性为依据否定其构成犯罪，是对罪刑法定原则的损害。

综上，对同一侵犯财产行为依据刑法规范和民法规范可能会分别得出财产犯罪和民事不当得利的不同评价，但两者之间不是对立而是交叉的关系。二者之间如果有界限的话，也只能是财产犯罪与不构成财产犯罪的不当得利的界限。凡是符合财产犯罪构成特征的行为，就成立财产犯罪，而不必再追问是否属于民法上的不当得利。本案中，被告人熊海涛以极低的价格从戚某手中获得他人价值巨大的财物，同时造成所有人财产损失，其行为没有任何法律上的依据，毫无疑问属于民法上的不当得利。然而，此种定性并不妨碍依照刑法将其评价为财产犯罪。对其行为选择民法还是刑法作为追究责任的依据，关键要看其行为是否符合刑法关于财产犯罪构成要件的规定。

（二）在未成年人以极低价格销售住房中价值较大的财物时，可结合相关事实，认定行为人明知未成年人是在盗卖别人家或者自己家中的财物，在此基础上积极实施拆卸、转移和收购财物行为的，符合盗窃罪的主客观特征

人的主观认识不是凭空产生的，而是建立对客观事实的认识、分析、评价的基础上。因此，认定一个人的主观认识和心理状态，不能仅凭其个人陈述，而应当综合考察在行为当时的环境下其所能认识到的客观事实，并以正常人在同样情况下会产生的主观认识为标准，判断行为人作案时的主观心理状态。除非行为人的认知能力存在缺陷，否则，应当认定其具备正常人在当时状态下一般都会形成的判断。本案中，十四岁的戚某将被告人熊海涛叫到“家中”收购电器，并声称经过了家人的同意。熊海涛辩称“我见她拿有钥匙和小区的出入门卡，以为她是变卖家中的物品”，否认知道戚某是在盗窃。我们认为，在认定熊海涛的辩解是否成立时，应当根据相关证据，结合常识、常理、常情，分析判断其是否认识到戚某是在实施盗窃活动。

首先，从处理的对象及出售的价格看，所谓的“戚某家”是一个新房，装修入住不满一年，家中的电脑、电视、冰箱、空调、洗衣机等各种电器均较新并处于正常使

用状态,事后经评估价值总计一万多元(不包含电脑),戚某仅以三百六十元的极低价格出售给熊海涛。熊海涛本人也供述:“她家是新房子,这些东西都是新的,这小女孩卖给我这些电器都这么便宜,按理说应当想到不正常的。”作为一名认知水平正常的人,特别是作为从事废品收购业务的人,熊海涛应当认识到上述物品不属于普通百姓家庭紧急处置或者废弃的物品。

其次,从处理主体看,根据熊海涛的供述“这个女孩我不认识,她说她上高中了,但看样子是个小孩”。事实上,戚某是一个刚满十四周岁的女孩,正常情况下家长不可能委托孩子处置价格昂贵的财物,也不会同意以如此低廉的价格出售相关物品,熊海涛应当对此有所认识。

最后,从处理的过程看,戚某先后多次叫熊海涛去住房收购物品,房中值钱财物几乎全部被拆掉并以极低价格出售,如果戚某是正常出售自己家的财物,不应当如此随意,家中其他成年人也不可能没有发觉。被盗住房所在小区的保洁人员证实,熊海涛第三次前往戚某家中拆卸并收购空调和电冰箱时,还请小区清洁人员帮忙抬冰箱,清洁人员当时就提出疑问:“东西抬走不住了吗?不是去年才搬的家呀?”熊海涛则谎称“不住了,当时是急急忙忙装修的房子”,而没有如其辩解那样向对方讲明“自己是上门收购”。这一事实从侧面反映出熊海涛有刻意隐瞒其转移、收购他人家中电器的故意。

综上分析,作为一名认知水平正常的人,熊海涛应当认识到戚某可能是在盗卖别人住房内的财物,在这种认识的前提下,其仍然参与实施转移、占有财物的行为,主观上具有盗窃的故意。熊海涛本人供述:“我见这些东西都是新的,这么便宜收到,我就怀疑问她。她说急着要走,于是我没多想就收购了。这些东西是好的,都送到我家里去了”;“我开始没有多想,后来我才有怀疑,不正常”。上述供述反映熊海涛主观上对戚某的行为并不是没有疑问,只是为贪图利益而放弃了疑问。也许熊海内心抱有侥幸心理,但正是在这种侥幸心理支配下,其放任了自己行为所可能造成的侵害他人财产后果的发生,主观上至少具有间接的盗窃故意。本案中的现有证据不能证明戚某与熊海涛就盗窃一事进行过意思联络或者沟通,而戚某未达到盗窃罪所要求的刑事责任年龄,不能成为共同犯罪主体,因此不管二人是心照不宣存有默契,还是共同行为各取所需,都不妨碍对熊海涛参与盗窃的故意的认定。

退一步讲,即便如熊海涛所辩解的“以为戚某是变卖自己家中的物品”,也不能否定熊海涛的盗窃故意。未成年人虽然是家庭成员之一,但一般情况下对家庭共同财产的产生或者增值并无贡献,家庭财产一般情况下应当视为其监护人的财产,未成年人并不具备处分家中财产的能力和权利。因此,未成年人盗卖家中财物的行为也是一种盗窃行为,只是可能因未达到刑事责任年龄而不负刑事责任,或者虽然达到刑事责任年龄，考虑到其行为后果发生在家庭内部，社会危害性相对较小，在政策把握上不作为犯罪处理或者予以从宽处理，但并不能因此否定其行为的盗窃性质。戚某出售“家中”财物过程中的上述一系列不正常表现，足以使熊海涛认识到其可能是在盗卖自己家中的财物，在此认识的基础上其参与进来，主观上具备盗窃的主观故意。

（三）明知未达到刑事责任年龄的人盗卖他人或者自己家中财物仍然实施帮助行为并上门收购的，符合盗窃罪中秘密窃取他人财物的行为特征

盗窃罪的客观行为特征表现为秘密窃取，即在财物所有人或者占有人不知情的情况下，采用对于财产所有人或者占有人来说秘密的手段获取财物。本案中，被告人熊海涛在戚某叫其上门收购电器时，应当认识到戚某是在盗卖别人家或者自己家的财物。不管是哪种情况，其行为都是在财物所有人或者有权处分人不知情的情况下所实施，其帮助拆卸、予以收购并运输出小区，符合盗窃罪的秘密窃取特征。具体体现在以下两个方面：

首先，从熊海涛与戚某在共同行为过程中的关系看，二人相互配合，共同完成了盗窃行为。一方面，如果不是戚某偷拿他人房间钥匙，并邀约熊海涛上门收购电器，熊海涛不可能非法取得上述物品；另一方面，如果没有熊海涛积极参与上门拆卸、转移电器，戚某也实现不了盗卖他人财物获利的目的。在小区保洁人员对其搬出家中电器的行为提出疑问时，熊海涛还通过撒谎的手段掩饰其真实目的，既体现了盗窃手段的秘密性特征，也反映了其参与到共同盗窃过程中的主动性。

其次，从熊海涛与戚某通过共同行为获利情况的对比看，熊海涛是本案盗窃行为的最主要受益者，价值一万多元的财物，其仅支付了三百六十元即取得，几乎与免费送给熊海涛无异。本案的实质就是熊海涛为了牟利，利用未成年人戚某掌握被害人住房钥匙并有盗卖房内财物意图这一条件，通过上门帮助拆卸、以极低价格收购、运输财物出小区等手段，实现了非法占有他人财物的目的，其行为与明知他人房屋没有锁门、无人看管或保管人渎职疏漏而窃取财物并无实质差异，与利用银行 ATM 机故障多取存款的行为同出一辙。

在共同行为过程中，熊海涛所起的积极作用并不低于戚某，只不过戚某作为十四岁的年幼未成年人，对盗窃犯罪不具备刑事责任能力，不承担刑事责任。二人虽然不构成盗窃共同犯罪，但熊海涛本人的行为仍然应当评价为盗窃犯罪。

（四）区分盗窃罪中的收购赃物行为和掩饰、隐瞒犯罪所得罪的关键在于行为人的主观认识内容及产生时间不同

如何区分盗窃罪中的转移、收购、变卖赃物行为与掩饰、隐瞒犯罪所得罪，是本案准确适用法律需要解决的另一个问题。在共同盗窃行为中，由于分工不同，部分行为人承担的角色可能是转移、收购、变卖赃物等行为，而掩饰、隐瞒犯罪所得罪的

客观行为表现,也包括明知是犯罪所得赃物而予以收购、转移、销售等行为。区分两罪的关键,在于行为人的犯罪主观方面内容不同:在盗窃罪中,行为人承担转移、变卖赃物等行为,是基于参与、配合、协助其他共犯完成盗窃的认识而实施的,这种认识和故意的产生时间应当是在盗窃行为实施前,或者是在盗窃行为实施过程中。《最高人民法院、最高人民检察院关于办理盗窃油气、破坏油气设备等刑事案件具体应用法律若干问题的解释》第五条规定,明知是盗窃犯罪所得的油气或者油气设备,而予以窝藏、转移、收购、加工、代为销售或者以其他方法掩饰、隐瞒的,依照刑法第三百一十二条的规定(即掩饰、隐瞒犯罪所得罪)定罪处罚;实施前款规定的犯罪行为,事前通谋的,以盗窃罪的共犯定罪处罚。上述规定说明,在事先通谋的情况下,转移、收购、销售赃物的行为人应构成盗窃罪的共犯。另外,在他人已经开始盗窃,行为人才参与到盗窃过程中的,只要与前行为人形成了相互配合、协作关系,促成了盗窃的完成,也可以认定为盗窃罪的共犯。而掩饰、隐瞒犯罪所得罪是在盗窃行为已经完成的情况下,行为人明知是犯罪所得的赃物而予以转移、收购或者销售,掩饰、隐瞒犯罪所得罪的行为人与盗窃行为人之间并无事先通谋,对于盗窃行为事先也无认识,其对赃物的认识及帮助转移、收购、销售的故意产生于盗窃行为既遂后,因此不是盗窃的共同犯罪,而单独构成掩饰、隐瞒犯罪所得罪。

在本案中,戚某多次找熊海涛上门收购,即便熊海涛在第一次行为时因时间问题没有充分考虑,没有认识到戚某是在实施盗窃,可以认定为不当得利,但其在后来的两次行为中,有足够的时间和信息来分析判断戚某行为的合理性,应当认识到戚某可能在盗窃自己家或者他人家的财物,仍然同意帮助拆卸、转移、收购,其犯罪故意产生于盗窃行为开始之前,与掩饰、隐瞒犯罪所得罪所要求的在他人盗窃后明知是赃物而帮助转移、收购是不同的。从客观上看,熊海涛不仅实施了收购、转移赃物的行为,还实施了帮助拆卸电器等行为,已经在事实上参与了具体盗窃行为的实施,而不是单纯的事后帮助转移、销售赃物。因此,本案中,公安机关、检察机关对于熊海涛第一次上门拆卸并收购一台联想电脑的行为没有认定为盗窃,而仅将第二次和第三次所获得的物品作为赃物进行估价,认定犯罪数额,人民法院对该两次行为以盗窃罪定罪处罚是正确的。

——《刑事审判参考》(总第99辑)。

(三)与其他犯罪的区分

900 盗窃罪与职务侵占罪的区分

关键词｜盗窃罪｜职务侵占罪｜

【最高人民法院公报案例】

河南省郑州市金水区人民检察院诉杨志成盗窃案(二审法院:郑州市中级人民法院)

要旨:构成职务侵占罪,就必然要求行为人在非法占有本单位财产时,以其本人职务范围内的权限、职责为基础,利用其对本单位财产具有一定的主管、管理或者经手的职责,在实际支配、控制、处置本单位财物时实施非法占有行为。如果行为人仅仅是在自身工作中易于接触他人主管、管理、经手的本单位财物,或者熟悉作案环境,而利用上述工作中形成的便利条件秘密窃取本单位的财产,则不属于"利用职务上的便利",应依照刑法第二百六十四条的规定,以盗窃罪定罪处罚。

根据刑法第二百七十一条关于职务侵占罪的规定,所谓"利用职务上的便利",是指行为人在实施犯罪时,利用自身的职权,或者利用自身因执行职务而获取的主管、管理、经手本单位财物的便利条件。这里的"主管",是指行为人在一定范围内拥有调配、处置本单位财产的权力;所谓"管理",是指行为人对本单位财物直接负有保管、处理、使用的职责,亦即对本单位财产具有一定的处分权;所谓"经手",是指行为人虽然不负有主管或者管理本单位财物的职责,但因工作需要而在特定的时间、空间内实际控制本单位财物。因此,构成职务侵占罪,就必然要求行为人在非法占有本单位财产时,以其本人职务范围内的权限、职责为基础,利用其对本单位财产具有一定的主管、管理或者经手的职责,在实际支配、控制、处置本单位财物时实施非法占有行为。如果行为人仅仅是在自身工作中易于接触他人主管、管理、经手的本单位财物,或者熟悉作案环境,而利用上述工作中形成的便利条件秘密窃取本单位的财产,则不属于"利用职务上的便利",应依照刑法第二百六十四条的规定,以盗窃罪定罪处罚。本案中,上诉人杨志成在实施涉案行为、非法占有本单位财物时,虽然在一定程度上确实利用了身为郑州丹尼斯有限公司电脑室人员、易于接触公司电脑的工作便利,但其既不具有主管、管理或者经手本单位财物的职责,也不具有管理本单位 VIP 积分卡充值系统的职责,亦不掌握 VIP 积分卡充值系统的程序密码,其最终实现非法占有本单位财产的犯罪目的,是通过实施秘密窃取的盗窃行为，而非利用其自身职务上的便利。

——《最高人民法院公报》2008 年第 11 期。

【最高人民法院参考案例】

许赞良、汤焯杰盗窃案(《刑事审判参考》案例第 1277 号)

要旨：若员工不具有合法“占有”财物的职权，只是利用工作所带来的能够接触到财物的便利，则不构成职务侵占罪。

（一）电信公司内部免费宽带账号具有财产性价值，非法获取并转卖的构成侵犯财产类犯罪

宽带账号虽然看似只是一个用户名和密码的组合，并不具有价值，但其实际对应的是上网产生的流量费用的结算。换言之，宽带账号不是一个简单的保险箱钥匙，而是整个保险箱以及里面的财产。流量如同生活中的水、电等，是一种无形财产，其生成是有成本的，使用也是有偿的，因此，宽带账号是具有价值的。中国电信内部免费宽带账号与市场上有价宽带账号一样，能够带来上网流量。获得了电信公司内部的账号，也就获得了账号所对应的流量。中国电信原本负担的是其内部员工使用宽带账户产生的流量费用，在宽带账号被盗后，其额外负担了被告人出租给他人使用的宽带账户所产生的流量费用，而他人使用上述流量本应向中国电信支付费用。本案中，有人向被告人购买这种内部账号也印证了该账号的财产性价值。因此，被告人用非法手段获得中国电信内部的宽带账号，直接侵犯了国有企业的财产所有权，构成犯罪。

（二）职务侵占罪和盗窃罪的核心区别在于是否利用职务上的便利

一般情况下，盗窃罪和职务侵占罪界限较容易分清，但涉及公司内部员工参与作案的，二者的界限很容易混淆。我们认为，可以从以下几点进行区分：

1. 从行为人在实施犯罪行为前是否合法“占有”财物进行区分，职务侵占罪的行为人在犯罪前已经合法占有财物，盗窃罪则没有。

根据刑法第二百七十一条关于职务侵占罪的规定，利用职务上的便利是指利用自身的职权，或者利用自身因执行职务而获取的主管、管理、经手本单位财物的便利条件。所谓主管，是指行为人在一定范围内拥有调配、处置本单位财产的权力；所谓管理，是指行为人对本单位财物直接负有保管、处理、使用的职责，亦即对本单位财产具有一定的处分权；所谓经手，是指行为人虽然不负有主管或者管理本单位财物的职责，但因工作需要而在特定的时间、空间内实际控制本单位财物。概括来说，也即行为人实施犯罪行为之前，基于其工作职责本身就能在一定程度上合法“占有”该财物，其实施犯罪行为只是将合法占有变为非法占有。

而在盗窃罪中，行为人本身并不合法占有涉案财物，相较职务侵占罪，盗窃罪

除了手段的非法性外，还多了一个转移占有的要件。如果行为人本身已经合法地占有财物，则其行为不应定性为盗窃罪，而是职务侵占罪或侵占罪。

2. 从行为人的工作职责进行区分，职务侵占罪的行为人具有主管、管理、经手财物的职责，盗窃罪的行为人则不具有上述职责。主管、管理、经手公司财物的职责，简单地说，就是具有“占有”财物的职责。在一些小微企业中，因为员工数量极少，员工之间的职责界限并不明晰，较难分清行为人是否具有合法“占有”财物的职责。但在现代化公司制度下，像中国电信股份有限公司这样的企业，其内部部门众多，岗位职责分明，员工各司其职，可根据其职位和实际工作性质辨析其是否具有合法“占有”财物的职责。

本案中，被告人汤焯杰的工作职责是在网络监控中心负责技术维护，也就是发现和处理电信网络故障，保障网络正常运行。汤焯杰并不具有主管、管理、经手公司内部宽带账号的职责，也不具有解绑公司内部宽带账号的权力，其与占有的单位宽带账号没有职责上的权限或直接关联。也就是说，汤焯杰并不具备职务侵占罪的前提性条件，即不具备基于工作职责合法占有内部免费宽带账号的权限。

若员工不具有合法“占有”财物的职权，只是利用工作所带来的能够接触到财物的便利，则不构成职务侵占罪。公司内部员工，除了基于职权直接主管、管理、经手本单位财物的之外，其他一些员工虽然不具有这些职权，但由于自身工作的原因，相对于公司外部的人更熟悉作案环境或者比较容易接触到他人主管、管理、经手的本单位财物，那么上述所形成的便利条件应该属于工作便利，而非职务便利。行为人单独或与外人勾结共同实施非法占有他人主管、管理、经手的本单位财物，则构成盗窃罪。

本案中，被告人汤焯杰只是利用了自己作为网络维修人员的技术以及易于进入公司计算机系统的工作便利，私自进入公司机房使用其本人的账号在 163 后台未经公司同意进行违规操作，这一违规行为与其职责没有关联，虽然其利用员工身份才方便进入机房违规操作，但本质上还是一种秘密窃取的手段，只不过其利用工作所带来的便利条件更容易实施该犯罪行为，因此构成盗窃罪。

3. 职务侵占罪与盗窃罪的客体不同，职务侵占罪还侵犯了职务的廉洁性。职务侵占罪既侵犯了单位的财产权利，也侵犯了单位人员的职务廉洁性。盗窃罪所侵犯的法益仅为他人财产权利。本案中，被告人利用了自己作为网络维修人员的技术以及易于进入公司计算机系统的工作便利对宽带账号解绑，并没有侵犯职务的廉洁性，其行为应认定为盗窃罪。

（三）非法侵入计算机系统与盗窃是手段与目的关系，属于牵连犯

被告人非法入侵中国电信业务支撑系统，对中国电信内部网络系统进行非法控制的目的是将中国电信内部宽带账号解绑后出租给他人，被告人的手段行为与

目的行为分别触犯了不同罪名,成立牵连犯。刑法理论上一般认为,对牵连犯应从一重罪处罚,在本案中,盗窃罪与非法获取计算机信息系统数据、非法控制计算机信息系统罪量刑相当,目的行为吸收手段行为,对被告人应以盗窃罪论处。

——《刑事审判参考》(总第115辑)。

赵某盗窃案(《刑事审判参考》案例第246号)

要旨:盗窃罪是一般主体,职务侵占罪的主体则必须是公司、企业或其他单位的人员,即特殊主体。盗窃不是利用职务便利,职务侵占罪必须是利用经手、管理财物的职务上的便利而不是工作上的便利。盗窃罪非法占有的对象可以是任何公私财物,而职务侵占罪侵占的对象只限于本单位的财物并且是本人经手、管理的财物。

举例而言,某单位会计拥有经手、管理本单位某项财物的职权,如其利用该职权将其本人经手、管理的财物窃为己有,即是利用职务之便窃取本单位财物,应构成职务侵占罪(如该会计同时还是国家工作人员,则可能构成贪污罪)而非盗窃罪。相反,该会计如利用其工作所提供的便利条件,窃取其他同事经手、管理的财物或窃取不属于其直接经手、管理的其他单位财物,或者该会计的其他同事利用某种工作机会窃取该会计经手、管理的某项财物,就不属于利用职务之便,而仅是利用一般的工作之便,应构成盗窃罪而非职务侵占罪。可见,明辨职务之便还是一般的工作之便,在把握单位内部人窃取本单位财物行为的准确定性上具有重要意义。

——《刑事审判参考》(总第32辑)。

康金东盗窃案(《刑事审判参考》案例第132号)

要旨:利用工作上的便利条件,将本单位的财物窃为己有,不构成职务侵占罪,如果符合盗窃罪的构成要件,应当以盗窃罪追究刑事责任。

根据刑法第二百七十一条的规定,职务侵占罪是指公司、企业或者其他单位的人员利用职务上的便利,使用侵吞、盗窃、骗取或其他手段,将本单位的财物非法据为己有,数额较大的行为。不能将"利用工作上的便利条件"理解为"利用职务上的便利"。从立法本意看,1995年《全国人民代表大会常务委员会关于惩治违反公司法的犯罪的决定》第十条曾将利用"职务上的便利"与"工作上的便利"并列,表明两者含义有所不同,但都是构成本罪的条件。但在1997年修订刑法时,删除了"利用工作上的便利"的规定,将职务侵占罪限定为只是"利用职务上的便利"实施的犯罪。这种修改绝非是为文字表述的简洁性而作的考虑。"利用职务上的便利"与"利用工作上的便利"有着本质上的差别。所谓"利用职务上的便利",是指利用自己主管、管理、经手、经营财物的便利条件。而"利用工作上的便利",是指行为人无职务,而只是利用熟悉工作环境或工作条件的便利。这种便利与职务没有关系。对于利用工作上的便利条件,将本单位财物非法据为己有的,由于不符合职务侵占罪的构成条件,不能以职务侵占罪定罪处罚。如果行为人的行为符合盗窃罪的构成要件,应当按照盗窃罪处罚。

——《刑事审判参考》(总第21辑)。

901 盗窃罪与侵占罪的区别

关键词｜盗窃罪｜侵占罪｜他人财物｜

【最高人民法院参考案例】

曹成洋侵占案(《刑事审判参考》案例第938号)

要旨:将银行卡借给他人使用后,通过挂失方式将银行卡内的他人资金取走的行为构成侵占罪。准确区分盗窃罪和侵占罪,应当重点分析考察以下几个方面:(1)行为人占有财物的时间;(2)行为人非法占有财物的手段;(3)行为人犯罪故意产生的时间。

我们认为,被告人曹成洋的行为构成侵占罪。理由是:曹成洋明知其母亲杨春梅名下的银行卡上的钱是张聪存入,仍然私自支取这笔钱,且在张聪发现后拒绝了张聪的还款请求,具有非法占有他人财产的主观故意。从客观方面来说,虽然杨春梅名下的银行卡一直由张聪本人持有,但该银行卡内的资金却随时处于曹成洋及其家人的控制之下,曹成洋及其家人可随时将该银行卡挂失从而占有卡内资金,曹成洋也确实实施了到银行办理挂失、补卡及支取资金的行为。上述行为无疑是将代为保管的他人财物占为己有,且拒不归还,应当认定曹成洋的行为构成侵占罪。

本案准确定罪的关键在于正确区分盗窃罪与侵占罪。两罪在犯罪客观方面有明显的区别,一般比较容易区分,但是,因为两罪同属侵犯财产型犯罪,均以非法占有为目的,在犯罪对象、犯罪主观方面存在一定的相似之处,故对部分类似本案的非法占有他人财物的案件如何定性存在一定的分歧。在此类案件中,为准确区分盗窃罪和侵占罪,应当重点分析考察以下几个方面:

(一)行为人占有财物的时间

盗窃罪的犯罪对象为他人控制的财物,对于自己已实际控制的他人财物一般不能成立盗窃罪,行为人在实施盗窃行为之前,尚未实际控制他人财物。侵占罪的犯罪对象为行为人代为保管的他人财物或者他人的遗忘物、埋藏物,行为人在实施侵占行为之前,已经控制他人财物,其特征是将自己控制的财产不法“占为己有”。控制是指人对财物的支配、管理状态。控制属于事实上和物理意义上的掌控,不等于法律意义上的占有,即“占为已有”。侵占罪不仅可能侵占自己直接控制的他人财物,而且可能侵占法律形式上控制的他人财物。就本案而言,由于我国对银行卡实行实名制,必须由本人携带身份证才能申领,银行卡内资金交易的权利、义务由持证申领人享有和承担,即银行卡申领人被视为银行卡的全部权利的所有人,其具有支配、使用卡内全部资金,冻结卡内资金,申请挂失及停止银行卡的使用等各项权利。如果银行卡有透支功能,则由银行卡的申领人承担还款义务,发生还款违约时也是由申领人承担违约责任。非经法定机关通过法定程序作出决定,任何其他人都无权对抗其行使上述各项权利。显然,无论银行卡由谁实际持有并使用,银行卡的权利义务都由申领人承受,卡内资金在法律形式上都处于申领人的控制之下。因此,借用人虽持有银行卡并掌握银行卡的密码,但其一旦将资金存放到借来的卡内,该资金就在法律形式上处于银行卡申领人的控制之下。本案中,虽然曹成洋的母亲杨春梅名下的银行卡及密码一直由张聪本人持有和掌握,但该银行卡内的资金在法律形式上处在曹成洋及其家人的控制之下,曹成洋及其家人可随时通过将该银行卡挂失的方式实际控制该银行卡内的资金。曹成洋和其母亲到银行办理挂失、补卡及支取卡内资金的行为,正是对银行卡及卡内资金行使支配控制权的体现。因此,从挂失行为实施之日起,本案中的银行卡及卡内资金的实际控制人是曹成洋的母亲张春梅,而非张聪,且因曹成洋与张春梅具有特殊的亲属关系,该银行卡及卡内资金实际上一直是由张春梅和曹成洋共同控制。

(二)行为人非法占有财物的手段

侵占罪中,行为人非法占有他人财物时,该财物已在行为人的持有和控制之下,行为人采取抵赖等手段拒不交出或者拒不退还从而使持有变为“非法占为已有”。侵占罪的手段,既可以是秘密的,也可以是公开的或半公开的。而盗窃罪中,非法占有他人财物之前,该财物并不在行为人的实际控制之下,行为人必须通过秘密窃取的手段才能实现非法占有。所谓秘密窃取,是指行为人采取自认为不为财物所有者、保管者或者经手者所发觉的方法,暗中将财物取走的行为,具有不可否认的主观性特征,行为人的主观内容包括对于手段行为秘密性的认识,即行为人主观上认为其行为是在他人不知觉的情况下实施的,它不仅能反映出盗窃罪秘密性的行为特征,而且也是判断行为秘密性不可缺少的要素。

本案中,曹成洋及其母亲杨春梅等人将银行卡挂失后,张聪即知晓并与曹成洋协商让其取消挂失,双方协商未果。在此情况下,曹成洋重新办理银行卡并将卡内现金转账的行为,属公然据为已有,主观上不具有秘密性,不符合盗窃罪的构成特征。

(三)行为人犯罪故意产生的时间

侵占罪作为不转移财物控制权的犯罪,其犯罪故意可能产生于实际控制他人财物之后，而盗窃罪是转移财物控制权的犯罪，其犯罪故意只能产生于持有、控制他人财物之前。本案中，根据在案证据，曹成洋是在挂失该银行卡得知卡内有人民币五十万元资金后产生了非法占有卡内资金的犯罪故意，其犯罪故意产生于控制该银行卡内资金之后，且随后实施了到银行补卡及支取原卡内资金的行为，因此曹成洋的行为不能认定为盗窃罪，而应当认定为侵占罪。

综上，公诉机关指控被告人曹成洋犯盗窃罪属定性错误。根据刑法和刑事诉讼法的相关规定，侵占罪系告诉才处理的犯罪，只能由被害人提起自诉。法院依法裁定本案终止审理是正确的。

——《刑事审判参考》（总第95辑）。

罗忠兰盗窃案（《刑事审判参考》案例第160号）

要旨：侵占罪和盗窃罪均属侵犯财产类犯罪，两罪的犯罪对象都是他人的财物，主观上都具有非法占有他人财物的目的，但两罪犯罪的前提、犯罪目的产生的时间以及犯罪客观方面都不同。

侵占罪和盗窃罪均属侵犯财产类犯罪，两罪的犯罪对象都是他人的财物，主观上都具有非法占有他人财物的目的，但两罪又有显著的区别，这表现在：（1）犯罪的前提不同。侵占罪的行为人在侵占他人财物之前，必须已实际持有或控制他人财物。实际持有或控制他人财物的方式以刑法规定的方式为限，即代为保管他人财物、拾得他人的遗忘物和发现他人的埋藏物三种方式。而盗窃罪的行为人在实施盗窃他人财物时，并不具备实际持有或控制他人财物的前提条件。易言之，在实施盗窃行为前，被盗财物仍处于物主的实际持有或直接控制之下，由于盗窃者的秘密窃取行为才使被盗财物脱离物主的实际持有或控制。（2）犯罪目的产生的时间不同。侵占行为人的非法占有目的，发生在实际持有或控制他人的托管物以及拾得他人的遗忘物和发现他人的埋藏物之后；而盗窃行为人的不法占有目的，则发生在秘密窃取他人财物之前，即行为人是为了非法占有才去秘密窃取他人持有的公私财物的。（3）犯罪客观方面不同。侵占罪的行为，是对自己已实际持有或控制的他人的托管物、拾得的他人的遗忘物以及发现的他人的埋藏物，拒不退还或者拒不交出，从而实现非法占有。手段上可以是秘密的，也可以是公开或半公开的。如没有拒不退还或者拒不交出的行为，则不能构成侵占罪。盗窃罪的行为则是对他人持有和控制的公私财物，采取秘密窃取的方法，使其脱离所有人的控制，从而实现非法占有。其手段只能是秘密的，且窃得他人财物后又主动退还的不影响盗窃罪的成立。

——《刑事审判参考》（总第24辑）。

902 以盗窃与诈骗交织手段非法占有他人财物行为的定性

关键词|盗窃罪|诈骗罪|非法占有目的|利用信息网络|

【最高人民法院指导性案例】

臧进泉等盗窃、诈骗案(最高人民法院指导案例27号)

裁判要点:对既采取秘密窃取手段又采取欺骗手段非法占有财物行为的定性,应从行为人采取主要手段和被害人有无处分财物意识方面区分盗窃与诈骗。行为人利用信息网络,诱骗他人点击虚假链接而实际通过预先植入的计算机程序窃取财物构成犯罪的,以盗窃罪定罪处罚;虚构可供交易的商品或者服务,欺骗他人点击付款链接而骗取财物构成犯罪的,以诈骗罪定罪处罚。

法院生效裁判认为:盗窃是指以非法占有为目的,秘密窃取公私财物的行为;诈骗是指以非法占有为目的,采用虚构事实或者隐瞒真相的方法,骗取公私财物的行为。对既采取秘密窃取手段又采取欺骗手段非法占有财物行为的定性,应从行为人采取主要手段和被害人有无处分财物意识方面区分盗窃与诈骗。如果行为人获取财物时起决定性作用的手段是秘密窃取,诈骗行为只是为盗窃创造条件或作掩护,被害人也没有"自愿"交付财物的,就应当认定为盗窃;如果行为人获取财物时起决定性作用的手段是诈骗,被害人基于错误认识而"自愿"交付财物,盗窃行为只是辅助手段的,就应当认定为诈骗。在信息网络情形下,行为人利用信息网络,诱骗他人点击虚假链接而实际上通过预先植入的计算机程序窃取他人财物构成犯罪的,应当以盗窃罪定罪处罚;行为人虚构可供交易的商品或者服务,欺骗他人为支付货款点击付款链接而获取财物构成犯罪的,应当以诈骗罪定罪处罚。本案中,被告人臧进泉、郑必玲使用预设计算机程序并植入的方法,秘密窃取他人网上银行账户内巨额钱款,其行为均已构成盗窃罪。臧进泉、郑必玲和被告人刘涛以非法占有为目的,通过开设虚假的网络店铺和利用伪造的购物链接骗取他人数额较大的货款,其行为均已构成诈骗罪。对臧进泉、郑必玲所犯数罪,应依法并罚。

关于被告人臧进泉及其辩护人所提非法获取被害人金某的网银账户内305000元的行为,不构成盗窃罪而是诈骗罪的辩解与辩护意见,经查,臧进泉和被告人郑必玲在得知金某网银账户内有款后,即产生了通过植入计算机程序非法占有目的;随后在网络聊天中诱导金某同意支付1元钱,而实际上制作了一个表面付款"1元"却支付305000元的假淘宝网链接,致使金某点击后,其网银账户内305000元即被非法转移到臧进泉的注册账户中,对此金某既不知情,也非自愿。可见,臧进泉、郑必玲获取财物时起决定性作用的手段是秘密窃取,诱骗被害人点击"1元"的虚假链接系实施盗窃的辅助手段,只是为盗窃创造条件或作掩护,被害人也没有"自愿"交付巨额财物,获取银行存款实际上是通过隐藏的事先植入的计算机程序来窃取的，符合盗窃罪的犯罪构成要件，依照刑法第二百六十四条、第二百八十七条的规定，应当以盗窃罪定罪处罚。故臧进泉及其辩护人所提上述辩解和辩护意见与事实和法律规定不符，不予采纳。

——《最高人民法院关于发布第七批指导性案例的通知》(2014 年 6 月 26 日，法〔2014〕161 号)。

【最高人民法院参考案例】

葛玉友等诈骗案(《刑事审判参考》案例第 1048 号)

要旨：行为人在买卖过程中采取秘密的欺骗手段，致使被害人对所处分财物的真实重量产生错误认识进而处分财物的行为构成诈骗罪。

(一)在买卖过程中，行为人采取秘密的欺骗手段，致使被害人对所处分财物的真实重量产生错误认识，并进而处分财物的行为构成诈骗类犯罪

盗窃罪与诈骗罪是常见的两种犯罪，在一般情况下不会发生混淆。但是，随着犯罪方法、犯罪手段的翻新，在一些复杂的案件中，行为人为了达到非法占有他人财物的目的，会交互采用欺骗与秘密窃取的多种手段与方法。本案即是如此，三被告人通过秘密增加“空车”自重，进而掩盖车载碎布料真实重量的方式，让被害人“自愿”多处分其碎布料，在这一过程中盗窃与诈骗行为相交织在一起。本案审理过程中，对三被告人的上述行为定性主要存在以下两种意见：一种意见(即公诉机关指控意见)认为，被害人对于被告人从该厂多拉走四吨碎布料始终是不知情的，也没有对其所有权进行处分，被告人系在被害人不知情的情况下秘密窃取碎布料，应当以盗窃罪定罪处罚。另一种意见认为，本案的犯罪对象是碎布料，尽管被告人事先在空车上装载石块、水的手段以增加“空车”自重，在装载碎布料前再予以卸掉的行为是秘密进行的，但该行为目的是实施欺诈，使被害人对一车碎布料的真实重量产生错误认识，并基于该错误认识而交付财物，符合诈骗罪的构成要件，应当以诈骗罪定罪处罚。

我们同意后一种意见。具体理由如下：

关于盗窃与诈骗行为相交织的情形，按照过去的主流观点，就是看取财的决定性手段是什么。如果决定性手段是骗就是诈骗，反之就是盗窃。这种观点从理论上看似通俗易懂，但是难以适用于实践中一些复杂情形。因为取财手段的决定性大小在复杂案件中本身就很难被量化，中间存在很大的弹性空间，而且完全以此来定性，容易将起决定性作用的事前与事后秘密掩盖行为来定性，从而违背了定案的逻辑基础。为此，在对这些案件进行认定时，需要进一步分析两罪客观行为的逻辑结构，并从中去寻找答案。其中，盗窃罪的逻辑结构可以表述为：犯罪人窃取财物——被害人失去对财物的有效控制——犯罪人取得财物；而诈骗罪的行为逻辑

结构为:犯罪人实施了欺骗行为——被害人陷入错误认识——被害人基于认识错误交付财物——行为人取得财物。由此可以看出,两罪的本质区别在于被害人针对财物是否存在处分行为。

在我国刑法理论与实务界,尽管已经认识到处分行为的有无系认定诈骗罪的关键所在,但是针对处分行为的构成尤其是处分意识的研究还有待进一步研究。众所周知,处分财产行为系一种民事法律行为,由客观行为和意思表示两部分构成。这就要求在认定处分行为时,要坚持主客观相统一的原则。除了从客观上分析有无"交付"行为,还要从主观上分析受骗者对所交付的财产是否存在有认识以及认识到何种程度。被害人认识的内容不仅包括被骗财物的种类、名称、数量、颜色等外观物理特征,还包括财物的性质、质量、重量、价值等内在的东西。有观点认为,诈骗罪中的处分行为,要求被害人对所处分财物必须有全面、完整、清晰的认识,否则就没有处分意识,不能认定为处分行为。上述说法貌似很有道理,实际上是对诈骗罪中处分意识这一概念的误解。究其原因,在于诈骗罪中的行为人都要实施虚构事实、隐瞒真相的行为,被害人都会陷入一定的认识错误,进而作出带有瑕疵的处分行为。在这种情况下,要求被害人对所处分财物外在特征与内在属性均有正确的认识显然是不切实际的。基于这一考虑,接下来的问题是,被害人对所处分的财物需要达到何种认识程度,方能成立"处分行为"?我们认为,被害人至少需要认识到所处分财物的种类、名称等外观物理特征,即知道自己是在对什么东西进行处分。当被害人对自己所处分财物的上述物理外观存在认识时,尽管由于行为人的欺骗行为而对财物的质量、价格等内在属性产生了错误认识,仍然不影响处分意识的成立,成立诈骗罪;反之,如果行为人直接针对财物本身采取秘密欺骗手段,使得受骗者对所转移财产的外观物理特征亦没有认识,即不知道自己处分的是何种财物甚至不知道已经处分了自己的财物。由于不存在处分意识,故不成立诈骗罪,而应当以盗窃罪论处。

以此为分类标准,司法实践中主要存在以下两种情形:一是当被害人知道交付的财物是甲财物,并且实际上交付的确实是甲财物时,尽管犯罪人采取欺骗手段隐瞒了财物的实际价值等内在属性,但被害人对所交付财物的种类、名称等外观物理特征并没有发生认识错误,故不影响处分行为的认定。例如,犯罪行为人通过欺骗手段使被害人对其所持名贵字画的真假产生了错误认识,将真实的字画当成赝品低价转卖给行为人。在这种情况下,被害人尽管对字画的真假属性及由此决定的价格产生了错误认识,但对字画的物理外观本身并没有产生错误认识,知道自己在卖画,此时的交付行为仍然属于诈骗罪中的处分行为。二是行为人采用秘密"调包"或者其他隐蔽方法,使得被害人对自己所交付财物的种类、名称等外观物理都没有认识到,即不知道自己对某财物进行了处分,此时被害人不存在处分意识,故不能认定其实施了处分行为。例如，在商场“调包案”中，行为人将包装内的普通商品换成贵重商品，收银员不知情按照普通商品收了较低的价格。表面上看，是收银员自己将贵重商品交给了行为人，具有“自愿交付”的行为表象。但是，收银员并不清楚普通商品包装袋内有贵重物品，其对于该贵重物品连最基本的物理外观都不存在认识，当然也就谈不上实施了处分行为。实际上，行为人系采用隐瞒事实真相的方法作掩饰，乘机窃取他人财物，当其将贵重物品秘密放进普通商品包装内时，就已经构成了盗窃罪，应当以盗窃罪论处。

具体到本案中，被告人葛玉友、姜闯、张福生事先偷偷在运输车辆上装入石头、水，在“空车”过磅之后偷偷把石头、水卸掉去装载碎布料，再满载车辆过磅，然后根据两次过磅结果计算车上碎布料重量的方法，在被害公司工作人员林祥云不知情的情况下额外多运走价值数万元的碎布料。在上述过程中，被害公司工作人员“自愿”多交付碎布料给被告人，符合处分财产行为的客观要求，在这一点上不存在争议。问题在于，被害人对于多出的碎布料在主观上是否存在处分意识？如果存在，则为诈骗，反之则为盗窃。本案行为人采取一种秘密的欺骗手段，该行为直接针对的是“空车”重量，所改变的只是计量标准，使被害人对车载碎布料的重量产生错误认识，进而作出了处分决定。由于行为人的秘密欺骗行为并非直接针对碎布料进行，即并没有将碎布料进行秘密藏匿，被害人也并没有因此而对车上碎布料的物理外观发生错误认识，故被告人的行为符合诈骗罪的构成结构特征。当然，与典型诈骗罪不同的是，本案被告人采用的“骗称”手段，系一种动作诈骗，它区别于通常所见的言词诈骗。但无论是动作诈骗还是言词诈骗，行为人都是采用虚构事实或者隐瞒真相的方法，使财物所有人发生认识上的错误，并基于错误认识而实施处分行为，因而构成诈骗罪。换一种情形，假设车载碎布料不需要称重，而是以整车为计量单位，那么，如果行为人在车厢之外设置夹层并在其中秘密藏匿碎布料，由于被害人对于车内夹层中的碎布料在物理外观上缺乏最基本的认识，对该部分碎布料被害人不存在处分意识，不能认定为诈骗，而应当认定为盗窃罪。

（二）合同诈骗罪要求行为人必须充分利用合同的签订与履行来骗取财物，本案行为人系采用其他诈骗方法骗取对方财物，应当以诈骗罪论处

诈骗罪与合同诈骗罪主要的区别在于所侵犯的客体不同，由此带来客观方面的行为方式也不同。其中，诈骗罪规定于侵犯财产罪这一类罪名之下，可见诈骗罪旨在保护的法益是财产所有权；而合同诈骗罪规定在破坏社会主义市场经济秩序罪中的扰乱市场秩序罪之中，主要保护的法益是市场秩序。由于合同是市场经济活动的一项重要内容，是人们进行经济活动赖于信任的基础，利用合同进行诈骗，势必扰乱市场秩序，进而需要以合同诈骗论处。这就要求合同诈骗罪在客观行为上，必须是市场交易活动中利用合同的签订、履行来骗取他人财物。对此，刑法第

二百二十四条列举了合同诈骗罪的四种常见方式:(1)以虚构的单位或者冒用他人名义签订合同的;(2)以伪造、变造、作废的票据或者其他虚假的产权证明作担保的;(3)没有实际履行能力,以先履行小额合同或者部分履行合同的方法,诱骗对方当事人继续签订和履行合同的;(4)收受对方当事人给付的货物、货款、预付款或者担保财产后逃匿的;(5)以其他方法骗取对方当事人财物。由上可见,行为人正是利用合同这种对双方当事人具有约束力的形式,故意违背市场经济中的诚实信用原则,来达到非法占有他人财物的犯罪目的。也就是说,利用合同即是其诈骗行为。反之,尽管行为人与对方签订了合同,但如果其获得财物并没有利用合同,而是采用其他虚构事实、隐瞒真相的方式;同样,相对方陷入错误认识也并非基于合同,而是合同以外的其他欺骗因素,那么,该行为所侵害的法益仅仅是他人的财产所有权,直接以普通诈骗罪认定即可。

本案中即是如此,从犯罪预备到犯罪实施整个过程,三被告人均没有利用合同来实施诈骗的主观故意与行为:一方面,从主观上看,三被告人自始至终都没有利用合同的签订与履行来骗取对方财物的故意。尽管合同诈骗罪中的“合同”包括口头合同在内,但是一般来说,行为人如果想利用合同来进行诈骗,通常会与对方签订正式的书面合同,以此来获取对方的信任,进而骗取对方的财物。然而,本案被告人与纺织公司并没有签订形式上更有约束力的书面合同,在交易时采取的是“一手交钱、一手交货”即钱货两清的方式,合同的签订与否在本案中并不重要。另一方面,从骗取财物的主要方式来看,三被告人并没有利用合同的签订、履行来实施诈骗,而是采用合同之外的其他诈骗方法,即在碎布料称重过程中,通过事先在空车上装载石块、水以增加“空车”自重,在装载碎布料前再予以卸掉,使被害人对一车碎布料的真实重量产生错误认识,并基于该错误认识而交付财物的手段进行的。综上,本案三被告人并没有利用合同来实施诈骗的故意与行为,故法院对三被告人以诈骗罪定罪处罚是正确的。

——《刑事审判参考》(总第101辑)。

孙伟勇盗窃案(《刑事审判参考》案例第751号)

要旨:伪造证明材料,将借来的车辆冒名抵押给他人,后又从抵押权人处窃回车辆的行为,应以盗窃罪一罪定罪处罚。

被告人孙伟勇虽然主观上具有非法占有的故意,但其伪造证件冒名质押,并从被害人薛春强处取得质押款七万二千元时,并未给薛春强造成损失,双方之间是一种民事行为。此时,孙伟勇的行为尚不构成诈骗罪。孙伟勇最终是通过盗窃行为实现非法占有的故意,薛春强合法占有的质押物脱离占有,导致财产损失。孙伟勇的盗车行为是一个单独的盗窃行为,应以盗窃罪一罪定罪量刑。

——《刑事审判参考》(总第84辑)。

朱影盗窃案(《刑事审判参考》案例第492号)

要旨:在交互使用欺骗与窃取手段的侵财案件中,认定行为的性质是盗窃还是诈骗,关键是看行为人获取财物时起决定性作用的手段是窃取还是欺骗。若采用"虚构和蒙骗"的直接手段取得他人财物的,应认定诈骗罪;若采用"秘密窃取"为直接手段取得他人财物的,则应认定盗窃罪。

就本案而言,首先,本案被害人没有处分财产的意思和行为。诈骗罪是一种交互型犯罪,被害人是否具有处分财物的意思和行为,是区分诈骗还是盗窃的客观标准。对被害人来说,被告人趁被害人不备调包取走财物,被害人当时不知情、事后才知道,在这种情况下,虽然财物在被告人手中暂时持有,但被害人既在主观上没有让被告人取得财物控制权的意思,客观上被告人也没有取得财物的实际控制,被害人仅是让其利用财物"施法驱鬼",并不带走财物,因而被害人虽然受骗了,但他并没有因此而具有将财物转移给被告人支配与控制的处分意思和行为。被告人取得财物的支配与控制完全是后来的调包秘密窃取行为所致。如果说被告人的行为成立诈骗罪,则意味着被告人接到财物时便成立诈骗既遂,即使被告人事后将财物还给被害人,也属于诈骗既遂后的返还行为,这恐怕与法理不合。

其次,被告人非法取得财物主要是以调包的秘密窃取手段来实现的。被告人以"施法驱鬼"诱使被害人将财物作为道具交给被告人,属于欺诈的性质,但被告人并非依靠该欺诈行为直接取得财物,而这只是为其之后实施秘密窃取行为创造条件。其对财物只是暂时持有,被告人"施法驱鬼"时,被害人仍然没有失去财物占有权,随时可以让被告人停止施法交还财物。因此,通过欺诈取得对财物的暂时持有,不是被告人的目的行为,而只是其实现占有财物目的的辅助手段行为。相对于前述欺诈行为而言,被告人的"调包"行为属于秘密窃取的性质。

——《刑事审判参考》(总第62辑)。

903 反复将同一物品出卖给他人后又偷回的行为如何定性及犯罪数额的认定

关键词 | 盗窃罪 | 犯罪数额 |

【最高人民法院审判业务意见】

问题:

三人经事先预谋,将一捆价值人民币(以下币种同)二千元(此为案发后相关估价机构的鉴定价格)的铜丝以一千五百元的价格卖给废品收购人。待废品收购人收好铜丝并付款后,其中二人通过与废品收购人聊天吸引废品收购人的注意力,另一人则乘机将该捆铜丝偷回。得手后三人立即逃离。三人以此种方式将同一捆铜丝反复出卖给十名不同的废品收购人,每次交易后均偷回铜丝,共计得款一万五千元。如何认定本案三行为人的性质以及犯罪数额?

解答:

一、三行为人的行为应当认定为盗窃罪而不是诈骗罪

本案三行为人在与被害人进行交易时隐瞒真实目的,具有一定的欺骗性。对于铜丝的对价一千五百元,被害人是基于交易的意思自愿交付的,而对于铜丝的被盗,被害人当时并不知情。对于这种存在"骗售"和"盗取"两个环节的行为如何定性,大致存在两种意见:一种意见认为构成诈骗罪。理由是,三行为人经事先预谋,通过虚假交易骗得他人财物,铜丝只是用于诈骗的道具,并非真正的交易标的。另一种意见认为构成盗窃罪。理由是,交易完成后,铜丝的占有就转移给废品收购人。行为人采用秘密手段取得他人占有的财物,应当认定为盗窃行为。

我们认为,非法获利是财产型犯罪的最终目的,对于同时存在"骗售"和"盗取"多环节的行为,需要进一步辨析"骗售"和"盗取"行为中究竟哪一行为是实现"非法获利"的关键行为。对于虽然有"骗"的成分,但在他人不知情的情况下利用秘密窃取而实现财物转移占有的情形下,"盗取"是对实现非法获利具有决定性影响的行为,故整体行为应当认定为盗窃罪。例如,行为人蛊惑老人将财宝供奉于某地,然后晚上乘人不备将财宝偷走,即构成盗窃罪。反之,对于虽然有"偷"的成分,但实际是因他人产生错误认识后进而实现的财物占有转移情形,整体行为应当认定为诈骗罪。例如,行为人在货车隐蔽部位焊上水箱并灌满水,驶入矿区之前整车称重,然后在装煤时将水排出,借此将多装的煤非法占为己有,即构成诈骗罪。本案中的"骗售"实际是为后续的"盗取"做铺垫,"盗取"对于实现非法获利具有决定性作用,故反复多次将同一物品出卖给他人后又偷回的行为应当认定为盗窃罪。

本案的犯罪过程可以分为两个阶段:第一阶段,行为人将价值二千元的铜丝卖给他人,得款一千五百元。此时行为人并没有真实的交易目的,该交易具有欺骗成分。第二阶段,行为人将已经属于被害人占有的铜丝秘密偷回,实现对价值二千元财物的非法占有。如果仅实施"骗售"而没有后续的"盗取",行为人无法达到非法获利的目的,故后续的盗取行为对非法获利具有决定性作用。但是,这一点有一定的迷惑性。行为人使用先卖后偷的犯罪手法作案,其直接目的是非法占有一千五百元货款。虽然在前一阶段的交易行为中行为人已经获得该笔货款,但尚不属于非法获利,只有通过后续盗窃行为实现对铜丝的非法占有后,行为人才能真正实现非法获利的目的。从被害人的角度分析,其交付一千五百元价款时对该交易本身

并无错误认识,也实际收到了铜丝,其合法权益是在行为人实施的后续盗窃行为中受损的,故本案应当定性为盗窃罪。主张本案应当定性为诈骗罪的观点,虽然注意到了前一阶段交易的欺骗性,但没有认真分析后一阶段盗窃行为对于实现最终非法获利目的的决定作用。

二、本案的犯罪数额应当认定为二万元

关于本案盗窃数额的认定,也存在分歧。第一种意见认为盗窃数额为二千元,即一捆铜丝的价值;第二种意见认为盗窃数额为一万五千元,即十次交易的价格总和;第三种意见认为盗窃数额为二万元,即十捆铜丝的总价值。

我们同意第三种观点。具体理由如下:

首先,本案三行为人多次盗窃同一物品,虽然犯罪对象是同一捆铜丝,但是针对不同的被害人实施的,导致多名被害人遭受财产损失,即其实施的每次盗窃行为均有独立的被害人,且从中获取独立的非法利益,故只有将盗窃数额累计计算,才能全面评估其盗窃行为的整体危害后果,从而准确判定其所应承担的刑事责任。多次盗窃同一物品的案件中盗窃数额是否累计计算,不能一概而论,应当结合具体案情加以判断。如数次盗窃行为均造成独立损害,并给行为人带来独立非法利益的,应当累计计算多次盗窃的数额,本案即属于这种情形。如数次盗窃行为服务于同一个犯罪目的,针对同一被害人,且数次被盗的被害人实质上仅遭受一次财产损失的,行为人获得的非法利益与一次所获无异,该情形下盗窃数额不应累计计算。例如,行为人盗走他人的汽车后将车停放于停车场,失主使用定位技术找到该车并开走,后行为人再次盗走该车,此时应当以一辆汽车认定行为人的盗窃数额。

其次,在确定了本案应当累计计算每次盗窃的数额后,接下来的问题是如何认定每次盗窃的数额。是以一千五百元的铜丝交易价格还是以二千元的铜丝实际价值认定每次盗窃的数额,也存在一定的分歧。我们认为,根据最高人民法院、最高人民检察院 2013 年联合出台的《关于办理盗窃刑事案件适用法律若干问题的解释》第四条的规定,被盗财物有有效价格证明的,根据有效价格证明认定盗窃数额;无有效价格证明,或者根据价格证明认定盗窃数额明显不合理的,应当按照有关规定委托估价机构估价。本案的犯罪对象为回收利用的物资,无有效价格证明,双方的交易又具有一定欺骗性,应当根据市场交易情况评估其价值,故委托有关评估机构鉴定,按照评估机构鉴定的铜丝的市场价值二千元认定每次盗窃的数额是正确的。以一千五百元的交易价格认定盗窃数额在表面上看具有一定合理性,因为行为人从每次犯罪行为中实际获利一千五百元,被害人直接损失的也是一千五百元价款。但是,值得注意的是,该铜丝的市场价值为二千元,被害人虽然付出了一千五百元,但其购买了铜丝后即取得了二千元的财产利益,该财产利益因之后的盗窃行为受损,同时行为人却因之后的盗窃行为获得二千元的财产利益,故盗窃数额应当认定为二千元。这与行为人盗窃财物后低价销赃导致犯罪实际收益与犯罪数额存在差异的情形道理是相同的。以一千五百元来认定每次犯罪数额的意见,实质上是将交易行为定性为诈骗,认为被害人基于错误认识交付了一千五百元货款,忽略了盗窃行为的独立性和对实现犯罪目的的决定性作用。

——《反复将同一物品出卖给他人后又偷回的行为如何定性及犯罪数额的认定》,载最高人民法院刑事审判第一、二、三、四、五庭主办:《刑事审判参考》(总第92辑),法律出版社2014年版,第223—226页。

904 以勒索钱财为目的盗窃机动车号牌行为的定性

关键词|盗窃罪|机动车号牌|国家机关证件|

【最高人民法院参考案例】

杨聪慧、马文明盗窃机动车号牌案(《刑事审判参考》案例第582号)

要旨:机动车号牌不属于盗窃国家机关证件罪中的国家机关证件,以敲诈钱财为目的的盗窃机动车号牌的行为可视具体情形处以敲诈勒索罪或盗窃罪。

机动车号牌是否属于刑法第二百八十条规定的行为对象,是本案中对二被告人准确定罪的一个必须厘清的问题,经研究,我们认为,机动车号牌不属于刑法第二百八十条规定的盗窃国家机关证件罪中的国家机关证件,其主要理由在于:

首先,从文义解释角度来看,国家机关证件是由国家机关制作颁发的用以证明身份、权利义务关系或者有关事实的规范性凭证,通常具有制作主体特定、用途明确、形式规范等特征,主要包括证件、证书等,如常见的护照、机动车行驶证均具有此特征。机动车在交易过程中,涉及各种不同的证件,包括机动车来历凭证、整车合格证、号牌、行驶证、登记证书以及有关机动车的其他证明和凭证。从证件属性来看,有关机动车的证明和凭证中,只有行驶证、登记证书属于国家机关证件的范畴,其他证明和凭证不属于国家机关证件的范畴。机动车号牌虽由公安机关交通管理部门统一制发,但只是中英文和数字的组合,并不加盖主管机关的印章,仅起到机动上路行驶的有效识别载体的作用,不具有国家机关证件通常具备的上述特征。特别是根据公安部修订发布的《机动车登记规定》,自2008年10月1日起机动车所有人可以通过计算机自动选取或者按机动车号牌标准规定自行编排的方式获取机动车号牌号码,进一步强化了机动车号牌的个性色彩。因此,从一般属性来看,机动车号牌只是一种标志,而非国家机关证件。

其次,从体系解释出发,在刑法分则体例安排上,刑法分则第二百八十一条、第三百七十五条中分别规定了对非法生产、买卖人民警察车辆号牌、武装部队车辆号牌等专用标志，情节严重的行为，予以定罪处罚。从上述规定可以看出，刑法是将人民警察车辆号牌、武装部队车辆号牌归为专用标志，而非国家机关证件，因此，将除上述特殊车辆号牌外的一般的机动车号牌解释为国家机关证件有悖于刑法体系解释的原理。或许有人认为，刑法第三百七十五条第一款、第二款分别规定了伪造、变造、买卖或者盗窃、抢夺武装部队公文、证件、印章罪及非法生产、买卖武装部队制式服装、车辆号牌罪，可那是立法者为了对武装部队类的机动车号牌予以特别保护才作此规定，因而并不妨害将一般的机动车号牌认定为国家机关证件。很显然这种理解并不合理，从这两个条文本身来看，第一款规定的入罪标准显然宽于第二款要求的入罪标准，第二款仅对情节严重的情形予以刑罚制裁，而第一款却将情节严重情形作为法定刑升格的条件，这是因为，从一般观念来看，武装部队公文、证件显然较武装部队车辆号牌更为重要，更值得刑法保护，以之为对象的犯罪社会危害更大。因而如果将普通的机动车号牌解释为国家机关证件，不仅造成概念的混乱也严重背离了刑法体系解释的基本原理。而且，无论刑法第二百八十一条还是第三百七十五条都只规定非法生产、买卖人民警察车辆号牌、武装部队车辆号牌等专用标志，情节严重的予以定罪处罚，并未将盗窃、抢夺上述专用标志定罪处罚，如果将盗窃机动车号牌即以盗窃国家机关证件予以定罪处罚，甚至可以情节严重升格法定刑幅度予以处罚，显然是严重背离了罪刑法定原则。特别值得一提的是，立法者也已注意到盗窃、抢夺武装部队车辆号牌具有较为严重的社会危害性，故而在刑法修正案（七）中增加规定了盗窃、抢夺武装部队车辆号牌等专用标志的犯罪，但这仍然是将机动车号牌限定在专用标志的范畴内处理这一问题。

最后，从司法解释沿革的一致性来看。1998 年 5 月 8 日最高人民法院、最高人民检察院、公安部、国家工商行政管理局联合发布的《关于依法查处盗窃、抢劫机动车案件的规定》的第七条规定伪造、变造、买卖机动车号牌及机动车入户、过户、验证的有关证明文件的依照刑法第二百八十条第一款的规定处罚。该条文正是司法实践中个别司法机关将盗窃机动车号牌以盗窃国家机关证件定罪的所谓法律依据。单就该条文来说，它也仅是明确了在盗、抢机动车犯罪中伪造、变造、买卖机动车号牌的以伪造、变造、买卖国家机关证件定罪处罚，但不能就此当然地对盗窃、抢夺机动车号牌的行为以盗窃、抢夺国家机关证件罪予以定罪处罚，更不能以此当然地推定机动车号牌即为国家机关证件。不能忽略的是，最高人民法院、最高人民检察院也已注意到了这一问题，自 2007 年 5 月 11 日起施行的《最高人民法院、最高人民检察院关于办理与盗窃、抢劫、诈骗、抢夺机动车相关刑事案件具体应用法律若干问题的解释》第二条第一款仅规定了伪造、变造、买卖机动车行驶证、登记证书累计三本以上的，依照刑法第二百八十条第一款的规定予以定罪，应当说这不是司法解释的疏漏，而是特意为之，目的就是将机动车号牌排除在国家机关证件范畴之外。该司法解释与前述1998年的规范性文件都是就盗、抢机动车等相关犯罪问题作出的规定,但从法律效力的一般原则来看,后法优于前法,故上述司法解释应优先适用,机动车号牌不属于刑法第二百八十条规定的国家机关证件。

本案中,被告人杨聪慧、马文明盗窃他人机动车号牌是为了以此向有关号牌所有人勒索钱财,因为单纯的盗窃机动车牌照对其而言并不具有实质性的意义,机动车号牌本身没有什么经济价值,其盗窃机动车牌照系为了向号牌所有人实施敲诈勒索的行为,达到非法获取钱财的目的。因此,盗窃机动车号牌的行为属于手段行为,勒索钱财行为属于目的行为,所以将盗窃行为认定为与勒索行为具有牵连关系比较妥当。对于牵连犯,一般应择一重罪进行定罪处罚。如果行为人敲诈得手后归还所窃取的车牌,并达到追诉标准的,以敲诈勒索予以定罪是无异议的。如果行为人未能敲诈到钱财并且将车牌随意丢弃的,在此情况下可以盗窃罪予以定罪。或许有人会认为,行为人主观上仅有敲诈勒索的目的,并没有非法占有的目的,处以盗窃罪似乎比较牵强。其实,盗窃的经典表述是以和平手段永久剥夺他人对财物的所有或占有。因此,如果行为人在未能敲诈得手的情况下,将车牌任意丢弃,主观上虽然没有实现非法取财的目的,但其主观上对于造成他人财产损失是故意的,客观上亦造成了被害人为补办车牌带来的利益损失,具有一定的社会危害性,故以盗窃罪予以处罚符合刑法原理。在此涉及的一个问题是盗窃数额如何认定,因为刑法规定一般盗窃行为达到数额较大的才构成犯罪。盗窃罪属于侵财犯罪,其盗窃财产的数额一般就是被害人的财产损失数额。机动车牌照本身不能买卖,不具有经济价值,但其具有使用价值,所有人需支付相应办理牌照的费用才能获取,从这个意义上讲,被害人因盗窃所遭受的经济损失就是需支付的补办牌照费用,虽然此部分费用被告人并未获取,但确属被害人遭受的经济损失,由于侵财犯罪中有些情况下犯罪人非法获财情况与被害人损失情况并不一致,但并不妨碍将其未实际获取的部分认定为犯罪数额,因此本案中以被害人补办车牌所需的费用作为盗窃数额符合侵财犯罪的本质原理。

——《刑事审判参考》(总第70辑)。

905 窃取他人挖掘机电脑主板后索取钱财的行为以盗窃罪定罪处罚

关键词｜盗窃罪｜敲诈勒索罪｜牵连犯｜

【最高人民法院参考案例】

张超群、张克银盗窃案(《刑事审判参考》案例第427号)

要旨:窃取挖掘机电脑主板后向被害人索取钱财的行为,其手段行为构成盗窃罪，目的行为构成敲诈勒索罪，分别触犯了不同的罪名，构成牵连犯，在处罚上应择一重罪即以盗窃罪定罪处罚。

被告人张超群、张克银共同窃取挖掘机电脑主板后向被害人索取钱财的行为，其手段行为构成盗窃罪，目的行为构成敲诈勒索罪，分别触犯了不同的罪名，构成牵连犯，在处罚上应择一重罪即以盗窃罪定罪处罚。理由如下：

（一）被告人张超群、张克银共同秘密窃取电脑主板后向被害人索取钱财的犯罪行为构成牵连犯

本案中，被告人张超群、张克银为了敲诈挖掘机主的钱财，先盗窃挖掘机上的电脑主板，然后将电脑主板藏在附近，并将写有自己手机号码的字条特意留在挖掘机内，待被害人主动打电话与其进行联系后，再以汇款入指定账户才将电脑主板归还相要挟，向被害人索取钱财。被害人考虑重新配置新的电脑主板的价格远高于被敲诈勒索的现金和为了减少停工损失，被迫按照被告人的要求，将被勒索的款项汇入指定账户，被告人确认款项到账后，即电话告诉被害人藏匿电脑主板地点，让被害人自行找回。上述盗窃行为属于手段行为，打电话要挟索财属于目的行为，分别触犯了盗窃罪和敲诈勒索罪两个不同罪名。被告人实施盗窃行为是为实施敲诈勒索行为创造条件，盗窃行为和敲诈勒索行为都是围绕一个最终犯罪目的——勒索钱财，因而手段行为和目的行为之间具有牵连关系，而且被告人对两个犯罪行为之间的牵连关系有明确的认知，因此成立牵连犯。

（二）对牵连犯罪，除法律明文规定外，其处理原则是从一重罪定罪处罚

如何判断牵连犯罪中此罪与彼罪的轻重呢？一般情况下可以从法定刑的轻重来区分此罪与彼罪的轻重，主要的依据是比较法定的最高刑和法定的最低刑，以及法律规定的附加刑；在法定刑幅度相同的情况下，则应根据各罪实际应判处的刑罚来确定此罪与彼罪的轻重。就本案而言，首先，从法定刑上来比较，根据刑法第二百六十四条、第二百七十四条的规定，盗窃罪的法定刑为无期徒刑、有期徒刑、拘役或者管制，并处或者单处罚金，而敲诈勒索罪的法定刑是十年以下有期徒刑、拘役或者管制。由此可知，盗窃罪的最高绝对法定刑高于敲诈勒索罪的最高绝对法定刑，那么，盗窃罪的罪质就要重于敲诈勒索罪的罪质。其次，从刑法条文上可以看出，对盗窃罪规定了并处附加财产刑，而对敲诈勒索罪没有规定附加财产刑，这也说明对盗窃罪的处罚要重于对敲诈勒索罪的处罚。再次，从实际应当判处的刑罚看，如果认定被告人张超群盗窃的财物价值人民币 92580 元，根据最高人民法院和浙江省高级人民法院规定的盗窃案件的数额标准，属数额巨大，可在三年至十年有期徒刑的范围内决定刑期，且应当判处接近十年有期徒刑的刑罚（实际上判处有期徒刑八年六个月，并处罚金人民币一万元），并处罚金；如果认定被告人张超群敲诈勒索人民币五万元，虽然也属于数额巨大，也可在三年至十年有期徒刑的范围内决

定刑期，但认定的犯罪数额比盗窃犯罪数额还少，无论敲诈勒索犯罪情节多么严重、数额多大，最高也只能判处十年有期徒刑，且不能并处罚金，显然认定被告人张超群犯敲诈勒索罪应判处的刑罚要低于认定其犯盗窃罪应判处的刑罚。根据本案的具体情节，如果认定被告人张超群犯敲诈勒索罪，其犯罪情节没有达到特别严重程度，敲诈勒索的数额也没有达到应当判处接近十年有期徒刑的数额要求。所以，适用盗窃罪处罚比适用敲诈勒索罪处罚重，因此，吴兴区人民法院改变起诉书的指控，对被告人张超群以盗窃罪定罪处罚是正确的。

——《刑事审判参考》（总第 54 辑）。

906 盗窃公私财物并造成财物毁损的行为的认定

关键词｜盗窃罪｜故意毁坏财物罪｜

【最高人民法院司法解释】

第十一条　盗窃公私财物并造成财物损毁的，按照下列规定处理：

（一）采用破坏性手段盗窃公私财物，造成其他财物损毁的，以盗窃罪从重处罚；同时构成盗窃罪和其他犯罪的，择一重罪从重处罚；

（二）实施盗窃犯罪后，为掩盖罪行或者报复等，故意毁坏其他财物构成犯罪的，以盗窃罪和构成的其他犯罪数罪并罚；

（三）盗窃行为未构成犯罪，但损毁财物构成其他犯罪的，以其他犯罪定罪处罚。

——《最高人民法院、最高人民检察院关于办理盗窃刑事案件适用法律若干问题的解释》（2013 年 4 月 4 日，法释〔2013〕8 号）。

三、诈骗罪

(一)一般规定

907 如何区分诈骗罪与民事欺诈

关键词|诈骗罪|以非法占有为目的|民事欺诈|

【最高人民法院参考案例】

黄钰诈骗案(《刑事审判参考》案例第1342号)

要旨:在熟人之间,判断行为人骗取财物是否属于诈骗,就要正确判定行为人是否具有非法占有的目的。

诈骗罪,是指以非法占有为目的,采用虚构事实或者隐瞒真相的方法,骗取数额较大的公私财物的行为。由此可见,诈骗罪的构成要件要求行为人不但在客观方面采取虚构事实或者隐瞒真相的方法骗取数额较大的公私财物,在主观方面还必须表现为直接故意,并且具有非法占有公私财物的目的。而民事欺诈,行为人取得对方当事人的财物,也采用了欺骗的方法,例如,编造虚假的理由、占用财物后找理由拖欠不还,等等。但是,民事欺诈,由于其不具有非法占有的目的,因而从其本质上来讲,仍然属于民事纠纷的性质,而不属于诈骗犯罪。民事欺诈与刑事诈骗,在客观上,行为人都实施了占有他人财物的行为。但是,客观上的占有,与行为人主观上是否具有非法占有的目的,并不具有必然的对应关系。不能从客观上存在占有的事实直接推定行为人主观上具有非法占有的目的。判断一个行为是民事欺诈还是诈骗犯罪,关键看其是否具有非法占有的目的。认定诈骗罪,行为人主观上就必须具有非法占有的目的。反之,即使行为人在取得财物时有欺诈行为,只要没有非法占有的目的,不赖账,确实打算偿还的,就仍属于民事纠纷,不应认定为诈骗罪。

如何判断行为人是否具有非法占有的目的?最典型的诈骗案件是针对陌生人的诈骗。在这类案件中,被害人不知道犯罪分子的姓名、住址,犯罪分子一旦骗得被害人财物就逃之夭夭,切断与被害人的联系,非法占有目的非常明显。对这类案件的非法占有目的判断,在实践中不会产生争议。但是,在熟人之间,判断行为人骗取财物是否属于诈骗,就要正确判定行为人是否具有非法占有的目的。我们认为,主要可以从两个方面进行判断:一是看行为人是否有逃避偿还款物的行为。行为人取得财物后即携款(物)逃匿,躲避被害人催债;或者将财物转移、隐匿,拒不返还;或者将财物用于赌博、挥霍等,致使无法返还的,都属于逃避偿还的行为。二是看被骗人能否能够通过民事途径进行救济。一般来说,构成诈骗罪的行为,应当是不能通过民事途径进行救济的行为。欺骗行为尚不严重,不影响被骗人通过民事途径进行救济的,不宜轻易认定为诈骗犯罪。将能够通过民事途径救济的骗取财物行为排除在诈骗犯罪之外,也符合刑法的谦抑性原则。

——《刑事审判参考》(总第122辑)。

钢浓公司、武建钢骗取贷款、诈骗案(《刑事审判参考》案例第1208号)

要旨:非法占有目的的认定必须坚持在客观基础上的主观判断,不能仅凭被告人供述简单定案。

(二)含欺诈行为的民事借贷纠纷与诈骗罪的区别

本案第二起事实,在法院审理时并无争议。但司法实践中,含欺诈行为的民事借贷纠纷与诈骗罪之间的定性争议常在。争议核心仍在于如何认定行为人主观上的非法占有故意。结合本案事实,我们认为非法占有目的的认定必须坚持在客观基础上的主观判断,不能仅凭被告人供述简单定案。

具体可从以下三个方面来把握:一是行为人借款前的资产负债情况,有无还款能力;二是行为人实际借款用途有无保值增值可能;三是行为人有无隐匿财产、恶意转移财产、逃跑等逃避还款义务的行为。上述情节可以从客观方面反映行为人有无还款意愿和还款可能。对确因不可抗力、意外事件、正常的投资经营风险等债务人不能控制的因素导致债权人权益损失的,应当尊重民事法律规范的调整领域,不轻易激化矛盾上升到刑事追责的高度。对以欺骗方式获取借款,但借款时确有还款能力,借款后实际用于保值增值业务或者借款合同约定的借款用途,借款逾期后积极采取有效措施筹措还款的借款人,不宜认定行为人有非法占有的主观恶意。对明知自己无还款能力,以欺骗方式获取借款,事后无力归还,造成被害人损失的,依法追究相应的刑事责任。对以欺骗方式获取借款,实际用于赌博、挥霍或者违法活动的,造成被害人损失的,依法追究相应的刑事责任。对以欺骗方式获取借款,借款逾期后逃跑,或者有隐匿财产、恶意转移财产等恶意逃避还款的行为,造成被害人损失的,依法追究相应的刑事责任。

本案中,被告人武建钢明知自己无还款能力,负有大量外债,借款时已转让钢浓公司全部股权,隐瞒真相,虚构借款用途,使程春胜产生错误认识借给其巨额款项,逾期后拒不归还,原审法院认定其主观上具有非法占有目的,以诈骗罪追究刑事责任,定性准确。

——《刑事审判参考》(总第111辑)。

908 诈骗罪定罪量刑的数额标准

关键词｜诈骗罪｜犯罪数额｜

【最高人民法院司法解释】

第一条 诈骗公私财物价值三千元至一万元以上、三万元至十万元以上、五十万元以上的，应当分别认定为刑法第二百六十六条规定的“数额较大”、“数额巨大”、“数额特别巨大”。

各省、自治区、直辖市高级人民法院、人民检察院可以结合本地区经济社会发展状况，在前款规定的数额幅度内，共同研究确定本地区执行的具体数额标准，报最高人民法院、最高人民检察院备案。

——《最高人民法院、最高人民检察院关于办理诈骗刑事案件具体应用法律若干问题的解释》(2011 年 4 月 8 日，法释〔2011〕7 号)。

【链接：理解与适用】

根据经济社会发展的实际和现阶段诈骗犯罪的发案形势，《解释》第一条对《96 年解释》规定的诈骗罪定罪量刑数额标准作了必要调整。

一是将最低入罪门槛，由原来的二千元提高为三千元。尽管从理论上讲，诈骗罪定罪量刑的数额标准应当随着经济社会的发展作相应提高，但当前诈骗犯罪依然多发，人民群众反映强烈，故综合各方意见，对诈骗罪的最低入罪标准仅进行了微幅调整。

二是拉大了诈骗罪数额较大、数额巨大的起点幅度范围，规定诈骗三千元至一万元以上的为数额较大，诈骗三万元至十万元以上的为数额巨大，并授权各地结合本地区经济社会发展状况，具体确定本地区执行的数额标准。

三是将诈骗数额特别巨大的认定标准调整为五十万元。对数额特别巨大的认定标准沿用了《1996 年解释》，对此未规定授权幅度的解释方法，以保障严重诈骗犯罪的量刑均衡，同时与信用卡诈骗罪等诈骗类犯罪数额特别巨大的认定标准之间保持必要的协调。

——胡云腾、周加海、刘涛：《〈关于办理诈骗刑事案件具体应用法律若干问题的解释〉的理解与适用》，载《人民司法 · 应用》2011 年第 9 期。

【最高人民法院答复】

同意你院的倾向性意见。即在具体认定诈骗犯罪数额时，应把案发前已被追回的被骗款额扣除，按最后实际诈骗所得数额计算。但在处罚时，对于这种情况应当做为从重情节予以考虑。

——《最高人民法院研究室关于申付强诈骗案如何认定诈骗数额问题的电话答复》(1991年4月23日)。

【最高人民法院参考案例】

何上候等人诈骗案(《刑事审判参考》案例第1421号)

要旨:利用传销性质组织实施网络交友诈骗,应以行为人参与期间团伙总体的犯罪数额作为其个人的犯罪数额。

本案中,各被告人的行为均属于集团犯罪的一部分,各被告人均直接实施对被害人的诈骗行为,可以将集团犯罪数额作为认定各被告人的犯罪数额。由于不同被告人加入集团的时间不同,故应以各被告人加入集团的时间作为起算点,分别计算各被告人加入集团后集团总的犯罪数额。对于中途退出的普通集团成员,原则上犯罪数额计算至其退出时点,因为后续集团的犯罪与其参与行为无刑法上的因果关系,对于中途退出的集团骨干成员,因为骨干成员的参与行为,其危害后果能够继续延伸,故除非其采取措施尽力消除其行为对犯罪集团的影响和作用,如及时向公安机关报警等,否则犯罪数额不计算至其退出时点。

——《刑事审判参考》(总第128辑)。

杨志诚、韦宁、何文剑诈骗案(《刑事审判参考》案例第1423号)

要旨:行为人伪造材料骗领不动产权登记后抵押借款,犯罪数额是房产价值。

杨志诚等人以伪造材料骗取房产证为手段,以抵押借款为目的,但在不动产权登记后,涉案房产已从法律意义上转移至杨志诚等人名下,杨志诚等人取得涉案房产所有权,排除了被害单位占有、出售、抵押等一系列排他性权利。至此,杨志诚等人的诈骗行为已经完成。而杨志诚等人进行抵押借款系诈骗行为完成之后的事后行为,是否可罚需要根据相关证据进一步认定。

——《刑事审判参考》(总第128辑)。

阙莹诈骗案(《刑事审判参考》案例第1373号)

要旨:诈骗数额的认定应当考量被害人实际财产损失。

本案中,首先,虽然被告人阙莹向马云峰交付低档普洱茶是在马云峰支付货款之后,但收到货款的同时就委托快递发货,并按照对方要求将快递单号发送给马云峰验证,这正是阙莹虚构事实、实践骗术的一部分,也是阙莹获得被害人马云峰信任和隐瞒犯罪事实的条件。交付低档普洱茶并非阙莹出于弥补被害人马云峰损失的主观意愿,而是为了更稳妥地实现非法占有对方财产的犯罪目的。其次,马云峰以投资、收藏的目的向阙莹购买高档普洱茶、支付货款,阙莹实际交付的却是低档普洱茶。虽然该低档普洱茶也有确定的市场价值，能够满足普通消费者的食用需求，但是高档普洱茶所具有的收藏和投资价值是其独有的个性特征，也是低档普洱茶所不具备的，同时，这也是马云峰购买高档普洱茶的初衷和预期的交易目的。低档普洱茶既没有收藏和投资价值，通常也没有货币、黄金所特有的一般等价物属性，阚莹向马云峰交付的低档普洱茶对弥补马云峰所受的财产损失没有多大实际意义。因此，该低档普洱茶的市场价值可不从被告人的诈骗数额中进行扣除。

——《刑事审判参考》（总第124辑）。

909 可予从严惩处的诈骗犯罪的具体情形

关键词 | 诈骗罪 | 从严惩处 |

【最高人民法院司法解释】

第二条 诈骗公私财物达到本解释第一条规定的数额标准，具有下列情形之一的，可以依照刑法第二百六十六条的规定酌情从严惩处：

（一）通过发送短信、拨打电话或者利用互联网、广播电视、报刊杂志等发布虚假信息，对不特定多数人实施诈骗的；

（二）诈骗救灾、抢险、防汛、优抚、扶贫、移民、救济、医疗款物的；

（三）以赈灾募捐名义实施诈骗的；

（四）诈骗残疾人、老年人或者丧失劳动能力人的财物的；

（五）造成被害人自杀、精神失常或者其他严重后果的。

诈骗数额接近本解释第一条规定的"数额巨大"、"数额特别巨大"的标准，并具有前款规定的情形之一或者属于诈骗集团首要分子的，应当分别认定为刑法第二百六十六条规定的"其他严重情节"、"其他特别严重情节"。

——《最高人民法院、最高人民检察院关于办理诈骗刑事案件具体应用法律若干问题的解释》（2011年4月8日，法释〔2011〕7号）。

【链接：理解与适用】

《解释》第二条根据当前诈骗犯罪的发案特点，从作案手段、骗取财物性质、行骗时机、行骗对象、危害后果等方面规定了可以酌情从严惩处的诈骗犯罪情形，并明确了诈骗情节严重、情节特别严重的认定标准。

该条第一款规定，诈骗公私财物达到《解释》第一条规定的数额标准，具有下列情形之一的，可以酌情从严惩处：

1. 通过发送短信、拨打电话或者利用互联网、广播电视、报刊杂志等发布虚假信息,对不特定多数人实施诈骗的。这是针对此类新型诈骗犯罪活动比较猖獗的实际,体现严惩精神。

2. 诈骗救灾、抢险、防汛、优抚、扶贫、移民、救济、医疗款物的。该项规定吸收了《96年解释》[①]第一条第三款第(四)项规定的内容,同时参照刑法第三百八十四条第二款关于挪用特定款物的规定,增加了诈骗扶贫、移民款物的情形。

3. 以赈灾募捐名义实施诈骗的。在突发灾害事故期间,以赈灾募捐为名实施诈骗,反映出行为人更深的主观恶性,对赈灾救济、恢复重建工作的正常开展也有很大影响,故有必要从严惩处。

4. 诈骗残疾人、老年人或者丧失劳动能力人的财物的。

5. 造成被害人自杀、精神失常或者其他严重后果的。

第二款规定,诈骗数额接近数额巨大、数额特别巨大,并具有上述从严惩处情形,或者属于诈骗犯罪集团首要分子的,应当分别认定为诈骗情节严重、情节特别严重,在上一个法定刑幅度内量刑。

这主要是吸收了《96年解释》第一条第三款的有关规定,同时根据近年来诈骗犯罪特点和审判实践经验后进行的修改和完善。

《96年解释》第一条第三款规定的在上一个法定刑幅度内量刑的以下情节,本条未再规定:

1. "共同诈骗犯罪中情节严重的主犯"。这主要是考虑到:根据1997年刑法的规定,对于主犯,如果是组织、领导犯罪集团的首要分子,应当按照集团所犯的全部罪行处罚;对于其他主犯,应当按照其所参与的或者组织、指挥的全部犯罪处罚。主犯甚至已不是一个从重处罚情节,再将以上情形规定为在上一个法定刑幅度内量刑的情节,缺乏依据。

2. "惯犯或者流窜作案危害严重的"。这主要是考虑到:刑法已取消了诈骗惯犯的规定,流窜作案的含义较为模糊,不易把握,而且随着改革开放的深入,人员流动日益频繁,异地作案相当普遍,再将流窜作案规定为在上一个法定刑幅度内量刑的情节,会使不少案件都符合这一条件。

3. "挥霍诈骗的财物,致使诈骗财物无法返还的"和"使用诈骗的财物进行违法犯罪活动的"。这主要是考虑到:征求意见中,不少地方反映,挥霍诈骗财物是诈骗犯罪的常态,将其规定为在上一个法定刑幅度内量刑的情节过于严厉,将使用诈骗的财物进行违法犯罪活动规定为在上一个法定刑幅度内量刑的情节,会混淆一罪和数罪的区分,且可能出现重复评价、双重从重问题。

4. "曾因诈骗受过刑事处罚的"。这主要是考虑到:按照刑法规定,对于累犯

---

① 即《最高人民法院关于审理诈骗案件具体应用法律的若干问题的解释》(法发〔1996〕32号)。已废止。

也只能从重处罚,将“曾因诈骗受过刑事处罚的”规定为在上一个法定刑幅度内量刑的情节,缺乏法律依据。

另外,吸收有关方面的意见,借鉴《最高人民法院关于审理抢夺刑事案件具体应用法律若干问题的解释》(以下简称《抢夺解释》)第四条的规定,以诈骗数额接近数额巨大、数额特别巨大的标准(实践中一般掌握为达到80%)作为在上一个法定刑幅度内量刑的前提条件。

——胡云腾、周加海、刘涛:《〈关于办理诈骗刑事案件具体应用法律若干问题的解释〉的理解与适用》,载《人民司法 · 应用》2011年第9期。

【最高人民法院参考案例】

应鑫迪诈骗案(《刑事审判参考》案例第1322号)

要旨:疫情防控时期利用疫情实施诈骗犯罪的,应从严惩处。

本案中,被告人应鑫迪诈骗金额6295元,刚达到浙江省高级人民法院根据最高人民法院司法解释授权规定的该省关于诈骗罪六千元的起刑标准,被告人还有退赃和认罪认罚等法定、酌定从轻处罚情节,按照该省以往同类案件的司法实践,一般可判处拘役,并宣告缓刑。但本案发生在抗击新冠肺炎疫情的特殊时期,被告人又是假借销售用于预防突发传染病疫情用品的名义诈骗他人财物,相比正常时期的诈骗犯罪行为,社会危害性更大。对此,《最高人民法院、最高人民检察院关于办理妨害预防、控制突发传染病疫情等灾害的刑事案件具体应用法律若干问题的解释》第七条规定:“在预防、控制突发传染病疫情等灾害期间,假借研制、生产或者销售用于预防、控制突发传染病疫情等灾害用品的名义,诈骗公私财物数额较大的,依照刑法有关诈骗罪的规定定罪,依法从重处罚。”

——《刑事审判参考》(总第121辑)。

910 可予从宽处理的诈骗犯罪的具体情形

关键词 | 诈骗罪 | 从宽处罚 |

【最高人民法院司法解释】

第三条 诈骗公私财物虽已达到本解释第一条规定的“数额较大”的标准,但具有下列情形之一,且行为人认罪、悔罪的,可以根据刑法第三十七条、刑事诉讼法第一百四十二条的规定不起诉或者免予刑事处罚:

(一)具有法定从宽处罚情节的;

(二)一审宣判前全部退赃、退赔的;

(三)没有参与分赃或者获赃较少且不是主犯的;

(四)被害人谅解的;

(五)其他情节轻微、危害不大的。

第四条　诈骗近亲属的财物,近亲属谅解的,一般可不按犯罪处理。

诈骗近亲属的财物,确有追究刑事责任必要的,具体处理也应酌情从宽。

——《最高人民法院、最高人民检察院关于办理诈骗刑事案件具体应用法律若干问题的解释》(2011 年 4 月 8 日,法释〔2011〕7 号)。

【链接:理解与适用】

《解释》第三条规定:诈骗公私财物虽已达到本解释第一条规定的数额较大的标准,但具有下列情形之一,且行为人认罪、悔罪的,可以不起诉或者免予刑事处罚:

1. 具有法定从宽处罚情节的。

如不满十八周岁的人作案的,行为人犯罪后有自首、立功表现的,在共同犯罪中属于从犯、胁从犯的等。

2. 一审宣判前全部退赃、退赔的。

原解释稿未对退赃、退赔的时间作出限制。征求意见过程中,有地方提出如对退赃、退赔时间不作限定,势必会出现一审已判刑,二审期间被告人退赃、退赔还要改判免刑的问题,从而影响判决的严肃性和稳定性。我们经研究认为,本条所针对的是达到数额较大的诈骗犯罪,被告人一般均有退赃条件或退赔能力,将其退赃、退赔的时间限定在一审判决前,可以更好地维护被害人的权益,也有利于维护裁判的稳定性,故采纳了这一意见。

3. 没有参与分赃或者获赃较少且不是主犯的。

这是从行为人在共同犯罪中所处地位、所起作用角度作出的规定。

4. 被害人谅解的。

将被害人谅解规定为从宽处罚情节,有利于化解社会矛盾,促进社会和谐。

5. 其他情节轻微、危害不大的。

对此应注意三点:

其一,本条的适用以行为人犯罪后有认罪、悔罪表现为前提。否则,即使行为人具有法定从宽处罚情节等情形,亦不能适用本条。

其二,在诈骗数额方面,根据本条规定,“已达到本解释第一条规定的‘数额较大’的标准的”,即已达到数额较大、未达到数额巨大的,均可适用本条,而不必限定在刚刚达到或略微超过数额较大标准的范围,这主要是为了最大限度体现宽严相济刑事政策。

其三,符合本条规定情形的,宜由检察机关在审查起诉阶段依法作出不起诉决定,以保障案件得到及时处理,节约司法资源,促进社会矛盾的尽早化解。

《解释》第四条明确了诈骗近亲属案件的从宽处理原则,规定:诈骗近亲属的财物,近亲属谅解的,一般可不按犯罪处理。诈骗近亲属的财物,确有追究刑事责任必要的,也应与其他诈骗犯罪有所区别。

这一规定主要是考虑诈骗近亲属财物的案件在社会危害性方面与诈骗其他单位或者个人财物的案件有所不同,对这类案件处理体现区别对待政策,既符合量刑的一般原则,也有利于维护家庭和社会关系的稳定。

——胡云腾、周加海、刘涛:《〈关于办理诈骗刑事案件具体应用法律若干问题的解释〉的理解与适用》,载《人民司法 · 应用》2011 年第 9 期。

911 诈骗未遂应当定罪处罚的具体情形

关键词 | 诈骗罪 | 诈骗未遂 |

【最高人民法院司法解释】

第五条 诈骗未遂,以数额巨大的财物为诈骗目标的,或者具有其他严重情节的,应当定罪处罚。

利用发送短信、拨打电话、互联网等电信技术手段对不特定多数人实施诈骗,诈骗数额难以查证,但具有下列情形之一的,应当认定为刑法第二百六十六条规定的"其他严重情节",以诈骗罪(未遂)定罪处罚:

(一)发送诈骗信息五千条以上的;

(二)拨打诈骗电话五百人次以上的;

(三)诈骗手段恶劣、危害严重的。

实施前款规定行为,数量达到前款第(一)、(二)项规定标准十倍以上的,或者诈骗手段特别恶劣、危害特别严重的,应当认定为刑法第二百六十六条规定的"其他特别严重情节",以诈骗罪(未遂)定罪处罚。

——《最高人民法院、最高人民检察院关于办理诈骗刑事案件具体应用法律若干问题的解释》(2011 年 4 月 8 日,法释〔2011〕7 号)。

【最高人民法院参考案例】

孙佳英、蒋志诈骗案(《刑事审判参考》案例第 1321 号)

要旨:对情节严重的涉疫情诈骗未遂行为应当定罪处罚。

对于诈骗犯罪是否存在未遂形态存在一些争议。有观点认为,对于数额犯,无论是基本犯还是加重犯都不存在未遂形态，理由是当行为没有达到刑法规定的数额，就说明行为的社会危害性没有达到应受刑罚处罚的程度，不构成犯罪，更不可能成立未遂犯。我们不同意此观点，作为一种普通的故意犯罪，诈骗罪理应存在既遂和未遂形态的区分。理由如下：

其一，犯罪既遂与否的标准是刑法分则对该种犯罪所规定的构成要件是否已经齐备，齐备则为既遂，不齐备则为未遂。诈骗罪的未遂形态契合修正的犯罪构成。我国刑法条文中关于诈骗罪的规定列明了其基本的犯罪构成，就具体的诈骗犯罪而言，诈骗数额不能满足基本的犯罪构成，并不意味着其也不符合修正的犯罪构成。其二，司法解释对诈骗罪基本犯存在未遂形态的观点予以肯定。《最高人民法院、最高人民检察院关于办理诈骗刑事案件具体应用法律若干问题的解释》（以下简称《诈骗解释》）第五条规定，在犯罪数额不符合基本犯罪构成的前提下，如果诈骗行为以数额巨大的财物为诈骗目的，或者具有其他严重情节，也能够成立诈骗罪。其三，对诈骗犯罪基本犯的未遂行为能否认定为诈骗罪的未遂犯，在于其是否符合刑法第十三条“但书”的规定，即如果该诈骗行为确属情节显著轻微危害不大的，就不应该将其认定为犯罪加以处罚；如果该诈骗行为不属于情节显著轻微危害不大的范围，则应将其认定为诈骗犯罪加以处罚。因而，诈骗罪同样存在未遂形态，且诈骗罪的未遂行为主要表现为两种形式：一是被害人并未因行为人的欺诈行为失去对财产的控制；二是虽然被害人基于行为人的欺诈行为失去对财产的控制，但该失控财产的数额并未达到数额较大的程度。

本案中，被告人孙佳英、蒋志在疫情防控期间，冒用他人名义，利用公众同情心理，以赈灾募捐为由实施诈骗活动，由于公安机关查处及时，当天即将二人传唤到案，因而截至案发，尚未有钱转入微信账户。但是，二被告人打印附有孙佳英微信收款二维码的虚假募捐材料，并多处张贴、散发，这已经是着手实施犯罪，因被公安机关及时查处才未能得逞，应当属于犯罪未遂。

对于该未遂行为是否应当定罪处罚，《诈骗解释》第五条规定，诈骗未遂，以数额巨大的财物为诈骗目的的，或者具有其他严重情节的，应当定罪处罚。因而，本案认定的焦点在于被告人是否属于“有其他严重情节”的情形。结合本案的具体情形，我们认为，本案被告人主观恶性大、社会影响恶劣。具体理由如下：一是被告人利用疫情防控期间，大家合力抗击疫情的同情心和同理心，冒用慈善机构名义，发起虚假募捐式诈骗，行为性质恶劣。二是被告人通过到处散布、张贴虚假材料的方式实施犯罪行为，不仅影响社会管理秩序，而且被害对象不特定，侵害面广。三是被告人通过宣传册上附微信二维码的形式骗取钱财，与受害者之间通过虚拟平台进行财物流转，钱财追回难度高、查处难度大。综合以上分析，二被告人的行为属于“具有其他严重情节”的情形，应当依照刑法第二百六十六条关于诈骗罪的规定依法处理。

——《刑事审判参考》(总第 121 辑)。

912 诈骗既有既遂又有未遂的处罚原则①

关键词 | 诈骗罪 | 诈骗未遂 |

【最高人民法院司法解释】

第六条 诈骗既有既遂,又有未遂,分别达到不同量刑幅度的,依照处罚较重的规定处罚;达到同一量刑幅度的,以诈骗罪既遂处罚。

——《最高人民法院、最高人民检察院关于办理诈骗刑事案件具体应用法律若干问题的解释》(2011 年 4 月 8 日,法释〔2011〕7 号)。

【链接:理解与适用】

对本条规定所涉及的问题,在调研及征求意见过程中,存在较大分歧:

第一种意见认为,对于诈骗既有既遂又有未遂的,应当全案以既遂认定,并根据既遂和未遂累计数额确定应适用的法定刑幅度,之后考虑部分未遂,酌情从轻处罚。

第二种意见认为,应当根据既遂和未遂的累计数额确定应适用的法定幅度,之后根据既遂和未遂部分的轻重情况,依法从轻或者减轻处罚。

第三种意见认为,应当根据既遂数额适用相应的法定刑幅度,并考虑未遂数额酌情从重处罚。

经研究认为,上述三种意见均有欠妥之处:

其一,诈骗既遂与未遂在性质和社会危害程度上明显不同,不考虑二者差异,将既遂和未遂数额累计,并将累计数额一体认定为行为人的犯罪数额,有所不妥。在此点上,以上第一种、第二种意见存在类似缺陷。

其二,若按第一种意见,还存在量刑失重问题。例如,诈骗既遂只有五千元,未遂一百万元,若按第一种意见,即要认定行为的诈骗数额为 100.5 万元,且只能在十年以上量刑,无疑失之严苛,不符合罪责刑相适应原则。

其三,若按第二种意见,还存在失之模糊、难以实际操作的问题。按第二种意见,对诈骗既遂又有未遂案件的处理,实际要比较既遂部分和未遂部分的轻重,但

① 对本司法观点,可结合第 72 个司法观点,即“对于数额犯,犯罪既遂部分与未遂部分分别对应不同法定刑幅度的,应当如何量刑”(第一册第 149 页)予以全面理解与适用。

究竟如何比较，该意见未作交代；而且，因全案已认定既遂，如再按未遂犯处罚原则对行为人从轻或者减轻处罚，显然没有法律依据。

其四，若按第三种意见，则会导致量刑失轻问题。例如，诈骗既遂五千元，未遂一百万元，按第三种意见，只能在三年以下量刑。而如果行为人只是诈骗未遂一百万元，没有既遂数额，依法则要在十年以上量刑，之后从轻或者减轻处罚。考虑到刑法修正案（八）已明确不得跨档减刑，上述案件一般要在三至十年幅度内量刑，两相比较，显然有失均衡。

有鉴于此，经反复研究，最终决定作出《解释》第六条的规定。对此类案件，首先要分别根据行为人的既遂数额和未遂数额判定其各自所对应的法定刑幅度，未遂部分还需同时考虑可以从轻或者减轻处罚；之后根据比较结果，如果既遂部分所对应的量刑幅度较重，或者既、未遂所对应的量刑幅度相同的，以既遂部分所对应的量刑幅度为基础酌情从重处罚；反之，如未遂部分对应的量刑幅度较重的，则以该量刑幅度为基础，酌情从重处罚。

——胡云腾、周加海、刘涛：《〈关于办理诈骗刑事案件具体应用法律若干问题的解释〉的理解与适用》，载《人民司法·应用》2011年第9期。

913 诈骗罪的量刑

关键词｜诈骗罪｜量刑｜

【最高人民法院司法文件】

（十二）诈骗罪

1. 构成诈骗罪的，根据下列情形在相应的幅度内确定量刑起点：

（1）达到数额较大起点的，在一年以下有期徒刑、拘役幅度内确定量刑起点。

（2）达到数额巨大起点或者有其他严重情节的，在三年至四年有期徒刑幅度内确定量刑起点。

（3）达到数额特别巨大起点或者有其他特别严重情节的，在十年至十二年有期徒刑幅度内确定量刑起点。依法应当判处无期徒刑的除外。

2. 在量刑起点的基础上，根据诈骗数额等其他影响犯罪构成的犯罪事实增加刑罚量，确定基准刑。

3. 构成诈骗罪的，根据诈骗的数额、手段、危害后果等犯罪情节，综合考虑被告人缴纳罚金的能力，决定罚金数额。

4. 构成诈骗罪的，综合考虑诈骗的起因、手段、数额、危害后果、退赃退赔等犯罪事实、量刑情节，以及被告人的主观恶性、人身危险性、认罪悔罪表现等因素，决定缓刑的适用。对实施电信网络诈骗的，从严把握缓刑的适用。

——《最高人民法院、最高人民检察院关于常见犯罪的量刑指导意见(试行)》(2021年7月1日，法发〔2021〕21号)。

(二)具体诈骗行为的认定

914 实施“套路贷”，构成诈骗罪等多种犯罪的认定和处理

关键词｜诈骗罪｜套路贷｜

【最高人民法院司法文件】

1.“套路贷”，是对以非法占有为目的，假借民间借贷之名，诱使或迫使被害人签订“借贷”或变相“借贷”“抵押”“担保”等相关协议，通过虚增借贷金额、恶意制造违约、肆意认定违约、毁匿还款证据等方式形成虚假债权债务，并借助诉讼、仲裁、公证或者采用暴力、威胁以及其他手段非法占有被害人财物的相关违法犯罪活动的概括性称谓。

2.“套路贷”与平等主体之间基于意思自治而形成的民事借贷关系存在本质区别，民间借贷的出借人是为了到期按照协议约定的内容收回本金并获取利息，不具有非法占有他人财物的目的，也不会在签订、履行借贷协议过程中实施虚增借贷金额、制造虚假给付痕迹、恶意制造违约、肆意认定违约、毁匿还款证据等行为。

司法实践中，应当注意非法讨债引发的案件与“套路贷”案件的区别，犯罪嫌疑人、被告人不具有非法占有目的，也未使用“套路”与借款人形成虚假债权债务，不应视为“套路贷”。因使用暴力、威胁以及其他手段强行索债构成犯罪的，应当根据具体案件事实定罪处罚。

3. 实践中，“套路贷”的常见犯罪手法和步骤包括但不限于以下情形：

(1)制造民间借贷假象。犯罪嫌疑人、被告人往往以“小额贷款公司”“投资公司”“咨询公司”“担保公司”“网络借贷平台”等名义对外宣传，以低息、无抵押、无担保、快速放款等为诱饵吸引被害人借款，继而以“保证金”“行规”等虚假理由诱使被害人基于错误认识签订金额虚高的“借贷”协议或相关协议。有的犯罪嫌疑人、被告人还会以被害人先前借贷违约等理由，迫使对方签订金额虚高的“借贷”协议或相关协议。

(2)制造资金走账流水等虚假给付事实。犯罪嫌疑人、被告人按照虚高的“借贷”协议金额将资金转入被害人账户，制造已将全部借款交付被害人的银行流水痕

迹,随后便采取各种手段将其中全部或者部分资金收回,被害人实际上并未取得或者完全取得“借贷”协议、银行流水上显示的钱款。

(3)故意制造违约或者肆意认定违约。犯罪嫌疑人、被告人往往会以设置违约陷阱、制造还款障碍等方式,故意造成被害人违约,或者通过肆意认定违约,强行要求被害人偿还虚假债务。

(4)恶意垒高借款金额。当被害人无力偿还时,有的犯罪嫌疑人、被告人会安排其所属公司或者指定的关联公司、关联人员为被害人偿还“借款”,继而与被害人签订金额更大的虚高“借贷”协议或相关协议,通过这种“转单平账”“以贷还贷”的方式不断垒高“债务”。

(5)软硬兼施“索债”。在被害人未偿还虚高“借款”的情况下,犯罪嫌疑人、被告人借助诉讼、仲裁、公证或者采用暴力、威胁以及其他手段向被害人或者被害人的特定关系人索取“债务”。

4. 实施“套路贷”过程中,未采用明显的暴力或者威胁手段,其行为特征从整体上表现为以非法占有为目的,通过虚构事实、隐瞒真相骗取被害人财物的,一般以诈骗罪定罪处罚;对于在实施“套路贷”过程中多种手段并用,构成诈骗、敲诈勒索、非法拘禁、虚假诉讼、寻衅滋事、强迫交易、抢劫、绑架等多种犯罪的,应当根据具体案件事实,区分不同情况,依照刑法及有关司法解释的规定数罪并罚或者择一重处。

5. 多人共同实施“套路贷”犯罪,犯罪嫌疑人、被告人在所参与的犯罪中起主要作用的,应当认定为主犯,对其参与或组织、指挥的全部犯罪承担刑事责任;起次要或辅助作用的,应当认定为从犯。

明知他人实施“套路贷”犯罪,具有以下情形之一的,以相关犯罪的共犯论处,但刑法和司法解释等另有规定的除外:

(1)组织发送“贷款”信息、广告,吸引、介绍被害人“借款”的;

(2)提供资金、场所、银行卡、账号、交通工具等帮助的;

(3)出售、提供、帮助获取公民个人信息的;

(4)协助制造走账记录等虚假给付事实的;

(5)协助办理公证的;

(6)协助以虚假事实提起诉讼或者仲裁的;

(7)协助套现、取现、办理动产或不动产过户等,转移犯罪所得及其产生的收益的;

(8)其他符合共同犯罪规定的情形。

上述规定中的“明知他人实施‘套路贷’犯罪”,应当结合行为人的认知能力、既往经历、行为次数和手段、与同案人、被害人的关系、获利情况、是否曾因“套路贷”受过处罚、是否故意规避查处等主客观因素综合分析认定。

6. 在认定“套路贷”犯罪数额时，应当与民间借贷相区别，从整体上予以否定性评价，“虚高债务”和以“利息”“保证金”“中介费”“服务费”“违约金”等名目被犯罪嫌疑人、被告人非法占有的财物，均应计入犯罪数额。

犯罪嫌疑人、被告人实际给付被害人的本金数额，不计入犯罪数额。

已经着手实施“套路贷”，但因意志以外原因未得逞的，可以根据相关罪名所涉及的刑法、司法解释规定，按照已着手非法占有的财物数额认定犯罪未遂。既有既遂，又有未遂，犯罪既遂部分与未遂部分分别对应不同法定刑幅度的，应当先决定对未遂部分是否减轻处罚，确定未遂部分对应的法定刑幅度，再与既遂部分对应的法定刑幅度进行比较，选择处罚较重的法定刑幅度，并酌情从重处罚；二者在同一量刑幅度的，以犯罪既遂酌情从重处罚。

7. 犯罪嫌疑人、被告人实施“套路贷”违法所得的一切财物，应当予以追缴或者责令退赔；对被害人的合法财产，应当及时返还。有证据证明是犯罪嫌疑人、被告人为实施“套路贷”而交付给被害人的本金，赔偿被害人损失后如有剩余，应依法予以没收。

犯罪嫌疑人、被告人已将违法所得的财物用于清偿债务、转让或者设置其他权利负担，具有下列情形之一的，应当依法追缴：

（1）第三人明知是违法所得财物而接受的；

（2）第三人无偿取得或者以明显低于市场的价格取得违法所得财物的；

（3）第三人通过非法债务清偿或者违法犯罪活动取得违法所得财物的；

（4）其他应当依法追缴的情形。

8. 以老年人、未成年人、在校学生、丧失劳动能力的人为对象实施“套路贷”，或者因实施“套路贷”造成被害人或其特定关系人自杀、死亡、精神失常、为偿还“债务”而实施犯罪活动的，除刑法、司法解释另有规定的外，应当酌情从重处罚。

在坚持依法从严惩处的同时，对于认罪认罚、积极退赃、真诚悔罪或者具有其他法定、酌定从轻处罚情节的被告人，可以依法从宽处罚。

9. 对于“套路贷”犯罪分子，应当根据其所触犯的具体罪名，依法加大财产刑适用力度。符合刑法第三十七条之一规定的，可以依法禁止从事相关职业。

10. 三人以上为实施“套路贷”而组成的较为固定的犯罪组织，应当认定为犯罪集团。对首要分子应按照集团所犯全部罪行处罚。

符合黑恶势力认定标准的，应当按照黑社会性质组织、恶势力或者恶势力犯罪集团侦查、起诉、审判。

——《最高人民法院、最高人民检察院、公安部、司法部关于办理“套路贷”刑事案件若干问题的意见》（2019 年 4 月 9 日，法发〔2019〕11 号）。

【链接：理解与适用】

（一）关于“套路贷”的定罪问题

《意见》第四条对于“套路贷”犯罪案件的罪名确定问题作了提示性规定。“套路贷”犯罪在主观上以非法占有为目的，在客观上行侵财之实，但由于犯罪手段、行为表现各有不同。在办理“套路贷”刑事案件时，司法机关需要根据“套路贷”行为人非法取得他人财产的具体手段、方式，依照刑法有关犯罪的构成要件，确定具体罪名。对于未采用明显的暴力或者威胁手段，主要靠“骗”取得被害人财物的“套路贷”，一般以诈骗罪论处。例如，在有的案件中，被告人谎称自己的公司需要“冲业绩”，帮公司签订借贷协议不仅不用还款，还可以获取“好处费”，待被害人落入圈套后，便利用对方法律知识欠缺的弱点以及害怕“惹事”的心理索取所谓“债务”。由于该案中被告人主要是靠虚构事实、隐瞒真相实现非法占有目的，故应以诈骗罪定罪处罚。

但在实践中，犯罪分子实施“套路贷”的手段经常变换，还有可能构成敲诈勒索、非法拘禁、虚假诉讼、寻衅滋事、强迫交易、抢劫、绑架等多种犯罪。例如，在实施“套路贷”过程中，主要通过威胁或者要挟的方法非法占有被害人财物的，构成敲诈勒索罪。在常见的“车贷”型“套路贷”中，有的被告人在诱骗被害人签订虚高“借款”合同时，要求给被害人车辆安装 GPS 定位器，并编造各种借口拿走汽车备用钥匙。嗣后，通过损毁 GPS 定位器等方式故意造成被害人违约，再采用滋扰、恐吓等手段进行威胁，或者利用备用钥匙将车辆开走，逼迫被害人付款赎车。在该类案件中，被告人主要是利用威胁或者要挟对被害人形成心理强制，实现非法占有财物目的，因此应以敲诈勒索罪追究刑事责任。再如，对于在实施“套路贷”过程中，以暴力、胁迫或者其他方法当场劫取被害人财物的，应以抢劫罪定罪处罚。在某起“套路贷”案件中，一名被害人与被告人开设的公司签订借款四万元的合同，之后被告人肆意认定违约，指使手下挟持并殴打该被害人，通过被害人微信转账方式当场劫取十六万元，应当认定该起犯罪构成抢劫罪。

在具体个案中，“套路贷”的表现形式不胜枚举，不同犯罪手段的组合、不同的犯罪情境等都可能导致案件定性或者罪数处断截然不同。以前述构成抢劫罪的案例作进一步分析，假如被告人不是当场劫取被害人本人的财物，而是在使用暴力手段挟持被害人后要求其亲友交钱赎人，那么就应以绑架罪定罪处罚。此外，犯罪分子多种手段并用，导致办案时往往需要对“一行为”或“数行为”以及是否存在竞合、牵连关系进行判断，所以，对于不同案件，应当根据具体案件事实，区分不同情况，依照刑法及有关司法解释的规定确定罪名和罪数。

（二）关于“套路贷”的共犯认定

《意见》第五条对于“套路贷”犯罪案件中的共犯问题作出了规定。实践中，“套路贷”犯罪多为共同犯罪，分工日趋细化，环节众多，其中“拉客户”、协助制造走账记录等配合、支持、帮助行为对于“套路贷”犯罪顺利实施并最终达成非法占有目的发挥了重要作用。由于“套路贷”犯罪的暴利性，围绕“套路贷”俨然已经形成了一个犯罪链条，不仅产生了所谓“贷款中介”等专门为“套路贷”犯罪分子提供“服务”的职业化群体，而且还有一些具有专业知识背景或者在相关行业从业的人员参与其中，在加剧“套路贷”犯罪社会危害的同时，也增加了发现、惩治犯罪的难度。为实现对“套路贷”犯罪的全链条打击，《意见》明确了“套路贷”共同犯罪人的处理，规定明知他人实施“套路贷”犯罪，仍具有组织发送“贷款”信息、广告，吸引、介绍被害人“借款”等情形的，除刑法和司法解释等另有规定外，以相关犯罪的共犯论处。

根据刑法第二十五条的规定，共同犯罪离不开共同犯意，而共同犯意历来又是司法实践中的认定难点。在《意见》起草过程中，《意见》稿一度采用“与‘套路贷’犯罪分子事先通谋”才能以共犯论处的观点。在后续修改中将“通谋”改为“明知”，主要考虑“通谋”一般会被理解为二名以上行为人通过交流沟通形成共同犯罪故意的过程，而反映这一过程的证据往往难以获取，大多数情况下严重依赖口供，容易出现只要一方否认就难以形成闭合证据链的情况。尤其在当前“套路贷”犯罪链条化的背景下，“套路贷”共同犯罪人之间分工明确、配合默契，往往通过心照不宣的方式形成犯意联络，不再依赖明示沟通，如果以“通谋”作为入罪条件，可能会在实践中抬高认定标准，从而放纵犯罪。但是，将“通谋”改为“明知”并不意味着可以无视共同犯罪基本原理，摒弃共同犯意这一共同犯罪成立的主观要件，办案时，对于行为人之间有无意思联络应当作出准确的审查判断。

对于如何审查判断行为人是否“明知他人实施‘套路贷’犯罪”，《意见》第五条第三款规定：“应当结合行为人的认知能力、既往经历、行为次数和手段、与同案人、被害人的关系、获利情况、是否曾因‘套路贷’受过处罚、是否故意规避查处等主客观因素综合分析认定。”在实践中，对“明知”作出判断需要基于一定的事实基础，指向行为人主观“明知”的因素越多、指向性越强，司法工作人员也就越能作出准确判断。因此，对于前述认定“明知”的考量因素，应当准确理解、通盘考虑、综合评定，不能“只看一点、不及其余”，要切实防止认定范围不当扩大。

（三）关于“套路贷”犯罪数额的认定

《意见》第六条对“套路贷”犯罪数额认定进行了说明。由于“套路贷”假借民间借贷之名行非法占有之实，其非法占有被害人的财物多以“利息”“保证金”等名目混淆视听。在办理“套路贷”刑事案件时，要牢牢把握“套路贷”的本质是以非法占有为目的而实施的违法犯罪,不能适用民间借贷法律关系,也不可能产生合法收入。因此,除犯罪嫌疑人、被告人实际给付被害人的本金数额之外,“虚高债务”和以“利息”“保证金”“中介费”“服务费”“违约金”等名目被非法占有的财物,均应计入犯罪数额。《意见》基于以上分析,在吸收《指导意见》①有关规定的基础上,进一步提出了“从整体上予以否定性评价”的“套路贷”犯罪数额认定原则,并分别明确了计入“套路贷”犯罪数额的对象范围。此外,《意见》第六条第三款还根据《关于办理诈骗刑事案件具体应用法律若干问题的解释》(法释〔2011〕7 号)等有关司法解释、规范性文件规定的数额犯犯罪未遂认定及处罚方法,明确了“套路贷”犯罪未遂的认定以及既未遂情形并存时应如何处罚的问题。

(四)关于“套路贷”刑事案件中的涉案财产处置

根据刑法第六十四条以及有关司法解释、规范性文件的规定,《意见》第七条中明确了“套路贷”犯罪违法所得财物的追缴或者责令退赔、被害人合法财产的返还以及为实施“套路贷”而交付给被害人本金的处置等问题。其中,根据刑法规定,“为实施‘套路贷’而交付给被害人的本金”属于犯罪所用之物,应予没收。但从司法实践来看,在被害人自身损失没有得到补偿的情况下,直接让被害人退出犯罪嫌疑人、被告人先前为实施“套路贷”而交付的本金,显然有悖常理常情,相关裁判也难以得到有效执行。为便于办案一线操作,《意见》规定,有证据证明是犯罪嫌疑人、被告人为实施“套路贷”而交付给被害人的本金,赔偿被害人损失后如有剩余,应依法予以没收。

(五)关于“套路贷”犯罪的量刑情节

《意见》第八条秉持有关司法解释、规范性文件的一贯精神,明确对以社会弱势群体为对象实施,以及造成后果的“套路贷”犯罪酌情从重处罚。在强调依法从严惩处“套路贷”犯罪的同时,《意见》还坚持贯彻宽严相济的刑事政策,明确对于认罪认罚、积极退赃、真诚悔罪或者具有其他法定、酌定从轻处罚情节的被告人,可以依法从宽处罚,鼓励被告人认罪服法、退赔退赃,确保案件的裁判效果。

(六)关于“套路贷”犯罪集团和涉“套路贷”黑恶势力的认定

实践中,“套路贷”是一些黑恶势力常用的犯罪手段,经常会出现“套路贷”犯罪与黑恶势力犯罪之间相互交织的情形。一方面,“套路贷”犯罪获利快、收益高,所采用的“套路”易于复制,容易被黑恶势力利用,用以聚敛财富。另一方面,一些“套路贷”犯罪分子正在逐渐采用公司化模式有组织地实施犯罪,加上常常借助暴力、威胁的方式“讨债”,如果任其肆意发展,很容易蜕变为黑恶势力。正因为“套路贷”犯罪与黑恶势力犯罪之间客观上存在关联,所以《意见》才作为扫黑除恶专

① 即《最高人民法院、最高人民检察院、公安部、司法部关于办理黑恶势力犯罪案件若干问题的指导意见》(法发〔2018〕1 号)。

项斗争系列规范性文件出台，目的就是准确甄别、依法严惩"套路贷"犯罪，及时铲除黑恶势力犯罪滋生蔓延的土壤。但是，我们要认识到"套路贷"犯罪并不必然就是黑恶势力犯罪，不能因为二者存在关联就简单地在"套路贷"犯罪与黑恶势力犯罪之间画等号。首先，从犯罪主体上看，"套路贷"犯罪可以是黑恶势力实施，也可以是普通的个人、团伙或者犯罪集团实施。只有实施"套路贷"犯罪的行为人同时具备黑恶势力特征的，才能认定为黑恶势力。反之，即使有的团伙、人员实施了"套路贷"犯罪，只要黑恶势力特征不齐备，不完全符合黑恶势力认定标准，就不能认定为黑恶势力。其次，从犯罪目的上看，黑恶势力犯罪意图多元化，既包括聚敛财富，也包括形成非法秩序、非法影响力。而一般"套路贷"犯罪的目的就是侵财，虽然在实现该犯罪目的的过程中，时常会伴随发生其他违法犯罪活动，但是这些活动都是围绕侵财目的实施的，具有附属性。为准确界分"套路贷"犯罪与涉"套路贷"黑恶势力犯罪，《意见》在第十条第一款规定"套路贷"犯罪集团认定条件、处罚原则的基础上，在第二款明确要求对符合黑恶势力认定标准的"套路贷"犯罪，应当按照黑社会性质组织、恶势力或者恶势力犯罪集团侦查、起诉、审判。

——朱和庆、周川、李梦龙：《〈关于办理"套路贷"刑事案件若干问题的意见〉的理解与适用》，载《人民法院报》2019 年 6 月 20 日，第 5 版。

【最高人民法院参考案例】

陈寅岗等人非法拘禁、敲诈勒索、诈骗案（《刑事审判参考》案例第 1362 号）

要旨：被告人实施虚假诉讼行为，非法占有他人财产，又构成诈骗罪的，应依照处罚较重的规定定罪从重处罚。

所谓虚假诉讼，是指采取伪造证据、虚假陈述等手段，捏造民事法律关系，虚构民事纠纷，向人民法院提起民事诉讼的行为。虚假诉讼严重侵犯了他人的合法权益，妨害正常的司法秩序，损害人民法院的权威，造成司法资源的极大浪费。为有效规制虚假诉讼行为，2015 年 8 月 29 日全国人大常委会审议通过的刑法修正案（九）增设了虚假诉讼罪，将以捏造的事实提起民事诉讼，妨害司法秩序或者严重侵害他人合法权益的行为规定为犯罪。2018 年 9 月 26 日，最高人民法院、最高人民检察院公布了《关于办理虚假诉讼刑事案件适用法律若干问题的解释》，就虚假诉讼罪在具体适用中的问题作出明确规定。

本案中，被告人陈寅岗、韩世平、曹一帆等人隐瞒吕卫东实际上未获得借款、李淳已经归还全部借款的情况下，事先共谋，以不存在的债权债务关系，向人民法院提起民事诉讼，企图通过法院胜诉判决，占有被害人的财产。上述行为妨碍司法秩序，严重侵害他人合法权益，其行为已构成虚假诉讼罪。同时，陈寅岗、韩世平、曹一帆等人又以非法占有为目的，以提起民事诉讼为手段，通过提供虚假证据，隐瞒真相的方式，意图使法院作出有利于自己的判决，从而获得他人财产，其行为亦构成诈骗罪。

诈骗罪，作为侵财犯罪，以行为人实际取得财物作为既遂的标准；而虚假诉讼罪侵犯的主要客体是正常的司法秩序，以妨害司法秩序或者严重侵害他人合法权益为既遂标准。

本案中，被告人陈寅岗、韩世平以李淳为被告，向法院提起虚假诉讼，要求李淳还款十万元并支付相应利息、律师费等，并在庭审过程中出示了虚假证据。后法院作出了支持陈寅岗、韩世平诉请的判决，但李淳未履行该判决。陈寅岗等人还以吕卫东为被告，向法院提起虚假诉讼，并申请诉讼保全，要求吕卫东还款二十五万元支付相应利息。后法院作出裁定，冻结吕卫东名下银行存款二十五万元，不足部分则查封、扣押其相应价值的财产。在法院开庭审理上述案件后，被告人曹一帆告知陈寅岗等人，法官对曹一帆提供的借款协议等证据的真实性产生怀疑。曹一帆询问陈寅岗等人是否撤诉，陈寅岗了解到俞果和吕卫东在银行走账时的监控记录已经超过保存期限，遂表示不撤诉。俞果和曹一帆也未表示反对。2016 年 9 月 1 日，公安人员将陈寅岗、韩世平、魏伟斌、俞果等人抓获。同月 8 日，曹一帆在得知陈寅岗等人被公安人员抓获的情况下，才向法院申请撤诉以及解除相关诉讼保全措施。可见，陈寅岗、韩世平、曹一帆等人凭空捏造根本不存在的民事法律关系，抑或隐瞒借款人债务已经全部清偿的事实，虚构民事纠纷，向法院提起民事诉讼，致使法院基于捏造的事实采取财产保全措施、开庭审理、作出裁判文书。行为人的行为已经妨害了司法秩序、严重侵害了他人合法权益。因此，陈寅岗、韩世平、曹一帆等人构成虚假诉讼罪的既遂。但是，就诈骗罪而言，因李淳未履行法院判决；陈寅岗、韩世平等人被公安人员抓获；曹一帆在得知陈寅岗、韩世平等人被抓后，才不得已向法院申请撤诉以及解除相关诉讼保全措施，陈寅岗、曹一帆等人均是因为意志以外的原因，才使诈骗犯罪未能得逞，属于犯罪未遂。

根据刑法修正案(九)第三百零七条之一的规定，既符合虚假诉讼罪的构成要件，又构成诈骗罪的，依照处罚较重的规定定罪从重处罚。根据刑法第二十三条的规定，对于未遂犯，可以比照既遂犯从轻或者减轻处罚。如果对被告人陈寅岗、曹一帆等人以虚假诉讼罪定罪处罚，则法定最高刑为七年有期徒刑；如果对陈寅岗、曹一帆等人以诈骗罪定罪处罚，则法定最高刑为无期徒刑。因此，对陈寅岗、曹一帆等人应当以处罚较重的诈骗罪定罪从重处罚，同时考虑他们系犯罪未遂，可以比照既遂从轻或者减轻处罚。此外，曹一帆身为执业律师，却与陈寅岗等人相勾结，藐视法律，欺骗法庭，积极实施诈骗行为，极大地破坏了司法公信力，应当酌情予以从重处罚。

——《刑事审判参考》(总第 123 辑)。

张凤江等 14 人诈骗案(《刑事审判参考》案例第 1363 号)

要旨:要结合“套路贷”案件的特点,对犯罪数额予以准确认定。

(一)犯罪数额的认定方法

最高人民法院、最高人民检察院、公安部、司法部印发的《关于办理黑恶势力犯罪案件若干问题的指导意见》和《关于办理“套路贷”刑事案件若干问题的意见》(以下简称《“套路贷”意见》)均明确指出:在认定“套路贷”犯罪数额时,应当与民间借贷相区别,从整体上予以否定性评价,“虚高债务”和以“利息”“保证金”“中介费”“服务费”“违约金”等名目被犯罪嫌疑人、被告人非法占有的财物,均应计入犯罪数额。犯罪嫌疑人、被告人实际给付的本金数额,不计入犯罪数额。在实际办理“套路贷”案件时,被告人、被害人往往各执一词,且“借贷”过程中被告人为了垒高数额刻意采取多种手段使借贷流程“合法化”、复杂化,使不管是公诉机关还是法院均难以准确地判断出具体的犯罪数额。法院审理本案时,对于犯罪数额的认定总体采取就低认定的原则,但如果被告人未供述具体犯罪数额,而被害人所称的被骗金额合理,且在虚高的借条金额及走银行流水的合理范围内,则可以按照被害人陈述中的被骗数额予以认定。此外,被告人在借贷过程中以“违约金”“保证金”“中介费”“服务费”“利息”等各种名义收取的费用均应计入犯罪数额予以认定,故虽不能采用司法鉴定意见书的结论,但对于鉴定过程中查证的银行账户转让户名、转让金额及网签人等有相关书证予以印证的数据予以采纳。

(二)犯罪数额的计算方法

1. 既遂数额的计算方法

本案中的既遂分为两种情形:一种情形是被害人经催讨或诉讼后,向被告人支付的钱款大于其借款本金;另一种情形是被害人经催讨后无力还款,怡智公司将被害人的债务“平账”至其他团伙,且其他团伙将平账钱款实际支付给怡智公司。所谓“平账”,是指在被害人不能按照被告人张凤江等人的要求归还虚高的借条金额时,张凤江等人介绍被害人向其他人员(或公司)借款,用于清偿张凤江等人的债务。这种“平账”的操作手段在业内也称作“转单”,对于不同被告人来说,针对被害人的诈骗仅仅是一单生意。

在第一种情形下,“既遂数额=被害人实际支付的钱款-借款本金”,被害人存在实际损失。在第二种情形下,有可能存在平账后被害人尚未归还钱款,但法院审理后认为,怡智公司已完成诈骗行为,且已实现犯罪目的,故“既遂数额=平账钱款-借款本金”。怡智公司内涉及此种情形的被害人有八人,天甘公司内涉及此种情形的被害人有五人。

2. 未遂数额的计算方法

《“套路贷”意见》指出:已着手实施“套路贷”,但因意志以外原因未得逞的,可以根据相关罪名所涉及的刑法、司法解释规定,按照已着手非法占有的财物数额认定犯罪未遂。我们认为,未遂数额是指被告人已经着手实施诈骗等犯罪行为,如已经签订虚高的借款合同,但是由于意志以外原因没有得逞,即“未遂数额=虚高借条的数额(或诉讼数额)-借款本金数额”。即使被害人曾经归还过部分钱款(利息),但是从被告人的主观方面而言,其想要骗取的是远高于借款本金数额的虚高借条数额,被害人先行归还的数额,对被告人来说首先要收回其为实施犯罪而支付的诱价(实际出借的数额),所以在被害人没有将实际收到的数额全部归还给被告人之前,犯罪未遂数额一直是虚高借条的数额(或诉讼数额)减去实际借款本金数额。故归还的犯罪成本之内的数额不扣除,只有当被害人归还的数额超过了被告人“出借”数额的部分才可认定为犯罪既遂的数额。所谓诉讼数额,是指当被害人无法按照虚高的借款合同金额给付钱款时,被告人通过向法院起诉的方法实际索要的数额。在司法实践中,被告人出于及时回笼资金或者尽可能获取法院能够支持数额的目的,有可能主动在虚高借条的数额基础上,减免被害人所谓的部分“债务”,减免后的数额即为诉讼数额。

3. 当怡智公司与天甘公司互有平账时,各被告人犯罪数额的计算方法

本案部分犯罪事实中存在怡智公司与天甘公司互有平账的情形,部分事实有证据证明系“虚假平账”,即为垒高被害人借条金额,将被害人的债务转至另一公司,但实际并未平账,用来“平账”的个人或者公司对被害人展开新一轮的诈骗活动,与被害人再次签订虚高的合同、走虚假的银行流水,用来给付怡智公司的钱款往往通过虚假银行流水先进入怡智公司账户,至于双方被告人如何瓜分实际诈骗所得的钱款往往通过事前约定的形式进行操作,即被害人最终归还的钱款由两家公司根据事先的约定比例分配。在这种情况下,认定两家公司系共同犯罪,相关公司实际控制人和参与人员对全部犯罪承担责任。

另有部分事实并没有充分的证据能证明两家公司系虚假平账,在这种情况下,被告人往往将被害人平账至其他公司,由被害人与平账公司签订借款合同,平账公司替其偿还所欠借款。平账数额是虚高的合同数额减去被告人已偿还的数额。实践中,被告人有时会基于及时套现或者回笼资金的需要,“免除”被害人部分债务,所以平账数额往往低于虚高的合同数额减去被害人已偿还的数额。计算被告人的犯罪既遂数额时,应当是平账数额减去借款本金,由于被告人主动“免除”被害人部分债务,这部分债务不能作为犯罪未遂数额予以认定。此外,平账公司与被害人新签订的借款合同数额必然是大于实际平账数额的,实际用于平账的钱款在后续计算平账公司犯罪既遂数额时予以扣除。本案中,由于被告人张凤江在两家公司均有股份且系两家公司的实际控制人,故认定张凤江应对全部犯罪承担责任,但对于其他参与人员,仅就其参与的部分承担责任。

——《刑事审判参考》(总第 123 辑)。

915 假借国家公权力实施诈骗犯罪的认定

关键词 | 诈骗罪 | 民事纠纷 | 非法占有目的 | 假借国家公权力 |

【最高人民法院参考案例】

王先杰诈骗案(《刑事审判参考》案例第 1065 号)

要旨:“以非法占有为目的”不仅是诈骗罪的构成要素之一,更是区分诈骗罪与民事纠纷(欺诈)的根本界限。区分诈骗罪与民事纠纷(欺诈),应当综合考量以下三个方面:(1)行为人事前有无归还能力,如行为人的资产负债情况等;(2)行为人事中有无积极归还或者消极不归还行为或者表现,如行为人编造事实或者隐瞒真相拖延归还被害人的财产等;(3)行为人事后处分财物及对他人财产损失的态度,如行为人是否通过实施诈骗行为排除被害人对其财产的控制并将其财产转归行为人或第三人名下,是否将被害人的财物用于双方约定的用途,抑或是消费、还债等个人用途,是否具有转移财产、隐匿财产、拒不交代财物的真实去向等欲使被害人财物无法收回的行为等。

本案系由民间借贷引发、假借国家公权力实施诈骗犯罪的案例,不仅异于普通诈骗案件,而且与典型的诉讼诈骗案件亦有所区别。案件审理过程中,主要应审视以下三个方面的问题:

(一)司法实践中如何区分普通的民事纠纷(欺诈)与诈骗罪

“以非法占有为目的”不仅是诈骗罪的构成要素之一,更是区分诈骗罪与民事纠纷(欺诈)的根本界限。本案审理过程中,行为人及其辩护人均提出本案是一起普通借贷引发的民事纠纷,行为人至多构成民事欺诈,并不构成诈骗罪。此种观点混淆了民事纠纷(欺诈)与诈骗罪间的界限:两者不是非此即彼的排斥关系,不能因为客观上存在交易关系就断然否认诈骗罪的成立。两者的根本区别在于民事纠纷(欺诈)不具有非法占有的目的,只是由于客观原因,一时无法偿还;诈骗罪是以非法占有为目的,不是因为客观的原因不能归还,而是根本不打算偿还。

一般认为,所谓非法占有目的,是指以将公私财物非法转为自己或第三者不法所有为目的。“以非法占有为目的”的主观性相当强,不可能通过客观事实直接证明,如何准确加以判断是司法实践中的难点。根据主客观相一致的原则,“以非法占有为目的”的认定既要避免单纯根据损害后果进行客观归罪,也不能仅凭行为人自己的供述证明,而必须坚持在客观基础上的主观判断,即在查明客观事实的前提下,根据一定的经验法则或者逻辑规则,推定行为人的主观目的。结合金融诈骗类犯罪的相关司法解释,并充分考虑诈骗罪与金融诈骗类犯罪的共性,我们认为,应当主要从以下三个方面进行判断:(1)行为人事前有无归还能力,如行为人的资产负债情况等;(2)行为人事中有无积极归还或者消极不归还行为或者表现,如行为人编造事实或者隐瞒真相拖延归还被害人的财产等;(3)行为人事后处分财物及对他人财产损失的态度,如行为人是否通过实施诈骗行为排除被害人对其财产的控制并将其财产转归行为人或第三人名下,是否将被害人的财物用于双方约定的用途,抑或是消费、还债等个人用途,是否具有转移财产、隐匿财产、拒不交代财物的真实去向等欲使被害人财物无法收回的行为等。司法实践中,非法占有目的的认定应在综合考量上述事实的基础上推定而得。需注意的是,行为人仅具有上述一种情形,如将被害人的财物用于个人还债等个人用途,并不意味着其一定具有非法占有目的,只有结合其他事实,如该还债行为导致其最终不能归还财物给被害人等,才可认定行为人具有非法占有目的。

本案中,被告人王先杰事前已身负巨额债务,名下房产均被查封,其并无注册成立新公司的资本,更无设立投资公司后所需的运营条件。王先杰与被害人约好垫资代为办理工商注册登记手续后,便将开办新公司以及将有资金转入其新开立的个人账户的消息披露给债权人及相关银行,使人民法院在被害人刚将垫资款打入约定账户后不久便根据债权人的申请对此款项予以冻结。综合上述事实,王先杰可以预见也应当预见到,在身负众多债务、涉及多起民事诉讼、名下房产均被人民法院查封的情况下,其将新开户银行卡的申请单等资料向债权人披露,甚至主动复印后提供给债权人,并告知卡上资金进入的时间,会导致该笔垫资款经债权人申请由人民法院冻结。上述客观行为足以反映出王先杰要求被害人垫资的真实目的并非注册成立新的公司,也根本没有打算归还被害人的垫资款,而是意图通过人民法院的公权力,冻结上述款项,用于偿还其个人债务,应认定其具有非法占有目的。

(二)假借国家公权力类诈骗案件中"财产取得"的认定

诈骗罪(既遂)的基本构造为行为人实施欺骗行为——对方(受骗者)产生(或继续维持)错误认识——对方基于错误认识处分财产——行为人或第三者取得财产——被害人遭受财产损害。一般而言,被害人基于错误认识处分财产的行为与行为人或第三者取得财产的结果同时发生,两者之间不仅具有时间上的先后性,而且具有逻辑上的相斥性——处分意味着未取得,取得意味着已处分。一般认为,根据处分对象的不同,取得财产的判断标准亦有所区别:就财物而言,取得财产的最低限度是取得财物的占有,占有的取得当然不具有法律的效力,只是一种事实上的支配、控制;就财产性利益而言,取得财产意味着行为人或第三者获得(或享用)了财产性利益,存款债权便属于后者。

在本案中,行为对象具有财物与财产性利益的交叉属性:被害人基于错误认识,将垫资款项打入被告人王先杰的个人银行账户,但为预防不测,被害人始终实际掌控着打入垫资款项的银行卡和用于开卡的身份证,王先杰实质上并不能处置该垫资款项,反而是被害人可以利用银行卡、用于开卡的身份证和自己的身份证等实际处置该笔款项,该笔款项的实际占有者仍为被害人,名义占有者为王先杰,但其并无实质处分权。此时,并不能认定王先杰已经取得了财产。王先杰为了实现其实际处置该笔款项的目的,借助了国家公权力——法院强制执行措施,意图根据民事诉讼法第二百四十二条的规定,由法院通过执行措施将被害人的钱款扣划给执行申请人,只有当法院通过强制执行措施将该钱款扣划给执行申请人,行为人才实际取得了被害人的财产。

（三）假借国家公权力强制执行类诈骗案件中“既遂”的认定

一般而言,诈骗案件只涉及行为人与被害人,涉案财产也只会在两者之间流转,被害人的损害意味着行为人的取得,反之亦然。但是,在有第三者介入的情况下,取得财产与财产损害便不具有同质性。换言之,此时被害人的财产损害并不必然意味着行为人或第三者取得财产,也不能简单地以行为人或第三者是否取得财产来判断被害人是否遭受财产损害。第三者根据角色的不同可以分为两类:一是与被害人或行为人具有利害关系的第三者,如受被害人或行为人支配的第三者;二是独立的第三者,如人民法院等。第一种情形中,涉案财产虽然受被害人和行为人之外的第三者掌控,但鉴于该第三者系受被害人或行为人所支配,故财产实际上仍处于被害人或行为人控制之下,被害人财产的损害与行为人财产的取得与传统诈骗并无实质差异。第二种情形中,因为独立的第三者介入,涉案财产可能脱离被害人和行为人的占有,处于暂时“悬空”的状态,如人民法院基于公权力将涉案财物予以扣押、冻结时,财产已经超出被害人和行为人的占有范畴,在名义上的占有人和私法上的实际占有人之间,又加入了公法上的占有人,且后者权力明显强于前两者权利。此时,作为实际占有人的被害人丧失了对财物的占有,但是失去占有并不意味着损害的发生,也不意味着犯罪的既遂。

本案中,人民法院根据执行申请人的申请,对于被申请执行人的银行款项既可以冻结,也可以划拨,不论哪一种方式,其结果均会导致涉案财产脱离被害人和被告人王先杰的控制,但并不意味着被害人必然遭受财产损害。本案中,法院只是冻结相应款项,涉案财物尚处于国家公权力控制之下,被害人只是暂时失去了处分权,并未实际遭受财产损害。被害人得知款项被冻结后立即报案,相关法院并未将已冻结的款项发放给申请执行人,也未进行其他处理,因此,王先杰的诈骗行为处于未完成状态,属于因案发等意志以外的因素未完成,系未遂。如果人民法院已将相应款项划拨,不论是发放给申请执行人,抑或是作其他处理,被害人财产损害均已实际发生,行为人的行为即构成诈骗罪的既遂。

综上,被告人王先杰在明知无力偿还巨额债务的情况下,意图通过虚构注册公司的事实骗取他人垫付资金以偿还债务,当其无法实际占有涉案财产时,又假借国家公权力强制执行相应财产,以达到诈骗资金偿还债务的非法目的,其行为已构成诈骗罪(未遂)。

——《刑事审判参考》(总第102辑)。

916 以办理学历证书为名非法收取钱财的行为如何认定

关键词|诈骗罪|非法经营罪|

【最高人民法院参考案例】

李政等诈骗案(《刑事审判参考》案例第1247号)

要旨:行为人的行为虽然在表现形式上具有非法经营罪的特征,但是根据主客观要件相结合原则,更加精准地认定犯罪和把握此罪与彼罪的本质特征,宜以诈骗罪的共犯追究行为人的刑事责任。

(一)本案六名被告人的行为具有非法经营罪的表现特征

首先,六名被告人的行为均违反了国家规定。六名被告人违反高等教育法的规定,擅自操作,意图为不符合要求的学生办理毕业证书,收取巨额办证费用,违反了国家规定。其次,六名被告人的行为均属于严重扰乱市场秩序的非法经营行为。毕业证书属于国家禁止买卖的资质凭证,六名被告人从事毕业证书交易,既是对高校正常办学秩序的破坏,也是对市场管理秩序的扰乱,属于严重扰乱市场秩序的非法经营行为。最后,六名被告人的非法经营数额达1826.22万元,造成涉案二千余名学生遭受重大经济损失,属于非法经营罪中的"情节特别严重"。根据刑法对非法经营罪的规定,本案六名被告人的行为具备非法经营罪的构成要件特征。但是,仅从表现形式上不能准确反映被告人实施违法行为的本质特征,更不能脱离被告人的主观故意而评价。

(二)本案六名被告人构成诈骗罪的共犯

本案六名被告人从事毕业证书办理活动已有一段时间,对无法或难以办理被害人要求的毕业证书存在共识或默契,且在犯罪过程中互有分工、配合行为。从全案来看,何茂景、吴东、席波主观上具有非法占有的共同目的和故意,客观上实施了分工合作的诈骗实行行为:(1)何茂景在共同诈骗犯罪过程中起关键作用,主要实施了以下实行行为:一是通过吴东对外虚假宣传,骗取他人信任,收取他人钱款;二是联系席波通过朱旭波伪造毕业证书;三是虚夸李政能够解决"证书上网"的能量;四是通过与杨永安签订"联合办学"协议,骗取他人信任,使他人陷入认识错误而交付钱款等。(2)吴东在共同诈骗犯罪过程中主要实施了以下实行行为：一是直接面对被害人的代理人(教育中介)，公开进行虚假宣传和承诺，骗取他人钱款；二是谎称所办毕业证是通过学校领导办理，并能通过其表哥李政(实际当时其与李政并不认识)找教育部办理上网查询；三是因毕业证始终未见上网，何某某、杜某某多次询问和要求退款，吴东故意隐瞒真相，编造理由进行推脱和搪塞等。(3)席波在共同诈骗犯罪过程中主要实施了以下实行行为：一是通过朱旭波联系伪造毕业证，雇人填写了"学生档案"；二是介绍何茂景与杨永安"联合办学"，并化名"刘华"，冒充湖北第二师范学院继续教育学院教师，虚假宣传，配合杨永安等骗取钱财；三是非法占有赃款十万余元等。

基于上述分析，本案六名被告人均向被害人虚构了"不需要参加成人高考和学习，就能办理国家教育部门认可，并可在教育部相关网站查询认证的毕业证书"的事实，同时采取伪造毕业证、委托主管部门"关系人""联合办学"等手段，骗取被害人钱款，具有共同的犯罪故意和实行行为，依法构成诈骗罪的共犯。

(三)出于本质特征和社会效果考虑，对六名被告人宜以诈骗罪论处

首先，六名被告人虚构事实、隐瞒真相的行为贯彻始终，而违反法律规定买卖毕业证，只是其中一个环节。而无论是诈骗行为还是非法经营行为，最终的主要结果是骗取他人1826.22万元，造成涉案二千余名学生遭受重大经济损失。对于这种穿插使用多种犯罪方法，主要犯罪结果同一的行为，从罪责刑相适应原则考虑无须数罪并罚。考虑到六名被告人虚构事实、隐瞒真相，是实现非法获取被害人钱款最关键的因素，故可参考司法实践中的一般定罪法则，以诈骗罪论处，同时将非法经营罪作为从重处罚情节考虑。

其次，本案以非法经营罪论处，难以准确反映案件的本质特征。本案最本质的特征包括两个方面：一方面是虚构事实、隐瞒真相；另一方面是通过制作和买卖文凭收取钱财。何茂景等人将买卖文凭作为一项经营行为来运作，其买卖行为本身属于严重扰乱市场秩序的经营行为，具有非法经营罪的表现形式。然而，以非法经营罪论处，缺失对被告人虚构事实、隐瞒真相等基本犯罪构成事实的评价。何茂景等人谎称"不需要参加成人高考和学习"，通过制假证和"运作关系"，"就能办理国家教育部门认可，并可在教育部相关网站查询认证的毕业证书"，这些虚构事实、隐瞒真相的行为贯彻始终，且是非法占有他人1826.22万元最为关键的因素。如果以非法经营罪论处，显然未能准确反映案件的本质特征。而认定为诈骗罪，则不存在法律评价偏颇的问题。实施诈骗可以通过多种方式和途径，包括非法经营手段，故以诈骗罪定罪处罚更符合案件实质特征。

最后，以诈骗罪定罪处罚，更能体现罪责刑相适应原则。类似本案以违法办理各种学历证书为名骗取钱财的犯罪，目前常见多发，社会危害严重。本案被骗学员

达二千余人,被骗金额1826.22万元,以诈骗罪定罪处罚,更能体现罪责刑相适应原则。此外,本案涉案人员达数十人,如果最终以非法经营罪对六名被告人定罪处罚,那么,对涉案的其他中介人员如何处理则存在问题。事实上,这些中介人员虽无直接诈骗故意,但均具有非法经营的故意和行为。对本案六名被告人以诈骗罪论处,能够更精准地把握定罪量刑,将主观故意与客观表现相结合,社会效果和法律效果更好。

——《刑事审判参考》(总第113辑)。

917 单位职员虚构公司业务、骗取财物的行为如何定性

关键词｜诈骗罪｜职务侵占罪｜表见代理｜

【最高人民法院参考案例】

杨涛诈骗案(《刑事审判参考》案例第1218号)

要旨:行为人对其所在单位是否构成表见代理并不影响对行为人的定罪,行为人编造虚假公司业务,利用职务身份获取被害人信任,骗取被害人财物的行为,依法应构成诈骗罪。

关于上诉人杨涛及其辩护人提出杨涛以统建公司名义与被害人签订的房屋买卖合同有效,双方构成表见代理的上诉理由及辩护意见,经查,杨涛以统建公司名义与九名被害人签订购房合同使用的合同文本均为公司交由其掌管,其与被害人签订购房合同的目的是骗取被害人的财物并用于赌博及个人消费,与民事活动中的表见代理具有本质的区别。故该上诉理由及辩护意见不能成立。关于上诉人杨涛及其辩护人提出杨涛侵占的是被害人交给统建公司的订金或预付款,而非被害人财物的上诉理由及辩护意见,经查,杨涛为骗取他人财物用于赌博及个人消费,让被害人将认购款汇入其个人银行账户。被害人基于杨涛的欺骗手段,错误认识处分了自己钱款,遭受了财产损失。杨涛实际占有的是被害人汇入其个人银行账户的钱款,而非已经进入统建公司资金账户的财物或其他依法属于统建公司的财物。故对上述上诉理由及辩护意见,不予采纳。关于上诉人杨涛及其辩护人提出九名购房者无人认为被骗,杨涛的行为构成职务侵占罪的上诉理由及辩护意见,经查,杨涛为了骗取他人财物,虚构东方雅园二期商铺即将对外出售事实,谎称可以帮助受害人购买商铺,在公司不知情的情况下,与九名被害人签订认购协议,要求被害人将认购款支付到其个人账户上。主观上,杨涛有非法占有的故意;客观上,杨涛虚构事实,隐瞒真相,采取多种欺骗手段,使被害人基于错误认识处分了自己的钱财。杨涛将所得钱款主要用于赌博及个人消费,为防止犯罪事实被发现,又采

取私刻单位公章签订虚假租赁合同等手段，继续欺瞒被害人直至案发，其行为符合诈骗罪的主客观构成要件，应当以诈骗罪定罪处罚。

——《刑事审判参考》（总第111辑）。

918 虚构“医院、专家、神药”，假冒病患、导医、医生、药品发放员等身份，骗取被害人财物的，应以诈骗罪定罪处罚

关键词｜诈骗罪｜非法行医罪｜生产、销售劣药罪｜

【最高人民法院公报案例】

上海市虹口区人民检察院诉陈新金、余明觉等诈骗案（二审法院：上海市第二中级人民法院）

要旨：出于非法占有他人财物的目的，以虚构“医院、专家、神药”，假冒病患、导医、医生、收费员、药品发放员等身份，骗取被害人财物的行为构成诈骗罪，而非非法行医罪，生产、销售假药罪或生产、销售劣药罪等。

被告人陈新金、余明觉、肖灿、左兴华、左运娥、范云华等人结伙，以非法占有为目的，采用虚构事实、隐瞒真相的方法，骗取他人钱财，其中：陈新金、余明觉、肖灿、左兴华、左运娥诈骗数额巨大；被告人范云华诈骗数额较大；其行为均已构成诈骗罪。上海市虹口区人民检察院指控陈新金、余明觉、肖灿、左兴华、左运娥、范云华犯诈骗罪罪名成立。

被告人陈新金等人为获取钱财，明知被告人余明觉非中医师专家，且无医师执业证书，仍纠集被告人余明觉、肖灿、左兴华、左运娥、范云华等人，由范云华虚构事实，将各被害人骗至上述“中心”内，以“治病”为名将低价的普通中药材，冒充“专科药”后以高额的价格“配售”给各被害人；余明觉明知自己无医师执业证书，不得从事医疗活动，且无治疗各种专科疾病的特长，为获取钱财，在明知各被害人系被“医托”骗至其处“治病”的情况下，仍冒充“教授”，仅通过简单询问及“搭脉”后，即开具所谓的针对各种专科疾病的特效药“处方”，使各被害人误以为获得了中医专科专家的“治疗”，案发后各被害人均证实：余明觉等人开具的中药服用后所患疾病并无好转，由此证明余明觉所开的“药”并非对症下药；故陈新金、余明觉主观上具有诈骗的故意。肖灿、左兴华、左运娥明知各被害人系被范云华等人诱骗至上述“中心”内，且陈新金、余明觉等所谓的“治病”形迹可疑，但仍制造假象帮助掩盖事实，说明肖灿、左兴华、左运娥主观上亦具有诈骗的故意。范云华虽非陈新金所雇佣，但为获取钱财，范云华与陈新金等人结伙，在明知余明觉等人非中医师专家的情况下，仍虚构事实将各被害人骗至上述“中心”内“治病”，事后获取高额医药

费提成,其主观上具有非法占有的故意,客观上实施了虚构事实的行为,符合诈骗罪的构成特征,应以诈骗罪论处。根据刑法第三百三十六条、第一百四十一条、第一百四十二条的规定,非法行医罪是指未取得医生执业资格的人非法行医,情节严重的行为。生产、销售假药罪是指生产、销售假药,足以严重危害人体健康的行为。生产、销售劣药罪是指生产、销售劣药,对人体健康造成严重危害的行为。根据本案事实,上述被告人的行为本质上既非行医、也非售药,其所实施的"看病、卖药"等行为,均为实施诈骗犯罪行为的欺骗手段,故陈新金、余明觉、范云华的辩护人及陈新金、余明觉、肖灿、左运娥关于本案定性的辩护意见及辩解不能成立,法院不予采纳。

——《最高人民法院公报》2012 年第 12 期。

919 警察使用假罚款收据处罚车辆并占有罚款的行为构成诈骗罪

关键词|诈骗罪|伪造国家机关印章罪|

【最高人民法院公报案例】

登封市人民检察院诉姚国建等人诈骗、伪造国家机关印章案(一审法院:登封市人民法院)

要旨:共同被告人以非法占有为目的,结伙利用其警察身份,趁夜晚到乡村路段,使用假罚款收据私自对过往车辆进行处罚,其行为系以虚构事实、隐瞒真相的方法欺骗财物所有人,使财物所有人产生"他们在履行公务"的错觉后自动将财产交给他们,构成诈骗罪,而非贪污罪。诈骗数额以其收到并着手用于犯罪的那部分假收据为准,其他假收据,系被告实行诈骗犯罪所作的预备,应作为量刑情节予以考虑。

被告人冯小强以营利为目的,找人伪造罚款收据和印章,并将加盖了假印章、总面值 16200 元的假罚款收据提供给被告人姚国建、何振伟;姚国建、何振伟以非法占有为目的,结伙利用二人的警察身份,趁夜晚到乡村路段,使用假罚款收据私自对过往车辆进行处罚,得款 12250 元,数额较大;所得罚款由姚国建、何振伟、冯小强私分。这是以虚构事实、隐瞒真相的方法欺骗财物所有人,使财物所有人产生"他们在履行公务"的错觉后自动将财产交给他们。姚国建、何振伟、冯小强使用假罚款收据罚款 12250 元后私分,其行为触犯了刑法第二百六十六条的规定,构成诈骗罪,是犯罪既遂。依照刑法第二十五条第一款、第二十七条的规定,姚国建、何振伟、冯小强是共同故意犯罪,何振伟、冯小强在共同犯罪中起次要作用,可从轻处罚。

刑法第二百八十条第一款规定："伪造、变造、买卖或者盗窃、抢夺、毁灭国家机关的公文、证件、印章的，处三年以下有期徒刑、拘役、管制或者剥夺政治权利；情节严重的，处三年以上十年以下有期徒刑。"刑法第十四条规定："明知自己的行为会发生危害社会的结果，并且希望或者放任这种结果发生，因而构成犯罪的，是故意犯罪。""故意犯罪，应当负刑事责任。"河南省财政厅和登封市交通警察大队都属于国家机关，"河南省财政厅罚没收据专用章""登封市交通警察大队收据专用章"是这两个国家机关履行公务时使用的印章。本案证据虽然不能证明被告人惠国威自己动手伪造了这两枚国家机关的印章，但是能证明这两枚印章出自惠国威之手，惠国威知道这两枚印章是伪造的。惠国威明知伪造国家机关的印章会发生危害社会的结果，但在收了被告人冯小强给的四百元款后就为其出力，放任危害结果发生。惠国威的行为触犯了刑法第二百八十条第一款的规定，构成伪造国家机关印章罪。登封市人民检察院指控惠国威的罪名及理由成立。惠国威关于没有工具、技术和材料，根本不能伪造印章的辩解，不予采纳。

——《最高人民法院公报》2003 年第 5 期。

920 故意制造交通事故骗取赔偿款的行为构成诈骗罪

关键词 | 诈骗罪 | 故意制造交通事故 | 骗取赔偿款 |

【最高人民法院司法文件】

近年来，"碰瓷"现象时有发生。所谓"碰瓷"，是指行为人通过故意制造或者编造其被害假象，采取诈骗、敲诈勒索等方式非法索取财物的行为。实践中，一些不法分子有的通过"设局"制造或者捏造他人对其人身、财产造成损害来实施；有的通过自伤、造成同伙受伤或者利用自身原有损伤，诬告系被害人所致来实施；有的故意制造交通事故，利用被害人违反道路通行规定或者酒后驾驶、无证驾驶、机动车手续不全等违法违规行为，通过被害人害怕被查处的心理来实施；有的在"碰瓷"行为被识破后，直接对被害人实施抢劫、抢夺、故意伤害等违法犯罪活动等。此类违法犯罪行为性质恶劣，危害后果严重，败坏社会风气，且易滋生黑恶势力，人民群众反响强烈。为依法惩治"碰瓷"违法犯罪活动，保障人民群众合法权益，维护社会秩序，根据刑法、刑事诉讼法、治安管理处罚法等法律的规定，制定本意见。

一、实施"碰瓷"，虚构事实、隐瞒真相，骗取赔偿，符合刑法第二百六十六条规定的，以诈骗罪定罪处罚；骗取保险金，符合刑法第一百九十八条规定的，以保险诈骗罪定罪处罚。

实施"碰瓷"，捏造人身、财产权益受到侵害的事实，虚构民事纠纷，提起民事诉讼,符合刑法第三百零七条之一规定的,以虚假诉讼罪定罪处罚;同时构成其他犯罪的,依照处罚较重的规定定罪从重处罚。

——《最高人民法院、最高人民检察院、公安部关于依法办理“碰瓷”违法犯罪案件的指导意见》(2020年9月22日,公通字〔2020〕12号)。

【最高人民法院参考案例】

李品华、潘才庆、潘才军诈骗案(《刑事审判参考》案例第214号)

要旨:故意制造交通事故,对事实真相加以隐瞒从而骗取对方赔偿款的行为,符合诈骗罪的构成要件,应以诈骗罪追究其刑事责任。

故意制造的“交通事故”,不属于道路交通管理法规、规章所调整的道路交通事故。因为,“事故”并非被害人违反交通规则关于路权优先规定过失所致,而是行为人为获取赔偿款故意所为。对此“事故”,被害人原本无须承担任何赔偿责任,但由于行为人隐瞒了“事故”的真实原因及制造“事故”的真实目的,致使被害人及负责事故处理的交警部门均误认为,事故系被害人的过失行为所致,并据此作出由被害人承担赔偿责任的调处决定。从行为人一方来看,主观上具有通过索取赔偿款而非法占有他人钱款的主观目的,客观上隐瞒了事实的真相;从被害方来看,被害人基于对“事故”原因的错误认识,误认为责任方确实在于自己,同意交警部门所作出的调处决定,“自愿地”向被告人支付赔偿款,完全符合诈骗罪的构成要件。需要补充说明的是,行为人的诈骗行为虽然是通过了第三方即交警部门的介入才得以实施完毕的,但交警部门的决定并不违反被害人的意愿,交警部门的调解决定只是对双方当事人的意思表示通过法律程序加以确认而已,这与通常所谓的一方当事人明知对方当事人虚构事实、隐瞒真相的诉讼诈骗行为具有质的不同。

——《刑事审判参考》(总第29辑)。

921 将租赁的汽车典当不予退还的行为构成诈骗罪

关键词|诈骗罪|租赁物|不予退还|

【最高人民法院参考案例】

余志华诈骗案(《刑事审判参考》案例第494号)

要旨:被告人将租赁来的汽车典当不予退还的行为构成诈骗罪。被告人连续非法典当租来的汽车,是连续实施数个独立的诈骗行为,为同种数罪。在车主追索下,被告人既已赎取前车归还车主,则只以未赎取汽车的金额计算犯罪金额,之前的诈骗行为作为量刑情节考虑。

（一）被告人将租赁来的汽车典当不予退还的行为构成诈骗罪

经过认真分析，我们会发现被告人的行为完全符合诈骗犯罪的构成特征：（1）被告人主观上具有直接占有他人财物的故意。（2）被告人客观上采用了隐瞒真相，虚构事实的欺诈手段。

综上，可以认定本案被告人余志华的行为构成诈骗罪。需要指出的是，被告人两次都是通过口头合同将车辆骗来后进行典当，进而非法占有典当后的钱款，受骗的真正被害方是汽车所有人而非典当公司，汽车所有人和被告人之间达成的口头协议并非基于生产经营目的，而是基于驾驶使用，所以被告人的犯罪行为侵犯的并非是汽车租赁这一市场秩序，而是被告人的财产所有权。因此，本案不构成合同诈骗罪。

（二）被告人连续非法典当租来的汽车，是连续实施数个独立的诈骗行为，为同种数罪

由于第一起租车行为中的车主找被告人余志华还车，余志华用第二辆当车的钱把第一辆车取回归还车主，看似第一个车主没有受到任何损失，似乎其第一起行为不应认定为犯罪。但是从诈骗罪的构成标准看，余志华在将第一辆车控制后，不是真正将车用于使用，而是随即伪造车主的身份证明和轿车手续，进行典当，取得典当款后即各自分掉。其非法占有的典当现款虽然是从典当行取得，但是，该款来自于汽车价值的转换，承担损失的仍然是汽车的出租人，出租人遭受的损失即为被骗租的汽车。因此，余志华在将第一辆车典当掉后取得典当款时，其行为具备了诈骗罪的主客观构成要件，已经是一个独立的诈骗犯罪行为。其在车主"不还车就报警"的逼迫下被迫将车赎回归还的行为，只是诈骗的事后行为，并不影响其先前诈骗行为的法律性质。因此，被告人第一起租车典当行为也成立诈骗罪，其连续典当租来的汽车，是连续实施数个独立的诈骗行为，为同种数罪，刑法上作为处断上的一罪处理。

（三）在车主追索下，被告人既已赎取前车归还车主，则只以未赎取汽车的金额计算犯罪金额，之前的诈骗行为作为量刑情节考虑

本案被告人连续典当租来的汽车，在车主追索时以后面汽车的典当款赎取前车归还车主后，只以被告人最终实际取得的汽车价值计算其犯罪金额，以前被典当车辆的价值金额作为从重情节予以考虑，对此，法院的认定是准确的。

——《刑事审判参考》（总第62辑）。

922 假冒国际标准集装箱偷逃高速公路通行费的行为构成诈骗罪

关键词｜诈骗罪｜合同诈骗罪｜偷逃高速公路通行费｜国际标准集装箱｜

【最高人民法院参考案例】

嵇世勇诈骗案(《刑事审判参考》案例第 1083 号)

要旨:行为人为减少企业运输成本,非法利用对于国际标准集装箱运输车辆的优惠政策,购入淘汰的外表破损的国际标准集装箱装运货物并购买相关单证,骗取高速公路收费员的信任偷逃高速公路通行费的行为构成诈骗罪。

集装箱运输是一种新型的运输方式,具有安全、高效、保质、快捷和节省等优点。2001 年国家计划发展委员会和交通部下发文件,要求各省市制定本辖区内对集装箱运输车辆通行费实行优惠的具体方案,重点降低国际标准集装箱运输车辆通行费标准。据此,不少省市制定优惠政策,对符合一定条件的国际标准集装箱运输实施比照普通货车不同程度的通行费率优惠,减轻国际标准集装箱运输的通行费用,方便海、陆、空不同运输方式之间进行联运,推进交通运输的现代化建设。浙江省人民政府以及浙江省交通主管部门为促进本地集装箱运输的发展,亦出台相关政策,对国际标准集装箱的公路运输实行运费优惠。本案中,被告人嵇世勇等为减少企业运输成本,非法利用浙江省对国际标准集装箱运输车辆的优惠政策,购入淘汰的外表破损的国际标准集装箱装运货物,经过对箱体进行铅封,用于内陆运输,还购买了相关的单证,骗取高速公路收费员的信任,获得相关通行费优惠。在案件审理过程中,对嵇世勇等人所采用的集装箱运输货物是否可以享受通行费优惠,以及偷逃通行费的行为构成合同诈骗罪还是诈骗罪,存在不同意见。我们认为,嵇世勇等人所运输的集装箱不属于享受优惠的范围,其行为构成诈骗罪。主要理由如下:

(一)被告人嵇世勇所使用的集装箱不属于可享受浙江省规定的高速公路通行费率优惠的国际标准集装箱的范围

浙江省交通投资集团有限公司作为省级交通国有资产营运机构,经营沪杭甬、杭金衢、金丽温等多条高速公路,为便于识别可享受优惠费率的国际标准集装箱范围,印发了《国际标准集装箱运输车辆判别操作指南》(以下简称《指南》),此规定已经报批浙江省交通主管部门,属于落实浙江省对国际标准集装箱运输实施优惠费率政策的操作规范。《指南》规定符合以下四项标准才能认定为国际标准集装箱:集装箱的箱体尺寸、重量符合规定;箱体标记符合规定;运输箱体的车辆应为集装箱专用运输车;需携带运单。这四项标准并非创设的标准,而是将集装箱运输及用于联运的要求结合起来,从形式条件和实质条件进行了归纳和简化,方便高速公路收费员进行辨别。我们认为,被告人嵇世勇所使用的集装箱不符合要求:

1. 被告人嵇世勇所使用的集装箱不符合国际标准集装箱的形式要件。《中华人民共和国国家标准 GB/T1413—2008》(以下简称《国家标准 GB/T1413—2008》)

前言称“本标准等同采用 ISO668:1995，包括其修正案”，其适用了国际标准对我国的集装箱进行规定，集装箱的尺寸和额定重量，以及具有足够的强度可以在有效使用期内反复使用等方面有详细的标准。国内的集装箱制造企业以及鉴定机构也是按照此标准生产、鉴定国际标准集装箱。《指南》规定，对运输的箱体或车辆不符合标准的，应按照普通货车收费。为减少运输成本，尤其在浙江省于 2010 年 4 月 16 日对普通货车实施计重收费以来，各类假冒国际标准集装箱运输的行为层出不穷，主要有两种情况：一是物流企业购买海运公司淘汰后的集装箱，用于普通货运；二是外观类似集装箱的厢式货车、油罐车，车主对车厢进行改装，喷上箱号假冒集装箱。就本案而言，嵇世勇购入海运公司淘汰的废旧集装箱用于货物运输，并且在所使用过的四十八个开顶集装箱被查扣后，具有相应资质的中国船级社对这些集装箱进行了鉴定，上述集装箱箱体破损，均不再适合当作国际集装箱进行运输。

2. 被告人嵇世勇使用集装箱超载运输，并伪造运单，不符合国际标准集装箱运输的实质条件。其一，《国家标准 GB/T1413—2008》中对国际标准集装箱的额定重量严格限制在 30. 48 吨以内，超过该额定重量就需要使用国际非标准集装箱或国际特种集装箱来进行运输。超出重量限制的集装箱运输就不是国际标准集装箱，不能享受相关的优惠政策。浙江省高速公路实施计重收费的同时，对集装箱车辆的收费维持现行收费方式和标准不变。计重收费指由按照货车车型收费变成按车货总重量收费，目的是降低合法运输车辆的收费标准，增大违法运输车辆的运输成本，通过经济和价格手段，消除超限超载运输和利益驱动。嵇世勇为尽可能多地运输货物并逃避计重收费，使用自行购置的集装箱运输货物时重量均达五十吨以上，绝大部分还超过六十吨，大大超出了国家标准对国际标准集装箱的重量限制，不符合《指南》第一项的规定。其二，浙江省的高速公路运输国际标准集装箱可享受优惠通行费率的具体依据为浙江省交通厅、物价局 2002 年 10 月 10 日印发的《关于国际标准集装箱运输车辆收取通行费有关事宜的通知》（以下简称《通知》）第一条，即国际标准集装箱运输车辆的通行费，按运输集装箱种类、数量收取，收费标准按《国际标准集装箱种类（箱数/吨位）收费分类表》（附表）执行。同时《通知》第三条规定：“调整国际标准集装箱运输车辆通行费收费方式，是适应我国加入 WTO 扩大国际贸易交流的需要，有利于进一步提高货物运输集装化水平。”根据《指南》规定，只要司机出具的单证有假冒行为，即应按普通货车收费，不再享受优惠政策。嵇世勇用所购买的废旧集装箱用于国内煤炭运输，并且私自购入空白集装箱设备交接单，虚构船名、船次自行打印、制作，让驾驶员随车携带，假冒运单出示，欺骗收费员，使其误信；或者骗得专门用于国际标准集装箱运输的 ETC 卡，运输不符合要求的集装箱，均违反了上述规定。

(二)被告人嵇世勇使用假冒国际标准集装箱偷逃高速公路过路费的行为构成诈骗罪

被告人嵇世勇使用假冒国际标准集装箱偷逃高速公路过路费,其行为无疑属于诈骗,但对于该行为应认定为诈骗罪,还是合同诈骗罪,存在不同意见。我们认为,嵇世勇的行为构成诈骗罪,主要理由是:

1. 被告人嵇世勇的行为不符合合同诈骗罪的构成特征。合同诈骗也属于诈骗的一种,但合同诈骗罪与诈骗罪有所不同:合同诈骗罪是指以非法占有为目的,在签订、履行合同过程中,使用欺诈手段,骗取对方当事人财物,数额较大的行为。合同诈骗既侵犯公私财产所有权,又扰乱正常的市场交易秩序,而且后者是其本质特征,以此区别于只侵犯公私财产权益的普通诈骗罪。合同诈骗罪是为了规制发生在经济交往过程中的诈骗行为而规定的。按照《最高人民检察院、公安部关于公安机关管辖的刑事案件立案追诉标准的规定(二)》的规定,在签订、履行合同过程中骗取对方当事人财物,数额在二万元以上的,应予追诉;而根据《最高人民法院、最高人民检察院关于办理诈骗刑事案件具体应用法律若干问题的解释》的规定,诈骗公私财物价值三千元至一万元以上的,即构成诈骗罪,由此可见,两罪的发生领域、社会危害性和规制的对象是不同的。

合同诈骗罪在客观方面表现为五种形式:以虚构的单位或冒用他人名义签订合同骗取对方当事人财物;以伪造、变造、作废的票据或者其他虚假的产权证明作为担保的;没有实际履行能力,以先履行小额合同或者部分履行合同的方法,诱骗对方当事人继续签订和履行合同的;收受对方当事人给付的货物、货款、预付款或者担保财产后逃匿的;以其他方法骗取对方当事人财物的。本案中,被告人嵇世勇的行为不属于上述表现形式:嵇世勇的车辆在高速公路上通行并交纳通行费,与浙江省交通投资集团有限公司之间存在事实上的合同关系,但这属于民事法律关系范畴。嵇世勇的行为具有社会危害性并在刑法上有评价意义的部分是伪造、虚构符合当地政府规定的交纳优惠通行费的条件,从而达到减免通行费的目的,该行为与普通诈骗罪的客观表现并无不同,而与典型的合同诈骗罪明显有别。也就是说,实践中,具有一定合同形式的诈骗行为层出不穷,但不是只要与合同有一定关联,就必须认定行为性质属合同诈骗。嵇世勇以欺骗手段获取优惠通行费率,直接侵害的是高速公路营运方的财产利益,与扰乱市场交易安全秩序关系不大。

2. 将本案认定为诈骗罪符合司法实践惯例。根据《最高人民法院关于审理非法生产、买卖武装部队车辆号牌等刑事案件具体应用法律若干问题的解释》①第三

---

① 该解释目前已废止。2011年《最高人民法院、最高人民检察院关于办理妨害武装部队制式服装、车辆号牌管理秩序等刑事案件具体应用法律若干问题的解释》第六条规定,实施伪造、变造、买卖或盗抢武装部队公文、证件、印章,同时构成逃税、诈骗等犯罪的,依照处罚较重的规定定罪处罚。

条第二款的规定,使用伪造、变造、盗窃的武装部队车辆号牌,骗免养路费、通行费等各种规费,数额较大的,依照刑法第二百六十六条的规定定罪处罚。本案中,被告人嵇世勇虽然不是使用伪造、变造的军牌,但也是通过伪造事实,隐瞒真相的方式,使车辆符合减免通行费条件,从而侵害了公路营运方的财产所有权。因此,此类案件定性为诈骗罪符合法律适用的统一性要求。

——《刑事审判参考》(总第 103 辑)。

923 利用异地刷卡消费反馈时差,要求银行工作人员将已消费款项存入另一借记卡再取出的行为应认定为诈骗

关键词｜诈骗罪｜信用卡犯罪｜非法占有｜

【最高人民法院参考案例】

张航军等诈骗案(《刑事审判参考》案例第 650 号)

要旨:利用异地 POS 机刷卡消费反馈到银行电脑有一至二分钟延迟这一漏洞,故意隐瞒存入贷记卡中的资金已被消费的真相,要求银行工作人员办理冲正业务,骗取资金的行为应认定为诈骗罪。

我国刑法没有对诈骗罪的行为模式作出具体规定。理论上通常认为,诈骗罪的基本模式是行为人以非法占有为目的,采取虚构事实或者隐瞒真相的方法实施欺诈行为,使对方产生认识错误,对方基于该认识错误交付财物,进而造成损失。据此,判断一行为是否构成诈骗罪,客观上要看行为人是否实施了欺诈行为给被害人造成经济损失,主观上要看行为人是否具有非法占有目的。

本案中,被告人张航军等人利用异地刷卡消费反馈到银行电脑有一至二分钟时间延迟的漏洞,隐瞒其存入他人名下的钱已被同伙在异地刷卡取走的真相,让银行营业员将钱转存入他人的另一个银行卡账户内,随后迅速把这些钱取走。该犯罪行为包含了前后两个紧密相关的环节。张航军等人往银行卡中存钱后通知同伙在异地刷卡消费,因卡内已实际存入现金,该刷卡消费行为具有正当性,也不会给银行造成损失,故独立地看,不具有违法性。但是,当张航军等人在其同伙完成刷卡消费行为后,要求营业员办理存款冲正业务,将客观上已经被消费的钱存入另一个银行卡账户,实际上是将银行的自有资金存入了被告人指定的账户中,由此给银行造成损失。显然,正是被告人实施了隐瞒真相的诈骗行为,导致银行营业员陷入认识错误,认为被告人的钱没有被转移,进而实施财物处分行为,将本属于银行的钱存入了被告人指定的另一银行卡账户,直接造成银行的损失。故这种作案过程完全符合诈骗罪的客观特征。

从主观方面看,被告人具有非法占有目的。如果持卡人确实急需资金而采取这种骗取银行资金打算日后归还银行欠款的做法,则其付出的代价太大,手续费甚至超过了民间高利贷的利息,极不合常理,且采取欺骗手段获取银行的资金也不是正常地向银行申请贷款或者利用信用卡透支的行为,故不能认定持卡人具有还款意图。实际上,这种骗取银行资金的做法,原本就是被告人与持卡人共同预谋的结果。

由此可见,被告人的行为完全符合诈骗罪主客观两方面的构成特征,应当认定为诈骗罪。

——《刑事审判参考》(总第 76 辑)。

924 捡拾存折并猜配密码非法提取他人存款的行为构成诈骗罪

关键词 | 诈骗罪 | 盗窃罪 | 非法提取他人存款 |

【最高人民法院参考案例】

程剑诈骗案(《刑事审判参考》案例第 256 号)

要旨:猜中他人存折密码非法提取存款的行为属于冒用骗取,应以诈骗罪定罪处罚。

盗窃他人存折并支取存款的行为,应当以盗窃罪定罪处罚。行为人利用手中持有的他人存折,通过猜配取款密码非法支取他人存款,其中,既有冒用他人名义骗取银行信任的因素,又有在他人不知情的情况下盗配取款密码进而提取存款的秘密因素。那么,究竟应当认定为盗窃行为还是诈骗行为?这里涉及盗窃与诈骗客观方面特征的区分理解问题。

首先,在某种意义上,秘密窃取和虚构隐瞒骗取中均具有财物所有人、保管人"不知情"的特征,但两者含义并不相同。秘密窃取中的"不知情",指的是财物所有人、保管人对于行为人的客观行为了无察觉(至少行为人主观上是这么认为的),在整个窃取行为过程中自然也就不存在财物所有人、保管人的参与、配合问题,与此不同,虚构隐瞒骗取中的"不知情",指的是财物所有人、保管人基于错误的认识而不知真情,属于对行为性质的不知情,财物所有人、保管人在诈骗行为过程中是直接参与的。

其次,在财物的转移取得方面,窃取是在财物所有人、保管人无意识的情况下由行为人的单方行为完成的,而骗取则是财物所有人、保管人在错误认识的支配下,信假为真,有意识地处分(交付)的结果。

最后,作为财产犯罪,对于财产所有权的侵害是其本质,财物的取得行为才是赖以定性的基本构成行为。猜配他人取款密码，将他人持有的不为他人所知的密码予以破解，可以视为是一种无形偷盗行为，但猜中密码并不意味着取得了他人存款，只是进一步取得他人存款的手段行为，且密码本身并无价值，因而不具有独立的法律意义。在程剑取得他人的存款之前，存款完全置于银行的控制、支配之下，程剑支取他人存款，是凭借银行的信任通过银行的交付得以实现的，银行对于存款的交付，银行是有明确认识的。由于银行的信任是基于一种错误的判断，而这正是程剑隐瞒真相冒用他人名义以致银行不明真相误认为其具有取款合法资格的结果，此类行为属于典型的冒用诈骗行为。

——《刑事审判参考》（总第 33 辑）。

925 自制高额利率定单吸存现金并占为己有的行为构成诈骗罪

关键词 | 诈骗罪 | 占为己有 |

【最高人民法院参考案例】

田亚平诈骗案（《刑事审判参考》案例第 301 号）

要旨：银行出纳员用自制“高额利率定单”，对外虚构单位内部有高额利率存款的事实，将吸存的亲朋好友的现金占为己有的行为，不构成非法吸收公众存款罪、贪污罪和金融凭证诈骗罪，而构成诈骗罪。

首先，不构成非法吸收公众存款罪。行为人均是其亲朋好友，是向特定的多数人吸收资金，而不是“向社会不特定对象吸收资金”，不属于吸收或变相吸收公众存款，因此，不符合非法吸收公众存款罪客观方面的要件，不构成非法吸收公众存款罪。

其次，不构成贪污罪。原则上，储户存入国有商业银行的资金，肯定属于在国有企业管理使用中的私人财产，当以公共财产论，但行为人所吸收的资金，并非个人储蓄存款，因为行为人所在单位实际上并没有开展所谓的高额利率存款的业务，该项业务纯属行为人虚构。行为人吸收的资金也没有进入其单位的资金账户，而是落入行为人的口袋。故行为人亲朋好友交给行为人的现金是不可能转化为个人储蓄存款的，即不属于公共财物。另外，贪污罪在客观上表现为行为人利用职务上的便利，以侵吞、窃取、骗取或者以其他手段非法占有公共财物的行为。“利用职务上的便利”，是指行为人利用本人职务范围内主管、支配和具体负责经营公共财物所形成的便利条件，以行使职务的名义、借口和便利，不为人知地或者“名正言顺”地将公共财物非法占为己有。行为人的职务是银行出纳员，向储户吸纳存款的业务并非其职权范围，况且其所在银行并未开展高额利率存款业务，“高额利率定单”完全是其自造的。根据银行内部储蓄规定，存单须有出纳、会计共同审核盖章并加盖银行储蓄专用章后方能生效。行为人系出纳，只负责保管本人印鉴和银行储蓄专用章，并不负责保管其他工作人员的印鉴。“高额利率定单”上的公、私章均是行为人在同班人员疏忽大意完全不知的情况下利用工作上的便利条件偷盖的，使定单看起来像银行的存单，让亲朋好友误以为是银行存单。可见，行为人的行为不是利用职务上的便利条件，而是利用工作上的便利条件，也不符合贪污罪的客观要件。综上，行为人的行为所侵犯的财产性质及其手段均不符合贪污罪的构成要件，不能定贪污罪。

再次，不构成金融凭证诈骗罪。行为人所使用的“高额利率定单”虽然盖有银行的公章和会计、出纳的私章，但因是行为人私自制作的虚假单据，银行并不存在这样的定单格式，故此定单不属于伪造或变造的银行存单，更谈不上使用伪造、变造的银行存单问题。所以，行为人的行为也不构成金融凭证诈骗罪。

最后，行为人的行为是否构成诈骗罪。就银行出纳员用自制“高额利率定单”，对外虚构单位内部有高额利率存款的事实，将吸存的亲朋好友的现金占为己有的行为而言，行为人在主观上具有非法占有他人财物的目的，在客观上分别向众多的亲朋好友虚构了银行内部有高额利率存款的事实，使亲朋好友信以为真，主动把现金交给她以取得高额利率的回报。行为人自制虚假的“高额利率定单”，偷盖储蓄业务专用章和同班人员印鉴等行为，是为了让亲朋好友相信银行确有高额利率存款的事实，以达到取得亲朋好友资金的目的，这些都是骗取财物所采取的手段，完全符合诈骗罪的客观要件构成。因此，行为人的行为符合诈骗罪的主客观构成要件。

——《刑事审判参考》(总第 38 辑)。

926 窃取并变造已付讫的国库券再骗兑的行为构成诈骗罪

关键词｜诈骗罪｜骗兑｜国库券｜

【最高人民法院参考案例】

章杨盗窃案(《刑事审判参考》案例第 45 号)

要旨：盖有“付讫”章的国库券不再属于有价证券，将盗窃的盖有“付讫”章的国库券变造后再骗兑的行为构成诈骗罪。

盖有“付讫”章的国库券已不再是有价证券，因为它已经失去了有价证券可以转让、兑付的基本特征。所以，原一审、二审法院将盖有“付讫”章的国库券认定为有价证券的理由不成立，使得对本案定性的前提判断失误。被告人章杨将盗窃的国库券变造后再骗兑的行为属于诈骗犯罪。被告人章杨将银行盖有“付讫”章的国库券,从银行金库内盗出后,携至张某某的宿舍内用化学药剂清洗掉券面上的“付讫”二字。再持经变造了的国库券在市内数家储蓄所、信用社共兑得现金8.16万元人民币。其实质是将盗得的已失效(作废)有价证券进行变造,使其与尚未兑付的国库券在形式上完全相同,以此隐瞒事实真相的方法,欺骗兑付银行,诈骗银行兑付款。这一行为,完全符合诈骗罪的特征。行为人在本案中实施诈骗犯罪的手段,又触犯了1979年刑法第一百二十三条伪造有价证券罪的规定,按照处理牵连犯的原则,本案应以诈骗罪定罪处刑。具体定罪适用的法律,根据1997年刑法第十二条第二款的精神,应依照1979年刑法第一百五十二条的规定处罚。因此,再审法院以诈骗罪对原审被告人定罪是正确的。

——《刑事审判参考》(总第6辑)。

927 私自以委托人名义开立银行新账户，通过证券业务员卖出委托人账户股票后将所得款转到新账户并取走构成诈骗罪

关键词 | 诈骗罪 | 三角诈骗 | 认识错误 |

【最高人民法院参考案例】

伍华诈骗案(《刑事审判参考》案例第952号)

要旨:受他人委托操作其股票账户进行股票买卖,却私自使用委托人证件以委托人名义开立银行新账户,通过证券业务员卖出委托人账户股票并将所得款转到新账户后取走的行为,属于“三角诈骗”,构成诈骗罪。

我们认为,伍华的行为构成诈骗罪。理由是:伍华实施了虚构事实、隐瞒真相的行为;作为受骗者的证券业务人员陷入了认识错误;作为受骗者的证券业务人员基于认识错误处分被害人岑露的上述股票款项,使伍华获取了该股票款项,使岑露遭受该股票款项的损失。从上述结构分析,伍华的行为完全符合诈骗罪的行为特征。具体理由如下:

(一)伍华的行为不构成侵占罪

根据刑法第二百七十条的规定,侵占罪是指将代为保管的他人财物非法占为己有,数额较大,拒不退还的行为。构成侵占罪的前提必须是行为人“代为保管”他人财物,而这里的“代为保管”是指对方已经将其财物的占有权转移给了行为人,所以理论界有观点将侵占罪归类为侵犯财产罪中的“占有不转移罪”,与盗窃罪、诈骗罪等排除被害人占有的“占有转移罪”或者说“夺取罪”不同。

本案中,虽然岑露已经全权委托伍某操作其股票账户,但其并没有授权伍华提

取其股票账户中的资金。从整个过程看，伍华提取岑露股票账户中的资金需要在证券营业柜台向证券业务人员出示岑露的股东卡、身份证并提供需要转入的岑露的个人存折（编者注：当年，我国证券业务刚刚起步，“三方”监管后，转账必须通过银行），但岑露并未将其个人存折交给伍华，而是由其独自保管。正常情况下，伍华不能从岑露的股票账户中将其股票资金私自提走，这也正是岑露之所以会放心委托伍华代其炒股的原因。也就是说，岑露只是委托伍华帮其买卖股票，其股票资金均未脱离其股票账户，股票账户中的资金仍然由岑露占有、支配、控制。质言之，伍华并没有因为岑露全权委托其帮忙炒股而占有岑露股票账户中的资金，不属于“代为保管他人财物”情形，故其行为不构成侵占罪。

（二）伍华的行为不构成盗窃罪

盗窃罪最基本的构成特征是秘密窃取他人财物。秘密窃取包括主、客观两方面的内容，即客观上是采取隐秘方式取走他人财物，主观上行为人自认为被害人不知晓。只要行为人采取秘密的、自认为不为财物的所有人或者保管人所知晓的方法将财物取走，不管第三者是否知晓，也不问行为人是否以为第三者知晓，均不影响盗窃罪的成立。秘密窃取所针对的对象包括财物所有人和财物管理人。本案中，被害人岑露在证券营业部开立股票账户，该证券营业部对其股票账户中的资金安全负有管理之责，被告人伍华在该证券营业部柜台通过证券业务人员的业务行为将岑露股票账户中的资金提走。对于作为岑露股票资金管理人的该证券营业部的业务人员而言，伍华显然不属于“秘密窃取”岑某的股票款项，故不符合盗窃罪中“秘密窃取他人财物”的行为特征。主张伍华的行为构成盗窃罪的主要理由是，伍华是在岑露并不知晓的情况下私自使用其身份证新开了一个户名为岑露的银行账户并利用该银行账户将其股票卖出款提走，即对于岑露而言，伍华可谓“秘密窃取”了其股票款项。然而，行为人是在财物实际管理人知晓而财物所有人不知晓的情况下取走财物的，对财物实际管理人而言，行为人并非对其采用“秘密窃取”的手段获得财物。

（三）伍华的行为构成诈骗罪

盗窃罪与诈骗罪的区别在于，前者的行为人是采取秘密的手段直接窃得他人的财物，而后者的行为人是通过欺骗手段使他人财物的所有权人或者保管人“自愿”将该财物交付给行为人。通常的诈骗行为表现为：行为人向被害人实施欺骗行为，被害人陷入认识错误进而处分自己占有的财产，最后导致财产损失。在这种场合，受骗者（财产处分人）与被害人具有同一性（简称二者间诈骗）。但是，在诈骗罪中，也存在受骗者（财产处分人）与被害人不是同一人（或不具有同一性）的现象。这种情况在刑法理论上称为“三角诈骗”，也叫“三者间的诈骗”。本案认定伍华的行为构成诈骗罪的关键就在其属于“三者间诈骗”，被告人伍华的“三角诈骗”

行为符合诈骗罪的行为特征：

1. 伍华实施了隐瞒真相的行为。伍华隐瞒真相的行为表现为，伍华在没有受委托的情况下，持岑露的银行存折、身份证、股东卡去证券营业部柜台提取岑露的上述股票款项时，在证券业务人员存在误解的情况下，向证券业务人员隐瞒了岑露未委托其提取该股票款项的真相。

2 因伍华隐瞒真相的欺骗行为使证券业务人员陷入了认识错误。伍华作为岑露的受委托炒股人，同时持有岑露的身份证、股东卡、银行存折，完全符合提取股票款项的条件，从而使证券业务人员误以为是岑露委托伍华过来提取其上述股票款项。虽然岑露没有陷入认识错误，但只要具有财产处分权限或者地位的人陷入认识错误进而处分财产即可。

3. 作为受骗者的证券业务人员处分了被害人岑露的财产。证券业务人员基于上述认识错误，为伍华办理了提取岑露的上述股票款项的业务，从而使岑露的上述股票款项脱离了其股票账户。虽然岑露没有处分财产，但刑法没有将诈骗罪的财产处分人限定为被害人。因为，一方面，诈骗中的处分行为，并非仅指民法上作为所有权权能之一的处分，而是意味着将财产转移给行为人或者第三者占有，即由行为人或者第三者事实上支配财产；另一方面，在财产关系日益复杂的情况下，财产的单纯占有者，也可能处分（交付）财产。所以，即使不是财产的所有人，也完全可能因为认识错误等原因而处分财产。

4. 作为受骗者的证券业务人员基于上述认识错误处分了岑露的上述股票款项，使伍华获取了该股票款项，使岑露遭受了财产损失。证券业务人员将岑露的上述股票款项转入伍华新开的上述户名为岑露的银行账户后，使得伍华顺利从该银行账户提走了该股票款项，导致岑露遭受股票款项损失。

综上所述，作为受委托炒股的被告人伍华擅自取走委托人岑露股款的行为，完全符合诈骗罪的主客观要件，应当认定构成诈骗罪，佛山市中级人民法院依法改判为诈骗罪是正确的。

——《刑事审判参考》（总第96辑）。

928 将他人手机号码非法过户后转让获取钱财行为的定性

关键词｜诈骗罪｜盗窃罪｜非法过户后转让｜

【最高人民法院参考案例】

王微、方继民诈骗案（《刑事审判参考》案例第591号）

要旨：目前移动电话已没有入网费，因此手机号码本身不具有价值，不能成为盗窃罪的对象。虽然被告人利用伪造的身份证将他人手机号码过户至自己名下,但是上述号码实际并未脱离原机主的控制,原机主发现后可以随时到移动营业厅将号码取回,且没有任何障碍,因此被告人对他人手机号码并没有实际取得占有,其行为不构成盗窃罪。被告人将不属于自己所有的手机号码以自己的名义卖给他人获取钱财的行为构成诈骗罪。

1. 单纯的手机号码没有价值,因而没有财物属性

盗窃罪属于侵财犯罪,其犯罪对象是财物,财物是有价值的,是能够使实施盗窃的行为人获得利益而使原所有人受到财产损失的有体物或无体物。虽然我国刑法第二百六十五条规定"以牟利为目的,盗接他人通信线路、复制他人电信码号或者明知是盗接、复制的电信设备、设施而使用的,依照盗窃罪的规定定罪处罚",但该条规定主要适用于两种情况:

一是使被害人产生初装费、入网费损失的。"盗接他人通信线路、复制他人电信码号"的行为以盗窃罪定罪处罚是因为行为人的行为导致逃避缴纳邮电部门的电话初装费、移动电话入网费,从而使自己获利并给邮电部门造成损失。这种情况定盗窃罪是以电话初装费、移动电话入网费的存在为前提,且行为人盗窃侵害的对象不是电信码号本身,而是电信码号所承载的入网费用。但本案中,在移动电话已经取消入网费的前提下,手机号码本身只是一种通讯代码,不具有价值,不具备财物的属性。行为人取得手机号码后,不会由于逃避应当缴纳的入网费从而带来收益,原所有人失去号码后再次办理新号时,也不会因缴纳入网费而产生财产上的损失,所以单纯非法过户他人手机号码不构成盗窃罪。

二是被害人产生话费损失的。"明知是盗接他人通信线路、复制他人电信码号的电信设备、设施而使用",之所以以盗窃罪定罪,是因为行为人盗接他人通信线路、使用复制的电信码号后产生的电话费由合法用户支付,从而导致行为人不交话费而获利,使他人受到话费损失,因此这里盗窃罪侵害的对象是他人的电信资费而不是号码本身。因为单纯复制号码本身并不能造成他人财产损失,也不能使自己获利,只有通过使用这些号码,才能造成他人电信资费的损失从而获利,电信码号只是作为电信资费的载体存在的。本案中,二被告人非法将他人手机号码过户出售后,由于原号码所有者不能继续正常使用该号码,故及时到移动公司查询导致案发,本案从二被告人手中购买有关手机号码的人尚未使用该手机号码,因此并未给原号码所有者造成话费损失,所以也不符合此种以盗窃罪定罪处罚的情形。

2. 手机号码非法过户后进行转让才是实现获利的关键

盗窃罪只要将财物秘密窃取后就实现了财产利益,所窃取的财物可以自己使用,也可以给他人使用,并且这种使用完全具备经济学意义上的使用价值的特征。这体现在,行为人不必付出经济成本就可以使用所窃取的财物,而这一经济成本原

来是应该付出的；或者行为人窃取财物后予以销赃，从而得到了经济利益。但就本案而言，被告人非法过户手机号码后没有自己使用，而是通过转让才获得了经济利益，也即本案二被告人实现获利的关键在于将非法过户的他人手机号码出售的行为。本案被告人非法转让他人手机号码获得利益的第一阶段是将他人名下的手机号码非法过户到自己名下，第二阶段是以本人名义将非法过户的手机号码转让给他人获利。上述两个阶段的行为是一个完整不可分割的整体，行为人将号码过户的目的在于转让获利，转让才是整个行为的关键，故不能将号码过户行为与转让行为割裂开来单独在刑法上进行评价。因此，本案中的非法过户行为与转让行为之间的关系和盗窃犯罪中的窃取行为与销赃行为之间的关系具有实质性的不同。区分侵财犯罪的本质在于侵财的手段，以秘密窃取的手段实现侵财的是盗窃，以欺骗手段实现侵财的是诈骗。由于手机号码自身没有价值，因此一般非法过户的行为不构成盗窃罪；从被害人确定的角度看，原手机号码所有者没有因此受到财产损害，真正受到财产损害的是出钱购买这些手机号码的人，而其财产受到侵害的关键在于被告人隐瞒了这些手机号码属于非法过户的事实，故本案属于以骗侵财，不符合盗窃罪的构成要件。

3. 非法过户手机号码并转让获利的行为符合诈骗罪的犯罪构成

诈骗罪的犯罪构成有四个要素：行为人的欺诈行为——被害人产生错误认识——被害人基于错误认识而交付（或处分）财产——被害人遭受财产损害。本案被告人的行为完全符合上述要素，被告人先利用伪造的身份证将他人手机号码过户到自己名下，然后隐瞒自己非该号码真正机主的真相，使被害人误以为该号码是被告人所有，产生错误认识，接着被害人基于这一错误认识购买该手机号码，使被告人获得财产利益，最后被害人发现手机号码因被真正机主取回而不能用，因此蒙受经济损失，整个过程符合诈骗罪的构成特征。

——《刑事审判参考》（总第71辑）。

929 骗购电信卡贩卖给他人使用造成电信资费巨大损失的行为构成诈骗罪

关键词 | 诈骗罪 | 骗购电信卡 | 犯罪情节 |

【最高人民法院参考案例】

王庆诈骗案（《刑事审判参考》案例第161号）

要旨：骗购电信卡转卖他人使用造成电信资费巨大损失的行为，构成诈骗罪。

《最高人民法院关于审理扰乱电信市场管理秩序案件具体应用法律若干问题

的解释》(以下简称《解释》)第九条规定:“以虚假、冒用的身份证件办理入网手续并使用移动电话,造成电信资费损失数额较大的,以诈骗罪定罪处罚。”应当说,从这一规定的条文释义来看,“以虚假、冒用的身份证件办理入网手续”的人与“使用移动电话造成电信资费损失”的人一般属于同一人。刑法第二百六十六条规定的诈骗罪,是指以非法占有为目的,使用虚构事实或者隐瞒真相的方法,骗取公私财物的行为。其主要特征是:行为人主观上只能是故意,且具有不法占有公私财物的目的;客观上采用了虚构事实或隐瞒真相的方法,使财物所有人、管理人或持有人陷于错误认识,从而“自愿”将财物交给自己的行为。这里所说的“自愿”,当然绝非被骗人的真实本意,只是基于对真实情况不了解,为诈骗人所制造的假象迷惑、蒙蔽所致。至于行为人骗取财物后,是自己使用、消费还是转送他人使用、消费,均不影响诈骗罪的成立。“以虚假、冒用的身份证件办理入网手续并使用移动电话,造成电信资费损失数额较大的”行为,之所以按诈骗罪论处,就在于该行为符合刑法第二百六十六条诈骗罪的本质特征。表现在其主观上是基于故意,且以逃缴电信资费为目的,而逃缴电信资费的实质就是不法占有他人财物;客观上是采用提交虚假、冒用的身份证件的方法,使他人陷于错误认识,从而骗得他人“自愿”为自己办妥移动电话入网手续或交付 SIM 卡(进而为本人或他人使用该移动电话,实现逃缴电信资费的目的做好准备)。而这又是虚构事实或隐瞒真相,使财物所有人、管理人或持有人陷于错误认识,从而“自愿”将财物交出的一种特别方式。应当指出的是,以逃缴电信资费为目的的在移动电话办理、使用中的诈骗行为,与通常的诈骗行为在形式上还是有所区别的。主要表现在:后者,被骗人向诈骗人直接交付的就是“财物”本身,诈骗人骗得的就是现金或是其他实实在在的物,此时诈骗行为即告完成。而前者,被骗人所做的只是为诈骗人办妥入网手续或者表现为交付 SIM 卡。办妥入网手续或者交付 SIM 卡,不等于“财物”交付,因为诈骗人如不进而“使用”该移动电话,逃缴电信资费的目的尚无法实现。或者说,如果诈骗人未使用该移动电话,实际逃缴电信资费,其还不能构成诈骗罪的既遂,甚至可能尚无充分证据证明行为人是以逃缴电信资费为目的,实施了应予刑事处罚的诈骗行为。因此,“使用移动电话,造成电信资费损失数额较大”同样是行为人构成诈骗罪的不可或缺的要件。尽管如此,行为人在逃缴电信资费的目的支配下,当其以虚假、冒用的身份证件办理入网手续后,究竟以何种方式使用该移动电话或处置该 SIM 卡,并造成电信资费损失,并不影响该类型诈骗罪的成立。因为,在这种情况下,办妥入网手续或者交付 SIM 卡,虽不是典型的“财物”交付,但行为人据此已可以随意支配和使用,故仍可视为“财物”已交付,至于是诈骗人自己使用、无偿交给他人使用,还是有偿转卖给他人使用则在所不问。

——《刑事审判参考》(总第 24 辑)。

930 为获取回扣费以虚假身份证件办理入网手续并使用移动电话拨打国际声讯台造成电信资费损失的行为构成诈骗罪

关键词｜诈骗罪｜虚假身份证件｜电信资费损失｜

【最高人民法院参考案例】

刘国芳等诈骗案(《刑事审判参考》案例第185号)

要旨:为获取回扣费以虚假身份证件办理入网手续并使用移动电话拨打国际声讯台造成电信资费损失的行为,应以诈骗罪论处。

根据刑法以及最高人民法院2000年5月颁布实施的《关于扰乱电信市场管理秩序案件具体应用法律若干问题的解释》(以下简称《解释》)的规定,涉及电信业务的常见犯罪行为类型主要有:(1)盗窃,如以牟利为目的,盗接他人通信线路、复制他人电话号码或者明知是盗接、复制的电信设备、设施而使用的行为;将电信卡非法充值后使用,造成电信资费损失的行为;盗用他人上网账号、密码上网,造成他人电信资费损失的行为等。(2)非法经营,如擅自经营国际电信业务或者涉港澳台电信业务进行营利活动等。(3)扰乱无线电通讯管理,如擅自设置、使用无线电台(站)或者擅自占用频率等行为。(4)诈骗,如《解释》第九条明确规定的"以虚假、冒用的身份证件办理入网手续并使用移动电话,造成电信资费损失的"行为即是。

——《刑事审判参考》(总第26辑)。

931 侵入红十字会计算机信息系统篡改网页内容发布虚假募捐消息骗取财物构成诈骗罪和破坏计算机信息系统罪的牵连犯

关键词｜诈骗罪｜破坏计算机信息系统罪｜牵连犯｜

【最高人民法院参考案例】

杨丽涛诈骗案(《刑事审判参考》案例第1049号)

要旨:行为人为骗取社会提供的救灾捐款,利用计算机非法入侵红十字会网站,发布虚假募捐消息,并将其本人控制的银行账户设定为虚假募捐账户的行为构成诈骗罪。同时,其行为致使红十字会网站被迫关闭二十四小时以上,影响了该网站的正常运行,也影响了红十字会正常的募捐行为,构成破坏计算机信息系统罪,应当从一重罪处罚。

本案中,被告人的行为同时构成诈骗罪和破坏计算机信息系统罪,属于牵连犯,应当从一重罪处罚。由于杨丽涛诈骗未遂,情节严重,其法定刑为三年以上十年以下有期徒刑,高于破坏计算机信息系统罪的泆定刑,故应当以诈骗罪定罪处罚。具体理由如下:

(一)侵入红十字会网站,篡改网页内容发布虚假募捐消息的行为构成破坏计算机信息系统罪

根据刑法第二百八十六条的规定,违反国家规定,对计算机信息系统功能进行删除、修改、增加、干扰,造成计算机信息系统不能正常运行,或者对计算机信息系统中存储、处理或者传输的数据和应用程序进行删除、修改、增加的操作,或者故意制作、传播计算机病毒等破坏性程序,影响计算机系统正常运行,后果严重的,构成破坏计算机信息系统罪,处五年以下有期徒刑或者拘役;后果特别严重的,处五年以上有期徒刑。本罪侵犯的客体是计算机信息系统安全。《计算机信息系统安全保护条例》第三条规定:“计算机信息系统的安全保护,应当保障计算机及其相关的和配套的设备、设施(含网络)的安全,运行环境的安全,保障信息的安全,保障计算机功能的正常发挥,以维护计算机信息系统的安全运行。”对行为人违反国家规定,破坏计算机信息系统功能后果严重构成犯罪的,应当依法惩处。本罪的犯罪对象为计算机信息系统功能和计算机信息系统中存储、处理、传输的数据和应用程序。计算机信息系统功能,是指按照一定的应用目标和规则对信息进行采集、加工、存储、传输、检索的功用和能力。计算机信息系统中存储、处理或者传输的数据,是指在计算机信息系统中实际处理的一切文字、符号、声音、图像等内容有异议的组合。应用程序,是指用户使用数据库的一种方式,是用户按数据库授予的子模式的逻辑结构,书写对数据库操作和运算的程序。本罪的客观方面表现为破坏计算机信息系统功能后果严重的行为,即违反国家规定,对计算机信息系统功能进行删除、修改、增加、干扰,或者对计算机信息系统中存储、处理或者传输的数据和应用程序进行删除、修改、增加的操作或者故意制作、传播计算机病毒等破坏性程序,造成计算机信息系统不能正常运行。上述行为必须达到“后果严重”的程度才构成犯罪。所谓后果严重,一般是指破坏国家重要计算机信息系统功能,造成较大经济损失,违法所得较大或者造成恶劣社会影响等情形。本罪的主观方面是故意,即行为人明知非法侵入特定的计算机信息系统的行为,会破坏该信息系统功能和信息系统中存储、处理、传输的数据和应用程序,造成计算机信息系统不能正常运行的后果,仍然实施破坏计算机信息系统的行为。

本案中,被告人杨丽涛在汶川地震期间,利用昆山市红十字会网站源代码漏洞,采取“SQL”漏洞注入的方式非法获取了该网站后台登录页面路径和管理员用户名及密码,后植入网页木马程序,删除管理后台文件夹,并访问添加和编辑新闻页面,篡改该网站上内容,发布虚假募捐消息,导致网站管理员无法登录后台管理

界面，无法正常管理网站，网站被迫关闭二十四小时以上，影响了昆山市红十字会向地震灾区正常的募捐行为，其行为完全符合“对计算机信息系统功能进行删除、修改、增加、干扰，造成计算机信息系统不能正常运行”的行为方式，且属“后果严重”情形，构成破坏计算机信息系统罪。

（二）以非法占有为目的，诈骗未遂，情节严重的，构成诈骗罪

诈骗罪，是指以非法占有为目的，使用欺骗方法，骗取数额较大的公私财物的行为。本案中，首先，被告人杨丽涛主观上有非法占有的目的。杨丽涛非法侵入和控制昆山市红十字会网站后，篡改网站上内容，发布虚假的募捐消息，并将自己持有的户名为“庞土贤”的银行账号设为募捐账户，足以体现出其有非法占有他人财物的目的。在审理过程中，杨丽涛也供认，其侵入昆山市红十字会网站的目的是以为地震灾区捐款的名义实施诈骗。其次，杨丽涛实施了虚构事实、隐瞒真相的欺骗行为。杨丽涛非法侵入昆山市红十字会网站后，在网站页面上发布“昆山市红十字会紧急呼吁：援助四川地震灾区群众！”的募捐消息，并将自己持有的银行账号设为募捐账号，其发布募捐消息的行为，属于虚构事实、隐瞒真相。此外，杨丽涛已经着手实行诈骗行为，由于意志以外的原因而未获取财物，虽系诈骗未遂，但属“情节严重”。杨丽涛在汶川地震时期，以赈灾募捐的名义，采用破坏计算机信息系统的手段，通过互联网向不特定的多数人实施诈骗，致使昆山市红十字会网站被迫关闭二十四小时以上，影响了该网站的正常运行，也影响了昆山市红十字会为地震灾区正常的募捐行为，其犯罪行为属于“情节严重”。《最高人民法院、最高人民检察院关于办理诈骗刑事案件具体应用法律若干问题的解释》第五条规定，“诈骗未遂，以数额巨大的财物为诈骗目标的，或者具有其他严重情节的，应当定罪处罚”。因此，杨丽涛以非法占有为目的，通过发布虚假募捐消息，骗取他人财物的行为，构成诈骗罪。

（三）侵入红十字会计算机信息系统，篡改网页内容发布虚假募捐消息骗取他人财物行为应当按照“从一重罪处罚”原则处断

根据刑法理论，牵连犯，是指犯罪的手段行为或者结果行为，与目的行为或原因行为分别触犯不同罪名的情况。牵连犯有两个特征：(1)必须是其手段行为或结果行为又触犯了其他罪名；(2)数行为之间存在手段行为与目的行为、原因行为与结果行为的牵连关系。对于牵连犯如何处罚，我国刑法总则没有明文规定，理论通说认为，对牵连犯应当从一重处罚。本案中，被告人杨丽涛的犯罪行为可分为手段行为与目的行为，其目的行为是以赈灾募捐名义诈骗他人钱款，手段行为是侵入和破坏了昆山市红十字会计算机信息系统，分别触犯了诈骗罪和破坏计算机信息系统罪，成立牵连犯。对杨丽涛应当从一重处罚。刑法第二百六十六条规定：“诈骗公私财物，数额巨大或者有其他严重情节的，处三年以上十年以下有期徒刑，并

处罚金。”而第二百八十六条第一款规定：“违反国家规定，对计算机信息系统功能进行删除、修改、增加、干扰，造成计算机信息系统不能正常运行，后果严重的，处五年以下有期徒刑或者拘役。”据此，如按诈骗罪论处，对杨丽涛依法应当判处三年以上十年以下有期徒刑；如按破坏计算机信息系统罪论处，对杨丽涛依法应当判处五年以下有期徒刑或者拘役。由于杨丽涛所犯诈骗罪的法定刑高于所犯破坏计算机信息系统罪的法定刑，所以，应当以诈骗罪对其定罪处罚。

综上，根据刑法第二百八十七条的规定，行为人利用计算机实施金融诈骗、盗窃、贪污、挪用公款、窃取国家秘密或者其他犯罪的，如果其手段行为没有触犯计算机信息系统安全犯罪，应当依照刑法有关规定定罪处罚。否则，按照牵连犯的处罚原则，从一重处断。

——《刑事审判参考》（总第 101 辑）。

932 明知自己控制的为虚拟现货交易平台，客户注入资金并未真正进入现货交易市场，虚构事实、隐瞒真相并骗取客户资金占为己有的，构成诈骗罪

关键词｜诈骗罪｜非法经营罪｜

【最高人民法院公报案例】

江苏省扬州市宝应县人民检察院诉刘国义等诈骗案（一审法院：宝应县人民法院）

要旨：行为人在明知自己控制的为虚拟现货交易平台，客户注入资金并未真正进入现货交易市场的情况下，通过虚构事实、隐瞒真相的方式骗取客户资金占为己有的，应认定为诈骗罪。

宝应县人民法院一审认为：

经查，刘国义虽注册设立安徽银富宝电子商务有限公司，并以该公司名义购买银富宝订购回收系统的软件，但其与盛凌红隐瞒银富宝订购回收系统为一款虚拟软件，客户投入资金不能进入白银现货交易市场的真相，并故意修改系统交易方式，吕鹏、蔡祖鹏使用虚假身份虚构事实，骗取被害人的信任，故意通过虚拟交易套取被害人资金，从而使被害人被骗四十余万元，被告人的上述行为符合诈骗罪的构成要件，应当以诈骗罪予以定罪量刑，而不应认定为非法经营罪，故对上述辩护意见不予采纳。

——《最高人民法院公报》2016 年第 2 期。

933 冒充国家机关工作人员进行诈骗，同时构成诈骗罪和招摇撞骗罪的，择一重罪定罪处罚

关键词｜冒充国家机关工作人员｜诈骗罪｜招摇撞骗罪｜

【最高人民法院司法解释】

第八条 冒充国家机关工作人员进行诈骗,同时构成诈骗罪和招摇撞骗罪的,依照处罚较重的规定定罪处罚。

——《最高人民法院、最高人民检察院关于办理诈骗刑事案件具体应用法律若干问题的解释》(2011 年 4 月 8 日,法释〔2011〕7 号)。

【最高人民法院参考案例】

梁其珍招摇撞骗案(《刑事审判参考》案例第 264 号)

要旨:即便是冒充国家机关工作人员骗取数额巨大的财物,也宜认为符合招摇撞骗罪的构成条件,进而依照刑法第二百六十六条后半段所确立的特别法优于普通法原则,仍宜以招摇撞骗罪追究行为人的刑事责任;只有在冒充国家机关工作人员骗取数额特别巨大的财物的情况下,方宜认为此种行为已超出刑法第二百七十九条规定的招摇撞骗罪所能评价的范围,而只符合刑法第二百六十六条规定的诈骗罪的构成要件。

能否认为无论行为人招摇撞骗了多少财物都符合招摇撞骗罪的构成,进而依照刑法第二百六十六条后半段的规定,均只能适用刑法第二百七十九条规定,对其以招摇撞骗罪论处呢?显然不能。否则,便会导致罪刑明显有失均衡——骗取同样数额的财物,行为人以一般方式行骗的,最高得处无期徒刑,而行为人以冒充国家机关工作人员身份这一性质更为恶劣、危害性更为严重的方式行骗的,反倒最高只能处十年有期徒刑。那么究竟应当如何厘定招摇撞骗罪的构成要件?如何评价以冒充国家机关工作人员身份的方式骗取财物的行为?有些学者提出,“冒充国家机关工作人员招摇撞骗,原则上不包括骗取财物的现象,即使认为可以包括骗取财物,但也不包括骗取数额巨大财物的情况”。上述学者的思路是正确的,但其结论似有待推敲。在我们看来,即便是冒充国家机关工作人员骗取数额巨大的财物,也宜认为符合招摇撞骗罪的构成条件,进而依照刑法第二百六十六条后半段所确立的特别法优于普通法原则,仍宜以招摇撞骗罪追究行为人的刑事责任;只有在冒充国家机关工作人员骗取数额特别巨大的财物的情况下,方宜认为此种行为已超出刑法第二百七十九条规定的招摇撞骗罪所能评价的范围,而只符合刑法第二百六十六条规定的诈骗罪的构成要件。主要理由是,在行为人冒充国家机关工作人员骗取财物,数额并非特别巨大的情况下,适用刑法第二百七十九条规定,以“情节严

重”的招摇撞骗罪追究其刑事责任，并不存在罪刑明显失衡的问题（目前虽尚无关于招摇撞骗“情节严重”的司法解释，但通过比较招摇撞骗罪与诈骗罪，应当可以确认，招摇撞骗数额巨大公私财物的，属于招摇撞骗“情节严重”范畴。而招摇撞骗“情节严重”的法定刑是三年以上十年以下有期徒刑，诈骗“数额巨大”的法定刑是三年以上十年以下有期徒刑，并处罚金，二者区别仅在于是否并处罚金），且如此处理，更能全面地反映行为人行为的性质、特点。

——《刑事审判参考》（总第 34 辑）。

李志远招摇撞骗、诈骗案（《刑事审判参考》案例第 162 号）

要旨：行为人冒充国家机关工作人员，既骗财又骗色，其行为同时触犯了诈骗罪和招摇撞骗罪，应当从一重罪处罚。

我们认为，李志远多次冒充国家机关工作人员，既骗财又骗色，其行为同时触犯了刑法两个法条规定，属于刑法理论中的法条竞合，对此应从一重罪处罚。由于本案中李志远骗取他人财物的数额刚刚达到诈骗罪的起刑点，以诈骗罪定罪处刑较轻，故应对其行为以招摇撞骗罪一罪处罚，而不适用数罪并罚。

（一）招摇撞骗罪与诈骗罪的区别

根据刑法第二百六十六条和第二百七十九条的规定，诈骗罪是指行为人以非法占有为目的，采用虚构事实或者隐瞒真相的方法，骗取数额较大的公私财物的行为；招摇撞骗罪是指为谋取非法利益，假冒国家机关工作人员的身份，进行招摇撞骗，损害国家机关形象、威信，妨害其正常活动，扰乱社会秩序的行为。诈骗罪和招摇撞骗罪在犯罪手段上都是“骗”，但也有明显的区别，这表现在：（1）招摇撞骗罪属于妨害社会管理秩序类罪，其侵犯的直接客体是国家机关的威信和社会公共秩序。而诈骗罪则属于侵犯财产类罪，其侵犯的直接客体是公私财物的所有权。（2）具体行为特征不同。招摇撞骗罪的行骗手段必须以冒充国家机关工作人员的身份来进行，即利用国家机关工作人员的特殊身份及其所代表的公信力来骗取他人的信任，以达到行骗目的。而诈骗罪的行骗手段则无此限制，可以是采用任何虚构事实或者隐瞒真相的方式来实施。（3）行骗目的有别。诈骗罪中行为人的犯罪目的是直接从他人那里骗取财物，而招摇撞骗罪中的行为人则主要是从他人那里骗取财物以外的其他非法利益。这种非法利益包括爱情、职位、荣誉、资格等项利益以及一些不直接表现为财物但又具有一定财产性的利益，例如劳务、消费等。当然也不排除其在招摇撞骗中骗取一定量的财物。也正是因为如此，招摇撞骗罪的犯罪构成在骗取财物数额方面没有特别的要求，其社会危害性主要表现在对国家机关威信和社会公共秩序所造成的破坏和恶劣影响上，而诈骗罪既遂的成立则要求骗取的财物必须达到“数额较大”的程度。

（二）冒充国家机关工作人员以骗取他人信任，非法占有他人数额较大的财物的行为，既符合诈骗罪的犯罪构成，又符合招摇撞骗罪的犯罪构成，这种情况属于法条竞合

比较刑法第二百六十六条和第二百七十九条所规定的两个罪的犯罪构成，不难看出：在犯罪手段上，诈骗罪可以采取任何一种虚构事实或者隐瞒真相的方法，当然可以涵盖招摇撞骗罪中“冒充国家机关工作人员”这一特殊手段。而在犯罪目的上，招摇撞骗罪的目的可以是骗取多种类型的非法利益，法条中对行为人所骗取的非法利益类型并无明确、特别的限制，因此，自然也可以包含诈骗罪中“骗取公私财物目的”在内。当行为人以冒充国家机关工作人员身份的手段，骗得他人信任，非法占有他人数额较大以上财物时，就会出现既符合诈骗罪的犯罪构成，又符合招摇撞骗罪的犯罪构成的情况，这就是刑法理论上所讲的法条竞合。所谓法条竞合，是指一个犯罪行为，同时符合数个法条的数个罪名构成，以致有数个法条可以同时适用，但只能适用其中的一个法条，而不再适用其他法条，实行数罪并罚的情形。

法条竞合具有以下基本特征：（1）实施了一个犯罪行为；（2）同时触犯了数个法条规定的数个罪名；（3）数个法条间存在包含或交叉关系；（4）由于只有一个犯罪行为，所以是实质的一罪，因此，只能适用其中的一个法条，而不能实行数罪并罚。我国刑法中的法条竞合大致有两种基本类型，一种是全包含关系的法条竞合（简称包容竞合），另一种是交叉重叠关系的法条竞合（简称交叉竞合）。包容竞合，是指两个法条规定的犯罪性质相同，但其中一个法条规定的犯罪构成要件范围要大，另一个法条规定的犯罪构成要件范围要小，范围大的全部包含范围小的，形成包容关系的竞合。例如，刑法第三百九十八条规定的故意或者过失泄露国家秘密罪与刑法第四百三十二条规定的故意或者过失泄露军事秘密罪，就是包容竞合。因为两个法条的犯罪性质相同，但前罪的犯罪主体和犯罪对象两个构成要件的外延范围要大于后罪，而且全部包含后罪。只不过，前一法条属普通法（条），后一法条是特别法（条）。包容竞合是典型的法条竞合，比较容易识别。交叉竞合，是指两个法条的内容各自有一部分交叉重合，其余部分不相重合，重合的部分可以形成法条竞合。例如，本案所涉及的诈骗罪与招摇撞骗罪的关系就是适例。招摇撞骗罪与诈骗罪两个法条的全部构成内容不能形成全包容的重合关系，即诈骗罪不能全包含招摇撞骗罪。只有当招摇撞骗行为表现为骗取数额较大以上的财物时，才可能与诈骗罪形成交叉重叠关系的法条竞合，即交叉竞合。交叉竞合一般仅从条文的字面上难以看出它们之间存在的竞合关系，只有通过行为的实际表现才能反映出来。法条竞合的法律适用原则，总的来说，是只能适用其中一个法条定罪量刑，而排斥其他法条的重复适用，实行数罪并罚。具体而言，在包容竞合的情况下，

其适用原则是特别法条优于普通法条,即适用特别法条而不适用普通法条。之所以如此,是因为立法者于普通法条之外又另行制定特别法条,就是考虑到某些行为有其特殊的犯罪构成(包括特定的主体、特定的对象、特定的行为方式等)和特别的社会危害性,需要特别加以规定,其法定刑通常也较普通法条要重。包容竞合时适用特别法条不仅更加符合其犯罪构成的特点,而且能够做到罪刑相适应。当出现交叉竞合的情况下,其适用原则是重法条优于轻法条,即选择适用法定刑较重的那一个法条。因为只有这样才能做到罚当其罪,实现罪刑相适应原则。

当诈骗罪和以骗取财物为目的的招摇撞骗罪出现交叉竞合时,如何适用重法条优于轻法条的原则,可具体分析如下:

1. 骗取财物数额较大的。此时,招摇撞骗罪有两档法定刑:情节一般的,法定刑为三年以下有期徒刑、拘役、管制或者剥夺政治权利;情节严重的,法定刑为三年以上十年以下有期徒刑。而诈骗罪的法定刑为三年以下有期徒刑、拘役和管制,并处或者单处罚金,重于情节一般的招摇撞骗罪的法定刑,又轻于情节严重的招摇撞骗罪的法定刑。由此,根据具体案情,如判定属于情节严重的招摇撞骗行为应以招摇撞骗罪论处,反之,则应以诈骗罪论处。通常而言,招摇撞骗罪同时又是一种破坏国家机关威信的行为,当行为人冒充国家机关工作人员招摇撞骗同时骗取数额较大的财物时,从责任评价上理应重于不是采用冒充国家机关工作人员的方法骗取同等数额财物的普通诈骗罪,因而,在这种情况下,可视为招摇撞骗情节严重,适用招摇撞骗罪的第二档法定刑来定罪量刑。

2. 骗取财物数额巨大的。此时,诈骗罪的法定刑为三年以上十年以下有期徒刑,并处罚金,而招摇撞骗罪没有罚金的规定,因此,诈骗罪是重法条,应以诈骗罪论处。同理,当骗取财物数额特别巨大的,更是应以诈骗罪来论处。当然,如果行为人招摇撞骗行为骗取的财物没有达到数额较大的程度,自然也就没有交叉竞合和诈骗罪适用的余地,如需要定罪处罚的话,直接以招摇撞骗罪论处就可以了。

(三)本案被告人冒充国家机关工作人员多次行骗,既骗财又骗色以及其他非法利益,由于是基于一个概括故意支配下的连续性行为仍可以一罪论处

本案的特点是,被告人李志远冒充国家机关工作人员多次进行招摇撞骗,其中有些行为是骗取了他人的财物,有些行为是骗取了财物以外的非法利益,即骗取了他人信任而与之非法同居。对此,公诉机关认为,这是数个行为,既构成招摇撞骗罪,又构成诈骗罪,应当数罪并罚。我们不同意这一观点。

首先,从本案案情来看,被告人李志远是基于一个概括的故意,在前后不长的几个月时间内,频频冒充国家机关工作人员,连续对多人进行多次行骗,既骗财骗物,又骗色。所骗的内容固然不同,但均未超出招摇撞骗罪行骗内容的范围。虽然

在被告人李志远一系列的行骗行为中，骗财骗物的行为符合诈骗罪的构成，骗取其他非法利益的行为也符合招摇撞骗罪的构成，但由于行为人是基于一个概括的故意，实施的都是以冒充国家机关工作人员为同样手段的连续性的招摇撞骗行为，因此，属于刑法理论上所讲的连续犯的情形，在处断上应作为一罪处理。

其次，如前所述，本案被告人李志远冒充国家机关工作人员招摇撞骗骗取他人财物的行为，虽然既符合招摇撞骗罪的犯罪构成，又符合诈骗罪的犯罪构成，形成交叉竞合关系，但其所骗取财物的数额仅仅达到较大的程度，因此，依照交叉竞合情况下重法条优于轻法条的适用原则，应按招摇撞骗罪定罪，其中骗取他人财物的行为可视为情节严重，依该罪第二档法定刑处罚。如此一来，被告人所骗内容不同的两部分行为均构成招摇撞骗罪，属于同种数罪。根据司法实践，判决前的同种数罪不适用数罪并罚。

综上，就本案实际情况看，没有数罪并罚的充分理由和必要。因此，人民法院对被告人李志远以犯招摇撞骗罪在三到十年有期徒刑的法定刑幅度内判处被告人有期徒刑四年，在定性上是准确的，在量刑上是适当的。

——《刑事审判参考》（总第24辑）。

934 抢走财物后哄骗被害人放弃的行为构成诈骗罪

关键词｜诈骗罪｜抢夺罪｜哄骗被害人｜

【最高人民法院参考案例】

何起明诈骗案（《刑事审判参考》案例第148号）

要旨：抢走财物后，在被害人有条件当场夺回财物的情况下，采用欺骗的方法使被害人放弃夺回的行为构成诈骗罪。

从陈二与何起明主观故意的内容来看，虽然在陈二提起犯意，“去搞一辆摩托车”时，主观故意的内容不明确，可能是偷、骗、抢等，但从陈二与何起明为实现其非法占有目的而采取的一系列行为来看，先是隐瞒真相，没有真实的租车目的，却以租车为名，骗取被害人宋某的信任，租乘宋某的摩托车；再虚构事实，“以等人为由让宋某停车等候”，为非法占有他人的摩托车创造了条件；然后虚构“陈二用其车去找人会回来还车”，使被害人宋某不呼喊，不追赶，也没有报警，以实现非法占有财物的目的；最后又虚构“去找陈二”这一事实，逃离作案现场。这些事实充分反映了陈二与何起明诈骗他人财物的主观故意。

综合全案情况，陈二与何起明在主观上具有诈骗财物的故意，在客观上实施隐瞒真相和虚构事实的手段非法占有了他人的财物，完全符合刑法规定的诈骗罪构成要件,应以诈骗罪定罪处罚,而不应仅根据陈二与何起明实施犯罪行为的手段之一即认为其行为构成抢夺罪。

——《刑事审判参考》(总第 23 辑)。

935 以借用为名取得信任后非法占有他人财物行为的定性

关键词 | 诈骗罪 | 盗窃罪 |

【最高人民法院参考案例】

丁晓君诈骗案(《刑事审判参考》案例第 1174 号)

要旨:盗窃罪与诈骗罪应从行为人采取的主要手段和被害人有无处分财物等方面综合加以区分。

从犯罪手段来看,诈骗罪主要以欺诈手段骗取财物,盗窃罪通常以秘密手段窃取财物。在一般的以借用为名非法占有他人手机等侵财案件中,被害人与行为人并不存在密切的信任关系,被害人出借财物后多在旁边密切关注着手机等财物的使用状况,行为人"借用"后,多是趁被害人不备,秘密携带财物离开现场,进而实现对他人财物的非法占有。因行为人取得财物的主要手段是秘密窃取,所以才存在成立盗窃罪的空间。本案情形与此不同。被告人丁晓君冒充帮助警察办案的工作人员获得了被害人的充分信任,从被害人处骗得了手机等财物,又以去拍照、开警车等欺骗手段使被害人产生错误认识,同意丁晓君带着手机等财物离开现场,并在原地等候财物被归还。从整个过程来看,丁晓君获取被害人财物的主要方式是欺诈而非窃取,丁晓君的行为不符合盗窃罪的构成要件。

从被害人是否因认识错误而处分财物来看,诈骗罪是以欺诈手段使被害人受骗后而"自愿"处分财物,即诈骗罪是将财物交由行为人占有、支配的犯罪,盗窃罪是违反被害人意志窃取财物的犯罪。处分行为是财物支配关系的变化,作为一个法律概念,并不完全等同于日常生活中的交付动作。在借用财物的情形下,被害人将财物交给行为人时,如果被害人仍在现场监督行为人对财物的使用情况,则财物的占有、支配关系在法律上并未转移,亦即被害人并未对财物作出处分。但是,如果行为人在借得财物后,将财物带离现场,被害人不加阻止的,则应当认为财物的占有、支配关系已发生变化,被害人实际已因受骗而对财物作出错误处分。就本案而言,被害人将手机交给被告人丁晓君,只是财物的交付行为,丁晓君将手机等财物带离现场,被害人未采取有效的措施保持对财物的支配,此时才完成了财物的处分行为。本案系因被害人错误认识而导致财物的损失,符合诈骗罪的本质特征。

——《刑事审判参考》(总第 108 辑)。

936 “网络关键词”诈骗犯罪中签订合同行为对案件性质的影响

关键词｜诈骗罪｜合同诈骗罪｜网络关键词｜

【最高人民法院参考案例】

吴剑、张加路、刘凯诈骗案(《刑事审判参考》案例第1264号)

要旨:虽然被告人与被害人之间签订了收购合同,但该合同只是整个诈骗犯罪的一个环节,不能涵盖被告人的全部犯罪行为,因此不能认定为合同诈骗罪,而应以诈骗罪论处。

本案涉及“网络关键词”(以下简称关键词)诈骗。关键词是一种新兴互联网名称资源,是帮助网络用户通过输入中文关键词来直接访问目标网站的技术手段。关键词诈骗是近年来频频出现的诈骗形式,其利用关键词持有人的投资心理,虚构有买家需要购买关键词,从中编造借口要求持有人支付服务费用,骗取持有人钱款。在此类犯罪中,行为人往往会与关键词持有人签订所谓的收购合同,继而实施后续的诈骗活动,本案就属于这样的情形。由于犯罪人在犯罪过程中,与被害人签署了收购关键词合同,因此在本案审理过程中对案件定性出现了两种意见:第一种意见认为,应当以合同诈骗罪认定。理由是被告人与被害人签订了收购关键词合同,事后被告人以各种理由骗取被害人财物,应当认定为合同诈骗罪。第二种意见认为,应当构成诈骗罪。虽然被告人与被害人之间签订了收购合同,但该合同只是整个诈骗犯罪的一个环节,不能涵盖被告人的全部犯罪行为,因此不能认定为合同诈骗罪,而应以诈骗罪论处。

(一)诈骗罪与合同诈骗罪的联系与区别

关于合同诈骗罪与诈骗罪的分离,最早是在1997年新修订的刑法中,将合同诈骗罪从一般诈骗罪中单列出来,并置于破坏社会主义市场经济秩序罪一章中,这一修订将更有利于规范和打击社会主义市场经济条件下利用合同进行诈骗的违法犯罪活动。根据刑法第二百六十六条之规定,诈骗罪是指“诈骗公私财物,数额较大”的犯罪行为,而第二百二十四条规定的合同诈骗罪是指“以非法占有为目的,在签订、履行合同过程中,使用虚构事实、隐瞒真相等欺骗手段,骗取对方当事人财物,数额较大”的犯罪行为。一般认为,诈骗罪与合同诈骗罪的关系,是普通法与特别法的关系,是包容竞合的法条竞合关系,因此二者有许多共同点:诸如二者都是采取虚构事实、隐瞒真相的欺骗方法;行为人主观上都有非法占有公私财物的故意;都侵犯了他人的财产权,骗取了公私财物等。

但依据犯罪构成的理论,诈骗罪与合同诈骗罪仍有明显的区别之处,主要体现在两个方面:(1)在侵犯客体上,诈骗罪只侵犯了公私财产的所有权,是简单客体;而合同诈骗罪除了侵犯公私财产所有权外,还侵犯了市场交易秩序和国家合同管理制度，因此侵犯的是复杂客体，这也是为什么诈骗罪属于侵犯财产的犯罪，而合同诈骗罪属于破坏社会主义市场经济秩序犯罪的重要原因。(2)在犯罪客观方面，诈骗罪主要表现在行为人采取欺骗的行为，使受害人产生错误认识而交付财产。诈骗罪的手段多种多样，不限于签订、履行合同过程中，被害人受骗也并非主要基于合同的签订、履行。而合同诈骗罪是行为人在签订、履行合同过程中，采取虚构事实、隐瞒真相等欺骗手段，骗取合同对方当事人财物的行为；合同诈骗犯罪的行为人往往实施了与合同约定内容相关的经济活动，即具有与签订、履行合同相关的筹备、管理、经营活动，该签订、履行合同的行为是导致被害人陷入认识错误而作出财产处理的主要原因。

在司法实践中，区分诈骗和合同诈骗还应当注意两点：第一，不能简单以有无合同为标准来区分合同诈骗罪与诈骗罪。合同诈骗罪的"合同"是指被行为人利用，以骗取他人财物、扰乱市场秩序的合同。它是刑法意义上的合同，是以财产为内容的、体现了合同当事人之间财产关系的财产合同。因此，有关身份关系的合同、行政合同以及不能反映为经济活动的赠与合同、代理合同等，一般不能认定为合同诈骗罪中的"合同"。第二，不能简单以"签订合同+骗取财物"为标准来判断构成合同诈骗罪。而应当考察行为人骗取财物与合同本身的内在联系，只有行为人获取财物是基于合同，才能认定为合同诈骗罪；如果行为人虽然与被害人签订了合同，但最终获得财物与该合同并没有直接的联系，则不宜认定为合同诈骗罪。

(二)合同诈骗罪的本质是被害人基于合同陷入错误认识而交付财物

如前所述，在普通诈骗罪中也会存在以合同的名义实施诈骗的情形，从表面上看与合同诈骗罪的犯罪构成是相符的，使得司法机关在认定时在普通诈骗罪和合同诈骗罪之间徘徊。因为是否存在合同是认定普通诈骗罪和合同诈骗罪的重要区别，这就需要我们对利用合同进行认真解读。所谓"利用合同"，是指通过合同的虚假签订、履行使得相对方陷入错误认识，从而交付财物，实现其非法占有目的。换言之，该合同的签订、履行行为是导致被害人陷入认识错误而作出财产处理的主要原因。利用合同即是其诈骗行为的关键。而对那些即使行为人也采用了合同的形式，但是被害人之所以陷入错误认识并非主要基于合同的签订、履行，而是合同以外的因素使其陷入了错误认识而交付财物的，应认定为诈骗罪。

本案中，三名被告人经过合谋后，决定实施网络关键词诈骗活动，并且作了充分的犯罪准备与分工：首先准备了三张作案用的电话卡与手机卡。其次是制作了假的公司营业执照与公章。最后是三人做了明确的分工，由吴剑担任中介公司的角色，负责打电话联系关键词持有人，告知其有买家愿意高价购买关键词；由刘凯充当买家，与被害人签订收购关键词合同，诱骗被害人补充提供关键词检测报告等完善关键词的材料;张加路充当第三方公司技术服务人员,帮助被害人制作所谓的检测评估报告等材料。在这个过程中,被害人受高额收购价格的诱惑,一步步陷入被告人设置的陷阱,不断支付完善关键词的费用。

在整个犯罪过程中,涉及两个行为内容,第一个行为是被告人与被害人签订关键词收购合同,第二个行为是被告人要求被害人完善关键词,并提出很多完善的项目,包括制作关键词检测报告、申请专利、注册国际端口、制作B2B证书等,继而被告人再冒充第三方技术服务公司的人员诱使被害人交付有关制作费用,被害人被骗取的正是后者所谓完善关键词的费用。从收购关键词合同的内容来看,并不包括帮助被害人完善关键词并收取费用的内容,即签订收购合同与诱骗完善关键词是两个相对独立的行为,不存在包容关系。本案被告人的犯罪手法多样,通过签订收购合同——诱骗完善关键词——收取所谓的完善关键词制作费用,进而达到骗取财物的目的。可见,签订收购合同只是一个诱饵,被害人并非基于该收购合同交付费用(相反,基于收购合同,应该是被告人向被害人支付收购费),而是基于后续的完善包装关键词的环节,相应地支付了相关费用。因此,从整体评价的角度,被告人的多种犯罪手法互相配合,前面的行为都是犯罪过程的环节之一,最终目的就是骗取制作完善关键词的费用。换言之,被告人骗取财物的核心手段就是诱骗被害人完善关键词,而这个手段并不是基于合同,因此本案不符合合同诈骗罪的本质特征,而是由于被告人的其他欺骗行为,使被害人产生"需要完善关键词"的错误认识而交付财产,故而应认定为诈骗罪。

——《刑事审判参考》(总第114辑)。

937 诈骗罪与赌博罪的区分

关键词 | 诈骗罪 | 赌博罪 | 骗取财物 |

【最高人民法院公报案例】

四川省泸县人民检察院诉黄艺、袁小军等诈骗案(一审法院:泸县人民法院)

要旨:行为人出于非法占有他人财产的目的,采取虚构事实、隐瞒真相、设置圈套的方法诱使他人参加赌博,并以欺诈手段控制赌局的输赢结果,从而骗取他人财物,数额较大的,构成诈骗罪,应当依照刑法第二百六十六条的规定定罪处罚。

根据本案事实,被告人黄艺与袁小军共谋以打假牌方式骗取他人钱财。按照事先分工,黄艺负责物色诈骗对象姚某某,袁小军负责联系帮助打假牌的被告人刘小冬、方开强。黄艺、袁小军在共同犯罪中起到了组织、策划的作用,均系主犯。黄艺案发前担任四川省叙永县公安局副政委,具有执法人员身份,且在整个犯罪过程中起着首要的组织、指挥作用,其在共同犯罪中的地位、作用又大于同为主犯的袁小军。被告人刘昌敏、刘小冬、方开强在具体实施犯罪前已经明知黄艺、袁小军的诈骗犯罪意图,在主观上已经形成合谋,具有诈骗犯罪的共同故意,作为具体犯罪的实施者,该三名被告人在本案中起次要作用,均系从犯,依法应当从轻或者减轻处罚,刘昌敏、刘小冬的辩护人就此提出的辩护理由成立,予以采纳。黄艺在公安机关尚未掌握本案犯罪事实、未对其立案侦查前就已主动如实供述本案诈骗犯罪事实,可视为自首。其辩护人就此提出的辩护理由成立,予以采纳。袁小军归案后,提供同案犯刘小冬的下落,对公安机关抓获刘小冬起到了协助作用,可视为立功。其辩护人就此提出的辩护理由成立,予以采纳。刘昌敏归案后,提供他人犯罪线索,经查证属实,具有立功情节。其辩护人就此提出的辩护理由成立,予以采纳。综合考虑本案事实、情节,结合汽车等赃物已经追回的事实,对黄艺、袁小军等五名被告人均可依法减轻处罚。

——《最高人民法院公报》2007 年第 8 期。

【最高人民法院参考案例】

王红柳、黄叶峰诈骗案(《刑事审判参考》案例第 836 号)

要旨:设置圈套控制赌博输赢并从中获取钱财的行为应当定性为诈骗。

1. 从法理分析,设置圈套控制赌博输赢并从中获取钱财的行为符合诈骗的特征

设置圈套诱骗他人参赌的行为是构成诈骗罪还是赌博罪,关键在于赌博圈套中的欺骗程度。如果行为人仅采取了较为轻微的欺骗行为,赌博输赢主要是依靠各自运气、技术,即赌博各方均不能控制、主导赌博输赢结果,则其行为仍然符合赌博特征,因为赌博在本质上是一种射幸行为,其结果具有偶然性;如果行为人在赌博过程中采取作弊手段控制赌博输赢,则赌博成了掩盖事实的手段,该行为本质上符合诈骗的特征。本案被告人王红柳等人完全控制了赌博输赢结果,被害人程某以为是在赌博,实际上王红柳等人是在骗取钱财。

从具体犯罪构成要件分析,王红柳在主观上得知程某有赌博的意思后,即产生了与他人合作通过在赌博机上做手脚的方式骗取钱财的犯意,并付诸行动,经与被告人黄叶峰共谋后,由黄叶峰等人通过在赌博机上安装控制器等方式实现控制赌博输赢的结果,并通过此种方式成功"赢"得程某较大数额的钱款,可见王红柳等人具有非法占有程某钱财的犯罪目的,符合诈骗罪主观特征。客观上,王红柳、黄叶峰等人一方面在赌博机上做手脚,另一方面让同案犯假扮赌客以骗取程某的信任,从而使程某误认为自己是在正常赌博中因为运气不好而"输钱",从而不仅将自己带来的一万九千余元输光,还欠下赌债四万元。因此,本案中所谓的赌博只是

王红柳等人行骗的形式，是以赌博为名行欺骗之实，符合诈骗罪的客观特征。

关于赌博罪中的欺骗行为与诈骗罪中的欺骗行为的区分，有观点认为，“赌博罪中往往也伴有欺骗活动，但这种欺骗与诈骗罪中的欺骗不同。赌博罪中的欺骗是制造虚假事实，引诱他人参加赌博，但是赌博是依偶然决定输赢，其目的是营利，而不是非法占有。但是以赌博为名，在赌博中弄虚作假、案中串通，操纵赌博输赢并以此占有被骗者财物的，则成立诈骗罪”。该观点获取了理论界和实务界的普遍认同。参照这种观点，本案中，由于赌博输赢完全控制在王红柳等人手中，王红柳等人是以赌博为名，操作赌博输赢并以此非法占有程某财物，且数额较大，因此，其行为构成诈骗罪。当然，在数额认定上，应当以实际损失数额为准，即一万九千元。

2. 正确理解最高人民法院及相关部门作出答复、批复的背景

关于“设置圈套诱骗他人参赌”的行为定性，1991 年《最高人民法院研究室关于设置圈套诱骗他人参赌获取钱财的案件如何定罪问题的电话答复》（以下简称《答复》）指出：“对于行为人以营利为目的，设置圈套，诱骗他人参赌的行为，需要追究刑事责任的，应以赌博罪论处。”1995 年《最高人民法院关于对设置圈套诱骗他人参赌又向索还钱财的受骗者施以暴力或暴力威胁的行为应如何定罪问题的批复》（以下简称《批复》）规定：“行为人设置圈套诱骗他人参赌获取钱财，属赌博行为，构成犯罪的，应当以赌博罪定罪处罚。”对于《答复》《批复》中设置圈套诱骗他人参赌的行为，实践中理解不一：一种意见认为，上述两个文件中设置圈套诱骗他人参赌的行为是指行为人设置圈套诱骗他人“参加赌博”，而具体赌博行为与平常无异；另一种意见认为，上述两个文件中设置圈套诱骗他人参赌的行为不仅包括前种意见所指的行为，还包括行为人在具体赌博中使用欺骗手段控制赌博输赢。

我们认为，对上述两个文件中设置圈套诱骗他人参赌的行为，应当结合文件出台的背景及相关高院请示的具体案件内容来理解。

《答复》是针对《四川省高级人民法院关于设置圈套诱骗他人参赌获取钱财的案件如何定罪的请示》作出的，该请示主要针对的是在公共汽车、火车等公共场所公开结伙进行的猜红、蓝铅笔现象。设赌者以猜中者赢，猜不中者为输诱骗他人参赌，由于涉赌人在红、蓝铅笔上做手脚，设机关，以致猜红变蓝，猜蓝变红，参赌者有输无赢，设赌者包赢不输。设赌者为骗取参赌者的信任，还常以同伙参赌“赢钱”为诱饵，诱使他人就范。最高人民法院研究室当时主要考虑到此类行为发生在公共汽车站、火车站等公共场所，犯罪分子设局诱骗的对象是不特定的被害人，主要侵害的是社会管理秩序，且犯罪分子主要采用赌博形式赢钱，虽然存在一定欺诈手段，但十赌九骗，赌博中采用一些欺骗手段也很正常，因此，《答复》认为此种行为应当定性为赌博罪。《批复》的意见与《答复》一致。我们认为，两个文件针对的都是发生在公共场所，即被害对象为不特定被害人的情形，这种情形下行为主要妨害

的是社会管理秩序,因此,两个文件将这种情形下的行为明确认定为赌博罪有其合理性。然而,本案中,王红柳等人在宾馆客房内设置赌局欺骗他人钱财的作案地点具有不公开性,其欺骗对象具有特定性,因此,不能适用两个文件的规定。

现《答复》已被废止,另据了解,最高人民法院研究室已就《批复》规定的合理性开展了专项调研,拟对文件规定的内容进行修正,即对以控制输赢的方式诱骗他人参赌的行为,不管是否发生在公共场所,均以诈骗罪定性。

……

"设置圈套诱骗他人参赌"行为的定性,之所以存在诈骗罪与赌博罪的分歧,有很大一方面原因是对此类案件赃款的处理存在一定的问题。因为,如果将此类案件定性为诈骗罪,则与被告人相对的一方应当认定为被害人,即被告人通过赌博欺诈获取的钱财(即赃款)应当发还被害人,然而此类案件中的被害人实际也是赌博参与人,赃款发还赌博参与人,势必造成对赌博行为打击不力的问题。为解决这一问题,有观点建议,应当在发还赌博赃款时,同时启动行政处罚程序,即对赌博参与人的赌博行为作出行政处罚,没收该赃款;但也有观点主张,对于此类案件宜定性为赌博罪,这样赌博参与人的赌资应当予以扣押没收,如此便不存在赃款发还或者通过行政处罚程序没收问题。

对于此类案件中的赃款,我们认为,应当区别不同情况进行处理:第一种情况,如果被害人本来不具有赌博的意思,而是基于行为人的欺骗而产生赌博意愿,并陷入赌博陷阱,从而被骗钱财的,因被害人不具有通过赌博进行营利的目的,对其合法财产权益应予保护,故对于扣押或者退缴的赃款应当发还被害人,或者责令被告人退赔被害人经济损失。第二种情况,如果被害人本身也是参赌人员,由于其具有通过赌博进行营利的目的,其本身积极参与赌博行为,因此,其所输钱款属于赌资,对于该赌资的处理问题,可以借鉴抢劫赌资案件的处理方法进行处理,对于赌资无须通过行政处罚程序予以没收,而可直接在刑事程序中予以追缴没收。

本案中,被害人程某主动向被告人王红柳询问下午赌博事宜,并表示自己具有赌博意愿,并在下午经王红柳通知后携带大量钱财前往赌博,可见程某具有赌博意愿,且积极参与赌博,对其赌博行为应当予以打击,即对其所输钱财应当认定为赌资,可以借鉴抢劫赌资的情况,予以追缴没收,并在刑事判决书中一并作出表述,即违法所得予以追缴没收。

——《刑事审判参考》(总第90辑)。

史兴其诈骗案(《刑事审判参考》案例第837号)

要旨:对于设置圈套诱骗他人参赌获取钱财的行为,应当结合赌博罪和诈骗罪的基本特征,根据欺诈行为在整个犯罪过程中的地位和作用进行分析。

我们认为，诈骗，是指行为人以非法占有为目的，采用虚构事实或者隐瞒真相的方式，骗取他人财物的行为。诈骗的实质在于被害人基于行为人的欺诈行为产生错误认识，进而“自愿”处分财物。而赌博遵循的是一种射幸规则，其输赢带有相当大的不确定性和偶然性，是行为人所不能掌控的。赌博活动有时虽然也掺杂一些欺诈行为，特别是在利用赌博骗取钱财的犯罪案件中，赌博行为与欺诈行为交织在一起，导致定性困难。对于设置圈套诱骗他人参赌获取钱财的行为，不能简单机械地套用《答复》①和《批复》②，而应当结合赌博罪和诈骗罪的基本特征，根据欺诈行为在整个犯罪过程中的地位和作用进行分析。

司法实践中，根据欺诈行为在犯罪过程中的地位和作用不同，可以将利用赌博骗取钱财的犯罪行为分为圈套型赌博犯罪和赌博型诈骗犯罪。圈套型赌博犯罪，即《答复》和《批复》中规定的犯罪类型，是指通过采用设置圈套的方式诱骗他人参赌的犯罪，行为人实施犯罪的目的在于通过赌博进行营利，虽然行为人在赌博过程中采用了一些欺诈的行为，但是该欺诈行为是为了诱骗他人参赌，保证赌博的顺利进行而实施的，赌博的输赢主要还是靠行为人掌握的娴熟的赌博技巧，并且依靠一定偶然性来完成的，行为人并不必然控制赌博输赢。对于此种类型的犯罪行为，应当以赌博罪定罪处罚；而赌博型诈骗犯罪又称为“诈赌”犯罪，其与圈套型赌博犯罪的相同之处在于行为人在赌博过程中也采用了欺诈的手段，但是二者具有本质的区别。在赌博型诈骗犯罪中，行为人在主观上是以非法占有为目的的，客观上采用了欺诈的手段弄虚作假，支配、控制赌局的输赢，单方面确定赌博胜败的结果，使被害人基于错误认识，误认为自己运气不佳而“自愿”交付财物给行为人。此种行为属于以赌博之名，行诈骗之实的行为，实质上符合诈骗罪的构成要件。

具体联系本案，被告人史兴其以非法占有为目的，事先购买了诈赌所用的透视扑克牌和特制隐形眼镜，并提前将扑克牌放入赌博的场所。在赌博过程中，史兴其佩戴特制隐形眼镜，能够看到其他人手中的扑克牌和桌面上的扑克牌的点数，并根据牌的点数大小决定是否加注；而且按照被害人供述和证人证言中提到的“其中有几局牌按照常理史兴其是不可能赢的”情况分析，史兴其采用欺诈的手段已经掌控了赌局输赢的结果，被害人是在完全不知情的情况下“愿赌服输”，而“自愿”按照赌博规则将钱财交与史兴其。因此，史兴其的行为不符合《答复》和《批复》中规定的情形，而是属于典型的赌博型诈骗犯罪，符合诈骗罪的构成要件，应当以诈骗罪定罪处罚。二审法院对其以诈骗罪定罪处罚是正确的。

——《刑事审判参考》（总第90辑）。

---

① 即《最高人民法院研究室关于设置圈套诱骗他人参赌获取钱财的案件如何定罪问题的电话答复》。

② 即《最高人民法院关于对设置圈套诱骗他人参赌又向索还钱财的受骗者施以暴力或暴力威胁的行为应如何定罪问题的批复》。

(三)电信网络诈骗

938 电信网络诈骗定罪量刑的数额、情节的认定标准

关键词 | 诈骗罪 | 电信网络诈骗 |

【最高人民法院司法文件】

(一)根据《最高人民法院、最高人民检察院关于办理诈骗刑事案件具体应用法律若干问题的解释》第一条的规定,利用电信网络技术手段实施诈骗,诈骗公私财物价值三千元以上、三万元以上、五十万元以上的,应当分别认定为刑法第二百六十六条规定的"数额较大""数额巨大""数额特别巨大"。

二年内多次实施电信网络诈骗未经处理,诈骗数额累计计算构成犯罪的,应当依法定罪处罚。

(二)实施电信网络诈骗犯罪,达到相应数额标准,具有下列情形之一的,酌情从重处罚:

1. 造成被害人或其近亲属自杀、死亡或者精神失常等严重后果的;

2. 冒充司法机关等国家机关工作人员实施诈骗的;

3. 组织、指挥电信网络诈骗犯罪团伙的;

4. 在境外实施电信网络诈骗的;

5. 曾因电信网络诈骗犯罪受过刑事处罚或者二年内曾因电信网络诈骗受过行政处罚的;

6. 诈骗残疾人、老年人、未成年人、在校学生、丧失劳动能力人的财物,或者诈骗重病患者及其亲属财物的;

7. 诈骗救灾、抢险、防汛、优抚、扶贫、移民、救济、医疗等款物的;

8. 以赈灾、募捐等社会公益、慈善名义实施诈骗的;

9. 利用电话追呼系统等技术手段严重干扰公安机关等部门工作的;

10. 利用"钓鱼网站"链接、"木马"程序链接、网络渗透等隐蔽技术手段实施诈骗的。

(三)实施电信网络诈骗犯罪,诈骗数额接近"数额巨大""数额特别巨大"的标准,具有前述第(二)条规定的情形之一的,应当分别认定为刑法第二百六十六条规定的"其他严重情节""其他特别严重情节"。

上述规定的"接近",一般应掌握在相应数额标准的百分之八十以上。

——《最高人民法院、最高人民检察院、公安部关于办理电信网络诈骗等刑事案件适用法律若干问题的意见》(2016 年 12 月 19 日,法发〔2016〕32 号)。

939 电信网络诈骗数额难以查证，但构成“其他严重情节”“其他特别严重情节”的认定

关键词 | 诈骗罪 | 电信网络诈骗 | 诈骗未遂 |

【最高人民法院司法文件】

(四)实施电信网络诈骗犯罪,犯罪嫌疑人、被告人实际骗得财物的,以诈骗罪(既遂)定罪处罚。诈骗数额难以查证,但具有下列情形之一的,应当认定为刑法第二百六十六条规定的“其他严重情节”,以诈骗罪(未遂)定罪处罚:

1. 发送诈骗信息五千条以上的,或者拨打诈骗电话五百人次以上的;

2. 在互联网上发布诈骗信息,页面浏览量累计五千次以上的。

具有上述情形,数量达到相应标准十倍以上的,应当认定为刑法第二百六十六条规定的“其他特别严重情节”,以诈骗罪(未遂)定罪处罚。

上述“拨打诈骗电话”,包括拨出诈骗电话和接听被害人回拨电话。反复拨打、接听同一电话号码,以及反复向同一被害人发送诈骗信息的,拨打、接听电话次数、发送信息条数累计计算。

因犯罪嫌疑人、被告人故意隐匿、毁灭证据等原因,致拨打电话次数、发送信息条数的证据难以收集的,可以根据经查证属实的日拨打人次数、日发送信息条数,结合犯罪嫌疑人、被告人实施犯罪的时间、犯罪嫌疑人、被告人的供述等相关证据,综合予以认定。

——《最高人民法院、最高人民检察院、公安部关于办理电信网络诈骗等刑事案件适用法律若干问题的意见》(2016 年 12 月 19 日,法发〔2016〕32 号)。

三、有证据证实行为人参加境外诈骗犯罪集团或犯罪团伙,在境外针对境内居民实施电信网络诈骗犯罪行为,诈骗数额难以查证,但一年内出境赴境外诈骗犯罪窝点累计时间 30 日以上或多次出境赴境外诈骗犯罪窝点的,应当认定为刑法第二百六十六条规定的“其他严重情节”,以诈骗罪依法追究刑事责任。有证据证明其出境从事正当活动的除外。

——《最高人民法院、最高人民检察院、公安部关于办理电信网络诈骗等刑事案件适用法律若干问题的意见(二)》(2021 年 6 月 17 日,法发〔2021〕22 号)。

六、关于《意见(二)》第三条的理解适用。为严厉打击跨境电信网络诈骗团伙犯罪,该条规定,有证据证实行为人参加境外诈骗犯罪集团或犯罪团伙,在境外针对境内居民实施电信网络诈骗犯罪行为,诈骗数额难以查证,但一年内出境赴境外诈骗犯罪窝点累计时间30日以上或多次出境赴境外诈骗犯罪窝点的,以诈骗罪依法追究刑事责任。在司法适用时,要注意把握以下三个要求:(1)有证据证明行为人参加了境外电信网络诈骗犯罪集团或犯罪团伙,且在境外针对境内居民实施了具体的诈骗犯罪行为;(2)行为人一年内出境赴境外诈骗犯罪窝点累计30日以上,应当从行为人实际加入境外诈骗犯罪窝点的日期开始计算时间;(3)诈骗数额难以查证,是指基于客观困难,确实无法查清行为人实施诈骗的具体数额。在办案中,应当首先全力查证具体诈骗数额;在诈骗数额难以查清的情况下,根据《最高人民法院、最高人民检察院关于办理诈骗刑事案件具体应用法律若干问题的解释》和《最高人民法院、最高人民检察院、公安部关于办理电信网络诈骗等刑事案件适用法律若干问题的意见》的规定,还应当查证发送诈骗信息条数和拨打诈骗电话次数,如二者均无法查明,才适用该条规定。

——《最高人民法院刑事审判第三庭、最高人民检察院第四检察厅、公安部刑事侦查局关于“断卡”行动中有关法律适用问题的会议纪要》(2022年3月22日)。

【链接:理解与适用】

1. 关于第三条。在原有诈骗罪司法解释和《意见》的基础上,对诈骗罪“其他严重情节”的适用情节,在实行数额标准和数量标准并行的基础上,予以完善。制定该条,有其特殊的背景和意义。当前电信网络诈骗犯罪窝点主要在境外,对这类案件的打击治理存在客观困难:一是诈骗犯罪集团的金主、主犯基本隐藏在幕后,往往难以将其抓获归案。二是受境外法律规定、执法环境等因素影响,境外取证难度较大,很难将诈骗事实、金额与具体的犯罪嫌疑人完全对应。三是当前诈骗犯罪分子多是使用即时通讯工具、社交软件作为通联工具实施诈骗。诈骗过程中既没有拨打电话,也没有发送短信,更无法统计诈骗网站被浏览次数,《意见》第二部分第四条关于构成诈骗罪的相关规定,难以完全适应新形势需要。鉴于上述原因,《意见(二)》第三条在《意见》相关规定的基础上,进一步加以完善,以更加严密打击境外电信网络诈骗犯罪的刑事法网。

在司法实践中,适用第三条需要注意以下四个方面:一是行为人必须参与境外电信网络诈骗犯罪集团或犯罪团伙,实施具体的诈骗犯罪行为,例如发送诈骗信息、拨打诈骗电话、在诈骗群内烘托气氛或者“养号”等,只是诈骗数额难以查证。二是只适用于行为人在境外对境内居民实施的电信网络诈骗犯罪,不适用于在境内实施的诈骗行为。三是犯罪情节须达到一定的严重程度,即一年内出境赴境外诈骗窝点累计时间三十日以上,或者多次出境赴境外诈骗窝点的。之所以如此规定,是考虑出境的时间和次数体现了犯罪嫌疑人参与境外团伙的程度,反映了行为人的主观恶性和社会危害程度。之所以规定为三十日,主要是从司法实践看,犯罪分子到达犯罪窝点后,还需要经过一段时间的培训。一般而言,经过三十日,犯罪分子已经能够较为熟练掌握电信网络诈骗犯罪基本技巧,并实施了相关诈骗行为,具有较大的社会危害性。对于"多次"的理解,至少是三次。四是允许行为人提出反证,即"有证据证明其出境从事正当活动的除外"。

——刘太宗、赵玮、刘涛:《"两高一部"〈关于办理电信网络诈骗等刑事案件适用法律若干问题的意见(二)〉解读》,载《人民检察》2021 年第 13 期。

940 电信网络诈骗共同犯罪和主观故意的认定

关键词 | 诈骗罪 | 电信网络诈骗 | 共同犯罪 | 主观故意 |

【最高人民法院司法文件】

四、准确认定共同犯罪与主观故意

(一)三人以上为实施电信网络诈骗犯罪而组成的较为固定的犯罪组织,应依法认定为诈骗犯罪集团。对组织、领导犯罪集团的首要分子,按照集团所犯的全部罪行处罚。对犯罪集团中组织、指挥、策划者和骨干分子依法从严惩处。

对犯罪集团中起次要、辅助作用的从犯,特别是在规定期限内投案自首、积极协助抓获主犯、积极协助追赃的,依法从轻或减轻处罚。

对犯罪集团首要分子以外的主犯,应当按照其所参与的或者组织、指挥的全部犯罪处罚。全部犯罪包括能够查明具体诈骗数额的事实和能够查明发送诈骗信息条数、拨打诈骗电话人次数、诈骗信息网页浏览次数的事实。

(二)多人共同实施电信网络诈骗,犯罪嫌疑人、被告人应对其参与期间该诈骗团伙实施的全部诈骗行为承担责任。在其所参与的犯罪环节中起主要作用的,可以认定为主犯;起次要作用的,可以认定为从犯。

上述规定的"参与期间",从犯罪嫌疑人、被告人着手实施诈骗行为开始起算。

(三)明知他人实施电信网络诈骗犯罪,具有下列情形之一的,以共同犯罪论处,但法律和司法解释另有规定的除外:

1. 提供信用卡、资金支付结算账户、手机卡、通讯工具的;

2. 非法获取、出售、提供公民个人信息的;

3. 制作、销售、提供"木马"程序和"钓鱼软件"等恶意程序的;

4. 提供"伪基站"设备或相关服务的;

5. 提供互联网接入、服务器托管、网络存储、通讯传输等技术支持，或者提供支付结算等帮助的；

6. 在提供改号软件、通话线路等技术服务时，发现主叫号码被修改为国内党政机关、司法机关、公共服务部门号码，或者境外用户改为境内号码，仍提供服务的；

7. 提供资金、场所、交通、生活保障等帮助的；

8. 帮助转移诈骗犯罪所得及其产生的收益，套现、取现的。

上述规定的"明知他人实施电信网络诈骗犯罪"，应当结合被告人的认知能力，既往经历，行为次数和手段，与他人关系，获利情况，是否曾因电信网络诈骗受过处罚，是否故意规避调查等主客观因素进行综合分析认定。

（四）负责招募他人实施电信网络诈骗犯罪活动，或者制作、提供诈骗方案、术语清单、语音包、信息等的，以诈骗共同犯罪论处。

（五）部分犯罪嫌疑人在逃，但不影响对已到案共同犯罪嫌疑人、被告人的犯罪事实认定的，可以依法先行追究已到案共同犯罪嫌疑人、被告人的刑事责任。

——《最高人民法院、最高人民检察院、公安部关于办理电信网络诈骗等刑事案件适用法律若干问题的意见》（2016年12月19日，法发〔2016〕32号）。

十六、办理电信网络诈骗犯罪案件，应当充分贯彻宽严相济刑事政策。在侦查、审查起诉、审判过程中，应当全面收集证据、准确甄别犯罪嫌疑人、被告人在共同犯罪中的层级地位及作用大小，结合其认罪态度和悔罪表现，区别对待，宽严并用，科学量刑，确保罚当其罪。

对于电信网络诈骗犯罪集团、犯罪团伙的组织者、策划者、指挥者和骨干分子，以及利用未成年人、在校学生、老年人、残疾人实施电信网络诈骗的，依法从严惩处。

对于电信网络诈骗犯罪集团、犯罪团伙中的从犯，特别是其中参与时间相对较短、诈骗数额相对较低或者从事辅助性工作并领取少量报酬，以及初犯、偶犯、未成年人、在校学生等，应当综合考虑其在共同犯罪中的地位作用、社会危害程度、主观恶性、人身危险性、认罪悔罪表现等情节，可以依法从轻、减轻处罚。犯罪情节轻微的，可以依法不起诉或者免予刑事处罚；情节显著轻微危害不大的，不以犯罪论处。

——《最高人民法院、最高人民检察院、公安部关于办理电信网络诈骗等刑事案件适用法律若干问题的意见（二）》（2021年6月17日，法发〔2021〕22号）。

941 电信网络诈骗的量刑

关键词 | 诈骗罪 | 电信网络诈骗 | 量刑 |

【最高人民法院司法文件】

（五）电信网络诈骗既有既遂，又有未遂，分别达到不同量刑幅度的，依照处罚较重的规定处罚；达到同一量刑幅度的，以诈骗罪既遂处罚。

（六）对实施电信网络诈骗犯罪的被告人裁量刑罚，在确定量刑起点、基准刑时，一般应就高选择。确定宣告刑时，应当综合全案事实情节，准确把握从重、从轻量刑情节的调节幅度，保证罪责刑相适应。

（七）对实施电信网络诈骗犯罪的被告人，应当严格控制适用缓刑的范围，严格掌握适用缓刑的条件。

（八）对实施电信网络诈骗犯罪的被告人，应当更加注重依法适用财产刑，加大经济上的惩罚力度，最大限度剥夺被告人再犯的能力。

——《最高人民法院、最高人民检察院、公安部关于办理电信网络诈骗等刑事案件适用法律若干问题的意见》（2016 年 12 月 19 日，法发〔2016〕32 号）。

【最高人民法院参考案例】

倪劲锋诈骗案（《刑事审判参考》案例第 1319 号）

要旨：对于本案这类在疫情防控期间利用电信网络实施诈骗的犯罪行为，应依法从严惩处。

本案中，被告人倪劲锋在新冠肺炎疫情防控期间，利用网络，通过手机微信在朋友圈发布售卖疫情防护用品口罩的虚假信息，实施撒网式诈骗，在短短的三天便骗取了六名被害人数额较大的钱财，犯罪的主观恶性和社会危害性较大。我们认为，对于本案这类在疫情防控期间利用电信网络实施诈骗的犯罪行为，应依法从严惩处。理由是：其一，应适用全国统一的入罪数额标准和数额加重标准。由于电信网络诈骗突破了传统犯罪空间范畴，大多属于跨区域犯罪，地域化特征相对淡化，故不宜由各省、自治区、直辖市结合本地区经济社会发展状况，应根据《最高人民法院、最高人民检察院关于办理诈骗刑事案件具体应用法律若干问题的解释》的规定确定本地区执行的具体数额标准。也即，对于利用微信销售口罩实施诈骗行为的，应分别以诈骗财物价值三千元以上、三万元以上为刑法第二百六十六条规定的诈骗“数额较大”和“数额巨大”标准。其二，在基准刑及宣告刑的确定上应依法从严。对于在传染病疫情防控期间，利用网络平台实施诈骗犯罪的案件，在确定量刑起点、基准刑时，一般应适用就高原则，但在确定宣告刑时应当综合全案事实情节，准确把握从重、从轻量刑情节的调节幅度，保证罪责刑相适应。其三，应严格控制缓刑的适用。对此类案件,要严格控制缓刑的适用范围,严格把握缓刑的适用条件,除被告人系未成年人,或者具有自首、立功等情节外,一般不宜适用缓刑。综上,法院依法以诈骗罪判处被告人有期徒刑一年八个月,并处罚金一万五千元,是适当的。

——《刑事审判参考》(总第121辑)。

942 电信网络诈骗中扰乱无线电通讯管理秩序罪的认定

关键词|诈骗罪|电信网络诈骗|扰乱无线电通讯管理秩序罪|

【最高人民法院司法文件】

(一)在实施电信网络诈骗活动中,非法使用“伪基站”“黑广播”,干扰无线电通讯秩序,符合刑法第二百八十八条规定的,以扰乱无线电通讯管理秩序罪追究刑事责任。同时构成诈骗罪的,依照处罚较重的规定定罪处罚。

——《最高人民法院、最高人民检察院、公安部关于办理电信网络诈骗等刑事案件适用法律若干问题的意见》(2016年12月19日,法发〔2016〕32号)。

943 电信网络诈骗中侵犯公民个人信息罪的认定

关键词|诈骗罪|电信网络诈骗|侵犯公民个人信息罪|

【最高人民法院司法文件】

(二)违反国家有关规定,向他人出售或者提供公民个人信息,窃取或者以其他方法非法获取公民个人信息,符合刑法第二百五十三条之一规定的,以侵犯公民个人信息罪追究刑事责任。

使用非法获取的公民个人信息,实施电信网络诈骗犯罪行为,构成数罪的,应当依法予以并罚。

——《最高人民法院、最高人民检察院、公安部关于办理电信网络诈骗等刑事案件适用法律若干问题的意见》(2016年12月19日,法发〔2016〕32号)。

五、非法获取、出售、提供具有信息发布、即时通讯、支付结算等功能的互联网账号密码、个人生物识别信息,符合刑法第二百五十三条之一规定的,以侵犯公民个人信息罪追究刑事责任。

对批量前述互联网账号密码、个人生物识别信息的条数，根据查获的数量直接认定，但有证据证明信息不真实或者重复的除外。

——《最高人民法院、最高人民检察院、公安部关于办理电信网络诈骗等刑事案件适用法律若干问题的意见（二）》（2021年6月17日，法发〔2021〕22号）。

【链接：理解与适用】

该条包含两款内容，第一款主要针对在实施电信网络诈骗犯罪中侵犯公民个人信息的问题，在传统个人信息种类的基础上，将“具有信息发布、即时通讯、支付结算等功能的互联网账号密码、个人生物识别信息”认定属于公民个人信息。主要基于两点考虑：一是2017年《最高人民法院、最高人民检察院关于办理侵犯公民个人信息刑事案件适用法律若干问题的解释》第一条将传统的“账号密码”列为公民个人信息。但随着网络经济的发展，电信网络诈骗案件中被告人主要利用具有信息发布、即时通讯和支付结算功能的软件工具实施犯罪。对于这些互联网账号密码进行批量注册、贩卖，已成为支撑电信网络诈骗犯罪的黑灰产链条上的重要一环。为此，《意见（二）》将非法获取、出售、提供具有上述功能的互联网账号密码的行为，明确列入侵犯公民个人信息的违法犯罪范围。二是随着信息技术的深入运用，人脸、虹膜、声纹等生物识别信息日益用于网络软件的注册、登录、支付，发挥着与传统的账号密码相同的功能作用。2017年施行的网络安全法第七十六条第（五）项也将个人生物识别信息列入个人信息范围。从实践情况看，非法获取人脸信息等生物识别信息的情形呈现日益增长态势，危害十分严重，人民群众反映强烈。考虑到司法实践发展和需要，并与网络安全法相关规定保持衔接，《意见（二）》明确对于非法获取、出售、提供上述生物识别信息，符合刑法第二百五十三条之一规定的，以侵犯公民个人信息罪追究刑事责任。

第二款规定参照2017年《最高人民法院、最高人民检察院关于办理侵犯公民个人信息刑事案件适用法律若干问题的解释》第十一条第三款之规定，对批量互联网账号密码、个人生物识别信息的条数，根据查获的数量直接认定，但有证据证明信息不真实或者重复的除外。这里的“除外”是指对于信息不真实或者重复的，应予扣除，不计入信息总条数。

——刘太宗、赵玮、刘涛：《“两高一部”〈关于办理电信网络诈骗等刑事案件适用法律若干问题的意见（二）〉解读》，载《人民检察》2021年第13期。

944 电信网络诈骗中招摇撞骗罪的认定

关键词｜诈骗罪｜电信网络诈骗｜招摇撞骗罪｜

【最高人民法院司法文件】

（三）冒充国家机关工作人员实施电信网络诈骗犯罪，同时构成诈骗罪和招摇撞骗罪的，依照处罚较重的规定定罪处罚。

——《最高人民法院、最高人民检察院、公安部关于办理电信网络诈骗等刑事案件适用法律若干问题的意见》（2016 年 12 月 19 日，法发〔2016〕32 号）。

945 电信网络诈骗中妨害信用卡管理罪的认定

关键词｜诈骗罪｜电信网络诈骗｜妨害信用卡管理罪｜

【最高人民法院司法文件】

（四）非法持有他人信用卡，没有证据证明从事电信网络诈骗犯罪活动，符合刑法第一百七十七条之一第一款第（二）项规定的，以妨害信用卡管理罪追究刑事责任。

——《最高人民法院、最高人民检察院、公安部关于办理电信网络诈骗等刑事案件适用法律若干问题的意见》（2016 年 12 月 19 日，法发〔2016〕32 号）。

四、无正当理由持有他人的单位结算卡的，属于刑法第一百七十七条之一第一款第（二）项规定的“非法持有他人信用卡”。

——《最高人民法院、最高人民检察院、公安部关于办理电信网络诈骗等刑事案件适用法律若干问题的意见（二）》（2021 年 6 月 17 日，法发〔2021〕22 号）。

七、关于收购、出售、出租信用卡的行为，可否以窃取、收买、非法提供信用卡信息罪追究刑事责任的问题。《刑法修正案（五）》设立了窃取、收买、非法提供信用卡信息罪，主要考虑是：利用信用卡信息资料复制磁条卡的问题在当时比较突出，严重危害持卡人的财产安全和国家金融安全，故设立本罪，相关司法解释将本罪入罪门槛规定为 1 张（套）信用卡。其中的“信用卡信息资料”，是指用于伪造信用卡的电子数据等基础信息，如有关发卡行代码、持卡人账户、密码等内容的加密电子数据。在“断卡”行动破获的此类案件中，行为人非法交易信用卡的主要目的在于直接使用信用卡，而非利用其中的信息资料伪造信用卡。故当前办理“断卡”行动中的此类案件，一般不以窃取、收买、非法提供信用卡信息罪追究刑事责任。

八、关于收购、出售、出租信用卡“四件套”行为的处理。行为人收购、出售、出租信用卡“四件套”（一般包括信用卡，身份信息，U盾，网银），数量较大的，可能同时构成帮助信息网络犯罪活动罪、妨害信用卡管理罪等。“断卡”行动中破获的此类案件，行为人收购、出售、出租的信用卡“四件套”，主要流向电信网络诈骗犯罪团伙或人员手中，用于非法接收、转移诈骗资金，一般以帮助信息网络犯罪活动罪论处。对于涉案信用卡“四件套”数量巨大，同时符合妨害信用卡管理罪构成要件的，择一重罪论处。

——《最高人民法院刑事审判第三庭、最高人民检察院第四检察厅、公安部刑事侦查局关于“断卡”行动中有关法律适用问题的会议纪要》（2022年3月22日）。

【链接：理解与适用】

主要明确“单位结算卡”属于刑法规定的“信用卡”。无正当理由持有他人的单位结算卡，符合刑法第一百七十七条之一第一款第（二）项规定的，可以妨害信用卡管理罪追究刑事责任。在“断卡”行动中发现，犯罪分子为迅速接收、转移、套现赃款，除了大量收购他人信用卡外，对公账户和单位结算卡由于可信度高、交易额度大的特点，更为犯罪分子所青睐，在黑灰产市场的价格很高。根据《中国人民银行关于规范单位结算卡业务管理的通知》的相关规定，单位结算卡是指由发卡银行向单位客户发行、与单位银行结算账户相关联，主要具备账户查询、转账汇款、现金存取、消费等功能的支付结算工具。从其功能看，符合《全国人民代表大会常务委员会关于〈中华人民共和国刑法〉有关信用卡规定的解释》中对“信用卡”的规定。当然，要构成本罪，还应当符合相关司法解释关于罪量的规定，即无正当理由持有的数量应达到五张以上。

——刘太宗、赵玮、刘涛：《“两高一部”〈关于办理电信网络诈骗等刑事案件适用法律若干问题的意见（二）〉解读》，载《人民检察》2021年第13期。

946 电信网络诈骗中掩饰、隐瞒犯罪所得、犯罪所得收益罪的认定

关键词｜诈骗罪｜电信网络诈骗｜掩饰、隐瞒犯罪所得、犯罪所得收益罪｜

【最高人民法院司法文件】

（五）明知是电信网络诈骗犯罪所得及其产生的收益，以下列方式之一予以转账、套现、取现的，依照刑法第三百一十二条第一款的规定，以掩饰、隐瞒犯罪所得、犯罪所得收益罪追究刑事责任。但有证据证明确实不知道的除外：

1. 通过使用销售点终端机具(POS 机)刷卡套现等非法途径,协助转换或者转移财物的;

2. 帮助他人将巨额现金散存于多个银行账户,或在不同银行账户之间频繁划转的;

3. 多次使用或者使用多个非本人身份证明开设的信用卡、资金支付结算账户或者多次采用遮蔽摄像头、伪装等异常手段,帮助他人转账、套现、取现的;

4. 为他人提供非本人身份证明开设的信用卡、资金支付结算账户后,又帮助他人转账、套现、取现的;

5. 以明显异于市场的价格,通过手机充值、交易游戏点卡等方式套现的。

实施上述行为,事前通谋的,以共同犯罪论处。

实施上述行为,电信网络诈骗犯罪嫌疑人尚未到案或案件尚未依法裁判,但现有证据足以证明该犯罪行为确实存在的,不影响掩饰、隐瞒犯罪所得、犯罪所得收益罪的认定。

实施上述行为,同时构成其他犯罪的,依照处罚较重的规定定罪处罚。法律和司法解释另有规定的除外。

——《最高人民法院、最高人民检察院、公安部关于办理电信网络诈骗等刑事案件适用法律若干问题的意见》(2016 年 12 月 19 日,法发〔2016〕32 号)。

十一、明知是电信网络诈骗犯罪所得及其产生的收益,以下列方式之一予以转账、套现、取现,符合刑法第三百一十二条第一款规定的,以掩饰、隐瞒犯罪所得、犯罪所得收益罪追究刑事责任。但有证据证明确实不知道的除外。

(一)多次使用或者使用多个非本人身份证明开设的收款码、网络支付接口等,帮助他人转账、套现、取现的;

(二)以明显异于市场的价格,通过电商平台预付卡、虚拟货币、手机充值卡、游戏点卡、游戏装备等转换财物、套现的;

(三)协助转换或者转移财物,收取明显高于市场的"手续费"的。

实施上述行为,事前通谋的,以共同犯罪论处;同时构成其他犯罪的,依照处罚较重的规定定罪处罚。法律和司法解释另有规定的除外。

——《最高人民法院、最高人民检察院、公安部关于办理电信网络诈骗等刑事案件适用法律若干问题的意见(二)》(2021 年 6 月 17 日,法发〔2021〕22 号)。

五、关于正确区分帮助信息网络犯罪活动罪、掩饰、隐瞒犯罪所得、犯罪所得收益罪与诈骗罪的界限。在办理涉"两卡"犯罪案件中,存在准确界定前述三个罪名之间界限的问题。应当根据行为人的主观明知内容和实施的具体犯罪行为,确定其行为性质。以信用卡为例：(1)明知他人实施电信网络诈骗犯罪，参加诈骗团伙或者与诈骗团伙之间形成较为稳定的配合关系，长期为他人提供信用卡或者转账取现的，可以诈骗罪论处。(2)行为人向他人出租、出售信用卡后，在明知是犯罪所得及其收益的情况下，又代为转账、套现、取现等，或者为配合他人转账、套现、取现而提供刷脸等验证服务的，可以掩饰、隐瞒犯罪所得、犯罪所得收益罪论处。(3)明知他人利用信息网络实施犯罪，仅向他人出租、出售信用卡，未实施其他行为，达到情节严重标准的，可以帮助信息网络犯罪活动罪论处。

在司法实践中，应当具体案情具体分析，结合主客观证据，重视行为人的辩解理由，确保准确定性。

——《最高人民法院刑事审判第三庭、最高人民检察院第四检察厅、公安部刑事侦查局关于"断卡"行动中有关法律适用问题的会议纪要》(2022年3月22日)。

【链接：理解与适用】

该条对与电信网络诈骗犯罪相关的掩饰、隐瞒犯罪所得、犯罪所得收益行为方式作了补充。为有效打击为电信网络诈骗转账、套现、取现等犯罪行为，《意见(二)》在《意见》基础上增加了当前三种常见的方式。即：(1)多次使用或者使用多个非本人身份证明开设的收款码、网络支付接口等，帮助他人转账、套现、取现的；(2)以明显异于市场的价格，通过电商平台预付卡、虚拟货币、手机充值卡、游戏点卡、游戏装备等转换财物、套现的；(3)协助转换或者转移财物，收取明显高于市场的"手续费"的。这些行为的共同特征在于其异常性，明显区别于普通的转账行为和正常的市场交易行为，综合案件情况，可以认定构成掩饰、隐瞒犯罪所得、犯罪所得收益罪，但同时允许被告人提出反证。

——刘太宗、赵玮、刘涛：《"两高一部"〈关于办理电信网络诈骗等刑事案件适用法律若干问题的意见(二)〉解读》，载《人民检察》2021年第13期。

947 电信网络诈骗中拒不履行信息网络安全管理义务罪的认定

关键词 | 诈骗罪 | 电信网络诈骗 | 拒不履行信息网络安全管理义务罪 |

【最高人民法院司法文件】

(六)网络服务提供者不履行法律、行政法规规定的信息网络安全管理义务，经监管部门责令采取改正措施而拒不改正，致使诈骗信息大量传播，或者用户信息泄露造成严重后果的，依照刑法第二百八十六条之一的规定，以拒不履行信息网络安全管理义务罪追究刑事责任。同时构成诈骗罪的，依照处罚较重的规定定罪处罚。

——《最高人民法院、最高人民检察院、公安部关于办理电信网络诈骗等刑事案件适用法律若干问题的意见》(2016年12月19日,法发〔2016〕32号)。

948 电信网络诈骗中非法利用信息网络罪、帮助信息网络犯罪活动罪的认定

关键词|诈骗罪|电信网络诈骗|非法利用信息网络罪|帮助信息网络犯罪活动罪|

【最高人民法院司法文件】

(七)实施刑法第二百八十七条之一、第二百八十七条之二规定之行为,构成非法利用信息网络罪、帮助信息网络犯罪活动罪,同时构成诈骗罪的,依照处罚较重的规定定罪处罚。

——《最高人民法院、最高人民检察院、公安部关于办理电信网络诈骗等刑事案件适用法律若干问题的意见》(2016年12月19日,法发〔2016〕32号)。

七、为他人利用信息网络实施犯罪而实施下列行为,可以认定为刑法第二百八十七条之二规定的"帮助"行为:

(一)收购、出售、出租信用卡、银行账户、非银行支付账户、具有支付结算功能的互联网账号密码、网络支付接口、网上银行数字证书的;

(二)收购、出售、出租他人手机卡、流量卡、物联网卡的。

八、认定刑法第二百八十七条之二规定的行为人明知他人利用信息网络实施犯罪,应当根据行为人收购、出售、出租前述第七条规定的信用卡、银行账户、非银行支付账户、具有支付结算功能的互联网账号密码、网络支付接口、网上银行数字证书,或者他人手机卡、流量卡、物联网卡等的次数、张数、个数,并结合行为人的认知能力、既往经历、交易对象、与实施信息网络犯罪的行为人的关系、提供技术支持或者帮助的时间和方式、获利情况以及行为人的供述等主客观因素,予以综合认定。

收购、出售、出租单位银行结算账户、非银行支付机构单位支付账户,或者电信、银行、网络支付等行业从业人员利用履行职责或提供服务便利,非法开办并出售、出租他人手机卡、信用卡、银行账户、非银行支付账户等的,可以认定为《最高人民法院、最高人民检察院关于办理非法利用信息网络、帮助信息网络犯罪活动等刑事案件适用法律若干问题的解释》第十一条第(七)项规定的"其他足以认定行为

人明知的情形”。但有相反证据的除外。

九、明知他人利用信息网络实施犯罪，为其犯罪提供下列帮助之一的，可以认定为《最高人民法院、最高人民检察院关于办理非法利用信息网络、帮助信息网络犯罪活动等刑事案件适用法律若干问题的解释》第十二条第一款第（七）项规定的“其他情节严重的情形”：

（一）收购、出售、出租信用卡、银行账户、非银行支付账户、具有支付结算功能的互联网账号密码、网络支付接口、网上银行数字证书5张（个）以上的；

（二）收购、出售、出租他人手机卡、流量卡、物联网卡二十张以上的。

十、电商平台预付卡、虚拟货币、手机充值卡、游戏点卡、游戏装备等经销商，在公安机关调查案件过程中，被明确告知其交易对象涉嫌电信网络诈骗犯罪，仍与其继续交易，符合刑法第二百八十七条之二规定的，以帮助信息网络犯罪活动罪追究刑事责任。同时构成其他犯罪的，依照处罚较重的规定定罪处罚。

——《最高人民法院、最高人民检察院、公安部关于办理电信网络诈骗等刑事案件适用法律若干问题的意见（二）》（2021年6月17日，法发〔2021〕22号）。

【链接：理解与适用】

相关标准主要体现在第七条至第十条。主要是基于“断卡”行动以来，公安、司法机关在打击涉“两卡”犯罪中适用帮助信息网络犯罪活动罪的司法实践做法，作了相应的梳理总结。其中，第七条明确非法交易“两卡”行为可以认定为帮助信息网络犯罪活动罪中的“帮助”行为；第八条、第九条结合“断卡”行动实践，进一步完善帮助信息网络犯罪活动罪“主观明知”和“情节严重”认定问题；第十条主要针对不法电信网络经销商为电信网络诈骗犯罪提供帮助行为认定的问题。

1. 关于第七条。该条明确，为他人利用信息网络实施犯罪而具有下列行为，可以认定为刑法第二百八十七条之二规定的“帮助”行为：一是收购、出售、出租信用卡、银行账户、非银行支付账户、具有支付结算功能的互联网账号密码、网络支付接口、网上银行数字证书的；二是收购、出售、出租他人手机卡、流量卡、物联网卡的。当前，随着电信网络诈骗犯罪链条化、产业化趋势日益凸显，非法交易的“两卡”被大量用于电信网络诈骗犯罪，发挥着基础设施作用，打击治理涉“两卡”违法犯罪势在必行。为此，2020年10月，国务院联席办部署开展“断卡”行动，集中打击非法交易“两卡”的行为。《意见（二）》在总结“断卡”行动经验做法基础上，将非法交易“两卡”相关行为认定为帮助信息网络犯罪活动罪中的“帮助”行为，予以刑事打击。

需要注意的是，本条对于信用卡、手机卡交易行为作了相应区分。其中，对于信用卡，指向收购、出售、出租本人和他人的信用卡，具体包括信用卡、资金账户、具有支付结算功能的互联网用户账号密码、网络支付接口、网上银行数字证书等；对于手机卡，指向收购、出售、出租他人的电话卡，具体包括手机卡、物联网卡、流量卡等，未将出售自己手机卡的行为纳入犯罪圈。

之所以作出上述区分，主要考虑：一是从地位作用看，信用卡和电话卡都是电信网络诈骗犯罪中的常用工具，但实践中，信用卡多被直接用于转移诈骗资金，此时诈骗行为往往已经既遂，直接危及被害人财产安全。因此，使用非法交易的信用卡与诈骗犯罪的关联度更为紧密，社会危害性更大。而使用非法交易的手机卡，多是用于拨打诈骗电话、发送诈骗短信或是通过即时通讯软件聊天“引流”等，往往是诈骗的预备或者实行行为，是否诈骗成功还有一定的不确定性，相较于信用卡，对合法财产侵害的紧迫程度相对较弱。二是从开办数量看，目前我国基础通讯运营商主要有三家（即移动、电信、联通），每个人能开办的电话卡为每家运营商五张，合计最多十五张。而能开办信用卡的金融机构数量众多，个人能开办的信用卡数量较大。相较于信用卡，对手机卡更易于从源头加强行政管控。《意见（二）》作此规定，既符合刑法谦抑性要求，也给行政执法、信用惩戒预留必要空间。三是与“断卡”行动要求相契合。根据“断卡”行动方案要求，明确非法交易手机卡，主要是打击收购、贩卖团伙，而不是非法出售个人手机卡的个人。

2. 关于第八条。帮助信息网络犯罪活动罪主观明知认定一直是司法实践的难点问题。《意见（二）》对于主观明知认定，一方面，进一步明确要坚持主客观综合认定的思路。要结合出售、出租“两卡”的次数、张数、个数，以及行为人的认知能力、既往经历、交易对象、与信息网络犯罪行为人的关系、提供技术支持或者帮助的时间和方式、获利情况以及行为人的供述等主客观因素，予以综合认定。对于主观明知认定，司法实践中既要防止简单主观归罪，片面倚重犯罪嫌疑人的供述认定明知；也要防止简单客观归罪，仅仅以犯罪嫌疑人出售“两卡”行为直接认定明知。《意见（二）》对此提出总体性要求，进一步明确认定主观明知的标准要求，实践中要根据具体案件情况全面综合把握。

另一方面，在总结司法实践经验基础上，增加了两种可以依法认定为主观明知的具体情形。2019 年《最高人民法院、最高人民检察院关于办理非法利用信息网络、帮助信息网络犯罪活动等刑事案件适用法律若干问题的解释》（以下简称《解释》）第十一条规定了六种具体认定主观明知的情形。但随着实践的发展，根据“断卡”行动情况，结合案例综合分析，对于两种相对明确可以认定明知的情形予以规定，即收购、出售、出租单位银行结算账户、非银行支付机构单位支付账户的，以及电信、银行、网络支付等行业从业人员利用履行职责或提供服务便利，非法开办并出售、出租他人手机卡、信用卡、银行账户、非银行支付账户等的，可以认定为《解释》第十一条第（七）项规定的“其他足以认定行为人明知的情形”。

之所以规定这两种情形，主要考虑：一是相较于个人信用卡，单位支付结算账户开办门槛高、交易额度高，因此金融监管机关对于申请开立的用户有着更高的要求和约束。特别是随着“断卡”行动逐步深入，相关部门进一步加强对申办这类账户的监管和警示提醒。不得随意出租、转借和买卖单位支付结算账户，应当成为申办用户需要遵守的基本要求。从当前司法实践看，非法交易的单位支付结算账户，多是被用于实施电信网络诈骗等违法犯罪行为。甚至一些违法犯罪个人、团伙，专门注册空壳公司、开设单位支付结算账户出租、出售，社会危害很大。综合以上因素，本条规定对于收购、出售、出租单位支付结算账户的行为，可以认定具有帮助信息网络犯罪活动罪的主观明知。二是银行、电信、网络支付等行业从业人员利用履行职责或提供服务便利，从事非法交易“两卡”的行为，突破、规避了行业内部风险防控和监管制度，不仅为诈骗犯罪提供了极大便利，还往往涉及侵犯公民个人信息等犯罪。对这些行业从业人员的要求要高于一般社会公众，对其实施的非法交易“两卡”行为，结合所从事的职业特点及行业监管规定，可以认定行为人主观上明知他人利用信息网络实施犯罪而提供帮助。

3. 关于第九条。《解释》第十二条规定了认定帮助信息网络犯罪活动罪“情节严重”的六种具体情形，但在办理涉“两卡”案件中，对于这六种情形的标准把握不尽相同，且对交易“两卡”数量较大的行为，现有规定难以涵盖。因此，为了更好地解决实践中认定标准不一问题，对于非法交易“两卡”数量较大的，规定了两种情形，符合其中之一的，可以认定为第十二条第一款第（七）项规定的“其他情节严重的情形”：（1）收购、出售、出租信用卡、银行账户、非银行支付账户、具有支付结算功能的互联网账号密码、网络支付接口、网上银行数字证书五张（个）以上的；（2）收购、出售、出租他人手机卡、流量卡、物联网卡二十张以上的。

之所以分别规定信用卡五张和手机卡二十张的数量标准，主要考虑：一是与《解释》相协调。《解释》第十二条第一款第（四）项规定“违法所得一万元以上的”属于情节严重。结合当前黑灰产市场上“两卡”交易基本价格，《意见（二）》对非法交易信用卡、电话卡的数量分别作了五张、二十张的数量要求，与“违法所得一万元以上”保持大体平衡。二是与妨害信用卡管理罪司法解释相协调。根据《最高人民法院、最高人民检察院关于办理妨害信用卡管理刑事案件具体应用法律若干问题的解释》第二条之规定，非法持有他人信用卡五张以上不满五十张的，应当认定为刑法第一百七十七条之一第一款第（二）项规定的“数量较大”。因此，对于非法出售五张信用卡的行为，收购人自然属于非法持有他人信用卡“数量较大”，可能构成妨害信用卡管理罪。与之相衔接，对于非法出售信用卡行为人的入罪数量标准也应当以五张为宜。三是与现有的开办卡管理规定相适应。根据现有开办手机卡的规定，单个人最多能办理十五张手机卡（即一家运营商开办五张卡），因此如果行为人交易二十张手机卡，则基本可认定为职业贩卡人。这既属于当前“断卡”行动打击的重点对象，也与《意见(二)》第七条第(二)项规定的“帮助”行为相对应。四是出租、出售“两卡”的数量在一定程度上反映犯罪情节和危害。从打击治理电信网络诈骗犯罪的实践看，“两卡”多以“四件套”“八件套”的形式成套出售，且大量被用于实施电信网络诈骗和网络赌博等违法犯罪活动，基本没有合法用途，社会危害严重。结合主观因素和客观实践，出租、出售“两卡”的数量在一定程度上反映出行为人帮助他人实施信息网络犯罪的社会危害性。

需要注意的是，一方面，本条主要是设置了帮助信息网络犯罪活动罪情节严重的两种认定情形。实践中，行为人非法交易“两卡”的行为是否构成帮助信息网络犯罪活动罪，不能仅以行为人出租、出售信用卡五张、手机卡二十张就直接认定，仍要按照“主观明知+情节严重”的判断思路，结合各方面因素综合认定。同时，要求查实被帮助对象达到信息网络犯罪的程度。例如，非法收购、出租、出售信用卡被用于实施电信网络诈骗的，是否构成帮助信息网络犯罪活动罪，除了要认定非法收购、出租、出售信用卡五张外，还需要查实通过上述信用卡支付结算涉嫌诈骗金额达到犯罪的程度，即三千元以上。另一方面，本条在《解释》第十二条第一款的基础上，增设了两种情节严重的具体认定情形，第十二条规定的六种情形仍然适用，实践中需要根据具体案情综合准确适用。

4. 关于第十条。实践中，诈骗分子利用电商平台预付卡、虚拟货币、手机充值卡、游戏点卡、游戏装备等转移赃款的情况较为常见。从办案实践看，侦查人员往往通过调查经销商入手追溯诈骗行为，有的经销商以正常经营活动为由，既不配合调查也不终止交易，严重影响案件的办理。为此，对于已被公安机关明确告知交易对象涉嫌电信网络诈骗犯罪，经销商仍与其继续交易，符合帮助信息网络犯罪活动罪构成要件的，可以此罪追究刑事责任。制定过程中，有意见提出对于此种情况也可能构成诈骗犯罪共犯、拒不履行信息网络安全管理义务罪等。考虑到实践中情况较为复杂，故增加规定“同时构成其他犯罪的，依照处罚较重的规定定罪处罚”，以适应具体办案实践，体现规定周延性。

——刘太宗、赵玮、刘涛：《“两高一部”〈关于办理电信网络诈骗等刑事案件适用法律若干问题的意见(二)〉解读》，载《人民检察》2021 年第 13 期。

949 电信网络诈骗中伪造身份证件罪，使用虚假身份证件、盗用身份证件罪的认定

关键词 | 诈骗罪 | 电信网络诈骗 | 伪造身份证件罪 | 使用虚假身份证件、盗用身份证件罪 |

【最高人民法院司法文件】

六、在网上注册办理手机卡、信用卡、银行账户、非银行支付账户时，为通过网上认证，使用他人身份证件信息并替换他人身份证件相片，属于伪造身份证件行为，符合刑法第二百八十条第三款规定的，以伪造身份证件罪追究刑事责任。

使用伪造、变造的身份证件或者盗用他人身份证件办理手机卡、信用卡、银行账户、非银行支付账户，符合刑法第二百八十条之一第一款规定的，以使用虚假身份证件、盗用身份证件罪追究刑事责任。

实施上述两款行为，同时构成其他犯罪的，依照处罚较重的规定定罪处罚。法律和司法解释另有规定的除外。

——《最高人民法院、最高人民检察院、公安部关于办理电信网络诈骗等刑事案件适用法律若干问题的意见（二）》（2021 年 6 月 17 日，法发〔2021〕22 号）。

【链接：理解与适用】

随着网络技术的发展，传统犯罪日益向网络迁移发展，身份证的使用场景也发生了很大变化。随着网络实名制要求的落实和网上申办渠道的开通发展，身份证件网上认证已成为必要环节，个别不法分子为规避实名制管理，通过“深度伪造”技术，以“使用他人真实的姓名、身份证号码等身份证件信息，同时替换他人身份证件相片”的形式通过网上实名验证。此种行为虽未伪造出实体身份证件，但能通过网上认证，已实际具备了实体身份证件的功能，严重妨害了国家对身份证件的管理秩序，符合伪造身份证件罪的构成要件，可以该罪定罪处罚。关于适用该条的入罪门槛把握，目前司法解释关于刑法第二百八十条的适用，仅就伪造、变造、买卖机动车行驶证、登记证书的情形规定了三本的入罪标准，并没有就伪造其他身份证件行为设定入罪标准。参照最高人民检察院法律政策研究室 2016 年《关于〈关于伪造机动车登记证书如何适用法律的请示〉的答复意见》，检察机关在办案中应当根据案件的具体情况处理，注意把握行政处罚与刑事处罚的衔接，注意把握行为的社会危害性。

——刘太宗、赵玮、刘涛：《“两高一部”〈关于办理电信网络诈骗等刑事案件适用法律若干问题的意见（二）〉解读》，载《人民检察》2021 年第 13 期。

950 电信网络诈骗犯罪实行犯未到案的情况下，先到案的其他上下游犯罪嫌疑人、被告人的刑事责任追究

关键词｜诈骗罪｜电信网络诈骗｜

【最高人民法院司法文件】

十二、为他人实施电信网络诈骗犯罪提供技术支持、广告推广、支付结算等帮助,或者窝藏、转移、收购、代为销售及以其他方法掩饰、隐瞒电信网络诈骗犯罪所得及其产生的收益,诈骗犯罪行为可以确认,但实施诈骗的行为人尚未到案,可以依法先行追究已到案的上述犯罪嫌疑人、被告人的刑事责任。

——《最高人民法院、最高人民检察院、公安部关于办理电信网络诈骗等刑事案件适用法律若干问题的意见(二)》(2021 年 6 月 17 日,法发〔2021〕22 号)。

【链接:理解与适用】

5. 关于第十二条。主要针对电信网络诈骗犯罪实行犯未到案的情况下,先到案的其他上下游犯罪嫌疑人、被告人刑事责任追究的问题。对此,相关司法文件已有类似规定,但分散在不同的文件中。《意见(二)》结合打击电信网络诈骗犯罪和"断卡"行动司法实践,对相关内容进一步整合。设置本条规定,主要是基于随着犯罪链条的增长以及诈骗窝点大量转移到国外,要及时、一并查获电信网络诈骗犯罪团伙及上下游关联犯罪的难度很大。实践中,公安机关往往会通过侦查诈骗犯罪的信息流和资金链,先行抓获提供技术支持、广告推广、支付结算等帮助,或者窝藏、转移、收购、代为销售及以其他方法掩饰、隐瞒电信网络诈骗犯罪所得及其产生的收益的犯罪嫌疑人。对此,即使电信网络诈骗犯罪分子未能到案,但诈骗犯罪行为可以确认的,就可以先行追究先到案行为人刑事责任。这里的"诈骗犯罪行为可以确认"是指,有证据证实被帮助的对象行为已经符合电信网络诈骗相关犯罪构成要件,达到了犯罪程度。

——刘太宗、赵玮、刘涛:《"两高一部"〈关于办理电信网络诈骗等刑事案件适用法律若干问题的意见(二)〉解读》,载《人民检察》2021 年第 13 期。

951 针对特定人通过电信网络联络实施的诈骗犯罪不属于电信网络诈骗犯罪

关键词 | 诈骗罪 | 电信网络诈骗 |

【最高人民法院参考案例】

王郊诈骗案(《刑事审判参考》案例第 1320 号)

要旨:电信网络诈骗通常是针对不特定多数人实施的犯罪,不宜将凡经电话、网络联络实施的诈骗犯罪均认定为电信网络诈骗犯罪。

（一）不宜将凡经电话、网络联络的诈骗犯罪均认定为电信网络诈骗犯罪

最高人民法院、最高人民检察院、公安部2016年联合出台的《关于办理电信网络诈骗等刑事案件适用法律若干问题的意见》（以下简称《电信网络诈骗意见》）对于打击电信网络诈骗犯罪提出了更加明确、具体的法律适用依据，根据该类犯罪的性质和特点，提出了有别于普通诈骗犯罪的定罪量刑数额标准。《电信网络诈骗意见》虽系针对电信网络诈骗犯罪作出的专门规范性文件，但并未对该类诈骗犯罪的含义、范围进行明确规定。根据《电信网络诈骗意见》的制定背景、电信网络诈骗犯罪的立法沿革，我们主张电信网络诈骗通常是针对不特定多数人实施的犯罪，不宜将凡经电话、网络联络实施的诈骗犯罪均认定为电信网络诈骗犯罪，具体理由如下：

1.“针对不特定多数人”契合电信网络诈骗犯罪行为模式，是电信网络诈骗犯罪行为区别于普通诈骗行为的显著特征之一。电信网络诈骗经常表现为以群发短信或邮件、无差别拨打电话等方式，主动接触人员；或通过网站、社交媒体平台发布虚假信息后，等待被害人“上钩”。上述犯罪手段表明，电信网络诈骗是一种点对面的犯罪，行为人通过电信网络散布和传播虚假信息，并非针对特定人实施诈骗行为，其初始作案目标范围较广，时空跨度和犯罪规模较大。而普通的诈骗犯罪，往往在着手实施犯罪行为时，已具备明确的作案目标。

2.“针对不特定多数人”犯罪体现出电信网络诈骗较普通诈骗严重的社会危害性。（1）危害后果更为严重。电信网络诈骗是远程非接触性犯罪，手段隐蔽，又通常采取集团化、专业化方式作案，被害人数众多且分布广泛，涉案赃款数额巨大且转移迅速难以追回，案件侦破难度极大。而普通诈骗犯罪往往针对特定对象，即使个别案件存在多次诈骗行为，一般来说犯罪手段高度雷同，资金走向亦相对明确。（2）犯罪波及面更广。相较于点对点式的传统诈骗，电信网络诈骗技术含量高，花样翻新快，行为人精心设计骗局，针对不特定人作案，波及人数多。不仅直接侵害被害人的财产权益，严重破坏社会诚信，还引发、诱发、滋生大量上下游关联违法犯罪，形成以电信网络诈骗为中心的周边系列犯罪产业链，恶化了社会治安形势，影响了社会和谐稳定，社会危害性更大。（3）需加大打击力度。正是基于上述特征，对电信网络诈骗犯罪需要依法从严打击。《电信网络诈骗意见》提出电信网络诈骗实行全国统一数额标准和数额幅度底线标准，规定了十种从重处罚情形，并限制非监禁刑适用，充分体现了依法从严打击电信网络诈骗犯罪的方针。相对而言，行为人如果仅使用手机、网络作为联系被害人的工具，而并非利用电信网络针对不特定多数人大肆散布虚假信息，此时犯罪对象明确，并未突破传统诈骗的空间范畴，行为危害性相对特定，则对其从严惩处的依据不足。

3.将“针对不特定多数人实施诈骗”作为电信网络诈骗的行为要件，具有规范

性出处。最高人民法院、最高人民检察院2011年出台的《关于办理诈骗刑事案件具体应用法律若干问题的解释》第二条第(一)项规定,“通过发送短信、拨打电话或者利用互联网、广播电视、报刊杂志等发布虚假信息,对不特定多数人实施诈骗的”,可以酌情从严惩处;并对具备相应情节的量刑数额标准作出适当下调,对于诈骗数额难以查证的,可根据群发短信、群拨电话的数量、诈骗手段及危害等,以诈骗罪未遂论处。区别于传统的诈骗犯罪,该解释将电信网络诈骗的行为特征归纳为两个方面:一是利用发送短信、拨打电话、互联网等电信网络技术手段实施诈骗。二是针对不特定多数人实施诈骗。这里的“不特定多数人”亦可进一步细化为“不特定”和“多数人”。“不特定”是指行为人实施诈骗犯罪时没有明确特定的作案目标;“多数人”是指具有被骗可能性的人达到三人以上。

因而,行为人针对知悉其真实身份的特定人实施的诈骗犯罪,即使利用了电信、网络工具,亦不宜认定为电信网络诈骗犯罪。普通诈骗犯罪,无论是使用电话、短信,还是即时通信软件,行为人与特定人之间点对点的联系,仍囿于特定的空间范畴,具有一定的私密性,没有对其他不特定人产生影响,没有干扰正常的网络秩序,其情节严重程度、社会危害性并不比未使用电信网络联络的其他诈骗犯罪更大,根据罪责刑相适应原则,二者不宜区别对待。

(二)电信网络诈骗与传统诈骗的区分

对于借助电信网络实施的诈骗犯罪,当被害人数量众多时,一般较易区分电信网络诈骗与普通诈骗。而当被害人较少时,则应综合在案因素进行判断。我们主张从以下方面着手,进行分析:一是行为人是否向不特定人员发布了虚假信息,包括主动发布以及在别人询问时对众人发布。行为人在即时通信群组中发布虚假信息,实施“钓鱼型”诈骗,该通信群组中的相对不特定人员即为诈骗信息受众,此类行为构成犯罪的,宜认定为电信网络诈骗。对此要调取微信聊天记录、通话记录等证据材料,核实被告人供述与被害人陈述是否一致或相互印证。二是行为人未发布虚假信息的,是不是向不特定人员实施犯罪。行为人通过电话、网络等手段实施远程的“背靠背”式诈骗,双方不接触、不明身份,是电信网络诈骗区别于传统诈骗的标准之一。对此要调查核实行为人与被害人是否相识,或被害人是否知悉行为人的真实身份。三是对于行为人利用其掌握的公民个人信息通过电话、网络实施“精准诈骗”的,需调查核实其获取公民个人信息的目的,以及获取公民个人信息的手段。行为人有目的地获取具有某类共同特征的公民个人信息后,据此“量身定做”诈骗剧本并实施;或通过购买等手段获取批量公民个人信息后,依照诈骗剧本实施的,此时诈骗受众在一定范围内仍具有不特定性,仍属于电信网络诈骗。

——《刑事审判参考》(总第121辑)。

952 利用手机群发诈骗短信，后因逃避侦查丢弃银行卡而未取出卡内他人所汇款项的，系诈骗未遂

关键词｜诈骗罪｜犯罪未遂｜短信诈骗｜

【最高人民法院参考案例】

詹群忠等诈骗案(《刑事审判参考》案例第649号)

要旨:在短信类诈骗犯罪中的既遂,不仅要求被害人基于错误认识交付财物,而且该财物应为行为人所占有。行为人为逃避侦查丢弃银行卡后,已无法通过银行卡来实现对被害人财物的控制,故应认定犯罪未遂。

(一)行为人因失去控制工具而无法占有被害人钱款

短信诈骗犯罪有别于传统诈骗犯罪,被告人利用手机群发诈骗短信,通过银行卡实现对财物的占有,行为人与被害人之间存在银行这一媒介。其模式为行为人—银行—被害人,行为人对被害人财物的非法占有必须通过控制银行卡才能实现,即被害人对财物的失控不等同于行为人立即掌控、占有该财物,银行对财物的暂时保管为行为人实际占有财物设置了必要的障碍,行为人必须持合法、有效的凭证(银行卡、存折等)才能实现对财物的非法占有。本案中,被告人詹群忠将银行卡丢弃在前,徐淑英将九万元汇入该卡账户在后,詹群忠失去了对工具的控制,也就无法最终占有该钱款,且因该银行卡的户名不是被告人詹群忠,其不能通过银行卡挂失等合法途径恢复对该银行卡的控制。

(二)行为人为逃避侦查而丢弃控制工具

刑法第二十三条第一款规定,已经着手实行犯罪,由于犯罪分子意志以外的原因而未得逞的,是犯罪未遂。犯罪未遂理论特别关注行为人的主观心态,即犯罪未得逞是否因"意志以外的原因"。短信类诈骗犯罪的一个特点是对财物控制工具的即用即弃。行为人通过控制银行卡达到非法占有财物的目的,但银行卡同时具有易查易控的风险,此类犯罪中行为人为逃避侦查一般在占有钱款后即将卡弃用,故形式上是自行丢弃,主观上是被动放弃。詹虽丢弃了银行卡,但并未自动有效地防止犯罪结果的发生。如确认其行为是犯罪中止而免除处罚,则忽略了其行为造成被害人对财物的失控及动用公权力所花费的司法成本这一后果,不利于对此类犯罪的惩治。

(三)认定犯罪未遂在量刑评价时更符合罪刑相适应原则

刑法关注的核心应是行为人的行为。刑法第二百六十六条规定,诈骗数额特别巨大或者有其他特别严重情节的,处十年以上有期徒刑或者无期徒刑,并处罚金或者没收财产。根据相关司法解释规定,诈骗数额二十万元以上即应认定刑法第二百六十六条规定的"数额特别巨大"。如只要被害人将钱款汇入行为人指定的

账户，即使行为人因丢弃、遗失等原因不再掌控该账户，实际不可能再取得钱款，也认定为犯罪既遂。那么，之后该账户若继续汇入九十万元、九百万元，对行为人该如何定罪量刑？诈骗犯罪是结果犯，“骗”是方法，“取”是结果，当钱款已被冻结，行为人无法实际占有和支配时，如仍认定为犯罪既遂，动辄判处十年以上的刑罚，与刑法罪刑相适应的原则相悖，无法体现刑法的公正。认定上述行为是犯罪未遂，并未放纵犯罪，量刑时可根据案件的具体情况对行为人从轻或者减轻处罚，对行为人作出适当的判决。

——《刑事审判参考》(总第76辑)。

四、抢夺罪

953 抢夺罪“数额较大”的认定

关键词 | 抢夺罪 | 犯罪数额 |

【最高人民法院司法解释】

第一条 抢夺公私财物价值一千元至三千元以上、三万元至八万元以上、二十万元至四十万元以上的，应当分别认定为刑法第二百六十七条规定的“数额较大”“数额巨大”“数额特别巨大”。

各省、自治区、直辖市高级人民法院、人民检察院可以根据本地区经济发展状况，并考虑社会治安状况，在前款规定的数额幅度内，确定本地区执行的具体数额标准，报最高人民法院、最高人民检察院批准。

第二条 抢夺公私财物，具有下列情形之一的，“数额较大”的标准按照前条规定标准的百分之五十确定：

（一）曾因抢劫、抢夺或者聚众哄抢受过刑事处罚的；

（二）一年内曾因抢夺或者哄抢受过行政处罚的；

（三）一年内抢夺三次以上的；①

（四）驾驶机动车、非机动车抢夺的；

（五）组织、控制未成年人抢夺的；

（六）抢夺老年人、未成年人、孕妇、携带婴幼儿的人、残疾人、丧失劳动能力人的财物的；

（七）在医院抢夺病人或者其亲友财物的；

（八）抢夺救灾、抢险、防汛、优抚、扶贫、移民、救济款物的；

（九）自然灾害、事故灾害、社会安全事件等突发事件期间，在事件发生地抢夺的；

（十）导致他人轻伤或者精神失常等严重后果的。

第五条 抢夺公私财物数额较大，但未造成他人轻伤以上伤害，行为人系初犯，认罪、悔罪，退赃、退赔，且具有下列情形之一的，可以认定为犯罪情节轻微，不起诉或者免予刑事处罚；必要时，由有关部门依法予以行政处罚：

① 刑法修正案（九）将“多次抢夺”增加规定为犯罪，需根据刑法修正的内容妥当把握。

（一）具有法定从宽处罚情节的；

（二）没有参与分赃或者获赃较少，且不是主犯的；

（三）被害人谅解的；

（四）其他情节轻微、危害不大的。

——《最高人民法院、最高人民检察院关于办理抢夺刑事案件适用法律若干问题的解释》（2013年11月18日，法释〔2013〕25号）。

【链接：理解与适用】

2. 增加规定了抢夺“数额较大”的特别认定标准。针对实践中一些情节恶劣，社会危害性大，需要从严惩处的抢夺行为，《解释》第二条规定了特别入罪标准，即只要达到第一条规定的“数额较大”标准的百分之五十，又具有特定犯罪情形的，以抢夺罪追究刑事责任……

第（一）（二）项规定了抢夺数额较小但有犯罪前科或受过行政处罚的入罪情形。对于因为抢夺受过处罚再实施抢夺的，行为人屡教不改，主观恶性深，具有较大的人身危险性，对此类行为应当从严惩处。考虑到抢劫、哄抢与抢夺在行为方式上具有相似性，且行为人极易实施抢夺相似行为，《解释》第（一）（二）项将实施抢劫、哄抢被处罚后又实施抢夺的也作为从严惩处的情形。第（三）项从抢夺的次数方面对需要严惩的抢夺行为予以规定，一年内抢夺三次以上，较通常情形下的抢夺行为社会危害性更大，应从严惩处。需要说明的是，此项规定的“抢夺”，是指没有受到刑事处罚或者行政处罚的抢夺行为，如果一年内曾因抢夺受过刑事处罚或者行政处罚后再实施抢夺的，应该适用本条第（一）（二）项的规定认定。第（四）项针对实践中驾驶机动车、非机动车抢夺的，由于抢夺行为对被害人造成潜在的人身威胁较大，采取此类特定抢夺方式抢夺的应该从严惩处。2005年6月《最高人民法院关于审理抢劫、抢夺刑事案件适用法律若干问题的意见》第十一条规定驾驶车辆抢夺的应从重处罚，本项对该规定再次予以明确。第（五）项主要针对组织、控制未成年人抢夺案件社会危害性更为严重的实际情况作出规定。第（六）项主要从抢夺对象方面，加大对弱势群体人身、财产的保护角度作出规定，考虑到实践中的情况，将“携带婴幼儿的人”纳入特殊人群保护范围。第（七）项针对在医院抢夺就医人员的“救命钱”，行为人主观恶性相对更大，客观危害也更为严重的情况作出规定。适用该项规定应注意同时符合两个条件：一是地点条件，即只能是在医院这一特定场所内；二是受害对象只能是病人及其亲友。第（八）项考虑到抢夺救灾、抢险等属于特殊用途的救济款物，不仅是财产上的损失，还可能造成其他严重危害后果，此种情形需要从严打击。第（九）项主要考虑在突发事件发生地实施抢夺犯罪，造成危害后果更为严重，明确在“突发事件期间”和“事件发生地”抢夺的应该从严惩处。认定这种情况，也要注意应同时具备两个条件：一是时间条件，即在“突发事件期间”；二是地点条件，即“事件发生地”。实践中，对于在突发事件期间抢夺但并非在突发事件发生地实施抢夺行为的，不属于第（九）项规定的情形。第（十）项明确了抢夺造成的其他严重后果应该从严处罚，导致他人轻伤或者精神失常，是指过失造成了被害人轻伤伤害或精神失常的后果。

——陈国庆、韩耀元、宋丹：《〈关于办理抢夺刑事案件适用法律若干问题的解释〉解读》，载《人民检察》2014 年第 2 期。

954 “多次抢夺”的认定

关键词 | 抢夺罪 | 多次抢夺 |

【链接：理解与适用】

关于“多次抢夺”的认定。《最高人民法院、最高人民检察院关于办理抢夺刑事案件适用法律若干问题的解释》（法释〔2013〕25 号）对抢夺数额、情节的具体认定标准作了明确规定。其中规定，抢夺公私财物价值一千元至三千元以上的，应当认定为刑法第二百六十七条规定的“数额较大”；若具有“曾因抢劫、抢夺或者聚众哄抢受过刑事处罚”“一年内曾因抢夺或者哄抢受过行政处罚”“一年内抢夺三次以上”等情形之一的，“数额较大”的标准按照前条规定标准的 50%（即五百元至一千五百元以上）确定。而“多次抢夺”构成抢夺罪是刑法修正案（九）新增加的内容，故该解释未予明确。在新的司法解释出台以前，实践中可以参照盗窃罪解释和敲诈勒索罪解释关于“多次盗窃”“多次敲诈勒索”的规定精神，来认定“多次抢夺”，即：两年内抢夺三次以上，且未经处理的，可以认定为刑法第二百六十七条规定的“多次抢夺”。在刑法修正案（九）施行后，对于“一年内抢夺三次以上”，且抢夺数额达到规定标准的 50% 的，也不再适用“数额较大”的入罪标准，而是直接以“多次抢夺”定罪处罚。

需要强调指出，“多次抢夺”没有数额限制，只要在两年内实施了三次以上的抢夺行为，不管抢夺数额多少，依法都可以定罪处罚。但是，对于情节显著轻微、危害不大的，可以依照刑法第十三条的规定，不作为犯罪处理。而且，“多次抢夺”要求每次抢夺行为都是“未经处理”，如果抢夺行为已经被行政处罚或者刑罚处罚，就不能再次将其作为犯罪处理，否则就违背了一事不二罚原则。

——最高人民法院研究室、最高人民法院刑法修改工作小组办公室编著：《〈刑法修正案（九）〉条文及配套司法解释理解与适用》，人民法院出版社 2015 年版，第 209—211 页。

955 抢夺罪“数额巨大”“数额特别巨大”及“其他严重情节”“其他特别严重情节”的认定

关键词 | 抢夺罪 | 数额巨大 | 数额特别巨大 | 其他严重情节 | 其他特别严重情节 |

【最高人民法院司法解释】

第一条　抢夺公私财物价值一千元至三千元以上、三万元至八万元以上、二十万元至四十万元以上的，应当分别认定为刑法第二百六十七条规定的“数额较大”“数额巨大”“数额特别巨大”。

各省、自治区、直辖市高级人民法院、人民检察院可以根据本地区经济发展状况，并考虑社会治安状况，在前款规定的数额幅度内，确定本地区执行的具体数额标准，报最高人民法院、最高人民检察院批准。

第三条　抢夺公私财物，具有下列情形之一的，应当认定为刑法第二百六十七条规定的“其他严重情节”：

（一）导致他人重伤的；

（二）导致他人自杀的；

（三）具有本解释第二条第三项至第十项规定的情形之一，数额达到本解释第一条规定的“数额巨大”百分之五十的。

第四条　抢夺公私财物，具有下列情形之一的，应当认定为刑法第二百六十七条规定的“其他特别严重情节”：

（一）导致他人死亡的；

（二）具有本解释第二条第三项至第十项规定的情形之一，数额达到本解释第一条规定的“数额特别巨大”百分之五十的。

——《最高人民法院、最高人民检察院关于办理抢夺刑事案件适用法律若干问题的解释》（2013年11月18日，法释〔2013〕25号）。

【链接：理解与适用】

《解释》第一条第一款规定，抢夺公私财物价值三万元至八万元以上的应该认定为刑法第二百六十七条规定的“数额巨大”，二十万元至四十万元以上的应认定为“数额特别巨大”。《解释》与2002年《抢夺解释》相比，对“数额巨大”“数额特别巨大”的认定标准均作了较大幅度的提高，主要考虑：一是拉大“数额巨大”“数额特别巨大”与“数额较大”之间的幅度，有利于更好地落实罪责刑相适应原则。二是与近期出台的有关侵财犯罪的司法解释提高的定罪量刑数额标准相协调。

《解释》第三条、第四条明确了抢夺罪“其他严重情节”“其他特别严重情节”。抢夺公私财物，导致他人重伤、自杀或者具有本解释第二条第（三）项至第（十）项规定的情形之一，数额达到本解释第一条规定的“数额巨大”百分之五十的，应当认定为抢夺罪“其他严重情节”；导致他人死亡或者具有本解释第二条第（三）项至第（十）项规定的情形之一，数额达到本解释第一条规定的“数额特别巨大”百分之五十的，应当认定为抢夺罪“其他特别严重情节”。

《解释》第三条、第四条是在2002年《抢夺解释》第四条、第五条规定的基础上进行的修改。2002年《抢夺解释》第五条规定：“实施抢夺公私财物行为，构成抢夺罪，同时造成被害人重伤、死亡等后果，构成过失致人重伤罪、过失致人死亡罪等犯罪的，依照处罚较重的规定定罪处罚。”实践中出现行为人抢夺“数额较大”，又致人重伤的，构成抢夺罪和过失致人重伤罪，但由于两罪法定刑均为三年有期徒刑以下，难以区分法定刑轻重，导致适用何种罪名出现困难。为了解决上述问题，《解释》规定，因抢夺致人重伤、死亡的，一律以抢夺罪论处，同时将抢夺致人重伤、死亡的情形采取列举的方式分别规定为“其他严重情节”“其他特别严重情节”，并在第三条“其他严重情节”增加了“导致他人自杀的”情形。一方面，解决了2002年《抢夺解释》第五条的问题；另一方面，加大对抢夺致人重伤、死亡的打击力度，更好地落实罪责刑相适应原则。

《解释》第三条第（三）项、第四条第（二）项结合抢夺犯罪情节和犯罪数额，分别规定具有第二条第（三）项至第（十）项规定的情形之一，抢夺公私财物数额达到抢夺“数额巨大”“数额特别巨大”标准的百分之五十的，应认定为“其他严重情节”“其他特别严重情节”。对于具有第二条第（三）项至第（十）项情形的，应予从严惩处，即使抢夺数额没有达到“数额巨大”“数额特别巨大”标准，但只要达到其百分之五十，也应与抢夺数额达到“数额巨大”“数额特别巨大”标准予以同等处罚。

——陈国庆、韩耀元、宋丹：《〈关于办理抢夺刑事案件适用法律若干问题的解释〉解读》，载《人民检察》2014年第2期。

956 “加霸王油”的行为如何定性

关键词｜抢夺罪｜盗窃罪｜诈骗罪｜

【最高人民法院参考案例】

李培峰抢劫、抢夺案（《刑事审判参考》案例第868号）

要旨：本案“加霸王油”行为中，“非法改变财物合法占有状态的行为”不是被害单位为行为人加油的行为，而是行为人乘被害单位员工不备驾车驶离加油站的行为，应当以行为人乘被害单位员工不备驾车驶离加油站的行为作为认定其罪名的依据。

所谓“加霸王油”是指加油后采取暴力或者暴力相威胁等霸道手段以达到不付油费目的的俗称。“加霸王油”这种表述并不严谨,也非法律术语,与“碰瓷”一样,仅是一种形象表述。在本案审理过程中,对被告人李培峰“加霸王油”的行为如何定性形成三种意见:第一种意见认为,李培峰的行为构成盗窃罪;第二种意见认为,李培峰的行为构成诈骗罪;第三种意见认为,李培峰的行为构成抢夺罪。我们赞同第三种意见。具体理由如下:

(一)“加霸王油”的行为不构成盗窃罪

关于盗窃罪的认定,理论界主要有两种观点:一种观点认为,盗窃是指秘密窃取公私财物的行为;另一种观点认为,盗窃行为并不局限于秘密窃取,公开窃取行为也可以构成盗窃罪。盗窃罪和抢夺罪的主要区别在于行为人是否具有不法暴力作用于被害人。按照这一观点,就本案中的几起犯罪事实而言,被告人李培峰没有对加油站的员工使用不法暴力,其只是在加完油后乘人不备逃离现场,故其行为不应当认定为抢夺罪,而应当认定为盗窃罪。

我们认为,后一种观点值得商榷。(1)从立法结构分析,“公开窃取”在我国刑法中并无存在的空间。虽然英美法系的英国、美国以及大陆法系的德国、法国、日本在理论上多认可“公然窃取”的存在,但那是因为上述国家在刑法中都没有将抢夺作为独立犯罪类型加以规定。如将未使用暴力的公然夺取行为归入盗窃罪的范畴,将使用暴力的抢夺行为纳入抢劫罪名下,从而使抢夺行为分别列入盗窃罪和抢劫罪。而我国刑法中存在抢夺罪的立法规定,公然夺取行为可以通过抢夺罪进行规制,故“公然窃取”没有存在的空间。(2)从刑法解释学分析,“公开窃取”逾越了刑法解释的边界。对刑法条文用语进行解释应当文理解释优先,只有文理解释的结论明显不合理或者产生难以调和的多种结论时,才需要进行论理解释。从文理解释角度出发,“公开窃取”超出了“盗窃”的文义范畴。我国刑法对“盗窃”的文义解释为“用不合法的手段秘密地取得”,“公开窃取”的观点与盗窃“秘密取得”的本义不符。(3)从司法实践分析,盗窃罪和抢夺罪区分的关键在于盗窃罪是秘密取得他人财物,抢夺罪是公然夺取他人财物。秘密性作为盗窃罪的必备要件,存在两个认定标准:一是客观标准,即盗窃行为在客观上具有不为他人发觉的可能性,这主要是针对被害人而言。行为人采取被害人及周围其他人都难以发觉的方式取得财物是秘密窃取,行为人采取被害人难以发觉而周围其他人能够发觉的方式取得财物也是秘密窃取。二是主观标准,盗窃行为人在主观上具有不为他人发觉的意思,即自认为其盗窃行为是秘密进行的。行为人采取自认为被害人不能发觉的方式取得财物,即使实际上被害人已经发觉,只要该行为客观上同时存在被害人难以发觉的可能性,该行为仍然不丧失秘密性。

本案中,李培峰在加油站为集装箱卡车加油后,为逃避支付油费,多次乘被害单位员工不备驾车驶离加油站，该行为在客观上不具有秘密性，能够为被害单位的员工即时发现，故不能被认定为盗窃罪。

（二）“加霸王油”的行为不构成诈骗罪

诈骗罪的行为过程一般包括：行为人虚构事实或者隐瞒真相—被害人陷于错误认识—被害人基于认识错误处分财物—行为人取得财物。有意见认为，本案中李培峰虚构了付钱意思的事实或者隐瞒了不想付油钱的真相，使被害单位的员工陷入错误认识，将油交与其处分，其占有被害单位财物后逃离，其行为应当以诈骗罪追究刑事责任。我们认为，此种意见不能成立。

1. 在“加霸王油”情形下，行为人不存在虚构事实或者隐瞒真相的行为。行为人加油但不想付钱的意图是一种主观意识状态，那种认为这种加油不想付钱的意图属于事实或真相的观点是有失偏颇的。事实是指事情的真实情况，真相是指事物的真实面貌，它们都是事情或事物的客观存在状态。本案中，李培峰加油但不想付钱的意图是一种主观意识活动，不属于事实或真相。

2. 在“加霸王油”情形下，被害单位的员工并未基于错误认识而处分财物。区分诈骗罪和其他侵财犯罪的重要标准是看“受骗人是否基于认识错误处分（交付）财产”，而“交给”行为不能与“交付（处分）”行为混为一谈，“交出”并不等于失控。本案中，被害单位员工将油加入被告人的油箱，并非基于认识错误而交付财物，只是依照惯例先加油再收款。从主观上看，被害人没有放弃财物的意思表示；从客观上看，虽然油已经在被告人的油箱，但如果行为人不支付对价，被害人可以随时追索并恢复对财物的直接控制，其并未丧失对财物的控制和支配力。

3. 在“加霸王油”情形下，被告人并未取得财物。刑法中的取得并不完全等同于民法中的占有。加油之后，根据民法上占有的观念，被告人已经占有了该财物，但从行使效力上看，被告人并未取得对该财物占有的绝对性和排他性。在行为人支付对价之前，被害单位仍然保持着对该财物的控制，因此不能认为行为人已经取得了财物。

基于上述三点，本案被告人李培峰在加油站为卡车加油后，为逃避支付油费，多次乘被害单位财物管理人不备驾车驶离加油站的行为不符合诈骗罪的行为特征，其行为不构成诈骗罪。

（三）“加霸王油”的行为构成抢夺罪

区分盗窃罪、诈骗罪、抢夺罪等侵财犯罪的关键在于非法改变财物合法占有状态行为的性质，而不在于之前手段行为的性质。“非法改变财物合法占有状态的行为”是直接侵害犯罪客体的危害行为，也是犯罪构成的核心要素，依此确定侵财犯罪的罪名有利于揭示犯罪的本质特征。本案“加霸王油”行为中，“非法改变财物合法占有状态的行为”不是被害单位为李培峰加油的行为，而是李培峰乘被害单位员工不备驾车驶离加油站的行为。从刑法意义上讲,被害单位的员工为李培峰加油的行为并未改变油品的合法占有状态,在李培峰驾车驶离之后,被害单位才彻底丧失对油品的控制,李培峰才完全取得对油品占有的绝对性和排他性。因此,应当以李培峰乘被害单位员工不备驾车驶离加油站的行为作为认定其罪名的依据。

抢夺罪是指乘人不备、公然夺取公私财物的行为。公然夺取,是指行为人当着公私财物所有人、管理人或者其他人的面,乘人不防备,将公私财物据为己有或者给第三人所有;也有的采取可以使被害人立即发现的方式,公然把财物抢走,但不使用暴力或者以暴力相威胁。本案中,从客观方面看,李培峰采取了乘人不备、公然夺取被害单位财物的行为。李培峰当着被害单位财物管理人的面,乘人不防备驾车逃跑,并将被害单位的财物据为己有,其间并未使用暴力或者以暴力相威胁,完全符合公然夺取的特征,应以抢夺罪追究其刑事责任。

同时,值得注意的是,在加油站工作人员抓住驾驶室门或者座椅阻拦时,李培峰继续加速行驶以迫使工作人员放手,甚至导致工作人员倒地受伤,此时李培峰的行为性质发生了转化。根据刑法第二百六十九条的规定,犯盗窃、诈骗、抢夺罪,为窝藏赃物、抗拒抓捕或者毁灭罪证而当场使用暴力或者以暴力相威胁的,依照刑法第二百六十三条(抢劫罪)的规定定罪处罚。因此,李培峰犯抢夺罪,为抗拒抓捕而当场使用暴力的两节犯罪行为,应当依照抢劫罪定罪处罚。

综上,一审、二审法院根据本案犯罪事实、性质、情节及对社会的危害程度等所作出的判决和裁定是准确适当的。

——《刑事审判参考》(总第92辑)。

957 实施故意伤害行为，在被害人逃离后临时起意取走被害人遗留在现场的财物如何定罪

关键词|故意伤害罪|抢夺罪|乘人不备|数罪并罚|

【最高人民法院参考案例】

郭学周故意伤害、抢夺案(《刑事审判参考》案例第683号)

要旨:实施故意伤害行为,被害人逃离后,行为人临时起意取走被害人遗留在现场的财物,以故意伤害罪和抢夺罪数罪并罚。

抢夺罪,是指以非法占有为目的,当场夺取他人数额较大的财物的行为。该罪的客观方面具体表现为以下三种形式:(1)乘人不备而夺取;(2)在他人来不及夺回时(不问是否乘人不备)而夺取;(3)制造他人不能夺回的机会而夺取。由此可见,“乘人不备”而夺取财物只是抢夺罪中的一种最常见的表现形式,但并不意味

它是抢夺罪的唯一表现形式，也不意味它是抢夺罪的必要客观构成要件。长期以来，由于后两种情形在抢夺罪中不常见，以致很多人忽略或者遗漏了这些情形，而将抢夺罪定义为："以非法占有为目的，乘人不备，公然夺取数额较大的公私财物的行为。"该观点将"乘人不备"作为抢夺罪的一个必要客观构成要件。但是仔细分析，不难看出，"乘人不备"并不是抢夺罪的必要构成要件，而是抢夺罪的一种常见表现形式。比如，财物的所有人或保管人对行为人抢夺财物的意图已有所察觉、有所防备，行为人甚至也意识到这一点，但是行为人利用当时偏僻无人、治安秩序不好、无人敢出面干涉等情况，或者在财物的所有人或保管人因年老、患病、轻中度醉酒等原因而丧失或基本丧失保管财物能力但神志清醒等情况下，未使用暴力或者以暴力相威胁而公然夺走财物。在这些情况下夺取财物的行为明显不属于"乘人不备"，但行为人主观上具有非法占有他人财物的目的，客观上实施了公然夺取财物的行为，符合抢夺罪的主客观要件，应以抢夺罪论处。因此，在审理案件时，应注意不要将常见"符合规范的常见事实"等同于"规范能够评价的全部事实"，不能将抢夺罪的客观构成要件等同于"乘人不备"这种犯罪表现形式。只要行为人以非法占有为目的，采取了公然夺取的手段，且夺取的财物达到抢夺罪的数额构成标准后，就可认定该行为构成抢夺罪。

本案被告人郭学周在持刀砍伤被害人后，返回现场将摩托车开走的行为虽不具有"乘人不备"这一要件，但其主观上有非法占有他人财物的目的，客观上实施的是利用被害人来不及夺回的情形而公然夺取财物，其行为完全符合抢夺罪的构成要件。

——《刑事审判参考》（总第79辑）。

亢红昌抢劫案（《刑事审判参考》案例第203号）

要旨：无故殴打他人后临时起意乘机夺财的行为，应以抢夺罪处罚。

行为人无故殴打他人的行为和临时起意夺取他人财物的行为在刑法意义上是两个独立的阶段，先行寻衅滋事无故殴打他人的行为，并非行为人夺取财物的手段；后行夺财，并非事先即有强行占有他人财物的目的，只是见财临时起意乘机夺走他人财物，因而不符合抢劫罪的特征，应认定为抢夺罪。

——《刑事审判参考》（总第28辑）。

958 抢夺本人因质押而被他人保管的财物构成抢夺罪

关键词|抢夺罪|质押|第三人|

【最高人民法院参考案例】

李丽波抢夺案(《刑事审判参考》案例第933号)

要旨:行为人公然开走自己所有但已经依法质押给他人并处于保管站合法监管状态下的汽车,由于该车的占有权已经从所有权人经质权人转移到了保管站,其强行开走该汽车的行为构成抢夺罪。

我们认为,李丽波虽然公然开走的系自己所有的财物,但该财物已经依法质押给他人,并处于他人合法监管的状态下。质言之,李丽波的小汽车被质权人交付给停车场保管时起,该车的占有权已经从所有权人李丽波经质权人转移到了保管站,李丽波乘保管站管理人员不备,强行开走该小汽车的行为,符合抢夺罪的构成特征,且数额较大,应当以抢夺罪定性。

抢夺罪是指以非法占有为目的,乘人不备,公然夺取数额较大的公私财物的行为。这里的"非法占有",从行为本质上理解,不限于非法占有他人财物一种情况,还包括通过非法手段,占有自己所有但处于他人合法监管状态下(即他人合法占有)的财物,从而使监管人(合法占有人)遭受财产损失。具体分析如下:

(一)强行占有已经质押给他人的财物属于非法占有

不动产被质押后,其所有权不因质押而改变,但质物的占有权却由出质人转至质权人。质权人有将其合法取得的占有权转委托第三人代为行使,如委托第三人代为保管该质物。出质人在质押关系消灭前不能侵犯质权人、第三人的占有权,即不能强行改变占有状态,否则即便其取得质物的占有,也不能以其享有对质物的所有权而否定这种占有的非法性。就本案而言,被告人李丽波虽然仍然享有对涉案质物——起亚牌小轿车的所有权,但其占有权经质押权人——广东邦润典当有限责任公司转至越秀区文园停车场,文园停车场取得对质押物小轿车的合法占有权。此种情况下,李丽波对小轿车的所有权是不完整的所有权,能享有质物的收益权等权利,但不能事实占有质物。无论是质押权人自己占有该小汽车,还是质权人委托的第三人占有该小汽车,都应当得到法律保护。如果李丽波强行改变占有关系,必然会使自己受益,使质权人或者第三人遭受经济损失,故此种非法占有行为在法律上应当予以禁止,社会危害性较大的,应当纳入刑法规制范围。

(二)因行为人非法改变占有关系而实际遭受人身和经济损失的一方系此类行为的被害人

在财产犯罪案件中,有无被害人往往是认定犯罪是否成立的一个重要要件。特别是在三角债权关系中被害人的确定,往往对行为的定性起着决定性的影响。

在侵犯财产犯罪中，一般而言，因行为人非法改变占有关系而实际遭受人身和经济损失的一方系被害人。具体到本案中，被告人李丽波乘人不备，强行将车开走，在未造成人身损害的情况下，实际遭受经济损失的一方系被害人。文园停车场受质权人的委托，取得对小轿车的保管权，根据相关规定，其在保管质押财产期间，应当对质押财产的毁损、灭失承担赔偿责任。如合同法第三百七十四条规定："保管期间，因保管人保管不善造成保管物毁损、灭失的，保管人应当承担损害赔偿责任，但保管是无偿的，保管人证明自己没有重大过失的，不承担损害赔偿责任。"物权法第二百一十五条也规定："质权人负有妥善保管质押财产的义务，因保管不善致使质押财产毁损、灭失的，应当承担赔偿责任。"在案证据显示，文园停车场基于保管合同对质权人遭受了 90206 元的经济损失，包括赔偿质权人的 65000 元和诉讼费 25206 元。可见，作为保管人员的文园停车场系本案的被害人。

（三）对李丽波的行为以抢夺罪论处符合刑法原理

无论是采取理论界的"所有权说"还是"占有权说"，都不能仅从表面上分析被告人的行为所针对的是被害人合法占有物还是所有物，而应当分析被告人的行为是否实际导致被害人遭受财产损害。显然，本案被告人李丽波的行为，在行为的社会危害性上，与抢夺他人所有财物的行为无异，都会导致他人遭受财产损害，而且都有可能导致人身伤害后果。对这类行为如不通过刑法予以规制，必将导致对这类行为的放纵。《刑事审判参考》第 84 期刊登的案例"孙伟勇盗窃案"具有一定参考意义。在该案中，人民法院将"伪造证明材料将借用的他人车辆质押，得款后又秘密窃回的行为"认定为盗窃行为。我们认为，这样的认定，符合社会公平正义观念，也不违背法律的规定。基于上述分析，我们认为，对李丽波的行为以抢夺罪论处符合刑法原理。

——《刑事审判参考》（总第 95 辑）。

959 抢夺罪的量刑

关键词 | 抢夺罪 | 量刑 |

【最高人民法院司法文件】

（十三）抢夺罪

1. 构成抢夺罪的，根据下列情形在相应的幅度内确定量刑起点：

（1）达到数额较大起点或者二年内三次抢夺的，在一年以下有期徒刑、拘役幅度内确定量刑起点。

（2）达到数额巨大起点或者有其他严重情节的，在三年至五年有期徒刑幅度内确定量刑起点。

(3)达到数额特别巨大起点或者有其他特别严重情节的,在十年至十二年有期徒刑幅度内确定量刑起点。依法应当判处无期徒刑的除外。

2. 在量刑起点的基础上,根据抢夺数额、次数等其他影响犯罪构成的犯罪事实增加刑罚量,确定基准刑。

多次抢夺,数额达到较大以上的,以抢夺数额确定量刑起点,抢夺次数可作为调节基准刑的量刑情节;数额未达到较大的,以抢夺次数确定量刑起点,超过三次的次数作为增加刑罚量的事实。

3. 构成抢夺罪的,根据抢夺的数额、次数、手段、危害后果等犯罪情节,综合考虑被告人缴纳罚金的能力,决定罚金数额。

4. 构成抢夺罪的,综合考虑抢夺的起因、数额、手段、次数、危害后果、退赃退赔等犯罪事实、量刑情节,以及被告人的主观恶性、人身危险性、认罪悔罪表现等因素,决定缓刑的适用。

——《最高人民法院、最高人民检察院关于常见犯罪的量刑指导意见(试行)》(2021 年 7 月 1 日,法发〔2021〕21 号)。

五、侵占罪

960 侵占罪中的“代为保管他人财物”的理解和认定

关键词 | 侵占罪 | 代为保管他人财物 | 加工承揽 |

【最高人民法院参考案例】

杨飞侵占案(《刑事审判参考》案例第583号)

要旨:构成侵占罪要求行为人对他人的财物存在代为保管事实。

刑法第二百七十条第一款规定,将代为保管的他人财物非法占为己有,数额较大,拒不退还的,是侵占罪。据此,代为保管他人财物和拒不退还,是构成侵占罪的两个重要条件。具体而言,首先,构成侵占罪要求行为人对他人的财物存在代为保管事实。如不具有这种主体身份特征,则缺乏构成侵占罪的基本条件。典型意义上的代为保管关系产生于保管合同之中,此外,加工承揽合同、委托合同、租赁合同、使用借贷合同、担保合同等众多的合同关系均可能存在代为保管关系。本案中的代为保管关系产生于加工承揽合同,即承揽人按照定作人的要求完成工作、交付成果,定作人给付报酬的合同。承揽合同有两种情形,一种是加工的原材料由承揽人自己选用;另一种是由定作人提供。在第一种情形下,定作人不负责提供原材料,承揽人先行支付购买材料费用,对自己选用的材料享有所有权,对于利用该材料加工完成的工作成果,若承揽人不将其交付给定作人,不成立侵占罪,只构成民事上的违约。在第二种情形下即定作人提供原材料的情形下,原材料被交付给承揽人之后并未发生所有权转移,承揽人只是暂时地享有占有、支配、按照合同目的使用原材料的权利。在履行合同时,承揽人负有返还利用原材料加工完毕的工作成果的义务,此时原材料就处于代为保管的状态,拒不返还便属于侵占。

本案自诉人赵伟良与被告人杨飞的父亲杨作新之间存在加工承揽合同,究其合同约定内容属于上述第二种承揽模式。虽然杨作新的袜子加工厂系家庭经营模式,杨飞系家庭成员之一,但由于杨作新的袜子加工厂的实际经营者是杨作新夫妇,杨飞并未参与到经营活动中,对家庭经营活动中所涉及的财物没有控制管理的权利,故事实上并不占有这些财物。而侵占罪中的代为保管关系要求被告人对他人财物存在事实上的占有关系。故对于自诉人赵伟良委托加工的袜子,只有从事经营并实际占有这些袜子的杨作新夫妇才有可能构成侵占罪的主体,杨飞不具有构成侵占罪的主体资格,其行为不符合侵占罪中代为保管他人财物的主体特征。

——《刑事审判参考》(总第70辑)。

961 个体工商户雇员利用职务之便将雇主财产非法占为己有，数额较大且拒不退还的行为构成侵占罪

关键词｜侵占罪｜职务侵占罪｜

【最高人民法院参考案例】

张建忠侵占案(《刑事审判参考》案例第318号)

要旨:雇员利用职务之便将个体工商户的财产非法占为己有数额较大,拒不退还的,构成侵占罪。

(一)个体工商户的雇员不属于职务侵占罪的主体

在刑法意义上,个体工商户是实质的个人,而不是企业或单位。所以,个体工商户所聘的雇员、帮工、学徒,无论其称谓如何,均不能成为职务侵占罪的主体。

(二)个体工商户雇员将代为保管的户主财产占为己有,数额较大,拒不退还的,构成侵占罪

根据刑法第二百七十条第一款的规定,构成代为保管物类型的侵占罪,是指将代为保管的他人数额较大以上的财物非法占为己有,拒不退还的行为。该类侵占罪的对象只能是行为人代为保管的他人财物。实践中,能够就他人财物形成刑法意义上的代为保管关系的情形很多,而不仅限于由于正式的保管合同所产生的代为保管关系。另外,代为保管物类型的侵占罪与盗窃罪的根本区别之一在于:盗窃罪是直接采用秘密窃取的方法将他人占有下的财物变为己有;代为保管物类型的侵占罪则是先合法地保管、占有他人财物,进而将该项财物非法据为己有且拒不退还。

——《刑事审判参考》(总第40辑)。

六、职务侵占罪

962 通过虚假验资骗取工商营业执照的“三无”企业能否成为职务侵占罪客体

关键词｜职务侵占罪｜“三无”企业｜

【最高人民法院答复】

根据1999年7月3日施行的《最高人民法院关于审理单位犯罪案件具体应用法律若干问题的解释》第一条的规定，私营、独资等公司、企业、事业单位只有具有法人资格才属于我国刑法中所指单位，其财产权才能成为职务侵占罪的客体。也就是说，是否具有法人资格是私营、独资等公司、企业、事业单位成为我国刑法中“单位”的关键。行为人通过虚假验资骗取工商营业执照成立的企业，即便为“三无”企业，只要具有法人资格，并且不是为进行违法犯罪活动而设立的公司、企业、事业单位，或公司、企业、事业单位设立后，不是以实施犯罪为主要活动的，能够成为《刑法》第271条第1款规定的“公司、企业或者其他单位”。这些单位中的人员，利用职务上的便利，将单位财物非法占为己有，数额较大的，构成职务侵占罪。

——《最高人民法院研究室关于对通过虚假验资骗取工商营业执照的“三无”企业能否成为职务侵占罪客体问题征求意见的复函》（2008年6月17日，法研〔2008〕79号）。

963 个人独资企业员工能否成为职务侵占罪主体

关键词｜职务侵占罪｜个人独资企业｜

【最高人民法院答复】

刑法第二百七十一条第一款规定中的“单位”，包括“个人独资企业”。主要理由是：刑法第三十条规定的单位犯罪的“单位”与刑法第二百七十一条职务侵占罪的单位概念不尽一致，前者是指作为犯罪主体应当追究刑事责任的“单位”，后者是指财产被侵害需要刑法保护的“单位”，责任追究针对的是该“单位”中的个人。有关司法解释之所以规定，不具有法人资格的独资企业不能成为单位犯罪的主体，主要是考虑此类企业因无独立财产、个人与企业行为的界限难以区分;不具备独立承担刑事责任的能力。刑法第二百七十一条第一款立法的目的基于保护单位财产,惩处单位内工作人员利用职务便利,侵占单位财产的行为,因此该款规定的"单位"应当也包括独资企业。

——《最高人民法院研究室关于个人独资企业员工能否成为职务侵占罪主体问题的复函》(2011 年 2 月 15 日,法研〔2011〕20 号)。

964 职务侵占犯罪数额的认定标准

关键词｜职务侵占罪｜犯罪数额｜

【最高人民法院司法解释】

第一条第一款　贪污或者受贿数额在三万元以上不满二十万元的,应当认定为刑法第三百八十三条第一款规定的"数额较大",依法判处三年以下有期徒刑或者拘役,并处罚金。

第二条第一款　贪污或者受贿数额在二十万元以上不满三百万元的,应当认定为刑法第三百八十三条第一款规定的"数额巨大",依法判处三年以上十年以下有期徒刑,并处罚金或者没收财产。

第十一条第一款　刑法第一百六十三条规定的非国家工作人员受贿罪、第二百七十一条规定的职务侵占罪中的"数额较大""数额巨大"的数额起点,按照本解释关于受贿罪、贪污罪相对应的数额标准规定的二倍、五倍执行。①

——《最高人民法院、最高人民检察院关于办理贪污贿赂刑事案件适用法律若干问题的解释》(2016 年 4 月 18 日,法释〔2016〕9 号)。

【链接:理解与适用】

一是第一款规定的非国家工作人员受贿罪、职务侵占罪的"数额较大""数额巨大"的认定,严格以受贿罪、贪污罪中的"数额较大""数额巨大"的数额标准为基准,而不得考虑其中"数额+情节"的情形,即:"数额较大"为六万元(3 万元×2);"数额巨大"为一百万元(20 万元×5)。

——裴显鼎等:《〈关于办理贪污贿赂刑事案件适用法律若干问题的解释〉的

① 《最高人民检察院、公安部关于公安机关管辖的刑事案件立案追诉标准的规定(二)》(公通字〔2022〕12 号)第七十六条的规定与本条规定不一致,需结合经刑法修正案(十一)修正后的刑法第二百七十一条第一款的规定及具体案件情况妥当把握。

理解与适用》，载《人民司法·应用》2016年第19期。

965 用工合同到期后没有续签合同但仍实际行使管理职责的工作人员，符合职务侵占罪的主体要件

关键词｜职务侵占罪｜犯罪主体｜

【最高人民法院参考案例】

刘宏职务侵占案(《刑事审判参考》案例第516号)

要旨：用工合同到期后没有续签合同的情况下，原单位工作人员仍在实际行使管理职责，符合职务侵占罪的主体要件。

实践中，主管、管理、经手单位财物的通常不是一人，出于相互制约、相互监督的需要，单位财物的支配权、处置权及管理权往往由两人或两人以上共同行使。这种情况下，行为人对单位财物的管理权限仍及于职责范围的全部，其管理权能以及因该管理权所产生的便利亦不因有其他共同管理人而受到影响，其单独利用其管理职务便利窃取本单位财物的行为不影响"利用职务上的便利"的认定。

需要指出的是，盗窃方法也是职务侵占罪的侵占行为方式之一，利用职务便利采取秘密窃取方法取得本公司财物，应当认定为职务侵占罪。与贪污罪法条中明确规定"侵吞、窃取、骗取或者以其他手段"不同，刑法第二百七十一条第一款对职务侵占罪的手段没有细致规定，但并不妨碍我们得出上述结论。首先，从职务侵占罪的立法沿革分析，1997年刑法修订时，基本保留了《关于惩治违反公司法的犯罪的决定》中的有关内容。从上述贪污罪与职务侵占罪的立法演进过程来看，立法者已将相当一部分原为贪污罪的行为划归到职务侵占罪的范围之内。两者相比，只是主体范围、客体有异，刑法对职务侵占的行为方式未加任何限制，因此，应当认为其行为方式同贪污罪一样，包括盗窃、侵吞、骗取等非法手段。其次，从职务侵占罪的罪质出发，作为侵财类犯罪，其与盗窃、诈骗等普通侵财类犯罪相比，特殊之处在于利用了职务之便，不但侵犯了单位财产权还违背了自身的职责勤勉要求，而其具体的实施手段，只要是利用了职务之便实施了侵财行为，无论是秘密窃取，还是骗取抑或其他手段均不影响其对客体侵害的认定，因此没有必要对其犯罪具体实施方法进行限制，这也是刑法第二百七十一条未对具体手段予以列举说明的原因之一。因此，职务侵占罪的侵占行为方式多种多样，可以是采取盗窃方法取得，也可以使用诈骗手段或其他方式获取，凡是能够实现将单位财物非法占为己有的方法，只要是利用了职务之便，都是职务侵占罪的行为方式。本案被告人刘宏以秘密窃取方法侵占单位财物的行为应当认定为职务侵占行为。

综上,法院以职务侵占罪对刘宏定罪量刑是正确的。

——《刑事审判参考》(总第 65 辑)。

966 单位临时工利用职务上的便利非法占有本单位财物的行为，构成职务侵占罪

关键词｜职务侵占罪｜职务上的便利｜

【最高人民法院参考案例】

贺豫松职务侵占案(《刑事审判参考》案例第 452 号)

要旨:临时搬运工利用职务上的便利非法占有本单位财物的构成职务侵占罪。

准确认定单位工作人员非法占有单位财物的行为是否利用了职务上的便利,关键在于正确理解刑法第二百七十一条第一款规定的“职务上的便利”的内涵。

本案中,被告人贺豫松系火车站行包房装卸工,其在车站行包房的职责是根据行李员方向清单进行清点与接车,对列车所卸入库的货物装卸办理交接手续等,其对中转的货物具有一定的管理权和经手权。被告人贺豫松的盗窃行为,就是利用其当班管理、经手这些财物的职务之便,在自己负责的中转货物的库区对其管理、经手的货物实施掏芯手段将财物非法占为己有,完全可以认定为利用了职务上的便利而窃取单位财产,从而构成职务侵占罪。

综上所述,郑州铁路运输法院以职务侵占罪对被告人贺豫松定罪处罚是正确的。

——《刑事审判参考》(总第 57 辑)。

于庆伟职务侵占案(《刑事审判参考》案例第 235 号)

要旨:单位临时工利用职务上的便利非法占有本单位财物的行为,构成职务侵占罪。

认定是否具有职务上的便利,不能以行为人是正式工、合同工还是临时工为划分标准,而应当从其所在的岗位和所担负的工作上看其有无主管、管理或者经手单位财物的职责。只要经公司、企业或者其他单位聘用,并赋予其主管、管理或者经手本单位财物的权力,无论是正式职工还是合同工或者临时工,都可以成为职务侵占罪的犯罪主体。

——《刑事审判参考》(总第 31 辑)。

967 国有公司工勤人员与他人共谋，利用职务之便内外勾结共同窃取国有财产，构成职务侵占罪

关键词 | 职务侵占罪 | 共同犯罪 |

【最高人民法院公报案例】

张珍贵、黄文章职务侵占案(一审法院:厦门市中级人民法院)

要旨:被告人作为国有公司雇佣的一般工勤人员,对国有财产不具有管理权利,不属于“受委托管理、经营国有财产的人员”,不能成为贪污罪的主体,其利用职务之便,与他人共谋,内外勾结共同窃取国有财产,构成职务侵占罪,而非贪污罪。

本案证据证实,储运公司在承包经营海关验货场后,对进入验货场的货物负有保管责任。因此,货物在受储运公司保管期间,视同储运公司所有的财产。刑法第三百八十二条第二款规定:“受国家机关、国有公司、企业、事业单位、人民团体委托管理、经营国有财产的人员,利用职务上的便利,侵吞、窃取、骗取或者以其他手段非法占有国有财物的,以贪污论。”由于储运公司是两家国有公司投资设立的股份公司,该公司保管的财产虽可列为经手管理的国有财产,但被告人张珍贵只是该公司雇佣的工作人员,从事的只是看管验货场的劳务工作,其身份是一般工勤人员,对场内货物不具有管理权利,既不属于在“公司、企业或者其他国有单位中从事公务的人员”,也不属于“受委托管理、经营国有财产的人员”,因此不能成为贪污罪的主体。故起诉指控被告人的行为构成贪污罪,是定性不当,应当纠正。张珍贵、黄文章以及他们的辩护人关于本案定性不当的辩解和辩护意见,可以采纳。

刑法第二百七十一条规定:“公司、企业或者其他单位的人员,利用职务上的便利,将本单位财物非法占为己有,数额较大的,处五年以下有期徒刑或者拘役;数额巨大的,处五年以上有期徒刑,可以并处没收财产。”被告人张珍贵通过与储运公司签订临时劳务合同,受聘为储运公司承包经营的海关验货场门岗。受聘期间,张珍贵利用当班看管场内货物和核对并放行车辆、代理业务员、核算员对进出场货柜车进行打卡、收费的职务便利,与被告人黄文章共谋,内外勾结共同窃取储运公司负责保管的货柜,其行为触犯了刑法第二百七十一条第一款的规定,构成职务侵占罪。依照刑法第二十五条的规定,张珍贵、黄文章是共同犯罪,且犯罪数额巨大,至今尚有价值 76715 元的货物无法追回,依法应予惩处。

——《最高人民法院公报》2002 年第 3 期。

968 行使职权存在监督制约关系，如何判断行为人侵占单位财产的行为是否利用了职务上的便利

关键词｜职务侵占罪｜职务便利｜

【最高人民法院参考案例】

韩枫职务侵占案(《刑事审判参考》案例第1440号)

要旨:只要行为人非法占有本单位财物系利用职务上的便利,无论其采取窃取、骗取还是其他手段,均不影响其行为构成职务侵占罪。

实践中,单位财物的管理权、处置权有时由两人或两人以上共同行使,这就导致行为人为顺利非法占有本单位财物,不仅需要利用自己职务上的便利,还需要借助其他工作人员职务上的便利。行为人在犯罪过程中可能会实施多种行为,有时利用其自身职务上的便利,有时利用其熟悉作案环境等工作上的便利,甚至有的行为与职务上的便利并无关系,这就给罪名认定带来一定争议。在这种情况下,从刑法因果关系的角度分析,应根据行为人职务上的便利对其完成犯罪所起作用的大小来确定罪名,如果职务上的便利对整个犯罪的完成起到不可或缺的作用,则其行为构成职务侵占罪。

——《刑事审判参考》(总第129辑)。

969 名义职务与实际职务不同时应以实际职务范围为准，判断当事人是否利用了职务之便

关键词｜职务侵占罪｜名义职务｜实际职务｜利用职务之便｜

【最高人民法院参考案例】

林通职务侵占案(《刑事审判参考》案例第247号)

要旨:当名义职务与实际职务范围不一致时,应以实际职务范围为标准判断行为人是否利用了职务之便。

刑法第二百七十一条对职务侵占罪的客观要件规定为"利用职务上的便利,将本单位财物非法占为己有"。"利用职务上的便利非法占有"与"履行职务过程中的非法占有"两者外延并不相同,前者包括后者,即履行职务过程中的非法占有必然是利用职务便利的非法占有,而利用职务上的便利非法占有并不一定是发生于履行职务过程中,但又必须与其职务直接相关联。根据法律规定,只要行为人具有

并利用其特定的职务将本单位财物非法占为己有，无论其职务是如何获得，均不影响其构成职务侵占罪。因此，当名义职务与实际职务范围不一致时，应以实际职务范围为标准判断行为人是否利用了职务之便。

——《刑事审判参考》（总第32辑）。

970 对村基层组织人员协助人民政府从事"国有土地的经营和管理"的理解

关键词 | 职务侵占罪 | 贪污罪 | 其他依法从事公务人员 | 国有土地经营和管理 |

【最高人民法院参考案例】

曹建亮等职务侵占案（《刑事审判参考》案例第872号）

要旨：村民委员会等村基层组织人员利用职务便利非法占有土地征用补偿费用以贪污罪论处，必须符合以下条件：一是该人员系村基层组织人员；二是系在从事公务，即协助人民政府进行特定行政管理工作；三是利用职务便利侵吞了公共财产。如果村干部并非在协助人民政府对土地征收补偿费用进行管理，此时，村干部并不具有从事协助政府进行行政管理的职权，并非从事公务，意味着其没有侵犯国家工作人员的职务廉洁性，这个阶段，即使侵吞了土地征收补偿费用，也应以职务侵占罪而非贪污罪论处。

（一）在认定村基层组织人员是否属于国家工作人员时，不能机械适用《立法解释》①的规定，必须在实质上判断行为是否体现政府的管理意志

本案五被告人共同私分有关款项的事实清楚，证据确实、充分，控辩双方在诉讼过程中的主要争议在于五被告人的主体身份和被私分款项的性质。本案审理过程中，围绕五被告人的主体身份和被私分款项的性质，合议庭对五被告人的行为定性形成以下两种意见：

一种意见认为，五被告人的行为构成贪污罪。理由在于：《立法解释》规定，村民委员会等村基层组织人员协助人民政府从事土地征用补偿费用的管理等行政管理工作时，属于刑法第九十三条第二款规定的其他依照法律从事公务的人员。土地征用补偿费用的管理，包括对国家征用土地后所发给土地补偿费、安置补助费以及地上附着物和青苗补偿费等费用的管理。本案所涉及的款项属于《立法解释》规定的土地征用补偿费用，五被告人在管理土地征用补偿费用的过程中，侵吞公共财物，其行为构成贪污罪。

① 即《全国人民代表大会常务委员会关于〈中华人民共和国刑法〉第九十三条第二款的解释》。

另一种意见认为,五被告人的行为构成职务侵占罪。理由在于:首先,协助政府从事行政管理工作,是指与国家事务和政府事务有关的公务,而不是指村民自治范围内的村集体事务。《立法解释》规定的侵占土地征用补偿费用以贪污罪定性的情形,应当包括两种情形:一种情形是征用公用地、生产路等土地后,发放给集体的土地补偿费用;另一种情形是征用村民土地,国家将土地征用款发放给村民,由村委会协助将款项分发给村民个人。本案分配款项虽然属于土地征用补偿款,但这部分分配款是占用村上便道、生产路、公用地的补偿款,属于政府给集体的分配款。这部分款一旦由镇政府支付给村民小组后就属于集体财产,而不是村民小组代镇政府发给村民的土地征地款。其次,这部分款已存于村民小组账户上,五被告人已不履行代发征地款的公务行为,而是保管村民小组补偿土地款,是行使村干部职权的行为,故五被告人利用担任村干部的职务便利,侵占村集体的财物,符合职务侵占罪的构成要件。

对本案正确定性,必须首先对《立法解释》规定的"村基层组织人员协助人民政府从事土地征用补偿费用的管理等行政管理工作"有一个正确的理解。《立法解释》规定:"村民委员会等村基层组织人员协助人民政府从事下列行政管理工作时,属于刑法第九十三条第二款规定的'其他依照法律从事公务的人员':(一)救灾、抢险、防汛、优抚、扶贫、移民、救济款物的管理;(二)社会捐助公益事业款物的管理;(三)国有土地的经营和管理;(四)土地征用补偿费用的管理;(五)代征、代缴税款;(六)有关计划生育、户籍、征兵工作;(七)协助人民政府从事的其他行政管理工作。"根据《立法解释》的规定,有关村基层组织人员只有在协助政府从事上述七项行政管理工作时才属于从事公务,才能以国家工作人员论。值得强调的是,在具体案件中,在认定村基层组织人员是否属于国家工作人员时,不能机械适用《立法解释》的上述规定,必须在实质上判断其行为是否体现政府的管理意志。

我们认为,村民委员会等村基层组织人员利用职务便利非法占有土地征用补偿费用以贪污罪论处,必须符合以下条件:一是该人员系村基层组织人员;二是系在从事公务,即协助人民政府进行特定行政管理工作;三是利用职务便利侵吞了公共财产。本案五被告人均系曹公村村委会干部,其所侵吞的款项来源于土地征用补偿费用,因而对其能否以贪污罪定罪的关键在于其行为是否符合上述后两个要件,即是否从事公务和利用职务便利侵吞了公共财物。

(二)五被告人实施犯罪行为时不属于依法协助人民政府从事行政管理工作

实践中,村民委员会等村基层组织人员侵吞土地征用补偿费用的行为并非都认定为贪污行为。由于土地征用补偿费用在拨付和分配阶段性质不同,故准确认定"协助人民政府进行土地征收补偿费用的管理"阶段,是准确认定案件性质的前提。如果村干部是在协助人民政府进行土地征收补偿费用的管理阶段,侵吞了土地征收补偿费用,那么就符合《立法解释》的相关规定,构成犯罪的,应当以贪污罪论处;如果村干部并非在协助人民政府对土地征收补偿费用进行管理,此时,村干部并不具有从事协助政府进行行政管理的职权,并非从事公务,意味着其没有侵犯国家工作人员的职务廉洁性,这个阶段,即使侵吞了土地征收补偿费用,也不能以贪污罪论处。

土地管理法第十条规定:“农民集体所有的土地依法属于村农民集体所有的,由村集体经济组织或者村民委员会经营、管理;已经分别属于村内两个以上农村集体经济组织的农民集体所有的,由村内各该农村集体经济组织或者村民小组经营、管理”;第四十七条规定:“征收土地的,按照被征收土地的原用途给予补偿。征收耕地的补偿费用包括土地补偿费、安置补助费以及地上附着物和青苗的补偿费。”《土地管理法实施条例》第二十六条规定:“土地补偿费归农村集体经济组织所有;地上附着物及青苗补偿费归地上附着物及青苗的所有者所有。”由以上规定可知,土地征用补偿费用本质上是土地所有权由集体所有转为国家所有的利益补偿,一旦被征用方的损失依法得到填补,所有权转移的法律效果便已实现,针对土地征用补偿费进行管理的国家公权力的行使即告终止。因此,《立法解释》第(四)项所列的协助人民政府从事“土地征用补偿费用的管理”的公务,应当限于协助政府核准、测算以及向因土地征用受损方发放补偿费用的环节。一旦补偿到位,来源于政府的补偿费用就转变为因出让集体土地所有权和个人土地使用权而获得的集体财产和个人财产,之后对该款项的处理属于村自治事务和个人财产处置。此时,村干部的协助政府管理土地征用补偿费用的公务职责也就相应终结。对此,2000年《最高人民检察院关于贯彻执行全国人民代表大会常务委员会关于〈中华人民共和国刑法〉第九十三条第二款的解释的通知》明确规定:“各级检察机关在依法查处村民委员会等村基层组织人员贪污、受贿、挪用公款犯罪案件过程中,要根据《解释》和其他有关法律的规定,严格把握界限,准确认定村民委员会等村基层组织人员的职务活动是否属于协助人民政府从事《解释》所规定的行政管理工作,并正确把握刑法第三百八十二条、第三百八十三条贪污罪、第三百八十四条挪用公款罪和第三百八十五条、第三百八十六条受贿罪的构成要件。对村民委员会等村基层组织人员从事属于村民自治范围的经营、管理活动不能适用《解释》的规定。”

本案五被告人私分的197500元款项均来自福银高速路征用曹公村土地期间,长武县国土局拨付给洪家镇政府,再由镇政府下拨给曹公村的土地补偿费用,此点无异议。在案证据证实,2005年洪家镇政府拨付给曹公村征地款1026607元和青苗补偿费19592元,曹公村村委会在已经足额分配给村民相应征地补偿款和青苗补偿费之后,由于分配方式的原因,有19592元结余下来,此时土地征用补偿费用已经按照曹公村人口发放完毕,也即所谓的协助政府的“管理”该款项的职权已经终止；而 2007 年第二次补偿给曹公村 73602 元以及 2007 年 6 月账面余额 104426.60 元均系该高速路占用曹公村生产路、公用地及便道的补偿款，该款的补偿受让方是曹公村，即意味着该款已补偿到位。至于该款入账后如何处理，是作为集体财产由村委会安排使用还是在全体村民中进行分配，则是属于曹公村自治管理的范畴，而非协助人民政府从事行政管理工作。村民委员会组织法第八条规定，"村民委员会依照法律规定，管理本村属于村农民集体所有的土地和其他财产"。因此，五被告人所私分的款项虽然来源于政府拨付的土地补偿费用，但是鉴于相应费用均已依法发放和补偿到村集体账户，因而五被告人作为村干部在福银高速路征用曹公村土地期间协助政府管理土地征用补偿费用的公务已经履行完毕，不再具有刑法第九十三条第二款规定的准国家工作人员的身份，不符合《立法解释》规定的以国家工作人员论的从事公务的条件。

（三）五被告人私分的有关款项不具有公款的性质

贪污罪与职务侵占罪在构成要件上的一个主要区别就是侵犯的财产性法益不同。贪污罪侵害的财产性法益是公共财产所有权。根据刑法第九十一条的规定，在国家机关、国有公司、企业、集体企业和人民团体管理、使用或者运输中的私人财产，以公共财产论。这一规定扩大了贪污罪的对象，但同时也作了严格限定，不但强调利用职权，而且强调该财产在国家机关、国有公司、企业、集体企业和人民团体的监管之下。而职务侵占罪侵犯的只能是单位集体财产权。如果村干部在协助政府管理土地征用补偿费用过程中，采用虚报冒领的手段，套取超额土地补偿费用的，因这种情况实质上是利用公务便利侵吞了国家财产，故构成贪污罪；而如果村干部在土地征用补偿费用补偿到位后，没有利用公务便利，侵吞的只是属于村民集体所有的财产，由于侵犯的是集体财产权，故只能构成职务侵占罪。

如前所述，本案五被告人所私分的三笔共计 197500 元款项从证据分析，虽然源于政府拨付的土地补偿费用，但是鉴于相应费用均依法发放和补偿到位，其在归属上应当界定为曹公村的集体财产，其五人的行为侵犯的是集体财产权而非国有财产权，所以从该行为侵犯的财产性法益看，不符合贪污罪的对象特征。

综上，在认定是否属于《立法解释》所规定的"协助人民政府从事土地征用补偿费用的管理"时，应当准确理解立法本意，注意把握"协助"的时间点，避免对"从事公务"的范围作过于宽泛的认定。具体到本案中，五被告人在实施犯罪行为时，其协助政府管理土地征用补偿费用的工作已经完成，不属于"其他依照法律从事公务的人员"，其实施犯罪利用的是村干部的职务便利，共同私分的是村集体财产，侵犯了村集体财产权，应当以职务侵占罪定罪处罚。

——《刑事审判参考》（总第 92 辑）。

钱银元贪污、职务侵占案(《刑事审判参考》案例第642号)

要旨:将集体土地出租给用地单位并收取租金,后该土地收归国有,村委将拥有使用权的该宗土地继续出租,并增收租金,其行为始终属于从事村务性质。被告人利用职务便利,将集体收取的土地租金非法占为己有,构成职务侵占罪。

根据2000年4月29日《全国人民代表大会常务委员会关于〈中华人民共和国刑法〉第九十三条第二款的解释》规定的公务内容,判定本案被告人是否属于"其他依照法律从事公务的人员",最关键的一点在于其行为是否属于协助人民政府从事"国有土地的经营和管理"工作。经分析,本案被告人钱银元的职务行为不属于协助人民政府从事"国有土地的经营和管理"工作:(1)本案被告人系以村委的名义,而非政府名义处理相关事务。所谓协助政府从事行政管理工作,是指以政府的名义参与组织、领导、监督、管理涉及人民利益和社会发展的相关国家事务和政府事务的活动。村民委员会、居民委员会是基层群众自治性组织,职责主要是管理村、居民点的集体性事务,其本身并无行政管理权能。但由于该组织能起到国家与群众的纽带作用,便于协助行政机关传达、贯彻党和国家的方针政策,常代行部分行政管理事务,但这也仅是"协助"从事行政管理工作,因此,必须是以政府的名义。然而,本案被告人基于租赁关系向对方当事人增收租金,是以村委的名义,而不是以政府的名义。(2)出租土地事务性质属于村务,而非公务。基层组织人员是否属于国家工作人员,以该成员是否具有依法从事公务这一本质特征来判断。如果其从事的仅是本集体组织的事务,不能以国家工作人员论。但若是其受行政机关委托,代替行政机关从事一定的行政管理事务,系依法受委托从事公务的人员,应以国家工作人员论。而国家公务明显区别于集体组织事务。从本质看,从事公务是公共权力的直接运用。本案中,鸿声村委将集体土地出租给用地单位并收取租金,后该土地收归国有,村委将拥有使用权的该宗土地继续出租,并增收租金,其行为始终属于从事村务性质。

被告人利用职务便利,将集体收取的土地租金非法占为己有,构成职务侵占罪争议部分被告人所占有的财产,实质上与所指控的职务侵占部分的财产,具有相同性质,均是应由集体收取的土地租金。被告人钱银元系鸿声村委会党支部书记,具有管理本村财产的职权,其利用该职务便利,将集体财产非法占为己有,符合职务侵占罪的构成要件。

——《刑事审判参考》(总第75辑)。

971 村民小组干部利用职务之便非法侵占集体财产的行为构成职务侵占罪

关键词｜职务侵占罪｜职务之便｜集体财产｜

【最高人民法院司法解释】

对村民小组组长利用职务上的便利,将村民小组集体财产非法占为己有,数额较大的行为,应当依照刑法第二百七十一条第一款的规定,以职务侵占罪定罪处罚。

——《最高人民法院关于村民小组组长利用职务便利非法占有公共财物行为如何定性问题的批复》(1999年7月3日,法释〔1999〕12号)。

【链接:答记者问】

问:村民委员会成员利用职务上的便利,非法占有公共财物的行为,能否适用该司法解释?

答:不能适用。本解释只是针对村民小组组长。他们中有的可能是村委会成员,但批复中很明确是村民小组组长利用职务便利实施犯罪行为,而不是利用村委会成员的职务便利。村民委员会成员利用职务上的便利,将本单位财物非法占为己有的行为如何处理的问题,将来司法解释还要作出规定。

——《本刊编者就〈关于村民小组组长利用职务便利非法占有公共财物行为如何定性问题的批复〉采访最高人民法院研究室有关负责人》,载最高人民法院刑事审判第一、二、三、四、五庭主办:《中国刑事审判指导案例4》(增订第3版),法律出版社2017年版,第599页。

972 在国有资本控股、参股的股份有限公司中从事管理工作的人员利用职务便利非法占有本公司财物构成职务侵占罪的认定

关键词｜职务侵占罪｜国有资本控股、参股股份有限公司｜管理工作｜

【最高人民法院司法解释】

在国有资本控股、参股的股份有限公司中从事管理工作的人员,除受国家机关、国有公司、企业、事业单位委派从事公务的以外,不属于国家工作人员。对其利用职务上的便利,将本单位财物非法占为己有,数额较大的,应当依照刑法第二百七十一条第一款的规定,以职务侵占罪定罪处罚。

——《最高人民法院关于在国有资本控股、参股的股份有限公司中从事管理工作的人员利用职务便利非法占有本公司财物如何定罪问题的批复》(2001 年 5 月 26 日,法释〔2001〕17 号)。

973 以假充真侵占门票收入款的行为构成职务侵占罪

关键词 | 职务侵占罪 | 有价票证 |

【最高人民法院参考案例】

董佳、岑炯等伪造有价票证、职务侵占案(《刑事审判参考》案例第 213 号)

要旨:伪造的东方明珠广播电视塔观光券,应当认定为有价票证。以非法占有为目的,利用职务上的便利出售伪造的观光券行为,构成职务侵占罪。

以假的观光券冒充真的观光券向游客出售,客观上存在欺骗游客及倒卖伪造票证行为,但不应以诈骗罪和倒卖有价票证罪定罪处罚。行为人虽实施了以假充真、欺骗游客的行为,但其所意图占有的对象并非游客的财物,而是门票收入。同样的道理,倒卖伪造票证中的非法营利目的,应当是通过倒卖行为本身来达到的。欺骗游客、倒卖伪造票证只是行为人达到侵占所在单位门票收入的一种手段,一种具体的行为方式,意在通过这种“偷梁换柱”的方式来掩盖对单位票款的非法侵占。首先,行为人表面上所直接侵占的是游客的钱款,实质上属于所在单位应得的门票收入,应当认定为所在单位的财产;其次,行为人利用职务便利,将假票冒充真票出售给游客,对持假观光券的游客予以放行,进而将假观光券的票款收入占为己有。行为人的上述行为完全符合职务侵占罪的构成特征,故构成职务侵占罪。

——《刑事审判参考》(总第 29 辑)。

974 利用职务便利盗卖单位游戏“武器装备”的行为构成职务侵占罪

关键词 | 职务侵占罪 | 盗卖虚拟财产 |

【最高人民法院参考案例】

王一辉、金珂、汤明职务侵占案(《刑事审判参考》案例第 461 号)

要旨:被告人利用职务上的便利,在设定的游戏角色身上,通过修改数据生成极品“武器、装备”出售给其他玩家进行获利的行为构成职务侵占罪。

（一）虚拟财产可以成为刑法保护的对象

“网络虚拟财产”一般指网民、游戏玩家在网络游戏中的账号积累的“装备”“货币”“宠物”等“财产”，已经具备了商品的一般属性，寻求法律保护是合理的。近年来，随着互联网用户的激增，少数不法分子利用互联网，大肆进行盗窃、诈骗等侵犯网络虚拟财产的犯罪，给公私财产造成很大的损失，这种犯罪手段往往较为隐蔽，不易查获，其社会危害性也较大，仅通过民事或行政处罚手段尚难以遏制日益猖獗的网络犯罪活动，需要动用刑法手段进行惩处。对此，2000 年 12 月 28 日《全国人民代表大会常务委员会关于维护互联网安全的决定》第四条就明确规定：“为了保护个人、法人和其他组织的人身、财产等合法权利，对有下列行为之一，构成犯罪的，依照刑法有关规定追究刑事责任：（一）利用互联网侮辱他人或者捏造事实诽谤他人；（二）非法截获、篡改、删除他人电子邮件或者其他数据资料，侵犯公民通信自由和通信秘密；（三）利用互联网进行盗窃、诈骗、敲诈勒索。”

（二）利用职务便利盗卖游戏“武器、装备”的行为构成职务侵占罪

被告人王一辉利用职务上的便利将所在单位的财产盗出后出售牟利的行为构成职务侵占罪。对于被告人金珂、汤明，虽然不属于被害单位的工作人员，但其与被告人王一辉共同勾结、相互配合，共同利用王一辉的职务便利实施了侵占盛大公司财产的犯罪行为，符合 2000 年《最高人民法院关于审理贪污、职务侵占案件如何认定共同犯罪的问题的解释》第二条的规定，三被告人属于共同犯罪，应当以职务侵占罪的共犯论处，因此法院以职务侵占罪对本案三被告人进行定罪处罚是正确的。

——《刑事审判参考》（总第 58 辑）。

975 利用职务之便将依据有效合同取得的单位财物占为己有的，应定职务侵占罪

关键词｜职务侵占罪｜合同诈骗罪｜单位财物｜

【最高人民法院参考案例】

虞秀强职务侵占案（《刑事审判参考》案例第 484 号）

要旨：被告人利用代理公司业务的职务之便将依据合法、有效的合同取得的单位财物占为己有的，应当认定为职务侵占罪。

（一）被告人虞秀强侵占的是本单位财物而非合同相对人财物

有观点认为，虞秀强明知金维公司当时只需三吨己内酰胺，但出于个人目的，却订购了三十八吨，应认定为个人行为。我们认为，在此情形下，虽然虞秀强夹带

有个人目的，但基于虞秀强特殊的身份，只要是以公司名义对外进行，即具有职务性。至于其出于个人目的，利用职务超需订购，应认定为滥用职权行为而非无职权行为。根据上述《规定》[1]，这种滥用职权，对于合同相对人来说，不产生否定合同效力的影响。

在合同有效成立的情况下，依民法通则第七十二条关于“按照合同或者其他合法方式取得财产的，财产所有权从财产交付时起转移（法律另有规定或当事人另有约定的除外）”及合同法第一百三十三条关于“（买卖合同）标的物所有权自标的物交付起转移”的规定，三十八吨己内酰胺的所有权从锦纶厂交货之时起转移给金维公司所有。因而，后来为虞秀强所支配并擅自处置的三十五吨己内酰胺及最后变现的702000元人民币，均是金维公司依法所有的财物，虞秀强利用职务便利侵占其中444310元货款，侵犯的是本单位的财物所有权。也就是说，虞秀强与锦纶厂签订的是有效合同，通过该有效合同从锦纶厂处取得的财产，已经成为金维公司的财产，而不再是锦纶厂的财产。锦纶厂对已交付的货物依合同享有要求金维公司支付对价的权利，金维公司也应当承担由此引起的合同义务，因而虞秀强擅自支配三十五吨货物并占有其变现后的部分金钱侵害的是其所在单位金维公司的利益。

（二）被告人虞秀强擅自支配三十五吨货物并占有其变现后的部分金钱，是利用了其代理公司业务的职务之便

从本案事实考察，被告人虞秀强非法占有财物目的的实现是以其所担任的公司职务为保障的。在与合同相对方锦纶厂（口头合同）签订、履行合同环节，虞秀强能轻易地以公司名义取得三十八吨货物，归于其作为负责原材料采购业务的副总经理职务之便。具体说来，表现在：一是根据金维公司一贯允许的惯例做法，虞秀强作为公司副总经理有权决定将所订购的货物不通过本公司而直接转手卖给他人，其主要目的是减少征税环节，逃避税收，事实上案发前金维公司已有多批外购货物（包括从锦纶厂所购的己内酰胺）采取该形式销给劲大公司及陈劲宏等。二是虞秀强有权直接代表金维公司向劲大公司等买主收取货款，然后再交付公司，这是虞秀强能轻易获得702000元货款现金支配权的最重要之便利条件。

（三）被告人虞秀强在签订、履行合同过程中，并没有实施明显的诈骗行为

本案被告人虞秀强凭借其职权及先前形成的交易习惯，通过电话即以公司名义从合同相对人处购得了三十八吨己内酰胺。在口头合同签订及履行过程中，因其有职权之便，根本不需要行骗，故其没有实施刑法第二百二十四条关于合同诈骗罪的规定中所列举的五种“虚构事实，隐瞒真相”行为。就锦纶厂而言，其交付三十八吨货物，并非由于受到虞秀强的欺骗而交货，而是基于对虞秀强职务行为的肯

---

① 即《最高人民法院关于在审理经济纠纷案件中涉及经济犯罪嫌疑若干问题的规定》（法释〔1998〕7号）。

定及对金维公司所具履行能力的信任，其交付货物行为并非基于被骗，而是出于真正的自愿，其交付货物也不符合诈骗罪中被害人的心理表现形式，而且，锦纶厂有向金维公司依法索要支付合同货款的权利，其财产权利并未受到侵害。如果说本案中存在被骗方，也只是虞秀强的行为欺骗了其所在单位金维公司，与合同相对方锦纶厂无关。

综上，本案被告人虞秀强利用代理公司业务的职务便利，擅自超需购入原材料并变卖从而侵吞公司财产的行为应构成职务侵占罪，二审法院据此予以改判是正确的。

——《刑事审判参考》(总第61辑)。

976 单位员工利用本单位业务合作方的收费系统漏洞，制造代收业务费用结算金额减少的假象，截留本单位受托收取的业务合作方现金费用的行为，应当如何定性

关键词｜职务侵占罪｜侵占罪｜盗窃罪｜

【最高人民法院参考案例】

谭世豪职务侵占案(《刑事审判参考》案例第1137号)

要旨：司法实践中，对单位职工将本单位财物占为己有的行为如何定性，要视单位性质、行为人的身份、犯罪手段、涉案财物属性等因素综合判定。

本案中，美霖公司与中国电信广州公司存在合作关系，受中国电信广州公司委托代收客户电信费用，被告人谭世豪在美霖公司具体负责该项工作。谭世豪利用中国电信广州公司的MBOSS CRM收费系统漏洞，通过虚构客户错缴电信费及滞纳金的事实进行“返销账”操作，向收费系统申请退费后又重新缴纳电信费，将该收费系统在处理上述操作中自动返还的客户原缴纳的滞纳金冲抵其应代表美霖公司通过银行上交给中国电信广州公司的其他客户缴纳的电信费用现金。关于谭世豪的行为，究竟应当认定为盗窃罪、侵占罪还是职务侵占罪，存在不同意见。我们认为，谭世豪的行为应当构成职务侵占罪，具体分析如下：

首先，被告人谭世豪与美霖公司之间不存在委托保管关系，不构成侵占罪。侵占罪是指行为人将接受他人委托代为保管的他人财物、他人的遗忘物或埋藏物非法占为己有，数额较大，拒不退还或交出的行为。本案中，谭世豪与美霖公司之间存在劳动合同关系，不存在委托保管关系。谭世豪截留的电信费用是其依据工作职责收取的款项，不属于法律上规定的委托代为保管的他人财物，显然也不属于他人的遗忘物或埋藏物，故不符合侵占罪的构成要件。

其次,被告人谭世豪侵占的费用并不处于中国电信广州公司占有之下,故其行为亦不构成盗窃罪。盗窃罪是指行为人以非法占有为目的,窃取他人数额较大的财物的行为。本案中,美霖公司与中国电信广州公司通过签订外包协议,约定美霖公司代理中国电信广州公司收取客户缴纳的电信费用。谭世豪作为美霖公司营业员,负责代收中国电信广州公司的客户电信费用并将其上交至中国电信广州公司的银行账户中。在 2012 年 6 月至 2013 年 11 月间,谭世豪利用中国电信广州公司 MBOSS CRM 收费系统漏洞,以“返销账”手段,将本应上交的电信费用现金截留占为己有。谭世豪在违规操作截留费用现金时,客户缴纳的电信费用现金并未被转交给中国电信广州公司,仍属于美霖公司管理、控制的财产。据此,谭世豪截留的电信费用现金并未处于中国电信广州公司占有之下,故不属于中国电信广州公司的财物,其行为依法不构成盗窃罪。

基于前述分析,被告人谭世豪截留的电信费用属于美霖公司管理、控制的财物。谭世豪在美霖公司任职期间,其工作职责包括利用工号通过 MBOSS CRM 收费系统代收客户缴纳给中国电信广州公司的电信费用。根据美霖公司与中国电信广州公司的外包协议及工号使用人承诺书,每个合作网点的员工都有对应的工号,并利用工号获得使用 MBOSS CRM 收费系统的权限。谭世豪利用中国电信广州公司的 MBOSS CRM 收费系统漏洞,将其经手控制的电信费代收款截留占为己有的行为,属于利用职务便利侵占本单位管理控制的财物的行为,符合职务侵占罪的构成要件。谭世豪归案后亦供认其出于贪念而将电信费用占为己有。综上,谭世豪的行为应当认定为职务侵占罪。

——《刑事审判参考》(总第 106 辑)。

977 事前与职务侵占罪的犯罪分子通谋，帮助掩饰、隐瞒犯罪所得的，以职务侵占罪的共犯论处

关键词 | 职务侵占罪 | 共同犯罪 |

【最高人民法院参考案例】

孙洪亮职务侵占案(《刑事审判参考》案例第 1101 号)

要旨:行为人事先与犯职务侵占罪的犯罪分子通谋,犯罪过程中实施了帮助行为,应以职务侵占罪的共犯论处。

第一,孙黎江身为黎光石化厂的工作人员,利用职务便利买通门卫和工人,用空油罐车私自运走石化厂的一批白油,卖给孙洪亮获利,其行为属于监守自盗,已构成职务侵占罪。第二,根据现有证据足以证实孙洪亮与犯职务侵占罪的犯罪分

子孙黎江事前有通谋行为：孙洪亮之前因为送油而多次从黎光石化厂拉油，其知道正规买油、拉油的手续和过程，当孙黎江向其提出私下以低价“卖”给其一批白油时，其明白该价格明显低于市场正常价格，应当知道孙黎江所卖的白油是违法所得，在此情况下其同意购买这批白油，并提供了空的油罐车作为犯罪工具。在作案当晚动手之前，孙黎江又告知孙洪亮已经跟厂里的门卫、工人讲好了，命令门卫关掉监控，让孙洪亮放心。孙洪亮作为一个智力正常的成年人，应当知道“关掉监控”意味着什么，足以说明孙洪亮在事前就知道孙黎江是通过违法犯罪手段获取白油，而其仍在事先与孙黎江商量相关事宜，表明二人有共同的意思联络。因此，孙洪亮事前与职务侵占罪的犯罪分子通谋，并实施了掩饰、隐瞒犯罪所得的行为，应当以职务侵占罪的共犯论处。

上述处理的法理根据在于：掩饰、隐瞒行为人在事前与上游犯罪的行为人有共同的意思联络，承诺事后将为犯罪分子销赃，这对与其形成共犯关系的上游犯罪的实行行为人起到很大的鼓励、帮助作用，对最终的犯罪结果发生具有很强的原因力，因而其所实施的掩饰、隐瞒行为就构成了上游共同犯罪的一部分。当然，在共同犯罪中的地位、作用，可以根据行为人实际所起的地位、作用认定。

《最高人民法院关于审理掩饰、隐瞒犯罪所得、犯罪所得收益刑事案件适用法律若干问题的解释》第五条的规定也体现了这一原则，即“事前与盗窃、抢劫、诈骗、抢夺等犯罪分子通谋，掩饰、隐瞒犯罪所得及其产生的收益的，以盗窃、抢劫、诈骗、抢夺等犯罪的共犯论处”。此外，根据前述理论，即使本案中孙洪亮没有亲自驾驶油罐车到石化厂并在孙黎江开不出来的时候帮助开出厂区的行为，由于孙洪亮在孙黎江实施职务侵占犯罪之前与其通谋，承诺帮助其销赃，只要孙洪亮事后实施了销赃行为，仍然构成职务侵占罪的共犯。

——《刑事审判参考》（总第104辑）。

978 职务侵占罪的量刑

关键词｜职务侵占罪｜量刑｜

【最高人民法院司法文件】

（十四）职务侵占罪

1. 构成职务侵占罪的，根据下列情形在相应的幅度内确定量刑起点：

（1）达到数额较大起点的，在一年以下有期徒刑、拘役幅度内确定量刑起点。

（2）达到数额巨大起点的，在三年至四年有期徒刑幅度内确定量刑起点。

（3）达到数额特别巨大起点的，在十年至十一年有期徒刑幅度内确定量刑起点。依法应当判处无期徒刑的除外。

2. 在量刑起点的基础上，根据职务侵占数额等其他影响犯罪构成的犯罪事实增加刑罚量，确定基准刑。

3. 构成职务侵占罪的，根据职务侵占的数额、危害后果等犯罪情节，综合考虑被告人缴纳罚金的能力，决定罚金数额。

4. 构成职务侵占罪的，综合考虑职务侵占的数额、手段、危害后果、退赃退赔等犯罪事实、量刑情节，以及被告人的主观恶性、人身危险性、认罪悔罪表现等因素，决定缓刑的适用。

——《最高人民法院、最高人民检察院关于常见犯罪的量刑指导意见（试行）》（2021 年 7 月 1 日，法发〔2021〕21 号）。

七、挪用资金罪

979 挪用资金犯罪数额的认定标准

关键词 | 挪用资金罪 | 犯罪数额 |

【最高人民法院司法解释】

第五条　挪用公款归个人使用，进行非法活动，数额在三万元以上的，应当依照刑法第三百八十四条的规定以挪用公款罪追究刑事责任；数额在三百万元以上的，应当认定为刑法第三百八十四条第一款规定的"数额巨大"。具有下列情形之一的，应当认定为刑法第三百八十四条第一款规定的"情节严重"：

（一）挪用公款数额在一百万元以上的；

（二）挪用救灾、抢险、防汛、优抚、扶贫、移民、救济特定款物，数额在五十万元以上不满一百万元的；

（三）挪用公款不退还，数额在五十万元以上不满一百万元的；

（四）其他严重的情节。

第六条　挪用公款归个人使用，进行营利活动或者超过三个月未还，数额在五万元以上的，应当认定为刑法第三百八十四条第一款规定的"数额较大"；数额在五百万元以上的，应当认定为刑法第三百八十四条第一款规定的"数额巨大"。具有下列情形之一的，应当认定为刑法第三百八十四条第一款规定的"情节严重"：

（一）挪用公款数额在二百万元以上的；

（二）挪用救灾、抢险、防汛、优抚、扶贫、移民、救济特定款物，数额在一百万元以上不满二百万元的；

（三）挪用公款不退还，数额在一百万元以上不满二百万元的；

（四）其他严重的情节。

第十一条第二款　刑法第二百七十二条规定的挪用资金罪中的"数额较大""数额巨大"以及"进行非法活动"情形的数额起点，按照本解释关于挪用公款罪"数额较大""情节严重"以及"进行非法活动"的数额标准规定的二倍执行。①

——《最高人民法院、最高人民检察院关于办理贪污贿赂刑事案件适用法律若

---

① 《最高人民检察院、公安部关于公安机关管辖的刑事案件立案追诉标准的规定（二）》（公通字〔2022〕12号）第七十七条与本条规定不一致，需根据经刑法修正案（十一）修正后的刑法第二百七十二条第一款的规定及具体的案件情况妥当把握。

干问题的解释》(2016 年 4 月 18 日,法释〔2016〕9 号)。

【链接：理解与适用】

二是第二款规定的挪用资金罪第一个量刑档中的“数额较大”,以挪用公款罪中“数额较大”的数额标准为认定基准,即十万元(5 万元×2);挪用资金罪第二个量刑档中的“数额巨大”,以挪用公款罪第二个量刑档“情节严重”的数额标准为认定基准,即通常为四百万元(200 万元×2);挪用资金罪第二个量刑档中“数额较大不退还”的“数额较大”,以挪用公款罪第二个量刑档“情节严重”中“不退还”的数额标准为认定基准,即二百万元(100 万元×2)。挪用资金进行非法活动的,第一个、第二个量刑档的数额标准分别以相对应的挪用公款罪第一个、第二个量刑档的数额标准的二倍执行,即入罪数额标准为六万元(3 万元×2);数额巨大的标准通常为二百万元(100 万元×2);“数额较大不退还”中“数额较大”的标准为一百万元(50 万元×2)。

——裴显鼎等:《〈关于办理贪污贿赂刑事案件适用法律若干问题的解释〉的理解与适用》,载《人民司法·应用》2016 年第 19 期。

980 挪用资金罪两个量刑档次中的“数额较大”，是否适用同一数额认定标准

关键词｜挪用资金罪｜数额较大｜

【最高人民法院参考案例】

曾齐长挪用资金案(《刑事审判参考》案例第 1394 号)

要旨:挪用资金罪中“数额较大不退还”的数额标准,与该罪“数额较大进行营利活动”中的数额标准并不相同。

在挪用资金罪当中,由于“数额较大”分别处于两个量刑档次当中,按照同一解释所得出的结论将会导致罪刑不相适应,并与《贪污贿赂解释》的本意相违背。为此,即使“数额较大”出现在同一罪名同一条款当中,也应当作不同的解释。其中,挪用资金罪第一个量刑档中的“数额较大”容易理解,直接以挪用公款罪中“数额较大”的数额标准作为认定基准,即十万元(5 万元×2)。本案被告人曾齐长挪用公款数额超过十万元,但由于其未退还,这就涉及能否认定为“数额较大不退还”,并在第二个刑档量刑的问题。根据《贪污贿赂解释》的精神,在认定“数额较大不退还”时同样应当参照挪用公款罪的数额标准,以二倍来进行计算。既然《贪污贿赂解释》规定挪用资金罪第二个刑档中的“数额巨大”,应当以挪用公款罪第二个

刑档"情节严重"的数额标准作为认定基准,即通常为四百万元(200 万元×2);那么,同样位于挪用资金罪第二个刑档中的"数额较大不退还",其数额也应当以挪用公款罪第二个刑档"情节严重"中不退还的数额标准作为认定基准,即二百万元(100 万元×2)。

——《刑事审判参考》(总第 125 辑)。

981 村民小组是否属于刑法第二百七十二条规定的"其他单位"

关键词|村民小组|其他单位|

【最高人民法院审判业务意见】

有关部门就村民小组是否属于刑法第二百七十二条规定的"其他单位"问题征求最高人民法院研究室意见。最高人民法院研究室经研究认为:

刑法第二百七十二条规定的"其他单位"包括村民小组,村民小组组长可以成为挪用资金罪的犯罪主体。村民小组组长利用职务上的便利,挪用本单位资金归个人使用或者借贷给他人,数额较大、超过三个月未还的,或者虽未超过三个月,但数额较大、进行营利活动的,或者进行非法活动的,应当依照刑法第二百七十二条第一款的规定,以挪用资金罪定罪处罚。

——喻海松:《最高人民法院研究室关于村民小组是否属于刑法第二百七十二条规定的"其他单位"问题的研究意见》,载最高人民法院研究室编:《司法研究与指导》(总第 1 辑),人民法院出版社 2012 年版,第 160 页。

982 "挪用本单位资金归个人使用或者借贷给他人"的认定

关键词|挪用资金罪|归个人使用|借贷给他人|

【最高人民法院司法解释】

公司、企业或者其他单位的非国家工作人员,利用职务上的便利,挪用本单位资金归本人或者其他自然人使用,或者挪用人以个人名义将所挪用的资金借给其他自然人和单位,构成犯罪的,应当依照刑法第二百七十二条第一款的规定定罪处罚。

——《最高人民法院关于如何理解刑法第二百七十二条规定的"挪用本单位资金归个人使用或者借贷给他人"问题的批复》(2000 年 7 月 27 日,法释〔2000〕22 号)。

983 挪用资金超过三个月未还的时间节点如何确定

关键词｜挪用资金罪｜超过三个月未还｜

【最高人民法院参考案例】

李毅挪用资金案(《刑事审判参考》案例第1189号)

要旨:刑法规定的“挪用资金超过三个月未还”属于一种持续行为,不因“报案”“立案”“采取强制措施”等介入因素而中断。即只要行为人挪用资金归个人使用,数额较大,该行为持续的时间超过三个月即构成本罪。

(二)“超过三个月未还”的认定,应以挪用行为持续的时间为依据

我们认为,任何确定挪用时间的截止日都是不科学的,认定“超过三个月未还”,应以挪用行为持续的时间为依据,只要挪用较大数额资金持续超过三个月,就可以追究刑事责任。理由如下:

1. 有助于最大限度地维护单位资金安全。刑法规定的“挪用资金超过三个月未还”属于一种持续行为,三个月时限一般不因“报案”“立案”“采取强制措施”等介入因素而中断。因为挪用行为持续时间长短,在很大程度上体现了其行为的社会危害性,侵害时间越长,危害性越大。刑法保护的是资金安全,只要行为人挪用单位资金数额较大且超过三个月未还,即构成犯罪,这在期限认定上容易把握,也不会带给行为人规避法律的可乘之机。另外,最高人民法院2003年9月18日通过的《关于挪用公款犯罪如何计算追诉期限问题的批复》明确规定:“挪用公款数额较大,超过三个月未还的,犯罪的追诉期限从挪用公款罪成立之日起计算。挪用公款行为有连续状态的,犯罪的追诉期限应当从最后一次挪用行为实施完毕之日或者犯罪成立之日起计算。”不难看出,挪用公款犯罪的追诉时效应当以犯罪成立之日起计算,即挪用的行为持续时间为三个月,就构成犯罪。挪用资金罪除侵害对象即单位的性质与挪用公款罪不同外,其他要素基本一样,故可以参照此解释执行。

2. 符合我国刑法犯罪构成理论中主客观相一致的要求。只要行为人主观上没有积极归还资金的意图,客观上挪用资金数额较大、持续时间超过三个月没有归还,单位财产权遭到行为人的不法侵害,就应当接受刑罚处罚。至于超过三个月以后,挪用人归还与否、自愿抑或被迫归还,均不是罪与非罪的法定界限,而只是量刑情节问题。另外,本罪设立的基本导向是希望挪用人尽快及时归还所挪用的资金,三个月的期限设置在某种程度上也是防止司法机关过早介入,可先通过民事或者行政手段进行调节,这也在一定程度上体现了刑法的谦抑性。

3. 案发与否对挪用资金罪的成立不具有直接影响。《挪用公款解释》第四条规定:“……多次挪用公款,并以后次挪用的公款归还前次挪用的公款,挪用公款数

额以案发时未还的实际数额认定。”而“案发时”又可以理解为报案时、被主管机关发现时、立案时、被采取强制措施时。传统意义上将“案发时”界定为“司法机关、主管部门或有关单位发现时”。我们认为,无论如何理解“案发时”,案发只是发现案件事实,并不具有终止犯罪危害和恢复被侵害秩序的当然功能。

就本案而言,被告人李毅于2012年4月15日挪用资金八万元归个人使用,判断该行为是否构成挪用资金罪的标准只有一个,即该挪用行为是否实际上超过了三个月。2012年7月5日,因李毅的其他挪用行为而被所在单位向公安机关告发,此时,其挪用八万元的行为确实还不到三个月,但被害单位的告发并未中断李毅的挪用行为,其挪用八万元的行为仍然处于持续状态中。直到同年9月22日李毅被抓获,该挪用行为仍然处于持续状态中。据此,判断李毅的该挪用行为是否构成犯罪的时间节点应是自2012年4月15日起的三个月期限,即2012年7月14日。如果李毅在7月14日归还了该八万元,则该挪用行为不构成犯罪。如果到7月15日,李毅仍然未归还该八万元,则该挪用行为已经成立挪用资金罪。

——《刑事审判参考》(总第109辑)。

984 无法查明企业经济性质时，企业负责人将企业资金转移到个人账户进行股票交易的行为，不应认定为挪用资金罪

关键词｜挪用资金罪｜企业性质｜

【最高人民法院公报案例】

晋中市人民检察院诉刘国平挪用资金案(二审法院:山西省高级人民法院)

要旨:在无法查明企业经济性质的情况下,对企业负责人将企业资金转移到个人账户进行股票交易的行为,不应按刑法第二百七十二条第一款的规定认定为挪用资金罪。

抗诉机关补充提交的证据,尚不能证实高校铸造厂、三晋公司、福涌公司开办之初,国有、集体单位曾给上列企业投资,故认定这三个单位为公有制经济性质的企业,证据不足。在公司经济性质不明的情况下,无法认定作为三晋公司董事、福涌公司法定代表人的原审被告人刘国平对公司资金享有什么权利。因此,尽管刘国平转款炒股的事实清楚、证据确实,但还不能构成刑法第二百七十二条第一款规定的挪用资金罪。一审认定事实清楚,证据确实,适用法律判决刘国平无罪,是正确的。抗诉机关的抗诉理由,缺乏事实根据和法律依据,不予采纳。刘国平的辩解及其辩护人的辩护意见中,合理的部分予以采纳。

——《最高人民法院公报》2004年第8期。

985 彩票销售人员不交纳投注金擅自打印彩票行为的定性

关键词｜挪用资金罪｜擅自打印彩票｜

【最高人民法院公报案例】

滨海县人民检察院诉刘必仲合同诈骗案(二审法院:盐城市中级人民法院)

要旨:福利彩票是国家为筹集社会福利事业发展资金,特许中国福利彩票发行中心垄断发行的有价凭证。受彩票发行机构委托,在彩票投注站代销福利彩票的非国家工作人员,如果以不交纳彩票投注金的方式擅自打印并获取彩票,是侵犯彩票发行机构管理的社会公益性财产的行为。根据刑法第二百七十二条第一款规定,对这种行为应当按挪用资金罪定罪处罚。

任何人只有在经过财产所有人或者管理人同意的情况下,才可以动用他人所有或管理的财产,否则即为侵犯他人财产。上诉人刘必仲是在未经许可的情况下,以不交纳彩票投注金而打印彩票的消极方式,挪用彩票发行机构管理的彩票投注金,这种行为因侵犯彩票发行机构管理的财产而构成犯罪。在实施犯罪行为被及时发觉后,刘必仲向滨募办打了欠条。应当看到,不是彩票发行机构同意刘必仲可以不交纳彩票投注金而打印彩票的情况下刘必仲出具这张欠条,而是刘必仲的犯罪行为被彩票发行机构发觉后才有此欠条,因此这是犯罪后的补救措施,不是“欠款买票”,不能说明刘必仲与滨募办之间存在债权债务关系。刘必仲关于“其行为是民事债务纠纷,不构成犯罪”的上诉意见,缺少法律依据,不能成立。

——《最高人民法院公报》2006 年第 2 期。

986 村民委员会人员利用职务便利借用村集体资金或者将村集体资金借给他人的行为构成挪用资金罪

关键词｜挪用资金罪｜村民委员会人员｜村集体资金｜

【最高人民法院参考案例】

丁钦宇挪用资金案(《刑事审判参考》案例第 333 号)

要旨:村民委员会成员不是刑法意义上的国家工作人员。村民委员会成员只有在协助人民政府执行公务过程中利用职务上的便利实施犯罪行为的,才可以适用刑法关于国家工作人员的规定。村民委员会属于刑法第二百七十二条第一款规定的“其他单位”,村民委员会成员利用职务上的便利,挪用本单位资金归个人使用或者借贷给他人,构成犯罪的,应当以挪用资金罪追究刑事责任。

1. 村民委员会成员不是刑法意义上的国家工作人员。因此,从村民委员会的职能来看,村委员会成员从事的村自治范围内的管理村公共事务和公益事业工作,虽然属于公务,但不同于以国家或者政府名义实施的组织、领导、监督、管理与人民群众利益及社会的发展相关的各种国家事务和公共事务,不属于刑法第九十三条第二款规定的"依照法律从事公务"。从村民委员会成员的组成看,是由村民直接选举产生,并且村民委员会组织法明确规定:"任何组织或者个人不得指定、委派或者撤换村民委员会成员。"再从村民委员会成员的身份来看,主要是农民,也不脱离生产,不享有国家工作人员的待遇,不具有国家工作人员的权利,犯罪后按国家工作人员处理,权利义务不对等。因此,村民委员会成员不是刑法意义上的国家工作人员。

2. 村民委员会成员只有在协助人民政府执行公务过程中利用职务上的便利实施犯罪行为的,才可以适用刑法关于国家工作人员的规定。立法解释并没有明确村民委员会等村基层组织人员属于国家工作人员,也没有肯定对村民委员会成员可以"以国家工作人员论",只是明确了村民委员会等村基层组织人员在协助人民政府开展工作过程中,利用职务上的便利,实施犯罪行为的,可以适用刑法关于国家工作人员的条款。

3. 村民委员会属于刑法第二百七十二条第一款规定的"其他单位",村民委员会成员利用职务上的便利,挪用本单位资金归个人使用或者借贷给他人,构成犯罪的,应当适用刑法第二百七十二条第一款,以挪用资金罪追究刑事责任。

——《刑事审判参考》(总第42辑)。

987 村民委员会人员利用职务之便挪用款项的性质无法确定时,以挪用资金罪定罪

关键词|挪用资金罪|村民委员会人员|挪用款项|

【最高人民法院参考案例】

陈焕林等挪用资金、贪污案(《刑事审判参考》案例第454号)

要旨:村民委员会等村基层组织人员协助人民政府从事有关法律规定的行政管理工作,属于"其他依照法律从事公务的人员",以国家工作人员论。无法区分被挪用的款项性质的,以挪用资金罪追究村民委员会等村基层组织人员的刑事责任。

1. 村民委员会等村基层组织人员协助人民政府从事有关法律规定的行政管理工作,属于"其他依照法律从事公务的人员",以国家工作人员论。可以看出,全国

人大常委会的立法解释是从村基层组织人员所从事的工作性质角度来确定其主体性质的,村基层组织人员的职务行为可区分为两种:一是依法从事公务行为,二是村内自治管理服务行为。依法从事公务行为,就是全国人大常委会立法解释列举规定的七项具体职责内容,其实质均是村基层组织人员协助人民政府从事行政管理工作,属于从事公务,具有从事特定公务的职务便利,因此村基层组织人员才能以国家工作人员论。村内自治管理服务行为,是指人大立法解释的七项事务之外的村内集体公益事业管理和集体公益服务等自治事项,如集体土地出租及租金管理,在农村村民居住区改水、改厕、修筑公用设施等纯粹属于村民自治范围内的与政府行政管理工作无关的集体公益性的服务活动,在这些村内自治管理服务行为过程中发生的利用职务之便实施的犯罪,不具有行使公权的性质,利用的是村基层组织的职务便利,因此村基层组织工作人员不能以国家工作人员论。

2. 无法区分被挪用的款项性质的,以挪用资金罪追究村民委员会等村基层组织人员的刑事责任根据刑法的规定,挪用公款罪与挪用资金罪除了犯罪主体上的区别外,在行为对象和行为特征上也存在明显不同:挪用公款罪的行为对象必须是公款,而挪用资金罪的行为对象则为公司、企业或其他单位的资金;挪用公款利用的是从事公务之便,而挪用资金利用的则是从事公司、企业或其他单位的特定职务之便。根据全国人大常委会的立法解释,对于协助人民政府从事行政管理工作的七项事务,村基层组织人员以国家工作人员论,由于七项事务中所涉及的款项为公款,利用的是从事公务之便,故村基层组织人员利用此职务之便挪用这些款项的构成挪用公款罪;如果村基层组织人员从事的并非上述立法解释规定的七项事务,而是村内自治管理服务工作,其所利用的是村内自治管理服务工作之便,故利用此职务之便挪用村集体资金的构成挪用资金罪。当然,在能够准确区分所挪用的款项来源,确定所利用的职务便利性质的情况下,按照上述原则定罪处罚是比较明晰的,而在农村基层组织人员所挪用款项的具体性质以及利用何种职务之便无法查清的情况下,由于无法区分他们究竟是利用何种职务便利挪用何种款项,主体身份无法明确,因此根据刑法的谦抑原则,应该从有利于被告人的角度出发,以刑罚较轻的罪名对被告人进行定罪处罚。

——《刑事审判参考》(总第 57 辑)。

988 受委托管理、经营国有财产人员挪用国有资金行为构成挪用资金罪[①]

关键词｜挪用资金罪｜挪用公款罪｜受委托管理、经营国有财产｜挪用国有资金｜

【最高人民法院司法解释】

对于受国家机关、国有公司、企业、事业单位、人民团体委托，管理、经营国有财产的非国家工作人员，利用职务上的便利，挪用国有资金归个人使用构成犯罪的，应当依照刑法第二百七十二条第一款的规定定罪处罚。

——《最高人民法院关于对受委托管理、经营国有财产人员挪用国有资金行为如何定罪问题的批复》(2000 年 2 月 24 日，法释〔2000〕5 号)。

989 挪用退休职工社会养老金行为如何认定

关键词｜挪用资金罪｜挪用公款罪｜

【最高人民法院答复】

退休职工养老保险金不属于我国刑法中的救灾、抢险、防汛、优抚、扶贫、移民、救济等特定款物的任何一种。因此，对于挪用退休职工养老保险金的行为，构成犯罪时，不能以挪用特定款物罪追究刑事责任，而应当按照行为人身份的不同，分别以挪用资金罪或者挪用公款罪追究刑事责任。

——《最高人民法院研究室关于挪用退休职工社会养老金行为如何适用法律问题的复函》(2004 年 7 月 9 日，法研〔2004〕102 号)。

---

① 刑法第三百八十四条规定的挪用公款罪的主体仅限于国家工作人员，根据刑法有关国家工作人员的规定，受国家机关、国有公司、企业、事业单位、人民团体委托管理、经营国有财产的人员，不属于国家工作人员。因此，根据罪刑法定原则的基本要求，对于其利用职务上的便利，挪用公款归个人使用构成犯罪的行为，应当依照刑法第二百七十二条第一款的规定，以挪用资金罪定罪处罚，不构成挪用公款罪。刑法关于贪污罪主体范围的规定比挪用公款罪的主体宽，但是从逻辑上看，刑法第三百八十二条第二款是将“受委托管理、经营国有财产的人员”单列一款进行规定的，此类人员与国家工作人员显然是并列关系，不包含在国家工作人员之内。此外，考虑到贪污罪是对公共财物所有权的侵犯，其危害程度要远远大于挪用公款罪，对其从严惩处体现了从严治贪的立法意图。因此，对刑法没有将受委托管理、经营国有财产的人员明确规定为挪用公款罪的主体，不能简单地视为立法的疏漏。

990 小区业主委员会主任挪用业主委员会银行账户资金的行为应当如何定性

关键词｜挪用资金罪｜业主委员会主任｜

【最高人民法院参考案例】

王江浩挪用资金案(《刑事审判参考》案例第 1343 号)

要旨:小区业主委员会系向市场监督管理部门登记注册并取得组织机构代码证的主体,属于挪用资金罪中“其他单位”的范畴,业主委员会成员可以成为挪用资金罪的犯罪主体。业主委员会具有属于自己的财产,业主委员会名下银行账户内的资金属于全体业主共有,应当认定为业主委员会“本单位资金”。业主委员会工作人员利用职务上的便利,挪用业主委员会资金归个人使用,用于营利活动或者借贷给他人,数额较大,超过三个月未还的行为,应当以挪用资金罪定罪处罚。

(一)业主委员会可以被认定为“其他单位”

1. 参照刑法规定和相关司法解释,业主委员会可以被认定为“其他单位”

刑法第三十条对单位负刑事责任的范围规定如下:“公司、企业、事业单位、机关、团体实施的危害社会的行为,法律规定为单位犯罪的,应当负刑事责任。”该规定列举了五类单位,但实践中对“公司、企业、事业单位”的范围容易引发争议。为此,《最高人民法院关于审理单位犯罪案件具体应用法律有关问题的解释》(法释〔1999〕14 号,以下简称《单位解释》)第一条规定:“刑法第三十条规定的‘公司、企业、事业单位’,既包括国有、集体所有的公司、企业、事业单位,也包括依法设立的合资经营、合作经营企业和具有法人资格的独资、私营公司、企业、事业单位。”根据刑法总则和《单位解释》的相关规定,对于独资、私营公司、企业、事业单位而言,需要具备法人资格,才能成为刑法中单位犯罪的“单位”。这是因为单位犯罪中的“单位”需要对外承担刑事责任,是作为犯罪行为的拟制人来定义,与自然人犯罪相区别和对应。

然而,刑法分则中除了单位犯罪外,还有不少条文亦涉及对“单位”的理解,是否均应当按照刑法第三十条的规定进行界定呢?如刑法第一百六十三条规定了非国家工作人员受贿罪、第一百六十四条规定了对非国家工作人员行贿罪,主体均是“公司、企业或者其他单位的人员”,此处的单位是否限定为具备法人资格的组织呢?为此,2008 年最高人民法院、最高人民检察院联合出台的《关于办理商业贿赂刑事案件适用法律若干问题的意见》规定,刑法第一百六十三条、第一百六十四条规定的“其他单位”既包括事业单位、社会团体,村民委员会、居民委员会、村民小组等常设性的组织,也包括组织体育赛事、文艺演出或者其他正当活动而设成立的组委会、筹委会、工程承包队等非常设性的组织。显然,上述组织并不要求具备法人资格。可见,刑法中作为单位犯罪的“单位”与散见于分则自然人犯罪条文中出现的“单位”外延并不相同。

除了在主体部分涉及“单位”的概念,还有部分犯罪是将“单位”作为对象,此处作为被害“单位”与单位犯罪中的“单位”是否一致呢?我们认为,并不完全一致。这是因为,从价值取向上来看,单位犯罪中的“单位”主要是用以区别自然人犯罪,对作为犯罪主体的单位的认定,需要承担刑事责任,故而应当从严把握,以打击犯罪,体现公平正义。而“单位”作为被害人出现时,主要是从其遭到犯罪侵害时,保护其合法权益尤其是财产权的角度出发予以考量。与需要承担刑事责任的单位犯罪中的“单位”相比,被害单位只要是能够主张权利的实体即可,因而成立要件、形式要件也相对宽松。随着经济社会的发展,各种形式的实体组织增多,刑法也应当保持适当的社会张力,才能适应社会的发展。1999 年最高人民法院在《关于村民小组组长利用职务便利非法占有公共财物行为如何定性问题的批复》中指出,对村民小组组长利用职务便利,将村民集体财产非法占为己有的,数额较大的,以职务侵占罪定罪处罚。2000 年最高人民检察院在《关于挪用尚未注册成立公司资金的行为适用法律问题的批复》中指出,筹建公司的工作人员在公司登记注册前,利用职务上的便利,挪用准备设立的公司在银行开立的临时账户上的资金,归个人使用或者借贷给他人,数额较大或者超过三个月未还,应当根据刑法第二百七十二条追究刑事责任。而最高人民法院研究室在《关于村民小组是否属于刑法第二百七十二条规定的“其他单位”问题的研究意见的理解与适用》中进一步明确指出,挪用资金罪中规定的“其他单位”包括村民小组,村民小组组长可以成为挪用资金罪的犯罪主体。

挪用资金案件与职务侵占案件,均属于对侵犯公司、企业财产的犯罪。根据上述分析,参照相关司法解释,挪用资金罪中的“其他单位”并不仅限于刑法第三十条单位犯罪中“单位”的范围。

2. 参照最高人民法院在相关批复等文件中确立业主委员会在民事诉讼中的主体资格地位,对业主委员会可以认定为刑法中的“其他单位”

关于业主委员会的法律地位,物权法和国务院发布的《物业管理条例》(2016 年 2 月 6 日修改)均有涉及,但未直接明确规定。物权法第七十八条第二款规定,业主大会或者业主委员会作出的决定侵害业主合法权益的,受侵害的业主可以请求人民法院予以撤销。根据该条规定,业主委员会可以作为民事诉讼的被告,参与到民事诉讼活动中。《物业管理条例》第十五条规定,“业主委员会是业主大会的执行机构,履行下列职责:(一)召集业主大会会议,报告物业管理的实施情况;(二)代表业主与业主大会选聘的物业服务企业签订物业服务合同;(三)及时了解业主、物业使用人的意见和建议,监督和协助物业服务企业履行物业服务合同;(四)监督管理规约的实施;(五)业主大会赋予的其他职责”。《物业管理条例》第十六条第一款规定，业主委员会应当自选举产生之日起三十日内，向物业所在的区、县人民政府房地产行政管理部分和街道办事处、乡镇人民政府备案。在对业主委员会民事诉讼地位的认定上，2003年最高人民法院在《关于金湖新村业主委员会是否具备民事诉讼主体资格请示一案的复函》中指出，金湖新村业主委员会符合“其他组织”条件，可以以自己的名义提起诉讼。2005年最高人民法院在《关于春雨花园业主委员会是否具有民事诉讼主体资格的复函》中指出，业主委员会是业主大会的执行机构，根据业主大会的授权对外代表业主进行民事活动，所产生的法律后果由全体业主承担，业主委员会与他人发生民事争议的，可以作为被告参加诉讼。

根据上述法律及司法解释，业主委员会由业主大会选举产生并向相关行政主管部门进行备案，这种备案行为经批准认可，也就赋予了业主委员会具备民事主体资格的合法性，在民事诉讼活动中可以视为非法人组织，具备相应的非法人组织的条件，具有民事诉讼主体资格，可以作为原告或被告，参与民事诉讼活动。在涉及侵害业主合法权益时，可以以其名义参与诉讼。同样，在刑事诉讼领域，当业主委员会具备相应的财产，也就成为具有独立活动和自我发展能力的社会经济实体，特别是作为被害主体情形，在其合法权益遭到侵害时，应当受到刑法保护。

本案中，小区业主委员会已获深圳市市场监督管理局颁发的“中华人民共和国组织机构代码证”（机构类型：其他机构）。业主委员会已经登记注册，在民事上具有诉讼主体资格。虽然刑法及现有司法解释未作明确规定，但我们认为，小区业主委员会在刑事上符合同类职务犯罪司法解释所规定的“其他单位”的特征，属于挪用资金罪中的“其他单位”的范畴。

（二）业主委员会账户内资金属于挪用资金罪中“本单位资金”

《深圳经济特区物业管理条例》第二十二条第一款规定，业主大会、业主委员会活动经费、业主委员会委员和执行秘书的薪酬，从物业服务费中按照市政府规定的比例提取，专款专用。第四十三条规定，业主委员会解散的，业主委员会委员、候补委员应当在区主管部门的指导、监督下，做好有关财物清算和资料清理工作。从上述规定看，业主委员会工作人员的薪酬有其专门的资金来源，即从物业服务费中提取，专款专用，业主委员会也有自己本身的财物。

本案中，业主委员会成立后在行政主管机关进行了备案登记，取得统一的组织机构代码证，在中国银行已开立了基本存款账户，该小区业主委员会拥有自己独立的财产。以业主委员会名义开立的银行账户内的资金，应当视为业主委员会“本单位资金”。被告人王江浩挪用业主委员会银行账户内的资金，应当认定为挪用资金罪中的“本单位资金”。

——《刑事审判参考》（总第122辑）。

八、敲诈勒索罪

991 敲诈勒索罪“数额较大”“数额巨大”“数额特别巨大”的认定

关键词 | 敲诈勒索罪 | 犯罪数额 | 认定标准 |

【最高人民法院司法解释】

第一条　敲诈勒索公私财物价值二千元至五千元以上、三万元至十万元以上、三十万元至五十万元以上的，应当分别认定为刑法第二百七十四条规定的“数额较大”、“数额巨大”、“数额特别巨大”。

各省、自治区、直辖市高级人民法院、人民检察院可以根据本地区经济发展状况和社会治安状况，在前款规定的数额幅度内，共同研究确定本地区执行的具体数额标准，报最高人民法院、最高人民检察院批准。

第二条　敲诈勒索公私财物，具有下列情形之一的，“数额较大”的标准可以按照本解释第一条规定标准的百分之五十确定：

（一）曾因敲诈勒索受过刑事处罚的；

（二）一年内曾因敲诈勒索受过行政处罚的；

（三）对未成年人、残疾人、老年人或者丧失劳动能力人敲诈勒索的；

（四）以将要实施放火、爆炸等危害公共安全犯罪或者故意杀人、绑架等严重侵犯公民人身权利犯罪相威胁敲诈勒索的；

（五）以黑恶势力名义敲诈勒索的；

（六）利用或者冒充国家机关工作人员、军人、新闻工作者等特殊身份敲诈勒索的；

（七）造成其他严重后果的。

——《最高人民法院、最高人民检察院关于办理敲诈勒索刑事案件适用法律若干问题的解释》（2013 年 4 月 27 日，法释〔2013〕10 号）。

【链接：理解与适用】

1. 因敲诈勒索受过刑事处罚的。近年来，有敲诈勒索前科再犯罪的情况较为突出。此类屡教不改者，人身危险性较大，有必要适当降低入罪数额标准，将其纳入刑事处罚范围。

2. 一年内曾因敲诈勒索受过行政处罚的。本项规定的“一年内”，应当从行政处罚执行完毕之日，而不是从行政处罚决定之日起计算。否则，因敲诈勒索被劳动教养一年，解教后第二天实施敲诈勒索行为的，就不能对其从严惩处，显然有失妥当。

3. 对未成年人、残疾人、老年人或者丧失劳动能力人敲诈勒索的。适用本项规定，应坚持主客观相统一原则，以行为人明知盗窃对象是未成年人、残疾人、老年人或者丧失劳动能力人为条件。如以正常人的认知能力，无从知晓对方是上述特定人员的，不能适用本项规定。

4. 以将要实施放火、爆炸等危害公共安全犯罪或者故意杀人、绑架等严重侵犯公民人身权利犯罪相威胁敲诈勒索的。敲诈勒索犯罪，行为人常常以实施放火、爆炸、投放危险物质等相威胁，或者故意编造虚假恐怖信息，造成社会恐慌，危及公共安全；还有的犯罪分子给被害人投寄子弹、匕首等以杀害被害人相威胁，扬言要采取暴力、胁迫等方式掳走被害人以索取钱财，考虑到放火、爆炸、投放危险物质等与故意杀人、绑架均属于社会危害性严重的暴力犯罪，以实施以上严重暴力犯罪相威胁，易让被害人产生恐惧、畏惧心理，具有更为严重的社会危害性，应加大对此类行为的打击力度。

5. 以黑恶势力名义敲诈勒索的。依靠、凭借或者利用黑恶势力的非法控制力或者影响力，实施敲诈勒索行为，比如收取保护费的，严重扰乱了社会和经济秩序，影响了群众安全感，具有更为严重的社会危害性，应当从严惩处。“以黑恶势力名义”，包括确实是黑恶势力和冒充黑恶势力两种情况。

6. 利用或者冒充国家机关工作人员、军人、新闻工作者等特殊身份敲诈勒索的。此类敲诈勒索行为，更容易对被害人产生心理威慑，严重败坏党和政府等的形象和声誉，有必要予以严惩。对本项规定中的“等”，宜从严掌握，不能随意扩大解释。

7. 造成其他严重后果的。该项为兜底项，主要是指因敲诈勒索引起被害人自杀、伤残、精神失常等严重后果的情形。

需要特别指出的是，根据《解释》第二条的规定，具有“曾因敲诈勒索受过刑事处罚”等七种情形之一的，只是“可以”而非“应当”降低入罪数额门槛。因此，如综合考虑全案情节，降低入罪数额门槛明显有失妥当的，也可例外地不适用本条规定。如冒充黑恶势力敲诈勒索，行为人只是随口一说，甚至带有玩笑色彩，明显不足信，对方也根本没有因此感到恐惧的，则不宜适用本条规定。

——黄应生：《〈关于办理敲诈勒索刑事案件适用法律若干问题的解释〉的理解与适用》，载《人民司法 · 应用》2013 年第 19 期。

992 “多次敲诈勒索”的认定

关键词|敲诈勒索罪|多次|

【最高人民法院司法解释】

第三条　二年内敲诈勒索三次以上的，应当认定为刑法第二百七十四条规定的“多次敲诈勒索”。

——《最高人民法院、最高人民检察院关于办理敲诈勒索刑事案件适用法律若干问题的解释》(2013年4月27日，法释〔2013〕10号)。

【链接：理解与适用】

“多次敲诈勒索”，没有数额限制。只要实施了三次以上的敲诈勒索行为，不管敲诈勒索数额多少，依法都可以定罪处罚。但是，对于情节显著轻微、危害不大的，可以依照刑法第十三条的规定，不作为犯罪处理。

“多次敲诈勒索”是否要求每次敲诈勒索行为都是未经处理呢？对此存在不同认识。

第一种意见认为，只要在二年内实施三次敲诈勒索行为，即使每次的敲诈勒索行为已经被刑事处罚或者行政处罚，也成立多次敲诈勒索。

第二种意见认为，在二年内实施的三次敲诈勒索行为，必须是未经行政处罚和刑事处罚的。

第三种意见认为，三次敲诈勒索行为都应当是未经刑事处罚的行为，如只是受到行政处罚，则仍然可以成立多次敲诈勒索。

经研究，我们倾向于第三种观点，如敲诈勒索行为已经刑事处罚，显然不能再将其作为犯罪处理，否则有违一事不二罚原则；但如之前的行为已经行政处罚，则可计入多次敲诈勒索，主要考虑：如已受行政处罚的也不能计入，则从实践看，多次敲诈勒索将基本没有适用的可能；行政处罚与刑事处罚性质不同，对已受行政处罚的行为追究刑事责任的，行为人先前所受的行政处罚可在刑期、罚金中作相应抵扣，并不违反禁止重复评价原则。此问题还可以进一步研究。

——黄应生：《〈关于办理敲诈勒索刑事案件适用法律若干问题的解释〉的理解与适用》，载《人民司法·应用》2013年第19期。

993 敲诈勒索罪“其他严重情节”“其他特别严重情节”的认定

关键词｜敲诈勒索罪｜其他严重情节｜其他特别严重情节｜

【最高人民法院司法解释】

第四条 敲诈勒索公私财物，具有本解释第二条第三项至第七项规定的情形之一，数额达到本解释第一条规定的“数额巨大”、“数额特别巨大”百分之八十的，可以分别认定为刑法第二百七十四条规定的“其他严重情节”、“其他特别严重情节”。

——《最高人民法院、最高人民检察院关于办理敲诈勒索刑事案件适用法律若干问题的解释》（2013年4月27日，法释〔2013〕10号）。

【链接：理解与适用】

1. 敲诈勒索罪上档处罚的数额比例较高。盗窃罪和诈骗罪都是具备相应情形后，只要达到数额巨大、数额特别巨大百分之五十的，就可以分别认定为其他严重情节、其他特别严重情节，而敲诈勒索罪的标准是百分之八十，主要考虑：

（1）与盗窃罪、诈骗罪解释的相关规定不同，本解释第二条第（三）项至第（七）项规定的情形，基本上包括了敲诈勒索的主要手段，从打早打小的角度，适当降低入罪标准确有必要，但若普遍上档处罚，打击过于严厉，不符合宽严相济刑事政策的要求。

（2）数额特别巨大或者有其他特别严重情节的，处十年以上有期徒刑，并处罚金的法定刑，是刑法修正案（八）增加的。此前，不管敲诈勒索数额多大，最高也只能判处十年有期徒刑。刑法修改后，如果其他特别严重情节的标准设置过低，将导致大量案件应当判处十年以上有期徒刑，从而大幅度提高敲诈勒索犯罪的刑罚，将导致量刑整体偏重，不利于罪犯悔改和犯罪预防。

2. 对于具有以黑恶势力名义敲诈勒索的等五种情形之一的，也并非一律上档处罚，而是应当综合考虑全案情节，如果上档处罚确实量刑畸重的，就不能上档处罚，以实现罪刑相当。

——黄应生：《〈关于办理敲诈勒索刑事案件适用法律若干问题的解释〉的理解与适用》，载《人民司法·应用》2013年第19期。

994 敲诈勒索从宽处理的情形

关键词｜敲诈勒索罪｜从宽｜

【最高人民法院司法解释】

第五条　敲诈勒索数额较大，行为人认罪、悔罪，退赃、退赔，并具有下列情形之一的，可以认定为犯罪情节轻微，不起诉或者免予刑事处罚，由有关部门依法予以行政处罚：

（一）具有法定从宽处罚情节的；

（二）没有参与分赃或者获赃较少且不是主犯的；

（三）被害人谅解的；

（四）其他情节轻微、危害不大的。

第六条　敲诈勒索近亲属的财物，获得谅解的，一般不认为是犯罪；认定为犯罪的，应当酌情从宽处理。

被害人对敲诈勒索的发生存在过错的，根据被害人过错程度和案件其他情况，可以对行为人酌情从宽处理；情节显著轻微危害不大的，不认为是犯罪。

——《最高人民法院、最高人民检察院关于办理敲诈勒索刑事案件适用法律若干问题的解释》（2013年4月27日，法释〔2013〕10号）。

995 敲诈勒索罪与绑架罪、抢劫罪的区别

关键词｜敲诈勒索罪｜绑架罪｜抢劫罪｜行为方式｜

【最高人民法院参考案例】

熊志华绑架案（《刑事审判参考》案例第155号）

要旨：敲诈勒索罪和以胁迫为手段的抢劫罪的区别在于二者所采用的威胁方式、内容等方面具有不同的特征。敲诈勒索罪与勒索型绑架罪的主要区别在于实现勒索目的的方式不同。

敲诈勒索罪与抢劫罪均属侵犯财产罪，行为人主观上都以非法占有他人财物为目的。但敲诈勒索罪的手段仅限于威胁，而抢劫罪的手段除威胁外，还可以是暴力或采用麻醉等使被害人不知反抗、不能反抗的方法。抢劫罪与敲诈勒索罪之所以容易混淆，是因为二者都可以表现为采用威胁的手段非法占有他人的财物。但值得指出的是，二者所采用的威胁的手段，具有各自不同的特征。就敲诈勒索罪与以威胁为手段的抢劫罪而言，二者的区别主要在于后者具有两个“当场”性，即威胁的当场性和取得财物的当场性。所谓威胁的当场性，其具体体现以下几点：(1)由于抢劫罪是直接面对被抢劫人公然进行劫财行为，所以其威胁只能是直接向被抢劫人发出的，而敲诈勒索罪的威胁既可以是直接面对被勒索人发出，也可以

是非面对面式地发出,如通过书信、电话或第三人转告等方式威胁被勒索人。(2)由于抢劫罪是以当场取得被害人的财物为目标,所以为排除被害人可能的反抗,其威胁内容要具有当场付诸实施的可能性,故抢劫罪的威胁,只能是以直接侵犯被害人人身的暴力威胁为内容,如杀伤等,威逼被害人当场交出财物,否则,就当场使用暴力。一旦被害人反抗,抢劫者就会当场施暴,威胁内容具有实施的即时性。而敲诈勒索的威胁则并非如此,其内容多是以毁人名誉、揭发隐私等对被勒索人进行要挟。即便是暴力威胁,其威胁要实施的暴力一般也不是直接指向被勒索人,而是指向被勒索人的亲友等,从而达到对被勒索人进行要挟的目的,否则,就不是敲诈勒索罪的要挟,而是抢劫罪的威胁。由于从实施勒索行为到实现勒索目的需要有个过程,因此,敲诈勒索的威胁或要挟不具有实施的即时性,一般都是威胁要在将来某个时间付诸实施。(3)由于抢劫罪的威胁具有实施的急迫性,其效果就是使被害人当场受到精神强制,完全丧失反抗意志,除当场交付财产外,没有考虑、选择的时间余地。而敲诈勒索罪的威胁和要挟,一般只是使被害人产生恐惧和压迫感,精神强制的效果不如前者急迫,被害人在决定是否交付财物上,仍可有一定考虑、选择的余地。所谓取得财物的当场性,就是说抢劫罪取得的财物只能是当场取得,且取得的财物的数量,也以当场取得的为限。而敲诈勒索罪的财物取得一般为事后取得,勒索行为与财物取得往往有一定的时空间隔,且勒索人总是事先确定要勒索的财物量。

敲诈勒索罪与勒索型的绑架罪,都是以勒索他人财物为目的,但二者在实现勒索目的的行为方式上却有着重大区别。敲诈勒索罪是对被勒索人本人实施威胁或要挟方法,迫使其给付数额较大的财物或财产性利益;而绑架勒索罪,则是通过劫持被绑架人,控制被绑架人的人身自由,然后以杀伤被绑架人为内容或者以给付钱财方恢复被绑架人自由为条件,威胁被绑架人的亲友或者其他相关第三人给付财物。可见,勒索型绑架罪的本质特征,是以劫持被绑架人,控制被绑架人的人身自由为前提,事后再向被绑架人的亲友或相关第三人发出勒索命令。绑架人是向被绑架人的亲友或相关第三人提出勒索要求的,也是从被绑架人的亲友或其他相关第三人处取得财物的,而非直接从被绑架人处勒索并取得财物。绑架人向被绑架人的亲友或其他相关第三人勒索财物,所采用的威胁手段,多是以杀伤被绑架人为内容,属于暴力威胁范畴,具有可立即付诸实施的现实性和急迫性。而敲诈勒索罪则不以绑架行为为前提,其威胁或要挟以及勒索命令的直接对象则多是同一人,即被勒索人。勒索的财物一般也多是直接从被勒索人手中取得。

——《刑事审判参考》(总第24辑)。

996 将被害人杀死后，以被害人被绑架为名，向被害人亲属勒索钱款的行为构成敲诈勒索罪

关键词｜敲诈勒索罪｜故意杀人罪｜绑架罪｜数罪并罚｜

【最高人民法院参考案例】

陈宗发故意杀人、敲诈勒索案(《刑事审判参考》案例第259号)

要旨:将被害人杀死后,以被害人被绑架为名,向被害人亲属勒索钱款的行为构成敲诈勒索罪。

将被害人杀死后,以被害人被绑架为名,向被害人亲属勒索钱款,作为被害人的利害关系人,深为被害人的安危而担忧,严重地受到了精神的强制。因此,行为人虚构绑架事实,胁迫被害人的利害关系人,意在勒索钱款,其行为符合敲诈勒索罪的构成要件。

我们认为,敲诈勒索罪是主要侵犯财产的犯罪,首先应当考虑以财物的交付或取得作为认定敲诈勒索罪的既遂与未遂的标准。以被害人是否受到精神强制作为判断本罪既未遂的标准是不可取的。至于到底是以被害人是否已被迫交付财物还是以犯罪人是否实际取得他人财物何者为标准则有待进一步的探讨。侧重于犯罪完成说的观点认为,应当以犯罪人取得财物为标准,只有犯罪人实际取得财物,犯罪才告完成,构成既遂。而侧重于被害人财产权益保护的观点则认为,应当以被害人是否已被迫交付财物为标准,因为只要被害人已被迫交出财物,即意味着被害人的财产权益已受到实际的侵害。应该说,两种观点均有其道理。就实践来看,通常而言,被害人交付财物和犯罪人取得财物往往是一致的,但也存在不一致的情形。如被害人已按犯罪人的要求将财物交付于特定的地点或交付于犯罪人所指定的特定的人,但犯罪人尚未前往取得就被抓获的情况即是。此时,从表面上看,被害人交付财物和犯罪人取得财物在时间上并不一致。但从实质上看,对这种情况,犯罪人虽未前往实际取得财物,但由于被害人是按犯罪人指定的地点或人进行交付,故仍应视为犯罪人可以实际取得该财物。因此,无论是依交付说(失控说)还是取得说(控制说)都宜认定为既遂。需要说明的是,对于这样的一种特殊情形,即被害人事先报警,公安机关已然布控,只待犯罪人前往指定地点取钱即将其抓获的,对此,则不应认定为既遂,而应为未遂。因为,就被害人而言,其并未真正交付财物或者说并未真正失去对财物的控制,就犯罪人而言,其也不可能实际取得财物或形成对财物的控制。因此,无论是依交付说(失控说)还是取得说(控制说)都宜认定为未遂。

——《刑事审判参考》(总第34辑)。

997 在敲诈勒索过程中对被害人使用暴力并当场劫取财物行为的定性

关键词｜敲诈勒索罪｜抢劫罪｜牵连犯｜数罪并罚｜

【最高人民法院参考案例】

夏鹏飞、汪宣峰抢劫、敲诈勒索、盗窃案(《刑事审判参考》案例第 332 号)

要旨:先基于一个图财目的,在犯罪过程中,又产生了另一暴力图财的犯意,先后实施了两个性质不同的犯罪行为,一为抢劫,另一为敲诈勒索,且在抢劫行为实施完毕后,继续实施敲诈勒索的行为,两者之间不存在目的和行为的牵连关系,故应分别定罪,两罪并罚。

第一,虽然敲诈勒索和抢劫都存在图财的动机,但敲诈行为是纯粹的图财犯意,而抢劫行为必以暴力为获取财物的手段,其不仅仅是图财,还可能直接威胁到公民的人身安全,有时会直接造成人身伤亡的结果,两者图财的内涵是不同的,已非一个单纯的犯罪动机或目的,相互之间难以包容和吸收。

第二,从两种行为性质的轻重而言,抢劫犯罪重于敲诈勒索犯罪。抢劫罪是重罪,直接威胁到公民的人身安全,具有入户抢劫加重情节的,应处十年以上有期徒刑、无期徒刑直至死刑。而从敲诈勒索的犯罪构成看,则是单一性质的行为,威胁内容一般不涉及人身安全。劫财本身已包含了暴力和非法取财两个行为,其威胁内容的程度要重于敲诈犯罪,与敲诈之间不存在对应的手段和目的的牵连。

第三,从两种行为实施的时间和地点而言,虽是在同一地点和时间段实施犯罪,但两种性质不同的行为先后实施,尚不成立手段和目的的牵连。

第四,从数个犯罪行为的主客观方面是否一致予以考察判断。我们认为,是否成立牵连犯罪,不仅要手段和目的、原因与结果行为之间有牵连关系,而且行为人在犯罪的主客观方面亦须一致。

——《刑事审判参考》(总第 42 辑)。

998 利用被害人年幼将其哄骗至外地继而敲诈其家属钱财的行为的定性

关键词｜敲诈勒索罪｜绑架罪｜

【最高人民法院参考案例】

张舒娟敲诈勒索案(《刑事审判参考》案例第 443 号)

要旨:区别勒索型绑架罪还是诱拐型的敲诈勒索罪,关键就是要确定被告人是否真正绑架了被害人，也即其行为对被害人人身自由的剥夺是否达到严重的程度、是否严重危及了被害人的人身安全。

（一）勒索型绑架罪与诱拐型敲诈勒索罪的区别

就本案而言，被告人张舒娟能够顺利将被害人戴磊带到南京，主要是利用戴磊年龄较小、社会经验不足的特点，对其进行哄骗所致。从现有证据看，被告人在实施犯罪过程中，除对被害人本人使用了一些威吓性语言外，主要采取的是对被害人欺骗的手段，使其自愿跟随她去南京，且被告人对被害人从未实施暴力或以暴力相威胁，其左右被害人对之实施控制的手段中欺骗的成分大于威胁的成分，亦未对其人身实施任何实质性的限制，只是把他唬到南京，花钱供他吃住，出门的时候也只是将戴磊一个人丢在房间里，致使被害人可以"乘被告人外出之机与家人电话联系，得知其父并无危险。后在家人的指点下离开酒店到当地公安机关求助"。作为一个正常的成年人，被告人对于像被害人（十二岁）那样大的学生能否实施打电话、离开房间等自主行动应当是有明确的判断的，其当时也完全有条件对被害人采取一些强制手段，限制或剥夺其人身自由，使他无法实施这些自救行为，但她并未采取任何有效的措施，可见被告人并不是真的要将被害人完全控制起来，并未真正剥夺被害人的人身自由。在这种情况下，被害人戴磊的行动实际上是自由的，既没有被看押、捆绑、殴打，更没有被伤害，除了受到被告人谎言的吓唬而随其来到南京之外，其人身自由事实上并未受到什么影响。当然，如果被害人年龄过小，如三四岁的幼儿，尚不足以控制和支配自己的自主行动，无法自觉地摆脱被告人的实际控制，则另当别论。综上，本案现有证据不能认定被告人张舒娟主观上具有要绑架戴磊的故意，其也未真正对戴磊的人身自由实行完全的控制并有危及其人身安全的意图和行为，不符合绑架罪的特征，不能构成绑架罪。同时，正因为被告人张舒娟并未完全限制戴磊的人身自由，其行为亦不构成非法拘禁罪。

（二）被告人的行为构成敲诈勒索罪

被告人张舒娟主观上敲诈勒索财物的犯罪故意非常明显，客观上实施了用戴磊的安全来对其父母进行恐吓，使其产生恐惧心理，试图敲诈戴磊家里 8 万元的犯罪行为，没有对戴磊进行人身强制，其行为侵害的客体主要应当为戴磊家人的财产权利，因此，被告人张舒娟的行为完全符合敲诈勒索罪的构成特征。只是本案被告人的行为比一般的敲诈勒索犯罪多了一个拐骗戴磊的情节，但这一情节只是其实施敲诈行为的辅助手段，且并未达到完全限制被害人人身自由的实际控制程度，即尚未上升为绑架他人作为人质进行勒索的绑架行为，故对本案被告人的行为以敲诈勒索罪定罪处罚，更符合主客观相一致的原则。

——《刑事审判参考》（总第 56 辑）。

999 拆迁户通过举报开发商违法行为、聚众围堵、语言威胁等手段索取补偿款不构成敲诈勒索罪

关键词 | 敲诈勒索罪 | 举报违法行为 | 聚众围堵 | 语言威胁 | 索取补偿款 |

【最高人民法院参考案例】

廖举旺等敲诈勒索案(《刑事审判参考》案例第1066号)

要旨:拆迁户以堵井口、公路,让煤矿无法正常生产,把煤矿搞垮,提几十斤汽油焚灭煤矿等语言相威胁,迫使被害人支付各种赔偿款、补偿款,虽然具备敲诈勒索罪的客观要件,但由于行为人不具有非法占有他人财物的主观目的,其行为不构成敲诈勒索罪。对于农村发展中企业征地引起的权利纠纷,后果不是特别严重,情节不是特别恶劣的,不宜一律作为犯罪处理。

本案是一起典型的农村征地纠纷引发的矛盾,是否以敲诈勒索罪处理,在审理过程中形成两种意见:

一种意见认为,廖举旺等四被告人的行为构成敲诈勒索罪。理由是:四被告人以聂家煤矿占用聂家村十一组土地补偿过低为由,多次煽动、邀约村民围堵聂家煤矿的公路和井口,严重影响煤矿正常生产。煤矿按照与聂家村的协议支付了占地补偿款,并在村、镇协调下,多次提高标准,但被告人仍向聂家煤矿提出赔偿春芽土补偿费、集体土地补偿费、行政拘留损失、民事诉讼败诉损失等要求,并以堵井口、堵公路、焚灭煤矿等相威胁,迫使聂家煤矿董事长赵成山赔偿十二万元。本案不宜将案发当天与整个事件分割开来,应当作为一个整体来看,赵成山系受到整个事件的威胁而陷入恐惧并交付财产。故四被告人主观上以非法占有为目的,客观上采用语言威胁和聚众滋事的手段,强索财物,数额巨大,其行为均构成敲诈勒索罪。

另一种意见认为,廖举旺等四被告人的行为不构成敲诈勒索罪。理由是:四被告人的行为系因农村征地中对土地补偿费不满而引发的纠纷,被告人系作为村民主张自己的民事权利,不具有非法占有目的。

我们同意后一种意见,即被告人廖举旺等人的行为不构成敲诈勒索罪。廖举旺等被告人以堵井口、公路,让煤矿无法正常生产,把煤矿搞垮,提几十斤汽油焚灭煤矿等语言相威胁,迫使被害人支付了各种赔偿款、补偿款十二万元,具备敲诈勒索罪的客观要件。但要正确认定被告人的行为性质,关键在于对其主观故意的认定。如果被告人具有非法占有被害人赵成山财物的主观目的,他们的行为构成敲诈勒索罪;如果不具备非法占有的目的,则不能认定其构成敲诈勒索罪。结合本案的具体事实,我们认为,不能认定廖举旺等被告人具有非法占有赵成山财物的主观目的,其行为不构成敲诈勒索罪。具体理由如下:

首先,要正确理解"非法占有"的含义。根据我国民事法律的相关规定,物权

受法律保护,要取得他人财物,要么依照法律规定取得,要么通过民事法律行为取得。同一财物,不同的人往往可以基于不同的原因主张权利并由此产生权利冲突,进而导致民事争讼。基于不同的原因对财物主张权利,本身体现了对法规范和法秩序的尊重。与此相反,行为人蔑视法律的存在,对他人财物没有事实依据和法律依据,又不支付相应代价,违背法规范和法秩序的要求,规避正当市场行为,以零成本的方式,强行获取他人财物,即属于非法占有。盗窃、抢夺、抢劫、敲诈勒索、侵占、诈骗等,就属于非法占有型侵财犯罪。

其次,本案事出有因,系农村发展中企业征地引起的权利纠纷。聂家煤矿征用了被告人所在村组的土地,支付了补偿款,但是,廖举旺等被告人认为补偿标准过低,一直要求增加补偿金额,同时还认为煤矿实际多占了村集体土地,应当对此补偿。客观上,确因补偿标准过低,在梁平县虎城镇人民调解委员会的调解下,聂家煤矿两次提高补偿标准。各被告人系基于与煤矿之间的土地征用关系主张权利,这种权利冲突属于民事争讼的常发案例。

再次,从廖举旺等被告人的行为来看,廖举旺拒绝领取煤矿就春芽土给予的补偿,还就煤矿多占土地,侵犯村民权利提起诉讼,被一审法院驳回起诉,他们又提出了上诉。由此可知,被告人并没有蔑视法律的存在,他们具有通过法律裁断维护权利的主观意愿。

最后,廖举旺等被告人虽然有以堵井口、公路,让煤矿无法正常生产,把煤矿搞垮,提几十斤汽油焚灭煤矿等相威胁的语言,迫使被害人支付了各种赔偿款、补偿款十二万元,从客观上看具有一定的危害性。然而,对被告人的上述行为,有必要结合农村地区农民的受教育程度和法制观念进行评价。受法制意识淡薄的影响,农村地区的维权方式难免存在不符合法律规定的情形。如果一律将这些行为入罪,难免打击面过于扩大。因此,对于后果不是特别严重,情节不是特别恶劣的,不宜不加区别地一律作为犯罪处理。

综上,我们认为廖举旺等被告人的行为在性质上不具有非法占有目的,不构成敲诈勒索罪。

——《刑事审判参考》(总第102辑)。

夏某理等人敲诈勒索案(《刑事审判参考》案例第509号)

要旨:拆迁户以举报开发商违法行为为手段索取巨额补偿款不构成敲诈勒索罪。对信访人的不当行为,不宜轻易地作犯罪处理。

夏某理等人的行为不构成敲诈勒索罪,主要理由在于:第一,其提出索赔的数额虽然巨大,但是基于民事争议而提出,因而不能认定其具有非法占有之目的;第二,其举报不属于敲诈勒索罪中"威胁、要挟"的手段,而是争取争议民事权利的一种方法，且本案中夏某理等人的索赔不具有主动性，而是开发商主动与夏某理协商的结果。

（一）夏某理等人的行为不符合敲诈勒索罪的主客观要件

敲诈勒索罪是指以非法占有为目的，以威胁或者要挟方法，强行索取公私财物，数额较大的行为。具体到本案，夏某理等人的行为是否构成敲诈勒索罪，以下从其主观故意和客观行为两方面进行分析。

1. 夏某理等人的行为不具备敲诈勒索罪中“以非法占有为目的”的主观特征

结合案情，夏某理等人作为拆迁户，难以认定其向开发商索赔补偿费的行为具有非法占有的故意。夏某理等人重新索取拆迁补偿费用，属于被拆迁方对拆迁补偿重新提出主张，属于法律许可的范畴。夏某理等人重新索取拆迁补偿费，虽然数额巨大，但并非没有任何事实依据提出，也就是说，争议的补偿费，并非明显地不属于夏某理等人所有，而是处于不确定状态。对于这样的争议利益，夏某理予以索取，实际上是行使民事权利的一种方式，不属“以非法占有为目的”。如前所述，非法占有必须是财物明显不属于行为人，而行为人采取了刑法禁止的取得方式，常见的盗窃、诈骗、抢劫等即是典型的以非法占有为目的。但本案中，夏某理等人对拆迁补偿费有异议，为了取得更多的拆迁补偿费而向开发商索取，不能认定为以非法占有为目的。并且，如果认定属非法占有，那么，非法占有的数额也无法确定，因为夏某理等人可以向开发商要求重新赔偿的数额无法确定。本案不同于为公用设施、国家利益进行的拆迁、迁坟赔偿，价格由政府统一确定，而系为商业目的所进行的开发，所涉房屋拆迁特别是迁移祖坟应赔多少，没有法律强制性标准，具体补偿标准应是双方合意的结果。在夏某理等人依法可以提出重新索赔补偿费的情况下，多少补偿费是合法的，多少是不合法的，难以确定。综上，不能认定夏某理等人与开发商达成协议的二十五万元补偿费主观上具有非法占有目的。

2. 夏某理等人的行为不符合敲诈勒索罪中“以威胁、要挟手段，强索公私财物”的客观要件

成立敲诈勒索罪，其客观行为要件应当符合以下几个特征：(1)采用威胁、要挟手段；(2)威胁、要挟的内容足以引起被威胁、要挟的人内心恐慌、惧怕；(3)被胁迫者因之处分了财产，将财物交予威胁、要挟者。

本案中，夏某理等人的行为不符合敲诈勒索的客观行为要件。理由在于：(1)夏某理等人向开发商提出索赔，是在行使正当权利。(2)开发商得到夏某理举报的信息来源于开发商的不当打听及开发区工作人员的不当告知，而不是来源于夏某理主动告知，更不是夏某理附举报条件地向开发商提出索赔。(3)夏某理与开发商谈判是一个民事谈判过程，谈判的结果也不是敲诈勒索的结果。(4)夏某理事后的表现也体现了其索赔行为不符合敲诈勒索的特征。

（二）对信访人的不当行为，不宜轻易地作犯罪处理

《信访条例》规定，信访工作的目的是保持各级人民政府同人民群众的密切联系，保护信访人的合法权益，维护信访秩序。如果信访请求事由缺乏法律依据、事实根据的，应当对信访人做好解释工作。信访人在信访过程中具有非法行为或者利用信访形式实施诬告、陷害他人的，可以依法处理。据此，由于信访事件发生的复杂性，出于种种原因，信访人在信访过程中经常会出现一些过激不当行为，我们不能对信访人在信访过程中的不当行为，轻易地作犯罪处理，而应当根据具体情况，实事求是地进行妥善处理。动辄对信访人的行为以犯罪化处理，不利于实现信访工作的目的。只有对于那些确实严重危害信访秩序、侵犯他人人身权利、民主权利的行为，不以犯罪处理不足以维持信访秩序的，才予以犯罪处理。本案中，夏某理等人向开发区信访局提交举报信，反映开发商在项目开发过程中存在的违规、违法行为，属于正常的信访行为。其后与开发商就索赔进行的谈判，也是开发商主动将信访材料与索赔捆绑处理的结果，将开发商与夏某理等人达成的所谓"承诺"作为认定夏某理等人构成敲诈勒索罪的主要依据，不仅不利于保护信访人的正当信访权利，也难以取得较好的社会效果，对于此，在办理此类案件中一定要予以注意。

——《刑事审判参考》（总第64辑）。

1000 以在信息网络上处理网络信息为由威胁他人索取公私财物构成敲诈勒索罪

关键词｜敲诈勒索罪｜信息网络｜处理网络信息｜

【最高人民法院司法解释】

第六条　以在信息网络上发布、删除等方式处理网络信息为由，威胁、要挟他人，索取公私财物，数额较大，或者多次实施上述行为的，依照刑法第二百七十四条的规定，以敲诈勒索罪定罪处罚。

第八条　明知他人利用信息网络实施诽谤、寻衅滋事、敲诈勒索、非法经营等犯罪，为其提供资金、场所、技术支持等帮助的，以共同犯罪论处。

第九条　利用信息网络实施诽谤、寻衅滋事、敲诈勒索、非法经营犯罪，同时又构成刑法第二百二十一条规定的损害商业信誉、商品声誉罪，第二百七十八条规定的煽动暴力抗拒法律实施罪，第二百九十一条之一规定的编造、故意传播虚假恐怖信息罪等犯罪的，依照处罚较重的规定定罪处罚。

第十条　本解释所称信息网络，包括以计算机、电视机、固定电话机、移动电话机等电子设备为终端的计算机互联网、广播电视网、固定通信网、移动通信网等信

息网络，以及向公众开放的局域网络。

——《最高人民法院、最高人民检察院关于办理利用信息网络实施诽谤等刑事案件适用法律若干问题的解释》（2013 年 9 月 10 日，法释〔2013〕21 号）。

【最高人民法院参考案例】

周禄宝敲诈勒索案（《刑事审判参考》案例第 1344 号）

要旨：与使用传统手段实施的敲诈勒索犯罪相比，利用信息网络实施的敲诈勒索犯罪虽然在犯罪手段上有一定特殊性，但实质上仍是行为人以非法占有为目的，借助信息网络平台对他人实施威胁、要挟，被害人基于恐惧或者因为承受某种压力而被迫交付财物，符合敲诈勒索罪的构成要件。

《解释》①第六条规定："以在信息网络上发布、删除等方式处理网络信息为由，威胁、要挟他人，索取公私财物，数额较大，或者多次实施上述行为的，依照刑法第二百七十四条的规定，以敲诈勒索罪定罪处罚。"实践中，利用信息网络实施的敲诈勒索犯罪主要有两种表现形式，即"发帖型"敲诈勒索和"删帖型"敲诈勒索。"发帖型"敲诈勒索，是指行为人通过各种途径收集有关被害人的负面信息，然后主动联系被害人，以将在信息网络上发布相关负面信息为由，威胁、要挟被害人，进而索取财物的行为。"删帖型"敲诈勒索，是指行为人通过各种途径收集有关被害人的负面信息后，先在信息网络上发布，然后主动联系被害人，以删除、下沉上述负面信息为条件威胁、要挟被害人，进而索取财物的行为。二者的主要区别在于：(1)要挟产生的时间不同。前者是行为人以将要在网上发布负面信息为要挟，负面信息尚未发布；后者是行为人在网上发布负面信息后进行要挟。(2)索取方式有所不同。前者是行为人以将实现对被害人的不利后果为要挟索取财物，索取必须是明示的；后者是行为人意图通过发布的负面信息，让被害人看到不利后果，可通过明示或者暗示的方式索取财物。另外，与"发帖型"敲诈勒索相比，"删帖型"敲诈勒索通常要借助一定的网络平台。

前文所称的"负面信息"，是指对他人名誉、声誉或者权益产生不利影响的文稿、图片、音频、视频等信息。《解释》第六条使用了"网络信息"一词，既包括真实信息，也包括虚假信息。无论是否真实，只要足以使人产生恐惧心理即可。行为人威胁将要在信息网络上发布涉及他人的负面信息即使是真实的，但只要出于非法占有的目的，以发布、删除该负面信息为由勒索财物的，仍然构成敲诈勒索罪。所谓"索取公私财物"，意味着认定敲诈勒索罪，要求行为人必须有主动向被害人实施威胁、要挟并索要财物的行为。尤其是对于"删帖型"敲诈勒索，如果行为人没

---

① 即《最高人民法院、最高人民检察院关于办理利用信息网络实施诽谤等刑事案件适用法律若干问题的解释》（法释〔2013〕21 号）。

有主动与被害人联系删帖事宜，未实施威胁、要挟，而是在被害人主动上门联系请求删帖的情况下，以“广告费”“赞助费”“服务费”等名义收取被害人费用的，则不构成敲诈勒索罪。如果被害人主动上门联系请求删帖，但并不同意支付费用，而行为人以不支付费用，或者不支付指定数额的费用就不删帖甚至将对负面信息进一步炒作为由，威胁、要挟被害人，进而索取费用的，可以认定为敲诈勒索罪。①

我们认为，行为人是否具有“非法占有的目的”，是区分利用信息网络实施敲诈勒索罪与利用网络维权的关键。在具体认定时，需要综合考虑以下因素：

1. 是否有正当的权利，即行为人索取财物是否具有法律上的依据。原则上，只有存在法律上的依据，才有行使正当权利的前提。如果被害人的财产法益确实受到侵害，行为人没有非法占有的目的，索取行为因不具备违法性而不能成立敲诈勒索罪。比如，盗窃罪的被害人以胁迫手段迫使犯罪分子返还其被盗财物的，不成立敲诈勒索罪。换言之，如果通过民事诉讼途径能够得到合法保护而行为人未通过诉讼途径直接向对方索要的，就不能认定为敲诈勒索，这是权利的正当性所决定的。

2. 是否在正当权利的范围内行使。只有在正当的权利范围之内，行为人索取财物的行为才能被认为是行使正当的权利，否则就可能成立敲诈勒索罪。也就是说，不能认为只要事出有因，就一定不构成敲诈勒索罪。即使涉及的权利是内容确定的债权，但如果远超出债权的数额范围之外，则不属于正当权利的范围。比如，甲借给乙二十万元，乙到期后不还款，甲数次催讨后未果，便威胁要将乙与他人偷情的事实通过网络公之于众，向乙索要五十万元，应视为已超出正当的权利范围。反之，如果涉及的权利是内容不确定的债权，或者行使损害赔偿请求权的场合，行为人所提出的财产性要求与债权或损害赔偿请求权直接相关，便应视为行使正当权利。比如，行为人在饭店饭菜中吃出苍蝇，以向媒体或者在网络上曝光相要挟，要求饭店予以精神损害赔偿，即使所要求的数额较大，也属于正当的权利范围之内，不成立敲诈勒索罪。其主要原因是行为人的合法权益受到了侵犯，且确实存在精神损失，而精神损失亦属于法律保护的对象。

3. 行使权利的手段是否具有必要性和相当性。行使权利的行为本质上是一种私力救济，虽然具有正当性，但应当予以必要的限制。手段行为是否具有相当性，需要根据案件的具体情况来判断。一般来说，债权本身的重大性，手段行为侵害相对方权益的程度，手段行为本身是否合法，行为人是否存在实施其他行为的可能性等，均是需要考虑的因素。如果行为人为索取数额微小的债权，在可以采取其他较低程度的威胁进行自力救济时，对被害人采取较为严重的暴力或以严重的暴力相

① 最高人民法院刑三庭：《〈关于办理利用信息网络实施诽谤等刑事案件适用法律若干问题的解释〉的理解与适用》，载《人民司法 · 应用》2013 年第 21 期。

威胁，则应当认为其所采取的手段行为缺乏相当性。比如，行为人在饭店饭菜中吃出苍蝇，却以加害饭店员工的生命、身体等相要挟（非当场实现），并且要求天价赔偿的，由于其手段不具有相当性，仍应以敲诈勒索罪论处。如果没有超出权利的范围，具有使用实力（如胁迫）的必要性，而且手段行为本身不构成刑法规定的其他犯罪，就应认为没有造成对方财产上的损害，不宜认定为犯罪。①

——《刑事审判参考》（总第122辑）。

1001 以不雅视频相要挟，向他人提出借款要求且还款期满后有能力归还而不归还的，是否属于敲诈勒索

关键词 | 不雅视频 | 敲诈勒索罪 |

【最高人民法院参考案例】

雷政富受贿案（《刑事审判参考》案例第885号）

要旨：以不雅视频相要挟，使他人陷入心理恐惧，向他人提出借款要求且还款期满后有能力归还而不归还的，属于敲诈勒索。

1. 涉案三百万元看似华伦达公司与勇智公司之间的民间借贷款，实质是肖烨假借华伦达公司名义使自己占有该款。本案中，明勇智应雷政富的要求向肖烨提供资金时，肖烨以华伦达公司的名义向勇智公司出具借条，约定还款期限、利息等。从表面上看与肖烨无关，但认真分析该三百万元的获得过程，综合偷拍不雅视频、设计"捉奸"、提出"借款"要求、还款期满后有钱不还等情况，实质上所谓的"借款"均系在肖烨的直接安排下进行，并非单位经营所需及其意志的体现，资金进入华伦达公司后，即转入了肖烨个人账户，由肖烨直接支配使用。因此，本案中，肖烨系假借华伦达公司借款名义使自己占有该三百万元，其应当承担相应的法律责任。

2. 肖烨为取得财物，采用胁迫手段，使被告人陷入恐惧心理。肖烨与他人共谋后，由赵某拍摄了其与雷政富的不雅视频。"捉奸"时，肖烨安排张进假冒赵某的男朋友在现场吵闹，自己出面调停，其目的在于通过张进向雷政富施加压力和显示自己对张进的影响。在"捉奸"后第三天，肖烨就以害怕张进闹事为由，假借张进启动工程需要资金向雷政富提出"借款"要求。因此，肖烨向雷政富提出"借款"，明显是以不雅视频相要挟。雷政富之前与肖烨等人素不相识，对肖烨公司的经营状况、还款能力没有任何了解，雷政富之所以答应帮助肖烨"借款"三百万元，并非出于与肖烨个人间的感情或者对肖烨及其公司经营状况的信任，而是出于对其被

① 张明楷：《刑法学》（下册），法律出版社2016年版，第1018页。

拍摄性爱视频事情败露的担心，而被迫答应。

3. 肖烨表面上采用“借款”形式，实质上是掩盖敲诈本质。肖烨、赵某等人色诱领导干部，拍摄不雅视频，目的就是对有关人员进行威胁，获取非法利益。在通过胁迫方式获得巨额资金后，肖烨既未按照事前的说法交给张进，亦未投入所谓的工程，而是很快转入私人账户。在“借款”到期后，其将巨额资金借给他人获取高息、进行高档消费，拒不归还涉案款项。后因利用不雅视频进行敲诈勒索被司法机关调查，雷政富、肖烨感受到自身危险，为了逃避打击，掩盖犯罪行为，二人商议后，肖被迫退还勇智公司一百万元。可见，涉案三百余万元名为公司之间的借贷，实为敲诈财物。华伦达公司是否向勇智公司出具借条、有关款项是否在华伦达公司和勇智公司账上有所体现，不影响相关款项性质的认定。

4. 肖烨敲诈是以被拍摄不雅视频的雷政富为对象。肖烨等人在赵某拍摄雷政富的不雅视频后，通过设局“捉奸”，让雷意识到被人抓住了把柄，使雷陷入担心不雅视频曝光、张进闹事的恐惧心理。在“捉奸”后第三天，肖烨便以张进的名义向雷提出找人提供资金的要求，虽然肖烨并没有直接要求雷政富本人提供资金，而要让雷找人“借款”，但这一要求是在先行实施了偷拍不雅视频、“捉奸”基础上进行的，故是针对雷政富实施的敲诈。对此，雷政富的在案供述也证实，雷对肖烨设局敲诈是明知的。至于真正支付该款的明勇智是否基于雷政富利用职务便利为其谋利的考虑才将三百万元出借给肖烨，不影响肖烨行为敲诈勒索性质的认定。

——《刑事审判参考》(总第93辑)。

1002 实施“碰瓷”，构成敲诈勒索罪的认定

关键词｜敲诈勒索罪｜碰瓷｜

【最高人民法院司法文件】

二、实施“碰瓷”，具有下列行为之一，敲诈勒索他人财物，符合刑法第二百七十四条规定的，以敲诈勒索罪定罪处罚：

1. 实施撕扯、推搡等轻微暴力或者围困、阻拦、跟踪、贴靠、滋扰、纠缠、哄闹、聚众造势、扣留财物等软暴力行为的；

2. 故意制造交通事故，进而利用被害人违反道路通行规定或者其他违法违规行为相要挟的；

3. 以揭露现场掌握的当事人隐私相要挟的；

4. 扬言对被害人及其近亲属人身、财产实施侵害的。

——《最高人民法院、最高人民检察院、公安部关于依法办理“碰瓷”违法犯罪

案件的指导意见》(2020 年 9 月 22 日,公通字〔2020〕12 号)。

【最高人民法院参考案例】

刘飞抢劫案(《刑事审判参考》案例第 764 号)

要旨:司法实践中,获取财物的方式是准确认定"碰瓷"案件行为性质的重要因素,应当根据行为人获取财物方式,结合具体案情,准确认定"碰瓷"行为的性质。

(一)如果行为人以非法占有为目的,故意制造交通事故,并造成事故系被害人过错所致的假象,继而以此为要挟,迫使被害人赔偿。表面上看,行为人具有欺骗的成分;但从实质上分析,所谓的"骗局"只不过是行为人为其顺利实施勒索钱财行为所制造的由头,行为整体上符合敲诈勒索罪的要挟、强迫特征,应当以敲诈勒索罪论处。实践中,要挟、强迫的方式多种多样,有的以不赔偿就扣留车辆相要挟,有的抓住被害人车辆手续不全、正规处理程序烦琐、害怕耽误时间等心理,但不管具体方式如何,要准确把握行为要挟、胁迫的本质特征。

——《刑事审判参考》(总第 85 辑)。

1003 实施"软暴力",构成敲诈勒索罪的认定

关键词 | 敲诈勒索罪 | 软暴力 |

【最高人民法院司法文件】

八、以非法占有为目的,采用"软暴力"手段强行索取公私财物,同时符合《刑法》第二百七十四条规定的其他犯罪构成要件的,应当以敲诈勒索罪定罪处罚。

《关于办理敲诈勒索刑事案件适用法律若干问题的解释》第三条中"二年内敲诈勒索三次以上",包括已受行政处罚的行为。

九、采用"软暴力"手段,同时构成两种以上犯罪的,依法按照处罚较重的犯罪定罪处罚,法律另有规定的除外。

——《最高人民法院、最高人民检察院、公安部、司法部关于办理实施"软暴力"的刑事案件若干问题的意见》(2019 年 4 月 9 日,公通字〔2019〕15 号)。

四、依法惩处利用"软暴力"实施的犯罪

17. 黑恶势力为谋取不法利益或形成非法影响,有组织地采用滋扰、纠缠、哄闹、聚众造势等手段侵犯人身权利、财产权利,破坏经济秩序、社会秩序,构成犯罪的,应当分别依照《刑法》相关规定处理:

(2)以非法占有为目的强行索取公私财物,有组织地采用滋扰、纠缠、哄闹、聚

众造势等手段扰乱正常的工作、生活秩序，同时符合《刑法》第二百七十四条规定的其他犯罪构成条件的，应当以敲诈勒索罪定罪处罚。同时由多人实施或者以统一着装、显露纹身、特殊标识以及其他明示或者暗示方式，足以使对方感知相关行为的有组织性的，应当认定为《关于办理敲诈勒索刑事案件适用法律若干问题的解释》第二条第（五）项规定的“以黑恶势力名义敲诈勒索”。

采用上述手段，同时又构成其他犯罪的，应当依法按照处罚较重的规定定罪处罚。

雇佣、指使他人有组织地采用上述手段强迫交易、敲诈勒索，构成强迫交易罪、敲诈勒索罪的，对雇佣者、指使者，一般应当以共同犯罪中的主犯论处。……

——《最高人民法院、最高人民检察院、公安部、司法部关于办理黑恶势力犯罪案件若干问题的指导意见》（2018 年 1 月 16 日，法发〔2018〕1 号）。

1004 “黑中介”强行收取不合理费用或者编造各种理由，强行终止合同，拒不退还应退钱款的行为，应当如何定性

关键词 | 敲诈勒索罪 | 黑中介 |

【最高人民法院参考案例】

刘康等人敲诈勒索案（《刑事审判参考》案例第 1304 号）

要旨：“黑中介”与承租人签订房屋租赁合同后，采用威胁、滋扰等软暴力手段强行收取不合理费用，或者编造各种理由，强行终止合同并迫使承租人搬出房屋，拒不退还应退钱款的行为，应定为敲诈勒索罪。

3. 被告人行为构成敲诈勒索罪

一般意义上的敲诈勒索罪的行为模式为：对他人实施威胁（恐吓）→对方产生恐惧心理→对方基于恐惧心理处分财产→行为人或者第三人取得财产→被害人财产遭受损失。通常行为人的胁迫行为发生在对方处理财产之前。“黑中介”行为中，敲诈勒索的行为模式出现了新的变化，行为人通过所谓的市场交易掩饰非法占有的目的，被害人按照交易规则支付对价后，行为人采取暴力、胁迫手段，或让被害人给付额外的财产，或让被害人放弃对其不当得利的返还请求权。其行为模式为：制造“交易”行为→对方基于交易约定规则给付财产→行为人采取威胁手段→对方产生恐惧心理→对方基于恐惧心理处分财产→行为人或第三人取得财产→对方遭受财产损失。但上述行为的本质仍是通过胁迫手段使被害人基于恐惧处分财产，与一般的敲诈勒索并无实质不同。如前文分析，被告人刘康等人主观上以非法占有租客财产的目的，客观上在租客入住后，采用电话威胁、上门骚扰、更换房间密

码锁的方式强迫被害人交纳额外的物业费、取暖费,不交就限期搬离,被害人由于不堪其扰,基于担心不交纳费用被限期搬离,以及即使搬离也会以各种违约的理由不退剩余租金的心理恐惧,非自愿地向被告人给付财产,符合敲诈勒索罪的犯罪构成。

需要指出的是,受害人基于恐惧处分财产,其中"处分财产"的含义应作扩大性的解释。敲诈勒索罪的被害人处分财产的方式既可以通过现实交付的方式,也可以通过放弃对债权请求权的方式;被害人遭受财产损失既可以表现为狭义的财物损失,也可以表现为财产性利益的损失。由于"黑中介"采取了交易的伪装形式,使被害人先给付财产,其中部分敲诈勒索行为是通过强迫对方交纳额外费用的方式实现,还有部分敲诈勒索行为则是通过不退还多余租金的方式实现。本案中,被害人遭受威胁搬离出租屋后,被告人不退还的剩余租金,是典型的侵犯性不当得利,被害人对于这部分的财产依法享有不当得利返还请求权,但基于被告人的胁迫、恐吓行为,被害人处分财产的方式是放弃自己的不当得利返还请求权,仍然是处分了自己财产并造成财产损失。

——《刑事审判参考》(总第120辑)。

1005 敲诈勒索罪的量刑

关键词｜敲诈勒索罪｜量刑｜

【最高人民法院司法文件】

(十五)敲诈勒索罪

1. 构成敲诈勒索罪的,根据下列情形在相应的幅度内确定量刑起点:

(1)达到数额较大起点的,或者二年内三次敲诈勒索的,在一年以下有期徒刑、拘役幅度内确定量刑起点。

(2)达到数额巨大起点或者有其他严重情节的,在三年至五年有期徒刑幅度内确定量刑起点。

(3)达到数额特别巨大起点或者有其他特别严重情节的,在十年至十二年有期徒刑幅度内确定量刑起点。

2. 在量刑起点的基础上,根据敲诈勒索数额、次数、犯罪情节严重程度等其他影响犯罪构成的犯罪事实增加刑罚量,确定基准刑。

多次敲诈勒索,数额达到较大以上的,以敲诈勒索数额确定量刑起点,敲诈勒索次数可作为调节基准刑的量刑情节;数额未达到较大的,以敲诈勒索次数确定量刑起点,超过三次的次数作为增加刑罚量的事实。

3. 构成敲诈勒索罪的,根据敲诈勒索的数额、手段、次数、危害后果等犯罪情节,综合考虑被告人缴纳罚金的能力,在二千元以上敲诈勒索数额的二倍以下决定罚金数额;被告人没有获得财物的,在二千元以上十万元以下判处罚金。

4. 构成敲诈勒索罪的,综合考虑敲诈勒索的手段、数额、次数、危害后果、退赃退赔等犯罪事实、量刑情节,以及被告人的主观恶性、人身危险性、认罪悔罪表现等因素,决定缓刑的适用。

——《最高人民法院、最高人民检察院关于常见犯罪的量刑指导意见(试行)》(2021 年 7 月 1 日,法发〔2021〕21 号)。

九、故意毁坏财物罪与破坏生产经营罪

1006 侵入他人股票交易账户采用高进低出手段造成他人资金损失数额巨大的行为构成故意毁坏财物罪

关键词｜故意毁坏财物罪｜股票交易账户｜

【最高人民法院公报案例】

上海市静安区人民检察院诉朱建勇故意毁坏财物案（一审法院：上海市静安区人民法院）

要旨：被告人为泄私愤，侵入他人股票交易账户并修改密码，在他人股票交易账户内，采用高进低出股票的手段，造成他人资金损失数额巨大的行为，构成刑法第二百七十五条规定的故意毁坏财物罪。

二、关于股票所代表的财产权利能否作为故意毁坏财物罪的犯罪对象问题

故意毁坏财物罪，是指故意毁灭或者损坏公私财物，数额较大或者有其他情节严重的行为。法律规定故意毁坏财物罪，旨在通过保护公私财物，进而保护该财物权利主体的权益。刑法意义上的财物，既包括有体物，也包括无体物，只要它具有一定经济价值，能成为权利主体依法享有的权益，就可以成为故意毁坏财物罪的犯罪对象。电力、煤气等无形财产，已经被刑法分则和相关的司法解释明确规定为盗窃罪的犯罪对象。股票所代表的财产权利，也可以成为故意毁坏财物罪的犯罪对象。

三、关于犯罪数额的计算问题

故意毁坏财物是否构成犯罪，数额多少是一个要件。股票不同于一般财物，既有即时行情、当日最高价、当日最低价，也有平均价、成交价、收盘价，等等，而且其价格呈不断波动状态。对以股票为犯罪对象的故意毁坏他人财物行为，如何计算损失数额，目前法律和司法解释都未明确规定。《最高人民法院、最高人民检察院关于办理盗窃刑事案件适用法律若干问题的解释》第五条第（二）项规定，“盗窃记名的有价支付凭证、有价证券、有价票证，已经兑现的，按照兑现部分的财物价值计算盗窃数额；没有兑现，但失主无法通过挂失、补领、补办手续等方式避免损失的，按照给失主造成的实际损失计算盗窃数额”。故意毁坏财物罪与盗窃罪同为侵犯财产类的犯罪，因此应参照上述司法解释计算本案的犯罪数额。

——《最高人民法院公报》2004 年第 4 期。

1007 非法“占有”与“毁坏”行为的区别

关键词｜故意毁坏财物罪｜盗窃罪｜非法毁坏｜非法占有｜

【最高人民法院参考案例】

孙静故意毁坏公私财物案(《刑事审判参考》案例第 310 号)

要旨:刑法意义上的“非法占有”行为与“非法毁坏”行为根本区别在于行为人主观目的不同,前者以依照财物的本来用途利用和处分为目的,后者则以毁坏为目的。司法实践中,对于此类行为应区分不同的情况,依照主客观相一致的原则,客观分析、认定。

刑法意义上的“非法占有”行为与“非法毁坏”行为具有一定的相似性,客观上两者都非法排斥了权利人对财物的占有、使用、收益和处分的权利,侵害了他人财物的所有权。两者的根本区别在于行为人主观目的不同,前者以依照财物的本来用途利用和处分为目的,后者则以毁坏为目的。刑法意义上的“非法占有”不仅表现为行为人对他人财物在物理意义上的实际控制,通常也表现为行为人遵从财物的本来用途进行利用和处分,以实现财物的价值或取得相应的利益。所谓本来用途就是财物自身具有的价值和使用价值,不仅包括经济价值,还包括审美等其他价值。比如行为人非法取得了他人的一件具有很高经济价值的古董,放置于家中或将其变卖,均体现了其对该古董的价值的利用或处分,均属于遵从其本来用途利用和处分,如果其具有永久性地将该古董占为己有的目的,即可以认定其属于非法占有。一般而言,非法占有人不会无故将占有的财物轻易毁弃。“非法毁坏”中,行为人出于毁坏公私财物的经济用途的目的实际控制他人财物后予以毁损或毁灭。虽然行为人也实际控制了他人财物,排除了权利人合法占有财物的可能性,但其控制该财物的目的并不是依照其本来的用途利用和处分,而是变更财物性质和价值或使其灭失,使人在事实上不能按照该物的本来用途使用和处分。司法实践中,对于此类行为应区分不同的情况,依照主客观相一致的原则,客观分析、认定。对于有证据证明行为人以毁损或毁坏为目的而实施的非法取得他人财物的行为,符合毁坏公私财物罪构成要件的,无论其是否已实施了毁坏行为,都应以非法毁坏公私财物罪定罪处罚;对于行为人不以毁坏为目的实际控制了他人财物的,一般均可以认定其具有利用和处分财物的目的,符合职务侵占、贪污或盗窃、诈骗等犯罪构成要件的,应以相应的罪名定罪处罚。

——《刑事审判参考》(总第 39 辑)。

1008 故意毁坏财物罪与放火罪的区别

关键词｜故意毁坏财物罪｜放火罪｜公共安全｜犯罪客体｜

【最高人民法院参考案例】

王新生等放火案(《刑事审判参考》案例第 150 号)

要旨:放火罪属于危害公共安全的犯罪,侵犯的客体是公共安全,而故意毁坏财物罪,属于侵犯财产的犯罪,其侵犯的客体是公私财产。放火罪和故意毁坏财物罪的重要区别之一,就在于行为人的放火行为客观上是否足以危及公共安全。

毁坏财物的方式是多种多样的,当然也包括纵火的方法。以放火等危险方法实施的危害公共安全罪,也往往会造成数额较大的公私财物的损失。但放火罪和故意毁坏财物罪毕竟是有别的。放火罪属于危害公共安全的犯罪,侵犯的客体是公共安全,而故意毁坏财物罪,属于侵犯财产的犯罪,其侵犯的客体是公私财产。放火罪和故意毁坏财物罪的区别之一,就在于行为人的放火行为客观上是否足以危及公共安全。也就是说,如果行为人实施的放火的方法,本身没有危害公共安全,也不可能危及公共安全,就只能属于故意毁坏财物行为,反之,如果已危害或足以危及公共安全,就只能是放火罪。判断行为人的放火行为,是否足以危及公共安全,就要结合放火的地点以及放火时周围的具体环境等因素来分析。

——《刑事审判参考》(总第 24 辑)。

1009 通过在网络交易平台恶意大量购买他人商品或服务，导致相关单位被网络交易平台认定为虚假交易进而被采取商品搜索降权的管控措施，造成重大损失的，构成破坏生产经营罪

关键词｜破坏生产经营罪｜搜索排序｜反向炒信｜

【最高人民法院公报案例】

江苏省南京市雨花台区人民检察院诉董志超、谢文浩破坏生产经营案(二审法院:南京市中级人民法院)

要旨:(1)被告人主观上具有报复和从中获利的目的,客观上通过在网络交易平台恶意大量购买他人商品或服务,导致相关单位被网络交易平台认定为虚假交易进而被采取商品搜索降权的管控措施,造成相关单位遭受损失十万元以上,其行为应以破坏生产经营罪定罪处罚。(2)网络交易平台的搜索排序属于互联网经济的运营方式,应认定为生产要素。在刑法解释上,可以比照实体经济的信誉、商誉

予以解释。反向炒信既损害了对方的商业信誉,同时也破坏了生产经营,二者竞合的,应择一重处。(3)被害单位因被告人犯罪行为遭受的损失,可以综合案发时行业发展趋势、被害单位日常收入情况、案发时收入情况,依照有利于被告人的原则,综合予以认定和评估。

南京市中级人民法院二审查明:

淘宝平台是由浙江淘宝网络有限公司运营的网络交易平台,包括淘宝网(taobao.com)以及淘宝启用的其他域名。为维护淘宝正常经营秩序,保障淘宝用户合法权益,浙江淘宝网络有限公司制订了《淘宝规则》,对淘宝用户增加基本义务或者限制基本权利的条款。根据《淘宝规则》,为提升消费者的购物体验,浙江淘宝网络有限公司对于涉嫌通过不正当方式获得商品销量等妨害买家权益的虚假交易的商品,可以给予单个商品淘宝网搜索降权的市场管控措施,即调整该商品在搜索结果中的排序。

北京智齿数汇科技有限公司于2013年11月在淘宝网注册成立名称为"PaperPass论文通行证"的网上店铺,主要经营论文相似度检测业务,由该公司南京分公司即智齿科技南京公司具体负责运营。

2014年4月,在淘宝网经营论文相似度检测业务的上诉人董志超出于报复和自己从中获利的目的,雇佣并指使上诉人谢文浩,多次以同一账号恶意大量购买智齿科技南京公司淘宝网店铺的商品,意图使浙江淘宝网络有限公司以涉嫌虚假交易对智齿科技南京公司的商品作出搜索降权等市场管控措施。其中,4月18日凌晨指使谢文浩使用同一账号,恶意购买120单商品;4月22日凌晨指使谢文浩使用同一账号,恶意购买385单商品;4月23日凌晨指使谢文浩使用同一账号,恶意购买1000单商品。

2014年4月23日,浙江淘宝网络有限公司认定智齿科技南京公司淘宝网店铺从事虚假交易,并对该店铺商品作出商品搜索降权的市场管控措施,后经智齿科技南京公司线下申诉,于同年4月28日恢复该店铺商品的搜索排名。搜索降权期间,消费者在数日内无法通过淘宝网搜索栏搜索到智齿科技南京公司淘宝网店铺的商品,该公司淘宝网店铺正常生产经营遭到破坏。经分析、统计2014年4月至5月智齿科技南京公司每日成交金额及行业成交趋势,智齿科技南京公司因其商品被搜索降权而产生的损失为人民币十万余元。

另查明,上诉人谢文浩、董志超分别于2014年5月13日、5月16日被公安机关抓获,二上诉人归案后均如实供述了自己的犯罪事实。案件侦查期间,董志超已赔偿被害单位智齿科技南京公司经济损失人民币十五万元。

江苏省南京市中级人民法院二审认为:

关于二上诉人的行为定性。经查,在案证据证实,二上诉人主观上具有报复和从中获利的目的,客观上实施了通过损害被害单位商业信誉的方式破坏被害单位生产经营的行为,被害单位因二上诉人的行为遭受了十万元以上的损失,且二上诉人的行为与损失间存在因果关系,其行为符合破坏生产经营罪的犯罪构成,应以破坏生产经营罪定罪处罚。第三方因素的介入并不影响因果关系的认定。故该相关上诉理由、辩护意见不能成立,不予采纳。

关于本案损失的认定。经查,在案证据证实,2014 年 4 月至 5 月,淘宝网论文相似度检测行业被搜索的网络浏览量和用户个数基本处于上升态势,被害单位商品搜索降权期间的日确认收货搜索引导成交金额仅为 4019 元、419 元、70 元、19 元、23 元、4932 元,平均额为 1578. 8 元,远远低于其扣除搜索降权期间当年 4 月份、5 月份或 4 月至 5 月的平均额 18547 元、23352 元、21216 元,损失客观存在,依照有利于上诉人的原则,本院就低认定损失为人民币十万余元。故该辩护意见不能成立,不予采纳。

——《最高人民法院公报》2018 年第 8 期。

1010 非国有公司工作人员出于个人升职目的，以低于公司限价价格销售公司产品，造成公司重大损失的行为，如何定性

关键词 | 破坏生产经营罪 | 故意毁坏财物罪 |

【最高人民法院参考案例】

刘俊破坏生产经营案(《刑事审判参考》案例第 736 号)

要旨:作为公司销售人员,出于扩大销售业绩,实现个人升职目的,而擅自以低于限价价格销售公司产品,导致公司重大经济损失的事实清楚,证据确实、充分,其行为虽然具有一定的社会危害性,但不符合破坏生产经营罪、故意毁坏财物罪的构成要件。

(一)被告人刘俊的行为不构成破坏生产经营罪

根据刑法第二百七十六条的规定,破坏生产经营罪,是指行为人出于泄愤报复或其他个人目的,毁坏机器设备、残害耕畜或者以其他方法破坏生产经营。被告人刘俊无论在主观方面还是在客观方面,均不符合破坏生产经营罪的构成要件。第一,从行为目的分析。刘俊的行为动机是扩大销售业绩,目的是实现“个人升职”,与“泄愤报复”等恶意目的在本质上截然不同,因此,不能将刘俊的行为目的解释为刑法第二百七十六条规定的“其他个人目的”。第二,从行为方式分析。刑法关于破坏生产经营罪的规定侧重于对生产经营活动赖以正常进行的生产资料、生产工具、机器设备及其他生产经营条件的保护,其规制对象是对生产经营条件进行破

坏的行为。而本案刘俊低价销售公司产品的行为,不是对生产经营条件的破坏,而是对生产经营对象的处理,属于生产经营行为的一种方式,不属于“其他方法破坏生产经营”。

(二)被告人刘俊的行为不构成故意毁坏财物罪

根据刑法第二百七十五条的规定,故意毁坏财物罪是指故意毁坏公私财物,数额较大或者情节严重的行为。被告人刘俊的行为不构成故意毁坏财物罪。第一,被告人刘俊为实现个人升职目的,明知自己的行为会给公司造成损失,擅自以低于限价价格销售公司电脑,对公司财产遭受损失具有主观故意。但很明显刘俊没有毁损电脑产品使用价值的故意。换言之,刘俊主观上具有造成公司销售利润降低甚至亏本的故意,但该故意内容不符合故意毁坏财物罪毁损公私财物使用价值的主观要件。第二,公司电脑产品由刘俊擅自低价销售后,公司确实受到损失,但被销售的电脑产品的使用价值并没有因此丧失或者部分丧失,电脑产品的使用价值仍然得以体现。电脑产品不会因为被贱卖而丧失其自身的使用价值,这与通过焚烧、摔砸电脑产品使其使用价值完全丧失或部分丧失的毁坏财物行为有着本质的区别。

——《刑事审判参考》(总第83辑)。

十、拒不支付劳动报酬罪

1011 拒不支付劳动报酬罪“数额较大”“造成严重后果”的认定

关键词｜拒不支付劳动报酬罪｜数额较大｜造成严重后果｜

【最高人民法院司法解释】

第三条 具有下列情形之一的，应当认定为刑法第二百七十六条之一第一款规定的“数额较大”：

（一）拒不支付一名劳动者三个月以上的劳动报酬且数额在五千元至二万元以上的；

（二）拒不支付十名以上劳动者的劳动报酬且数额累计在三万元至十万元以上的。

各省、自治区、直辖市高级人民法院可以根据本地区经济社会发展状况，在前款规定的数额幅度内，研究确定本地区执行的具体数额标准，报最高人民法院备案。

第五条 拒不支付劳动者的劳动报酬，符合本解释第三条的规定，并具有下列情形之一的，应当认定为刑法第二百七十六条之一第一款规定的“造成严重后果”：

（一）造成劳动者或者其被赡养人、被扶养人、被抚养人的基本生活受到严重影响、重大疾病无法及时医治或者失学的；

（二）对要求支付劳动报酬的劳动者使用暴力或者进行暴力威胁的；

（三）造成其他严重后果的。

——《最高人民法院关于审理拒不支付劳动报酬刑事案件适用法律若干问题的解释》（2013 年 1 月 23 日，法释〔2013〕3 号）。

1012 “劳动者的劳动报酬”的认定

关键词｜拒不支付劳动报酬罪｜劳动报酬｜

【最高人民法院司法解释】

第一条 劳动者依照《中华人民共和国劳动法》和《中华人民共和国劳动合同

法》等法律的规定应得的劳动报酬,包括工资、奖金、津贴、补贴、延长工作时间的工资报酬及特殊情况下支付的工资等,应当认定为刑法第二百七十六条之一第一款规定的“劳动者的劳动报酬”。

——《最高人民法院关于审理拒不支付劳动报酬刑事案件适用法律若干问题的解释》(2013 年 1 月 23 日,法释〔2013〕3 号)。

【链接：理解与适用】

需要特别说明的是,《解释》第一条将“劳动者的劳动报酬”限定为劳动报酬,未包括劳务报酬以及社会保险福利、劳动保护等方面的费用。主要考虑是:(1)根据劳动法、劳动合同法等法律的规定,劳动报酬是基于用人单位和劳动者之间建立劳动关系所产生的工资收入;而劳务报酬并非基于劳动关系产生的,属于普通民事法律关系调整的范畴。立法规定拒不支付劳动报酬罪,是为了强化对处于相对弱势地位的劳动者的保护,对平等民事主体之间的劳务报酬纠纷,应通过民事程序解决。(2)构成拒不支付劳动报酬罪的前提条件是经政府有关部门责令支付仍不支付。根据《劳动保障监察条例》规定,通常情况下,只有形成劳动关系,劳动监察部门才有权进行责令支付。对于一般的劳务报酬,劳动监察部门无法进行责令支付,相应也不能纳入拒不支付劳动报酬罪之“劳动报酬”的范畴。(3)从增设拒不支付劳动报酬罪的背景来看,本罪主要打击危及劳动者基本生活保障的行为,拒不支付社会保险福利、劳动保护等方面的费用尚不会危及劳动者的基本生活,故将此部分费用未纳入拒不支付劳动报酬罪的行为对象。

——喻海松:《〈关于审理拒不支付劳动报酬刑事案件适用法律若干问题的解释〉的理解与适用》,载《人民司法 · 应用》2013 年第 7 期。

1013 “以转移财产、逃匿等方法逃避支付劳动者的劳动报酬”的认定

关键词｜拒不支付劳动报酬罪｜劳动报酬｜

【最高人民法院司法解释】

第二条　以逃避支付劳动者的劳动报酬为目的,具有下列情形之一的,应当认定为刑法第二百七十六条之一第一款规定的“以转移财产、逃匿等方法逃避支付劳动者的劳动报酬”:

(一)隐匿财产、恶意清偿、虚构债务、虚假破产、虚假倒闭或者以其他方法转移、处分财产的;

(二)逃跑、藏匿的;

（三）隐匿、销毁或者篡改账目、职工名册、工资支付记录、考勤记录等与劳动报酬相关的材料的；

（四）以其他方法逃避支付劳动报酬的。

——《最高人民法院关于审理拒不支付劳动报酬刑事案件适用法律若干问题的解释》（2013 年 1 月 23 日，法释〔2013〕3 号）。

【链接：理解与适用】

需要注意的是，以转移财产方法逃避支付劳动者的劳动报酬的，行为人无疑具有支付能力。但是，对于以逃匿等方法逃避支付劳动者的劳动报酬，构成犯罪的，是否需要以行为人有支付能力为前提，在讨论中有不同意见……经认真研究认为，与所并列的“有能力支付而不支付劳动者的劳动报酬”的表述不同，对于“以转移财产、逃匿等方法逃避支付劳动者的劳动报酬”，刑法第二百七十六条之一第一款并未将行为人需要有实际支付能力作为构成犯罪的条件。因此，对以逃匿方法逃避支付劳动者的劳动报酬的行为，构成犯罪的，不要求行为人具有支付能力。基于此，《解释》第二条未规定“但有证据证明被告人确实不具有支付能力的除外”的表述。

——喻海松：《〈关于审理拒不支付劳动报酬刑事案件适用法律若干问题的解释〉的理解与适用》，载《人民司法 · 应用》2013 年第 7 期。

1014 “经政府有关部门责令支付仍不支付”的认定

关键词 | 拒不支付劳动报酬罪 | 责令支付仍不支付 |

【最高人民法院司法解释】

第四条 经人力资源社会保障部门或者政府其他有关部门依法以限期整改指令书、行政处理决定书等文书责令支付劳动者的劳动报酬后，在指定的期限内仍不支付的，应当认定为刑法第二百七十六条之一第一款规定的“经政府有关部门责令支付仍不支付”，但有证据证明行为人有正当理由未知悉责令支付或者未及时支付劳动报酬的除外。

行为人逃匿，无法将责令支付文书送交其本人、同住成年家属或者所在单位负责收件的人的，如果有关部门已通过在行为人的住所地、生产经营场所等地张贴责令支付文书等方式责令支付，并采用拍照、录像等方式记录的，应当视为“经政府有关部门责令支付”。

——《最高人民法院关于审理拒不支付劳动报酬刑事案件适用法律若干问题

的解释》(2013 年 1 月 23 日,法释〔2013〕3 号)。

【链接:理解与适用】

第一款规定责令支付主体包括但不限于人力资源社会保障部门。政府其他有关部门也可以在职权范围内进行责令支付。例如,对在建筑施工领域发生的拒不支付劳动报酬行为,建设行政主管部门可以进行责令支付,对在水利施工领域发生的拒不支付劳动报酬行为,水利行政主管部门可以进行责令支付。而根据《劳动保障监察条例》及 2004 年 12 月 31 日《劳动部关于实施〈劳动保障监察条例〉若干规定》的规定,对于用人单位拒不支付劳动报酬的行为,人力资源社会保障部门可以根据具体情形分别作出劳动保障监察限期整改指令书、劳动保障行政处理决定书等法律文书,故将上述法律文书均视为责令支付文书。通常情况下,在责令支付文书指定的期限内仍不支付的,应当认定为"经政府有关部门责令支付仍不支付"。但是,行为人因身患重病、自然灾害等正常理由未知悉责令支付,或者虽然知悉责令支付但在指定期限内无法及时支付劳动报酬的,不能认定为"经政府有关部门责令支付仍不支付"。

需要注意的是,工会是职工自愿结合的工人阶级的群众组织,不属于政府有关部门的范畴,不能成为责令支付的主体。此外,人民法院和劳动争议仲裁委员会也不属于政府有关部门的范畴,不执行人民法院的判决和劳动争议仲裁裁决的不属于经政府有关部门责令支付仍不支付,不构成拒不支付劳动报酬罪,但可能构成拒不执行判决、裁定罪。

——喻海松:《〈关于审理拒不支付劳动报酬刑事案件适用法律若干问题的解释〉的理解与适用》,载《人民司法·应用》2013 年第 7 期。

1015 不具备用工主体资格的单位或者个人构成拒不支付劳动报酬罪的认定

关键词|拒不支付劳动报酬罪|违法用工|

【最高人民法院司法解释】

第七条　不具备用工主体资格的单位或者个人,违法用工且拒不支付劳动者的劳动报酬,数额较大,经政府有关部门责令支付仍不支付的,应当依照刑法第二百七十六条之一的规定,以拒不支付劳动报酬罪追究刑事责任。

——《最高人民法院关于审理拒不支付劳动报酬刑事案件适用法律若干问题的解释》(2013 年 1 月 23 日,法释〔2013〕3 号)。

【最高人民法院指导性案例】

胡克金拒不支付劳动报酬案(最高人民法院指导案例 28 号)

裁判要点:(1)不具备用工主体资格的单位或者个人(包工头),违法用工且拒不支付劳动者报酬,数额较大,经政府有关部门责令支付仍不支付的,应当以拒不支付劳动报酬罪追究刑事责任。(2)不具备用工主体资格的单位或者个人(包工头)拒不支付劳动报酬,即使其他单位或者个人在刑事立案前为其垫付了劳动报酬的,也不影响追究该用工单位或者个人(包工头)拒不支付劳动报酬罪的刑事责任。

法院生效裁判认为:被告人胡克金拒不支付二十余名民工的劳动报酬达十二万余元,数额较大,且在政府有关部门责令其支付后逃匿,其行为构成拒不支付劳动报酬罪。被告人胡克金虽然不具有合法的用工资格,又属没有相应建筑工程施工资质而承包建筑工程施工项目,且违法招用民工进行施工,上述情况不影响以拒不支付劳动报酬罪追究其刑事责任。本案中,胡克金逃匿后,工程总承包企业按照有关规定清偿了胡克金拖欠的民工工资,其清偿拖欠民工工资的行为属于为胡克金垫付,这一行为虽然消减了拖欠行为的社会危害性,但并不能免除胡克金应当支付劳动报酬的责任,因此,对胡克金仍应当以拒不支付劳动报酬罪追究刑事责任。鉴于胡克金系初犯、认罪态度好,依法作出如上判决。

——《最高人民法院关于发布第七批指导性案例的通知》(2014 年 6 月 26 日,法〔2014〕161 号)。

麦读
MyRead

走向上的路　追求正义与智慧

THE COLLECTION OF
THE SUPREME PEOPLE'S COURT'S
JÚDICIAL RULES

新编

最高人民法院司法观点集成

刑事卷 Ⅳ
（第二版）

总 主 编｜杜万华　　副总主编｜刘德权
本卷主编｜何　帆

中国民主法制出版社
全国百佳图书出版单位

CONTENTS

本卷总目

本册细目

CONTENTS

第五章 妨害社会管理秩序罪

一、扰乱公共秩序罪 /1801

第五章 | CHAPTER 05

妨害社会管理秩序罪

一、扰乱公共秩序罪

（一）妨害公务罪、袭警罪

1016 妨害公务罪的司法认定

关键词|妨害公务罪|犯罪构成要件|

【最高人民法院司法解释】

第七条　收买被拐卖的妇女、儿童，又以暴力、威胁方法阻碍国家机关工作人员解救被收买的妇女、儿童，或者聚众阻碍国家机关工作人员解救被收买的妇女、儿童，构成妨害公务罪、聚众阻碍解救被收买的妇女、儿童罪的，依照数罪并罚的规定处罚。

——《最高人民法院关于审理拐卖妇女儿童犯罪案件具体应用法律若干问题的解释》（2017 年 1 月 1 日，法释〔2016〕28 号）。

第八条第二款　有破坏海洋资源犯罪行为，又实施走私、妨害公务等犯罪的，依照数罪并罚的规定处理。

——《最高人民法院关于审理发生在我国管辖海域相关案件若干问题的规定（二）》（2016 年 8 月 2 日，法释〔2016〕17 号）。

第四条第一款　以暴力、威胁方法阻碍草原监督检查人员依法执行职务，构成犯罪的，依照刑法第二百七十七条的规定，以妨害公务罪追究刑事责任。

——《最高人民法院关于审理破坏草原资源刑事案件应用法律若干问题的解释》（2012 年 11 月 22 日，法释〔2012〕15 号）。

第八条第一款　以暴力、威胁方法阻碍烟草专卖执法人员依法执行职务，构成犯罪的，以妨害公务罪追究刑事责任。

——《最高人民法院、最高人民检察院关于办理非法生产、销售烟草专卖品等刑事案件具体应用法律若干问题的解释》（2010 年 3 月 26 日，法释〔2010〕7 号）。

第八条 以暴力、威胁方法阻碍国家机关工作人员、红十字会工作人员依法履行为防治突发传染病疫情等灾害而采取的防疫、检疫、强制隔离、隔离治疗等预防、控制措施的，依照刑法第二百七十七条第一款、第三款的规定，以妨害公务罪定罪处罚。

——《最高人民法院、最高人民检察院关于办理妨害预防、控制突发传染病疫情等灾害的刑事案件具体应用法律若干问题的解释》（2003 年 5 月 15 日，法释〔2003〕8 号）。

【最高人民法院司法文件】

二、准确适用法律，依法严惩妨害疫情防控的各类违法犯罪

以暴力、威胁方法阻碍国家机关工作人员（含在依照法律、法规规定行使国家有关疫情防控行政管理职权的组织中从事公务的人员，在受国家机关委托代表国家机关行使疫情防控职权的组织中从事公务的人员，虽未列入国家机关人员编制但在国家机关中从事疫情防控公务的人员）依法履行为防控疫情而采取的防疫、检疫、强制隔离、隔离治疗等措施的，依照刑法第二百七十七条第一款、第三款的规定，以妨害公务罪定罪，从重处罚。……

——《最高人民法院、最高人民检察院、公安部、司法部关于依法惩治妨害新型冠状病毒感染肺炎疫情防控违法犯罪的意见》（2020 年 2 月 6 日，法发〔2020〕7 号）。

（六）以暴力、威胁方法阻碍国家机关工作人员依法处置妨害安全驾驶违法犯罪行为、维护公共交通秩序的，依照刑法第二百七十七条的规定，以妨害公务罪定罪处罚；……

（七）本意见所称公共交通工具，是指公共汽车、公路客运车，大、中型出租车等车辆。

——《最高人民法院、最高人民检察院、公安部关于依法惩治妨害公共交通工具安全驾驶违法犯罪行为的指导意见》（2019 年 1 月 8 日，公通字〔2019〕1 号）。

（四）阻碍执行职务。在信访活动中或者以信访为名，以暴力、威胁方法阻碍国家机关工作人员依法执行职务的，依照刑法第二百七十七条的规定，以妨害公务罪定罪处罚；……

——《最高人民法院、最高人民检察院、公安部关于依法处理信访活动中违法犯罪行为的指导意见》（2019 年 2 月 28 日，公通字〔2019〕7 号）。

三、醉酒驾驶机动车，以暴力、威胁方法阻碍公安机关依法检查，又构成妨害公

务罪等其他犯罪的，依照数罪并罚的规定处罚。

——《最高人民法院、最高人民检察院、公安部关于办理醉酒驾驶机动车刑事案件适用法律若干问题的意见》(2013 年 12 月 18 日，法发〔2013〕15 号)。

八、关于以暴力、威胁方法阻碍烟草专卖执法人员依法执行职务行为的定罪处罚问题

以暴力、威胁方法阻碍烟草专卖执法人员依法执行职务的，依照刑法第二百七十七条的规定，以妨害公务罪定罪处罚。

——《最高人民法院、最高人民检察院、公安部、国家烟草专卖局关于办理假冒伪劣烟草制品等刑事案件适用法律问题座谈会纪要》(2003 年 12 月 23 日，高检会〔2003〕4 号)。

1017 疫情防控期间妨害公务罪的准确认定

关键词|妨害公务罪|疫情防控|

【最高人民法院参考案例】

陈岗妨害公务案(《刑事审判参考》案例第 1324 号)

要旨：疫情防控期间，妨害公务罪的行为对象包括虽未列入国家机关人员编制但在国家机关中从事疫情防控公务的人员。

在疫情防控期间，最高人民法院、最高人民检察院、公安部、司法部于 2020 年 2 月 6 日印发的《关于依法惩治妨害新型冠状病毒感染肺炎疫情防控违法犯罪的意见》(以下简称《意见》)对妨害公务行为对象的人员范围又进一步予以了明确。《意见》规定，以暴力、威胁方法阻碍国家机关工作人员(含在依照法律、法规规定行使国家有关疫情防控行政管理职权的组织中从事公务的人员，在受国家机关委托代表国家机关行使疫情防控职权的组织中从事公务的人员，虽未列入国家机关人员编制但在国家机关中从事疫情防控公务的人员)依法履行为防控疫情而采取的防疫、检疫、强制隔离、隔离治疗等措施的，依照刑法第二百七十七条第一款、第三款的规定，以妨害公务罪定罪处罚。《意见》的出台对于防疫工作的顺利推进提供了法律保障。对于以暴力、威胁方式阻碍上述人员执行防疫、检疫、强制隔离、隔离治疗等公务活动的，应当以妨害公务罪处理。

另外，实践中对村(居)民委员会成员或者村(居)民参与防控新冠肺炎疫情活动受到暴力、威胁阻碍时应如何定性也存在部分争议。我们认为，根据村民委员会组织法和居民委员会组织法的有关规定，村(居)民委员会作为村(居)民自我管

理、自我教育、自我服务的基层群众性自治组织，有权在自治范围内采取合适措施从事公共事务和公益事业，维护村（居）民合法权益。因此，对于村（居）民委员会成员或者村（居）民参与疫情防控工作的行为性质，应一分为二地予以看待。在新冠肺炎疫情防控期间，对于村（居）民委员会或者村（居）民基于维护本村（居）民委员会所辖区域健康、安全等公共利益出发，在自治范围内自发组织或者决定采取有关防疫、检查、隔离、联防联控等措施的，由于该活动是一种单纯的自治行为，上述人员不应纳入妨害公务罪的行为对象范围。但是，面对突发事件，根据突发事件应对法，县级以上各级人民政府应根据突发事件的性质、特点和可能造成的社会危害采取相应措施予以防范和控制。为了预防、控制和消除传染病的发生与流行，传染病防治法中规定，县级以上人民政府可以对人员、物资和交通工具等实施防疫、检查、隔离治疗等措施，并有权指令本辖区内所有组织和人员予以贯彻落实。因此，如果村（居）民委员会或者村（居）民是在党委政府统一部署下，协助政府从事疫情防疫、检疫、强制隔离、隔离治疗等措施的，应当视为从事行使疫情防控职权的公务人员。在新冠肺炎疫情防控工作中，很多各地村（居）民委员会及其村（居）民，都是防疫一线的主力军，对他们实施殴打、撕扯、恐吓、威胁等行为，影响疫情防控工作的顺利开展，故对于以暴力、威胁方式阻碍他们依法履行疫情防控任务的，应当作为妨害公务罪处理。

需要注意的是，本案中的两名被害人卢作清和李辉的身份均为通城县公安局北港派出所的辅警。根据国务院办公厅发布的《关于规范公安机关警务辅助人员管理工作的意见》第四条的规定，警务辅助人员不具备执法主体资格，不能直接参与公安执法工作，应当在公安民警的指挥和监督下开展辅助性工作。本案中两名辅警并非单独工作，一同执法的还有其他镇政府工作人员，执行公务的依据为通城县新冠肺炎疫情防控指挥部的统一安排，属于《意见》中"虽未列入国家机关人员编制但在国家机关中从事疫情防控公务的人员"，二人执行疫情防控公务具有合法性和正当性，因此本案两名被害人应视为执行公务的国家机关工作人员。

——《刑事审判参考》（总第121辑）。

谢益波、邵颖妨害公务案（《刑事审判参考》案例第1326号）

要旨：疫情防控期间，要全面结合犯罪事实与防控需要从严惩处犯罪行为。

"依法严惩"的核心是从重处罚。从刑罚处罚根据来看，在新冠肺炎疫情防控期间实施了妨害疫情防控犯罪，阻碍防控工作的顺利推进，可能会造成疫情的进一步蔓延，给人民群众造成了不必要的恐慌和传染风险，也会增加社会的不稳定因素，该行为在客观上具有严重的社会危害性；行为人主观上在明知目前系疫情防控期却实施妨害疫情防控犯罪，表明其主观恶性和人身危险性较大，因此，对上述行为人进行严厉惩处具有充分的刑罚根据。《防控意见》规定,对于在疫情防控期间实施有关违法犯罪的,要作为从重情节予以考量,依法体现从严的政策要求。

在司法实践中,一方面,要全面结合犯罪事实,对于在妨害疫情防控犯罪中社会危害性大或者具有法定、酌定从重处罚情节,以及主观恶性深、人身危险性大的被告人,要依法从重量刑,通过审判实践体现依法严惩的政策要求,有效震慑犯罪分子和社会不稳定分子,达到有效遏制犯罪、预防犯罪的目的。另一方面,要全面、客观把握疫情防控的不同时期不同地区的社会形势,充分考虑人民群众的安全感以及惩治犯罪的实际需要,注重从严打击。因此,在新冠肺炎疫情防控期间,对妨害疫情防控犯罪情节恶劣、危害后果严重、人民群众反映强烈的案件,要依法予以从重处罚,严格控制对相关被告人适用缓刑、管制、免刑、单处罚金等非监禁刑;加大财产刑的处罚力度,采取有效措施依法追缴犯罪违法所得,不让犯罪分子在经济上非法获利;对利用职业便利实施犯罪或违背职业要求特定义务的犯罪,可依法决定对被告人的职业禁止。

就本案而言,被告人谢益波在被害人无明显过错情况下随意殴打被害人,并使用水泥块作为工具连续击打其头部,致被害人四处轻微伤,可见被告人主观恶性和人身危险性较大、犯罪情节恶劣,同时考虑被告人谢益波在疫情防控期间实施妨害公务行为,社会危害性远远高于正常时期的同类犯罪。因此,综合全案的犯罪事实和防控需要,应对被告人谢益波依法予以从重处罚。

——《刑事审判参考》(总第121辑)。

1018 聚众以暴力手段抢回被依法查扣的制假设备的行为构成妨害公务罪

关键词|妨害公务罪|暴力手段|制假设备|

【最高人民法院参考案例】

江世田等妨害公务案(《刑事审判参考》案例第205号)

要旨:行为人以对抗执法的故意和目的,聚众以暴力在中途拦截执法车辆,公然夺回被依法查扣的制假设备,符合妨害公务罪的构成特征,应以妨害公务罪定罪处罚。

刑法第二百七十七条第一款规定:“以暴力、威胁方法阻碍国家机关工作人员依法执行职务的,构成妨害公务罪,处三年以下有期徒刑、拘役、管制或者罚金。”该罪具有以下特点:(1)行为人主观上具有妨害公务的故意和目的;(2)行为内容或目标是阻碍国家机关工作人员依法执行职务;(3)行为手段只能是暴力或者威胁;

(4)行为发生的场合必须是在国家机关工作人员依法执行职务的过程中。妨害公务罪侵犯的主要客体是国家机关依法进行的管理活动。国家机关依法进行的管理活动,主要是通过国家机关工作人员的执行职务行为来实现。只有国家机关工作人员依法执行职务时对其实施暴力或威胁阻碍的,才可能存在妨害公务问题,也才有可能构成妨害公务罪。所谓执行职务时,包括从开始实际执行职务时至职务执行完毕的全过程。实践中,执行职务行为通常表现为一个连续性的过程,判断一个职务行为的执行开始和执行完毕,必须根据职务行为执行的具体情况而论。从查扣制假设备到案发时的返回途中,均应视为在执行职务的过程中,而非执行职务完毕。行为人以对抗执法的故意和目的,聚众以暴力在中途拦截执法车辆,公然夺回被依法查扣的制假设备,符合妨害公务罪的构成特征,应以妨害公务罪定罪处罚。

——《刑事审判参考》(总第28辑)。

1019 以放火的方式阻碍国家工作人员执行职务，并非针对不特定多数人的行为构成妨害公务罪

关键词 | 妨害公务罪 | 不特定多数人 | 公共危险性 |

【最高人民法院参考案例】

周洪宝妨害公务案(《刑事审判参考》案例第731号)

要旨:以放火的方式阻碍国家工作人员执行职务,行为并非针对不特定多数人,在行为当时特定的客观环境下该行为不可能形成引发危害公共安全的燃烧状态,且主观上并无危害公共安全的故意的,应以妨害公务罪论处。

以放火的方式实现其他犯罪目的的行为属牵连犯,处理原则是择一重罪论处,但适用该原则应以一行为触犯数罪名为前提,即该行为须同时符合数罪的构成要件。本案中,周洪宝投掷点燃汽油瓶的行为明确指向在场执行公务的行政机关工作人员这一特定对象,且在当时的客观环境下尚不足以产生危害公共安全的结果,故不构成放火罪;又因该行为没有造成重伤后果,也不构成故意伤害罪。因此,本案是单纯的妨害公务案件。

——《刑事审判参考》(总第82辑)。

1020 拒不执行判决、裁定罪中妨害执行公务行为的界定①

关键词｜妨害公务罪｜拒不执行判决、裁定罪｜

【最高人民法院司法解释】

第二条　负有执行义务的人有能力执行而实施下列行为之一的，应当认定为全国人民代表大会常务委员会关于刑法第三百一十三条的解释中规定的“其他有能力执行而拒不执行，情节严重的情形”：

……

（五）以暴力、威胁方法阻碍执行人员进入执行现场或者聚众哄闹、冲击执行现场，致使执行工作无法进行的；

（六）对执行人员进行侮辱、围攻、扣押、殴打，致使执行工作无法进行的；

（七）毁损、抢夺执行案件材料、执行公务车辆和其他执行器械、执行人员服装以及执行公务证件，致使执行工作无法进行的；

（八）拒不执行法院判决、裁定，致使债权人遭受重大损失的。

——《最高人民法院关于审理拒不执行判决、裁定刑事案件适用法律若干问题的解释》（2015 年 7 月 22 日，法释〔2015〕16 号；2021 年 1 月 1 日，法释〔2020〕21 号修正）。

【链接：理解与适用】

第（五）（六）（七）项的拒执行为，按照 2007 年《最高人民检察院、最高人民法院、公安部关于依法严肃查处拒不执行判决裁定和暴力抗拒法院执行犯罪行为有关问题的通知》规定，一律以妨害公务罪处罚，有过于“一刀切”之嫌，按照刑法理

① 1998 年 4 月 17 日，最高人民法院发布了《关于审理拒不执行判决、裁定案件具体应用法律若干问题的解释》（法释〔1998〕6 号），将以暴力、威胁妨害或者抗拒执行，致使执行工作无法进行，且情节严重的行为认定为拒不执行人民法院判决、裁定行为，以拒不执行判决、裁定罪论处；2002 年 8 月 29 日，全国人大常委会发布了《关于〈中华人民共和国刑法〉第三百一十三条的解释》重新列举了“有能力执行而拒不执行，情节严重”的情形，而上述行为未被包括在内；2007 年 8 月 30 日，最高人民法院、最高人民检察院、公安部联合发布了《关于依法严肃惩处拒不执行判决裁定和暴力抗拒法院执行犯罪行为有关问题的通知》再次明确，“其他以暴力、威胁方法妨害或者抗拒执行，致使执行工作无法进行的”以妨害公务罪论处。法释〔1998〕6 号解释被废止。但 2015 年 7 月 20 日，最高人民法院发布了《关于审理拒不执行判决、裁定刑事案件适用法律若干问题的解释》（法释〔2015〕16 号），将以暴力、威胁方法阻碍执行人员进入执行现场或者聚众哄闹、冲击执行现场，对执行人员进行侮辱、围攻、扣押、殴打，毁损、抢夺执行案件材料、执行公务车辆和其他执行器械、执行人员服装以及执行公务证件等致使执行工作无法进行的行为，认定为前述立法解释规定的“其他有能力执行而拒不执行，情节严重”的情形，规定对此以拒不执行判决、裁定罪处罚。因此，对负有执行义务的人实施了上述拒执行为的，以拒不执行判决、裁定罪处罚为宜。如果具体案件中存在与其他犯罪行为的竞合、牵连等情形，以及负有执行义务人以外的其他人实施规定的相关行为构成共犯的，由刑事法官根据具体情况依法处理。

论的相关原理，负有执行义务的人实施了上述拒执行为之一的，以拒执罪处罚为宜。如果具体案件中存在与其他犯罪行为的竞合、牵连等情形，以及负有执行义务人以外的其他人实施规定的相关行为构成共犯的，由刑事法官根据具体情况依法处理。

——刘贵祥、刘慧卓：《〈最高人民法院关于审理拒不执行判决、裁定刑事案件适用法律若干问题的解释〉的理解与适用》，载《人民司法 · 应用》2015年第23期。

1021 妨害公务罪的量刑

关键词 | 妨害公务罪 | 量刑 |

【最高人民法院司法文件】

（十六）妨害公务罪

1. 构成妨害公务罪的，在二年以下有期徒刑、拘役幅度内确定量刑起点。

2. 在量刑起点的基础上，根据妨害公务造成的后果、犯罪情节严重程度等其他影响犯罪构成的犯罪事实增加刑罚量，确定基准刑。

3. 构成妨害公务罪的，依法单处罚金的，根据妨害公务的手段、危害后果、造成的人身伤害以及财物毁损情况等犯罪情节，综合考虑被告人缴纳罚金的能力，决定罚金数额。

4. 构成妨碍公务罪的，综合考虑妨害公务的手段、造成的人身伤害、财物的毁损及社会影响等犯罪事实、量刑情节，以及被告人的主观恶性、人身危险性、认罪悔罪表现等因素，决定缓刑的适用。

——《最高人民法院、最高人民检察院关于常见犯罪的量刑指导意见（试行）》（2021年7月1日，法发〔2021〕21号）。

1022 袭警行为的定罪量刑

关键词 | 袭警罪 | 妨害公务罪 |

【最高人民法院司法文件】

一、对正在依法执行职务的民警实施下列行为的，属于刑法第二百七十七条第五款规定的“暴力袭击正在依法执行职务的人民警察”，应当以妨害公务罪[1]定罪从重处罚：

1. 实施撕咬、踢打、抱摔、投掷等，对民警人身进行攻击的；

2. 实施打砸、毁坏、抢夺民警正在使用的警用车辆、警械等警用装备，对民警人身进行攻击的；

对正在依法执行职务的民警虽未实施暴力袭击，但以实施暴力相威胁，符合刑法第二百七十七条第一款规定的，以妨害公务罪定罪处罚。

醉酒的人实施袭警犯罪行为，应当负刑事责任。

教唆、煽动他人实施袭警犯罪行为或者为他人实施袭警犯罪行为提供工具、帮助的，以共同犯罪论处。

对袭警情节轻微或者辱骂民警，尚不构成犯罪，但构成违反治安管理行为的，应当依法从重给予治安管理处罚。

二、实施暴力袭警行为，具有下列情形之一的，在第一条规定的基础上酌情从重处罚：

1. 使用凶器或者危险物品袭警、驾驶机动车袭警的；

2. 造成民警轻微伤或者警用装备严重毁损的；

3. 妨害民警依法执行职务，造成他人伤亡、公私财产损失或者造成犯罪嫌疑人脱逃、毁灭证据等严重后果的；

4. 造成多人围观、交通堵塞等恶劣社会影响的；

5. 纠集多人袭警或者袭击民警二人以上的；

6. 曾因袭警受过处罚，再次袭警的；

7. 实施其他严重袭警行为的。

实施上述行为，构成犯罪的，一般不得适用缓刑。

三、驾车冲撞、碾轧、拖拽、剐蹭民警，或者挤别、碰撞正在执行职务的警用车辆，危害公共安全或者民警生命、健康安全，符合刑法第一百一十四条、第一百一十五条、第二百三十二条、第二百三十四条规定的，应当以以危险方法危害公共安全罪、故意杀人罪或者故意伤害罪定罪，酌情从重处罚。

暴力袭警，致使民警重伤、死亡，符合刑法第二百三十四条、第二百三十二条规定的，应当以故意伤害罪、故意杀人罪定罪，酌情从重处罚。

四、抢劫、抢夺民警枪支，符合刑法第一百二十七条第二款规定的，应当以抢劫枪支罪、抢夺枪支罪定罪。

五、民警在非工作时间，依照《中华人民共和国人民警察法》等法律履行职责

---

① 刑法修正案（十一）已有修正，《最高人民法院、最高人民检察院关于执行〈中华人民共和国刑法〉确定罪名的补充规定（七）》增设“袭警罪”，本指导意见要结合法律修正内容准确理解与适用。

的，应当视为执行职务。

六、在民警非执行职务期间，因其职务行为对其实施暴力袭击、拦截、恐吓等行为，符合刑法第二百三十四条、第二百三十二条、第二百九十三条等规定的，应当以故意伤害罪、故意杀人罪、寻衅滋事罪等定罪，并根据袭警的具体情节酌情从重处罚。

——《最高人民法院、最高人民检察、公安部关于依法惩治袭警违法犯罪行为的指导意见》（2019 年 12 月 25 日，公通字〔2019〕32 号）。

1023 袭警罪与妨害公务罪的界分

关键词｜袭警罪｜妨害公务罪｜

【链接：理解与适用】

本罪可以说是妨害公务罪的特殊罪名。与妨害公务罪相比，袭警罪的行为对象和手段行为具有特殊性，行为对象必须是正在依法执行职务的人民警察，手段行为具有特殊性是指妨害公务的手段必须具有暴力性质，并对使用枪支、管制刀具或者驾驶机动车撞击等手段从严处罚。按照上述规定，对于妨害人民警察依法执行职务的，并非一律认定为本罪，而应当根据具体情形进行确定。其一，对于以威胁的方法妨害人民警察依法执行公务的，应认定为妨害公务罪，威胁一般是指以告知对他人人身、财产等进行侵害或不利后果为手段，让人心理产生恐惧或者畏惧感。对于以威胁手段而非暴力妨害人民警察依法执行职务的，适用刑法第二百七十七条第一款的规定。其二，对于故意阻碍公安机关依法执行国家安全工作任务，未使用暴力、威胁方法，造成严重后果的，适用刑法第二百七十七条第三款的规定，认定为妨害公务罪。暴力、威胁之外的其他方法，主要表现为对于公安机关依法执行国家安全工作任务中应该予以配合的而不予配合，如拒绝提供应提供的证据、查阅的资料等情形。

另外，司法实践中还存在袭击辅警的情形。警务辅助人员不是人民警察，不具备执法主体资格，不能直接参与公安执法工作，应当在公安民警的指挥和监督下开展辅助性工作。因此，如果人民警察在场，辅警是配合警察依法执行职务的，对辅警进行袭击的，符合刑法第二百七十七条第一款规定的，可以认定为妨害公务罪。如果警察不在场，因辅警不具有执法主体资格，也不属于妨害公务罪的行为对象，对辅警袭击造成伤害结果的，可以适用刑法第二百三十四条的规定，认定为故意伤害罪。如果行为人在执法现场，既对依法执行职务的警察又对辅警袭击的，可以按照吸收犯原理，作为一罪处理，不实行数罪并罚。

——杨万明主编:《〈刑法修正案(十一)〉条文及配套〈罪名补充规定(七)〉理解与适用》,人民法院出版社2021年版,第280页。

(二)考试作弊犯罪

1024 “法律规定的国家考试”范围的认定

关键词|组织考试作弊罪|非法出售、提供试题、答案罪|法律规定的国家考试|

【最高人民法院司法解释】

第一条　刑法第二百八十四条之一规定的“法律规定的国家考试”,仅限于全国人民代表大会及其常务委员会制定的法律所规定的考试。

根据有关法律规定,下列考试属于“法律规定的国家考试”:

(一)普通高等学校招生考试、研究生招生考试、高等教育自学考试、成人高等学校招生考试等国家教育考试;

(二)中央和地方公务员录用考试;

(三)国家统一法律职业资格考试、国家教师资格考试、注册会计师全国统一考试、会计专业技术资格考试、资产评估师资格考试、医师资格考试、执业药师职业资格考试、注册建筑师考试、建造师执业资格考试等专业技术资格考试;

(四)其他依照法律由中央或者地方主管部门以及行业组织的国家考试。

前款规定的考试涉及的特殊类型招生、特殊技能测试、面试等考试,属于“法律规定的国家考试”。

——《最高人民法院、最高人民检察院关于办理组织考试作弊等刑事案件适用法律若干问题的解释》(2019年9月4日,法释〔2019〕13号)。

【链接:理解与适用】

(一)“法律规定的国家考试”的范围

1.“法律规定的国家考试”的内涵与外延。《解释》第一条第一款对“法律规定的国家考试”作了概括规定,即“刑法第二百八十四条之一规定的‘法律规定的国家考试’,仅限于全国人民代表大会及其常务委员会制定的法律所规定的考试”。需要注意的问题有二:一是“法律规定的国家考试”限于法律有规定的考试。目前,许多领域都存在国家考试,且分属不同部门主管,大致可分为教育类考试、资格类考试、职称类考试、录用任用考试四大类,共计二百多种。经梳理,目前二十余部法律对“法律规定的国家考试”作了规定，包括教育法、高等教育法、公务员法、法官法、检察官法、警察法、教师法、执业医师法、注册会计师法、道路交通安全法、海关法、动物防疫法、旅游法、证券投资基金法、统计法、公证法等。其他考试，如护士执业资格考试，只有《护士条例》对此有规定，缺乏法律规定，不属于“法律规定的国家考试”。二是“法律规定的国家考试”不限于由中央有关主管部门依照法律统一组织的全国性考试，也包括地方主管部门依照法律规定组织的考试。例如，公务员法第二十四条规定：“中央机关及其直属机构公务员的录用，由中央公务员主管部门负责组织。地方各级机关公务员的录用，由省级公务员主管部门负责组织，必要时省级公务员主管部门可以授权设区的市级公务员主管部门组织。”再如，普通高等学校招生考试既有全国统一考试，也有省（区、市）组织的考试。

《解释》第一条第二款对“法律规定的国家考试”的外延作了列举。……需要注意的是，随着法律的修改，“法律规定的国家考试”的范围也可能发生变化，特别是一些国家考试可能会在法律中增设或者调整，对此司法机关应当根据法律的具体规定准确把握。

《解释》第一条第三款进一步规定：“前款规定的考试涉及的特殊类型招生、特殊技能测试、面试等考试，属于‘法律规定的国家考试’。”而《普通高等学校招生违规行为处理暂行办法》（教育部令第36号）第十八条规定：“本办法所称特殊类型招生，是指自主选拔录取、艺术类专业、体育类专业、保送生等类型的高校招生。”因此，普通高等学校招生考试中的自主选拔录取、艺术类专业、体育类专业、保送生等类型的高校招生考试，以及相关招生、公务员录用、专业技术资格等考试涉及的特殊技能测试、面试等考试，均属于“法律规定的国家考试”。

2. “法律规定的国家考试”范围涉及的实务争议。从实践来看，以下几个涉及“法律规定的国家考试”范围的问题须作进一步厘清，以解决司法适用中的争议：

其一，如何理解教育法第二十一条的规定？教育法第二十一条规定：“国家实行国家教育考试制度。”“国家教育考试由国务院教育行政部门确定种类，并由国家批准的实施教育考试的机构承办。”经研究认为，不宜依据教育法第二十一条的笼统规定认定只要是教育部组织的考试均属于“法律规定的国家考试”，而应限于法律有相对明确具体规定的考试，否则恐会导致“法律规定的国家考试”范围过于宽泛。例如，高等教育自学考试属于“法律规定的国家考试”，其依据在于高等教育法第二十一条明确规定，“国家实行高等教育自学考试制度，经考试合格的，发给相应的学历证书或者其他学业证书”；而大学英语四、六级考试虽然由教育部组织实施，但相关法律未作明确规定，故不宜纳入“法律规定的国家考试”范畴。对此，《国家教育考试违规处理办法》（教育部第18号令）第二条明确规定：“本办法所称国家教育考试是指普通和成人高等学校招生考试、全国硕士研究生招生考试、高等教育自学考试等,由国务院教育行政部门确定实施,由经批准的实施教育考试的机构承办,面向社会公开、统一举行,其结果作为招收学历教育学生或者取得国家承认学历、学位证书依据的测试活动。”据此,目前看来,属于“法律规定的国家考试”的国家教育考试主要是指普通高等学校招生考试、研究生招生考试、高等教育自学考试、成人高等学校招生考试这四种考试。

其二,建筑法第十四条是否属于“法律规定的国家考试”?建筑法第十四条规定:“从事建筑活动的专业技术人员,应当依法取得相应的执业资格证书,并在执业资格证书许可的范围内从事建筑活动。”经研究认为,上述规定虽未出现“考试”表述,但执业资格证书主要通过考试取得,且《注册建筑师条例》(国务院令第 184 号)第七条进一步规定:“国家实行注册建筑师全国统一考试制度。注册建筑师全国统一考试办法,由国务院建设行政主管部门会同国务院人事行政主管部门商国务院其他有关行政主管部门共同制定,由全国注册建筑师管理委员会组织实施。”《注册建造师管理规定》(建设部令第 153 号)第三条第一款规定:“本规定所称注册建造师,是指通过考核认定或考试合格取得中华人民共和国建造师资格证书,并按照本规定注册,取得中华人民共和国建造师注册证书和执业印章,担任施工单位项目负责人及从事相关活动的专业技术人员。”因此,注册建筑师考试、建造师执业资格考试均属于“法律规定的国家考试”。

又如,药品管理法第二十二条规定:“医疗机构必须配备依法经过资格认定的药学技术人员。非药学技术人员不得直接从事药剂技术工作。”《执业药师资格制度暂行规定》(人发〔1999〕34 号)第二条规定:“国家实行执业药师资格制度,纳入全国专业技术人员执业资格制度统一规划的范围。”第六条规定:“执业药师资格实行全国统一大纲、统一命题、统一组织的考试制度。一般每年举行一次。”同理,执业药师执业资格考试也属于“法律规定的国家考试”。

其三,职业教育法第八条,特别是劳动法第六十九条是否属于“法律规定的国家考试”?职业教育法第八条第一款规定:“实施职业教育应当根据实际需要,同国家制定的职业分类和职业等级标准相适应,实行学历证书、培训证书和职业资格证书制度。”劳动法第六十九条规定:“国家确定职业分类,对规定的职业制定职业技能标准,实行职业资格证书制度,由经备案的考核鉴定机构负责对劳动者实施职业技能考核鉴定。”经研究认为,上述规定过于原则,且相关考核不能等同于考试,故不宜成为认定资格类考试属于“法律规定的国家考试”的依据,而应看各类资格类考试有无法律的具体规定。

又如,行政许可法第五十四条第一款规定:“实施本法第十二条第(三)项所列事项的行政许可,赋予公民特定资格,依法应当举行国家考试的,行政机关根据考试成绩和其他法定条件作出行政许可决定……”该法第十二条第(三)项事项为

“提供公众服务并且直接关系公共利益的职业、行业，需要确定具备特殊信誉、特殊条件或者特殊技能等资格、资质的事项”。同理，行政许可法第五十四条也不能直接成为“法律规定的国家考试”的认定依据。

——周加海、王庆刚、喻海松：《〈关于办理组织考试作弊等刑事案件适用法律若干问题的解释〉的理解与适用》，载《人民司法 · 应用》2019 年第 28 期。

【最高人民法院答复】

一、刑法第二百八十四条之一规定的“法律规定的国家考试”，是指全国人大及其常委会制定的法律中规定的国家考试。目前，护士执业资格考试的设定依据是护士条例。护士条例属于国务院制定的行政法规，不属于法律。护士执业资格考试不属于“法律规定的国家考试”。对于在护士执业资格考试中组织作弊，非法出售、提供试题、答案等扰乱考试秩序的行为，符合非法获取国家秘密罪、非法生产、销售窃听、窃照专用器材罪、非法使用窃听、窃照专用器材罪、非法利用信息网络罪、扰乱无线电通讯管理秩序罪等犯罪构成要件的，依照相关犯罪追究刑事责任。

——《最高人民法院研究室关于护士执业资格考试是否属于“法律规定的国家考试”问题的答复》（法研〔2018〕109 号）。

经研究认为，计算机技术与软件专业技术资格（水平）考试系依据部门规章《计算机技术与软件专业技术资格（水平）考试暂行规定》（国人部发〔2003〕39 号）的规定举办，根据《最高人民法院、最高人民检察院关于办理组织考试作弊等刑事案件适用法律若干问题的解释》（法释〔2019〕13 号）第一条第一款“刑法第二百八十四条之一规定的‘法律规定的国家考试’，仅限于全国人民代表大会及其常务委员会制定的法律所规定的考试”的规定，不属于刑法第二百八十四条之一规定的“法律规定的国家考试”。

——《最高人民法院研究室关于对计算机技术与软件专业技术资格（水平）考试是否属于“法律规定的国家考试”征求意见的复函》（法研〔2019〕140 号）。

【最高人民法院公报案例】

上海市崇明区人民检察院诉张志杰、陈钟鸣、包周鑫组织考试作弊案（二审法院：上海市第二中级人民法院）

要旨：组织考试作弊罪中的考试是指法律规定的国家考试，这里的“法律”应当限缩解释为全国人大及其常委会制定的法律。若某部法律中未对国家考试作出直接规定，但明确规定由相关国家机关制定有关制度，相关国家机关据此制定了行政法规或部门规章对国家考试作出规定，则该考试仍应认定为法律规定的国家考试。在该考试中组织作弊的，应依法以组织考试作弊罪追究刑事责任。

一、组织考试作弊罪中的“考试”须为全国人大及其常委会制定的法律规定的国家考试

刑法第二百八十四条之一规定，在法律规定的国家考试中组织作弊的，处三年以下有期徒刑或者拘役，并处或者单处罚金；情节严重的，处三年以上七年以下有期徒刑，并处罚金。该条规定清楚显示，刑法只惩治在法律规定的国家考试中组织作弊的行为，对于在其他考试中组织作弊的行为，不以犯罪论处。对于“法律规定的国家考试”的理解应当明确两点。第一，“国家考试”的范围。国家考试一般是指由国家机关设立的、由国家法定机关组织实施的，为达到特定国家目的而进行的考试。因此只有在国家考试中组织作弊的，才构成该罪名，在其他社会考试或自治考试中组织作弊的，不能构成本罪。第二，“法律规定”的含义。这里的“法律”应当作狭义解释，即仅指由全国人大及其常委会制定的法律。刑法修正案(九)草案在审议过程中，曾采用过“国家规定的考试”等表述，但若按此表述，则将包括法律、行政法规规定的各种考试，种类繁多，不胜枚举。因增加组织考试作弊罪主要是从维护社会诚信、惩治严重失信行为的角度出发，而作出的专门规定，对考试的范围作出明确的限定是必要的，以凸显刑法的谦抑性特点。相反，若不对考试范围作出限定，将各类考试全部纳入刑法保护，会使本罪的犯罪圈过大，模糊了刑法的打击重点。因此在经过反复审议后，刑法修正案(九)采用了“法律规定的国家考试”的表述，即构成要件所要求的“考试”仅限于全国人大及其常委会制定的法律中规定的国家考试，例如公务员法规定的公务员考试、高等教育法规定的研究生考试等。这就从考试层级的角度将大量层级和影响力较低的考试排除出刑法规制的范围，刑法的谦抑性得到充分彰显。

二、中级会计考试是由财政部、人事部根据会计法的委任制定的行政规章中规定的国家考试，但其本质属于法律规定的国家考试

2000年7月施行的会计法规定，“国家实行统一的会计制度，国家统一的会计制度由国务院财政部门根据本法制定并公布”。“国家统一的会计制度，是指国务院财政部门根据本法制定的关于会计核算、会计监督、会计机构和会计人员以及会计工作管理的制度。”此外又规定“担任单位会计机构负责人(会计主管人员)的，除取得会计从业资格证书外，还应当具备会计师以上专业技术职务资格或者从事会计工作三年以上经历”。不难看出，会计法中明确委任国家财政部门制定包括有关会计机构、会计人员资质的考试制度在内的国家会计制度，且对担任会计机构负责人的条件之一为具备会计师以上专业技术职务资格作出了直接的规定。

2000年9月，财政部、人事部根据会计法的规定联合制定颁布了《会计专业技

术资格考试暂行规定》(以下简称《暂行规定》)。该《暂行规定》明确:“会计专业技术资格分为初级资格、中级资格和高级资格;取得中级资格并符合国家有关规定,可聘任会计师职务。”“会计专业技术资格实行全国统一组织、统一考试时间、统一考试大纲、统一考试命题、统一合格标准的考试制度。”

因此,中级会计考试的直接来源虽然是《暂行规定》,但是会计法的相关规定能够明确该《暂行规定》与会计法的本源联系。会计法与《暂行规定》相衔接,形成了一个关于会计专业技术考试、会计专业资格与任职资质三者关系的完整链条:通过中级会计考试——取得会计专业技术中级资格——聘任会计师——担任单位会计机构负责人,前两者由财政部、人事部根据会计法制定的《暂行规定》加以明确,后两者则直接规定在全国人大制定的会计法之中。中级会计考试表面上虽规定在“链条前端”的《暂行规定》,但其本质实际系来源于全国人大常委会制定的会计法。

——《最高人民法院公报》2018 年第 12 期。

1025 在法律规定的国家考试以外的其他考试中实施考试作弊犯罪的处理规则

关键词｜非法获取国家秘密罪｜非法生产、销售窃听、窃照专用器材罪｜非法使用窃听、窃照专用器材罪｜非法利用信息网络罪｜扰乱无线电通讯管理秩序罪｜

【最高人民法院司法解释】

第十条 在法律规定的国家考试以外的其他考试中,组织作弊,为他人组织作弊提供作弊器材或者其他帮助,或者非法出售、提供试题、答案,符合非法获取国家秘密罪、非法生产、销售窃听、窃照专用器材罪、非法使用窃听、窃照专用器材罪、非法利用信息网络罪、扰乱无线电通讯管理秩序罪等犯罪构成要件的,依法追究刑事责任。

——《最高人民法院、最高人民检察院关于办理组织考试作弊等刑事案件适用法律若干问题的解释》(2019 年 9 月 4 日,法释〔2019〕13 号)。

【链接:理解与适用】

根据刑法第二百八十四条之一的规定,组织考试作弊罪,非法出售、提供试题、答案罪和代替考试罪的适用范围限于“法律规定的国家考试”,但这并非意味着对在其他考试中作弊的行为一律不予刑事追究。为统一法律适用,《解释》第十条规定……

顺带提及的是,司法实践中,不少组织考试作弊行为被以非法获取国家秘密罪等涉密犯罪追究刑事责任。在考试开始前,相关试题、答案属于国家秘密,对此不存在疑义。司法适用中,对于法律规定的国家考试以外的考试而言,相关试题依照有关规定被认定为国家秘密的,考前作弊(即行为人在考前通过盗窃试卷、贿买特定知悉人员等方式非法获取考试试题、参考答案、评分标准等,而后实施组织考试作弊行为)可以适用侵犯国家秘密类犯罪。具体而言,考前作弊行为可能同时构成非法获取国家秘密罪、故意泄露国家秘密罪等罪名,应当根据牵连犯的处断原则,择一重罪处断。

但是,考试开始后结束前,相关试题是否仍属于国家秘密,则存在不同认识:相关考试主管部门和公安机关通常认为属于国家秘密,应当适用非法获取国家秘密罪等涉密犯罪;但是,也有意见持相反观点,认为开考后对相关试题的管理难以达到相关保密要求,认定为国家秘密值得商榷,故不宜适用非法获取国家秘密罪等涉密犯罪。经研究认为,此种情形下,考中作弊(即行为人通过雇佣“枪手”进入考场,将试题非法发送给场外人员,进而作弊的行为)能否认定为侵犯国家秘密类犯罪,则取决于依照相关规定能否将开考后、结束前的试题认定为国家秘密。对此,有些考试主管部门明确规定相关试题在开考后、结束前仍然属于国家秘密。例如,2012年9月28日《人力资源和社会保障部人事考试中心关于对〈人事工作中国家秘密及其密级具体范围的补充规定〉中“启用前”一词解释的通知》明确:“‘启用’一词包含‘启封’和‘使用完毕’两层含义。‘启用前’即‘启封并使用完毕前’,特指应试人员按规定结束考试离开考场之前的时间段。”按照这一规定,非法获取相关考试从命题到考试结束之前的试题、答案的行为,都属于侵害国家秘密的行为,可以视情形适用非法获取国家秘密罪等侵犯国家秘密类犯罪。稳妥起见,司法机关在办案过程中宜仔细查阅相关规定,商请有关考试主管部门对相关考试试题在开考后、结束前是否属于国家秘密出具认定意见。

——周加海、王庆刚、喻海松:《〈关于办理组织考试作弊等刑事案件适用法律若干问题的解释〉的理解与适用》,载《人民司法·应用》2019年第28期。

1026 组织考试作弊罪“情节严重”的认定

关键词|组织考试作弊罪|情节严重|

【最高人民法院司法解释】

第二条　在法律规定的国家考试中,组织作弊,具有下列情形之一的,应当认定为刑法第二百八十四条之一第一款规定的“情节严重”:

（一）在普通高等学校招生考试、研究生招生考试、公务员录用考试中组织考试作弊的；

（二）导致考试推迟、取消或者启用备用试题的；

（三）考试工作人员组织考试作弊的；

（四）组织考生跨省、自治区、直辖市作弊的；

（五）多次组织考试作弊的；

（六）组织三十人次以上作弊的；

（七）提供作弊器材五十件以上的；

（八）违法所得三十万元以上的；

（九）其他情节严重的情形。

——《最高人民法院、最高人民检察院关于办理组织考试作弊等刑事案件适用法律若干问题的解释》（2019 年 9 月 4 日，法释〔2019〕13 号）。

【链接：理解与适用】

（二）组织考试作弊罪情节严重的认定标准

对于组织作弊罪情节严重这一概括升档量刑情节，宜根据司法实践的情况，从犯罪的客体、客观方面、主体、主观方面等多个角度加以考察。经充分调研，《解释》第二条从六个方面规定了情节严重的认定标准：一是考试类型。普通高等学校招生考试、研究生招生考试、公务员录用考试社会关注度高、影响大、涉及面广。基于此，《解释》将在此类考试中组织作弊的直接规定为情节严重。二是行为后果。《解释》将导致考试推迟、取消或者启用备用试题的明确规定为情节严重。三是行为主体。考试工作人员违背所承担的职责组织考试作弊，主观恶性更大，故《解释》将其规定为情节严重。关于"考试工作人员"的范围，具体适用中可以理解为参与考试管理和服务工作的人员，包括命（审）题（卷）、监考、主考、巡考、考试系统操作、评卷等人员。四是地域范围。组织考生跨省、自治区、直辖市作弊的，危害十分严重，故《解释》将其规定为情节严重。五是数量标准。《解释》将多次组织考试作弊，组织三十人次以上作弊，以及提供作弊器材五十件以上的规定为情节严重。六是违法所得。从司法实践来看，根据所涉考试的不同，组织考试作弊或者提供作弊器材等帮助的违法所得数额相差较大。基于严厉惩治组织考试作弊犯罪的考虑，《解释》将违法所得三十万元以上的规定为情节严重。

需要注意的是，对于组织作弊的认定，应当根据案件具体情况加以把握。一般而言，领导、策划、指挥他人在法律规定的国家考试中实施下列行为之一的，可以认定为刑法第二百八十四条之一规定的组织作弊：(1)向他人提供试题、答案的；(2)代替他人参加考试的；(3)携带与考试内容相关的资料、作弊器材的；(4)篡改考试成绩的；

(5)其他组织作弊的情形。需要注意的是,刑法第二百八十四条之一第三款规定了非法出售、提供试题、答案罪,第四款规定了代替考试罪,但是在组织考试作弊中提供试题、答案或者代替他人参加考试的,该行为应当视为组织考试作弊的有机组成部分,不应再单独评价。

——周加海、王庆刚、喻海松:《〈关于办理组织考试作弊等刑事案件适用法律若干问题的解释〉的理解与适用》,载《人民司法·应用》2019年第28期。

1027 为他人实施组织考试作弊罪提供“作弊器材”或者“其他帮助”的认定

关键词|组织考试作弊罪|作弊器材|

【最高人民法院司法解释】

第三条　具有避开或者突破考场防范作弊的安全管理措施,获取、记录、传递、接收、存储考试试题、答案等功能的程序、工具,以及专门设计用于作弊的程序、工具,应当认定为刑法第二百八十四条之一第二款规定的“作弊器材”。

对于是否属于刑法第二百八十四条之一第二款规定的“作弊器材”难以确定的,依据省级以上公安机关或者考试主管部门出具的报告,结合其他证据作出认定;涉及专用间谍器材、窃听、窃照专用器材、“伪基站”等器材的,依照相关规定作出认定。

——《最高人民法院、最高人民检察院关于办理组织考试作弊等刑事案件适用法律若干问题的解释》(2019年9月4日,法释〔2019〕13号)。

【链接:理解与适用】

(三)作弊器材的认定标准与程序

根据刑法第二百八十四条之一第二款的规定,组织考试作弊罪涉及为他人实施组织作弊犯罪提供作弊器材或者其他帮助的情形。基于此,《解释》第三条第一款对作弊器材的认定标准作了明确。具体而言,从功能上将作弊器材限定为具有避开或者突破考场防范作弊的安全管理措施(如纽扣式数码相机、眼镜式密拍设备通过伪装,以规避考场检查),并具有获取、记录、传递、接收、存储试题、答案等功能(如密拍设备、数据接收设备可以发送、接收相关信息)。据此,对于普通的手机、相机,不宜认定为作弊器材。此外,随着技术发展,未来有可能出现新型作弊器材。例如,在机动车驾驶员考试中,目前实行电子路考,即摒弃原先的考试员监考评分,取而代之的是电脑监控评判、进行扣分等工作。如果研制相关作弊程序,从而控制电子路考设备，使其失去相应功能，无法进行扣分的，也应当认定为作弊器材。基于此，从主观动机角度，将“专门设计用于作弊的程序、工具”也规定为作弊器材的情形。

《解释》第三条第二款明确了作弊器材的认定程序……据此，需要注意的是，有些考试作弊器材可能属于专用间谍器材、窃听、窃照专用器材、“伪基站”等器材，应当根据相关规定作出认定，如《反间谍法实施细则》第十八条第二款规定“专用间谍器材的确认，由国务院国家安全主管部门负责”；《禁止非法生产销售使用窃听窃照专用器材和“伪基站”设备的规定》规定“公安机关负责对窃听窃照专用器材……的认定工作”；《最高人民法院、最高人民检察院关于办理扰乱无线电通讯管理秩序等刑事案件适用法律若干问题的解释》（法释〔2017〕11 号）第九条第一款规定“对案件所涉的有关专门性问题难以确定的，依据司法鉴定机构出具的鉴定意见，或者下列机构出具的报告，结合其他证据作出认定：（一）省级以上无线电管理机构、省级无线电管理机构依法设立的派出机构、地市级以上广播电视主管部门就是否系‘伪基站’‘黑广播’出具的报告……”

需要注意的是，对于刑法第二百八十四条之一第二款规定的为他人实施组织作弊犯罪提供的“其他帮助”，应当根据案件的具体情况加以把握。从实践来看，为他人组织作弊犯罪实施的下列帮助行为可以认定为“其他帮助”：（1）帮助安排作弊考点、考场或者考位的；（2）帮助控制考场视频监控系统和无线通讯信号屏蔽系统的；（3）帮助传递考试试题、答案、作弊器材或者通讯设备的；（4）帮助违规招录监考人员的；（5）帮助更换答题卡的；（6）其他为实施组织考试作弊犯罪提供帮助的行为。

——周加海、王庆刚、喻海松：《〈关于办理组织考试作弊等刑事案件适用法律若干问题的解释〉的理解与适用》，载《人民司法·应用》2019 年第 28 期。

1028 组织考试作弊罪既遂的认定

关键词｜组织考试作弊罪｜犯罪既遂｜

【最高人民法院司法解释】

第四条 组织考试作弊，在考试开始之前被查获，但已经非法获取考试试题、答案或者具有其他严重扰乱考试秩序情形的，应当认定为组织考试作弊罪既遂。

——《最高人民法院、最高人民检察院关于办理组织考试作弊等刑事案件适用法律若干问题的解释》（2019 年 9 月 4 日，法释〔2019〕13 号）。

【链接：理解与适用】

(四)组织考试作弊罪既遂的认定标准

从实践来看,组织考试作弊的案件不少在考试开始之前即被查处,此种情形之下组织考试作弊的目的未能实现,究竟应当认定为犯罪既遂还是未遂,实践中存在不同认识。经研究认为,组织考试作弊罪的构成要件行为是组织作弊以及为他人实施组织作弊犯罪提供作弊器材或者其他帮助,而作弊目的是否实现不应当影响犯罪既遂的成立。基于严厉惩治组织考试作弊犯罪的考虑,《解释》第四条规定……需要注意的是,对于组织考试作弊,在考试开始之前被查获,未达到犯罪既遂的,可以以组织考试作弊罪(未遂)定罪处罚;情节严重的,在相应的法定刑幅度内,结合未遂犯的处罚原则量刑。

——周加海、王庆刚、喻海松:《〈关于办理组织考试作弊等刑事案件适用法律若干问题的解释〉的理解与适用》,载《人民司法·应用》2019年第28期。

1029 法律规定的国家考试涉及体育运动的，组织考生非法使用兴奋剂的，以组织考试作弊罪定罪处罚

关键词｜组织考试作弊罪｜兴奋剂｜

【最高人民法院司法解释】

第四条　在普通高等学校招生、公务员录用等法律规定的国家考试涉及的体育、体能测试等体育运动中,组织考生非法使用兴奋剂的,应当依照刑法第二百八十四条之一的规定,以组织考试作弊罪定罪处罚。

明知他人实施前款犯罪而为其提供兴奋剂的,依照前款的规定定罪处罚。

——《最高人民法院关于审理走私、非法经营、非法使用兴奋剂刑事案件适用法律若干问题的解释》(2020年1月1日,法释〔2019〕16号)。

1030 非法出售、提供试题、答案罪的认定及“情节严重”的把握

关键词｜非法出售、提供试题、答案罪｜情节严重｜

【最高人民法院司法解释】

第五条　为实施考试作弊行为,非法出售或者提供法律规定的国家考试的试

题、答案，具有下列情形之一的，应当认定为刑法第二百八十四条之一第三款规定的“情节严重”：

（一）非法出售或者提供普通高等学校招生考试、研究生招生考试、公务员录用考试的试题、答案的；

（二）导致考试推迟、取消或者启用备用试题的；

（三）考试工作人员非法出售或者提供试题、答案的；

（四）多次非法出售或者提供试题、答案的；

（五）向三十人次以上非法出售或者提供试题、答案的；

（六）违法所得三十万元以上的；

（七）其他情节严重的情形。

第六条 为实施考试作弊行为，向他人非法出售或者提供法律规定的国家考试的试题、答案，试题不完整或者答案与标准答案不完全一致的，不影响非法出售、提供试题、答案罪的认定。

——《最高人民法院、最高人民检察院关于办理组织考试作弊等刑事案件适用法律若干问题的解释》(2019 年 9 月 4 日，法释〔2019〕13 号)。

【链接：理解与适用】

《解释》第五条对非法出售、提供试题、答案罪情节严重的认定标准作了明确规定，大致涉及如下五个方面：一是考试类型。《解释》将非法出售或者提供普通高等学校招生考试、研究生招生考试、公务员录用考试的试题、答案的行为直接规定为情节严重。二是行为后果。《解释》将导致考试推迟、取消或者启用备用试题的明确规定为情节严重。三是行为主体。《解释》将考试工作人员非法出售或者提供试题、答案的行为规定为情节严重。四是数量标准。《解释》将多次非法出售或者提供试题、答案，向三十人次以上非法出售或者提供试题、答案的规定为情节严重。五是违法所得。《解释》将违法所得三十万元以上的规定为情节严重。

《解释》第六条明确了非法出售、提供试题、答案罪涉及的试题不完整或者答案与标准答案不完全一致的处理规则，规定……当然，如果试题本身错误或者答案与标准答案完全或者较大程度不一致的，不能认定为非法出售、提供试题、答案罪；符合诈骗罪等其他犯罪的，可以适用相应罪名。

——周加海、王庆刚、喻海松：《〈关于办理组织考试作弊等刑事案件适用法律若干问题的解释〉的理解与适用》，载《人民司法 · 应用》2019 年第 28 期。

【最高人民法院参考案例】

王学军等非法获取国家秘密、非法出售、提供试题、答案案(《刑事审判参考》案例第1441号)

要旨:非法出售、提供的试题、答案无须与考试原题、标准答案完全一致。

行为人为了逃避处罚,通常会将其所掌握的法律规定的国家考试的试题、答案进行"注水"、包装、修正,并以培训资料、复习资料、考点、要点等名义非法出售、提供。案发后,行为人也会以其出售、提供的试题、答案与考试原题、标准答案存在差异为由进行出罪抗辩。如果对行为人非法出售、提供的试题、答案与考试真题、标准答案的一致性要求过高,则会放纵犯罪。我们认为,只要能够证明行为人主观上认识到其非法出售、提供的试题、答案是或者极有可能是法律规定的国家考试的试题、答案,客观上实施了非法出售、提供行为,即便其非法出售、提供的试题、答案与考试真题、标准答案仅有部分内容甚至只有一道试题、一项答案一致,就不影响本罪的认定;如果行为人非法出售、提供的试题、答案与考试真题、标准答案完全不一致的,则可以按照犯罪未遂处理。当然,如果行为人是基于教学经验、培训经验、知识阅历等进行押题,即便所押题目与考试真题完全一致,也不构成犯罪。《解释》第六条明确了这类情形的处理规则,规定:"为实施考试作弊行为,向他人非法出售或者提供法律规定的国家考试的试题、答案,试题不完整或者答案与标准答案不完全一致的,不影响非法出售、提供试题、答案罪的认定。"

——《刑事审判参考》(总第129辑)。

1031 考试作弊犯罪的罪数处断规则

关键词|组织考试作弊罪|非法出售、提供试题、答案罪|法律规定的国家考试|

【最高人民法院司法解释】

第九条　以窃取、刺探、收买方法非法获取法律规定的国家考试的试题、答案,又组织考试作弊或者非法出售、提供试题、答案,分别符合刑法第二百八十二条和刑法第二百八十四条之一规定的,以非法获取国家秘密罪和组织考试作弊罪或者非法出售、提供试题、答案罪数罪并罚。

第十一条　设立用于实施考试作弊的网站、通讯群组或者发布有关考试作弊的信息,情节严重的,应当依照刑法第二百八十七条之一的规定,以非法利用信息网络罪定罪处罚;同时构成组织考试作弊罪、非法出售、提供试题、答案罪、非法获取国家秘密罪等其他犯罪的,依照处罚较重的规定定罪处罚。

——《最高人民法院、最高人民检察院关于办理组织考试作弊等刑事案件适用法律若干问题的解释》(2019年9月4日，法释〔2019〕13号)。

【最高人民法院参考案例】

王学军等非法获取国家秘密、非法出售、提供试题、答案案(《刑事审判参考》案例第1441号)

要旨：非法获取属于国家秘密的试题、答案后又非法出售、提供的，应数罪并罚。

本案中，经被告人翁其能提议和教唆，被告人王学军利用其参加一级建造师考试公路组命题的机会，采用偷看等方式窃取了非由其负责出题的市政组的试题及答案，该考试试题、答案被定为绝密。王学军将属于绝密的试题、答案带回学校并提供给翁其能，再由翁其能利用小班培训的方式向他人出售、提供获利。王学军与翁其能主观上存在两个犯罪故意，客观上实施了非法获取国家秘密与非法出售、提供试题、答案两个犯罪的独立实行行为，触犯了两罪，应依法分别定罪量刑后依照数罪并罚原则进行并罚。并且，王学军、翁其能实施了从源头上获取试题、答案的非法获取国家秘密行为，主观恶性和社会危害性均较大，数罪并罚能够实现罚当其罪，实现罪刑相适应。

——《刑事审判参考》(总第129辑)。

(三)与计算机信息系统、信息网络、无线电通讯相关的犯罪

1032 非法获取计算机信息系统数据或者非法控制计算机信息系统数据“情节严重”“情节特别严重”的认定

关键词｜非法获取计算机信息系统数据｜非法控制计算机信息系统｜情节严重｜情节特别严重｜

【最高人民法院司法解释】

第一条 非法获取计算机信息系统数据或者非法控制计算机信息系统，具有下列情形之一的，应当认定为刑法第二百八十五条第二款规定的“情节严重”：

(一)获取支付结算、证券交易、期货交易等网络金融服务的身份认证信息十组以上的；

（二）获取第（一）项以外的身份认证信息五百组以上的；

（三）非法控制计算机信息系统二十台以上的；

（四）违法所得五千元以上或者造成经济损失一万元以上的；

（五）其他情节严重的情形。

实施前款规定行为，具有下列情形之一的，应当认定为刑法第二百八十五条第二款规定的“情节特别严重”：

（一）数量或者数额达到前款第（一）项至第（四）项规定标准五倍以上的；

（二）其他情节特别严重的情形。

明知是他人非法控制的计算机信息系统，而对该计算机信息系统的控制权加以利用的，依照前两款的规定定罪处罚。

——《最高人民法院、最高人民检察院关于办理危害计算机信息系统安全刑事案件应用法律若干问题的解释》（2011年9月1日，法释〔2011〕19号）。

【链接：理解与适用】

第一款规定了“情节严重”的具体认定标准。主要包括下列情形：第（一）项以获取网络金融服务的身份认证信息的数量为标准。与计算机信息系统安全相关的数据中最为重要的是用于认证用户身份的身份认证信息（如口令、证书等），此类数据通常是网络安全的第一道防线，也是网络盗窃的最主要对象，特别是非法获取电子银行、证券交易、期货交易等网络金融服务的账号、口令等身份认证信息的活动非常猖獗，故应对身份认证信息予以重点保护。根据司法实践的情况，综合考虑行为的社会危害性，获取支付结算、证券交易、期货交易等网络金融服务的身份认证信息十组以上即属“情节严重”。第（二）项以获取网络金融服务以外的身份认证信息的数量为标准。对于网络金融服务以外的其他网络服务，如网络即时通讯、网络邮箱等，网络盗窃者非法获取这些身份认证信息的案件也较为多发。获取其他网络服务的身份认证信息五百组以上的，应当认定为“情节严重”。需要注意的是，对于实践中发生的出于好奇、显示网络技术等目的而实施的打包盗窃论坛身份认证信息等行为，即使获取身份认证信息略微超过五百组的，由于社会危害性也不大，应当适用刑法第十三条但书的规定，不宜纳入刑事打击的范围。在司法实践中，要准确把握第（一）项和第（二）项规定的“一组”身份认证信息的概念。所谓一组身份认证信息，是指可以确认用户在计算机信息系统上操作权限的认证信息的一个组合，比如某些网上银行需要用户名、密码和动态口令就可以转账，那么用户名、密码和动态口令就是一组身份认证信息；有的网上银行除上述三项信息外还需要手机认证码才可以转账，缺一不可，那么这四项信息才能构成一组身份认证信息。但是，对于身份认证信息，特别是密码信息，很多用户有经常更改密码的习惯，故认定一组身份认证信息不应以在办案过程中是否可以实际登录使用为判断标准，而应结合其非法获取身份认证信息的方法判断该身份认证信息在被非法获取时是否可用为依据，如使用的木马程序能有效截获用户输入的账号密码，则不管该密码当前是否可用，只要是使用该木马程序截获的账号、密码，则应认定为一组有效身份认证信息。第(三)项以非法控制计算机信息系统的数量为标准。在非法侵入计算机信息系统后，并未破坏计算机信息系统的功能或者数据，而是通过控制计算机信息系统实施特定操作的行为被称为"非法控制计算机信息系统"。很多攻击者通过控制大量计算机信息系统形成僵尸网络(Botnet)。据统计，全世界的僵尸网络75%位于我国，有的僵尸网络控制的计算机信息系统甚至多达数十万台，这已成为我国互联网安全的重大隐患。为了解决上述问题，将非法控制计算机信息系统台数作为衡量情节严重的标准之一，即非法控制计算机信息系统二十台以上的，应当认定为"情节严重"。第(四)项以违法所得或者经济损失的数额为标准。非法获取计算机信息系统数据、非法控制计算机信息系统行为的主要目的是牟利，且易给权利人造成经济损失，故将违法所得数额和财产损失数额作为衡量情节严重的标准之一，即违法所得五千元以上或者造成经济损失一万元以上的，应当认定为"情节严重"。第(五)项是关于兜底条款的规定。

此外，第二款根据计算机网络犯罪的性质和危害程度，并参照以往有关司法解释，以"情节严重"的五倍为标准，对"情节特别严重"作了规定。

明知是他人非法控制的计算机信息系统，而对该计算机信息系统的控制权加以利用，使得该计算机信息系统继续处于被控制状态，实际上是对该计算机信息系统实施控制，应当认定为非法控制计算机信息系统，故第三款明确规定对此种行为适用前两款关于非法控制计算机信息系统行为的定罪量刑标准。

——喻海松：《〈关于办理危害计算机信息系统安全刑事案件应用法律若干问题的解释〉的理解与适用》，载《人民司法·应用》2011年第19期。

1033 对计算机信息系统功能或有价值数据实施增加、修改，未造成该系统功能实质性破坏或不能正常运行的行为，应认定为非法控制计算机信息系统罪

关键词｜非法控制计算机信息系统罪｜破坏计算机信息系统罪｜木马程序｜

【最高人民法院指导性案例】

张竣杰等非法控制计算机信息系统案(最高人民法院指导案例145号)

裁判要点：(1)通过植入木马程序的方式，非法获取网站服务器的控制权限，

进而通过修改、增加计算机信息系统数据，向相关计算机信息系统上传网页链接代码的，应当认定为刑法第二百八十五条第二款"采用其他技术手段"非法控制计算机信息系统的行为。(2)通过修改、增加计算机信息系统数据，对该计算机信息系统实施非法控制，但未造成系统功能实质性破坏或者不能正常运行的，不应当认定为破坏计算机信息系统罪，符合刑法第二百八十五条第二款规定的，应当认定为非法控制计算机信息系统罪。

法院生效裁判认为，被告人张竣杰、彭玲珑、祝东、姜宇豪共同违反国家规定，对我国境内计算机信息系统实施非法控制，情节特别严重，其行为均已构成非法控制计算机信息系统罪，且系共同犯罪。南京市鼓楼区人民检察院指控被告人张竣杰、彭玲珑、祝东、姜宇豪实施侵犯计算机信息系统犯罪的事实清楚，证据确实、充分，但以破坏计算机信息系统罪予以指控不当。经查，被告人张竣杰、彭玲珑、祝东、姜宇豪虽对目标服务器的数据实施了修改、增加的侵犯行为，但未造成该信息系统功能实质性的破坏，或不能正常运行，也未对该信息系统内有价值的数据进行增加、删改，其行为不属于破坏计算机信息系统犯罪中的对计算机信息系统中存储、处理或者传输的数据进行删除、修改、增加的行为，应认定为非法控制计算机信息系统罪。部分被告人及辩护人提出相同定性的辩解、辩护意见，予以采纳。关于上诉人姜宇豪提出"量刑过重"的上诉理由及辩护人提出宣告缓刑的辩护意见，经查，该上诉人及其他被告人链接被植入木马程序的目标服务器共计一百一十三台，属于情节特别严重。一审法院依据本案的犯罪事实和上诉人的犯罪情节，对上诉人减轻处罚，量刑适当且与其他被告人的刑期均衡。综合上诉人犯罪行为的性质、所造成的后果及其社会危害性，不宜对上诉人适用缓刑。故对上诉理由及辩护意见，不予采纳。

——《最高人民法院关于发布第26批指导性案例的通知》(2020年12月31日，法〔2020〕352号)。

1034 利用游戏系统漏洞非法充值行为的定性

关键词｜非法获取计算机信息系统数据罪｜游戏币｜

【最高人民法院参考案例】

吴冰非法获取计算机信息系统数据案(《刑事审判参考》案例第1459号)

要旨：利用游戏系统漏洞非法充值行为，应认定为非法获取计算机信息系统数据罪。

在计算机技术领域，数据的生成、复制、传输通常是即时完成，游戏币等虚拟财产更是只要程序设置完毕，即可以无限产出，而非需要像实体的购物磁卡一样先行制作出来。游戏币这种数据的本质是一种赋予玩家权限的口令密码，玩家持有了游戏币就等于获取了一定的权限，可以在游戏中享有相应的权能。非法生成、复制、传输游戏币的行为，本质上是一种非法获取权限，并非法使用该权限的行为。这种权限的载体就是游戏币这种口令密码，它本质上是一种经过信息系统所预先设定并认可的数据，只不过在计算机系统中，数据未必像现实世界中的财物一样事先存在，也可以是系统根据设定即时生成的。故被告人吴冰利用系统漏洞非法获取游戏币的行为，可以认为是非法获取了计算机信息系统数据。

——《刑事审判参考》（总第 130 辑）。

1035 利用计算机窃取他人游戏币非法销售获利如何定性

关键词 | 非法获取计算机信息系统数据罪 | 游戏币 |

【最高人民法院审判业务意见】

有关部门就利用计算机窃取他人游戏币非法销售获利如何定性问题征求最高人民法院研究室意见。我室经研究认为：

利用计算机窃取他人游戏币非法销售获利行为目前宜以非法获取计算机信息系统数据罪定罪处罚。

——喻海松：《最高人民法院研究室关于利用计算机窃取他人游戏币非法销售获利如何定性问题的研究意见》，载最高人民法院研究室编著：《司法研究与指导》（总第 2 辑），人民法院出版社 2012 年版，第 127 页。

1036 提供侵入、非法控制计算机信息系统程序、工具“情节严重”“情节特别严重”的认定

关键词 | 提供侵入、非法控制计算机信息系统程序、工具罪 | 情节严重 | 情节特别严重 |

【最高人民法院司法解释】

第三条 提供侵入、非法控制计算机信息系统的程序、工具，具有下列情形之一的，应当认定为刑法第二百八十五条第三款规定的“情节严重”：

（一）提供能够用于非法获取支付结算、证券交易、期货交易等网络金融服务

身份认证信息的专门性程序、工具五人次以上的；

(二)提供第(一)项以外的专门用于侵入、非法控制计算机信息系统的程序、工具二十人次以上的；

(三)明知他人实施非法获取支付结算、证券交易、期货交易等网络金融服务身份认证信息的违法犯罪行为而为其提供程序、工具五人次以上的；

(四)明知他人实施第(三)项以外的侵入、非法控制计算机信息系统的违法犯罪行为而为其提供程序、工具二十人次以上的；

(五)违法所得五千元以上或者造成经济损失一万元以上的；

(六)其他情节严重的情形。

实施前款规定行为，具有下列情形之一的，应当认定为提供侵入、非法控制计算机信息系统的程序、工具"情节特别严重"：

(一)数量或者数额达到前款第(一)项至第(五)项规定标准五倍以上的；

(二)其他情节特别严重的情形。

——《最高人民法院、最高人民检察院关于办理危害计算机信息系统安全刑事案件应用法律若干问题的解释》(2011年9月1日，法释〔2011〕19号)。

【链接：理解与适用】

第一款明确了"情节严重"的具体认定标准。对于提供专门用于侵入、非法控制计算机信息系统的程序、工具，或者明知他人实施侵入、非法控制计算机信息系统的违法犯罪行为而为其提供程序、工具的行为，主要从以下几个方面认定"情节严重"：一是提供的程序、工具的人次。其中，对于提供网银木马等"能够用于非法获取支付结算、证券交易、期货交易等网络金融服务的身份认证信息的专门性程序、工具"的行为，第(一)项规定提供五人次以上的即属"情节严重"；对于提供盗号程序、远程控制木马程序等其他专门用于侵入、非法控制计算机信息系统的程序、工具的，第(二)项规定提供的人次达到二十人以上的属于"情节严重"；对于明知他人实施非法获取支付结算、证券交易、期货交易等网络金融服务的身份认证信息的违法犯罪行为而为其提供程序、工具的，第(三)项规定提供五人次以上的即属"情节严重"；对于明知他人实施其他侵入、非法控制计算机信息系统的违法犯罪行为而为其提供程序、工具的，第(四)项规定提供二十人次以上的属于"情节严重"。二是违法所得和经济损失数额。由于提供此类工具的行为主要以获利为目的，正是在非法获利的驱动下，互联网上销售各类黑客工具的行为才会泛滥，且往往会给权利人造成经济损失，故第(五)项将违法所得五千元以上或者造成经济损失一万元以上作为认定"情节严重"的标准之一。三是对于其他无法按照提供的人次、违法所得数额、经济损失数额定罪的，第(六)项设置了兜底条款。

此外，第二款规定“情节严重”和“情节特别严重”之间为五倍的倍数关系。

——喻海松：《〈关于办理危害计算机信息系统安全刑事案件应用法律若干问题的解释〉的理解与适用》，载《人民司法·应用》2011年第19期。

1037 破坏计算机信息系统功能、数据或者应用程序“后果严重”“后果特别严重”的认定

关键词 | 破坏计算机信息系统罪 | 后果严重 | 后果特别严重 |

【最高人民法院司法解释】

第四条 破坏计算机信息系统功能、数据或者应用程序，具有下列情形之一的，应当认定为刑法第二百八十六条第一款和第二款规定的“后果严重”：

（一）造成十台以上计算机信息系统的主要软件或者硬件不能正常运行的；

（二）对二十台以上计算机信息系统中存储、处理或者传输的数据进行删除、修改、增加操作的；

（三）违法所得五千元以上或者造成经济损失一万元以上的；

（四）造成为一百台以上计算机信息系统提供域名解析、身份认证、计费等基础服务或者为一万以上用户提供服务的计算机信息系统不能正常运行累计一小时以上的；

（五）造成其他严重后果的。

实施前款规定行为，具有下列情形之一的，应当认定为破坏计算机信息系统“后果特别严重”：

（一）数量或者数额达到前款第（一）项至第（三）项规定标准五倍以上的；

（二）造成为五百台以上计算机信息系统提供域名解析、身份认证、计费等基础服务或者为五万以上用户提供服务的计算机信息系统不能正常运行累计一小时以上的；

（三）破坏国家机关或者金融、电信、交通、教育、医疗、能源等领域提供公共服务的计算机信息系统的功能、数据或者应用程序，致使生产、生活受到严重影响或者造成恶劣社会影响的；

（四）造成其他特别严重后果的。

——《最高人民法院、最高人民检察院关于办理危害计算机信息系统安全刑事案件应用法律若干问题的解释》（2011年9月1日，法释〔2011〕19号）。

【链接：理解与适用】

第一款规定了“后果严重”的具体认定标准。对于破坏计算机信息系统功能、数据或者应用程序行为，主要从以下几个方面认定“后果严重”：一是破坏计算机信息系统的数量。第（一）项规定造成十台以上计算机信息系统的主要软件或者硬件不能正常运行的，属于“后果严重”。需要注意的是，“计算机信息系统的主要软件或者硬件不能正常运行”，不能仅仅理解为计算机信息系统不能启动或者不能进入操作系统等极端情况，而是既包括计算机信息系统主要软件或者硬件的全部功能不能正常运行，也包括计算机信息系统主要软件或者硬件的部分功能不能正常运行。根据刑法第二百八十六条第二款的规定，“对计算机信息系统中存储、处理或者传输的数据和应用程序进行删除、修改、增加的操作”，也是破坏计算机信息系统的方式之一。需要强调的是，从司法实践来看，破坏数据、应用程序的案件，主要表现为对数据进行删除、修改、增加的操作，鲜有破坏应用程序的案件。因此，对于刑法第二百八十六条“对计算机信息系统中存储、处理或者传输的数据和应用程序进行删除、修改、增加的操作”的规定，应当理解为“数据”“应用程序”均可以成为犯罪对象，而并不要求一次破坏行为必须同时破坏数据和应用程序，这样才能实现对计算机信息系统中存储、处理或者传输的数据、应用程序的有效保护，有效维护计算机信息系统安全。基于上述考虑，第（二）项规定对二十台以上计算机信息系统中存储、处理或者传输的数据进行删除、修改、增加的操作的，应当认定为“情节严重”。二是违法所得、经济损失的数额，第（三）项规定违法所得五千元以上或者造成经济损失一万元以上的属于“后果严重”。三是针对特定类型的计算机信息系统作出特殊规定。在网络上存在很多为其他计算机信息系统提供基础服务的系统，如域名解析服务器、路由器、身份认证服务器、计费服务器等，对这些服务器实施攻击可能导致大量的计算机信息系统瘫痪，比如一个域名解析服务器可能为数万个网站提供域名解析服务，对其实施拒绝服务攻击将可能导致数万个网站无法访问，表面上其攻击行为仅破坏了一台服务器的功能，但由此引发的后果却远大于此。因此，针对特定类型或者特定领域计算机信息系统的攻击是互联网上危害最为严重的攻击行为，应当对此作出专门规定。第（四）项规定造成为一百台以上计算机信息系统提供域名解析、身份认证、计费等基础服务或者为一万以上用户提供服务的计算机信息系统不能正常运行累计一小时以上的，属于“后果严重”。司法实务中应当注意的是，认定被破坏的计算机信息系统是否属于本款第（四）项中的“为一万以上用户提供服务的计算机信息系统”和第二款第（二）项中“为五万以上用户提供服务的计算机信息系统”可按如下方法：有注册用户的按照其注册用户数量统计，没有注册用户的按照其服务对象的数量统计。此外，第（五）项为兜底条款。

第二款规定了“后果特别严重”的具体情形。第(一)项规定,通常情况下,“后果严重”和“后果特别严重”之间为五倍的倍数关系。第(二)项针对为其他计算机信息系统提供基础服务或者其他服务的特定类型计算机信息系统作出特殊规定。此外,国家机关或者金融、电信、交通、教育、医疗、能源领域的计算机信息系统主要用于提供公共服务。考虑到此类计算机信息系统的特殊性,第(三)项将破坏该类计算机信息系统的功能或者数据,致使生产、生活受到严重影响或者造成恶劣社会影响的情形规定为“情节特别严重”。

需要注意的是,《解释》第四条只是明确了破坏计算机信息系统功能、数据或者应用程序行为的“后果严重”“后果特别严重”的具体情形,是否构成犯罪,还需要结合刑法规定的其他要件判断。而根据刑法第二百八十六条第一款、第二款的规定,破坏计算机信息系统功能和破坏计算机信息系统数据、应用程序行为的入罪要件并不相同,前者要求“造成计算机信息系统不能正常运行”,而后者不需要这一要件。因此,在司法实践中,需要依据刑法和《解释》的规定,根据具体案件情况进行分析判断,确保定罪量刑的准确。

——喻海松:《〈关于办理危害计算机信息系统安全刑事案件应用法律若干问题的解释〉的理解与适用》,载《人民司法·应用》2011 年第 19 期。

1038 在无法准确认定经济损失、用户数量的情况下，如何认定破坏计算机信息系统的“后果严重”

关键词｜破坏计算机信息系统罪｜后果严重｜

【最高人民法院参考案例】

乐姿等破坏计算机信息系统案(《刑事审判参考》案例第 1029 号)

要旨:在案证据无法证明受害公司遭受的经济损失达到入罪标准,也无法根据受侵害的用户数量认定构成犯罪,法院依据的是《最高人民法院、最高人民检察院关于办理危害计算机信息系统安全刑事案件应用法律若干问题的解释》(以下简称《计算机解释》)中“造成其他严重后果”的规定认定了四被告人的刑事责任。

刑法第二百八十六条第一款规定:“违反国家规定,对计算机信息系统功能进行删除、修改、增加、干扰,造成计算机信息系统不能正常运行,后果严重的,处五年以下有期徒刑或者拘役;后果特别严重的,处五年以上有期徒刑。”为正确理解与适用上述规定,2011 年最高人民法院、最高人民检察院联合出台的《计算机解释》对破坏计算机信息系统罪的“后果严重”和“后果特别严重”两种情节分别明确了认定标准。但由于破坏计算机信息系统罪属于新类型犯罪,具体认定过程中往往既涉及对传统证据的审查判断，又涉及对虚拟空间中电子证据的审查判断，故对《计算机解释》中涉及的一些专业性问题，应当结合技术和法律两个层面综合进行审查。对于本案，在案证据无法证明受害公司遭受的经济损失达到入罪标准，也无法根据受侵害的用户数量认定构成犯罪，法院依据的是《计算机解释》中“造成其他严重后果”的规定认定了四被告人的刑事责任。具体分析如下：

其一，本案现有证据难以准确认定受害公司遭受的经济损失。根据《计算机解释》规定，破坏计算机信息系统，造成经济损失一万元以上的，属于后果严重；造成经济损失五万元以上的，属于后果特别严重。本案中，真情在线公司向法庭提交婚介服务委托合同、收款单、解约协议、支出凭单等证据，意在证明其公司因服务网络受到攻击，导致六名客户退费共计一百一十二万元。但由于上述材料均为真情在线公司单方面出具，在没有找到相关退费客户且真情在线公司拒不提供公司会计资料的情况下，上述证据的真实性与关联性均无法得到确认。同时，即便上述退费真实发生，也不能把退费数额等同于损失数额。因为公司退费后，不再为客户提供服务，也就没有了成本支出，其真正损失应当为前期服务成本和预期利润，而不是全部退费金额。因此，根据现有证据，无法认定四被告人破坏计算机信息系统造成经济损失的具体数额，无法依据《计算机解释》规定的经济损失标准认定四被告人的行为属于“后果严重”或“后果特别严重”。

其二，根据现有证据难以准确认定受害公司计算机系统提供服务的用户数量。根据《计算机解释》规定，破坏计算机信息系统造成为一万以上用户提供服务的计算机信息系统不能正常运行累计一小时以上的，属于后果严重；造成为五万以上用户提供服务的计算机信息系统不能正常运行累计一小时以上的，属于后果特别严重。本案中，真情在线公司提供的公证书证明该公司有十六万余名注册用户，其公司网站受攻击影响的累积时间亦远超一小时，如依此标准计算，四被告人的行为显然应属于“后果特别严重”，依法应当判处五年以上有期徒刑。但是，上述用户数据是真情在线公司通过 SecureCRT 软件进行统计后得出的，该软件的可靠性如何，在案并没有相应的证据予以佐证。虽然真情在线公司对自行统计的过程进行了公证，但公证书并不涉及对统计方法和统计内容科学性、有效性、客观性的评价，仅是对统计过程的一种“见证”。因此，上述统计数据的真实性无法得到确认。另外，即便通过可靠的软件统计出注册用户数，但所统计的注册用户是否真实存在，是否存在重复注册的用户、“僵尸用户”或者其他“虚拟用户”，亦不得而知。因此，在真情在线公司以涉及商业机密和会员隐私为由，拒不提供实体会员数据的情况下，仅仅通过统计软件尚无法确定该公司计算机信息系统提供服务的实际用户数量。

审理过程中，有观点提出按照系统被攻击时的实际用户数（即 IP 访问量）进行认定。我们认为，这种方法不可取。首先，根据现有证据，尚不能区分系统被攻击时哪些访问是正常访问，哪些访问是攻击性访问，即无法准确统计被攻击时受到影响的正常用户数量，一般只能参照该网站正常情况下每天访问的平均用户数量来计算，但这一计算结果并不准确，不符合刑事案件的证明标准。其次，从字面意义上看，《计算机解释》明确规定对计算机信息系统受攻击影响的运行时间应当累计计算，但对于用户数量则没有规定可以累加计算。因此，将“为一万以上用户提供服务的计算机信息系统”理解为累计计算的用户数量，有扩大解释之嫌，也不符合有利于被告人的刑事诉讼原则。

其三，综合行为性质、情节、社会危害程度应当四被告人的行为达到了破坏计算机信息系统的“后果严重”。《计算机解释》第四条明确列举了破坏计算机信息系统“后果严重”的四种情形，同时将“造成其他严重后果的”情形规定为兜底条款。实践中，为了防止扩大解释，一般要求兜底条款的适用对象在行为性质、情节、社会危害程度等方面，与刑法及相关司法解释规定的定罪量刑条件具有同质性或者相当性。本案中，基于对刑事证据的严格把握，虽然不能准确认定所造成的经济损失或者受影响的计算机用户数量，但四被告人恶意攻击计算机信息系统达十次以上，总计时间约四十小时，造成为全国知名婚恋交友网站提供服务的计算机信息系统长时间内无法正常运行，必然会影响真情在线公司众多的服务用户，并造成一定的经济损失。真情在线公司向法庭提交的因网站受攻击导致客户退费一百一十二万元及该公司有十六万余名注册用户的证据材料虽不能作为定案根据，但却可以作为评价其公司经营规模与实际注册用户数量的重要参考。因此，四被告人所实施的具体行为，既必然造成经济损失，又导致众多计算用户受影响，且影响时间较长，这些情节较《计算机解释》所规定的“造成经济损失一万元以上”或者“造成为一万以上用户提供服务的计算机信息系统不能正常运行累计一小时以上”的入罪条件，在性质、情节、社会危害程度等方面均有过之而无不及。因此，北京市朝阳区人民法院据此认定四被告人的行为符合《计算机解释》规定的破坏计算信息系统“造成其他严重后果”的情形是正确的。

——《刑事审判参考》（总第100辑）。

1039 “DNS劫持”型流量劫持行为的司法认定

关键词｜破坏计算机信息系统罪｜DNS劫持｜后果严重｜后果特别严重｜

【最高人民法院指导性案例】

付宣豪、黄子超破坏计算机信息系统案（最高人民法院指导案例102号）

裁判要点：(1)通过修改路由器、浏览器设置、锁定主页或者弹出新窗口等技术手段，强制网络用户访问指定网站的“DNS 劫持”行为，属于破坏计算机信息系统，后果严重的，构成破坏计算机信息系统罪。(2)对于“DNS 劫持”，应当根据造成不能正常运行的计算机信息系统数量、相关计算机信息系统不能正常运行的时间，以及所造成的损失或者影响等，认定其是“后果严重”还是“后果特别严重”。

法院生效裁判认为，根据刑法第二百八十六条的规定，对计算机信息系统功能进行破坏，造成计算机信息系统不能正常运行，后果严重的，构成破坏计算机信息系统罪。本案中，被告人付宣豪、黄子超实施的是流量劫持中的“DNS 劫持”。DNS 是域名系统的英文首字母缩写，作用是提供域名解析服务。“DNS 劫持”通过修改域名解析，使对特定域名的访问由原 IP 地址转入到篡改后的指定 IP 地址，导致用户无法访问原 IP 地址对应的网站或者访问虚假网站，从而实现窃取资料或者破坏网站原有正常服务的目的。二被告人使用恶意代码修改互联网用户路由器的 DNS 设置，将用户访问“2345. com”等导航网站的流量劫持到其设置的“5w. com”导航网站，并将获取的互联网用户流量出售，显然是对网络用户的计算机信息系统功能进行破坏，造成计算机信息系统不能正常运行，符合破坏计算机信息系统罪的客观行为要件。

根据《最高人民法院、最高人民检察院关于办理危害计算机信息系统安全刑事案件应用法律若干问题的解释》，破坏计算机信息系统，违法所得人民币二万五千元以上或者造成经济损失人民币五万元以上的，应当认定为“后果特别严重”。本案中，二被告人的违法所得达人民币 754762. 34 元，属于“后果特别严重”。

——《最高人民法院关于发布第 20 批指导性案例的通知》(2018 年 12 月 25 日，法〔2018〕347 号)。

【链接：理解与参照】

(五)本罪与盗窃罪的界分

流量作为一种虚拟财产，会带来相应的经济利益，具有财产属性，且根据刑法第二百八十七条的规定，利用计算机实施金融诈骗、盗窃、贪污、挪用公款、窃取国家秘密或者其他犯罪的，依照本法有关规定定罪处罚，故有观点认为流量等虚拟财产可以成为盗窃罪的犯罪对象，“将非法获取他人虚拟财产的行为认定为财产犯罪具有合理性”。[①] 但从我国刑法的体系上看，DNS 劫持等流量劫持行为不能认定为盗窃罪，而应认定为破坏计算机信息系统罪。第一，主观要素不同。破坏计算机信息系统罪主观方面为故意，包括直接故意和间接故意，但行为人的犯罪目的与动机，不影响犯罪的成立。盗窃罪的主观方面是直接故意，盗窃罪是目的犯，要求必

① 张明楷：《非法获取虚拟财产的行为性质》，载《法学》2015 年第 3 期。

须以非法占有为目的。以流量劫持为例，行为人可能是出于非法占有的目的，也可能出于其他任何目的，但其主观目的并不影响破坏计算机信息系统罪的成立。第二，侵犯客体不同。如前所述，破坏计算机信息系统罪侵犯的客体是复杂客体，而盗窃罪的客体是公私财产所有权。本案中，两名被告人利用恶意代码破坏 DNS 解析的过程，导致网络终端用户流量转向其设置的网站，网络用户的流量并未减少，这个过程中受到侵犯的主要是计算机信息系统的安全。第三，流量等虚拟产无法估价，其法律意义上的价值难以评价，如果将流量认定为盗窃罪的犯罪对象，在流量尚未出售变现的情形下，将面临因价值无法认定而难以定罪的境地，并不利于打击犯罪。破坏计算机信息系统罪的入罪标准有多种情形，符合其中之一即可认定，对于流量等虚拟财产的保护更为有力和有效。第四，纵观国外的立法，均无将虚拟财产作为盗窃罪等侵犯财产罪的犯罪对象的情形。我国台湾地区有关"刑法"规定也是将计算机信息系统数据作为一种电磁记录加以保护。从我国的刑事立法来看，通过几次修正案的补充，关于计算机犯罪的相关立法已经相对完备，对于非法获取计算机信息系统数据、非法控制计算机信息系统、破坏计算机信息系统、提供侵入、非法控制计算机信息系统程序、工具等行为已经进行了明确而详尽的规定，在此情况下，适用计算机犯罪的相关条文已能够有效保护计算机信息系统的安全。

四、参照适用时应注意的问题

本案判决后，理论界也有观点认为非法控制计算机信息系统罪的控制行为与破坏计算机信息系统罪的破坏行为在客观上有重合，也有观点认为 2015 年 11 月重庆市渝北区人民法院作出的非法控制互联网域名解析系统的刑事判决①系第二例流量劫持入罪案例，但却认定为非法控制计算机信息系统罪，②两罪之间的界限比较模糊。但从刑法的体系、立法背景及立法目的来看，两罪之间还是有明显区别的。非法控制计算机信息系统罪是刑法修正案（七）增设的罪名，主要是针对并未破坏计算机信息系统数据或者应用程序，但是却能通过控制计算机信息系统实施特定操作的行为。具体而言，非法控制是指通过各种技术手段，使他人计算机信息系统处于其掌控之中，能够接受其发出的指令，完成相应的操作活动。③ 实践中，典型的非法控制行为主要是行为人通过侵入等技术手段控制大量的计算机信息系统，组建"僵尸网络"，或使被控制的计算机信息系统按照其发出的指令实施网络攻击等活动。本案中，行为人通过使用恶意代码修改互联网用户路由器的 DNS 设置，进而使用户登录"2345. com"等导航网站时跳转至其设置的"5w. com"导航网

① 参见（2015）渝法刑初字第 00666 号判决书。

② 孙道萃：《"流量劫持"的刑法规制及完善》，载《中国检察官》2016 年第 8 期。

③ 全国人大常委会法制工作委员会刑法室编：《中华人民共和国刑法修正案（九）条文说明、立法理由及相关规定》，北京大学出版社 2016 年版，第 201 页。

站，但行为人并不能向互联网用户的计算机信息系统发出其他指令，也无法主动控制、操纵互联网用户的计算机信息系统，因此符合破坏计算机信息罪的犯罪构成要件。

需要说明的是，本案发生在刑法修正案（九）通过之前，当时破坏计算机信息系统罪只规定了自然人犯罪，没有规定单位犯罪，故无法对参与的单位进行刑事处罚。2015 年 8 月 29 日通过并于 2015 年 11 月 1 日开始实施的刑法修正案（九）在刑法第二百八十六条中增加一款作为第四款："单位犯前三款罪的，对单位判处罚金，并对其直接负责的主管人员和其他直接责任人员，依照第一款的规定处罚。"据此，在 2015 年 11 月 1 日以后发生的 DNS 劫持等犯罪行为，符合单位犯罪要件的，对单位也应追究刑事责任。

——李俊、白艳利、石磊：《指导案例 102 号〈付宣豪、黄子超破坏计算机信息系统案〉的理解与参照——DNS 劫持型流量劫持行为的刑事司法认定》，载《人民司法 · 案例》2021 年第 17 期。

1040 侵入并破坏机械远程监控系统构成破坏计算机信息系统罪

关键词 | 破坏计算机信息系统罪 | 机械远程监控系统 |

【最高人民法院指导性案例】

徐强破坏计算机信息系统案（最高人民法院指导案例 103 号）

裁判要点：企业的机械远程监控系统属于计算机信息系统。违反国家规定，对企业的机械远程监控系统功能进行破坏，造成计算机信息系统不能正常运行，后果严重的，构成破坏计算机信息系统罪。

法院生效裁判认为，《最高人民法院、最高人民检察院关于办理危害计算机信息系统安全刑事案件应用法律若干问题的解释》第十一条规定，"计算机信息系统"和"计算机系统"，是指具备自动处理数据功能的系统，包括计算机、网络设备、通信设备、自动化控制设备等。本案中，中联重科物联网 GPS 信息服务系统由中联重科物联网远程监控平台、GPS 终端、控制器和显示器等构成，具备自动采集、处理、存储、回传、显示数据和自动控制设备的功能。该系统属于具备自动处理数据功能的通信设备与自动化控制设备，属于刑法意义上的计算机信息系统。被告人徐强利用"GPS 干扰器"对中联重科物联网 GPS 信息服务系统进行修改、干扰，造成该系统无法对案涉泵车进行实时监控和远程锁车，是对计算机信息系统功能进行破坏，造成计算机信息系统不能正常运行的行为，且后果特别严重。根据刑法第二百八十六条的规定，被告人徐强构成破坏计算机信息系统罪。……

——《最高人民法院关于发布第20批指导性案例的通知》(2018年12月25日,法〔2018〕347号)。

【链接：理解与参照】

(一)企业自主研发的机械远程监控系统属于计算机信息系统

何谓计算机信息系统？刑法条文并没有明确的规定。1994年《计算机信息系统安全保护条例》第二条规定:“本条例所称的计算机信息系统,是指由计算机及其相关的和配套的设备、设施(含网络)构成的,按照一定的应用目标和规则对信息进行采集、加工、存储、传输、检索等处理的人机系统。”显然,并非所有计算机信息系统要素都能成为破坏计算机信息系统罪的犯罪对象,计算机信息系统计算机软件、信息数据和应用程序之外的计算机信息要素不属于刑法意义上的计算机信息系统。[①] 为正确区分刑法意义上的计算机信息系统与普通意义上的计算机信息系统,《最高人民法院、最高人民检察院关于办理危害计算机信息系统安全刑事案件应用法律若干问题的解释》(以下简称《解释》)第十一条规定,本解释所称“计算机信息系统”和“计算机系统”,是指具备自动处理数据功能的系统,包括计算机、网络设备、通信设备、自动化控制设备等。其中,“网络设备是指路由器、交换机等组成的用于连接网络的设备;通信设备包括手机、通信基站等用于提供通信服务的设备;自动化控制设备是指在工业中用于实施自动化控制的设备,如电力系统中的监测设备、制造业中的流水线控制设备等”。[②]《解释》采用概括加列举式的定义方式来界定计算机信息系统。根据该规定,计算机信息系统以具备自动处理数据功能为特征,凡是能够自动处理数据的系统均属于计算机信息系统和计算机系统。另外,《解释》列举了属于计算机信息系统和计算机系统的四种具体情形,其中包括通信设备与自动化控制设备等。远程监控系统从文义解释的角度属于计算机术语,远程监控从字面上理解可以分为“监”和“控”两部分,其中“监”是指通过网络获得信息为主;而“控”是指通过网络对远程计算机进行操作的方法,对远程计算机进行重新启动、关机等操作,还包括对远端计算机进行日常设置的工作。从这些特征来看,远程监控系统属于具备自动处理数据功能的系统,是刑法意义上的计算机信息系统。

——龙兴盛、唐竞、石磊:《指导案例103号〈徐强破坏计算机信息系统案〉的理解与参照——侵入并破坏机械远程监控系统构成破坏计算机信息系统罪》,载《人民司法·案例》2021年第17期。

---

① 王作富主编:《刑法分则实务研究(下)》(第三版),中国方正出版社2007年版,第1239页。

② 李敏:《危害计算机信息系统行为的罪与罚——访最高人民法院审判委员会委员、研究室主任胡云腾》,载《中国审判》2011年第10期。

1041 针对环境质量监测系统实施的犯罪行为的认定

关键词｜破坏计算机信息系统罪｜环境质量监测采样｜

【最高人民法院司法解释】

第十条　违反国家规定,针对环境质量监测系统实施下列行为,或者强令、指使、授意他人实施下列行为的,应当依照刑法第二百八十六条的规定,以破坏计算机信息系统罪论处:

(一)修改参数或者监测数据的;

(二)干扰采样,致使监测数据严重失真的;

(三)其他破坏环境质量监测系统的行为。

重点排污单位篡改、伪造自动监测数据或者干扰自动监测设施,排放化学需氧量、氨氮、二氧化硫、氮氧化物等污染物,同时构成污染环境罪和破坏计算机信息系统罪的,依照处罚较重的规定定罪处罚。

从事环境监测设施维护、运营的人员实施或者参与实施篡改、伪造自动监测数据、干扰自动监测设施、破坏环境质量监测系统等行为的,应当从重处罚。

——《最高人民法院、最高人民检察院关于办理环境污染刑事案件适用法律若干问题的解释》(2017年1月1日,法释〔2016〕29号)。

【最高人民法院指导性案例】

李森、何利民、张锋勃等人破坏计算机信息系统案(最高人民法院指导案例104号)

裁判要点:环境质量监测系统属于计算机信息系统。用棉纱等物品堵塞环境质量监测采样设备,干扰采样,致使监测数据严重失真的,构成破坏计算机信息系统罪。

法院生效裁判认为,五被告人的行为违反了国家规定。环境保护法第六十八条规定禁止篡改、伪造或者指使篡改、伪造监测数据,环境大气污染防治法第一百二十六条规定禁止对大气环境保护监督管理工作弄虚作假,《环境计算机信息系统安全保护条例》第七条规定不得危害计算机信息系统的安全。本案五被告人采取堵塞采样器的方法伪造或者指使伪造监测数据,弄虚作假,违反了上述国家规定。

五被告人的行为破坏了计算机信息系统。《最高人民法院、最高人民检察院关于办理危害计算机信息系统安全刑事案件应用法律若干问题的解释》第十一条规定,计算机信息系统和计算机系统,是指具备自动处理数据功能的系统,包括计算机、网络设备、通信设备、自动化控制设备等。根据《最高人民法院、最高人民检察院关于办理环境污染刑事案件适用法律若干问题的解释》第十条第一款的规定，干扰环境质量监测系统的采样，致使监测数据严重失真的行为，属于破坏计算机信息系统。长安子站系国控环境空气质量自动监测站点，产生的监测数据经过系统软件直接传输至监测总站，通过环保部和监测总站的政府网站实时向社会公布，参与计算环境空气质量指数并实时发布。空气采样器是环境空气质量监测系统的重要组成部分。PM10、PM2.5监测数据作为环境空气综合污染指数评估中的最重要两项指标，被告人用棉纱堵塞采样器的采样孔或拆卸采样器的行为，必然造成采样器内部气流场的改变，造成监测数据失真，影响对环境空气质量的正确评估，属于对计算机信息系统功能进行干扰，造成计算机信息系统不能正常运行的行为。

五被告人的行为造成了严重后果。(1)被告人李森、张锋勃、张楠、张肖均多次堵塞、拆卸采样器干扰采样，被告人何利民明知李森等人的行为而没有阻止，只是要求李森把空气污染数值降下来。(2)被告人的干扰行为造成了监测数据的显著异常。2016年2至3月间，长安子站颗粒物监测数据多次出现与周边子站变化趋势不符的现象。长安子站PM2.5数据分别在2月24日18时至25日16时、3月3日4时至6日19时两个时段内异常，PM10数据分别在2月18日18时至19日8时、2月25日20时至21日8时、3月5日19时至6日23时三个时段内异常。其中，长安子站的PM10数据在2016年3月5日19时至22时由361下降至213，下降了41%，其他周边子站均值升高了14%（由316上升至361），6日16时至17时长安子站监测数值由188上升至426，升高了127%，其他子站均值变化不大（由318降至310），6日17时至19时长安子站数值由426下降至309，下降了27%，其他子站均值变化不大（由310降至304）。可见，被告人堵塞采样器的行为足以造成监测数据的严重失真。上述数据的严重失真，与监测总站在例行数据审核时发现长安子站PM10数据明显偏低可以印证。(3)失真的监测数据已实时发送至监测总站，并向社会公布。长安子站空气质量监测的小时浓度均值数据已经通过互联网实时发布。(4)失真的监测数据已被用于编制环境评价的月报、季报。环保部在2016年二、三月及第一季度的全国七十四个重点城市空气质量排名工作中已采信上述虚假数据，已向社会公布并上报国务院，影响了全国大气环境治理情况评估，损害了政府公信力，误导了环境决策。据此，五被告人干扰采样的行为造成了严重后果，符合刑法第二百八十六条规定的"后果严重"要件。

综上，五被告人均已构成破坏计算机信息系统罪。鉴于五被告人到案后均能坦白认罪，有悔罪表现，依法可以从轻处罚。

——《最高人民法院关于发布第20批指导性案例的通知》(2018年12月25日，法〔2018〕347号)。

【链接：理解与参照】

（一）以棉纱堵塞采样器造成监测数据失真属于刑法规定的破坏计算机信息系统

首先，环境监测系统应属于计算机信息系统。根据《计算机信息系统安全保护条例》第二条的规定，计算机信息系统，是指由计算机及其相关的和配套的设备、设施（含网络）构成的，按照一定的应用目标和规则对信息进行采集、加工、存储、传输、检索等处理的人机系统。本案中，长安子站系国控环境空气质量自动监测站点，其通过空气采样器对PM10、PM2.5进行采集、加工、存储、传输和检索。空气采样器是环境空气质量监测系统的重要组成部分，PM10、PM2.5监测数据作为环境空气综合污染指数评估中的最重要两项指标，通过环保部和监测总站的政府网站实时向社会公布，产生的监测数据经过系统软件直接传输至监测总站，参与计算环境空气质量指数并实时发布。2011年9月1日起施行的《最高人民法院、最高人民检察院关于办理危害计算机信息系统安全刑事案件应用法律若干问题的解释》（以下简称《计算机信息系统安全解释》）第十一条规定："本解释所称计算机信息系统和计算机系统，是指具备自动处理数据功能的系统，包括计算机、网络设备、通信设备、自动化控制设备等。"因此，本案中的环境空气质量监测系统对于空气污染程度的数据进行收集并加工、传输，具有自动处理数据功能，且具有人机配合性，应属于司法解释中所规定的计算机信息系统。

其次，用棉纱堵塞采样器，造成监测数据失真，应属于破坏计算机信息系统的行为。破坏计算机系统主要表现为三种方式。一是对计算机信息系统功能进行删除、修改、增加、干扰；二是对计算机信息系统中存储、处理或传输的数据和应用程序进行删除、修改、增加的操作；三是故意制作、传播计算机病毒等破坏性程序。依照2017年1月1日起施行的《环境污染解释》第十条第一款第（二）项规定，干扰采样，致使监测数据严重失真的，以破坏计算机信息系统罪论处。本案中，被告人用棉纱堵塞采样器的采样孔或拆卸采样器，导致采样器内部气流场的改变，造成监测数据失真，影响国家对环境空气质量的正确评估，符合《环境污染解释》第十条所规定的"干扰采样，致使监测数据严重失真"的破坏计算机信息系统的行为。

——尤青、高伟、石磊：《指导案例104号〈李森、何利民、张锋勃等人破坏计算机信息系统案〉的理解与参照——干扰环境质量检测采样设备致使监测数据严重失真的司法认定》，载《人民司法·案例》2021年第17期。

1042 对交警部门计算机信息系统中存储的交通违章信息进行删除，以破坏计算机信息系统罪定罪处罚

关键词 | 破坏计算机信息系统罪 | 交通违章信息 |

【最高人民法院审判业务意见】

有关部门就对交警部门计算机信息系统中存储的交通违章信息进行删除行为如何定性问题征求最高人民法院研究室意见。我室经研究认为：

违反国家规定，对交警部门计算机信息系统中存储的交通违章信息进行删除，收取违章人员的好处，应当认定为刑法第二百八十六条第二款规定的对计算机信息系统中存储、处理、传输的数据进行删除的操作，以破坏计算机信息系统罪定罪处罚。

——喻海松：《最高人民法院研究室关于对交警部门计算机信息系统中存储的交通违章信息进行删除行为如何定性的研究意见》，载最高人民法院研究室编著：《司法研究与指导》（总第2辑），人民法院出版社2012年版，第137页。

【最高人民法院参考案例】

孙小虎破坏计算机信息系统案（《刑事审判参考》案例第784号）

要旨：经济损失数额和违法所得数额都是破坏计算机信息系统犯罪中定罪量刑的标准，应当按照处罚较重的数额对被告人进行量刑，另一数额可作为量刑的酌定情节予以考虑。

（一）破坏计算机信息系统犯罪中的经济损失的认定

《解释》[①]第十一条第三款规定："本解释所称'经济损失'，包括危害计算机信息系统犯罪行为给用户直接造成的经济损失，以及用户为恢复数据、功能而支出的必要费用。"该条明确规定了危害计算机信息系统安全犯罪中的经济损失是指犯罪行为所造成的直接经济损失。间接经济损失或者实施犯罪行为时尚未实际发生的可能经济损失，不能认定为直接经济损失，从而不能计入犯罪行为所造成的经济损失。我们认为，本案涉及的十四万余元罚款不能认定为被告人孙小虎犯罪行为所造成的经济损失。具体理由如下：

首先，本案中的十四万余元是公安机关拟行政处罚的罚款，需要公安机关在相关车辆进行年检时，对车辆违章行为作出行政处罚，在当事人缴纳罚款之后，才能获取该项利益。孙小虎在非法处理违章数据的时候，因违章车辆当事人还没有实

---

① 即《最高人民法院、最高人民检察院关于办理危害计算机信息系统安全刑事案件应用法律若干问题的解释》（法释〔2011〕19号）。

际缴纳罚款,公安机关还没有实际取得该十四万余元的罚款。孙小虎非法处理违章数据的行为本身并不直接导致十四万余元的必然损失。因此,该十四万元不是直接经济损失。

其次,孙小虎非法处理的违章信息所对应的十四万余元罚款具有不确定性。该十四万余元只是违章行为所对应的应当处以罚款的数额,公安机关是否最终对上述所有违章行为都作出处罚,处罚所对应的罚款是否能够全部征收到位,都处于或然状态。以一个不确定的数额作为孙小虎的行为造成的直接经济损失数额,在逻辑上说服力不够。

最后,公安机关可以通过对孙小虎修改的数据进行恢复,对有关车辆违章行为作出处罚。所有经孙小虎非法处理的车辆违章数据并没被孙小虎删除,而是仍然存放于电脑系统中,孙小虎只是将数据处理的状态由原来的"未处理"修改为"已处理"。经查,公安机关随时可以把有关数据恢复到孙小虎修改前的状态,并据此实事求是地对违章行为进行处理。如果公安机关不及时修复数据,或者虽然修复数据但没有及时对违章车辆进行处罚,导致应该收取的罚款没有收取的,由此导致的损失更不能归责于孙小虎的行为。

(二)违法所得数额的认定依据及认定原则

根据《解释》的规定,违法所得和经济损失都是破坏计算机信息系统犯罪定罪量刑的标准,二者只要符合其一即可。本案在一审审理期间,法院即认为十四万余元不宜认定为本案造成的经济损失,并曾发函至公诉机关,建议进一步查清孙小虎的违法所得情况,并从违法所得的角度进行指控。但公诉机关坚持从经济损失的角度进行指控,未能就违法所得情况进一步补充相关证据。

在刑事司法实践中,对于相关证据之间存在一定矛盾的案件,即在部分证据对被告人有利,有部分证据对被告人不利的情况下,一般采用对被告人有利的证据,这就是司法实践中普遍遵循的有利于被告人的原则。本案中,法院综合考虑被告人孙小虎的历次供述和证人证言等情况,根据有利于被告人的处理原则,就低认定违法所得数额为二万四千余元,不仅有原审被告人自己相对稳定的供述,也有相关证人证言印证孙小虎确实非法收受他人财物以及违法所得的数额情况,原审法院作出上述认定符合证据的采信规则。

(三)本案以违法所得数额作为量刑依据符合罪责刑相适应原则

根据刑法第二百八十六条第二款的规定,对计算机信息系统中存储、处理或者传输的数据和应用程序进行删除、修改、增加的操作,后果严重的,处五年以下有期徒刑或者拘役;后果特别严重的,处五年以上有期徒刑。《解释》对后果严重、后果特别严重的数额标准作出明确规定:违法所得五千元以上或者造成经济损失一万元以上的,属于后果严重;数额达到上述标准五倍以上的,属于后果特别严重。本案中，因不能认定十四万余元是孙小虎犯罪行为所造成的经济损失，一审法院按照其违法所得数额对其定罪量刑，完全符合刑法和《解释》的相关规定，同时结合本案的具体证据情况以及孙小虎的认罪态度、积极退赃等情节，一审法院对其判处有期徒刑三年六个月罚当其罪。

需要说明的是，经济损失数额和违法所得数额都是破坏计算机信息系统犯罪中定罪量刑的标准，公安机关和检察机关对上述两个数额都应当进行侦查。如果这两个数额分别属于后果严重、后果特别严重的情节，导致量刑上的冲突时，应当按照处罚较重的数额对被告人进行量刑，另一数额可作为量刑的酌定情节予以考虑，如此才能真正在具体案件中实现罪刑相适应。

——《刑事审判参考》（总第86辑）。

童莉、蔡少英破坏计算机信息系统案（《刑事审判参考》案例第783号）

要旨：公安交通管理部门协管员非法侵入道路交通违法信息管理系统，清除车辆违章信息，收取违章人员钱财的行为构成破坏计算机信息系统罪。

（二）二被告人的行为构成破坏计算机信息系统罪

1. 从客体方面分析

犯罪行为所侵犯的客体是确定犯罪行为性质及区分此罪和彼罪的最基本的要件之一。刑法将破坏计算机信息系统罪规定在分则侵犯社会管理秩序罪一章中，表明该罪侵犯的同类客体是正常的社会管理秩序，侵犯的具体客体是国家关于计算机信息系统的管理秩序以及计算机信息系统所涉及的某一领域的社会管理秩序。本案中，二被告人违反国家规定，通过删除交通管理部门计算机信息系统中存储的违章记录，造成罚款已缴纳的假象，且利用邹明富等人公开向社会宣称收取好处费后其可将违章记录作内部处理，造成了恶劣的社会影响，严重扰乱了交管部门对违章车辆的正常管理秩序。因此，本案侵害的客体主要是国家正常的社会管理秩序，应属于妨害社会管理秩序类犯罪。

2. 从客观方面分析

根据刑法第二百八十六条的规定，破坏计算机信息系统罪的行为方式有三种：一是违反国家规定，对计算机信息系统功能进行删除、修改、增加、干扰，造成计算机信息系统不能正常运行，其特征是进行“删除、修改、增加、干扰”的非法操作，针对的对象是“计算机信息系统功能”。具体而言，主要是对计算机的系统文件进行上述非法操作，使系统紊乱、丧失部分或全部运行功能，甚至崩溃。二是违反国家规定，对计算机信息系统中存储、处理或者传输的数据和应用程序进行删除、修改、增加的操作，其特征是进行“删除、修改、增加”的非法操作，操作的对象是“计算机信息系统中存储、处理或者传输的数据和应用程序”。具体而言，主要是对数据和应用程序（不包括系统文件和系统程序）进行上述非法操作，使相应的数据或程序丢失、更改、损坏。三是故意制作、传播计算机病毒等破坏性程序，影响计算机系统正常运行，此种行为既可能破坏系统功能，又可能破坏数据和应用程序。在本案中，二被告人非法侵入交通管理计算机系统，对存储的违章记录、罚款数据进行非法删除，造成罚款已缴纳的假象，其行为完全符合破坏计算机信息系统罪的第二种行为方式，且属“后果严重”情形。根据《最高人民法院、最高人民检察院关于办理危害计算机信息系统安全刑事案件应用法律若干问题的解释》（以下简称《解释》）第四条的规定，破坏计算机信息系统功能、数据或者应用程序，具有下列情形之一的，应当认定为刑法第二百八十六条第一款和第二款规定的“后果严重”：“……（三）违法所得五千元以上或者造成经济损失一万元以上的……”《解释》第十一条对“经济损失”的范围进行了明确。根据《解释》的规定，破坏计算机信息系统犯罪案件中，经济损失包括危害计算机信息系统犯罪行为给用户直接造成的经济损失，以及用户为恢复数据、功能而支出的必要费用。本案中，撇开二被告人的行为给国家造成的经济损失以及恢复计算机系统的费用不说，仅二被告人非法获利就有二万五千余元。该数额已达到《解释》确定的“后果特别严重”数额标准，应当按“后果特别严重”情形进行处罚。

3. 从主观方面分析

破坏计算机信息系统罪是故意犯罪，行为人的动机和目的多种多样。一般而言，破坏计算机信息系统的行为往往是手段行为，行为人主观上常具有盗窃、诈骗等目的，当然也有为破坏而破坏的单纯破坏计算机信息系统的情形，但无论何种情况，行为人对于破坏计算机信息系统这一结果都是明知的，即行为人都具有希望或放任破坏计算机信息系统的结果发生这一共性。本案中，二被告人明知非法删除交通管理系统中的违章记录是对计算机存储信息的破坏，但为了牟利，积极追求这种破坏结果的发生。因此，二被告人具有犯罪的直接故意，符合破坏计算机信息系统罪的主观特征。

4. 从主体方面分析

破坏计算机信息系统罪的主体为一般主体，二被告人符合该罪的主体特征。

综上，本案认定被告人童莉、蔡少英的行为构成破坏计算机信息系统罪是正确的。

——《刑事审判参考》（总第86辑）。

1043 故意制作、传播计算机病毒等破坏性程序“后果严重”“后果特别严重”的认定

关键词 | 破坏计算机信息系统罪 | 计算机病毒 | 后果严重 | 后果特别严重 |

【最高人民法院司法解释】

第六条 故意制作、传播计算机病毒等破坏性程序，影响计算机系统正常运行，具有下列情形之一的，应当认定为刑法第二百八十六条第三款规定的“后果严重”：

（一）制作、提供、传输第五条第（一）项规定的程序，导致该程序通过网络、存储介质、文件等媒介传播的；

（二）造成二十台以上计算机系统被植入第五条第（二）、（三）项规定的程序的；

（三）提供计算机病毒等破坏性程序十人次以上的；

（四）违法所得五千元以上或者造成经济损失一万元以上的；

（五）造成其他严重后果的。

实施前款规定行为，具有下列情形之一的，应当认定为破坏计算机信息系统“后果特别严重”：

（一）制作、提供、传输第五条第（一）项规定的程序，导致该程序通过网络、存储介质、文件等媒介传播，致使生产、生活受到严重影响或者造成恶劣社会影响的；

（二）数量或者数额达到前款第（二）项至第（四）项规定标准五倍以上的；

（三）造成其他特别严重后果的。

——《最高人民法院、最高人民检察院关于办理危害计算机信息系统安全刑事案件应用法律若干问题的解释》（2011 年 9 月 1 日，法释〔2011〕19 号）。

【链接：理解与适用】

根据刑法第二百八十六条第三款的规定，故意制作、传播计算机病毒等破坏性程序，影响计算机系统正常运行，是破坏计算机信息系统的一种情形。在起草过程中，着重考虑了如下两个问题：一是对于制作计算机病毒等破坏性程序的行为，如果仅制作而不传播，则不可能“影响计算机信息系统正常运行”，故制作计算机病毒等破坏性程序的行为不可能独立构成犯罪。换言之，刑法第二百八十六条第三款本身并不属于“制作、提供工具罪”，故对于互联网上制作、销售计算机病毒等破坏性程序的行为无法独立打击。二是将向他人提供（也即人到人的“传播”）计算机病毒等破坏性程序的行为都纳入“传播”的范畴，但同时也要求其行为必须最终

导致“影响计算机信息系统正常运行”，即其制作、提供的计算机病毒等破坏性程序最终被使用并产生后果，避免突破刑法条文的规定。

在此基础上，第一款明确了“情节严重”的具体认定标准。《解释》第五条第（一）项规定的计算机病毒程序具有自我复制传播特性，其传播方式容易引起大规模传播。由于此类程序一经传播即无法控制其传播面，也无法对被侵害的计算机逐一取证确认其危害后果，因此，本款第（一）项规定制作、提供、传输该类程序，只要导致该程序通过网络、存储介质、文件等媒介传播的，即应当认定为“后果严重”。而“逻辑炸弹”等其他破坏性程序在未触发之前，并不破坏计算机信息系统，只存在潜在的破坏性，只有向被害计算机信息系统植入该程序，才满足“影响计算机信息系统正常运行”的要件。因此，第（二）项规定向二十台以上计算机系统植入其他的破坏性程序的，应当认定为“后果严重”。以提供计算机病毒等破坏性程序的人次、违法所得数额、经济损失数额作为衡量“情节严重”的标准，第（三）（四）项规定提供计算机病毒等破坏性程序十人次以上、违法所得五千元以上或者造成经济损失一万元以上属于后果严重。此外，第（五）项为兜底条款。

第二款规定“后果特别严重”的认定标准。计算机病毒容易引起大规模传播，且一经传播即无法控制其传播面，故第（一）项特别规定制作、提供、传输计算机病毒，导致该程序通过网络、存储介质、文件等媒介传播，致使生产、生活受到严重影响或者造成恶劣社会影响的，应属“后果特别严重”。其他情况下，“后果严重”和“后果特别严重”之间为五倍的倍数关系。

——喻海松：《〈关于办理危害计算机信息系统安全刑事案件应用法律若干问题的解释〉的理解与适用》，载《人民司法·应用》2011年第19期。

1044 危害计算机信息系统安全犯罪中术语的范围

关键词｜危害计算机信息系统｜术语｜

【最高人民法院司法解释】

第二条　具有下列情形之一的程序、工具，应当认定为刑法第二百八十五条第三款规定的“专门用于侵入、非法控制计算机信息系统的程序、工具”：

（一）具有避开或者突破计算机信息系统安全保护措施，未经授权或者超越授权获取计算机信息系统数据的功能的；

（二）具有避开或者突破计算机信息系统安全保护措施，未经授权或者超越授权对计算机信息系统实施控制的功能的；

（三）其他专门设计用于侵入、非法控制计算机信息系统、非法获取计算机信息系统数据的程序、工具。

第五条 具有下列情形之一的程序，应当认定为刑法第二百八十六条第三款规定的“计算机病毒等破坏性程序”：

（一）能够通过网络、存储介质、文件等媒介，将自身的部分、全部或者变种进行复制、传播，并破坏计算机系统功能、数据或者应用程序的；

（二）能够在预先设定条件下自动触发，并破坏计算机系统功能、数据或者应用程序的；

（三）其他专门设计用于破坏计算机系统功能、数据或者应用程序的程序。

第十条 对于是否属于刑法第二百八十五条、第二百八十六条规定的“国家事务、国防建设、尖端科学技术领域的计算机信息系统”、“专门用于侵入、非法控制计算机信息系统的程序、工具”、“计算机病毒等破坏性程序”难以确定的，应当委托省级以上负责计算机信息系统安全保护管理工作的部门检验。司法机关根据检验结论，并结合案件具体情况认定。

第十一条 本解释所称“计算机信息系统”和“计算机系统”，是指具备自动处理数据功能的系统，包括计算机、网络设备、通信设备、自动化控制设备等。

本解释所称“身份认证信息”，是指用于确认用户在计算机信息系统上操作权限的数据，包括账号、口令、密码、数字证书等。

本解释所称“经济损失”，包括危害计算机信息系统犯罪行为给用户直接造成的经济损失，以及用户为恢复数据、功能而支出的必要费用。

——《最高人民法院、最高人民检察院关于办理危害计算机信息系统安全刑事案件应用法律若干问题的解释》（2011年9月1日，法释〔2011〕19号）。

【链接：理解与适用】

1.“专门用于侵入、非法控制计算机信息系统的程序、工具”的范围界定

《解释》第二条明确了刑法第二百八十五条第三款规定的“专门用于侵入、非法控制计算机信息系统的程序、工具”的具体范围。

本条解释的关键是对刑法第二百八十五条第三款规定的“专门”一词的含义作出明确。参考立法机关编写的相关论著，刑法第二百八十五条第三款的“专门用于侵入、非法控制计算机信息系统的程序、工具”，“是指行为人所提供的程序、工具只能用于实施非法侵入、非法控制计算机信息系统的用途”。可见，其区别于一般的程序、工具之处在于此类程序、工具专门是用于违法犯罪目的，而不包括那些既可以用于违法犯罪目的又可以用于合法目的的“中性程序”。因此。“专门”是对程序、工具本身的用途非法性的限定，是通过程序、工具本身的用途予以体现的。

而程序、工具本身的用途又是由其功能所决定的,如果某款程序、工具在功能设计上就只能用来违法地实施控制、获取数据的行为,则可以称之为"专门工具、程序"。我们认为,从功能设计上可以对"专门用于侵入、非法控制计算机信息系统的程序、工具"作如下限定:

首先,程序、工具本身具有获取计算机信息系统数据,控制计算机信息系统的功能。刑法第二百八十五条第三款的用语是"专门用于侵入、非法控制计算机信息系统的程序、工具",从字面上看,没有涉及"专门用于非法获取数据的工具"。但是,从刑法规范的逻辑角度而言,刑法第二百八十五条第三款应当是前两款的工具犯。换言之,通过侵入计算机信息系统而非法获取数据的专门性程序、工具也应当纳入"专门用于侵入计算机信息系统的程序、工具"的范畴,这并未超越刑法用语的规范含义。因此,"专门用于侵入、非法控制计算机信息系统的程序、工具",既包括专门用于侵入、非法控制计算机信息系统的程序、工具,也包括通过侵入计算机信息系统而非法获取数据的专门性程序、工具。顺带需要提及的是,基于同样的理由,刑法第二百八十五条第三款后半句规定的"明知他人实施侵入、非法控制计算机信息系统的违法犯罪行为而为其提供程序、工具",这里的"侵入"既包括非法侵入计算机信息系统行为,也包括通过侵入计算机信息系统而非法获取数据的行为。由于专门用于实施非法侵入计算机信息系统的程序、工具较为少见,而且难以从功能上对其作出界定,对其主要应通过主观设计目的予以判断[即本条第(三)项的规定]。基于上述考虑,这里主要强调了程序、工具本身的获取数据和控制功能。

其次,程序、工具本身具有避开或者突破计算机信息系统安全保护措施的功能。有不少木马程序既可用于合法目的也可用于非法目的,属于"中性程序",比如 Windows 系统自带的 Terminal Service(终端服务)也可以用于远程控制计算机信息系统,很多商用用户运用这种远程控制程序以远程维护计算机信息系统。通常情况下,攻击者使用的木马程序必须故意逃避杀毒程序的查杀、防火墙的控制,故此类木马程序区别于"中性的"商用远程控制程序的主要特征是其具有"避开或者突破计算机信息系统安全保护措施"的特征,如自动停止杀毒软件的功能、自动卸载杀毒软件功能等,在互联网上广泛销售的所谓"免杀"木马程序即属于此种类型的木马程序。因此,本条将"专门用于避开或者突破计算机信息系统安全保护措施"作为界定标准之一。

最后,程序、工具获取数据和控制功能,在设计上即能在未经授权或者超越授权的状态下得以实现。这是专门程序、工具区别于"中性程序、工具"的典型特征,是该类程序违法性的集中体现。例如"网银大盗"程序,其通过键盘记录的方式,监视用户操作,当用户使用个人网上银行进行交易时,该程序会恶意记录用户所使用的账号和密码,记录成功后,程序会将盗取的账号和密码发送给行为人。该程序在功能设计上即可在无须权利人授权的情况下获取其网上银行账号、密码等数据。“中性”程序、工具不具备在未经授权或超越授权的情况下自动获取数据或者控制他人计算机信息系统的功能。

基于上述考虑，本条第（一）（二）项将具有避开或者突破计算机信息系统安全保护措施，未经授权或者超越授权获取计算机信息系统数据的功能或者对计算机信息系统实施控制的功能的程序、工具列为“专门用于侵入、非法控制计算机信息系统的程序、工具”。这两类程序都符合了上述三个要件，明显有别于“中性程序”，能够被认定为“专门性程序、工具”。此外，第（三）项还列出了其他专门设计用于侵入、非法控制计算机信息系统、非法获取计算机信息系统数据的程序、工具。在黑客攻击破坏活动中还存在很多专门为实施违法犯罪活动而设计的程序、工具，比如攻击者针对某类网吧管理系统的漏洞专门设计的侵入程序，针对某个网络银行系统设计专用的侵入程序，此类程序难以进行详细分类并一一列举，也难以准确地概括其违法性的客观特征。因此，此处规定并不是通过程序的客观特性界定其范围，而是通过设计者的主观动机予以界定，具体哪些程序属于这一范畴应当具体情形具体分析。

2.“计算机病毒等破坏性程序”的范围界定

《解释》第五条明确了刑法第二百八十六条第三款规定的“计算机病毒等破坏性程序”的具体范围。主要涵括了如下三类程序：第（一）项将能够通过网络、存储介质、文件等媒介，将自身的部分、全部或者变种进行自我复制、传播，并破坏计算机系统功能、数据或者应用程序的程序（计算机病毒）纳入计算机病毒等破坏性程序范围。此类程序的危害性主要是其传播方式容易引起大规模传播，而且一经传播即无法控制其传播面，也无法对被侵害的计算机逐一取证确认其危害后果。第（二）项将能够在预先设定条件下自动触发，并破坏计算机系统数据、功能或者应用程序的程序（逻辑炸弹）纳入计算机病毒等破坏性程序的范围。此类程序一旦被触发即可破坏计算机信息系统数据、功能或者应用程序，但在未触发之前仍存在潜在的破坏性。第（三）项将其他专门设计用于破坏计算机系统数据、功能或者应用程序的程序纳入计算机病毒等破坏性程序的范围。

3.“计算机信息系统”和“计算机系统”的范围界定

《解释》第十一条第一款对“计算机信息系统”和“计算机系统”的内涵和外延进行了界定。

刑法第二百八十五条、第二百八十六条使用了“计算机信息系统”“计算机系统”两种表述，其中刑法第二百八十六条第三款有关制作、传播计算机病毒等破坏性程序的条款中使用的是“计算机系统”，其他条款使用的则是“计算机信息系统”。本条对这两种表述作了统一界定，原因如下：一是从技术角度看，这两种表述已无法区分。刑法第二百八十五条、第二百八十六条立法区分这两者的原意是考虑侵入计算机信息系统、破坏计算机信息系统功能、数据或者应用程序的对象应当是数据库、网站等提供信息服务的系统，而传播计算机病毒如果只影响计算机操作系统（计算机系统）本身，即使不对系统上的信息服务造成影响也应当受到处罚。但随着计算机技术的发展，计算机操作系统与提供信息服务的系统已密不可分。如很多操作系统自身也提供 WEB（互联网）服务、FTP（文件传输协议）服务，而侵入操作系统也就能够实现对操作系统上提供信息服务的系统实施控制，破坏操作系统的数据或者功能也就能够破坏操作系统上提供信息服务的系统的数据或者功能，从技术角度无法准确划分出提供信息服务的系统和操作系统。二是从保护计算机信息系统安全这一立法目的出发，对这两种表述进行区分没有必要。不论危害的是计算机操作系统还是提供信息服务的系统，只要情节严重或者造成严重后果的，都应当追究刑事责任。三是经对美、德等国的网络犯罪立法进行研究，这些国家均在立法中使用单一的计算机系统、计算机等术语，而未对计算机信息系统和计算机系统作出区分。

本款将“计算机信息系统”和“计算机系统”统一界定为“具备自动处理数据功能的系统”，原因如下：一是具备自动处理数据功能的系统都可能成为被攻击的对象，有必要将其纳入刑法保护范畴。随着信息技术的发展，各类内置有可以编程、安装程序的操作系统的数字化设备广泛应用于各个领域，其本质与传统的计算机系统已没有任何差别。这些设备都可能受到攻击破坏：互联网上销售的专门用于控制手机的木马程序，可以通过无线网络获取手机中的信息；通过蓝牙、WIFI（将电脑、手持设备等终端以无线方式互相连接的技术）等无线网络传播病毒的案件也呈现快速增长态势；在工业控制设备中可能植入破坏性程序，使得工业控制设备在特定条件下运行不正常；在打印机、传真机等设备中可以内置程序非法获取相关数据。总之，任何内置有操作系统的智能化设备都可能成为入侵、破坏和传播计算机病毒的对象，因此应当将这些设备的安全纳入刑法保护范畴。二是本定义借鉴了多个国家有关法律的相关定义。如美国将计算机定义为“具备自动处理数据的功能的一个或者一组设备”，欧盟网络犯罪公约将计算机定义为“由软件和硬件构成的用于自动处理数据的设备”，其出发点都是将保护计算机信息系统安全的法律适用于所有具有自动处理数据功能的设备。

为使相关界定更加明确，方便司法实践适用，本款采用了概括加例举的解释方法，即在对“计算机信息系统”“计算机系统”作归纳定义的同时，还例举“计算机”“网络设备”“通信设备”“自动化控制设备”等具体情形。其中，网络设备是指路由器、交换机等组成的用于连接网络的设备；通信设备包括手机、通信基站等用于提供通信服务的设备；自动化控制设备是指在工业中用于实施自动化控制的设备，如电力系统中的监测设备、制造业中的流水线控制设备等。

4.“身份认证信息”的范围界定

由于《解释》多处涉及“身份认证信息”这一术语，第十一条第二款明确了“身份认证信息”的内涵和外延。考虑到司法实践的具体情形，采用了概括加例举的方法，将“身份认证信息”界定为用于确认用户在计算机信息系统上操作权限的数据，包括账号、口令、密码、数字证书等。从实践来看，数字签名、生物特征等都属于身份认证信息。

5.“经济损失”的范围界定

《解释》第十一条第三款明确了“经济损失”的计算范围，具体包括危害计算机信息系统犯罪行为给用户造成的直接经济损失，以及用户为恢复数据、功能而支出的必要费用。需要注意的是，破坏计算机信息系统功能、数据给用户带来的预期利益的损失不能纳入“经济损失”的计算范围。

6. 危害计算机信息系统安全犯罪案件的检验问题

考虑到危害计算机信息系统安全犯罪案件的司法认定专业性强，为确保相关案件依法得到稳妥、正确处理，《解释》第十条专门规定对于是否属于“国家事务、国防建设、尖端科学技术领域的计算机信息系统”“专门用于侵入、非法控制计算机信息系统的程序、工具”“计算机病毒等破坏性程序”难以确定的，应当委托省级以上负责计算机信息系统安全保护管理工作的部门检验。司法机关根据检验结论，并结合案件具体情况认定。《计算机信息系统安全保护条例》(国务院第147号令)第六条规定：“公安部主管全国计算机信息系统安全保护工作。国家安全部、国家保密局和国务院其他有关部门，在国务院规定的职责范围内做好计算机信息系统安全保护的有关工作。”因此，对于相关情形难以确定的，应当根据案件具体涉及的领域，从省级以上的公安部门、国家安全部门、保密部门或者其他有关部门中选取确定检验部门。从实践来看，进行检验的部门主要应当是省级以上公安机关。

——喻海松：《〈关于办理危害计算机信息系统安全刑事案件应用法律若干问题的解释〉的理解与适用》，载《人民司法·应用》2011年第19期。

1045 拒不履行信息网络安全管理义务罪主体的认定

关键词 | 拒不履行信息网络安全管理义务罪 | 网络服务提供者 |

【最高人民法院司法解释】

第一条 提供下列服务的单位和个人，应当认定为刑法第二百八十六条之一第一款规定的“网络服务提供者”：

（一）网络接入、域名注册解析等信息网络接入、计算、存储、传输服务；

（二）信息发布、搜索引擎、即时通讯、网络支付、网络预约、网络购物、网络游戏、网络直播、网站建设、安全防护、广告推广、应用商店等信息网络应用服务；

（三）利用信息网络提供的电子政务、通信、能源、交通、水利、金融、教育、医疗等公共服务。

——《最高人民法院、最高人民检察院关于办理非法利用信息网络、帮助信息网络犯罪活动等刑事案件适用法律若干问题的解释》（2019年11月1日，法释〔2019〕15号）。

【链接：理解与适用】

根据刑法第二百八十六条之一的规定，拒不履行信息网络安全管理义务罪的主体是网络服务提供者。因此，明确网络服务提供者的范围，是确保拒不履行信息网络安全管理义务罪准确适用的前提和基础。网络安全法第七十六条第（一）项规定：“网络，是指由计算机或者其他信息终端及相关设备组成的按照一定的规则和程序对信息进行收集、存储、传输、交换、处理的系统。”第（三）项规定：“网络运营者，是指网络的所有者、管理者和网络服务提供者。”可见，“网络”与“信息系统”含义相同，包括联入公共通信网的系统和未联入公共通信网的系统，涵括对外提供服务的系统和不对外提供服务而自用的系统。而刑法第二百八十六条之一使用了“网络服务提供者”，自然不能包括网络安全法规定的网络运营者的所有情形。经研究认为，网络服务提供者包括提供互联网服务的网络运营者，也包括虽然提供内部网络服务、但涉及公共服务的网络运营者。基于此，《解释》第一条规定，提供下列服务的单位和个人，应当认定为刑法第二百八十六条之一第一款规定的网络服务提供者……

——周加海、喻海松：《〈关于办理非法利用信息网络、帮助信息网络犯罪活动等刑事案件适用法律若干问题的解释〉的理解与适用》，载《人民司法·应用》2019年第31期。

1046 拒不履行信息网络安全管理义务罪的前提要件

关键词｜拒不履行信息网络安全管理义务罪｜责令采取改正措施｜

【最高人民法院司法解释】

第二条　刑法第二百八十六条之一第一款规定的“监管部门责令采取改正措

施”，是指网信、电信、公安等依照法律、行政法规的规定承担信息网络安全监管职责的部门，以责令整改通知书或者其他文书形式，责令网络服务提供者采取改正措施。

认定“经监管部门责令采取改正措施而拒不改正”，应当综合考虑监管部门责令改正是否具有法律、行政法规依据，改正措施及期限要求是否明确、合理，网络服务提供者是否具有按照要求采取改正措施的能力等因素进行判断。

——《最高人民法院、最高人民检察院关于办理非法利用信息网络、帮助信息网络犯罪活动等刑事案件适用法律若干问题的解释》（2019 年 11 月 1 日，法释〔2019〕15 号）。

【链接：理解与适用】

1.“监管部门责令采取改正措施”的含义。网络安全法第八条第一款规定：“国家网信部门负责统筹协调网络安工作和相关监督管理工作。国务院电信主管部门、公安部门和其他有关机关依照本法和有关法律、行政法规的规定，在各自职责范围内负责网络安全保护和监督管理工作。”据此，《解释》第二条第一款规定……

2.“经监管部门责令采取改正措施而拒不改正”的认定。根据司法实践反映的问题，基于拒不履行信息网络安全管理义务罪系不作为犯的属性，《解释》第二条第二款进一步规定……

——周加海、喻海松：《〈关于办理非法利用信息网络、帮助信息网络犯罪活动等刑事案件适用法律若干问题的解释〉的理解与适用》，载《人民司法·应用》2019 年第 31 期。

1047 拒不履行信息网络安全管理义务罪的入罪标准

关键词｜拒不履行信息网络安全管理义务罪｜致使违法信息大量传播｜造成严重后果｜情节严重｜

【最高人民法院司法解释】

第三条 拒不履行信息网络安全管理义务，具有下列情形之一的，应当认定为刑法第二百八十六条之一第一款第一项规定的“致使违法信息大量传播”：

（一）致使传播违法视频文件二百个以上的；

（二）致使传播违法视频文件以外的其他违法信息二千个以上的；

（三）致使传播违法信息，数量虽未达到第一项、第二项规定标准，但是按相应比例折算合计达到有关数量标准的；

（四）致使向二千个以上用户账号传播违法信息的；

（五）致使利用群组成员账号数累计三千以上的通讯群组或者关注人员账号数累计三万以上的社交网络传播违法信息的；

（六）致使违法信息实际被点击数达到五万以上的；

（七）其他致使违法信息大量传播的情形。

第四条　拒不履行信息网络安全管理义务，致使用户信息泄露，具有下列情形之一的，应当认定为刑法第二百八十六条之一第一款第二项规定的“造成严重后果”：

（一）致使泄露行踪轨迹信息、通信内容、征信信息、财产信息五百条以上的；

（二）致使泄露住宿信息、通信记录、健康生理信息、交易信息等其他可能影响人身、财产安全的用户信息五千条以上的；

（三）致使泄露第一项、第二项规定以外的用户信息五万条以上的；

（四）数量虽未达到第一项至第三项规定标准，但是按相应比例折算合计达到有关数量标准的；

（五）造成他人死亡、重伤、精神失常或者被绑架等严重后果的；

（六）造成重大经济损失的；

（七）严重扰乱社会秩序的；

（八）造成其他严重后果的。

第五条　拒不履行信息网络安全管理义务，致使影响定罪量刑的刑事案件证据灭失，具有下列情形之一的，应当认定为刑法第二百八十六条之一第一款第三项规定的“情节严重”：

（一）造成危害国家安全犯罪、恐怖活动犯罪、黑社会性质组织犯罪、贪污贿赂犯罪案件的证据灭失的；

（二）造成可能判处五年有期徒刑以上刑罚犯罪案件的证据灭失的；

（三）多次造成刑事案件证据灭失的；

（四）致使刑事诉讼程序受到严重影响的；

（五）其他情节严重的情形。

第六条　拒不履行信息网络安全管理义务，具有下列情形之一的，应当认定为刑法第二百八十六条之一第一款第四项规定的“有其他严重情节”：

（一）对绝大多数用户日志未留存或者未落实真实身份信息认证义务的；

（二）二年内经多次责令改正拒不改正的；

（三）致使信息网络服务被主要用于违法犯罪的；

（四）致使信息网络服务、网络设施被用于实施网络攻击，严重影响生产、生活的；

（五）致使信息网络服务被用于实施危害国家安全犯罪、恐怖活动犯罪、黑社会性质组织犯罪、贪污贿赂犯罪或者其他重大犯罪的；

（六）致使国家机关或者通信、能源、交通、水利、金融、教育、医疗等领域提供公共服务的信息网络受到破坏，严重影响生产、生活的；

（七）其他严重违反信息网络安全管理义务的情形。

——《最高人民法院、最高人民检察院关于办理非法利用信息网络、帮助信息网络犯罪活动等刑事案件适用法律若干问题的解释》（2019年11月1日，法释〔2019〕15号）。

【链接：理解与适用】

1. 致使违法信息大量传播。根据司法实践的情况，《解释》第三条主要从违法信息数量、传播范围等方面明确了“致使违法信息大量传播”的认定标准：根据违法信息的类型不同，第（一）项至第（三）项区分违法视频文件和其他违法信息设置不同标准；根据传播方式的不同，以传播用户账号数、通讯群组和社交网络账号数以及实际被点击数设置不同标准。……

2. 致使用户信息泄露，造成严重后果。根据司法实践情况，《解释》第四条主要从泄露的用户信息数量、后果严重程度等方面明确了“致使用户信息泄露，造成严重后果”的认定标准。其中，与侵犯公民个人信息罪的入罪标准相协调，区分高度敏感信息、敏感信息、一般信息设置不同标准。……

3. 致使刑事案件证据灭失，情节严重。根据司法实践的情况，《解释》第五条主要从相关证据所涉案件重要程度、造成证据灭失的次数、对刑事诉讼程序的影响等方面明确了“致使刑事案件证据灭失，情节严重”的认定标准。……

4. 有其他严重情节。根据司法实践的情况，《解释》第六条主要从拒不履行信息网络安全管理义务的重要程度、前科情况、造成后果等方面对“有其他严重情节”作了明确。……

——周加海、喻海松：《〈关于办理非法利用信息网络、帮助信息网络犯罪活动等刑事案件适用法律若干问题的解释〉的理解与适用》，载《人民司法·应用》2019年第31期。

1048 非法利用信息网络罪的客观行为方式

关键词｜非法利用信息网络罪｜违法犯罪｜发布信息｜

【最高人民法院司法解释】

第七条　刑法第二百八十七条之一规定的“违法犯罪”，包括犯罪行为和属于刑法分则规定的行为类型但尚未构成犯罪的违法行为。

第八条　以实施违法犯罪活动为目的而设立或者设立后主要用于实施违法犯罪活动的网站、通讯群组，应当认定为刑法第二百八十七条之一第一款第一项规定的“用于实施诈骗、传授犯罪方法、制作或者销售违禁物品、管制物品等违法犯罪活动的网站、通讯群组”。

第九条　利用信息网络提供信息的链接、截屏、二维码、访问账号密码及其他指引访问服务的，应当认定为刑法第二百八十七条之一第一款第二项、第三项规定的“发布信息”。

——《最高人民法院、最高人民检察院关于办理非法利用信息网络、帮助信息网络犯罪活动等刑事案件适用法律若干问题的解释》（2019年11月1日，法释〔2019〕15号）。

【链接：理解与适用】

刑法第二百八十七条之一多处涉及“违法犯罪”的表述，包括“用于实施诈骗、传授犯罪方法、制作或者销售违禁物品、管制物品等违法犯罪活动的网站、通讯群组”“有关制作或者销售毒品、枪支、淫秽物品等违禁物品、管制物品或者其他违法犯罪信息”“为实施诈骗等违法犯罪活动”等。经研究，《解释》第七条规定……据此，一方面，对刑法第二百八十七条之一规定中的“等”，应当作等外的理解，即不只限于该条所明确列举的类型，也包括其他违法犯罪。另一方面，对于刑法未规定、仅在治安管理处罚法或者其他法律法规规定的行政违法行为，即使利用信息网络实施，也不应当构成非法利用信息网络罪。例如，对于买卖驾照计分的行为，目前无法直接追究刑事责任；对于此类行为，即使通过互联网、通信群组发布相关信息的，也不构成非法利用信息网络罪。

《解释》明确了刑法第二百八十七条之一第一款第（一）项规定的“用于实施诈骗、传授犯罪方法、制作或者销售违禁物品、管制物品等违法犯罪活动的网站、通讯群组”的认定规则。为区别于用于正常活动的网站、通讯群组，《解释》第八条从网站、群组的设立目的与设立后主要从事的活动两个方面予以明确，规定……

《解释》明确了刑法第二百八十七条之一第一款第（二）项、第（三）项规定的发布信息的含义。实践中，有些行为人为逃避打击，不直接发布信息，而是发布信息的链接地址、截屏，或者将包含信息的文件放到网盘等存储空间后发布访问账号、密码。如在某案中，行为人将大量淫秽视频存入网盘后，在网上发布网盘账号、密码。经研究认为，此种情形与直接发布信息并无差异，应当认定为发布信息。基于此，《解释》第九条规定……

——周加海、喻海松：《〈关于办理非法利用信息网络、帮助信息网络犯罪活动等刑事案件适用法律若干问题的解释〉的理解与适用》，载《人民司法·应用》2019年第31期。

1049 非法利用信息网络罪的入罪标准

关键词｜非法利用信息罪｜情节严重｜

【最高人民法院司法解释】

第十条 非法利用信息网络，具有下列情形之一的，应当认定为刑法第二百八十七条之一第一款规定的“情节严重”：

（一）假冒国家机关、金融机构名义，设立用于实施违法犯罪活动的网站的；

（二）设立用于实施违法犯罪活动的网站，数量达到三个以上或者注册账号数累计达到二千以上的；

（三）设立用于实施违法犯罪活动的通讯群组，数量达到五个以上或者群组成员账号数累计达到一千以上的；

（四）发布有关违法犯罪的信息或者为实施违法犯罪活动发布信息，具有下列情形之一的：

1. 在网站上发布有关信息一百条以上的；

2. 向二千个以上用户账号发送有关信息的；

3. 向群组成员数累计达到三千以上的通讯群组发送有关信息的；

4. 利用关注人员账号数累计达到三万以上的社交网络传播有关信息的；

（五）违法所得一万元以上的；

（六）二年内曾因非法利用信息网络、帮助信息网络犯罪活动、危害计算机信息系统安全受过行政处罚，又非法利用信息网络的；

（七）其他情节严重的情形。

——《最高人民法院、最高人民检察院关于办理非法利用信息网络、帮助信息网络犯罪活动等刑事案件适用法律若干问题的解释》（2019年11月1日，法释〔2019〕15号）。

【链接：理解与适用】

根据刑法第二百八十七条之一第一款的规定，非法利用信息网络以情节严重作为入罪要件。根据司法实践的具体情况，《解释》第十条主要从设立网站、通讯群组、发布信息的数量，违法所得数额，前科情况等方面明确了情节严重的认定标准。具体而言，非法利用信息网络，具有下列情形之一的，应当认定为刑法第二百八十七条之一第一款规定的情节严重：(1)假冒国家机关、金融机构名义，设立用于实施违法犯罪活动的网站的。实践中，不少从事诈骗活动的犯罪分子会假冒国家机关或者金融机构名义设立用于实施违法犯罪活动的网站，如针对工商银行(icbc. com. cn)制作钓鱼网站，犯罪分子将网站内容托管到服务器后申请诸如lcbc. com、1cbc. cn、icdc. cn 等近似于工商银行域名的虚假域名指向网站后台。基于此，《解释》将此种情形规定为情节严重。……(5)违法所得一万元以上的。从实践来看，非法利用信息网络设立网站、通讯群组或者发布信息，可能获取广告费、会员注册费或者其他违法所得。基于此，《解释》将违法所得数额确定为情节严重的认定标准之一。……

——周加海、喻海松：《〈关于办理非法利用信息网络、帮助信息网络犯罪活动等刑事案件适用法律若干问题的解释〉的理解与适用》，载《人民司法·应用》2019年第31期。

1050 利用信息网络，设立涉毒品违法犯罪的网站、通讯群组，或者发布涉毒品违法犯罪活动的信息，情节严重的，构成非法利用信息网络罪

关键词｜毒品犯罪｜非法利用信息网络罪｜帮助信息网络犯罪活动｜

【最高人民法院司法解释】

第十四条　利用信息网络，设立用于实施传授制造毒品、非法生产制毒物品的方法，贩卖毒品，非法买卖制毒物品或者组织他人吸食、注射毒品等违法犯罪活动的网站、通讯群组，或者发布实施前述违法犯罪活动的信息，情节严重的，应当依照刑法第二百八十七条之一的规定，以非法利用信息网络罪定罪处罚。

实施刑法第二百八十七条之一、第二百八十七条之二规定的行为，同时构成贩卖毒品罪、非法买卖制毒物品罪、传授犯罪方法罪等犯罪的，依照处罚较重的规定定罪处罚。

——《最高人民法院关于审理毒品犯罪案件适用法律若干问题的解释》(2016年4月11日，法释〔2016〕8号)。

【链接：理解与适用】

刑法修正案(九)在刑法第二百八十七条之后增加了两条,作为之一、之二,对利用信息网络实施相关犯罪的定性问题作出规定,其中涉及网络涉毒犯罪的一些问题。《解释》第十四条根据刑法修正案(九)的上述新增条款,结合网络涉毒犯罪的各种具体表现形式,对其定性问题作出提示性规定。《解释》第十四条第一款明确了部分网络涉毒犯罪的定性问题,具体包括两类行为:一是利用信息网络设立用于实施涉毒违法犯罪活动的网站、通讯群组的行为。具体包括设立用于传授制造毒品、非法生产制毒物品等犯罪方法的网站、通讯群组;设立用于贩卖毒品、非法买卖制毒物品的网站、通讯群组;以及设立用于实施组织他人吸食、注射毒品等违法犯罪活动的网站、通讯群组。二是利用信息网络发布实施前述涉毒违法犯罪活动信息的行为。其中,对于利用信息网络组织他人吸食、注射毒品行为的定性,以往存在一些分歧认识,有的意见主张以容留他人吸毒罪定罪处罚,有的意见认为不构成犯罪。《解释》根据刑法修正案(九)第二百八十七条之一的规定,对此类行为的定性予以明确,即利用信息网络,设立用于组织他人吸食、注射毒品的网站、通讯群组,发布组织他人吸食、注射毒品的违法活动信息,情节严重的,应当以非法利用信息网络罪定罪处罚。《解释》第十四条第二款明确了罪名竞合情况下的处理原则。就利用信息网络实施毒品犯罪而言,刑法第二百八十七条之一、之二规定的实际上是传授犯罪方法、贩卖毒品、非法买卖制毒物品等犯罪的预备行为或者帮助行为。因此,当刑法第二百八十七条之一规定的非法利用信息网络罪和第二百八十七条之二规定的帮助信息网络犯罪活动罪,与传授犯罪方法罪、贩卖毒品罪、非法买卖制毒物品罪等发生竞合时,应当依照处罚较重的规定定罪处罚。

——叶晓颖、马岩、方文军、李静然:《〈关于审理毒品犯罪案件适用法律若干问题的解释〉的理解与适用》,载《人民司法·应用》2016年第13期。

1051 利用信息网络发布招嫖信息行为的认定

关键词 | 非法利用信息网络罪 | 介绍卖淫罪 |

【最高人民法院司法解释】

第八条第二款 利用信息网络发布招嫖违法信息,情节严重的,依照刑法第二百八十七条之一的规定,以非法利用信息网络罪定罪处罚。同时构成介绍卖淫罪的,依照处罚较重的规定定罪处罚。

——《最高人民法院、最高人民检察院关于办理组织、强迫、引诱、容留、介绍卖淫刑事案件适用法律若干问题的解释》(2017年7月25日,法释〔2017〕13号)。

1052 为实施非法获取、出售或者提供公民个人信息违法犯罪活动，设立网站、通讯群组行为的认定

关键词｜非法利用信息网络罪｜侵犯公民个人信息罪｜

【最高人民法院司法解释】

第八条　设立用于实施非法获取、出售或者提供公民个人信息违法犯罪活动的网站、通讯群组,情节严重的,应当依照刑法第二百八十七条之一的规定,以非法利用信息网络罪定罪处罚;同时构成侵犯公民个人信息罪的,依照侵犯公民个人信息罪定罪处罚。

——《最高人民法院、最高人民检察院关于办理侵犯公民个人信息刑事案件适用法律若干问题的解释》(2017年6月1日,法释〔2017〕10号)。

1053 帮助信息网络犯罪活动罪的主观明知推定规则

关键词｜帮助信息网络犯罪活动罪｜明知｜

【最高人民法院司法解释】

第十一条　为他人实施犯罪提供技术支持或者帮助,具有下列情形之一的,可以认定行为人明知他人利用信息网络实施犯罪,但是有相反证据的除外:

(一)经监管部门告知后仍然实施有关行为的;

(二)接到举报后不履行法定管理职责的;

(三)交易价格或者方式明显异常的;

(四)提供专门用于违法犯罪的程序、工具或者其他技术支持、帮助的;

(五)频繁采用隐蔽上网、加密通信、销毁数据等措施或者使用虚假身份,逃避监管或者规避调查的;

(六)为他人逃避监管或者规避调查提供技术支持、帮助的;

(七)其他足以认定行为人明知的情形。

——《最高人民法院、最高人民检察院关于办理非法利用信息网络、帮助信息网络犯罪活动等刑事案件适用法律若干问题的解释》(2019年11月1日,法释〔2019〕15号)。

【链接：理解与适用】

根据刑法第二百八十七条之二的规定，帮助信息网络犯罪活动罪以行为人明知他人利用信息网络实施犯罪为前提。经研究认为，对帮助信息网络犯罪活动罪主观明知的认定，应当结合一般人的认知水平和行为人的认知能力、相关行为是否违反法律的禁止性规定、行为人是否履行管理职责、是否逃避监管或者规避调查、是否因同类行为受过处罚，以及行为人的供述和辩解等情况进行综合判断。根据司法实践的情况，《解释》第十一条总结了主观明知的推定情形。具体而言，为他人实施犯罪提供技术支持或者帮助，具有下列情形之一的，可以认定行为人明知他人利用信息网络实施犯罪，但是有相反证据的除外：(1)经监管部门告知后仍然实施有关行为的。随着信息技术的发展，监管部门不一定通过专文书进行告知，甚至未必采用书面告知方式，特别是遇到紧急事件时，监管部门往往通过即时通讯群组、电话、短信、电子邮件等多种方式告知，只要有相关证据可以证明已经告知即可，故未限定告知方式。(2)接到举报后不履行法定管理职责的。网络服务提供者在为网络应用提供服务的同时也担负相关的管理职责，但现实中服务商不可能对所有服务对象进行相关管理。如网站托管服务商一般只负责网站软硬件环境的建设和维护，对网站内容不予管理，故不能要求服务商主动发现全部违法犯罪行为，但在接到举报后应当履行法定管理职责。例如，网站托管服务商在接到举报某服务对象托管的网站为淫秽色情网站后，仍不依法采取关停、删除、报案等措施，继续为该网站提供服务的，可以认定其主观明知。(3)交易价格或者方式明显异常的。例如，第三方支付平从一般的支付活动中收取 1.5%的费用，而在有的赌博案件中第三方支付平台收取超过 10%的费用。从这一收费明显异常情况，可以看出该第三方支付平台对服务对象从事犯罪活动实际上是心知肚明的，故推定其具有主观明知。(4)提供专门用于违法犯罪的程序、工具或者其他技术支持、帮助的。实践中，随着网络犯罪案件的分工日益细化，滋生出专门用于违法犯罪的活动，如替人开卡，取钱车手，贩卖“多卡合一”（银行卡、电话卡、支付宝账号、微信账号、身份证），解冻被支付宝、微信等支付工具安全策略冻结的未实名账户等服务；此外，还有专门用于违法犯罪活动的程序、工具，如仿冒银行、执法部门网站制作钓鱼网站。可以说，这些活动或者程序、工具并非社会正常活动所需，而系为违法犯罪活动提供帮助的专门服务，故相关从业人员对其服务对象系可能涉嫌犯罪主观上实际是明知的，故将此种情形推定为主观明知。(5)频繁采用隐蔽上网、加密通信、销毁数据等措施或者使用虚假身份，逃避监管或规避调查的。实践中，一些行为人在帮助信息网络犯罪活动中长期使用加密措施或者虚假身份，对于此类逃避监管或者规避调查的行为，可以推定行为人主观明知。(6)为他人逃避监管或者规避调查提供技术支持、帮助的。(7)其他足以认定行为人明知的情形。实践中还有一些情形可以推断行为人主观明知,如取钱人持有多张户主不同的银行卡或者多张假身份证,无法说明缘由的,亦可以推定其主观明知。

——周加海、喻海松:《〈关于办理非法利用信息网络、帮助信息网络犯罪活动等刑事案件适用法律若干问题的解释〉的理解与适用》,载《人民司法·应用》2019年第31期。

【最高人民法院司法文件】

八、认定刑法第二百八十七条之二规定的行为人明知他人利用信息网络实施犯罪,应当根据行为人收购、出售、出租前述第七条规定的信用卡、银行账户、非银行支付账户、具有支付结算功能的互联网账号密码、网络支付接口、网上银行数字证书,或者他人手机卡、流量卡、物联网卡等的次数、张数、个数,并结合行为人的认知能力、既往经历、交易对象、与实施信息网络犯罪的行为人的关系、提供技术支持或者帮助的时间和方式、获利情况以及行为人的供述等主客观因素,予以综合认定。

收购、出售、出租单位银行结算账户、非银行支付机构单位支付账户,或者电信、银行、网络支付等行业从业人员利用履行职责或提供服务便利,非法开办并出售、出租他人手机卡、信用卡、银行账户、非银行支付账户等的,可以认定为《最高人民法院、最高人民检察院关于办理非法利用信息网络、帮助信息网络犯罪活动等刑事案件适用法律若干问题的解释》第十一条第(七)项规定的"其他足以认定行为人明知的情形"。但有相反证据的除外。

——《最高人民法院、最高人民检察院、公安部关于办理电信网络诈骗等刑事案件适用法律若干问题的意见(二)》(2021年6月17日,法发〔2021〕22号)。

一、关于帮助信息网络犯罪活动罪中"明知他人利用信息网络实施犯罪"的理解适用。认定行为人是否"明知"他人利用信息网络实施犯罪,应当坚持主客观相一致原则,即要结合行为人的认知能力、既往经历、交易对象、与信息网络犯罪行为人的关系、提供技术支持或者帮助的时间和方式、获利情况、出租、出售"两卡"的次数、张数、个数,以及行为人的供述等主客观因素,同时注重听取行为人的辩解并根据其辩解合理与否,予以综合认定。司法办案中既要防止片面倚重行为人的供述认定明知;也要避免简单客观归罪,仅以行为人有出售"两卡"行为就直接认定明知。特别是对于交易双方存在亲友关系等信赖基础,一方确系偶尔向另一方出租、出售"两卡"的,要根据在案事实证据,审慎认定"明知"。

在办案过程中,可着重审查行为人是否具有以下特征及表现,综合全案证据,对其构成“明知”与否作出判断：(1)跨省或多人结伙批量办理、收购、贩卖“两卡”的；(2)出租、出售“两卡”后，收到公安机关、银行业金融机构、非银行支付机构、电信服务提供者等相关单位部门的口头或书面通知，告知其所出租、出售的“两卡”涉嫌诈骗、洗钱等违法犯罪，行为人未采取补救措施，反而继续出租、出售的；(3)出租、出售的“两卡”因涉嫌诈骗、洗钱等违法犯罪被冻结，又帮助解冻，或者注销旧卡、办理新卡，继续出租、出售的；(4)出租、出售的具有支付结算功能的网络账号因涉嫌诈骗、洗钱等违法犯罪被查封，又帮助解封，继续提供给他人使用的；(5)频繁使用隐蔽上网、加密通信、销毁数据等措施或者使用虚假身份，逃避监管或者规避调查的；(6)事先串通设计应对调查的话术口径的；(7)曾因非法交易“两卡”受过处罚或者信用惩戒、训诫谈话，又收购、出售、出租“两卡”的等。

——《最高人民法院刑事审判第三庭、最高人民检察院第四检察厅、公安部刑事侦查局关于“断卡”行动中有关法律适用问题的会议纪要》(2022 年 3 月 22 日)。

1054 帮助信息网络犯罪活动罪的入罪标准

关键词｜帮助信息网络犯罪活动罪｜情节严重｜

【最高人民法院司法解释】

第十二条 明知他人利用信息网络实施犯罪，为其犯罪提供帮助，具有下列情形之一的，应当认定为刑法第二百八十七条之二第一款规定的“情节严重”：

(一)为三个以上对象提供帮助的；

(二)支付结算金额二十万元以上的；

(三)以投放广告等方式提供资金五万元以上的；

(四)违法所得一万元以上的；

(五)二年内曾因非法利用信息网络、帮助信息网络犯罪活动、危害计算机信息系统安全受过行政处罚，又帮助信息网络犯罪活动的；

(六)被帮助对象实施的犯罪造成严重后果的；

(七)其他情节严重的情形。

实施前款规定的行为，确因客观条件限制无法查证被帮助对象是否达到犯罪的程度，但相关数额总计达到前款第二项至第四项规定标准五倍以上，或者造成特别严重后果的，应当以帮助信息网络犯罪活动罪追究行为人的刑事责任。

——《最高人民法院、最高人民检察院关于办理非法利用信息网络、帮助信息网络犯罪活动等刑事案件适用法律若干问题的解释》(2019 年 11 月 1 日，法释〔2019〕15 号)。

【链接：理解与适用】

根据刑法第二百八十七条之二的规定，帮助信息网络犯罪活动以情节严重为入罪门槛。根据司法实践的具体情况，《解释》第十二条第一款明确了情节严重的认定标准。……

需要注意的是，考虑到与传统犯罪中帮助行为不同，网络犯罪中帮助者往往为众多对象提供帮助，一一查证被帮助对象是否已构成犯罪存在客观困难，而帮助行为累计的社会危害性严重，《解释》第十二条第二款规定……适用本款时应当注意：一是此种情形下通常是被帮助对象人数众多，对于帮助单个或者少数对象利用信息网络实施犯罪的，必须以被帮助对象构成犯罪为入罪前提；二是确因客观条件限制无法证实被帮助对象实施的行为达到犯罪程度，但经查证确系刑法分则规定的行为的，如果是一般的违法行为也不能适用这一例外规则；三是情节远高于情节严重的程度，即此种情形下虽然无法查证被帮助对象构成犯罪，但帮助行为本身具有十分严重的社会危害性，达到独立刑事惩处的程度。

此外，根据刑法第二百八十七条之二第一款的规定，帮信息网络犯罪活动罪中被帮助对象的行为必须构成犯罪，但是对此处规定的“犯罪”只应理解为相关犯罪查证属实，而不能理解为要求经人民法院生效裁判确认。同时，即使被帮助对象的行为符合刑法规定的其他构成要件，但因行为人未达到刑事责任年龄等原因依法未予追究刑事责任的，也不应影响帮助信息网络犯罪活动罪的认定。基于此，《解释》第十三条规定……

——周加海、喻海松：《〈关于办理非法利用信息网络、帮助信息网络犯罪活动等刑事案件适用法律若干问题的解释〉的理解与适用》，载《人民司法 · 应用》2019年第31期。

【最高人民法院司法文件】

九、明知他人利用信息网络实施犯罪，为其犯罪提供下列帮助之一的，可以认定为《最高人民法院、最高人民检察院关于办理非法利用信息网络、帮助信息网络犯罪活动等刑事案件适用法律若干问题的解释》第十二条第一款第（七）项规定的“其他情节严重的情形”：

（一）收购、出售、出租信用卡、银行账户、非银行支付账户、具有支付结算功能的互联网账号密码、网络支付接口、网上银行数字证书5张（个）以上的；

（二）收购、出售、出租他人手机卡、流量卡、物联网卡20张以上的。

——《最高人民法院、最高人民检察院、公安部关于办理电信网络诈骗等刑事案件适用法律若干问题的意见（二）》（2021年6月17日，法发〔2021〕22号）。

二、关于《最高人民法院、最高人民检察院关于办理非法利用信息网络、帮助信息网络犯罪活动等刑事案件适用法律若干问题的解释》（以下简称“《解释》”）第十二条第一款第（一）项的理解适用。该项所规定的“为三个以上对象提供帮助”，应理解为分别为三个以上行为人或团伙组织提供帮助，且被帮助的行为人或团伙组织实施的行为均达到犯罪程度。为同一对象提供三次以上帮助的，不宜理解为“为三个以上对象提供帮助”。

三、关于《解释》第十二条第一款第（四）项的理解适用。该项所规定“违法所得一万元”中的“违法所得”，应理解为行为人为他人实施信息网络犯罪提供帮助，由此所获得的所有违法款项或非法收入。行为人收卡等“成本”费用无须专门扣除。

四、关于《关于深入推进“断卡”行动有关问题的会议纪要》（以下简称“《2020年会议纪要》”）中列举的符合《解释》第十二条规定的“情节严重”情形的理解适用。《2020 年会议纪要》第五条规定，出租、出售的信用卡被用于实施电信网络诈骗，达到犯罪程度，该信用卡内流水金额超过三十万元的，按照符合《解释》第十二条规定的“情节严重”处理。在适用时应把握单向流入涉案信用卡中的资金超过三十万元，且其中至少三千元经查证系涉诈骗资金。行为人能够说明资金合法来源和性质的，应当予以扣除。以上述情形认定行为“情节严重”的，要注重审查行为人的主观明知程度、出租、出售信用卡的张数、次数、非法获利的数额以及造成的其他严重后果，综合考虑与《解释》第十二条第一款其他项适用的相当性。

行为人出租、出售的信用卡被用于接收电信网络诈骗资金，但行为人未实施代为转账、套现、取现等行为，或者未实施为配合他人转账、套现、取现而提供刷脸等验证服务的，不宜认定为《解释》第十二条第一款第（二）项规定的“支付结算”行为。

——《最高人民法院刑事审判第三庭、最高人民检察院第四检察厅、公安部刑事侦查局关于“断卡”行动中有关法律适用问题的会议纪要》（2022 年 3 月 22 日）。

1055 “擅自设置、使用无线电台（站），或者擅自使用无线电频率，干扰无线电通讯秩序”的认定

关键词｜扰乱无线电通讯管理秩序罪｜伪基站｜黑广播｜

【最高人民法院司法解释】

第一条 具有下列情形之一的，应当认定为刑法第二百八十八条第一款规定的“擅自设置、使用无线电台（站），或者擅自使用无线电频率，干扰无线电通讯

秩序”：

（一）未经批准设置无线电广播电台（以下简称“黑广播”），非法使用广播电视专用频段的频率的；

（二）未经批准设置通信基站（以下简称“伪基站”），强行向不特定用户发送信息，非法使用公众移动通信频率的；

（三）未经批准使用卫星无线电频率的；

（四）非法设置、使用无线电干扰器的；

（五）其他擅自设置、使用无线电台（站），或者擅自使用无线电频率，干扰无线电通讯秩序的情形。

——《最高人民法院、最高人民检察院关于办理扰乱无线电通讯管理秩序等刑事案件适用法律若干问题的解释》（2017 年 7 月 1 日，法释〔2017〕11 号）。

1056 擅自设置、使用无线电台（站），或者擅自使用无线电频率，干扰无线电通讯秩序，“情节严重”“情节特别严重”的认定

关键词｜扰乱无线电通讯管理秩序罪｜情节严重｜情节特别严重｜

【最高人民法院司法解释】

第二条 违反国家规定，擅自设置、使用无线电台（站），或者擅自使用无线电频率，干扰无线电通讯秩序，具有下列情形之一的，应当认定为刑法第二百八十八条第一款规定的“情节严重”：

（一）影响航天器、航空器、铁路机车、船舶专用无线电导航、遇险救助和安全通信等涉及公共安全的无线电频率正常使用的；

（二）自然灾害、事故灾难、公共卫生事件、社会安全事件等突发事件期间，在事件发生地使用“黑广播”“伪基站”的；

（三）举办国家或者省级重大活动期间，在活动场所及周边使用“黑广播”“伪基站”的；

（四）同时使用三个以上“黑广播”“伪基站”的；

（五）“黑广播”的实测发射功率五百瓦以上，或者覆盖范围十公里以上的；

（六）使用“伪基站”发送诈骗、赌博、招嫖、木马病毒、钓鱼网站链接等违法犯罪信息，数量在五千条以上，或者销毁发送数量等记录的；

（七）雇佣、指使未成年人、残疾人等特定人员使用“伪基站”的；

（八）违法所得三万元以上的；

（九）曾因扰乱无线电通讯管理秩序受过刑事处罚，或者二年内曾因扰乱无线

电通讯管理秩序受过行政处罚，又实施刑法第二百八十八条规定的行为的；

（十）其他情节严重的情形。

第三条 违反国家规定，擅自设置、使用无线电台（站），或者擅自使用无线电频率，干扰无线电通讯秩序，具有下列情形之一的，应当认定为刑法第二百八十八条第一款规定的“情节特别严重”：

（一）影响航天器、航空器、铁路机车、船舶专用无线电导航、遇险救助和安全通信等涉及公共安全的无线电频率正常使用，危及公共安全的；

（二）造成公共秩序混乱等严重后果的；

（三）自然灾害、事故灾难、公共卫生事件和社会安全事件等突发事件期间，在事件发生地使用“黑广播”“伪基站”，造成严重影响的；

（四）对国家或者省级重大活动造成严重影响的；

（五）同时使用十个以上“黑广播”“伪基站”的；

（六）“黑广播”的实测发射功率三千瓦以上，或者覆盖范围二十公里以上的；

（七）违法所得十五万元以上的；

（八）其他情节特别严重的情形。

——《最高人民法院、最高人民检察院关于办理扰乱无线电通讯管理秩序等刑事案件适用法律若干问题的解释》（2017 年 7 月 1 日，法释〔2017〕11 号）。

【链接：理解与适用】

《解释》第二条明确了“违反国家规定，擅自设置、使用无线电台（站），或者擅自使用无线电频率，干扰无线电通讯秩序，情节严重”的适用标准。具体包括十种情形：

第（一）项是对有关干扰涉及公共安全的特殊无线电频率行为的规定。航天器、航空器、铁路机车、船舶专用无线电导航、遇险救助和安全通信等涉及公共安全的无线电频率使用范围广、使用频率高、事关不特定多数人的人身、财产安全和社会安全，十分重要。2016 年 12 月 1 日起施行的《无线电管理条例》第六十四条规定：“国家对船舶、航天器、航空器、铁路机车专用的无线电导航、遇险救助和安全通信等涉及人身安全的无线电频率予以特别保护。任何无线电发射设备和辐射无线电波的非无线电设备对其产生有害干扰的，应当立即消除有害干扰。”鉴于此类特殊的无线电通讯管理秩序的重要性，《解释》第二条第（一）项将对航天器、航空器、铁路机车、船舶专用无线电导航、遇险救助和安全通信等涉及公共安全的无线电频率造成有害干扰，影响正常使用的行为，明确规定为扰乱无线电通讯管理秩序“情节严重”的情形之一。

第（二）项是对突发事件期间擅自设置、使用“黑广播”“伪基站”的规定。在自然灾害、事故灾难、公共卫生事件、社会安全事件等突发事件期间，在突发事件发生地使用“黑广播”“伪基站”，干扰当地无线电频率的正常使用，影响广播、通讯等无线电通讯管理秩序，会阻碍或者对突发事件的应对与处置造成不利影响。

第(三)项规定了举办国家或者省级重大活动期间禁止在活动场所及周边使用“黑广播”“伪基站”的情形。实践中，确保无线电通讯正常秩序是顺利举办重大活动任务的重要保障。举办国家或者省级重大活动期间，在活动场所及周边使用“黑广播”“伪基站”，会对活动场所及周边的无线电磁环境造成强烈干扰，影响活动正常进行，社会危害大。

第(四)项是对同时使用多个“黑广播”“伪基站”入罪标准的规定。实践中，犯罪嫌疑人、被告人一般采用安装小功率设备、多点密布的方式，使用多个“黑广播”或“伪基站”。为防止行为人通过降低发射功率等方式逃避刑事打击，该项明确行为人同时使用三个以上“黑广播”“伪基站”的，应当属于扰乱无线电通讯管理秩序“情节严重”的情形之一。

第(五)项根据“黑广播”的功率和覆盖范围对有关入罪标准作出规定。“黑广播”的危害后果取决于发射功率和覆盖范围。该项根据国家无线电监测中心和国家无线电频谱管理中心的调研数据，以“黑广播”功率或者信号覆盖范围大小为标准，对有关扰乱无线电通讯管理秩序行为的入罪标准作出规定。

第(六)项是对使用“伪基站”发送违法犯罪信息数量大，或者销毁有关发送记录行为的规定。使用“伪基站”发送违法犯罪信息，不仅严重扰乱无线电通讯管理秩序，同时助长电信诈骗等犯罪，甚至可能会引发一系列的次生违法犯罪行为，因此，该项将使用“伪基站”发送诈骗、赌博、招嫖、木马病毒等违法犯罪信息，数量达到五千条以上，或者销毁发送数量等记录的，规定为“情节严重”的情形之一。

第(七)项是关于雇佣、指使未成年人、残疾人等特定人员使用“伪基站”的规定。实践中，一些犯罪分子为了逃避打击，雇佣、指使未成年人、残疾人等特定人员使用“伪基站”的情况较为常见。这些雇佣、指使他人使用“伪基站”的犯罪分子，不仅有教唆他人实施违法犯罪行为的故意，也具备了职业化犯罪的特征，应当从重给予处罚。

第(八)项是对违法所得数额标准作出的规定。该项参考了2014年3月《最高人民法院、最高人民检察院、公安部、国家安全部关于依法办理非法生产销售使用“伪基站”设备案件的意见》(以下简称《意见》)，将违法所得数额三万元以上的作为“情节严重”的情形之一。

第(九)项是根据有关犯罪行为并结合人身危险性大小对入罪标准作出的特殊规定。根据第(九)项规定，行为人曾因扰乱无线电通讯秩序受过刑事处罚，或者二年内曾因扰乱无线电通讯管理秩序行为被行政处罚，又实施刑法第二百八十八条规定的行为的，应当认定为“情节严重”的情形之一。

第（十）项是兜底条款。

……

《解释》第三条规定了应当认定为扰乱无线电通讯管理秩序罪“情节特别严重”的认定标准。具体包括八种情形：

第（一）项是影响涉及公共安全的无线电频率正常使用，危及公共安全的规定。根据该项规定，影响航天器、航空器、铁路机车、船舶专用无线电导航、遇险救助和安全通信等涉及公共安全的无线电频率正常使用，危及公共安全的，应当认定为属于扰乱无线电通讯管理秩序“情节特别严重”的情形之一。

第（二）项是对造成公共秩序混乱等严重后果的规定。违反国家规定，擅自设置、使用无线电台（站），或者擅自使用无线电频率，扰乱无线电通讯秩序，引起人员聚集起哄闹事、静坐示威、堵塞交通、毁坏公共设施等公共场所秩序混乱等严重后果的，依法应予严厉惩处。

第（三）项是突发事件期间在事件发生地擅自设置、使用“黑广播”“伪基站”造成严重影响的规定。

第（四）项是对国家或者省级重大活动造成严重影响的规定。在国家或者省级重大活动举办期间，擅自设置、使用无线电台（站）或者擅自使用无线电频率，致使重大活动无法正常进行或者重大活动推延等，严重影响国家或者省级重大活动的，应当认定为“情节特别严重”的情形之一。

第（五）项规定同时使用十个以上“黑广播”“伪基站”的行为，应当认定为“情节特别严重”的情形之一。

第（六）项是以“黑广播”发射功率和发射覆盖范围为标准，对是否属于扰乱无线电通讯管理秩序“情节特别严重”作出的规定。根据该项规定，“黑广播”的实测发射功率三千瓦以上，或者覆盖范围二十公里以上的，应当认定为扰乱无线电通讯管理秩序“情节特别严重”的情形之一。

第（七）项是根据违法所得数额大小，对扰乱无线电通讯管理秩序“情节特别严重”的情形作出规定。根据该项规定，利用“黑广播”“伪基站”等无线电设备实施扰乱无线电通讯管理秩序犯罪，违法所得数额达到十五万元以上的，应当认定为“情节特别严重”的情形之一。

第（八）项是兜底条款。

——缐杰、卢宇蓉、杨建军：《〈关于办理扰乱无线电通讯管理秩序等刑事案件适用法律若干问题的解释〉理解与适用》，载《人民检察》2017 年第 18 期。

1057 利用“伪基站”群发短信的行为如何定罪处罚

关键词|扰乱无线电通讯管理秩序罪|伪基站|

【最高人民法院参考案例】

李雄剑等扰乱无线电通讯管理秩序案(《刑事审判参考》案例第1227号)

要旨:利用“伪基站”群发短信的行为构成扰乱无线电通讯管理秩序罪。

(一)从使用“伪基站”行为的罪质看,一般尚未达到危害公共安全的程度

刑法第一百二十四条规定的破坏广播电视设施、公用电信设施罪,是指故意破坏正在使用中的广播电信设施、公用电信设施,危害公共安全的行为。[①] 因此,认定使用“伪基站”行为是否构成破坏公用电信设施罪这一危害公共安全的犯罪,可从两个方面去分析。

1. 构成要件中“破坏”的认定。《公用电信设施解释》第一条规定:“采用截断通信线路、毁损通信设备或者删除、修改、增加电信网计算机信息系统中存储、处理或者传输的数据和应用程序等手段,故意破坏正在使用的公用电信设施,具有下列情形之一的,属于刑法第一百二十四条规定的‘危害公共安全’……”认定使用“伪基站”行为构成破坏公用电信设施罪,首先要认定该行为是否属于以上所述的“破坏”行为。显然,使用“伪基站”的行为不构成“破坏”行为。因为,第一,以“伪基站”作为工具占用移动等合法基站的频率的行为并没有截断通信线路。向不特定用户大批量发送垃圾短信、广告等行为,在完成发送信息的行为之后,正规基站就自动恢复通信功能,因此并没有破坏有形的传输媒介,仅仅是干扰了电磁波信号的传递,不符合“截断通信线路、毁损通信设备”这一特征,不符合“破坏”这一构成要件。此处所指的“破坏”,应是对通信线路、通信设备等有形通信设施的破坏、入侵,而非对通信信号、信道的占用。第二,利用“伪基站”占用移动等正规基站的频率也不符合“删除、修改、增加电信网计算机信息系统中存储、处理或者传输的数据和应用程序”这一行为特征。如果行为人使用了黑客技术通过“伪基站”设备对合法无线电台信息系统中的数据和程序加以删改,则构成破坏计算机信息系统罪。

2. “危害公共安全”的认定。从侵害的法益看,使用“伪基站”行为对相关法益是干扰而非破坏。一方面,大多数“伪基站”发送的信息内容涉及房产、股票推销等商业推广,更多的是对无线电通讯秩序和居民的生活安定造成了一定的干扰,达不到危害公共安全的程度。另一方面,此类案件中对于危害公共安全的认定和取证也存在一定的困难。根据“伪基站”的工作原理,虽然发送垃圾短信等确实可以

---

① 张军主编:《刑法(分则)及配套规定新释新解(上)》(第9版),人民法院出版社2016年版,第167页。

造成正常通信的中断，但是这种截断的时间往往很短且有地域局限性。司法实践中，侦查部门要搜集取证，一般需要请无线电管理部门鉴定涉案“伪基站”的性质，包括频率范围和信号强度等，并请电信营运商根据“伪基站”发送的短信数量、脱网用户数量、阻断的正常通信时长进行估损。但是，这种作为定罪量刑证据的鉴定结果是否准确仍然有待考证。无线电管理部门按何种标准来收集数据，目前也没有明确。同时，运营商可以根据侦查部门提供的作案时间、案发地点等计算用户受影响程度和信息数量等，却无法准确认定该地区所受到的影响是否完全来自涉案的“伪基站”，无法排除该地区运行其他“伪基站”的可能性，仅能估算所有设备造成的损害总和。且运营商本身亦属于受害人，其所提供的数据能否客观反映受影响的用户数量也存有疑问，且常常缺乏其他证据加以印证。

——《刑事审判参考》（总第 112 辑）。

（四）聚众斗殴罪、寻衅滋事罪

1058 聚众斗殴罪犯罪构成及转化要件的把握

关键词｜聚众斗殴罪｜犯罪构成｜转化犯｜

【最高人民法院参考案例】

倪以刚等聚众斗殴案（《刑事审判参考》案例第 350 号）

要旨：准确认定聚众斗殴罪，以及向故意伤害罪转化的条件，应坚持主客观相统一的原则。

（一）单方有聚众斗殴故意的也可以构成聚众斗殴罪

我们认为，对此类案件应依照聚众斗殴罪的构成特点，全面分析案件的主客观情况，防止片面强调客观行为条件，忽视行为人主观故意内容而导致简单化的错误倾向，从而准确定罪量刑。在殴斗的理解上，只要双方或一方采用暴力方式进行殴斗，不论采用何种暴力方式都是结伙殴斗行为。

（二）聚众斗殴向故意伤害的转化

在聚众斗殴致人伤害案件中，首要分子对全部犯罪事实负责，无论其是否实施实行行为，应转化为故意伤害无异议。其他行为人如相互配合，实施殴打的行为，尽管行为人所处的地位、具体分工、参与程度可能不同，但他们行为指向的目标相同，为达到同一个目的，每一个人的行为都是整个加害行为的有机组成部分，因此共同行为人的行为与被害人重伤的结果之间互为因果关系。即使难以分清致被害人伤的直接责任人,对参与砍打被害人的行为均应按刑法第二百九十二条第二款的规定转化为故意伤害罪。如没有实施殴打行为,仍只应定聚众斗殴罪。

(三)聚众斗殴"次"的认定

我们认为,应综合考虑聚众斗殴故意、在时间上是否有明显的间隔、在场所上是否为不同地方、客观上针对的对象情况。在时间、地点、针对的对象上均有不同,虽然是同一个故意支配,但在行为上不是持续而是连续,在两地均可以独立地构成聚众斗殴犯罪,应认定为两次。

——《刑事审判参考》(总第44辑)。

王乾坤故意杀人案(《刑事审判参考》案例第521号)

要旨:转化犯是从此罪向彼罪、轻罪向重罪的转化,即犯罪构成的转化。犯罪构成是主观要件和客观要件的统一体,应当按照主客观相一致的原则,全面考察犯罪构成要件的转化,片面强调犯罪构成的某些要件,而忽视其他方面都有悖于主客观相统一的犯罪构成理论。

成立聚众斗殴行为中的转化犯不仅要考察行为人的主观故意是否由一般斗殴转化为故意伤害、杀人的故意,还要考虑行为人是否超出了聚众斗殴行为的界限,造成了致人重伤、死亡的后果。具体地说,聚众斗殴转化以故意杀人罪、故意伤害罪定罪处罚的,必须同时具备下列条件:(1)客观条件。一是必须存在聚众斗殴的事实。二是必须实施了聚众斗殴性质所要求的致人重伤或者死亡的行为,该行为超出了一般聚众斗殴行为界限,具有可以致人重伤或者死亡的行为特质。三是必须造成了被害人重伤或者死亡的结果。四是超出斗殴性质所要求的行为和致人重伤、死亡的危害结果必须是在聚众斗殴过程中发生,也就是说发生在聚众斗殴的当场或者是没有时间间隔和中断的延续现场。这是转化定罪行为和结果的时空条件要求。否则,在聚众斗殴结束后,因聚众一方发现己方吃亏而实施的对对方部分个体进行的殴打,因时空中断而不再适用转化定罪的规定,应根据其行为的性质直接定罪处罚。(2)主观条件。一是必须具备基本的聚众斗殴的犯罪故意。二是发生了故意内容的转化,即斗殴中首要分子或者积极参加者的主观故意内容由先前的斗殴故意转化为致对方某一个或者某一些人重伤或者死亡的故意。三是行为人犯罪故意内容的转化以发生在斗殴的过程中为必要,这是转化定罪主观条件转化的时空要求。

在聚众斗殴中转化犯的认定中,如何确定具体的主体适用范围,理论界和司法实践中不无争议,有"全案转化"和"部分转化"两种不同观点。"全案转化说"认为,凡积极参加聚众斗殴的人员,不论其是否直接造成了重伤、死亡的后果,均应对聚众斗殴造成的重伤、死亡后果承担刑事责任,应全案转化为故意伤害罪或故意杀人罪。如果仅将直接实施伤害、杀害行为的犯罪成员以转化犯对待，而对其他共同犯罪人仍然以聚众斗殴罪处罚，无异于承认行为人具有不同的犯罪故意，进而否认了聚众斗殴的共同犯罪性质，所以，应当将全体共同犯罪人均以转化犯对待。“部分转化说”认为，在聚众斗殴中，部分成员实施了超出全体成员故意的犯罪行为，致人重伤或死亡的，应坚持罪责自负原则，由具体行为人承担故意杀人或故意伤害的刑事责任，仅将直接行为人转化定罪。

我们认为，两种观点均有所片面。“全案转化说”片面强调了行为的社会危害性，而忽视了罪刑法定的要求。至于“无异于承认行为人具有不同犯罪故意”的观点，不仅违背共同犯罪的基本原理，同时也忽略了转化犯转化定罪的内在根据。“部分转化说”忽视了转化的聚众斗殴罪的转化性本质，忽视了对转化犯本质内容的考查。在司法实践中，应结合案情根据主客观相一致的原则，综合考虑行为人在聚众斗殴中的作用、地位，结合共同犯罪构成的要求，来具体确定转化的主体范围。

本案中，被告人葛磊因为电话中的口角，为争强好胜而邀王乾坤参加殴斗，其事前未让王乾坤等人携带棍棒、刀具等，说明葛磊在共同犯意上只是想邀王乾坤与他人进行一般的拳脚殴斗，并且当葛磊发现致人伤亡后便埋怨王乾坤不该持刀捅人也说明葛磊主观上并不想追求他人重伤、死亡的结果。因此，按照共同犯罪的理论，王乾坤单独持刀捅刺他人的行为已经超出了共同犯罪的故意范围，属于“实行过限”，根据罪责自负的原则，应仅由王乾坤一人对致人死亡行为承担刑事责任，而葛磊对王乾坤的过限行为并不构成共犯，不应对致人死亡承担刑事责任，葛磊的行为应认定聚众斗殴罪。因此，本案中转化故意杀人罪的主体只应是王乾坤一人，对此，一、二审法院的认定是准确的。

——《刑事审判参考》(总第66辑)。

1059 聚众斗殴并驾车撞击对方的行为能否认定为持械聚众斗殴

关键词｜聚众斗殴罪｜故意杀人罪｜

【最高人民法院参考案例】

李天龙、高政聚众斗殴案(《刑事审判参考》案例第882号)

要旨：利用车辆撞击聚众斗殴一方的人可以认定为“持械聚众斗殴”。

依照刑法第二百九十二条第一款第(四)项的规定，持械聚众斗殴的，属于聚众斗殴犯罪的四种加重处罚情节之一。“持械聚众斗殴”主要是指参加聚众斗殴的人员使用棍棒、刀具以及各种枪支、武器进行斗殴。根据当前司法实践中的通行观念，持械聚众斗殴中的“持械”，是指参加聚众斗殴的人员使用器械或者为斗殴携带器械但实际未使用的情形。这里的"器械"只是各种枪支、刀具、棍棒、砖块等足以致人伤亡的工具。该情形包括为斗殴而准备器械或者持器械参与斗殴,也包括在实施过程中临时获得器械并持器械进行斗殴。已经发动的车辆具有速度快、冲力大、破坏性强的特点,如果在聚众斗殴中以操控方式作为斗殴行凶的工具,其作用等同于传统的棍棒类器械。因此,本案中的奇瑞 QQ 轿车可以视为器械,结合李天龙使用的目的、后果和性质,其行为属于持械聚众斗殴。

——《刑事审判参考》(总第 93 辑)。

1060 聚众斗殴罪的量刑

关键词｜聚众斗殴罪｜量刑｜

【最高人民法院司法文件】

(十七)聚众斗殴罪

1. 构成聚众斗殴罪的,根据下列情形在相应的幅度内确定量刑起点:

(1)犯罪情节一般的,在二年以下有期徒刑、拘役幅度内确定量刑起点。

(2)有下列情形之一的,在三年至五年有期徒刑幅度内确定量刑起点:聚众斗殴三次的;聚众斗殴人数多,规模大,社会影响恶劣的;在公共场所或者交通要道聚众斗殴,造成社会秩序严重混乱的;持械聚众斗殴的。

2. 在量刑起点的基础上,根据聚众斗殴人数、次数、手段严重程度等其他影响犯罪构成的犯罪事实增加刑罚量,确定基准刑。

3. 构成聚众斗殴罪的,综合考虑聚众斗殴的手段、危害后果等犯罪事实、量刑情节,以及被告人的主观恶性、人身危险性、认罪悔罪表现等因素,决定缓刑的适用。

——《最高人民法院、最高人民检察院关于常见犯罪的量刑指导意见(试行)》(2021 年 7 月 1 日,法发〔2021〕21 号)。

1061 对于参加聚众斗殴受重伤或者死亡的人或其家属提出的民事赔偿请求,依法应予支持,并适用混合过错责任原则

关键词｜聚众斗殴罪｜民事赔偿｜

【最高人民法院答复】

根据《刑法》第二百九十二条第一款的规定,聚众斗殴的参加者,无论是否首

要分子,均明知自己的行为有可能产生伤害他人以及自己被他人的行为伤害的后果,其仍然参加聚众斗殴的,应当自行承担相应的刑事和民事责任。根据《刑法》第二百九十二条第二款的规定,对于参加聚众斗殴,造成他人重伤或者死亡的,行为性质发生变化,应认定为故意伤害罪或者故意杀人罪。聚众斗殴中受重伤或者死亡的人,既是故意伤害罪或者故意杀人罪的受害人,又是聚众斗殴犯罪的行为人。对于参加聚众斗殴受重伤或者死亡的人或其家属提出的民事赔偿请求,依法应予支持,并适用混合过错责任原则。

——《最高人民法院研究室关于对参加聚众斗殴受重伤或者死亡的人及其家属提出的民事赔偿请求能否予以支持问题的答复》(2004 年 11 月 11 日,法研〔2004〕179 号)。

1062 寻衅滋事罪的认定

关键词｜寻衅滋事罪｜犯罪构成要件｜

【最高人民法院司法解释】

第一条 行为人为寻求刺激、发泄情绪、逞强耍横等,无事生非,实施刑法第二百九十三条规定的行为的,应当认定为“寻衅滋事”。

行为人因日常生活中的偶发矛盾纠纷,借故生非,实施刑法第二百九十三条规定的行为的,应当认定为“寻衅滋事”,但矛盾系由被害人故意引发或者被害人对矛盾激化负有主要责任的除外。

行为人因婚恋、家庭、邻里、债务等纠纷,实施殴打、辱骂、恐吓他人或者损毁、占用他人财物等行为的,一般不认定为“寻衅滋事”,但经有关部门批评制止或者处理处罚后,继续实施前列行为,破坏社会秩序的除外。

第二条 随意殴打他人,破坏社会秩序,具有下列情形之一的,应当认定为刑法第二百九十三条第一款第一项规定的“情节恶劣”:

(一)致一人以上轻伤或者二人以上轻微伤的;

(二)引起他人精神失常、自杀等严重后果的;

(三)多次随意殴打他人的;

(四)持凶器随意殴打他人的;

(五)随意殴打精神病人、残疾人、流浪乞讨人员、老年人、孕妇、未成年人,造成恶劣社会影响的;

(六)在公共场所随意殴打他人,造成公共场所秩序严重混乱的;

(七)其他情节恶劣的情形。

第三条　追逐、拦截、辱骂、恐吓他人,破坏社会秩序,具有下列情形之一的,应当认定为刑法第二百九十三条第一款第二项规定的“情节恶劣”:

(一)多次追逐、拦截、辱骂、恐吓他人,造成恶劣社会影响的;

(二)持凶器追逐、拦截、辱骂、恐吓他人的;

(三)追逐、拦截、辱骂、恐吓精神病人、残疾人、流浪乞讨人员、老年人、孕妇、未成年人,造成恶劣社会影响的;

(四)引起他人精神失常、自杀等严重后果的;

(五)严重影响他人的工作、生活、生产、经营的;

(六)其他情节恶劣的情形。

第四条　强拿硬要或者任意损毁、占用公私财物,破坏社会秩序,具有下列情形之一的,应当认定为刑法第二百九十三条第一款第三项规定的“情节严重”:

(一)强拿硬要公私财物价值一千元以上,或者任意损毁、占用公私财物价值二千元以上的;

(二)多次强拿硬要或者任意损毁、占用公私财物,造成恶劣社会影响的;

(三)强拿硬要或者任意损毁、占用精神病人、残疾人、流浪乞讨人员、老年人、孕妇、未成年人的财物,造成恶劣社会影响的;

(四)引起他人精神失常、自杀等严重后果的;

(五)严重影响他人的工作、生活、生产、经营的;

(六)其他情节严重的情形。

第五条　在车站、码头、机场、医院、商场、公园、影剧院、展览会、运动场或者其他公共场所起哄闹事,应当根据公共场所的性质、公共活动的重要程度、公共场所的人数、起哄闹事的时间、公共场所受影响的范围与程度等因素,综合判断是否“造成公共场所秩序严重混乱”。

第六条　纠集他人三次以上实施寻衅滋事犯罪,未经处理的,应当依照刑法第二百九十三条第二款的规定处罚。

——《最高人民法院、最高人民检察院关于办理寻衅滋事刑事案件适用法律若干问题的解释》(2013年7月22日,法释〔2013〕18号)。

【链接:理解与适用】

(一)关于“寻衅滋事”的认定

第一款……规定的是“无事生非型”寻衅滋事。对此类行为应当认定为“寻衅滋事”,在理论上、实践中没有不同认识。

第二款……规定的是“小题大做型”寻衅滋事。传统刑法理论认为,寻衅滋事只能表现为无事生非。这一观点有失妥当。从实践看,“无事生非型”寻衅滋事已极为少见，甚至从极端意义上讲并不存在，如认为只有“无事生非”才属于寻衅滋事，将极大地不当限缩寻衅滋事罪的成立范围。在日常生活中偶发矛盾纠纷，如与他人无意碰撞后，即小题大做、借题发挥，实施随意殴打他人或者任意毁损他人财物等行为的，明显不属于解决纠纷的合理方式，明显超出解决纠纷的合理限度，尽管事出有因，也可认为是借故寻衅，也破坏社会秩序，应当认定为“寻衅滋事”。当然，如矛盾系由被害人故意引发或者被害人对矛盾激化负有主要责任的(如被害人的车挡住了行为人的路，经行为人请求，被害人拒绝挪动，甚至辱骂行为人，从而引起双方冲突的)，则不应认定为“寻衅滋事”；构成其他犯罪的，可以其他犯罪论处。

第三款……规定了因婚恋、家庭、邻里、债务等纠纷实施相应行为构成寻衅滋事的标准。行为人因婚恋、家庭、邻里、债务等纠纷，特别是基于积怨，实施殴打、辱骂、恐吓他人或者损毁、占用他人财物等行为的，由于行为人并非“寻衅”，一般不应以寻衅滋事论处；但是，行为人经有关部门批评制止或者处理处罚后，拒不改正，继续实施前列行为，破坏社会秩序的，也可认定为“寻衅滋事”。需要特别强调的是，根据刑法和《解释》规定，对此种情形以“寻衅滋事”论处，必须以行为人的行为“破坏社会秩序”为条件。寻衅滋事是扰乱公共秩序罪，根据刑法第二百九十三条规定，实施寻衅滋事行为，破坏社会秩序的，才能构成寻衅滋事罪。如行为人因婚恋、家庭等纠纷实施的有关行为并未破坏社会秩序，则即使其此前曾受有关部门批评制止或者处理处罚，依法也不能认定为“寻衅滋事”。

……

(六)关于纠集他人多次寻衅滋事的认定

根据刑法第二百九十三条第二款的规定，纠集他人多次实施刑法第二百九十三条第一款行为，严重破坏社会秩序的，处五年以上十年以下有期徒刑，可以并处罚金。实践中对于该规定的具体理解存在不同认识，主要集中在如下三个问题：(1)应否有时间跨度的限制；(2)每次实施的寻衅滋事行为是否须构成犯罪；(3)每次寻衅滋事行为是否须未经处理。经研究，《解释》第六条规定：“纠集他人三次以上实施寻衅滋事犯罪，未经处理的，应当依照刑法第二百九十三条第二款的规定处罚。”据此，对寻衅滋事行为依照刑法第二百九十三条第二款的规定“处五年以上十年以下有期徒刑，可以并处罚金”，应当同时满足以下两个条件：一是每次实施的寻衅滋事行为均构成犯罪，二是每次寻衅滋事行为未经处理，包括行政处理和刑事处理。至于多次寻衅滋事行为的时间跨度，《解释》未作限制，只要未超过法定的追诉时限期限，均可计入。

——周加海、喻海松：《〈关于办理寻衅滋事刑事案件适用法律若干问题的解释〉的理解与适用》，载《人民司法 · 应用》2013 年第 23 期。

1063 疫情防控期间寻衅滋事罪的准确认定

关键词｜寻衅滋事罪｜疫情防控｜

【最高人民法院参考案例】

谢庆茂寻衅滋事案(《刑事审判参考》案例第 1329 号)

要旨:疫情防控期间,拒不配合疫情防控人员工作,为发泄个人不满,任意损毁公私财物,造成他人财物损失的行为构成寻衅滋事罪。

(一)被告人行为更符合寻衅滋事罪的犯罪构成

根据刑法第二百九十三条第一款第(三)项的规定,强拿硬要或者任意损毁、占用公私财物,情节严重,破坏社会秩序的,构成寻衅滋事罪。而根据刑法第二百七十五条的规定,故意毁灭或者损坏公私财物,数额较大或者有其他严重情节的行为,构成故意毁坏财物罪。从法条的规定即可看出,两者存在一定程度的重合。但是同时也存在一定区别,如寻衅滋事罪的犯罪客体是根据法律和社会公德确立的公共生活规则所维持的社会正常秩序,而故意毁坏财物罪侵犯的客体则是公私财物的所有权。两者主观上都是直接故意,但是前者犯罪动机通常是为了满足耍威风、取乐等不正常的精神刺激或其他不健康的心理需要;而后者毁财的动机则比较多样,一般是出于个人报复或妒忌等心理。

本案中,被告人谢庆茂因为没戴口罩害怕被记者拍摄、录像,因而拒绝下车接受检查;在自己车被拦住之后,又因为自觉没有面子、感到窝火,为发泄心中不满而故意驾车连续三次撞击“防控宣传车”,其更多是出于逞强耍威风、要面子的心理。其行为不仅对“防控宣传车”造成了损坏,更重要的是破坏了疫情防控工作的进行,严重扰乱了疫情防控现场工作秩序,因而更符合寻衅滋事罪的犯罪构成。

(二)根据“从一重罪处罚”原则认定

单纯从犯罪构成要件来看,被告人谢庆茂的行为构成寻衅滋事罪,同时也符合故意毁坏财物罪的犯罪构成,并达到该罪的追诉标准。在法律没有特别规定的情形下,应当适用“从一重罪处罚”原则。

根据被告人谢庆茂的犯罪情节、造成的危害后果,其应当适用寻衅滋事罪的第一个量刑档次,即在五年以下有期徒刑、拘役或者管制的幅度内进行量刑;如果适用故意毁坏财物罪,则应在三年以下有期徒刑、拘役或者罚金的幅度内进行量刑。故根据“从一重罪处罚”原则,被告人谢庆茂的行为也应按照寻衅滋事罪来定罪量刑。

——《刑事审判参考》(总第 121 辑)。

卢方锁、周凯寻衅滋事案(《刑事审判参考》案例第1330号)

要旨:疫情防控期间,随意殴打从事疫情防控工作人员的行为,应构成寻衅滋事罪。

本案中被告人卢方锁、周凯在新型冠状病毒肺炎疫情防控期间,随意殴打从事疫情防控工作的公务人员,关于其行为应当如何定性,有以下两种意见:

第一种意见认为,被告人卢方锁、周凯的行为构成妨害公务罪。理由是:根据刑法第二百七十七条之规定,以暴力、威胁方法阻碍国家机关工作人员依法执行职务的,依法构成妨害公务罪。本案中,乡政府工作人员到辖区检查新型冠状病毒肺炎疫情防控情况,属于从事疫情防控工作的公务人员,二被告人的行为在客观上干扰了政府对疫情防控的管理活动,侵犯了妨害公务罪的客体。因此,二被告人随意殴打从事疫情防控工作的公务人员的行为,依法构成妨害公务罪。

第二种意见认为,被告人卢方锁、周凯的行为构成寻衅滋事罪。理由是:本案被告人殴打防疫工作人员的动机是逞强耍横,显示威风,发泄情绪,与防疫工作人员从事疫情防控公务活动并无直接关联,且殴打行为具有一定偶然性和随机性,直接侵犯了社会公共秩序。因此,二被告人的行为符合刑法第二百九十三条第一款"随意殴打他人"型寻衅滋事罪的构成要件。

我们同意第二种意见,被告人卢方锁、周凯的行为虽然客观上干扰了政府对疫情防控的管理活动,但从主客观方面分析,其行为更符合寻衅滋事罪的构成要件,依法应以寻衅滋事罪追究二被告人的刑事责任。

——《刑事审判参考》(总第121辑)。

1064 实施"软暴力"犯罪中寻衅滋事罪的认定

关键词｜寻衅滋事罪｜软暴力｜

【最高人民法院司法文件】

五、采用"软暴力"手段,使他人产生心理恐惧或者形成心理强制,分别属于《刑法》第二百二十六条规定的"威胁"、《刑法》第二百九十三条第一款第(二)项规定的"恐吓",同时符合其他犯罪构成要件的,应当分别以强迫交易罪、寻衅滋事罪定罪处罚。

九、采用"软暴力"手段,同时构成两种以上犯罪的,依法按照处罚较重的犯罪定罪处罚,法律另有规定的除外。

十一、雇佣、指使他人采用"软暴力"手段强迫交易、敲诈勒索,构成强迫交易罪、敲诈勒索罪的,对雇佣者、指使者,一般应当以共同犯罪中的主犯论处。

为强索不受法律保护的债务或者因其他非法目的，雇佣、指使他人采用“软暴力”手段非法剥夺他人人身自由构成非法拘禁罪，或者非法侵入他人住宅、寻衅滋事，构成非法侵入住宅罪、寻衅滋事罪的，对雇佣者、指使者，一般应当以共同犯罪中的主犯论处；因本人及近亲属合法债务、婚恋、家庭、邻里纠纷等民间矛盾而雇佣、指使，没有造成严重后果的，一般不作为犯罪处理，但经有关部门批评制止或者处理处罚后仍继续实施的除外。

——《最高人民法院、最高人民检察院、公安部、司法部关于办理实施“软暴力”的刑事案件若干问题的意见》(2019 年 4 月 9 日，公通字〔2019〕15 号)。

四、依法惩处利用“软暴力”实施的犯罪

17. 黑恶势力为谋取不法利益或形成非法影响，有组织地采用滋扰、纠缠、哄闹、聚众造势等手段侵犯人身权利、财产权利，破坏经济秩序、社会秩序，构成犯罪的，应当分别依照《刑法》相关规定处理：

(1)有组织地采用滋扰、纠缠、哄闹、聚众造势等手段扰乱正常的工作、生活秩序，使他人产生心理恐惧或者形成心理强制，分别属于《刑法》第二百九十三条第一款第(二)项规定的“恐吓”、《刑法》第二百二十六规定的“威胁”，同时符合其他犯罪构成条件的，应分别以寻衅滋事罪、强迫交易罪定罪处罚。

《关于办理寻衅滋事刑事案件适用法律若干问题的解释》第二条至第四条中的“多次”一般应当理解为二年内实施寻衅滋事行为三次以上。二年内多次实施不同种类寻衅滋事行为的，应当追究刑事责任。

(2)……

为强索不受法律保护的债务或者因其他非法目的，雇佣、指使他人有组织地采用上述手段寻衅滋事，构成寻衅滋事罪的，对雇佣者、指使者，一般应当以共同犯罪中的主犯论处；为追讨合法债务或者因婚恋、家庭、邻里纠纷等民间矛盾而雇佣、指使，没有造成严重后果的，一般不作为犯罪处理，但经有关部门批评制止或者处理处罚后仍继续实施的除外。

——《最高人民法院、最高人民检察院、公安部、司法部关于办理黑恶势力犯罪案件若干问题的指导意见》(2018 年 1 月 16 日，法发〔2018〕1 号)。

1065 社会流传“扎针”传播艾滋病时，在公共场合持锥扎人，构成寻衅滋事罪

关键词 | 寻衅滋事罪 | 艾滋病 |

【最高人民法院参考案例】

杨国栋投放虚假危险物质案(《刑事审判参考》案例第206号)

要旨:被告人的危害行为系在特定的背景下,在特定的场合、采用特定的方式所实施,具有特别的社会危害性,应以寻衅滋事罪对其进行处罚。

首先,被告人的行为不构成投放虚假危险物质罪。这是因为:其一,在犯罪主观方面,本案现有证据不能证明被告人杨国栋明知或应知社会上存在的“扎针”传播艾滋病的传言,不能证明杨国栋用铁锥扎人的目的是故意制造社会恐慌。本案被告人系从外地来京打工,而且本案证人也证明被告人平时沉默寡言,较为孤僻,所以被告人不知道社会上存在的“扎针”传闻是完全有可能的。被告人杨国栋始终否认自己知道社会上流传的“扎针”传播艾滋病的传言,对公诉机关指控其用锥子扎人是利用该消息制造恐怖气氛一直予以否认。杨国栋供称之所以扎被害人杜某某是因其女友与之分手而产生怨恨心理,而杜又与其女友相像,经查证又确有其事。在有合理存疑的情况下,法官应当且只能作出有利于被告人的选择,而不能亦不应当作出无证据支持且不利于被告人的推论,即在被告人不明知或应知社会上存在“扎针”传播艾滋病传闻的情况下,不能认定其主观上具有制造社会恐慌的目的。因此,被告人不具备投放虚假危险物质罪的主观要件。其二,在犯罪客观方面,杨国栋持铁锥扎人的行为不符合刑法修正案(三)第八条规定的投放虚假危险物质罪的“投放”行为。杨国栋所使用的犯罪工具是一把实心的锥子,不可能存放任何物质,不存在“投放”问题。综上,本案被告人的行为不符合投放虚假危险物质罪的构成要件和立法本意,故不能以此罪定罪处罚。

其次,被告人杨国栋的行为构成寻衅滋事罪。理由是:第一,杨国栋的行为具有相当的社会危害性。具有相当的社会危害性是犯罪的一个基本特征。本案被告人在公交车上用锥子扎青年女性的腿部,虽然没有给被害人的身体造成严重的后果,也未达到轻伤的标准。但在当时的特定背景下,被告人的行为不仅给被害人而且对社会的影响甚大。由于当时社会上流传“扎针”传播艾滋病一事,造成社会群体尤其是女性群体产生恐慌心理,生怕自己成为被害人。本案被告人在公交车这一人多拥挤较为敏感的场所用锥子扎人,与社会上传闻的扎针事件极为相似,容易被人误以为是有人“扎针”传播艾滋病。被害人在事发后,虽经澄清,仍承受较大的心理压力,甚至被亲属、朋友、同事误解、疏远。公交车上的乘客事发后向外传播(有些是误传或者添油加醋),作为“扎针”传闻例证,客观上对社会的恐慌心理起到了推波助澜的作用。因此,被告人的行为具有较大的社会危害性。第二,杨国栋的行为符合寻衅滋事罪的特征。寻衅滋事罪是从原刑法中的流氓罪分解出来的一个罪名,是指肆意挑衅,随意殴打、骚扰他人或者任意损毁、占用公私财物,或者在公共场所起哄闹事,严重破坏社会秩序的行为,属于扰乱公共秩序类犯罪。新刑法规定了寻衅滋事罪的四种犯罪情形,较为全面地包括了各种寻衅滋事的行为方式,即随意殴打他人;追逐、拦截、辱骂他人;强拿硬要或者任意损毁、占有公私财物;在公共场所起哄闹事,造成公共场所秩序严重混乱的。只要作为人有上述行为之一,且情节恶劣或者后果严重的,就符合寻衅滋事罪的客观要件。本案被告人由于被女友抛弃而产生不健康的心理,无端滋事,用锥子扎伤他人,侵害他人身体,与"随意殴打他人"扰乱社会秩序属同一类型。尽管其伤害后果并不严重,但由于被告人是在特定的背景下,使用特定的方法,并选择在特定的地点——公共汽车这一人员集中的地方作案,不仅给被害人造成了较大的心理压力,在案发时引起公共汽车秩序的混乱,且案发后,客观上产生了恶劣的社会影响,亦属于"情节恶劣"。

——《刑事审判参考》(总第28辑)。

1066 利用信息网络寻衅滋事构成犯罪的认定

关键词|信息网络|寻衅滋事罪|

【最高人民法院司法解释】

第五条 利用信息网络辱骂、恐吓他人,情节恶劣,破坏社会秩序的,依照刑法第二百九十三条第一款第(二)项的规定,以寻衅滋事罪定罪处罚。

编造虚假信息,或者明知是编造的虚假信息,在信息网络上散布,或者组织、指使人员在信息网络上散布,起哄闹事,造成公共秩序严重混乱的,依照刑法第二百九十三条第一款第(四)项的规定,以寻衅滋事罪定罪处罚。

第八条 明知他人利用信息网络实施诽谤、寻衅滋事、敲诈勒索、非法经营等犯罪,为其提供资金、场所、技术支持等帮助的,以共同犯罪论处。

第九条 利用信息网络实施诽谤、寻衅滋事、敲诈勒索、非法经营犯罪,同时又构成刑法第二百二十一条规定的损害商业信誉、商品声誉罪,第二百七十八条规定的煽动暴力抗拒法律实施罪,第二百九十一条之一规定的编造、故意传播虚假恐怖信息罪等犯罪的,依照处罚较重的规定定罪处罚。

第十条 本解释所称信息网络,包括以计算机、电视机、固定电话机、移动电话机等电子设备为终端的计算机互联网、广播电视网、固定通信网、移动通信网等信息网络,以及向公众开放的局域网络。

——《最高人民法院、最高人民检察院关于办理利用信息网络实施诽谤等刑事案件适用法律若干问题的解释》(2013年9月10日,法释〔2013〕21号)。

【链接：理解与适用】

（二）利用信息网络实施寻衅滋事犯罪的认定

1. 利用信息网络辱骂、恐吓他人的认定及处理

《解释》第五条第一款规定，利用信息网络辱骂、恐吓他人，情节恶劣，破坏社会秩序的，以寻衅滋事罪定罪处罚。该款规定反映出信息网络的工具性特征。实践中需要把握以下两点：一是如果利用信息网络辱骂特定的个人，则可能存在寻衅滋事罪与侮辱罪的竞合。如果辱骂他人情节恶劣，破坏社会秩序的，应按照《解释》第九条的规定，依照处罚较重的罪即寻衅滋事罪定罪处罚。二是要严格入罪标准。辱骂、恐吓行为必须达到"情节恶劣"的程度，同时对社会秩序造成了现实的破坏。对于一些网民在网络上发泄不满，辱骂他人的，要重在教育，强化管理，一般不要轻易适用本款规定按犯罪处理。

2. 在信息网络上编造、散布虚假信息，起哄闹事的认定

……

信息网络具有明显的公共属性和社会属性。网络社会已经与现实社会融为一体，成为现实社会的重要组成部分。网络信息必然会对现实社会产生直接的、实实在在的影响。显而易见，编造虚假信息并在信息网络上散布，起哄闹事，进而造成公共秩序严重混乱，此类行为具有现实的社会危害性，应当以寻衅滋事罪追究刑事责任。实践中需要把握以下两点：一是该款规定的"虚假信息"，不是针对特定的自然人而捏造的虚假事实，而是针对不特定的自然人或者单位、公共事件而编造的虚假信息。如果针对特定的自然人，捏造损害其名誉的虚假事实，并在网络上散布的，应当适用《解释》第一条的规定处理。二是"造成公共秩序严重混乱"，主要是指导致现实社会公共秩序严重混乱。网络空间是现实社会的组成部分，行为人在信息网络上散布虚假信息，起哄闹事，在导致网络秩序混乱的同时，往往会导致现实社会公共秩序的混乱，甚至引发群体性事件等。对此以寻衅滋事罪定罪处罚，于法有据。

——最高人民法院刑事审判第三庭：《〈关于办理利用信息网络实施诽谤等刑事案件适用法律若干问题的解释〉的理解与适用》，载《人民司法·应用》2013 年第 21 期。

【最高人民法院司法文件】

7. 利用信息网络辱骂、恐吓他人，情节恶劣，破坏社会秩序的，依照刑法第二百九十三条第一款第二项的规定，以寻衅滋事罪定罪处罚。

编造虚假信息，或者明知是编造的虚假信息，在信息网络上散布，或者组织、指

使人员在信息网络上散布,起哄闹事,造成公共秩序严重混乱的,依照刑法第二百九十三条第一款第四项的规定,以寻衅滋事罪定罪处罚。

——《最高人民法院、最高人民检察院、公安部、司法部关于办理利用信息网络实施黑恶势力犯罪刑事案件若干问题的意见》(2019 年 10 月 21 日,公通字〔2019〕28 号)。

1067 持刀驱离正在违法强拆的人员并造成一人轻微伤的,是否构成寻衅滋事罪

关键词|寻衅滋事罪|正当防卫|

【最高人民法院参考案例】

梁锦辉寻衅滋事案(《刑事审判参考》案例第 1395 号)

要旨:行为人为了保护本人的财产免受正在进行的不法拆迁行为的侵害,持刀驱离不法侵害者,其行为属于正当防卫。

《寻衅滋事解释》第一条第一款规定,行为人为寻求刺激、发泄情绪、逞强耍横等,无事生非,实施刑法第二百九十三条规定的行为的,应当认定为"寻衅滋事";该条第二款规定,行为人因日常生活中的偶发矛盾纠纷,借故生非,实施刑法第二百九十三条规定的行为的,应当认定为"寻衅滋事",但矛盾系由被害人故意引发或者被害人对矛盾激化负有主要责任的除外。由此可以看出,认定行为人殴打他人是否构成寻衅滋事罪,不仅要看行为人是否在客观上是否属于《寻衅滋事解释》所规定的七种情形,还要考察行为人在主观上是否具有寻求刺激、发泄情绪、逞强耍横等无事生非或者借故生非的故意。在矛盾由被害人故意引发或者被害人对矛盾激化负有主要责任的情况下,由于被告人的行为具有相当的正当性,故不宜认定被告人主观上具有无事生非、借故生非的故意,也就不宜认定构成寻衅滋事罪。

——《刑事审判参考》(总第 125 辑)。

1068 寻衅滋事罪与抢劫罪的区别

关键词|寻衅滋事罪|抢劫罪|

【最高人民法院司法文件】

九、关于抢劫罪与相似犯罪的界限

4. 抢劫罪与寻衅滋事罪的界限

寻衅滋事罪是严重扰乱社会秩序的犯罪，行为人实施寻衅滋事的行为时，客观上也可能表现为强拿硬要公私财物的特征。这种强拿硬要的行为与抢劫罪的区别在于：前者行为人主观上还具有逞强好胜和通过强拿硬要来填补其精神空虚等目的，后者行为人一般只具有非法占有他人财物的目的；前者行为人客观上一般不以严重侵犯他人人身权利的方法强拿硬要财物，而后者行为人则以暴力、胁迫等方式作为劫取他人财物的手段。司法实践中，对于未成年人使用或威胁使用轻微暴力强抢少量财物的行为，一般不宜以抢劫罪定罪处罚。其行为符合寻衅滋事罪特征的，可以寻衅滋事罪定罪处罚。

——《最高人民法院关于审理抢劫、抢夺刑事案件适用法律若干问题的意见》（2005 年 6 月 8 日，法发〔2005〕8 号）。

【最高人民法院参考案例】

朱伦军寻衅滋事案（《刑事审判参考》案例第 1345 号）

要旨：多次拦截儿童强行夺取较低经济价值物品的行为，应构成寻衅滋事罪。

（一）从犯罪构成角度把握抢劫罪与寻衅滋事罪的界限

判断一行为是构成抢劫罪还是寻衅滋事罪，首先应当考察行为人的主观目的是非法占有他人财物，还是满足畸形的生理和心理需要；其次应当判断该行为客观上主要侵害的是公民人身、财产权利，还是滋扰他人、破坏社会秩序。本案中，被告人朱伦军多次在少年宫、街道等场所尾随、拦截儿童，控制被害人后，强行脱下其所穿袜子抢走，除了本案起诉指控和法院审理认定的四起事实外，公安民警还从其家中查获了不同颜色的旧儿童袜九十一双。单从行为方式来看，朱伦军实施了暴力压制被害人反抗和当场夺取他人财物的行为，似乎符合抢劫罪的构成要件。但是，从财物经济价值的角度看，儿童旧袜价值低廉，被告人的行为侵犯财产权利的一面并不突出；从被告人主观目的来看，其强抢儿童旧袜，并不是为了获取财物经济价值，而是出于一种追求精神刺激，满足自己不健康的心理和生理需要，客观上是滋扰了他人，破坏了社会公共秩序。此外，朱伦军的行为不仅符合多次强拿硬要他人财物、强拿硬要未成年人财物造成恶劣社会影响等司法解释明确列举的入罪情形，同时也符合多次拦截未成年人这一入罪条件。因此，无论从行为方式、行为的客观危害，还是被告人的主观目的分析，朱伦军实施的犯罪行为都更符合寻衅滋事罪的特征，而不是抢劫罪。

（二）从罪刑相适应的角度实质把握抢劫罪与寻衅滋事罪的界限

本案中，对被告人朱伦军的行为，公诉机关指控构成抢劫罪，但如此一来，朱伦军四次拦截儿童强抢旧袜，就属于多次抢劫，应当判处十年以上有期徒刑，形式上似乎合乎法律条文和逻辑。但是，综合考虑朱伦军罹患恋物症，系为寻求精神刺激，满足自己不健康的心理和生理需要而实施犯罪，意图不在劫财；其多次拦截、夺取儿童旧袜的暴力程度轻微，并未超出寻衅滋事罪可容纳的范畴，且所抢财物经济价值低廉，行为整体的危害性与认定为抢劫罪就意味着最低十年有期徒刑的刑罚后果相比，明显不相适应。而将被告人的行为定性为寻衅滋事罪，法律上没有障碍，且实质量刑更为合理的情况下，法院未支持公诉机关指控的抢劫罪罪名，而依法予以纠正，将朱伦军的行为认定为寻衅滋事罪，判处其有期徒刑二年，实现了原则性与灵活性、法律效果与社会效果相统一。

——《刑事审判参考》（总第 122 辑）。

李某甲等寻衅滋事案（《刑事审判参考》案例第 1002 号）

要旨：未成年人多次强取其他未成年人少量财物的行为构成寻衅滋事罪。

1. 从主观上分析行为人是否有寻衅动机。抢劫罪行为人一般单纯以非法占有公私财物为犯罪目的，即非法占有公私财物是行为人的终极目的；而寻衅滋事罪行为人主观上还具有逞强耍横、发泄情绪、寻求精神刺激的目的，非法占有公私财物在行为人的主观故意中处于次要地位。可以说，行为人主观上是否具有寻衅动机是区分两罪的关键所在。当然，行为人主观上是否具有寻衅动机还要结合行为人作案时间、地点和侵害对象的选择等方面进行判断。例如，从作案时间、地点上看，抢劫罪行为人通常较寻衅滋事罪行为人更加谨慎，以便实施抢劫犯罪后能够迅速逃离现场；而寻衅滋事罪行为人，有的则故意选择在公共场所当众作案，作案后滞留现场显示自己的威风，或者选择在同一地点多次作案，寻求精神刺激；从选择侵害的对象上看，抢劫罪行为人以侵财为目的，因此在侵害对象的选择上更注重对方是否具有财物的现实可能性；而寻衅滋事罪行为人则更注重侵害对象是否有反抗能力；等等。

2. 从客观行为上分析行为人使用暴力、胁迫的程度。尽管我国刑法对抢劫罪的暴力程度未作出规定，但通常认为应当达到足以抑制被害人反抗的程度；而寻衅滋事罪中行为人实施的暴力手段程度较弱，一般不以使被害人不敢反抗或者不能反抗为必要。实践中，要尽量注意避免只要行为人实施了暴力行为，而不问暴力程度的强弱，一律以抢劫罪定罪。也就是说，寻衅滋事罪的强拿硬要行为也包含暴力、胁迫的内容，只是程度上较轻微，不足以使被害人不敢反抗或者不能反抗。判断被害人是否不敢反抗、不能反抗，可以根据案件发生的时间、场所、被害人的年龄、身体条件、伤害后果、行为人是否持凶器、所实施暴力、胁迫的强度等因素，以一般人为标准进行综合分析。

当然，因寻衅滋事罪的行为方式与抢劫罪的行为方式存在一定的重合和交叉，而行为人是否具有寻衅动机有时可能难以认定，因此尽管司法解释对两罪作了明确区分，但实践中仍然存在行为人所实施的犯罪行为同时触犯寻衅滋事罪和抢劫罪两罪的情况，这时可以按照想象竞合犯的处罚原则，从一重处断。对此，最高人民法院、最高人民检察院2013年联合下发的《关于办理寻衅滋事刑事案件适用法律若干问题的解释》第七条也明确规定："实施寻衅滋事行为，同时符合寻衅滋事罪和故意杀人罪、故意伤害罪、故意毁坏财物罪、敲诈勒索罪、抢夺罪、抢劫罪等罪的构成要件的，依照处罚较重的犯罪定罪处罚。"

司法实践中，未成年人强拿硬要其他未成年人少量财物的案件时有发生。对于此类行为性质的认定，《两抢意见》规定："对于未成年人使用或威胁使用轻微暴力强抢少量财物的行为，一般不宜以抢劫罪定罪处罚。其行为符合寻衅滋事罪特征的，可以寻衅滋事罪定罪处罚。"实际上，该司法解释对未成年人实施强抢财物行为性质的认定，也坚持了强拿硬要型寻衅滋事罪和抢劫罪的一般区分标准，其中"使用或威胁使用轻微暴力"系两罪客观行为方面的区分标准，即行为人并未使用严重侵害他人人身安全的暴力、胁迫方式，从而区别于抢劫罪的客观行为；"强抢少量财物"系从强抢的财物数额上推断行为人主观上并非主要出于非法占有公私财物的目的，从而区别于抢劫罪的主观要件。

为进一步明确未成年人使用或者威胁使用轻微暴力强取少量财物行为的定罪标准，最高人民法院2006年出台的《关于审理未成年人刑事案件具体应用法律若干问题的解释》第七条规定："已满十四周岁不满十六周岁的人使用轻微暴力或者威胁，强行索要其他未成年人随身携带的生活、学习用品或者钱财数量不大，且未造成被害人轻微伤以上或者不敢正常到校学习、生活等危害后果的，不认为是犯罪。已满十六周岁不满十八周岁的人具有前款规定情形的，一般也不认为是犯罪。"该条分别从实施暴力的程度和危害后果两方面，对何种情形下未成年人的抢劫行为属于刑法第十三条规定的"情节显著轻微危害不大"作出了解释。

由上述司法解释的规定可以看出，本着对未成年人"教育、感化、挽救"的方针和"教育为主、惩罚为辅"的原则，对未成年人实施的以轻微暴力强索他人少量财物的行为，如果没有造成被害人轻微伤以上后果或者严重扰乱公共场所秩序、社会秩序等其他后果的，一般不以犯罪论处；社会危害大，确有必要追究刑事责任的，也要控制抢劫罪的适用，符合寻衅滋事罪的构成特征的，尽量选择适用寻衅滋事罪。

——《刑事审判参考》（总第98辑）。

张彪等寻衅滋事案(《刑事审判参考》案例第517号)

要旨:未成年人以轻微暴力强索硬要他人财物的行为构成寻衅滋事罪。

一般来讲,抢劫罪与寻衅滋事罪不难区分,但是,在伴随轻微暴力强索财物的场合,要准确界定这两个罪名则存在一定的难度。对于本案,我们同意法院的处理意见,具体理由如下:

1. 三被告人的主观目的不是非法占有被害人的财物,而是报复、教训被害人

本案中,被告人张彪与被害人秦青松系同学,二人不仅相识,而且还曾经非常要好,上学期间,张彪还曾给予过秦青松某些帮助。因此,张彪自认为其对秦青松有恩,秦青松应当知恩图报。但是,在毕业联系工作时,尽管张彪请求秦青松帮忙,可是秦却没有照张彪的意思办。同时,张彪向秦借钱秦也不给。因此张彪遂产生了教训秦的想法。张彪在纠集同案被告人韩超、倪中兴时,即明确提出帮忙"修理"秦一顿。三被告人见到被害人秦青松后,所采取的轻微暴力殴打、强行拿走秦的两部手机,并索要钱财等行为,其目的主要是教训、"修理"秦青松。这一点,从其后来的事态发展也能看得出来:张彪先是要一万元,看秦拿不出,于是退一步让秦"不行的话拿三条帝豪牌香烟也行"(一条帝豪牌香烟价值近一百元)。后来看到秦身上实在没钱,遂又提出让秦第二天给其三百元并拿走秦的两部手机作抵押,让秦拿钱换手机。后经受秦索要,张彪又退还了其中的一部手机。因此,三被告人实施的暴力殴打和强拿硬要手机行为,其主观上并不单纯是为了非法占有被害人的财物,而是通过这些方式以实现教训、报复被害人的目的。

2. 三被告人实施的暴力、胁迫强度尚未超出寻衅滋事罪所要求的强度标准

基于教训被害人的目的,三被告人前去见秦青松时没有携带任何凶器,韩超和倪中兴仅对秦青松实施了简单的拳打脚踢行为(张彪没有动手),秦也没有受伤,属于轻微暴力。秦青松当时如欲反抗或者逃跑,都是完全可以的,但是他没有这样做,而只是进行辩解、认错和求饶,并任由被告人拿走他身上的两部手机。手机被拿走后,他也没有当即向公安机关报案,而是采取了事后索要的方式,要回了其中的一部。可见,三被告人实施的暴力、胁迫强度很一般,尚未超出寻衅滋事罪中"随意殴打他人""强拿硬要"的范围。

通过以上两方面可以看出,寻衅滋事罪虽然是妨害社会管理秩序犯罪,但有时行为人主观上也具有非法占有他人财物的故意,客观上也实施了强拿硬要他人财物的非法占有行为,侵犯了他人的人身权利和财产权利,与抢劫罪的构成特征有些近似。但是,仔细分析其主客观方面的表现,还是能够找出一定差异的。《最高人民法院关于审理抢劫、抢夺刑事案件适用法律若干问题的意见》第九条中对此作了明确阐述:寻衅滋事罪行为人主观上还具有逞强好胜和通过强拿硬要来填补其精神空虚等目的,客观上一般不以严重侵犯他人人身权利的方法强拿硬要财物;抢劫

罪行为人一般只具有非法占有他人财物的目的，以暴力、胁迫等方式作为劫取他人财物的手段。

因此，三被告人出于教训、报复他人的目的，使用轻微暴力强拿硬要财物的行为扰乱了正常的社会秩序，其暴力强度并未超出寻衅滋事罪所涵括的程度，符合寻衅滋事罪的构成要件，以寻衅滋事罪定罪评价更为客观和准确。

3. 根据罪刑相适应原则，权衡被告人的主观恶性及犯罪行为的社会危害性，认定为寻衅滋事罪才能罚当其罪

刑法第五条规定："刑法的轻重，应当与犯罪分子所犯罪行和承担的刑事责任相适应。"这就是我国刑法中的罪刑相适应原则，其基本含义就是刑罚的轻重应与犯罪的轻重相适应。作为刑法一项基本原则，该原则不但对立法中刑罚的设定、司法中刑罚的具体裁量起着关键的作用，而且在区分不同的犯罪中也具有非常重要的意义。抢劫罪在我国刑法中属于重罪，其起刑点就是三年有期徒刑，最高刑是死刑；相对而言，寻衅滋事罪是一种轻罪，只能判处五年以下有期徒刑、拘役或者管制。寻衅滋事罪与抢劫罪的法定刑规定之所以如此轻重悬殊，其中一个非常重要的原因就在于抢劫犯罪的社会危害性、对被害人人身的危险性以及侦破的难度，都远远高于寻衅滋事罪。寻衅滋事罪的行为人在随意殴打、强拿硬要或任意毁损公私财物时，一般不隐瞒自己身份，通常还多发生在熟人之间，其最终或者说最主要的目的在于寻求一种精神刺激，炫耀自己的威能，故此类案件对被害人造成的伤害比较轻微，司法机关查处起来也较容易。但抢劫罪的行为人则往往对被害人隐瞒身份，通常选择陌生人作为作案对象，给被害人造成的人身伤害也往往较严重，侦破查处起来也更加困难。因此，正确区分抢劫罪和寻衅滋事罪，不仅要考量其犯罪构成的迥异，在行为性质不甚明确时，还要依据罪刑相适应原则，凭借社会一般观念，权衡一下行为人应受处罚的轻重和处刑后可能会产生的社会效果，以期最终准确认定行为人的行为性质和罪名。在抢劫罪与寻衅滋事罪量刑存在巨大差异的情况下，出于保护未成年人的目的，根据《最高人民法院关于审理未成年人刑事案件具体应用法律若干问题的解释》第八条的规定，已满十六周岁不满十八周岁的人出于以大欺小、以强凌弱或者寻求精神刺激，随意殴打其他未成年人、多次对其他未成年人强拿硬要或者任意毁损公私财物，扰乱学校及其他公共场所秩序，只有达到"情节严重"的程度，才以寻衅滋事罪定罪处罚。司法实践中，对于未成年人使用或威胁使用轻微暴力强抢少量财物的行为，一般不以抢劫罪定罪处罚。

——《刑事审判参考》（总第65辑）。

1069 使用轻微暴力帮他人抢回赌资的行为如何定性

关键词|寻衅滋事罪|赌资|轻微暴力|

【最高人民法院参考案例】

黄民喜等寻衅滋事案(《刑事审判参考》案例第1248号)

要旨:使用轻微暴力帮他人抢回赌资的行为,宜定为寻衅滋事罪。

理由是:(1)从主观方面来看,黄民喜等人主观上没有非法占有他人财物的故意,而是想教训、吓唬被害人和帮他人追回赌资,应与抢劫罪中的非法占有他人财物的故意有所区别。(2)从暴力程度来看,黄民喜等人在公共场所通过拳打脚踢的方式,使被害人忍气吞声,从而公然拿走被害人的少量财物,其强度比抢劫中的暴力威胁程度明显要弱,主要侵犯的是社会公共秩序,其行为更符合寻衅滋事罪中的"强拿硬要"的特征。(3)根据罪责刑相适应原则,权衡黄民喜等人的主观恶性及行为的社会危害性,认定为强拿硬要型寻衅滋事罪,有助于罚当其罪,处理更为恰当。

……

此外,2005年《意见》①中规定,"行为人仅以其所输赌资或所赢赌债为抢劫对象,一般不以抢劫罪定罪处罚。构成其他犯罪的,依照刑法的相关规定处罚"。该规定将行为人抢回所输赌资行为与一般抢劫行为区分认定,也体现了对罪责刑相适应原则的贯彻。本案中,虽然被告人抢回的财物对象并非本人所输赌资,而是被告人堂哥的所输赌资,但上述司法文件的精神,对本案的处理亦应具有参考价值。

——《刑事审判参考》(总第113辑)。

1070 寻衅滋事罪和以危险方法危害公共安全罪的区分

关键词|寻衅滋事罪|以危险方法危害公共安全罪|

【最高人民法院参考案例】

蔡恒寻衅滋事案(《刑事审判参考》案例第1346号)

要旨:凌晨酒后驾车追撵他人机动车,导致车损人伤的行为,应认定为寻衅滋事罪。

(一)被告人蔡恒的行为不构成以危险方法危害公共安全罪

1.被告人追逐竞驶的行为尚未达到与放火、决水、爆炸、投放危险物质等行为

---

① 即《最高人民法院关于审理抢劫、抢夺刑事案件适用法律若干问题的意见》(法发〔2005〕8号)。

相当的危险程度

追逐竞驶行为构成以危险方法危害公共安全罪的，要求该行为具有与放火、决水、爆炸、投放危险物质相当的危险程度。即要求该行为对不特定多数人的人身财产安全所带来的潜在危险与放火等行为相当，或者体现在所造成的现实危害后果与放火等行为相当。而且，作为以危险方法危害公共安全罪构成要件的行为本身具有相当的不可控性，即一旦实施上述行为，侵害的对象、范围、严重程度具有不可控性。而蔡恒实施追逐竞驶的行为，仅发生一般交通事故，尚未达到构成交通肇事罪的严重事故，其侵害对象、范围有限，仅针对特定的人和车，即被害人王某驾驶的车辆及车上的王某和焦某某，说明该行为尚未达到严重危害公共安全的程度，行为人对其驾驶的车辆仍有一定的控制性。因此，蔡恒的行为尚不具有与放火、决水、爆炸、投放危险物质相当的危险程度，不符合以危险方法危害公共安全罪的客观特征。

2. 被告人不具有以危险方法危害公共安全的主观故意

危险驾驶罪的行为人对发生交通事故的主观意志与交通肇事罪一样，即其违法驾驶行为本身是故意的，但对产生的危害后果却是过失的。而以危险方法危害公共安全罪则要求行为人不但明知其实施的危险行为存在潜在的危险，而且希望或者放任这种潜在的危险向现实损害转化。本案中，被告人蔡恒出于为朋友“出气”的心理，临时起意追逐被害人车辆，其主观上并不希望或者放任对他人生命、健康或者财产造成重大损害，具体行为上只是撞击王某车辆尾部、欲截停王某车辆，其造成的危害后果也是在其超越王某车辆时，与王某车辆发生剐蹭导致王某车辆侧翻所致。

3. 时空环境上不具备以危险方法危害公共安全的条件

被告人蔡恒追逐竞驶的时间在凌晨 4 时 40 分许，此时间段内及其驾车所经过的路段内行为人及车辆均稀少，也无证据显示蔡恒超速行驶，因此，蔡恒的行为尚不足以对被害车辆和车辆内人员以外的不特定多数人的生命、健康或者重大公私财产的安全造成威胁。

4. 本案以以危险方法危害公共安全罪定罪不符合定罪逻辑

交通肇事罪是轻于以危险方法危害公共安全罪的犯罪。被告人蔡恒追逐竞驶，造成一般交通事故，其行为尚未达到构成交通肇事罪的程度。因此，如果认定其行为构成以危险方法危害公共安全罪，从举轻以明重的角度分析，在定罪逻辑上难以自圆其说。

（二）被告人蔡恒的行为构成危险驾驶罪与寻衅滋事罪、故意伤害罪、故意毁坏财物罪的竞合，应当以寻衅滋事罪定罪处罚

本案中，被告人蔡恒为替朋友袁某某“出气”，追逐竞驶，造成他人轻伤、车辆

受损,既侵犯了他人的财产权,又侵犯了他人的健康权,因此,其行为同时构成故意伤害罪、故意毁坏财物罪。同时,被告人蔡恒为替朋友袁某某“出气”,无事生非,驾驶机动车在道路上故意追逐、拦截他人驾驶的车辆,也符合寻衅滋事的犯罪构成。根据刑法第二百九十三条第一款第(二)项规定,追逐、拦截、辱骂、恐吓他人,情节恶劣的,才构成寻衅滋事罪。蔡恒的行为造成了他人轻伤、车辆受损,经济损失较大,且连续追逐,途经咸阳市秦都区的思源南路、滨河路、中华路、咸通南路等四条街道,应当认定为“情节恶劣”。主观上,蔡恒对社会秩序的侵害也是故意的。因此,其行为同时构成寻衅滋事罪。如此,蔡恒追逐竞驶的行为除了构成危险驾驶罪外,还构成故意伤害罪、故意毁坏财物罪、寻衅滋事罪。蔡恒的一个行为侵犯了数个法益,属于想象竞合犯,依照刑法第一百三十三条之一第四款的规定,应当依照处罚较重的规定定罪处罚。根据刑法第一百三十三条之一第一款规定,危险驾驶罪的法定刑为拘役,并处罚金;根据刑法第二百三十四条第一款规定,故意伤害罪致人轻伤的,法定刑为三年以下有期徒刑、拘役或者管制;根据刑法第二百七十五条规定,故意毁坏财物罪,数额较大的,法定刑为三年以下有期徒刑、拘役或者罚金;根据刑法第二百九十三条第一款的规定,寻衅滋事罪的法定刑为五年以下有期徒刑、拘役或者管制。相比之下,寻衅滋事罪的法定刑最重。因此,应当对蔡恒追逐竞驶的行为以寻衅滋事罪定罪处罚。

——《刑事审判参考》(总第122辑)。

祝久平以危险方法危害公共安全案(《刑事审判参考》案例第319号)

要旨:对寻衅滋事罪与以危险方法危害公共安全罪,应从侵犯的客体、客观方面、主观方面、是否危险犯罪等角度加以区分。

两罪的区别主要在于:其一,侵犯的客体不同。前罪侵犯的客体是公共安全,即不特定或多数人的生命、健康和重大公私财产安全,侧重于对公共安全的维护。寻衅滋事罪从其客观行为表现来看也会侵犯他人的人身权利、公私财产权利,但侵犯的主要客体则是公共秩序,侧重于对公共秩序的维护。其二,客观方面不同。前罪的客观方面表现为以“其他危险方法”危害公共安全的行为。所谓“其他危险方法”是指使用了与放火、决水、爆炸、投放危险物质的危险性或危害性相当的危险方法。这类危险方法多种多样,难以一一列举,概言之,只要所使用的方法足以危害公共安全的,即可认为是刑法所要求的危险方法。寻衅滋事罪的客观方面,主要表现为实施了破坏社会秩序的行为。刑法第二百九十三条将寻衅滋事行为具体归纳为四种表现形式,即随意殴打他人,情节恶劣的;追逐、拦截、辱骂他人,情节恶劣的;强拿硬要或者任意损毁、占用公私财物,情节严重的;在公共场所起哄闹事,造成公共场所秩序严重混乱的。其三,主观方面不同。以危险方法危害公共安全罪的主观方面表现为故意，既可以是直接故意，也可以是间接故意，即行为人明知自己所实施的危险方法或行为可能足以危及公共安全，仍希望或放任该危险状态的发生。寻衅滋事罪的主观方面表现为直接故意，且行为人主观上具有漠视社会秩序、无事生非的鲜明特点。此外，以危险方法危害公共安全罪系危险犯，即行为人所实施的危险方法或行为足以导致对公共安全产生现实的危险，即便未造成致人重伤、死亡或公私财产重大损失等严重后果的，也构成该罪的既遂。而寻衅滋事行为只有达到情节恶劣或严重的程度，方可成立犯罪。

——《刑事审判参考》(总第 40 辑)。

1071 吸毒致幻后持刀拦乘汽车、恐吓驾驶人员的行为定性

关键词 | 寻衅滋事罪 | 吸毒 | 劫持汽车罪 |

【最高人民法院参考案例】

林作明寻衅滋事案(《刑事审判参考》案例第 1305 号)

要旨：吸毒致幻后持刀拦乘汽车、恐吓驾驶人员的行为可视情况认定为寻衅滋事罪。

1. 被告人的行为不符合劫持汽车罪的犯罪构成

我国刑法第一百二十二条规定，劫持汽车罪是指以暴力、胁迫或者其他方法劫持汽车的行为。本罪侵犯的客体是公共安全，主要是指汽车的交通运输安全和不特定多数人的生命、健康及财产安全。本罪客观方面表现为以暴力、胁迫或者其他方法劫持汽车的行为。其中“暴力”是对车辆驾驶人员等人实施殴打等行为，并达到足以抑制其反抗的程度；“胁迫”是对车辆驾驶人员等人实施精神恐吓或强制，并达到足以抑制其反抗的程度；“其他方法”是指与暴力、胁迫性质相当，使车辆驾驶人员等人不能反抗、不敢反抗或者不知反抗的方法。“劫持”主要表现为行为人直接驾驶汽车或者强迫驾驶人员按照自己的意志驾驶，从而控制汽车的行驶路线、速度等。

本案中，从客观行为来看，被告人采取了暴力、胁迫手段，但其未采用持刀伤害被害人或争夺汽车之激烈行为，亦未实际控制着汽车；从犯罪后果来看，车辆在行驶过程中没有造成交通事故或者秩序混乱，被害人也没有失去对车辆的控制，行为人并未危及道路行驶中其他不特定人员的安全；从主观意图来看，林作明拦乘被害人黄某某的私家轿车，乘坐不到十分钟即自动下车，其主要目的是赶往公安局搭乘一段路，主观上并非为了劫夺和控制汽车。因此，被告人的行为不符合劫持汽车罪的犯罪构成。

2. 被告人的行为尚未达到劫持汽车罪相当的社会危害性

有观点认为，劫持汽车罪属于行为犯，不管出于什么动机、什么目的，是否造成严重后果，行为人只要故意实施了劫持汽车的行为，就构成本罪。我们不完全赞同上述观点，犯罪成立既要符合刑法分则对犯罪构成要件的规定，同时也要符合刑法总则对犯罪的定义。本罪虽然是抽象的危险犯，但司法实践中，还应当把握该行为是否具有相当严重的社会危害性，即是否危害公共安全。就本罪而言，可以从两个方面考量是否危害公共安全：一是从道路上的不特定人员来看，如果车辆在行驶过程中具有造成交通秩序混乱导致不特定人员伤亡的危险，或者车辆在行驶过程中造成不特定人员伤亡的结果，都可以认定为危害公共安全。二是从车辆上的不特定人员来看，如果有对车辆上的不特定人员造成伤亡的危险或者结果，也可以认定为危害公共安全。就本案而言，被告人威逼被害人开快点，但经查询，黄某某在载乘被告人这段时间中，车辆并未发生超速等违章驾驶情况，不足以危及道路上不特定人员的公共安全，且其拦乘的是只有驾驶员黄某某一人的私家轿车，也不会危及车上不特定多人的生命安全。因此，被告人的行为尚未达到劫持汽车罪相当的社会危害性。

我国刑法第五条规定，刑罚的轻重，应当与犯罪分子所犯罪行和承担的刑事责任相适应。劫持汽车罪作为一项危害公共安全的犯罪，量刑起点为五年以上有期徒刑；造成严重后果的，处十年以上有期徒刑或无期徒刑。本案被告人未使用严重的暴力、胁迫或者其他方法控制汽车，也未危害到公共安全。倘若对被告人采用一般手段且短暂拦乘汽车、威逼驾驶的行为以劫持汽车罪这一重罪进行处罚，不符合罪责刑相适应原则，亦与刑法谦抑、审慎原则相悖。

3. 被告人的行为符合寻衅滋事罪的犯罪构成

本案中，被告人持刀拦乘汽车、恐吓驾驶人员，是吸食毒品后的情绪发泄体现出的滋事特性，是前述其随意殴打他人寻衅滋事行为的延续。根据《最高人民法院、最高人民检察院关于办理寻衅滋事刑事案件适用法律若干问题的解释》第三条规定："追逐、拦截、辱骂、恐吓他人，破坏社会秩序，具有下列情形之一的，应当认定为刑法第二百九十三条第一款第二项规定的'情节恶劣'：……持凶器追逐、拦截、辱骂、恐吓他人的……"本案被告人林作明的行为属于持凶器恐吓他人的行为，可以依照寻衅滋事犯罪"情节恶劣"的情形予以定罪、量刑。

——《刑事审判参考》(总第120辑)。

1072 寻衅滋事罪的量刑

关键词 | 寻衅滋事罪 | 量刑 |

【最高人民法院司法文件】

（十八）寻衅滋事罪

1. 构成寻衅滋事罪的，根据下列情形在相应的幅度内确定量刑起点：

（1）寻衅滋事一次的，在三年以下有期徒刑、拘役幅度内确定量刑起点。

（2）纠集他人三次寻衅滋事（每次都构成犯罪），严重破坏社会秩序的，在五年至七年有期徒刑幅度内确定量刑起点。

2. 在量刑起点的基础上，根据寻衅滋事次数、伤害后果、强拿硬要他人财物或任意损毁、占用公私财物数额等其他影响犯罪构成的犯罪事实增加刑罚量，确定基准刑。

3. 构成寻衅滋事罪，判处五年以上十年以下有期徒刑，并处罚金的，根据寻衅滋事的次数、危害后果、对社会秩序的破坏程度等犯罪情节，综合考虑被告人缴纳罚金的能力，决定罚金数额。

4. 构成寻衅滋事罪的，综合考虑寻衅滋事的具体行为、危害后果、对社会秩序的破坏程度等犯罪事实、量刑情节，以及被告人的主观恶性、人身危险性、认罪悔罪表现等因素，决定缓刑的适用。

——《最高人民法院、最高人民检察院关于常见犯罪的量刑指导意见（试行）》（2021年7月1日，法发〔2021〕21号）。

（五）黑社会性质组织犯罪

1073 办理黑社会性质组织犯罪案件，要全面体现依法从严惩处精神，切实贯彻落实宽严相济刑事政策

关键词｜黑社会性质组织犯罪｜从严惩处｜宽严相济刑事政策｜

【最高人民法院司法文件】

1. 各级人民法院、人民检察院、公安机关和司法行政机关应充分发挥职能作用，密切配合，相互支持，相互制约，形成打击合力，加强预防惩治黑恶势力犯罪长效机制建设。正确运用法律规定加大对黑恶势力违法犯罪以及“保护伞”惩处力度，在侦查、起诉、审判、执行各阶段体现依法从严惩处精神，严格掌握取保候审，严格掌握不起诉，严格掌握缓刑、减刑、假释，严格掌握保外就医适用条件，充分运用

《刑法》总则关于共同犯罪和犯罪集团的规定加大惩处力度,充分利用资格刑、财产刑降低再犯可能性。对黑恶势力犯罪,注意串并研判、深挖彻查,防止就案办案,依法加快办理。坚持依法办案,坚持法定标准、坚持以审判为中心,加强法律监督,强化程序意识和证据意识,正确把握"打早打小"与"打准打实"的关系,贯彻落实宽严相济刑事政策,切实做到宽严有据,罚当其罪,实现政治效果、法律效果和社会效果的统一。

——《最高人民法院、最高人民检察院、公安部、司法部关于办理黑恶势力犯罪案件若干问题的指导意见》(2018 年 1 月 16 日,法发〔2018〕1 号)。

(一)毫不动摇地贯彻依法严惩方针

会议认为,受国内国际多种因素影响,我国黑社会性质组织犯罪活跃、多发的基本态势在短期内不会改变。此类犯罪组织化程度较高,又与各种社会治安问题相互交织,破坏力成倍增加,严重威胁人民群众的生命、财产安全。而且,黑社会性质组织还具有极强的向经济领域、政治领域渗透的能力,严重侵蚀维系社会和谐稳定的根基。各级人民法院必须切实增强政治意识、大局意识、忧患意识和责任意识,进一步提高思想认识,充分发挥审判职能作用,继续深入推进打黑除恶专项斗争,在严格把握黑社会性质组织认定标准的基础上始终保持对于此类犯罪的严惩高压态势。对于黑社会性质组织犯罪分子要依法加大资格刑、财产刑的适用力度,有效运用刑法中关于禁止令的规定,严格把握减刑、假释适用条件,全方位、全过程地体现从严惩处的精神。

(二)认真贯彻落实宽严相济刑事政策

审理黑社会性质组织犯罪案件应当认真贯彻落实宽严相济刑事政策。要依照法律规定,根据具体的犯罪事实、情节以及人身危险性、主观恶性、认罪悔罪态度等因素充分体现刑罚的个别化。同时要防止片面强调从宽或者从严,切实做到区别对待,宽严有据,罚当其罪。对于黑社会性质组织的组织者、领导者、骨干成员及其"保护伞",要依法从严惩处。根据所犯具体罪行的严重程度,依法应当判处重刑的要坚决判处重刑。确属罪行极其严重,依法应当判处死刑的,也必须坚决判处。对于不属于骨干成员的积极参加者以及一般参加者,确有自首、立功等法定情节的,要依法从轻、减轻或免除处罚;具有初犯、偶犯等酌定情节的,要依法酌情从宽处理。对于一般参加者,虽然参与实施了少量的违法犯罪活动,但系未成年人或是只起次要、辅助作用的,应当依法从宽处理。符合缓刑条件的,可以适用缓刑。

——《全国部分法院审理黑社会性质组织犯罪案件工作座谈会纪要》(2015 年 10 月 13 日,法〔2015〕291 号)。

1074 黑社会性质组织的认定①

关键词 | 黑社会性质组织 | 组织特征 | 经济特征 | 行为特征 | 危害性特征 |

【最高人民法院司法文件】

3. 黑社会性质组织应同时具备《刑法》第二百九十四条第五款中规定的“组织特征”“经济特征”“行为特征”和“危害性特征”。由于实践中许多黑社会性质组织并非这“四个特征”都很明显，在具体认定时，应根据立法本意，认真审查、分析黑社会性质组织“四个特征”相互间的内在联系，准确评价涉案犯罪组织所造成的社会危害，做到不枉不纵。

——《最高人民法院、最高人民检察院、公安部、司法部关于办理黑恶势力犯罪案件若干问题的指导意见》(2018 年 1 月 16 日，法发〔2018〕1 号)。

【最高人民法院审判业务意见】

（一）准确认定黑社会性质组织

黑社会性质组织犯罪由于其严重的社会危害性，在打击处理上不能等其坐大后进行，要坚持“严打”的方针，坚持“打早打小”的策略。但黑社会性质组织的认定，必须严格依照刑法和《全国人民代表大会常务委员会关于〈中华人民共和国刑法〉第二百九十四条第一款的解释》②的规定，从组织特征、经济特征、行为特征和非法控制特征四个方面进行分析。认定黑社会性质组织犯罪四个特征必须同时具备。当然，实践中许多黑社会性质组织并不是四个特征都很明显，在具体认定时，应根据立法本意，认真审查、分析黑社会性质组织四个特征相互间的内在联系，准确评价涉案犯罪组织所造成的社会危害。既要防止将已具备黑社会性质组织四个特征的案件“降格”处理，也不能因为强调严厉打击将不具备四个特征的犯罪团伙“拔高”认定为黑社会性质组织。在黑社会性质组织犯罪的审判中贯彻宽严相济刑事政策，要始终坚持严格依法办案，坚持法定标准，这是《最高人民法院关于贯彻宽严相济刑事政策的若干意见》的基本要求。

——最高人民法院刑三庭：《在审理故意杀人、伤害及黑社会性质组织犯罪案件中切实贯彻宽严相济刑事政策》，载《人民法院报》2010 年 4 月 14 日。

---

① 对于黑社会性质组织的特征，在不同历史时期办案机关均出台了相关文件。对于这些文件，应依照刑法修正案（八）的修改以及最新的刑事政策精神，相互对照结合使用，进而作出准确认定。

② 刑法修正案（八）已作修正，刑法第二百九十四条增设第五款，对该立法解释的内容作出明确规定。

【最高人民法院参考案例】

吴学占等人组织、领导、参加黑社会性质组织案(《刑事审判参考》案例第 1354 号)

要旨:黑社会性质组织认定标准应坚持依法、实质、稳定原则。

黑社会性质组织的认定,需要对四个特征进行综合评判和整体的衡量。一是坚持依法认定原则。对于依照法律和事实,犯罪组织在四个特征的任何一个特征上明显不符合法定标准和要求时,不能人为拔高认定为黑社会性质组织。同时,对于四个特征都符合法定标准,仅仅在某个特征的某一细节上存在一定欠缺的,如黑社会性质组织形成的标志不明显等,不能纠缠于细枝末节,降格为一般集团犯罪。二是坚持实质判断原则。危害性特征是黑社会性质组织的本质特征,要以危害性特征为实质判断的核心,对危害性特征非常典型,其他特征不十分典型的犯罪组织,如人数相对较少,存续时间相对较短,层级不十分鲜明,获取的经济利益数额不大等,也可以认定为黑社会性质组织。三是坚持标准相对稳定原则。除法律政策作出调整外,对黑社会性质组织四个特征的认定标准,应保持相对稳定,不能因人为因素时宽时严。即使因政策调整认定标准发生变化的,也要在可以掌握的变化幅度内,尽量选择与以往标准接近的变化标准,将变化幅度控制在最小范围内。如对于组织特征中人数的标准,自 2015 年以来,一直按照 2015 年《纪要》[①]要求,掌握的是"10 人"标准,尽管 2018 年 1 月印发的"两高两部"《指导意见》提出对人数不宜"一刀切"的要求,但也不要调整幅度过大,仍应以"10 人"为参考标准,可在一至三人限度内适度降低人数标准。对于已经制定了经济特征获取经济利益数额标准的地区,调整的幅度也要适度,尽可能保持标准的相对稳定性。保持黑社会性质组织认定标准的稳定,有利于被告人对司法裁判的接受,有利于对社会公众的教育引导,也有利于树立司法的公信与权威。

——《刑事审判参考》(总第 123 辑)。

1075 如何准确认定"合法公司"外衣下涉"套路贷"黑社会性质组织的特征

关键词|黑社会性质组织|套路贷|

① 即《全国部分法院审理黑社会性质组织犯罪案件工作座谈会纪要》(法〔2015〕291 号)。

【最高人民法院参考案例】

方悦等人组织、领导、参加黑社会性质组织案(《刑事审判参考》案例第1357号)

要旨：随着扫黑除恶工作的不断深入，国家对黑恶势力犯罪的打击力度不断加大，黑社会性质组织的表现形式将会更趋于多样化、隐蔽化，借助“合法公司”来掩盖非法目的即是犯罪分子使用的一种典型手段。对此，应当透过现象看本质，准确把握黑社会性质组织的四个特征，才能准确定罪量刑，做到不枉不纵。

(一)重点从对组织成员的控制来把握“组织特征”

本案中，组织成员对外以公司员工自居，在庭审中称自己只是在公司打工，并没有举办过各类入会仪式，从公司离职也没有明确的限制条件。表面看来，被告人方悦等人成立的公司对员工的管理符合人力资源市场的一般规律，具有形式上的合法性。但从本质上看，该组织通过等级制度、工作纪律和奖惩规则对成员存在隐秘的控制，这是该组织之所以被认定为“较稳定的犯罪组织”的主要原因。具体而言：(1)设立严明的等级制度。该组织内设立专门负责非法催讨的贷后部，贷后部设组长，组织成员按照组长的派单，两人一组上门催讨，组长可对具体催讨行为进行安排、指挥，催讨所得钱款交给贷后部组长，由组长交给公司负责人，公司负责人根据提成规则将提成钱款交给组长，再由组长向组员分发提成。(2)规定明确的催讨行为规则。方悦、徐前真等人商议制定了专门的“贷后管理十个严禁”“保密承诺书”；要求组织成员在催讨时需拍摄喷漆、堵门锁、高音喇叭喊话的照片、视频，并发送到公司微信群中向公司负责人或组织领导者汇报工作；规定催讨人员要对被催讨的客户负责，若在看管期间客户逃跑，催讨人员个人需负担客户的债务；还规定“一人一地看管时间不超过24小时”、要“轮流、换地看管”“打人不能打出明显外伤引起警方的注意或给公司造成不必要的麻烦”等，以便逃避法律制裁。(3)制定有效的奖惩措施。该组织规定，催讨利润由公司与催讨人员六四分成或五五分成，催讨数额和分成数额挂钩，以激励催讨人员穷尽各种手段尽力催讨；组织为催讨人员配备催讨所用的汽车、喷漆灌、胶水、伸缩棍，报销油费和看管人员所支出的住宿费；要求组织成员缴纳押金，对于泄露客户信息等影响公司利益的，则予以罚款等处罚。

(二)重点从公司存续的目的来把握“经济特征”

本案中，被告人方悦等人于2016年2月至2017年8月间先后在无锡市梁溪区成立七家“乾”字头的公司，这些公司均办理了各项工商登记手续，明确经营范围仅限于“信息咨询、投资咨询”，并在无锡市市中心繁华地段的商务楼内租用办公地点正式挂牌营业。同时，公司内部还设立风控部、业务部、会计部、贷后部，分工明确、人员到位，营造出一种正规、专业的公司形象。然而，方悦等人借助这些公司实际实施的主要行为却是在经营范围之外的“小额放贷”业务。方悦等人的放贷模式主要是以“无抵押、零门槛”的零用贷、打卡、空放等为诱饵，诱骗被害人签订虚高借款合同、房屋租赁合同及各项承诺书，并以“保证金”“上门费”“中介费”等名义收取各种费用；在贷款协议中设置苛刻的履约条件和期限后，随意解释违约条款，故意制造违约机会，单方面肆意认定违约，并通过非法拘禁、敲诈勒索、威胁、恐吓等方式进行催讨。2019 年 4 月 9 日起施行的最高人民法院、最高人民检察院、公安部、司法部联合发布的《关于办理“套路贷”刑事案件若干问题的意见》对“套路贷”进行了进一步明确，方悦等人实施的行为即是典型的“套路贷”犯罪。具体而言，此类“套路贷”犯罪具备以下四个特征：

一是制造民间借贷假象。本案中，行为人对外以“小额贷款”的名义进行宣传，以低息、无抵押、无担保、零门槛、快速放款等为诱饵吸引被害人借款，继而以“行业规则”“不签不放款”等虚假理由诱使被害人基于错误认识签订“高低条”(“低条”一般为实际借款金额，“高条”通常为“低条”金额的两至三倍，行为人通常会谎称“高条”只有在借款人违约时才会作为还款的依据)，金额虚高的“借贷”协议(如以先前借贷违约等理由要求被害人签署)，空白房产买卖(抵押)、租赁合同(往往将承租人一栏空白不填，租金部分则填写为已交付，以便成为行为人将来非法占有被害人房屋、对抗侦查的借口)等明显不利于被害人的各类协议。在此基础上，行为人按照虚高“借贷”协议的金额将资金全部转入被害人账户，或者要求被害人手持现金和虚高借据录像拍照等方式，制造现金支付痕迹、银行流水、第三方支付记录等资金虚假给付事实，后采取各种手段将其中全部或者部分资金收回，致被害人实际上并未取得或者只是取得少部分上述钱款。通过上述手段，制造出一种借款、放款手续齐备、正规的民间借贷假象。

二是恶意虚增债务。本案中，被害人除了签署“高低条”虚增债务之外，在实际放款时则还要扣除“中介费”“上门审核费”“服务费”“违约金”“保证金”等各种名义的费用，总计高达“低条”金额 30%左右。当被害人无力偿还时，行为人通过安排其所属公司或者指定的关联公司、关联人员为被害人偿还“借款”，继而与被害人签订金额更大的虚高“借贷”协议或相关协议，通过这种“转单平账”“以贷还贷”等方式不断垒高“债务”。可见在“套路贷”犯罪中，行为人期待获得的不是普通高利贷的高额利息，而是通过各种套路非法占有被害人数倍于借款本金的财物。

三是故意制造违约或肆意认定违约。本案中，被告人方悦等人以设置苛刻违约条款和违约陷阱(如借款合同约定还款时间明确到几分几秒)，通过刻意躲避、失踪、拒接电话等方式故意造成被害人违约，甚至还在假意答应延期还款的同时，立即派遣催讨人员上门催讨并认定违约。同时，行为人还会制造各种借口(如借款人在联盟内的一家违约即系在多家公司的借款均构成违约，借款人向“乾”字头公司联盟以外的公司借款即构成违约），单方面肆意认定被害人"违约"，强行要求被害人偿还虚假债务。

四是软硬兼施"索债"。被告人方悦等人招揽刑满释放、社会闲散人员组建了"贷后部"，常用的催讨手段包括将被害人强行扣留并殴打、威胁、体罚逼迫还款，二十四小时贴身跟随式看管，强行入住被害人家中并恶意滋扰，在被害人家门口喷油漆、堵门锁、砸玻璃、高音喇叭辱骂，在被害人的工作场所寻衅滋事等。

本案的黑社会性质组织正是通过实施"套路贷"犯罪迅速敛财，从起初的一家乾宏公司不断壮大，直至在无锡市成立了七家"乾"字头公司，投入的四百余万元本金在短短的一年半内不断获益，共非法放贷三千一百余万元。该组织，一方面，将通过违法犯罪活动获取的经济利益主要用于开办分公司、子公司；另一方面，形成紧密的联盟，排挤其他同类竞争公司，在整个无锡地区的小额贷款公司中具有较强的影响力和话语权。

（三）重点从违法犯罪的主要手段来把握"行为特征"

本案中，"软暴力"是被告人方悦等人催讨债务的重要违法犯罪手段。对此，2019 年 4 月 9 日，最高人民法院、最高人民检察院、公安部、司法部联合出台的《关于办理实施"软暴力"的刑事案件若干问题的意见》中，进一步明确了黑恶势力犯罪中"软暴力"的具体界定标准。结合方悦等人的行为模式，可以看到行为人实施的"软暴力"主要分为以下三类：

一是威胁恐吓特定的对象。方悦等人采用言语威胁、二十四小时贴身跟随等方式对被害人进行非法催讨。这些行为虽然没有直接造成被害人身体上的重大、可见性的伤害后果，但是足以使被害人产生恐惧从而形成心理强制。

二是滋扰他人的工作、生活。行为人上门催讨时采用了在大门、墙壁上喷漆，用胶水堵塞门锁，半夜砸窗玻璃，高音喇叭辱骂，张贴海报，断水断电，非法侵入他人住宅，围堵工作场所等手法，对被害人及其家属、邻居、工作单位均造成了严重的影响。

三是聚众造势，扰乱社会秩序。"乾"字头联盟公司在共同催讨时，为了展示组织的实力、震慑被害人及同行，往往会一呼百应，迅速集结数十人到场造势、以斗殴相威胁。在已查明的具体犯罪事实中，在向其中一名被害人催讨时，该组织纠集了二十余名组织成员在无锡市南禅寺商业区展示实力，与其他小贷公司人员约架并在现场以武力对峙，严重扰乱了当地的社会秩序。

可见，司法实践中对黑社会性质组织行为特征的认定不仅要关注违法犯罪行为对他人生命、健康和财产权利造成的损害，还应当关注行为对他人是否形成心理强制。应当看到，在黑社会性质组织违法犯罪活动中，无论行为手段如何隐蔽、多变，暴力或者以暴力相威胁，始终是黑社会性质组织能够对社会公众形成心理强制的重要原因。以本案为例,尽管被告人方悦等人将“软暴力”作为讨债的主要手段,但被害人周亚中被殴打致轻伤二级、部分被害人遭非法拘禁及被殴打、体罚、虐待的事实,也说明暴力手段仍是该组织的重要选项,这种暴力手段并不需要每次行动都要使用,而是表现为一旦需要使用,随时可以使用,这种随时可以付诸实际的暴力手段正是黑社会性质组织让人畏惧、屈服的重要原因。因此,本案中以方悦为首的犯罪组织虽以“合法公司”为外衣,采取的犯罪行为也相对隐蔽,但这种以“软暴力”为主,暴力与“软暴力”相结合的手段,仍然符合黑社会性质组织要求的行为特征。

(四)重点从公司的规模和影响力来把握“危害性特征”

本案中,仅被告人方悦、徐前真先后成立的乾宏、海嘉及其子公司乾府、乾多多四家公司非法放贷就高达 2599 人次,涉及金额 2608 万余元,已查明各被告人的非法获利 127 万余元,而其余大量的借款人由于恐惧、不愿多事、无法取得联系等原因未能到司法机关说明情况。方悦、徐前真组织、领导的黑社会性质组织主要盘踞在无锡市梁溪区市中心地段,已归案的组织成员高达 38 人。“乾”字头公司在无锡市小额贷款行业领域内,从资金规模、势力范围、成员数量上均远超其他类似公司,而且采用聚众造势、武力对峙手段对其他竞争者进行震慑和打压,对该行业形成重大影响。案发期间,该组织在催讨非法债务过程中,实施非法拘禁犯罪 11 起(最短的半天,最长的 11 天);实施敲诈勒索犯罪 12 起,敲诈得款 120 余万元;实施寻衅滋事犯罪 6 起,其中一名被害人被殴打致轻伤二级。同时,2015 年至 2017 年间,徐前真利用乾宏公司,先后以索要、购买、交换等方式从他人处非法获取公民个人信息共计 301000 余条。众多被害人的正常生产、经营、生活被严重破坏,合法利益遭受不法侵害,各被害人由于身陷“套路”,无法凭借自身能力证明“虚增债务”的虚假性或向司法机关提供有效的犯罪线索,而被迫不敢通过正当的途径举报、控告。结合上述情形,能够认定本案的犯罪组织具备黑社会性质组织的“危害性特征”。

——《刑事审判参考》(总第 123 辑)。

1076 准确认定利用信息网络实施犯罪的黑社会性质组织

关键词|黑社会性质组织|信息网络|

【最高人民法院司法文件】

9. 利用信息网络实施违法犯罪活动,符合刑法、《指导意见》①以及最高人民法

① 即《最高人民法院、最高人民检察院、公安部、司法部关于办理黑恶势力犯罪案件若干问题的指导意见》(法发〔2018〕1 号)。

院、最高人民检察院、公安部、司法部《关于办理恶势力刑事案件若干问题的意见》等规定的恶势力、恶势力犯罪集团、黑社会性质组织特征和认定标准的，应当依法认定为恶势力、恶势力犯罪集团、黑社会性质组织。

认定利用信息网络实施违法犯罪活动的黑社会性质组织时，应当依照刑法第二百九十四条第五款规定的“四个特征”进行综合审查判断，分析“四个特征”相互间的内在联系，根据在网络空间和现实社会中实施违法犯罪活动对公民人身、财产、民主权利和经济、社会生活秩序所造成的危害，准确评价，依法予以认定。

10. 认定利用信息网络实施违法犯罪的黑恶势力组织特征，要从违法犯罪的起因、目的，以及组织、策划、指挥、参与人员是否相对固定，组织形成后是否持续进行犯罪活动、是否有明确的职责分工、行为规范、利益分配机制等方面综合判断。利用信息网络实施违法犯罪的黑恶势力组织成员之间一般通过即时通讯工具、通讯群组、电子邮件、网盘等信息网络方式联络，对部分组织成员通过信息网络方式联络实施黑恶势力违法犯罪活动，即使相互未见面、彼此不熟识，不影响对组织特征的认定。

11. 利用信息网络有组织地通过实施违法犯罪活动或者其他手段获取一定数量的经济利益，用于违法犯罪活动或者支持该组织生存、发展的，应当认定为符合刑法第二百九十四条第五款第二项规定的黑社会性质组织经济特征。

12. 通过线上线下相结合的方式，有组织地多次利用信息网络实施违法犯罪活动，侵犯不特定多人的人身权利、民主权利、财产权利，破坏经济秩序、社会秩序的，应当认定为符合刑法第二百九十四条第五款第三项规定的黑社会性质组织行为特征。单纯通过线上方式实施的违法犯罪活动，且不具有为非作恶、欺压残害群众特征的，一般不应作为黑社会性质组织行为特征的认定依据。

13. 对利用信息网络实施黑恶势力犯罪非法控制和影响的“一定区域或者行业”，应当结合危害行为发生地或者危害行业的相对集中程度，以及犯罪嫌疑人、被告人在网络空间和现实社会中的控制和影响程度综合判断。虽然危害行为发生地、危害的行业比较分散，但涉案犯罪组织利用信息网络多次实施强迫交易、寻衅滋事、敲诈勒索等违法犯罪活动，在网络空间和现实社会造成重大影响，严重破坏经济、社会生活秩序的，应当认定为“在一定区域或者行业内，形成非法控制或者重大影响”。

——《最高人民法院、最高人民检察院、公安部、司法部关于办理利用信息网络实施黑恶势力犯罪刑事案件若干问题的意见》（2019 年 10 月 21 日，公通字〔2019〕28 号）。

1077 组织、领导、参加黑社会性质组织行为的认定

关键词|黑社会性质组织|组织|领导|积极参加|参加|

【最高人民法院司法文件】

4. 发起、创建黑社会性质组织,或者对黑社会性质组织进行合并、分立、重组的行为,应当认定为“组织黑社会性质组织”;实际对整个组织的发展、运行、活动进行决策、指挥、协调、管理的行为,应当认定为“领导黑社会性质组织”。黑社会性质组织的组织者、领导者,既包括通过一定形式产生的有明确职务、称谓的组织者、领导者,也包括在黑社会性质组织中被公认的事实上的组织者、领导者。

5. 知道或者应当知道是以实施违法犯罪为基本活动内容的组织,仍加入并接受其领导和管理的行为,应当认定为“参加黑社会性质组织”。没有加入黑社会性质组织的意愿,受雇到黑社会性质组织开办的公司、企业、社团工作,未参与黑社会性质组织违法犯罪活动的,不应认定为“参加黑社会性质组织”。

参加黑社会性质组织并具有以下情形之一的,一般应当认定为“积极参加黑社会性质组织”:多次积极参与黑社会性质组织的违法犯罪活动,或者积极参与较严重的黑社会性质组织的犯罪活动且作用突出,以及其他在组织中起重要作用的情形,如具体主管黑社会性质组织的财务、人员管理等事项。

——《最高人民法院、最高人民检察院、公安部、司法部关于办理黑恶势力犯罪案件若干问题的指导意见》(2018年1月16日,法发〔2018〕1号)。

【最高人民法院参考案例】

陈垚东等人组织、领导、参加黑社会性质组织案(《刑事审判参考》案例第1152号)

要旨:关于认定黑社会性质组织成员的相关规定,既强调“主客观相一致”的刑法原则,要求审判时应当着重审查行为人主观上有无参加黑社会性质组织的认识因素和意志因素,同时又从客观方面对认定“组织、领导、参加”行为提出了具体标准。

从2009年《纪要》[①]的规定来看,组织者是指黑社会性质组织的发起者、创建者,领导者是指实际居于领导地位,并对整个组织及其运行、活动起着决策、指挥、协调、管理作用的组织成员。由于该定义十分清楚,组织者、领导者所需具有的客观行为也一目了然。对于积极参加者、其他参加者的认定,2009年《纪要》除了要求“明知而参加”之外,还要求行为人“接受黑社会性质组织的领导和管理”。应当

---

① 即《最高人民法院、最高人民检察院、公安部办理黑社会性质组织犯罪案件座谈会纪要》(法〔2009〕382号)。

说,此处的“接受”一词有着主客观两方面的含义:一方面是指主观上有将自己置于黑社会性质组织管控之下的意愿;另一方面也是指客观上有接受黑社会性质组织领导和管理的事实。2015 年《纪要》①继承了上述精神,仔细分析后不难发现,所列举的三类人员都是因为在主观或者客观方面尚未达到认定标准而被排除在黑社会性质组织成员之外。

司法实践中,认定被告人有无组织行为、领导行为相对容易,而认定被告人是否有参加黑社会性质组织行为时,情况则显得比较复杂。一般来说,可以将是否举行专门的参加仪式作为重要的认定依据。但当前的实践中多数黑社会性质组织在发展成员时并无此类程序,这就要求在审判时要按照两份《纪要》的规定,审慎地结合以下两个方面来判别被告人是否有参加黑社会性质组织的行为:第一,是否参与实施了黑社会性质组织的违法犯罪活动。黑社会性质组织区别于其他犯罪组织的本质特征,就是依靠有组织的违法犯罪活动来达到对经济、社会生活进行非法控制并进而攫取非法利益的目的。黑社会性质组织的生存离不开有组织的违法犯罪活动,而是否参与有组织的违法犯罪活动又是表明被告人与涉案黑社会性质组织之间存在关系的重要标志。因此,这一点自然是判断参加行为的重要依据。第二,与涉案黑社会性质组织之间有无相对固定的从属关系。所谓相对固定的从属关系,是指在黑社会性质组织中组织者、领导者居于核心地位,积极参加者和其他参加者较稳定地处于被领导、被管理的地位。其中,有些人是直接听命于组织者、领导者,更多的则是在分级管理的体系内听命于其他组织成员。但不管怎样,组织成员在黑社会性质组织中均应具有相对固定的位置,如果与黑社会性质组织没有任何从属关系,如只是临时受邀或基于个人意愿参与某起犯罪,即便其参与了有组织的违法犯罪活动,也不能将其认定为是黑社会性质组织的成员。换言之,如果在黑社会性质组织中找不到可以对应的位置,就说明被告人与该犯罪组织没有从属关系;如果与黑社会性质组织的某一成员之间没有服从与被服从、管理与被管理关系,就不能认定被告人有参加黑社会性质组织的行为。

——《刑事审判参考》(总第 107 辑)。

1078 借助黑社会性质组织势力谋取经济利益，是否属于参加黑社会性质组织

关键词 | 黑社会性质组织 | 积极参加 |

---

① 即《全国部分法院审理黑社会性质组织犯罪案件工作座谈会纪要》(法〔2015〕291 号)。

【最高人民法院参考案例】

黄图望等人组织、领导、参加黑社会性质组织案(《刑事审判参考》案例第 1358 号)

要旨:行为人为谋取非法利益,与黑社会性质组织合作,其行为是否属于参加黑社会性质组织,主要应从参加黑社会性质组织的构成条件和行为特征方面进行分析。

(一)参加黑社会性质组织的构成条件

2015 年《纪要》①规定,主观上没有加入黑社会性质组织的意愿,受雇到黑社会性质组织开办的公司、企业、社团工作,未参与或参与少量黑社会性质组织的违法犯罪活动的人员不属于黑社会性质组织成员。2018 年最高人民法院、最高人民检察院、公安部、司法部印发的《关于办理黑恶势力犯罪案件若干问题的指导意见》(以下简称 2018 年《意见》)进一步放宽了认定组织成员的条件,去掉了“参与少量”的限制,将该条的后半部分改为“未参与黑社会性质组织违法犯罪活动”。同时对参加黑社会性质组织的主客观要求仍沿用了之前规范性文件的规定,即知道或者应当知道是以实施违法犯罪为基本活动内容的组织,仍加入并接受其领导和管理的行为。

分析前述规定不难看出,是否“接受组织领导和管理”,应结合主观上是否有将自己置于黑社会性质组织管控之下的意愿,客观上是否有接受黑社会性质组织领导和管理的事实来判断和认定。首先,这个主观意愿不以组织成员认为自己参加的是黑社会性质组织为认定标准,只要加入者知道或者应当知道该组织具有一定规模,且该组织是以实施违法犯罪为基本活动内容即可。其次,实践中,由于各黑社会性质组织的组织形态不同、规约不同,行为人的加入阶段不同,有专门仪式或类似活动的,可以认为是有加入黑社会性质组织的明确的主观意愿,而没有明确的形式或表示,但是具有认可黑社会性质组织规约、听从黑社会性质组织领导和管理等客观行为的,也可以推定行为人有加入组织的主观意愿。再次,认定主观意愿要特别注意把握与组织有经济合作的组织成员与单纯“雇佣、收买、利用黑社会性质组织”的非组织成员之间的区别。认可组织规约是组织成员和非组织成员的主要区别,组织成员会受组织规约的约束,包括受制于组织纪律、组织层级领导关系、组织发展方向等,而单纯的借势发展者不受组织规约制约,只关注自我利益;是否听从组织领导也是组织成员和非组织成员的又一重要区别。虽然某些组织成员听从组织领导可能不是直接表现为简单的服从,而是通过分工、合作谋取自身利益的最大化,但是在这种长期的合作关系中,获取自身获利的同时也为组织获取了利

① 即《全国部分法院审理黑社会性质组织犯罪案件工作座谈会纪要》(法〔2015〕291 号)。

益，亦符合组织的发展方向，不影响其行为是为组织利益而实施的认定，亦不影响其听从组织领导的认定。而非组织成员则不受组织领导，只是为了实现自身利益，一次或几次与黑社会性质组织合作，但双方并无稳定联系，所实施的违法犯罪活动大多无关组织发展方向。能够管理、调动某些下级组织成员，是认定组织成员与非组织成员的又一区别。需要注意的是，管理、调动某些组织成员主要是根据组织规约或者行为人在组织中的威望和地位，这种组织内部的地位具有长期性和稳定性。而仅与黑社会性质组织临时合作的非组织成员也可能会管理、调动一些组织成员，但主要是依靠利益收买，有利则聚无利则散。最后，接受黑社会性质组织的领导和管理，主要表现为在黑社会性质组织的领导和管理下为组织实施违法犯罪活动。包括：由组织者、领导者直接组织、策划、指挥参与实施的违法犯罪活动；由组织成员以组织名义实施，并得到组织者、领导者认可或者默许的违法犯罪活动；多名组织成员为逞强争霸、插手纠纷、报复他人、替人行凶、非法敛财而共同实施，并得到组织者、领导者认可或者默许的违法犯罪活动；组织成员为组织争夺势力范围、排除竞争对手、确立强势地位、谋取经济利益、维护非法权威或者按照组织的纪律、惯例、共同遵守的约定而实施的违法犯罪活动。

（二）黑社会性质组织积极参加者的认定标准

2009 年最高人民法院、最高人民检察院、公安部印发的《办理黑社会性质组织犯罪案件座谈会纪要》对积极参加者的行为特征作了规定，2018 年《意见》进一步规定，参加黑社会性质组织并具有以下三种情形之一的，一般应当认定为“积极参加黑社会性质组织”：一是要多次积极参与黑社会性质组织的违法犯罪活动。二是积极参加的是较为严重的黑社会性质组织犯罪，且作用突出。这里的“较为严重的黑社会性质组织的犯罪”，既包括故意杀人、故意伤害、绑架等性质严重的暴力性犯罪，也包括造成重大财产损失或者恶劣社会影响的其他严重犯罪。而“作用突出”应理解为在犯意形成、共同犯罪行为完成以及危害结果发生等方面具有的突出性、决定性作用。三是“在黑社会性质组织中起重要作用”，即对整个黑社会性质组织的人员、财物、事务等重要事项具有“主要管理权”，且对犯罪组织的维系、运行、活动确实起到重要作用的成员。

——《刑事审判参考》（总第 123 辑）。

1079 如何准确把握和认定黑社会性质组织的骨干成员

关键词｜黑社会性质组织｜骨干成员｜

【最高人民法院参考案例】

朱光辉等人组织、领导、参加黑社会性质组织案(《刑事审判参考》案例第1153号)

要旨:骨干成员,是指直接听命于组织者、领导者,并多次指挥或积极参与实施有组织的违法犯罪活动或者其他长时间在犯罪组织中起重要作用的犯罪分子,属于积极参加者的一部分。

从字面上理解,“骨干”一词是指事物最主要的、起支柱作用的部分。照此解读,“骨干成员”就应该是指黑社会性质组织中最为核心、最为重要的成员,显然不包括处于组织底层的其他参加者。那么,“骨干成员”是否是指组织者、领导者?毫无疑问,在黑社会性质组织中,组织者、领导者是能够代表组织意志并起决策、指挥、管理作用的核心成员。但从刑法第二百九十四条的相关规定来看,黑社会性质组织的组织特征同时要求“有明确的组织者、领导者”和“骨干成员基本固定”,因此,组织者、领导者与“骨干成员”是并列存在的不同范畴。在排除了组织者、领导者和其他参加者之后,“骨干成员”能否与积极参加者画等号?为了明确这一概念,准确认定组织特征,2015年《全国部分法院审理黑社会性质组织犯罪案件工作座谈会纪要》(以下简称2015年《纪要》)专门对此作出说明,“骨干成员,是指直接听命于组织者、领导者,并多次指挥或积极参与实施有组织的违法犯罪活动或者其他长时间在犯罪组织中起重要作用的犯罪分子,属于积极参加者的一部分”。根据这一界定,在认定“骨干成员”时应分以下几个层次来把握:

第一,骨干成员是积极参加者中的一部分,应当满足积极参加者的认定条件。2009年《最高人民法院、最高人民检察院、公安部办理黑社会性质组织犯罪案件座谈会纪要》(以下简称2009年《纪要》)已经从主客观两方面明确了积极参加者的认定标准。主观方面是指“明知而接受黑社会性质组织的领导和管理”。客观方面则更为复杂一些,既要有“参加”行为,又要符合三种情形之一。其中,第一种情形是指“多次积极参与黑社会性质组织违法犯罪活动”。要求行为人多次积极参与实施黑社会性质组织的违法犯罪活动,且在其参与实施的违法犯罪活动中一般应起主要作用。第二种情形是指“积极参与较严重的黑社会性质组织的犯罪活动且作用突出”。行为人所参与的“较严重的黑社会性质组织的犯罪”,既包括故意杀人、故意伤害、绑架等性质严重的暴力犯罪,也包括其他一些已造成重大财产损失或者恶劣社会影响的犯罪。第三种情形是指“在黑社会性质组织中起重要作用”。实际上就是专指那些对黑社会性质组织的人、财、物等重要事项具有“主要管理职权”,且对犯罪组织的维系、运行、活动确实起到重要作用的成员。审判时,对于“骨干成员”应当首先根据上述规定进行初步判断,不符合积极参加者认定条件的应直接被排除在外。第二,“骨干成员”应当是直接听命于组织者、领导者的积极参加者。当时在全国人大常委会法工委工作的黄太云同志在解读《立法解释》[①]时指出，“骨干成员，通常是指从组织者、领导者那里受领任务又指挥和积极参与实施具体的犯罪活动的人”，这一解读清晰地传达出了立法本意。应当说，这一解读既符合“骨干”一词的文意，又与黑社会性质组织的组织结构相契合。可以试想，在组织者、领导者明确，而由其直接管理的积极参加者又基本固定的情况下，一个两层级的组织结构便已然建立，只要再加上一定数量的其他成员，并有组织纪律、规约作为管理手段，稳定的犯罪组织即可基本成型。因此，审判时应当紧紧把握“直接听命于组织者、领导者”这一限定条件，从积极参加者中准确筛选出“骨干成员”。

第三，“骨干成员”在黑社会性质组织中所起的作用应当大于一般的积极参加者。在认定“骨干成员”时，仅仅具备“直接听命于组织者、领导者”这一条件还是不够的。既然是“骨干”，所起的作用自然是要比一般的积极参加者更大。与2009年《纪要》中关于积极参加者的规定相比较后不难发现，2015年《纪要》对于“骨干成员”客观方面的要求，实际上是在积极参加者相关要求基础上的升级。只有是“多次指挥或积极参与实施有组织的违法犯罪活动或者其他长时间在犯罪组织中起重要作用”的积极参加者，才能被认定为“骨干成员”。也就是说，只要未达到“多次”，即便“积极参与实施较严重的黑社会性质组织的犯罪活动，且作用突出”，也不能认定。同理，只要未达到“长时间”，即便是对黑社会性质组织的人、财、物等重要事项具有主要管理职权，亦不能认定。

——《刑事审判参考》（总第107辑）。

1080 黑社会性质组织组织特征的认定

关键词｜黑社会性质组织｜组织特征｜

【最高人民法院司法文件】

6. 组织形成后，在一定时期内持续存在，应当认定为“形成较稳定的犯罪组织”。

黑社会性质组织一般在短时间内难以形成，而且成员人数较多，但鉴于“恶势力”团伙和犯罪集团向黑社会性质组织发展是一个渐进的过程，没有明显的性质转变的节点，故对黑社会性质组织存在时间、成员人数问题不宜作出“一刀切”的

① 即《全国人民代表大会常务委员会关于〈中华人民共和国刑法〉第二百九十四条第一款的解释》（2002年4月28日）。

规定。

黑社会性质组织未举行成立仪式或者进行类似活动的,成立时间可以按照足以反映其初步形成非法影响的标志性事件的发生时间认定。没有明显标志性事件的,可以按照本意见中关于黑社会性质组织违法犯罪活动认定范围的规定,将组织者、领导者与其他组织成员首次共同实施该组织犯罪活动的时间认定为该组织的形成时间。该组织者、领导者因未到案或者因死亡等法定情形未被起诉的,不影响认定。

黑社会性质组织成员既包括已有充分证据证明但尚未归案的组织成员,也包括虽有参加黑社会性质组织的行为但因尚未达到刑事责任年龄或因其他法定情形而未被起诉,或者根据具体情节不作为犯罪处理的组织成员。

——《最高人民法院、最高人民检察院、公安部、司法部关于办理黑恶势力犯罪案件若干问题的指导意见》(2018 年 1 月 16 日,法发〔2018〕1 号)。

(一)认定组织特征的问题

黑社会性质组织存续时间的起点,可以根据涉案犯罪组织举行成立仪式或者进行类似活动的时间来认定。没有前述活动的,可以根据足以反映其初步形成核心利益或强势地位的重大事件发生时间进行审查判断。没有明显标志性事件的,也可以根据涉案犯罪组织为维护、扩大组织势力、实力、影响、经济基础或按照组织惯例、纪律、活动规约而首次实施有组织的犯罪活动的时间进行审查判断。存在、发展时间明显过短、犯罪活动尚不突出的,一般不应认定为黑社会性质组织。

黑社会性质组织应当具有一定规模,人数较多,组织成员一般在 10 人以上。其中,既包括已有充分证据证明但尚未归案的组织成员,也包括虽有参加黑社会性质组织的行为但因尚未达到刑事责任年龄或因其他法定情形而未被起诉,或者根据具体情节不作为犯罪处理的组织成员。

黑社会性质组织应有明确的组织者、领导者,骨干成员基本固定,并有比较明确的层级和职责分工,一般有三种类型的组织成员,即:组织者、领导者与积极参加者、一般参加者(也即“其他参加者”)。骨干成员,是指直接听命于组织者、领导者,并多次指挥或积极参与实施有组织的违法犯罪活动或者其他长时间在犯罪组织中起重要作用的犯罪分子,属于积极参加者的一部分。

对于黑社会性质组织的组织纪律、活动规约,应当结合制定、形成相关纪律、规约的目的与意图来进行审查判断。凡是为了增强实施违法犯罪活动的组织性、隐蔽性而制定或者自发形成,并用以明确组织内部人员管理、职责分工、行为规范、利益分配、行动准则等事项的成文或不成文的规定、约定,均可认定为黑社会性质组织的组织纪律、活动规约。

对于参加黑社会性质组织，没有实施其他违法犯罪活动，或者受蒙蔽、威胁参加黑社会性质组织，情节轻微的，可以不作为犯罪处理。对于参加黑社会性质组织后仅参与少量情节轻微的违法活动的，也可以不作为犯罪处理。

以下人员不属于黑社会性质组织的成员：1. 主观上没有加入社会性质组织的意愿，受雇到黑社会性质组织开办的公司、企业、社团工作，未参与或者仅参与少量黑社会性质组织的违法犯罪活动的人员；2. 因临时被纠集、雇佣或受蒙蔽为黑社会性质组织实施违法犯罪活动或者提供帮助、支持、服务的人员；3. 为维护或扩大自身利益而临时雇佣、收买、利用黑社会性质组织实施违法犯罪活动的人员。上述人员构成其他犯罪的，按照具体犯罪处理。

对于被起诉的组织成员主要为未成年人的案件，定性时应当结合“四个特征”审慎把握。

——《全国部分法院审理黑社会性质组织犯罪案件工作座谈会纪要》（2015 年 10 月 13 日，法〔2015〕291 号）。

1. 关于组织特征。黑社会性质组织不仅有明确的组织者、领导者，骨干成员基本固定，而且组织结构较为稳定，并有比较明确的层级和职责分工。

当前，一些黑社会性质组织为了增强隐蔽性，往往采取各种手段制造“人员频繁更替、组织结构松散”的假象。因此，在办案时，要特别注意审查组织者、领导者，以及对组织运行、活动起着突出作用的积极参加者等骨干成员是否基本固定、联系是否紧密，不要被其组织形式的表象所左右。

关于组织者、领导者、积极参加者和其他参加者的认定。组织者、领导者，是指黑社会性质组织的发起者、创建者，或者在组织中实际处于领导地位，对整个组织及其运行、活动起着决策、指挥、协调、管理作用的犯罪分子，既包括通过一定形式产生的有明确职务、称谓的组织者、领导者，也包括在黑社会性质组织中被公认的事实上的组织者、领导者；积极参加者，是指接受黑社会性质组织的领导和管理，多次积极参与黑社会性质组织的违法犯罪活动，或者积极参与较严重的黑社会性质组织的犯罪活动且作用突出，以及其他在组织中起重要作用的犯罪分子，如具体主管黑社会性质组织的财务、人员管理等事项的犯罪分子；其他参加者，是指除上述组织成员之外，其他接受黑社会性质组织的领导和管理的犯罪分子。根据《司法解释》①第三条第二款的规定，对于参加黑社会性质的组织，没有实施其他违法犯罪活动的，或者受蒙蔽、胁迫参加黑社会性质的组织，情节轻微的，可以不作为犯罪处理。

---

① 即《最高人民法院关于审理黑社会性质组织犯罪的案件具体应用法律若干问题的解释》（法释〔2000〕42 号）。

关于黑社会性质组织成员的主观明知问题。在认定黑社会性质组织的成员时,并不要求其主观上认为自己参加的是黑社会性质组织,只要其知道或者应当知道该组织具有一定规模,且是以实施违法犯罪为主要活动的,即可认定。

对于黑社会性质组织存在时间、成员人数及组织纪律等问题的把握。黑社会性质组织一般在短时间内难以形成,而且成员人数较多,但鉴于普通犯罪集团、"恶势力"团伙向黑社会性质组织发展是一个渐进的过程,没有明显的性质转变的节点,故对黑社会性质组织存在时间、成员人数问题不宜作出"一刀切"的规定。对于那些已存在一定时间,且成员人数较多的犯罪组织,在定性时要根据其是否已具备一定的经济实力,是否已在一定区域或行业内形成非法控制或重大影响等情况综合分析判断。此外,在通常情况下,黑社会性质组织为了维护自身的安全和稳定,一般会有一些约定俗成的纪律、规约,有些甚至还有明确的规定。因此,具有一定的组织纪律、活动规约,也是认定黑社会性质组织特征时的重要参考依据。

——《最高人民法院、最高人民检察院、公安部办理黑社会性质组织犯罪案件座谈会纪要》(2009 年 12 月 9 日,法〔2009〕382 号)。

【最高人民法院参考案例】

吴学占等人组织、领导、参加黑社会性质组织案(《刑事审判参考》案例第 1354 号)

要旨:黑社会性质组织的基础特征是组织特征。

据此,黑社会性质组织在组织特征上要满足以下三个条件:

一是组织成员人数较多。刑法上,"多"是指三人以上,"较多"是指多少人没有具体的规定或解释,但从语义分析,"较多"肯定比"多"更多,即肯定要多于三人。而且,黑社会性质组织在层级上一般要有三个层级,层级之间一般为金字塔式构造,即越往下人越多,故也要多于三人。2015 年最高人民法院印发的《全国部分法院审理黑社会性质组织犯罪案件工作座谈会纪要》中提出,组织成员一般在十人以上。2018 年 1 月,最高人民法院、最高人民检察院、公安部、司法部联合印发的《关于办理黑恶势力犯罪案件若干问题的指导意见》(以下简称"两高两部"《指导意见》)提出,对黑社会性质组织成员人数问题不宜作出"一刀切"的规定。可见,在人数上,不再以"10 人"为标准,低于十人的也可以认定为黑社会性质组织,但是,对于人数较少,如七人以下的,认定黑社会性质组织就应特别慎重。

二是组织成员有明确的层级,一般分为三级:组织者、领导者,骨干成员,一般参加者(也称"其他参加者")。根据"两高两部"《指导意见》,组织者是发起、创建黑社会性质组织,或者对黑社会性质组织进行合并、分立、重组的组织成员,领导者是指实际对整个组织的发展、运行、活动进行决策、指挥、协调、管理的组织成员,在大多数黑社会性质组织中,组织者也是领导者。在外在形式上,黑社会性质组织的组织者、领导者，既包括通过一定形式产生的有明确职务、称谓的组织者、领导者，也包括在黑社会性质组织中被公认的事实上的组织者、领导者。骨干成员，是指直接听命于组织者、领导者，并多次指挥或积极参与实施有组织的违法犯罪活动或者其他长时间在犯罪组织中起重要作用的犯罪分子，是积极参加者中地位更高、作用更大的人员。一般参加者，是指按照组织者、领导者或者骨干成员的安排，实施具体违法犯罪活动的犯罪分子。参加违法犯罪活动的次数可以是一次，也可以是多次，但其地位和作用明显小于骨干成员和积极参加者。

三是犯罪组织稳定。所谓“稳定”，是指犯罪组织存续时间较长、主要成员固定。存续时间，是指自犯罪组织形成到案发的时间。犯罪组织的形成时间，一般根据犯罪组织举行成立仪式或者进行类似活动的时间来认定。没有上述活动的，可以根据足以反映其初步形成核心利益或强势地位的重大事件发生时间进行认定。没有明显标志性事件的，也可以根据涉案犯罪组织为维护、扩大组织势力、实力、影响、经济基础或按照组织惯例、纪律、活动规约而首次实施有组织的犯罪活动的时间进行认定。在司法实践中，犯罪组织举行成立仪式或者进行类似活动的很少，往往以犯罪组织形成过程中的重大事件或首次实施有组织的犯罪活动的时间来确定组织形成时间。在存续时间上，一般应在一年以上，一年以下的，认定黑社会性质组织应特别慎重。主要成员较为固定，是指组织者、领导者和骨干成员、积极参加者在犯罪组织存续期间没有频繁变动。而且，大多数黑社会性质组织还具有成文或不成文的组织纪律、活动规约，有组织纪律、活动规约的，其稳定性更加明显。

——《刑事审判参考》（总第 123 辑）。

谢培忠等人组织、领导、参加黑社会性质组织案（《刑事审判参考》案例第 1355 号）

要旨：标志性事件的认定需要司法工作人员结合具体案件事实和证据综合判断。

成立仪式，是一种意图明确、行为具体的客观事实，判断起来最为简单，而标志性事件的认定则要相对复杂一些，需要司法工作人员结合具体案件事实和证据综合判断。所谓标志性事件，顾名思义，是指具有显著特征并使主体易于识别的事件，“两高两部”《指导意见》第六条中对标志性事件作了进一步限定，“足以反映其初步形成非法影响”。结合司法实践情况，在黑社会性质组织犯罪的语境下，标志性事件不仅包含对涉案犯罪组织树立恶名、排除竞争等具有重要影响的违法犯罪活动，也包括反映涉案犯罪组织实力壮大，已初步形成较稳定获利来源的重大事件，如为涉足某一行业或领域而成立公司、企业等经济实体，还包括能够反映涉案犯罪组织已经具备一定社会影响的重大事件，如捞取政治光环、把控基层政权、获取政治资本等。我们认为，在甄别、确定标志性事件时，至少应当从以下三个方面来分析判断：第一，该事件一般是组织、领导者亲自组织或直接参与实施的违法犯罪事实或者其他重大事件；第二，该事件对于涉案犯罪组织进一步发展做大或者在一定区域或行业内开始初步形成非法影响具有明显作用，客观上为该组织实施后续违法犯罪活动打下基础；第三，标志性事件一般发生在首次有组织犯罪之前或者本身就是首次有组织犯罪。

——《刑事审判参考》（总123辑）。

史锦钟等人组织、领导、参加黑社会性质组织案（《刑事审判参考》案例第1154号）

要旨：黑社会性质组织何时成立，可依照举行成立仪式、标志性事件、首次实施有组织犯罪活动的时间依次认定。

从司法实践情况来看，尽管举行成立仪式也并不意味着黑社会性质组织的四个特征都已具备，但由于此类活动往往带有明确组织层级、结构、宗旨、目标的性质，故将举行成立仪式作为黑社会性质组织形成时间的起点很少会引起争议。不过，由于黑社会性质组织的成熟程度、严密程度毕竟不同于典型的黑社会组织，通过举行专门仪式来宣告成立的为数很少，故仅此一个判断标准尚不足以应对实践中各类复杂情况。审判时可以发现，有相当多的黑社会性质组织在发展过程中，都存在对其树立非法权威、争夺势力范围、获取稳定经济来源具有重要意义的违法犯罪活动或其他重大事件。这些违法犯罪活动或重大事件的具体情形和后果不尽相同：有的是击垮主要竞争对手，有的是抢得重要资源，还有的是制造重大社会影响并极大提升了犯罪组织的知名度。但其相同之处在于，它们都会对黑社会性质组织的发展、升级产生显著的推动或催化作用。将这些违法犯罪活动或重大事件作为黑社会性质组织的形成起点，不仅易于判断，而且也符合黑社会性质组织的成立宗旨和发展规律。当然，确实也有一些案件中不存在明显的标志性事件。在此情况下，可以按照2015年《纪要》的规定，将首次实施有组织犯罪活动的时间作为形成起点。应当注意的是，“首次实施有组织犯罪活动”并非仅指实施犯罪的方式具有组织性，更重要的是看该犯罪是否为了组织利益、按照组织意志而实施，以及犯罪能否体现该组织追求非法控制的意图。认定黑社会性质组织的违法犯罪活动，并非只有那些直接体现组织利益和组织意图的违法犯罪活动才能构成，只要符合组织惯例、纪律、活动规约，或者客观上起到维护和扩大组织势力、实力、影响、经济基础作用的也可认定。但是，在判断黑社会性质组织形成时间起点时，由于还没有所谓的惯例、纪律、活动规约可供参照，反映非法控制意图的事实尚不充分，如果作为判断依据的“首次实施有组织犯罪活动”不能体现组织利益、意图，则会失去应有的作用和意义。

——《刑事审判参考》（总第107辑）。

1081 如何认识“占股分利”模式下的组织特征

关键词｜黑社会性质组织｜组织特征｜占股分利｜

【最高人民法院参考案例】

龚品文等人组织、领导、参加黑社会性质组织案(《刑事审判参考》案例第 1356 号)

要旨:“占股分利”只是涉黑组织准公司化运营的一个幌子,其本质为纠合组织成员,形成共同利益,对保持组织正常运转起到重要作用,是黑社会性质组织组织特征的一个重要体现。

随着时代的发展,黑社会性质组织的内部组织模式也出现了一些新的变化,在司法实践中发现,与以往靠直接给予金钱或物质奖励来豢养成员,鼓动犯罪的做法不同,在一些公司化或准公司化运作的黑社会性质组织中,采用“占股分利”方式来纠合组织成员,维系组织框架的现象越来越普遍。所谓“占股分利”,类似于现代公司治理结构中的“股权激励”,是指组织内部成员按照占股比例来对犯罪收益进行分配,组织的领导者通过掌握股权分配比例来实现对组织成员的控制和奖惩。在该种模式下,由于犯罪后果与个人收益紧密相关,往往更能调动组织成员的犯罪积极性,其内部组织结构也更为稳定。

本案中,各组织成员参股放贷,而被告人龚品文、刘海涛作为该黑社会性质组织的组织者、领导者,对参股人员及比例具有决策权。在非法放贷过程中,由于组织成员系互相占股出资及分利,故组织人员利益相互交织,关系日趋紧密,架构不断成熟,各组织成员对所谓“替谁帮忙、找谁商量”均有明确认识。且无论组织中哪些成员前去实施违法犯罪活动,相关非法利益的实现均惠及全体出资的组织成员,形成了明显的组织利益。在组织架构中,以是否掌握股权分配权为参照,可以发现首要分子非常明显;以是否占股及占股比例大小为参照,可以发现骨干成员基本固定,人员规模逐渐增大。综上,“占股分利”只是涉黑组织准公司化运营的一个幌子,其本质为纠合组织成员,形成共同利益,对保持组织正常运转起到重要作用,是黑社会性质组织组织特征的一个重要体现。综上,本案认定该组织有一定规模,人员基本稳定,有明确的组织者、领导者,骨干成员固定,内部层次分明是有事实依据的。

——《刑事审判参考》(总第 123 辑)。

1082 较长时期内暂停实施违法犯罪活动的,是否可以认定黑社会性质组织仍持续存在

关键词｜黑社会性质组织｜组织特征｜

【最高人民法院参考案例】

汪振等人组织、领导、参加黑社会性质组织案(《刑事审判参考》案例第1155号)

要旨:虽然黑社会性质组织在长达五年的时间里没有实施违法犯罪活动,组织成员也有明显更替,但前后两个阶段在核心成员、非法影响等方面具有延续性,应认定该黑社会性质组织在"较长时期内持续存在"。

判断犯罪组织是否在"较长时期内持续存在",主要涉及两方面问题:一是"较长时期"从何时起算、需要持续多久;二是"持续存在"应当如何认定。关于第一个问题,2015年最高人民法院印发的《全国部分法院审理黑社会性质组织犯罪案件工作座谈会纪要》已有比较明确的规定,司法实践中遵照执行即可。关于第二个问题,笔者认为,在确定犯罪组织的形成起点后,只要该犯罪组织以组织名义、为组织利益连续多次实施违法犯罪活动的,就可以认定犯罪组织持续存在。实践中,有以下两种情况值得注意:一是有些黑社会性质组织脱离"打打杀杀"的初级阶段后,往往会以合法行业为主要经济来源,并会为逃避打击而自我"洗白",有意减少甚至在一定时期内暂时停止实施违法犯罪活动,给人造成犯罪组织已经"转型"或者"解散"的错觉。当需要打击对手、抢夺市场、攫取资源之时,便会恢复本来面目,继续实施违法犯罪活动。二是有些黑社会性质组织在发展过程中,因某些具体的犯罪案件被公安司法机关查破,原有的组织成员或被抓或潜逃,被迫暂时停止实施违法犯罪活动,由此形成组织"溃散"的假象。但经过一段时间以后,组织成员又会重新聚集,或者又有新的成员加入并继续实施有组织违法犯罪活动。在认定黑社会性质组织是否持续存在时,以上两种情况往往会引发争议。

相比较而言,在第一种情况下,由于暂停违法犯罪活动期间,组织成员、结构一般不会发生大的变化,故认定起来相对容易。而对于第二种情况,由于组织成员一般会有明显更替,甚至犯罪组织活动的区域、染指的领域也可能发生变化,故认定起来存在一定难度。笔者认为,在第二种情况下,判断黑社会性质组织是否持续存在,应当着重审查组织者、领导者、骨干成员等组织的核心成员是否具有延续性,以及组织的非法影响是否具有延续性。组织的核心成员具有延续性,说明犯罪组织的基本构成是稳定的;非法影响具有延续性,说明犯罪组织的行为方式和犯罪宗旨未发生根本变化。需要说明的是,对于刑法第二百九十四条第五款第(一)项中的"骨干成员基本固定",不能理解为骨干成员不变或基本不变。如同正规合法的社会组织,黑社会性质组织也会存在新老交替,当原本的骨干成员受到司法打击或由于死亡、受伤、潜逃、被开除等其他原因脱离组织后,由低层级的成员或新成员填补继位,并不会影响组织结构的稳定性和组织运转的有效性,组织者、领导者依然能够通过对骨干成员的直接指挥来对整个犯罪组织进行稳定的管控。因此,只要不是时聚时散或者频繁地大面积更换,就可以视为“骨干成员基本固定”。正因如此,在判断组织核心成员的延续性时,也并不要求骨干成员全部或者大部分保持不变。

——《刑事审判参考》(总第107辑)。

1083 黑社会性质组织经济特征的认定

关键词 | 黑社会性质组织 | 经济特征 |

【最高人民法院司法文件】

7. 在组织的形成、发展过程中通过以下方式获取经济利益,应当认定为“有组织地通过违法犯罪活动或者其他手段获取经济利益”:

(1)有组织地通过违法犯罪活动或其他不正当手段聚敛;

(2)有组织地以投资、控股、参股、合伙等方式通过合法的生产、经营活动获取;

(3)由组织成员提供或通过其他单位、组织、个人资助取得。

8. 通过上述方式获得一定数量的经济利益,应当认定为“具有一定的经济实力”,同时也包括调动一定规模的经济资源用以支持该组织活动的能力。通过上述方式获取的经济利益,即使是由部分组织成员个人掌控,也应计入黑社会性质组织的“经济实力”。组织成员主动将个人或者家庭资产中的一部分用于支持该组织活动,其个人或者家庭资产可全部计入“一定的经济实力”,但数额明显较小或者仅提供动产、不动产使用权的除外。

由于不同地区的经济发展水平、不同行业的利润空间均存在很大差异,加之黑社会性质组织存在、发展的时间也各有不同,在办案时不能一般性地要求黑社会性质组织所具有的经济实力必须达到特定规模或特定数额。

——《最高人民法院、最高人民检察院、公安部、司法部关于办理黑恶势力犯罪案件若干问题的指导意见》(2018年1月16日,法发〔2018〕1号)。

(二)认定经济特征的问题

“一定的经济实力”,是指黑社会性质组织在形成、发展过程中获取的,足以支持该组织运行、发展以及实施违法犯罪活动的经济利益。包括:1. 有组织地通过违法犯罪活动或其他不正当手段聚敛的资产;2. 有组织地通过合法的生产、经营活动获取的资产;3. 组织成员以及其他单位、个人资助黑社会性质组织的资产。通过上述方式获取的经济利益,即使是由部分组织成员个人掌控,也应计入黑社会性质组织的“经济实力”。

各高级人民法院可以根据本地区的实际情况,对黑社会性质组织所应具有的

"经济实力"在20—50万元幅度内，自行划定一般掌握的最低数额标准。

是否将所获经济利益全部或部分用于违法犯罪活动或者维系犯罪组织的生存、发展，是认定经济特征的重要依据。无论获利后的分配与使用形式如何变化，只要在客观上能够起到豢养组织成员、维护组织稳定、壮大组织势力的作用即可认定。

——《全国部分法院审理黑社会性质组织犯罪案件工作座谈会纪要》(2015年10月13日，法〔2015〕291号)。

2. 关于经济特征。一定的经济实力是黑社会性质组织坐大成势、称霸一方的基础。由于不同地区的经济发展水平、不同行业的利润空间均存在很大差异，加之黑社会性质组织存在、发展的时间也各有不同，因此，在办案时不能一般性地要求黑社会性质组织所具有的经济实力必须达到特定规模或特定数额。此外，黑社会性质组织的敛财方式也具有多样性。实践中，黑社会性质组织不仅会通过实施赌博、敲诈、贩毒等违法犯罪活动攫取经济利益，而且还往往会通过开办公司、企业等方式"以商养黑"、"以黑护商"。因此，无论其财产是通过非法手段聚敛，还是通过合法的方式获取，只要将其中部分或全部用于违法犯罪活动或者维系犯罪组织的生存、发展即可。

"用于违法犯罪活动或者维系犯罪组织的生存、发展"，一般是指购买作案工具、提供作案经费，为受伤、死亡的组织成员提供医疗费、丧葬费，为组织成员及其家属提供工资、奖励、福利、生活费用，为组织寻求非法保护以及其他与实施有组织的违法犯罪活动有关的费用支出等。

——《最高人民法院、最高人民检察院、公安部办理黑社会性质组织犯罪案件座谈会纪要》(2009年12月9日，法〔2009〕382号)。

【最高人民法院参考案例】

吴学占等人组织、领导、参加黑社会性质组织案(《刑事审判参考》案例第1354号)

要旨：黑社会性质组织的突出特征是经济特征。

黑社会性质组织是犯罪集团的高级形态，具有特定的犯罪目的。一般而言，黑社会性质组织的主要犯罪目的是追求经济利益，支持组织活动，豢养组织成员，也必须有一定的经济基础，这是进行违法犯罪活动、维系犯罪组织的必要条件。因此，无论是哪个领域、哪个地区的黑社会性质组织，其犯罪的目的可能有很多，但经济利益必然是其主要目的之一，其实施的违法犯罪活动可能很多，但始终会以攫取最大化的经济利益为主要目标。对于获取经济利益的数额。2015年《纪要》提出，各高级人民法院可以根据本地区的实际情况，对黑社会性质组织所应具有的"经济实力"在二十万元至五十万元幅度内，自行划定一般掌握的最低数额标准。"两高两部”《指导意见》提出,不能一般性地要求黑社会性质组织所具有的经济实力必须达到特定规模或特定数额,即不再对经济实力设定明确的数额标准。但是,经济利益或者经济实力毕竟要以客观数量予以呈现,因此,办案时仍应把握一个符合当地经济发展状况的客观标准。

——《刑事审判参考》(总第123辑)。

1084 黑社会性质组织行为特征的认定

关键词 | 黑社会性质组织 | 行为特征 |

【最高人民法院司法文件】

9. 黑社会性质组织实施的违法犯罪活动包括非暴力性的违法犯罪活动,但暴力或以暴力相威胁始终是黑社会性质组织实施违法犯罪活动的基本手段,并随时可能付诸实施。暴力、威胁色彩虽不明显,但实际是以组织的势力、影响和犯罪能力为依托,以暴力、威胁的现实可能性为基础,足以使他人产生恐惧、恐慌进而形成心理强制或者足以影响、限制人身自由、危及人身财产安全或者影响正常生产、工作、生活的手段,属于《刑法》第二百九十四条第五款第(三)项中的“其他手段”,包括但不限于所谓的“谈判”“协商”“调解”以及滋扰、纠缠、哄闹、聚众造势等手段。

10. 为确立、维护、扩大组织的势力、影响、利益或者按照纪律规约、组织惯例多次实施违法犯罪活动,侵犯不特定多人的人身权利、民主权利、财产权利,破坏经济秩序、社会秩序,应当认定为“有组织地多次进行违法犯罪活动,为非作恶,欺压、残害群众”。

符合以下情形之一的,应当认定为是黑社会性质组织实施的违法犯罪活动:

(1)为该组织争夺势力范围、打击竞争对手、形成强势地位、谋取经济利益、树立非法权威、扩大非法影响、寻求非法保护、增强犯罪能力等实施的;

(2)按照该组织的纪律规约、组织惯例实施的;

(3)组织者、领导者直接组织、策划、指挥、参与实施的;

(4)由组织成员以组织名义实施,并得到组织者、领导者认可或者默许的;

(5)多名组织成员为逞强争霸、插手纠纷、报复他人、替人行凶、非法敛财而共同实施,并得到组织者、领导者认可或者默许的;

(6)其他应当认定为黑社会性质组织实施的。

——《最高人民法院、最高人民检察院、公安部、司法部关于办理黑恶势力犯罪案件若干问题的指导意见》(2018年1月16日,法发〔2018〕1号)。

（三）认定行为特征的问题

涉案犯罪组织仅触犯少量具体罪名的，是否应认定为黑社会性质组织要结合组织特征、经济特征和非法控制特征（危害性特征）综合判断，严格把握。

黑社会性质组织实施的违法犯罪活动包括非暴力性的违法犯罪活动，但暴力或以暴力相威胁始终是黑社会性质组织实施违法犯罪活动的基本手段，并随时可能付诸实施。因此，在黑社会性质组织所实施的违法犯罪活动中，一般应有一部分能够较明显地体现出暴力或以暴力相威胁的基本特征。否则，定性时应当特别慎重。

属于2009年《座谈会纪要》规定的五种情形之一的，一般应当认定为黑社会性质组织实施的违法犯罪活动，但确与维护和扩大组织势力、实力、影响、经济基础无任何关联，亦不是按照组织惯例、纪律、活动规约而实施，则应作为组织成员个人的违法犯罪活动处理。

组织者、领导者明知组织成员曾多次实施起因、性质类似的违法犯罪活动，但并未明确予以禁止的，如果该类行为对扩大组织影响起到一定作用，可以视为是按照组织惯例实施的违法犯罪活动。

——《全国部分法院审理黑社会性质组织犯罪案件工作座谈会纪要》（2015年10月13日，法〔2015〕291号）。

3. 关于行为特征。暴力性、胁迫性和有组织性是黑社会性质组织行为方式的主要特征，但有时也会采取一些"其他手段"。

根据司法实践经验，《立法解释》[①]中规定的"其他手段"主要包括：以暴力、威胁为基础，在利用组织势力和影响已对他人形成心理强制或威慑的情况下，进行所谓的"谈判"、"协商"、"调解"；滋扰、哄闹、聚众等其他干扰、破坏正常经济、社会生活秩序的非暴力手段。

"黑社会性质组织实施的违法犯罪活动"主要包括以下情形：由组织者、领导者直接组织、策划、指挥、参与实施的违法犯罪活动；由组织成员以组织名义实施，并得到组织者、领导者认可或者默许的违法犯罪活动；多名组织成员为逞强争霸、插手纠纷、报复他人、替人行凶、非法敛财而共同实施，并得到组织者、领导者认可或者默许的违法犯罪活动；组织成员为组织争夺势力范围、排除竞争对手、确立强势地位、谋取经济利益、维护非法权威或者按照组织的纪律、惯例、共同遵守的约定而实施的违法犯罪活动；由黑社会性质组织实施的其他违法犯罪活动。

会议认为，在办案时还应准确理解《立法解释》中关于"多次进行违法犯罪活动"的规定。黑社会性质组织实施犯罪活动过程中，往往伴随着大量的违法活动，

---

① 即《全国人民代表大会常务委员会关于〈中华人民共和国刑法〉第二百九十四条第一款的解释》（2002年4月28日）。

对此均应作为黑社会性质组织的违法犯罪事实予以认定。但如果仅实施了违法活动,而没有实施犯罪活动的,则不能认定为黑社会性质组织。此外,“多次进行违法犯罪活动”只是认定黑社会性质组织的必要条件之一,最终能否认定为黑社会性质组织,还要结合危害性特征来加以判断。即使有些案件中的违法犯罪活动已符合“多次”的标准,但根据其性质和严重程度,尚不足以形成非法控制或者重大影响的,也不能认定为黑社会性质组织。

——《最高人民法院、最高人民检察院、公安部办理黑社会性质组织犯罪案件座谈会纪要》(2009 年 12 月 9 日,法〔2009〕382 号)。

【最高人民法院参考案例】

符青友等人敲诈勒索,强迫交易,故意销毁会计账簿,对公司、企业人员行贿,行贿案(《刑事审判参考》案例第 1157 号)

要旨:暴力性是黑社会性质组织行为特征中的必备属性,即便是黑社会性质组织的非暴力行为,也往往是以暴力或以暴力威胁为后盾。

2009 年《纪要》指出,暴力性、胁迫性和有组织性是黑社会性质组织行为方式的主要特征,而“其他手段”主要包括以暴力、威胁为基础,在利用组织势力和影响力对他人形成心理强制和威慑的情况下,进行所谓的“谈判”“协商”“调解”,滋扰、哄闹、聚众等其他干扰、破坏正常经济、社会生活秩序的非暴力手段。可见暴力性是黑社会性质组织行为特征中的必备属性,即便是黑社会性质组织的非暴力行为,也往往是以暴力或以暴力威胁为后盾的。2015 年《纪要》明确指出,在黑社会性质组织所实施的违法犯罪活动中,一般应有一部分能够较明显地体现出暴力或以暴力相威胁的基本特征。这一点其实不难理解:黑社会性质组织之所以能够实现对人民群众的心理强制或威慑,并进而实现非法控制,依靠的正是暴力血腥的违法犯罪手段。黑社会性质组织并不排斥非暴力性犯罪,甚至当其发展到一定阶段后会以非暴力性的违法犯罪为主要活动,但这并不是说黑社会性质组织会自动放弃使用暴力手段,更不是说在黑社会性质组织发展过程中可以没有明显的暴力性违法犯罪活动。如日本著名的暴力团(我国称之为黑社会组织)“山口组”,发展至今早已脱离了随意打杀的低级阶段,主要依靠涉足娱乐、服务等产业来不断获取巨额经济利益。但是应当看到,“山口组”的发迹史充斥着各种各样严重的暴力犯罪,而且,即便是现在,当利益受到威胁时,暴力犯罪也还会重新成为其解决问题的主要方式。因此,不管黑社会性质组织违法犯罪手段如何变化,暴力或者以暴力相威胁的基本特点都是不会改变的。

——《刑事审判参考》(总第 107 辑)。

1085 如何准确把握黑社会性质组织行为特征中对“软暴力”的强度要求

关键词|黑社会性质组织|行为特征|软暴力|

【最高人民法院指导性案例】

龚品文等组织、领导、参加黑社会性质组织案(最高人民法院指导案例186号)

裁判要点:犯罪组织以其势力、影响和暴力手段的现实可能性为依托,有组织地长期采用多种“软暴力”手段实施大量违法犯罪行为,同时辅之以“硬暴力”,“软暴力”有向“硬暴力”转化的现实可能性,足以使群众产生恐惧、恐慌进而形成心理强制,并已造成严重危害后果,严重破坏经济、社会生活秩序的,应认定该犯罪组织具有黑社会性质组织的行为特征。

法院生效裁判认为:

(一)关于组织特征。一是该犯罪组织的成长轨迹明确。龚品文与刘海涛二人于2007年左右先后至江苏省常熟市打工,后龚品文从少量资金起步,与刘海涛等人合作开设赌场并放高利贷,逐步积累经济实力,后其他组织成员相继加入,参股放贷。在高利放贷过程中,因互相占股分利,组织成员利益相互交织,关系日趋紧密,架构不断成熟,并最终形成了以龚品文为组织者、领导者,刘海涛为领导者,王海东、王德运、陈春雷、马海波、赵杰为积极参加者,崔海华、梁立志为一般参加者的较稳定的违法犯罪组织。二是该犯罪组织的行为方式和组织意图明确,该组织通过开设赌场和高利放贷聚敛非法财富,在讨债过程中,以滋扰纠缠、打砸恐吓、出场摆势、言语威胁、围堵拦截等“软暴力”方式为惯常行为手段,实施一系列违法犯罪活动,目的是实现非法债权,意图最大限度攫取经济利益。由于组织成员系互相占股出资及分利,故无论组织中哪些成员实施违法犯罪活动,相关非法利益的实现均惠及全体出资的组织成员,符合组织利益及组织意图,为组织不断扩大非法放贷规模,增强犯罪能力等进一步发展提供基础,创造条件。三是该犯罪组织的层级结构明确,该组织以龚品文、刘海涛为基础,龚品文吸收发展马海波、赵杰,刘海涛吸收发展王海东、王德运、陈春雷,形成二元层级关系,各被告人对所谓“替谁帮忙、找谁商量”均有明确认识。在具体违法犯罪活动中,以共同开设赌场并非法放贷为标志,两股势力由合作进而汇流,互相占股出资放贷,共同违法犯罪讨债,后期又吸收崔海华、梁立志加入,形成三元层级结构。在组织架构中,组织、领导者非常明显,积极参加者和骨干成员基本固定,人员规模逐渐增大,且本案后续所涉及的黑社会性质组织的其他犯罪均是由这些组织成员所为。四是该犯罪组织的行为规则明确,组织成员均接受并认同出资后按比例记公账分利、讨债时替组织出头等行为规则。这些规则不仅有组织成员供述,也与组织的实际运作模式和实际违法犯罪活动情况相吻合,相关行事规则为纠合组织成员,形成共同利益，保持组织正常运转起到重要作用。综上，该组织有一定规模，人员基本稳定，有明确的组织者、领导者，骨干成员固定，内部层次分明，符合黑社会性质组织的组织特征。

（二）关于经济特征。……

（三）关于行为特征。该组织为争取、维护组织及组织成员的经济利益，利用组织势力和形成的便利条件，有组织地多次实施开设赌场、寻衅滋事、非法拘禁、强迫交易等不同种类的违法犯罪活动，违法犯罪手段以"软暴力"为主，并体现出明显的组织化特点，多人出场摆势、分工配合，并以"硬暴力"为依托，实施多种"软暴力"讨债等违法犯罪活动，软硬暴力行为交织，"软暴力"可随时向"硬暴力"转化。这些行为系相关组织成员为确立强势地位、实现非法债权、牟取不法利益、按照组织惯常的行为模式与手段实施的，相关违法犯罪行为符合组织利益，体现组织意志，黑社会性质组织的行为特征明显。

（四）关于危害性特征。该犯罪组织通过实施一系列违法犯罪活动，为非作恶，欺压、残害群众。在社会秩序层面上，该犯罪组织长期实施开设赌场、非法放贷，"软暴力"讨债等违法犯罪活动，范围波及江苏省常熟市多个街道，给被害人及其家庭正常生活带来严重影响，给部分被害人企业的正常生产经营带来严重破坏，给部分被害人所在机关学校的正常工作和教学秩序带来严重冲击。相关违法犯罪行为败坏社会风气，冲击治安秩序，严重降低群众安全感、幸福感，影响十分恶劣。在管理秩序层面上，该犯罪组织刻意逃避公安机关的管理、整治和打击，破坏了正常社会管理秩序。在社会影响层面上，这些违法犯罪活动在一定区域内致使多名群众合法权益遭受侵害，从在案证据证实的群众切身感受看，群众普遍感觉心里恐慌，安全感下降，群众普遍要求进行整治，恢复经济、社会生活秩序。

综上所述，本案犯罪组织符合黑社会性质组织认定标准。该组织已经形成了"以黑养黑"的组织运作模式，这一模式使该组织明显区别于一般的共同犯罪和恶势力犯罪集团。龚品文犯罪组织虽然未发现"保护伞"，但通过实施违法犯罪行为，使当地群众产生心理恐惧和不安全感，严重破坏了当地的社会治安秩序、市场经济秩序。对黑社会组织的认定，不能仅根据一个或数个孤立事实来认定，而是要通过一系列的违法犯罪事实来反映。因为以"软暴力"为手段的行为通常不是实施一次就能符合刑法规定的犯罪构成，其单个的行为通常因为情节轻微或显著轻微、后果不严重而不作为犯罪处理或不能认定为犯罪，此时必须综合考虑"软暴力"行为的长期性、多样性来判断其社会影响及是否构成黑恶犯罪。黑社会性质组织犯罪的危害性特征所要求的"造成重大影响"是通过一系列的违法犯罪活动形成的，具有一定的深度和广度，而非个别的、一时的，特别是在以"软暴力"为主要手段的犯罪组织中，要结合违法犯罪活动的次数、时间跨度、性质、后果、侵害对象的个数、是否有向"硬暴力"转化的现实可能、造成的社会影响及群众安全感是否下降等因素综合判断，不能局限在必须要求具体的违法犯罪活动都要造成严重后果或者在社会上造成恶劣影响，也不能简单地以当地普通群众不知晓、非法控制不明显等，认为其危害性不严重。从本案中被告人非法放贷后通过“软暴力”讨债造成的被害人及其家庭、单位所受的具体影响和周边群众的切身感受等来看，社会危害性极其严重，构成了组织、领导、参加黑社会性质组织罪。

——《最高人民法院关于发布第33批指导性案例的通知》(2022年11月29日，法〔2022〕236号)。

1086 黑社会性质组织成员“套路贷”的司法认定

关键词｜黑社会性质组织｜套路贷｜

【最高人民法院参考案例】

韩召海等人组织、领导、参加黑社会性质组织案(《刑事审判参考》案例第1306号)

要旨：根据“套路贷”行为人非法取得他人财产的具体手段、方式，依照刑法有关犯罪的构成要件，具体问题具体分析，确定具体罪名。

根据《意见》①的规定，“套路贷”是以非法占有为目的，假借民间借贷之名，诱使或迫使被害人签订“借贷”或变相“借贷”“抵押”“担保”等相关协议，通过虚增借贷金额、恶意制造违约、肆意认定违约、毁匿还款证据等方式形成虚假债权债务，并借助诉讼、仲裁、公证或者采用暴力、威胁以及其他手段非法占有被害人财物的相关违法犯罪活动的概括性称谓。由此可以说明，“套路贷”既不是一个法律概念也不是一个政策概念，而是办案实践中对假借民间借贷之名非法占有他人财物的类型化违法犯罪的概括性称谓。行为人在主观上以非法占有为目的，在客观上行侵财之实，但因犯罪手段、行为表现各有不同，对其如何定性，需根据“套路贷”行为人非法取得他人财产的具体手段、方式，依照刑法有关犯罪的构成要件，具体问题具体分析，确定具体罪名。对于未采用明显的暴力或者威胁手段，主要靠虚构事实、隐瞒真相实现非法占有目的，“骗”取被害人财物的“套路贷”，一般以诈骗罪论处。

本案中，被告人韩召海等人对袁胜杰在借款中并未采用明显的暴力或者威胁手段，主要靠虚构事实、隐瞒真相实现非法占有的目的，属于“骗”取被害人财物的“套路贷”，最终法院以诈骗罪定性。

——《刑事审判参考》(总第120辑)。

---

① 即《最高人民法院、最高人民检察院、公安部、司法部关于办理“套路贷”刑事案件若干问题的意见》(法发〔2019〕11号)。

1087 如何根据违法犯罪活动的多样性把握黑社会性质组织的认定标准

关键词｜黑社会性质组织｜行为特征｜

【最高人民法院参考案例】

焦海涛等人寻衅滋事案(《刑事审判参考》案例第 1156 号)

要旨:涉案犯罪组织仅触犯少量具体罪名的,是否应认定为黑社会性质组织要结合组织特征、经济特征和非法控制特征(危害性特征)综合判断,严格把握。

如前所述,审判时,对于黑社会性质组织的四个特征不能简单套用,而是应以非法控制为核心,将四个特征作为一个有机整体来判断。2015 年最高人民法院印发的《全国部分法院审理黑社会性质组织犯罪案件工作座谈会纪要》(以下简称 2015 年《纪要》)规定的“涉案犯罪组织仅触犯少量具体罪名的,是否应认定为黑社会性质组织要结合组织特征、经济特征和非法控制特征(危害性特征)综合判断,严格把握”,也正是基于这一考虑。从刑法第二百九十四条第五款中的规定来看,法定的黑社会性质组织的行为特征只要求“暴力性”“组织性”以及“多次实施”,并没有要求触犯多项不同罪名,2015 年《纪要》的前述规定是否属于在法定标准之外增加构成要素?笔者认为,黑社会性质组织并不是单纯为实施违法犯罪而存在,违法犯罪只是服务于非法控制目的的手段,违法犯罪的性质、次数、严重程度也都是由实现非法控制的需要所决定。经济、社会生活中的各种关系是极为纷繁复杂的,以生活中最为常见、普通的集贸市场为例,从市场活动参与主体来看,涉及经营者与供货商的关系、经营者与顾客的关系、经营者与经营者的关系、经营者与市场所有者的关系等;从与集贸市场相关的公共管理职权来看,涉及工商税务管理、公共治安管理、卫生检疫管理等不一而足。因此,管理一个集贸市场仅靠某一种手段是远远不够的,需要将监督检查、处罚整改、市场调节、配套服务等多种手段相结合才能保证其稳定、有序地运营,便利一方群众的生活。从这个例子不难看出,对于经济、社会管控是一项复杂的系统工程。同理,对于经济、社会生活的非法控制也不太可能靠一两种犯罪便能实现。还是以集贸市场为例,若要实现非法控制,首先,要对市场主体形成心理强制,这就需要实施一定数量的暴力性犯罪,如故意伤害、聚众斗殴、寻衅滋事等;其次,若要对抗管理市场的公共职权,则需要实施妨害公务、聚众扰乱公共秩序、行贿等犯罪;最后,若要改变市场交易规则并从中获利,还需要实施强迫交易、敲诈勒索等犯罪。因此,2015 年《纪要》中关于犯罪“多样性”的要求,反映了非法控制的内在要求,并不超出法律规定的本意与合理解释的范畴。如果涉案犯罪组织触犯的具体罪名明显偏少,则要考虑其是否属于专门从事某一两种犯罪的犯罪集团,而非黑社会性质组织。

本案中,公诉机关指控以焦海涛为首的犯罪组织构成组织、领导、参加黑社会性质组织罪,但指控的具体犯罪事实中仅涉及寻衅滋事罪一个罪名。指控的二十起犯罪事实中,有十二起是该组织实施的有组织犯罪,包括十一起暴力拆迁引发的寻衅滋事和一起因焦海涛为承揽工程而实施的寻衅滋事。指控的犯罪行为虽然在次数、手段上符合"以暴力、威胁或者其他手段,有组织地多次进行违法犯罪活动"的特征,但应当看到,焦海涛等人是因为中央花园项目才聚集在一起,但他们并不是依靠非法手段获得该项目征地拆迁业务,而是受项目部雇佣从事暴力拆迁活动。除了中央花园项目,焦海涛等人并未染指其他拆迁工程,这些因素决定了他们的犯罪对象和犯罪手段具有特定性,只需要采用暴力、威胁、滋扰手段迫使项目征地范围内的住户尽快签订拆迁协议即可,不需要实施其他更多性质不同的犯罪来制定西平县拆迁行业的从业规则或者影响当地与征地拆迁无关的居民的生产、生活秩序。这一点,也可以反过来证明焦海涛等人只是依附于中央花园项目,通过配合征地拆迁牟利。截至被公安机关查处之时,其既没有对当地经济、社会生活进行非法控制的意图,也没有以非法控制为目的实施相应的违法犯罪活动,实际上并不具有真正意义上的黑社会性质组织的行为特征。

——《刑事审判参考》(总第107辑)。

1088 黑社会性质组织危害性特征的认定

关键词|黑社会性质组织|危害性特征|

【最高人民法院司法文件】

11. 鉴于黑社会性质组织非法控制和影响的"一定区域"的大小具有相对性,不能简单地要求"一定区域"必须达到某一特定的空间范围,而应当根据具体案情,并结合黑社会性质组织对经济、社会生活秩序的危害程度加以综合分析判断。

通过实施违法犯罪活动,或者利用国家工作人员的包庇或者不依法履行职责,放纵黑社会性质组织进行违法犯罪活动的行为,称霸一方,并具有以下情形之一的,可认定为"在一定区域或者行业内,形成非法控制或者重大影响,严重破坏经济、社会生活秩序":

(1)致使在一定区域内生活或者在一定行业内从事生产、经营的多名群众,合法利益遭受犯罪或严重违法活动侵害后,不敢通过正当途径举报、控告的;

(2)对一定行业的生产、经营形成垄断,或者对涉及一定行业的准入、经营、竞争等经济活动形成重要影响的;

(3)插手民间纠纷、经济纠纷,在相关区域或者行业内造成严重影响的;

(4)干扰、破坏他人正常生产、经营、生活，并在相关区域或者行业内造成严重影响的；

(5)干扰、破坏公司、企业、事业单位及社会团体的正常生产、经营、工作秩序，在相关区域、行业内造成严重影响，或者致使其不能正常生产、经营、工作的；

(6)多次干扰、破坏党和国家机关、行业管理部门以及村委会、居委会等基层群众自治组织的工作秩序，或者致使上述单位、组织的职能不能正常行使的；

(7)利用组织的势力、影响，帮助组织成员或他人获取政治地位，或者在党政机关、基层群众自治组织中担任一定职务的；

(8)其他形成非法控制或者重大影响，严重破坏经济、社会生活秩序的情形。

——《最高人民法院、最高人民检察院、公安部、司法部关于办理黑恶势力犯罪案件若干问题的指导意见》(2018 年 1 月 16 日，法发〔2018〕1 号)。

(四)认定非法控制特征(危害性特征)的问题

黑社会性质组织所控制和影响的“一定区域”，应当具备一定空间范围，并承载一定的社会功能。既包括一定数量的自然人共同居住、生活的区域，如乡镇、街道、较大的村庄等，也包括承载一定生产、经营或社会公共服务功能的区域，如矿山、工地、市场、车站、码头等。对此，应当结合一定地域范围内的人口数量、流量、经济规模等因素综合评判。如果涉案犯罪组织的控制和影响仅存在于一座酒店、一处娱乐会所等空间范围有限的场所或者人口数量、流量、经济规模较小的其他区域，则一般不能视为是对“一定区域”的控制和影响。

黑社会性质组织所控制和影响的“一定行业”，是指在一定区域内存在的同类生产、经营活动。黑社会性质组织通过多次有组织地实施违法犯罪活动，对黄、赌、毒等非法行业形成非法控制或重大影响的，同样符合非法控制特征(危害性特征)的要求。

2009 年《座谈会纪要》明确了可以认定为“在一定区域或者行业内，形成非法控制或者重大影响，严重破坏经济、社会生活秩序”的八种情形，适用时应当注意以下问题：第 1 种情形中的“致使合法利益受损的群众不敢举报、控告的”，是指致使多名合法利益遭受犯罪或者严重违法活动侵害的群众不敢通过正当途径维护权益；第 2 种情形中的“形成垄断”，是指可以操控、左右、决定与一定行业相关的准入、退出、经营、竞争等经济活动。“形成重要影响”，是指对与一定行业相关的准入、退出、经营、竞争等经济活动具有较大的干预和影响能力，或者具有在该行业内占有较大市场份额、通过违法犯罪活动或以其他不正当手段在该行业内敛财数额巨大(最低数额标准由各高院根据本地情况在 20—50 万元的幅度内自行划定)、给该行业内从事生产、经营活动的其他单位、组织、个人造成直接经济损失 100 万元以上等情节之一；第3、4、5种情形中的“造成严重影响”，是指具有致人重伤或致多人轻伤、通过违法犯罪活动或以其他不正当手段敛财数额巨大（数额标准同上）、造成直接经济损失100万元以上、多次引发群体性事件或引发大规模群体性事件等情节之一；第6种情形中的“多次干扰、破坏国家机关、行业管理部门以及村委会、居委会等基层群众自治组织的工作秩序”，包括以拉拢、收买、威胁等手段多次得到国家机关工作人员包庇或纵容，或者多次对前述单位、组织中正常履行职务的工作人员进行打击、报复的情形；第7种情形中的“获取政治地位”，是指当选各级人大代表、政协委员。“担任一定职务”，是指在各级党政机关及其职能部门、基层群众自治组织中担任具有组织、领导、监督、管理职权的职务。

根据实践经验，在黑社会性质组织犯罪案件中，2009年《座谈会纪要》规定的八种情形一般不会单独存在，往往是两种以上的情形同时并存、相互交织，从而严重破坏经济、社会生活秩序。审判时，应当充分认识这一特点，准确认定该特征。

“四个特征”中其他构成要素均已具备，仅在成员人数、经济实力规模方面未达到本纪要提出的一般性要求，但已较为接近，且在非法控制特征（危害性特征）方面同时具有2009年《座谈会纪要》相关规定中的多种情形，其中至少有一种情形已明显超出认定标准的，也可以认定为黑社会性质组织。

——《全国部分法院审理黑社会性质组织犯罪案件工作座谈会纪要》（2015年10月13日，法〔2015〕291号）。

4. 关于危害性特征。称霸一方，在一定区域或者行业内，形成非法控制或者重大影响，从而严重破坏经济、社会生活秩序，是黑社会性质组织的本质特征，也是黑社会性质组织区别于一般犯罪集团的关键所在。

对于“一定区域”的理解和把握。区域的大小具有相对性，且黑社会性质组织非法控制和影响的对象并不是区域本身，而是在一定区域中生活的人，以及该区域内的经济、社会生活秩序。因此，不能简单地要求“一定区域”必须达到某一特定的空间范围，而应当根据具体案情，并结合黑社会性质组织对经济、社会生活秩序的危害程度加以综合分析判断。

对于“一定行业”的理解和把握。黑社会性质组织所控制和影响的行业，既包括合法行业，也包括黄、赌、毒等非法行业。这些行业一般涉及生产、流通、交换、消费等一个或多个市场环节。

通过实施违法犯罪活动，或者利用国家工作人员的包庇、纵容，称霸一方，并具有以下情形之一的，可认定为“在一定区域或者行业内，形成非法控制或者重大影响，严重破坏经济、社会生活秩序”：对在一定区域内生活或者在一定行业内从事生产、经营的群众形成心理强制、威慑，致使合法利益受损的群众不敢举报、控告的；对一定行业的生产、经营形成垄断，或者对涉及一定行业的准入、经营、竞争等经济活动形成重要影响的；插手民间纠纷、经济纠纷，在相关区域或者行业内造成严重影响的；干扰、破坏他人正常生产、经营、生活，并在相关区域或者行业内造成严重影响的；干扰、破坏公司、企业、事业单位及社会团体的正常生产、经营、工作秩序，在相关区域、行业内造成严重影响，或者致使其不能正常生产、经营、工作的；多次干扰、破坏国家机关、行业管理部门以及村委会、居委会等基层群众自治组织的工作秩序，或者致使上述单位、组织的职能不能正常行使的；利用组织的势力、影响，使组织成员获取政治地位，或者在党政机关、基层群众自治组织中担任一定职务的；其他形成非法控制或者重大影响，严重破坏经济、社会生活秩序的情形。

——《最高人民法院、最高人民检察院、公安部办理黑社会性质组织犯罪案件座谈会纪要》(2009 年 12 月 9 日，法〔2009〕382 号)。

【最高人民法院参考案例】

王云娜等人故意伤害、寻衅滋事、非法拘禁、敲诈勒索案(《刑事审判参考》案例第 1159 号)

要旨：根据“非法控制”和“重大影响”的内在要求准确认定黑社会性质组织的危害性特征。

以上两个纪要中列举的若干情形，源自对司法实践经验的总结，对于审判时准确把握危害性特征具有重要的指导作用。但应当看到，黑社会性质组织的司法认定具有高度的复杂性。就危害性特征来说，不能仅根据一个或数个孤立事实来认定，而是要通过一系列的违法犯罪事实来反映。而且，对于具体的违法犯罪事实也不能只看客观上造成的后果，还要审查行为时的主观意图。换句话说，就是审判时不能简单堆砌和套用以上两个纪要的规定。为进一步揭示危害性特征的内在要求，有必要对“非法控制”和“重大影响”作进一步分析。按照《现代汉语词典》的释义，“控制”，是指使一定对象处于自己的占有、管理和影响之下；“影响”，是指对他人的思想和行动所起的作用。由此推论，刑法第二百九十四条第五款中的非法控制，是指以有组织的违法犯罪手段使一定对象处于自己的占有、管理和影响之下；重大影响，是指以有组织的违法犯罪手段对一定对象的思想和行动产生发生作用。二者有着以下共同点：(1)都是有意识地以非法方式主动干涉他人(包括其他单位、组织)的结果；(2)都不是一种偶然、短暂的现象，而是一种持续的状态；(3)控制或影响的对象具有广泛性，控制或影响的程度具有严重性。根据以上几点，在对涉案犯罪组织是否形成非法控制与重大影响进行司法判断时，除了要对照两个纪要的相关规定，还应着重审查涉案犯罪组织是否是基于争抢势力范围、树立非法权威、攫取不法利益等非法控制目的而实施违法犯罪行为;是否在一段较长的时期内连续、多次通过实施违法犯罪行为对他人的自主性造成干扰或破坏;被侵害对象的数量以及所造成的后果是否已达到形成非法控制或重大影响的严重程度。如果以上几点都已齐备,危害性特征一般能够成立。反之,则不能认定。

——《刑事审判参考》(总第107辑)。

1089 黑社会性质组织犯罪和成员个人犯罪的认定

关键词 | 黑社会性质组织 | 组织成员个人犯罪 |

【最高人民法院参考案例】

刘汉等人组织、领导、参加黑社会性质组织案(《刑事审判参考》案例第1158号)

要旨:行为人故意杀害被害人的犯罪虽然表面上看似是因组织成员与被害人的个人恩怨而引发,但实际上与维护组织利益密切相关,符合组织的纪律、惯例和共同遵守的约定,属于比较典型的组织犯罪。

可以看出,组织者、领导者并非对所有组织成员实施违法犯罪承担责任,纯粹由组织成员个人实施的犯罪,不能视为组织犯罪。组织者、领导者之所以要对一些并非由自己直接组织、策划、指挥、参与的违法犯罪承担责任,一言以蔽之,是与组织意志和组织利益有关。详言之:第一,“由组织成员以组织名义实施,并得到组织者、领导者认可或者默许的违法犯罪活动”。是指组织成员以组织名义实施违法犯罪时原本未经组织者、领导者授意,属于“越权”行为。但因组织成员以组织名义实施,不言而喻能扩大组织的影响力,符合组织利益,且因得到了组织者、领导者的认可或默许,体现了组织意志,因而视为组织犯罪。第二,“多名组织成员为逞强争霸、插手纠纷、报复他人、替人行凶、非法敛财而共同实施的违法犯罪”。此类违法犯罪虽然行为人主观动机上不一定是为了组织利益,但因上述行为是黑社会性质组织经常实施的违法犯罪,通常手段上具有暴力、胁迫性,方式上为公开化或半公开化,犯罪的附带后果能扩大组织的影响力和势力,客观上符合组织利益。而且,多名组织成员共同实施,本身在一定程度上能反映组织意志,尤其是得到组织者、领导者的认可或默许,可能体现组织的意志,因而视为组织犯罪。第三,“组织成员为组织争夺势力范围、排除竞争对手、确立强势地位、谋取经济利益、维护非法权威而实施违法犯罪”。显而易见,这几种情形都是为了组织利益而实施的违法犯罪。其中,为组织谋取经济利益较为直接,而为组织争夺势力范围、排除竞争对手、确立强势地位、维护非法权威与组织的潜在利益有关,有利于黑社会性质组织在今后的竞争中取得优势地位,从而谋取更大的经济利益,因而视为组织犯罪。第四,“按照组织的纪律、惯例、共同遵守的约定而实施违法犯罪活动”。所谓组织的纪律、共同遵守的约定，是指组织制定或者自发形成的，并用以明确组织内部人员管理、职责分工、行为规范、利益分配、行动准则等事项的成文或不成文的规定、约定；所谓惯例，是指能够体现组织意志、宗旨的一贯做法。可见，上述四种情形均能体现组织意志或符合组织利益，或者是组织利益和组织意志的统一，如果与组织利益无任何关联，即使有组织者、领导者的认可和默许，也不能视为组织犯罪。

——《刑事审判参考》（总第107辑）。

1090 黑社会性质组织成员的刑事责任认定

关键词 | 黑社会性质组织成员 | 刑事责任 |

【最高人民法院司法文件】

（一）已退出或者新接任的组织者、领导者的刑事责任问题

对于在黑社会性质组织形成、发展过程中已经退出的组织者、领导者，或者在加入黑社会性质组织之后逐步发展成为组织者、领导者的犯罪分子，应对其本人参与及其实际担任组织者、领导者期间该组织所犯的全部罪行承担刑事责任。

——《全国部分法院审理黑社会性质组织犯罪案件工作座谈会纪要》（2015年10月13日，法〔2015〕291号）。

2. 关于黑社会性质组织成员的刑事责任。对黑社会性质组织的组织者、领导者，应根据法律规定和本纪要中关于“黑社会性质组织实施的违法犯罪活动”的规定，按照该组织所犯的全部罪行承担刑事责任。组织者、领导者对于具体犯罪所承担的刑事责任，应当根据其在该起犯罪中的具体地位、作用来确定。对黑社会性质组织中的积极参加者和其他参加者，应按照其所参与的犯罪，根据其在具体犯罪中的地位和作用，依照罪责刑相适应的原则，确定应承担的刑事责任。

——《最高人民法院、最高人民检察院、公安部办理黑社会性质组织犯罪案件座谈会纪要》（2009年12月9日，法〔2009〕382号）。

【最高人民法院审判业务意见】

（二）区别对待黑社会性质组织的不同成员

《意见》第三十条明确了黑社会性质组织中不同成员的处理原则：分别情况，区别对待。对于组织者、领导者应依法从严惩处，其承担责任的犯罪不限于自己组织、策划、指挥和实施的犯罪，而应对组织所犯的全部罪行承担责任。实践中，一些

黑社会性质组织的组织者、领导者,只是以其直接实施的犯罪起诉、审判,实际上是轻纵了他们的罪行。要在区分组织犯罪和组织成员犯罪的基础上,合理划定组织者、领导者的责任范围,做到不枉不纵。同时,还要注意责任范围和责任程度的区别,不能简单认为组织者、领导者就是具体犯罪中责任最重的主犯。对于组织成员实施的黑社会性质组织犯罪,组织者、领导者只是事后知晓,甚至根本不知晓,其就只应负有一般的责任,直接实施的成员无疑应负最重的责任。

对于积极参加者,应根据其在具体犯罪中的地位、作用,确定其应承担的刑事责任。确属黑社会性质组织骨干成员的,应依法从严处罚。对犯罪情节较轻的其他参加人员以及初犯、偶犯、未成年犯,则要依法从轻、减轻处罚。对于参加黑社会性质的组织,没有实施其他违法犯罪活动的,或者受蒙蔽、胁迫参加黑社会性质的组织,情节轻微的,则可以不作为犯罪处理。

此外,在处理黑社会性质组织成员间的检举、揭发问题上,既要考虑线索本身的价值,也要考虑检举、揭发者在黑社会性质组织犯罪中的地位、作用,防止出现全案量刑失衡的现象。组织者、领导者检举揭发与该黑社会性质组织及其违法犯罪活动有关联的其他犯罪线索,即使依法构成立功或者重大立功,在考虑是否从轻量刑时也应从严予以掌握。积极参加者、其他参加者配合司法机关查办案件,有提供线索、帮助收集证据或者其他协助行为,并对侦破黑社会性质组织犯罪案件起到一定作用的,即使依法不能认定立功,一般也应酌情对其从轻处罚。

——最高人民法院刑三庭:《在审理故意杀人、伤害及黑社会性质组织犯罪案件中切实贯彻宽严相济刑事政策》,载《人民法院报》2010 年 4 月 14 日,第 6 版。

1091 黑社会性质组织成员犯罪的刑罚问题

关键词 | 黑社会性质组织成员 | 刑罚 |

【最高人民法院司法文件】

12. 对于组织者、领导者和因犯参加黑社会性质组织罪被判处五年以上有期徒刑的积极参加者,可以根据《刑法》第五十六条第一款的规定适用附加剥夺政治权利。对于符合《刑法》第三十七条之一规定的组织成员,应当依法禁止其从事相关职业。符合《刑法》第六十六条规定的组织成员,应当认定为累犯,依法从重处罚。

对于因有组织的暴力性犯罪被判处死刑缓期执行的黑社会性质组织犯罪分子,可以根据《刑法》第五十条第二款的规定同时决定对其限制减刑。对于因有组织的暴力性犯罪被判处十年以上有期徒刑、无期徒刑的黑社会性质组织犯罪分子,应当根据《刑法》第八十一条第二款规定,不得假释。

13. 对于组织者、领导者一般应当并处没收个人全部财产。对于确属骨干成员或者为该组织转移、隐匿资产的积极参加者，可以并处没收个人全部财产。对于其他组织成员，应当根据所参与实施违法犯罪活动的次数、性质、地位、作用、违法所得数额以及造成损失的数额等情节，依法决定财产刑的适用。

——《最高人民法院、最高人民检察院、公安部、司法部关于办理黑恶势力犯罪案件若干问题的指导意见》（2018 年 1 月 16 日，法发〔2018〕1 号）。

（二）量刑情节的运用问题

黑社会性质组织的成员虽不具有自首情节，但到案后能够如实供述自己罪行，并具有以下情形之一的，一般应当适用《刑法》第六十七条第三款的规定予以从轻处罚：1. 如实交代大部分尚未被掌握的同种犯罪事实；2. 如实交代尚未被掌握的较重的同种犯罪事实；3. 如实交代犯罪事实，并对收集定案证据、查明案件事实有重要作用的。

积极参加者、一般参加者配合司法机关查办案件，有提供线索、帮助收集证据或者其他协助行为，并在侦破黑社会性质组织犯罪案件、认定黑社会性质组织及其主要成员、追缴黑社会性质组织违法所得、查处“保护伞”等方面起到较大作用的，即使依法不能认定立功，一般也应酌情对其从轻处罚。

组织者、领导者、骨干成员以及“保护伞”协助抓获同案中其他重要的组织成员，或者骨干成员能够检举揭发其他犯罪案件中罪行同样严重的犯罪分子，原则上依法应予从轻或者减轻处罚。组织者、领导者检举揭发与该黑社会性质组织及其违法犯罪活动有关联的其他犯罪线索，如果在是否认定立功的问题上存在事实、证据或法律适用方面的争议，应当严格把握。依法应认定为立功或者重大立功的，在决定是否从宽处罚、如何从宽处罚时，应当根据罪责刑相一致原则从严掌握。可能导致全案量刑明显失衡的，不予从宽处罚。

审理黑社会性质组织犯罪案件，应当通过判处和执行民事赔偿以及积极开展司法救助来最大限度地弥补被害人及其亲属的损失。被害人及其亲属确有特殊困难，需要接受被认定为黑社会性质组织成员的被告人赔偿并因此表示谅解的，量刑时应当特别慎重。不仅应当查明谅解是否确属真实意思表示以及赔偿款项与黑社会性质组织违法所得有无关联，而且在决定是否从宽处罚、如何从宽处罚时，也应当从严掌握。可能导致全案量刑明显失衡的，不予从宽处罚。

（三）附加剥夺政治权利的适用问题

对于黑社会性质组织的组织者、领导者，可以适用《刑法》第五十六条第一款的规定附加剥夺政治权利。对于因犯参加黑社会性质组织罪被判处 5 年以上有期徒刑的积极参加者，也可以适用该规定附加剥夺政治权利。

(四)财产刑的适用问题

对于黑社会性质组织的组织者、领导者,依法应当并处没收财产。黑社会性质组织敛财数额特别巨大,但因犯罪分子转移、隐匿、毁灭证据或者拒不交代涉案财产来源、性质,导致违法所得以及其他应当追缴的财产难以准确查清和追缴的,对于组织者、领导者以及为该组织转移、隐匿资产的积极参加者可以并处没收个人全部财产。

对于确属骨干成员的积极参加者一般应当并处罚金或者没收财产。对于其他积极参加者和一般参加者,应当根据所参与实施违法犯罪活动的次数、性质、地位、作用、违法所得数额以及造成损失的数额等情节,依法决定财产刑的适用。

——《全国部分法院审理黑社会性质组织犯罪案件工作座谈会纪要》(2015年10月13日,法〔2015〕291号)。

5. 关于黑社会性质组织成员的立功问题。积极参加者、其他参加者配合司法机关查办案件,有提供线索、帮助收集证据或者其他协助行为,并对侦破黑社会性质组织犯罪案件起到一定作用的,即使依法不能认定立功,一般也应酌情对其从轻处罚。组织者、领导者检举揭发与该黑社会性质组织及其违法犯罪活动有关联的其他犯罪线索,即使依法构成立功或者重大立功,在量刑时也应从严掌握。

——《最高人民法院、最高人民检察院、公安部办理黑社会性质组织犯罪案件座谈会纪要》(2009年12月9日,法〔2009〕382号)。

【最高人民法院参考案例】

邓统文等人组织、领导、参加黑社会性质组织案(《刑事审判参考》案例第1161号)

要旨:黑社会性质组织的组织者、领导者通过经济赔偿取得被害方谅解的,量刑时应当特别慎重。

对于该纪要中的前述规定,审判时应从以下几方面来理解和把握:一是被害人谅解必须基于真实意思表示。由于黑社会性质组织体系严密,人员构成复杂,经济实力较强,因此,即便在被司法机关打掉之后,仍有可能残存一定的犯罪能力和社会活动能力。审判时,若被害方对黑社会性质组织犯罪分子表示谅解的,一定要审慎核实背景情况,排除因受到威逼、诱骗而违背真实意愿的情形。二是被告人的赔偿款项应当与黑社会性质组织的违法犯罪所得无关。根据刑法第六十四条的规定,犯罪分子违法所得的一切财物,都应当予以追缴或者责令退赔。但是,在黑社会性质组织犯罪案件中,犯罪分子往往采取各种手段极力掩饰、隐瞒违法犯罪所得的来源、去向,给司法机关的追缴工作制造困难。因此,审判时应当认真甄别赔偿款项的来源,不能让黑社会性质组织犯罪分子利用隐匿的违法犯罪所得在量刑时获利。三是在谅解意思真实、赔偿款项与违法犯罪所得无关的情况下，量刑仍应从严把握。如前所述，黑社会性质组织犯罪具有极大的社会危害，对于此类犯罪分子原则上不能因被害方谅解而予以从宽处罚。如果被害方确因特殊生活困难急需获得经济赔偿的（如丧失劳动能力以及急需支付就学、就医费用等），在考虑是否从宽以及确定从宽幅度时，要以保证罪责刑相一致、实现刑罚目的以及全案量刑平衡为底线。

——《刑事审判参考》（总第107辑）。

吴亚贤等人组织、领导、参加黑社会性质组织案（《刑事审判参考》案例第1162号）

要旨：组织者、领导者检举揭发构成立功，量刑时应严格把握。

设立立功制度的实质根据有二：一是从法律上说，刑罚的目的之一在于对罪犯施以改造，犯罪分子揭发他人犯罪，表明其有意积极配合司法机关查处犯罪，说明其主观上发生向好转变，人身危险性有所降低，可以适度降低用于改造的刑罚；二是从政策上说，揭发他人犯罪有利于司法机关发现、侦破案件，可予以必要奖励。如果被告人虽有立功表现，但其主观恶性很大且未发生变化，再犯可能性并未减小，人身危险性并未降低，难以实现改造目的的，则不予从轻处罚。对于因揭发检举而构成立功或重大立功的黑社会性质组织的组织者、领导者是否从宽处罚，除了要综合考虑此类犯罪的特殊危害、被告人所具有的各种量刑情节以及全案的量刑平衡之外，还应着重审查以下两点：一是认罪态度。黑社会性质组织的组织者、领导者若能如实供述罪行，则检举揭发可以表明其人身危险性降低，对其从宽处理不违反立功制度设立初衷。反之，对于在证据面前拒不供认或者避重就轻的，则不宜从宽处理。二是检举线索的来源。由于组织者、领导者在黑社会性质组织中居于核心地位，有获取他人犯罪线索的便利条件，故审判时应当防止组织者、领导者利用这种优势地位获利甚至逃避处罚。2009年《最高人民法院、最高人民检察院、公安部办理黑社会性质组织犯罪案件座谈会纪要》（以下简称2009年《纪要》）指出：黑社会性质组织的组织者、领导者检举揭发与该黑社会性质组织及其违法犯罪活动有关联的其他犯罪线索，即使依法构成立功或重大立功，在量刑时也应从严把握。2015年《全国部分法院审理黑社会性质组织犯罪案件工作座谈会纪要》（以下简称2015年《纪要》）进一步指出：对于组织者、领导者检举揭发与该黑社会性质组织及其违法犯罪活动有关联的其他犯罪线索，如果在认定立功问题方面存在事实、证据或法律适用方面的争议，应严格把握。构成立功的，在决定是否从宽、如何从宽时，要依据罪责刑相一致的原则从严掌握。可能导致全案量刑明显失衡的，不予从宽处罚。审判时，应当根据2009年《纪要》和2015年《纪要》的前述规定对检举揭发线索的来源进行审查。如果线索是利用组织者、领导者的特殊地位而取得，且与该黑社会性质组织及其违法犯罪活动有关联的，则一般不应从宽处罚。至于对检举线索“关联性”的判断，则应当从是否与黑社会性质组织寻求非法保护、实施违法犯罪等活动有关联、是否与该组织的成员、“保护伞”及雇佣、纠集的人员有关联等方面来进行审查。

——《刑事审判参考》（总第107辑）。

1092 公职人员涉黑涉恶违法犯罪的法律适用

关键词｜包庇、纵容黑社会性质组织罪｜组织、领导、参加黑社会性质组织罪｜纵容｜

【最高人民法院司法文件】

三、准确适用法律

6. 国家机关工作人员包庇黑社会性质的组织，或者纵容黑社会性质的组织进行违法犯罪活动的，以包庇、纵容黑社会性质组织罪定罪处罚。

国家机关工作人员既组织、领导、参加黑社会性质组织，又对该组织进行包庇、纵容的，应当以组织、领导、参加黑社会性质组织罪从重处罚。

国家机关工作人员包庇、纵容黑社会性质组织，该包庇、纵容行为同时还构成包庇罪、伪证罪、妨害作证罪、徇私枉法罪、滥用职权罪、帮助犯罪分子逃避处罚罪、徇私舞弊不移交刑事案件罪，以及徇私舞弊减刑、假释、暂予监外执行罪等其他犯罪的，应当择一重罪处罚。

7. 非国家机关工作人员与国家机关工作人员共同包庇、纵容黑社会性质组织，且不属于该组织成员的，以包庇、纵容黑社会性质组织罪的共犯论处。非国家机关工作人员的行为同时还构成其他犯罪，应当择一重罪处罚。

8. 公职人员利用职权或职务便利实施包庇、纵容黑恶势力、伪证、妨害作证，帮助毁灭、伪造证据，以及窝藏、包庇等犯罪行为的，应酌情从重处罚。事先有通谋而实施支持帮助、包庇纵容等保护行为的，以具体犯罪的共犯论处。

——《国家监察委员会、最高人民法院、最高人民检察院、公安部、司法部关于在扫黑除恶专项斗争中分工负责、互相配合、互相制约严惩公职人员涉黑涉恶违法犯罪问题的通知》（2019年10月20日，国监发〔2019〕3号）。

1093 包庇、纵容黑社会性质组织罪客观行为的认定

关键词｜包庇、纵容黑社会性质组织罪｜包庇｜纵容｜

【最高人民法院司法解释】

第五条 刑法第二百九十四条第四款①规定的“包庇”，是指国家机关工作人员为使黑社会性质组织及其成员逃避查禁，而通风报信，隐匿、毁灭、伪造证据，阻止他人作证、检举揭发，指使他人作伪证，帮助逃匿，或者阻挠其他国家机关工作人员依法查禁等行为。

刑法第二百九十四条第四款规定的“纵容”，是指国家机关工作人员不依法履行职责，放纵黑社会性质组织进行违法犯罪活动的行为。

第六条 国家机关工作人员包庇、纵容黑社会性质的组织，有下列情形之一的，属于刑法第二百九十四条第四款规定的“情节严重”：

（一）包庇、纵容黑社会性质组织跨境实施违法犯罪活动的；

（二）包庇、纵容境外黑社会组织在境内实施违法犯罪活动的；

（三）多次实施包庇、纵容行为的；

（四）致使某一区域或者行业的经济、社会生活秩序遭受黑社会性质组织特别严重破坏的；

（五）致使黑社会性质组织的组织者、领导者逃匿，或者致使对黑社会性质组织的查禁工作严重受阻的；

（六）具有其他严重情节的。

——《最高人民法院关于审理黑社会性质组织犯罪的案件具体应用法律若干问题的解释》（2000 年 12 月 10 日，法释〔2000〕42 号）。

【最高人民法院司法文件】

22.《刑法》第二百九十四条第三款中规定的“包庇”行为，不要求相关国家机关工作人员利用职务便利。利用职务便利包庇黑社会性质组织的，酌情从重处罚。包庇、纵容黑社会性质组织，事先有通谋的，以具体犯罪的共犯论处。

——《最高人民法院、最高人民检察院、公安部、司法部关于办理黑恶势力犯罪案件若干问题的指导意见》（2018 年 1 月 16 日，法发〔2018〕1 号）。

【最高人民法院参考案例】

张礼琦包庇、纵容黑社会性质组织案（《刑事审判参考》案例第 1359 号）

要旨：行为人包庇、纵容黑社会性质组织的犯罪行为跨越刑法修正施行日期的，应适用修正后的刑法追究刑事责任。

---

① 刑法修正案（八）修正后，为第三款。以下同。

我们认为:(1)《最高人民检察院关于对跨越修订〈刑法〉施行日期的继续犯罪、连续犯罪以及其他同种数罪应如何具体适用刑法问题的批复》规定,对于开始于1997年9月30日以前,继续到1997年10月1日以后终了的继续犯罪,应当适用修订刑法一并进行追诉;对于开始于1997年9月30日以前,连续到1997年10月1日以后的连续犯罪,或者在1997年10月1日前后分别实施同种类数罪,其中罪名、构成要件、情节以及法定刑均没有变化的,应当适用修订刑法,一并进行追诉;罪名、构成要件、情节以及法定刑已经变化的,也应当适用修订刑法,一并进行追诉,但是修订刑法比原刑法所规定的构成要件和情节较为严格,或者法定刑较重的,在提起公诉时应当提出酌情从轻处理意见。连续犯是指行为人基于数个同一的犯罪故意,连续多次实施数个性质相同的犯罪的行为,触犯同一罪名的犯罪形态。本案中,被告人张礼琦所包庇的黑社会性质组织一直处于持续状态,其本身实施的包庇、纵容行为亦一直处于连续状态,虽然其十起犯罪事实的直接目的各有不同,但从整体来看,均基于包庇、纵容同一黑社会性质组织的目的,故应当根据前述批复的精神,按照修正后的刑法规定定罪处罚。(2)根据法律规定,追诉期限从犯罪之日起计算;犯罪行为有连续或者继续状态的,从犯罪行为终了之日起计算。在追诉期限内又犯罪的,前罪追诉期限从犯后罪之日起计算。本案中,被告人张礼琦的十起犯罪行为属于连续犯,最后一起发生于2016年,故不存在已过追诉期限问题,应追究其全部犯罪行为的刑事责任。

——《刑事审判参考》(总第123辑)。

1094 包庇、纵容黑社会性质组织罪主观方面的认定

关键词 | 包庇、纵容黑社会性质组织罪 | 主观方面 |

【最高人民法院司法文件】

1.关于包庇、纵容黑社会性质组织罪主观要件的认定。

本罪主观方面要求必须是出于故意,过失不能构成本罪。会议认为,只要行为人知道或者应当知道是从事违法犯罪活动的组织,仍对该组织及其成员予以包庇,或者纵容其实施违法犯罪活动,即可认定本罪。至于行为人是否明知该组织系黑社会性质组织,不影响本罪的成立。

——《最高人民法院、最高人民检察院、公安部办理黑社会性质组织犯罪案件座谈会纪要》(2009年12月9日,法〔2009〕382号)。

【最高人民法院参考案例】

张礼琦包庇、纵容黑社会性质组织案(《刑事审判参考》案例第1359号)

要旨:只要行为人知道或者应当知道是从事违法犯罪活动的组织,仍对该组织及其成员予以包庇,或者纵容其实施违法犯罪活动,即可认定本罪。至于行为人是否明知该组织系黑社会性质组织,不影响本罪的成立。

1.关于包庇、纵容黑社会性质组织罪主观方面的认定

一是本罪主观上只能是故意,过失不构成本罪。其中"包庇"行为仅为直接故意,"纵容"则可以是直接故意,也可以是放任态度的间接故意,间接故意表现为消极不作为。本案中,被告人张礼琦的包庇、纵容行为均为明显的直接故意。

二是对于包庇、纵容对象的认知程度问题,即是否需要认识到其包庇、纵容的是黑社会性质组织及其违法犯罪活动。从司法实践来看,黑社会性质组织发展是一个渐进的过程,有时还会以合法外衣予以隐匿,准确认知其性质非常困难,故法律不可能要求行为人对黑社会性质组织有确定的认识。因此,2009年最高人民法院、最高人民检察院、公安部印发的《办理黑社会性质组织犯罪案件座谈会纪要》明确规定,只要行为人知道或者应当知道是从事违法犯罪活动的组织即可。我们认为,在认定行为人主观明知时,要综合考虑行为人对包庇、纵容对象的形态、规模、成员、行为方式的了解程度,以及本人与组织成员交往的密切程度等。如果行为人确实不知道,则不能认定本罪,应按其他符合犯罪构成要件的罪名定罪处罚。本案中,以陈才强为组织者、领导者的黑社会性质组织形成于2000年左右,被告人张礼琦包庇、纵容行为则始于2007年,当时以陈才强为首的黑社会性质组织已在温岭当地形成了一定社会影响,2007年10月陈才强请托张礼琦为涉嫌犯聚众斗殴罪的蔡建波办理取保候审手续,2008年乾宫KTV案发生后,因影响恶劣曾移交打黑办侦查,张礼琦作为时任温岭市公安局的领导多次向打黑办打听案件,还告知陈才强逃避侦查对策,足见其熟悉该组织,且介入程度深。因此,张礼琦对陈才强犯罪组织的认知程度,不仅知道该组织是从事违法犯罪活动的组织,对于该组织可能为黑社会性质组织也可认定为明知。

——《刑事审判参考》(总第123辑)。

(六)赌博犯罪

1095 疫情防控关键时期，违反疫情防控不得进行公共聚集活动的相关规定，进行聚众赌博的，应如何处理

关键词｜赌博罪｜疫情防控｜

【最高人民法院参考案例】

叶国新赌博案(《刑事审判参考》案例第 1331 号)

要旨:疫情防控期间聚众赌博的,应从严惩处。

本案的从严惩处具体体现在以下两个方面:一是从快。公安机关于 2020 年 2 月 3 日查获本案,同年 2 月 6 日移送审查起诉,检察机关随即向法院通报相关情况,次日提起公诉,并建议适用速裁程序。法院当日立案受理,在立案后不到二十四小时内 2 月 8 日即开庭审理,并当庭宣判。二是不适用缓刑。单纯从本案的具体犯罪事实看,如果根据被告人的犯罪情节、悔罪表现以及再犯罪的危险等情形,也可以适用缓刑。但是本案被告人在疫情防控期间,在明知具体疫情防控要求的情况下,仍然罔顾疫情和禁令,无视疫情传播的危险性,多次聚众赌博,其行为具有较强的社会危害性,故对其不适用缓刑。

——《刑事审判参考》(总第 121 辑)。

1096 对设置圈套诱骗他人参赌又向索还钱财的受骗者施以暴力或暴力威胁的行为的定性

关键词｜诱骗他人参博｜赌博罪｜

【最高人民法院司法解释】

行为人设置圈套诱骗他人参赌获取钱财,属赌博行为,构成犯罪的,应当以赌博罪定罪处罚。参赌者识破骗局要求退还所输钱财,设赌者又使用暴力或者以暴力相威胁,拒绝退还的,应以赌博罪从重处罚;致参赌者伤害或者死亡的,应以赌博罪和故意伤害罪或者故意杀人罪,依法实行数罪并罚。

——《最高人民法院关于对设置圈套诱骗他人参赌又向索还钱财的受骗者施

以暴力或暴力威胁的行为应如何定罪问题的批复》（1995 年 11 月 6 日，法复〔1995〕8 号）。

1097 在内地利用香港“六合彩”开奖信息进行竞猜赌博的行为构成赌博罪

关键词｜六合彩｜竞猜赌博｜赌博罪｜

【最高人民法院参考案例】

周帮权等赌博案（《刑事审判参考》案例第 752 号）

要旨：在内地利用香港“六合彩”开奖信息，在庄家与投注者之间进行竞猜对赌的行为，不属于非法发售彩票的行为，而是一种赌博行为，应当以赌博罪论处。

我们……认为仅利用“六合彩”信息在庄家与参赌者之间进行竞猜对赌，庄家与香港赛马会之间无关联的行为，不属于非法发行、销售彩票的非法经营行为，而是一种赌博行为。

（一）利用“六合彩”信息相互竞猜，以财物下注赌输赢的行为，不属于非法发售彩票的行为

发行、销售彩票与传统的赌博行为有一定的区别，最本质的一个区别在于资金所有权转换的方向不同。正规渠道发行彩票筹集的资金使用是一次有利于社会的再分配：据统计，彩票销售金额的 50%左右用于返奖，其余 35%左右是政府收入，用于社会公益事业，余者是发行费用；而赌博的赌资则全部为庄家或其他参赌人员所瓜分。非法发行、销售彩票的行为人与赌博行为人所获取的利益来源不同：前者是通过发行、销售彩票，取得除返奖、发行费用后的余额；赌博者的非法获利则是其借助运气、技巧等因素获取对方的钱财，不存在返奖、发行销售费用等开支，这是赌博者非法营利的来源。

因彩票的发行涉及面广，数额巨大，且与赌博有相当的类似之处，但适度规范的彩票市场又是一种有利于社会的再分配。因此，在我国内地，国家将发行、销售彩票纳入专营范围，进行规范管理，未经审批擅自发行、销售彩票的行为，必然扰乱国家对彩票发行、销售的正常管理秩序。因此，《解释》[①]将这种行为，包括擅自发行、销售香港“六合彩”，构成犯罪的，以非法经营罪定罪处罚。但并非所有利用“六合彩”信息敛财的行为构成犯罪的，都以非法经营罪处理。例如，他人利用“六

① 即《最高人民法院、最高人民检察院关于办理赌博刑事案件具体应用法律若干问题的解释》（法释〔2005〕3 号）。

合彩”的中奖号码进行竞猜,并不与“六合彩”经营机构之间存在关联的行为,就不是一种非法发售彩票的非法经营行为。因为行为人没有利用“彩票”这一物质载体,不具备利用国家有关彩票规定的特定方式去干扰正常的彩票市场的特征;行为人是利用他人发行的“六合彩”,自己以另种方式非法牟利,实际上与香港“六合彩”经营机构之间并不存在任何关联,其非法所得也不上缴香港赛马会。因而,其本质上只是利用了“六合彩”信息的这一形式,为庄家与参赌者之间的赌博提供一个判断输赢的衡量标准,与通过竞猜某场球赛最终的比分确定输赢的赌球行为,在本质上没有什么差别。因此,该行为不属于在内地兜售“六合彩”的经营行为。

就本案来说,周帮权、吴学富、朱绍菊就是在每期“六合彩”开奖前,诱骗他人下注竞猜,根据竞猜结果,在周帮权等庄家与参赌者之间进行非法结算,非法所得也归赢家所有。因此,周帮权等人的行为是借助“六合彩”的中奖信息,为个人赌博提供一个稳获非法所得的平台,并不是发行、销售“六合彩”的行为。

(二)将利用“六合彩”信息竞猜对赌的行为以赌博定性,符合刑法的相关规定

赌博罪,是指以营利为目的,聚众赌博或者以赌博为业的行为。非法经营罪,是指违反国家规定从事经营活动,扰乱市场秩序,情节严重的行为。就犯罪构成上的区分来说,首先,二者侵犯的客体不同。赌博罪侵犯的是社会管理秩序,而非法经营罪侵犯的客体是国家的市场交易管理秩序。其次,二者在客观方面的表现不同。赌博罪表现为行为人以营利为目的,聚众赌博或以赌博为业的行为。所谓以赌博为业,是指以赌博为常业,即嗜赌成性,以赌博所得为主要生活来源或挥霍来源。对于那些虽有正当职业,却不务正业,把主要精力放在赌博上,长期在工作之余从事赌博活动,输赢数额巨大的,也视为以赌博为业。非法经营罪则表现为行为人违反国家规定,非法从事经营活动,扰乱市场交易管理秩序的行为。我国内地法律严禁赌博,不存在合法的赌博经营服务,也不存在合法的赌博交易市场秩序,因此,周帮权等人聚集多人竞赌,不是扰乱市场秩序的非法经营活动,而是聚众赌博行为,它侵害了正常的社会管理秩序。从客观方面的行为来看,周帮权等人是借用“六合彩”的开奖信息作为评判输赢的标准,以庄家和参赌者结算的方式获取非法利益,其行为不具有非法发行、销售等经营行为的特点,也不是通过非法经营行为获利,不符合非法经营罪客观方面的要件。因此,对其以赌博罪定罪处罚符合刑法相关规定。

(三)将利用“六合彩”信息竞猜对赌的行为以赌博定性,符合民众对赌博的一般理解,更有利于体现罪刑相适应

根据《现代汉语词典》对“赌博”的解释,所谓赌博,就是用斗牌、掷色子等形式,拿财物作注比输赢。我国早在三千五百年前的夏朝就出现了最早的赌博游戏——六博。此后,随着社会的发展,赌博的形式不断翻新,种类逐渐增多,危害也

越来越大。新的赌博形式已经不限于用牌、色子等作为载体了。因此，基于这一发展态势的考虑，我们认为，只要利用一定形式为载体，以财物作注比输赢的，都属于赌博。本案被告人的行为是利用“六合彩”信息进行竞猜，以财物作注比输赢，以赌博定性，符合长期以来民众对赌博本质的理解。

——《刑事审判参考》(总第 84 辑)。

1098 在网络上开设赌场的认定和处理

关键词 | 开设赌场罪 | 网络赌博 |

【最高人民法院司法解释】

第二条 以营利为目的，在计算机网络上建立赌博网站，或者为赌博网站担任代理，接受投注的，属于刑法第三百零三条规定的“开设赌场”。

——《最高人民法院、最高人民检察院关于办理赌博刑事案件具体应用法律若干问题的解释》(2005 年 5 月 13 日，法释〔2005〕3 号)。

【最高人民法院司法文件】

一、关于网上开设赌场犯罪的定罪量刑标准

利用互联网、移动通讯终端等传输赌博视频、数据，组织赌博活动，具有下列情形之一的，属于刑法第三百零三条第二款规定的“开设赌场”行为：

(一)建立赌博网站并接受投注的；

(二)建立赌博网站并提供给他人组织赌博的；

(三)为赌博网站担任代理并接受投注的；

(四)参与赌博网站利润分成的。

实施前款规定的行为，具有下列情形之一的，应当认定为刑法第三百零三条第二款规定的“情节严重”：

(一)抽头渔利数额累计达到 3 万元以上的；

(二)赌资数额累计达到 30 万元以上的；

(三)参赌人数累计达到 120 人以上的；

(四)建立赌博网站后通过提供给他人组织赌博，违法所得数额在 3 万元以上的；

(五)参与赌博网站利润分成，违法所得数额在 3 万元以上的；

(六)为赌博网站招募下级代理，由下级代理接受投注的；

(七)招揽未成年人参与网络赌博的；

(八)其他情节严重的情形。

二、关于网上开设赌场共同犯罪的认定和处罚

明知是赌博网站,而为其提供下列服务或者帮助的,属于开设赌场罪的共同犯罪,依照刑法第三百零三条第二款的规定处罚:

(一)为赌博网站提供互联网接入、服务器托管、网络存储空间、通讯传输通道、投放广告、发展会员、软件开发、技术支持等服务,收取服务费数额在 2 万元以上的;

(二)为赌博网站提供资金支付结算服务,收取服务费数额在 1 万元以上或者帮助收取赌资 20 万元以上的;

(三)为 10 个以上赌博网站投放与网址、赔率等信息有关的广告或者为赌博网站投放广告累计 100 条以上的。

实施前款规定的行为,数量或者数额达到前款规定标准 5 倍以上的,应当认定为刑法第三百零三条第二款规定的"情节严重"。

实施本条第一款规定的行为,具有下列情形之一的,应当认定行为人"明知",但是有证据证明确实不知道的除外:

(一)收到行政主管机关书面等方式的告知后,仍然实施上述行为的;

(二)为赌博网站提供互联网接入、服务器托管、网络存储空间、通讯传输通道、投放广告、软件开发、技术支持、资金支付结算等服务,收取服务费明显异常的;

(三)在执法人员调查时,通过销毁、修改数据、账本等方式故意规避调查或者向犯罪嫌疑人通风报信的;

(四)其他有证据证明行为人明知的。

如果有开设赌场的犯罪嫌疑人尚未到案,但是不影响对已到案共同犯罪嫌疑人、被告人的犯罪事实认定的,可以依法对已到案者定罪处罚。

三、关于网络赌博犯罪的参赌人数、赌资数额和网站代理的认定

赌博网站的会员账号数可以认定为参赌人数,如果查实一个账号多人使用或者多个账号一人使用的,应当按照实际使用的人数计算参赌人数。

赌资数额可以按照在网络上投注或者赢取的点数乘以每一点实际代表的金额认定。

对于将资金直接或间接兑换为虚拟货币、游戏道具等虚拟物品,并用其作为筹码投注的,赌资数额按照购买该虚拟物品所需资金数额或者实际支付资金数额认定。

对于开设赌场犯罪中用于接收、流转赌资的银行账户内的资金,犯罪嫌疑人、被告人不能说明合法来源的,可以认定为赌资。向该银行账户转入、转出资金的银行账户数量可以认定为参赌人数。如果查实一个账户多人使用或多个账户一人使

用的,应当按照实际使用的人数计算参赌人数。

有证据证明犯罪嫌疑人在赌博网站上的账号设置有下级账号的,应当认定其为赌博网站的代理。

——《最高人民法院、最高人民检察院、公安部关于办理网络赌博犯罪案件适用法律若干问题的意见》(2010 年 8 月 31 日,公通字〔2010〕40 号)。

【最高人民法院参考案例】

陈宝林等赌博案(《刑事审判参考》案例第 351 号)

要旨:“聚众赌博”行为与“开设赌场”行为的区别在于行为人是否发展了下级代理人,如果行为人只是充当赌博网站地区代理人的下级代理人,通过提供赌博网站的账户和密码招引赌博客户,没有再发展下级代理人的,其行为就应当认定为“聚众赌博”行为。

(二)网络赌博中“开设赌场”的认定

根据刑法的规定结合网络赌博犯罪的实际情况,我们认为,在网络赌博犯罪中所谓“开设赌场”是指以营利为目的,在计算机网络上建立赌博网站,招引赌博客户或通过发展网络赌博代理人招引赌博客户,接受投注的;或者为赌博网站充当地区代理人招引赌博客户或通过发展下级代理人招引赌博客户,接受投注的;或者充当赌博网站地区代理人的下级代理人通过发展下级代理人招引赌博客户或同时招引赌博客户,接受投注的。将上述第三种行为认定为“开设赌场”的行为与“两高”《关于办理赌博刑事案件具体应用法律若干问题的解释》第二条规定……的精神也是相符的。因为第三种“开设赌场”的行为人,表面上看是为赌博网站的地区代理人充当下级代理人,但是实质上该行为人本质上还是为赌博网站充当代理人,只不过中间介入了地区代理人一定程度的管理行为。在网络赌博犯罪中“开设赌场”的前两种行为与“聚众赌博”行为的区分是明显的,第三种“开设赌场”的行为与“聚众赌博”行为的区分不是十分明显,值得我们注意。“聚众赌博”行为与“开设赌场”行为的区别在于行为人是否发展了下级代理人,如果行为人只是充当赌博网站地区代理人的下级代理人,通过提供赌博网站的账户和密码招引赌博客户,没有再发展下级代理人的,其行为就应当认定为“聚众赌博”行为。如果不作此区分,那么在网络赌博中就没有“聚众赌博”行为存在的余地。

——《刑事审判参考》(总第 44 辑)。

1099 新型网络抽奖式销售经营行为性质的认定

关键词 | 开设赌场罪 | 一元购 |

【最高人民法院参考案例】

陈枝滨等人开设赌场案(《刑事审判参考》案例第1461号)

要旨:为正确认定网络抽奖式销售行为的性质,应当着重从抽奖式销售行为的实质、网络平台运营管理的性质以及行为人的主观故意三个方面进行审查。

网络抽奖式销售是伴随线上销售模式发展而产生的线上促销手段。"一元购",即经营者将商品按一定价格分成若干等价份额出售,再随机抽取一名中奖者获得商品权益,其他认购资金无法取回的模式,是网络抽奖式销售的典型代表。2017年《互联网金融风险专项整治工作领导小组办公室关于网络"一元购"业务的定性和处置意见》(整治办函〔2017〕78号)指出,网络"一元购"的经营模式,参与人存在获取较大利益的机会,但也承担了损失全部本金的风险,对纯粹以一元价格销售获取大奖机会的网络"一元购",可以认定为赌博。并要求对部分纯粹的网络"一元购"展开整顿清理工作,对部分直接冠名"一元购"或明显采用该模式运营的网站、企业进行清查。但此后仍不乏利用网络抽奖式销售模式经营的情况。网络抽奖式销售作为新型"互联网+"销售模式,能否入罪、如何定罪均无直接明确的法律规定。我们认为,为正确认定网络抽奖式销售行为的性质,应当着重从抽奖式销售行为的实质、网络平台运营管理的性质以及行为人的主观故意三个方面进行审查。

——《刑事审判参考》(总第130辑)。

1100 利用"二元期权"网站组织赌博构成开设赌场罪

关键词|开设赌场罪|"二元期权"|赌博网站|

【最高人民法院指导性案例】

陈庆豪、陈淑娟、赵延海开设赌场案(最高人民法院指导案例146号)

裁判要点:以"二元期权"交易的名义,在法定期货交易场所之外利用互联网招揽"投资者",以未来某段时间外汇品种的价格走势为交易对象,按照"买涨""买跌"确定盈亏,买对涨跌方向的"投资者"得利,买错的本金归网站(庄家)所有,盈亏结果不与价格实际涨跌幅度挂钩的,本质是"押大小、赌输赢",是披着期权交易外衣的赌博行为。对相关网站应当认定为赌博网站。

法院生效裁判认为,根据国务院2017年修订的《期货交易管理条例》第一条、第四条、第六条规定,期权合约是指期货交易场所统一制定的、规定买方有权在将来某一时间以特定价格买入或者卖出约定标的物的标准化合约。期货交易应当在期货交易所等法定期货交易场所进行,禁止期货交易场所之外进行期货交易。未经国务院或者国务院期货监督管理机构批准,任何单位或者个人不得以任何形式组织期货交易。简言之,期权是一种以股票、期货等品种的价格为标的,在法定期货交易场所进行交易的金融产品,在交易过程中需完成买卖双方权利的转移,具有规避价格风险、服务实体经济的功能。

龙汇“二元期权”的交易方法是下载市场行情接收软件和龙汇网站自制插件,会员选择外汇品种和时间段,点击“买涨”或“买跌”按钮完成交易,买对涨跌方向即可盈利交易金额的76%—78%,买错涨跌方向则本金即归网站(庄家)所有,盈亏结果与外汇交易品种涨跌幅度无关,实则是以未来某段时间外汇、股票等品种的价格走势为交易对象,以标的价格走势的涨跌决定交易者的财产损益,交易价格与盈亏幅度事前确定,盈亏结果与价格实际涨跌幅度不挂钩,交易者没有权利行使和转移环节,交易结果具有偶然性、投机性和射幸性。因此,龙汇“二元期权”与“押大小、赌输赢”的赌博行为本质相同,实为网络平台与投资者之间的对赌,是披着期权外衣的赌博行为。

被告人陈庆豪在龙汇公司担任中国区域市场总监,从事日常事务协调管理,维护公司与经纪人关系,参加各地说明会、培训会并宣传龙汇“二元期权”,发展新会员和开拓新市场,符合《最高人民法院、最高人民检察院公安部关于办理网络赌博犯罪案件适用法律若干问题的意见》(以下简称《意见》)第二条规定的明知是赌博网站,而为其提供投放广告、发展会员等服务的行为,构成开设赌场罪,其非法所得已达到《意见》第二条规定的“收取服务费数额在2万元以上的”五倍以上,应认定为开设赌场“情节严重”。但考虑到其犯罪事实、行为性质、在共同犯罪中的地位作用和从轻量刑情节,对其有期徒刑刑期予以酌减,对罚金刑依法予以维持。陈淑娟、赵延海面向社会公众招揽赌客参加赌博,属于为赌博网站担任代理并接受投注行为,且行为具有组织性、持续性、开放性,构成开设赌场罪,并达到“情节严重”。原判认定陈淑娟、赵延海的罪名不当,二审依法改变其罪名,但根据上诉不加刑原则,维持一审对其量刑。

——《最高人民法院关于发布第26批指导性案例的通知》(2020年12月31日,法〔2020〕352号)。

1101 利用微信群控制管理,持续组织他人赌博构成开设赌场罪

关键词｜开设赌场罪｜网络赌博｜微信群｜

【最高人民法院指导性案例】

洪小强、洪礼沃、洪清泉、李志荣开设赌场案(最高人民法院指导案例105号)

裁判要点:以营利为目的,通过邀请人员加入微信群的方式招揽赌客,根据竞猜游戏网站的开奖结果等方式进行赌博,设定赌博规则,利用微信群进行控制管理,在一段时间内持续组织网络赌博活动的,属于刑法第三百零三条第二款规定的"开设赌场"。

法院生效裁判认为,被告人洪小强、洪礼沃、洪清泉、李志荣以营利为目的,通过邀请人员加入微信群的方式招揽赌客,根据竞猜游戏网站的开奖结果,以押大小、单双等方式进行赌博,并利用微信群进行控制管理,在一段时间内持续组织网络赌博活动的行为,属于刑法第三百零三条第二款规定的"开设赌场"。被告人洪小强、洪礼沃、洪清泉、李志荣开设和经营赌场,共接受赌资累计达3237300元,应认定为刑法第三百零三条第二款规定的"情节严重",其行为均已构成开设赌场罪。

——《最高人民法院关于发布第20批指导性案例的通知》(2018年12月25日,法〔2018〕347号)。

【链接:理解与参照】

因此,将微信群赌博认定为开设赌场罪必须谨慎,不能将所有微信群赌博的行为均认定为开设赌场罪,只有在微信群符合下列条件的情况下才能认定为赌场:

1. 控制性。控制性是开设赌场区别于聚众赌博的关键特征。① 聚众赌博往往是临时纠合人员和选择场地,对参赌人员和赌博场所控制性较弱;开设赌场在选定赌博场所、制定赌博规则、管理参赌人员上具有较强的支配性和控制性。微信群虽为虚拟空间,但为参赌人员提供了赌博平台,其建立极为便利、随时可以解散并不能证明控制程度弱,反而在管理参赌人员、贯彻赌博规则和逃避侦查打击上更灵活便利。本案中,被告人洪小强等人虽未开设有形赌场,也未为赌场提供物质筹码、赌具等,但雇佣他人运用智能手机、电脑等设备建立微信赌博群,并通过设置赌博规则运营赌场,如有赌客不遵守既定规则,则会被移出微信群。四被告人通过对群内赌博活动的严格控制及管理,使赌博活动长期稳定持续下去。

2. 组织性。开设赌场罪中,赌场内部组织结构完整,行为人之间分工明确,有确定的上下级关系,建立了经营制度、财务管理制度等。在本案中,四被告人分工合作经营微信赌博,有作为出资的股东,有负责微信赌博群财务及维护赌博软件的,有负责后勤的,还有负责处理与赌客纠纷的,另外还雇佣他人在群内接受赌客

① 宗凤月:《新型社交网络赌博犯罪的进化——以"微信红包"变相赌博为例》,载《犯罪研究》2016年第5期。

投注、统计赌博输赢等，各被告人与雇员之间建立了完善的团队管理制度，开设赌场的行为组织性较为明显。

3. 持续性。聚众赌博一般是间歇式、偶发式的赌博活动，且具有临时性、短暂性的特点，一次聚众赌博结束后，下一次赌博又要再次组织。开设赌场在运营时间上则具有持续性的特点，赌博活动可以在赌场中稳定持续地开展。本案中，被告人洪小强等人从立微信群至案发有三个多月的时间，且赌博群每日二十四小时不间断运转，赌客可以随时在群内投注赌博，具有持续性和稳定性的特征。

4. 开放性。聚众赌博的规模一般较小，组织者通常利用自己的人际关系在小范围内组织他人赌博，对参赌者人数并没有追求，甚至大部分聚众赌博排斥陌生人的加入，具有封闭性特征。开设赌场具有一定的规模，能吸引不特定多数人前来参赌，具有开放性特征。本案中，群内参赌人员不仅包括各被告人邀请的好友，还包括这些好友所邀请的其他对象，并不局限在特定人员之中，参赌人员范围不是特定和封闭的，群成员最高时接近五百人，具有明显的开放性特征。

综上，只有在微信群具备控制性、组织性、持续性、开放性条件下，才能认为其具备与有形物理空间的赌场相同的属性。以营利为目的，通过邀请人员加入微信群的方式招揽赌客，根据竞猜游戏网站的开奖结果等方式进行赌博，设定赌博规则，利用微信群进行控制管理，在一段时间内持续组织网络赌博活动的，属于刑法第三百零三条第二款规定的开设赌场。当微信群不具有上述四个特征时，即使在微信群中进行赌博行为，也不能认定为开设赌场罪，而宜视案情认定为聚众赌博或纯属娱乐行为。

——杨菲、汤媛媛、马蓓蓓：《指导案例 105 号〈洪小强、洪礼沃、洪清泉、李志荣开设赌场案〉的理解与参照——利用微信群控制管理，持续组织他人赌博构成开设赌场罪》，载《人民司法 · 案例》2021 年第 17 期。

1102 以微信抢红包形式进行网络赌博的定罪和量刑

关键词 | 开设赌场罪 | 网络赌博 | 微信群 | 抢红包 |

【最高人民法院指导性案例】

谢检军、高垒、高尔樵、杨泽彬开设赌场案（最高人民法院指导案例 106 号）

裁判要点：以营利为目的，通过邀请人员加入微信群，利用微信群进行控制管理，以抢红包方式进行赌博，在一段时间内持续组织赌博活动的行为，属于刑法第三百零三条第二款规定的“开设赌场”。

法院生效裁判认为，以营利为目的，通过邀请人员加入微信群，利用微信群进行控制管理,以抢红包方式进行赌博,设定赌博规则,在一段时间内持续组织赌博活动的行为,属于刑法第三百零三条第二款规定的“开设赌场”。谢检军、高垒、高尔樵、杨泽彬伙同他人开设赌场,均已构成开设赌场罪,且系情节严重。谢检军、高垒、高尔樵、杨泽彬在共同犯罪中地位和作用较轻,均系从犯,原判未认定从犯不当,依法予以纠正,并对谢检军予以从轻处罚,对高尔樵、杨泽彬、高垒均予以减轻处罚。杨泽彬犯罪后自动投案,并如实供述自己的罪行,系自首,依法予以从轻处罚。谢检军、高尔樵、高垒到案后如实供述犯罪事实,依法予以从轻处罚。谢检军、高尔樵、杨泽彬、高垒案发后退赃,二审审理期间杨泽彬的家人又代为退赃,均酌情予以从轻处罚。

——《最高人民法院关于发布第20批指导性案例的通知》(2018年12月25日,法〔2018〕347号)。

【链接:理解与参照】

区分赌博罪和开设赌场罪的关键在于赌博犯罪活动的组织性、开放性和经营性的区别,本案裁判要点也主要是从这三个方面进行说明。

(一)组织性:主要体现为组织者对赌场的管理、控制及赌场规模等方面

赌博犯罪的组织性较弱。赌博犯罪虽也表现为组织、招引他人参加赌博的行为,但对赌博场所的管理较为松散,其组织赌博一般是利用自己的人际关系、人脉资源,侧重点在招引,呼朋引伴去赌博,而且赌博时间和场所都具有不确定性,对赌博的时间与空间控制性较弱,随机性较大。而开设赌场犯罪则具有较强的组织性。首先,赌场内有专门人员各司其职,分工明确,组织者并非仅利用自己的人际关系招引参赌对象,更多的人是认知到赌场存在而加入,赌场有一套严密的组织体系和工作制度,组织者对赌博场所管理较为严格;其次,开设赌场的组织者对于赌博时间和空间具有较强的控制性,赌博场所在其支配之下,通常表现为赌博时间、地点相对固定;最后,开设赌场罪中赌场规模较大,社会公众认知度广。本案中案涉微信群为赌博活动制定了详细规则,包括拉人入群、分发奖金、抽头方式、为参赌人员资和收取群主抽头分成、保管抽头赃款、记账等,群主和代包手的职责分工明确具体,管理严密,对于何时进行赌博、参与赌博人员等均在群主控制和支配范围内,微信群内有七八十或上百人参与赌博,规模较大,显示出严密的组织性。

(二)开放性:主要体现在赌博场所的固定性,参赌人员的流动性等方面

赌博犯罪具有相对封闭性,一是赌博场所不具有固定性,组织者所选定的场所通常仅供一次赌博所用,下次赌博仍需临时选定一个新的场所,正所谓“打一枪换一个地方”;二是参赌成员相对较为固定,局限性较强,外部人员轻易不能加入其中,扩散面小,开放性差,具有较强的隐蔽性。而开设赌场犯罪则具有较强的开放性,一是赌

博地点相对固定，以便吸引更多的人加入。这里的相对固定并不是指一成不变，而是随着赌场的发展壮大等进行更换，但赌场通常在一定范围内被相关人员所知悉，自动吸引赌客前来赌博，无须行为人每次赌博前发出赌博邀请。二是参赌成员流动性较大，每个入群的参赌人员均可邀请他人加入，群内成员彼此之间并不熟识。

本案所组建的微信群系通过网络设立的虚拟空间，具有开放性，参与赌博的人员并非均为向某、谢检军等人原有微信好友，所有入群人员均可邀请他人入群参赌，在案参赌人员亦证实自己可以拉人入群，并根据获利情况领取相应工资，群内一百多人大多互不认识。涉案微信群在短时间内人数已扩展至百余人，虽然赌博微信群几经更换，但组织者每次均提前将原群中所有成员拉入新建群，新的微信群在运作过程中也会不断有新人加入，赌博场所不具有隐蔽性和封闭性，而具有开放性特征。

（三）经营性：体现为有明确的目的、较为固定的场所和人员结构等

赌博犯罪的非法收益一般仅通过抽头获取，因其赌博的时间和地点均具有临时性、短暂性，故一般不能从赌博场所本身获取非法经营收益，组织者对整个赌博活动并无详细的筹划和管理等长远打算，经营性特征不明显。而开设赌场犯罪不仅通过组织赌博活动抽头获取非法收益，大多还通过提供其他与赌博配套的服务获取经营性收益，赌博的时间和地点均较为固定、持续，赌场内人员分工明确，赌场的开设者和管理者对整个赌博活动有详细的规划和管理，并通过多种方式吸引更多的人参与赌博活动，维系赌场运行，经营性特征明显。

本案中案涉微信群建群的目的非常明确，就是组织人员前来赌博，相当于为参赌人员提供了一个相对固定的场所。组织者为赌博群制定规则，且另建有接待群、代包手群，用以接待即将入赌博群的成员并观察其信誉及与代包手进行联系，具有周密的部署和详尽的安排，并采用将部分赌资作为抢到特殊数字的奖励等方式调动大家积极性和热情，吸引更多的人参与赌博，使微信群作为一个赌博场所能够正常运行，具有经营性特征。

——钱安定、杨治、马蓓蓓：《指导案例106号〈谢检军、高垒、高尔樵、杨泽彬开设赌场案〉的理解与参照——以微信抢红包形式进行网络赌博的定性》，载《人民司法·案例》2021年第17期。

【最高人民法院参考案例】

夏永华等人开设赌场案（《刑事审判参考》案例第1347号）

要旨：利用微信群抢红包等方式进行赌博的，以开设赌场罪定罪处罚。

（二）关于利用微信赌博群开设赌场的事实认定和法律适用的有关问题

1. 关于开设赌场罪“情节严重”的认定

……那么，组织微信群赌博的“情节严重”如何适用法律呢？我们认为，由于

组建微信群赌博,无论是人员规模、公开程度、获利途径和方式、专业化程度,都与网络赌博中的开设赌场具有高度的一致性,因此,可以参照适用《网络赌博意见》来认定开设赌场罪的“情节严重”。而《网络赌博意见》第一条第二款规定,具有下列情形之一的,应当认定为开设赌场罪“情节严重”:“(一)抽头渔利累计达到3万元以上的;(二)赌资数额累计达到30万元以上的;(三)参赌人数达到120人以上的;(四)建立赌博网站后通过提供给他人组织赌博,违法所得数额在3万元以上的;(五)参加赌博网站利润分成,违法所得数额在3万元以上的;(六)为赌博网站招募下级代理,由下级代理接受投注的;(七)招揽未成年人参与网络赌博的;(八)其他情节严重的情形。”由于是参照,而不是依照,因此,“情节严重”的数额标准,并不完全依照上述规定。根据浙江省法院的地方标准,开设赌场罪,抽头渔利数累计数额五万元以上的为“情节严重”。结合《网络赌博意见》和浙江省的地方标准,被告人夏永华、陈增贵、解粉兰、赵军华、崔文博、张孙敏、卞立威的行为,各自的赌资数额累计均达到三十万元以上,且抽头渔利累计达到五万元以上,或者违法所得数额在五万元以上。故以上被告人均属于开设赌场罪中“情节严重”的情形。

2. 关于赌资数额的认定

赌资数额的认定,主要涉及两个问题:

一是赌资的计算方法。地面赌场或者一般聚众赌博赌资的计算,都是以查获的实际赌资为依据,至于该赌资在同一时间和地点赌博活动中被用了几次,不属于计算时要考虑的问题,即同一时间和地点赌博的,查获多少赌资就认定多少赌资。只有在不同时间或者不同地点的赌博活动中查获的赌资才累计计算。而网络赌博、微信群赌博则无法依据上述方法认定。网络赌博、微信群赌博中,赌场开设者都是按次(局)抽头的。如本案中,被告人租用“机器人”,用软件自动计算获利和抽头。因此,涉案赌资按交易次数累计计算,如有资金一万元投入赌博,累计交易十次,赌博数额为十万元。因此,《网络赌博意见》第三条第二款规定,赌资数额可以按照在网络上投注或者赢取的点数乘以每一点实际代表的金额认定。该条第三款规定,对于将资金直接或间接兑换虚拟货币、道具等虚拟物品,赌资数额按照购买该虚拟物品所需资金数额或者实际支付资金数额认定。另外,网络赌博、微信群赌博笔数多,数额大,如按实际支付数额计算赌资,不依靠软件科学计算难以查清,依靠人工计算则基本上不可能核实准确、清楚。

二是开设赌场为吸引他人参赌而自己投入的资金是否认定为赌资的问题。我们认为,凡为赌博目的而投入的资金,均应认定为赌资。如果能查明哪些是开设赌场人自己投入的,哪些不是,可在情节上适当考虑。但是,哪些资金是开设赌场人自己投入的资金,在实践中往往很难查清、很难区分。《网络赌博意见》第三条第四款规定,对于开设赌场犯罪中用于接收、流转赌资的银行账户内的资金,不能说明合法来源的,可以认定为赌资。具体本案中,各被告人用于接收、流转赌资的银行账户内的资金,因各被告人均不能说明资金的合法来源,故全部认定为赌资。

3. 关于本案量刑的考量因素

刑法第六十一条规定,对于犯罪分子决定刑罚的时候,应当根据犯罪的事实、犯罪的性质、情节和对于社会的危害程度,依照本法的有关规定判处。本案是一个被告人众多、参与人更多的涉众型犯罪,同时又是网络社会中的新型犯罪,相关的司法解释规定不明确。在这种情况下,对各被告人判处刑罚,既要考虑犯罪的一般情节,也要考虑新型犯罪的特殊情形,还要考虑法律适用上的特殊情况;既要准确适用法律,又要积极探索刑法法理在新型犯罪中的具体运用;既要注重审判的法律效果,也要注重审判的社会效果;既严格适用法律,又留有总结经验的空间。

(1)犯罪情节主要依据赌资还是被告人获利情况?我们认为,赌资固然是衡量犯罪情节和社会危害性的一个重要内容,在聚众赌博、常业赌博案件中,赌资还是决定赌博行为是否构成犯罪的主要依据。但在网络赌博和微信群赌博案件中,涉案赌资实行累计计算往往数额巨大,而被告人实际获利却与赌资大小没有必然关系。开设赌场者的获利主要依据赌博的局数或者依据输赢的数量抽头。促使开设赌场者不断实施犯罪行为的内在动力不是赌资的大小,而是抽头的数额。因此,在实际处理中,相比于赌资,抽头渔利数额和非法所得数额是更为重要的量刑情节。本案中,被告人夏永华、陈增贵虽然涉案赌资均达二千余万元,但个人非法获利却仅二十万元,被告人赵军华涉案赌资达七百余万元,但个人非法获利仅十万元,被告人卞立威涉案赌资九百余万元,但个人非法获利仅三万元。其他被告人也都存在涉案赌资与非法获利差距巨大的情况。在这种情况下,如果仅以涉案赌资衡量犯罪行为的危害性,极可能造成不适当的重判。相对而言,非法获利情况更能客观地反映被告人的主观恶性和犯罪的社会危害性。

(2)参照还是完全依照《网络赌博意见》量刑?我们认为,虽然组建微信群开设赌场与网络赌博有相似的地方,在法律适用上可以参照适用《网络赌博意见》。但是,相比网络赌博而言,组建微信群赌博,能够入群参与赌博的,一般都是基于组建微信群者或者管理者或者其他赌博参与者的介绍而入群,相互之间的熟悉程度比网络赌博高。而且,由于微信账户不等同于网络银行账户,每次投入资金受到微信规则的限制,特别是发红包,更是受到微信红包每人不得超过二百元的限制。因此,微信群红包赌博的社会危害性比网络赌博的社会危害性会相对小一些。故在量刑时不能完全机械地依照《网络赌博意见》条文的相关规定,而应该体现微信红包赌博的自身特点。

——《刑事审判参考》(总第122辑)。

1103 对明知是赌博网站仍为其提供资金结算便利的行为的定罪①

关键词｜赌博网站｜开设赌场罪｜

【最高人民法院参考案例】

萧俊伟开设赌场案(《刑事审判参考》案例第 804 号)

要旨:对明知是赌博网站,仍为其提供资金结算便利的行为构成开设赌场罪。

(一)明知是赌博网站而提供资金支付结算便利的行为构成开设赌场罪

本案在审理过程中,对明知是赌博网站而提供资金支付结算便利的行为定性,形成两种不同意见:一种观点认为,被告人萧俊伟明知“乐天堂”网站是赌博网站,而为其提供资金支付结算服务,且数额特别巨大,情节严重,应当以开设赌场罪定罪处罚。另一种观点认为,本案应当依照《解释》②的规定,以赌博罪定罪处罚。我们认为,根据《最高人民法院、最高人民检察院关于适用刑事司法解释时间效力问题的规定》第一条的规定,司法解释的效力适用于法律施行期间。2006 年 6 月 29 日颁布施行的刑法修正案(六)将开设赌场犯罪行为从赌博罪中分离出来,单独规定了开设赌场罪。因此,2006 年 6 月 29 日以后,利用计算机网络技术建立赌博网站并接受投注的行为,不能再依照 2005 年出台的《解释》的规定认定为赌博罪,而应当依照修订后的刑法规定认定为开设赌场罪。与传统的实体赌场不同,网上开设赌场是利用互联网、移动通讯终端等传输赌博视频、数据,以现代科技为依托建立虚拟场所,通过数字信息交流,组织赌博活动。在网络上开设赌场的整个流程分为两个环节:一是信息流环节,即赌博网站网址、赔率等招赌信息的发布、参赌人员的身份信息注册、银行账户等支付手段信息的确认、投注信息的上传与接收、赌博输赢结果的公布等;二是资金流环节,即利用银行、第三方支付平台等金融机构或者准金融机构,进行赌资的收支结算活动。萧俊伟明知“乐天堂”网站是赌博网站而在资金流环节提供服务,在开设赌场犯罪中承担了一定的分工,符合刑法总则关于共同犯罪的规定,应当以开设赌场罪定罪处罚。最高人民法院、最高人民检察院、公安部 2010 年 8 月 31 日联合发布的《关于办理网络赌博犯罪案件适用法律若干问题的意见》第二条第一款第(二)项将明知是赌博网站,为赌博网站提供资金

---

① 2016 年 11 月 1 日起施行的刑法修正案(九)第二十九条新增了刑法第二百八十七条之二,规定了帮助信息网络犯罪活动罪,其中第一款规定:明知他人利用信息网络实施犯罪,为其犯罪提供互联网接入、服务器托管、网络存储、通讯传输等技术支持,或者提供广告推广、支付结算等帮助,情节严重的,处三年以下有期徒刑或者拘役,并处或者单处罚金。该条第三款规定:有前两款行为,同时构成其他犯罪的,依照处罚较重的规定定罪处罚。因此,对于刑法修正案(九)施行后发生的明知是赌博网站,仍为其提供资金结算便利的行为,既构成帮助信息网络犯罪活动罪,又构成开设赌场罪的共同犯罪的,应当依照处罚较重的规定定罪处罚。

② 即《最高人民法院、最高人民检察院关于办理赌博刑事案件具体应用法律若干问题的解释》(法释〔2005〕3 号)。

支付结算服务的行为明确为开设赌场罪的共同犯罪。

——《刑事审判参考》(总第 87 辑)。

1104 利用赌博机开设赌场的定罪处罚

关键词 | 开设赌场 | 赌博机 | 组织赌博 |

【最高人民法院司法文件】

一、关于利用赌博机组织赌博的性质认定

设置具有退币、退分、退钢珠等赌博功能的电子游戏设施设备,并以现金、有价证券等贵重款物作为奖品,或者以回购奖品方式给予他人现金、有价证券等贵重款物(以下简称设置赌博机)组织赌博活动的,应当认定为刑法第三百零三条第二款规定的“开设赌场”行为。

二、关于利用赌博机开设赌场的定罪处罚标准

设置赌博机组织赌博活动,具有下列情形之一的,应当按照刑法第三百零三条第二款规定的开设赌场罪定罪处罚:

(一)设置赌博机 10 台以上的;

(二)设置赌博机 2 台以上,容留未成年人赌博的;

(三)在中小学校附近设置赌博机 2 台以上的;

(四)违法所得累计达到 5000 元以上的;

(五)赌资数额累计达到 5 万元以上的;

(六)参赌人数累计达到 20 人以上的;

(七)因设置赌博机被行政处罚后,两年内再设置赌博机 5 台以上的;

(八)因赌博、开设赌场犯罪被刑事处罚后,五年内再设置赌博机 5 台以上的;

(九)其他应当追究刑事责任的情形。

设置赌博机组织赌博活动,具有下列情形之一的,应当认定为刑法第三百零三条第二款规定的“情节严重”:

(一)数量或者数额达到第二条第一款第一项至第六项规定标准六倍以上的;

(二)因设置赌博机被行政处罚后,两年内再设置赌博机 30 台以上的;

(三)因赌博、开设赌场犯罪被刑事处罚后,五年内再设置赌博机 30 台以上的;

(四)其他情节严重的情形。

可同时供多人使用的赌博机,台数按照能够独立供一人进行赌博活动的操作基本单元的数量认定。

在两个以上地点设置赌博机,赌博机的数量、违法所得、赌资数额、参赌人数等

均合并计算。

三、关于共犯的认定

明知他人利用赌博机开设赌场，具有下列情形之一的，以开设赌场罪的共犯论处：

（一）提供赌博机、资金、场地、技术支持、资金结算服务的；

（二）受雇参与赌场经营管理并分成的；

（三）为开设赌场者组织客源，收取回扣、手续费的；

（四）参与赌场管理并领取高额固定工资的；

（五）提供其他直接帮助的。

四、关于生产、销售赌博机的定罪量刑标准

以提供给他人开设赌场为目的，违反国家规定，非法生产、销售具有退币、退分、退钢珠等赌博功能的电子游戏设施设备或者其专用软件，情节严重的，依照刑法第二百二十五条的规定，以非法经营罪定罪处罚。

实施前款规定的行为，具有下列情形之一的，属于非法经营行为"情节严重"：

（一）个人非法经营数额在五万元以上，或者违法所得数额在一万元以上的；

（二）单位非法经营数额在五十万元以上，或者违法所得数额在十万元以上的；

（三）虽未达到上述数额标准，但两年内因非法生产、销售赌博机行为受过二次以上行政处罚，又进行同种非法经营行为的；

（四）其他情节严重的情形。

具有下列情形之一的，属于非法经营行为"情节特别严重"：

（一）个人非法经营数额在二十五万元以上，或者违法所得数额在五万元以上的；

（二）单位非法经营数额在二百五十万元以上，或者违法所得数额在五十万元以上的。

五、关于赌资的认定

本意见所称赌资包括：

（一）当场查获的用于赌博的款物；

（二）代币、有价证券、赌博积分等实际代表的金额；

（三）在赌博机上投注或赢取的点数实际代表的金额。

六、关于赌博机的认定

对于涉案的赌博机，公安机关应当采取拍照、摄像等方式及时固定证据，并予以认定。对于是否属于赌博机难以确定的，司法机关可以委托地市级以上公安机关出具检验报告。司法机关根据检验报告，并结合案件具体情况作出认定。必要时，人民法院可以依法通知检验人员出庭作出说明。

七、关于宽严相济刑事政策的把握

办理利用赌博机开设赌场的案件，应当贯彻宽严相济刑事政策，重点打击赌场的出资者、经营者。对受雇佣为赌场从事接送参赌人员、望风看场、发牌坐庄、兑换筹码等活动的人员，除参与赌场利润分成或者领取高额固定工资的以外，一般不追究刑事责任，可由公安机关依法给予治安管理处罚。对设置游戏机，单次换取少量奖品的娱乐活动，不以违法犯罪论处。

八、关于国家机关工作人员渎职犯罪的处理

负有查禁赌博活动职责的国家机关工作人员，徇私枉法，包庇、放纵开设赌场违法犯罪活动，或者为违法犯罪分子通风报信、提供便利、帮助犯罪分子逃避处罚，构成犯罪的，依法追究刑事责任。

国家机关工作人员参与利用赌博机开设赌场犯罪的，从重处罚。

——《最高人民法院、最高人民检察院、公安部关于办理利用赌博机开设赌场案件适用法律若干问题的意见》（2014 年 3 月 26 日，公通字〔2014〕17 号）。

1105 跨境赌博犯罪的定罪量刑

关键词 | 组织参与国（境）外赌博罪 | 跨境赌博 |

【最高人民法院司法文件】

二、关于跨境赌博犯罪的认定①

（一）以营利为目的，有下列情形之一的，属于刑法第三百零三条第二款规定的“开设赌场”：

1. 境外赌场经营人、实际控制人、投资人，组织、招揽中华人民共和国公民赴境外赌博的；

2. 境外赌场管理人员，组织、招揽中华人民共和国公民赴境外赌博的；

3. 受境外赌场指派、雇佣，组织、招揽中华人民共和国公民赴境外赌博，或者组织、招揽中华人民共和国公民赴境外赌博，从赌场获取费用、其他利益的；

4. 在境外赌场包租赌厅、赌台，组织、招揽中华人民共和国公民赴境外赌博的；

5. 其他在境外以提供赌博场所、提供赌资、设定赌博方式等，组织、招揽中华人民共和国公民赴境外赌博的。

---

① 本司法文件对跨境赌博犯罪的认定，应当根据刑法修正案（十一）修正后增设的组织参与国（境）外赌博罪妥当把握。

在境外赌场通过开设账户、洗码等方式，为中华人民共和国公民赴境外赌博提供资金担保服务的，以“开设赌场”论处。

（二）以营利为目的，利用信息网络、通讯终端等传输赌博视频、数据，组织中华人民共和国公民跨境赌博活动，有下列情形之一的，属于刑法第三百零三条第二款规定的“开设赌场”：

1. 建立赌博网站、应用程序并接受投注的；

2. 建立赌博网站、应用程序并提供给他人组织赌博的；

3. 购买或者租用赌博网站、应用程序，组织他人赌博的；

4. 参与赌博网站、应用程序利润分成的；

5. 担任赌博网站、应用程序代理并接受投注的；

6. 其他利用信息网络、通讯终端等传输赌博视频、数据，组织跨境赌博活动的。

（三）组织、招揽中华人民共和国公民赴境外赌博，从参赌人员中获取费用或者其他利益的，属于刑法第三百零三条第一款规定的“聚众赌博”。

（四）跨境开设赌场犯罪定罪处罚的数量或者数额标准，参照适用《关于办理赌博刑事案件具体应用法律若干问题的解释》《关于办理利用赌博机开设赌场案件适用法律若干问题的意见》和《关于办理网络赌博犯罪案件适用法律若干问题的意见》的有关规定。

三、关于跨境赌博共同犯罪的认定

（一）三人以上为实施开设赌场犯罪而组成的较为固定的犯罪组织，应当依法认定为赌博犯罪集团。对组织、领导犯罪集团的首要分子，按照集团所犯的全部罪行处罚。对犯罪集团中组织、指挥、策划者和骨干分子，应当依法从严惩处。

（二）明知他人实施开设赌场犯罪，为其提供场地、技术支持、资金、资金结算等服务的，以开设赌场罪的共犯论处。

（三）明知是赌博网站、应用程序，有下列情形之一的，以开设赌场罪的共犯论处：

1. 为赌博网站、应用程序提供软件开发、技术支持、互联网接入、服务器托管、网络存储空间、通讯传输通道、广告投放、会员发展、资金支付结算等服务的；

2. 为赌博网站、应用程序担任代理并发展玩家、会员、下线的。

为同一赌博网站、应用程序担任代理，既无上下级关系，又无犯意联络的，不构成共同犯罪。

（四）对受雇佣为赌场从事接送参赌人员、望风看场、发牌坐庄、兑换筹码、发送宣传广告等活动的人员及赌博网站、应用程序中与组织赌博活动无直接关联的一般工作人员，除参与赌场、赌博网站、应用程序利润分成或者领取高额固定工资的外，可以不追究刑事责任，由公安机关依法给予治安管理处罚。

四、关于跨境赌博关联犯罪的认定

（一）使用专门工具、设备或者其他手段诱使他人参赌，人为控制赌局输赢，构成犯罪的，依照刑法关于诈骗犯罪的规定定罪处罚。

网上开设赌场，人为控制赌局输赢，或者无法实现提现，构成犯罪的，依照刑法关于诈骗犯罪的规定定罪处罚。部分参赌者赢利、提现不影响诈骗犯罪的认定。

（二）通过开设赌场或者为国家工作人员参与赌博提供资金的形式实施行贿、受贿行为，构成犯罪的，依照刑法关于贿赂犯罪的规定定罪处罚。同时构成赌博犯罪的，应当依法与贿赂犯罪数罪并罚。

（三）实施跨境赌博犯罪，同时构成组织他人偷越国（边）境、运送他人偷越国（边）境、偷越国（边）境罪等罪的，应当依法数罪并罚。

（四）实施赌博犯罪，为强行索要赌债，实施故意杀人、故意伤害、非法拘禁、故意毁坏财物、寻衅滋事等行为，构成犯罪的，应当依法数罪并罚。

（五）为赌博犯罪提供资金、信用卡、资金结算等服务，构成赌博犯罪共犯，同时构成非法经营罪、妨害信用卡管理罪、窃取、收买、非法提供信用卡信息罪、掩饰、隐瞒犯罪所得、犯罪收益罪等罪的，依照处罚较重的规定定罪处罚。

为网络赌博犯罪提供互联网接入、服务器托管、网络存储、通讯传输等技术支持，或者提供广告推广、支付结算等帮助，构成赌博犯罪共犯，同时构成非法利用信息网络罪、帮助信息网络犯罪活动罪等罪的，依照处罚较重的规定定罪处罚。

为实施赌博犯罪，非法获取公民个人信息，或者向实施赌博犯罪者出售、提供公民个人信息，构成赌博犯罪共犯，同时构成侵犯公民个人信息罪的，依照处罚较重的规定定罪处罚。

五、关于跨境赌博犯罪赌资数额的认定及处理

赌博犯罪中用作赌注的款物、换取筹码的款物和通过赌博赢取的款物属于赌资。

通过网络实施开设赌场犯罪的，赌资数额可以依照开设赌场行为人在其实际控制账户内的投注金额，结合其他证据认定；如无法统计，可以按照查证属实的参赌人员实际参赌的资金额认定。

对于将资金直接或者间接兑换为虚拟货币、游戏道具等虚拟物品，并用其作为筹码投注的，赌资数额按照购买该虚拟物品所需资金数额或者实际支付资金数额认定。

对于开设赌场犯罪中主要用于接收、流转赌资的银行账户内的资金，犯罪嫌疑人、被告人不能说明合法来源的，可以认定为赌资。

公安机关、人民检察院已查封、扣押、冻结的赌资、赌博用具等涉案财物及孳息，应当制作清单。人民法院对随案移送的涉案财物，依法予以处理。赌资应当依

法予以追缴。赌博违法所得、赌博用具以及赌博犯罪分子所有的专门用于赌博的财物等,应当依法予以追缴、没收。

八、关于跨境赌博犯罪案件宽严相济刑事政策的运用

人民法院、人民检察院、公安机关要深刻认识跨境赌博犯罪的严重社会危害性,正确贯彻宽严相济刑事政策,运用认罪认罚从宽制度,充分发挥刑罚的惩治和预防功能。对实施跨境赌博犯罪活动的被告人,应当在全面把握犯罪事实和量刑情节的基础上,依法从严惩处,并注重适用财产刑和追缴、没收等财产处置手段,最大限度剥夺被告人再犯的能力。

(一)实施跨境赌博犯罪,有下列情形之一的,酌情从重处罚:

1. 具有国家工作人员身份的;

2. 组织国家工作人员赴境外赌博的;

3. 组织、胁迫、引诱、教唆、容留未成年人参与赌博的;

4. 组织、招揽、雇佣未成年人参与实施跨境赌博犯罪的;

5. 采用限制人身自由等手段强迫他人赌博或者结算赌资,尚不构成其他犯罪的;

6. 因赌博活动致 1 人以上死亡、重伤或者 3 人以上轻伤,或者引发其他严重后果,尚不构成其他犯罪的;

7. 组织、招揽中华人民共和国公民赴境外多个国家、地区赌博的;

8. 因赌博、开设赌场曾被追究刑事责任或者二年内曾被行政处罚的。

(二)对于具有赌资数额大、共同犯罪的主犯、曾因赌博犯罪行为被追究刑事责任、悔罪表现不好等情形的犯罪嫌疑人、被告人,一般不适用不起诉、免予刑事处罚、缓刑。

(三)对实施赌博犯罪的被告人,应当加大财产刑的适用。对被告人并处罚金时,应当根据其在赌博犯罪中的地位作用、赌资、违法所得数额等情节决定罚金数额。

(四)犯罪嫌疑人、被告人提供重要证据,对侦破、查明重大跨境赌博犯罪案件起关键作用,经查证属实的,可以根据案件具体情况,依法从宽处理。

——《最高人民法院、最高人民检察院、公安部办理跨境赌博犯罪案件若干问题的意见》(2020 年 10 月 16 日,公通字〔2020〕14 号)。

（七）其他

1106 利用信息网络实施诽谤等犯罪同时又构成煽动暴力抗拒法律实施等犯罪的，依照处罚较重的规定定罪处罚

关键词｜煽动暴力抗拒法律实施罪｜法条竞合｜处罚较重｜

【最高人民法院司法解释】

第九条 利用信息网络实施诽谤、寻衅滋事、敲诈勒索、非法经营犯罪，同时又构成刑法第二百二十一条规定的损害商业信誉、商品声誉罪，第二百七十八条规定的煽动暴力抗拒法律实施罪，第二百九十一条之一规定的编造、故意传播虚假恐怖信息罪等犯罪的，依照处罚较重的规定定罪处罚。

——《最高人民法院、最高人民检察院关于办理利用信息网络实施诽谤等刑事案件适用法律若干问题的解释》（2013年9月10日，法释〔2013〕21号）。

1107 冒充国家机关工作人员进行诈骗的行为定性

关键词｜招摇撞骗罪｜诈骗罪｜法条竞合｜处罚较重｜

【最高人民法院司法解释】

第八条 冒充国家机关工作人员进行诈骗，同时构成诈骗罪和招摇撞骗罪的，依照处罚较重的规定定罪处罚。

——《最高人民法院、最高人民检察院关于办理诈骗刑事案件具体应用法律若干问题的解释》（2011年4月8日，法释〔2011〕7号）。

【最高人民法院司法文件】

（三）冒充国家机关工作人员实施电信网络诈骗犯罪，同时构成诈骗罪和招摇撞骗罪的，依照处罚较重的规定定罪处罚。

——《最高人民法院、最高人民检察院、公安部关于办理电信网络诈骗等刑事案件适用法律若干问题的意见》（2016年12月19日，法发〔2016〕32号）。

1. 冒充正在执行公务的人民警察、联防人员，以抓卖淫嫖娼、赌博等违法行为为名非法占有财物的行为定性

行为人冒充正在执行公务的人民警察“抓赌”、“抓嫖”，没收赌资或者罚款的行为，构成犯罪的，以招摇撞骗罪从重处罚；在实施上述行为中使用暴力或者暴力威胁的，以抢劫罪定罪处罚。行为人冒充治安联防队员“抓赌”、“抓嫖”、没收赌资或者罚款的行为，构成犯罪的，以敲诈勒索罪定罪处罚；在实施上述行为中使用暴力或者暴力威胁的，以抢劫罪定罪处罚。

——《最高人民法院关于审理抢劫、抢夺刑事案件适用法律若干问题的意见》(2005 年 6 月 8 日，法发〔2005〕8 号)。

【最高人民法院参考案例】

梁其珍招摇撞骗案(《刑事审判参考》案例第 264 号)

要旨：行为人冒充国家工作人员进行招摇撞骗，同时符合招摇撞骗罪和诈骗罪的犯罪构成要件时，一般应以特别法优于普通法的原则，宜以招摇撞骗罪追究行为人刑事责任，只有在行为人冒充国家工作人员骗取数额巨大的财物的情况下，方宜以诈骗罪追究其刑事责任。

在行为人冒充国家机关工作人员骗取财物，数额并非特别巨大的情况下，适用刑法第二百七十九条规定，以“情节严重”的招摇撞骗罪追究其刑事责任，并不存在罪刑明显失衡的问题(目前虽尚无关于招摇撞骗“情节严重”的司法解释，但通过比较招摇撞骗罪与诈骗罪，应当可以确认，招摇撞骗数额巨大公私财物的，属于招摇撞骗“情节严重”范畴。而招摇撞骗“情节严重”的法定刑是三年以上十年以下有期徒刑，诈骗“数额巨大”的法定刑是三年以上十年以下有期徒刑，并处罚金，二者区别仅在于是否并处罚金)，且如此处理，更能全面地反映行为人行为的性质、特点。

上述分析论证进一步说明，对立法者在立法时的“无心之失”，是可以而且应当通过适当的刑法解释方式进行弥补：立法者在诈骗罪之外又专门设立招摇撞骗罪，似乎意味着对所有以冒充国家机关工作人员身份骗取财物的行为都应当以招摇撞骗罪论处，但立法者恐怕没有考虑到，以冒充国家机关工作人员身份方式行骗的所骗取的对象有可能是数额特别巨大的财物，而一旦出现这样的情况，如果严格遵循其表述欠妥的立法本意，并适用刑法第二百六十六条后半段规定，就会出现罪刑明显失衡现象，这显然不是立法者愿意看到的，不能体现其内心真意；通过对刑法第二百七十九条规定的招摇撞骗罪的构成要件作如上的适当解释，避免明显违背罪责刑相适应之刑法基本原则的定罪量刑结论，应当是恰当地反映了立法者的本来意思。

——《刑事审判参考》(总第34辑)。

李志远招摇撞骗、诈骗案(《刑事审判参考》案例第162号)

要旨:冒充国家机关工作人员以骗取他人信任,非法占有他人数额较大的财物的行为,既符合诈骗罪的犯罪构成,又符合招摇撞骗罪的犯罪构成,这种情况属于法条竞合。总的来说,是只能适用其中一个法条定罪量刑,而排斥其他法条的重复适用,实行数罪并罚。

比较刑法第二百六十六条和第二百七十九条所规定的两个罪的犯罪构成,不难看出:在犯罪手段上,诈骗罪可以采取任何一种虚构事实或者隐瞒真相的方法,当然可以涵盖招摇撞骗罪中"冒充国家机关工作人员"这一特殊手段。而在犯罪目的上,招摇撞骗罪的目的可以是骗取多种类型的非法利益,法条中对行为人所骗取的非法利益类型并无明确、特别的限制,因此,自然也可以包含诈骗罪中"骗取公私财物目的"在内。当行为人以冒充国家机关工作人员身份的手段,骗得他人信任,非法占有他人数额较大以上财物时,就会出现既符合诈骗罪的犯罪构成,又符合招摇撞骗罪的犯罪构成的情况,这就是刑法理论上所讲的法条竞合。

当诈骗罪和以骗取财物为目的的招摇撞骗罪出现交叉竞合时,如何适用重法条优于轻法条的原则,可具体分析如下:(1)骗取财物数额较大的。此时,招摇撞骗罪有两档法定刑:情节一般的,法定刑为三年以下有期徒刑、拘役、管制或者剥夺政治权利;情节严重的,法定刑为三年以上十年以下有期徒刑。而诈骗罪的法定刑为三年以下有期徒刑、拘役和管制,并处或者单处罚金,重于情节一般的招摇撞骗罪的法定刑,又轻于情节严重的招摇撞骗罪的法定刑。由此,根据具体案情,如判定属于情节严重的招摇撞骗行为应以招摇撞骗罪论处,反之,则应以诈骗罪论处。通常而言,招摇撞骗罪同时又是一种破坏国家机关威信的行为,当行为人冒充国家机关工作人员招摇撞骗同时骗取数额较大的财物时,从责任评价上理应重于不是采用冒充国家机关工作人员的方法骗取同等数额财物的普通诈骗罪,因而,在这种情况下,可视为招摇撞骗情节严重,适用招摇撞骗罪的第二档法定刑来定罪量刑。(2)骗取财物数额巨大的。此时,诈骗罪的法定刑为三年以上十年以下有期徒刑,并处罚金,而招摇撞骗罪没有罚金的规定,因此,诈骗罪是重法条,应以诈骗罪论处。同理,当骗取财物数额特别巨大的,更是应以诈骗罪来论处。当然,如果行为人招摇撞骗行为骗取的财物没有达到数额较大的程度,自然也就没有交叉竞合和诈骗罪适用的余地,如需要定罪处罚的话,直接以招摇诈骗罪论处就可以了。

——《刑事审判参考》(总第24辑)。

1108 违反有关身份证管理的法律规定，但情节显著轻微，危害不大，不构成犯罪①

关键词｜伪造身份证件罪｜情节显著轻微｜

【最高人民法院公报案例】

上海市静安区人民检察院诉张美华伪造居民身份证案(二审法院:上海市第二中级人民法院)

要旨:被告人在未能补办遗失居民身份证的情况下,雇佣他人以本人的真实身份资料伪造居民身份证,供自己在日常生活中使用的行为,虽然违反身份证管理的法律规定,但情节显著轻微、危害不大,根据刑法第十三条的规定,应认定不构成犯罪。

居民身份证法第一条规定:“为了证明居住在中华人民共和国境内的公民的身份,保障公民的合法权益,便利公民进行社会活动,维护社会秩序,制定本法。”第八条规定:“居民身份证由居民常住户口所在地的县级人民政府公安机关签发。”由此可见,居民身份证法是公民维护自己合法权益和进行社会活动时不可或缺的身份证明。张美华的户口从原址迁出后,一直无法落户。由于缺乏“常住户口所在地”这一要件,其身份证丢失后,户籍管理机关不能为其补办,使其在日常生活中遇到困难。在此情况下,张美华雇佣他人伪造一张身份证,仅将此证用于正常的个人生活。张美华使用的居民身份证虽然是伪造的,但该证上记载的姓名、住址、身份证编码等个人身份信息却是真实的,不存在因使用该证实施违法行为后无法查找违法人的可能。张美华在使用银行信用卡时虽有透支,但都能如期如数归还,且在日常生活和工作中无违法乱纪的不良记录。法庭调查证明,张美华伪造并使用伪造居民身份证的目的,是解决身份证遗失后无法补办,日常生活中需要不断证明自己身份的不便。张美华伪造居民身份证虽然违法,但未对社会造成严重危害,属于情节显著轻微危害不大。一审法院根据刑法第十三条的规定认定张美华的行为不是犯罪,并无不当。抗诉机关以张美华用伪造的居民身份证申领银行信用卡并在银行透支现金,推定张美华的行为具有潜在的社会危害性,没有事实根据,其抗诉理由不充分,不予支持。

——《最高人民法院公报》2004 年第 12 期。

---

① 刑法修正案(九)已有修正,增加第二百八十条之一的规定:在依照国家规定应当提供身份证明的活动中,使用伪造、变造的或者盗用他人的居民身份证、护照、社会保障卡、驾驶证等依法可以用于证明身份的证件,情节严重的,处拘役或者管制,并处或者单处罚金。有前款行为,同时构成其他犯罪的,依照处罚较重的规定定罪处罚。因此,使用虚假身份证件或者盗用他人身份证件的行为,可能构成此罪。

1109 伪造高等院校印章制作学历、学位证明，以伪造事业单位印章罪定罪处罚

关键词｜伪造事业单位印章罪｜学历、学位证明｜

【最高人民法院司法解释】

对于伪造高等院校印章制作学历、学位证明的行为，应当依照刑法第二百八十条第二款的规定，以伪造事业单位印章罪定罪处罚。

明知是伪造高等院校印章制作的学历、学位证明而贩卖的，以伪造事业单位印章罪的共犯论处。

——《最高人民法院、最高人民检察院关于办理伪造、贩卖伪造的高等院校学历、学位证明刑事案件如何适用法律问题的解释》（2001 年 7 月 5 日，法释〔2001〕22 号）。

1110 伪造、变造、买卖民用机动车号牌行为能否以伪造、变造、买卖国家机关证件罪定罪处罚

关键词｜伪造、变造、买卖国家机关证件罪｜机动车号牌｜

【最高人民法院答复】

……伪造、变造、买卖民用机动车号牌行为不能以伪造、变造、买卖国家机关证件罪定罪处罚。你院所请示问题的关键在于能否将机动车号牌认定为国家机关证件，从当前我国刑法的规定看，不能将机动车号牌认定为国家机关证件。理由在于：

一、刑法第 280 条第 1 款规定了伪造、变造、买卖国家机关公文、证件、印章罪，第 281 条规定了非法生产、买卖警用装备罪，将警用车辆号牌归属于警察专用标志，属于警用装备的范围。从这一点分析，证件与车辆号牌不具有同一性。如果具有同一性，刑法第 280 条中的证件就包括了警用车辆号牌，也就没有必要在第 281 条中单独明确列举警用车辆号牌了。同样的道理适用于刑法第 375 条的规定（刑法第 375 条第 1 款规定了伪造、变造、买卖武装部队公文、证件、印章罪、盗窃、抢夺武装部队公文、证件、印章罪，第 2 款规定了非法生产、买卖军用标志罪①，而军用标志包括武装部队车辆号牌）。刑法规定非法生产、买卖警用装备罪和非法生产、买卖军用标志罪，明确对警用车辆号牌和军用车辆号牌进行保护，目的在于维护警用、军

① 罪名已调整为“伪造、盗窃、买卖、非法提供、非法使用武装部队专用标志罪”。

用标志性物品的专用权,而不是将警用和军用车辆号牌作为国家机关证件来保护。如果将机动车号牌认定为证件,那么非法买卖警用机动车号牌的行为,是认定为非法买卖国家机关证件罪还是非法买卖警用装备罪?这会导致刑法适用的混乱。

二、从刑罚处罚上看,如果将机动车号牌认定为国家机关证件,那么非法买卖的机动车号牌如果分别属于人民警察车辆号牌、武装部队车辆号牌、普通机动车号牌,同样一个行为就会得到不同的处理结果:对于前两者,根据刑法第281条、第375条第2款的规定,情节严重的,分别构成非法买卖警用装备罪、非法买卖军用标志罪,法定刑为三年以下有期徒刑、拘役或者管制,并处或者单处罚金。对于非法买卖民用机动车号牌,根据刑法第280条第1款的规定,不论情节是否严重,均构成买卖国家机关证件罪,情节一般的,处三年以下有期徒刑、拘役、管制或者剥夺政治权利;情节严重的,处三年以上十年以下有期徒刑。可见,将机动车号牌认定为证件,将使对非法买卖普通机动车号牌的刑罚处罚重于对非法买卖人民警察、武装部队车辆号牌的刑罚处罚,这显失公平,也有悖立法本意。

——《最高人民法院研究室〈关于伪造、变造、买卖民用机动车号牌行为能否以伪造、变造、买卖国家机关证件罪定罪处罚问题的请示〉的答复》(2009年1月1日,法研〔2009〕68号)。

1111 冒名不顶替的情形不宜以犯罪论处

关键词|冒名顶替罪|单纯冒名行为|

【链接:理解与适用】

该种情形系单纯冒名行为,如冒名者利用被冒名者退学的学籍取得普通高等学校入学考试资格,但并不冒用被冒名者的成绩;由于一些历史的原因,在普通高等教育招录中曾要求,已被普通高等学校录取的学生,因故不能报到或者自动放弃入学资格的,不能再报名参加考试。一些高中生考取的成绩不理想或者考取的学校达不到预期的,按照政策不能复读,但个人为了争取更好的升学机会和人生际遇,学校为追求升学率,这些复读生往往以他人的名义报名参加高考。这种情形下,行为人虽然有冒名行为,但其成绩是自己考取的,获取的入学资格是依靠自己真实水平取得的,并不存在顶替行为。同理,在公务员考试中,同样存在冒名但是成绩不作假的情形;在就业安置待遇方面,有的人冒用他人身份信息参军,服兵役后获取就业安置待遇资格的,均属于虽有冒名,但不存在顶替行为,不宜认定为本罪。

——杨万明主编:《〈刑法修正案(十一)〉条文及配套〈罪名补充规定(七)〉理

解与适用》,人民法院出版社 2021 年版,第 292 页。

1112 高空抛物犯罪的准确认定

关键词｜高空抛物罪｜以危险方法危害公共安全罪｜

【最高人民法院司法文件】

5. 准确认定高空抛物犯罪。对于高空抛物行为,应当根据行为人的动机、抛物场所、抛掷物的情况以及造成的后果等因素,全面考量行为的社会危害程度,准确判断行为性质,正确适用罪名,准确裁量刑罚。

故意从高空抛弃物品,尚未造成严重后果,但足以危害公共安全的,依照刑法第一百一十四条规定的以危险方法危害公共安全罪定罪处罚;致人重伤、死亡或者使公私财产遭受重大损失的,依照刑法第一百一十五条第一款的规定处罚。为伤害、杀害特定人员实施上述行为的,依照故意伤害罪、故意杀人罪定罪处罚。①

——《最高人民法院关于依法妥善审理高空抛物、坠物案件的意见》(2019 年 10 月 21 日,法发〔2019〕25 号)。

【链接:理解与适用】

(二)关于危害公共安全犯罪的适用空间

在刑法修正案(十一)之前,司法实践中,对高空抛物行为,最常适用的罪名是以危险方法危害公共安全罪。② 在修正后刑法第二百九十一条之二增设高空抛物罪之后,并不意味着高空抛物行为完全失去了适用危害公共安全犯罪的空间。根据刑法第二百九十一条之二第二款的规定,实施高空抛物行为,同时构成其他犯罪的,依照处罚较重的规定定罪处罚。对于高空抛物行为,同时构成过失以危险方法危害公共安全罪、以危险方法危害公共安全罪的,自然应当适用相应罪名。如果将过失以危险方法危害公共安全罪、以危险方法危害公共安全罪所涉及的公共安全限制解释为“不特定多数人的”公共安全,则高空抛物行为在常态情况下不会危害公共安全。对此,司法实务应当充分考虑,让高空抛物罪有更多适用空间,而不能对所有高空抛物行为都径直认定为以危险方法危害公共安全罪,从而架空本次立

---

① 刑法修正案(十一)已有修正,《最高人民法院、最高人民检察院关于执行〈中华人民共和国刑法〉确定罪名的补充规定(七)》将罪名确定为“高空抛物罪”。该条要紧密结合法律修正内容准确理解与适用。

② 截至 2020 年 12 月底,中国裁判文书网共收录涉高空抛物的刑事裁判文书八十四篇,其中适用最多的罪名是以危险方法危害公共安全罪,达四十一篇,占比达 49%。

法所设置的这个轻罪。[1] 但是实践中情况比较复杂。例如,明知楼下人群密集,仍然从高空抛掷出很多石块,也可能危及不特定多数人的安全。因此,应当综合考虑案件具体情况,对于确实危害公共安全的高空抛物案件,特别是造成实害后果,适用高空抛物罪难以罚当其罪的,可以考虑以过失以危险方法危害公共安全罪或者以危险方法危害公共安全罪论处。

(三)关于致人伤亡情形的罪名适用

实践中,实施高空抛物行为可能会造成人员重伤、死亡的结果。根据修正后刑法第二百九十一条之二第二款的规定,此种情形下,应当择一重罪处断。根据行为人对造成人员重伤、死亡结果所持的心理态度,可分两种情况处理:[2](1)行为人对上述结果持排斥态度,即应当预见自己高空抛物的行为会发生致人重伤、死亡的后果,但由于疏忽大意没有预见,或者已经预见但轻信能够避免的,属于过失,应当分别依照刑法第二百三十五条规定的过失致人重伤罪、第二百三十三条规定的过失致人死亡罪定罪处罚。对于行为人是否为过失,应当结合抛物行为具体的时空环境、抛掷物情况等综合认定。例如,行为人在凌晨三点左右、学校放假期间的宿舍楼抛下书本,自以为不会有人经过,但砸中外出晚归的学生,造成重伤的,行为人不具有伤害该学生的故意,而致被害人重伤的结果又难以为高空抛物罪所评价,应以过失致人重伤罪定罪处罚。(2)如果行为人对造成人员重伤、死亡的结果抱有放任或者积极追求的心理状态,则为故意。在此情况下,应当分别依照刑法第二百三十四条规定的故意伤害罪、刑法第二百三十二条规定的故意杀人罪定罪处罚。高空抛物案件中,侵害特定人的直接故意情形并不常见,多为由于醉酒、泄愤,肆意抛掷物品、漠视他人生命健康安全的间接故意情形。

——杨万明主编:《〈刑法修正案(十一)〉条文及配套〈罪名补充规定(七)〉理解与适用》,人民法院出版社 2021 年版,第 301—303 页。

【最高人民法院公报案例】

重庆市沙坪坝区人民检察院诉李旭晨以危险方法危害公共安全案(二审法院:重庆市第一中级人民法院)

要旨:行为人明知楼下系人流密集的学校操场,仍故意从高空连续抛物,其行为足以危及不特定多数人的生命健康和财产安全,并实际造成一人重伤的严重后果,应依法以以危险方法危害公共安全罪追究刑事责任。

重庆市沙坪坝区人民法院一审认为:

---

① 参见周光权:《刑事立法进展与司法展望——〈刑法修正案(十一)〉总置评》,载《法学》2021 年第 1 期。

② 当然,相关情形如果确实符合过失以危险方法危害公共安全罪、以危险方法危害公共安全罪的构成要件的,也可以以相应犯罪论处。

关于被告人李旭晨及其辩护人提出的其行为不构成以危险方法危害公共安全罪的辩解和辩护意见。法院认为，第一，李旭晨从五十余米的高楼上先后将空啤酒瓶、玻璃杯扔向学校操场，其后果可能伤及不特定多数人。其行为造成了相应的危险和侵害结果，对人员伤害的危险性与刑法所列明的放火、决水、爆炸、投放危险物质等犯罪行为相当，危害不特定人员的生命、健康以及公私财产的安全，侵害社会公共安全法益；第二，李旭晨是成年人，在主观上明知从二十一楼的高层住房高空抛物行为是一种极端危险的行为，在丢啤酒瓶时已看见楼下为学校操场，还有学生正在锻炼，其为发泄情绪，不计后果将玻璃杯扔下，造成被害人重伤的严重危害后果。其明知其实施的危险方法会危害公共安全，并且放任危害后果的发生，主观上应认定为故意，而非疏忽大意或者过于自信的过失；第三，在客观上李旭晨的行为并非针对特定的人或财物所实施的侵害行为，其行为虽造成了被害人受伤的结果，但其行为的危害后果包括但不限于此结果，客观上存在造成更加严重损害后果的可能性。因此，李旭晨的行为符合以危险方法危害公共安全罪的犯罪构成要件，故对李旭晨及其辩护人提出的上述辩解、辩护意见不予采纳。

重庆市第一中级人民法院二审认为：

上诉人李旭晨先后两次从二十楼高层建筑物上朝楼下学校操场抛物，造成二名学生受伤，其中致一人重伤。李旭晨的行为已构成以危险方法危害公共安全罪，应依法惩处。鉴于其归案后能坦白认罪，可从轻处罚。上诉人李旭晨提出，其行为不构成以危险方法危害公共安全罪，原判量刑过重的上诉意见。经查，李旭晨故意从高空连续抛物的行为，危及到了不特定的多数人的生命、健康和财产安全，并实际造成了一人重伤的严重后果，其行为符合以危险方法危害公共安全罪的犯罪构成；原判综合评价李旭晨的犯罪事实和量刑情节，对其判处的刑罚适当。上诉理由不能成立，不予采纳。原判认定事实和适用法律正确，量刑适当，审判程序合法。

——《最高人民法院公报》2020 年第 5 期。

1113 编造、故意传播虚假恐怖信息罪的认定

关键词｜编造虚假恐怖信息罪｜故意传播虚假恐怖信息罪｜

【最高人民法院司法解释】

第一条 编造恐怖信息，传播或者放任传播，严重扰乱社会秩序的，依照刑法第二百九十一条之一的规定，应认定为编造虚假恐怖信息罪。

明知是他人编造的恐怖信息而故意传播，严重扰乱社会秩序的，依照刑法第二百九十一条之一的规定，应认定为故意传播虚假恐怖信息罪。

第二条　编造、故意传播虚假恐怖信息，具有下列情形之一的，应当认定为刑法第二百九十一条之一的“严重扰乱社会秩序”：

（一）致使机场、车站、码头、商场、影剧院、运动场馆等人员密集场所秩序混乱，或者采取紧急疏散措施的；

（二）影响航空器、列车、船舶等大型客运交通工具正常运行的；

（三）致使国家机关、学校、医院、厂矿企业等单位的工作、生产、经营、教学、科研等活动中断的；

（四）造成行政村或者社区居民生活秩序严重混乱的；

（五）致使公安、武警、消防、卫生检疫等职能部门采取紧急应对措施的；

（六）其他严重扰乱社会秩序的。

第三条　编造、故意传播虚假恐怖信息，严重扰乱社会秩序，具有下列情形之一的，应当依照刑法第二百九一条之一的规定，在五年以下有期徒刑幅度内酌情从重处罚：

（一）致使航班备降或返航；或者致使列车、船舶等大型客运交通工具中断运行的；

（二）多次编造、故意传播虚假恐怖信息的；

（三）造成直接经济损失 20 万元以上的；

（四）造成乡镇、街道区域范围居民生活秩序严重混乱的；

（五）具有其他酌情从重处罚情节的。

第四条　编造、故意传播虚假恐怖信息，严重扰乱社会秩序，具有下列情形之一的，应当认定为刑法第二百九十一条之一的“造成严重后果”，处五年以上有期徒刑：

（一）造成 3 人以上轻伤或者 1 人以上重伤的；

（二）造成直接经济损失 50 万元以上的；

（三）造成县级以上区域范围居民生活秩序严重混乱的；

（四）妨碍国家重大活动进行的；

（五）造成其他严重后果的。

第五条　编造、故意传播虚假恐怖信息，严重扰乱社会秩序，同时又构成其他犯罪的，择一重罪处罚。

第六条　本解释所称的“虚假恐怖信息”是指编造、故意传播以发生爆炸威胁、生化威胁、放射威胁、劫持航空器威胁、重大灾情、重大疫情等严重威胁公共安全的事件为内容，可能引起社会恐慌或者公共安全危机的不真实信息。

——《最高人民法院关于审理编造、故意传播虚假恐怖信息刑事案件适用法律若干问题的解释》（2013 年 9 月 30 日，法释〔2013〕24 号）。

【链接：理解与适用】

3. 关于“自编自传”“既编又传”的罪名适用

从《解释》的规定来看，对于行为人编造虚假恐怖信息又自行传播，严重扰乱社会秩序的，即“自编自传”的情形，应定“编造虚假恐怖信息罪”。

司法实践中，此类案件的多数判决与《解释》的规定相符，但也有少数判决采用的罪名为“编造、传播虚假恐怖信息罪”或“编造、故意传播虚假恐怖信息罪”。根据《最高人民法院、最高人民检察院关于执行〈中华人民共和国刑法〉确定罪名的补充规定》，该类犯罪的罪名为“编造、故意传播虚假恐怖信息罪”，故采用“编造、传播虚假恐怖信息罪”的罪名与该司法解释的规定不符，罪名适用不规范、不严肃，今后应当注意并加以纠正。对于“自编自传”情形中的“传播”行为，这是行为人编造虚假恐怖信息行为的自然延伸，编造行为可以吸收传播行为，对其“传播”行为不必单独定罪。

司法实践中，还有一种观点认为，行为人编造虚假恐怖信息向特定对象散布的，定“编造恐怖信息罪”；向不特定对象传播的，定“编造、故意传播虚假恐怖罪”。我们认为，“散布”与“传播”很难区分，甚至“散布”比“传播”范围更广。向特定对象散布虚假恐怖信息，如果该特定对象是个人，其没有传播出去，通常不会严重扰乱秩序，不构成犯罪；如果特定对象是单位，实际是向不特定多数人传播的一种表现。因此，《解释》没有采纳此种观点。

行为人编造虚假恐怖信息，此外，又明知是他人编造的虚假恐怖信息而故意传播，两者均构成犯罪的情况下，即“既编又传”的情形，如何适用罪名，争议也很激烈。一种观点认为，应认定“编造、故意传播虚假恐怖信息罪”；另一观点认为，应认定“编造虚假恐怖信息罪”“故意传播虚假恐怖信息罪”，实行数罪并罚。鉴于争议激烈，《解释》对此没有明确规定。由于此类案件有两个不同的犯罪事实，后一种观点较为适当，也有利于准确量刑，我们倾向于后一种观点。

——吕广伦、王尚明、陈攀：《〈关于审理编造、故意传播虚假恐怖信息刑事案件适用法律若干问题的解释〉的理解与适用》，载《人民司法 · 应用》2014 年第 1 期。

【最高人民法院参考案例】

熊毅编造虚假恐怖信息案（《刑事审判参考》案例第 881 号）

要旨：在具体案件中，应严格按照法律和司法解释的具体规定认定是否“造成严重后果”。

《最高人民法院关于审理编造、故意传播虚假恐怖信息刑事案件适用法律若干问题的解释》(以下简称《解释》)第二条、第四条分别对“严重扰乱社会秩序”“造成严重后果”作了更为明确、具体的规定。

具体到本案,被告人熊毅为阻止债主索债而向民航机场编造虚假恐怖信息,造成一个航班紧急备降,九个航班紧急避让,备降机场为此启动二级应急响应程序,调动机场、消防、急救、飞行管制、安检、武警、公安等部门人员二百余人、车辆三十余台,并给备降航班航空公司造成直接经济损失 175098 元、间接经济损失 30673 元,总计 205771 元。熊毅的犯罪行为构成“严重扰乱社会秩序”,但并未达到“造成严重后果”的程度。理由如下:第一,熊毅的犯罪行为没有造成人员伤亡。第二,没有在社会公众中引起极度恐慌。本案所造成的社会恐慌程度是较小的,因为熊毅仅向深圳机场编造传递了虚假信息,对象特定,且由于相关机场、航空公司及处置部门保密、应对措施及时得当,影响范围仅限于深圳机场、深圳航空公司的管理系统以及航班所行经的空域管制部门和该次航班的机组成员,在飞机安全备降后告知旅客航班上可能有违禁物品时,旅客已基本处于安全状态,后期新闻报道时亦已排除了危险,对公众造成的恐慌心理也是有限的。第三,没有造成重大经济损失。熊毅给被害单位深圳航空公司造成的经济损失不足五十万元,而且对于航空行业而言,其本身就是消耗巨大的经济活动,受到安全威胁后备降的经济损失动辄数万元,甚至数十万元,如果认定“严重后果”的数额标准过低,将导致几乎所有的威胁航班飞行的行为都会在五年以上量刑,打击面过大,不符合宽严相济刑事政策的要求。襄阳高新技术产业开发区人民法院认定本案尚未达到“造成严重后果”的程度,在五年有期徒刑以下幅度量刑是正确的。

——《刑事审判参考》(总第 93 辑)。

袁才彦编造虚假恐怖信息案(《刑事审判参考》案例第 372 号)

要旨:以编造虚假恐怖信息的方式实施敲诈勒索的,行为人只实施了一个行为,该行为具有多重属性,触犯了两个罪名,符合想象竞合犯的特征,应按该行为所触犯的罪名中的一个重罪论处。

1. 定罪问题

在审理过程中,对于行为人以编造爆炸威胁等恐怖信息的方式进行敲诈勒索,该如何定罪处罚,是认定为一罪,还是两罪并罚。对此,一致意见均认为应认定为一罪,但理论依据却不尽相同,主要有以下三种意见:

第一种观点认为属于牵连犯。第二种观点认为属于想象竞合犯。第三种观点认为属于法条竞合犯。

我们赞同第二种观点。想象竞合犯,也称想象的数罪、观念的竞合、一行为数法,是指一个行为触犯数个罪名的情况,属于“实质的一罪”。

因此,我们认为以编造虚假恐怖信息的方式实施敲诈勒索的,行为人只实施了一个行为,该行为具有多重属性,触犯了两个罪名,符合想象竞合犯的特征,应按该行为所触犯的罪名中的一个重罪论处。

——《刑事审判参考》(总第47辑)。

1114 突发传染病疫情等灾害信息不再属于恐怖信息

关键词｜编造、故意传播虚假恐怖信息罪｜编造、故意传播虚假信息罪｜疫情｜

【最高人民法院司法文件】

(六)依法严惩造谣传谣犯罪。编造虚假的疫情信息,在信息网络或者其他媒体上传播,或者明知是虚假疫情信息,故意在信息网络或者其他媒体上传播,严重扰乱社会秩序的,依照刑法第二百九十一条之一第二款的规定,以编造、故意传播虚假信息罪定罪处罚。

——《最高人民法院、最高人民检察院、公安部、司法部关于依法惩治妨害新型冠状病毒感染肺炎疫情防控违法犯罪的意见》(2020年2月6日,法发〔2020〕7号)。

【链接:最高人民法院法官著述】

2003年5月15日施行的《最高人民法院、最高人民检察院关于办理妨害预防、控制突发传染病疫情等灾害的刑事案件具体应用法律若干问题的解释》第十条第一款规定,编造与突发传染病疫情等灾害有关的恐怖信息,或者明知是编造的此类恐怖信息而故意传播,严重扰乱社会秩序的,依照刑法第二百九十一条之一的规定,以编造、故意传播虚假恐怖信息罪定罪处罚。该解释曾将疫情、灾情信息列入恐怖信息,但在2015年刑法修正案(九)增设本罪后,对疫情、灾情,不能归入恐怖信息了。对编造、故意传播此类信息构成犯罪的,应以本罪论处。对此,最高人民法院、最高人民检察院、公安部、司法部2020年2月6日印发的《关于依法惩治妨害新型冠状病毒感染肺炎疫情防控违法犯罪的意见》第二部分第(六)项明确指出,编造虚假的疫情信息,在信息网络或者其他媒体上传播,或者明知是虚假疫情信息,故意在信息网络或者其他媒体上传播,严重扰乱社会秩序的,以编造、故意传播虚假信息罪处罚。

——胡云腾、熊选国、高憬宏、万春主编:《刑法罪名精释:对最高人民法院、最高人民检察院关于罪名司法解释的理解与适用》(第5版),人民法院出版社2022年版,第947页。

1115 如何把握编造、故意传播虚假信息罪的入罪标准

关键词 | 编造、故意传播虚假信息罪 | 疫情防控 |

【最高人民法院参考案例】

刘星星编造、传播虚假信息案(《刑事审判参考》案例第 1328 号)

要旨:行为人在疫情防控期间,恶意编造并传播有关疫情的虚假信息,影响范围广,社会危害大,致使相关职能部门采取紧急应对措施,严重扰乱了社会秩序,已构成编造、故意传播虚假信息罪。

(一)行为的社会危害性大小是判断是否严重扰乱社会秩序的实质标准

编造、故意传播虚假信息罪是情节犯,编造、传播虚假信息行为必须达到严重扰乱社会秩序的程度才构成犯罪。而具有相当程度的社会危害性,是犯罪的本质特征。因而,判断编造、故意传播虚假信息的行为是否严重扰乱了社会秩序,应当从实质上把握虚假信息对公共生活有序状态的影响程度和普通公众的生活感受,进行综合判定。具体来说,可以从虚假信息内容、形式、发布时间、直接受众范围、传播手段等方面进行判断。

(二)相关职能部门采取紧急应对措施是严重扰乱社会秩序的形式标准之一

“严重扰乱社会秩序”可以分为“严重扰乱”和“社会秩序”两个方面来理解,而这两者的判断都带有一定的主观色彩和抽象成分,因而在司法实践中除了进行社会危害性的实质判断外,还必须以现实公共秩序遭到破坏作为编造、故意传播虚假信息行为入罪的处罚基础。社会秩序的范围,包括公共场所秩序、公共交通秩序、国家机关和企事业单位工作秩序、公民日常生活秩序、职能部门正常工作秩序等方面。随着应急管理体制的完善,面对突发公共事件,相关职能部门往往会依法采取紧急应对措施,阻止严重后果的发生发展,虚假信息导致相关职能部门采取紧急应对措施本身就是严重扰乱社会秩序的一种表现。换言之,致使相关职能部门采取紧急应对措施也是严重扰乱社会秩序的认定标准之一。

本罪在定罪量刑标准上尚无司法解释,但本罪与编造、故意传播虚假恐怖信息罪规定在刑法分则的同一条文中,在犯罪构成要件和社会危害性上存在高度的近似性。因而,从体系协调性与实践可行性角度分析,本罪在定罪量刑时可以参考 2013 年最高人民法院发布的《关于审理编造、故意传播虚假恐怖信息刑事案件适用法律若干问题的解释》(以下简称《解释》)。……

——《刑事审判参考》(总第 121 辑)。

1116 编造、故意传播虚假信息罪与编造、故意传播虚假恐怖信息罪的区别

关键词 | 编造、故意传播虚假信息罪 | 编造、故意传播虚假恐怖信息罪 |

【链接：理解与适用】

编造、故意传播虚假信息罪与编造、故意传播虚假恐怖信息罪均为严重扰乱社会秩序的行为，二者的界分主要在于行为对象的不同，前者为虚假的险情、疫情、灾情、警情，而后者为虚假恐怖信息。在司法实践中，对于虚假信息与虚假恐怖信息的界分宜注意以下问题：

1. 从编造、故意传播的信息所涉内容进行界分。虚假恐怖信息的内容主要是与恐怖活动有关，具体为爆炸威胁、生化威胁、放射威胁等恐怖信息，即“行为人编造假的要发生的爆炸、生物化学物品泄漏、放射性物品泄漏以及使用生化、放射性武器等信息”①。而与之不同，虚假的险情、疫情、灾情、警情，其内容不涉及恐怖活动，而是与社会秩序直接相关，可能造成社会秩序混乱、社会恐慌。

需要特别注意的是，广义上而言，恐怖信息与警情有所交叉，故编造、故意传播虚假信息罪和编造、故意传播虚假恐怖信息罪在客观行为上存在交叉，比如，虚假的爆炸威胁、生化威胁、放射威胁等恐怖信息，往往就是虚假的警情，如何区分，应当慎重把握。我们认为，由于刑法对编造、故意传播虚假恐怖信息已有专门规定，且法定刑更重，故对于虚假恐怖信息不宜再纳入虚假的警情范畴，对其编造、故意传播的应当直接适用编造、故意传播虚假恐怖信息罪。

2. 从编造、传播的信息所可能引发的后果进行界分。无论编造、故意传播虚假恐怖信息，还是编造、故意传播虚假的险情、疫情、灾情、警情，都不会实际危害公共安全，主要是扰乱社会秩序，就此而言，两种信息具有类似之处，这也是两类犯罪规定在同一法条的原因所在。但是，如果细加区分的话，两种信息可能引发的后果还是略有不同：虚假恐怖信息主要引发群众对公共安全方面的恐慌，担心爆炸威胁、生化威胁、放射威胁等恐怖发生会危及不特定多数人的生命、健康、财产安全；而虚假信息主要引发群众在社会秩序方面的恐慌，担心险情、疫情、灾情、警情会危及社会秩序。

——最高人民法院研究室、最高人民法院刑法修改工作小组办公室编著：《〈刑法修正案（九）〉条文及配套司法解释理解与适用》，人民法院出版社 2015 年版，第 293—294 页。

---

① 参见全国人大常委会法工委刑法室编：《中华人民共和国刑法 · 条文说明、立法理由及相关规定》，北京大学出版社 2009 年版，第 603 页。

1117 传授犯罪方法并强迫其实施犯罪的应择一重罪处罚

关键词｜传授犯罪方法罪｜牵连犯｜教唆犯｜竞合｜

【最高人民法院参考案例】

李祥英传授犯罪方法案(《刑事审判参考》案例第651号)

要旨:向他人传授犯罪方法,并胁迫他人实施犯罪行为的,构成传授犯罪方法罪与其所胁迫实施犯罪的教唆犯,且两种行为之间具有手段行为与目的行为的关系,构成牵连犯,应当从一重罪处断。

(一)上诉人的胁迫抢夺行为(即目的行为),属于共同犯罪中的教唆犯,应认定构成抢夺罪(未遂)

教唆犯有双重特性,在定罪上具有独立性,只要其主观上有教人犯罪的故意,客观上实施了教唆行为就构成犯罪。但在量刑上却具有从属性,如果被教唆人实施了教唆的犯罪,成立教唆既遂,则按照刑法分则规定的犯罪量刑;如被教唆人没有实施教唆的犯罪,成立教唆未遂,对教唆人可以从轻或者减轻处罚。

但是,并非所有教唆他人犯罪的人都属于共同犯罪中的教唆犯,当刑法分则条文将某些特定的教唆行为规定为独立犯罪时,对教唆者不能适用刑法总则关于教唆犯的规定,不能以所教唆的罪来定罪,而应依据分则条文的具体规定定罪处罚。如唆使刑事案件的证人作伪证,表面上完全符合教唆犯的构成要件特征,但是刑法有明确规定,对于证人定伪证罪(刑法分则第三百零五条),对教唆人定妨害作证罪(刑法分则第三百零七条),如果教唆人的身份是辩护律师,则构成辩护人妨害作证罪(刑法分则第三百零六条)。此外,所有的煽动型犯罪,教唆人都不能以所教唆的罪来定罪,对于此类犯罪都不能按教唆犯定罪处罚。

在本案中,上诉人伙同他人持刀对被害人方某城、朱某旭、吴某豪进行威胁,以胁迫三名被害人通过实施抢夺行为进行敛财为目的,以言语讲解的方式向三名被害人传授抢夺的犯罪方法。上诉人主观上有教唆他人进行抢夺的故意,客观上通过暴力胁迫实施了教唆行为,这些行为并非刑法分则所规定的能够独立成罪的特定情形,因此,上诉人的行为属于共同犯罪中的教唆犯,应认定构成抢夺罪(未遂)。

(二)上诉人的传授犯罪方法行为(即方法行为),应认定构成传授犯罪方法罪

本罪的主观方面必须是直接故意,即以向他人传授犯罪方法为目的。对于生活中行为人无意散布一些道听途说的或者在影视作品中获知的一些犯罪方法的行为,或者在工作中教授格斗术、开锁技能、化学知识(特别是毒品配置方法)的行为,即使这些方法或技巧后来被人利用来犯罪,也因为行为人没有传授犯罪方法的故意,不应以传授犯罪方法罪论处。

传授犯罪方法罪属于举动犯，只要客观上有传授犯罪方法的行为，且不属于“情节显著轻微、危害不大，不认为是犯罪”的类型，哪怕是刚刚着手，就应按既遂犯追究刑事责任，不存在犯罪未遂问题，但存在犯罪预备及预备阶段的犯罪中止等犯罪停止形态。至于是否完成所计划的传授行为，被传授的对象是否达到刑事责任年龄，是否掌握了犯罪方法，均不影响本罪的成立。

本罪的犯罪主体为普通主体，但在司法实践中，多为具有犯罪经验和技能的人，如曾有盗窃、抢劫、强奸、猥亵等前科的犯罪分子，尤其是惯犯和累犯。但已满十四周岁不满十六周岁的未成年人不能成为刑法第十七条规定的八类犯罪的传授犯罪方法罪的主体。

在本案中，上诉人伙同他人，以言语讲解的方式向三名被害人传授抢夺的犯罪方法，主观上希望被害人掌握犯罪技巧，顺利完成抢夺犯罪行为，即便被害人最终没有实施其所传授的犯罪，亦完全符合传授犯罪方法罪的构成特征，因而，上诉人的传授犯罪方法行为，应认定构成传授犯罪方法罪。

（三）上诉人的目的行为和方法行为符合牵连犯的构成特征

牵连犯是指以实施某一犯罪为目的，其方法和结果行为又触犯其他罪名的犯罪形态。通常存在于两种情形：一是手段行为与目的行为的牵连，二是原因行为与结果行为的牵连。一般是手段行为或原因行为在先，目的行为或结果行为在后。在主观上，其在实施先行行为时，对后续行为已有所预见和判断；在客观上，前后者之间联系紧密。根据司法实践规律和司法统计规律，后行为经常会伴随前行为。如受贿罪与徇私枉法罪，受贿作为原因行为，直接导致徇私枉法的后果，受贿行为与徇私枉法行为就构成了原因与结果的牵连犯；再如伪造金融凭证后使用的，伪造是手段行为，使用是目的行为，二者构成伪造金融凭证罪和使用伪造的金融凭证罪的牵连犯。总之，牵连犯是两个行为触犯两个罪名，但鉴于数个行为之间存在的密切关联，刑法理论上和司法实践中将其作为一罪来处理，属于“处断的一罪”的范畴。

本案中，上诉人胁迫他人实施抢夺行为，同时传授犯罪方法，传授犯罪方法的意图是将三名被害人培育成实施犯罪的工具，即通过培育犯罪工具的方法，实现抢夺的目的，是典型的手段行为与目的行为的牵连。其中，传授犯罪方法的行为已经完成，构成传授犯罪方法罪；实施抢夺的行为没有得逞，其胁迫三名被害人尾随多名路人表明已着手实施犯罪，但因为意志以外的原因，即因三名被害人的消极怠工、内心抗拒而未得逞，构成抢夺罪的犯罪未遂。根据牵连犯择一重罪处断的原则，传授犯罪方法罪既遂的量刑重于抢夺罪未遂，故应以传授犯罪方法罪定罪处罚。

——《刑事审判参考》（总第76辑）。

1118 在互联网上散布关于特定犯罪方法的技术知识构成传授犯罪方法罪①

关键词｜传授犯罪方法罪｜互联网｜不特定人｜

【最高人民法院参考案例】

冯庆钊传授犯罪方法案(《刑事审判参考》案例第688号)

要旨:传授犯罪方法并未限定为特定主体,在互联网上传授技能方法,应当结合社会通常观念予以判断是否属于犯罪方法的范畴,传授犯罪方法的,应以传授犯罪方法罪论处。

(一)"中性方法"是否属于本罪中的"犯罪方法"

从实践看,确有一些技能、方法的应用范围只能是违法犯罪,如扒窃技术。对此,只要行为人向他人传授该技术,就应当认定其传授行为具备了传授犯罪方法罪的客观要件。但更多的实际技能、方法都是"中性"的,如同科学技术是"双刃剑"一样,既可以用于违法犯罪,也可以用于正当合法的行为。是否作为"犯罪方法",取决于其实际运用的具体途径和场合。对于传授此类方法的行为如何认定,需要结合整体传授过程,并根据社会通常观念作出恰当判断。我们认为,在司法实践中应当重点结合以下情况予以认定:(1)行为人的个人情况;(2)向他人传授该种方法的原因;(3)在何种场合下或者利用何种途径传授该方法;(4)被传授人会基于何种原因向行为人学习该种方法;(5)行为人和被传授人言行的倾向性(如有无指明该种方法是实行某种犯罪的方法)等。

(二)如何评价网络传授对象的不特定性

反对本案以传授犯罪方法罪定性的理由之一是,传授犯罪方法罪的传授行为应具有一定的针对性。如果行为人在互联网上向不特定的多数人传播犯罪方法,则不应以犯罪论处。我们认为,此观点值得商榷,这主要基于以下考虑:

首先,刑法并未限定传授犯罪方法罪的对象必须为特定主体。一般认为,传授犯罪方法罪中的"传授",是指将犯罪的方法教给他人。实践中,传授犯罪方法的方式是多种多样的,可以是口头传授,也可以是书面传授;可以采取公开的方式传授,也可以采取秘密的方式传授;可以用语言、动作传授,即"言传",也可以具体实施犯罪活动来传授,即"身教";可以传授一种犯罪方法,也可以传授多种犯罪方

---

① 根据刑法修正案(九)第二十九条的规定增加的刑法第二百八十七条之一,规定了非法利用信息网络罪。根据该条第一款规定,利用信息网络设立用于传授犯罪方法等违法犯罪活动的网站、通讯群组,或者发布有关违法犯罪信息,情节严重的,构成非法利用信息网络罪。该条第三款规定,有第一款的行为,同时构成其他犯罪的,依照处罚较重的规定定罪处罚。因此,利用互联网传授犯罪方法的行为,可能同时构成非法利用信息网络罪、传授犯罪方法罪,但应择一重罪处罚。

法。其中,公开的方式传授包括通过第三人转达或通讯工具传授,以及通过广播、电视、报刊、互联网等公共媒介进行传授,在此种情况下的传授对象就不可能是特定的个人或特定的少数人,而是特定的多人或不特定的人员。事实上,传授犯罪方法罪是行为犯,即只要实施了向他人传授犯罪方法的行为就可以构成传授犯罪方法罪。所以,该罪所强调的是“传”也即“教”的行为,至于学的人是多是少、特定或不特定、学会与否都不是该罪所强调的内容,不应影响该罪的成立。

其次,从社会危害性的比较来看,利用互联网向不特定的人员传授犯罪方法比向特定的人员传授的危害性更大。向特定人员传授犯罪方法的结果是,有限的人员(即使是为数不少)掌握了该犯罪方法,并可能将其应用于实施犯罪行为,从而造成对某些合法利益的侵害或者对社会公共秩序的破坏。但由于学习者是特定的人员,有关部门往往可以通过一定的侦查方式找到他们,有可能在其将所掌握的犯罪方法用于实施具体的犯罪行为之前阻止其行为或者在其实施犯罪行为后很快将其绳之以法。而利用网络向不特定的人员传授犯罪方法,由于其学习者是不特定的,很难将这些人员悉数找出,从而难免会对潜在的犯罪行为疏于防范,亦即这种向不特定的人员传授犯罪方法的行为更容易造成侵害他人合法利益或者破坏社会公共秩序行为的发生,其社会危害性相对更大。

最后,利用互联网传授犯罪方法不过是赋予了传授行为一种新的方式或途径,究其实质,与传统的传授行为无异。目前在网络环境下,传授犯罪方法主要表现为:(1)利用 QQ 等即时通讯软件或者电子邮件等方式进行一对一交流;(2)在 BBS、论坛、微博等公共交流平台上发帖,讲解特定犯罪方法;(3)开设专门网站,讲授相关犯罪的技术知识等。对于第一种传授形式,其传授对象是特定的,依法应按照传授犯罪方法罪进行处理,对此已无异议。而对于第二、三种传授形式,虽然其传授对象是不特定的,但在本质上仍符合传统的传授行为的特征,例如,既有传授者,又有被传授者,传授的内容也是属于犯罪方法的技能、经验等,故不能仅因为传授对象的不特定性而否认传授者的行为系“传授”。实际上,这种情形从本质上也可以理解为采取公开课的形式传授犯罪方法。所以,本案中,被告人利用互联网向不特定的多人传授犯罪方法,并不根本影响其行为构成传授犯罪方法罪。

——《刑事审判参考》(总第 79 辑)。

1119 组织、利用邪教组织破坏法律实施罪的定罪量刑

关键词 | 组织和利用邪教破坏法律实施罪 | 情节较轻 | 情节特别严重 |

【最高人民法院司法解释】

第一条　冒用宗教、气功或者以其他名义建立，神化、鼓吹首要分子，利用制造、散布迷信邪说等手段蛊惑、蒙骗他人，发展、控制成员，危害社会的非法组织，应当认定为刑法第三百条规定的“邪教组织”。

第二条　组织、利用邪教组织，破坏国家法律、行政法规实施，具有下列情形之一的，应当依照刑法第三百条第一款的规定，处三年以上七年以下有期徒刑，并处罚金：

（一）建立邪教组织，或者邪教组织被取缔后又恢复、另行建立邪教组织的；

（二）聚众包围、冲击、强占、哄闹国家机关、企业事业单位或者公共场所、宗教活动场所，扰乱社会秩序的；

（三）非法举行集会、游行、示威，扰乱社会秩序的；

（四）使用暴力、胁迫或者以其他方法强迫他人加入或者阻止他人退出邪教组织的；

（五）组织、煽动、蒙骗成员或者他人不履行法定义务的；

（六）使用“伪基站”“黑广播”等无线电台（站）或者无线电频率宣扬邪教的；

（七）曾因从事邪教活动被追究刑事责任或者二年内受过行政处罚，又从事邪教活动的；

（八）发展邪教组织成员五十人以上的；

（九）敛取钱财或者造成经济损失一百万元以上的；

（十）以货币为载体宣扬邪教，数量在五百张（枚）以上的；

（十一）制作、传播邪教宣传品，达到下列数量标准之一的：

1. 传单、喷图、图片、标语、报纸一千份（张）以上的；

2. 书籍、刊物二百五十册以上的；

3. 录音带、录像带等音像制品二百五十盒（张）以上的；

4. 标识、标志物二百五十件以上的；

5. 光盘、U 盘、储存卡、移动硬盘等移动存储介质一百个以上的；

6. 横幅、条幅五十条（个）以上的。

（十二）利用通讯信息网络宣扬邪教，具有下列情形之一的：

1. 制作、传播宣扬邪教的电子图片、文章二百张（篇）以上，电子书籍、刊物、音视频五十册（个）以上，或者电子文档五百万字符以上、电子音视频二百五十分钟以上的；

2. 编发信息、拨打电话一千条（次）以上的；

3. 利用在线人数累计达到一千以上的聊天室，或者利用群组成员、关注人员等账号数累计一千以上的通讯群组、微信、微博等社交网络宣扬邪教的；

4. 邪教信息实际被点击、浏览数达到五千次以上的。

（十三）其他情节严重的情形。

第三条 组织、利用邪教组织，破坏国家法律、行政法规实施，具有下列情形之一的，应当认定为刑法第三百条第一款规定的“情节特别严重”，处七年以上有期徒刑或者无期徒刑，并处罚金或者没收财产：

（一）实施本解释第二条第一项至第七项规定的行为，社会危害特别严重的；

（二）实施本解释第二条第八项至第十二项规定的行为，数量或者数额达到第二条规定相应标准五倍以上的；

（三）其他情节特别严重的情形。

第四条 组织、利用邪教组织，破坏国家法律、行政法规实施，具有下列情形之一的，应当认定为刑法第三百条第一款规定的“情节较轻”，处三年以下有期徒刑、拘役、管制或者剥夺政治权利，并处或者单处罚金：

（一）实施本解释第二条第一项至第七项规定的行为，社会危害较轻的；

（二）实施本解释第二条第八项至第十二项规定的行为，数量或者数额达到相应标准五分之一以上的；

（三）其他情节较轻的情形。

第五条 为了传播而持有、携带，或者传播过程中被当场查获，邪教宣传品数量达到本解释第二条至第四条规定的有关标准的，按照下列情形分别处理：

（一）邪教宣传品是行为人制作的，以犯罪既遂处理；

（二）邪教宣传品不是行为人制作，尚未传播的，以犯罪预备处理；

（三）邪教宣传品不是行为人制作，传播过程中被查获的，以犯罪未遂处理；

（四）邪教宣传品不是行为人制作，部分已经传播出去的，以犯罪既遂处理，对于没有传播的部分，可以在量刑时酌情考虑。

第六条 多次制作、传播邪教宣传品或者利用通讯信息网络宣扬邪教，未经处理的，数量或者数额累计计算。

制作、传播邪教宣传品，或者利用通讯信息网络宣扬邪教，涉及不同种类或者形式的，可以根据本解释规定的不同数量标准的相应比例折算后累计计算。

第八条 实施本解释第二条至第五条规定的行为，具有下列情形之一的，从重处罚：

（一）与境外机构、组织、人员勾结，从事邪教活动的；

（二）跨省、自治区、直辖市建立邪教组织机构、发展成员或者组织邪教活动的；

（三）在重要公共场所、监管场所或者国家重大节日、重大活动期间聚集滋事，公开进行邪教活动的；

(四)邪教组织被取缔后,或者被认定为邪教组织后,仍然聚集滋事,公开进行邪教活动的;

(五)国家工作人员从事邪教活动的;

(六)向未成年人宣扬邪教的;

(七)在学校或者其他教育培训机构宣扬邪教的。

第九条　组织、利用邪教组织破坏国家法律、行政法规实施,符合本解释第四条规定情形,但行为人能够真诚悔罪,明确表示退出邪教组织、不再从事邪教活动的,可以不起诉或者免予刑事处罚。其中,行为人系受蒙蔽、胁迫参加邪教组织的,可以不作为犯罪处理。

组织、利用邪教组织破坏国家法律、行政法规实施,行为人在一审判决前能够真诚悔罪,明确表示退出邪教组织、不再从事邪教活动的,分别依照下列规定处理:

(一)符合本解释第二条规定情形的,可以认定为刑法第三百条第一款规定的"情节较轻";

(二)符合本解释第三条规定情形的,可以不认定为刑法第三百条第一款规定的"情节特别严重",处三年以上七年以下有期徒刑,并处罚金。

第十条　组织、利用邪教组织破坏国家法律、行政法规实施过程中,又有煽动分裂国家、煽动颠覆国家政权或者侮辱、诽谤他人等犯罪行为的,依照数罪并罚的规定定罪处罚。

第十三条　明知他人组织、利用邪教组织实施犯罪,而为其提供经费、场地、技术、工具、食宿、接送等便利条件或者帮助的,以共同犯罪论处。

第十四条　对于犯组织、利用邪教组织破坏法律实施罪、组织、利用邪教组织致人重伤、死亡罪,严重破坏社会秩序的犯罪分子,根据刑法第五十六条的规定,可以附加剥夺政治权利。

——《最高人民法院、最高人民检察院关于办理组织、利用邪教组织破坏法律实施等刑事案件适用法律若干问题的解释》(2017年2月1日,法释〔2017〕3号)。

1120 组织、利用邪教组织致人重伤、死亡罪的定罪量刑

关键词|组织、利用邪教组织致人重伤、死亡罪|蒙骗他人|致人重伤、死亡|

【最高人民法院司法解释】

第七条　组织、利用邪教组织,制造、散布迷信邪说,蒙骗成员或者他人绝食、自虐等,或者蒙骗病人不接受正常治疗,致人重伤、死亡的,应当认定为刑法第三百条第二款规定的组织、利用邪教组织"蒙骗他人,致人重伤、死亡"。

组织、利用邪教组织蒙骗他人，致一人以上死亡或者三人以上重伤的，处三年以上七年以下有期徒刑，并处罚金。

组织、利用邪教组织蒙骗他人，具有下列情形之一的，处七年以上有期徒刑或者无期徒刑，并处罚金或者没收财产：

（一）造成三人以上死亡的；

（二）造成九人以上重伤的；

（三）其他情节特别严重的情形。

组织、利用邪教组织蒙骗他人，致人重伤的，处三年以下有期徒刑、拘役、管制或者剥夺政治权利，并处或者单处罚金。

第十一条 组织、利用邪教组织，制造、散布迷信邪说，组织、策划、煽动、胁迫、教唆、帮助其成员或者他人实施自杀、自伤的，依照刑法第二百三十二条、第二百三十四条的规定，以故意杀人罪或者故意伤害罪定罪处罚。

第十二条 邪教组织人员以自焚、自爆或者其他危险方法危害公共安全的，依照刑法第一百一十四条、第一百一十五条的规定，以放火罪、爆炸罪、以危险方法危害公共安全罪等定罪处罚。

第十三条 明知他人组织、利用邪教组织实施犯罪，而为其提供经费、场地、技术、工具、食宿、接送等便利条件或者帮助的，以共同犯罪论处。

第十四条 对于犯组织、利用邪教组织破坏法律实施罪、组织、利用邪教组织致人重伤、死亡罪，严重破坏社会秩序的犯罪分子，根据刑法第五十六条的规定，可以附加剥夺政治权利。

——《最高人民法院、最高人民检察院关于办理组织、利用邪教组织破坏法律实施等刑事案件适用法律若干问题的解释》（2017 年 2 月 1 日，法释〔2017〕3 号）。

二、妨害司法罪

(一)妨害作证与虚假诉讼

1121 被害人报案时故意夸大犯罪事实并指使他人作伪证行为，可以构成妨害作证罪

关键词|伪证罪|诬告陷害罪|妨害作证罪|

【最高人民法院参考案例】

金某伪证案(《刑事审判参考》案例第95号)

要旨:被害人在向司法机关报案时故意夸大犯罪事实的行为不构成伪证罪和诬告陷害罪,被害人指使他人作伪证的行为性质属于妨害作证,如果情节达到犯罪的程度,应当以妨害作证罪处理。

(一)被害人在向司法机关报案时故意夸大犯罪事实的行为不构成伪证罪和诬告陷害罪

我们认为,从证人和被害人这两个概念的内涵来看,被害人是指遭受犯罪行为直接侵害的人,既可以是自然人,还可以是法人或者不具有法人资格的其他组织;证人是指除当事人以外了解案件情况并向司法机关陈述自己知道的案件情况的诉讼参与人,且只能是自然人。从刑事诉讼法的规定来看,证人和被害人是两个独立的概念,二者不存在种属包含关系。也就是说,证人不可能包含作为当事人之一的被害人。即使对证人作广义的理解,也不能将被害人列入证人范畴。被害人属于当事人范畴,证人属于其他诉讼参与人。证人和被害人通过各自不同的方式参加到刑事诉讼中,他们在刑事诉讼中的地位、作用不同,即证人通过听到、看到了什么的证言、被害人通过遭受犯罪分子哪些侵害的陈述来发挥各自的诉讼功能,因而决定了证人和被害人的诉讼权利、义务方面都存在差别,两者的证明作用、证明手段、证明效力均不同,因而不能等同看待。故被害人向司法机关报案的同时又夸大部分犯罪事实,属于被害人向司法机关提供了虚假陈述,而不是伪证罪中的"证人作虚假的证言",因此,其行为不构成伪证罪。

我们认为:"捏造事实"应仅指无中生有,任意虚构和编造根本不存在的犯罪事实的情形;至于司法实践中常见的行为人借题发挥,扩大事实,将他人的不道德

行为、错误行为或违法违纪行为扩大或上升为犯罪事实，或把构成轻罪的事实夸大成为构成重罪的事实的行为，不宜包括在“捏造事实”之内。首先，刑法规定诬告陷害罪的主要目的是保障无辜的人不受刑事追究，也不使司法机关的正常活动受到虚假告发的影响。但我国法律也充分保障公民依法享有对违法犯罪行为向有关国家机关提出控告或者检举的权利。公民对犯罪的控告和检举，只是给司法机关侦查提供一个线索，不可能要求其在控告、检举的时候对犯罪行为事实的描述与客观情况完全一致，毫无偏差。因此，刑法第二百四十三条第三款规定，“不是有意诬陷，而是错告，或者检举失实的”，不能以诬告陷害定罪处罚。其次，被害人是受到犯罪行为侵害的当事人，在整个诉讼过程中，由于受到各方面因素的影响，其陈述往往带有浓厚的感情色彩，而且由于案件的处理结果与其有直接的利害关系，如对被告人的量刑轻重、经济赔偿数额的多少等，因而被害人的陈述有可能出现夸大事实的情况，影响其反映事实的真实性。但只要不是无中生有，不是意图陷他人无罪于有罪，就不应当以诬告陷害罪追究刑事责任。因此，对诬告陷害中的“捏造事实”，应当作严格的限定，不能作扩大解释。

（二）被害人指使他人作伪证的行为性质属于妨害作证

如果被害人出于报复的动机，在自己向公安机关报案并作了虚假陈述的情况下，又指使他人作伪证，以证实其虚假陈述，这一行为妨害了司法机关的正常诉讼活动。构成犯罪的，应当按照刑法第三百零七条第一款的规定，以妨害作证罪定罪处罚。

——《刑事审判参考》（总第 15 辑）。

1122 辩护人、诉讼代理人妨害作证罪中的“证人”包括被害人

关键词｜辩护人妨害作证罪｜证人｜被害人｜

【最高人民法院参考案例】

肖芳泉辩护人妨害作证案（《刑事审判参考》案例第 444 号）

要旨：刑法第三百零六条规定的“证人”与刑事诉讼法第四十二条规定的证人概念不同，应当理解为广义的证人，既包括证人，也包括被害人、鉴定人。

（一）辩护人、诉讼代理人妨害作证罪中的“证人”应当包括被害人

刑法第三百零六条规定的“证人”与刑事诉讼法第四十二条规定的证人概念不同，应当理解为广义的证人，既包括证人，也包括被害人、鉴定人。其理由在于：第一，从刑事诉讼法第四十二条规定的证人范围来分析，虽然我国刑事诉讼法将证人证言与被害人陈述、鉴定结论分列为不同的证据种类，但是，这只是出于证据分

类角度作的区分，刑事诉讼法第四十八条在对证人的范围作出规定时并没有把被害人排除在证人范围以外，该法条明确规定："凡是知道案件情况的人，都有作证的义务。生理上、精神上有缺陷或者年幼，不能辨别是非、不能正确表达的人，不能作证人。"因此，从广义上来讲，从被害人、鉴定人在刑事诉讼中对于案件事实的证明作用角度讲，也应属于证人范畴。第二，从行为的社会危害性来分析，威胁、引诱被害人、鉴定人违背事实改变证言或者作伪证的与威胁、引诱证人违背事实改变证言或者作伪证的行为，同样妨害了刑事诉讼活动的正常进行，危害了司法机关的正常追诉活动，从侵害法益的同质性来看，两种行为均应受到刑罚处罚。第三，从立法本意来分析，刑法第三百零六条的立法目的在于通过刑罚手段惩治辩护人、诉讼代理人的妨害作证的行为，来规范刑事辩护制度，确保刑事诉讼的正常进行。如果不将威胁、引诱被害人、鉴定人违背事实改变证言或者作伪证的行为纳入本罪的惩治范围，就会放纵实践中辩护人、诉讼代理人的此类妨害作证的行为，不能全面有效地维护刑事诉讼秩序，这显然有违立法本意。而且，刑法用语有其特定含义，不能简单照搬刑事诉讼法的概念含义，应当放在特定法条中结合立法本意进行甄明。综上，刑法第三百零六条规定辩护人、诉讼代理人妨害作证罪中的"证人"应作广义的理解，被害人、鉴定人应当可以成为本罪的犯罪对象。

——《刑事审判参考》(总第56辑)。

1123 辩护人、诉讼代理人妨害作证罪与妨害作证罪的区别

关键词｜辩护人、诉讼代理人妨害作证罪｜妨害作证罪｜法条竞合｜

【最高人民法院参考案例】

肖芳泉辩护人妨害作证案(《刑事审判参考》案例第444号)

要旨：对辩护人、诉讼代理人妨害作证罪与妨害作证罪，可以从诉讼范围、发生时间、行为表现、犯罪主体四方面加以区分。如果辩护人在刑事诉讼中，威胁、引诱证人作伪证，则既触犯了妨害作证罪，又触犯了辩护人妨害作证罪，此时应按照"特别法优于普通法"的处理原则，按照辩护人妨害作证罪定罪处罚。

(二)辩护人、诉讼代理人妨害作证罪与妨害作证罪的区别

刑法第三百零七条规定了妨害作证罪，是指以暴力、威胁、贿买等方法阻止证人作证或者指使他人作伪证的行为。根据刑法第三百零六条之规定，辩护人、诉讼代理人妨害作证罪，是指在刑事诉讼中，辩护人、诉讼代理人威胁、引诱证人违背事实改变证言或者作伪证的行为。两罪有相似之处，都是直接故意犯罪，在客体上都侵犯司法机关正常的诉讼秩序，行为人主观上都有妨害作证的意图，客观行为也有

相似之处。但两罪的区别还是比较明显的:(1)发生的诉讼范围不同。前罪可以发生在刑事诉讼、民事诉讼、行政诉讼三大诉讼中;而后罪只能发生在刑事诉讼中。(2)行为发生的时间不同。从时间上看,前罪行为既可以发生在诉讼活动开始之前,也可以发生在诉讼活动开始之后;而后罪行为只能发生在刑事诉讼活动开始之后。(3)行为表现不尽相同。前罪的行为表现为“以暴力、威胁、贿买等方法阻止证人作证”“指使他人作伪证”两种;而后罪则为“威胁、引诱证人违背事实改变证言或者作伪证”。(4)主体不同。前罪的主体为一般主体;而后罪的主体为特殊主体,限于辩护人、诉讼代理人。

如果辩护人在刑事诉讼中,威胁、引诱证人作伪证,则既触犯了妨害作证罪,又触犯了辩护人妨害作证罪,由于行为人只实施了一个行为,而触犯的这两个罪名的法条在内容上存在着包容与被包容的关系,因而属于法条竞合。妨害作证罪的法条是普通法条,辩护人妨害作证罪的法条是特别法条,因此,按照“特别法优于普通法”的处理原则,对这种情况下的行为人应按照辩护人妨害作证罪定罪处罚。

——《刑事审判参考》(总第56辑)。

1124 辩护人妨害作证罪不以使司法机关作出错误裁决或者决定为构成要件

关键词 | 辩护人妨害作证罪 | 过失妨害作证 |

【最高人民法院参考案例】

刘某犯辩护人妨害作证案(《刑事审判参考》案例第62号)

要旨:辩护人妨害作证罪不以使司法机关作出错误裁决或者决定为构成要件。

辩护人妨害作证罪在客观上表现为辩护人在刑事诉讼中实施了威胁、引诱证人违背事实改变证言或者作伪证的行为。其威胁、引诱的对象是知道案件真相的证人。“违背事实改变证言”是指以暴力、恐吓等手段威胁证人或者以金钱、物质利益等好处诱使证人改变过去已按照事实作出的真实证言;威胁、引诱证人“作伪证”是指以暴力、恐吓等手段威胁证人或者以金钱、物质利益等好处诱使证人不按照事实的真相提供证言。只要辩护人在刑事诉讼中,实施了威胁、引诱证人违背事实改变证言或者作伪证的行为,即可以构成犯罪。至于证人在威胁、引诱下改变了证言或者作了伪证,是否足以或者已经导致案件处理或者裁判错误,如是否已造成犯罪嫌疑人、被告人逃避刑事追究或者使无罪的人受到刑事追究等,不影响犯罪的成立。而“情节严重”只是辩护人妨害作证行为已构成犯罪的量刑情节。当然,司法实践中,对于辩护人故意引诱或者威胁证人作伪证、改变证言,但情节显著轻微如证人坚持如实作证,或者辩护人最终没有将取得的虚假证言向司法机关提供的,对辩护人就不应当追究刑事责任。

辩护人妨害作证罪是故意犯罪,其目的一般在于减轻、开脱犯罪嫌疑人、被告人的罪责。刑法第三百零六条第二款规定:“辩护人、诉讼代理人提供、出示、引用的证人证言或者其他证据失实,不是有意伪造的,不属于伪造证据。”这一规定就把辩护人过失妨害作证的行为排除在了本罪之外。

——《刑事审判参考》(总第8辑)。

1125 虚假诉讼罪中“捏造”的认定

关键词 | 虚假诉讼罪 | 捏造 |

【最高人民法院司法解释】

第一条 采取伪造证据、虚假陈述等手段,实施下列行为之一,捏造民事法律关系,虚构民事纠纷,向人民法院提起民事诉讼的,应当认定为刑法第三百零七条之一第一款规定的“以捏造的事实提起民事诉讼”:

(一)与夫妻一方恶意串通,捏造夫妻共同债务的;

(二)与他人恶意串通,捏造债权债务关系和以物抵债协议的;

(三)与公司、企业的法定代表人、董事、监事、经理或者其他管理人员恶意串通,捏造公司、企业债务或者担保义务的;

(四)捏造知识产权侵权关系或者不正当竞争关系的;

(五)在破产案件审理过程中申报捏造的债权的;

(六)与被执行人恶意串通,捏造债权或者对查封、扣押、冻结财产的优先权、担保物权的;

(七)单方或者与他人恶意串通,捏造身份、合同、侵权、继承等民事法律关系的其他行为。

隐瞒债务已经全部清偿的事实,向人民法院提起民事诉讼,要求他人履行债务的,以“以捏造的事实提起民事诉讼”论。

……

第七条 采取伪造证据等手段篡改案件事实,骗取人民法院裁判文书,构成犯罪的,依照刑法第二百八十条、第三百零七条等规定追究刑事责任。

——《最高人民法院、最高人民检察院关于办理虚假诉讼刑事案件适用法律若干问题的解释》(2018年10月1日,法释〔2018〕17号)。

【链接：理解与适用】

综合以上考虑，研究认为，虚假诉讼罪中的“捏造”，应当是指无中生有、凭空虚构；捏造的“事实”，应当是足以对起诉能否获得人民法院受理以及人民法院作出何种裁判结果产生影响、属于民事案由范围内的事实。根据《民事案件案由规定》的规定，民事案件的案由反映案件涉及的民事法律关系的性质，是对诉讼争议所包含的法律关系进行的概括，表述方式原则上为“法律关系的性质”加“纠纷”组成。据此，《解释》第一条第一款明确，虚假诉讼罪中的“捏造事实”，包括捏造民事法律关系、虚构民事纠纷两个方面。捏造民事法律关系，是指行为人与他人之间根本不存在特定的民事法律关系，但是，行为人通过伪造证据、虚假陈述等手段无中生有、凭空伪造双方存在民事法律关系的假象；虚构民事纠纷，是指双方本来不存在民事纠纷，故意虚构因为捏造出来的民事法律关系产生民事纠纷的事实。同时满足上述两个条件的，才能认定为“捏造事实”。具体案件处理过程中，对于是否属于捏造民事法律关系，应当坚持实质性判断，不能进行形式化、简单化认定。根据《民事案件案由规定》的规定，行为人起诉的法律关系与实际诉争的法律关系不一致的，人民法院结案时应当根据法庭查明的当事人之间实际存在的法律关系的性质，相应变更案件的案由，不能一概认定为捏造民事法律关系。另外，考虑到虚假诉讼罪的实质是通过欺骗手段获得人民法院立案受理和作出裁判，而刑法中典型的以欺骗手段实施的犯罪，例如诈骗罪，理论上认为虚构事实和隐瞒真相两种行为方式均可以构成，且实践中存在的采用隐瞒真相方式虚构民事法律关系的行为，其社会危害性与采用积极行为虚构民事法律关系行为的社会危害性并无本质上的区别，没有理由将隐瞒真相行为排除在虚假诉讼罪之外。《解释》第一条第二款明确，隐瞒债务已经全部清偿的事实，向人民法院提起民事诉讼，要求他人履行债务的，以“以捏造的事实提起民事诉讼”论。

《解释》起草过程中，有意见提出，行为人与他人存在特定的民事法律关系，为了达到不法目的，故意篡改该民事法律关系的部分内容并提起民事诉讼的行为，即理论上所谓的“部分篡改型”虚假诉讼行为，社会危害性并不一定小于“无中生有型”虚假诉讼行为，也可能构成虚假诉讼罪。我们经研究认为，首先，如果行为人与他人之间确实存在真实的民事法律关系和民事纠纷，则行为人依法享有诉权，将其在起诉时或者民事诉讼过程中伪造部分证据的行为认定为虚假诉讼罪，不符合刑法增设本罪的立法目的。其次，民事诉讼的情况比较复杂，部分原告采取伪造证据等手段故意提高诉讼标的额，其实是出于诉讼策略的考虑，如果对这种情况一律认定为虚假诉讼犯罪，可能会侵害人民群众的合法诉权。最后，如果将“部分篡改型”行为认定为虚假诉讼罪，涉及如何合理确定罪与非罪的判断标准问题，实践中不具有可操作性。《解释》第七条明确，采取伪造证据等手段篡改案件事实，骗取人民法院裁判文书的，不构成虚假诉讼罪；构成其他犯罪的，可以以伪造公司、企业、事业单位、人民团体印章罪或者妨害作证罪等罪名定罪处罚。

关于虚假诉讼犯罪参与人仅限于双方当事人，还是也包括单方当事人，在刑法修正案（九）审议过程中和施行之后，一直存在不同意见。有意见认为，根据民事诉讼法第一百一十二条、第一百一十三条的规定，虚假诉讼罪仅应包含双方当事人恶意串通提起的虚假民事诉讼，仅限于“双方串通型”一种形式。研究认为，上述意见难以成立。首先，刑法并没有对虚假诉讼罪设置当事人恶意串通的限制条件，一方当事人以捏造的事实提起民事诉讼的行为，完全可能造成妨害司法秩序或者严重侵害他人合法权益的危害后果，进而构成虚假诉讼罪。其次，刑法第三百零七条之一第三款规定：“有第一款行为，非法占有他人财产或者逃避合法债务，又构成其他犯罪的，依照处罚较重的规定定罪从重处罚。”其中的非法占有他人财产行为即属于“单方欺诈型”虚假诉讼。最后，刑法第三百零七条之一属于叙明罪状，不需要参照其他法律法规的具体规定来确定虚假诉讼罪的构成要件特征，成立虚假诉讼罪，不以违反民事诉讼法第一百一十二条、第一百一十三条的具体规定为前提。《解释》第一条第一款明确，单方或者与他人恶意串通，捏造事实，向人民法院提起民事诉讼的，均可以认定为虚假诉讼犯罪行为。

——周峰、汪斌、李加玺：《〈关于办理虚假诉讼刑事案件适用法律若干问题的解释〉的理解与适用》，载《人民司法·应用》2019 年第 4 期。

【最高人民法院司法文件】

第二条 本意见所称虚假诉讼犯罪，是指行为人单独或者与他人恶意串通，采取伪造证据、虚假陈述等手段，捏造民事案件基本事实，虚构民事纠纷，向人民法院提起民事诉讼，妨害司法秩序或者严重侵害他人合法权益，依照法律应当受刑罚处罚的行为。

——《最高人民法院、最高人民检察院、公安部、司法部关于进一步加强虚假诉讼犯罪惩治工作的意见》（2021 年 3 月 10 日，法发〔2021〕10 号）。

【最高人民法院参考案例】

胡群光妨害作证、王荣炎帮助伪造证据案（《刑事审判参考》案例第 1375 号）

要旨：“部分篡改型”行为不构成虚假诉讼罪。

被告人胡群光在拖欠被告人王荣炎及胡群琳借款一百二十七万元的情况下，为达到转移资产、逃避履行其他合法债务的目的，与王荣炎、胡群琳恶意串通，通过伪造借条、制造虚假银行账户转账记录等方式，将债权债务数额提高至三百五十十万元,并由王荣炎提起民事诉讼,要求胡群光清偿债务三百五十万元,属于刑法理论上所称“部分篡改型”行为,以区别于在不存在民事法律关系的情况下凭空捏造民事法律关系、虚构民事纠纷并向人民法院提起民事诉讼的“无中生有型”行为。对于“部分篡改型”行为是否构成虚假诉讼罪,在刑法修正案(九)研究起草过程中一直存在较大争议,刑法修正案(九)公布施行后,这种争议仍未平息,实践中对此类行为的定罪处罚也不一致。正确认定“部分篡改型”行为的法律性质,合理确定相关行为人的刑事责任,具有重要的理论和实践意义。

我们认为,“部分篡改型”行为不符合虚假诉讼罪的构成要件,依法不应认定为虚假诉讼罪……

——《刑事审判参考》(总第124辑)。

1126 隐瞒真相行为能否构成虚假诉讼罪

关键词｜虚假诉讼罪｜捏造事实｜

【最高人民法院参考案例】

万春禄虚假诉讼案(《刑事审判参考》案例第1379号)

要旨:采用隐瞒真相方式捏造事实并提起民事诉讼的行为可以构成虚假诉讼罪。

我们认为:首先,根据刑法第三百零七条之一第一款的规定,虚假诉讼罪在客观方面表现为“以捏造的事实提起民事诉讼”,即行为人通过伪造证据、作虚假陈述等虚假行为欺骗法院,并经过庭审质证、司法裁判将虚假事实转化为法律事实的过程,本质上就是一种欺骗行为。捏造事实既可以通过虚构事实,也可以通过隐瞒真相的方式实现,两种行为方式均可以导致欺骗法院、实现非法目的的后果。两者的社会危害性并无本质区别,没有理由将隐瞒真相的行为排除在虚假诉讼罪之外。其次,虚构事实与隐瞒真相看似一个属于作为,一个属于不作为,但两者在语义范围内存在一定程度的重合,实践中作出明确区分存在一定困难,将隐瞒真相一概排除在虚假诉讼罪之外,缺乏可操作性。最后,民事诉讼中的举证责任分配实行“谁主张,谁举证”原则,法院最后作出裁判依据的是根据双方当事人提交的证据进行司法认定的事实,民事诉讼当事人只有获得证据优势,才能让法官形成对自己有利的内心确信。提出诉讼请求的一方如果隐瞒作为自己诉讼请求基础的民事法律关系已经消灭的事实,完全可能导致法院作出错误的裁判,因而不能根据民事诉讼举证责任分配原则否定隐瞒真相行为可以构成虚假诉讼罪。

综上,虚假诉讼罪中的“捏造事实”包括虚构事实和隐瞒真相两种行为方式。

本案被告人万春禄故意隐瞒在先的五十万元债务已被后续的七十万元债务完全包含、金额为五十万元的借条已经作废的事实,以该借条为依据提起民事诉讼,要求债务人林欣欣偿还该五十万元借款,属于以捏造的事实提起民事诉讼,并造成了妨害司法秩序的危害后果,依法构成虚假诉讼罪。一审、二审定罪准确。

——《刑事审判参考》(总第124辑)。

1127 虚假诉讼罪中的"提起民事诉讼"的认定

关键词|虚假诉讼罪|提起民事诉讼|

【最高人民法院司法解释】

第一条第三款　向人民法院申请执行基于捏造的事实作出的仲裁裁决、公证债权文书,或者在民事执行过程中以捏造的事实对执行标的提出异议、申请参与执行财产分配的,属于刑法第三百零七条之一第一款规定的"以捏造的事实提起民事诉讼"。

——《最高人民法院、最高人民检察院关于办理虚假诉讼刑事案件适用法律若干问题的解释》(2018年10月1日,法释〔2018〕17号)。

【链接:理解与适用】

2."提起民事诉讼"的认定

如上所述,虚假诉讼罪的惩治对象,是不具有合法诉权的行为人采用欺骗手段提起民事诉讼,致使虚假民事案件进入人民法院诉讼程序的行为,规制重点原则上是导致案件首次进入诉讼程序的起诉和申请立案执行等行为。因此,不能认为刑法第三百零七条之一规定的"提起民事诉讼"包括了民事诉讼法规定的所有诉讼程序。根据《最高人民法院关于适用〈中华人民共和国民事诉讼法〉的解释》第三百二十三条的规定,民事诉讼二审程序采用续审制原则,除特殊情况外,二审审理范围原则上不超出一审之诉和上诉请求的范围。行为人在一审阶段被动应诉、一审宣判后以捏造的事实提出上诉的,其上诉诉求不超出一审之诉的范围,不符合无中生有捏造民事法律关系的行为特征,故一审宣判后提出上诉、启动二审程序的,一般不属于虚假诉讼罪中的"提起民事诉讼"。另一方面,还需要考虑民事诉讼中的特殊情况。案件获得人民法院受理立案、进行诉讼程序后,当事人提出新的独立的诉讼请求的,实质上属于诉的合并,也可以认定为"提起民事诉讼"。

根据上述判断标准,虚假诉讼罪中的"提起民事诉讼"包括以下七种情形:(1)民事案件普通一审程序;(2)第三人撤销之诉和执行异议之诉;(3)特别程序、督促程序、公示催告程序；(4)原告增加诉讼请求，被告提出反诉，有独立请求权的第三人提出与本案有关的诉讼请求；(5)审判监督程序；(6)企业破产程序；(7)执行程序。根据《解释》第一条第三款的规定，此处的执行程序，包括申请执行仲裁裁决和公证债权文书、在执行过程中对执行标的提出异议和申请参与执行财产分配等三种情形。还应明确的是，可能构成虚假诉讼罪的审判监督程序，仅包括民事诉讼法第二百二十七条规定的执行过程中案外人提起的审判监督程序和《最高人民法院关于适用〈中华人民共和国民事诉讼法〉审判监督程序若干问题的解释》第五条规定的案外人申请再审。原审当事人申请再审的，针对的是原生效裁判认定的事实和确认的诉讼请求，一般不涉及新的诉讼请求，难以成立虚假诉讼罪。

——周峰、汪斌、李加玺：《〈关于办理虚假诉讼刑事案件适用法律若干问题的解释〉的理解与适用》，载《人民司法·应用》2019年第4期。

【最高人民法院司法文件】

第四条　实施《最高人民法院、最高人民检察院关于办理虚假诉讼刑事案件适用法律若干问题的解释》第一条第一款、第二款规定的捏造事实行为，并有下列情形之一的，应当认定为刑法第三百零七条之一第一款规定的“以捏造的事实提起民事诉讼”：

（一）提出民事起诉的；

（二）向人民法院申请宣告失踪、宣告死亡，申请认定公民无民事行为能力、限制民事行为能力，申请认定财产无主，申请确认调解协议，申请实现担保物权，申请支付令，申请公示催告的；

（三）在民事诉讼过程中增加独立的诉讼请求、提出反诉，有独立请求权的第三人提出与本案有关的诉讼请求的；

（四）在破产案件审理过程中申报债权的；

（五）案外人申请民事再审的；

（六）向人民法院申请执行仲裁裁决、公证债权文书的；

（七）案外人在民事执行过程中对执行标的提出异议，债权人在民事执行过程中申请参与执行财产分配的；

（八）以其他手段捏造民事案件基本事实，虚构民事纠纷，提起民事诉讼的。

——《最高人民法院、最高人民检察院、公安部、司法部关于进一步加强虚假诉讼犯罪惩治工作的意见》（2021年3月10日，法发〔2021〕10号）。

【链接：理解与适用】

刑事法律和民事法律中均有虚假诉讼概念，但二者存在明显区别。刑事法律中关于虚假诉讼罪的规定,原则上限于无中生有型捏造事实行为,且仅将具有严重社会危害性的行为纳入刑罚打击范围,其外延小于民事法律上的虚假诉讼。为突出打击重点,《意见》将规制对象限定为虚假诉讼犯罪,具体包括行为构成虚假诉讼罪,以及行为符合虚假诉讼罪的构成要件、但基于数罪竞合处罚原则最终被以其他罪名定罪处罚等两种情形。《意见》第二条采用下定义的方式,对虚假诉讼犯罪的内涵作了界定,规定主要内容与《虚假诉讼犯罪司法解释》第一条基本相同。对于实践中存在争议、《虚假诉讼犯罪司法解释》未作明确规定的虚假诉讼罪中民事诉讼的范围,《意见》第四条进一步作了列举式规定。实践中应当注意以下几点:

第一,关于认定虚假诉讼罪中民事诉讼的总体标准。根据刑法规定的虚假诉讼罪的行为方式,虚假诉讼罪的惩治对象原则上是不具有合法诉权的行为人采用欺骗手段提起民事诉讼,致使虚假民事案件进入人民法院诉讼程序的行为,同时,还应考虑部分民事主体通过在民事诉讼过程中提出新的诉讼请求、通过人民法院的民事执行行为实现其实体权利等情形。据此,虚假诉讼罪中的民事诉讼大体可分为以下几种情形:(1)案件首次进入民事诉讼程序的起诉行为,包括第一审普通民事程序和简易程序的起诉行为,以及民事诉讼法规定的特别程序和督促程序、公示催告程序的申请行为。(2)当事人在民事诉讼过程中提出新的独立的诉讼请求,包括原告增加独立的诉讼请求、被告提出反诉和有独立请求权的第三人提出与本案有关的诉讼请求。上述三种情形实质上属于诉的合并,与民事原告提出民事起诉并无实质性区别。(3)特殊程序中申请人民法院保护其实体权利的行为,包括在破产案件审理过程中申报债权,民事判决、裁定、调解书生效后案外人申请再审等。(4)民事执行过程中申请人民法院实现其超出原诉范围的实体权利的行为,主要包括申请执行仲裁裁决和公证债权文书,以及案外人对执行标的提出异议、债权人申请参与执行财产分配等情形。

第二,民事二审程序不属于虚假诉讼罪中的民事诉讼范围。根据最高人民法院《民事诉讼法解释》第三百二十三条的规定,我国的民事二审程序采用续审制原则,除特殊情况外,二审审理范围原则上不超出一审之诉和当事人上诉请求的范围。据此,民事诉讼当事人在一审宣判后以捏造的事实提出上诉的,因其上诉请求不超出一审之诉的范围,不符合无中生有捏造事实的行为特征。因此,民事诉讼当事人在一审宣判后提出上诉、启动民事二审程序的,不宜认定为虚假诉讼罪中的"提起民事诉讼"。

第三,刑事附带民事诉讼是否属于虚假诉讼罪中的民事诉讼,应当区分不同情况分别认定。首先,在刑事公诉案件中,行为人提起附带民事诉讼的案由与检察机关提起公诉的犯罪行为属于同一法律事实,附带民事诉讼是基于刑事诉讼衍生出的民事诉讼活动,刑事诉讼的真实性决定了附带民事诉讼的真实性。根据刑事诉讼法的规定，人民检察院向人民法院提起公诉的条件，是犯罪事实已经查清，证据确实、充分，依法应当追究刑事责任。在此情况下，被害人及其法定代理人、近亲属以公诉机关提起公诉的事实为案由提起附带民事诉讼，具有一定的事实依据，不能认定为无中生有捏造事实，不符合虚假诉讼罪的构成要件。即使公诉机关起诉指控的事实经人民法院裁判认定不能成立、被告人的行为不构成犯罪，但基于被害人一方对公安、检察机关的信赖心理，亦不能认定其行为属于无中生有捏造事实。因此，在刑事公诉案件中提起附带民事诉讼的，不能认定为虚假诉讼罪中的“提起民事诉讼”。其次，刑事自诉案件不以公安机关侦查和检察机关审查起诉为前置程序，自诉人自行承担证明被告人有罪的举证责任，存在自诉人无中生有捏造事实的可能性，故刑事自诉人的行为可能构成虚假诉讼罪。刑事自诉人以捏造的事实提起附带民事诉讼的，可以认定为《意见》第四条第（八）项规定的“以其他手段捏造民事案件基本事实，虚构民事纠纷，提起民事诉讼的”情形。

——滕伟、叶邵生、丁成飞、李加玺：《〈关于进一步加强虚假诉讼犯罪惩治工作的意见〉的理解与适用》，载《人民司法·应用》2021 年第 22 期。

【最高人民法院参考案例】

胡文新、黎维军虚假诉讼案（《刑事审判参考》案例第 1377 号）

要旨：申请执行仲裁调解书属于虚假诉讼罪中的“提起民事诉讼”。

民事诉讼法第二百三十七条规定的当事人向人民法院申请执行的法律文书，仅包括仲裁机构作出的裁决。但是，本案被告人胡文新、黎维军以捏造的事实获取的是仲裁调解书而非仲裁裁决，并向人民法院申请执行该仲裁调解书，是否可以认定二被告人的行为构成虚假诉讼罪，值得认真研究。

我们认为：首先，《最高人民法院关于人民法院办理仲裁裁决执行案件若干问题的规定》①第一条规定：“本规定所称的仲裁裁决执行案件，是指当事人申请执行仲裁机构依据仲裁法作出的仲裁裁决或者仲裁调解书的案件。”据此，民事诉讼法第二百三十七条规定内容实际上也包含申请强制执行仲裁调解书。其次，根据仲裁法第五十一条的规定，经调解达成协议的，仲裁庭应当制作调解书或者根据协议的结果制作裁决书，调解书与裁决书具有同等法律效力；根据劳动争议调解仲裁法第五十一条的规定，当事人对发生法律效力的调解书、裁决书，应当依照规定的期限履行，一方当事人逾期不履行的，另一方当事人可以依照民事诉讼法的有关规定向人民法院申请执行，受理申请的人民法院应当依法执行。可以看出，仲裁机构依法作出的裁决书和调解书的法律效力相同。一方当事人向人民法院申请执行裁决

① 该解释自 2018 年 3 月 1 日起施行，但上述条文的相关精神在实践中一直被遵守。

书或调解书，行为性质并无实质区别，因而相关行为在是否构成犯罪方面不能得出相反的法律评价。最后，《最高人民法院关于防范和制裁虚假诉讼的指导意见》第八条规定："在执行公证债权文书和仲裁裁决书、调解书等法律文书过程中，对可能存在双方恶意串通、虚构事实的，要加大实质审查力度，注重审查相关法律文书是否损害国家利益、社会公共利益或者案外人的合法权益。如果存在上述情形，应当裁定不予执行。必要时，可向仲裁机构或者公证机关发出司法建议。"该条文将行为人向人民法院申请执行基于捏造的事实作出的仲裁调解书的行为明确规定为虚假诉讼行为。综上，以捏造的事实获取仲裁调解书后，向人民法院申请执行该仲裁调解书的，属于虚假诉讼罪中的"提起民事诉讼"，可能构成虚假诉讼罪。

——《刑事审判参考》（总第124辑）。

1128 虚假诉讼罪的定罪量刑标准

关键词｜虚假诉讼罪｜妨害司法秩序｜情节严重｜

【最高人民法院司法解释】

第二条　以捏造的事实提起民事诉讼，有下列情形之一的，应当认定为刑法第三百零七条之一第一款规定的"妨害司法秩序或者严重侵害他人合法权益"：

（一）致使人民法院基于捏造的事实采取财产保全或者行为保全措施的；

（二）致使人民法院开庭审理，干扰正常司法活动的；

（三）致使人民法院基于捏造的事实作出裁判文书、制作财产分配方案，或者立案执行基于捏造的事实作出的仲裁裁决、公证债权文书的；

（四）多次以捏造的事实提起民事诉讼的；

（五）曾因以捏造的事实提起民事诉讼被采取民事诉讼强制措施或者受过刑事追究的；

（六）其他妨害司法秩序或者严重侵害他人合法权益的情形。

第三条　以捏造的事实提起民事诉讼，有下列情形之一的，应当认定为刑法第三百零七条之一第一款规定的"情节严重"：

（一）有本解释第二条第一项情形，造成他人经济损失一百万元以上的；

（二）有本解释第二条第二项至第四项情形之一，严重干扰正常司法活动或者严重损害司法公信力的；

（三）致使义务人自动履行生效裁判文书确定的财产给付义务或者人民法院强制执行财产权益，数额达到一百万元以上的；

（四）致使他人债权无法实现，数额达到一百万元以上的；

（五）非法占有他人财产，数额达到十万元以上的；

（六）致使他人因为不执行人民法院基于捏造的事实作出的判决、裁定，被采取刑事拘留、逮捕措施或者受到刑事追究的；

（七）其他情节严重的情形。

——《最高人民法院、最高人民检察院关于办理虚假诉讼刑事案件适用法律若干问题的解释》（2018 年 10 月 1 日，法释〔2018〕17 号）。

【链接：理解与适用】

第一，正确认识"妨害司法秩序"与"严重侵害他人合法权益"的关系。"妨害司法秩序"和"严重侵害他人合法权益"均属于虚假诉讼罪的成立条件，满足其一即可构成本罪。实践中，虚假诉讼行为一旦获得立案、进入审判程序，自然会产生妨害司法秩序的危害后果。但是，如果在案件进入执行程序或者人民法院采取保全措施之前就被识破或者中止，一般情况下并不会侵害他人合法权益。从这个意义上讲，司法秩序是虚假诉讼罪侵犯的必然客体，而他人合法权益则仅属于选择客体。另外，刑法还对侵害他人合法权益设置了"严重"的程度要求，对妨害司法秩序则无任何限制。如何合理确定上述两个定罪条件的具体认定标准，值得认真研究，如果把握不当，可能导致"严重侵害他人合法权益"这一定罪条件在实践中失去适用的余地。

我们经研究认为，在刑法对某一罪名同时规定有多个定罪条件的情况下，各定罪条件体现出的社会危害性应当大致相当，否则就违反了罪责刑相适应原则的基本要求。据此，一方面，《解释》将"妨害司法秩序"的认定标准适当提高，将刑事处罚关口适当延后。例如，行为人以捏造的事实提起民事诉讼，致使人民法院开庭审理、干扰正常司法活动，或者致使人民法院作出裁判文书、制作财产分配方案或者立案执行基于捏造的事实作出的仲裁裁决、公证债权文书，或者多次以捏造的事实提起民事诉讼，等等。实践中，不能认为只要获得人民法院受理立案就达到了妨害司法秩序的程度，进而认定为虚假诉讼罪。还应当注意的是，一般情况下，干扰正常司法活动可以视为人民法院开庭审理的必然结果，在人民法院开庭审理的情况下，无须再对该行为是否干扰正常司法活动进行实质审查，但是，如果刚刚开始法庭调查，行为人的虚假诉讼行为就被识破或者自愿认罪，则可以认定为未达到干扰正常司法活动的程度，不认定为犯罪。另一方面，《解释》将"严重侵害他人合法权益"的认定标准适当降低，不要求人民法院作出的裁判文书得到实际履行或者强制执行。人民法院对他人采取财产保全或者行为保全措施即可，且对财产保全和行为保全措施不设数额限制，也不要求实际造成财产损失。

第二，准确理解"情节严重"的认定标准。从体系解释的角度出发，与虚假诉讼罪的定罪标准相对应,作为法定刑升格标准的“情节严重”,也应体现在妨害司法秩序和侵害他人合法权益两个方面。因此,行为人以捏造的事实提起民事诉讼,严重妨害司法秩序,或者给他人合法权益造成特别严重侵害的,才能适用第二档法定刑,判处三到七年有期徒刑。根据《解释》第三条的规定,严重妨害司法秩序,实践中主要表现为:致使人民法院开庭审理,同时还开展了调查取证等其他方面工作,对人民法院的正常司法活动造成严重干扰;人民法院基于捏造的事实作出的裁判文书虽未生效,也未进入执行程序,但引发当事人上访、闹访或者新闻舆论负面炒作,对司法公信力造成严重损害;行为人在较短时间内频繁以捏造的事实提起民事诉讼,严重干扰正常司法活动,等等。在行为人多次以捏造的事实提起民事诉讼的情况下,什么情况可以认定为“情节严重”?可以参考其他司法解释的规定,以三倍于定罪条件的标准,结合行为人第一次和最后一次提起民事诉讼的时间间隔进行判断,一般不宜超过五年。给他人合法权益造成特别严重侵害,包括采取财产保全或者行为保全措施,造成他人经济损失一百万元以上;义务人自动履行执行义务或者人民法院基于生效裁判文书执行他人财产权益,数额达到一百万元以上;通过虚假诉讼手段逃避合法债务,致使他人债权无法实现,数额达到一百万元以上;通过虚假诉讼手段直接非法占有他人财产,数额达到十万元以上;或者致使他人因为不执行判决、裁定受到刑事打击处罚,等等。

第三,《解释》起草过程中,有意见建议将诉讼标的额的大小以及致使人民法院开展调解活动明确规定为虚假诉讼罪的定罪标准。研究认为:首先,《解释》确定的定罪量刑标准原则上应当与犯罪行为造成的危害后果存在直接联系。根据刑法规定,成立虚假诉讼罪并不要求人民法院作出的裁判得到实际履行,在此情况下,案件诉讼标的额与虚假诉讼行为是否造成了妨害司法秩序和严重侵害他人合法权益的危害后果之间并不存在直接联系,难以直接反映行为的社会危害性。其次,根据民事诉讼法的规定,民事诉讼中的调解活动并无明确的程序性标志。实践中,人民法院对某一民事案件是否已经开展调解、开展调解后对司法秩序的妨害程度等,均缺乏明确的判断标准,将人民法院开展调解作为定罪标准,无法为人民群众提供明确的行为预期。据此,《解释》对上述意见未予采纳。

第四,对于将《解释》第二条第(五)项“曾因以捏造的事实提起民事诉讼被采取民事诉讼强制措施或者受过刑事追究的”作为定罪标准,是否可能导致重复评价,起草过程中分歧较大。经研究,保留了本项规定,理由在于:首先,刑事责任是主客观相统一的整体,本项规定内容符合主客观相统一原则,有利于从严打击虚假诉讼惯犯,贯彻落实宽严相济刑事政策。其次,将行为人的同类前科违法犯罪情况规定为定罪条件,是近年来多个司法解释的通行作法,在刑法部分条文中也有体现。最后,实践中,如果作为定罪条件的行为人前科犯罪情况同时符合刑法规定的累犯条件，人民法院依法认定其构成累犯的，从重处罚的幅度可以适当从严把握，不会造成处刑过重。

——周峰、汪斌、李加玺：《〈关于办理虚假诉讼刑事案件适用法律若干问题的解释〉的理解与适用》，载《人民司法 · 应用》2019年第4期。

1129 虚假诉讼罪中的数罪竞合和共同犯罪问题

关键词｜虚假诉讼罪｜诈骗罪｜妨害作证罪｜共同犯罪｜

【最高人民法院司法解释】

第四条 实施刑法第三百零七条之一第一款行为，非法占有他人财产或者逃避合法债务，又构成诈骗罪，职务侵占罪，拒不执行判决、裁定罪，贪污罪等犯罪的，依照处罚较重的规定定罪从重处罚。

第五条 司法工作人员利用职权，与他人共同实施刑法第三百零七条之一前三款行为的，从重处罚；同时构成滥用职权罪，民事枉法裁判罪，执行判决、裁定滥用职权罪等犯罪的，依照处罚较重的规定定罪从重处罚。

第六条 诉讼代理人、证人、鉴定人等诉讼参与人与他人通谋，代理提起虚假民事诉讼、故意作虚假证言或者出具虚假鉴定意见，共同实施刑法第三百零七条之一前三款行为的，依照共同犯罪的规定定罪处罚；同时构成妨害作证罪，帮助毁灭、伪造证据罪等犯罪的，依照处罚较重的规定定罪从重处罚。

——《最高人民法院、最高人民检察院关于办理虚假诉讼刑事案件适用法律若干问题的解释》（2018年10月1日，法释〔2018〕17号）。

【链接：理解与适用】

1. 虚假诉讼犯罪行为是否可以构成侵财型犯罪。行为人采用虚假诉讼手段逃避合法债务的，可能构成拒不执行判决、裁定罪，一般争议不大。但是，对于虚假诉讼犯罪中的“单方欺诈型”行为是否可以认定为诈骗罪等侵财型犯罪，理论和实践中存在较大争议。《2002年最高检答复》[①]确立的总体原则是，对此类行为不宜以诈骗罪追究刑事责任，行为人实施的手段行为构成犯罪的，可以认定为伪造公司、企业、事业单位、人民团体印章罪或者妨害作证罪等罪名。但是，理论和实践中的争议并未因为该答复的出台而平息，对于此类行为的定性，长期存在多种观点。一

① 即《最高人民检察院法律政策研究室关于通过伪造证据骗取法院民事裁判占有他人财物的行为如何适用法律问题的答复》（〔2002〕高检研发第18号）。

种意见认为,此类行为不符合侵财型犯罪的构成要件,不构成侵财型犯罪。另一种意见认为,“单方欺诈型”行为人的主观目的是借助人民法院的强制执行力,迫使被害人非自愿地交付财物,更加符合敲诈勒索罪的构成要件,应以敲诈勒索罪论处。还有意见认为,“单方欺诈型”虚假诉讼行为属于典型的“三角诈骗”,认定为诈骗罪等侵财型犯罪,并不存在理论上的障碍,多个省、区、市出台的地方性规范文件基本上采纳了这种观点。

研究认为,从刑法修正案(九)的审议过程来看,立法机关采纳了上述第三种意见,认为“单方欺诈型”虚假诉讼行为可以构成诈骗罪等侵财型犯罪。刑法修正案(九)(草案一次审议稿)建议增设的刑法第三百零七条之一第二款规定,“以捏造的事实提起民事诉讼,非法侵占他人财产或者逃避合法债务,又构成其他犯罪的,依照本法第二百六十六条(即诈骗罪——作者注)的规定从重处罚”,已经明确虚假诉讼犯罪行为可以构成诈骗罪。后续有意见提出,实施虚假诉讼行为非法侵占他人财产,还可能构成职务侵占罪、贪污罪等其他侵财型犯罪,故立法机关对该款规定作了进一步修改,明确此类行为又构成其他犯罪的,依照处罚较重的规定定罪从重处罚。此处的“其他犯罪”,既包括诈骗罪,也包括以欺诈手段实施的职务侵占罪、贪污罪等侵财型犯罪。《解释》第四条明确,行为人以非法占有他人财产为目的实施虚假诉讼犯罪行为,达到诈骗罪、职务侵占罪、贪污罪等侵财型犯罪定罪标准的,应当依法认定为诈骗罪、职务侵占罪、贪污罪等罪名,再比较该罪与虚假诉讼罪适用的量刑幅度,选择其中一个重罪论处,并在法定量刑幅度内从重处罚。

2. 虚假诉讼行为人的手段行为构成其他犯罪的,是否适用择一重从重处罚原则。《解释》起草过程中,有意见提出,虚假诉讼行为人的手段行为同时构成伪造公司、企业、事业单位、人民团体印章罪或者妨害作证罪等其他犯罪的,也属于刑法第三百零七条之一第三款的规定范围,应当适用择一重从重处罚原则。经研究,对该意见未予采纳。理由在于:首先,刑法规定的对牵连犯和想象竞合犯的处罚原则,多数为择一重处罚,少数情况下为数罪并罚。刑法第三百零七条之一第三款、第四款首次规定对牵连犯和想象竞合犯择一重从重处罚,应是对本罪所作的特殊规定,不属于处理牵连犯和想象竞合犯的一般原则,一般不宜扩大适用于其他情形。其次,刑法第三百零七条之一第三款对虚假诉讼行为人的主观目的作了明确限制,即“非法占有他人财产或者逃避合法债务”,并不涉及行为人的手段行为。虚假诉讼行为人的手段行为构成其他犯罪的,不属于本款规定情形,不能适用择一重罪从重处罚原则,仍应根据处理牵连犯和想象竞合犯的一般原则,择一重罪处罚。

3. 诉讼参与人的共同犯罪和数罪竞合。《解释》第五条、第六条对司法工作人员和诉讼代理人、证人、鉴定人等诉讼参与人的共同犯罪和数罪竞合问题作了规定,处罚原则存在一定差异。首先,现行刑法废除了1979年刑法对主犯从重处罚的原则,刑法第三百零七条之一第四款关于司法工作人员利用职权与他人共同实施虚假诉讼行为应当从重处罚的规定内容,应属特殊规定而非一般原则。在刑法无明文规定的情况下,对于诉讼参与人与他人共同实施虚假诉讼犯罪行为的情况,不能适用从重处罚,仍应按照共同犯罪的一般处理原则处理。其次,刑法第三百零七条第三款、第四款确立了对虚假诉讼罪中的数罪竞合择一重从重处罚原则,诉讼代理人、证人、鉴定人等诉讼参与人与他人通谋,共同实施虚假诉讼犯罪的,将导致虚假诉讼犯罪更加容易得逞,与司法工作人员利用职权共同实施虚假诉讼犯罪的社会危害性并无实质差别,构成其他犯罪的,也应适用择一重从重处罚原则。

——周峰、汪斌、李加玺:《〈关于办理虚假诉讼刑事案件适用法律若干问题的解释〉的理解与适用》,载《人民司法·应用》2019年第4期。

1130 虚假诉讼罪的时间效力

关键词 | 妨害作证罪 | 虚假诉讼罪 |

【最高人民法院司法解释】

第七条 对于2015年10月31日以前以捏造的事实提起民事诉讼,妨害司法秩序或者严重侵害他人合法权益,根据修正前刑法应当以伪造公司、企业、事业单位、人民团体印章罪或者妨害作证罪等追究刑事责任的,适用修正前刑法的有关规定。但是,根据修正后刑法第三百零七条之一的规定处刑较轻的,适用修正后刑法的有关规定。

实施第一款行为,非法占有他人财产或者逃避合法债务,根据修正前刑法应当以诈骗罪、职务侵占罪或者贪污罪等追究刑事责任的,适用修正前刑法的有关规定。

——《最高人民法院关于〈中华人民共和国刑法修正案(九)〉时间效力问题的解释》(2015年11月1日,法释〔2015〕19号)。

【链接:理解与适用】

7. 虚假诉讼条款的时间效力

修正后刑法第三百零七条之一增设了虚假诉讼罪,规定以捏造的事实提起民事诉讼,妨害司法秩序或者严重侵害他人合法权益的,应当定罪处罚;并规定有虚假诉讼行为,非法占有他人财产或者逃避合法债务,又构成其他犯罪的,依照处罚较重的规定定罪从重处罚。

由于虚假诉讼罪是新增罪名，对于2015年10月31日以前以捏造的事实提起民事诉讼，妨害司法秩序、非法占有他人财产、逃避合法债务或者严重侵害他人合法权益的，原则上均不以虚假诉讼罪定罪处罚。但有两点需要注意，一是对于在虚假诉讼过程中实施的妨害作证、伪造印章等行为，触犯修正前刑法有关规定的，仍应以妨害作证罪或者伪造公司印章罪等罪名予以定罪处罚，这并不违反罪刑法定原则。当然，根据从旧兼从轻原则，如果根据修正后刑法第三百零七条之一的规定处刑较轻的（如情节严重的伪造、变造国家机关公文、证件、印章罪的处刑比情节严重的虚假诉讼罪重）则作为例外，可以虚假诉讼罪定罪处罚。二是对于以非法占有为目的，以虚假诉讼为手段，骗取、侵吞国家、集体或者他人财产，或者逃避合法债务的，应当以诈骗罪、职务侵占罪或者贪污罪等追究刑事责任。此时，虽然虚假诉讼罪的处刑较轻，但因虚假诉讼罪只能评价诈骗、职务侵占或者贪污的手段行为，不能反映罪行全貌及危害后果，不能根据从旧兼从轻原则以虚假诉讼罪处罚，只能依照处罚较重的规定定罪从重处罚。因此，《解释》第七条规定："对于2015年10月31日以前以捏造的事实提起民事诉讼，妨害司法秩序或者严重侵害他人合法权益，根据修正前刑法应当以伪造公司、企业、事业单位、人民团体印章罪或者妨害作证罪等追究刑事责任的，适用修正前刑法的有关规定。但是，根据修正后刑法第三百零七条之一的规定处刑较轻的，适用修正后刑法的有关规定。实施第一款行为，非法占有他人财产或者逃避合法债务，根据修正前刑法应当以诈骗罪、职务侵占罪或者贪污罪等追究刑事责任的，适用修正前刑法的有关规定。"

在征求意见过程中，有意见提出，根据最高人民检察院法律政策研究室2002年10月24日《关于通过伪造证据骗取法院民事裁判占有他人财物的行为如何适用法律问题的答复》，对于2015年10月31日以前的虚假诉讼行为，即使非法占有他人财产或者逃避合法债务，也不宜以诈骗罪等追究行为人的刑事责任。因为人民法院及其裁判不应成为犯罪分子利用的工具。但如果行为人有妨害作证、伪造印章的行为，构成犯罪的，以妨害作证罪或者伪造公司、企业、事业单位、人民团体印章罪追究刑事责任。故建议删除《解释》第七条第二款规定。我们认为，鉴于诈骗罪、职务侵占罪、贪污罪的手段多样，通过虚假诉讼已经非法占有他人财产或者已经逃避合法债务的案例时有发生，给被害人造成重大损失，且社会影响恶劣，如果不依法惩治，并追缴违法所得，势将放纵犯罪。而且，在高检研究室的答复出台后，各地已有不少生效判例已经按诈骗罪定罪处罚，且裁判结果符合罪刑法定、罪刑相当原则，社会反应良好，理论界也普遍认同。故未采纳该意见。

——黄应生：《〈关于刑法修正案（九）时间效力问题的解释〉的理解与适用》，载《人民司法·应用》2015年第23期。

【最高人民法院参考案例】

张崇光、张崇荣虚假诉讼案(《刑事审判参考》案例第 1380 号)

要旨:虚假诉讼犯罪案件中正确适用从旧兼从轻原则。

被告人张崇光、张崇荣实施以捏造的事实提起民事诉讼的行为时,刑法中并无虚假诉讼罪这一罪名。在这种情况下,应当分析二被告人的行为是否符合刑法规定的其他犯罪的构成要件,不能简单地以刑法中未规定虚假诉讼罪为由,认定二被告人的行为不构成犯罪。

首先,被告人张崇光的行为符合妨害作证罪的构成要件。妨害作证罪,是指采用暴力、威胁、贿买等方法阻止证人作证或者指使他人作伪证的行为。妨害作证罪是举动犯,只要实施了妨害作证行为,均可能构成本罪。妨害作证行为既可以发生在民事案件中,也可以发生在刑事案件、经济案件和行政案件中。妨害作证行为既可以发生在诉讼活动过程中,也可以发生在当事人或者公诉机关提起诉讼以前,行为人在提起诉讼以前实施妨害作证行为的,同样会影响即将进行的诉讼活动,妨害司法机关的正常诉讼活动,与在诉讼过程中实施妨害作证行为的社会危害性并不存在本质区别。张崇光为达到虚构建筑工程优先受偿权、逃避人民法院强制执行的目的,指使被告人张崇荣作伪证,伪造建筑工程施工合同,捏造虚假的债权债务关系和民事纠纷,并以伪造的证据为依据向人民法院提起民事诉讼,行为符合妨害作证罪的构成要件。

其次,被告人张崇荣的行为符合帮助伪造证据罪的构成要件。刑法第三百零七条第二款规定的帮助毁灭、伪造证据属于选择性罪名,其中,帮助伪造证据罪,是指帮助诉讼活动中的当事人伪造证据,情节严重的行为。本罪中的当事人范围较广,既包括刑事诉讼中的被害人、自诉人、犯罪嫌疑人、被告人和附带民事诉讼原告人,也包括民事诉讼中的原告、被告、共同诉讼人、第三人,以及行政诉讼中的原告、被告,等等。所谓伪造证据,是指凭空捏造实际根本不存在的证据,或者对现有证据进行篡改、歪曲、加工、整理使其脱离事实真相的行为。帮助当事人伪造证据必须达到情节严重的程度才能构成本罪,所谓情节严重,主要是指行为人犯罪动机卑劣、多次帮助当事人伪造证据、帮助重大案件当事人伪造证据、因实施帮助伪造证据行为导致诉讼活动无法正常进行或者中止,以及导致错案错判、造成恶劣影响等情形。张崇荣帮助民事诉讼中的被告张崇光在虚构的建筑工程施工合同上以承包人的身份签字,伪造重要证据并据以提起民事诉讼,导致人民法院基于该证据出具民事调解书,严重影响农行临海支行诉金意来公司借款纠纷一案民事判决的正常执行,已达到情节严重的程度,行为符合帮助伪造证据罪的构成要件。

在认定被告人张崇光、张崇荣的行为依照行为时法构成妨害作证罪和帮助伪造证据罪、根据裁判时法构成虚假诉讼罪的情况下，需要根据从旧兼从轻原则，选择适用刑法规范确定其刑事责任。……

本案涉及的比较对象为妨害作证罪、帮助伪造证据罪和虚假诉讼罪。根据刑法的规定，帮助伪造证据罪仅有三年以下有期徒刑或者拘役一个法定刑幅度，而妨害作证罪和虚假诉讼罪各有两个法定刑幅度。《问题解释》[①]第二条规定：“如果刑法规定的某一犯罪只有一个法定刑幅度，法定最高刑或者最低刑是指该法定刑幅度的最高刑或者最低刑；如果刑法规定的某一犯罪有两个以上的法定刑幅度，法定最高刑或者最低刑是指具体犯罪行为应当适用的法定刑幅度的最高刑或者最低刑。”根据在案证据，被告人张崇光、张崇荣所犯虚假诉讼罪以及张崇光所犯妨害作证罪均不属于情节严重，妨害作证罪应当适用的法定刑幅度为三年以下有期徒刑或者拘役，虚假诉讼罪应当适用的法定刑幅度为三年以下有期徒刑、拘役或者管制，并处或者单处罚金。根据司法解释确定的比较方法，妨害作证罪、帮助伪造证据罪和虚假诉讼罪的法定最高刑相同，但妨害作证罪和帮助伪造证据罪的法定最低刑均为拘役，而虚假诉讼罪的法定最低刑为管制和罚金，故虚假诉讼罪系处刑较轻的罪名。

——《刑事审判参考》(总第124辑)。

1131 民事共同诉讼案件中如何正确认定虚假诉讼罪

关键词｜虚假诉讼罪｜共同诉讼｜

【最高人民法院参考案例】

高云虚假诉讼案(《刑事审判参考》案例第1376号)

要旨：在民事普通共同诉讼案件中，对于某一行为是否构成虚假诉讼罪，应当区分不同原告的行为，分别进行评价。

在民事共同诉讼中，正确认定某一行为是否构成虚假诉讼罪，需要以普通共同诉讼和必要共同诉讼的区分为基础进行判断。具体来讲，必要共同诉讼人具有共同的权利或义务，属于不可分之诉，因此，对于行为人实施的某一行为是否属于刑法规定的虚假诉讼行为，只能进行整体评价。但是，在普通共同诉讼中，参加诉讼的各个原告均享有独立的诉权，属于可分之诉。在普通共同诉讼中，由于一方多个当事人之间没有共同的权利或者义务关系，既可以作为共同诉讼合并审理，也可以作为多个独立的诉讼分别审理，即使合并审理，法院也需要作出分别确认各自民事

① 即《最高人民法院关于适用刑法第十二条几个问题的解释》(法释〔1997〕12号)。

权利义务的判决，共同诉讼人的诉讼权利和义务与独立进行的诉讼完全相同。可以看出，在多个原告共同提起普通共同诉讼的情况下，各原告均享有独立的诉权。虚假诉讼罪的惩治重点，是行为人捏造事实行使虚假诉权的行为，因此，对于普通共同诉讼中各原告行使各自诉权的行为，原则上应当分别进行评价，确定其中是否存在捏造民事法律关系、虚构民事纠纷的情形，如果答案是肯定的，则应认定该部分为刑法规定的虚假诉讼行为。不能因为其中部分原告的行为属于部分篡改案件事实，就对全案认定为“部分篡改型”行为。

……

综上，我们认为，在民事普通共同诉讼案件中，对于某一行为是否构成虚假诉讼罪，应当区分不同原告的行为，分别进行评价。本案中，被告人高云指使他人，以二十二人为原告起诉振铭公司，要求振铭公司支付劳动报酬，各原告均享有对振铭公司的独立诉权，仅因诉讼标的属于同一种类，法院立为一个民事案件进行合并审理，属于普通共同诉讼。在二十二名原告中，有十二人确系振铭公司员工，享有对振铭公司的劳动报酬追索权，高云通过伪造工资表等方式上调上述人员的工资数额，属于“部分篡改型”行为，不构成虚假诉讼罪；另有十名原告与振铭公司不存在劳动合同关系，无权向振铭公司索要劳动报酬，高云伪造上述人员的工资表，捏造劳动合同关系和双方因追索劳动报酬产生民事纠纷的事实，属于“无中生有型”行为，属于刑法规定的虚假诉讼行为。高云虚增的劳动报酬数额不应计入虚假诉讼标的额。虚假诉讼罪不以法院裁判实际得到执行为必备要件，诉讼标的额不能直接反映虚假诉讼行为造成的社会危害性，不属于虚假诉讼罪的定罪条件。本案中，法院已经作出民事调解书，且已进入执行程序，达到刑法第三百零七条之一第一款规定的“妨害司法秩序”的社会危害程度，应当认定高云捏造振铭公司拖欠劳动报酬的事实并指使他人提起民事诉讼的行为已经达到虚假诉讼罪的定罪条件。

——《刑事审判参考》（总第 124 辑）。

1132 虚假诉讼犯罪案件被害人是否可以提起刑事自诉

关键词 | 虚假诉讼罪 | 自诉 |

【最高人民法院司法文件】

第八条　人民法院、人民检察院、公安机关发现虚假诉讼犯罪的线索来源包括：

……

（二）被害人有证据证明对被告人通过实施虚假诉讼行为侵犯自己合法权益的行为应当依法追究刑事责任，且有证据证明曾经提出控告，而公安机关或者人民检察院不予追究被告人刑事责任，向人民法院提出的刑事自诉；

……

——《最高人民法院、最高人民检察院、公安部、司法部关于进一步加强虚假诉讼犯罪惩治工作的意见》（2021 年 3 月 10 日，法发〔2021〕10 号）。

【链接：理解与适用】

第二，虚假诉讼犯罪是否可以提起刑事自诉。《意见》第八条规定了司法机关发现虚假诉讼犯罪线索的四种具体来源，并设置了兜底条款，其中第（二）项规定，被害人在一定条件下可以对他人实施的虚假诉讼行为向人民法院提出刑事自诉。研究过程中，有意见提出，在《意见》中明确规定对虚假诉讼犯罪可以提起刑事自诉，可能导致刑事自诉程序被人恶意利用，干扰民事诉讼程序的正常进行，建议不作规定。我们经研究认为，首先，根据刑事诉讼法第二百一十条的规定，自诉案件包括下列案件：（1）告诉才处理的案件；（2）被害人有证据证明的轻微刑事案件；（3）被害人有证据证明对被告人侵犯自己人身、财产权利的行为应当依法追究刑事责任，而公安机关或者人民检察院不予追究被告人刑事责任的案件。理论上一般将上述三类自诉案件分别概括为告诉才处理的案件、有证据证明的轻微刑事案件和公诉转自诉案件。最高人民法院《刑事诉讼法解释》第一条进一步明确，公诉转自诉案件是指被害人有证据证明对被告人侵犯自己人身、财产权利的行为应当依法追究刑事责任，且有证据证明曾经提出控告，而公安机关或者人民检察院不予追究被告人刑事责任的案件。根据刑法规定，虚假诉讼罪侵犯的客体是司法秩序和他人合法权益。在被害人因为他人实施的虚假诉讼行为导致自己人身、财产权利受到侵害而提出控告，而公安机关或者人民检察院不予追究对方刑事责任的情况下，允许被害人向人民法院提出刑事自诉，符合刑事诉讼法规定的公诉转自诉案件的条件。其次，刑事诉权是诉权的重要组成部分，民事诉讼原被告双方的诉权均应得到平等保护，不能仅以保障民事诉讼程序顺利进行、确保原告的民事诉权得以实现为由，剥夺被告享有的依法提起刑事自诉、通过刑事诉讼手段维护自身合法权益的权利。在《意见》中明确规定虚假诉讼犯罪被害人在提出控告后、公安机关或者人民检察院不予追究被告人刑事责任的情况下享有提起刑事自诉的权利，具有法律依据和现实意义。

——滕伟、叶邵生、丁成飞、李加玺：《〈关于进一步加强虚假诉讼犯罪惩治工作的意见〉的理解与适用》，载《人民司法·应用》2021 年第 22 期。

【最高人民法院参考案例】

嘉善双赢轴承厂诉单国强虚假诉讼案(《刑事审判参考》案例第1378号)

要旨:虚假诉讼犯罪案件被害人可以依据刑事诉讼法规定的条件提起刑事自诉。

在人民法院立案受理虚假诉讼犯罪刑事自诉案件后,由于该刑事案件的审理结果直接影响到相关民事案件中原告的诉讼请求能否成立,故原则上应当根据“先刑后民”的原则,待刑事案件审理完毕后再处理民事案件。这种情况下,对民事案件应当裁定中止审理还是作出终局性裁决,值得认真研究。根据民事诉讼法第一百五十条第(五)项的规定,本案(指民事案件——笔者注)必须以另一案的审理结果为依据,而另一案尚未审结的,人民法院应当中止审理。其中的“另一案”,包括与民事诉讼案件有关的刑事案件。《最高人民法院关于在审理经济纠纷案件中涉及经济犯罪嫌疑若干问题的规定》第十一条规定:“人民法院作为经济纠纷受理的案件,经审理认为不属于经济纠纷案件而有经济犯罪嫌疑的,应当裁定驳回起诉,将有关材料移送公安机关或检察机关。”《最高人民法院关于审理民间借贷案件适用法律若干问题的规定》第二十条规定:“经查明属于虚假民间借贷诉讼,原告申请撤诉的,人民法院不予准许,并应当根据民事诉讼法第一百一十二条之规定,判决驳回其请求;诉讼参与人或者其他人恶意制造、参与虚假诉讼,人民法院应当……依法予以罚款、拘留;构成犯罪的,应当移送有管辖权的司法机关追究刑事责任。”民事诉讼法与上述两个司法解释的规定内容存在明显区别。在司法实践中,为避免案件久拖不决,法院一般根据上述两个司法解释的规定,对民事案件裁定驳回起诉或者判决驳回诉讼请求,并将案件线索移送公安机关或者检察机关处理。但是,由于刑事自诉案件不经公安机关侦查和人民检察院审查起诉,处理周期相对较短,在法院未向公安机关或者检察机关移送案件线索、被害人直接以民事原告涉嫌虚假诉讼罪为由提起刑事自诉并获得法院立案受理的情况下,为确保民事案件稳妥处理,法院适用民事诉讼法第一百五十条第(五)项之规定,裁定对民事案件中止审理,通常是比较合适的处理方式。

——《刑事审判参考》(总第124辑)。

1133 虚假诉讼犯罪的甄别与发现

关键词 | 虚假诉讼罪 | 民间借贷 | 离婚诉讼 | 企业破产 |

【最高人民法院司法文件】

第五条　对于下列虚假诉讼犯罪易发的民事案件类型，人民法院、人民检察院在履行职责过程中应当予以重点关注：

（一）民间借贷纠纷案件；

（二）涉及房屋限购、机动车配置指标调控的以物抵债案件；

（三）以离婚诉讼一方当事人为被告的财产纠纷案件；

（四）以已经资不抵债或者已经被作为被执行人的自然人、法人和非法人组织为被告的财产纠纷案件；

（五）以拆迁区划范围内的自然人为当事人的离婚、分家析产、继承、房屋买卖合同纠纷案件；

（六）公司分立、合并和企业破产纠纷案件；

（七）劳动争议案件；

（八）涉及驰名商标认定的案件；

（九）其他需要重点关注的民事案件。

第六条　民事诉讼当事人有下列情形之一的，人民法院、人民检察院在履行职责过程中应当依法严格审查，及时甄别和发现虚假诉讼犯罪：

（一）原告起诉依据的事实、理由不符合常理，存在伪造证据、虚假陈述可能的；

（二）原告诉请司法保护的诉讼标的额与其自身经济状况严重不符的；

（三）在可能影响案外人利益的案件中，当事人之间存在近亲属关系或者关联企业等共同利益关系的；

（四）当事人之间不存在实质性民事权益争议和实质性诉辩对抗的；

（五）一方当事人对于另一方当事人提出的对其不利的事实明确表示承认，且不符合常理的；

（六）认定案件事实的证据不足，但双方当事人主动迅速达成调解协议，请求人民法院制作调解书的；

（七）当事人自愿以价格明显不对等的财产抵付债务的；

（八）民事诉讼过程中存在其他异常情况的。

第七条　民事诉讼代理人、证人、鉴定人等诉讼参与人有下列情形之一的，人民法院、人民检察院在履行职责过程中应当依法严格审查，及时甄别和发现虚假诉讼犯罪：

（一）诉讼代理人违规接受对方当事人或者案外人给付的财物或者其他利益，与对方当事人或者案外人恶意串通，侵害委托人合法权益的；

（二）故意提供虚假证据，指使、引诱他人伪造、变造证据、提供虚假证据或者隐匿、毁灭证据的；

（三）采取其他不正当手段干扰民事诉讼活动正常进行的。

——《最高人民法院、最高人民检察院、公安部、司法部关于进一步加强虚假诉讼犯罪惩治工作的意见》（2021年3月10日，法发〔2021〕10号）。

三、把准特征表现，做好靶向整治。各级人民法院要积极总结司法实践经验，准确把握虚假诉讼的特征表现，做到精准施治、靶向整治。对存在下列情形的案件，要高度警惕、严格审查，有效防范虚假诉讼：原告起诉依据的事实、理由不符合常理；诉讼标的额与原告经济状况严重不符；当事人之间存在亲属关系、关联关系等利害关系，诉讼结果可能涉及案外人利益；当事人之间不存在实质性民事权益争议，在诉讼中没有实质性对抗辩论；当事人的自认不符合常理；当事人身陷沉重债务负担却以明显不合理的低价转让财产、以明显不合理的高价受让财产或者放弃财产权利；认定案件事实的证据不足，当事人却主动迅速达成调解协议，请求人民法院制作调解书；当事人亲历案件事实却不能完整准确陈述案件事实或者陈述前后矛盾等。

四、聚焦重点领域，加大整治力度。民间借贷纠纷，执行异议之诉，劳动争议，离婚析产纠纷，诉离婚案件一方当事人的财产纠纷，企业破产纠纷，公司分立（合并）纠纷，涉驰名商标的商标纠纷，涉拆迁的离婚、分家析产、继承、房屋买卖合同纠纷，涉房屋限购和机动车配置指标调控等宏观调控政策的买卖合同、以物抵债纠纷等各类纠纷，是虚假诉讼易发领域。对上述案件，各级人民法院应当重点关注、严格审查，加大整治虚假诉讼工作力度。

——《最高人民法院关于深入开展虚假诉讼整治工作的意见》（2021年11月10日，法〔2021〕281号）。

（二）窝藏、包庇罪

1134 窝藏罪的构罪要件

关键词｜窝藏罪｜构成要件｜

【最高人民法院司法解释】

第一条 明知是犯罪的人，为帮助其逃匿，实施下列行为之一的，应当依照刑法第三百一十条第一款的规定，以窝藏罪定罪处罚：

（一）为犯罪的人提供房屋或者其他可以用于隐藏的处所的；

（二）为犯罪的人提供车辆、船只、航空器等交通工具，或者提供手机等通讯工具的；

（三）为犯罪的人提供金钱的；

（四）其他为犯罪的人提供隐藏处所、财物，帮助其逃匿的情形。

保证人在犯罪的人取保候审期间，协助其逃匿，或者明知犯罪的人的藏匿地点、联系方式，但拒绝向司法机关提供的，应当依照刑法第三百一十条第一款的规定，对保证人以窝藏罪定罪处罚。

虽然为犯罪的人提供隐藏处所、财物，但不是出于帮助犯罪的人逃匿的目的，不以窝藏罪定罪处罚；对未履行法定报告义务的行为人，依法移送有关主管机关给予行政处罚。

——《最高人民法院、最高人民检察院关于办理窝藏、包庇刑事案件适用法律若干问题的解释》（2021 年 8 月 11 日，法释〔2021〕16 号）。

【链接：理解与适用】

根据刑法第三百一十条第一款的规定，明知是犯罪的人而为其提供隐藏处所、财物，帮助其逃匿的，构成窝藏罪。实践中，主要分歧在于：窝藏行为是否仅限于提供隐藏处所、财物的行为？分歧的主要原因是如何理解提供隐藏处所、财物与帮助逃匿之间的关系。第一种观点认为两者之间是手段与目的关系；第二种观点认为两者之间是并列的选择关系；第三种观点认为两者之间是后者包含前者的关系，前者是后者的典型示例。我们认为，从刑法条文的结构分析，两者之间是手段与目的的关系。刑法第三百一十条规定了两个罪，即窝藏罪和包庇罪。窝藏罪的罪状描述为"提供隐藏处所、财物，帮助其逃匿"，而包庇罪的罪状描述是"作假证明包庇"。包庇罪的客观行为是作假证明，目的是包庇。同理，窝藏罪的客观行为是提供隐藏处所、财物，目的是帮助犯罪的人逃匿。两个罪名的逻辑结构一致，表现了立法的严谨性。为慎重起见，我们征求并充分听取了全国人大常委会法工委的意见。根据立法机关建议，《解释》对窝藏罪的构成要件进行了规定，将提供隐藏处所、财物与帮助犯罪的人逃匿之间的关系定位为手段与目的的关系。

调研中，有观点认为，应当将为犯罪的人通风报信、出谋划策的行为规定为窝藏罪的行为之一。理由是：该行为严重妨碍侦查，妨碍刑事诉讼；而且，刑法第三百六十二条也规定："旅馆业、饮食服务业、文化娱乐业、出租汽车业等单位的人员，在公安机关查处卖淫、嫖娼活动时，为违法犯罪分子通风报信，情节严重的，依照本法第三百一十条的规定定罪处罚。"《解释》未采纳该意见。主要理由：一是通风报信、出谋划策行为不属于提供隐藏处所、财物的行为，司法解释不能随便扩大刑法的调整范围。二是刑法第三百六十二条是特别规定，该条规定只适用于涉卖淫刑事案件，不能依据此条规定将所有通风报信行为都作犯罪化处理。三是国家工作人员为犯罪的人通风报信，刑法规定了渎职犯罪予以规制。而普通群众难以获得相关信息，即便有通风报信行为，一般也不必作为犯罪论处；如果情节严重，妨害公安、安全机关执行国家安全任务造成严重后果的，可以妨害公务罪定罪处罚。

调研中，对指示逃跑路线的行为能否作为提供隐藏处所行为对待，有不同认识。笔者认为，对刑法语词的解释应该遵循罪刑法定原则和常理。对于提供隐藏处所中的"处所"进行解释，既不能局限于日常生活概念，又不能任意扩大；指示逃跑路线一般情况下不具有提供处所的性质；如果行为人为帮助犯罪的人逃匿，既指示逃跑路线，又提供隐藏处所或者财物，构成犯罪的，则应当以窝藏罪定罪处罚。

据此，《解释》第一条第一款对窝藏罪的构成要件，以列举的方式作了如下规定……

《解释》第一条第二款规定……该内容系从最高人民法院《刑事诉讼法解释》第一百五十七条援引而来。该条规定："根据案件事实和法律规定，认为已经构成犯罪的被告人在取保候审期间逃匿的，如果系保证人协助被告人逃匿，或者保证人明知被告人藏匿地点但拒绝向司法机关提供，对保证人应当依法追究责任。"

《解释》第一条第三款系出罪条款，主要是为了防止某些人虽然提供了隐藏处所、财物，但没有帮助犯罪的人逃匿的主观目的也被定罪处罚的情形。同时，本款规定，对某些具有法定报告义务的行为人未履行法定报告义务的，依法移送有关主管机关给予行政处罚。

——滕伟、陆建红、田文莎：《〈关于办理窝藏、包庇刑事案件适用法律若干问题的解释〉的理解与适用》，载《人民司法 · 应用》2021 年第 28 期。

1135 包庇罪的构罪要件

关键词 | 包庇罪 | 伪证罪 |

【最高人民法院司法解释】

第二条　明知是犯罪的人，为帮助其逃避刑事追究，或者帮助其获得从宽处罚，实施下列行为之一的，应当依照刑法第三百一十条第一款的规定，以包庇罪定罪处罚：

（一）故意顶替犯罪的人欺骗司法机关的；

（二）故意向司法机关作虚假陈述或者提供虚假证明，以证明犯罪的人没有实施犯罪行为，或者犯罪的人所实施行为不构成犯罪的；

（三）故意向司法机关提供虚假证明，以证明犯罪的人具有法定从轻、减轻、免除处罚情节的；

（四）其他作假证明包庇的行为。

第三条　明知他人有间谍犯罪或者恐怖主义、极端主义犯罪行为，在司法机关向其调查有关情况、收集有关证据时，拒绝提供，情节严重的，依照刑法第三百一十一条的规定，以拒绝提供间谍犯罪、恐怖主义犯罪、极端主义犯罪证据罪定罪处罚；作假证明包庇的，依照刑法第三百一十条的规定，以包庇罪从重处罚。

——《最高人民法院、最高人民检察院关于办理窝藏、包庇刑事案件适用法律若干问题的解释》(2021 年 8 月 11 日，法释〔2021〕16 号)。

【链接：理解与适用】

调研中，主要分歧在于：行为人为犯罪的人作假证明，以证明其具有法定从轻、减轻、免除处罚情节的，能否认定为包庇行为？包庇与伪证行为如何区分？有观点认为，作假证明的目的是帮助犯罪分子逃避刑事处罚；如果作假证明的目的是让犯罪的人得到从轻、减轻、免除处罚，如假立功、假自首，则应当以伪证罪定罪处罚。理由是：(1)作假证明的目的是帮助犯罪分子逃避刑事处罚。(2)窝藏与包庇应当具有相当的社会危害性，窝藏的后果是可能造成犯罪的人无法被追究，包庇只有造成司法机关不能正常进行刑事诉讼的危险，才能与窝藏行为具有相当的社会危害性。提供从宽处罚的虚假证明显然无法造成这一风险，不宜扩大刑事的追诉范围。

经研究，我们认为，向司法机关提供虚假的书面证明，以证明犯罪的人具有法定从轻、减轻、免除处罚情节的，应当以包庇罪定罪处罚，而不以伪证罪定罪处罚。理由是：(1)根据刑法第三百零五条的规定，伪证行为要以意图陷害他人或者隐匿罪证为目的，上述行为既不是意图陷害他人，也不是隐匿罪证，而是提供虚假证明，因此不能以伪证罪论处。这也是伪证罪与包庇罪的主要区别。(2)不能简单地将窝藏与包庇两种行为可能造成的危害性进行比较，二者没有可比性。窝藏不可能使犯罪的人受到从宽处罚，而只能使其逃避处罚，这是由窝藏行为的特质决定的。实践中不存在犯罪的人由于被窝藏而受到从宽处罚的情况。一般情况下，证人拒绝提供证据，不构成包庇罪，除非其作假证明。但有一个例外，即刑法第三百一十一条规定的“明知他人有间谍犯罪或者恐怖主义、极端主义犯罪行为，在司法机关向其调查有关情况、收集有关证据时，拒绝提供，情节严重的”，构成拒绝提供间谍犯罪、恐怖主义犯罪、极端主义犯罪证据罪。如果证人明知他人有上述间谍犯罪等，故意提供假证明的，如何处理？对此，《解释》第三条专门作了规定……

1136 包庇与知情不举的区别

关键词 | 包庇罪 | 知情不举 | 不作为 |

【最高人民法院审判业务意见】

在司法实践中，明知是犯罪的人而不向司法机关检举、告发但也未实施积极帮助行为的，属于知情不举，一般不构成犯罪。但是，具有追究犯罪职责的国家工作人员，对犯罪人员和犯罪事实知情而不依法报案或不如实作证，构成犯罪的，可以以玩忽职守罪、徇私枉法罪等追究刑事责任。与包庇行为不同，知情不举属于不作为。认定行为人的行为是否属于包庇行为，应综合全案证据而定。对于不明知是犯罪的人，因受蒙蔽而作假证明的行为，不能认定为包庇。

——《包庇还是知情不举》，载最高人民法院刑事审判第一庭、第二庭：《刑事审判参考》（总第20辑），法律出版社2001年版，第61—65页。

1137 包庇罪与帮助毁灭证据罪的区别

关键词 | 帮助毁灭证据罪 | 包庇罪 |

【最高人民法院审判业务意见】

1. 行为方式不同。帮助毁灭证据罪，表现为帮助当事人实施了毁灭有关证据的行为，包括帮助犯罪的人实施了毁灭罪迹罪证的行为；而包庇罪则仅限于实施了向司法机关作假证明的行为。值得指出的是，由于旧刑法对帮助毁灭证据行为没有单独规定为犯罪，故在旧刑法实施期间，无论是刑法理论还是司法实践，均认为帮助犯罪的人实施毁灭罪迹罪证的行为应构成包庇罪。我们认为，在新刑法对帮助毁灭证据行为单独规定为犯罪后，再坚持以往的做法，就没有道理了。根据修改后的刑法规定，应当说包庇罪应仅限于向司法机关作假证明的行为，而不应包括帮助犯罪的人毁灭罪证、罪迹以及伪造证据的行为。

2. 帮助的对象不同。包庇罪是指明知是犯罪的人而向司法机关作假证明予以帮助，包庇的对象是犯罪的人；帮助毁灭证据罪则是帮助当事人毁灭证据，帮助对象是“当事人”。这里所说的“当事人”，其对象范围要远远大于犯罪人，既包括刑事诉讼中的自诉人、被告人、被害人，也包括民事、行政诉讼中的原告、被告、第三人等。如上所述，已进入刑事诉讼程序中的犯罪嫌疑人、被告人当然属于上述的当事人之列，帮助已进入刑事诉讼程序中的犯罪嫌疑人、被告人毁灭证据，情节严重的，当然也应定帮助毁灭证据罪。对于被告人帮助他人毁灭罪证的行为,是发生在他人实施了犯罪行为以后尚未被司法机关发现、立案侦查以前,那么,被告人是否属于帮助毁灭证据罪中所说的当事人呢?能否认为被告人的行为就是帮助当事人毁灭证据呢?我们的观点是肯定的。理由是,其一,“当事人”的确是一个诉讼概念,但这并不表示帮助犯罪的人毁灭犯罪证据的行为只有发生在刑事诉讼过程中才能构成帮助毁灭证据罪。刑法第三百零七条第二款所使用的“当事人”概念,仅是为了明确帮助毁灭证据的对象的范围,明确帮助哪些人毁灭证据的行为才能构成帮助毁灭证据罪。在刑事诉讼开始之前实施了犯罪的人,必然属于将来刑事诉讼中的当事人。其二,刑事诉讼的启动的正式标志固然是侦查机关的立案活动,但对帮助犯罪的人毁灭犯罪证据行为的定性,则不能因是否已立案而转移。即不能对立案前帮助犯罪的人毁灭犯罪证据的定包庇罪,而对立案后帮助犯罪的人毁灭犯罪证据的就定帮助毁灭证据罪。同样的行为因刑事诉讼的正式启动与否而定不同的罪名,道理上是讲不通的。可见,那种认为对帮助犯罪的人毁灭犯罪证据的行为,是定包庇罪还是帮助毁灭证据罪主要看相应的行为是否发生在刑事诉讼过程中的观点,即包庇行为只能发生在刑事诉讼开始之前,帮助毁灭证据的行为只能发生在各类案件的诉讼过程中,是既没有刑法条文依据,也没有充分的逻辑道理的。

综上,我们认为,被告人帮助实施了毁灭罪证的行为,情节严重,尽管其行为系发生在刑事诉讼开始之前,但由于该行为特征是帮助犯罪人毁灭罪证,而不是向司法机关作假证明,因此,对被告人应认定构成帮助毁灭证据罪,而非包庇罪。

另外需要说明的是,根据刑法的规定,帮助毁灭证据罪应处三年以下有期徒刑或者拘役,最高法定刑为三年;包庇罪的基本法定刑虽也为三年以下有期徒刑、拘役或者管制,但情节严重的,最高法定刑可为十年。因此,有种观点认为,对帮助犯罪的人毁灭罪证的行为一律以帮助毁灭证据罪论处,不能排除特定情形下有可能会轻纵帮助毁灭罪证的行为人之嫌。故还是应坚持对帮助犯罪的人毁灭罪证的行为以包庇罪论处为宜,而仅对民事、行政诉讼中帮助当事人毁灭有关证据的行为,才以帮助毁灭证据罪论处。我们认为这种观点是错误的。定罪是处断刑罚的前提。定罪在先,处断刑罚在后。一罪的犯罪构成只能根据条文的罪状描述来解释,司法不能为适用重刑而随意扩大或缩小。包庇罪的罪状表明其行为仅限于向司法机关作假证明的包庇行为,而无法包括以毁灭证据、伪造证据等形式实施的包庇行为;帮助毁灭证据罪的罪状表明其行为是帮助当事人毁灭有关证据的行为,既包括帮助犯罪嫌疑人、被告人毁灭罪证、罪迹的行为,也包括帮助自诉人、刑事被害人、附带民事诉讼原告人和被告人以及民事诉讼、行政诉讼中有关当事人毁灭证据的行为。

——《为犯罪人毁灭罪证的行为是构成帮助毁灭证据罪还是包庇罪》,载最高人民法院刑事审判第一庭、第二庭编：《刑事审判参考》（总第 34 辑），法律出版社 2004 年版，第 199—203 页。

1138 窝藏、包庇“情节严重”的认定

关键词 | 窝藏罪 | 包庇罪 | 情节严重 |

【最高人民法院司法解释】

第四条 窝藏、包庇犯罪的人，具有下列情形之一的，应当认定为刑法第三百一十条第一款规定的“情节严重”：

（一）被窝藏、包庇的人可能被判处无期徒刑以上刑罚的；

（二）被窝藏、包庇的人犯危害国家安全犯罪、恐怖主义或者极端主义犯罪，或者系黑社会性质组织犯罪的组织者、领导者，且可能被判处十年有期徒刑以上刑罚的；

（三）被窝藏、包庇的人系犯罪集团的首要分子，且可能被判处十年有期徒刑以上刑罚的；

（四）被窝藏、包庇的人在被窝藏、包庇期间再次实施故意犯罪，且新罪可能被判处五年有期徒刑以上刑罚的；

（五）多次窝藏、包庇犯罪的人，或者窝藏、包庇多名犯罪的人的；

（六）其他情节严重的情形。

前款所称“可能被判处”刑罚，是指根据被窝藏、包庇的人所犯罪行，在不考虑自首、立功、认罪认罚等从宽处罚情节时应当依法判处的刑罚。

——《最高人民法院、最高人民检察院关于办理窝藏、包庇刑事案件适用法律若干问题的解释》（2021 年 8 月 11 日，法释〔2021〕16 号）。

【链接：理解与适用】

笔者认为，对窝藏、包庇罪情节严重的标准，应从以下两个方面予以判断：（1）从被窝藏、包庇的犯罪性质、罪行轻重来判断；（2）从窝藏、包庇犯罪行为本身判断。这里涉及窝藏、包庇犯与被窝藏、包庇犯的量刑平衡问题。实践中，也存在窝藏、包庇犯单次犯罪的罪责重于被窝藏、包庇犯的特殊情况，如危险驾驶罪的最高法定刑为拘役六个月，但明知他人犯危险驾驶罪为其“顶包”的，可能构成包庇罪，最高可被判处三年有期徒刑刑罚。对此，不能机械地认为窝藏、包庇罪被判处的刑罚要比被窝藏、包庇犯罪判处的刑罚轻；危险驾驶罪是一个尚未发生实害结果的危险犯，而“顶包”行为严重妨害了司法秩序，其实际危害比危

险驾驶罪更大。

……

根据以往的司法解释惯例及司法实践的需要,《解释》第四条第二款对该条第一款所称的“可能被判处”刑罚,明确规定为“指根据被窝藏、包庇的人所犯罪行,在不考虑自首、立功、认罪认罚等从宽处罚情节时应当依法判处的刑罚”,以避免司法实践中出现不统一做法。

——滕伟、陆建红、田文莎:《〈关于办理窝藏、包庇刑事案件适用法律若干问题的解释〉的理解与适用》,载《人民司法·应用》2021年第28期。

1139 窝藏、包庇罪的明知要件的认定

关键词|窝藏罪|包庇罪|明知|

【最高人民法院司法解释】

第五条　认定刑法第三百一十条第一款规定的“明知”,应当根据案件的客观事实,结合行为人的认知能力,接触被窝藏、包庇的犯罪人的情况,以及行为人和犯罪人的供述等主、客观因素进行认定。

行为人将犯罪的人所犯之罪误认为其他犯罪的,不影响刑法第三百一十条第一款规定的“明知”的认定。

行为人虽然实施了提供隐藏处所、财物等行为,但现有证据不能证明行为人知道犯罪的人实施了犯罪行为的,不能认定为刑法第三百一十条第一款规定的“明知”。

——《最高人民法院、最高人民检察院关于办理窝藏、包庇刑事案件适用法律若干问题的解释》(2021年8月11日,法释〔2021〕16号)。

【链接:理解与适用】

一是第一款规定……该款只是明确了认定明知的基本方法,具体到个案,司法工作者还需要结合案件实际情况进行判断。我们认为,具有下列情形之一的,应当认定行为人属于刑法第三百一十条第一款规定的“明知”,但有证据证明确实不知道的除外:(1)行为人目击犯罪事实发生的;(2)犯罪的人告知其实施犯罪行为的;(3)根据衣着、携带物品等,应当能够判断出系犯罪的人的;(4)司法机关查处犯罪事实时已经明确告知的;(5)其他可以认定为明知的情形。

二是第二款规定……即在认定明知时,只需要认定行为人明知被窝藏、包庇的人系犯罪的人即可,至于是何种犯罪,无须苛求。

……

——滕伟、陆建红、田文莎：《〈关于办理窝藏、包庇刑事案件适用法律若干问题的解释〉的理解与适用》，载《人民司法 · 应用》2021 年第 28 期。

1140 窝藏、包庇罪罪与非罪的界限

关键词 | 窝藏罪 | 包庇罪 |

【最高人民法院司法解释】

第六条 认定窝藏、包庇罪，以被窝藏、包庇的人的行为构成犯罪为前提。

被窝藏、包庇的人实施的犯罪事实清楚，证据确实、充分，但尚未到案、尚未依法裁判或者因不具有刑事责任能力依法未予追究刑事责任的，不影响窝藏、包庇罪的认定。但是，被窝藏、包庇的人归案后被宣告无罪的，应当依照法定程序宣告窝藏、包庇行为人无罪。

——《最高人民法院、最高人民检察院关于办理窝藏、包庇刑事案件适用法律若干问题的解释》（2021 年 8 月 11 日，法释〔2021〕16 号）。

【链接：理解与适用】

实践中，行为人实施窝藏、包庇行为，但被窝藏、包庇的人并未实施犯罪行为，而只实施了一般违法行为的，不能认定行为人构成窝藏、包庇罪。即窝藏、包庇罪应当以被窝藏、包庇的人实施了构成犯罪的行为为前提。该前提包含以下两个方面含义：一是被窝藏、包庇的人所实施的犯罪行为有充分证据证明，且达到了犯罪的程度；二是对窝藏、包庇罪事实的认定，原则上应当在对被窝藏、包庇的人所实施的犯罪依法裁判确定后进行。虽然《解释》第六条第二款规定“被窝藏、包庇的人实施的犯罪事实清楚，证据确实、充分，但尚未到案、尚未依法裁判或者因不具有刑事责任能力依法未予追究刑事责任的，不影响窝藏、包庇罪的认定”，但在被窝藏、包庇的人尚未受到刑事追究的情况下，先追究窝藏、包庇者的刑事责任，存在诸多不确定性。因此，上述规定只能作为一种例外，只针对极少数情况下，由于被窝藏、包庇的犯罪人还有其他犯罪事实，一时难以查清或者因为其他原因尚未依法裁判，为依法及时审判窝藏、包庇犯罪案件，才在被窝藏、包庇的人尚未受到刑事追究时先行认定窝藏、包庇罪的情形。实践中，还应当关注本款关于“被窝藏、包庇的人归案后被宣告无罪的，应当依照法定程序宣告窝藏、包庇行为人无罪”的提示性规定。

——滕伟、陆建红、田文莎：《〈关于办理窝藏、包庇刑事案件适用法律若干问题的解释〉的理解与适用》，载《人民司法 · 应用》2021 年第 28 期。

1141 窝藏、包庇罪一罪与数罪的问题

关键词｜窝藏罪｜包庇罪｜洗钱罪｜掩饰、隐瞒犯罪所得罪｜

【最高人民法院司法解释】

第七条　为帮助同一个犯罪的人逃避刑事处罚，实施窝藏、包庇行为，又实施洗钱行为，或者掩饰、隐瞒犯罪所得及其收益行为，或者帮助毁灭证据行为，或者伪证行为的，依照处罚较重的犯罪定罪，并从重处罚，不实行数罪并罚。

——《最高人民法院、最高人民检察院关于办理窝藏、包庇刑事案件适用法律若干问题的解释》(2021年8月11日，法释〔2021〕16号)。

【链接：理解与适用】

实践中，出于帮助同一犯罪人逃避处罚的目的，既实施窝藏又实施包庇，甚至有其他妨害司法行为的，《解释》确立了择一重罪从重处罚原则，而不实行数罪并罚。如李某故意杀人后，其妻王某明知李某犯罪，将李某的血衣清洗(焚烧)，给李某一万元钱帮助其逃匿，在公安机关调查时又出假证词称李某没有作案时间。理论上，王某分别实施了帮助毁灭证据、窝藏、包庇行为，构成帮助毁灭证据罪、窝藏罪、包庇罪。但是，王某实施这一系列行为都是基于一个故意，即帮助李某逃避刑事处罚。我们认为，为避免机械司法，保证司法裁判结果符合人民群众朴素的正义观，对这种情形不实行数罪并罚，而是择一重罪定罪从重处罚也能实现罪责刑相适应。据此，《解释》第七条规定……

调研中，有观点认为，妨害司法罪其他几个罪名的行为之间可能存在竞合，可以不实行数罪并罚，但掩饰、隐瞒犯罪所得及其收益行为，不仅妨害司法，还侵犯财产权，行为方式与窝藏、包庇也存在差异，不实行数罪并罚缺乏充足依据。我们认为，该观点理论上有一定道理，但《解释》第七条强调的是行为人基于一个帮助犯罪的人逃避刑事处罚的故意而实施的数个行为，各行为都是为了实现同一目的，相互间联系密切，故不实施并罚更符合主客观相统一原则。这样规定，方便基层法院处理此类案件，符合人民群众对法律的朴素认知和正义情感。

——滕伟、陆建红、田文莎：《〈关于办理窝藏、包庇刑事案件适用法律若干问题的解释〉的理解与适用》，载《人民司法·应用》2021年第28期。

1142 共同犯罪人之间窝藏、包庇行为的处理

关键词｜窝藏罪｜包庇罪｜共同犯罪｜

【最高人民法院司法解释】

第八条 共同犯罪人之间互相实施的窝藏、包庇行为，不以窝藏、包庇罪定罪处罚，但对共同犯罪以外的犯罪人实施窝藏、包庇行为的，以所犯共同犯罪和窝藏、包庇罪并罚。

——《最高人民法院、最高人民检察院关于办理窝藏、包庇刑事案件适用法律若干问题的解释》（2021 年 8 月 11 日，法释〔2021〕16 号）。

【链接：理解与适用】

有观点认为，共同犯罪人之间窝藏、包庇的，应当以其所犯共同犯罪和窝藏、包庇罪并罚。我们认为，共同犯罪人之间互相实施的窝藏、包庇行为，不能以窝藏、包庇罪定罪处罚。理由主要是：(1)共同犯罪人之间相互窝藏、包庇的，不具有期待可能性，属于事后不可罚行为。(2)窝藏、包庇犯罪的主体，应当是被窝藏、包庇犯罪以外的人，自己不能成为窝藏、包庇自己犯罪的主体，包括共同犯罪人也不属于窝藏、包庇罪的犯罪主体。因为窝藏、包庇罪的前提是明知窝藏、包庇的对象是犯罪的人，而明知当然是指自己以外的犯罪人而言。另外，从"帮助其逃匿"等用语分析，也不可能包括帮助自己逃匿。

——滕伟、陆建红、田文莎：《〈关于办理窝藏、包庇刑事案件适用法律若干问题的解释〉的理解与适用》，载《人民司法 · 应用》2021 年第 28 期。

【最高人民法院参考案例】

谢茂强等强奸、奸淫幼女案（《刑事审判参考》案例第 178 号）

要旨：行为人被公安机关传讯时，又拒不交代同案犯的藏匿地点，实施了包庇同案犯的行为，不构成包庇罪。

行为人被公安机关传讯时，又拒不交代同案犯的藏匿地点，实施了包庇同案犯的行为，其行为在主、客观上与包庇罪的犯罪构成是不同的。首先，行为人包庇同案犯的行为，实际上是害怕同案犯被抓后暴露自己而采取的一种自我保护措施，其表面行为是包庇同案犯，但最终目的是掩盖自己与同案犯的共同犯罪行为，使自己逃避惩罚。其次，行为人的行为在客观上既侵犯了司法机关对同案犯的追诉活动，同时也妨害了司法机关对其本人的追诉活动。对这种为了使自己和同案犯共同逃避司法机关追究而实施的包庇同案犯的行为，在定性时应以其行为的主要目的为依据。行为人为掩盖本人罪行而在案发后包庇同案犯的行为不适用刑法关于包庇罪的规定。

——《刑事审判参考》（总第 26 辑）。

(三)掩饰、隐瞒犯罪所得、犯罪所得收益罪

1143 掩饰、隐瞒犯罪所得、犯罪所得收益罪的司法认定

关键词｜掩饰、隐瞒犯罪所得、犯罪所得收益罪｜犯罪所得｜犯罪所得收益｜

【最高人民法院司法解释】

第九条　明知是非法捕捞犯罪所得的水产品、非法狩猎犯罪所得的猎获物而收购、贩卖或者以其他方法掩饰、隐瞒，符合刑法第三百一十二条规定的，以掩饰、隐瞒犯罪所得罪定罪处罚。

——《最高人民法院、最高人民检察院关于办理破坏野生动物资源刑事案件适用法律若干问题的解释》(2022年4月9日，法释〔2022〕12号)。

第十三条　明知系利用医保骗保购买的药品而非法收购、销售，金额五万元以上的，应当依照刑法第三百一十二条的规定，以掩饰、隐瞒犯罪所得罪定罪处罚；指使、教唆、授意他人利用医保骗保购买药品，进而非法收购、销售，符合刑法第二百六十六条规定的，以诈骗罪定罪处罚。

对于利用医保骗保购买药品的行为人是否追究刑事责任，应当综合骗取医保基金的数额、手段、认罪悔罪态度等案件具体情节，依法妥当决定。利用医保骗保购买药品的行为人是否被追究刑事责任，不影响对非法收购、销售有关药品的行为人定罪处罚。

对于第一款规定的主观明知，应当根据药品标志、收购渠道、价格、规模及药品追溯信息等综合认定。

——《最高人民法院、最高人民检察院关于办理危害药品安全刑事案件适用法律若干问题的解释》(2022年3月6日，高检发释字〔2022〕1号)。

第七条　为帮助同一个犯罪的人逃避刑事处罚，实施窝藏、包庇行为，又实施洗钱行为，或者掩饰、隐瞒犯罪所得及其收益行为，或者帮助毁灭证据行为，或者伪证行为的，依照处罚较重的犯罪定罪，并从重处罚，不实行数罪并罚。

——《最高人民法院、最高人民检察院关于办理窝藏、包庇刑事案件适用法律若干问题的解释》(2021年8月11日，法释〔2021〕16号)。

第七条　明知是犯罪所得的矿产品及其产生的收益，而予以窝藏、转移、收购、

代为销售或者以其他方法掩饰、隐瞒的，依照刑法第三百一十二条的规定，以掩饰、隐瞒犯罪所得、犯罪所得收益罪定罪处罚。

实施前款规定的犯罪行为，事前通谋的，以共同犯罪论处。

——《最高人民法院、最高人民检察院关于办理非法采矿、破坏性采矿刑事案件适用法律若干问题的解释》（2016 年 1 月 1 日，法释〔2016〕25 号）。

第九条 明知是盗窃文物、盗掘古文化遗址、古墓葬等犯罪所获取的三级以上文物，而予以窝藏、转移、收购、加工、代为销售或者以其他方法掩饰、隐瞒的，依照刑法第三百一十二条的规定，以掩饰、隐瞒犯罪所得罪追究刑事责任。

实施前款规定的行为，事先通谋的，以共同犯罪论处。

第十六条 实施本解释第一条、第二条、第六条至第九条规定的行为，虽已达到应当追究刑事责任的标准，但行为人系初犯，积极退回或者协助追回文物，未造成文物损毁，并确有悔罪表现的，可以认定为犯罪情节轻微，不起诉或者免予刑事处罚。

实施本解释第三条至第五条规定的行为，虽已达到应当追究刑事责任的标准，但行为人系初犯，积极赔偿损失，并确有悔罪表现的，可以认定为犯罪情节轻微，不起诉或者免予刑事处罚。

——《最高人民法院、最高人民检察院关于办理妨害文物管理等刑事案件适用法律若干问题的解释》（2016 年 1 月 1 日，法释〔2015〕23 号）。

第七条 明知是非法获取计算机信息系统数据犯罪所获取的数据、非法控制计算机信息系统犯罪所获取的计算机信息系统控制权，而予以转移、收购、代为销售或者以其他方法掩饰、隐瞒，违法所得五千元以上的，应当依照刑法第三百一十二条第一款的规定，以掩饰、隐瞒犯罪所得罪定罪处罚。

实施前款规定行为，违法所得五万元以上的，应当认定为刑法第三百一十二条第一款规定的“情节严重”。

单位实施第一款规定行为的，定罪量刑标准依照第一款、第二款的规定执行。

——《最高人民法院、最高人民检察院关于办理危害计算机信息系统安全刑事案件应用法律若干问题的解释》（2011 年 9 月 1 日，法释〔2011〕19 号）。

第三条 明知是犯罪所得及其产生的收益而予以掩饰、隐瞒，构成刑法第三百一十二条规定的犯罪，同时又构成刑法第一百九十一条或者第三百四十九条规定的犯罪的，依照处罚较重的规定定罪处罚。

第四条 刑法第一百九十一条、第三百一十二条、第三百四十九条规定的犯罪,应当以上游犯罪事实成立为认定前提。上游犯罪尚未依法裁判,但查证属实的,不影响刑法第一百九十一条、第三百一十二条、第三百四十九条规定的犯罪的审判。

上游犯罪事实可以确认,因行为人死亡等原因依法不予追究刑事责任的,不影响刑法第一百九十一条、第三百一十二条、第三百四十九条规定的犯罪的认定。

上游犯罪事实可以确认,依法以其他罪名定罪处罚的,不影响刑法第一百九十一条、第三百一十二条、第三百四十九条规定的犯罪的认定。

本条所称"上游犯罪",是指产生刑法第一百九十一条、第三百一十二条、第三百四十九条规定的犯罪所得及其收益的各种犯罪行为。

——《最高人民法院关于审理洗钱等刑事案件具体应用法律若干问题的解释》(2009 年 11 月 11 日,法释〔2009〕15 号)。

第一条　明知是盗窃、抢劫、诈骗、抢夺的机动车,实施下列行为之一的,依照刑法第三百一十二条的规定,以掩饰、隐瞒犯罪所得、犯罪所得收益罪定罪,处三年以下有期徒刑、拘役或者管制,并处或者单处罚金:

(一)买卖、介绍买卖、典当、拍卖、抵押或者用其抵债的;

(二)拆解、拼装或者组装的;

(三)修改发动机号、车辆识别代号的;

(四)更改车身颜色或者车辆外形的;

(五)提供或者出售机动车来历凭证、整车合格证、号牌以及有关机动车的其他证明和凭证的;

(六)提供或者出售伪造、变造的机动车来历凭证、整车合格证、号牌以及有关机动车的其他证明和凭证的。

实施第一款规定的行为涉及盗窃、抢劫、诈骗、抢夺的机动车五辆以上或者价值总额达到五十万元以上的,属于刑法第三百一十二条规定的"情节严重",处三年以上七年以下有期徒刑,并处罚金。

第四条　实施本解释第一条、第二条、第三条第一款或者第三款规定的行为,事前与盗窃、抢劫、诈骗、抢夺机动车的犯罪分子通谋的,以盗窃罪、抢劫罪、诈骗罪、抢夺罪的共犯论处。

——《最高人民法院、最高人民检察院关于办理与盗窃、抢劫、诈骗、抢夺机动车相关刑事案件具体应用法律若干问题的解释》(2007 年 5 月 11 日,法释〔2007〕11 号)。

第五条　明知是盗窃犯罪所得的油气或者油气设备,而予以窝藏、转移、收购、加工、代为销售或者以其他方法掩饰、隐瞒的，依照刑法第三百一十二条的规定定罪处罚。

实施前款规定的犯罪行为，事前通谋的，以盗窃犯罪的共犯定罪处罚。

——《最高人民法院、最高人民检察院关于办理盗窃油气、破坏油气设备等刑事案件具体应用法律若干问题的解释》（2007 年 1 月 19 日，法释〔2007〕3 号）。

【最高人民法院司法文件】

五、关于正确区分帮助信息网络犯罪活动罪、掩饰、隐瞒犯罪所得、犯罪所得收益罪与诈骗罪的界限。在办理涉"两卡"犯罪案件中，存在准确界定前述三个罪名之间界限的问题。应当根据行为人的主观明知内容和实施的具体犯罪行为，确定其行为性质。以信用卡为例：（1）明知他人实施电信网络诈骗犯罪，参加诈骗团伙或者与诈骗团伙之间形成较为稳定的配合关系，长期为他人提供信用卡或者转账取现的，可以诈骗罪论处。（2）行为人向他人出租、出售信用卡后，在明知是犯罪所得及其收益的情况下，又代为转账、套现、取现等，或者为配合他人转账、套现、取现而提供刷脸等验证服务的，可以掩饰、隐瞒犯罪所得、犯罪所得收益罪论处。（3）明知他人利用信息网络实施犯罪，仅向他人出租、出售信用卡，未实施其他行为，达到情节严重标准的，可以帮助信息网络犯罪活动罪论处。

在司法实践中，应当具体案情具体分析，结合主客观证据，重视行为人的辩解理由，确保准确定性。

——《最高人民法院刑事审判第三庭、最高人民检察院第四检察厅、公安部刑事侦查局关于"断卡"行动中有关法律适用问题的会议纪要》（2022 年 3 月 22 日）。

二、为电信网络诈骗犯罪提供作案工具、技术支持等帮助以及掩饰、隐瞒犯罪所得及其产生的收益，由此形成多层级犯罪链条的，或者利用同一网站、通讯群组、资金账户、作案窝点实施电信网络诈骗犯罪的，应当认定为多个犯罪嫌疑人、被告人实施的犯罪存在关联，人民法院、人民检察院、公安机关可以在其职责范围内并案处理。

十一、明知是电信网络诈骗犯罪所得及其产生的收益，以下列方式之一予以转账、套现、取现，符合刑法第三百一十二条第一款规定的，以掩饰、隐瞒犯罪所得、犯罪所得收益罪追究刑事责任。但有证据证明确实不知道的除外。

（一）多次使用或者使用多个非本人身份证明开设的收款码、网络支付接口等，帮助他人转账、套现、取现的；

（二）以明显异于市场的价格，通过电商平台预付卡、虚拟货币、手机充值卡、游戏点卡、游戏装备等转换财物、套现的；

（三）协助转换或者转移财物，收取明显高于市场的“手续费”的。

实施上述行为，事前通谋的，以共同犯罪论处；同时构成其他犯罪的，依照处罚较重的规定定罪处罚。法律和司法解释另有规定的除外。

十二、为他人实施电信网络诈骗犯罪提供技术支持、广告推广、支付结算等帮助，或者窝藏、转移、收购、代为销售及以其他方法掩饰、隐瞒电信网络诈骗犯罪所得及其产生的收益，诈骗犯罪行为可以确认，但实施诈骗的行为人尚未到案，可以依法先行追究已到案的上述犯罪嫌疑人、被告人的刑事责任。

——《最高人民法院、最高人民检察院、公安部关于办理电信网络诈骗等刑事案件适用法律若干问题的意见（二）》（2021年6月17日，法发〔2021〕22号）。

三、全面惩处关联犯罪

（五）明知是电信网络诈骗犯罪所得及其产生的收益，以下列方式之一予以转账、套现、取现的，依照刑法第三百一十二条第一款的规定，以掩饰、隐瞒犯罪所得、犯罪所得收益罪追究刑事责任。但有证据证明确实不知道的除外：

1. 通过使用销售点终端机具（POS机）刷卡套现等非法途径，协助转换或者转移财物的；

2. 帮助他人将巨额现金散存于多个银行账户，或在不同银行账户之间频繁划转的；

3. 多次使用或者使用多个非本人身份证明开设的信用卡、资金支付结算账户或者多次采用遮蔽摄像头、伪装等异常手段，帮助他人转账、套现、取现的；

4. 为他人提供非本人身份证明开设的信用卡、资金支付结算账户后，又帮助他人转账、套现、取现的；

5. 以明显异于市场的价格，通过手机充值、交易游戏点卡等方式套现的。

实施上述行为，事前通谋的，以共同犯罪论处。

实施上述行为，电信网络诈骗犯罪嫌疑人尚未到案或案件尚未依法裁判，但现有证据足以证明该犯罪行为确实存在的，不影响掩饰、隐瞒犯罪所得、犯罪所得收益罪的认定。

实施上述行为，同时构成其他犯罪的，依照处罚较重的规定定罪处罚。法律和司法解释另有规定的除外。

——《最高人民法院、最高人民检察院、公安部关于办理电信网络诈骗等刑事案件适用法律若干问题的意见》（2016年12月19日，法发〔2016〕32号）。

二、依法准确认定洗钱犯罪

4. 刑法第一百九十一条规定的洗钱罪与刑法第三百一十二条规定的掩饰、隐瞒犯罪所得、犯罪所得收益罪是刑法特别规定与一般规定的关系。掩饰、隐瞒犯罪所得、犯罪所得收益罪包含传统的窝藏犯罪和普通的洗钱犯罪，洗钱罪是针对毒品犯罪、黑社会性质的组织犯罪、恐怖活动犯罪、走私犯罪、贪污贿赂犯罪、破坏金融管理秩序犯罪、金融诈骗犯罪等严重犯罪而为其洗钱的行为所作的特别规定。同时符合刑法第一百九十一条和第三百一十二条规定的，优先适用第一百九十一条特别规定。

——《最高人民法院、最高人民检察院、公安部关于办理洗钱刑事案件若干问题的意见》（2020 年 11 月 6 日，法发〔2020〕41 号）。

四、关于跨境赌博关联犯罪的认定

（五）为赌博犯罪提供资金、信用卡、资金结算等服务，构成赌博犯罪共犯，同时构成非法经营罪、妨害信用卡管理罪、窃取、收买、非法提供信用卡信息罪、掩饰、隐瞒犯罪所得、犯罪收益罪等罪的，依照处罚较重的规定定罪处罚。

——《最高人民法院、最高人民检察院、公安部办理跨境赌博犯罪案件若干问题的意见》（2020 年 10 月 16 日，公通字〔2020〕14 号）。

七、知道或者应当知道是盗窃所得的窨井盖及其产生的收益而予以窝藏、转移、收购、代为销售或者以其他方法掩饰、隐瞒的，依照刑法第三百一十二条和《最高人民法院关于审理掩饰、隐瞒犯罪所得、犯罪所得收益刑事案件适用法律若干问题的解释》的规定，以掩饰、隐瞒犯罪所得、犯罪所得收益罪定罪处罚。

——《最高人民法院、最高人民检察院、公安部关于办理涉窨井盖相关刑事案件的指导意见》（2020 年 3 月 16 日，高检发〔2020〕3 号）。

二、准确适用法律，依法严惩非法捕捞等危害水生生物资源的各类违法犯罪

（三）依法严惩非法渔获物交易犯罪。明知是在长江流域重点水域非法捕捞犯罪所得的水产品而收购、贩卖，价值一万元以上的，应当依照刑法第三百一十二条的规定，以掩饰、隐瞒犯罪所得罪定罪处罚。

非法收购、运输、出售在长江流域重点水域非法猎捕、杀害的中华鲟、长江鲟、长江江豚或者其他国家重点保护的珍贵、濒危水生野生动物及其制品，价值二万元以上不满二十万元的，应当依照刑法第三百四十一条的规定，以非法收购、运输、出售珍贵、濒危野生动物、珍贵、濒危野生动物制品罪①，处五年以下有期徒刑或者拘役，并处罚金；价值二十万元以上不满二百万元的，应当认定为“情节严重”，处五

① 罪名已调整为“危害珍贵、濒危野生动物罪”。

年以上十年以下有期徒刑，并处罚金；价值二百万元以上的，应当认定为“情节特别严重”，处十年以上有期徒刑，并处罚金或者没收财产。

——《最高人民法院、最高人民检察院、公安部、农业农村部依法惩治长江流域非法捕捞等违法犯罪的意见》(2020年12月17日，公通字〔2020〕17号)。

一、关于定罪处罚

走私成品油，构成犯罪的，依照刑法第一百五十三条的规定，以走私普通货物罪定罪处罚。

对不构成走私共犯的收购人，直接向走私人购买走私的成品油，数额较大的，依照刑法第一百五十五条第(一)项的规定，以走私罪论处；向非直接走私人购买走私的成品油的，根据其主观故意，分别依照刑法第一百九十一条规定的洗钱罪或者第三百一十二条规定的掩饰、隐瞒犯罪所得、犯罪所得收益罪定罪处罚。

——《最高人民法院、最高人民检察院、海关总署打击非设关地成品油走私专题研讨会会议纪要》(2019年10月25日，署缉发〔2019〕210号)。

五、关于窝藏、转移、收购、加工、代为销售被盗油气行为的处理

明知是犯罪所得的油气而予以窝藏、转移、收购、加工、代为销售或者以其他方式掩饰、隐瞒，符合刑法第三百一十二条规定的，以掩饰、隐瞒犯罪所得罪追究刑事责任。

“明知”的认定，应当结合行为人的认知能力、所得报酬、运输工具、运输路线、收购价格、收购形式、加工方式、销售地点、仓储条件等因素综合考虑。

实施第一款规定的犯罪行为，事前通谋的，以盗窃罪、破坏易燃易爆设备罪等有关犯罪的共同犯罪论处。

——《最高人民法院、最高人民检察院、公安部关于办理盗窃油气、破坏油气设备等刑事案件适用法律若干问题的意见》(2018年9月28日，法发〔2018〕18号)。

二、明知是盗窃、抢劫所得机动车而予以窝藏、转移、收购或者代为销售的，依照《刑法》第三百一十二条的规定处罚。

对明知是盗窃、抢劫所得机动车而予以拆解、改装、拼装、典当、倒卖的，视为窝藏、转移、收购或者代为销售，依照《刑法》第三百一十二条的规定处罚。

三、国家指定的车辆交易市场、机动车经营企业(含典当、拍卖行)以及从事机动车修理、零部件销售企业的主管人员或者其他直接责任人员，明知是盗窃、抢劫的机动车而予以窝藏、转移、拆解、拼装、收购或者代为销售的，依照《刑法》第三百一十二条的规定处罚。单位组织实施上述行为的，由工商行政管理机关予以处罚。

四、本规定第二条和第三条中的行为人事先与盗窃、抢劫机动车辆的犯罪分子通谋的，分别以盗窃、抢劫犯罪的共犯论处。

——《最高人民法院、最高人民检察院、公安部、国家工商行政管理局关于依法查处盗窃、抢劫机动车案件的规定》（1998 年 5 月 8 日，公通字〔1998〕31 号）。

1144 掩饰、隐瞒犯罪所得、犯罪所得收益罪的入罪标准①

关键词｜掩饰、隐瞒犯罪所得、犯罪所得收益罪｜情节严重｜

【最高人民法院司法解释】

第一条 明知是犯罪所得及其产生的收益而予以窝藏、转移、收购、代为销售或者以其他方法掩饰、隐瞒，具有下列情形之一的，应当依照刑法第三百一十二条第一款的规定，以掩饰、隐瞒犯罪所得、犯罪所得收益罪定罪处罚：

（一）一年内曾因掩饰、隐瞒犯罪所得及其产生的收益行为受过行政处罚，又实施掩饰、隐瞒犯罪所得及其产生的收益行为的；

（二）掩饰、隐瞒的犯罪所得系电力设备、交通设施、广播电视设施、公用电信设施、军事设施或者救灾、抢险、防汛、优抚、扶贫、移民、救济款物的；

（三）掩饰、隐瞒行为致使上游犯罪无法及时查处，并造成公私财物损失无法挽回的；

（四）实施其他掩饰、隐瞒犯罪所得及其产生的收益行为，妨害司法机关对上游犯罪进行追究的。

人民法院审理掩饰、隐瞒犯罪所得、犯罪所得收益刑事案件，应综合考虑上游犯罪的性质、掩饰、隐瞒犯罪所得及其收益的情节、后果及社会危害程度等，依法定罪处罚。

司法解释对掩饰、隐瞒涉及计算机信息系统数据、计算机信息系统控制权的犯罪所得及其产生的收益行为构成犯罪已有规定的，审理此类案件依照该规定。

依照全国人民代表大会常务委员会《关于〈中华人民共和国刑法〉第三百四十

---

① 2021 年 4 月 15 日施行的《最高人民法院关于修改〈关于审理掩饰、隐瞒犯罪所得、犯罪所得收益刑事案件适用法律若干问题的解释〉的决定》规定：自本决定实施之日起，《关于审理掩饰、隐瞒犯罪所得、犯罪所得收益刑事案件适用法律若干问题的解释》（法释〔2015〕11 号）第一条第一款第（一）项、第二款和第二条第二款规定的掩饰、隐瞒犯罪所得、犯罪所得收益罪的数额标准不再适用。人民法院审理掩饰、隐瞒犯罪所得、犯罪所得收益刑事案件，应综合考虑上游犯罪的性质、掩饰、隐瞒犯罪所得及其收益的情节、后果及社会危害程度等，依法定罪处罚。

一条、第三百一十二条的解释》①,明知是非法狩猎的野生动物而收购,数量达到五十只以上的,以掩饰、隐瞒犯罪所得罪定罪处罚。

第二条 掩饰、隐瞒犯罪所得及其产生的收益行为符合本解释第一条的规定,认罪、悔罪并退赃、退赔,且具有下列情形之一的,可以认定为犯罪情节轻微,免予刑事处罚:

(一)具有法定从宽处罚情节的;

(二)为近亲属掩饰、隐瞒犯罪所得及其产生的收益,且系初犯、偶犯的;

(三)有其他情节轻微情形的。

第三条 掩饰、隐瞒犯罪所得及其产生的收益,具有下列情形之一的,应当认定为刑法第三百一十二条第一款规定的"情节严重":

(一)掩饰、隐瞒犯罪所得及其产生的收益价值总额达到十万元以上的;

(二)掩饰、隐瞒犯罪所得及其产生的收益十次以上,或者三次以上且价值总额达到五万元以上的;

(三)掩饰、隐瞒的犯罪所得系电力设备、交通设施、广播电视设施、公用电信设施、军事设施或者救灾、抢险、防汛、优抚、扶贫、移民、救济款物,价值总额达到五万元以上的;

(四)掩饰、隐瞒行为致使上游犯罪无法及时查处,并造成公私财物重大损失无法挽回或其他严重后果的;

(五)实施其他掩饰、隐瞒犯罪所得及其产生的收益行为,严重妨害司法机关对上游犯罪予以追究的。

司法解释对掩饰、隐瞒涉及机动车、计算机信息系统数据、计算机信息系统控制权的犯罪所得及其产生的收益行为认定"情节严重"已有规定的,审理此类案件依照该规定。

——《最高人民法院关于审理掩饰、隐瞒犯罪所得、犯罪所得收益刑事案件适用法律若干问题的解释》(2015 年 6 月 1 日,法释〔2015〕11 号;2021 年 4 月 15 日,法释〔2021〕8 号修正)。

---

① 该解释的具体内容是:"全国人民代表大会常务委员会根据司法实践中遇到的情况,讨论了刑法第三百四十一条第一款规定的非法收购国家重点保护的珍贵、濒危野生动物及其制品的含义和收购刑法第三百四十一条第二款规定的非法狩猎的野生动物如何适用刑法有关规定的问题,解释如下:知道或者应当知道是国家重点保护的珍贵、濒危野生动物及其制品,为食用或者其他目的而非法购买的,属于刑法第三百四十一条第一款规定的非法收购国家重点保护的珍贵、濒危野生动物及其制品的行为。知道或者应当知道是刑法第三百四十一条第二款规定的非法狩猎的野生动物而购买的,属于刑法第三百一十二条第一款规定的明知是犯罪所得而收购的行为。"

【最高人民法院答复】

根据罪责刑相适应刑法基本原则，《最高人民法院、最高人民检察院关于办理与盗窃、抢劫、诈骗、抢夺机动车相关刑事案件具体应用法律若干问题的解释》第一条第二款中规定的"机动车五辆以上"，应当是指机动车数量在五辆以上，且价值总额接近五十万元。

——《最高人民法院研究室关于〈最高人民法院、最高人民检察院关于办理与盗窃、抢劫、诈骗、抢夺机动车相关刑事案件具体应用法律若干问题的解释〉有关规定如何适用问题的答复》(2014 年 7 月 29 日，法研〔2014〕98 号)。

【最高人民法院参考案例】

杜国军、杜锡军非法捕捞水产品，刘训山、严荣富掩饰、隐瞒犯罪所得案(《刑事审判参考》案例第 1219 号)

要旨：掩饰、隐瞒犯罪所得及其产生的收益十次以上的，应当认定为掩饰、隐瞒犯罪所得及收益犯罪的"情节严重"。

在适用《解释》[①]的"十次以上"情形时，要把握好以下几点：(1)每一次掩饰、隐瞒的行为，必须是一个独立的行为，即具有独立的主观意图，独立的掩饰、隐瞒行为，独立的行为结果，但如果基于同一个故意，在同一时间、同一地点，同时或者连续对多起上游犯罪实施掩饰、隐瞒行为的，一般应认定为一次掩饰、隐瞒行为。为同一个上游犯罪人同一起犯罪事实的犯罪所得及其产生的收益而分多次予以窝藏、转移、收购、代为销售或者以其他方法掩饰、隐瞒的，由于其犯罪对象的同一性，因而也应认定为一次掩饰、隐瞒犯罪所得及其产生的收益行为。(2)每一次掩饰、隐瞒的行为，不以都构成犯罪为前提。(3)即使认定为一次掩饰、隐瞒犯罪所得及其产生的收益行为的，仍然必须注意同时适用《解释》第四条第二款的规定并注意有关治安处罚时效和刑事追诉时效的规定。单次掩饰、隐瞒行为不构成犯罪，且超过治安处罚时效的，不再累计次数；单次掩饰、隐瞒行为构成犯罪，但超过刑事追诉时效的，也不再累计次数。(4)每一次掩饰、隐瞒行为都应由相应的证据证明，而不是模糊地认定次数。特别是在九次还是十次的关键节点，更是要求每一次掩饰、隐瞒行为都达到事实清楚，证据充分。(5)每一次掩饰、隐瞒的上游行为都必须以构成犯罪为前提。理由是，《解释》第八条明确规定，认定掩饰、隐瞒犯罪所得、犯罪所得收益罪，以上游犯罪事实成立为前提。如果上游犯罪不成立，司法机关不能进行追诉，那么掩饰、隐瞒的行为也就不存在妨害司法活动进而需要在刑法上予以否定评价

---

① 即《最高人民法院关于审理掩饰、隐瞒犯罪所得、犯罪所得收益刑事案件适用法律若干问题的解释》(法释〔2015〕11 号)。

的前提，因而不能认定为犯罪。当然，不构成犯罪不意味着收赃行为不必接受处罚，公安机关完全可以依照治安管理处罚法的相关规定对收赃行为进行处罚。

——《刑事审判参考》(总第111辑)。

刘小会、于林掩饰、隐瞒犯罪所得案(《刑事审判参考》案例第1091号)

要旨：电力设备可成为掩饰、隐瞒犯罪所得、犯罪所得收益罪的犯罪对象。

掩饰、隐瞒犯罪所得、犯罪所得收益罪在国际上属于洗钱罪的大范畴，我国刑法通过限定上游犯罪的种类和犯罪手段，将本罪与洗钱罪进行区分。换言之，本罪的上游犯罪范围很广，除刑法有特殊规定的之外，所有犯罪所得及其收益均可能成为本罪的犯罪对象。因此，本罪的对象既可能是常见的手机、手表、电脑、自行车、电动车等日常生活用品，也可能是电力设备、通信电缆、公用安全设施、交通设施等关系到社会公众利益的物品。

——《刑事审判参考》(总第104辑)。

雷某仁、黄某生、黄某平破坏交通设施，田某祥掩饰、隐瞒犯罪所得、犯罪所得收益案(《刑事审判参考》案例第1092号)

要旨：交通设施可成为掩饰、隐瞒犯罪所得、犯罪所得收益罪的犯罪对象。

2. 掩饰、隐瞒犯罪所得、犯罪所得收益罪的具体条款内容表明本罪的上游犯罪不限于财产犯罪。我国刑法第三百一十二条第一款规定："明知是犯罪所得及其产生的收益而予以窝藏、转移、收购、代为销售或者以其他方法掩饰、隐瞒的，处三年以下有期徒刑、拘役或者管制，并处或者单处罚金；情节严重的，处三年以上七年以下有期徒刑，并处罚金。"可见，刑法并未对上游犯罪给予任何限制性规定，这是因为并非只有财产性犯罪才能产生犯罪所得及其收益。这一规定，有效地避免了刑法处罚的真空地带。本案中的上游犯罪为破坏交通设施罪，并非财产性犯罪，但上游犯罪的被告人雷某仁、黄某生、黄某平盗割正在使用中的高速公路电缆，并将电缆卖给被告人田某祥，从中非法获利。如果将上游犯罪限于侵财型犯罪，而对掩饰、隐瞒行为实施者不依法惩处，就难以遏制上游犯罪的发生和蔓延，也与刑法的立法本意相悖。

——《刑事审判参考》(总第104辑)。

李林掩饰、隐瞒犯罪所得罪案(《刑事审判参考》案例第1099号)

要旨：《机动车解释》①与《掩饰、隐瞒解释》属于特别法与一般法的关系，可优

---

① 即《最高人民法院、最高人民检察院关于办理与盗窃、抢劫、诈骗、抢夺机动车相关刑事案件具体应用法律若干问题的解释》(法释〔2007〕11号)。

先适用。

《掩饰、隐瞒解释》第三条第一款将掩饰、隐瞒犯罪所得、犯罪所得收益罪的“情节严重”标准设定为价值总额达到十万元以上，或者行为十次以上，或者行为三次以上且价值总额达到五万元以上。本案发生在《掩饰、隐瞒解释》生效之前，不存在与《机动车解释》选择适用的问题。但是如果在《掩饰、隐瞒解释》生效之后，发生类似的案件，应当适用哪一个司法解释呢？我们认为，《机动车解释》对于掩饰、隐瞒的对象为盗窃、抢劫、诈骗、抢夺所得的机动车如何认定“情节严重”作了专门规定，而《掩饰、隐瞒解释》是对掩饰、隐瞒犯罪所得、犯罪所得收益罪的相关问题进行统一的解释，其中关于“情节严重”的规定也是针对所有掩饰、隐瞒犯罪行为的，故而相对于《掩饰、隐瞒解释》来讲，《机动车解释》属于特别规定，是针对特殊犯罪对象所作出的特殊规定，按照特别法优于一般法的基本原则，应当适用特别法即《机动车解释》。

——《刑事审判参考》（总第104辑）。

袁某某信用卡诈骗，张某某掩饰、隐瞒犯罪所得案（《刑事审判参考》案例第1095号）

要旨：行为人为近亲属掩饰、隐瞒犯罪所得，量刑时可考虑其系基于亲情、人伦所为而予以从轻处罚。

该规定进一步明确了司法实践中对亲缘关系的特殊处理，使司法更人性化，有利于维护社会的基本伦理关系。需要说明的是，对亲属“相隐”行为适用免予刑事处罚，必须同时具备两个条件：一是行为人认罪、悔罪，并退赃、退赔；二是行为人与本犯行为人为近亲属关系，且系初犯、偶犯。这既体现了对近亲属犯掩饰、隐瞒犯罪所得、犯罪所得收益罪的宽大原则，又设置了初犯、偶犯的条件，防止被滥用。

——《刑事审判参考》（总第104辑）。

汤某掩饰、隐瞒犯罪所得案（《刑事审判参考》案例第1097号）

要旨：明知是盗窃所得手机而购买自用，可认定为犯罪情节轻微，免予刑事处罚。

被告人汤某明知是他人犯罪所得的赃物而予以收购，其行为已构成掩饰、隐瞒犯罪所得罪。被告人汤某犯罪以后自动投案，如实供述自己的罪行，是自首，且归案后主动退赃。综上，鉴于被告人汤某的犯罪情节轻微，可以免予刑事处罚。

——《刑事审判参考》（总第104辑）。

1145 对掩饰、隐瞒犯罪所得、犯罪所得收益罪中列举的“收购”和“代为销售”两种行为方式的把握

关键词 | 掩饰、隐瞒犯罪所得、犯罪所得收益罪 | 收购 | 代为销售 |

【最高人民法院参考案例】

陈某、欧阳某等掩饰、隐瞒犯罪所得案(《刑事审判参考》案例第 1102 号)

要旨:“收购”的行为类型中包含着“先购后卖”这种情况。

关于“收购”,在《现代汉语词典》中的解释是“从各处购买”,主要的词条是“收购粮食”“完成收购计划”等,强调物品来源的广泛性和扩张性。如果严格按照语义解释的话,单独一次的收赃行为或者固定地从同一个来源收赃的行为就应排除在犯罪圈以外了,这明显与立法原意矛盾,在解释时从法理上无法对收赃行为附加“来源广泛”的要求。所以,此处应当进行限缩解释,“收”和“购”两个字之间是语义的重复,解释为“购买”就可以了。同时也无须对“收购”附加“销售营利”的目的,单纯为了自用而收购的,也是掩饰、隐瞒行为。“收购”的行为类型中包含着“先购后卖”这种情况,根据掩饰、隐瞒犯罪所得罪的立法旨意,法律在这时惩罚的侧重点仍在于“购”,因为明知是他人犯罪所得及其收益而仍然购买,不管其目的是不是再次出售,购买行为都体现出行为人为上游犯罪人掩饰、隐瞒的主观故意,可能是直接故意,也可以是间接故意,这是本罪打击的重点。后面再出售的行为就只是实现其个人利益而已,所以刑法条文在这里没有列举“销售”一项,而是在“收购”之后列举了“代为销售”。

所谓“代为销售”,是指行为人代犯罪分子出售犯罪所得的行为。“代为销售”与“收购”不同,它是替犯罪分子销售犯罪所得,中间过程中并没有以自有资金取得对犯罪所得的所有权。“代为销售”既可以表现为行为人以卖主身份替上游犯罪人销售犯罪所得的行为;也包括在犯罪分子与购赃人之间进行斡旋介绍的行为。行为人先将犯罪所得进行窝藏,然后以卖主身份寻找买赃人售出的行为,仍是一种代为销售行为。根据以上分析,本案中被告人陈某、欧阳某的行为属于“先购后卖”,应当解释为刑法第三百一十二条规定的“收购”而非“代为销售”。

——《刑事审判参考》(总第 104 辑)。

1146 “犯罪所得”“犯罪所得产生的收益”“其他方法”的认定

关键词 | 掩饰、隐瞒犯罪所得、犯罪所得收益罪 | 犯罪所得 | 犯罪所得产生的收益 |

【最高人民法院司法解释】

第十条 通过犯罪直接得到的赃款、赃物，应当认定为刑法第三百一十二条规定的“犯罪所得”。上游犯罪的行为人对犯罪所得进行处理后得到的孳息、租金等，应当认定为刑法第三百一十二条规定的“犯罪所得产生的收益”。

明知是犯罪所得及其产生的收益而采取窝藏、转移、收购、代为销售以外的方法，如居间介绍买卖，收受，持有，使用，加工，提供资金账户，协助将财物转换为现金、金融票据、有价证券，协助将资金转移、汇往境外等，应当认定为刑法第三百一十二条规定的“其他方法”。

——《最高人民法院关于审理掩饰、隐瞒犯罪所得、犯罪所得收益刑事案件适用法律若干问题的解释》（2015年6月1日，法释〔2015〕11号；2021年4月15日，法释〔2021〕8号修正）。

【链接：理解与适用】

实践中，容易出现的争议是，违禁品能否成为赃款、赃物？例如枪支、弹药、毒品等能否成为犯罪所得？理论上讲，枪支、弹药及毒品等违禁品也可以成为掩饰、隐瞒的对象，说它们是赃款、赃物也有一定道理，但是，一般不将这些违禁品作为普通赃物对待。主要理由有二：一是刑法对掩饰、隐瞒违禁品的行为，一般有专门的条文规定，按照特别法优于一般法的原则，应当适用特别规定；二是司法实践以及群众一般观念中，违禁品与一般的赃款、赃物有质的区别，一般的赃款、赃物，除非有证据证明是赃款、赃物，否则，持有人可以拥有合法的使用权，而违禁品不同，除非法律特别授权的组织和人员，否则持有违禁品本身就是违法甚至犯罪行为。但是，在法律作出特别规定的情况下，禁止公民随意持有的物品也能成为掩饰、隐瞒犯罪所得罪的对象。最典型的是非法狩猎的野生动物，不但非法狩猎行为是违法犯罪行为，而且收购非法狩猎的野生动物的行为也是违法犯罪行为。《人大解释》[①]规定：知道或者应当知道是刑法第三百四十一条第二款规定的非法狩猎的野生动物而购买的，属于刑法第三百一十二条第一款规定的明知是犯罪所得而收购的行为。

认定犯罪所得收益时，要注意二点：一是犯罪所得收益的数额以上游行为人对犯罪所得进行处理后得到的收益为标准。如果犯罪所得、犯罪所得收益在掩饰、隐瞒行为人手中又产生了新的收益，则不能认定为犯罪所得收益的数额。此部分收益可以非法所得论，予以追缴。二是犯罪所得收益是间接获益，包括对犯罪所得进

① 即《全国人民代表大会常务委员会关于〈中华人民共和国刑法〉第三百四十一条、第三百一十二条的解释》（2014年4月24日）。

行处理而得到的增值、租金、利息及投资、经营的收益，对犯罪所得的处理可以是合法的投资、经营活动，也可以是非法的高利贷等形式，只要它们与犯罪所产生的利益存在因果关系即可。但是，具体认定收益数额上，应当扣除行为人投入的合法因素，如将犯罪所得进行投资，所获得的利益应当扣除其所付出的劳动价值。

关于掩饰、隐瞒的其他方法的认定，必须坚持以下几点：一是行为人的目的就是为了掩饰、隐瞒上游犯罪人的犯罪所得及其收益；二是这些方法与窝藏、转移、收购和代为销售在罪质上具有相当性；三是这些方法在客观上扰乱了司法秩序，妨害了司法机关对上游犯罪行为的追究。

——陆建红、杨华、曹东方：《〈关于审理掩饰、隐瞒犯罪所得、犯罪所得收益刑事案件适用法律若干问题的解释〉的理解与适用》，载《人民司法 · 应用》2015 年第 17 期。

【最高人民法院参考案例】

谭某旗、谭某掩饰、隐瞒犯罪所得案（《刑事审判参考》案例第 1115 号）

要旨：生产、销售伪劣产品犯罪的犯罪对象并非掩饰、隐瞒犯罪所得罪的犯罪所得。

二谭行为不构成掩饰、隐瞒犯罪所得罪的更关键理由是，假冒"苏烟"并非犯罪所得，而是货主生产、销售伪劣产品犯罪的犯罪对象。只有假冒"苏烟"销售成功后所得货款，才是生产、销售伪劣产品罪的犯罪所得。根据《最高人民法院关于审理掩饰、隐瞒犯罪所得、犯罪所得收益刑事案件适用法律若干问题的解释》第十条第一款的规定，"犯罪所得"是指通过犯罪直接得到的赃款、赃物。

综上，如果有确实、充分的证据证明谭某旗、谭某可能知道所运货物为假冒"苏烟"的，那么可认定谭某旗、谭某的行为构成生产、销售伪劣产品罪的共犯，但由于货主生产、销售假冒"苏烟"的犯罪活动尚在进行中，犯罪尚未达到完全完成状态，犯罪所得还未形成，二谭的行为不可能构成掩饰、隐瞒犯罪所得罪。

——《刑事审判参考》（总第 104 辑）。

陈飞、刘波掩饰、隐瞒犯罪所得案（《刑事审判参考》案例第 1110 号）

要旨：明知是犯罪所得的赃车，予以改装并介绍买卖的行为，应认定为掩饰、隐瞒犯罪所得的行为。

关于掩饰、隐瞒的"其他方法"的认定，必须坚持以下几点：一是行为人的目的是出于掩饰、隐瞒上游犯罪人的犯罪所得及其收益；二是这些方法与窝藏、转移、收购和代为销售在罪质上具有相当性；三是这些方法在客观上扰乱了司法秩序，妨害了司法机关对上游犯罪行为的追究。

就本案而言，被告人陈飞明知该车系"疯子"盗窃犯罪所得，仍向被告人刘波及袁蔺介绍买卖，并将发动机号码和大架号磨损，且刻上假的发动机号，符合上述三个条件，可以认定为掩饰、隐瞒的"其他方法"。

——《刑事审判参考》（总第104辑）。

李涛、曹某某掩饰、隐瞒犯罪所得案（《刑事审判参考》案例第1111号）

要旨：掩饰、隐瞒犯罪所得、犯罪所得收益罪中的"其他方法"应当是指与窝藏、转移、收购、代为销售四种行为方式相类似的方法，而非任何"其他方法"，不能随意扩大其适用范围。

明确"其他行为"的界限，首先，要坚持罪刑法定原则。罪刑法定原则是刑法的基本原则，任何司法活动均应在法律设定的框架内进行，正确解释法律就应当严格依据法律规定的内容，寻求立法者的本意。本罪的立法本意是通过打击掩饰、隐瞒犯罪所得及其收益行为来恢复被破坏的正常司法秩序。因此，只要能实际上起到对犯罪所得及其收益掩饰、隐瞒的效果，妨碍正常刑事追诉活动的行为，均可成立此罪。其次，要重视犯罪行为罪质的相当性。罪质的相当性，也作"同质性"，要求兜底性条款认定的行为必须与同一条款明文规定的行为类型在法律性质等方面具有相同或者类似的价值。如此进行解释，是基于刑法体系性解释的要求，也是刑法公正的基本价值追求。既然兜底性条款与明文规定的其他条款规定在同一法律条文中，设置相同的法定刑，故而推断立法者认为两者在刑法评价上基本相当。因此，掩饰、隐瞒犯罪所得、犯罪所得收益罪中的"其他方法"应当是指与窝藏、转移、收购、代为销售四种行为方式相类似的方法，而非任何"其他方法"，不能随意扩大其适用范围。最后，从因果关系来说，以"其他方式"掩饰、隐瞒的行为与他人的上游犯罪行为难以被司法机关追诉具有因果关系，且这种难以被追诉的效果是行为人追求或者放任的结果。

——《刑事审判参考》（总第104辑）。

张晗、方建策、傅鹰掩饰、隐瞒犯罪所得案（《刑事审判参考》案例第1112号）

要旨：帮助更换被盗电动车锁的行为属于掩饰、隐瞒犯罪所得、犯罪所得收益罪中的"其他方法"。

根据上述规定，本案被告人傅鹰为张晗、方建策更换被盗电动车锁的行为应认定为"其他方法"。理由是：其一，傅鹰明知是盗窃犯罪所得的车辆仍帮其更换车锁，其目的显然是掩饰、隐瞒上游犯罪人的犯罪所得；其二，傅鹰更换被盗电动车锁的行为是张晗、方建策销赃过程的重要一环，更换了车锁即掩盖了电动车系盗窃所得的真相，才可能将电动车转卖给他人，因此换锁行为与刑法所列举的窝藏、转移、收购、代为销售等行为在罪质上具有相当性,与《解释》[①]所列举的“加工”行为更是具有同质性;其三,傅鹰的行为严重妨害了公安、司法机关的追诉活动,助长了他人继续实施盗窃犯罪。

——《刑事审判参考》(总第104辑)。

吴某等掩饰、隐瞒犯罪所得案(《刑事审判参考》案例第1113号)

要旨:拆解农用车的行为、居间介绍买卖的行为均属于掩饰、隐瞒的“其他方法”。

我们认为,《解释》[②]所列举的“其他方法”虽然无法穷尽实践当中各种各样的掩饰、隐瞒方法,但是认定为掩饰、隐瞒犯罪所得、犯罪所得收益的“其他方法”,应遵循以下两点:一是“其他方法”的样态虽然各种各样,但是必须与窝藏、转移、收购和代为销售在罪质上具有相当性,如居间介绍买卖、收受、持有、使用、加工等行为,没有被第三百一十二条所列的四种行为所涵盖,但与四种行为性质相当的,都应属于“其他方法”;二是这些方法在客观上扰乱了司法秩序,妨害了司法机关对上游犯罪行为的追究。

本案被告人吴某实施的拆解农用车的行为,主观上是为了将盗窃来的赃车进行分解,从而便于售卖零件,客观上扰乱了司法秩序,妨害了司法机关对上游盗窃犯罪赃物的追缴。拆解虽然不是《解释》所直接列举的“其他方法”,但是与刑法规定的窝藏、转移、收购和代为销售在罪质上具有相当性,即都是为了扰乱司法机关的追诉活动,便于上游犯罪分子转移、销售赃物,应当认定为掩饰、隐瞒的“其他方法”。

——《刑事审判参考》(总第104辑)。

1147 如何认定掩饰、隐瞒犯罪所得、犯罪所得收益罪中的主观明知

关键词|掩饰、隐瞒犯罪所得、犯罪所得收益罪|明知|

【最高人民法院参考案例】

张兴泉掩饰、隐瞒犯罪所得案(《刑事审判参考》案例第1096号)

要旨:掩饰、隐瞒犯罪所得、犯罪所得收益罪必须以“明知”系犯罪所得、犯罪

---

① 即《最高人民法院关于审理掩饰、隐瞒犯罪所得、犯罪所得收益刑事案件适用法律若干问题的解释》(法释〔2015〕11号)。

② 即《最高人民法院关于审理掩饰、隐瞒犯罪所得、犯罪所得收益刑事案件适用法律若干问题的解释》(法释〔2015〕11号)。

所得收益为前提。

第二种意见认为,被告人张兴泉明知是套牌车辆而以明显低于市场价的价格予以购买,且未在国家指定的车辆交易场所进行交易,可以认定其主观上明知所购买的车辆可能是犯罪所得,依法构成掩饰、隐瞒犯罪所得罪。

我们同意第二种意见。根据刑法第三百一十二条的规定,掩饰、隐瞒犯罪所得、犯罪所得收益罪必须以“明知”系犯罪所得、犯罪所得收益为前提。此处“明知”的基本含义包括“知道和应当知道”。“知道”是指直接认定行为人明知掩饰、隐瞒的对象是犯罪所得及其收益的情形。一般来说,是指被告人在供述时明确承认知道的情形。而“应当知道”是指被告人虽然实施了掩饰、隐瞒行为,却不承认对犯罪所得及其收益的“明知”,司法机关根据被告人的供述,结合其表现于外的行为过程,综合判断所认定的“明知”。对于“应当知道”的情形,司法机关可以根据案件事实的具体情况分析,从行为人已经实施的行为及其相关情节中,综合判断论证其是否明知。只要有充分的间接证据能够证实其知道,或者不可能不知,否则不会实施特定的客观行为,仍然可以认定“明知”。

——《刑事审判参考》(总第104辑)。

1148 大量回收购物卡并出售获利的是否构成犯罪

关键词 | 购物卡 | 掩饰、隐瞒犯罪所得罪 |

【最高人民法院参考案例】

闻福生掩饰、隐瞒犯罪所得案(《刑事审判参考》案例第1093号)

要旨:现有证据无法证明被告人闻福生“明知所收购的购物卡系赃物”。在礼品回收行业中,收购人只要求购物卡足额、有效即可。闻福生虽然长期从事礼品回收业务,但其主观上并不知道也无法知道购物卡是赃物。闻福生虽不用承担刑事责任,仍可适用治安管理处罚法的相关规定对其进行行政处罚。

掩饰、隐瞒犯罪所得、犯罪所得收益罪要求行为人主观上明知是犯罪所得及其收益,即对赃物性质有确定性认识。法律对行为人“明知”的推定有严格的规定,以防止裁判者客观归罪。在刑法及其司法解释中针对实施洗钱罪、盗抢机动车辆、销售假冒烟草制品犯罪的行为人“明知”的情形均有规定。梳理上述规定,我们可从以下方面综合判断行为人的明知状况:(1)行为或交易时间是否反常;(2)行为或交易地点是否反常;(3)财物交易价格是否反常;(4)财物是否具有特殊标志;(5)行为人对本犯或上游犯罪的知情程度;(6)交易的方式是否反常;(7)行为人是否因此获取了非法利益。

……

（三）被告人闻福生的行为宜认定为无罪

有别于自然犯在侵害法益的同时明显违反伦理道德的特点，掩饰、隐瞒犯罪所得、犯罪所得收益罪和非法经营罪均属于法定犯，以违反一定的经济法规或行政法规为前提，因此在认定此类犯罪时应更加严格地贯彻罪刑法定原则。本案中，被告人闻福生的行为属于交易行为，受经济法律调整，根据经济犯罪法定的原则，刑法未规定为犯罪的行为即不能认定为犯罪。行为人交易对象是购物卡，在现有证据无法确定其明知是赃物的情况下，购物卡应视为市场流通领域中的一种代货币，其发行量、流通范围、买卖主体仅需通过民事法律或行政法规调整即可。公诉机关申请撤回起诉，原审法院裁定准许撤诉并当庭释放闻福生的做法是适当的。当然，根据治安管理处罚法第五十九条之规定，收购有赃物嫌疑的物品，可处罚款或者拘留，且该法较刑法效力层级更低，上述条款较掩饰、隐瞒犯罪所得、犯罪所得收益罪对行为人主观故意的认定标准也相应降低，故对闻福生的行为可以进行行政处罚。

——《刑事审判参考》（总第104辑）。

1149 掩饰、隐瞒犯罪所得及其产生的收益的数额计算

关键词 | 掩饰、隐瞒犯罪所得、犯罪所得收益罪 | 犯罪数额 |

【最高人民法院司法解释】

第四条　掩饰、隐瞒犯罪所得及其产生的收益的数额，应当以实施掩饰、隐瞒行为时为准。收购或者代为销售财物的价格高于其实际价值的，以收购或者代为销售的价格计算。

多次实施掩饰、隐瞒犯罪所得及其产生的收益行为，未经行政处罚，依法应当追诉的，犯罪所得、犯罪所得收益的数额应当累计计算。

——《最高人民法院关于审理掩饰、隐瞒犯罪所得、犯罪所得收益刑事案件适用法律若干问题的解释》（2015年6月1日，法释〔2015〕11号；2021年4月15日，法释〔2021〕8号修正）。

【链接：理解与适用】

1. 关于赃物的计价方法。由于财物价格变动较大，明确一个计价的时间点很重要。结合以前有关盗窃罪等财产型犯罪的计价方法，本罪采取以行为时的市场价为基准，以收购或者销赃价格为补充的计价方法。基准计价方法：以掩饰、隐瞒犯罪所得、犯罪所得收益行为时的市场价为基准。市场价的确定应当以价格鉴定

机构作出的鉴定意见为准。补充计价方法：在一般情况下，收购和销售赃物的价格往往低于赃物实际价值。但也不排除在特殊情况下，行为人从上游犯罪人处收购赃物时或向他人销售赃物时的价格高于赃物的实际价值的情况。这种情况下，就高认定，以收购或代为销售价格计。

需要说明的是，在物价总体处于上涨的趋势下，案件被查处时赃物的价格往往高于行为时的价格，此时，必须严格依照行为时的价格计算犯罪数额，以保护被告人的合法利益。但是，也有案件查处时的价格低于行为时价格的情况。此时，仍然应该以行为时的价格计算犯罪数额，查处时的价格明显低于行为时价格的，应在量刑时予以酌情考虑。

2. 关于多次掩饰、隐瞒犯罪所得、犯罪所得收益的数额累计问题。对多次掩饰、隐瞒犯罪所得、犯罪所得收益的数额累计时，应当明确：(1) 适用累计的前提，是存在数个掩饰、隐瞒犯罪所得、犯罪所得收益的行为。(2) 数个掩饰、隐瞒行为既可能每次都构成犯罪，也可能每次都不构成犯罪，还可能有些单次构成犯罪，有些单次不构成犯罪。(3) 实践中，单次构成犯罪的掩饰、隐瞒行为，公安机关都要移送追究刑事责任。当然，事实上也存在构成犯罪的掩饰、隐瞒行为公安机关仅予以行政处罚的现象。在这种情况下，只能以是否经过公安机关行政处罚以及是否超过追诉期限来决定。否则，就可能违背“一事不再理”的刑事诉讼原则。(4) 对于未经公安机关行政处罚，并且未超过治安管理处罚法规定的追诉期限的掩饰、隐瞒行为，数额就应当累计计算；对于已经过行政处罚或者已经超过治安管理处罚法规定的追诉期限的，那么该次掩饰、隐瞒数额就不能累计计算。(5) 对于单次掩饰、隐瞒行为，如果构成犯罪的，是否累计计算，应当依照刑法关于追诉期限的规定处理。

另外，掩饰、隐瞒犯罪所得及其产生的收益的行为实施后产生的孳息不计入犯罪数额。比如，掩饰、隐瞒行为人将一百万赃款存入银行后产生一万元利息，这一万元利息只能作为非法所得认定，而不是掩饰、隐瞒犯罪所得、犯罪所得收益里的“收益”。本罪中的收益应当是指上游犯罪既遂后在上游犯罪人处产生的收益。

——陆建红、杨华、曹东方：《〈关于审理掩饰、隐瞒犯罪所得、犯罪所得收益刑事案件适用法律若干问题的解释〉的理解与适用》，载《人民司法 · 应用》2015 年第 17 期。

1150 掩饰、隐瞒犯罪所得、犯罪所得收益罪此罪与彼罪的区分

关键词 | 掩饰、隐瞒犯罪所得、犯罪所得收益罪 | 犯罪数额 |

【最高人民法院司法解释】

第五条　事前与盗窃、抢劫、诈骗、抢夺等犯罪分子通谋，掩饰、隐瞒犯罪所得及其产生的收益的，以盗窃、抢劫、诈骗、抢夺等犯罪的共犯论处。

第六条　对犯罪所得及其产生的收益实施盗窃、抢劫、诈骗、抢夺等行为，构成犯罪的，分别以盗窃罪、抢劫罪、诈骗罪、抢夺罪等定罪处罚。

第七条　明知是犯罪所得及其产生的收益而予以掩饰、隐瞒，构成刑法第三百一十二条规定的犯罪，同时构成其他犯罪的，依照处罚较重的规定定罪处罚。

——《最高人民法院关于审理掩饰、隐瞒犯罪所得、犯罪所得收益刑事案件适用法律若干问题的解释》(2015年6月1日，法释〔2015〕11号；2021年4月15日，法释〔2021〕8号修正)。

【链接：理解与适用】

1. 关于以上游犯罪的共犯论处问题。……对于事前与盗窃、抢劫、抢夺等犯罪分子通谋，实施掩饰、隐瞒犯罪所得、犯罪所得收益的，主观上明知盗窃、抢劫、抢夺的行为人的犯罪内容、危害后果而与其通谋，形成共同的犯罪故意，客观上对盗窃、抢劫、抢夺的犯罪分子实施犯罪予以配合，应当以共同犯罪论处。此时，其掩饰、隐瞒行为就成了盗窃、抢劫、抢夺等犯罪的共同犯罪行为的组成内容。当然，在共同犯罪中的地位、作用，应根据其实际所起的地位、作用认定。

实践中需要注意的是，行为人实施盗窃、抢劫、抢夺等犯罪行为，由于系未成年人等原因而依法不追究刑事责任的，盗窃、抢劫、抢夺等行为本身仍然具有违法性，只是缺乏有责性而不可罚。掩饰、隐瞒行为人事先通谋、事中介入的，掩饰、隐瞒行为也具有违法性，与盗窃、抢劫、抢夺等犯罪行为人在违法层面仍然成立共同犯罪，掩饰、隐瞒行为人如果具有责任，则依照盗窃、抢劫、抢夺的共犯处理。

2. 关于以盗窃罪、抢劫罪、诈骗罪、抢夺罪等定罪处罚。……经研究认为，诈骗、盗窃或抢劫、抢夺他人犯罪所得，客观上起到了转移他人犯罪所得的效果。但是，从罪质上说，应属于诈骗、盗窃或者抢劫、抢夺犯罪。理由：(1)主观上，行为人只具有侵犯他人财产的故意，不具有掩饰、隐瞒犯罪所得的故意。(2)客观上，行为人实施诈骗、盗窃或抢劫、抢夺的行为，未经上游犯罪人许可或者默认，侵犯了上游犯罪人的“利益”。而掩饰、隐瞒犯罪的行为人的掩饰、隐瞒行为对上游犯罪的犯罪人是一种事后帮助，其行为应当是基于上游犯罪行为人的意思的，即行为人与上游犯罪行为人是形成合意的。(3)两者侵犯的法益不同。诈骗、盗窃或抢劫、抢夺行为侵犯的是公私财产权，其中抢劫、抢夺犯罪还侵犯公民人身权利。而掩饰、隐瞒犯罪所得、犯罪所得收益罪侵犯的主要是司法秩序。(4)犯罪所得可以成为诈骗、盗窃或抢劫、抢夺的对象。诈骗、盗窃或抢劫、抢夺虽然侵犯的是公私财产权利，但这些犯罪的客体不要求被害人对财物具有合法的占有或所有权，而只要求占有关系，这点在刑法理论上没有争议，司法实践中也是普遍这样认识的。

3. 关于竞合关系的问题。(1)法规竞合关系。涉及刑法第一百九十一条洗钱罪，第三百一十二条掩饰、隐瞒犯罪所得、犯罪所得收益罪，第三百四十九条窝藏、转移、隐瞒毒品、毒赃罪，根据《最高人民法院关于审理洗钱等刑事案件具体应用法律若干问题的解释》第三条规定，这三个条文间属于法规竞合关系，按照一般法与特别法的适用原则从一重罪处断。(2)想象竞合关系。例如，行为人明知是他人犯罪所得的枪支而予以窝藏，同时构成掩饰、隐瞒犯罪所得罪和私藏枪支罪。按照想象竞合犯从一重罪处断的原则定罪处罚。(3)牵连关系。掩饰、隐瞒犯罪所得、犯罪所得收益的手段行为或目的行为可能构成其他犯罪如滥用职权罪、故意毁坏文物罪等，依照从一重罪处断的原则定罪处罚。

——陆建红、杨华、曹东方：《〈关于审理掩饰、隐瞒犯罪所得、犯罪所得收益刑事案件适用法律若干问题的解释〉的理解与适用》，载《人民司法·应用》2015 年第 17 期。

1151 上游犯罪认定对掩饰、隐瞒犯罪所得、犯罪所得收益罪的影响问题

关键词｜掩饰、隐瞒犯罪所得、犯罪所得收益罪｜上游犯罪｜

【最高人民法院司法解释】

第八条 认定掩饰、隐瞒犯罪所得、犯罪所得收益罪，以上游犯罪事实成立为前提。上游犯罪尚未依法裁判，但查证属实的，不影响掩饰、隐瞒犯罪所得、犯罪所得收益罪的认定。上游犯罪事实经查证属实，但因行为人未达到刑事责任年龄等原因依法不予追究刑事责任的，不影响掩饰、隐瞒犯罪所得、犯罪所得收益罪的认定。

——《最高人民法院关于审理掩饰、隐瞒犯罪所得、犯罪所得收益刑事案件适用法律若干问题的解释》(2015 年 6 月 1 日，法释〔2015〕11 号；2021 年 4 月 15 日，法释〔2021〕8 号修正)。

【链接：理解与适用】

掩饰、隐瞒犯罪所得、犯罪所得收益罪，应当以上游犯罪事实成立为前提。这是一个基本原则。这一原则包含两层内容。第一层是，上游犯罪事实必须成立，既

指上游犯罪事实有充分证据证明，也指上游犯罪事实达到了犯罪的程度。如果上游行为虽然存在，但依法不构成犯罪的，则掩饰、隐瞒行为也不构成犯罪。举例说，张三收购了李四、王五、徐六等十人分别盗窃的电动车各一辆，每辆电动车的价格均为一千元，但李四等人的行为均未达到盗窃犯罪的数额标准，因而均不构成盗窃罪，而张三所收购的自行车价值总额达到一万元，依照本《解释》第一条第一款第(一)项规定，已经达到构罪标准，但因李四等上游行为人的行为均不构成犯罪，张三的行为也不构成掩饰、隐瞒犯罪所得、犯罪所得收益罪，而只能依照治安管理处罚法进行处罚。第二层是，对掩饰、隐瞒犯罪所得、犯罪所得收益罪事实的认定，原则上应当在对上游犯罪依法裁判确定后进行。《解释》规定的"上游犯罪尚未依法裁判，但查证属实的，不影响掩饰、隐瞒犯罪所得、犯罪所得收益罪的认定"，只能作为一种例外，也即只有极少数情况下，由于上游犯罪人还有其他犯罪事实一时难以查清或者因为其他原因尚未依法裁判，为依法及时审判掩饰、隐瞒犯罪所得及其收益案件，才在上游犯罪查证属实的情况下先行认定本罪。

上游犯罪事实经查证属实，但因行为人未达到刑事责任年龄等原因依法不予追究刑事责任的，不影响掩饰、隐瞒犯罪所得、犯罪所得收益罪的认定。这样规定，主要是此种情形下，上游犯罪事实仍然存在，在依法不追究上游行为人的刑事责任的情况下，不要放纵了实施掩饰、隐瞒行为的行为人。

——陆建红、杨华、曹东方：《〈关于审理掩饰、隐瞒犯罪所得、犯罪所得收益刑事案件适用法律若干问题的解释〉的理解与适用》，载《人民司法·应用》2015年第17期。

【最高人民法院参考案例】

奥姆托绍等四人掩饰、隐瞒犯罪所得案(《刑事审判参考》案例第1104号)

要旨：认定掩饰、隐瞒犯罪所得、犯罪所得收益罪，应当以上游犯罪事实成立为前提。

犯罪事实的成立，并不以犯罪行为人被发现或抓获归案为前提。例如，我国刑事诉讼法将有犯罪事实发生作为刑事案件立案的条件，而通常刑事立案后才开始追捕犯罪嫌疑人。由此可见，在相当一部分案件中，犯罪行为人未被查获并不影响司法机关认定犯罪事实的成立。另外，上游犯罪虽与本罪存在前后相连的事实状态，但两者在案件状态、查处难度及审判进程上均有所不同，如果一律要求对本罪的处理必须以侦破上游犯罪为前提，势必导致一部分案件无法及时处理，这与打击针对犯罪所得及其收益的下游犯罪的立法目的相悖。此外，犯罪所得及其收益是追查上游犯罪的重要证据，在有证据证明上游犯罪事实确实存在的情况下，对本罪的判决认定对于维护国家正常的司法秩序，打击、遏制上游犯罪也是有益的。

——《刑事审判参考》(总第 104 辑)。

谭细松掩饰、隐瞒犯罪所得案(《刑事审判参考》案例第 1105 号)

要旨:上游犯罪事实成立指的是上游犯罪行为确实存在。

如何理解上游犯罪事实成立？我们认为,上游犯罪事实成立指的是上游犯罪行为确实存在,不要求必须是已经由刑事判决确认的犯罪,亦即无论上游犯罪的嫌疑人是否归案、是否被判处刑罚,均不影响上游犯罪事实的成立,更不影响掩饰、隐瞒犯罪所得、犯罪所得收益罪的认定。

——《刑事审判参考》(总第 104 辑)。

唐某中、唐某波掩饰、隐瞒犯罪所得案(《刑事审判参考》案例第 1106 号)

要旨:上游犯罪行为人在逃不影响掩饰、隐瞒犯罪所得、犯罪所得收益罪的认定。

在本案中,上游盗窃行为人在逃,其姓名、住址均不详,无法对盗窃犯罪事实进行审判,但从现有证据看,该行为人盗窃了价值四万六千元的皮卡车,该事实必然构成犯罪,故虽然上游犯罪行为人不在案,或者以后归案后发现存在实施盗窃行为时其未达刑事责任年龄等依法不予追究刑事责任的情况,也不影响对掩饰、隐瞒该赃物的犯罪事实的认定。

——《刑事审判参考》(总第 104 辑)。

元某某掩饰、隐瞒犯罪所得罪案(《刑事审判参考》案例第 1107 号)

要旨:上游犯罪查证属实但行为人系未成年人依法不追究刑事责任的,掩饰、隐瞒犯罪所得罪仍可成立。

在本案中,黎某某实施抢劫行为获取了价值 9371 元的金项链两条,虽然黎某某因不满十四周岁而不负刑事责任,也不构成犯罪,但并不能因此而否认黎某某实施的抢劫行为本身是违法的,该行为符合抢劫罪的客观方面要件,也侵犯了他人的财产权益,因此,抢劫犯罪行为是客观存在的,两条金项链应当属于“犯罪所得”。被告人元某某是从事金银加工的从业者,熟知黄金饰品的价格,仍以明显低于市场价格的 5700 元收购了两条断裂损坏的黄金项链,据此认定元某某明知该金项链系犯罪所得而予以收购,其收购行为具有掩饰、隐瞒犯罪所得罪所要求的社会危害性。黎某某是否负刑事责任并不影响元某某收购行为本身的社会危害性,对元某某应以掩饰、隐瞒犯罪所得罪定罪处罚。

——《刑事审判参考》(总第 104 辑)。

1152 准确把握单位实施和盗用单位名义实施的掩饰、隐瞒犯罪所得及其产生的收益的行为

关键词｜掩饰、隐瞒犯罪所得、犯罪所得收益罪｜单位犯罪｜

【最高人民法院参考案例】

牡丹江再生资源开发有限责任公司第十七收购站及朱富良掩饰、隐瞒犯罪所得案(《刑事审判参考》案例第1109号)

要旨：盗用单位名义实施掩饰、隐瞒犯罪所得、犯罪所得收益的行为，违法所得由行为人私分的，本质上仍属于自然人犯罪，应适用自然人犯罪的规定定罪处罚。

关于单位犯掩饰、隐瞒犯罪所得、犯罪所得收益罪，在司法实践中，经常遇到一些貌似单位犯罪而实质上属于自然人犯罪的情况。因此，《解释》第九条规定："盗用单位名义实施掩饰、隐瞒犯罪所得及其产生的收益的行为，违法所得由行为人私分的，依照刑法和司法解释有关自然人犯罪的规定定罪处罚。"其理由就在于：盗用单位名义实施掩饰、隐瞒犯罪所得、犯罪所得收益的行为，违法所得由行为人私分的，本质上仍属于自然人犯罪，应适用自然人犯罪的规定定罪处罚。适用该条解释时需要明确：(1)犯罪主体是自然人而不是单位。单位只是名义被盗用，但实质上并未成为犯罪主体，包括经法定代表人同意盖了单位的公章，经单位管理组织研究等，但实质上是为了个人利益而不是为了单位利益的。构成单位犯罪，必须利用单位名义，但不能由此得出凡是利用单位名义实施的犯罪都是单位犯罪。(2)犯罪是为了参与犯罪的自然人的利益，而不是单位利益。区分单位犯罪与自然人犯罪的重要界限就是犯罪所得利益归属单位还是归属参与犯罪的自然人。犯罪所得由单位所得，纳入单位财务体系和分配体系中的，可以认定为犯罪所得归属单位，其他条件符合的，可以认定为单位犯罪。仅仅由参与行为人包括决策人员对犯罪所得进行分配的，不能认定为犯罪所得归属单位，因而就不能认定为单位犯罪，只能依照自然人犯罪的规定定罪处罚。

——《刑事审判参考》(总第104辑)。

1153 掩饰、隐瞒犯罪所得、犯罪所得收益罪罪名的适用

关键词｜掩饰、隐瞒犯罪所得、犯罪所得收益罪｜罪名｜

【最高人民法院司法解释】

第十一条　掩饰、隐瞒犯罪所得、犯罪所得收益罪是选择性罪名，审理此类案

件，应当根据具体犯罪行为及其指向的对象，确定适用的罪名。

——《最高人民法院关于审理掩饰、隐瞒犯罪所得、犯罪所得收益刑事案件适用法律若干问题的解释》（2015 年 6 月 1 日，法释〔2015〕11 号；2021 年 4 月 15 日，法释〔2021〕8 号修正）。

【链接：理解与适用】

实践中对本罪罪名是否属于选择性罪名以及如何适用罪名存在不同理解，各地做法也不统一，因此，有必要加以规范。总体上，应当根据犯罪行为与犯罪所得及其收益的性质，确定具体适用的罪名。即根据案件情况，选择适用掩饰、隐瞒犯罪所得罪，掩饰、隐瞒犯罪所得收益罪，掩饰、隐瞒犯罪所得、犯罪所得收益罪。但是，有一点必须明确，当犯罪对象既有犯罪所得，又有犯罪所得收益时，只定掩饰、隐瞒犯罪所得、犯罪所得收益罪一个罪，而不能定掩饰、隐瞒犯罪所得罪和掩饰、隐瞒犯罪所得收益罪两个罪名，更不能以两个罪名数罪并罚。

——陆建红、杨华、曹东方：《〈关于审理掩饰、隐瞒犯罪所得、犯罪所得收益刑事案件适用法律若干问题的解释〉的理解与适用》，载《人民司法·应用》2015 年第 17 期。

【最高人民法院参考案例】

袁某某信用卡诈骗，张某某掩饰、隐瞒犯罪所得案（《刑事审判参考》案例第 1095 号）

要旨：掩饰、隐瞒犯罪所得、犯罪所得收益罪属于单一式选择性罪名。

1997 年刑法实施后，最高人民法院发布了《关于执行〈中华人民共和国刑法〉确定罪名的规定》，将刑法第三百一十二条的罪名确定为窝藏、转移、收购、销售赃物罪。2006 年刑法修正案（六）实施后，最高人民法院、最高人民检察院发布了《关于执行〈中华人民共和国刑法〉确定罪名的补充规定（三）》，确定将刑法第三百一十二条的罪名由窝藏、转移、收购、销售赃物罪更改为掩饰、隐瞒犯罪所得、犯罪所得收益罪。在审判实践中，这一罪名的适用产生了较大分歧，各地做法也不统一。第一种观点认为，本罪名属于简单罪名，应该用全称，一律定掩饰、隐瞒犯罪所得、犯罪所得收益罪。第二种观点认为，本罪名属于复合式选择性罪名，即犯罪手段和犯罪对象之间都存在选择关系，根据手段、对象不同，可分别认定为掩饰犯罪所得、犯罪所得收益罪，掩饰犯罪所得罪，掩饰犯罪所得收益罪；隐瞒犯罪所得、犯罪所得收益罪，隐瞒犯罪所得罪，隐瞒犯罪所得收益罪；掩饰、隐瞒犯罪所得、犯罪所得收益罪，掩饰、隐瞒犯罪所得罪，掩饰、隐瞒犯罪所得收益罪。第三种观点认为，本罪名属于单一式选择性罪名，即只有犯罪对象之间存在选择关系，而掩饰与隐瞒之间不存在选择关系，可根据案件事实认定为掩饰、隐瞒犯罪所得、犯罪所得收益罪，掩饰、隐瞒犯罪所得罪，掩饰、隐瞒犯罪所得收益罪。我们同意第三种观点。“掩饰”与“隐瞒”都是使真相不让他人知晓，系近义词，其含义往往难以准确区分，司法实践中的掩饰、隐瞒行为五花八门，非常复杂，难以一一界定，若在审判中对所有的掩饰、隐瞒行为都加以区分，更容易造成分歧，也不好操作。而从犯罪对象上看，犯罪所得和犯罪所得收益是完全可以区分的。

——《刑事审判参考》(总第104辑)。

1154 掩饰、隐瞒犯罪所得、犯罪所得收益罪的量刑

关键词｜掩饰、隐瞒犯罪所得、犯罪所得收益罪｜量刑｜

【最高人民法院司法文件】

(十九)掩饰、隐瞒犯罪所得、犯罪所得收益罪

1. 构成掩饰、隐瞒犯罪所得、犯罪所得收益罪的，根据下列情形在相应的幅度内确定量刑起点：

(1)犯罪情节一般的，在一年以下有期徒刑、拘役幅度内确定量刑起点。

(2)情节严重的，在三年至四年有期徒刑幅度内确定量刑起点。

2. 在量刑起点的基础上，根据犯罪数额等其他影响犯罪构成的犯罪事实增加刑罚量，确定基准刑。

3. 构成掩饰、隐瞒犯罪所得、犯罪所得收益罪的，根据掩饰、隐瞒犯罪所得及其收益的数额、犯罪对象、危害后果等犯罪情节，综合考虑被告人缴纳罚金的能力，决定罚金数额。

4. 构成掩饰、隐瞒犯罪所得、犯罪所得收益罪的，综合考虑掩饰、隐瞒犯罪所得及其收益的数额、危害后果、上游犯罪的危害程度等犯罪事实、量刑情节，以及被告人的主观恶性、人身危险性、认罪悔罪表现等因素，决定缓刑的适用。

——《最高人民法院、最高人民检察院关于常见犯罪的量刑指导意见(试行)》(2021年7月1日，法发〔2021〕21号)。

【最高人民法院参考案例】

汤雨华、庄瑞军盗窃，朱端银掩饰、隐瞒犯罪所得案(《刑事审判参考》案例第1098号)

要旨：掩饰、隐瞒犯罪所得罪与上游犯罪的量刑应平衡。

但是掩饰、隐瞒犯罪所得、犯罪所得收益罪毕竟属于上游犯罪的事后帮助犯，

在增加了一个法定刑幅度后，其最高刑期也就只是七年有期徒刑，整体上具有"罪小刑轻"的特点。对本罪的量刑不仅要符合刑法第三百一十二条及相关司法解释的规定，同时当然要受到上游犯罪量刑情况的约束。这是因为，一方面，本罪对上游犯罪有依附性，没有上游犯罪非法取得的财物，就没有下游犯罪可言；另一方面，本罪惩罚的重点在于妨害司法秩序，即妨碍了公安、检察、审判等司法机关以犯罪所得为线索查处和破获上游犯罪的活动。就给被害人造成的财产损失而言，下游行为人在实施掩饰、隐瞒行为时，并没有增加或扩大这种损失。与事先参与犯罪共谋的情形相比，本罪的社会危害性当然要小得多。

因此，在掌握本罪与上游犯罪的量刑时，应当统筹把握。对于符合《解释》[①]第三条规定的五种情形的，依法认定"情节严重"，以此发挥本罪的堵截性作用，遏制和预防上游犯罪的持续和扩大势头。同时在量刑上要与上游犯罪之间取得平衡。具体而言，在掩饰、隐瞒犯罪所得、犯罪所得收益罪和上游犯罪指向同一笔财物的情况下，对掩饰、隐瞒犯罪所得行为人的量刑必须要比上游犯罪人量刑轻一些，而且要适当拉开档次。

——《刑事审判参考》（总第104辑）。

1155 保安将巡逻时抓获的盗窃犯罪分子盗窃所得物据为己有的行为如何定性

关键词｜掩饰、隐瞒犯罪所得罪｜职务侵占罪｜贪污罪｜

【最高人民法院参考案例】

侯某某掩饰、隐瞒犯罪所得案（《刑事审判参考》案例第1114号）

要旨：构成掩饰、隐瞒犯罪所得罪，在主观意图上必须具有帮助上游犯罪人掩饰、隐瞒犯罪所得的直接故意。

（一）对侯某某的行为不能以掩饰、隐瞒犯罪所得罪处理

掩饰、隐瞒犯罪所得罪虽然在大多数情况下也具有一定的谋取利益的主观属性，但刑法却将该罪列在第六章"妨害社会管理秩序罪"的第二节"妨害司法罪"中，说明该罪侵犯的客体是司法秩序，具体地说是妨害司法机关对上游犯罪的刑事追究。因此，该罪的主观意图必须具有帮助上游犯罪人掩饰、隐瞒犯罪所得、犯罪所得收益的直接故意。在本案中，侯某某将刘某盗窃所得的一部 iPhone5（16G）手

---

① 即《最高人民法院关于审理掩饰、隐瞒犯罪所得、犯罪所得收益刑事案件适用法律若干问题的解释》（法释〔2015〕11号）。

机据为已有的行为虽然在客观上起到了转移他人犯罪所得的效果，但是基于侯某某没有替上游犯罪行为人掩饰、隐瞒的主观意思，而仅仅是出于将手机据为己有的目的；且盗窃行为人刘某也没有将赃物手机交由侯某某让其掩饰、隐瞒的意思，刘某是因为被身为保安的侯某某抓获而被迫将手机交予侯某某等人的，侯某某与刘某之间没有此方面的合意。因而，侯某某的行为不构成掩饰、隐瞒犯罪所得罪。

（二）侯某某的行为属于贪污或者职务侵占性质，但属于情节显著轻微

侯某某身为大学保安，“看家护院”、维护大学校园的治安，是其基本职责。其在履行职责过程中，抓获盗窃手机的刘某，按理，应当将手机上缴，交由公安机关处理，但却伙同他人将手机据为已有，该行为主要是侵犯了公职的廉洁性。由于我国刑法根据行为人主体身份不同而将利用职务之便非法占有财物的行为分为贪污罪和职务侵占罪两种，因此，对侯某某行为的定性应当根据其主体身份、职务性质来确定。但是，不论该行为定性为贪污还是职务侵占，均因其数额达不到构罪标准而只能以情节显著轻微而作无罪处理。

——《刑事审判参考》（总第104辑）。

（四）拒不执行判决、裁定罪

1156 拒不执行判决、裁定罪中判决、裁定的范围

关键词｜拒不执行判决、裁定罪｜判决｜裁定｜

【链接：理解与适用】

2002年全国人大常委会立法解释中规定：刑法第三百一十三条规定的人民法院的判决、裁定，是指人民法院依法作出的具有执行内容并已发生法律效力的判决、裁定。人民法院为依法执行支付令、生效的调解书、仲裁裁决、公证债权文书等所作的裁定属于该条规定的裁定。对于该解释的理解应当注意以下问题：

关于调解书是否属于判决、裁定的范围问题。我们认为，人民法院主持下作出的调解书本身不能作为拒执罪的行为对象，应该严格按照上述立法解释的规定理解，只有人民法院为依法执行生效的调解书所作的裁定才属于条文规定的“裁定”。

人民法院依法作出的具有执行内容并已发生法律效力的判决、裁定，是否包括人民法院作出的保全裁定、先予执行裁定以及为依法执行行政处理决定或者行政处罚决定等所作的裁定问题。实践中，由于拒不执行保全裁定、先予执行裁定的行为多发生在诉讼程序而非执行程序，相关法律规定对此类裁定能否作为拒执罪对

象均未明确规定,能否对该裁定的拒执行为以拒执罪追诉,许多法院要求予以明确。我们认为,设置诉讼保全、先予执行制度本身就是为了保障判决、裁定的顺利执行,生效的诉讼保全、先予执行裁定属于具有执行内容并已发生法律效力的判决、裁定,将拒不执行此类裁定的犯罪行为纳入打击范围,符合立法精神和执行工作实际。但对于为依法执行行政处理决定或者行政处罚决定等所作的裁定,则应根据相关规定,慎重适用。

——刘贵祥、刘慧卓:《〈关于审理拒不执行判决、裁定刑事案件适用法律若干问题的解释〉的理解与适用》,载《人民司法·应用》2015 年第 23 期。

1157 如何理解拒不执行判决、裁定罪中的“有能力执行”

关键词｜拒不执行判决、裁定罪｜有能力执行｜

【最高人民法院参考案例】

龙某某拒不执行判决案(《刑事审判参考》案例第 1204 号)

要旨:“有能力执行”是构成拒不执行判决、裁定罪的必备要件之一,没有执行能力而没有执行的,不构成本罪。

关于“有能力执行”应当从以下几个方面来理解和把握:

(一)认定“有能力执行”的时间从判决、裁定生效时起算,不限于执行期间或刑事案件审理期间

……

(二)“有能力执行”是客观事实,不以行为人的主观认识为要件,且不受执行情况的制约

1998 年《最高人民法院关于审理拒不执行判决、裁定案件具体应用法律若干问题的解释》(已废止)第二条规定:“对人民法院发生法律效力的判决、裁定‘有能力执行’,是指根据查实的证据证明,负有执行人民法院判决、裁定义务的人有可供执行的财产或者具有履行特定行为义务的能力。”据此,“有能力执行”应是一种客观事实,行为人主观上认为其不具有执行能力的不影响认定。认定行为人“有能力执行”应当综合全部案情加以判断,要考虑行为人自身的收入、支出情况等。对给付的执行义务,则要考虑行为人实施给付行为的能力及现实的可能性等。

需要指出的是,认定行为人是否“有能力执行”不应受执行情况的影响。拒不执行判决、裁定案件中,尤其是自诉程序中,执行机构可能出具执行终结裁定书,以被执行人名下无可供执行的财产为由,裁定终结本次执行程序。对此,我们认为,执行终结裁定书通常是以被执行人名下无“显性”财产为根据的,如名下存款、不

动产等,而刑事程序中行为人是否"有能力执行"不仅要考虑行为人"显性"财产,而且要考虑其"隐性"财产,需要依据综合情节认定行为人是否"有能力执行"。举例而言,行为人名下无存款、无不动产或高额动产,但确实存在高消费、高支出的,仍可认定其"有能力执行"。简言之,除了行为人及其家庭生活必需外,如果行为人有非必要性支出的,即使名下无财产,仍可视情认定其"有能力执行"。

(三)"有能力执行"包括部分执行能力

在对财产的执行中,"有能力执行"是指有可供执行的财产,既包括有可供全部执行的财产,也包括可供部分执行的财产。[①] 即使行为人没有能力一次性全部履行执行义务,但有能力分次履行、部分履行执行义务的,可以认定行为人"有能力执行"。这样理解是为了防止行为人以不能全部履行义务为由,拒不履行法定义务。当然,在执行只具备部分执行能力的被告人时,需要在实现债权和尊重人权之间、在执行目的和执行手段之间、在债权人与债务人法律地位之间找到一个最佳的平衡点。[②] 简言之,在财产给付中,行为人能够通过自己的行为获得生活来源并能够维持一般人的生活水平的,就能分批给付小额财产,具有了部分履行的能力,如系低保人员、家庭严重困难、失业无收入来源等则除外。

——《刑事审判参考》(总第110辑)。

1158 有能力执行而拒不执行判决、裁定的时间从判决、裁定发生法律效力时起算

关键词|拒不执行判决、裁定罪|起算时间|

【最高人民法院指导性案例】

毛建文拒不执行判决、裁定案(最高人民法院指导案例71号)

裁判要点:有能力执行而拒不执行判决、裁定的时间从判决、裁定发生法律效力时起算。具有执行内容的判决、裁定发生法律效力后,负有执行义务的人有隐藏、转移、故意毁损财产等拒不执行行为,致使判决、裁定无法执行,情节严重的,应当以拒不执行判决、裁定罪定罪处罚。

法院生效裁判认为:被告人毛建文负有履行生效裁判确定的执行义务,在人民法院具有执行内容的判决、裁定发生法律效力后,实施隐藏、转移财产等拒不执行

---

① 刘贵祥、刘慧卓:《〈关于审理拒不执行判决、裁定刑事案件适用法律若干问题的解释〉的理解与适用》,载《人民司法·应用》2015年第23期。

② 关俊:《拒不执行判决、裁定罪中执行能力和情节严重的判断标准》,载《人民司法·案例》2013年第20期。

行为，致使判决、裁定无法执行，情节严重，其行为已构成拒不执行判决罪。公诉机关指控的罪名成立。毛建文归案后如实供述了自己的罪行，可以从轻处罚。

本案的争议焦点为，拒不执行判决、裁定罪中规定的“有能力执行而拒不执行”的行为起算时间如何认定，即被告人毛建文拒不执行判决的行为是从相关民事判决发生法律效力时起算，还是从执行立案时起算。对此，法院认为，生效法律文书进入强制执行程序并不是构成拒不执行判决、裁定罪的要件和前提，毛建文拒不执行判决的行为应从相关民事判决于 2013 年 1 月 6 日发生法律效力时起算。主要理由如下：第一，符合立法原意。全国人民代表大会常务委员会对刑法第三百一十三条规定解释时指出，该条中的“人民法院的判决、裁定”，是指人民法院依法作出的具有执行内容并已发生法律效力的判决、裁定。这就是说，只有具有执行内容的判决、裁定发生法律效力后，才具有法律约束力和强制执行力，义务人才有及时、积极履行生效法律文书确定义务的责任。生效法律文书的强制执行力不是在进入强制执行程序后才产生的，而是自法律文书生效之日起即产生。第二，与民事诉讼法及其司法解释协调一致。民事诉讼法第一百一十一条规定：诉讼参与人或者其他人拒不履行人民法院已经发生法律效力的判决、裁定的，人民法院可以根据情节轻重予以罚款、拘留；构成犯罪的，依法追究刑事责任。《最高人民法院关于适用〈中华人民共和国民事诉讼法〉的解释》第一百八十八条规定：民事诉讼法第一百一十一条第一款第（六）项规定的拒不履行人民法院已经发生法律效力的判决、裁定的行为，包括在法律文书发生法律效力后隐藏、转移、变卖、毁损财产或者无偿转让财产、以明显不合理的价格交易财产、放弃到期债权、无偿为他人提供担保等，致使人民法院无法执行的。由此可见，法律明确将拒不执行行为限定在法律文书发生法律效力后，并未将拒不执行的主体仅限定为进入强制执行程序后的被执行人或者协助执行义务人等，更未将拒不执行判决、裁定罪的调整范围仅限于生效法律文书进入强制执行程序后发生的行为。第三，符合立法目的。拒不执行判决、裁定罪的立法目的在于解决法院生效判决、裁定的“执行难”问题。将判决、裁定生效后立案执行前逃避履行义务的行为纳入拒不执行判决、裁定罪的调整范围，是法律设定该罪的应有之意。将判决、裁定生效之日确定为拒不执行判决、裁定罪中拒不执行行为的起算时间点，能有效地促使义务人在判决、裁定生效后即迫于刑罚的威慑力而主动履行生效裁判确定的义务，避免生效裁判沦为一纸空文，从而使社会公众真正尊重司法裁判，维护法律权威，从根本上解决“执行难”问题，实现拒不执行判决、裁定罪的立法目的。

——《最高人民法院关于发布第 15 批指导性案例的通知》（2016 年 12 月 28 日，法〔2016〕449 号）。

1159 为逃避执行，在民事裁判前转移财产并持续至执行阶段的行为如何定性

关键词｜拒不执行判决、裁定罪｜隐藏、转移财产｜

【最高人民法院参考案例】

杨建荣、颜爱英、姜雪富拒不执行判决、裁定案(《刑事审判参考》案例第1396号)

要旨:隐藏、转移财产等行为延续至民事裁判生效后,属于执行阶段中的拒不执行判决、裁定行为,应以拒不执行判决、裁定罪论处。

从时间上看,构成拒不执行判决、裁定罪的行为应当是从裁判生效后开始计算,但在民事裁判生效前,甚至在进入民事诉讼程序前,转移、隐匿财产等行为是否构成拒不执行判决、裁定罪?我们认为,只要转移、隐匿财产等行为状态持续至民事裁判生效后,情节严重的,即可构成拒不执行判决、裁定罪。

——《刑事审判参考》(总第125辑)。

1160 拒不执行判决、裁定罪的主体范围

关键词｜拒不执行判决、裁定罪｜被执行人｜协助执行义务人｜担保人｜

【最高人民法院司法解释】

第一条　被执行人、协助执行义务人、担保人等负有执行义务的人对人民法院的判决、裁定有能力执行而拒不执行,情节严重的,应当依照刑法第三百一十三条的规定,以拒不执行判决、裁定罪处罚。

——《最高人民法院关于审理拒不执行判决、裁定刑事案件适用法律若干问题的解释》(2015年7月22日,法释〔2015〕16号;2021年1月1日,法释〔2020〕21号修正)。

【链接:理解与适用】

因此,《解释》将被执行人、担保人、协助执行义务人等可以构成拒执罪主体的人进行定义,概括表述为“负有执行义务的人”,以涵盖被执行人、担保人、协助执行义务人及其他犯罪主体,便于《解释》的主体定位及日后与其他法律法规的衔接。此条没有规定更多新的内容,主要起到承上启下的作用。

——刘贵祥、刘慧卓:《〈关于审理拒不执行判决、裁定刑事案件适用法律若干问题的解释〉的理解与适用》,载《人民司法·应用》2015年第23期。

1161 拒不执行判决、裁定罪行为的具体表现

关键词 | 拒不执行判决、裁定罪 | 情节严重 |

【最高人民法院司法解释】

第二条 负有执行义务的人有能力执行而实施下列行为之一的，应当认定为全国人民代表大会常务委员会关于刑法第三百一十三条的解释中规定的“其他有能力执行而拒不执行，情节严重的情形”：

（一）具有拒绝报告或者虚假报告财产情况、违反人民法院限制高消费及有关消费令等拒不执行行为，经采取罚款或者拘留等强制措施后仍拒不执行的；

（二）伪造、毁灭有关被执行人履行能力的重要证据，以暴力、威胁、贿买方法阻止他人作证或者指使、贿买、胁迫他人作伪证，妨碍人民法院查明被执行人财产情况，致使判决、裁定无法执行的；

（三）拒不交付法律文书指定交付的财物、票证或者拒不迁出房屋、退出土地，致使判决、裁定无法执行的；

（四）与他人串通，通过虚假诉讼、虚假仲裁、虚假和解等方式妨害执行，致使判决、裁定无法执行的；

（五）以暴力、威胁方法阻碍执行人员进入执行现场或者聚众哄闹、冲击执行现场，致使执行工作无法进行的；

（六）对执行人员进行侮辱、围攻、扣押、殴打，致使执行工作无法进行的；

（七）毁损、抢夺执行案件材料、执行公务车辆和其他执行器械、执行人员服装以及执行公务证件，致使执行工作无法进行的；

（八）拒不执行法院判决、裁定，致使债权人遭受重大损失的。

——《最高人民法院关于审理拒不执行判决、裁定刑事案件适用法律若干问题的解释》（2015 年 7 月 22 日，法释〔2015〕16 号；2021 年 1 月 1 日，法释〔2020〕21 号修正）。

【链接：理解与适用】

因此，《解释》第二条在现有法律法规的基础上，结合执行工作的司法实践，对拒执罪行为的具体表现，作了进一步规定。除全国人大常委会立法解释中规定的四种情形外，又列举了三类八项情形可以构成拒执罪。第一类为“经采取罚款、拘留等强制措施后仍拒不执行的”情形，比如，具有拒绝报告或者虚假报告财产情况、违反限制高消费令等拒执行为，被采取民事强制措施后仍拒不执行的，属情节严重情形；通过虚假诉讼等方式妨害执行，致使判决裁定无法执行的情形为近年多发的拒执行为，应严厉打击。第二类为“致使人民法院判决、裁定无法执行的或者致使执行工作无法进行的”情形，比如，以暴力、威胁方法阻碍执行人员进入执行现场或者聚众哄闹、冲击

执行现场,对执行人员进行侮辱、围攻、扣押、殴打等致使执行工作无法进行的行为,多是发生在法官眼皮底下的拒执行为,且具有一定的暴力性,极大侵害了司法公信力,阻碍了人民法院的执行工作,应严厉打击。第三类是致使债权人遭受重大损失的情形。严重的社会危害性是犯罪行为的基本特征,负有执行义务的人有能力执行而不执行,从而导致债权人合法权益遭受重大损失的,应予以刑罚处罚。

《解释》第二条在适用中应注意以下问题:(1)原有规定的“情节严重情形”仍然适用。比如,2002 年立法解释规定的“隐藏、转移、故意毁损财产或者无偿转让财产、以明显不合理的低价转让财产”的情形仍属于情节严重情形之一。(2)对第三类“致使债权人遭受重大损失的情形”,其中“重大损失”的认定应从严掌握。(3)第(五)(六)(七)项的拒执行为,按照 2007 年两院一部通知规定,一律以妨害公务罪处罚,有过于“一刀切”之嫌,按照刑法理论的相关原理,负有执行义务的人实施了上述拒执行为之一的,以拒执罪处罚为宜。如果具体案件中存在与其他犯罪行为的竞合、牵连等情形,以及负有执行义务人以外的其他人实施规定的相关行为构成共犯的,由刑事法官根据具体情况依法处理。

——刘贵祥、刘慧卓:《〈关于审理拒不执行判决、裁定刑事案件适用法律若干问题的解释〉的理解与适用》,载《人民司法·应用》2015 年第 23 期。

【最高人民法院司法文件】

一、对下列拒不执行判决、裁定的行为,依照刑法第三百一十三条的规定,以拒不执行判决、裁定罪论处。

(一)被执行人隐藏、转移、故意毁损财产或者无偿转让财产、以明显不合理的低价转让财产,致使判决、裁定无法执行的;

(二)担保人或者被执行人隐藏、转移、故意毁损或者转让已向人民法院提供担保的财产,致使判决、裁定无法执行的;

(三)协助执行义务人接到人民法院协助执行通知书后,拒不协助执行,致使判决、裁定无法执行的;

(四)被执行人、担保人、协助执行义务人与国家机关工作人员通谋,利用国家机关工作人员的职权妨害执行,致使判决、裁定无法执行的;

(五)其他有能力执行而拒不执行,情节严重的情形。

——《最高人民法院、最高人民检察院、公安部关于依法严肃查处拒不执行判决裁定和暴力抗拒法院执行犯罪行为有关问题的通知》(2007 年 8 月 30 日,法发〔2007〕29 号)。

1162 拒不执行判决、裁定罪中致使判决、裁定无法执行的理解

关键词｜拒不执行判决、裁定罪｜判决、裁定无法执行｜

【最高人民法院参考案例】

肖应文、李秋发拒不执行判决案(《刑事审判参考》案例第 1462 号)

要旨:“致使判决、裁定无法执行”不仅指生效的判决、裁定确定的执行内容终局性、永久性无法执行,也包括被执行人拒不执行,情节严重,导致执行措施无法有效地开展的情形。

本案中,法院启动强制执行程序,对涉案房产进行评估拍卖,虽然因无人竞拍而流拍,最终导致判决所确定的内容无法执行,看似不可归因于二被告人,但如前所述,应立足于法院执行的角度,考虑二被告人妨碍执行的严重程度,进行定罪处罚。

——《刑事审判参考》(总第 130 辑)。

马素英、杨保全拒不执行判决、裁定案(《刑事审判参考》案例第 478 号)

要旨:应当从影响人民法院执行工作的角度来理解拒不执行判决、裁定罪中的“致使判决、裁定无法执行”,而不能从债权人是否最终实现债权角度来分析。对于债务人逃避或者抗拒执行的行为导致人民法院执行机构通过法定执行措施无法继续执行或者根本无法运用法定执行措施时,即使债权人通过再次起诉等途径最终实现了债权,也仍应认定出现了“致使判决、裁定无法执行”的结果,可以追究债务人的刑事责任。

我们认为,“致使判决、裁定无法执行”是指债务人逃避或者抗拒执行的行为造成人民法院执行机构无法运用法律规定的执行措施,或者虽运用了法律规定的各种执行措施,但仍无法执行的情形。拒不执行判决、裁定罪所侵犯的法益主要是司法秩序和司法权威,故应当从影响人民法院执行工作的角度来理解“致使判决、裁定无法执行”,而不能从债权人是否最终实现债权角度来分析。当债务人的行为导致债权人权利最终无法得以实现时,固然表明债务人“拒不执行”行为达到了“情节严重”的程度,应定罪处罚;但不能将本罪的定罪范围局限于此。对于债务人逃避或者抗拒执行的行为导致人民法院执行机构通过法定执行措施无法继续执行或者根本无法运用法定执行措施时,即使债权人通过再次起诉等途径最终实现了债权,也仍应认定出现了“致使判决、裁定无法执行”的结果,可以追究债务人的刑事责任。如果把“致使判决、裁定无法执行”狭隘地理解为债权最终无法实现,则背离了刑法规定拒不执行判决、裁定罪所要保护的法益初衷,难以实现发挥刑罚威慑作用解决“执行难”问题的目的,造成实践中人民法院依法执行工作无法顺利开展。

——《刑事审判参考》(总第 60 辑)。

1163 拒不执行判决、裁定案件公诉转自诉

关键词 | 拒不执行判决、裁定罪 | 自诉 |

【最高人民法院司法解释】

第三条 申请执行人有证据证明同时具有下列情形,人民法院认为符合刑事诉讼法第二百一十条第三项规定的,以自诉案件立案审理:

(一)负有执行义务的人拒不执行判决、裁定,侵犯了申请执行人的人身、财产权利,应当依法追究刑事责任的;

(二)申请执行人曾经提出控告,而公安机关或者人民检察院对负有执行义务的人不予追究刑事责任的。

第四条 本解释第三条规定的自诉案件,依照刑事诉讼法第二百一十二条的规定,自诉人在宣告判决前,可以同被告人自行和解或者撤回自诉。

——《最高人民法院关于审理拒不执行判决、裁定刑事案件适用法律若干问题的解释》(2015年7月22日,法释〔2015〕16号;2021年1月1日,法释〔2020〕21号修正)。

【链接:理解与适用】

《解释》第三条对可以自诉的拒执罪案件作了较为原则的规定,具体实施过程中应注意如下问题:(1)具有下列情形之一的,属于刑事诉讼法第二百零四条第(三)项规定的不予追究被告人刑事责任的情形:①公安机关、检察机关作出不予立案通知书或者不起诉决定书的;②申请执行人向公安机关、检察机关报案,公安机关、检察机关不予接收材料、不予答复的。(2)人民法院立案部门对申请执行人提交的证据进行核实后,对于符合立案条件的拒执自诉案件,应当及时予以立案。(3)自诉案件立案或者审判过程中,自诉人要求复制已由执行机构收集和固定,证明其人身、财产权利受到侵犯的证据,执行机构应当允许并及时提供;立案、刑事审判部门需要执行机构提供相应证据的,执行机构应当及时移送相关证据。(4)为确保拒执案件审理程序规范、法律适用统一,在受诉法院内部,应指定一个刑事审判庭统一负责对拒执公诉或自诉案件的审理工作。

——刘贵祥、刘慧卓:《〈关于审理拒不执行判决、裁定刑事案件适用法律若干问题的解释〉的理解与适用》,载《人民司法·应用》2015年第23期。

（五）其他

1164 明知房产被依法查封而隐瞒事实将房产卖与他人并收取预付款的行为性质

关键词｜非法处置查封的财产罪｜拒不执行判决、裁定罪｜合同诈骗罪｜

【最高人民法院参考案例】

罗扬非法处置查封的财产案（《刑事审判参考》案例第428号）

要旨：区分非法处置查封、扣押、冻结的财产罪与拒不执行判决、裁定罪的关键就在于行为人是否具有拒不执行法院裁判的目的。

因为从构成要件上看，非法处置查封、扣押、冻结的财产罪不要求特殊目的，而拒不执行判决、裁定罪则必须具有拒不执行法院裁判的目的。因此，如果在执行程序中负有执行生效裁判义务的人实施了此种行为，但并没有拒不执行法院生效裁判目的的，应当以非法处置查封、扣押、冻结的财产罪定罪；反之，如果行为人具有拒不执行法院生效裁判目的，因为该行为系作为拒不执行法院裁判的手段实施的，两罪法定刑相同，以拒不执行判决、裁定罪定罪更为适当。

……

在本案中，被告人罗扬虽然已与买方郭某签订了购房合同并收取了预付款，但未能如期将房屋交给买方郭某，而且由于房屋已被法院查封而不可能办理产权过户。由此产生的问题是：罗扬的行为是否属于犯罪未遂？

根据刑法第三百一十四条的规定，非法处置查封、扣押、冻结的财产罪属于情节犯。关于情节犯是否存在犯罪未遂的问题，目前理论界对此看法不一。我们认为，我国刑法中的情节犯包括行为犯、结果犯、危险犯等类型，故对于情节犯是否存在未遂的问题不能一概而论，而要具体看案件所属的犯罪类型，然后根据刑法条文规定的既遂标准来判断。从刑法的规定看，非法处置查封、扣押、冻结的财产罪属于行为犯，其既遂应以行为人是否实行了非法处置有关财产这一法定构成要件行为为标准。本案中被告人罗扬已经与买方郭某签订了房屋买卖合同，并且收取了预付款，其行为已经齐备非法处置查封的财产罪的全部构成要件，应当认定为犯罪既遂。当然，同其他行为犯在实行行为未达到一定程度时仍属未遂一样，本罪同样存在犯罪未遂形态。以本案为例，如果罗扬在与买方进行洽谈阶段即案发，尚未签订房屋买卖合同，对其非法处置的行为则应认定为未遂。

——《刑事审判参考》（总第54辑）。

三、妨害国(边)境管理罪

1165 妨害国(边)境管理罪中“偷越国(边)境”行为的认定

关键词｜妨害国(边)境管理罪｜偷越国(边)境｜

【最高人民法院司法解释】

第六条　具有下列情形之一的,应当认定为刑法第六章第三节规定的“偷越国(边)境”行为:

(一)没有出入境证件出入国(边)境或者逃避接受边防检查的;

(二)使用伪造、变造、无效的出入境证件出入国(边)境的;

(三)使用他人出入境证件出入国(边)境的;

(四)使用以虚假的出入境事由、隐瞒真实身份、冒用他人身份证件等方式骗取的出入境证件出入国(边)境的;

(五)采用其他方式非法出入国(边)境的。

——《最高人民法院、最高人民检察院关于办理妨害国(边)境管理刑事案件应用法律若干问题的解释》(2012年12月20日,法释〔2012〕17号)。

1166 妨害国(边)境管理罪主观明知的认定

关键词｜妨害国(边)境管理罪｜主观明知｜

【最高人民法院司法文件】

16. 对于妨害国(边)境管理案件所涉主观明知的认定,应当结合行为实施的过程、方式、被查获时的情形和环境,行为人的认知能力、既往经历、与同案人的关系、非法获利等,审查相关辩解是否明显违背常理,综合分析判断。

在组织他人偷越国(边)境、运送他人偷越国(边)境等案件中,具有下列情形之一的,可以认定行为人主观明知,但行为人作出合理解释或者有相反证据证明的除外:

(1)使用遮蔽、伪装、改装等隐蔽方式接送、容留偷越国(边)境人员的;

(2)与其他妨害国(边)境管理行为人使用同一通讯群组、暗语等进行联络的;

(3)采取绕关避卡等方式躲避边境检查,或者出境前、入境后途经边境地区的时间、路线等明显违反常理的;

(4)接受执法检查时故意提供虚假的身份、事由、地点、联系方式等信息的;

(5)支付、收取或者约定的报酬明显不合理的;

(6)遇到执法检查时企图逃跑,阻碍、抗拒执法检查,或者毁灭证据的;

(7)其他足以认定行为人明知的情形。

——《最高人民法院、最高人民检察院、公安部、国家移民管理局关于依法惩治妨害国(边)境管理违法犯罪的意见》(2022年6月29日,法发〔2022〕18号)。

1167 组织他人偷越国(边)境罪的定罪量刑

关键词｜组织他人偷越国(边)境罪｜组织他人偷越国(边)境｜人数众多｜违法所得数额巨大｜

【最高人民法院司法解释】

第一条 领导、策划、指挥他人偷越国(边)境或者在首要分子指挥下,实施拉拢、引诱、介绍他人偷越国(边)境等行为的,应当认定为刑法第三百一十八条规定的"组织他人偷越国(边)境"。

组织他人偷越国(边)境人数在十人以上的,应当认定为刑法第三百一十八条第一款第(二)项规定的"人数众多";违法所得数额在二十万元以上的,应当认定为刑法第三百一十八条第一款第(六)项规定的"违法所得数额巨大"。

以组织他人偷越国(边)境为目的,招募、拉拢、引诱、介绍、培训偷越国(边)境人员,策划、安排偷越国(边)境行为,在他人偷越国(边)境之前或者偷越国(边)境过程中被查获的,应当以组织他人偷越国(边)境罪(未遂)论处;具有刑法第三百一十八条第一款规定的情形之一的,应当在相应的法定刑幅度基础上,结合未遂犯的处罚原则量刑。

第八条 实施组织他人偷越国(边)境犯罪,同时构成骗取出境证件罪、提供伪造、变造的出入境证件罪、出售出入境证件罪、运送他人偷越国(边)境罪的,依照处罚较重的规定定罪处罚。

——《最高人民法院、最高人民检察院关于办理妨害国(边)境管理刑事案件应用法律若干问题的解释》(2012年12月20日,法释〔2012〕17号)。

【链接:理解与适用】

司法实践中,实施组织偷越国(边)境犯罪活动的绝大多数是犯罪集团,这里按照犯罪分子在犯罪集团中所起的不同作用,分两个层次进行界定:第一层是对领导、策划、指挥他人偷越国(边)境的规定为“组织”行为,这也是司法实践中最为典型的“组织”行为;第二层是领导、策划、指挥者之外的其他人员,在首要分子指挥下,实施拉拢、引诱、介绍他人偷越国(边)境等行为的,也属于“组织”行为。

——陈国庆、韩耀元、吴峤滨:《〈关于办理妨害国(边)境管理刑事案件应用法律若干问题的解释〉理解与适用》,载《人民检察》2013 年第 3 期。

【最高人民法院司法文件】

2. 具有下列情形之一的,应当认定为刑法第三百一十八条规定的“组织他人偷越国(边)境”行为:

(1)组织他人通过虚构事实、隐瞒真相等方式掩盖非法出入境目的,骗取出入境边防检查机关核准出入境的;

(2)组织依法限定在我国边境地区停留、活动的人员,违反国(边)境管理法规,非法进入我国非边境地区的。

对于前述行为,在决定是否追究刑事责任以及如何裁量刑罚时,应当综合考虑组织者前科情况、行为手段、组织人数和次数、违法所得数额及被组织人员偷越国(边)境的目的等情节,依法妥当处理。

3. 事前与组织、运送他人偷越国(边)境的犯罪分子通谋,在偷越国(边)境人员出境前或者入境后,提供接驳、容留、藏匿等帮助的,以组织他人偷越国(边)境罪或者运送他人偷越国(边)境罪的共同犯罪论处。

5.《解释》第一条第二款、第四条规定的“人数”,以实际组织、运送的人数计算;未到案人员经查证属实的,应当计算在内。

6. 明知他人实施骗取出境证件犯罪,提供虚假证明、邀请函件以及面签培训等帮助的,以骗取出境证件罪的共同犯罪论处;符合刑法第三百一十八条规定的,以组织他人偷越国(边)境罪定罪处罚。

7. 事前与组织他人偷越国(边)境的犯罪分子通谋,为其提供虚假证明、邀请函件以及面签培训等帮助,骗取入境签证等入境证件,为组织他人偷越国(边)境使用的,以组织他人偷越国(边)境罪的共同犯罪论处。

——《最高人民法院、最高人民检察院、公安部、国家移民管理局关于依法惩治妨害国(边)境管理违法犯罪的意见》(2022 年 6 月 29 日,法发〔2022〕18 号)。

【最高人民法院参考案例】

农海兴组织他人偷越国境案(《刑事审判参考》案例第 883 号)

要旨:组织他人偷越国(边)境的组织行为并非一经实施就认定为既遂。如果被组织者在偷越国境之前或者偷越国境过程中被查获的，应当认定组织者组织他人偷越国境罪未遂。

在未遂的认定上，存在两个并列情形：一是被组织者偷越国境之前；二是被组织者偷越国境过程中被查获。“偷越国(边)境之前”容易理解，不易产生争议。然而，“偷越国(边)境过程中”如何理解，实践中存在分歧。一种意见认为是指被组织者在尚未跨越国(边)境线的过程中；另一种意见认为是指他人已经偷越国境线，但尚未完成偷越行为，依然在偷越过程中。

我们赞同后一种意见。从《2012 年解释》的规定分析，“偷越国境之前”与“偷越国(边)境过程中”是两个并列情形。如果“偷越国(边)境过程中”是指被组织者在尚未跨越国(边)境线的过程中，那么《2012 年解释》就完全没有必要再规定“偷越国(边)境过程中”的情形，因为后者完全可以被前者包含。由此从解释初衷而论，“偷越国(边)境过程中”应当是“偷越国境之前”所不能包含的情形。即“偷越国(边)境过程中”是指被组织者虽已经越过国(边)境，但尚未完成偷越行为，依然在偷越过程中。该过程在时间上具有持续性，即是持续不间断的；在空间上具有区域性，即虽以界划线，但还设置了一个整体管理的区域，是偷越国境不可绕道的部分。至于如何认定边境管理区域，以实际设置为据。在毗邻中越边境地区，通常乡镇设有武警边防派出所进行治安管理，口岸附近设有武警边防检查站，在距边境十公里左右的内地还设有武警边防检查站，具体以何种界线划分，可以当地边境管理区域的设置标准加以确定。

本案中，农海兴、农文报组织他人偷越国境，从在越南境内组织人员，到被组织者越境，再到界碑附近上车，最后在车开到边境巡逻道路段时被查获。被组织者的偷越行为在时间上具有接续性，在空间上具有连接性，即被组织者依然在边境管理区域内，属于“偷越国(边)境过程中”。根据《2012 年解释》的相关规定，被组织者在此期间被查获，应当认定组织者组织他人偷越国境罪未遂。

——《刑事审判参考》(总第 93 辑)。

1168 以旅游名义骗取出境证件，非法组织他人出境劳务，构成组织他人偷越国(边)境罪

关键词 | 组织他人偷越国(边)境罪 | 出境劳务 |

【最高人民法院参考案例】

顾国均、王建忠组织他人偷越国境案(《刑事审判参考》案例第 304 号)

要旨：以旅游名义骗取出境证件，非法组织他人出境劳务，构成组织他人偷越

国（边）境罪。

首先，不具备合法出境资格，而以骗得的合法出境证件出境，属于偷越国境行为。

当前，在利益的驱使下，越来越多的人向往出境打工，他们多以旅游、考察等名义，弄虚作假，骗取出境证件后出境，非法滞留国外打工。该类行为不仅造成了极坏的国际影响，而且严重破坏了我国国（边）境管理秩序，应予惩戒。若仅因其形式“合法”，而将其排除在“偷越”之外，显然不妥。

据此，我们认为，“偷越”应指不具备合法出入境资格而出入境，侵犯我国国（边）境管理秩序的行为。“偷越”的方法和手段亦多种多样，既有不在规定的口岸、关卡偷越国（边）境，或以假证件或其他蒙骗手段在关口蒙混出入境的，也有骗取出境证件，以所谓的“合法”的形式“非法”越境的。

其次，以旅游名义骗取出境证件，非法组织他人出境劳务，构成组织他人偷越国（边）境罪。根据刑法及相关司法解释的规定，组织他人偷越国（边）境罪是指违反国（边）境管理法规，采取煽动、拉拢、诱使、串联等方式，有计划地策划、指挥他人偷越国（边）境的行为。骗取出境证件罪，是指以劳务输出、经贸往来或者其他名义，弄虚作假，骗取护照、签证等出境证件，为组织他人偷越国（边）境使用的行为。可见，作为不同的犯罪，组织他人偷越国（边）境罪与骗取出境证件罪有着明显不同。然而，由于骗取出境证件罪的成立以行为人具有“为组织他人偷越国（边）境使用”的目的为必要，现实中骗取出境证件与组织他人偷越国（边）境往往密切交织在一起，因此，正确把握两罪的关系，对区别此罪与彼罪，一罪与数罪，显得尤为重要。

我们以为，组织他人偷越国（边）境罪与骗取出境证件罪是不同的罪名，二者在犯罪构成上有着明显的区别，不存在普通与特殊的关系。因为，从立法上看，罪与罪之间普通与特殊的关系，体现为一个法条所包含的构成要件在范围上为另一个法条的要件所包括。而组织他人偷越国（边）境罪与骗取出境证件罪在犯罪构成上有着明显不同：首先，侵犯的直接客体不同。其次，犯罪客观方面不同。再次，犯罪主体不同。前罪为自然人犯罪，而后罪则自然人和单位均可构成。最后，两罪的主观方面亦有不同。即两罪虽均为故意犯罪，但构成骗取出境证件罪，行为人主观上还须具有为组织他人偷越国（边）境使用的目的，若行为人为其他目的骗取出境证件，则不成立骗取出境证件罪。因此，虽然实践中“骗取出境证件”可成为组织他人偷越国（边）境的方法之一，但就构成要件而言，组织他人偷越国（边）境罪与骗取出境证件罪不存包含与被包含的关系。所以，二者不具有普通与特殊的关系，骗取出境证件罪并非为组织他人偷越国（边）境罪的特殊形式。行为人骗取出境证件后又组织他人偷越国（边）境的，不能仅以骗取出境证件罪定罪。此种情况下,骗取出境证件的行为,构成骗取出境证件罪;而利用骗得的证件组织他人偷越国(边)境的,同时又触犯组织他人偷越国(边)境罪。那么,两罪关系如何呢？成立牵连犯还是吸收犯？笔者更赞同前一种观点。因为,根据刑法的规定,组织他人偷越国(边)境是行为人骗取出境证件的目的,当骗取出境证件后,行为人又实际组织他人偷越国(边)境,则组织他人偷越的行为是实现其骗取出境证件之目的行为,"骗证"与组织他人"偷越"的行为间显然是手段行为与目的行为的关系。因此,虽然从犯罪的发展阶段看,骗取出境证件为组织他人偷越国(边)境的预备行为,但由于两者间手段与目的的关系,使之更符合牵连犯的特征,因此,应根据牵连犯"从一重罪处罚"的原则,以组织他人偷越国(边)境罪论。

——《刑事审判参考》(总第 38 辑)。

1169 骗取出境证件罪"弄虚作假""情节严重"的认定标准以及"出境证件"的范围

关键词｜骗取出境证件罪｜弄虚作假｜出境证件｜情节严重｜

【最高人民法院司法解释】

第二条 为组织他人偷越国(边)境,编造出境事由、身份信息或者相关的境外关系证明的,应当认定为刑法第三百一十九条第一款规定的"弄虚作假"。

刑法第三百一十九条第一款规定的"出境证件",包括护照或者代替护照使用的国际旅行证件,中华人民共和国海员证,中华人民共和国出入境通行证,中华人民共和国旅行证,中国公民往来香港、澳门、台湾地区证件,边境地区出入境通行证,签证、签注,出国(境)证明、名单,以及其他出境时需要查验的资料。

具有下列情形之一的,应当认定为刑法第三百一十九条第一款规定的"情节严重":

(一)骗取出境证件五份以上的;

(二)非法收取费用三十万元以上的;

(三)明知是国家规定的不准出境的人员而为其骗取出境证件的;

(四)其他情节严重的情形。

——《最高人民法院、最高人民检察院关于办理妨害国(边)境管理刑事案件应用法律若干问题的解释》(2012 年 12 月 20 日,法释〔2012〕17 号)。

1170 提供伪造、变造的出入境证件罪和出售出入境证件罪“情节严重”的认定标准以及“出入境证件”的范围

关键词｜提供伪造、变造的出入境证件罪｜出售出入境证件罪｜情节严重｜出入境证件｜

【最高人民法院司法解释】

第三条　刑法第三百二十条规定的“出入境证件”，包括本解释第二条第二款所列的证件以及其他入境时需要查验的资料。

具有下列情形之一的，应当认定为刑法第三百二十条规定的“情节严重”：

（一）为他人提供伪造、变造的出入境证件或者出售出入境证件五份以上的；

（二）非法收取费用三十万元以上的；

（三）明知是国家规定的不准出入境的人员而为其提供伪造、变造的出入境证件或者向其出售出入境证件的；

（四）其他情节严重的情形。

——《最高人民法院、最高人民检察院关于办理妨害国（边）境管理刑事案件应用法律若干问题的解释》（2012年12月20日，法释〔2012〕17号）。

1171 运送他人偷越国（边）境罪“人数众多”“违法所得数额巨大”的认定标准

关键词｜运送他人偷越国（边）境罪｜人数众多｜违法所得数额巨大｜

【最高人民法院司法解释】

第四条　运送他人偷越国（边）境人数在十人以上的，应当认定为刑法第三百二十一条第一款第（一）项规定的“人数众多”；违法所得数额在二十万元以上的，应当认定为刑法第三百二十一条第一款第（三）项规定的“违法所得数额巨大”。

——《最高人民法院、最高人民检察院关于办理妨害国（边）境管理刑事案件应用法律若干问题的解释》（2012年12月20日，法释〔2012〕17号）。

【最高人民法院司法文件】

5.《解释》第一条第二款、第四条规定的“人数”，以实际组织、运送的人数计算；未到案人员经查证属实的，应当计算在内。

——《最高人民法院、最高人民检察院、公安部、国家移民管理局关于依法惩治

妨害国（边）境管理违法犯罪的意见》（2022 年 6 月 29 日，法发〔2022〕18 号）。

1172 如何区分组织他人偷越国（边）境罪与运送他人偷越国（边）境罪以及如何认定运送他人偷越国（边）境罪既未遂形态

关键词｜组织他人偷越国（边）境罪｜运送他人偷越国（边）境罪｜犯罪既遂｜犯罪未遂｜

【最高人民法院司法文件】

4. 明知是偷越国（边）境人员，分段运送其前往国（边）境的，应当认定为刑法第三百二十一条规定的“运送他人偷越国（边）境”，以运送他人偷越国（边）境罪定罪处罚。但是，在决定是否追究刑事责任以及如何裁量刑罚时，应当充分考虑行为人在运送他人偷越国（边）境过程中所起作用等情节，依法妥当处理。

11. 徒步带领他人通过隐蔽路线逃避边防检查偷越国（边）境的，属于运送他人偷越国（边）境。领导、策划、指挥他人偷越国（边）境，并实施徒步带领行为的，以组织他人偷越国（边）境罪论处。

徒步带领偷越国（边）境的人数较少，行为人系初犯，确有悔罪表现，综合考虑行为动机、一贯表现、违法所得、实际作用等情节，认为对国（边）境管理秩序妨害程度明显较轻的，可以认定为犯罪情节轻微，依法不起诉或者免予刑事处罚；情节显著轻微危害不大的，不作为犯罪处理。

12. 对于刑法第三百二十一条第一款规定的“多次实施运送行为”，累计运送人数一般应当接近十人。

——《最高人民法院、最高人民检察院、公安部、国家移民管理局关于依法惩治妨害国（边）境管理违法犯罪的意见》（2022 年 6 月 29 日，法发〔2022〕18 号）。

【最高人民法院参考案例】

凌文勇组织他人偷越边境、韦德其等运送他人偷越边境案（《刑事审判参考》案例第 1031 号）

要旨：区分组织他人偷越边境罪与运送他人偷越边境罪的关键在于判断行为是否具有组织性。在司法解释未明确规定运送他人偷越边境罪既未遂认定标准的情况下，司法解释对组织他人偷越边境罪既未遂认定标准的规定具有参考意义。

（一）组织他人偷越边境罪与运送他人偷越边境罪的区分

组织他人偷越边境罪，是指领导、策划、指挥他人偷越边境或者在首要分子指挥下,实施拉拢、引诱、介绍他人偷越边境等行为。运送他人偷越边境罪,是指使用车、船等交通工具或者徒步带领,将他人非法送出或者接入边境的行为。

区分组织他人偷越边境罪与运送他人偷越边境罪的关键在于判断行为是否具有组织性。组织他人偷越边境罪之所以是妨害国(边)境管理系列罪中法定刑最重的罪,原因在于其聚集分散的偷渡人员,使偷渡活动具有系统性、整体性,更容易实施犯罪、妨害侦查,还容易衍生其他犯罪,其组织行为带来的社会危害性更大。根据2012年《最高人民法院、最高人民检察院关于办理妨害国(边)境管理刑事案件应用法律若干问题的解释》(以下简称《解释》)第一条的规定,组织他人偷越边境罪的"组织"行为,主要有两种方式:一是领导、策划、指挥他人偷越边境的行为;二是在首要分子指挥下,实施拉拢、引诱、介绍他人偷越边境等行为。由于组织他人偷越边境犯罪环节较多,参与人员情况复杂,对于拉拢、引诱、介绍三种方式以外的其他协助行为,一般不宜认定为"组织"行为。明知他人组织他人偷越边境,而参与购买、联系、安排船只、汽车等交通工具,提供运输服务,将非法出境人员送至离境口岸、指引路线,甚至是积极对偷渡人员进行英语培训以应付通关的需要,转交与出境人员身份不符的虚假证件,安排食宿、送取机票等行为,均是为组织他人偷越边境提供帮助,且由于主观目的及行为缺乏组织性,不能认定为组织他人偷越边境罪的共同犯罪,而应认定为运送他人偷越边境罪。

(二)运送他人偷越边境罪既遂与未遂的认定

在司法解释未明确规定运送他人偷越边境罪既未遂认定标准的情况下,《解释》对组织他人偷越边境罪既未遂认定标准的规定具有参考意义。根据《解释》第一条第三款的规定,组织他人偷越边境,在他人偷越边境之前或者偷越边境过程中被查获的,应当以组织他人偷越边境罪(未遂)论处。可见,司法解释明确规定只有发生了将被组织的偷渡者实际运出入我国的危害后果才能构成组织他人偷越边境罪的既遂。而运送他人偷越边境犯罪是组织他人偷越边境犯罪的环节之一,从刑法规定的量刑幅度也可看出该罪的社会危害性低于组织他人偷越边境罪,根据举重以明轻的解释原理,故亦应以运送的偷渡人员是否越过边境线作为区分运送他人偷越边境罪既未遂的认定标准。

——《刑事审判参考》(总第100辑)。

1173 偷越国(边)境罪"情节严重"的认定

关键词|偷越国(边)境罪|情节严重|

【最高人民法院司法解释】

第五条 偷越国(边)境,具有下列情形之一的,应当认定为刑法第三百二十二条规定的"情节严重":

(一)在境外实施损害国家利益行为的;

(二)偷越国(边)境三次以上或者三人以上结伙偷越国(边)境的;

(三)拉拢、引诱他人一起偷越国(边)境的;

(四)勾结境外组织、人员偷越国(边)境的;

(五)因偷越国(边)境被行政处罚后一年内又偷越国(边)境的;

(六)其他情节严重的情形。

——《最高人民法院、最高人民检察院关于办理妨害国(边)境管理刑事案件应用法律若干问题的解释》(2012 年 12 月 20 日,法释〔2012〕17 号)。

【最高人民法院司法文件】

8. 对于偷越国(边)境的次数,按照非法出境、入境的次数分别计算。但是,对于非法越境后及时返回,或者非法出境后又入境投案自首的,一般应当计算为一次。

9. 偷越国(边)境人员相互配合,共同偷越国(边)境的,属于《解释》第五条第二项规定的"结伙"。偷越国(边)境人员在组织者、运送者安排下偶然同行的,不属于"结伙"。

在认定偷越国(边)境"结伙"的人数时,不满十六周岁的人不计算在内。

10. 偷越国(边)境,具有下列情形之一的,属于《解释》第五条第六项规定的"其他情节严重的情形":

(1)犯罪后为逃避刑事追究偷越国(边)境的;

(2)破坏边境物理隔离设施后,偷越国(边)境的;

(3)以实施电信网络诈骗、开设赌场等犯罪为目的,偷越国(边)境的;

(4)曾因妨害国(边)境管理犯罪被判处刑罚,刑罚执行完毕后二年内又偷越国(边)境的。

实施偷越国(边)境犯罪,又实施妨害公务、袭警、妨害传染病防治等行为,并符合有关犯罪构成的,应当数罪并罚。

——《最高人民法院、最高人民检察院、公安部、国家移民管理局关于依法惩治妨害国(边)境管理违法犯罪的意见》(2022 年 6 月 29 日,法发〔2022〕18 号)。

四、妨害文物管理罪

1174 损毁文物犯罪的定罪量刑

关键词｜故意损毁文物罪｜故意毁损名胜古迹罪｜过失损毁文物罪｜

【最高人民法院司法解释】

第三条　全国重点文物保护单位、省级文物保护单位的本体，应当认定为刑法第三百二十四条第一款规定的“被确定为全国重点文物保护单位、省级文物保护单位的文物”。

故意损毁国家保护的珍贵文物或者被确定为全国重点文物保护单位、省级文物保护单位的文物，具有下列情形之一的，应当认定为刑法第三百二十四条第一款规定的“情节严重”：

（一）造成五件以上三级文物损毁的；

（二）造成二级以上文物损毁的；

（三）致使全国重点文物保护单位、省级文物保护单位的本体严重损毁或者灭失的；

（四）多次损毁或者损毁多处全国重点文物保护单位、省级文物保护单位的本体的；

（五）其他情节严重的情形。

实施前款规定的行为，拒不执行国家行政主管部门作出的停止侵害文物的行政决定或者命令的，酌情从重处罚。

第四条　风景名胜区的核心景区以及未被确定为全国重点文物保护单位、省级文物保护单位的古文化遗址、古墓葬、古建筑、石窟寺、石刻、壁画、近代现代重要史迹和代表性建筑等不可移动文物的本体，应当认定为刑法第三百二十四条第二款规定的“国家保护的名胜古迹”。

故意损毁国家保护的名胜古迹，具有下列情形之一的，应当认定为刑法第三百二十四条第二款规定的“情节严重”：

（一）致使名胜古迹严重损毁或者灭失的；

（二）多次损毁或者损毁多处名胜古迹的；

（三）其他情节严重的情形。

实施前款规定的行为，拒不执行国家行政主管部门作出的停止侵害文物的行政决定或者命令的，酌情从重处罚。

故意损毁风景名胜区内被确定为全国重点文物保护单位、省级文物保护单位的文物的，依照刑法第三百二十四条第一款和本解释第三条的规定定罪量刑。

第五条 过失损毁国家保护的珍贵文物或者被确定为全国重点文物保护单位、省级文物保护单位的文物，具有本解释第三条第二款第一项至第三项规定情形之一的，应当认定为刑法第三百二十四条第三款规定的"造成严重后果"。

——《最高人民法院、最高人民检察院关于办理妨害文物管理等刑事案件适用法律若干问题的解释》（2016年1月1日，法释〔2015〕23号）。

【链接：理解与适用】

损毁文物犯罪主要是指刑法第三百二十四条规定的故意损毁文物罪、故意损毁名胜古迹罪和过失损毁文物罪。《解释》第三条至第五条对该三种犯罪的定罪量刑标准作了明确规定。对此，需要说明以下几点：

一是"被确定为全国重点文物保护单位、省级文物保护单位的文物"的认定。根据刑法第三百二十四条第一款的规定，故意损毁文物罪的对象为"国家保护的珍贵文物或者被确定为全国重点文物保护单位、省级文物保护单位的文物"，即包括可移动文物中的一、二、三级文物和不可移动文物中的全国重点文物保护单位、省级文物保护单位。经过第三次全国文物普查，我国境内登记的不可移动文物共766722处，其中全国重点文物保护单位4296处。需要说明的是，对于故意损毁珍贵文物，实践中不存在争议。但是，对于故意损毁"被确定为全国重点文物保护单位、省级文物保护单位的文物"的具体含义，则存在不同认识。《文物保护法实施条例》第九条第一款规定："文物保护单位的保护范围，是指对文物保护单位本体及周围一定范围实施重点保护的区域。"因此，究竟是文物保护单位的保护范围都可以成为故意损毁文物罪的对象，还是限于文物保护单位本体，需要作出明确。经研究认为，刑法第三百二十四条第一款的表述是"被确定为全国重点文物保护单位、省级文物保护单位的文物"，明显未将文物保护单位本体周围一定范围实施重点保护的区域规定在内，故《解释》第三条第一款将"被确定为全国重点文物保护单位、省级文物保护单位的文物"明确为全国重点文物保护单位、省级文物保护单位的本体，而不包括周边的保护范围。顺带需要提及的是，基于切实维护文物安全和顺利办理相关案件的需要，文物行政部门宜明确包括全国重点文物保护单位、省级文物保护单位在内的不可移动文物的本体构成，并通过政府信息公开渠道向社会公布。

二是"国家保护的名胜古迹"的认定。根据刑法第三百二十四条第二款的规定，故意损毁名胜古迹罪的对象为"国家保护的名胜古迹"。《解释》第四条第一款将故意损毁文物罪的对象以外的不可移动文物(市、县级文物保护单位及未被确定为文物保护单位的不可移动文物)理解为“古迹”,将风景名胜区理解为“名胜”。主要考虑如下:(1)上述解释符合我国法律和国际通用概念。文物保护法虽未使用“古迹”的概念,但其对“不可移动文物”的规定,基本等同于“古迹”的概念。而国际上通常使用“古迹”的概念,如《国际古迹遗址理事会章程》《国际古迹保护与修复宪章》等,均将“古迹”定义为历史建筑和遗址。综上,可以将不可移动文物理解为“古迹”。由于刑法已将全国重点文物保护单位、省级文物保护单位纳入故意损毁文物罪的保护范围,故故意损毁名胜古迹罪中的“古迹”应当是指全国重点文物保护单位、省级文物保护单位的文物以外的不可移动文物。(2)上述解释符合司法实践的一贯理解。《1987年解释》[①]将名胜古迹界定为“古墓葬、古遗址、古建筑、古石刻、革命遗址、革命纪念建筑物、风景名胜区等”,即包括不可移动文物和风景名胜区,而司法实践中一直按此界定把握。(3)上述解释同立法工作机关相关著作的观点一致。如全国人大常委会法工委刑法室的著述认为:“名胜古迹是指可供人游览的著名风景区以及虽未被人民政府核定公布为文物保护单位但也具有一定历史意义的古建筑、雕塑、石刻等历史陈迹。”需要说明的是,基于与故意损毁文物罪的对象界定相同的考虑,《解释》将故意损毁名胜古迹罪的对象明确为风景名胜区的核心景区、不可移动文物的本体,而不包括周边的保护范围。

三是损毁文物犯罪的定罪量刑标准。根据司法实践的情况,《解释》第三条至第五条以损毁文物的级别、数量、损毁的次数、程度等对故意损毁文物犯罪的定罪量刑标准作了明确。从司法实践看,行为人故意损毁文物,拒不执行国家行政主管部门作出的停止侵害文物的行政决定或者命令的,主观恶性和社会危害性相对更大,应当从重惩处。因此,《解释》第三条第三款、第四条第三款规定对于此种情形酌情从重处罚。此外,从实践来看,有的全国重点文物保护单位、省级文物保护单位位于风景名胜区内,对其进行故意损毁的行为实际构成刑法第三百二十四条第一款规定的故意损毁文物罪。为避免实践中发生争议,《解释》第四条第四款对此作了明确。

——喻海松:《〈关于办理妨害文物管理等刑事案件适用法律若干问题的解释〉的理解与适用》,载《人民司法·应用》2016年第7期。

【最高人民法院司法文件】

(二)准确认定盗窃行为

采用破坏性手段盗窃古建筑、石窟寺、石刻、壁画、近现代重要史迹和代表性建

---

① 即《最高人民法院、最高人民检察院关于办理盗窃、盗掘、非法经营和走私文物的案件具体应用法律的若干问题的解释》[法(研)发〔1987〕32号]。

筑等不可移动文物未遂，具有下列情形之一的，应当依法追究刑事责任：

1. 针对全国重点文物保护单位、省级文物保护单位中的建筑构件、壁画、雕塑、石刻等实施盗窃，损害文物本体历史、艺术、科学价值，情节严重的；

2. 以被确定为市、县级以上文物保护单位整体为盗窃目标的；

3. 造成市、县级以上文物保护单位的不可移动文物本体损毁的；

4. 针对不可移动文物中的建筑构件、壁画、雕塑、石刻等实施盗窃，所涉部分具有等同于三级以上文物历史、艺术、科学价值的；

5. 其他情节严重的情形。

实施前款规定的行为，同时构成刑法第三百二十四条第一款、第二款规定的故意损毁文物罪、故意损毁名胜古迹罪的，依照处罚较重的规定定罪处罚。

——《最高人民法院、最高人民检察院、公安部、国家文物局关于办理妨害文物管理等刑事案件若干问题的意见》(2022 年 8 月 16 日，公通字〔2022〕18 号)。

【最高人民法院指导性案例】

张永明、毛伟明、张鹭故意损毁名胜古迹案(最高人民法院指导案例 147 号)

裁判要点：(1)风景名胜区的核心景区属于刑法第三百二十四条第二款规定的“国家保护的名胜古迹”。对核心景区内的世界自然遗产实施打岩钉等破坏活动，严重破坏自然遗产的自然性、原始性、完整性和稳定性的，综合考虑有关地质遗迹的特点、损坏程度等，可以认定为故意损毁国家保护的名胜古迹“情节严重”。(2)对刑事案件中的专门性问题需要鉴定，但没有鉴定机构的，可以指派、聘请有专门知识的人就案件的专门性问题出具报告，相关报告在刑事诉讼中可以作为证据使用。

法院生效裁判认为，本案焦点问题主要为：

一、关于本案的证据采信问题

本案中，三被告人打入二十六个岩钉的行为对巨蟒峰造成严重损毁的程度，目前全国没有法定司法鉴定机构可以进行鉴定，但是否构成严重损毁又是被告人是否构成犯罪的关键。根据《最高人民法院关于适用〈中华人民共和国刑事诉讼法〉的解释》第八十七条规定：“对案件中的专门性问题需要鉴定，但没有法定司法鉴定机构，或者法律、司法解释规定可以进行检验的，可以指派、聘请有专门知识的人进行检验，检验报告可以作为定罪量刑的参考。……经人民法院通知，检验人拒不出庭作证的，检验报告不得作为定罪量刑的参考。”故对打入二十六个岩钉的行为是否对巨蟒峰造成严重损毁的这一事实，依法聘请有专门知识的人进行检验合情合理合法。本案中的四名地学专家，都长期从事地学领域的研究，都具有地学领域的专业知识，在地学领域发表过大量论文或专著，或主持过地学方面的重大科研课题,具有对巨蟒峰受损情况这一地学领域的专门问题进行评价的能力。四名专家均属于"有专门知识的人"。四名专家出具专家意见系接受侦查机关的有权委托,依据自己的专业知识和现场实地勘查、证据查验,经充分讨论、分析,从专业的角度对打岩钉造成巨蟒峰的损毁情况给出了明确的专业意见,并共同签名。且经法院通知,四名专家中的两名专家以检验人的身份出庭,对"专家意见"的形成过程进行了详细的说明,并接受了控、辩双方及审判人员的质询。"专家意见"结论明确,程序合法,具有可信性。综上,本案中的"专家意见"从主体到程序均符合法定要求,从证据角度而言,"专家意见"完全符合刑事诉讼法第一百九十七条的规定,以及《最高人民法院关于适用〈中华人民共和国刑事诉讼法〉的解释》第八十七条关于有专门知识的人出具检验报告的规定,可以作为定罪量刑的参考。

二、关于本案的损害结果问题

三清山于1988年经国务院批准列为国家重点风景名胜区,2008年被列入世界自然遗产名录,2012年被列入世界地质公园名录。巨蟒峰作为三清山核心标志性景观独一无二、弥足珍贵,其不仅是不可再生的珍稀自然资源型资产,也是可持续利用的自然资产,对于全人类而言具有重大科学价值、美学价值和经济价值。巨蟒峰是经由长期自然风化和重力崩解作用形成的巨型花岗岩体石柱,垂直高度一百二十八米,最细处直径仅七米。本案中,侦查机关依法聘请的四名专家经过现场勘查、证据查验、科学分析,对巨蟒峰地质遗迹点的价值、成因、结构特点及三被告人的行为给巨蟒峰柱体造成的损毁情况给出了"专家意见"。四名专家从地学专业角度,认为被告人的打岩钉攀爬行为对世界自然遗产的核心景观巨蟒峰造成了永久性的损害,破坏了自然遗产的基本属性即自然性、原始性、完整性,特别是在巨蟒峰柱体的脆弱段打入至少四个岩钉,加重了巨蟒峰柱体结构的脆弱性,即对巨蟒峰的稳定性产生了破坏,二十六个岩钉会直接诱发和加重物理、化学、生物风化,形成新的裂隙,加快花岗岩柱体的侵蚀进程,甚至造成崩解。根据《最高人民法院、最高人民检察院关于办理妨害文物管理等刑事案件适用法律若干问题的解释》第四条第二款第(一)项规定,结合"专家意见",应当认定三被告人的行为造成了名胜古迹"严重损毁",已触犯刑法第三百二十四条第二款的规定,构成故意损毁名胜古迹罪。

风景名胜区的核心景区是受我国刑法保护的名胜古迹。三清山风景名胜区列入世界自然遗产、世界地质公园名录,巨蟒峰地质遗迹点是其珍贵的标志性景观和最核心的部分,既是不可再生的珍稀自然资源性资产,也是可持续利用的自然资产,具有重大科学价值、美学价值和经济价值。被告人张永明、毛伟明、张鹭违反社会管理秩序,采用破坏性攀爬方式攀爬巨蟒峰,在巨蟒峰花岗岩柱体上钻孔打入二十六个岩钉,对巨蟒峰造成严重损毁,情节严重,其行为已构成故意损毁名胜古迹罪,应依法惩处。本案对三被告人的入刑,不仅是对其所实施行为的否定评价,更是警示世人不得破坏国家保护的名胜古迹,从而引导社会公众树立正确的生态文明观,珍惜和善待人类赖以生存和发展的自然资源和生态环境。一审法院根据三被告人在共同犯罪中的地位、作用及量刑情节所判处的刑罚并无不当。张永明及其辩护人请求改判无罪等上诉意见不能成立,不予采纳。原审判决认定三被告人犯罪事实清楚,证据确实、充分,定罪准确,对三被告人的量刑适当,审判程序合法。

——《最高人民法院关于发布第26批指导性案例的通知》(2020年12月31日,法〔2020〕352号)。

1175 非法转让文物犯罪的定罪量刑

关键词 | 非法转让文物犯罪 | 定罪量刑 |

【最高人民法院司法解释】

第六条 出售或者为出售而收购、运输、储存《中华人民共和国文物保护法》规定的"国家禁止买卖的文物"的,应当认定为刑法第三百二十六条规定的"倒卖国家禁止经营的文物"。

倒卖国家禁止经营的文物,具有下列情形之一的,应当认定为刑法第三百二十六条规定的"情节严重":

(一)倒卖三级文物的;

(二)交易数额在五万元以上的;

(三)其他情节严重的情形。

实施前款规定的行为,具有下列情形之一的,应当认定为刑法第三百二十六条规定的"情节特别严重":

(一)倒卖二级以上文物的;

(二)倒卖三级文物五件以上的;

(三)交易数额在二十五万元以上的;

(四)其他情节特别严重的情形。

第七条 国有博物馆、图书馆以及其他国有单位,违反文物保护法规,将收藏或者管理的国家保护的文物藏品出售或者私自送给非国有单位或者个人的,依照刑法第三百二十七条的规定,以非法出售、私赠文物藏品罪追究刑事责任。

第九条 明知是盗窃文物、盗掘古文化遗址、古墓葬等犯罪所获取的三级以上文物,而予以窝藏、转移、收购、加工、代为销售或者以其他方法掩饰、隐瞒的,依照刑法第三百一十二条的规定,以掩饰、隐瞒犯罪所得罪追究刑事责任。

实施前款规定的行为，事先通谋的，以共同犯罪论处。

——《最高人民法院、最高人民检察院关于办理妨害文物管理等刑事案件适用法律若干问题的解释》（2016年1月1日，法释〔2015〕23号）。

【链接：理解与适用】

非法转让文物犯罪主要是指刑法第三百二十五条规定的非法向外国人出售、赠送珍贵文物罪、第三百二十六条规定的倒卖文物罪和第三百二十七条规定的非法出售、私赠文物藏品罪。此外，刑法第三百一十二条规定的掩饰、隐瞒犯罪所得罪也是非法转让文物犯罪可能适用的罪名。根据司法实践的情况，《解释》第六条、第七条、第九条主要针对倒卖文物，非法出售、私赠文物藏品，掩饰、隐瞒文物犯罪所得文物的有关问题作了明确：

一是"倒卖国家禁止经营的文物"的认定。根据刑法第三百二十六条第一款的规定，以牟利为目的，倒卖国家禁止经营的文物，情节严重的，构成倒卖文物罪。《解释》第六条第一款规定了"倒卖国家禁止经营的文物"的含义。关于"倒卖"的含义，目前存在不同认识：有观点认为，倒卖必须同时具备收购和转手倒卖行为；也有观点认为，对于倒卖应从整体上理解，以出售为目的，收购、运输、转手卖出等行为，均构成倒卖。《解释》采纳了第二种观点，将"倒卖"界定为出售或者为出售而收购、运输、储存的行为。主要考虑如下：(1)从体系解释的角度而言，刑法中规定的其他倒卖行为，如倒卖车票、船票罪，无论是出售，还是为出售而收购、运输、储存的行为，均可以认定为"倒卖"。因此，对于倒卖文物，也不应作过于狭窄的理解。(2)从司法实践来看，要求倒卖同时具备收购和转手倒卖，则对于收购阶段即案发的行为无法认定为"倒卖"，不利于对此类行为的打击。此外，关于"国家禁止经营的文物"的范围，《解释》第六条第一款规定依照文物保护法规定的"国家禁止买卖的文物"的范围确定。对此，文物保护法第五十一条对禁止公民、法人和其他组织买卖的文物范围作了明确。

二是倒卖文物罪的定罪量刑标准。《解释》第六条第二款按照文物的等级不同，以及交易数额（收购或者出售额）对倒卖各等级文物构成"情节严重"的标准作了明确。有关标准的确定，主要考虑了与走私文物罪定罪量刑标准的协调。第三款对"情节特别严重"的标准作了明确，将倒卖二级以上文物的情形直接认定为"情节特别严重"；其他情形下，"情节严重"与"情节特别严重"之间为五倍的倍数关系。需要注意的是，对于倒卖一般文物的，不依据数量认定构成倒卖文物罪，除非具有交易数额在五万元以上的情形。

三是非法出售、私赠文物藏品罪的有关问题。根据刑法第三百二十七条的规定，非法出售、私赠文物藏品罪的主体为"国有博物馆、图书馆等单位"。从实践来看，有些国有公司购买文物后，出售或者私自送给非国有单位或者个人。因此，《解释》第七条明确刑法第三百二十七条规定的“国有博物馆、图书馆等单位”包括其他国有单位（即国有公司、企业、事业单位、机关、团体）。此外，一些执法机关所管理的涉案文物也属于“国家保护的文物藏品”，将其出售或者私自赠送给非国有单位或者个人的，也应当构成非法出售、私赠文物藏品罪。故而，《解释》第七条将犯罪对象规定为“收藏或者管理的国家保护的文物藏品”。

四是掩饰、隐瞒文物犯罪所得文物的定性。从司法实践来看，文物犯罪形成了利益链条，后续的窝藏、转移、收购、加工、代为销售等环节成为了此类犯罪蔓延的重要原因。为有效惩治此类犯罪，保护国家文物资源，《解释》第九条专门规定，明知是盗窃文物、盗掘古文化遗址、古墓葬等犯罪所获取的三级以上文物，而予以窝藏、转移、收购、加工、代为销售或者以其他方法掩饰、隐瞒的，依照刑法第三百一十二条的规定，以掩饰、隐瞒犯罪所得罪追究刑事责任。实施上述行为，事先通谋的，以共同犯罪论处。

——喻海松：《〈关于办理妨害文物管理等刑事案件适用法律若干问题的解释〉的理解与适用》，载《人民司法 · 应用》2016 年第 7 期。

【最高人民法院司法文件】

（三）准确认定掩饰、隐瞒与倒卖行为

1. 明知是盗窃文物、盗掘古文化遗址、古墓葬等犯罪所获取的文物，而予以窝藏、转移、收购、加工、代为销售或者以其他方法掩饰、隐瞒的，符合《文物犯罪解释》第九条规定的，以刑法第三百一十二条规定的掩饰、隐瞒犯罪所得罪追究刑事责任。

对是否“明知”，应当结合行为人的认知能力、既往经历、行为次数和手段，与实施盗掘、盗窃、倒卖文物等犯罪行为人的关系，获利情况，是否故意规避调查，涉案文物外观形态、价格等主、客观因素进行综合审查判断。具有下列情形之一，行为人不能做出合理解释的，可以认定其“明知”，但有相反证据的除外：

（1）采用黑话、暗语等方式进行联络交易的；

（2）通过伪装、隐匿文物等方式逃避检查，或者以暴力等方式抗拒检查的；

（3）曾因实施盗掘、盗窃、走私、倒卖文物等犯罪被追究刑事责任，或者二年内受过行政处罚的；

（4）有其他证据足以证明行为人应当知道的情形。

2. 出售或者为出售而收购、运输、储存《中华人民共和国文物保护法》第五十一条规定的“国家禁止买卖的文物”，可以结合行为人的从业经历、认知能力、违法犯罪记录、供述情况，交易的价格、次数、件数、场所，文物的来源、外观形态等综合审查判断,认定其行为系刑法第三百二十六条规定的“以牟利为目的”,但文物来源符合《中华人民共和国文物保护法》第五十条规定的除外。

——《最高人民法院、最高人民检察院、公安部、国家文物局关于办理妨害文物管理等刑事案件若干问题的意见》(2022 年 8 月 16 日,公通字〔2022〕18 号)。

1176 行为人明知文物系他人盗掘所得,居中促成非法文物交易的行为构成倒卖文物罪

关键词|倒卖文物罪|盗掘古文化遗址罪|

【最高人民法院公报案例】

天津市人民检察院第一分院诉刘大力、曹振庆、赵殿永等盗掘古文化遗址、倒卖文物、转移赃物案(二审法院:天津市高级人民法院)

要旨:行为人明知文物系他人盗掘所得,为从中牟取非法利益而帮助他人积极联系买主,居中促成非法文物交易的,其行为不构成销赃罪①,应以倒卖文物定罪处罚。

天津市高级人民法院二审认为:上诉人曹振庆、赵学海、曹伟及原审被告人刘大力、赵殿永、亓孝军、韩连亚、王安民违反国家文物保护法规,以非法占有为目的,盗掘列入省级文物保护单位的古文化遗址,破坏古文化遗址,其行为均已构成盗掘古文化遗址罪,且将大部分所盗文物卖出无法追回,给国家造成重大损失,犯罪情节和后果特别严重。上诉人申小虎、周长安以牟利为目的,帮助刘大力等人倒卖国家禁止经营的文物,情节严重,其行为均已构成倒卖文物罪。原审被告人张海峰、邵文强明知是刘大力犯罪所得的赃物予以转移,其行为已构成转移赃物罪②。

——《最高人民法院公报》2009 年第 5 期。

1177 盗掘古文化遗址、古墓葬罪的定罪量刑

关键词|盗掘古文化遗址、古墓葬罪|古文化遗址、古墓葬|

【最高人民法院司法解释】

第八条　刑法第三百二十八条第一款规定的“古文化遗址、古墓葬”包括水下

① 罪名已调整为“掩饰、隐瞒犯罪所得、犯罪所得收益罪”。

② 罪名已调整为“掩饰、隐瞒犯罪所得、犯罪所得收益罪”。

古文化遗址、古墓葬。“古文化遗址、古墓葬”不以公布为不可移动文物的古文化遗址、古墓葬为限。

实施盗掘行为，已损害古文化遗址、古墓葬的历史、艺术、科学价值的，应当认定为盗掘古文化遗址、古墓葬罪既遂。

采用破坏性手段盗窃古文化遗址、古墓葬以外的古建筑、石窟寺、石刻、壁画、近代现代重要史迹和代表性建筑等其他不可移动文物的，依照刑法第二百六十四条的规定，以盗窃罪追究刑事责任。

——《最高人民法院、最高人民检察院关于办理妨害文物管理等刑事案件适用法律若干问题的解释》(2016 年 1 月 1 日，法释〔2015〕23 号)。

【链接：理解与适用】

一是“古文化遗址、古墓葬”的范围。其一，明确“古文化遗址、古墓葬”包括水下古文化遗址、古墓葬。司法实践中对于私自挖掘地下文物的行为认定为“盗掘”不存在疑义，但是对于盗掘内水、领海中的水下古文化遗址、古墓葬的定性，存在较大的认识分歧。特别是，我国南海管辖海域内，水下文物遗存丰富。当前，盗捞南海水下文物较为猖獗。为强化对水下文物的特别保护，《解释》第八条第一款明确“古文化遗址、古墓葬”包括水下古文化遗址、古墓葬。其二，明确“古文化遗址、古墓葬”不以公布为不可移动文物的古文化遗址、古墓葬为限。实践中，一些被盗掘的古文化遗址、古墓葬并非文物保护单位，甚至尚未被公布为不可移动文物(行为人先于文物考古工作者发现该古文化遗址、古墓葬)。例如，长沙汉王陵系列盗掘案，被盗的古墓群在被盗掘前，尚未公布为文物保护单位，从被盗出的文物资源分析，认定是汉代王陵墓群，后相继被公布为省级文物保护单位、全国重点文物保护单位。为避免争议，《解释》第八条第一款专门作了规定。

二是“古文化遗址、古墓葬”不包括古建筑、石窟寺、石刻、壁画、近代现代重要史迹和代表性建筑等其他不可移动文物。实践中，对于“古文化遗址”的范围存在不同认识，有意见认为应作广义上的理解，将古建筑、石窟寺、石刻等包括在内，故对于将上述不可移动文物的一部分从其整体中挖掘、凿割下来的行为，应当认定为盗掘古文化遗址。经研究认为，对于古文化遗址、古墓葬不宜作上述广义理解。主要考虑如下：(1)文物保护法第三条明确将“古文化遗址、古墓葬”与“古建筑、石窟寺、石刻、壁画、近代现代重要史迹和代表性建筑等不可移动文物”并列，不宜再将古建筑、石窟寺、石刻、壁画、近代现代重要史迹和代表性建筑等纳入“古文化遗址、古墓葬”的范围。(2)采用破坏性手段盗窃古建筑、石窟寺、石刻、壁画、近代现代重要史迹和代表性建筑等其他不可移动文物，实质上是盗窃不可移动文物的行为，没有必要认定为盗掘古文化遗址。因此，《解释》第八条第三款明确规定：“采用破坏性手段盗窃古文化遗址、古墓葬以外的古建筑、石窟寺、石刻、壁画、近代现代重要史迹和代表性建筑等其他不可移动文物的，依照刑法第二百六十四条的规定，以盗窃罪追究刑事责任。”而且，对于盗窃不可移动文物整体或者可移动部分的定罪量刑问题，《解释》第十二条作了专门规定。

三是盗掘古文化遗址、古墓葬罪既遂的认定标准。实践中，对本罪的既遂标准存在争议。有观点主张以盗取到文物为既遂标准，对盗掘行为未实际盗取到文物的，应当认定为未遂。经研究认为，刑法设立盗掘古文化遗址、古墓葬罪，主要是为了保护古文化遗址、古墓葬的历史、艺术、科学价值。只要盗掘行为已涉及古文化遗址、古墓葬的文化层，损害了古文化遗址、古墓葬的历史、艺术、科学价值，即使未盗取到文物的，也应当认定为既遂。因此，《解释》第八条第二款作了专门规定。

——喻海松：《〈关于办理妨害文物管理等刑事案件适用法律若干问题的解释〉的理解与适用》，载《人民司法·应用》2016年第7期。

【最高人民法院司法文件】

（一）准确认定盗掘行为

1. 针对古建筑、石窟寺等不可移动文物中包含的古文化遗址、古墓葬部分实施盗掘，符合刑法第三百二十八条规定的，以盗掘古文化遗址、古墓葬罪追究刑事责任。

盗掘对象是否属于古文化遗址、古墓葬，应当按照《文物犯罪解释》第八条、第十五条的规定作出认定。

2. 以盗掘为目的，在古文化遗址、古墓葬表层进行钻探、爆破、挖掘等作业，因意志以外的原因，尚未损害古文化遗址、古墓葬的历史、艺术、科学价值的，属于盗掘古文化遗址、古墓葬未遂，应当区分情况分别处理：

（1）以被确定为全国重点文物保护单位、省级文物保护单位的古文化遗址、古墓葬为盗掘目标的，应当追究刑事责任；

（2）以被确定为市、县级文物保护单位的古文化遗址、古墓葬为盗掘目标的，对盗掘团伙的纠集者、积极参加者，应当追究刑事责任；

（3）以其他古文化遗址、古墓葬为盗掘目标的，对情节严重者，依法追究刑事责任。

实施前款规定的行为，同时构成刑法第三百二十四条第一款、第二款规定的故意损毁文物罪、故意损毁名胜古迹罪的，依照处罚较重的规定定罪处罚。

3. 刑法第三百二十八条第一款第三项规定的“多次盗掘”是指盗掘三次以上。对于行为人基于同一或者概括犯意，在同一古文化遗址、古墓葬本体周边一定范围内实施连续盗掘，已损害古文化遗址、古墓葬的历史、艺术、科学价值的，一般应认定为一次盗掘。

——《最高人民法院、最高人民检察院、公安部、国家文物局关于办理妨害文物管理等刑事案件若干问题的意见》(2022 年 8 月 16 日,公通字〔2022〕18 号)。

【最高人民法院参考案例】

谢志喜、曾和平盗掘古文化遗址案(《刑事审判参考》案例第 1129 号)

要旨:盗掘确定为全国重点文物保护单位的古文化遗址,犯罪情节较轻,依法决定在法定刑以下判处刑罚的,可以根据犯罪情节、悔罪表现等因素决定是否适用缓刑。

根据刑法第三百二十八条第一款规定,只要实施了盗掘具有历史、艺术、科学价值的古文化遗址、古墓葬行为的,就构成盗掘古文化遗址、古墓葬罪。而盗掘确定为全国重点文物保护单位和省级文物保护单位的古文化遗址的,则应当处十年以上有期徒刑、无期徒刑,并处罚金或者没收财产。本案二被告人盗掘确定为全国重点文物保护单位的古文化遗址的,则应当在十年以上有期徒刑或者无期徒刑的法定刑幅度内处罚。但是,根据本案的具体情节,可以在法定刑以下判处刑罚,并适用缓刑。首先,二被告人有别于有预谋、有准备、携带专业挖掘工具流窜作案的专业盗掘文物人员,系临时起意。二被告人不是刻意去寻找挖掘对象,而是在政府为绿化而挖的树洞内实施盗掘行为,因而主观恶性相对较小。其次,二被告人的挖掘持续时间不长,既未给吉州窑遗址造成实质性的严重破坏,也未盗得有价值的文物,与采取捣毁、损坏、拆除、焚烧、爆炸等不计后果的破坏性手段盗掘古文化遗址,大肆倒卖、走私文物的犯罪相比,犯罪情节相对较轻。再次,二被告人归案后均如实供述犯罪事实,且悔罪态度较好。最后,二被告人平时表现较好,无前科劣迹,均系初犯,归案后认罪悔罪,能够坦白罪行。

——《刑事审判参考》(总第 105 辑)。

1178 行为人对盗掘古文化遗址罪的犯罪对象认识错误是否构成犯罪

关键词 | 盗掘古文化遗址罪 | 犯罪未遂 |

【最高人民法院审判业务意见】

有关部门就盗掘古文化遗址罪适用法律问题征求最高人民法院研究室意见。经研究认为:

盗掘古文化遗址罪的犯罪对象为古文化遗址的保护范围,不包括建设控制地带。因行为人对保护范围与建设控制地带的界限认识不清,而在建设控制地带进行盗掘,从而未能实现盗掘古文化遗址的犯罪目的的,构成盗掘古文化遗址罪(未遂)。

——喻海松:《最高人民法院研究室关于盗掘古文化遗址罪适用法律问题的研究意见》,载最高人民法院研究室编:《司法研究与指导》(总第1辑),人民法院出版社2012年版,第156页。

1179 盗掘古墓葬罪中主观认知的认定和加重处罚情节的把握

关键词|盗掘古墓葬罪|明知|加重情节|

【最高人民法院参考案例】

卞长军等盗掘古墓葬案(《刑事审判参考》案例第560号)

要旨:盗掘古墓葬罪要求行为人应当明知所盗掘的是古墓葬,但不要求行为人确切认识到所盗掘古墓葬的历史、艺术、科学价值。认定"盗窃珍贵文物"情节,必须遵循主客观相一致的原则。

(一)盗掘古墓葬罪的主观认知内容

首先,盗掘古墓葬罪的行为人一般不可能确切明知所盗掘古墓葬的历史、艺术、科学价值。由于古墓葬往往被掩埋于地下,其历史、艺术、科学价值的鉴定,需要由专业人员借助专门设备作出。即使是专业人员,在古墓葬被完全挖掘、其中文物被出土前,也很难对其相关价值作出准确评估。司法实践中的盗掘者绝大多数是没有受过专门培训的非专业人员,他们所具有的认知能力和技术装备一般不足以使其确切判断所盗掘古墓葬的历史、艺术、科学价值。据此,在盗掘之前就要求行为人确切明知所盗掘古墓葬的历史、艺术、科学价值既不可能也不合理。其次,从司法操作的角度讲,如果在诉讼中必须证明行为人明知所盗掘的是具有历史、艺术、科学价值的古墓葬,难度较大,不利于对盗掘古墓葬行为的惩治。最后,随着社会文明的发展和文物基本常识的普及,当前社会一般人对于古墓葬属于受国家保护、禁止私自挖掘的常识应当均有所明知,也即只要行为人明知了其盗掘的属于古墓葬,那么就充分证明了其主观违法性认识要件,且从实际情况看,绝大多数盗掘古墓葬的行为人并不是本着对古墓葬历史、艺术、科学价值的追求而实施盗掘行为的,他们关心的主要是文物的经济价值。因此,只要行为人明知其盗掘的是古墓葬,就足以反映出其应受惩罚的主观恶性。

(二)盗掘古墓葬罪的加重量刑情节的认定

认定"盗窃珍贵文物"情节,并不是在私自挖掘古墓葬时挖掘到了珍贵文物,就可以适用加重法定情节。从主观方面讲,行为人必须具有盗窃珍贵文物的故意。

这种故意可以是基于对所盗掘古墓葬价值一定认识基础上的相对明确的故意，至少应当是一种不确定的概括故意，即行为人对结果的具体范围及其性质没有确定的认识，而希望、放任这种结果发生的心理态度。

本案被告人盗掘出的青铜编钟属于珍贵文物。但综合本案具体情况分析，对被告人不应适用“盗窃珍贵文物”加重处罚条款。理由主要是：(1)被告人主观上没有盗窃珍贵文物的意图。本案案发地点是一个建筑工地，由于施工过程中，挖掘机已经推出古墓的青砖和古钱币，政府没有保护，导致当地农民也经常在工地拾找古钱币，被告人只是想在工地上私挖古钱币，对于古钱币的认识，也是停留在自己留着玩或换点小钱的想法上，被告人对于挖掘到珍贵文物的客观事实完全出乎其意料。(2)被告人客观上未实施盗窃珍贵文物的行为。被告人以非法占有古钱币为目的私自挖掘古墓葬，开始挖掘到粘着泥土的碎罐碎碗，作为文化程度较低的农民，根据自身素质很难对珍贵文物作出正确的判断，六名被告人在不知是珍贵文物的情况下，不断挖掘出青铜器十余件，当挖到编钟时，才意识到可能是国家保护的文物，在完全有能力继续挖掘的情况下，马上停止挖掘并报警上交。该行为也证实被告人确实以较小价值的古钱币为盗掘目标，对盗窃珍贵文物既不具备明确的故意，也没有“有什么文物就偷什么文物”的概括故意。

——《刑事审判参考》(总第68辑)。

1180 不可移动文物犯罪的定罪量刑

关键词 | 不可移动文物 | 走私 | 盗窃 | 倒卖 |

【最高人民法院司法解释】

第十二条 针对不可移动文物整体实施走私、盗窃、倒卖等行为的，根据所属不可移动文物的等级，依照本解释第一条、第二条、第六条的规定定罪量刑：

(一)尚未被确定为文物保护单位的不可移动文物，适用一般文物的定罪量刑标准；

(二)市、县级文物保护单位，适用三级文物的定罪量刑标准；

(三)全国重点文物保护单位、省级文物保护单位，适用二级以上文物的定罪量刑标准。

针对不可移动文物中的建筑构件、壁画、雕塑、石刻等实施走私、盗窃、倒卖等行为的，根据建筑构件、壁画、雕塑、石刻等文物本身的等级或者价值，依照本解释第一条、第二条、第六条的规定定罪量刑。建筑构件、壁画、雕塑、石刻等所属不可移动文物的等级，应当作为量刑情节予以考虑。

——《最高人民法院、最高人民检察院关于办理妨害文物管理等刑事案件适用法律若干问题的解释》(2016年1月1日,法释〔2015〕23号)。

【链接:理解与适用】

第一款对针对不可移动文物整体实施走私、盗窃、倒卖行为的定罪量刑标准作了规定。一些核定公布为文物保护单位或者尚未核定公布为文物保护单位的不可移动文物的单体文物,如石碑、石刻、经幢、石塔等,完全可以成为走私文物、盗窃文物、倒卖文物的对象。为统一司法适用,《解释》规定针对不可移动文物整体实施走私、盗窃、倒卖等行为的,根据所属不可移动文物的等级定罪量刑:尚未被确定为文物保护单位的不可移动文物,适用一般文物的定罪量刑标准;市、县级文物保护单位,适用三级文物的定罪量刑标准;全国重点文物保护单位、省级文物保护单位,适用二级以上文物的定罪量刑标准。

第二款对针对不可移动文物的可移动部分实施走私、盗窃、倒卖行为的定罪量刑标准作了规定。绝大多数不可移动文物难以整体成为走私、盗窃、倒卖的对象。但是,从实践来看,不可移动文物的可移动部分,如建筑构件、壁画、雕塑、石刻等,完全可以成为走私、盗窃、倒卖的对象。而这些可移动部分依附于不可移动文物整体价值存在的,一般不予单独定级。因违法犯罪行为使其脱离不可移动文物,其不可移动文物的整体价值必然会受到影响。而脱离不可移动文物成为独立物存在的建筑构件、雕塑、壁画、碑刻等,依然具有历史、艺术或科学价值,则可以作为可移动文物对其认定等级。这是对这类文物涉案后进行认定的通常做法。因此,《解释》规定走私、盗窃、倒卖不可移动文物的可移动部分的,可以依照有关走私、盗窃、倒卖可移动文物的规定定罪量刑,并专门规定所属的不可移动文物等级(全国重点文物保护单位,省级文物保护单位,市、县级文物保护单位)应当作为量刑情节予以考虑。

——喻海松:《〈关于办理妨害文物管理等刑事案件适用法律若干问题的解释〉的理解与适用》,载《人民司法·应用》2016年第7期。

1181 不同等级文物的折算规则和文物价值认定规则

关键词|文物等级|文物价值|

【最高人民法院司法解释】

第十三条　案件涉及不同等级的文物的,按照高级别文物的量刑幅度量刑;有多件同级文物的,五件同级文物视为一件高一级文物,但是价值明显不相当的除外。

第十四条 依照文物价值定罪量刑的，根据涉案文物的有效价格证明认定文物价值；无有效价格证明，或者根据价格证明认定明显不合理的，根据销赃数额认定，或者结合本解释第十五条规定的鉴定意见、报告认定。

——《最高人民法院、最高人民检察院关于办理妨害文物管理等刑事案件适用法律若干问题的解释》（2016年1月1日，法释〔2015〕23号）。

【链接：理解与适用】

《解释》第十三条完善了《盗窃罪解释》第九条第二款“盗窃多件不同等级国有馆藏文物的，三件同级文物可以视为一件高一级文物”的规定。一方面，将多件同级文物折算为高一级文物的标准由“三件”提升为“五件”，以更符合不同等级文物之间的实际价值差别。另一方面，从实践来看，个别情形下，可能存在五件同级文物的价值与一件高一级文物的价值明显不相当的情形，如五枚铜钱（一般文物）的价值明显与一件三级文物不相当。为此，专门规定了“但是价值明显不相当的除外”的规定，以便于司法实践中根据具体案情裁量处理。

四是文物价值认定规则。《解释》第十四条对走私、盗窃的文物数额的认定规则作了明确。具体而言，对于涉案文物有有效价格证明的（如购买文物不久即被盗），则直接依据价格证明认定数额；如果无法或者不宜依据价格证明认定盗窃数额，但能查清销赃数额的，可以按照销赃数额认定；无法查清销赃数额或者不宜按照销赃数额认定（如销赃数额过低）的，则可以依照《解释》的规定出具鉴定意见或者由有关部门出具报告。

——喻海松：《〈关于办理妨害文物管理等刑事案件适用法律若干问题的解释〉的理解与适用》，载《人民司法·应用》2016年第7期。

【最高人民法院司法文件】

三、涉案文物的认定和鉴定评估

对案件涉及的文物等级、类别、价值等专门性问题，如是否属于古文化遗址、古墓葬、古建筑、石窟寺、石刻、壁画、近代现代重要史迹和代表性建筑等不可移动文物，是否具有历史、艺术、科学价值，是否属于各级文物保护单位，是否属于珍贵文物，以及有关行为对文物造成的损毁程度和对文物价值造成的影响等，案发前文物行政部门已作认定的，可以直接对有关案件事实作出认定；案发前未作认定的，可以结合国务院文物行政部门指定的机构出具的《涉案文物鉴定评估报告》作出认定，必要时，办案机关可以依法提请文物行政部门对有关问题作出说明。《涉案文物鉴定评估报告》应当依照《涉案文物鉴定评估管理办法》（文物博发〔2018〕4号）

规定的程序和格式文本出具。

——《最高人民法院、最高人民检察院、公安部、国家文物局关于办理妨害文物管理等刑事案件若干问题的意见》(2022 年 8 月 16 日,公通字〔2022〕18 号)。

1182 窃取国有档案与非法获取国家秘密行为竞合，应依照处罚较重的规定定罪处罚

关键词｜窃取国有档案罪｜非法获取国家秘密罪｜想象竞合｜

【最高人民法院公报案例】

兰成仕、李兆斌窃取国有档案案(二审法院:哈密地区中级人民法院)

要旨:行为人为了陷害本单位领导,窃取国有档案,非法获取国家秘密,其行为竞合了窃取国有档案罪与非法获取国家秘密罪,根据“依照处罚较重的规定定罪处罚”的规定,对其行为以窃取国有档案罪论处,而非非法获取国家秘密罪。另,因其陷害行为尚未达到情节严重,不另定罪。

——《最高人民法院公报》2002 年第 3 期。

五、危害公共卫生罪

1183 疫情防控中妨害传染病防治罪与以危险方法危害公共安全罪的区分适用

关键词｜妨害传染病防治罪｜以危险方法危害公共安全罪｜

【最高人民法院参考案例】

张勇智妨害传染病防治案(《刑事审判参考》案例第1333号)

要旨:对于明知自身已经确诊为新冠肺炎病人或者疑似病人,拒绝执行防疫措施的行为人出于报复社会、发泄不满等动机,恶意向不特定多数人传播病毒,后果严重、情节恶劣的,应当适用以危险方法危害公共安全罪。对于其他拒绝执行疫情防控措施,引起新型冠状病毒传播或者有传播严重危险的行为,依应照刑法第三百三十条的规定,适用妨害传染病防治罪。

……在办理妨害疫情防控措施犯罪案件适用以危险方法危害公共安全罪时,在主体上限于已确诊的新冠肺炎病人、病原携带者,或者新冠肺炎疑似病人,而妨害传染病防治罪则为一般主体。……实践中,对于“已经确诊的新冠肺炎病人”和“新冠肺炎疑似病人”的认定,应当以医疗机构出具的诊断结论、检验报告等为依据。对于行为人虽然出现发热、干咳、乏力等某些新冠肺炎感染症状,但没有医疗机构出具相关诊断结论、检验报告的,不能认定为《意见》①第一条规定的“已经确诊的新冠肺炎病人”“新冠肺炎疑似病人”。对于实施妨害疫情防控行为时尚未经医疗机构确诊为新冠肺炎病人或者疑似病人,但事后经诊断、检验,被确认系新冠肺炎病人或者疑似病人的,不应适用《意见》关于确诊病人或者疑似病人故意传播新冠肺炎病原体构成有关犯罪的规定。本案中,被告人张勇智属于事后确诊,而非事前已经经过医疗机构确诊,因而不属于已确诊新冠肺炎病人、病原携带者主体。

根据《意见》规定,以危险方法危害公共安全罪在主观上要求具有传播新冠肺炎病原体的故意。综合本案事实、情节,被告人张勇智尚不确定自身一定感染新冠肺炎,主观上抱有侥幸心理,其对违反传染病防治法规定的行为尽管是故意的,但对引起新冠肺炎病原体传播或传播的严重危险这一结果则并非故意。

---

① 即《最高人民法院、最高人民检察院、公安部、司法部关于依法惩治妨害新型冠状病毒感染肺炎疫情防控违法犯罪的意见》(法发〔2020〕7号)。

根据《意见》规定，行为人构成刑法第三百三十条妨害传染病防治罪除有拒绝执行防控措施的行为外，还需要具有引起新型冠状肺炎病毒传播或者有传播严重危险的情形。实践中，对于“传播严重危险”的判断，应当坚持综合考量原则，重点审查行为人是否采取特定防护措施，被诊断为染疫嫌疑人的人数及范围，被采取就地诊验、留验和隔离的人数及范围等，作出妥当认定。

——《刑事审判参考》(总第121辑)。

1184 非法采集、供应血液、制作、供应血液制品罪的认定

关键词｜非法采集、供应血液｜制作、供应血液制品｜足以危害人体健康｜

【最高人民法院司法解释】

第一条　对未经国家主管部门批准或者超过批准的业务范围，采集、供应血液或者制作、供应血液制品的，应认定为刑法第三百三十四条第一款规定的“非法采集、供应血液或者制作、供应血液制品”。

第二条　对非法采集、供应血液或者制作、供应血液制品，具有下列情形之一的，应认定为刑法第三百三十四条第一款规定的“不符合国家规定的标准，足以危害人体健康”，处五年以下有期徒刑或者拘役，并处罚金：

(一)采集、供应的血液含有艾滋病病毒、乙型肝炎病毒、丙型肝炎病毒、梅毒螺旋体等病原微生物的；

(二)制作、供应的血液制品含有艾滋病病毒、乙型肝炎病毒、丙型肝炎病毒、梅毒螺旋体等病原微生物，或者将含有上述病原微生物的血液用于制作血液制品的；

(三)使用不符合国家规定的药品、诊断试剂、卫生器材，或者重复使用一次性采血器材采集血液，造成传染病传播危险的；

(四)违反规定对献血者、供血浆者超量、频繁采集血液、血浆，足以危害人体健康的；

(五)其他不符合国家有关采集、供应血液或者制作、供应血液制品的规定标准，足以危害人体健康的。

第三条　对非法采集、供应血液或者制作、供应血液制品，具有下列情形之一的，应认定为刑法第三百三十四条第一款规定的“对人体健康造成严重危害”，处五年以上十年以下有期徒刑，并处罚金：

(一)造成献血者、供血浆者、受血者感染乙型肝炎病毒、丙型肝炎病毒、梅毒螺旋体或者其他经血液传播的病原微生物的；

（二）造成献血者、供血浆者、受血者重度贫血、造血功能障碍或者其他器官组织损伤导致功能障碍等身体严重危害的；

（三）对人体健康造成其他严重危害的。

第四条 对非法采集、供应血液或者制作、供应血液制品，具有下列情形之一的，应认定为刑法第三百三十四条第一款规定的“造成特别严重后果”，处十年以上有期徒刑或者无期徒刑，并处罚金或者没收财产：

（一）因血液传播疾病导致人员死亡或者感染艾滋病病毒的；

（二）造成五人以上感染乙型肝炎病毒、丙型肝炎病毒、梅毒螺旋体或者其他经血液传播的病原微生物的；

（三）造成五人以上重度贫血、造血功能障碍或者其他器官组织损伤导致功能障碍等身体严重危害的；

（四）造成其他特别严重后果的。

第八条 本解释所称“血液”，是指全血、成分血和特殊血液成分。

本解释所称“血液制品”，是指各种人血浆蛋白制品。

本解释所称“采供血机构”，包括血液中心、中心血站、中心血库、脐带血造血干细胞库和国家卫生行政主管部门根据医学发展需要批准、设置的其他类型血库、单采血浆站。

——《最高人民法院、最高人民检察院关于办理非法采供血液等刑事案件具体应用法律若干问题的解释》（2008 年 9 月 23 日，法释〔2008〕12 号）。

【链接：理解与适用】

（一）关于“非法采集、供应血液或者制作、供应血液制品，不符合国家规定的标准，足以危害人体健康”行为的理解

《解释》第一条……有两层含义。首先，行为人非法采集、供应血液，制作、供应血液制品未经国家主管部门批准，不具有采集供应血液、制作供应血液制品的资格。例如，未经批准，擅自设立采血点、血站，违法采集、供应血液的行为，违反了献血法第八条关于“设立血站向公民采集血液，必须经国务院卫生行政部门或者省、自治区、直辖市人民政府卫生行政部门批准”的规定，同时也违反了《血站管理办法》第四条、第十一条的规定。行为人未经批准，擅自设立单采血浆站或者血液制品生产单位的行为，违反了《血液制品管理条例》第二章的相关规定。其次，超过国家有关主管部门批准的范围，采集供应血液或者制作供应血液制品的行为也属于非法采集、供应血液或者制作、供应血液制品。

不符合国家规定的标准，足以危害人体健康是指非法采集、供应的血液或者制作、供应的血液制品不符合国家规定的质量标准，或者在采供血液、制供血液制品

的过程中违反国家规定的操作规程,致使血液或者血液制品一旦被使用,使用者就有可能感染疾病,供血者的身体健康可能遭受严重侵害。关于什么情形属于不符合国家规定的标准,足以危害人体健康,《解释》第二条作了规定。对第二条的理解可以分为以下两个层次:一是血液或者血液制品含有经血液途径传播的病原微生物,导致受血者或者血液制品的使用者的身体健康可能受到严重侵害的情形,即《解释》第二条第(一)(二)项的规定……二是行为人在采集、供应血液或者制作、供应血液制品的活动中违反国家规定的操作规程的标准,有可能造成传染病传播危险或者导致可能危害人体健康的情形,即《解释》第二条第(三)(四)(五)项的规定……

(二)关于"对人体造成严重危害"的情形

对人体健康造成严重危害是指不符合国家规定的卫生标准的血液、血液制品,在医疗应用中让受血者或者血液制品的使用者感染严重疾病的情形,例如因输血感染乙型肝炎病毒等。《解释》第三条列举了三种情形……目前医学证明,通过血液传播的病原微生物包括艾滋病病毒、乙肝、丙肝病毒和梅毒螺旋体四种,上述第(一)项只规定了后三种。关于造成人员感染艾滋病病毒的情况,因其后果和死亡相当,故将其规定在了第(四)项造成特别严重后果情形中。对于规定其他经血液传播的病原微生物的情形,主要是考虑到随着医学的发展,将来可能还会发现新类型病原微生物的情况。关于上述第(二)项中规定的功能障碍和严重损伤导致功能障碍的标准,参照卫生部 2002 年 7 月《医疗事故分级标准(试行)》的有关规定执行。

(三)关于"造成特别严重后果"的情形

造成特别严重后果是指非法采集、供应的血液或者制作、供应的血液制品,由于不符合国家规定的标准,受血者或者使用血液制品者使用后造成死亡、感染艾滋病病毒或者致使多人感染严重的血源性传染病等情形。《解释》第四条列举了四种情形……因刑法第三百三十四条第一款第三个量刑档次的规定是结果加重犯,所以,《解释》的规定主要从结果或者后果方面考虑,第(一)项指死亡或者感染艾滋病病毒的后果,第(二)项和第(三)项主要考虑对多人造成的严重危害人体健康的情形。

——李晓:《〈关于办理非法采供血液等刑事案件具体应用法律若干问题的解释〉的理解与适用》,载《人民司法 · 应用》2008 年第 21 期。

1185 采集、供应血液、制作、供应血液制品事故罪的认定

关键词|采集、供应血液|制作、供应血液制品|违反操作规定|

【最高人民法院司法解释】

第五条 对经国家主管部门批准采集、供应血液或者制作、供应血液制品的部门，具有下列情形之一的，应认定为刑法第三百三十四条第二款规定的"不依照规定进行检测或者违背其他操作规定"：

（一）血站未用两个企业生产的试剂对艾滋病病毒抗体、乙型肝炎病毒表面抗原、丙型肝炎病毒抗体、梅毒抗体进行两次检测的；

（二）单采血浆站不依照规定对艾滋病病毒抗体、乙型肝炎病毒表面抗原、丙型肝炎病毒抗体、梅毒抗体进行检测的；

（三）血液制品生产企业在投料生产前未用主管部门批准和检定合格的试剂进行复检的；

（四）血站、单采血浆站和血液制品生产企业使用的诊断试剂没有生产单位名称、生产批准文号或者经检定不合格的；

（五）采供血机构在采集检验标本、采集血液和成分血分离时，使用没有生产单位名称、生产批准文号或者超过有效期的一次性注射器等采血器材的；

（六）不依照国家规定的标准和要求包装、储存、运输血液、原料血浆的；

（七）对国家规定检测项目结果呈阳性的血液未及时按照规定予以清除的；

（八）不具备相应资格的医务人员进行采血、检验操作的；

（九）对献血者、供血浆者超量、频繁采集血液、血浆的；

（十）采供血机构采集血液、血浆前，未对献血者或供血浆者进行身份识别，采集冒名顶替者、健康检查不合格者血液、血浆的；

（十一）血站擅自采集原料血浆，单采血浆站擅自采集临床用血或者向医疗机构供应原料血浆的；

（十二）重复使用一次性采血器材的；

（十三）其他不依照规定进行检测或者违背操作规定的。

第六条 对经国家主管部门批准采集、供应血液或者制作、供应血液制品的部门，不依照规定进行检测或者违背其他操作规定，具有下列情形之一的，应认定为刑法第三百三十四条第二款规定的"造成危害他人身体健康后果"，对单位判处罚金，并对其直接负责的主管人员和其他直接责任人员，处五年以下有期徒刑或者拘役：

（一）造成献血者、供血浆者、受血者感染艾滋病病毒、乙型肝炎病毒、丙型肝炎病毒、梅毒螺旋体或者其他经血液传播的病原微生物的；

（二）造成献血者、供血浆者、受血者重度贫血、造血功能障碍或者其他器官组织损伤导致功能障碍等身体严重危害的；

（三）造成其他危害他人身体健康后果的。

第七条　经国家主管部门批准的采供血机构和血液制品生产经营单位，应认定为刑法第三百三十四条第二款规定的“经国家主管部门批准采集、供应血液或者制作、供应血液制品的部门”。

第八条　本解释所称“血液”，是指全血、成分血和特殊血液成分。

本解释所称“血液制品”，是指各种人血浆蛋白制品。

本解释所称“采供血机构”，包括血液中心、中心血站、中心血库、脐带血造血干细胞库和国家卫生行政主管部门根据医学发展需要批准、设置的其他类型血库、单采血浆站。

——《最高人民法院、最高人民检察院关于办理非法采供血液等刑事案件具体应用法律若干问题的解释》（2008 年 9 月 23 日，法释〔2008〕12 号）。

【链接：理解与适用】

采集、供应血液、制作、供应血液制品罪的客观方面表现为不依照规定进行检测或者违背其他操作规定，造成危害他人身体健康后果的行为。不依照规定进行检测是指采供血和制作、供应血液的单位不按照法律法规规定的检测程序进行检测。其他操作规定应指血液业务活动中检测之外的有关规定，例如血液的储存、保管，血液制品的制作等。不依照规定进行检测和违背其他操作规定在内容上有区别也有联系，即《解释》第五条对不依照规定进行检测或者违背其他操作规定情形的规定……

……

依照刑法的规定，《解释》对采集、供应血液、制作、供应血液制品事故罪的主体进行了规定，即刑法第三百三十四条第二款规定的“经国家主管部门批准采集、供应血液或者制作、供应血液制品的部门”是指经国家主管部门批准的采供血机构和血液制品生产经营单位。对于采供血机构都包括哪些部门，为避免司法实践中对此问题的理解不一，《解释》第八条第三款进行了规定，包括血液中心、中心血站、中心血库、脐带血造血干细胞库和国家卫生行政主管部门根据医学发展需要批准、设置的其他类型血库、单采血浆站。

——李晓：《〈关于办理非法采供血液等刑事案件具体应用法律若干问题的解释〉的理解与适用》，载《人民司法 · 应用》2008 年第 21 期。

1186 具有执业资格的医生根据民间验方、偏方制成药物诊疗，造成就诊人死亡，可以构成医疗事故罪

关键词 | 医疗事故罪 | 生产、销售假药罪 | 民间验方、偏方 |

【最高人民法院参考案例】

孟广超医疗事故案(《刑事审判参考》案例第429号)

要旨：具有执业资格的医生在诊疗过程中，出于医治病患的目的，根据民间验方、偏方制成药物，用于诊疗的行为一般不构成生产、销售假药罪，符合刑法第三百三十五条规定的可以医疗事故罪定罪处罚。

刑法第三百三十五条规定，医疗事故罪，是指医务人员由于严重不负责任，造成就诊人死亡或者严重损害就诊人身体健康的行为。结合案情可以看出，被告人孟广超的行为符合医疗事故罪的基本特征：

从主体上看，孟广超作为一名个体医师，具有医师的行医资格和执业许可证，是依法取得执业医师资格并经注册执业的专业医务人员，其身份符合执业医师法关于执业医师资格的有关规定，属于刑法第三百三十五条规定的“医务人员”。

从客体上看，医疗事故犯罪不仅会严重损害就诊人的身体健康甚至造成就诊人死亡，而且直接侵害公共卫生秩序，破坏了医疗管理制度，因此，刑法将医疗事故罪归入妨害社会管理秩序罪一章中。本案孟广超作为一名医师，在其合法诊疗过程中，没有经过国家卫生行政部门批准私自配制药品用于诊疗，严重违反医疗规章，造成就诊患者死亡的后果，正是侵犯了刑法所保护的这两个客体。

医疗事故罪属于过失犯罪，这种过失当然也包括疏忽大意和过于自信的过失两种。医务人员应当预见到自己违反规章制度或诊疗护理常规的行为，可能造成就诊人死亡或严重损害就诊人身体健康的后果，但由于疏忽大意而没有预见到，以致这种结果发生，属疏忽大意的过失；医务人员已经预见到自己违反规章制度或诊疗护理常规的行为，有造成就诊人死亡或严重损害就诊人身体健康的可能，但基于对自身技术水平或其他客观条件的信赖而轻信能够避免，以致这种结果发生，属过于自信的过失。

医疗事故罪在客观方面表现为医护人员在合法、正常的诊疗护理过程当中因严重不负责任，造成就诊人死亡或严重损害就诊人身体健康的行为。要符合这一要件，必须同时具备两个方面：首先，上述严重不负责任的行为必须发生在合法、正常的诊疗护理过程当中，其行为必须发生在有关部门对医务人员的职务授权范围内；其次，这种严重不负责任的行为，与就诊人死亡或身体健康被严重损害的结果之间，必须具有刑法意义上的因果关系。

——《刑事审判参考》(总第54辑)。

1187 医务人员在医院安排下的违规医疗行为应当如何定性

关键词 | 医疗事故罪 | 护士 |

【最高人民法院参考案例】

梁娟医疗事故案(《刑事审判参考》案例第1288号)

要旨:被告人作为护士,在医院安排下违法从事治疗行为,导致医疗事故发生的,构成医疗事故罪。

医疗事故罪的主体为特殊主体,即必须是医务人员。医务人员是指具有一定医学知识和医疗技能,取得行医资格,直接从事医疗护理工作的人员,包括医院医务人员及经批准的个体行医者、医疗防疫人员、药剂人员、护理人员和其他技术人员。梁娟是取得护士执业资格的护士,符合本罪的主体要件。

在客观上,由于梁娟严重不负责任的行为造成了就诊人的死亡。所谓严重不负责任,是指在诊疗护理工作中,严重违反法律、法规、规章和诊疗护理规范、常规,即医疗中的违法违规行为。本案中,孙静仅是助理医师,不具有独立进行手术的资格,根据执业医师法第三十条第一款的规定,执业助理医师应当在执业医师的指导下,在医疗、预防、保健机构中按照其执业类别执业。孙静在没有执业医师指导的情况下为被害人做人流手术,这是违法违规的;丙泊酚注射液应由受过训练的麻醉师或加强监护病房的医生来给药,梁娟是宿州同济医院的护士,没有医师资质而给患者推注麻醉药丙泊酚注射液,也是违法违规的。对于杨某某的死亡,宿州同济医院具有不可推卸的责任,而梁娟严重不负责任的医务行为正是医疗事故发生的直接原因。

医疗事故罪在主观方面表现为过失,即行为人主观上对病人伤亡存在重大业务过失。所谓业务过失,是指担任某种职务或从事某种职业的人,违反业务上的特定注意义务的主观心态。本案中,综合梁娟的供述和其身份、职业等,可以认定梁娟能够清楚认识自己从事麻醉行为的危险性,梁娟明知自己没有医师资质而给患者推注麻醉药丙泊酚注射液,存在重大的业务过失。

综合上述情况,我们认为,即使被告人梁娟的行为属于其所就职的同济医院安排的职务行为,但其个人仍然存在重大业务过失,符合医疗事故罪的犯罪构成,可依法构成该罪。

——《刑事审判参考》(总第117辑)。

1188 非法行医罪的认定

关键词 | 非法行医罪 | 医师资格 |

【最高人民法院司法解释】

第一条 具有下列情形之一的，应认定为刑法第三百三十六条第一款规定的“未取得医生执业资格的人非法行医”：

（一）未取得或者以非法手段取得医师资格从事医疗活动的；

（二）被依法吊销医师执业证书期间从事医疗活动的；

（三）未取得乡村医生执业证书，从事乡村医疗活动的；

（四）家庭接生员实施家庭接生以外的医疗行为的。

第二条 具有下列情形之一的，应认定为刑法第三百三十六条第一款规定的“情节严重”：

（一）造成就诊人轻度残疾、器官组织损伤导致一般功能障碍的；

（二）造成甲类传染病传播、流行或者有传播、流行危险的；

（三）使用假药、劣药或不符合国家规定标准的卫生材料、医疗器械，足以严重危害人体健康的；

（四）非法行医被卫生行政部门行政处罚两次以后，再次非法行医的；

（五）其他情节严重的情形。

第三条 具有下列情形之一的，应认定为刑法第三百三十六条第一款规定的“严重损害就诊人身体健康”：

（一）造成就诊人中度以上残疾、器官组织损伤导致严重功能障碍的；

（二）造成三名以上就诊人轻度残疾、器官组织损伤导致一般功能障碍的。

第四条 非法行医行为系造成就诊人死亡的直接、主要原因的，应认定为刑法第三百三十六条第一款规定的“造成就诊人死亡”。

非法行医行为并非造成就诊人死亡的直接、主要原因的，可不认定为刑法第三百三十六条第一款规定的“造成就诊人死亡”。但是，根据案件情况，可以认定为刑法第三百三十六条第一款规定的“情节严重”。

第五条 实施非法行医犯罪，同时构成生产、销售假药罪，生产、销售劣药罪，诈骗罪等其他犯罪的，依照刑法处罚较重的规定定罪处罚。

第六条 本解释所称“医疗活动”“医疗行为”，参照《医疗机构管理条例实施细则》中的“诊疗活动”“医疗美容”认定。

本解释所称“轻度残疾、器官组织损伤导致一般功能障碍”“中度以上残疾、器官组织损伤导致严重功能障碍”，参照《医疗事故分级标准（试行）》认定。

——《最高人民法院关于审理非法行医刑事案件具体应用法律若干问题的解释》

(2008年5月9日,法释〔2008〕5号;2016年12月20日,法释〔2016〕27号修正)。

1189 非法行医罪主体要件的认定

关键词｜非法行医罪｜犯罪主体｜医生执业资格｜

【最高人民法院参考案例】

周兆钧被控非法行医案(《刑事审判参考》案例第283号)

要旨:非法行医罪的犯罪主体为“未取得医生执业资格的人”。正确把握“非法行医罪”的主体要件,首先应了解刑法增设非法行医罪的立法本意,主要是针对社会上一些根本不具有医学专门知识,在社会上打着治病救人的幌子,骗取钱财,坑害人民的生命健康的行为。

刑法第三百三十六条将非法行医罪的犯罪主体限定为“未取得医生执业资格的人”。……非法行医罪所针对的主要不在于如何行医,而在于谁在行医。

刑法第三百三十六条中的“医生执业资格”与执业医师法中的“执业医师资格”(包括执业医师资格或者执业助理医师资格)是什么关系?从立法本意上讲,医生执业资格和执业医师资格并无本质不同,只不过是表述不同而已,目的都在于确定为患者行医看病的人应当具有国家认可的专业医学知识和技术,从而保护人民群众的身体健康。刑法第三百三十六条所惩罚的对象仅是未取得执业医师资格而从事非法行医的人;而1998年颁布的执业医师法则要求医师须经注册,进而行医的前提条件是必须取得执业医师资格,两者的目的是一致的。从增设非法行医罪的立法本意上讲,凡具有执业医师资格的人,就不属于刑法第三百三十六条第一款非法行医罪的主体范围。

——《刑事审判参考》(总第36辑)。

1190 非法行医人对产妇的死亡后果的责任承担

关键词｜非法行医罪｜结果加重犯｜

【最高人民法院参考案例】

贺淑华非法行医案(《刑事审判参考》案例第421号)

要旨:非法行医罪中严重损害就诊人健康以及造成其死亡的规定,属于刑法理论上的“结果加重犯”。只要行为人在实施基本犯罪时对加重结果“有过失”或者

“能预见”，就应对加重结果负刑事责任。

如何判断加重结果与基本犯罪的因果关系，通行观点是“过失说”，其包括三层含义：(1)客观上要求基本犯罪必须具有引起加重结果发生的内在危险性，立法者将这类犯罪发生“结果加重”的情况规定为较重的法定刑。(2)要求行为人对发生“结果加重”情况在主观上具有过失，即行为人应当预见其基本犯罪行为具有加重后果发生的危险性，但主观上因疏忽大意没有预见或者虽然预见却轻信可以避免，仍然故意实施该基本犯罪行为，违反了对发生加重结果的注意义务，对加重结果的发生具有过失。(3)结果加重犯的过失有其特殊性。因为行为人实施的基本犯罪行为本身具有内在地引起加重后果发生的高度危险性，但行为人仍然故意实施。通常在人们的生活经验范围内，发生加重结果的危险性较大的情况下，行为人违反注意义务的程度要比一般的过失行为违反注意义务的程度更加严重，是一种严重的过失。

——《刑事审判参考》(总第53辑)。

1191 患者“自愿”求医不能阻却非法行医罪的成立

关键词 | 非法行医罪 | 被害人承诺 |

【最高人民法院参考案例】

周某某非法行医案(《刑事审判参考》案例第316号)

要旨：患者“自愿”求医不能阻却非法行医罪的成立。

由此可见，在非法行医案件中，如果行为人隐瞒其未取得医生执业资格的事实，从而致使被害人错误作出同意其对自己实施医疗行为的“承诺”的，则因该项“承诺”并非是出自被害人的真实意志，故而不能构成可以排除行为人犯罪性的承诺；即便在行为人已告知被害人其未取得医生执业资格的事实，被害人仍然同意或者请求其为自己医疗的情况下，由于被害人的同意或者请求(承诺)仅是对医疗行为本身的抽象承诺，并不包括对非法医疗行为可能引致的伤亡结果的承诺，也不能构成可以排除行为人犯罪性的承诺；甚至，在行为人已告知被告人其未取得医生执业资格的事实，被害人仍然同意或者请求其为自己医疗，并明确表示自愿承担医疗“风险”的情况下，由于被害人对公共卫生这一社会法益并无承诺权限，其承诺仍然是无效的，仍然不能因此排除行为人非法行医行为的犯罪性。

——《刑事审判参考》(总第40辑)。

1192 未取得医生执业资格的人在诊所负责人默许下长期独立从事医疗活动的行为定性

关键词|非法行医罪|诊所|医生执业资格|

【最高人民法院参考案例】

侯春英非法行医案(《刑事审判参考》案例第1382号)

要旨:行为人未取得医生执业资格,在诊所负责人默许下长期独立从事医疗活动,造成一名就诊人员死亡,其行为符合非法行医罪的犯罪构成,依法构成非法行医罪。

本案中,因为被告人侯春英是医学专业毕业生,且其在诊所默许的情形下行医,故有必要对其是否构成医疗事故罪进行评析。

在司法实践中,未取得医生执业资格的医护人员,在院方的安排下,并且在医师的授权和指导下,在诊疗活动的某个环节中,实施了执业医生才能实施的医疗行为,因行为人的行为系医院和医师授权下的职务行为,故一般不认定为非法行医罪。在此过程中,如果行为人具有明显过错,并造成了就诊人死亡或者严重损害就诊人身体健康的,则构成医疗事故罪。

但本案中,被告人侯春英的行为与上述情形有明显区别。侯春英长期独立在诊所内行医的行为,虽然得到诊所负责人即其丈夫李中杰的默许,但侯春英的行医行为是在没有任何医师的授权和指导下独立进行的,且实施了整个诊疗过程,而非其中某一环节,不能将这种行为认定为是在医院和医师的授权下的职务行为,而应当认定为侯春英的擅自行医行为,故侯春英的行为不构成医疗事故罪。同时,我们认为,李中杰明知侯春英未取得医生执业资格,仍然允许其在诊所内长期以医生身份独自提供诊疗服务,李中杰与侯春英构成非法行医罪的共犯。

另外,作为一项过失犯罪,医疗事故罪的量刑幅度为三年以下有期徒刑及拘役。而被告人侯春英长期在没有执业医师的监督、指导的情况下,擅自开展临床诊疗活动,给患者带来了严重风险,而且也造成了本案中就诊人孟凡海的死亡,其行为严重侵害了国家对医疗秩序的管理及公众的生命健康安全。故从罪责刑相适应的角度而言,认定被告人侯春英构成医疗事故罪也明显不合适。

——《刑事审判参考》(总第124辑)。

1193 非法行医罪“严重损害就诊人身体健康”的认定标准适用于非法进行节育手术罪

关键词｜非法进行节育手术罪｜严重损害就诊人身体健康｜

【最高人民法院参考案例】

徐如涵非法进行节育手术案(《刑事审判参考》案例第732号)

要旨:《最高人民法院关于审理非法行医刑事案件具体应用法律若干问题的解释》关于非法行医罪“严重损害就诊人身体健康”的认定标准,应当适用于非法进行节育手术罪。

刑法关于非法行医罪、非法进行节育手术罪的规定,除了在客观行为方面有区别外,在犯罪主体、犯罪后果、法定刑幅度等方面均完全相同。实际上,非法进行节育手术的行为,广义上也是一种非法行医的行为,只是为了突出保障计划生育政策的执行,刑法专门设立非法进行节育手术罪。就罪质而言,非法行医罪与非法进行节育手术罪之间是一般与特殊的关系。特殊法有特别规定的,依特殊法;没有特别规定的,依一般法。基于这一原理,由于法律、司法解释没有对非法进行节育手术罪作出特别解释,对该罪中“严重损害就诊人身体健康”的认定标准应当参照非法行医罪的相关认定标准。此外,从系统解释角度分析,同一部刑法、同一个刑法条文、同样的用语,在没有特别规定的情况下,其内涵、外延应该是一致的。

——《刑事审判参考》(总第82辑)。

六、破坏环境资源保护罪

(一)环境污染

1194 污染环境罪及其他环境污染犯罪的定罪量刑[①]

关键词｜污染环境罪｜严重污染环境｜

【最高人民法院司法解释】

第一条　实施刑法第三百三十八条规定的行为,具有下列情形之一的,应当认定为“严重污染环境”:

(一)在饮用水水源一级保护区、自然保护区核心区排放、倾倒、处置有放射性的废物、含传染病病原体的废物、有毒物质的;

(二)非法排放、倾倒、处置危险废物三吨以上的;

(三)排放、倾倒、处置含铅、汞、镉、铬、砷、铊、锑的污染物,超过国家或者地方污染物排放标准三倍以上的;

(四)排放、倾倒、处置含镍、铜、锌、银、钒、锰、钴的污染物,超过国家或者地方污染物排放标准十倍以上的;

(五)通过暗管、渗井、渗坑、裂隙、溶洞、灌注等逃避监管的方式排放、倾倒、处置有放射性的废物、含传染病病原体的废物、有毒物质的;

(六)二年内曾因违反国家规定,排放、倾倒、处置有放射性的废物、含传染病病原体的废物、有毒物质受过两次以上行政处罚,又实施前列行为的;

(七)重点排污单位篡改、伪造自动监测数据或者干扰自动监测设施,排放化学需氧量、氨氮、二氧化硫、氮氧化物等污染物的;

(八)违法减少防治污染设施运行支出一百万元以上的;

(九)违法所得或者致使公私财产损失三十万元以上的;

(十)造成生态环境严重损害的;

(十一)致使乡镇以上集中式饮用水水源取水中断十二小时以上的;

---

① 刑法修正案(十一)修正后,刑法第三百三十八条将第二档的刑罚条件由“后果特别严重的”调整为“情节严重的”,并增加了第三档刑罚,明确了其具体情形。因此,对于本罪,要结合刑法修正后的规定和司法解释的规定作出妥当认定。

（十二）致使基本农田、防护林地、特种用途林地五亩以上，其他农用地十亩以上，其他土地二十亩以上基本功能丧失或者遭受永久性破坏的；

（十三）致使森林或者其他林木死亡五十立方米以上，或者幼树死亡二千五百株以上的；

（十四）致使疏散、转移群众五千人以上的；

（十五）致使三十人以上中毒的；

（十六）致使三人以上轻伤、轻度残疾或者器官组织损伤导致一般功能障碍的；

（十七）致使一人以上重伤、中度残疾或者器官组织损伤导致严重功能障碍的；

（十八）其他严重污染环境的情形。

第二条 实施刑法第三百三十九条、第四百零八条规定的行为，致使公私财产损失三十万元以上，或者具有本解释第一条第十项至第十七项规定情形之一的，应当认定为“致使公私财产遭受重大损失或者严重危害人体健康”或者“致使公私财产遭受重大损失或者造成人身伤亡的严重后果”。

第三条 实施刑法第三百三十八条、第三百三十九条规定的行为，具有下列情形之一的，应当认定为“后果特别严重”①：

（一）致使县级以上城区集中式饮用水水源取水中断十二小时以上的；

（二）非法排放、倾倒、处置危险废物一百吨以上的；

（三）致使基本农田、防护林地、特种用途林地十五亩以上，其他农用地三十亩以上，其他土地六十亩以上基本功能丧失或者遭受永久性破坏的；

（四）致使森林或者其他林木死亡一百五十立方米以上，或者幼树死亡七千五百株以上的；

（五）致使公私财产损失一百万元以上的；

（六）造成生态环境特别严重损害的；

（七）致使疏散、转移群众一万五千人以上的；

（八）致使一百人以上中毒的；

（九）致使十人以上轻伤、轻度残疾或者器官组织损伤导致一般功能障碍的；

（十）致使三人以上重伤、中度残疾或者器官组织损伤导致严重功能障碍的；

（十一）致使一人以上重伤、中度残疾或者器官组织损伤导致严重功能障碍，并致使五人以上轻伤、轻度残疾或者器官组织损伤导致一般功能障碍的；

（十二）致使一人以上死亡或者重度残疾的；

（十三）其他后果特别严重的情形。

第四条 实施刑法第三百三十八条、第三百三十九条规定的犯罪行为，具有下

---

① 结合刑法修正案（十一）修正后的第三百三十八条妥当认定。

列情形之一的,应当从重处罚:

(一)阻挠环境监督检查或者突发环境事件调查,尚不构成妨害公务等犯罪的;

(二)在医院、学校、居民区等人口集中地区及其附近,违反国家规定排放、倾倒、处置有放射性的废物、含传染病病原体的废物、有毒物质或者其他有害物质的;

(三)在重污染天气预警期间、突发环境事件处置期间或者被责令限期整改期间,违反国家规定排放、倾倒、处置有放射性的废物、含传染病病原体的废物、有毒物质或者其他有害物质的;

(四)具有危险废物经营许可证的企业违反国家规定排放、倾倒、处置有放射性的废物、含传染病病原体的废物、有毒物质或者其他有害物质的。

第五条　实施刑法第三百三十八条、第三百三十九条规定的行为,刚达到应当追究刑事责任的标准,但行为人及时采取措施,防止损失扩大、消除污染,全部赔偿损失,积极修复生态环境,且系初犯,确有悔罪表现的,可以认定为情节轻微,不起诉或者免予刑事处罚;确有必要判处刑罚的,应当从宽处罚。

第六条　无危险废物经营许可证从事收集、贮存、利用、处置危险废物经营活动,严重污染环境的,按照污染环境罪定罪处罚;同时构成非法经营罪的,依照处罚较重的规定定罪处罚。

实施前款规定的行为,不具有超标排放污染物、非法倾倒污染物或者其他违法造成环境污染的情形的,可以认定为非法经营情节显著轻微危害不大,不认为是犯罪;构成生产、销售伪劣产品等其他犯罪的,以其他犯罪论处。

第七条　明知他人无危险废物经营许可证,向其提供或者委托其收集、贮存、利用、处置危险废物,严重污染环境的,以共同犯罪论处。

第八条　违反国家规定,排放、倾倒、处置含有毒害性、放射性、传染病病原体等物质的污染物,同时构成污染环境罪、非法处置进口的固体废物罪、投放危险物质罪等犯罪的,依照处罚较重的规定定罪处罚。

——《最高人民法院、最高人民检察院关于办理环境污染刑事案件适用法律若干问题的解释》(2017 年 1 月 1 日,法释〔2016〕29 号)。

【链接:理解与适用】

(一)污染环境罪的定罪量刑标准

污染环境罪是环境污染犯罪的基本罪名,入罪要件为严重污染环境。《2013 年解释》规定了认定严重污染环境的十四项具体情形,《解释》第一条予以吸收,并根据司法实践情况作出完善,形成了十八项标准。限于篇幅,在此仅对新增标准和司法适用中有争议的问题加以阐释。

1. 危险废物污染环境构成严重污染环境的情形。《解释》第一条第(二)项吸收《2013 年解释》的规定，将“非法排放、倾倒、处置危险废物三吨以上”作为认定严重污染环境的情形之一。对于非法排放、倾倒危险废物的认定，实践中未见争议。但是，对于非法处置危险废物的认定，争议较大。非法处置危险废物以未取得经营许可证为前提，但是否以违法造成环境污染为要件，则存在不同认识。经研究认为，污染环境罪保护的是环境法益，如果未取得经营许可证处置危险废物，在处置过程中没有违法造成环境污染的，不应以污染环境罪论处。此外，对于无资质处置危险废物，没有违法造成环境污染，不构成污染环境罪的情形，是否可以非法经营罪论处，实践中亦存在不同认识。有些地方持肯定态度，但这会导致定罪量刑严重失衡：无资质处置危险废物，违法造成环境污染的，以污染环境罪最高只能处七年有期徒刑；未违法造成环境污染的，以非法经营罪最高可以处十五年有期徒刑。鉴于此，为准确、统一适用法律，《解释》第六条专门规定：“无危险废物经营许可证从事收集、贮存、利用、处置危险废物经营活动，严重污染环境的，按照污染环境罪定罪处罚；同时构成非法经营罪的，依照处罚较重的规定定罪处罚。”“实施前款规定的行为，不具有超标排放污染物、非法倾倒污染物或者其他违法造成环境污染的情形的，可以认定为非法经营情节显著轻微危害不大，不认为是犯罪；构成生产、销售伪劣产品等其他犯罪的，以其他犯罪论处。”申言之，《解释》坚持环境法益的实质考量：一方面，确立无危险废物经营许可证从事收集、贮存、利用、处置危险废物经营活动的入罪以违法造成环境污染为实质要件，未违法造成环境污染的，可以认定为情节显著轻微危害不大，不认为是犯罪（当然，构成生产、销售伪劣产品等其他犯罪的，可以其他犯罪论处）；另一方面，针对当前危险废物污染环境犯罪的严峻形势，加大对此类行为的刑事惩处力度，允许适用非法经营罪，对同时符合污染环境罪和非法经营罪的情形择一重罪处断。

需要注意的是，对于“违法造成环境污染”要件的判断应当采取相对宽泛的标准，即不要求一定达到《解释》第一条其他项规定的严重污染环境的具体情形。例如，未按照规定安装特定污染防治设施，处置过程中超过标准排放污染物（虽然未达到超过特定标准三倍以上），或者将处置剩余的污染物违反规定倾倒的，可以认定为具备“违法造成环境污染”的要件，以污染环境罪论处；相反，如果在处置危险废物的过程中采取了特定的污染防治措施，未违法造成环境污染的，通常情况下应当认定为情节显著轻微危害不大，不认为是犯罪。

司法实践中，对于非法处置危险废物的认定，特别是处置危险废物与利用危险废物之间的关系，存在较大认识分歧。经研究认为，利用本身也是一种处置行为，但核心在于判断是否违法造成环境污染。为统一认识，《解释》第十六条专门规定：“无危险废物经营许可证，以营利为目的，从危险废物中提取物质作为原材料或者燃料，并具有超标排放污染物、非法倾倒污染物或者其他违法造成环境污染的情形的行为,应当认定为‘非法处置危险废物’。”

对于行为人非法排放、倾倒、处置危险废物的数量,除了当场查获的外,还可以依据其他证据材料予以综合认定。为了加大对危险废物产生企业的规制力度,《解释》专门确立了对危险废物数量的认定规则,第十三条第二款规定:“对于危险废物的数量,可以综合被告人供述,涉案企业的生产工艺、物耗、能耗情况,以及经批准或者备案的环境影响评价文件等证据作出认定。”

2. 排放重金属污染物超标构成严重污染环境的情形。关于《2013 年解释》第一条第(三)项规定,“非法排放含重金属、持久性有机污染物等严重危害环境、损害人体健康的污染物超过国家污染物排放标准或者省、自治区、直辖市人民政府根据法律授权制定的污染物排放标准三倍以上的”,适用中的主要问题是该项规定中重金属的范围具体如何把握。《解释》起草过程中,对这一问题作了反复论证。2011 年 2 月,国务院正式批复《重金属污染综合防治“十二五”规划》,确定了“十二五”期间重点防控的重金属污染物是铅(PB)、汞(HG)、镉(CD)、铬(CR)和类金属砷(AS)等,兼顾镍(NI)、铜(CU)、锌(ZN)、银(AG)、钒(V)、锰(MN)、钴(CO)、铊(TL)、锑(SB)等其他重金属污染物。《重金属污染综合防治“十二五”规划》主要是根据我国重金属污染的严重程度确定了重点防控的重金属污染物范围,同时,其他重金属污染物对环境和人体也能造成严重伤害,故需要兼顾防控。因此,将兼顾防控的重金属均纳入刑事规制范围,是必然选择。但是,上述重金属在毒害性程度方面存在明显差异,特别是铜、锌、银的危害性明显低于其他重金属。如对重点防范的重金属和兼顾防范的重金属在污染物超标标准上不做区分,明显不妥。经广泛听取意见,鉴于各类重金属在毒害性程度方面存在现实差异,经从环境学和环境医学角度综合考量,《解释》第一条第(三)项、第(四)项明确,“排放、倾倒、处置含铅、汞、镉、铬、砷、铊、锑的污染物,超过国家或者地方污染物排放标准三倍以上”,或者“排放、倾倒、处置含镍、铜、锌、银、钒、锰、钴的污染物,超过国家或者地方污染物排放标准十倍以上的”,应当认定为严重污染环境。

关于超过污染物排放标准的具体倍数认定,有不同看法。以超标三倍为例,究竟是指污染物浓度为排放标准的三倍还是四倍以上,存在不同认识。经研究认为,超标三倍是指污染物排放标准×3 以上的浓度,如标准为 1 的,超过 3 即为超标。但是,对于处于临界点的案件宜慎重处理。其中,对于情节显著轻微社会危害不大的,可以适用刑法第十三条但书的规定出罪。

3. 隐蔽排污构成严重污染环境的情形。环境保护法第四十二条第四款规定:“严禁通过暗管、渗井、渗坑、灌注或者篡改、伪造监测数据,或者不正常运行防治污染设施等逃避监管的方式违法排放污染物。”与此相衔接,《解释》第一条第(五)项吸收《2013 年解释》的相关规定并作适当完善,将“通过暗管、渗井、渗坑、裂隙、溶洞、灌注等逃避监管的方式排放、倾倒、处置有放射性的废物、含传染病病原体的废物、有毒物质”规定为严重污染环境的情形之一。

4. 多次污染环境构成严重污染环境的情形。《解释》第一条第（六）项沿用《2013年解释》的相关规定，将“二年内曾因违反国家规定，排放、倾倒、处置有放射性的废物、含传染病病原体的废物、有毒物质受过两次以上行政处罚，又实施前列行为”作为认定严重污染环境的情形之一。《解释》第十七条第一款进一步规定：“本解释所称‘二年内’，以第一次违法行为受到行政处罚的生效之日与又实施相应行为之日的时间间隔计算确定。”需要注意的是，“两次以上行政处罚”包括但不限于环境保护主管部门的行政处罚，如水行政主管部门依据水污染防治法作出的行政处罚，甚至是公安机关作出的行政处罚，均可涵括在内。

5. 篡改、伪造自动监测数据排污构成严重污染环境的情形。篡改、伪造自动监测数据或者干扰自动监测设施，通常是重点排污单位非法排污的常见手法。为有效防范规模以上企业的污染环境行为，实现行政处罚与刑事追究之间的有序衔接，《解释》第一条第（七）项规定，“重点排污单位篡改、伪造自动监测数据或者干扰自动监测设施，排放化学需氧量、氨氮、二氧化硫、氮氧化物等污染物的”，应当认定为严重污染环境。这一新增规定，对于有效防范和依法惩治大气污染犯罪这一社会各界高度关注的顽疾具有重要意义。需要注意的是，其一，当前自动监测设施主要监测化学需氧量、氨氮、二氧化硫、氮氧化物，而这些物质并不必然属于有毒物质，故该项并未要求排放有毒物质；其二，考虑到未来自动监测设施监测的污染物范围可能会拓展，故该项的表述为“化学需氧量、氨氮、二氧化硫、氮氧化物等污染物”，以为未来的发展留有适当空间；其三，该项只是要求“篡改、伪造自动监测数据或者干扰自动监测设施”的同时“排放化学需氧量、氨氮、二氧化硫、氮氧化物等污染物”，即行为人篡改、伪造自动监测数据或者干扰自动监测设施的同时还在排放上述污染物即可，并未要求超标排放。

此外，为便于司法适用，《解释》第十七条第二款专门规定：“本解释所称‘重点排污单位’，是指设区的市级以上人民政府环境保护主管部门依法确定的应当安装、使用污染物排放自动监测设备的重点监控企业及其他单位。”可见，重点监控企业属于重点排污单位的主要组成部分，具体包括国家重点监控企业、省级重点监控企业和市级重点监控企业。

6. 减少支出、违法所得构成严重污染环境的情形。《解释》第一条将“违法减少防治污染设施运行支出一百万元以上”“违法所得三十万元以上”增加规定为严重污染环境的情形。实施环境污染犯罪的单位和个人多是为了谋取不法利益，增设以上两项规定，让行为人得不偿失，可以更有针对性地惩治和预防犯罪。

为有效防范污染，环境保护法要求建设对环境有影响的一切建设项目须执行

“三同时”制度,第四十一条规定:“建设项目中防治污染的设施,应当与主体工程同时设计、同时施工、同时投产使用。防治污染的设施应当符合经批准的环境影响评价文件的要求,不得擅自拆除或者闲置。”从实践来看,有些企业虽然建有污染防治设施,但为减少运行成本,闲置、拆除污染防治设施或者使污染防治设施不正常运行的情况时有发生。经研究认为,擅自拆除或者闲置防治污染设施,或者通过不正常运行防治污染设施等逃避监管的方式违法排放污染物,社会危害性严重,也反映出行为人的主观恶性较大,对于情节严重的确有刑事规制的必要。而从实践来看,此类行为虽然不能直接获取收入,但能减少相应支出,且在一些案件中相对可操作。基于此,与环境保护法的相关规定相衔接,《解释》第一条第(八)项将“违法减少防治污染设施运行支出一百万元以上”规定为严重污染环境的具体情形之一。司法适用中需要注意的是,此处特指违法减少的支出,如果排污单位提供技术革新等合法途径减少污染防治设施运行支出,符合清洁生产、循环经济的要求,应予鼓励。

为进一步增强司法适用可操作性,《解释》第一条第(九)项将“违法所得三十万元以上”增列为严重污染环境的情形之一。这主要是考虑到实践中实施污染环境行为,除了客观上造成公私财产损失外,行为人的主要目的是牟利,而这通常表现为违法所得,而且,违法所得的计算在某些案件中更具可操作性。此外,《解释》第十七条第三款进一步规定:“本解释所称‘违法所得’,是指实施刑法第三百三十八条、第三百三十九条规定的行为所得和可得的全部违法收入。”

7. 造成生态环境损害构成严重污染环境的情形。中共中央、国务院《生态文明体制改革总体方案》提出:“严格实行生态环境损害赔偿制度。强化生产者环境保护法律责任,大幅度提高违法成本。”“对造成生态环境损害的,以损害程度等因素依法确定赔偿额度;对造成严重后果的,依法追究刑事责任。”根据这一要求,《解释》明确将“造成生态环境严重损害”规定为严重污染环境的情形之一。《解释》第十七条第五款进一步规定:“本解释所称‘生态环境损害’,包括生态环境修复费用,生态环境修复期间服务功能的损失和生态环境功能永久性损害造成的损失,以及其他必要合理费用。”因此,实践中可以根据上述界定,准确判断污染环境行为造成生态环境损害的程度,对于达到严重损害程度的应当认定为严重污染环境。

在此基础上,《解释》第三条还对污染环境罪的结果加重情节后果特别严重的认定标准作了相应完善,增加规定“非法排放、倾倒、处置危险废物一百吨以上”“造成生态环境特别严重损害”的,应当认定为后果特别严重,处三年以上七年以下有期徒刑,并处罚金。

(二)其他环境污染犯罪的定罪量刑标准

除污染环境罪外,环境污染犯罪还涉及非法处置进口的固体废物罪、擅自进口固体废物罪、环境监管失职罪等罪名。为统一法律适用,《解释》第二条、第三条对上述罪名所涉及的“致使公私财产遭受重大损失或者严重危害人体健康”“致使公私财产遭受重大损失或者造成人身伤亡的严重后果”“后果特别严重”等定罪量刑标准作了明确。与《2013年解释》相比,相关标准更加明确具体,操作性更强,体现了从严惩治环境污染犯罪的精神。

(三)环境污染犯罪惩治的宽严相济

根据宽严相济刑事政策的基本要求,《解释》在依法设定环境污染犯罪定罪量刑标准的同时,还根据宽严相济刑事政策的要求专门设置了从重处罚情节和从宽处罚情节,以最大限度地发挥刑法对于环境污染犯罪的惩罚、威慑、教育功能,有效减少和预防此类犯罪的发生,发挥刑法在推进生态文明建设方面的积极作用。

《解释》第四条规定,实施环境污染犯罪,具有下列情形之一的,应当从重处罚:(1)阻挠环境监督检查或者突发环境事件调查,尚不构成妨害公务等犯罪的。需要注意的是,对于环境保护工作负有监督管理职责的部门包括但不限于环境保护主管部门,其他行政管理部门也可能依法对特定领域的环境污染负有监督管理职责,如水污染的监督检查可以由水行政主管部门实施。(2)在医院、学校、居民区等人口集中地区及其附近,违反国家规定排放、倾倒、处置有放射性的废物、含传染病病原体的废物、有毒物质或者其他有害物质的。适用中需要注意的是,对于“在医院、学校、居民区等人口集中地区及其附近”的认定,宜根据具体情况把握,特别是对于人口集中地区附近的认定,应当根据人口集中地区的大小、人数以及距离等判断,以排放、倾倒、处置污染物能否直接影响人口集中地区作为标准。(3)在重污染天气预警期间、突发环境事件处置期间或者被责令限期整改期间,违反国家规定排放、倾倒、处置有放射性的废物、含传染病病原体的废物、有毒物质或者其他有害物质的。大气污染防治法第九十三条第一款规定“国家建立重污染天气监测预警体系”,并进一步规定了重污染天气预警期间的应急措施。在重污染天气预警期间,违反国家规定排放、倾倒、处置有放射性的废物、含传染病病原体的废物、有毒物质或者其他有害物质的,社会危害性更大。基于此,《解释》专门明确对上述情形应当从重处罚。(4)具有危险废物经营许可证的企业违反国家规定排放、倾倒、处置有放射性的废物、含传染病病原体的废物、有毒物质或者其他有害物质的。从实践来看,危险废物处置企业污染环境犯罪案件显现。当前,个别具有危险废物处置资质的企业唯利是图,为赚取正规处置和非正规处置间的巨额利差,将本应自行处置的危险废物转包给无处理资质的单位和个人,造成巨大环境安全隐患。较之于无资质企业和个人非法处置危险废物的行为,此类行为的社会危害性更为突出,应当从重处罚。

为贯彻落实“完善刑事诉讼中认罪认罚从宽制度”,考虑到司法实践中的复杂情况,《解释》第五条规定:“实施刑法第三百三十八条、第三百三十九条规定的行为,刚达到应当追究刑事责任的标准,但行为人及时采取措施,防止损失扩大、消除污染,全部赔偿损失,积极修复生态环境,且系初犯,确有悔罪表现的,可以认定为情节轻微,不起诉或者免予刑事处罚;确有必要判处刑罚的,应当从宽处罚。”应当指出的是,上述规定的目的在于促使行为人在实施环境污染犯罪后及时采取措施,减少、弥补损害,充分发挥刑法的威慑和教育功能。

(四)环境污染共同犯罪的处理规则

实践中,一些单位和个人非法排放、倾倒、处置危险废物,以降低生产成本、牟取不法利益。而且,行为人分工明确,相互配合,呈现出明显的产业化迹象,甚至形成了“一条龙”作业。对于此类犯罪,不仅要依法惩治直接污染环境的行为人,更要打源头、追幕后,依法追究危险废物提供者的刑事责任。为此,《解释》第七条重申了对环境污染犯罪的共同犯罪处理规则,规定:“明知他人无危险废物经营许可证,向其提供或者委托其收集、贮存、利用、处置危险废物,严重污染环境的,以共同犯罪论处。”需要注意的是,考虑到此种情形可能构成非法经营罪的共同犯罪,故未再限制为以污染环境罪的共同犯罪论处。

(五)环境污染犯罪竞合的处理原则

环境污染犯罪行为可能同时触犯多个罪名,如违规排放、倾倒、处置含有毒害性、放射性、传染病病原体等物质的污染物,可能同时触犯污染环境罪与投放危险物质罪。为进一步加大对环境污染相关犯罪的惩治力度,《解释》第八条明确规定了从一重罪处断原则,即排放、倾倒、处置含有毒害性、放射性、传染病病原体等物质的污染物,同时触犯数个罪名的,择一重罪处断。

——周加海、喻海松:《〈关于办理环境污染刑事案件适用法律若干问题的解释〉的理解与适用》,载《人民司法·应用》2017年第4期。

【最高人民法院司法文件】

2. 关于犯罪未遂的认定

会议针对当前办理环境污染犯罪案件中,能否认定污染环境罪(未遂)的问题进行了讨论。会议认为,当前环境执法工作形势比较严峻,一些行为人拒不配合执法检查、接受检查时弄虚作假、故意逃避法律追究的情形时有发生,因此对于行为人已经着手实施非法排放、倾倒、处置有毒有害污染物的行为,由于有关部门查处或者其他意志以外的原因未得逞的情形,可以污染环境罪(未遂)追究刑事责任。

3. 关于主观过错的认定

会议针对当前办理环境污染犯罪案件中,如何准确认定犯罪嫌疑人、被告人主观过错的问题进行了讨论。会议认为,判断犯罪嫌疑人、被告人是否具有环境污染犯罪的故意,应当依据犯罪嫌疑人、被告人的任职情况、职业经历、专业背景、培训经历、本人因同类行为受到行政处罚或者刑事追究情况以及污染物种类、污染方式、资金流向等证据,结合其供述,进行综合分析判断。

实践中,具有下列情形之一,犯罪嫌疑人、被告人不能作出合理解释的,可以认定其故意实施环境污染犯罪,但有证据证明确系不知情的除外:(1)企业没有依法通过环境影响评价,或者未依法取得排污许可证,排放污染物,或者已经通过环境影响评价并且防治污染设施验收合格后,擅自更改工艺流程、原辅材料,导致产生新的污染物质的;(2)不使用验收合格的防治污染设施或者不按规范要求使用的;(3)防治污染设施发生故障,发现后不及时排除,继续生产放任污染物排放的;(4)生态环境部门责令限制生产、停产整治或者予以行政处罚后,继续生产放任污染物排放的;(5)将危险废物委托第三方处置,没有尽到查验经营许可的义务,或者委托处置费用明显低于市场价格或者处置成本的;(6)通过暗管、渗井、渗坑、裂隙、溶洞、灌注等逃避监管的方式排放污染物的;(7)通过篡改、伪造监测数据的方式排放污染物的;(8)其他足以认定的情形。

4. 关于生态环境损害标准的认定

会议针对如何适用《环境解释》第一条、第三条规定的“造成生态环境严重损害的”“造成生态环境特别严重损害的”定罪量刑标准进行了讨论。会议指出,生态环境损害赔偿制度是生态文明制度体系的重要组成部分。党中央、国务院高度重视生态环境损害赔偿工作,党的十八届三中全会明确提出对造成生态环境损害的责任者严格实行赔偿制度。2015 年,中央办公厅、国务院办公厅印发《生态环境损害赔偿制度改革试点方案》(中办发〔2015〕57 号),在吉林等 7 个省市部署开展改革试点,取得明显成效。2017 年,中央办公厅、国务院办公厅印发《生态环境损害赔偿制度改革方案》(中办发〔2017〕68 号),在全国范围内试行生态环境损害赔偿制度。

会议指出,《环境解释》将造成生态环境损害规定为污染环境罪的定罪量刑标准之一,是为了与生态环境损害赔偿制度实现衔接配套,考虑到该制度尚在试行过程中,《环境解释》作了较原则的规定。司法实践中,一些省市结合本地区工作实际制定了具体标准。会议认为,在生态环境损害赔偿制度试行阶段,全国各省(自治区、直辖市)可以结合本地实际情况,因地制宜,因时制宜,根据案件具体情况准确认定“造成生态环境严重损害”和“造成生态环境特别严重损害”。

5. 关于非法经营罪的适用

会议针对如何把握非法经营罪与污染环境罪的关系以及如何具体适用非法经营罪的问题进行了讨论。会议强调,要高度重视非法经营危险废物案件的办理,坚持全链条、全环节、全流程对非法排放、倾倒、处置、经营危险废物的产业链进行刑事打击,查清犯罪网络,深挖犯罪源头,斩断利益链条,不断挤压和铲除此类犯罪滋生蔓延的空间。

会议认为,准确理解和适用《环境解释》第六条的规定应当注意把握两个原则:一要坚持实质判断原则,对行为人非法经营危险废物行为的社会危害性作实质性判断。比如,一些单位或者个人虽未依法取得危险废物经营许可证,但其收集、贮存、利用、处置危险废物经营活动,没有超标排放污染物、非法倾倒污染物或者其他违法造成环境污染情形的,则不宜以非法经营罪论处。二要坚持综合判断原则,对行为人非法经营危险废物行为根据其在犯罪链条中的地位、作用综合判断其社会危害性。比如,有证据证明单位或者个人的无证经营危险废物行为属于危险废物非法经营产业链的一部分,并且已经形成了分工负责、利益均沾、相对固定的犯罪链条,如果行为人或者与其联系紧密的上游或者下游环节具有排放、倾倒、处置危险废物违法造成环境污染的情形,且交易价格明显异常的,对行为人可以根据案件具体情况在污染环境罪和非法经营罪中,择一重罪处断。

6. 关于投放危险物质罪的适用

会议强调,目前我国一些地方环境违法犯罪活动高发多发,刑事处罚威慑力不强的问题仍然突出,现阶段在办理环境污染犯罪案件时必须坚决贯彻落实中央领导同志关于重典治理污染的指示精神,把刑法和《环境解释》的规定用足用好,形成对环境污染违法犯罪的强大震慑。

会议认为,司法实践中对环境污染行为适用投放危险物质罪追究刑事责任时,应当重点审查判断行为人的主观恶性、污染行为恶劣程度、污染物的毒害性危险性、污染持续时间、污染结果是否可逆、是否对公共安全造成现实、具体、明确的危险或者危害等各方面因素。对于行为人明知其排放、倾倒、处置的污染物含有毒害性、放射性、传染病病原体等危险物质,仍实施环境污染行为放任其危害公共安全,造成重大人员伤亡、重大公私财产损失等严重后果,以污染环境罪论处明显不足以罚当其罪的,可以按投放危险物质罪定罪量刑。实践中,此类情形主要是向饮用水水源保护区,饮用水供水单位取水口和出水口,南水北调水库、干渠、涵洞等配套工程,重要渔业水体以及自然保护区核心区等特殊保护区域,排放、倾倒、处置毒害性极强的污染物,危害公共安全并造成严重后果的情形。

7. 关于涉大气污染环境犯罪的处理

会议针对涉大气污染环境犯罪的打击处理问题进行了讨论。会议强调,打赢蓝天保卫战是打好污染防治攻坚战的重中之重。各级人民法院、人民检察院、公安机关、生态环境部门要认真分析研究全国人大常委会大气污染防治法执法检查发现的问题和提出的建议,不断加大对涉大气污染环境犯罪的打击力度,毫不动摇地以法律武器治理污染,用法治力量保卫蓝天,推动解决人民群众关注的突出大气环境问题。

会议认为，司法实践中打击涉大气污染环境犯罪，要抓住关键问题，紧盯薄弱环节，突出打击重点。对重污染天气预警期间，违反国家规定，超标排放二氧化硫、氮氧化物，受过行政处罚后又实施上述行为或者具有其他严重情节的，可以适用《环境解释》第一条第十八项规定的"其他严重污染环境的情形"追究刑事责任。

8. 关于非法排放、倾倒、处置行为的认定

会议针对如何准确认定环境污染犯罪中非法排放、倾倒、处置行为进行了讨论。会议认为，司法实践中认定非法排放、倾倒、处置行为时，应当根据《固体废物污染环境防治法》和《环境解释》的有关规定精神，从其行为方式是否违反国家规定或者行业操作规范、污染物是否与外环境接触、是否造成环境污染的危险或者危害等方面进行综合分析判断。对名为运输、贮存、利用，实为排放、倾倒、处置的行为应当认定为非法排放、倾倒、处置行为，可以依法追究刑事责任。比如，未采取相应防范措施将没有利用价值的危险废物长期贮存、搁置，放任危险废物或者其有毒有害成分大量扬散、流失、泄漏、挥发，污染环境的。

9. 关于有害物质的认定

会议针对如何准确认定刑法第三百三十八条规定的"其他有害物质"的问题进行了讨论。会议认为，办理非法排放、倾倒、处置其他有害物质的案件，应当坚持主客观相一致原则，从行为人的主观恶性、污染行为恶劣程度、有害物质危险性毒害性等方面进行综合分析判断，准确认定其行为的社会危害性。实践中，常见的有害物质主要有：工业危险废物以外的其他工业固体废物；未经处理的生活垃圾；有害大气污染物、受控消耗臭氧层物质和有害水污染物；在利用和处置过程中必然产生有毒有害物质的其他物质；国务院生态环境保护主管部门会同国务院卫生主管部门公布的有毒有害污染物名录中的有关物质等。

10. 关于从重处罚情形的认定

会议强调，要坚决贯彻党中央推动长江经济带发展的重大决策，为长江经济带共抓大保护、不搞大开发提供有力的司法保障。实践中，对于发生在长江经济带十一省（直辖市）的下列环境污染犯罪行为，可以从重处罚：（1）跨省（直辖市）排放、倾倒、处置有放射性的废物、含传染病病原体的废物、有毒物质或者其他有害物质的；（2）向国家确定的重要江河、湖泊或者其他跨省（直辖市）江河、湖泊排放、倾倒、处置有放射性的废物、含传染病病原体的废物、有毒物质或者其他有害物质的。

11. 关于严格适用不起诉、缓刑、免予刑事处罚

会议针对当前办理环境污染犯罪案件中如何严格适用不起诉、缓刑、免予刑事处罚的问题进行了讨论。会议强调，环境污染犯罪案件的刑罚适用直接关系加强生态环境保护打好污染防治攻坚战的实际效果。各级人民法院、人民检察院要深

刻认识环境污染犯罪的严重社会危害性,正确贯彻宽严相济刑事政策,充分发挥刑罚的惩治和预防功能。要在全面把握犯罪事实和量刑情节的基础上严格依照刑法和刑事诉讼法规定的条件适用不起诉、缓刑、免予刑事处罚,既要考虑从宽情节,又要考虑从严情节;既要做到刑罚与犯罪相当,又要做到刑罚执行方式与犯罪相当,切实避免不起诉、缓刑、免予刑事处罚不当适用造成的消极影响。

会议认为,具有下列情形之一的,一般不适用不起诉、缓刑或者免予刑事处罚:(1)不如实供述罪行的;(2)属于共同犯罪中情节严重的主犯的;(3)犯有数个环境污染犯罪依法实行并罚或者以一罪处理的;(4)曾因环境污染违法犯罪行为受过行政处罚或者刑事处罚的;(5)其他不宜适用不起诉、缓刑、免予刑事处罚的情形。

会议要求,人民法院审理环境污染犯罪案件拟适用缓刑或者免予刑事处罚的,应当分析案发前后的社会影响和反映,注意听取控辩双方提出的意见。对于情节恶劣、社会反映强烈的环境污染犯罪,不得适用缓刑、免予刑事处罚。人民法院对判处缓刑的被告人,一般应当同时宣告禁止令,禁止其在缓刑考验期内从事与排污或者处置危险废物有关的经营活动。生态环境部门根据禁止令,对上述人员担任实际控制人、主要负责人或者高级管理人员的单位,依法不得发放排污许可证或者危险废物经营许可证。

——《最高人民法院、最高人民检察院、公安部、司法部、生态环境部关于办理环境污染刑事案件有关问题座谈会纪要》(2019年2月20日,高检会〔2019〕3号)。

【链接:理解与适用】

(二)关于犯罪未遂的认定

司法适用中,需要注意的是:(1)对于犯罪未遂的认定,以行为人着手实施非法排放、倾倒、处置有毒有害污染物的行为为前提,故应当准确判断"着手"。对于排放、倾倒危险废物"着手"的判断,通常不存在问题。相比之下,处置危险废物"着手"的判断较为复杂,须妥当把握。(2)根据刑法第二十三条第二款的规定,对于未遂犯,可以比照既遂犯从轻或者减轻处罚。鉴于未遂造成的社会危害性相对较小,参照以往司法解释的相关规定,实践中对未遂的定罪量刑标准可以把握为既遂标准的三倍以上。(3)实践中存在部分既遂、部分未遂的情形,参照以往司法解释的规定,对此不宜将数量简单相加,可以分别评价既遂情节和未遂情节,在认定全案既遂的前提下,在处罚较重的法定刑幅度内酌情从重处罚。例如,行为人用罐车装有十吨的危险废物并开往某河流旁倾倒,在倾倒完一吨时被环保执法人员及时制止,对于此案可以依法认定行为人非法倾倒危险废物既遂一吨,未遂九吨,依照上述规则作出处理。

——周加海、喻海松:《〈关于办理环境污染刑事案件有关问题座谈会纪要〉的理解与适用》，载《人民司法 · 应用》2019 年第 16 期。

1195 两个以上被告人分别实施污染环境行为发生化学反应造成危害后果的，如何准确认定因果关系和责任分担

关键词｜污染环境罪｜因果关系｜

【最高人民法院参考案例】

董传桥、张锁等十九人污染环境案(《刑事审判参考》案例第 1463 号)

要旨：被告人团伙排放废碱液的行为和另一被告人团伙排放废盐酸的行为均与被害人李某死亡结果之间具有因果关系。

被告人董传桥团伙排放废碱液的行为和被告人张锁团伙排放废盐酸的行为与被害人李某的死亡结果之间构成了重叠的因果关系。所谓重叠的因果关系，是指两个条件单独都不能导致结果发生，但都对结果的发生起到重要作用，相互没有意思联络，结合在一起同时起作用导致了结果的发生，此时，两个条件都与结果有因果关系。就本案而言，董传桥团伙单独排放废碱液的行为或者张锁团伙单独排放废盐酸的行为均不会导致被害人硫化氢中毒而亡的结果发生，但是废碱液与废盐酸结合会产生硫化氢，进而导致被害人死亡结果的发生。

……被告人董传桥团伙和被告人张锁团伙违反国家规定，将《国家危险废物名录》里明文规定的废碱液和废盐酸两种危险物质，分别通过停车场里面私设的暗管直接排放到城市地下管网，数量较大，严重污染环境，并致使一人死亡，由于董传桥团伙和张锁团伙并无意思联络，根据刑法第三百三十八条的规定，各自单独构成污染环境罪。

——《刑事审判参考》(总第 130 辑)。

1196 焚烧工业垃圾，向空气排放大量苯并［a］芘、氯化氢、二噁英等气体污染物的行为，如何定性

关键词｜污染环境罪｜焚烧工业垃圾｜

【最高人民法院参考案例】

梁连平污染环境案(《刑事审判参考》案例第 969 号)

要旨：行为人违反国家规定，焚烧工业垃圾，产生有害物质，直接排放大气，严

重污染环境，其行为构成污染环境罪。

对于本案的审理，一方面因为被告人梁连平的行为从表面上看符合《解释》[1]第一条第（二）项或者第（三）项的规定，可能导致因适用该两项的规定而造成法律适用错误的不当裁判；另一方面也可能因认为不属于《解释》第一条第（一）项至第（十三）项规定的情形，而错误认为梁连平无罪。造成前一个问题的原因主要是对法律规定的理解不够透彻，而造成后一个问题的原因则主要是兜底条款具有"内容不够明确、往往需要法官自由裁量"的特点，如果法官对兜底条款不能准确把握，则可能导致其不敢适用兜底条款进行裁判。

我们认为，被告人梁连平违法焚烧二十余吨工业垃圾，向大气排放大量有毒有害物质的行为，显然已经造成严重污染环境的后果，符合《解释》第一条第（十四）项规定的"其他严重污染环境的情形"，应当适用《解释》的该项规定进行裁判。具体理由是：

1. 认定梁连平的行为已严重污染环境符合基本生活常识。本案中，梁连平的行为虽然与《解释》第一条第（一）项至第（十三）项规定的情形不相符，但梁连平在村庄、工厂聚集的人口稠密区焚烧二十余吨工业垃圾，垃圾焚烧时间持续近两天两夜，因此造成方圆两公里内的居民因烟气散发的剧烈刺激性恶臭而不敢开窗呼吸，显然已经严重污染了大气环境，只要具有正常生活常识的人都会认为梁连平严重污染了环境。

2. 本案犯罪对象的特殊性决定了难以根据实际产生的污染后果来定罪。我们认为，土壤、水体因为在物理性状上具有相对稳定性，相对容易测定特定土壤、水体受污染的程度，并可据此判定犯罪行为的危害程度。而大气因为容易飘散、稀释，在物理性状上并不稳定，难以将一定环境下、一定范围内的大气特定化，故实践中较难测定特定空气的受污染程度。这也是《解释》第一条第（六）项至第（八）项只对水源、土地、林木等造成严重污染后果的情形进行了规定，而没有规定大气被严重污染情形的一个重要原因。同时，正是由于前述原因，当特定范围的土壤、水体因为被严重污染时，还有必要疏散被污染地区的周边群众，而当特定范围的大气被严重污染时，进行紧急疏散的情况就没有土壤、水体受污染时那么多。这也是本案案发后当地政府有关部门没有紧急疏散周边群众的部分原因。上述原因，决定了本案一方面无法适用类似《解释》第一条第（六）项至第（八）项污染水源、土地、林木数量等类似的规定；另一方面也无法适用《解释》第一条第（十）项关于"疏散群众数量"的规定。

3. 侦查实验数据及相关证据可以从侧面证实被告人的行为对环境污染的严重

---

[1] 即《最高人民法院、最高人民检察院关于办理环境污染刑事案件适用法律若干问题的解释》（法释〔2013〕15号）。已废止。

性。……因此，被告人梁连平的行为可以说间接排放了危险废物，但排放的危险废物数量无法测定，无法适用《解释》第一条第（二）项的规定，而侦查实验数据和在案证据可以从侧面证实梁连平的行为对环境污染的严重性。

4. 正确适用兜底条款是弥补法律、司法解释条文列举规定周延性不足的重要途径。对于法律、司法解释的兜底条款，固然不能过多适用，以免因过度扩张法官的自由裁量权而造成兜底条款喧宾夺主，违背立法、司法解释的本意，从而在一定程度上违反罪刑法定基本原则。但是，也不能虚化兜底条款的存在，使兜底条款成为法律、司法解释的摆设性规定。合理适用兜底条款，可以使法律、司法解释的明确性规定与兜底条款的包容性互为补充，相得益彰。就本案被告人梁连平焚烧的工业垃圾数量、工业垃圾燃烧持续的时长、气体污染物排放的超量数值及当前惩治污染环境行为的形势而言，适用司法解释的兜底性条款，是必要的。

——《刑事审判参考》（总第 97 辑）。

1197 擅自向河中倾倒大量煤焦油分离液的行为如何定性

关键词｜污染环境罪｜有毒物质｜

【最高人民法院参考案例】

王文峰、马正勇污染环境案（《刑事审判参考》案例第 970 号）

要旨：擅自向河中倾倒大量煤焦油分离液的行为构成污染环境罪。

本案中，所涉煤焦油分离废液，含有大量的挥发酚和油类物质，以及大量的氨氮、硫氰化物、氰化物、各种单环或者多环芳香族化合物和杂环有机化合物，属于较难处理的工业废水，系《国家危险废物名录》中“HW11 精（蒸）馏残渣”一类，即属于有毒物质。

……

本案中，二被告人将煤焦油分离废液共计 30.24 吨倾倒入河中，致使水体大面积被污染，远超过倾倒危险废物“三吨以上”的入罪标准。同时，江阴市环保局为防止污染扩大、消除污染，根据江苏省环境科学研究院、江苏省环科院环境科技有限责任公司设计的应急处置方案，对该污染事件进行了筑坝拦截、调水稀释、活性炭吸附、污水处理、污泥清淤、干化焚烧等相应处置，处置费用共计六十万余元。该费用均应当计入污染行为造成的公私财产损失，故本案造成的财产损失也超过了“三十万元以上”的数额要求。当然，就本案而言，二被告人倾倒煤焦油分离液的行为即使未造成损失，或者造成的损失短时间内无法计算，或者难以证明损害结果与污染行为之间的因果联系，仅根据二被告人倾倒煤焦油分离液的数量，也可认定其行为构成污染环境罪。

——《刑事审判参考》(总第97辑)。

1198 环境污染关联犯罪的法律适用

关键词｜提供虚假证明文件罪｜出具证明文件重大失实罪｜

【最高人民法院司法解释】

第九条　环境影响评价机构或其人员,故意提供虚假环境影响评价文件,情节严重的,或者严重不负责任,出具的环境影响评价文件存在重大失实,造成严重后果的,应当依照刑法第二百二十九条、第二百三十一条的规定,以提供虚假证明文件罪或者出具证明文件重大失实罪定罪处罚。

第十条　违反国家规定,针对环境质量监测系统实施下列行为,或者强令、指使、授意他人实施下列行为的,应当依照刑法第二百八十六条的规定,以破坏计算机信息系统罪论处:

(一)修改参数或者监测数据的;

(二)干扰采样,致使监测数据严重失真的;

(三)其他破坏环境质量监测系统的行为。

重点排污单位篡改、伪造自动监测数据或者干扰自动监测设施,排放化学需氧量、氨氮、二氧化硫、氮氧化物等污染物,同时构成污染环境罪和破坏计算机信息系统罪的,依照处罚较重的规定定罪处罚。

从事环境监测设施维护、运营的人员实施或者参与实施篡改、伪造自动监测数据、干扰自动监测设施、破坏环境质量监测系统等行为的,应当从重处罚。

——《最高人民法院、最高人民检察院关于办理环境污染刑事案件适用法律若干问题的解释》(2017年1月1日,法释〔2016〕29号)。

【链接:理解与适用】

(六)环境污染关联犯罪的法律适用

除环境污染犯罪外,《解释》还对环境影响评价领域可能涉及的提供虚假证明文件罪、出具证明文件重大失实罪、破坏国家环境质量监测系统可能涉及的破坏计算机信息系统罪等关联犯罪的法律适用问题作了规定。

1. 环境影响评价领域所涉犯罪的适用。环境影响评价对于预防因规划和建设项目实施后对环境造成不良影响,促进经济、社会和环境的协调发展,具有关键作用。但是,实践中环评造假或者严重失实的现象时有发生。为从源头上有效预防环境污染犯罪，《解释》第九条规定："环境影响评价机构或其人员，故意提供虚假环境影响评价文件，情节严重的，或者严重不负责任，出具的环境影响评价文件存在重大失实，造成严重后果的，应当依照刑法第二百二十九条、第二百三十一条的规定，以提供虚假证明文件罪或者出具证明文件重大失实罪定罪处罚。"需要注意的是，由于目前环境影响登记表审批改为备案，只有环境影响报告书和报告表需要审批，故此处的环境影响评价文件通常是指环境影响报告书、报告表。

2. 破坏国家环境质量监测系统所涉犯罪的适用。环境监测数据是环境决策的重要基础。个别地方破坏环境质量监测系统，影响监测系统正常运行，欺骗公众，影响政府公信力，甚至误导环境决策，危害严重。根据《最高人民法院、最高人民检察院关于办理危害计算机信息系统安全刑事案件应用法律若干问题的解释》（以下简称《危害计算机信息系统安全犯罪解释》）第十一条的规定，计算机信息系统是指具备自动处理数据功能的系统，包括计算机、网络设备、通信设备、自动化控制设备等。据此，国家环境质量监测系统亦属于计算机信息系统的范畴，对其进行破坏的行为可能构成破坏计算机信息系统罪。经研究认为，对于采用物理方式妨害自动监控系统采样、稀释采集的污染物样等行为，实际上是对计算机信息系统功能进行干扰，造成计算机不能正常运行，符合刑法第二百八十六条第一款的规定；而对于采用无形方式删除、修改、增加计算机信息系统中存储、处理或者传输的数据和应用程序的，符合刑法第二百八十六条第二款的规定。总之，对于上述两种行为，造成严重后果的，均可以破坏计算机信息系统罪论处。故而，《解释》第十条第一款规定："违反国家规定，针对环境质量监测系统实施下列行为，或者强令、指使、授意他人实施下列行为的，应当依照刑法第二百八十六条的规定，以破坏计算机信息系统罪论处：（一）修改参数或者监测数据的；（二）干扰采样，致使监测数据严重失真的；（三）其他破坏环境质量监测系统的行为。"需要注意的是，《解释》对破坏环境质量监测系统的定罪量刑作了专门规定，按照司法解释适用时间效力的规定，对于此类行为原则上应当适用《解释》，而非适用《危害计算机信息系统安全犯罪解释》。

重点排污单位篡改、伪造自动监测数据，排放污染物的行为，可能同时构成污染环境罪和破坏计算机信息系统罪，因此，《解释》第十条第二款明确："重点排污单位篡改、伪造自动监测数据或者干扰自动监测设施，排放化学需氧量、氨氮、二氧化硫、氮氧化物等污染物，同时构成污染环境罪和破坏计算机信息系统罪的，依照处罚较重的规定定罪处罚。"

此外，根据《解释》第十条第三款的规定，从事环境监测设施维护、运营的人员实施或者参与实施篡改、伪造自动监测数据、干扰自动监测设施、破坏环境质量监测系统等行为的，应当从重处罚。

——周加海、喻海松：《〈关于办理环境污染刑事案件适用法律若干问题的解释〉的理解与适用》，载《人民司法·应用》2017年第4期。

1199 单位实施环境污染相关犯罪的定罪量刑标准

关键词｜单位犯罪｜罚金｜

【最高人民法院司法解释】

第十一条　单位实施本解释规定的犯罪的，依照本解释规定的定罪量刑标准，对直接负责的主管人员和其他直接责任人员定罪处罚，并对单位判处罚金。

——《最高人民法院、最高人民检察院关于办理环境污染刑事案件适用法律若干问题的解释》(2017年1月1日，法释〔2016〕29号)。

【最高人民法院司法文件】

1. 关于单位犯罪的认定

会议针对一些地方存在追究自然人犯罪多，追究单位犯罪少，单位犯罪认定难的情况和问题进行了讨论。会议认为，办理环境污染犯罪案件，认定单位犯罪时，应当依法合理把握追究刑事责任的范围，贯彻宽严相济刑事政策，重点打击出资者、经营者和主要获利者，既要防止不当缩小追究刑事责任的人员范围，又要防止打击面过大。

为了单位利益，实施环境污染行为，并具有下列情形之一的，应当认定为单位犯罪：(1)经单位决策机构按照决策程序决定的；(2)经单位实际控制人、主要负责人或者授权的分管负责人决定、同意的；(3)单位实际控制人、主要负责人或者授权的分管负责人得知单位成员个人实施环境污染犯罪行为，并未加以制止或者及时采取措施，而是予以追认、纵容或者默许的；(4)使用单位营业执照、合同书、公章、印鉴等对外开展活动，并调用单位车辆、船舶、生产设备、原辅材料等实施环境污染犯罪行为的。

单位犯罪中的"直接负责的主管人员"，一般是指对单位犯罪起决定、批准、组织、策划、指挥、授意、纵容等作用的主管人员，包括单位实际控制人、主要负责人或者授权的分管负责人、高级管理人员等；"其他直接责任人员"，一般是指在直接负责的主管人员的指挥、授意下积极参与实施单位犯罪或者对具体实施单位犯罪起较大作用的人员。

对于应当认定为单位犯罪的环境污染犯罪案件，公安机关未作为单位犯罪移送审查起诉的，人民检察院应当退回公安机关补充侦查。对于应当认定为单位犯罪的环境污染犯罪案件，人民检察院只作为自然人犯罪起诉的，人民法院应当建议人民检察院对犯罪单位补充起诉。

——《最高人民法院、最高人民检察院、公安部、司法部、生态环境部关于办理环境污染刑事案件有关问题座谈会纪要》（2019 年 2 月 20 日，高检会〔2019〕3 号）。

1200 监测数据的证据资格

关键词 | 监测数据 | 证据 |

【最高人民法院司法解释】

第十二条 环境保护主管部门及其所属监测机构在行政执法过程中收集的监测数据，在刑事诉讼中可以作为证据使用。

公安机关单独或者会同环境保护主管部门，提取污染物样品进行检测获取的数据，在刑事诉讼中可以作为证据使用。

——《最高人民法院、最高人民检察院关于办理环境污染刑事案件适用法律若干问题的解释》（2017 年 1 月 1 日，法释〔2016〕29 号）。

【最高人民法院司法文件】

15. 关于监测数据的证据资格问题

会议针对实践中地方生态环境部门及其所属监测机构委托第三方监测机构出具报告的证据资格问题进行了讨论。会议认为，地方生态环境部门及其所属监测机构委托第三方监测机构出具的监测报告，地方生态环境部门及其所属监测机构在行政执法过程中予以采用的，其实质属于《环境解释》第十二条规定的“环境保护主管部门及其所属监测机构在行政执法过程中收集的监测数据”，在刑事诉讼中可以作为证据使用。

——《最高人民法院、最高人民检察院、公安部、司法部、生态环境部关于办理环境污染刑事案件有关问题座谈会纪要》（2019 年 2 月 20 日，高检会〔2019〕3 号）。

1201 危险废物的认定

关键词 | 危险废物 | 环境影响评价文件 |

【最高人民法院司法解释】

第十三条 对国家危险废物名录所列的废物，可以依据涉案物质的来源、产生过程、被告人供述、证人证言以及经批准或者备案的环境影响评价文件等证据，结合环境保护主管部门、公安机关等出具的书面意见作出认定。

对于危险废物的数量，可以综合被告人供述，涉案企业的生产工艺、物耗、能耗情况，以及经批准或者备案的环境影响评价文件等证据作出认定。

——《最高人民法院、最高人民检察院关于办理环境污染刑事案件适用法律若干问题的解释》(2017 年 1 月 1 日，法释〔2016〕29 号)。

【最高人民法院司法文件】

13. 关于危险废物的认定

会议针对危险废物如何认定以及是否需要鉴定的问题进行了讨论。会议认为，根据《环境解释》的规定精神，对于列入《国家危险废物名录》的，如果来源和相应特征明确，司法人员根据自身专业技术知识和工作经验认定难度不大的，司法机关可以依据名录直接认定。对于来源和相应特征不明确的，由生态环境部门、公安机关等出具书面意见，司法机关可以依据涉案物质的来源、产生过程、被告人供述、证人证言以及经批准或者备案的环境影响评价文件等证据，结合上述书面意见作出是否属于危险废物的认定。对于需要生态环境部门、公安机关等出具书面认定意见的，区分下列情况分别处理：(1)对已确认固体废物产生单位，且产废单位环评文件中明确为危险废物的，根据产废单位建设项目环评文件和审批、验收意见、案件笔录等材料，可对照《国家危险废物名录》等出具认定意见。(2)对已确认固体废物产生单位，但产废单位环评文件中未明确为危险废物的，应进一步分析废物产生工艺，对照判断其是否列入《国家危险废物名录》。列入名录的可以直接出具认定意见；未列入名录的，应根据原辅材料、产生工艺等进一步分析其是否具有危险特性，不可能具有危险特性的，不属于危险废物；可能具有危险特性的，抽取典型样品进行检测，并根据典型样品检测指标浓度，对照《危险废物鉴别标准》(GB5085. 1-7)出具认定意见。(3)对固体废物产生单位无法确定的，应抽取典型样品进行检测，根据典型样品检测指标浓度，对照《危险废物鉴别标准》(GB5085. 1-7)出具认定意见。对确需进一步委托有相关资质的检测鉴定机构进行检测鉴定的，生态环境部门或者公安机关按照有关规定开展检测鉴定工作。

——《最高人民法院、最高人民检察院、公安部、司法部、生态环境部关于办理环境污染刑事案件有关问题座谈会纪要》(2019 年 2 月 20 日，高检会〔2019〕3 号)。

1202 环境污染专门性问题的认定

关键词 | 检测报告 | 鉴定 |

【最高人民法院司法解释】

第十四条 对案件所涉的环境污染专门性问题难以确定的，依据司法鉴定机构出具的鉴定意见，或者国务院环境保护主管部门、公安部门指定的机构出具的报告，结合其他证据作出认定。

——《最高人民法院、最高人民检察院关于办理环境污染刑事案件适用法律若干问题的解释》（2017年1月1日，法释〔2016〕29号）。

【最高人民法院司法文件】

14. 关于鉴定的问题

会议指出，针对当前办理环境污染犯罪案件中存在的司法鉴定有关问题，司法部将会同生态环境部，加快准入一批诉讼急需、社会关注的环境损害司法鉴定机构，加快对环境损害司法鉴定相关技术规范和标准的制定、修改和认定工作，规范鉴定程序，指导各地司法行政机关会同价格主管部门制定出台环境损害司法鉴定收费标准，加强与办案机关的沟通衔接，更好地满足办案机关需求。

会议要求，司法部应当根据《关于严格准入严格监管提高司法鉴定质量和公信力的意见》（司发〔2017〕11号）的要求，会同生态环境部加强对环境损害司法鉴定机构的事中事后监管，加强司法鉴定社会信用体系建设，建立黑名单制度，完善退出机制，及时向社会公开违法违规的环境损害司法鉴定机构和鉴定人行政处罚、行业惩戒等监管信息，对弄虚作假造成环境损害鉴定评估结论严重失实或者违规收取高额费用、情节严重的，依法撤销登记。鼓励有关单位或者个人向司法部、生态环境部举报环境损害司法鉴定机构的违法违规行为。

会议认为，根据《环境解释》的规定精神，对涉及案件定罪量刑的核心或者关键专门性问题难以确定的，由司法鉴定机构出具鉴定意见。实践中，这类核心或者关键专门性问题主要是案件具体适用的定罪量刑标准涉及的专门性问题，比如公私财产损失数额、超过排放标准倍数、污染物性质判断等。对案件的其他非核心或者关键专门性问题，或者可鉴定也可不鉴定的专门性问题，一般不委托鉴定。比如，适用《环境解释》第一条第二项“非法排放、倾倒、处置危险废物三吨以上”的规定对当事人追究刑事责任的，除可能适用公私财产损失第二档定罪量刑标准的以外，则不应再对公私财产损失数额或者超过排放标准倍数进行鉴定。涉及案件定罪量刑的核心或者关键专门性问题难以鉴定或者鉴定费用明显过高的，司法机关可以结合案件其他证据，并参考生态环境部门意见、专家意见等作出认定。

——《最高人民法院、最高人民检察院、公安部、司法部、生态环境部关于办理环境污染刑事案件有关问题座谈会纪要》（2019年2月20日，高检会〔2019〕3号）。

1203 污染环境犯罪相关术语的界定

关键词｜有毒物质｜非法处置危险废物｜生态环境损害｜

【最高人民法院司法解释】

第十五条　下列物质应当认定为刑法第三百三十八条规定的“有毒物质”：

(一)危险废物,是指列入国家危险废物名录,或者根据国家规定的危险废物鉴别标准和鉴别方法认定的,具有危险特性的废物；

(二)《关于持久性有机污染物的斯德哥尔摩公约》附件所列物质；

(三)含重金属的污染物；

(四)其他具有毒性,可能污染环境的物质。

第十六条　无危险废物经营许可证,以营利为目的,从危险废物中提取物质作为原材料或者燃料,并具有超标排放污染物、非法倾倒污染物或者其他违法造成环境污染的情形的行为,应当认定为“非法处置危险废物”。

第十七条　本解释所称“二年内”,以第一次违法行为受到行政处罚的生效之日与又实施相应行为之日的时间间隔计算确定。

本解释所称“重点排污单位”,是指设区的市级以上人民政府环境保护主管部门依法确定的应当安装、使用污染物排放自动监测设备的重点监控企业及其他单位。

本解释所称“违法所得”,是指实施刑法第三百三十八条、第三百三十九条规定的行为所得和可得的全部违法收入。

本解释所称“公私财产损失”,包括实施刑法第三百三十八条、第三百三十九条规定的行为直接造成财产损毁、减少的实际价值,为防止污染扩大、消除污染而采取必要合理措施所产生的费用,以及处置突发环境事件的应急监测费用。

本解释所称“生态环境损害”,包括生态环境修复费用,生态环境修复期间服务功能的损失和生态环境功能永久性损害造成的损失,以及其他必要合理费用。

本解释所称“无危险废物经营许可证”,是指未取得危险废物经营许可证,或者超出危险废物经营许可证的经营范围。

——《最高人民法院、最高人民检察院关于办理环境污染刑事案件适用法律若干问题的解释》(2017 年 1 月 1 日,法释〔2016〕29 号)。

【链接：理解与适用】

(八)环境污染犯罪相关术语的界定

环境污染刑事案件专业性较强,涉及专门术语多。为统一相关案件的办理,《解释》对相关术语作了明确界定。

1. 关于“有毒物质”的界定。《2013 年解释》第十条对有毒物质专门作了界定。考虑到有关规范性文件的调整，《解释》对有毒物质的规定作出修改，删去“剧毒化学品、列入重点环境管理危险化学品名录的化学品，以及含有上述化学品的物质”的表述，第十五条规定：“下列物质应当认定为刑法第三百三十八条规定的‘有毒物质’：(一)危险废物，是指列入国家危险废物名录，或者根据国家规定的危险废物鉴别标准和鉴别方法认定的，具有危险特性的废物；(二)《关于持久性有机污染物的斯德哥尔摩公约》附件所列物质；(三)含重金属的污染物；(四)其他具有毒性，可能污染环境的物质。”实际上，根据《国家危险废物名录(2016 版)》的规定，废弃危险化学品(包括剧毒化学品、重点环境管理危险化学品)均属于危险废物，可以直接根据《解释》第十五条第(一)项认定为有毒物质。

2. 关于“公私财产损失”的计算。对于环境监测费用是否可以纳入公私财产损失的计算范围，存在较大争议。《2013 年解释》对此未作明确。而实践中已有对现场监测所产生的费用应否纳入公私财产损失计算范围存在争议的案件。《解释》起草过程中，经慎重研究认为，公私财产损失不包括日常环境监测费用，但因所涉行为导致的各类环境应急措施和应急处置费用(包括应急监测费用)可以列为“为防止污染扩大、消除污染而采取必要合理措施所产生的费用”。为消除司法实践中的争议，《解释》第十七条第四款明确公私财产损失包括处置突发环境事件的应急监测费用。

——周加海、喻海松：《〈关于办理环境污染刑事案件适用法律若干问题的解释〉的理解与适用》，载《人民司法·应用》2017 年第 4 期。

(二)破坏野生动物资源

1204 非法捕捞水产品罪的定罪量刑

关键词 | 非法捕捞水产品罪 | 情节严重 | 从重处罚 |

【最高人民法院司法解释】

第三条　在内陆水域，违反保护水产资源法规，在禁渔区、禁渔期或者使用禁用的工具、方法捕捞水产品，具有下列情形之一的，应当认定为刑法第三百四十条规定的“情节严重”，以非法捕捞水产品罪定罪处罚：

(一)非法捕捞水产品五百公斤以上或者价值一万元以上的；

(二)非法捕捞有重要经济价值的水生动物苗种、怀卵亲体或者在水产种质资源保护区内捕捞水产品五十公斤以上或者价值一千元以上的；

（三）在禁渔区使用电鱼、毒鱼、炸鱼等严重破坏渔业资源的禁用方法或者禁用工具捕捞的；

（四）在禁渔期使用电鱼、毒鱼、炸鱼等严重破坏渔业资源的禁用方法或者禁用工具捕捞的；

（五）其他情节严重的情形。

实施前款规定的行为，具有下列情形之一的，从重处罚：

（一）暴力抗拒、阻碍国家机关工作人员依法履行职务，尚未构成妨害公务罪、袭警罪的；

（二）二年内曾因破坏野生动物资源受过行政处罚的；

（三）对水生生物资源或者水域生态造成严重损害的；

（四）纠集多条船只非法捕捞的；

（五）以非法捕捞为业的。

实施第一款规定的行为，根据渔获物的数量、价值和捕捞方法、工具等，认为对水生生物资源危害明显较轻的，综合考虑行为人自愿接受行政处罚、积极修复生态环境等情节，可以认定为犯罪情节轻微，不起诉或者免予刑事处罚；情节显著轻微危害不大的，不作为犯罪处理。

——《最高人民法院、最高人民检察院关于办理破坏野生动物资源刑事案件适用法律若干问题的解释》（2022年4月9日，法释〔2022〕12号）。

【链接：理解与适用】

《解释》第三条第一款第（一）项、第（二）项采取了数量标准和价值标准并用的方式。主要考虑：(1)《海域案件规定（二）》《立案追诉标准》等司法解释、规范性文件在水产资源方面均采取了数量标准和价值标准并用的方式，为保证司法政策的连贯性，继续沿用这种方式；(2) 水产资源具有不同于陆地野生动物资源的特点，一些水产品数量很大，但价值很低，如果单纯用价值标准进行评判，恐会削弱对水产资源和生态环境的保护力度。例如，被告人非法捕捞螺蛳62083公斤，非法获利九千余元。法院认为被告人行为严重侵犯了国家保护水产资源的管理制度，同时破坏湖区底栖生物栖息地，影响螺蛳及其他水生生物的种群数量，破坏了湖区生物多样性，并一定程度上降低水体自净能力，危害了湖区生态安全，以非法捕捞水产品罪判处多名被告人拘役至有期徒刑一年十个月的刑罚。

《解释》第三条第一款第（三）项、第（四）项沿用"两禁"标准，但是，在符合"两禁"的情形下，行为人捕获的水产品数量差异较大，有的有几百公斤甚至上千公斤，有的则只有几斤，价值只有几十元，而且是初犯，一律入罪，恐失之过严。基于此，

《解释》专门规定符合“两禁”标准的非法捕捞水产品案件，根据渔获物的数量、价值和捕捞方法、工具等情节，认为对水生生物资源危害明显较轻的，综合考虑行为人自愿接受行政处罚、积极修复生态环境等情节，可以认定为犯罪情节轻微，不起诉或者免予刑事处罚；情节显著轻微危害不大的，不作为犯罪处理。这一规定赋予司法实践一定的自由裁量权，可以综合考虑网具的最小网目尺寸、渔具的功率强度、渔获物中幼鱼比例等情节综合评判行为对渔业资源的具体危害，实现对案件的妥当处理。对于捕捞水产品数量较少、价值较小，但对水产资源破坏较大的，也应当定罪处罚；对于捕捞水产品数量较少、价值较小，且对水产资源危害明显较轻的，不予刑事追究，必要时，可予以行政处罚。

——周加海、喻海松、李振华：《〈关于办理破坏野生动物资源刑事案件适用法律若干问题的解释〉的理解与适用》，载《人民司法 · 应用》2022 年第 13 期。

【最高人民法院司法文件】

（一）依法严惩非法捕捞犯罪。违反保护水产资源法规，在长江流域重点水域非法捕捞水产品，具有下列情形之一的，依照刑法第三百四十条的规定，以非法捕捞水产品罪定罪处罚：

1. 非法捕捞水产品五百公斤以上或者一万元以上的；

2. 非法捕捞具有重要经济价值的水生动物苗种、怀卵亲体或者在水产种质资源保护区内捕捞水产品五十公斤以上或者一千元以上的；

3. 在禁捕区域使用电鱼、毒鱼、炸鱼等严重破坏渔业资源的禁用方法捕捞的；

4. 在禁捕区域使用农业农村部规定的禁用工具捕捞的；

5. 其他情节严重的情形。

——《最高人民法院、最高人民检察院、公安部、农业农村部依法惩治长江流域非法捕捞等违法犯罪的意见》（2020 年 12 月 17 日，公通字〔2020〕17 号）。

1205 危害珍贵、濒危野生动物罪的对象范围

关键词 | 危害珍贵、濒危野生动物罪 | 国家重点保护的珍贵、濒危野生动物 |

【最高人民法院司法解释】

第四条 刑法第三百四十一条第一款规定的“国家重点保护的珍贵、濒危野生动物”包括：

（一）列入《国家重点保护野生动物名录》的野生动物；

（二）经国务院野生动物保护主管部门核准按照国家重点保护的野生动物管

理的野生动物。

——《最高人民法院、最高人民检察院关于办理破坏野生动物资源刑事案件适用法律若干问题的解释》(2022年4月9日,法释〔2022〕12号)。

【链接:理解与适用】

《2000年动物犯罪解释》第一条规定:"刑法第三百四十一条第一款规定的'珍贵、濒危野生动物',包括列入国家重点保护野生动物名录的国家一、二级保护野生动物,列入《濒危野生动植物种国际贸易公约》附录一、附录二的野生动物以及驯养繁殖的上述物种。"《解释》第四条对上述规定作出修改完善,将"列入《濒危野生动植物种国际贸易公约》附录一、附录二的野生动物"修改为"经国务院野生动物保护主管部门核准按照国家重点保护的野生动物管理的野生动物"。主要考虑:

第一,《濒危野生动植物种国际贸易公约》在序言中指出,该公约是"为了保护某些野生动物和植物物种不致由于国际贸易而遭到过度开发利用"而进行的国际合作;并在第一条"定义"中明确规定,该条约中的"贸易"指"出口、再出口、进口和从海上引进"。由此可见,该公约规范的是国际贸易,不涉及国际贸易的国内行为不受该国际条约管束,因此不宜将该公约附录中的野生动物直接规定为危害珍贵、濒危野生动物罪的犯罪对象。

第二,野生动物保护法第三十五条第四款规定:"列入本条第一款名录的野生动物,经国务院野生动物保护主管部门核准,在本法适用范围内可以按照国家重点保护的野生动物管理。"《林业部关于核准部分濒危野生动物为国家重点保护野生动物的通知》(林护通字〔1993〕48号)规定:"将《濒危野生动植物种国际贸易公约》附录一和附录二所列非原产我国的所有野生动物(如犀牛、食蟹猴、袋鼠、鸵鸟、非洲象、斑马等),分别核准为国家一级和国家二级保护野生动物。"2018年10月,农业农村部发布《濒危野生动植物种国际贸易公约附录水生物种核准为国家重点保护野生动物名录》(2021年11月,农业农村部对核准名录作出调整并重新发布)规定:"濒危野生动植物种国际贸易公约附录水生物种按照被核准的国家重点保护动物级别进行国内管理。"因此,就列入《濒危野生动植物种国际贸易公约》附录一、附录二的野生动物而言,可以适用刑法第三百四十一条第一款的,只能是经国务院野生动物保护主管部门核准按照国家重点保护的野生动物管理的情形。

——周加海、喻海松、李振华:《〈关于办理破坏野生动物资源刑事案件适用法律若干问题的解释〉的理解与适用》,载《人民司法·应用》2022年第13期。

1206 非法收购珍贵、濒危野生动物死体行为的认定

关键词 | 危害珍贵、濒危野生动物罪 | 珍贵、濒危野生动物制品 |

【最高人民法院答复】

刑法第三百四十一条第一款规定的“野生动物”指珍贵、濒危野生动物的整体,包括活体与死体;“野生动物制品”指动物的部分、衍生物以及经人为处置、加工形成的产品等。主要考虑:

一、《野生动物及其制品价值评估方法》第二条规定:“本方法所称野生动物,是指陆生野生动物的整体(含卵、蛋);所称野生动物制品,是指陆生野生动物的部分及其衍生物,包括产品。”《水生野生动物及其制品价值评估办法》第二条规定:“本办法规定的水生野生动物,是指国家重点保护水生野生动物及《濒危野生动植物种国际贸易公约》附录水生物种的整体(含卵)。本办法规定的水生野生动物制品,是指水生野生动物的部分及其衍生物。”将野生动物理解为动物整体,将野生动物制品理解为动物的部分、衍生物以及产品等,符合野生动物保护部门规章的明确规定。

二、区分动物和动物制品,宜综合考虑物理形态的完整性和是否经过人为处置、加工等因素。实践中,对于动物的活体、部分以及产品应如何认定,似无大的争议。例如,将虎皮、象牙等动物的部分认定为动物制品,将用完整昆虫制成的琥珀等人工制造物品也作为动物制品等。对于死亡动物的整体,一般应当认定为动物,以准确评价涉案行为的特征和社会危害性,也更符合社会公众的一般认知,确保准确适用法律、实现罪责刑相适应。

——《最高人民法院研究室关于刑法第三百四十一条第一款犯罪对象问题征求意见的复函》(法研〔2021〕16号)。

【最高人民法院参考案例】

刘纯军非法收购珍贵、濒危野生动物案(《刑事审判参考》案例第1397号)

要旨:珍贵、濒危野生动物死体应认定为珍贵、濒危野生动物。

珍贵、濒危野生动物制品是指对捕获或得到的珍贵、濒危野生动物通过某种加工手段而获利的成品与半成品,如标本、皮张和其他有极高经济价值的动物部位、肉食等。珍贵、濒危野生动物的死体如果能够保持完整性,没有经过加工,应认定为珍贵、濒危野生动物。我们认为,根据《破坏野生动物资源解释》及《国家林业局、公安部关于森林案例和陆生野生动物刑事管辖及立案标准》的规定,野生动物与野生动物制品在立案、定罪、量刑采取不同的标准,前者以数量多少为依据,后者以价值大小为依据,不同的认定对行为人的处罚差异较大,故准确认定野生动物死体是否属于

野生动物意义重大。我们赞同野生动物死体应认定为野生动物的观点。

——《刑事审判参考》(总第125辑)。

1207 危害珍贵、濒危野生动物罪的定罪量刑

关键词|危害珍贵、濒危野生动物罪|情节严重|情节特别严重|从重处罚|

【最高人民法院司法解释】

第六条　非法猎捕、杀害国家重点保护的珍贵、濒危野生动物,或者非法收购、运输、出售国家重点保护的珍贵、濒危野生动物及其制品,价值二万元以上不满二十万元的,应当依照刑法第三百四十一条第一款的规定,以危害珍贵、濒危野生动物罪处五年以下有期徒刑或者拘役,并处罚金;价值二十万元以上不满二百万元的,应当认定为"情节严重",处五年以上十年以下有期徒刑,并处罚金;价值二百万元以上的,应当认定为"情节特别严重",处十年以上有期徒刑,并处罚金或者没收财产。

实施前款规定的行为,具有下列情形之一的,从重处罚:

(一)属于犯罪集团的首要分子的;

(二)为逃避监管,使用特种交通工具实施的;

(三)严重影响野生动物科研工作的;

(四)二年内曾因破坏野生动物资源受过行政处罚的。

实施第一款规定的行为,不具有第二款规定的情形,且未造成动物死亡或者动物、动物制品无法追回,行为人全部退赃退赔,确有悔罪表现的,按照下列规定处理:

(一)珍贵、濒危野生动物及其制品价值二百万元以上的,可以认定为"情节严重",处五年以上十年以下有期徒刑,并处罚金;

(二)珍贵、濒危野生动物及其制品价值二十万元以上不满二百万元的,可以处五年以下有期徒刑或者拘役,并处罚金;

(三)珍贵、濒危野生动物及其制品价值二万元以上不满二十万元的,可以认定为犯罪情节轻微,不起诉或者免予刑事处罚;情节显著轻微危害不大的,不作为犯罪处理。

——《最高人民法院、最高人民检察院关于办理破坏野生动物资源刑事案件适用法律若干问题的解释》(2022年4月9日,法释〔2022〕12号)。

【最高人民法院司法文件】

（二）依法严惩危害珍贵、濒危水生野生动物资源犯罪。在长江流域重点水域非法猎捕、杀害中华鲟、长江鲟、长江江豚或者其他国家重点保护的珍贵、濒危水生野生动物，价值二万元以上不满二十万元的，应当依照刑法第三百四十一条的规定，以非法猎捕、杀害珍贵、濒危野生动物罪①，处五年以下有期徒刑或者拘役，并处罚金；价值二十万元以上不满二百万元的，应当认定为"情节严重"，处五年以上十年以下有期徒刑，并处罚金；价值二百万元以上的，应当认定为"情节特别严重"，处十年以上有期徒刑，并处罚金或者没收财产。

（三）依法严惩非法渔获物交易犯罪。明知是在长江流域重点水域非法捕捞犯罪所得的水产品而收购、贩卖，价值一万元以上的，应当依照刑法第三百一十二条的规定，以掩饰、隐瞒犯罪所得罪定罪处罚。

非法收购、运输、出售在长江流域重点水域非法猎捕、杀害的中华鲟、长江鲟、长江江豚或者其他国家重点保护的珍贵、濒危水生野生动物及其制品，价值二万元以上不满二十万元的，应当依照刑法第三百四十一条的规定，以非法收购、运输、出售珍贵、濒危野生动物、珍贵、濒危野生动物制品罪②，处五年以下有期徒刑或者拘役，并处罚金；价值二十万元以上不满二百万元的，应当认定为"情节严重"，处五年以上十年以下有期徒刑，并处罚金；价值二百万元以上的，应当认定为"情节特别严重"，处十年以上有期徒刑，并处罚金或者没收财产。

——《最高人民法院、最高人民检察院、公安部、农业农村部依法惩治长江流域非法捕捞等违法犯罪的意见》（2020 年 12 月 17 日，公通字〔2020〕17 号）。

1208 非法狩猎罪的定罪量刑

关键词 | 非法狩猎罪 | 情节严重 | 从重处罚 |

【最高人民法院司法解释】

第七条 违反狩猎法规，在禁猎区、禁猎期或者使用禁用的工具、方法进行狩猎，破坏野生动物资源，具有下列情形之一的，应当认定为刑法第三百四十一条第二款规定的"情节严重"，以非法狩猎罪定罪处罚：

---

① 刑法修正案（十一）已有修正，《最高人民法院、最高人民检察院关于执行〈中华人民共和国刑法〉确定罪名的补充规定（七）》将罪名改为"危害珍贵、濒危野生动物罪"。

② 刑法修正案（十一）已有修正，《最高人民法院、最高人民检察院关于执行〈中华人民共和国刑法〉确定罪名的补充规定（七）》将罪名改为"危害珍贵、濒危野生动物罪"。

（一）非法猎捕野生动物价值一万元以上的；

（二）在禁猎区使用禁用的工具或者方法狩猎的；

（三）在禁猎期使用禁用的工具或者方法狩猎的；

（四）其他情节严重的情形。

实施前款规定的行为，具有下列情形之一的，从重处罚：

（一）暴力抗拒、阻碍国家机关工作人员依法履行职务，尚未构成妨害公务罪、袭警罪的；

（二）对野生动物资源或者栖息地生态造成严重损害的；

（三）二年内曾因破坏野生动物资源受过行政处罚的。

实施第一款规定的行为，根据猎获物的数量、价值和狩猎方法、工具等，认为对野生动物资源危害明显较轻的，综合考虑猎捕的动机、目的、行为人自愿接受行政处罚、积极修复生态环境等情节，可以认定为犯罪情节轻微，不起诉或者免予刑事处罚；情节显著轻微危害不大的，不作为犯罪处理。

——《最高人民法院、最高人民检察院关于办理破坏野生动物资源刑事案件适用法律若干问题的解释》（2022 年 4 月 9 日，法释〔2022〕12 号）。

1209 私拉电网非法狩猎并危及公共安全行为的，择一重罪处罚

关键词｜非法狩猎罪｜公共安全｜数罪并罚｜想象竞合｜

【最高人民法院参考案例】

曾巩义、陈月容非法狩猎案（《刑事审判参考》案例第 603 号）

要旨：以私设电网的方法猎捕野生动物，并致人重伤、死亡或者使公私财产遭受重大损失，同时触犯了非法狩猎罪和过失以危险方法危害公共安全罪的，应当按照想象竞合犯的处理原则，择一重罪处理。

本案中，如果二被告人私设电网非法狩猎时，造成了他人重伤、死亡或者公私财产遭受重大损失的严重后果，便会产生非法狩猎罪和过失以危险方法危害公共安全罪的想象竞合问题。《最高人民法院关于审理破坏野生动物资源刑事案件具体应用法律若干问题的解释》第七条对非法狩猎罪和过失以危险方法危害公共安全罪的竞合问题作出了明确规定，即“使用爆炸、投毒、设置电网等危险方法破坏野生动物资源，构成非法猎捕、杀害珍贵、濒危野生动物罪[①]或者非法狩猎罪，同时构成刑法第一百一十四条或者第一百一十五条规定之罪的，依照处罚较重的规定定

① 罪名已调整为“危害珍贵、濒危野生动物罪”。

罪处罚”。根据刑法第一百一十五条第二款和第三百四十一条第二款的规定，犯过失以危险方法危害公共安全罪，处三年以上七年以下有期徒刑；情节较轻的，处三年以下有期徒刑或者拘役。犯非法狩猎罪，处三年以下有期徒刑、拘役、管制或者罚金。比较两罪的法定刑，显然过失以危险方法危害公共安全罪要重于非法狩猎罪。因此，当行为人同时触犯过失以危险方法危害公共安全罪和非法狩猎罪两个罪名时，应以过失以危险方法危害公共安全罪追究其刑事责任。同时，可将非法狩猎行为作为量刑情节予以考虑。

——《刑事审判参考》（总第72辑）。

1210 非法猎捕、收购、运输、出售陆生野生动物罪的定罪量刑

关键词 | 非法猎捕、收购、运输、出售陆生野生动物罪 | 情节严重 | 以食用为目的 |

【最高人民法院司法解释】

第八条 违反野生动物保护管理法规，以食用为目的，非法猎捕、收购、运输、出售刑法第三百四十一条第一款规定以外的在野外环境自然生长繁殖的陆生野生动物，具有下列情形之一的，应当认定为刑法第三百四十一条第三款规定的“情节严重”，以非法猎捕、收购、运输、出售陆生野生动物罪定罪处罚：

（一）非法猎捕、收购、运输、出售有重要生态、科学、社会价值的陆生野生动物或者地方重点保护陆生野生动物价值一万元以上的；

（二）非法猎捕、收购、运输、出售第一项规定以外的其他陆生野生动物价值五万元以上的；

（三）其他情节严重的情形。

实施前款规定的行为，同时构成非法狩猎罪的，应当依照刑法第三百四十一条第三款的规定，以非法猎捕陆生野生动物罪定罪处罚。

第十一条 对于“以食用为目的”，应当综合涉案动物及其制品的特征，被查获的地点，加工、包装情况，以及可以证明来源、用途的标识、证明等证据作出认定。

实施本解释规定的相关行为，具有下列情形之一的，可以认定为“以食用为目的”：

（一）将相关野生动物及其制品在餐饮单位、饮食摊点、超市等场所作为食品销售或者运往上述场所的；

（二）通过包装、说明书、广告等介绍相关野生动物及其制品的食用价值或者方法的；

（三）其他足以认定以食用为目的的情形。

——《最高人民法院、最高人民检察院关于办理破坏野生动物资源刑事案件适

用法律若干问题的解释》(2022年4月9日,法释〔2022〕12号)。

【链接:理解与适用】

其一,犯罪对象。刑法第三百四十一条第三款规定的非法猎捕、收购、运输、出售陆生野生动物罪,犯罪对象是除第一款规定的国家重点保护的珍贵、濒危野生动物以外的其他陆生野生动物。我们经研究认为,具体包括两类野生动物:(1)“三有动物”(有重要生态、科学、社会价值的陆生野生动物)和地方重点保护的陆生野生动物。具体而言,针对“三有动物”和地方重点保护的陆生野生动物进行狩猎,构成非法狩猎罪,限于“两禁”情形(违反狩猎法规,在禁猎区、禁猎期或者使用禁用的工具、方法进行狩猎)。故而,以食用为目的,非法猎捕“三有动物”和地方重点保护的陆生野生动物,不具有“两禁”情形的,不构成非法狩猎罪,但可能构成刑法第三百四十一条第三款规定的非法猎捕陆生野生动物罪。此外,以食用为目的,针对此类动物实施非法收购、运输、出售的行为,构成刑法第三百四十一条第三款规定的非法收购、运输、出售陆生野生动物罪。(2)其他陆生野生动物。从防范公共卫生安全风险的需要考虑,主要指对人类具有动物疫病传播风险的陆生脊椎野生动物,如鼠类、蝙蝠等。以食用为目的,非法猎捕、收购、运输、出售此类野生动物,构成刑法第三百四十一条第三款规定的非法收购、运输、出售陆生野生动物罪。

——周加海、喻海松、李振华:《〈关于办理破坏野生动物资源刑事案件适用法律若干问题的解释〉的理解与适用》,载《人民司法·应用》2022年第13期。

1211 破坏野生动物资源案件的综合裁量

关键词|人工繁育动物|濒危动物|罪责刑相适应|

【最高人民法院司法解释】

第十三条第一款　实施本解释规定的相关行为,在认定是否构成犯罪以及裁量刑罚时,应当考虑涉案动物是否系人工繁育、物种的濒危程度、野外存活状况、人工繁育情况、是否列入人工繁育国家重点保护野生动物名录,行为手段、对野生动物资源的损害程度,以及对野生动物及其制品的认知程度等情节,综合评估社会危害性,准确认定是否构成犯罪,妥当裁量刑罚,确保罪责刑相适应;根据本解释的规定定罪量刑明显过重的,可以根据案件的事实、情节和社会危害程度,依法作出妥当处理。

——《最高人民法院、最高人民检察院关于办理破坏野生动物资源刑事案件适用法律若干问题的解释》(2022年4月9日,法释〔2022〕12号)。

【链接：理解与适用】

需要注意的是：其一，《国家重点保护野生动物名录（2021年）》对原名录进行了系统更新，共列入野生动物九百八十种和八类，其中，新增的保护动物达五百一十七种（类），包括大斑灵猫等四十三种国家一级保护野生动物，以及狼等四百七十四种（类）国家二级保护野生动物。考虑到名录列入的野生动物种类繁多，且一半以上系新增，难以为一般社会公众在短时间内准确辨识，在认定相关行为是否构成犯罪以及裁量刑罚时，要充分考察、考虑行为人对野生动物及其制品的认知程度。其二，司法实践中要善于运用综合裁量规则，对相关案件作出妥当处理。例如，随着野生动物数量增加，野生动物致害情况不时发生，甚至出现伤人事件。有的农民为了保护农作物不被侵害而采取预防性措施猎捕野猪，对于此类案件，就应当充分考虑案发起因、行为动机，实事求是、区别对待，予以刑事追究必须严格把握。

——周加海、喻海松、李振华：《〈关于办理破坏野生动物资源刑事案件适用法律若干问题的解释〉的理解与适用》，载《人民司法·应用》2022年第13期。

1212 人工繁育动物案件的处理

关键词｜人工繁育动物｜宠物｜

【最高人民法院司法解释】

第十三条第二款 涉案动物系人工繁育，具有下列情形之一的，对所涉案件一般不作为犯罪处理；需要追究刑事责任的，应当依法从宽处理：

（一）列入人工繁育国家重点保护野生动物名录的；

（二）人工繁育技术成熟、已成规模，作为宠物买卖、运输的。

——《最高人民法院、最高人民检察院关于办理破坏野生动物资源刑事案件适用法律若干问题的解释》（2022年4月9日，法释〔2022〕12号）。

【链接：理解与适用】

一是列入人工繁育国家重点保护野生动物名录的。随着科研水平不断提高，不少野生动物的人工繁育得到突破，一些珍贵、濒危野生动物已经形成了稳定的、完全不依赖野外资源的人工繁育种群。根据野生动物保护法第二十八条第一款的规定，目前共有三批三十种动物被列入人工繁育国家重点保护野生动物名录。……

二是人工繁育技术成熟、已成规模，作为宠物买卖、运输的。从实践来看，有些野生动物人工繁育时间长、技术成熟。例如，据媒体报道，费氏牡丹鹦鹉原生地为非洲热带丛林，列入《濒危野生动植物种国际贸易公约》附录二，被核准为国家二级保护野生动物。自二十世纪八十年代，费氏牡丹鹦鹉被引入我国，已有三十多年人工繁育的历史，技术十分成熟。由于历史原因，多数存在证件不全的情况。对于此类案件，追究刑事责任应当特别慎重，要重在通过完善相关行政管理加以解决。

对于涉及人工繁育技术成熟稳定的国家重点保护野生动物案件的处理，起草过程中存在不同认识。一种意见主张，对于列入人工繁育国家重点保护野生动物名录的野生动物，其人工种群应当排除在珍贵动物和珍贵、濒危野生动物的范围之外；另一种意见主张，将上述动物的人工种群一律排除在珍贵动物和珍贵、濒危野生动物的范围之外存在不妥，但对涉及相关动物的案件应当从宽处理，甚至不予追究刑事责任。经综合考虑各方意见认为，刑法规定的珍贵、濒危野生动物应以野生动物保护法为依据，不宜再出现刑法规定的珍贵、濒危野生动物。鉴于此，《解释》采纳后一种意见。

——周加海、喻海松、李振华：《〈关于办理破坏野生动物资源刑事案件适用法律若干问题的解释〉的理解与适用》，载《人民司法·应用》2022年第13期。

【最高人民法院参考案例】

解景芳非法出售珍贵、濒危野生动物案（《刑事审判参考》案例第1383号）

要旨：对于破坏人工繁育野生动物资源的行为，在决定是否追究刑事责任以及如何裁量刑罚时，应当结合案件事实和证据，综合考量涉案动物的濒危程度、野外种群状况、人工繁育情况、用途、行为手段和对野生动物资源的损害程度等情节，综合评估社会危害性，依法作出妥当处理，确保罪责刑相适应。

根据野生动物保护法的规定，结合野生动物保护和人工繁育的实际情况来看，野生动物资源司法保护的重点应当是野外种群，以及濒危程度和保护等级较高且繁育技术不成熟、繁育规模较小的物种。在定罪量刑时如果对所有破坏人工繁育种群犯罪与破坏野外种群犯罪不加区分，既不符合罪责刑相适应原则，更背离社会公众的一般认知。近年来，各地法院在办理破坏人工繁育野生动物资源犯罪案件时，对于在法定量刑幅度内从宽后判罚仍明显过重的，根据案件的事实、性质、情节和社会危害程度，依法对被告人在法定刑以下判处刑罚，取得了良好的法律效果和社会效果。考虑到实践中的情况纷繁复杂，在办理这类案件时，应当结合案件具体情况，综合考量相关因素，依法准确定罪量刑。从本案以及近年来司法实践中相关案件的情况看，对于破坏人工繁育野生动物资源的行为，在决定是否追究刑事责任以及如何裁量刑罚时，应当结合案件事实和证据，综合考量涉案动物的濒危程度、野外种群状况、人工繁育情况、用途、行为手段和对野生动物资源的损害程度等情节，综合评估社会危害性，依法作出妥当处理，确保罪责刑相适应。

——《刑事审判参考》（总第124辑）。

1213 破坏野生动物资源刑事案件涉案动物及其制品的价值的确定

关键词 | 涉案动物及其制品 | 鉴定 |

【最高人民法院司法解释】

第十五条 对于涉案动物及其制品的价值，应当根据下列方法确定：

（一）对于国家禁止进出口的珍贵动物及其制品、国家重点保护的珍贵、濒危野生动物及其制品的价值，根据国务院野生动物保护主管部门制定的评估标准和方法核算；

（二）对于有重要生态、科学、社会价值的陆生野生动物、地方重点保护野生动物、其他野生动物及其制品的价值，根据销赃数额认定；无销赃数额、销赃数额难以查证或者根据销赃数额认定明显偏低的，根据市场价格核算，必要时，也可以参照相关评估标准和方法核算。

第十六条 根据本解释第十五条规定难以确定涉案动物及其制品价值的，依据司法鉴定机构出具的鉴定意见，或者下列机构出具的报告，结合其他证据作出认定：

（一）价格认证机构出具的报告；

（二）国务院野生动物保护主管部门、国家濒危物种进出口管理机构或者海关总署等指定的机构出具的报告；

（三）地、市级以上人民政府野生动物保护主管部门、国家濒危物种进出口管理机构的派出机构或者直属海关等出具的报告。

——《最高人民法院、最高人民检察院关于办理破坏野生动物资源刑事案件适用法律若干问题的解释》（2022年4月9日，法释〔2022〕12号）。

（三）破坏土地和矿产资源

1214 非法占用农用地罪的司法认定

关键词 | 非法占用农用地罪 | 林地 | 耕地 | 草地 |

【最高人民法院司法解释】

第一条　违反草原法等土地管理法规，非法占用草原，改变被占用草原用途，数量较大，造成草原大量毁坏的，依照刑法第三百四十二条的规定，以非法占用农用地罪定罪处罚。

第二条　非法占用草原，改变被占用草原用途，数量在二十亩以上的，或者曾因非法占用草原受过行政处罚，在三年内又非法占用草原，改变被占用草原用途，数量在十亩以上的，应当认定为刑法第三百四十二条规定的“数量较大”。

非法占用草原，改变被占用草原用途，数量较大，具有下列情形之一的，应当认定为刑法第三百四十二条规定的“造成耕地、林地等农用地大量毁坏”：

（一）开垦草原种植粮食作物、经济作物、林木的；

（二）在草原上建窑、建房、修路、挖砂、采石、采矿、取土、剥取草皮的；

（三）在草原上堆放或者排放废弃物，造成草原的原有植被严重毁坏或者严重污染的；

（四）违反草原保护、建设、利用规划种植牧草和饲料作物，造成草原沙化或者水土严重流失的；

（五）其他造成草原严重毁坏的情形。

——《最高人民法院关于审理破坏草原资源刑事案件应用法律若干问题的解释》（2012年11月22日，法释〔2012〕15号）。

第一条　违反土地管理法规，非法占用林地，改变被占用林地用途，在非法占用的林地上实施建窑、建坟、建房、挖沙、采石、采矿、取土、种植农作物、堆放或排泄废弃物等行为或者进行其他非林业生产、建设，造成林地的原有植被或林业种植条件严重毁坏或者严重污染，并具有下列情形之一的，属于刑法第三百四十二条规定的犯罪行为，应当以非法占用农用地罪判处五年以下有期徒刑或者拘役，并处或者单处罚金：

（一）非法占用并毁坏防护林地、特种用途林地数量分别或者合计达到五亩以上；

（二）非法占用并毁坏其他林地数量达到十亩以上；

（三）非法占用并毁坏本条第（一）项、第（二）项规定的林地，数量分别达到相应规定的数量标准的百分之五十以上；

（四）非法占用并毁坏本条第（一）项、第（二）项规定的林地，其中一项数量达到相应规定的数量标准的百分之五十以上，且两项数量合计达到该项规定的数量标准。

——《最高人民法院关于审理破坏林地资源刑事案件具体应用法律若干问题的解释》(2005年12月30日,法释〔2005〕15号)

第三条 违反土地管理法规,非法占用耕地改作他用,数量较大,造成耕地大量毁坏的,依照刑法第三百四十二条的规定,以非法占用耕地罪[①]定罪处罚:

(一)非法占用耕地“数量较大”,是指非法占用基本农田五亩以上或者非法占用基本农田以外的耕地十亩以上。

(二)非法占用耕地“造成耕地大量毁坏”,是指行为人非法占用耕地建窑、建坟、建房、挖沙、采石、采矿、取土、堆放固体废弃物或者进行其他非农业建设,造成基本农田五亩以上或者基本农田以外的耕地十亩以上种植条件严重毁坏或者严重污染。

——《最高人民法院关于审理破坏土地资源刑事案件具体应用法律若干问题的解释》(2000年6月22日,法释〔2000〕14号)。[②]

1215 擅自以村委会名义将村山坡林地承包给村民作为墓地使用的定性

关键词｜非法占用农用地罪｜墓地｜

【最高人民法院参考案例】

赵石山、王海杰、杨建波非法占用农用地案(《刑事审判参考》案例第1398号)

要旨:擅自以村委会名义将村山坡林地承包给村民作为墓地使用的,可认定为非法占用农用地罪。

三被告人(尤其赵石山还是村委会主任)在明知相关事项需要经过相关部门审批的情况下,未经审批,未通过村民代表大会、村民大会民主决策程序,擅自决定在涉案地块上选地用于修建公墓,在此过程中,又以统一规划为由,决定将公墓周围土地发包给村民作为墓地永久性使用,主观上具有非法占用农用地、改变涉案土地用途为墓地使用的故意。

——《刑事审判参考》(总第125辑)。

---

① 罪名已调整为“非法占用农用地罪”。

② 刑法修正案(二)修正后,刑法第三百四十二条将“耕地”调整为“农用地”,要根据刑法修正的内容妥当把握司法解释的理解与适用。

1216 非法占用园地、改变园地用途行为的定性

关键词｜非法占用农用地罪｜非法占用园地｜改变园地用途｜

【最高人民法院参考案例】

廖渭良等非法占用农用地、非法转让土地使用权案(《刑事审判参考》案例第445号)

要旨:非法占用园地,擅自改变土地用途,数量较大的构成非法占用农用地罪。

(一)非法占用园地,擅自改变土地用途,数量较大的构成非法占用农用地罪

非法占用农用地罪客观表现为违反土地管理法规,非法占用耕地、林地等农用地,改变被占用土地用途,数量较大,造成耕地、林地等农用地大量毁坏的行为。“非法占用耕地、林地等农用地”是指违反土地利用总体规划,未经批准擅自占用耕地、林地等农用地,或者采取欺骗手段骗取审批手续等行为;“改变被占用土地用途”是指改变土地利用总体规划规定的农用地的原用途,如占用耕地建设度假村,开垦林地、草地种植庄稼,占用林地挖掘鱼塘养鱼、养虾等;“造成耕地、林地等农用地大量毁坏”是指非法占用农用地后非法改变农用地用途,致使耕地、林地等农用地原有的农用条件遭到严重破坏,原有的农用地效用功能丧失,无法或者短期内难以恢复原有功能等情形。非法占用农用地的行为,必须达到“数量较大”的才构成犯罪。对于本罪中的“数量较大”,只有2000年《最高人民法院关于审理破坏土地资源刑事案件具体运用法律若干问题的解释》(以下简称《解释》)可作参照。《解释》将破坏耕地的有关数量标准予以了明确,根据该《解释》,非法占用耕地“数量较大”,是指非法占用基本农田五亩以上或者非法占用基本农田以外的耕地十亩以上;非法占用耕地“造成耕地大量毁坏”,是指行为人非法占用耕地建窑、建坟、建房、挖砂、采石、采矿、取土、堆放固体废弃物或者进行其他非农业建设,造成基本农田五亩以上或者基本农田以外的耕地十亩以上种植条件严重毁坏或者严重污染。由于不同种类的土地存在用途上的不同和稀缺程度以及对社会经济发展的重要程度的差异,体现在刑法保护程度上就有不同,对此《解释》中已经体现出这种精神。如根据《解释》第一条的规定,违反土地管理法规,非法转让、倒卖土地使用权,“情节严重”的构成非法转让、倒卖土地使用权罪的数量标准,就区分了不同土地规定了三种标准:(1)非法转让、倒卖基本农田五亩以上的;(2)非法转让、倒卖基本农田以外的耕地十亩以上的;(3)非法转让、倒卖其他土地二十亩以上的。因此,我们认为,对于非法占用耕地以外的林地等其他农用地依照刑法第三百四十二条进行定罪处罚的有关数量标准,在目前尚没有有关司法解释明确规定的情况下,可以参照《解释》的规定,将非法占用耕地以外的其他农用地“数量较大”掌握在二十亩以上,“造成耕地以外的其他农用地大量毁坏”的标准掌握在二十亩以上。

——《刑事审判参考》(总第56辑)。

1217 非法采矿罪的定罪量刑

关键词｜非法采矿罪｜采矿许可证｜

【最高人民法院司法解释】

第一条 违反《中华人民共和国矿产资源法》《中华人民共和国水法》等法律、行政法规有关矿产资源开发、利用、保护和管理的规定的，应当认定为刑法第三百四十三条规定的“违反矿产资源法的规定”。

第二条 具有下列情形之一的，应当认定为刑法第三百四十三条第一款规定的“未取得采矿许可证”：

(一)无许可证的；

(二)许可证被注销、吊销、撤销的；

(三)超越许可证规定的矿区范围或者开采范围的；

(四)超出许可证规定的矿种的(共生、伴生矿种除外)；

(五)其他未取得许可证的情形。

第三条 实施非法采矿行为，具有下列情形之一的，应当认定为刑法第三百四十三条第一款规定的“情节严重”：

(一)开采的矿产品价值或者造成矿产资源破坏的价值在十万元至三十万元以上的；

(二)在国家规划矿区、对国民经济具有重要价值的矿区采矿，开采国家规定实行保护性开采的特定矿种，或者在禁采区、禁采期内采矿，开采的矿产品价值或者造成矿产资源破坏的价值在五万元至十五万元以上的；

(三)二年内曾因非法采矿受过两次以上行政处罚，又实施非法采矿行为的；

(四)造成生态环境严重损害的；

(五)其他情节严重的情形。

实施非法采矿行为，具有下列情形之一的，应当认定为刑法第三百四十三条第一款规定的“情节特别严重”：

(一)数额达到前款第一项、第二项规定标准五倍以上的；

(二)造成生态环境特别严重损害的；

(三)其他情节特别严重的情形。

——《最高人民法院、最高人民检察院关于办理非法采矿、破坏性采矿刑事案件适用法律若干问题的解释》(2016年12月1日，法释〔2016〕25号)。

【最高人民法院司法文件】

6. 正确理解和适用《解释》第二条、第四条第一款、第五条第一款规定，准确把握盗采矿产资源行为入罪的前提条件。对是否构成“未取得采矿许可证”情形，要在综合考量案件具体事实、情节的基础上依法认定。

——《最高人民法院关于充分发挥环境资源审判职能作用依法惩处盗采矿产资源犯罪的意见》(2022年7月1日，法发〔2022〕19号)。

1218 非法采砂犯罪的认定

关键词｜非法采矿罪｜非法采砂｜

【最高人民法院司法解释】

第四条　在河道管理范围内采砂，具有下列情形之一，符合刑法第三百四十三条第一款和本解释第二条、第三条规定的，以非法采矿罪定罪处罚：

(一)依据相关规定应当办理河道采砂许可证，未取得河道采砂许可证的；

(二)依据相关规定应当办理河道采砂许可证和采矿许可证，既未取得河道采砂许可证，又未取得采矿许可证的。

实施前款规定行为，虽不具有本解释第三条第一款规定的情形，但严重影响河势稳定，危害防洪安全的，应当认定为刑法第三百四十三条第一款规定的“情节严重”。

第五条　未取得海砂开采海域使用权证，且未取得采矿许可证，采挖海砂，符合刑法第三百四十三条第一款和本解释第二条、第三条规定的，以非法采矿罪定罪处罚。

实施前款规定行为，虽不具有本解释第三条第一款规定的情形，但造成海岸线严重破坏的，应当认定为刑法第三百四十三条第一款规定的“情节严重”。

——《最高人民法院、最高人民检察院关于办理非法采矿、破坏性采矿刑事案件适用法律若干问题的解释》(2016年12月1日，法释〔2016〕25号)。

【最高人民法院司法文件】

7. 正确理解和适用《解释》第三条、第四条第二款、第五条第二款规定，对实施盗采矿产资源行为同时构成两种以上“情节严重”或者“情节特别严重”情形的，要综合考虑各情节，精准量刑。对在河道管理范围、海域实施盗采砂石行为的，要充分关注和考虑其危害堤防安全、航道畅通、通航安全或者造成岸线破坏等因素。

——《最高人民法院关于充分发挥环境资源审判职能作用依法惩处盗采矿产资源犯罪的意见》(2022 年 7 月 1 日,法发〔2022〕19 号)。

1219 破坏性采矿罪的定罪量刑

关键词 | 破坏性采矿罪 | 造成矿产资源严重破坏 |

【最高人民法院司法解释】

第一条 违反《中华人民共和国矿产资源法》《中华人民共和国水法》等法律、行政法规有关矿产资源开发、利用、保护和管理的规定的,应当认定为刑法第三百四十三条规定的“违反矿产资源法的规定”。

第六条 造成矿产资源破坏的价值在五十万元至一百万元以上,或者造成国家规划矿区、对国民经济具有重要价值的矿区和国家规定实行保护性开采的特定矿种资源破坏的价值在二十五万元至五十万元以上的,应当认定为刑法第三百四十三条第二款规定的“造成矿产资源严重破坏”。

——《最高人民法院、最高人民检察院关于办理非法采矿、破坏性采矿刑事案件适用法律若干问题的解释》(2016 年 12 月 1 日,法释〔2016〕25 号)。

1220 非法开采的矿产品价值的认定

关键词 | 非法采矿罪 | 矿产品价值 |

【最高人民法院司法解释】

第八条 多次非法采矿、破坏性采矿构成犯罪,依法应当追诉的,或者二年内多次非法采矿、破坏性采矿未经处理的,价值数额累计计算。

第十三条 非法开采的矿产品价值,根据销赃数额认定;无销赃数额,销赃数额难以查证,或者根据销赃数额认定明显不合理的,根据矿产品价格和数量认定。

矿产品价值难以确定的,依据下列机构出具的报告,结合其他证据作出认定:

(一)价格认证机构出具的报告;

(二)省级以上人民政府国土资源、水行政、海洋等主管部门出具的报告;

(三)国务院水行政主管部门在国家确定的重要江河、湖泊设立的流域管理机构出具的报告。

——《最高人民法院、最高人民检察院关于办理非法采矿、破坏性采矿刑事案件适用法律若干问题的解释》(2016 年 12 月 1 日,法释〔2016〕25 号)。

【最高人民法院司法文件】

9. 正确理解和适用《解释》第十三条规定,准确把握矿产品价值认定规则。为获取非法利益而对矿产品进行加工、保管、运输的,其成本支出一般不从销赃数额中扣除。销赃数额与评估、鉴定的矿产品价值不一致的,要结合案件的具体事实、情节作出合理认定。

——《最高人民法院关于充分发挥环境资源审判职能作用依法惩处盗采矿产资源犯罪的意见》(2022 年 7 月 1 日,法发〔2022〕19 号)。

(四)破坏森林资源

1221 “珍贵树木或者国家重点保护的其他植物”的认定

关键词|危害国家重点保护植物罪|珍贵树木|国家重点保护的其他植物|人工培育植物|

【最高人民法院司法解释】

一、古树名木以及列入《国家重点保护野生植物名录》的野生植物,属于刑法第三百四十四条规定的“珍贵树木或者国家重点保护的其他植物”。

二、根据《中华人民共和国野生植物保护条例》的规定,野生植物限于原生地天然生长的植物。人工培育的植物,除古树名木外,不属于刑法第三百四十四条规定的“珍贵树木或者国家重点保护的其他植物”。非法采伐、毁坏或者非法收购、运输人工培育的植物(古树名木除外),构成盗伐林木罪、滥伐林木罪、非法收购、运输盗伐、滥伐的林木罪等犯罪的,依照相关规定追究刑事责任。

三、对于非法移栽珍贵树木或者国家重点保护的其他植物,依法应当追究刑事责任的,依照刑法第三百四十四条的规定,以非法采伐国家重点保护植物罪定罪处罚。[①]

鉴于移栽在社会危害程度上与砍伐存在一定差异,对非法移栽珍贵树木或者国家重点保护的其他植物的行为,在认定是否构成犯罪以及裁量刑罚时,应当考虑

---

① 2021 年 3 月 1 日施行的《最高人民法院、最高人民检察院关于执行〈中华人民共和国刑法〉确定罪名的补充规定(七)》将刑法第三百四十四条的罪名整合为“危害国家重点保护植物罪”。

植物的珍贵程度、移栽目的、移栽手段、移栽数量、对生态环境的损害程度等情节，综合评估社会危害性，确保罪责刑相适应。

——《最高人民法院、最高人民检察院关于适用〈中华人民共和国刑法〉第三百四十四条有关问题的批复》（2020 年 3 月 21 日，法释〔2020〕2 号）。

【最高人民法院参考案例】

钟文福等非法采伐国家重点保护植物案（《刑事审判参考》案例第 1429 号）

要旨：人工种植列入《国家重点保护野生植物名录》的树种，不属于国家重点保护植物。

根据刑法和相关司法解释的规定，香樟除了属于具有重大历史纪念意义、科学研究价值或者年代久远的古树名木外，只有野生的才属于国家重点保护植物。

——《刑事审判参考》（总第 128 辑）。

1222 盗伐林木罪的定罪量刑

关键词｜盗伐林木罪｜数量较大｜数量巨大｜数量特别巨大｜

【最高人民法院司法解释】

第三条 以非法占有为目的，具有下列情形之一，数量较大的，依照刑法第三百四十五条第一款的规定，以盗伐林木罪定罪处罚：

（一）擅自砍伐国家、集体、他人所有或者他人承包经营管理的森林或者其他林木的；

（二）擅自砍伐本单位或者本人承包经营管理的森林或者其他林木的；

（三）在林木采伐许可证规定的地点以外采伐国家、集体、他人所有或者他人承包经营管理的森林或者其他林木的。

第四条 盗伐林木"数量较大"，以二至五立方米或者幼树一百至二百株为起点；盗伐林木"数量巨大"，以二十至五十立方米或者幼树一千至二千株为起点；盗伐林木"数量特别巨大"，以一百至二百立方米或者幼树五千至一万株为起点。

——《最高人民法院关于审理破坏森林资源刑事案件具体应用法律若干问题的解释》（2000 年 12 月 11 日，法释〔2000〕36 号）。

1223 滥伐林木罪的定罪量刑

关键词｜滥伐林木罪｜数量较大｜数量巨大｜

【最高人民法院司法解释】

第五条　违反森林法的规定,具有下列情形之一,数量较大的,依照刑法第三百四十五条第二款的规定,以滥伐林木罪定罪处罚:

(一)未经林业行政主管部门及法律规定的其他主管部门批准并核发林木采伐许可证,或者虽持有林木采伐许可证,但违反林木采伐许可证规定的时间、数量、树种或者方式,任意采伐本单位所有或者本人所有的森林或者其他林木的;

(二)超过林木采伐许可证规定的数量采伐他人所有的森林或者其他林木的。

林木权属争议一方在林木权属确权之前,擅自砍伐森林或者其他林木,数量较大的,以滥伐林木罪论处。

第六条　滥伐林木"数量较大",以十至二十立方米或者幼树五百至一千株为起点;滥伐林木"数量巨大",以五十至一百立方米或者幼树二千五百至五千株为起点。

——《最高人民法院关于审理破坏森林资源刑事案件具体应用法律若干问题的解释》(2000 年 12 月 11 日,法释〔2000〕36 号)。

1224 在林木采伐许可证规定的地点以外采伐本单位或者本人所有的森林或者其他林木的行为如何适用法律

关键词|滥伐林木罪|林木采伐许可证|

【最高人民法院司法解释】

违反森林法的规定,在林木采伐许可证规定的地点以外,采伐本单位或者本人所有的森林或者其他林木的,除农村居民采伐自留地和房前屋后个人所有的零星林木以外,属于《最高人民法院关于审理破坏森林资源刑事案件具体应用法律若干问题的解释》第五条第一款第(一)项"未经林业行政主管部门及法律规定的其他主管部门批准并核发林木采伐许可证"规定的情形,数量较大的,应当依照刑法第三百四十五条第二款的规定,以滥伐林木罪定罪处罚。

——《最高人民法院关于在林木采伐许可证规定的地点以外采伐本单位或者本人所有的森林或者其他林木的行为如何适用法律问题的批复》(2004 年 4 月 1 日,法释〔2004〕3 号)。

第五条　违反森林法的规定,具有下列情形之一,数量较大的,依照刑法第三百四十五条第二款的规定,以滥伐林木罪定罪处罚:

（一）未经林业行政主管部门及法律规定的其他主管部门批准并核发林木采伐许可证，或者虽持有林木采伐许可证，但违反林木采伐许可证规定的时间、数量、树种或者方式，任意采伐本单位所有或者本人所有的森林或者其他林木的；

……

——《最高人民法院关于审理破坏森林资源刑事案件具体应用法律若干问题的解释》（2000 年 12 月 11 日，法释〔2000〕36 号）。

1225 非法收购、运输盗伐、滥伐的林木罪的定罪量刑①

关键词｜非法收购、运输盗伐、滥伐的林木罪｜明知｜情节严重｜情节特别严重｜

【最高人民法院司法解释】

第十条　刑法第三百四十五条规定的“非法收购明知是盗伐、滥伐的林木”中的“明知”，是指知道或者应当知道。具有下列情形之一的，可以视为应当知道，但是有证据证明确属被蒙骗的除外：

（一）在非法的木材交易场所或者销售单位收购木材的；

（二）收购以明显低于市场价格出售的木材的；

（三）收购违反规定出售的木材的。

第十一条　具有下列情形之一的，属于在林区非法收购盗伐、滥伐的林木“情节严重”：

（一）非法收购盗伐、滥伐的林木二十立方米以上或者幼树一千株以上的；

（二）非法收购盗伐、滥伐的珍贵树木二立方米以上或者五株以上的；

（三）其他情节严重的情形。

具有下列情形之一的，属于在林区非法收购盗伐、滥伐的林木“情节特别严重”：

（一）非法收购盗伐、滥伐的林木一百立方米以上或者幼树五千株以上的；

（二）非法收购盗伐、滥伐的珍贵树木五立方米以上或者十株以上的；

（三）其他情节特别严重的情形。

——《最高人民法院关于审理破坏森林资源刑事案件具体应用法律若干问题的解释》（2000 年 12 月 11 日，法释〔2000〕36 号）。

---

① 刑法修正案（四）修正后，刑法第三百四十五条第三款增加“运输”，罪名相应调整为“非法收购、运输盗伐、滥伐的林木罪”，要结合刑法的修正内容妥当理解司法解释的规定。

七、走私、贩卖、运输、制造毒品罪

（一）一般规定

1226 坚持依法从严惩处毒品犯罪

关键词｜毒品犯罪｜从严惩处｜

【最高人民法院司法文件】

一是毫不动摇地坚持依法从严惩处毒品犯罪。充分发挥审判职能作用，依法运用刑罚惩治毒品犯罪，是治理毒品问题的重要手段，也是人民法院参与禁毒斗争的主要方式。面对严峻的毒品犯罪形势，各级人民法院要继续坚持依法从严惩处毒品犯罪的指导思想。要继续依法严惩走私、制造毒品和大宗贩卖毒品等源头性犯罪，严厉打击毒枭、职业毒犯、累犯、毒品再犯等主观恶性深、人身危险性大的毒品犯罪分子，该判处重刑和死刑的坚决依法判处。要加大对制毒物品犯罪、多次零包贩卖毒品、引诱、教唆、欺骗、强迫他人吸毒及非法持有毒品等犯罪的惩处力度，严惩向农村地区贩卖毒品及国家工作人员实施的毒品犯罪。要更加注重从经济上制裁毒品犯罪，依法追缴犯罪分子违法所得，充分适用罚金刑、没收财产刑并加大执行力度，依法从严惩处涉毒洗钱犯罪和为毒品犯罪提供资金的犯罪。要严厉打击因吸毒诱发的杀人、伤害、抢劫、以危险方法危害公共安全等次生犯罪。要规范和限制毒品犯罪的缓刑适用，从严把握毒品罪犯减刑条件，严格限制严重毒品罪犯假释，确保刑罚执行效果。同时，为全面发挥刑罚功能，也要贯彻好宽严相济刑事政策，突出打击重点，体现区别对待。对于罪行较轻，或者具有从犯、自首、立功、初犯等法定、酌定从宽处罚情节的毒品犯罪分子，根据罪刑相适应原则，依法给予从宽处罚，以分化瓦解毒品犯罪分子，预防和减少毒品犯罪。要牢牢把握案件质量这条生命线，既要考虑到毒品犯罪隐蔽性强、侦查取证难度大的现实情况，也要严格贯彻证据裁判原则，引导取证、举证工作围绕审判工作的要求展开，切实发挥每一级审判程序的职能作用，确保案件办理质量。对于拟判处被告人死刑的毒品犯罪案件，在证据质量上要始终坚持最高的标准和最严的要求。

——《全国法院毒品犯罪审判工作座谈会纪要》（2015 年 5 月 18 日，法〔2015〕129 号）。

11. 要依法从严惩处累犯和毒品再犯。凡是依法构成累犯和毒品再犯的，即使犯罪情节较轻，也要体现从严惩处的精神。尤其是对于前罪为暴力犯罪或被判处重刑的累犯，更要依法从严惩处。

——《最高人民法院关于贯彻宽严相济刑事政策的若干意见》(2010 年 2 月 8 日，法发〔2010〕9 号)。

1227 毒品犯罪案件罪名的确定

关键词｜毒品犯罪｜选择性罪名｜

【最高人民法院司法文件】

一、毒品案件的罪名确定和数量认定问题

刑法第三百四十七条规定的走私、贩卖、运输、制造毒品罪是选择性罪名，对同一宗毒品实施了两种以上犯罪行为并有相应确凿证据的，应当按照所实施的犯罪行为的性质并列确定罪名，毒品数量不重复计算，不实行数罪并罚。对同一宗毒品可能实施了两种以上犯罪行为，但相应证据只能认定其中一种或者几种行为，认定其他行为的证据不够确实充分的，则只按照依法能够认定的行为的性质定罪。如涉嫌为贩卖而运输毒品，认定贩卖的证据不够确实充分的，则只定运输毒品罪。对不同宗毒品分别实施了不同种犯罪行为的，应对不同行为并列确定罪名，累计毒品数量，不实行数罪并罚。对被告人一人走私、贩卖、运输、制造两种以上毒品的，不实行数罪并罚，量刑时可综合考虑毒品的种类、数量及危害，依法处理。

罪名不以行为实施的先后、毒品数量或者危害大小排列，一律以刑法条文规定的顺序表述。如对同一宗毒品制造后又走私的，以走私、制造毒品罪定罪。下级法院在判决中确定罪名不准确的，上级法院可以减少选择性罪名中的部分罪名或者改动罪名顺序，在不加重原判刑罚的情况下，也可以改变罪名，但不得增加罪名。

……

有证据证明行为人不以牟利为目的，为他人代购仅用于吸食的毒品，毒品数量超过刑法第三百四十八条规定的最低数量标准的，对托购者、代购者应以非法持有毒品罪定罪。代购者从中牟利，变相加价贩卖毒品的，对代购者应以贩卖毒品罪定罪。明知他人实施毒品犯罪而为其居间介绍、代购代卖的，无论是否牟利，都应以相关毒品犯罪的共犯论处。

盗窃、抢夺、抢劫毒品的，应当分别以盗窃罪、抢夺罪或者抢劫罪定罪，但不计犯罪数额，根据情节轻重予以定罪量刑。盗窃、抢夺、抢劫毒品后又实施其他毒品犯罪的，对盗窃罪、抢夺罪、抢劫罪和所犯的具体毒品犯罪分别定罪，依法数罪并罚。走私毒品,又走私其他物品构成犯罪的,以走私毒品罪和其所犯的其他走私罪分别定罪,依法数罪并罚。

——《全国部分法院审理毒品犯罪案件工作座谈会纪要》(2008 年 12 月 1 日,法〔2008〕324 号)。

(一)罪名认定问题

贩毒人员被抓获后,对于从其住所、车辆等处查获的毒品,一般均应认定为其贩卖的毒品。确有证据证明查获的毒品并非贩毒人员用于贩卖,其行为另构成非法持有毒品罪、窝藏毒品罪等其他犯罪的,依法定罪处罚。

吸毒者在购买、存储毒品过程中被查获,没有证据证明其是为了实施贩卖毒品等其他犯罪,毒品数量达到刑法第三百四十八条规定的最低数量标准的,以非法持有毒品罪定罪处罚。吸毒者在运输毒品过程中被查获,没有证据证明其是为了实施贩卖毒品等其他犯罪,毒品数量达到较大以上的,以运输毒品罪定罪处罚。

行为人为吸毒者代购毒品,在运输过程中被查获,没有证据证明托购者、代购者是为了实施贩卖毒品等其他犯罪,毒品数量达到较大以上的,对托购者、代购者以运输毒品罪的共犯论处。行为人为他人代购仅用于吸食的毒品,在交通、食宿等必要开销之外收取"介绍费"、"劳务费",或者以贩卖为目的收取部分毒品作为酬劳的,应视为从中牟利,属于变相加价贩卖毒品,以贩卖毒品罪定罪处罚。

购毒者接收贩毒者通过物流寄递方式交付的毒品,没有证据证明其是为了实施贩卖毒品等其他犯罪,毒品数量达到刑法第三百四十八条规定的最低数量标准的,一般以非法持有毒品罪定罪处罚。代收者明知是物流寄递的毒品而代购毒者接收,没有证据证明其与购毒者有实施贩卖、运输毒品等犯罪的共同故意,毒品数量达到刑法第三百四十八条规定的最低数量标准的,对代收者以非法持有毒品罪定罪处罚。

行为人利用信息网络贩卖毒品、在境内非法买卖用于制造毒品的原料或者配剂、传授制造毒品等犯罪的方法,构成贩卖毒品罪、非法买卖制毒物品罪、传授犯罪方法罪等犯罪的,依法定罪处罚。行为人开设网站、利用网络聊天室等组织他人共同吸毒,构成引诱、教唆、欺骗他人吸毒罪等犯罪的,依法定罪处罚。

——《全国法院毒品犯罪审判工作座谈会纪要》(2015 年 5 月 18 日,法〔2015〕129 号)。

【链接:理解与适用】

(三)罪名认定错误问题

刑法第三百四十七条规定的"走私、贩卖、运输、制造毒品罪",是选择性罪名。……关于选择性罪名的表述问题，尽管最高人民法院《全国部分法院审理毒品犯罪案件工作座谈会纪要》（以下简称《南宁会议纪要》）已有规定，但司法实践中仍有定罪时多定、漏定罪名或者排列顺序颠倒的情况。尽管确定选择性罪名上的差异一般不影响量刑，但是罪名确定不当，有损于法律适用的统一和裁判文书的权威，也会使被告人不服。鉴于此，《纪要》增加规定：对罪名有误的，上级法院可以减少选择性罪名中的部分罪名或者改动罪名顺序，在不加重原判刑罚的情况下，也可以改变罪名，但不得增加罪名。之所以这样规定，一是可以更好地贯彻和落实上诉不加刑的原则，有利于充分保障被告人的辩护权。二是符合《最高人民法院关于执行〈中华人民共和国刑事诉讼法〉若干问题的解释》第二百五十七条第（二）项的规定，即对原判认定事实清楚、证据充分，只是认定的罪名不当的，在不加重原判刑罚的情况下，可以改变罪名。

——高贵君、王勇、吴光侠：《〈全国部分法院审理毒品犯罪案件工作座谈会纪要〉的理解与适用》，载《人民司法 · 应用》2009 年第 3 期。

（一）罪名认定问题

1. 从贩毒人员住所等处查获毒品的性质认定。该问题是一个老问题，实践中存在争议，但原有规范性文件没有作出明确规定。有意见认为，对于从贩毒人员住所等处查获的毒品，必须有证据证明是用于贩卖才能予以认定，否则应当认定为其非法持有的毒品。经研究，毒品犯罪隐蔽性强、取证难度大，而且实践中从贩毒人员住所等处查获的毒品多系用于贩卖，为严厉打击毒品犯罪、降低证明难度，《纪要》采用了事实推定的证明方法。即根据行为人贩卖毒品及从其住所等处查获毒品的事实，推定查获的毒品是用于贩卖。但根据推定原则，应当允许当事人提出反证。反证是指确有证据证明查获的毒品并非贩毒人员用于贩卖，包括其为他人保管用于吸食的毒品、为犯罪分子窝藏毒品、持有祖传、捡拾、用于治病的毒品等。贩毒人员对查获的毒品实施的行为另构成非法持有毒品罪、窝藏毒品罪等其他犯罪的，应当依法认定；贩毒人员的行为构成数罪的，依法数罪并罚。具体而言，该条主要包含三种情形：一是行为人因贩卖毒品被人赃俱获，随后又从其住所等处查获毒品的；二是有其他证据证明行为人贩卖毒品，但没有查获实物，后从其住所等处查获毒品的；三是行为人因吸毒或其他违法犯罪行为被抓获后，查明其有贩毒行为，并从其住所等处查获毒品的。

2. 吸毒者实施毒品犯罪的性质认定。该问题近年来在司法定性上变化较大。《南宁会议纪要》规定，吸毒者在购买、运输、存储毒品过程中被抓获，如没有证据证明其实施了其他毒品犯罪行为，查获的毒品数量大的，应当以非法持有毒品罪定罪。《大连会议纪要》对此作了不同规定，吸毒者在购买、运输、存储毒品过程中被查获,如没有证据证明其是为了实施贩卖等其他毒品犯罪行为,查获的毒品数量达到较大以上的,应以其实际实施的毒品犯罪行为定罪处罚。但实践中对如何理解“实际实施的毒品犯罪行为”存在争议,尤其是吸毒者运输毒品行为的定性问题。从《大连会议纪要》的起草过程看,该规定的本意是,当吸毒者运输毒品数量大,明显超出其合理吸食量时,以运输毒品罪定罪处罚,而不再像《南宁会议纪要》规定的那样一律认定为非法持有毒品罪。但是,由于“实际实施的毒品犯罪行为”这一表述较为原则,又没有写明合理吸食量的问题,导致近年来各地对此类案件的处理差异很大。有的简单区分动态与静态,对吸毒者在运输毒品过程中被查获的,无论毒品数量多少,一律认定为运输毒品罪。有的根据毒品数量是否超过吸毒者的合理吸食量来区分,吸毒者运输毒品数量达到较大以上但未超过合理吸食量的,认定为非法持有毒品罪,超过合理吸食量的,认定为运输毒品罪;但各地设定的合理吸食量标准又很不统一,有的为五十克,有的为一百克,还有的达到了二百克。据了解,还有个别地方仍在执行《南宁会议纪要》的规定,对吸毒人员运输毒品数量大的,一律认定为非法持有毒品罪。

为减少分歧,《纪要》对《大连会议纪要》的上述规定加以细化和完善。一是明确规定了吸毒者运输毒品行为的定性;二是降低了将吸毒者运输毒品的行为认定为运输毒品罪的门槛,即,对吸毒者购买、运输、存储毒品的行为,直接以数量较大作为界分标准,不再另行设置更高的合理吸食量标准。据此,吸毒者在购买、运输、存储毒品过程中被查获,毒品未达到数量较大标准的,不作为犯罪处理;毒品数量达到较大以上的,根据其具体的行为状态定罪,处于购买、存储状态的认定为非法持有毒品罪,处于运输状态的认定为运输毒品罪。《纪要》这样规定的主要理由是:第一,虽然我国对吸毒行为一般不按照犯罪处理,但刑法设置非法持有毒品罪的定罪标准时,实际考虑了吸毒者合理吸食量的因素,故可以把数量较大视为合理吸食量的界限,超过数量较大标准的,应视为超出了合理吸食量。吸毒者在运输毒品过程中被当场抓获,毒品数量达到较大以上的,表明其并非单纯以吸食为目的运输毒品,如没有证据证明其是为了实施贩卖毒品等其他犯罪,根据其客观行为状态认定为运输毒品罪具有正当性。第二,我国吸毒人员数量庞大,是毒品犯罪的重要诱因,为从源头上遏制毒品犯罪、减少毒品流通,应当加大对吸毒者实施的毒品犯罪的打击力度。故而对吸毒者运输毒品行为的定性,不应在数量较大标准之上设定更高的合理吸食量标准,否则容易放纵吸毒者实施的毒品犯罪。第三,合理吸食量目前尚难以准确界定,实践中各地掌握的标准也非常不统一,不利于统一执法尺度,直接以毒品数量较大作为区分标准更便于实践操作。

3. 运输代购毒品行为的定性和变相加价贩卖毒品的认定。这是对《大连会议纪要》相关规定的补充。《大连会议纪要》规定了为他人代购毒品行为的定性,但没有解决运输代购毒品行为的性质认定问题。同时，实践中对《大连会议纪要》规定的“从中牟利、变相加价贩卖毒品”的认定也存在认识分歧。

（1）关于运输代购毒品行为的定性。《纪要》规定，行为人为吸毒者代购毒品，在运输过程中被查获的，应当按照上述吸毒者自行运输毒品行为的认定思路处理。即，没有证据证明托购者、代购者是为了实施贩卖毒品等其他犯罪，毒品数量达到较大以上的，对二者以运输毒品罪的共犯论处；毒品数量未达到较大标准的，则不作为犯罪处理。这样规定，不但有利于严厉打击运输代购毒品行为，遏制毒品的消费和流通，也便于操作和认定。

（2）关于变相加价贩卖毒品的认定。《大连会议纪要》规定，代购者从中牟利，变相加价贩卖毒品的，对代购者应以贩卖毒品罪定罪。《纪要》进一步明确了何谓“从中牟利”。需要注意的是，只有为他人代购仅用于吸食的毒品的，才需要根据是否从中牟利判断能否认定为贩卖毒品罪；如果明知托购者实施贩卖毒品犯罪而为其代购毒品的，无论是否牟利，均应以贩卖毒品罪的共犯论处；如果代购者从代购行为中牟利的，无论其为他人代购的毒品是否仅用于吸食，均构成贩卖毒品罪。

对于“代购蹭吸”行为是否属于从中牟利，实践中存在较大争议。多数意见认为，“蹭吸”是为了满足自身吸食毒品的需求，不宜认定为牟利行为；而且，如果对以吸食为目的的托购者认定非法持有毒品罪，对“蹭吸”的代购者认定贩卖毒品罪，也会导致处罚失衡。少数意见认为，“蹭吸”也是非法获利的一种表现形式，尤其对于多次“蹭吸”甚至以“蹭吸”作为代购毒品的主要目的的，应当认定为从中牟利。鉴于对该问题存在较大分歧意见，还需进一步研究论证，故《纪要》没有作出明确规定。

4. 接收物流寄递毒品行为的定性。这是针对近年来实践中较为突出的法律适用新问题作出的新规定，具体包括购毒者和代收者接收物流寄递毒品行为的定性两个方面。

（1）关于购毒者接收物流寄递毒品行为的定性。在当面交付的贩卖毒品犯罪中，贩毒者为送货而运输毒品的行为属于其毒品交付行为的组成部分，购毒者原则上不对贩毒者实施的运输毒品行为承担刑事责任，不能将购毒者、贩毒者认定为运输毒品罪的共犯。同理，在贩毒者通过物流寄递方式交付毒品的情况下，一般也不应将购毒者、贩毒者认定为运输毒品罪的共犯，否则所有接收毒品的购毒者（包括因吸食而少量购买毒品者）都将构成运输毒品罪，会造成打击面过大。因此，《纪要》规定，购毒者单纯接收贩毒者通过物流寄递方式交付的毒品，又没有证据证明其是为了实施贩卖毒品等其他犯罪，毒品数量达到较大以上的，对购毒者一般应当以非法持有毒品罪定罪处罚。但在个别情况下，购毒者对贩毒者交付运输毒品的行为起支配作用或者与贩毒者共同交付运输毒品，购毒者、贩毒者符合认定为运输毒品罪共犯的条件的,可以依法认定。

(2)关于代收者接收物流寄递毒品行为的定性。在代收者没有实施其他毒品犯罪的故意的情况下,只是代替购毒者实际持有接收的毒品,毒品数量达到较大以上的,应当认定为非法持有毒品罪。需要说明的是,没有证据证明购毒者是为了实施贩卖、运输毒品等其他犯罪的,购毒者与代收者构成非法持有毒品罪的共犯;如果购毒者有其他犯罪行为的,则应当依法定罪处罚,不再对其认定为非法持有毒品罪。

5.网络涉毒犯罪的定性。这也是针对近年来新出现的法律适用问题作出的规定,包括利用信息网络实施毒品犯罪行为的定性和利用互联网组织吸毒行为的定性两方面问题。《纪要》对利用信息网络贩卖毒品、非法买卖制毒物品、传授制造毒品等犯罪方法等行为的定性作了原则性规定。对于利用互联网组织吸毒行为的定性,有意见认为可以认定为容留他人吸毒罪。但多数意见认为,虚拟空间不符合容留他人吸毒罪中的场所特征,对此类行为不能认定为容留他人吸毒罪。就其特征而言,属于组织或者聚众吸毒行为,但刑法尚无相应罪名。当前,对于在利用互联网组织他人吸毒的过程中,实施引诱、教唆、欺骗他人吸毒或者贩卖毒品等犯罪的,可以依法定罪处罚。

——高贵君、马岩、方文军、李静然:《〈全国法院毒品犯罪审判工作座谈会纪要〉的理解与适用》,载《人民司法·应用》2015年第13期。

【最高人民法院参考案例】

李惠元贩卖毒品案(《刑事审判参考》案例第364号)

要旨:被告人既运输毒品又贩卖毒品,构成贩卖、运输毒品罪。

需指出的是,对被告人既有运输毒品又有贩卖毒品的行为,不仅构成了贩卖毒品罪,也构成了运输毒品罪,但一审仅以贩卖毒品这一主要犯罪行为确定了罪名,根据《毒品座谈会纪要》规定,二审法院可不再变动定性。

——《刑事审判参考》(总第46辑)。

张应宣运输毒品案(《刑事审判参考》案例第1069号)

要旨:吸食者在运输毒品过程中被查获,没有证据证明其是为了实施贩卖毒品等其他犯罪,但只要数量达到较大以上的,一律以运输毒品罪定罪处罚。

(一)从严厉打击毒品犯罪的刑事政策来看,为了有效打击毒品的流转与扩散行为,在运输毒品犯罪中不应人为地设置主观目的要件

传统观点认为,我国刑法将运输毒品罪作为与走私、贩卖、制造毒品罪并列的选择性罪名而设置于同一个条文中,在该罪的构成上没有数量的限制,且在刑罚的

设置上最高可至死刑，由此表明，运输毒品罪所表现出来的社会危害性与走私、贩卖、制造毒品罪是相当的，其只有作为制造、走私、贩卖毒品当中的一个环节，即为了制造、走私、贩卖而运输时，才能认定为运输毒品罪。反之，如果无法查清毒品的来源和去向，又没有确凿证据证明行为人实施了走私、贩卖、制造毒品等犯罪行为的，即使数量大，也只能认定为非法持有毒品罪。对此，2000 年印发的《全国法院审理毒品犯罪案件工作座谈会纪要》（已废止，以下简称《南宁会议纪要》）规定，吸毒者在购买、运输、存储毒品过程中被抓获的，如没有证据证明其实施了其他毒品犯罪行为，查获的毒品数量较大的，应当以非法持有毒品罪定罪。然而，从实践情况来看，有相当一部分从事运输毒品的行为人对整个毒品犯罪不甚知情，到案后能够提供的抓获上下家的线索非常有限，导致运送毒品行为人被抓获后很难再抓获其上下家。在上下家未到案的情况下，如果要求证明毒品的来源、去向，要求证明行为人系为了制造、走私、贩卖或者为了获取高额利益而运输的，将造成大量运毒案件无法定案，与当前从严打击毒品犯罪的刑事政策不符。

当前，我国毒品犯罪形势十分严峻。众所周知，制造毒品是毒品的生产环节，贩卖则是毒品流向不特定消费者的终端环节，而在其中起承上启下作用的是毒品运输行为，正是运输毒品的犯罪活动将毒品由生产领域向消费终端作出了实质性推进。为此，打击毒品犯罪不仅需要打击毒品源头，也需要切断由生产到消费之间的流转环节。司法实践中，运输者在运输毒品过程中一旦被查获，往往会辩称其系吸毒者，所运输的毒品系用于吸食，由于毒品上、下家很难抓获归案，无法证实运输者还有贩卖毒品等其他目的，故只能认定为非法持有毒品罪。可见，正是由于运输毒品目的性要求的设置，导致司法实践中有些案件的被告人携带大量毒品被抓获，也只能认定为非法持有毒品罪。这在无形之中降低了毒品运输的风险成本，加快了毒品的流转与扩散。从当前毒品犯罪的严峻形势以及严厉打击毒品犯罪的刑事政策需要来看，应当避免在运输毒品构成要件之外再设置主观目的要件。

（二）对吸毒者在运输数量较大毒品过程中被查获的情形，认定为运输毒品罪符合“运输”的本义

运输毒品目的性要件的设置，不仅容易导致放纵犯罪现象的发生，同时也与运输毒品罪的构成要件不符。所谓运输毒品，是指明知是毒品而采用携带、邮寄、利用他人或者使用交通工具等方法非法运送毒品的行为。故只要行为人主观上明知是毒品，客观上实施了携带毒品，利用交通工具运载、邮寄等行为的，就构成运输毒品罪，犯罪动机和目的并不是构成运输毒品罪主观方面的必备条件。根据我国刑法理论，在由故意形态构成的犯罪中，除赌博罪与制作、复制、出版、贩卖、传播淫秽物品牟利罪等少数几种犯罪主观上需要具备特定的营利或牟利目的外，其他犯罪不论出于何种动机、目的，均可以构成。尽管运输毒品的行为人一般都具有贪利性

目的,出于贪图高额报酬而替他人运输毒品,或者其本身就是为贩卖毒品而进行运输,但这种目的并不是运输毒品罪成立的必要条件,即使是出于为亲属、朋友帮忙而无偿进行运输,只要明知所运输的是毒品,就不影响运输毒品罪的成立。

此外,将运输数量较大毒品的行为一律认定为运输毒品罪,也符合司法实践中的常态。从生活经验来看,运输毒品过程中落网的犯罪分子往往都是为了赚取高额报酬而铤而走险的人,或者其本身就是毒品贩卖、走私、制造者。上述人员为了将毒品从生产环节推向终端消费市场,需要通过流通环节进行运输。反之,作为终端消费者的毒品吸食人员在购得毒品之后,往往会将毒品置于家中或其他住处,故其对毒品的持有更多地表现为一种静止状态或短距离运输。尽管司法实践中确实存在吸毒人员长途运输用于自己吸食的毒品的情况,但这毕竟是少数。考虑到毒品犯罪的隐蔽性强、取证难度大,根据毒品的运输状态直接认定为运输毒品罪,更有利于打击猖獗的毒品犯罪。

(三)将吸毒者运输毒品的行为认定为运输毒品罪,符合最新司法文件的精神

在司法实践中,吸毒者实施毒品犯罪的情况大量存在,若对吸毒者购买、存储、运输较大数量毒品的行为一律以非法持有毒品罪处理,无疑会放纵吸毒者实施的毒品犯罪,削弱惩治毒品犯罪的力度。在执行《南宁会议纪要》相关规定的过程中,就屡屡出现吸毒者运输千克以上海洛因或冰毒的情形,由于无法证明其具有实施其他毒品犯罪的目的与行为,只能按照非法持有毒品罪定罪处罚,这在一定程度上导致对吸毒人员实施的毒品犯罪打击力度不够。有鉴于此,2008 年印发的《全国部分法院审理毒品犯罪案件工作座谈会纪要》(以下简称《大连会议纪要》)对《南宁会议纪要》的相关规定作出了修正,规定吸毒者在购买、运输、存储毒品过程中被查获的,如没有证据证明其是为了实施贩卖等其他毒品犯罪行为,查获的毒品数量达到较大以上的,应以其实际实施的毒品犯罪行为定罪处罚。

然而,由于《大连会议纪要》的上述规定仍然过于原则,实践中对于何为"实际实施的毒品犯罪行为"一直存在意见分歧:一种观点认为,吸毒者在购买、存储等静态持有数量较大毒品的过程中被查获的,应当以非法持有毒品罪定罪处罚;在运输过程中被查获的,应当以运输毒品罪定罪处罚。另一种观点则认为,吸毒者在购买、运输、存储毒品过程中被查获,毒品数量较大但尚未超出其个人正常吸食量的,应当以非法持有毒品罪定罪处罚;吸毒者在运输毒品过程中被查获,毒品数量大且明显超出其个人正常吸食量的,推定为具有实施其他毒品犯罪的目的,应当以运输毒品罪定罪处罚。

我们认为,上述第一种观点更为妥当。主要理由是:第一,刑法在设置非法持有毒品罪的定罪标准时,实际考虑了吸毒者合理吸食量的因素,故可以把数量较大视为合理吸食量的界限,超过数量较大标准的应视为超出了合理吸食量。吸毒者

在运输毒品过程中被当场抓获，毒品数量达到较大以上的，如没有证据证明其是为了实施贩卖毒品等其他犯罪，可以根据其客观行为状态认定为运输毒品罪。第二，我国吸毒人员数量庞大，仅登记在册的吸毒人员就达到近三百万人，而隐性未登记的吸毒人员更多。如此庞大的吸毒人群是毒品犯罪的重要诱因。为从源头上遏制毒品犯罪，减少毒品的流通，应当加大对吸毒者实施的毒品犯罪的打击力度。在数量较大标准之上设定更高的合理吸食量标准，虽然有一定的合理性，但容易轻纵吸毒者实施的毒品犯罪。第三，“合理时段内的正常吸食量”难以界定，容易造成实践认定标准的不统一，而直接以毒品数量较大作为区分标准更便于操作。也正是考虑到上述问题，2015 年 5 月 18 日印发的《全国法院毒品犯罪审判工作座谈会纪要》（以下简称《武汉会议纪要》）明确规定：“吸毒者在运输毒品过程中被查获，没有证据证明其是为了实施贩毒等其他犯罪，毒品数量达到较大以上的，以运输毒品罪定罪处罚。”据此规定，只要吸毒者运输毒品达到较大以上，就构成运输毒品罪，而无须在数量较大之上再考虑是否超过合理吸食量问题。

本案中，被告人张应宣在运输毒品过程中被当场抓获，尽管其系吸毒人员，且现有证据无法证明其具有实施走私、贩卖、制造毒品等目的，亦无法证实其具有为他人运输的目的，但由于被查获的毒品处于运输状态之中，且数量达到较大以上，故法院直接认定其行为构成运输毒品罪。本案的裁判虽然发生在《武汉会议纪要》印发之前，但裁判结果完全符合该纪要的规定。

——《刑事审判参考》（总第 102 辑）。

齐先贺贩卖、运输毒品案（《刑事审判参考》案例第 1385 号）

要旨：对于毒品代购与加价贩卖的区分，应考察毒品犯罪的实际交易过程予以准确认定。

1. 被告人齐先贺不属于狭义的毒品代购

毒品“代购”一词始于 2000 年 4 月印发的《全国法院审理毒品犯罪案件工作座谈会纪要》（以下简称《南宁会议纪要》，已废止）的规定：“有证据证明行为人不是以营利为目的，为他人代买仅用于吸食的毒品，毒品数量超过刑法第三百四十八条规定数量最低标准，构成犯罪的，托购者、代购者均构成非法持有毒品罪。”2008 年 12 月印发的《全国部分法院审理毒品犯罪案件工作座谈会纪要》（以下简称《大连会议纪要》）对此予以完善：“有证据证明行为人不以牟利为目的，为他人代购仅用于吸食的毒品，毒品数量超过刑法第三百四十八条规定的最低数量标准的，对托购者、代购者应以非法持有毒品罪定罪。代购者从中牟利，变相加价贩卖毒品的，对代购者应以贩卖毒品罪定罪。明知他人实施毒品犯罪而为其居间介绍、代购代卖的，无论是否牟利，都应以相关毒品犯罪的共犯论处。”2015 年 5 月印发的《全国法院毒品犯罪审判工作座谈会纪要》(以下简称《武汉会议纪要》)在《大连会议纪要》的基础上进一步补充规定:“行为人为吸毒者代购毒品,在运输过程中被查获,没有证据证明托购者、代购者是为了实施贩卖毒品等其他犯罪,毒品数量达到较大以上的,对托购者、代购者以运输毒品罪的共犯论处。行为人为他人代购仅用于吸食的毒品,在交通、食宿等必要开销之外收取‘介绍费’‘劳务费’,或者以贩卖为目的收取部分毒品作为酬劳的,应视为从中牟利,属于变相加价贩卖毒品,以贩卖毒品罪定罪处罚。”

根据以上规定,毒品代购有广义和狭义之分,狭义的毒品代购,是指行为人受吸毒者委托无偿为吸毒者代为购买仅用于吸食的毒品。广义的毒品代购,既包括狭义的毒品代购,也包括明知他人实施毒品犯罪而为其代购毒品以及介绍毒品买卖等情形。在狭义的毒品代购中,如果代购毒品数量超过刑法第三百四十八条规定的最低数量标准的,对托购者、代购者均应以非法持有毒品罪定罪处罚;如果代购毒品在运输途中被查获,且没有证据证明托购者、代购者是为了实施贩卖毒品等其他犯罪,毒品数量达较大以上的,对托购者、代购者以运输毒品罪的共犯论处;如果代购者从中牟利的,对代购者以贩卖毒品罪定罪处罚。

具体到本案中,对被告人齐先贺的行为显然不能用狭义的毒品代购来评价,理由如下:

第一,狭义的毒品代购要求委托者需是吸毒者,且其购买毒品的目的仅为吸食。本案中,信平、信国购买毒品数量达四千余克,显然超出了正常吸食量,且被告人齐先贺明知信平、信国是贩毒者而不是单纯的吸毒者,其二人购买毒品的目的是贩卖而非吸食。

第二,狭义的毒品代购一般要求代购者代购毒品是无偿的,只有在无偿且构成犯罪的前提下,代购者与托购者才构成非法持有毒品罪或者运输毒品罪的共犯。但被告人齐先贺关于其未牟利的辩解明显不成立。其一,从齐先贺与信平、信国的关系看,齐先贺与信国只是普通的狱友,信平是信国的哥哥,之前与齐先贺无任何交往,双方之间的关系密切度较低,与代购并长途运输大量毒品的巨大风险不相称。其二,根据齐先贺、信国供述,齐先贺先要求信平、信国最低购买五公斤毒品,信平、信国因钱不够,说只能买三公斤,齐先贺不同意,二人才答应借钱买四公斤。此节充分说明,齐先贺对毒品数量与信平、信国进行了协商,不符合代购中被代购者确定购买量的常理。其三,从银行账户明细看,信国、信平先后共向齐先贺汇款二十二万元,公安机关抓获信平后,从信平处扣押其准备从齐先贺处接收毒品时支付的尚欠毒资八万元,信平、信国共应向齐先贺支付三十万元,二人购买毒品的价格接近每克八十元。齐先贺供称其已向上家支付毒资二十七万元(交易期间,齐先贺银行卡共支出二十九万九千元,抓获齐先贺时从其身上扣押现金二万元),从其车上共查获毒品约七公斤,可印证其供述从上家购买毒品价格是每克四十元的细节。齐先贺供上门取货是每克四十元,上家送货是每克八十元。则信平、信国以每克八十元的价格买进毒品,必须上家送货。而本案所涉毒品全部从齐先贺所驾汽车上查获,且除齐先贺外,再无其他人同行,齐先贺明显是送货人。齐先贺以每克四十元的价格从上家购买,再以每克八十元的价格卖给信平、信国,每克赚取差价四十元,其辩解未牟利不能成立。

2. 被告人齐先贺的行为亦不属于广义的毒品代购

《大连会议纪要》规定,明知他人实施毒品犯罪而为其居间介绍、代购代卖的,无论是否牟利,都应以其实施的毒品犯罪的共犯论处。那么,本案能否以此为依据,从广义的毒品代购角度来认定齐先贺与信平、信国是贩卖毒品罪的共犯?我们持否定意见。主要理由如下:

第一,被告人齐先贺不属于居间介绍。居间介绍一般是指居间人按照自己的意愿为贩毒者、购毒者提供交易信息或介绍交易对象等帮助行为,积极促成贩毒者与购毒者达成毒品交易。在交易过程中,居间介绍人只是中间人,并不是一方交易主体,实际的交易主体仍然是贩毒者与购毒者。《武汉会议纪要》规定,居间介绍者受贩毒者委托,为其介绍联络购毒者的,与贩毒者构成贩卖毒品罪的共同犯罪;明知购毒者以贩卖为目的购买毒品,受委托为其介绍联络贩毒者的,与购毒者构成贩卖毒品罪的共同犯罪;同时与贩毒者、购毒者共谋,联络促成双方交易的,通常认定与贩毒者构成贩卖毒品罪的共同犯罪。因为上述情形下,居间人主观上有共同犯罪的故意,客观上有贩卖毒品或者为毒品犯罪分子提供信息帮助的行为,故不论其是否获利,都可以构成贩卖毒品罪的共犯。本案中,齐先贺主观上与贩毒者及购毒者信平、信国均无共同的犯罪故意,客观上也不是为贩毒者与信平、信国提供交易机会,以促成贩毒者与信平、信国达成毒品交易,而是其本人实际参与交易,即先作为下家与贩毒者达成交易,再作为上家与购毒者信平、信国达成交易,其与前后环节的交易对象都是上下家关系,显然不属于居间介绍。

第二,被告人齐先贺亦不属代购代买。司法实践中,为他人代购毒品一般可分两种情况:一种情况是托购者自己直接或者间接与贩毒者进行联系,但因为时间、地点或其他一些特殊原因,托购者无法或不愿亲自前往,即委托代购者向贩毒者代为购买指定数量、品种或者价格等相对固定的毒品。此种情形下,代购者主观上有帮助托购者购买毒品的故意,客观上充当了托购者的工具,替代托购者去购买了毒品,如果其明知托购者是为贩卖而代购,不论其是否牟利,当然与托购者构成贩卖毒品罪的共犯。另一种情况是托购者不知购毒渠道,但知道代购者有毒品来源,即委托代购者代为购买。此种情形下,虽然代购者并未将毒品买卖双方介绍到一起,看似是一种为他人代买的行为,但此时代购者因为自己认识和熟悉贩毒者,在得知托购者有购毒需求后,即通过自己的撮合让托购者实现了其购毒的需求,也帮助贩毒者顺利找到了买家,故其实质上仍然是一种具有居间性质的行为。如果代购者明知托购者购买毒品的目的是贩卖,则与托购者构成贩卖毒品罪的共犯。本案中,齐先贺的行为显然不属于第一种情形,虽接近第二种情形但仍有区别。因为,第二种情形下的代购实质仍为居间介绍,且第二种情形下的毒品代购,托购者与代购者之间也需以存在委托关系为前提,即代购者必须是受托购者的委托而代为购买毒品。在委托关系中,托购者与代购者必须事先对代为购买毒品的数量、种类、价格、代购者是否获利及获利多少、获利方式等均需有明确约定。如果双方事先没有约定,事后代购者向托购者隐瞒重要价格信息等从中牟利,实质上即相当于变相加价贩卖,代购者即成为托购者的实际上家,而不再是居间介绍人。本案中,从三人供述看,信平、信国与齐先贺对双方是委托关系还是上下家关系并不明确,此时即需要结合毒品的实际交易过程来分析。在案证据显示,信平、信国与齐先贺事先对齐先贺是否获利,获利多少、获利方式等均无约定,但在实际交易时,齐先贺先以每克四十元的价格与贩毒者完成交易,而后对信平、信国隐瞒该重要价格信息,再以每克八十元的价格卖与信平、信国,此时,齐先贺实际上已经是信平、信国的上家而非共犯,故齐先贺与信平、信国不构成贩卖毒品罪的共犯。

综上,二审法院认定被告人齐先贺为独立毒品上线,不属于毒品代购是正确的。法院以贩卖、运输毒品罪判处被告人死刑,剥夺政治权利终身,并处没收个人全部财产是适当的。

——《刑事审判参考》(总第124辑)。

刘继芳贩卖毒品案(《刑事审判参考》案例第1014号)

要旨:不以牟利为目的,为他人代购用于吸食的毒品,毒品数量未达到非法持有毒品罪的定罪标准的,不应认定为犯罪。

1. 为他人代购用于吸食的毒品,且没有从中牟利的,不能认定为贩卖毒品罪。关于为吸毒者代购毒品行为的定性,2000年4月印发的《全国法院审理毒品犯罪案件工作座谈会纪要》(以下简称《南宁会议纪要》)指出:“有证据证明行为人不是以营利为目的,为他人代买仅用于吸食的毒品,毒品数量超过刑法第三百四十八条规定的数量最低标准,构成犯罪的,托购者、代购者均构成非法持有毒品罪。”2008年印发的《全国法院审理毒品犯罪案件工作座谈会纪要》(以下简称《大连会议纪要》)在《南宁会议纪要》的基础上,对为吸毒人员代购毒品行为的定性等问题作出了更为详细、完善的规定。《大连会议纪要》指出:“有证据证明行为人不以牟利为目的,为他人代购仅用于吸食的毒品,毒品数量超过刑法第三百四十八条规定的最低数量标准的,对托购者、代购者应以非法持有毒品罪定罪。代购者从中牟利、变相加价贩卖毒品的，对代购者应以贩卖毒品罪定罪。明知他人实施毒品犯罪而为其居间介绍、代购代卖的，无论是否牟利，都应以其实施的毒品犯罪的共犯论处。”根据《大连会议纪要》的规定，对于为他人代购毒品的行为，不能一律认定为犯罪，构成犯罪的也不是都要按照贩卖毒品罪处理，而应当具体分析、区别对待。首先，明知他人实施毒品犯罪而为其代购毒品的，如明知他人购买毒品的目的是贩卖而帮助其联系购买毒品的，行为人主观上有为他人贩卖毒品提供帮助的共同犯罪故意，客观上有非法买卖毒品的行为，因此无论其是否从中获利，都应当按照贩卖毒品罪的共犯处理。其次，为他人代购仅用于吸食的毒品，代购者从中牟利的，实际上相当于变相加价销售毒品，且该行为与刑法第三百五十五条第二款规定的以牟利为目的向吸食、注射毒品人员提供麻精药品的行为性质类似，对代购者应以贩卖毒品罪论处。最后，为吸毒者代购用于吸食的毒品，代购者没有从中加价牟利的，代购者购买毒品的根本目的在于满足托购者的吸食需要，代购者购买毒品的行为虽然在客观上促成了毒品交易，但其在主观上没有贩卖毒品的共同犯罪故意，故对其不能以贩卖毒品罪的共犯论处。在这种情况下，代购者代购的毒品数量未达到非法持有毒品罪的定罪标准的，不以犯罪论处；数量达到定罪标准的，对托购者、代购者均应认定构成非法持有毒品罪。

上述规范性文件之所以专门对为吸毒者代购毒品行为的定性作出规定，是由于在我国吸毒行为本身以及为吸毒而购买或者持有少量毒品的行为均不构成犯罪。而不以牟利为目的，为吸毒者代购用于吸食的毒品的行为，与吸毒者自身购买用于吸食的毒品的行为在本质上相似。这种情况下，代购者只是充当了吸毒者购买毒品行为的代理人，吸毒者和代购者的目的均在于吸食和消费毒品，而不是促进毒品流通和贩卖。因此，对于为吸毒者代购毒品的行为应当结合具体情况作出处理，为他人代购仅供吸食的毒品且未牟利的，不应认定为贩卖毒品罪。由于毒品属于国家严格管制的麻醉药品和精神药品范畴，严禁个人非法持有，刑法第三百四十八条对此也作了明文规定，故对于托购者和代购者购买的毒品数量较大，达到非法持有毒品罪的定罪数量标准的，应当依法定罪处罚。

本案中，对于被告人刘继芳两次为他人代购毒品行为的定性，主要应当从两个方面进行分析。一是刘继芳为他人代购毒品的目的。现有证据证实，代购者刘继芳与托购者杨淑双均系吸毒人员，且二人共同租住于一套房屋内，均知道对方吸食毒品。刘继芳的供述与杨淑双的证言一致证实，杨淑双委托刘继芳代为购买毒品的目的是用于吸食而非贩卖，也没有证据证实杨淑双有贩毒行为。且从二人所证实的代购毒品数量看，两次共计约 0.8 克，并没有超过正常的吸食量范围，案发后公安人员还从杨淑双处查获了部分其委托刘继芳代购后尚未吸食的毒品。因此，根据现有证据可以认定刘继芳系为吸毒人员代购用于吸食的毒品。二是刘继芳有无从中牟利。刘继芳交代，其受杨淑双委托向自己的上家购买毒品后如数交给杨，未从中赚取差价。杨淑双的证言也没有提到刘继芳存在加价贩卖的情节。因目前为刘继芳提供毒品的上家没有到案，没有其他直接证据证实刘继芳为杨淑双提供的毒品系加价贩卖，从中牟利。结合其他间接证据分析，刘继芳为杨淑双代购毒品的价格没有明显超出当地的毒品交易价格，且刘继芳第二次为杨淑双代购 0.5 克甲基苯丙胺时收取三百五十元，低于其向潘海波贩卖相同数量毒品的售价四百元，亦间接显示刘继芳无加价贩卖的情形。且从刘继芳、杨淑双的关系看，刘继芳纯粹出于帮忙而代购，符合双方特殊的交往关系。综上，刘继芳两次为他人代购用于吸食的毒品，没有证据证实其有加价贩卖的行为，不能认定其构成贩卖毒品犯罪，且因刘继芳代购毒品的数量未达到非法持有毒品罪的定罪数量标准，故其代购行为不构成犯罪。

2. 证明行为人是否具有牟利目的的举证责任应当由公诉机关承担，举证不能的，应当依法认定行为人不具有牟利目的。本案在审理过程中，有观点认为，因没有确实、充分的证据证实被告人刘继芳未从代购行为中牟利，而现有证据能够证实刘继芳确与杨淑双进行了毒品与现金的交易，故应当认定其行为构成贩卖毒品罪。我们认为，这种观点不能成立，不能因为无法证实刘继芳是否从中牟利，就推定刘继芳从中牟利，进而认定其构成贩卖毒品罪。

对于《大连会议纪要》中“有证据证明行为人不以牟利为目的”的规定，司法实践中存在两种理解：一种意见认为，行为人不以牟利为目的，要有相关的证据证明，没有证据证明的，就应当推定其以牟利为目的。另一种意见认为，以牟利为目的是代购行为构成犯罪的构成要件，属于有罪指控的内容，应当通过证据加以证明。如果不能通过证据证明的，不能认定其以牟利为目的。我们同意后一种理解。根据刑事诉讼法第四十九条的规定，公诉案件中被告人有罪的举证责任由人民检察院承担。对于为吸毒者代购毒品的行为，公诉机关若要指控行为人为他人代购毒品的行为构成贩卖毒品罪，应当举证证明行为人具有牟利目的，举证不能的，不能认定其具有牟利的目的。刑事诉讼证明有时并不能证明某一待证事实确实存在，待证事实常常会处于一种模棱两可的状态，既没有确实、充分的证据证实待证事实存在，也不能明确认定待证事实不存在，在对待证事实的证明达不到要求的情况下，应由承担举证责任的一方承担举证不利的后果，也就是承担法院对待证事实不予认定的后果。

本案中，被告人刘继芳为吸毒人员杨淑双代购用于吸食的毒品，刘继芳有无从中牟利，关系到其是否构成贩卖毒品犯罪。刘继芳否认其从代购行为中获利，辩称其没有加价贩卖毒品，向刘继芳提供毒品的上家没有归案，托购者杨淑双也不能证实刘继芳为其提供的毒品系加价贩卖，故现有证据不足以证实刘继芳有以牟利为目的为他人代购毒品的行为，根据举证责任的归责原则，应当由公诉机关对该事实承担举证责任，如公诉机关提供的证据达不到确实、充分的证明标准，则公诉机关承担指控的罪名不能成立的后果。一审法院在公诉机关提供的证实刘继芳牟利的证据未达相应证明标准的情况下，以“无法证实刘继芳未从中牟利”反向推定刘继芳牟利，实际上是将本该由公诉机关承担的举证不能的后果，反过来由被告人承担。这种推定本质上是一种有罪推定，严重违背了刑事诉讼法关于举证责任的规定。二审法院以没有证据证实刘继芳从中牟利，不应认定其代购行为构成贩卖毒品罪为由，对一审认定的事实依法改判，是正确的。

3. 应当坚持主客观相统一原则，不能因为代购者的行为客观上起到帮助上线贩卖毒品的作用，就认定其构成贩卖毒品罪。本案中，由于被告人刘继芳为杨淑双寻找毒品来源并帮助后者购买毒品，有意见认为刘继芳的行为具有代购与居间介绍的双重性质。我们认为，这种意见不能成立，刘继芳的行为属于帮助托购者寻找卖毒者的代购行为。理由是，为购毒者寻找卖毒者的居间行为与代购行为在形式上虽有相似之处，但区分两者的关键在于，居间介绍贩卖毒品的，居间介绍者在毒品交易中起到中间人的作用，不是一方交易主体，真正的交易主体是卖毒者与购毒者；代购毒品的，代购者起到的是一方代理人的作用，是实际参与毒品交易的一方主体，托购者并不参与具体的交易环节。刘继芳在毒品交易过程中充当的是杨淑双的代理人的角色，是直接购买毒品的一方交易主体，故对其行为应当认定为代购行为。另外，刘继芳的行为虽然在客观上促成了卖毒者的贩毒活动，但其主观上并没有帮助卖毒者贩卖毒品的故意，其目的在于帮助托购者杨淑双购买毒品用于吸食，故对刘继芳不能以贩卖毒品罪的共犯论处。

——《刑事审判参考》（总第 99 辑）。

1228 毒品数量的认定

关键词 | 毒品数量 | 数量认定 |

【最高人民法院司法文件】

（三）毒品数量认定问题

走私、贩卖、运输、制造、非法持有两种以上毒品的，可以将不同种类的毒品分别折算为海洛因的数量，以折算后累加的毒品总量作为量刑的根据。对于刑法、司法解释或者其他规范性文件明确规定了定罪量刑数量标准的毒品，应当按照该毒品与海洛因定罪量刑数量标准的比例进行折算后累加。对于刑法、司法解释及其他规范性文件没有规定定罪量刑数量标准，但《非法药物折算表》规定了与海洛因的折算比例的毒品,可以按照《非法药物折算表》折算为海洛因后进行累加。对于既未规定定罪量刑数量标准,又不具备折算条件的毒品,综合考虑其致瘾癖性、社会危害性、数量、纯度等因素依法量刑。在裁判文书中,应当客观表述涉案毒品的种类和数量,并综合认定为数量大、数量较大或者少量毒品等,不明确表述将不同种类毒品进行折算后累加的毒品总量。

对于未查获实物的甲基苯丙胺片剂(俗称“麻古”等)、MDMA 片剂(俗称“摇头丸”)等混合型毒品,可以根据在案证据证明的毒品粒数,参考本案或者本地区查获的同类毒品的平均重量计算出毒品数量。在裁判文书中,应当客观表述根据在案证据认定的毒品粒数。

对于有吸毒情节的贩毒人员,一般应当按照其购买的毒品数量认定其贩卖毒品的数量,量刑时酌情考虑其吸食毒品的情节;购买的毒品数量无法查明的,按照能够证明的贩卖数量及查获的毒品数量认定其贩毒数量;确有证据证明其购买的部分毒品并非用于贩卖的,不应计入其贩毒数量。

办理毒品犯罪案件,无论毒品纯度高低,一般均应将查证属实的毒品数量认定为毒品犯罪的数量,并据此确定适用的法定刑幅度,但司法解释另有规定或者为了隐蔽运输而临时改变毒品常规形态的除外。涉案毒品纯度明显低于同类毒品的正常纯度的,量刑时可以酌情考虑。

制造毒品案件中,毒品成品、半成品的数量应当全部认定为制造毒品的数量,对于无法再加工出成品、半成品的废液、废料则不应计入制造毒品的数量。对于废液、废料的认定,可以根据其毒品成分的含量、外观形态,结合被告人对制毒过程的供述等证据进行分析判断,必要时可以听取鉴定机构的意见。

——《全国法院毒品犯罪审判工作座谈会纪要》(2015 年 5 月 18 日,法〔2015〕129 号)。

【链接:理解与适用】

1. 一案涉及两种以上毒品的数量认定。《大连会议纪要》没有明确规定一案涉及两种以上毒品的数量认定问题,实践中对此认识不统一。《纪要》明确了应当对不同种毒品进行数量折算的基本原则,以及折算对象、折算依据、裁判文书表述等问题。对不同种毒品进行数量折算有利于准确认定涉案毒品数量,科学量刑,特别是在折算后达到非法持有毒品罪的定罪标准或者达到更高量刑幅度时,有利于依法从严惩处毒品犯罪。海洛因是刑法明确规定了定罪量刑数量标准的常见毒品,《非法药物折算表》也以海洛因为折算参照物,对海洛因的毒性研究相对成熟,故将其作为折算对象。由于刑法对不同种毒品的数量折算没有明确规定,故折算结果不体现在裁判文书中。

2. 未查获实物的混合型毒品的数量认定。实践中，被告人对于未查获实物的混合型毒品，通常按照粒数供述，但量刑时考虑的是涉案毒品的实际重量。对于如何计算未查获实物的混合型毒品的数量，《大连会议纪要》没有作出规定，各地的做法也不统一，需要规范。在未查获实物的情况下，根据在案证据证明的混合型毒品的粒数，参考本案或者本地区查获的同类毒品的平均重量计算出毒品数量，是一个便于司法操作的办法。但是，由于这种计算方法是为了方便量刑而采用的一种特殊认定方法，所以裁判文书中原则上只表述根据在案证据认定的毒品粒数。确有必要时，可以考虑用括号注明据此计算出的毒品约重。

3. 有吸毒情节的贩毒人员的贩毒数量认定。《纪要》对该问题的规定是对《大连会议纪要》相关规定的修改和突破。《大连会议纪要》规定，对于以贩养吸的被告人，其被查获的毒品数量应认定为其犯罪的数量，但量刑时应考虑被告人吸食毒品的情节，酌情处理；被告人购买了一定数量的毒品后，部分已被其吸食的，应当按能够证明的贩卖数量及查获的毒品数量认定其贩毒的数量，已被吸食部分不计入在内。有意见认为，《大连会议纪要》的上述规定使有吸毒情节的贩毒人员，因为吸毒违法行为而在认定贩毒数量时获益，特别是当其购买的毒品数量大，而能够证明的贩卖及查获的毒品数量小的情况下，这种认定不利于有效打击吸毒人员实施的毒品犯罪。

鉴于此，《纪要》调整了认定思路：一是扩大了适用主体，突破了《大连会议纪要》关于以贩养吸被告人的规定，将主体扩大为有吸毒情节的贩毒人员，以便于认定。二是改变了认定原则，将认定重心放在“进口”而非“出口”，即，对于有吸毒情节的贩毒人员，一般应当将其购买的毒品数量全部认定为其贩卖的毒品数量，并据此确定适用的法定刑幅度，只在量刑时酌情考虑其吸食毒品的情节。三是提高了证明标准，对于不计入贩毒数量的例外情形，要求必须是确有证据证明，高于《大连会议纪要》要求的证明标准。但鉴于实践中情况较为复杂，《纪要》还规定了两种例外情形：一是被告人购买的毒品数量缺乏足够证据证明的，还是要按照能够证明的贩卖数量及查获的毒品数量认定其贩卖毒品的数量。二是确有证据证明被告人购买的部分毒品并非用于贩卖，包括已被其本人吸食的、不以牟利为目的为吸食者代购的或者被其赠予他人的，不应计入其贩卖毒品的数量。但不包括丢失、销毁等情形，因为被告人出于贩卖目的购买这部分毒品，无论是否卖出，均应计入其贩卖毒品的数量。

4. 低纯度毒品的数量认定及对量刑的影响。该问题也是个老问题，但实践中各地的认识和做法很不统一。调研中了解到，有的地方仍在执行对低纯度毒品按照25%的纯度进行折算后认定数量的做法；有的地方提出，对毒品含量极低的案件应当报送最高人民法院核准在法定刑以下判处刑罚。对此，《纪要》强调，应当严格执行刑法有关毒品数量不以纯度折算的规定。但同时也需要注意两个例外情形:一是2000年《最高人民法院关于审理毒品案件定罪量刑标准有关问题的解释》规定,对度冷丁和盐酸二氢埃托啡针剂及片剂要按照有效药物成分的含量计算毒品数量。二是为了掩护运输而将毒品临时溶于液体的,可以将溶液蒸馏后得到的纯度较高的毒品数量作为量刑的依据,这也是司法实践中普遍接受的做法。此外,考虑到毒品犯罪的严峻形势和社会危害,对毒品含量极低的案件,尚不宜报送最高人民法院核准在法定刑以下判处刑罚。

关于各类毒品的正常纯度,根据相关部门提供的数据,在终端消费市场,海洛因的正常纯度为5%—60%左右,甲基苯丙胺(冰毒)的正常纯度为50%—99%左右,甲基苯丙胺片剂的正常纯度为5%—30%左右,氯胺酮的正常纯度为60%—99%左右。明显低于上述纯度范围最低值的,量刑时可以酌情考虑。是否明显低于正常纯度,则要结合案件具体情况进行判断。

5. 制造毒品的数量认定。《大连会议纪要》对制造毒品罪的认定与处罚作了一些规定,但没有涉及制造毒品的数量认定问题。制造毒品案件中,现场遗留物的情况比较复杂,可能包括毒品成品、半成品、废液废料等,其中通常都能够检出毒品成分。如何认定制造毒品的数量,一直是困扰审判实践的难题。废液废料是指不具备进一步提取(提纯)毒品条件的固体或者液体废弃物,能够检出毒品成分但含量极低。故《纪要》明确提出,废液废料不应计入制造毒品的数量,并原则性规定了有关废液废料的判断方法和依据。

——高贵君、马岩、方文军、李静然:《〈全国法院毒品犯罪审判工作座谈会纪要〉的理解与适用》,载《人民司法·应用》2015年第13期。

【最高人民法院答复】

根据《全国部分法院审理毒品犯罪案件工作座谈会纪要》的规定,对被告人一人走私、贩卖、运输、制造两种以上毒品的,不实行数罪并罚,量刑时可综合考虑毒品的种类、数量及危害,依法处理。故同意你院处理意见。

——《最高人民法院研究室关于被告人对不同种毒品实施同一犯罪行为是否按比例折算成一种毒品予以累加后量刑的答复》(2009年8月17日,法研〔2009〕146号)。

【最高人民法院参考案例】

姚明跃等贩卖毒品案(《刑事审判参考》案例第1231号)

要旨:《武汉会议纪要》与《大连会议纪要》的总体精神是一致的,但是《武汉会议纪要》更加明确了证明要求。

根据《大连会议纪要》的规定，具有吸食毒品情节的，在计算其贩卖毒品数量时，对于已被吸食部分可不计入贩卖毒品数量。但对于如何认定吸食毒品的数量以及在证明方面的要求，《大连会议纪要》没有明确提出解决方案。为此，《武汉会议纪要》做了完善：一是对于有吸毒情节的贩毒人员，一般应当按照其购买的毒品数量认定其贩卖毒品的数量，量刑时酌情考虑其吸食毒品的情节。也就是说，在一般情况下，不考虑减去毒贩自己吸食毒品的数量，仅在量刑时予以考虑。二是购买毒品的数量无法查明的，按照能够证明的贩卖数量及查获的毒品数量认定其贩毒数量。也就是说，以购买毒品数量作为其贩毒数量的依据是原则，只有在购买毒品数量无法查明时，才按照"贩卖数量+查获数量=贩毒数量"的方式确定。三是确有证据证明其购买的毒品中有部分并非用于贩卖，而是用于吸食或者赠与他人吸食等的，不应计入其贩毒数量。

——《刑事审判参考》（总第112辑）。

1229 毒品含量鉴定

关键词 | 毒品犯罪 | 鉴定 |

【最高人民法院司法文件】

第三十三条 具有下列情形之一的，公安机关应当委托鉴定机构对查获的毒品进行含量鉴定：

（一）犯罪嫌疑人、被告人可能被判处死刑的；

（二）查获的毒品系液态、固液混合物或者系毒品半成品的；

（三）查获的毒品可能大量掺假的；

（四）查获的毒品系成分复杂的新类型毒品，且犯罪嫌疑人、被告人可能被判处七年以上有期徒刑的；

（五）人民检察院、人民法院认为含量鉴定对定罪量刑有重大影响而书面要求进行含量鉴定的。

进行含量鉴定的检材应当与进行成分鉴定的检材来源一致，且一一对应。

——《最高人民法院、最高人民检察院、公安部办理毒品犯罪案件毒品提取、扣押、称量、取样和送检程序若干问题的规定》（2016年7月1日，公禁毒〔2016〕511号）。

五、毒品含量鉴定和混合型、新类型毒品案件处理问题

鉴于大量掺假毒品和成分复杂的新类型毒品不断出现，为做到罪刑相当、罚当其罪，保证毒品案件的审判质量，并考虑目前毒品鉴定的条件和现状，对可能判处

被告人死刑的毒品犯罪案件，应当根据最高人民法院、最高人民检察院、公安部2007年12月颁布的《办理毒品犯罪案件适用法律若干问题的意见》，作出毒品含量鉴定；对涉案毒品可能大量掺假或者系成分复杂的新类型毒品的，亦应当作出毒品含量鉴定。

对于含有二种以上毒品成分的毒品混合物，应进一步作成分鉴定，确定所含的不同毒品成分及比例。对于毒品中含有海洛因、甲基苯丙胺的，应以海洛因、甲基苯丙胺分别确定其毒品种类；不含海洛因、甲基苯丙胺的，应以其中毒性较大的毒品成分确定其毒品种类；如果毒性相当或者难以确定毒性大小的，以其中比例较大的毒品成分确定其毒品种类，并在量刑时综合考虑其他毒品成分、含量和全案所涉毒品数量。对于刑法、司法解释等已规定了量刑数量标准的毒品，按照刑法、司法解释等规定适用刑罚；对于刑法、司法解释等没有规定量刑数量标准的毒品，有条件折算为海洛因的，参照国家食品药品监督管理局制定的《非法药物折算表》，折算成海洛因的数量后适用刑罚。

对于国家管制的精神药品和麻醉药品，刑法、司法解释等尚未明确规定量刑数量标准，也不具备折算条件的，应由有关专业部门确定涉案毒品毒效的大小、有毒成分的多少、吸毒者对该毒品的依赖程度，综合考虑其致瘾癖性、戒断性、社会危害性等依法量刑。因条件限制不能确定的，可以参考涉案毒品非法交易的价格因素等，决定对被告人适用的刑罚，但一般不宜判处死刑立即执行。

——《全国部分法院审理毒品犯罪案件工作座谈会纪要》（2008年12月1日，法〔2008〕324号）。

四、关于死刑案件的毒品含量鉴定问题

可能判处死刑的毒品犯罪案件，毒品鉴定结论中应有含量鉴定的结论。

——《最高人民法院、最高人民检察院、公安部办理毒品犯罪案件适用法律若干问题的意见》（2007年12月18日，公通字〔2007〕84号）。

【链接：理解与适用】

（一）毒品的含量鉴定

在司法实践中，应当结合我国当前的刑事政策、毒品犯罪的态势辩证地看待含量鉴定，既不能过于苛求鉴定，也不能一概置之不理。对于毒品数量较小尤其是零包出售的毒品犯罪案件，考虑到不会适用重刑，为了诉讼经济、提高效率，只要确系毒品，可以不作毒品含量分析。对于毒品数量大，可能判处死刑的，有证据证明或现有证据不能排除大量掺假可能的，如存在从毒品性状上肉眼即可识别出与典型毒品明显不同，或者交易价格明显低于当地同类毒品价格等情形的，则应当进行定性和定量鉴定。经鉴定毒品含量极低的，在刑罚裁量时就应当酌情考虑。对于掺假后毒品数量才达到或超过判处死刑标准，没有其他从重情节的，原则上不得判处死刑。另外，对于摇头丸、K粉、麻古等新类型毒品，刑法及相关司法解释没有明确具体的量刑数量标准的，判处死刑要格外慎重。毒品鉴定结论中毒品品名的认定应以国家食品药品监督管理局、公安部、卫生部最新发布的《麻醉药品品种目录》《精神药品品种目录》为依据。对缺少作为定罪量刑重要证据的毒品含量鉴定结论的，上级法院可以部分事实不清为由，将案件发回重新审判。对毒品鉴定结论有疑义的，可以进行补充鉴定或重新鉴定。因某种原因不能作出补充或重新鉴定的，判处死刑时应特别慎重。

——高贵君、王勇、吴光侠：《〈全国部分法院审理毒品犯罪案件工作座谈会纪要〉的理解与适用》，载《人民司法·应用》2009年第3期。

【最高人民法院参考案例】

赵廷贵贩卖毒品案(《刑事审判参考》案例第500号)

要旨：刑法明确规定毒品数量不以纯度折算，无论被告人贩卖的毒品纯度多低，只要经鉴定确认是毒品，就应当以查获的或者有证据证实的毒品数量来认定其毒品犯罪的数量，而不能以纯度折算后的毒品来认定其毒品犯罪的数量。被告人贩卖含量极低的海洛因针剂，仅有贩卖毒品含量低这一酌定从轻处罚情节，仅此尚不足以成为对其在法定刑以下减轻处罚的理由。

（一）本案应认定被告人贩卖海洛因318克，不能按纯度折算后认定其贩卖的毒品数量

本案中，被告人赵廷贵贩卖的是海洛因针剂，含量极低，总计318克针剂中的纯海洛因只有0.205克，但不能据此认定赵廷贵贩卖的毒品数量为海洛因0.205克，否则就违反了法律的明文规定，有违罪刑法定原则。据此，一、二审法院根据公安机关查获的被告人赵廷贵贩卖的针剂海洛因的数量，认定其贩卖海洛因318克，是完全正确的。

（二）对被告人不能适用刑法第六十三条第二款在法定刑以下量刑，但可以在法定刑幅度内酌情从轻处罚

只不过，考虑到本案毒品含量极低，其危害性相对小于含量高的毒品，根据2000年《全国法院审理毒品犯罪案件工作座谈会纪要》“对于查获的毒品有证据证明大量掺假，经鉴定查明毒品含量极少，确有大量掺假成分的，在处刑时应酌情考虑”的规定，对被告人可以在法定刑幅度内酌情从轻处罚。据此，法院根据本案毒品含量低的具体情况，对被告人赵廷贵在法定刑幅度内从轻处罚，判处十五年有期徒刑，既贯彻了对毒品犯罪严厉打击的政策精神，也体现了宽严相济刑事政策区别

对待的要求。

——《刑事审判参考》(总第63辑)。

王某贩卖毒品案(《刑事审判参考》案例第430号)

要旨:司法实践中,新型毒品不断出现,有些毒品的种类、成分、形式非常复杂,如果不作含量鉴定,很难确定其危害社会的程度。尤其是对于可能判处死刑的案件,有证据表明毒品可能大量掺假,或者是多种成分的混合型毒品的案件,应该作毒品的成分和含量鉴定,以确保定案证据的确实充分和死刑适用的准确。对于经鉴定毒品含量极少,或者因某种原因不能鉴定,存疑无法排除的,对被告人不应适用死刑立即执行。

1. 关于以非常规形式出现的毒品的认定

毒品的种类繁多,每种毒品都有通常存在的形式,比如海洛因通常是以压成块状的白色粉末状存在,也有部分案件直接以粉末状出现。但是个别时候某类毒品会以较为特殊的形式出现,致使它的成分、含量发生变化,会对量刑产生影响。因此,在毒品犯罪案件中,尤其是在审理被告人可能被判处死刑的毒品犯罪案件时,要特别注意此种情况。

2. 关于摇头丸的认定

我们知道,摇头丸本身并不是一种毒品名称,目前尚没有量刑标准,所以,在审理摇头丸案件时,重点是对其成分进行鉴定,也就是定性分析。当确定主要成分是何种毒品后,摇头丸就应认定为该种毒品,对其中含量较高的,可以将摇头丸的数量认定为此种毒品的数量,再根据此种毒品的量刑标准考虑量刑。本案中摇头丸的主要成分是替苯丙胺(MDA),属于苯丙胺类毒品,且含量较高,量刑时可按查获摇头丸的数量认定毒品数量,根据苯丙胺类毒品的量刑标准量刑。

3. 涉及多种毒品的犯罪案件的量刑

在司法实践中,被告人多次走私、贩卖、运输、制造多种类毒品的情况并不鲜见,在对此类案件中的被告人适用死刑立即执行时,应如何把握死刑量刑数量标准,一直是毒品案件审理工作中的难点。因为在司法实践中,有的毒品种类规定了适用死刑的数量标准,有的没有规定,因此,我们在量刑时,通常应当首先考虑危害性大(包括毒性和数量)并有明确量刑数量标准的毒品,其他种类毒品的数量可作为量刑的从重情节加以考虑。需要注意的是,对于量刑标准不一样的不同种类毒品的数量,不能简单累加。就本案而言,王某贩卖的毒品种类有海洛因、杜冷丁和替苯丙胺(MDA),其中海洛因毒性最大又有死刑量刑数量标准,而杜冷丁和替苯丙胺(MDA)没有明确的死刑量刑数量标准,那么,量刑时首先要考虑海洛因的数量,再把杜冷丁和替苯丙胺(MDA)的数量作为量刑的从重情节加以考虑。

——《刑事审判参考》(总第 54 辑)。

1230 毒品犯罪被告人主观明知的认定

关键词 | 毒品犯罪 | 推定明知 |

【最高人民法院司法文件】

十、主观明知的认定问题

毒品犯罪中,判断被告人对涉案毒品是否明知,不能仅凭被告人供述,而应当依据被告人实施毒品犯罪行为的过程、方式、毒品被查获时的情形等证据,结合被告人的年龄、阅历、智力等情况,进行综合分析判断。

具有下列情形之一,被告人不能做出合理解释的,可以认定其“明知”是毒品,但有证据证明确属被蒙骗的除外:(1)执法人员在口岸、机场、车站、港口和其他检查站点检查时,要求行为人申报为他人携带的物品和其他疑似毒品物,并告知其法律责任,而行为人未如实申报,在其携带的物品中查获毒品的;(2)以伪报、藏匿、伪装等蒙蔽手段,逃避海关、边防等检查,在其携带、运输、邮寄的物品中查获毒品的;(3)执法人员检查时,有逃跑、丢弃携带物品或者逃避、抗拒检查等行为,在其携带或者丢弃的物品中查获毒品的;(4)体内或者贴身隐秘处藏匿毒品的;(5)为获取不同寻常的高额、不等值报酬为他人携带、运输物品,从中查获毒品的;(6)采用高度隐蔽的方式携带、运输物品,从中查获毒品的;(7)采用高度隐蔽的方式交接物品,明显违背合法物品惯常交接方式,从中查获毒品的;(8)行程路线故意绕开检查站点,在其携带、运输的物品中查获毒品的;(9)以虚假身份或者地址办理托运手续,在其托运的物品中查获毒品的;(10)有其他证据足以认定行为人应当知道的。

——《全国部分法院审理毒品犯罪案件工作座谈会纪要》(2008 年 12 月 1 日,法〔2008〕324 号)。

二、关于毒品犯罪嫌疑人、被告人主观明知的认定问题

走私、贩卖、运输、非法持有毒品主观故意中的“明知”,是指行为人知道或者应当知道所实施的行为是走私、贩卖、运输、非法持有毒品行为。具有下列情形之一,并且犯罪嫌疑人、被告人不能做出合理解释的,可以认定其“应当知道”,但有证据证明确属被蒙骗的除外:

(一)执法人员在口岸、机场、车站、港口和其他检查站检查时,要求行为人申

报为他人携带的物品和其他疑似毒品物，并告知其法律责任，而行为人未如实申报，在其所携带的物品内查获毒品的；

（二）以伪报、藏匿、伪装等蒙蔽手段逃避海关、边防等检查，在其携带、运输、邮寄的物品中查获毒品的；

（三）执法人员检查时，有逃跑、丢弃携带物品或逃避、抗拒检查等行为，在其携带或丢弃的物品中查获毒品的；

（四）体内藏匿毒品的；

（五）为获取不同寻常的高额或不等值的报酬而携带、运输毒品的；

（六）采用高度隐蔽的方式携带、运输毒品的；

（七）采用高度隐蔽的方式交接毒品，明显违背合法物品惯常交接方式的；

（八）其他有证据足以证明行为人应当知道的。

——《最高人民法院、最高人民检察院、公安部办理毒品犯罪案件适用法律若干问题的意见》（2007年12月18日，公通字〔2007〕84号）。

二、关于制毒物品犯罪嫌疑人、被告人主观明知的认定

对于走私或者非法买卖制毒物品行为，有下列情形之一，且查获了易制毒化学品，结合犯罪嫌疑人、被告人的供述和其他证据，经综合审查判断，可以认定其“明知”是制毒物品而走私或者非法买卖，但有证据证明确属被蒙骗的除外：

1. 改变产品形状、包装或者使用虚假标签、商标等产品标志的；

2. 以藏匿、夹带或者其他隐蔽方式运输、携带易制毒化学品逃避检查的；

3. 抗拒检查或者在检查时丢弃货物逃跑的；

4. 以伪报、藏匿、伪装等蒙蔽手段逃避海关、边防等检查的；

5. 选择不设海关或者边防检查站的路段绕行出入境的；

6. 以虚假身份、地址办理托运、邮寄手续的；

7. 以其他方法隐瞒真相，逃避对易制毒化学品依法监管的。

——《最高人民法院、最高人民检察院、公安部关于办理制毒物品犯罪案件适用法律若干问题的意见》（2009年6月23日，公通字〔2009〕33号）。

【链接：理解与适用】

至于判断是否明知，应当注意以下问题：一是判断是否明知应当以客观实际情况为依据。尽管明知是行为人知道或者应当知道行为对象是毒品的心理状态，但是判断被告人主观是否明知，不能仅凭被告人是否承认，而应当综合考虑案件中的各种客观实际情况，依据实施毒品犯罪行为的过程、行为方式、毒品被查获时的情形和环境等证据，结合被告人的年龄、阅历、智力及掌握相关知识情况，进行综合分

析判断。二是用作推定前提的基础事实必须有确凿的证据证明。首先要查明行为人携带、运输的东西确实是毒品，同时行为人有反常行为表现。三是依照上述规定认定的明知，允许行为人提出反证加以推翻。由于推定明知不是以确凿证据证明的，而是根据基础事实与待证事实的常态联系，运用情理判断和逻辑推理得出的，有可能出现例外情况。如果行为人能作出合理解释，有证据证明确实受蒙骗，其辩解有事实依据或者合乎情理，就不能认定其明知是毒品。

——高贵君、王勇、吴光侠：《〈全国部分法院审理毒品犯罪案件工作座谈会纪要〉的理解与适用》，载《人民司法·应用》2009 年第 3 期。

（二）毒品犯罪中明知的含义及其判断标准

针对毒品犯罪隐蔽性强，特别是运输毒品犯罪主观明知较难查证的实际情况，《意见》在总结毒品案件侦查、起诉、审判实践经验的基础上，指出明知是指行为人知道或者应当知道所实施的行为是走私、贩卖、运输、非法持有毒品的行为。具有下列八种情形之一，并且犯罪嫌疑人、被告人不能作出合理解释的，可以认定其应当知道，但有证据证明确属被蒙骗的除外……上述情形的前三种情形表现为执法人员检查时，从其所携带的物品内查获毒品，并且行为人有蒙蔽、逃避或者抗拒检查或者未如实申报的行为，也不能对委托其携带物品人的姓名、住址等情况交代清楚。第四、六、七种情形表现为采取高度隐蔽的方式携带、交接毒品，明显违背合法物品惯常携带和交接的方式。第五种情形表现为为他人携带、运输物品的报酬明显不合市场交易常规，违背常理。第八种情形是兜底性规定，可以包括其他有证据足以证明应当知道的情形，如用特制设备运输毒品或者在运输工具的隐蔽部位藏匿毒品的；行程路线故意绕开检查站点的；以虚假地址和身份办理托运手续的；多次为同一毒品犯罪分子运输毒品的；曾因同一种毒品违法犯罪行为受过刑事处罚或者行政处罚的；等等。至于明知的程度，只需行为人明知犯罪对象是毒品，而无须完全清楚毒品的数量、质量、品种、含量、成分等物理、化学特征。

（三）判断明知时应注意的问题

在具体判断是否明知时，应当注意以下问题：一是判断是否明知应当以客观实际情况为依据。尽管明知是行为人知道或者应当知道行为对象是毒品的心理状态，但是判断被告人主观上是否明知，不能仅凭被告人是否承认，而应当综合考虑案件中的各种客观实际情况，依据实施毒品犯罪行为的过程、行为方式、毒品被查获时的情形和环境等证据，结合被告人的年龄、阅历、智力及掌握相关知识的情况，进行综合分析判断。二是用作推定前提的基础事实必须有已经确凿的证据证明。首先要查明行为人携带的东西确实是毒品，其次行为人要有上述列举的反常表现行为。三是依照上述规定认定的明知，允许行为人提出反证加以推翻。由于推定的明知不是以确凿证据证明的,而是根据基础事实与待证事实的常态联系,运用情理判断和逻辑推理得出的,有可能出现例外情况。如果行为人能作出合理解释,有证据证明确实受蒙骗,其辩解有事实依据或者合乎情理,就不能认定其明知。

——高贵君、王勇、吴光侠:《〈办理毒品犯罪案件适用法律若干问题的意见〉的理解与适用》,载《人民司法·应用》2008年第5期。

(一)主观明知的判断标准

第(一)项"改变产品形状、包装或者使用虚假标签、商标等产品标志的"是针对司法实践中发现的行为人采用蒙蔽、造假手段而作出的规定。行为人改变易制毒化学品原来的形状、包装,包括改变产品的物理形态(如将晶体研磨成粉末),改换或者毁损产品的包装等;在易制毒化学品的外包装上使用虚假标签、商标等产品标志,其目的在于制造假象,企图使他人将易制毒化学品误认为其他物品。上述行为反映了行为人隐瞒、掩盖其实施走私、非法买卖易制毒化学品的事实,结合其他证据,可以认定其主观明知。

第(二)项至第(五)项都是针对行为人逃避或者抗拒检查的情况作出的规定,列举的四类情形都是故意逃避或者抗拒检查的特定情形,表现出不正常、不合理的行为方式,结合其他证据可以认定行为人主观上明知。第(二)项"以藏匿、夹带或者其他隐蔽方式运输、携带易制毒化学品逃避检查的"情形,表现为以隐蔽方式运输、携带易制毒化学品逃避检查,运输、携带方式的不正常反映出行为人的主观明知。第(三)项"抗拒检查或者在检查时丢弃货物逃跑的"情形,表现为运输或者走私过程中抗拒执法人员检查或者在检查时丢弃货物逃跑,而在其货物中查获易制毒化学品。行为人对执法人员的检查应予配合,抗拒检查或者逃跑的,如果在其货物中发现了易制毒化学品的,反映出行为人的主观明知。第(四)项"以伪报、藏匿、伪装等蒙蔽手段逃避海关、边防等检查的"情形,第(五)项"选择不设海关或者边防检查站的路段绕行出入境的"情形,表现为行为人违反常规,逃避出入境检查。第(六)项"以虚假身份、地址办理托运、邮寄手续的"情形,表现为行为人在托运、邮寄易制毒化学品环节弄虚作假。通过托运、邮寄方式办理货物运输手续的,应当填写真实的姓名、地址等个人信息,如果行为人在办理托运、邮寄手续时,故意使用虚假身份、地址,且从其托运、邮寄的物品中查获了易制毒化学品的,结合其他证据可以认定行为人主观明知。第(七)项"以其他方法隐瞒真相,逃避对易制毒化学品依法监管的",也是为了应对实践中复杂多变的案件情况而规定的兜底条款,可以包括其他有证据足以证明行为人应当知道其行为对象系易制毒化学品的情形。

(二)判断主观明知时应注意的问题

判断行为人主观上是否明知,需注意以下问题:一是客观上必须是查获了行为人走私或者非法买卖的易制毒化学品，在这一前提下，再结合其他证据综合分析认定。二是主观上是否具有明知，应当根据当时当地的具体客观情况进行综合分析判断。走私、非法买卖制毒物品主观故意中的明知，是指行为人知道或者应当知道所实施的行为是走私、非法买卖制毒物品行为。判断行为人是否明知，不能仅根据行为人是否供认，而应综合考虑案件中的各种情况，包括行为人的供述和其他证据，依据实施制毒物品犯罪的行为过程、行为方式、易制毒化学品被查获时的情况、行为人的反应等情况，结合行为人的年龄、阅历及掌握的相关知识，进行综合分析判断。三是根据《意见》的有关规定，认定行为人主观明知时，允许行为人提出反证加以推翻。因为根据第二条规定的七种情形认定行为人主观明知，是根据基础事实和待证事实之间的常态联系，运用逻辑推理和情理判断得出来的，有可能出现例外情况。如果行为人能作出合理解释，有证据证实确实被蒙骗的，就不能认定其主观明知。

——高贵君、王勇、吴光侠、王光坤：《〈关于办理制毒物品犯罪案件适用法律若干问题的意见〉的理解与适用》，载《人民司法·应用》2009 年第 15 期。

【最高人民法院参考案例】

骆小林运输毒品案(《刑事审判参考》案例第 1015 号)

要旨：对当场查获毒品的案件，要重点审查被告人的主观明知，包括对是否是毒品的明知和运输对象的明知两个方面，不能仅凭现场查获毒品就客观归罪，当然地认定被告人具有运输毒品的故意。

运输毒品罪要求被告人客观上有运输毒品的行为，主观上有明知是毒品并运输的故意。对当场查获毒品的案件，要重点审查被告人的主观明知，包括对是否是毒品的明知和运输对象的明知两个方面，不能仅凭现场查获毒品就客观归罪，当然地认定被告人具有运输毒品的故意。对此，最高人民法院 2008 年 12 月 1 日印发的《全国部分法院审理毒品犯罪案件工作座谈会纪要》规定：“不能仅凭被告人供述，而应当根据被告人实施毒品犯罪行为的过程、方式、毒品被查获时的情形等证据，结合被告人的年龄、阅历、智力等情况，进行综合分析判断。”

对于运输毒品罪而言，即使被告人否认自己对毒品的明知，但如果根据其行为的过程、方式、毒品被查获时的情形能够推定其主观上是明知的，也不影响定罪。其实质就是要确定犯罪人与毒品之间的一种主客观统一的对应关系，也就是人与毒的对应关系，达到真正的“人毒俱获”。对于可能判处死刑的运输毒品犯罪而言，自然也要遵循一般的死刑案件证据标准，主要体现在所有的犯罪事实必须均有证据证实，证据之间不能出现无法排除的矛盾，最终得出唯一确定的结论。

——《刑事审判参考》(总第 99 辑)。

巴拉姆·马利克·阿吉达利、木尔塔扎·拉克走私毒品案(《刑事审判参考》案例第954号)

要旨:被告人采用高度隐蔽的方式携带、运输毒品,且未能作出合理解释,可以认定二被告人明知所携带的手提公文箱中藏有毒品,依法构成走私毒品罪。

首先,在手提公文箱的夹层中藏匿毒品属于高度隐蔽的方式。证人刘川的证言证实,经对被告人巴拉姆所携行李物品进行X光机检查后,发现有夹藏嫌疑,遂立即通知现场值班副科长,经进一步查验确认在巴拉姆携带的手提密码箱中有夹层,找到木尔塔扎后,对两个手提密码箱开拆查验,在箱体衬板后查获白色晶体状固体各一包。这说明,二被告人所提公文箱的夹层很隐蔽,必须经过专业检测扫描仪器,在有经验的查验人员的检查下才能查出,一般开箱检查或者清晰度不高的黑白扫描检测仪器难以发现。而根据现场照片,对涉案手提箱中的夹层必须使用工具、采取破坏性手段才能打开。二被告人能顺利地将藏有毒品的公文箱从深圳运至北京首都机场,也印证了携带毒品采取的是高度隐蔽的方式。

其次,二被告人虽然否认明知手提箱中藏有毒品,但均未对其行为作出"合理解释",且存在多处矛盾。具体体现在:(1)关于手提公文箱的来源。被告人巴拉姆辩称公文箱是他的朋友哈桑在广州去往深圳的火车上交给他并委托他带回伊朗的,公文箱从未拿进过住宿的酒店;被告人木尔塔扎辩称公文箱是巴拉姆在广州的市场购买后送给他的,购买后一直放在旅馆,从未有人动过。(2)关于涉案关键人物黑衣男子的情况。巴拉姆供称除17日晚他的朋友哈桑和一友人之外,再没有人到过他们住宿的房间;木尔塔扎则称从广州下飞机到离开,从没有和第三人接触过,在酒店期间也没有任何人到过其房间。而汉风酒店监控录像显示:1月16日巴拉姆和木尔塔扎在黑衣男子陪同下入住酒店;1月18日凌晨,黑衣男子和白衣男子将涉案的两个公文箱拿到住宿房间,木尔塔扎为二人开门;18日中午,巴拉姆和木尔塔扎在黑衣男子陪同下携涉案公文箱离开酒店。可见,对该案的核心物证手提公文箱和涉案关键人物黑衣男子,二被告人均在编造谎言,未作如实供述。(3)关于来中国的目的。巴拉姆供称来中国前并不认识木尔塔扎,自己到中国来是为了办理假护照,与木尔塔扎同行只是巧合;木尔塔扎则称与巴拉姆认识四五年之久,本次是跟随巴拉姆到中国考察市场和旅游。从二人的联程机票、火车票等书证来看,二人同时订票、行程完全相同,可以确定为结伴而行;从住宿期间活动情况(大部分时间都待在旅馆)、联程机票内容(没有为北京预留时间)和其随身携带货币(一百美元和少量人民币)等证据看,木尔塔扎供述的二人此行目的也不能成立。(4)关于来中国的费用。巴拉姆供述是其朋友全额支付,木尔塔扎则称是巴拉姆无偿支付,即二人来中国的费用均非自己支付。以该二人分别系伊朗国内地毯市场帮工、卖瓜子小商贩的职业身份和他们随身携带的极少量货币来看,他们也无力支付此次行程的高额费用，更不可能来中国做建材贸易和旅游。(5)二人供述和辩解中的其他矛盾之处也很明显。如，巴拉姆称在首都机场候机时曾有两人跟其攀谈，其去洗手间时曾委托二人帮其照看行李，进而推测是该二人将手提箱调包。但木尔塔扎则供述在首都机场他和巴拉姆从没分开过，巴拉姆去洗手间时，是由他照看行李。再如，巴拉姆对与木尔塔扎关系的交代、木尔塔扎对电话卡等细节问题的交代均是反复不定、自相矛盾。综上可见，二被告人对在其携带的手提公文箱夹层中查获大量毒品的事实，不但没有作出合理解释，反而是避重就轻、编造谎言。故可以认定二被告人具备犯罪的主观故意。而二被告人当庭除坚持侦查阶段的辩解外，不能提供任何证据反驳控方的指控，以证实其非明知。故本案最终认定指控罪名成立。本案宣判后，二被告人均未提出上诉，从另一个角度表明二被告人认罪服法，认同一审法院认定的故意实施走私毒品的犯罪事实。

值得注意的是，刑事推定是一种不得已的证明方法，有"末位的证明方式"之称。只有在相关事实确实难以用直接证据来证明时才允许采取这种方式进行认定。由于推定被告人明知不是以确凿证据来证明，而是根据基础事实与待证事实的常态联系，运用情理判断和逻辑推理得出的，不排除有例外情况，所以推定若运用不当，则很有可能导致错误定罪。依据《意见》的有关规定来认定毒品犯罪被告人的主观明知时，特别要注意两点：(1)判断是否明知应当以客观真实的在案证据为基础。尽管"明知"是被告人知道或者应当知道行为对象是毒品的心理状态，但判断被告人主观是否明知，不能仅凭被告人的供述，而应当综合案件中的其他证据，依据实施毒品犯罪行为的过程、行为方式、毒品被查获时的环境等证据，结合被告人的年龄、阅历、智力及掌握相关知识情况，进行综合分析判断。本案中，二被告人在广州汉风酒店的住宿行踪、二人的机票、火车票、出境申报单及现场照片、鉴定结论等证据，都是作出判断的重要基础，若缺乏这些证据，则很难定罪。(2)应当准许被告人提出反证，以对其行为作出合理解释或者证实其确系被蒙骗。并且，如果被告人在审判阶段只能提出相关的证据线索，无法提出具体证据，法院可以进行调查取证。如经调查核实，发现被告人提出的证据线索确实存在，被告人的辩解有事实根据或者合乎情理，足以推翻推定事实的，则不能认定其明知。本案中，二被告人未能就此提供任何证据或者证据线索，故起诉书指控二人犯走私毒品罪均成立。

——《刑事审判参考》(总第96辑)。

周桂花运输毒品案(《刑事审判参考》案例第550号)

要旨：以虚假身份办理托运手续，在托运的物品中查获毒品，结合运输的方式、过程、托运人的年龄、阅历、智力等情况，可以推定托运人对毒品有明知。

毒品犯罪是故意犯罪,要求行为人主观上必须明知行为对象是毒品,否则不构成犯罪。实践中,被告人到案后常常以各种理由辩称自己不明知是毒品,以逃脱罪责。为规范对毒品案件被告人主观明知的认定,2007 年 12 月,最高人民法院、最高人民检察院、公安部印发的《办理毒品犯罪案件适用法律若干问题的意见》对此作出了规定,列举了七种可以推定被告人主观上系明知的情形;在此基础上,2008 年 12 月,最高人民法院印发的《全国部分法院审理毒品犯罪案件工作座谈会纪要》列举了九种可推定被告人主观上系明知的情形。其中,第九种情形是行为人"以虚假身份或者地址办理托运手续,在其托运的物品中查获毒品的",本案就属于这种情形。

本案中,被告人周桂花以虚假身份办理托运手续,在其托运的物品中查获毒品,虽然其归案后始终否认其明知所托运的鞋内藏有毒品,但依据其运输毒品的过程、方式、毒品被查获时的情形等证据,结合其年龄、阅历、智力等情况,可以认定其明知是毒品而运输。

——《刑事审判参考》(总第 67 辑)。

龙正明运输毒品案(《刑事审判参考》案例第 549 号)

要旨:判断被告人是否明知系毒品而运输,不能仅凭其事后辩解,而应当对案件的事实、证据进行全面分析,根据被告人实施毒品犯罪行为的过程、方式、毒品被查获时的情形等证据,结合被告人的年龄、阅历、智力等情况,综合判断,才能得出客观结论。

第一,从王文忠接取的八包甲基苯丙胺的其中一包的第五层包装袋上提取到了龙正明的指纹,这一事实证明龙正明接触过毒品的内包装,可直接否定龙正明称"没动过毒品"的辩解。第二,龙正明同时将数量巨大的海洛因和甲基苯丙胺两种毒品运至昆明市,并将海洛因称为"白的",却又辩解不知道带的是毒品,有违常理。第三,本案毒品交接时间是凌晨,地点是地处偏僻的私人招待所,且同案犯王文忠的供述证实,接取毒品时龙正明让他另开房间,第一次到他房间没有交给他毒品,第二次到他房间才将毒品交给他。此情节表明,龙正明在交接毒品时十分谨慎,完全不合常理,可以间接印证其主观上明知毒品的事实。对此,最高人民法院 2008 年 12 月印发的《全国部分法院审理毒品犯罪案件工作座谈会纪要》指出,对于被告人"采用高度隐蔽的方式交接物品,明显违背合法物品惯常交接方式,从中查获毒品的",被告人对此不能作出合理解释,亦无证据证明确属被蒙骗的,可以认定被告人明知是毒品。从本案被告人龙正明将毒品交接给同案被告人王文忠的过程看,完全符合此种情形,也具备了推定其明知是毒品而运输的条件。第四,云南系我国毒品的输出地,龙正明长期在边境地区活动,根据本案"货物"包装、外形等特征，其作为具有正常辨认能力的成年人，辩称不知道是毒品，难以让人信服。第五，龙正明归案后未如实供述，在侦查阶段的五次供述中，只有二次供述的内容与本案查明的部分事实有关，其余三次供述对所有犯罪事实均予以否认，且供述内容有多处矛盾。

……

综上，结合龙正明的客观行为及全案事实、证据，可以认定龙正明系明知是毒品而运输，具有运输毒品的故意，构成运输毒品罪。

——《刑事审判参考》（总第67辑）。

李良顺运输毒品案（《刑事审判参考》案例第548号）

要旨：被告人以高度隐蔽方式运输毒品，虽否认明知是毒品，但不能提出合理解释也不能提供证据证明其系受人蒙骗，可以推定其对毒品有明知。

第一，李良顺携带的毒品藏匿于木箱夹层之内，属于采用高度隐蔽方式携带、运输毒品。这符合《大连会议纪要》中"采用高度隐蔽的方式携带、运输物品，从中查获毒品的"情形，可以进行推定。第二，李良顺携带的木箱内并无贵重物品，根据其本人供述，交付木箱的人约定给其四千元报酬，且另付五百元路费。这符合《大连会议纪要》中"为获取不同寻常的高额、不等值报酬为他人携带、运输物品，从中查获毒品的"情形。第三，在云南边境地区，雇人运输毒品的情况比较普遍，一般人都能辨别此种高报酬的运输很可能就是运输毒品，在边防检查站的常规检查中，李良顺并没有主动向执法人员申报此种情况，这些情形都表明李良顺"明知"木箱内藏有毒品。同时，李良顺对上述情形未能作出合理解释，也不能提供自己被蒙骗的证据。因此，根据本案毒品藏匿方式、查获时的状况、李良顺的年龄、阅历等情况综合分析，可以认定其主观上明知自己携带的木箱中有毒品，其行为构成运输毒品罪。

——《刑事审判参考》（总第67辑）。

1231 毒品犯罪的共同犯罪

关键词 | 毒品犯罪 | 共同犯罪 |

【最高人民法院司法文件】

（二）共同犯罪认定问题

办理贩卖毒品案件，应当准确认定居间介绍买卖毒品行为，并与居中倒卖毒品行为相区别。居间介绍者在毒品交易中处于中间人地位，发挥介绍联络作用，通常与交易一方构成共同犯罪,但不以牟利为要件;居中倒卖者属于毒品交易主体,与前后环节的交易对象是上下家关系,直接参与毒品交易并从中获利。居间介绍者受贩毒者委托,为其介绍联络购毒者的,与贩毒者构成贩卖毒品罪的共同犯罪;明知购毒者以贩卖为目的购买毒品,受委托为其介绍联络贩毒者的,与购毒者构成贩卖毒品罪的共同犯罪;受以吸食为目的的购毒者委托,为其介绍联络贩毒者,毒品数量达到刑法第三百四十八条规定的最低数量标准的,一般与购毒者构成非法持有毒品罪的共同犯罪;同时与贩毒者、购毒者共谋,联络促成双方交易的,通常认定与贩毒者构成贩卖毒品罪的共同犯罪。居间介绍者实施为毒品交易主体提供交易信息、介绍交易对象等帮助行为,对促成交易起次要、辅助作用的,应当认定为从犯;对于以居间介绍者的身份介入毒品交易,但在交易中超出居间介绍者的地位,对交易的发起和达成起重要作用的被告人,可以认定为主犯。

两人以上同行运输毒品的,应当从是否明知他人带有毒品,有无共同运输毒品的意思联络,有无实施配合、掩护他人运输毒品的行为等方面综合审查认定是否构成共同犯罪。受雇于同一雇主同行运输毒品,但受雇者之间没有共同犯罪故意,或者虽然明知他人受雇运输毒品,但各自的运输行为相对独立,既没有实施配合、掩护他人运输毒品的行为,又分别按照各自运输的毒品数量领取报酬的,不应认定为共同犯罪。受雇于同一雇主分段运输同一宗毒品,但受雇者之间没有犯罪共谋的,也不应认定为共同犯罪。雇用他人运输毒品的雇主,及其他对受雇者起到一定组织、指挥作用的人员,与各受雇者分别构成运输毒品罪的共同犯罪,对运输的全部毒品数量承担刑事责任。

——《全国法院毒品犯罪审判工作座谈会纪要》(2015 年 5 月 18 日,法〔2015〕129 号)。

九、毒品案件的共同犯罪问题

毒品犯罪中,部分共同犯罪人未到案,如现有证据能够认定已到案被告人为共同犯罪,或者能够认定为主犯或者从犯的,应当依法认定。没有实施毒品犯罪的共同故意,仅在客观上为相互关联的毒品犯罪上下家,不构成共同犯罪,但为了诉讼便利可并案审理。审理毒品共同犯罪案件应当注意以下几个方面的问题:

一是要正确区分主犯和从犯。区分主犯和从犯,应当以各共同犯罪人在毒品共同犯罪中的地位和作用为根据。要从犯意提起、具体行为分工、出资和实际分得毒赃多少以及共犯之间相互关系等方面,比较各个共同犯罪人在共同犯罪中的地位和作用。在毒品共同犯罪中,为主出资者、毒品所有者或者起意、策划、纠集、组织、雇佣、指使他人参与犯罪以及其他起主要作用的是主犯;起次要或者辅助作用的是从犯。受雇佣、受指使实施毒品犯罪的,应根据其在犯罪中实际发挥的作用具体认定为主犯或者从犯。对于确有证据证明在共同犯罪中起次要或者辅助作用的,不能因为其他共同犯罪人未到案而不认定为从犯,甚至将其认定为主犯或者按主犯处罚。只要认定为从犯,无论主犯是否到案,均应依照刑法关于从犯的规定从轻、减轻或者免除处罚。

二是要正确认定共同犯罪案件中主犯和从犯的毒品犯罪数量。对于毒品犯罪集团的首要分子,应按集团毒品犯罪的总数量处罚;对一般共同犯罪的主犯,应按其所参与的或者组织、指挥的毒品犯罪数量处罚;对于从犯,应当按照其所参与的毒品犯罪的数量处罚。

三是要根据行为人在共同犯罪中的作用和罪责大小确定刑罚。不同案件不能简单类比,一个案件的从犯参与犯罪的毒品数量可能比另一案件的主犯参与犯罪的毒品数量大,但对这一案件从犯的处罚不是必然重于另一案件的主犯。共同犯罪中能分清主从犯的,不能因为涉案的毒品数量特别巨大,就不分主从犯而一律将被告人认定为主犯或者实际上都按主犯处罚,一律判处重刑甚至死刑。对于共同犯罪中有多个主犯或者共同犯罪人的,处罚上也应做到区别对待。应当全面考察各主犯或者共同犯罪人在共同犯罪中实际发挥作用的差别,主观恶性和人身危险性方面的差异,对罪责或者人身危险性更大的主犯或者共同犯罪人依法判处更重的刑罚。

——《全国部分法院审理毒品犯罪案件工作座谈会纪要》(2008 年 12 月 1 日,法〔2008〕324 号)。

【链接：理解与适用】

(二)共同犯罪认定问题

对于毒品案件的共同犯罪问题,《大连会议纪要》已经作了一些规定,应当继续参照执行。《纪要》结合近年来的实践,又对两方面的问题作了具体规定。

1. 居间介绍买卖毒品的认定与处理。

(1)关于居间介绍买卖毒品与居中倒卖毒品的区分。贩卖毒品案件中,一些犯罪分子为减轻罪责,往往辩称自己是居间介绍者,不是真正的购毒者或者贩毒者。由于居间介绍买卖毒品者与居中倒卖毒品者在罪责和量刑上存在差别,认定时要准确区分。《纪要》从二者在毒品交易中所处的地位、发挥的作用、是否成立共同犯罪、有无获利及获利方式等方面对其作了区分。

(2)关于居间介绍买卖毒品的共同犯罪认定。原则上,居间介绍者与哪一方交易主体存在犯罪共谋,并有更加积极、密切的联络交易行为,就认定其与哪一方构成共同犯罪。其中,受以吸食毒品为目的的购毒者委托为其介绍贩毒者的,不能因为其行为客观上促进了贩卖行为而简单认定为贩毒者的共犯,一般仍要按照购毒者的行为性质认定。对于同时受贩毒者、购毒者双方委托为其联络、促成交易的,为了便于司法认定和处理,一般认定与贩毒者构成共同犯罪。但作为例外,如果居间介绍者与以贩卖为目的的购毒者关系更为紧密,且购毒者对促成毒品交易起更大作用的,可以认定居间介绍者与购毒者构成共同犯罪。

(3)关于居间介绍买卖毒品者的地位作用认定。居间介绍者不是毒品交易的一方主体,对促成交易起帮助作用,故一般应当认定为从犯。但对个别以居间介绍者的身份介入毒品交易,但在交易中超出居间介绍者地位,对促成交易起重要、直接作用的被告人,可以认定为主犯。

2. 运输毒品共同犯罪的认定。《大连会议纪要》对该问题没有明确规定,因其关系到各运毒者运输毒品数量的认定及共同犯罪中的地位作用认定,实践中存在认识分歧,故需要加以规范。《纪要》主要规定了如何判断同行运输毒品者是否构成共同犯罪,以及实践中两种典型的受雇于同一雇主运输毒品但不认定为共同犯罪的情形。需要说明的是,《纪要》规定不构成共同犯罪的仅限于受雇者之间,雇主以及其他对全体受雇者起到一定组织、指挥作用的人员则与受雇者分别构成共同犯罪,对运输的全部毒品数量承担刑事责任。

——高贵君、马岩、方文军、李静然:《〈全国法院毒品犯罪审判工作座谈会纪要〉的理解与适用》,载《人民司法·应用》2015年第13期。

十、毒品案件的共同犯罪问题

(一)毒品共同犯罪的构成问题

由于毒品犯罪的复杂性、多样性,司法实践中对买卖双方、承运与托运双方(简称毒品犯罪双方)的毒品犯罪行为是否构成共同犯罪,存有不同的认识和做法。《纪要》对此规定:"没有实施毒品犯罪的共同故意,仅在客观上为相互关联的毒品犯罪的上下家,不构成共同犯罪。"因为根据我国刑法规定的共同犯罪构成要件,毒品犯罪的上下家,如果主观上没有实施毒品犯罪的共同故意,仅在客观上相互关联的,不构成共同犯罪;如果有共同故意的,可以构成毒品共同犯罪。

(二)主犯、从犯毒品犯罪的数量认定问题

《纪要》在《南宁会议纪要》"关于毒品案件的共同犯罪问题"的基础上,根据刑法第二十六条的规定,对主犯的处罚,补充了按其"所参与的"毒品犯罪数量处罚,避免了原来的遗漏。同时,对从犯的毒品数量认定进行了修改,结合共同犯罪部分行为全部责任的刑法理论,规定对毒品犯罪的从犯,应当按照其所参与的毒品犯罪的数量处罚。

(三)多个主犯或共同犯罪人的量刑问题

《纪要》增加了共同犯罪中存有多个主犯或者共同犯罪人时如何区别量刑的

内容,即对于共同犯罪中有多个主犯或者共同犯罪人的,处罚上也应做到区别对待。应当全面考察各主犯或者共同犯罪人在共同犯罪中实际发挥作用的差别、主观恶性和人身危险性方面的差异,对罪责或者人身危险性更大的主犯或者共同犯罪人依法判处更重的刑罚。这样规定有利于贯彻宽严相济与严格控制和慎重适用死刑的政策,也符合量刑个别化的要求。在司法实践中,应当注意有多名主犯或者共同犯罪人的,必须充分考虑各被告人在共同犯罪中的地位和作用,以及主观恶性和人身危险性,进一步区分出罪责更为严重者和罪行最为严重者,准确地认定各被告人的罪责并适用刑罚。不能因为罪行最严重的主犯因有立功、自首等法定从轻处罚情节未被判处死刑立即执行,而对罪行相对较轻的主犯判处死刑立即执行。确须判处两名以上被告人死刑立即执行的,必须要有充分的理由,一般仅限于犯罪情节极其恶劣、犯罪后果特别严重的毒品案件,且被告人罪行极其严重,又系毒品再犯、累犯等。

——高贵君、王勇、吴光侠:《〈全国部分法院审理毒品犯罪案件工作座谈会纪要〉的理解与适用》,载《人民司法 · 应用》2009 年第 3 期。

【最高人民法院参考案例】

陈维有、庄凯思贩卖毒品案(《刑事审判参考》案例第 1179 号)

要旨:办理贩卖毒品案件,应当准确认定居间介绍买卖毒品行为,并与居中倒卖毒品行为相区别。

司法实践中,相当一部分贩毒者尤其是一些毒品倒卖者,为获取较轻的刑事处罚,到案后往往辩称自己是居间介绍者,将居间介绍买卖毒品和直接贩卖毒品混淆起来。2015 年最高人民法院印发的《全国法院毒品犯罪审判工作座谈会纪要》(以下简称《武汉会议纪要》)针对这一实践问题,在总结以往经验的基础上指出,办理贩卖毒品案件,应当准确认定居间介绍买卖毒品行为,并与居中倒卖毒品行为相区别。关于居间介绍与居中倒卖的区分,《武汉会议纪要》提出可从以下几个方面进行:(1)交易地位与作用。居间介绍者在毒品交易中处于中间人地位,发挥介绍联络作用;居中倒卖者属于毒品交易主体,直接参与毒品交易,对交易的发起和达成起决定作用。(2)共同犯罪形式。居间介绍者通常与交易一方构成共同犯罪,居中倒卖者与前后环节的交易对象是上下家关系。(3)是否牟利。居间介绍者不以牟利为要件,居中倒卖者直接在毒品交易中获利。这些具体规定有助于司法实践中准确认定居间介绍行为。

本案中,特情人员罗某某以毒品买家代理人的身份出现,其首先联系的是被告人庄凯思,还将准备用于交易的现金、银行取款回执的照片发送给庄凯思。从形式上看,庄凯思似乎是罗某某的直接交易对象。但本案证据证实,真正与罗某某交易的是被告人陈维有。在庄凯思介绍罗某某与陈维有认识后,陈维有、罗某某见面商谈交易细节,虽有庄凯思的介入,但确定交易毒品的种类、数量、价格的仍是陈维有、罗某某二人。陈维有、罗某某也均明知交易的对象并非庄凯思。公安机关提取的手机短信息显示,庄凯思并不从本次交易中赚取差价,而是想通过介绍交易获得五千元的好处费。显然,庄凯思并不是本次毒品交易中独立的一方主体,而是陈维有、罗某某之间的居间介绍人。

被告人陈维有与罗某某确定交易毒品时,尚没有直接控制用于交易的毒品。陈维有在与罗某某交易的当日凌晨,才由他人将该批毒品送至陈维有处。陈维有与他人交接毒品的情节,陈维有、庄凯思、罗某某均予证实。从表面上看,陈维有似乎仅是交易的中间人,而不是交易的一方主体。因此,陈维有是独立的毒品交易主体,还是上下家之间的中介人,是本案另一个审查认定的重点。在案证据显示,陈维有虽然没有详细供述毒品来源,但其曾供认联系毒品提供者的情节,供认过毒品提供者同意赊账向其提供毒品,确定交易金额为二十一万元。结合陈维有以自己的名义与罗某某进行交易,且其向罗某某贩卖毒品的价格高于其所供的向毒品提供者购买毒品的金额,故能认定陈维有是毒品交易链中单独的一环,其获利方式是通过在上下家之间转卖获得差价。故陈维有在毒品交易中具有独立主体地位,应认定其属于在本案中居中倒卖毒品。

——《刑事审判参考》(总第 108 辑)。

阿力日呷等贩卖、运输毒品案(《刑事审判参考》案例第 955 号)

要旨:毒品共同犯罪有一定的特点,虽然涉案毒品数量是影响量刑的主要因素,但不能唯涉案毒品数量量刑。在对主犯量刑时,既要考虑涉案毒品数量,又要考虑各被告人在共同犯罪中的地位、作用,如犯意提起、具体分工、毒资筹集、毒品实际控制等。此外,毒品是否流入社会造成实际危害等也应作为考虑情节。

本案中,被告人阿力日呷积极联系毒贩,向毒贩支付毒资并接收全部毒品,安排贩卖、运输毒品的路线和行程,在共同犯罪中起组织、策划作用,系主犯,应当对查获的全部 1037 克毒品承担刑事责任。同时,对阿力日呷的量刑又应考虑以下因素:

第一,现有证据不能证实阿力日呷邀约阿布木拉尾一起贩卖海洛因。阿力日呷和阿牛木史牛供称二人与阿布木拉尾聊天时提到去云南境内贩卖海洛因,阿布木拉尾主动提出出资参与。数日后,阿布木拉尾找到二人,要求帮其购买两块海洛因。对二人上述供述内容,阿布木拉尾亦作相同供述。根据三人供述,只能认定阿布木拉尾得知阿力日呷和阿牛木史牛意图贩卖海洛因而主动参与贩卖,不能认定阿力日呷主动邀约阿布木拉尾参与贩卖海洛因。

第二,现有证据不能证实阿力日呷从其为阿布木拉尾代购的两块海洛因中加价牟利。阿力日呷一直供称其只是帮阿布木拉尾购买两块海洛因,每块3.6万元,一共7.2万元,没有从中牟利。阿布木拉尾共汇7.2万元钱给阿力日呷。阿牛木史牛和阿布么作外均供称,阿力日呷和二人一起从银行取款后将钱款交给卖海洛因的人。上述证据证实阿力日呷帮阿布木拉尾购买海洛因没有赚取差价。

第三,阿布么作外系受雇于阿布木拉尾运输海洛因,阿力日呷购买海洛因后就将帮阿布木拉尾购买的两块海洛因交给阿布么作外,公安人员是在阿布么作外身上查获该两块海洛因的。最高人民法院2008年12月印发的《全国部分法院审理毒品犯罪案件工作座谈会纪要》(以下简称《大连会议纪要》)明确要求:"要从犯意提起、具体行为分工、出资和实际分得毒赃以及共犯之间相互关系等方面,比较各共同犯罪人在共同犯罪中的地位和作用。"本案中,阿力日呷与阿牛木史牛合买的344克海洛因,二人出资额相同,且系共同取款,共同将款交给毒贩,二人均起主要作用,鉴于系阿力日呷指使阿牛木史牛携带海洛因,故阿力日呷的作用略大于阿牛木史牛。阿力日呷帮阿布木拉尾购买的693克毒品,阿布木拉尾主动出资让阿力日呷帮助购买毒品,并雇第三人直接运输毒品,阿力日呷没有从中加价牟利,故二人均起主要作用,但阿布木拉尾的作用要大于阿力日呷。

根据《大连会议纪要》的规定,对于"共同犯罪毒品数量刚达到实际掌握的数量标准,但各共同犯罪人作用相当,或者责任大小难以区分的",可不判处被告人死刑立即执行。本案中,各共同犯罪人之间存在亲属、熟人关系,因有贩卖毒品的故意而临时结伙,三名主犯均系积极主动参与犯罪,且阿力日呷对同案被告人和毒品的控制力较弱,在各共同犯罪人责任相对分散的情况下,考虑到阿力日呷系初犯,毒品未流入社会造成实际危害,根据宽严相济刑事政策精神,对阿力日呷判处死刑,可不立即执行。

——《刑事审判参考》(总第96辑)。

吴杰、常佳平、信沅明等贩卖毒品案(《刑事审判参考》案例第529号)

要旨:在贩卖毒品网络中,应区分各名被告人的罪责,考察各自在贩卖毒品网络中的实际作用大小、主观恶性和人身危险性的差异,并结合各被告人的具体情节,区别量刑,做到罪责刑相适应。

首先,从贩毒数量和在贩毒网络中的作用看,被告人常佳平的罪行仅次于被告人吴杰。吴杰多次贩毒共计四千六百余克,常佳平多次贩毒共计三千六百余克,被告人信沅明多次单独或者伙同他人多次贩毒共计一千八百余克。常佳平贩毒的数量虽少于吴杰,但达到信沅明贩毒数量的二倍。在贩毒网络中,吴杰从云南大量购买毒品到湖南怀化,系当地的毒品源头之一,涉案毒品绝大多数由其提供。吴杰将大部分毒品贩卖给常佳平,常佳平实际上起到"一级批发商"的作用,毒品通过其进一步扩散。信沅明等人从常佳平处购得毒品后,再将毒品批发或零售给其他贩毒或吸毒人员,兼具有"批发商"和"大零售商"的作用,大量的毒品通过二人直接流入社会。因此,在主要被告人中,吴杰的作用最大、罪行最重,常佳平的地位、作用仅次于吴杰,罪行的严重程度也仅次于吴杰,而大于信沅明等其他被告人,从罪行角度看,三被告人均达到适用死刑的法定标准。

其次,常佳平具有较为突出的酌定从轻处罚情节。在量刑过程中,酌定量刑情节对准确把握犯罪分子的主观恶性和人身危险性具有重要意义,尤其是在没有法定量刑情节的情况下。对于如本案这样,毒品犯罪数量已经达到实际掌握的适用死刑标准,但具有酌定从轻处罚情节的被告人,判处死刑立即执行应当慎重,不能仅因其毒品犯罪数量大而忽视从轻处罚情节包括酌定从轻情节在刑罚裁量中的意义。本案被告人吴杰、信沅明贩卖毒品数量巨大,分别是当地贩毒网络的源头和毒品直接向社会扩散的关键环节,且二人均无法定或酌定从轻处罚情节,应判处死刑并立即执行。被告人常佳平贩卖毒品共计三千六百余克,虽然贩毒数量明显大于被告人信沅明,论罪也应当判处死刑,但常佳平具有较为突出的酌定从轻处罚情节,即其归案后主动交代贩毒事实和同案犯,包括公安机关原未掌握的部分重要犯罪线索和事实,对查清全案犯罪事实和固定重要证据起了重要作用。最高人民法院在复核时,考虑常佳平到案后的具体表现,其主观恶性和人身危险性有所降低,在量刑时宜对此认罪悔罪态度和行为有所体现;同时,对其判处死刑但不立即执行,符合打击毒品犯罪的实际需要,社会效果相对更好,故最后依法对常佳平改判死缓是恰当的。

——《刑事审判参考》(总第67辑)。

张玉梅、刘玉堂、李永生贩卖毒品案(《刑事审判参考》案例第367号)

要旨:对于毒品共同犯罪应当区分主犯和从犯。无法区分的,要根据行为人在共同犯罪中的作用和罪责大小确定刑罚。

对于无法区分主、从犯的,要根据行为人在共同犯罪中的作用和罪责大小确定刑罚。对于犯罪集团的首要分子,应按集团毒品犯罪的总数量处罚,对一般共同犯罪的主犯,应当按其组织、指挥的毒品犯罪数量处罚,对于从犯,应当按照其个人直接参与实施的毒品犯罪数量处罚。共同犯罪中能分清主、从犯的,不能因为涉案的毒品数量特别巨大,就一律将被告人认定为主犯并判处重刑甚至死刑。受雇于他人实施毒品犯罪的,应根据其在犯罪中的作用具体认定为主犯或者从犯。受他人指使实施毒品犯罪并在犯罪中起次要作用的,一般应认定为从犯。

——《刑事审判参考》(总第46辑)。

侯占齐、李文书、侯金山等人走私、贩卖毒品案(《刑事审判参考》案例第530号)

要旨:在家族式毒品共同犯罪中,被告人论罪当判死刑,但在共同犯罪中所起作用相对较小、所居地位相对较低,可酌情从轻判处刑罚。

本案是一起典型的家族式毒品共同犯罪案件,家族成员中有多人分别被判处死刑、死缓。其中,被告人侯金山参与了三起贩毒犯罪,从境外携带毒品入境并驾车运输至安徽阜阳进行贩卖,涉及毒品数量巨大,在其家族共同犯罪中起主要作用,系主犯。但是,侯金山毕竟不是毒品共同犯罪的组织、领导者,而是在其父亲侯占齐的带领下参与犯罪的,其对参与的毒品犯罪并未出资,其主要任务是驾车运输毒品。单纯从涉案毒品来看,侯金山涉案的毒品数量巨大,论罪当判死刑,但是与其父亲侯占齐相比,其所起作用相对较小、地位相对较低,主观恶性也相对较小,虽同为主犯,量刑上也不能搞"一刀切",而应区别对待,故对其可酌情从轻判处,在对作用更大、地位更高的其父侯占齐判处死刑立即执行的情况下,可对其判处死缓。另一方面,本案被告人王敬州参与了第三起毒品犯罪,涉案毒品数量也很大,论罪应当判处死刑,但是,其携带的毒品尚未流入社会造成实际危害,况且其涉案的毒品数量比被告人侯金山还要少些,如果对侯金山适用死缓而对王敬州判处死刑立即执行,量刑上就不平衡,故对王敬州亦可酌情从轻判处死缓。据此,最高人民法院经复核分别改判被告人侯金山、王敬州死缓是适当的,符合刑法的规定,也体现了宽严相济刑事政策的精神。

综上,毒品数量是毒品犯罪量刑的重要标准,但不是唯一标准。在司法实践中,量刑时不仅要按照被告人参与的犯罪所涉毒品数量,还要综合考量被告人在共同犯罪中的地位、作用,犯意的提出、毒资的筹集、毒源的寻找、毒品的出售、毒品是否流入社会造成实际危害等情节;同时,也要审查被告人是否具备法定的或其他酌定的从重、从轻、减轻处罚的情节。对于同属毒品共同犯罪的主犯,论罪当判死刑,但在对地位更高、作用更大的主犯判处死刑立即执行的情况下,对在共同犯罪中所起作用较小、所居地位较低的,尤其是本案这种家族式毒品共同犯罪中,从人道的角度出发,可以酌情从轻判处刑罚。

——《刑事审判参考》(总第67辑)。

1232 毒品犯罪案件的死刑适用

关键词 | 走私、贩卖、运输、制造毒品罪 | 死刑适用 |

【最高人民法院司法文件】

（四）死刑适用问题

当前，我国毒品犯罪形势严峻，审判工作中应当继续坚持依法从严惩处毒品犯罪的指导思想，充分发挥死刑对于预防和惩治毒品犯罪的重要作用。要继续按照《大连会议纪要》的要求，突出打击重点，对罪行极其严重、依法应当判处死刑的被告人，坚决依法判处。同时，应当全面、准确贯彻宽严相济刑事政策，体现区别对待，做到罚当其罪，量刑时综合考虑毒品数量、犯罪性质、情节、危害后果、被告人的主观恶性、人身危险性及当地的禁毒形势等因素，严格审慎地决定死刑适用，确保死刑只适用于极少数罪行极其严重的犯罪分子。

1. 运输毒品犯罪的死刑适用

对于运输毒品犯罪，应当继续按照《大连会议纪要》的有关精神，重点打击运输毒品犯罪集团首要分子，组织、指使、雇用他人运输毒品的主犯或者毒枭、职业毒犯、毒品再犯，以及具有武装掩护运输毒品、以运输毒品为业、多次运输毒品等严重情节的被告人，对其中依法应当判处死刑的，坚决依法判处。

对于受人指使、雇用参与运输毒品的被告人，应当综合考虑毒品数量、犯罪次数、犯罪的主动性和独立性、在共同犯罪中的地位作用、获利程度和方式及其主观恶性、人身危险性等因素，予以区别对待，慎重适用死刑。对于有证据证明确属受人指使、雇用运输毒品，又系初犯、偶犯的被告人，即使毒品数量超过实际掌握的死刑数量标准，也可以不判处死刑；尤其对于其中被动参与犯罪，从属性、辅助性较强，获利程度较低的被告人，一般不应当判处死刑。对于不能排除受人指使、雇用初次运输毒品的被告人，毒品数量超过实际掌握的死刑数量标准，但尚不属数量巨大的，一般也可以不判处死刑。

一案中有多人受雇运输毒品的，在决定死刑适用时，除各被告人运输毒品的数量外，还应结合其具体犯罪情节、参与犯罪程度、与雇用者关系的紧密性及其主观恶性、人身危险性等因素综合考虑，同时判处二人以上死刑要特别慎重。

2. 毒品共同犯罪、上下家犯罪的死刑适用

毒品共同犯罪案件的死刑适用应当与该案的毒品数量、社会危害及被告人的犯罪情节、主观恶性、人身危险性相适应。涉案毒品数量刚超过实际掌握的死刑数量标准，依法应当适用死刑的，要尽量区分主犯间的罪责大小，一般只对其中罪责最大的一名主犯判处死刑；各共同犯罪人地位作用相当，或者罪责大小难以区分的，可以不判处被告人死刑；二名主犯的罪责均很突出，且均具有法定从重处罚情节的，也要尽可能比较其主观恶性、人身危险性方面的差异，判处二人死刑要特别慎重。涉案毒品数量达到巨大以上，二名以上主犯的罪责均很突出，或者罪责稍次

的主犯具有法定、重大酌定从重处罚情节，判处二人以上死刑符合罪刑相适应原则，并有利于全案量刑平衡的，可以依法判处。

对于部分共同犯罪人未到案的案件，在案被告人与未到案共同犯罪人均属罪行极其严重，即使共同犯罪人到案也不影响对在案被告人适用死刑的，可以依法判处在案被告人死刑；在案被告人的罪行不足以判处死刑，或者共同犯罪人归案后全案只宜判处其一人死刑的，不能因为共同犯罪人未到案而对在案被告人适用死刑；在案被告人与未到案共同犯罪人的罪责大小难以准确认定，进而影响准确适用死刑的，不应对在案被告人判处死刑。

对于贩卖毒品案件中的上下家，要结合其贩毒数量、次数及对象范围，犯罪的主动性，对促成交易所发挥的作用，犯罪行为的危害后果等因素，综合考虑其主观恶性和人身危险性，慎重、稳妥地决定死刑适用。对于买卖同宗毒品的上下家，涉案毒品数量刚超过实际掌握的死刑数量标准的，一般不能同时判处死刑；上家主动联络销售毒品，积极促成毒品交易的，通常可以判处上家死刑；下家积极筹资，主动向上家约购毒品，对促成毒品交易起更大作用的，可以考虑判处下家死刑。涉案毒品数量达到巨大以上的，也要综合上述因素决定死刑适用，同时判处上下家死刑符合罪刑相适应原则，并有利于全案量刑平衡的，可以依法判处。

一案中有多名共同犯罪人、上下家针对同宗毒品实施犯罪的，可以综合运用上述毒品共同犯罪、上下家犯罪的死刑适用原则予以处理。

办理毒品犯罪案件，应当尽量将共同犯罪案件或者密切关联的上下游案件进行并案审理；因客观原因造成分案处理的，办案时应当及时了解关联案件的审理进展和处理结果，注重量刑平衡。

3. 新类型、混合型毒品犯罪的死刑适用

甲基苯丙胺片剂（俗称“麻古”等）是以甲基苯丙胺为主要毒品成分的混合型毒品，其甲基苯丙胺含量相对较低，危害性亦有所不同。为体现罚当其罪，甲基苯丙胺片剂的死刑数量标准一般可以按照甲基苯丙胺（冰毒）的 2 倍左右掌握，具体可以根据当地的毒品犯罪形势和涉案毒品含量等因素确定。

涉案毒品为氯胺酮（俗称“K 粉”）的，结合毒品数量、犯罪性质、情节及危害后果等因素，对符合死刑适用条件的被告人可以依法判处死刑。综合考虑氯胺酮的致瘾癖性、滥用范围和危害性等因素，其死刑数量标准一般可以按照海洛因的 10 倍掌握。

涉案毒品为其他滥用范围和危害性相对较小的新类型、混合型毒品的，一般不宜判处被告人死刑。但对于司法解释、规范性文件明确规定了定罪量刑数量标准，且涉案毒品数量特别巨大，社会危害大，不判处死刑难以体现罚当其罪的，必要时可以判处被告人死刑。

——《全国法院毒品犯罪审判工作座谈会纪要》(2015年5月18日,法〔2015〕129号)。

二、毒品犯罪的死刑适用问题

审理毒品犯罪案件,应当切实贯彻宽严相济的刑事政策,突出毒品犯罪的打击重点。必须依法严惩毒枭、职业毒犯、再犯、累犯、惯犯、主犯等主观恶性深、人身危险性大、危害严重的毒品犯罪分子,以及具有将毒品走私入境,多次、大量或者向多人贩卖,诱使多人吸毒,武装掩护、暴力抗拒检查、拘留或者逮捕,或者参与有组织的国际贩毒活动等情节的毒品犯罪分子。对其中罪行极其严重依法应当判处死刑的,必须坚决依法判处死刑。

毒品数量是毒品犯罪案件量刑的重要情节,但不是唯一情节。对被告人量刑时,特别是在考虑是否适用死刑时,应当综合考虑毒品数量、犯罪情节、危害后果、被告人的主观恶性、人身危险性以及当地禁毒形势等各种因素,做到区别对待。近期,审理毒品犯罪案件掌握的死刑数量标准,应当结合本地毒品犯罪的实际情况和依法惩治、预防毒品犯罪的需要,并参照最高人民法院复核的毒品死刑案件的典型案例,恰当把握。量刑既不能只片面考虑毒品数量,不考虑犯罪的其他情节,也不能只片面考虑其他情节,而忽视毒品数量。

对虽然已达到实际掌握的判处死刑的毒品数量标准,但是具有法定、酌定从宽处罚情节的被告人,可以不判处死刑;反之,对毒品数量接近实际掌握的判处死刑的数量标准,但具有从重处罚情节的被告人,也可以判处死刑。毒品数量达到实际掌握的死刑数量标准,既有从重处罚情节,又有从宽处罚情节的,应当综合考虑各方面因素决定刑罚,判处死刑立即执行应当慎重。

具有下列情形之一的,可以判处被告人死刑:(1)具有毒品犯罪集团首要分子、武装掩护毒品犯罪、暴力抗拒检查、拘留或者逮捕、参与有组织的国际贩毒活动等严重情节的;(2)毒品数量达到实际掌握的死刑数量标准,并具有毒品再犯、累犯,利用、教唆未成年人走私、贩卖、运输、制造毒品,或者向未成年人出售毒品等法定从重处罚情节的;(3)毒品数量达到实际掌握的死刑数量标准,并具有多次走私、贩卖、运输、制造毒品,向多人贩毒,在毒品犯罪中诱使、容留多人吸毒,在戒毒监管场所贩毒,国家工作人员利用职务便利实施毒品犯罪,或者职业犯、惯犯、主犯等情节的;(4)毒品数量达到实际掌握的死刑数量标准,并具有其他从重处罚情节的;(5)毒品数量超过实际掌握的死刑数量标准,且没有法定、酌定从轻处罚情节的。

毒品数量达到实际掌握的死刑数量标准,具有下列情形之一的,可以不判处被告人死刑立即执行:(1)具有自首、立功等法定从宽处罚情节的;(2)已查获的毒品数量未达到实际掌握的死刑数量标准，到案后坦白尚未被司法机关掌握的其他毒品犯罪，累计数量超过实际掌握的死刑数量标准的；(3)经鉴定毒品含量极低，掺假之后的数量才达到实际掌握的死刑数量标准的，或者有证据表明可能大量掺假但因故不能鉴定的；(4)因特情引诱毒品数量才达到实际掌握的死刑数量标准的；(5)以贩养吸的被告人，被查获的毒品数量刚达到实际掌握的死刑数量标准的；(6)毒品数量刚达到实际掌握的死刑数量标准，确属初次犯罪即被查获，未造成严重危害后果的；(7)共同犯罪毒品数量刚达到实际掌握的死刑数量标准，但各共同犯罪人作用相当，或者责任大小难以区分的；(8)家庭成员共同实施毒品犯罪，其中起主要作用的被告人已被判处死刑立即执行，其他被告人罪行相对较轻的；(9)其他不是必须判处死刑立即执行的。

有些毒品犯罪案件，往往由于毒品、毒资等证据已不存在，导致审查证据和认定事实困难。在处理这类案件时，只有被告人的口供与同案其他被告人供述吻合，并且完全排除诱供、逼供、串供等情形，被告人的口供与同案被告人的供述才可以作为定案的证据。仅有被告人口供与同案被告人供述作为定案证据的，对被告人判处死刑立即执行要特别慎重。

——《全国部分法院审理毒品犯罪案件工作座谈会纪要》(2008 年 12 月 1 日，法〔2008〕324 号)。

【链接：理解与适用】

(四)死刑适用问题

《大连会议纪要》对毒品犯罪的死刑适用问题作了较为系统的规定，对相对统一死刑适用标准发挥了重要作用，对于这些规定总体仍应继续参照执行。《纪要》对《大连会议纪要》的相关规定作出了补充和完善，这些内容大多是《大连会议纪要》没有规定的，也是对近年来审判实践经验的总结。需要说明的是，本节中的死刑均指死刑立即执行。

《纪要》强调了毒品犯罪案件的死刑政策把握问题，提出在当前形势下仍要充分发挥死刑的威慑作用，对罪行极其严重、依法应当判处死刑的毒品犯罪分子，要坚决判处死刑；同时提出，在毒品犯罪审判中也要全面贯彻宽严相济刑事政策，体现区别对待，做到罚当其罪，确保死刑只适用于极少数罪行极其严重的毒品犯罪分子。《纪要》重点对三类案件的死刑适用问题作了具体规定。

1. 运输毒品犯罪的死刑适用。该部分内容是对《大连会议纪要》相关规定的补充和完善，重申了《大连会议纪要》规定的运输毒品犯罪的严惩重点，并对受人指使、雇用运输毒品犯罪的死刑适用作了一些新规定，主要包括以下几方面内容：

首先，《纪要》新增了对受人指使、雇用运输毒品的被告人适用死刑的总体原则。提出要以区别对待、慎重适用死刑为原则,并明确了决定是否适用死刑时的各项具体考虑因素。其次,《纪要》对于确属受人指使、雇用运输毒品并系初犯、偶犯的被告人,在《大连会议纪要》的基础上进一步明确了不判处死刑的情形。《大连会议纪要》规定,对于这部分被告人,即使毒品数量超过实际掌握的死刑数量标准,也可以不判处死刑。《纪要》则进一步提出,对于其中被动参与犯罪,从属性、辅助性较强,获利程度较低的被告人,一般不应当判处死刑。这是新增加的内容,目的是进一步严格限制受雇运输毒品犯罪的死刑适用,以突出对运输毒品犯罪的打击重点。再次,《纪要》明确规定了对不能排除受人指使、雇用运输毒品的被告人不判处死刑的条件。这是对《大连会议纪要》规定的有证据证明确属受雇的突破,吸收了 2010 年最高人民法院办公厅下发云南高院的《关于审理运输毒品犯罪案件应切实做到罪刑相当、罚当其罪的函》中的有关内容。主要考虑毒品犯罪隐蔽性强,部分案件难以达到有证据证明确属受雇的证明标准,如果在量刑时完全不予考虑,又有悖罪责刑相适应原则。故近年来各地在审理此类案件时,包括最高人民法院在复核此类死刑案件时,也将不能排除受雇运输毒品的被告人作为慎用死刑的对象。《纪要》明确规定,不能排除受人指使、雇用运输毒品的被告人同时具备以下两个条件的,可以不判处死刑:一是不排除初次参与运输毒品,二是毒品数量不属巨大。需要说明的是,“不能排除”并不是无根据的推测,也要求有一定的证据证明,只是没有达到确实、充分的证明标准。最后,规定了对多人受雇运输毒品犯罪的死刑适用,强调要对不同受雇者结合各种量刑因素作进一步区分,同时判处二人以上死刑时要特别慎重。

2. 毒品共同犯罪、上下家犯罪的死刑适用。《大连会议纪要》对毒品共同犯罪的死刑适用作了较为原则的规定,对毒品交易上下家的死刑适用则没有涉及。《纪要》对此作了具体规定,是新增的内容。

(1)关于毒品共同犯罪案件的死刑适用。毒品共同犯罪案件中,能否对二名以上被告人适用死刑的问题较为突出。《纪要》规定,毒品共同犯罪的死刑适用要严格贯彻罪责刑相适应原则,涉案毒品的数量不同,适用死刑的具体原则也有所区别。对于毒品数量刚超过实际掌握的死刑数量标准的,原则上只对其中罪责最大的一名主犯适用死刑;罪责确实难以区分的,可以不判处被告人死刑;即使二名主犯的罪责均很突出,且均具有法定从重处罚情节的,也要尽可能比较其主观恶性、人身危险性方面的差异,判处二人死刑要特别慎重。也就是说,在这种情况下,判处二人死刑属于极例外的做法。如果毒品数量达到巨大以上,判处二人以上死刑也还应当具备以下两个条件:一是两名以上主犯的罪责均很突出,或者个别主犯罪责稍次但具有法定或者重大酌定从重处罚情节;二是判处二人以上死刑符合罪刑相适应原则,并有利于全案量刑平衡。

(2)关于存在未到案共同犯罪人案件的死刑适用。实践中,此类案件的死刑适用存在的问题较多,《纪要》规定了三种情况:一是共同犯罪人到案与否不影响在案被告人死刑适用的情形;二是不得因共同犯罪人未到案而对在案被告人升格适用死刑的情形;三是共同犯罪人未到案影响罪责认定,进而影响准确适用死刑的情形。办理此类案件的前提是分清在案被告人与未到案共同犯罪人的罪责,准确适用死刑,并防止升格适用死刑;因罪责不清影响死刑适用的,不应对在案被告人判处死刑。

(3)关于贩卖毒品上下家的死刑适用。办理此类案件,应当对上家还是下家判处死刑,以及什么情况下可以同时判处上下家死刑,也是实践中反映较为突出的问题。《纪要》规定了对贩卖毒品上下家决定死刑适用的考虑因素,并对买卖同宗毒品上下家的死刑适用问题作了具体规定。对于买卖同宗毒品的上下家,由于涉案毒品总量没有增加,毒品数量刚超过实际掌握的死刑数量标准的,一般不能同时判处死刑。《纪要》结合实践情况,明确了此类案件中判处上下家死刑的一般规则。同时,规定涉案毒品数量达到巨大以上的,也要综合各种量刑因素,慎重决定能否同时对上下家判处死刑。

3. 新类型、混合型毒品犯罪的死刑适用。这部分内容也是《纪要》针对近年来实践中反映较为集中的问题作出的新规定。

(1)关于甲基苯丙胺片剂的死刑适用。调研中了解到,对甲基苯丙胺片剂的死刑数量标准,一些地方完全按照晶体状甲基苯丙胺(冰毒)的数量标准掌握。但是,根据有关部门提供的数据,此类片剂中的甲基苯丙胺含量约在5%—30%之间,而冰毒中的甲基苯丙胺含量约在50%—99%之间。在数量相同的情况下,甲基苯丙胺片剂所含的有效毒品成分和危害性要小于冰毒,故对前者应当掌握更高的死刑数量标准。《纪要》提出,对甲基苯丙胺片剂的死刑数量标准,一般可以按照冰毒的二倍左右掌握,具体可以根据当地的毒品犯罪形势和涉案毒品含量等因素确定。例如,对于实际掌握的冰毒死刑数量标准较高且甲基苯丙胺片剂中毒品含量较高的省份,可以适当低于前述二倍标准;对于甲基苯丙胺片剂的含量较低、社会危害较小的省份,可以适当高于前述二倍标准。

(2)关于氯胺酮的死刑适用。《纪要》主要作了两方面的规定:一是规定对涉氯胺酮犯罪案件,符合条件的可以依法适用死刑。主要针对案件性质为制造、贩卖毒品,涉及多人多宗犯罪,具有多次、大量、向多人贩卖及具有累犯、毒品再犯等情节的被告人。二是明确了氯胺酮的死刑数量标准。2007年"两高一部"《办理毒品犯罪案件适用法律若干问题的意见》规定,氯胺酮的"数量大"标准是一千克,与海洛因的"数量大"标准是20∶1的关系。主要考虑当时氯胺酮的滥用情况尚不严重,涉氯胺酮犯罪的社会危害亦不是非常突出。因此,以往对涉氯胺酮犯罪案件判处死刑的数量标准掌握得较高。《纪要》规定,对氯胺酮的死刑数量标准一般可以按照海洛因的十倍掌握。主要基于以下几点考虑:第一,近年来氯胺酮在我国的滥用人数不断增长,已上升至第三位,仅次于甲基苯丙胺和海洛因。第二,滥用氯胺酮造成的现实危害不断加大,因其兼具麻醉和致幻的双重效果,实践中大量的自伤自残、暴力犯罪及"毒驾"案件多系吸食氯胺酮引发。第三,制贩氯胺酮案件近年来呈迅速增长之势,有必要加大对此类犯罪的打击力度。第四,《非法药物折算表》规定氯胺酮与海洛因的折算比例是 10∶1,可作为参考。

(3)关于其他新类型、混合型毒品的死刑适用。由于这些毒品的滥用范围和社会危害相对较小,有的还没有定罪量刑数量标准,故一般不宜适用死刑。但考虑到毒品犯罪形势发展变化很快,《纪要》也规定了可以判处死刑的例外情况和条件。

——高贵君、马岩、方文军、李静然:《〈全国法院毒品犯罪审判工作座谈会纪要〉的理解与适用》,载《人民司法·应用》2015 年第 13 期。

四、关于毒品犯罪死刑适用问题

(二)毒品犯罪可以判处死刑的情形

为了严格控制和慎重适用死刑,统一适用死刑的标准,《纪要》坚持对毒品犯罪数量加情节的量刑原则,根据情节轻重划分了不同类型,归纳和列举了可以考虑判处死刑的具体情形。其中,具有毒品犯罪集团首要分子、武装掩护、暴力抗拒查缉、参与有组织的国际贩毒等严重情节的,根据刑法第三百四十七条第(二)至(五)项规定可以不受毒品数量大的限制,只要情节严重的,一般应当判处死刑;毒品再犯、累犯,利用、教唆未成年人走私、贩卖、运输、制造毒品,或者向未成年人出售毒品,分别是刑法第三百五十六条、第六十五条、第三百四十七条第六款规定的法定从重处罚情节,被告人往往主观恶性深、人身危险性大,只要毒品数量达到实际掌握的死刑数量标准,一般也应当判处死刑;多次走私、贩卖、运输、制造毒品,向多人贩毒,在戒毒监管场所贩毒,在毒品犯罪中诱使、容留多人吸毒,或者国家工作人员利用职务便利实施毒品犯罪等,是司法实践中常见的酌定从重处罚情节,只要达到实际掌握的死刑数量标准,可以判处死刑;对于达到实际掌握的死刑数量标准,被告人同时具有其他从重处罚情节的,或者毒品数量超过实际掌握的死刑数量标准,并且被告人没有任何法定、酌定从轻处罚情节的,可以判处死刑。

(三)可以不判处死刑立即执行的情形

《纪要》从贯彻宽严相济的刑事政策出发,根据毒品犯罪数量加情节的量刑原则,在总结审判实践经验的基础上,列举了毒品犯罪达到实际掌握的适用死刑数量标准,但因具有法定或者酌定从宽处罚情节而可以不判处死刑立即执行的具体情形。其中第(二)(三)(四)(五)项规定的内容来源于《南宁会议纪要》中关于审理毒品案件与量刑有关的几个具体问题。

具体讲,第(一)项规定的自首、立功情形,分别是刑法第六十七条、第六十八条规定的可以从宽处罚情节。第(二)项规定的被告人坦白尚未被司法机关掌握的其他毒品犯罪情形,根据《最高人民法院关于处理自首和立功具体应用法律若干问题的解释》第四条"如实供述司法机关尚未掌握的罪行,与司法机关已掌握的或者判决确定的罪行属同种罪行的,可以酌情从轻处罚;如实供述的同种罪行较重的,一般应当从轻处罚"的规定,属于从轻处罚的情节。第(三)项规定的毒品掺假情形,因为毒品纯度的不同表明其内含毒性成分多少不同,纯度极低的毒品流入社会后的危害性必然小于纯度高的毒品,所以规定掺假之后的数量才达到实际掌握的死刑数量标准,或者有证据表明可能大量掺假但因故不能鉴定的,可以不判处死刑立即执行。第(四)项规定的特情引诱情形,因为被告人因受特情的犯意引诱、数量引诱而实施毒品犯罪,其主观罪责相对轻些,况且因特情介入,被告人的犯罪行为一般在公安机关的控制之下,毒品一般不会继续流入社会,其社会危害程度大大减轻,这在量刑时应当考虑。第(五)项规定的以贩养吸情形,尽管对于以贩养吸的被告人,查获的全部毒品均应当以贩卖毒品的数量认定,不能扣除被告人可能用于自己吸食的部分,但是量刑时特别是适用死刑时,应当考虑其个人吸食的情节。第(六)项规定的初次犯罪情形,因为初次犯罪即被查获,客观上未造成严重后果,被告人的主观恶性和人身危险性相对小些,可以酌情从轻处罚。第(七)项规定的毒品共同犯罪情形,因为共同犯罪毒品数量刚达到实际掌握的死刑数量标准,共同犯罪人的作用大体相当,或者责任大小难以区分,从罪责刑相适应和刑罚谦抑性出发,可以不判处死刑立即执行。第(八)项规定的家庭成员毒品共同犯罪情形,因为在毒品共同犯罪中起主要作用的家庭成员已被判处死刑立即执行,从刑罚人道主义和贯彻宽严相济政策出发,对其他罪行相对较轻的被告人,可以不判处死刑立即执行。第(九)项规定是兜底性条款,可以包括以上列举以外的其他不是必须判处死刑立即执行的情形。

——高贵君、王勇、吴光侠:《〈全国部分法院审理毒品犯罪案件工作座谈会纪要〉的理解与适用》,载《人民司法 · 应用》2009年第3期。

【最高人民法院参考案例】①

孙奇志等贩卖毒品案(《刑事审判参考》案例第1230号)

要旨:在对贩卖毒品上下家决定死刑适用时,犯罪的主动性和对促成交易所发挥的作用,是应着重考虑的因素,并非一律"杀上家不杀下家",下家对促成交易起

① 本书第一编刑法总则第三章刑罚之"死刑"部分的相关参考案例,亦对涉毒品犯罪案件的死刑多有介绍,两部分内容可结合阅读。

更大作用的,也可以考虑判处下家死刑。

本案能否对被告人孙奇志判处死刑立即执行,需要准确比较、判定其与被告人王守林等人对促成交易所发挥的作用、罪责大小。本案的一、二审判决均认为,被告人孙奇志与王守林、梁宗久、马玉华作用相当,但鉴于孙奇志系毒品来源,又系毒品再犯,故应对其判处死刑立即执行。但从本案查明的事实和在案证据来看,在孙奇志与王守林的上下家关系中,下家王守林行为更加积极、主动,对促成交易所起作用更大,处罚应当更重。具体表现为:第一,王守林首先提出犯意,备齐全款向孙奇志约购毒品(王守林明知梁宗久等人已备齐全款);并且确定购毒数量。第二,在具体交易过程中,王守林从大竹前往达州找到孙奇志提出购毒,主动将十二万元定金交到孙奇志处,并且将孙奇志接到交易地点,王守林的行为更加积极主动。第三,孙奇志虽然是王守林的上家,但其本身并没有毒品,毒品来自上家赵东,孙奇志仅是居中倒卖赚取差价。第四,在梁宗久等人携全款跨省向王守林约购毒品,王守林两次提供毒品样品均未成交的情况下,王守林又向孙奇志约购毒品,并提供租车接送孙奇志、安排梁宗久等人到达州住宿等便利,以促成交易,反映出王守林贩毒犯意的坚决性和主观恶性之深。在判处王守林死刑缓期二年执行的情况下,对孙奇志适用死刑立即执行,显得量刑不够均衡。

——《刑事审判参考》(总第112辑)。

包占龙贩卖毒品案(《刑事审判参考》案例第639号)

要旨:对不能排除"数量引诱"的案件,不宜判处死刑立即执行。

对因"数量引诱"实施毒品犯罪的被告人,应当依法从轻处罚,即使毒品数量超过实际掌握的死刑数量标准,一般也不判处死刑立即执行。

——《刑事审判参考》(总第75辑)。

呷布金莫贩卖毒品案(《刑事审判参考》案例第544号)

要旨:审理毒品犯罪案件时,应当突出打击重点,依法严惩毒枭、职业毒犯、再犯、累犯、惯犯、主犯等主观恶性深、人身危险性大、危害严重的毒品犯罪分子,对其中罪行极其严重,依法应当判处死刑的,必须坚决依法判处死刑。

本案中,被告人呷布金莫贩卖海洛因402.2克,刚达到当地实际掌握的判处死刑的数量标准。如果呷布金莫系初犯、偶犯,或者具有其他酌定从宽处罚情节,则存在不适用死刑立即执行的余地。但是,呷布金莫有长期贩毒史,其1999年曾因贩卖零包毒品被刑事拘留,由于当时处于哺乳期,贩毒数量又不大,最终没有实际处罚。但其仍不思悔改,又购买大量毒品企图贩卖牟利,被公安机关抓获,反映其主观恶性较深,人身危险性高。同时,有证人反映,呷布金莫还涉嫌实施其他贩毒行为，但因证据不足未予查实。在这种情况下，被告人呷布金莫系毒品犯罪惯犯，属于毒品犯罪中的重点打击对象，对其判处死刑符合法律规定和宽严相济刑事政策的要求，体现了对主观恶性较深、不思悔改的毒品犯罪分子依法严惩的精神。

——《刑事审判参考》（总第 67 辑）。

赵扬运输毒品案（《刑事审判参考》案例第 531 号）

要旨：对于毒品数量超过实际掌握的死刑数量标准，不能证明被告人系受人指使、雇佣参与运输毒品犯罪的，可以依法判处重刑直至死刑。

对于运输毒品罪，既要看到其不同于走私、贩卖、制造毒品罪的特殊性，在量刑时予以区别对待，也要注重其一般性，对没有从宽处罚情节的被告人要依法判处刑罚。运输毒品罪的特殊性主要体现在，单纯的运输毒品只是毒品犯罪的中间环节，是走私、贩卖、制造毒品犯罪的辅助行为；并且，实践中运输毒品的被告人多是受人指使、雇佣的农民、边民或者无业人员，并非毒品所有者，犯罪目的只是为了赚取少量运费，主观恶性一般不大，社会危害性也相对较小。因此，最高人民法院 2008 年 12 月印发的《全国部分法院审理毒品犯罪案件工作座谈会纪要》（以下简称大连会议纪要）提出，对于运输毒品犯罪中的这部分人员，在量刑标准的把握上，应当与走私、贩卖、制造毒品和具有严重情节的运输毒品犯罪分子有所区别，不应单纯以涉案毒品数量的大小决定刑罚适用的轻重；对有证据证明被告人确属受人指使、雇佣参与运输毒品犯罪，又系初犯、偶犯的，可以从轻处罚，即使毒品数量超过实际掌握的死刑数量标准，也可以不判处死刑立即执行。但是，如此规定并非意味着对于任何运输毒品犯罪均需要区别对待，对此，大连会议纪要同时指出，对于毒品数量超过实际掌握的死刑数量标准，不能证明被告人系受人指使、雇佣参与运输毒品犯罪的，可以依法判处重刑直至死刑。

——《刑事审判参考》（总第 67 辑）。

龙从斌贩卖毒品案（《刑事审判参考》案例第 543 号）

要旨：对于毒品数量已经达到实际掌握的判处死刑的数量标准，但具有法定、酌定从宽处罚情节的被告人，可不判处死刑；反之，对于毒品数量接近实际掌握的判处死刑的数量标准，又具有法定或酌定从重处罚情节的被告人，如再犯、累犯、惯犯等，也可以判处死刑立即执行。

毒品数量对毒品犯罪的定罪量刑特别是量刑具有重要作用，是量刑的重要依据，但不是唯一标准。在对被告人量刑时，特别是在考虑是否适用死刑时，要综合考虑毒品数量、犯罪情节、危害后果和被告人的主观恶性、人身危险性等多种因素。本案中，被告人龙从斌等人以贩卖为目的购买海洛因 297 克，其贩卖数量接近实际掌握的判处死刑的数量标准。其中,龙从斌为主出资购买毒品,与卖方商谈交易价格,检验毒品质量和称量毒品,指使同案被告人王倩准备毒资,指使同案被告人何明惠购买称量毒品的秤并藏匿毒品,在共同犯罪中起主要作用,是主犯。如果被告人龙从斌没有法定或者酌定从重处罚情节,对其可不判处死刑立即执行;但是,龙从斌曾因犯贩卖毒品罪被判处有期徒刑七年,又犯贩卖毒品罪,系毒品再犯,说明其不思悔改,主观恶性深,人身危险性大,应依法从重处罚。一、二审法院综合考虑被告人龙从斌贩卖毒品的数量、犯罪情节、危害后果及其主观恶性、人身危险性等多种因素,对其判处死刑立即执行,量刑适当,最高人民法院据此依法核准其死刑是正确的。

——《刑事审判参考》(总第 67 辑)。

吉火木子扎运输毒品案(《刑事审判参考》案例 532 号)

要旨:对毒品案件尤其是运输毒品案件量刑时,不能仅以数量标准为依据,而要结合其他量刑情节全面考虑,慎重决定是否适用死刑。

毒品数量对毒品犯罪的刑罚适用起着至关重要的作用,不仅是区分某些毒品犯罪(如非法持有毒品罪)罪与非罪的界限,也是对同一毒品犯罪适用不同刑罚幅度的重要标准。特别是对走私、贩卖、运输、制造毒品罪,毒品数量直接关系到对犯罪分子能否适用死刑的问题。但是,如果单纯以毒品数量作为对毒品犯罪适用刑罚的标准,则不能完整、切实贯彻罪责刑相适应原则的要求。针对实践中存在的“唯数量论”的做法,最高人民法院 2000 年印发的《全国法院审理毒品犯罪案件工作座谈会纪要》明确指出:“毒品犯罪数量对毒品犯罪的定罪,特别是量刑具有重要作用。但毒品数量只是依法惩处毒品犯罪的一个重要情节而不是全部情节。因此,执行量刑的数量标准不能简单化。特别是对被告人可能判处死刑的案件,确定刑罚必须综合考虑被告人的犯罪情节、危害后果、主观恶性等多种因素。”最高人民法院 2008 年印发的《全国部分法院审理毒品犯罪案件工作座谈会纪要》(以下简称《大连会议纪要》)重申了这一精神,并完善了相关规定。据此,对毒品犯罪量刑时应当全面考虑与量刑有关的一切因素,坚持数量与其他情节并重的原则,不能搞唯数量论。

对于运输毒品罪,尤其要强调“数量加情节”的量刑原则。由于刑法将运输毒品罪与走私、贩卖、制造毒品罪并列规定,配置了相同的法定刑,各地法院在审理运输毒品案件时,基本上是按照与走私、贩卖、制造毒品罪相同的量刑标准掌握的。但运输毒品罪有其特殊性,不能仅以运输毒品数量的大小决定刑罚适用的轻重。这主要是基于以下两点考虑:第一,走私、制造毒品是毒品犯罪的源头,贩卖毒品则直接造成毒品向社会扩散,而单纯的运输毒品只是这些犯罪的辅助行为,居于从属地位，社会危害性上有区别；第二，运输毒品的被告人绝大多数为受雇的农民、边民或无业人员，人体携毒者更有许多是妇女，并非毒品所有者。其犯罪原因往往是经济困难或受人利诱，动机只是出于赚取少量运费，主观恶性一般不大。鉴于此，本着罪责刑相适应原则，对这部分运输毒品犯罪分子的处刑，应当与走私、贩卖、制造毒品犯罪分子有所区别。《大连会议纪要》指出，对于运输毒品犯罪，要注意重点打击指使、雇佣他人运输毒品的犯罪分子和接应、接货的毒品所有者、买家或者卖家；而对于有证据证明被告人确实受人指使、雇佣参与运输毒品犯罪，又系初犯、偶犯的，可以从轻处罚，即使毒品数量超过实际掌握的死刑数量标准，也可以不判处死刑立即执行。

——《刑事审判参考》（总第67辑）。

1233 毒品犯罪累犯、再犯的认定及处罚

关键词 | 毒品犯罪 | 再犯 | 累犯 | 从重处罚 |

【最高人民法院司法文件】

（六）累犯、毒品再犯问题

累犯、毒品再犯是法定从重处罚情节，即使本次毒品犯罪情节较轻，也要体现从严惩处的精神。尤其对于曾因实施严重暴力犯罪被判刑的累犯、刑满释放后短期内又实施毒品犯罪的再犯，以及在缓刑、假释、暂予监外执行期间又实施毒品犯罪的再犯，应当严格体现从重处罚。

对于因同一毒品犯罪前科同时构成累犯和毒品再犯的被告人，在裁判文书中应当同时引用刑法关于累犯和毒品再犯的条款，但在量刑时不得重复予以从重处罚。对于因不同犯罪前科同时构成累犯和毒品再犯的被告人，量刑时的从重处罚幅度一般应大于前述情形。

——《全国法院毒品犯罪审判工作座谈会纪要》（2015年5月18日，法〔2015〕129号）。

八、毒品再犯问题

根据刑法第三百五十六条规定，只要因走私、贩卖、运输、制造、非法持有毒品罪被判过刑，不论是在刑罚执行完毕后，还是在缓刑、假释或者暂予监外执行期间，又犯刑法分则第六章第七节规定的犯罪的，都是毒品再犯，应当从重处罚。

因走私、贩卖、运输、制造、非法持有毒品罪被判刑的犯罪分子，在缓刑、假释或者暂予监外执行期间又犯刑法分则第六章第七节规定的犯罪的，应当在对其所犯

新的毒品犯罪适用刑法第三百五十六条从重处罚的规定确定刑罚后，再依法数罪并罚。

对同时构成累犯和毒品再犯的被告人，应当同时引用刑法关于累犯和毒品再犯的条款从重处罚。

——《全国部分法院审理毒品犯罪案件工作座谈会纪要》（2008年12月1日，法〔2008〕324号）。

【链接：理解与适用】

（六）累犯、毒品再犯问题

《大连会议纪要》在此方面已有一些规定，《纪要》对《大连会议纪要》的相关规定作了补充和完善。第一，《纪要》进一步明确了累犯、毒品再犯情节对毒品犯罪案件量刑的影响，强调要根据宽严相济刑事政策的要求，对累犯、毒品再犯依法从严惩处，并具体规定了其中几类严惩的重点。第二，《纪要》规定了同时具有累犯、毒品再犯情节的刑罚适用及法条引用问题。《大连会议纪要》规定，对同时构成累犯和毒品再犯的被告人，应当同时引用刑法关于累犯和毒品再犯的条款从重处罚。对此类被告人是否要重复予以从重处罚，实践中有不同认识。《纪要》对《大连会议纪要》的上述规定加以完善，区分两种情形作出规定：一是对于因同一毒品犯罪前科同时构成累犯和毒品再犯的被告人，在裁判文书中应当同时引用刑法关于累犯和毒品再犯的条款，但在量刑时不得重复予以从重处罚；二是对于因不同犯罪前科同时构成累犯和毒品再犯的被告人，一般情况下，从重处罚幅度要大于前述情形。

——高贵君、马岩、方文军、李静然：《〈全国法院毒品犯罪审判工作座谈会纪要〉的理解与适用》，载《人民司法・应用》2015年第13期。

（一）毒品再犯的认定问题

对因走私、贩卖、运输、制造、非法持有毒品罪被判刑的犯罪分子，在缓刑、假释或暂予监外执行期间又犯刑法分则第六章第七节规定的毒品犯罪的，除依法数罪并罚外，是否还应适用刑法第三百五十六条认定为毒品再犯，司法实践中存在争议。有的认为，此种情形不宜认定为毒品再犯，应依照刑法第七十一条和第六十九条的规定数罪并罚。就此问题，经征求全国人大常委会法工委刑法室意见，2007年最高人民法院作出应认定为毒品再犯的批复。

《纪要》之所以作出上述情形认定为毒品再犯的规定，主要基于以下两点理由：首先，刑法第三百五十六条规定的毒品再犯不是累犯的特殊形式，是对毒品犯罪再犯的从重处罚的特别规定。只要曾因犯该条所列的毒品犯罪被判过刑，无论何时(不论刑罚是否执行完毕)再犯,均应适用该条规定从重处罚。其次,将判过刑理解为包括刑罚未执行或者未执行完毕的情形,符合严惩毒品再犯的立法目的。对于判过刑的理解,应当是指前罪判决已生效,而不论是否已经服刑完毕。毒品再犯不要求前罪的刑罚已经执行完毕或者赦免,也不要求本次犯罪与前次犯罪之间有确定的时间间隔。犯罪分子因毒品犯罪被判刑后,在缓刑、假释或暂予监外执行期间再次实施毒品犯罪,说明其不思悔改,主观恶性较深,人身危险性较大,理应从重处罚。

(二)同时构成累犯和毒品再犯的适用法律问题

同时构成累犯和毒品再犯的被告人,是否同时引用累犯和毒品再犯的条款从重处罚?《纪要》规定对此情形应当同时引用刑法关于累犯和毒品再犯的条款从重处罚,主要是考虑到这样规定符合刑法的规定,体现了从严惩治毒品犯罪的立法精神和刑事政策,而且有利于羁押部门掌握罪犯的情况,从而避免对同时构成累犯和毒品再犯的罪犯适用缓刑、假释的情况发生。

——高贵君、王勇、吴光侠:《〈全国部分法院审理毒品犯罪案件工作座谈会纪要〉的理解与适用》,载《人民司法·应用》2009年第3期。

【最高人民法院参考案例】

姚某贩卖毒品案(《刑事审判参考》案例第1034号)

要旨:不满十八周岁的人因毒品犯罪被判处五年有期徒刑以下刑罚,其再次实施毒品犯罪的,不能认定为毒品再犯而予以从重处罚。

我们认为,不满十八周岁的人因毒品犯罪被判处五年有期徒刑以下刑罚,其再次实施毒品犯罪的,不能认定为毒品再犯而予以从重处罚。具体理由如下:

(一)符合立法精神和本意

2011年2月25日,第十一届全国人民代表大会常务委员会第十九次会议通过刑法修正案(八),在刑法第一百条中增加一款作为第二款:"犯罪的时候不满十八周岁被判处五年有期徒刑以下刑罚的人,免除前款规定的报告义务。"2012年修改后的刑事诉讼法第二百七十五条规定:"犯罪的时候不满十八周岁,被判处五年有期徒刑以下刑罚的,应当对相关犯罪记录予以封存。犯罪记录被封存的,不得向任何单位和个人提供,但司法机关为办案需要或者有关单位根据国家规定进行查询的除外。依法进行查询的单位,应当对被封存的犯罪记录的情况予以保密。"2012年5月10日,两高三部发布了《关于建立犯罪人员犯罪记录制度的意见》(法发〔2012〕10号)。以上法律规定被视为是未成年人犯罪记录封存制度在我国程序法与实体法上的正式确立。

然而实际上,中央关于未成年人犯罪记录封存的政策精神更早。早在2008年

12 月,中共中央转发的《中央政法委关于深化司法体制和工作机制改革若干问题的意见》首次以中央文件的形式明确提出了建立“未成年人轻罪犯罪记录消灭制度”。根据这一政策精神,2009 年 3 月最高人民法院发布了《人民法院第三个五年改革纲要》。该文件提出:“人民法院配合有关部门有条件地建立未成年人轻罪犯罪记录消灭制度,明确其条件、期限、程序和法律后果。”未成年人轻罪犯罪记录消灭制度作为人民法院一项重要的改革项目和措施被确定下来。从中央政法委和最高人民法院的相关文件中可见,实现未成年人轻罪犯罪记录的消灭是改革和立法的本意,未成年人轻罪犯罪记录封存制度的建立不仅仅是为了使犯罪记录暂时处于保密状态,不允许查询、限制查询,而是为了在实质上禁止对未成年人轻罪犯罪记录的重复使用,从而避免其以罪犯身份出现在公众面前,帮助未成年人尽快回归社会,健康成长。

(二)符合未成年人轻罪犯罪记录封存制度的本质特征和设立目的

未成年人犯罪记录封存制度要求犯罪记录被封存后应当处于一种保密状态,即便司法机关为办案需要或者有关单位根据国家规定可以进行查询,查询单位也应将查询所获知的犯罪记录情况予以保密,不得对此加以利用。由此可见,犯罪记录封存不仅具有程序法上的意义,更具有实体法上的意义。具体而言,被封存的犯罪记录应当保密这一前提决定了该犯罪记录所反映的犯罪行为应当免于被重复利用和评价,否则保密便无从谈起。如果被封存的犯罪记录能够被重复利用和评价,封存制度实际上就等于被虚化,制度设立的目的也难以实现。未成年犯罪人即使再犯罪,司法机关也不得引用其前科犯罪记录,其前科亦不能作为对其适用累犯或者再犯而对其从重或者加重处罚的原因。因此,在实体法上,被封存的犯罪记录所反映的犯罪行为不能作为累犯或者再犯的认定依据,不然就是对被封存犯罪记录的重复利用和评价,就是对保密义务的置若罔闻,就与犯罪记录封存制度背道而驰。在此种意义上而言,我国的未成年人犯罪记录封存制度,其功能已经相当于前科消灭制度。

(三)符合国际司法规则的相关要求

……

(四)符合我国宽严相济刑事政策中对未成年人的保护原则

刑法及刑事诉讼法对未成年人犯罪历来坚持教育、感化、挽救的方针及“教育为主、惩罚为辅”的原则。修改后的刑法及刑事诉讼法都直接体现了对未成年犯罪人的倾斜保护原则,使未成年犯罪人免受因犯罪记录的终身伴随,而在个人学习、入伍、就业等方面遭受不利影响,使其能顺利回归社会,改过自新,重新做人。虽然对于毒品犯罪我国历来都是坚持从严整治,严厉打击的态势,但是结合我国刑法对于未成年人保护的原则,在宽严相济的刑事政策的大前提下,对于未成年人轻罪犯罪记录封存后，再犯毒品犯罪，不宜认定为毒品再犯。同时，从价值衡量上看，对未成年期间所实施较轻犯罪行为进行犯罪记录封存，不予重复利用和评价，也更有利于未成年人的成长与发展，更能体现我国处理未成年人犯罪的立法精神。

（五）符合相关司法解释和"从旧兼从轻"的基本原则

《最高人民法院关于适用〈中华人民共和国刑事诉讼法〉的解释》第四百九十条第二款规定："2012 年 12 月 31 日以前审结的案件符合前款规定的，相关犯罪记录也应当封存。"我国刑法历来贯彻从旧兼从轻原则。具体到本案中，从被告人姚某的角度看，适用 2013 年 1 月 1 日起施行的新修正的刑事诉讼法第二百七十五条的规定，不再考虑其第一次的贩卖毒品行为，仅就 2013 年 1 月 16 日的贩卖毒品行为进行单独评价和认定，处罚结果明显比适用刑法第三百五十六条的规定所得出的处罚结果轻。因此，基于从旧兼从轻原则，不应将姚某认定为毒品犯罪再犯。

——《刑事审判参考》（总第 100 辑）。

王会陆、李明等人贩卖、运输毒品案（《刑事审判参考》案例第 546 号）

要旨：共同犯罪中罪责相对较小但系毒品再犯的，亦应当从严惩处。

最高人民法院 2008 年 12 月印发的《全国部分法院审理毒品犯罪案件工作座谈会纪要》提出："对于共同犯罪中有多个主犯或者共同犯罪人的，处罚上也应做到区别对待。应当全面考察各主犯或者共同犯罪人在共同犯罪中实际发挥作用的差别，主观恶性和人身危险性方面的差异，对罪责或者人身危险性更大的主犯或者共同犯罪人依法判处更重的刑罚。"据此，对本案中均为主犯的被告人王会陆和李明在量刑上存在区别对待的余地，即从被告人李明在共同犯罪中的地位、作用看，在对比其罪责更大的被告人王会陆适用死刑立即执行的情况下，可对其不适用死刑立即执行。但是，李明系毒品再犯，前次因贩卖毒品罪已被判处过有期徒刑十五年，在刑满释放不到二年的时间内又犯本罪，足见其主观恶性和人身危险性极大，应依法从重处罚。据此，最高人民法院复核后依法也核准了被告人李明的死刑。

——《刑事审判参考》（总第 67 辑）。

贺建军贩卖、运输毒品案（《刑事审判参考》案例第 542 号）

要旨：被告人曾因犯贩卖毒品罪、非法持有毒品罪被判刑，在保外就医期间再犯贩卖、运输毒品罪，符合刑法第三百五十六条关于毒品再犯的规定；且不违背禁止重复评价的原则。

（一）被告人贺建军构成毒品再犯。

刑法第三百五十六条规定，"因走私、贩卖、运输、制造、非法持有毒品罪被判过刑，又犯本节规定之罪的，从重处罚"。理论界对该条规定有不同的认识和理解，有观点认为，该条系有关毒品累犯的规定，与刑法第六十六条规定的危害国家安全罪的累犯同为一般累犯的特殊形态，即为特殊累犯的一种，因此应将“被判过刑”理解为等同于累犯条件的“刑罚执行完毕或者赦免以后”。对于犯罪分子在缓刑、假释或暂予监外执行期间犯罪的，因刑罚尚未执行完毕，不应适用于本条规定，仅应依照刑法第七十一条的规定实行数罪并罚。另外一种观点则认为，刑法第三百五十六条是关于毒品再犯的规定，毒品再犯不是一般累犯的特殊形式，其内涵与外延均与累犯有所不同，“被判过刑”应被理解为包括刑罚已执行完毕或赦免及尚未开始执行、已开始执行但尚未执行完毕等判刑后所有阶段。对于犯罪分子在缓刑、假释或暂予监外执行期间又犯毒品犯罪的，不仅应适用毒品再犯的规定从重处罚，还应依照刑法第七十一条的规定实行数罪并罚。

首先，刑法将一般累犯和危害国家安全罪累犯的构成条件和处罚原则放在刑法总则部分予以规定，而将毒品再犯的构成条件和处罚原则放在刑法分则有关毒品犯罪的章节部分加以规定。这种在刑法不同体系内予以规定的区分，体现了一般累犯、危害国家安全罪累犯与毒品再犯具有不同的地位，表明立法上并未将毒品再犯视为类似于危害国家安全罪累犯的特殊累犯的一种。否则就难以解释，对于同样从犯罪对象和犯罪客体角度划分的特殊累犯，在立法上为何不同等地置于刑法总则部分加以规定。

其次，从文义解释来看，刑法对于一般累犯和危害国家安全累犯均规定“在刑罚执行完毕或者赦免以后”的构成条件，对于一般累犯还规定了前后两罪必须发生在五年内，对危害国家安全罪的特殊累犯则不再要求两罪之间的时间间隔。但对于毒品再犯规定的构成条件则是“被判过刑”。显然，这两种表述的内涵和外延是不同的。“被判过刑”既包含“刑罚执行完毕或者赦免以后五年内”这一与一般累犯相同的情形，也包括“刑罚宣判后尚未开始执行、已经开始执行但尚未执行完毕以及执行完毕或赦免五年以后”等不同于一般累犯构成条件的情形。可以说，“被判过刑”这样的表述本身就表明了立法者严格区分总则规定的一般累犯、特别累犯与分则规定的毒品再犯的本意。

最后，从立法意图来看，将毒品再犯的构成条件规定为“被判过刑”，既不要求前罪的刑罚已经执行完毕或者赦免，也不要求本次犯罪与前次犯罪之间有固定的时间间隔，使得毒品再犯的限制条件比总则规定的一般累犯和特殊累犯都要少，反映出立法者对于毒品犯罪这种严重犯罪从严打击的意图和决心。虽然刑法本身对毒品犯罪规定了较为严厉的刑罚，但因此类犯罪可以使犯罪分子在短时间内牟取暴利，具有高回报的特点，诱惑力大，再犯率也较高，因此，应当对毒品再犯行为加大打击力度，遏制犯罪分子再次铤而走险的犯意。对于在刑罚尚未开始执行或尚未执行完毕期间以及刑罚执行完毕或赦免五年后再犯毒品犯罪的犯罪分子，显然其前罪所判处的刑罚对其尚未起到应有的震慑效果，刑罚未能实现特殊预防的目的，犯罪分子再次以身试法，反映其主观恶性较深，人身危险性高，因此应当予以从重处罚。将刑法第三百五十六条理解为毒品再犯而非毒品累犯，更能符合和体现立法原意。

对此，2008年《全国部分法院审理毒品犯罪案件工作座谈会的会议纪要》中明确规定，“根据刑法第三百五十六条规定，只要因走私、贩卖、运输、制造、非法持有毒品罪被判过刑，不论是在刑罚执行完毕后，还是在缓刑、假释或者暂予监外执行期间，又犯刑法分则第六章第七节规定的犯罪的，都是毒品再犯，应当从重处罚。因走私、贩卖、运输、制造、非法持有毒品罪被判刑的犯罪分子，在缓刑、假释或者暂予监外执行期间又犯刑法分则第六章第七节规定的犯罪的，应当在对其所犯新的毒品犯罪适用刑法第三百五十六条从重处罚的规定确定刑罚后，再依法数罪并罚”。

本案中，被告人贺建军系在保外就医期间再次贩卖、运输毒品，保外就医系暂予监外执行的一种，第一审、高院复核审认定其行为符合毒品再犯的构成条件，对其同时适用毒品再犯和数罪并罚的条款进行处罚是正确的。

（二）认定贺建军构成毒品再犯，不违背禁止重复评价的原则。

对于因走私、贩卖、运输、制造、非法持有毒品罪被判过刑的犯罪分子，在刑罚执行完毕或赦免后再犯毒品犯罪，因其不存在数罪并罚问题，因而不会引起重复评价的质疑。但如在缓刑、假释考验期或者暂予监外执行期间再犯毒品犯罪，除先要对后罪认定为毒品再犯予以从重处罚外，还要依照刑法第七十一条规定的“先减后并”的方法与前罪尚未执行或执行完毕的刑罚实行数罪并罚，因此，有观点认为，如此会导致对被告人双重从重处罚，涉嫌违背禁止重复评价的原则。我们认为，对于刑罚尚未开始执行或者尚未执行完毕的毒品再犯，适用刑法第三百五十六条从重处罚后，再与前罪尚未执行完毕的刑罚进行数罪并罚，并不存在重复评价的问题。

一方面，毒品再犯与数罪并罚是在处罚犯罪时基于不同层面的刑罚裁量视角，二者同时适用是对两种不同罪责的评价，与重复评价无涉。所谓禁止重复评价原则，本质上是禁止将反映同一罪责内容的同一情节重复考量，导致实体上对被告人不利的结果。毒品再犯只针对毒品犯罪，是国家为严厉打击毒品犯罪而设立的法定的量刑情节，而数罪并罚是通用于各种一人犯数罪的刑罚裁量制度，二者分属不同的层面，具有不同的适用条件和原则。毒品再犯着眼于犯罪分子再次实施毒品犯罪所反映出的主观恶性和人身危险性而设立，是对于犯罪分子再次所犯毒品犯罪量刑时应把握的从重处罚情节，即毒品再犯是针对再犯的个罪进行量刑时适用的量刑情节；而数罪并罚，其本质上是对均是一人所犯数罪进行合并处罚的制度。在一人犯数罪的情况下，审判机关不仅要根据犯罪分子的数个罪行裁量出与之相应的数个宣告刑,还必须最终将数个宣告刑合并为一个执行刑,也即数罪并罚是针对数罪进行综合裁量的量刑制度。对缓刑、假释及暂予监外执行等刑罚尚未执行或尚未执行完毕期间再犯毒品犯罪的犯罪分子,对其后罪依照毒品再犯的规定从重处罚,本质上与所有其他刑法分则规定的法定从重处罚情节没有任何区别。在对后罪依法从重处罚后,再与前罪所余刑罚数罪并罚,是基于其又犯新罪导致同时被判处对应于数个犯罪的数个宣告刑,因此必须按照法定的数罪并罚标准,决定对其实际应执行的刑罚。在数罪并罚之时,已不再考量犯罪分子是否系毒品再犯这一情节,而仅仅依据法定的并罚原则及刑期计算方法进行裁量,决定最终的执行刑。

另一方面,在一定意义上,数罪并罚是有利于犯罪分子的制度,因为我国实行的并罚原则,除了对附加刑适用并科原则外,其余均采用吸收原则或者限制加重原则,绝大多数的情况下,因为并罚导致执行刑的严厉程度轻于数罪宣告刑的总和。虽然客观上对发现新罪实行"先减后并",可能导致实际执行的刑期超过数罪并罚的法定最高刑期二十年,基于此,普遍的观点认为"先减后并"较"先并后减"的并罚方法更为严厉,从这个角度来说,对重新犯罪的适用"先减后并",而对于发现漏罪的适用"先并后减",反映出立法者认为在刑罚尚未执行完毕之时又重新犯罪的犯罪分子的主观恶性和人身危险性较之前尚有漏罪未被发现者为大,这也是导致许多人认为对缓刑、假释或者暂予监外执行等刑罚尚未开始执行或尚未执行完毕者同时适用毒品再犯和数罪并罚有重复评价之嫌的主要原因之一。但是,"先减后并"是作为数罪并罚的法定方式而非作为针对某个犯罪的法定从重处罚情节而存在,如前已述,数罪并罚与毒品再犯是不同层面的刑罚裁量视角,数罪并罚本身已经降低了原本对犯罪分子各个犯罪行为判处的刑罚总和,体现了对犯罪分子处刑的宽宥,因此,不应将毒品再犯作为对毒品犯罪法定的从重处罚情节,与对犯罪分子在前罪刑罚尚未执行完毕之前重新犯罪导致的数罪并罚混为一谈,对二者同时适用也不构成重复评价。

本案中,被告人贺建军因运输毒品被判处死刑缓期二年执行,在保外就医期间又犯运输、贩卖毒品罪,系毒品再犯。贺建军所运输、贩卖的毒品数量大,在贩卖、运输毒品的共同犯罪中提起犯意、出资购买并运输毒品,系主犯,法院依法判处其死刑,剥夺政治权利终身,并处没收个人全部财产,与其前罪余刑依据"先减后并"的原则实行数罪并罚是完全正确的。

——《刑事审判参考》(总第67辑)。

1234 毒品犯罪立功的认定

关键词｜毒品犯罪｜立功的认定｜从宽处罚｜亲属检举揭发｜

【最高人民法院司法文件】

七、毒品案件的立功问题

共同犯罪中同案犯的基本情况，包括同案犯姓名、住址、体貌特征、联络方式等信息，属于被告人应当供述的范围。公安机关根据被告人供述抓获同案犯的，不应认定其有立功表现。被告人在公安机关抓获同案犯过程中确实起到协助作用的，例如，经被告人现场指认、辨认抓获了同案犯；被告人带领公安人员抓获了同案犯；被告人提供了不为有关机关掌握或者有关机关按照正常工作程序无法掌握的同案犯藏匿的线索，有关机关据此抓获了同案犯；被告人交代了与同案犯的联系方式，又按要求与对方联络，积极协助公安机关抓获了同案犯等，属于协助司法机关抓获同案犯，应认定为立功。

关于立功从宽处罚的把握，应以功是否足以抵罪为标准。在毒品共同犯罪案件中，毒枭、毒品犯罪集团首要分子、共同犯罪的主犯、职业毒犯、毒品惯犯等，由于掌握同案犯、从犯、马仔的犯罪情况和个人信息，被抓获后往往能协助抓捕同案犯，获得立功或者重大立功。对其是否从宽处罚以及从宽幅度的大小，应当主要看功是否足以抵罪，即应结合被告人罪行的严重程度、立功大小综合考虑。要充分注意毒品共同犯罪人以及上、下家之间的量刑平衡。对于毒枭等严重毒品犯罪分子立功的，从轻或者减轻处罚应当从严掌握。如果其罪行极其严重，只有一般立功表现，功不足以抵罪的，可不予从轻处罚；如果其检举、揭发的是其他犯罪案件中罪行同样严重的犯罪分子，或者协助抓获的是同案中的其他首要分子、主犯，功足以抵罪的，原则上可以从轻或者减轻处罚；如果协助抓获的只是同案中的从犯或者马仔，功不足以抵罪，或者从轻处罚后全案处刑明显失衡的，不予从轻处罚。相反，对于从犯、马仔立功，特别是协助抓获毒枭、首要分子、主犯的，应当从轻处罚，直至依法减轻或者免除处罚。

被告人亲属为了使被告人得到从轻处罚，检举、揭发他人犯罪或者协助司法机关抓捕其他犯罪人的，不能视为被告人立功。同监犯将本人或者他人尚未被司法机关掌握的犯罪事实告知被告人，由被告人检举揭发的，如经查证属实，虽可认定被告人立功，但是否从宽处罚、从宽幅度大小，应与通常的立功有所区别。通过非法手段或者非法途径获取他人犯罪信息，如从国家工作人员处贿买他人犯罪信息，通过律师、看守人员等非法途径获取他人犯罪信息，由被告人检举揭发的，不能认定为立功，也不能作为酌情从轻处罚情节。

——《全国部分法院审理毒品犯罪案件工作座谈会纪要》（2008 年 12 月 1 日，

法〔2008〕324 号)。

【链接:理解与适用】

八、关于毒品案件的立功问题

(一)协助抓获同案犯的立功认定问题

《纪要》规定,共同犯罪中同案犯的基本情况,包括同案犯姓名、住址、体貌特征、联络方式等信息,属于被告人应当供述的范围,公安机关据此抓获同案犯的,不应当认定为立功。但被告人交代了与同案犯的联系方式,又按要求与对方联络,积极协助公安机关抓获了同案犯的,或者提供了不为有关机关掌握或有关机关按照正常工作程序无法掌握的同案犯藏匿的线索,有关机关据此抓获同案犯等,应认定为立功。

(二)毒枭立功问题

立功是法定从宽处罚情节,但毒枭立功和马仔立功的情况不同,量刑时应区别对待。在毒品共同犯罪案件中,毒枭、毒品犯罪集团的首要分子、共同犯罪的主犯、职业毒贩、毒品惯犯等,由于掌握同案犯、从犯、马仔的犯罪情况和个人信息,被抓获后往往能协助抓捕同案犯,获得立功或者重大立功。因此,《纪要》规定立功从宽处罚的把握,应以功是否足以抵罪为标准,对于毒枭等严重毒品犯罪分子立功的,从轻或者减轻处罚应当从严掌握。对其是否从宽处罚以及从宽幅度的大小,应当主要看功是否足以抵罪,即应结合被告人罪行的严重程度、立功大小综合考虑。要充分注意毒品共同犯罪人以及上、下家之间的量刑平衡。如果其罪行极其严重,只有一般立功表现,功不足以抵罪的,可不予从轻处罚;如果其检举、揭发的是其他犯罪案件中罪行同样严重的犯罪分子,或者协助抓获的是同案中的其他首要分子、主犯,功足以抵罪的,原则上可以从轻或者减轻处罚;如果协助抓获的只是同案中的从犯或者马仔,功不足以抵罪,或者从轻处罚后全案处刑明显失衡的,不予从轻处罚。相反,对于从犯、马仔立功,特别是协助抓获毒枭、首要分子、主犯的,应当从轻处罚,直至依法减轻或者免除处罚。

(三)检举揭发他人犯罪信息的来源问题

《纪要》规定,被告人亲属为了使被告人得到从轻处罚,检举、揭发他人犯罪或者协助司法机关抓捕其他犯罪人的,不能视为被告人立功。同监犯将本人或者他人尚未被司法机关掌握的犯罪事实告知被告人,由被告人检举揭发的,如经查证属实,虽可认定被告人立功,但是否从宽处罚、从宽幅度大小,应与通常的立功有所区别。通过非法手段或者非法途径获取他人犯罪信息,如从国家工作人员处贿买他人犯罪信息,通过律师、看守人员等非法途径获取他人犯罪信息,由被告人检举揭发的,不能认定为立功,也不能作为酌情从轻处罚的情节。

《纪要》对立功的规定，改变了以往“只要从被告人嘴里说出犯罪线索就是立功”的做法。作出这样严格的规定，主要是因为近年来一些国家工作人员、律师和被告人亲属非法制造立功的现象较为突出，部分罪行十分严重的犯罪分子逃避了法律的严惩，严重扰乱了监管秩序。违背了刑法规定立功制度的宗旨，造成了恶劣的社会影响。因此，对立功的认定必须从严把握。实践中要注意，凡被告人从非法渠道获得立功线索的，一律不认定为立功。非法来源的证明责任在司法机关，如没有证据证明立功线索来源非法的，就应当认定为立功。对于有关部门提供的证明被告人立功的书面材料，应当立足于刑法关于立功的规定，以有关材料是否足以证实被告人有立功表现为判断标准。例如，看守所、公安机关、检察机关或者纪检监察机关提供书面材料证明被告人有检举、揭发他人犯罪等表现的，必须同时提供被检举者犯罪的具体情况。对于只出具被告人有立功表现的书面证明，不提供或者不补充具体材料，致使法院无法作出准确判断的，依法不能认定立功。

——高贵君、王勇、吴光侠：《〈全国部分法院审理毒品犯罪案件工作座谈会纪要〉的理解与适用》，载《人民司法 · 应用》2009 年第 3 期。

【最高人民法院参考案例】

胡俊波走私、贩卖、运输毒品，走私武器、弹药案(《刑事审判参考》案例第 801 号)

要旨：公安机关根据被告人供述抓获共同犯罪同案犯的，不应认定被告人有立功表现；被告人如实供述并协助抓获上、下家，应当认定被告人有立功表现；对被告人的立功行为是否从宽处罚，应当根据“功是否足以抵罪”的情况而定。

（一）公安机关根据被告人供述抓获共同犯罪同案犯的，不应认定被告人有立功表现

被告人胡俊波在二审期间检举称，别人帮其“带来”四万多颗毒品和一支九毫米口径手枪、十二发子弹，唐照堃偷走手枪和子弹，带至重庆市，可能和重庆“3 · 19 案”有关。“3 · 19 案”是 2009 年 3 月 19 日重庆发生的某部队一名哨兵被枪杀、抢走自动步枪的恶性案件，案发后警方广泛悬赏征集线索，至今案件未破。重庆警方高度重视胡俊波的检举，经认真核查，查明 2008 年胡俊波带“马仔”唐军、唐照堃从缅甸贩卖二十万颗“麻古”和一支九毫米口径手枪到成都，“二唐”偷走四万颗“麻古”和该枪后，胡俊波一直怀恨在心。重庆警方抓获“二唐”后，未发现“二唐”涉“3 · 19 案”，故以涉嫌非法持有枪支罪将“二唐”移送起诉。本案二审法院认为，胡俊波的行为构成立功，但最高人民法院经审查认为，胡俊波检举唐军、唐照堃非法持有枪支的行为不构成立功。

胡俊波供述“二唐”“偷走”自己的枪支，前提是承认自己“带来”毒品和枪支。

经重庆警方查证,又进一步查明该枪系胡俊波伙同“二唐”走私入境的。根据《最高人民法院关于处理自首和立功若干具体问题的意见》(以下简称《意见》)第三条第二款的规定,被告人如实供述本人其他罪行是否与司法机关已掌握的罪行属同种罪行,一般应当以罪名区分。如实供述的其他犯罪与司法机关已掌握的犯罪属选择性罪名或者在法律、事实上密切关联,应当认定为同种罪行。虽然胡俊波如实供述的这一罪行暂未被查清和指控,基于“不告不理”的诉讼原则,本案二审法院对该起犯罪事实未予审理查明。但很明显胡俊波如实供述的罪行与司法机关已掌握的其先后实施的一系列走私、贩卖、运输毒品,走私武器、弹药犯罪在法律、事实上密切关联,应当认定为同种罪行。换言之,胡俊波在供述其犯罪事实的过程中,理应如实供述同案犯及涉案毒品和枪支的去向。胡俊波检举揭发“二唐”与重庆“3 · 19 案”有关,经查不属实。因胡俊波并未揭发同案犯在共同犯罪以及关联犯罪之外的其他犯罪线索,故其揭发行为不构成立功。

在毒品犯罪中,走私、贩卖、运输、制造行为往往形成多人协同、上下家衔接作案的非法产业网络、链条,其成员经常还涉及其他犯罪行为。其中,犯罪团伙、犯罪集团的首要分子、共同犯罪的主犯、职业毒贩、毒品再犯等,往往掌握同案犯等涉案人员的个人信息和犯罪情况,其供述他人罪行的动机错综复杂,是否构成立功情节要特别慎重把握。审判实践中,我们应当注意以下几点:第一,审查被告人自身是否参与其供述的罪行,甄别其供述的是共同犯罪的事实还是他人犯罪行为,或者同案犯共同犯罪抑或关联犯罪以外的其他犯罪。第二,审查检举的罪行是否查证属实。根据《意见》第六条的规定,侦查机关出具材料,表明在三个月内还不能查证并抓获被检举揭发的人,或者不能查实的,人民法院审理案件可不再等待查证结果。根据被告人检举破获的他人犯罪案件,如果已有审判结果,应当依据判决确认的事实认定是否查证属实;如果被检举的他人犯罪案件尚未进入审判程序,可以依据侦查机关提供的书面查证情况认定是否查证属实。第三,审查供述线索来源是否合法。根据《意见》第四条第一款的规定,犯罪分子通过贿买、暴力、胁迫等非法手段获取他人犯罪线索并检举揭发的,不能认定为有立功表现。刑法设立立功制度的本意是要求被告人检举时具有真诚悔悟、弃恶从善的积极心态,而非利用非法手段获取线索后和司法机关讨价还价,换取从宽处罚。从本案看,“二唐”所持有的枪支来源于胡俊波和“二唐”的共同运输枪支犯罪行为,与胡俊波所犯之罪紧密关联。胡俊波在一审被判处死刑之后才交代“二唐”的犯罪线索,体现出其具有避重就轻的主观心态,且无真诚悔罪、弃恶从善的积极表现,认定其立功与立法本意不符。

(二)被告人如实供述并协助抓获上、下家,应当认定被告人有立功表现

被告人胡俊波到案后,供述其欲将毒品运往湖北省武汉市贩卖。公安人员押

解胡俊波前往武汉市，由胡俊波打电话联系下家约定交易，在武汉市临江饭店抓获前来接取毒品的胡环香。普洱市中级人民法院经审理认为，胡俊波协助公安机关抓获胡环香的行为构成立功。在毒品犯罪案件中，司法机关根据被告人的供述和通过被告人的协助抓捕毒品犯罪上、下家，是打击毒品犯罪活动中特有而常见的侦破手段。被告人协助延伸侦查的行为，有助于司法机关打击毒品犯罪产业窝点、链条，反映出被告人具有真诚悔罪的心态。这种行为应当构成立功。在具体案件中，要特别注意区分被告人供述其本人实施的犯罪涉及的上、下家和供述上、下家实施其他犯罪两种情形。如果被告人供述的上、下家罪行，经审查，与被告人所犯之罪并无关联，则属于检举他人犯罪行为的立功表现；如果仅如实供述上、下家涉案人员个人信息和涉及本案的犯罪情况，而没有协助抓获的行为，不属于立功表现。毒品犯罪上、下家所处毒品产业链条地位、作用不同，相互之间没有实施同一毒品罪行的共同故意，具体实施的罪行也不尽相同，各自的罪名（如有的主体可能构成走私制毒物品罪、非法买卖制毒物品罪等）和法定刑都可能不同，不构成共同犯罪。被告人到案后供述上、下家的犯罪行为，从字面理解似乎属于“检举、揭发‘他人’犯罪行为”，但是，被告人及其上、下家所实施的罪行客观上相互关联，具有对合关系，即共同促进毒品犯罪行为的完成，缺少一方的犯罪行为，其他方的犯罪行为就无法实施或者完成。对任何一个环节的行为人而言，其罪行的实施或者完成，以其上、下家对应行为的实施和完成为必要条件，其所实施或者完成的罪行必然涉及上、下家的犯罪行为，检举上、下家的犯罪行为，也就不超出其如实供述的犯罪事实范围，因此，仅有供述行为并不构成立功情节。只有被告人协助司法机关抓获上、下家时，才能依法认定为立功。

（三）对被告人的立功行为是否从宽处罚，应当根据“功是否足以抵罪”的情况而定

刑法对立功情节作出从宽处理的原则性规定。然而，在毒品犯罪案件中，由于被告人处于毒品犯罪产业网络链条之中，和其他类型的犯罪分子比较，具备掌握其他涉案人员情况和罪行的天然优势，即可能通过举报一些从犯、“马仔”的犯罪事实获取立功机会，争取从宽处理的结果。这种举报行为并未体现出行为人真诚悔罪，也不意味行为人的人身危险性、主观恶性有所减小。对于毒品犯罪，犯罪行为人的立功行为是否足以从宽处罚，《全国部分法院审理毒品犯罪案件工作座谈会纪要》（以下简称《纪要》）规定了“功是否足以抵罪”的标准。根据《纪要》的规定，如果行为人的罪行极其严重，但只有一般立功表现的，可不予从轻处罚；如果行为人检举、揭发的是其他犯罪案件中罪行同样严重的犯罪分子，或者协助抓获的是同案中的其他首要分子、主犯，原则上可以从轻或者减轻处罚；如果协助抓获的只是同案中的从犯或者“马仔”，功不足以抵罪，或者从轻处罚后全案处刑明显失衡的，不

予从轻处罚;对于从犯、"马仔"立功,特别是协助抓获毒枭、首要分子、主犯的,应当从轻处罚。

我们认为,本案被告人胡俊波属于"功不足以抵罪"情形。理由如下:

1. 胡俊波供述"二唐"非法持有枪支的行为不构成立功;其如实供述的罪行与公安机关已掌握的其先后实施的一系列走私、贩卖、运输毒品,走私武器、弹药犯罪在法律、事实上密切关联,应当认定为同种罪行,因此仅属有积极表现,不构成立功;其协助公安机关抓获胡环香的行为构成立功。

2. 胡俊波在被判处重刑暂予监外执行(保外就医)期间从事毒品犯罪,是共同犯罪的主犯和毒品惯犯;归案后长期拒不如实供述自己的罪行,除拨打电话联系下家派遣胡环香接取毒品外,拒不如实供述毒品的来源和下家主犯;其不但走私、贩卖、运输毒品二万余克而且走私枪支、弹药,罪行极其严重,协助抓获的只是下家的"马仔",功不足以抵罪,如从轻处罚,将会造成全案处刑明显失衡。

3. 从侦查经过分析,胡俊波归案后在最初三次被讯问时均拒不供认罪行,认罪后亦不供述武汉市下家主犯的真实情况,通过打电话联系下家派人接取毒品抓获胡环香后又翻供,拒不认罪,称毒品是公安人员逼着让指认和承认的,胡环香是公安让帮忙抓的。胡俊波在一审被判处死刑之后才交代"二唐"实施犯罪的线索,且在供述时避重就轻,体现出其借检举、揭发逃避罪责的主观心态。

——《刑事审判参考》(总第87辑)。

魏光强等走私、运输毒品案(《刑事审判参考》案例第753号)

要旨:行为人的行为符合立功的本质特征,对国家和社会有其他重大贡献,可以构成重大立功。

我们认为,魏光强提供的线索,内容真实有效,而该行为虽然只协助查获毒品,并未抓获毒品的实际控制人,但魏光强的这一行为应该认定为有益于国家和社会的突出行为,体现在两个方面:一是有效防止了该批数量巨大的毒品流入社会、危害社会;二是从源头上阻止了该批毒品的实际控制人继续实施以该批毒品为对象的犯罪的可能性。因此,魏光强提供9643克毒品线索的行为完全符合立功的成立要件,应当构成立功。

——《刑事审判参考》(总第84辑)。

吴乃亲贩卖毒品案(《刑事审判参考》案例第541号)

要旨:在毒品犯罪中,被告人罪行极其严重,虽有立功但功不足以抵罪,对其不从轻处罚。

对于犯罪人立功的,一般要体现从宽处理的刑事政策。但在司法实践中,关于立功是否从宽处罚的把握，应以立功是否抵罪为标准。对犯罪分子立功或重大立功是否从宽处罚，应结合被告人罪行的严重程度、立功大小综合考虑，即立功是否足以抵罪。本案被告人吴乃亲在二审和最高法院死刑复核期间，检举揭发他人三起犯罪，其中两起系检举其他犯罪案件的犯罪分子，属于一般立功；另一起则是为侦破其他毒品犯罪案件提供重要线索，致使两名毒贩被当场抓获，直接被其检举的韦某某被判处有期徒刑十二年，亦构成立功。对被告人吴乃亲是否因其有多项立功情节而从宽处罚，即其立功是否抵罪？我们认为，对于毒枭等严重毒品犯罪分子立功的，从轻或者减轻处罚应当从严掌握。首先，综观全案，吴乃亲是位居贩毒网络上线的"毒枭"，本案中的海洛因大部分出自吴乃亲，是本案毒品的主要源头，且其贩卖毒品数量大、纯度高，社会危害极大，罪行极其严重；其次，由于其在贩卖毒品环节中居于顶端，掌握着同案犯、从犯、马仔的犯罪情况和个人信息，被抓获后容易协助抓捕其他较小的毒犯，容易获得立功甚至重大立功，本案中其检举毒犯韦某某就属于这种情况；再者，本案中鲁城东等人上线刘中全，因为协助抓获吴乃亲构成重大立功而被判处死缓，处于贩毒下线的鲁城东、代昌义、邓稳等人亦因贩卖毒品数量大、情节严重被判处死刑，倘若再对本案中最上线的毒枭吴乃亲因构成一般立功而不判处死刑，则量刑明显失衡。另外，吴乃亲系对福建不熟悉的广东人，在福建省泉州市看守所，却能屡次获知泉州当地的抢劫、绑架等非毒品犯罪线索，其线索来源渠道是否正当也值得怀疑。综合上述情况，最高法院最终核准了被告人吴乃亲的死刑判决。

——《刑事审判参考》（总第 67 辑）。

张树林等走私、贩卖、运输毒品案（《刑事审判参考》案例第 540 号）

要旨：对有重大立功表现但罪行极其严重的被告人可以不从轻处罚。

毒品犯罪分子到案后积极争取立功，司法实践中较为常见。对有立功表现的犯罪分子是否从宽处罚，结合犯罪分子所犯罪行及全案情节进行综合考虑。对于犯罪分子虽然有立功和重大立功表现，但罪行极其严重的，也可不予从轻处罚。对此，最高人民法院 2008 年 12 月印发的《全国部分法院审理毒品犯罪案件工作座谈会纪要》指出，关于立功从宽处罚的把握，应以功是否足以抵罪为标准。在毒品共同犯罪案件中，毒枭、毒品犯罪集团首要分子、共同犯罪的主犯、职业毒犯、毒品惯犯等，由于掌握同案犯、从犯、马仔的犯罪情况和个人信息，被抓获后往往能协助抓捕同案，获得立功或者重大立功。对其是否从宽处罚以及从宽幅度的大小，主要应当看功是否足以抵罪，即应结合被告人罪行的严重程度、立功大小综合考虑。要充分注意毒品共同犯罪人以及上、下家之间的量刑平衡，对于毒枭等严重毒品犯罪分子立功的，从轻或者减轻处罚应当从严掌握。如果罪行极其严重，只有一般立功表现,功不足以抵罪的,可不予从轻处罚;如果其检举、揭发的是其他犯罪案件中罪行同样极其严重的犯罪分子,或者协助抓获的是同案中的其他首要分子、主犯,功足以抵罪的,原则上可以从轻或者减轻处罚;如果协助抓获的只是同案中的从犯或者马仔,功不足以抵罪,或者从轻处罚后全案处刑明显失衡的,可不予从轻处罚。

本案中,被告人张树林提出犯意、提供毒资,多次安排、指使他人实施贩毒,共计贩卖海洛因 13220.4 克、冰毒 11105 克。其贩毒数量特别巨大,罪行极其严重。且其在共同犯罪中地位、作用在本案中最大,系共同犯罪的组织者、指挥者,属于毒品犯罪中应依法严惩的对象。虽然张树林归案后,能积极配合、协助公安机关抓获同案犯罪嫌疑人,有重大立功表现;也能检举他人犯罪线索,经查证属实,有立功表现,但鉴于其贩卖毒品的罪行极其严重,情节特别恶劣,社会危害性和人身危险性极大,功不足以抵罪,不宜对其从轻处罚,故最高人民法院依法核准其死刑,符合严厉惩治毒品犯罪的政策精神。

——《刑事审判参考》(总第 67 辑)。

梁国雄、周观杰等贩卖毒品案(《刑事审判参考》案例第 373 号)

要旨:被告人归案后及时提供了毒品买主的住处和活动情况,使公安机关从买主处查缴大量毒品的,应认定为重大立功。

(四)被告人归案后及时提供了毒品买主的住处和活动情况,使公安机关从买主处查缴大量毒品的,应认定为重大立功

在被告人虽有协助司法机关去抓捕毒品买主,但因买主的狡猾而摆脱了公安人员的控制,未能将其抓获归案的情形下,不能认定被告人具有协助司法机关抓捕其他犯罪嫌疑人的立功表现。同时,在因买主与被告人是同案犯的情形下,也不属于提供侦破其他案件重要线索的立功。但是,被告人及时提供买主的住址和活动情况,使得公安人员从买主的住处查获大量毒品,使已经卖出的毒品全部被追回,防止了这部分毒品流入社会后危害人类,被告人的行为符合《最高人民法院关于处理自首和立功具体应用法律若干问题的解释》第七条关于"犯罪分子对国家和社会有其他重大贡献等表现的,应当认定为有重大立功表现"的规定,认定其具有重大立功情节。

(五)对同时具备重大立功、一般立功、投案自首三种从宽处罚情节的被告人的量刑

依照我国刑法第六十八条和司法解释的有关规定:犯罪分子有揭发他人犯罪行为,查证属实的,或者提供重要线索,从而得以侦破其他案件等立功表现的,可以从轻或者减轻处罚;有重大立功表现的,可以减轻或者免除处罚。犯罪后自首又有重大立功表现的,应当减轻或者免除处罚。

(六)被告人协助抓获同案被告人是否构成重大立功的认定

根据最高人民法院司法解释的规定,协助司法机关抓捕其他重大犯罪嫌疑人的立功,必须是可能被判处无期徒刑以上刑罚的重大犯罪嫌疑人。所谓"可能"被判处的刑罚,应当是指根据被抓获的犯罪嫌疑人所犯罪行,可能判处的刑罚,而不是指对该犯罪嫌疑人的最后宣告刑。所以,认定被告人协助司法机关抓获同案被告人的行为构成重大立功是适当的。

——《刑事审判参考》(总第47辑)。

1235 毒品犯罪缓刑、财产刑适用及减刑、假释

关键词 | 毒品犯罪 | 财产刑 | 主刑从宽 |

【最高人民法院司法文件】

(五)缓刑、财产刑适用及减刑、假释问题

……

办理毒品犯罪案件,应当依法追缴犯罪分子的违法所得,充分发挥财产刑的作用,切实加大对犯罪分子的经济制裁力度。对查封、扣押、冻结的涉案财物及其孳息,经查确属违法所得或者依法应当追缴的其他涉案财物的,如购毒款、供犯罪所用的本人财物、毒品犯罪所得的财物及其收益等,应当判决没收,但法律另有规定的除外。判处罚金刑时,应当结合毒品犯罪的性质、情节、危害后果及被告人的获利情况、经济状况等因素合理确定罚金数额。对于决定并处没收财产的毒品犯罪,判处被告人有期徒刑的,应当按照上述确定罚金数额的原则确定没收个人部分财产的数额;判处无期徒刑的,可以并处没收个人全部财产;判处死缓或者死刑的,应当并处没收个人全部财产。

——《全国法院毒品犯罪审判工作座谈会纪要》(2015年5月18日,法〔2015〕129号)。

十三、毒品案件财产刑的适用和执行问题

刑法对毒品犯罪规定了并处罚金或者没收财产刑,司法实践中应当依法充分适用。不仅要依法追缴被告人的违法所得及其收益,还要严格依法判处被告人罚金刑或者没收财产刑,不能因为被告人没有财产,或者其财产难以查清、难以分割或者难以执行,就不依法判处财产刑。

要采取有力措施,加大财产刑执行力度。要加强与公安机关、检察机关的协作,对毒品犯罪分子来源不明的巨额财产,依法及时采取查封、扣押、冻结等措施,

防止犯罪分子及其亲属转移、隐匿、变卖或者洗钱，逃避依法追缴。要加强不同地区法院之间的相互协作配合。毒品犯罪分子的财产在异地的，第一审人民法院可以委托财产所在地人民法院代为执行。要落实和运用有关国际禁毒公约规定，充分利用国际刑警组织等渠道，最大限度地做好境外追赃工作。

——《全国部分法院审理毒品犯罪案件工作座谈会纪要》（2008年12月1日，法〔2008〕324号）。

【链接：最高人民法院法官著述】

（五）缓刑、财产刑适用及减刑、假释问题

为进一步规范毒品犯罪的刑罚适用与执行，加大惩处毒品犯罪力度，《纪要》在这方面作了一些新规定，包括三方面内容。第一，《纪要》明确了从严掌握毒品犯罪缓刑适用条件的原则，并结合实践规定了几种不适用及限制适用缓刑的情形。第二，《纪要》结合2013年新刑诉法司法解释等相关规定，明确了对毒品犯罪案件查封、扣押、冻结的涉案财物及其孳息的判缴，确定罚金数额的原则，判处没收财产刑的幅度等问题。需要说明的是，该部分中"法律另有规定的除外"是新刑诉法司法解释的原文规定，主要是为了应对实践中的复杂情况，在此予以保留。另外，对于判处无期徒刑的，刑法及相关司法解释均未规定应当并处没收个人全部财产，故《纪要》规定为可以并处没收个人全部财产。第三，《纪要》对部分严重毒品罪犯的减刑、假释作出限制，参考了中央政法委有关文件和最高人民法院有关减刑、假释的司法解释。

——高贵君、马岩、方文军、李静然：《〈全国法院毒品犯罪审判工作座谈会纪要〉的理解与适用》，载《人民司法·应用》2015年第13期。

1236 毒品犯罪案件的"特情介入"问题

关键词｜毒品犯罪｜特情介入｜

【最高人民法院司法文件】

六、特情介入案件的处理问题

运用特情侦破毒品案件，是依法打击毒品犯罪的有效手段。对特情介入侦破的毒品案件，要区别不同情形予以分别处理。

对已持有毒品待售或者有证据证明已准备实施大宗毒品犯罪者，采取特情贴靠、接洽而破获的案件，不存在犯罪引诱，应当依法处理。

行为人本没有实施毒品犯罪的主观意图，而是在特情诱惑和促成下形成犯意，进而实施毒品犯罪的，属于“犯意引诱”。对因“犯意引诱”实施毒品犯罪的被告人，根据罪刑相适应原则，应当依法从轻处罚，无论涉案毒品数量多大，都不应判处死刑立即执行。行为人在特情既为其安排上线，又提供下线的双重引诱，即“双套引诱”下实施毒品犯罪的，处刑时可予以更大幅度的从宽处罚或者依法免予刑事处罚。

行为人本来只有实施数量较小的毒品犯罪的故意，在特情引诱下实施了数量较大甚至达到实际掌握的死刑数量标准的毒品犯罪的，属于“数量引诱”。对因“数量引诱”实施毒品犯罪的被告人，应当依法从轻处罚，即使毒品数量超过实际掌握的死刑数量标准，一般也不判处死刑立即执行。

对不能排除“犯意引诱”和“数量引诱”的案件，在考虑是否对被告人判处死刑立即执行时，要留有余地。

对被告人受特情间接引诱实施毒品犯罪的，参照上述原则依法处理。

——《全国部分法院审理毒品犯罪案件工作座谈会纪要》（2008 年 12 月 1 日，法〔2008〕324 号）。

【最高人民法院参考案例】

包占龙贩卖毒品案（《刑事审判参考》案例第 639 号）

要旨：“数量引诱”与“犯意引诱”的根本区别在于：“数量引诱”系行为人在特情介入之前就已经具有毒品犯罪的主观故意，而“犯意引诱”系行为人在特情介入之前没有实施毒品犯罪的主观意图。

一方面，由于包占龙所供毒品来源未查清，不能证明包占龙持有这三百克毒品待售；另一方面，也没有证据证明包占龙已准备实施大宗毒品犯罪，因此，本案不属于“机会引诱”的情形。从包占龙的供述看，翟建军要求购买三百克毒品的数量是确定的，但翟建军这次购买毒品的数量远远超过其所供之前经常从包占龙处购买的数量，不能排除翟建军为了立功而要求购买毒品越多越好的可能性，包占龙是在翟建军的要求下才贩卖了数量如此之大的毒品，故本案不能排除存在“数量引诱”。

“数量引诱”系行为人在特情引诱之前就已经具有实施毒品犯罪的主观故意，这种故意是一种概括性的故意，无论最终交易的毒品数量是多少，都没有超出行为人的故意范畴。在该情形下，“特情引诱”不是使行为人产生新的犯意，只是使其犯意暴露出来。“数量引诱”与“犯意引诱”的根本区别在于：“数量引诱”系行为人在特情介入之前就已经具有毒品犯罪的主观故意，而“犯意引诱”系行为人在特情介入之前没有实施毒品犯罪的主观意图。“数量引诱”与“机会引诱”的相同点是在特情介入之前行为人已经具有实施毒品犯罪的主观故意；区别在于，“机会引诱”只是提供机会，不存在实质性引诱，而“数量引诱”不仅提供机会，而且毒品数量上还存在从小到大的实质性引诱。

——《刑事审判参考》(总第 75 辑)。

申时雄、汪宗智贩卖毒品案(《刑事审判参考》案例第 538 号)

要旨:对已持有毒品待售或者有证据证明已准备实施大宗毒品犯罪者,采取特情贴靠、接洽而破获的案件,不存在犯罪引诱,应当依法处理。

运用特情侦破案件是打击毒品犯罪的常见手段,本案就是一起运用特情侦破的贩卖毒品案件。案件审理过程中,被告人申时雄的一、二审辩护人均提出本案存在数量引诱,不应判处申时雄死刑立即执行的辩护意见。由于数量引诱情节是否存在,直接关系到能否对被告人申时雄适用死刑立即执行,所以正确理解数量引诱的含义在审理案件中作出准确认定非常重要。对此,最高人民法院 2000 年 4 月印发的《全国法院审理毒品犯罪案件工作座谈会纪要》曾作出规定,2008 年 12 月印发的《全国部分法院审理毒品犯罪案件工作座谈会纪要》(以下简称《大连会议纪要》)又进行了重申和强调。《大连会议纪要》指出:"行为人本来只有实施数量较小的毒品犯罪的故意,在特情引诱下实施了数量较大甚至达到实际掌握的死刑数量标准的毒品犯罪的,属于'数量引诱'。对因'数量引诱'实施毒品犯罪的被告人,应当依法从轻处罚,即使毒品数量超过实际掌握的死刑数量标准,一般也不判处死刑立即执行。"按照上述规定,结合本案案情,我们认为,本案虽然存在特情介入因素,但不属于数量引诱。具体分析如下:

首先,被告人申时雄并非"本来只有实施数量较小的毒品犯罪的故意"。《大连会议纪要》所说的毒品"数量较小"不是刑法条文的用语,有关司法解释也没有对此作出界定。有意见认为,只要行为人本来打算实施的毒品犯罪数量小于特情人员提出的毒品数量,就属于"数量较小"。本案被告人申时雄的一、二审辩护人均持该观点。我们认为,这里的"数量较小"形式上是相对于特情人员提出的毒品数量而言的,但实质上主要是指被告人可能受到的惩罚的严厉性而言,也就是其打算实施的毒品犯罪数量所应适用的刑罚幅度或刑种轻于特情人员提出的数量所应适用的刑罚,典型的是指被告人本来打算实施的毒品犯罪的数量不会导致对他判处死刑。如果被告人打算实施的毒品犯罪的数量原本就会导致对其判处死刑,即便特情提出的毒品数量相对大一点,也不能认为被告人"本来只有实施数量较小的毒品犯罪的故意"。反之,如果被告人本没有实施可判处重刑甚至死刑的毒品犯罪的犯意,因受特情引诱而增加毒品数量,导致达到被判处重刑特别是死刑的标准,则被告人的主观恶性、人身危险性和行为的社会危害性相对于没有"数量引诱"的情形而言要小,故而才对其从轻处罚。这样理解才符合罪责刑相适应原则,也是《大连会议纪要》有关规定的真实意旨。本案中,被告人申时雄在侦查机关介入前委托陈某某联系贩卖的海洛因达三千五百克,已超过刑法规定的和当地实际掌握的判处死刑的毒品数量标准,故不能认为其属于纪要规定的“本来只有实施数量较小的毒品犯罪的故意”。

其次,被告人申时雄实际贩卖的六千余克海洛因不是特情引诱的结果。按照《大连会议纪要》对“数量引诱”的界定,行为人实施数量较大的毒品犯罪与特情人员的引诱之间应当具有因果关系,即只有行为人放弃原先较小数量而选择更大的毒品数量是特情人员引诱造成的,才符合“数量引诱”的条件。本案中,被告人申时雄本来打算贩卖三千五百克海洛因,让陈某某联系买家,陈某某提出了想购买五千克海洛因,数量相对较大,但后来被告人申时雄称自己实有六千余克海洛因,让陈某某问买主“董哥”是否全要。显然,被告人实际拥有和欲贩卖的毒品数量超过了特情人员提出的数量,不是特情引诱造成的。即使陈某某不提出要购买五千克海洛因,被告人申时雄也要出售自己手中的六千余克海洛因。因此,其最终实际贩卖的六千余克海洛因不是特情引诱的结果。

综上,被告人申时雄贩卖六千余克海洛因的行为,不符合认定数量引诱的条件,不能认定为数量引诱。对于类似本案的情形,《大连会议纪要》提出了处理原则,即“对已持有毒品待售或者有证据证明已准备实施大宗毒品犯罪者,采取特情贴靠、接洽而破获的案件,不存在犯罪引诱,应当依法处理”。据此,被告人申时雄贩卖海洛因数量巨大,且系主犯,罪行极其严重,应当对其适用死刑立即执行。

——《刑事审判参考》(总第 67 辑)。

王佳友、刘泽敏贩卖毒品案(《刑事审判参考》案例第 537 号)

要旨:对毒品犯罪被告人量刑时,应当考虑特情介入因素。

(一)本案虽有特情介入,但不属于特情引诱。

运用特情侦破案件是依法打击毒品犯罪的有效手段,也是世界各国的普遍做法,实践中许多毒品案件在侦破过程中存在不同程度的特情介入因素。特情介入有多种情况,有的属于犯罪分子已持有毒品待售或者已准备实施大宗毒品犯罪,而仅仅通过特情来贴靠、接洽毒品犯罪分子;有的则属于特情引诱。特情引诱包括“犯意引诱”和“数量引诱”。“犯意引诱”是指行为人本没有实施毒品犯罪的主观意图,而是在特情诱惑和促成下形成犯意,进而实施了毒品犯罪;“数量引诱”是指行为人本来只有实施数量较小的毒品犯罪的故意,在特情引诱下实施了数量较大甚至达到可判处死刑数量的毒品犯罪。

最高人民法院 2008 年 12 月印发的《全国部分法院审理毒品犯罪案件工作座谈会纪要》对特情引诱问题作了进一步规定,指出对特情介入侦破的毒品案件,要区别不同情形予以分别处理。对已持有毒品待售或者有证据证明已准备实施大宗毒品犯罪者,采取特情贴靠、接洽而破获的案件,不存在犯罪引诱,应当依法处理。对因"犯意引诱"实施毒品犯罪的被告人,根据罪刑相适应原则,应当依法从轻处罚,无论涉案毒品数量多大,都不应判处死刑立即执行。行为人在特情既为其安排上线,又提供下线的双重引诱,即"双套引诱"下实施毒品犯罪的,处刑时可予以更大幅度的从宽处罚或者依法免予刑事处罚。对因"数量引诱"实施毒品犯罪的被告人,应当依法从轻处罚,即使毒品数量超过实际掌握的死刑数量标准,一般也不判处死刑立即执行。对不能排除"犯意引诱"和"数量引诱"的案件,在考虑是否对被告人判处死刑立即执行时,要留有余地。

本案中,被告人王佳友先后实施了两起贩卖毒品行为,第一起没有特情介入因素,第二起贩卖四百零八克海洛因有特情介入因素,即周明鲜在公安人员的监控下用电话与王佳友联系购买毒品,并委托其女友吕某某配合公安人员前往王佳友住处与王进行毒品交易,但该特情介入因素尚不能认定为特情引诱。因为,首先,王佳友、刘泽敏二人曾贩过毒,主观上本有贩毒的故意,即使不卖给周明鲜,也会卖给其他人。通话监控记录也证实,王佳友称"货随时都有",证明其有贩卖毒品的概括性故意,故本案不属于犯意引诱;其次,现有证据不能认定王佳友本来只有实施数量较小的毒品犯罪的故意,而受特情引诱实施了数量较大的贩卖毒品行为,故本案也不能认定为数量引诱。

(二)对被告人王佳友量刑时应当考虑特情介入这一因素。

本案中,被告人王佳友共有两起贩卖毒品的事实,其中第一起贩卖一百八十克海洛因达不到当地实际掌握的判处死刑立即执行的标准,加上第二起有特情介入因素的贩卖四百零八克海洛因才达到当地毒品案件实际掌握的判处死刑的数量标准。王佳友贩卖四百零八克海洛因是周明鲜为了争取立功而主动同其联系,并由公安人员冒充买主去和王佳友进行毒品交易,虽不能认定为数量引诱,但确是公安机关为抓获王佳友而在周明鲜的配合下进行的,数量也是冒充买主的公安人员提出来的,且系王佳友犯罪的主要犯罪事实,故应作为量刑情节予以考虑。同时,王佳友被当场抓获并起获全部毒品,毒品没有继续流入社会造成进一步危害,亦应作为量刑情节予以考虑。据此,在充分考虑到本案有特请介入的情况下,最高人民法院裁定不核准被告人王佳友死刑,将本案发回重审。

——《刑事审判参考》(总第67辑)。

1237 特定人员参与毒品犯罪问题

关键词 | 毒品犯罪 | 未成年人 | 孕妇 |

【最高人民法院司法文件】

十二、特定人员参与毒品犯罪问题

近年来，一些毒品犯罪分子为了逃避打击，雇佣孕妇、哺乳期妇女、急性传染病人、残疾人或者未成年人等特定人员进行毒品犯罪活动，成为影响我国禁毒工作成效的突出问题。对利用、教唆特定人员进行毒品犯罪活动的组织、策划、指挥和教唆者，要依法严厉打击，该判处重刑直至死刑的，坚决依法判处重刑直至死刑。对于被利用、被诱骗参与毒品犯罪的特定人员，可以从宽处理。

要积极与检察机关、公安机关沟通协调，妥善解决涉及特定人员的案件管辖、强制措施、刑罚执行等问题。对因特殊情况依法不予羁押的，可以依法采取取保候审、监视居住等强制措施，并根据被告人具体情况和案情变化及时变更强制措施；对于被判处有期徒刑或者拘役的罪犯，符合刑事诉讼法第二百一十四条规定情形的，可以暂予监外执行。

——《全国部分法院审理毒品犯罪案件工作座谈会纪要》（2008 年 12 月 1 日，法〔2008〕324 号）。

【链接：理解与适用】

十二、特定人员参与毒品犯罪问题

近年来，毒品犯罪集团为逃避处罚，组织、利用特定人员进行贩运毒品活动。由于对孕妇、哺乳期妇女等人员的监视居住、取保候审强制措施往往难以落实，致使此类犯罪活动愈演愈烈，此类案件逐年上升，成为影响我国禁毒工作成效的突出问题。2007 年以来，中央社会治安综合治理委员会办公室和国家禁毒委员会对毒品危害重点地区开展了禁毒专项治理活动，积累了依法惩治特定人员参与毒品犯罪的经验。《纪要》新增加对特定人员参与毒品犯罪的处理规定，是为了强调和突出打击组织、策划、指挥和教唆者，同时对涉及的案件管辖、强制措施、刑罚执行等问题提出指导性意见。

司法实践中办理这类案件应当注意以下问题：一是要坚持宽严相济的刑事政策，严厉打击幕后组织、策划和指挥者，对组织利用、教唆孕妇、哺乳期妇女等走私、贩卖、运输、制造毒品的，从重处罚；对孕妇、哺乳期妇女等特定人员参与毒品犯罪情节较轻的，或者具有自首、立功、被胁迫参加犯罪、坦白等法定或者酌定从宽处罚情节的，依法予以从宽处罚。二是要积极妥善解决涉及孕妇、哺乳期妇女的案件管辖、强制措施等问题。对其可以依法采取取保候审、监视居住等强制措施，并根据被告人的具体情况和案情的变化及时变更强制措施，但不能放任不管，拖延诉讼。三是对案件事实清楚、证据确实充分，不妨碍诉讼进行的，要及时依法起诉和审理，以有效地遏制利用孕妇、哺乳期妇女等特定人员进行毒品犯罪的蔓延势头。

——高贵君、王勇、吴光侠:《〈全国部分法院审理毒品犯罪案件工作座谈会纪要〉的理解与适用》,载《人民司法·应用》2009年第3期。

(二)具体定罪量刑

1238 对走私、贩卖、运输、制造、非法持有毒品定罪量刑的毒品数量标准

关键词|毒品犯罪|毒品|数量大|数量较大|

【最高人民法院司法解释】

第一条　走私、贩卖、运输、制造、非法持有下列毒品,应当认定为刑法第三百四十七条第二款第一项、第三百四十八条规定的"其他毒品数量大":

(一)可卡因五十克以上;

(二)3,4-亚甲二氧基甲基苯丙胺(MDMA)等苯丙胺类毒品(甲基苯丙胺除外)、吗啡一百克以上;

(三)芬太尼一百二十五克以上;

(四)甲卡西酮二百克以上;

(五)二氢埃托啡十毫克以上;

(六)哌替啶(度冷丁)二百五十克以上;

(七)氯胺酮五百克以上;

(八)美沙酮一千克以上;

(九)曲马多、γ-羟丁酸二千克以上;

(十)大麻油五千克、大麻脂十千克、大麻叶及大麻烟一百五十千克以上;

(十一)可待因、丁丙诺啡五千克以上;

(十二)三唑仑、安眠酮五十千克以上;

(十三)阿普唑仑、恰特草一百千克以上;

(十四)咖啡因、罂粟壳二百千克以上;

(十五)巴比妥、苯巴比妥、安钠咖、尼美西泮二百五十千克以上;

(十六)氯氮卓、艾司唑仑、地西泮、溴西泮五百千克以上;

(十七)上述毒品以外的其他毒品数量大的。

国家定点生产企业按照标准规格生产的麻醉药品或者精神药品被用于毒品犯罪的，根据药品中毒品成分的含量认定涉案毒品数量。

第二条 走私、贩卖、运输、制造、非法持有下列毒品，应当认定为刑法第三百四十七条第三款、第三百四十八条规定的“其他毒品数量较大”：

（一）可卡因十克以上不满五十克；

（二）3，4-亚甲二氧基甲基苯丙胺（MDMA）等苯丙胺类毒品（甲基苯丙胺除外）、吗啡二十克以上不满一百克；

（三）芬太尼二十五克以上不满一百二十五克；

（四）甲卡西酮四十克以上不满二百克；

（五）二氢埃托啡二毫克以上不满十毫克；

（六）哌替啶（度冷丁）五十克以上不满二百五十克；

（七）氯胺酮一百克以上不满五百克；

（八）美沙酮二百克以上不满一千克；

（九）曲马多、γ-羟丁酸四百克以上不满二千克；

（十）大麻油一千克以上不满五千克、大麻脂二千克以上不满十千克、大麻叶及大麻烟三十千克以上不满一百五十千克；

（十一）可待因、丁丙诺啡一千克以上不满五千克；

（十二）三唑仑、安眠酮十千克以上不满五十千克；

（十三）阿普唑仑、恰特草二十千克以上不满一百千克；

（十四）咖啡因、罂粟壳四十千克以上不满二百千克；

（十五）巴比妥、苯巴比妥、安钠咖、尼美西泮五十千克以上不满二百五十千克；

（十六）氯氮卓、艾司唑仑、地西泮、溴西泮一百千克以上不满五百千克；

（十七）上述毒品以外的其他毒品数量较大的。

——《最高人民法院关于审理毒品犯罪案件适用法律若干问题的解释》（2016年4月11日，法释〔2016〕8号）。

【链接：理解与适用】

1. 保留的十五类毒品的定罪量刑数量标准。可卡因、苯丙胺类（甲基苯丙胺除外）、吗啡、二氢埃托啡、哌替啶（度冷丁）、大麻类、咖啡因、罂粟壳等八类毒品的定罪量刑数量标准，来自《2000年解释》①的规定；美沙酮、三唑仑、安眠酮、氯氮卓、艾司唑仑、地西泮、溴西泮等七类毒品的定罪量刑数量标准，来自《2007年意见》②的

① 即《最高人民法院关于审理毒品案件定罪量刑标准有关问题的解释》（法释〔2000〕13号）。已废止。

② 即《最高人民法院、最高人民检察院、公安部办理毒品犯罪案件适用法律若干问题的意见》（公通字〔2007〕84号）。

规定。调研过程中,未发现原有标准存在明显问题,故在《解释》中予以保留,未作调整。

2. 下调的一类和新增的十二类毒品的定罪量刑数量标准。《解释》对氯胺酮的定罪量刑数量标准作了调整,新规定了芬太尼、甲卡西酮、曲马多、γ-羟丁酸、可待因、丁丙诺啡、阿普唑仑、恰特草、巴比妥、苯巴比妥、安钠咖、尼美西泮等十二类毒品的定罪量刑数量标准。

3. 其他麻醉药品、精神药品(简称麻精药品)的定罪量刑数量标准。根据 2013 年版《麻醉药品品种目录》和《精神药品品种目录》的规定,我国共有二百七十种列管麻精药品。据了解,实践中还有咪达唑仑、布桂嗪等列管麻精药品出现个别、散在滥用,但尚未形成规模,且随着药品管制的加强呈现下降趋势。鉴于现阶段司法解释还不可能对所有已列管麻精药品的定罪量刑数量标准作出规定,故《解释》主要立足于解决当前已经出现一定规模滥用或者存在较大滥用潜力的毒品的定罪量刑数量标准,对于其他滥用问题尚不突出或者滥用潜力不大的毒品,暂不作规定。

……因篇幅有限,这里仅对氯胺酮和甲卡西酮定罪量刑数量标准的确定作重点说明。

1. 关于氯胺酮的定罪量刑数量标准。《2007 年意见》规定,氯胺酮的定罪量刑数量标准与海洛因是 20∶1 的关系。《解释》将其调整为 10∶1,即五百克以上为数量大。主要基于以下几点考虑:第一,氯胺酮在我国滥用较为严重,近年来滥用人数不断增长,目前已上升至第三位,仅次于甲基苯丙胺和海洛因。第二,滥用氯胺酮造成的现实危害不断加大,因其兼具麻醉和致幻效果,实践中大量的自伤自残、暴力犯罪及“毒驾”案件多由吸食氯胺酮引发。第三,我国的制造、贩卖氯胺酮犯罪近年来呈迅速增长之势,因而有必要加大对涉氯胺酮犯罪的惩治力度。

2. 关于甲卡西酮的定罪量刑数量标准。甲卡西酮属于一类精神药品,具有兴奋和致幻作用,在我国不存在合法生产、经营,也没有合法用途。甲卡西酮在我国部分省份已经出现滥用,其他地方也破获了一些制贩甲卡西酮的案件,但缺乏明确的定罪量刑数量标准。《非法药物折算表》将甲卡西酮归为苯丙胺类毒品,故有意见认为,对甲卡西酮可以参照《2000 年解释》中苯丙胺类毒品的定罪量刑数量标准执行,即一百克以上为数量大。经研究认为,甲卡西酮虽与苯丙胺类毒品的结构类似,但严格来说属于卡西酮类毒品,就其定罪量刑标准单独作出规定更为科学。关于甲卡西酮的药物依赖性,《非法药物折算表》规定 1 克甲卡西酮 = 1 克海洛因。公安部禁毒局国家毒品实验室的实验数据显示,甲卡西酮与甲基苯丙胺产生的精神兴奋性为 2∶1。考虑到甲卡西酮在我国虽已出现滥用和犯罪,但滥用人数、滥用地域范围、犯罪形势和交易价格等与甲基苯丙胺还存在一定差距,故综合上述因素将甲卡西酮的定罪量刑数量标准设定为甲基苯丙胺的四倍,即二百克以上为数量大。

此外,需要说明的是,《解释》中现有的毒品种类原则上按照数量标准由低到高排列(二氢埃托啡除外),并对数量标准相同的进行了分组归类。毒品名称主要根据 2013 年版《麻醉药品品种目录》和《精神药品品种目录》确定,个别在听取行业专家意见后进行了规范和调整。例如,将《2000 年解释》中的“度冷丁”调整为“哌替啶”,将“盐酸二氢埃托啡”调整为“二氢埃托啡”,将《2007 年意见》中的“二亚甲基双氧安非他明”调整为“3,4-亚甲二氧基甲基苯丙胺”,并用括号注明其通用简称 MDMA。

《解释》的第一条第二款规定了具有药用价值的麻醉药品或者精神药品被用于毒品犯罪的,如何认定毒品数量的问题。该问题近年来在实践中较为突出。《2000 年解释》通过括号标注的方式规定,对医用度冷丁和盐酸二氢埃托啡针剂及片剂,要按照药品中该类毒品成分的含量认定涉案毒品数量。考虑到其他由定点企业生产但流入非法渠道的麻精药品,也应当采用这种毒品数量认定方法,故《解释》专门在第一条第二款对该问题作出明确、统一的规定。这样规定主要基于以下几点考虑:第一,药品中水分、淀粉、糖分、色素等成分占有相当大的比重,有效药物成分(即毒品成分)的含量较低,如果根据药品的总重量认定涉案毒品数量,势必同毒品成分的实际数量有明显差距,难以体现罚当其罪。第二,对于不同厂家生产或者同一厂家生产的不同规格的同类药品,在总重量相同的情况下,其有效药物成分的含量可能存在较大差异,如果根据药品的总重量认定涉案毒品数量,会影响量刑平衡。第三,从药品生产、使用单位流入非法渠道的麻精药品,其有效药物成分的含量有严格标准,不涉及毒品的含量鉴定问题,不会给司法实践带来操作上的困难,有关实务部门也均同意这种毒品数量认定方法。第四,本款规定仅适用于国家定点企业生产、流入非法渠道的麻醉药品和精神药品,并非国家定点企业生产的麻精药品以及海洛因、甲基苯丙胺等没有临床用途的麻精药品不在此列。另外,对于以制造毒品为目的生产出的纯度不高的毒品以及为了增加毒品数量而掺杂、掺假的情形,均应按照毒品的全部数量认定。第五,本款并非《解释》的创设性规定,《2000 年解释》对度冷丁和盐酸二氢埃托啡均作了类似规定,多年来在执行过程中并未发现问题。起草过程中,有意见提出,该规定似与刑法第三百五十七条第二款有关毒品数量不以纯度折算的规定不甚一致,建议再作研究。经再次研究,《解释》最终保留了该款规定。据此,国家定点生产企业按照标准规格生产的麻醉药品或者精神药品,流入非法渠道被用于毒品犯罪的,要根据药品中毒品成分的含量认定涉案毒品数量。

——叶晓颖、马岩、方文军、李静然:《〈关于审理毒品犯罪案件适用法律若干问题的解释〉的理解与适用》,载《人民司法·应用》2016 年第 13 期。

1239 武装掩护走私、贩卖、运输、制造毒品的认定

关键词｜武装掩护｜走私、贩卖、运输、制造毒品罪｜

【最高人民法院司法解释】

第三条第一款　在实施走私、贩卖、运输、制造毒品犯罪的过程中，携带枪支、弹药或者爆炸物用于掩护的，应当认定为刑法第三百四十七条第二款第三项规定的“武装掩护走私、贩卖、运输、制造毒品”。枪支、弹药、爆炸物种类的认定，依照相关司法解释的规定执行。

——《最高人民法院关于审理毒品犯罪案件适用法律若干问题的解释》(2016年4月11日，法释〔2016〕8号)。

【链接：理解与适用】

该问题的核心在于“武装掩护”的界定。《解释》将其明确界定为携带枪支、弹药或者爆炸物用于掩护毒品犯罪的情形。其中，“武装”限定于枪支、弹药、爆炸物，不包括尖刀、棍棒等普通器械；“携带”既包括随身携带、随包携带、随车携带，也包括在制毒场所存放等。考虑到该行为具有高度的危险性，故既不要求显示、出示、使用，对枪支、弹药或者爆炸物的数量亦无要求。之所以强调“用于掩护”，旨在从用途和目的上加以限制，对于只携带子弹而没有携带枪支，不可能实现掩护目的的，不能认定为武装掩护。此外，对于枪支、弹药、爆炸物种类的认定，参照《最高人民法院关于审理非法制造、买卖、运输枪支、弹药、爆炸物等刑事案件具体应用法律若干问题的解释》执行。例如，枪支主要包括军用枪支、以火药为动力发射枪弹的非军用枪支、以压缩气体等为动力的其他非军用枪支等。

——叶晓颖、马岩、方文军、李静然：《〈关于审理毒品犯罪案件适用法律若干问题的解释〉的理解与适用》，载《人民司法·应用》2016年第13期。

1240 以暴力抗拒检查、拘留、逮捕，情节严重的认定

关键词｜以暴力抗拒检查、拘留、逮捕｜情节严重｜

【最高人民法院司法解释】

第三条第二款　在实施走私、贩卖、运输、制造毒品犯罪的过程中，以暴力抗拒检查、拘留、逮捕，造成执法人员死亡、重伤、多人轻伤或者具有其他严重情节的，应当认定为刑法第三百四十七条第二款第四项规定的“以暴力抗拒检查、拘留、逮捕，

情节严重”。

——《最高人民法院关于审理毒品犯罪案件适用法律若干问题的解释》(2016年4月11日,法释〔2016〕8号)。

【链接：理解与适用】

以暴力抗拒检查、拘留、逮捕,情节严重的认定。该问题的核心在于“情节严重”的认定。考虑到该情节对应的法定刑为十五年有期徒刑、无期徒刑直至死刑,为体现罚当其罪,《解释》将情节严重规定为造成执法人员死亡、重伤、多人轻伤或者具有其他严重情节的情形。其他严重情节主要是指严重程度与所列举情形相当的其他情节,如造成执法人员二人轻伤、多人轻微伤或者造成公私财产重大损失等情形。

——叶晓颖、马岩、方文军、李静然:《〈关于审理毒品犯罪案件适用法律若干问题的解释〉的理解与适用》,载《人民司法·应用》2016年第13期。

1241 走私、贩卖、运输、制造少量毒品情节严重的认定

关键词｜走私、贩卖、运输、制造少量毒品｜情节严重｜

【最高人民法院司法解释】

第四条　走私、贩卖、运输、制造毒品,具有下列情形之一的,应当认定为刑法第三百四十七条第四款规定的“情节严重”:

(一)向多人贩卖毒品或者多次走私、贩卖、运输、制造毒品的;

(二)在戒毒场所、监管场所贩卖毒品的;

(三)向在校学生贩卖毒品的;

(四)组织、利用残疾人、严重疾病患者、怀孕或者正在哺乳自己婴儿的妇女走私、贩卖、运输、制造毒品的;

(五)国家工作人员走私、贩卖、运输、制造毒品的;

(六)其他情节严重的情形。

——《最高人民法院关于审理毒品犯罪案件适用法律若干问题的解释》(2016年4月11日,法释〔2016〕8号)。

【链接：理解与适用】

1.《解释》第四条第（一）项源自《2000年解释》[①]第二条第（四）项规定的“向多人贩毒或者多次贩毒”。此次修改为“向多人贩卖毒品或者多次走私、贩卖、运输、制造毒品”，主要是为了应对实践中存在的其他情形。起草过程中，有意见提出，实践中很多零包贩毒案件，被告人虽然具有向多人贩毒或者多次贩毒的情节，但累计贩卖毒品的数量却不足一克，如果将这种情况认定为情节严重，处三年以上七年以下有期徒刑，会出现罪刑不相适应，故应当设定最低毒品数量限制。经研究认为，向多人贩卖毒品或者多次走私、贩卖、运输、制造毒品的，具有较大的社会危害性，也体现了犯罪分子较深的主观恶性，应重点打击、从严惩处，故不再设定最低数量限制。

2.《解释》第四条第（二）项将《2000年解释》第三条第（三）项中的“戒毒监管场所”修改为“戒毒场所、监管场所”，扩大了条文覆盖面。戒毒场所包括强制隔离戒毒所、自愿戒毒所、社区戒毒治疗门诊、戒毒医院等，监管场所包括拘留所、看守所、监狱等。

3.《解释》第四条第（三）项是结合实践新增的内容。近年来，毒品逐步向校园蔓延，严重侵害了在校学生的身心健康，破坏了学校的教学管理秩序。为体现对在校学生的特殊保护，严厉打击向在校学生贩卖毒品的犯罪活动，《解释》新增了此项规定。这里的在校学生包括中小学、中等职业学校学生和普通高等学校中的本、专科学生（不包括研究生）。其中，中等职业学校包括中专、职高、技校，普通高等学校包括全日制大学、学院、职业技术学院、高等专科学校。《解释》的本项规定与刑法第三百四十七条第六款“向未成年人出售毒品的，从重处罚”的规定之间不存在矛盾，如果贩卖对象既是未成年人又是在校学生的，适用本项的规定处罚。

4.《解释》第四条第（四）项也是新增内容。实践中，部分犯罪分子组织、利用残疾人、艾滋病人、乙肝病人、尿毒症患者、癌症病人以及怀孕或者正在哺乳自己婴儿的妇女等特殊群体走私、贩卖、运输、制造毒品，加大了查缉工作的难度。而且，由于上述人员普遍存在收押难问题，经常是抓了放、放了抓，流散社会再次甚至多次实施毒品犯罪，严重影响了打击毒品犯罪的力度和效果，故将利用上述特殊群体实施毒品犯罪的行为增列为情节严重情形。

5.《解释》第四条第（五）项是《2000年解释》的原有内容。起草过程中，有意见认为，国家工作人员没有利用职务或工作上的便利实施毒品犯罪的，不应当认定为情节严重。经研究认为，毒品犯罪属于严重妨害社会管理秩序、危害人民群众身

---

① 即《最高人民法院关于审理毒品案件定罪量刑标准有关问题的解释》（法释〔2000〕13号）。已废止。

心健康的犯罪，国家工作人员本应自觉抵制毒品、积极与毒品犯罪作斗争，而具有该特定身份的人员转而实施毒品犯罪，无疑具有更为恶劣的社会影响和更大的社会危害，应当从严惩处，故无须额外设定国家工作人员利用职务或者工作便利的条件。

需要特别说明的是，《解释》删去了《2000年解释》第三条第（一）项根据毒品数量认定情节严重的规定。……

——叶晓颖、马岩、方文军、李静然：《〈关于审理毒品犯罪案件适用法律若干问题的解释〉的理解与适用》，载《人民司法·应用》2016年第13期。

1242 对走私恰特草的行为如何定罪

关键词｜走私毒品罪｜恰特草｜

【最高人民法院参考案例】

易卜拉欣·阿卜杜西默德·阿布多什走私毒品案（《刑事审判参考》案例第1132号）

要旨：将恰特草走私入境我国的行为，可以认定为走私毒品罪。

以往较长时间，恰特草在我国并未被作为精神药品进行管制，故只能将查获的恰特草没收了事。鉴于恰特草在我国有一定的滥用人群且呈蔓延趋势，国家食品药品监督管理总局、公安部、国家卫生和计划生育委员会在2013年11月11日新公布的《精神药品品种目录（2013年版）》中，将恰特草作为第一类精神药品进行管制。该目录自2014年1月1日起施行，故此后对于非法种植、非法持有、贩卖、走私、服食恰特草的行为均可按照违法犯罪行为处理。

——《刑事审判参考》（总第105辑）。

1243 贩卖、运输经过取汁的罂粟壳废渣是否构成贩卖、运输毒品罪

关键词｜贩卖、运输毒品罪｜罂粟壳废渣｜

【最高人民法院答复】

最高人民法院研究室认为，根据你院提供的情况，对本案被告人不宜以贩卖、运输毒品罪论处。主要考虑：（1）被告人贩卖、运输的是经过取汁的罂粟壳废渣，吗啡含量只有0.01%，含量极低，从技术和成本看，基本不可能用于提取吗啡；（2）国家对经

过取汁的罂粟壳并无明文规定予以管制，实践中有关药厂也未按照管制药品对其进行相应处理；(3)无证据证明被告人购买、加工经过取汁的罂粟壳废渣是为了将其当作毒品出售，具有贩卖、运输毒品的故意。如果查明行为人有将罂粟壳废渣作为制售毒品原料予以利用的故意，可建议由公安机关予以治安处罚。

——《最高人民法院研究室关于贩卖、运输经过取汁的罂粟壳废渣是否构成贩卖、运输毒品罪的答复》(2010年9月27日，法研〔2010〕168号)。

1244 以毒品冲抵价款的行为构成贩卖毒品罪

关键词｜贩卖毒品罪｜数罪并罚｜

【最高人民法院参考案例】

庄木根、刘平平、郑斌非法买卖枪支、贩卖毒品案(《刑事审判参考》案例第463号)

要旨：以毒品冲抵部分买卖枪支价款的行为构成贩卖毒品罪，该贩卖毒品行为与非法买卖枪支行为之间不存在牵连关系，应予数罪并罚。

(一)以毒品冲抵部分买卖枪支价款的行为构成贩卖毒品罪

那么，就本案而言，以毒品冲抵部分买卖枪支价款是否属于非法销售毒品行为呢？这涉及如何界定“贩卖”“销售”的含义问题。我们认为，在对我国刑法中贩卖毒品罪中“贩卖”“销售”的刑法意义进行界定时，必须根据我国的立法状况结合国家对毒品犯罪的刑事政策，进行实质意义上的合目的性解释，而非仅仅从字面意义上理解。对毒品犯罪，我国历来采取的是严厉打击的刑事政策，贩卖毒品罪作为流通领域内的毒品犯罪，其危害主要表现在生产出的毒品经贩卖后流入社会实现扩散，严重妨害了国家对麻醉药品和精神药品的管制，对不特定多数人的身体健康造成损害，败坏社会风气。从实质上而言，贩卖的本质就是一种有偿的转让行为，即毒品的交易存在对价，但这种对价的体现形式，不应仅仅局限于金钱，也可以是以毒品易货，或是以毒品抵债等，因为这些转让形式实质上均属于有偿转让，转让人都通过国家法律禁止的不法行为取得了经济上的利益，毒品都流入了社会，其社会危害与典型的换取金钱的贩卖行为在法益侵害上没有本质的区别，应当成立贩卖毒品行为。

(二)贩卖毒品行为与非法买卖枪支行为之间不存在牵连关系，应予数罪并罚

就本案而言，如前所述，被告人郑斌以毒品冲抵部分买卖枪支价款的行为已经单独成罪，构成贩卖毒品罪，根据刑法分则的规定，贩卖毒品罪属于刑法分则第六章妨害社会管理秩序罪，侵犯的是国家对于毒品的管制秩序；其非法买卖枪支的行为亦构成犯罪，非法买卖枪支罪属于刑法分则第二章危害公共安全罪，侵犯的是公共安全，可见，被告人郑斌以毒品冲抵部分买卖枪支价款作为其实施非法买卖枪支

犯罪的方法行为,与非法买卖枪支的目的行为侵犯的法益并不属于同一法益,这两个犯罪行为不能够充足一个犯罪构成,而分别符合不同的犯罪构成,依照上述牵连关系的认定原则,显然被告人郑斌贩卖毒品的行为与非法买卖枪支的行为不能成立牵连犯所要求的牵连关系,因而不能构成牵连犯,而应以贩卖毒品罪与非法买卖枪支罪实行数罪并罚。

——《刑事审判参考》(总第 59 辑)。

1245 贩卖毒品罪与非法持有毒品罪的界限

关键词｜贩卖毒品罪｜非法持有毒品罪｜主观方面｜

【最高人民法院参考案例】

欧阳永松非法持有毒品案(《刑事审判参考》案例第 1070 号)

要旨:从吸毒人员住处查获数量较大的毒品,但认定其曾贩卖毒品的证据不足的,可认定其构成非法持有毒品罪。

根据行为人持有毒品的目的不同,其行为触犯的罪名也不同。如果行为人持有毒品是为了贩卖,其行为构成贩卖毒品罪;如果是为了自己吸食或者不能证实其有实施贩卖、运输、走私等其他犯罪的故意,毒品数量达到较大以上的,其行为构成非法持有毒品罪。故行为人持有毒品的主观目的,是区分贩卖毒品罪与非法持有毒品罪的重要标准。如何准确认定行为人的主观目的,是实践中的难题。如果行为人承认其具有贩卖毒品的目的,通常可以据此直接认定其持有毒品的行为构成贩卖毒品罪。但现实中持有毒品的行为人一般不会承认有贩卖毒品的主观故意,而往往辩解是出于吸食毒品的目的而持有毒品或者是帮他人保管毒品,这时就需要分析行为人的客观行为表现,以认定其主观目的。

本案中,从一审判决认定的事实来看,被告人欧阳永松的行为是,其向证人欧阳绮云贩卖 0.51 克甲基苯丙胺后随即被查获,公安人员从其住处又查获了数量较大的毒品。对于这种情形如何认定,最高人民法院 2008 年印发的《全国部分法院审理毒品犯罪案件工作座谈会纪要》没有作出明确规定,实践中一般采取推定贩卖的方法予以认定。这种事实推定所遵循的认定逻辑是,当某种基础事实存在时,便可以推定另一种事实也存在。例如,行为人曾经实施贩卖毒品的行为或者正在实施贩卖毒品的行为,后从其身上或者住处查获毒品,一般便可以认定行为人对从其身上或者住处查获的毒品也具有贩卖的故意,从而一并计入贩卖毒品的数量之中。2015 年 5 月 18 日印发的《全国法院毒品犯罪审判工作座谈会纪要》在总结实践经验的基础上,认可了这种推定方法,明确规定:“贩毒人员被抓获后,对于从其住所、车辆等处查获的毒品,一般均应认定为其贩卖的毒品。确有证据证明查获的毒品并非贩毒人员用于贩卖,其行为另构成非法持有毒品罪、窝藏毒品罪等其他犯罪的,依法定罪处罚。”

对这一指导性文件的理解要注意两点:一是允许被告人提出反证。因为基础事实与推定事实之间只是常态联系,而不是必然联系,如果被告人的辩解成立,则推定不成立,故在运用推定的方法认定行为人是否具有贩卖毒品的故意时,应当细致审查被告人的辩解和理由。二是要准确查明据以推定的基础事实。如果认定被告人曾经贩卖毒品或者正在贩卖毒品的基础事实存在诸多疑点,证据没有达到确实、充分的程度,且现有证据不能排除被告人提出的被查获的毒品是其准备用于自己吸食的辩解的真实性和合理性的,就不能推定被告人对其被查获的毒品存在贩卖的故意。在此情况下,如果没有证据证实被告人对其被查获的毒品具有实施走私、贩卖、运输等其他犯罪故意的情况下,对被告人持有该部分毒品的行为应当认定为非法持有毒品罪。

——《刑事审判参考》(总第 102 辑)。

张敏贩卖毒品案(《刑事审判参考》案例第 105 号)

要旨:被告人贩卖毒品的事实清楚、证据充分,而被查获的部分毒品处于尚未交易状态的,应把被告人的犯罪事实作为一个整体看待。如果行为人主观上有贩卖毒品的故意,客观上有贩卖毒品的经历,并且,行为人本人不吸毒或者行为人虽然吸毒,但藏匿或储存的毒品数量明显超过个人吸食所需数量,行为人非法持有毒品的行为应视为是为贩卖毒品做准备,是贩卖毒品行为的组成部分,应以贩卖毒品罪定罪。

正确认定藏匿、储存毒品行为的性质,关键要看行为人的主观故意。如果有证据证明行为人以走私、贩卖毒品为目的,那么,行为人藏匿或储存毒品的行为就是走私、贩卖毒品行为的组成部分,构成走私、贩卖毒品罪;如果行为人不具有走私、贩卖毒品的目的,或者未掌握这方面的证据,那么,行为人的行为则构成非法持有毒品罪。在实践中,经常出现这样的情形:被告人贩卖毒品的事实清楚、证据充分,而被查获的部分毒品处于尚未交易,即非法持有的状态。对这类犯罪行为应如何认定呢?我们认为,应把被告人的犯罪事实作为一个整体看待。如果行为人主观上有贩卖毒品的故意,客观上有贩卖毒品的经历,并且,行为人本人不吸毒或者行为人虽然吸毒,但藏匿或储存的毒品数量明显超过个人吸食所需数量,那么,行为人非法持有毒品的行为应视为是为贩卖毒品做准备,是贩卖毒品行为的组成部分,应以贩卖毒品罪定罪。

——《刑事审判参考》(总第 16 辑)。

1246 为贩卖毒品者交接及转移毒品行为的定性

关键词 | 贩卖毒品罪 | 运输毒品罪 | 转移毒品罪 | 实行过限 |

【最高人民法院参考案例】

梁国雄、周观杰等贩卖毒品案(《刑事审判参考》案例第373号)

要旨:对于受雇运输,且没有在犯罪过程中实行过限,宜以运输毒品罪定性;对于受雇为毒品买主或者卖主交换毒品或者毒资,即使未参与商定毒品价格,也宜以贩卖毒品罪定性;对于无法认定其是运输还是贩卖的,则宜就低认定为非法持有毒品罪。对受雇从事毒品犯罪活动的人员,不能一概认定为从犯,应根据案件情况具体分析。受雇帮助他人转移毒品的行为,在无证据证实被告人知道雇佣者有交易毒品的情况,也无法证实或推断出被告人明知雇佣者取得毒品后的目的是走私、贩卖还是运输,应定转移毒品罪。

(一)交接毒品行为的定性以及在犯罪中的地位、作用

在集团性毒品犯罪案件中,大毒枭未归案,对其他归案的被告人怎样定罪,应当根据具体案件进行具体分析。要分析被抓获的被告人具体实施了何种行为,对于受雇运输,且没有在犯罪过程中实行过限,即超出原雇用范围而进行了其他毒品犯罪行为的,宜以运输毒品罪定性;对于受雇为毒品买主或者卖主交换毒品或者毒资,即使未参与商定毒品价格,也宜以贩卖毒品罪定性;对于无法认定其是运输还是贩卖的,则宜就低认定为非法持有毒品罪。

另外,交接毒品的行为是贩卖毒品罪中的重要一环,没有这一行为,毒枭的毒品交易就无法完成。尽管当前毒品犯罪中毒枭一般不出面进行风险很大的毒品交接行为,导致无法将他们抓获归案并绳之以法,但如果对具体实施交接毒品的主要人员依法惩处,也可震慑毒品犯罪分子。一旦没有人愿为毒枭具体从事毒品交接活动,那么,也可在一定程度上遏制毒品犯罪的发生。因此,对受雇从事毒品犯罪活动的人员,不能一概认定为从犯。至于何种情况下认定为主犯,何种情况下认定为从犯,则应根据案件情况具体分析。

(二)受雇帮助他人转移毒品的行为的定性

被告人明知是毒品而帮助转移,在无证据证实被告人知道雇佣者有交易毒品的情况,也无法证实或推断出被告人明知雇佣者取得毒品后的目的是走私、贩卖还是运输,不宜认定被告人和雇佣者是共犯,应定转移毒品罪。

——《刑事审判参考》(总第47辑)。

1247 违规大量向他人出售咖啡因，不明知他人用于贩卖给吸毒人员的，不构成贩卖毒品罪

关键词｜贩卖毒品罪｜主观不明知｜

【最高人民法院参考案例】

武汉同济药业有限公司等四单位及孙伟民等人贩卖、运输、制造、转移毒品案(《刑事审判参考》案例第528号)

要旨:在不明知他人购买咖啡因是用于贩卖给吸毒人员的情况下,违反国家对精神药品及咖啡因生产经营的管理规定,非法大量出售咖啡因的行为不构成贩卖毒品罪,而应认定其构成非法经营罪。

所谓毒品,是指鸦片、海洛因、甲基苯丙胺、吗啡、大麻、可卡因等国家进行严格管制的能够使人形成瘾癖的麻醉药品和精神药品。我国现行《麻醉药品和精神药品品种目录》(国食药监安〔2005〕481号)中将咖啡因列为第二类精神药品,国家对其实行特殊管理。国务院《麻醉药品和精神药品管理条例》、国家药品监督管理局《咖啡因管理规定》对其生产、购销、运输、出口等均作了严格的规定与限制,如《咖啡因管理规定》第十四条"购销咖啡因实行购用证明和核查制度"、第十七条"购买时必须使用原件"、第十八条"咖啡因生产和经营企业销售咖啡因时,必须核查购买者的身份和有关证明,严禁向无咖啡因购用证明的单位或个人销售咖啡因。一证分次销售咖啡因,每次都要严格购销手续。禁止超过咖啡因购用证明批准数量供应咖啡因"、第十九条"咖啡因的购销活动中不得使用现金交易"。从上述规定可以看出,国家对于咖啡因的购销经营实施严格的管控,若违反国家管理规定出售咖啡因,则很有可能触犯刑法,构成犯罪。

本案中,乐山制药系经卫生部、国家药品监督管理局批准生产咖啡因的企业,与同济药业均是有权经营咖啡因的企业。2001年3月同济药业初次去乐山制药采购咖啡因时出示了有效期为2001年6月11日至2001年9月11日,批准购用量为四千千克的咖啡因购用证明复印件及单位营业执照,乐山制药主管领导王时春及销售负责人任光华对其经营咖啡因有关证件审查后,从2001年3月14日至2002年5月10日这十五个月的时间内即连续超量、超期限审批进行销售,共计向同济药业非法销售咖啡因38350千克,非法营业额达一百九十余万元。同济药业从乐山制药购回大量的咖啡因,并非用于制药的正常生产经营,而是改变包装后直接出售给贩毒人员,使咖啡因流入社会,后果严重,其行为触犯了我国刑法第三百四十七条的规定,构成贩卖毒品罪。而对乐山制药犯罪事实的定性,二审法院改变一审法院的定罪,认定其构成非法经营罪,主要理由是乐山制药违反国家规定非法出售大量咖啡因的行为与同济药业的行为在主客观方面是完全不同的:

第一，主观故意不同。乐山制药在销售咖啡因期间，曾两次派任光华去武汉，考察同济药业的生产能力及所销售的咖啡因的去向，得到的答复是具有实际生产能力及正常的生产去向。乐山制药据此认为同济药业是有经营权的企业，购买咖啡因只是用于制药的正常生产经营，而对同济药业向贩毒人员出售并不知情。应当说，乐山制药尽到了一定的审查义务，其销售、运输等事项均正常、公开办理，本案无充分的证据可证明乐山制药具有贩卖毒品的故意。但乐山制药违反了我国法规对购销咖啡因必须使用购用证明原件，且禁止超过证明批准数量供应咖啡因，不得使用现金交易等有关规定，其明知咖啡因作为国家规定的专营、专卖药品，购销咖啡因应有健全的手续而故意违反，因此乐山制药具有违法经营的故意。而同济药业则是明知咖啡因流散到社会将成为毒品，仍将其违规购得的大量咖啡因向贩毒分子出售，其主观上具有贩毒的故意。

第二，客观行为不同。乐山制药对经营对象有一定的审查行为，仅向具有经营权的特定企业销售，其销售、运输等行为均正常、公开办理，且其违法销售咖啡因的行为仅局限在合法的生产企业之间；而同济药业无视国家的规定，将违规购得的咖啡因暗中向社会上的贩毒分子任意贩卖，导致咖啡因这类属国家严格管制的药品非法流入社会，严重地危害了人民的身体健康。

第三，因果关系不同。乐山制药的销售行为与同济药业获得咖啡因具有因果关系，但对同济药业向社会贩毒的结果并不知情，故其不应对同济药业向社会贩毒承担相应的刑事责任，只承担其违法经营的法律责任。同济药业向贩毒分子出售咖啡因与由此产生危害社会的结果之间具有直接因果关系，故应承担贩卖毒品的刑事责任。

综上，根据主客观相一致的定罪原则，乐山制药违反国家对精神药品及咖啡因生产经营的管理规定，非法大量出售咖啡因，主观上没有贩卖毒品的故意，但其非法经营行为严重扰乱了市场秩序，符合我国刑法第二百二十五条的规定，应认定其构成非法经营罪。

——《刑事审判参考》（总第 67 辑）。

1248 为索要债务而唆使他人贩卖毒品的行为如何定性

关键词｜贩卖毒品罪｜教唆犯｜

【最高人民法院参考案例】

章远贩卖毒品、容留他人吸毒案（《刑事审判参考》案例第 1197 号）

要旨：明知债务人系贩毒分子而唆使其贩卖毒品以偿还债务，应当以贩卖毒品罪的教唆犯定罪处罚。

第一,被告人章远怂恿、控制他人贩卖毒品,收取毒赃以抵销债务,具有唆使他人贩卖毒品的客观行为和主观故意。

被告人章远指使李箓恩、潘魏将邵辉带到宾馆逼要债务,并限制其人身自由。章远索债未果,便怂恿邵辉贩卖毒品“赚”钱还债,并安排李箓恩、潘魏跟随、控制邵辉多次实施贩卖毒品的活动,收取毒赃归其所有。章远的行为客观上使他人产生了实施毒品犯罪的故意,并实施了毒品犯罪行为,造成了相应的社会危害。主观上,章远以怂恿、胁迫的方式唆使邵辉实施贩卖毒品活动,其应当认识到自己的教唆行为会使他人产生贩卖毒品的犯罪意图进而实施犯罪,同时亦认识到贩卖毒品行为会发生危害社会的结果,但对他人实施贩卖毒品行为及该行为产生的社会危害结果持希望或放任的态度,能够认定章远主观上具有教唆他人犯罪的故意。综上,章远具有唆使他人贩卖毒品的客观行为和主观故意,构成贩卖毒品罪的教唆犯。

第二,索要合法债务的犯罪动机,不影响对被告人章远贩卖毒品罪的认定。

在我国的刑事立法和司法实践中,犯罪动机不属于犯罪构成的要件,而是量刑时考虑的重要因素。本案中,被告人章远的犯罪动机虽然是向邵辉索要个人合法债务,但其明知债务人贩卖毒品,却唆使其通过贩卖毒品获利来偿还债务并对其贩卖毒品的过程实施监控,获取收益,其主观上虽然没有一般毒品犯罪牟取非法利益的目的,但仍然具有通过实施毒品犯罪获取非法利益来实现其债权的目的,与牟取非法利益的贩卖毒品行为没有本质上的区别。

第三,被告人章远教唆债务人贩卖毒品,对章远应当依照贩卖毒品罪的教唆犯量刑。

被告人章远虽未直接实施贩卖毒品的行为,但其教唆邵辉贩卖毒品,因此,章远系邵辉贩卖毒品的共同犯罪人,并构成教唆犯,应当依照刑法第二十九第一款关于“教唆他人犯罪的,应当按照他在共同犯罪中所起的作用处罚”的规定量刑。邵辉贩卖甲基苯丙胺的数量是十余克,对章远的教唆行为应当根据刑法第三百四十七条第三款的规定,依法在七年以上有期徒刑的幅度内量刑。章远具有累犯的从重处罚情节,依法应当从重处罚。章远教唆邵辉贩卖毒品的动机是实现自身的合法债务,这与一般贩卖毒品系为了获取暴利的动机有所区别,与一般贩卖毒品犯罪的主观恶性相比较轻。综合考虑上述情况,二审法院对章远的教唆贩卖毒品行为处以七年有期徒刑并处一万元罚金是适当的。

——《刑事审判参考》(总第110辑)。

1249 运输毒品罪的刑罚适用

关键词|运输毒品罪|刑罚适用|

【最高人民法院司法文件】

1. 运输毒品犯罪的死刑适用

对于运输毒品犯罪,应当继续按照《大连会议纪要》的有关精神,重点打击运输毒品犯罪集团首要分子,组织、指使、雇用他人运输毒品的主犯或者毒枭、职业毒犯、毒品再犯,以及具有武装掩护运输毒品、以运输毒品为业、多次运输毒品等严重情节的被告人,对其中依法应当判处死刑的,坚决依法判处。

对于受人指使、雇用参与运输毒品的被告人,应当综合考虑毒品数量、犯罪次数、犯罪的主动性和独立性、在共同犯罪中的地位作用、获利程度和方式及其主观恶性、人身危险性等因素,予以区别对待,慎重适用死刑。对于有证据证明确属受人指使、雇用运输毒品,又系初犯、偶犯的被告人,即使毒品数量超过实际掌握的死刑数量标准,也可以不判处死刑;尤其对于其中被动参与犯罪,从属性、辅助性较强,获利程度较低的被告人,一般不应当判处死刑。对于不能排除受人指使、雇用初次运输毒品的被告人,毒品数量超过实际掌握的死刑数量标准,但尚不属数量巨大的,一般也可以不判处死刑。

一案中有多人受雇运输毒品的,在决定死刑适用时,除各被告人运输毒品的数量外,还应结合其具体犯罪情节、参与犯罪程度、与雇用者关系的紧密性及其主观恶性、人身危险性等因素综合考虑,同时判处二人以上死刑要特别慎重。

——《全国法院毒品犯罪审判工作座谈会纪要》(2015 年 5 月 18 日,法〔2015〕129 号)。

三、运输毒品罪的刑罚适用问题

对于运输毒品犯罪,要注意重点打击指使、雇佣他人运输毒品的犯罪分子和接应、接货的毒品所有者、买家或者卖家。对于运输毒品犯罪集团首要分子,组织、指使、雇佣他人运输毒品的主犯或者毒枭、职业毒犯、毒品再犯,以及具有武装掩护、暴力抗拒检查、拘留或者逮捕、参与有组织的国际毒品犯罪、以运输毒品为业、多次运输毒品或者其他严重情节的,应当按照刑法、有关司法解释和司法实践实际掌握的数量标准,从严惩处,依法应判处死刑的必须坚决判处死刑。

毒品犯罪中,单纯的运输毒品行为具有从属性、辅助性特点,且情况复杂多样。部分涉案人员系受指使、雇佣的贫民、边民或者无业人员,只是为了赚取少量运费而为他人运输毒品,他们不是毒品的所有者、买家或者卖家,与幕后的组织、指使、雇佣者相比,在整个毒品犯罪环节中处于从属、辅助和被支配地位,所起作用和主观恶性相对较小，社会危害性也相对较小。因此，对于运输毒品犯罪中的这部分人员，在量刑标准的把握上，应当与走私、贩卖、制造毒品和前述具有严重情节的运输毒品犯罪分子有所区别，不应单纯以涉案毒品数量的大小决定刑罚适用的轻重。

对有证据证明被告人确属受人指使、雇佣参与运输毒品犯罪，又系初犯、偶犯的，可以从轻处罚，即使毒品数量超过实际掌握的死刑数量标准，也可以不判处死刑立即执行。

毒品数量超过实际掌握的死刑数量标准，不能证明被告人系受人指使、雇佣参与运输毒品犯罪的，可以依法判处重刑直至死刑。

涉嫌为贩卖而自行运输毒品，由于认定贩卖毒品的证据不足，因而认定为运输毒品罪的，不同于单纯的受指使为他人运输毒品行为，其量刑标准应当与单纯的运输毒品行为有所区别。

——《全国部分法院审理毒品犯罪案件工作座谈会纪要》(2008 年 12 月 1 日，法〔2008〕324 号)。

【最高人民法院参考案例】

李补都运输毒品案(《刑事审判参考》案例第 533 号)

要旨：毒品数量是毒品犯罪案件量刑的一个基本的、重要的情节但不是唯一标准。在对毒品犯罪分子量刑时，特别是在考虑是否适用死刑时，应当综合考虑毒品数量、犯罪情节、危害后果、被告人的主观恶性、人身危险性等各种因素，做到区别对待。

(一)根据现有证据，不能排除被告人李补都系为赚取少量运费而受谢某某雇佣、指使运输毒品。

第一，公安机关出具的抓获经过表明，因在侦查工作中发现家住四川省盐边县温泉乡的谢某某近期经常外出、行为反常，且盖新房、下馆子、抽好烟，经济支出与其本人及当地的收入情况明显不符，遂对谢某某实施监控。其间，发现李补都与谢某某在案发前接触频繁、形迹可疑，遂怀疑谢、李二人有近期从事毒品犯罪活动的可能。可见，公安机关在侦查初期是先将谢某某锁定为毒品犯罪嫌疑人，后在监控谢某某的过程中才怀疑到李补都，并且，谢某某存在经济支出与收入情况不符的表现，但公安机关并未监控到李补都有任何异常经济表现。二审期间，李补都户籍所在的温泉乡野麻地村委会出具了两份证明，反映李补都是该村特困户，因受骗而运毒。

第二，李补都被抓获后一直供述稳定，其是为了获得五百元报酬，受其大舅子谢某某的邀约而帮谢运输毒品。被抓获的当晚，其和谢某某各骑一辆摩托车，一起从温泉乡运输毒品到格萨拉乡洼落村；公安人员实施抓捕时，谢某某骑摩托车在前探路，其背着装有毒品的包骑摩托车在后；其被抓获时，前面的谢某某骑摩托车逃走。李补都还称其知道谢某某从一年多前就开始贩卖海洛因。

第三，公安机关出具的一份关于抓获经过的证明材料反映，因怀疑谢某某、李补都二人有可能于近期从事毒品犯罪活动，遂在附近公路设卡拦截。2007 年 6 月 22 日晚 23 时许，在盐边县温泉乡至格萨拉乡的公路上设卡查缉的公安人员，确实看到两辆摩托车一前一后向查缉点开来。按照事先的部署，前面一个查缉点将骑第一辆摩托车的人放过，负责抓捕骑第二辆摩托车的人，后面一个查缉点则负责抓捕骑第一辆摩托车的人。后因前面一个查缉点抓捕骑第二辆摩托车的李补都时动静较大，导致骑第一辆摩托车的人闻声向旁边的小路逃窜，公安人员随后组织抓捕未果。该材料反映的情况印证了李补都的供述，表明李补都具有与他人共同运输毒品的可能。

第四，四川省检察院的检察员在二审庭审中出示了谢某某的户籍证明、证人谢友华、谢发明的证言等证据材料。户籍证明证实，谢某某，男，1972 年 3 月 3 日出生，住温泉乡野麻地村前进组 4 号（与李补都同村）；证人谢友华、谢发明证实，谢某某是李补都的亲戚，听说谢某某是个贩毒人员。以上证据材料证明的内容，印证了李补都的供述，进一步证实了谢某某的身份情况。

第五，公安机关出具的另一份情况说明证实，公安人员根据李补都的交代多方查找谢某某，但李补都被抓获后谢某某一直在逃。这一情况亦印证了李补都供述谢某某在公安人员实施拦截抓捕时逃跑，以及前述“抓获经过”证实与李补都共同运输毒品的另一人向小路逃窜未能抓获的情节。

以上证据表明，谢某某确有其人，且谢某某与李补都系亲戚关系。在侦查初期，谢某某因其行为反常和经济方面的异常表现，首先被纳入侦查视线。在公安机关监控谢某某的过程中，李补都因与谢接触，而与谢一起被锁定为毒品犯罪嫌疑人。公安机关实施拦截抓捕时，与李补都共同运输毒品的犯罪人逃跑，谢某某也恰在李补都被抓后在逃。李补都始终稳定供述，其是为了获得五百元报酬，受其亲戚谢某某邀约，与谢某某一起运输毒品，公安人员实施抓捕时，在前面骑摩托车逃走的就是谢某某。鉴于李补都与谢某某一直处于侦查人员的监控之中，设卡拦截也是专门针对谢、李二人的。由此可以确信，李补都是与谢某某共同运输毒品。目前，谢某某在逃，仅有李补都的供述在案，故无法完全查明李补都与谢某某在运输毒品共同犯罪中各自的地位、作用。但结合本案的相关证据，从谢某某与李补都在案发前的一贯表现及家庭经济情况综合分析，李补都系为赚取少量运费而受谢某某雇佣、指使运输毒品的可能性极大。

（二）对被告人李补都不宜判处死刑立即执行。

首先，对受雇运输毒品的犯罪分子判处刑罚时，一般应与走私、贩卖、制造毒品和有严重情节的运输毒品犯罪分子有所区别，因为运输毒品与走私、贩卖、制造毒品相比，作为毒品犯罪的中间环节，社会危害性相对较低；同时，运输毒品罪的涉案人员大多是一些受指使或受雇佣的农民、边民或无业人员，犯罪动机往往只是因经济困难或受人利诱赚取少量运费，在犯罪中的地位、作用较轻，主观恶性也较小。鉴于此，最高人民法院2008年12月印发的《全国部分法院审理毒品犯罪案件工作座谈会纪要》提出，“对于运输毒品犯罪，要注意重点打击指使、雇佣他人运输毒品的犯罪分子和接应、接货的毒品所有者、买家或者卖家”；“对有证据证明被告人确属受人指使、雇佣参与运输毒品犯罪，又系初犯、偶犯的，可以从轻处罚，即使毒品数量超过实际掌握的死刑数量标准，也可以不判处死刑立即执行”。

本案中，被告人李补都运输海洛因1047.5克，数量巨大，但根据现有证据，不能排除李补都系为赚取少量运费而受谢某某指使、雇佣运输毒品。李补都不是毒品所有者、买家或者卖家，也不是组织、指使、雇佣他人运输毒品者，其在整个毒品犯罪环节中作用相对较小，主观恶性和社会危害性也相对较小。因此，对李补都的量刑，应当与走私、贩卖、制造毒品和有严重情节的运输毒品犯罪分子有所区别。

其次，毒品数量是毒品犯罪案件量刑的一个基本的、重要的情节但不是唯一标准。在对毒品犯罪分子量刑时，特别是在考虑是否适用死刑时，应当综合考虑毒品数量、犯罪情节、危害后果、被告人的主观恶性、人身危险性等各种因素，做到区别对待。对虽然已达到实际掌握的判处死刑的毒品数量标准，但是涉案毒品数量不是特别大，且确属初次犯罪即被查获，未造成严重危害后果的，可以考虑不判处被告人死刑立即执行。本案中，被告人李补都运输海洛因1047.5克，数量已达到当地实际掌握的死刑数量标准，但李补都有多个从宽处罚情节：(1)李补都系初犯，没有因毒品犯罪被判处刑罚的经历，结合其一贯表现和家庭经济状况，其本次犯罪仅系为了赚取少量运费的可能性极大；(2)李补都运输的毒品已被全部查获，没有进一步流入社会造成更大实际危害；(3)李补都户籍所在的温泉乡野麻地村委会出具证明材料反映，李补都平时表现良好，且李补都归案后能够如实供述犯罪，认罪态度较好，反映其主观恶性不深。

综合上述情节，最高人民法院作出不核准被告人李补都的死刑裁定是妥当的。

——《刑事审判参考》(总第67辑)。

1250 运输毒品犯罪共犯与同时犯的区分

关键词|运输毒品罪|共犯|同时犯|

【最高人民法院参考案例】

吕卫军、曾鹏龙运输毒品案(《刑事审判参考》案例第 374 号)

要旨:被告人各自出资购买和运输毒品,彼此间的主观故意和客观行为缺乏内在联系,没有形成统一的犯罪活动整体,对二被告人可作一案处理,但不应认定为共同犯罪。

现实中,制造出的毒品要流入社会,必须经过运输环节,运输毒品犯罪成为当前的一种高发犯罪。在公安机关破获的运输毒品案件中,较为常见的情形是公安人员在同一交通工具内查获多个行为人均携带有毒品,证据显示这些行为人相互认识,运输的起始地相同,目的地大方向也一样,但行为人均辩称系各自而非共同运输毒品,如在一起运输毒品案件中,二被告人于 2005 年 6 月 5 日从云南曲靖火车站乘上昆明开往北京的 T62 次旅客列车前往湖南娄底市,途中被乘警查获,从二被告人身上缴获了数量不等的毒品海洛因,经查,二被告人相互认识,毒品系被告人吕某出资购买,但二人约定毒品归各自所有,被告人曾某承诺回娄底后即将吕某为其垫资购买毒品的钱予以归还。对于二被告人是否构成运输毒品罪的共犯有不同意见。

一种意见认为,二被告人系运输毒品共同犯罪。另一种意见认为,二被告人不构成运输毒品共犯。

我们认为,第二种意见是正确的。

(一)两被告人缺乏运输毒品的共同故意

就上述案件来说,并没有足够的证据证实二被告人具有运输毒品的共同故意。二被告人虽然主观上都有运输毒品的故意,但并未就犯罪手段、相互分工、事后分赃等事宜进行策划,主观上没有进行沟通和联络,缺乏共同犯罪的故意所要求的意思联络。二被告人主观上运输毒品的故意仅是相对于各自运输毒品的行为而言,相互之间并不认为是在与对方一起相互配合共同实施犯罪行为,因此二被告人主观上运输毒品的故意对判断是否构成共同犯罪并无意义。至于被告人吕卫军为被告人曾某垫资购买毒品,只是二被告人之间的一种资金借贷行为,并不表明二被告人形成了共同犯罪的故意。

(二)两被告人不具有共同运输毒品的行为

二被告人的行为缺乏内在的联系,没有形成统一的犯罪活动整体,各被告人的犯罪行为对社会造成的危害结果与对方的行为并不存在因果关系。

(三)二被告人系运输毒品犯罪的同时犯

所谓同时犯,指数个行为人没有共同实行犯罪的意思联络,同时或在近乎同时的前后,对同一目标实施同一犯罪,或在同一场所实施同一性质的犯罪。同时犯的数个行为人主观上只有自身的故意,相互间没有意思联络,客观上没有相互配合,因此,即使同时犯的行为人相互知道对方也在实施同一性质的犯罪行为,由于没有共同的犯意和行为,所以只成立单独的犯罪。本案中,二被告人乘坐同一趟旅客列车运输毒品,符合同时犯特征,系运输毒品犯罪的同时犯。

——《刑事审判参考》(总第 47 辑)。

1251 被告人拒不供认毒品来源且不能证明其系受人指使、雇佣参与运输毒品犯罪的处理

关键词｜运输毒品罪｜不供认毒品来源｜主观明知｜从严惩处｜

【最高人民法院参考案例】

王平运输毒品案(《刑事审判参考》案例第 782 号)

要旨:运输毒品,拒不供认毒品来源,不能证明系受人指使、雇佣参与运输毒品的,应当根据案件具体情况准确认定被告人的主观明知,且应从严惩处。

(一)根据案件具体情况准确认定被告人的主观明知

运输毒品罪是一种故意犯罪。就本罪而言,行为人要认识到自己行为会发生危害社会的结果,必须首先认识到自己运输的对象是毒品。司法实践中,被告人常以不明知行为对象是毒品为由进行辩解,对此审查认定往往成为定案关键。最高人民法院、最高人民检察院、公安部 2007 年联合发布的《办理毒品犯罪案件适用法律若干问题的意见》(以下简称《意见》)列举了七种具体情形,最高人民法院 2008 年印发《全国部分法院审理毒品犯罪案件工作座谈会纪要》(以下简称《纪要》)列举了九种具体情形,对上述十六种情形,被告人不能作出合理解释,且没有证据证实确属被蒙骗的,可以认定被告人主观上明知是毒品。如果有其他证据足以认定被告人应当知道的,可以认定被告人主观上明知。

本案中,被告人王平辩称不知道自己驾驶的轿车内有毒品,又无同案犯供述或者其他证据直接证实其主观上明知。但是,根据本案的具体情形,足以认定其明知运输的是毒品:第一,王平独自驾驶变速箱挡板内藏匿有毒品甲基苯丙胺("麻古")的轿车,选择县际公路、避开高速公路和地州城市,从云南省西双版纳州边境向内地行驶;绿春县公安边防检查站缉查盘问时,王平称没有携带违禁物,但神情慌张;边防武警检查车辆查获毒品时,王平便意欲逃跑。从这些情形足以推定其主观上明知。第二,公安边检站证实:之所以严格盘查王平,是因为在其车内闻到疑似"麻古"的香味;车内查获的三包毒品中,在两包最内层透明塑料包装袋上提取到王平的指纹,说明王平直接接触过毒品内包装。从王平的嗅觉、视觉能力分析,

参照正常人的常识、心智判断，王平应当知道其接触的是毒品。第三，案发时途经检查站的两位群众证实，王平被查获后想逃跑，被抓住后不停地大哭，说明其对运输毒品的行为及严重法律后果是有认识的，该表现也有助于推定其主观上明知。

（二）运输毒品，拒不供认毒品来源，不能证明系受人指使、雇佣参与运输毒品的，应予严惩

被告人王平归案后，拒不供述毒品来源。审理过程中形成两种意见：第一种意见认为，本案毒品来源不明，不排除王平受他人指使、雇佣运输毒品的可能性，王平没有走私、贩卖毒品或者再犯、累犯等情节，可以不核准死刑。第二种意见认为，王平从四川到云南边境地区购买了作案所用的轿车，拆开车内挡板藏匿毒品，选择隐蔽路线，独立长途驾驶运输，拒不供述毒品、毒资来源和归属，所持银行卡有大额资金流动，并非单纯运输毒品者，应当核准王平死刑。

我们认为，第二种意见既体现了刑法严厉打击毒品犯罪的精神，又体现了在运输毒品犯罪案件中应当区别不同情形适用宽严相济刑事政策的导向，是可取的。

刑法第三百四十七条将运输毒品和走私、贩卖、制造毒品相并列，设置同一幅度的法定刑，表明刑法对这四种行为的危害性作等量评价。原因在于，运输毒品罪的“运输”行为是毒品从生产、制造领域或者走私、贩卖等源头，进入国内毒品市场或者流通领域的枢纽环节，对促进毒品在国内非法流通、交易起到重要作用。就该类犯罪的社会危害而言，一般不次于其他毒品犯罪。因此，刑法对运输毒品罪在罪状描述、法定刑设置两方面均体现了严厉打击的态度。在罪状表述上，刑法第三百四十七条第一款特别提示，运输毒品“无论数量多少，都应当追究刑事责任”；在法定刑设置上，配置了严厉的、最高直至死刑的法定刑。

就个案来说，具体的运输毒品犯罪行为社会危害性差异悬殊，行为人的主观恶性也差异较大，因而对运输毒品犯罪行为不能不加区分一概从严处罚，特别是在判处死刑的问题上要区别对待。根据《纪要》精神，对两种运输毒品的情形要区别对待，不能一概从严。一是确实不进入流通环节的运输毒品行为，不以运输毒品罪论处。对于吸毒者在购买、运输、存储毒品过程中被查获的，如果没有证据证实其是为了实施贩卖等其他毒品犯罪行为，毒品数量也未超过非法持有毒品罪的最低数量标准的，一般不定罪处罚。另外，对于以贩养吸的涉毒犯罪，已被吸食的部分不计人毒品犯罪数额；有证据证明不以牟利为目的，为他人代购仅用于吸食的毒品，数量达到非法持有毒品罪标准的，以非法持有毒品定罪。上述规定说明，运输毒品罪针对的是客观上可能导致毒品流向社会的运输行为，对有证据足以认定所运输的毒品不会进入贩卖、流通领域的，不能作为本罪惩处、打击的对象。二是对有证据证明确属受人指使、雇佣参与运输毒品犯罪，又系初犯、偶犯的，可以从轻处罚。这类单纯的运输毒品行为多系走私、贩卖、制造毒品等严重犯罪的从属行为，具有

从属性、辅助性的特点，行为人受雇佣从事运输行为，不直接连接毒品的源头和流通环节，其社会危害性比在毒品犯罪上下游之间起居间作用的运输毒品行为要轻。实践中，对运输毒品犯罪，同样坚持贯彻宽严相济刑事政策，根据犯罪的具体情况，区别对待，做到该宽则宽，当严则严，宽严相济，罚当其罪，打击和孤立极少数，教育、感化和挽救大多数。

单纯的运输毒品行为，是指"有证据证明确属受人指使、雇佣参与运输毒品犯罪，又系初犯、偶犯"。单纯的运输毒品行为，其行为人不是毒品的所有者、买家或卖家，不少是贫困边民、下岗工人或者无业人员等弱势人群，只为赚取少量运费而为他人运输毒品，这些人的社会危害性和人身危险性相对不大，如果对该类行为主体不加区别一律与走私、贩卖、制造毒品的行为主体同样处刑，就违背了罪责刑相适应原则，也与宽严相济刑事政策不符。

对并非上述单纯的运输毒品的行为，实践中体现出从严打击的精神，也即对于运输毒品数量超过实际掌握的死刑数量标准，又不能证明系受人指使、雇佣参与运输毒品的，可以判处重刑直至死刑。这种判罚完全符合立法严惩毒品犯罪的目的，也符合打击该类犯罪的司法实践需要。运输毒品犯罪具有隐蔽性、中转性、跨地域性的特征，司法实践中很多案件只能查获"掐头去尾"的运输毒品这一环节，如果被告人不如实供述毒品、毒资的来源和归属，则难以查获毒品从源头到市场的整条犯罪产业链，也难以查明被告人在产业链中的地位和作用。一些被告人试图借此避重就轻、逃避打击。因此，在确定运输毒品犯罪分子的量刑时，应当区分单纯运输毒品的案件和仅因证据不够充分而就低认定为运输毒品的案件，确保对运输毒品罪的量刑不枉不纵。

本案被告人王平从四川省到云南边境地区长期活动，专门购买车辆并拆开车内挡板，将毒品包装后藏匿于挡板内，选择隐蔽路线，独立长途驾车运输，充分表明其行为独立、积极、主动；其拒不供述毒品、毒资来源和归属，所持银行卡有大额资金流动，说明其并非单纯运输毒品者，不排除王平自行贩卖毒品的可能性；王平运输毒品的数量是实际掌握适用死刑数量标准的数倍以上，且没有法定、酌定从轻处罚情节，对其适用死刑，符合宽严相济刑事政策的精神。

——《刑事审判参考》(总第86辑)。

1252 同时为自己和他人运输毒品的认定

关键词｜运输毒品罪｜共同犯罪｜

【最高人民法院参考案例】

冯忠义、艾当生贩卖、运输毒品案(《刑事审判参考》案例第 547 号)

要旨:被告人同时为自己和他人运输毒品,受雇替他人运输毒品的行为系共同犯罪。

毒品共同犯罪是指二人以上共同故意实施走私、贩卖、运输、制造毒品等犯罪行为。仅在客观上相互关联而缺少共同故意的毒品犯罪行为,如买卖毒品的双方,不构成共犯。本案中,被告人冯忠义贩卖给被告人艾当生海洛因 709 克,虽然二被告人的犯罪行为指向同一对象,但冯忠义的主观故意是销售毒品,而艾当生的主观故意使购买毒品,二人的主观故意不同,仅是买卖毒品的行为客观上相互关联,故不构成共同犯罪。冯忠义运输自己所有的海洛因 1781 克,艾当生运输自己所有的海洛因 709 克,二被告人这种运输毒品行为是分别独立实施的,没有共同运输同一毒品的主观故意,故二人在此范围内的运输毒品行为不构成共同犯罪。但在被告人艾当生受冯忠义雇佣、指使,替冯忠义运输海洛因 1050 克的行为中,二被告人具有共同运输同一毒品的故意,二人的行为指向同一对象,应当构成共同犯罪。其中,冯忠义作为雇佣者,在共同犯罪中所起作用大于艾当生。

——《刑事审判参考》(总第 67 辑)。

1253 吸毒人员在运输毒品过程中被查获的，如何定性

关键词｜运输毒品罪｜吸毒人员｜

【最高人民法院参考案例】

张应宣运输毒品案(《刑事审判参考》案例第 1069 号)

要旨:吸毒者在运输毒品过程中被查获,没有证据证明其是为了实施贩毒等其他犯罪,毒品数量达到较大以上的,以运输毒品罪定罪处罚。

对吸毒者运输毒品的行为不应以合理吸食量而应以数量较大作为区分标准,吸食者在运输毒品过程中被查获,没有证据证明其是为了实施贩卖毒品等其他犯罪,但只要数量达到较大以上的,一律以运输毒品罪定罪处罚。

——《刑事审判参考》(总第 102 辑)。

1254 制造毒品的认定与处罚

关键词｜制造毒品罪｜司法认定｜

【最高人民法院司法文件】

制造毒品案件中,毒品成品、半成品的数量应当全部认定为制造毒品的数量,对于无法再加工出成品、半成品的废液、废料则不应计入制造毒品的数量。对于废液、废料的认定,可以根据其毒品成分的含量、外观形态,结合被告人对制毒过程的供述等证据进行分析判断,必要时可以听取鉴定机构的意见。

——《全国法院毒品犯罪审判工作座谈会纪要》(2015 年 5 月 18 日,法〔2015〕129 号)。

四、制造毒品的认定与处罚问题

鉴于毒品犯罪分子制造毒品的手段复杂多样、不断翻新,采用物理方法加工、配制毒品的情况大量出现,有必要进一步准确界定制造毒品的行为、方法。制造毒品不仅包括非法用毒品原植物直接提炼和用化学方法加工、配制毒品的行为,也包括以改变毒品成分和效用为目的,用混合等物理方法加工、配制毒品的行为,如将甲基苯丙胺或者其他苯丙胺类毒品与其他毒品混合成麻古或者摇头丸。为便于隐蔽运输、销售、使用、欺骗购买者,或者为了增重,对毒品掺杂使假,添加或者去除其他非毒品物质,不属于制造毒品的行为。

已经制成毒品,达到实际掌握的死刑数量标准的,可以判处死刑;数量特别巨大的,应当判处死刑。已经制造出粗制毒品或者半成品的,以制造毒品罪的既遂论处。购进制造毒品的设备和原材料,开始着手制造毒品,但尚未制造出粗制毒品或者半成品的,以制造毒品罪的未遂论处。

——《全国部分法院审理毒品犯罪案件工作座谈会纪要》(2008 年 12 月 1 日,法〔2008〕324 号)。

【链接:理解与适用】

5. 制造毒品的数量认定。《大连会议纪要》对制造毒品罪的认定与处罚作了一些规定,但没有涉及制造毒品的数量认定问题。制造毒品案件中,现场遗留物的情况比较复杂,可能包括毒品成品、半成品、废液废料等,其中通常都能够检出毒品成分。如何认定制造毒品的数量,一直是困扰审判实践的难题。废液废料是指不具备进一步提取(提纯)毒品条件的固体或者液体废弃物,能够检出毒品成分但含量极低。故《纪要》明确提出,废液废料不应计入制造毒品的数量,并原则性规定了有关废液废料的判断方法和依据。

——高贵君、马岩、方文军、李静然:《〈全国法院毒品犯罪审判工作座谈会纪要〉的理解与适用》,载《人民司法·应用》2015 年第 13 期。

六、制造毒品的认定与处罚问题

《禁毒决定解释》第二条规定："制造毒品，是指非法用毒品原植物直接提炼或者用化学方法加工、配毒品的行为。"但是，对于用物理方法加工、配制毒品的，是否认定为制造毒品罪，该解释没有规定，致使司法实践中存在不同认识。《纪要》规定制造毒品还可以包括以改变毒品成分和效用为目的，用混合等物理方法加工、配制毒品的行为，但不包括为便于隐蔽运输、销售、使用、欺骗购买者，或者为增加重量而掺杂使假，添加或去除其他非毒品物质的行为。

《纪要》这样规定，一是符合司法实践中打击制造毒品犯罪的需要。如制造毒品麻古的过程就是以甲基苯丙胺和咖啡因为主要原料的物理混合加工过程，司法实践中一般将制造麻古、摇头丸等新的混合型毒品的行为定性为制造毒品罪。二是符合制造毒品的立法原意。制造的字面含义是用人工使原材料成为可供使用的物品、将原材料加工成器物，自然包括物理方法的制造。三是目前理论界普遍认为制造毒品包括使用化学方法以外的方法使一种毒品变为另一种毒品等一些比较特殊的物理方法加工配制毒品，如在某种毒品中混合其他毒品等。四是我国加人并已生效的《1971 年精神药物公约》第一条对"制造"用语的解释有类似规定。该条第（九）项规定：制造是指所有可能籍以取得精神药物之过程，包括精炼以及将精神药物转变为他种精神药物之过程，亦包括精神药物制剂之配制。第（六）项规定：制剂是指任何不论其物理状态为何，而含有一种或多种精神药物之混合物或溶剂。

——高贵君、王勇、吴光侠：《〈全国部分法院审理毒品犯罪案件工作座谈会纪要〉的理解与适用》，载《人民司法 · 应用》2009 年第 3 期。

【最高人民法院参考案例】

刘守红贩卖、制造毒品案（《刑事审判参考》案例第 1196 号）

要旨：办理制造毒品犯罪案件时，确有必要对行为人制造毒品的方法、过程进行详细讯问，以查明其是否确实实施了制造毒品犯罪行为。

我们认为，如果根据在案查获的制毒原料、工具、技术配方及毒品成品、半成品等情况，结合犯罪嫌疑人、被告人对基本制毒方法、原理的供述，足以认定其实施了制造毒品犯罪行为的话，则不需要通过侦查实验来进行核实验证。况且，即使侦查实验表明犯罪嫌疑人、被告人供述的制毒方法不完全真实，亦不能得出其未实施制造毒品犯罪的结论。本案中，公安人员从刘守红的租房内查获了其供述的酒精、氯化铵、含麻黄碱成分的液体等制毒原料，酒精灯、电子秤等制毒工具，以及含甲基苯丙胺成分的白色晶体、液体等毒品成品或含毒品物质。案发后，公安人员从刘守红租房内搜查到刘守红供称的记载制毒方法的笔记本，上面确实记载了"甲基苯丙胺”“麻黄草”“红磷”等字样。刘守红亦曾供认,其将康泰克胶囊与其他化学品混合、加热后制造甲基苯丙胺。结合上述证据,足以认定刘守红实施了制造毒品行为,故无须通过侦查实验进一步核实,并且,即使被告人后期翻供,亦不足以推翻上述认定。

——《刑事审判参考》(总第110辑)。

高国亮、李永望等贩卖、制造毒品案(《刑事审判参考》案例第501号)

要旨:虽然生产“麻古”是一种物理加工过程,但并非是几种毒品的简单混合,也不同于在毒品中掺杂掺假,而是含有一定技术含量,需要经反复的含量配比试验和质量把关才能制造成功以满足特定人群的吸食要求,因此其加工、生产的行为应该认定为制造毒品罪。

在审判实践中,如排除通过物理方式加工、生产混合型毒品为制造毒品行为,势必会放纵此类犯罪,有违严厉打击毒品犯罪的基本政策。实践中,加工、生产混合型毒品的情况很多,危害性很大,制造混合型毒品“麻古”的过程并不是简单地在毒品中掺杂、掺假,也不仅仅是简单的几种毒品的混合,而是具有一定规模和技术含量的加工、配制过程。例如在本案中,被告人李永望专门雇佣了相关人员进行加工、生产,并请来具有专门制造“麻古”技术的人员对被雇佣者进行技术上的指导,运用自动压片机等机器设备,利用被告人高国亮提供的甲基苯丙胺和咖啡因为主要原料,根据一定的配方和配比度经过反复试验,并由高国亮对生产出来的“麻古”进行质量把关后多次返工才制造成功,这个过程具有相当的技术性。虽然在此过程中并没有产生化学变化,但并非是几种毒品的简单混合,变化也不仅仅是毒品的口味,混合型毒品服用后会使人体产生不同于单一型毒品的药瘾性反应。此外,在实践中专门雇人生产混合型毒品的情况很普遍,被雇人员往往只是参与了加工、生产过程,并不参与毒品的运输、贩卖等过程,因此,如果加工、生产混合型毒品不认定为制造毒品罪,那么对这部分被雇人员无法追究刑事责任,不能使他们承受刑罚的震慑力。即使原来的雇主因贩卖毒品等罪名被追究刑事责任,而他们由于受现实利益的牵引,可能还会投向其他的雇主,继续从事生产、加工混合型毒品的活动,这无疑不利于打击毒品犯罪。例如在本案中被李永望雇用来生产“麻古”的杨敬岗、郝永亮等人只参与了加工、生产过程而没有参与贩卖过程,如不定制造毒品罪,对这部分明知是要制造毒品而加工、生产的人员往往无法追究其刑事责任,在抓获现行等情形下最大限度上也只能以非法持有毒品罪追究他们的刑事责任,这样显然会造成罪刑不相适应,实质上是放纵犯罪。

——《刑事审判参考》(总第63辑)。

1255 制造毒品失败行为的犯罪形态

关键词｜制造毒品罪｜犯罪未遂｜

【最高人民法院参考案例】

朱海斌等制造、贩卖毒品案(《刑事审判参考》案例第486号)

要旨:行为人基于制造毒品的故意制造毒品,因意志以外的原因未能制造出毒品的行为,构成制造毒品罪(未遂)。因制造出的毒品已经丢弃,无法进行检验,制毒原材料也无法提取的,如何处理应根据证据情况具体分析。

(一)行为人基于制造毒品的故意制造毒品,因意志以外的原因未能制造出毒品的行为,构成制造毒品罪(未遂)

制造毒品罪是结果犯,行为人制造出刑法规定的毒品才能构成犯罪既遂,因行为人意志以外的原因未能制造出毒品的,构成犯罪未遂。根据刑法第三百四十七条第一款的规定,制造毒品,无论数量多少,都应当追究刑事责任。该条第二、三、四款根据毒品数量的多少,配置了相应的法定刑。根据刑法该条规定,我们认为,对“无论数量多少”,应理解为首先是有“数量”,因为没有“数量”,就不存在“多”与“少”的问题。因此,只有制造出具有一定“数量”的毒品,才构成制造毒品罪的既遂。如果制造毒品失败,即行为人已购入制毒原材料并已开始制造但没有制造出成品的,因缺乏毒品数量要素,制毒行为没有产生法定的犯罪结果,根据刑法总则的相关规定,该行为应认定制造毒品罪的未遂。对于此种行为应如何量刑,应结合客观情况进行分析:(1)制造毒品失败的行为系由于制毒原材料大量掺假或制毒工艺存在无法弥补的缺陷等原因,客观上制毒不能成功的情况下,属于不能犯的未遂,因缺乏数量量刑依据,故可结合具体的犯罪情节比照既遂犯从轻或减轻处罚;(2)制造毒品失败的行为系由于制毒手法不熟练等原因,而客观上能够制毒成功的情况下,属于能犯的未遂,该行为的毒品数量能够推算出来,故可结合犯罪数量比照既遂从轻或减轻处罚。具体的毒品数量应根据行为人使用的制毒方法,按照“就低不就高”的原则来推算。

(二)因制造出的毒品已经丢弃,无法进行检验,制毒原材料也无法提取的,如何处理应根据证据情况具体分析

司法实践中,确定制造出的物品是否为刑法规定的毒品,通常需要进行毒品鉴定,这是认定毒品犯罪的依据,也是追究刑事责任的前提。但是对于制毒行为已经完成,成品却已灭失,如被丢弃或吸食,制毒原材料也无法提取的情形,因缺乏必要的毒品鉴定结论,亦没有充分的证据证实所制造出的物品即为刑法规定的毒品的,可分为以下几种情况处理:(1)在毒品灭失的情况下,仅有被告人供述的,亦缺乏其他相关证据证实被告人实施制毒犯罪的,如没有提取到制毒工具,亦没有证人证

实购买制毒原材料的,不能仅依靠被告人的供述确定毒品数量并予以定案。根据刑事诉讼法第四十六条的规定,只有被告人供述,没有其他证据的,不能认定被告人有罪和处以刑罚。(2)在毒品灭失的情况下,毒品交易双方或者毒品共犯的被告人均供认已经制造出"毒品",且根据其他证据能够逻辑地推定制造出毒品的,应当认定犯罪既遂。毒品的数量可以根据双方一致的供认予以认定,若双方的供述不一致,则采取"就低不就高"有利被告的原则进行认定。(3)在毒品灭失的情况下,毒品交易双方或者毒品共犯的被告人均供认制造毒品,但对毒品的品质有疑义,因成品灭失致使无法鉴定,也缺乏证据证明制毒原材料为何物的,按照排除合理怀疑的证明标准,可以认定为犯罪未遂。具体的毒品数量应当根据被告人的供述,结合"就低不就高"原则来确定。

——《刑事审判参考》(总第 61 辑)。

1256 在毒品中添加非毒品物质不构成制造毒品罪

关键词|制造毒品罪|添加非毒品物质|

【最高人民法院参考案例】

凌万春、刘光普贩卖、制造毒品案(《刑事审判参考》案例第 800 号)

要旨:在毒品中添加非毒品物质的行为不能认定为制造毒品罪。

本案在审理过程中,关于被告人在毒品中添加非毒品物质——咖啡的行为是否构成制造毒品罪的定性,形成两种意见。一种意见认为,刘光普等人把毒品"麻古""摇头丸""Y 仔"等混合的行为构成制造毒品罪;另一种意见认为,刘光普等人把毒品"麻古""摇头丸""Y 仔"等混合的行为,不是为了制造出一类新毒品,也没有制造出新毒品,其目的是混合后加入咖啡中以便于贩卖,因此不属于制造毒品。我们赞同被告人的行为不构成制造毒品罪的意见。

《全国部分法院审理毒品犯罪案件工作座谈会纪要》(以下简称《纪要》)第四条规定,"制造毒品不仅包括非法用毒品原植物直接提炼和用化学方法加工、配置毒品的行为,也包括以改变毒品成分和效用为目的,用混合等物理方法加工、配制毒品的行为,如用甲基苯丙胺或者其他苯丙胺类毒品与其他毒品混合成麻古或者摇头丸"。主张本案被告人的行为构成制造毒品罪的观点,主要是根据该条规定。然而,我们认为,《纪要》提到的物理方法制造毒品有明确的指向,即制造"麻古""摇头丸"等成分相对同定、毒品性能有所变化的新型毒品。本案中,刘光普、凌万春等人将"摇头丸""Y 仔"与"K 粉"混合后加入袋装"雀巢"咖啡内贩卖,主观目的并不是制造出一种新类型的毒品,而是通过这种混合的形式达到表面上似乎是贩卖咖啡以掩人耳目的目的,其主观目的是贩卖毒品。在客观行为上,这种物理混合的方式只是简单地把一些毒品和咖啡掺杂起来,既没有严格的比例配置规范要求,也没有专业化的配比工艺程序,还不足以达到改变毒品成分和效用的程度,没有形成新的混合型毒品,不属于制造毒品的行为。对被告人的这种行为以贩卖毒品罪论处,既不符合客观事实,也不符合其主观意愿,因此,一审、二审将其认定为制造毒品罪不准确,最高人民法院经复核后予以纠正。

——《刑事审判参考》(总第 87 辑)。

1257 走私、贩卖、运输、制造毒品罪的量刑

关键词 | 走私、贩卖、运输、制造毒品罪 | 量刑 |

【最高人民法院司法文件】

(二十)走私、贩卖、运输、制造毒品罪

1. 构成走私、贩卖、运输、制造毒品罪的,根据下列情形在相应的幅度内确定量刑起点:

(1)走私、贩卖、运输、制造鸦片一千克,海洛因、甲基苯丙胺五十克或者其它毒品数量达到数量大起点的,量刑起点为十五年有期徒刑。依法应当判处无期徒刑以上刑罚的除外。

(2)走私、贩卖、运输、制造鸦片二百克,海洛因、甲基苯丙胺十克或者其它毒品数量达到数量较大起点的,在七年至八年有期徒刑幅度内确定量刑起点。

(3)走私、贩卖、运输、制造鸦片不满二百克,海洛因、甲基苯丙胺不满十克或者其他少量毒品的,可以在三年以下有期徒刑、拘役幅度内确定量刑起点;情节严重的,在三年至四年有期徒刑幅度内确定量刑起点。

2. 在量刑起点的基础上,根据毒品犯罪次数、人次、毒品数量等其他影响犯罪构成的犯罪事实增加刑罚量,确定基准刑。

3. 有下列情节之一的,增加基准刑的 10%—30%:

(1)利用、教唆未成年人走私、贩卖、运输、制造毒品的;

(2)向未成年人出售毒品的;

(3)毒品再犯。

4. 有下列情节之一的,可以减少基准刑的 30%以下:

(1)受雇运输毒品的;

(2)毒品含量明显偏低的;

(3)存在数量引诱情形的。

5. 构成走私、贩卖、运输、制造毒品罪的，根据走私、贩卖、运输、制造毒品的种类、数量、危害后果等犯罪情节，综合考虑被告人缴纳罚金的能力，决定罚金数额。

6. 构成走私、贩卖、运输、制造毒品罪的，综合考虑走私、贩卖、运输、制造毒品的种类、数量、危害后果等犯罪事实、量刑情节，以及被告人的主观恶性、人身危险性、认罪悔罪表现等因素，从严把握缓刑的适用。

——《最高人民法院、最高人民检察院关于常见犯罪的量刑指导意见(试行)》(2021年7月1日，法发〔2021〕21号)。

1258 如何认定非法持有毒品罪中的“持有”

关键词|非法持有毒品罪|持有|

【最高人民法院参考案例】

赛黎华、王翼龙贩卖毒品，赛黎华非法持有毒品案(《刑事审判参考》案例第1348号)

要旨：“持有”不要求物理上的握有，只要行为人认识到它的存在，能够对之进行管理或者支配，就是“持有”。

1. 被告人赛黎华对涉案的美沙酮液体具有支配权，属于“持有”的形式。“持有”是指对毒品实际占有、携有、藏有或者其他方式持有毒品的行为。“持有”是一种事实上的支配，即行为人与毒品之间存在一种事实上的支配与被支配的关系。“持有”不要求物理上的握有，不要求行为人时时刻刻将毒品握在手中、放在身上和装在口袋里，只要行为人认识到它的存在，能够对之进行管理或者支配，就是“持有”。

本案中，被告人王翼龙将装有美沙酮液体的瓶子交给被告人赛黎华后，赛黎华将毒品放在电力助动车的储物箱内，而没有随身携带，但这并不影响赛黎华对该毒品的支配状态，赛黎华当时能够实际占有、控制该毒品。因此，不管赛黎华把毒品放在什么地方保存，均不影响认定其“持有”的状态。第一种观点认为，赛黎华被羁押，电动自行车也被扣押，赛黎华没有再接触到毒品，对毒品不具有控制状态是不能成立的。我国刑法中持有型犯罪还包括非法持有枪支罪、非法持有国家机密文件罪等，这些罪均是通过行为人对物品的控制、占有程度来判断是否属于“持有”的状态，而不单纯以时间性和紧密性判断。

2. 有证据表明被告人赛黎华并非将美沙酮液体用于贩卖，而是用于自用。对于第二种观点，《武汉会议纪要》虽规定贩毒人员被抓获后，从其相关处查获的毒品一般均认定为其贩卖的毒品，推定了查获的毒品认定为贩卖的数量，但同时也强调了确有证据证明查获的毒品并非贩毒人员用于贩卖的，应依法定罪。本案中，被告人王翼龙和赛黎华的口供一致，证实赛黎华求购美沙酮缓解毒瘾，属自用，卷中没有任何证据证明赛黎华贩卖美沙酮。故美沙酮的数量不应计入赛黎华贩卖毒品的数量，赛黎华另构成非法持有毒品罪。

——《刑事审判参考》(总第 122 辑)。

1259 非法持有毒品罪的量刑

关键词｜非法持有毒品罪｜量刑｜

【最高人民法院司法文件】

(二十一)非法持有毒品罪

1. 构成非法持有毒品罪的，根据下列情形在相应的幅度内确定量刑起点：

(1)非法持有鸦片一千克以上、海洛因或者甲基苯丙胺五十克以上或者其他毒品数量大的，在七年至九年有期徒刑幅度内确定量刑起点。依法应当判处无期徒刑的除外。

(2)非法持有毒品情节严重的，在三年至四年有期徒刑幅度内确定量刑起点。

(3)非法持有鸦片二百克、海洛因或者甲基苯丙胺十克或者其他毒品数量较大的，在一年以下有期徒刑、拘役幅度内确定量刑起点。

2. 在量刑起点的基础上，根据毒品数量等其他影响犯罪构成的犯罪事实增加刑罚量，确定基准刑。

3. 构成非法持有毒品罪的，根据非法持有毒品的种类、数量等犯罪情节，综合考虑被告人缴纳罚金的能力，决定罚金数额。

4. 构成非法持有毒品罪的，综合考虑非法持有毒品的种类、数量等犯罪事实、量刑情节，以及被告人主观恶性、人身危险性、认罪悔罪表现等因素，从严把握缓刑的适用。

——《最高人民法院、最高人民检察院关于常见犯罪的量刑指导意见(试行)》(2021 年 7 月 1 日，法发〔2021〕21 号)。

1260 包庇毒品犯罪分子罪和窝藏、转移、隐瞒毒品、毒赃罪情节严重的认定

关键词 | 包庇毒品犯罪分子罪 | 窝藏、转移、隐瞒毒品、毒赃罪 | 情节严重 |

【最高人民法院司法解释】

第六条　包庇走私、贩卖、运输、制造毒品的犯罪分子，具有下列情形之一的，应当认定为刑法第三百四十九条第一款规定的"情节严重"：

（一）被包庇的犯罪分子依法应当判处十五年有期徒刑以上刑罚的；

（二）包庇多名或者多次包庇走私、贩卖、运输、制造毒品的犯罪分子的；

（三）严重妨害司法机关对被包庇的犯罪分子实施的毒品犯罪进行追究的；

（四）其他情节严重的情形。

为走私、贩卖、运输、制造毒品的犯罪分子窝藏、转移、隐瞒毒品或者毒品犯罪所得的财物，具有下列情形之一的，应当认定为刑法第三百四十九条第一款规定的"情节严重"：

（一）为犯罪分子窝藏、转移、隐瞒毒品达到刑法第三百四十七条第二款第一项或者本解释第一条第一款规定的"数量大"标准的；

（二）为犯罪分子窝藏、转移、隐瞒毒品犯罪所得的财物价值达到五万元以上的；

（三）为多人或者多次为他人窝藏、转移、隐瞒毒品或者毒品犯罪所得的财物的；

（四）严重妨害司法机关对该犯罪分子实施的毒品犯罪进行追究的；

（五）其他情节严重的情形。

包庇走私、贩卖、运输、制造毒品的近亲属，或者为其窝藏、转移、隐瞒毒品或者毒品犯罪所得的财物，不具有本条前两款规定的"情节严重"情形，归案后认罪、悔罪、积极退赃，且系初犯、偶犯，犯罪情节轻微不需要判处刑罚的，可以免予刑事处罚。

——《最高人民法院关于审理毒品犯罪案件适用法律若干问题的解释》（2016年4月11日，法释〔2016〕8号）。

【链接：理解与适用】

关于包庇毒品犯罪分子罪情节严重的认定，以往司法解释和规范性文件均未作规定，《解释》第六条第一款从不同角度对此作出规定。第（一）项从包庇对象的角度加以规定。走私、贩卖、运输、制造毒品罪是性质最为严重的毒品犯罪，十五年有期徒刑以上刑罚是该罪的最高法定刑幅度，包庇因犯该罪依法应当判处十五年

有期徒刑以上刑罚的毒品犯罪分子,体现了包庇行为的严重性,故属于情节严重。第(二)项从包庇情节的角度加以规定。包括多次实施包庇行为和虽未达多次但包庇人数达到多人的情形。第(三)项从包庇行为的后果角度加以规定。严重妨害是指包庇者毁灭重要证据导致司法机关难以认定犯罪,作伪证严重影响司法机关准确认定犯罪事实,以及帮助犯罪分子藏匿、潜逃严重妨害其及时到案等情形。

《解释》第六条第二款从不同角度规定了窝藏、转移、隐瞒毒品、毒赃罪情节严重的认定问题。该罪与包庇毒品犯罪分子罪对应的法定刑相同,但犯罪对象不同,故对该罪情节严重的规定,既要体现两罪量刑情节的相当,也要考虑到两罪犯罪对象的差异。第(一)项是从窝藏、转移、隐瞒毒品数量的角度加以规定。考虑到本项中的犯罪对象是毒品,危害性大于一般的窝藏赃物行为,故设定的毒品数量标准不宜过高。同时,从不同罪名法定刑衔接的角度考虑,将窝藏、转移、隐瞒毒品数量大规定为情节严重,判处三年以上十年以下有期徒刑,较好体现了该罪与走私、贩卖、运输、制造毒品罪、非法持有毒品罪在犯罪性质上的差异。并且,这也与前款第一项包庇依法应当判处十五年有期徒刑以上刑罚的毒品犯罪分子属于情节严重的规定相对应。第(二)项是从窝藏、转移、隐瞒毒赃数额的角度加以规定。窝藏、转移、隐瞒毒赃行为的危害性要小于窝藏、转移、隐瞒毒品行为,但大于一般的掩饰、隐瞒犯罪所得行为。最高人民法院2015年制定的《关于审理掩饰、隐瞒犯罪所得、犯罪所得收益刑事案件适用法律若干问题的解释》第三条规定,一般情况下,掩饰、隐瞒犯罪所得及其产生的收益价值总额达到十万元以上的属于情节严重,但掩饰、隐瞒救灾、扶贫等特定款物价值达五万元的即为情节严重。“两高”2011年制定的《关于办理危害计算机信息系统安全刑事案件应用法律若干问题的解释》第七条也规定,涉及此类犯罪而掩饰、隐瞒违法所得五万元以上的属于情节严重。考虑到毒品犯罪的特殊性,为体现依法严惩,将窝藏、转移、隐瞒毒赃情节严重的标准规定为五万元以上。第(三)项是从犯罪情节的角度加以规定,第(四)项是从行为后果角度作出规定,具体理由不再赘述。

——叶晓颖、马岩、方文军、李静然:《〈关于审理毒品犯罪案件适用法律若干问题的解释〉的理解与适用》,载《人民司法·应用》2016年第13期。

1261 非法生产、买卖、运输制毒物品、走私制毒物品罪的定罪量刑数量标准

关键词 | 非法生产、买卖、运输制毒物品、走私制毒物品罪 | 数量标准 |

【最高人民法院司法解释】

第七条　违反国家规定，非法生产、买卖、运输制毒物品、走私制毒物品，达到下列数量标准的，应当认定为刑法第三百五十条第一款规定的“情节较重”：

（一）麻黄碱（麻黄素）、伪麻黄碱（伪麻黄素）、消旋麻黄碱（消旋麻黄素）一千克以上不满五千克；

（二）1-苯基-2-丙酮、1-苯基-2-溴-1-丙酮、3，4-亚甲基二氧苯基-2-丙酮、羟亚胺二千克以上不满十千克；

（三）3-氧-2-苯基丁腈、邻氯苯基环戊酮、去甲麻黄碱（去甲麻黄素）、甲基麻黄碱（甲基麻黄素）四千克以上不满二十千克；

（四）醋酸酐十千克以上不满五十千克；

（五）麻黄浸膏、麻黄浸膏粉、胡椒醛、黄樟素、黄樟油、异黄樟素、麦角酸、麦角胺、麦角新碱、苯乙酸二十千克以上不满一百千克；

（六）N-乙酰邻氨基苯酸、邻氨基苯甲酸、三氯甲烷、乙醚、哌啶五十千克以上不满二百五十千克；

（七）甲苯、丙酮、甲基乙基酮、高锰酸钾、硫酸、盐酸一百千克以上不满五百千克；

（八）其他制毒物品数量相当的。

违反国家规定，非法生产、买卖、运输制毒物品、走私制毒物品，达到前款规定的数量标准最低值的百分之五十，且具有下列情形之一的，应当认定为刑法第三百五十条第一款规定的“情节较重”：

（一）曾因非法生产、买卖、运输制毒物品、走私制毒物品受过刑事处罚的；

（二）二年内曾因非法生产、买卖、运输制毒物品、走私制毒物品受过行政处罚的；

（三）一次组织五人以上或者多次非法生产、买卖、运输制毒物品、走私制毒物品，或者在多个地点非法生产制毒物品的；

（四）利用、教唆未成年人非法生产、买卖、运输制毒物品、走私制毒物品的；

（五）国家工作人员非法生产、买卖、运输制毒物品、走私制毒物品的；

（六）严重影响群众正常生产、生活秩序的；

（七）其他情节较重的情形。

易制毒化学品生产、经营、购买、运输单位或者个人未办理许可证明或者备案证明，生产、销售、购买、运输易制毒化学品，确实用于合法生产、生活需要的，不以制毒物品犯罪论处。

第八条　违反国家规定，非法生产、买卖、运输制毒物品、走私制毒物品，具有

下列情形之一的,应当认定为刑法第三百五十条第一款规定的“情节严重”:

(一)制毒物品数量在本解释第七条第一款规定的最高数量标准以上,不满最高数量标准五倍的;

(二)达到本解释第七条第一款规定的数量标准,且具有本解释第七条第二款第三项至第六项规定的情形之一的;

(三)其他情节严重的情形。

违反国家规定,非法生产、买卖、运输制毒物品、走私制毒物品,具有下列情形之一的,应当认定为刑法第三百五十条第一款规定的“情节特别严重”:

(一)制毒物品数量在本解释第七条第一款规定的最高数量标准五倍以上的;

(二)达到前款第一项规定的数量标准,且具有本解释第七条第二款第三项至第六项规定的情形之一的;

(三)其他情节特别严重的情形。

——《最高人民法院关于审理毒品犯罪案件适用法律若干问题的解释》(2016年4月11日,法释〔2016〕8号)。

【链接:理解与适用】

与以往不同的是,《解释》在《2000年解释》①和2009年《最高人民法院、最高人民检察院、公安部关于办理制毒物品犯罪案件适用法律若干问题的意见》(以下简称《2009年制毒物品意见》)等规定的基础上,整体下调了全部三十三种列管制毒物品的定罪量刑数量标准,以进一步加大对制毒物品犯罪的惩治力度,从源头上遏制毒品犯罪,这也符合刑法修正案(九)修订本罪的精神。

1. 非法生产、买卖、运输制毒物品、走私制毒物品罪情节较重(即定罪标准)的认定

《解释》第七条第一款规定了全部三十三种已列管制毒物品的定罪数量标准。《解释》在确定制毒物品定罪数量标准时的考虑因素包括:一是在制造毒品过程中发挥的作用。包括该类制毒物品属于主要原料还是配剂,是否具有不可替代性,制造毒品的用量、比例等。二是当前的犯罪形势。包括该类制毒物品流入制毒渠道的数量、走向,在制造毒品犯罪中出现的频率等。三是制成毒品的种类、危害。例如,因甲基苯丙胺与氯胺酮的定罪量刑数量标准差距较大,制造甲基苯丙胺的主要原料麻黄碱与制造氯胺酮的主要原料羟亚胺的定罪量刑标准也要体现一定差别。四是合法用途和管制级别。包括该类制毒物品是否存在合法用途,在工农业生产和日常生活中是否广泛使用,行政管制级别的高低等。为加大对制毒物品犯罪的

① 即《最高人民法院关于审理毒品案件定罪量刑标准有关问题的解释》(法释〔2000〕13号)。已废止。

惩治力度,《解释》下调了麻黄碱、羟亚胺等二十五种制毒物品的定罪数量起点。同时,为防止刑法设定的较高幅度法定刑出现虚置,《解释》将适用三年有期徒刑以下刑罚(情节较重)的制毒物品数量标准上限,从以往定罪数量起点的十倍一律下调至五倍。

除单纯的数量标准外,《解释》第七条第二款还从“数量+其他情节”的角度规定了该罪的定罪标准。即制毒物品数量达到该条第一款规定的定罪数量起点的百分之五十,且具有第二款所列几种情形之一的,应当以非法生产、买卖、运输制毒物品、走私制毒物品罪定罪处罚。这几种情形分别从违法犯罪经历、犯罪情节、犯罪主体、危害后果等方面作出规定。其中,第(三)项将一次组织五人以上实施犯罪和在多个地点非法生产规定为情节较重,是考虑到该罪涉案人员、加工窝点众多的具体情况。第(六)项主要是指生产制毒物品过程中污染水源或者土壤,导致养殖的鱼类、牲畜或者种植的农作物大量死亡等严重影响群众生产、生活秩序的情形。

此外,《解释》第七条第三款规定了非法生产、买卖、运输制毒物品,不以制毒物品犯罪论处的例外情形。该款吸收了《2009年制毒物品意见》的相关规定,并对原有规定作了文字调整。绝大部分制毒物品(行政管理领域称之为易制毒化学品)具有双重性,既可能被用于制造毒品,又在工农业生产和人们的日常生活中发挥重要作用。因此,对制毒物品违法犯罪活动的打击,不能影响到正常的生产、生活需要。根据禁毒法和《易制毒化学品管理条例》,我国对易制毒化学品的生产、经营、购买、运输和进出口实行严格的分类管理和许可、备案制度,但实践中确实存在未办理许可证明或者备案证明而生产、销售、购买、运输易制毒化学品,且实际用于合法生产、生活需要的情形。但对于此类行为,不应以制毒物品犯罪论处。鉴于实践中对此类行为的定性还存在认识偏差,《解释》专门作出明确规定。

2. 非法生产、买卖、运输制毒物品、走私制毒物品罪情节严重的认定

《解释》第八条第一款第(一)项规定了认定该罪情节严重的数量标准,该数量标准的起点为定罪数量标准的上限(即定罪数量起点的五倍),该数量标准的上限为起点的五倍(即定罪数量起点的二十五倍)。第(二)项规定了认定情节严重的“数量+其他情节”标准,即达到情节较重数量标准,同时具有第七条第二款第(三)项至第(六)项情形之一的,应当认定为情节严重。

3. 关于非法生产、买卖、运输制毒物品、走私制毒物品罪情节特别严重的认定

《解释》第八条第二款第(一)项规定了认定该罪情节特别严重的数量标准,即达到情节严重一档的最高数量标准(定罪数量起点的二十五倍)以上的,就属于情节特别严重。第(二)项规定了认定情节特别严重的“数量+其他情节”标准,即达到情节严重的数量标准,同时具有第七条第二款第(三)项至第(六)项情形之一的,应当认定为情节特别严重。

——叶晓颖、马岩、方文军、李静然:《〈关于审理毒品犯罪案件适用法律若干问题的解释〉的理解与适用》,载《人民司法 · 应用》2016 年第 13 期。

【最高人民法院公报案例】

海南省洋浦经济开发区初级检察院诉谢杰威、梁雁玲走私制毒物品案(二审法院:海南省洋浦经济开发区中级人民法院)

要旨:判断某种物品是否为制毒物品,应当依据国家相关法律、行政法规的规定。国家相关法律、行政法规未规定为制毒物品的,即使该物品可以用于制造毒品,亦不能将其认定为制毒物品。

经查,原审被告人谢杰威在越南开办海皇公司,从事虾壳素、虾壳糠的生产属实,该项生产需要使用盐酸、烧碱等化学原料也是事实。因越南当地的盐酸价格高于中国,为降低生产成本,提高经营利益,谢杰威、梁雁玲实施了从国内购买盐酸,然后走私运到越南的用于生产的行为,其行为虽然具有走私的故意,也具有非法牟利的目的,但谢杰威、梁雁玲并不了解盐酸是否属于制毒物品,是否可以用来制造毒品,且所走私的盐酸系浓度在 30%以下的副产盐酸。谢杰威、梁雁玲走私盐酸是为了海皇公司加工生产虾壳素、虾壳糠,并非运到越南进行非法交易,更不是为了制造毒品。为此,海皇公司经过申报,在越南取得了进口二万二千吨盐酸的批文。根据刑法的规定,构成走私制毒物品罪必须在主观上具有明知是制毒物品而走私的犯罪故意,抗诉机关关于"只要行为人主观上明知是在走私盐酸,就可以认定具有走私制毒物品的犯罪故意,至于行为人是否知道盐酸是易制毒物品,不能作为认定其是否具有走私制毒物品的主观故意的依据"的抗诉理由不能成立。综上,不能认定谢杰威、梁雁玲具有走私制毒物品的犯罪故意。

——《最高人民法院公报》2007 年第 9 期。

1262 容留他人吸毒罪的定罪标准

关键词｜容留他人吸毒罪｜定罪标准｜

【最高人民法院司法解释】

第十二条 容留他人吸食、注射毒品,具有下列情形之一的,应当依照刑法第三百五十四条的规定,以容留他人吸毒罪定罪处罚:

(一)一次容留多人吸食、注射毒品的;

(二)二年内多次容留他人吸食、注射毒品的;

(三)二年内曾因容留他人吸食、注射毒品受过行政处罚的;

（四）容留未成年人吸食、注射毒品的；

（五）以牟利为目的容留他人吸食、注射毒品的；

（六）容留他人吸食、注射毒品造成严重后果的；

（七）其他应当追究刑事责任的情形。

向他人贩卖毒品后又容留其吸食、注射毒品，或者容留他人吸食、注射毒品并向其贩卖毒品，符合前款规定的容留他人吸毒罪的定罪条件的，以贩卖毒品罪和容留他人吸毒罪数罪并罚。

容留近亲属吸食、注射毒品，情节显著轻微危害不大的，不作为犯罪处理；需要追究刑事责任的，可以酌情从宽处罚。

——《最高人民法院关于审理毒品犯罪案件适用法律若干问题的解释》（2016年4月11日，法释〔2016〕8号）。

【链接：理解与适用】

《解释》第十二条第一款第（一）项保留了《立案追诉标准三》中一次容留三人以上吸食、注射毒品的规定，在表述上将“三人以上”调整为“多人”。第（二）项对《立案追诉标准三》中“容留他人吸食、注射毒品两次以上”的规定作了修改，增加了“二年内”的时间限制，并要求是多次容留他人吸食、注射毒品的才入罪，即二年内第三次容留他人吸食、注射毒品的才作为犯罪处理。第（三）项在《立案追诉标准三》原有规定的基础上增加了“二年内”的时间限制。第（四）项、第（五）项、第（六）项保留了《立案追诉标准三》的原有规定，因这三项均属于社会危害大、应予追究刑事责任的情形，故未在时间、人数、次数上设定条件。需要说明的是，第（五）项中的“以牟利为目的”主要是指为赚取场所使用费或者为了招揽生意而容留他人吸食、注射毒品的情形，如专门开设地下烟馆容留他人吸食、注射毒品并收取场地使用费，或者娱乐场所经营者、管理者为招揽生意而容许顾客在场所内吸食、注射毒品的。需要特别说明的是，在司法工作中，可以将行为人“曾因容留他人吸食、注射毒品受过刑事处罚的”认定为第一款第（七）项中“其他应当追究刑事责任的情形”。如果行为人不构成累犯的，依法定罪处罚；行为人构成累犯的，可以认定累犯但不予从重处罚，以免违反禁止重复评价原则。

实践中，对于向他人贩卖毒品后容留其吸食、注射毒品，或者容留他人吸食、注射毒品并向其贩卖毒品的，有的地方以容留他人吸毒罪与贩卖毒品罪数罪并罚，也有的地方以贩卖毒品罪一罪定罪处罚。经研究认为，通常情况下贩卖毒品行为与容留他人吸毒行为并不具有刑法上的牵连关系，故原则上应单独评价，在容留他人吸毒行为达到定罪标准的情况下，与贩卖毒品罪数罪并罚。对于实践中常见的多次让他人在相关场所试吸毒品后又向其贩卖毒品的，因让他人试吸毒品的行为属于贩卖毒品的手段行为，故不宜认定为容留他人吸毒罪并数罪并罚。

《解释》第十二条第三款规定了容留近亲属吸食、注射毒品行为的处理原则。对于容留近亲属吸食、注射毒品的，实践中普遍认为具有可宽宥性。主要考虑，吸毒是违法行为而不是犯罪行为，容留近亲属吸食、注射毒品的多系不得已而为之，吸毒者的近亲属在某种程度上也是受害人，对此类情形从宽处罚，既能够彰显司法的人性化，也符合宽严相济刑事政策。因此，对于情节显著轻微危害不大的，不作为犯罪处理。如父母二年内多次在自己家中容留已单独居住的成年子女吸食毒品的，或者同胞姐姐在自己家中容留未成年弟弟吸食毒品的，一般可认定为情节显著轻微危害不大，不作为犯罪处理。容留近亲属吸食、注射毒品，确实需要追究刑事责任的，除极少数情节恶劣的情形外，一般也应酌情从宽处罚。

需要注意的是，构成容留他人吸毒罪仅限于容留者拥有对场所的支配、控制权，而被容留者未经容留者允许，不享有场所使用权的情形。此外，对场所有共同居住、使用权的一方放任另一方在共同的住所内容留他人吸食、注射毒品的，因放任者不符合认定为犯罪的条件，对其亦不应以容留他人吸毒罪定罪处罚。

——叶晓颖、马岩、方文军、李静然：《〈关于审理毒品犯罪案件适用法律若干问题的解释〉的理解与适用》，载《人民司法·应用》2016年第13期。

1263 容留他人吸毒且提供毒品并收取毒品费用的行为如何定性

关键词｜容留他人吸毒罪｜贩卖毒品罪｜

【最高人民法院参考案例】

孙德柱贩卖毒品、容留他人吸毒案（《刑事审判参考》案例第1384号）

要旨：行为人容留他人吸毒的行为构成容留他人吸毒罪，为吸毒人员提供毒品并收取毒品费用的行为构成贩卖毒品罪，应依法予以并罚。

问题的关键在于如何理解这里的“以牟利为目的”？在容留他人吸毒的场所向吸毒者提供毒品并收取毒品费用的行为，是贩卖毒品的犯罪行为还是容留他人吸毒行为的定罪量刑情节？我们认为，这里的“以牟利为目的”，指的是通过容留他人吸毒行为而获取场所费用或者管理费用等利益，而不是贩卖毒品所获取的利益。理由如下：(1)符合《毒品解释》①的规定。《毒品解释》第十二条第二款规定：“向他人贩卖毒品后又容留其吸食、注射毒品，或者容留他人吸食、注射毒品并向其贩卖毒品，符合前款规定的容留他人吸毒罪的定罪条件的，以贩卖毒品罪和容留他

① 即《最高人民法院关于审理毒品犯罪案件适用法律若干问题的解释》（法释〔2016〕8号）。

人吸毒罪数罪并罚。”(2)提供场所容留他人吸毒和提供收费毒品是两个互相独立的行为。本案中,被告人孙德柱容留他人吸毒行为与提供收费毒品即贩卖毒品行为,虽然发生在同一个场所,且行为人为同一主体,侵犯的客体从大的方面讲,也都是国家对毒品的管制,但行为的客观方面却是不相同的。前者实施的是提供吸毒场所行为,后者实施的是贩卖毒品行为。(3)符合行为本身的罪质,也有利于突出打击重点。从罪质方面看,贩卖毒品罪的罪质明显重于容留他人吸毒罪的罪质,即使因为法律规定可以作一罪处理,也是重罪吸收轻罪,而不是轻罪吸收重罪。因而认为构成容留他人吸毒罪一罪的观点显然不成立。(4)“以牟利为目的”并非构成容留他人吸毒罪的必要条件。《毒品解释》只是规定了行为人在“以牟利为目的”的情形下,对容留他人吸毒行为构成犯罪的条件作了有别于其他情形的规定,但不能因为《毒品解释》的这一规定,而将贩卖毒品行为的牟利特征理解为容留他人吸毒罪的必要构成要件。

在实践中,行为人在收取费用时,如果不提供毒品,仅提供场所,对这种情形认定为“以牟利为目的”的容留他人吸毒行为,没有争议。有争议的是,行为人不仅提供吸毒场所,而且提供毒品、收取费用,但却与吸毒者言明,此费用仅是场所费用及其他非毒品费用,如茶水费等,且明确毒品系赠食的情况下,其行为性质应该如何认定?我们认为,对此种情形,要透过现象看本质。在一般情况下,行为人所收取的费用当然包括购买毒品的费用。实际上,这是行为人销售毒品的一种方式,销售毒品的数量就是其提供的毒品数量。根据司法解释的规定,贩卖毒品与容留吸毒均应单独评价。需要注意的是,一般情况下,只要行为人有向他人提供毒品、收取费用的行为即可认定贩卖毒品,而无须证明行为人从中获利。但同样需要注意,避免对收取费用行为进行重复评价,尤其在“以牟利为目的”构成容留他人吸毒罪的情形中,除非有证据支持行为人收取的费用中既包括贩卖毒品的费用,也包括提供场地、吸毒便利的费用。

——《刑事审判参考》(总第124辑)。

1264 旅馆经营者发现客人在房间内吸毒不予制止的行为定性

关键词|容留他人吸毒罪|旅馆经营者|

【最高人民法院参考案例】

聂凯凯容留他人吸毒案(《刑事审判参考》案例第1032号)

要旨:容留他人吸毒罪的主观方面包括间接故意。旅馆经营者对于入住客人的吸毒行为有义务制止或者向公安机关报告。

(一)容留他人吸毒罪的主观方面包括间接故意

根据刑法第三百五十四条的规定,容留他人吸毒罪是指容留他人吸食、注射毒品的行为。对于此处的容留,应当理解为允许他人在自己管理的场所吸食、注射毒品或者为他人吸食、注射毒品提供场所的行为。容留他人吸毒罪属于行为犯,主观方面只能由故意构成,但对于是否包括间接故意,即放任型的容留他人吸毒行为是否构成本罪,则有不同看法。一种意见认为,容留他人吸毒罪的主观方面必须出于直接故意。理由是,容留他人吸毒罪是指行为人明知他人吸食、注射毒品仍然提供场所,表明行为人主动、积极地实现犯罪目的,追求结果的发生,其主观上不存在放任危害结果发生的可能性。另一种意见认为,本罪的主观方面包括间接故意。理由是,犯罪故意包括直接故意和间接故意,从刑法对本罪的罪状规定来看,并未排斥间接故意构成本罪的情形;如果将放任型的容留他人吸毒行为排除在本罪范围之外,不利于对容留他人吸毒行为的有效打击,有违立法原意。我们赞同后一种意见,即容留他人吸毒罪的主观方面包括间接故意。直接故意与间接故意虽然存在区别,但二者并非对立关系,而是具有统一性。在刑法分则中,凡是由故意构成的犯罪,刑法分则条文均未排除间接故意。在适用法律时,一般不宜将间接故意排除在某一故意犯罪的构成要件之外。具体到本罪,立法原意旨在打击为他人吸食、注射毒品提供场所的行为,实质是处罚吸毒违法行为的"帮助犯",以最大限度地遏制吸毒行为的发生。因此,容留他人吸毒罪的主观方面包括间接故意,这样的理解既不违反立法原意和刑法理论,也符合我国厉行禁毒的一贯立场和坚决主张。换言之,容留他人吸毒行为,既可以主动实施,也可以被动实施。

需要说明的是,虽然容留他人吸毒罪的主观方面包括间接故意,但并非对于所有放任型的容留他人吸毒行为都要追究刑事责任。在个案处理上,要根据案件的具体情况区别对待。例如,房主出租房屋后,偶然发现他人在房屋内吸食、注射毒品未予制止或者报案的,一般不成立本罪;行为人放任共同生活的家庭成员在自家住所吸食、注射毒品的,一般也不成立本罪。

——《刑事审判参考》(总第100辑)。

1265 容留他人吸毒罪的量刑

关键词 | 容留他人吸毒罪 | 量刑 |

【最高人民法院司法文件】

(二十二)容留他人吸毒罪

1. 构成容留他人吸毒罪的,在一年以下有期徒刑、拘役幅度内确定量刑起点。

2. 在量刑起点的基础上,根据容留他人吸毒的人数、次数等其他影响犯罪构成的犯罪事实增加刑罚量,确定基准刑。

3. 构成容留他人吸毒罪的,根据容留他人吸毒的人数、次数、违法所得数额、危害后果等犯罪情节,综合考虑被告人缴纳罚金的能力,决定罚金数额。

4. 构成容留他人吸毒罪的,综合考虑容留他人吸毒的人数、次数、危害后果等犯罪事实、量刑情节,以及被告人主观恶性、人身危险性、认罪悔罪表现等因素,决定缓刑的适用。

——《最高人民法院、最高人民检察院关于常见犯罪的量刑指导意见(试行)》(2021 年 7 月 1 日,法发〔2021〕21 号)。

1266 非法提供麻醉药品、精神药品罪的定罪量刑标准

关键词｜非法提供麻醉药品、精神药品罪｜定罪量刑标准｜

【最高人民法院司法解释】

第十三条　依法从事生产、运输、管理、使用国家管制的麻醉药品、精神药品的人员,违反国家规定,向吸食、注射毒品的人提供国家规定管制的能够使人形成瘾癖的麻醉药品、精神药品,具有下列情形之一的,应当依照刑法第三百五十五条第一款的规定,以非法提供麻醉药品、精神药品罪定罪处罚:

(一)非法提供麻醉药品、精神药品达到刑法第三百四十七条第三款或者本解释第二条规定的“数量较大”标准最低值的百分之五十,不满“数量较大”标准的;

(二)二年内曾因非法提供麻醉药品、精神药品受过行政处罚的;

(三)向多人或者多次非法提供麻醉药品、精神药品的;

(四)向吸食、注射毒品的未成年人非法提供麻醉药品、精神药品的;

(五)非法提供麻醉药品、精神药品造成严重后果的;

(六)其他应当追究刑事责任的情形。

具有下列情形之一的,应当认定为刑法第三百五十五条第一款规定的“情节严重”:

(一)非法提供麻醉药品、精神药品达到刑法第三百四十七条第三款或者本解释第二条规定的“数量较大”标准的;

(二)非法提供麻醉药品、精神药品达到前款第一项规定的数量标准,且具有前款第三项至第五项规定的情形之一的;

(三)其他情节严重的情形。

——《最高人民法院关于审理毒品犯罪案件适用法律若干问题的解释》(2016

年4月11日，法释〔2016〕8号）。

【链接：理解与适用】

关于非法提供麻醉药品、精神药品罪的定罪标准，《立案追诉标准三》作了相关规定。《解释》第十三条第一款结合实践情况，对《立案追诉标准三》的规定加以完善。第（一）项规定了非法提供麻醉药品、精神药品罪的定罪数量标准。因该罪系向吸食、注射毒品的人无偿提供麻精药品，被告人的主观恶性相对小于贩卖毒品罪，故在设定其定罪量刑数量标准时，需要注意与贩卖毒品罪的协调、衔接问题。《立案追诉标准三》将非法提供麻醉药品、精神药品的立案追诉标准设定为刑法第三百四十七条中数量较大标准最低值的10%。但这样一来，在毒品（或者说是麻精药品）数量相同的情况下，非法提供麻醉药品、精神药品罪的量刑就与走私、贩卖、运输、制造毒品罪基本相当，这便与两类犯罪的罪行严重程度不相适应。基于上述考虑，《解释》将该罪的定罪数量起点上调至数量较大标准最低值的50%。第（二）项至第（五）项规定的是非法提供麻醉药品、精神药品罪的定罪情节标准，即虽未达到定罪数量标准，但具有这几项所列情形之一的，也应当定罪处罚。

《解释》第十三条第二款规定了非法提供麻醉药品、精神药品罪情节严重的认定标准。第（一）项规定了认定情节严重的数量标准。同样是考虑到该罪与贩卖毒品罪的量刑标准衔接问题，《解释》将该罪的情节严重数量标准设定为"数量较大"标准。这样规定，非法提供麻醉药品、精神药品达到数量较大标准的，处三年以上七年以下有期徒刑；走私、贩卖、运输、制造毒品达到数量较大标准的，处七年以上有期徒刑，两个罪名的法定刑之间实现了较好的衔接。第（二）项规定了认定非法提供麻醉药品、精神药品罪情节严重的"数量+其他情节"标准。达到第一款规定的定罪数量标准，但同时具有前款第（三）项至第（五）项规定的情形之一的，即可认定为情节严重。

——叶晓颖、马岩、方文军、李静然：《〈关于审理毒品犯罪案件适用法律若干问题的解释〉的理解与适用》，载《人民司法·应用》2016年第13期。

(三)涉麻黄碱类复方制剂行为的定性①

1267 走私、非法买卖麻黄碱类复方制剂等行为的定性

关键词｜制毒物品犯罪｜制造毒品罪｜麻黄碱类复方制剂｜

【最高人民法院司法文件】

一、关于走私、非法买卖麻黄碱类复方制剂等行为的定性

以加工、提炼制毒物品制造毒品为目的,购买麻黄碱类复方制剂,或者运输、携带、寄递麻黄碱类复方制剂进出境的,依照刑法第三百四十七条的规定,以制造毒品罪定罪处罚。

以加工、提炼制毒物品为目的,购买麻黄碱类复方制剂,或者运输、携带、寄递麻黄碱类复方制剂进出境的,依照刑法第三百五十条第一款、第三款的规定,分别以非法买卖制毒物品罪、走私制毒物品罪定罪处罚。

将麻黄碱类复方制剂拆除包装、改变形态后进行走私或者非法买卖,或者明知是已拆除包装、改变形态的麻黄碱类复方制剂而进行走私或者非法买卖的,依照刑法第三百五十条第一款、第三款的规定,分别以走私制毒物品罪、非法买卖制毒物品罪定罪处罚。

非法买卖麻黄碱类复方制剂或者运输、携带、寄递麻黄碱类复方制剂进出境,没有证据证明系用于制造毒品或者走私、非法买卖制毒物品,或者未达到走私制毒物品罪、非法买卖制毒物品罪的定罪数量标准,构成非法经营罪、走私普通货物、物品罪等其他犯罪的,依法定罪处罚。

实施第一款、第二款规定的行为,同时构成其他犯罪的,依照处罚较重的规定定罪处罚。

——《最高人民法院、最高人民检察院、公安部关于办理走私、非法买卖麻黄碱类复方制剂等刑事案件适用法律若干问题的意见》(2012 年 6 月 18 日,法发〔2012〕12 号)。

【链接:理解与适用】

第一款规定的是按照制造毒品罪定罪处罚的情形。麻黄碱类复方制剂可用于加

---

① 对该部分具体犯罪行为的认定,需要根据刑法修正案(九)修正后的刑法第三百五十条的规定妥当把握。

工、提炼麻黄碱类制毒物品，作为制造甲基苯丙胺等苯丙胺类毒品的主要原料。行为人以其本人利用麻黄碱类复方制剂加工、提炼制毒物品制造毒品为目的，购买麻黄碱类复方制剂，或者为了在境内外加工、提炼制毒物品制造毒品而运输、携带、寄递麻黄碱类复方制剂进出境的，均属于为制造毒品创造条件、准备制毒原料的行为，应当按照制造毒品罪定罪处罚。但是，如果不能证明行为人有制造毒品目的的，不能认定为制造毒品罪。本款中的客观行为表述为购买麻黄碱类复方制剂，或者运输、携带、寄递麻黄碱类复方制剂进出境，主要基于以下两点考虑：第一，麻黄碱类复方制剂属于常用药品，且销售终端主要为零售药店，实践中存在以制造毒品或者走私、非法买卖制毒物品为目的，采用合法手段购买麻黄碱类复方制剂的情形，但对此也应当追究刑事责任。如在"购买"前使用"非法"二字，则会导致无法有效打击以合法形式掩盖非法目的的此类行为。第二，目前我国对麻黄碱类复方制剂的进出口管制相对宽松，麻黄碱类复方制剂既不属于国家禁止或者限制进出口的药品，出口此类药品也不需要缴纳关税，只有进口环节需要缴纳进口关税和进口环节海关代征的增值税。在这种情况下，按照海关法的规定，只有逃避海关监管，偷逃应纳税款，运输、携带、寄递麻黄碱类复方制剂进境的行为才能够认定为走私行为。而对于大量存在的逃避海关监管，运输、携带、寄递麻黄碱类复方制剂出境的行为，仅作为违反海关监管规定的行为处理，不认定为走私行为。因此，如将运输、携带、寄递麻黄碱类复方制剂进出境表述为走私麻黄碱类复方制剂，则会将一大批虽然非法但不构成走私或者形式合法的运输、携带、寄递麻黄碱类复方制剂出境行为排除在外，不利于有效惩治此类犯罪。据了解，相关单位将出台有关文件，对向墨西哥、新西兰、缅甸等特定国家出口麻黄碱类复方制剂实行许可证管理。今后违反规定运输、携带、寄递麻黄碱类复方制剂至所列特定国家的，也将被认定为走私行为。

第二款规定的是按照非法买卖制毒物品罪、走私制毒物品罪定罪处罚的情形。对本款的说明，应当结合第一款的规定，避免将麻黄碱类复方制剂等同于制毒物品本身。从实践情况看，行为人利用麻黄碱类复方制剂加工、提炼制毒物品的目的通常有三个：一是制造毒品，二是非法买卖制毒物品，三是走私制毒物品。对于没有证据证明行为人有第一款规定的制造毒品目的的，如果能够证明行为人有利用麻黄碱类复方制剂加工、提炼制毒物品的主观目的，表明行为人购买麻黄碱类复方制剂或者运输、携带、寄递麻黄碱类复方制剂进出境并非出于药用目的，而是出于实施制毒物品犯罪的目的。结合其具体目的和行为，可以分别按照以下几种情形处理：(1)以加工、提炼制毒物品进行非法买卖为目的，购买麻黄碱类复方制剂的，按照非法买卖制毒物品罪定罪处罚。(2)以加工、提炼制毒物品进行走私为目的，购买麻黄碱类复方制剂的，按照走私制毒物品罪定罪处罚。(3)以加工、提炼制毒物品进行非法买卖为目的，运输、携带、寄递麻黄碱类复方制剂进出境的，按照非法买卖制毒物品罪定罪处罚。对于这种情形，如果单纯根据行为认定为走私制毒物品罪，实际是将麻黄碱类复方制剂等同于制毒物品本身，是不妥当的，而根据行为人的具体目的，按照其行为与制毒物品犯罪的关系定罪则更为准确。(4)以加工、提炼制毒物品走私出境为目的，运输、携带、寄递麻黄碱类复方制剂进境的，按照走私制毒物品罪定罪处罚。随着我国对麻黄碱类复方制剂管制的加强，近年来，运输、携带、寄递麻黄碱类复方制剂进境后提取制毒物品向境外毒源地走私的犯罪时有发生，为适应犯罪形势的变化，《意见》对这种情形的处理作出了规定。(5)对于无法进一步认定行为人加工、提炼制毒物品后的具体目的的，结合实践并从有利于行为人的角度，可以按照非法买卖制毒物品罪定罪处罚。

第三款规定的是近年来实践中较为典型的涉麻黄碱类复方制剂犯罪的表现形式，包括两种情形：一是行为人既实施了将麻黄碱类复方制剂拆除包装、改变形态的行为，又实施了走私或者非法买卖行为。二是行为人明知是他人已拆除包装、改变形态的麻黄碱类复方制剂，而予以走私或者非法买卖。将麻黄碱类复方制剂拆除包装、改变形态的主要目的是使制剂便于伪装、运输，增强隐蔽性，降低犯罪成本，并为后续的走私、非法买卖或者加工提炼、制造毒品行为做准备。拆除包装一般是指拆除麻黄碱类复方制剂的最小外包装，如将瓶装药片倒出，将胶囊从铝箔中拆解等。改变形态是指将药片压碎成粉末，将胶囊中的药粉、药物颗粒倒出等。药品管理法规定，药品是指用于预防、治疗、诊断人的疾病，有目的地调节人的生理机能并规定有适应症或者功能主治、用法和用量的物质。麻黄碱类复方制剂本身属于常用药品，有其功能主治、用法用量及包装、规格、性状、成分等，拆除包装、改变形态的麻黄碱类复方制剂已丧失了药品的属性和用途。实施本款规定行为的，可以排除走私、倒卖药品等药用目的，实质上是将拆除包装、改变形态的麻黄碱类复方制剂作为掺杂了其他成分的麻黄碱类制毒物品进行走私、非法买卖，故应当直接按照走私制毒物品罪、非法买卖制毒物品罪定罪处罚。需要特别说明的是，个人以药用目的，将少量麻黄碱类复方制剂拆除包装后携带进出境的，由于其中麻黄碱类物质的含量达不到制毒物品犯罪的定罪数量标准，不应被作为犯罪处理。

第四款规定的是第一、二款所列行为无法认定为制造毒品或者制毒物品犯罪时，按照其他犯罪定罪处罚的情形，属于兜底性规定。麻黄碱类复方制剂既可提炼出制毒物品用于实施制造毒品或者制毒物品犯罪，又是常用药品，其生产、经营、进出口活动应当遵循药品管理法、海关法等相关法律法规的规定。对于违反药品管理法律法规，未取得药品经营许可证，非法买卖麻黄碱类复方制剂，扰乱市场秩序，情节严重的，根据刑法第二百二十五条的规定，可以按照非法经营罪定罪处罚。对于逃避海关监管，偷逃应缴税款，运输、携带、寄递麻黄碱类复方制剂进境(即走私)，偷逃税额较大的，或者一年内曾因走私麻黄碱类复方制剂进境被给予两次行政处罚后又走私进境的，根据刑法第一百五十三条的规定，可以按照走私普通货物、物品罪定罪处罚。该款具体分为两种情形：

第一种是欠缺认定为制造毒品或者制毒物品犯罪的主观要件的情形。由于麻黄碱类复方制剂不是制毒物品，对于没有证据证明行为人以制造毒品或者走私、非法买卖制毒物品为目的，实施本款所列行为的，不能按照制造毒品或者制毒物品犯罪定罪处罚，其中构成非法经营罪、走私普通货物、物品罪等其他犯罪的，应依法定罪处罚。实践中，非法买卖或者运输、携带、寄递麻黄碱类复方制剂进出境，处于交易的中间环节，不直接用于加工、提炼制毒物品进行走私、非法买卖或者制造毒品，也没有拆除包装、改变形态的，通常较难认定行为人具有实施制造毒品或者制毒物品犯罪的主观故意，原则上均可照此处理。

第二种是未达到认定为制毒物品犯罪的定罪数量标准的情形。行为人非法买卖或者运输、携带、寄递麻黄碱类复方制剂进出境，满足本部分第二款规定的按照制毒物品犯罪处罚的主观要件，但涉案麻黄碱类复方制剂中麻黄碱类物质的含量尚未达到该罪的定罪数量标准，在以下两种情形下，可以按照非法经营罪或者走私普通货物、物品罪定罪处罚：一是符合非法经营罪或者走私普通货物、物品罪的特殊入罪情节规定的。根据《最高人民检察院、公安部关于公安机关管辖的刑事案件立案追诉标准的规定（二）》第七十九条和刑法第一百五十三条第一款第（一）项的规定，两年内因同种非法经营行为受过两次以上行政处罚后又进行同种非法经营的，或者一年内因走私被给予两次行政处罚后又走私的，无论是否达到相应经营数额、违法所得或者偷逃税额标准，都可以按照非法经营罪或者走私普通货物、物品罪处罚。二是达到非法经营罪或者走私普通货物、物品罪的定罪数额标准的。非法经营罪主要以非法经营或者违法所得数额，走私普通货物、物品罪主要以偷逃税额为入罪标准，均与涉案物品价格挂钩。对于部分麻黄碱类物质含量相对较低但价格相对较高的麻黄碱类复方制剂，虽达不到制毒物品犯罪的定罪标准，却能够满足按照非法经营罪或者走私普通货物、物品罪处罚的条件。例如，五千盒新康泰克胶囊（每盒十二元、含盐酸伪麻黄碱 0.9 克）含盐酸伪麻黄碱四千五百克，并未达到非法买卖制毒物品罪的定罪标准五公斤，但其经营数额六万元已超过非法经营罪的立案追诉标准五万元（个人）。需要特别说明的是，构成走私普通货物、物品罪以进出口涉案货物、物品需要缴纳关税为前提。由于出口麻黄碱类复方制剂不需要缴纳关税，运输、携带、寄递麻黄碱类复方制剂出境的行为不具备认定为走私普通货物、物品罪的条件，但上述行为通常与非法买卖麻黄碱类复方制剂行为密切相关，结合实践一般可以认定为非法经营罪。在相关罪名后使用“等”字，是为了适应司法实践发展的需要，为日后出台的相关规定预留空间。

第五款规定了办理涉麻黄碱类复方制剂犯罪案件的一个重要处罚原则，旨在依法从严惩处此类犯罪。如前所述,由于麻黄碱类复方制剂具有双重性质和用途,本部分第一、二款规定的非法买卖麻黄碱类复方制剂或者运输、携带、寄递麻黄碱类复方制剂进出境的行为,可能同时构成其他犯罪。本款规定在想象竞合的情况下,按照处罚较重的规定定罪处罚,也符合刑法对于此种情形的一般处理原则。第一款规定的情形与非法经营罪、走私普通货物、物品罪等其他犯罪竞合的,由于刑法对制造毒品罪的法定刑设置较高,按照制造毒品罪处罚通常较重。第二款规定的情形与非法经营罪、走私普通货物、物品罪等其他犯罪竞合的,根据麻黄碱类复方制剂的价格及其中麻黄碱类物质含量的不同,会出现不同的适用关系。一般情况下,麻黄碱类复方制剂的价格越低,其中麻黄碱类物质的含量越高,按照非法买卖制毒物品罪、走私制毒物品罪处罚就越重;反之,按照非法经营罪或者走私普通货物、物品罪处罚就越重。例如,麻黄碱苯海拉明片(每瓶二元、含盐酸麻黄碱 2. 5 克)属于价格低、含量高的品种,二万五千瓶中含盐酸麻黄碱 62. 5 千克,按照非法买卖制毒物品罪可在三年以上十年以下有期徒刑幅度内处罚;但其经营数额刚刚达到非法经营罪的立案追诉标准五万元,按照非法经营罪只能在五年以下有期徒刑或者拘役幅度内在起刑点附近量刑。

——高贵君、马岩、李静然:《〈关于办理走私、非法买卖麻黄碱类复方制剂等刑事案件适用法律若干问题的意见〉的理解与适用》,载《人民司法 · 应用》2012 年第 17 期。

【最高人民法院参考案例】

解群英等非法买卖制毒物品、张海明等非法经营案(《刑事审判参考》案例第 803 号)

要旨:将麻黄碱类复方制剂拆解成粉末进行买卖的,应当认定为非法买卖制毒物品罪。

根据刑法第三百五十条的规定,非法买卖制毒物品罪,是指违反国家规定在境内非法买卖醋酸酐、乙醚、三氯甲烷或者其他用于制造毒品的原料或者配剂的行为。我国对制毒物品实行列管模式,国务院 2005 年发布的《易制毒化学品管理条例》所附《易制毒化学品的分类和品种目录》共列举了二十三种制毒物品。其中,麻黄碱(亦称麻黄素)、伪麻黄碱、消旋麻黄碱、去甲麻黄碱、甲基麻黄碱、麻黄浸膏、麻黄浸膏粉等(包括盐类、原料药及其单方制剂)均系列管的制毒物品。国家对这些易制毒化学品进行严格控制,对它们的生产、经营、购买、运输、进出口实行分类管理和许可制度,禁止使用现金或实物进行交易。

麻黄碱类复方制剂是含有麻黄碱类物质和其他药物成分的药品复方制剂,是用于治疗感冒和咳嗽的常用药品,除新康泰克外,常见的还有白加黑感冒片、麻黄碱苯海拉明片、消咳宁等。麻黄碱类复方制剂具有双重属性：一方面，为日常生活中的常用药品，且大多为非处方药，故不属于国家列管的制毒物品范围。对于非法买卖麻黄碱类复方制剂的，不能直接将其作为非法买卖易制毒化学品的行为来处理。另一方面，通过物理提炼甚至手工分离的方法，可以从麻黄碱类复方制剂中提炼出麻黄碱类物质，而麻黄碱类物质是当前境内制造甲基苯丙胺等苯丙胺类合成毒品的主要原料。将麻黄碱类物质从复方制剂中剥离出来，改变了麻黄碱类复方制剂的药品属性，可以作为制毒物品处理。

本案中麻黄碱类复方制剂是新康泰克，通用名称为复方盐酸伪麻黄碱缓释胶囊，其主要成分为盐酸伪麻黄碱，可用于制造冰毒。被告人解群英、梁兴、解飞明知新康泰克胶囊中所含盐酸伪麻黄碱系国家列管的易制毒化学品，为获取非法利益，雇人将所购新康泰克药品拆封，并将胶囊内的粉末装入塑料袋后向外非法出售，其行为改变了新康泰克胶囊的药品属性，即解群英、梁兴、解飞所贩卖的不再是药品，而是制剂内的麻黄碱类物质。从所获高额利润分析，解群英、梁兴、解飞已明知其未将新康泰克作为日常用药来出售，而是作为制毒物品出售。根据《意见》第一条第三款的规定，将麻黄碱类复方制剂拆除包装、改变形态后进行走私或者非法买卖，或者明知是已拆除包装、改变形态的麻黄碱类复方制剂而进行走私或者非法买卖的，依照刑法第三百五十条第一款、第三款的规定，分别以走私制毒物品罪、非法买卖制毒物品罪定罪处罚。解群英、梁兴、解飞的行为属于将麻黄碱类复方制剂拆改包装、改变形态后进行非法买卖的情形，故其行为构成非法买卖制毒物品罪。

——《刑事审判参考》(总第 87 辑)。

王小情、杨平先等非法买卖制毒物品案(《刑事审判参考》案例第 802 号)

要旨：以非法贩卖为目的，利用麻黄碱类复方制剂加工、提炼制毒物品的，应当认定为非法买卖制毒物品罪。

麻黄碱类物质是制造甲基苯丙胺等苯丙胺类合成毒品的主要原料，属于《易制毒化学品管理条例》品种目录列管的第一类易制毒化学品，即刑法中规定的制毒物品。麻黄碱类复方制剂是含有麻黄碱类物质和其他药物成分的药品复方制剂，常见的如新康泰克胶囊、麻黄碱苯海拉明片等。通过加工、提炼甚至手工分离的方法，就可以从麻黄碱类复方制剂中提取麻黄碱类物质。近年来，制造甲基苯丙胺等合成毒品犯罪在我国迅速蔓延，由于麻黄碱类物质及其单方制剂在我国被作为易制毒化学品进行严格管控，犯罪分子难以获得，于是转而寻求相对易于获取的麻黄碱类复方制剂作为制毒原料。据统计，我国查获的制造甲基苯丙胺犯罪中的制毒原料一半以上是麻黄碱类复方制剂，部分地区已形成“非法买卖麻黄碱类复方制剂—加工、提炼麻黄碱类物质—制造甲基苯丙胺”的产业链。同时，随着司法机关对制造毒品犯罪打击力度的加大,也有部分犯罪分子不再直接制造毒品,而是利用麻黄碱类复方制剂加工、提炼出麻黄碱类物质后进行走私、非法贩卖。利用麻黄碱类复方制剂加工、提炼制毒物品,实际上是一种非法制造制毒物品的行为。实践中,此类行为已成为关联上游走私、非法买卖麻黄碱类复方制剂和下游制造毒品、走私、非法买卖制毒物品犯罪的关键环节,必须依法惩治。然而,刑法第三百五十条规定了走私制毒物品罪和非法买卖制毒物品罪,没有将非法制造制毒物品的行为规定为犯罪。因此,对于行为人尚未实施或者没有证据证明其实施走私、非法买卖制毒物品或者制造毒品犯罪的情形中利用麻黄碱类复方制剂加工、提炼制毒物品的行为定性,一度是困扰办案人员的一个难题。

麻黄碱类物质的性质特殊,仅限于以下三种特定用途:一是制药;二是制造苯丙胺类毒品;三是作为化工生产中的一种拆分剂(此类用途少之又少)。利用麻黄碱类复方制剂提炼出麻黄碱类物质后,再用于制药或者工业生产不但有悖常理,而且成本过高,目前,实践中还不存在这样的个案。根据实践情况分析,利用麻黄碱类复方制剂加工、提炼麻黄碱类物质,其目的通常有三个:一是制造毒品;二是非法买卖制毒物品;三是走私制毒物品。行为人或是为本人制造毒品、走私、非法买卖制毒物品创造条件,或者是为他人制造毒品、走私、非法买卖制毒物品提供帮助。由于刑法未将非法制造制毒物品的行为规定为犯罪,对于利用麻黄碱类复方制剂加工、提炼制毒物品的行为,应当立足现有法律规定,根据行为人实施加工、提炼行为的具体目的,从该行为与制造毒品或者制毒物品犯罪的关系来认定。根据2012年6月18日最高人民法院、最高人民检察院、公安部联合发布的《关于办理走私、非法买卖麻黄碱类复方制剂等刑事案件适用法律若干问题的意见》(以下简称《意见》)的规定,以制造毒品或者走私、非法买卖制毒物品为目的,利用麻黄碱类复方制剂加工、提炼制毒物品的,分别按照制造毒品罪、走私制毒物品罪或者非法买卖制毒物品罪定罪处罚;明知他人制造毒品或者走私、非法买卖制毒物品,为其利用麻黄碱类复方制剂加工、提炼制毒物品的,分别以制造毒品罪、走私制毒物品罪或者非法买卖制毒物品罪的共犯论处。

本案中,复方茶碱麻黄碱片属于麻黄碱类复方制剂,是一种止咳平喘的常用药品,其中所含盐酸麻黄碱是国家列管的麻黄碱类制毒物品。被告人杨平先以非法贩卖麻黄碱类制毒物品为目的,购买复方茶碱麻黄碱片后,租用厂房、雇用人员为其加工、提炼麻黄碱,并贩卖牟利。其行为包括非法制造制毒物品和非法贩卖制毒物品两部分。由于刑法未规定非法制造制毒物品罪,对非法制造制毒物品的行为,要结合行为人的目的来定性。综合在案证据分析,杨平先制造制毒物品的目的是用于贩卖,故对其制造制毒物品的行为应当认定为非法买卖制毒物品罪。被告人曾红宝、刘林全、刘林辉虽未直接实施非法买卖制毒物品犯罪,但三被告人明知杨平先非法贩卖麻黄碱类制毒物品牟利，而为其利用麻黄碱类复方制剂加工、提炼制毒物品或者为其提供其他帮助，应当以非法买卖制毒物品罪的共犯论处。鉴于三被告人均受杨平先雇佣而参与犯罪，起次要作用，依法可以认定为从犯。在三被告人中，曾红宝的作用相对大于刘林全和刘林辉。

——《刑事审判参考》（总第87辑）。

1268 利用麻黄碱类复方制剂加工、提炼制毒物品行为的定性

关键词 | 制造毒品罪 | 制毒物品犯罪 | 麻黄碱类复方制剂 |

【最高人民法院司法文件】

二、关于利用麻黄碱类复方制剂加工、提炼制毒物品行为的定性

以制造毒品为目的，利用麻黄碱类复方制剂加工、提炼制毒物品的，依照刑法第三百四十七条的规定，以制造毒品罪定罪处罚。

以走私或者非法买卖为目的，利用麻黄碱类复方制剂加工、提炼制毒物品的，依照刑法第三百五十条第一款、第三款的规定，分别以走私制毒物品罪、非法买卖制毒物品罪定罪处罚。

——《最高人民法院、最高人民检察院、公安部关于办理走私、非法买卖麻黄碱类复方制剂等刑事案件适用法律若干问题的意见》（2012年6月18日，法发〔2012〕12号）。

【链接：理解与适用】

（二）关于利用麻黄碱类复方制剂加工、提炼制毒物品行为的定性

利用麻黄碱类复方制剂加工、提炼制毒物品，也是常见的涉麻黄碱类复方制剂犯罪的表现形式，实践中已成为关联上下游犯罪的关键环节，迫切需要予以惩治。此类行为实际上是一种非法制造制毒物品的行为，但因刑法并未将这种行为规定为犯罪，故对于单纯利用麻黄碱类复方制剂加工、提炼制毒物品，但尚未实施或者没有证据证明实施了走私、非法买卖制毒物品或者制造毒品犯罪的，结合实际情况来看，利用麻黄碱类复方制剂加工、提炼制毒物品，属于为制造毒品或者走私、非法买卖制毒物品而创造条件、生产制毒物品的行为。因此，《意见》规定，根据行为人实施此类行为的具体目的，分别按照制造毒品罪、走私制毒物品罪或者非法买卖制毒物品罪定罪处罚。

需要特别说明的是，经广泛调研并咨询有关专家后了解到，麻黄碱类物质的性质特殊，仅限于以下三种特定用途：一是制药，二是合成苯丙胺类毒品，三是作为化

工生产中的一种拆分剂(此类用途少之又少)。利用麻黄碱类复方制剂加工、提炼麻黄碱类物质后,再用于制药或者工业生产不但有悖常理,而且成本过高,实践中无一个案,故利用麻黄碱类复方制剂加工、提炼麻黄碱类物质的,可以推定系出于实施毒品犯罪的非法目的。对于其中有证据证明以制造毒品或者走私、非法买卖制毒物品为目的的,分别按照制造毒品罪、走私制毒物品罪或者非法买卖制毒物品罪定罪处罚。对于没有证据证明具体目的的,结合实践并从有利于行为人的角度,可以推定其存在非法买卖制毒物品的故意,按照非法买卖制毒物品罪定罪处罚。

——高贵君、马岩、李静然:《〈关于办理走私、非法买卖麻黄碱类复方制剂等刑事案件适用法律若干问题的意见〉的理解与适用》,载《人民司法·应用》2012年第17期。

1269 走私、非法买卖麻黄碱类复方制剂等犯罪行为人主观目的与明知的认定

关键词|制造毒品罪|制毒物品犯罪|麻黄碱类复方制剂|主观目的|主观明知|

【最高人民法院司法文件】

五、关于犯罪嫌疑人、被告人主观目的与明知的认定

对于本意见规定的犯罪嫌疑人、被告人的主观目的与明知,应当根据物证、书证、证人证言以及犯罪嫌疑人、被告人供述和辩解等在案证据,结合犯罪嫌疑人、被告人的行为表现,重点考虑以下因素综合予以认定:

1. 购买、销售麻黄碱类复方制剂的价格是否明显高于市场交易价格;
2. 是否采用虚假信息、隐蔽手段运输、寄递、存储麻黄碱类复方制剂;
3. 是否采用伪报、伪装、藏匿或者绕行进出境等手段逃避海关、边防等检查;
4. 提供相关帮助行为获得的报酬是否合理;
5. 此前是否实施过同类违法犯罪行为;
6. 其他相关因素。

——《最高人民法院、最高人民检察院、公安部关于办理走私、非法买卖麻黄碱类复方制剂等刑事案件适用法律若干问题的意见》(2012年6月18日,法发〔2012〕12号)。

【链接:理解与适用】

(五)关于犯罪嫌疑人、被告人主观目的与明知的认定

《意见》规定了几种不同的主观目的和明知情形,本款对犯罪嫌疑人、被告人

主观目的与明知的认定作出提示性规定，为办案人员提供分析、判断的切入点和方法。适用本款规定时，需要注意以下两点：第一，在认定犯罪嫌疑人、被告人的主观目的和明知时，物证、书证、证人证言及犯罪嫌疑人、被告人供述和辩解等证据往往能够起到最重要、最直接的证明作用，故应当作为认定的首要依据。第二，认定犯罪嫌疑人、被告人的主观目的和明知时，也要结合犯罪嫌疑人、被告人的客观行为表现综合判断，主要有以下几个主要的判断因素：(1)作为药品的麻黄碱类复方制剂有其正常的价格浮动区间，犯罪嫌疑人、被告人购买、销售麻黄碱类复方制剂的价格明显高于市场交易价格的，一般可排除经营药品目的，说明其对行为性质有一定认识。(2)犯罪嫌疑人、被告人采用虚假身份、地址等信息办理发货、提货手续，或者采用伪装、夹藏等手段运输、寄递、存储麻黄碱类复方制剂的，目的在于掩饰麻黄碱类复方制剂的性质及发货人、提货人的真实身份，说明其对行为性质有一定认识。(3)犯罪嫌疑人、被告人采用伪报、伪装、藏匿或者绕行进出境等手段逃避海关、边防等检查的，目的在于掩饰其所运输、携带物品的性质，说明其对行为性质有一定认识。(4)对于共同犯罪人，如果其实施相关帮助行为所获得的报酬明显超过正常劳务报酬的，说明其对行为性质有一定认识。(5)犯罪嫌疑人、被告人此前实施过同类违法犯罪行为的，对其行为性质一般应当存在明知。鉴于实践中还存在其他可供判断的因素，故设置了兜底项。

——高贵君、马岩、李静然：《〈关于办理走私、非法买卖麻黄碱类复方制剂等刑事案件适用法律若干问题的意见〉的理解与适用》，载《人民司法·应用》2012年第17期。

1270 走私、非法买卖麻黄碱类复方制剂等犯罪的数量认定与标准

关键词｜制毒物品犯罪｜制造毒品罪｜麻黄碱类复方制剂｜数量认定｜数量标准｜

【最高人民法院司法文件】

六、关于制毒物品数量的认定

实施本意见规定的行为，以走私制毒物品罪、非法买卖制毒物品罪定罪处罚的，应当以涉案麻黄碱类复方制剂中麻黄碱类物质的含量作为涉案制毒物品的数量。

实施本意见规定的行为，以制造毒品罪定罪处罚的，应当将涉案麻黄碱类复方制剂所含的麻黄碱类物质可以制成的毒品数量作为量刑情节考虑。

多次实施本意见规定的行为未经处理的，涉案制毒物品的数量累计计算。

七、关于定罪量刑的数量标准

实施本意见规定的行为，以走私制毒物品罪、非法买卖制毒物品罪定罪处罚

的,涉案麻黄碱类复方制剂所含的麻黄碱类物质应当达到以下数量标准:麻黄碱、伪麻黄碱、消旋麻黄碱及其盐类五千克以上不满五十千克;去甲麻黄碱、甲基麻黄碱及其盐类十千克以上不满一百千克;麻黄浸膏、麻黄浸膏粉一百千克以上不满一千千克。达到上述数量标准上限的,认定为刑法第三百五十条第一款规定的“数量大”。

实施本意见规定的行为,以制造毒品罪定罪处罚的,无论涉案麻黄碱类复方制剂所含的麻黄碱类物质数量多少,都应当追究刑事责任。

——《最高人民法院、最高人民检察院、公安部关于办理走私、非法买卖麻黄碱类复方制剂等刑事案件适用法律若干问题的意见》(2012 年 6 月 18 日,法发〔2012〕12 号)。

【链接:理解与适用】

(六)关于制毒物品数量的认定

刑法第三百五十七条第二款规定:“毒品的数量以查证属实的走私、贩卖、运输、制造、非法持有毒品的数量计算,不以纯度折算。”但对于制毒物品的数量,刑法并未作出不以纯度折算的规定。制毒物品的定罪量刑数量标准,主要是根据有效的制毒物品成分制成毒品的数量比例确定的。麻黄碱类复方制剂是由麻黄碱类物质和其他成分混合而成的药品制剂,其中的麻黄碱类物质才是制毒物品,才能够制造毒品,直接按照涉案麻黄碱类复方制剂数量定罪量刑不但缺乏科学性,也会导致处罚过于严厉,有违罪刑相适应原则。因此,在对相关行为按照制毒物品犯罪处罚时,应当将涉案麻黄碱类复方制剂所含麻黄碱类物质的数量认定为制毒物品的数量。关于数量计算方法,对于正规厂家出产的成品药剂,可以按照其药品批准证明文件中列明的成分、含量进行计算;对于已拆除包装、改变形态的麻黄碱类复方制剂,则需要进行含量鉴定。

对于根据《意见》规定认定为制造毒品罪的,量刑时也应当将涉案麻黄碱类复方制剂所含麻黄碱类物质的数量作为制毒物品的数量予以考虑。尤其是对于没有实际制成毒品的案件,可综合考虑相当数量的麻黄碱类制毒物品通常可以制成多少毒品,比照作为对被告人量刑的依据。

实践中,犯罪分子为逃避刑事制裁,往往采取少量多次、化整为零等手段非法贩运麻黄碱类复方制剂。为保障打击效果,《意见》规定,对多次实施上述行为未经处理的,应累计计算其中制毒物品的数量。

(七)关于定罪量刑的数量标准

《意见》规定了对相关行为按照制毒物品犯罪处理时,不同麻黄碱类物质的定罪数量标准和认定为数量大的标准。其中,对于麻黄碱、伪麻黄碱、去甲麻黄碱、甲基麻黄碱及其盐类，麻黄浸膏、麻黄浸膏粉的定罪量刑数量标准，最高人民法院2000年制定的《关于审理毒品案件定罪量刑标准有关问题的解释》、“两高一部”2009年制定的《关于办理制毒物品犯罪案件适用法律若干问题的意见》已作出规定，《意见》仍延续原有规定。关于消旋麻黄碱及其盐类的定罪量刑数量标准，以往的规范性文件中没有规定，但实践中存在相关案例，经调研、论证，在《意见》中对其定罪量刑数量标准作出规定。

刑法第三百四十七条第一款规定：“走私、贩卖、运输、制造毒品，无论数量多少，都应当追究刑事责任，予以刑事处罚。”因此，上述麻黄碱类物质的定罪数量标准仅适用于按照制毒物品犯罪处罚的情形，在按照制造毒品罪处罚时，涉案麻黄碱类复方制剂所含麻黄碱类物质的数量不受前款规定的最低数量标准的限制，即无论数量多少，都应当追究刑事责任。

——高贵君、马岩、李静然：《〈关于办理走私、非法买卖麻黄碱类复方制剂等刑事案件适用法律若干问题的意见〉的理解与适用》，载《人民司法 · 应用》2012年第17期。

八、组织、强迫、引诱、容留、介绍卖淫罪

(一)组织、协助组织、强迫卖淫

1271 组织卖淫罪的界定及情节严重的认定

关键词|组织卖淫罪|组织他人卖淫|情节严重|

【最高人民法院司法解释】

第一条　以招募、雇佣、纠集等手段,管理或者控制他人卖淫,卖淫人员在三人以上的,应当认定为刑法第三百五十八条规定的“组织他人卖淫”。

组织卖淫者是否设置固定的卖淫场所、组织卖淫者人数多少、规模大小,不影响组织卖淫行为的认定。

第二条　组织他人卖淫,具有下列情形之一的,应当认定为刑法第三百五十八条第一款规定的“情节严重”:

(一)卖淫人员累计达十人以上的;

(二)卖淫人员中未成年人、孕妇、智障人员、患有严重性病的人累计达五人以上的;

(三)组织境外人员在境内卖淫或者组织境内人员出境卖淫的;

(四)非法获利人民币一百万元以上的;

(五)造成被组织卖淫的人自残、自杀或者其他严重后果的;

(六)其他情节严重的情形。

——《最高人民法院、最高人民检察院关于办理组织、强迫、引诱、容留、介绍卖淫刑事案件适用法律若干问题的解释》(2017年7月25日,法释〔2017〕13号)。

【链接:理解与适用】

一是组织行为方面。《解答》①的缺陷有两处:一是容易混淆引诱、容留、介绍卖淫与组织卖淫的概念,因此,《解释》采用了“招募、雇佣、纠集等手段”的表述方

① 此处《解答》即1992年12月11日发布的《最高人民法院、最高人民检察院关于执行〈全国人民代表大会常务委员会关于严禁卖淫嫖娼的决定〉的若干问题的解答》。

法，将引诱、容留等手段隐含在组织人员的方法之中，以将组织卖淫与一般的引诱、容留及介绍行为区分开来。二是容易混淆组织卖淫和强迫卖淫的概念。虽然在某种程度上组织卖淫可以包括强迫卖淫，但是，强迫卖淫涵盖不了组织卖淫。因此，《解释》将《解答》的“控制他人卖淫”改为“管理或者控制他人卖淫”，以体现不少卖淫人员是自愿卖淫，并且接受组织者的管理调研中有人提出，组织卖淫行为应体现在行为人的组织性上。经研究认为，刑法中类似于黑社会组织犯罪这类的组织性犯罪与本罪在本质上是不一样的。本罪的罪质特征主要体现在其组织行为上，如一个人也可以组织他人卖淫，而不是体现在组织者的组织机构上。

二是规模要件即卖淫人数方面。《解答》关于控制多人卖淫的概念总体上是对的，而且多人就是指三人以上，也符合刑法术语的一般理解，在调研中，有意见认为，只要符合“管理或者控制他人卖淫”的形式，即使组织一人或者二人也可以以组织卖淫罪处理。为澄清这种认识，并且明确组织卖淫和容留卖淫的区别，同时也避免在同一个法律文件内出现对一个名词自我解释的现象，《解释》将组织卖淫罪中被组织人员的人数明确规定为三人以上。

三是场所要件。在一般情况下，组织卖淫行为人是设置或者变相设置卖淫场所的，如以宾馆、洗浴中心、会所为固定场所或者以经营宾馆、洗浴中心、会所等为名，行组织卖淫之实。但近些年来，面对严厉的“扫黄”活动，一些不法之徒采取动态管理方式，即不建立固定的卖淫窝点，而是利用现代化的交通与通信设施，指挥、控制着多人从事卖淫活动。这种动态管理模式，将组织卖淫行为化整为零，或者将分散的单个卖淫行为组织起来，既能扩大卖淫的范围，又便于逃避公安机关的追查。这类没有固定场所的组织卖淫行为，依然明显地体现出组织者的管理、控制行为，即卖淫者并非作为单个个体而存在，而是受制于组织者，随时接受他们的指令去办事，有一定的组织性和纪律性。

……

关于组织卖淫的次数是否可以作为“情节严重”的选项问题。从调研情况看，各地法院普遍赞同不以组织卖淫的次数衡量情节是否严重，而应以管理、控制卖淫的人数、造成被组织卖淫者伤亡后果及卖淫人员自身的情况，如未成年人、孕妇、智障人员、患有严重性病的人等来认定情节是否严重。因为司法实践中，卖淫的次数问题，取证通常比较困难，在认定的证据上往往会比较缺乏。另外，组织卖淫的次数与人数相比，显然人数的危害比次数大得多。当然，《解释》对次数问题也是有充分考虑的。一是专门设置第十条，将组织、强迫、引诱、容留、介绍他人卖淫的次数，作为在法定刑幅度内的量刑情节。二是将组织卖淫犯罪活动“非法获利人民币一百万元以上”作为“情节严重”的情形之一。组织卖淫活动获利越多，越能在较大程度上反映其组织卖淫的次数，体现其社会危害性的严重。从收集证据角度来看,获利情况相对容易查明,将获利情况作为情节严重与否的标准,也有利于使一些反侦察意识较强,对卖淫者的信息实行一定保护,致使公安机关查处困难的犯罪分子难以逃避打击。那么,获利多少可以认定为"情节严重"?经征求相关方面的意见后,起草小组认为,获利多少不是认定"情节严重"的主要选项,而是在认定组织卖淫人数存在取证困难时的一个补充手段,因此,不宜太高,也不宜太低。其获利情况应当与组织卖淫犯罪活动连续时间或者累计时间一年以上基本相当,因而确定为一百万元。实践中,犯罪分子获利数百万元甚至数千万元的也不在少数。

——周峰、党建军、陆建红、杨华:《〈关于审理组织、强迫、引诱、容留、介绍卖淫刑事案件适用法律若干问题的解释〉的理解与适用》,载《人民司法·应用》2017年第25期。

四、《涉卖淫刑案解释》对组织卖淫和协助组织卖淫犯罪概念表述均用了"招募"一词,如何区分

《涉卖淫刑案解释》第一条第一款规定:以招募、雇佣、纠集等手段,管理或者控制他人卖淫,卖淫人员在三人以上的,应当认定为刑法第三百五十八条规定的"组织他人卖淫"。第四条第一款规定:明知他人实施组织卖淫犯罪活动而为其招募、运送人员或者充当保镖、打手、管账人等的,依照刑法第三百五十八条第四款的规定,以协助组织卖淫罪定罪处罚,不以组织卖淫罪的从犯论处。有同志咨询,两个条文都用了"招募"一词,含义是否相同?如果相同,如何判断招募这一行为是组织卖淫还是协助组织卖淫?

我们认为,招募,作为一个词语,其含义是相同的,其原本意思是,为了吸引足够数量的具备相应能力和态度,从而助力于实现目标的人员而开展的一系列活动,如招揽有意向的人员,参与并配合共同完成的活动、工作任务等;其基本内涵是征召募集的意思。招募本是一个中性词,但在涉卖淫类犯罪中,招募是指行为人为了组织卖淫活动而向社会招集卖淫人员。组织卖淫罪和协助组织卖淫罪的构罪要件中,"招募"一词的含义是一样的。但是,其一,"招募"在组织卖淫罪中只是一种手段,并非犯罪方面的构成要件,而只是组织卖淫罪中管理或者控制他人卖淫这一客观方面构成要件的手段之一。组织卖淫罪的犯罪行为是管理和控制卖淫人员。而协助组织卖淫罪中的"招募"就是犯罪行为本身。其二,组织卖淫罪中,行为人招募的目的是自己实施组织卖淫犯罪,而协助组织卖淫罪中,行为人招募的目的是帮助组织卖淫者。也就是说,理解"招募"一词,必须把其放到具体的法条语境中理解和适用。唯其如此,才能区别招募行为人所犯之罪是组织卖淫罪还是协助组织卖淫罪。

——陆建红:《审理组织、强迫、引诱、容留、介绍卖淫等刑事案件若干疑难问题

探讨——基于对〈最高人民法院、最高人民检察院关于办理组织、强迫、引诱、容留、介绍卖淫刑事案件适用法律若干问题的解释〉的再次解读》，载最高人民法院刑事审判第一、二、三、四、五庭主办：《刑事审判参考》（总第117辑），法律出版社2019年版，第215页。

【最高人民法院参考案例】

胡杨等协助组织卖淫案（《刑事审判参考》案例第1309号）

要旨：区分组织卖淫罪和协助组织卖淫罪的关键点是行为人是否实施了“组织行为”。

1. 组织他人卖淫的行为贯穿于组织卖淫活动的整个过程，既包括将卖淫人员组织在一起的行为，也包括将卖淫人员组织起来后实施卖淫的行为。

2. 组织他人卖淫的行为既是一种组织行为，也是一种实行行为，它不同于刑法关于共同犯罪中的组织犯的意义。共同犯罪中的组织犯是指组织、策划、指挥他人去实施犯罪，其组织行为本身不是具体实施犯罪的实行行为，而组织卖淫罪中的组织、策划、指挥行为本身就是实行行为。

3. 组织他人卖淫的行为着眼点在于“管理”和“控制”，即是否以招募、雇佣、纠集等手段对卖淫人员达到人身、财产、行为等方面的管理和控制，即卖淫人员服从于组织行为，受组织卖淫人员的管理和控制，而协助者没有权力参与对卖淫人员的指挥、管理和控制。

——《刑事审判参考》（总第120辑）。

张桂方、冯晓明组织卖淫案（《刑事审判参考》案例第1054号）

要旨：区分组织卖淫罪和引诱、容留、介绍卖淫罪的关键是行为人是否对卖淫者具有管理、控制等组织行为。如果行为人只是实施了容留、介绍甚至引诱卖淫的行为，没有对卖淫活动进行组织的，就不能以组织卖淫罪处罚。

就本案而言，被告人张桂方、冯晓明共同容留多名卖淫女从事卖淫活动，张桂方租用了广州市番禺区大石街大山村大涌路275号之七及番禺区大石街大山村富山二街5号之一的出租屋作为卖淫场所，亲自招揽嫖客，还雇请同案人为卖淫女拉客，规定卖淫价格及分成比例，并收取嫖资。冯晓明则拉拢、收买辖区派出所的辅警，通过辅警打探公安机关的清查活动，为组织卖淫活动寻求非法保护。因此，张桂方、冯晓明虽然没有从人身自由上对卖淫女实施严格的控制行为，但均实施了对多名卖淫女卖淫活动的管理行为，均构成组织卖淫罪。具体体现在：（1）提供固定卖淫场所；（2）规定上班时间和地点；（3）雇佣人员负责拉客，为卖淫女提供客源；（4）规定卖淫收入的分配比例，先由被告人收取嫖资后分配；（5）为卖淫活动寻求保护。这些特征，均为单一的引诱、容留、介绍卖淫罪所不能涵括。

——《刑事审判参考》（总第 101 辑）。

周兰英组织卖淫案（《刑事审判参考》案例第 1292 号）

要旨：组织卖淫与容留卖淫的最大区别在于行为人对卖淫人员是否实施了管理、控制行为。

组织卖淫，尤其是以容留卖淫为手段的组织卖淫与单纯的容留卖淫的主要区别在于：首先，行为人对卖淫人员的卖淫活动是否实施了管理、控制行为，即组织卖淫行为人最主要的行为特征是对卖淫活动进行了管理、控制，而容留卖淫行为人对卖淫人员的卖淫活动既不管理，更不控制，而仅仅提供固定或者临时租借的场所以及流动场所，对卖淫人员在何时卖淫、向谁卖淫、如何收费等均不过问，只收取一定的场所费用甚至不收取任何费用，至于卖淫人员的日常活动，均由卖淫人员自行安排。其次，两者在人数上也有一定的区别，即组织卖淫中的卖淫人员必须达到三人以上，而容留卖淫中的卖淫人员可以在三人以上，也可以在三人以下。例如，根据《涉卖淫刑案解释》第八条第一款第（三）项的规定，容留未成年人、孕妇、智障人员、患有严重性病的人卖淫的，容留一人即构成容留卖淫罪。如果行为人虽然实施了组织行为，但被组织卖淫人员的人数不到三人的，这种情况下只能依法降格作容留或介绍卖淫处理。

——《刑事审判参考》（总第 117 辑）。

1272 投资行为是否能认定为组织卖淫

关键词｜组织卖淫罪｜投资｜

【最高人民法院参考案例】

席登松等组织卖淫、刘斌斌等协助组织卖淫案（《刑事审判参考》案例第 1267 号）

要旨：投资者只要明知实际经营者、管理控制者所进行的是组织卖淫活动，即使没有实际直接参与经营，没有直接对卖淫活动进行管理控制，其投资行为也应认定为组织卖淫行为的组成部分。

在司法实践中，卖淫犯罪往往以合法形式掩盖犯罪实质，如开设洗浴中心、保健中心，特别是一些行为人并不参与组织卖淫的具体管理或者控制活动，而仅仅对所谓的洗浴中心、保健中心等进行投资，并约定分成，对卖淫嫖娼活动的日常管理很少甚至不直接介入。那么，对这类投资行为是否能认定为组织卖淫？

我们认为，投资者只要明知实际经营者、管理控制者所进行的是组织卖淫活动，即使没有实际直接参与经营，没有直接对卖淫活动进行管理控制，其投资行为也应认定为组织卖淫行为的组成部分。其主要原因就在于，实际经营者、管理控制者如果离开了投资者的投资，组织卖淫的规模会受到影响，甚至是否有经济实力实施组织卖淫行为都可能存在问题。当然，仅有投资没有实际经营行为，没有管理控制行为，投资行为不会自动转变为组织卖淫行为。因此，投资行为与实际经营行为、管理控制行为共同构成了组织卖淫行为。有时，投资者既是实际经营者，又是管理控制者，行为人集三种角色于一身，那就更加充分地体现了其组织卖淫的行为特征。

——《刑事审判参考》（总第 115 辑）。

1273 组织男性从事同性性交易行为构成组织卖淫罪

关键词｜组织卖淫罪｜同性卖淫｜

【最高人民法院参考案例】

李宁组织卖淫案（《刑事审判参考》案例第 303 号）

要旨：组织卖淫罪，是指组织他人卖淫的行为。组织男性从事同性性交易，构成组织卖淫罪。

我们认为，“卖淫”，就其常态而言，虽是指女性以营利为目的，与不特定男性从事性交易的行为；但随着立法的变迁，对男性以营利为目的，与不特定女性从事性交易的行为，也应认定为“卖淫”；而随着时代的发展、社会生活状况的变化，“卖淫”的外延还可以、也应当进一步扩大，亦即还应当包括以营利为目的，与不特定同性从事性交易的行为（为论述方便，以下简称此种卖淫行为为“同性卖淫”）。对“卖淫”作如上界定，并不违背刑法解释原理和罪刑法定原则，相反，是刑法立法精神的当然要求，主要理由是：

（一）如上所述，至今，刑法本身及相关立法、司法解释均未曾对刑法中“卖淫”一词的内涵作出过明确界定，均未曾明确限定“卖淫”仅限于异性之间的性交易行为。鉴于此，认为“卖淫”也包括同性卖淫，并不与现行立法和有效刑法解释相抵触；或者说，至少在形式上并不违背罪刑法定原则。

（二）由于种种原因，辞典，尤其是非专业性辞典对某一刑法用语的解释，往往与我们对该刑法用语所作的规范解释不尽一致，有的甚至与刑法本身规定相冲突。

（三）我们认为，刑法所规定的“卖淫”的本质特征在于，其是以营利为目的，向不特定的人出卖肉体的行为。至于行为人的性别是男是女，以及其对象是异性还是同性，均不是判断、决定行为人的行为是否构成“卖淫”所要考察的因素。

（四）根据刑法解释原理，对刑法用语，应当适应社会发展，结合现实语境，作出符合同时代一般社会观念和刑法精神的解释。这并不违背罪刑法定原则,相反是贯彻罪刑法定原则的当然要求。

——《刑事审判参考》(总第 38 辑)。

1274 如何理解组织卖淫罪中“卖淫人员在三人以上”的含义

关键词|组织卖淫罪|三人以上|

【最高人民法院参考案例】

何鹏燕介绍卖淫案(《刑事审判参考》案例第 1270 号)

要旨:在同一时间段内管理、控制的卖淫人员达到三人以上,才符合“卖淫人员在三人以上”。

“卖淫人员在三人以上”是指在指控的犯罪期间,管理、控制卖淫人员不是累计达到三人以上,而是在同一时间段内管理、控制的卖淫人员达到三人以上。本案中,卖淫人员是先后累计达到三人以上,但被告人何鹏燕先是对李某某的卖淫活动进行管理,李某某离开后再对秦某、万某的卖淫活动进行管理,三名卖淫人员在被管理的时间上不存在交叉、重叠,不符合《涉卖淫刑案解释》对组织卖淫罪的规定。

——《刑事审判参考》(总第 115 辑)。

1275 卖淫女被嫖客杀害的,能否认定为组织卖淫罪的“情节严重”

关键词|组织卖淫罪|情节严重|

【最高人民法院参考案例】

胡宗友、李仲达组织卖淫案(《刑事审判参考》案例第 1291 号)

要旨:卖淫女在实施卖淫违法行为时被嫖客杀害的,应当认定为组织卖淫罪的“情节严重”。

因此,对“其他严重后果”,应当基于罪刑法定原则的要求,按照体系解释方法,遵循同类解释规则进行。据此,我们认为,这里的“其他严重后果”是指与严重残疾、死亡基本同质的后果,如造成被害人精神病致不能生活自理的,造成多人重伤的,等等,而不是没有任何范围约束的严重结果。最后,这里的“其他严重后果”,必须是被害人即卖淫女在卖淫期间发生的,且该严重后果与卖淫活动有紧密的因果或者条件关系。

就本案而言，卖淫女牟永某于2016年8月15日在进行卖淫活动时，因嫖资纠纷被嫖客陈旋杀害。在该案中，卖淫女的死亡既非其自杀引起，也非被告人胡宗友、李仲达所实施，但发生在其从事卖淫活动期间，且因嫖资纠纷而引发，因此，与卖淫活动有着刑法意义上的紧密联系，应当认定为“其他严重后果”。

——《刑事审判参考》（总第117辑）。

【链接：理解与适用】

五、如何理解组织、强迫卖淫“造成被组织、强迫卖淫的人自残、自杀或者其他严重后果”这一情节严重的情形

根据《涉卖淫刑案解释》第二条第（五）项、第五条第（五）项、第六条第一款第（四）项的规定，造成被组织卖淫的人，被招募、运送卖淫的人以及被强迫卖淫的人自残、自杀或者其他严重后果的，应当分别认定为组织卖淫“情节严重”、协助组织卖淫“情节严重”和强迫卖淫“情节严重”。

对此要件的理解，应当明确以下几点：（1）这里的“自残、自杀”不是基于组织卖淫、协助组织卖淫以及强迫卖淫犯罪分子故意的行为。如果是上述犯罪分子的故意行为，则应当依照刑法第三百五十八条第三款的规定，以故意杀人、故意伤害罪等对犯罪分子数罪并罚。所犯故意杀人罪、故意伤害罪，如果应当判处死刑的，可以依法判处死刑。（2）这里“自残、自杀”是一种结果，而不是行为本身，即卖淫人员的自残、自杀行为必须导致严重残疾或者死亡的结果，如果行为人仅有自残、自杀的行为，但没有造成严重残疾或者死亡结果的，不能认定为造成卖淫人员自残、自杀的情形。（3）这里的其他严重后果，是指与严重残疾、死亡基本同质的后果，如造成卖淫人员严重精神病致不能自理生活的，造成多人重伤的，等等。（4）卖淫人员在卖淫期间发生死亡、严重残疾等严重后果，且该严重后果与卖淫活动有紧密的因果或者条件关系的，应当认定为“其他严重后果”。例如，四川省宜宾市某区人民法院审理被告人胡宗友、李仲达组织卖淫案，卖淫人员牟某某于2016年8月15日在进行卖淫活动时，因嫖资纠纷被嫖客陈旋杀害。在该案中，卖淫人员的死亡既非卖淫人员的自杀引起，也非被告人胡宗友、李仲达所实施，但发生在卖淫活动期间，且因嫖资纠纷而引发，因此，与卖淫活动有着刑法意义上的紧密联系，应当认定为“其他严重后果”。

——陆建红：《审理组织、强迫、引诱、容留、介绍卖淫等刑事案件若干疑难问题探讨——基于对〈最高人民法院、最高人民检察院关于办理组织、强迫、引诱、容留、介绍卖淫刑事案件适用法律若干问题的解释〉的再次解读》，载最高人民法院刑事审判第一、二、三、四、五庭主办：《刑事审判参考》（总第117辑），法律出版社2019年版，第216页。

1276 组织卖淫罪主从犯的认定

关键词｜组织卖淫罪｜主犯｜从犯｜

【最高人民法院参考案例】

席登松等组织卖淫、刘斌斌等协助组织卖淫案(《刑事审判参考》案例第1267号)

要旨:刑法专门规定了协助组织卖淫罪以后,并不影响组织卖淫共同犯罪中根据案件事实区分主从犯。

就本案而言,席登松等人组织卖淫共同犯罪中,应该可以区分主从犯。席登松、郑利华、陆根武均是金陵SPA馆的投资者,如何区分主从犯地位?我们认为,就投资者而言,除了考察投资比例外,还要考察是否直接参与经营或者考察参与经营的程度。这是区分犯罪分子在共同犯罪中地位作用的一个重要方面。(1)主要投资者其地位明显高于仅投资而没有参与经营者,主要经营者比没有参与经营的人作用更突出。(2)虽然仅投资而不参与经营、管理,但居于控股地位的,其地位、作用不一定次于实际经营者和管控者。(3)仅投资且投资比例没有达到控股地位的,其地位作用明显次于投资处于控股地位者,或者明显次于实际经营者,或者明显次于实际管控者的,可以认定为组织卖淫的从犯;接近控股地位的,可以认定为主犯,但与最主要的主犯,在量刑上要有区分。根据这三个区分办法,本案被告人席登松既是主要投资者(投资比例占60%),又是主要经营者,理应认定为主犯。而郑利华投资占比30%、陆根武投资占比10%,且均未具体参与经营,只是偶尔查看经营情况,其地位、作用明显不如席登松,应当认定为从犯。被告人郭晨虽然未出资,但其实施了招募卖淫女,组织卖淫女团队,安排卖淫交易,利用微信、支付宝收银,通过微信及出租车司机招揽嫖客等行为,在共同犯罪中地位突出,行为积极且其收入占全部卖淫收入的13%,收入比投资者郑利华、陆根武都高,应当认定为共同犯罪中的主犯。

——《刑事审判参考》(总第115辑)。

方斌等组织卖淫案(《刑事审判参考》案例第1268号)

要旨:组织卖淫罪有主犯、从犯之分;在组织卖淫共同犯罪中,主要投资人一般应认定为主犯。

司法实践中有观点认为,组织卖淫罪只有主犯,没有从犯。我们不认同这种观点。任何一种犯罪,在数人共同犯罪的形态中,除都是主犯或者共同正犯的情况外,均应按照各自在犯罪中所起到的作用大小,区分为主犯和从犯。在通常情况下,组织卖淫犯罪涉及的人员较多、关系复杂,既有组织者、各类管理人员,又有一般的服务人员。他们之间有不同的职责分工,共同参与犯罪活动,要根据其行为区分不同的罪责，确定主犯、从犯。

……

对于主要投资人而言，其实际上是卖淫场所的所有人或实际经营者，虽然通常并不直接参与卖淫场所的日常经营管理，而是通过雇用、指使管理人员负责卖淫场所的日常经营运行，但主要投资人在整个组织卖淫共同犯罪过程中起到了组织、策划、指挥等主要作用，具有绝对的支配权和领导地位，其他参与组织卖淫犯罪的人员都受其指挥、服从其领导，二者之间是上下级的关系。故主要投资人在犯罪组织中的地位高、作用大，属于“幕后黑手”“老板”“大哥”，当然应该对组织卖淫活动承担全部责任，是第一主犯。

——《刑事审判参考》（总第115辑）。

1277 如何区分组织卖淫罪的从犯与协助组织卖淫罪的正犯

关键词｜组织卖淫罪｜协助组织卖淫罪｜从犯｜

【最高人民法院参考案例】

胡杨等协助组织卖淫案（《刑事审判参考》案例第1309号）

要旨：组织卖淫罪和协助组织卖淫罪均可能存在主从犯的区分，不能简单地将组织卖淫罪的从犯认定为协助组织卖淫罪的正犯。

1. 组织卖淫罪的共同犯罪人之间也可以区分主从犯

司法实践中有观点认为，组织卖淫罪的犯罪分子都是主犯。理由是：第一，根据刑法第二十六条第一款规定的“主犯是指组织、领导犯罪集团进行犯罪活动或者在共同犯罪中起主要作用的”，那么行为人只要构成组织卖淫罪，要么是组织、领导卖淫集团的首要分子，要么是在组织卖淫共同犯罪中起主要作用的，就都是主犯；第二，既然将协助组织卖淫罪从组织卖淫罪中分离出来，组织卖淫罪就不存在从犯了。

我们认为组织卖淫罪中也是能够区分主从犯的。第一，组织行为人的地位、作用并非完全相同。虽然组织卖淫犯罪本身蕴含的犯罪构成要件要求行为人实施的是组织行为，但实施这种组织行为未必是一般意义上的组织犯，其组织对象既包括其他共同犯罪人，也包括卖淫人员。组织卖淫罪中可以有多名组织者，多名组织者内部之间还存在主从之分。所以组织他人卖淫的组织者不一定是组织犯，也就不一定是首要分子，在多名组织者之间也是存在分工的，对于其中处于从属地位、发挥次要作用、听命于人的应当以从犯论处。第二，司法实践中，普遍认为协助组织卖淫行为是组织卖淫行为的帮助犯，帮助犯是起辅助作用的从犯，但从犯不一定是帮助犯。协助组织卖淫行为从组织卖淫罪中分离出来,组织卖淫共同犯罪中还存在另外一种起次要作用的从犯。第三,从刑法理论上说,既然是共同犯罪,就有主从犯的区分问题。

2. 协助组织卖淫罪的共同犯罪人之间也可以区分主从犯

有观点认为协助组织卖淫罪没有主犯,其理由就在于协助组织卖淫罪其实是法律将原本属于组织卖淫罪的从犯予以单独规定罪名的结果,故所有协助组织卖淫行为人,就其行为本质来说,都属于组织卖淫罪的从犯。

我们认为,这种观点既不符合刑法关于主从犯划分的理论,也与司法实践不相符。第一,从刑法理论上说,凡是共同犯罪案件,一般来说都存在罪犯之间有主有从的问题,当然也有可能共同犯罪人都是主犯,但不可能都是从犯。协助组织卖淫罪与组织卖淫罪分离,单独成罪后,显然不能在组织卖淫罪的范围内讨论协助组织卖淫罪有无主犯,而是要以协助组织卖淫罪为评价对象,判断协助行为本身的主从之分。刑法将协助组织卖淫罪从组织卖淫罪中分离出来,其主要原因就是协助组织卖淫行为的类型化。组织卖淫罪实施过程中需要保镖、打手、管账人予以协助已经成为常态,而"协助者"们往往由于分工不同而获利不同,因此,他们在共同犯罪中所起的作用不同,罪责也相应有所区别。第二,司法实践中,一些协助组织卖淫行为往往不依附于组织卖淫者,相反却有自己相对独立的组织,如专门的运输组织、专门的培训机构、专门的保镖组织。这些相对独立的组织,往往不止与一个卖淫犯罪团伙发生关系,而是同时与多个卖淫犯罪团伙发生关系。因此,那种认为协助组织卖淫行为一定是组织卖淫行为从犯的观点与犯罪方式的变化已经不相称了。在这些相对独立的协助组织卖淫机构内,完全有可能存在主从犯的区分问题。

综上,我们认为,组织卖淫罪和协助组织卖淫罪都可能存在一人犯罪和数人共同犯罪的情况,只要是数人共同犯罪,除都是主犯的外,都应当有主从犯之分,应当根据他们在共同组织卖淫或者协助组织卖淫犯罪活动中起的作用,按照刑法关于共同犯罪的相关规定确定,不能将组织卖淫罪的从犯认定为协助组织卖淫罪。

——《刑事审判参考》(总第120辑)。

杨恩星等组织卖淫案(《刑事审判参考》案例第1269号)

要旨:协助组织卖淫行为属于帮助犯,帮助犯与主行为实施者即实行犯是按照分工不同划分的,即帮助犯不实施主行为,两者的本质区别在于行为人在组织卖淫活动过程中的分工,而不是作用大小。

在组织卖淫活动中,凡是对卖淫者的卖淫活动直接进行管理、控制的行为人,体现为以招募、雇佣、强迫、引诱、容留等手段,管理、控制多人从事卖淫,核心是策划、指挥、管理、控制、安排、调度等组织行为,应当构成组织卖淫罪。其中起主要作用的是主犯，起次要、辅助作用的是从犯，但从犯实施的行为也应是组织行为，只是这种组织行为相对于主要组织者而言作用相对次要。而协助组织卖淫罪中行为人所实施的行为不能是组织行为，不与卖淫行为发生直接联系，只能是在外围保障卖淫活动顺利进行的辅助行为。根据刑法和《涉卖淫刑案解释》的规定，协助组织卖淫罪的客观行为主要表现为：以招工为名，通过广告、互联网等方式，协助诱骗、招募妇女卖淫，但本身不参与组织卖淫活动；提供交通工具，为组织卖淫者接送、转移卖淫人员，只收取相应运输费用；充当保镖，看家护院、望风放哨；充当打手，协助强迫妇女卖淫；为组织卖淫者充当管账人等。

在司法实践中，对于将组织他人卖淫场所中的"老板"认定为组织者是没有异议的，但对于经理、领班等其他管理人员能否认定为组织者存在争议。我们认为，在整个卖淫组织中，出资者、指挥者固然属于组织卖淫者，经理、领班等其他管理人员也实施具体的管理行为，只是其地位和作用相对于出资者、指挥者来说较小，但只要与卖淫人员之间存在管理与被管理的关系，而不是实施单纯的帮助行为，其实质上就实施了组织卖淫罪的实行行为，故也应将这部分管理人员的管理行为认定为组织卖淫行为。

——《刑事审判参考》（总第115辑）。

蔡轶等组织卖淫、协助组织卖淫案（《刑事审判参考》案例第768号）

要旨：在认定"组织卖淫"与"协助组织卖淫"行为时不能简单地以作用大小为标准，而应根据组织与协助组织行为的分工来认定。

在组织卖淫活动中对卖淫者的卖淫活动直接进行安排、调度的，属于组织卖淫罪的行为人，应当以组织卖淫罪论处。其中起主要作用的是主犯，起次要作用的是从犯，从犯当然应当以组织卖淫罪论处。并且从犯的犯罪行为也是组织行为，即对卖淫者的卖淫行为直接进行策划、管理、指派，只是这种组织行为相对于主要组织者而言处于辅助地位。如果不是对卖淫者的卖淫活动直接进行安排、调度，而是在外围协助组织者实施其他行为，如充当保镖、打手、管账人或为直接组织者招募、雇佣、运送卖淫者，为卖淫者安排住处或为组织者充当管账人、提供反调查信息等行为的，则都不构成组织卖淫罪，而仅构成协助组织卖淫罪。

——《刑事审判参考》（总第85辑）。

【链接：理解与适用】

另外，刑法专门规定了协助组织卖淫罪以后，并不影响组织卖淫共同犯罪中根据案件事实可以区分主从犯；同样，协助组织卖淫罪本身也有主从犯之分，如有的犯罪分子成立专门的运送卖淫女团伙，在团伙内部就有主从犯之分。概言之，只要是共同故意犯罪，都可能存在主从犯的问题。

实践中，要注意区别组织卖淫罪与协助组织卖淫罪。不能把组织卖淫犯罪中的从犯，一律简单地认定为协助组织卖淫罪犯。要严格按照刑法和《涉卖淫刑案解释》规定的构成要件，准确认定协助组织卖淫罪。实践中容易出现的误区是，主犯设置了组织卖淫的场所，而帮助主犯管理的人员处于帮助地位，因而认定为协助组织卖淫罪。例如，某法院审理的被告人胡某等八人协助组织卖淫案，余某某（另案处理）于 2016 年 8 月 3 日与某公司签订承包地下停车场协议，后利用该场所从事组织卖淫嫖娼的活动。余某某为老板，被告人胡某为执行经理负责日常管理，被告人夏某某负责收银，被告人方某、李某、张某、吴某某、严某某等营销人员通过网站、QQ、微信等方式发布招嫖信息，并将嫖客带到某俱乐部，再由被告人龙某某进行确认嫖客身份后将嫖客带入卖淫场所，方某等营销人员再行安排房间让嫖客和卖淫人员进行卖淫嫖娼活动。嫖娼按照事先规定进行分成。2016 年 8 月 30 日晚，公安人员查获了本案，当场抓获卖淫嫖娼人员五对十人。公诉机关以协助组织卖淫罪提起公诉，法院以对胡某等八名人员均以协助组织卖淫罪定罪处罚。我们认为，本案中，除胡某以外的被告人，其行为性质认定为协助组织卖淫罪均没问题。但胡某虽然地位上次于另案处理的余某某，其行为却应当认定为组织卖淫罪。因为其在余某某为首的卖淫犯罪团伙中担任了执行经理的角色，所负责的是日常管理，而不是充当保镖、打手、管账人等角色，也不是实施帮助招募、运送人员等处于协助地位的行为，其行为本质上属于管理和控制卖淫人员的行为，因此，应当认定为组织卖淫罪。

——陆建红：《审理组织、强迫、引诱、容留、介绍卖淫等刑事案件若干疑难问题探讨——基于对〈最高人民法院、最高人民检察院关于办理组织、强迫、引诱、容留、介绍卖淫刑事案件适用法律若干问题的解释〉的再次解读》，载最高人民法院刑事审判第一、二、三、四、五庭主办：《刑事审判参考》（总第 117 辑），法律出版社 2019 年版，第 210 页。

1278 组织卖淫中有引诱、介绍卖淫行为的如何适用法律

关键词｜组织卖淫罪｜引诱卖淫罪｜介绍卖淫罪｜

【最高人民法院司法解释】

第三条　在组织卖淫犯罪活动中，对被组织卖淫的人有引诱、容留、介绍卖淫行为的，依照处罚较重的规定定罪处罚。但是，对被组织卖淫的人以外的其他人有引诱、容留、介绍卖淫行为的，应当分别定罪，实行数罪并罚。

——《最高人民法院、最高人民检察院关于办理组织、强迫、引诱、容留、介绍卖淫刑事案件适用法律若干问题的解释》(2017 年 7 月 25 日，法释〔2017〕13 号)。

【最高人民法院参考案例】

于维、彭玉蓉组织卖淫案(《刑事审判参考》案例第 1293 号)

要旨：组织卖淫罪与引诱、容留、介绍卖淫罪系法条竞合关系，其适用原则为重法优于轻法。

本案中被告人于维、彭玉蓉先后组织十余名未成年少女从事卖淫活动。在此过程中，为了劝说上述人员从事卖淫，根据于维的供述，主要通过“洗脑”的方式，以利益诱惑受害人卖淫。在具体卖淫活动中，先是嫖客联系于维、彭玉蓉，二人与嫖客商谈好价格后再挑选适当的卖淫人员并送到嫖客入住的宾馆房间内推荐介绍，促成卖淫交易达成。从于维、彭玉蓉的行为特征看，二人既符合组织卖淫罪的要件，又符合引诱、介绍卖淫罪的要件。

对于此种情况下的法律适用问题，我们认为，组织卖淫罪与引诱、容留、介绍卖淫罪在手段上有重合之处，均可以表现为引诱、容留、介绍卖淫行为。一般认为，组织卖淫罪与引诱、容留、介绍卖淫罪系法条竞合关系，其适用原则为重法优于轻法。当行为人以引诱、容留、介绍的手段组织卖淫时，既可构成组织卖淫罪，又可构成引诱、容留、介绍卖淫罪的，择一重罪处罚。根据刑法第三百五十八条第一款的规定，组织卖淫的，处五年以上十年以下有期徒刑，并处罚金；情节严重的，处十年以上有期徒刑或者无期徒刑，并处罚金或没收财产。而刑法第三百五十九条第一款规定，引诱、容留、介绍卖淫的，处五年以下有期徒刑、拘役或者管制，并处罚金；情节严重的，处五年以上有期徒刑，并处刑罚。两相比较，组织卖淫罪的处罚重于引诱、容留、介绍卖淫罪，故一般按照组织卖淫罪进行处罚。但是，引诱卖淫中有一种特殊情形，就是引诱不满十四周岁的幼女卖淫。根据刑法第三百五十九条第二款的规定，引诱不满十四周岁的幼女卖淫的，处五年以上有期徒刑，并处罚金。因此，在某些情况下，引诱幼女卖淫罪的处罚可能重于组织卖淫罪，即组织卖淫犯罪未达到“情节严重”时，其法定刑幅度为五年以上十年以下有期徒刑，而引诱幼女卖淫罪的法定刑幅度为五年以上(十五年以下)有期徒刑。此时应依照引诱幼女卖淫罪定罪处罚，组织卖淫行为作为犯罪情节考虑。如果组织卖淫犯罪达到“情节严重”时，因其法定最高刑为无期徒刑，一般应当以组织卖淫罪一罪定罪处罚。

——《刑事审判参考》(总第 117 辑)。

1279 在组织卖淫过程中采取非法限制卖淫人员人身自由等强迫行为的，应如何认定

关键词 | 组织卖淫罪 | 强迫卖淫罪 |

【最高人民法院参考案例】

丁宝骏、何红等组织卖淫、协助组织卖淫案(《刑事审判参考》案例第1294号)

要旨：具有强迫特征的组织卖淫行为表现形式与强迫卖淫罪的手段行为虽有相似之处，但行为对象却有着本质区别，前者为自愿卖淫，并与行为人形成合意、接受行为人管理和控制的卖淫人员；后者则为无卖淫意愿，被强迫从事卖淫行为的人员。

《涉卖淫刑案解释》中只采用“招募、雇佣、纠集等手段”的表述方法，并将“控制”他人卖淫改为“管理或者控制”他人卖淫。这种“管理或者控制”主要表现在对卖淫人员和卖淫活动的管理和控制上，既表现为行为人使用协商、劝说、引诱等平和的方式，就卖淫方式、服务内容、收费分成等与卖淫人员达成合意，使卖淫人员自愿服从管理；也表现为行为人使用暴力、胁迫等具有强迫特征的手段，如组织者对卖淫人员实施扣押身份证、户口簿等证件，假借代为保管名义控制卖淫人员手机等通信工具，以限制其与外界联系的自由，以拘禁的方式限制卖淫人员人身自由，以殴打手段迫使卖淫人员卖淫，安排人员监督卖淫交易等行为。这种具有强迫特征的行为表现形式与强迫卖淫罪的手段行为虽有相似之处，但行为对象却有着本质区别，前者为自愿卖淫，并与行为人形成合意、接受行为人管理和控制的卖淫人员；后者则为无卖淫意愿，被强迫从事卖淫行为的人员。

实践中，卖淫组织中的卖淫人员为了追求经济利益，或是自愿卖淫并接受组织管理，或是经人介绍、引诱加入卖淫组织实施卖淫行为。行为人将卖淫人员组织起来统一管理、控制，以非法拘禁、殴打、侮辱等手段强制卖淫人员服从组织管理，强迫手段是组织、管理、控制的具体表现，行为人的目的仍是组织卖淫，根据罪刑法定原则，应直接定为组织卖淫罪，其中限制人身自由等手段行为可作为组织卖淫罪的量刑情节考虑。

——《刑事审判参考》(总第117辑)。

1280 协助组织卖淫罪的界定及情节严重的认定

关键词 | 协助组织卖淫罪 | 情节严重 |

【最高人民法院司法解释】

第四条 明知他人实施组织卖淫犯罪活动而为其招募、运送人员或者充当保镖、打手、管账人等的，依照刑法第三百五十八条第四款的规定，以协助组织卖淫罪定罪处罚，不以组织卖淫罪的从犯论处。

在具有营业执照的会所、洗浴中心等经营场所担任保洁员、收银员、保安员等，从事一般服务性、劳务性工作，仅领取正常薪酬，且无前款所列协助组织卖淫行为的，不认定为协助组织卖淫罪。

第五条 协助组织他人卖淫，具有下列情形之一的，应当认定为刑法第三百五十八条第四款规定的“情节严重”：

（一）招募、运送卖淫人员累计达十人以上的；

（二）招募、运送的卖淫人员中未成年人、孕妇、智障人员、患有严重性病的人累计达五人以上的；

（三）协助组织境外人员在境内卖淫或者协助组织境内人员出境卖淫的；

（四）非法获利人民币五十万元以上的；

（五）造成被招募、运送或者被组织卖淫的人自残、自杀或者其他严重后果的；

（六）其他情节严重的情形。

——《最高人民法院、最高人民检察院关于办理组织、强迫、引诱、容留、介绍卖淫刑事案件适用法律若干问题的解释》（2017 年 7 月 25 日，法释〔2017〕13 号）。

【链接：理解与适用】

协助组织卖淫罪与组织卖淫罪是两个密切关联的犯罪。从本质上说，大多数协助组织卖淫行为属于组织卖淫共同犯罪从犯的性质，但也有部分行为人成立专门的培训机构、运输组织等，专门从事协助组织卖淫的行为，这部分行为的独立性就非常强，将其以组织卖淫罪的从犯处理，不符合这类行为的本质。因此，1997 年刑法单独规定了协助组织卖淫罪。这说明，这类行为有具体的罪状和单独的法定刑，应当确定为独立的罪名，适用单独的法定刑处罚，不再适用刑法关于从犯的处罚原则。《涉卖淫刑案解释》第四条第一款也对协助卖淫罪的概念和处理原则作了明确规定：“明知他人实施组织卖淫犯罪活动而为其招募、运送人员或者充当保镖、打手、管账人等的，依照刑法第三百五十八条第四款的规定，以协助组织卖淫罪定罪处罚，不以组织卖淫罪的从犯论处。”据此，对协助组织卖淫罪的入罪标准，可分两种情况。（1）作为组织卖淫从犯性质的协助组织卖淫行为，其入罪标准依托于组织卖淫行为是否构成犯罪。只有在组织卖淫行为构成犯罪的前提下，协助组织行为才构成协助组织卖淫罪。最高人民检察院、公安部于 2017 年 4 月 27 日发布的《关于公安机关管辖的刑事案件立案追诉标准的规定(一)的补充规定》第十二条规定:“在组织卖淫的犯罪活动中,帮助招募、运送、培训人员3人以上,或者充当保镖、打手、管账人等,起帮助作用的,应予立案追诉。”同时,要注意正确适用《涉卖淫刑案解释》第四条第二款关于“在具有营业执照的会所、洗浴中心等经营场所担任保洁员、收银员、保安员等,从事一般服务性、劳务性工作,仅领取正常薪酬,且无前款所列协助组织卖淫行为的,不认定为协助组织卖淫罪”的规定。(2)相对独立于组织卖淫犯罪的协助组织卖淫行为,如成立专门的培训机构、运输组织等,对这类行为,《涉卖淫刑案解释》没有明确其入罪标准。我们认为,可以参照组织卖淫罪的人数标准,即培训三人或运输三人以上的,构成协助组织卖淫罪。其理由,一是这一类型的协助组织卖淫犯罪,与前述类型的协助组织卖淫犯罪相比,其社会危害性更大。而且,由于该类型犯罪本身具有一定的组织性,侦查难度也更大,犯罪行为人的人身危险性更大,主观恶性也更深,因此,参照组织卖淫罪的入罪标准,只会有利于被告人,而不会对被告人处以偏重的刑罚。二是《涉卖淫刑案解释》第五条规定的协助组织卖淫罪“情节严重”的情形,除非法获利以组织卖淫罪“情节严重”的一半即五十万元为标准外,其他标准与组织卖淫罪“情节严重”的标准完全一致。

——陆建红:《审理组织、强迫、引诱、容留、介绍卖淫等刑事案件若干疑难问题探讨——基于对〈最高人民法院、最高人民检察院关于办理组织、强迫、引诱、容留、介绍卖淫刑事案件适用法律若干问题的解释〉的再次解读》,载最高人民法院刑事审判第一、二、三、四、五庭主办:《刑事审判参考》(总第117辑),法律出版社2019年版,第208—210页。

1281 强奸幼女后,将幼女送至组织卖淫行为人处进行卖淫活动的如何定性

关键词｜协助组织卖淫罪｜强奸罪｜

【最高人民法院参考案例】

张海峰组织卖淫、李志强协助组织卖淫、饶有才容留卖淫案(《刑事审判参考》案例第1310号)

要旨:奸淫幼女后,将幼女送至组织卖淫行为人处进行卖淫活动的,应当以强奸罪和协助组织卖淫罪数罪并罚。

……综合来看,李志强所实施的行为,既有刑法第三百五十八条第四款规定的运送卖淫人员行为,又有《涉卖淫刑案解释》第四条第一款规定的“充当保镖、打

手、管账人等"行为。这里的"充当保镖、打手、管账人等"应当包括但不限于"保镖、打手、管账人"。李志强在张海峰组织卖淫犯罪活动中所实施的上述"叫钟"、送单据等行为与"管账"是同质的行为。因此，李志强所实施的将董某某送给张海峰从事卖淫、接送卖淫女、"叫钟"、送单据等一系列行为，均属于协助组织卖淫性质的行为，应当以协助组织卖淫罪定罪处罚。

……《涉卖淫刑案解释》第七条第一款明确规定，"犯组织、强迫卖淫罪，并有杀害、伤害、强奸、绑架等犯罪行为的，依照数罪并罚的规定处罚。协助组织卖淫行为人参与实施上述行为的，以共同犯罪论处"。该规定是对刑法修正案（九）的进一步完善，对司法实践起到了规范、指导作用。但是，该解释的这一规定，也只是针对协助组织卖淫行为人参与组织、强迫卖淫行为人的强奸共同犯罪如何处理作出的规定，而对协助组织卖淫行为人单独对卖淫人员实施强奸行为如何定罪处罚并未作出规定。我们认为，解释之所以未对此作出规定，是因为对此类行为不需要特别规定，只要依照刑法规定和刑法理论进行定罪处罚。协助组织卖淫行为人单独对卖淫人员实施强奸行为的，不论是发生在协助组织卖淫行为前还是协助组织卖淫行为实施过程中，由于其与组织卖淫行为人在强奸犯罪上没有共同的犯意，遂应当罪责自负。

——《刑事审判参考》（总第120辑）。

1282 如何认定强迫卖淫罪的"强迫"要件

关键词｜强迫卖淫罪｜强迫｜

【最高人民法院参考案例】

刘革辛、陈华林、孔新喜强迫卖淫等案（《刑事审判参考》案例第1295号）

要旨："强迫"，既包括直接使用暴力手段或者以暴力相威胁，也包括使用其他非暴力的逼迫手段。

强迫卖淫，主要是指行为人采取暴力、威胁或者其他手段，违背他人意志，迫使他人卖淫的行为。这里所说的"强迫"，既包括直接使用暴力手段或者以暴力相威胁，也包括使用其他非暴力的逼迫手段，如以揭发他人隐私或者以可能使他人某种利害关系遭受损失相威胁，或通过使用某种手段和方法，对他人形成精神上的强制，在别无出路的情况下，违背自己的意愿从事卖淫活动。无论行为人采取哪一种强迫手段,都构成强迫他人卖淫罪。[1] 暴力,是指人身强制方法;威胁,是指精神强制方法;其他方法,是指采用灌醉、麻醉等方法。[2] 强迫卖淫的强迫性主要表现为以下情形:(1)在他人不愿意从事卖淫活动的情况下,使用强制手段迫使其从事卖淫活动;(2)他人虽然原本从事卖淫活动,但在他人不愿意继续从事卖淫活动的情况下,使用强制手段强迫其继续从事卖淫活动;(3)在卖淫者不愿意在某地从事卖淫活动或者为某人从事卖淫活动的情况下,使用强制手段在某地或为某人从事卖淫活动。因此,从事卖淫活动的卖淫者也可以成为强迫卖淫的对象。

——《刑事审判参考》(总第117辑)。

1283 强迫卖淫罪情节严重的认定

关键词|强迫卖淫罪|情节严重|

【最高人民法院司法解释】

第六条第一款　强迫他人卖淫,具有下列情形之一的,应当认定为刑法第三百五十八条第一款规定的"情节严重":

(一)卖淫人员累计达五人以上的;

(二)卖淫人员中未成年人、孕妇、智障人员、患有严重性病的人累计达三人以上的;

(三)强迫不满十四周岁的幼女卖淫的;

(四)造成被强迫卖淫的人自残、自杀或者其他严重后果的;

(五)其他情节严重的情形。

——《最高人民法院、最高人民检察院关于办理组织、强迫、引诱、容留、介绍卖淫刑事案件适用法律若干问题的解释》(2017年7月25日,法释〔2017〕13号)。

1284 多次强迫已满十四周岁的未成年人卖淫是否构成强迫卖淫罪的"情节严重"

关键词|强迫卖淫罪|十四周岁|情节严重|

---

① 全国人大常委会法制工作委员会刑法室编著:《中华人民共和国刑法解读》(第4版),中国法制出版社2015年版,第857—858页。

② 陈兴良:《规范刑法学》(第3版),中国人民大学出版社2013年版,第1061页。

【最高人民法院参考案例】

王道军强迫卖淫案(《刑事审判参考》案例第1308号)

要旨:强迫卖淫罪“情节严重”的情形不包含“多次”强迫卖淫。

由于司法解释中强迫卖淫罪“情节严重”的情形不包含“多次”强迫卖淫,而被告人王道军所强迫卖淫的对象已满十四周岁,不是幼女,也不符合司法解释中“强迫不满十四周岁的幼女卖淫的”情节严重情形,故王道军的行为不构成强迫卖淫罪的“情节严重”。

……“多次”既不作为犯罪构成的入罪门槛,也不作为法定加重处罚情节,而仅作为从重处罚的依据。《涉卖淫刑案解释》就将组织、强迫、引诱、容留、介绍他人卖淫次数作为酌定量刑情节予以规定。

——《刑事审判参考》(总第120辑)。

1285 组织、强迫卖淫情节严重的认定

关键词 | 组织、强迫卖淫 | 情节严重 |

【最高人民法院司法解释】

第六条第二款 行为人既有组织卖淫犯罪行为,又有强迫卖淫犯罪行为,且具有下列情形之一的,以组织、强迫卖淫“情节严重”论处:

(一)组织卖淫、强迫卖淫行为中具有本解释第二条、本条前款规定的“情节严重”情形之一的;

(二)卖淫人员累计达到本解释第二条第一、二项规定的组织卖淫“情节严重”人数标准的;

(三)非法获利数额相加达到本解释第二条第四项规定的组织卖淫“情节严重”数额标准的。

——《最高人民法院、最高人民检察院关于办理组织、强迫、引诱、容留、介绍卖淫刑事案件适用法律若干问题的解释》(2017年7月25日,法释〔2017〕13号)。

【链接:理解与适用】

司法实践中,常有行为人实施组织卖淫行为的同时又实施强迫卖淫行为的情形。对此类行为人的犯罪“情节严重”标准如何确定?特别是组织卖淫未达到“情节严重”标准,强迫卖淫亦未达到“情节严重”标准的情况下,能否综合考虑认定为组织、强迫卖淫“情节严重”的情节?经研究认为,组织、强迫卖淫犯罪是选择性罪

名，如果行为人既实施组织卖淫行为又实施强迫卖淫行为的，应当以组织、强迫卖淫罪定罪处罚。其“情节严重”的标准，应当依照《解释》关于组织卖淫罪“情节严重”、强迫卖淫罪“情节严重”的标准综合考虑。在组织卖淫、强迫卖淫分别均未达到“情节严重”标准的情况下，如果符合规定情形的，依然能综合认定为组织、强迫卖淫“情节严重”。

——周峰、党建军、陆建红、杨华：《〈关于审理组织、强迫、引诱、容留、介绍卖淫刑事案件适用法律若干问题的解释〉的理解与适用》，载《人民司法·应用》2017年第25期。

(二)引诱、容留、介绍卖淫

1286 引诱、容留、介绍卖淫罪的界定及情节严重的认定

关键词｜引诱、容留、介绍卖淫罪｜情节严重｜

【最高人民法院司法解释】

第八条　引诱、容留、介绍他人卖淫，具有下列情形之一的，应当依照刑法第三百五十九条第一款的规定定罪处罚：

(一)引诱他人卖淫的；

(二)容留、介绍二人以上卖淫的；

(三)容留、介绍未成年人、孕妇、智障人员、患有严重性病的人卖淫的；

(四)一年内曾因引诱、容留、介绍卖淫行为被行政处罚，又实施容留、介绍卖淫行为的；

(五)非法获利人民币一万元以上的。

利用信息网络发布招嫖违法信息，情节严重的，依照刑法第二百八十七条之一的规定，以非法利用信息网络罪定罪处罚。同时构成介绍卖淫罪的，依照处罚较重的规定定罪处罚。

引诱、容留、介绍他人卖淫是否以营利为目的，不影响犯罪的成立。

引诱不满十四周岁的幼女卖淫的，依照刑法第三百五十九条第二款的规定，以引诱幼女卖淫罪定罪处罚。

被引诱卖淫的人员中既有不满十四周岁的幼女，又有其他人员的，分别以引诱幼女卖淫罪和引诱卖淫罪定罪，实行并罚。

第九条　引诱、容留、介绍他人卖淫，具有下列情形之一的，应当认定为刑法第

三百五十九条第一款规定的“情节严重”：

（一）引诱五人以上或者引诱、容留、介绍十人以上卖淫的；

（二）引诱三人以上的未成年人、孕妇、智障人员、患有严重性病的人卖淫，或者引诱、容留、介绍五人以上该类人员卖淫的；

（三）非法获利人民币五万元以上的；

（四）其他情节严重的情形。

——《最高人民法院、最高人民检察院关于办理组织、强迫、引诱、容留、介绍卖淫刑事案件适用法律若干问题的解释》（2017 年 7 月 25 日，法释〔2017〕13 号）。

【链接：理解与适用】

八、关于涉卖淫类犯罪中的卖淫人数计算问题

《涉卖淫刑案解释》在规定涉卖淫类犯罪的入罪门槛以及情节严重情形时，基于从有利于操作，有利于公安机关更快地查明案件基本事实出发，摒弃了以往常用的“人次”的概念，而改为以“人数”作为计量标准。同时在第十条专门规定：“组织、强迫、引诱、容留、介绍他人卖淫的次数，作为酌定情节在量刑时考虑。”但是，在如何计算人数的问题上，仍然有两个问题需要解决：一是如何理解《涉卖淫刑案解释》第九条第（一）项规定的“引诱五人以上或者引诱、容留、介绍十人以上卖淫”认定引诱、容留、介绍他人卖淫“情节严重”的人数问题。对此，起草小组公开发表的理解与适用文章已作了明确说明：引诱、容留、介绍卖淫是选择性罪名。如果被引诱卖淫的人数达到五人以上的，即构成情节严重。如果被引诱卖淫的人数不到五人，但被引诱、容留、介绍卖淫的人数达到十人以上的，也构成情节严重。①

二是同一个卖淫人员，先后进了退，退了又进入同一个卖淫犯罪团伙或者容留卖淫场所，对其如何计算人数？我们认为，在卖淫人数已经作为涉卖淫类犯罪入罪门槛和界定是否属于“情节严重”的标准这一背景下，同一个卖淫人员先进后退又进入，甚至多次进退同一个卖淫犯罪团伙或者容留卖淫场所的，仍然应该按照一人来计算，不能重复计算人数。

在认定卖淫人员的人数时，既要坚持证据裁判原则，严格认定具体人数，又不能仅将查处时现场查获的人数为卖淫人数。认定某人是否属于卖淫人员，比较齐全的证据包括：卖淫人员的证言，嫖娼人员的证言，被告人的供述，有关书证，现场物证等。对于现场抓获的卖淫嫖娼人员，上述证据容易收集。但对于现场抓获之前已经发生的卖淫嫖娼行为，要根据涉卖淫类刑事案件的自身特点来认定事实和证据。特别是嫖娼人员的证言往往难以取得，有的卖淫人员在案件查获时已经离开卖淫场所，其证

---

① 周峰、党建军、陆建红、杨华：《〈关于办理组织、强迫、引诱、容留、介绍卖淫刑事案件适用法律若干问题的解释〉的理解与适用》，载《人民司法 · 应用》2017 年第 25 期。

言也常常不易取得。在这种情况下，除被告人供述外，还要注重对相关证人证言如服务员的证言，其他知情卖淫人员的证言，相关书证甚至视频证据，特别是账单、电脑数据等证据的收集和审查判断，在基本证据扎实，基本事实清楚的前提下，要依法、果断地认定相关卖淫人数，而不能因为卖淫嫖娼人员的证言难以取得就轻易地不予认定相关事实。在基本事实确定的情况下，对卖淫人数、次数，有时可以采取模糊表述的方式，如十余人、一百余次。但这种模糊表述的前提是基本事实清楚，基本证据扎实。如表述卖淫人员十余人时，对卖淫人员达到十人这一基本事实必须证据确实、充分。不能在卖淫人员是否达到十人这一基本事实还不清楚的情况下，作出卖淫人员十余人的表述。

——陆建红：《审理组织、强迫、引诱、容留、介绍卖淫等刑事案件若干疑难问题探讨——基于对〈最高人民法院、最高人民检察院关于办理组织、强迫、引诱、容留、介绍卖淫刑事案件适用法律若干问题的解释〉的再次解读》，载最高人民法院刑事审判第一、二、三、四、五庭主办：《刑事审判参考》（总第117辑），法律出版社2019年版，第219—220页。

1287 “一年内曾因引诱、容留、介绍卖淫行为被行政处罚，又实施容留、介绍卖淫行为的”认定

关键词｜容留卖淫罪｜介绍卖淫罪｜

【最高人民法院参考案例】

王怀珍容留卖淫案（《刑事审判参考》案例第1386号）

要旨：本规定前半句的“引诱、容留、介绍卖淫行为”中的“卖淫”既包括刑法上的卖淫行为也包括治安管理处罚法上的卖淫行为，而后半句的“容留、介绍卖淫行为”中的“卖淫”仅指刑法上的卖淫行为；一年内因引诱、容留、介绍卖淫犯罪被判处刑罚的不适用前述入罪规定。

（一）“一年内曾因引诱、容留、介绍卖淫行为被行政处罚，又实施容留、介绍卖淫行为的”含义

1. ……本规定前半句的“引诱、容留、介绍卖淫行为”中的“卖淫”既包括刑法上的卖淫行为也包括治安管理处罚法上的卖淫行为，而后半句的“容留、介绍卖淫行为”中的“卖淫”仅指刑法上的卖淫行为。本规定的入罪包括两种情形：一是行为人一年内曾因容留、介绍卖淫行为被行政处罚，又实施容留、介绍卖淫行为的，前行为既包括容留、介绍卖淫的行为未达到容留、介绍卖淫罪入罪标准的刑法上的卖淫行为，也包括容留、介绍他人手淫等不认为是犯罪的行为，后行为则要求是刑法

上的卖淫行为；二是行为人一年内曾因引诱卖淫行为被行政处罚，又实施容留、介绍卖淫行为的，这里前行为是引诱他人手淫等不认为是犯罪的行为，后行为同样要求是刑法上的卖淫行为。

2. 关于“一年内”的时间起止如何计算的问题。我们认为，此处的“一年内”是指自然跨度上满一年，就是前一次行为与后一次行为的时间跨度在一年的十二个月内。如果前一个行为与后一个行为发生的时间超出了十二个月，即使只多出一天，也属于超过一年，不属于“一年内”了。此外，关于“一年内”的时间起算节点如何认定，在司法实践中也存在困惑，我们认为，“一年内”的时间起算节点是指行为的发生时间，而不是行为的行政处罚时间。这主要是考虑行为的发生时间是固定的，而行政处罚时间则可能由于行政执法机关等多种原因有所拖延，从有利于被告人的原则出发，应理解为行为的发生时间，即前后两个行为发生的时间在一年内。

（二）一年内因引诱、容留、介绍卖淫犯罪被判处刑罚的不适用前述入罪规定

我们认为，一年内因引诱、容留、介绍卖淫犯罪被判处刑罚的不适用《涉卖淫刑案解释》第八条第一款第（四）项规定……由于刑法实行罪刑法定原则，在适用“举轻以明重”的规则进行解释时，不能简单地以案件事实严重为由定罪处刑，否则就涉嫌类推。对于一年内曾因引诱、容留、介绍卖淫行为被判处刑罚，又实施容留、介绍卖淫行为的，前一行为已经被刑法所评价，如果将前一次的犯罪行为，作为后一次行为是否构成犯罪的标准，则有重复评价之嫌，对后一次行为应严格适用《涉卖淫刑案解释》的入罪标准判断是否构罪。

——《刑事审判参考》（总第124辑）。

【链接：理解与适用】

有观点认为，“举重以明轻”“举轻以明重”是长期以来坚持的司法规则。既然行为人“一年内曾因引诱、容留、介绍卖淫行为被行政处罚，又实施容留、介绍卖淫行为的”，都要以容留、介绍卖淫罪定罪处罚，那么，一年内因引诱、容留、介绍卖淫犯罪被判处刑罚，又实施容留、介绍卖淫行为的，更要以容留、介绍卖淫罪定罪处罚。

我们不同意这个观点。主要理由是：

其一，对《涉卖淫刑案解释》规定的入罪门槛，不宜突破。司法解释对引诱、容留、介绍卖淫罪的构成条件在第八条第一款已经作了明确而详尽的规定，司法实践中应当严格依照该规定执行。《涉卖淫刑案解释》对于引诱、容留、介绍卖淫罪的入罪标准主要从以下几个方面考虑：一是从卖淫人数考虑；二是从卖淫人员的类别考虑；三是参照其他司法解释的范例，对具有同类行为被行政处罚过的人作出降低入罪门槛的规定；四是根据行为人获利情况确定入罪标准。因此，《涉卖淫刑案解释》对于本罪的入罪门槛问题，已经考虑到方方面面的情况。

其二,《涉卖淫刑案解释》的规定不宜适用“举轻以明重”规则。“举轻以明重”指的是对危害轻的行为都要进行处罚,对危害重的行为更要进行处罚。这种理解,在类推制度存在的环境下还说得过去。自从1997年刑法废除了类推制度,实行严格的罪刑法定原则后,适用“举轻以明重”规则要非常谨慎。《涉卖淫刑案解释》将行为人“一年内曾因引诱、容留、介绍卖淫行为被行政处罚,又实施容留、介绍卖淫行为的”作为入罪条件,并不是单纯从社会危害角度考虑,而更多的是从行为人的主观恶性考虑,主要目的是较好地评价主观恶性较深的容留、介绍卖淫行为。而一年内如果曾因引诱、容留、介绍卖淫行为被判处刑罚,又实施容留、介绍卖淫行为的,则对后一次行为只能严格适用《涉卖淫刑案解释》的入罪条件判断是否构罪,对前一次的犯罪行为,不能再作为评价后一次行为是否构成犯罪的标准。如果后一行为构成犯罪,且属于累犯的,则应当依法从重处罚。也就是说,不能对前一次构成犯罪的行为先后进行两次犯罪评价,这是禁止重复评价原理的基本要义。

需要明确的是,这里的“一年内”的时间起止如何计算。我们认为,所谓一年内,不是历法上的1月1日至当年的12月31日,而是前一次行为与后一次行为的时间跨度在12个月内,如2017年3月2日至2018年3月1日。如果第一个行为发生在2017年3月2日,第二个行为发生在2018年3月2日,此时两个行为就比一年多一天,就不属于“一年内”了。另外,一年内,指的是两个行为在一年内,而不是前一个行为的行政处罚时间和后一个行为的发生时间在一年内。这主要是因为前一次行为的时间是固定的,而行政处罚的时间则可能由于行政执法机关的原因有较长的拖延,从有利于被告人的原则出发,我们认为应理解为两个行为之间的时间跨度在一年内。

——陆建红:《审理组织、强迫、引诱、容留、介绍卖淫等刑事案件若干疑难问题探讨——基于对〈最高人民法院、最高人民检察院关于办理组织、强迫、引诱、容留、介绍卖淫刑事案件适用法律若干问题的解释〉的再次解读》,载最高人民法院刑事审判第一、二、三、四、五庭主办:《刑事审判参考》(总第117辑),法律出版社2019年版,第217—219页。

1288 介绍智障人员卖淫行为的定罪和处罚

关键词|介绍卖淫罪|智障人员|

【最高人民法院参考案例】

郭某某介绍卖淫案(《刑事审判参考》案例第1311号)

要旨:在介绍智障人员卖淫的案件中,智障人员虽是自愿卖淫,甚至是主动卖淫,但由于精神发育迟滞导致认知和控制能力受限,为保护他们的权益,也有必要进行性自我防卫能力的鉴定。

介绍智障人员卖淫一般是按照介绍卖淫罪定罪处罚。但在下列情形下,要以强奸罪定罪处罚。(1)介绍人在介绍卖淫过程中还对智障人员实施了奸淫,此时应以强奸罪对介绍人定罪处罚,其介绍卖淫行为亦构成犯罪的,则以强奸罪和介绍卖淫罪数罪并罚。(2)嫖客的行为构成强奸罪,且介绍人也明知所介绍的人员属于无性自我防卫能力的智障人员的。嫖客的行为是否构成强奸罪,取决于两个条件:一是嫖客是否明知卖淫人员是智障人员;二是智障人员是否属于无性自我防卫能力人。介绍人介绍智障且属于无性自我防卫能力的人员卖淫,嫖客也明知卖淫人员系无性自我防卫能力的智障人员而与之发生性关系的,即便该卖淫人员主动与嫖客发生性关系,或者在发生性关系时未表现出反抗,嫖客的行为亦构成强奸罪,介绍人则构成强奸罪的共犯。对介绍人的介绍行为不再以介绍卖淫罪定罪处罚。之所以对介绍人和嫖客不能简单地以强奸罪定罪处罚,是因为强奸罪系重罪,保护的是性的自主决定权,而一名性自我防卫能力削弱的智障人员并不能完全否定其对性有自主决定能力,定罪应更加慎重。如果嫖客并不明知卖淫人员是智障人员,即便卖淫人员被鉴定为无性自我防卫能力,也不能成立强奸罪。此时介绍人亦不构成强奸罪,因为介绍卖淫行为本身并不是强奸罪的实行行为,介绍人不能单独成为强奸罪的主体,而只能成为强奸罪的共犯。在嫖客不构成强奸罪的情况下,对介绍人应以介绍卖淫罪定罪处罚。

——《刑事审判参考》(总第 120 辑)。

1289 通过信息网络发布卖淫信息的行为的认定

关键词｜介绍卖淫罪｜非法利用信息网络罪｜

【最高人民法院司法解释】

第八条第二款 利用信息网络发布招嫖违法信息,情节严重的,依照刑法第二百八十七条之一的规定,以非法利用信息网络罪定罪处罚。同时构成介绍卖淫罪的,依照处罚较重的规定定罪处罚。

——《最高人民法院、最高人民检察院关于办理组织、强迫、引诱、容留、介绍卖淫刑事案件适用法律若干问题的解释》(2017 年 7 月 25 日,法释〔2017〕13 号)。

【最高人民法院参考案例】

林庆介绍卖淫案(《刑事审判参考》案例第193号)

要旨:通过电脑、利用互联网发布卖淫信息的行为构成介绍卖淫罪。[①]

根据刑法第三百五十九条的罪状规定,介绍卖淫罪当属行为犯。对于行为犯既、未遂的判断,应以法定的犯罪行为是否完成作为区分标准,并不要求发生特定的结果,更不需要特定目的的实现。当然,这并不等于说行为犯不存在未遂的问题,如果行为刚着手实施,尚未完成即停止下来的,也应认定为未遂。行为人利用家中电脑登录互联网上的黄色网站,并发布卖淫女信息,这些信息通过信号传输,使凡登录该网站的人都能接收到卖淫女的信息。随着他发布信息行为的完成,行为人介绍卖淫的行为亦已完成,并不存在因其意志以外的原因而导致犯罪停止在未完成形态上的情况。

——《刑事审判参考》(总第27辑)。

1290 利用"QQ"网络建群为群成员卖淫嫖娼活动提供方便的行为应如何定性

关键词|介绍卖淫罪|组织卖淫罪|

【最高人民法院参考案例】

阎吉粤介绍卖淫案(《刑事审判参考》案例第1350号)

要旨:行为人线上介绍他人卖淫嫖娼致他人线下达成卖淫嫖娼交易,但并未对卖淫嫖娼活动实施管理或者控制行为,应当认定为介绍卖淫罪。

被告人阎吉粤虽然建立了QQ群,并管理和使用QQ群,但其并未对该群内的人员在卖淫活动中有组织即管理或者控制行为,仅实施了介绍行为。故不能简单地将阎吉粤管理和使用QQ群的行为认定为管理卖淫嫖娼的行为。其建立QQ群并对该群号码充费以维持该群和对群成员进行标识行为的对象是QQ群而不是卖淫嫖娼活动。卖淫嫖娼者何时、在何地、如何卖淫嫖娼以及费用的支付等,均由卖淫嫖娼人员自主决定,阎吉粤既不过问,更不管理和控制,而且阎吉粤并未从中牟取经济利益。因此,被告人阎吉粤利用互联网建群的方式介绍卖淫虽然与典型的

---

① 对该案例要旨,要结合刑法修正案(九)修正后刑法第二百八十七条之一,以及《最高人民法院、最高人民检察院关于办理组织、强迫、引诱、容留、介绍卖淫刑事案件适用法律若干问题的解释》第八条第二款的规定,予以妥当把握。

介绍卖淫行为有所不同,但其行为符合介绍卖淫罪的构罪要件。首先,阎吉粤有介绍卖淫的行为,阎吉粤从网友处取得 QQ 号码和该号码创建的 QQ 群后,明知该群内的成员主要为卖淫嫖娼人员,其充费维持该群的等级,为卖淫嫖娼人员提供了相互联系的平台,并通过询问群内的嫖客和卖淫女,用自己的群主权限在卖淫女和嫖客互相证实的群成员网名前加头衔标识,以便于卖淫女和嫖客更为便捷地实施卖淫嫖娼行为,该行为即属于为卖淫人员和嫖客建立媒介、发布卖淫嫖娼信息进行明示的行为。虽然阎吉粤没有直接在卖淫女和嫖客之间牵线搭桥,但是其以上的行为相当于在特定的成员群体中向卖淫女和嫖客相互介绍身份,提供准确便捷的可选择的卖淫嫖娼人员信息和联系方式,该行为即属于介绍卖淫行为。其次,群成员根据其提供的卖淫女和嫖客信息,进行了多次卖淫嫖娼活动,符合《涉卖淫刑案解释》第八条第一款第(二)项“介绍二人以上卖淫的”规定。虽然阎吉粤在实施以上行为的过程中未及收费就被查获,但该解释第八条第三款对此明确规定,介绍他人卖淫是否以营利为目的,不影响犯罪的成立。

——《刑事审判参考》(总第 122 辑)。

1291 介绍卖淫罪与介绍嫖娼行为的区别

关键词 | 介绍卖淫罪 | 介绍嫖娼 | 罪与非罪 |

【最高人民法院审判业务意见】

所谓介绍卖淫,是指为卖淫人员介绍嫖客的淫媒行为,表现为替卖淫者寻找、招徕、介绍嫖客,在卖淫者和嫖客之间牵线搭桥、沟通撮合,使卖淫嫖娼活动得以实现的行为。所谓介绍嫖娼,严格意义上讲,主要是指为嫖客介绍何处有暗娼、如何联系或者直接将嫖客带往卖淫地点等。介绍卖淫和介绍嫖娼,总的来说都是一种淫媒行为,但二者也是有区别的。介绍卖淫者是直接为卖淫人员服务的,甚至干脆就是受雇于卖淫人员,常常会从卖淫人员那里收取介绍费或者借助其他方式获取利益,如娱乐服务业等介绍卖淫以招徕生意从中获取更多利润等。一般而言,介绍卖淫者与卖淫人员关系更为密切、利益相关,介绍卖淫者对卖淫者的情况更为知情,有固定联系,有的甚至对卖淫者有相当的操控能力,可以招之即来。而单纯的介绍嫖娼行为,介绍嫖娼者往往不具备上述营利性、固定性、经常性等特点,多是偶发的。……尽管介绍卖淫与介绍嫖宿暗娼都是一种行政违法行为,但根据刑法规定,介绍他人卖淫同时还是妨害社会管理秩序、妨害社会风化的一种犯罪行为,依法应予刑事惩处。而单纯的介绍嫖娼行为则没有被规定为犯罪。介绍嫖娼行为尽管在客观上也会促进卖淫业,对社会管理秩序和社会风化也有一定的妨害性,但其危害程度远未达到动用刑罚进行处罚的必要,因此,立法者将介绍卖淫行为规定为犯罪,而没有将介绍嫖娼行为犯罪化。

我们说,一般的介绍嫖娼行为不能作为犯罪处理,但也不排除实践中存在的貌似介绍嫖娼,但实为介绍卖淫者的帮助者,可以成为介绍卖淫罪共犯的情况。现实生活中,介绍嫖娼行为中的介绍嫖娼者与介绍卖淫者之间关系可能是复杂多样的,正确的方法是辨清介绍卖淫者和介绍嫖娼者之间的关系以及是否存在介绍卖淫的共同故意。具体来说,如果介绍卖淫和介绍嫖娼由二人以上经预谋或勾结在一起分工协作完成,不论是否以营利为目的……,营利后分成与否,均可构成共同介绍卖淫犯罪,反之双方没有任何关系,两个行为是完全分开、独立的,则对介绍嫖娼者而言,不能认为是犯罪。

——《如何区分介绍卖淫和介绍嫖娼行为》,载最高人民法院刑事审判第一庭、第二庭:《刑事审判参考》(总第26辑),法律出版社2002年版,第202—205页。

【最高人民法院参考案例】

吴祥海介绍卖淫案(《刑事审判参考》案例第376号)

要旨:在处理介绍卖淫嫖娼的案件时,必须注意现实生活中介绍卖淫嫖娼行为的多样性和复杂性,两者之间存在交叉之处。

我国刑法第三百五十九条规定,介绍卖淫罪是指为卖淫人员寻找、招揽、介绍嫖客,在卖淫人员与嫖客之间牵线搭桥、沟通撮合,从而使卖淫嫖娼活动得以实现的行为。介绍卖淫罪的行为人往往同卖淫者之间存有关系,行为人的目的在于通过行为的实施使卖淫者的卖淫行为能够实现。

刑法所规定的介绍卖淫罪往往与行政处罚中规定的介绍嫖娼行为既有联系又有区别,两者的联系在于为使卖淫嫖娼活动最终得以实现,行为人为卖淫者与嫖娼者牵线搭桥,也就是行为人与卖淫者与嫖娼者都可能存在联系。

需要指出的是,实际生活中,介绍他人卖淫与介绍嫖娼行为往往容易有重叠和混淆的现象。在处理介绍卖淫嫖娼的案件时,必须注意现实生活中介绍卖淫嫖娼行为的多样性和复杂性,正确区分某一行为到底是介绍卖淫行为还是介绍嫖娼行为,正确区分罪与非罪。

——《刑事审判参考》(总第47辑)。

【链接:理解与适用】

九、介绍嫖娼能否以介绍卖淫论处

有观点认为,《涉卖淫刑案解释》第八条第三款规定“引诱、容留、介绍他人卖淫是否以营利为目的,不影响犯罪的成立”,由此将一般介绍嫖娼行为纳入介绍卖淫罪考虑的视角。

我们认为，不能将单纯地介绍嫖娼行为与介绍卖淫行为混淆起来。理由如下：一是《涉卖淫刑案解释》未将“以营利为目的”规定为引诱、容留、介绍卖淫罪的构成要件，其目的不是以惩处介绍嫖娼行为。《涉卖淫刑案解释》作此规定的主要目的是考虑到实践中往往遇到并非“以营利为目的”而是出于奸淫或者其他目的而引诱、容留、介绍卖淫的情况，如果规定必须“以营利为目的”，就不好追究此类人的刑事责任。①

为了让基层法院在实务中更加明确此点，《涉卖淫刑案解释》强调“引诱、容留、介绍他人卖淫是否以营利为目的，不影响本罪的成立”。因此，《涉卖淫刑案解释》的这一规定，并没有将介绍嫖娼行为以介绍卖淫论处的意思。二是刑法惩罚的是介绍卖淫行为，不能随意将惩处范围扩大到介绍嫖娼行为。虽然在实践中，介绍卖淫和介绍嫖娼行为因其表现形式的多样性和复杂性，往往容易重叠和混淆，但不能因此而不加区分。既不能进行无限扩张，把介绍嫖娼行为一律作为介绍卖淫行为纳入刑法打击范围，也不能将貌似介绍嫖娼实际属于介绍卖淫的行为排除在刑法打击范围之外。为了卖淫人员或者组织、强迫、引诱、容留卖淫行为人的利益而介绍他人去嫖娼的，依法应当认定为介绍他人卖淫。仅仅知道卖淫窝点或联系方式等，而与卖淫方面的相关人员没有关联性，介绍他人去嫖娼的，属于介绍嫖娼，不应当认定为刑法意义上的介绍卖淫。区别介绍卖淫与介绍嫖娼的关键在于行为人主要是为了组织、强迫、引诱、容留卖淫行为人的利益或者卖淫人员的利益还是为了嫖娼人员的非法需求而介绍。前者属于介绍卖淫，后者属于介绍嫖娼。

——陆建红：《审理组织、强迫、引诱、容留、介绍卖淫等刑事案件若干疑难问题探讨——基于对〈最高人民法院、最高人民检察院关于办理组织、强迫、引诱、容留、介绍卖淫刑事案件适用法律若干问题的解释〉的再次解读》，载最高人民法院刑事审判第一、二、三、四、五庭主办：《刑事审判参考》（总第 117 辑），法律出版社 2019 年版，第 220—221 页。

1292 容留卖淫罪与组织卖淫罪的区分

关键词｜组织卖淫罪｜容留卖淫罪｜

【最高人民法院参考案例】

阳怀容留卖淫案（《刑事审判参考》案例第 1312 号）

要旨：容留卖淫者与卖淫者之间不具备组织性，也没有相关的组织行为，仅是

① 参见高铭暄：《中华人民共和国刑法的孕育诞生和发展完善》，北京大学出版社 2012 年版，第 583 页。

提供一定场所或便利条件。

实践中,还应当注意容留卖淫罪与组织卖淫罪的区别。容留卖淫往往作为组织卖淫的一种手段行为,两者在行为方式上有一定的重合,司法实践中较易混淆。组织卖淫罪,是指以招募、雇佣、强迫、引诱、容留等手段,控制他人从事卖淫活动的行为。组织卖淫罪最低法定刑是五年有期徒刑,最高可达无期徒刑。可见其行为的社会危害性和行为人的人身危险性要明显高于容留卖淫罪,在认定时应当格外慎重。组织卖淫罪的惩处重点在于"组织",《现代汉语词典》将其解释为安排分散的人或事物使具有一定的系统性或整体性,因此组织卖淫者通常会建立相对固定的卖淫组织,并对卖淫活动进行管理。组织卖淫者会采取各种手段纠集卖淫者成立卖淫组织,组织者既是发起者也是负责者,旨在控制卖淫组织以达到获利目的。卖淫组织具体运作中,组织者会通过制定、确立相关人、财、物的管理方法,与卖淫人员之间形成组织和被组织、管理和被管理的关系,并安排具体的卖淫活动。而容留卖淫者与卖淫者之间则不具备上述组织性,也没有相关的组织行为,仅是提供一定场所或便利条件。

——《刑事审判参考》(总第 120 辑)。

高洪霞、郑海本等组织卖淫、协助组织卖淫案(《刑事审判参考》案例第 78 号)

要旨:是否有组织性是区分组织卖淫罪和容留卖淫罪的关键。建立了卖淫组织,对卖淫者进行管理,组织、安排卖淫活动的,构成组织卖淫罪。

判定行为人是否有组织行为和居于组织地位应把握以下几个方面:

1. 是否建立了卖淫组织。无论是否具有固定的卖淫场所,组织卖淫罪必然要建立相应的卖淫组织。卖淫组织的建立一般首先是组织者采取各种手段纠集卖淫人员,纠集的方法有多种,如招募、雇佣、强迫、引诱、为多次组织其卖淫而容留等。其次,其实施的行为既可能是暴力性、欺骗性的,也可能是非暴力、非欺骗性的,特别是在一些色情行业泛滥的地区,社会上存在数量较多的自愿从事或已经从事卖淫活动的人员,组织者只需提供相应的条件,如设立变相从事卖淫的发廊、歌舞厅、洗浴按摩场所,就很容易纠集到卖淫人员,再进一步发展成地下妓院。在纠集卖淫人员的过程中,组织者是处于发起、负责的地位,其目的是掌握一定的卖淫人员,以实现组织卖淫,从中牟利的目的。

2. 是否对卖淫者进行管理。在纠集到多名从事卖淫活动的人员后,组织者要实施一定的管理行为,支配、监督卖淫人员,使之服从、接受管理安排。组织者通过制定、确立相关的人、财、物管理方法,与卖淫人员之间形成组织和被组织、管理和被管理的关系。需要注意的是,组织者对卖淫人员进行人身和财产控制,是组织卖淫罪的一种典型行为,但并不是该罪的构成要件。凡是组织者采取招募、雇佣、强迫、引诱、容留等手段，使卖淫人员处于自己的管理、支配之下，将其卖淫纳入卖淫组织的约束中，均应视为对卖淫者进行管理。

3. 是否组织、安排卖淫活动。主要是指组织者在卖淫组织中有无参与组织、安排具体的卖淫活动，具体方式有推荐、介绍卖淫女进行卖淫活动，招揽嫖客，为卖淫活动安排相关服务、保障人员，提供物质便利条件等。

容留卖淫罪是仅为卖淫人员提供进行卖淫活动的处所的行为。与组织卖淫罪相比较，容留卖淫罪没有形成卖淫组织，行为人没有组织、管理卖淫活动。组织卖淫的行为人有引诱、容留卖淫行为的，均应作为组织卖淫的手段之一，可作为量刑情节考虑，不实行数罪并罚。但是，根据刑法第三百六十一条的规定，旅馆业、饮食服务业、文化娱乐业、出租汽车业等单位的人员，利用本单位的条件，引诱、容留、介绍他人卖淫的，以组织卖淫罪定罪处罚。

——《刑事审判参考》（总第 11 辑）。

【链接：理解与适用】

三、如何认定松散型管理的组织卖淫行为与容留卖淫的区别

组织卖淫与容留卖淫的最大区别在于行为人对卖淫人员是否实施了管理、控制行为。《涉卖淫刑案解释》第一条规定：“以招募、雇佣、纠集等手段，管理或者控制他人卖淫，卖淫人员在三人以上的，应当认定为刑法第三百五十八条规定的‘组织他人卖淫’。组织卖淫者是否设置固定的卖淫场所、组织卖淫者人数多少、规模大小，不影响组织卖淫行为的认定。”结合刑法理论和《涉卖淫刑案解释》的上述规定，我们认为，组织卖淫罪的最主要特征是犯罪分子实施的行为属于组织行为，既包括如何将卖淫人员组织在一起的行为，也包括将卖淫人员组织起来后如何管理、控制卖淫活动的行为。前者是手段，如招募、雇佣、纠集等，实践中，也包括容留等手段。但组织卖淫中的容留与单纯的容留卖淫是有质的区别的：组织卖淫中的容留，是为组织卖淫服务的，作为组织卖淫的一种手段；而单纯的容留卖淫，其本身就是容留卖淫罪的犯罪行为，是该罪构成要件中客观方面的基本内容，而没有相应的管理、控制行为。后者则是组织卖淫即管理或者控制他人卖淫的手段之一。因此，组织卖淫行为的主要特征是管理和控制。这里的管理和控制是对卖淫人员以及卖淫活动的管理和控制。至于卖淫人员是否自愿卖淫，不影响组织卖淫的成立。管理和控制的主要表现就是卖淫人员在何处、何时卖淫、向谁卖淫、如何收费、如何分配卖淫的收入甚至卖淫人员的日常行为都是由组织卖淫行为人决定。即使卖淫人员自愿卖淫，但在上述事项上也是由组织卖淫行为人决定的。当然，组织卖淫行为必须具备一定规模要件。如果卖淫人员不到三人的，应当降格认定为容留卖淫。因为，《涉卖淫刑案解释》将组织卖淫罪中被组织卖淫人员的人数明确规定为三人

以上。另外,在一般情况下,组织卖淫行为人是设置或者变相设置卖淫场所的,如以宾馆、洗浴中心、会所、发廊、旅店、饭店等为固定场所或者以经营宾馆、洗浴中心、会所等为名,行组织卖淫之实。但近些年来,面对严厉的"扫黄"行动,一些不法之徒采取动态管理方式,即不建立固定的卖淫窝点,而是利用现代化的交通与通信工具,指挥、控制多人从事卖淫活动。这种动态管理模式,将组织卖淫行为化整为零,或者将分散的单个卖淫人员组织起来,既能扩大卖淫活动的范围,又便于逃避公安机关的追查。这类没有固定场所的组织卖淫,非常明显地体现了组织者的管理、控制行为,也应当认定为组织卖淫行为。

而容留他人卖淫,是指故意为他人从事卖淫、嫖娼活动提供场所的行为,既包括在自己所有、管理、使用、经营的固定或者临时租借的场所容留卖淫、嫖娼人员从事卖淫、嫖娼活动,也包括在流动场所,如运输工具中容留他们卖淫、嫖娼。①

通过以上对组织卖淫主要特征的分析,我们可以看出,组织卖淫,尤其是以容留卖淫为手段的组织卖淫,与单纯的容留卖淫,最主要的区别在于行为人对卖淫人员的卖淫活动是否实施了管理、控制行为。组织卖淫行为人最主要的行为特征是对卖淫活动进行了管理、控制,而容留卖淫行为人对卖淫人员的卖淫活动既不管理,更不控制,而仅仅提供固定或者临时租借的场所以及流动场所,收取一定的场所费用甚至不收取任何费用,对卖淫人员在何时卖淫、向谁卖淫、如何收费等均不过问,至于卖淫人员的日常活动,均由卖淫人员自行安排。

实践中,有的犯罪分子实施组织卖淫犯罪行为时,利用发廊、按摩店等,招募多名卖淫人员,但卖淫人员来去自由,与犯罪分子之间没有人身管理关系。此时,我们应该透过现象看本质。控制、限制和管理卖淫人员除卖淫活动外的行为,是一般组织卖淫犯罪存在的普遍现象,但是,组织卖淫罪强调的是犯罪分子对卖淫人员卖淫活动的管理和控制。犯罪分子是否对卖淫人员卖淫以外的活动进行管理和控制,并不是组织卖淫罪的本质特征。即使卖淫人员来去自由,只要犯罪分子收取和分配卖淫人员卖淫所收取的费用,为卖淫活动提供食宿和通风报信等,而不是卖淫人员收取嫖资后向犯罪分子缴纳场所费用的,就应当认定犯罪分子的行为性质为组织卖淫,而不是容留卖淫。实践中,有的法院建议,对于非集团化、公司化的非规模性组织卖淫案件,要充分考虑被告人对卖淫人员的控制和管理程度,卖淫人员人身自由程度和社会危害性等因素,对仅有一两名经营者负责收取嫖资或者管理的,只要行为人没有引诱、强迫行为,一般以容留、介绍卖淫罪定罪处罚。我们认为,这种观点没有认识到组织卖淫罪与容留卖淫罪的最本质区别,也与刑法及《涉卖淫刑案解释》突出打击重点,严惩组织卖淫犯罪的精神不相符。

---

① 参见王爱立主编:《中华人民共和国刑法解读》(第四版),中国法制出版社 2015 年版,第 860 页。

——陆建红:《审理组织、强迫、引诱、容留、介绍卖淫等刑事案件若干疑难问题探讨——基于对〈最高人民法院、最高人民检察院关于办理组织、强迫、引诱、容留、介绍卖淫刑事案件适用法律若干问题的解释〉的再次解读》,载最高人民法院刑事审判第一、二、三、四、五庭主办:《刑事审判参考》(总第 117 辑),法律出版社 2019 年版,第 213—215 页。

1293 卖淫嫖娼的行为完成与否是否影响容留卖淫罪的既未遂

关键词 | 容留卖淫罪 | 犯罪既遂 | 犯罪未遂 |

【最高人民法院参考案例】

阳怀容留卖淫案(《刑事审判参考》案例第 1312 号)

要旨:容留卖淫罪是行为犯,卖淫嫖娼的行为是否完成不影响本罪既遂的成立。

容留卖淫罪是行为犯,只要实施了容留他人卖淫的行为,满足前述各项要件的,不论卖淫嫖娼行为实际上是否完成,不影响本罪既遂的成立。换言之,卖淫者在行为人的容留下,已与嫖娼者达成合意并基于该合意着手实施卖淫嫖娼行为的,无论卖淫嫖娼行为本身是否完成,容留卖淫罪均应认定既遂。事实上,卖淫嫖娼是一个过程,为卖淫嫖娼所做的谈价格、找地点、性交易前准备、性交易过程等均属卖淫嫖娼的组成部分,只要上述一个或数个行为是在行为人的容留下实施的,即构成容留卖淫罪的既遂。

——《刑事审判参考》(总第 120 辑)。

【链接:理解与适用】

有同志提出,行为人实施组织卖淫或者容留卖淫、介绍卖淫等犯罪时,卖淫嫖娼人员的性交易正在进行甚至还未开始时,即被公安机关查获,此时,组织、容留、介绍卖淫行为是犯罪既遂还是犯罪未遂?我们认为,组织、容留、介绍卖淫以其组织、容留、介绍行为的实施为犯罪既未遂界限,即只要组织、容留、介绍行为实施完毕,就处于犯罪既遂状态。至于卖淫人员与嫖客是否实际进行了卖淫嫖娼违法活动以及卖淫嫖娼活动是否处于结束状态,都不影响组织、容留、介绍卖淫行为的既遂状态成立。其理由是:(1)涉卖淫类刑事犯罪属于妨害社会管理秩序的犯罪,其犯罪客体是社会管理秩序及社会风尚,刑法惩处的是组织、容留、介绍卖淫犯罪行为本身,而不是卖淫嫖娼行为。因此,以组织、容留、介绍等行为完成状态作为此类犯罪的既未遂界限符合立法目的。(2)有利于突出打击重点。刑法打击的重点不在于卖淫嫖娼行为本身,而在于组织卖淫等犯罪行为。而且,在我国,卖淫嫖娼行为除故意传播性病外,其本身并不构成犯罪,如果将组织、容留、介绍卖淫犯罪的既遂标准推后到卖淫嫖娼行为完成时,无疑会在一定程度上放纵犯罪,不利于准确、严厉地打击犯罪。

协助组织卖淫是组织卖淫行为的帮助犯,有独立的犯罪构成,独立的法定刑。因此,其定罪有自身的标准,其量刑也有自己的幅度范围,其既遂问题也有自己的标准。判断协助组织卖淫行为是否既遂,是行为人是否实施了协助组织卖淫的行为。根据《涉卖淫刑案解释》第四条的规定,协助组织卖淫行为是指明知他人实施组织卖淫犯罪活动而为其招募、运送人员或者充当保镖、打手、管账人等行为。因此,行为人只要实施了这些行为,就属于犯罪既遂。至于组织卖淫犯罪活动中的卖淫嫖娼是否完成,甚至是否实际实施,都不影响协助组织卖淫行为的既遂。

强迫卖淫的既未遂判断,涉及被害人的意志与行为不一致问题。也就是说,卖淫人员的卖淫行为并非出于自愿,而是被迫。这不同于组织、容留、介绍卖淫犯罪,其中卖淫人员的卖淫行为是出于自愿的。强迫卖淫行为的发展有一个过程,包括实施强迫他人同意卖淫、准备为他人提供性服务、开始卖淫、卖淫行为完成等阶段。将上述阶段中的哪一个阶段作为判断强迫卖淫行为的既遂标准,不能随心所欲。我们认为,判断强迫卖淫的既未遂问题,既要看行为人的强迫行为是否已经实施,也要看被强迫卖淫人员的卖淫行为是否实施。行为人的强迫行为,包括暴力、威胁或者以其他手段的强迫行为已经实施,被强迫卖淫人员已经与嫖娼者达成合意并基于该合意着手实施卖淫嫖娼行为的,就可以认定强迫卖淫行为已经既遂。这当中,关于卖淫行为的实施,指的是开始实施而不是已经完成。卖淫嫖娼是一个过程,为卖淫嫖娼所做的谈价格、找地点、性交易前准备、性交易过程等均属卖淫嫖娼的组成部分,只要被强迫卖淫人员实施了上述一个或数个行为的,均应认定卖淫行为开始实施。实践中特别要注重以下四种状态下的既遂:(1)强迫卖淫行为完成后,卖淫人员已经进入与嫖娼人员约定地点,还未开始实施卖淫嫖娼活动,即被公安人员查获的;(2)强迫卖淫行为完成后,卖淫人员已经进入与嫖娼人员约定地点,卖淫人员逃离卖淫嫖娼场所,从而使嫖娼人员实际无法实施嫖娼行为的;(3)强迫卖淫行为完成后,卖淫人员已经进入与嫖娼人员约定地点,卖淫人员与嫖娼人员商谈后,嫖娼人员放弃嫖娼行为的;(4)被害人已被迫卖淫,在卖淫过程中,嫖客没有接受性服务,或者进行的只是一般猥亵行为,或者嫖客因自身的因素没能实现嫖娼目的的。在上述四种状态下,均应认定强迫卖淫行为已经既遂。其主要原因就是卖淫嫖娼活动已经开始实施,只是尚未进入实质性的发生性关系行为或者无法发生性关系而已。在下列情况下,应当认定为强迫卖淫未遂:(1)强迫行为并未实现目的,即强迫行为没有达到强制他人的目的,被害人一直拒绝卖淫的;(2)强迫行为使他人不得不同意卖淫，但被害人答应后又在进入卖淫场所前拒绝的或者进入卖淫场所前逃脱的，则行为人仍然没有达到强制他人卖淫的目的。

引诱卖淫（包括引诱幼女卖淫）的既未遂判断，涉及被害人意志内容的转变的问题。引诱卖淫不同于强迫卖淫，强迫卖淫的卖淫人员是自始至终不同意卖淫，其卖淫完全是被强迫的；而引诱卖淫的卖淫人员是开始没有卖淫意愿，经引诱后自愿卖淫的。因此，应当以卖淫人员是否被引诱并着手实施卖淫作为引诱卖淫行为的既遂标志。卖淫人员意志转变且开始实施卖淫行为时，即引诱卖淫完成时。不能将卖淫行为的完成作为引诱卖淫行为的既遂标志。引诱行为的完成和被引诱对象卖淫行为的开始构成了引诱卖淫行为既遂的综合判断标准，两者缺一不可。

——陆建红：《审理组织、强迫、引诱、容留、介绍卖淫等刑事案件若干疑难问题探讨——基于对〈最高人民法院、最高人民检察院关于办理组织、强迫、引诱、容留、介绍卖淫刑事案件适用法律若干问题的解释〉的再次解读》，载最高人民法院刑事审判第一、二、三、四、五庭主办：《刑事审判参考》（总第 117 辑），法律出版社 2019 年版，第 210—212 页。

1294 引诱、容留、介绍卖淫罪的量刑

关键词｜引诱、容留、介绍卖淫罪｜量刑｜

【最高人民法院司法文件】

（二十三）引诱、容留、介绍卖淫罪

1. 构成引诱、容留、介绍卖淫罪的，根据下列情形在相应的幅度内确定量刑起点：

（1）情节一般的，在二年以下有期徒刑、拘役幅度内确定量刑起点。

（2）情节严重的，在五年至七年有期徒刑幅度内确定量刑起点。

2. 在量刑起点的基础上，根据引诱、容留、介绍卖淫的人数等其他影响犯罪构成的犯罪事实增加刑罚量，确定基准刑。

3. 旅馆业、饮食服务业、文化娱乐业、出租汽车业等单位的主要负责人，利用本单位的条件，引诱、容留、介绍他人卖淫的，增加基准刑的 10%—20%。

4. 构成引诱、容留、介绍卖淫罪的，根据引诱、容留、介绍卖淫的人数、次数、违法所得数额、危害后果等犯罪情节，综合考虑被告人缴纳罚金的能力，决定罚金数额。5. 构成引诱、容留、介绍卖淫罪的，综合考虑引诱、容留、介绍卖淫的人数、次数、危害后果等犯罪事实、量刑情节，以及被告人主观恶性、人身危险性、认罪悔罪表现等因素，决定缓刑的适用。

——《最高人民法院、最高人民检察院关于常见犯罪的量刑指导意见(试行)》(2021 年 7 月 1 日,法发〔2021〕21 号)。

(三)其他

1295 传播性病罪的认定及故意传播艾滋病的处理

关键词|传播性病罪|艾滋病|

【最高人民法院司法解释】

第十一条 具有下列情形之一的,应当认定为刑法第三百六十条规定的"明知":

(一)有证据证明曾到医院或者其他医疗机构就医或者检查,被诊断为患有严重性病的;

(二)根据本人的知识和经验,能够知道自己患有严重性病的;

(三)通过其他方法能够证明行为人是"明知"的。

传播性病行为是否实际造成他人患上严重性病的后果,不影响本罪的成立。

刑法第三百六十条规定所称的"严重性病",包括梅毒、淋病等。其它性病是否认定为"严重性病",应当根据《中华人民共和国传染病防治法》《性病防治管理办法》的规定,在国家卫生与计划生育委员会规定实行性病监测的性病范围内,依照其危害、特点与梅毒、淋病相当的原则,从严掌握。

第十二条 明知自己患有艾滋病或者感染艾滋病病毒而卖淫、嫖娼的,依照刑法第三百六十条的规定,以传播性病罪定罪,从重处罚。

具有下列情形之一,致使他人感染艾滋病病毒的,认定为刑法第九十五条第三项"其他对于人身健康有重大伤害"所指的"重伤",依照刑法第二百三十四条第二款的规定,以故意伤害罪定罪处罚:

(一)明知自己感染艾滋病病毒而卖淫、嫖娼的;

(二)明知自己感染艾滋病病毒,故意不采取防范措施而与他人发生性关系的。

——《最高人民法院、最高人民检察院关于办理组织、强迫、引诱、容留、介绍卖淫刑事案件适用法律若干问题的解释》(2017 年 7 月 25 日,法释〔2017〕13 号)。

【最高人民法院参考案例】

王某传播性病案(《刑事审判参考》案例第 1133 号)

要旨:艾滋病属于危害性与梅毒、淋病相当的严重性病,明知自己携带艾滋病病毒而实施卖淫活动,可以构成传播性病罪。

从疾病的传染性、危害程度看,艾滋病与淋病、梅毒同属于传染病防治法规定的乙类传染病,对健康的危害更是远远大于淋病、梅毒,理应视为“严重性病”。

……

根据前面的分析,被告人王某明知自己携带艾滋病病毒而卖淫,符合刑法关于传播性病罪的规定,可以认定其构成传播性病罪。……

——《刑事审判参考》(总第 105 辑)。

九、制作、贩卖、传播淫秽物品罪

1296 利用互联网、移动通讯终端制作、复制、出版、贩卖、传播淫秽电子信息，构成制作、复制、出版、贩卖、传播淫秽物品牟利罪的认定

关键词 | 制作、复制、出版、贩卖、传播淫秽物品牟利罪 | 互联网 | 移动通讯终端 |

【最高人民法院司法解释】

第一条　以牟利为目的，利用互联网、移动通讯终端制作、复制、出版、贩卖、传播淫秽电子信息，具有下列情形之一的，依照刑法第三百六十三条第一款的规定，以制作、复制、出版、贩卖、传播淫秽物品牟利罪定罪处罚。

（一）制作、复制、出版、贩卖、传播淫秽电影、表演、动画等视频文件二十个以上的；

（二）制作、复制、出版、贩卖、传播淫秽音频文件一百个以上的；

（三）制作、复制、出版、贩卖、传播淫秽电子刊物、图片、文章、短信息等二百件以上的；

（四）制作、复制、出版、贩卖、传播的淫秽电子信息，实际被点击数达到一万次以上的；

（五）以会员制方式出版、贩卖、传播淫秽电子信息，注册会员达二百人以上的；

（六）利用淫秽电子信息收取广告费、会员注册费或者其他费用，违法所得一万元以上的；

（七）数量或者数额虽未达到第（一）项至第（六）项规定标准，但分别达到其中两项以上标准一半以上的；

（八）造成严重后果的。

利用聊天室、论坛、即时通信软件、电子邮件等方式，实施第一款规定行为的，依照刑法第三百六十三条第一款的规定，以制作、复制、出版、贩卖、传播淫秽物品牟利罪定罪处罚。

第二条　实施第一条规定的行为，数量或者数额达到第一条第一款第（一）项至第（六）项规定标准五倍以上的，应当认定为刑法第三百六十三条第一款规定的“情节严重”；达到规定标准二十五倍以上的，应当认定为“情节特别严重”。

——《最高人民法院、最高人民检察院关于办理利用互联网移动通讯终端声讯台制作复制出版贩卖传播淫秽电子信息刑事案件具体应用法律若干问题的解释》

（2004年9月6日，法释〔2004〕11号）。

第一条 以牟利为目的，利用互联网、移动通讯终端制作、复制、出版、贩卖、传播淫秽电子信息的，依照《最高人民法院、最高人民检察院关于办理利用互联网、移动通讯终端、声讯台制作、复制、出版、贩卖、传播淫秽电子信息刑事案件具体应用法律若干问题的解释》第一条、第二条的规定定罪处罚。

以牟利为目的，利用互联网、移动通讯终端制作、复制、出版、贩卖、传播内容含有不满十四周岁未成年人的淫秽电子信息，具有下列情形之一的，依照刑法第三百六十三条第一款的规定，以制作、复制、出版、贩卖、传播淫秽物品牟利罪定罪处罚：

（一）制作、复制、出版、贩卖、传播淫秽电影、表演、动画等视频文件十个以上的；

（二）制作、复制、出版、贩卖、传播淫秽音频文件五十个以上的；

（三）制作、复制、出版、贩卖、传播淫秽电子刊物、图片、文章等一百件以上的；

（四）制作、复制、出版、贩卖、传播的淫秽电子信息，实际被点击数达到五千次以上的；

（五）以会员制方式出版、贩卖、传播淫秽电子信息，注册会员达一百人以上的；

（六）利用淫秽电子信息收取广告费、会员注册费或者其他费用，违法所得五千元以上的；

（七）数量或者数额虽未达到第（一）项至第（六）项规定标准，但分别达到其中两项以上标准一半以上的；

（八）造成严重后果的。

实施第二款规定的行为，数量或者数额达到第二款第（一）项至第（七）项规定标准五倍以上的，应当认定为刑法第三百六十三条第一款规定的“情节严重”；达到规定标准二十五倍以上的，应当认定为“情节特别严重”。

——《最高人民法院、最高人民检察院关于办理利用互联网、移动通讯终端、声讯台制作、复制、出版、贩卖、传播淫秽电子信息刑事案件具体应用法律若干问题的解释（二）》（2010年2月4日，法释〔2010〕3号）。

1297 利用网络云盘制作、复制、贩卖、传播淫秽电子信息牟利行为的定罪量刑

关键词｜制作、复制、出版、贩卖、传播淫秽物品牟利罪｜网络云盘｜

【最高人民法院司法解释】

一、对于以牟利为目的,利用网络云盘制作、复制、贩卖、传播淫秽电子信息的行为,是否应当追究刑事责任,适用刑法和《最高人民法院、最高人民检察院关于办理利用互联网、移动通讯终端、声讯台制作、复制、出版、贩卖、传播淫秽电子信息刑事案件具体应用法律若干问题的解释》(法释〔2004〕11号)、《最高人民法院、最高人民检察院关于办理利用互联网、移动通讯终端、声讯台制作、复制、出版、贩卖、传播淫秽电子信息刑事案件具体应用法律若干问题的解释(二)》(法释〔2010〕3号)的有关规定。

二、对于以牟利为目的,利用网络云盘制作、复制、贩卖、传播淫秽电子信息的行为,在追究刑事责任时,鉴于网络云盘的特点,不应单纯考虑制作、复制、贩卖、传播淫秽电子信息的数量,还应充分考虑传播范围、违法所得、行为人一贯表现以及淫秽电子信息、传播对象是否涉及未成年人等情节,综合评估社会危害性,恰当裁量刑罚,确保罪责刑相适应。

——《最高人民法院、最高人民检察院关于利用网络云盘制作、复制、贩卖、传播淫秽电子信息牟利行为定罪量刑问题的批复》(2017年12月1日,法释〔2017〕19号)。

【最高人民法院参考案例】

梁世勋贩卖淫秽物品牟利案(《刑事审判参考》案例第1351号)

要旨:贩卖含有淫秽视频的网络云盘,应当按照网络云盘中实际存储的淫秽视频文件数量认定淫秽物品的数量。

2004年最高人民法院、最高人民检察院发布的《关于办理利用互联网、移动通讯终端、声讯台制作、复制、出版、贩卖、传播淫秽电子信息刑事案件具体应用法律若干问题的解释》第一条第一款第(一)项规定,贩卖淫秽视频文件二十个以上构成贩卖淫秽物品牟利罪;2010年最高人民法院、最高人民检察院发布的《关于办理利用互联网、移动通讯终端、声讯台制作、复制、出版、贩卖、传播淫秽电子信息刑事案件具体应用法律若干问题的解释(二)》规定,贩卖内容含有不满十四周岁未成年人的淫秽视频文件十个以上构成贩卖淫秽物品牟利罪。根据上述两个司法解释的规定,认定贩卖淫秽物品的数量标准是淫秽视频文件的个数,而非淫秽视频载体的个数。网络云盘本身并非文件,而是文件的存储中介和载体,应当以网络云盘中实际存储的淫秽视频文件数量来认定贩卖淫秽物品的数量。

——《刑事审判参考》(总第122辑)。

1298 网络视频缓存加速服务提供者构成传播淫秽物品牟利罪的认定

关键词｜传播淫秽物品牟利罪｜以牟利为目的｜网络视频缓存｜

【最高人民法院参考案例】

深圳市快播科技有限公司、王欣等人传播淫秽物品牟利案(《刑事审判参考》案例第1192号)

要旨:快播公司作为网络视频缓存加速服务提供者,应承担传播淫秽物品牟利罪的刑事责任。

具体而言,快播公司的P2P技术不仅使用户在下载视频的同时提供了上传视频的服务,而且在用户与用户之间还介入了自己控制、管理的缓存服务器。快播用户在点播视频过程中,在拥有视频的"站长"(或"客户端")、缓存服务器、观看视频的客户端之间形成三角关系,快播调度服务器不仅拉拽淫秽视频文件存储在缓存服务器里,而且也向客户端提供缓存服务器里的淫秽视频文件。这让缓存服务器实际上起到了淫秽视频的下载、储存、分发的作用。快播公司并不制作或购买合法的视频资源产品,但其以搜索点击数量决定"缓存"哪些视频的技术特点,决定了其缓存服务器中存储的视频文件必然包括被搜索点击频率较高的淫秽视频。正是快播公司提供的这种介入了缓存服务器的视频点播服务,以及设立的这种"缓存"技术规则,决定了其实质介入了淫秽视频的传播行为。

……传播淫秽物品牟利罪要求以牟利为目的,即行为人主观上具有牟取非法利益的目的。这里的利益,既包括直接利益,也包括间接利益。司法实践中认定以牟利为目的,既包括通过制作、复制、出版、贩卖、传播淫秽物品直接获取对价的目的,也包括通过广告、流量、用户数量等获得间接收入的目的。淫秽视频被搜索、点播、下载的数量越多,淫秽视频网站的用户数量越多,网页访问量越大,广告收入越高,淫秽视频的网络传播者所获取的间接利益就越大。所以,以获取广告费等间接利益为目的,为吸引网络用户、增加网站网页访问量、提高用户数量而在互联网上发布、陈列、播放淫秽视频的行为,应当认定为"以牟利为目的"传播淫秽物品的行为。快播公司综合管理中心财务总监的证言及其提供的财务报表显示,快播公司盈利主要来源于快播事业部,而快播事业部的主要收入来源于网络营销服务,其中资讯快播和第三方软件捆绑是最主要的盈利方式,这部分盈利收入即直接来自快播播放器的安装和使用。快播资源服务器程序发布的视频经过快播技术手段加密,只能用快播播放器播放,快播公司因此对于使用快播软件播放快播视频过程中的第三方软件捆绑和广告资讯等盈利具有独占性。快播公司正是利用这种独占性特点,不断通过提供缓存技术支持等方法改善用户体验,增加用户数量和市场占有率,进而提升快播资讯广告或捆绑推广软件的盈利能力,增加收入。使用快播资源服务器程序发布、经由快播网络平台传播的淫秽视频的点击数量直接影响了快播播放器的用户数量，与快播公司的广告和软件捆绑收益密切关联。快播公司明知其快播软件和快播网络平台被用于传播淫秽视频而不予监管，反而用缓存服务器加速传播，致使淫秽视频在互联网上大量传播，快播播放器软件借此得到推广，快播公司也因此大量获利。快播公司和各被告人明知其网络系统上淫秽视频的传播和公司盈利增长之间的因果关系，仍放任其网络系统被用于传播淫秽视频，应当认定为具有非法牟利目的。

——《刑事审判参考》(总第 109 辑)。

1299 编写添加淫秽色情内容的手机网站建站程序并贩卖，应当以制作、贩卖淫秽物品牟利罪认定

关键词｜制作、贩卖淫秽物品牟利罪｜淫秽物品｜

【最高人民法院参考案例】

唐小明制作、贩卖淫秽物品牟利案(《刑事审判参考》案例第 664 号)

要旨：随着淫秽物品内容的扩大，视频文件、音频文件、电子刊物、图片、文章、短信息等淫秽电子信息的出现，国际互联网、手机 WAP 网同样可以作为表现淫秽物品的一种形式，制作含有淫秽内容的手机 WAP 网站并进行贩卖的，应当以制作、贩卖淫秽物品牟利罪认定。

本案中，被告人唐小明编写了开设 WAP 手机网站的建站程序，并向该程序内添加了淫秽色情小说。唐小明编写建站程序的行为本身不具有可罚性，该程序只是提供了能够生成网页的工具，但其向该程序内添加淫秽色情小说，其行为实质是改变了淫秽小说的内容载体，使得该小说能够以网页的形式显示，通过手机网站传播，故其行为属于制作淫秽物品。唐小明制作淫秽物品后，最终目的是通过该程序牟利，其以不同价格将该程序出售给多人的行为是贩卖行为，故其针对同一添加有淫秽内容的建站程序实施了制作、贩卖行为。

——《刑事审判参考》(总第 78 辑)。

1300 在互联网上刊载淫秽物品赚取广告收入，应当认定为“以牟利为目的”传播淫秽物品

关键词｜传播淫秽物品牟利罪｜以牟利为目的｜

【最高人民法院参考案例】

何肃黄、杨柯传播淫秽物品牟利案(《刑事审判参考》案例第120号)

要旨:以赚取广告收入为目的,在互联网上刊载淫秽物品的行为,应当认定为"以牟利为目的"传播淫秽物品。

本案如何定性,关键在于对被告人何肃黄、杨柯所赚取的广告收入能否认定为牟利。从我国互联网的发展现状来看,用户访问网站和网页一般是不支付费用的,网站、网页经营者的主要收入来自国内外公司支付的广告费用,而广告的多少、广告费用的高低又取决于用户对该网站、网页的访问量。因此,一些网站、网页的经营者为了获取广告收入,采用各种方法以吸引用户,增加访问人数,从而赚取广告收入。也就是说,网站、网页经营者的广告收入,实际上就是其经营所获得的利润。被告人何肃黄、杨柯以获取广告收入为目的,在互联网上刊载淫秽物品吸引网民、增加访问人数的行为,应当认定为以牟利为目的传播淫秽物品。

——《刑事审判参考》(总第19辑)。

1301 仅为提高浏览权限而担任淫秽网站版主，构成传播淫秽物品牟利罪的共犯

关键词 | 传播淫秽物品牟利罪 | 共同犯罪 |

【最高人民法院参考案例】

陈继明等传播淫秽物品牟利案(《刑事审判参考》案例第769号)

要旨:明知他人建立淫秽网站牟利,为提高浏览权限申请为版主,对网站进行管理、编辑和维护,应当构成传播淫秽物品牟利罪的共犯。

本案被告人史迎庆、盛家志对网站中描绘嫖娼过程过于简单的帖子或没有上传色情图片的帖子进行删除,而对详细描绘整个嫖娼过程并上传色情图片的帖子进行加分和恢复。二被告人虽然主观上意识到其管理、编辑行为必然会吸引更多的网民进行点击和浏览,大大提升网站的"人气",对陈继明利用网站牟利的行为起到积极帮助作用,但是仍积极申请成为网站管理人员,对淫秽网站进行管理、编辑和维护。同时,陈继明也明知史迎庆、盛家志的管理行为对其行为会起到帮助作用,而接受二被告人的申请,同意其参加网站管理、编辑和维护。可见,史迎庆、盛家志与陈继明属于共同犯罪,史迎庆、盛家志的行为完全符合帮助犯的构成要件。

——《刑事审判参考》(总第85辑)。

1302 淫秽电子信息的实际被点击数如何认定

关键词 | 制作、复制、出版、贩卖、传播淫秽物品牟利罪 | 电子信息的点击数 |

【最高人民法院参考案例】

杨勇传播淫秽物品牟利案(《刑事审判参考》案例第 723 号)

要旨:行为人在所建网站上链接大量淫秽电子信息并在互联网和移动通信网络中传播,加入广告联盟后,其利用淫秽电子信息增加广告点击量,以实现牟利目的,应当以传播淫秽物品牟利罪追究刑事责任。

1. 要区分包含淫秽信息的普通网站与淫秽网站。如果认定某个网站为淫秽网站,且该网站内的电子信息均为淫秽信息,那么,淫秽电子信息的实际被点击数就等同于截至案发当日该网站的实际被点击数。如果淫秽网站内的电子信息主要是淫秽信息,同时存在少量普通信息,那么淫秽电子信息的实际被点击数就可能略低于截至案发当日该网站的实际被点击数。相比之下,如果普通网站的某些板块存在淫秽电子信息,由于该网站同时存在普通信息与淫秽信息,在认定淫秽电子信息的实际被点击数时,就应当区分普通电子信息与淫秽电子信息的被点击数,不能笼统地将整个网站的实际被点击数认定为淫秽电子信息的实际被点击数。

2. 要区分"点击数"与"实际被点击数"。网站经营者出于牟利目的,通常会想方设法提高网站点击率,从而扩大网站影响,获取更多的广告费收入。因此,淫秽网站的点击数能够反映其社会危害性的大小。但在实践中,一些淫秽网站为了营造声势或者获取更多的非法利益,故意将点击率计数器的初始值设为十万次甚至更多,或者将点击率计数器计数办法设置为点击一次计数十次甚至更多,还有些网站管理者亲自或者指使、雇佣少数人持续点击淫秽电子信息,从而导致网站的点击数呈现虚增状态,不能真实反映淫秽网站的实际危害。为贯彻罪责刑相适应原则,准确认定淫秽网站的实际危害,在计算淫秽电子信息的实际被点击数时,如查明确实存在虚增点击数的情况,就应当扣除上述虚增的点击数。

——《刑事审判参考》(总第 81 辑)。

罗刚等传播淫秽物品牟利案(《刑事审判参考》案例第 669 号)

要旨:在计算实际被点击数时主要需要考虑的是排除人为设置的虚假计数、网站的自点击数、有证据证实的无效点击数以及因为手机 WAP 上网的特性导致的对同一电子文件设置的重复计数,从而得出实际被点击数。

对于其他需要排除的计数方式,必须有必要和充分的证据证实才能予以排除,而且实践中这种排除的范围不能过大。一是排除的范围越精确,则法定的点击数越接近甚至等同于传播人数,这样定罪标准与传统介质相比显然过低,不利于对此犯罪行为的打击。二是计算的标准越复杂,越增加法律的适用成本,加大法律适用的难度,实践中难以把握,且易引起不必要的争议。

——《刑事审判参考》(总第78辑)。

1303 贩卖指向淫秽视频链接的行为定性和数量认定

关键词 | 贩卖淫秽物品牟利罪 | 数量认定 | 淫秽视频 |

【最高人民法院审判业务意见】

有关部门就淫秽视频个数如何认定问题征求最高人民法院研究室意见。最高人民法院研究室经研究认为:

对淫秽视频以自然的个数计算认定,即不考虑各个视频的内容之间是否存在关联,只要行为人提供直接链接的视频是独立的视频文件,就认定为一个视频。

——喻海松:《最高人民法院研究室关于淫秽视频个数如何认定的研究意见》,载最高人民法院研究室编:《司法研究与指导》(总第1辑),人民法院出版社2012年版,第163页。

【最高人民法院参考案例】

李志雷贩卖淫秽物品牟利案(《刑事审判参考》案例第666号)

要旨:行为人贩卖指向淫秽视频链接的行为符合贩卖淫秽物品牟利罪的客观方面,其贩卖的数量达到规定标准的五倍以上,应属情节严重。

1. 本案中,被告人贩卖淫秽视频的准确数量应以其贩卖的链接指向的淫秽视频的数量来计算,但本案链接指向包含部分淫秽网站,指向种类复杂,难以界定,无法按照具体种类的数量标准计算。考虑到被告人实际获利较少,从有利于被告人的角度出发,宜以贩卖的压缩文件数来认定。

2. 被告人李志雷在"淘宝网"上开设店铺贩卖内含上千淫秽视频链接的压缩文件,其每次贩卖均以该压缩文件为最小单位,压缩文件所含内容亦基本相同,购买者无法选择里面的视频链接内容,只能以该压缩文件一件商品进行购买,故以内含淫秽视频链接的压缩文件为单位计算淫秽视频文件数量更符合被告人的客观行为。

3. 由于《最高人民法院、最高人民检察院关于办理利用互联网、移动通讯终端、声讯台制作、复制、出版、贩卖、传播淫秽电子信息刑事案件具体应用法律若干问题的解释》第四条规定的是"在自己所有、管理或者使用的网站或者网页上提供直接链接的"情形,该情形因为是面向不特定多数人,只要登录该网站的人就有可能点击下载,传播的范围比较广。而本案被告人李志雷在其贩卖的压缩文件中提供指向淫秽视频的链接,该链接仅供购买了该压缩文件的买家或其周围人使用,与公开在网站、网页上提供的指向淫秽电子信息的链接相比,其传播范围窄,传播速度慢,影响力小,社会危害性也较之更轻。因此,若按照同种方式计算数量,量刑上明显不均衡。从罪责刑相适应的角度看,一、二审法院认定被告人李志雷利用互联网贩卖淫秽物品属情节严重是适当的。

——《刑事审判参考》(总第78辑)。

1304 以牟利为目的与多人进行网络视频裸聊行为的认定

关键词|传播淫秽物品牟利罪|视频裸聊|

【最高人民法院参考案例】

方惠茹传播淫秽物品牟利案(《刑事审判参考》案例第641号)

要旨:淫秽物品的根本属性在于其淫秽性,随着时代的发展,淫秽信息与信息载体已相对分离,对淫秽物品的理解也不应只局限于淫秽信息载体,裸聊视频具备淫秽物品本质的属性,应合理扩张解释为淫秽物品。以牟利为目的,“点对面”地进行网络裸聊,将淫秽信息公开化,应当认定为传播淫秽物品牟利罪。

首先,同其他淫秽物品一样,网络裸聊行为所传递出来的信息具有强烈的淫秽性。淫秽性是淫秽物品的本质属性,在具体判断时可以参照国家新闻出版署1988年《关于认定淫秽色情物的暂行规定》第二条的规定……网络裸聊是一种通过网络聊天室、摄像头,向特定或不特定的他人展示自己裸体的行为,由此向观众所传递出来的信息显然具有强烈的淫秽性。

其次,传播淫秽物品犯罪还要求犯罪行为符合“传播”的特点,将淫秽信息广为扩散,从而影响公众对于性的感情,具有严重的社会危害性,需要动用刑罚加以惩罚。所谓“传播”,一般是指散布或者使他人可以得到或获取;也就是说,传播必须具有一定范围的公然性,或者说必须使不特定多数人能够获取或使用。在此意义上,网络裸聊并不能一概视为传播行为。其中,对于“点对点”式裸聊,其最突出的特点就是私密性,裸聊在双方之间秘密进行,并不会影响到公众对于性的感情,这种行为不符合传播淫秽物品犯罪的要求,因而这种通常发生于夫妻、情侣之间或者为填补精神空虚的陌生人之间裸聊,仅仅是公民私德范畴内的行为,应该依靠道德约束而不应该动用刑罚调整。与之相反,对于“点对面”式的裸聊,情况有本质区别。这种裸聊方式使人类的各种性行为公开化,违背了人类的性羞耻感,严重侵害了社会风尚中的善良性风尚和性道德。

……

事实上,随着电子技术的发展,信息与信息载体的关系已经摆脱了传统模式的局限,二者之间产生了分离,信息对现实生活的作用无须借助载体,可以单独直接进行。在这种情况下,不应纠缠于信息有无载体这个问题,而应重点关注信息本身的内容是否具有淫秽性。某种行为,只要向社会大众传递出来的信息具有强烈的淫秽性,就应当以传播淫秽物品犯罪论处。

——《刑事审判参考》(总第75辑)。

1305 通过投放广告等方式向淫秽网站直接或者间接提供资金或提供费用结算服务行为的认定

关键词 | 制作、复制、出版、贩卖、传播淫秽物品牟利罪 | 共同犯罪 |

【最高人民法院司法解释】

第七条 明知是淫秽网站,以牟利为目的,通过投放广告等方式向其直接或者间接提供资金,或者提供费用结算服务,具有下列情形之一的,对直接负责的主管人员和其他直接责任人员,依照刑法第三百六十三条第一款的规定,以制作、复制、出版、贩卖、传播淫秽物品牟利罪的共同犯罪处罚:①

(一)向十个以上淫秽网站投放广告或者以其他方式提供资金的;

(二)向淫秽网站投放广告二十条以上的;

(三)向十个以上淫秽网站提供费用结算服务的;

(四)以投放广告或者其他方式向淫秽网站提供资金数额在五万元以上的;

(五)为淫秽网站提供费用结算服务,收取服务费数额在二万元以上的;

(六)造成严重后果的。

实施前款规定的行为,数量或者数额达到前款第(一)项至第(五)项规定标准五倍以上的,应当认定为刑法第三百六十三条第一款规定的"情节严重";达到规定标准二十五倍以上的,应当认定为"情节特别严重"。

——《最高人民法院、最高人民检察院关于办理利用互联网、移动通讯终端、声讯台制作、复制、出版、贩卖、传播淫秽电子信息刑事案件具体应用法律若干问题的解释(二)》(2010年2月4日,法释〔2010〕3号)。

---

① 刑法修正案(九)修正后,增设刑法第二百八十七条之二,对于本条司法解释,应依照刑法修正内容予以妥当把握。

【链接：理解与适用】

《解释(二)》第七条共分两款，明确了以牟利为目的，通过投放广告等方式向淫秽网站直接或者间接提供资金，或者提供费用结算行为的定性问题，为本解释的核心内容之一。

淫秽网站的犯罪成本虽然较低，但仍然需要一定的资金来源以维护其日常运作。从司法实践来看，除了部分收费网站（主要为电脑网站）采取收受会员费等方式牟取利益外，大部分淫秽网站靠加盟广告联盟，在自己的网站上为广告联盟的广告代码提供链接以获取利益。合作的方式有点击合作，即淫秽网站获取广告代码，如果有人点击广告则自动记录，由广告联盟或广告主付费给网站；而更多的是分成合作，即用户下载淫秽网站广告所链接的服务，淫秽网站就能获取相应的分成。通过这种方式，广告商（广告联盟）和广告主往往能获取巨大利润。因此，有必要严厉打击向淫秽网站投放广告及其他提供资金的行为，才能真正切断通过传播淫秽电子信息获取利益的链条。此外，淫秽网站经常采用第三方支付平台进行支付，支付平台从中收取服务费。因此，对明知是淫秽网站仍然为其提供资金结算帮助的支付平台进行打击，也是切断其利益链条的有效途径。总之，对明知是淫秽网站，以牟利为目的，通过投放广告等方式向其直接或者间接提供资金，或者提供费用结算，情节严重的，有必要对直接负责的主管人员和其他直接责任人员，以制作、复制、出版、贩卖、传播淫秽物品牟利罪的共同犯罪论处。

在此，有两个问题需要特别说明：

(1)这里涉及隔地共同犯罪的情况。在这种情况下，可能存在对实行犯的刑事管辖权实际无法行使的情况。经研究，以牟利为目的，通过投放广告等方式向淫秽网站直接或者间接提供资金，或者提供费用结算的行为具有较大社会危害性，在实行犯未归案的情况下，对其他犯罪人可以共同犯罪予以定罪处罚。

(2)基于宽严相济刑事政策的考量，对于此条共犯的成立应设立单独的定罪量刑标准，只对情节严重的行为予以惩治。

——喻海松：《〈关于办理利用互联网、移动通讯终端、声讯台制作、复制、出版、贩卖、传播淫秽电子信息刑事案件具体应用法律若干问题的解释(二)〉的理解与适用》，载《人民司法 · 应用》2010 年第 5 期。

【最高人民法院参考案例】

魏大巍、咸本厚传播淫秽物品牟利案(《刑事审判参考》案例第 667 号)

要旨：明知是淫秽网站，利用淫秽网站投放广告销售产品，向淫秽网站直接或者间接地提供资金，应以传播淫秽物品牟利罪认定。

随着网络时代的到来，利用网站投放广告来增加产品受众范围，促进产品销售，提高产品知名度和影响力，已经成为市场经济的一种新型营销模式。但由于我国目前对网络广告的监管尚不十分规范，一些不法分子借机利用淫秽网站投放广告销售产品，向淫秽网站直接或者间接地提供资金，变相支助淫秽网站的运营，助长了淫秽网站的扩张和蔓延，其行为也因此具有较大的社会危害性。

为依法打击淫秽网站，切断淫秽网站的利益链条，最高人民法院、最高人民检察院出台了《关于办理利用互联网、移动通讯终端、声讯台制作、复制、出版、贩卖、传播淫秽电子信息刑事案件具体应用法律若干问题的解释（二）》，该解释第七条规定，明知是淫秽网站，以牟利为目的，通过投放广告等方式向其直接或者间接提供资金，或者提供费用结算服务，符合特定情形的，依照刑罚第三百六十三条第一款的规定，以制作、复制、出版、贩卖、传播淫秽物品牟利罪的共同犯罪处罚。

——《刑事审判参考》（总第78辑）。

1306 利用互联网建立主要用于传播淫秽电子信息的群组行为的定性

关键词 | 传播淫秽物品罪 | 非法利用信息网络罪 |

【最高人民法院司法解释】

第三条 利用互联网建立主要用于传播淫秽电子信息的群组，成员达三十人以上或者造成严重后果的，对建立者、管理者和主要传播者，依照刑法第三百六十四条第一款的规定，以传播淫秽物品罪定罪处罚。①

——《最高人民法院、最高人民检察院关于办理利用互联网、移动通讯终端、声讯台制作、复制、出版、贩卖、传播淫秽电子信息刑事案件具体应用法律若干问题的解释（二）》（2010年2月4日，法释〔2010〕3号）。

【链接：理解与适用】

利用互联网建立群组并传播淫秽电子信息（主要是淫秽图片），是传播淫秽物品的常见形式。然而，对上述行为如何定罪量刑，标准尚不明确。例如，点击率如何计算？传播图片的数量是按照接收的人数还是传播的实际图片数量计算？如果群组主要是用于传播淫秽电子信息的，对建立者、管理者和主要传播者能否以发展成员的数量为标准定罪处罚？经过反复研究，决定将群组的成员人数和造成严重

---

① 刑法修正案（九）修正后，增设刑法第二百八十七条之一，对于本条司法解释，应依照刑法修正内容予以妥当把握。

后果作为定罪量刑的标准。主要理由如下:该种方案具有较强的操作性,便于操作,而其他方案具有明显弊端。如果将传播的图片数量按照接收的人数计算,则在一个成员为五十人的群组中,只需要发八张图片,即可构成传播淫秽物品罪。这显然不符合罪责刑相适应的原则,因为同在网站上发布可以供全球上网用户查看的淫秽图片相比,前者的社会危害性不会更大,但对其的处罚却更为严厉。而如果按照传播的实际图片数量计算,则又会导致标准过松,对此类行为打击不力。从司法实践的情况来看,大部分群组的成员数不超过五十,建立主要用于传播淫秽电子信息的群组,其发展成员超过三十人或者造成其他严重后果的,具有较大的社会危害性,应予以刑事打击。

——喻海松:《〈关于办理利用互联网、移动通讯终端、声讯台制作、复制、出版、贩卖、传播淫秽电子信息刑事案件具体应用法律若干问题的解释(二)〉的理解与适用》,载《人民司法·应用》2010年第5期。

【最高人民法院参考案例】

胡鹏等传播淫秽物品案(《刑事审判参考》案例第670号)

要旨:设立群组主要用于传播淫秽电子信息,群组成员超过三十人或造成严重后果的,构成传播淫秽物品罪。

1. 该群组的设立主要用于传播淫秽电子信息

根据2004年"两高"制定的《关于办理利用互联网、移动通讯终端、声讯台制作、复制、出版、贩卖、传播淫秽电子信息刑事案件具体应用法律若干问题的解释》(以下简称《解释》)第九条的规定,淫秽电子信息包括具体描绘性行为或者露骨宣扬色情的诲淫性的视频文件、音频文件、电子刊物、图片、文章、短信息等互联网、移动通讯终端电子信息。其中,视频文件又包括电影、表演、动画等形式。群组受即时聊天特性和受众获取信息需求的影响,主要以传播淫秽图片和短信聊天沟通交流淫秽色情内容为主,形式相对简单。

群组的设立要求主要用于传播淫秽电子信息,除传播淫秽电子信息这一主题,并不以议会话题、传播淫秽电子信息为主要内容,但后来又转移至其他主题,则必须综合判断,不能一概认定该群组的设立主要是用于传播淫秽电子信息。在具体判断一个群组是不是主要用于传播淫秽电子信息时,可以从申请加入该群组的留言、历史聊天记录、资源共享内容、群组内的通告等方式来判断。

2. 要求成员具有三十人以上或者造成严重后果的

从司法实务来看,大部分群组的成员数不超过五十人。我们认为,建立主要用于传播淫秽电子信息的群组,其发展成员超过三十人即具有较大的社会危害性。当然群的成员越多,意味着其社会危害性越大,实践中,以成员数来作为评判该群社会危害性的一个标准，在量刑幅度内酌情从重处罚。此外，需要注意的是，三十人是法定下限标准，如果没有造成严重后果而低于此数则不构成犯罪。因为本罪侵犯的课题是社会管理秩序和社会主义道德风尚，其传播行为具备将淫秽信息在社会上广为散播的特征，如果向特定的人转移淫秽物品或者在小规模的群内如亲朋好友的群内散播则不构成犯罪。

构成本罪的另一个选择性客观要件是"造成严重后果"。"造成严重后果"，是指利用群组传播淫秽电子信息对社会危害严重、需要追究刑事责任的情形。目前，已经发现一些以未满十四周岁未成年人的淫秽信息为主要内容的群组。不法分子通过这些群组获取和交换淫秽图片，交流奸淫猥亵幼童的经验，刺激更多的人在现实社会中实施奸淫猥亵幼童的行为，对未成年人造成了严重的侵害。还有一些群组要求成员加入该群组的条件即为本人实施的性侵犯照片（即所谓的"原创图片"），这些以本人现实犯罪或不法行为为前提条件的网络传播淫秽物品犯罪，更要予以严厉打击，构成数罪的，应当依法数罪并罚。

——《刑事审判参考》（总第 78 辑）。

1307 传播淫秽物品的网站版主的刑事责任

关键词｜传播淫秽物品罪｜网站管理者｜

【最高人民法院司法解释】

第五条 网站建立者、直接负责的管理者明知他人制作、复制、出版、贩卖、传播的是淫秽电子信息，允许或者放任他人在自己所有、管理的网站或者网页上发布，具有下列情形之一的，依照刑法第三百六十四条第一款的规定，以传播淫秽物品罪定罪处罚：

（一）数量达到第一条第二款第（一）项至第（五）项规定标准十倍以上的；

（二）数量分别达到第一条第二款第（一）项至第（五）项两项以上标准五倍以上的；

（三）造成严重后果的。

——《最高人民法院、最高人民检察院关于办理利用互联网、移动通讯终端、声讯台制作、复制、出版、贩卖、传播淫秽电子信息刑事案件具体应用法律若干问题的解释（二）》（2010 年 2 月 4 日，法释〔2010〕3 号）。

【链接：理解与适用】

《解释（二）》第五条明确了不以牟利为目的，允许或者放任他人在自己所有、管理的网站或者网页上发布淫秽电子信息行为的定罪量刑标准。在实践中，网站建立者、直接负责的管理者允许或者放任他人在自己所有、管理的网站或者网页上发布淫秽电子信息的行为，也存在着不以牟利为目的的情形。因此，第五条对这种行为予以规定，并将定罪量刑标准相应放宽，将标准大体上调至直接传播淫秽物品行为的定罪量刑标准的二至三倍。

——喻海松：《〈关于办理利用互联网、移动通讯终端、声讯台制作、复制、出版、贩卖、传播淫秽电子信息刑事案件具体应用法律若干问题的解释（二）〉的理解与适用》，载《人民司法 · 应用》2010 年第 5 期。

【最高人民法院参考案例】

冷继超传播淫秽物品案（《刑事审判参考》案例第 671 号）

要旨：网站版主属于网站的直接管理者，明知是淫秽信息，又允许或放任其存在，涉及的淫秽信息数量达到法律规定的标准的，应当以传播淫秽物品罪认定。

普通网民利用网络传播淫秽电子信息的方式，主要是上传、下载、实时传送淫秽图片、视频、文字，或者创建淫秽电子信息的超链接。而对于版主来说，他们享有特殊的权限，能够接触到更广泛的资源，因此，他们可以通过对所管理网站、论坛、版块行使管理权限，为淫秽信息制造和维护传播环境。具体表现为：

明知所管理的网站、论坛、版块是淫秽网站、论坛、版块，仍从事管理工作，维护该淫秽网站、论坛、版块的正常运行；虽然其所管理的网站、论坛、版块并非专门的淫秽网站、论坛、版块，但其明知存在含有淫秽电子信息的主题帖，仍对该主题帖进行编辑、加精等操作，为淫秽信息的传播提供环境，鼓励淫秽信息上传者；明知所管理的网站、论坛、版块中存在淫秽电子信息，但对涉及淫秽信息的主题帖子不予及时删除，对淫秽信息的传播持纵容、默许的态度。

……

应当注意，计算淫秽电子信息的数量应有一定的时间、空间界限：

空间上，应以行为人参与管理的版块为限。由于版主的级别不同，所管理的版块层次也有所差别。对于最低层次的版主，其所涉及的淫秽电子信息数量自然只计算其所实际参与管理的版块；而对于较高层次的版主、总版主，则应既计算其直接管理的版块，也计算其通过监督下设子版主工作而间接参与管理的子版块的淫秽电子信息数量。

时间上，应以行为人担任版主的期间作为计算区间。既要计算行为人在此期间由其本人上传和编辑的淫秽电子信息数量，也要计算在此期间虽然不是其主动上传和编辑，但因其采取默许态度而上传到其管理论坛中的淫秽电子信息。

——《刑事审判参考》（总第 78 辑）。

1308 将自己与他人性交的视频片段传至个人博客的行为应如何定性

关键词 | 传播淫秽物品罪 | 个人博客 |

【最高人民法院参考案例】

宋文传播淫秽物品、敲诈勒索案(《刑事审判参考》案例第 672 号)

要旨:将自己与他人性交的视频片段传至个人博客的行为,可构成传播淫秽物品罪。

本案中,被告人宋文用手机拍摄自己与被害人高某某的性行为的片段,这一视频的内容系对性行为的直接描述。如果这一视频仅是个人私藏,根本不进入公众视野,自然不会涉及淫秽物品的问题。但宋文将该视频片段置于网络,任何访问该网址的人皆可看到,这样的视频是对社会公序良俗的违背,法律必然要对该视频的性质作出评定。那么,作为直接描述性行为的视频片段,其性质无疑是淫秽物品。

……

个人博客是一种通常由个人管理,不定期张贴电子信息,并可被不特定人随意浏览的网页,浏览者也可对博客内容进行转载、传播。博客上面的内容虽是个人发表,但并不仅仅是纯粹个人思想的表达和生活琐事的记录,而是私人性和公共性的有效结合,所提供的内容可用来交流,可包容整个互联网。个人博客的网页,除非个人设定仅可本人浏览,否则即是面对不特定的多数人,博客上的内容便具有传播的可能性。博客主人将某一文件上传至博客的行为,本身便是一种传播行为。本案中宋文将其与高某某的性行为的视频片段上传至博客,并将网址告知他人,导致该网址在短时间内点击量超过三万次,在客观上也造成了在不特定人群中传播的后果。

——《刑事审判参考》(总第 78 辑)。

1309 为推销合法产品而利用淫秽物品招揽顾客的行为，能否认定为传播淫秽物品牟利罪

关键词 | 传播淫秽物品牟利罪 | 传播淫秽物品罪 |

【最高人民法院参考案例】

周菊清传播淫秽物品案(《刑事审判参考》案例第 1444 号)

要旨:行为人在个人网站或者微信群内传播淫秽物品,其目的只是增加关注度,从而为销售合法产品创造商机。其既没有让被传播者支付信息费,也没有通过

网站本身或者微信群作广告赚取广告费，不能认定为传播淫秽物品牟利罪中的“牟利”情节，只构成传播淫秽物品罪。

周菊清通过微信从事男性保健品销售经营活动，在微信群里发布淫秽视频链接，供群成员浏览，其目的在于扩大所售商品的受众人数，增加交易机会，提高商品的销售量。其所获利益来源于卖出的男性保健品，而非淫秽物品本身或者传播淫秽物品行为本身，这种牟利方式与传播淫秽物品行为之间并不存在直接的、必然的因果关系，故不应认定为传播淫秽物品牟利罪。

——《刑事审判参考》(总第129辑)。

1310 在局域网内制作、复制、传播淫秽电子信息行为的法律适用

关键词｜局域网｜淫秽电子信息｜

【最高人民法院审判业务意见】

有关部门就利用互联网上网服务营业场所制作、复制、传播淫秽电子信息行为适用法律问题征求最高人民法院研究室意见。最高人民法院研究室经研究认为：

互联网是指直接进行国际联网的计算机信息网络。互联网上网服务营业场所内部局域网不属于互联网，在互联网上网服务营业场所内部局域网内制作、复制、传播淫秽电子信息的行为不适用《最高人民法院、最高人民检察院关于办理利用互联网、移动通讯终端、声讯台制作、复制、出版、贩卖、传播淫秽电子信息刑事案件具体应用法律若干问题的解释》的规定。

——喻海松：《最高人民法院研究室关于在局域网内制作、复制、传播淫秽电子信息行为适用法律问题的研究意见》，载最高人民法院研究室编：《司法研究与指导》(总第1辑)，人民法院出版社2012年版，第166页。

1311 利用网络视频组织淫秽表演行为的认定

关键词｜组织淫秽表演罪｜传播淫秽物品牟利罪｜

【最高人民法院参考案例】

重庆访问科技有限公司等单位及郑立等人组织淫秽表演案(《刑事审判参考》案例第673号)

要旨：各被告单位和被告人以牟利为目的，利用网络视频多次组织淫秽表演的

行为，构成组织淫秽表演罪，且情节严重。

组织淫秽表演罪和传播淫秽物品牟利罪同属妨害社会管理秩序类犯罪，但两罪在犯罪主体和客观方面均存在差异：组织淫秽表演罪的关注点在于组织行为和淫秽表演行为，追究的淫秽表演组织者的刑事责任；而传播淫秽物品牟利罪的关注点则在于与淫秽物品相关的传播行为，追究的淫秽物品传播者的刑事责任。在网络媒体发达的现代社会，犯罪手段和方法不断更新，许多犯罪分子开始利用网络实施相应的犯罪行为，这给网络犯罪罪名的准确认定带来了一定的挑战。实践中，对于新型网络犯罪，需要立足犯罪构成要件仔细甄别各类犯罪，确保定罪准确。

本案中，被告单位和被告人通过网络视频组织淫秽表演的犯罪行为就属于组织淫秽表演的一种新型表现形式。伴随着娱乐场所管理的规范化，传统类型的组织淫秽表演犯罪很容易遭到查处，犯罪风险较大，而通过一对一收费型网络视频方式组织淫秽表演，仅针对网站付费会员提供服务，由于组织表演者、表演者和观看者均处于不同的场所和空间，向会员收费和相应的表演行为均通过网络进行，犯罪活动更加具有隐蔽性，因此这种犯罪手段颇受违法犯罪分子的青睐。无论是传统的组织人员进行"现场面对面式"淫秽表演，还是现代的借助网络媒体组织人员进行"视频面对面式"淫秽表演，均为组织淫秽表演的表现形式，均应构成组织淫秽表演罪。

——《刑事审判参考》（总第 78 辑）。

1312 刑法意义上淫秽表演的界定

关键词｜组织淫秽表演罪｜淫秽表演｜

【最高人民法院参考案例】

董志尧组织淫秽表演案（《刑事审判参考》案例第 770 号）

要旨：模特在不特定的摄影者面前暴露生殖器、摆出淫秽姿势供其拍摄属于刑法意义上的淫秽表演，该种拍摄活动的组织者应以组织淫秽表演罪认定。

刑法意义上的"淫秽表演"，是指公然以体态性的动作露骨宣扬色情，如跳脱衣舞、裸体舞、性交表演、手淫、口淫表演等。淫秽表演有两个特征：一是诲淫性，即行为必须具有客观上挑起他人不正常性刺激、性兴奋的作用。如果表演行为不具有这种作用，就不会危害社会的健康性风尚，也就没有运用刑罚进行惩治的正当根据。二是公开性，即必须在多数人或者不特定人面前进行表演。如果淫秽表演只在特定少数人面前进行，其所产生的危害也只局限于这些特定的少数人，就不会对社会的健康性风尚产生不良影响。相反，淫秽表演如果在多数人或者不特定人面前进行,其影响范围就会超出特定受众,危害社会的健康性风尚。本案中,模特在摄影者镜头前的表演,完全符合淫秽表演的上述两个特征。首先,从诲淫性看,模特在摄像过程中不仅有暴露性器官的行为,而且还当众作出很多淫秽的姿势,客观上能够引起他人的性刺激、性兴奋。属于以体态动作露骨宣扬色情,有关部门也因此将该表演鉴定为淫秽表演节目。其次,从公开性看,尽管模特进行淫秽表演的受众并非类似电影观众那样一般意义上的观众,而是拍摄淫秽图像的摄影者,但这些摄影者是董志尧从互联网上公开招募而来,只要交纳拍摄费用,携带较为高端的相机,就能参与拍摄活动,成为该淫秽表演活动的受众。由此可见,参与摄影活动的人具有不特定性,且随着拍摄场次的增多,这类受众的人数也增多。因此,本案中的模特属于在不特定多数受众面前露骨宣扬色情,其表演行为属于刑法意义上的淫秽表演。

——《刑事审判参考》(总第85辑)。

第六章 | CHAPTER 06

贪污贿赂罪

一、一般规定

1313 贪污、受贿犯罪故意的认定

关键词｜贪污故意｜受贿故意｜赃款赃物｜公务支出｜

【最高人民法院司法解释】

第十六条　国家工作人员出于贪污、受贿的故意，非法占有公共财物、收受他人财物之后，将赃款赃物用于单位公务支出或者社会捐赠的，不影响贪污罪、受贿罪的认定，但量刑时可以酌情考虑。

特定关系人索取、收受他人财物，国家工作人员知道后未退还或者上交的，应当认定国家工作人员具有受贿故意。

——《最高人民法院、最高人民检察院关于办理贪污贿赂刑事案件适用法律若干问题的解释》(2016年4月18日，法释〔2016〕9号)。

【链接：理解与适用】

《解释》第十六条明确了实践中较为常见的两个与贪污、受贿故意认定相关的问题的具体处理意见。一是赃款赃物去向与贪污、受贿故意的认定关系问题。《解释》明确，只要基于个人非法所有为目的而实施贪污、受贿行为，不管事后赃款赃物的去向如何，均不影响贪污、受贿罪的认定。该规定的道理在于，贪污、受贿犯罪既已实施完毕，赃款赃物的事后处分不影响刑事定罪。适用本规定时需要注意以下三点：一是赃款赃物的具体去向，在一些情形下特别是用于公务支出的情形下与贪污、受贿故意的认定是存在关联的，这也是《解释》强调只有当贪污、受贿故意得以认定时，用于公务支出或者社会捐赠才不影响定罪的原因所在。对于行为时犯罪故意不明确或者不能证明存在贪污或者个人受贿故意的，则应根据案件事实并结合赃款赃物具体去向实事求是地加以认定。二是对于赃款赃物用于公务支出或者社会捐赠的，量刑时应予酌情考虑。三是国家工作人员办事、“身边人”收钱行为的刑事定罪问题。本着主客观相一致的定罪原则，此行为能否认定国家工作人员构成受贿犯罪，关键看其对收钱一事是否知情及知情后的态度。为此，《解释》明确，特定关系人索取、收受他人财物，国家工作人员知道后未退还或者上交的，应当认定国家工作人员具有受贿故意。适用本规定时需要注意以下四点：一是此情形

以国家工作人员接受特定关系人转请托为前提，特定关系人未将转请托事项告知国家工作人员的，不适用本规定。二是不同于刑法在影响力贿赂犯罪中规定的关系密切的人，对于特定关系人的认定范围，要依照《最高人民法院、最高人民检察院关于办理受贿刑事案件适用法律若干问题的意见》的相关规定从严掌握，即特定关系人仅指"与国家工作人员有近亲属、情妇(夫)以及其他共同利益关系的人"。三是知道后未退还或者上交强调的是主观故意的判断，因赃款赃物被特定关系人挥霍等，知道时确实已经不具备退还或者上交的客观条件的，则应当有所区别，慎重适用。四是影响力贿赂犯罪以国家工作人员不构成受贿罪为前提，在认定国家工作人员构成受贿罪的情况下，相关行受贿犯罪的罪名适用应当保持协调一致，对特定关系人不得另以利用影响力受贿罪处理，对行贿人也不得以对有影响力的人行贿罪处理。

——裴显鼎等：《〈关于办理贪污贿赂刑事案件适用法律若干问题的解释〉的理解与适用》，载《人民司法 · 应用》2016 年第 19 期。

1314 贪污、受贿犯罪的死刑适用

关键词 | 职务犯罪 | 死刑 | 死刑缓期二年执行 | 终身监禁 |

【最高人民法院司法解释】

第四条 贪污、受贿数额特别巨大，犯罪情节特别严重、社会影响特别恶劣、给国家和人民利益造成特别重大损失的，可以判处死刑。

符合前款规定的情形，但具有自首，立功，如实供述自己罪行、真诚悔罪、积极退赃，或者避免、减少损害结果的发生等情节，不是必须立即执行的，可以判处死刑缓期二年执行。

符合第一款规定情形的，根据犯罪情节等情况可以判处死刑缓期二年执行，同时裁判决定在其死刑缓期执行二年期满依法减为无期徒刑后，终身监禁，不得减刑、假释。

——《最高人民法院、最高人民检察院关于办理贪污贿赂刑事案件适用法律若干问题的解释》（2016 年 4 月 18 日，法释〔2016〕9 号）。

【链接：理解与适用】

一、严格控制死刑适用，确保死刑立即执行仅适用于极个别罪行极其严重的贪污受贿犯罪分子。适用上述规定第一款时要注意，这里规定的"特别重大损失"，包括但不限于物质损失。

二、符合死刑适用条件但同时具备从宽情节、不是必须立即执行的,可以判处一般死缓。对于贪污、受贿犯罪判处死缓的,首先考虑适用的是一般死缓,而非终身监禁,以此避免实践中可能出现的、不加区分地一概适用终身监禁,从而加重原本就应当判处一般死缓的被告人刑罚的不当做法。

三、上述规定第三款从实体和程序两个方面明确了终身监禁的具体适用:一是通过与第一款直接对接,强调终身监禁主要适用于原本可能判处死刑立即执行的情形;二是明确在一、二审作出死缓裁判的同时应当一并作出终身监禁的决定,而不能等到死缓执行期间届满再视情而定,以此强调终身监禁不受执行期间重大立功等服刑表现的影响。适用终身监禁时需要注意把握两点:一是坚决。对于符合终身监禁适用条件的要坚决判处终身监禁,以此发挥终身监禁在填补死刑立即执行和一般死缓之间的空档、严肃惩治严重腐败犯罪中的特殊作用。二是慎重。终身监禁是介于一般死缓与死刑立即执行之间极为严厉的一种刑罚执行措施,其适用同样需要严格控制,主要适用于过去可能需要判处死刑立即执行、现在适用终身监禁同样可以做到罚当其罪的情形,要切实防止适用一般死缓即可做到罪刑相当的案件被不当升格为终身监禁。

——裴显鼎等:《〈关于办理贪污贿赂刑事案件适用法律若干问题的解释〉的理解与适用》,载《人民司法 · 应用》2016 年第 19 期。

1315 贪污贿赂犯罪罚金刑的判罚标准

关键词|及时返还|追缴|责令退赔|罚金刑|

【最高人民法院司法解释】

第十九条　对贪污罪、受贿罪判处三年以下有期徒刑或者拘役的,应当并处十万元以上五十万元以下的罚金;判处三年以上十年以下有期徒刑的,应当并处二十万元以上犯罪数额二倍以下的罚金或者没收财产;判处十年以上有期徒刑或者无期徒刑的,应当并处五十万元以上犯罪数额二倍以下的罚金或者没收财产。

对刑法规定并处罚金的其他贪污贿赂犯罪,应当在十万元以上犯罪数额二倍以下判处罚金。

——《最高人民法院、最高人民检察院关于办理贪污贿赂刑事案件适用法律若干问题的解释》(2016 年 4 月 18 日,法释〔2016〕9 号)。

【链接:理解与适用】

2. ……罚金刑的判罚标准。适用本规定时需要注意两点:一是第二款规定中的“其他贪污贿赂犯罪”，应当理解为除贪污罪、受贿罪之外规定在刑法分则第八章中的其他贪污贿赂犯罪，而不包括非国家工作人员职务犯罪。二是贪污贿赂犯罪的罚金刑最低判罚标准为十万元，除适用刑法第三十七条的规定免予刑事处罚之外，不得减至十万元以下判处罚金。

最后，需要补充说明的是，《解释》对贪污贿赂犯罪的定罪量刑标准作了较大调整，在选择适用新旧法律、新旧司法解释时，要注意正确理解和执行从旧兼从轻的法律和司法解释适用原则。一是对于2015年10月31日以前实施的贪污罪、受贿罪，一般适用新法新解释。即：适用刑法修正案（九）修正后规定将判处更轻自由刑的，适用修正后刑法和本解释规定。其中，修正前刑法未规定罚金刑但修正后刑法规定了罚金刑的，应当按照本解释确定的判罚标准一并适用修正后刑法有关罚金刑的规定；一审在刑法修正案（九）实施之前已经判处没收财产刑的，二审可以按照本解释确定的判罚标准改判罚金刑。二是对于2015年10月31日以前实施的行贿罪，一般适用旧法新解释。由于刑法修正案（九）对行贿罪增加规定了罚金刑并对行贿罪规定了更加严格的从宽处罚适用条件，故一般应当适用修正前刑法。同时，由于刑法修正案（九）未对行贿罪的基础法定刑作出修改，本解释有关行贿罪的主刑判罚标准可以溯及修正前的行贿罪刑法规定，较之于前述《行贿解释》，适用本解释对被告人有利的，适用本解释。

——裴显鼎等：《〈关于办理贪污贿赂刑事案件适用法律若干问题的解释〉的理解与适用》，载《人民司法·应用》2016年第19期。

1316 贿赂犯罪中财物的范围

关键词 | 财物 | 财产性利益 |

【最高人民法院司法解释】

第十二条 贿赂犯罪中的“财物”，包括货币、物品和财产性利益。财产性利益包括可以折算为货币的物质利益如房屋装修、债务免除等，以及需要支付货币的其他利益如会员服务、旅游等。后者的犯罪数额，以实际支付或者应当支付的数额计算。

——《最高人民法院、最高人民检察院关于办理贪污贿赂刑事案件适用法律若干问题的解释》（2016年4月18日，法释〔2016〕9号）。

【链接：理解与适用】

《解释》第十二条对贿赂犯罪的对象范围和财产性利益的具体认定作出了规

定。该规定主要借鉴了 2008 年"两高"《关于办理商业贿赂刑事案件适用法律若干问题的意见》第七条的规定，即："商业贿赂中的财物，既包括金钱和实物，也包括可以用金钱计算数额的财产性利益，如提供房屋装修、含有金额的会员卡、代币卡(券)、旅游费用等。具体数额以实际支付的资费为准。"除文字调整之外，《解释》将财产性利益作了进一步的归类细分，明确财产性利益包括可以折算为货币的物质利益和需要支付货币才能获得的其他利益两种。前者如房屋装修、债务免除等，其本质上是一种物质利益。后者如会员服务、旅游，就其性质而言不属于物质利益，但由于取得这种利益需要支付相应的货币对价，故应当在法律上视同为财产性利益。实践中提供或者接受后者利益主要有两种情形：一种是行贿人支付货币购买后转送给受贿人消费；二是行贿人将在社会上作为商品销售的自有利益免费提供给受贿人消费。两种情形实质相同，均应纳入贿赂犯罪处理，但因表现形式不同有可能导致第二种情形数额认定上的意见分歧，故《解释》同时明确："后者的犯罪数额，以实际支付或者应当支付的数额计算。"

——裴显鼎等：《〈关于办理贪污贿赂刑事案件适用法律若干问题的解释〉的理解与适用》，载《人民司法·应用》2016 年第 19 期。

【最高人民法院参考案例】

李群受贿案(《刑事审判参考》案例第 1352 号)

要旨：接受他人装修房屋长期未付款，也未有付款表示的行为可以认定为受贿行为。

本案中，被告人李群对接受美沃公司价值 51320 元的房屋装修的事实并无异议，但认为该装修款属于未偿还的民事欠款，而不属于受贿金额。分析认为，李群于案发时任石泉县残联理事长，对于县内残疾人就业补助项目的申请具有管理审核职权，而美沃公司是申报残疾人就业补助项目的企业，在这种关系之下，李群作为国家工作人员，在接受美沃公司装修后本应及时结清价款，根据其在 2012 年至 2018 年的银行存取款情况证明，其具有该笔费用的还款能力，但李群在长达四年多的时间内，既未结清装修价款，也未有任何还款的意思表示，而且在明知美沃公司不符合条件的情况下，连续三年为美沃公司争取残疾人就业补助资金，美沃公司在争取到该补助资金后，将该笔账务予以核销。也就是说，虽然李群没有直接向美沃公司索取贿赂，也没有直接收取美沃公司的财物，美沃公司也没有明确告知其免除李群的装修款，但是，从李群的偿还能力、拖欠装修款的时间，美沃公司财务上予以核销该笔装修款以及美沃公司委托李群办理残疾人补助金，李群利用职务之便违规为美沃公司办理残疾人补助金等事实，可以推定出美沃公司已经将装修款作为李群为美沃公司办理残疾人补助金项目的回报这一事实。在一审庭审中，李群对这一推定事实也是认可的。

根据《最高人民法院、最高人民检察院关于办理贪污贿赂刑事案件适用法律若干问题的解释》第十二条之规定："贿赂犯罪中的'财物'，包括货币、物品和财产性利益。财产性利益包括可以折算为货币的物质利益如房屋装修、债务免除等，以及需要支付货币的其他利益如会员服务、旅游等。后者的犯罪数额，以实际支付或者应当支付的数额计算。"因此，被告人李群接受他人房屋装修的财产性利益，原判以其应当支付的数额计算其受贿金额并无不当。

——《刑事审判参考》（总第122辑）。

二、贪污罪

1317 贪污罪定罪量刑的数额标准和情节标准的认定

关键词｜贪污罪｜受贿罪｜数额标准｜情节标准｜

【最高人民法院司法解释】

第一条　贪污或者受贿数额在三万元以上不满二十万元的，应当认定为刑法第三百八十三条第一款规定的“数额较大”，依法判处三年以下有期徒刑或者拘役，并处罚金。

贪污数额在一万元以上不满三万元，具有下列情形之一的，应当认定为刑法第三百八十三条第一款规定的“其他较重情节”，依法判处三年以下有期徒刑或者拘役，并处罚金：

（一）贪污救灾、抢险、防汛、优抚、扶贫、移民、救济、防疫、社会捐助等特定款物的；

（二）曾因贪污、受贿、挪用公款受过党纪、行政处分的；

（三）曾因故意犯罪受过刑事追究的；

（四）赃款赃物用于非法活动的；

（五）拒不交待赃款赃物去向或者拒不配合追缴工作，致使无法追缴的；

（六）造成恶劣影响或者其他严重后果的。

……

第二条　贪污或者受贿数额在二十万元以上不满三百万元的，应当认定为刑法第三百八十三条第一款规定的“数额巨大”，依法判处三年以上十年以下有期徒刑，并处罚金或者没收财产。

贪污数额在十万元以上不满二十万元，具有本解释第一条第二款规定的情形之一的，应当认定为刑法第三百八十三条第一款规定的“其他严重情节”，依法判处三年以上十年以下有期徒刑，并处罚金或者没收财产。

……

第三条　贪污或者受贿数额在三百万元以上的，应当认定为刑法第三百八十三条第一款规定的“数额特别巨大”，依法判处十年以上有期徒刑、无期徒刑或者死刑，并处罚金或者没收财产。

贪污数额在一百五十万元以上不满三百万元，具有本解释第一条第二款规定的情形之一的，应当认定为刑法第三百八十三条第一款规定的“其他特别严重情节”，依法判处十年以上有期徒刑、无期徒刑或者死刑，并处罚金或者没收财产。

……

——《最高人民法院、最高人民检察院关于办理贪污贿赂刑事案件适用法律若干问题的解释》(2016 年 4 月 18 日，法释〔2016〕9 号)。

【链接：理解与适用】

(1) 贪污罪的定罪量刑情节

对于贪污罪的定罪量刑情节，《解释》明确了五种具体情形，简要说明如下：

第(一)项是贪污救灾、抢险、防汛、优抚、扶贫、移民、救济、防疫、社会捐助等特定款物的。对于本项规定中的“等”字，实践中要注意从两个方面来把握：一是这里的“等”为“等外等”，这也是法律文件中“等”字的通常性理解，所以，特定款物不限于列明的九种款物；二是其他特定款物的认定要从严掌握，只有与所列举的款物具有实质相当性的款物才可以认定为特定款物，具体可以从事项重要性、用途特定性以及时间紧迫性等方面进行判断。

第(二)(三)项是曾因贪污、受贿、挪用公款受过党纪、行政处分或者因故意犯罪受过刑事追究的。适用本规定时需要注意以下两点：一是严格限定党纪、行政处分的事由。第(二)项原表述为“贪污、受贿等职务违纪违法行为”。征求意见时有意见提出，党纪、行政处分的事由各不相同，且党纪、行政处分轻重不一，为防止情节认定过于宽泛可能导致的刑责不相适应，同时确保处分事由的相对一致性，建议对处分事由作出限定。为此，《解释》将处分事由明确为贪污、受贿、挪用公款三种具体职务违纪违法行为。二是对刑事追究的理解。鉴于实践中受过刑事追究的仍有担任公职特别是在国家出资企业任职的情况，且由于工作衔接等原因，受过刑事追究的未必都进行过党纪、行政处分，故第(三)项对因故意犯罪受过刑事追究的情形一并作出规定。文字表述上之所以用“刑事追究”而非“刑事处罚”，主要是考虑到较轻的刑事犯罪还有不起诉或者免予刑事处罚等处理措施，“刑事追究”一词更具包容性。三是对故意犯罪的理解。故意犯罪侧重于主观恶性，不能因为一些过失犯罪的刑罚重于故意犯罪而对这里的故意犯罪人为设限。但是，综合全案情节，贪污、受贿行为确实属于情节显著轻微危害不大，符合刑法第十三条但书条款规定的，可以不作为犯罪处理。

第(四)项是赃款赃物用于非法活动的。适用本项规定时要注意避免绝对化理解：一方面，不要求赃款赃物全部或者大部分用于非法活动；另一方面，用于非法活动的赃款赃物数额需要达到一定程度，对于用于非法活动的赃款赃物占比较小的,不宜适用本项规定。“度”的具体把握,实践中可以根据个案情况结合非法活动的比例数和绝对数综合判断。对于《解释》规定的其他相关定罪量刑情节,也应当秉承这一思路进行认定。

第(五)项是拒不交待赃款赃物去向致使赃款赃物无法追缴或者拒不配合追缴工作,致使无法追缴的。这是综合行为人认罪悔罪态度和损害后果而提出的,不同于因客观原因不能追缴,行为人拒不交待或者拒绝配合致使赃款赃物无法追缴的,不仅损失结果不能依法挽回,而且反映出行为人毫无认罪悔罪之态度,故作为加重情节予以规定是合理的。

此外,为避免挂一漏万,《解释》还在第(六)项规定了造成恶劣影响或者其他严重后果的情节。作为兜底条款,本项规定对危害结果予以特别强调,本质上是结果加重情节,所以,在开放性程度上与其他司法解释文件的相关规定是有所不同的。具体适用本项规定时,一方面要注意发挥其兜底性作用,这里的影响或者后果不局限于物质层面的损失;另一方面要注意结合《解释》的本意从严掌握,影响或者后果必须实际发生且为相关证据证明。

——裴显鼎等:《〈关于办理贪污贿赂刑事案件适用法律若干问题的解释〉的理解与适用》,载《人民司法·应用》2016 年第 19 期。

1318 贪污罪中的“利用职务上的便利”的认定

关键词｜贪污罪｜利用职务上的便利｜

【最高人民法院指导性案例】

杨延虎等贪污案(最高人民法院指导案例 11 号)

裁判要点:贪污罪中的“利用职务上的便利”,是指利用职务上主管、管理、经手公共财物的权力及方便条件,既包括利用本人职务上主管、管理公共财物的职务便利,也包括利用职务上有隶属关系的其他国家工作人员的职务便利。

法院生效裁判认为:关于被告人杨延虎的辩护人提出杨延虎没有利用职务便利的辩护意见不能成立。经查,义乌国际商贸城指挥部系义乌市委、市政府为确保国际商贸城建设工程顺利进行而设立的机构,指挥部下设确权报批科,工作人员从国土资源局抽调,负责土地确权、建房建设用地的审核及报批工作,分管该科的副总指挥吴某某也是国土资源局的副局长。确权报批科作为指挥部下设机构,同时受指挥部的领导,作为指挥部总指挥的杨延虎具有对该科室的领导职权。贪污罪中的“利用职务上的便利”,是指利用职务上主管、管理、经手公共财物的权力及方便条件,既包括利用本人职务上主管、管理公共财物的职务便利,也包括利用职务上有隶属关系的其他国家工作人员的职务便利。本案中，杨延虎正是利用担任义乌市委常委、义乌市人大常委会副主任和兼任指挥部总指挥的职务便利，给下属的土地确权报批科人员及其分管副总指挥打招呼，才使得王月芳等人虚报的拆迁安置得以实现。

——《最高人民法院关于发布第三批指导性案例的通知》（2012 年 9 月 18 日，法〔2012〕227 号）。

【链接：理解与参照】

（一）关于“利用职务上的便利”问题

贪污罪作为一种贪利性渎职犯罪，利用职务便利是其显著特征，是认定贪污罪的前提条件，也是区别于其他侵犯财产犯罪的主要标志。对于何谓职务上的便利，刑法没有明确规定，刑法理论上对此理解存在不同观点，具有代表性的主要有以下几种。第一种观点认为，利用职务上的便利是指利用自己暂时合法管理财产的便利。第二种观点认为，利用职务上的便利，不仅是指直接利用自己主管或者分管某项工作的职权，而且包括凭借自己职务的间接影响，通过人情、人事关系等实施贪污的情形。[①] 第三种观点认为，利用职务上的便利是指利用自己职权范围内的权力和地位形成的主管、经手、管理公共财物的便利条件，不是指利用他人职务上的便利（共同犯罪除外），也不单纯是利用工作上的便利。[②] 第四种观点认为，利用职务上的便利，主要是利用职权范围所具有的管理、经营公共财物的便利条件，是直接利用职务上的便利，不包括间接利用职务上的便利。[③] 第五种观点认为，利用职务上的便利，是指国家工作人员利用其职务范围内的权力和地位所形成的主管、管理、经手公共财物的有利条件，而不是利用与其职务无关的仅因工作关系对作案环境比较熟悉，凭其身份便于进出本单位、易于接近作案目标的方便条件。[④] 第六种观点认为，利用职务上的便利，是指利用自己主管、管理、经手公共财物的职权以及与职务有关的便利条件。“与职务有关”是指虽然不是直接利用职权，但是利用了本人职权或者地位形成的便利条件，也叫间接利用职务之便。[⑤]

我们认为，第一种观点对利用职务便利的理解过于狭隘，将不直接管理财物的主管行为排除在贪污行为之外了。第二种观点对利用职务便利的理解扩展到包括人情、人事关系，过于宽泛。第三种观点没有严格区分职务便利与工作便利，也排除了既利用自己职务便利，又同时利用他人职务便利的情形。第四种观点排除了

---

① 参见赵秉志主编：《贪污贿赂及相关犯罪认定处理》，中国方正出版社 1999 年版，第 49 页以下。

② 参见陈正云、钱舫：《国家工作人员职务经济犯罪的定罪与量刑》，人民法院出版社 2000 年版，第 180 页。

③ 参见孟庆华、高秀东：《贪污罪的定罪与量刑》，人民法院出版社 2001 年版，第 123 页。

④ 参见高铭暄主编：《刑法学》（新编本），北京大学出版社 1998 年版，第 555 页。

⑤ 参见徐武生：《经济犯罪与经济纠纷》，法律出版社 1998 年版，第 213 页。

间接利用职务便利,列举的“经营”似有多余,因其可以被“管理”和“经手”所包含。第五种和第六种观点比较妥当,与该指导性案例裁判要点基本一致。这不仅是目前刑法理论界多数学者的主张,符合立法原意,而且有相关司法解释作为依据,符合惩治贪污犯罪的实际需要。如最高人民法院、最高人民检察院1985年7月18日《关于当前办理经济犯罪案件中具体应用法律的若干问题的解答(试行)》(已失效。——编辑注)就曾指出:利用职务上的便利,是指利用职务上的主管、管理、经手公共财物的便利条件。例如,出纳员利用职务上保管现金的便利,盗窃由其保管的公款,是贪污罪;如果出纳员仅是利用对本单位的情况熟悉的条件,盗窃由其他国家工作人员保管的公共财物,则是盗窃罪。最高人民检察院1999年9月16日印发的《关于人民检察院直接受理立案侦查案件立案标准的规定(试行)》在贪污罪中指出,“利用职务上的便利”是指利用职务上主管、管理、经手公共财物的权力及方便条件。最高人民法院2003年11月13日印发的《全国法院审理经济犯罪案件工作座谈会纪要》在受贿罪中指出,“利用职务上的便利”,既包括利用本人职务上主管、负责、承办某项公共事务的职权,也包括利用职务上有隶属、制约关系的其他国家机关工作人员的职权。由此可见,利用职务上的便利,是指行为人利用主管、管理、经手公共财物的职权及与职务有关的方便条件,既包括利用本人直接管理、经手公共财物的职务便利,也包括利用职务上有隶属关系的其他国家工作人员的职务便利,因为在后一种情况下行为人虽然未直接管理公共财物,但是具有主管公共财物的职务便利。

本案例中,义乌国际商贸城指挥部系浙江省义乌市委、市政府为确保国际商贸城建设工程顺利进行而设立的机构。指挥部下设确权报批科,工作人员从国土资源局抽调,分管该科室的副总指挥吴某某是国土资源局的副局长。在实际工作中,该科室等同于国土资源局设在指挥部的派出机构,负责土地确权、建房建设用地的审核及报批工作。确权报批科作为指挥部下设机构,同时也受指挥部领导。被告人杨延虎作为指挥部总指挥当然对该科具有领导职权。同时,杨延虎还担任义乌市委常委、义乌市人大常委会副主任的领导职务,与义乌市国土资源局具有领导与被领导的隶属关系。本案例中杨延虎正是利用“主管”的职务便利,给确权报批科的科长及分管副总指挥打招呼,利用了与其职务上有隶属关系的其他国家机关工作人员的职权,才使得虚假的土地确权得以实现。

——最高人民法院案例指导工作办公室:《指导案例11号〈杨延虎等贪污案〉的理解与参照——贪污罪中的“利用职务上的便利”和“公共财物”的认定》,载最高人民法院案例指导工作办公室编著:《中国案例指导》(总第1辑),法律出版社2015年版,第184—186页。

1319 贪污罪中非法占有目的的认定

关键词｜贪污罪｜非法占有｜主观目的｜

【最高人民法院参考案例】

陈强等贪污、受贿案(《刑事审判参考》案例第 1071 号)

要旨:国家工作人员成立第三方公司既有套取单位公款之意,亦有解决原单位业务回扣费用的支付问题,套取公款后也确实将其中部分公款用于支付原单位业务回扣费用,该部分公款不应计入贪污犯罪数额。

通说认为,国家工作人员套取公款后,再将部分钱款用于原单位公务支出,不论出于何种原因,均应全额计入贪污数额,理由是该行为属于犯罪既遂后的赃款处置行为。本案不将支付原单位业务回扣费用的钱款计入贪污犯罪数额的原因是:

第一,各被告人自始至终均无占有该部分用于支付业务回扣费用的钱款的主观故意。在各被告人产生贪污犯意之前,支付业务回扣费用的做法在原单位早已存在,且已成惯例,后因审计部门及上级主管单位明令禁止该项支出,切断了直接支付路径,各被告人才决定另立第三方公司解决业务回扣费的走账问题,将无法直接从原单位支出的该部分费用经由第三方公司中转支付,以规避审计和调查,并在走账过程中谋取个人私利。

第二,各被告人客观上对该部分用于支付业务回扣费用的钱款并无自由支配权。一般案件中,行为人套取公款后便实际掌握该笔公款,并有权决定该笔公款的用途,包括是否拿出部分用于单位业务支出、拿出多少、用于何种支出等,均由行为人决定。本案中,各被告人套取公款之前,关于从第三方公司领取该部分钱款用于支付业务回扣费用一事,原单位及第三方公司其他人员均已知情,且钱款的支出方式、数量、用途等相关内容在双方协议中也已注明,各被告人无权自由变更,因此,原单位将该笔钱款转至各被告人控制的第三方公司账户时,各被告人对该笔钱款仅起到暂为保管、中转的作用,并无自由支配权,也未实际占有。

第三,在实际操作中,第三方公司成立后,确如各被告人事前商议的,由原单位业务员按照之前的惯例报送本月应支付的业务回扣费用,第三方公司从截留的利润中支付该项费用。各被告人并未侵吞该部分钱款。

从贪污数额中扣除该部分费用,只是表明相关被告人对该部分钱款不用承担贪污罪的责任,并不意味着放纵或默许业务回扣的行为。至于业务回扣行为是属于违法违规还是构成行贿犯罪、是个人行贿还是单位行贿等,均需另行评判。

——《刑事审判参考》(总第 102 辑)。

胡滋玮贪污案(《刑事审判参考》案例第 292 号)

要旨:贪污罪中的非法占有目的需结合公款的具体去向及行为人的处置意思来加以综合认定,实践中应注意区分形式上的“侵占”行为与贪污罪中以非法占有为目的的侵吞行为,以免客观归罪。

在本案中,被告人胡滋玮在 1991 年至 1993 年间,利用担任苏州物资集团公司汽车经营公司总经理、苏州物资集团公司第三贸易公司总经理的职务便利,在公司的经营活动中,采用“虚开发票”“收入不入账”“串票经营”“两价结算”“抬高进价、故意亏损”及虚设“外汇补差”“联合经营钢材业务利润分成”等手段,将公司的公款钱款予以截留,并藏匿于他公司。应当说,该行为较为完整地具备了贪污罪客观方面的一些要件,且在当前国有公司经营领域发生的贪污行为中具有一定的代表性,即利用职务便利、采取虚构事实的或者隐瞒真相等手段将公司经营利润予以截留。同时在无相反证据、事实的情况下,根据上述行为通常足以推定行为人具有非法占有所截留、隐匿公款的主观目的。

——《刑事审判参考》(总第 37 辑)。

1320 土地使用权具有财产性利益，可以成为贪污的对象

关键词|贪污罪|土地使用权|

【最高人民法院指导性案例】

杨延虎等贪污案(最高人民法院指导案例 11 号)

裁判要点:土地使用权具有财产性利益,可以成为贪污的对象。土地使用权具有财产性利益,属于刑法第三百八十二条第一款规定中的“公共财物”,可以成为贪污的对象。

关于被告人杨延虎等人及其辩护人提出被告人王月芳应当获得土地安置补偿,涉案土地属于集体土地,不能构成贪污罪的辩护意见。经查,王月芳购房时系居民户口,按照法律规定和义乌市拆迁安置有关规定,不属于拆迁安置对象,不具备获得土地确权的资格,其在共和村所购房屋既不能获得土地确权,又不能得到拆迁安置补偿。杨延虎等人明知王月芳不符合拆迁安置条件,却利用杨延虎的职务便利,通过将王月芳所购房屋谎报为其祖传旧房、虚构王月芳与王某祥分家事实,骗得旧房拆迁安置资格,骗取国有土地确权。同时,由于杨延虎利用职务便利,杨延虎、王月芳等人弄虚作假,即使王月芳所购旧房的房主赵某某按无房户得到了土地安置补偿,又使本来不应获得土地安置补偿的王月芳获得了土地安置补偿。土地管理法第二条、第九条规定,我国土地实行社会主义公有制,即全民所有制和劳

动群众集体所有制，并可以依法确定给单位或者个人使用。对土地进行占有、使用、开发、经营、交易和流转，能够带来相应经济收益。因此，土地使用权自然具有财产性利益，无论国有土地，还是集体土地，都属于刑法第三百八十二条第一款规定中的“公共财物”，可以成为贪污的对象。王月芳名下安置的地块已在 2002 年 8 月被征为国有并转为建设用地，义乌市政府文件抄告单也明确该处的拆迁安置土地使用权登记核发国有土地使用权证。因此，杨延虎等人及其辩护人所提该项辩护意见，不能成立。

——《最高人民法院关于发布第三批指导性案例的通知》（2012 年 9 月 18 日，法〔2012〕227 号）。

【链接：理解与参照】

（二）关于土地使用权是否属于公共财物问题

根据我国刑法第三百八十二条第一款规定，贪污罪的犯罪对象主要是公共财物。根据刑法第一百八十三条第二款和第二百七十一条第二款的特别规定，非国有保险公司的保险金和非国有公司、企业以及其他单位的财物，也可以成为贪污罪的对象。关于土地使用权是否属于公共财物，能否成为贪污罪的对象，刑法没有具体规定，刑法理论界对此鲜有论述，司法实践中有的认为因土地属于不动产，所有权的转移必须经法定的登记程序才能实现，土地不能成为贪污的对象。该指导性案例对此持肯定意见，认为土地使用权可以成为贪污罪的对象，其主要理由如下：

首先，土地属于公共财物。根据刑法第九十一条有关公共财产的解释，公共财产包括国有财产、劳动群众集体所有的财产以及用于扶贫和其他公益事业的社会捐助或者专项基金的财产。根据土地管理法第二条和第九条的规定，我国土地实行社会主义公有制，即全民所有制和劳动群众集体所有制，并可以依法确定给单位或者个人使用。因此，土地当然属于“公共财物”。

其次，土地使用权属于“财物”的范围。关于“财物”的范围，最高人民法院、最高人民检察院 2008 年 11 月 20 日印发的《关于办理商业贿赂刑事案件适用法律若干问题的意见》第七条指出，商业贿赂中的财物，既包括金钱和实物，也包括可以用金钱计算数额的财产性利益。虽然土地所有权实行公有制，但是土地所有权与使用权可以分离，个人或者单位可以拥有土地使用权，对土地能够进行占有、使用、开发、经营，并可以带来相应经济收益。因此土地使用权具有财产性利益，属于“财物”的范围。

再次，土地使用权可以成为贪污罪的对象已为有关规范性文件所肯定。最高人民法院、最高人民检察院 2010 年 1 月 1 日印发的《关于办理国家出资企业中职务犯罪案件具体应用法律若干问题的意见》（法发〔2010〕49 号）第一条第一款规定,国家工作人员或者受国家机关、国有公司、企业、事业单位、人民团体委托管理、经营国有财产的人员利用职务上的便利,在国家出资企业改制过程中故意通过低估资产、隐瞒债权、虚设债务、虚构产权交易等方式隐匿公司、企业财产,转为本人持有股份的改制后公司、企业所有,应当依法追究刑事责任的,依照刑法第三百八十二条、第三百八十三条的规定,以贪污罪定罪处罚。根据国家国有资产管理局1993年12月制定的《国有资产产权界定和产权纠纷处理暂行办法》有关规定,有权代表国家投资的部门和机构以货币、实物和所有权属于国家的土地使用权、知识产权等形成的资产,界定为国有资产。由此可以得出在国家出资企业改制过程中故意低估土地使用权,转为本人持有股份的改制后公司、企业所有的,可以构成贪污罪。

最后,土地使用权能够被非法占有。虽然土地等不动产所有权的转移需要登记,但是所有权的转移与贪污罪构成要件中的"非法占有"是不同概念,非法占有可能并不具备形式上的所有权。土地使用权虽与房产等实物财产有所不同,但土地使用权是国有或者集体所有土地财产权的重要部分,具有占有、使用、收益的权能,具有财产性利益,能够被国家工作人员利用职务便利非法占有。

本案例中,根据义乌市稠城街道办事处文件规定,非本村集体经济组织成员只有在村内有祖传合法旧房的才可得到拆迁安置。被告人王月芳(杨延虎之妻妹)虽然形式上购买了赵某某的房屋,但是该房屋不是王月芳祖传的房屋,王月芳并不属于拆迁安置对象,不具备获得土地确权的资格,也不能得到拆迁安置。被告人杨延虎等人对此心知肚明,遂虚构"该房子是由王月芳在1983年建造并一直使用"等事实,让所在的共和村及相关村干部出具虚假证明。在土地确权和报批过程中,杨延虎为了王月芳获得土地确权,利用其职务便利,给指挥部下属科室、义乌市相关职能部门打招呼。在办理相关手续过程中,违反有关规定,对王月芳的拆迁安置资格也没有经过张榜公布等程序。有关部门也是基于杨延虎的职权而违规操作,让王月芳最终获得国有土地使用权。王月芳被安置的地块位于义乌市稠城街道长春村,该地块已于2002年8月经浙江省人民政府批准征为国有并转为建设用地。义乌市政府文件抄告单亦明确长春村的拆迁安置土地使用权登记核发国有土地使用权证。因此,杨延虎利用职务便利非法占有土地使用权,能够构成贪污罪。

——最高人民法院案例指导工作办公室:《指导案例11号〈杨延虎等贪污案〉的理解与参照——贪污罪中的"利用职务上的便利"和"公共财物"的认定》,载最高人民法院案例指导工作办公室编著:《中国案例指导》(总第1辑),法律出版社2015年版,第186—187页。

1321 如何认定"小金库"性质的公司

关键词｜小金库｜贪污罪｜

【最高人民法院参考案例】

王雪龙挪用公款、贪污案(《刑事审判参考》案例第1142号)

要旨："小金库"在设立、管理、使用过程中均应经过单位的集体决策程序，体现单位意志，任何个人决定或者以个人名义截留公共款项设立的所谓"小金库"，均属于违纪、违法甚至犯罪行为，不应认定为本单位的"小金库"。

1. 从公司设立知情面来看，虽然从表面上知情面较窄，具有一定隐蔽性，但由于"小金库"性质公司的设立体现的是单位意志，单位的决策管理层应当对该公司的设立知情，而绝非仅个别领导知情。

2. 从公司设置目的来看，单位设立"小金库"一般用于安置单位违规收费、罚款、摊派的资金、以会议费等名义套取的资金、虚列支出转出的资金等，以便单位逃避监管违规发放工资、福利、接待等，也不排除部分资金用于弥补正常公务支出的差额。

3. 从公司管理来看，"小金库"及"小金库"性质公司的管理同样应体现单位意志，在"小金库"资金的收入、支出，或者"小金库"性质公司的人、财、物管理等方面都应体现出单位的集体决策。因为从本质来讲，单位"小金库"中的资金仍属于单位财产，即使成立了独立的"小金库"性质公司，该公司的财产也属于设立该公司的单位所有，公司事务也应由设立其的单位管理。

4. 从经费的使用及受益方来看，"小金库"或者"小金库"性质公司中的资金由设立其的单位支配、使用，受益方也是设立该"小金库"的单位，这是由"小金库"的性质决定的。

——《刑事审判参考》(总第106辑)。

1322 贪污罪与挪用公款罪的界限

关键词｜贪污罪｜挪用公款罪｜主观方面｜客观方面｜

【最高人民法院司法解释】

第六条 携带挪用的公款潜逃的，依照刑法第三百八十二条、第三百八十三条的规定定罪处罚。

——《最高人民法院关于审理挪用公款案件具体应用法律若干问题的解释》

(1998 年 5 月 9 日,法释〔1998〕9 号)。

【最高人民法院司法文件】

(八)挪用公款转化为贪污的认定

挪用公款罪与贪污罪的主要区别在于行为人主观上是否具有非法占有公款的目的;挪用公款是否转化为贪污,应当按照主客观相一致的原则,具体判断和认定行为人主观上是否具有非法占有公款的目的。在司法实践中,具有以下情形之一的可以认定行为人具有非法占有公款的目的:

1. 根据《最高人民法院关于审理挪用公款案件具体应用法律若干问题的解释》第六条的规定,行为人"携带挪用的公款潜逃的",对其携带挪用的公款部分,以贪污罪定罪处罚。

2. 行为人挪用公款后采取虚假发票平账、销毁有关账目等手段,使所挪用的公款已难以在单位财务账目上反映出来,且没有归还行为的,应当以贪污罪定罪处罚。

3. 行为人截取单位收入不入账,非法占有,使所占有的公款难以在单位财务账目上反映出来,且没有归还行为的,应当以贪污罪定罪处罚。

4. 有证据证明行为人有能力归还所挪用的公款而拒不归还,并隐瞒挪用的公款去向的,应当以贪污罪定罪处罚。

——《全国法院审理经济犯罪案件工作座谈会纪要》(2003 年 11 月 13 日,法发〔2003〕167 号)。

【最高人民法院公报案例】

重庆市人民检察院诉陈新贪污、挪用公款案(最高人民法院复核)

要旨:国有银行工作人员,利用职务便利挪用公款,携带公司银行账户凭证和全部炒股手续潜逃,将其中的公款置于自己控制之下,有能力归还而拒不归还,主观上具有非法占有的故意,其行为构成贪污罪。

最高人民法院认为,被告人陈新身为国有银行工作人员,利用职务上的便利,采用扣押客户进账单,以自制的虚假进账单进行替换的手段,多次挪用客户资金人民币八百四十三万元,用于炒股牟利,尔后归还的行为,已构成挪用公款罪。其采取虚增账上资金,自制虚假单据的手段,将公款四千万元人民币挪入自己控制的账户中,用于填平挪用的资金缺口、个人消费和炒股牟利,在罪行即将败露时,携带现金及银行汇票等六百九十九万余元潜逃,并带走全部炒股手续和其控制的各公司银行账户凭证,将尚未带走的公款置于自己控制之下,有能力归还而拒不归还,主观上具有非法占有的故意,其行为已构成贪污罪。贪污数额特别巨大,案发后尚有四百八十一万余元未能追回,犯罪情节特别严重,应依法惩处;挪用公款数额巨大,情节严重,亦应依法惩处。

——《最高人民法院公报》2004 年第 1 期。

【最高人民法院参考案例】

赵明贪污、挪用公款案(《刑事审判参考》案例第 1088 号)

要旨:对采取虚列支出手段实施平账行为,但有后续归还行为的,不宜直接推定被告人犯罪故意转化为非法占有目的。

非法占有目的是对被告人主观心态的评价,平账是指把各个分类账户的金额与其汇总账户的金额互相核算,将原本不相等的情况调整为相等,只是账目处理的一种技术性手段,不能取代对被告人的主观心态评价。在缺乏直接证据印证时,推定被告人具有非法占有目的,需要结合被告人实施犯罪过程中的具体行为,以对被告人的内心想法和真实目的作出综合性判断,合理评价实施虚开票据的平账行为应当遵循以下审查标准:第一,平账行为是否造成挪用的公款从单位账目上难以反映出来。第二,对财物账目的处理能否达到掩盖涉案款项去向效果。第三,从有无归还行为上判断被告人是否有非法占有目的。

——《刑事审判参考》(总第 103 辑)。

彭国军贪污、挪用公款案(《刑事审判参考》案例第 236 号)

要旨:贪污罪是以非法占有公共财物为目的,而挪用公款罪则是以非法使用公款为目的。两罪区别的关键在于行为人主观上是否以非法占有为目的,客观上是否实施了侵吞公款的行为。

行为人案发前有归还公款的行为,一般被认为是其主观上有归还公款的意愿,没有非法占有的目的。但是,不能一概而论,不能凡有归还行为就一概以挪用公款论;归还行为是与挪用行为相对应的,正是因为行为人出于挪用的目的,而不是非法占有的目的,才会发生归还行为,因此,这种归还对于为一般具有主动性、自觉性的特征。在有些案件中,行为人虽然“归还”了部分公款,但不是主动、自觉地归还,而是为了使其犯罪行为不被发现的一种掩盖行为,所以其所谓的“归还”行为实质上是掩盖其犯罪的行为,不能据此认定其没有非法占有的目的。但是已“归还”的部分不应再计算为侵吞公款的数额。

我们认为,不能仅因被告人潜逃而简单地推定其对全部公款都具有非法占有的目的。大多数情况下,行为人潜逃是因为其实施了挪用公款的犯罪行为且畏惧承担刑事法律责任而潜逃,是一种畏罪行为,其主观上是出于畏惧的心理。行为人挪用公款已属犯罪既遂,其畏惧案发而潜逃不影响其犯罪行为的性质,也就是说对未携带的公款,其主观上不一定转化为不打算归还该公款,该公款仍是客观上不能归还。当然,对于行为人潜逃时携带的挪用的公款,以及如果查明行为人有能力归还挪用的公款而拒不归还,如采取隐匿、转移挪用的公款的手段拒不归还,则说明行为人的主观犯意已由非法使用公款转化为非法占有公款,应当以贪污罪定罪处罚。

——《刑事审判参考》(总第31辑)。

梁某挪用公款、张某挪用公款、盗窃案(《刑事审判参考》案例第194号)

要旨:挪用公款罪与贪污罪在侵犯的客体、客观行为、主观目的及犯罪主体上都存在差异。

司法实践中,两罪的区分通常是看行为人有无平账的行为。如果使用虚假票据平账,账面与实际资金情况一致的,这样对于单位来说,其账上的资金已被用于合理的支出,账上已没有这笔款,这样行为人支取公款的行为被完全掩盖,其可以达到侵吞公款的目的,这种情况才属于真正意义上的平账。虽然从单位账面上看似乎是平的,但实际上账面与库存资金情况根本不符,很容易发现账上的亏空,在这种情况下行为人是不能够达到侵吞公款的目的的,也就是说行为人未做到真正意义上的平账。

当然,是否平账只是判断构成贪污罪还是挪用公款罪的一般标准,而不是唯一标准。例如,行为人挪用公款后为应付查账而暂时平账,不能因其暂时平账改变挪用公款的定性;又如行为人直接侵吞公款并挥霍殆尽,即使未平账也应认定其构成贪污罪。因此,对行为人行为的定性的关键还在于看其主观上对于公共财物是具有非法占有还是非法使用的故意。那么如何判断行为人的主观故意,除了行为人自己的供述外,更重要的是通过客观外现的行为表现来分析,其中包括行为人动用公款的手段、对账目的处理、公款的用途和归还情况等。

需要注意的是,“不想还”与“不能还”反映了行为人不同的主观故意和主观恶性,“不想还”是指行为人有能力归还而不归还,反映出其主观上非法占有的故意,有较大的主观恶性;“不能还”是指行为人想归还但客观上没有能力归还,行为人主观上只有挪用公款的故意,其主观恶性相对较小,不能因公款未还而不问缘由就推定行为人主观上要非法占有公款,这种客观归罪对于行为人有失公允,已被新刑法废止。

——《刑事审判参考》(总第27辑)。

1323 贪污罪和非法经营同类营业罪的区分

关键词｜贪污罪｜非法经营同类营业罪｜

【最高人民法院参考案例】

祝贵财等贪污案(《刑事审判参考》案例第1087号)

要旨:将国有公司本可直接获得的房租收入转移给其个人成立的没有实际经营能力的公司,属于截留国有财产的贪污行为,构成贪污罪。

在司法实践中,获取购销差价的非法经营同类营业行为与增设中间环节截留国有财产的贪污行为存在相似之处。区分的关键在于行为人采取何种方式取得非法利益,即,是直接通过非法手段将国有公司、企业的财产转移到兼营公司、企业中,还是利用职务便利将任职国有公司、企业的盈利性商业机会交由兼营公司、企业经营,以获取数额巨大的非法利益。分而述之,在区分时应当把握以下几个原则:

一、对增设的中间环节是否客观存在要求不同

两种犯罪行为都人为地增设了中间环节。获取购销差价的非法经营同类营业行为由于需要从事同类营业,故增设的中间环节通常是客观所需,且中间环节所涉及的公司、企业往往成立并从事同类或者类似的经营行为已有一定时日。而增设中间环节截留国有财产的贪污行为由于虚设的中间环节不是用于正常的经营活动,故增设的中间环节通常是为了截留国有资产的目的而虚构的。

二、对增设的中间环节是否具有经营能力要求不同

如果增设的中间环节都是客观存在的,则要看增设的中间环节是否具有经营能力。一般而言,贪污罪中为截留国有财产而增设的中间环节的经营,往往是无经营投资、无经营场地和无经营人员,而非法经营同类营业罪中增设的中间环节的经营,是有投资、有经营场所、有经营人员的经营,即具有经营同类营业的完全能力。

三、对增设的中间环节是否进行了实际经营活动并承担一定的经营责任风险要求不同

如果增设的中间环节都客观存在且具有经营能力,则要看增设的中间环节是否进行了实际经营活动并承担一定的经营责任风险。有经营就有风险,就可能存在盈亏。如果增设的中间环节进行了实际经营活动并承担了一定的经营责任风险,则行为人所获得的购销差价系通过利用国有公司、企业让渡的商业机会所进行的经营所得,属于获取购销差价的非法经营同类营业行为。如果增设的中间环节没有进行实际经营活动,而是由国有公司、企业一手操办,或者进行了相关的经营活动,但只管盈利,而由国有公司、企业承担经营责任风险的,则此时行为人所获取

的购销差价不是经营所得而是截留的国有财产,属于在增设中间环节截留国有财产的贪污行为。

四、对所获取的购销差价是否合理要求不同

如果增设的中间环节不仅客观存在、具有经营能力,而且进行了实际经营活动并承担了一定的经营责任风险,则要看所获取的购销差价是否合理。在法律没有明确规定的情况下,其合理范围需要司法人员根据经验具体把握。

——《刑事审判参考》(总第103辑)。

1324 共同贪污与私分国有资产罪的界限

关键词｜共同贪污｜私分国有资产罪｜

【最高人民法院司法文件】

二、关于国有公司、企业在改制过程中隐匿公司、企业财产归职工集体持股的改制后公司、企业所有的行为的处理

国有公司、企业违反国家规定,在改制过程中隐匿公司、企业财产,转为职工集体持股的改制后公司、企业所有的,对其直接负责的主管人员和其他直接责任人员,依照刑法第三百九十六条第一款的规定,以私分国有资产罪定罪处罚。

改制后的公司、企业中只有改制前公司、企业的管理人员或者少数职工持股,改制前公司、企业的多数职工未持股的,依照本意见第一条的规定,以贪污罪定罪处罚。

——《最高人民法院、最高人民检察院关于办理国家出资企业中职务犯罪案件具体应用法律若干问题的意见》(2010年11月26日,法发〔2010〕49号)。

【最高人民法院公报案例】

褚时健等贪污、巨额财产来源不明案(二审法院:云南省高级人民法院)

要旨:共同行为人以个人占有为目的,利用职务之便,秘密私分公款,构成贪污罪,而非集体私分国有资产罪。共同行为人主观上有共同私分公款的故意,客观上已将公款从公司银行账户转到案外人账户,虽尚未实际分赃,但已使公司对该款失去了控制与占有,实际支配权在被告人,款项的所有权已被非法侵犯,属犯罪既遂。

——《最高人民法院公报》1999年第2期。

【最高人民法院参考案例】

刘宝春贪污案(《刑事审判参考》案例第1281号)

要旨:共同贪污是有权决定者共同利用职权便利,为少数人牟私利;私分国有资产罪是有权决定者利用职权便利,非法为多数人牟私利。

1. 从客观要件的不同把握二者的关键区别。从刑法条文来看,贪污罪客观要件的核心内容是"侵吞、窃取、骗取或以其他手段非法占有",共同贪污系在单位内某个人或几个人的意志支配下,采取侵吞、窃取、骗取等所谓"暗箱操作"的非法手段占有公共财产,具有小范围性和秘密性。而私分国有资产罪的客观要件是"违反国家规定,以单位名义将国有资产集体私分",在单位内部具有普遍性和公开性。简而言之,二者的区别在于,共同贪污是有权决定者共同利用职权便利,为少数人牟私利;私分国有资产罪是有权决定者利用职权便利,非法为多数人牟私利。因此,共同贪污通常表现为有权决定者与公司财务、营销或其他少数公款知情者相勾结,各自利用职权,共同侵吞公共财产;而私分国有资产罪则通常表现为有权决定者集体决定将国有资产私分给单位员工,犯罪意志具有整体性特征,受益人一般也不以某一特定层面为限且具有广泛性特征。共同贪污多会采取做假账或平账的手段以掩人耳目;私分国有资产罪一般在财务账上不会隐瞒私分的国有资产,只是采取不按规定、规范记账的方法来应付各种监督。

本案中,从发放程序来看,虽然被告人刘宝春辩解发放奖金之前召开过班子会议,但并无会议记录、决议等相关文件,发放奖金的人员范围、数额标准均由刘宝春个人随意决定,未经正常决策程序和发放程序,亦无具体发放标准和考核办法,发放额外奖金实为刘宝春个人意志而非单位意志的体现。从发放范围来看,发放对象仅限所有领导班子成员、财务人员,相对于全体职工而言范围很小,且对其他职工保密,不具备一定的公开性。从奖金来源来看,发放的奖金均系由虚增支出等倒账形式套取出来的钱款,且使用未真实发生的发票进行虚假平账。综上,刘宝春的行为不符合私分国有资产罪的犯罪构成,实则是以发放奖金之名行贪污之实。

2. 从受益人对发放钱款的性质、来源是否知晓来判断其主观内容。共同贪污表现的是个人犯罪意志,主观上要求每个成员均具有将公共财产非法占为己有的故意,故需对发放钱款的性质、来源均明知。而私分国有资产罪体现的是单位犯罪意志,单位决策人员应对所分钱款的性质、来源知悉,其他受益人则不要求必须知晓。本案中,发放额外奖金的数额、范围均由被告人刘宝春个人决定,系刘宝春个人意志的体现。刘宝春明知奖金的正常决策及发放程序、规定,仍违反相关流程和规定发放额外奖金,并授意会计虚假记账,两名财务人员明知奖金发放不合常规,仍积极套取钱款、虚假记账,故两名财务人员对该钱款的性质和来源是明知的,主观上具有相互勾结共同侵吞公款的共同贪污故意。

——《刑事审判参考》(总第115辑)。

高建华等贪污案(《刑事审判参考》案例第462号)

要旨:在“党委扩大会”上共谋“集资购房”,将公款用于单位多人购买私房,构成共同贪污。使用公款购买房屋构成贪污的,犯罪对象是公款不是房屋。对于行为人贪污房产的行为,只要行为人对房产已经达到实际控制状态,即使产权证尚未办理,也不影响贪污犯罪既遂的成立。私自截留公款以单位的名义买房,由个人非法占有,构成贪污罪。

(一)在“党委扩大会”上共谋“集资购房”,将公款用于单位多人购买私房,构成共同贪污

本案中,被告人高建华、岳保生、张艳萍、许福成,都是该办事处的领导成员,在党委扩大会上研究决定使用公款为其个人“集资”购买私房时,均利用了自己的职务便利,形成了明确的侵吞公款的共同主观故意,该扩大会实质上是被告人利用领导管理层决策的形式来掩盖共同实施贪污的手段。会后,各行为人又相互配合,各自按会议预谋方案将公款用于购买个人私房,将公款据为己有。从非法占有公款的主体看,基本上是参与会议的少数人员,并不是单位大多数人或者所有人。从该行为的公开程度看,会议要求对单位其他职工保密,且单位正式财务账上不显示这一支出,因为是以个人名义购房,在单位固定资产上也不进行房产登记。因此,本案第一起事实不符合私分国有资产罪的特征,而是完全符合共同贪污犯罪的构成要件,应追究参与会议决策的各被告人的刑事责任,一、二审法院以贪污罪对该起事实定性是正确的。

(二)使用公款以个人名义购买房屋构成贪污罪的,犯罪对象是公款而不是房屋

根据我国刑法的规定,贪污罪的对象为“公共财物”。参照刑法第九十一条关于公共财产的规定,这里的“公共财物”一般包括以下四类财物,即国有财物、劳动群众集体所有的财物、用于扶贫和其他公益事业的社会捐助或者专项基金以及在国家机关、国有公司、企业、事业单位和人民团体管理、使用或者运输中的私人财物。可见,贪污罪的对象既包括动产,也包括不动产。本案较大的争议是第一起事实中,四被告人使用公款以个人名义购买房屋,贪污对象是公款还是房屋。从行为对象看,被告人高建华等动用祥云大厦给付铭功路办事处的拆迁补偿款,所有权应当属于该办事处,性质应为该办事处的公款。

此外,本案还需探讨的一个问题是,贪污房产没有办理房屋产权证书的,是否影响贪污既遂的成立。对本案第一起事实,一审法院认为高建华等人的贪污对象

是公房，由于未办理产权证，行为人尚未获得房屋的所有权，故属于贪污未遂。虽然二审法院改判认定该笔贪污的对象是公款而非房产，从而回避了既遂、未遂的问题，但也暴露出司法实践中，对于贪污不动产既遂、未遂的判断标准仍然存在一定争议，有必要在此予以厘清。

我们认为，不动产的转让行为在民法上是一种要式法律行为，只有办理房屋产权证书后，买受人才拥有该房屋的合法所有权，但是，民事法律上所有权的转移与贪污罪构成要件中的"非法占有"是不同的概念，将刑法上的非法占有的认定标准完全等同于民法上的合法所有的认定标准是不妥当的。刑法上非法占有的实现并不以得到民事法律上的确认为充足，是否在法律上取得了对物的所有权，并不能对事实上占有某物的认定构成障碍。贪污不动产与贪污动产在既遂、未遂的认定标准上是一样的，就是看行为人是否实际控制公有财物，如果单位已经失去对公有财物的实际控制，而行为人已经实际控制财物，就应当认定为既遂。行为人是否实际办理不动产的私有产权证，不影响贪污既遂的认定。在实践中，有的行为人控制公有不动产后，为逃避责任，有可能一直不办理私有产权证，如果因此就认定为未遂，则会放纵对该行为的惩治，有违刑法本意。因此，对于行为人贪污房产的行为，只要行为人对房产已经达到实际控制状态，即使产权证尚未办理，也不影响贪污犯罪既遂的成立。

（三）私自截留公款以单位的名义买房，由个人非法占有，构成贪污罪

我们认为，虽然被告人高建华利用职务之便，私盖单位印章，以单位名义签订购房协议，但并不意味着实质上该房屋的实际控制就由单位掌控了。从客观行为上看，在购房协议上所盖的单位公章，是高建华私自偷盖，签的经办人张绍华也系高伪冒，单位并不知情，并不代表单位本意，以单位名义买房的目的就是为了事发后能混淆视听、掩盖真相。从客观结果上看，这套房在单位除了高、张二人外，无其他人知晓，拆迁办应付给房管局的这二十六万余元公款没有入房管局财务账，单位财务账上也没有记载说明，高建华离任时也未给原单位领导或主管部门登记或说明，也就是说，该笔款项从 1997 年 3 月起就已经脱离了单位的控制，而被高建华实际控制和占有，其私自以单位名义买房的行为实质，是为实施掩盖个人贪污公款的本质。如果不案发，则该笔款项以及该房则将一直被高所实际控制。从主观上看，高建华 1997 年 3 月指使局长助理张绍华买房时，侵吞公款的意图十分明确，就是想自己在中亨花园买商品房自己去住，让张去将拆迁办给的拆迁补偿款直接交到中亨公司，并交代张这事不要跟其他人说，单位其他人并不知道此房的存在，没有为单位购买公房的意图，在案发前长达近四年的时间内，该房事实上也是一直由高建华前妻实际居住。综上，高建华已经完成了将公款侵吞、由个人非法占有的贪污行为，已构成贪污罪，而不仅是一般的住房违纪行为。至于案发时高建华将房屋办

理公房租赁手续,此时距公款被其私吞已近四年之久,单位早已完全丧失对该公款的控制,其贪污行为已全部实施完毕,显然属于贪污既遂后的事后退赃,并不能改变其四年前侵吞公款的行为性质。

——《刑事审判参考》(总第58辑)。

李祖清等被控贪污案(《刑事审判参考》案例第377号)

要旨:从立法的原意和私分国有资产案件在审判实践中反映的特点来看,私分国有资产罪与共同贪污的区别主要在主观故意和行为方式两个方面。

私分国有资产罪与贪污罪的共同贪污二罪侵犯的客体,都是双重客体,即国家廉政建设制度和国有财产(公共财物)的所有权,其客观方面均表现为集体非法占有公共财物或者国有资产,二者很相似。因此,有必要正确区分二者的界限。笔者认为,从立法的原意和私分国有资产案件在审判实践中反映的特点来看,二者的区别主要在主观故意和行为方式两个方面。第一,从主观故意方面看,贪污罪中的共同贪污要求每个成员均有非法占有公共财物的贪污故意,且犯罪动机主要是以权谋私。而私分国有资产罪的主观故意则表现为单位的主管人员明知私分国有资产违反国家规定,但为了达到占有国有资产的目的,而抱着法不责众的侥幸心理,以单位集体的名义实施私分行为。其动机一方面是为了提高单位工作人员的工作积极性,改善福利待遇,另一方面也是为自己获取私利找借口。因此,其主观故意不是单纯为个人私利,而是在单位全体成员或者绝大多数成员的许可或要求的背景下,更多地体现了单位的整体犯意和利益归属的团体性。第二,从行为方式上来看,二者的表现方式不同。共同贪污通常表现为非法占有公共财物的人共同利用职务上的便利,共同实施,一般是秘密进行的,并且想方设法将有关账目抹平,以掩盖非法占有公共财物的事实。而私分国有资产行为则表现为在单位意志的支配下,集体共同私分,而大多数分得财产的人对是否私分没有决定权,并且在单位内部往往是公开的,有的还作了详细的财务记录。从证据体系的角度来看,该行为特征客观地印证了行为人的主观故意。围绕上述主观、客观特征,有助于审判实践中客观地甄别证据,准确地认定事实。

——《刑事审判参考》(总第47辑)。

杨代芳贪污、受贿案(《刑事审判参考》案例第313号)

要旨:被告人伙同他人,将所管理的部分国家建设专项资金用于少数人购买住房的行为,应认定为贪污罪。

被告人伙同他人套取国家建设专项资金向他单位购买集资住房的整个行为表面上都是以单位的名义作出的,这是对本案以贪污罪定性存在疑虑的地方,也是主张本案应认定为私分国有资产罪的主要理由所在。我们认为,根据上述三点关于贪污罪与私分国有资产罪区分界限的说明,本案不符合私分国有资产罪的行为构成,有关以贪污罪定性的疑虑也完全可以消除:首先,本行为不具有单位意志的代表性,不属于单位行为。私分国有资产行为必须是代表单位意志的行为,否则,假借单位名义谋个人之私利的个人侵占行为将不能得到排除。而被告人对国家建设资金并无自主支配、使用权,无权决定资金的具体用途。其次,将套取出来的资金用于购买住房也非为多数人谋利,因此也不具备"以单位名义"的法定要件。其次,本行为不具有相对的公开性。第三,实际分取财物人员不具有多数性和广泛性特点。如前所属,多数性和广泛性的判断,不能单纯地以人数的多寡为依据,应当结合决策、执行人员与其他人员的比例关系加以具体分析,从而区分出究竟是为了个人利益,还是为了单位多数人利益。

——《刑事审判参考》(总第 39 辑)。

刘忠伟私分国有资产案(《刑事审判参考》案例第 122 号)

要旨:以单位名义将国有资产私分给一个单位内部某一层次的所有人或者大多数人,构成私分国有资产罪。

只要其行为符合私分国有资产罪的构成特征,即使私分的范围是单位全体职工中的相对少数人,亦应以私分国有资产罪追究刑事责任。理由如下:

第一,由于单位的领导层、管理层的意志、行为所起的决定作用,单位领导集体作出决定或者由负责人决定,违反国家规定给本单位集体或者一定层次以上的领导、管理层"发奖金""发红包"与共同贪污犯罪在犯意的形成、行为特征上有明显不同。这种行为的社会危害性比单位少数人暗中非法占有公款的贪污行为也有区别。将这种行为以贪污罪处理,不仅扩大了打击面,社会效果也不好。

第二,单位违反国家规定,经领导集体或负责人决定,在一定层次的所有人或者大多数人范围内"发奖金""发红包",决策者不仅仅是为了个人的利益,因此,符合单位犯罪的特征。

综上,违反国家规定,以单位名义,在一定规模、一定层次以上的多人(如中层干部或者某一管理层的层面上)范围内集体私分国有资产的,应以私分国有资产罪定罪处罚。

——《刑事审判参考》(总第 19 辑)。

1325 截留本单位利润款的贪污行为与收受回扣的受贿行为的区分

关键词｜贪污罪｜受贿罪｜截留利润款｜收受回扣｜

【最高人民法院参考案例】

胡启能贪污案(《刑事审判参考》案例第275号)

要旨:国家工作人员利用职务便利,将属于本公司应得的利润款据为己有的,构成贪污罪。

一般而言,通过犯罪对象,可以对贪污与受贿作出清楚的界定。行为人所取得的财物系他人(包括单位)的财物,即为受贿;所取得的财物系本单位的公共财物(包括本单位管理、使用或者运输中的私人财物),即为贪污。但是,在经济往来中,国家工作人员利用签订、履行合同的职务便利,经由交易对方以各种名义的回扣、手续费等形式给付其个人的财物,不能不加区别地一概认定为刑法第三百八十五条第二款规定的受贿行为,而应当结合交易的真实情况,具体分析行为人所获得的财物实际上是属于经济往来的对方单位,还是行为人单位,审慎加以区分,然后准确认定其行为的性质。在购销活动中,如果购入方行为人收受的各种名义的回扣、手续费等实际上来源于虚增标的金额,或者卖出方行为人收受的各种名义的回扣、手续费,实际上来源于降低标的金额者,因该回扣或者手续费实质上属于本单位的额外支出或者应得利益,实际上侵犯的是本单位的财产权利,就应当特别注意是否是一种变相的贪污行为。如行为人在转卖进口化肥配额指标及进口实物化肥中所收受的巨额款项,尽管从形式上看是通过合同对方以所谓回扣或者手续费的名义取得的,但是,行为人收取的这些款项均是其要求合同对方将应付本单位的配额指标及实物化肥转让款中以支付部分现金的方式交给其个人,无证据证明该款项系合同对方给付其个人的贿赂款。从犯罪对象及后果方面来看,行为人所在单位要么承受不必要的额外开支,要么丧失了可获得的财产利益,实际上遭受财产损失的是本单位,而非交易对方;从行为方式方面来看,行为人是以欺骗本单位为手段,在本单位不知情或者不知真情的情况下,通过要求交易对方支付部分现金的方式,将应当归本单位所得的利润截留后直接据为己有;从行为人的主观故意来看,也是出于贪污的故意而非受贿的故意,即行为人主观上就是为了在交易过程中借对方之手非法占有本单位的利润,而不是为了通过交易为对方谋取利益,并从交易对方收取回扣、手续费等好处。不仅行为人明知其占有的是本单位的财产而非对方单位的财物,其交易对方也明知相关款项并非从己方财产或者可得利益中支付。因此,对行为人利用职务便利,将本应归本单位所有的经营进口化肥配额指标及实物化肥的利润款据为己有的行为,依法认定为贪污罪。

——《刑事审判参考》(总第35辑)。

1326 国家工作人员以单位名义向被其职权制约的相关单位索要财物并占为己有的行为的认定

关键词｜贪污罪｜受贿罪｜

【最高人民法院参考案例】

阎怀民、钱玉芳贪污、受贿案(《刑事审判参考》案例第334号)

要旨:对于国家工作人员利用职务上的便利,以本单位的名义向具有被其职权制约的相关单位索要财物并占为己有的行为,在索要人的真实意图和被索要人的行为指向不相对应时,应认定为贪污。

此一行为的特殊性在于被告人没有利用职务上的便利直接占有本单位原有的公共财物,而是将以单位名义向其他单位索要的财物占为己有。这种较特殊的犯罪手段和犯罪对象,是本案定贪污罪还是受贿罪存在争议的根源所在。

根据刑法第三百八十五条规定,受贿罪是国家工作人员利用职务上的便利,索取他人财物,或者非法收受他人财物,为他人谋取利益的行为,本质上体现为一种钱权交易关系。在具体的受贿犯罪中,国家工作人员(受贿或索贿主体)与“他人”(行贿主体)间,应当具有主观认知上的对应性和客观行为上的互动性。由于被索要人既无对索要人个人索贿的主观认知,亦无向其个人行贿的主观故意和客观行为,不具有行为的违法性,在此情形下,如果将索要人的行为认定为索贿性质,势必相应地形成对被索要人的行为具有向索要人个人行贿性质的法律评价,其结论显然与事实和法律不符。

由于贪污罪侵犯的客体主要是公共财产所有权,受贿罪侵犯的客体主要是国家的廉政制度。故而认定此类案件性质时,财物的权属是否已经合法转移至被告人单位的认定,也是确认行为性质的关键。

——《刑事审判参考》(总第42辑)。

1327 国家工作人员侵吞本公司股票发行差价款的行为构成贪污罪

关键词｜贪污罪｜股票发行差价款｜本单位财物｜

【最高人民法院参考案例】

江仲生等贪污案(《刑事审判参考》案例第311号)

要旨:被告人利用职务便利,将本单位财物非法占为己有的行为,根据刑法第二百七十一条第二款的规定,应以贪污罪定罪处罚。至于侵吞的股票发行差价款,只要属于“本单位财物”，是否为“公共财物”，不影响贪污罪的认定。

本案是否具备贪污罪的对象要件，即四被告人出售公司股票所获并予侵占的差价款是否属于公司财物？是审理中的争议焦点。

我们认为，四被告人出售公司股票属履职行为而非个人行为，所售股票全部收益应归公司所有。本案股票出售行为，究竟属于四被告人的履职行为还是个人行为，或者说属于公司的发行行为还是个人认购后的炒卖行为，直接决定着股票收益的权属，因而是认定本案对象事实时首先需要解决的一个问题。在本案中，基于以下几点事实和理由，足以认定四被告人出售公司股票属职务行为，所售股票收益均应归公司所有。第一，根据公司董事不得买卖本公司股票的相关规定，四被告人没有购买公司股票的合法依据。对此，四被告人主观上是明知的，有意规避该规定，将本公司股票与他公司股票交换后再予出售的行为事实，足可说明这一点。第二，对公司股票进行管理、组织发行，是四被告人的职责所在。这至少为认定四被告人出售公司股票行为属于代表公司所为的职务行为提供了一个合理的前提。第三，股票是四被告人通过管理、发行股票职务从公司董事会秘书处直接支领的，四被告人在领取股票时并没有支付购买股票所需的相应价款，有关先买后卖的辩解、辩护意见与事实不符。第四，本案行为在支领、出售直至返回股本金整个过程中，即便在名义上也没有反映出四被告人的个人特征。第五，出售股票之后返回股本金，属于事后行为，对于出售行为性质的认定不具有决定性意义。第六，本案股本金之外的收益归属，根本上取决于出售股票行为是个人行为还是单位行为。在没有明确的规定或者约定的情况下，将职务行为所取得的、公司预期利益之外的收益视为个人收益是不能成立的，凡是应归公司所有而没有归公司的，便是给公司造成了损失。所以，关于公司已经收回股本金，公司利益没有受损，股本金之外的收益应归个人所有的辩解、辩护意见同样是站不住脚的。

综上，四被告人利用职务便利，将本单位财物非法占为己的行为，根据刑法第二百七十一条第二款的规定，应以贪污罪定罪处罚。至于侵吞的股票发行差价款，只要属于“本单位财物”，是否为“公共财物”，不影响贪污罪的认定。

——《刑事审判参考》(总第 39 辑)。

1328 侵吞违反规定收取的“支教费”“点招费”等的，构成贪污罪

关键词 | 贪污罪 | 点招费 | 支教费 | 公共财产 |

【最高人民法院公报案例】

高玉林等五人贪污、受贿案(二审法院:天津市高级人民法院)

要旨:利用职权,巧立名目以“支教费”名义收取的款项为公款,利用职务之便侵吞公款,构成贪污罪。

——《最高人民法院公报》1998年第1期。

【最高人民法院参考案例】

尚荣多等贪污案(《刑事审判参考》案例第312号)

要旨:招生工作中违反规定收取的“点招费”,在行政主管部门作出处置之前应认定为公共财产,被告人截留、私分“点招费”的行为,具备贪污罪的对象要件。

我们认为,不管基于合法还是非法事由,在行为当时处于国家机关、国有公司、企业、集体企业和人民团体等单位占有、持有状态下的私人财产,均应认定为公共财产,因为此时的责任主体是这些单位,如果期间财产遭受到了损失,这些单位将需承担赔偿责任。“点招费”的收取系经校务会研究决定并以学校的名义作出的,且收取后的“点招费”实际处于学校的占有、支配之下,如果学生家长依法提起诉讼,学校负有依规定返还或者赔偿的对外责任,同时考虑到该学校属于国有事业单位,故在有关部门查处之前将之视为公共财产是妥当的,也是符合刑法第九十一条第二款规定的精神。

——《刑事审判参考》(总第39辑)。

1329 证券营业部违规自营炒股并私分盈利款的行为，构成贪污罪

关键词 | 贪污罪 | 违规自营炒股 | 公共财产 |

【最高人民法院参考案例】

郭如鳌、张俊琴、赵茹贪污、挪用公款案(《刑事审判参考》案例第383号)

要旨:证券营业部违规自营炒股的盈利款属于公共财产,私分该盈利款的行为构成贪污罪。

我们认为,构成贪污罪。理由是:

第一,证券营业部违规自营炒股的盈利款属于公共财产。作为国有公司的分支机构,系国有公司。对其自营炒股盈利款的性质,可从以下三个方面理解:一是从盈利款的来源看,该盈利款是营业部违规自营炒股所得。二是从炒股所用的资金看,所透支的代理股民证券交易的资金虽然在最终的所有权上属于股民个人所

有,但是,根据刑法第九十一条第二款的规定,“在国家机关、国有公司、企业、集体企业和人民团体管理、使用或者运输中的私人财产,以公共财产论”,该股民资金亦应认定为公共财产。三是从最终归属看,该盈利款亦应认定为公共财产。

第二,在被告人的主体身份认定为国家工作人员的情况下,被告人私分本单位违规自营炒股盈利款的行为构成贪污罪。

——《刑事审判参考》(总第48辑)。

1330 定额承包者占有或支配本人上缴定额利润后的营利部分不构成贪污罪

关键词|贪污罪|定额承包|经营所得|

【最高人民法院参考案例】

肖元华贪污、挪用公款案(《刑事审判参考》案例第63号)

要旨:定额承包者占有或支配本人上缴定额利润后的营利部分不构成贪污罪。

那么,被告人肖元华是否非法占有了十四万余元的公款呢?经查明,被告人肖元华与司法局签订承包协议,约定实行定额上缴利润承包,即所谓大包干。当所在单位清理整顿所办实体时,肖按承包协议足额上缴了利润。免税部分虽然没有用于发展基金购置资产,但也足额上交了。对剩余的所创利润十四万元,按承包协议规定,应由承包人肖元华自主分配,被告人肖元华有权处分。这一最基本的事实,决定了这笔款项不是公共财产。因此,不论行为人以什么方式,公开的、秘密的、合法的、“非法的”方式占有,均不构成贪污罪。也就是说,被告人肖元华并没有非法占有公共财物的行为。

综上,被告人肖元华是作为一个经营者而不是副局长同司法局签订了承包协议;协议采取的承包方式决定了在上缴足额利润后不存在可贪污的公共财产;定额承包者占有或支配本人承包经营应得利润不构成贪污罪。辽宁省高级人民法院认定检察机关指控肖元华犯贪污罪不能成立,判决宣告肖元华无罪是正确的。

——《刑事审判参考》(总第8辑)。

1331 国家工作人员利用职务便利以国有企业亏损弥补个人损失的行为,构成贪污罪

关键词|贪污罪|非法占有目的|

【最高人民法院公报案例】

上海市黄浦区人民检察院诉窦沛颖、冼晓玲贪污案(一审法院:上海市黄浦区人民法院)

要旨:被告人身为国有企业中的工作人员利用职务之便,在为各自单位从事期货交易活动中,利用职务便利,将私人账户上的期货合约在价格下跌时转入国有企业账户,以国有企业亏损来弥补个人损失的手段非法占有国有财物,构成贪污罪。

被告人窦沛颖、冼晓玲身为国有企业中的工作人员,在为各自单位从事期货交易活动中,利用职务便利,采取欺骗手法,将私人账户上的期货合约在价格下跌时分别转入国有企业的账户,造成国有企业在转入当天的持仓亏损分别为 3.84 万元、2.8 万元。这种向国有企业转嫁个人损失的做法,虽然没有表现为直接地占有国有财物,但实质是以用国有企业亏损来弥补个人损失的手段占有国有财物,是非法占有的一种行为。依照刑法第三百八十二条的规定,窦沛颖、冼晓玲的行为构成贪污罪,公诉机关指控的罪名成立。本案的贪污数额,应按窦沛颖、冼晓玲移仓当日的结算价计算。

被告人窦沛颖、冼晓玲身为国有企业中的工作人员,利用职务便利,实施了把价格下跌的私人账户期货合约转入国有企业账户的行为,移仓当日给国有企业造成共计 6.64 万元的当天持仓亏损,这是认定二人行为构成贪污罪的事实基础。二人转入的期货合约在国有企业持仓期间发生的盈亏,虽与二人的转入行为有一定联系,但不由二人的转入行为决定,而是由期货行情决定。因此这时发生的盈亏,不是认定二人行为能否构成犯罪的情节,只是对二人量刑时可考虑的因素。

——《最高人民法院公报》2003 年第 2 期。

1332 国有公司改制中利用职务便利隐匿并实际控制国有资产的行为构成贪污罪

关键词｜贪污罪｜国企改制｜隐匿国有资产｜利用职务之便｜

【最高人民法院司法文件】

一、关于国家出资企业工作人员在改制过程中隐匿公司、企业财产归个人持股的改制后公司、企业所有的行为的处理

国家工作人员或者受国家机关、国有公司、企业、事业单位、人民团体委托管理、经营国有财产的人员利用职务上的便利,在国家出资企业改制过程中故意通过低估资产、隐瞒债权、虚设债务、虚构产权交易等方式隐匿公司、企业财产,转为本

人持有股份的改制后公司、企业所有，应当依法追究刑事责任的，依照刑法第三百八十二条、第三百八十三条的规定，以贪污罪定罪处罚。

——《最高人民法院、最高人民检察院关于办理国家出资企业中职务犯罪案件具体应用法律若干问题的意见》(2010 年 11 月 26 日，法发〔2010〕49 号)。

【最高人民法院参考案例】

佟茂华、牛玉杰私分国有资产，佟茂华挪用公款、受贿案(《刑事审判参考》案例第 1313 号)

要旨：在企业改制期间隐匿国有资产，转为国家参股、众多经营管理人员和职工持股的改制后企业的行为，应以私分国有资产罪论处。

《最高人民法院、最高人民检察院关于办理国家出资企业中职务犯罪案件具体应用法律若干问题的意见》(以下简称《意见》)第二条第二款规定的以贪污罪定罪处罚的情形，主要针对由少数人共同实施，企业其他人员不知情或不知实情，分取利益范围以参与决策、具体实施贪污行为以及为贪污行为提供帮助等少数某一层面的人(如企业管理层)为限的情形，而对由单位决定并统一组织实施，在企业内部一定程度公开，企业不同层面的多数人员获得利益的情形，一般应当认定为私分国有资产罪。

——《刑事审判参考》(总第 120 辑)。

王妙兴贪污、受贿、职务侵占案(《刑事审判参考》案例第 734 号)

要旨：在国有公司改制过程中，利用职务便利，隐匿并实际控制国有资产的行为应认定为贪污罪而非国有公司人员滥用职权罪。

贪污罪和国有公司人员滥用职权罪虽然都可由国有公司人员构成，但存在明显区别：一是在造成国有资产损失的主观心理状态上，贪污罪是由直接故意构成，而国有公司人员滥用职权罪对国有资产造成的损失往往是非直接故意所致；二是在主观目的上，贪污罪是以非法占有为目的，而国有公司人员滥用职权罪一般不具有非法占有的目的；三是在客观表现上，贪污罪是以侵吞、窃取、骗取等方法非法占有公共财产，而国有公司人员滥用职权罪是以超越职权或者不适当行使职权，造成国有公司严重损失。

本案被告人王妙兴利用职务便利隐匿国有资产的行为虽然也是一种滥用职权的具体表现，但因其在主观上具有非法占有该国有资产的直接故意和目的，客观上已经实际控制和掌握了该国有资产，这与国有公司人员滥用职权罪中主客观特征不同。2010 年《最高人民法院、最高人民检察院关于办理国家出资企业中职务犯罪案件具体应用法律若干问题的意见》第一条规定，“国家工作人员或者受国家机关、国有公司、企业、事业单位、人民团体委托管理、经营国有财产的人员利用职务上的便利，在国家出资企业改制过程中故意通过低估资产、隐瞒债权、虚设债务、虚构产权交易等方式隐匿公司、企业财产，转为本人持有股份的改制后公司、企业所有，应当依法追究刑事责任的，依照刑法第三百八十二条、第三百八十三条的规定，以贪污罪定罪处罚”。因此，对王妙兴的行为以贪污罪定罪处罚具有充足的法律依据。

——《刑事审判参考》（总第 82 辑）。

1333 利用企业改制把公共财产转到自己或亲属所投资企业行为的定性

关键词｜贪污罪｜企业改制｜转移公共财产｜

【最高人民法院司法文件】

一、关于国家出资企业工作人员在改制过程中隐匿公司、企业财产归个人持股的改制后公司、企业所有的行为的处理

国家工作人员或者受国家机关、国有公司、企业、事业单位、人民团体委托管理、经营国有财产的人员利用职务上的便利，在国家出资企业改制过程中故意通过低估资产、隐瞒债权、虚设债务、虚构产权交易等方式隐匿公司、企业财产，转为本人持有股份的改制后公司、企业所有，应当依法追究刑事责任的，依照刑法第三百八十二条、第三百八十三条的规定，以贪污罪定罪处罚。贪污数额一般应当以所隐匿财产全额计算；改制后公司、企业仍有国有股份的，按股份比例扣除归于国有的部分。

所隐匿财产在改制过程中已为行为人实际控制，或者国家出资企业改制已经完成的，以犯罪既遂处理。

第一款规定以外的人员实施该款行为的，依照刑法第二百七十一条的规定，以职务侵占罪定罪处罚；第一款规定以外的人员与第一款规定的人员共同实施该款行为的，以贪污罪的共犯论处。

在企业改制过程中未采取低估资产、隐瞒债权、虚设债务、虚构产权交易等方式故意隐匿公司、企业财产的，一般不应当认定为贪污；造成国有资产重大损失，依法构成刑法第一百六十八条或者第一百六十九条规定的犯罪的，依照该规定定罪处罚。

——《最高人民法院、最高人民检察院关于办理国家出资企业中职务犯罪案件具体应用法律若干问题的意见》（2010 年 11 月 26 日，法发〔2010〕49 号）。

【最高人民法院公报案例】

无锡市北塘区人民检察院诉束兆龙贪污案(一审法院:无锡市北塘区人民法院)

要旨:根据刑法第三百八十二条第一款的规定,被告人在国有事业单位改制中,利用职务便利隐瞒国有资产,并将其转移到改制后自己占有投资份额的公司中,构成了贪污罪,但贪污数额应按照被告人在改制后的公司中所占投资份额的比例认定。

被告人束兆龙身为国家工作人员,利用担任国有事业单位法定代表人的职务便利,在国有事业单位改制中隐瞒国有资产,并将国有资产转移到自己占有投资份额的公司中,其行为符合以骗取的手段非法占有公共财物的特征,构成贪污罪。"非法占有",是贪污罪客观方面应当具有的特征之一。束兆龙在隐瞒原设计所管理的国有资产时,明知这些资产将来只能由原设计所改制后形成的有限责任公司取得,其个人不能直接非法占有。在这种情况下,束兆龙仍实施了隐瞒国有资产的行为。这是因为在主观上,束兆龙有通过按投资份额得到部分国有资产的犯罪动机,客观上也只有这样干,束兆龙才能实现对部分国有资产的非法占有。因此按束兆龙在嘉德公司的投资比例 25%计算,被束兆龙隐瞒的 391787. 78 元国有资产中的 9. 79 万余元,才是束兆龙实施贪污行为主观上想得到、客观上也已经实现的贪污数额;391787. 78 元国有资产中的 10%即 3. 91 万余元,仍是国有事业单位市政设计院在嘉德公司内占有的国有资产;391787. 78 元国有资产中的 65%即 25 万余元,是束兆龙犯罪行为给国有资产造成的损失,应当在量刑时考虑。将原设计所被隐瞒的国有资产全部认定为束兆龙的贪污数额,无法解释市政设计院按投资份额分享到的 3. 91 万余元的财产性质。这样认定既不符合事实,也不符合法律规定。

——《最高人民法院公报》2005 年第 7 期。

上海市人民检察院第二分院诉王一兵贪污案(二审法院:上海市高级人民法院)

要旨:在企业改制过程中,国有企业工作人员利用受委派在国有、集体联营企业中从事公务的职务便利,将国有、集体联营企业的公共财产转移至自己及亲属控股的个人股份制企业并非法占有,应认定构成贪污罪。

——《最高人民法院公报》2004 年第 5 期。

【最高人民法院参考案例】

徐华、罗永德贪污案(《刑事审判参考》案例第 121 号)

要旨:在国有企业改制中隐瞒资产真实情况,利用国企改制非法占有国有资产,并造成巨额国有资产潜在流失的行为不构成国有公司人员滥用职权罪而构成贪污罪;如果财产没有被行为人实际控制,构成贪污未遂。

根据刑法修正案(一)第二条的规定,国有公司人员滥用职权罪是指国有公司工作人员严重不负责任或者滥用职权,造成国有公司破产或者严重损失,致使国家利益遭受重大损失的行为。本案中,二被告人乘国有公司改制之机,利用职务上的便利,采用隐瞒真相的手段将应当上缴的国有资产转入以其自己为股东的新公司中,形式上属于徇私舞弊、滥用职权的行为,也造成了国有资产的流失,但二被告人的最终目的是将这部分国有资产转入自己作为股东的公司,其行为在性质上应认定为非法占有国有资产,而不是徇私舞弊、滥用职权。所谓徇私舞弊,是指为了个人利益或徇私情而弄虚作假,不正当地行使职权的行为。徇私舞弊是一种渎职行为,从词义上讲不外乎徇私情和徇私利,其中的徇私利包括徇行为人本人之私利。因而在逻辑上,徇私舞弊行为不排除以非法占有为表现形式。但是,当非法占有的数额已达到有关贪利型犯罪(如贪污罪)的处罚标准时,应以贪利型犯罪定罪处罚,而不能再认定为单纯的渎职犯罪。

贪污罪属于直接故意犯罪,是结果犯,存在着未遂形态。一般而言,贪污罪应以行为人是否实际取得财物为区分既遂与未遂的标准。本案中,路桥燃料有限公司于 2000 年 9 月 7 日缴清国资款后,该四十七万余元资产即脱离国资部门的控制。此后,资产转移手续一直在办理之中,该笔资产尚未到达改制后的路桥燃料有限公司账上,即没有为二被告人所实际控制,因此,可以认定二被告人的行为构成贪污犯罪未遂。

——《刑事审判参考》(总第 19 辑)。

1334 高校科研经费贪污案件的司法认定

关键词 | 贪污罪 | 科研经费 |

【最高人民法院参考案例】

吴常文贪污案(《刑事审判参考》案例第 1430 号)

要旨:判定行为人对套取的科研经费是否具有非法占有目的时,既不能不作具体分析简单地将套取行为一概认定为贪污,也不能不加分析机械套用“疑罪从无”而导致放纵犯罪,应当综合全案证据认真审查项目协议书规定的各方的权利义务和甄别套取的科研经费是实际用于科研还是被行为人违背管理规定凭空占有,准确把握罪与非罪的界限。

科研经费具有明确的专属性,并非课题组的私有财产,课题组对项目承担单位管理的科研经费不具有随意处置的权利;行为人通过虚列支出、虚开发票等手段套取科研经费转入个人实际控制的公司或关联公司,公司确有参与科研合作的,应从公司参与科研项目实施和完成情况、公司实际为科研项目的支出情况、科研经费真实去向等方面,综合认定行为人对套取的科研经费是否具有非法占有目的。

——《刑事审判参考》(总第128辑)。

1335 贪污罪犯罪形态的认定

关键词｜贪污罪｜犯罪既遂｜犯罪未遂｜

【最高人民法院司法文件】

(一)贪污罪既遂与未遂的认定

贪污罪是一种以非法占有为目的的财产性职务犯罪,与盗窃、诈骗、抢夺等侵犯财产罪一样,应当以行为人是否实际控制财物作为区分贪污罪既遂与未遂的标准。对于行为人利用职务上的便利,实施了虚假平账等贪污行为,但公共财物尚未实际转移,或者尚未被行为人控制就被查获的,应当认定为贪污未遂。行为人控制公共财物后,是否将财物据为己有,不影响贪污既遂的认定。

——《全国法院审理经济犯罪案件工作座谈会纪要》(2003年11月13日,法〔2003〕167号)。

【链接:理解与参照】

关于贪污罪既遂与未遂区分标准问题,刑法理论上存在以下三种不同观点:一是"失控说"。该说主张贪污罪既遂的标准应当以公共财物的所有人失去对公共财物的控制为标准,即以是否实际失去财物支配权作为区分贪污罪既遂与未遂的标准。二是"控制说"。该说主张贪污罪既遂的标准应当以行为人取得对公共财物的实际控制与支配为标准。三是"占有说"。该说主张贪污罪既遂的标准是行为人实际非法占有了公共财物,即实际取得财物。①

我们认为,失控说扩大了贪污罪既遂形态范围,从而变相加重了行为人的刑事责任;占有说忽视了贪污犯罪形式的复杂性,缩小了贪污罪既遂形态范围,可能放纵贪污犯罪;控制说既考虑所有人对财物的失控,又考虑行为人对财产的控制,抓住了财物被非法占有的实质,不仅成为刑法理论界通说,而且符合立法原意,也有司法解释和有关规范性文件作为依据。如最高人民法院2003年11月13日印发的《全国法院审理经济犯罪案件工作座谈会纪要》中指出:"贪污罪是一种以非法

① 参见孟庆华、高秀东:《贪污罪的定罪与量刑》,人民法院出版社2001年版,第248—249页。

占有为目的的财产性职务犯罪,与盗窃、诈骗、抢夺等侵犯财产罪一样,应当以行为人是否实际控制财物作为区分贪污罪既遂与未遂的标准。对于行为人利用职务上的便利,实施了虚假平账等贪污行为,但公共财物尚未实际转移,或者尚未被行为人控制就被查获的,应当认定为贪污未遂。行为人控制了公共财物后,是否将财物据为己有,不影响贪污既遂的认定。"最高人民法院、最高人民检察院2010年1月1日印发的《关于办理国家出资企业中职务犯罪案件具体应用法律若干问题的意见》第一条第二款规定,所隐匿财产在改制过程中已为行为人实际控制,或者国家出资企业改制已经完成的,以犯罪既遂处理。全面准确理解这里的"实际控制",应当注意以下几点:一是行为人对财物的"实际控制",意味着财物既脱离了所有人的实际控制,又排除了第三人的实际控制。二是"实际控制"并非仅指财物完全转移到行为人手上。如票据、信用卡等财物,行为人虽未实际取得现金,但已使财物所有权人丧失了对该财物的实际控制,而行为人已经现实地具有随时支配财物的可能性时就形成实际控制。三是实际控制财物,并非仅指行为人将财物非法据为己有,还包括转给其亲戚、朋友或者其他单位及个人非法占有。对此,前述《关于办理国家出资企业中职务犯罪案件具体应用法律若干问题的意见》第四条第三款就明确指出,国家出资企业中的国家工作人员在公司、企业改制或者国有资产处置过程中徇私舞弊,将国有资产低价折股或者低价出售给特定关系人持有股份或者本人实际控制的公司、企业,致使国家利益遭受重大损失的,以贪污罪定罪处罚。

指导案例11号中,被告人杨延虎等人及其辩护人提出杨延虎案发时并未取得土地使用权证,并未实际控制安置土地,属于贪污未遂。根据审理查明事实,案发时安置所得土地虽尚未核发土地使用权证,但该地块上建造的商铺房已竣工并交付使用,且杨延虎之妻已将建成的商铺出租并收取租金。因此,杨延虎等人已对土地实际控制,并从中收益,应认定为贪污既遂,杨延虎等人及其辩护人提出贪污未遂的异议不能成立。

——最高人民法院案例指导工作办公室:《指导案例11号〈杨延虎等贪污案〉的理解与参照——贪污罪中的"利用职务上的便利"和"公共财物"的认定》,载最高人民法院案例指导工作办公室编著:《中国案例指导》(总第1辑),法律出版社2015年版,第187—188页。

1336 国家工作人员与非国家工作人员勾结共同非法占有本单位财物的行为的定性

关键词 | 贪污罪 | 非国家工作人员 | 共同犯罪 |

【最高人民法院司法文件】

（三）国家工作人员与非国家工作人员勾结共同非法占有单位财物行为的认定

……对于在公司、企业或者其他单位中，非国家工作人员与国家工作人员勾结，分别利用各自的职务便利，共同将本单位财物非法占有的，应当尽量区分主从犯，按照主犯的犯罪性质定罪。司法实践中，如果根据案件的实际情况，各共同犯罪人在共同犯罪中的地位、作用相当，难以区分主从犯的，可以贪污罪定罪处罚。

——《全国法院审理经济犯罪案件工作座谈会纪要》（2003年11月13日，法〔2003〕167号）。

1337 共同犯罪中“个人贪污数额”的认定

关键词｜贪污罪｜共同犯罪｜个人贪污数额｜

【最高人民法院司法文件】

（四）共同贪污犯罪中“个人贪污数额”的认定

刑法第三百八十三条第一款规定的“个人贪污数额”，在共同贪污犯罪案件中应理解为个人所参与或者组织、指挥共同贪污的数额，不能只按个人实际分得的赃款数额来认定。对共同贪污犯罪中的从犯，应当按照其所参与的共同贪污的数额确定量刑幅度，并依照刑法第二十七条第二款的规定，从轻、减轻处罚或者免除处罚。

——《全国法院审理经济犯罪案件工作座谈会纪要》（2003年11月13日，法〔2003〕167号）。

1338 不具有身份的人参与身份犯共同犯罪的行为定性

关键词｜贪污罪｜职务侵占罪｜身份犯｜共同犯罪｜

【最高人民法院司法解释】

第一条　行为人与国家工作人员勾结，利用国家工作人员的职务便利，共同侵吞、窃取、骗取或者以其他手段非法占有公共财物的，以贪污罪共犯论处。

第二条　行为人与公司、企业或者其他单位的人员勾结，利用公司、企业或者其他单位人员的职务便利，共同将该单位财物非法占为己有，数额较大的，以职务侵占罪共犯论处。

第三条 公司、企业或者其他单位中,不具有国家工作人员身份的人与国家工作人员勾结,分别利用各自的职务便利,共同将本单位财物非法占为己有的,按照主犯的犯罪性质定罪。

——《最高人民法院关于审理贪污、职务侵占案件如何认定共同犯罪几个问题的解释》(2000 年 7 月 8 日,法释〔2000〕15 号)。

【最高人民法院公报案例】

唐志华等五人贪污、职务侵占、企业人员受贿案(二审法院:上海市高级人民法院)

要旨:既非国家工作人员也非集体企业工作人员的行为人,勾结国有企业工作人员及集体企业工作人员,利用职务之便,侵占购货款及其他公款,分别构成贪污罪、职务侵占罪。以侵犯财产为目的的共同故意犯罪中,不排除个别行为人不参与分赃的情形。

——《最高人民法院公报》2002 年第 2 期。

1339 社保工作人员骗取企业为非企业人员参保并私自收取养老保险费的行为，构成贪污罪

关键词｜贪污罪｜养老保险费｜

【最高人民法院参考案例】

李成兴贪污案(《刑事审判参考》案例第 771 号)

要旨:社保工作人员骗取企业为非企业人员缴纳养老保险费,同时收取参保人员缴纳的养老保险费,或利用企业“空名户”名额收取参保人员已被抵缴的养老保险费,并占为己有的行为构成贪污罪。

(一)诈骗罪与贪污罪的行为人在客观方面都可能采取虚构事实、隐瞒真相的方法,但诈骗罪的主体是一般主体,客观上要求行为人未利用职务上的便利条件。本案被告人李成兴身为国家工作人员,利用职务上的便利非法占有公共财物,应当认定构成贪污罪。

(二)利用“空名户”继续保持保险关系,使参保人员因“空名户”而无须向国家缴纳参保费(因为企业已为“空名户”向社保统筹账户缴纳了保险预征款),同时又私自收取参保户已被抵缴了的保险费。与第一种行为一样,李成兴向这批占用“空名户”名额的参保人员收取的参保费本应该是向国家补交的保险费,属于社会养老保险基金,具有公共财物的性质。虽然从表面上看,社会养老保险基金并没有损失,因为企业已经缴纳了用以充当保险费的预征款。但实际上,社会养老保险基金

受到了损失，因为这批参保人员不符合抵充“空名户”保险费的资格，应该另行向国家缴纳与其保险类别相应的参保费。就犯罪手段而言，李成兴利用“空名户”的漏洞，能够顺利将应缴未缴的参保费占为己有，与其职务上的便利离不开关系，属于利用职务便利侵吞公共财物的行为。

（三）将非企业人员替代“空名户”后立即停保套取国家作为保险费的部分预征款。进入社保统筹账户的预征款，其公共财物的性质毋庸置疑，依规定只能由企业实有人员占用“空名户”并停保后才可以退还约三分之一给参保个人。李成兴编造虚假的企业人员，能够顺利套领这笔退款，与其职务上的便利也密切相关，属于利用职务骗取公共财物的行为。总之，李成兴通过职务上的便利，利用上述两种方式侵吞、骗取公共财物的行为，符合贪污罪的构成特征，应当以贪污罪论处。

——《刑事审判参考》（总第 85 辑）。

1340 利用受国家税务机关委托行使代收税款的便利侵吞税款的行为，应认定为贪污罪

关键词｜贪污罪｜侵吞税款｜代征税款｜

【最高人民法院参考案例】

黄明惠贪污案（《刑事审判参考》案例第 692 号）

要旨：利用国家税务机关委托行使代收税款的便利侵吞税款的行为，应认定为贪污罪。

被告人黄明惠受税务机关委托代为行使征收税款的权力，属于刑法第九十三条第二款规定的“其他依照法律从事公务的人员”，其利用职务便利侵吞代收税款的行为构成贪污罪。理由如下：

被告人黄明惠属于刑法第九十三条第二款规定的“其他依照法律从事公务的人员”，其私自截留、侵吞税款的行为，应根据刑法第三百八十二条第一款定罪处罚。征税权是国家权力的当然组成部分，税收征管活动也是国家行政管理活动的重要组成部分，属于一种公务执行活动。根据《税收征管法实施细则》第四十四条的规定，税务机关根据有利于税收控管和方便纳税的原则，可以按照国家有关规定委托有关单位和人员代征零星分散和异地缴纳的税收，并发给委托代征证书。受委托代征税款的单位和人员应当按照代征证书的要求，以税务机关的名义依法征收税款，纳税人不得拒绝；纳税人拒绝的，受委托单位和个人应当及时报告税务机关。由该规定不难分析，受国家税务机关委托代征税款的单位和人员代为征收相关税款的行为，实质上就是代表国家税务机关征收税款，是一种依照《税收征管法

实施细则》从事公务的行为。本案中,黄明惠及其经营的食品站在与税务机关签订《委托代征税款协议》、接受税务机关依法作出的代征税款的委托之后,以税务机关的名义进行的代征生猪流通环节增值税的行为,属于在特定条件下行使国家税收征管权,符合刑法第九十三条第二款规定的"依照法律从事公务活动"。黄明惠在从事代征税款时,应以国家工作人员论。黄明惠在受委托代征税款期间,以非法占有为目的,利用代征税款的职务便利,私自截留、侵吞代征的税款,不但侵犯了国有财产所有权,而且侵犯了代征税款职务的廉洁性,其行为触犯了刑法第三百八十二条第一款的规定,应构成贪污罪。

——《刑事审判参考》(总第 79 辑)。

1341 国家机关工作人员受委派在集体所有制企业任职后，又经所在地企业职工代表大会选举继续任职，并由企业上级行政主管部门批复同意的，仍应以国家工作人员论

关键词 | 贪污罪 | 国家工作人员 |

【最高人民法院司法文件】

(二)国家机关、国有公司、企业、事业单位委派到非国有公司、企业、事业单位、社会团体从事公务的人员的认定

所谓委派,即委任、派遣,其形式多种多样,如任命、指派、提名、批准等。不论被委派的人身份如何,只要是接受国家机关、国有公司、企业、事业单位委派,代表国家机关、国有公司、企业、事业单位在非国有公司、企业、事业单位、社会团体中从事组织、领导、监督、管理等工作,都可以认定为国家机关、国有公司、企业、事业单位委派到非国有公司、企业、事业单位、社会团体从事公务的人员。如国家机关、国有公司、企业、事业单位委派在国有控股或者参股的股份有限公司从事组织、领导、监督、管理等工作的人员,应当以国家工作人员论。国有公司、企业改制为股份有限公司后原国有公司、企业的工作人员和股份有限公司新任命的人员中,除代表国有投资主体行使监督、管理职权的人外,不以国家工作人员论。

——《全国法院审理经济犯罪案件工作座谈会纪要》(2003 年 11 月 13 日,法〔2003〕167 号)。

【最高人民法院公报案例】

重庆市人民检察院第一分院诉严先贪污案(最高人民法院复核)

要旨:根据刑法第三百八十二条第一款的规定,国家机关工作人员受委派在集

体所有制企业任职后,又经所在地企业职工代表大会选举继续任职,并由企业上级行政主管部门批复同意的,仍应以国家工作人员论。其利用职务便利,采取指使他人做假账、通过转账划款、提取现金等手段侵吞公款的行为,构成贪污罪。

——《最高人民法院公报》2004 年第 12 期。

1342 受委托管理、经营国有财产人员的认定

关键词｜贪污罪｜国有财产｜受委托人员｜

【最高人民法院参考案例】

张珍贵、黄文章职务侵占案(《刑事审判参考》案例第 274 号)

要旨:构成受委托管理、经营国有财产的人员必须符合三个条件:一是委托主体必须是国家机关、国有公司、企业、事业单位、人民团体;二是必须存在委托和被委托关系;三是委托内容必须是特定的事务,即从事对国有财产的管理、经营这样一种特殊的事务。

受委托管理、经营国有财产的人员毕竟不是国家工作人员,“以贪污论”毕竟不是“以国家工作人员论”,在司法实践中,应当严格掌握其认定标准。

首先,受委托管理、经营国有财产不同于国有单位对其内部工作人员的任命、聘任或者委派。国有单位任命、聘任其工作人员担任一定职务,在本单位从事经营、管理活动的人员,以及基于投资或者领导关系委派到非国有单位从事经营、管理、监督活动的人员,在性质上均属于国有单位的内部人员,国有单位对其所作的任命、聘任或者委派,属于单位内部的工作安排,从这一点来讲,双方不是平等的关系。根据刑法第九十三条第二款的规定,这些人员属于依法律、依职权或者授权从事的公务,应当以国家工作人员论。

其次,受委托管理、经营国有财产也不同于国有单位非国家工作人员从事的不具有公务性质的生产、服务等劳务活动。委托的内容必须限于对国有资产进行管理、经营。

——《刑事审判参考》(总第 35 辑)。

1343 租赁国有企业的人员利用职务便利盗卖国有资产的,构成贪污罪

关键词｜贪污罪｜盗卖国有资产｜

【最高人民法院参考案例】

朱洪岩贪污案(《刑事审判参考》案例第355号)

要旨:租赁国有企业的人员利用职务上的便利盗卖国有财产并私分的行为,应当以贪污罪定罪处罚。

刑法第三百八十二条第二款规定:“受国家机关、国有公司、企业、事业单位、人民团体委托管理、经营国有财产的人员,利用职务上的便利,侵吞、窃取、骗取或者以其他手段非法占有国有财物的,以贪污论。”对于其中的“委托”应当如何理解的问题,最高人民检察院于1999年9月19日下发的《关于人民检察院直接受理立案侦查案件立案标准的规定(试行)》作出了如下规定:“受委托管理、经营国有财产”是指因承包、租赁、聘用等而管理、经营国有财产。2003年11月13日,最高人民法院下发的《全国法院审理经济犯罪案件工作座谈会纪要》(以下简称《纪要》)中规定:“受委托管理、经营国有财产”是指因承包、租赁、临时聘用等管理、经营国有财产。可见,承包、租赁和聘用是“受委托”的主要方式,不同之处在于《纪要》对聘用的范围限制在“临时聘用”。因为长期受聘用的人员直接可视为国家工作人员,对于其利用职务上便利侵吞国有财产的,可以直接适用刑法第三百八十二条第一款的规定处罚,而临时聘用人员由于尚未与国有单位形成固定的劳动关系,难以认定其为国家工作人员。因此,将临时聘用的人员纳入刑法第三百八十二条第二款规定的受委托人员范畴,符合刑法的立法精神和保护国有资产的价值取向。

尽管委托方式多种多样,实践中除了承包、租赁和临时聘用以外,不排除其他形式存在的可能,但其共同的特征在于,委托双方属于平等的民事主体关系,这种委托是国有单位以平等主体身份就国有财产的管理、经营与被委托者达成的协议,本质上是民事委托关系,因此有别于刑法第九十三条规定的“委派”。委派的实质是任命,具有一定的行政性,被委派者在委派事项及是否接受委派方面,与委派方不是处于平等地位而是具有行政隶属性质,两者间的关系具有隶属性和服从性。

——《刑事审判参考》(总第45辑)。

1344 村民委员会等村基层组织人员的身份认定

关键词 | 贪污罪 | 挪用公款罪 | 村基层组织人员 |

【最高人民法院司法解释】

对村民小组组长利用职务上的便利,将村民小组集体财产非法占为己有,数额较大的行为,应当依照刑法第二百七十一条第一款的规定,以职务侵占罪定罪处罚。

——《最高人民法院关于村民小组组长利用职务便利非法占有公共财物行为如何定性问题的批复》(1999 年 7 月 3 日,法释〔1999〕12 号)。

【最高人民法院参考案例】

张留群受贿案(《刑事审判参考》案例第 595 号)

要旨:村民组组长,在代表村民组处理房屋租赁活动中,利用职务上的便利,索取及非法收受他人财物,为他人谋取利益,构成非国家工作人员受贿罪。

本案被告人张留群身为村民组组长,负责对村民组在国有土地上的房屋进行出租的行为属村民组的自治管理活动,并不是对国有土地的经营管理,不是受委托协助人民政府从事行政管理工作,因而其不属《立法解释》①中规定的“其他依照法律从事公务的人员”,其行为依法不构成受贿罪。

2006 年 6 月 29 日开始实施的刑法修正案(六)第七项对刑法第一百六十三条公司、企业人员受贿罪进行了修订,将该罪的主体扩大为公司、企业或者其他单位工作人员,其罪名也相应修订为非国家工作人员受贿罪。该罪的犯罪主体是公司、企业或其他单位的工作人员,客观方面表现为公司、企业或其他单位工作人员利用职务上的便利,索取他人财物或者非法收受他人财物,为他人谋取利益,数额较大的行为。被告人张留群身为村民组组长,可以认定为刑法第一百六十三条规定的“其他单位人员”,其利用负责代表村民组对外出租村民组集体所有房屋的职务便利,为他人谋取利益,非法收受和索取他人共计价值 50733 元的财物,其行为符合非国家工作人员受贿罪的构成要件,应以非国家工作人员受贿罪追究其刑事责任。

——《刑事审判参考》(总第 71 辑)。

宾四春、郭利、戴自立贪污案(《刑事审判参考》案例第 133 号)

要旨:村民委员会等村基层组织成员在协助人民政府从事行政管理工作时,属于刑法第九十三条第二款规定的“其他依照法律从事公务的人员”;村党支部成员在协助人民政府履行《解释》②规定的七类行政管理工作时,也属于“其他依照法律从事公务的人员”。

实践中,还应当注意的是,由于村民委员会等村基层组织成员不是国家工作人员,也不享有国家工作人员的待遇,因此,对其适用刑法第九十三条第二款应当严

---

① 即《全国人民代表大会常务委员会关于〈中华人民共和国刑法〉第九十三条第二款的解释》(2000 年 4 月 29 日)。

② 即《全国人民代表大会常务委员会关于〈中华人民共和国刑法〉第九十三条第二款的解释》(2000 年 4 月 29 日)。

格掌握,慎重对待。如果在处理具体案件时,难以区分村民委员会等村基层组织成员是利用协助人民政府从事行政管理工作的职务便利,还是利用管理村公共事务的职务便利的,即在对主体的认定存在难以确定的疑问时,一般应当认定为利用管理村公共事务的职务便利,因为他们本身毕竟是村民委员会等村基层组织成员,而并非政府公务人员。

——《刑事审判参考》(总第 21 辑)。

廖常伦贪污、受贿案(《刑事审判参考》案例第 594 号)

要旨:农村村民小组组长及其工作人员,如果是在协助人民政府从事行政管理工作,应当属于"其他依照法律从事公务的人员"。

2000 年《全国人民代表大会常务委员会关于〈中华人民共和国刑法〉第九十三条第二款的解释》对"村民委员会等村基层组织"在何种情形下属于"其他依照法律从事公务的人员"的规定,主要是基于国家工作人员的本质属性和我国农村工作的现实情况。国家的正常管理活动,是通过国家政治、经济、文化等各部门的国家工作人员依法履行职务,即依法从事公务来实现的。依法从事公务,是指国家工作人员,依照法律规定的职责和权能,按照法定程序,代表国家进行的具有国家管理性质的活动。根据我国宪法规定,村民委员会并非我国的政权组织,也不是基层政权的派出机构,而是一个基层群众自治组织,其基本职责是通过"民主选举、民主决策、民主管理、民主监督"方式来管理行政村的集体性事务。作为群众性的自治组织,村民委员会本身没有管理社会事务的职责与权能,其工作人员不具备从事公务人员的主体身份与资格。但是,法律赋予村民委员会的职能,并不只是办理本村的公共事务和公益事业,还有协助人民政府开展工作的职能。村民委员会组织法第四条第二款规定,"村民委员会协助乡、民族乡、镇人民政府开展工作",虽然只是简单规定了村民委员会有协助乡级人民政府开展工作的职责,但从我国的立法看,有几十部法律及规范性文件,对村民委员会的协助职责予以规定,协助的范围涉及计划生育、婚姻登记、代缴个人所得税、义务献血、土地征用、救灾救济等。村民委员会组成人员虽然在法律上不直接行使行政管理权力,但这些行政权的行使却离不开村民委员会的协助。当村民委员会从事协助乡级人民政府有关行政管理工作时,村民委员会被赋予了相应的职责与权能,其工作人员相应被赋予了从事相关公务的身份与权力资格,他们的活动就是依法从事公务的活动。综上,对农村基层组织组成人员,不能简单地从外在身份来判断其是否为国家工作人员,而应当主要从其是否"依照法律从事公务"这一国家工作人员的本质属性来进行判断。如果其从事的仅是集体经济组织中的事务,由于村民自治范围内的村、组集体事务不属于公务的范畴,就不能以国家工作人员论;如果其从事的是行政管理事务,其工作则体现了政府对社会的组织、管理职能,就是在依法从事公务,就应当属于“其他依照法律从事公务的人员”的范围,以国家工作人员论。

——《刑事审判参考》(总第71辑)。

1345 贪污案件被告人没有法定免除处罚情节时,原则上不应适用减轻处罚情节,对其减至免予刑事处罚

关键词|减轻处罚|免予刑事处罚|

【最高人民法院参考案例】

刘某贪污案(《刑事审判参考》案例第786号)

要旨:当案件没有法定免除处罚情节时,原则上不应适用减轻处罚情节,对被告人减至免予刑事处罚。

(一)对具有法定减轻处罚情节而在法定刑以下判处刑罚的案件应当在法定量刑幅度的下一个量刑幅度内判处刑罚

减轻处罚是在一定条件下对刑期予以一定幅度的缩减,最终处罚结果仍必须判处一定的刑期,与免予刑事处罚在本质上是不同的。然而,由于各地法院在减轻处罚的掌握标准上不统一,导致类似的案件在量刑上存在较大差异的情况。为了统一减轻处罚的量刑标准,准确量刑,刑法修正案(八)第五条将刑法第六十三条第一款修改为:“犯罪分子具有本法规定的减轻处罚情节的,应当在法定刑以下判处刑罚;本法规定有数个量刑幅度的,应当在法定量刑幅度的下一个量刑幅度内判处刑罚。”这一规定明确了刑法规定有数个量刑幅度的,应当在法定量刑幅度的下一个量刑幅度内判处刑罚,而不能跨越量刑幅度判处刑罚。因此,对具有法定减轻处罚情节而在法定刑以下判处刑罚的案件,应当在法定量刑幅度的下一个量刑幅度内判处刑罚,不能减至免予刑事处罚。

(二)对不具有法定减轻处罚情节而在法定刑以下判处刑罚的案件也应当在法定量刑幅度的下一个量刑幅度内判处刑罚

抛开个案因素,就犯罪本身而言,具有法定减轻处罚情节的案件比不具有法定减轻处罚情节的案件更有理由在法定刑以下判处刑罚,正因为如此,对不具有法定减轻处罚情节的案件要在法定刑以下判处刑罚必须逐级报请最高人民法院核准。既然对具有减轻处罚情节的案件在减轻处罚时不能跨越量刑幅度判处刑罚,那么对不具有法定减轻处罚情节的案件在减轻处罚时更应当遵循在法定量刑幅度的下一个量刑幅度内判处刑罚的原则。但是对极个别涉及政治、国防、外交等特殊情况的案件,应当根据具体情况,决定减轻刑罚的幅度,不受在法定量刑幅度的下一个

量刑幅度内判处刑罚这一原则的限制。

（三）对法定量刑幅度已是最低量刑幅度的案件适用减轻处罚情节不应当判处免予刑事处罚

最高人民法院研究室 1994 年 2 月 5 日下发的《关于适用刑法第五十九条第二款减轻处罚能否判处刑法分则条文没有规定的刑罚问题的答复》（以下简称《答复》）明确："在法定刑以下判处刑罚，包括判处刑法分则条文没有规定的不同种的刑罚。"《答复》中的刑法第五十九条第二款是指 1979 年刑法第五十九条第二款，虽然与 1997 年刑法第六十三条第二款的具体表述有所不同，但都是针对不具有法定减轻处罚情节的被告人减轻处罚作出的规定，内容一脉相传。因此，在没有规范性文件明确提出相反的意见之前，《答复》确立的原则至今依然可以适用。如果已无适用减轻处罚情节的空间，犯罪情节轻微不需要判处刑罚的，完全可以直接通过适用刑法第三十七条的规定，对被告人判处免予刑事处罚。

——《刑事审判参考》（总第 86 辑）。

三、挪用公款罪

1346 挪用公款罪定罪量刑标准的认定

关键词|挪用公款罪|定罪量刑|

【最高人民法院司法解释】

第五条 挪用公款归个人使用,进行非法活动,数额在三万元以上的,应当依照刑法第三百八十四条的规定以挪用公款罪追究刑事责任;数额在三百万元以上的,应当认定为刑法第三百八十四条第一款规定的"数额巨大"。具有下列情形之一的,应当认定为刑法第三百八十四条第一款规定的"情节严重":

(一)挪用公款数额在一百万元以上的;

(二)挪用救灾、抢险、防汛、优抚、扶贫、移民、救济特定款物,数额在五十万元以上不满一百万元的;

(三)挪用公款不退还,数额在五十万元以上不满一百万元的;

(四)其他严重的情节。

第六条 挪用公款归个人使用,进行营利活动或者超过三个月未还,数额在五万元以上的,应当认定为刑法第三百八十四条第一款规定的"数额较大";数额在五百万元以上的,应当认定为刑法第三百八十四条第一款规定的"数额巨大"。具有下列情形之一的,应当认定为刑法第三百八十四条第一款规定的"情节严重":

(一)挪用公款数额在二百万元以上的;

(二)挪用救灾、抢险、防汛、优抚、扶贫、移民、救济特定款物,数额在一百万元以上不满二百万元的;

(三)挪用公款不退还,数额在一百万元以上不满二百万元的;

(四)其他严重的情节。

——《最高人民法院、最高人民检察院关于办理贪污贿赂刑事案件适用法律若干问题的解释》(2016年4月18日,法释〔2016〕9号)。

【链接:理解与适用】

以上规定对挪用公款罪的定罪量刑标准进行了如下调整:一是对原数额标准由数额幅度调整为具体数额,同时适度提高数额标准。《解释》参考贪污罪定罪量刑的数额标准并适当上浮，将挪用公款进行非法活动的起刑点数额由原五千元至一万元调整为三万元；挪用公款进行营利活动或者超过三个月未还的起刑点数额即数额较大的起点数额由原一万元至三万元调整为五万元，数额巨大的起点数额由十五万元至二十万元调整为五百万元。二是完善情节严重的认定标准，并将情节严重的数额标准与数额巨大的标准相区分。《挪用公款解释》规定情节严重时，除单纯数额标准外，对于多次挪用公款、因挪用公款严重影响生产、经营，造成严重损失等情形未明确数额要求。为防止出现数额刚达到追诉标准但具有规定情形的即被认定为情节严重、就在五年以上有期徒刑判处刑罚的不当做法，《解释》对情节标准的认定明确了数额要求。同时，《挪用公款解释》将数额巨大的标准直接作为挪用公款进行营利活动或者超过三个月未归还情形下情节严重的认定标准，有可能出现相同数额量刑反差过大的不合理现象，《解释》在上提情节严重的数额认定标准的基础上，对严重情节中的数额标准与数额巨大的标准作出区别规定。其中，较大幅度上提情节严重的数额认定标准，主要是考虑到刑法对于挪用公款罪和贪污罪的法定刑配置上存在较大差异。三是明确挪用公款进行非法活动数额巨大的认定标准，即此种情形数额巨大的认定标准为三百万元以上。

——裴显鼎等：《〈关于办理贪污贿赂刑事案件适用法律若干问题的解释〉的理解与适用》，载《人民司法·应用》2016 年第 19 期。

1347 多次挪用公款犯罪数额的认定

关键词 | 挪用公款罪 | 多次挪用 | 公款未归还 |

【最高人民法院司法解释】

第四条 多次挪用公款不还，挪用公款数额累计计算；多次挪用公款，并以后次挪用的公款归还前次挪用的公款，挪用公款数额以案发时未还的实际数额认定。

——《最高人民法院关于审理挪用公款案件具体应用法律若干问题的解释》（1998 年 5 月 9 日，法释〔1998〕9 号）。

【最高人民法院参考案例】

冯安华、张高祥挪用公款案（《刑事审判参考》案例第 356 号）

要旨：多次挪用公款的，应以案发时未还的实际数额认定。

理解《关于审理挪用公款案件具体应用法律若干问题的解释》第四条规定时，要注意三个问题：一是挪用公款的时间以挪用公款达到构成犯罪的标准那天开始计算。二是解释规定的“案发时未还的实际数额”，实际上是指的案发时，行为人挪用公款的总额扣除了已归还的数额,不能简单理解为如果案发时行为人全还了就不定罪。三是正确认定"以后次挪用的公款归还前次挪用的公款"的情形。如行为人第一次挪用公款五万元,第二次又挪用了五万元,挪用五万元以后不是挪用后次还前次,而是挪用以后做生意,赚了钱后把前面那次还了。这种情况挪用公款的数额还是要累计计算,因为他是通过赚来的钱还前一次,不属于拆东墙补西墙的情形,其主观恶性与社会危害性与司法解释规定的情形有较大差别,数额应当累计计算。

——《刑事审判参考》(总第45辑)。

1348 挪用公款数额巨大不退还的认定

关键词|挪用公款罪|贪污罪|数额巨大不退还|

【最高人民法院司法解释】

第五条 "挪用公款数额巨大不退还的",是指挪用公款数额巨大,因客观原因在一审宣判前不能退还的。

——《最高人民法院关于审理挪用公款案件具体应用法律若干问题的解释》(1998年5月9日,法释〔1998〕9号)。

1349 挪用公款给其他单位使用的行为定性

关键词|挪用公款罪|单位使用|个人使用|

【最高人民法院司法文件】

(二)挪用公款供其他单位使用行为的认定

根据全国人大常委会《关于〈中华人民共和国刑法〉第三百八十四条第一款的解释》的规定,"以个人名义将公款供其他单位使用的"、"个人决定以单位名义将公款供其他单位使用谋取个人利益的",属于挪用公款"归个人使用"。在司法实践中,对于将公款供其他单位使用的,认定是否属于"以个人名义",不能只看形式,要从实质上把握。对于行为人逃避财务监管,或者与使用人约定以个人名义进行,或者借款、还款都以个人名义进行,将公款给其他单位使用的,应认定为"以个人名义"。"个人决定"既包括行为人在职权范围内决定,也包括超越职权范围决定。"谋取个人利益",既包括行为人与使用人事先约定谋取个人利益实际尚未获取的情况，也包括虽未事先约定但实际已获取了个人利益的情况。其中的“个人利益”，既包括不正当利益，也包括正当利益；既包括财产性利益，也包括非财产性利益，但这种非财产性利益应当是具体的实际利益，如升学、就业等。

——《全国法院审理经济犯罪案件工作座谈会纪要》（2003 年 11 月 13 日，法〔2003〕167 号）。

1350 个人决定以单位名义将公款借给其他单位使用且没有谋取个人利益的，不构成挪用公款罪

关键词 | 挪用公款罪 | 个人行为 | 个人利益 |

【最高人民法院参考案例】

张威同挪用公款案（《刑事审判参考》案例第 502 号）

要旨：个人决定以单位名义将公款借给其他单位使用，没有谋取个人利益的不构成挪用公款罪。

我们认为，首先，三正世纪学校是带有公益性质、具有法人资格的全日制学校，属于合法民办非企业单位，从本案证据情况看，张威同借款给三正世纪学校，是在三正世纪学校贷款没有办下来的情况下，单位之间相互救急的行为，不应认定将公款借给私立学校进行筹建工作就是进行营利活动。私立学校具有公益性和营利性双重性质，单纯地扩大某一方面属性都不合适，应当具体分析所借公款的用途，毕竟将公款用于筹建学校与将公款直接投入经营营利活动不是一回事。其次，那种认为三正世纪学校是以营利为目的的全收费学校，并根据《最高人民法院关于审理挪用公款案件具体应用法律若干问题的解释》第二条第二款关于“挪用公款给他人使用，明知使用人用于营利活动或者非法活动的，应当认定为挪用人挪用公款进行营利活动或者非法活动”的规定，认为张威同就是挪用公款进行营利活动的观点，属于对司法解释的误读，挪用公款的本质是公款私用、牟取私利，而本案张威同借款给三正世纪学校，主要是为了给公款的所有权单位即新村村委会谋取利益，解决村委会四年没有提留资金紧张的问题，没有任何证据证明张威同主观上是为了谋取个人私利而借出公款，也没有任何证据证明张威同谋取了个人私利，这与公款私用、以公款谋取个人私利的挪用公款行为，具有本质上的区别，因此其行为亦不属于挪用公款进行营利活动。

在排除了张威同借出公款的行为属于挪用公款进行非法活动和进行营利活动的情况下，就要判断其行为是否属于挪用公款归个人使用的情形，对此，《全国人民代表大会常务委员会关于〈中华人民共和国刑法〉第三百八十四条第一款的解释》

将挪用公款"归个人使用"解释为三种情形:(1)将公款供本人、亲友或者其他自然人使用的;(2)以个人名义将公款供其他单位使用的;(3)个人决定以单位名义将公款供其他单位使用,谋取个人利益的。由于本案公款使用方为单位,故只要考察其行为是否符合上述解释规定的后两种情形,就可作出其是否构成挪用公款罪的判断。

首先,张威同决定出借的二百一十万元征地补偿款,从现有证据上看,是以村委会名义借出的,不是以个人名义借出的。

其次,张威同决定借出二百一十万元后,经村委会讨论决定,向三正世纪学校借出六百万元,张威同虽在村委会研究时对先前借出的二百一十万元未作说明,但在与三正世纪学校履行合同时实际上包含了这二百一十万元,且没有任何证据证明张威同因此谋取了个人利益,故其行为不属于《全国人民代表大会常务委员会关于〈中华人民共和国刑法〉第三百八十四条第一款的解释》中第(三)项规定的"个人决定以单位名义将公款供其他单位使用,谋取个人利益的"情形。

综上,张威同将公款借给三正世纪学校,既不是"以个人名义将公款挪给他人使用",也不是"个人决定以单位名义将公款供其他单位使用,谋取个人利益",所以张威同个人决定借出公款给三正世纪学校使用的行为不符合立法解释规定的挪用公款"归个人使用",因此不构成挪用公款罪,二审据此改判张威同无罪是正确的。

——《刑事审判参考》(总第63辑)。

1351 个人决定以单位名义将公款借给其他单位使用，虽在事后收受对方财物但难以证实借款当时具有谋取个人利益目的的行为定性

关键词|挪用公款罪|受贿罪|事后收受财物|谋取个人利益|

【最高人民法院参考案例】

姚太文贪污、受贿案(《刑事审判参考》案例第805号)

要旨:个人决定以单位名义将公款借给其他单位使用,虽然在事后收受对方财物,但难以证实借款当时具有谋取个人利益目的的,仅构成受贿罪一罪,不构成挪用公款罪。

(一)本案被告人姚太文的行为不构成挪用公款罪

本案中,姚太文的供述、证人王步前的证言及借款协议均证实,姚太文决定以吉林省慈善总会名义借款给吉林省大力实业公司的时间是1999年,吉林省大力实业公司还款的时间是2000年6月至2001年8月。姚太文因上述借款事宜收受王

步前贿赂的十万元的时间是2003年春节期间。由于姚太文的行为属于个人决定以单位名义将公款借给其他单位使用的情形，要认定构成挪用公款罪，必须是姚太文主观上具有谋取个人利益的目的。然而，姚太文借款当时谋取个人利益的意图并不明显，在案证据也难以证实姚太文与王步前具有事后收受贿赂的合意或者默契，故姚太文以个人名义借款给吉林省大力实业公司的行为，不属于《挪用公款立法解释》[①]第(三)项所规定的“个人决定以单位名义将公款供其他单位使用，谋取个人利益的”情形，其行为不构成挪用公款罪。

(二)《挪用公款立法解释》中第三种“挪用公款归个人使用”情形不适用挪用公款罪和受贿罪并罚的规定

《挪用公款立法解释》将“挪用公款归个人使用”的含义分为三种类型：一是将公款供本人、亲友或者其他自然人使用的；二是以个人名义将公款供其他单位使用的；三是个人决定以单位名义将公款供其他单位使用，谋取个人利益的。如果挪用公款的行为属于前述第一、二种情形，则挪用公款罪的构成不以行为人谋取个人利益为要件，即无论是否收受他人财物，均不影响挪用公款罪的成立。如果在此过程中，行为人又趁机索要或者收受他人财物的，则行为人已超出挪用公款罪的犯罪故意，即产生新的受贿罪的犯意，根据《挪用公款司法解释》第七条的规定，因挪用公款索取、收受贿赂构成犯罪的，依照数罪并罚的规定处罚。如果行为人挪用公款的行为属于前述第三种情形，则挪用公款罪的构成必须以行为人谋取个人利益为要件，该情形下收受贿赂的行为，可能同时被认定为谋取个人利益，即一行为同时构成挪用公款罪和受贿罪，应当按照想象竞合犯从一重罪处断原则，以受贿罪定罪处罚。如果在此种情况下仍然机械照搬适用《挪用公款司法解释》第七条的规定，对行为人以挪用公款罪和受贿罪实行并罚，则实质上是对谋取个人利益的事实(包括挪用公款的事实)进行了双重评价，违反了刑法禁止重复评价的原则。

——《刑事审判参考》(总第87辑)。

1352 利用职务便利借用下级单位公款进行营利活动的行为定性

关键词 | 挪用公款罪 | 职务便利 | 下级单位公款 |

---

① 即《全国人民代表大会常务委员会关于〈中华人民共和国刑法〉第三百八十四条第一款的解释》(2002年4月28日)。

【最高人民法院司法文件】

（三）国有单位领导向其主管的具有法人资格的下级单位借公款归个人使用的认定

国有单位领导利用职务上的便利指令具有法人资格的下级单位将公款供个人使用的，属于挪用公款行为，构成犯罪的，应以挪用公款罪定罪处罚。

——《全国法院审理经济犯罪案件工作座谈会纪要》（2003 年 11 月 13 日，法〔2003〕167 号）。

【最高人民法院参考案例】

万国英受贿、挪用公款案（《刑事审判参考》案例第 217 号）

要旨：利用职务上的便利借用下属单位公款进行营利活动的，构成挪用公款罪。

需要指出的是，下级单位人员受上级单位的领导指使挪用公款，不一定都构成挪用公款罪的共犯。对下级单位人员应区分情况，依法分别处理。如果下级单位人员与上级单位领导共谋，给上级领导挪用公款出谋划策，帮助上级单位领导完成挪用公款的，下级单位人员已具有帮助上级单位领导挪用公款的主观故意和行为，应以挪用公款罪共犯论处；如果下级单位人员不知道上级单位领导划拨款项的真实意图，仅仅出于执行上级单位领导的指示而办理划拨手续的，下级单位人员不应承担刑事责任；如果上级单位的领导将挪用公款的意图告诉下级单位人员，下级单位人员迫于上级单位领导的压力而挪用公款归上级领导使用的，一般也不宜以挪用公款罪论处，构成犯罪的，可依照刑法其他有关规定处理。

——《刑事审判参考》（总第 29 辑）。

1353 挪用公款存单为本人或者他人质押贷款行为的定性

关键词｜挪用公款罪｜公款存单｜质押贷款｜

【最高人民法院司法文件】

（四）挪用有价证券、金融凭证用于质押行为性质的认定

挪用金融凭证、有价证券用于质押，使公款处于风险之中，与挪用公款为他人提供担保没有实质的区别，符合刑法关于挪用公款罪规定的，以挪用公款罪定罪处罚，挪用公款数额以实际或者可能承担的风险数额认定。

——《全国法院审理经济犯罪案件工作座谈会纪要》（2003 年 11 月 13 日，法

〔2003〕167 号）。

【最高人民法院审判业务意见】

国家工作人员利用职务上的便利，挪用公款存单为本人或者他人质押贷款的，属于挪用公款行为，构成犯罪的，应当依照刑法第三百八十四条的规定定罪处罚。理由如下：

（一）公款包括公款存单等财产权利凭证

关于挪用公款应是以货币形式挪用，而不是以票据、存单形式挪用，对法律未明文规定的，不应作扩大解释，而只应按字面意思来理解，我们认为，这并非对法律作扩大解释，也并非不遵守刑法的罪刑法定原则。罪刑法定是刑法的基本原则，其本意是避免在法无明文规定的情形下对被告人定罪量刑，必须认真遵守，但是，上述意见显然没有能够认真理解刑法对公款的规定。刑法规定的挪用公款，从立法原意分析，虽然在许多情形下可能都是指货币状态下的公款，但是绝对没有排除其他形式或者状态的公款。

（二）挪用公款存单进行质押属于财产权利的使用

需要说明的是，挪用公款存单进行质押，不能完全认定为挪用公款进行营利活动。挪用公款的用途，应视贷款的具体情况而定。挪用人使用贷款，可能进行集资、购买股票、经商等各种营利活动，可能进行赌博、走私等非法活动，还可能进行买房、交学费、看病等合法活动。因此，不能将挪用公款存单质押仅限定为挪用公款进行营利活动。

（三）关于"按期归还贷款"对是否构成挪用公款罪的影响

在存单质押的情形下，虽然贷款人使用的款项并非是存单上的公款，而是银行贷款，但是挪用人毕竟是挪用了公款存单进行质押，在利用存单进行质押这一点上还是挪用了公款；并且以此为基础，利用质押得到的贷款进行其他活动。因此，不管挪用人是否按期归还贷款，挪用存单为自己和他人质押贷款的，都属于挪用公款行为，不因是否按期归还或者是否造成损失而改变其挪用行为的性质。挪用公款罪并非结果犯罪，不以造成后果作为构成犯罪的要件，而是以实施挪用行为为构成要件。

——《挪用公款存单为本人或者他人质押贷款的行为应如何定性》，载最高人民法院刑事审判第一庭、第二庭：《刑事审判参考》（总第 27 辑），法律出版社 2002 年版，第 207—210 页。

1354 挪用本单位国债行为的定性

关键词｜挪用公款罪｜国债｜营利活动｜

【最高人民法院参考案例】

郭如鳌、张俊琴、赵茹贪污、挪用公款案(《刑事审判参考》案例第383号)

要旨:挪用本单位国债给他人进行营利性活动的行为构成挪用公款罪。

一种意见认为,公款应当是指货币资金,国债并非公款,挪用国债不构成挪用公款罪。另一种意见认为,国债是一种特别的公款,它完全具有公款的特性,挪用国债符合法定情形构成犯罪的,应按挪用公款罪追究刑事责任。

我们赞同第二种观点。理由是:

第一,单位国债系单位公款。因此,在现行刑法中,公款并非只有货币资金一种形式,还包括特定款物。在认定公款时,应当从挪用公款行为通过利用货币的结算、支付职能侵犯"公共财产使用收益权"的角度,准确把握挪用公款罪中公款的特征,即公款首先代表公共财产所有权,并且具有可以流动及进行结算、支付等特点。

第二,行为人挪用本单位国债给他人进行营利性活动的行为构成挪用公款罪。根据刑法第三百八十四条的规定,挪用公款罪是指国家工作人员利用职务上的便利,挪用公款归个人使用,进行非法活动,或者挪用公款数额较大,进行营利活动,或者挪用公款数额较大,超过三个月未还的行为。

应当注意的是,对于营利型的挪用公款犯罪,不需要"超过三个月未还"的时间限制,只要行为人实施了挪用数额较大的公款供他人使用进行营利活动的行为,即可追究其刑事责任。

——《刑事审判参考》(总第48辑)。

1355 挪用公款归还个人欠款,注册公司、企业的认定

关键词｜挪用公款罪｜挪用公款归还个人欠款｜

【最高人民法院司法文件】

(五)挪用公款归还个人欠款行为性质的认定

挪用公款归还个人欠款的,应当根据产生欠款的原因,分别认定属于挪用公款的何种情形。归还个人进行非法活动或者进行营利活动产生的欠款,应当认定为挪用公款进行非法活动或者进行营利活动。

（六）挪用公款用于注册公司、企业行为性质的认定

申报注册资本是为进行生产经营活动作准备，属于成立公司、企业进行营利活动的组成部分。因此，挪用公款归个人用于公司、企业注册资本验资证明的，应当认定为挪用公款进行营利活动。

——《全国法院审理经济犯罪案件工作座谈会纪要》（2003 年 11 月 13 日，法〔2003〕167 号）。

1356 利用职务便利内外勾结违规透支信用卡行为的定性

关键词 | 挪用公款罪 | 信用卡诈骗罪 | 贪污罪 | 违规透支 |

【最高人民法院参考案例】

冯安华、张高祥挪用公款案（《刑事审判参考》案例第 356 号）

要旨：与银行等金融机构中的国家工作人员相勾结，利用国家工作人员的职务之便，违规进行信用卡透支的行为构成挪用公款罪。

与银行等金融机构中的国家工作人员相勾结，利用国家工作人员的职务之便，违规进行信用卡透支的行为，究竟构成信用卡诈骗罪、贪污罪还是挪用公款罪，主要取决于行为人对银行资金的主观心态是“非法占有”还是“非法占用”。如果行为人以非法占有为目的，以信用卡透支获取银行资金的，根据刑法第三百八十三条第二款和《最高人民法院关于审理贪污、职务侵占案件如何认定共同犯罪几个问题的解释》第一条的规定，应构成贪污罪的共犯，而不是构成信用卡诈骗罪的共犯。如果行为人通过信用卡透支只是为了暂时使用银行公款，并无非法占有银行公款的目的，则其行为符合挪用公款罪的犯罪构成，应以挪用公款罪定罪处罚。

——《刑事审判参考》（总第 45 辑）。

1357 以假贷款合同掩盖挪用公款行为的定性

关键词 | 挪用公款罪 | 贪污罪 | 假贷款合同 | 掩盖罪行 |

【最高人民法院参考案例】

陈超龙挪用公款案（《刑事审判参考》案例第 55 号）

要旨：行为人没有采用销毁、涂改、伪造单据、账目等手段将账做平，仅仅是以假贷款合同掩盖挪用公款的行为，不构成贪污罪，而构成挪用公款罪。

贪污罪与挪用公款罪的区别在于：首先，二者对犯罪客体，即公共财产权的侵犯程度不同。贪污罪侵犯的是公共财产所有权中的四种权能，即占有、使用、收益、处分权，而挪用公款罪只侵犯公款的占有、使用和收益权。其次，二者主观故意的具体内容不同。贪污罪的主观故意是非法占有该公共财物，不准备归还；而挪用公款罪的主观故意是暂时占有并使用该公款，以后要予以归还。这是区别两罪的主要所在。最后，二者的行为方式不同。贪污罪在客观上表现为使用侵吞、盗窃、骗取等方法将公共财物据为己有，由于行为人往往采取销毁、涂改、伪造单据、账目等手段，因此，实际生活中很难发现公共财产已被非法侵占；而挪用公款罪的行为人总会在账面留下痕迹，甚至会留下借条，没有平账，通过查账能够发现公款被挪用的事实。

同时，本案赃款的去向也能从侧面表明挪用公款的性质。被告人陈超龙挪用公款以后主要用于搞汽车运输、炒股、购买房子等，没有证据证明其没有归还的主观故意。陈超龙搞委托贷款没有入账，贷给、借给他人或自己使用，是一种用账外客户资金非法拆借的行为，在委托贷款到期无法归还时，他采用偷支储户存款的方式用银行的钱归还委托贷款，构成了挪用公款的行为。

——《刑事审判参考》（总第7辑）。

1358 以使用变现款为目的挪用公物的行为构成挪用公款罪

关键词｜挪用公款罪｜变现款｜

【最高人民法院参考案例】

王正言挪用公款案（《刑事审判参考》案例第75号）

要旨：挪用公物予以变现归个人使用的行为，其本质与一般的挪用公款行为是一致的，构成犯罪的，应以挪用公款罪论处。

就本案而言，被告人王正言的行为构成挪用公款罪。理由是：

其一，公物一旦进入流通领域，它就成了商品。商品具有价值和使用价值两个基本属性。区分行为人的行为是挪用公物还是挪用公款，必须与商品的属性联系起来判断。如果行为人在实施行为时追求的是公物的使用价值，那么其行为构成挪用公物，反之，如果追求的是公物的价值，那么其行为就构成挪用公款。挪用公物予以变现使用的行为追求的是公物的价值，其性质应是挪用公款。

其二，挪用公物是指利用职务之便，挪用国家机关、国有企事业单位的物品，擅自归自己使用，超过一定期限未归还的行为。行为人在实施挪用行为时追求的是公物的使用价值。正因为追求的是公物的使用价值，因而被挪用的公物一般不会进入流通领域，不会实现其价值，案发时往往还在行为人的实际控制之下，社会危害相对较轻，因此，一般由主管部门按政纪处理。最高人民检察院2000年3月公布的《关于国家工作人员挪用非特定公物能否定罪的请示的批复》中对"挪用非特定公物归个人使用的行为"不以挪用公款罪论处的规定，就是指这种以追求公物使用价值为目的的挪用非特定公物的行为，而不应当理解为也包括以追求实际使用公物的变价款为目的的挪用非特定公物的行为。

其三，挪用公物予以变现并使用的行为，行为人在实施挪用行为时追求的就是公物的价值，公物被挪用后，往往通过进入流通领域实现其价值，变现的款项又为行为人擅自使用。在这种情况下，可以说行为人挪用的公物已不是具有使用价值意义上的物，而是公物价值的载体，即公款。行为人将公物予以变现，则公物转化为公款，而且行为人最终也使用了该公款，这尽管是一个从公物到公款的过程，但本质上与挪用公款是一样的，完全符合挪用公款的一切特征，故应当依法以挪用公款罪论处。

其四，就本案而言，被告人王正言从实施挪用行为时起，追求的就不是近一百吨电解铜的使用价值，事实上被告人王正言和姚永康、胡一信也根本不需要电解铜，其追求的是近一百吨电解铜的价值，此时的近一百吨电解铜已成为相应价款的载体，直接体现为二百二十六万余元公款，最后被告人王正言将电解铜予以变卖，擅自将所得款项用于他人的经营活动，并有巨额资金至案发时未能归还。可以说，被告人的行为完全具备了挪用公款罪的主客观要件。

最后，透过挪用公物变现归自己使用的现象看清其挪用公款的本质，对于正确和充分运用刑法打击各种形式的利用职务便利侵犯公共财产犯罪，具有重要意义。如果行为人利用职务之便，将公共财物恣意变卖，并擅自使用变卖价款而不受到刑事追究的话，那么国有资产的管理将实际不再存在，也放纵了有意或者无意规避法律的犯罪分子，属于机械执行法律，执法者成了"法律的工匠"，无疑有悖于刑法的立法本意。因此，一、二审法院适用刑法第十二条第一款、第三百八十四条第一款和第六十四条之规定，以挪用公款罪判处被告人王正言有期徒刑，追缴赃款返还被害单位是正确的。

——《刑事审判参考》(总第10辑)。

1359 利用职务便利将关系单位未到期的银行承兑汇票背书转让用于清偿本单位的债务，同时将本单位等额的银行转账支票出票给关系单位的行为不构成挪用公款罪

关键词｜挪用公款罪｜公款使用权｜承兑汇票｜

【最高人民法院参考案例】

杨培珍挪用公款案(《刑事审判参考》案例第574号)

要旨:侵犯本单位公款使用权是挪用公款罪的必备要件。

使用权,源自民法所有权权能的概念,意指利用财产以满足某种需求,达到某一目的的权利。刑法意义上的侵犯使用权,其实质是行为人的行为使权利人不能达到利用财产预期所能产生的效果,造成权利人使用财产的目的落空。挪用公款罪侵犯公款使用权体现为,将原本应当始终用于公用的公款归于个人使用,使单位无法有效行使所有权权能,将公款公用的目的转化为公款私用的目的,即挪用公款"归个人使用"。为了明确侵犯公款使用权行为的外部表现,立法与司法解释,如《全国人民代表大会常务委员会关于〈中华人民共和国刑法〉第三百八十四条第一款的解释》《最高人民法院关于如何认定挪用公款归个人使用有关问题的解释》[①]《纪要》[②]等对"归个人使用"进行了具体规定。本案中,医院七十余万元的药款在向外流转时,正常使用目的在于清偿医院债务,消灭医院与药商之间的因药品买卖而产生的债权债务关系。虽然由于被告人行为的实施,使药款形式上流向了关系单位,但是关系单位银行承兑汇票的介入,并经医院背书转让给药商的过程,同样达到消灭医院与药商之间债权债务关系的效果,起到了替代医院药款实现公用的目的,也即公款使用权行使目的并未落空。此时,就清偿医院债务的作用而言,关系单位的银行承兑汇票背书转让予药商,与医院支付等额现金或者银行转账支票于药商是完全相同的。因此,被告人杨培珍在支付药款时预先征得医药供应商同意后,将真实的银行承兑汇票由医院背书转让用于支付药款,然后让财务开具等额转账支票给其丈夫所在公司的过程中,医院作为付款方支付药款是一种单向的付款行为或清偿债务的行为,杨培珍不管是将转账支票,还是将等额的银行承兑汇票交付给医药供应商,其导致的最终结果都是医院药款的结清或债务的消除,医院的公款不会因这种支付方式的转换而受到损害或承受任何风险,杨培珍的行为没有侵犯本单位公款的使用权,其行为仅是支付方式的转换,影响的仅是医药供应商对承兑汇票载明款项实现的期限。

——《刑事审判参考》(总第69辑)。

---

① 2001年《最高人民法院关于如何认定挪用公款归个人使用有关问题的解释》已被《最高人民法院关于废止1997年7月1日至2011年12月31日期间发布的部分司法解释和司法解释性质文件(第十批)的决定》废止。关于"挪用公款归个人使用"的有关问题参见《全国人民代表大会常务委员会关于〈中华人民共和国刑法〉第三百八十四条第一款的解释》。

② 即《全国法院审理经济犯罪案件工作座谈会纪要》(法发〔2003〕167号)。

1360 原国企中国家工作人员在国有企业改制过程中仍属于国家工作人员

关键词｜挪用公款罪｜企业改制｜国家工作人员｜

【最高人民法院参考案例】

马平华挪用公款案(《刑事审判参考》案例第 510 号)

要旨:原国企中国家工作人员在国有企业改制过程中仍属于国家工作人员。

被告人马平华在国有公司改制为国有控股公司过程中仍然具有国家工作人员身份,本案中,土综公司第一次改制完成(即 2004 年 1 月 13 日申请变更注册)前,因属国有独资公司,被告人马平华作为该公司的总经理,属于在国有公司中从事公务的人员,符合刑法第九十三条第二款的规定,应以国家工作人员论。第一次改制后至 2005 年 7 月第二次改制完成前,土综公司改制为国有控股公司,在此阶段马平华实际具有了双重身份:一方面,他在改制的公司中实际占有 35%的股份,成为土综公司的第二大股东;另一方面,在由政府部门召开的相关会议上,南通市委组织部决定由经营管理 60%国有股权的众和公司出面推荐马平华任董事长,然后通过股东大会选举履行相关手续,再由董事会聘任其担任总经理职务。因为可以认定马平华是受国有众和控股公司的委派,负有对占土综公司 60%股权的国有资产行使监督、管理职权。

——《刑事审判参考》(总第 64 辑)。

1361 国有公司长期聘用的管理人员属于国有公司中从事公务的人员

关键词｜挪用公款罪｜贪污罪｜管理人员｜国有公司｜

【最高人民法院参考案例】

刘某挪用公款案(《刑事审判参考》案例第 406 号)

要旨:国有公司长期聘用的管理人员属于国有公司中从事公务的人员,其利用职务便利挪用本单位资金归个人使用,构成犯罪的,应当以挪用公款罪定罪处罚。

在认定行为人系从事公务的情况下,区分行为人是国有公司中从事公务的人员还是受国有公司委托管理、经营国有财产的人员,关键就落到了对于刑法第三百八十二条第二款规定的受国有公司委托管理、经营财产的人员中的“委托”应当如何理解的问题。对此,《纪要》[1]规定:“受委托经营、管理国有财产”是指因承包、租赁、临时聘用等管理、经营国有财产。可见,承包、租赁、聘用是“受委托”的主要方式,但需要注意的是,《纪要》将这里的聘用限制在“临时聘用”。因为长期受聘用的人员与所在单位已经形成了较为固定的劳动关系,尤其是受聘担任较高职务的情况,其享有的权利义务与正式在编人员没有大的差别,将其直接视为国家工作人员符合当前国有单位工作人员构成来源变化的特点,所以应认定为国家工作人员;而对于临时聘用人员,由于尚未与国有单位形成固定劳动关系,难以认定为国家工作人员,将临时聘用人员纳入刑法第三百八十二条第二款规定的受委托人员范畴,符合立法的精神和国有资产保护的实际。故此,被告人被国有公司长期聘用,担任分公司的领导职务,管理、经营国有财产,应属于国有公司中的工作人员,而非受国有公司委托管理、经营国有财产的人员。

综上,被告人作为国有公司长期聘用的管理人员,利用职务便利挪用本单位资金归个人使用,数额巨大、超过三个月未归还的行为,应当以挪用公款罪追究刑事责任。

——《刑事审判参考》(总第51辑)。

1362 由国有公司负责人口头提名、非国有公司聘任的管理人员应以国家工作人员论

关键词|挪用公款罪|从事公务|

【最高人民法院参考案例】

顾荣忠挪用公款、贪污案(《刑事审判参考》案例第446号)

要旨:受国有公司委派到非国有公司从事公务的人员的认定关键要把握好“受委派”和“从事公务”两个特征。

对于受委派,2003年《全国法院经济犯罪案件工作座谈会纪要》(以下简称《纪要》)指出:“所谓委派,即委任、派遣,其形式多种多样,如任命、指派、提名、批准等。不论被委派的人身份如何,只要是接受国家机关、国有公司、企业、事业单位委派,代表国家机关、国有公司、企业、事业单位在非国有公司、企业、事业单位、社会团体中从事组织、领导、监督、管理等工作,都可以认定为国家机关、国有公司、企业、事业单位委派到非国有公司、企业、事业单位、社会团体从事公务的人员。如国家机关、国有公司、企业、事业单位委派在国有控股或者参股的股份有限公司从事

---

① 即《全国法院审理经济犯罪案件工作座谈会纪要》(法发〔2003〕167号)。

组织、领导、监督、管理等工作的人员，应当以国家工作人员论。国有公司、企业改制为股份有限公司后原国有公司、企业的工作人员和股份有限公司新任命的人员中，除代表国有投资主体行使监督、管理职权的人外，不以国家工作人员论。"据此，这里的"委派"在形式上可以不拘一格，如任命、指派、提名、推荐、认可、同意、批准等均可，无论是书面委任文件还是口头提名，只要是有证据证明属上述委派形式之一即可，这是与我国现阶段有关国家工作人员身份来源变动多样性的实际情况相符合。

对于"从事公务"，《纪要》指出："从事公务，是指代表国家机关、国有公司、企业、事业单位、人民团体等履行组织、领导、监督、管理等职责。公务主要表现为与职权相联系的公共事务以及监督、管理国有财产的职务活动。如国家机关工作人员依法履行职责，国有公司的董事、经理、监事、会计、出纳人员等管理、监督国有财产等活动，属于从事公务。"据此，从事公务人员是以国家工作人员论的实质特征，即必须代表国家机关、国有公司、企业、事业单位在非国有公司、企业、事业单位、社会团体中从事组织、领导、监督、管理等公务活动，亦即具有国有单位的直接代表性和从事工作内容的公务性。

——《刑事审判参考》(总第 56 辑)。

1363 已办理退休手续但依然从事公务的人员是国家工作人员

关键词｜挪用公款罪｜国家工作人员｜

【最高人民法院参考案例】

王铮贪污、挪用公款案(《刑事审判参考》案例第 422 号)

要旨：已办理退休手续，但仍然实际享有控制公款权力的国家工作人员，可以构成挪用公款罪主体。当款项领取凭证和事由与核销凭证出现矛盾时，应依据财务核销凭证来认定公款用途及行为性质。

一般而言，国家工作人员从事公务的时间始于具备一定身份职责，终于退休离职。然而，实践中，由于办理退休手续和工作的实际交接完成均需要一定的时间，从而导致国家工作人员在达到法定退休年龄或者符合退休条件的，办理退休手续与交接工作往往交叉进行：有的是先办理退休手续后交接工作，有的是先交接工作后办理退休手续，而交接工作与办理退休手续的具体时间及其所用时间长短，各地、各单位，甚至不同的人也都不完全相同。有的已办理退休手续但未实际交出工作，有的虽未办理完退休手续但已实际交出原有工作，这就给认定此阶段行为人的主体资格带来了不小的困惑。如果一律以退休时间为准来确定行为人的主体资格,就可能导致有的人虽已退休,但仍享有职权,对其渎职腐败行为不负相应的法律责任;而有的人虽然还未办理退休手续,但已经完成了工作交接,实际没有相应的职权,却要承担相应的职责、负相应的法律责任的现象。为准确惩罚犯罪防止放纵犯罪的发生,同时也要注意保障人权避免出现这种责权不对等而殃及无辜,我们认为,对处于离退休阶段的人员是否属于国家工作人员的认定,应从实际出发,从单纯以身份本身来判断主体性质的标准转变为以职权和职责为主,兼顾身份作为判断主体性质的标准,强调职权和职责对于主体性质的关键性。具体而言,应以行为人实际交接工作的时间为准,认定其是否具有国家工作人员相应的职权和应履行相应的职责,确定其行为是否属于"从事公务",这样才能准确地区分罪与非罪。2002年12月28日《全国人民代表大会常务委员会关于〈中华人民共和国刑法〉第九章渎职罪主体适用问题的解释》中"虽未列入国家机关人员编制但在国家机关中从事公务的人员,在代表国家机关行使职权时,有渎职行为,构成犯罪的,依照刑法关于渎职罪的规定追究刑事责任"的规定,即体现了摒弃身份论,以"从事公务"作为认定国家工作人员本质特征的基本精神。

——《刑事审判参考》(总第53辑)。

四、受贿罪

1364 受贿罪定罪量刑的数额标准和情节标准的认定

关键词｜受贿罪｜数额标准｜情节标准｜

【最高人民法院司法解释】

第一条 贪污或者受贿数额在三万元以上不满二十万元的，应当认定为刑法第三百八十三条第一款规定的“数额较大”，依法判处三年以下有期徒刑或者拘役，并处罚金。

贪污数额在一万元以上不满三万元，具有下列情形之一的，应当认定为刑法第三百八十三条第一款规定的“其他较重情节”，依法判处三年以下有期徒刑或者拘役，并处罚金：

（一）贪污救灾、抢险、防汛、优抚、扶贫、移民、救济、防疫、社会捐助等特定款物的；

（二）曾因贪污、受贿、挪用公款受过党纪、行政处分的；

（三）曾因故意犯罪受过刑事追究的；

（四）赃款赃物用于非法活动的；

（五）拒不交待赃款赃物去向或者拒不配合追缴工作，致使无法追缴的；

（六）造成恶劣影响或者其他严重后果的。

受贿数额在一万元以上不满三万元，具有前款第二项至第六项规定的情形之一，或者具有下列情形之一的，应当认定为刑法第三百八十三条第一款规定的“其他较重情节”，依法判处三年以下有期徒刑或者拘役，并处罚金：

（一）多次索贿的；

（二）为他人谋取不正当利益，致使公共财产、国家和人民利益遭受损失的；

（三）为他人谋取职务提拔、调整的。

第二条 贪污或者受贿数额在二十万元以上不满三百万元的，应当认定为刑法第三百八十三条第一款规定的“数额巨大”，依法判处三年以上十年以下有期徒刑，并处罚金或者没收财产。

贪污数额在十万元以上不满二十万元，具有本解释第一条第二款规定的情形之一的，应当认定为刑法第三百八十三条第一款规定的“其他严重情节”，依法判处三年以上十年以下有期徒刑,并处罚金或者没收财产。

受贿数额在十万元以上不满二十万元,具有本解释第一条第三款规定的情形之一的,应当认定为刑法第三百八十三条第一款规定的"其他严重情节",依法判处三年以上十年以下有期徒刑,并处罚金或者没收财产。

第三条　贪污或者受贿数额在三百万元以上的,应当认定为刑法第三百八十三条第一款规定的"数额特别巨大",依法判处十年以上有期徒刑、无期徒刑或者死刑,并处罚金或者没收财产。

贪污数额在一百五十万元以上不满三百万元,具有本解释第一条第二款规定的情形之一的,应当认定为刑法第三百八十三条第一款规定的"其他特别严重情节",依法判处十年以上有期徒刑、无期徒刑或者死刑,并处罚金或者没收财产。

受贿数额在一百五十万元以上不满三百万元,具有本解释第一条第三款规定的情形之一的,应当认定为刑法第三百八十三条第一款规定的"其他特别严重情节",依法判处十年以上有期徒刑、无期徒刑或者死刑,并处罚金或者没收财产。

——《最高人民法院、最高人民检察院关于办理贪污贿赂刑事案件适用法律若干问题的解释》(2016年4月18日,法释〔2016〕9号)。

【链接:理解与适用】

(2)受贿罪的定罪量刑情节

对于受贿罪的定罪量刑情节,除《解释》在贪污罪中规定的第二至六种情形外,《解释》针对受贿罪的特点另外规定了三种情形,分别说明如下:

第(一)项是多次索贿。对于这里的"多次",实践中要注意结合行为人的主观目的、索贿事由、对象等进行具体认定,避免单纯形式化的理解。比如,基于一笔款项十万元的索贿目的经多次索要才陆续得逞的,不宜认定为多次索贿;同时向多个不同的对象索贿的,也应当认定为多次索贿。此外,这里的"多次"没有时间限定,不论时间长短,凡是基于具体职务行为索要贿赂的,均应一并纳入犯罪处理。

第(二)项是为他人谋取不正当利益,致使公共财产、国家和人民利益遭受损失。受贿罪以为他人谋取利益为法定要件,但是否实际为他人谋取利益、所谋取的利益正当与否均不影响受贿罪的认定。从损害结果的角度,受贿罪存在三种情形,分别是:收受财物后未实施相关职务行为;收受财物后正常履职;收受财物后违法行使职权为他人谋取不正当利益。第三种情形直接以妨害公权力正当行使、损害国家或者他人利益为交换条件,具有明显更为严重的危害性,理应从严惩处。

第(三)项是为他人谋取职务提拔、调整。通过贿赂买官卖官的行为严重违反党的组织纪律,严重败坏政治生态,当前查处的区域性腐败、系统性腐败案件往往与此有关,危害性十分严重。适用本项规定时需要注意以下几点:一是为他人谋取职务提拔、调整不要求实际谋取，承诺、实施、实现三个阶段中任何一个阶段的行为均应认定为本项规定的情形。《解释》第七条关于行贿罪定罪量刑情节规定中的谋取职务提拔、调整也作此理解。二是职务调整包括职务的平级调整，但是，离职、退休等不再具有国家工作人员公职身份的调整一般不宜认定为这里的职务调整。

正确理解贪污受贿犯罪的定罪量刑情节，还需要注意以下几点：

第一，《解释》对于受贿罪规定的八种情节，既适用于定罪，也适用于加重量刑。不能因为《解释》第二条第三款"其他严重情节"、第三条第三款"其他特别严重情节"与第一条第三款"其他较重情节"表述上的差异，而错误地认为加重量刑情节仅为第一条第三款中具体列举的三种情节。

第二，《解释》第二条第二款规定"贪污数额在十万元以上不满二十万元"，具有《解释》规定的从重情形的，应当认定为刑法规定的"其他严重情节，依法判处三年以上十年以下有期徒刑"等类似表述，主要解决的是入罪和升档量刑的门槛问题。对于数额在二十万元以上不满一百五十万元、具有从重情形的，同样适用该档法定刑规定，实践中要注意避免此种情形下数额接近二十万元的就应当在该档法定刑的上限量刑的简单化理解。

第三，关于重复评价的问题。一是加重量刑情节与定罪事实能否同时评价？如《解释》将"为他人谋取不正当利益，致使公共财产、国家和人民利益遭受损失的"规定为受贿罪的加重情节的同时，在第十七条明确受贿又渎职的实行数罪并罚，能否据此规定既加重量刑又数罪并罚？经研究，源于为他人谋取利益在受贿罪构成体系中的定位的分歧，同时评价和择一重处理两种意见均有一定道理，实践中可以根据个案情况具体掌握。二是加重量刑情节能否作为一般量刑情节再次评价？如前科情节构成累犯时在提档量刑后是否还要从重处罚，以及入罪情节与2012年"两高"《关于办理职务犯罪案件严格适用缓刑、免予刑事处罚若干问题的意见》规定的不得适用缓刑情节重合时能否适用缓刑等？对此，我们的意见是明确的，即可以再次评价。当然，不管是第一种情形还是第二种情形，同时评价之后都要考虑到这一特殊性，并在量刑时予以充分体现。

——裴显鼎等：《〈关于办理贪污贿赂刑事案件适用法律若干问题的解释〉的理解与适用》，载《人民司法·应用》2016年第19期。

1365 "利用职务上的便利"的认定

关键词 | 受贿罪 | 职务便利 | 职权地位 |

【最高人民法院司法文件】

（一）关于“利用职务上的便利”的认定

刑法第三百八十五条第一款规定的“利用职务上的便利”，既包括利用本人职务上主管、负责、承办某项公共事务的职权，也包括利用职务上有隶属、制约关系的其他国家工作人员的职权。担任单位领导职务的国家工作人员通过不属自己主管的下级部门的国家工作人员的职务为他人谋取利益的，应当认定为“利用职务上的便利”为他人谋取利益。

（三）“利用职权或地位形成的便利条件”的认定

刑法第三百八十八条规定的“利用本人职权或者地位形成的便利条件”，是指行为人与被其利用的国家工作人员之间在职务上虽然没有隶属、制约关系，但是行为人利用了本人职权或者地位产生的影响和一定的工作联系，如单位内不同部门的国家工作人员之间、上下级单位没有职务上隶属、制约关系的国家工作人员之间、有工作联系的不同单位的国家工作人员之间等。

——《全国法院审理经济犯罪案件工作座谈会纪要》（2003年11月13日，法〔2003〕167号）。

【最高人民法院参考案例】

王甲受贿案（《刑事审判参考》案例第1464号）

要旨：对于主管、负责、隶属、制约等关系的理解，不能仅限于直接的下属，而是应当结合国家工作人员任职单位的性质、职能、所任职务以及法律的规定、政策的影响、实践中的惯例、国情形成的制度安排等具体认定。

被告人王甲收受马某钱款的行为可否认定为受贿罪，关键在于如何认定“利用职务上的便利”。一审判决认定，王甲作为光大银行董事，对与光大银行存在合作关系的毕马威会计师事务所具有一定的制约，但该种制约应认定为平等民事主体之间的业务制约关系，并非刑法意义上的隶属、制约关系。王甲向宋某请托为他人安排工作，属于利用业务上具有制约关系的非国家工作人员的职权为他人谋利，并收受财物，依法不构成受贿罪。对此，二审法院持不同意见，判决认定王甲的行为属于利用职务上的便利，构成受贿罪。我们赞同二审法院的认定。

“利用职务上的便利”，根据2003年最高人民法院《全国法院审理经济犯罪案件工作座谈会纪要》的规定，既包括利用本人职务上主管、负责、承办某项公共事务的职权，也包括利用职务上有隶属、制约关系的其他国家工作人员的职权。对于上述主管、负责、隶属、制约等关系的理解，不能仅限于直接的下属，而是应当结合国家工作人员任职单位的性质、职能、所任职务以及法律的规定、政策的影响、实践中的惯例、国情形成的制度安排等具体认定。尤其在中国传统的人情社会文化背景下，对于主管、负责、隶属、制约等关系的理解，不宜掌握过严，并以此否定被告人利用了职务便利，这也是依法从严惩治腐败犯罪的内在要求。

具体到本案中，光大银行与毕马威会计师事务所作为合同的委托方和被委托方，2005年至2014年间，被委托方需要通过委托方的年度评价、审议，方可继续承担审计业务，故双方存在制约关系。被告人王甲当时担任汇金公司综合部光大股权管理处主任、光大银行董事，系具有一定职务权限的国家工作人员，其对毕马威会计师事务所能否与光大银行签订合同、继续合作具有一定的决定权和话语权。在这种情形下，不能简单根据形式要件认定光大银行与毕马威会计师事务所是合同双方的平等民事主体，应当认识到光大银行以及王甲本人对毕马威会计师事务所的制约及影响，王甲向毕马威会计师事务所合伙人宋某"打招呼"后请托人亲属即能顺利入职也从侧面印证了这一点。因而，可以认定王甲向宋某"打招呼"利用了自身职务便利，其安排请托任亲属入职，并收受请托人钱财的行为应当认定为受贿罪。

——《刑事审判参考》（总第130辑）。

1366 "为他人谋取利益"的认定

关键词｜受贿罪｜职务便利｜为他人谋取利益｜

【最高人民法院司法解释】

第十三条 具有下列情形之一的，应当认定为"为他人谋取利益"，构成犯罪的，应当依照刑法关于受贿犯罪的规定定罪处罚：

（一）实际或者承诺为他人谋取利益的；

（二）明知他人有具体请托事项的；

（三）履职时未被请托，但事后基于该履职事由收受他人财物的。

国家工作人员索取、收受具有上下级关系的下属或者具有行政管理关系的被管理人员的财物价值三万元以上，可能影响职权行使的，视为承诺为他人谋取利益。

——《最高人民法院、最高人民检察院关于办理贪污贿赂刑事案件适用法律若干问题的解释》（2016年4月18日，法释〔2016〕9号）。

【链接：理解与适用】

《解释》第十三条第一款明确了三种应当认定为他人谋取利益的情形。第

(一)项规定明确,承诺为他人谋取利益即可认定为为他人谋取利益,是否着手为他人谋取利益以及为他人谋利事项是否既已完成均在所不问,既不影响定罪也不影响既遂的认定。本项内容来源于《全国法院审理经济犯罪案件工作座谈会纪要》(以下称《纪要》)的规定,即为他人谋取利益包括"承诺、实施和实现三个阶段的行为",只要实施其一即可认定。

第(二)项规定同样来源于《纪要》内容。《纪要》规定,"明知他人有具体请托事项而收受其财物的,视为承诺为他人谋取利益"。本项规定的要点在于具体请托事项,只要收受财物与职务相关的具体请托事项建立起关联,即应以受贿犯罪处理。具体包括两种情况:一是行贿人告知受贿人具体请托事项,或者受贿人基于客观情况能够判断出行贿人有请托事项,受贿人收受对方财物的,虽然尚未实施具体谋取利益行为,也应认定为受贿人为他人谋取利益;二是受贿人知道或应当知道行贿人的具体请托事项,但并不想具体实施为对方谋取利益的行为,此种情形同样属于基于具体职务行为的权钱交易行为,公职人员的职务廉洁性同样受到侵害,故也应认定为受贿人为他人谋取利益。

第(三)项是针对事后受贿作出的新规定。履行职责时没有受贿故意,双方亦未就请托事项进行意思沟通,但在履行职责后收取他人财物的,只要收受财物与其先前职务行为存在关联,其收受财物的行为同样侵犯了国家工作人员的职务廉洁性。起草过程中有意见提出,本项规定突破了为他人谋取利益的字面含义。《解释》保留该项规定,其主要考虑是:事前受贿和事后受贿没有实质不同,关键在于收受财物与具体职务行为有无关联,而不在于何者为因何者为果,也不在于时间先后。适用本项规定时需要注意以下两点:一是根据此前司法解释等文件的规定,国家工作人员离职、退休后收受财物,认定受贿需以离职、退休之前即国家工作人员身份存续期间有事先约定为条件。本项规定同样受此约束,不能认为本项规定修改了此前文件的规定。二是事后的时间间隔没有限制,但收受财物与履职事项之间应存在实质关联。

第二款规定的是受贿犯罪与"感情投资"的界限划分问题。在刑法没有规定赠贿、收受礼金方面犯罪的情况下,受贿犯罪谋利要件的认定需要把握住一个底线,这个底线就是《纪要》确立的具体请托事项。鉴于此,纯粹的感情投资不能以受贿犯罪处理。同时,对于日常意义上的"感情投资",又有必要在法律上作进一步区分:一种是与行为人的职务无关的感情投资;另一种是与行为人职务行为有着具体关联的所谓的"感情投资"。对于后者,由于双方在职务活动中日常而紧密的关系,谋利事项要么已经通过具体的职务行为得以实现,要么可以推断出给付金钱有对对方职务行为施加影响的意图,这种情况下只要能够排除正常人情往来的,同样应认定为受贿。基于这一理解,《解释》规定,"国家工作人员索取、收受具有上下级关系的下属或者具有行政管理关系的被管理人员的财物价值三万元以上，可能影响职权行使的，视为承诺为他人谋取利益”。其中，“价值三万元以上”是为了便于实践掌握而对非正常人情往来作出的量化规定。该款规定充分考虑了与《中国共产党纪律处分条例》关于违纪收受礼金规定的衔接，将收受财物的对象限制在具有上下级关系的下属或者行政管理关系的被管理人，并加以金额三万元以上、可能影响职权行使的限制，较好地区分了受贿犯罪与正常人情往来以及违纪行为的政策法律界限。具体适用本款规定时，要注意把“价值三万元以上”和“可能影响职权行使”结合起来作整体理解：一方面，“价值三万元以上”可以累计计算，而不以单笔为限；另一方面，对于确实属于正常人情往来、不影响职权行使的部分，不宜计入受贿数额。

——裴显鼎等：《〈关于办理贪污贿赂刑事案件适用法律若干问题的解释〉的理解与适用》，载《人民司法 · 应用》2016 年第 19 期。

【最高人民法院司法文件】

（二）“为他人谋取利益”的认定

为他人谋取利益包括承诺、实施和实现三个阶段的行为。只要具有其中一个阶段的行为，如国家工作人员收受他人财物时，根据他人提出的具体请托事项，承诺为他人谋取利益的，就具备了为他人谋取利益的要件。明知他人有具体请托事项而收受其财物的，视为承诺为他人谋取利益。

——《全国法院审理经济犯罪案件工作座谈会纪要》（2003 年 11 月 13 日，法〔2003〕167 号）。

1367 国家工作人员明知他人有请托事项而收受其财物，视为承诺“为他人谋取利益”

关键词｜受贿罪｜为他人谋取利益｜

【最高人民法院指导性案例】

潘玉梅、陈宁受贿案（最高人民法院指导案例 3 号）

裁判要点：国家工作人员明知他人有请托事项而收受其财物，视为承诺“为他人谋取利益”，是否已实际为他人谋取利益或谋取到利益，不影响受贿的认定。

关于被告人潘玉梅及其辩护人提出潘玉梅没有为许某某实际谋取利益的辩护意见。经查，请托人许某某向潘玉梅行贿时，要求在受让金桥大厦项目中减免一百万元的费用，潘玉梅明知许某某有请托事项而收受贿赂；虽然该请托事项没有实现,但“为他人谋取利益”包括承诺、实施和实现不同阶段的行为,只要具有其中一项,就属于为他人谋取利益。承诺“为他人谋取利益”,可以从为他人谋取利益的明示或默示的意思表示予以认定。潘玉梅明知他人有请托事项而收受其财物,应视为承诺为他人谋取利益,至于是否已实际为他人谋取利益或谋取到利益,只是受贿的情节问题,不影响受贿的认定。

——《最高人民法院关于发布第一批指导性案例的通知》(2011 年 12 月 20 日,法〔2011〕354 号)。

【链接:理解与参照】

(二)关于“为他人谋取利益”问题

裁判要点确认:国家工作人员明知他人有请托事项而收受其财物,视为承诺“为他人谋取利益”,是否已实际为他人谋取利益或谋取到利益,不影响受贿的认定。该裁判要点在最高人民法院 2003 年 11 月 13 日印发的《全国法院审理经济犯罪案件工作座谈会纪要》(以下简称《纪要》)中关于受贿罪“为他人谋取利益”有关规定的基础上,进一步明确了“为他人谋取利益”的具体含义。

“为他人谋取利益”一直是刑法理论的争议问题,也是司法实践中认定受贿罪的疑难问题。我们认为,“为他人谋取利益”是指行为人利用职务上的便利,为行贿人谋取各种好处,从而作为收受贿赂的对价,体现了受贿罪权钱交易的本质特征。“利益”则包括物质利益和非物质利益,正当、合法利益和不正当、非法利益。对此,最高人民法院、最高人民检察院早在 1989 年 11 月 6 日印发的《关于执行〈关于惩治贪污罪贿赂罪的补充规定〉若干问题的解答》中就明确指出,为他人谋取的利益是否正当、是否实现,不影响受贿罪的成立。1999 年 9 月 16 日印发施行的《最高人民检察院关于人民检察院直接受理立案侦查案件立案标准的规定(试行)》在受贿案的有关规定中,对此再次予以重申。根据前述《纪要》规定,为他人谋取利益包括承诺、实施和实现三个阶段的行为。只要具有其中一个阶段的行为,如国家工作人员收受他人财物时,根据他人提出的具体请托事项,承诺为他人谋取利益的,就具备了为他人谋取利益的要件。明知他人有请托事项而收受其财物的,视为承诺为他人谋取利益。这是因为,尽管国家工作人员可能没有表示明确意见,但其在明知有请托事项的前提下而收受对方财物,则以其收受财物行为默示表明已承诺为他人谋取利益。本案例中,被告人潘玉梅明知房地产开发商许某某有请托事项,要求减免一百万元基础开挖费用,而低价购买了对方开发的一套房屋,应当视为承诺为请托人谋取利益,至于有无实际为其谋取利益或是否谋取到利益,不影响受贿的性质。

司法实践中,从为他人谋取利益的发展阶段来看,可以包括以下四种表现形式:(1)承诺为他人谋取利益,未实际进行谋取。此时,为他人谋取利益是行为人主观上的一种意图,也可能是虚假承诺,而未付诸实施,往往可以通过与行贿人约定或者收受财物的默示等活动表现出来。(2)正在为他人谋取利益,尚未实现。这时行为人已经着手实施利用职务便利为他人谋取利益的行为,尽管谋取的利益尚未实现,但可以根据为他人谋取利益的实际行为加以认定。(3)已为他人谋取部分利益,尚未完全实现。这时已经谋取到部分利益,比较容易认定。(4)为他人谋取的利益全部实现。这时为他人谋取利益已经完全转化为客观行为,为行贿人办理了请托事项,满足了行贿人的利益需求,充分体现了受贿权钱交易的本质。

——最高人民法院案例指导工作办公室:《指导案例3号〈潘玉梅、陈宁受贿案〉的理解与参照——国家工作人员以"合办"公司名义或以其他交易形式受贿的认定》,载最高人民法院案例指导工作办公室编著:《中国案例指导》(总第1辑),法律出版社2015年版,第32—33页。

【最高人民法院公报案例】

成都市人民检察院诉刘爱东贪污、受贿案(二审法院:四川省高级人民法院)

要旨:根据刑法第三百八十五条第一款的规定,国家工作人员明知他人有具体请托事项,仍利用职务之便收受其财物的,虽尚未为他人谋取实际利益,其行为亦构成受贿罪。

刑法第三百八十五条第一款规定的"为他人谋取利益",应当包括承诺、实施和实现三个阶段。行为人只要实施了其中一个阶段的行为,就构成"为他人谋取利益"这一要件。被告人刘爱东身为国家工作人员,明知他人因其具有能在建设工程方面给予关照的职务而送钱,仍利用职务之便接受所送的钱款,是承诺为他人谋取利益。事后,刘爱东虽然没有给送钱人谋取实际利益,但却否定不了收受这笔钱财时的权钱交易情形。刘爱东收受王志明、张映松所送钱款的行为符合受贿罪的本质特征,应依法处罚。

——《最高人民法院公报》2004年第9期。

【最高人民法院参考案例】

凌吉敏受贿案(《刑事审判参考》案例第1019号)

要旨:为他人谋取利益包括承诺、实施和实现三个阶段的行为,只要具有其中一个阶段的行为,就应认定为他人谋取利益。

利用职务便利为他人谋取利益是收受型受贿犯罪的构成要件之一,包含两个方面:为他人谋取利益以及谋取利益与行为人职务相关。首先,要准确理解"为他人谋取利益"。为他人谋取利益是一个行为过程,包括主观故意的发生即行贿、受贿双方形成合意,具体的谋取利益行为即利用职务便利实际为他人谋取利益和最终的结果即行贿人因受贿人的职务行为谋取到了利益三个部分。只要具备其中一个部分,就可以认定具备了为他人谋取利益的构成要件。最高人民法院 2003 年印发的《全国法院审理经济犯罪案件工作座谈会纪要》明确指出,为他人谋取利益包括承诺、实施和实现三个阶段的行为,只要具有其中一个阶段的行为,就应认定为他人谋取利益。值得注意的是,实施谋利行为并不一定要经过承诺或者合意阶段。国家工作人员在正常工作中,通过职务行为为他人谋利后,获利人为感谢而送与财物,国家工作人员予以收受的,尽管事前获利人没有专门请托国家工作人员利用职务为其谋利,双方没有就谋利和收送财物进行共谋,也不影响受贿罪的成立。之前国家工作人员正常的履职行为同样符合受贿罪中"利用职务便利为他人谋取利益"的构成要件。

承诺可以是明示的方式,也可以是默示的方式。明示的方式就是当请托人请托时,明确答应帮忙办事。默示的方式是当请托人请托时,国家工作人员不明确表态是否帮忙,但通过行为可以判断出其态度,如收下了请托人的财物。按照《全国法院审理经济犯罪工作座谈会纪要》的规定,"明知他人有具体请托事项而收受其财物的,视为承诺为他人谋取利益"。

其次,要全面把握谋取利益与职务行为的相关性。受贿罪的一个典型特征就是权钱交易。"权"就是"职务",整个受贿犯罪行为都是围绕国家工作人员的职务行为展开的。受贿人为行贿人谋取的利益必须与其职权有关,也就是利用了职务上的便利,但职务便利不要求必须在自己工作的职责范围内具体主管、负责、承办某项公共事务,也不必是自己的本职工作。如果处在职权的控制、制约、影响范围内,也可以认定为存在职务便利;通过自己职权控制、制约、影响的其他国家工作人员的行为来完成,也属于利用职务便利为他人谋取利益。如担任单位领导职务的,通过单位内部的下属(不论是否属于自己的主管部门)或者下级单位的国家工作人员的职务为他人谋取利益。

谋取利益的行为方式可以是积极的作为,也可以是消极的不作为。作为就是按照请托人的请托,利用职务便利,为请托人实施谋利行为;不作为就是发现请托人的行为存在违规之处,负有调查处理责任的国家工作人员有意不履行自己的职责,不查处请托人的违规行为,从而实现请托人的利益。谋取利益的行为可以是非正常履职行为,即谋取不正当利益,也可以是正常履职行为;可以是决定性行为,也可以是非决定性行为。国家工作人员的职务行为可能只是请托人谋取利益过程中所经的一个环节,如需要层层审批的行政事务,最终的批准权可能在于某个领导,但在交由领导审批前,也需要经过各部门相关人员的审查。虽然这种审查只是工作程序中的一个环节,并不能最终决定事项是否批准,但这一审查程序同样是这些人员的职务行为。

——《刑事审判参考》(总第99辑)。

1368 多次受贿的数额计算

关键词｜多次受贿｜多次收受｜累计计算｜

【最高人民法院司法解释】

第十五条 对多次受贿未经处理的,累计计算受贿数额。

国家工作人员利用职务上的便利为请托人谋取利益前后多次收受请托人财物,受请托之前收受的财物数额在一万元以上的,应当一并计入受贿数额。

——《最高人民法院、最高人民检察院关于办理贪污贿赂刑事案件适用法律若干问题的解释》(2016年4月18日,法释〔2016〕9号)。

【链接:理解与适用】

受贿案件往往涉及多笔受贿事实,受贿数额的认定特别是小额贿款、历史性收受的款物是否累计计算,实践中存在意见分歧。为此,《解释》第十五条对受贿犯罪的数额计算作出了规定。

第一款主要针对的是小额贿款的计算问题。《解释》明确多次受贿未经处理的,累计计算受贿数额,主要借鉴了刑法对于多次贪污的数额计算规定。这里的未经处理,既包括达到定罪标准未受处理,也包括未达到定罪标准未受处理。受贿人多次收受小额贿款,虽每次均未达到《解释》规定的定罪标准,但多次累计后达到定罪标准的,也应当依法定罪处罚。这里的处理包括刑事处罚和党纪、行政处分,已经受过处理的原则上不再累计。

第二款针对的是行贿人长期连续给予受贿人超出正常人情往来范围的财物,收受财物与具体请托事项不能一一对应情况下受贿数额如何计算的问题。我们认为,行贿人长期连续给予受贿人财物,且超出正常人情往来,期间只要发生过具体请托事项,则可以把这些连续收受的财物视为一个整体行为,全额认定受贿数额。适用本款规定时要注意多次收受财物之间应具有连续性,这是得以在法律上将收受财物与谋利事项建立联系进而将之作为整体受贿行为对待的事实基础。起草过程中有意见指出,规定中的“一万元以上”是否限于单笔收受在一万元以上需进一步明确。经研究,能否认定受贿的关键不在于单笔金额的大小,而在于收受时是否与具体职务行为相关。能够证明与具体请托或者谋利事项相关且数额超过一万元的,不管是单笔还是多笔累计,都应一并计入受贿数额。另有意见提出,受请托之前收受财物的数额累计不足一万元,但有其他受贿事实的,是否需要按照第一款的规定计入受贿数额？我们认为,第二款解决的是受贿事实的认定问题;第一款解决的是受贿数额的计算问题,以受贿事实业已确定为前提。未达到第二款规定的一万元数额标准的,意味着性质上不属于受贿,故不宜计入受贿数额。

——裴显鼎等:《〈关于办理贪污贿赂刑事案件适用法律若干问题的解释〉的理解与适用》,载《人民司法·应用》2016 年第 19 期。

1369 “事后受财”构成受贿

关键词|受贿罪|事后受财|

【最高人民法院司法解释】

国家工作人员利用职务上的便利为请托人谋取利益,并与请托人事先约定,在其离退休后收受请托人财物,构成犯罪的,以受贿罪定罪处罚。

——《最高人民法院关于国家工作人员利用职务上的便利为他人谋取利益离退休后收受财物行为如何处理问题的批复》(2000 年 7 月 21 日,法释〔2000〕21 号)。

【最高人民法院司法文件】

十、关于在职时为请托人谋利,离职后收受财物问题

国家工作人员利用职务上的便利为请托人谋取利益之前或者之后,约定在其离职后收受请托人财物,并在离职后收受的,以受贿论处。

国家工作人员利用职务上的便利为请托人谋取利益,离职前后连续收受请托人财物的,离职前后收受部分均应计入受贿数额。

——《最高人民法院、最高人民检察院关于办理受贿刑事案件适用法律若干问题的意见》(2007 年 7 月 8 日,法发〔2007〕22 号)。

【最高人民法院参考案例】

陈晓受贿案(《刑事审判参考》案例第 64 号)

要旨:没有充分证据证明行为人在利用职务便利为他人谋取利益时就意在以后收受对方的财物,但行为人事后收受对方财物时,却明知对方送的财物是因为自己的职务行为使对方获取了利益的,构成受贿罪。

处理此类案件时有一种观点值得注意,即认为收受贿赂和为他人谋取利益是受贿犯罪两个不可分割的整体,行为人在实施上述行为时的主观故意应当是一致的,即行为人既要在收受财物时明知所收受的财物的性质而予以收受,也要在为他

人谋取利益时明知已收取了财物或将因此收受他人的财物。此类案件中,行为人明知所收受的财物的性质并希望收受是明确的,但对明知对方将送财物及希望为对方谋取利益以收受财物却无充分证据证实,因此,此类案件构成犯罪的主观要件并不完全具备。我们认为,这种认识是不妥的。受贿罪中的行为可以由手段行为和目的行为两部分组成,前者就是指利用职务上的便利,为他人谋取利益,而后者则是指收受他人贿赂,二者联系紧密。由于收受财物时双方均明知是基于受贿方此前利用职务便利为行贿方谋取利益的行为,因此,两个阶段的行为与后来表现出来的故意构成了一个有机的整体。本案中,虽然无充分证据证实陈晓在实施职务行为时具有收受财物的故意,但在后来收受财物时,其受贿的故意是明显的,即其明知收受的财物是因为此前为行贿人谋取了好处,故应当认定其具备受贿犯罪的故意。

第四,处理此类案件,还有一个重要的适用刑法原则:如果对于事后收受财物,且在行使权力为行贿方谋利时双方无暗示、约定以后给予好处,就属于受贿证据不足,不能认定犯罪,那么,刑法规定的受贿罪将会被稍有智慧的行为人予以规避,受贿将大行其道地、光明磊落地进行。这显然不是立法的本意。也就是说,对某一类行为是否应依法追究刑事责任,在充分论证其犯罪构成的基础上,还必须考虑裁判的后果:是促进了社会正常秩序的维护,还是敞开了大门,使稍做手脚者均可“绕过”法律规定,使立法的某一条文实际上被废止。本案的处理就是这样,如果陈晓的行为可不受追究,作为一个案例,社会广为知晓后,哪一个潜在的受贿人还会“事前”“事中”受贿?原本廉洁的国家工作人员怎么不可以“事后”得到好处、报答,从而规避刑罚处罚呢?这样,受贿罪将不复存在。因此,对所谓的“事后受贿”,也应当依法定罪处刑。出于以上考虑,对于特殊形式可能与典型犯罪方法、手段不同的行为,决定适用刑法追究行为人刑事责任的前提是:根据刑法分则条文规定,实践中,某一具体行为具有特殊性,是否适用刑法定罪有争议;而若不予追究,这种特殊行为方式就会被广为效仿,成为一种带有普遍性的行为,刑法明确规定的典型犯罪行为都会照此模仿,那么这一类犯罪就等于被废止,这显然是不能被允许的。

——《刑事审判参考》(总第 8 辑)。

1370 共同受贿案件中受贿数额认定问题

关键词｜共同受贿｜受贿数额｜

【最高人民法院审判业务意见】

有关部门就共同受贿案件中受贿数额认定问题征求最高人民法院研究室意

见。最高人民法院研究室经研究认为：

对于共同受贿犯罪，被告人“受贿所得数额”原则上应当以其参与或者组织、指挥的共同受贿数额认定。但在难以区分主从犯的共同受贿案件中，行贿人的贿赂款分别或者明确送给多人，且按照各被告人实际所得数额处罚更能实现罪刑相适应的，依法按照被告人实际所得数额，并考虑共同受贿犯罪情况予以处罚。

——黄应生：《最高人民法院研究室关于共同受贿案件中受贿数额认定问题的研究意见》，载最高人民法院研究室编著：《司法研究与指导》（总第2辑），人民法院出版社2012年版，第148页。

1371 受贿犯罪同时构成渎职犯罪的处理

关键词｜受贿罪｜渎职犯罪｜

【最高人民法院司法解释】

第十七条　国家工作人员利用职务上的便利，收受他人财物，为他人谋取利益，同时构成受贿罪和刑法分则第三章第三节、第九章规定的渎职犯罪的，除刑法另有规定外，以受贿罪和渎职犯罪数罪并罚。

——《最高人民法院、最高人民检察院关于办理贪污贿赂刑事案件适用法律若干问题的解释》（2016年4月18日，法释〔2016〕9号）。

【链接：理解与适用】

受贿犯罪当中，受贿人往往在为请托人谋取利益时存在渎职行为。在受贿行为和渎职行为均构成犯罪的情况下，是择一重罪处罚还是实行数罪并罚，理论上长期存在意见分歧。2012年《最高人民法院、最高人民检察院关于办理渎职刑事案件适用法律若干问题的解释（一）》规定，国家机关工作人员实施刑法分则第九章渎职犯罪并收受贿赂的，除刑法另有规定外，应当实行数罪并罚。但是，此前于2010年发布的《最高人民法院、最高人民检察院关于办理国家出资企业中职务犯罪案件具体应用法律若干问题的意见》规定，国有公司、企业工作人员实施刑法分则第三章渎职犯罪并收受贿赂的，择一重罪处理。两者性质相同，但意见相左，影响到了司法处理的统一性和严肃性。为协调并整合两个司法文件规定，《解释》第十七条明确，不管是国家机关工作人员还是国有公司、企业的工作人员，同时构成受贿罪和刑法分则第三章第三节、第九章规定的渎职犯罪的，除刑法另有规定外，均应当以受贿罪和渎职犯罪实行数罪并罚。

《解释》持并罚立场，主要有以下三点考虑：一是牵连犯择一重罪处理的理论观点，不具有普遍适用性，刑法和相关司法解释中不乏数罪并罚的规定；二是成立受贿犯罪不以实际为他人谋取利益、更不以渎职为他人谋取非法利益为条件，受贿与渎职相对独立，实行并罚不存在明显的重复评价问题；三是数罪并罚有利于从严惩处此类犯罪。

——裴显鼎等：《〈关于办理贪污贿赂刑事案件适用法律若干问题的解释〉的理解与适用》，载《人民司法 · 应用》2016 年第 19 期。

1372 如何区分合法的债权债务关系与非法收受他人财物

关键词 | 受贿罪 | 合法债权债务 | 非法收受他人财物 |

【最高人民法院参考案例】

孙昆明受贿案（《刑事审判参考》案例第 1144 号）

要旨：受贿的本质是权钱交易。

在实践中，行为人为了逃避侦查，常常将行贿、受贿行为伪装成合法的债权债务关系，常见的有欠条形式、交易形式、收受干股、合作投资、委托理财等。对此，应当结合具体案情，对涉案行为进行实质审查，符合权钱交易本质的，应当认定为受贿。所谓“权”指的就是国家工作人员的“职权”。这种职权既包括本人职务上主管、负责、承办某项公共事务的职权，也包括利用职务上有隶属、制约关系的其他国家工作人员的职权，还包括担任单位领导职务的国家工作人员通过不属自己主管的下级部门的国家工作人员的职务而获得的“间接职权”。因而，当国家工作人员收受的财物与其职权密切相关时，即可认定是“非法收受”。

——《刑事审判参考》（总第 106 辑）。

1373 以明显低于市场的价格向请托人购买房屋等物品的行为定性及犯罪数额的计算

关键词 | 受贿罪 | 受贿数额 | 低于市价 |

【最高人民法院指导性案例】

潘玉梅、陈宁受贿案（最高人民法院指导案例 3 号）

裁判要点：国家工作人员利用职务上的便利为请托人谋取利益，以明显低于市场的价格向请托人购买房屋等物品的，以受贿论处，受贿数额按照交易时当地市场价格与实际支付价格的差额计算。

关于被告人潘玉梅及其辩护人提出潘玉梅购买许某某的房产不应认定为受贿的辩护意见。经查,潘玉梅购买的房产,市场价格含税费共计应为一百二十一万余元,潘玉梅仅支付六十万元,明显低于该房产交易时当地市场价格。潘玉梅利用职务之便为请托人谋取利益,以明显低于市场的价格向请托人购买房产的行为,是以形式上支付一定数额的价款来掩盖其受贿权钱交易本质的一种手段,应以受贿论处,受贿数额按照涉案房产交易时当地市场价格与实际支付价格的差额计算。

——《最高人民法院关于发布第一批指导性案例的通知》(2011 年 12 月 20 日,法〔2011〕354 号)。

【链接:理解与参照】

(三)关于以交易形式收受贿赂问题

裁判要点确认:国家工作人员利用职务上的便利为请托人谋取利益,以明显低于市场的价格向请托人购买房屋等物品的,以受贿论处,受贿数额按照交易时当地市场价格与实际支付价格的差额计算。该裁判要点在《受贿意见》①第一条的基础上明确解决了以交易名义收受贿赂问题。理解这一裁判要点,需要注意把握以下几点:

1. 关于以交易形式收受财物的定性。从刑法第三百八十五条受贿罪的罪状表述来看,只是对受贿罪的构成作了性质(即权财交易)上的规定,并没有限定具体的受贿行为方式。该裁判要点将以交易形式收受贿赂的行为认定为受贿,是结合实际发生的新情况对受贿行为的具体诠释,符合刑法立法精神和原意。从以交易形式收受贿赂本身来看,如以低于市场价格购买或者以高于市场价格出售房屋、汽车等物品,虽然支付了一定费用或者有实物出卖,形式上好像是自由买卖,但是实际上明显违反等价交换原则,与物品的正常市场价格悬殊明显,是一种以象征性交易来掩盖背后权钱交易的行为,与直接收受财物的典型受贿并无质的不同,理应认定为受贿。从惩治腐败犯罪现实需要来看,近年来受贿案件出现了一些新情况、新特点,以交易名义实施的、更为隐蔽的受贿大量发生,为适应新形势下反腐败斗争的需要,确有必要依法严厉打击形形色色的受贿犯罪。本案例中,被告人潘玉梅利用职务便利,为房地产开发商许某某减免一百万元基础开挖费用提供帮助,并在购买对方开发的房产时以六十万元低价购买了价值一百二十一万余元的一套房屋,实际受贿六十一万余元。

2. 关于具体交易形式。裁判要点结合案例具体情况,仅指出国家工作人员利

---

① 即《最高人民法院、最高人民检察院关于办理受贿刑事案件适用法律若干问题的意见》(法发〔2007〕22 号)。

用职务上的便利为请托人谋取利益，以明显低于市场的价格向请托人购买房屋等物品的交易形式。《受贿意见》第一条则列举了以下交易形式：以明显低于市场的价格向请托人购买房屋、汽车等物品的；以明显高于市场的价格向请托人出售房屋、汽车等物品的；以其他交易形式非法收受请托人财物的。其实，现实生活中的交易形式是多种多样的，《受贿意见》也正是考虑到这一点，为了防止挂一漏万，除列举低价买入、高价卖出两种常见形式外，还概括规定了一个兜底条款。那么，“其他交易形式”还有哪些呢？除上述交易形式外，比较常见的其他交易形式主要有以下几种：以高价回购方式进行交易，即先将房屋等低价卖给国家工作人员，再高价购买回来，通过对向交易完成行贿和受贿；以物易物的形式进行不等值置换，如以旧换新、以次换好等；以支付有价证券进行交易，如支付走跌的股票等；以赊购方式进行交易，即行为人支付一定款项，其余款项赊欠；以租赁方式进行交易。总之，对表面上看似商品交易的现象，是否属于受贿，要进行综合分析，重点看其是否明显违反等价交换原则，与物品的正常市场价格悬殊明显，其是否与国家工作人员职务行为进行交换。如果交易只是幌子，是以象征性交易来掩盖背后权财交易的，则应当认定为受贿行为。

3. 关于受贿数额的认定。对于以交易形式的受贿数额，裁判要点指出应当按照交易时当地市场价格与实际支付价格的差额计算。之所以以市场价格而非成本价格作为计算房屋等物品的计价基准，是因为成本价虽然比市场价便于评估计算，但是房屋等商品的成本价与市场价相差较大，以成本价为基准，不当地抬高了此类受贿罪的定罪门槛，会使一部分受贿不能得到依法惩治；二者比较，市场价更合理，是商品购买者应当支付的费用，即使市场价格波动较大的，也可以通过专业机构对交易时当地物品价格进行评估和鉴定，得出一个相对合理的确定价格。

4. 关于交易形式受贿与优惠购物的界限区分。以优惠价格购买商品不是受贿，但有时二者难以区分，需要根据国家工作人员的职务内容、该职务与提供财物者的关系、当事人之间的亲疏、优惠价与市场价的差额、取得财物的经过等情况，进行综合分析判断。区分这二者的界限，关键在于准确理解裁判要点中的“明显低于市场的价格”，受贿与国家工作人员的职务行为有关联性和对价关系。结合《受贿意见》的有关规定，认定以优惠购物形式的受贿要同时具备两个条件：一是这种优惠只针对国家工作人员，不具有普遍性，其他社会公众不能享受同等的优惠待遇。由于在市场经济条件下公司、企业有自主经营权，优惠让利是一种比较普遍的正常营销方式，优惠价格有多种表现形式，不同层级的销售人员可以确定不同的优惠价格，所以这里的“市场价格”包括商品经营者事先设定的不针对特定人的最低优惠价格，而不限于向社会公众明示或者公开的价格。根据商品经营者事先设定的各种优惠交易条件，以优惠价格购买商品的，不属于受贿。二是这种优惠价格明显低于市场价。所谓“明显”是指优惠的价格与物品的正常市场价格非常悬殊,甚至低于成本价,违反价值规律的等价交换原则。之所以强调“明显”低于市场价格,是因为考虑到房屋、汽车等属于贵重物品,稍微优惠几个百分点,优惠数额可能达到数万元甚至数十万元,如果对此均以受贿罪论处,不仅打击面过宽,也不利于区分受贿犯罪与正常优惠购物、一般违法违纪行为的界限,难以确保刑罚打击的准确性和谦抑性。

——最高人民法院案例指导工作办公室:《指导案例3号〈潘玉梅、陈宁受贿案〉的理解与参照——国家工作人员以“合办”公司名义或以其他交易形式受贿的认定》,载最高人民法院案例指导工作办公室编著:《中国案例指导》(总第1辑),法律出版社2015年版,第33—35页。

【最高人民法院司法文件】

一、关于以交易形式收受贿赂问题

国家工作人员利用职务上的便利为请托人谋取利益,以下列交易形式收受请托人财物的,以受贿论处:

(1)以明显低于市场的价格向请托人购买房屋、汽车等物品的;

(2)以明显高于市场的价格向请托人出售房屋、汽车等物品的;

(3)以其他交易形式非法收受请托人财物的。

受贿数额按照交易时当地市场价格与实际支付价格的差额计算。前款所列市场价格包括商品经营者事先设定的不针对特定人的最低优惠价格。根据商品经营者事先设定的各种优惠交易条件,以优惠价格购买商品的,不属于受贿。

——《最高人民法院、最高人民检察院关于办理受贿刑事案件适用法律若干问题的意见》(2007年7月8日,法发〔2007〕22号)。

【最高人民法院参考案例】

寿永年受贿案(《刑事审判参考》案例第1432号)

要旨:应当以差价绝对值为基础,同时兼顾折扣率的高低,综合判断购房价是否明显低于市场价,避免造成打击面过宽和放纵犯罪两个方面的弊端。

我们认为,以差价绝对值多少或者以折扣率的高低为判断的唯一标准,均有失偏颇。比如,一套市场总价为一千万元的新房(已经扣除了开发商或者经销商事先设定的针对不特定人的最大优惠),作为请托人的开发商或者经销商在市场价的基础上再给予国家工作人员二十万元的优惠,虽然差价绝对值已经超过受贿罪数额巨大的标准,但购房折扣率为2%,对于市场价一千万元的房屋来说,九百八十万元的购房价虽然低了,但是对于一千万元的市场价来说,偏离公平交易的程度没有达到明显的程度，认定国家工作人员以明显低于市场的价格购房并构成受贿，有违社会常理，容易造成打击面过宽、处罚过于严苛的现象。相反，一套市场总价为一百万元的房屋，请托人在市场价的基础上再给予国家工作人员十万元的“优惠”，即购房价为九十万元，虽然差价绝对值不大，没有达到受贿数额巨大的标准，但购房折扣率已经达到了不常见的 10%，偏离市场价的程度明显，可以认定为以明显低于市场的价格购房，可能构成受贿罪。因而，我们认为，应当以差价绝对值为基础，同时兼顾折扣率的高低，综合判断购房价是否明显低于市场价，避免造成打击面过宽和放纵犯罪两个方面的弊端。同样，文中所述市场价的认定方法和明显低于市场价的判断标准，也适用于国家工作人员以明显高于市场的价格出售房屋给请托人收受贿赂的情形。

需要指出的是，认定国家工作人员向请托人以明显低于市场的价格购房构成受贿，客观上还需要国家工作人员利用职务便利为请托人谋利，主观上还需要国家工作人员明知或者应当知道其购房获得的差价不是正常的市场优惠，而是权钱交易的结果，才能认定其成立受贿罪。综合以上因素，能够清晰地将以明显低于市场价购买房屋形式的受贿与正常的房屋买卖区分开来，前者的本质是权钱交易，房屋买卖只是用来掩盖这一非法行为的外在形式。

——《刑事审判参考》（总第 128 辑）。

胡伟富受贿案（《刑事审判参考》案例第 975 号）

要旨：市场价格包括商品经营者事先设定的不针对特定人的最低优惠价格。根据商品经营者事先设定的各种优惠条件，以优惠价格购买商品的，不属于受贿。

《最高人民法院、最高人民检察院关于办理受贿刑事案件适用法律若干问题的意见》规定：“国家工作人员利用职务上的便利为请托人谋取利益，以明显低于市场价格向请托人购买房屋等物品的，以受贿论处。受贿的数额按照交易时的市场价与实际支付价格的差额计算。”这一规定的出台，使交易型受贿这一新类型受贿行为受到刑法的规制。然而，在市场经济条件下，优惠让利也是一种正常而普遍的销售方式，作为消费者的国家工作人员同样可以“砍价”，要求得到“优惠”，不能将获得正常优惠的行为认定为受贿。因此，必须严格区分交易中的正常优惠与以交易形式受贿的界限。

1. 从受贿罪权钱交易的本质进行区分。交易型受贿仍然具有受贿罪权钱交易的本质特征。在交易型受贿中，从形式上看，行贿人和受贿人双方存在着一般市场交易行为，以金钱和物品的对价进行支付，通常包含打折、让利等优惠，但是上述优惠并不是一般商品买卖活动中为了促销而进行的正常销售手段，而是为了通过这种优惠换取国家工作人员手中的公权力。所谓市场交易只不过是权钱交易的幌子,权钱交易才是交易型受贿的本质特征。

2. 从“优惠价格”的本质特征进行区分。交易型受贿中的“市场价格”包括“事先设定的不针对特定人的优惠价格”。应当从是否“事先设定”和“不针对特定人”两个基本方面,结合案件实际来判断国家工作人员所享受的“优惠价格”是正常市场优惠还是交易型受贿。“事先设定”是指在正常的市场优惠购房中,交易价格通常是由经营者预先设定的,事先确定折扣幅度,按照事先制定的程序进行销售和结算,而交易型受贿犯罪中的房产优惠价格往往具有较大的随机性和任意性,经营者会根据交易对象(国家工作人员)的具体情况来临时确定房产价格优惠幅度、结算方式等,因而难以事先确定优惠幅度。“不针对特定人”是指在正常的市场优惠购房中,能够以优惠条件购买房产的人是不特定的多数人,所有愿意支付相关对价的(符合相关法律政策规定的)人均可参与优惠购买房产。而在交易型受贿犯罪中,优惠房价仅针对特定的国家工作人员等个别对象,社会上的不特定多数人是不可能享受到同等优惠的。

——《刑事审判参考》(总第97辑)。

马平、沈建萍受贿案(《刑事审判参考》案例第470号)

要旨:以“感情投资”方式多次收受数额巨大的财物,最后被告人接受具体请托为请托人谋利的,应当将多次收受的财物数额予以累计,以受贿犯罪论处。以房产交易形式收受贿赂的,受贿数额应当按照交易时该房产的市场价格与实际支付价格的差额计算。

1. 以“感情投资”方式多次收受数额巨大的财物,最后被告人接受具体请托为请托人谋利的,应当将多次收受的财物数额予以累计,以受贿犯罪论处

本案中,金江水泥项目开始之前,天龙公司总经理刘栋华对被告人马平虽无具体请托事项,但正是看中了马平作为县委书记所拥有的权力地位有可能为其公司谋取利益,才多次以房产交易形式送给马平数额巨大的财物以“联络感情”,为日后谋取利益进行“先期投资”。对此,天龙公司的总经理刘栋华、副总经理叶显军的证言证实了其这种“感情投资”的主观动机;在金江水泥项目开始之前多次接受天龙公司的“感情投资”过程中,马平明确作出过承诺“以后有什么事找我,能帮的一定帮”,沈建萍对此亦曾多次供认,因此马平、沈建萍主观上对对方为何多次给予其购买房产的大幅优惠的原因是明知的。在金江水泥项目工程开始后,天龙公司总经理刘栋华等人就向马平提出到铜梁县投资水泥项目希望其给予帮助,马平多次利用其职务之便为天龙公司在铜梁县投资的金江水泥项目的引进、文件审批、用地审批、办理采矿许可证、贷款、道路建设等方面谋取了利益。也就是说,从一开始,本案的行、受贿双方就清楚地知道这种财物的给予是建立在“权钱交易”的基

础之上的，行贿人正是看重这样的“投资”具有可期待的利益，受贿人亦通过明示或暗示承诺以日后利用职务之便为行贿人谋利作为“回报”，一旦行贿人提出具体请托，收受人接受具体请托为“投资人”谋利，那么这种“投资”就实现了“回报”，行贿、受贿双方的“权钱交易”就告完成。这种接受先期“感情投资”的受贿方式是当前贿赂犯罪不断演化的一个新形式，具有更大的隐蔽性和危害性，完全符合受贿罪的构成要件，应当依照刑法以受贿论处。对于受贿数额，应当将历次收受的财物予以累计计算。

2. 以房产交易形式收受贿赂的，受贿数额应当按照交易时该房产的市场价格与实际支付价格的差额计算

关于受贿数额的认定，《解答》①规定，“受贿金额以行贿人购买物品实际支付的金额扣除受贿人已付的金额来计算，行贿人的物品未付款或无法计算行贿人支付金额的，应以受贿人收受物品当时当地的市场零售价格扣除受贿人已付现金额来计算”。《关于办理受贿刑事案件适用法律若干问题的意见》（以下简称《意见》）规定，“受贿数额按照交易时当地市场价格与实际支付价格的差额计算”。从上述规定可以看出，对于以房产交易形式收受贿赂如何认定受贿数额的基本原则，两个解释的精神是一致的，司法实践中一般应当按照交易时当地市场价格与实际支付价格的差额计算。这里的“交易时当地市场价格”，指的是交易双方签订房产买卖合同并开始依约支付价款之时的价格。本案涉及的房产交易中，由于被告人取得产权证时或实际处分房地产时与签订房屋买卖合同、支付对价时存在较长的时间差异，导致同一房产在这些时点之间的市场价格差异甚大，根据《意见》的规定，应当将每笔房产交易签订合同并按约支付对价时的市场价格认定为“交易时当地市场价格”，其与实际支付价格的差额认定为受贿数额。这是因为，从签订合同并履约时起，以后房产价格的涨跌幅度属于市场规律起作用的范畴，既有可能上涨，亦有可能下跌，并非行、受贿人所能控制，究竟应以哪个时点的价格认定不能统一，难以操作；另一方面，从主客观相一致的定罪原则出发，以签约并支付对价时的市场价格与实际支付价格之差认定为受贿数额符合行贿、受贿双方的客观认识，更具实质合理性。

——《刑事审判参考》（总第59辑）。

1374 收受干股的认定

关键词 | 收受干股 | 受贿罪 |

① 即《最高人民法院、最高人民检察院关于当前办理经济犯罪案件中具体应用法律的若干问题的解答（试行）》[〔85〕高检会（研）3号]。已废止。

【最高人民法院司法文件】

二、关于收受干股问题

干股是指未出资而获得的股份。国家工作人员利用职务上的便利为请托人谋取利益,收受请托人提供的干股的,以受贿论处。进行了股权转让登记,或者相关证据证明股份发生了实际转让的,受贿数额按转让行为时股份价值计算,所分红利按受贿孳息处理。股份未实际转让,以股份分红名义获取利益的,实际获利数额应当认定为受贿数额。

——《最高人民法院、最高人民检察院关于办理受贿刑事案件适用法律若干问题的意见》(2007 年 7 月 8 日,法发〔2007〕22 号)。

【最高人民法院参考案例】

赵强受贿案(《刑事审判参考》案例第 1399 号)

要旨:干股同股权激励是完全不同的行为。

在现代企业经营中,股权激励多是企业为了激励和留住核心人才而推行的一种长期激励机制,目的是通过附条件给予员工部分股权权益,使之与企业具有共同利益,促进企业与员工的稳定发展。被告人赵强提出王骥飞送给张某某二十四万元干股,是考虑收购山河公司的商业风险和感激张某某没有催要数年前股份转让款,给予张某某的股权激励,不能计入其受贿数额。假若确如赵强所言,张某某系涉案企业亟需的核心人才,相关人员藉此给予她股权激励符合常理,自然也不能视为赵强借此受贿。但就本案而言,张某某系山河公司股东之一而非员工;在共同收购山河公司过程中,远望公司主投并实际牵头,三方约定在股权转让完毕、艾克佳药品文号落户后,另两名投资者始按照股份比例向远望公司缴纳投资款,故收购风险实际多由远望公司而非张某某、董弘宇承担;张某某在实际出资两年后,即将所持股份悉数转让给董弘宇,实际获取了极为丰厚的利润,且现无任何证据证明远望公司在共同收购过程中,具有单独给予张某某而非董弘宇股权激励的必要;远望公司对数年前收购张某某持有的安徽三立公司股权时延迟给付的部分款项均计算并支付了相应利息,故不存在王骥飞出于收购山河公司的商业风险以及对张某某没有催要之前股份转让款的感激而给予张某某股权激励。与赵强辩解相反的是,王骥飞、李戈、张某某均证明在共同收购山河公司股份时,远望公司在第一期投资一千二百万元内代张某某出 2%股份资金即二十四万元,是为了感谢和继续取得赵强对远望公司和相关项目的关照和帮助,赵强对此也作了相应供述。远望公司在与张某某、董弘宇共同出资收购其他公司股份时,在第一期投资限额内为张某某代出部分资金,与张某某的自出资金共同对应 15%股份,并非将其自有的 2%股份作为

“干股”无偿转让给张某某，赵强对此知情，应视为《最高人民法院、最高人民检察院关于办理受贿刑事案件适用法律若干问题的意见》第三条规定的“以开办公司等合作投资名义收受贿赂”的行为，受贿数额即为远望公司代为出资的二十四万元。

——《刑事审判参考》（总第125辑）。

1375 国家工作人员以“合办”公司的名义或以交易形式收受贿赂的认定

关键词 | 受贿罪 | 合办公司 | 变相受贿 |

【最高人民法院指导性案例】

潘玉梅、陈宁受贿案（最高人民法院指导案例3号）

裁判要点：国家工作人员利用职务上的便利为请托人谋取利益，并与请托人以“合办”公司的名义获取“利润”，没有实际出资和参与经营管理的，以受贿论处。

法院生效裁判认为：关于被告人潘玉梅、陈宁及其辩护人提出二被告人与陈某共同开办多贺公司开发土地获取“利润”四百八十万元不应认定为受贿的辩护意见。经查，潘玉梅时任迈皋桥街道工委书记，陈宁时任迈皋桥街道办事处主任，对迈皋桥创业园区的招商工作、土地转让负有领导或协调职责，二人分别利用各自职务便利，为陈某低价取得创业园区的土地等提供了帮助，属于利用职务上的便利为他人谋取利益；在此期间，潘玉梅、陈宁与陈某商议合作成立多贺公司用于开发上述土地，公司注册资金全部来源于陈某，潘玉梅、陈宁既未实际出资，也未参与公司的经营管理。因此，潘玉梅、陈宁利用职务便利为陈某谋取利益，以与陈某合办公司开发该土地的名义而分别获取的四百八十万元，并非所谓的公司利润，而是利用职务便利使陈某低价获取土地并转卖后获利的一部分，体现了受贿罪权钱交易的本质，属于以合办公司为名的变相受贿，应以受贿论处。

——《最高人民法院关于发布第一批指导性案例的通知》（2011年12月20日，法〔2011〕354号）。

【链接：理解与参照】

（一）关于以合办公司等合作投资名义收受贿赂问题

裁判要点确认：国家工作人员利用职务上的便利为请托人谋取利益，并与请托人以“合办”公司的名义获取“利润”，没有实际出资和参与经营管理的，以受贿论处。该裁判要点针对近年来出现的受贿新手段、新形式，在《受贿意见》第三条第

二款的基础上明确解决了以合办公司等名义收受贿赂问题。理解和参照适用这一裁判要点,需要注意把握以下几点:

1. 关于是否以受贿论处的认定标准。对于国家工作人员以本人或者他人(亲属或者其他关系密切人员)名义,参与合办公司或者进行其他合作投资,是否以受贿论处,关键在于国家工作人员本人有无实际出资。如果国家工作人员真实出资,即使未参与经营管理,也不能认定为受贿罪。这主要是因为根据公司法规定,是否出资,是能否取得收益的依据。该裁判要点在规定没有实际出资的同时,附加了国家工作人员不参与经营管理的条件。这主要考虑到,规定"不参与经营管理"是以确认名义出资而非真实出资为前提的;是否实际出资与是否参与经营管理是相互关联的,可以相互印证,"不参与经营管理"是判断是否名义出资的一个方面。同时,经营管理行为在一定情况下(如个人以劳务出资合伙)也可能成为合伙出资的一种方式。所以,裁判要点关于此种情形是否认定为受贿,坚持的标准仍然是名义、虚假出资还是实际、真实出资。

2. 关于受贿数额的认定。国家工作人员利用职务便利为请托人谋取利益,以开办公司等合作投资名义收受贿赂的,如何具体认定其受贿数额呢?根据《受贿意见》第三条的规定,结合司法实践中的具体表现形式,我们认为应当区分不同情况予以认定:

一是国家工作人员既没有实际出资,又没有参与管理、经营,以合作开办公司或者进行其他合作投资名义获取"利润"。此种情形属于"虚假出资、虚假合作",即国家工作人员出资数额没有明确,或者虽然协议中有明确的出资数额,但是国家工作人员只是虚假出资和虚假合作,都没有获取所谓"利润"的任何正当理由和法律依据,属于打着合办公司或者其他合作投资的幌子,行权钱交易之实的变相受贿行为,其获取的所谓"利润"数额应当认定为受贿数额。

二是国家工作人员没有出资,由请托人出资,合作开办公司或者进行其他合作投资。此种情形属于"虚假出资、真实合作",即国家工作人员的出资额虽然由请托人出资,系虚假出资,但是其出资数额在协议中有明确记载,且国家工作人员参与了经营管理,并分担经营风险,有真实合作成分。对于此种情形应当将出资额认定为受贿数额没有异议,但是对于经营利润应否计入受贿数额,司法实践中有不同意见。有意见认为,此类行为多发生在暴利行业,利润金额往往远大于出资额;出资额是该出而未出,利润额是不该得而非法得,收受利润应当视为一个连续的受贿行为。该指导性案例则认为,此种情形的受贿数额为请托人给国家工作人员的出资额,经营利润认定为受贿资本的非法孳息。其主要理由是:首先,将收受出资及其利润割裂开来合并计算,忽视了出资不同于其他物品的特殊性和利润对出资资本的依附性,有重复评价之嫌;其次,此种情形与前述第一种情形有所不同,国家工作人员虽然虚假出资，但是其参与经营管理，并分担经营风险，有真实合作成分。

三是国家工作人员有实际出资，但收取了超出出资比例应得的收益。此种情形是否一律属于受贿，司法实践中也有不同意见。有意见认为，此种情形应当一律认定为受贿，因为国家工作人员只是象征性地出资，却获得额外的巨额利润。这与以交易形式收受贿赂性质相同，属于变相受贿，受贿数额应以收益额与实际出资应得收益额的差额计算。我们认为，此种情形是否属于受贿，关键看国家工作人员是否利用职务便利为其他合作人谋取利益。如果国家工作人员利用职务便利为其他合作人谋取利益，因为符合受贿权财交易的本质特征，则不论全体合作人是否明确约定不按出资比例分红，都应当将收取的超出出资比例的部分认定为受贿数额。

3. 关于垫资问题的处理。司法实践中还有一种垫资的情形，即国家工作人员利用职务上的便利为请托人谋取利益，由请托人垫付资金，国家工作人员或者其指定的第三人以参与合作开办公司或者进行其他合作的形式，不参与经营管理而获取经营利润。对此，是否认定为受贿有不同意见。肯定意见认为，此种情形即使国家工作人员事后归还了请托人的垫付款，也应当以实际收受的利润部分追究受贿责任。因为由请托人垫付出资，只是一种更为隐蔽的受贿手段，归还出资的本意是掩盖非法收受的投资收益，这种行为同样属于打着合办公司或者其他合作投资的名义，行受贿之实的行为。反对意见认为，按照“谁出资，谁收益”的原则，既然是垫付，就意味着国家工作人员是投资方，自然可以获取投资的收益。我们认为，由于这一问题比较复杂，应当结合案件具体情况，根据是否真实出资、是否权钱交易这一根本判断标准，进行具体分析认定。此种情形下，判断国家工作人员是否真实出资，不能仅仅看是否有垫付出资的书面约定，应当根据以下因素综合判定：有无正当合理的垫资事由和垫资原因；双方平时关系如何、有无经济往来；垫资方是否要求国家工作人员利用职务上的便利为其谋取利益；国家工作人员是否利用职务上的便利为垫资方谋取利益；垫资后是否有归还的意思表示和行为；是否有归还能力；等等。

需要指出的是，该指导性案例与《受贿意见》有关规定列举的具体情形有所不同，该案例中合作开办公司的名义人并非国家工作人员本人，而是以其亲属的名义，并且被告人及其辩护人辩称注册资金由请托人垫付，一审和二审法院根据证据查明的事实均未认定为垫付出资。我们认为，该案例中辩护方提出的垫付出资，不过是一种更为隐蔽的受贿手段。因为从垫资的事由和垫资原因来看，垫资方即请托人出于要求被告人潘玉梅、陈宁利用职务上的便利为其谋取利益的原因而为其各垫资二十万元；作为国家工作人员的二被告人利用职务上的便利，为垫资方谋取了低价获取一百亩土地和不按协议支付土地款的利益；双方在受贿的当年通过第三人介绍认识，平时没有经济往来；二被告人有归还垫资二十万的能力，垫资后直至案发没有归还的意思表示和行为;从公司成立后经营情况来看,2003 年 9 月公司注册成立至 2004 年 6 月将公司及其土地转让期间,公司没有实际生产经营,只是建起围墙,接通水电,连厂房都没建。可见,二被告人没有任何实际出资,垫资不过是个借口和幌子,二人各获取四百八十万元公司"利润",实际是利用职务便利让请托人低价获取土地后,又转卖土地获利的一部分。

——最高人民法院案例指导工作办公室:《指导案例 3 号〈潘玉梅、陈宁受贿案〉的理解与参照——国家工作人员以"合办"公司名义或以其他交易形式受贿的认定》,载最高人民法院案例指导工作办公室编著:《中国案例指导》(总第 1 辑),法律出版社 2015 年版,第 30—32 页。

【最高人民法院司法文件】

三、关于以开办公司等合作投资名义收受贿赂问题

国家工作人员利用职务上的便利为请托人谋取利益,由请托人出资,"合作"开办公司或者进行其他"合作"投资的,以受贿论处。受贿数额为请托人给国家工作人员的出资额。

国家工作人员利用职务上的便利为请托人谋取利益,以合作开办公司或者其他合作投资的名义获取"利润",没有实际出资和参与管理、经营的,以受贿论处。

——《最高人民法院、最高人民检察院关于办理受贿刑事案件适用法律若干问题的意见》(2007 年 7 月 8 日,法发〔2007〕22 号)。

【最高人民法院参考案例】

杨德林滥用职权、受贿案(《刑事审判参考》案例第 1089 号)

要旨:在"交易型"受贿、"投资型"受贿和"委托理财型"受贿犯罪中,受贿人以"交易""投资""委托理财"为名支付的对价属于"供犯罪所用的本人财物"的,应依法予以没收。受贿犯罪既遂和未遂并存,分别达到不同量刑幅度的,依照处罚较重的规定处罚;达到同一量刑幅度的,以受贿罪既遂处罚。

一、受贿犯罪中"供犯罪所用的本人财物"的认定

刑法第六十四条规定,供犯罪所用的本人财物,应当予以没收。供犯罪所用是指被告人有意识地将某物用于犯罪行为,被告人在使用时对财物为犯罪行为服务有着明确认识和追求。在具体案件中,要注意分析该供犯罪所用财物与具体犯罪行为之间是否具有直接关联性。"本人财物"指被告人对财物享有所有权。如果财物是犯罪分子借用或擅自使用的,财物所有人事先不知道是供犯罪所用的,应当予以返还。

在"交易型"受贿、"投资型"受贿、"委托理财型"受贿中,"交易""投资""委托

理财”只是贿赂双方规避法律制裁的手段，受贿人虽然有个人财产支出，目的只是掩盖权钱交易。对这三种受贿犯罪，认定受贿数额时应将受贿人支付的对价扣除，受贿数额按照刑法第六十四条的规定予以没收；受贿人支付的对价属于“供犯罪所用的本人财物”的，亦应予以没收。

二、受贿犯罪既遂与未遂并存的处罚原则

根据被告人受贿的既遂数额和未遂数额判定其各自所对应的法定刑幅度，如果既遂部分所对应的量刑幅度较重或者既遂、未遂部分所对应的量刑幅度相同的，则以既遂部分对应的量刑幅度为基础，酌情从重处罚；如果未遂部分对应的量刑幅度较重的，则以该量刑幅度为基础，酌情从重处罚。

——《刑事审判参考》（总第 103 辑）。

1376 利用职务便利为自己与他人合作的项目谋取利益，后明显超出出资比例获取分红的行为定性

关键词｜受贿罪｜分红｜

【最高人民法院参考案例】

张帆受贿案（《刑事审判参考》案例第 1250 号）

要旨：利用职务便利为自己与他人合作的项目谋取利益，后明显超出出资比例获取分红的行为，可以认定为受贿。

根据刑法及相关规定，受贿罪的基本构成要件有三个方面：一是利用职务上的便利，这一要件以主体要件适格为前提；二是为他人谋取利益，以他人请托或知情并因此给予财物为条件；三是权钱交易，即索取或非法收受他人财物。三者缺一不可。本案被告人张帆主体要件适格，其为自己实际出资、与他人合作的项目谋取利益，从项目获取财物的基本事实没有争议，问题的焦点在于：(1) 被告人“利用职务便利”为项目谋利，是否属于股东正常参与项目的经营管理行为；(2) 被告人为自己谋利的同时是否也为他人谋利；(3) 被告人获取的分红中是否有他人份额，也即是否收受了他人财物。

——《刑事审判参考》（总第 113 辑）。

1377 以“合作投资房产”名义收受贿赂的认定

关键词｜受贿罪｜收受贿赂｜

【最高人民法院参考案例】

朱永林受贿案(《刑事审判参考》案例第724号)

要旨:利用职务便利为他人谋取利益后,参与“合作”投资房产有部分出资行为但不承担投资风险,在项目获得利润后收受投资本金和收益的,构成受贿罪。

朱永林以“合作投资”为名,却未实际投资,在项目获得利润后收受“合作者”苏四荣的投资本金,属于非法收受他人财物。国家工作人员利用职务上的便利为他人谋取利益,以合作开办公司或者进行合作投资的名义收受他人财物,是近几年来司法实践中出现的新情况。对此种情形能否认定为收受贿赂或索取贿赂,2007年7月8日最高人民法院、最高人民检察院联合发布的《关于办理受贿刑事案件适用法律若干问题的意见》明确规定:国家工作人员利用职务上的便利为请托人谋取利益,由请托人出资,“合作”开办公司或者进行其他“合作”投资的,以受贿论处;国家工作人员利用职务上的便利为请托人谋取利益,以合作开办公司或者其他合作投资的名义获取“利润”,没有实际出资和参与管理、经营的,以受贿论处。据此,以合作开办公司或者进行其他合作投资的名义收受财物,是否构成受贿,关键在于国家工作人员本人有无实际出资。

——《刑事审判参考》(总第81辑)。

1378 以委托请托人投资证券、期货或者其他委托理财的名义收受贿赂的认定

关键词|委托理财|受贿罪|

【最高人民法院司法文件】

四、关于以委托请托人投资证券、期货或者其他委托理财的名义收受贿赂问题

国家工作人员利用职务上的便利为请托人谋取利益,以委托请托人投资证券、期货或者其他委托理财的名义,未实际出资而获取“收益”,或者虽然实际出资,但获取“收益”明显高于出资应得收益的,以受贿论处。受贿数额,前一情形,以“收益”额计算;后一情形,以“收益”额与出资应得收益额的差额计算。

——《最高人民法院、最高人民检察院关于办理受贿刑事案件适用法律若干问题的意见》(2007年7月8日,法发〔2007〕22号)。

1379 赌博贿赂的定性

关键词｜受贿罪｜行贿罪｜赌博贿赂｜

【最高人民法院司法文件】

五、关于以赌博形式收受贿赂的认定问题

根据《最高人民法院、最高人民检察院关于办理赌博刑事案件具体应用法律若干问题的解释》第七条规定，国家工作人员利用职务上的便利为请托人谋取利益，通过赌博方式收受请托人财物的，构成受贿。

实践中应注意区分贿赂与赌博活动、娱乐活动的界限。具体认定时，主要应当结合以下因素进行判断：(1)赌博的背景、场合、时间、次数；(2)赌资来源；(3)其他赌博参与者有无事先通谋；(4)输赢钱物的具体情况和金额大小。

——《最高人民法院、最高人民检察院关于办理受贿刑事案件适用法律若干问题的意见》(2007年7月8日，法发〔2007〕22号)。

1380 以借款为名索取或者非法收受财物行为的认定

关键词｜借款｜受贿罪｜

【最高人民法院司法文件】

(六)以借款为名索取或者非法收受财物行为的认定

国家工作人员利用职务上的便利以借为名向他人索取财物，或者非法收受财物为他人谋取利益的，应当认定为受贿。具体认定时，不能仅仅看是否有书面借款手续，应当根据以下因素综合判定：(1)有无正当、合理的借款事由；(2)款项的去向；(3)双方平时关系如何、有无经济往来；(4)出借方是否要求国家工作人员利用职务上的便利为其谋取利益；(5)借款后是否有归还的意思表示及行为；(6)是否有归还的能力；(7)未归还的原因；等等。

——《全国法院审理经济犯罪案件工作座谈会纪要》(2003年11月13日，法〔2003〕167号)。

【最高人民法院参考案例】

沈财根受贿案(《刑事审判参考》案例第1447号)

要旨：利用职务便利，以民间借贷形式收受请托人高额利息的行为应认定为受贿罪。

国家工作人员与请托人之间以借贷为名的贿赂关系与正常民间借贷有本质区别，表现在：(1)从双方之间的关系来看，在正常民间借贷中，一般双方原来就有经济往来，或者双方是亲戚、朋友、同事、同学等较密切关系；在请托人和受托人之间的借贷中，出借人是国家工作人员，借款人是国家工作人员管理、制约、监督的对象，通常双方平时没有经济往来，借款发生在双方达成权钱交易的合意之后。(2)从是否有借款需求来看，在正常民间借贷中，借款人有借款需求，一般主动向出借人提出借款要求；在请托人和受托人之间的借贷中，出借人不管借款人是否需要资金，有些甚至是主动提出出借资金来为后续的利益输送布局。(3)从借款后的行为表现来看，在正常民间借贷中，借款人为了使出借人放心将资金借给他，一般会告知出借人借用资金的目的、使用过程，以及归还日期、归还的利息等，以言语和行动表达资金处于安全之中；在请托人和受托人之间的借贷中，出借人通常不过问或不具体过问资金用途、还款保障、借款利息，也不关心何时可以归还。(4)从出借资金的来源来看，在正常民间借贷中，出借人一般是将自有资金借给对方；在请托人和受托人之间的借贷中，不但有出借人将自有资金出借给对方的情况，还存在出借人将从他人处以无息或低息借款的资金再出借给借款人，从而赚取高额差价的情况。(5)从回报上看，在正常民间借贷中，借款人给出借人的利息一般是与正常经济活动所产生的收益相匹配；在请托人和受托人之间的借贷中，借款人给予出借人高额的利息，获取的利息与资金正常产生的收益严重不成比例。

——《刑事审判参考》(总第129辑)。

1381 股票受贿案件的认定

关键词｜股票｜受贿罪｜

【最高人民法院司法文件】

(七)涉及股票受贿案件的认定

在办理涉及股票的受贿案件时，应当注意：(1)国家工作人员利用职务上的便利，索取或非法收受股票，没有支付股本金，为他人谋取利益，构成受贿罪的，其受贿数额按照收受股票时的实际价格计算。(2)行为人支付股本金而购买较有可能升值的股票，由于不是无偿收受请托人财物，不以受贿罪论处。(3)股票已上市且已升值，行为人仅支付股本金，其“购买”股票时的实际价格与股本金的差价部分应认定为受贿。

——《全国法院审理经济犯罪案件工作座谈会纪要》(2003年11月13日，法

〔2003〕167 号）。

1382 国家工作人员非法收受单位内部职工股行为的定性

关键词 | 受贿罪 | 职工股 |

【最高人民法院公报案例】

辛业江受贿案（二审法院：海南省高级人民法院）

要旨：国家工作人员利用职务之便，非法收受行贿单位内部职工股股金收据，托人变现为巨额钱财，其行为构成受贿罪。

——《最高人民法院公报》1998 年第 4 期。

1383 收受无具体金额的会员卡及未出资而委托他人购买股票获利应当认定为受贿

关键词 | 受贿罪 | 会员卡 |

【最高人民法院参考案例】

梁晓琦受贿案（《刑事审判参考》案例第 562 号）

要旨：收受无具体金额的会员卡及未出资而委托他人购买股票获利应当认定为受贿。

《最高人民法院、最高人民检察院关于办理商业贿赂刑事案件适用法律若干问题的意见》（以下简称《商业贿赂的意见》）第七条规定："商业贿赂中的财物，既包括金钱和实物，也包括可以用金钱计算数额的财产性利益，如提供房屋装修、含有金额的会员卡、代币卡（券）、旅游费用等。具体数额以实际支付的资费为准。"该规定将商业贿赂罪中"财物"的外延解释为，既包括金钱和实物，也包括可以用金钱计算数额的财产性利益。虽然该规定是针对商业贿赂案件作出的，但我们在处理受贿罪时遇到类似问题时，也可参照执行上述司法解释。理由是：首先，商业贿赂犯罪与国家工作人员的贿赂犯罪是同类型犯罪，其犯罪的本质特征具有共通性，是发生在不同领域的贿赂行为，只因为实施的主体不同，刑法将其分别规定为不同的罪名而已，两种犯罪的客观构成要件相同，即均要求行为人利用职务便利，索取或收受他人财物，为他人谋取利益，具备适用同一解释的前提；其次，国家工作人员的贿赂犯罪的社会危害性比商业贿赂犯罪的危害性大，商业贿赂侵犯的只是公司、企业正常的经营活动秩序,但国家工作人员的贿赂犯罪侵犯的是整个国家的公务管理秩序和公务行为的廉洁性。从法定刑看,非国家工作人员受贿罪和对非国家工作人员行贿罪法定最高刑分别为十五年有期徒刑和十年以下有期徒刑,而受贿罪和行贿罪的最高法定刑分别为死刑和无期徒刑。根据举轻以明重的原理,既然非国家工作人员受贿罪中的“财物”可以解释为包括“可以用金钱计算数额的财产性利益”,受贿罪中的“财物”当然也应当适用这样的解释。综上,在处理受贿案件时,参照适用关于商业贿赂的解释规定,并不违背罪刑法定原则。

无具体金额的会员卡不等于不含有金额,其与含有金额的会员卡没有本质区别。上述司法解释所指的“会员卡”系含有金额的会员卡,本案涉及的会员卡虽未设定金额,但并不等于不含有金额、不能实现消费功能,实际上此类持卡人可以正常持卡消费,所产生的全部资费由请托人承担,与含有金额的会员卡在使用功能方面没有本质区别。因此,国家工作人员利用职务上的便利,索取或者非法收受无具体金额的会员卡后消费,为他人谋取利益,该消费金额由对方负担的行为,应当构成受贿罪,法院认定被告人梁晓琦持无具体金额的会员卡免费消费的行为构成受贿罪是正确的。

根据《商业贿赂的意见》第七条的规定,对“含有金额的会员卡、消费券”以“实际支付的资费”作为计算受贿数额的标准,主要原因在于,实践中,许多含有金额的会员卡、代币卡(券)所标注的金额通常要高于该卡(券)实际可消费的金额,如果以标注金额认定被告人的受贿金额,与被告人实际所获利益不符,有违评价的客观准确;另一方面,有的案件中,也可能出现行贿人与受贿人为规避法律制裁,往往卡(券)面标注金额远远低于实际可消费金额,甚至不标注金额而让持卡(券)人无限制地消费,这时如果仍以标注金额计算受贿金额明显不符合案件的客观事实,给犯罪分子留下逃避处罚的机会,因此,解释以“以实际支付的资费为准”计算具体受贿数额,符合刑法主客观一致的定罪原则。

委托理财是近年来我国逐渐兴起的投资理财的方式,对于实现客户资金的保值增值具有一定的作用,但也成为滋生腐败、权钱交易的新土壤。国家工作人员借委托请托人投资证券、期货或者其他委托理财的名义收受请托人财物的情况时有发生。为了打击这类犯罪,《受贿意见》第四条对此作了规定:“国家工作人员利用职务上的便利为请托人谋取利益,以委托请托人投资证券、期货或者其他委托理财的名义,未实际出资而获取‘收益’,或者虽然实际出资,但获取‘收益’明显高于出资应得收益的,以受贿论处。据此,前一情形的受贿数额,以‘收益’额计算;后一情形,以‘收益’额与出资应得收益额的差额计算。”实践中,以投资理财名义收受贿赂的情形十分复杂,在计算受贿数额时,应当区分具体情况进行处理:

(1)国家工作人员未实际出资,由请托人出资以国家工作人员名义购买记名股票等证券,其受贿数额应当为请托人为购买该记名股票等证券的出资额。至于国家工作人员所得的股票等证券的收益,应按受贿孳息处理。

(2)国家工作人员未实际出资,由请托人出资为其购买无记名股票等证券,如果股票等证券获利后,请托人收回购买股票等证券的出资额,应以国家工作人员所持股票等证券的实际收益计算其受贿数额;如果请托人没有收回购买股票等证券的出资额,应以请托人购买股票等证券的出资额加上国家工作人员所持股票的实际收益计算受贿数额;案发时股票等证券还未转让出售的,应以案发时该股票等证券的市场行情计算受贿数额。

(3)国家工作人员并未实际出资,而委托请托人购买股票等证券,请托人也未交付股票等证券,而是直接将收益交付国家工作人员,这种情况下,无论请托人是否真正购买股票等证券,其交付给国家工作人员的资金即为受贿数额。

——《刑事审判参考》(总第68辑)。

1384 收受银行卡未实际支取行为的定性

关键词 | 受贿罪 | 银行卡 |

【最高人民法院司法文件】

八、收受银行卡的,不论受贿人是否实际取出或者消费,卡内的存款数额一般应全额认定为受贿数额。使用银行卡透支的,如果由给予银行卡的一方承担还款责任,透支数额也应当认定为受贿数额。

——《最高人民法院、最高人民检察院关于办理商业贿赂刑事案件适用法律若干问题的意见》(2008年11月20日,法发〔2008〕33号)。

【最高人民法院公报案例】

北京市第二检察分院诉程绍志受贿案(二审法院:北京市高级人民法院)

要旨:国家工作人员利用职务上的便利,为他人谋取利益,收受他人的银行卡并改动密码,至案发时虽未实际支取卡中存款,但主观上明显具有非法占有的故意,应视为收受钱款的行为已经实施终了,构成了受贿罪。

经查,程绍志身为国家工作人员,利用职务上的便利,收受陈汉顺给予的“一卡通”银行卡后即变更密码,并长期将该卡存放在其在银行租用的保险箱中,直至案发被查获的事实,显见其主观上对该卡及卡中存款有非法占有的故意,虽尚未实际领取该存款,但其收受钱款的行为已经实施终了,故已构成受贿罪。

——《最高人民法院公报》2004年第1期。

1385 逢年过节收受下级单位“慰问金”行为的定性

关键词｜受贿罪｜单位受贿罪｜“慰问金”｜

【最高人民法院参考案例】

姜杰受贿案(《刑事审判参考》案例第218号)

要旨:收受下级单位“慰问金”的,构成受贿。

在社会生活中,下级单位逢年过节期间出于各种不同的目的,以给上级单位及其工作人员发放所谓的“奖金”“福利”“慰问金”等名义送钱送物的情况较为普遍。收受钱物的一方是否构成受贿?对此,应当区分不同情况,结合受贿犯罪的构成要件即是否具有为他人谋取利益这一点来加以具体认定。仅仅出于人情往来,不具有为他人谋取利益的意图及行为,属于不正之风,应按一般的违纪处理,不应认定为受贿犯罪;如借逢年过节这些传统节日之机,明知他人有具体请托事项,或者根据他人提出的具体请托事项、承诺为他人谋取利益而收受他人财物的,则不管是单位还是个人,均应认定为受贿行为。

——《刑事审判参考》(总第29辑)。

1386 国家工作人员以“劳务报酬”为名收受请托人财物行为的定性

关键词｜受贿罪｜国有事业单位｜劳务报酬｜

【最高人民法院参考案例】

方俊受贿案(《刑事审判参考》案例第407号)

要旨:只要在国有事业单位中从事公务,无论是否属于正式在编人员,均应认定为国家工作人员。区分国家工作人员受贿与收取合理劳务报酬的界限在于国家工作人员是利用职务便利为他人谋取利益收受财物还是利用个人技术换取报酬。

受贿行为的社会危害本质在于职务便利与金钱交易(通常表述为权钱交易),侵犯国家工作人员的职务廉洁性。对于国家工作人员利用职务之便,为他人谋取利益收受财物的,应认定为受贿;对于国家工作人员没有利用职务便利,仅仅是利用个人的技术、管理专长为他人提供服务,收取相应报酬的,因为没有职权与金钱交易性质,故该报酬属于合理收入,不应认定为受贿。可见,受贿与收取合理劳务报酬的区分关键就在于国家工作人员是利用职务便利为他人谋取利益而收受的财物,还是利用个人技术为他人提供服务取得相应报酬。

由以上可以看出,在纷繁复杂的个案中,如何正确区分正当的劳务报酬与非法的行贿受贿的界限，司法中应当注意从以下几个方面进行综合把握：(1)国家工作人员是利用职务便利为他人谋取利益收受财物还是利用个人技术换取报酬；(2)是否确实提供了有关服务；(3)接受的财物是否与提供的服务等值。

——《刑事审判参考》(总第51辑)。

1387 社区卫生服务中心网管员为医药销售代表"拉单"收受财物的行为定性

关键词 | 受贿罪 | 拉单 | 收受财物 |

【最高人民法院公报案例】

上海市嘉定区人民检察院诉丁利康受贿案(二审法院：上海市第二中级人民法院)

要旨：国有医疗机构中，从事医疗数据统计、传输、维护等信息管理工作的事业编制人员，其统计、传输、维护的信息和数据系国有医疗机构对医疗业务进行管理、监督、决策的重要依据，属于医保信息，工作内容具有公务性质，该人员系国有事业单位中从事公务的人员，应以国家工作人员论。该类人员利用从事信息管理的职务便利，非法收受医药营销人员财物，向其提供本医疗机构药品使用情况统计数据等信息，为相关药品生产、销售企业以不正当手段销售药品提供便利的行为，应当依照刑法第三百八十五条第一款的规定，以受贿罪定罪处罚。

——《最高人民法院公报》2014年第9期。

【最高人民法院参考案例】

吕辉受贿案(《刑事审判参考》案例第806号)

要旨：社区卫生服务中心网管员为医药销售代表"拉单"收受财物的行为构成受贿罪。

近年来，商业贿赂在一些领域和行业滋生蔓延并有愈演愈烈之势，严重危害我国市场经济的健康发展。为此，最高人民法院、最高人民检察院2008年11月20日联合发布了《关于办理商业贿赂刑事案件适用法律若干问题的意见》(以下简称《意见》)。根据《意见》第四条的规定，医疗机构中的国家工作人员，在药品、医疗器械、医用卫生材料等医药产品采购活动中，利用职务上的便利，索取销售方财物，或者非法收受销售方财物，为销售方谋取利益，构成犯罪的，以受贿罪定罪处罚。医疗机构中的非国家工作人员，有前款行为，数额较大的，以非国家工作人员受贿罪定罪处罚。医疗机构中的医务人员，利用开处方的职务便利，以各种名义非法收受药品、医疗器械、医用卫生材料等医药产品销售方财物，为医药产品销售方谋取利益,数额较大,以非国家工作人员受贿罪定罪处罚。本案在审理过程中,对新港卫服中心、嘉兴卫服中心的所有制性质以及吕辉身份的定性,控辩双方争议很大。我们认为,新港卫服中心和嘉兴卫服中心系国有事业单位,吕辉收受贿赂的行为构成受贿罪。具体理由如下:

(一)经过客观、全面地分析证据,应当认定新港卫服中心和嘉兴卫服中心系国有事业单位……

(二)国家工作人员应当以是否从事公务为依据,被告人吕辉从事的活动具有公务性质,应当认定为国家工作人员。

国家工作人员的本质特征是从事公务,认定是否是国家工作人员也应当以是否从事公务为依据。本案中,对被告人吕辉能否认定为国家工作人员并不取决于其"身份"(是临时工还是正式工),而取决于其职责,应当结合吕辉是否从事公务来判断其是否属于国家工作人员。本案的审理过程中,对吕辉负责采购计算机及其设备系从事公务没有争议,但对于吕辉对社区卫生服务中心的信息进行维护是否属于从事公务争议较大。经查,吕辉对社区卫生服务中心的网络信息予以维护的范围包括对医生的工作量、业务总金额、看病人次、人均费用、药品所占业务总金额的比例等进行统计、汇总,监控医生超量或者异常用药情况,及时向院办公室汇报,并确保统计数据的真实性、安全性和保密性。可见,吕辉在事业单位中履行了对国有资产的管理及对公共事务的监督职责,从事的活动具有公务性质,应当将其认定为国家工作人员。

值得注意的是,应当将吕辉利用网络管理员的职务便利,收受供货单位相关人员以及医药销售代表给予的财物,并在采购计算机及配件和提供医生药品用量信息等方面为他们谋取利益的行为与医生利用开处方的职务便利,收受药品、医疗器械、医用卫生材料等医药产品销售方财物的行为,以及医生收受红包的行为相区分。医生开处方的行为属于不具备职权内容的劳务活动、技术服务工作,应当以非国家工作人员论。当其利用处方权收受医药产品销售方给予的回扣时,由于其处方权具有对医药购销的实质性影响,能够被贿赂所左右,可以构成非国家工作人员受贿罪;而当其利用自身的专业技能为患者进行诊疗时,此时的医生与患者是一种平等的医疗服务关系,医生需要遵循专业知识和工作规则为患者服务,不存在受到贿赂影响的职务行为,故医生收受患者红包的行为属于行业不正之风,不能以犯罪论处,可对其进行批评教育或者纪律处分。本案中,吕辉基于其具有公务性质的职务行为获取了不正当的报酬,依法构成受贿罪。

——《刑事审判参考》(总第 87 辑)。

1388 国家工作人员利用职务便利索要高额投资回报的，构成受贿罪

关键词｜受贿罪｜高额投资回报｜

【最高人民法院参考案例】

胡发群受贿、巨额财产来源不明案(《刑事审判参考》案例第 384 号)

要旨:国家工作人员假借投资合伙经营,在实际并未经营的情况下,利用职务便利强要"合伙"相对方支付高额投资回报的行为构成受贿罪。

被告人以合伙经营为名,利用职务便利强要支付高额投资回报,属于索贿行为。随着反腐斗争的愈加深入,腐败分子收受贿赂的方式也逐渐发生变化,由赤裸裸直接地收受财物,演变为间接地收受物品只付少量现金,或者赌博时光赢不输,或者以合伙经营的形式收受"高额回报"等方式。无论收受贿赂的方式如何变化,贿赂的本质,即国家工作人员利用职权索取或非法收受他人财物,为他人谋取利益的性质没有变。只要符合这一本质特征,就是贿赂犯罪。

——《刑事审判参考》(总第 48 辑)。

1389 索要正当合伙承包经营的分成不构成受贿罪

关键词｜受贿罪｜承包经营｜

【最高人民法院参考案例】

刘群祥被控受贿案(《刑事审判参考》案例第 15 号)

要旨:实际参与了合伙承包经营,索要正当合伙承包经营的分成不构成受贿罪。

刘群祥参与了赵松青的业务活动。二人之间共同经营关系虽然没有书面协议,但能够认定。刘群祥的行为是参与赵松青的业务,而不是抗诉书上所说的"只参与行政管理,业务协调和对业务员进行业务指导"。业务指导是宏观行为,参与业务活动是微观行为,是具体的活动。刘群祥从联系业务、制定价格、签订合同、供货直到货款回收全过程都参加了,这就大大超出了行政管理、业务协调和对业务员进行业务指导的范畴。刘群祥参与赵松青的业务活动,得到了公司领导与公司职工认可,本公司又有开展承包活动的规定,因而是合法的。刘群祥参与了业务活动,付出了劳动,应当取得相应的报酬。

综上,被告人刘群祥参与赵松青承包经营,向赵索要 11.9 万元,不是索贿,不构成受贿罪,法院宣告被告人无罪是正确的。

——《刑事审判参考》(总第 2 辑)。

1390 利用职务便利为他人谋取利益，授意他人向第三人出借款项，还款义务最终被免除的，是否属于受贿

关键词｜利用职务便利｜为他人谋取利益｜受贿罪｜

【最高人民法院参考案例】

雷政富受贿案(《刑事审判参考》案例第 885 号)

要旨:利用职务便利为他人谋取利益,授意他人向第三人出借款项,还款义务最终被免除的,属于受贿。

本案的争议焦点是明勇智按照雷政富的要求将三百万元出借给肖烨,肖烨拒绝还款后,雷政富自揽债务责任,明勇智表示免除债务责任,能否认定为雷政富受贿。争议的原因在于此案的特殊性:一是雷政富并没有直接收到明勇智的三百万元;二是明勇智免除的并非是雷政富本人的债务。

1. 免除债务能否成为受贿罪的对象

本案需要明确的第一个问题是免除债务能否成为受贿对象。长期以来,我国刑法学关于受贿罪犯罪对象的争议一直不断并且十分激烈。主要有以下三种观点:一是财物说。该观点认为受贿罪对象应当仅限于有形的财物,即金钱和物品。二是财产性利益说。该观点认为贿赂通常是指金钱和物品,物品包括动产和不动产,但在某些特定场合,贿赂也可以指财产性利益,如债权、劳务等。三是利益说。该观点认为,受贿对象不仅包括财物、财产性利益,还应当包括其他非财产性利益。

我们赞同第二种观点,具体理由如下:一是虽然以财物说认定受贿对象是我国刑法学界的传统观点,但是随着受贿犯罪手段的不断翻新,行受贿犯罪变得更为隐蔽、复杂,财产性利益事实上已经成为贿赂的一种常见形式,财物说已不能适应打击职务犯罪的形势要求。二是利益说是对现行法律规定的“财物”的无限扩大解释,这种无限扩大解释背离了立法本意。三是财产性利益说既符合现实的需要也不违背立法精神。根据相关司法解释的规定,贪污贿赂犯罪中的“财物”已不局限于传统意义上的金钱和物品。2007 年《最高人民法院、最高人民检察院关于办理受贿刑事案件适用法律若干问题的意见》(以下简称《办理受贿意见》)出台后,对“财物”的解释有所扩张,“财物”不再限于金钱和物品。2008 年最高人民法院、最高人民检察院联合发布的《关于办理商业贿赂刑事案件适用法律若干问题的意见》第七条明确规定:“商业贿赂中的财物,既包括金钱和实物,也包括可以用金钱

计算数额的财产性利益，如提供房屋装修、含有金额的会员卡、代币卡（券）、旅游费用等。”可见，在相关指导性规范文件中，受贿对象已不限于有形的财物，在特定场合，受贿对象也可以是财产性利益，如免除债务、免费旅游、提供劳务等可以直接用货币计算的利益。

2. 免除第三人债务能否成为受贿罪的对象

基于前述分析，免除债务能够成为受贿罪的对象，但免除第三人债务，能否成为受贿的对象，仍有争议。我们认为，刑法第三百八十五条没有明确规定国家工作人员索取或者收受他人贿赂必须是自己直接占有，因此行为人索取或者收受贿赂，由第三人占有的，也可以成立受贿罪。《办理受贿意见》第七条规定：“国家工作人员利用职务上的便利为请托人谋取利益，授意请托人以本意见所列形式，将有关财物给予特定关系人的，以受贿论。”既然免除债务可以作为一种财产性利益解释为刑法第三百八十五条规定的“财物”，且索取或者收受贿赂包括请托人向第三人提供贿赂的情形，那么免除第三人债务理所当然可以成为受贿罪的对象。

本案中，被告人雷政富利用职务便利为明勇智谋取利益，授意明勇智向肖烨出借款项，还款义务被免除的，构成受贿罪。具体分析如下：

（1）雷政富利用职务之便为明勇智谋取了利益。明勇智与证人邓某、廖某、梁某的证言、雷政富在侦查阶段的供述、相关会议记录等，均证实雷政富在勇智公司承接工程及工程提前回购、支付工程款等事项中为勇智公司谋取了利益。雷政富的供述、明勇智的陈述还证实，明勇智得到雷政富的帮助后，曾向雷许诺会表示感谢。

（2）明勇智“出借”给肖烨的钱款是基于雷政富的要求及其所需实际等同于“出借”给雷政富，免除肖烨的债务实际等同于免除雷政富的债务，更何况明勇智是在雷政富自揽还款责任后免除，即实质上免除的是雷政富本人的还款义务。本案中，肖烨与雷政富具有敲诈与被敲诈的经济利益关系，肖烨敲诈的是雷政富，明勇智实际是代雷政富支付敲诈款。肖烨不愿归还明勇智三百万元债务，是因为其敲诈的本是雷政富，在其看来，雷政富出面出借的三百万元，无须由其归还，如要归还，也应当由雷政富归还；在雷政富看来，明勇智出借给肖烨三百万元，显然是基于其职务的影响，肖烨是将自己作为敲诈对象，且名义上是借款，实质上是非法占有；而在明勇智看来，其最初是基于雷政富的职务影响才将三百万元出借给肖烨，还款期满肖烨搪塞不还时，雷政富提出该笔还款由雷本人来还，其经权衡便当即免除雷还款的义务。因此，明勇智免除肖烨的债务，实质上是免除雷政富的债务。

（3）明勇智出借三百万元以及后来免除该债务都是基于雷政富的职务影响。雷政富之所以在受到肖烨要挟时联系明勇智“借款”，原因在于勇智公司此前在承接工程等事项上得到雷的帮助，并希望继续得到关照，为此明勇智还向雷政富许诺会表示感谢。明勇智与肖烨事前并不认识,对肖烨个人信用、公司经营状况、资产情况毫不知情,之所以出借巨额资金给肖烨是基于雷政富的要求以及雷以前和今后对勇智公司的帮助。在肖烨明确不归还涉案三百万元,雷政富主动表示承担该债务时,明勇智表示免除该债务亦是基于雷政富此前对勇智公司的帮助以及想继续得到雷的关照。

(4)明勇智表示免除债务时双方即达成行受贿合意。肖烨提出“借款”三百万元时,是以“借款”的名义行敲诈之实。雷政富虽然明知肖烨敲诈,授意明勇智支付巨额资金给肖烨,但其主观上是希望肖烨归还的,之后还为肖烨介绍工程,为肖烨还款提供条件。明勇智此时是基于雷政富的职务影响才出借三百万元,但双方尚未达成行受贿的合意。在“借款”到期后,明勇智多次向肖烨催收,肖烨以资金紧张为由予以搪塞。明勇智告知雷政富后,雷政富主动表明由自己承担还款义务,明勇智遂提出无须归还,即对肖烨的债务予以免除,雷政富也予以认可。可见,双方就肖烨三百万元“借款”不用归还的合意,实质上是雷政富与明勇智达成了行受贿合意。明勇智免除肖烨的债务,放弃通过诉讼等正当程序向肖烨及其公司主张权利,是基于雷政富职务的影响,明勇智放弃对该款的追索,获益的是雷政富本人,其实质是雷政富与明勇智的权钱交易。

综上,本案三百万元“借款”实际上是明勇智通过出借资金的方式,为肖烨敲诈雷政富的款项买单,无论是明勇智答应借款给肖烨,还是放弃对该“借款”的追索,目的是出于对雷之前对其公司关照的感谢,并希望继续得到雷的关照,都是基于雷政富的职权。至于明勇智是否知道雷牵涉到不雅视频,不影响对案件性质的认定。本案表面上看雷政富本人没有获得财物,但请托人的行贿指向是明确的,最后免除第三人肖烨的债务,完全是基于国家工作人员雷政富的意思,而第三人之所以获利,完全源于雷政富与明勇智之间的权钱交易和雷政富最终对该财产的处分意思。该笔款项名为肖烨公司与明勇智公司的民间借贷款,实为明勇智与雷政富之间的权钱交易款,属于贿赂款的性质。

——《刑事审判参考》(总第93辑)。

1391 如何把握索贿的法律适用标准

关键词|受贿罪|索贿|

【最高人民法院参考案例】

吴仕宝受贿案(《刑事审判参考》案例第1431号)

要旨:受贿犯罪中应当根据被告人的职务、地位及其影响、是否为行贿人谋取利益、是否主动提起犯意、行贿人的利益是否违法等多个情节来综合判断行贿是否违背了行贿人的意愿，进而确定是否构成索贿。

具体办案中可以从以下几点进行把握：(1)并非国家工作人员先提出的均构成索贿，但是索贿应当是国家工作人员率先通过明示或者暗示的方式向请托人表达了收取财物的意图。(2)索贿的本质是违背了行贿人的意愿，虽然不要求达到被胁迫、勒索的程度，但是应当能够反映出行贿人是出于压力、无奈、不情愿才交付财物。(3)实践中可以根据受贿人给请托人谋取利益的大小，受贿人提出的财物要求是否在请托人心理预期之内，请托人请托的事项是否违法等进行综合判断。比如，请托人本来就是谋取违法的利益，对于让渡部分"利润"早有心理预期，双方对于行受贿事实属于"心知肚明"，此时即使是受贿人率先提出受贿的具体数额，一般也不宜认定为索贿。

——《刑事审判参考》(总第128辑)。

1392 以欺骗方式主动让行贿人交付财物的，如何定性

关键词 | 受贿罪 | 欺骗方式 | 索贿 |

【最高人民法院参考案例】

吴六徕受贿案(《刑事审判参考》案例第1147号)

要旨：以虚构事实、隐瞒真相的方式向行贿人施加压力进而索要财物，并利用职务上的便利为行贿人谋取利益的行为，属于索贿。

首先，必须准确把握"索贿""索取他人财物"的含义。根据刑法第三百八十五条第一款的规定，受贿罪的行为方式分为"索取他人财物"和"非法收受他人财物"两种，刑法第三百八十六条又规定"索贿的从重处罚"。"索贿"即是指"索取他人财物"。刑法及相关司法解释未对"索贿"或"索取他人财物"的含义作出规定，在司法实践中可以按照上述用语的通常含义来认定索贿。依据《现代汉语词典》(第五版)的解释，索取即"向人要(钱或东西)"，索贿即"索取贿赂"。可见，只要行为人主动向他人索要财物，即属于"索取他人财物"，"索贿"只是刑法对"索取他人财物"的简便表述，二者含义相同。因此，认定行为人是否构成索贿关键看其是否主动要求对方交付财物作为对价。

其次，对索贿行为必须结合行为人利用职务上的便利实施犯罪的背景准确定性。以虚构事实、隐瞒真相的方式向行贿人施加压力进而索要财物，并利用职务上的便利为行贿人谋取利益的行为，属于索贿。

——《刑事审判参考》(总第106辑)。

1393 经国家机关的党委研究决定任命为集体所有制企业的经营管理人员利用职务便利要求合作单位为其亲属提供低价住房行为的认定

关键词｜受贿罪｜国家机关工作人员｜受贿数额｜

【最高人民法院参考案例】

李葳受贿案(《刑事审判参考》案例第340号)

要旨:经国家机关的党委研究决定任命为集体所有制企业的经营管理人员能认定为国家机关委派到非国有企业中从事公务的人员。利用与其他单位共同开发房地产的职务便利要求合作单位为其亲属提供低价住房的行为,实质上属于利用职务便利索要财物。索取的财物是否为被告人自己占有,不影响受贿罪的成立。被告人支付少量购房款用以掩盖索贿犯罪行为的,其受贿数额应为房屋当时的实际价值与实际支付价款的差额。

2. 被告人在合作开发房地产过程中,要求合作单位为其亲属提供低价住宅,实质上属于利用职务便利索要财物。索取的财物是否为被告人自己占有,不影响受贿罪的成立。

受贿犯罪案件中,存在利用职务便利为请托人谋取利益的行为人没有直接占有受贿款物的情形,但这并不影响其受贿罪的成立。2003年11月13日最高人民法院法〔2003〕167号通知印发的《全国法院审理经济犯罪案件工作座谈会纪要》关于受贿罪中共同受贿犯罪的认定规定:"国家工作人员利用职务上的便利为他人谋取利益,并指定他人将财物送给其他人,构成犯罪的,应以受贿罪定罪处罚。"被告人利用本人职务上的便利,直接要求合作单位为其亲属提供低价住房的,符合规定中"指定他人将财物送给其他人"的特征,对其应以受贿罪论处。

3. 被告人支付少量购房款用以掩盖索贿犯罪行为的,其受贿数额应为房屋当时的实际价值与实际支付价款的差额。

对于国家工作人员利用职务上的便利,索要财物后支付少量现金的行为,能否以受贿犯罪追究刑事责任,以及认定为受贿犯罪的,犯罪数额如何计算,司法实践早已有比较成熟的做法。如1985年7月8日最高人民法院、最高人民检察院联合发布的《关于当前办理经济犯罪案件中具体应用法律的若干问题的解答(试行)》在关于国家工作人员利用职务上的便利,为他人谋取利益,接受对方物品,只付少量现金,可否定为受贿以及受贿金额应如何计算的问题中指出:"国家工作人员利用职务上的便利,为他人谋取利益,收受物品,只付少量现金,这往往是行贿、受贿双方为掩盖犯罪行为的一种手段,情节严重,数量较大的,应认定为受贿罪。受贿金额以行贿人购买物品实际支付的金额扣除受贿人已支付现金额计算。行贿人的物品未付款或无法计算行贿人支付金额的,应以受贿人收受物品当时当地的市场零售价格扣除受贿人已支付现金额来计算。”这一规定仍具有现实意义。参照这一规定的精神，将房屋当时的实际价值与实际支付价款之差额，认定为受贿数额是正确的。

——《刑事审判参考》（总第43辑）。

1394 国有媒体记者以威胁曝光为由索要钱财的行为定性

关键词｜受贿罪｜职务便利｜

【最高人民法院参考案例】

李万、唐自成受贿案（《刑事审判参考》案例第608号）

要旨：对国有媒体记者以威胁曝光为由向有关单位索要钱财的行为应认定为受贿。

（一）记者从事的新闻报道等业务活动属于职务行为，利用采访等实现舆论监督的手段索要财物的，属于“利用职务上的便利”。

在我国，记者并不是“独立人士”或者“自由职业者”，而是以所属新闻媒体等单位的名义从事业务活动。记者从事的采访报道等活动属于职务行为，在相关法律法规中有明确的规定。根据著作权法第十八条的规定，公民为完成法人或者非法人单位工作任务所创作的作品是职务作品。据此，记者经过采访撰写的新闻报道理应属于职务作品。《最高人民法院关于审理名誉权案件若干问题的解答》第八条规定，作者（当然主要是指新闻记者）与新闻出版单位为隶属关系，涉案作品系履行职务所形成的，只列新闻出版单位为被告。新闻出版总署2005年《新闻记者证管理办法》第十四条规定，不得用记者证从事非职务行为。新闻出版总署2008年《关于进一步做好新闻采访活动保障工作的通知》第五条更是明文指出：“新闻采访活动是新闻记者的职务行为。”这表明记者持记者证进行的正常采访活动就是职务行为。由上可见，记者从事的新闻报道等业务活动，绝不是单纯的“个体性的劳务”，而是以所属新闻媒体单位名义进行的职务活动，属于一种职务行为。

（二）国有媒体记者对公共事务行使舆论监督权，属于从事公务活动，其利用舆论监督权索取他人财物的，符合受贿罪权钱交易的本质特征。

——《刑事审判参考》（总第72辑）。

1395 受贿罪中“特定关系人”的界定

关键词｜受贿罪｜特定关系人｜

【最高人民法院司法文件】

六、关于特定关系人“挂名”领取薪酬问题

国家工作人员利用职务上的便利为请托人谋取利益,要求或者接受请托人以给特定关系人安排工作为名,使特定关系人不实际工作却获取所谓薪酬的,以受贿论处。

七、关于由特定关系人收受贿赂问题

国家工作人员利用职务上的便利为请托人谋取利益,授意请托人以本意见所列形式,将有关财物给予特定关系人的,以受贿论处。

特定关系人与国家工作人员通谋,共同实施前款行为的,对特定关系人以受贿罪的共犯论处。特定关系人以外的其他人与国家工作人员通谋,由国家工作人员利用职务上的便利为请托人谋取利益,收受请托人财物后双方共同占有的,以受贿罪的共犯论处。

十一、关于“特定关系人”的范围

本意见所称“特定关系人”,是指与国家工作人员有近亲属、情妇(夫)以及其他共同利益关系的人。

——《最高人民法院、最高人民检察院关于办理受贿刑事案件适用法律若干问题的意见》(2007 年 7 月 8 日,法发〔2007〕22 号)。

【最高人民法院参考案例】

赵强受贿案(《刑事审判参考》案例第 1399 号)

要旨:准确区分就业领薪和以特定关系人“挂名”领薪方式受贿。

实践中,一些人为了感谢或者请托国家工作人员为自己谋利,采取给后者的特定关系人安排工作。从实际情况看,大致可分为三种情形:一是特定关系人没有实际工作,仅是“挂名”领取薪酬;二是特定关系人实际参与工作,但所领取的薪酬明显高于该职位正常的薪酬水平或与其业务能力、业绩明显不相符;三是特定关系人正常工作并领取相应薪酬。对此种行为如何定性,学界、司法实务部门分歧较大。司法实践中对第一、三种情况处理基本一致,即对第一种情况认定国家工作人员受贿,第三种情况不认定为受贿,但对于第二种情况如何认定,争议较大。当前薪酬体系标准不一,较为混乱,尤其一些私营企业,部分岗位薪酬差别较大且不透明,此种情况下如何认定所领取的薪酬与正常薪酬明显不成比例,进而确定受贿数额存在困难,如赵强及其辩护人即提出赵强之子赵某某兼职法国公司后实际从事相应工作,所领取的薪酬不应认定为赵强受贿。但就一审判决查明的事实看,赵强在黄建平准备推荐赵某某到法国 CVS 公司兼职事宜征求其意见时,即对赵某某无须真正承担翻译任务、黄建平只是借此资助赵某某在北京购房具有明知。林卓尔原本不愿意聘用不符合条件的赵某某，但在黄建平明确告知他与赵强之间关系，务必设法录用，所支出的费用他会予以补偿后，聘用了赵某某，并为了防止赵某某没有实际工作的真相被法国 CVS 公司总部发现，通过收转电子邮件的方式，将他人的翻译业务充作赵某某的业绩。在两年聘用期内，赵某某从未到法国 CVS 公司在中国的分公司工作，仅在北京与林卓尔见面寥寥，既没有陪同法国 CVS 公司代表出席商务活动、完成口译任务，也没有按照协议约定开展相应的信息搜集、整理及翻译工作，仅为应付法国 CVS 公司总部检查，配合林卓尔完成邮件接收、转发等毫无实际意义的工作，其所从事的少量辅助性工作也与获取的高额薪酬严重失衡。而在此期间，黄建平另行出资为法国 CVS 公司聘请翻译、接待法国 CVS 公司高层管理人员及商业伙伴等，前后花费约一百三十万元。赵某某所获取的薪酬表面看源自法国 CVS 公司，但究其实质源自黄建平，即黄建平通过林卓尔，假法国 CVS 公司"聘用"赵某某兼职，以较为隐蔽的方式，兑现其之前作出的资助赵强家在北京购房的承诺，与直接送与赵强财物并无本质区别。赵某某被提前解聘时，黄建平专门向赵强作解释，案发前赵强家人与黄建平就此实施两次串供、串证活动，也为例证。因此，一审判决认定黄建平安排赵某某挂名领薪，相应"薪酬"全额计入受贿数额是准确的。

——《刑事审判参考》（总第 125 辑）。

1396 国家工作人员与特定关系人共同受贿的认定

关键词 | 受贿罪 | 特定关系人 | 国家工作人员 |

【最高人民法院参考案例】

朱渭平受贿案（《刑事审判参考》案例第 1145 号）

要旨：国家工作人员和特定关系人在事先未通谋的情况下，利用职务上的便利为请托人谋取利益，在知道特定关系人索取、收受请托人财物后虽有退还的意思表示，但发现特定关系人未退还予以默认的，应当认定国家工作人员具有受贿故意，构成受贿罪。

国家工作人员和特定关系人没有事前通谋，国家工作人员利用职务上的便利为请托人谋取利益，特定关系人索取或收受请托人财物的，判定国家工作人员是否具有受贿的故意，关键看其对收钱一事是否知情以及知情后的态度。具体可以分为以下几种情形：

第一种情形，特定关系人索取、收受请托人财物后一直未告知国家工作人员，直至案发国家工作人员才知道其收钱的事实。在这种情况下，由于国家工作人员主观上对收受财物没有认知，无受贿之故意，显然不能以受贿罪追究其刑事责任。但是由于没有管住身边人，仍可能面临党纪处分。为了弥补可罚性漏洞，刑法修正案（七）增设了利用影响力受贿罪。在上述情形中，对于收受财物的特定关系人，若其为请托人谋取的系不正当利益，可能构成刑法第三百八十八条之一规定的利用影响力受贿罪。

第二种情形，特定关系人索取、收受他人财物，国家工作人员知道后及时退还或者上交。国家工作人员在知晓特定关系人收受财物后，及时退还或者上交的，表明国家工作人员对收受请托人财物持反对、否定的态度，主观上没有受贿的故意，不能以受贿罪追究其刑事责任。《最高人民法院、最高人民检察院关于办理受贿刑事案件适用法律若干问题的意见》第九条规定："国家工作人员收受请托人财物后及时退还或者上交的，不是受贿。"根据该意见，既然国家工作人员本人收受财物后及时退还或者上交的不是受贿，那么，国家工作人员知道特定关系人收受财物后及时退还或者上交的，也应坚持同一标准，不应评价为受贿。需要注意的是，这种情况下特定关系人仍有可能构成利用影响力受贿罪，"及时退还或者上交"仅仅作为利用影响力受贿罪的一个酌定量刑情节予以考虑。

第三种情形，国家工作人员知道特定关系人索取、收受请托人财物后，虽有退还的意思表示，但发现特定关系人未退还后予以默认的。此种情形应当认定国家工作人员主观上具有受贿的故意。对受贿故意的考察判断，不能孤立地看国家工作人员得知特定关系人收受他人财物这一时间节点的个别言语和行为，而要综合考察国家工作人员知情后，是否积极敦促、要求特定关系人退还财物，最终对收受他人财物是否持认可、默许的态度。国家工作人员和特定关系人处于同一利益共同体，共同体中的任何一方收受他人财物的行为，客观上应视为"利益共同体"的整体行为。当国家工作人员发现特定关系人未按要求退还财物仍然默许的，表明其对共同体另一方收受财物的行为总体上持认可态度，当然应对这种客观上未退还的不法后果担责。

第四种情形，国家工作人员知道特定关系人索取、收受请托人财物后，要求特定关系人退还，特定关系人欺骗国家工作人员财物已经退还。这种情形下，客观上财物未退还或者上交，能否依据《解释》①认定符合"国家工作人员知道后未退还或者上交"的要求，直接判定国家工作人员具有受贿的故意？我们认为，还是应当从案件实际情况出发谨慎判断受贿故意的有无。若国家工作人员知道特定关系人收受财物后强烈反对，坚决要求特定关系人及时退还财物并多次提醒、督促，特定关

---

① 即《最高人民法院、最高人民检察院关于办理贪污贿赂刑事案件适用法律若干问题的解释》（法释〔2016〕9号）。

系人欺骗国家工作人员财物已经退还，根据案件的具体情况，确有合理理由相信国家工作人员被蒙蔽，确信财物已经退还的，不宜认定其主观上具有受贿的故意。

第五种情形，国家工作人员知道特定关系人索取、收受请托人财物后，口头要求特定关系人退还财物，事后不再过问此事，特定关系人实际未退还财物的。这种情形比较复杂，需要结合具体案情，包括国家工作人员有无积极监督、督促特定关系人退还财物，国家工作人员事后有无接触并问询请托人，有无亲自向请托人退还财物的条件，有无上交财物的条件等，综合判断国家工作人员要求特定关系人退还财物的意思表示是随口说说，还是确有此意。如果国家工作人员对退还财物本无真心，实际上持“还不还根本无所谓”的心态，事后也不再过问财物是否退还，甚至在得知特定关系人再次索要、收受请托人财物后仍默许和收受的，应当认定其主观上具有受贿的故意。

第六种情形，国家工作人员知道特定关系人索取、收受请托人财物后，坚决要求特定关系人退还，而特定关系人始终不肯退还并和国家工作人员就此发生矛盾、冲突，最终财物未退还或者上交。在此种情形中，国家工作人员要求退还财物的态度是明确的，表明收受财物实质上违背了国家工作人员的意愿，但由于在利益共同体内部，国家工作人员和特定关系人就是否退还财物发生了激烈的对抗冲突，此时能否将特定关系人收受财物的结果归责于国家工作人员？此种情形下认定国家工作人员是否具有受贿故意，容易产生较大分歧。《解释》出台后，有意见认为，国家工作人员对收受财物知情而客观上未退还或上交的，应直接适用《解释》，判定国家工作人员具有受贿的故意，而不问国家工作人员和特定关系人在归还财物一事上是否有分歧、矛盾和冲突。我们认为，由于国家工作人员和特定关系人利益的一致性和关系的亲密性，法律对国家工作人员提出了“退还或者上交财物”的严格要求，只要客观上财物未退还或者上交的，我们在考察国家工作人员是否具有受贿意图时通常会作出不利于国家工作人员的推断，但这种情形也不能一概而论。例如，国家工作人员的情妇收受请托人一块翡翠，国家工作人员知道后坚决要求情妇退还，情妇不肯退还并和国家工作人员发生争吵甚至大打出手，情妇将翡翠藏匿并以揭发其与国家工作人员的特殊关系相要挟，拒绝退还翡翠，国家工作人员为此和情妇断交。在此情况下，国家工作人员坚持要求退还、和情妇断交等一系列的行为，反映其主观上并没有受贿的故意，但由于情妇藏匿翡翠，国家工作人员客观上无法退还和上交翡翠，又因情妇以告发关系相威胁，我们很难期待国家工作人员主动揭发情妇、鱼死网破。在类似案例中，我们应从案件的基本情况出发，客观、公正地认定国家工作人员是否具有受贿故意，谨慎地判断是否以受贿罪追究国家工作人员的刑事责任。

——《刑事审判参考》（总第106辑）。

罗菲受贿案(《刑事审判参考》案例第1143号)

要旨:虽不具有代为转达请托事项行为,但特定关系人与国家工作人员具有受贿通谋和行为的,仍构成受贿罪共犯。

根据现行刑法规定及共同犯罪理论,二人以上基于共同的故意实施共同的犯罪行为即成立共同犯罪。这里的共同故意既包括事前通谋的情况,也包括事中通谋的情况。同时,同一犯罪可以由不同行为环节构成,各行为人在共同犯罪故意的支配下分别实施了构成共同犯罪整体行为的某一部分行为,即可认定为共同参与了犯罪实施。就受贿罪而言,受贿行为由两部分组成:一是为他人谋利,二是收受他人财物。据此,特定关系人只要主观上与国家工作人员形成受贿的通谋,客观上实施了部分受贿行为,对其以受贿罪共犯论处是符合刑法规定和共同犯罪理论的。

对于特定关系人成立受贿罪共犯的认定,虽然根据《纪要》①的有关规定,国家工作人员的近亲属收受请托人财物构成受贿罪共犯的前提条件是其向国家工作人员代为转达请托事项,但司法实践中不能将此规定作为认定特定关系人成立受贿罪共犯的排他性标准。因为这一规定主要针对的是当时司法实践中较为突出的一类情形,为了统一认识,才予以例示性写入《纪要》,属于注意规定而非创设新的共犯认定标准。而关于非国家工作人员成立受贿罪共犯的条件,《纪要》同时也有总则性规定,"根据刑法关于共同犯罪的规定,非国家工作人员与国家工作人员勾结伙同受贿的,应当以受贿罪的共犯追究刑事责任。非国家工作人员是否构成受贿罪共犯,取决于双方有无共同受贿的故意和行为"。据此,虽不具有代为转达请托事项行为,但特定关系人与国家工作人员具有受贿通谋和行为的,仍构成受贿罪共犯。因此,《纪要》并未改变刑法关于受贿罪共同犯罪认定的基本标准,那种将向国家工作人员代为转达请托事项认定为国家工作人员的近亲属构成受贿罪共犯的必要条件的认识是对《纪要》有关规定的片面理解,实际是对受贿罪限定了较一般共同犯罪更为严格的条件,与刑法共同犯罪理论不符,不能适应当前打击腐败犯罪形势的需要,在实践中更会造成放纵部分特定关系人的负面效果。

对此,2007年《最高人民法院、最高人民检察院关于办理受贿刑事案件适用法律若干问题的意见》中就专门予以强调,"特定关系人与国家工作人员通谋,共同实施前款行为(国家工作人员利用职务上的便利为请托人谋取利益,授意请托人将有关财物给予特定关系人——笔者注)的,对特定关系人以受贿罪的共犯论处"。该规定就未再提及代为转达请托事项这一条件,符合刑法共同犯罪理论的一般要求,进一步明确了受贿罪共犯"通谋+行为"的认定标准。

这里的"通谋"指的是双方对于受贿故意的意思联络、沟通。从"通谋"发生的

① 即《全国法院审理经济犯罪案件工作座谈会纪要》(法发〔2003〕167号)。

时段上看，既包括事先通谋，也包括事中通谋，即虽然特定关系人与国家工作人员事先未就为请托人谋利并收受财物形成共同的犯意联络，但其在对国家工作人员利用职务便利为他人谋利的事实明知的情况下仍代国家工作人员收受财物，应认定与国家工作人员具有通谋。从“通谋”的形式上看，既有特定关系人与国家工作人员之间明示性的谋议，也有心照不宣的默契配合，当然，后一种情况要求相互对对方行为和意思具有确定性明知。从“通谋”的内容上看，特定关系人与国家工作人员不仅对收受请托人财物具有共同意思沟通，而且对由国家工作人员利用职务便利为请托人谋利具有共同意思联络。需要指出的是，对于特定关系人没有事先与国家工作人员通谋，仅是在请托人给予国家工作人员财物时在场的，一般不宜认定为受贿罪共犯。

此外，2016 年 4 月 18 日公布实施的《最高人民法院、最高人民检察院关于办理贪污贿赂刑事案件适用法律若干问题的解释》第十六条第二款规定：“特定关系人索取、收受他人财物，国家工作人员知道后未退还或者上交的，应当认定国家工作人员具有受贿的故意。”此规定实际上将认定“通谋”成立的时段进一步予以延伸，因为该规定针对的情况，往往是国家工作人员已经利用职务便利为请托人谋取了利益，其特定关系人收受请托人财物的行为已经完成，只不过国家工作人员在为请托人谋利时对其特定关系人收受财物并不知情（此时如果案发，则特定关系人可能构成利用影响力受贿罪，国家工作人员可能构成渎职犯罪，但因为彼此缺乏受贿犯意的沟通而并不构成受贿罪共犯），如果事后特定关系人将其收受请托人财物的情况告知了国家工作人员，则国家工作人员具有退还或上交财物的法定义务，否则就视为其与特定关系人之间具有了受贿的共同故意，双方就应均以受贿罪共犯论处。

——《刑事审判参考》（总第 106 辑）。

蒋勇、唐薇受贿案（《刑事审判参考》案例第 585 号）

要旨：国家工作人员和特定关系人共谋后，特定关系人直接接受请托事项并收受财物，国家工作人员利用自己的职务便利为请托人谋取利益，应认定为国家工作人员与特定关系人共同受贿。

受贿罪中国家工作人员收受财物的具体方式主要有三种：一是本人直接收受并归本人使用；二是本人直接收受但交给他人使用；三是对于他人明确送给本人的财物，本人不直接收取而是指示送财物的人将财物交给其指定的特定关系人。前两种情形属于受贿不言自明，对于第三种情形，最高人民法院、最高人民检察院 2007 年印发的《关于办理受贿刑事案件适用法律若干问题的意见》也明确规定应认定为受贿罪中国家工作人员收受财物的表现形式，并规定，特定关系人与国家工作人员通谋共同实施有关收受财物行为的,应认定为受贿罪的共犯。

本案中,唐薇直接收受请托人的请托事项,并以收取费用为名收取请托人支付款项,不符合上述三种情形中的任何一种,是否可认定为国家工作人员收受财物?我们认为,前述三种情形只是国家工作人员直接收受财物的常见表现形式,实践中的情形并不局限于此。国家工作人员收受财物的方式还可表现为间接收受,主要有两种:一是特定关系人或其他第三人收受财物后告知国家工作人员,由国家工作人员为请托人谋取利益;二是国家工作人员与特定关系人或其他第三人共谋后,由特定关系人或其他第三人直接收受财物。这两种间接收受财物方式,前一种的特定关系人或其他第三人收受财物得到了国家工作人员的事后认可,后一种是出于国家工作人员的事前安排或认可。这两种方式表面上虽然不是国家工作人员直接出面收受财物,但本质上也是国家工作人员收受财物,国家工作人员和特定关系人及其他第三人也应构成共同受贿。

——《刑事审判参考》(总第70辑)。

1397 非特定关系人凭借国家工作人员的关系"挂名"取酬并将财物分与国家工作人员的,是否构成共同受贿①

关键词｜非特定关系人｜挂名取酬｜共同受贿｜

【最高人民法院参考案例】

周龙苗等受贿案(《刑事审判参考》案例第884号)

要旨:国家工作人员利用职务上的便利为他人谋取利益,并指定他人将财物送给其他人,构成犯罪的,应当以受贿罪定罪处罚。

(一)周龙苗、虞平安的行为不属于"由特定关系人收受贿赂"的情形

根据最高人民法院、最高人民检察院2007年7月8日联合印发的《关于办理受贿刑事案件适用法律若干问题的意见》(以下简称《意见》)的规定,特定关系人是指与国家工作人员有近亲属、情妇(夫)以及其他共同利益关系的人。被告人虞平安是周龙苗妻子的舅舅,不属于近亲属,因此,认定虞平安是否属于周龙苗的特定关系人,要看虞平安是否与周龙苗有共同利益关系。综合案情看,在虞平安找周龙苗帮忙承接工程之前,虞平安与周龙苗家以及周龙苗岳父母家之间没有任何人情往来,可以基本断定二人之间无共同财产关系,也无其他经济利益关系,故二被

① 本司法观点所称的非特定关系人是指特定关系人[与国家工作人员有近亲属、情妇(夫)以及其他共同利益关系的人]以外的非国家工作人员。

告人之间不具有共同利益关系，虞平安不属于周龙苗的特定关系人。

（二）周龙苗、虞平安的行为符合共同受贿的特征

从现有证据分析，周龙苗在帮忙虞平安承接工程之初没有通过虞平安收取朱登伟钱财而与虞平安共同占有的主观预谋，其帮助虞平安主要是念及其和虞平安的亲戚关系，而不是从中谋取其个人利益。不过，虞平安后来给了周龙苗五万元，客观上造成了共同占有请托人所送财物的事实。这种情形下，周龙苗、虞平安的行为是否构成共同受贿，要借助对《意见》第七条的准确理解。

《意见》第七条规定了三种受贿情形，其中第三种情形是指特定关系人以外的其他人与国家工作人员通谋，由国家工作人员利用职务上的便利为请托人谋取利益，收受请托人财物后双方共同占有的，以受贿罪的共犯论处。根据该规定，结合上述事实，判断周龙苗和虞平安是否构成共同受贿，必须明确以下两点：第一，二被告人是否具有通谋；第二，二被告人是否共同占有请托人所送的财物。

关于第一点，如果虞平安与建新公司朱登伟的合作是正常合作，即双方都参与投资、管理，且经营利润按照投资比例分配，即使周龙苗为虞平安参与合作打过招呼，朱登伟是基于周龙苗的职权和地位影响才让虞平安参与合作，也不应将虞平安基于周龙苗的行为获取的所得认定为受贿。然而，本案中，虞平安与朱登伟的合作显然是非正常的。朱登伟首先提出如让虞平安参与合作，工程利润就会遭受损失，周龙苗当即明确表示其会向大昌公司提出让大昌公司减少管理费，尽可能保证工程利润。在此情况下，朱登伟遂答应了周龙苗的要求。再者，由建新公司出面承接工程，虞平安不参与实际投资、管理，仅分取利润，也是周龙苗提出的，只是具体利润分多少是由虞平安和朱登伟两人商谈的。可见，周龙苗、虞平安、朱登伟三人均明知本案的这种合作模式是基于周龙苗系临城新区公司综合开发处处长这一职务的影响，三人均对权钱交易主观上明知，二被告人事前具有通谋这一点也是明确的。

关于第二点，虽然表面上看周龙苗本人没有直接获得财物，但朱登伟送给虞平安"利润"完全是基于周龙苗的授意，而虞平安之所以获利，完全是源于周龙苗与朱登伟之间的权钱交易和周龙苗对交易对象的处分。虞平安在未实际参与投资、管理的情况下分取利润是周龙苗提出的，虽然其对虞平安具体分取多少利润未必明知，但周龙苗向朱登伟提出虞平安分配利润时，并未提出数额限制，即不管虞平安具体分多少，都不违背周龙苗的意志。事后，虞平安在收取五十万元利润款后将其中的五万元交给周龙苗的妻子，周龙苗在获知后，既未对虞平安的分配数额提出限制，也未向虞平安要求将分配利润返还朱登伟。因此，周龙苗应当对虞平安收受的五十万元承担刑事责任。虞平安将五万元交给周龙苗的妻子，只是赃物处理的一个具体环节。换言之，即便周龙苗不收取虞平安的五万元，周龙苗利用职务便利

为朱登伟谋取利益,朱登伟则将利润交给由周龙苗指定的虞平安,也完全符合权钱交易的本质特征。最高人民法院2003年印发的《全国法院审理经济犯罪案件工作座谈会纪要》明确指出,国家工作人员利用职务上的便利为他人谋取利益,并指定他人将财物送给其他人,构成犯罪的,应当以受贿罪定罪处罚。

综上,周龙苗利用职务便利为朱登伟谋取利益,而由周龙苗指定虞平安在既不出资,也不参与管理经营的情况下,收取五十万元,事后其又收取虞平安给的五万元,其行为构成受贿罪,虞平安成立受贿罪的共犯,共同受贿数额应当认定为五十万元。

——《刑事审判参考》(总第93辑)。

1398 国家工作人员通过其情人职务上的行为收受贿赂并为他人谋取不正当利益的行为定性

关键词|受贿罪|索取财物|

【最高人民法院参考案例】

陆某受贿案(《刑事审判参考》案例第754号)

要旨:同时具备本人的职权或者地位形成的便利条件和其与其他国家工作人员的密切关系,原则上应当以受贿罪论处。

陆某除了是刘某的下属,有工作上的联系外,其还与刘某有不正当的男女关系。一方面,其与刘某有工作联系,可以利用本人职权形成的便利条件,通过刘某职务上的行为为请托人谋取不正当利益;另一方面,其与刘某有情人关系,不能排除其可通过"枕边风"影响刘某,进而通过刘某职务上的行为为请托人谋取不正当利益。一种观点认为,对于此种既有国家工作人员身份,又有情人身份的人实施的"斡旋受贿"行为,究竟认定为受贿罪还是利用影响力受贿罪,应根据其影响其他国家工作人员的职务行为是其公职人员身份还是情人身份。此种观点不但会带来证明的困难,而且与立法意图和政策精神背道而驰。在现实生活中,除了言词证据,很难获得其他能够界定究竟是以国家工作人员身份还是情人身份来影响其他国家工作人员职务行为的证据。如果行为人主观上避重就轻,不愿如实供述,那么几乎所有的此类案件就只能以利用影响力受贿罪论处。立法者当初之所以增设利用影响力受贿罪,就是为了严密法网,加大对受贿犯罪的打击力度;但如果增设罪名的结果却是使本应适用较重处罚的罪名变得只能适用较轻处罚的罪名,其中不合理性不言自明。

正确区分刑法第三百八十八条规定的受贿与刑法第三百八十八条之一规定的

利用影响力受贿的界限，不能忽视立法演变所体现的立法原意。1979 年刑法只规定了国家工作人员利用职务上的便利收受贿赂，应追究刑事责任。1997 年刑法修订时，增设了应当追究国家工作人员利用本人职权或者地位形成的便利条件受贿的情形。随着近年来，与国家工作人员有亲属关系、亲密关系的人利用国家工作人员职务行为这样或那样的影响实施的受贿行为增多，2009 年刑法修正案（七）增设了利用影响力受贿的情形。这种立法变化反映立法者严密法网，不断加大受贿犯罪惩治力度的立法初衷。在利用影响力受贿过程中，行为人对国家工作人员（或者离职的国家工作人员）是用亲属、友情、同乡等关系施加影响，并无权力制约关系或者职权或者地位形成的便利条件，社会危害性相对较低，故刑法规定适用相对轻缓的刑罚。因此，具有国家工作人员身份，又具有情人身份的行为人利用第三人的职务行为受贿的定性，往往会面临刑法第三百八十五条与第三百八十八条，第三百八十八条与第三百八十八条之一的适用争议。然而，如果我们能够注意到立法的前后变化，准确把握立法意图和司法政策精神，就不难确立上述争议的解决原则。究竟以哪个罪名进行处断，我们认为，只要国家工作人员同时具备本人的职权或者地位形成的便利条件和其与其他国家工作人员的密切关系，原则上应当依照刑法第三百八十八条的规定，以受贿罪论处；但确有证据证实国家工作人员仅利用了其与被其利用的其他国家工作人员的密切关系的，应当依照刑法第三百八十八条之一的规定，以利用影响力受贿罪论处。

——《刑事审判参考》（总第 84 辑）。

1399 国家工作人员和非国家工作人员通谋共同受贿的认定

关键词 | 受贿罪 | 共同犯罪 | 国家工作人员 | 非国家工作人员 |

【最高人民法院司法文件】

十一、非国家工作人员与国家工作人员通谋，共同收受他人财物，构成共同犯罪的，根据双方利用职务便利的具体情形分别定罪追究刑事责任：

（1）利用国家工作人员的职务便利为他人谋取利益的，以受贿罪追究刑事责任。

（2）利用非国家工作人员的职务便利为他人谋取利益的，以非国家工作人员受贿罪追究刑事责任。

（3）分别利用各自的职务便利为他人谋取利益的，按照主犯的犯罪性质追究刑事责任，不能分清主从犯的，可以受贿罪追究刑事责任。

——《最高人民法院、最高人民检察院关于办理商业贿赂刑事案件适用法律若干问题的意见》(2008 年 11 月 20 日,法发〔2008〕33 号)。

(五)共同受贿犯罪的认定

根据刑法关于共同犯罪的规定,非国家工作人员与国家工作人员勾结,伙同受贿的,应当以受贿罪的共犯追究刑事责任。非国家工作人员是否构成受贿罪共犯,取决于双方有无共同受贿的故意和行为。国家工作人员的近亲属向国家工作人员代为转达请托事项,收受请托人财物并告知该国家工作人员,或者国家工作人员明知其近亲属收受了他人财物,仍按照近亲属的要求利用职权为他人谋取利益的,对该国家工作人员应认定为受贿罪,其近亲属以受贿罪共犯论处。近亲属以外的其他人与国家工作人员通谋,由国家工作人员利用职务上的便利为请托人谋取利益,收受请托人财物后双方共同占有的,构成受贿罪共犯。国家工作人员利用职务上的便利为他人谋取利益,并指定他人将财物送给其他人,构成犯罪的,应以受贿罪定罪处罚。

——《全国法院审理经济犯罪案件工作座谈会纪要》(2003 年 11 月 13 日,法发〔2003〕167 号)。

【最高人民法院公报案例】

北京市人民检察院第一分院诉成克杰受贿案(最高人民法院复核)

要旨:国家工作人员利用职务之便,为他人谋取利益,单独或伙同共同受贿人收受他人财物,受贿数额特别巨大,构成受贿罪。共同受贿人因分工不同,即使款项未由被告人经手收受和保管,不影响对其受贿犯罪的认定。

——《最高人民法院公报》2000 年第 5 期。

1400 受国有公司委派担任非国有公司诉讼代理人过程中收受他人财物构成受贿罪

关键词 | 受贿罪 | 国有公司 | 诉讼代理人 | 数罪并罚 |

【最高人民法院参考案例】

王海峰受贿、伪造证据案(《刑事审判参考》案例第 110 号)

要旨:受国有公司委派担任非国有公司诉讼代理人过程中收受他人财物构成受贿罪。

(一)被告人王海峰的受贿罪名成立

被告人王海峰在担任中钢公司诉讼代理人期间,利用职务上的便利,帮助对方当事人伪造证据，非法收受人民币八万元的行为，能否以受贿罪追究刑事责任，关键在于：一是王海峰在担任中钢公司诉讼代理人时是否属于国家工作人员；二是王海峰伪造证据的行为是否利用了国家工作人员的职务便利。我们认为：

首先，根据刑法第三百八十五条的规定，受贿罪只能由国家工作人员构成，非国家工作人员，只能成为受贿罪的共犯，不能单独构成受贿罪。

其次，受贿罪的成立还必须以行为人利用国家工作人员的职务便利，为他人谋取利益为条件。行为人没有国家工作人员的职务，或者虽有国家工作人员的职务，但在为他人谋取利益时没有利用自己的职务或职务上的便利的，均不构成受贿罪。

（二）对被告人王海峰应以受贿罪和帮助伪造证据罪并罚

我们认为，刑法第三百八十六条删除了《关于惩治贪污罪贿赂罪的补充规定》第五条第二款“因受贿而进行违法活动构成其他罪的，依照数罪并罚的规定处罚”的规定，是从立法技术角度考虑的，并不是说对这种情况不再适用数罪并罚的规定，而是由于刑法总则中对数罪并罚问题已有明确规定，没有必要在刑法分则具体条文中再作规定。在没有新的法律规定或者司法解释规定之前，只要行为人的行为构成了数罪，符合刑法关于数罪并罚的规定，就应当按照刑法第六十九条第一款的规定实行数罪并罚。除非法律有特别规定，如刑法第三百九十九条第三款规定，司法工作人员贪赃枉法，有徇私枉法或者枉法裁判犯罪行为，同时又构成受贿罪的，“依照处罚较重的规定定罪处罚”，不按照数罪并罚的规定处罚。

——《刑事审判参考》（总第17辑）。

1401 因挪用公款索取、收受贿赂或者行贿构成犯罪的应数罪并罚

关键词｜挪用公款罪｜受贿罪｜行贿罪｜共同犯罪｜数罪并罚｜

【最高人民法院参考案例】

鞠胤文挪用公款、受贿案（《刑事审判参考》案例第385号）

要旨：《最高人民法院关于审理挪用公款案件具体应用法律若干问题的解释》第七条第一款规定，“因挪用公款索取、收受贿赂构成犯罪的，依照数罪并罚的规定处罚”。第八条规定，“挪用公款给他人使用，使用人与挪用人共谋，指使或者参与策划取得挪用款的，以挪用公款罪的共犯定罪处罚”。被告人通过行贿手段与国家工作人员共谋挪用公款，其手段行为构成了行贿罪，目的行为构成挪用公款罪，以挪用公款罪与行贿罪并罚。

因挪用公款而构成其他犯罪的，理论上属于牵连犯。学理上，对于牵连犯，一般认为应采取从一重罪从重论处的原则，但法律和司法解释明确规定实行数罪并

罚的除外。最高人民法院 1998 年《关于审理挪用公款案件具体应用法律若干问题的解释》第七条规定,因挪用公款索取、收受贿赂构成犯罪的,依照数罪并罚的规定处罚。问题是,对于因挪用公款而构成行贿罪的,应该从一重罪从重论处还是两罪并罚?我们认为,受贿罪和行贿罪是刑法意义上的对合犯,往往相伴相生,既然司法解释对挪用公款罪与受贿罪的牵连犯规定两罪并罚,对于挪用公款罪与行贿罪的牵连犯,也应按照这个原则处理,否则将可能出现一个案件中挪用公款罪的共犯,一方行贿另一方受贿,受贿者构成挪用公款罪和受贿罪两罪,而行贿者只构成挪用公款罪或者行贿罪一罪的不平等现象。

——《刑事审判参考》(总第 48 辑)。

1402 收受贿赂物品未办理权属变更问题的处理

关键词｜受贿罪｜权属变更｜

【最高人民法院司法文件】

八、关于收受贿赂物品未办理权属变更问题

国家工作人员利用职务上的便利为请托人谋取利益,收受请托人房屋、汽车等物品,未变更权属登记或者借用他人名义办理权属变更登记的,不影响受贿的认定。

认定以房屋、汽车等物品为对象的受贿,应注意与借用的区分。具体认定时,除双方交代或者书面协议之外,主要应当结合以下因素进行判断:(1)有无借用的合理事由;(2)是否实际使用;(3)借用时间的长短;(4)有无归还的条件;(5)有无归还的意思表示及行为。

——《最高人民法院、最高人民检察院关于办理受贿刑事案件适用法律若干问题的意见》(2007 年 7 月 8 日,法发〔2007〕22 号)。

1403 受贿后,部分赃款交存于国有单位,后大部分用于公务支出,能否认定为及时上交,不以受贿论处

关键词｜受贿罪｜及时上交｜

【最高人民法院参考案例】

毋保良受贿案(《刑事审判参考》案例第 1149 号)

要旨:行为人出于受贿故意,非法收受他人财物后,部分赃款交存于国有单位,

后大部分用于公务支出，仍以受贿论处。

根据罪刑法定原则，行为人的行为是否构成犯罪，应以刑法规定的犯罪构成要件为标准，对司法解释的理解和适用亦应遵循该原则，与立法本意一致而不能随意脱离、相悖。受贿罪作为故意犯罪，只要国家工作人员具有受贿故意，利用职务上的便利，为他人谋取利益，或者利用本人职权或者地位形成的便利条件，通过其他国家工作人员职务上的行为，为请托人谋取不正当利益，并实际索取、收受他人财物的，即应认定为受贿既遂。《最高人民法院、最高人民检察院关于办理受贿刑事案件适用法律若干问题的意见》第九条第一款“国家工作人员收受请托人财物后及时退还或者上交的，不是受贿”的规定，是针对实践中国家工作人员主观上没有受贿故意，但客观上收受了他人财物，并及时退还或者上交，并非针对受贿既遂后退还或者上交的情形。该款明确表述为“收受请托人财物后”，而非第二款表述的“受贿后”，并强调“及时退还或者上交”，索贿情形被排除在外即为此意。第二款所明确的不影响认定受贿罪的行为，与第一款规定的行为性质迥异，旨在避免第一款在司法实践中被错用、滥用，不能错误理解为行为人受贿后，在自身或者与其受贿有关联的人、事被查处前，主动上交、退还的，视为第一款规定的不构成受贿的及时退交。

受贿后将款物交存主要用于公共支出，系受贿犯罪既遂后对赃款赃物的处置，属自由行使处分权的范畴，不影响受贿犯罪的性质及故意犯罪完成形态的认定，仅作为量刑情节酌情考虑。因为贪污、受贿犯罪既已实施完毕，赃款赃物的事后处分不影响刑事定罪。对赃款赃物去向与贪污、受贿故意的认定关系问题，《解释》[①]第十六条第一款进一步明确：“国家工作人员出于贪污、受贿的故意，非法占有公共财物、收受他人财物之后，将赃款赃物用于单位公务支出或者社会捐赠的，不影响贪污罪、受贿罪的认定，但量刑时可以酌情考虑。”

——《刑事审判参考》（总第 106 辑）。

1404 因与其受贿有关联的人、事被查处而退还或上交收受财物的行为定性

关键词 | 受贿罪 | 退赃 | 掩饰犯罪 |

① 即《最高人民法院、最高人民检察院关于办理贪污贿赂刑事案件适用法律若干问题的解释》（法释〔2016〕9 号）。

【最高人民法院指导性案例】

潘玉梅、陈宁受贿案(最高人民法院指导案例3号)

裁判要点:国家工作人员收受财物后,因与其受贿有关联的人、事被查处,为掩饰犯罪而退还的,不影响认定受贿罪。

关于被告人潘玉梅及其辩护人提出潘玉梅购买许某某开发的房产,在案发前已将房产差价款给付了许某某,不应认定为受贿的辩护意见。经查,2006年4月,潘玉梅在案发前将购买许某某开发房产的差价款中的五十五万元补给许某某,相距2004年上半年其低价购房有近两年时间,没有及时补还巨额差价;潘玉梅的补还行为,是由于许某某因其他案件被检察机关找去谈话,检察机关从许某某的公司账上已掌握潘玉梅购房仅支付部分款项的情况后,出于掩盖罪行目的而采取的退赃行为。因此,潘玉梅为掩饰犯罪而补还房屋差价款,不影响对其受贿罪的认定。

——《最高人民法院关于发布第一批指导性案例的通知》(2011年12月20日,法〔2011〕354号)。

【链接:理解与参照】

(四)关于收受财物后退还或者上交问题

裁判要点确认:国家工作人员收受财物后,因与其受贿有关联的人、事被查处,为掩饰犯罪而退还的,不影响认定受贿罪。该裁判要点在《受贿意见》第九条规定的基础上明确解决了收受财物后退还的如何处理问题。司法实践中,对于国家工作人员利用职务上的便利,为他人谋取利益,并已收受他人财物,但在案发前退还或者如实说明情况上交所收财物的,是否一律以受贿罪处理,存在不同认识。有的认为,只要行为人在案发前退还或者上交的,都可不以犯罪处理;还有的认为,此种情况均属于受贿既遂后的赃物处置问题,不影响定罪,只是影响量刑的情节。

我们认为,受贿罪侵犯的主要是国家工作人员职务的廉洁性,国家工作人员利用职务上的便利,为他人谋取利益,并已收受财物的,一般应当认定为受贿罪的既遂。但现实生活中收受他人财物后,在案发前退还或者上交所收财物的原因不同,情况复杂,需要根据退还或者上交的时间、原因、数额等不同具体情况,依法分别处理:

1. 及时退还或者上交所收财物的,不是受贿。此种情形下,国家工作人员收下他人财物后,或者发现暗中所送财物、家属代收财物后,及时退还或者上交的,因其主观上没有接受财物的受贿故意,不能以犯罪论处。需要注意的是,这里的“及时”并非仅限于当时当场,如果国家工作人员主观上有退还或者上交的意思,但因为客观原因未能立即退还或者上交,在客观障碍消除后立即退还或者上交的,也应当视为“及时”。

2. 未及时退还或者上交所收财物的,属于受贿。国家工作人员虽然未及时退还或者上交财物,但是在案发前退还或者上交的,是否属于可以从宽处罚的“积极退赃”呢？对此根据退还或者上交的态度、原因可以分为两种情况:第一,因悔罪主动退还或者上交的,属于“积极退赃”。如国家工作人员收受财物后,认识到自己行为的错误,或者因未把承诺的事项办成,而案发前自动退还或上交财物。有意见认为,为了贯彻宽严相济刑事政策,充分发挥司法的感化教育功能,节约司法成本,对此可不以受贿罪处理,其中致使公共财产、国家和人民利益遭受重大损失的,可以其构成的渎职等其他犯罪处罚,客观效果上也不会轻纵犯罪。我们认为,此种情形除情节显著轻微危害不大的不构成犯罪外,因其受贿已经既遂,对于构成受贿罪没有影响,但其“积极退赃”,是悔罪的一种表现,主观恶性减弱,社会危害性严重程度减轻,应当依法从宽处罚,而不以受贿罪处理的意见,于法无据,可能会纵容“先收钱再观望”,不利于依法严惩腐败犯罪。第二,因逃避法律追究或者因对方索要而被动退还、上交的,不属于“积极退赃”。国家工作人员受贿后,因自身或者与其受贿有关联的人、事被查处,为掩盖受贿行为,逃避法律制裁而退还、上交,或者因对方索要而退还、上交的,除情节显著轻微危害不大的不构成犯罪外,因受贿已既遂,且是迫于外界压力被动退还、上交的,不能认定为“积极退赃”。本案例中,被告人潘玉梅2004年上半年从请托人房地产开发商许某某处低价购房,后得知许某某因为其他案件被检察机关约谈,检察机关从许某某的公司账上掌握潘玉梅低价购房的情况,才于2006年4月退给许某某五十五万元;被告人陈宁2003年、2005年的下半年先后收受请托人高某某二十一万元,后得知高某某案发,才于2007年年初委托他人将十八万元上交其所在区的廉政账户。这显然是未及时退还,均属于为掩饰受贿而被迫退赃,既不影响构成受贿罪,又不属于可以从宽处罚的“积极退赃”。

——最高人民法院案例指导工作办公室:《指导案例3号〈潘玉梅、陈宁受贿案〉的理解与参照——国家工作人员以“合办”公司名义或以其他交易形式受贿的认定》,载最高人民法院案例指导工作办公室编著:《中国案例指导》(总第1辑),法律出版社2015年版,第35—36页。

【最高人民法院司法文件】

九、关于收受财物后退还或者上交问题

国家工作人员收受请托人财物后及时退还或者上交的,不是受贿。

国家工作人员受贿后,因自身或者与其受贿有关联的人、事被查处,为掩饰犯罪而退还或者上交的,不影响认定受贿罪。

——《最高人民法院、最高人民检察院关于办理受贿刑事案件适用法律若干问题的意见》(2007 年 7 月 8 日,法发〔2007〕22 号)。

【最高人民法院参考案例】

周标受贿案(《刑事审判参考》案例第 1017 号)

要旨:行为人在接受财物时存在受贿的故意,但经过一定时间段后,因主客观原因等诸多因素的变化,自己主动退还或者上交收受的财物的,应当构成受贿罪(既遂),主动退还行为只能视为“退赃”行为。

“及时退还”要求行为人主观上没有受贿的故意,客观上表现为及时退还或者上交,不存在犯罪故意,故不构成犯罪。判断行为人是否具有受贿故意,不能仅根据其本人供述,还应当结合其收受和退还财物的具体行为进行综合分析。

首先,“及时退还”情形的行为人收受他人财物并非本人意愿,往往受当时的时空条件限制不得已接收或者“误收”。如:请托人放下财物即离开,无法追及的;掺夹到正常物品中当时无法发现的,等等。其次,退还必须“及时”,在条件允许的情况下,一般是指即时退还。如将礼盒拿回家后发现里面放有现金,第二天即退还的。实践中,对“及时”不能作绝对化理解,只要在客观障碍条件消除后退还都算“及时”。如行为人因病无法即时退还,待数月后身体痊愈退还也应视为“及时”。而“被动退还”情形,行为人在接受财物时存在受贿故意,后因自身或者与受贿相关联的人、事被查处,为了掩饰犯罪,才被动退还或者上交。这种情形下,行为人退还的时间距离接受财物的时间相对较长,距离被正式查处的时间相对较短,行为人对犯罪并没有真实悔意,一般不影响受贿罪的认定和处罚。另外,因请托人索要财物而不得已退还的,也应属于“被动退还”情形。除上述两种退还情形外,在实践中还有一种情形,即行为人虽未及时退还或者上交,但在收受财物后至案发前的期间内主动退还或者上交的。此种情形可以简称为“主动退还”。在该情形下,行为人在接受财物时存在受贿的故意,但经过一定时间段后,因主客观原因等诸多因素的变化,自己主动退还或者上交收受的财物。从法理分析,行为人既具有受贿的故意,又具有受贿的行为,且犯罪过程已经完成,因此,应当构成受贿罪(既遂),至于后面的退还行为,应当视为犯罪后的“退赃”,可以作为处罚时的量刑情节,但不能改变已然犯罪的性质。

对于“主动退还”情形,可以结合收受财物的时间长短、数额大小以及是否谋利等具体情况,选择适用不以犯罪论处,依法从轻、减轻或者免除处罚。在少数情况下,行为人虽然接受财物时存在受贿故意,但在较短时间内即出现悔悟,且未为对方谋取利益即主动退还财物,情节显著轻微危害不大的,可不以犯罪论处。如:某公职人员收受他人财物回家后,经亲属规劝或者自己权衡利害得失,旋即将财物退还。这种情形,就不应以犯罪论处。在具体案件中,对从宽处罚幅度的把握应当考虑以下三个方面的因素:(1)从退还的时间来看,"主动退还"一般介乎于"及时退还"和"被动退还"之间,退还时间的迟早反映了悔罪程度的大小,一般而言,越接近"及时退还"情形的,从宽处罚的幅度就越大;越接近"被动退还"情形,退还越晚的,从宽处罚的幅度就越小;(2)从是否为请托人谋取利益来看,"主动退还"时已为请托人谋取了利益,尤其是非法利益的,从宽的幅度就越小,没有或者不愿为请托人谋取利益的,从宽的幅度就越大;(3)收受财物数额的大小,也影响从宽的幅度。根据以上三个方面的因素,结合行为人到案后的认罪态度等情况,分别确定从轻、减轻或免予刑事处罚。对案发前"主动退还"的,首先应当考虑从轻处罚;对数额不大,且没有为他人谋利,退还时间早,犯罪情节轻微的,可免予刑事处罚;根据案件的实际情况,如果在法律规定的幅度内处罚仍明显偏重的,可以依照刑法第六十三条第二款的规定,在法定刑以下判处刑罚。

——《刑事审判参考》(总第99辑)。

1405 国家机关设立的非常设性工作机构中从事公务的非正式在编人员受贿行为的认定

关键词 | 受贿罪 | 非常设性机构 | 国家工作人员 | 正当馈赠 |

【最高人民法院参考案例】

钱政德受贿案(《刑事审判参考》案例第399号)

要旨:地方人民政府设立的行使特定管理职能的非常设性机构,是地方人民政府的组成部分,亦属于国家行政机关。只要是在国家机关中从事公务,即使是非正式在编人员,亦属于刑法第九十三条第一款规定的"国家工作人员"。在司法实践中,区分受贿与正当馈赠,通常可以从双方关系、财物价值、请托事项等方面综合把握。

被告人虽不是国家机关的正式在编人员,但根据《全国人民代表大会常务委员会关于〈中华人民共和国刑法〉第九章渎职罪主体适用问题的解释》"虽未列入国家机关人员编制但在国家机关中从事公务的人员,在代表国家机关行使职权时,有渎职行为,构成犯罪的,依照刑法关于渎职罪的规定追究刑事责任"的规定,认定是否属于"在国家机关中从事公务的人员",并不要求行为人具有国家机关在编人员的身份,而是重点强调是否在国家机关中从事公务。只要在国家机关中从事公务,即使是工人、农民身份,亦应认定为刑法第九十三条第一款规定的"国家工作人员"。

——《刑事审判参考》(总第50辑)。

1406 国家工作人员在国有企业改制期间与企业解除劳动关系后收受贿赂构成受贿罪

关键词|受贿罪|国企改制|解除劳动关系|

【最高人民法院参考案例】

黄长斌受贿案(《刑事审判参考》案例第693号)

要旨:国有企业改制期间,国家工作人员与企业解除劳动关系后,还可被认定为国家工作人员,从而构成受贿罪。

(一)判断被告人黄长斌是否属于国家工作人员,应以其是否从事公务为依据

我国刑法第九十三条规定:"本法所称国家工作人员,是指国家机关中从事公务的人员。国有公司、企业、事业单位、人民团体中从事公务的人员和国家机关、国有公司、企业、事业单位委派到非国有公司、企业、事业单位、社会团体从事公务的人员,以及其他依照法律从事公务的人员,以国家工作人员论。"据此,国家工作人员的本质特征是从事公务,认定国家工作人员也应以是否从事公务为依据。基于签订劳动关系解除协议就否定黄长斌是国家工作人员的结论是不妥当的。

第一,国有企业在改制期间仍然是国有企业,其资产仍然是国有资产,其中从事监督、管理国有资产等公务的人员依然应认定为国家工作人员。认为签订了解除劳动关系协议,办理了失业登记,黄长斌就不能再认定为国家工作人员的观点,过于看重形式,忽视国家工作人员的本质特征,因而不可取。二十世纪九十年代后期,关于国家工作人员的认定,曾经存在"身份论"和"职责论"的激烈争论。1997年刑法修订后,理论界和实务界的主流观点均认为,国家工作人员的认定,应采纳"职责论",即不是单纯通过被告人的"身份"(一般是审查有无干部履历表)来认定,而应结合被告人是否从事公务来判断其是否属于国家工作人员:因此,黄长斌是否为国家工作人员,不是取决于其形式上是否与电表厂解除劳动关系,而是取决于其实质上是否仍然在电表厂从事监督、管理国有资产等公务。

第二,电表厂改制期间,黄长斌作为厂长和改制领导小组组长,是电表厂的"一把手",对电表厂国有资产的监督和管理负第一位的责任,应属国有企业中从事公务的人员。在案证据证实,黄长斌虽然于2002年1月与电表厂签订了解除劳动关系的协议并进行了失业登记,但其并非一般职工,其厂长职务并未免除,仍然是厂长和改制领导小组组长。黄长斌作为改制期间的留守人员之一,其仍在电表厂领取薪酬,对国有资产仍负有监督、管理等职责,应认定其为国家工作人员。

——《刑事审判参考》(总第79辑)。

1407 分别在国有独资公司委派到国有参股公司、国有参股公司改制为非国家出资企业任职期间收受贿赂的行为如何定性

关键词｜收受贿赂｜委派型国家工作人员｜

【最高人民法院参考案例】

杨孝理受贿、非国家工作人员受贿案(《刑事审判参考》案例第 855 号)

要旨:行为人在银龙公司担任经理期间收受的贿赂构成受贿罪;而在银力公司担任经理期间收受的贿赂则构成非国家工作人员受贿罪。本案争议的焦点在于杨孝理在银龙公司、银力公司担任经理期间主体身份的认定。

(一)杨孝理担任银龙公司经理的身份属于委派型国家工作人员

刑法第九十三条第二款规定:“国有公司、企业、事业单位、人民团体中从事公务的人员和国家机关、国有公司、企业、事业单位委派到非国有公司、企业、事业单位、社会团体从事公务的人员,以及其他依照法律从事公务的人员,以国家工作人员论。”该条规定的国有公司、企业仅限于国有独资公司、企业。本案中尤溪县电力公司系国有独资公司,也就是刑法意义上的国有公司。最高人民法院 2003 年发布的《全国法院审理经济犯罪案件工作座谈会纪要》(以下简称《纪要》)规定:“所谓委派,即委任、派遣,其形式多种多样,如任命、指派、提名、批准等。”银龙公司系尤溪县电力公司的参股公司,虽然国有股份占 34%,不具有国有控股地位,但其经营的业务范围属于特种行业,在很大程度上受尤溪县电力公司的监督管理,因此,尤溪县电力公司有权向银龙公司委派工作人员参与经营管理。根据《纪要》相关规定,被告人杨孝理作为国有公司尤溪县电力公司的职工,接受尤溪县电力公司任命,代表国有公司在国有参股公司银龙公司出任经理职务,从事组织、领导、监督、管理等工作,应当以国家工作人员论。杨孝理作为国家工作人员在银龙公司从事的管理行为系监督、管理国有财产的职务活动,根据《纪要》的相关规定,应当认定为“从事公务”。因此,杨孝理在银龙公司任职期间,具备国家工作人员身份,进行的管理活动是从事公务行为,其利用担任经理的职务便利,在办理电器电工配件采购与货款结算、电力线路架设、变压器安装工程等过程中收受他人贿赂三万元,构成受贿罪。

(二)杨孝理担任银力公司经理的身份不属于国家工作人员

根据最高人民法院、最高人民检察院 2010 年联合发布的《关于办理国家出资企业中职务犯罪案件具体应用法律若干问题的意见》(以下简称《意见》)的规定,被告人的身份是否属于国家工作人员,主要从三个方面予以认定:一是被告人所在公司本身的性质;二是被告人职务任命的形式;三是被告人从事的工作性质。以下分而论之:

1. 杨孝理所在的银力公司不属于国家出资企业。根据《意见》规定,“国家出资企业”包括国家出资的国有独资公司、国有独资企业,以及国有资本控股公司、国有资本参股公司。银龙公司进行了改制,国有股份全部撤出,改制后成立的银力公司系尤溪县电力公司职工个人出资,杨孝理个人亦出资6.3万元,该公司没有国有股份,不属于国家出资企业。

2. 杨孝理担任银力公司经理是该公司全体股东大会研究决定的。改制后的银力公司与尤溪县电力公司已经没有任何隶属或者控制关系,杨孝理担任银力公司经理,是经该公司全体股东大会研究决定的,而不是由尤溪县电力公司委派任命。银力公司股东大会任命杨孝理为公司经理,主要基于其经营管理公司的业务能力与水平,与其个人的尤溪县电力公司职工身份以及与尤溪县电力公司本身没有任何关联。

3. 杨孝理行使的职权不具有公务的性质。根据《纪要》规定,从事公务,是指代表国家机关、国有公司、企业事业单位、人民团体等履行组织、领导、监督、管理等职责。公务主要表现为与职权相联系的公共事务以及监督、管理国有财产的职务活动。如国家机关工作人员依法履行职责,国有公司的董事、经理、监事、会计、出纳人员等管理、监督国有财产等活动,属于从事公务。杨孝理在银力公司行使经理职权,管理电力公司职工个人出资的资金,其行为不具有公务性质。杨孝理利用担任银力公司经理的职务便利,收受他人贿赂三万元,为他人牟利,其行为构成非国家工作人员受贿罪。

(三)杨孝理在改制前后身份发生变化的犯罪应当数罪并罚

根据《意见》关于改制前后主体身份发生变化的犯罪的处理规定,“国家工作人员在国家出资企业改制前后利用职务上的便利实施犯罪,在其不再具有国家工作人员身份后又实施同种行为,依法构成不同犯罪的,应当分别定罪,实行数罪并罚”。杨孝理在银龙公司任职期间系国家工作人员,在银力公司任职期间不具有国家工作人员身份,其在改制前后接受贿赂的行为,因身份发生变化,分别构成受贿罪和非国家工作人员受贿罪,应当数罪并罚。

——《刑事审判参考》(总第91辑)。

1408 对于依照公司法规定产生的公司负责人在特殊情况下应认定为受国家单位委派从事公务的人员

关键词|受贿罪|

【最高人民法院参考案例】

曹军受贿案(《刑事审判参考》案例第335号)

要旨:对于依照公司法规定产生的公司负责人不能因为有限责任公司经理须经过股东会的选举程序而否认其受国有单位委派从事公务的性质。

根据公司法第五十一条规定,有限责任公司,股东人数较少和规模较小的,可以设一名执行董事,不设立董事会的;执行董事可以兼任公司经理。第三十八条规定,有限责任公司的董事由股东会选举。1996年6月,在兴隆公司改制为有限责任公司后,被告人曹军被股东推举为执行董事兼经理。因此,曹军担任兴隆公司经理的职务源于股东的推举。但公司法第四十一条规定,股东会会议由股东按照出资比例行使表决权。由于兴隆有限公司实质上是南通农行出资设立的,南通农行对于聘任曹军担任兴隆有限公司经理具有决定性作用。这种聘任,正属于刑法第九十三条第二款规定的"委派"。对此,《全国法院审理经济犯罪案件工作座谈会纪要》明确:"所谓委派,即委任、派遣,其形式多种多样,如任命、指派、提名、批准等。不论被委派的人身份如何,只要是接受国家机关、国有公司、企业、事业单位委派,代表国家机关、国有公司、企业、事业单位在非国有公司、企业、事业单位、社会团体中从事组织、领导、监督、管理等工作,都可以认定为国家机关、国有公司、企业、事业单位委派到非国有公司、企业、事业单位、社会团体从事公务的人员。如国家机关、国有公司、企业、事业单位委派在国有控股或者参股的股份有限公司从事组织、领导、监督、管理等工作的人员,应当以国家工作人员论。"需要说明的是,在国有公司、企业转制过程中,国有公司、企业委派人员到其控股或者参股的公司中行使监督、管理国有资产的情况比较复杂,既有事前、事中的提名、推荐、指派、任命,也有事后的认可、同意、批准、聘任等。委派的形式可以多种多样,依照何种程序、形式取得非国有公司的管理职位,对于是否属于受国有单位委派的认定不具有决定性的意义。随着国有企业改革的深化和人事制度的完善,股份制将成为国有资本的主要实现形式。除了国有独资公司的董事会成员由相关部门直接委派之外,其他公司的董事会成员和总经理均需由股东会选举或者董事会决定,而国有出资单位依法仅享有提名、推荐等出资者的权利。如果将依照公司法由股东依选举产生或者董事会聘任的非国有公司中负责国有资本经营管理的人员一律不认定为受委派从事公务的人员,那么,将从根本上排除在刑事司法中认定国有公司、企业委派从事公务人员的可能性。因此,只要经过了国有单位的委派程序,并在非国有单位中履行组织、领导、监督、管理等公务性的职责,就应当认定为受国有单位委派从事公务,不能因为被委派人员能否担任相应职务还需要根据公司法规定由股东会选举或者董事会聘任,而否认被委派人员是受国有公司、企业委派从事公务的性质。本案中,曹军接受国有企业南通农行的委派,担任兴隆有限公司经理,并实际行使了管理国有资产的职责,应当认定为刑法第九十三条第二款规定的受国有企业委派到非国有公司中从事公务的人员。

——《刑事审判参考》(总第42辑)。

1409 刑法修正案(九)施行后,二审在减轻犯受贿罪被告人主刑的同时,能否加重财产刑

关键词|受贿罪|主刑|罚金刑|

【最高人民法院参考案例】

李明辉受贿案(《刑事审判参考》案例第1146号)

要旨:刑法修正案(九)施行后,二审在减轻犯受贿罪被告人主刑的同时,可以加重财产刑。

(一)此种情形二审期间应当整体适用刑法修正案(九)和《解释》[①]进行量刑

关于刑法的溯及力,刑法第十二条明确规定了从旧兼从轻原则。《最高人民法院、最高人民检察院关于适用刑事司法解释时间效力问题的规定》(以下简称《规定》)第二条指出:"对于司法解释实施前发生的行为,行为时没有相关司法解释,司法解释施行后尚未处理或者正在处理的案件,依照司法解释的规定办理。"第三条指出:"对于新的司法解释实施前发生的行为,行为时已有相关司法解释,依照行为时的司法解释办理,但适用新的司法解释对犯罪嫌疑人、被告人有利的,适用新的司法解释。"上述规定一方面明确了司法解释对施行前的行为是适用的,有别于刑法原则上不溯及既往的效力;另一方面也明确了司法解释适用的从轻原则。法条作为刑法条文最基础的单位,相对独立并完整,作为条文内部的罪状、法定刑的概念、文字、数字并没有独立的意义。在评价修正后刑法及《解释》是轻法的同时,已经包含了并处罚金刑这一情形。因而,并处罚金是贪污贿赂犯罪的法定刑构成中不可拆分的一部分,不具有独立的溯及力。主刑、附加刑分别适用新、旧法是对刑法条文完整性的侵害,同时也违背了罪刑法定原则。

刑法条文的整体适用也是罪责刑相适应原则的要求。贪污贿赂犯罪属于贪利型犯罪,基于"刑罚应当尽量与犯罪的性质相似"的原则,为了加大对腐败犯罪的经济处罚力度,提高腐败犯罪的经济成本,刑法修正案(九)增加了贪污贿赂犯罪

---

① 即《最高人民法院、最高人民检察院关于办理贪污贿赂刑事案件适用法律若干问题的解释》(法释〔2016〕9号)。

的罚金刑规定。自由刑和财产刑的组合共同构成了贪污贿赂犯罪的刑罚体系,共同承担刑罚的惩罚与预防功能。如果仅选择主刑而不附加并处罚金,则会破坏犯罪与刑罚之间、主刑与附加刑之间的内在平衡关系,也会造成对被告人不当的双重从轻处罚,影响刑罚效果。

(二)二审提高财产刑并不违背上诉不加刑的原则

刑法修正前后对同一罪名主刑和附加刑的规定可能存在以下几种变化情形:第一种情形是主刑不变、附加刑变化或者附加刑不变、主刑变化;第二种情形是主刑、附加刑发生同向变化,即同时变重或同时变轻。上述两种情形下刑罚的轻重比较一目了然。第三种情形则是主刑、附加刑发生逆向变化,即主刑变重,附加刑变轻或者附加刑变重,主刑变轻。在这种情形下,刑罚轻重的比较原则上应当以主刑为比较对象。这是因为:首先,主刑包括生命刑和自由刑,附加刑包括财产性和资格刑,主刑剥夺的是犯罪人更根本更重要的权利。现代社会的基本价值观也决定了在刑罚体系中,生命刑重于自由刑,自由刑重于财产刑、资格刑。其次,主刑是刑罚体系的主干,是国家惩治犯罪的主要措施。主刑的轻重是区分轻罪与重罪的主要标准,体现了国家对犯罪否定性评价的尺度和等级。因此,一般情况下,应当以主刑是否加重来判断刑罚是否加重。

——《刑事审判参考》(总第106辑)。

五、其他

1410 行贿罪的定罪量刑的数额标准和情节标准的认定

关键词｜行贿罪｜情节严重｜情节特别严重｜

【最高人民法院司法解释】

第七条　为谋取不正当利益,向国家工作人员行贿,数额在三万元以上的,应当依照刑法第三百九十条的规定以行贿罪追究刑事责任。

行贿数额在一万元以上不满三万元,具有下列情形之一的,应当依照刑法第三百九十条的规定以行贿罪追究刑事责任:

(一)向三人以上行贿的;

(二)将违法所得用于行贿的;

(三)通过行贿谋取职务提拔、调整的;

(四)向负有食品、药品、安全生产、环境保护等监督管理职责的国家工作人员行贿,实施非法活动的;

(五)向司法工作人员行贿,影响司法公正的;

(六)造成经济损失数额在五十万元以上不满一百万元的。

第八条　犯行贿罪,具有下列情形之一的,应当认定为刑法第三百九十条第一款规定的"情节严重":

(一)行贿数额在一百万元以上不满五百万元的;

(二)行贿数额在五十万元以上不满一百万元,并具有本解释第七条第二款第一项至第五项规定的情形之一的;

(三)其他严重的情节。

为谋取不正当利益,向国家工作人员行贿,造成经济损失数额在一百万元以上不满五百万元的,应当认定为刑法第三百九十条第一款规定的"使国家利益遭受重大损失"。

第九条　犯行贿罪,具有下列情形之一的,应当认定为刑法第三百九十条第一款规定的"情节特别严重":

(一)行贿数额在五百万元以上的;

(二)行贿数额在二百五十万元以上不满五百万元,并具有本解释第七条第二款第一项至第五项规定的情形之一的；

(三)其他特别严重的情节。

为谋取不正当利益，向国家工作人员行贿，造成经济损失数额在五百万元以上的，应当认定为刑法第三百九十条第一款规定的“使国家利益遭受特别重大损失”。

——《最高人民法院、最高人民检察院关于办理贪污贿赂刑事案件适用法律若干问题的解释》(2016年4月18日，法释〔2016〕9号)。

1411 行贿犯罪中“谋取不正当利益”的认定

关键词 | 行贿罪 | 谋取不正当利益 |

【最高人民法院司法解释】

第十二条 行贿犯罪中的“谋取不正当利益”，是指行贿人谋取的利益违反法律、法规、规章、政策规定，或者要求国家工作人员违反法律、法规、规章、政策、行业规范的规定，为自己提供帮助或者方便条件。

违背公平、公正原则，在经济、组织人事管理等活动中，谋取竞争优势的，应当认定为“谋取不正当利益”。

——《最高人民法院、最高人民检察院关于办理行贿刑事案件具体应用法律若干问题的解释》(2013年1月1日，法释〔2012〕22号)。

【最高人民法院司法文件】

九、在行贿犯罪中，“谋取不正当利益”，是指行贿人谋取违反法律、法规、规章或者政策规定的利益，或者要求对方违反法律、法规、规章、政策、行业规范的规定提供帮助或者方便条件。

在招标投标、政府采购等商业活动中，违背公平原则，给予相关人员财物以谋取竞争优势的，属于“谋取不正当利益”。

——《最高人民法院、最高人民检察院关于办理商业贿赂刑事案件适用法律若干问题的意见》(2008年11月20日，法发〔2008〕33号)。

1412 行贿罪从宽处罚

关键词 | 行贿罪 | 从宽处罚 |

【最高人民法院司法解释】

第十四条　根据行贿犯罪的事实、情节，可能被判处三年有期徒刑以下刑罚的，可以认定为刑法第三百九十条第二款规定的“犯罪较轻”。

根据犯罪的事实、情节，已经或者可能被判处十年有期徒刑以上刑罚的，或者案件在本省、自治区、直辖市或者全国范围内有较大影响的，可以认定为刑法第三百九十条第二款规定的“重大案件”。

具有下列情形之一的，可以认定为刑法第三百九十条第二款规定的“对侦破重大案件起关键作用”：

（一）主动交待办案机关未掌握的重大案件线索的；

（二）主动交待的犯罪线索不属于重大案件的线索，但该线索对于重大案件侦破有重要作用的；

（三）主动交待行贿事实，对于重大案件的证据收集有重要作用的；

（四）主动交待行贿事实，对于重大案件的追逃、追赃有重要作用的。

——《最高人民法院、最高人民检察院关于办理贪污贿赂刑事案件适用法律若干问题的解释》(2016 年 4 月 18 日，法释〔2016〕9 号)。

【链接：理解与适用】

上述第一款将犯罪较轻明确为可能判处三年有期徒刑以下刑罚的犯罪。其主要考虑是：将三年有期徒刑以下刑罚作为犯罪较轻的认定标准，符合立法和司法的普遍认识。比如，刑法将缓刑的适用条件确定为判处三年有期徒刑以下刑罚。起草过程中有意见建议将行贿罪的第一个量刑档即五年刑期以下作为犯罪较轻的认定标准，以方便实践适用。经研究，判处五年刑期的通常即可认为是重罪，在重罪与较轻犯罪之间有必要留出一个中间地带，故未采纳。

第二款将判处十年刑期以上刑罚和省级影响性案件确定为重大案件。本款内容主要借鉴了《最高人民法院关于处理自首和立功具体应用法律若干问题的解释》（以下简称《自首和立功解释》）关于重大案件的规定，即：可能判处无期徒刑以上刑罚的案件，以及在本省、自治区、直辖市或全国有较大影响的案件。之所以将《自首和立功解释》规定的无期徒刑以上调整为十年有期徒刑以上，主要有两方面的考虑：一是行贿人的配合对于受贿犯罪的查处具有难以替代的重要作用。行贿罪的从宽处罚规定，既有罪刑相适应的考虑，也有打击策略的考虑。适当调低重大案件的掌握标准，可以为该规定的实践适用提供必要的空间。二是受贿罪的罪重罪轻主要取决于数额大小。将重大案件的标准定得过高，将导致只有极少数犯罪数额极大的行贿犯罪分子才有资格适用本从宽规定的不合理现象，亦即，犯罪越严重越可以得到减免处理,这对于那些罪行更轻但又不属于前述犯罪较轻的行贿犯罪分子将是不公平的。

第三款从线索提供、证据收集、追逃追赃等方面列举了对侦破重大案件起关键作用的四种具体情形。行贿人主动交待行贿事实,对侦破重大案件所起作用主要体现在两个方面:一是提供案件线索,即司法机关不掌握某一行、受贿案件的线索,由于行贿人主动交待,使得重大案件得以侦破。其中又分为两种情况:行贿人主动交待的行贿行为相对应的受贿本身就构成重大案件,以及行贿人主动交待的行贿行为相对应的受贿不构成重大案件,但以此为线索另外查出受贿人其他重大受贿犯罪事实。二是对受贿案件的证据收集、事实认定、追逃追赃起关键作用,即司法机关虽掌握某行、受贿案件的线索,但未掌握追究刑事责任的足够证据,行贿人主动交待的事实为司法机关收集、完善、固定证据起到关键作用,或者行贿人主动交待的事实涉及受贿犯罪分子的行踪或者赃款赃物的去向等,对于办案机关抓捕受贿犯罪分子、追缴赃款赃物起到关键作用的。

——裴显鼎等:《〈关于办理贪污贿赂刑事案件适用法律若干问题的解释〉的理解与适用》,载《人民司法 · 应用》2016 年第 19 期。

1413 向非国家工作人员介绍贿赂行为如何定性

关键词 | 向非国家工作人员介绍贿赂 | 罪刑法定原则 |

【最高人民法院审判业务意见】

有关部门就向非国家工作人员介绍贿赂行为如何定性问题征求最高人民法院研究室意见。最高人民法院研究室经研究认为:

对于向非国家工作人员介绍贿赂行为,根据罪刑法定原则,不宜定罪处罚。但对于确已明显构成行贿共犯或者受贿共犯的,予以定罪处罚,也依法有据,并不违反罪刑法定原则。

——黄应生:《最高人民法院研究室关于向非国家工作人员介绍贿赂行为如何定性问题的研究意见》,载最高人民法院研究室编著:《司法研究与指导》(总第 2 辑),人民法院出版社 2012 年版,第 155 页。

1414 介绍贿赂罪与行受贿共同犯罪的区分

关键词 | 介绍行贿罪 | 受贿罪 | 行贿罪 |

【最高人民法院参考案例】

刚然、吴静竹受贿、伪造国家机关证件案(《刑事审判参考》案例第1446号)

要旨:特定关系人以外的其他人与国家工作人员通谋,由国家工作人员利用职务上的便利为请托人谋取利益,收受请托人财物后双方共同占有的,以受贿罪的共犯论处。

1. 从主观认识区分介绍贿赂与行受贿共同犯罪。

介绍贿赂行为的目的本身不是行贿也不是受贿,而是旨在帮助行受贿双方建立贿赂联系,即起到牵线搭桥、沟通联络、撮合作用,主观上必须有向国家工作人员介绍贿赂的故意,认识到自己处于"中间人"的地位。由此可见,介绍贿赂人既不同于行贿人主观上具有行贿故意,以图受贿人利用职务便利为己谋取利益,也不同于受贿人主观上具有受贿故意,企图收受他人贿赂。即介绍贿赂人主观上具有独立的故意即介绍贿赂的故意。而行受贿共犯是行为人与行贿人或受贿人形成了共同故意,认识到自己是在帮助行贿人行贿或受贿人受贿。行为人与行贿人或受贿人的共同故意包括两个内容:一是各行为人均有相同的犯罪故意;二是行为人与行贿人或受贿人之间具有意思联络。

2. 从客观行为区分介绍贿赂与行受贿共同犯罪。

介绍贿赂行为是在行受贿双方之间起到提供信息、引荐、沟通、撮合的作用;行贿共同犯罪是为谋取不正当利益共同向国家工作人员行贿;受贿共同犯罪是以各自的行为共同促成行贿人谋取利益,并收受财物。本案中,被告人刚然、吴静竹的行为更符合受贿共同犯罪的特征。

——《刑事审判参考》(总第129辑)。

1415 县交通局稽查队代征的车船使用税、代办的个体工商管理费的返还款及停车费属于刑法第三百九十六条第一款所规定的"国有资产"

关键词 | 私分国有资产 | 返还款 | 停车费 |

【最高人民法院审判业务意见】

有关部门就如何理解私分国有资产问题征求最高人民法院研究室意见。最高人民法院研究室经研究认为:

县交通局稽查队代征的车船使用税、代办的个体工商管理费的返还款均属于利用国家公权力收取的费用,虽然系违法代收,但仍无法改变款项的公款性质。县交通局稽查队收到的停车费也属于公款。因此,县交通局稽查队代征的车船使用税、代办的个体工商管理费的返还款及停车费属于刑法第三百九十六条第一款所规定的“国有资产”。

——黄应生:《最高人民法院研究室关于如何理解私分国有资产问题的研究意见》,载最高人民法院研究室编:《司法研究与指导》(总第1辑),人民法院出版社2012年版,第173页。

1416 “国有资产”的认定

关键词｜私分国有资产罪｜国有资产｜违法所得｜

【最高人民法院参考案例】

李祖清等被控贪污案(《刑事审判参考》案例第377号)

要旨:私分国有资产罪中的国有资产,是指广义的国有资产。行政事业单位违反行政法规,滥用职权而乱收费、乱摊派、乱罚款所得的款项,应认定为国有资产,构成私分国有资产罪的犯罪对象。

根据上述规定,行政事业单位违反行政法规,滥用职权而乱收费、乱摊派、乱罚款所得的款项,应认定为国有资产,构成私分国有资产罪的犯罪对象。其理由是:第一,从所有权的取得方式看。国家从社会的公共利益出发,凭借其依法享有的公共权力,采用征税、国有化、没收、征收等强制手段取得的财产所有权,这是国家财产取得的主要来源。“三乱”收入从表现形式上符合国有资产取得的法定形式,其法律效力在有关部门查处之前是毋庸置疑的。因此,行政机关各种违法收取的费用符合国有资产取得的规定,属于国有资产。第二,根据我国法律规定,一切违法所得都应没收上缴国库,收款单位根本没有支配、处分权。同时,这些款项都是收款单位以国家名义强制收取的,被收款方也认为是国有单位收取的,如要举报控告也是控告国有单位,最终由国家负责清退和赔偿。同时,根据刑法第九十一条第二款规定的精神,对于国家实际上占有、使用、处分的资产,应视为国有资产。第三,财产犯罪的对象范围不以合法所有或者持有的财物为限。因此,刑法上的财产,更多强调的是财产的经济价值性,而非合法性。即便是不受民法保护或者为相关行政法规所明文禁止的财物,如赌资、赃物、违禁品等,只要具有一定的经济价值,并且与刑法的基本保护精神不相违背,则同样可以成为财产犯罪的对象,并应当受到刑法的保护。

——《刑事审判参考》(总第47辑)。

1417 私分国有资产罪的主体

关键词|私分国有资产罪|犯罪主体|

【最高人民法院参考案例】

徐国桢等私分国有资产案(《刑事审判参考》案例第939号)

裁判要旨:非适格主体可以成为由适格主体实施犯罪的共犯。

私分国有资产罪的主体是单位。刑法所规定的特定犯罪必须具备特定的主体要素,其仅是针对单独犯而言的。对于教唆犯、帮助犯则不需要具备特定的主体要素。根据共同犯罪成立理论中的行为共同说(事实共同说),共同犯罪应当是指数人共同实施了构成要件的行为,而不是共同实施特定的犯罪。质言之,不要求行为人共同实施特定的犯罪,只要行为具有共同性就可以成立共同犯罪。至于共犯人的责任问题,则需要个别认定。从量刑角度分析,对于共犯中非适格主体的量刑,一般按照普通主体适用刑罚或者以从犯身份适用刑罚。具体而言,在仅由适格主体实施的犯罪案件中,如果刑法规定对适格主体适用从重的刑罚,对不适格主体的共犯人,只能适用通常之刑罚。

——《刑事审判参考》(总第95辑)。

1418 与国家工作人员"关系密切的人"的范围

关键词|对有影响力的人行贿罪|关系密切的人|

【链接:理解与适用】

对利用影响力行贿罪犯罪构成的把握,首先需要把握与国家工作人员"关系密切的人"的范围,即哪些人属于与国家工作人员"关系密切的人"。刑法第三百九十条之一列举了五种情形:

1. 国家工作人员的近亲属,这是与国家工作人员有血缘关系或者婚姻关系的亲属,具体包括夫、妻、父、母、子、女、同胞兄弟姐妹、祖父母、外祖父母、孙子女、外孙子女。

2. 其他与该国家工作人员关系密切的人,这是指在国家工作人员近亲属之外,与其有密切关系的人,如同学、战友、老乡、同事,或者有着某种共同利益关系的人,或者与其关系非常密切,交往不同于一般关系、对其具有足够的影响力的人。

3. 离职的国家工作人员,是指曾经是国家工作人员,但目前已离开国家工作人员的工作岗位,如离休、退休、辞职、辞退等情形。这些人虽然现在不具有国家工作人员的身份,但因为曾经是国家工作人员,仍然具有足够的影响力。

4. 离职的国家工作人员的近亲属,是指与离职的工作人员有血缘关系或者婚姻关系的亲属,包括夫、妻、父、母、子、女、同胞兄弟姐妹、祖父母、外祖父母、孙子女、外孙子女。

5. 其他与离职国家工作人员关系密切的人,这是指在离职的国家工作人员近亲属之外,其他与其有密切关系的人,如同学、战友、老乡、老领导、老部下,或者有着某种共同利益关系的人,或者与其关系非常密切,交往不同于一般关系、具有足够的影响力的人。

——最高人民法院研究室、最高人民法院刑法修改工作小组办公室编著:《〈刑法修正案(九)〉条文及配套司法解释理解与适用》,人民法院出版社 2015 年版,第 398—399 页。

1419 假借奖金、福利等名义变相集体私分国有资产行为与一般财经违纪行为的区分

关键词 | 私分国有资产罪 | 财经违纪行为 |

【最高人民法院参考案例】

张金康、夏琴私分国有资产案(《刑事审判参考》案例第 293 号)

要旨:假借奖金、福利等名义变相集体私分国有资产行为与超标准、超范围发放奖金、福利等一般财经违纪行为的区分,要参照单位经营利润情况、单位对所分资产是否具有自主支配、分配权等情况综合分析。

私分国有资产行为首先是一种违反国家规定的行为。根据刑法第九十六条规定,违反国家规定,是指违反全国人民代表大会及其常务委员会制定的法律和决定,国务院制定的行政法规、规定的行政措施、发布的决定和命令。据此,国家机关、国有公司、企业、事业单位、人民团体依照相关国家规定发放奖金、津贴、福利等行为,如国家机关、事业单位、社会团体等依照预算法和有关预算外资金管理法规规定用预算外资金发放奖金、津贴、补贴以及国有公司依照公司法相关规定将所提取的法定公益金用于本公司职工集体福利等,因属合法行为,当然不能认为是变相私分国有资产。鉴于我国国有单位尤其是国有企业在改革、改制过程中出现了一些财务管理不够规范和不够完善的现实状况,在私分国有资产罪中的违反国家规定的具体理解和掌握上,一定要具体情况具体分析,实事求是、合情合理地予以认定。不宜将违反规定超标准、超范围等乱发、滥发奖金、福利的财经违纪行为,一概认定为集体私分行为,以避免刑事打击面过大。具体判断方面,可参照单位经营利

润情况、单位对所分资产是否具有自主支配、分配权等情况综合分析。对于在单位财力状况允许的范围内以及将单位具有一定自主支配权的钱款违反规定分配给单位成员，未造成严重社会危害后果的行为，一般不宜认定为私分行为。相反，下列情形一般可以认定为私分国有资产行为：第一，在单位没有经营效益甚至经营亏损的情况下，变卖分配国有财产等严重违背国有财产的经营管理职责，妨害国有公司、企业的正常生产、经营活动的；第二，单位将无权自主支配、分配的钱款通过巧立名目、违规做账等手段从财务账上支出，或者将应依法上缴财务入账的正常或者非正常收入予以截留，编造各种栏目进行私分发放等，严重破坏国家财政收支政策的贯彻落实的。

——《刑事审判参考》(总第37辑)。

第七章 — CHAPTER 07

渎职罪

一、一般规定

1420 渎职犯罪行为造成的公共财产重大损失的认定

关键词｜渎职行为｜重大损失｜

【最高人民法院司法解释】

第一条　国家机关工作人员滥用职权或者玩忽职守，具有下列情形之一的，应当认定为刑法第三百九十七条规定的“致使公共财产、国家和人民利益遭受重大损失”：

（一）造成死亡1人以上，或者重伤3人以上，或者轻伤9人以上，或者重伤2人、轻伤3人以上，或者重伤1人、轻伤6人以上的；

（二）造成经济损失30万元以上的；

（三）造成恶劣社会影响的；

（四）其他致使公共财产、国家和人民利益遭受重大损失的情形。

具有下列情形之一的，应当认定为刑法第三百九十七条规定的“情节特别严重”：

（一）造成伤亡达到前款第（一）项规定人数3倍以上的；

（二）造成经济损失150万元以上的；

（三）造成前款规定的损失后果，不报、迟报、谎报或者授意、指使、强令他人不报、迟报、谎报事故情况，致使损失后果持续、扩大或者抢救工作延误的；

（四）造成特别恶劣社会影响的；

（五）其他特别严重的情节。

第八条　本解释规定的“经济损失”，是指渎职犯罪或者与渎职犯罪相关联的犯罪立案时已经实际造成的财产损失，包括为挽回渎职犯罪所造成损失而支付的各种开支、费用等。立案后至提起公诉前持续发生的经济损失，应一并计入渎职犯罪造成的经济损失。

债务人经法定程序被宣告破产，债务人潜逃、去向不明，或者因行为人的责任超过诉讼时效等，致使债权已经无法实现的，无法实现的债权部分应当认定为渎职犯罪的经济损失。

渎职犯罪或者与渎职犯罪相关联的犯罪立案后，犯罪分子及其亲友自行挽回的经济损失，司法机关或者犯罪分子所在单位及其上级主管部门挽回的经济损失，或者因客观原因减少的经济损失，不予扣减，但可以作为酌定从轻处罚的情节。

——《最高人民法院、最高人民检察院关于办理渎职刑事案件适用法律若干问题的解释（一）》（2013 年 1 月 9 日，法释〔2012〕18 号）。

【链接：理解与适用】

1. 经济损失的概念和范围。《解释》对于经济损失的基本定位是已经实际造成的财产损失，具体适用时需注意以下两点：第一，经济损失必须是实际造成、确定可计算的财产损失。在犯罪结果的理解上，我们历来坚持客观化的立场，尽管一些渎职案件造成了严重的潜在危险，但危险毕竟不同于结果，如无从确定具体损失的，不宜纳入经济损失的计算范畴。第二，经济损失不限于财产毁损、灭失。《立案标准》规定经济损失是指财产损毁、减少的实际价值，《解释》未再采用这一表述，而是笼统地规定为“财产损失”。主要是考虑到，财产损失不仅包括事实意义上的损失，还应包括法律意义上的流失，相对于权利主体而言，财产流失也是一种损失。

2. 计算经济损失的时间界点。在该问题上，起草过程中存在多种不同意见，包括终审判决时、庭审时、起诉时以及不宜人为设置时间界点等。《解释》延用了《立案标准》确定的“立案时”时间界点，主要有两点考虑：一是以起诉或者审判时经济损失是否挽回作为定罪量刑的依据，将直接影响到刑事诉讼活动的确定性和严肃性。二是一个行为是否构成犯罪，原则上应以行为实施时为准，由于渎职犯罪行为与结果不同步的特征，为方便实践操作才确定以立案时为损失计算基准，但这不意味着损失挽回的就不构成犯罪。适用本规定时需注意把握以下几点：第一，经济损失的认定以立案时为准，与是否行为人自行挽回没有关系。第二，渎职犯罪尚未立案但与渎职犯罪相关联的犯罪已经立案的，以关联犯罪立案时已经实际造成的财产损失认定犯罪数额。第三，立案后至提起公诉前持续发生的经济损失，应一并计入渎职犯罪造成的经济损失。第四，立案后挽回的损失不影响定罪，但可以作为酌定从轻处罚的情节。

——刘为波等：《〈关于办理渎职刑事案件具体应用法律若干问题的解释（一）〉的理解与适用》，载《人民司法 · 应用》2014 年第 7 期。

【最高人民法院司法文件】

六、关于渎职罪

（一）渎职犯罪行为造成的公共财产重大损失的认定

根据刑法规定，玩忽职守、滥用职权等渎职犯罪是以致使公共财产、国家和人民利益遭受重大损失为构成要件的。其中，公共财产的重大损失，通常是指渎职行为已经造成的重大经济损失。在司法实践中,有以下情形之一的,虽然公共财产作为债权存在,但已无法实现债权的,可以认定为行为人的渎职行为造成了经济损失:(1)债务人已经法定程序被宣告破产;(2)债务人潜逃,去向不明;(3)因行为人责任,致使超过诉讼时效;(4)有证据证明债权无法实现的其他情况。

——《全国法院审理经济犯罪案件工作座谈会纪要》(2003年11月13日,法〔2003〕167号)。

1421 渎职犯罪法条竞合的适用

关键词｜渎职犯罪｜法条竞合｜

【最高人民法院司法解释】

第二条　国家机关工作人员实施滥用职权或者玩忽职守犯罪行为,触犯刑法分则第九章第三百九十八条至第四百一十九条规定的,依照该规定定罪处罚。

国家机关工作人员滥用职权或者玩忽职守,因不具备徇私舞弊等情形,不符合刑法分则第九章第三百九十八条至第四百一十九条的规定,但依法构成第三百九十七条规定的犯罪的,以滥用职权罪或者玩忽职守罪定罪处罚。

——《最高人民法院、最高人民检察院关于办理渎职刑事案件适用法律若干问题的解释(一)》(2013年1月9日,法释〔2012〕18号)。

【链接:理解与适用】

刑法分则第九章对于渎职罪采取了总分结合的立法模式,即在规定滥用职权罪和玩忽职守罪两个一般罪名之外,还结合特殊主体、特定领域等规定了三十五个特别罪名。如何把握一般罪名与特别罪名的关系,实践中存在不同看法,集中体现在两个问题上:一是同时符合特别罪名规定和一般罪名规定,特别罪名的法定刑轻于一般罪名的,能否以处罚更重的一般罪名处理?二是不符合特别罪名规定但符合一般罪名规定的,能否以一般罪名定罪处罚?

经研究,基于量刑需要提出的第一个问题根本上属于立法问题。鉴于刑法第三百九十七条已明确规定"本法另有规定的,依照规定",故不管特别罪名的法定刑高于还是低于一般罪名,凡是符合特别罪名构成要件的,应一律以特别罪名追究刑事责任。据此,《解释》第二条第一款规定:"国家机关工作人员实施滥用职权或者玩忽职守犯罪行为,触犯刑法分则第九章第三百九十八条至第四百一十九条规定的,依照该规定定罪处罚。"

对于第二个问题,《解释》持肯定立场。主要考虑是:(1)特别法优于一般法原则主要针对的是法条竞合条件下同时构成多个犯罪的罪名选择问题，而这里只触犯了一般罪名规定，不存在法条竞合和罪名选择的问题；(2)就立法而言特别法优于一般法并非绝对性原则，刑法在生产、销售伪劣商品罪一节中明确规定，不构成特别罪名但构成一般罪名亦即生产、销售伪劣产品罪的，可以一般罪名定罪处罚；(3)司法解释在法律规定限度内可以具有一定的补漏功能，对于因不具备徇私舞弊等要件而不构成特别罪名的严重渎职行为以一般罪名处理，体现了实践打击需要，也不违反立法本意。适用本规定时，需要注意徇私的理解问题。对刑法规定中的“徇私”作何理解，长期存在争议，一种意见认为仅指徇个人私情、私利；另一种意见认为不仅包括徇个人之私，而且包括徇单位、集体之私。《解释》未对“徇私”的理解作出明确规定，但本条规定实际上间接回应了徇私舞弊的理解和相关定罪思路，即：在坚持“徇私”应为徇个人私情、私利的基础上，通过转适用一般罪名解决为单位利益实施的渎职行为的刑事责任追究问题。

——刘为波等：《〈关于办理渎职刑事案件具体应用法律若干问题的解释(一)〉的理解与适用》，载《人民司法 · 应用》2014 年第 7 期。

1422 国家机关工作人员实施渎职犯罪并收受贿赂，同时构成受贿罪的，除刑法另有规定外，以渎职犯罪和受贿罪数罪并罚

关键词 | 渎职犯罪 | 受贿罪 | 数罪并罚 |

【最高人民法院司法解释】

第三条 国家机关工作人员实施渎职犯罪并收受贿赂，同时构成受贿罪的，除刑法另有规定外，以渎职犯罪和受贿罪数罪并罚。

——《最高人民法院、最高人民检察院关于办理渎职刑事案件适用法律若干问题的解释(一)》(2013 年 1 月 9 日，法释〔2012〕18 号)。

【最高人民法院参考案例】

黄德林滥用职权、受贿案(《刑事审判参考》案例第 652 号)

要旨：行为人在实施滥用职权等渎职犯罪行为的同时又收受贿赂应当实行数罪并罚。

实行数罪并罚与刑法第三百九十九条第四款的规定并不矛盾。上述行为一方面构成了受贿犯罪，另一方面又触犯了刑法规定的其他罪名，对于这些行为人是定一罪还是按照数罪来定罪处罚？在 1997 年刑法修订前，争议还是比较少的，类似情况被明确规定为两罪，并均按数罪并罚原则处理。如 1988 年《全国人民代表大

会常务委员会关于惩治贪污贿赂罪的补充规定》明确规定:“因受贿而进行违法犯罪活动构成其他犯罪的,按照数罪并罚的规定处罚。”问题的产生主要与修订刑法增加了对徇私枉法、民事、行政枉法裁判罪的特别规定有关。刑法第三百九十九条第四款规定:“司法工作人员收受贿赂,有前三款行为的,同时又构成本法第三百八十五条规定之罪的,依照处罚较重的规定定罪处罚。”有人据此提出,这是刑法取消了上述规定,对因受贿而进行违法活动构成其他犯罪的,也应依照处罚较重的规定定罪处罚。我们认为,这是对刑法规定的误解。刑法第三百九十九条第四款对司法工作人员作此规定有特殊的考虑,属于特别规定,仅限于该条所涉的四个罪名,不是刑法总则条文,不具有普遍适用的意义。相反,刑法第三百九十九条第四款并非对牵连犯从一重罪处断的认可,该法条本身也说明刑法承认二罪的存在。

2001 年,最高人民法院刑一庭审判长会议达成了以下意见:“受贿兼有徇私舞弊减刑、假释的,同时符合两个罪的构成,应当认定为两罪,实行数罪并罚。”该意见虽然不是司法解释,但对审理同类案件有指导意义。2002 年 7 月 8 日最高人民法院、最高人民检察院、海关总署颁布的《关于办理走私刑事案件适用法律若干问题的意见》第十六条规定:“海关工作人员收受贿赂又放纵走私的,应以受贿罪和放纵走私罪数罪并罚。”虽然这是对走私类犯罪所作的规定,但也有指导意义。

——《刑事审判参考》(总第 76 辑)。

1423 渎职犯罪与其他相关共同犯罪的处理

关键词｜渎职犯罪｜共同犯罪｜

【最高人民法院司法解释】

第四条　国家机关工作人员实施渎职行为,放纵他人犯罪或者帮助他人逃避刑事处罚,构成犯罪的,依照渎职罪的规定定罪处罚。

国家机关工作人员与他人共谋,利用其职务行为帮助他人实施其他犯罪行为,同时构成渎职犯罪和共谋实施的其他犯罪共犯的,依照处罚较重的规定定罪处罚。①

国家机关工作人员与他人共谋,既利用其职务行为帮助他人实施其他犯罪,又以非职务行为与他人共同实施该其他犯罪行为,同时构成渎职犯罪和其他犯罪的

---

① 2016 年 4 月 18 日施行的《最高人民法院、最高人民检察院关于办理贪污贿赂刑事案件适用法律若干问题的解释》第十七条规定:“国家工作人员利用职务上的便利,收受他人财物,为他人谋取利益,同时构成受贿罪和刑法分则第三章第三节、第九章规定的渎职犯罪的,除刑法另有规定外,以受贿罪和渎职犯罪数罪并罚。”根据该规定,当同时构成受贿罪和渎职犯罪的,应为数罪并罚。

共犯的，依照数罪并罚的规定定罪处罚。

——《最高人民法院、最高人民检察院关于办理渎职刑事案件适用法律若干问题的解释（一）》（2013年1月9日，法释〔2012〕18号）。

【链接：理解与适用】

渎职犯罪与其他刑事犯罪往往具有对合性、共生性，比如放纵走私罪与走私罪，徇私舞弊不征、少征税款罪与逃税罪等。如何认定关联犯罪的共同犯罪，是这类渎职犯罪司法处理当中较为突出的问题。实践中对于负有查禁犯罪活动职责的国家机关工作人员放纵或者帮助他人实施犯罪活动能否构成关联犯罪的共犯，在何种情况下构成关联犯罪的共犯，构成共犯的情况下如何适用罪名等均不无疑问。

我们认为，对于渎职犯罪的共犯认定，首先，应当严格坚持只有共同故意犯罪才构成共同犯罪的刑法规定。典型的过失犯罪如玩忽职守罪等不存在认定共同犯罪的主观前提，但是，滥用职权类渎职犯罪完全有可能是故意犯罪，比如私放在押人员、放纵走私等渎职犯罪具有明显的犯罪故意。所以，渎职犯罪有无共犯不能一概而论，而是应当区分渎职犯罪的类型，并根据主观内容进行具体判断。其次，渎职犯罪共犯的认定和处理要注意兼顾渎职犯罪的特点和实践打击需要。为此，《解释》第四条区分情形从三个层面明确了渎职罪的共犯处理意见，分别说明如下：

1. 明知类渎职犯罪的处理。放纵他人犯罪或者帮助他人逃避刑事处罚是渎职罪中较为典型的一类行为。此类渎职犯罪均以明知为其主观内容，且多数发生在其他犯罪行为实施过程当中，实施渎职犯罪的国家机关工作人员是否同时构成其放纵或者帮助的犯罪的共犯，实践中存在不同意见。一种意见认为，此类行为同时构成渎职犯罪和其他犯罪的共犯，应按照想象竞合犯的处理原则择一重罪处罚。《解释》明确，单纯的明知帮助行为宜适用渎职罪的刑法规定定罪处罚。按照共同犯罪的一般理论，此情形确实同时构成了非国家工作人员实施的其他犯罪的共犯，但此情形下触犯数个罪名主要是法律规定的原因所致，宜认定为法条竞合而非想象竞合。因属于特别法（渎职犯罪刑法规定）与一般法（共同犯罪刑法规定）之间的竞合，故按照特别法优于一般法的法律适用原则，应以渎职犯罪处理。

2. 共谋类渎职犯罪的处理。对于国家机关工作人员与他人共谋利用其职务行为帮助他人实施其他犯罪的行为，一种意见认为同时构成渎职犯罪和其他犯罪的共犯，应实行数罪并罚；另一种意见认为属于法条竞合犯，应根据特别法优先适用原则以渎职犯罪处理。《解释》持择一重罪处理的立场，主要有两点考虑：一是渎职行为人通过与他人的主观共谋已经介入了他人的其他犯罪，同时构成其他犯罪的共犯不单是因为刑法规定，更重要的原因出在行为本身，故整体上属于想象竞合犯；二是此情形本质上只有一个渎职行为，实行数罪并罚将不可避免地出现重复评价问题。

3. 参与类渎职犯罪的处理。实践中还存在一种情形,国家机关工作人员除了通过渎职帮助他人犯罪行为之外,还通过非职务行为具体参与实施了他人犯罪。以往实践中对此通常择一重罪处理,《解释》明确应实行数罪并罚。其主要考虑是:不同于第二款规定的共谋类渎职犯罪,此情形往前又走了一步,多出了一个具体的非职务参与实施行为,形成了两个相互独立的渎职行为和其他犯罪行为,任何单一罪名均不足对其作出全面评价,故有必要分别定罪处罚。

——刘为波等:《〈关于办理渎职刑事案件具体应用法律若干问题的解释(一)〉的理解与适用》,载《人民司法·应用》2014年第7期。

1424 “集体研究”形式实施的渎职犯罪应当追究国家机关负有责任的人员的刑事责任

关键词｜违法决定｜集体研究｜渎职犯罪｜刑事责任｜

【最高人民法院司法解释】

第五条　国家机关负责人员违法决定,或者指使、授意、强令其他国家机关工作人员违法履行职务或者不履行职务,构成刑法分则第九章规定的渎职犯罪的,应当依法追究刑事责任。

以“集体研究”形式实施的渎职犯罪,应当依照刑法分则第九章的规定追究国家机关负有责任的人员的刑事责任。对于具体执行人员,应当在综合认定其行为性质、是否提出反对意见、危害结果大小等情节的基础上决定是否追究刑事责任和应当判处的刑罚。

——《最高人民法院、最高人民检察院关于办理渎职刑事案件适用法律若干问题的解释(一)》(2013年1月9日,法释〔2012〕18号)。

【链接:理解与适用】

1. 国家机关负责人员的责任。……适用本规定时,需要注意两点:一是负责人员的刑事责任追究具有相对独立性。负责人员的监管过错行为可单独成立渎职犯罪,而无须依赖共犯理论或者其他执行人员的行为。是否同时追究执行人员的刑事责任,不影响负责人员的责任追究。二是这里的负责人员,既包括主要负责人,也包括直接负责的分管领导;既包括本单位的负责人员,也包括上级单位的负责人员。

2. 集体研究的刑事责任。……适用本规定时,需要注意以下两点:第一,追究集体研究相关人员渎职罪的刑事责任，其直接根据既非单位犯罪亦非共同犯罪，而是相关人员自身的具体履职行为。实践中应当注意区分各参与研究人员的地位、作用合理确定责任人员的范围，对于不负有直接主管职责而只是消极附议的，或者在集体研究当中明确提出反对意见的人员，不宜追究刑事责任。第二，“集体研究”既包括真实意义上的集体研究，也包括假借集体研究行个人之私的情形。《解释》施行后一些地方认为这里带有引号的集体研究仅限于后一种情形，这是对《解释》规定的误读。

3. 具体执行人员的刑事责任。……鉴于实际情况的复杂性，《解释》仅作了原则性规定，为便于实践具体把握，我们提出以下几点意见供参考：第一，具体执行行为未明显违反法律规定，或者存在严重性错误但已经提出反对意见或者改正建议的，应由作出决定的人员承担渎职罪的刑事责任，对于执行人员一般不宜作犯罪处理。第二，具体执行行为明显违反法律规定且造成严重危害结果的，执行人员应承担相应的责任。第三，对于执行人员的责任追究应有别于决定人员，实践中可以结合执行中的具体情况适当从宽处罚，对于执行人员判处的刑罚不得高于决定人员，更不允许以追究执行人员的责任取代对决定人员的责任追究。

——刘为波等：《〈关于办理渎职刑事案件具体应用法律若干问题的解释（一）〉的理解与适用》，载《人民司法·应用》2014 年第 7 期。

1425 以危害结果为条件的渎职犯罪的追诉期限，从危害结果发生之日起计算

关键词 | 渎职犯罪 | 追诉期限 | 危害结果 | 发生之日 |

【最高人民法院司法解释】

第六条 以危害结果为条件的渎职犯罪的追诉期限，从危害结果发生之日起计算；有数个危害结果的，从最后一个危害结果发生之日起计算。

——《最高人民法院、最高人民检察院关于办理渎职刑事案件适用法律若干问题的解释（一）》（2013 年 1 月 9 日，法释〔2012〕18 号）。

【链接：理解与适用】

适用本规定时，需要注意以下几点：第一，犯罪结果发生之日仅限于结果犯，行为犯仍应以具体行为实施之日或者终了之日起计算。第二，危害结果发生之日不同于危害结果发现之日，不得以危害结果被发现之日计算追诉期限。第三，多个危害结果以最后一个危害结果计算追诉期限。渎职罪的危害结果往往具有持续性和

连续性,为此,《解释》明确,"有数个危害结果的,从最后一个危害结果发生之日起计算"。对于本规定,应严格依照刑法关于"犯罪行为有连续或者继续状态的,从犯罪行为终了之日起计算"的规定精神来理解。首先,这里针对的是犯罪结果扩大的情形,最后一个犯罪结果的发生与犯罪结果的持续状态不同,不得以某一犯罪结果持续状态的结束之日计算追诉期限。其次,从最后一个危害结果发生之日起计算的根据在于结果的延续性,可以在整体上视为单一的渎职犯罪,如果成立渎职犯罪的危害结果已经停止,由于其他行为的介入又产生新的危害结果的,一般应以之前的危害结果计算追诉期限。

——刘为波等:《〈关于办理渎职刑事案件具体应用法律若干问题的解释(一)〉的理解与适用》,载《人民司法·应用》2014年第7期。

1426 依法或者受委托行使国家行政管理职权的公司、企业、事业单位的工作人员可以构成渎职罪主体

关键词｜渎职罪｜犯罪主体｜

【最高人民法院司法解释】

第七条　依法或者受委托行使国家行政管理职权的公司、企业、事业单位的工作人员,在行使行政管理职权时滥用职权或者玩忽职守,构成犯罪的,应当依照《全国人民代表大会常务委员会关于〈中华人民共和国刑法〉第九章渎职罪主体适用问题的解释》的规定,适用渎职罪的规定追究刑事责任。

——《最高人民法院、最高人民检察院关于办理渎职刑事案件适用法律若干问题的解释(一)》(2013年1月9日,法释〔2012〕18号)。

【链接:理解与适用】

适用本规定时,需要注意以下两个问题:第一,国有公司、企业、事业单位人员渎职犯罪与国家机关工作人员渎职犯罪的关系。一种意见认为,刑法第一百六十八条规定的国有公司、企业、事业单位人员的失职罪、滥用职权罪与刑法分则第九章规定的国家机关工作人员渎职罪属于法条竞合关系。如前所述,两罪的公务内容不同,故不存在交叉竞合关系。对于依法或者受委托行使国家行政管理职权的公司、企业、事业单位的工作人员,在行使行政管理职权时滥用职权或者玩忽职守构成犯罪的,只构成单一的国家机关工作人员渎职罪。第二,依法行使国家行政管理职权的公司、企业、事业单位的工作人员的认定。依照法律、法规规定行使国家行政管理职权的公司、企业、事业单位从事的不一定都是国家行政管理事务,这些

组织中从事公务的人员不是当然的国家机关工作人员渎职罪的主体，只有在依法行使国家行政管理职权时实施了相关渎职行为的，才适用刑法关于国家机关工作人员渎职罪的规定。

——刘为波等：《〈关于办理渎职刑事案件具体应用法律若干问题的解释（一）〉的理解与适用》，载《人民司法·应用》2014年第7期。

1427 渎职犯罪的因果关系判断

关键词 | 渎职犯罪 | 因果关系 | 玩忽职守 |

【最高人民法院参考案例】

李明违法发放林木采伐许可证案（《刑事审判参考》案例第694号）

要旨：要通过对介入因素的考察，认定发放林木采伐许可证的行为与森林遭受严重破坏后果之间刑法上的因果关系。

刑法中的因果关系体现了我国刑法的基本原则——罪责自负，它的基本含义是：行为人只能对其危害行为及其造成的危害结果承担刑事责任。当危害结果发生时，要使行为人对该结果负责任，就必须查明其所实施的危害行为与该结果之间具有因果关系，这种因果关系是在危害结果发生时行为人负刑事责任的必要条件。在司法实践中，危害行为与危害结果之间的因果关系通常并不难确定，但在"一果多因""一因多果"等情况中因果关系的认定往往变得异常复杂。

认定因果关系，应当以行为时客观存在的一切事实为基础，依据一般人的经验进行判断，特别是在"一果多因"的情况下，危害后果的发生是在行为人实施行为后多个因素的介入下而产生的，应当通过考察行为人的行为导致结果发生的可能性大小、介入因素对结果发生的作用大小、介入因素的异常程度等来判断行为人的行为与结果之间是否存在因果关系。如果行为人的行为导致最后结果发生的可能性越高，则认定因果关系存在的理由越足，反之则不然；介入因素对结果发生的作用越大，认定因果关系存在的理由越不足，反之则不然；介入因素的异常程度越高，认定因果关系存在的理由越足，反之则不然。

——《刑事审判参考》（总第79辑）。

包智安受贿、滥用职权案（《刑事审判参考》案例第327号）

要旨：滥用职权行为与损失后果之间没有必然因果关系不构成滥用职权罪。

第一，被告人包智安的滥用职权行为与南京计时器厂、南京钟厂、南京长乐玻璃厂将资金拆借给正大公司而造成重大损失没有必然的因果关系。……没有证据证实包智安在企业拆借过程中起决定性的作用，三家企业将资金拆借给正大公司是三家企业决策机构作出的一种企业行为，非法拆借与遭受经济损失之间存在直接的因果关系，所造成的重大损失与包智安的滥用职权行为之间没有刑法上的因果关系。

第二，正大公司破产是南京计时器厂、南京钟厂、南京长乐玻璃厂不能收回借款的直接原因，但正大公司破产、无力偿还所拆借资金系由正大公司经营管理不善、资金周转困难等多种原因造成的，不是包智安帮助促成借款造成的，直接责任人应是该公司的负责人，而不是该公司的上级主管部门领导包智安，况且资金借来后亦用于正大公司的正常经营活动，与该公司的破产无必然的因果关系。

第三，鉴证不具有担保性质，南京市劳动局不需要对南京计时器厂、南京钟厂、南京长乐玻璃厂的资金拆借损失承担赔偿责任。

综上，包智安出具鉴证书的行为与造成重大经济损失之间不具有刑法上的因果关系，其行为不符合滥用职权罪的构成要件，其对超越职权行为最终发生的结果，只能承担行政领导责任，而不是刑事责任。

——《刑事审判参考》(总第 41 辑)。

龚晓玩忽职守案(《刑事审判参考》案例第 294 号)

要旨：玩忽职守行为客观存在，但是失职行为与特大交通事故之间不存在刑法上的因果关系，不认定为玩忽职守。

《机动车驾驶证管理办法》第十九条规定，“对持有准驾驶车型 A、B、N、P 驾驶证的……每年审验一次”，“审验时进行身体检查”。据此规定，车辆管理所须对持有准驾车型 B 驾驶证的蒋明凡进行一年一度审验，且审验时必须进行身体检查。但无论是体检或审验，其效力都只及于检审的当年度。因此，龚晓于 1999 年为蒋明凡出具的虚假体检结论的效力只及于 2000 年度审验以前。在此之后的各年度审验中，该体验结论便不具有效力。这意味着在此后的各年度审验中，蒋明凡只有经重新体检合格后，方能够通过审验。而在蒋明凡驾驶的客车肇事之前的 2000 年、2001 年和 2002 年的年度审验中，本不应通过审验的蒋明凡却又多次通过彭水县公安局交通警察大队的审验，这说明在上述年度审验中，从事驾驶员体检工作的有关人员均未按规定对蒋明凡进行身体检查或对体检结果进行审查，同样存在未履行其职责或未正确履行职责的玩忽职守行为。因此，认定谁的失职行为与“8・20”特大交通事故之间存在刑法上的因果关系是正确评价被告人龚晓行为性质的关键所在。

在判断行为与结果之间是否存在刑法上的因果关系时，应以行为时客观存在的一切事实为基础，依据一般人的经验进行判断。在存在介入因素的场合下，判断介入因素是否对因果关系的成立产生阻却影响时，一般是通过是否具有"相当性"的判断来加以确定的。在"相当性"的具体判断中，一般可以从以下三个方面来进行：(1)最早出现的实行行为导致最后结果发生的概率的高低。概率高者，因果关系存在；反之，不存在。(2)介入因素异常性的大小。介入因素过于异常的，实行行为和最后结果之间的因果关系不存在；反之，因果关系存在。(3)介入因素对结果发生的影响力。影响力大者，因果关系不存在；反之，因果关系存在。当然，如果介入行为与此前行为对于结果的发生作用相当或者互为条件时，均应视为原因行为，同时成立因果关系。

故此，龚晓的失职行为与交通事故之间不存在刑法上的因果关系。尽管被告人龚晓客观上存在失职行为，可依照其他有关规定予以行政处分，但其行为不构成玩忽职守罪。

——《刑事审判参考》(总第37辑)。

二、具体认定

1428 放弃履行职责致其他行政机关不能行使行政处罚权行为的定性

关键词|滥用职权罪|行政处罚|

【最高人民法院参考案例】

卢高春滥用职权案(《刑事审判参考》案例第1433号)

要旨:行为人通过单位例会的形式决定将经过该站运输出省的煤炭按照焦炭收取相关费用并在该站职工大会上予以宣布,该站工作人员按照上述要求,在实际工作中对经过该站出省运煤车辆没有核查回收《山西省煤炭销售票(公路出省)》,而是对出省煤炭按照焦炭收取相关费用,该行为违反地方性政府规章的规定,放弃履行"受相关行政机关委托的行政管理职权"的行为性质,属于滥用职权。

故本案中"风陵渡煤焦管理站查验补征煤炭可持续发展基金",属于风陵渡煤焦管理站受地方税务机关委托的而行使的行政管理职权。对经过风陵渡煤焦管理站出省的运煤车辆核查回收煤炭销售票是对无煤炭销售票进行处罚的前提,而被告人安排其所在风陵渡煤焦管理站工作人员不履行核查回收煤炭销售票的行为,使得未获得煤炭销售票运煤车辆逃避了本应受到的处罚,导致行政机关无法行使行政处罚权,进而导致行政处罚款的流失。换而言之,被告人所在单位虽无行政处罚权,但被告人安排工作人员放弃履行职责,使本应受到行政处罚的行为不能被发现,导致相关行政机关无法行使行政处罚权,其行为与行政处罚款流失之间有直接因果关系。

——《刑事审判参考》(总第128辑)。

1429 交通运输管理站工作人员在执行公务中超越职权造成他人伤亡的,构成滥用职权罪

关键词|滥用职权罪|超越职权|

【最高人民法院参考案例】

王刚强、王鹏飞过失致人死亡案(《刑事审判参考》案例第 345 号)

要旨:交通运输管理站工作人员在执行公务中超越职权造成他人伤亡构成滥用职权罪。

(一)被告人在执行公务中超越职权造成他人伤亡的行为构成了犯罪

我国法律、法规对逃避检查的逃逸车辆,公路稽查人员能否进行追赶的确没有明确规定,正因为没有明文规定,作为执法的公路稽查人员对逃避检查的逃逸车辆就不能“追赶”,因为法律、法规没有授权你“追赶”,如“追赶”就是超越职权的滥用职权行为。根据刑法第三百九十七条第一款的规定,滥用职权,致使公共财产、国家和人民利益遭受重大损失的就要追究刑事责任。也就是说,作为执法者,在执法中不能超越法律的授权,否则就构成了违法,造成严重后果的就构成了犯罪。

(二)被告人在执行公务中超越职权的行为构成了滥用职权罪而不构成过失致人死亡罪

1. 滥用职权罪侵犯的客体是国家的正常管理活动,而过失致人死亡罪侵犯的客体是公民的人身权利。

2. 滥用职权罪的主体是特殊主体,即必须是国家机关工作人员,而过失致人死亡罪的主体是一般主体。

3. 滥用职权罪在主观上对滥用职权是故意的,对危害后果是过失的。被告人故意违反规定,其行为符合滥用职权罪的主观要件。

4. 滥用职权罪在客观上实施了超越职权或不正当行使职权的行为,而过失致人死亡罪在客观上没有实施滥用职权的行为。综上,被告人的行为符合滥用职权罪的特征,而不符合过失致人死亡罪的特征,故应以滥用职权罪追究其刑事责任。

——《刑事审判参考》(总第 44 辑)。

1430 辩护律师将在法院复制的案件证据材料让被告人亲属查阅的行为不构成犯罪

关键词｜故意泄露国家秘密罪｜辩护律师查阅权｜

【最高人民法院公报案例】

河南省沁阳市人民检察院诉于萍故意泄露国家秘密案(二审法院:焦作市中级人民法院)

要旨:律师在担任刑事被告人的辩护人期间,将通过合法程序获得的案件证据材料让当事人的亲属查阅,不构成故意泄露国家秘密罪。

本案中上诉人于萍让马明刚亲属查阅的案卷材料,是其履行律师职责时,通过合法手续,在法院从马明刚贪污案的案卷中复印的。这些材料,虽然在检察机关的保密规定中被规定为机密级国家秘密,但当案件进入审判阶段后,审判机关没有将检察机关随案移送的证据材料规定为国家秘密。于萍不是国家机关工作人员,也不属于检察机关保密规定中所指的国家秘密知悉人员。作为刑事被告人的辩护人,于萍没有将法院同意其复印的案件证据材料当作国家秘密加以保守的义务。检察机关在移送的案卷上,没有标明密级;整个诉讼活动过程中,没有人告知于萍,马明刚贪污案的案卷材料是国家秘密,不得泄露给马明刚的亲属,故也无法证实于萍明知这些材料是国家秘密而故意泄露。因此,于萍在担任辩护人期间,将通过合法手续获取的案卷材料让当事人亲属查阅,不构成故意泄露国家秘密罪。于萍及其辩护人关于不构成犯罪的辩解理由和辩护意见成立,应予采纳。原判认定的基本事实清楚,审判程序合法,但适用法律错误,应予改判。

——《最高人民法院公报》2004 年第 2 期。

1431 国家机关工作人员以单位名义擅自出借公款给其他单位使用未谋取个人利益，给出借单位造成损失的，可构成滥用职权罪

关键词｜滥用职权罪｜国家机关工作人员｜出借公款｜

【最高人民法院参考案例】

张群生滥用职权案(《刑事审判参考》案例第 563 号)

要旨:国家机关工作人员以单位名义擅自出借公款给其他单位使用,未谋取个人利益,给出借单位造成损失的,可构成滥用职权罪。

滥用职权罪属于职务犯罪,挪用公款罪从本质上讲也属于一种渎职行为,两种犯罪主要区别在犯罪构成尤其是客观方面的行为表现上:

一是两罪侵犯的客体不同。挪用公款罪不但侵犯了国家工作人员职务的廉洁性,还侵犯了公共财产的使用收益权,而滥用职权罪侵犯的是国家机关的正常活动。为保证国家机关工作人员正当、合理地行使职权,国家有关机关制定、颁布了一系列法律、法规和规章来规范、约束其工作人员的职务行为。这些规定既是国家机关工作人员行使和运用各自职权的法律依据和保障,也是其职务行为的界限、范围和行动的准则,因而是每一个国家机关工作人员的法定责任和义务。职权的不正当运用尤其是滥用,不仅违反了这些规定中关于正当、合理运用职权的基本要求,从而妨害国家机关的正常管理活动和秩序,而且还会给公共财产、国家和人民

利益造成不可估量甚至无法弥补的损害。

二是两罪主体都是特殊主体,但又有所不同。挪用公款罪的犯罪主体是国家工作人员,其范围刑法第九十三条有明确规定。滥用职权罪的犯罪主体是国家机关工作人员,关于其范围的界定,2002年《全国人民代表大会常务委员会关于〈中华人民共和国刑法〉第九章渎职罪主体适用问题的解释》亦作出规定,两类人员具有包容关系,即国家工作人员包括了国家机关工作人员。

三是两罪客观方面不同。挪用公款罪是利用职务之便,擅自决定将公款挪归个人使用的行为,具体而言有三种行为表现。滥用职权罪表现为违反法律规定的权限和程序,滥用职权,致使公共财产、国家和人民利益遭受重大损失的行为。滥用职权的行为在客观上表现为两种情形:一是不认真地运用权力,即在履行职务的过程中,未尽到注意义务,在其职务范围内随便、随意或马虎地行使权力;二是过度地运用权力,即在履行职务的过程中,超越职务范围去行使权力,或者在职务范围内超越权力运用的前提、条件、程序、内容等要求而行使权力。前者是不认真履行职责,后者则是超越限度或没有限度地履行职责,均以作为的方式表现出来。

四是两罪的主观方面不同。挪用公款罪只能由故意构成,滥用职权罪主观方面一般由过失构成,特殊情况下也不排除间接故意的存在。判断故意还是过失,应当以行为人对其所实施行为的危害结果所持的心理态度,而不是行为人对行为本身的心理态度为标准。作为国家机关工作人员,对其职权的法律依据、行使范围与程序以及职权滥用的危害后果,通常具有一定明知,不管是出于何种动机而滥用职权,一般较难以认定行为人是在希望或积极追求公共财产、国家和人民利益遭受重大损失之危害后果的发生;但实践中确实存在行为人明知违反职责义务的行为会造成危害结果,但为了某种利益而对危害结果的发生采取放任态度,则其主观心态就不再出于过失而应当属于故意了。

——《刑事审判参考》(总第68辑)。

1432 滥用职权造成恶劣社会影响的认定

关键词｜滥用职权｜造成恶劣社会影响｜供犯罪所用的本人财物｜

【最高人民法院参考案例】

杨德林滥用职权、受贿案(《刑事审判参考》案例第1089号)

要旨:渎职行为严重损害国家机关形象,致使政府公信力下降的,或者渎职行为引发新闻媒体广泛关注,引起强烈社会反响的,或者渎职行为造成大规模上访、暴力冲突等事件,影响国家机关正常职能活动的,或者渎职行为诱发民族矛盾纠纷，严重影响民族团结、社会稳定的，应当认定为滥用职权造成了恶劣社会影响，致使国家和人民利益遭受重大损失。

滥用职权罪，是指国家机关工作人员滥用职权，致使公共财产、国家和人民利益遭受重大损失的行为。换言之，滥用职权行为，只有致使公共财产、国家和人民利益遭受重大损失的，才成立犯罪。一般认为，国家机关工作人员滥用职权造成的损失可以分为有形损失和无形损失。实践中，对有形损失如造成的经济损失、人员伤亡情况等的认定较为容易；但对无形损失的认定则相对难以把握。2013年1月，《最高人民法院、最高人民检察院关于办理渎职刑事案件适用法律若干问题的解释（一）》（以下简称《渎职解释一》）第一条第一款规定了滥用职权罪的入罪门槛，即明确了刑法第三百九十七条第一款中滥用职权“致使公共财产、国家和人民利益遭受重大损失”的认定，具体包括四种情形：（1）造成死亡一人以上，或者重伤三人以上，或者轻伤九人以上，或者重伤二人、轻伤三人以上，或者重伤一人、轻伤六人以上的；（2）造成经济损失三十万元以上的；（3）造成恶劣社会影响的；（4）其他致使公共财产、国家和人民利益遭受重大损失的情形。其中，第（三）项“造成恶劣社会影响”就属于无形损失。对此类无形损失的认定，我们认为，应当根据被告人滥用职权行为造成的危害后果、社会影响等客观实际，结合滥用职权行为的性质、手段等因素综合分析判断。

本案中，在案证据证实，金隆煤矿发生事故后，被告人杨德林未履行职责，且授意他人不将煤矿事故上报、不到现场救援，安排他人提供虚假材料，作虚假调查，要求他人隐瞒事故真相。因事故真相被隐瞒，一方面，致使事故调查、处理工作延误，相关责任人员未被追究责任；另一方面，煤矿存在重大安全隐患而未整改，仍组织矿工冒险下井生产作业，致使煤矿得以继续违法开采。同时，事故真相被隐瞒期间，数名记者以调查金隆煤矿安全事故为由，向金隆煤矿敲诈勒索财物共计数十万元，在当地造成的社会影响极坏，致使政府公信力受到人民群众的质疑。据此，一、二审法院认定杨德林滥用职权行为，严重损害了国家机关公信力，在当地造成了恶劣社会影响。依照刑法第三百九十七条第一款、《渎职解释一》第一条第一款第（三）项的规定，杨德林的行为构成滥用职权罪。

综上，我们认为，司法实践中对国家机关工作人员渎职犯罪“造成恶劣社会影响”的认定，在正确认识渎职犯罪行为侵犯的是国家机关公务的合法、公正、有效执行以及人民群众对此的信赖这一法益的基础上，一般可从以下几方面予以把握：（1）渎职行为严重损害国家机关形象，致使政府公信力下降的；（2）渎职行为引发新闻媒体广泛关注，引起强烈社会反响的；（3）渎职行为造成大规模上访、暴力冲突等事件，影响国家机关正常职能活动的；（4）渎职行为诱发民族矛盾纠纷，严重影响民族团结、社会稳定的；（5）渎职行为造成其他恶劣社会影响的。

——《刑事审判参考》(总第 103 辑)。

1433 利用中考命题工作的便利将考前辅导内容作为中考试题构成故意泄露国家秘密罪

关键词｜故意泄露国家秘密罪｜利用工作便利｜

【最高人民法院参考案例】

李宝安、昝旺木、李兴安故意泄露国家秘密案(《刑事审判参考》案例第 258 号)

要旨:利用参加中考命题工作的便利将考前辅导内容作为正式试题,情节严重的,应当以故意泄露国家秘密罪定罪处罚。

我们认为,行为人与有关中学教师探讨教学重点,介绍答题方法,属于正常的教学研究活动。但是,行为人在明知自己很可能被任命为中考命题人员的情况下,当有关学校教师向其打听中考试题内容时,将自己的命题方案先行透露给他们;在被正式通知为中考试卷命题人后,虽然未直接向他人泄露考试内容,但又违反命题规则和保密纪律,故意有针对性地将其曾透露给有关教师的内容作为中考试卷的主干命题。主观上,行为人明知自己的先行透露行为及后续的命题行为会造成属国家机密的中考试题泄露的后果,仍实施了上述行为,其具有泄漏国家秘密的故意,客观上,行为人先行透露了"命题"内容,使该内容广为传播,后又利用命题人的身份将该内容作为正式试题,造成了参加中考的考生成绩全部作废的严重后果。其先行透露加后续命题行为与造成的严重后果具有直接的因果关系。上述行为的性质与先命题后透露的典型泄密行为并无实质的差异。行为人的行为符合故意泄露国家秘密罪的构成要件,构成故意泄露国家秘密罪。

——《刑事审判参考》(总第 33 辑)。

1434 徇私枉法罪中"情节严重"的认定

关键词｜徇私枉法罪｜情节严重｜行为犯｜

【最高人民法院参考案例】

李永宾徇私枉法、接送不合格兵员案(《刑事审判参考》案例第 237 号)

要旨:徇私枉法罪中"情节严重"的认定,一般应当从行为人的手段是否恶劣、后果是否严重、是否造成恶劣社会影响等方面综合分析认定。

徇私枉法罪是行为犯,一般不以是否发生行为人所追求的后果为条件,只要行为人在刑事诉讼过程中实施了上述其中的一种徇私枉法或者徇情枉法行为,且不属于"情节显著轻微危害不大的"情形,应当认定构成犯罪,"处五年以下有期徒刑或者拘役";对于徇私枉法行为"情节严重的,处五年以上十年以下有期徒刑;情节特别严重的,处十年以上有期徒刑"。由此看出,徇私枉法罪的成立,是不以"情节严重"为必要条件的。"情节严重"和"情节特别严重"只是本罪加重处罚的情节,直接影响着对行为人犯徇私枉法罪的量刑。虽然刑法和有关司法解释没有规定徇私枉法"情节严重"和"情节特别严重"的具体情形,但参照审判实践经验,对于刑法规定的情节犯和情节加重犯。一般应当从行为人的手段是否恶劣、后果是否严重、是否造成恶劣社会影响等方面综合分析认定。就徇私枉法罪而言,对于因行为人的私枉法或者徇情枉法行为,致使无辜的人被追究刑事责任,或者使已经构成犯罪的人逃脱了刑事追究,或者重罪轻判、轻罪重判,严重损害社会主义法制尊严的,应当根据具体犯罪事实、性质、情节和对于社会的危害程度认定为徇私枉法"情节严重"或者"情节特别严重"。

——《刑事审判参考》(总第31辑)。

1435 徇私舞弊不征税款罪的认定

关键词|徇私舞弊不征税款罪|税务机关工作人员|重大损失|

【最高人民法院参考案例】

蒙某受贿案(《刑事审判参考》案例第257号)

要旨:徇私舞弊不征、少征税款罪,是指税务机关的工作人员徇私舞弊,不征或者少征应征税款,致使国家税收遭受重大损失的行为。

徇私舞弊不征、少征税款罪,是1997年刑法修订后新增设的一个选择性罪名。根据刑法第四百零四条的规定,是指税务机关的工作人员徇私舞弊,不征或者少征应征税款,致使国家税收遭受重大损失的行为。其构成特征为:(1)主体必须是税务机关的工作人员,包括各级税务局、税务分局以及税务所的工作人员。非税务机关人员不能构成本罪。(2)主观方面必须是故意,并出于徇私的动机。所谓"徇私",即徇个人私情、私利,徇单位之私不能理解为"徇私"。(3)客观方面实施了不征或少征应征税款,并使国家税收遭受重大损失的行为。具体表现为擅自决定税收的停征、减征或者免征,即为徇私情对应当征收税款的不征收,对应当征收的税款少征收;或者对纳税人欠缴税款的,本应通知银行或者其他金融机构从纳税人存款中扣缴,而不通知不扣缴;对应当扣押、查封、拍卖价值与欠税人应纳税款相当的物品的，而不扣押、不查封或不拍卖等。另外，税务机关的工作人员实施的前述行为，必须是使国家税收遭受重大损失的才能构成犯罪，这是区分罪与非罪的界限，如果不征或者少征应征税款数额较小，没有使国家的税收遭受重大损失，就不能按本罪处理，而应当追究行为人的行政责任。

此外，行为是否构成徇私舞弊不征税款罪，关键是徇私舞弊不征、少征税款罪客观方面要件“重大损失”如何认定。我们认为，在以“重大损失”为构成要件的渎职犯罪中，“损失”如何认定，直接关系到罪与非罪以及刑罚的轻重。不同的渎职犯罪，“损失”的范围、认定方法并不完全一致，司法机关在办理案件时，应根据不同犯罪不同案情具体分析、判定。在“损失”数额因追缴、退赔等原因在案件侦办、审理过程中发生变化的情况下，司法机关应该在实事求是原则的基础上以一定的时间点作为计算界限，以利于准确侦办、指控犯罪和定罪量刑。

——《刑事审判参考》(总第 33 辑)。

1436 签订合同失职被骗罪不以对方当事人的行为被人民法院判决构成诈骗犯罪为前提

关键词 | 国家机关工作人员签订、履行合同失职被骗罪 | 直接主管人员 | 重大损失 |

【最高人民法院审判业务意见】

关于刑法第一百六十七条规定的“签订、履行合同失职被骗罪”和第四百零六条规定的“国家机关工作人员签订、履行合同失职罪”①是否以对方构成诈骗犯罪为要件的问题，最高人民法院刑二庭审判长会议进行了研究，纪要如下：

认定签订、履行合同失职被骗罪和国家机关工作人员签订、履行合同失职罪应当以对方当事人涉嫌诈骗，行为构成犯罪为前提。但司法机关在办理或者审判行为人被指控犯有上述两罪的案件过程中，不能以对方当事人已经被人民法院判决构成诈骗犯罪作为认定本案当事人构成签订、履行合同失职被骗罪或者国家机关工作人员签订、履行合同失职罪的前提。也就是说，司法机关在办理案件过程中，只要认定对方当事人的行为已经涉嫌构成诈骗犯罪，就可依法认定行为人构成签订、履行合同失职被骗罪或者国家机关工作人员签订、履行合同失职罪，而不需要搁置或者中止审理，直至对方当事人被人民法院审理并判决构成诈骗犯罪。

——《最高人民法院刑二庭审判长会议关于签订、履行合同失职被骗犯罪是否以对方当事人的行为构成诈骗犯罪为要件的意见》，载最高人民法院刑事审判第一

① 罪名已调整为“国家机关工作人员签订、履行合同失职被骗罪”。

庭、第二庭:《刑事审判参考》(总第 15 辑),法律出版社 2001 年版,第 77 页。

1437 国家机关工作人员虽未在合同上签字署名，但在负责签订、履行合同的调查、核实、商谈等工作过程中，严重不负责任被骗的，如何定性

关键词|国家机关工作人员签订、履行合同失职被骗罪|合同签字|

【最高人民法院参考案例】

王琦筠等国家机关工作人员签订、履行合同失职被骗案(《刑事审判参考》案例第 1353 号)

要旨:国家机关工作人员虽未在合同上签字署名,但接受委派,在负责签订、履行合同的调查、核实、商谈等工作过程中,严重不负责任被骗的,依法构成国家机关工作人员签订、履行合同失职被骗罪。

合同的签订一般包括三个阶段:一是前期酝酿阶段,双方就合同约定的主要内容、权利义务等细节进行协商、谈判,进行必要的调查,达成意向性的协议;二是起草文本阶段,双方就洽谈内容形成书面文本并就文本内容进行修改、完善;三是签字盖章阶段,即双方在达成一致的文本上签字确认。合同的履行即合同双方对合同规定义务执行的过程,通常包括执行合同义务的准备、具体合同义务的执行以及义务执行的善后等。故合同的签订、履行系有多个环节共同组成的动态运行过程,在合同文本上签字署名仅是其中完成形式要件的阶段,而为签订合同所做的准备工作包括调查、协商、谈判等相关工作均属于合同签订、履行的重要环节。因此,判定是否属于签订、履行合同的行为不以是否在合同文本上签字署名为标准,而应当判断具体行为是否属于合同形成的必要阶段。

如上所述,国家机关工作人员签订、履行合同失职被骗罪的时空条件要求行为人的失职行为必须发生在签订、履行合同的过程中。当国家机关作为合同相对方时,一般安排具体的责任人员负责合同签订、履行中的相关工作。作为国家机关利益的代表,相关责任人员在此过程中应当尽到足够谨慎的注意义务,严格审查合同签订之真伪,如认真调查了解对方的资信、经营状况,认真审查对方提供的有关证件、证明,认真检查对方的实际履约能力、供货的质量、来源,等等。这些工作都属于为签订、履行合同所作必要之准备,对合同签订、履约内容起到决定性作用。

——《刑事审判参考》(总第 122 辑)。

1438 帮助犯罪分子逃避处罚罪与帮助伪造证据罪的区别

关键词｜帮助犯罪分子逃避处罚罪｜帮助伪造证据罪｜犯罪主体｜犯罪客观方面｜

【最高人民法院参考案例】

李刚等帮助犯罪分子逃避处罚案(《刑事审判参考》案例第 186 号)

要旨：帮助犯罪分子逃避处罚罪和帮助伪造证据罪，在客观行为上都可以表现为帮助对象实施伪造证据的帮助行为，但两罪在犯罪主体、客观表现、主观故意内容、构成犯罪的情节要求、帮助对象等方面存在明显的区别。

根据刑法第三百零七条第二款的规定，帮助伪造证据罪，是指帮助当事人伪造证据，情节严重的行为。可见，帮助犯罪分子逃避处罚罪和帮助伪造证据罪，在客观行为上都可以表现为帮助对象实施伪造证据的帮助行为，但两罪也存在许多明显的区别：(1)前者的犯罪主体为特殊主体，只能是有查禁犯罪活动职责的国家机关工作人员。而后者则是诉讼活动中当事人以外的一般主体。(2)客观方面，前罪主要表现为如上所述的向犯罪分子或其亲属通风报信、提供便利的行为。而后罪则表现为为当事人伪造证据提供帮助。至于帮助的形式可以是多种多样，如出谋划策，提供便利、工具，指示串供、翻供，等等。(3)主观方面，前罪行为人的帮助目的只能是明知是犯罪分子而有意帮助其逃避处罚。而在后罪，无论行为人采取何种帮助方式，其主观上都明知自己的行为是在为当事人伪造证据提供帮助，其故意内容就是想通过妨害司法机关查明真实案情来达到替当事人开脱责任或者嫁祸他人的目的。如果行为人不知道自己的行为是在为当事人伪造证据提供帮助，尽管客观上起到了帮助的效果，也不能构成帮助伪造证据罪。(4)在构成犯罪的情节要求方面，前者刑法条文中对其行为并没有情节严重的要求，也不论被帮助的犯罪分子是否已实际逃避了处罚。而后者的行为人所实施的帮助行为只有达到情节严重的程度才能构成犯罪。所谓“情节严重”通常是指行为人的帮助行为严重干扰了司法、诉讼活动，或者造成了冤假错案等严重后果，或者是帮助重大案犯伪造证据使其逃避法律制裁等。如果行为人实施的帮助行为，情节轻微或者显著轻微则无须以犯罪论处。(5)在帮助对象方面，前罪中的被帮助人只能是犯罪分子，即实施了犯罪行为应予刑罚处罚的人，不管该犯罪分子是否已被采取了强制措施。而后罪的被帮助人即“当事人”，既包括刑事案件中的自诉人、被告人、被害人，也可以包括民事、经济、行政等案件中的原告、被告、第三人等。

——《刑事审判参考》(总第 26 辑)。

1439 教师不能成为招收学生徇私舞弊罪的主体

关键词|招收学生徇私舞弊罪|犯罪主体|教师|

【最高人民法院审判业务意见】

关于教师能否成为招收学生徇私舞弊罪主体的问题,刑法第四百一十八条所规定的招收学生徇私舞弊罪的主体是国家机关工作人员,学校的教师属于文教事业单位人员,不属于国家机关工作人员,因此不能成为招收学生徇私舞弊罪的构成主体;教师接受委托或者聘请临时担任考试监考员等与招收学生相关职务的,并不具有国家机关工作人员身份,同样不能成为招收学生徇私舞弊罪的犯罪主体。

——《最高人民法院刑二庭审判长会议关于教师能否成为招收学生徇私舞弊罪主体问题》,载最高人民法院刑事审判第一庭、第二庭:《刑事审判参考》(总第13辑),法律出版社2001年版,第86页。

1440 帮助犯罪分子逃避处罚罪主体的认定

关键词|帮助犯罪分子逃避处罚罪|犯罪主体|

【最高人民法院参考案例】

李刚等帮助犯罪分子逃避处罚案(《刑事审判参考》案例第186号)

要旨:帮助犯罪分子逃避处罚罪的主体是"有查禁犯罪活动职责的国家机关工作人员",执行法官一般不能成为帮助犯罪分子逃避处罚罪的主体。

根据刑法第四百一十七条的规定,帮助犯罪分子逃避处罚罪,是指有查禁犯罪活动职责的国家机关工作人员,向犯罪分子通风报信,提供便利,帮助犯罪分子逃避处罚的行为。所谓"有查禁犯罪活动职责的国家机关工作人员",参照最高人民检察院颁布的《人民检察院直接受理立案侦查案件立案标准的规定(试行)》的规定,主要是指司法及公安、国家安全机关、海关、税务等国家机关的工作人员。通常而言,作为行使刑事审判权的人民法院,虽也负有打击犯罪活动的职责,但所谓的"打击犯罪职责",主要是从法院最后对被告人定罪量刑的角度上讲的。由于审判权在刑事程序上的中立性和最后性,人民法院一般不直接参与或担负或履行查禁犯罪活动的职责。从广义的司法概念来看,法院和检察院虽然都属于司法机关,但我们不能说司法机关所有的工作人员都有查禁犯罪活动的职责。帮助犯罪分子逃避处罚罪,属于渎职罪范畴,渎职罪前提是必须有"职"可渎。帮助犯罪分子逃避处罚罪的条文中,虽没有明确指出构成本罪必须是利用职务便利,但这是不言而喻的。因此,只有那些直接负有查禁犯罪活动职责(包括领导职责)或因工作需要临时参与到查禁某项犯罪活动中来的司法机关工作人员,才有为帮助犯罪分子逃避处罚而向他们或亲属通风报信、提供便利的可能,也才有构成本罪的余地。至于司法机关内那些根本不负有上述职责且也没有实际参与到查禁某项犯罪活动中来的工作人员,是不能单独成为本罪的主体的。尽管执行法官基于帮助犯罪分子逃避处罚的目的,利用其工作便利,如搞来提审证进入看守所等,并对犯罪嫌疑人提供了一些帮助,但其利用的毕竟不是查禁犯罪活动的职责。其身份只是人民法院的一名执行法官,其日常所从事的职务只是承办执行案件,也根本不具有查禁犯罪活动的职责,也没有因工作需要而实际参与到查禁某项犯罪活动中来,显然是不能单独成为帮助犯罪分子逃避处罚罪的主体。

——《刑事审判参考》(总第 26 辑)。

1441 参与案件侦查工作的公安机关借用人员可以认定为司法工作人员

关键词 | 借用人员 | 司法工作人员 |

【最高人民法院司法文件】

(一)国家机关工作人员的认定

刑法中所称的国家机关工作人员,是指在国家机关中从事公务的人员,包括在各级国家权力机关、行政机关、司法机关和军事机关中从事公务的人员。

根据有关立法解释的规定,在依照法律、法规规定行使国家行政管理职权的组织中从事公务的人员,或者在受国家机关委托代表国家行使职权的组织中从事公务的人员,或者虽未列入国家机关人员编制但在国家机关中从事公务的人员,视为国家机关工作人员。在乡(镇)以上中国共产党机关、人民政协机关中从事公务的人员,司法实践中也应当视为国家机关工作人员。

——《全国法院审理经济犯罪案件工作座谈会纪要》(2003 年 11 月 13 日,法〔2003〕167 号)。

【最高人民法院参考案例】

杨有才帮助犯罪分子逃避处罚案(《刑事审判参考》案例第 126 号)

要旨:公安机关的借用人员受指派办理案件,具有侦查职责,应定为司法工作人员。

立法确认国家机关工作人员的本质在于"从事公务",外延是在"国家机关中”,并没有明确国家机关工作人员必须具有干部身份。……在我国各级国家机关中从事公务的人员,大多数具有干部或者公务员身份,但随着各级国家机关中的用人制度和人事制度的不断改革,也不排除有一些是聘用、借用的人员。如设在铁路、林业、农垦、油田、矿山等大型国有企业中的公安机关中的工作人员,他们中很多来自企业,人事管理由企业负责,但从事的工作性质却是行使国家权力,执行国家公务。……认定是不是国家机关工作人员,关键要看其是不是在国家机关中从事一定的公务,行使一定的公权力,而不在于其是不是具有国家干部身份。当然从事公务仍应以具有一定身份为前提,但这种身份以“能使其具有从事公务必须的权力”即可,而不必非得是国家干部,只要是国家机关依法通过录用、聘用、委派甚至借用的途径给予一定的工作岗位并赋予一定的公务职责,就应该视为国家工机关工作人员。《最高人民法院关于未被公安机关正式录用的人员、狱医能否构成失职致使在押人员脱逃罪主体问题的批复》等都体现了这种立法和司法精神。本案被告人杨有才虽为公安机关借用人员,不具有国家干部身份,但却在公安机关受委派从事着国家公务,当然是国家机关工作人员,完全可以成为渎职罪的主体。同时,根据刑法第九十四条规定“本法所称的司法工作人员,是指具有侦查、检察、审判、监管职责的工作人员”,杨有才在公安机关借用期间,先后在治安科、刑侦大队工作,参与了多起案件的办理工作,在受指派办理铁东海等人奸淫幼女一案中,参与了传唤、抓捕、押解、审讯等工作,可以说侦查工作的主要职责他都参与了,应当认定为国家机关工作人员中的司法工作人员。

——《刑事审判参考》(总第 20 辑)。

1442 负有查禁犯罪活动职责的国家机关工作人员,向违法行为人通风报信,帮助逃避行政处罚的,不构成帮助犯罪分子逃避处罚罪

关键词 | 帮助犯罪分子逃避处罚罪 | 国家机关工作人员 |

【最高人民法院参考案例】

潘楠博帮助犯罪分子逃避处罚、受贿案(《刑事审判参考》案例第 357 号)

要旨:负有查禁犯罪活动职责的国家机关工作人员,向违法行为人通风报信,帮助逃避行政处罚的,不构成帮助犯罪分子逃避处罚罪。

帮助犯罪分子逃避处罚罪,是我国 1997 年修订刑法在第四百一十七条新增设的罪名,是指负有查禁犯罪活动职责的国家机关工作人员,向犯罪分子通风报信、提供便利,帮助犯罪分子逃避处罚的行为。

关于帮助犯罪分子逃避处罚罪中的“犯罪分子”,我们认为,不需要以法院已

经作出生效刑事判决为必要条件。因为刑法并未作这种限定,并且在罪刑关系确定以后,负有查禁犯罪活动职责的国家工作人员便无法再帮助其逃避处罚。如果将"犯罪分子"机械地理解为已经法院判决的人,将会导致检察机关虽发现行为人有帮助犯罪分子逃避处罚的犯罪事实存在,却因该犯罪分子尚未判决而不能对该行为人进行立案侦查的后果,这与刑法的立法本意是相悖的。帮助犯罪分子逃避处罚罪中的"犯罪分子",只能是正在实行犯罪或者有证据证明涉嫌犯罪的犯罪嫌疑人。当负有查禁犯罪活动职责的国家机关工作人员明知这种事实发生和存在,却故意帮助犯罪分子逃避处罚,即可构成本罪。根据刑事诉讼法的规定,刑事立案的标准为"认为有犯罪事实需要追究刑事责任"。所以,前述第二种观点比较妥当。

——《刑事审判参考》(总第 45 辑)。

1443 食品监管渎职犯罪主体的认定

关键词｜食品监管渎职罪｜犯罪主体｜

【最高人民法院参考案例】

任尚太等三人食品监管渎职案(《刑事审判参考》案例第 1135 号)

要旨:行为人虽然是事业编制,但所履行的职责为国家行政执法机关的职责,能够成为食品监管渎职罪的犯罪主体。

根据刑法规定,食品监管渎职罪的犯罪主体,是负有食品安全监督管理职责的国家机关工作人员。食品安全法第六条第二款规定:"县级以上地方人民政府依照本法和国务院的规定,确定本级食品药品监督管理、卫生行政部门和其他有关部门的职责。有关部门在各自职责范围内负责本行政区域的食品安全监督管理工作。"具体来说,食品监管渎职罪的犯罪主体主要是县级以上的食品药品监督管理、卫生行政部门和其他有关部门中负有食品安全监督管理职责的国家机关工作人员。

具体到本案,三被告人是否属于国家机关工作人员,是本案能否认定为食品监管渎职犯罪的关键和前提。在卷证据表明,本案三被告人均为罗山县卫生监督执法所的工作人员。根据罗山县机构编制委员会提供的文件,罗山县卫生监督执法所系财政全供事业编制;根据该执法所提供的文件,三被告人的职责是罗山县城关西城区餐饮环保卫生监督工作。我们认为,三被告人的身份虽然是事业编制,但所履行的职责为国家行政执法机关的职责。《最高人民法院、最高人民检察院关于办理渎职刑事案件适用法律若干问题的解释(一)》第七条规定:"依法或者受委托行使国家行政管理职权的公司、企业、事业单位的工作人员,在行使行政管理职权时滥用职权或者玩忽职守,构成犯罪的,应当依照《全国人民代表大会常务委员会关于〈中华人民共和国刑法〉第九章渎职罪主体适用问题的解释》的规定,适用渎职罪的规定追究刑事责任。"《全国人民代表大会常务委员会关于〈中华人民共和国刑法〉第九章渎职罪主体适用问题的解释》规定:"在依照法律、法规规定行使国家行政管理职权的组织中从事公务的人员,或者在受国家机关委托代表国家机关行使职权的组织中从事公务的人员,或者虽未列入国家机关人员编制但在国家机关中从事公务的人员,在代表国家机关行使职权时,有渎职行为,构成犯罪的,依照刑法关于渎职罪的规定追究刑事责任。"三被告人应当以负有食品安全监督管理职责的国家机关工作人员论,均能够成为食品监管渎职罪的犯罪主体。

——《刑事审判参考》(总第 105 辑)。

1444 多种因素造成传染病传播或者流行时,对从事传染病防治的政府卫生行政部门工作人员失职行为,如何定罪量刑

关键词|传染病防治失职罪|因果关系|

【最高人民法院参考案例】

黎善文传染病防治失职案(《刑事审判参考》案例第 1332 号)

要旨:导致传染病疫情发生和蔓延的原因有很多种,它既可能是相关人员的失职行为,也可能是非人为因素,以及人为与非人为因素叠加所致。为了保障相关人员依法履职,避免因不当追究对疫情防控产生消极影响,在追究相关人员失职行为的刑事责任时,需要严格依照法律法规及司法解释,准确执行宽严相济的刑事政策。

被告人黎善文身为巴马县卫生局分管疾病预防控制工作的副局长,在履行传染病防治职责过程中,严重不负责任,授意、指使巴马县疾病预防控制中心和医疗机构隐瞒麻疹疫情,使上级有关部门没有及时掌握疫情动态,致使麻疹疫情错过最佳防控时机,导致传染病麻疹传播和流行,造成五百余人感染麻疹病和一人医治无效死亡的严重后果,情节严重,其行为已触犯刑律,构成了传染病防治失职罪。根据专家分析及自治区卫生厅通报,造成巴马县麻疹疫情暴发的原因有多种:一是当地免疫规划基础工作严重滑坡、接种率低下;二是乡、村两级防保网络破溃,导致预防接种服务无法做到全面覆盖;三是瞒报迟报疫情错过最佳处置时机,导致疫情蔓延扩散;四是没有认真贯彻落实自治区卫生厅的文件精神,未成立独立的防保组,且专职防保人员不足,没有落实免疫规划工作经费。据此,黎善文瞒报迟报行为与造成麻疹疫情暴发的后果有刑法上的因果关系,但属一果多因,责任较轻。麻疹疫情扑灭后,黎善文于 2013 年 8 月 13 日在接受河池市人民检察院对事件调查时主

动交代全部犯罪事实;同年 12 月 25 日,河池市人民检察院对黎善文涉嫌犯罪立案侦查,黎善文上述行为属自首,依法可以从轻或者减轻处罚。综上,黎善文的犯罪情节轻微,不需要判处刑罚,可以免予刑事处罚。

——《刑事审判参考》(总第 121 辑)。

麦读
MyRead

走向上的路　追求正义与智慧

THE COLLECTION OF
THE SUPREME PEOPLE'S COURT'S
JUDICIAL RULES

新编

最高人民法院司法观点集成

刑事卷 V
（第二版）

总 主 编｜杜万华　　副总主编｜刘德权
本卷主编｜何　帆

中国民主法制出版社
全国百佳图书出版单位

本卷总目

CONTENTS

本册细目

CONTENTS

第三编　刑事诉讼

第一章　综　　合

一、政策精神 /2511

二、一般规定 /2523

第二章　总　　则

一、管辖 /2529

(一)立案管辖/2529

(二)级别管辖/2532

(三)地域管辖/2540

第五章 特别程序

第三编 | PART 03

刑事诉讼

第一章 | CHAPTER 01

综合

一、政策精神

1445 坚持严格司法原则，树立依法裁判理念

关键词｜以审判为中心｜刑事诉讼制度改革｜

【最高人民法院司法文件】

一、坚持严格司法原则,树立依法裁判理念

1. 坚持证据裁判原则,认定案件事实,必须以证据为根据。重证据,重调查研究,不轻信口供,没有证据不得认定案件事实。

2. 坚持非法证据排除原则,不得强迫任何人证实自己有罪。经审查认定的非法证据,应当依法予以排除,不得作为定案的根据。

3. 坚持疑罪从无原则,认定被告人有罪,必须达到犯罪事实清楚,证据确实、充分的证明标准。不得因舆论炒作、上访闹访等压力作出违反法律的裁判。

4. 坚持程序公正原则,通过法庭审判的程序公正实现案件裁判的实体公正。发挥庭审在查明事实、认定证据、保护诉权、公正裁判中的决定性作用,确保诉讼证据出示在法庭、案件事实查明在法庭、诉辩意见发表在法庭、裁判结果形成在法庭。

——《最高人民法院关于全面推进以审判为中心的刑事诉讼制度改革的实施意见》(2017 年 2 月 17 日,法发〔2017〕5 号)。

【链接：理解与适用】

(一)坚持严格司法原则,树立依法裁判理念

原则和理念是制度的基础,有什么样的原则和理念,就会有什么样的制度和实践。十八届四中全会首次提出推进严格司法,并将之作为推进以审判为中心的刑事诉讼制度改革的指导原则。坚持严格司法原则,就是要切实贯彻落实宪法法律规定,使纸面上的法律真正成为实践中的法律。《实施意见》第一部分强调“坚持严格司法原则,树立依法裁判理念”,要求人民法院坚持严格司法的各项要求,坚守依法裁判的司法理念,推动建立符合司法规律的刑事审判制度。

1. 坚持证据裁判原则。证据裁判原则作为刑事诉讼的基石性原则,是对侦查、

起诉、审判各环节统一适用的要求。《改革意见》①（第二条第二款）规定："侦查机关、人民检察院应当按照裁判的要求和标准收集、固定、审查、运用证据，人民法院应当按照法定程序认定和采纳证据，依法作出裁判。"坚持证据裁判原则，主要有以下要求：

一是必须以证据为根据认定案件事实。刑事诉讼事关重大，不容丝毫偏差，为切实防范冤假错案，必须坚持以证据为根据，依法准确认定案件事实。侦查机关侦查终结、人民检察院提起公诉，都是为审判所做的程序准备，只有人民法院基于全案证据认定的案件事实才具有终局性、权威性。人民法院要严格依据在案证据认定案件事实，不能直接将起诉指控的事实认定为案件事实，也不能忽视案件事实证据存在的问题勉强作出裁判。

二是重视实物证据的收集和运用。刑事诉讼法明确要求，重证据，重调查研究，不轻信口供。此前在司法实践中，一些办案人员受传统观念影响，办案过于依赖口供，不重视收集其他证据特别是实物证据；一旦获取口供就简单结案，不注意核查口供中的疑问，也不重视收集实物证据来佐证口供。由于犯罪嫌疑人、被告人翻供的情形比较普遍，加之法律已经确立非法证据排除规则，对于以口供为主、证据体系薄弱的案件，一旦口供的真实性或者合法性存疑，不能作为定案的根据，就难以认定案件事实，事后再想补查补正往往已丧失条件。这是司法实践中出现疑罪的重要原因。在执法办案标准不断提高、新型犯罪层出不穷的新形势下，为了夯实案件的证据基础，必须切实改变"口供至上"的观念和做法，重视实物证据的收集和运用，实现办案模式从"由供到证"向"由证到供"的根本转变。需要指出的是，强调减少对口供的依赖，并不是说不重视口供的功能，而是要避免"唯口供论"的做法，并且要依法规范收集口供；强调重视实物证据的收集和运用，也不是说所有的案件必须有实物证据才能定案，而是要求对存在实物证据的案件，要重视实物证据的收集和运用。

2. 坚持非法证据排除原则。实践表明，刑讯逼供、非法取证，是导致冤假错案的重要原因。十八届三中全会决定要求，严禁刑讯逼供、体罚虐待，严格实行非法证据排除规则。十八届四中全会进一步指出，加强对刑讯逼供和非法取证的源头预防，健全落实非法证据排除等法律原则的法律制度。坚持非法证据排除原则，主要有以下要求：

一是重视审查取证程序合法性。为切实防止刑讯逼供，落实不得强迫任何人证实自己有罪的要求，《改革意见》（第五条）规定了"两个严格"的讯问程序规则，即：严格按照有关规定要求，在规范的讯问场所讯问犯罪嫌疑人；严格按照法律规

---

① 即2016年6月27日中央全面深化改革领导小组第25次会议审议通过的《关于推进以审判为中心的刑事诉讼制度改革的意见》。

定对讯问过程全程同步录音录像,逐步实行对所有案件的讯问过程全程同步录音录像。同时要求探索建立重大案件侦查终结前对讯问合法性进行核查制度。人民法院在审判过程中要严格落实《改革意见》的新规定、新要求,重视审查取证程序合法性,督促办案机关强化对刑讯逼供和非法取证的源头预防,对非法证据尽早发现、尽早排除。

二是严格依法排除非法证据。证据必须具有证据能力,否则不能作为诉讼证据使用,更不能作为定案的根据。人民法院在审判过程中,要严格区分证据能力和证明力两个不同的范畴,重视对证据能力的审查,依法认定、严格排除各类非法证据,不能将证据的合法性和真实性混为一谈。同时要严格规范证据合法性的审查、调查程序,建立健全程序性裁判规则,依法处理证据合法性争议。

3. 坚持疑罪从无原则。由于各种主客观原因,总有一些案件"虚实之证等、是非之理均"。这是人类认识活动的客观规律,也是司法活动的基本规律。为有效防范冤假错案,保障无罪的人不受刑事追究,要切实改变只强调惩治犯罪而忽视保障人权的观念和做法,严格执行法定证明标准,对于疑罪案件不能认定被告人有罪。坚持疑罪从无原则,主要有以下要求:

一是严格执行法定证明标准。刑事诉讼法确定的证明标准,是认定被告人有罪的刚性标准;坚持疑罪从无原则,是法律的硬性要求。《改革意见》(第十五条)规定:"证据不足,不能认定被告人有罪的,应当按照疑罪从无原则,依法作出无罪判决。"坚持疑罪从无原则,可能会暂时放纵一些人,但这是维护刑事司法公正必须付出的代价。人民法院应当切实落实疑罪从无原则,杜绝疑罪从有、从轻、从挂等错误做法,真正做到有罪则判,无罪放人。

二是坚持依法独立公正审判。近年来发现的一些冤假错案,多是由于审判活动受到外界不当干扰,人民法院面对外界压力未能坚持依法独立公正审判,作出了违背事实和法律的裁判。实践表明,坚持依法独立公正审判,是确保办案质量的基本前提,丝毫不能放松。为确保人民法院依法独立公正行使审判权,中央陆续出台《领导干部干预司法活动、插手具体案件处理的记录、通报和责任追究规定》和《保护司法人员依法履行法定职责规定》等重要文件,对于审判活动受到不当干扰等情形,应当依照中央有关规定作出严肃处理,不得因舆论炒作、上访闹访等压力作出违反法律的裁判。

4. 坚持程序公正原则。正当程序具有规范和制约权力、尊重和保障人权等重要价值,是保证公正司法、提高司法公信力的制度基础。程序规则的适用有时可能不利于查明真相,但坚守法律程序,既是法治的内在要求,也是防范冤假错案的根本保障。坚持程序公正原则,主要有以下要求:

一是确保审判阶段控辩平等对抗。控辩双方平等对抗是公正审判的基本要求。目前在公诉案件中,控诉方与辩护方在诉讼能力方面存在较大差距,控强辩弱的问题较为突出。为确保审判程序的公正性,有必要逐步提高辩护率,为被告人提供必要的法律帮助,依法保障被告人在审判阶段的各项诉讼权利。

二是全面规范法庭审理程序。司法实践中,一些法官判案主要依赖案卷笔录,先入为主、先定后审、庭审流于形式等问题较为严重。为维护庭审的终局性、权威性,要切实改变"重实体、轻程序"的观念和做法,自觉遵守刑事诉讼法有关规定,严格按照法定程序审判案件,完善法庭调查、法庭辩论程序,规范程序性裁判的审理规程,充分发挥庭审在查明事实、认定证据、保护诉权、公正裁判中的决定性作用,确保诉讼证据出示在法庭、案件事实查明在法庭、控辩意见发表在法庭、裁判结果形成在法庭。

——戴长林、刘静坤:《〈关于全面推进以审判为中心的刑事诉讼制度改革的实施意见〉的理解与适用》,载《人民司法·应用》2017年第10期。

1446 坚决防止和依法纠正冤假错案

关键词｜冤错案件｜产权保护｜

【最高人民法院司法文件】

七、切实纠正涉企业家产权冤错案件。进一步加大涉企业家产权冤错案件的甄别纠正工作力度,对于涉企业家产权错案冤案,要依法及时再审,尽快纠正。准确适用国家赔偿法,及时启动国家赔偿程序,公正高效审理涉及企业家的国家赔偿案件,加大赔偿决定执行力度,依法保障企业家的合法权益。

——《最高人民法院关于充分发挥审判职能作用为企业家创新创业营造良好法治环境的通知》(2017年12月29日,法〔2018〕1号)。

5. 客观看待企业经营的不规范问题,对定罪依据不足的依法宣告无罪。对改革开放以来各类企业特别是民营企业因经营不规范所引发的问题,要以历史和发展的眼光客观看待,严格遵循罪刑法定、疑罪从无、从旧兼从轻等原则,依法公正处理。对虽属违法违规、但不构成犯罪,或者罪与非罪不清的,应当宣告无罪。对在生产、经营、融资等活动中的经济行为,除法律、行政法规明确禁止的,不得以犯罪论处。

6. 严格区分经济纠纷与刑事犯罪,坚决防止把经济纠纷当作犯罪处理。充分考虑非公有制经济特点,严格把握刑事犯罪的认定标准,严格区分正当融资与非法集资、合同纠纷与合同诈骗、民营企业参与国有企业兼并重组中涉及的经济纠纷与恶意侵占国有资产等的界限，坚决防止把经济纠纷认定为刑事犯罪，坚决防止利用刑事手段干预经济纠纷。对于各类经济纠纷，特别是民营企业与国有企业之间的纠纷，不论实际损失多大，都要始终坚持依法办案，排除各种干扰，确保公正审判。

——《最高人民法院关于充分发挥审判职能作用切实加强产权司法保护的意见》（2016 年 11 月 28 日，法发〔2016〕27 号）。

一、坚持刑事诉讼基本原则，树立科学司法理念

1. 坚持尊重和保障人权原则。尊重被告人的诉讼主体地位，维护被告人的辩护权等诉讼权利，保障无罪的人不受刑事追究。

2. 坚持依法独立行使审判权原则。必须以事实为根据，以法律为准绳。不能因为舆论炒作、当事方上访闹访和地方“维稳”等压力，作出违反法律的裁判。

3. 坚持程序公正原则。自觉遵守刑事诉讼法有关规定，严格按照法定程序审判案件，保证准确有效地执行法律。

4. 坚持审判公开原则。依法保障当事人的诉讼权利和社会公众的知情权，审判过程、裁判文书依法公开。

5. 坚持证据裁判原则。认定案件事实，必须以证据为根据。应当依照法定程序审查、认定证据。认定被告人有罪，应当适用证据确实、充分的证明标准。

二、严格执行法定证明标准，强化证据审查机制

6. 定罪证据不足的案件，应当坚持疑罪从无原则，依法宣告被告人无罪，不得降格作出“留有余地”的判决。

定罪证据确实、充分，但影响量刑的证据存疑的，应当在量刑时作出有利于被告人的处理。

死刑案件，认定对被告人适用死刑的事实证据不足的，不得判处死刑。

7. 重证据，重调查研究，切实改变“口供至上”的观念和做法，注重实物证据的审查和运用。只有被告人供述，没有其他证据的，不能认定被告人有罪。

8. 采用刑讯逼供或者冻、饿、晒、烤、疲劳审讯等非法方法收集的被告人供述，应当排除。

除情况紧急必须现场讯问以外，在规定的办案场所外讯问取得的供述，未依法对讯问进行全程录音录像取得的供述，以及不能排除以非法方法取得的供述，应当排除。

9. 现场遗留的可能与犯罪有关的指纹、血迹、精斑、毛发等证据，未通过指纹鉴定、DNA 鉴定等方式与被告人、被害人的相应样本作同一认定的，不得作为定案的根据。涉案物品、作案工具等未通过辨认、鉴定等方式确定来源的，不得作为定案的根据。

对于命案,应当审查是否通过被害人近亲属辨认、指纹鉴定、DNA 鉴定等方式确定被害人身份。

三、切实遵守法定诉讼程序,强化案件审理机制

10. 庭前会议应当归纳事实、证据争点。控辩双方有异议的证据,庭审时重点调查;没有异议的,庭审时举证、质证适当简化。

11. 审判案件应当以庭审为中心。事实证据调查在法庭,定罪量刑辩论在法庭,裁判结果形成于法庭。

12. 证据未经当庭出示、辨认、质证等法庭调查程序查证属实,不得作为定案的根据。

采取技术侦查措施收集的证据,除可能危及有关人员的人身安全,或者可能产生其他严重后果,由人民法院依职权庭外调查核实的外,未经法庭调查程序查证属实,不得作为定案的根据。

13. 依法应当出庭作证的证人没有正当理由拒绝出庭或者出庭后拒绝作证,其庭前证言真实性无法确认的,不得作为定案的根据。

14. 保障被告人及其辩护人在庭审中的发问、质证、辩论等诉讼权利。对于被告人及其辩护人提出的辩解理由、辩护意见和提交的证据材料,应当当庭或者在裁判文书中说明采纳与否及理由。

15. 定罪证据存疑的,应当书面建议人民检察院补充调查。人民检察院在二个月内未提交书面材料的,应当根据在案证据依法作出裁判。

四、认真履行案件把关职责,完善审核监督机制

16. 合议庭成员共同对案件事实负责。承办法官为案件质量第一责任人。

合议庭成员通过庭审或者阅卷等方式审查事实和证据,独立发表评议意见并说明理由。

死刑案件,由经验丰富的法官承办。

17. 审判委员会讨论案件,委员依次独立发表意见并说明理由,主持人最后发表意见。

18. 原判事实不清、证据不足,第二审人民法院查清事实的,不得发回重新审判。以事实不清、证据不足为由发回重新审判的案件,上诉、抗诉后,不得再次发回重新审判。

19. 不得通过降低案件管辖级别规避上级人民法院的监督。不得就事实和证据问题请示上级人民法院。

20. 复核死刑案件,应当讯问被告人。辩护律师提出要求的,应当听取意见。证据存疑的,应当调查核实,必要时到案发地调查。

21. 重大、疑难、复杂案件,不能在法定期限内审结的,应当依法报请延长审理

期限。

22. 建立科学的办案绩效考核指标体系,不得以上诉率、改判率、发回重审率等单项考核指标评价办案质量和效果。

五、充分发挥各方职能作用,建立健全制约机制

23. 严格依照法定程序和职责审判案件,不得参与公安机关、人民检察院联合办案。

24. 切实保障辩护人会见、阅卷、调查取证等辩护权利。辩护人申请调取可能证明被告人无罪、罪轻的证据,应当准许。

25. 重大、疑难、复杂案件,可以邀请人大代表、政协委员、基层群众代表等旁听观审。

26. 对确有冤错可能的控告和申诉,应当依法复查。原判决、裁定确有错误的,依法及时纠正。

27. 建立健全审判人员权责一致的办案责任制。审判人员依法履行职责,不受追究。审判人员办理案件违反审判工作纪律或者徇私枉法的,依照有关审判工作纪律和法律的规定追究责任。

——《最高人民法院关于建立健全防范刑事冤假错案工作机制的意见》(2013年10月9日,法发〔2013〕11号)。

【最高人民法院司法政策】

三是依法纠正冤错案件。“十四五”规划纲要明确提出“健全产权执法司法保护制度,完善涉企产权案件申诉、复核、重审等保护机制,推动涉企冤错案件依法甄别纠正常态化机制化”。要坚决落实党中央决策部署,坚持实事求是、有错必纠,依法纠正涉企冤错案件,同时,认真总结实践经验,进一步完善防范冤错案件的制度机制。要坚持以发展眼光客观看待和依法妥善处理企业在经营过程中存在的不规范问题,特别是对于当时法律未明确禁止却作为犯罪处理、正常经济纠纷认定为经济犯罪等案件,要依法予以纠正,加大产权司法保护力度。会后,各级法院要抓紧清理涉及企业和企业家的久拖不决、久押不决案件,努力营造市场化法治化国际化营商环境。要高度重视重大刑事冤错案件的甄别纠正工作,原判错误处置、追缴的财产,应依法及时退赔,符合国家赔偿条件的,要依法及时赔偿。

——《新时代新征程 新形势新作为 推动刑事审判工作高质量发展——最高人民法院党组副书记、常务副院长贺荣在全国法院刑事审判工作座谈会上的讲话(节选)》(2021年7月9日),载最高人民法院刑事审判第一、二、三、四、五庭编:《刑事审判指导》(总第130辑),人民法院出版社2022年版,第158页。

1447 办理认罪认罚案件应当坚持的原则

关键词｜认罪认罚｜宽严相济｜罪责刑相适应｜证据裁判｜

【最高人民法院司法文件】

一、基本原则

1. 贯彻宽严相济刑事政策。落实认罪认罚从宽制度，应当根据犯罪的具体情况，区分案件性质、情节和对社会的危害程度，实行区别对待，做到该宽则宽，当严则严，宽严相济，罚当其罪。对可能判处三年有期徒刑以下刑罚的认罪认罚案件，要尽量依法从简从快从宽办理，探索相适应的处理原则和办案方式；对因民间矛盾引发的犯罪，犯罪嫌疑人、被告人自愿认罪、真诚悔罪并取得谅解、达成和解、尚未严重影响人民群众安全感的，要积极适用认罪认罚从宽制度，特别是对其中社会危害不大的初犯、偶犯、过失犯、未成年犯，一般应当体现从宽；对严重危害国家安全、公共安全犯罪，严重暴力犯罪，以及社会普遍关注的重大敏感案件，应当慎重把握从宽，避免案件处理明显违背人民群众的公平正义观念。

2. 坚持罪责刑相适应原则。办理认罪认罚案件，既要考虑体现认罪认罚从宽，又要考虑其所犯罪行的轻重、应负刑事责任和人身危险性的大小，依照法律规定提出量刑建议，准确裁量刑罚，确保罚当其罪，避免罪刑失衡。特别是对于共同犯罪案件，主犯认罪认罚，从犯不认罪认罚的，人民法院、人民检察院应当注意两者之间的量刑平衡，防止因量刑失当严重偏离一般的司法认知。

3. 坚持证据裁判原则。办理认罪认罚案件，应当以事实为根据，以法律为准绳，严格按照证据裁判要求，全面收集、固定、审查和认定证据。坚持法定证明标准，侦查终结、提起公诉、作出有罪裁判应当做到犯罪事实清楚，证据确实、充分，防止因犯罪嫌疑人、被告人认罪而降低证据要求和证明标准。对犯罪嫌疑人、被告人认罪认罚，但证据不足，不能认定其有罪的，依法作出撤销案件、不起诉决定或者宣告无罪。

4. 坚持公检法三机关配合制约原则。办理认罪认罚案件，公、检、法三机关应当分工负责、互相配合、互相制约，保证犯罪嫌疑人、被告人自愿认罪认罚，依法推进从宽落实。要严格执法、公正司法，强化对自身执法司法办案活动的监督，防止产生“权权交易”、“权钱交易”等司法腐败问题。

——《最高人民法院、最高人民检察院、公安部、国家安全部、司法部关于适用认罪认罚从宽制度的指导意见》（2019 年 10 月 11 日，高检发〔2019〕13 号）。

【链接：理解与适用】

一是贯彻宽严相济刑事政策。宽严相济刑事政策是我国的基本刑事政策，认罪认罚从宽制度是宽严相济刑事政策规范化、制度化的具体路径。办理认罪认罚案件，应当根据犯罪的具体情况，区分案件性质、情节和对社会的危害程度，实行区别对待，做到该宽则宽，当严则严，宽严相济，罚当其罪。对可能判处三年有期徒刑以下刑罚的认罪认罚案件，要尽量依法从简从快从宽办理，探索相适应的处理原则和办案方式；对因民间矛盾引发的犯罪，犯罪嫌疑人、被告人自愿认罪、真诚悔罪并取得谅解、达成和解、尚未严重影响人民群众安全感，不妨碍树立和引领社会行为规范的，要积极适用认罪认罚从宽制度，特别是对其中社会危害不大的初犯、偶犯、过失犯、未成年犯，一般应当体现从宽；对严重危害国家安全、公共安全犯罪，严重暴力犯罪，以及社会普遍关注的重大敏感案件，适用认罪认罚从宽制度必须慎重、严格把握，避免案件处理明显违背人民群众的公平正义观念。

二是坚持罪刑相适应原则。罪刑相适应原则是刑法的基本原则，它要求根据犯罪的事实、性质、情节、后果，依照法律规定提出量刑建议，准确裁量刑罚，确保刑罚的轻重与犯罪分子所犯罪行和应当承担的刑事责任相适应。认罪认罚属于罪后情节，同时也是反映犯罪嫌疑人、被告人主观恶性大小的情节，影响刑罚的轻重，而犯罪的性质、实施犯罪的手段、造成的后果等，对决定刑罚轻重处于更为重要的位置。因此，办理认罪认罚案件，检察机关提出量刑建议或者法院量刑时，既要体现认罪认罚从宽，又要考虑其所犯罪行的轻重、应负刑事责任的大小和人身危险性程度，依照法律规定提出量刑建议，准确裁量刑罚，避免罪刑失衡。特别是对于共同犯罪案件，主犯认罪认罚，从犯不认罪的，检察机关、法院应当注意两者之间的量刑平衡，防止因量刑失当严重偏离一般的司法认知。

三是坚持证据裁判原则。《指导意见》第三条明确规定，办理认罪认罚案件，应当以事实为根据，以法律为准绳，严格按照证据裁判要求，全面收集、固定、审查和认定证据。刑事诉讼法对侦查机关侦查终结、检察机关提起公诉、法院作出有罪判决规定了法定的证明标准，这一法定证明标准适用于所有刑事案件，包括认罪认罚案件。适用认罪认罚从宽制度办理案件，并未降低犯罪的证明标准，而是在坚持法定证明标准的基础上，力图更加科学地构建从宽的评价机制，特别是在程序上作出相应简化，以更好地实现公正与效率的统一。对犯罪嫌疑人、被告人认罪认罚的案件，侦查机关仍然必须按照法定证明标准，依法全面及时收集固定相关证据，检察机关和法院也必须按照法定证明标准，全面审查案件，若认为“事实不清、证据不足”的，应当坚持疑罪从无原则，依法作出不起诉决定或者宣告无罪，防止因犯罪嫌疑人、被告人认罪而降低证据要求和证明标准。

四是坚持公检法三机关配合制约原则。公检法三机关分工负责，互相配合，互相制约是我国刑事诉讼法的一项基本原则。办理认罪认罚案件，应当坚持配合制约原则，一方面，强化配合意识、协调一致推进，形成合力，这是推进制度良性适用的必然要求。另一方面，也要充分发挥互相制约作用，保证犯罪嫌疑人、被告人自愿认罪认罚，依法推进从宽落实。要强化对认罪认罚案件办理全过程的监督制约，严格执法，公正司法。

——苗生明、周颖：《〈关于适用认罪认罚从宽制度的指导意见〉的理解与适用》，载《人民检察》2020 年第 2 期。

【最高人民法院司法政策】

要贯彻宽严相济刑事政策。认罪认罚从宽制度，是宽严相济刑事政策的具体化、制度化。要区分不同性质的犯罪，实行区别对待，该宽则宽，当严则严，确保宽严有据、宽严得当。需要强调的是，对于认罪认罚的犯罪嫌疑人、被告人，法律规定是“可以”依法从宽处理，要依据事实和法律综合考量，避免片面从严、一味从宽两种错误倾向。对于犯罪性质恶劣、情节后果严重，认罪认罚不足以从轻处罚的，必须依法严惩。对于当事人自行达成和解谅解的案件，人民法院也要认真审查，具有前述严重情节的，严格依法处理。

要遵循罪责刑相适应原则。对认罪认罚的被告人量刑，要根据犯罪的事实、性质、情节和对社会的危害程度，综合考虑认罪认罚的具体情况，依法确定是否从宽及从宽幅度，确保量刑与罪责大小相匹配，宽严适度、罚当其罪。一方面要看罪行的严重程度。对罪行较轻、人身危险性较小的初犯、偶犯，从宽幅度可以大一些；罪行较重、人身危险性较大的，以及累犯、再犯，则要依法从严掌握。另一方面要看认罪认罚的主动性、及时性、稳定性、全面性，是否确有悔罪表现，以及对司法机关及时侦破案件的作用，来决定从宽的具体幅度。对于检察机关提出的量刑建议明显偏离罪责刑相适应原则、影响法律统一适用的，即便被告人、辩护人和被害人没有提出异议，人民法院也应当认真审查、依法裁判，确保量刑公正，维护法律权威。

要坚持证据裁判原则。坚守“事实清楚，证据确实、充分”的法定证明标准，无论被告人认罪与否、刑罚轻重，都应当适用统一证明标准，不能因为被告人认罪，就降低证明标准，对本应疑罪从无的案件按认罪认罚从宽简单处理。同时，也要防止对本可定罪的案件，因办案人员工作不到位、责任心不强、业务水平不高，而轻易作为疑案处理或者在量刑上留有余地，放纵犯罪分子。要注意把握被告人认罪对取证、举证、认证的影响，一方面，认罪口供是定案的直接证据，真实、自愿、合法的口供，可以大大增强内心确信；另一方面，也不能单靠口供，该补查的不补查，该把关的不把关，防止出现过分倚重口供定案的现象。

要坚持公检法三机关配合制约原则。公检法三机关之间分工负责、互相配合、互相制约,是我国刑事诉讼法的一项基本原则,是准确有效执行法律的基本保证。贯彻认罪认罚从宽制度,公检法三机关配合制约的关系没有变化,控辩审三方的职能配置和诉讼格局没有变化,人民法院对案件质量审查把关的职责要求没有变化。侦查权、检察权、审判权仍是由公检法三机关分别依法行使,定罪量刑作为审判权的核心内容,具有专属性,检察机关的量刑建议仍然属于程序职权,是否适当、是否采纳,要由人民法院依法裁判。各级人民法院要忠实履行宪法法律赋予的刑事审判职责,在分工负责的基础上加强配合、完善制约,严格依法办案,切实把好事实证据关、法律适用关、审判程序关,保障无罪的人不受刑事追究、有罪的人受到公正惩罚。

——沈亮:《凝聚共识 推进认罪认罚从宽制度深入有效实施》,载《人民法院报》2021 年 7 月 22 日,第 5 版。

【链接:最高人民法院法官著述】

一是贯彻宽严相济刑事政策。避免"一律从宽""一味从严"两种错误倾向。对于认罪认罚"从宽"的把握,需要注意以下几方面:首先,是依法从宽,而非法外从宽。刑事诉讼法规定了认罪认罚依法从宽的处理原则,具体如何从宽,还要根据刑法、刑事诉讼法等具体规定进行把握。如前所述,认罪认罚从宽不是单一的法律制度,而是自首、坦白、速裁程序、和解程序等法律制度和诉讼程序的集合,认罪认罚也不是单一的量刑情节,要分别适用自首、坦白、当庭自愿认罪、真诚悔罪认罚、取得谅解和解等法定、酌定从宽情节,依法决定是否从宽、怎么从宽、从宽多少,特别是减轻、免除处罚,必须于法有据。其次,是可以从宽,而非一律从宽。如同自首从宽一样,都是"可以"从宽,要依据事实和法律综合考量。"可以"从宽应当理解为一般应当从宽,没有特殊理由的,都应当体现法律规定和政策精神,从宽处罚。对那些犯罪性质恶劣、犯罪手段残忍、社会危害严重、群众反映强烈的犯罪分子,其认罪坦白不足以从轻处罚的,必须依法严惩。

二是坚持罪责刑相适应原则。对认罪认罚的被告人量刑,要根据犯罪的事实、性质、情节和对社会的危害程度,综合考虑认罪认罚的具体情况,依法确定是否从宽以及从宽幅度。要考虑其所犯罪行的轻重、应负刑事责任的大小和人身危险性的大小,做到罪责刑相适应。一方面要看认罪认罚的主动性、及时性、稳定性、全面性,是否确有悔罪表现,以及对及时侦破案件的作用,来决定是否从宽及具体幅度。例如,主动投案与被动归案,到案即供述与多次讯问后才供述,始终稳定供述与时供时翻,全部供述犯罪事实与隐瞒次要犯罪事实,在确凿罪证面前才认罪与带领公安人员找到重要物证、人证,对于这些情形,在确定从宽幅度时应当有适当区别。

另一方面要看罪行的严重程度，罪行较轻、人身危险性较小的，特别是初犯、偶犯，从宽幅度可以大一些；罪行较重、人身危险性较大的，以及累犯、再犯，从宽幅度可以小一些，甚至不考虑从宽。

三要坚持证据裁判原则。根据刑事诉讼法第六条的规定，办理任何刑事案件，都必须以事实为根据，以法律为准绳。认罪认罚案件也不例外，应当坚持证据裁判原则。公安、检察机关应当依法全面收集、固定、审查、运用证据，人民法院应当按照法定程序认定和采纳证据，统一适用“事实清楚，证据确实、充分”的法定证明标准。所有刑事案件，无论被告人认罪与否、刑罚轻重，都应当适用同一证明标准。不能因为被告人认罪，就降低证明标准，对疑罪降格认定处理。这个原则底线，任何时候都不能突破。同时，也要防止对本可定罪的案件，因司法人员业务水平不高、能力不够、经验不足，而作为疑案处理。在具体审查把握上，要注意被告人认罪对取证、举证、认证的影响。首先，证明方式相对简便，一定程度降低取证、举证、认证难度。司法证明可分两种方式：一是通过对直接证据所包含的证据事实进行印证和补强，从而达到证明待证事实的效果；二是通过将若干间接证据所包含的证据事实进行逻辑推理，使其形成较为完整的证据锁链，从而排他性地认定待证事实的存在。在许多案件特别是轻罪案件中，口供往往是最全面、详细的直接证据，有了真实、自愿、合法的口供，可以大大增强内心确信，再加上其他证据补强，一般就可以定案，比不认罪案件需要排疑完成反向证明，相对简单些。其次，审查程序可以简化，适用速裁或者简易程序审理认罪认罚案件，省略、简化庭审举证、质证环节。

——最高人民法院刑一庭课题组①：《刑事诉讼中认罪认罚从宽制度的适用》，载《人民司法·应用》2018年第34期。

---

① 课题组组长：沈亮；课题组成员：管应时、杨立新、孟伟、何东青。

二、一般规定

1448 采取视频方式开庭的问题

关键词|视频开庭|直接言词原则|

【最高人民法院司法解释】

第六百五十条　人民法院讯问被告人,宣告判决,审理减刑、假释案件等,可以根据情况采取视频方式。

——《最高人民法院关于适用〈中华人民共和国刑事诉讼法〉的解释》(2021年3月1日,法释〔2021〕1号)。

【链接:理解与适用】

《2012年解释》起草过程中,对于采取视频方式审理案件,是否与直接言词原则冲突,有关方面存在不同认识,故《2012年解释》第五百四十四条规定:"人民法院讯问被告人,宣告判决,审理减刑、假释案件,根据案件情况,可以采取视频方式进行。"此次征求意见过程中,有意见建议进一步扩大视频方式的适用范围,进一步适用于速裁程序、甚至其他所有案件。经研究,《解释》第六百五十条采纳上述意见,给司法实践留有一定裁量空间,规定:"人民法院讯问被告人,宣告判决,审理减刑、假释案件等,可以根据情况采取视频方式。"需要注意的是,对于采取视频方式审理案件的,应当在充分保障当事人诉讼权利和庭审质量的前提下进行。

——《起草小组解读:〈刑事诉讼法解释〉理解与适用(下)》,载中国法院网2021年2月4日,https://www.chinacourt.org/article/detail/2021/02/id/5796153.shtml。①

---

① 起草小组成员为最高人民法院姜启波、周加海、喻海松、耿磊、郝方昉、李振华、李静,借调人员任素贤(上海市金山区人民法院)、姜金良(扬州市中级人民法院)、王婧(广州市中级人民法院)、李鑫(天津市红桥区人民法院),实习生马勤(清华大学法学院)。

需要说明的是,原出处载明"本文将刊登于《人民司法》2021年第7期"。经核查,刊登于《人民司法》2021年第7期的《〈关于适用刑事诉讼法的解释〉的理解与适用》一文对本文内容略有删减。另外,刊登于《刑事审判参考》总第126辑的《〈最高人民法院关于适用《中华人民共和国刑事诉讼法》的解释〉理解与适用》一文与本文内容一致。

1449 提出诉求、申请的方式的问题

关键词 | 书面形式 | 口头形式 |

【最高人民法院司法解释】

第六百五十一条 向人民法院提出自诉、上诉、申诉、申请等的,应当以书面形式提出。书写有困难的,除另有规定的以外,可以口头提出,由人民法院工作人员制作笔录或者记录在案,并向口述人宣读或者交其阅读。

——《最高人民法院关于适用〈中华人民共和国刑事诉讼法〉的解释》(2021年3月1日,法释〔2021〕1号)。

【链接:理解与适用】

刑事诉讼法明确规定,报案、控告、举报和上诉,可以口头提出。当前,社会经济文化发展水平有了较大提高,法律援助范围也逐步扩大,有必要确立以书面形式提出的原则。同时,鉴于确实仍有个别当事人书写困难,为充分保障其诉讼权利,也应当允许其口头提出。基于此,《解释》第六百五十一条规定:"向人民法院提出自诉、上诉、申诉、申请等的,应当以书面形式提出。书写有困难的,除另有规定的以外,可以口头提出,由人民法院工作人员制作笔录或者记录在案,并向口述人宣读或者交其阅读。"

实践中应注意三点:一是法律、司法解释明确规定应当以书面形式提出的,不得以口头形式提出。二是对于书写有困难,也无人帮忙代写的,由人民法院工作人员制作笔录或者记录在案,并向口述人宣读或者交其阅读后由其签名。三是"制作笔录"和"记录在案"有所差别。"制作笔录"往往是指制作形成单独或者专门的笔录,而"记录在案"则无此要求,可以在其他笔录中顺带记录。

——《起草小组解读:〈刑事诉讼法解释〉理解与适用(下)》,载中国法院网2021年2月4日,https://www.chinacourt.org/article/detail/2021/02/id/5796153.shtml。

1450 签名、盖章、捺指印的问题

关键词 | 签名 | 盖章 | 捺指印 |

【最高人民法院司法解释】

第六百五十二条 诉讼期间制作、形成的工作记录、告知笔录等材料,应当由制作人员和其他有关人员签名、盖章。宣告或者送达裁判文书、通知书等诉讼文书

的,应当由接受宣告或者送达的人在诉讼文书、送达回证上签名、盖章。

诉讼参与人未签名、盖章的,应当捺指印;刑事被告人除签名、盖章外,还应当捺指印。

当事人拒绝签名、盖章、捺指印的,办案人员应当在诉讼文书或者笔录材料中注明情况,有见证人见证或者有录音录像证明的,不影响相关诉讼文书或者笔录材料的效力。

——《最高人民法院关于适用〈中华人民共和国刑事诉讼法〉的解释》(2021年3月1日,法释〔2021〕1号)。

【链接:理解与适用】

刑事诉讼法及相关司法解释条文中,频频出现“签名、盖章”“签名或者盖章”“签名、盖章、捺指印”等表述,其适用条件和含义究竟有无区别,签名、盖章的人员范围应当如何掌握,当事人拒绝签名的如何处理等,需要统一规范。基于此,《解释》第六百五十二条规定……

实践中应注意三点:一是对于自然人,应当签名,不要求盖章。未签名的,应当捺指印。自然人盖章的,也还应当捺指印,因为个人印章往往没有备案,难以鉴定其真伪。二是对于单位,应当盖章,不要求其法定代表人或者其他个人签名,除非另有规定,因为此系一贯做法,且单位印章一般有备案,容易鉴定其真伪。三是根据审判实践通常做法,对刑事被告人作出特殊要求,即除签名外,还应当捺指印。如果是被告单位,则可只盖章,不要求其法定代表人或者其他个人捺指印。

征求意见过程中,有意见建议增加电子签名和电子指纹捺印法律效力的相关内容,明确在刑事诉讼活动中,诉讼参与人在电子法律文书上电子签名、电子指纹捺印与其在纸质法律文书上手写签名、按捺指印具有同等法律效力。经研究认为,对于相关问题可以按照有关规定执行,待时机成熟再作明确规定为宜。

——《起草小组解读:〈刑事诉讼法解释〉理解与适用(下)》,载中国法院网2021年2月4日,https://www.chinacourt.org/article/detail/2021/02/id/5796153.shtml。

第二章 | CHAPTER 02

总 则

一、管辖

(一)立案管辖

1451 人民法院受理自诉案件的范围

关键词｜管辖｜自诉｜

【最高人民法院司法解释】

第一条　人民法院直接受理的自诉案件包括：

(一)告诉才处理的案件：

1. 侮辱、诽谤案(刑法第二百四十六条规定的，但严重危害社会秩序和国家利益的除外)；

2. 暴力干涉婚姻自由案(刑法第二百五十七条第一款规定的)；

3. 虐待案(刑法第二百六十条第一款规定的，但被害人没有能力告诉或者因受到强制、威吓无法告诉的除外)；

4. 侵占案(刑法第二百七十条规定的)。

(二)人民检察院没有提起公诉，被害人有证据证明的轻微刑事案件：

1. 故意伤害案(刑法第二百三十四条第一款规定的)；

2. 非法侵入住宅案(刑法第二百四十五条规定的)；

3. 侵犯通信自由案(刑法第二百五十二条规定的)；

4. 重婚案(刑法第二百五十八条规定的)；

5. 遗弃案(刑法第二百六十一条规定的)；

6. 生产、销售伪劣商品案(刑法分则第三章第一节规定的，但严重危害社会秩序和国家利益的除外)；

7. 侵犯知识产权案(刑法分则第三章第七节规定的，但严重危害社会秩序和国家利益的除外)；

8. 刑法分则第四章、第五章规定的，可能判处三年有期徒刑以下刑罚的案件。

本项规定的案件，被害人直接向人民法院起诉的，人民法院应当依法受理。对其中证据不足，可以由公安机关受理的，或者认为对被告人可能判处三年有期徒刑以上刑罚的，应当告知被害人向公安机关报案，或者移送公安机关立案侦查。

（三）被害人有证据证明对被告人侵犯自己人身、财产权利的行为应当依法追究刑事责任，且有证据证明曾经提出控告，而公安机关或者人民检察院不予追究被告人刑事责任的案件。

——《最高人民法院关于适用〈中华人民共和国刑事诉讼法〉的解释》（2021年3月1日，法释〔2021〕1号）。

1452 拒不执行判决、裁定刑事案件可以以自诉案件立案审理

关键词｜管辖｜自诉｜拒不执行判决、裁定｜

【最高人民法院司法解释】

第三条 申请执行人有证据证明同时具有下列情形，人民法院认为符合刑事诉讼法第二百一十条第三项规定的，以自诉案件立案审理：

（一）负有执行义务的人拒不执行判决、裁定，侵犯了申请执行人的人身、财产权利，应当依法追究刑事责任的；

（二）申请执行人曾经提出控告，而公安机关或者人民检察院对负有执行义务的人不予追究刑事责任的。

第四条 本解释第三条规定的自诉案件，依照刑事诉讼法第二百一十二条的规定，自诉人在宣告判决前，可以同被告人自行和解或者撤回自诉。

第五条 拒不执行判决、裁定刑事案件，一般由执行法院所在地人民法院管辖。

——《最高人民法院关于审理拒不执行判决、裁定刑事案件适用法律若干问题的解释》（2015年7月22日，法释〔2015〕16号；2021年1月1日，法释〔2020〕21号修正）。

1453 轻伤案件当事人和解后，检察机关又提起刑事诉讼的处理

关键词｜管辖｜刑事和解｜轻伤｜

【链接：信箱】

问题：2000年8月5日，傅某致吴某轻伤后，在公安机关的主持下，傅某与吴某达成了和解协议，傅某赔偿了吴某的经济损失，吴某也没有再向法院提起刑事自

诉。2003 年公诉机关仍就此事实,以傅某犯故意伤害罪向法院提起刑事诉讼。法院在受理时就能否受理此案,存在两种意见。一种意见认为,双方当事人在公诉机关已作了和解处理,吴某也未再自诉,公诉机关仍以此事提起公诉,法院可以不予受理。另一种意见认为,当事人在公安机关的和解只是处理附带民事部分,刑事部分未作处理。此案法院应当受理。请问上述哪一种意见正确?

《人民司法》研究组认为:……故意伤害致人轻伤的案件,属于……"被害人有证据证明的轻微刑事案件",是自诉案件。这类自诉案件原则上应当由被害人直接向人民法院起诉,只有其中证据不足、可由公安机关受理的,才应当移送公安机关立案侦查并作为公诉案件起诉到人民法院。因此,对于你来信中提到的人民法院应否受理傅某致吴某轻伤害公诉案件,要考虑两方面情况:一是对被告人的刑事追诉期限是否已过;二是该案件是否属于被害人证据不足,应当进入公诉案件程序的案件。

——《人民司法》2004 年第 6 期。

1454 重婚案件中受骗的一方当事人能否作为被害人向法院提起诉讼

关键词 | 管辖 | 自诉 | 重婚 |

【最高人民法院答复】

重婚案件中的被害人,既包括重婚者在原合法婚姻关系中的配偶,也包括后来受欺骗而与重婚者结婚的人。鉴于受骗一方当事人在主观上不具有重婚的故意,因此,根据你院《请示》中介绍的案情,陈若容可以作为本案的被害人……可以作为自诉人,直接向人民法院提起诉讼。

——《最高人民法院研究室关于重婚案件中受骗的一方当事人能否作为被害人向法院提起诉讼问题的电话答复》(1992 年 11 月 7 日)。

【链接:信箱】

问题:在重婚案件的被害人没有向公安机关控告的情况下,公安机关立案侦查,人民检察院提起公诉,法院应否受理?也就是说,对重婚案件是否也可以作为自诉案件受理?

《人民司法》研究组认为:根据刑法、刑事诉讼法及相关司法解释的规定,重婚案件不属于告诉才处理的案件,人民检察院可以依法向人民法院提起公诉。在人民检察院没有提起公诉,而被害人有证据证明的情况下,直接向人民法院起诉的,也应当依法受理。

——《人民司法》2002 年第 4 期。

（二）级别管辖

1455 刑事审判提级管辖的适用情形

关键词 | 管辖 | 提级管辖 |

【最高人民法院司法解释】

第十六条 上级人民法院决定审判下级人民法院管辖的第一审刑事案件的，应当向下级人民法院下达改变管辖决定书，并书面通知同级人民检察院。

第十七条 基层人民法院对可能判处无期徒刑、死刑的第一审刑事案件，应当移送中级人民法院审判。

基层人民法院对下列第一审刑事案件，可以请求移送中级人民法院审判：

（一）重大、复杂案件；

（二）新类型的疑难案件；

（三）在法律适用上具有普遍指导意义的案件。

需要将案件移送中级人民法院审判的，应当在报请院长决定后，至迟于案件审理期限届满十五日以前书面请求移送。中级人民法院应当在接到申请后十日以内作出决定。不同意移送的，应当下达不同意移送决定书，由请求移送的人民法院依法审判；同意移送的，应当下达同意移送决定书，并书面通知同级人民检察院。

第十八条 有管辖权的人民法院因案件涉及本院院长需要回避或者其他原因，不宜行使管辖权的，可以请求移送上一级人民法院管辖。上一级人民法院可以管辖，也可以指定与提出请求的人民法院同级的其他人民法院管辖。

——《最高人民法院关于适用〈中华人民共和国刑事诉讼法〉的解释》（2021年3月1日，法释〔2021〕1号）。

【最高人民法院司法文件】

第四条 基层人民法院对所管辖的第一审民事、刑事、行政案件，认为属于下列情形之一，需要由中级人民法院审理的，可以报请上一级人民法院审理：

（一）涉及重大国家利益、社会公共利益，不宜由基层人民法院审理的；

（二）在辖区内属于新类型，且案情疑难复杂的；

（三）具有普遍法律适用指导意义的；

（四）上一级人民法院或者其辖区内各基层人民法院之间近三年裁判生效的

同类案件存在重大法律适用分歧,截至案件审理时仍未解决的;

(五)由中级人民法院一审更有利于公正审理的。

中级人民法院对辖区基层人民法院已经受理的第一审民事、刑事、行政案件,认为属于上述情形之一,有必要由本院审理的,应当决定提级管辖。

第五条　中级人民法院对所管辖的第一审民事、刑事、行政案件,认为属于下列情形之一,需要由高级人民法院审理的,可以报请上一级人民法院审理:

(一)具有普遍法律适用指导意义的;

(二)上一级人民法院或者其辖区内各中级人民法院之间近三年裁判生效的同类案件存在重大法律适用分歧,截至案件审理时仍未解决的;

(三)由高级人民法院一审更有利于公正审理的。

高级人民法院对辖区中级人民法院已经受理的第一审民事、刑事、行政案件,认为属于上述情形之一,有必要由本院审理的,应当决定提级管辖。

第六条　本办法所称具有普遍法律适用指导意义的案件,是指法律、司法解释规定不明确或者司法解释没有规定,需要通过司法裁判进一步明确法律适用的案件。

第七条　案件报请上一级人民法院审理的,应当经本院院长批准,至迟于案件法定审理期限届满三十日前报送;涉及法律统一适用问题的,应当经审判委员会讨论决定。

第八条　上级人民法院收到下一级人民法院根据本办法第四条、第五条提出的请求后,由立案庭转相关审判庭审查,并应当在十五日内作出下述处理:

(一)同意提级管辖;

(二)不同意提级管辖。

中级、高级人民法院根据本办法第四条、第五条提级管辖的案件,应当报上一级人民法院立案庭备案。

第九条　上级人民法院决定提级管辖的案件,由检察机关提起公诉的,应当同时书面通知同级人民检察院。

原受诉人民法院收到上一级人民法院同意提级管辖的文书后,应当在十日内将案卷材料移送上一级人民法院,并书面通知当事人;对检察机关提起公诉的案件,应当书面通知同级人民检察院,将案卷材料退回检察机关,并书面通知当事人。

第十条　按本办法提级管辖案件的审理期限,自上一级人民法院立案之日起重新计算。

向上一级人民法院报送期间和上一级人民法院审查处理期间,不计入原审案件审理期限。

——《最高人民法院关于完善四级法院审级职能定位改革试点的实施办法》

（2021 年 10 月 1 日，法〔2021〕242 号）。

【链接：理解与适用】

（二）完善案件提级管辖机制

由于三大诉讼法规定的“重大影响”“重大、复杂”等案件级别管辖标准相对抽象，各级人民法院确定民事案件级别管辖的标准主要是诉讼标的额，刑事案件主要是罪名与刑罚类别，行政案件主要是作出行政行为机关的级别。实践中，一些具有规则意义或可能存在“诉讼主客场”现象的案件，受诉讼标的额等因素影响，难以进入较高层级法院审理范围。因此，在推动审判重心下沉的同时，更有必要完善上述“特殊类型案件”的提级管辖机制，这也是优化高级、最高人民法院案件结构、实现上下级法院审级良性互动的关键环节。

关于案件提级管辖机制，民事诉讼法第三十八条第二款、刑事诉讼法第二十四条、行政诉讼法第二十四条第二款均有规定。最高人民法院印发的《关于规范上下级人民法院审判业务关系的若干意见》（法发〔2010〕61 号）也曾就相关机制运行提出要求。《试点实施办法》第四条至第十条在三大诉讼法相关规定的框架下，进一步明确了“特殊类型案件”的识别标准和“自下而上流转”的操作流程。

一是明确“特殊类型案件”的标准。将“特殊类型案件”划分为五种情形。其中，第一、二种仅适用于基层人民法院交中级人民法院审理案件的范围（以下简称“基层→中级”），第三、四、五种既属于“基层→中级”范围，也属于中级人民法院交高级人民法院审理案件的范围（以下简称“中级→高级”）。“中级→高级”的案件由高级人民法院一审后，第二审法院就是最高人民法院，有必要设置更为严格的提级管辖条件。前述五种情形分别是：

1. 涉及重大国家利益、社会公共利益，不宜由基层人民法院审理的案件。一些案件诉讼标的额或影响力不大，但裁判结果可能影响到重大国家利益、社会公共利益，由中级人民法院把握政策、衡量利益、统筹协调，在审级安排上更为稳妥。这里的“重大”利益与“不宜由基层人民法院审理”是并列关系，实践中应统筹考虑相关利益的涉及广度、关联深度、覆盖群体、政策依据、政策制定部门和案件审理难度等多重因素，综合判断是否应当上提至中级人民法院管辖。

2. 在辖区内属于新类型，且案情疑难复杂的案件。考虑到我国幅员辽阔，案件分布差异较大，这里的“新类型”仅限于“辖区内”，即在相关基层人民法院或其上一级人民法院辖区内属于新类型，且案情疑难复杂的案件。例如，一些涉及互联网新业态、金融创新产品的案件，在沿海和经济发达地区基层人民法院较为常见，但在中西部部分地区属于新类型疑难案件。这类案件交由当地中级人民法院一审，既可以为辖区其他基层人民法院未来审理类似案件作出示范，也便于高级、最高人民法院在后续上诉、再审程序中及时发现新情况、新问题。如果案件仅属不常见的新类型,但案情相对简单、审理难度不大的,可以仍由基层人民法院管辖。

3. 具有普遍法律适用指导意义的案件。主要指法律、司法解释规定不明确或者司法解释没有规定,需要通过司法裁判明确法律适用的案件,这也是最适宜以提级管辖方式交由较高层级人民法院审理的案件类型。审理这类案件,有利于最高、高级人民法院根据经济社会发展形势,及时填补法律漏洞、解决法律分歧、确立裁判规则。相关裁判也可以成为筛选、确定、废止指导性案例或参考性案例的重要素材。

实践中,可能出现最高人民法院印发的司法解释、司法指导性文件制定时所依据的客观情况发生重大变化,继续适用明显有违公平正义的情况。对于这类案件,也可以报请上一级人民法院审理,但地方各级人民法院和专门人民法院在处理相关案件时,不得对司法解释、司法指导性文件的效力作出否定性评价。最高人民法院通过审理这类案件,可以同步考虑是否修改、废止相关司法解释、司法指导性文件。

4. 上一级人民法院或者其辖区内同级人民法院之间近三年裁判生效的同类案件存在重大法律适用分歧,截至案件审理时仍未解决的案件。这里的"上一级人民法院",是指在审判工作上有直接监督关系的上级人民法院。实践中,上一级人民法院不同审判机构作出的裁判,可能存在"类案不同判"现象。如果不尽早统一,将令辖区法院无所适从。此外,辖区同级人民法院之间对同类案件的处理,有时也存在重大法律适用分歧,相关裁判若被上一级人民法院一并维持,将不利于法律统一适用,也严重影响司法形象和公信力。明确上述案件可以提级管辖,有利于发挥下级人民法院对上一级人民法院的制约功能,也可以督促上级人民法院更加注重本院及辖区各法院的法律统一适用情况,及时解决法律适用分歧。之所以强调"近三年",是根据法律修改完善、法制统一进程确定的合理界限,实践中可以从案件受理之日起算。

5. 由中级或高级人民法院一审更有利于公正审理的案件。主要指受地方因素影响较大,又或存在"诉讼主客场"现象,基层或中级人民法院不宜行使管辖权的案件。这类案件由更高层级法院审理,有利于防止外部干预,提升司法公信力。需要指出的是,《试点实施办法》之所以未在条文中使用"诉讼主客场""跨行政区划"等表述,是因为这类情况较为复杂,不能仅从跨地域等单一要素判断。例如,同样是当事人跨省、自治区、直辖市的案件,既可以是电商购物纠纷,也可以是外来投资纠纷,而前者一般不存在地方干预现象,所以不宜把当事人分处数地的情况都称为"诉讼主客场"。

二是健全案件提级管辖的流转程序。按照《试点实施办法》,下级人民法院对所管辖的第一审案件,认为属于“特殊类型案件”,可以报请上一级人民法院审理。上一级人民法院也有权主动提级管辖有必要由本院审理的案件。对于“下报上”的案件,应当经本院院长批准。涉及法律适用的问题,应当由院长提请审判委员会讨论后,再决定是否报请上一级人民法院审理;涉及其他问题的,可以由院长在充分听取相关审判组织意见后视情决定。值得注意的是,上述考虑都是围绕是否“提级”展开的,不包含有管辖权的人民法院因特殊原因不能行使管辖权,需要报上级人民法院指定其他同级人民法院管辖的情况。

为避免过分迟延,“下报上”案件至迟应当于案件法定审理期限届满三十日前报送,一般不得延长审限后再报。案件已开庭审理的,提级管辖应更加慎重,并做好对当事人的释明工作。试点之初,提级管辖主要依托下级人民法院报请。下一步,有条件、有基础的人民法院可以探索建立当事人申请提级管辖机制,发挥当事人的监督作用,但必须注意与级别管辖异议机制相区别,防止权利滥用。

尽管试点鼓励“特殊类型案件”向上流转,实践中仍应注重发挥金融法院、知识产权法院等专门人民法院、互联网法院在专门管辖和集中管辖方面的优势,由这类法院优先审理新类型、规则型案件,充分发挥其示范作用。

三是完善案件提级管辖的处理方式。案件提级管辖后,可以经上诉、再审程序,由更高层级法院审理。上一级人民法院收到“下报上”的请求,由立案庭转相关审判庭审查后,应当在十日以内作出同意或不同意提级管辖的决定。之所以强调转“相关审判庭”审查,是因为对于案件在辖区内是否属于“新类型”或“具有普遍法律适用指导意义”,具体承担对下审判监督指导职责的审判庭更熟悉情况,由其审查更有利于精准、高效地就是否提级管辖作出判断。

为便于高级、最高人民法院及时了解“特殊类型案件”的流转情况,中级、高级人民法院提级管辖的案件,应当报上一级人民法院立案庭备案,并定期转相关审判庭知晓。对于具有普遍法律适用指导意义的案件,如果中级人民法院审查后,认为有必要再报请高级人民法院管辖的,报送程序上要从严把握,一般应经最高人民法院批准。案件在上下级人民法院之间的流转,不宜占用审理期限,所以提级管辖案件的审理期限,自上一级人民法院立案之日起重新计算。向上一级人民法院报送期间和上一级人民法院审查处理期间,不计入原审案件审理期限。

按照目前的诉讼文书样式要求,下级人民法院报请上一级人民法院提级管辖的,使用请示;上级人民法院依报请决定案件由自己审理的,民事案件使用裁定书,刑事、行政案件使用决定书;不同意的,民事案件使用批复,刑事、行政案件使用决定书。上级人民法院依职权决定审理提级管辖的,民事、行政案件使用裁定书,刑事案件使用决定书。试点期间,各级人民法院可沿用上述文书样式处理相关案件。

——刘峥、何帆:《〈关于完善四级法院审级职能定位改革试点的实施办法〉的理解与适用》，载最高人民法院网 2021 年 9 月 27 日，https://www.court.gov.cn/zixun-xiangqing-324661.html。

【链接：信箱】

问题：我们审理的一宗被告人上诉的二审案件。在审理中发现该被告人应被判处无期徒刑以上刑罚，基层法院没有管辖权且原判认定事实有错误。处理时有两种意见，第一种意见认为应该维持原判，再通过审判监督程序（适用二审程序）进行审理。另一种意见认为这种方法表面上遵循了上诉不加刑的原则，而实际上通过审判监督程序（适用二审程序）判处被告人无期徒刑以上刑罚将剥夺其上诉权。正确做法应该是依照刑事诉讼法第一百八十九条第（三）项、第一百九十一条第（五）项的规定发回原审法院重新审理，由原审法院根据法律规定建议原公诉机关撤回起诉或依审级请示进行办理，后由中级法院按一审程序进行审理。上述意见是否正确？望能解答。

《人民司法》研究组认为：根据你的来信，该二审案件的被告人应处无期徒刑以上刑罚，依法应当由中级人民法院作为一审法院，原审基层人民法院无权管辖该案。如仅适用刑事诉讼法第一百八十九条、第一百九十一条的规定处理该案，其结果是撤销原判发回原审法院重新审判，并不能彻底解决该案的管辖错误。我们认为，应在适用刑事诉讼法上述规定，撤销原判，将该案发回原审法院重新审判以后，由原审基层法院根据《最高人民法院关于执行〈中华人民共和国刑事诉讼法〉若干问题的解释》第十六条的规定，请求将该案移送中级法院审判，由中级法院下达同意移送决定书，并书面通知同级人民检察院。基层人民法院接到上级人民法院同意移送决定书后，应当通知同级人民检察院和当事人，并将起诉材料退回同级人民检察院。

——《人民司法》2002 年第 10 期。

1456 恐怖活动和极端主义犯罪案件的级别管辖

关键词 | 管辖 | 恐怖活动 | 极端主义 | 级别管辖 |

【最高人民法院司法文件】

二、正确适用程序

（一）组织、领导、参加恐怖组织罪，帮助恐怖活动罪，准备实施恐怖活动罪，宣扬恐怖主义、煽动实施恐怖活动罪，强制穿戴宣扬恐怖主义服饰、标志罪，非法持有宣扬恐怖主义物品罪的第一审刑事案件由中级人民法院管辖；宣扬极端主义罪，利用极端主义破坏法律实施罪，强制穿戴宣扬极端主义服饰、标志罪，非法持有宣扬极端主义物品罪的第一审刑事案件由基层人民法院管辖。高级人民法院可以根据级别管辖的规定，结合本地区社会治安状况、案件数量等情况，决定实行相对集中管辖，指定辖区内特定的中级人民法院集中审理恐怖活动和极端主义犯罪第一审刑事案件，或者指定辖区内特定的基层人民法院集中审理极端主义犯罪第一审刑事案件，并将指定法院名单报最高人民法院备案。

——《最高人民法院、最高人民检察院、公安部、司法部关于办理恐怖活动和极端主义犯罪案件适用法律若干问题的意见》（2018 年 3 月 16 日，高检会〔2018〕1 号）。

1457 涉外刑事案件的级别管辖

关键词 | 管辖 | 级别管辖 | 涉外刑事案件 |

【最高人民法院司法解释】

第四百七十五条 本解释所称的涉外刑事案件是指：

（一）在中华人民共和国领域内，外国人犯罪或者我国公民对外国、外国人犯罪的案件；

（二）符合刑法第七条、第十条规定情形的我国公民在中华人民共和国领域外犯罪的案件；

（三）符合刑法第八条、第十条规定情形的外国人犯罪的案件；

（四）符合刑法第九条规定情形的中华人民共和国在所承担国际条约义务范围内行使管辖权的案件。

第四百七十六条 第一审涉外刑事案件，除刑事诉讼法第二十一条至第二十三条规定的以外，由基层人民法院管辖。必要时，中级人民法院可以指定辖区内若干基层人民法院集中管辖第一审涉外刑事案件，也可以依照刑事诉讼法第二十四条的规定，审理基层人民法院管辖的第一审涉外刑事案件。

——《最高人民法院关于适用〈中华人民共和国刑事诉讼法〉的解释》（2021 年 3 月 1 日，法释〔2021〕1 号）。

【最高人民法院司法文件】

一、第一审外国人犯罪案件，除刑事诉讼法第二十条至第二十二条①规定的以外，由基层人民法院管辖。外国人犯罪案件较多的地区，中级人民法院可以指定辖

① 2018 年修正的刑事诉讼法第二十一条至第二十三条。

区内一个或者几个基层人民法院集中管辖第一审外国人犯罪案件；外国人犯罪案件较少的地区，中级人民法院可以依照刑事诉讼法第二十三条①的规定，审理基层人民法院管辖的第一审外国人犯罪案件。

——《最高人民法院、最高人民检察院、公安部、国家安全部、司法部关于外国人犯罪案件管辖问题的通知》(2013 年 1 月 17 日，法发〔2013〕2 号)。

1458 知识产权刑事案件的级别管辖

关键词 | 管辖 | 知识产权刑事案件 | “三合一”审判 |

【最高人民法院司法文件】

5. 各级人民法院的知识产权审判部门，不再称为民事审判第×庭，更名为知识产权审判庭。

6. 各级人民法院知识产权审判庭应当根据审判任务需要配备审判力量，并根据情况配备专门从事行政审判和刑事审判的法官，也可以由行政审判庭或刑事审判庭法官与知识产权审判庭法官共同组成合议庭，审理知识产权行政或刑事案件。

7. 知识产权民事案件是指涉及著作权、商标权、专利权、技术合同、商业秘密、植物新品种和集成电路布图设计等知识产权以及不正当竞争、垄断、特许经营合同的民事纠纷案件。

一般知识产权民事纠纷案件是指除专利、植物新品种、集成电路布图设计、技术秘密、计算机软件、驰名商标认定以及垄断纠纷案件之外的知识产权民事纠纷案件。

知识产权行政案件是指当事人对行政机关就著作权、商标权、专利权等知识产权以及不正当竞争等所作出的行政行为不服，向人民法院提起的行政纠纷案件。

知识产权刑事案件是指《中华人民共和国刑法》分则第三章“破坏社会主义市场经济秩序罪”第七节规定的侵犯知识产权犯罪案件等。

知识产权刑事自诉案件，人民法院仍然可以按照刑事诉讼法所确定的地域管辖原则管辖。

8. 知识产权民事案件的受理继续依照人民法院有关地域管辖、级别管辖和指定管辖的规定和批复进行。除此之外：

中级人民法院辖区内没有基层人民法院具有一般知识产权民事纠纷案件管辖权的，可以层报最高人民法院指定基层人民法院统一管辖，也可以由中级人民法院

---

① 2018 年修正的刑事诉讼法第二十四条。

提级管辖本辖区内的知识产权行政、刑事案件。

中级人民法院辖区内有多个具有一般知识产权民事纠纷案件管辖权基层人民法院的，经层报最高人民法院批准后，可以根据辖区内的案件数量、审判力量等情况对每个基层法院的辖区范围进行划分和调整。

具有一般知识产权民事纠纷案件管辖权的基层人民法院审理中级人民法院指定区域内的第一审知识产权刑事、行政案件。不具有一般知识产权民事纠纷案件管辖权的基层人民法院发现所审理案件属于知识产权行政、刑事案件的，应当及时移送中级人民法院指定的有一般知识产权民事纠纷案件管辖权的基层人民法院管辖。

中级人民法院知识产权审判庭审理本辖区内基层人民法院审结的知识产权行政、刑事上诉案件以及同级人民检察院抗诉的知识产权刑事案件。

高级人民法院知识产权审判庭审理本辖区内中级人民法院审结的知识产权行政、刑事上诉案件，知识产权行政、刑事申请再审案件以及同级人民检察院抗诉的知识产权刑事案件。

最高人民法院知识产权审判庭审理各高级人民法院审结的知识产权行政、刑事上诉案件，知识产权行政、刑事申请再审案件、最高人民检察院抗诉的知识产权刑事案件。

9. 知识产权案件案号编制、使用与管理依照《最高人民法院关于人民法院案号的若干规定》执行。案号中的类型代字为知民/知行/知刑。

——《最高人民法院关于在全国法院推进知识产权民事、行政和刑事案件审判“三合一”工作的意见》(2016年7月5日，法发〔2016〕17号)。

(三)地域管辖

1459 犯罪地及被告人居住地的认定

关键词 | 管辖 | 犯罪地 | 居住地 |

【最高人民法院司法解释】

第二条 犯罪地包括犯罪行为地和犯罪结果地。

针对或者主要利用计算机网络实施的犯罪，犯罪地包括用于实施犯罪行为的网络服务使用的服务器所在地，网络服务提供者所在地，被侵害的信息网络系统及其管理者所在地，犯罪过程中被告人、被害人使用的信息网络系统所在地，以及被害人被侵害时所在地和被害人财产遭受损失地等。

第三条　被告人的户籍地为其居住地。经常居住地与户籍地不一致的,经常居住地为其居住地。经常居住地为被告人被追诉前已连续居住一年以上的地方,但住院就医的除外。

被告单位登记的住所地为其居住地。主要营业地或者主要办事机构所在地与登记的住所地不一致的,主要营业地或者主要办事机构所在地为其居住地。

——《最高人民法院关于适用〈中华人民共和国刑事诉讼法〉的解释》(2021年3月1日,法释〔2021〕1号)。

【最高人民法院审判业务意见】

关于刑事案件的审判管辖,刑事诉讼法第二十四条①明确规定:“刑事案件由犯罪地的人民法院管辖,如果由被告人居住地的人民法院审判更为适宜的,可以由被告人居住地的人民法院管辖。”……被告人为了非法占有他人财物所实施的诈骗行为全部在甲市,以传真方式订立的经济合同,虽然接收传真的一方在乙市,但犯罪分子本人未在乙市实施犯罪,取得骗款也未在乙市,由此不能仅以被骗单位在乙市即认为案件的犯罪地涉及乙市。被告人的犯罪地在甲市,其居住地也在甲市,因此,根据上述法律和司法解释,本案应由甲市法院管辖。

——最高人民法院刑事审判第一庭:《蓝海诈骗案——以传真方式进行经济合同诈骗案件如何确定审判管辖》,载《法律适用》1999年第5期。

【最高人民法院公报案例】

张子强等非法买卖、运输爆炸物,抢劫,绑架,走私武器、弹药,非法买卖、运输枪支、弹药,私藏枪支、弹药上诉案(二审法院:广东省高级人民法院)

要旨:部分犯罪行为虽然是在香港实施,但是组织、策划等实施犯罪的准备工作均发生在内地;实施犯罪所使用的枪支、爆炸物及主要的作案工具均是从内地非法购买后走私运到香港,内地法院对案件享有管辖权。

——《最高人民法院公报》1999年第1期。

【最高人民法院参考案例】

自诉人桥本郁子诉被告人桥本浩重婚案(《刑事审判参考》案例第748号)

要旨:重婚犯罪行为在一定时间和空间内处于继续状态,但期间内犯罪地可能会发生移动和变化。外籍被告人与我国公民于国内登记结婚,只要在居住地工作

---

① 2018年修正的刑事诉讼法第二十五条。

和生活已满一年，其经常居住地亦是犯罪地，故经常居住地法院可以行使刑事管辖权。

重婚罪是指自己有配偶而重婚的，或者明知他人有配偶而与之结婚的行为。刑法学界通说认为重婚罪属于继续犯。继续犯，是指犯罪行为自着手实行之时直至其构成既遂，且通常在既遂之后至犯罪行为终了的一定时间内，该犯罪行为及其所引起的不法状态同时处于持续过程中的犯罪形态，又称持续犯。继续犯具有两个主要特征：第一，犯罪行为的继续性。犯罪行为的继续性应理解为自犯罪行为的着手实行到实行终了，直至不法状态解除的过程中，犯罪行为一直呈现一种持续状态。第二，犯罪行为及其所引起的不法状态同时继续。犯罪行为所引起的不法状态，是指犯罪行为对客体造成损害所形成的一种持续结果或状态。继续犯犯罪行为的持续实施与客体遭侵害之结果或状态的持续是同时或同步的。重婚罪完全符合上述特征。婚姻既是一种状态，同时也是一种行为。重婚者在举行重婚结婚时，其犯罪行为已经既遂，但重婚状态的存续是犯罪行为的继续，而不仅仅是不法状态的继续。重婚罪的本质是重婚行为侵犯了一夫一妻的婚姻家庭关系。把握了该本质，才能对重婚罪有清楚的认识。举行重婚结婚虽然构成了重婚罪的既遂，但以夫妻关系非法同居的行为并没有结束，举行重婚结婚正表明重婚行为的开始而不是意味着其终止。因此，不应当把举行重婚结婚的行为和以后的以夫妻关系非法同居的行为人为地割裂开来，而应看作是完整统一的重婚行为。虽然重婚犯罪行为在一定时间和空间内处于继续状态，但期间内犯罪地可能会发生移动和变化。外籍被告人与我国公民于国内登记结婚，只要在居住地工作和生活已满一年，其经常居住地亦是犯罪地，故经常居住地法院可以行使刑事管辖权。

——《刑事审判参考》（总第 84 辑）。

闵光辉、马占霖、帕丽旦木 · 买森木贩卖毒品案（《刑事审判参考》案例第 551 号）

要旨：确定管辖权应以刑事诉讼法和最高人民法院的司法解释为依据，而不是以公安部门侦查或并案侦查地及移送起诉地为依据。

本案被告人闵光辉、马占霖、帕丽旦木 · 买森木的犯罪地、户籍地、居住地均不在甘肃省；闵光辉系假释期间犯罪，服刑地也不在甘肃省。甘肃省兰州市中级人民法院和甘肃省高级人民法院审理本案不符合法律规定，故不具有管辖权。

——《刑事审判参考》（总第 67 辑）。

1460 在内水、领海犯罪的管辖规则

关键词 | 管辖 | 内水、领海 |

【最高人民法院司法解释】

第四条　在中华人民共和国内水、领海发生的刑事案件,由犯罪地或者被告人登陆地的人民法院管辖。由被告人居住地的人民法院审判更为适宜的,可以由被告人居住地的人民法院管辖。

——《最高人民法院关于适用〈中华人民共和国刑事诉讼法〉的解释》(2021年3月1日,法释〔2021〕1号)。

【链接:理解与适用】

《解释》第四条吸收《最高人民法院、最高人民检察院、中国海警局关于海上刑事案件管辖等有关问题的通知》(海警〔2020〕1号)第一条第(一)项的规定,明确了在中华人民共和国内水、领海发生的刑事案件的管辖规则,规定:"在中华人民共和国内水、领海发生的刑事案件,由犯罪地或者被告人登陆地的人民法院管辖。由被告人居住地的人民法院审判更为适宜的,可以由被告人居住地的人民法院管辖。"

需要注意的是,《最高人民法院关于审理发生在我国管辖海域相关案件若干问题的规定(一)》(法释〔2016〕16号)第一条规定:"本规定所称我国管辖海域,是指中华人民共和国内水、领海、毗连区、专属经济区、大陆架,以及中华人民共和国管辖的其他海域。"据此,《解释》第四条规定的"内水"应当是指领海基线向陆一侧的海上水域。

——《起草小组解读:〈刑事诉讼法解释〉理解与适用(上)》,载中国法院网2021年2月4日,https://www.chinacourt.org/article/detail/2021/02/id/5796152.shtml。

【最高人民法院司法文件】

一、对海上发生的刑事案件,按照下列原则确定管辖:

(一)在中华人民共和国内水、领海发生的犯罪,由犯罪地或者被告人登陆地的人民法院管辖,如果由被告人居住地的人民法院审判更为适宜的,可以由被告人居住地的人民法院管辖;

……

前款第一项规定的犯罪地包括犯罪行为发生地和犯罪结果发生地。前款第二项至第五项规定的入境地,包括进入我国陆地边境、领海以及航空器降落在我国境内的地点。

——《最高人民法院、最高人民检察院、中国海警局关于海上刑事案件管辖等有关问题的通知》(2020年2月20日,海警〔2020〕1号)。

1461 在列车上犯罪的管辖规则

关键词 | 管辖 | 列车 |

【最高人民法院司法解释】

第五条 在列车上的犯罪，被告人在列车运行途中被抓获的，由前方停靠站所在地负责审判铁路运输刑事案件的人民法院管辖。必要时，也可以由始发站或者终点站所在地负责审判铁路运输刑事案件的人民法院管辖。

被告人不是在列车运行途中被抓获的，由负责该列车乘务的铁路公安机关对应的审判铁路运输刑事案件的人民法院管辖；被告人在列车运行途经车站被抓获的，也可以由该车站所在地负责审判铁路运输刑事案件的人民法院管辖。

——《最高人民法院关于适用〈中华人民共和国刑事诉讼法〉的解释》（2021年3月1日，法释〔2021〕1号）。

【链接：理解与适用】

《最高人民法院关于铁路运输法院案件管辖范围的若干规定》（法释〔2012〕10号）第一条第三款规定“在列车上的犯罪，由犯罪发生后该列车最初停靠的车站所在地或者目的地的铁路运输法院管辖”。根据实践反映的问题，《解释》第五条作了修改完善，规定：“被告人在列车运行途中被抓获的，由前方停靠站所在地负责审判铁路运输刑事案件的人民法院管辖。必要时，也可以由始发站或者终点站所在地负责审判铁路运输刑事案件的人民法院管辖。”“被告人不是在列车运行途中被抓获的，由负责该列车乘务的铁路公安机关对应的审判铁路运输刑事案件的人民法院管辖；被告人在列车运行途经车站被抓获的，也可以由该车站所在地负责审判铁路运输刑事案件的人民法院管辖。”

对比可以发现，《解释》第五条重新确立了在列车上犯罪的管辖规则。具体而言：（1）当前一些铁路运输法院处于改革期，有些地方已经把铁路运输案件交给地方法院管辖。因此，一概要求“铁路运输法院管辖”，与实际不符。（2）本条规定由“前方停靠站”而非“最初停靠站”所在地的负责审判铁路运输刑事案件的人民法院管辖，主要考虑：“最初停靠站”只能是发现犯罪后停靠的第一个站点，而第一个站点有大有小，小站点可能根本没有警力羁押犯罪嫌疑人，不便于管辖，而用“前方停靠站”则涵盖范围更广，更符合实际需求。（3）在一些案件中，列车刚刚驶出始发地即发生犯罪案件并抓获犯罪嫌疑人，在此种情况下，由列车始发地的负责审判铁路运输刑事案件的人民法院管辖，更具合理性。（4）对于被告人不是在列车运行途中被抓获的，规定由负责该列车乘务的铁路公安机关对应的审判铁路运输刑事案件的人民法院管辖。但是实践中存在被告人实施犯罪后下车，在车站即被抓获的情形。为便于执法办案,避免移送案件浪费侦查资源,此种情形也可以由该车站所在地负责审判铁路运输刑事案件的人民法院管辖。

——《起草小组解读:〈刑事诉讼法解释〉理解与适用(上)》,载中国法院网 2021 年 2 月 4 日,https://www.chinacourt.org/article/detail/2021/02/id/5796152.shtml。

1462 在国际列车上犯罪的管辖规则

关键词|管辖|国际列车|

【最高人民法院司法解释】

第六条　在国际列车上的犯罪,根据我国与相关国家签订的协定确定管辖;没有协定的,由该列车始发或者前方停靠的中国车站所在地负责审判铁路运输刑事案件的人民法院管辖。

——《最高人民法院关于适用〈中华人民共和国刑事诉讼法〉的解释》(2021 年 3 月 1 日,法释〔2021〕1 号)。

【链接:理解与适用】

《2012 年解释》第六条规定:"在国际列车上的犯罪,根据我国与相关国家签订的协定确定管辖;没有协定的,由该列车最初停靠的中国车站所在地或者目的地的铁路运输法院管辖。"实践中存在国际列车在离开最后一座中国车站后,行为人在中国境内实施犯罪,但前方无停靠的中国车站的情形,无法依据现有规定进行管辖。鉴于此,《解释》第六条作了修改完善,规定:"在国际列车上的犯罪,根据我国与相关国家签订的协定确定管辖;没有协定的,由该列车始发或者前方停靠的中国车站所在地负责审判铁路运输刑事案件的人民法院管辖。"

——《起草小组解读:〈刑事诉讼法解释〉理解与适用(上)》,载中国法院网 2021 年 2 月 4 日,https://www.chinacourt.org/article/detail/2021/02/id/5796152.shtml。

1463 在中华人民共和国领域外的中国船舶内犯罪的管辖规则

关键词|管辖|中国船舶|中华人民共和国领域外|

【最高人民法院司法解释】

第七条　在中华人民共和国领域外的中国船舶内的犯罪,由该船舶最初停泊的中国口岸所在地或者被告人登陆地、入境地的人民法院管辖。

——《最高人民法院关于适用〈中华人民共和国刑事诉讼法〉的解释》(2021年3月1日,法释〔2021〕1号)。

【链接：理解与适用】

《2012年解释》第四条规定:"在中华人民共和国领域外的中国船舶内的犯罪,由该船舶最初停泊的中国口岸所在地的人民法院管辖。"实践中,有的在中国领域外航行的中国船舶内发生犯罪后,船舶可能并不马上返航回国,而是继续向外航行,只是将犯罪嫌疑人带回我国。对此种情形,依据《2012年解释》第四条的规定确定管辖可能并不适当。为此,《最高人民法院、最高人民检察院、中国海警局关于海上刑事案件管辖等有关问题的通知》第一条第(二)项增加规定被告人登陆地、入境地的人民法院作为管辖选择地。经吸收上述规定,《解释》第七条规定:"在中华人民共和国领域外的中国船舶内的犯罪,由该船舶最初停泊的中国口岸所在地或者被告人登陆地、入境地的人民法院管辖。"

——《起草小组解读:〈刑事诉讼法解释〉理解与适用(上)》,载中国法院网2021年2月4日,https://www.chinacourt.org/article/detail/2021/02/id/5796152.shtml。

【最高人民法院司法文件】

(二)在中华人民共和国领域外的中国船舶内的犯罪,由该船舶最初停泊的中国口岸所在地或者被告人登陆地、入境地的人民法院管辖;

……

前款第一项规定的犯罪地包括犯罪行为发生地和犯罪结果发生地。前款第二项至第五项规定的入境地,包括进入我国陆地边境、领海以及航空器降落在我国境内的地点。

——《最高人民法院、最高人民检察院、中国海警局关于海上刑事案件管辖等有关问题的通知》(2020年2月20日,海警〔2020〕1号)。

1464 中国公民在中华人民共和国领域外的犯罪的管辖规则

关键词 | 管辖 | 中国公民 | 中华人民共和国领域外 |

【最高人民法院司法解释】

第十条 中国公民在中华人民共和国领域外的犯罪,由其登陆地、入境地、离境前居住地或者现居住地的人民法院管辖;被害人是中国公民的,也可以由被害人离境前居住地或者现居住地的人民法院管辖。

——《最高人民法院关于适用〈中华人民共和国刑事诉讼法〉的解释》(2021年3月1日,法释〔2021〕1号)。

【链接:理解与适用】

《2012年解释》第八条规定:"中国公民在中华人民共和国领域外的犯罪,由其入境地或者离境前居住地的人民法院管辖;被害人是中国公民的,也可由被害人离境前居住地的人民法院管辖。"鉴于海上刑事案件的被告人通常是从海上登陆,同时,考虑到被告人或者被害人入境后的居住地可能与离境前居住地不一致的情况,为便于案件办理,《最高人民法院、最高人民检察院、中国海警局关于海上刑事案件管辖等有关问题的通知》第一条第(三)项增加规定了相关管辖连接点。经吸收上述规定,《解释》第十条规定:"中国公民在中华人民共和国领域外的犯罪,由其登陆地、入境地、离境前居住地或者现居住地的人民法院管辖;被害人是中国公民的,也可以由被害人离境前居住地或者现居住地的人民法院管辖。"

——《起草小组解读:〈刑事诉讼法解释〉理解与适用(上)》,载中国法院网2021年2月4日,https://www.chinacourt.org/article/detail/2021/02/id/5796152.shtml。

【最高人民法院司法文件】

(三)中国公民在中华人民共和国领海以外的海域犯罪,由其登陆地、入境地、离境前居住地或者现居住地的人民法院管辖;被害人是中国公民的,也可以由被害人离境前居住地或者现居住地的人民法院管辖;

……

前款第一项规定的犯罪地包括犯罪行为发生地和犯罪结果发生地。前款第二项至第五项规定的入境地,包括进入我国陆地边境、领海以及航空器降落在我国境内的地点。

——《最高人民法院、最高人民检察院、中国海警局关于海上刑事案件管辖等有关问题的通知》(2020年2月20日,海警〔2020〕1号)。

1465 外国人在中华人民共和国领域外对中华人民共和国国家或者公民犯罪的管辖规则

关键词|管辖|外国人|中华人民共和国领域外|

【最高人民法院司法解释】

第十一条 外国人在中华人民共和国领域外对中华人民共和国国家或者公民犯罪，根据《中华人民共和国刑法》应当受处罚的，由该外国人登陆地、入境地或者入境后居住地的人民法院管辖，也可以由被害人离境前居住地或者现居住地的人民法院管辖。

——《最高人民法院关于适用〈中华人民共和国刑事诉讼法〉的解释》(2021年3月1日，法释〔2021〕1号)。

【链接：理解与适用】

《2012年解释》第九条规定："外国人在中华人民共和国领域外对中华人民共和国国家或者公民犯罪，根据《中华人民共和国刑法》应当受处罚的，由该外国人入境地、入境后居住地或者被害中国公民离境前居住地的人民法院管辖。"鉴于海上刑事案件的特殊性，《最高人民法院、最高人民检察院、中国海警局关于海上刑事案件管辖等有关问题的通知》第一条第(四)项增加规定被告人登陆地的人民法院也可以管辖。经吸收上述规定，《解释》第十一条规定："外国人在中华人民共和国领域外对中华人民共和国国家或者公民犯罪，根据《中华人民共和国刑法》应当受处罚的，由该外国人登陆地、入境地或者入境后居住地的人民法院管辖，也可以由被害人离境前居住地或者现居住地的人民法院管辖。"

——《起草小组解读：〈刑事诉讼法解释〉理解与适用(上)》，载中国法院网2021年2月4日，https://www.chinacourt.org/article/detail/2021/02/id/5796152.shtml。

【最高人民法院司法文件】

(四)外国人在中华人民共和国领海以外的海域对中华人民共和国国家或者公民犯罪，根据《中华人民共和国刑法》应当受到处罚的，由该外国人登陆地、入境地、入境后居住地的人民法院管辖，也可以由被害人离境前居住地或者现居住地的人民法院管辖；

……

前款第一项规定的犯罪地包括犯罪行为发生地和犯罪结果发生地。前款第二项至第五项规定的入境地，包括进入我国陆地边境、领海以及航空器降落在我国境内的地点。

——《最高人民法院、最高人民检察院、中国海警局关于海上刑事案件管辖等有关问题的通知》(2020年2月20日，海警〔2020〕1号)。

1466 对中华人民共和国缔结或者参加的国际条约所规定的罪行行使刑事管辖权的管辖规则

关键词|管辖|国际条约|

【最高人民法院司法解释】

第十二条 对中华人民共和国缔结或者参加的国际条约所规定的罪行,中华人民共和国在所承担条约义务的范围内行使刑事管辖权的,由被告人被抓获地、登陆地或者入境地的人民法院管辖。

——《最高人民法院关于适用〈中华人民共和国刑事诉讼法〉的解释》(2021年3月1日,法释〔2021〕1号)。

【链接:理解与适用】

《2012年解释》第十条规定:"对中华人民共和国缔结或者参加的国际条约所规定的罪行,中华人民共和国在所承担条约义务的范围内,行使刑事管辖权的,由被告人被抓获地的人民法院管辖。"由于海上刑事案件的特殊性,实际办案中可能存在犯罪嫌疑人在我国领海以外(如公海)被抓获的情形,无法依据《2012年解释》第十条的规定进行管辖。基于此,《最高人民法院、最高人民检察院、中国海警局关于海上刑事案件管辖等有关问题的通知》第一条第(五)项增加规定被告人入境地、登陆地的人民法院也可以管辖。经吸收上述规定,《解释》第十二条规定:"对中华人民共和国缔结或者参加的国际条约所规定的罪行,中华人民共和国在所承担条约义务的范围内行使刑事管辖权的,由被告人被抓获地、登陆地或者入境地的人民法院管辖。"

——《起草小组解读:〈刑事诉讼法解释〉理解与适用(上)》,载中国法院网2021年2月4日,https://www.chinacourt.org/article/detail/2021/02/id/5796152.shtml。

【最高人民法院司法文件】

(五)对中华人民共和国缔结或者参加的国际条约所规定的罪行,中华人民共和国在所承担的条约义务的范围内行使刑事管辖权的,由被告人被抓获地、登陆地或者入境地的人民法院管辖。

前款第一项规定的犯罪地包括犯罪行为发生地和犯罪结果发生地。前款第二项至第五项规定的入境地,包括进入我国陆地边境、领海以及航空器降落在我国境内的地点。

——《最高人民法院、最高人民检察院、中国海警局关于海上刑事案件管辖等有关问题的通知》(2020年2月20日,海警〔2020〕1号)。

1467 信息网络犯罪案件犯罪地的认定

关键词 | 管辖 | 网络犯罪 |

【最高人民法院司法解释】

第二条第二款 针对或者主要利用计算机网络实施的犯罪，犯罪地包括用于实施犯罪行为的网络服务使用的服务器所在地，网络服务提供者所在地，被侵害的信息网络系统及其管理者所在地，犯罪过程中被告人、被害人使用的信息网络系统所在地，以及被害人被侵害时所在地和被害人财产遭受损失地等。

——《最高人民法院关于适用〈中华人民共和国刑事诉讼法〉的解释》（2021年3月1日，法释〔2021〕1号）。

【最高人民法院司法文件】

一、关于信息网络犯罪案件的范围

1. 本意见所称信息网络犯罪案件包括：

（1）危害计算机信息系统安全犯罪案件；

（2）拒不履行信息网络安全管理义务、非法利用信息网络、帮助信息网络犯罪活动的犯罪案件；

（3）主要行为通过信息网络实施的诈骗、赌博、侵犯公民个人信息等其他犯罪案件。

二、关于信息网络犯罪案件的管辖

2. 信息网络犯罪案件由犯罪地公安机关立案侦查。必要时，可以由犯罪嫌疑人居住地公安机关立案侦查。

信息网络犯罪案件的犯罪地包括用于实施犯罪行为的网络服务使用的服务器所在地，网络服务提供者所在地，被侵害的信息网络系统及其管理者所在地，犯罪过程中犯罪嫌疑人、被害人或者其他涉案人员使用的信息网络系统所在地，被害人被侵害时所在地以及被害人财产遭受损失地等。

涉及多个环节的信息网络犯罪案件，犯罪嫌疑人为信息网络犯罪提供帮助的，其犯罪地、居住地或者被帮助对象的犯罪地公安机关可以立案侦查。

——《最高人民法院、最高人民检察院、公安部关于办理信息网络犯罪案件适用刑事诉讼程序若干问题的意见》（2022年9月1日，法发〔2022〕23号）。

1468 电信网络诈骗犯罪案件犯罪地的认定

关键词｜管辖｜电信网络诈骗｜

【最高人民法院司法文件】

（一）电信网络诈骗犯罪案件一般由犯罪地公安机关立案侦查，如果由犯罪嫌疑人居住地公安机关立案侦查更为适宜的，可以由犯罪嫌疑人居住地公安机关立案侦查。犯罪地包括犯罪行为发生地和犯罪结果发生地。

"犯罪行为发生地"包括用于电信网络诈骗犯罪的网站服务器所在地，网站建立者、管理者所在地，被侵害的计算机信息系统或其管理者所在地，犯罪嫌疑人、被害人使用的计算机信息系统所在地，诈骗电话、短信息、电子邮件等的拨打地、发送地、到达地、接受地，以及诈骗行为持续发生的实施地、预备地、开始地、途经地、结束地。

"犯罪结果发生地"包括被害人被骗时所在地，以及诈骗所得财物的实际取得地、藏匿地、转移地、使用地、销售地等。

（二）电信网络诈骗最初发现地公安机关侦办的案件，诈骗数额当时未达到"数额较大"标准，但后续累计达到"数额较大"标准，可由最初发现地公安机关立案侦查。

（三）具有下列情形之一的，有关公安机关可以在其职责范围内并案侦查：

1. 一人犯数罪的；

2. 共同犯罪的；

3. 共同犯罪的犯罪嫌疑人还实施其他犯罪的；

4. 多个犯罪嫌疑人实施的犯罪存在直接关联，并案处理有利于查明案件事实的。

（四）对因网络交易、技术支持、资金支付结算等关系形成多层级链条、跨区域的电信网络诈骗等犯罪案件，可由共同上级公安机关按照有利于查清犯罪事实、有利于诉讼的原则，指定有关公安机关立案侦查。

（五）多个公安机关都有权立案侦查的电信网络诈骗等犯罪案件，由最初受理的公安机关或者主要犯罪地公安机关立案侦查。有争议的，按照有利于查清犯罪事实、有利于诉讼的原则，协商解决。经协商无法达成一致的，由共同上级公安机关指定有关公安机关立案侦查。

（六）在境外实施的电信网络诈骗等犯罪案件，可由公安部按照有利于查清犯罪事实、有利于诉讼的原则，指定有关公安机关立案侦查。

（七）公安机关立案、并案侦查，或因有争议，由共同上级公安机关指定立案侦查的案件，需要提请批准逮捕、移送审查起诉、提起公诉的，由该公安机关所在地的人民检察院、人民法院受理。

对重大疑难复杂案件和境外案件，公安机关应在指定立案侦查前，向同级人民检察院、人民法院通报。

（八）已确定管辖的电信诈骗共同犯罪案件，在逃的犯罪嫌疑人归案后，一般由原管辖的公安机关、人民检察院、人民法院管辖。

——《最高人民法院、最高人民检察院、公安部关于办理电信网络诈骗等刑事案件适用法律若干问题的意见》（2016 年 12 月 19 日，法发〔2016〕32 号）。

一、电信网络诈骗犯罪地，除《最高人民法院、最高人民检察院、公安部关于办理电信网络诈骗等刑事案件适用法律若干问题的意见》规定的犯罪行为发生地和结果发生地外，还包括：

（一）用于犯罪活动的手机卡、流量卡、物联网卡的开立地、销售地、转移地、藏匿地；

（二）用于犯罪活动的信用卡的开立地、销售地、转移地、藏匿地、使用地以及资金交易对手资金交付和汇出地；

（三）用于犯罪活动的银行账户、非银行支付账户的开立地、销售地、使用地以及资金交易对手资金交付和汇出地；

（四）用于犯罪活动的即时通讯信息、广告推广信息的发送地、接受地、到达地；

（五）用于犯罪活动的“猫池”（Modem Pool）、GOIP 设备、多卡宝等硬件设备的销售地、入网地、藏匿地；

（六）用于犯罪活动的互联网账号的销售地、登录地。

二、为电信网络诈骗犯罪提供作案工具、技术支持等帮助以及掩饰、隐瞒犯罪所得及其产生的收益，由此形成多层级犯罪链条的，或者利用同一网站、通讯群组、资金账户、作案窝点实施电信网络诈骗犯罪的，应当认定为多个犯罪嫌疑人、被告人实施的犯罪存在关联，人民法院、人民检察院、公安机关可以在其职责范围内并案处理。

——《最高人民法院、最高人民检察院、公安部关于办理电信网络诈骗等刑事案件适用法律若干问题的意见（二）》（2021 年 6 月 17 日，法发〔2021〕22 号）。

1469 信用卡诈骗犯罪中犯罪地的认定

关键词 | 管辖 | 信用卡诈骗 | 信用卡申领地 |

【最高人民法院司法文件】

近年来,信用卡诈骗流窜作案逐年增多,受害人在甲地申领的信用卡,被犯罪嫌疑人在乙地盗取了信用卡信息,并在丙地被提现或消费。犯罪嫌疑人企图通过空间的转换逃避刑事打击。为及时有效打击此类犯罪,现就有关案件管辖问题通知如下:

对以窃取、收买等手段非法获取他人信用卡信息资料后在异地使用的信用卡诈骗犯罪案件,持卡人信用卡申领地的公安机关、人民检察院、人民法院可以依法立案侦查、起诉、审判。

——《最高人民法院、最高人民检察院、公安部关于信用卡诈骗犯罪管辖有关问题的通知》(2011年8月8日,公通字〔2011〕29号)。

1470 网络赌博犯罪案件犯罪地的认定

关键词|管辖|网络赌博|指定管辖|

【最高人民法院司法文件】

四、关于网络赌博犯罪案件的管辖

网络赌博犯罪案件的地域管辖,应当坚持以犯罪地管辖为主、被告人居住地管辖为辅的原则。

"犯罪地"包括赌博网站服务器所在地、网络接入地,赌博网站建立者、管理者所在地,以及赌博网站代理人、参赌人实施网络赌博行为地等。

公安机关对侦办跨区域网络赌博犯罪案件的管辖权有争议的,应本着有利于查清犯罪事实、有利于诉讼的原则,认真协商解决。经协商无法达成一致的,报共同的上级公安机关指定管辖。对即将侦查终结的跨省(自治区、直辖市)重大网络赌博案件,必要时可由公安部商最高人民法院和最高人民检察院指定管辖。

为保证及时结案,避免超期羁押,人民检察院对于公安机关提请审查逮捕、移送审查起诉的案件,人民法院对于已进入审判程序的案件,犯罪嫌疑人、被告人及其辩护人提出管辖异议或者办案单位发现没有管辖权的,受案人民检察院、人民法院经审查可以依法报请上级人民检察院、人民法院指定管辖,不再自行移送有管辖权的人民检察院、人民法院。

——《最高人民法院、最高人民检察院、公安部关于办理网络赌博犯罪案件适用法律若干问题的意见》(2010年8月31日,公通字〔2010〕40号)。

1471 毒品犯罪案件犯罪地的认定

关键词｜管辖｜毒品犯罪｜

【最高人民法院司法文件】

十一、毒品案件的管辖问题

毒品犯罪的地域管辖，应当依照刑事诉讼法的有关规定，实行以犯罪地管辖为主、被告人居住地管辖为辅的原则。考虑到毒品犯罪的特殊性和毒品犯罪侦查体制，“犯罪地”不仅可以包括犯罪预谋地、毒资筹集地、交易进行地、运输途经地以及毒品生产地，也包括毒资、毒赃和毒品藏匿地、转移地、走私或者贩运毒品目的地等。“被告人居住地”，不仅包括被告人常住地和户籍所在地，也包括其临时居住地。

对于已进入审判程序的案件，被告人及其辩护人提出管辖异议，经审查异议成立的，或者受案法院发现没有管辖权，而案件由本院管辖更适宜的，受案法院应当报请与有管辖权的法院共同的上级法院依法指定本院管辖。

——《全国部分法院审理毒品犯罪案件工作座谈会纪要》（2008 年 12 月 1 日，法〔2008〕324 号）。

一、关于毒品犯罪案件的管辖问题

根据刑事诉讼法的规定，毒品犯罪案件的地域管辖，应当坚持以犯罪地管辖为主、被告人居住地管辖为辅的原则。

“犯罪地”包括犯罪预谋地，毒资筹集地，交易进行地，毒品生产地，毒资、毒赃和毒品的藏匿地、转移地，走私或者贩运毒品的目的地以及犯罪嫌疑人被抓获地等。

“被告人居住地”包括被告人常住地、户籍地及其临时居住地。

对怀孕、哺乳期妇女走私、贩卖、运输毒品案件，查获地公安机关认为移交其居住地管辖更有利于采取强制措施和查清犯罪事实的，可以报请共同的上级公安机关批准，移送犯罪嫌疑人居住地公安机关办理，查获地公安机关应继续配合。

公安机关对侦办跨区域毒品犯罪案件的管辖权有争议的，应本着有利于查清犯罪事实，有利于诉讼，有利于保障案件侦查安全的原则，认真协商解决。经协商无法达成一致的，报共同的上级公安机关指定管辖。对即将侦查终结的跨省（自治区、直辖市）重大毒品案件，必要时可由公安部商最高人民法院和最高人民检察院指定管辖。

为保证及时结案，避免超期羁押，人民检察院对于公安机关移送审查起诉的案件，人民法院对于已进入审判程序的案件，被告人及其辩护人提出管辖异议或者办案单位发现没有管辖权的,受案人民检察院、人民法院经审可以依法报请上级人民检察院、人民法院指定管辖,不再自行移送有管辖权的人民检察院、人民法院。

——《最高人民法院、最高人民检察院、公安部办理毒品犯罪案件适用法律若干问题的意见》(2007 年 12 月 18 日,公通字〔2007〕84 号)。

【链接:理解与适用】

(一)毒品犯罪的犯罪地、被告人居住地的范围

由于不少毒品犯罪往往包括走私、制造、运输、贩卖等多个环节,每个环节都可能涉及不同的地域,而且毒品犯罪大多是共同犯罪,参与犯罪的多个被告人可能来自不同的地区,因此,《办理毒品犯罪案件适用法律若干问题的意见》规定,毒品犯罪的地域管辖,应当坚持刑事诉讼法规定的以犯罪地管辖为主、被告人居住地管辖为辅的原则。但是,考虑到毒品犯罪的特殊性和毒品犯罪的侦查机制,有必要根据刑事诉讼法的管辖规定,结合毒品犯罪的特殊情况,对犯罪地、被告人居住地作进一步解释。即犯罪地既可以包括犯罪预谋地、毒资筹集地、交易进行地、毒品生产地,也可以包括毒资、毒赃、毒品藏匿地、转移地,走私或贩卖毒品目的地以及犯罪嫌疑人抓获地等。被告人居住地不仅包括被告人常住地、户籍地,还包括其临时居住地。

——高贵君、王勇、吴光侠:《关于〈办理毒品犯罪案件适用法律若干问题的意见〉的理解与适用》,载《人民司法·应用》2008 年第 5 期。

1472 拐卖妇女、儿童犯罪案件犯罪地的认定

关键词 | 管辖 | 拐卖妇女、儿童犯罪 |

【最高人民法院司法文件】

4. 拐卖妇女、儿童犯罪案件依法由犯罪地的司法机关管辖。拐卖妇女、儿童犯罪的犯罪地包括拐出地、中转地、拐入地以及拐卖活动的途经地。如果由犯罪嫌疑人、被告人居住地的司法机关管辖更为适宜的,可以由犯罪嫌疑人、被告人居住地的司法机关管辖。

5. 几个地区的司法机关都有权管辖的,一般由最先受理的司法机关管辖。犯罪嫌疑人、被告人或者被拐卖的妇女、儿童人数较多,涉及多个犯罪地的,可以移送主要犯罪地或者主要犯罪嫌疑人、被告人居住地的司法机关管辖。

6. 相对固定的多名犯罪嫌疑人、被告人分别在拐出地、中转地、拐入地实施某一环节的犯罪行为,犯罪所跨地域较广,全案集中管辖有困难的,可以由拐出地、中

转地、拐入地的司法机关对不同犯罪分子分别实施的拐出、中转和拐入犯罪行为分别管辖。

7. 对管辖权发生争议的，争议各方应当本着有利于迅速查清犯罪事实，及时解救被拐卖的妇女、儿童，以及便于起诉、审判的原则，在法定期间内尽快协商解决；协商不成的，报请共同的上级机关确定管辖。

正在侦查中的案件发生管辖权争议的，在上级机关作出管辖决定前，受案机关不得停止侦查工作。

——《最高人民法院、最高人民检察院、公安部、司法部关于依法惩治拐卖妇女儿童犯罪的意见》（2010 年 3 月 15 日，法发〔2010〕7 号）。

1473 流动性团伙性跨区域性犯罪案件犯罪地的认定

关键词 | 管辖 | 流动性 | 团伙性 | 跨区域性 |

【最高人民法院司法文件】

第一条 流动性、团伙性、跨区域性犯罪案件，由犯罪地的公安机关、人民检察院、人民法院管辖。如果由犯罪嫌疑人、被告人居住地的公安机关、人民检察院、人民法院管辖更为适宜的，可以由犯罪嫌疑人、被告人居住地的公安机关、人民检察院、人民法院管辖。犯罪地包括犯罪行为发生地和犯罪结果发生地。犯罪嫌疑人、被告人居住地包括经常居住地、户籍所在地。

前款中所称“犯罪行为发生地”包括被害人接到诈骗、敲诈勒索电话、短信息、电子邮件、信件、传真等犯罪信息的地方，以及犯罪行为持续发生的开始地、流转地、结束地；“犯罪结果发生地”包括被害人向犯罪嫌疑人、被告人指定的账户转账或存款的地方，以及犯罪所得的实际取得地、藏匿地、转移地、使用地、销售地。

——《最高人民法院、最高人民检察院、公安部、国家安全部、工业信息化部、中国人民银行、中国银行业监督管理委员会关于办理流动性团伙性跨区域性犯罪案件有关问题的意见》（2011 年 5 月 1 日，公通字〔2011〕14 号）。

1474 走私犯罪刑事案件犯罪地的认定

关键词 | 管辖 | 走私犯罪 |

【最高人民法院司法文件】

一、关于走私犯罪案件的管辖问题

根据刑事诉讼法的规定，走私犯罪案件由犯罪地的走私犯罪侦查机关立案侦查。走私犯罪案件复杂，环节多，其犯罪地可能涉及多个犯罪行为发生地，包括货物、物品的进口（境）地、出口（境）地、报关地、核销地等。如果发生刑法第一百五十四条、第一百五十五条规定的走私犯罪行为的，走私货物、物品的销售地、运输地、收购地和贩卖地均属于犯罪行为的发生地。对有多个走私犯罪行为发生地的，由最初受理的走私犯罪侦查机关或者由主要犯罪地的走私犯罪侦查机关管辖。对管辖有争议的，由共同的上级走私犯罪侦查机关指定管辖。

对发生在海（水）上的走私犯罪案件由该辖区的走私犯罪侦查机关管辖，但对走私船舶有跨辖区连续追缉情形的，由缉获走私船舶的走私犯罪侦查机关管辖。

人民检察院受理走私犯罪侦查机关提请批准逮捕、移送审查起诉的走私犯罪案件，人民法院审理人民检察院提起公诉的走私犯罪案件，按照《最高人民法院、最高人民检察院、公安部、司法部、海关总署关于走私犯罪侦查机关办理走私犯罪案件适用刑事诉讼程序若干问题的通知》（署侦〔1998〕742号）的有关规定执行。

——《最高人民法院、最高人民检察院、海关总署办理走私刑事案件适用法律若干问题的意见》（2002年7月8日，法〔2002〕139号）。

【最高人民法院审判业务意见】

一、关于走私犯罪案件的管辖问题

关于刑事案件的管辖问题，刑事诉讼法有明确规定，走私犯罪案件也应当遵守刑事诉讼法规定的由犯罪地或者犯罪嫌疑人、被告人居住地司法机关管辖的原则。但由于走私犯罪案件的复杂性，其犯罪地可能涉及多个犯罪行为发生地，如货物、物品的进口（境）、出口（境）地、报关地、运输地、销售地等。对此，与会代表认为，对于走私犯罪案件有多个犯罪行为发生地的，一般由最初受理案件的走私犯罪侦查机关管辖，如有特殊情况，可由共同的上级走私犯罪侦查机关指定管辖；对于发生在海（水）上的走私犯罪案件，由该辖区的走私犯罪侦查机关管辖，但对走私船舶有连续追击情形或者执行专项缉私活动的，可由押解走私船舶停泊地的走私犯罪侦查机关管辖。

人民检察院受理走私犯罪侦查机关提请批准逮捕、移送审查起诉的走私犯罪案件，人民法院审理人民检察院提起公诉的走私犯罪案件，按照1998年12月3日《最高人民法院、最高人民检察院、公安部、司法部、海关总署关于走私犯罪侦查机关办理走私犯罪案件适用刑事诉讼程序若干问题的通知》的有关规定执行。

——本刊编辑委员会整理:《准确适用法律 严惩走私犯罪——打击走私犯罪工作座谈会综述》,载最高人民法院刑事审判第一庭、第二庭:《刑事审判参考》(总第25辑),法律出版社2002年版,第154—155页。

1475 知识产权犯罪案件犯罪地的认定

关键词 | 管辖 | 知识产权犯罪 |

【最高人民法院司法文件】

一、关于侵犯知识产权犯罪案件的管辖问题

侵犯知识产权犯罪案件由犯罪地公安机关立案侦查。必要时,可以由犯罪嫌疑人居住地公安机关立案侦查。侵犯知识产权犯罪案件的犯罪地,包括侵权产品制造地、储存地、运输地、销售地,传播侵权作品、销售侵权产品的网站服务器所在地、网络接入地、网站建立者或者管理者所在地,侵权作品上传者所在地,权利人受到实际侵害的犯罪结果发生地。对有多个侵犯知识产权犯罪地的,由最初受理的公安机关或者主要犯罪地公安机关管辖。多个侵犯知识产权犯罪地的公安机关对管辖有争议的,由共同的上级公安机关指定管辖,需要提请批准逮捕、移送审查起诉、提起公诉的,由该公安机关所在地的同级人民检察院、人民法院受理。

对于不同犯罪嫌疑人、犯罪团伙跨地区实施的涉及同一批侵权产品的制造、储存、运输、销售等侵犯知识产权犯罪行为,符合并案处理要求的,有关公安机关可以一并立案侦查,需要提请批准逮捕、移送审查起诉、提起公诉的,由该公安机关所在地的同级人民检察院、人民法院受理。

——《最高人民法院、最高人民检察院、公安部关于办理侵犯知识产权刑事案件适用法律若干问题的意见》(2011年1月10日,法发〔2011〕3号)。

1476 环境污染犯罪案件犯罪地的认定

关键词 | 管辖 | 环境污染犯罪 |

【最高人民法院司法文件】

12. 关于管辖的问题

会议针对环境污染犯罪案件的管辖问题进行了讨论。会议认为,实践中一些环境污染犯罪案件属于典型的跨区域刑事案件,容易存在管辖不明或者有争议的情况,各级人民法院、人民检察院、公安机关要加强沟通协调,共同研究解决。

会议提出,跨区域环境污染犯罪案件由犯罪地的公安机关管辖。如果由犯罪嫌疑人居住地的公安机关管辖更为适宜的,可以由犯罪嫌疑人居住地的公安机关管辖。犯罪地包括环境污染行为发生地和结果发生地。“环境污染行为发生地”包括环境污染行为的实施地以及预备地、开始地、途经地、结束地以及排放、倾倒污染物的车船停靠地、始发地、途经地、到达地等地点;环境污染行为有连续、持续或者继续状态的,相关地方都属于环境污染行为发生地。“环境污染结果发生地”包括污染物排放地、倾倒地、堆放地、污染发生地等。

多个公安机关都有权立案侦查的,由最初受理的或者主要犯罪地的公安机关立案侦查,管辖有争议的,按照有利于查清犯罪事实、有利于诉讼的原则,由共同的上级公安机关协调确定的公安机关立案侦查,需要提请批准逮捕、移送审查起诉、提起公诉的,由该公安机关所在地的人民检察院、人民法院受理。

——《最高人民法院、最高人民检察院、公安部、司法部、生态环境部关于办理环境污染刑事案件有关问题座谈会纪要》(2019 年 2 月 20 日,高检会〔2019〕3 号)。

1477 非法集资刑事案件主要犯罪地的认定

关键词 | 管辖 | 非法集资 | 主要犯罪地 |

【最高人民法院司法文件】

七、关于管辖问题

跨区域非法集资刑事案件按照《国务院关于进一步做好防范和处置非法集资工作的意见》(国发〔2015〕59 号)确定的工作原则办理。如果合并侦查、诉讼更为适宜的,可以合并办理。

办理跨区域非法集资刑事案件,如果多个公安机关都有权立案侦查的,一般由主要犯罪地公安机关作为案件主办地,对主要犯罪嫌疑人立案侦查和移送审查起诉;由其他犯罪地公安机关作为案件分办地根据案件具体情况,对本地区犯罪嫌疑人立案侦查和移送审查起诉。

管辖不明或者有争议的,按照有利于查清犯罪事实、有利于诉讼的原则,由其共同的上级公安机关协调确定或者指定有关公安机关作为案件主办地立案侦查。需要提请批准逮捕、移送审查起诉、提起公诉的,由分别立案侦查的公安机关所在地的人民检察院、人民法院受理。

对于重大、疑难、复杂的跨区域非法集资刑事案件,公安机关应当在协调确定或者指定案件主办地立案侦查的同时,通报同级人民检察院、人民法院。人民检察院、人民法院参照前款规定，确定主要犯罪地作为案件主办地，其他犯罪地作为案件分办地，由所在地的人民检察院、人民法院负责起诉、审判。

本条规定的“主要犯罪地”，包括非法集资活动的主要组织、策划、实施地，集资行为人的注册地、主要营业地、主要办事机构所在地，集资参与人的主要所在地等。

——《最高人民法院、最高人民检察院、公安部关于办理非法集资刑事案件若干问题的意见》（2019 年 1 月 30 日，高检会〔2019〕2 号）。

1478 “套路贷”刑事案件犯罪地的认定

关键词｜管辖｜套路贷｜

【最高人民法院司法文件】

三、依法确定“套路贷”刑事案件管辖

11.“套路贷”犯罪案件一般由犯罪地公安机关侦查，如果由犯罪嫌疑人居住地公安机关立案侦查更为适宜的，可以由犯罪嫌疑人居住地公安机关立案侦查。犯罪地包括犯罪行为发生地和犯罪结果发生地。

“犯罪行为发生地”包括为实施“套路贷”所设立的公司所在地、“借贷”协议或相关协议签订地、非法讨债行为实施地、为实施“套路贷”而进行诉讼、仲裁、公证的受案法院、仲裁委员会、公证机构所在地，以及“套路贷”行为的预备地、开始地、途经地、结束地等。

“犯罪结果发生地”包括违法所得财物的支付地、实际取得地、藏匿地、转移地、使用地、销售地等。

除犯罪地、犯罪嫌疑人居住地外，其他地方公安机关对于公民扭送、报案、控告、举报或者犯罪嫌疑人自首的“套路贷”犯罪案件，都应当立即受理，经审查认为有犯罪事实的，移送有管辖权的公安机关处理。

黑恶势力实施的“套路贷”犯罪案件，由侦办黑社会性质组织、恶势力或者恶势力犯罪集团案件的公安机关进行侦查。

——《最高人民法院、最高人民检察院、公安部、司法部关于办理“套路贷”刑事案件若干问题的意见》（2019 年 4 月 9 日，法发〔2019〕11 号）。

1479 虚假诉讼犯罪案件的管辖

关键词｜管辖｜虚假诉讼｜

【最高人民法院司法解释】

第十条 虚假诉讼刑事案件由虚假民事诉讼案件的受理法院所在地或者执行法院所在地人民法院管辖。有刑法第三百零七条之一第四款情形的,上级人民法院可以指定下级人民法院将案件移送其他人民法院审判。

——《最高人民法院、最高人民检察院关于办理虚假诉讼刑事案件适用法律若干问题的解释》(2018 年 10 月 1 日,法释〔2018〕17 号)。

【链接:理解与适用】

刑事诉讼法第二十四条规定,刑事案件由犯罪地的人民法院管辖;如果由被告人居住地的人民法院审判更为适宜的,可以由被告人居住地的人民法院管辖。《最高人民法院关于适用〈中华人民共和国刑事诉讼法〉的解释》第二条规定,犯罪地包括犯罪行为发生地和犯罪结果发生地。根据上述规定,虚假诉讼刑事案件既可以由犯罪行为发生地或者犯罪结果发生地人民法院管辖,也可以由被告人居住地人民法院管辖。但是,在多个人民法院均有管辖权的情况下,有可能导致争夺或者推诿管辖权,还有可能出现虚假民事诉讼案件受理法院与刑事案件受理法院不一致的情况。在受理法院不一致的情况下,由于相关案件材料均集中在虚假民事诉讼案件受理法院,刑事办案机关需要异地调查取证和固定证据,办案成本将大幅增加。更加重要的是,在民事案件审理过程中,被告有可能向异地公安机关报案,称原告方存在虚假诉讼犯罪嫌疑,要求异地公安机关立案侦查,要求民事诉讼案件受理法院中止或者终结民事审判程序,从而达到阻碍民事诉讼正常进行、避免自己败诉的不正当目的。类似情况在实践中已经出现,应当引起高度重视,并采取适当措施予以解决。

我们经研究认为,为了维护正常民事诉讼秩序,解决实践中存在的突出问题,有必要对虚假诉讼刑事案件的地域管辖范围作出进一步明确。有意见提出,为了确保此类民刑交叉案件的公正审理,最好由同一审判组织统一审理相关的民事案件和刑事案件。① 在现阶段人民法院内部民事、刑事审判部门存在明确分工的情况下,由同一审判组织统一审理民事案件和刑事案件的条件尚不成熟,由同一地区的人民法院审理相关的民事案件和刑事案件,是现阶段可以作出的最优选择。《最高人民法院、最高人民检察院关于办理虚假诉讼刑事案件适用法律若干问题的解释》(以下简称《解释》)第十条明确,虚假诉讼刑事案件由虚假民事诉讼案件的受理法院所在地或者执行法院所在地人民法院管辖。虚假诉讼罪属于轻罪,一般应

---

① 张卫平:《民刑交叉诉讼关系处理的规则与法理》,载《法学研究》2018 年第 3 期。

由基层人民法院管辖。实践中,如果虚假民事诉讼案件的受理法院或者执行法院本身就是基层人民法院,这种情况下,由同一人民法院的刑事审判部门审理相关刑事案件即可;如果虚假民事诉讼案件的受理法院或者执行法院属于中、高级法院,则可以由辖区内基层人民法院审理相关刑事案件。采取这种处理方式,有利于民事和刑事办案机关之间相互协调,确保案件及时、公正处理,并可以防止部分当事人利用地域管辖恶意干扰民事诉讼案件的正常审理。

《解释》起草过程中,有意见提出,为确保此类案件公正审理,审理虚假民事诉讼案件的人民法院应当回避,由异地人民法院审理相关刑事案件。研究认为,一般情况下,人民法院与虚假民事诉讼案件当事人之间并无利益关联,一律实行异地管辖,既无必要,可行性也不高。但是,在司法工作人员利用职权与他人相互串通,共同实施虚假诉讼犯罪的情况下,虚假民事诉讼案件的受理法院或者执行法院应当回避,适用刑事诉讼法第二十六条的规定,实行异地指定管辖。《解释》第十条明确,有刑法第三百零七条之一第四款情形的,上级人民法院可以指定下级人民法院将案件移送其他人民法院审判。

——周峰、汪斌、李加玺:《〈关于办理虚假诉讼刑事案件适用法律若干问题的解释〉的理解与适用》,载《人民司法 · 应用》2019 年第 4 期。

(四)其他

1480 刑事审判指定管辖的适用情形

关键词 | 管辖 | 指定管辖 |

【最高人民法院司法解释】

第二十条 管辖不明的案件,上级人民法院可以指定下级人民法院审判。

有关案件,由犯罪地、被告人居住地以外的人民法院审判更为适宜的,上级人民法院可以指定下级人民法院管辖。

第二十一条 上级人民法院指定管辖,应当将指定管辖决定书送达被指定管辖的人民法院和其他有关的人民法院。

第二十二条 原受理案件的人民法院在收到上级人民法院改变管辖决定书、同意移送决定书或者指定其他人民法院管辖的决定书后,对公诉案件,应当书面通知同级人民检察院,并将案卷材料退回,同时书面通知当事人;对自诉案件,应当将案卷材料移送被指定管辖的人民法院,并书面通知当事人。

——《最高人民法院关于适用〈中华人民共和国刑事诉讼法〉的解释》(2021年3月1日,法释〔2021〕1号)。

【链接:理解与适用】

《2012年解释》第十八条规定:“上级人民法院在必要时,可以指定下级人民法院将其管辖的案件移送其他下级人民法院审判。”据此,上级法院的指定管辖似只能针对下级法院已经管辖的案件,这与实践需求和操作不完全相符。调研中,地方法院普遍建议明确指定管辖的具体情形。

经研究认为,被指定管辖的人民法院可以是本来就有管辖权的法院,也可以是本来没有管辖权,但是因为更为适宜审理案件而被赋予管辖权的法院。实践中,具体情形包括:(1)管辖不明或者存在争议的案件。(2)国家工作人员犯罪,不宜由其犯罪地或者居住地人民法院管辖的案件。例如,司法机关工作人员犯罪,因所在单位工作人员可能系其同事,依法需要回避。为避免其任职辖区人民法院审判案件引发争议,将案件指定由其他法院管辖,更为妥当。再如,重大职务犯罪案件通常指定被告人任职地点以外的法院管辖。(3)其他需要指定管辖的案件。例如,人民法院工作人员的近亲属犯罪的(犯罪地或居住地属于该院辖区),虽然不属于国家工作人员犯罪,但根据具体情况,也可能不宜由该院管辖,需要指定其他人民法院管辖。再如,专业性较强的刑事案件,可以指定具有相关审判经验的法院管辖。基于此,《解释》第二十条第二款规定:“有关案件,由犯罪地、被告人居住地以外的人民法院审判更为适宜的,上级人民法院可以指定下级人民法院管辖。”

需要提及的是,征求意见过程中,有意见提出,司法实务中指定管辖过于随意,甚至泛化,与刑事诉讼法的规定似有不符。经研究,采纳上述意见,本条第二款将指定管辖限定在“由犯罪地、被告人居住地以外的人民法院审判更为适宜的”情形,以防止不当适用。

——《起草小组解读:〈刑事诉讼法解释〉理解与适用(上)》,载中国法院网2021年2月4日,https://www.chinacourt.org/article/detail/2021/02/id/5796152.shtml。

1481 发回重审的案件检察机关降格起诉,人民法院如何确定管辖

关键词|管辖|发回重审|降格起诉|

【最高人民法院司法解释】

第二十三条　第二审人民法院发回重新审判的案件,人民检察院撤回起诉后,又向原第一审人民法院的下级人民法院重新提起公诉的,下级人民法院应当将有

关情况层报原第二审人民法院。原第二审人民法院根据具体情况，可以决定将案件移送原第一审人民法院或者其他人民法院审判。

——《最高人民法院关于适用〈中华人民共和国刑事诉讼法〉的解释》（2021年3月1日，法释〔2021〕1号）。

1482 刑事审判并案审理规则的适用

关键词 | 管辖 | 并案审理 |

【最高人民法院司法解释】

第十五条 一人犯数罪、共同犯罪或者其他需要并案审理的案件，其中一人或者一罪属于上级人民法院管辖的，全案由上级人民法院管辖。

第二十四条 人民法院发现被告人还有其他犯罪被起诉的，可以并案审理；涉及同种犯罪的，一般应当并案审理。

人民法院发现被告人还有其他犯罪被审查起诉、立案侦查、立案调查的，可以参照前款规定协商人民检察院、公安机关、监察机关并案处理，但可能造成审判过分迟延的除外。

根据前两款规定并案处理的案件，由最初受理地的人民法院审判。必要时，可以由主要犯罪地的人民法院审判。

第二十五条 第二审人民法院在审理过程中，发现被告人还有其他犯罪没有判决的，参照前条规定处理。第二审人民法院决定并案审理的，应当发回第一审人民法院，由第一审人民法院作出处理。

——《最高人民法院关于适用〈中华人民共和国刑事诉讼法〉的解释》（2021年3月1日，法释〔2021〕1号）。

【链接：理解与适用】

从实践来看，人民法院受理案件后，发现被告人还有犯罪的，主要包括以下情形：发现被告人还有犯罪被立案侦查、立案调查的；发现被告人还有犯罪被审查起诉的；发现被告人还有犯罪被起诉的。对于上述情形，应当区分情况进行处理。其中，对于起诉至人民法院的，可以并案审理；涉及同种罪的，一般应当并案审理。

司法实践反映，并案审理不仅涉及人民法院，还涉及人民检察院。如果前后两案是起诉至同一人民法院的，并案处理相对容易操作；如果起诉至不同法院，特别是不同省份的法院的，并案处理就涉及两地法院、两地检察院的工作衔接和配合，具体操作程序繁杂、费时费力、十分困难。基于此，《解释》第二十四条第一款规定:“人民法院发现被告人还有其他犯罪被起诉的,可以并案审理;涉及同种犯罪的,一般应当并案审理。”

需要注意的是,本条第一款规定“一般应当”并案审理的限于涉及同种罪的情形。从应然层面而言,对于同种罪,特别是分案处理可能导致对被告人刑罚裁量不利的,应当并案审理。有些案件,确实无法与原提起公诉的人民检察院、拟并案审理的人民法院对应的人民检察院以及上级人民检察院协商一致的,只能分案处理,在刑罚裁量时酌情考虑。故而,本条第一款使用的表述是“一般应当”而非“应当”;对于分案处理对被告人的刑罚裁量无实质不利影响(如一罪被判处死刑、无期徒刑,采用吸收原则进行并罚的)和确实无法就并案问题协商一致的,可以分案审理。

《解释》第二十四条第二款明确了人民法院发现被告人还有其他犯罪被审查起诉、立案侦查、立案调查的并案处理规则,规定:“人民法院发现被告人还有其他犯罪被审查起诉、立案侦查、立案调查的,可以参照前款规定协商人民检察院、公安机关、监察机关并案处理,但可能造成审判过分迟延的除外。”据此,此种情形下,应当参照第一款规定的原则协商人民检察院、公安机关、监察机关并案处理。实践中,如果确实协商不成的,可以继续审理。有些案件强行要求并案处理,可能导致审理时间过长,判前羁押时间人为加长,反而对被告人不利。

《解释》第二十四条第三款进一步明确了依照前两款规定并案处理后的管辖规则,规定:“根据前两款规定并案处理的案件,由最初受理地的人民法院审判。必要时,可以由主要犯罪地的人民法院审判。”需要注意的是:(1)之所以规定“由最初受理地的人民法院审判”而非“由最初受理的人民法院审判”,主要考虑:如果最初受理的是基层法院,而还有罪行是由地市级检察院审查起诉,则并案时就不是由最初受理的基层法院,而是由最初受理地的中级人民法院管辖。(2)考虑到有些案件由主要犯罪地人民法院审判更为便利,故规定“必要时,可以由主要犯罪地的人民法院审判”。如果多个犯罪不属于同级人民法院管辖,一般可以认为属于中级人民法院管辖的犯罪属于主要犯罪,从而适用上述规定,由该中级人民法院并案处理。

此外,《最高人民法院关于判决宣告后又发现被判刑的犯罪分子的同种漏罪是否实行数罪并罚问题的批复》(法复〔1993〕3号)规定:“人民法院的判决宣告并已发生法律效力以后,刑罚还没有执行完毕以前,发现被判刑的犯罪分子在判决宣告以前还有其他罪没有判决的,不论新发现的罪与原判决的罪是否属于同种罪,都应当依照刑法第六十五条的规定实行数罪并罚。但如果在第一审人民法院的判决宣告以后,被告人提出上诉或者人民检察院提出抗诉,判决尚未发生法律效力的,第二审人民法院在审理期间,发现原审被告人在第一审判决宣告以前还有同种漏罪没有判决的,第二审人民法院应当依照刑事诉讼法第一百三十六条第三项的规定,裁定撤销原判,发回原审人民法院重新审判,第一审人民法院重新审判时,不适用刑法关于数罪并罚的规定。”司法实践反映,该批复要求二审法院发现被告人有同种漏罪没有判决的,一律发回一审人民法院重新审判,出发点在于避免被告人因为分案处理在刑罚裁量上遭致不利后果,但是规定过于绝对,在一些案件中不具有可操作性。问题相对突出的有两种情形:一是被告人被判处无期徒刑、死刑的,分案审理对其刑罚裁量并无实质不利的;二是一些案件无法与人民检察院在并案审理上协调一致的。前一种情形分案处理并无不妥,后一种情形只能分案处理。基于此,《解释》第二十五条在该批复的基础上,根据司法实践反映的问题作了相应调整,规定:“第二审人民法院在审理过程中,发现被告人还有其他犯罪没有判决的,参照前条规定处理。第二审人民法院决定并案审理的,应当发回第一审人民法院,由第一审人民法院作出处理。”具体而言,根据本条规定,第二审人民法院在审理过程中,发现被告人还有其他犯罪被起诉,决定发回第一审人民法院并案审理的,由第一审人民法院根据下列规则作出处理:(1)对于其他犯罪尚未作出生效判决的,应当并案审理。对于其他犯罪系同种犯罪的,不能适用数罪并罚的规定;对于其他犯罪系异种犯罪的,应当根据刑法第六十九条的规定进行数罪并罚。(2)对于其他犯罪已经作出生效判决,但刑罚尚未执行完毕的,应当根据刑法第七十条的规定进行数罪并罚。

——《起草小组解读:〈刑事诉讼法解释〉理解与适用(上)》,载中国法院网 2021 年 2 月 4 日,https://www.chinacourt.org/article/detail/2021/02/id/5796152.shtml。

二、回避

1483 审判人员的回避事由

关键词｜回避｜审判人员｜回避事由｜

【最高人民法院司法解释】

第二十七条 审判人员具有下列情形之一的，应当自行回避，当事人及其法定代理人有权申请其回避：

（一）是本案的当事人或者是当事人的近亲属的；

（二）本人或者其近亲属与本案有利害关系的；

（三）担任过本案的证人、鉴定人、辩护人、诉讼代理人、翻译人员的；

（四）与本案的辩护人、诉讼代理人有近亲属关系的；

（五）与本案当事人有其他利害关系，可能影响公正审判的。

第二十八条 审判人员具有下列情形之一的，当事人及其法定代理人有权申请其回避：

（一）违反规定会见本案当事人、辩护人、诉讼代理人的；

（二）为本案当事人推荐、介绍辩护人、诉讼代理人，或者为律师、其他人员介绍办理本案的；

（三）索取、接受本案当事人及其委托的人的财物或者其他利益的；

（四）接受本案当事人及其委托的人的宴请，或者参加由其支付费用的活动的；

（五）向本案当事人及其委托的人借用款物的；

（六）有其他不正当行为，可能影响公正审判的。

——《最高人民法院关于适用〈中华人民共和国刑事诉讼法〉的解释》（2021年3月1日，法释〔2021〕1号）。

第一条第二款 本规定所称近亲属，包括与审判人员有夫妻、直系血亲、三代以内旁系血亲及近姻亲关系的亲属。

——《最高人民法院关于审判人员在诉讼活动中执行回避制度若干问题的规定》（2011年6月13日，法释〔2011〕12号）。

1484 审判人员参与过本案其他刑事诉讼活动的回避情形

关键词｜回避｜审判人员｜监察人员｜

【最高人民法院司法解释】

第二十九条　参与过本案调查、侦查、审查起诉工作的监察、侦查、检察人员，调至人民法院工作的，不得担任本案的审判人员。

在一个审判程序中参与过本案审判工作的合议庭组成人员或者独任审判员，不得再参与本案其他程序的审判。但是，发回重新审判的案件，在第一审人民法院作出裁判后又进入第二审程序、在法定刑以下判处刑罚的复核程序或者死刑复核程序的，原第二审程序、在法定刑以下判处刑罚的复核程序或者死刑复核程序中的合议庭组成人员不受本款规定的限制。

——《最高人民法院关于适用〈中华人民共和国刑事诉讼法〉的解释》（2021年3月1日，法释〔2021〕1号）。

【链接：理解与适用】

监察法规定监察机关对职务犯罪的调查权和移送审查起诉权。因此，参与过案件调查工作的监察人员，如果调至人民法院工作，也不得担任本案的审判人员。基于此，《解释》第二十九条第一款对《2012年解释》第二十五条第一款的规定作出修改完善……

此外，《解释》第二十九条第二款规定……需要注意的是，本条第二款的用语是“参与过本案审判工作的合议庭组成人员或者独任审判员”，而非“参与过本案审判工作的审判人员”。因此，法官助理、书记员不在其中。讨论中，有意见提出，本条第二款规定“在一个审判程序中参与过本案审判工作的合议庭组成人员或者独任审判员，不得再参与本案其他程序的审判”，此处的“不得再参与本案其他程序的审判”是否包括“参与审委会讨论”？例如，发回重审的案件需要提交审委会讨论，原审是承办法官、发回重审时是审委会委员的，是否还有发表意见及投票的权利？经研究认为，审委会对案件有最终决定权，故“不得再参与本案其他程序的审判”当然包括“参与审委会讨论”，作为原承办法官的审委会委员不宜再发表意见及投票。但是，如原审时即经过审委会讨论，上级法院发回重审后仍需经过审委会讨论的，由于本条将适用范围明确限定为“合议庭组成人员或者独任审判员”，故不适用上述规则，不能据此认为原审参与审委会讨论的委员都需要回避。如果适用上述规则，可能导致案件无法处理，不具有可操作性。征求意见过程中，有意见提出，“本案其他程序”是否仅指刑事诉讼法第三编的第一审、第二审、死刑复核、审判监督程序，司法实践中容易产生歧义，建议对“本案其他程序”的内涵进一步明确。理由是:刑事诉讼法第三编规定了第一审、第二审、死刑复核、审判监督程序,第五编还规定了特别程序,这两编规定的都是审判程序,且部分审判程序存在密切关联。例如,贪污贿赂、恐怖活动犯罪等重大犯罪案件的被告人在审判过程中死亡,法院依法裁定终止审理;同时,对于因需要追缴其违法所得及其他涉案财产而启动特别没收程序的,特别没收程序是否属于本案其他程序,原合议庭人员能否继续审理,实践中会存在争议。被告人在特别没收程序中归案,同样也存在类似问题。经研究认为,上述情形不需要适用回避的规定。主要考虑:(1)“在一个审判程序中参与过本案审判工作的合议庭组成人员或者独任审判员,不得再参与本案其他程序的审判”的规定限于“本案”,即同一个案件。对于普通程序与缺席审判程序、违法所得没收程序、强制医疗程序等特别程序之间的转换,由于案由发生变化,不再属于同一案件,自然不受本条规定的限制。(2)对于上述情形,由同一审判组织继续审理,不仅不会影响公正审判,而且由于原审判组织熟悉案件相关情况,更加便利于审判。故而,不需要适用回避制度。(3)关于特别程序的相关条文,有的可以当然推导出不需要另行组成合议庭。例如,《解释》第六百三十八条第一款规定:“第一审人民法院在审理刑事案件过程中,发现被告人可能符合强制医疗条件的,应当依照法定程序对被告人进行法医精神病鉴定。经鉴定,被告人属于依法不负刑事责任的精神病人的,应当适用强制医疗程序,对案件进行审理。”此处明显是指直接转换为强制医疗程序,不需要另行组成合议庭。

对于发回重新审判的案件,在第一审人民法院作出裁判后又进入第二审程序、在法定刑以下判处刑罚的复核程序或者死刑复核程序的,根据本条第二款的规定,原第二审程序、在法定刑以下判处刑罚的复核程序或者死刑复核程序中的合议庭组成人员不受“在一个审判程序中参与过本案审判工作的合议庭组成人员或者独任审判员,不得再参与本案其他程序的审判”的限制。征求意见过程中,有意见提出,发回重新审判的案件,一审作出裁判后又进入第二审程序、在法定刑以下判处刑罚的复核程序或者死刑复核程序的,原合议庭组成人员不得再参与该案件审理。理由是:发回重审的案件再次进入第二审程序、在法定刑以下判处刑罚的复核程序或者死刑复核程序后,由原合议庭审理,固可提高效率,但似难以避免先入为主,影响案件公正审理。经研究认为,对于发回重新审判的案件,原第二审程序、在法定刑以下判处刑罚的复核程序或者死刑复核程序的合议庭组成人员对案件情况比较熟悉,清楚发回重审的原因。案件再次进入第二审程序、在法定刑以下判处刑罚的复核程序或者死刑复核程序后,由原合议庭审理,不会影响司法公正,而是能更好地审查一审法院是否解决了原来存在的问题,重新作出的裁判是否合法、合理,可以兼顾公正与效率,故未采纳上述意见。

——《起草小组解读:〈刑事诉讼法解释〉理解与适用(上)》,载中国法院网 2021 年

2 月 4 日,https://www.chinacourt.org/article/detail/2021/02/id/5796152.shtml。

1485 申请出庭的检察人员回避的处理

关键词｜回避｜检察人员｜

【最高人民法院司法解释】

第三十六条　当事人及其法定代理人申请出庭的检察人员回避的,人民法院应当区分情况作出处理:

(一)属于刑事诉讼法第二十九条、第三十条规定情形的回避申请,应当决定休庭,并通知人民检察院尽快作出决定;

(二)不属于刑事诉讼法第二十九条、第三十条规定情形的回避申请,应当当庭驳回,并不得申请复议。

——《最高人民法院关于适用〈中华人民共和国刑事诉讼法〉的解释》(2021 年 3 月 1 日,法释〔2021〕1 号)。

【链接:理解与适用】

《2012 年解释》第三十一条规定:"当事人及其法定代理人申请出庭的检察人员回避的,人民法院应当决定休庭,并通知人民检察院。"实践反映,如果当事人及其法定代理人所提申请根本不属于刑事诉讼法第二十九条、第三十条规定的情形,没有必要休庭,应当由法庭当庭驳回,以保证庭审的有序推进。经研究,采纳上述意见……

——《起草小组解读:〈刑事诉讼法解释〉理解与适用(上)》,载中国法院网 2021 年 2 月 4 日,https://www.chinacourt.org/article/detail/2021/02/id/5796152.shtml。

1486 配偶、父母、子女从事律师职业的法院领导干部和审判执行人员实行任职回避的情形

关键词｜回避｜任职回避｜

【最高人民法院司法文件】

第二条　人民法院领导干部和审判执行人员的配偶、父母、子女有下列情形之一的,法院领导干部和审判执行人员应当实行任职回避:

（一）担任该领导干部和审判执行人员所任职人民法院辖区内律师事务所的合伙人或者设立人的；

（二）在该领导干部和审判执行人员所任职人民法院辖区内以律师身份担任诉讼代理人、辩护人，或者为诉讼案件当事人提供其他有偿法律服务的。

第十一条　本规定所称父母，是指生父母、养父母和有扶养关系的继父母。

本规定所称子女，是指婚生子女、非婚生子女、养子女和有扶养关系的继子女。

本规定所称从事律师职业，是指担任律师事务所的合伙人、设立人，或者以律师身份担任诉讼代理人、辩护人，或者以律师身份为诉讼案件当事人提供其他有偿法律服务。

本规定所称法院领导干部，是指各级人民法院的领导班子成员及审判委员会委员。

本规定所称审判执行人员，是指各级人民法院立案、审判、执行、审判监督、国家赔偿等部门的领导班子成员、法官、法官助理、执行员。

本规定所称任职人民法院辖区，包括法院领导干部和审判执行人员所任职人民法院及其所辖下级人民法院的辖区。专门人民法院及其他管辖区域与行政辖区不一致的人民法院工作人员的任职人民法院辖区，由解放军军事法院和相关高级人民法院根据有关规定或者实际情况确定。

——《最高人民法院关于对配偶父母子女从事律师职业的法院领导干部和审判执行人员实行任职回避的规定》（2020年5月6日，法发〔2020〕13号）。

1487 禁止法官与律师不正当接触交往

关键词 | 回避 | 不正当接触交往 |

【最高人民法院司法文件】

第二条　本意见适用于各级人民法院、人民检察院依法履行审判、执行、检察职责的人员和司法行政人员。

本意见所称律师，是指在律师事务所执业的专兼职律师（包括从事非诉讼法律事务的律师）和公职律师、公司律师。本意见所称律师事务所“法律顾问”，是指不以律师名义执业，但就相关业务领域或者个案提供法律咨询、法律论证，或者代表律师事务所开展协调、业务拓展等活动的人员。本意见所称律师事务所行政人员，是指律师事务所聘用的从事秘书、财务、行政、人力资源、信息技术、风险管控等工作的人员。

第三条　严禁法官、检察官与律师有下列接触交往行为：

（一）在案件办理过程中，非因办案需要且未经批准在非工作场所、非工作时间与辩护、代理律师接触。

（二）接受律师或者律师事务所请托，过问、干预或者插手其他法官、检察官正在办理的案件，为律师或者律师事务所请托说情、打探案情、通风报信；为案件承办法官、检察官私下会见案件辩护、代理律师牵线搭桥；非因工作需要，为律师或者律师事务所转递涉案材料；向律师泄露案情、办案工作秘密或者其他依法依规不得泄露的情况；违规为律师或律师事务所出具与案件有关的各类专家意见。

（三）为律师介绍案件；为当事人推荐、介绍律师作为诉讼代理人、辩护人；要求、建议或者暗示当事人更换符合代理条件的律师；索取或者收受案件代理费用或者其他利益。

（四）向律师或者其当事人索贿，接受律师或者其当事人行贿；索取或者收受律师借礼尚往来、婚丧嫁娶等赠送的礼金、礼品、消费卡和有价证券、股权、其他金融产品等财物；向律师借款、租借房屋、借用交通工具、通讯工具或者其他物品；接受律师吃请、娱乐等可能影响公正履行职务的安排。

（五）非因工作需要且未经批准，擅自参加律师事务所或者律师举办的讲座、座谈、研讨、培训、论坛、学术交流、开业庆典等活动；以提供法律咨询、法律服务等名义接受律师事务所或者律师输送的相关利益。

（六）与律师以合作、合资、代持等方式，经商办企业或者从事其他营利性活动；本人配偶、子女及其配偶在律师事务所担任“隐名合伙人”；本人配偶、子女及其配偶显名或者隐名与律师“合作”开办企业或者“合作”投资；默许、纵容、包庇配偶、子女及其配偶或者其他特定关系人在律师事务所违规取酬；向律师或律师事务所放贷收取高额利息。

（七）其他可能影响司法公正和司法权威的不正当接触交往行为。

严禁律师事务所及其律师从事与前款所列行为相关的不正当接触交往行为。

——《最高人民法院、最高人民检察院、司法部关于建立健全禁止法官、检察官与律师不正当接触交往制度机制的意见》（2021 年 9 月 30 日，司发通〔2021〕60 号）。

三、辩护与代理

1488 不得担任辩护人的人员范围

关键词 | 辩护 | 辩护人 | 辩护律师 | 回避制度 |

【最高人民法院司法解释】

第四十条　人民法院审判案件,应当充分保障被告人依法享有的辩护权利。

被告人除自己行使辩护权以外,还可以委托辩护人辩护。下列人员不得担任辩护人:

(一)正在被执行刑罚或者处于缓刑、假释考验期间的人;

(二)依法被剥夺、限制人身自由的人;

(三)被开除公职或者被吊销律师、公证员执业证书的人;

(四)人民法院、人民检察院、监察机关、公安机关、国家安全机关、监狱的现职人员;

(五)人民陪审员;

(六)与本案审理结果有利害关系的人;

(七)外国人或者无国籍人;

(八)无行为能力或者限制行为能力的人。

前款第三项至第七项规定的人员,如果是被告人的监护人、近亲属,由被告人委托担任辩护人的,可以准许。

第四十一条　审判人员和人民法院其他工作人员从人民法院离任后二年内,不得以律师身份担任辩护人。

审判人员和人民法院其他工作人员从人民法院离任后,不得担任原任职法院所审理案件的辩护人,但系被告人的监护人、近亲属的除外。

审判人员和人民法院其他工作人员的配偶、子女或者父母不得担任其任职法院所审理案件的辩护人,但系被告人的监护人、近亲属的除外。

——《最高人民法院关于适用〈中华人民共和国刑事诉讼法〉的解释》(2021年3月1日,法释〔2021〕1号)。

第八条　审判人员及法院其他工作人员从人民法院离任后二年内,不得以律师身份担任诉讼代理人或者辩护人。

审判人员及法院其他工作人员从人民法院离任后，不得担任原任职法院所审理案件的诉讼代理人或者辩护人，但是作为当事人的监护人或者近亲属代理诉讼或者进行辩护的除外。

本条所规定的离任，包括退休、调离、解聘、辞职、辞退、开除等离开法院工作岗位的情形。

本条所规定的原任职法院，包括审判人员及法院其他工作人员曾任职的所有法院。

第九条　审判人员及法院其他工作人员的配偶、子女或者父母不得担任其所任职法院审理案件的诉讼代理人或者辩护人。

——《最高人民法院关于审判人员在诉讼活动中执行回避制度若干问题的规定》（2011 年 6 月 13 日，法释〔2011〕12 号）。

【最高人民法院司法文件】

第二条　本意见适用于从各级人民法院、人民检察院离任且在离任时具有公务员身份的工作人员。离任包括退休、辞去公职、开除、辞退、调离等。

本意见所称律师，是指在律师事务所执业的专兼职律师（包括从事非诉讼法律事务的律师）。本意见所称律师事务所“法律顾问”，是指不以律师名义执业，但就相关业务领域或者个案提供法律咨询、法律论证，或者代表律师事务所开展协调、业务拓展等活动的人员。本意见所称律师事务所行政人员，是指律师事务所聘用的从事秘书、财务、行政、人力资源、信息技术、风险管控等工作的人员。

第三条　各级人民法院、人民检察院离任人员从事律师职业或者担任律师事务所“法律顾问”、行政人员，应当严格执行《中华人民共和国法官法》《中华人民共和国检察官法》《中华人民共和国律师法》和公务员管理相关规定。

各级人民法院、人民检察院离任人员在离任后二年内，不得以律师身份担任诉讼代理人或者辩护人。各级人民法院、人民检察院离任人员终身不得担任原任职人民法院、人民检察院办理案件的诉讼代理人或者辩护人，但是作为当事人的监护人或者近亲属代理诉讼或者进行辩护的除外。

第四条　被人民法院、人民检察院开除人员和从人民法院、人民检察院辞去公职、退休的人员除符合本意见第三条规定外，还应当符合下列规定：

（一）被开除公职的人民法院、人民检察院工作人员不得在律师事务所从事任何工作。

（二）辞去公职或者退休的人民法院、人民检察院领导班子成员，四级高级及以上法官、检察官，四级高级法官助理、检察官助理以上及相当职级层次的审判、检察辅助人员在离职三年内，其他辞去公职或退休的人民法院、人民检察院工作人员在离职二年内，不得到原任职人民法院、人民检察院管辖地区内的律师事务所从事律师职业或者担任“法律顾问”、行政人员等，不得以律师身份从事与原任职人民法院、人民检察院相关的有偿法律服务活动。

（三）人民法院、人民检察院退休人员在不违反前项从业限制规定的情况下，确因工作需要从事律师职业或者担任律师事务所“法律顾问”、行政人员的，应当严格执行中共中央组织部《关于进一步规范党政领导干部在企业兼职（任职）问题的意见》（中组发〔2013〕18号）规定和审批程序，并及时将行政、工资等关系转出人民法院、人民检察院，不再保留机关的各种待遇。

——《最高人民法院、最高人民检察院、司法部关于进一步规范法院、检察院离任人员从事律师职业的意见》（2021年9月30日，司发通〔2021〕61号）。

【最高人民法院参考案例】

章来苟等聚众扰乱社会秩序案（《刑事审判参考》案例第662号）

要旨：虽然刑事诉讼法第三章与法官法、检察官法规定的是不同种类的回避，但是不论公务回避还是任职回避，都属回避制度的范畴。

刑事诉讼法不仅仅指刑事诉讼法典，还包括其他一切与刑事诉讼有关的法律，如人民法院组织法、法官法、人民检察院组织法、检察官法、律师法等法律中有关刑事诉讼程序的规定。虽然刑事诉讼法典中只规定了审判人员、检察人员、侦查人员的回避制度，但是刑事诉讼中的回避制度不仅只是这些，其他法律规定的刑事诉讼中需要回避的情形同样属于回避制度的内容……法官法和检察官法对离任法官和检察官担任原任职法院、检察院办理案件辩护人、诉讼代理人的禁止性规定，表面看是对律师执业的限制，但仔细分析之下，该规定并非对不特定多数人从事律师职业予以限制，其仅仅规范了法官、检察官离职后的行为，实质属法官、检察官的离职回避问题。如果离任的法官、检察官利用过去的职务关系、人际关系担任原任职法院、检察院办理案件的辩护人，则有可能对案件的公正审理带来影响。即使案件得到公正处理，也易引发案件当事人和社会公众的疑虑。

——《刑事审判参考》（总第77辑）。

1489 如何认定“一名辩护人不得为两名以上的同案被告人，或者未同案处理但犯罪事实存在关联的被告人辩护”

关键词 | 辩护 | 辩护人 | 同案被告人 | 分案 |

【最高人民法院司法解释】

第四十三条　一名被告人可以委托一至二人作为辩护人。

一名辩护人不得为两名以上的同案被告人，或者未同案处理但犯罪事实存在关联的被告人辩护。

——《最高人民法院关于适用〈中华人民共和国刑事诉讼法〉的解释》（2021年3月1日，法释〔2021〕1号）。

【最高人民法院参考案例】

刘洪高、刘开贵贩卖、运输毒品案（《刑事审判参考》案例第956号）

要旨：在同一案件的不同审级中，一名辩护人不得为两名以上的同案被告人辩护；“犯罪事实存在关联的被告人”的范围，应当尽量作宽泛的理解。

“一名辩护人不得为两名以上的同案被告人辩护”，不能仅仅理解为不得“在同一案件的同一诉讼程序中同时为两名以上同案被告人辩护”，即使是在同一案件的不同审级中，这一限制性规定也同样应当适用。在同一案件的不同审级中，一名辩护人如果在一审为一名被告人辩护，在二审又为其他同案被告人辩护，极有可能形成利益冲突，不利于维护同案被告人的合法权益，也不利于准确判断各被告人的罪责。

……规定“未同案处理但犯罪事实存在关联的被告人”也不得由同一辩护人辩护，有利于避免审判过程中因利益冲突产生损害被告人诉讼权利的问题。如，毒品犯罪的上下家，行贿和受贿双方，虽然不构成共同犯罪，但双方缺一不可，他们之间的关联，甚至比一般共犯更加密切。如果对他们分案处理，即属于“未同案处理但犯罪事实存在关联的被告人”，应当适用本条的规定。实际上，我们认为，“犯罪事实存在关联的被告人”的范围，应当尽量作宽泛的理解，如恐怖组织、黑社会性质组织的参加者，其行为与集团组织指挥者实施的具体犯罪可能并无关联，但由于其系该集团的参加者，仍应当认定为“犯罪事实存在关联的被告人”。部分下游型犯罪，如洗钱，帮助毁灭、伪造证据，窝藏、包庇，掩饰、隐瞒犯罪所得、犯罪收益等犯罪，虽然与上游犯罪不构成共犯，且完全属于两种不同性质的犯罪，但犯罪事实之间仍然存在一定关联，故也应当适用上述规定。

——《刑事审判参考》（总第96辑）。

陈某贩卖、运输毒品案（《刑事审判参考》案例第733号）

要旨：同一律师在侦查和审判阶段先后接受同一案件中有利害关系的两名犯罪嫌疑人、被告人的委托，参与刑事诉讼活动，对公正审判的影响非常明显。

律师祁某在侦查阶段先后为有利害关系的两名同案犯罪嫌疑人提供法律服务,又在一、二审阶段继续为有利益冲突的另一被告人提供辩护,在事实上干扰了侦查、审判活动。这种做法甚至比没有辩护人辩护产生的危害还要大,陈某的辩护权没有得到充分行使。一、二审法院未能发现并予以纠正,使本案程序违法由侦查阶段延续到审判阶段。一、二审法院在失去程序公正保障的情况下对实体作出裁判,可能影响案件的公正审判。应当以程序违法为由,撤销一、二审裁判,发回一审法院重新审判。

——《刑事审判参考》(总第82辑)。

1490 没有委托辩护和指定辩护,值班律师可以为被告人提供法律帮助

关键词|值班律师|法律援助|

【最高人民法院司法解释】

第四十四条　被告人没有委托辩护人的,人民法院自受理案件之日起三日以内,应当告知其有权委托辩护人;被告人因经济困难或者其他原因没有委托辩护人的,应当告知其可以申请法律援助;被告人属于应当提供法律援助情形的,应当告知其将依法通知法律援助机构指派律师为其提供辩护。

被告人没有委托辩护人,法律援助机构也没有指派律师为其提供辩护的,人民法院应当告知被告人有权约见值班律师,并为被告人约见值班律师提供便利。

告知可以采取口头或者书面方式。

——《最高人民法院关于适用〈中华人民共和国刑事诉讼法〉的解释》(2021年3月1日,法释〔2021〕1号)。

【最高人民法院司法文件】

第二条　本办法所称值班律师,是指法律援助机构在看守所、人民检察院、人民法院等场所设立法律援助工作站,通过派驻或安排的方式,为没有辩护人的犯罪嫌疑人、被告人提供法律帮助的律师。

第六条　值班律师依法提供以下法律帮助:

(一)提供法律咨询;

(二)提供程序选择建议;

(三)帮助犯罪嫌疑人、被告人申请变更强制措施;

(四)对案件处理提出意见;

(五)帮助犯罪嫌疑人、被告人及其近亲属申请法律援助;

（六）法律法规规定的其他事项。

值班律师在认罪认罚案件中，还应当提供以下法律帮助：

（一）向犯罪嫌疑人、被告人释明认罪认罚的性质和法律规定；

（二）对人民检察院指控罪名、量刑建议、诉讼程序适用等事项提出意见；

（三）犯罪嫌疑人签署认罪认罚具结书时在场。

值班律师办理案件时，可以应犯罪嫌疑人、被告人的约见进行会见，也可以经办案机关允许主动会见；自人民检察院对案件审查起诉之日起可以查阅案卷材料、了解案情。

第七条 值班律师提供法律咨询时，应当告知犯罪嫌疑人、被告人有关法律帮助的相关规定，结合案件所在的诉讼阶段解释相关诉讼权利和程序规定，解答犯罪嫌疑人、被告人咨询的法律问题。

犯罪嫌疑人、被告人认罪认罚的，值班律师应当了解犯罪嫌疑人、被告人对被指控的犯罪事实和罪名是否有异议，告知被指控罪名的法定量刑幅度，释明从宽从重处罚的情节以及认罪认罚的从宽幅度，并结合案件情况提供程序选择建议。

值班律师提供法律咨询的，应当记录犯罪嫌疑人、被告人涉嫌的罪名、咨询的法律问题、提供的法律解答。

第十一条 对于被羁押的犯罪嫌疑人、被告人，在不同诉讼阶段，可以由派驻看守所的同一值班律师提供法律帮助。对于未被羁押的犯罪嫌疑人、被告人，前一诉讼阶段的值班律师可以在后续诉讼阶段继续为犯罪嫌疑人、被告人提供法律帮助。

——《法律援助值班律师工作办法》（2020年8月20日，司规〔2020〕6号）。

1491 人民法院通知法律援助机构为没有委托辩护人的被告人指派律师为其提供辩护的适用情形

关键词 | 辩护 | 指定辩护 | 法律援助 |

【最高人民法院司法解释】

第四十七条 对下列没有委托辩护人的被告人，人民法院应当通知法律援助机构指派律师为其提供辩护：

（一）盲、聋、哑人；

（二）尚未完全丧失辨认或者控制自己行为能力的精神病人；

（三）可能被判处无期徒刑、死刑的人。

高级人民法院复核死刑案件，被告人没有委托辩护人的，应当通知法律援助机构指派律师为其提供辩护。

死刑缓期执行期间故意犯罪的案件,适用前两款规定。

第四十八条　具有下列情形之一,被告人没有委托辩护人的,人民法院可以通知法律援助机构指派律师为其提供辩护:

(一)共同犯罪案件中,其他被告人已经委托辩护人的;

(二)案件有重大社会影响的;

(三)人民检察院抗诉的;

(四)被告人的行为可能不构成犯罪的;

(五)有必要指派律师提供辩护的其他情形。

——《最高人民法院关于适用〈中华人民共和国刑事诉讼法〉的解释》(2021年3月1日,法释〔2021〕1号)。

【最高人民法院司法文件】

第二条　犯罪嫌疑人、被告人因经济困难没有委托辩护人的,本人及其近亲属可以向办理案件的公安机关、人民检察院、人民法院所在地同级司法行政机关所属法律援助机构申请法律援助。

具有下列情形之一,犯罪嫌疑人、被告人没有委托辩护人的,可以依照前款规定申请法律援助:

(一)有证据证明犯罪嫌疑人、被告人属于一级或者二级智力残疾的;

(二)共同犯罪案件中,其他犯罪嫌疑人、被告人已委托辩护人的;

(三)人民检察院抗诉的;

(四)案件具有重大社会影响的。

第九条　犯罪嫌疑人、被告人具有下列情形之一没有委托辩护人的,公安机关、人民检察院、人民法院应当自发现该情形之日起3日内,通知所在地同级司法行政机关所属法律援助机构指派律师为其提供辩护:

(一)未成年人;

(二)盲、聋、哑人;

(三)尚未完全丧失辨认或者控制自己行为能力的精神病人;

(四)可能被判处无期徒刑、死刑的人。

第十三条　对于可能被判处无期徒刑、死刑的案件,法律援助机构应当指派具有一定年限刑事辩护执业经历的律师担任辩护人。

对于未成年人案件,应当指派熟悉未成年人身心特点的律师担任辩护人。

——《最高人民法院、最高人民检察院、公安部、司法部关于刑事诉讼法律援助工作的规定》(2013年3月1日,司发通〔2013〕18号)。

1492 被告人拒绝法律援助机构指派的律师为其辩护的，如何处理

关键词｜辩护｜法律援助机构｜指定辩护｜

【最高人民法院司法解释】

第五十条 被告人拒绝法律援助机构指派的律师为其辩护，坚持自己行使辩护权的，人民法院应当准许。

属于应当提供法律援助的情形，被告人拒绝指派的律师为其辩护的，人民法院应当查明原因。理由正当的，应当准许，但被告人应当在五日以内另行委托辩护人；被告人未另行委托辩护人的，人民法院应当在三日以内通知法律援助机构另行指派律师为其提供辩护。

——《最高人民法院关于适用〈中华人民共和国刑事诉讼法〉的解释》（2021年3月1日，法释〔2021〕1号）。

【最高人民法院司法文件】

第十五条 对于依申请提供法律援助的案件，犯罪嫌疑人、被告人坚持自己辩护，拒绝法律援助机构指派的律师为其辩护的，法律援助机构应当准许，并作出终止法律援助的决定；对于有正当理由要求更换律师的，法律援助机构应当另行指派律师为其提供辩护。

对于应当通知辩护的案件，犯罪嫌疑人、被告人拒绝法律援助机构指派的律师为其辩护的，公安机关、人民检察院、人民法院应当查明拒绝的原因，有正当理由的，应当准许，同时告知犯罪嫌疑人、被告人需另行委托辩护人。犯罪嫌疑人、被告人未另行委托辩护人的，公安机关、人民检察院、人民法院应当及时通知法律援助机构另行指派律师为其提供辩护。

第二十二条 具有下列情形之一的，法律援助机构应当作出终止法律援助决定，制作终止法律援助决定书发送受援人，并自作出决定之日起3日内函告公安机关、人民检察院、人民法院：

（一）受援人的经济收入状况发生变化，不再符合法律援助条件的；

（二）案件终止办理或者已被撤销的；

（三）受援人自行委托辩护人或者代理人的；

（四）受援人要求终止法律援助的，但应当通知辩护的情形除外；

（五）法律、法规规定应当终止的其他情形。

公安机关、人民检察院、人民法院在案件办理过程中发现有前款规定情形的，应当及时函告法律援助机构。

——《最高人民法院、最高人民检察院、公安部、司法部关于刑事诉讼法律援助

工作的规定》(2013年3月1日,司发通〔2013〕18号)。

二、被告人可能被判处死刑而没有委托辩护人的,人民法院应当通过法律援助机构指定律师为其提供辩护。被告人拒绝指定的律师为其辩护,有正当理由的,人民法院应当准许,被告人可以另行委托辩护人;被告人没有委托辩护人的,人民法院应当通知法律援助机构为其另行指定辩护人;被告人无正当理由再次拒绝指定的律师为其辩护的,人民法院应当不予准许并记录在案。

——《最高人民法院、司法部关于充分保障律师依法履行辩护职责确保死刑案件办理质量的若干规定》(2008年5月21日,法发〔2008〕14号)。

1493 指定辩护与委托辩护并存的处理规则

关键词|辩护|指定辩护|委托辩护|

【最高人民法院司法解释】

第五十一条　对法律援助机构指派律师为被告人提供辩护,被告人的监护人、近亲属又代为委托辩护人的,应当听取被告人的意见,由其确定辩护人人选。

——《最高人民法院关于适用〈中华人民共和国刑事诉讼法〉的解释》(2021年3月1日,法释〔2021〕1号)。

【链接:理解与适用】

从实践来看,有的案件法律援助机构指派律师为被告人提供辩护,被告人的监护人、近亲属又代为委托辩护人的,如何处理,存在不同做法。经研究认为,委托辩护是刑事诉讼法赋予被告人的基本诉讼权利,应当予以充分保障。在指定辩护和委托辩护并存的情况下,应当赋予被告人选择权,以其意思表示为准,否则会产生对审判公正性的质疑。

——《起草小组解读:〈刑事诉讼法解释〉理解与适用(上)》,载中国法院网2021年2月4日,https://www.chinacourt.org/article/detail/2021/02/id/5796152.shtml。

1494 一审庭审结束后、审结前,被告人才委托辩护人参与诉讼的,如何处理

关键词|辩护|辩护人|

【最高人民法院参考案例】

谢某抢劫案(《刑事审判参考》案例第 845 号)

要旨:一审庭审结束后、审结前才委托辩护人参与一审诉讼的,人民法院依法应当准许;被告人在一审庭审结束后委托的辩护人,必须在一审审结前参与一审诉讼。

2. 被告人在一审庭审结束后委托的辩护人,必须在一审审结前参与一审诉讼

虽然在一审庭审结束后委托的辩护人享有参与一审诉讼的权利,但考虑到案件审理期限的规定、诉讼资源的节约、被告人辩护权的充分行使、被告人经济利益不受损害、辩护人的辩护质量和效果得到保障等因素,有必要对被告人在庭审结束后委托辩护人的时间规定一个截止性的期限。我们认为,这个时间临界点应当以案件审结时间为标准,否则案件已经审结,辩护人才参与诉讼就失去其应有之义,不仅会损害司法权威,而且会造成司法资源的严重浪费。因此,应当结合案件的具体情况,确定不同的审结时间临界点:

(1)当庭宣判的案件,以宣判时间为临界点。

(2)开庭后定期宣判的案件,不需要审判委员会讨论的,以法律文书签发的时间为临界点。

(3)开庭后定期宣判的案件,需要经审判委员会讨论的,以审判委员会研究作出决定的时间为临界点。

被告人在庭审结束后才提出委托辩护人的,人民法院可以区分不同情形确定案件审结时间,以决定是否同意被告人委托的辩护人参与诉讼。

3. 对辩护人在一审庭审结束后、审结前的辩护权行使及辩护意见的具体处理

审判实践中,辩护人一般都是在开庭之前就参与了诉讼,具有充分的条件开展辩护。在庭审后接受委托参加诉讼的辩护人,虽然在结案前仍依法享有阅卷、调查取证、会见及与被告人通信,提交辩护意见,申请延期审理,提出被告人无罪、罪轻的辩护意见等权利(前述权利有的只有辩护律师才享有),但如果其没有提交新的能够证明被告人无罪或者罪轻证据的,法院考虑到审理期限、诉讼效益、案件实际等具体因素,一般不会再重新开庭审理。因此,辩护人在开庭后才开展的辩护活动必然会受到一定程度的限制,辩护质量也会难免有所降低。因此,为了更好地保障被告人辩护权的行使,我们认为,一审法院可以采取以下方式处理:

(1)对于没有委托辩护人的被告人,一审开庭审理时可以再次提醒,询问其是否委托辩护人。如果其当庭表示需要委托辩护人的,法庭应当宣布休庭,延期审理。待其委托辩护人参与诉讼后,再决定重新开庭日期。

(2)如果被告人在一审开庭审理结束后、审结前才委托辩护人的,法庭可以根

据开庭审理的具体情况，分以下几种情况处理：

一是如果经合议庭评议认为，公诉机关指控的事实可能不构成犯罪或者指控事实不清、证据不足的，应当准许被告人委托的辩护人在此阶段参与诉讼。如果被告人没有委托辩护人的，人民法院还应当依照最高人民法院2012年发布的《关于适用〈中华人民共和国刑事诉讼法〉的解释》第四十三条第(四)项的规定可以通知法律援助机构为其指派辩护律师。该项规定："具有下列情形之一，被告人没有委托辩护人的，人民法院可以通知法律援助机构指派律师为其提供辩护：……(四)被告人的行为可能不构成犯罪……"如果只是提出无罪或者罪轻辩护意见，没有提交新证据的，可以将辩护意见写入裁判文书，不必重新开庭；如果提交了证明被告人无罪或者罪轻的新证据，合议庭认为这些证据无独立证明能力或者证明力不大，且不影响到认定被告人无罪的，可以征求公诉机关的意见，记录在案，不必重新开庭质证。如果提交的证据可能推翻公诉机关的指控，或者可能证明被告人无罪或者罪轻的，应当重新开庭质证、认证。

二是如果经合议庭评议认为，指控证据中存在疑点，可能影响到指控犯罪事实是否成立的，应当准许被告人委托辩护人并要求辩护人尽快参与一审诉讼，给辩护人一定的调查、收集证据的时间。如果辩护人在法庭指定时间内提交了可能影响被告人定罪量刑的新证据，或者辩护人提出申请人民法院调取的证据，足以影响定罪量刑的，法庭应当重新开庭对新证据进行质证。如果没有新证据，则无须重新开庭审理，但应当将辩护人的辩护意见写入裁判文书。

三是如果经合议庭评议认为，指控证据确实、充分，指控事实成立，辩护人在庭审结束后才参与诉讼对案件实体认定的意义不大，法庭可告知被告人最好到二审程序再委托辩护人，以保护其辩护权不受损害。但如果其仍坚持要委托辩护人的，应当准许。辩护人的辩护意见写入裁判文书，其提交的证据如果不影响被告人的定罪量刑的，无须重新开庭审理。

——《刑事审判参考》(总第91辑)。

1495 辩护律师的阅卷权

关键词｜辩护律师｜阅卷权｜

【最高人民法院司法解释】

第五十三条　辩护律师可以查阅、摘抄、复制案卷材料。其他辩护人经人民法院许可，也可以查阅、摘抄、复制案卷材料。合议庭、审判委员会的讨论记录以及其他依法不公开的材料不得查阅、摘抄、复制。

辩护人查阅、摘抄、复制案卷材料的，人民法院应当提供便利，并保证必要的时间。

值班律师查阅案卷材料的，适用前两款规定。

复制案卷材料可以采用复印、拍照、扫描、电子数据拷贝等方式。

——《最高人民法院关于适用〈中华人民共和国刑事诉讼法〉的解释》（2021年3月1日，法释〔2021〕1号）。

【最高人民法院司法文件】

第十四条 辩护律师自人民检察院对案件审查起诉之日起，可以查阅、摘抄、复制本案的案卷材料，人民检察院检察委员会的讨论记录、人民法院合议庭、审判委员会的讨论记录以及其他依法不能公开的材料除外。人民检察院、人民法院应当为辩护律师查阅、摘抄、复制案卷材料提供便利，有条件的地方可以推行电子化阅卷，允许刻录、下载材料。侦查机关应当在案件移送审查起诉后三日以内，人民检察院应当在提起公诉后三日以内，将案件移送情况告知辩护律师。案件提起公诉后，人民检察院对案卷所附证据材料有调整或者补充的，应当及时告知辩护律师。辩护律师对调整或者补充的证据材料，有权查阅、摘抄、复制。辩护律师办理申诉、抗诉案件，在人民检察院、人民法院经审查决定立案后，可以持律师执业证书、律师事务所证明和委托书或者法律援助公函到案卷档案管理部门、持有案卷档案的办案部门查阅、摘抄、复制已经审理终结案件的案卷材料。

辩护律师提出阅卷要求的，人民检察院、人民法院应当当时安排辩护律师阅卷，无法当时安排的，应当向辩护律师说明并安排其在三个工作日以内阅卷，不得限制辩护律师阅卷的次数和时间。有条件的地方可以设立阅卷预约平台。

人民检察院、人民法院应当为辩护律师阅卷提供场所和便利，配备必要的设备。因复制材料发生费用的，只收取工本费用。律师办理法律援助案件复制材料发生的费用，应当予以免收或者减收。辩护律师可以采用复印、拍照、扫描、电子数据拷贝等方式复制案卷材料，可以根据需要带律师助理协助阅卷。办案机关应当核实律师助理的身份。

辩护律师查阅、摘抄、复制的案卷材料属于国家秘密的，应当经过人民检察院、人民法院同意并遵守国家保密规定。律师不得违反规定，披露、散布案件重要信息和案卷材料，或者将其用于本案辩护、代理以外的其他用途。

——《最高人民法院、最高人民检察院、公安部、国家安全部、司法部关于依法保障律师执业权利的规定》（2015年9月16日，司发〔2015〕14号）。

二、依法保障律师阅卷权。对律师申请阅卷的，应当在合理时间内安排。案卷材料被其他诉讼主体查阅的,应当协调安排各方阅卷时间。律师依法查阅、摘抄、复制有关卷宗材料或者查看庭审录音录像的,应当提供场所和设施。有条件的法院,可提供网上卷宗查阅服务。

——《最高人民法院关于依法切实保障律师诉讼权利的规定》(2015 年 12 月 29 日,法发〔2015〕16 号)。

五、人民法院受理死刑案件后,应当及时通知辩护律师查阅案卷,并积极创造条件,为律师查阅、复制指控犯罪事实的材料提供方便。

人民法院对承办法律援助案件的律师复制涉及被告人主要犯罪事实并直接影响定罪量刑的证据材料的复制费用,应当免收或者按照复制材料所必须的工本费减收。

律师接受委托或者被指定担任死刑案件的辩护人后,应当及时到人民法院阅卷;对于查阅的材料中涉及国家秘密、商业秘密、个人隐私、证人身份等情况的,应当保守秘密。

——《最高人民法院、司法部关于充分保障律师依法履行辩护职责确保死刑案件办理质量的若干规定》(2008 年 5 月 21 日,法发〔2008〕14 号)。

1496 讯问录音录像的查阅规则

关键词|辩护|讯问录音录像|

【最高人民法院司法解释】

第五十四条 对作为证据材料向人民法院移送的讯问录音录像,辩护律师申请查阅的,人民法院应当准许。

——《最高人民法院关于适用〈中华人民共和国刑事诉讼法〉的解释》(2021 年 3 月 1 日,法释〔2021〕1 号)。

【最高人民法院答复】

根据《中华人民共和国刑事诉讼法》第三十八条①和《最高人民法院关于适用〈中华人民共和国刑事诉讼法〉的解释》第四十七条②的规定,自人民检察院对案件审查起诉之日起,辩护律师可以查阅、摘抄、复制案卷材料,但其中涉及国家秘密、

---

① 2018 年修正的刑事诉讼法第四十条。

② 2021 年解释第五十三条。

个人隐私的，应严格履行保密义务。你院请示的案件，侦查机关对被告人的讯问录音录像已经作为证据材料向人民法院移送并已在庭审中播放，不属于依法不能公开的材料，在辩护律师提出要求复制有关录音录像的情况下，应当准许。

——《最高人民法院关于辩护律师能否复制侦查机关讯问录像问题的批复》（2013 年 9 月 22 日，〔2013〕刑他字第 239 号）。

【链接：理解与适用】

关于侦查讯问录音录像，《最高人民法院刑事审判第二庭关于辩护律师能否复制侦查机关讯问录像问题的批复》（〔2013〕刑他字第 239 号，本条简称《批复》）规定……《解释》原本拟吸收上述规定。征求意见过程中，存在不同认识：(1)一种意见建议不作规定。理由是：关于讯问录音录像的性质，目前刑事诉讼法及《最高人民法院、最高人民检察院、公安部、国家安全部、司法部、全国人大常委会法制工作委员会关于实施刑事诉讼法若干问题的规定》（以下简称"六部委"《关于实施刑事诉讼法若干问题的规定》）均将其定性为证明取证合法性的证明材料，有别于证据材料。并且，录音录像中可能涉及关联案件线索、国家秘密、侦查秘密等，尤其是危害国家安全犯罪案件、职务犯罪案件，较为敏感。如允许复制，在信息化时代，一旦传播到互联网中，可能会带来重大国家安全及舆情隐患。将录音录像定性为"取证合法性的证明材料"而非证据材料，并且根据需要调取，较为符合实际。"六部委"《关于实施刑事诉讼法若干问题的规定》第十九条和《最高人民法院、最高人民检察院、公安部、国家安全部、司法部关于办理刑事案件严格排除非法证据若干问题的规定》（法发〔2017〕15 号，以下简称《非法证据排除规定》）第二十二条均采取了上述立场。实践中有个别办案机关将讯问录音录像放入案卷随案移送，这属于因对法律、司法解释理解不到位导致的不规范做法，应当予以纠正，不能因此认为讯问录音录像就是证据。(2)另一种意见认为，讯问录音录像证明讯问过程的合法性，对于律师应该公开。如果将允许查阅、复制的范围限定在"在庭审中举证、质证的且不属于不能公开的材料"，有可能在执行中成为法院限制律师复制的理由。如果讯问录音录像涉密，可以按照涉密规定处理。

经研究，《解释》第五十四条对《批复》予以吸收并作适当调整，规定："对作为证据材料向人民法院移送的讯问录音录像，辩护律师申请查阅的，人民法院应当准许。"具体而言：(1)根据刑事诉讼法第四十条的规定，辩护律师自人民检察院对案件审查起诉之日起，可以查阅本案的案卷材料。对于移送人民法院的录音录像，无论是否已经在庭审中举证质证，无论是直接用于证明案件事实还是用于证明取证合法性，均应当属于案卷材料的范围。基于此，本条未再限定为"已在庭审中播放"。而且，移送的证据材料，对诉讼参与人应当是公开的。特别是，在公开审理的案件中举证、质证的相关证据材料,包括录音录像在内,由于不少案件要进行庭审直播,人民群众均可观看、下载。此种情形下,再以"防止录音录像广泛传播"为由禁止辩护律师查阅讯问录音录像,于理不合。即使讯问录音录像涉及国家秘密、个人隐私、商业秘密,辩护律师为行使辩护权,也是可以查阅的。而且,《解释》第五十五条对此已作充分考虑,专门规定了保密和不得违反规定泄露、披露案件信息、材料的相关问题。(2)较之一般证据材料,讯问录音录像确实具有一定特殊性。特别是作为证明取证合法性的录音录像,可能涉及侦查办案的策略方法,也可能涉及其他关联案件和当事人隐私,一律允许复制,恐难以控制传播面以及一旦泄露可能带来的影响。从实践来看,允许查阅,即可以满足辩护律师的辩护需要,充分保障其权益。基于此,本条明确为"辩护律师申请查阅的,人民法院应当准许",即对于查阅申请应当一律准许,但对复制未再作明确要求。(3)本条规定的"讯问录音录像",不限于作为证据材料移送人民法院的"侦查录音录像",也包括作为证据材料向人民法院移送的相关监察调查过程的录音录像。《人民检察院刑事诉讼规则》第二百六十三条第二款规定:"对于监察机关移送起诉的案件,认为需要调取有关录音、录像的,可以商监察机关调取。"第七十六条规定:"对于提起公诉的案件,被告人及其辩护人提出审前供述系非法取得,并提供相关线索或者材料的,人民检察院可以将讯问录音、录像连同案卷材料一并移送人民法院。"当然,如果相关监察调查过程的录音录像未移送人民法院的,自然不属于可以查阅的范围。

——《起草小组解读:〈刑事诉讼法解释〉理解与适用(上)》,载中国法院网 2021 年 2 月 4 日,https://www.chinacourt.org/article/detail/2021/02/id/5796152.shtml。

1497 查阅、摘抄、复制案卷材料的保密要求

关键词 | 辩护 | 保密义务 |

【最高人民法院司法解释】

第五十五条 查阅、摘抄、复制案卷材料,涉及国家秘密、商业秘密、个人隐私的,应当保密;对不公开审理案件的信息、材料,或者在办案过程中获悉的案件重要信息、证据材料,不得违反规定泄露、披露,不得用于办案以外的用途。人民法院可以要求相关人员出具承诺书。

违反前款规定的,人民法院可以通报司法行政机关或者有关部门,建议给予相应处罚;构成犯罪的,依法追究刑事责任。

——《最高人民法院关于适用〈中华人民共和国刑事诉讼法〉的解释》(2021 年 3 月 1 日,法释〔2021〕1 号)。

【链接：理解与适用】

征求意见过程中，有意见建议删去本条，理由是：律师法中已有关于律师违反保密义务的相关规定，律师行业规范中也对此进行了约束，不必在此赘述。关于“人民法院可以要求相关人员出具承诺书”的规定，根据律师法第三十八条，律师应当保守在执业活动中知悉的国家秘密、商业秘密和当事人隐私。若律师违反保密义务，无论是否出具承诺书，都可以依法依规对其违法或犯罪行为予以追究。经研究，未采纳上述意见。主要考虑：(1)律师法、“两高三部”《关于依法保障律师执业权利的规定》、全国律协《律师办理刑事案件规范》已对相关问题作出明确，本条只是作了照应性规定。(2)实践中，绝大多数律师能够保守在执业活动中知悉的秘密和相关信息，但也有极个别律师违反保密义务，违法违规散布有关案件信息，《解释》作出规定，有利于警示和规制。

——《起草小组解读：〈刑事诉讼法解释〉理解与适用（上）》，载中国法院网 2021 年 2 月 4 日，https://www.chinacourt.org/article/detail/2021/02/id/5796152.shtml。

1498 辩护律师的会见通信权

关键词 | 辩护律师 | 会见通信权 |

【最高人民法院司法解释】

第五十六条 辩护律师可以同在押的或者被监视居住的被告人会见和通信。其他辩护人经人民法院许可，也可以同在押的或者被监视居住的被告人会见和通信。

——《最高人民法院关于适用〈中华人民共和国刑事诉讼法〉的解释》（2021 年 3 月 1 日，法释〔2021〕1 号）。

【最高人民法院司法文件】

第七条 辩护律师到看守所会见在押的犯罪嫌疑人、被告人，看守所在查验律师执业证书、律师事务所证明和委托书或者法律援助公函后，应当及时安排会见。能当时安排的，应当当时安排；不能当时安排的，看守所应当向辩护律师说明情况，并保证辩护律师在四十八小时以内会见到在押的犯罪嫌疑人、被告人。

看守所安排会见不得附加其他条件或者变相要求辩护律师提交法律规定以外的其他文件、材料，不得以未收到办案机关通知为由拒绝安排辩护律师会见。

看守所应当设立会见预约平台，采取网上预约、电话预约等方式为辩护律师会见提供便利,但不得以未预约会见为由拒绝安排辩护律师会见。

辩护律师会见在押的犯罪嫌疑人、被告人时,看守所应当采取必要措施,保障会见顺利和安全进行。律师会见在押的犯罪嫌疑人、被告人的,看守所应当保障律师履行辩护职责需要的时间和次数,并与看守所工作安排和办案机关侦查工作相协调。辩护律师会见犯罪嫌疑人、被告人时不被监听,办案机关不得派员在场。在律师会见室不足的情况下,看守所经辩护律师书面同意,可以安排在讯问室会见,但应当关闭录音、监听设备。犯罪嫌疑人、被告人委托两名律师担任辩护人的,两名辩护律师可以共同会见,也可以单独会见。辩护律师可以带一名律师助理协助会见。助理人员随同辩护律师参加会见的,应当出示律师事务所证明和律师执业证书或申请律师执业人员实习证。办案机关应当核实律师助理的身份。

第八条　在押的犯罪嫌疑人、被告人提出解除委托关系的,办案机关应当要求其出具或签署书面文件,并在三日以内转交受委托的律师或者律师事务所。辩护律师可以要求会见在押的犯罪嫌疑人、被告人,当面向其确认解除委托关系,看守所应当安排会见;但犯罪嫌疑人、被告人书面拒绝会见的,看守所应当将有关书面材料转交辩护律师,不予安排会见。

在押的犯罪嫌疑人、被告人的监护人、近亲属解除代为委托辩护律师关系的,经犯罪嫌疑人、被告人同意的,看守所应当允许新代为委托的辩护律师会见,由犯罪嫌疑人、被告人确认新的委托关系;犯罪嫌疑人、被告人不同意解除原辩护律师的委托关系的,看守所应当终止新代为委托的辩护律师会见。

……

第十条　自案件移送审查起诉之日起,辩护律师会见犯罪嫌疑人、被告人,可以向其核实有关证据。

第十一条　辩护律师会见在押的犯罪嫌疑人、被告人,可以根据需要制作会见笔录,并要求犯罪嫌疑人、被告人确认无误后在笔录上签名。

第十二条　辩护律师会见在押的犯罪嫌疑人、被告人需要翻译人员随同参加的,应当提前向办案机关提出申请,并提交翻译人员身份证明及其所在单位出具的证明。办案机关应当及时审查并在三日以内作出是否许可的决定。许可翻译人员参加会见的,应当向辩护律师出具许可决定文书,并通知看守所。不许可的,应当向辩护律师书面说明理由,并通知其更换。

翻译人员应当持办案机关许可决定文书和本人身份证明,随同辩护律师参加会见。

第十三条　看守所应当及时传递辩护律师同犯罪嫌疑人、被告人的往来信件。看守所可以对信件进行必要的检查,但不得截留、复制、删改信件,不得向办案机关提供信件内容,但信件内容涉及危害国家安全、公共安全、严重危害他人人身安全以及涉嫌串供、毁灭证据等情形的除外。

——《最高人民法院、最高人民检察院、公安部、国家安全部、司法部关于依法保障律师执业权利的规定》(2015 年 9 月 16 日，司发〔2015〕14 号)。

六、律师应当在开庭前会见在押的被告人，征询是否同意为其辩护，并听取被告人的陈述和意见。

——《最高人民法院、司法部关于充分保障律师依法履行辩护职责确保死刑案件办理质量的若干规定》(2008 年 5 月 21 日，法发〔2008〕14 号)。

1499 辩护律师申请收集、调取证据

关键词 | 辩护律师 | 申请收集、调取证据 |

【最高人民法院司法解释】

第五十七条 辩护人认为在调查、侦查、审查起诉期间监察机关、公安机关、人民检察院收集的证明被告人无罪或者罪轻的证据材料未随案移送，申请人民法院调取的，应当以书面形式提出，并提供相关线索或者材料。人民法院接受申请后，应当向人民检察院调取。人民检察院移送相关证据材料后，人民法院应当及时通知辩护人。

第五十八条 辩护律师申请向被害人及其近亲属、被害人提供的证人收集与本案有关的材料，人民法院认为确有必要的，应当签发准许调查书。

第五十九条 辩护律师向证人或者有关单位、个人收集、调取与本案有关的证据材料，因证人或者有关单位、个人不同意，申请人民法院收集、调取，或者申请通知证人出庭作证，人民法院认为确有必要的，应当同意。

第六十条 辩护律师直接申请人民法院向证人或者有关单位、个人收集、调取证据材料，人民法院认为确有必要，且不宜或者不能由辩护律师收集、调取的，应当同意。

人民法院向有关单位收集、调取的书面证据材料，必须由提供人签名，并加盖单位印章；向个人收集、调取的书面证据材料，必须由提供人签名。

人民法院对有关单位、个人提供的证据材料，应当出具收据，写明证据材料的名称、收到的时间、件数、页数以及是否为原件等，由书记员、法官助理或者审判人员签名。

收集、调取证据材料后，应当及时通知辩护律师查阅、摘抄、复制，并告知人民检察院。

第六十一条 本解释第五十八条至第六十条规定的申请,应当以书面形式提出,并说明理由,写明需要收集、调取证据材料的内容或者需要调查问题的提纲。

对辩护律师的申请,人民法院应当在五日以内作出是否准许、同意的决定,并通知申请人;决定不准许、不同意的,应当说明理由。

——《最高人民法院关于适用〈中华人民共和国刑事诉讼法〉的解释》(2021年3月1日,法释〔2021〕1号)。

【最高人民法院司法文件】

第十六条 在刑事诉讼审查起诉、审理期间,辩护律师书面申请调取公安机关、人民检察院在侦查、审查起诉期间收集但未提交的证明犯罪嫌疑人、被告人无罪或者罪轻的证据材料的,人民检察院、人民法院应当依法及时审查。经审查,认为辩护律师申请调取的证据材料已收集并且与案件事实有联系的,应当及时调取。相关证据材料提交后,人民检察院、人民法院应当及时通知辩护律师查阅、摘抄、复制。经审查决定不予调取的,应当书面说明理由。

第十七条 辩护律师申请向被害人或者其近亲属、被害人提供的证人收集与本案有关的材料的,人民检察院、人民法院应当在七日以内作出是否许可的决定,并通知辩护律师。辩护律师书面提出有关申请时,办案机关不许可的,应当书面说明理由;辩护律师口头提出申请的,办案机关可以口头答复。

第十八条 辩护律师申请人民检察院、人民法院收集、调取证据的,人民检察院、人民法院应当在三日以内作出是否同意的决定,并通知辩护律师。辩护律师书面提出有关申请时,办案机关不同意的,应当书面说明理由;辩护律师口头提出申请的,办案机关可以口头答复。

第十九条 辩护律师申请向正在服刑的罪犯收集与案件有关的材料的,监狱和其他监管机关在查验律师执业证书、律师事务所证明和犯罪嫌疑人、被告人委托书或法律援助公函后,应当及时安排并提供合适的场所和便利。

正在服刑的罪犯属于辩护律师所承办案件的被害人或者其近亲属、被害人提供的证人的,应当经人民检察院或者人民法院许可。

——《最高人民法院、最高人民检察院、公安部、国家安全部、司法部关于依法保障律师执业权利的规定》(2015年9月16日,司发〔2015〕14号)。

七、律师书面申请人民法院收集、调取证据,申请通知证人出庭作证,申请鉴定或者补充鉴定、重新鉴定的,人民法院应当及时予以书面答复并附卷。

八、第二审开庭前,人民检察院提交新证据、进行重新鉴定或者补充鉴定的,人民法院应当至迟在开庭三日以前通知律师查阅。

——《最高人民法院、司法部关于充分保障律师依法履行辩护职责确保死刑案件办理质量的若干规定》(2008 年 5 月 21 日，法发〔2008〕14 号)。

1500 诉讼代理人查阅、摘抄、复制案卷材料的规则

关键词 | 诉讼代理人 | 阅卷权 |

【最高人民法院司法解释】

第六十五条第一款 律师担任诉讼代理人的，可以查阅、摘抄、复制案卷材料。其他诉讼代理人经人民法院许可，也可以查阅、摘抄、复制案卷材料。

——《最高人民法院关于适用〈中华人民共和国刑事诉讼法〉的解释》(2021 年 3 月 1 日，法释〔2021〕1 号)。

【链接：理解与适用】

《2012 年解释》第五十七条规定，诉讼代理人查阅、摘抄、复制案卷材料需经人民法院批准。当前，在强化对犯罪嫌疑人、被告人权利保护的同时，应当更加注意对被害人权利的保护。而且，从刑事诉讼法理上而言，被害人与被告人同属于当事人，诉讼代理人的权利与辩护人的权利基本相同，应当对诉讼代理人和辩护人在查阅、摘抄、复制案卷材料方面予以同等权利保护。基于此，《解释》第六十五条第一款作出修改完善，规定："律师担任诉讼代理人的，可以查阅、摘抄、复制案卷材料。其他诉讼代理人经人民法院许可，也可以查阅、摘抄、复制案卷材料。"

——《起草小组解读：〈刑事诉讼法解释〉理解与适用(上)》，载中国法院网 2021 年 2 月 4 日，https://www.chinacourt.org/article/detail/2021/02/id/5796152.shtml。

1501 律师带助理参加庭审的规则

关键词 | 律师 | 律师助理 | 参加庭审 |

【最高人民法院司法解释】

第六十八条 律师担任辩护人、诉讼代理人，经人民法院准许，可以带一名助理参加庭审。律师助理参加庭审的，可以从事辅助工作，但不得发表辩护、代理意见。

——《最高人民法院关于适用〈中华人民共和国刑事诉讼法〉的解释》(2021

年 3 月 1 日，法释〔2021〕1 号）。

【链接：理解与适用】

《解释》第六十八条吸收“两高三部”《关于依法保障律师执业权利的规定》第二十五条第二款的规定，明确：“律师担任辩护人、诉讼代理人，经人民法院准许，可以带一名助理参加庭审。律师助理参加庭审的，可以从事辅助工作，但不得发表辩护、代理意见。”据此，辩护律师可以向人民法院申请带一名律师助理参与庭审，从事记录等辅助工作。需要注意的是，本条规定的“发表辩护、代理意见”是概称，包括申请回避、举证、质证、辩论以及发表辩护、代理意见等诉讼行为，这些行为都应当由辩护人、诉讼代理人完成，不能交由律师助理代为实施。

——《起草小组解读：〈刑事诉讼法解释〉理解与适用（上）》，载中国法院网 2021 年 2 月 4 日，https://www.chinacourt.org/article/detail/2021/02/id/5796152.shtml。

四、证据

（一）一般规定

1502 证据裁判原则

关键词｜证据｜证据裁判原则｜

【最高人民法院司法解释】

第六十九条 认定案件事实，必须以证据为根据。

——《最高人民法院关于适用〈中华人民共和国刑事诉讼法〉的解释》（2021年3月1日，法释〔2021〕1号）。

【链接：理解与适用】

根据证据裁判原则的要求，刑事裁判必须建立在案件事实的基础上，而案件事实必须以证据为根据。具体表现为：

1. 对证据材料加强审查判断。刑事诉讼法第五十条中规定："可以用于证明案件事实的材料，都是证据。"从理论上而言，刑事诉讼法在证据的概念上放弃了"事实说"，改为采用"材料说"。从实务角度而言，这一修改强调公诉机关在起诉时提交给人民法院的证据，只是"证据材料"。而对于证据材料的审查判断，是人民法院的审判职责。人民法院审查判断哪些证据材料具有证据能力，能够被作为证据使用，哪些证据材料不具有证据能力，属于应当排除的对象。而具有证据能力的材料会被留下作为证据，从而进一步审查判断其证明力，而同时具有证据能力和证明力的材料才会最终成为裁判的根据，成为定案的根据。

2. 以证据为根据认定案件事实。这实际上是要求对案件事实的认定不能建立在证据以外的其他根据之上，如人类历史上曾经存在神灵裁判等，而只能是通过证据来认定案件事实。需要注意的是，刑事裁判所依据的是根据证据所认定的案件事实，即通过严格法庭审理程序认定的法律事实，而并非原始状态的客观事实。当然，这种法律事实是建立在原始客观事实的基础之上的，是根据案件所收集和审查认定的证据，对原始客观事实的还原和重构，是由定案根据最终所拼接成的"模型”。不能排除的是，由于人类认识能力的限制，对某些证据的收集不能，从而导致最终所构建的“模型”与原始客观事实尚有差异，此时，只能按照根据证据所认定的案件事实、而非主观臆想的案件事实作出裁判。

与之相关的是，相比侦查人员、检察人员而言，审判人员是距离案件发生最远的主体。而侦查人员和检察人员，特别是侦查人员，有时可能在执行职务的过程中目睹犯罪发生，或者经历了现场勘验、收集证据等活动，对于原始客观事实的认知和还原相对容易。而随着案件被移送起诉，特别是到了审判阶段，法官距离犯罪发生时间久远，而且一般不会直接勘验现场、主动收集相关证据，其对原始案件事实的还原只能是通过公诉机关提供的相关证据。根据刑事诉讼法第七条的规定，人民法院、人民检察院和公安机关进行刑事诉讼，应当分工负责，互相配合，互相制约，以保证准确有效地执行法律。而在审判环节，法官对原始案件事实的还原程度，很大程度上取决于侦查、公诉机关对案件证据材料的收集程度。因此，只有公安机关和人民检察院做好相关的证据收集工作，审判人员才能通过审查、判断、运用证据程序，建立起最为接近案件原始事实状态的模型，依照所认定的案件法律事实，准确定罪量刑。

——杨万明主编：《新刑事诉讼法司法适用解答》，人民法院出版社 2018 年版，第 23—24 页。

【最高人民法院参考案例】

寸跃先抢劫案(《刑事审判参考》案例第 572 号)

要旨：在证据审查、事实认定上，尤其要重视严格贯彻证据裁判原则，切实落实好“一审是基础，二审是关键”的把关作用，确保死刑案件的审判质量。

刑事案件的审判主要分为认定事实和适用法律两项内容，准确认定事实是正确适用法律的前提，事实认定不准确正确适用法律就无从谈起。从这个意义上说，认定事实是否准确是保证案件审判质量的关键。而证据是认定事实的基础和依据，取证工作越扎实，对证据的审查把关越严格，事实认定的准确性就越有保证。死刑案件，关乎人命，对证据审查、事实认定的要求也更高，必须确保定案证据的确实、充分，对证据裁判原则的严格贯彻尤为必要和突出。具体而言，在侦查阶段，要及时、全面收集、固定案件证据，特别是客观性证据，防止因取证工作上的疏漏导致对事实认定留下事后难以弥补的缺憾；在审判阶段，要严格依法对每一项证据进行庭审质证，准确认定每一项证据的效力和证明力，避免因质证工作不到位而在事实认定上“带病”采信证据从而作出有“瑕疵”的裁判结论。

……

本案从部分事实不清、证据不足到事实清楚、证据确实、充分，从最高人民法院第一次复核时不核准死刑到第二次复核时核准死刑,整个审理过程集中体现了法院严格贯彻证据裁判原则在死刑案件中的重要性和必要性。虽然本案通过发回重审弥补了证据上的缺陷,并最终核准死刑立即执行,实现了实体正义,但并不是每一个证据有问题的案件都能通过发回重审取得这种效果。取证工作的时效性很强,如果在侦查阶段未能及时、全面收集、固定证据,若一、二审也未能通过严格审查把关来及时补充、核实证据,则案件进入死刑复核阶段,往往会因时过境迁而丧失补证机会,从而最终对实体裁判产生影响。因此,在证据审查、事实认定上,尤其要重视严格贯彻证据裁判原则,切实落实好"一审是基础,二审是关键"的把关作用,确保死刑案件的审判质量。

——《刑事审判参考》(总第69辑)。

1503 庭审质证的原则与例外

关键词 | 证据 | 质证 |

【最高人民法院司法解释】

第七十一条 证据未经当庭出示、辨认、质证等法庭调查程序查证属实,不得作为定案的根据。

——《最高人民法院关于适用〈中华人民共和国刑事诉讼法〉的解释》(2021年3月1日,法释〔2021〕1号)。

【最高人民法院参考案例】

王雪玲故意伤害案(《刑事审判参考》案例第260号)

要旨:质证是司法证明的一个基本环节,是法官在认证之前的一个必经程序,法庭获取的新证据未经庭审质证不能作为定案的根据。

对于法院庭外调查所取得的证据应当经何种程序进入诉讼成为定案根据,有人认为,鉴于法院直接获取的证据在法庭上再出示并听取各方意见,难以避免法官受质询的尴尬,因此,只要取证时通知控辩双方到场,就不需要再于法庭举证、质证,而可以直接作为定案的根据。我们认为,法院庭外调查所取得的证据同样必须经过质证,才能作为定案的根据。刑事诉讼法规定证据必须经过查证属实,才能作为定案的根据。司法解释则规定得更为明确,"证据必须经过当庭出示、辨认、质证等法庭调查程序查证属实,否则不能作为定案的根据"。法院采取庭外调查的手段获取证据并非庭审,所取证据应当接受法庭的审查,即使法官庭外调查核实时控辩双方已到场也不例外(庭审还要求对社会公开)。因为此系获取新证据而非对庭审已出示并经质证的证据进行核实,因此庭审质证是必经程序。至于如何对这些证据进行质证,我们认为,由于证据是由法官所取,由法官宣读出示即可,法官还应当听取控辩双方的意见。法官认证时应当考虑控辩双方的意见,并综合全案证据决定这些证据的价值和取舍,不宜在庭上与控方或辩方就这些证据进行辩论。法官应当摆正自己的位置,遵守“控审分离”原则。法官行使的是审判职能,担当法庭听证者和裁判者的角色,法官不承担任何举证责任,切不可混淆控诉和审判职能,充当“第二公诉人”。法官应尽量将自己的活动集中到法庭上进行。法官在不得不亲自进行庭外调查时,应尽量通知控辩双方同时到场参与进行,法官在庭外调查中收集得到的任何新证据都必须提交法庭,并允许控辩双方对证人、鉴定人提问,否则不能作为定案的根据。总之,质证是司法证明的一个基本环节,是法官在认证之前的一个必经程序。未经质证,不得认证,这是我们必须坚持的一个原则。

——《刑事审判参考》(总第 34 辑)。

【链接:最高人民法院法官著述】

在刑事诉讼中贯彻落实庭审质证原则,需要注意以下问题:

1. 未经庭审质证的证据不得作为定案的根据。在极个别案件中,存在着审判人员将未经庭审质证的证据作为定案根据的现象。这种做法严重损害了控辩双方的质证权,违反了证据裁判原则的要求,严重违反了法律规定的诉讼程序,影响了司法公正。因此,在法庭审理过程中,无论是书证、物证等实物证据,还是证人证言、被害人陈述、被告人供述和辩解等言词证据,无论是侦查机关出具的勘验、检查、辨认、侦查实验等笔录,还是鉴定机构出具的鉴定意见,都必须经过当庭出示、辨认、质证等法庭调查程序查证属实,否则不得作为定案的根据。需要注意的是,对于证据的出示方式应当根据具体情况予以把握,可以是出示、宣读或者播放,也可以是综合运用上述出示方式。

2. 依法通知证人、鉴定人等出庭作证。庭审质证原则的重要内容之一,就是贯彻直接言词原则的要求,要求控辩双方以直接言词的方式对证据进行质证,相应地,法庭以直接言词的方式对案件事实进行调查和认定。与之相关的是,控辩双方享有对证人、鉴定人进行询问的权利。刑事诉讼法对证人、鉴定人出庭的问题作出了明确规定,《2021 年刑诉法解释》也进一步细化和补充了相关规定。在司法实践中,审判人员要充分认识到通知证人、鉴定人出庭作证的重要意义,认真执行相关规定,促进相关证人、鉴定人积极出庭作证,保证庭审质证的效果。

3. 坚持一证一质。在司法实践中,极个别案件存在打包质证的现象,对一些证据混杂在一起进行质证,严重影响了质证的效果,不利于对当事人诉讼权利的保护。《2021 年刑诉法解释》第二百六十八条第一款规定:“对可能影响定罪量刑的关键证据和控辩双方存在争议的证据，一般应当单独举证、质证，充分听取质证意见。”该款在起草过程中原本拟规定“一般应当对每组证据单独举证、质证”。主要考虑：实践中，一般根据犯罪构成要件分组举证，同组证据之间相互印证、支撑，一般不会将一份所谓的关键证据单独出示，一份孤证如不与其他证据结合，很难进行充分质证。征求意见过程中，有意见提出，分组方法在实践中无统一标准，有的一组证据可能体量庞大，包括几十份、上百页内容。既然属于关键证据，就应该每份证据单独质证，才能充分查明事实。经研究，采纳上述意见，要求“一般应当单独举证、质证”。

4. 正确理解和把握法律、司法解释规定的例外情形和特殊情况。从刑事诉讼法和《2021 年刑诉法解释》的规定来看，庭审质证原则大致有如下两种例外情况：(1)根据刑事诉讼法第一百五十四条的规定，“采取侦查措施收集的材料在刑事诉讼中可以作为证据使用。如果使用该证据可能危及有关人员的人身安全，或者可能产生其他严重后果的，应当采取不暴露有关人员身份、技术方法等保护措施，必要的时候，可以由审判人员在庭外对证据进行核实”。因此，由于技术调查、侦查措施收集证据材料的特殊性，对其的质证宜采取特殊的方式，包括采取相关保护措施后进行质证，甚至是由审判人员在庭外对证据进行核实。(2)《2021 年刑诉法解释》第二百七十一条第二款规定：“对公诉人、当事人及其法定代理人、辩护人、诉讼代理人补充的和审判人员庭外调查核实取得的证据，应当经过当庭质证才能作为定案的根据。但是，对不影响定罪量刑的非关键证据、有利于被告人的量刑证据以及认定被告人有犯罪前科的裁判文书等证据，经庭外征求意见，控辩双方没有异议的除外。”

5. 正确把握庭审质证原则与简化庭审质证程序的关系。庭审质证原则要求未经质证不得认证，但并不排斥简化质证程序，提升庭审效率。根据《2021 年刑诉法解释》第二百六十八条第二款的规定，“对控辩双方无异议的非关键证据，举证方可以仅就证据的名称及拟证明的事实作出说明”。据此，审判人员可以询问控辩双方对证据材料有无异议，对有异议的证据，应当在庭审时重点调查；无异议的，庭审时举证、质证可以简化。这并不违背庭审质证原则，恰恰是对这一原则的合理运用，兼顾了公正与效率的要求。

——喻海松：《刑事诉讼法修改与司法适用疑难解析》，北京大学出版社 2021 年版，第 130—132 页。

1504 对于经庭前会议展示双方没有异议的证据，是否还需进行庭审举证、质证

关键词｜证据｜举证｜质证｜庭前会议｜

【最高人民法院参考案例】

王伟男诈骗案(《刑事审判参考》案例第1422号)

要旨:庭前会议的示证不能代替庭审的举证、质证和认证。

对于控辩双方决定在庭审中出示的证据,人民法院可以组织展示有关证据,听取控辩双方对在案证据的意见,梳理存在争议的证据。需要注意的是,庭前会议是组织控辩双方展示证据,而不是出示证据。展示的意思是把证据展现出来,告诉对方在庭审中我方要出示哪些证据;出示的意思是把证据拿出来给对方看,是征求对方意见。

本案中,原审法院混淆了两者的概念,在庭前会议中以出示证据代替了展示证据,不符合《庭前会议规程》的相关规定。对于庭前会议控辩双方展示证据的目的以及展示证据后的处理,《庭前会议规程》第十九条第二款明确规定:"对于控辩双方在庭前会议中没有争议的证据材料,庭审时举证、质证可以简化。"如前所述,庭前会议不能取代庭审,召开庭前会议的目的是保障庭审的顺利进行,对控辩双方没有争议的证据材料,在庭审时举证、质证可以简化,但是不能不举证、质证。本案中,原审法院在庭前会议出示证据,因控辩双方没有争议,就决定该证据不在庭审中举证、质证,混淆了庭前会议和庭审的区别,违反了法律规定。

——《刑事审判参考》(总第128辑)。

1505 审理共同犯罪案件后到案被告人时，对先到案共犯人的生效裁判文书所采信的证据如何质证

关键词｜证据｜质证｜共同犯罪｜

【最高人民法院参考案例】

何永国抢劫案(《刑事审判参考》案例第497号)

要旨:在审理后到案共同犯罪被告人时,对先到案共犯的裁判文书所采信的证据,应当重新逐项质证,否则不能作为认定在审案件被告人犯罪事实的证据使用。

共犯的生效裁判文书本身是一种证据,确切地说是一种书证,它所证明的是共同犯罪人因共同犯罪被定罪判刑的情况,而不能直接证明后到案被告人的犯罪事

实。虽然该文书所采信的证据多将成为指控后到案被告人的证据，但对该文书本身的质证代替不了对其中具体证据的质证。因为对具体证据的质证，目的在于判断该证据能否成为后案中指控被告人犯罪的证据，它与质证该裁判文书本身的效用明显不同。同时，如果不对具体证据进行质证，被告人及其辩护人就没有机会针对该具体证据发表意见，实际上剥夺了被告人的辩护权，也不利于全面查明被告人的犯罪事实。因此，采纳未经质证的证据，是对法律和司法解释规定的审判程序的一种实质性的违反，可能影响到案件的公正审判。

——《刑事审判参考》(总第63辑)。

1506 已经原审庭审质证，但在重审阶段未重新举证、质证的证据，能否作为定案证据

关键词｜证据｜质证｜重审｜

【最高人民法院参考案例】

何邓平抢劫案(《刑事审判参考》案例第686号)

要旨：已经原审庭审质证，在重审阶段需要重新举证、质证，未经重新举证、质证的，不能作为定案依据。

(一)从发回重审的后果角度分析

发回重审，是指发回原审人民法院重新审判。案件发回，即产生三种后果。首先，意味着一审法院已作出的判决被撤销，未发生法律效力，不能作为执行的依据。其次，被告人所犯罪行没有得到法律评价，尚未受到法律追究，被告人未承担相应的法律责任，仍属于未决犯。最后，原审判决中认定的事实和证据均没有得到重审的确认，仍属公诉机关指控的事实和证据。换言之，案件回到尚未被法院审理的初始阶段。

既然案件回到尚未被法院审理的阶段，那么重审阶段就必须包括一审应有的所有环节，包括法庭举证、质证环节。重新审判的内容亦应包括公诉机关指控的所有事实和证据，不论该事实或证据是否曾经被举证、质证。本案因同案被告人存在漏罪，属于因原判事实不清或证据不足而发回重审的情况。在该情况下，法庭举证、质证环节就显得尤为重要。

(二)从另行组成合议庭的角度分析

对于重新审判，法律之所以规定必须另行组成合议庭，是为了避免原合议庭对案件形成先入为主的意见，要求合议庭成员在公开审理的基础上就对全案作出独立的判断。对于新组成合议庭的成员而言，本案是全新的案件，其只有在庭审中全

面了解案件的事实和证据,了解控辩双方及附带民事诉讼当事人的意见,才能作出正确的判断。

(三)从保障被告人、辩护人诉讼权利的需要角度分析

法庭审理主要分为法庭调查和法庭辩论两个阶段,某种意义上说,法庭调查是法庭辩论的基础。举证、质证作为法庭调查的主要内容,其效果直接决定了法庭辩论的走向,也影响到合议庭对全案的审查判断。控辩双方在此环节中,通过出示与案件相关的证据并对每一证据发表意见,来影响合议庭对证据的采信,从而影响法院对事实的认定和在此基础上形成的对案件的审理结果。

——《刑事审判参考》(总第79辑)。

1507 庭审后或者复核审阶段发现庭审质证的证据存在问题的,应如何处理

关键词｜证据｜质证｜

【最高人民法院参考案例】

范永红、韩亚飞等抢劫、盗窃枪支案(《刑事审判参考》案例第816号)

要旨:对于庭审后或者复核审阶段发现经庭审质证的证据存在问题,经补查补正后对问题予以纠正的,需要根据该证据证明的对象以及问题的性质作出相应的处理。

第一,如果该证据并非关键定罪量刑证据,仅仅是作为其他证据佐证,且缺乏该证据不影响相关事实认定的,可以基于其他证据认定相关事实,对于该证据存在的问题无须恢复法庭调查或者发回重审。

第二,如果该证据系关键定罪量刑证据,但证据存在的问题并非实质性的,仅属技术性的,如记载错误或者笔误,经补正后,可以征求对方当事人的意见,无须恢复法庭调查或者发回重审。

第三,如果该证据系关键定罪证据或者系不利于被告人的量刑证据,且证据存在的问题是实质性的,且足以影响到该证据的证明价值,则需要区分两种情况进行处理:如果证据存在的错误无法进行补正或者作出合理解释的,如目击证人的辨认结论存在错误,则应当恢复法庭调查或者发回重审,对该证据的证据价值重新作出判断。如在案其他证据能够证实该证据存在的错误,但该错误可以进行补正或者作出合理解释的,如扣押物品清单记载的现场物证情况,与送交鉴定的物证情况不符,但现场勘查照片能够证实现场物证的情况,且明确表明扣押物品清单记载的情况有误,此种情况下,对扣押物品清单的错误,经补正或者作出合理解释后,可以征

求双方当事人(部分案件中还要征求法定代理人、诉讼代理人)的意见,如果双方对此表示认可,就无须恢复法庭调查或者发回重审;如果有一方对此有异议,要求开庭进行调查的,人民法院应当开庭或者发回重审。

第四,如果该证据系有利于被告人的量刑证据,且证据存在的问题是实质性的,经补正或者作出合理解释后,因案件处理结果对被告人有利,因此,可以告知对方当事人(部分案件中法定代理人、诉讼代理人)补正结果,直接采信相关证据,无须恢复法庭调查或者发回重审。

本案中,复核审阶段发现原质证的辨认笔录存在问题,并经取证机关予以补正。虽然补正所得的证据不利于被告人范永红,但在案多份记载物证来源的其他证据均能够明确证实作案凶器系在范永红家中提取,原辨认笔录的内容明显错误;该问题经取证机关补正后,得到了有效的纠正。最高人民法院将上述补查补正材料向原公诉机关、被告人范永红及其辩护人出示,并认真听取了双方的意见,双方均未对材料内容提出实质性异议。综合上述情况,我们认为,经复核阶段的补查补正,原证据存在的问题已经得到解决,经补正的证据得到控辩双方的认可,依法可以采信。

——《刑事审判参考》(总第 89 辑)。

1508 刑事诉讼的证明对象及不同证明对象的证明标准适用

关键词 | 证据 | 证明标准 | 证明对象 |

【最高人民法院司法解释】

第七十二条 应当运用证据证明的案件事实包括:

(一)被告人、被害人的身份;

(二)被指控的犯罪是否存在;

(三)被指控的犯罪是否为被告人所实施;

(四)被告人有无刑事责任能力,有无罪过,实施犯罪的动机、目的;

(五)实施犯罪的时间、地点、手段、后果以及案件起因等;

(六)是否系共同犯罪或者犯罪事实存在关联,以及被告人在犯罪中的地位、作用;

(七)被告人有无从重、从轻、减轻、免除处罚情节;

(八)有关涉案财物处理的事实;

(九)有关附带民事诉讼的事实;

(十)有关管辖、回避、延期审理等的程序事实;

（十一）与定罪量刑有关的其他事实。

认定被告人有罪和对被告人从重处罚，适用证据确实、充分的证明标准。

——《最高人民法院关于适用〈中华人民共和国刑事诉讼法〉的解释》（2021年3月1日，法释〔2021〕1号）。

【链接：理解与适用】

认定证据是否确实、充分，要把握以下几个条件：（1）定罪量刑的事实是否都有证据证明，这是量的方面的要求。案件事实是已经发生的事情，而对于已经发生的事情只有通过证据才能查清，故案件事实必须有证据证明。需要注意的是，对于已经发生的案件要通过证据查实全部细节事实基本不可能，因此，并不要求对案件有关的所有细节事实都有证据证明。但是，对于定罪量刑的事实，包括犯罪构成要件事实及影响刑罚裁量的事实，必须有证据证明。（2）据以定案的证据均经过法定程序查证属实，这是质的方面的要求。刑事诉讼法第四十八条第三款规定："证据必须经过查证属实，才能作为定案的根据。"因此，据以定案的证据须经过法定程序查证，包括查证证据材料是否真实、收集证据的程序是否符合法律规定。（3）综合全案证据，对所认定的事实是否已排除合理怀疑，这是关于全案证据的综合判断标准。只有经过法定程序查证属实的证据证明的定罪量刑的事实已经排除合理怀疑了，证据才达到了"确实、充分"的程度。……换言之，"合理怀疑"就是综合全案证据，根据逻辑和经验规则，由证据得出的结论不具有排他性。而所谓"所认定的事实已排除合理怀疑"，是指证据与证据之间、证据与案件事实之间不存在矛盾或者矛盾得以合理排除，而根据证据认定案件事实的过程符合逻辑和经验规则，由证据得出的结论具有唯一性。

……从审判实践来看，与定罪量刑相关的事实较为复杂，对所有的证明对象适用同一证明标准，既不现实，也不必要。应当区分不同的证明对象适用不同的证明标准。对于认定被告人有罪和对被告人从重处罚的事实，是证明的主要对象，必须明确其适用最为严格的证明标准，即对其的证明必须达到"证据确实、充分"的程度。相应地，对被告人从宽处罚的事实，以及与附带民事诉讼、涉案财物处理有关的事实等，可以适当降低证明标准，道用优势证据标准。因此，本条第二款对此作了明确。

此外，还需要注意的是，"证据确实、充分"的证明标准并不排斥对案件事实进行推定。从立法和司法实践来看，对于明知、故意或者目的等主观事实的证明，经常运用推定这一方法。在司法实务中，对于法律、司法解释或者其他规范性文件规定允许推定的事实，可以根据客观实际情况进行推定，这种推定具有法律真实性，符合"证据确实、充分"的要求。

——江必新主编:《〈最高人民法院关于适用《中华人民共和国刑事诉讼法》的解释〉理解与适用》,中国法制出版社 2013 年版,第 45—46 页。

【最高人民法院参考案例】

袁某抢劫、破坏电力设备案(《刑事审判参考》案例第 1010 号)

要旨:审判工作中,应当坚持主客观相统一的原则,既不能机械地执行客观标准,也不能过分强调主观标准,尤其在当前配套制度尚不完备的情况下,为防范冤假错案件的发生,主观标准更应受到客观标准的制约。

证明标准是指法律规定的运用证据证明待证事实所要达到的程度和要求。刑事诉讼证明标准的核心是运用证据证明案件事实需要达到何种程度才可以确认犯罪并据以定罪量刑。在我国刑事诉讼中,认定被告人有罪的证明标准是"事实清楚,证据确实、充分"。修正后的刑事诉讼法第五十三条在规定"证据确实、充分"条件的同时,借鉴了英美证据体系中"排除合理怀疑"的表述。这一规定是对我国刑事诉讼证明标准的科学完善,旨在进一步确立主客观相统一的证明标准。"事实清楚,证据确实、充分"的标准主要体现了刑事诉讼证明标准的客观性,侧重于对证据本身质和量的要求。但是,对于诉讼证明是否达到这一客观标准,需要由法官根据控方的举证活动,结合自身的专业知识和经验、常识,形成主观认知和内心确信。法官需要以"事实清楚,证据确实、充分"为客观标准,通过主观上达到"排除合理怀疑"的内心确信程度,从而作出有罪裁判。因此,刑事诉讼证明标准实际上包含着主客观这两个相辅相成、不可分割的方面。在两者的关系上,客观标准是衡量主观标准的依据,并对主观标准起着根本性制约作用,有利于避免主观标准的不确定性;主观标准是客观标准实现的途径,有利于防止客观标准的机械性。审判工作中,应当坚持主客观相统一的原则,既不能机械地执行客观标准,也不能过分强调主观标准,尤其在当前配套制度尚不完备的情况下,为防范冤假错案件的发生,主观标准更应受到客观标准的制约。本案对袁某抢劫致死陈某某犯罪事实的认定,就体现了主客观相统一的刑事诉讼证明标准的运用,特别是如何看待内心确信问题。

……

由上述分析可见,对于抢劫致死被害人陈某某的事实,虽然根据现有证据,结合办案经验和逻辑分析,系被告人袁某所为的可能性很大,但本案现场没有提取到证实袁某作案的有力客观证据,根据袁某供述提取到的个别证据价值不大,部分影响定罪量刑的关键事实缺乏确凿证据证明,证实被害人的死因、身份、死亡时间的证据尚不能排除合理怀疑,对于袁某抢劫致死陈某某的事实无法得出确定、唯一的结论。需要说明的是,与其他被告人拒不供认犯罪事实或者翻供导致事实认定困难的案件不同,袁某对于本起事实的供述较为稳定且有罪供述的细节化特征较为明显,认定本起事实的证据缺陷是除口供外其他证据的缺失和不足。二审法院和最高人民法院在本起事实的证据审查认定上,"重证据、不轻信口供",坚持疑罪从无原则,对于虽有被告人供述,但在案证据达不到"事实清楚,证据确实、充分"这一法定证明标准的事实,不予认定。

——《刑事审判参考》(总第 99 辑)。

黄友强贪污案(《刑事审判参考》案例第 871 号)

要旨:如果据以定罪的证据存在疑问,则必须综合全案证据进行分析,不能合理解释和排除疑点、矛盾的,应当认定证明被告人有罪的证据不足,疑罪从无,从而必须宣告被告人无罪。

从认识论的角度来分析,由于人的认识能力的局限性、时空的限制以及证据存在形式的制约,事后不可能完整、真实地再现案发时的状态。正因为如此,刑事审判实践中有必要引入排除合理怀疑的理论。排除合理怀疑要求在一些刑事案件中,由于客观原因无法达到证据的完整性要求,在法官依据内心确信认定案件事实时,必须要求案件中的疑点和矛盾能够得到合理的解释和排除。如果据以定罪的证据存在疑问,则必须综合全案证据进行分析,不能合理解释和排除疑点、矛盾的,应当认定证明被告人有罪的证据不足,疑罪从无,从而必须宣告被告人无罪。

实践中在应用排除合理怀疑这一刑事诉讼证明标准时,需要从以下三个方面来把握:其一,强调怀疑的合理性。所谓合理怀疑,是指一个正常人凭借理性、生活经验、常识对被告人的犯罪事实产生的怀疑。这种怀疑不是毫无根据的推测或者幻想。其二,排除合理怀疑要求法官内心确信所指控的犯罪事实成立。其三,排除合理怀疑并非要求达到绝对确定的程度。在很多情况下,即使待证事实的部分细节尚未弄清,只要对这些部分的疑问不致影响到待证事实本身的证明度,则这种疑问就不属于合理的怀疑。

——《刑事审判参考》(总第 92 辑)。

杜某故意杀人案(《刑事审判参考》案例第 877 号)

要旨:综合全案证据,对所认定事实排除合理怀疑,要求由证据得出的结论为唯一结论,否则就未能达到"证据确实、充分"的证明标准。

"综合全案证据,对所认定事实已排除合理怀疑",是"证据确实、充分"的必要条件。对于犯罪事实,"合理怀疑"是指以证据、逻辑和经验法则为根据的怀疑,即案件存在被告人无罪的现实可能性。没有根据的怀疑,以及对与犯罪无关事实的合理怀疑,不影响对犯罪事实的认定。"合理怀疑"的存在,意味着由证据得出的结论不具有唯一性。

审查刑事案件证据，需要在审查证据客观性、关联性、合法性的基础上，对全案证据进行综合分析。一些案件中，定罪量刑的事实虽已有相关证据证明，但证据之间存在无法排除的矛盾和疑点。如本案，被告人杜某作出了与认定事实完全不同的辩解，即被害人系服用“性药”后猝死。如果对被害人死亡原因的鉴定意见不能排除被告人的辩解，则对被害人如何死亡的事实就得不出唯一结论，既可能是被害死亡，也可能是服药猝死，进而导致案件事实存疑。证据之间是否存在矛盾和疑点，矛盾和疑点是否导致“合理怀疑”，法官只有经过对全案证据细致入微的综合分析审查才能得出结论。

——《刑事审判参考》（总第93辑）。

胡某故意杀人、强奸案（《刑事审判参考》案例第929号）

要旨：除供述外没有指向明确的证据，且供述不稳定、与其他证据相矛盾的案件，不能作出有罪判决。

1. 本案除被告人胡某曾作的有罪供述外，没有指向性明确的实物证据、言词证据。

2. 被告人胡某的有罪供述虽然与现场方位、现场遗留的部分物品、被害人的衣着以及尸体状态等情况吻合，但却存在很多疑点。具体疑点如下：（1）胡某始终未供述侦查机关掌握之外的隐蔽性情节，且有些细节的供述前后不一。（2）胡某的有罪供述与现场勘查笔录、尸体鉴定意见存在诸多矛盾。

3. 被告人胡某的有罪供述不排除系侦查人员通过非法手段获取。胡某当庭翻供称，其没有强奸杀害被害人，之前的有罪供述系因侦查人员不让其睡觉，其被迫编造的。

综上分析可见，公诉机关指控被告人胡某强奸杀害苏某，除胡某本人在侦查阶段所作有罪供述外，没有其他证据可以将胡某与本案联系起来，而胡某在庭审中翻供，所提受到非法逼供的辩解不能完全排除，故本案证据属于不能排除合理怀疑情形。

——《刑事审判参考》（总第95辑）。

1509 推定规则在刑事诉讼中的运用

关键词 | 证据 | 推定 |

【最高人民法院参考案例】

严静收购赃物案(《刑事审判参考》案例第265号)

要旨:法律推定和事实推定均是基于两个以上事实的常态联系,即人们通过长期的、反复的实践所取得的一种因果关系经验(经验法则)。这种经验被反复证明,绝大多数情况下是真实的,具有高度的盖然性,而只有在非常特殊的情况下才产生例外。

在运用推定规则认定案件事实时,应当注意以下一些问题:

1. 推定规则运用的辅助性。亦即相对于通过证据直接证明有关案件事实的认定方法而言,推定只是认定案件事实的一种辅助方法,只能限定在特定的条件下运用。这是各国刑事司法的通例。……具体而言,就法律推定而言,其适用的辅助性主要体现在:一方面,其适用必须以法律有明文规定为前提条件,对于法律未作明文的,绝不能“类推”适用。例如,刑法第三百九十五条仅就巨额财产来源不明罪的作了推定规定,该规定就不能“类推”适用于其他贪污贿赂罪的认定。另一方面,即便对法律明文规定的推定,其适用也应遵循严格的条件限制。例如,在巨额财产来源不明案件中,只有在公诉机关已经证明被告人的财产或支出明显超出其合法收入且差额巨大,同时无法查清该财产的合法或非法来源,而被告人自己也不能提出该差额部分财产来源合法的有效反驳时,才能推定该差额部分财产为非法。另外,通常而言,在立法和司法文件中,关于法律推定的规定总是例外性的,不可能普遍存在(我国刑法上只有第三百九十五条规定属于推定,司法文件中规定的推定也为数寥寥)。就事实推定规则而言,其适用的辅助性主要体现在:在能够通过收集其他证据直接证明待证事实的情况下,就不允许运用推定方式认定该事实;基础事实与推定事实之间的因果联系必须是已为长期的司法实践所反复证明了的。此外,无论是法律推定还是事实推定,一般仅只能用于认定案件的某一方面事实,而不能直接用来推定被告人有罪。

2. 推定事实的可反驳性。由于推定只是对相关事实之间高度盖然性联系的一种确认,并不具有绝对性,而刑事诉讼的证明标准又极为严格,因此,在运用推定规则认定案件时,应当赋予被告人反驳的权利。就事实推定而言,由其尚未经立法确认的自身特点所决定,一律允许被告人反驳,此为各国通例;就法律推定而言,尽管在英美刑事诉讼中,有可反驳的推定与不可反驳的推定之分,但从我国刑法及有关司法文件关于法律推定的规定看,为可反驳的推定。在办理实际案件时,正确认识和处理被告人所提出的反驳,是准确运用推定规则的关键。对此,主要应当注意的是:被告人的反驳,既可以通过反证(即举出证明推定事实的基础事实不真实的证据)方式提出,也可以通过反论(即通过推理说明基础事实与推定事实之间的高度盖然性的因果联系并不存在或并不可靠），但无论是反证还是反论，只有在达到可以对控方所推定的事实形成合理怀疑，从而动摇审判人员对推定事实的内心确信的程度时，方能认为是有效的、可否认推定事实的反驳。这是为刑事案件系关重大法益的特点、刑事诉讼的对抗式诉讼模式所决定和要求的。例如在我们所探讨的严静收购赃物一案中，被告人虽然提出其系从机动车交易市场、以 8 万元价格购得涉案车辆的辩解，但是她并未能提出能够证明其上述辩解真实性的任何证据，且经侦查、公诉机关查证，也无法收集到可资证明其上述辩解真实性的相关证据，因此，应当认为，其上述辩解并未能形成对推定事实的有效反驳。

3. 基础事实的真实性、确定性。存在已有充分、确实的证据证明的真实可靠的基础事实，是进行推定的提前；如果基础事实并不存在，或者基础事实的真实性、确定性尚有难以排除的合理疑点（例如，证明基础事实的证据不充分、不确实，或者是通过非法方式获得等），那么，就不能作为推定的依据。此外，根据基础事实推定的事实，由于其自身有某种不确定性，一般不能用来进行进一步推定。

4. 基础事实与推定事实之间因果联系的高度盖然性。由于在法律推定的情况下，该种高度盖然性已为立法所确认，因此可以相应免除控方就之进行说明的义务，相关的裁判文书一般也无须对其作论证；但在法律推定的情况下，控方则负有这样的义务，相关的裁判文书也必须对其作出有说服力的论证。

——《刑事审判参考》（总第 34 辑）。

【链接：理解与适用】

此外，还需要注意的是，"证据确实、充分"的证明标准并不排斥对案件事实进行推定。从立法和司法实践来看，对于明知、故意或者目的等主观事实的证明，经常运用推定这一方法。在司法实务中，对于法律、司法解释或者其他规范性文件规定允许推定的事实，可以根据客观实际情况进行推定，这种推定具有法律真实性，符合"证据确实、充分"的要求。

——江必新主编：《〈最高人民法院关于适用《中华人民共和国刑事诉讼法》的解释〉理解与适用》，中国法制出版社 2013 年版，第 46 页。

1510 死刑案件"证据确实、充分"的认定

关键词 | 证据 | 死刑 | 证据确实、充分 |

【最高人民法院司法文件】

第五条 办理死刑案件，对被告人犯罪事实的认定，必须达到证据确实、充分。

证据确实、充分是指：

（一）定罪量刑的事实都有证据证明；

（二）每一个定案的证据均已经法定程序查证属实；

（三）证据与证据之间、证据与案件事实之间不存在矛盾或者矛盾得以合理排除；

（四）共同犯罪案件中，被告人的地位、作用均已查清；

（五）根据证据认定案件事实的过程符合逻辑和经验规则，由证据得出的结论为唯一结论。

办理死刑案件，对于以下事实的证明必须达到证据确实、充分：

（一）被指控的犯罪事实的发生；

（二）被告人实施了犯罪行为与被告人实施犯罪行为的时间、地点、手段、后果以及其他情节；

（三）影响被告人定罪的身份情况；

（四）被告人有刑事责任能力；

（五）被告人的罪过；

（六）是否共同犯罪及被告人在共同犯罪中的地位、作用；

（七）对被告人从重处罚的事实。

——《最高人民法院、最高人民检察院、公安部、国家安全部、司法部关于办理死刑案件审查判断证据若干问题的规定》（2010 年 7 月 1 日，法发〔2010〕20 号）。

1511 对共同犯罪案件，如何把握“证据确实、充分”的证明标准

关键词｜证据确实、充分｜证明标准｜

【最高人民法院参考案例】

郑福田、傅兵抢劫案（《刑事审判参考》案例第 779 号）

要旨：在共同犯罪案件中，证实被告人参与作案的证据仅有其先前的有罪供述及其他同案被告人的当庭指证，此外再无任何证据证实其有罪的情况下，不能仅凭口供定罪。在主要依靠被告人供述等言词证据定案的情况下，应重点审查被告人的有罪供述是否稳定，其供述的作案细节与同案被告人的供述能否印证（特别是必须亲临现场才能感知的细节），是否根据被告人的有罪供述延伸收集到其他可印证的证据。

本案中傅兵的有罪供述前后不一且当庭翻供，之前的有罪供述与郑福田的供述及其他证据存在多处矛盾，其供述中没有现场感知的个性化细节能与郑福田的

供述相印证。公安机关也未能根据傅兵的供述延伸收集到其他可印证其有罪供述的证据，如未找到被其扔弃的手表，提取的其“作案”时所穿衣物上未检出被害人血迹，未调查其“作案”后回厂时间及衣着等。认定傅兵有罪的证据不符合“证据与证据之间、证据与案件事实之间不存在矛盾或者矛盾得以合理排除”的要求，其有罪供述及郑福田指证其参与作案的供述的真实性本身也存在疑问。同时，对傅兵提出的没有作案时间的辩解，公安机关也未能找到陈棵（当晚与傅兵一起上网）和网吧核实相关情况，无法排除傅兵没有作案时间的可能。因此，认定傅兵犯抢劫罪的证据不足，无法排除合理怀疑，不能认定傅兵有罪。广东省高级人民法院将本案发回重审后，深圳市中级人民法院依法判决傅兵无罪是正确的。

——《刑事审判参考》（总第 86 辑）。

1512 如何把握强奸案件“证据确实、充分”的证明标准

关键词｜证据确定、充分｜证明标准｜强奸案件｜

【最高人民法院参考案例】

陈某强奸案（《刑事审判参考》案例第 396 号）

要旨：强奸案件的证据具有特殊性，即直接证明强奸行为是否成立的直接证据往往只有被告人供述和被害人陈述。在这种“一对一”的情况下，简单地采信被害人陈述或被告人供述都是不正确的，容易放纵犯罪或者冤枉无辜。应当将被害人陈述和被告人供述结合其他间接证据进行分析、比较、整合，去伪存真。一是要将被告人供述与被害人陈述两者间进行比较分析，发现是否存在矛盾之处；二是将间接证据与被告人供述或被害人陈述进行比较分析，在比较分析的基础上，确定各个证据的证明力。

审判人员审理案件的结果正确与否，建立在正确认定事实的基础之上。正确认定事实的过程实际上就是审判人员审查、判断证据的过程。审查、判断证据应当从两方面入手：一是审查证据的证据能力，这是解决证据适格性的问题，即证据必须合法取得才具有证据资格，才能作为案件事实的认定依据；二是判断证据的证明力，即证据事实对案件事实有无证明作用以及证明程度如何。在同一案件的适格证据中，往往既有对被告人有利的证据，也有对被告人不利的证据。甚至在同一个证据中，既有对被告人有利的内容，也有对被告人不利的内容。本案也是如此，既有证明被告人陈某无罪的证据，也有证明被告人有罪的证据。在这种情况下，审判人员应当客观、全面地分析证据的证明力。如果只简单地采信证明被告人有罪的证据，或者相反，都是不客观、不全面的。强奸案件的证据具有特殊性，即直接证明

强奸行为是否成立的直接证据往往只有被告人供述和被害人陈述。在这种"一对一"的情况下,简单地采信被害人陈述或被告人供述都是不正确的,容易放纵犯罪或者冤枉无辜。应当将被害人陈述和被告人供述结合其他间接证据进行分析、比较、整合,去伪存真。一是要将被告人供述与被害人陈述两者间进行比较分析,发现是否存在矛盾之处;二是将间接证据与被告人供述或被害人陈述进行比较分析,在比较分析的基础上,确定各个证据的证明力。

……

在客观、全面分析证据内容及证明力,确定证据证明方向的基础上,再从正面论证、反面认证以及补充论证等多角度对证据的充分性问题进行论证,以此确定案件事实是否达到了证据确实、充分的程度。一是正面论证,即论证证明被告人陈某实施暴力行为的证据是否充分。如前所说,本案直接证据只有相互矛盾的被害人陈述和被告人供述,其他间接证据又无法证明被告人实施了暴力行为。因此,各证据之间无法形成认定被告人采用暴力手段强奸事实成立的证据链条。二是反面论证,即论证根据现有的证据是否能够排除必要的合理怀疑。本案中,众多合理怀疑得不到排除,如,被害人的衣物除裙子拉链脱开外,其他暴力行为过程中极易损坏的物件却完好无损,这些迹象与被告人采用暴力手段行为很不相称;在案发过程中被害人对可以求救、逃离的机会不予利用;等等。三是补充论证,即论证能否排除被告人采取胁迫或者其他手段,致使被害人不能抗拒、不敢抗拒、不知抗拒事实的存在。本案可以排除被害人酒醉导致不知反抗或不能反抗的情形,也可以排除被告人采用胁迫手段迫使被害人不敢反抗而强行与之发生性行为的情形。

——《刑事审判参考》(总第 50 辑)。

1513 "自首认罪"案件如何理解和把握"证据确实、充分"的证明标准

关键词|证据确实、充分|证明标准|自首|

【最高人民法院参考案例】

余坤锋交通肇事案(《刑事审判参考》案例第 1334 号)

要旨:对被告人"自首认罪"案件依然应当坚持"事实清楚,证据确实、充分"的证明标准。

本案中,虽然被告人"自首认罪",也不能放松对证据的审查判断,而是要恪守法定证明标准,运用多种方法,对全案证据进行多层次、多角度、全方位的立体化审查判断,在审查判断的基础上进行综合分析,然后得出证据是否确实、充分的结论。

1. 在微观上，对单个证据的证据能力和证明力进行全面审查判断

对单个证据的审查判断是对全案证据审查判断的基础，是确保案件质量的首要环节。这个阶段主要是对单个证据的证据能力和证明力进行审查判断，通过审查将没有证据能力及证明力的证据予以排除。《最高人民法院关于适用〈中华人民共和国刑事诉讼法〉的解释》对如何审查各类证据作了非常详尽的规定。实务中应当遵循这些规定审查证据。

……

2. 在案件事实层面，对被告人所述“各犯罪环节”的证据进行全面审查判断

根据被告人余坤锋的供述，可以将整个案件的发展过程分为案发前“取车”环节、案发时“肇事”环节、案发后“自首”环节。为准确认定案件事实，法院采取纵横对比分析的方法，分别对每个环节的证据进行逐一审查判断。

……

3. 在宏观上，综合全案证据，从主客观两个方面、正反两个维度对整个指控证据体系进行全面审查判断

在宏观上对全案证据进行综合审查判断，是法院最终形成定案结论的关键环节。对全案证据进行综合审查判断，要从主、客观两个方面、正、反两个维度展开。在客观上，运用印证方法审查判断全案证据与待证事实的内在联系，看能否形成闭合的完整证据链条，从正面对案件证明体系进行积极的构建；在主观上，运用排除合理怀疑方法审查判断在案证据的矛盾和疑点，看能否形成内心确信，从反面进行验证、证伪。

……

——《刑事审判参考》（总第122辑）。

1514 立功等从轻处罚事实的认定是适用严格证明标准还是优势证明标准

关键词 | 证据 | 证明标准 | 立功 |

【最高人民法院参考案例】

李梦杰、刘辉贩卖毒品案（《刑事审判参考》案例第1035号）

要旨：立功等从轻处罚事实的认定可以适用优势证明标准。

（一）立功等从轻处罚事实的认定可以采用自由证明，而非一律适用最严格证明

犯罪事实包括定罪事实与量刑事实，后者又包括不利于被告人的从重量刑事

实和有利于被告人的从宽量刑事实。立功属于有利于被告人的量刑事实。传统的刑事证据理念及相关规则主要是针对定罪问题而确立,以对法院定罪活动加以限制和约束为目标。基于此,诉讼活动中要求严格坚持无罪推定原则,赋予公诉方证明被告人有罪的责任,并为这种证明确立了最高的证明标准,即严格证明。但是,当讨论具体个案中的量刑事实时,默认前提是该被告人的行为已经构成犯罪,不宜再将严格证明应用于所有量刑事实,特别是从轻处罚事实。

就量刑事实而言,囿于控辩双方向法庭提供的量刑信息的不全面、不客观,甚至各方基于本方的诉讼利益,可能向法庭提供虚假或者不可靠的量刑证据,法庭据此作出的量刑裁判往往会过分偏重或者偏轻,导致量刑裁决的不公正。为了最大限度降低潜在的量刑失衡风险,真正实现罪责刑相适应,在相应司法理念指导下,法庭对量刑事实的证明应当区别对待。具体而言,对于由控诉机关提供的从重量刑事实的证明,从限制国家司法权的理念出发,仍应坚持适用最严格的证明标准;而被告方提供的从轻、减轻等有利于被告人量刑事实的证明,本着有利于被告人的原则,对此类量刑事实应当允许进行自由证明;质言之,在证据种类、提出和调查方式上不应进行苛刻要求,对于用于证明有利于被告人量刑事实的证据的证明能力不应作严格的限制。如证据种类方面,不局限于法定证据种类,对于有关机关出具的"情况说明"、民意的反映材料等也可纳入考量范畴;提出和调查方式方面,不拘泥于证据来源的方式,如通过查阅卷宗或者电话询问的方式取得的材料也可作为对被告人量刑的依据。立功作为有利于被告人的重要量刑情节之一,其认定当然亦应采用自由证明的方式。《最高人民法院关于适用〈中华人民共和国刑事诉讼法〉的解释》(以下简称《解释》)第六十四条第二款规定:"认定被告人有罪和对被告人从重处罚,应当适用证据确实、充分的证明标准。"然而,《解释》对被告人从轻、减轻等有利于被告人的量刑事实并未规定最严格的证明标准,从体系解释的逻辑脉络分析,可反向推论对此类事实可以不适用最严格证明标准。

(二)立功等从轻处罚事实的认定可以适用优势证明标准

自由证明与严格证明的区别除了上文提及的证据种类、提出和调查方式外,另一显著区别在于两者的证明标准不同,即严格证明适用"排除合理怀疑"的通常标准,而自由证明则适用优势证明标准。换言之,相对于严格证明适用的"排除合理怀疑"等证明标准而言,自由证明中判断证据指向的事实是否存在的标准是"盖然性"。之所以如此,是因为严格证明适用于定罪和从重量刑场合,这些场合中承担证明责任的主要是控诉机关,从无罪推定理念和控诉机关掌握大量司法权力的现实出发,如若不适用上述标准,可能导致国家权力的滥用,直接损害被告人的合法权益。而自由证明适用于有利于被告人的量刑场合,如果对有利于被告人的量刑情节一律要求严格证明,就会导致取证能力较弱的被告人及其辩护人所获证据被采信的可能性大大降低,不利于对被告人合法权益的保障。因此,无论是严格证明中的通常标准还是自由证明中的优势标准,蕴含的价值取向均是对被告人权益的保障,两者有异曲同工之妙。

司法实践中,诸如立功等有利于被告人的量刑情节,通常由被告方提出。相应地,被告方通常会承担主要的证明责任。具体而言,被告方的这种证明责任需要达到优势证据的程度,并在达到这一程度之后,将证明责任再次转移给公诉方。公诉方此时要承担证明该项量刑情节不成立的责任,并需达到优势证据的程度。在被告方与公诉方的证明势均力敌的情况下,法庭通过对控辩双方量刑证据的权衡,最终裁断哪一方的证明达到了相对优势的程度。换言之,在存在两种相反的事实认定的可能下,只要其中一种事实存在的可能性具有证据上的相对优势,也就是相对另一种事实存在的可能性而言,该种事实成立的可能性更大一些,那么,法庭就该确信该种事实的成立,并将其作为裁判的依据。

——《刑事审判参考》(总第 100 辑)。

1515 被告人翻供情况下合理怀疑的排除

关键词｜证据｜被告人翻供｜合理怀疑｜

【最高人民法院参考案例】

胡建明抢劫案(《刑事审判参考》案例第 778 号)

要旨:办理死刑案件特别是翻供案件,应当严格按照“案件事实清楚,证据确实、充分”的证明标准,通过正向肯定和反向否定的双向分析,在证据审查和采信环节严格把关,形成严密的证据体系,排除合理怀疑,确保准确认定案件事实,防止冤假错案发生。

(二)证据采信和事实认定上的疑问能得到排除

排除合理怀疑与证据确实、充分是对有罪证明标准不同角度的两种界定。证据确实、充分是从正面对证据的质和量提出的要求,而排除合理怀疑是从反向角度对证据的充分程度提出的判断标准。作出任何一个有罪判决,都应当要求在案证据足以排除被告人无罪的任何合理怀疑,在案证据所得出的有罪结论是唯一的,具有排他性。将排除合理怀疑作为有罪判决“证据确实、充分”的标准,已经为 2012 年修正的刑事诉讼法所确认。实践中,这一标准已被推行,特别是在近年来死刑案件的办理过程中更是得到广泛执行。具体到本案,从前文的正向分析已基本可以认定被告人胡建明实施了三起抢劫犯罪。但是,由于胡建明翻供,且提出了具体辩解,其妻子也作证称胡没有作案时间,所以很有必要分析胡建明的翻供理由是否成立,翻供内容是否真实,其妻子的证言是否可采信,从而使本案的证据体系达到排除合理怀疑的标准。

1. 关于是否存在刑讯逼供

被告人胡建明进入审判阶段后翻供,否认实施抢劫犯罪,辩称其有罪供述系受到刑讯逼供。经查,胡头部的少许伤痕(硬币大小)系在抓捕过程中形成。根据公安机关出具的情况说明,抓捕时胡建明反抗激烈,被按倒在地,由此形成头面部伤。从照片和审讯录像看,胡建明右额部确有少许伤痕,考虑到胡于2004年3月28日17时30分左右被抓获,次日9时进行审讯录像,抓捕和审讯间隔不久,故其头部伤痕系在抓捕过程中形成的解释是可信的。同时,审讯录像经当庭播放,录像内容证实没有对胡建明刑讯逼供。胡建明作有罪供述时语速平稳,神态平和,供述自然、连贯,除供述所犯罪行外,还与审讯人员聊天,内容涉及人生观、价值观等,没有刑讯迹象。因此,可以认定胡建明系自愿作出有罪供述,其提出受到刑讯逼供的翻供理由不成立。

2. 关于被告人的无罪辩解能否成立

胡建明在第一次审讯时供述罗某的汽车系其从初次认识的王斌(音)处购买的赃车,其尚有部分款项未付,未涉及其他事实。审判阶段否认实施抢劫犯罪,在前两次一审、二审期间辩称孙某的汽车和罗某的汽车均系其从王斌处接取并予以代管,其供述的是王实施的犯罪事实。在第三次一审补充起诉抢劫段某的事实后,胡建明否认实施该起犯罪,但未提出辩解。最高人民法院复核提讯中,胡建明又辩称抢劫段某亦系王斌所为。我们认为,胡建明的无罪辩解不成立。主要理由在于:(1)胡建明翻供主要针对本案侦查工作中的疏漏,如未组织辨认、指认,抛尸现场也未留下痕迹等,并未着力证实自己没有作案时间,其也说不清楚在相关涉案时间段内的行踪,提供不出不在场的证据,反而刻意回避此问题。(2)胡建明关于与王斌的认识、交往过程、两辆汽车的性质、接车地点的供述极不稳定,多次反复且相互矛盾,王斌是否真实存在值得怀疑。同时,胡建明自称与王斌交往不深,王斌不太可能主动对其讲述杀人劫车事实,胡更不可能甘愿替王斌承担命案的罪责。退而言之,假设胡建明所述王斌犯罪的情况属实,胡不仅没有为王承担命案罪责的理由,相反更应积极提供线索协助公安机关抓获王以证自身清白。但胡提供不出王的联系方式、住址等情况,也提供不出认识王的证人。这表明胡关于王实施抢劫作案后将车交与其保管的供述系编造的,其翻供内容不可信。

3. 关于被告人的有罪供述是否真实

胡建明在被抓获后不久作了二次有罪供述。第一次供述非常详细,供认其抢劫作案四次。第二次供述相对简单,所供内容与第一次一致。在这二次供述中,胡建明所供作案过程连贯、渐进,细节突出,一些情节系先供后证,证明力强。其中,胡建明主动供述的抢劫段某的事实是公安机关本不掌握的。此外，胡建明还主动供述了2003年8月其第一次实施的抢劫出租车未遂的事实。被害司机挣扎时将车撞到路边熄火，胡因过于紧张、手段不熟练，仅将司机勒昏后即逃离。被害人因没有遭受明显暴力侵害和财产损失，未报案，公安机关也未掌握。该起抢劫事实与本案认定的三起抢劫事实在作案工具、作案手段、作案对象上均有相似之处。从胡建明的供述可以看出，其前两起抢劫的对象系合法运营的出租车司机，后两起系无证运营的出租车司机，表明其在抢劫对象的选择、作案手法的熟练程度上有所渐进，符合作案规律。因此，胡建明的有罪供述自然、可信。

4. 关于被告人妻子的证言能否采信

在胡建明归案当天，胡的妻子陈锁秀作证称，罗某被害的前后几天胡均在家，或休息，或与他人下象棋。第二次一审期间，陈锁秀再次出具上述证言。我们认为，陈锁秀的证言不足采信，主要理由是：(1)陈锁秀所证胡建明的起居作息、接触人员情况本身存在矛盾，也与胡第一次供述中所供自己的行踪不符，且所证与胡下棋的人员无法查实。(2)陈锁秀与胡建明系夫妻，与案件处理结果有直接利害关系，不排除其在个别陈述中有包庇胡的可能。(3)胡建明供称其和陈锁秀感情较好，陈在他因盗窃犯罪被判刑的几年间不离不弃。据此分析，陈锁秀既然已证实胡建明没有作案时间，正常情况下，作为夫妻会尽心为胡寻找不在场的证据，而陈锁秀非但无所作为，相反却在胡被抓获后的第三天即匆忙搬离生活多年的住地，此后未关注过胡案进展，行为很反常。这不仅证实陈锁秀对胡某不信任，也证实陈的证言不可信。

——《刑事审判参考》(总第86辑)。

1516 关键证据存在疑点，无法排除合理怀疑的案件，应当宣告无罪

关键词 | 证据 | 合理怀疑 | 无罪 |

【最高人民法院参考案例】

晏朋荣故意杀人、抢劫案(《刑事审判参考》案例第738号)

要旨：有罪判决的证明要求案件事实清楚，证据确实、充分，对关键证据存在疑点，无法排除合理怀疑的案件，应当宣告被告人无罪。

(一)对证据存疑的案件的审查

1. 对定案证据进行综合审查是基础

对定案证据进行综合审查，是证据审查的首要工作。实践中，对于一些证据存疑的案件，往往会先从具体问题入手进行审查。比如，纠结于犯罪动机是否合理、

是否有他人参与作案等事实证据的审查,而忽视了对全部证据特别是定案证据的证据链条是否完整、整体的证明力是否确实、充分等进行综合审查。对于所有的案件,都应当首先审查各个证据与案件事实是否有客观联系,是否能够形成证据链条,该链条是否完整、合理、有逻辑性,从整体上判断全案证据是否确实、充分。

2. 通过审查案件侦破经过反映的取证情况、证据之间的关系,是排除或确定证据间疑点的重要手段

侦破经过在反映抓获被告人过程的同时,也反映了取证过程。自然、正常的侦破经过会基本反映出证据线索的来源、证据之间的关系和证据链形成的情况,有助于对取证情况形成整体印象,为最终的内心确信打下基础。而存在问题案件的侦破经过往往会出现线索脱节、内容不合情理而又无法自圆其说的情况,同样有助于我们发现全案证据链的缺陷,为判断具体证据的客观性提供参考性依据。

3. 对犯罪动机合理性、他人参与作案可能性等“干扰性”情节进行审查,是排除或确定证据间疑点的辅助手段

实践中,在审查一些存在证据问题的案件时,往往会过多关注被告人的作案动机,把动机是否符合情理作为认定供述客观性、能否排除合理怀疑的重要依据,甚至把动机不合理直接作为不能排除的合理怀疑。这种认识有失偏颇,作案动机是犯罪人作案时的心理活动,是案件事实的一部分,主要依靠被告人的供述认定,如果被告人故意隐瞒,很难对其犯罪动机进行准确认定。因此,在有些案件中查不清犯罪动机是正常的,是法律事实和客观事实的差异在具体案件中的体现。能否查明动机,与案件是否构成“铁案”、犯罪事实是否清楚并无直接的关系。至于动机是否合理,更是我们站在一般人角度分析得出的结论,主观性很强,不足以作为产生怀疑的合理依据。

犯罪动机、他人参与作案的可能性等类似情节,对定案证据是否确实、充分并无直接影响。如果定案证据确实、充分,足以认定被告人犯罪事实,这些情节的干扰作用自然消失。在本案中,其干扰作用更多体现在对内心确信的影响上,至多与案件事实中是否存在合理怀疑有关,对排除或确定证据间疑点只能起到辅助作用,不应夸大成影响定案的证据问题。

(二)对无罪案件的证据标准的把握

根据刑事诉讼法第一百六十二条的规定,有罪判决的证明要求是案件事实清楚,证据确实、充分。事实清楚,是指凡与定罪量刑有关的事实和情节,都必须查清,证据确实、充分是对定案证据质和量的总体要求。“确实”是质的要求,包括查证属实、与待证事实客观联系、与证明对象范围一致及证明力强等。“充分”是量的要求,首先要求能够收集、应当收集的证据均已依法收集,其次要求犯罪构成要件的事实均有相应证据证明,最后要求所有证据的总和足以使案件事实得出确定

无疑的结论,排除其他一切可能。结合最高人民法院、最高人民检察院、公安部、国家安全部、司法部联合制定的《关于办理死刑案件审查判断证据若干问题的规定》,可以总结出有罪判决的证明标准:第一,有罪判决必须满足事实清楚,证据确实、充分的证明要求;第二,满足证据确实、充分的证明要求必须达到客观真实并排除合理怀疑的证明标准;第三,客观真实并排除合理怀疑具体体现为作为定案根据的证据形成封闭锁链并排除相互的冲突和矛盾,所证明的案件事实具有唯一性。

刑事案件的证明责任由指控人(公诉机关、自诉人)承担,被告人无须“自证无罪”,因此无罪判决的证明标准与有罪判决并不相同,只要指控证据未达到有罪判决的证明标准。简言之,只要存在被告人无罪的可能性,就表明关于有罪的证明至少未达到排除合理怀疑的要求,即应考虑认定被告人无罪。换言之,对于无罪事实的证明并不需要达到确实、充分,排除合理怀疑的程度,只要无罪事实存在,足以影响到证据不足,不能认定被告人有罪即可。

本案中,指控依据的核心证据是陈国秀的陈述、晏朋荣的认罪供述,这两项证据内容均前后不一,彼此之间在关键细节上也存在矛盾,无法形成印证。在案的其他证据反映的情况与该两项证据均存在明显矛盾,不能起到补强作用。特别是在晏朋荣翻供后,全案证据无法形成完整的证据链,晏朋荣无罪的可能性远大于有罪的可能性。据此,一、二审认定晏朋荣无罪是适当的。

——《刑事审判参考》(总第 83 辑)。

1517 如何把握“疑罪”的认定标准

关键词 | 证据 | 证明标准 | 疑罪 |

【最高人民法院参考案例】

任海玲故意杀人案(《刑事审判参考》案例第 1058 号)

要旨:对疑罪的认定应当紧扣法律规定的证明责任和证明标准,有针对性地说明理由;应当注重审查证据,特别是被告人口供的真实性,以及现有证据能否证明被告人与犯罪事实之间的关联性。

一般认为,“疑罪”是指定罪的事实不清、证据不足;案件中一般的细枝末节问题和不影响定罪事实的疑点,不可轻率适用疑罪从无原则。这是认定疑罪的基本原则。具体到个案,对疑罪的认定,要注意结合证明责任和证明标准充分说明理由。

1. 疑罪是公诉机关未能实现法定证明责任的结果

根据刑事诉讼法的规定,公诉案件中被告人有罪的举证责任由人民检察院承担。据此,人民检察院应当提供确实、充分的证据证明被告人有罪,否则,一旦因举证不力而导致疑罪,就应当承担败诉的后果。此外,疑罪的产生还有另外一个重要原因,即被告人针对指控提出合理的辩解。一旦被告人提出的辩解理由形成对犯罪事实的合理怀疑,也将导致疑罪。这种疑罪在本质上仍然是公诉机关未能实现法定证明责任所致。

从证明责任的角度,对疑罪的认定应当注意以下问题:第一,疑罪不同于有证据证明无罪的案件,如有证据证明被告人是无辜者,就该被告人而言,案件显然不是疑罪,应当宣告被告人无罪。这种无罪宣告不是基于疑罪从无原则所宣告的无罪,而是事实上的无罪。第二,疑罪不以被告人翻供或者提出辩解为前提,即使被告人笼统认罪,如其认罪供述的真实性缺乏保障,在案证据不能达到法定证明标准,也不能认定被告人有罪。因此,疑罪是公诉机关未能履行证明责任的结果,法院对疑罪的认定,应当结合公诉机关的证明责任说明理由。

2. 疑罪是指定罪事实未能达到法定证明标准

疑罪是指定罪的事实不清、证据不足,不能将疑罪等同于事实证据有瑕疵的案件。根据“两高三部”发布的《关于办理死刑案件审查判断证据若干问题的规定》对“证据确实、充分”证明标准的界定,所谓定罪的事实不清、证据不足,从诉讼证明的角度主要是指证据与证据之间、证据与案件事实之间存在矛盾,根据证据认定案件事实的过程不符合逻辑和经验规则,由证据得出的结论不是唯一结论。

实践中,疑罪有不同的表现形式,比较常见的就是以非法收集或者真实性缺乏保障的被告人口供作为定案根据的疑罪案件。有的案件,人民检察院提供的证据材料很多,但这些证据材料大多仅能证明犯罪事实存在,不能证明被告人与犯罪事实之间的关联,实际上主要是以被告人口供作为指控犯罪的根据。由于一旦被告人口供属于非法证据,依法应当予以排除,或者被告人口供缺乏其他证据的有效印证,真实性缺乏保障,则不能作为定案的根据,并最终会导致证据不足,不能认定被告人有罪。法院对疑罪的认定,应当立足个案特点,结合法定证明标准说明理由。

……

本案中,公诉机关对指控的犯罪事实提供了大量证据,但除被告人任海玲曾作出的认罪供述外,其他证据只能证明犯罪事实发生,任海玲有犯罪嫌疑,不能证明犯罪行为系任海玲所为。本案的关键定罪证据就是任海玲的认罪供述,但因侦查取证不够全面、细致,导致任海玲的认罪供述缺乏其他证据的有效印证,真实性缺乏保障,不能作为定案的根据。此外,在案证据之间存在一些重要的矛盾和疑点,无法作出合理解释。除去任海玲的认罪供述,公诉机关指控的犯罪事实显然达不到证据确实、充分的证明标准,对此类疑罪案件,依法不能认定任海玲有罪。

——《刑事审判参考》(总第102辑)。

1518 如何正确理解和适用按被告人自报身份审判的条件

关键词 | 证据 | 被告人身份 |

【最高人民法院参考案例】

户猛抢劫案(《刑事审判参考》案例第1064号)

要旨：由于侦查阶段工作不够细致，相关工作未补充完善，并未穷尽侦查手段，致被告人身份存疑，因此，不属于经审查判断仍无法查实被告人身份的情形，不能按被告人自报身份审判。尤其本案是死刑案件，对身份事实的审查更应该严格把关。

在刑事审判中，按被告人自报身份审判，必须符合以下两个条件：

1. 犯罪事实清楚，证据确实、充分。按自报认定被告人身份的前提条件是认定被告人犯罪的事实清楚，证据确实、充分，也就意味着对被告人犯罪的事实或行为已有充分的证据证实，且该事实或行为在现有证据下，能够完全证实是被告人实施。如果犯罪事实本身的证据并不充分，则不适用按被告人自报身份审判的规定。

2. 确实无法查明身份。按自报认定被告人身份的必要条件是被告人身份确实无法查明，即司法机关使用所有手段得到的证据都确实无法查实被告人的真实身份。确实无法查明身份，包括了两个方面的内容：(1)侦查机关经过大量工作，穷尽了可以利用的手段，包括专门机关的技术工作和群众调查工作。(2)无法查实，即依据侦查机关搜集到的证据确实无法证实被告人身份情况，同时没有相反证据证明被告人自报身份的真伪。

就本案而言，认定被告人抢劫的事实均已有确实、充分的证据予以证实，无继续侦查的必要。但是，被告人身份事项的查明手段尚未穷尽，得不出无法查实的结论。一是证明被告人身份的在案证据相互矛盾，尚未排除合理怀疑。查明被告人身份是一项复杂、细致的工作，需要根据被告人持有的身份证与原户籍所在地登记资料比对核实，有时还需要到被告人原籍所在地的户籍管理机关调取相关材料，甚至还要向被告人自报身份所在地的基层组织、亲友、熟人进行调查以最终确认。任何环节的错漏、敷衍都可能造成被告人主体身份的失真。本案中，公安机关并未展开全面调查，未调取“户猛”“户磊”的详细原始户籍材料比对以及询问“户猛”“户磊”住所地的基层组织、亲属、村民、同学等。二是本案在死刑复核阶段，发现了被告人身份事实的许多疑点。最高人民法院通过严格审查，对被告人身份信息的所有相关证据进行比较、核实，同时利用复核提讯的机会，有针对性地设计讯问方式和提纲，运用技巧进行提讯后，被告人承认自己是“户磊”，且该供述得到其亲属证言印证。经进一步审查发现：被告人真实姓名系“户磊”、冒用其兄“户猛”之名办理的身份证；被告人参与四起抢劫，同案犯并不知道其真实姓名，在供述中对其称呼均不一致；被告人在侦查阶段、起诉阶段及一二审阶段均称自己叫户猛，侦查机关仅泛泛记录，未作深入调查、核实。因此，一二审认定被告人的自报身份存在疑点，需要进一步查清。

——《刑事审判参考》（总第 102 辑）。

1519 对刑事诉讼法第二百条第（三）项中“证据不足”的理解

关键词 | 证据 | 证据不足 |

【最高人民法院参考案例】

王某故意杀人案（《刑事审判参考》案例第 343 号）

要旨：证明主要案件事实的直接证据未查证属实，间接证据难以形成锁链的，属于证明犯罪构成要件的证据不足，只有证明犯罪构成要件的证据缺失，才属于刑事诉讼法第一百六十二条第（三）项[①]规定的“证据不足”。

（一）只有证明犯罪构成要件的证据缺失，才属于刑事诉讼法第一百六十二条第（三）项规定的“证据不足”

刑事诉讼法第一百六十二条第（三）项所指的证据不足，实际是证明犯罪构成要件的证据不足。实践中，当证据不足，指控的犯罪不能成立时，我们称其为“疑罪”。顾名思义，“疑罪”，就是在定罪的问题上存在模糊之处，难以形成定论。实际上，一个完整判决的形成可分为两步：第一步，法官依法认定被指控犯罪行为是否构成刑法分则所规定的某一特定的犯罪。例如，对本案而言，法官首先须通过综合分析，确定王某的行为是否符合故意杀人罪的犯罪构成，是否构成故意杀人罪；第二步，在认定王某的行为构成故意杀人罪的前提下，法官须根据犯罪事实及情节确定刑罚。显然，第一步是第二步的前提。通常情况下，法官会非常顺利地从第一步走到第二步，但也不排除通过第一步未得出确定性结论的情况。在后一种情况下，被指控的犯罪就成了“疑罪”。对于疑罪，根据刑事诉讼的基本理念及国际惯例，是不能定罪处罚的。也就是说，在通过第一步得不出有罪结论的情况下，法官是不能再“走”第二步的。我国刑事诉讼法第一百六十二条第（三）项，指的其实就是通过第一步不能得出有罪结论的这种情况。那么，该条所说“证据”，其实就是认定犯罪构成要件即基本犯罪构成的证据。也就是说，当认定基本犯罪构成的证据缺失时，即属于证据不足。如果认定基本犯罪构成的证据充足，仅仅是某些影响量刑的证据缺失，不属于我们这里所说的证据不足。当然，犯罪具体构成与犯罪性

---

① 2018 年修正的刑事诉讼法第二百条第（三）项。

质相关,各不相同。

(二)证明主要案件事实的直接证据未查证属实,间接证据难以形成锁链的,属于证明犯罪构成要件的证据不足

1. 直接证据查证属实的,犯罪构成要件证据即属充分,可以认定被告人有罪

对直接证据进行查证,应当注意该直接证据是否与其他证据存在矛盾,如果有矛盾,这种矛盾能否得到合理解释。需要注意的是,司法实践中,直接证据多为被告人口供,而口供的真实性和合法性尤其要得到保障。确实存在刑讯逼供、骗供、诱供的,其口供真实性和合法性难有保障,其对案件所具有的直接证明作用也就无法发挥。口供如果属于没有得到查证的直接证据,就不能作为有罪判决的依据。

2. 没有直接证据,或虽有直接证据但未查证属实,间接证据又难以形成锁链的,属于证明犯罪构成要件的证据不足

当案件中没有直接证据,或虽有直接证据但不能查证属实的,就需要依靠间接证据定案。依靠间接证据定案,必须保障所有的间接证据能够形成完整的证据锁链。单个间接证据只能证明案件事实的某一环节,不能直接证明主要案件事实,因而,运用间接证据定案,必须运用逻辑推理,这就存在一定的风险性。为减少错案,运用间接证据定案,必须保障证据能够形成完整的锁链。

第一,犯罪构成要件事实均得到证明,犯罪行为每一环节均得到证明,且环环相扣。

第二,证据之间没有矛盾,证据与案件事实之间没有矛盾,或称矛盾能够得到合理解释或排除。运用间接证据定案时,尤其要注意排除证据之间、证据与案件事实之间的根本性矛盾。对于矛盾,不能做机械理解。由于人的记忆、感知能力的特点而产生的合理矛盾不影响间接证据定案,而存在根本差异的根本性矛盾则必须得到排除或合理解释。

第三,依据所有证据只能得出唯一的排他性或确定性的结论。应当明确,有罪判决成立的前提必须是所有证据所指向的结论是唯一的,即确定的。仅凭可能性的结论绝对不能作出有罪认定。

——《刑事审判参考》(总第44辑)。

1520 证据全案移送规则

关键词 | 证据 | 全案移送 |

【最高人民法院司法解释】

第七十三条 对提起公诉的案件，人民法院应当审查证明被告人有罪、无罪、罪重、罪轻的证据材料是否全部随案移送；未随案移送的，应当通知人民检察院在指定时间内移送。人民检察院未移送的，人民法院应当根据在案证据对案件事实作出认定。

——《最高人民法院关于适用〈中华人民共和国刑事诉讼法〉的解释》（2021年3月1日，法释〔2021〕1号）。

【链接：理解与适用】

《解释》第七十三条……是根据刑事诉讼法第四十一条“辩护人认为在侦查、审查起诉期间公安机关、人民检察院收集的证明犯罪嫌疑人、被告人无罪或者罪轻的证据材料未提交的，有权申请人民检察院、人民法院调取”和“六部委”《关于实施刑事诉讼法若干问题的规定》第二十四条“人民检察院向人民法院提起公诉时，应当将案卷材料和全部证据移送人民法院，包括犯罪嫌疑人、被告人翻供的材料，证人改变证言的材料，以及对犯罪嫌疑人、被告人有利的其他证据材料”所作的照应性规定。全案移送证据材料有利于全面查明案件事实，是刑事诉讼的基本规则。从近些年纠正的冤错案件来看，一些案件就是因为没有全案移送证据材料，影响了最终裁判。例如安徽“于英生案”，侦查机关没有随案移送现场发现的第三人的血指纹。后经继续侦查，发现该第三人的血指纹即为真凶的血指纹。基于此，应当要求移送全案证据材料。从司法实践来看，个别案件存在由于未随案移送相关证据材料导致案件存疑的情况，甚至经人民法院调取仍未提供。为将相关法律规定落到实处，切实保障被告人的合法权益，有必要专门规定。

需要注意的是，本条专门规定“人民检察院未移送的，人民法院应当根据在案证据对案件事实作出认定”，旨在明确人民检察院经调取未移送的处理规则。这意味着因缺乏证据材料导致有关事实存疑的，应当依法作出有利于被告人的认定。例如，在辩方举证证明被告人未满十八周岁的情况下，由于人民检察院拒绝移送相关证据导致年龄存疑的，应当作有利于被告人的认定，即认定其不满十八周岁。

——《起草小组解读：〈刑事诉讼法解释〉理解与适用（上）》，载中国法院网2021年2月4日，https://www.chinacourt.org/article/detail/2021/02/id/5796152.shtml。

1521 讯问过程录音录像调取规则

关键词 | 证据 | 录音录像 |

【最高人民法院司法解释】

第七十四条 依法应当对讯问过程录音录像的案件，相关录音录像未随案移送的，必要时，人民法院可以通知人民检察院在指定时间内移送。人民检察院未移送，导致不能排除属于刑事诉讼法第五十六条规定的以非法方法收集证据情形的，对有关证据应当依法排除；导致有关证据的真实性无法确认的，不得作为定案的根据。

——《最高人民法院关于适用〈中华人民共和国刑事诉讼法〉的解释》（2021年3月1日，法释〔2021〕1号）。

【链接：理解与适用】

刑事诉讼法对讯问录音录像问题作了明确，监察法第四十一条第二款也规定“调查人员进行讯问以及搜查、查封、扣押等重要取证工作，应当对全过程进行录音录像，留存备查”。而且，相关主管部门也对重要取证环节的录音录像作了进一步细化规定。但是，从司法实践来看，个别案件仍然存在由于未随案移送相关录音录像导致证据存疑的情况，甚至经人民法院调取仍未提供。为将相关法律规定落到实处，切实保障被告人的合法权益，《解释》第七十四条规定……

征求意见过程中，有意见建议删去本条。理由是：根据刑事诉讼法和“六部委”《关于实施刑事诉讼法若干问题的规定》，讯问录音录像无须随案移送，而是根据需要调取。无论是刑事诉讼法还是《非法证据排除规定》，都没有将“未依法对取证过程进行录音录像”或者“录音录像未随案移送”作为排除非法证据的情形。关于检察机关未提供讯问过程录音录像以证明取证合法性的问题，可以依据刑事诉讼法关于非法证据排除的规定处理。经研究，未采纳上述意见。主要考虑：本条规定与上述规范性文件的规定并不矛盾。本条规定的是经人民法院调取仍未移送，进而导致相关证据的真实性、合法性或者关联性无法确认的情形。对此，无论依据哪个规范性文件的规定，还是刑事诉讼基本法理，都不能作为定案的根据。本条规定只是对此类情形予以细化，并无不妥。

需要注意的是，本条规定的“讯问过程录音录像”不限于侦查讯问过程录音录像，也包括监察调查讯问过程录音录像。《国家监察委员会与最高人民检察院办理职务犯罪案件工作衔接办法》第二十七条第二款规定：“国家监察委员会对调查过程的录音、录像不随案移送最高人民检察院。最高人民检察院认为需要调取与指控犯罪有关并且需要对证据合法性进行审查的讯问录音录像，可以同国家监察委员会沟通协调后予以调取。”可见，调查过程的录音录像虽然不随案移送，但可以依法调取。

——《起草小组解读:〈刑事诉讼法解释〉理解与适用(上)》,载中国法院网 2021 年 2 月 4 日,https://www.chinacourt.org/article/detail/2021/02/id/5796152.shtml。

1522 行政机关在行政执法和查办案件过程中收集证据材料的使用

关键词 | 证据 | 行政机关收集的证据 |

【最高人民法院司法解释】

第七十五条　行政机关在行政执法和查办案件过程中收集的物证、书证、视听资料、电子数据等证据材料,经法庭查证属实,且收集程序符合有关法律、行政法规规定的,可以作为定案的根据。

根据法律、行政法规规定行使国家行政管理职权的组织,在行政执法和查办案件过程中收集的证据材料,视为行政机关收集的证据材料。

——《最高人民法院关于适用〈中华人民共和国刑事诉讼法〉的解释》(2021 年 3 月 1 日,法释〔2021〕1 号)。

【链接:理解与适用】

(1)刑事诉讼法第五十四条第二款规定:"行政机关在行政执法和查办案件过程中收集的物证、书证、视听资料、电子数据等证据材料,在刑事诉讼中可以作为证据使用。"实践中,有观点认为,勘验、检查等笔录的客观性强,且往往条件消失后,不能重复制作,而重复鉴定亦无必要,故对于上述行政证据材料,应当承认其刑事证据资格。基于此,本条原本拟增加规定"勘验、检查等笔录"和"鉴定意见"在刑事诉讼中可以作为证据使用。征求意见过程中,有意见提出:"由于行政机关收集勘验、检查等笔录、鉴定意见等证据的程序与刑事诉讼法的规定存在差异,且基于各方面等原因,这些证据可能存在无法有效检验、质证等情况,刑事诉讼法未对行政机关收集的勘验、检查等笔录、鉴定意见在刑事诉讼中的证据效力作出规定。这些证据如果在刑事诉讼中使用,并作为定案的依据,应当严格慎重把握。"另有意见认为,勘验、检查笔录、鉴定意见是有一定主观性的证据材料,与书证、物证等客观性证据不同,不宜采用相同的证据审查认定规则。特别是行政执法过程中的"鉴定意见"效力不同于司法鉴定。司法鉴定需要有鉴定资质,而行政执法过程中的鉴定意见往往由行政机关自己作出,或者由不具有司法鉴定资质的机构作出,不具有相同的公信力,不应直接作为证据使用。经研究,采纳上述意见,沿用《2012 年解释》第六十五条第一款的规定,且与刑事诉讼法第五十四条第二款的规定保持一致。

需要注意的是,本条规定的是"物证、书证、视听资料、电子数据等证据材料"

在刑事诉讼中可以作为证据使用，对其中的“等”，原则上应作等内解释，即通常只限于物证、书证、视听资料、电子数据，不包括鉴定意见、勘验、检查笔录；但是，根据案件具体情况，进入刑事诉讼程序后，如已不具备重新鉴定、勘验、检查的条件，且有证据证明行政机关进行的鉴定、勘验、检查程序合法，相关证据能与其他证据相印证，确有必要作“等外”解释的，则可以个案处理。

（2）本条原本拟增加一款作为第二款：“行政机关在行政执法和查办案件过程中收集的证人证言、当事人陈述、辨认笔录，需要在刑事诉讼中作为证据使用的，应当重新收集。确有证据证实相关人员因死亡、丧失作证能力等，无法重新收集的，该证据可以在刑事诉讼中作为证据使用；经法庭调查，证言、陈述的收集程序合法，并有其他证据相印证的，可以作为定案的根据。”讨论中，有意见认为，相比于刑事司法程序，行政执法办案对程序规范、权利保障的要求较为宽松。言词证据具有易变性，故对于言词证据、特别是证人证言的审查通常要遵守直接言词原则。而作出上述规定，将导致对言词证据的质证权难以落实。此外还有可能被滥用、不当适用，规避刑事诉讼法的相关规定。例如，一旦证人联系不上，就以证人失踪为由，要求使用、采信行政机关对其录取的证言。经研究，采纳上述意见，删去相关规定。司法实践中，对行政机关收集的言词证据，在刑事诉讼中作为证据材料使用的，必须作更为严格的限制，即仅限于确实无法重新收集，但又必须使用的，且有证据证明取证程序合法、能与其他证据相印证的极特殊情形。

——《起草小组解读：〈刑事诉讼法解释〉理解与适用（上）》，载中国法院网 2021 年 2 月 4 日，https://www.chinacourt.org/article/detail/2021/02/id/5796152.shtml。

1523 行政执法过程中收集的言词证据，是否可以直接作为刑事证据使用

关键词 | 证据 | 言词证据 |

【最高人民法院参考案例】

王志余、秦群英容留卖淫案（《刑事审判参考》案例第 972 号）

要旨：行政执法中收集的言词证据，只有经过侦查机关依法重新取证的才具有刑事证据资格；重新收集的言词证据，不能依照治安处罚法的规定程序提取，且需经庭审质证、查证属实方可作为刑事定案证据使用。

刑事诉讼法第五十二条第二款规定：“行政机关在行政执法和查办案件过程中收集的物证、书证、视听资料、电子数据等证据材料，在刑事诉讼中可以作为证据使用。”显然，被害人陈述、证人证言等言词证据未被规定在内，行政执法机关收集的

言词证据不具有刑事诉讼证据资格。

公安机关查办卖淫嫖娼等行政违法案件时,发现有犯罪线索的,在刑事立案后,对行政执法中收集的言词证据,认为确有必要作为刑事证据使用的,应当由侦查人员依据刑事诉讼法的规定在告知权利与义务、相关法律后果后,向证人、当事人重新取证。不能因其职权的双重性,混淆行政处罚与刑事诉讼程序,任意转换不同程序进行执法。未经重新收集、制作的言词证据,不能作为刑事诉讼证据使用。

——《刑事审判参考》(总第97辑)。

【链接:理解与适用】

(3)征求意见过程中,有意见建议本条增加一款,明确"公安机关在办理行政案件过程中所收集的言词证据,需要在刑事诉讼中作为证据使用的,无须重新收集"。理由是:公安机关具有行政执法和刑事司法的双重职能,在办理行政案件和刑事案件中对于取证程序的要求是完全相同的。并且,根据《公安机关办理行政案件程序规定》的有关规定,对发现或者受理的案件暂时无法确定为刑事案件或者行政案件的,可以按照行政案件的程序办理。在办理过程中,认为涉嫌构成犯罪的,应当按照《公安机关办理刑事案件程序规定》办理。因此,公安机关在办理行政案件过程中收集的证据,应当可以用作刑事诉讼中的证据。经研究认为,上述观点似有不妥,对于公安机关在行政执法过程中收集的言词证据,依法应当在刑事立案之后重新收集。主要考虑:①公安机关具有行政执法和刑事司法的双重职能,这就决定了公安机关的取证活动未必就是刑事侦查,而可能是行政执法,应当受刑事诉讼法第五十四条第二款的规范。②监察机关收集的证据材料,无论是言词证据还是实物证据,在刑事诉讼中都可以作为刑事证据使用。其依据在于监察法第三十三条第一款"监察机关依照本法规定收集的物证、书证、证人证言、被调查人供述和辩解、视听资料、电子数据等证据材料,在刑事诉讼中可以作为证据使用"的规定。如果公安机关在行政执法过程中收集的言词证据也需要在刑事诉讼中直接使用,则需要在刑事诉讼法或者其他法律中作出专门规定。

——《起草小组解读:〈刑事诉讼法解释〉理解与适用(上)》,载中国法院网2021年2月4日,https://www.chinacourt.org/article/detail/2021/02/id/5796152.shtml。

1524 境外证据材料的使用

关键词 | 证据 | 境外证据 |

【最高人民法院司法解释】

第七十七条 对来自境外的证据材料，人民检察院应当随案移送有关材料来源、提供人、提取人、提取时间等情况的说明。经人民法院审查，相关证据材料能够证明案件事实且符合刑事诉讼法规定的，可以作为证据使用，但提供人或者我国与有关国家签订的双边条约对材料的使用范围有明确限制的除外；材料来源不明或者真实性无法确认的，不得作为定案的根据。

当事人及其辩护人、诉讼代理人提供来自境外的证据材料的，该证据材料应当经所在国公证机关证明，所在国中央外交主管机关或者其授权机关认证，并经中华人民共和国驻该国使领馆认证，或者履行中华人民共和国与该所在国订立的有关条约中规定的证明手续，但我国与该国之间有互免认证协定的除外。

第七十八条 控辩双方提供的证据材料涉及外国语言、文字的，应当附中文译本。

——《最高人民法院关于适用〈中华人民共和国刑事诉讼法〉的解释》（2021年3月1日，法释〔2021〕1号）。

【链接：理解与适用】

本条原规定在涉外案件的审理和司法协助一章，位置调整到证据部分，主要是考虑在非涉外案件中，也存在来自境外的证据的审查运用问题。此外，根据本条规定，对于办案机关收集的境外证据材料，无须经过公证、认证程序，只需对来源等作出说明即可；只有当事人等个人提供的境外证据材料才需要经过公证、认证程序。

——《起草小组解读：〈刑事诉讼法解释〉理解与适用（上）》，载中国法院网2021年2月4日，https://www.chinacourt.org/article/detail/2021/02/id/5796152.shtml。

【最高人民法院参考案例】

自诉人桥本郁子诉被告人桥本浩重婚案（《刑事审判参考》案例第748号）

对于我国司法机关通过刑事司法协助请求外国司法机关调查取得的证据，法院无须就该证据本身施加程序及手续上的限制，只要其具备了完整的证据属性，即可予以认定。

判断域外证据是否需要适用公证认证程序，既要维护我国的国家主权，也要根据不同的证据类型，从刑事诉讼的基本原则、证据合法性及真实性的判断标准等上位原则及制度出发，不应一概而论。域外证据通常使用涉外公证、领事认证的方式这一"国际惯例"，其针对的仅是涉外书证，特别是公文书。公文书是指外国有关权力机关颁布的具有明确法律意义的文书，如一国的法律条文、判决书、行政裁定书、政府函件、身份证明等,其形式上的真实性,应当根据证据形成国的法律加以判定,内国法院囿于司法权的限制无法判断文书的真伪,由证据形成国有关机关对公文书形式的真实性予以证明,有利于诉讼的便捷和公正。……

我们认为,在涉外司法实践中,出于本国审判的需要,对于并非承认身份关系、无给付内容或者不需要执行的外国法院民商事判决,适用公证认证程序证明其真实性,可作为证据中的书证,其所查明的事实在我国刑事判决中予以确认。但对于外国法院基于案件事实所作的法律判断,由于系外国法官根据该国程序法及实体法所作的综合性法律确定,因涉及我国的司法主权等问题,应不予确认。

——《刑事审判参考》(总第 84 辑)。

沈容焕合同诈骗案(《刑事审判参考》案例第 578 号)

要旨:对境外证据的审查与认定应根据提供证据的主体不同而加以区分。

1. 对于我国司法机关通过刑事司法协助获取的境外证据的审查与认定

……由于我国请求刑事司法协助的相对方是外国的司法机关,因此,对于由外国司法机关进行的调查取证,只要其具备了完整的证据属性,即客观性、关联性和合法性,即可对该证据进行认定。但是对该证据的证明内容是否采纳,人民法院应当结合案件的其他证据作出判断,不能因为该证据是外国司法机关提供的就直接确认其效力。……人民法院在审理案件中应当审查公安、检察机关是否遵守上述程序请求国际刑事司法协助。因为这关系到提供、收集证据的法定程序问题,公安、检察机关在请求国际刑事司法协助工作中应当遵循程序合法的原则。

2. 对于当事人、辩护人、诉讼代理人提供的境外证据的审查与认定

……刑事诉讼中,对于当事人、辩护人、诉讼代理人提供的在我国领域外形成的证据,由于该证据不是通过国际刑事司法协助途径取得,同样存在法院确认这些证据的有效性、真实性问题,因此法院对这些证据的审查与认定可以借鉴《民事诉讼证据规定》中的相关规定,同时也要充分注意到刑事诉讼的证明标准要求高于民事诉讼的证明标准的问题。民事诉讼法对于外国当事人参加诉讼的授权委托书规定需经所在国公证机关证明,并经我国驻该国使领馆认证;刑事诉讼法对于外国当事人参加诉讼的授权委托书除了由民事诉讼法规定的要经所在国公证机关证明,并经我国驻该国使领馆认证外,还需要由所在国外交部或者其授权机关认证。因此,对于在刑事诉讼过程中,当事人、辩护人、诉讼代理人向法院提供的在我国领域外形成的证据也应经所在国公证机关证明、所在国外交部或者其授权机关认证,并经我国驻该国使、领馆认证。对履行了上述证明手续的证据,法院才能予以认定。但并不是说只要经过了公证、认证手续的证据材料,其真实效力即得到了确认,其证明力相等于公证文件,对该证据的证明内容是否采纳,人民法院仍应当结合案件

的其他证据进行审查后才能作出判断。

……无论是公安、检察机关通过司法协助取得的外文书证，还是当事人、辩护人、诉讼代理人提供的外文书证，都应由证据提供者将外文书证交有资质的翻译机构进行翻译。在翻译无误的情况下，法院只需对中文译文进行审查，控、辩双方只需对中文译文进行质证即可，而不必引用外文书证的原文。但是，如果控辩双方对译文的用词产生争议，而关键词语的翻译对案件处理结果有影响的情况下，法院还是应当慎重审查外文书证原件，并作出正确认定。

——《刑事审判参考》（总第70辑）。

1525 见证人的范围

关键词 | 证据 | 见证人 |

【最高人民法院司法解释】

第八十条 下列人员不得担任见证人：

（一）生理上、精神上有缺陷或者年幼，不具有相应辨别能力或者不能正确表达的人；

（二）与案件有利害关系，可能影响案件公正处理的人；

（三）行使勘验、检查、搜查、扣押、组织辨认等监察调查、刑事诉讼职权的监察、公安、司法机关的工作人员或者其聘用的人员。

对见证人是否属于前款规定的人员，人民法院可以通过相关笔录载明的见证人的姓名、身份证件种类及号码、联系方式以及常住人口信息登记表等材料进行审查。

由于客观原因无法由符合条件的人员担任见证人的，应当在笔录材料中注明情况，并对相关活动进行全程录音录像。

——《最高人民法院关于适用〈中华人民共和国刑事诉讼法〉的解释》（2021年3月1日，法释〔2021〕1号）。

【链接：最高人民法院法官著述】

1.关于见证人的范围。《2021年刑诉法解释》第八十条第一款规定……据此，行使勘验、检查、搜查、扣押、组织辨认等监察调查、刑事诉讼职权的监察、公安、司法机关的工作人员或者其聘用的人员，不得充当见证人。这是因为，设立见证人的目的在于监督相关刑事诉讼活动的依法进行，确保相关笔录和清单的客观公正，因此，应当由实施相关刑事诉讼活动主体以外的人进行见证，以避免“自己监督自己”的现象。

征求意见过程中,有意见建议明确《2021 年刑诉法解释》第八十条第一款第(三)项所列人员,是指所有工作人员,还是只有行使勘验、检查、搜查、扣押、主持辨认等监察调查、刑事诉讼职权的工作人员,即从事其他工作如后勤、政工的人员是否可以作为见证人。经研究认为,本项所称情形包括在该案件中行使勘验、检查、搜查、扣押等监察调查、刑事诉讼职权的监察、公安、司法机关的工作人员或者其聘用人员,既包括正式工作人员,也包括实习人员或者其聘用的协勤、文职、清洁、保安等人员。作出上述规定,并不会影响刑事诉讼职权的行使和侦查活动的正常开展,必要时可以通过录音录像替代见证活动。

2. 关于见证人信息的审查判断。征求意见过程中,有意见建议明确要求载明见证人的相关信息。理由是:在司法实践中,见证人基本上都是只签一个名字,没有身份、联系方式等信息,一些重大敏感或者对证据有疑问的案件,想要再次核实相关证据材料就会存在难以找到相关见证人的问题;另外,一些案件中,侦查机关为省事,也会出现让侦查机关等部门的工作人员或其聘用的人员签名的情况。要求见证人载明姓名、身份、联系方式等信息,既有利于日后便于核实证据,也有利于防范个别侦查机关违规操作现象的发生。经研究,采纳上述意见,《2021 年刑诉法解释》第八十条第二款规定……

3. 关于特殊情形下通过录音录像代替见证。实践反映,如果不允许辅警、保安人员等担任见证人,实践中有两种情形难以解决,一是在一些偏远地区的案件现场,或者深夜发现的现场,可能难以找到群众做见证人;二是在当前司法环境下,出于各种顾虑,有的群众不愿意担任见证人,公安机关不可能强迫他人做见证人。经研究认为,上述意见确有一定道理,所反映的是当前的实际情况。基于此,《2021 年刑诉法解释》第八十条第三款规定……

——喻海松:《刑事诉讼法修改与司法适用疑难解析》,北京大学出版社 2021 年版,第 141—142 页。

(二)物证、书证的审查与认定

1526 物证、书证的审查重点

关键词 | 证据 | 物证 | 书证 |

【最高人民法院司法解释】

第八十二条 对物证、书证应当着重审查以下内容：

（一）物证、书证是否为原物、原件，是否经过辨认、鉴定；物证的照片、录像、复制品或者书证的副本、复制件是否与原物、原件相符，是否由二人以上制作，有无制作人关于制作过程以及原物、原件存放于何处的文字说明和签名；

（二）物证、书证的收集程序、方式是否符合法律、有关规定；经勘验、检查、搜查提取、扣押的物证、书证，是否附有相关笔录、清单，笔录、清单是否经调查人员或者侦查人员、物品持有人、见证人签名，没有签名的，是否注明原因；物品的名称、特征、数量、质量等是否注明清楚；

（三）物证、书证在收集、保管、鉴定过程中是否受损或者改变；

（四）物证、书证与案件事实有无关联；对现场遗留与犯罪有关的具备鉴定条件的血迹、体液、毛发、指纹等生物样本、痕迹、物品，是否已作 DNA 鉴定、指纹鉴定等，并与被告人或者被害人的相应生物特征、物品等比对；

（五）与案件事实有关联的物证、书证是否全面收集。

——《最高人民法院关于适用〈中华人民共和国刑事诉讼法〉的解释》（2021 年 3 月 1 日，法释〔2021〕1 号）。

1527 物证、书证的补正和排除规则

关键词 | 证据 | 物证 | 书证 |

【最高人民法院司法解释】

第八十三条 据以定案的物证应当是原物。原物不便搬运、不易保存、依法应当返还或者依法应当由有关部门保管、处理的，可以拍摄、制作足以反映原物外形和特征的照片、录像、复制品。必要时，审判人员可以前往保管场所查看原物。

物证的照片、录像、复制品，不能反映原物的外形和特征的，不得作为定案的根据。

物证的照片、录像、复制品，经与原物核对无误、经鉴定或者以其他方式确认真实的，可以作为定案的根据。

第八十四条 据以定案的书证应当是原件。取得原件确有困难的，可以使用副本、复制件。

对书证的更改或者更改迹象不能作出合理解释，或者书证的副本、复制件不能反映原件及其内容的，不得作为定案的根据。

书证的副本、复制件，经与原件核对无误、经鉴定或者以其他方式确认真实的，可以作为定案的根据。

第八十五条　对与案件事实可能有关联的血迹、体液、毛发、人体组织、指纹、足迹、字迹等生物样本、痕迹和物品，应当提取而没有提取，应当鉴定而没有鉴定，应当移送鉴定意见而没有移送，导致案件事实存疑的，人民法院应当通知人民检察院依法补充收集、调取、移送证据。

第八十六条　在勘验、检查、搜查过程中提取、扣押的物证、书证，未附笔录或者清单，不能证明物证、书证来源的，不得作为定案的根据。

物证、书证的收集程序、方式有下列瑕疵，经补正或者作出合理解释的，可以采用：

（一）勘验、检查、搜查、提取笔录或者扣押清单上没有调查人员或者侦查人员、物品持有人、见证人签名，或者对物品的名称、特征、数量、质量等注明不详的；

（二）物证的照片、录像、复制品，书证的副本、复制件未注明与原件核对无异，无复制时间，或者无被收集、调取人签名的；

（三）物证的照片、录像、复制品，书证的副本、复制件没有制作人关于制作过程和原物、原件存放地点的说明，或者说明中无签名的；

（四）有其他瑕疵的。

物证、书证的来源、收集程序有疑问，不能作出合理解释的，不得作为定案的根据。

——《最高人民法院关于适用〈中华人民共和国刑事诉讼法〉的解释》（2021年3月1日，法释〔2021〕1号）。

【最高人民法院参考案例】

王维喜强奸案（《刑事审判参考》案例第763号）

要旨：对于来源不明的“物证”以及对该“物证”所作的鉴定意见不能作为定案证据。

（一）对证据收集、复制、保管工作均不符合相关法律规定，导致该证据来源存疑，且有关办案人员无法补正或者作出合理解释，因此相关证据不能作为定案证据

《死刑证据规定》第九条第三款规定：“对物证、书证的来源及收集过程有疑问，不能作出合理解释的，该物证、书证不能作为定案的根据。”同时，根据《死刑证据规定》第九条第二款的规定，对于物证、书证的收集程序、方式存在该规定所列瑕疵，通过有关办案人员的补正或者作出合理解释的，可以采纳。可见，对瑕疵证据并非绝对排除，而是附条件地采信。如果所附条件不具备，则不应采信。

（二）如果相关证据是鉴定意见能够作为证据的基础，当相关证据不能作为定

案的根据时，上述鉴定意见也不能作为定案的根据

鉴定意见是由专业人员以其专业知识对既有证据的证明力进行的说明，其合法性和关联性首先要依附既有证据的合法性和关联性。从某种角度来讲，既有证据与对其进行的相关鉴定是一个整体，既有证据被排除了，相关鉴定意见也不能作为定案根据。这与西方学者针对非法证据所主张的“毒树之果”理论不同。在“毒树之果”理论中，“树”与“果”是两种不同的证据材料，各自相对独立，只不过“树”提供了发现“果”的线索。因此，对以非法方法收集的证据为线索，通过合法方法收集的证据，并不绝对排除。

根据《死刑证据规定》第二十三条第（四）项、第二十四条第（六）项的规定，对鉴定意见，应当审查检材的来源、取得、保管、送检是否符合法律及有关规定，与相关提取笔录、扣押物品清单等记载的内容是否相符，检材是否充足、可靠。送检材料、样本来源不明或者确实被污染且不具备鉴定条件的，鉴定意见不能作为定案的根据。

——《刑事审判参考》（总第 85 辑）。

吴金义故意杀人案（《刑事审判参考》案例第 579 号）

要旨：来源不清或来源存疑的物证及据此得出的鉴定意见不能作为定案的依据。

案件现场的痕迹物证包括遗留在现场的血迹、体液及其斑痕、手印等，是较为稳定和可靠的客观性证据。对痕迹物证依法及时提取并进行鉴定，对证明案件事实、准确认定犯罪人具有至关重要的作用。但是，如果证据的来源不合法或来源存疑，势必会影响到对证据的客观性、证据与案件本身的关联性的判断。我们认为，鉴定结论只能证明该物证与被告人（被害人）等之间的联系，不能证明该物证与案件本身的关联性。要通过审查该鉴定结论所使用的检材来源是否清楚，提取是否合法，来判断该物证与案件之间是否存在关联性，而不能以鉴定结论作为痕迹物证审查判断的依据。对经查证物证来源不清，经补充调查核实仍然存疑的，该物证不能作为定案证据，依此作出的鉴定结论也不能采信。在侦查实践中，对痕迹物证的收集、保管和鉴定往往是一个薄弱环节。有的案件勘验、检查不及时，导致错过收集某些痕迹物证的时机；有的案件勘验、检查笔录不详尽，对现场提取的痕迹、物证未作记载或表述不明确；有的案件缺少现场照片或者现场照片不能反映现场全貌，导致一些案件贻误时机，证据难查，遗漏丢失，证据难补。证据不足，案件难定，在审判实践中，重鉴定结论，轻物证检材来源的审查；重物证，轻提取、辨认物证程序的审查；重客观性证据，轻该客观证据与案件其他证据之间联系的审查的现象还在一定程度上存在，从而影响了案件质量，应当引起足够的重视。

——《刑事审判参考》(总第70辑)。

1528 如何审查判断经鉴定属于被害人真实签名的保证书等书证的真实性

关键词｜证据｜书证｜

【最高人民法院参考案例】

黄光故意杀人、诈骗案(《刑事审判参考》案例第1044号)

要旨:经鉴定属于被害人真实签名的保证书等书证亦必须依照证据规则进行审查质证才能作为定案的依据。

审理过程中,黄光辩称其和龙利源之间的债务已经结清。为证实此一事实,其前妻徐永洁在一审期间提交一份打印的保证书。内容如下:"本人与黄光同志之间的数目已于2011年11月20日结算清楚,除以前已还款外,本人尚欠黄光(人民币)叁拾贰万元整,定于2011年12月6日前还清,如未能按时还清,则每超期一天按所欠款项千分之五交滞纳金。特此保证。保证人:二〇一一年十一月二十日。"保证人处签有"龙利源",还有手写字体"数目属实,保证书各存一份。黄光"和"数目已全部还清。本保证书作废。黄光"。

因保证书中"龙利源"的字迹经鉴定是龙利源所写,因此,该份保证书成为认定黄光的行为是否构成诈骗罪的关键。这一争议的焦点在于,该保证书上的签名经过痕迹鉴定系龙利源亲笔签名,且对鉴定程序、鉴定依据、鉴定方法及鉴定人的资质审查后,均没发现问题。一般情况下,真实签名的字据,其证明力极强,高于证人证言的证明力。但我们认为,即使签名为真的字据,也并非一定能成为认定案件事实的依据,必须从形式要件和实质要件进行审查,并结合案情和其他证据来判断其真伪和证明力。

1. 关于该保证书的形式要件。经过审查,该收据系黄光前妻徐永洁提供,但徐永洁不能说明该证据形成的来龙去脉。因此,对收据的真实性应当进行审查。该保证书的纸张形式也有可疑之处。……

2. 关于保证书的实质要件。对保证书的实质内容的审查,应当从在案证据,并结合日常生活常识去分析。

——《刑事审判参考》(总第101辑)。

(三)证人证言、被害人陈述的审查与认定

1529 证人证言的审查重点

关键词 | 证据 | 证人证言 |

【最高人民法院司法解释】

第八十七条 对证人证言应当着重审查以下内容：

(一)证言的内容是否为证人直接感知；

(二)证人作证时的年龄，认知、记忆和表达能力，生理和精神状态是否影响作证；

(三)证人与案件当事人、案件处理结果有无利害关系；

(四)询问证人是否个别进行；

(五)询问笔录的制作、修改是否符合法律、有关规定，是否注明询问的起止时间和地点，首次询问时是否告知证人有关权利义务和法律责任，证人对询问笔录是否核对确认；

(六)询问未成年证人时，是否通知其法定代理人或者刑事诉讼法第二百八十一条第一款规定的合适成年人到场，有关人员是否到场；

(七)有无以暴力、威胁等非法方法收集证人证言的情形；

(八)证言之间以及与其他证据之间能否相互印证，有无矛盾；存在矛盾的，能否得到合理解释。

第八十八条 处于明显醉酒、中毒或者麻醉等状态，不能正常感知或者正确表达的证人所提供的证言，不得作为证据使用。

证人的猜测性、评论性、推断性的证言，不得作为证据使用，但根据一般生活经验判断符合事实的除外。

——《最高人民法院关于适用〈中华人民共和国刑事诉讼法〉的解释》(2021年3月1日，法释〔2021〕1号)。

【链接：最高人民法院法官著述】

对此，在司法实践中，审判人员应当从两个方面对证言进行综合审查判断：(1)对证言与其他证言之间进行综合审查判断。主要是审查各证言之间的重合一致程度，判断各证言之间的差异及其原因，认定各证言之间是否有矛盾之处。(2)审查证言

与其他证据之间的关系。如果证言与其他证据之间相互矛盾,则需要对矛盾的成因进行分析,判断证言的可信程度。

——喻海松:《刑事诉讼法修改与司法适用疑难解析》,北京大学出版社 2021 年版,第 146 页。

1530 证人证言的排除与补正规则

关键词 | 证据 | 证人证言 |

【最高人民法院司法解释】

第八十九条　证人证言具有下列情形之一的,不得作为定案的根据:

(一)询问证人没有个别进行的;

(二)书面证言没有经证人核对确认的;

(三)询问聋、哑人,应当提供通晓聋、哑手势的人员而未提供的;

(四)询问不通晓当地通用语言、文字的证人,应当提供翻译人员而未提供的。

第九十条　证人证言的收集程序、方式有下列瑕疵,经补正或者作出合理解释的,可以采用;不能补正或者作出合理解释的,不得作为定案的根据:

(一)询问笔录没有填写询问人、记录人、法定代理人姓名以及询问的起止时间、地点的;

(二)询问地点不符合规定的;

(三)询问笔录没有记录告知证人有关权利义务和法律责任的;

(四)询问笔录反映出在同一时段,同一询问人员询问不同证人的;

(五)询问未成年人,其法定代理人或者合适成年人不在场的。

——《最高人民法院关于适用〈中华人民共和国刑事诉讼法〉的解释》(2021 年 3 月 1 日,法释〔2021〕1 号)。

【链接:理解与适用】

根据刑事诉讼法第二百八十一条的规定,对于在法定代理人无法通知、不能到场或者是共犯的情况下,应当通知合适成年人到场。有意见认为,对于询问未成年证人,法定代理人或相关人员未到场的,该未成年证人提供的证言不得作为定案的根据。经研究认为,瑕疵证据不同于非法证据,并不涉及严重违反法定程序和侵犯人权的问题,只是证据的真实性受到证据瑕疵的影响。瑕疵证据不能直接予以排除,而是看证据瑕疵问题能否得到解决。询问未成年证人时法定代理人或合适成年人未到场的,违反了刑事诉讼法相关规定,但考虑未成年证人的证言对认定案件事实具有重要作用，且在法定代理人或合适成年人未到场情况下作伪证的可能性并不大，不宜绝对排除，宜认定为证人证言收集程序存在瑕疵，允许补正和合理解释为妥。

——《起草小组解读：〈刑事诉讼法解释〉理解与适用（上）》，载中国法院网 2021 年 2 月 4 日，https://www.chinacourt.org/article/detail/2021/02/id/5796152.shtml。

1531 证人证言的采信规则

关键词｜证据｜证人证言｜

【最高人民法院司法解释】

第九十一条　证人当庭作出的证言，经控辩双方质证、法庭查证属实的，应当作为定案的根据。

证人当庭作出的证言与其庭前证言矛盾，证人能够作出合理解释，并有其他证据印证的，应当采信其庭审证言；不能作出合理解释，而其庭前证言有其他证据印证的，可以采信其庭前证言。

经人民法院通知，证人没有正当理由拒绝出庭或者出庭后拒绝作证，法庭对其证言的真实性无法确认的，该证人证言不得作为定案的根据。

——《最高人民法院关于适用〈中华人民共和国刑事诉讼法〉的解释》（2021 年 3 月 1 日，法释〔2021〕1 号）。

【链接：最高人民法院法官著述】

1. 当庭证言的采信。2012 年刑事诉讼法根据司法实践的需要，对证人出庭的问题作出了较大幅度的修改完善，体现了直接言词证据原则的要求。司法实践中，应当根据刑事诉讼法的相关规定，做好证人出庭作证的相关工作。《2021 年刑诉法解释》第九十一条第一款体现了这一立场，规定："证人当庭作出的证言，经控辩双方质证、法庭查证属实的，应当作为定案的根据。"这里使用了"应当"的用语，体现的正是对证人出庭作证的鼓励。

2. 证人改变证言情况下的证言采信。对于被告人在庭前和庭中所作的证言存在差异甚至矛盾时，如何采信相关证言，刑事诉讼法未规定明确规则。《2021 年刑诉法解释》第九十一条第二款对能否采信庭前证言的问题予以明确，规定："证人当庭作出的证言与其庭前证言矛盾，证人能够作出合理解释，并有其他证据印证的，应当采信其庭审证言；不能作出合理解释，而其庭前证言有其他证据印证的，可以采信其庭前证言。"主要有如下考虑：（1）从刑事诉讼法鼓励证人出庭的立法精神出发，宜鼓励司法实践中根据庭审证言认定案件事实，因此，该款的基本立场是以庭审证言为基础，允许证人当庭对其当庭作出的证言与庭前证言矛盾的情形作出合理解释。(2)从实践来看，在庭审证言和庭前证言相矛盾的情况下，庭审证言未必一定是真实的，而庭前证言也未必一定是不真实的。这里专门规定只有在“证人当庭能够作出合理解释，并有相关证据印证”的，才采信其庭审证言。因此，在证人当庭改变庭前证言后，应当结合全案证据，对其当庭证言进行审查，进行有针对性的询问，判断其庭审证言的可信度。(3)在证人当庭作出的证言与其庭前证言矛盾的情况下，如果证人不能作出合理解释，而其庭前证言有相关证据印证的，可以采信其庭前证言。

《2012年刑诉法解释》征求意见过程中，有意见提出，从鼓励证人出庭作证的角度出发，对于证人当庭作出的证言与庭前证言矛盾的，应当采纳庭审证言，而不应当附加“作出合理解释，并有相关证据印证”的条件。而且，很多情况下，证人当庭作出与庭前证言不同的证言是无法有证据印证的。经研究认为，上述观点确有一定道理，但从查明案件事实的角度来看，不能直接规定庭审证言与庭前证言不一致的情况下可以直接采信庭审证言，因为庭审证言也存在着不真实的可能。对于庭审证言与庭前不一致，如果庭前证言有相关证据印证的，可以采纳庭前证言；如果庭前证言也没有相关证据印证的，则庭前证言、庭审证言均无法采信。

3. 未出庭证人证言的排除。对于鉴定人经法庭通知，无正当理由拒绝出庭的，法律明确规定，鉴定意见不得作为定案的根据。但对证人经通知无正当理由拒不出庭的，未作类似规定。实践中，若出现此种情况，究竟如何处理，存在不同认识。鉴于此，《2021年刑诉法解释》第九十一条第三款规定：“经人民法院通知，证人没有正当理由拒绝出庭或者出庭后拒绝作证，法庭对其证言的真实性无法确认的，该证人证言不得作为定案的根据。”根据该款规定，证人拒绝出庭或者出庭后拒绝作证，尚不能绝对排除证言的采用。在当前的司法实践中，证人证言仍然在证明案件事实的过程中发挥着重要作用。而实践中证人为避免麻烦和报复，不愿出庭的情况大量存在，如果关键证人不出庭作证，其证言失去效力，会影响案件判决，故不宜绝对排除。如在行贿、受贿等案件中，证言的作用十分重要，往往是定案的关键证据，如果因为证人拒绝出庭作证而绝对予以排除并不合适。因此，基于当前实际，人民法院应结合具体案情，分别作出处理：经审查，其庭前证言无法与在案其他证据相印证，如书面证言之间或者同其他证据产生矛盾且矛盾无法排除的，则不能采信，不得作为定案的根据；反之，仍可作为定案根据。

——喻海松：《刑事诉讼法修改与司法适用疑难解析》，北京大学出版社2021年版，第147—149页。

1532 被害人陈述的审查与认定

关键词｜证据｜被害人陈述｜

【最高人民法院司法解释】

第九十二条 对被害人陈述的审查与认定，参照适用本节的有关规定。

——《最高人民法院关于适用〈中华人民共和国刑事诉讼法〉的解释》（2021年3月1日，法释〔2021〕1号）。

【链接：理解与适用】

在审查与认定被害人陈述的过程中，还需要根据被害人陈述的特点，注意以下问题：

1. 正确甄别被害人陈述的范围。（1）被害人陈述不包括其在向公安机关、司法机关所作陈述中的对案件事实的分析判断和诉讼请求。证据是可以用于证明案件事实的材料，故只有与案件事实相关的材料才属于证据的范畴。由于被害人在犯罪过程中遭受了犯罪分子的侵害，故其对犯罪嫌疑人、被告人充满怨恨，在向司法机关的陈述中往往包含了要求司法机关严惩犯罪嫌疑人、被告人等案件事实以外的内容。从实践来看，“被害人陈述中往往包括三部分内容：一是对案件事实的陈述；二是对案件事实的分析判断；三是诉讼请求”①。这就要求司法工作人员对被害人陈述的内容加以甄别判断，只有关于案件事实的陈述才可以作为证据在刑事诉讼中运用。被害人的猜测性、评论性、推断性的陈述，不能作为证据使用，但是根据一般生活经验判断符合事实的除外。（2）单位被害人陈述。被害人陈述是被害人向司法机关就案件情况所作陈述，因此，其以被害人具有陈述的能力为前提。在被害人是单位的情况下，由于单位缺乏向司法机关进行陈述的能力，故通常都是由其法定代表人或者其他相关人员代替单位向司法机关作陈述。上述陈述，并非上述人员的个人陈述，也并非证人证言，而是上述人员代表被害单位所作的被害人陈述。

2. 审慎审查被害人陈述。被害人往往直接历经犯罪过程，其陈述能够直接查明和证明案件事实。但是，由于被害人对犯罪嫌疑人、被告人的惩罚愿望十分强烈，且案件的处理结果与被害人具有直接利害关系，因此，被害人陈述容易受到其情感、情绪等主观因素的影响，容易夸大犯罪事实和情节，有时候容易出现失实的现象。这就要求司法工作人员加大对被害人陈述的审查力度，审慎审查和认定被害人陈述。

---

① 陈光中主编：《刑事诉讼法》（第三版），北京大学出版社、高等教育出版社2009年版，第200页。

——杨万明主编:《新刑事诉讼法司法适用解答》,人民法院出版社 2018 年版,第 56—57 页。

(四)被告人供述和辩解的审查与认定

1533 被告人供述和辩解的审查重点

关键词｜证据｜被告人供述和辩解｜

【最高人民法院司法解释】

第九十三条　对被告人供述和辩解应当着重审查以下内容:

(一)讯问的时间、地点,讯问人的身份、人数以及讯问方式等是否符合法律、有关规定;

(二)讯问笔录的制作、修改是否符合法律、有关规定,是否注明讯问的具体起止时间和地点,首次讯问时是否告知被告人有关权利和法律规定,被告人是否核对确认;

(三)讯问未成年被告人时,是否通知其法定代理人或者合适成年人到场,有关人员是否到场;

(四)讯问女性未成年被告人时,是否有女性工作人员在场;

(五)有无以刑讯逼供等非法方法收集被告人供述的情形;

(六)被告人的供述是否前后一致,有无反复以及出现反复的原因;

(七)被告人的供述和辩解是否全部随案移送;

(八)被告人的辩解内容是否符合案情和常理,有无矛盾;

(九)被告人的供述和辩解与同案被告人的供述和辩解以及其他证据能否相互印证,有无矛盾;存在矛盾的,能否得到合理解释。

必要时,可以结合现场执法音视频记录、讯问录音录像、被告人进出看守所的健康检查记录、笔录等,对被告人的供述和辩解进行审查。

——《最高人民法院关于适用〈中华人民共和国刑事诉讼法〉的解释》(2021 年 3 月 1 日,法释〔2021〕1 号)。

【最高人民法院参考案例】

王平受贿案(《刑事审判参考》案例第 1166 号)

要旨:审查讯问笔录的证据能力,首先应当关注讯问笔录自身。如果讯问笔录的形式不符合法律规定的要求,反映出可能存在非法讯问情形,或者讯问笔录的真实性存疑,就需要结合讯问录音录像审查讯问笔录的合法性和真实性。

实践中,审查讯问笔录的证据能力,首先应当关注讯问笔录自身。讯问笔录应当符合法律规定的形式要求,体现讯问程序的合法性。对讯问笔录自身的审查,应当注意以下内容:讯问是否在刑事立案之后进行;讯问笔录是否明确载明讯问时间、地点;讯问是否违反规定较长时间持续进行(是否存在疲劳讯问);讯问过程中是否保证犯罪嫌疑人饮食和必要的休息时间;讯问场所是否符合法律规定;讯问人员是否符合法律规定;讯问时是否告知如实陈述自己罪行可以从轻或者减轻处罚的法律规定;讯问笔录是否交犯罪嫌疑人核对或者向其宣读;讯问笔录是否由犯罪嫌疑人签名捺指印;讯问过程是否进行录音录像,等等。如果讯问笔录的形式不符合法律规定的要求,反映出可能存在非法讯问情形,或者讯问笔录的真实性存疑,就需要结合讯问录音录像审查讯问笔录的合法性和真实性。

……

第三,对本案中有同步录音录像的 2011 年 4 月 20 日 15 时 08 分至 17 时 13 分、4 月 29 日 14 时 50 分至 16 时 49 分的讯问笔录,虽然讯问笔录与讯问录音录像内容存在部分不一致,但讯问录音录像内容证明侦查机关不存在取证不合法的情形,对讯问笔录个别内容与同步录音录像不一致的部分,由于不影响该讯问笔录的真实性,两者并不存在重大实质性差异,故对有关讯问笔录可以采纳。有关讯问笔录与讯问录音录像内容相一致部分,能与其他证据相互印证,可以作为定案的根据。但如果讯问笔录与讯问录音录像的内容有重大实质性差异的,该讯问笔录相关内容则不得作为证据使用。

——《刑事审判参考》(总第 108 辑)。

【链接:最高人民法院法官著述】

需要注意的问题有三:(1)刑事诉讼法对讯问过程的录音录像制度作出明确,第一百二十三条规定:"侦查人员在讯问犯罪嫌疑人的时候,可以对讯问过程进行录音或者录像;对于可能判处无期徒刑、死刑的案件或者其他重大犯罪案件,应当对讯问过程进行录音或者录像。录音或者录像应当全程进行,保持完整性。"录音录像是证明讯问过程合法性、讯问笔录真实性的重要证据。必要时,人民法院可以调取讯问过程的录音录像对被告人供述进行审查。(2)根据公安部《公安机关现场执法视音频记录工作规定》,对于公安机关当场盘问、检查的,应当对犯罪嫌疑人言行举止进行全过程视音频同步记录。因此,对于被告人作出的供述、辩解,可以结合现场执法视音频记录予以审查。(3)监察法第四十一条第二款规定:“调查人员进行讯问以及搜查、查封、扣押等重要取证工作,应当对全过程进行录音录像,留存备查。”因此,对于被告人作出的供述、辩解,可以结合侦查讯问和调查讯问过程的录音录像予以审查。

——喻海松:《刑事诉讼法修改与司法适用疑难解析》,北京大学出版社2021年版,第152页。

1534 被告人供述的排除和补正规则

关键词 | 证据 | 被告人供述 |

【最高人民法院司法解释】

第九十四条 被告人供述具有下列情形之一的,不得作为定案的根据:

(一)讯问笔录没有经被告人核对确认的;

(二)讯问聋、哑人,应当提供通晓聋、哑手势的人员而未提供的;

(三)讯问不通晓当地通用语言、文字的被告人,应当提供翻译人员而未提供的;

(四)讯问未成年人,其法定代理人或者合适成年人不在场的。

第九十五条 讯问笔录有下列瑕疵,经补正或者作出合理解释的,可以采用;不能补正或者作出合理解释的,不得作为定案的根据:

(一)讯问笔录填写的讯问时间、讯问地点、讯问人、记录人、法定代理人等有误或者存在矛盾的;

(二)讯问人没有签名的;

(三)首次讯问笔录没有记录告知被讯问人有关权利和法律规定的。

——《最高人民法院关于适用〈中华人民共和国刑事诉讼法〉的解释》(2021年3月1日,法释〔2021〕1号)。

【链接:理解与适用】

征求意见中,有意见认为,此种情况下似不宜绝对排除。例如,在被告人本人及其法定代理人对相关证据无异议的情况下,该供述可以作为证据使用。经研究认为,合适成年人制度基于儿童最大利益原则和国家亲权理论而设立,是国家刑事司法制度对未成年人诉权的一种特殊保护。合适成年人参与未成年人刑事诉讼程序,具有监督讯问活动、抚慰未成年人的紧张情绪、帮助未成年人与讯问人员有效沟通等职能。刑事诉讼法第二百八十一条已经明确规定,对于未成年人刑事案件,在讯问和审判的时候,是“应当”而非“可以”通知法定代理人、合适成年人到场。因此,对无法定代理人或者合适成年人在场的未成年被告人供述,取证程序严重违反法律强制规定,无法保障被告人供述的真实性,故应直接强制性排除。而且,经了解,司法实践中均是如此操作的,不存在问题。基于此,决定增加上述规定。

——《起草小组解读:〈刑事诉讼法解释〉理解与适用(上)》,载中国法院网 2021 年 2 月 4 日,https://www.chinacourt.org/article/detail/2021/02/id/5796152.shtml。

1535 被告人供述和辩解的采信规则

关键词 | 证据 | 被告人供述和辩解 |

【最高人民法院司法解释】

第九十六条 审查被告人供述和辩解,应当结合控辩双方提供的所有证据以及被告人的全部供述和辩解进行。

被告人庭审中翻供,但不能合理说明翻供原因或者其辩解与全案证据矛盾,而其庭前供述与其他证据相互印证的,可以采信其庭前供述。

被告人庭前供述和辩解存在反复,但庭审中供认,且与其他证据相互印证的,可以采信其庭审供述;被告人庭前供述和辩解存在反复,庭审中不供认,且无其他证据与庭前供述印证的,不得采信其庭前供述。

——《最高人民法院关于适用〈中华人民共和国刑事诉讼法〉的解释》(2021 年 3 月 1 日,法释〔2021〕1 号)。

【最高人民法院参考案例】

徐科故意杀人、强奸案(《刑事审判参考》案例第 729 号)

要旨:司法实践中,应当坚持证实与证伪并重的理念,对被告人认罪供述和翻供理由或辩解的审查判断给予同等重视。

对被告人供述和辩解的审查,应当结合控辩双方提供的所有证据以及被告人本人的全部供述和辩解。被告人庭前供述一致,庭审中翻供,但被告人不能合理说明翻供理由或者其辩解与全案证据相矛盾,而庭前供述与其他证据能够相互印证的,可以采信被告人的庭前供述。司法实践中,被告人在庭前认罪后又翻供或者提出辩解的情形比较常见。对此需要认真审查被告人的翻供理由或辩解,并结合其他证据审查判断其翻供理由或辩解是否成立。对于被告人称其因遭到刑讯逼供而作出庭前认罪供述的情况，还要审查其供述是否属于非法证据。在被告人的翻供理由或者辩解不成立的情况下，则要审查被告人的庭前认罪供述与其他证据能否相互印证并形成完整的证据体系。

——《刑事审判参考》(总第82辑)。

杨淑敏故意杀人案(《刑事审判参考》案例第599号)

要旨：在被告人翻供的情况下，可以通过分析其有罪供述、无罪辩解与其他证据之间的关系认定案件事实。

供证关系，即口供与在案其他证据之间的关系，在当前口供作为定案重要证据的情况下，对于分析和认定案件事实具有重要价值。从取证时间上看，供证关系有先供后证和先证后供两种类型。先供后证系侦查机关根据口供取得其他证据，如物证、书证、证言等，可信度高，证明力强；先证后供系侦查机关取得其他证据后才获得被告人口供，在需要进一步判断口供自愿性的情况下，供述的证明力相对较弱。从证据指向上看，供证关系有同向和逆向之分。同向供证关系意味着口供得到了其他证据的印证，而逆向供证关系则说明口供与其他证据存在矛盾。司法实践中，案件的证据情况个案差别较大，供证关系的样态对案件事实认定有着不同影响。对于有目击证人且有指向性极强的客观性证据的案件，供证的顺序对事实认定的影响相对较小，且被告人也较少翻供；对于没有目击证人，或者缺少指向性极强的客观性证据的案件，特别是在被告人翻供的情况下，对供证顺序和指向的分析对于认定案件事实就显得较为突出和重要。

本案没有目击证人，也缺乏足以锁定被告人杨淑敏作案的强有力的客观证据，而被告人自审查起诉阶段起翻供，在此情况下，需综合全案证据特别是杨淑敏的有罪供述、无罪辩解与其他证据之间的关系进行分析，才能准确认定案件事实。我们认为，根据存案证据特别是供证关系，本案可以认定系杨淑敏实施了故意杀害梁德宏的犯罪行为。首先，被告人杨淑敏供述的内容自然、合理，且得到了其他证据的印证。其次，杨淑敏的翻供内容与其他证据相矛盾，不能成立。

根据上述分析，虽然被告人杨淑敏翻供不承认杀人犯罪，但综合在案证据，足以认定杨淑敏实施故意杀人行为的事实清楚，证据确实、充分。杨淑敏图财害命，犯罪情节极其恶劣，后果和罪行极其严重，且认罪后又翻供，无悔罪表现，故应对其依法判处并核准死刑。

——《刑事审判参考》(总第72辑)。

【链接：最高人民法院法官著述】

1. 被告人庭审中翻供，但不能合理说明翻供原因或者其辩解与全案证据矛盾，而其庭前供述与其他证据相互印证的，可以采信其庭前供述。司法实践中，庭前一直作有罪供述的被告人，也可能在庭审中翻供。对于被告人庭审中翻供的，应当充分听取被告人的说明，以便结合全案案情判断被告人翻供理由或者辩解的合理与否。

2. 被告人庭前供述和辩解存在反复，但庭审中供认，且与其他证据相互印证的，可以采信其庭审供述。对于庭前供述和辩解存在反复的被告人，也可能由于法律威慑和真诚悔罪等因素，在庭审中作有罪供述。此种情况下，也需要结合其他证据综合判断，能与其他证据相印证的，可以采信其庭审中的供述。

3. 被告人庭前供述和辩解存在反复，庭审中不供认，且无其他证据与庭前供述印证的，不得采信其庭前供述。对于庭前供述和辩解存在反复的被告人，在庭审中仍未供述有罪的，此种情况下，更加要注意结合其他证据进行判断。无其他证据与庭前供述相印证的，不得将其在庭前所作的有罪供述作为认定其有罪的根据。

——喻海松：《刑事诉讼法修改与司法适用疑难解析》，北京大学出版社 2021 年版，第 154—155 页。

1536 对推卸责任型翻供如何进行审查判断

关键词｜证据｜被告人供述｜翻供｜

【最高人民法院参考案例】

卞修柱抢劫案（《刑事审判参考》案例第 498 号）

要旨：对于翻供案件，应当结合全案证据进行综合分析，判断被告人的翻供理由是否成立，内容是否可信，进而确认有罪事实是否成立。

根据被告人推卸责任的对象不同，推卸责任型翻供有多种情形：单纯否认犯罪是自己所为；将责任推卸到难以查证的他人身上；将责任推卸到在逃的共同犯罪人身上；将责任推卸到与案件有关联的人（如被害人、证人）身上等。大体上，被告人翻供的内容越具体，细节越多，且能够自圆其说，越能得到其他证据的印证，就越能引起司法人员对原来认定事实的合理怀疑，建立起对被告人有利的内心确信。所以，推卸责任型翻供的具体情形不同，在审查判断案件中所引起的法律效果也有很大不同，具体分述如下：

1. 对于被告人到案前期作过有罪供述，后期单纯否认有罪，或者辩称自己与他人共同作案且责任较小，但不能提供他人任何具体情况的，这种翻供因“空口无凭”，没有任何证据支持，不足以引起司法人员对被告人翻供理由和内容的信任，故一般不会对已经认定的犯罪事实产生影响，翻供内容不会被采信，此行为可以反映出被告人的"认罪态度不好"。

2. 对于被告人将主要责任推卸到某个具体的"他人"身上，能够提供"他人"的部分自然情况，但不足以确定此人是否存在，或者经查确有此人存在，但因其不在户籍地或者常住地而无法找到的，被告人的翻供会具有不同程度的可信度。在被告人能够叙述案件细节，"他人"参与作案与在案证据并无明显矛盾时，司法人员对被告人的犯罪事实容易产生一定疑问，在判决时会对被告人作出一定有利认定。

3. 对于被告人将主要责任推卸到在逃的共同犯罪人身上，而在案证据表明案件确属共同犯罪，且有部分犯罪嫌疑人未归案，现有证据又不足以否定其翻供内容的，一般应当作出有利于被告人的判决，尤其是故意杀人、抢劫致人死亡等命案，判决时应当留有余地。

4. 对于被告人翻供将主要责任推卸到被害人、证人等与案件有密切联系的人身上时，其可信程度根据案件类型和具体情况而不同。被告人将责任推卸到被害人身上，通常是称被害人对案发有过错，或者系被害人在搏斗中自伤等。由于没有目击证人，被害人是否有过错或者自伤，仅有被告人翻供后的供述，这时要看被告人翻供理由是否成立，是否符合情理，翻供内容能否自圆其说，是否能得到伤情或者死因鉴定结论的支持，是否与其他证据相契合。一般而言，被告人到案后始终供认被害人有过错或者自伤的，比被告人到案的后期翻供称被害人有过错或者自伤的，要更为可信。

被告人翻供将主要责任推卸到证人身上，常见于有特情介入的毒品犯罪案件中，被告人主要是称受到特情人员的犯意引诱或者数量引诱，从而达到减轻罪责的目的。在其他刑事案件中被告人也可能翻供将责任推卸到证人身上，被告人或者称被害方的某一证人系案件的惹起者，以证明被害方有过错，或者称某一证人系教唆者、指使者甚至作案人。对于前者，要查明该证人与被害人之间的具体关系，确定证人的行为是否足以转移到被害人身上，成为影响对被告人定罪量刑的"被害人过错"。对于后者，因该证人存在着向犯罪人转化的可能，故要按照有罪判决的要求来审查判断证据，如没有确实充分的证据证明该证人系被告人所称的教唆者、指使者或者参与者的，则被告人的翻供内容不成立。即使根据实践经验认为被告人的翻供内容有一定的可信度，在没有确实、充分证据的条件下，也不能使该证人向犯罪人的角色转化。

——《刑事审判参考》(总第63辑)。

1537 被告人不如实供述的，如何根据在案证据认定其犯罪动机

关键词 | 证据 | 被告人供述 | 犯罪动机 |

【最高人民法院参考案例】

汪久胜抢劫案(《刑事审判参考》案例第817号)

要旨:在被告人不如实供述的情况下,可以依据在案其他证据,认定被告人的犯罪动机。

一般而言,被告人供述的犯罪动机若与在案其他证据相印证并符合常理,其供述可以采信;若与在案其他证据存在矛盾或者明显与常理不符,则其供述不可采信。在被告人不如实供述的情况下,可以依据在案其他证据,认定被告人的犯罪动机。汪久胜虽然始终否认有抢劫的动机,但其所供的杀人动机及部分情节与在案其他证据不但存在矛盾,而且明显不符合情理,故不可采信,不能作为定案的证据。结合在案的通话记录、证人证言、现场勘查笔录、尸体鉴定意见等其他证据,通过严密的逻辑分析,足以认定汪久胜有抢劫的犯罪动机。因此,一、二审法院通过对全案证据的综合审查判断,变更公诉机关指控的罪名,认定汪久胜的行为构成抢劫罪是正确的。

——《刑事审判参考》(总第89辑)。

1538 死刑案件被告人翻供且缺乏客观证据的审查判断

关键词｜证据｜翻供｜间接证据｜

【最高人民法院参考案例】

李二胜故意杀人案(《刑事审判参考》案例第1366号)

要旨:审查其他间接证据是否能与被告人的有罪供述相互印证,形成完整的证据锁链,并排除合理怀疑。

1. 结合其他言词证据进行审查判断,主要是将被告人的供述与证人证言等言词证据进行对比、分析,查看是否存在矛盾以及对这些矛盾能否作出合理解释。……

2. 将被告人的有罪供述与物证、书证等实物证据对比审查。《最高人民法院关于适用〈中华人民共和国刑事诉讼法〉的解释》(以下简称《适用解释》)第一百零六条规定,根据被告人的供述、指认提取到了隐蔽性很强的物证、书证,且被告人的供述与其他证明犯罪事实发生的证据相互印证,并排除串供、逼供、诱供等可能性的,可以认定被告人有罪。因而,审查时要将被告人的多份供述与客观提取的物证、书证等实物证据进行比对,将被告人的每一份供述与现场勘查提取的物证、书证等证据按照时间顺序排列,详细辨明被告人供述与这些客观性证据的先后顺序,分析是

“先供后证”还是“先证后供”,以及是否存在人为制造的“先供后证”等情况。一般而言,在排除非法取证的前提下,如果根据被告人的供述提取到隐蔽性很强的实物证据,则被告人的供述具有较强的可信性、真实性。

……

3. 将被告人的有罪供述同尸体检验意见、尸体照片等证据进行比对审查。被告人有罪供述中供认了采取何种方式杀害被害人,在审查证据时着重应对尸体照片、尸体检验意见中有关被害人伤情部位及形成原因等细节进行审查判断,看能否与被告人的有罪供述相互印证,特别是细节之处能否对应。

……

4. 将被告人的有罪供述与现场勘验检查笔录等证据进行比对审查。现场勘验检查笔录及照片是能够客观反映案发现场的重要证据,将被告人的有罪供述中对案发现场,特别是细节之处的描述,与现场勘验检查笔录、照片中反映的情况进行细致的比对,看二者能否对应。在办理刑事案件过程中,法官还应视案件情况到案发现场进行查看,身临其境往往能够看到卷宗内现场勘验检查笔录和照片所不能反映的情况。

5. 综合全案证据,依照法律程序,排除一切合理怀疑。《适用解释》第八十三条第一款、第二款规定:“审查被告人供述和辩解,应当结合控辩双方提供的所有证据以及被告人的全部供述和辩解进行。被告人庭审中翻供,但不能合理说明翻供原因或者其辩解与全案证据矛盾,而其庭前供述与其他证据相互印证的,可以采信其庭前供述。”虽然本案的证据“先天不足”,但是通过重点审查关键证据的客观性、关联性和合法性,可以充分认识并发挥现有证据的证明力;通过查看案发现场、同侦破该案的公安人员座谈、走访部分证人、请专家证人出庭作证等,可以加强对现有证据的内心确认,排除一切合理怀疑。……

——《刑事审判参考》(总第124辑)。

1539 对有证据指向是预谋杀人但被告人否认的,如何审查判断证据

关键词|证据|被告人辩解|预谋杀人|

【最高人民法院参考案例】

朱晓东故意杀人案(《刑事审判参考》案例第1367号)

要旨:预谋杀人虽不是法定从重处罚情节,但因其直接体现被告人的主观恶性和人身危险性,故属于对适用死刑有较大影响的情节。预谋杀人所体现的主观恶性和人身危险性要明显大于临时起意杀人特别是激情杀人,对预谋杀人犯罪适用

死刑的根据也更加充分。

案发前被告人朱晓东先购买写有杀人手段、冰冻尸体内容的《死亡解剖台》一书，之后虚构其因升职将去香港培训的理由让被害人杨某某申请辞职，其本人亦离职并购买冰柜，夫妻二人一起申办港澳通行证，在杨某某正式离职（10 月 14 日）三天后将杨杀死。这一系列行为看似“孤立”“巧合”，但在时间轴上先后发生、紧密衔接，与外围证据也能印证，而朱晓东对上述事件不能作出合理解释，故恰恰成为认定朱晓东系预谋杀妻的证据链条和事实基础。本案一审判决未认定朱晓东系预谋杀人，二审裁定用相当篇幅论证了朱晓东系预谋杀人的理由，并在裁判理由部分明确表述朱晓东属预谋作案，但未将预谋情节写入认定的事实，而是沿用了一审认定的事实。最高人民法院复核审查中，考虑预谋作案是本案事实认定方面的重要问题，故在裁定书中将朱晓东案发前与妻子产生矛盾、购买《死亡解剖台》等书籍及冰柜、与被害人先后辞职、作案后挥霍钱财等证明其系预谋作案的情节，在事实部分予以明确表述，丰富了犯罪事实中具体情节的认定，正面回应了辩护意见和社会关切。

——《刑事审判参考》（总第 124 辑）。

1540 同案被告人供述的审查判断与运用

关键词｜一审程序｜共同犯罪｜被告人潜逃｜

【链接：最高人民法院法官著述】

一、同案被告人供述的特点：与证人证言的比较分析

从诉讼证明的角度看，与只有一名被告人且被告人不认罪的案件（即所谓的零口供案件）相比，共同犯罪案件因涉及多名被告人，即使部分被告人（通常是主犯）不认罪，其他同案被告人的供述与在案证据结合起来，也能认定犯罪事实。但这并不意味着此类案件的证明难度或者错误认定案件事实的风险相对较小。实践表明，共同犯罪案件被告人供述失真的可能性不容忽视，有的案件被告人基于趋利避害的心理千方百计推卸自己的罪责，有的案件被告人基于各种利益考量订立攻守同盟，有的案件被告人基于多方考虑而包揽罪责。上述情形中，各被告人的供述真假难辨，进而给犯罪事实以及各被告人在共同犯罪中地位、作用的认定带来了困难。在探讨如何审查判断同案被告人供述之前，有必要简要分析同案被告人在诉讼证明领域的内在特点。

理论界和实务界普遍认为，每种证据都有其独特的证明价值，也有其内在的独特风险。同案被告人供述在指证其他被告人（以下简称“被告人”，与“同案被告

人”在称谓上相区别)参与犯罪这一点上类似于证人证言,英美法系国家并不对这两类证据作严格区分,而是统称为证人证言,只不过在一些案件中将指证主犯的同案被告人称为“污点证人”。但实际上两者之间既有共同点也有内在差异。对同案被告人供述与证人证言的异同作深入比较,有助于深化对同案被告人供述内在特点的认识。

(一)证明价值方面

从指证被告人涉案的角度分析,同案被告人供述和证人证言在证明价值上具有等同性,同案被告人可被视为广义的证人。对于亲眼目睹的被告人作案过程和知悉的被告人参与犯罪等情况,同案被告人供述和证人证言都属于直接证据,能够直接证明被告人与犯罪事实之间的关联。不过,从证据的可获得性角度分析,一些隐蔽的共同犯罪案件,例如雇佣运输毒品犯罪案件、雇凶杀人犯罪案件,可能只有同案被告人供述能够指证被告人涉案(即被告人是雇主),没有证人证言也没有实物证据证明被告人涉案的事实。此种情况下,如同犯罪现场提取的关联性生物证据一样,同案被告人供述能够证明被告人与被害人、犯罪事实之间的关联,进而具有不可取代的重要证明价值。最高人民法院于 2008 年下发的《全国部分法院审理毒品犯罪案件座谈会纪要》专门强调了同案被告人供述在定案方面的重要性。

在同时存在证人证言和同案被告人供述的案件中,两者的证明价值必然体现一定的差异。一般情况下,证人通常仅目睹被告人现场作案的情况,或者知悉被告人参与犯罪的某个片段。对于被告人不直接参与作案,而是教唆、指使、雇佣同案被告人作案的情形,证人通常不了解共同犯罪的实际内幕。此种情况下,与通常仅目睹现场情况或者知悉部分事实的证人相比,同案被告人因直接参与犯罪过程,知晓犯罪预谋、联络、组织、实施、分赃、逃匿等案件细节,其供述的内容一般会更加全面、细致,对被告人涉案以及整个犯罪事实的证明价值一般也会更大(当然,也有个别例外情形)。因此,实践中对同案被告人供述应当给予高度的重视,尤其要注意审查同案被告人供述的细节情况。同时,正是由于同案被告人供述具有重要的证明价值,所以更应当强调对其证据资格和证明力的审查判断。

(二)信息的可挖掘性方面

一些共同犯罪案件,虽然客观上亦有证人能够证明被告人涉案,但受制于侦查取证时机、案件实际情况以及证人自身等方面的限制,证人尤其是那些仅是途经现场、平时在异地工作生活的证人,通常都仅仅提供一份证言。由于侦查人员当时所掌握的案件信息、询问能力、证人的配合度等方面的制约,证人在接受询问当时所提供的信息可能并不全面、细致,甚至可能有所保留。同时,由于证人提供证言后可能很难再取得联系,加上办案成本等方面的考虑,侦查机关很少对证人进行补充询问。

相比之下，侦查机关基于破案的考虑，通常会尽力追捕同案被告人。同案被告人一旦归案，就可以依法对其进行讯问并取得供述证据。同案被告人如罪责相对较轻，通常会基于坦白从宽的考虑而选择与侦查机关合作，在归案后对被告人涉案的情况以及整个犯罪事实作出较为详细的供述。侦查机关通过其他途径获得更多的案件信息和证据材料后，就可以对同案被告人进行多次补充讯问，核实相关线索和证据。因此，对于共同犯罪案件，同案被告人供述不仅比证人证言更容易获得，而且更容易从中挖掘相关的细节信息尤其是隐秘信息。这种差别，一直保留到审判阶段。

（三）内容虚假的风险方面

证人与同案被告人都可能因为观察错误、记忆偏差、栽赃陷害等各种因素而提供内容不实的言词证据。对内容不实的言词证据，有必要进一步区分错误和谎言。以证人辨认为例。所谓错误，通常是因暗示性的辨认程序等因素导致的错误结果。而所谓谎言，又可分为两类：一是证人故意错误地将被告人指认为罪犯；二是谎称犯罪发生并故意指证陷害被告人。

上述区分对同案被告人供述同样适用。另外，与证人相比，同案被告人因与案件处理结果有直接利害关系，基于趋利避害、推卸责任的考虑，避重就轻作出不利于被告人的供述的可能性更大。在个别案件中，同案被告人甚至可能为逃避追究或者减轻罪责而诬陷无辜者参与犯罪，或者栽赃陷害他人。因此，对同案被告人的供述，尤其是不利于被告人的供述，要注意结合在案证据进行审查判断，避免因错误采纳虚假的同案被告人供述而导致事实认定错误。

二、如何审查判断同案被告人供述的证明力

共同犯罪案件中，被告人可能不认罪，或者被告人与同案被告人的供述不吻合甚至存在矛盾，上述情况下，不能简单采信或者否定同案被告人的供述，要注意把握审查同案被告人供述的切入点，科学地认定此类证据的证明力。具体而言，对同案被告人供述证明力的审查，既要分析供述自身独立的真实性，又要分析供述与其他证据的印证关系，还要关注前后各次供述的变化情况。

（一）同案被告人供述内容自身独立的真实性

司法实践中，很少有人会随意指证他人参与犯罪，因为侦查机关一般都会严格追查核实相关情况。同案被告人指证被告人涉案，将被告人牵涉到案件中来，通常会提出相应的理由或者依据。这些理由或者依据本身是否合乎逻辑和情理，在一定程度上反映出同案被告人供述内容自身的真实性程度。例如运输毒品案件中，如果毒品运输者某甲辩称其受某乙雇佣运输毒品，通常会就某乙的身份、联系方式、事先约定或者已经支付的运费等情况作出供述。如果该运输毒品者某甲系当地居民，生活收入较低，供述的情况符合常理，有据可查，则其供述自身的真实性程度较高。反之，如果该运输毒品者某甲系外地人员，有毒品犯罪前科，虽辩称受雇运输毒品,但供述情况无据可查,则其供述自身的真实性程度相对较低。

实践中,更为常见的情形是同案被告人指证被告人是共同犯罪中的主犯(或者罪责更为严重的主犯)。与前述情形相同,同案被告人一般也会就此提出相应的理由或者依据。对此,可以通过分析同案被告人与被告人平时的关系、犯罪预谋情况、犯罪分工和具体犯罪行为实施情况、犯罪后的表现等审查同案被告人供述内容自身的真实性程度。

(二)同案被告人供述与其他证据的印证关系

《最高人民法院关于适用〈中华人民共和国刑事诉讼法〉的解释》第一百零四条第一款规定:"对证据的真实性,应当综合全案证据进行审查。"对同案被告人供述真实性的审查判断也要遵循上述要求。如果同案被告人供述与其他证据尤其是实物证据相互印证,就表明该供述的真实性程度较高。如果同案被告人供述与其他证据尤其是实物证据存在矛盾,就表明该供述值得质疑,需要对证据间的矛盾作出合理的解释。

例如雇凶杀人案件中,杀人凶手某甲归案后辩称其受某乙雇佣作案,某甲随后供述其与某乙进行电话联络、从某乙处获取酬金等情况。如果这些供述内容能够得到手机通话清单、提取的赃款或者银行账证记录以及证实某乙与被害人有矛盾的证人证言等证据的佐证,则表明某甲的供述真实性程度较高。反之,如果某甲辩解的情况得不到其他证据印证,或者与其他证据存在矛盾,则表明某甲的供述真实性程度相对较低。

(三)同案被告人前后多次供述的变化情况

一般情况下,如果同案被告人供述十分稳定,反映出的供述的真实性程度就较高。如果同案被告人供述不稳定,时供时翻,则反映出的供述的真实性程度就相对较低。此种情况下应当对其翻供给予足够的重视,注意审查其翻供的原因,分析翻供后的辩解是否合理。

共同犯罪案件中,同案被告人可能会基于恐惧、义气、串供等原因在归案后先是包揽罪行,随后因认识到自己可能面临十分不利的法律后果而翻供,进而作出相应的辩解,并指证被告人参与作案;也可能会基于推卸责任、陷害他人等考虑先指证被告人参与作案或者指证被告人罪责较重,随后因良心发现或者无法自圆其说,进而否认被告人参与作案或者称被告人罪责较轻。因此,不能简单采信同案被告人的供述,同时也不能简单将其辩解视为狡辩,要综合根据案情和其他证据认真审查同案被告人的指证或者辩解是否成立或者合理。

需要强调的是,虽然此处重点探讨对同案被告人供述证明力的审查判断,但对于同案被告人翻供的情形,要注意审查供述的合法性。如果同案被告人辩称其供述是刑讯逼供所得,经查该供述是非法证据,就应当依法排除,不能作为定案的根据，从而也就谈不上证明力的审查判断问题。

三、同案被告人指证被告人涉案但被告人否认的情形，能否认定被告人有罪

有的案件中，只有（同案）被告人指证被告人参与作案，侦查机关据此将被告人抓获归案，被告人被抓获归案后始终否认犯罪或者认罪后翻供，没有其他证据直接建立被告人与犯罪事实之间的关联。这在雇凶杀人犯罪、雇佣运输毒品犯罪领域时有发生。例如杀人案件的凶手归案后，指证被告人雇其作案。又如运输毒品案件的运毒者归案后，指证被告人雇其运输毒品。对于上述情形，因同案被告人明确指证被告人涉案，被告人有重大作案嫌疑，侦查机关将被告人抓获归案后需要对被告人进行讯问，核实该被告人是否涉案。被告人可能始终否认涉案，或者在认罪后翻供。此种情况下能否认定被告人有罪，实践中需要区分不同情况作出处理。

（一）被告人始终否认涉案的情形

对于被告人始终否认涉案，除同案被告人指证其涉案外，没有其他证据直接证明被告人与犯罪事实之间关联的情形，需要认真审查同案被告人供述的细节、供述与其他证据的印证关系、供述的稳定性等方面，重视证据之间的关联分析、矛盾分析以及案件因果关系的分析。显然，同案被告人的人数越多，供述的内容越具体，越有助于判断供述是否真实，准确查明案件事实。当然，对同案被告人供述，不能唯数量论，要按照前述方法认真审查判断同案被告人供述自身的真实性。

即使只有一名同案被告人指证被告人涉案，如果有其他证据佐证其供述的真实性，并有相关证据表明被告人与被害人存在利害关系（因果关系分析）或者被告人与同案被告人有非正常联系（关联分析），也可以综合全案证据认定被告人涉案。例如一起雇凶杀人案件，被告人某甲因为商业纠纷而雇凶杀人，其在网上找到杀手某乙，约定某乙杀死被害人后支付酬金五万元，某乙按照约定杀死了被害人，事后某甲汇款五万元给某乙。某乙被抓获归案后，指证某甲雇其作案，除某乙的指证外，没有其他直接证据证明某甲的雇凶杀人行为。某甲归案后始终否认涉案，除某乙的直接指证外，有证据表明某乙与被害人并无矛盾，而某甲与被害人存在恩怨，另有网络聊天记录和手机通话记录证实某甲与某乙之间在案发前后存在联系，汇款记录证实某甲曾汇款给某乙，虽然没有其他证据直接建立某甲与犯罪事实之间的关联，但结合某乙（同案被告人）的指证以及相关间接证据，能够认定某甲与犯罪事实之间存在关联，如某甲不能对其与某乙之间的网络联系、电话联系、资金往来等情况作出合理解释，基于在案证据可以认定被告人有罪。

实际上，上述类型的案件是结合同案被告人供述通过关联分析和因果关系分析来重建犯罪事实，进而认定被告人有罪。整个证明过程主要包括三个步骤。首先要建立同案被告人（犯罪行为直接实施者）与犯罪行为之间的关联，这是整个证明和推理链条的前提。如果除同案被告人供述外，没有证据证明犯罪行为系同案被告人实

施,同案被告人一旦翻供,全案事实的证明和推理就缺乏必要的前提。其次要建立同案被告人与被告人之间的关联,这种关联应当与犯罪行为直接相关。如果同案被告人与被告人并非熟人,就可以通过手机通话清单、网络聊天记录或者资金往来等非正常联系建立两者之间与犯罪行为直接相关的关联;如果同案被告人与被告人是熟人,就需要进一步甄别两者的联系是否正常,与犯罪行为是否直接相关。最后要明确被告人与被害人、犯罪事实是否存在利害关系。如果认定存在利害关系,建立在因果关系基础上的整个证明和推理链条就基本上完成。由于上述证明过程涉及较为复杂的推理,为避免推理结论存在其他可能性,应当允许被告人提出辩解。

如果只有一名同案被告人指证被告人涉案,没有其他证据佐证同案被告人供述的真实性,无法建立被告人与犯罪事实之间的关联,且被告人始终不认罪的,则因为只有同案被告人供述一项证据且缺乏印证,在案证据达不到确实、充分的证明标准,所以依法不能认定被告人有罪(参见本文第六部分的分析及案例)。

相比之下,即使有多名同案被告人指证被告人涉案,但不能排除串供诬陷可能性的,如无其他证据印证同案被告人的供述,在案证据达不到确实、充分的证明标准,也不能认定被告人有罪。

(二)被告人认罪后翻供的情形

对于被告人认罪后翻供的情形,因涉及正反两方面的信息,故可以结合同案被告人供述和其他证据对被告人的认罪供述进行确证分析,审查认罪供述与同案被告人供述及其他证据是否印证;同时对被告人的翻供理由进行证伪分析,审查翻供理由是否成立。《最高人民法院关于适用〈中华人民共和国刑事诉讼法〉的解释》第八十三条就此问题规定:“被告人庭审中翻供,但不能合理说明翻供原因或者其辩解与全案证据矛盾,而其庭前供述与其他证据相互印证的,可以采信其庭前供述。被告人庭前供述和辩解存在反复,但庭审中供认,且与其他证据相互印证的,可以采信其庭审供述;被告人庭前供述和辩解存在反复,庭审中不供认,且无其他证据与庭前供述印证的,不得采信其庭前供述。”

需要强调的是,刑事诉讼法第五十三条规定,“只有被告人供述,没有其他证据的,不能认定被告人有罪和处以刑罚”。实践中,对本条的理解存在不同看法,即该条规定所指的被告人供述是否包含同案被告人供述?质言之,如果某一案件同时具有同案被告人和被告人供述的,能否适用本条,不认定被告人有罪。有观点认为,该规定仅指被告人供述,证明被告人涉案事实的同案被告人供述更加类似于证人证言。也有观点认为,同案被告人供述在属性上也是被告人供述,因此上述规定既包括被指控的被告人的供述,也包括同案被告人的供述,同案被告人供述不能被视为证人证言。我们认为,同案被告人指证被告人涉案的供述不能被简单视为“被告人供述”,在证明价值上更加类似于证人证言(但两者亦有差异,详见前文分析）。因此，如果某一案件同时具有同案被告人供述和被告人供述，就不能简单视为刑事诉讼法第五十三条所规定的情形。

如果案件中仅有同案被告人供述和被告人供述，缺乏其他证据尤其是实物证据印证，由于现阶段确保供述合法性和自愿性的程序制度尚不十分完善，故应当特别注意审查判断供述的合法性。对于被告人辩称其遭到刑讯逼供，供述系非法取得，进而申请排除非法证据，并提供相关线索或者材料的，人民法院应当认真进行审查，在决定对证据合法性进行专门调查后，如果确认或者不能排除被告人供述是以非法方法取得，就应当依法排除相关供述。同时，也要注意审查供述的真实性，切实排除诱供、串供的可能性。如果依法排除被告人供述后，同案被告人指证被告人涉案的供述缺乏证据印证的，依法不能认定被告人有罪。鉴于该类问题在毒品犯罪案件中体现得较为突出，最高人民法院于2008年下发的《全国部分法院审理毒品犯罪案件座谈会纪要》规定："有些毒品犯罪案件，往往由于毒品、毒资等证据已不存在，导致审查证据和认定事实困难。在处理这类案件时，只有被告人的口供与同案其他被告人供述吻合，并且完全排除诱供、逼供、串供等情形，被告人的口供与同案被告人的供述才能作为定案的证据。仅有被告人口供与同案被告人供述作为定案证据的，对被告人判处死刑立即执行要特别慎重。"实际上，不仅是毒品案件，其他类型的案件尤其是死刑案件也应当坚持上述原则。在缺乏实物证据，主要靠被告人和同案被告人供述的印证关系定案的情形，要特别注意审查供述的合法性和真实性，切实排除逼供、诱供、串供的可能性，不能在案件事实达不到确实、充分证明标准的情况下勉强定案。

审判实践中，对于定案证据主要是被告人供述和同案被告人供述的情形，需要结合案情和供述分析案件中是否可能存在实物证据或者其他印证证据。如果情况显示可能存在上述证据，就要进一步分析相关证据不在案的原因。此类案件可能是由于现场勘查等工作不细而遗漏关键证据，也可能是侦查机关故意隐瞒有利于被告人的证据甚至无罪证据，因此存在较大的错判风险。此种情况下，应当建议人民检察院补充侦查，对案件的事实、证据疑点作出合理的解释，有效排除合理怀疑。对于死刑案件，如果在案证据足以认定被告人有罪，但对被告人适用死刑的事实证据不足的，根据《最高人民法院关于建立健全防范刑事冤假错案工作机制的意见》第六条第三款的规定，不得对被告人判处死刑。

四、同案被告人指证被告人系主犯但被告人否认的情形，能否认定被告人是主犯

一些共同犯罪案件中，各被告人归案后都不否认参与犯罪，但可能会基于趋利避害等考虑对各自在共同犯罪中的地位、作用作出避重就轻的供述。这在死刑案件中体现得尤为突出。对于同案被告人指证被告人系主犯（或者罪责更为严重的

主犯)，被告人予以否认的情形。例如在共同抢劫杀人案件中，被告人虽然供认参与犯罪预谋和准备，但始终否认参与杀死被害人，由于各被告人之间存在直接利害关系，对同案被告人作出的不利于被告人的供述需要认真审查，如果同案被告人的供述未得到其他证据尤其是实物证据印证，就不能简单采信。又如在一起共同抢劫案件中，四名被告人涉案，致二被害人死亡。被告人甲、乙均供称其二人与丙、丁一同实施了抢劫杀人行为，但丙、丁虽然承认共同预谋抢劫，但始终辩称四人分组、分头寻找抢劫对象，甲和乙一组，丙和丁一组，抢劫杀人行为是甲、乙实施，丙、丁在别处寻找抢劫对象，并未参与实施抢劫杀人行为。

对于上述情形，如果被告人甲、乙供述稳定、细节吻合，且与其他证据尤其是现场实物证据相互印证，排除串供诬陷丙、丁的可能性，而被告人丙、丁的辩解缺乏合理性，又没有其他证据印证的，可以认定丙、丁参与实施抢劫杀人行为。在此基础上，需要进一步区分各被告人在共同犯罪中的地位作用，对其中罪责最为严重的主犯，罪行极其严重的，可依法适用死刑。相反，如果甲、乙供述存在反复、缺乏其他证据印证，而丙、丁的辩解具有合理性，没有证据证实二人串供的，有关丙、丁参与实施抢劫杀人行为这一事实存在合理怀疑，未能达到证据确实、充分的证明标准，依法不能认定。此种情况下，虽能认定丙、丁参与抢劫犯罪，但不能认定该二人参与实施杀人行为。如果各被告人在犯罪预谋阶段并未约定采用杀人手段抢劫，对丙、丁量刑时不能考虑杀人情节；如果各被告人在犯罪预谋阶段约定采用杀人手段抢劫，尽管丙、丁未具体参与实施杀人行为，但基于共同犯罪部分行为全部责任的原则，也应当认定丙、丁对全案后果负责，但丙、丁的罪责轻于直接实施杀人行为的甲、乙，量刑时应当有所区别。

需要强调的是，对于多人共同致死一名被害人的案件，如果各被告人均是单纯的实行犯(排除组织、指使犯罪等情形)，无法确定谁是直接致死被害人的凶手，各被告人在共同犯罪中的地位、作用又难以区分的，原则上不能适用死刑。

五、(同案)被告人指证他人参与作案但该人不在案的情形，对(同案)被告人如何量刑以及能否适用死刑

共同犯罪案件，经常涉及被告人先后归案的情形。有的案件，有其他证据表明系共同犯罪案件，先归案的被告人指证该案还有其他作案人，并辩称主要犯罪行为系逃匿的作案人实施。还有的案件，被告人归案后辩称有其他人参与作案，但没有其他证据表明该案系共同犯罪案件。对于上述情形，需要结合案情及在案证据作出相应的处理。

(一)有证据证明案件系共同犯罪的情形

有的案件，有证据表明，除已经归案的被告人外，确实还有其他作案人。例如，目击证人看见多人共同实施犯罪行为，又如现场作案工具尖刀刀柄上的指纹经鉴

定为其他人所留。此种情况下，先归案的被告人基于避重就轻等考虑，虽然认罪，但可能会作出有利于自己、不利于其他作案人的供述。例如共同抢劫案件，先归案的被告人辩称，自己虽然参与实施抢劫，但致死被害人的行为系在逃的其他作案人实施。在缺乏其他证据印证而又没有相反证据的情况下，即使对其有关各被告人在共同犯罪中地位、作用所作供述的真实性存在疑问，也应当按照有利于被告人的原则作出处理。

人民法院在缺乏其他证据印证的情况下认定先归案的被告人系从犯或者在量刑时留有余地的，如果裁判生效后其他作案人归案，有新的证据证明原判决、裁定认定的事实确有错误，先归案被告人应当为共同犯罪的主犯，对其量刑畸轻的，可以依法启动审判监督程序重新审判，并与后归案的被告人一并审理，准确查清事实，明确各被告人的罪责，依法作出裁判。

（二）有证据显示案件可能系共同犯罪的情形

有的案件，被告人归案后在认罪的同时，供称有其他人共同作案，并称在逃的作案人系主犯，自己仅实施了辅助行为，系共同犯罪中的从犯，例如提出其他作案人杀人后，其仅是帮助抛尸。如果被告人供述的情况有据可查，与案情和其他证据没有矛盾，尤其是现场和案情反映出被告人一人难以独立完成犯罪行为的，就应当进行认真调查核实相关证据。如果在审判环节发现上述情形，人民法院应当向人民检察院说明情况，人民检察院依法可以补充收集、调取证据，作出合理的说明或者退回侦查机关补充侦查，调取有关证据。如果经补充侦查，被告人供称的共同作案人确有其人，但未能抓捕归案，对该被告人量刑时应当留有余地；对于死刑案件，即使案件后果极其严重，也不能对被告人适用死刑。

有的案件，被告人归案后虽然辩称与其他人共同作案，但供认自己实施了主要犯罪行为，例如一起抢劫杀人案件，被告人某甲归案后供称其与某乙共同实施抢劫，其单独持刀杀死了被害人，某乙只是帮助其搬运尸体、毁灭证据。此种情况下，如果某甲的供述与在案证据相互印证，如根据某甲供述找到了作案工具尖刀，从该尖刀刀柄上检出某甲的指纹，同时在刀刃上检出被害人的血迹，即使某甲所称的作案人确有其人，未能抓捕归案，也不影响对某甲的定罪量刑。需要指出的是，对此类案件，要注意排除先归案的被告人替人顶罪的情形。例如某甲与某乙系亲兄弟，可能会为了包庇某乙而包揽罪责。有鉴于此，应当重视分析先归案被告人的供述细节，审查被告人供述是否与在案证据尤其是实物证据存在矛盾，并结合案情和在案证据作出准确认定。

六、被告人指证的其他作案人经查不实，又随意指证他人作案的情形，是否需要继续查证

有的案件，被告人归案后认罪，后辩称系替人顶罪。对于此类案件，首先要认

真审查在案证据,判断能否认定先归案的被告人涉案,这是认定该被告人有罪的前提。同时,也要查证被告人所指证的其他作案人是否涉案。如果先归案的被告人所称的共同作案人经查并无该人,或者随后经调查表明该人与案件事实并无关联,被告人又随意指证他人作案的,应当让被告人作出合理的解释。如果从案情和被告人指证的情况看,被告人的指证系随意指证、反复变化,或者被指证的人无从查证的,不能简单地仅凭被告人随意指证就无限期地查证下去。如结合案件情况决定对被告人的随意指证不予查证后,要认真审查案件的事实证据,对于被告人认罪供述与在案证据尤其是客观性证据印证的,可以采信其认罪供述。在此基础上,如全案证据达到确实、充分的证明标准,可以认定被告人有罪。

例如,一起故意杀人案件,被告人某甲归案后认罪,现场提取的血迹和烟蒂上的生物证据经 DNA 鉴定系被告人某甲所留,但被告人某甲辩称其是替某乙顶罪,杀人行为系某乙具体实施,某甲只是出现在现场,因某乙承诺给其巨额报酬而包揽罪责。该案现场被纵火后遭到一定程度的破坏,故没有提取到其他人的生物证据。此种情况下,鉴于某甲提出的上述辩解关系重大,侦查机关立即补充调查,最后找到某甲所指证的某乙,但某乙坚决否认参与犯罪,经查某乙亦没有作案时间,在案证据能够排除某乙涉案的可能性。随后提审某甲,某甲又辩称某丙是作案人,但对其之前的辩解不能作出合理解释,且其供述的某丙无从查证。立足该案情况,现有证据足以认定某甲与犯罪现场、被害人和犯罪事实之间的关联,某甲最初的认罪供述与在案证据互相印证,某甲提出的替某乙顶罪的辩解不能成立,最终依据查明的事实认定某甲有罪。

——刘静坤:《如何审查判断和运用作为证据使用的同案被告人供述——以死刑案件办理为重点视角分析》,载最高人民法院刑事审判第一、二、三、四、五庭主办:《刑事审判参考》(总第 99 辑),法律出版社 2015 年版,第 273—285 页。

1541 在共同犯罪案件中,如何认定非同案共犯供述的证明力

关键词 | 证据 | 共同犯罪 | 被告人供述 |

【最高人民法院参考案例】

张世明抢劫案(《刑事审判参考》案例第 590 号)

要旨:非同案共犯具有一定的"旁观者""局外人"色彩,在对已经过庭审质证确认的被告人供述的判断和运用方面,相对于同案共犯的供述要更灵活一些,允许在一定前提下据此对被告人定罪判刑。

在刑事司法中,共犯与同案被告人是两个不同的概念。共犯是实体法上的概

念，是指共同犯罪的人；而同案被告人则是程序法上的概念，是指在同一诉讼程序中被司法机关共同追诉的人，二者所涵盖的范围并非是完全重合的。一般情况下，共同犯罪人都是同案处理的（即同案共犯），但是，在某些情况下，如案犯归案时间不同时，实践中也存在将共犯另案处理的可能（即非同案共犯）。这样，如何认定先受审的被告人供述对后受审共犯案件的证明力，是正确处理此类案件不可回避的重要问题。

在审理后受审共犯案件中，对于非同案共犯中先受审的被告人的供述，一些司法机关将这类共犯口供作为后审共犯案件的证人证言，认为先审结案件的被告人口供是经过调查属实的，其真实性建立在较牢靠的基础上，且该被告人与后案审理的共犯人在利害关系上已牵扯不大，实际上已成为后审者犯罪事实的知情人，其诉讼地位当然发生变化，而成为另案诉讼的证人。许多国家也持这一观点……

国外立法之所以能作这样的规定，是与其整个司法制度的设置密不可分的，是以充分保障被告人的辩护权以及确立了传闻证据、交叉询问等证据规则为前提的。然而在我国目前的情况下，适用这种处理方式处理案件是欠妥的，极易导致冤错案件的发生，因为非同案共犯的供述与普通的证人证言有着本质的不同：(1)从证明主体与案件的利害关系来看，二者具有本质的区别。在我国，证人与案件审理结果在法律上没有直接的利害关系，而被告人是被追诉和可能被定罪的对象，与案件结果存在直接的利害关系，属于诉讼当事人，二者的地位存在明显差异。(2)从所证明内容的范围而言，被告人供述的范围更广，其作的有罪供述会更直接、全面地反映出犯罪的动机、目的、时间、地点、手段、过程、后果等案件事实，特别是在证明犯罪主观目的与动机方面更是具有无可比拟的作用。相对而言，由于并非案件的直接当事人，证人证言具有一定的局限性，只能证明案件的主要情节或部分情节，而不能像被告人口供那样全面、具体。(3)从所证明内容的真实性而言，非同案被告人的供述存在更大的虚假可能性。相对证人而言，被告人作为刑事诉讼中被追究刑事责任的对象，由于口供直接影响到司法机关对其刑事责任的追究，因而其真实性容易受到各种原因的影响，也容易出现反复。特别是对于先受审的被告人来说，由于其供述无须像证人证言那样与后审理的非同案共犯进行当庭对质，在缺乏足够的质证程序予以制约的条件下，不排除有推卸责任的可能。

综上，无论是形式上还是实质上，将非同案共犯的供述界定为被告人的供述这一证据种类更为合适。但在适用刑事诉讼法第四十六条“只有被告人供述，没有其他证据的，不能认定被告人有罪或处以刑罚”的规定时，考虑到非同案共犯毕竟具有一定的“旁观者”“局外人”色彩，在对已经过庭审质证确认的被告人供述的判断和运用方面，相对于同案共犯的供述要更灵活一些，允许在一定前提下据此对被告人定罪判刑，甚至判处死刑，是符合刑事诉讼实际的。

——《刑事审判参考》(总第71辑)。

1542 共同犯罪中“零口供”被告人犯罪事实的认定

关键词｜证据｜零口供｜共同犯罪｜

【最高人民法院参考案例】

屠桂军等故意杀人案(《刑事审判参考》案例第789号)

要旨:多人共同犯罪案件中,对“零口供”被告人的犯罪事实的认定,关键是对在案言词证据进行综合判断、运用。

所谓被告人“零口供”,是指被告人在被立案侦查、起诉和审判的过程中只作无罪辩解,拒绝作有罪供述的情况。在有DNA鉴定等客观性证据或者目击证人、被害人指证的案件中,即使是出现“零口供”情况也不影响犯罪事实的认定。但在缺乏有力的客观性证据,言词证据也不稳定或者不完全一致的案件中,出现“零口供”情况则认定犯罪事实存在较大难度。本案是一起共同犯罪案件,被告人屠桂军纠集被告人冯仲海、滕友、张立忠等人伺机报复,持刀、枪将二被害人杀死。在本案立案侦查、起诉和审判过程中,屠桂军始终拒不供认杀人犯罪,部分同案被告人庭审后翻供,否认屠桂军参与犯罪。因此,有关屠桂军犯罪事实部分出现了“零口供”情况,对其他证据的审查和认定,成为认定屠桂军犯罪事实的关键。

……

总之,认定多人共同犯罪案件中“零口供”被告人的犯罪事实,关键是对在案言词证据进行综合判断、运用。首先,要对各证人证言和被告人供述进行纵向分析,如果证言、供述有变化,则须分析该言词证据改变的特点、原因,结合取证时间、环境及该人与案件是否有利害关系、是否可能受到诱导等因素,从宏观上判断该言词证据是否可信。其次,要对各证人证言和被告人供述进行横向分析,查找各言词证据之间是否有一致的内容,是否足以否定“零口供”被告人的辩解,从微观上判断哪些言词证据可采信。再次,要对各证人证言和被告人供述进行反向分析,合理排除证言、供述之间的矛盾,分析证言、供述间细节不一致是由主观判断差别造成的,还是由相关人员虚假性、包庇性作证造成的,特别是要确认被告人辩解和证人证言相结合是否尚不足以合理证明相反事实。最后,要对各证人证言和被告人供述进行立体分析,将证人证言和被告人供述指向一致的部分,结合案件其他事实证据,如各被告人与被害人的关系、平时有无矛盾,各被告人平时表现、相互间有无“隶属”关系等,判断能否形成完整的证据链条,最终确定“零口供”被告人的犯罪事实。

——《刑事审判参考》(总第 87 辑)。

1543 “没有被告人供述，证据确实、充分的，可以认定被告人有罪和处以刑罚”的理解

关键词｜证据｜被告人供述｜非法言词证据｜刑讯逼供｜

【最高人民法院参考案例】

张建国贩卖毒品案(《刑事审判参考》案例第 453 号)

要旨:对没有被告人供述案件定罪量刑时,各类证据之间的矛盾必须得到排除,形成一个互相补充、互相印证、完整、缜密的证据锁链,能够得出唯一的证明结论。

根据该规则,只有被告人供述,没有其他证据的,不能认定被告人有罪和处以刑罚;没有被告人供述,证据充分确实的,可以认定被告人有罪和处以刑罚。也就是说,在没有被告人供述的情况下,问题不在于能不能定案,而在于在案其他证据是否达到确实、充分的程度,能否认定案件事实。

一般而言,司法实践中,在把握被告人供述等言词证据时,应当注意遵循下列原则:一是不能仅凭言词证据尤其不能仅凭同案被告人供述认定犯罪事实。由于作证主体的利害相关性和证言来源的特点决定,同案被告人供述等言词证据往往具有易变性、主观性等缺点。如果仅凭同案被告人供述定案,那么,整个案件事实认定的基础就极不扎实,容易因同案被告人供述的改变而改变。尤其是对判处被告人死刑的案件,更不能仅凭同案被告人供述予以定案,必须有其他证据如物证、书证来直接保障和补强同案被告人供述的证明力,以保证证明结论的排他性。二是严格排除非法言词证据,尤其要严格排除同案被告人的非法言词证据,确保同案被告人供述不是在刑讯逼供、威胁、引诱的情况下所作。同时,必须排除同案被告人之间串供的可能性。这不仅仅为了正当程序,为了保障人权的要求,就此类案件来说,更重要的是为了确保案件事实认定的客观真实性。三是各类证据之间的矛盾必须得到排除,形成一个互相补充、互相印证、完整、缜密的证据锁链,能够得出唯一的证明结论。

——《刑事审判参考》(总第 57 辑)。

1544 雇凶者没有直接实施杀人行为，并翻供否认犯罪的，如何认定雇凶杀人犯罪事实

关键词 | 证据 | 被告人供述 | 翻供 | 雇凶杀人 |

【最高人民法院参考案例】

曲振武、胡英辉故意杀人案(《刑事审判参考》案例第923号)

要旨:对于雇凶者翻供否认参与犯罪的,应当注重对雇凶者的有罪供述与其他证据在取证时间、逻辑关系、内容一致性上的审查,并认真分析雇凶者的翻供理由及翻供内容是否符合情理、能否成立。

雇凶杀人是实践中较为常见的犯罪类型,雇凶者本人是否直接参与实施杀人行为,对于案件事实认定有不同程度的影响。有些雇凶者反侦查能力较强,不但不直接参与实施杀人行为,还会尽可能切断与受雇者和犯罪事实之间的证据关联,增大事实认定的难度。对于此类案件,应当格外注重对全案证据的综合分析。通常情况下,受雇者直接实施杀人行为,一般会留下与犯罪相关的直接证据或者关联性较强的间接证据;而雇凶者雇用受雇者实施犯罪,通常是基于特定动机,且会与受雇者存在联络;出于犯罪隐秘性考虑,受雇者与被害人之间往往并不相识,需要在雇凶者的帮助下实施杀人行为。因此,应当从证实受雇者与犯罪事实之间的关联、雇凶者与受雇者之间的关联、雇凶者及受雇者与被害人之间的关联等方面的证据入手,探寻雇凶者与犯罪事实之间的关联。对于雇凶者翻供否认参与犯罪的,应当注重对雇凶者的有罪供述与其他证据在取证时间、逻辑关系、内容一致性上的审查,并认真分析雇凶者的翻供理由及翻供内容是否符合情理、能否成立。

……

曲振武虽然没有直接实施杀人行为,且在侦查阶段就翻供否认犯罪,但在案证据证实,曲振武与胡英辉在作案过程中联系密切,没有曲振武的幕后帮助胡英辉无法完成作案,曲振武的有罪供述与胡英辉的供述等证据在涉案的关键细节上吻合,特别是曲振武所交代的一些非雇凶者难以掌握的作案细节,均得到其他证据的印证,而曲振武的翻供理由则明显不合常理,翻供内容不能成立。据此,完全可以认定曲振武雇凶杀人的犯罪事实。

——《刑事审判参考》(总第95辑)。

1545 毒品共同犯罪案件中被告人先后翻供的案件事实认定

关键词 | 证据 | 毒品犯罪 | 共同犯罪 | 被告人翻供 |

【最高人民法院参考案例】

谢怀清等贩卖、运输毒品案(《刑事审判参考》案例第605号)

要旨:犯罪嫌疑人、被告人在侦查审判阶段先后翻供,但没有证据证实其以前所作有罪供述违背其自愿性,翻供内容的合理性不足,不足以推翻有罪前供。

毒品犯罪隐蔽性强,一般没有目击证人,也没有类似于故意杀人、抢劫等案件中遗留作案痕迹的犯罪现场,取证工作有一定特殊性,且难度较大。同时,毒品犯罪分子到案后不认罪或者翻供的现象在司法实践中较为常见,特别是在幕后起组织、指挥作用的毒品犯罪分子,由于不直接出现在毒品交易地点或运输途中,到案后不认罪的情况非常普遍。为避免因犯罪分子不认罪或者翻供而导致定罪证据不足的现象,对犯罪分子在交易或者运输毒品过程中及时进行抓捕,即“人赃俱获”,对于依法有力打击毒品犯罪十分重要。但是,即使是“人赃俱获”的案件,犯罪分子也可能不认罪或者翻供以逃避罪责。对于被告人翻供的,既不能无视其翻供内容,一律采信其以往所作有罪或者罪重供述,也不能遇翻供就生疑,认为前供一律被否定,从而得出案件没有有罪供述乃至事实不清的结论。对于翻供案件,应当结合全案证据进行综合分析,审查被告人的翻供理由是否成立,内容是否可信,进而确认有罪事实是否成立。

——《刑事审判参考》(总第72辑)。

1546 毒品犯罪案件中仅有被告人口供的案件事实认定

关键词 | 证据 | 毒品犯罪 | 被告人口供 |

【最高人民法院参考案例】

张玉梅、刘玉堂、李永生贩卖毒品案(《刑事审判参考》案例第367号)

要旨:在毒品犯罪案件中,当被告人的口供与同案其他被告人供述吻合,并且完全排除诱供、逼供、串供等情形,被告人的口供与同案被告人的供述才可以作为定案的根据。

毒品犯罪的一个显著特点就是一般具有隐蔽性,毒品犯罪证据的收集比较困难。毒品犯罪案件的证据一般或多或少地具有某些瑕疵。《全国法院审理毒品犯罪案件工作座谈会纪要》规定,在审理毒品犯罪案件中,对于毒品、毒资等已不存在,或者被告人翻供,审查证据和认定事实存在困难的情况下,仅凭被告人口供是不能定案的。只有当被告人的口供与同案其他被告人供述吻合,并且完全排除诱供、逼供、串供等情形,被告人的口供与同案被告人的供述才可以作为定案的根据。

对仅有口供作为定案根据的,对其判处死刑立即执行要特别慎重。

——《刑事审判参考》(总第46辑)。

(五)鉴定意见的审查与认定

1547 鉴定意见的审查重点

关键词|证据|鉴定意见|

【最高人民法院司法解释】

第九十七条　对鉴定意见应当着重审查以下内容:

(一)鉴定机构和鉴定人是否具有法定资质;

(二)鉴定人是否存在应当回避的情形;

(三)检材的来源、取得、保管、送检是否符合法律、有关规定,与相关提取笔录、扣押清单等记载的内容是否相符,检材是否可靠;

(四)鉴定意见的形式要件是否完备,是否注明提起鉴定的事由、鉴定委托人、鉴定机构、鉴定要求、鉴定过程、鉴定方法、鉴定日期等相关内容,是否由鉴定机构盖章并由鉴定人签名;

(五)鉴定程序是否符合法律、有关规定;

(六)鉴定的过程和方法是否符合相关专业的规范要求;

(七)鉴定意见是否明确;

(八)鉴定意见与案件事实有无关联;

(九)鉴定意见与勘验、检查笔录及相关照片等其他证据是否矛盾;存在矛盾的,能否得到合理解释;

(十)鉴定意见是否依法及时告知相关人员,当事人对鉴定意见有无异议。

——《最高人民法院关于适用〈中华人民共和国刑事诉讼法〉的解释》(2021年3月1日,法释〔2021〕1号)。

【最高人民法院参考案例】

付代林故意伤害案(《刑事审判参考》案例第930号)

要旨:鉴定意见只有经人民法院依法审查认定的,才能作为定案的依据。

在涉及人身伤害的案件中,法医鉴定意见关系到正确认定案件的性质、责任的区分,甚至是罪与非罪。鉴定意见通常具有较强的科学性、技术性,但就其本质属性而言仍只是证据的一种形式。鉴定意见作为鉴定人的判断性意见，必然带有一定的主观性，并不具有必然的科学性、准确性，因此只有经人民法院依法审查认定的，才能作为定案的依据。对于一般轻伤、重伤人身伤害鉴定的审查，主要包括以下几个方面：一是鉴定机构和鉴定人是否合法；二是送交的鉴定材料是否齐全正确；三是鉴定方法是否科学准确；四是鉴定结论与在案证据是否一致；五是鉴定意见是否符合法定标准。

——《刑事审判参考》（总第95辑）。

1548 多份鉴定意见互相矛盾的应如何审查采信

关键词 | 证据 | 鉴定意见 |

【最高人民法院参考案例】

王逸故意伤害案（《刑事审判参考》案例第177号）

要旨：与案件的实际情况比较吻合，能与本案的其他证据相印证并获得一致性解释的鉴定意见，可以采信。

鉴定结论是对案件中某些涉及专业的技术性问题所作出的回答。精神病鉴定就是司法实践中常见的一种专业性很强的技术活动。一般而言，鉴定结论是应该由待鉴定专业问题方具有相当造诣的专家来进行，因此，他们的判断意见和结论通常是比较科学、可信的。但是我们也应该同时认识到：由于鉴定问题本身的高度复杂性，鉴定案例的特殊性以及囿于鉴定过程中各种因素、条件的制约、影响，专家的鉴定活动也有可能得出不尽科学、正确的结论。因此，鉴定结论要用作为最后定案的证据，同其他证据种类一样，也需依法经过当庭出示、质证等法庭调查程序查证属实，且与其他在案证据能够相互印证、排除矛盾，得出合理排他性的唯一结论。

本案在涉及被告人王逸是否患有精神病以及患病程度问题的鉴定中，前后出现了五份相互冲突矛盾的鉴定结论，这足以表明精神病鉴定的高度复杂性以及鉴定结论本身所具有的出错可能性。如上所述，鉴定结论只是某一方面专家就涉案的专门性问题向法庭提供的专业意见，鉴定结论的科学性、正确性与否，能否作为定案根据，还有待法官的审查采信。鉴定结论的审查一般主要包括对鉴定人资格、鉴定材料、鉴定过程、鉴定依据、鉴定结果与全案其他证据的一致性等项内容的审查。

……

在认真审查、分析、比较多份相互冲突的鉴定结论的基础上，最后认为"王逸长期存在精神障碍，但在作案时尚未完全丧失辨认和控制自己行为能力"属于限制刑事责任能力行为人的鉴定结论,相对比较合理且与本案的实际情况比较吻合,能与本案的其他证据相印证,可以获得一致性解释,决定予以采信。

——《刑事审判参考》(总第26辑)。

1549 如何审查判断DNA鉴定意见的关联性

关键词|证据|鉴定意见|

【最高人民法院参考案例】

康文良故意杀人案(《刑事审判参考》案例第1272号)

要旨:审查认证DNA鉴定意见,不仅要审查其客观性、合法性,更要审查其与案件事实的关联性以及关联程度。

最高人民法院复核阶段对本案中的DNA鉴定意见,特别是其关联性进行了重点审查,并综合案件其他证据,认为不能依据该鉴定意见得出上述具有排他性的唯一结论,主要理由是:

1. 康文良家与徐某某家是对过邻居,徐家的马扎曾出借给其他邻居使用,马扎本身是能随意搬动之物,按照农村人经常搬动马扎或小凳随地而坐的生活习惯,难以全面彻底排除作为邻居的康文良接触徐家马扎的可能性。

2. 康文良在审判阶段辩解称,案发前一两个月,其路过徐某某家门口,徐要把借他家的铁锹还给他,叫他在门口坐一会儿,他不知道当时坐的是不是涉案马扎。现有证据无法排除康文良当时曾接触该马扎的可能性。

3. 康文良的上述辩解与其在侦查阶段关于不知道徐某某家有马扎,更没接触过徐家马扎的供述相矛盾,但不能据此就认定其没有见过、接触过徐家马扎:一是接触马扎是生活中的小事,未留下深刻记忆也属正常;二是徐某某被发现遇害时,康文良也到场围观,知道马扎是作案凶器,因此其在侦查阶段声称自己从未见过、接触过徐家马扎,不排除基于避祸心理,对马扎避而远之,以免引火烧身。

4. 一审法院的两次咨询未针对康文良"在案发前一两个月曾接触过马扎"的辩解进行。在复核阶段,承办法官就涉案混合DNA能否检出先后附着的时间,以及接触DNA能在物体表面保存多久的问题进一步咨询了公安部出具该鉴定意见的鉴定人员,得到的答复是:保存时间取决于保存条件等因素,有的汗斑、唾液可以保存几个月甚至几年,他们曾从一枚烟头上检出嫌疑人几年前留下的唾液;康文良和徐某某先后接触马扎,也可能从马扎上检出该两人的混合DNA,且检验不出附着的先后顺序。因此,DNA鉴定意见仅仅表明康文良曾经接触过马扎,而不能从科学层面否定康文良有关案发前一两个月曾接触过马扎的辩解。故该鉴定意见与案件事实的关联性很弱。

5. 证据材料显示,可以确定案发后至少有三人接触过涉案马扎,而 DNA 鉴定却未检出该三人的 DNA,说明在马扎上未检出 DNA 并不代表未接触马扎。也就是说,如果另有真凶,虽然使用了马扎作案,也可能检不出其 DNA,这从另一方面说明该 DNA 鉴定意见对证明案件事实不具有排他性。

综上,在马扎上检出康文良和徐某某的混合 DNA,只能表明康文良曾经接触过该马扎,不能得出康文良使用该马扎杀害徐某某的唯一结论。

——《刑事审判参考》(总第 115 辑)。

1550 鉴定意见的排除规则

关键词 | 证据 | 鉴定意见 |

【最高人民法院司法解释】

第九十八条 鉴定意见具有下列情形之一的,不得作为定案的根据:

(一)鉴定机构不具备法定资质,或者鉴定事项超出该鉴定机构业务范围、技术条件的;

(二)鉴定人不具备法定资质,不具有相关专业技术或者职称,或者违反回避规定的;

(三)送检材料、样本来源不明,或者因污染不具备鉴定条件的;

(四)鉴定对象与送检材料、样本不一致的;

(五)鉴定程序违反规定的;

(六)鉴定过程和方法不符合相关专业的规范要求的;

(七)鉴定文书缺少签名、盖章的;

(八)鉴定意见与案件事实没有关联的;

(九)违反有关规定的其他情形。

第九十九条 经人民法院通知,鉴定人拒不出庭作证的,鉴定意见不得作为定案的根据。

鉴定人由于不能抗拒的原因或者有其他正当理由无法出庭的,人民法院可以根据情况决定延期审理或者重新鉴定。

鉴定人无正当理由拒不出庭作证的,人民法院应当通报司法行政机关或者有关部门。

——《最高人民法院关于适用〈中华人民共和国刑事诉讼法〉的解释》(2021

年3月1日,法释〔2021〕1号)。

【链接:最高人民法院法官著述】

需要注意的是,关于"鉴定文书缺少签名、盖章的",究竟应当直接排除,还是作为瑕疵证据允许补正或者作出合理解释,征求意见过程中存在不同认识。有意见认为,此种情形应作为瑕疵证据,允许补正或者作出合理解释。理由:实践中,存在个别鉴定人因担心遭受打击报复,拒绝在鉴定意见上签名的情况,相关鉴定意见仅有鉴定单位盖章。这种情况下,并不能否认鉴定意见的证据资格。此外,鉴定意见缺少签名或盖章,部分原因可能是调查或侦查活动疏忽。鉴定意见往往直接关乎罪与非罪及案件的定性,如果直接予以排除,将对整个案件办理造成不利影响。有些鉴定文书鉴定的对象存在时效性,若作为应当直接排除的情形,因时过境迁可能无法进行再次鉴定。故而,对于仅因疏忽大意或者其他客观原因导致鉴定文书缺少签名或盖章的,只要能作出补正或者合理解释,经法庭查证属实,与其他证据相互印证,且无其他依法应当排除情形的,可以作为定案的依据。经研究,维持相关规定不变。主要考虑:(1)签名、盖章是鉴定文书的必备要件,缺少签名、盖章,则难以确定鉴定文书的真实性。基于此,对于鉴定文书缺少签名、盖章的,似应绝对排除,而不宜纳入瑕疵证据的范畴。(2)"两个证据规定"、《2012年刑诉法解释》均已明确,鉴定文书缺少签名、盖章的,应当绝对排除。长期以来,这一规定的适用未收到不良反映,说明其符合我国司法实际。本次修改,似不宜放松对鉴定意见的要求,否则可能会招致外界批评,引发不良效应。(3)鉴定意见与其他证据相比,不论在法律上还是司法实践中都具有极特殊的地位和作用。而且,出具鉴定意见的鉴定人以向诉讼活动出具鉴定意见为职业,属"职业证人",应当对其实行高标准、严要求。鉴定人在出具的鉴定文书上"缺少签名、盖章",是其对工作严重不负责任或不敢负责任的表现,与讯问笔录上缺少讯问人员签名完全不同,不能视为"瑕疵证据",而应当绝对排除。

此外,司法实践中还需要注意的是多份不同鉴定意见并存时的处理方法。在当前的司法实践中,多份不同鉴定意见并存的现象比较普遍,且难以在短时间内得到完全改变,这为审判人员取舍鉴定意见增大了难度。本书认为,应当充分运用刑事诉讼法增加的相关制度,立足当前的司法实践,妥善解决这一问题:(1)充分适用鉴定人出庭和有专门知识的人出庭制度,根据控辩双方的申请通知有专门知识的人出庭,以促使控辩双方对专门性问题达成共识,增强审判人员对鉴定意见审查判断的内心确信。(2)对于通过鉴定人、有专门知识的人出庭未能形成结论的情形,人民法院也应当慎用重新鉴定制度。在可能的情况下,可以由控辩双方合意选定鉴定人进行鉴定,从而尽可能地消除双方的分歧,促使双方就鉴定意见达成共识。当然,如果控辩双方无法达成合意,人民法院可以依法指定鉴定人进行重新鉴定。重新鉴定的意见仍然需要经过庭审质证,由法庭审查判断。

——喻海松:《刑事诉讼法修改与司法适用疑难解析》,北京大学出版社 2021 年版,第 158—159 页。

1551 就专门性问题出具的报告的使用

关键词 | 证据 | 专门性问题 |

【最高人民法院司法解释】

第一百条 因无鉴定机构,或者根据法律、司法解释的规定,指派、聘请有专门知识的人就案件的专门性问题出具的报告,可以作为证据使用。

对前款规定的报告的审查与认定,参照适用本节的有关规定。

经人民法院通知,出具报告的人拒不出庭作证的,有关报告不得作为定案的根据。

——《最高人民法院关于适用〈中华人民共和国刑事诉讼法〉的解释》(2021 年 3 月 1 日,法释〔2021〕1 号)。

【链接:理解与适用】

《2012 年解释》第八十七条规定:“对案件中的专门性问题需要鉴定,但没有法定司法鉴定机构,或者法律、司法解释规定可以进行检验的,可以指派、聘请有专门知识的人进行检验,检验报告可以作为定罪量刑的参考。”“对检验报告的审查与认定,参照适用本节的有关规定。”“经人民法院通知,检验人拒不出庭作证的,检验报告不得作为定罪量刑的参考。”根据刑事诉讼法第五十条第一款的规定,可以用于证明案件事实的材料,都是证据。在司法实践中,大量的关于专门性问题的报告被用于证明案件事实,有些还被用于证明与定罪量刑直接相关的构成要件的事实,发挥着与鉴定意见同等重要的作用。无论从法条的规定来看,还是从司法实务的操作出发,该类报告可以也已经作为证据使用。特别是,在盗窃、诈骗等侵财案件中,被广泛运用的价格认定报告就属于本条所讲的“报告”。目前看来,现实中的专业性问题层出不穷,司法鉴定的范围却非常有限,无法一一涵盖,允许出具报告已不仅仅是应急之策,而是已成为常态。而“作为定罪量刑的参考”,并不能反映明确的态度。基于此,《解释》第一百条作了相应调整……

——《起草小组解读:〈刑事诉讼法解释〉理解与适用(上)》,载中国法院网 2021 年 2 月 4 日,https://www.chinacourt.org/article/detail/2021/02/id/5796152.shtml。

1552 事故调查报告的使用

关键词｜证据｜事故调查报告｜

【最高人民法院司法解释】

第一百零一条 有关部门对事故进行调查形成的报告,在刑事诉讼中可以作为证据使用;报告中涉及专门性问题的意见,经法庭查证属实,且调查程序符合法律、有关规定的,可以作为定案的根据。

——《最高人民法院关于适用〈中华人民共和国刑事诉讼法〉的解释》(2021年3月1日,法释〔2021〕1号)。

【链接:理解与适用】

司法实践中,事故调查报告被广泛运用。此类证据的特点是:(1)以行政机关或者事故调查组名义出具,且很多时候是集体讨论的结果。(2)内容多涉及单位就其职权范围,依照一定的程序对某一事实进行审查、认定。(3)技术性强,具有不可替代性。例如,火灾事故调查报告记录了火灾的起火时间、起火点、可能的起火原因等对案件事实认定至关重要的因素。由于上述材料无法归入现行的证据种类,实践中对其能否作为刑事证据使用,存在不同认识。基于此,《解释》第一百零一条规定:"有关部门对事故进行调查形成的报告,在刑事诉讼中可以作为证据使用;报告中涉及专门性问题的意见,经法庭查证属实,且调查程序符合法律、有关规定的,可以作为定案的根据。"

需要注意的是,根据本条规定,"报告中涉及专门性问题的意见,经法庭查证属实,且调查程序符合法律、有关规定的",才能作为定案的根据。首先,事故调查报告中涉及的对专门性问题的意见,其性质实际与鉴定意见类似,也需要接受控辩双方质证,接受法庭调查,只有经查证属实,且调查程序符合法律、有关规定的,才能作为定案的根据。其次,事故调查报告中常常会涉及其他事项,有关事项与事实认定无关或者不属于专门性问题的,不具有证据性质,不能作为定案的根据。

——《起草小组解读:〈刑事诉讼法解释〉理解与适用(上)》,载中国法院网 2021年2月4日,https://www.chinacourt.org/article/detail/2021/02/id/5796152.shtml。

1553 精神疾病的司法鉴定

关键词｜证据｜鉴定｜精神疾病｜

【最高人民法院司法文件】

第九条　刑事案件中，精神疾病司法鉴定包括：

（一）确定被鉴定人是否患有精神疾病，患何种精神疾病，实施危害行为时的精神状态，精神疾病和所实施的危害行为之间的关系，以及有无刑事责任能力。

（二）确定被鉴定人在诉讼过程中的精神状态以及有无诉讼能力。

（三）确定被鉴定人在服刑期间的精神状态以及对应当采取的法律措施的建议。

第十一条　确定各类案件的被害人等，在其人身、财产等合法权益遭受侵害时的精神状态，以及对侵犯行为有无辨认能力或者自我防卫、保护能力。

第十二条　确定案件中有关证人的精神状态，以及有无作证能力。

第十三条　具有下列资格之一的，可以担任鉴定人：

（一）具有五年以上精神科临床经验并具有司法精神病学知识的主治医师以上人员。

（二）具有司法精神病学知识、经验和工作能力的主检法医师以上人员。

第十四条　鉴定人权利

（一）被鉴定人案件材料不充分时，可以要求委托鉴定机关提供所需要的案件材料。

（二）鉴定人有权通过委托鉴定机关，向被鉴定人的工作单位和亲属以及有关证人了解情况。

（三）鉴定人根据需要有权要求委托鉴定机关将被鉴定人移送至收治精神病人的医院住院检查和鉴定。

（四）鉴定机构可以向委托鉴定机关了解鉴定后的处理情况。

第十五条　鉴定人义务

（一）进行鉴定时，应当履行职责，正确、及时地作出鉴定结论。

（二）解答委托鉴定机关提出的与鉴定结论有关的问题。

（三）保守案件秘密。

（四）遵守有关回避的法律规定。

第十七条　司法机关委托鉴定时，需有《委托鉴定书》，说明鉴定的要求和目的，并应当提供下列材料：

（一）被鉴定人及其家庭情况；

（二）案件的有关材料；

（三）工作单位提供的有关材料；

（四）知情人对被鉴定人精神状态的有关证言；

（五）医疗记录和其他有关检查结果。

第十八条　鉴定结束后，应当制作《鉴定书》。

《鉴定书》包括以下内容：

（一）委托鉴定机关的名称；

（二）案由、案号、鉴定书号；

（三）鉴定的目的和要求；

（四）鉴定的日期、场所、在场人；

（五）案情摘要；

（六）被鉴定人的一般情况；

（七）被鉴定人发案时和发案前后各阶段的精神状态；

（八）被鉴定人精神状态检查和其他检查所见；

（九）分析说明；

（十）鉴定结论；

（十一）鉴定人员签名，并加盖鉴定专用章；

（十二）有关医疗或监护的建议。

第十九条　刑事案件被鉴定人责任能力的评定：

被鉴定人实施危害行为时，经鉴定患有精神疾病，由于严重的精神活动障碍，致使不能辨认或者不能控制自己行为的，为无刑事责任能力。

被鉴定人实施危害行为时，经鉴定属于下列情况之一的，为具有责任能力：

1. 具有精神疾病的既往史，但实施危害行为时并无精神异常；

2. 精神疾病的间歇期，精神症状已经完全消失。

第二十一条　诉讼过程中有关法定能力的评定：

（一）被鉴定人为刑事案件的被告人，在诉讼过程中，经鉴定患有精神疾病，致使不能行使诉讼权利的，为无诉讼能力。

（二）被鉴定人为民事案件的当事人或者是刑事案件的自诉人，在诉讼过程中经鉴定患有精神疾病，致使不能行使诉讼权利的，为无诉讼能力。

（三）控告人、检举人、证人等提供不符合事实的证言，经鉴定患有精神疾病，致使缺乏对客观事实的理解力或判断力的，为无作证能力。

第二十二条　其他有关法定能力的评定：

（一）被鉴定人是女性，经鉴定患有精神疾病，在她的性不可侵犯权遭到侵害时，对自身所受的侵害或严重后果缺乏实质性理解能力的，为无自我防卫能力。

（二）被鉴定人在服刑、劳动教养或者被裁决受治安处罚中，经鉴定患有精神疾病，由于严重的精神活动障碍，致使其无辨认能力或控制能力，为无服刑、受劳动教养能力或者无受处罚能力。

——《精神疾病司法鉴定暂行规定》(1989 年 8 月 1 日，卫医字〔89〕第 17 号)。

1554 医疗过错鉴定意见在刑事诉讼中的运用

关键词｜证据｜鉴定意见｜

【最高人民法院参考案例】

李放故意伤害案(《刑事审判参考》案例第 1391 号)

要旨：医疗过错的鉴定意见只能作为判断被告人刑事责任大小的依据之一，而不能作为判断被告人有无刑事责任的依据。

其一，在原因与结果的因果关系上，被告人的行为仍然是主因，抢救不当只是介入因素。如果被告人不对被害人进行击打，于文海就不可能发生头部损伤、脑疝，死亡的结果更不可能发生。其二，刑事案件中被告人刑事责任的大小，与民事案件中责任大小的划分有所不同。实践中，司法鉴定机构没有关于医疗过错对刑事责任影响的具体规定，事实上也不可能作出这样的规定。刑事案件被告人的责任大小，必须由法官依据案情进行综合判断。具体到本案，北京明正司法鉴定中心参考《北京司法鉴定业协会关于办理医疗过错司法鉴定案件的若干意见》作出的鉴定意见，实际是一种民事赔偿责任的划分，不宜直接作为刑事责任划分的结论使用。也就是说，不能因为鉴定意见中认定医院医疗过错对被害人损害结果的参与度为 40%—60%，就直接减轻被告人 40%—60%的刑罚。本案中，被告人的伤害行为是造成损害后果的初始因素，应综合全案情况，对被告人责任进行判断，因此在量刑时，上述鉴定意见仅作为酌定情节予以考虑。

——《刑事审判参考》(总第 125 辑)。

1555 仅有文物鉴定机构公章而无鉴定人签名的鉴定意见的效力认定

关键词｜证据｜鉴定｜文物｜

【最高人民法院司法解释】

第十五条　在行为人实施有关行为前，文物行政部门已对涉案文物及其等级作出认定的，可以直接对有关案件事实作出认定。

对案件涉及的有关文物鉴定、价值认定等专门性问题难以确定的，由司法鉴定机构出具鉴定意见，或者由国务院文物行政部门指定的机构出具报告。其中，对于文物价值，也可以由有关价格认证机构作出价格认证并出具报告。

——《最高人民法院、最高人民检察院关于办理妨害文物管理等刑事案件适用法律若干问题的解释》(2016年1月1日，法释〔2015〕23号)。

【最高人民法院司法文件】

三、涉案文物的认定和鉴定评估

对案件涉及的文物等级、类别、价值等专门性问题，如是否属于古文化遗址、古墓葬、古建筑、石窟寺、石刻、壁画、近代现代重要史迹和代表性建筑等不可移动文物，是否具有历史、艺术、科学价值，是否属于各级文物保护单位，是否属于珍贵文物，以及有关行为对文物造成的损毁程度和对文物价值造成的影响等，案发前文物行政部门已作认定的，可以直接对有关案件事实作出认定；案发前未作认定的，可以结合国务院文物行政部门指定的机构出具的《涉案文物鉴定评估报告》作出认定，必要时，办案机关可以依法提请文物行政部门对有关问题作出说明。《涉案文物鉴定评估报告》应当依照《涉案文物鉴定评估管理办法》(文物博发〔2018〕4号)规定的程序和格式文本出具。

——《最高人民法院、最高人民检察院、公安部、国家文物局关于办理妨害文物管理等刑事案件若干问题的意见》(2022年8月16日，公通字〔2022〕18号)。

【最高人民法院参考案例】

蓑口义则走私文物案(《刑事审判参考》案例第416号)

要旨：文物鉴定不同于其他鉴定，文物鉴定主要凭鉴定人的学识、经验等主观因素作出结论，需要多名专家分别鉴定后再讨论，最终作出集体意见并以集体名义出具相关鉴定结论。国家文物局出具的鉴定结论上虽没有鉴定人的签名，但盖有国家文物鉴定委员会的公章，从外在形式上看，该鉴定结论上并无鉴定人的签名，不符合鉴定结论的形式要件，但实际上，该鉴定结论是在严格依照国家文物鉴定委员会有关鉴定程序基础上作出的，记载有参与鉴定的各鉴定人的资质、签名等情况的材料被保存在国家文物鉴定委员会有关机构中，也不存在责任不清的问题，对该鉴定结论，人民法院可以采纳。

对这份没有鉴定人签名的鉴定结论能否作为证据采用的问题，我们认为，应当从以下几个方面进行综合考虑：

1. 鉴定结论作为一种证据，是否采纳、如何采纳，法官享有审查裁量权。刑事诉讼法等有关法规虽然规定了有关证据应具备的形式要件，但对形式上不符合有关规定的证据是否一概排除采信并无硬性规定。即便在那些已经建立起非法证据排除规则的国家，绝大多数也只是对采取非法取证方法、侵犯他人合法权益取得的证据才考虑作为非法证据予以排除，而对仅仅形式不合法的证据多数并不当然丧失其作为证据的资格。而且，出于种种原因，在司法实践中证据的形式要件具有一定瑕疵的情况并不鲜见，一个证据能否在诉讼中被采用，关键在于其是否具有合法性、客观性、真实性。法律之所以对形式要件进行规定，其目的也在于保证证据真实合法的需要。因此，对于形式不符合有关形式要件的鉴定结论，是否能够作为定案证据使用，不能简单地一概而论，法官应对鉴定结论进行科学审查，综合考虑该证据所证明的内容、形式要件的瑕疵对证据真实性的影响力大小等因素，确定鉴定结论的中立性、真实性、客观性，并结合作出鉴定结论的鉴定机构的资质、专业性等因素加以判断，决定是否采信。

2. 文物鉴定是一种比较特殊的鉴定形式，不同于法医、物证、声像资料类等有比较客观的检测方法、比较严格的客观标准的司法鉴定，文物鉴定主要凭鉴定人的学识、经验等主观因素作出结论，不同的人对同一物品可能得出截然不同的结论，因此，这才需要多名专家分别鉴定后再讨论，最终作出集体意见并以集体名义出具相关鉴定结论。国家文物局下属的国家文物鉴定委员会是目前公认的最具权威的文物鉴定机构，其权威性源自鉴定人的专业水准、鉴定程序的规范性，以国家文物鉴定委员会的名义而不是以专家个人名义出具鉴定结论的操作惯例本身也反映出了文物鉴定的特殊性。因此，在鉴定结论的形式上，文物鉴定结论与其他司法鉴定结论可能存在不同也是客观原因造成的。

3. 本案中，国家文物局出具的鉴定结论上虽没有鉴定人的签名，但盖有国家文物鉴定委员会的公章，即该鉴定结论是以国家文物鉴定委员会的名义出具，并非以鉴定人的名义出具。国家文物鉴定委员会出具鉴定结论，历来遵循个人鉴定并签署意见后，再将个人意见提交鉴定委员会上集体讨论，形成统一意见后以鉴定委员会名义出具鉴定结论的过程。鉴定结论并非没有体现鉴定人的个人意见，体现其个人意见并签名的意见书作为国家文物鉴定委员会出具最终鉴定结论的依据被保存在国家文物鉴定委员会的有关机构中，作为日后复查的凭证。因此，从外在形式上看，该鉴定结论上并无鉴定人的签名，不符合鉴定结论的形式要件，但实际上，该鉴定结论是在严格依照国家文物鉴定委员会有关鉴定程序基础上作出的，记载有参与鉴定的各鉴定人的资质、签名等情况的材料被保存在国家文物鉴定委员会有关机构中，也不存在责任不清的问题。

——《刑事审判参考》（总第 53 辑）。

1556 职务犯罪案件涉案书画鉴定能否参照文物犯罪刑事案件的鉴定规程

关键词|证据|鉴定|文物鉴定|

【最高人民法院参考案例】

杨玉成受贿案(《刑事审判参考》案例第1400号)

要旨:《涉案文物鉴定评估管理办法》(以下简称《文物鉴定评估办法》)的适用范围覆盖了刑事案件中可能涉及的任何文物的鉴定评估,不仅仅适用于文物犯罪刑事案件,职务犯罪中涉文物类书画鉴定亦可参照。

2. 对职务犯罪文物类书画参照《文物鉴定评估办法》鉴定符合立法原意。2018年《文物鉴定评估办法》出台后,为便于理解执行,国家文物局相关部门负责人曾就《文物鉴定评估办法》对涉案文物鉴定评估是如何定位和定性的问题进行解答:涉案文物鉴定评估在《文物鉴定评估办法》中定位于开展文物犯罪刑事案件涉及的文物或疑似文物的鉴定评估,包括刑法分则第六章妨碍文物管理罪中规定的有关文物犯罪和刑法分则其他章节中规定的走私文物罪等罪名涉及的文物鉴定评估,以及其他刑事犯罪,例如,贪污罪、受贿罪、盗窃罪可能涉及的文物鉴定评估。因此,《文物鉴定评估办法》的适用范围覆盖了刑事案件中可能涉及的任何文物的鉴定评估,不仅仅适用于文物犯罪刑事案件。

3. 对文物类书画进行真伪鉴定属于《文物鉴定评估办法》规定的鉴定评估内容。《文物鉴定评估办法》第十一条规定:“可移动文物鉴定。评估内容包括:(一)确定疑似文物是否属于文物;(二)确定文物产生或者制作的时代;……(六)其他需要鉴定评估的专门性问题……”确定疑似文物是否属于文物、文物的产生或者制作年代,即可确定涉案文物类书画的真伪。

——《刑事审判参考》(总第125辑)。

1557 可能判处死刑的毒品犯罪案件,应有毒品含量的鉴定意见

关键词|证据|死刑|毒品犯罪|鉴定|

【最高人民法院司法文件】

四、关于死刑案件的毒品含量鉴定问题

可能判处死刑的毒品犯罪案件,毒品鉴定结论中应有含量鉴定的结论。

——《最高人民法院、最高人民检察院、公安部办理毒品犯罪案件适用法律若

干问题的意见》(2007 年 12 月 18 日,公通字〔2007〕84 号)。

【链接：理解与适用】

五、关于死刑案件毒品含量的鉴定问题

虽然刑法第三百五十七条第二款规定:“毒品的数量以查证属实的走私、贩卖、运输、制造、非法持有毒品的数量计算,不以纯度折算。”但是,毒品纯度的高低是毒品含有毒性成分多少的重要标志,纯度高的毒品流入社会后,其危害性必然大于纯度低的毒品。进行毒品含量鉴定,是贯彻罪责刑相适应原则的必然要求,是量刑科学化、规范化的保障。特别是死刑案件,当毒品大量掺假、含量极低,毒品不是同一种类、成分复杂,或者同种有毒成分因含量不同而分属于不同种类毒品时,如果不进行毒品含量鉴定,容易造成量刑不公、有悖于罪责刑相适应原则。这已得到理论界和司法实务部门的认同,一些地方法院、检察院与公安部门已共同解决了毒品案件含量鉴定问题。因此,为了避免死刑案件的量刑失衡,确保把死刑案件办成铁案,结合我国刑事政策、毒品犯罪态势、目前鉴定力量和设备条件等实际情况,《办理毒品犯罪案件适用法律若干问题的意见》明确规定,可能判处死刑的毒品犯罪案件,毒品鉴定结论中应有含量鉴定的结论。毒品鉴定结论中毒品品名的认定应以国家食品药品监督管理局、公安部、卫生部最新发布的《麻醉药品品种目录》《精神药品品种目录》为依据。

在司法实践中,对可能判处死刑的毒品案件,今后必须一律进行毒品含量鉴定。对缺少作为定罪量刑重要证据的毒品含量鉴定结论的,公诉机关可以建议延期审理,自行或退回公安机关补充侦查;上级法院还可以部分事实不清为由,将案件发回重新审判。对毒品鉴定结论有疑义的,可以进行补充鉴定或重新鉴定。因某种原因不能作出补充或重新鉴定的,判处死刑时应特别慎重。

——高贵君、王勇、吴光侠:《〈关于办理毒品犯罪案件适用法律若干问题的意见〉的理解与适用》,载最高人民法院刑事审判第一、二、三、四、五庭主办:《刑事审判参考》(总第 61 辑),法律出版社 2008 年版,第 62—71 页。

1558 医院的原始诊断书不是鉴定意见，不能作为定案的证据

关键词｜证据｜鉴定｜诊断书｜

【链接：信箱】

问题:人民法院受理伤害自诉案件时,经常遇到一方当事人持县级人民医院的诊断证明来法院起诉的情况。请问:县级人民医院的非主治医师出具的诊断证明

是否能作为定案的依据?

《人民司法》研究组认为:在刑事自诉案件中,一方当事人持有医院出具的有关伤情的诊断证明向人民法院提出起诉,人民法院应当在审查全部案件事实和证据的同时,将该诊断书附卷供参考。经过综合分析,如认为属于伤害案中不需要侦查的轻微刑事案件,应予受理。为了查明具体伤情,应依照刑事诉讼法的有关规定进行鉴定。……鉴定人应当由法医师或者具有法医学鉴定资格的人员担任;也可以由司法机关聘请或者委托的主治医师以上人员担任。人民法院对鉴定结论必须严格审查,认为正确无疑的,才能作为定案的根据。医院的原始诊断书不是鉴定结论,不能作为定案的证据,但可供人民法院受理自诉伤害案件时参考。

——《人民司法》1992 年第 7 期。

(六)勘验、检查、辨认、侦查实验等笔录的审查与认定

1559 勘验、检查笔录的审查与认定

关键词|证据|勘验、检查笔录|

【最高人民法院司法解释】

第一百零二条　对勘验、检查笔录应当着重审查以下内容:

(一)勘验、检查是否依法进行,笔录制作是否符合法律、有关规定,勘验、检查人员和见证人是否签名或者盖章;

(二)勘验、检查笔录是否记录了提起勘验、检查的事由,勘验、检查的时间、地点,在场人员、现场方位、周围环境等,现场的物品、人身、尸体等的位置、特征等情况,以及勘验、检查的过程;文字记录与实物或者绘图、照片、录像是否相符;现场、物品、痕迹等是否伪造、有无破坏;人身特征、伤害情况、生理状态有无伪装或者变化等;

(三)补充进行勘验、检查的,是否说明了再次勘验、检查的原由,前后勘验、检查的情况是否矛盾。

第一百零三条　勘验、检查笔录存在明显不符合法律、有关规定的情形,不能作出合理解释的,不得作为定案的根据。

——《最高人民法院关于适用〈中华人民共和国刑事诉讼法〉的解释》(2021 年 3 月 1 日,法释〔2021〕1 号)。

1560 辨认笔录的审查与认定

关键词｜证据｜辨认笔录｜

【最高人民法院司法解释】

第一百零四条 对辨认笔录应当着重审查辨认的过程、方法,以及辨认笔录的制作是否符合有关规定。

第一百零五条 辨认笔录具有下列情形之一的,不得作为定案的根据:

(一)辨认不是在调查人员、侦查人员主持下进行的;

(二)辨认前使辨认人见到辨认对象的;

(三)辨认活动没有个别进行的;

(四)辨认对象没有混杂在具有类似特征的其他对象中,或者供辨认的对象数量不符合规定的;

(五)辨认中给辨认人明显暗示或者明显有指认嫌疑的;

(六)违反有关规定,不能确定辨认笔录真实性的其他情形。

——《最高人民法院关于适用〈中华人民共和国刑事诉讼法〉的解释》(2021年3月1日,法释〔2021〕1号)。

【链接:最高人民法院法官著述】

从司法实践来看,有关证据不具备混杂辨认条件的情形有以下三种:一是难以找到类似特征参照物的情形,比如尸体、场所。二是参照物特征几乎完全相同的情形,比如人民币等种类物,根本无法区分。三是辨认人能够准确描述物品独有特征的情形。如对手机的辨认,辨认人能够说出手机内短信息内容、手机外观磨损细节及部位等特征,可不用混杂辨认。再如对车辆进行辨认,辨认人能够描述车辆外观某些特定位置被碰撞过,车内某些不为外人所知的损坏、车架号等独有特征的,也不需采用混杂辨认。经研究认为:其一,对于种类物的辨认可以依附于其他物品,如盗窃的钱包里面的钱,往往是直接对钱包进行辨认;也可以不走辨认的程序,丢了几百块钱,数额对上了就可以了。申言之,如果系无法依附于其他物品的种类物,辨认也没有意义,无须进行辨认。其二,对于尸体、场所等难以找到类似特征参照物的情形和辨认人能够准确描述物品独有特征的情形,则无须进行辨认,由相关人员直接指认即可。因此,《2021年刑诉法解释》第一百零五条第(四)项没有作但书规定,并非意味着对上述情形仍然需要适用混杂辨认规则,而是说明对上述情形没有必要进行辨认。

——喻海松:《刑事诉讼法修改与司法适用疑难解析》,北京大学出版社2021

年版，第 166 页。

1561 如何审查被害人对涉案物品的指认

关键词｜证据｜辨认｜指认｜

【最高人民法院参考案例】

李瑞华盗窃案(《刑事审判参考》案例第 1458 号)

要旨：关于被害人对涉案物品的指认能否作为定案证据需要结合证人证言等进行综合判断。

1.“指认”不同于“辨认”

(1)从法律依据看，刑事诉讼法第五十条规定明确了辨认笔录是证据的一种形式。相对于“辨认”的法律明确规定，“指认”在刑事诉讼法中仅出现过一次，而且是作为紧急情况下先行拘留的条件之一；最高人民检察院、公安部的相关司法解释、规章中也没有提及“指认”，即“指认”没有严格的法律依据。(2)从法律含义看，“辨认”是指侦查人员为了查明案情，在符合法定条件的情况下，依法组织被害人、证人或者犯罪嫌疑人对与犯罪有关的物品、文件、尸体、场所或者犯罪嫌疑人进行辨认的一种侦查活动。“辨认”的最主要特征是“区别特点，加以判断并认定”。“指认”是指侦查人员为了查明案情，在特定情况下，组织有关人员对与犯罪有关的特定人员、物品、影像资料等进行确认的一种活动。“指认”的最主要特征是对象的特定性，直接确认是或者否。(3)从操作程序看，《公安机关办理刑事案件程序规定》专门规定了“辨认”一节，明确主持辨认的侦查人员数量不得少于两人；辨认犯罪嫌疑人时，被辨认的人数不得少于七人；辨认犯罪嫌疑人照片时，照片不得少于十张等。对于“指认”则没有相关规定。

因而，“指认”没有严格的法律依据，也没有规范的操作程序，故司法实践中对于指认的审查应当更为严格，是否采纳作为定案证据需要具体情况具体分析。

2. 审查被害人对涉案物品的指认需要与询问笔录相结合

通常辨认对象往往会有一定数量的陪衬物，而指认的对象是特定物。当然，对于某些特殊情况下的辨认是可以不选取其他陪衬物。如《公安机关办理刑事案件程序规定》第二百六十条规定，对场所、尸体等特定辨认对象进行辨认，或者辨认人能够准确描述物品独有特征的，陪衬物不受数量的限制。这就为被害人对涉案物品的指认作为定案证据采纳提供了依据。但由于指认的本质在于对特定的人或物等进行直接确认，这一天然属性作为侦查手段具有明显的缺陷，若没有相应的规范操作程序，在司法实践中很容易演变为一种诱导式、指规式的违法取证方式。因而，对于非特定对象的指认笔录的采信应当结合言词证据进行综合把握。

本案中，被害人对涉案物品指认的具体情况，合议庭适用以下标准予以采纳认定：若被害人在对从被告人李瑞华家中搜查出来的涉案物品照片进行指认前的询问笔录中能够清晰、准确描述出物品的特征，且与其指认的实物照片一致的，即对于“先证后指”的，可以采纳作为定案证据；否则，不采纳作为定案证据。

——《刑事审判参考》（总第130辑）。

1562 侦查实验笔录的审查与认定

关键词 | 证据 | 侦查实验笔录 |

【最高人民法院司法解释】

第一百零六条 对侦查实验笔录应当着重审查实验的过程、方法，以及笔录的制作是否符合有关规定。

第一百零七条 侦查实验的条件与事件发生时的条件有明显差异，或者存在影响实验结论科学性的其他情形的，侦查实验笔录不得作为定案的根据。

——《最高人民法院关于适用〈中华人民共和国刑事诉讼法〉的解释》（2021年3月1日，法释〔2021〕1号）。

（七）视听资料、电子数据的审查与认定

1563 视听资料的审查重点

关键词 | 证据 | 视听资料 |

【最高人民法院司法解释】

第一百零八条 对视听资料应当着重审查以下内容：

（一）是否附有提取过程的说明，来源是否合法；

（二）是否为原件，有无复制及复制份数；是复制件的，是否附有无法调取原件的原因、复制件制作过程和原件存放地点的说明，制作人、原视听资料持有人是否签名；

（三）制作过程中是否存在威胁、引诱当事人等违反法律、有关规定的情形；

(四)是否写明制作人、持有人的身份,制作的时间、地点、条件和方法;

(五)内容和制作过程是否真实,有无剪辑、增加、删改等情形;

(六)内容与案件事实有无关联。

对视听资料有疑问的,应当进行鉴定。

——《最高人民法院关于适用〈中华人民共和国刑事诉讼法〉的解释》(2021年3月1日,法释〔2021〕1号)。

1564 视听资料的排除规则

关键词|证据|视听资料|

【最高人民法院司法解释】

第一百零九条　视听资料具有下列情形之一的,不得作为定案的根据:

(一)系篡改、伪造或者无法确定真伪的;

(二)制作、取得的时间、地点、方式等有疑问,不能作出合理解释的。

——《最高人民法院关于适用〈中华人民共和国刑事诉讼法〉的解释》(2021年3月1日,法释〔2021〕1号)。

1565 电子数据的界定

关键词|证据|电子数据|

【最高人民法院司法文件】

第一条　电子数据是案件发生过程中形成的,以数字化形式存储、处理、传输的,能够证明案件事实的数据。

电子数据包括但不限于下列信息、电子文件:

(一)网页、博客、微博客、朋友圈、贴吧、网盘等网络平台发布的信息;

(二)手机短信、电子邮件、即时通信、通讯群组等网络应用服务的通信信息;

(三)用户注册信息、身份认证信息、电子交易记录、通信记录、登录日志等信息;

(四)文档、图片、音视频、数字证书、计算机程序等电子文件。

以数字化形式记载的证人证言、被害人陈述以及犯罪嫌疑人、被告人供述和辩解等证据,不属于电子数据。确有必要的,对相关证据的收集、提取、移送、审查,可以参照适用本规定。

——《最高人民法院、最高人民检察院、公安部关于办理刑事案件收集提取和审查判断电子数据若干问题的规定》(2016 年 10 月 1 日,法发〔2016〕22 号)。

【链接：理解与适用】

《规定》第一条采取“概括+例举+排除”的方式,对电子数据作了明确界定。具体而言,第一款对电子数据作了概括规定:“电子数据是案件发生过程中形成的,以数字化形式存储、处理、传输的,能够证明案件事实的数据。”之所以限定为“案件发生过程中”,是为了将案件发生后形成的证人证言、被害人陈述以及犯罪嫌疑人、被告人供述和辩解等电子化的言词证据排除在外。需要注意的是,对“案件发生过程中”不应作过于狭义的把握,从而理解为必须是实行行为发生过程中。例如,性侵犯罪发生前行为人与被害人往来的短信、网络诈骗实施前行为人设立的钓鱼网站等,只要与案件事实相关的,均可以视为“案件发生过程中”形成的电子数据。

根据《规定》第一条第二款的规定,电子数据包括但不限于下列信息、电子文件:(1)网页、博客、微博客、朋友圈、贴吧、网盘等网络平台发布的信息;(2)手机短信、电子邮件、即时通信、通讯群组等网络应用服务的通信信息;(3)用户注册信息、身份认证信息、电子交易记录、通信记录、登录日志等信息;(4)文档、图片、音视频、数字证书、计算机程序等电子文件。需要注意的是,其一,以数字化形式存储的音视频属于电子数据而非视听资料,而以模拟信号存储的磁带、录像带等音视频仍然属于视听资料。其二,上述信息虽然都属于电子数据,但对不同类型的电子数据的取证程序要求可能存在差别,如对于通信信息的收集、提取可能涉及技术侦查措施,应当经过严格的批准手续。

电子数据是一种新的证据类型。目前,对于如何科学划分电子数据与其他类型证据的界限存在不同认识。例如,讯问过程的录音录像究竟应归为“犯罪嫌疑人、被告人供述和辩解”,还是应归为“视听资料”“电子数据”,或者既是“犯罪嫌疑人、被告人供述和辩解”也是“视听资料”“电子数据”? 经研究,我们认为,不宜单纯依据载体形式区分证据类型。以笔录形式记载的证人证言、被害人陈述以及犯罪嫌疑人、被告人供述和辩解等言词证据,虽然记载形式是笔录,但在证据分类上应纳入言词证据而非笔录的范畴。同理,以数字化形式记载的言词证据,虽然载体是电子数据,但在证据分类上也应纳入言词证据而非电子数据的范畴。更重要的是,根据刑事诉讼法的规定,不同类型的证据在取证方法、取证程序上有不同的要求,对有关证据审查判断的要点也不同。例如,对于以录像形式反映的犯罪嫌疑人供述,不仅要审查录像提取、保管、移送等是否符合相应要求,更要审查讯问的主体、方法、程序等是否法律规定。鉴于此,为更为充分地保护刑事诉讼相关主体的合法权益,《规定》第一条第三款规定:"以数字化形式记载的证人证言、被害人陈述以及犯罪嫌疑人、被告人供述和辩解等证据,不属于电子数据。确有必要的,对相关证据的收集、提取、移送、审查,可以参照适用本规定。"当然,对电子数据与其他类型证据的区分问题,还可以进一步研究探讨。

——周加海、喻海松:《〈关于办理刑事案件收集提取和审查判断电子数据若干问题的规定〉的理解与适用》,载《人民司法·应用》2017年第28期。

【最高人民法院参考案例】

孟动、何立康盗窃案(《刑事审判参考》案例第420号)

要旨:判断电子文件能否作为刑事诉讼中的证据使用,应当对其可采性和证明力进行审查判断,审查其来源是否属实、合法。

刑事诉讼法第四十二条第一款规定,证明案件真实情况的一切事实,都是证据。我们认为,这些电子数据如与案件有关联,在与其他证据印证后能证明案件真实情况,并且是依法取得的,同样可以作为刑事诉讼中的证据。对这些储存于磁性介质之中的电子数据,证据学理论上将之称为电子证据。判断电子文件能否作为刑事诉讼中的证据使用,应当对其可采性和证明力进行审查判断,审查其来源是否属实、合法。证据的可采性,是指证据材料能否作为证据使用,能否被法庭认可为定案的根据。一种事实材料只要是具备客观性、关联性和合法性的特点,都具有可采性。电子证据也不例外。法庭在判断某一电子证据是否被采纳时,首先应审查它是否属实,其生成、取证等环节是否合法。具体而言,包括:(1)审查电子证据的来源、电子证据生成的时间、地点以及所使用的程序系统和录入方法;(2)审查司法机关在收集、提取电子证据的过程中是否遵守了法定的程序;(3)审查电子证据内容是否被伪造或篡改、电子证据之间以及与其他证据内容上是否有矛盾之处。证据的证明力,是指证据证明待证事实程度的高低。证据的证明力,基本上取决于该证据是属于原始证据还是传来证据,是直接证据还是间接证据两大因素。电子证据也不例外。实践中,由于电脑终端与电脑用户并不一定一致,尽管电子数据与待证事实有一定的联系,但其仍不能单独证明案件事实。在这种情形下,就需要将其与其他证据相互印证。只有形成证据锁链,达到排除合理怀疑的程度,才能认定案件事实。

——《刑事审判参考》(总第53辑)。

1566 电子数据与视听资料以及以电子数据形式存在的言词证据的界分

关键词|证据|电子数据|视听资料|言词证据|

【链接：最高人民法院法官著述】

3. 电子数据与视听资料的界分。视听资料的出现本身是现代科学技术发展的产物，而科学技术、特别是信息技术的发展，又导致了音像资料本身的进一步发展：传统的音像资料主要储存在磁带、录像带、VCD、DVD 等实物中，但现在越来越多的音像资料是以电子数据的形式存在的。在 1996 年刑事诉讼法施行期间，由于电子数据未被规定为独立的证据种类，电子数据在很多情况下都是被纳入视听资料的范畴，从而用以证明犯罪事实的。[①] 这种做法是法学理论和实务针对立法局限的有效举措，无可厚非。但是，在刑事诉讼法已经将电子数据作为独立证据种类的背景下，对于以电子数据的形式而存在的音像资料不能再纳入视听资料的范畴，而应当作为电子数据加以运用。电子数据虽然与视听资料同列于刑事诉讼法第五十条第二款第（八）项，但并不能否认二者之间的区别，不能否认电子数据是独立的证据种类。本书认为，电子数据不同于视听资料，二者之间存在明显区别，不存在交叉重合的地方。视听资料是指以录音、录像等形式储存，通过声音、图像来证明案件事实的证据材料。视听资料成为证据种类也是现代科学技术发展的产物，是录音磁带、录像带、唱片、CD、光盘等音像资料存储介质出现后被运用于证明案件事实的。如果说在电子数据成为独立的证据种类之前，有主张将以电子数据形式存在的视听资料也纳入视听资料的范畴的话，那么在 2012 年刑事诉讼法施行后，这类视听资料应当被纳入电子数据的范畴。因此，可以认为，电子数据是现代科学技术进一步发展的产物：以录音磁带、录像带、唱片、CD、光盘等实物存储介质存储的音像资料是视听资料；但是以电子数据形式存在的电子视听资料，则是电子数据。例如 QQ 视频语音聊天记录，虽然是音像资料，但因为是以电子数据形式存在的，且未存放在实物介质中，故不属于视听资料，而是电子数据。

4. 电子数据与言词证据的界分。电子数据是一种新的证据类型。目前，对于如何科学划分电子数据与其他类型证据特别是言词证据的界限，存在不同认识。例如，讯问过程的录音录像究竟应归为“犯罪嫌疑人、被告人供述和辩解”，还是应归为“视听资料”“电子数据”，或者既是“犯罪嫌疑人、被告人供述和辩解”，也是“视听资料”“电子数据”？经研究认为，不宜单纯依据载体形式区分证据类型。以笔录形式记载的证人证言、被害人陈述以及犯罪嫌疑人、被告人供述和辩解等言词证据，虽然记载形式是笔录，但在证据分类上应纳入言词证据而非笔录的范畴。同

---

① 例如，有论者认为：“视听资料是载有能够证明有关案件事实的内容的录音带、录像带、电影胶片、电子计算机的磁盘等，以其所载的音响、活动影像和图形，以及电子计算机所存储的资料等来证明案件事实的证据。”参见陈光中主编：《刑事诉讼法》（第三版），北京大学出版社、高等教育出版社 2009 年版，第 205 页。在这一界定中，至少有一部分电子数据，即电子计算机所存储的资料，是被纳入视听资料范围的。

理，以数字化形式记载的言词证据，虽然载体是电子数据，但在证据分类上也应纳入言词证据而非电子数据的范畴。更重要的是，根据刑事诉讼法的规定，不同类型的证据在取证方法、取证程序上有不同的要求，对有关证据审查判断的要点也不同。例如，对于以录像形式反映的犯罪嫌疑人口供，不仅要审查录像提取、保管、移送等是否符合相应要求，更要审查讯问的主体、方法、程序等是否符合法律规定。鉴于此，为更为充分地保护刑事诉讼相关主体的合法权益，《电子数据规定》第一条第三款规定："以数字化形式记载的证人证言、被害人陈述以及犯罪嫌疑人、被告人供述和辩解等证据，不属于电子数据。确有必要的，对相关证据的收集、提取、移送、审查，可以参照适用本规定。"当然，对电子数据与其他类型证据的区分问题，还可以进一步研究探讨。

——喻海松：《刑事诉讼法修改与司法适用疑难解析》，北京大学出版社 2021 年版，第 178—179 页。

1567 电子数据真实性的审查与判断

关键词 | 证据 | 电子数据 | 真实性 |

【最高人民法院司法解释】

第一百一十条　对电子数据是否真实，应当着重审查以下内容：

（一）是否移送原始存储介质；在原始存储介质无法封存、不便移动时，有无说明原因，并注明收集、提取过程及原始存储介质的存放地点或者电子数据的来源等情况；

（二）是否具有数字签名、数字证书等特殊标识；

（三）收集、提取的过程是否可以重现；

（四）如有增加、删除、修改等情形的，是否附有说明；

（五）完整性是否可以保证。

——《最高人民法院关于适用〈中华人民共和国刑事诉讼法〉的解释》（2021 年 3 月 1 日，法释〔2021〕1 号）。

【最高人民法院司法文件】

第二十二条　对电子数据是否真实，应当着重审查以下内容：

（一）是否移送原始存储介质；在原始存储介质无法封存、不便移动时，有无说明原因，并注明收集、提取过程及原始存储介质的存放地点或者电子数据的来源等情况；

（二）电子数据是否具有数字签名、数字证书等特殊标识；

（三）电子数据的收集、提取过程是否可以重现；

（四）电子数据如有增加、删除、修改等情形的，是否附有说明；

（五）电子数据的完整性是否可以保证。

——《最高人民法院、最高人民检察院、公安部关于办理刑事案件收集提取和审查判断电子数据若干问题的规定》（2016 年 10 月 1 日，法发〔2016〕22 号）。

【链接：理解与适用】

（2）电子数据是否具有数字签名、数字证书等特殊标识。数字签名，是指利用特定算法对电子数据进行计算，得出的用于验证电子数据来源和完整性的数据值。数字证书，是指包含数字签名并对电子数据来源、完整性进行认证的电子文件。实践中，可以通过对电子数据附带的数字签名或者数字证书进行认证，以验证电子数据的真实性。例如，从某黑客教学网站通过网络在线提取了一个公开下载的恶意软件，当审查该软件的真实性时，一般可以通过重复提取进行验证，但是可能出现该软件已经被网站删除而无法重复提取的情况。如果最初提取该软件时同时提取了该软件附带的数字签名（通常包含数字签名和网站证书，一般网站均带有证书），即使网站上软件已被删除的情况下，通过验证数字签名仍然可以证明该软件来自该网站。实践中，对数字签名、数字证书的验证既可以由审判人员通过简单的软件工具进行验证，也可以请具有专门知识的人帮助验证，还可以请有关侦查人员进行验证演示。需要强调的是，并非所有的电子数据都有数字签名或者数字证书，不能因为电子数据没有数字签名或者数字证书就否定其真实性。

（3）电子数据的收集、提取过程是否可以重现。电子数据即使已经被提取，其提取过程仍然可以被完全、准确、一致的重现，审查电子数据时，也可以充分利用该特性通过复现收集、提取过程进行审查，比如审查电子数据检查过程中从扣押的原始存储介质中恢复的电子数据真实性时，除了审查扣押时的有关笔录和原始存储介质的封存状态外，还可以再次进行数据恢复，并比较两次数据恢复的内容是否相同。鉴于此，《规定》提出了复现性审查来判断电子数据真实性的相应规则。需要强调的是，实践中并非所有的电子数据收集、提取过程都可以复现，比如拒绝服务攻击案件中从网络截取的攻击数据包，或者从计算机内存中提取的电子数据，这些数据在拒绝服务攻击结束或者计算机关机后就会消失，收集、提取过程无法复现，不能因收集、提取过程不能重现就否定电子数据的真实性。

（4）电子数据如有增加、删除、修改等情形的，是否附有说明。一般情况下，电子数据发生增加、删除、修改，其真实性必然受到质疑。但是，电子数据发生增加、删除、修改的，并不必然导致其不真实，例如：为了使部分损坏的视频文件能够正常播放，在视频文件的文件头增加某些信息；为了查看乱码电子文档，修改文档文件头的某些字节；或者为了打开部分损坏的电子图片，对文件错误的字节进行修改（通常修改的数据很少，目的是正常展示图片，不会影响图片的内容）。为此，在审查电子数据真实性时，当发现电子数据存在增加、删除、修改的情形时，应当作进一步审查：如果增删改是为了顺利展示或者分析电子数据，对电子数据所承载的内容或者证明的事实没有影响，可以认为其是真实的；如果故意篡改或者保管不当导致的增删改，则无法保证电子数据所承载的内容不受影响，也就无法保证其真实性。

（5）电子数据的完整性是否可以保证。电子数据完整性是保证电子数据真实的重要因素，如果电子数据完整性遭到破坏，则意味着电子数据可能被篡改或者破坏，其真实性也无法保证。鉴于此，《规定》在审查电子数据时，仍然从证据的三性出发，从真实性、合法性、关联性地角度提出审查要点。同时，将电子数据完整性纳入了真实性范畴，在进行真实性审查时必须进行完整性审查。

——周加海、喻海松：《〈关于办理刑事案件收集提取和审查判断电子数据若干问题的规定〉的理解与适用》，载《人民司法·应用》2017年第28期。

1568 电子数据完整性的审查与判断

关键词｜证据｜电子数据｜完整性｜

【最高人民法院司法解释】

第一百一十一条　对电子数据是否完整，应当根据保护电子数据完整性的相应方法进行审查、验证：

（一）审查原始存储介质的扣押、封存状态；

（二）审查电子数据的收集、提取过程，查看录像；

（三）比对电子数据完整性校验值；

（四）与备份的电子数据进行比较；

（五）审查冻结后的访问操作日志；

（六）其他方法。

——《最高人民法院关于适用〈中华人民共和国刑事诉讼法〉的解释》（2021年3月1日，法释〔2021〕1号）。

【最高人民法院司法文件】

第二十三条　对电子数据是否完整，应当根据保护电子数据完整性的相应方法进行验证：

（一）审查原始存储介质的扣押、封存状态；

（二）审查电子数据的收集、提取过程，查看录像；

（三）比对电子数据完整性校验值；

（四）与备份的电子数据进行比较；

（五）审查冻结后的访问操作日志；

（六）其他方法。

——《最高人民法院、最高人民检察院、公安部关于办理刑事案件收集提取和审查判断电子数据若干问题的规定》（2016 年 10 月 1 日，法发〔2016〕22 号）。

1569 电子数据合法性的审查与判断

关键词｜证据｜电子数据｜合法性｜

【最高人民法院司法解释】

第一百一十二条 对收集、提取电子数据是否合法，应当着重审查以下内容：

（一）收集、提取电子数据是否由二名以上调查人员、侦查人员进行，取证方法是否符合相关技术标准；

（二）收集、提取电子数据，是否附有笔录、清单，并经调查人员、侦查人员、电子数据持有人、提供人、见证人签名或者盖章；没有签名或者盖章的，是否注明原因；对电子数据的类别、文件格式等是否注明清楚；

（三）是否依照有关规定由符合条件的人员担任见证人，是否对相关活动进行录像；

（四）采用技术调查、侦查措施收集、提取电子数据的，是否依法经过严格的批准手续；

（五）进行电子数据检查的，检查程序是否符合有关规定。

——《最高人民法院关于适用〈中华人民共和国刑事诉讼法〉的解释》（2021 年 3 月 1 日，法释〔2021〕1 号）。

【最高人民法院司法文件】

第二十四条 对收集、提取电子数据是否合法，应当着重审查以下内容：

（一）收集、提取电子数据是否由二名以上侦查人员进行，取证方法是否符合相关技术标准；

（二）收集、提取电子数据，是否附有笔录、清单，并经侦查人员、电子数据持有人（提供人）、见证人签名或者盖章；没有持有人（提供人）签名或者盖章的，是否注

明原因;对电子数据的类别、文件格式等是否注明清楚;

(三)是否依照有关规定由符合条件的人员担任见证人,是否对相关活动进行录像;

(四)电子数据检查是否将电子数据存储介质通过写保护设备接入到检查设备;有条件的,是否制作电子数据备份,并对备份进行检查;无法制作备份且无法使用写保护设备的,是否附有录像。

——《最高人民法院、最高人民检察院、公安部关于办理刑事案件收集提取和审查判断电子数据若干问题的规定》(2016年10月1日,法发〔2016〕22号)。

1570 电子数据关联性的审查与判断

关键词|证据|电子数据|关联性|

【最高人民法院司法文件】

第二十五条　认定犯罪嫌疑人、被告人的网络身份与现实身份的同一性,可以通过核查相关IP地址、网络活动记录、上网终端归属、相关证人证言以及犯罪嫌疑人、被告人供述和辩解等进行综合判断。

认定犯罪嫌疑人、被告人与存储介质的关联性,可以通过核查相关证人证言以及犯罪嫌疑人、被告人供述和辩解等进行综合判断。

——《最高人民法院、最高人民检察院、公安部关于办理刑事案件收集提取和审查判断电子数据若干问题的规定》(2016年10月1日,法发〔2016〕22号)。

1571 电子数据的补正与排除规则

关键词|证据|电子数据|补正|

【最高人民法院司法解释】

第一百一十三条　电子数据的收集、提取程序有下列瑕疵,经补正或者作出合理解释的,可以采用;不能补正或者作出合理解释的,不得作为定案的根据:

(一)未以封存状态移送的;

(二)笔录或者清单上没有调查人员或者侦查人员、电子数据持有人、提供人、见证人签名或者盖章的;

(三)对电子数据的名称、类别、格式等注明不清的;

(四)有其他瑕疵的。

第一百一十四条 电子数据具有下列情形之一的,不得作为定案的根据:

(一)系篡改、伪造或者无法确定真伪的;

(二)有增加、删除、修改等情形,影响电子数据真实性的;

(三)其他无法保证电子数据真实性的情形。

——《最高人民法院关于适用〈中华人民共和国刑事诉讼法〉的解释》(2021年3月1日,法释〔2021〕1号)。

【最高人民法院司法文件】

第二十七条 电子数据的收集、提取程序有下列瑕疵,经补正或者作出合理解释的,可以采用;不能补正或者作出合理解释的,不得作为定案的根据:

(一)未以封存状态移送的;

(二)笔录或者清单上没有侦查人员、电子数据持有人(提供人)、见证人签名或者盖章的;

(三)对电子数据的名称、类别、格式等注明不清的;

(四)有其他瑕疵的。

第二十八条 电子数据具有下列情形之一的,不得作为定案的根据:

(一)电子数据系篡改、伪造或者无法确定真伪的;

(二)电子数据有增加、删除、修改等情形,影响电子数据真实性的;

(三)其他无法保证电子数据真实性的情形。

——《最高人民法院、最高人民检察院、公安部关于办理刑事案件收集提取和审查判断电子数据若干问题的规定》(2016年10月1日,法发〔2016〕22号)。

(八)技术调查、侦查证据的审查与认定

1572 技术调查、侦查证据的随案移送规则

关键词 | 证据 | 技术调查、侦查证据 |

【最高人民法院司法解释】

第一百一十六条 依法采取技术调查、侦查措施收集的材料在刑事诉讼中可以作为证据使用。

采取技术调查、侦查措施收集的材料,作为证据使用的,应当随案移送。

第一百二十二条 人民法院认为应当移送的技术调查、侦查证据材料未随案移送的，应当通知人民检察院在指定时间内移送。人民检察院未移送的，人民法院应当根据在案证据对案件事实作出认定。

——《最高人民法院关于适用〈中华人民共和国刑事诉讼法〉的解释》（2021年3月1日，法释〔2021〕1号）。

【链接：理解与适用】

刑事诉讼法第一百五十四条规定："依照本节规定采取侦查措施收集的材料在刑事诉讼中可以作为证据使用。"据此，通过技术调查、侦查措施收集的材料具有刑事诉讼的证据资格已无异议。实践中存在的问题是，哪些技术调查、侦查证据材料应当随案移送？技术调查、侦查证据材料相对特殊，使用不当可能暴露有关人员的身份、技术方法，威胁有关人员的安全，增强潜在犯罪人的反调查能力或反侦查能力。因此，实践中，通常采取将技术调查、侦查证据材料转化为被告人供述、证人证言等其他证据的方式来证明案件事实。但是，如果技术调查、侦查证据材料无法完全转化，需要运用技术调查、侦查证据材料本身来直接证明案件事实时，是否应当随案移送？经研究认为，如果技术调查、侦查证据材料要作为证据使用，则必须随案移送，进而接受法庭审查；未随案移送、未经法庭审查的，不可能具有诉讼证据的性质和功能，更不能作为定案根据；技术调查、侦查证据材料未随案移送的，人民法院只能根据在案证据认定案件事实。

——《起草小组解读：〈刑事诉讼法解释〉理解与适用（上）》，载中国法院网2021年2月4日，https://www.chinacourt.org/article/detail/2021/02/id/5796152.shtml。

1573 技术调查、侦查证据材料的移送

关键词 | 证据 | 技术调查、侦查证据 |

【最高人民法院司法解释】

第一百一十七条 使用采取技术调查、侦查措施收集的证据材料可能危及有关人员的人身安全，或者可能产生其他严重后果的，可以采取下列保护措施：

（一）使用化名等代替调查、侦查人员及有关人员的个人信息；

（二）不具体写明技术调查、侦查措施使用的技术设备和技术方法；

（三）其他必要的保护措施。

第一百一十八条 移送技术调查、侦查证据材料的，应当附采取技术调查、侦查措施的法律文书、技术调查、侦查证据材料清单和有关说明材料。

移送采用技术调查、侦查措施收集的视听资料、电子数据的，应当制作新的存储介质，并附制作说明，写明原始证据材料、原始存储介质的存放地点等信息，由制作人签名，并加盖单位印章。

——《最高人民法院关于适用〈中华人民共和国刑事诉讼法〉的解释》（2021年3月1日，法释〔2021〕1号）。

1574 技术调查、侦查证据材料的审查重点

关键词｜证据｜技术调查、侦查证据｜

【最高人民法院司法解释】

第一百一十九条 对采取技术调查、侦查措施收集的证据材料，除根据相关证据材料所属的证据种类，依照本章第二节至第七节的相应规定进行审查外，还应当着重审查以下内容：

（一）技术调查、侦查措施所针对的案件是否符合法律规定；

（二）技术调查措施是否经过严格的批准手续，按照规定交有关机关执行；技术侦查措施是否在刑事立案后，经过严格的批准手续；

（三）采取技术调查、侦查措施的种类、适用对象和期限是否按照批准决定载明的内容执行；

（四）采取技术调查、侦查措施收集的证据材料与其他证据是否矛盾；存在矛盾的，能否得到合理解释。

——《最高人民法院关于适用〈中华人民共和国刑事诉讼法〉的解释》（2021年3月1日，法释〔2021〕1号）。

【链接：理解与适用】

技术调查、侦查证据并非单独的证据种类，而是通常表现为视听资料、电子数据等类型，故根据证据分类审查规定进行审查判断即可。

——《起草小组解读：〈刑事诉讼法解释〉理解与适用（上）》，载中国法院网2021年2月4日，https://www.chinacourt.org/article/detail/2021/02/id/5796152.shtml。

1575 技术调查、侦查证据材料的审查方式

关键词｜证据｜技术调查、侦查证据｜

【最高人民法院司法解释】

第一百二十条　采取技术调查、侦查措施收集的证据材料，应当经过当庭出示、辨认、质证等法庭调查程序查证。

当庭调查技术调查、侦查证据材料可能危及有关人员的人身安全，或者可能产生其他严重后果的，法庭应当采取不暴露有关人员身份和技术调查、侦查措施使用的技术设备、技术方法等保护措施。必要时，审判人员可以在庭外对证据进行核实。

——《最高人民法院关于适用〈中华人民共和国刑事诉讼法〉的解释》（2021年3月1日，法释〔2021〕1号）。

【链接：最高人民法院法官著述】

根据上述规定，结合司法实践的具体情形，对于采取技术调查、侦查措施收集的证据材料的核实，通常有以下三种方式：

（1）对于采取技术调查、侦查措施收集的证据材料，通过当庭出示、辨认、质证等法庭调查程序进行核实。这是对技术调查、侦查材料进行核实的常态方式。

（2）对于采取技术调查、侦查措施收集的证据材料，采取不暴露有关人员的身份、技术方法等保护措施进行核实。要求使用技术调查、侦查措施所收集的证据材料一律在法庭上公开进行出示、质证等法庭调查程序，一方面，可能会暴露侦查人员、特情人员等相关人员，容易招致不法分子的报复，危及有关侦查人员和特情人员的人身安全；另一方面，可能会泄露技术调查、侦查手段，影响今后该类措施在侦查犯罪过程中效果的发挥。因此，刑事诉讼法第一百五十四条规定，此种情况下应当采取不暴露有关人员身份、技术方法等保护措施。采取上述核实方法，前提要求使用该证据可能危及有关人员的人身安全，或者可能产生其他严重后果。从实践来看，所谓“有关人员的人身安全”，是指相关调查人员、侦查人员、线人的人身安全。而“其他严重后果”，主要是指使用该证据会造成泄密、提高罪犯的反侦查能力、妨碍对其他案件的侦破等后果。① 如毒品案件中的秘密侦查员一旦暴露身份，就可能面临人身危险。所谓“不暴露有关人员身份”，是指不公开有关人员的真实姓名、住址和工作单位等个人信息，使用化名或者代号，以对上述人员进行隐名保护。而且，相关人员确需出庭作证的，也应当在庭审活动中采取不暴露外貌、真实声音等出庭作证措施，即在有关人员出庭作证时，用脸罩或隔离板等遮蔽上述人员的外貌，通过技术手段改变上述人员的声音，以避免为其他庭审参加人员知悉，对

---

①　参见王尚新、李寿伟主编：《〈关于修改刑事诉讼法的决定〉释解与适用》，人民法院出版社2012年版，第163页。

其进行遮蔽保护。所谓“不暴露有关技术方法”，是指对所采取的技术调查、侦查措施的技术方法不向庭审人员和外界透露，以防止该类信息的泄露。

（3）对于采取技术调查、侦查措施收集的证据材料，由审判人员在庭外进行核实。根据刑事诉讼法第一百五十二条的规定，采取上述核实方法，限于“必要的时候”。所谓“必要的时候”，主要是指两种情形：一是采取不暴露有关人员身份、技术方法不足以使审判人员确信这些证据材料的真实性、可靠性，无法作出判决；二是采取不暴露有关人员身份、技术方法等保护措施还是无法防止严重后果的发生。①

司法实践中，对于庭外核实需要注意以下三个问题：①庭外核实与采取不暴露有关人员的身份、技术方法等保护措施核实，该两种核实技术调查、侦查证据材料的方法并非互相排斥，而是存在递进关系，可以结合使用。在使用该证据可能危及有关人员的人身安全，或者可能产生其他严重后果的情况下，采取不暴露有关人员身份、技术方法等保护措施对证据材料进行核实，如果审判人员仍然无法判断该证据材料的真实性、合法性和关联性的，可以进一步采取庭外核实的方法。②庭外核实的具体方法。庭外核实可以要求调查、侦查人员在庭外展示侦查的方法、过程、收集的证据材料及相关录音录像资料。审判人员通过对相关方法、过程等进行核实，查看收集的证据材料，观看相关录音录像，以及向相关人员了解情况，从而对证据材料进行审查判断。③参加庭外核实的人员范围。关于技术调查、侦查证据材料庭外核实的人员范围，特别是辩护人或者辩护律师是否到场问题，起草“六部委”规定时有过讨论，但存在较大分歧。有意见认为，庭外核实的人员范围仅限于审判人员以及具体承办案件起诉的检察人员和具体负责案件调查、侦查和采取技术调查、侦查措施的人员；也有意见认为，庭外核实的人员范围应当包括辩护律师，此种情况下的技术调查、侦查证据材料当庭不出示，庭外核实如果又不让辩护律师参加核实，无法保障辩护方对技术调查、侦查证据材料的质证权。经研究认为，技术调查、侦查证据材料的庭外核实系此次刑事诉讼法修改新增设的制度，缺乏司法实践经验。而且，各方面意见分歧较大，目前情况下对此问题作出统一规定的时机尚不成熟，宜由司法实务适用一段时间后再视具体情况作出规定。因此，“六部委”规定和有关司法解释、规范性文件对此问题未作明确规定。司法实践中，庭外核实时，人民法院应当加强与检察机关、侦查机关、调查机关沟通，以确定宜否通知辩护人参加。根据具体情况通知辩护律师到场的，到场的辩护人应当签署保密承诺书。

——喻海松：《刑事诉讼法修改与司法适用疑难解析》，北京大学出版社 2021

① 参见王尚新、李寿伟主编：《〈关于修改刑事诉讼法的决定〉释解与适用》，人民法院出版社 2012 年版，第 163 页。

年版，第170—173页。

1576 裁判文书对技术调查、侦查证据的表述

关键词｜证据｜技术调查、侦查证据｜裁判文书｜

【最高人民法院司法解释】

第一百二十一条 采用技术调查、侦查证据作为定案根据的，人民法院在裁判文书中可以表述相关证据的名称、证据种类和证明对象，但不得表述有关人员身份和技术调查、侦查措施使用的技术设备、技术方法等。

——《最高人民法院关于适用〈中华人民共和国刑事诉讼法〉的解释》（2021年3月1日，法释〔2021〕1号）。

（九）非法证据排除

1577 非法证据与瑕疵证据的界分

关键词｜证据｜非法证据｜瑕疵证据｜

【链接：理解与适用】

司法实践中，要正确区分非法证据和瑕疵证据。刑事诉讼法规定的非法证据有特定的含义，只有通过违反法定程序并且严重侵犯人权（或者严重影响司法公正）的非法方法收集的证据，才属于"非法证据"；瑕疵证据虽然也涉及违反取证程序的情形，但一般是指收集证据的时间、地点、签名等技术性违法，并不侵犯被告人基本权利，例如，询问证人的地点不符合规定的，收集调取的物证、书证，在勘查笔录、提取笔录上没有侦查人员等相关人员签名的等，这些并非非法证据排除制度意义上的"非法证据"。实践中，多地法院将非法证据与瑕疵证据相混淆，不当地扩大了非法证据的范围，冲淡了非法证据排除制度的功能和价值，应当引起重视。

——戴长林、朱晶晶：《人民法院办理刑事案件排除非法证据规程（试行）理解与适用（上）》，载《人民法院报》2018年1月24日，第6版。

二要准确把握非法证据和瑕疵证据的区别。瑕疵证据通常是指形式要件存在

瑕疵(或者缺陷)的证据,比如收集调取的物证、书证,在相关笔录上没有侦查人员签名的;笔录填写的询问时间、讯问人有误或者存在矛盾的,等等。如果其瑕疵能够得到补正或者作出合理解释,具备了证据的形式要件,可以作为诉讼证据使用;但如其瑕疵无法补正或者作出合理解释,就将因此而丧失证据能力,不得作为诉讼证据使用。需要指出的是,非法证据和瑕疵证据都有特定的含义,虽然两者都涉及证据的合法性问题,但存在有重大差异,不能混淆。具体区别如下:第一,违法的程度存在实质差异。非法证据通常是指通过违反法定程序并且侵犯宪法权利或者重要诉讼权利的方式取得的证据,并非所有违反法律规定收集的证据都是非法证据。瑕疵证据虽然也涉及违反取证程序的情形,但此类违法属于轻微违法,并未侵犯宪法权利。这是非法证据与瑕疵证据最本质的区别。第二,法庭的认定方式存在差异。非法证据排除规则涉及的是取证合法性问题,法庭对证据收集合法性的调查,要启动专门的程序,而对于适用瑕疵证据排除规则的情形,无须启动专门的调查程序。司法实践中,有些办案人员未能认识到非法证据和瑕疵证据的区别,或者将非法证据视为瑕疵证据,不予排除,或者将瑕疵证据视为非法证据,直接予以排除,这两种做法都是错误的。

——戴长林、刘静坤、朱晶晶:《〈关于办理刑事案件严格排除非法证据若干问题的规定〉的理解与适用》,载《人民司法·应用》2017年第22期。

1578 被告人供述的排除规则

关键词 | 证据 | 被告人供述 | 非法证据排除 |

【最高人民法院司法解释】

第一百二十三条 采用下列非法方法收集的被告人供述,应当予以排除:

(一)采用殴打、违法使用戒具等暴力方法或者变相肉刑的恶劣手段,使被告人遭受难以忍受的痛苦而违背意愿作出的供述;

(二)采用以暴力或者严重损害本人及其近亲属合法权益等相威胁的方法,使被告人遭受难以忍受的痛苦而违背意愿作出的供述;

(三)采用非法拘禁等非法限制人身自由的方法收集的被告人供述。

——《最高人民法院关于适用〈中华人民共和国刑事诉讼法〉的解释》(2021年3月1日,法释〔2021〕1号)。

【最高人民法院司法文件】

第一条第一款 采用下列非法方法收集的被告人供述,应当予以排除:

（一）采用殴打、违法使用戒具等暴力方法或者变相肉刑的恶劣手段，使被告人遭受难以忍受的痛苦而违背意愿作出的供述；

（二）采用以暴力或者严重损害本人及其近亲属合法权益等进行威胁的方法，使被告人遭受难以忍受的痛苦而违背意愿作出的供述；

（三）采用非法拘禁等非法限制人身自由的方法收集的被告人供述。

——《人民法院办理刑事案件排除非法证据规程（试行）》（2018 年 1 月 1 日，法发〔2017〕31 号）。

第二条　采取殴打、违法使用戒具等暴力方法或者变相肉刑的恶劣手段，使犯罪嫌疑人、被告人遭受难以忍受的痛苦而违背意愿作出的供述，应当予以排除。

第三条　采用以暴力或者严重损害本人及其近亲属合法权益等进行威胁的方法，使犯罪嫌疑人、被告人遭受难以忍受的痛苦而违背意愿作出的供述，应当予以排除。

第四条　采用非法拘禁等非法限制人身自由的方法收集的犯罪嫌疑人、被告人供述，应当予以排除。

——《最高人民法院、最高人民检察院、公安部、国家安全部、司法部关于办理刑事案件严格排除非法证据若干问题的规定》（2017 年 6 月 27 日，法发〔2017〕15 号）。

【链接：理解与适用】

一要准确认定变相肉刑的范围。在起草《严格排除非法证据规定》过程中，围绕是否对变相肉刑的方法作出列举式规定，存在不同的意见。一种意见认为，为加强人权司法保障，解决实践中变相肉刑认定难的问题，应当通过列举诸如冻、饿、晒、烤、疲劳讯问等手段对变相肉刑作出规定。另一种意见认为，不宜对变相肉刑作出列举式规定，理由是：冻、饿、晒、烤、疲劳讯问等手段与变相肉刑不能画等号，判断是否属于刑讯逼供应当考虑诸多因素，而且冻、饿、晒、烤、疲劳讯问的程度在实践中难以量化，无法操作。《严格排除非法证据规定》最终采纳了第二种意见。但这样规定，并不意味着采用冻、饿、晒、烤或疲劳讯问等方法收集的证据具有合法性，而是为人民法院认定非法证据留下了合理的裁量空间。对于司法实践中侦查人员故意冻、饿、晒、烤或疲劳讯问等情形，人民法院可根据具体情节、是否对被告人在肉体上造成难以忍受的痛苦，或者对被告人身体造成的损伤和严重后果等因素判断是否构成非法证据。

二要准确把握对刑讯逼供等非法方法的程度要求。《严格排除非法证据规定》明确了对刑讯逼供等非法方法的程度要求，并非采用殴打、违法使用戒具等方法收集的供述都要予以排除，只有使犯罪嫌疑人、被告人遭受难以忍受的痛苦而违背意愿作出的供述,也就是非法方法与取得供述存在因果关系的情形,才予以排除。实践中,要根据案件情况和在案证据正确区分非法取证与不文明司法的行为,避免将所有采用此类方法收集的证据一律作为非法证据予以排除,实现惩罚犯罪与保障人权的有机统一。

……

一要准确把握威胁的认定标准。尽管与刑讯逼供相比,威胁没有直接对人的身体实施暴力行为,但因涉及对自由意志权这一基本人权的侵犯,故在侵犯人权的程度上接近刑讯逼供,两者均属强迫方法。如果威胁达到了使犯罪嫌疑人、被告人遭受难以忍受的精神痛苦而违背意愿作出供述的程度,就应当对采用此类威胁方法取得的供述实行强制排除。侦查实践中为了通过讯问获取供述,侦查人员在选择讯问方法时,往往会试图给犯罪嫌疑人施加一定的心理压力,从这个角度讲,威胁与合法侦查策略之间存在一定的交叉。为了有效划分二者之间的法律界限,有必要区分一般意义上的威胁和排除规则意义上的威胁。在日常生活中,只要以不利的后果作为要挟,都属于威胁。但排除规则意义上的威胁,与供述的自愿性紧密相关,主要是指对犯罪嫌疑人采用威逼胁迫的手段迫使其违背意愿作出供述。对于讯问过程中一般性的威吓、呵斥,由于程度轻微,不足以迫使犯罪嫌疑人违背意愿供述,虽然属于不规范的讯问,但并不构成排除规则意义上的威胁。《严格排除非法证据规定》立足司法实际,对威胁方法作出了具体限定,即以暴力或者严重损害本人及其近亲属合法权益等进行威胁。司法实践中,常见的威胁方式有恐吓犯罪嫌疑人将对其使用暴力,揭露个人隐私,对其近亲属采取强制措施,对其配偶、子女追究相应责任等等。

……

4. 明确规定采用非法限制人身自由方法取得的供述应当予以排除。刑事诉讼法在列举“刑讯逼供、威胁、引诱、欺骗”等非法方法的基础上,还规定了兜底性的“其他非法方法”。基于非法证据的界定,关于其他非法方法的认定,应当以侵犯宪法权利或者重要的诉讼权利为前提。司法实践中,有的办案单位违反法定程序非法拘禁犯罪嫌疑人,或者在强制措施超过法定期限后仍非法羁押犯罪嫌疑人,应视为刑事诉讼法规定的“其他非法方法”。立足司法实际,《严格排除非法证据规定》第四条规定:“采用非法拘禁等非法限制人身自由的方法收集的犯罪嫌疑人、被告人供述,应当予以排除。”十八届四中全会要求,完善对限制人身自由司法措施和侦查手段的司法监督,因此将采用非法限制人身自由的方法取得的供述纳入排除范围,与四中全会决定的精神也是契合的。

——戴长林、刘静坤、朱晶晶:《〈关于办理刑事案件严格排除非法证据若干问题的规定〉的理解与适用》,载《人民司法 · 应用》2017 年第 22 期。

【最高人民法院参考案例】

王平受贿案(《刑事审判参考》案例第 1166 号)

要旨:如果长时间连续讯问超出合理的限度,没有为犯罪嫌疑人、被告人提供必要的休息时间,使犯罪嫌疑人、被告人遭受难以忍受的痛苦而违背意愿作出供述,就应当认定为疲劳讯问,并依法排除有关供述。

关于讯问时间,刑事诉讼法未作专门规定,但刑事诉讼法第一百一十七条第二款规定,传唤、拘传持续的时间不得超过十二小时,特殊情况不得超过二十四小时。一般认为,长时间、连续不断的疲劳讯问是一种变相肉刑的恶劣取证手段,实践中对疲劳讯问构成非法取证方法这一点已经基本达成共识。2013 年最高人民法院印发的《关于建立健全防范刑事冤假错案工作机制的意见》第八条将疲劳讯问明确规定为非法取证方法。但是难点在于如何认定疲劳讯问,即讯问持续多长时间才能认定为疲劳讯问?实务部门普遍反映,有必要明确疲劳讯问的时间界限。

根据法律规定,讯问犯罪嫌疑人,应当保证犯罪嫌疑人的饮食和必要的休息时间。尽管法律没有对讯问持续的时间作出明确规定,但如果长时间连续讯问超出合理的限度,没有为犯罪嫌疑人、被告人提供必要的休息时间,使犯罪嫌疑人、被告人遭受难以忍受的痛苦而违背意愿作出供述,就应当认定为疲劳讯问,并依法排除有关供述。

——《刑事审判参考》(总第 108 辑)。

吴毅、朱蓓娅贪污案(《刑事审判参考》案例第 1141 号)

要旨:通过疲劳审讯获得的有罪供述属于非法证据,应当予以排除。

我们认为,疲劳审讯应当属于非法取证的范围。本案中,被告人吴毅在长达三十多小时的连续讯问过程中没有得到必要休息,这种疲劳审讯属于一种变相肉刑,它对公民基本权利的侵犯程度与刑讯逼供基本相当。吴毅在这种情况下所作有罪供述不能排除是在精神和肉体遭受痛苦的情况下,违背自己意愿作出的。这种供述不可靠,属于使用非法方法取得的证据,应当予以排除,不得作为定案依据使用。

——《刑事审判参考》(总第 106 辑)。

郑祖文贪污、受贿、滥用职权案(《刑事审判参考》案例第 1140 号)

要旨:如何判断威胁达到严重程度,应当综合个案案情加以判断。一般而言,仅有言语上的威胁,抑制或者剥夺犯罪嫌疑人、被告人意志自由的程度是有限的,但是,如果威胁的方法超出一定的度,如严重损害本人及其近亲属合法权益,或者以法律禁止的方法、以社会道德难以容忍的方式进行威胁,则应当认定威胁达到严重程度。

结合本案的实际情况，郑祖文被讯问时已退休近十年、年近七十岁，因个人的原因导致女儿、女婿（公职人员）被检察机关“抓起来”，这对其心理必然起到强烈的胁迫作用，迫使他为保住一家老小的平安，选择作出牺牲，违背意愿作出有罪供述。这种以针对被告人本人及其亲属的重大不利相威胁，产生的精神强制效力达到了严重程度，极大可能导致被告人精神痛苦并违背意志进行供述。此外，郑祖文辩解其之所以供认受贿的事实，除受到“女儿、女婿被检察机关抓起来”威胁的影响外，还因为侦查人员承诺其供认受贿的事实后即对其取保候审，即侦查人员同时以取保候审对郑祖文进行引诱。郑祖文所作辩解有讯问笔录等材料相印证。这种引诱与威胁相配合的方法在一定程度上加强了胁迫的作用，使被告人精神上遭受极大痛苦。据此，可以认定郑祖文为免子女受牵连及获得取保候审而违背意志作出虚假供述的可能性很大，其辩解具有合理性，对其本次供述依法应当予以排除。

——《刑事审判参考》（总第 106 辑）。

黄金东受贿、陈玉军行贿案（《刑事审判参考》案例第 1165 号）

要旨：采用非法限制被告人人身自由的方法由此取得的供述应当予以排除，不得作为诉讼证据使用。

本案中，被告人黄金东及其辩护人提出，黄金东于 2012 年 1 月 9 日至 13 日被传唤至银川市人民检察院接受调查期间，采用变相体罚的方式逼取口供，黄金东患有高血压、心脏病，近九十个小时没有休息，办案人员在黄金东多次出现胸闷且不让其吃药的情形下，连续制作了七份讯问笔录，有关供述应当作为非法证据予以排除。从该辩解理由反映的情况来看，本案既存在超出法定传唤期限非法限制被告人人身自由的情形，也包括长时间疲劳讯问以及在被告人患病情况下不让其吃药等情形，其中，超出法定传唤期限非法限制被告人人身自由居于主导地位，是长时间疲劳讯问等情形的前提。针对被告人及其辩护人提出的排除非法证据申请，公诉机关虽然提交了讯问录音录像、体检记录、破案经过等证据证实没有对黄金东刑讯逼供，但由于办案单位传唤黄金东的时间违反了刑事诉讼法相关规定，存在非法限制被告人人身自由的情形，故有关供述应当予以排除，不得作为诉讼证据使用。

——《刑事审判参考》（总第 108 辑）。

【链接：最高人民法院法官著述】

实践中，违法使用戒具包括使用的戒具本身违法、使用对象违法、使用时限违法以及使用程序违法。(1)使用的戒具本身违法。根据《公安部关于看守所使用戒具问题的通知》第一条、第四条的规定，要依照规定使用统一制式的手铐、脚镣和警绳,其他戒具一律禁止使用。戒具的制式标准由公安部另行制定。手铐的最大重量不得超过0.5公斤,脚镣的最大重量不得超过5公斤。严禁给人犯戴双铐、背铐、双镣。(2)戒具使用对象违法。根据看守所条例第十七条中的规定,对已被判处死刑、尚未执行的犯人,必须加戴戒具。对有事实表明可能行凶、暴动、脱逃、自杀的人犯,经看守所所长批准,可以使用戒具。如果使用对象不属于已被判处死刑、尚未执行的犯人或可能行凶、暴动、脱逃、自杀的人犯,使用目的不是防止犯人自杀、逃跑、行凶或进行其他破坏活动,都属于违法使用戒具。《公安部关于看守所使用戒具问题的通知》第二条第二款对戒具使用范围作了适度扩大规定,增加了严重闹监,非使用戒具不足以制止的情形和被押解、提讯、出庭受审或者出所就医等途中,需要戴戒具的情形。(3)戒具使用时限违法。根据《公安部关于看守所使用戒具问题的通知》第五条的规定,戴手铐、脚镣的时间不得超过十五天(已判处死刑的除外)。特殊情况下,经主管公安处、局长批准,戴戒具的时间可以适当延长。看守所干警要加强对戴戒具的人犯的教育,在其危险性消除时,应当立即解除戒具。超出十五天,或者时间超过十五天未经规定程序批准,属于使用时限违法。(4)戒具使用程序违法。根据看守所条例第十七条第二款中的规定,经看守所所长批准,可以使用械具。在紧急情况下,可以先行使用,然后报告看守所所长。上述情形消除后,应当予以解除。未经规定程序批准,属于违法使用戒具。

——裴显鼎主编:《非法证据排除程序适用指南》(第二版),法律出版社2018年版,第8—9页。

1579 对采用引诱、欺骗方法取得的供述是否应当作为非法证据予以排除

关键词 | 证据 | 引诱 | 欺骗 | 非法证据排除 |

【链接:理解与适用】

二要准确把握以引诱、欺骗等方法收集供述的合法性。从刑事诉讼法规定看,威胁、引诱、欺骗是与刑讯逼供并列的非法方法,并且威胁、引诱、欺骗三种非法方法之间也是并列关系。实际上,刑讯逼供、威胁、引诱、欺骗四种方法之间在违法和侵权的程度上是存在一定差异的。刑讯逼供方法直接侵犯犯罪嫌疑人的人身权和意志自由权,对基本人权的侵犯程度最高;威胁方法虽未直接侵犯犯罪嫌疑人的身体,但对犯罪嫌疑人的精神实施强迫,侵犯了意志自由权,侵权程度仅次于刑讯逼供;引诱、欺骗方法并未对犯罪嫌疑人的身体或者精神实施强迫,未直接侵犯人身权和意志自由权,但可能会影响司法公正。

对于采用引诱、欺骗方法取得的供述是否应当作为非法证据予以排除，在起草《严格排除非法证据规定》过程中，也存在不同意见。一种意见认为，不应当排除采用引诱、欺骗方法取得的供述。主要理由是：法律并未将采用引诱、欺骗方法取得的供述纳入应当排除的非法证据范围，而且引诱、欺骗与讯问技巧难以截然区分，对引诱、欺骗取得的供述是否应当排除，关键看是否系虚假供述。另一种意见认为，应当对采用引诱、欺骗方法收集的供述予以排除。主要理由是：第一，既然刑事诉讼法严禁引诱、欺骗，采用此类方法收集的供述就应当排除，否则，这种缺乏制裁后果的规定在实践中难以落实，有损法律的权威。同时，采用此类方法收集供述，极易导致冤假错案发生。第二，通过总结实践经验，对引诱、欺骗方法的范围作出合理限定，能够与合法讯问策略区分开来。办案人员在办案过程中采用以非法利益进行引诱的方法（例如，对吸毒的犯罪嫌疑人称，只要认罪就可以为其提供毒品）或者以严重违背社会公德的方式进行欺骗的方法（例如，对犯罪嫌疑人谎称其老母遭遇车祸，只有认罪才能见面），显然不符合公正司法的要求，不仅无法对社会公正起到引领作用，反而可能会产生破坏作用。第三，从国外法律对引诱、欺骗方法的禁止性规定看，主要是防止滥用此类方法导致宗教伦理、社会公德、司法制度的公信等受到负面影响，一旦出现此种负面影响，司法公正也就无从谈起。《严格排除非法证据规定》综合考虑各种因素，未对这一问题作出明确规定，但司法实践中，如果侦查人员采用以非法利益进行引诱的方法或者以严重违背社会公德的方式进行欺骗的方法收集犯罪嫌疑人、被告人供述，可能严重影响司法公正的，对有关供述应当予以排除。

——戴长林、刘静坤、朱晶晶：《〈关于办理刑事案件严格排除非法证据若干问题的规定〉的理解与适用》，载《人民司法 · 应用》2017 年第 22 期。

1580 采用“犯意诱发型”诱惑侦查方式获取的言词证据属非法证据，应予排除

关键词 | 证据 | 非法证据 | 诱惑侦查 |

【最高人民法院参考案例】

吴晴兰非法出售珍贵、濒危野生动物案（《刑事审判参考》案例第 604 号）

要旨：“犯意诱发型”诱惑侦查方式属于“制造犯罪”，利用该侦查方式获取言词证据违反了我国刑事诉讼法关于禁止以引诱、欺骗方法收集证据的规定，所获取的证据应当予以排除。

（二）对因被诱惑侦查手段引诱而实施犯罪的被告人，应当根据案件的具体情

况进行处理

……

我们认为,在司法实践中,对于存在诱惑侦查的案件,人民法院应当根据现有的法律和司法解释,结合司法正义的基本精神,参照国外诱惑侦查的相关规定,认真审查诱惑侦查手段的合法性,并根据案件的具体情况进行处理。

对于"犯意诱发型"诱惑侦查。诱惑侦查适用的是发现犯罪人,而绝不是"制造"犯罪人。法律的本质就是管理公民、维护社会秩序,促使公民向善守法、遵守秩序,如果国家机关利用法律手段诱使人性中的丑恶萌发,促使公民犯罪,这与法律的正义性是相悖的。因此,对于"犯意诱发型"的诱惑侦查,由于其实质上是借诱惑侦查之名行制造犯罪之实,一般情况下不应允许。法院在审理此类案件时,对被告人定罪应当慎重,一般情况下不应认定被告人有罪或者应对被告人免予刑事处罚。

对于"机会提供型"诱惑侦查,其适用对象一般是已经有证据证明正在参与、实施犯罪或者有迹象表明可能实施犯罪的人员,其实质是为了发现犯罪人,而并未诱使被诱惑者产生犯罪意图。"机会提供型"诱惑侦查中,已有证据显示被诱惑者具有重大犯罪嫌疑或犯罪意图,侦查人员的诱惑行为只是强化了被诱惑者固有的犯罪意图或者加重了其犯罪情节(如增加了犯罪次数或者犯罪数量等),只要符合法律规定的条件,可以采用。法院在审理此类案件时,应当认定被告人有罪,但在量刑时,应结合具体案情,对因诱惑因素而加重的犯罪情节部分在量刑时应予以考虑,一般不应判处最重之刑。

本案中,侦查机关使用了"犯意诱发型"诱惑侦查方式,使原本无犯罪意图的吴晴兰产生犯意并实施了犯罪行为,属于"制造犯罪",侦查方式不具有合法性。利用该侦查方式获取的言词证据,由于违反了我国刑事诉讼法关于禁止以引诱、欺骗方法收集证据的规定,属于非法证据,应当予以排除。在此情况下,本案指控证据不足,依法应当宣告吴晴兰无罪。对于本案而言,退一步讲,即使有足够证据证明吴晴兰实施了非法出售珍贵、濒危野生动物的行为,但因公安机关对其使用了"犯意诱发型"诱惑侦查方式,而案件中并没有证据证明吴晴兰之前有过违法犯罪记录,其本人一直合法经营小餐馆,无社会危害性和人身危险性;加之其在本案中只是起居间介绍的作用,从中获取的介绍费仅为20—30元,即使认定其参与犯罪,也是从犯,情节显著轻微,也可不以犯罪论处。综上,二审法院对一审予以改判,宣告被告人吴晴兰无罪是正确的。

——《刑事审判参考》(总第72辑)。

1581 重复性供述的排除规则

关键词｜证据｜重复性供述｜非法证据排除｜

【最高人民法院司法解释】

第一百二十四条 采用刑讯逼供方法使被告人作出供述，之后被告人受该刑讯逼供行为影响而作出的与该供述相同的重复性供述，应当一并排除，但下列情形除外：

（一）调查、侦查期间，监察机关、侦查机关根据控告、举报或者自己发现等，确认或者不能排除以非法方法收集证据而更换调查、侦查人员，其他调查、侦查人员再次讯问时告知有关权利和认罪的法律后果，被告人自愿供述的；

（二）审查逮捕、审查起诉和审判期间，检察人员、审判人员讯问时告知诉讼权利和认罪的法律后果，被告人自愿供述的。

——《最高人民法院关于适用〈中华人民共和国刑事诉讼法〉的解释》（2021年3月1日，法释〔2021〕1号）。

【最高人民法院司法文件】

第一条第二款 采用刑讯逼供方法使被告人作出供述，之后被告人受该刑讯逼供行为影响而作出的与该供述相同的重复性供述，应当一并排除，但下列情形除外：

（一）侦查期间，根据控告、举报或者自己发现等，侦查机关确认或者不能排除以非法方法收集证据而更换侦查人员，其他侦查人员再次讯问时告知诉讼权利和认罪的法律后果，被告人自愿供述的；

（二）审查逮捕、审查起诉和审判期间，检察人员、审判人员讯问时告知诉讼权利和认罪的法律后果，被告人自愿供述的。

——《人民法院办理刑事案件排除非法证据规程（试行）》（2018年1月1日，法发〔2017〕31号）。

第五条 采用刑讯逼供方法使犯罪嫌疑人、被告人作出供述，之后犯罪嫌疑人、被告人受该刑讯逼供行为影响而作出的与该供述相同的重复性供述，应当一并排除，但下列情形除外：

（一）侦查期间，根据控告、举报或者自己发现等，侦查机关确认或者不能排除以非法方法收集证据而更换侦查人员，其他侦查人员再次讯问时告知诉讼权利和认罪的法律后果，犯罪嫌疑人自愿供述的；

（二）审查逮捕、审查起诉和审判期间，检察人员、审判人员讯问时告知诉讼权利和认罪的法律后果,犯罪嫌疑人、被告人自愿供述的。

——《最高人民法院、最高人民检察院、公安部、国家安全部、司法部关于办理刑事案件严格排除非法证据若干问题的规定》(2017 年 6 月 27 日,法发〔2017〕15 号)。

【链接:理解与适用】

5. 确立重复性供述的排除规则。根据刑事诉讼法规定,采用刑讯逼供等非法方法收集的犯罪嫌疑人、被告人供述,应当予以排除,但对于后续重复性供述是否排除,即,先前的供述系采用刑讯逼供等非法方法收集,但后续讯问并未采用刑讯逼供等非法方法,由此取得的重复性供述是否应当予以排除,法律并没有作出明确规定。《严格排除非法证据规定》第五条规定:“采用刑讯逼供方法使犯罪嫌疑人、被告人作出供述,之后犯罪嫌疑人、被告人受该刑讯逼供行为影响而作出的与该供述相同的重复性供述,应当一并排除”,同时还设定了两种例外情形。正确理解本条规定,主要有以下要求:

一要明确重复性排除规则的适用范围。《严格排除非法证据规定》之所以限定为“采用刑讯逼供方法”,而未简单规定“采用刑讯逼供等非法方法”,主要是考虑此类方法直接对犯罪嫌疑人的肉体施加强制,足以影响后续供述的自愿性,相比之下,其他非法方法对犯罪嫌疑人后续供述的自愿性影响要小一些。司法实践中,要准确把握这一基本要求。

二要准确把握重复性排除规则的例外情形。考虑司法实际需要,重复性供述一概予以排除,不利于实现惩罚犯罪与保障人权的平衡,故有必要规定例外情形。《严格排除非法证据规定》对重复性供述排除规则设定了两种例外情形:一是(侦查阶段)主体变更的例外。侦查机关排除非法证据后,如果继续讯问取得的重复性供述仍不能作为证据使用,将影响侦查阶段排除非法证据的积极性。鉴于此,侦查期间,根据控告、举报或者主动发现等,侦查机关确认或者不能排除以非法方法收集证据而更换侦查人员,其他侦查人员再次讯问时告知诉讼权利和认罪的法律后果,犯罪嫌疑人自愿供述的,之后收集的重复性供述可以作为证据使用。二是诉讼阶段变更的例外。随着诉讼程序的推进,由检察人员、审判人员在后续诉讼阶段进行讯问,一般可以中断侦查阶段非法取证方法的影响。鉴于此,审查逮捕、审查起诉和审判期间,检察人员、审判人员讯问时告知诉讼权利和认罪的法律后果,犯罪嫌疑人、被告人自愿供述的,有关供述可以作为证据使用。

——戴长林、刘静坤、朱晶晶:《〈关于办理刑事案件严格排除非法证据若干问题的规定〉的理解与适用》,载《人民司法·应用》2017 年第 22 期。

1582 证人证言、被害人陈述的排除规则

关键词｜证据｜证人证言｜被害人陈述｜非法证据排除｜

【最高人民法院司法解释】

第一百二十五条 采用暴力、威胁以及非法限制人身自由等非法方法收集的证人证言、被害人陈述，应当予以排除。

——《最高人民法院关于适用〈中华人民共和国刑事诉讼法〉的解释》（2021年3月1日，法释〔2021〕1号）。

【最高人民法院司法文件】

第二条 采用暴力、威胁以及非法限制人身自由等非法方法收集的证人证言、被害人陈述，应当予以排除。

——《人民法院办理刑事案件排除非法证据规程（试行）》（2018年1月1日，法发〔2017〕31号）。

第六条 采用暴力、威胁以及非法限制人身自由等非法方法收集的证人证言、被害人陈述，应当予以排除。

——《最高人民法院、最高人民检察院、公安部、国家安全部、司法部关于办理刑事案件严格排除非法证据若干问题的规定》（2017年6月27日，法发〔2017〕15号）。

【链接：理解与适用】

6. 明确证人证言和被害人陈述的排除规则。从诉讼证明的角度看，在一些案件特别是犯罪嫌疑人不认罪的案件中，证人证言、被害人陈述对认定案件事实具有关键性作用。有的案件，如果证人、被害人不配合，侦查人员可能会采取非法方法收集证人证言、被害人陈述。对证人、被害人非法取证，不仅严重损害司法的公正性和公信力，而且通过非法取证所刻意制造的虚假印证，法院在审判过程中难以有效识别，极易导致冤假错案。2012年刑事诉讼法明确规定，采用暴力、威胁等非法手段取得的证人证言、被害人陈述，应当予以排除。除了暴力、威胁方法外，实践中还存在非法限制证人、被害人人身自由等非法方法，《严格实行非法证据排除规则》第六条规定："采用暴力、威胁以及非法限制人身自由等非法方法收集的证人证言、被害人陈述，应当予以排除。"对此类严重侵犯证人、被害人权利的非法证据，应当实行强制排除。

——戴长林、刘静坤、朱晶晶：《〈关于办理刑事案件严格排除非法证据若干问题的规定〉的理解与适用》，载《人民司法·应用》2017年第22期。

【链接：最高人民法院法官著述】

在具体案件中适用本条时，要注意把握以下三点：一是收集的是两种言词证据。本条明确的仅是言词证据，即被告人供述以外的证人证言和被害人陈述。二是非法收集的方法不限于暴力、威胁以及非法限制人身自由三种典型手段。本条的“等”应当作“等外”解释，即除了上述三种典型手段外，还包括其他非法方法。三是实行强制排除原则。对采用暴力、威胁以及非法限制人身自由等非法方法收集的证人证言、被害人陈述，实行强制排除。

——裴显鼎主编：《非法证据排除程序适用指南》（第二版），法律出版社 2018 年版，第 18 页。

1583 实物证据的排除规则

关键词 | 证据 | 物证 | 书证 | 非法证据排除 |

【最高人民法院司法解释】

第一百二十六条　收集物证、书证不符合法定程序，可能严重影响司法公正的，应当予以补正或者作出合理解释；不能补正或者作出合理解释的，对该证据应当予以排除。

认定“可能严重影响司法公正”，应当综合考虑收集证据违反法定程序以及所造成后果的严重程度等情况。

——《最高人民法院关于适用〈中华人民共和国刑事诉讼法〉的解释》（2021 年 3 月 1 日，法释〔2021〕1 号）。

【最高人民法院司法文件】

第三条　采用非法搜查、扣押等违反法定程序的方法收集物证、书证，可能严重影响司法公正的，应当予以补正或者作出合理解释；不能补正或者作出合理解释的，对有关证据应当予以排除。

——《人民法院办理刑事案件排除非法证据规程（试行）》（2018 年 1 月 1 日，法发〔2017〕31 号）。

第七条　收集物证、书证不符合法定程序，可能严重影响司法公正的，应当予以补正或者作出合理解释；不能补正或者作出合理解释的，对有关证据应当予以排除。

——《最高人民法院、最高人民检察院、公安部、国家安全部、司法部关于办理刑事案件严格排除非法证据若干问题的规定》(2017 年 6 月 27 日,法发〔2017〕15 号)。

【链接：理解与适用】

一要准确把握非法实物证据的认定标准。基于对公民住宅权、隐私权等的法律保护,许多国家的刑事诉讼法将非法实物证据主要限定为采用非法搜查、扣押等措施取得的实物证据。《严格排除非法证据规定》规范的非法实物证据也主要是针对侦查机关采取非法搜查、扣押等措施收集的实物证据。所谓非法搜查、扣押,主要是指未经依法批准或授权而滥用搜查、扣押措施。《严格排除非法证据规定》之所以规定对非法收集的实物证据实行裁量排除,主要理由是:通过非法搜查、扣押收集物证、书证的行为,尽管侵犯了公民的宪法权利,但毕竟与刑讯逼供等非法方法存在较大差异,此类非法收集实物证据的行为,一般不会改变实物证据的属性和状态,因此,从兼顾实体公正和程序公正的角度,不宜对非法实物证据实行强制排除。司法实践中,人民法院可以综合考虑收集物证、书证违反法定程序以及所造成后果的严重程度等情况,决定是否排除非法实物证据。如果侦查人员在制止犯罪、抓捕犯罪嫌疑人、避免证据灭失等紧急情况下,未经依法批准,采用搜查、扣押等措施收集物证、书证,在作出补正或合理解释后,有关实物证据可以作为证据使用。

——戴长林、刘静坤、朱晶晶:《〈关于办理刑事案件严格排除非法证据若干问题的规定〉的理解与适用》,载《人民司法 · 应用》2017 年第 22 期。

1584 审判阶段非法证据排除程序的启动

关键词 | 证据 | 非法证据排除 | 线索 | 材料 |

【最高人民法院司法解释】

第一百二十七条 当事人及其辩护人、诉讼代理人申请人民法院排除以非法方法收集的证据的,应当提供涉嫌非法取证的人员、时间、地点、方式、内容等相关线索或者材料。

第一百二十八条 人民法院向被告人及其辩护人送达起诉书副本时,应当告知其申请排除非法证据的,应当在开庭审理前提出,但庭审期间才发现相关线索或者材料的除外。

第一百二十九条 开庭审理前,当事人及其辩护人、诉讼代理人申请人民法院排除非法证据的,人民法院应当在开庭前及时将申请书或者申请笔录及相关线索、材料的复制件送交人民检察院。

——《最高人民法院关于适用〈中华人民共和国刑事诉讼法〉的解释》(2021年3月1日,法释〔2021〕1号)。

第五条　被告人及其辩护人申请排除非法证据,应当提供相关线索或者材料。“线索”是指内容具体、指向明确的涉嫌非法取证的人员、时间、地点、方式等;“材料”是指能够反映非法取证的伤情照片、体检记录、医院病历、讯问笔录、讯问录音录像或者同监室人员的证言等。

被告人及其辩护人申请排除非法证据,应当向人民法院提交书面申请。被告人书写确有困难的,可以口头提出申请,但应当记录在案,并由被告人签名或者捺印。

第六条　证据收集合法性的举证责任由人民检察院承担。

人民检察院未提供证据,或者提供的证据不能证明证据收集的合法性,经过法庭审理,确认或者不能排除以非法方法收集证据情形的,对有关证据应当予以排除。

第七条　开庭审理前,承办法官应当阅卷,并对证据收集的合法性进行审查:

(一)被告人在侦查、审查起诉阶段是否提出排除非法证据申请;提出申请的,是否提供相关线索或者材料;

(二)侦查机关、人民检察院是否对证据收集的合法性进行调查核实;调查核实的,是否作出调查结论;

(三)对于重大案件,人民检察院驻看守所检察人员在侦查终结前是否核查讯问的合法性,是否对核查过程同步录音录像;进行核查的,是否作出核查结论;

(四)对于人民检察院在审查逮捕、审查起诉阶段排除的非法证据,是否随案移送并写明为依法排除的非法证据。

人民法院对证据收集的合法性进行审查后,认为需要补充证据材料的,应当通知人民检察院在三日内补送。

第八条　人民法院向被告人及其辩护人送达起诉书副本时,应当告知其有权在开庭审理前申请排除非法证据并同时提供相关线索或者材料。上述情况应当记录在案。

被告人申请排除非法证据,但没有辩护人的,人民法院应当通知法律援助机构指派律师为其提供辩护。

第九条　被告人及其辩护人申请排除非法证据,应当在开庭审理前提出,但在庭审期间发现相关线索或者材料等情形除外。

——《人民法院办理刑事案件排除非法证据规程(试行)》(2018年1月1日,

法发〔2017〕31 号）。

第二十三条 人民法院向被告人及其辩护人送达起诉书副本时，应当告知其有权申请排除非法证据。

被告人及其辩护人申请排除非法证据，应当在开庭审理前提出，但在庭审期间发现相关线索或者材料等情形除外。人民法院应当在开庭审理前将申请书和相关线索或者材料的复制件送交人民检察院。

第二十四条 被告人及其辩护人在开庭审理前申请排除非法证据，未提供相关线索或者材料，不符合法律规定的申请条件的，人民法院对申请不予受理。

——《最高人民法院、最高人民检察院、公安部、国家安全部、司法部关于办理刑事案件严格排除非法证据若干问题的规定》（2017 年 6 月 27 日，法发〔2017〕15 号）。

【最高人民法院参考案例】

郑建昌故意杀人案（《刑事审判参考》案例第 1164 号）

要旨：被告方承担提供相关线索或者材料的责任，只需使法庭对证据收集合法性产生疑问即可。

（一）对于被告方提出非法证据排除申请的情形，法院并非一律启动证据收集合法性调查程序

在司法实践中，一些案件的被告方基于诉讼策略等方面的考虑，经常会以有罪供述系刑讯逼供所得为由，向法庭提出排除非法证据申请。对此，法院应当进行审查，只有经审查后对证据收集的合法性存在疑问，才有必要启动专门调查程序。……

在司法实践中，法庭对被告方提出的排除非法证据申请及其提供的相关线索或者材料，可从以下方面进行审查：一是看是否存在刑讯逼供等非法取证行为的可能性。例如，被告人是否杜撰非法取证人员姓名，是否虚构根本不可能发生刑讯逼供的时间、地点、方式和相关情节等。二是看被告人的申请理由和相关线索、材料是否有据可查。例如，被告人对非法取证行为的描述是否具体和详细，尤其是要注意被告人所描述的非法取证细节，并注意审查其所提供的线索或者材料是否能够得到其他证据的印证等。法庭经审查认为，被告方提出的非法取证情形或者提供的线索、材料明显不成立，就可以决定不再进行调查。

（二）被告方承担提供相关线索或者材料的责任，只需使法庭对证据收集合法性产生疑问即可，不同于检察机关承担取证合法性的举证责任

2012 年刑事诉讼法规定，在对证据收集的合法性进行法庭调查的过程中，人民检察院应当对证据收集的合法性加以证明。在非法证据排除程序中，由检察机

关承担取证合法性的举证责任，符合刑事诉讼领域证明责任分配的基本原理。

需要指出的是，根据法律要求，被告方提出排除非法证据申请时，需要承担提供相关线索或者材料的责任，该责任不同于检察机关证明被告人有罪的证明责任，而仅仅是争点形成责任，或者称为初步的提供证据责任。具体言之，证明责任是指检察机关提供相应的证据来证明被告人有罪的法定负担，一旦举证不能，或举证达不到法定的证明标准，则要承担指控的犯罪不能成立的法律后果。相比之下，争点形成责任或者初步的提供证据责任，则是指被告方申请排除非法证据后，提供相关线索或者材料促使法庭对有关指控证据的合法性产生怀疑，进而使证据收集合法性争议成为诉讼的争点。进一步来讲，被告方不承担证明侦查人员刑讯逼供的证明责任，其所提交的线索或者材料只需要使法庭对有关证据的合法性产生怀疑即可，不要求达到"事实清楚，证据确实、充分"的证明标准。

被告方申请排除非法证据，并提供相关线索或者材料，促使法庭对有关指控证据收集的合法性产生疑问，并依法启动专门调查程序的，检察机关需要承担证据收集合法性的证明责任。基于证据裁判原则的要求，指控的犯罪事实必须有证据证实，犯罪事实与指控犯罪的证据之间具有直接对应关系，而证明证据收集合法性的事实又与指控犯罪的证据直接相关，据此，证据收集合法性事实可以被视为指控的犯罪事实所附带的事实。鉴于法律要求对犯罪事实的证明需要达到"证据确实、充分"的证明标准，检察机关对证据收集合法性的证明也应当达到这一证明标准。鉴于此，法庭启动证据收集合法性调查程序后，检察机关未能提供证据证明取证合法性，或者提供的证据未能达到法定证明标准，不能排除以非法方法收集证据情形的，对有关证据应当依法予以排除。

此外需要明确的是，被告方提出排除非法证据申请后，其所提供的线索或者材料应当有具体的指向性。所谓"相关线索"，主要是指被告方提供的涉嫌刑讯逼供等非法取证情形的人员、时间、地点、方式等细节信息，例如，被告人明确提出讯问人员于特定时间在看守所以外的特定场所对其实施刑讯逼供，或者提供能够证明非法取证的在场人员、同监羁押人员信息等。所谓"相关材料"，主要指被告方提供的反映被告人因刑讯逼供致伤的病历、看守所体检证明、被告人体表损伤及衣物损坏情况；反映被告人遭受刑讯逼供的看守所看管人员及被告人同监羁押人员的书面证言；反映讯问程序违反法律规定的讯问笔录和录音录像等。如果被告方仅是泛泛辩称自己受到刑讯逼供，而不能提供涉嫌对其刑讯逼供的人员、时间、地点、方式等线索或者材料，就意味着其未能履行争点形成责任或者初步的提供证据责任，法庭应当依法驳回其申请。

——《刑事审判参考》(总第108辑)。

1585 庭前会议对证据收集合法性争议的处理

关键词｜证据｜庭前会议｜非法证据排除｜

【最高人民法院司法解释】

第一百三十条　开庭审理前，人民法院可以召开庭前会议，就非法证据排除等问题了解情况，听取意见。

在庭前会议中，人民检察院可以通过出示有关证据材料等方式，对证据收集的合法性加以说明。必要时，可以通知调查人员、侦查人员或者其他人员参加庭前会议，说明情况。

第一百三十一条　在庭前会议中，人民检察院可以撤回有关证据。撤回的证据，没有新的理由，不得在庭审中出示。

当事人及其辩护人、诉讼代理人可以撤回排除非法证据的申请。撤回申请后，没有新的线索或者材料，不得再次对有关证据提出排除申请。

第一百三十三条　控辩双方在庭前会议中对证据收集是否合法未达成一致意见，人民法院对证据收集的合法性有疑问的，应当在庭审中进行调查；对证据收集的合法性没有疑问，且无新的线索或者材料表明可能存在非法取证的，可以决定不再进行调查并说明理由。

——《最高人民法院关于适用〈中华人民共和国刑事诉讼法〉的解释》（2021年3月1日，法释〔2021〕1号）。

【最高人民法院司法文件】

第十条　被告人及其辩护人申请排除非法证据，并提供相关线索或者材料的，人民法院应当召开庭前会议，并在召开庭前会议三日前将申请书和相关线索或者材料的复制件送交人民检察院。

被告人及其辩护人申请排除非法证据，未提供相关线索或者材料的，人民法院应当告知其补充提交。被告人及其辩护人未能补充的，人民法院对申请不予受理，并在开庭审理前告知被告人及其辩护人。上述情况应当记录在案。

第十一条　对于可能判处无期徒刑、死刑或者黑社会性质组织犯罪、严重毒品犯罪等重大案件，被告人在驻看守所检察人员对讯问的合法性进行核查询问时，明确表示侦查阶段没有刑讯逼供等非法取证情形，在审判阶段又提出排除非法证据申请的，应当说明理由。人民法院经审查对证据收集的合法性没有疑问的，可以驳回申请。

驻看守所检察人员在重大案件侦查终结前未对讯问的合法性进行核查询问，或者未对核查询问过程全程同步录音录像，被告人及其辩护人在审判阶段提出排除非法证据申请，提供相关线索或者材料，人民法院对证据收集的合法性有疑问的，应当依法进行调查。

第十二条　在庭前会议中，人民法院对证据收集的合法性进行审查的，一般按照以下步骤进行：

（一）被告人及其辩护人说明排除非法证据的申请及相关线索或者材料；

（二）公诉人提供证明证据收集合法性的证据材料；

（三）控辩双方对证据收集的合法性发表意见；

（四）控辩双方对证据收集的合法性未达成一致意见的，审判人员归纳争议焦点。

第十三条　在庭前会议中，人民检察院应当通过出示有关证据材料等方式，有针对性地对证据收集的合法性作出说明。人民法院可以对有关材料进行核实，经控辩双方申请，可以有针对性地播放讯问录音录像。

第十四条　在庭前会议中，人民检察院可以撤回有关证据。撤回的证据，没有新的理由，不得在庭审中出示。

被告人及其辩护人可以撤回排除非法证据的申请。撤回申请后，没有新的线索或者材料，不得再次对有关证据提出排除申请。

第十五条　控辩双方在庭前会议中对证据收集的合法性达成一致意见的，法庭应当在庭审中向控辩双方核实并当庭予以确认。对于一方在庭审中反悔的，除有正当理由外，法庭一般不再进行审查。

控辩双方在庭前会议中对证据收集的合法性未达成一致意见，人民法院应当在庭审中进行调查，但公诉人提供的相关证据材料确实、充分，能够排除非法取证情形，且没有新的线索或者材料表明可能存在非法取证的，庭审调查举证、质证可以简化。

第十六条　审判人员应当在庭前会议报告中说明证据收集合法性的审查情况，主要包括控辩双方的争议焦点以及就相关事项达成的一致意见等内容。

——《人民法院办理刑事案件排除非法证据规程（试行）》（2018 年 1 月 1 日，法发〔2017〕31 号）。

第二十五条　被告人及其辩护人在开庭审理前申请排除非法证据，按照法律规定提供相关线索或者材料的，人民法院应当召开庭前会议。人民检察院应当通过出示有关证据材料等方式，有针对性地对证据收集的合法性作出说明。人民法院可以核实情况，听取意见。

人民检察院可以决定撤回有关证据，撤回的证据，没有新的理由，不得在庭审中出示。

被告人及其辩护人可以撤回排除非法证据的申请。撤回申请后，没有新的线索或者材料，不得再次对有关证据提出排除申请。

第二十六条 公诉人、被告人及其辩护人在庭前会议中对证据收集是否合法未达成一致意见，人民法院对证据收集的合法性有疑问的，应当在庭审中进行调查；人民法院对证据收集的合法性没有疑问，且没有新的线索或者材料表明可能存在非法取证的，可以决定不再进行调查。

——《最高人民法院、最高人民检察院、公安部、国家安全部、司法部关于办理刑事案件严格排除非法证据若干问题的规定》（2017 年 6 月 27 日，法发〔2017〕15 号）。

1586 法庭审理阶段对证据收集合法性争议的处理

关键词｜证据｜非法证据排除｜法庭调查｜

【最高人民法院司法解释】

第一百三十二条 当事人及其辩护人、诉讼代理人在开庭审理前未申请排除非法证据，在庭审过程中提出申请的，应当说明理由。人民法院经审查，对证据收集的合法性有疑问的，应当进行调查；没有疑问的，驳回申请。

驳回排除非法证据的申请后，当事人及其辩护人、诉讼代理人没有新的线索或者材料，以相同理由再次提出申请的，人民法院不再审查。

第一百三十四条 庭审期间，法庭决定对证据收集的合法性进行调查的，应当先行当庭调查。但为防止庭审过分迟延，也可以在法庭调查结束前调查。

第一百三十五条 法庭决定对证据收集的合法性进行调查的，由公诉人通过宣读调查、侦查讯问笔录、出示提讯登记、体检记录、对讯问合法性的核查材料等证据材料，有针对性地播放讯问录音录像，提请法庭通知有关调查人员、侦查人员或者其他人员出庭说明情况等方式，证明证据收集的合法性。

讯问录音录像涉及国家秘密、商业秘密、个人隐私或者其他不宜公开内容的，法庭可以决定对讯问录音录像不公开播放、质证。

公诉人提交的取证过程合法的说明材料，应当经有关调查人员、侦查人员签名，并加盖单位印章。未经签名或者盖章的，不得作为证据使用。上述说明材料不能单独作为证明取证过程合法的根据。

第一百三十六条 控辩双方申请法庭通知调查人员、侦查人员或者其他人员出庭说明情况，法庭认为有必要的，应当通知有关人员出庭。

根据案件情况，法庭可以依职权通知调查人员、侦查人员或者其他人员出庭说明情况。

调查人员、侦查人员或者其他人员出庭的,应当向法庭说明证据收集过程,并就相关情况接受控辩双方和法庭的询问。

第一百三十七条　法庭对证据收集的合法性进行调查后,确认或者不能排除存在刑事诉讼法第五十六条规定的以非法方法收集证据情形的,对有关证据应当排除。

——《最高人民法院关于适用〈中华人民共和国刑事诉讼法〉的解释》(2021年3月1日,法释〔2021〕1号)。

【最高人民法院司法文件】

第十七条　被告人及其辩护人在开庭审理前未申请排除非法证据,在庭审过程中提出申请的,应当说明理由。人民法院经审查,对证据收集的合法性有疑问的,应当进行调查;没有疑问的,应当驳回申请。

人民法院驳回排除非法证据的申请后,被告人及其辩护人没有新的线索或者材料,以相同理由再次提出申请的,人民法院不再审查。

第十八条　人民法院决定对证据收集的合法性进行法庭调查的,应当先行当庭调查。对于被申请排除的证据和其他犯罪事实没有关联等情形,为防止庭审过分迟延,可以先调查其他犯罪事实,再对证据收集的合法性进行调查。

在对证据收集合法性的法庭调查程序结束前,不得对有关证据宣读、质证。

第十九条　法庭决定对证据收集的合法性进行调查的,一般按照以下步骤进行:

(一)召开庭前会议的案件,法庭应当在宣读起诉书后,宣布庭前会议中对证据收集合法性的审查情况,以及控辩双方的争议焦点;

(二)被告人及其辩护人说明排除非法证据的申请及相关线索或者材料;

(三)公诉人出示证明证据收集合法性的证据材料,被告人及其辩护人可以对相关证据进行质证,经审判长准许,公诉人、辩护人可以向出庭的侦查人员或者其他人员发问;

(四)控辩双方对证据收集的合法性进行辩论。

第二十条　公诉人对证据收集的合法性加以证明,可以出示讯问笔录、提讯登记、体检记录、采取强制措施或者侦查措施的法律文书、侦查终结前对讯问合法性的核查材料等证据材料,也可以针对被告人及其辩护人提出异议的讯问时段播放讯问录音录像,提请法庭通知侦查人员或者其他人员出庭说明情况。不得以侦查人员签名并加盖公章的说明材料替代侦查人员出庭。

庭审中,公诉人当庭不能举证或者为提供新的证据需要补充侦查,建议延期审理的,法庭可以同意。

第二十一条 被告人及其辩护人可以出示相关线索或者材料，并申请法庭播放特定讯问时段的讯问录音录像。

被告人及其辩护人向人民法院申请调取侦查机关、人民检察院收集但未提交的讯问录音录像、体检记录等证据材料，人民法院经审查认为该证据材料与证据收集的合法性有关的，应当予以调取；认为与证据收集的合法性无关的，应当决定不予调取，并向被告人及其辩护人说明理由。

被告人及其辩护人申请人民法院通知侦查人员或者其他人员出庭说明情况，人民法院认为确有必要的，可以通知上述人员出庭。

第二十二条 法庭对证据收集的合法性进行调查的，应当重视对讯问录音录像的审查，重点审查以下内容：

（一）讯问录音录像是否依法制作。对于可能判处无期徒刑、死刑的案件或者其他重大犯罪案件，是否对讯问过程进行录音录像；

（二）讯问录音录像是否完整。是否对每一次讯问过程录音录像，录音录像是否全程不间断进行，是否有选择性录制、剪接、删改等情形；

（三）讯问录音录像是否同步制作。录音录像是否自讯问开始时制作，至犯罪嫌疑人核对讯问笔录、签字确认后结束；讯问笔录记载的起止时间是否与讯问录音录像反映的起止时间一致；

（四）讯问录音录像与讯问笔录的内容是否存在差异。对与定罪量刑有关的内容，讯问笔录记载的内容与讯问录音录像是否存在实质性差异，存在实质性差异的，以讯问录音录像为准。

第二十三条 侦查人员或者其他人员出庭的，应当向法庭说明证据收集过程，并就相关情况接受发问。对发问方式不当或者内容与证据收集的合法性无关的，法庭应当制止。

经人民法院通知，侦查人员不出庭说明情况，不能排除以非法方法收集证据情形的，对有关证据应当予以排除。

第二十四条 人民法院对控辩双方提供的证据来源、内容等有疑问的，可以告知控辩双方补充证据或者作出说明；必要时，可以宣布休庭，对证据进行调查核实。法庭调查核实证据，可以通知控辩双方到场，并将核实过程记录在案。

对于控辩双方补充的和法庭庭外调查核实取得的证据，未经当庭出示、质证等法庭调查程序查证属实，不得作为证明证据收集合法性的根据。

第二十五条 人民法院对证据收集的合法性进行调查后，应当当庭作出是否排除有关证据的决定。必要时，可以宣布休庭，由合议庭评议或者提交审判委员会讨论，再次开庭时宣布决定。

第二十六条 经法庭审理，具有下列情形之一的，对有关证据应当予以排除：

（一）确认以非法方法收集证据的；

（二）应当对讯问过程录音录像的案件没有提供讯问录音录像，或者讯问录音录像存在选择性录制、剪接、删改等情形，现有证据不能排除以非法方法收集证据的；

（三）侦查机关除紧急情况外没有在规定的办案场所讯问，现有证据不能排除以非法方法收集证据的；

（四）驻看守所检察人员在重大案件侦查终结前未对讯问合法性进行核查，或者未对核查过程同步录音录像，或者录音录像存在选择性录制、剪接、删改等情形，现有证据不能排除以非法方法收集证据的；

（五）其他不能排除存在以非法方法收集证据的。

第二十七条 人民法院对证人证言、被害人陈述、物证、书证等证据收集合法性的审查、调查程序，参照上述规定。

第二十八条 人民法院对证据收集合法性的审查、调查结论，应当在裁判文书中写明，并说明理由。

——《人民法院办理刑事案件排除非法证据规程（试行）》（2018 年 1 月 1 日，法发〔2017〕31 号）。

第二十七条 被告人及其辩护人申请人民法院通知侦查人员或者其他人员出庭，人民法院认为现有证据材料不能证明证据收集的合法性，确有必要通知上述人员出庭作证或者说明情况的，可以通知上述人员出庭。

第二十八条 公诉人宣读起诉书后，法庭应当宣布开庭审理前对证据收集合法性的审查及处理情况。

第二十九条 被告人及其辩护人在开庭审理前未申请排除非法证据，在法庭审理过程中提出申请的，应当说明理由。

对前述情形，法庭经审查，对证据收集的合法性有疑问的，应当进行调查；没有疑问的，应当驳回申请。

法庭驳回排除非法证据申请后，被告人及其辩护人没有新的线索或者材料，以相同理由再次提出申请的，法庭不再审查。

第三十条 庭审期间，法庭决定对证据收集的合法性进行调查的，应当先行当庭调查。但为防止庭审过分迟延，也可以在法庭调查结束前进行调查。

第三十一条 公诉人对证据收集的合法性加以证明，可以出示讯问笔录、提讯登记、体检记录、采取强制措施或者侦查措施的法律文书、侦查终结前对讯问合法性的核查材料等证据材料，有针对性地播放讯问录音录像，提请法庭通知侦查人员或者其他人员出庭说明情况。

被告人及其辩护人可以出示相关线索或者材料，并申请法庭播放特定时段的讯问录音录像。

侦查人员或者其他人员出庭，应当向法庭说明证据收集过程，并就相关情况接受发问。对发问方式不当或者内容与证据收集的合法性无关的，法庭应当制止。

公诉人、被告人及其辩护人可以对证据收集的合法性进行质证、辩论。

第三十二条 法庭对控辩双方提供的证据有疑问的，可以宣布休庭，对证据进行调查核实。必要时，可以通知公诉人、辩护人到场。

第三十三条 法庭对证据收集的合法性进行调查后，应当当庭作出是否排除有关证据的决定。必要时，可以宣布休庭，由合议庭评议或者提交审判委员会讨论，再次开庭时宣布决定。

在法庭作出是否排除有关证据的决定前，不得对有关证据宣读、质证。

第三十四条 经法庭审理，确认存在本规定所规定的以非法方法收集证据情形的，对有关证据应当予以排除。法庭根据相关线索或者材料对证据收集的合法性有疑问，而人民检察院未提供证据或者提供的证据不能证明证据收集的合法性，不能排除存在本规定所规定的以非法方法收集证据情形的，对有关证据应当予以排除。

对依法予以排除的证据，不得宣读、质证，不得作为判决的根据。

第三十五条 人民法院排除非法证据后，案件事实清楚，证据确实、充分，依据法律认定被告人有罪的，应当作出有罪判决；证据不足，不能认定被告人有罪的，应当作出证据不足、指控的犯罪不能成立的无罪判决；案件部分事实清楚，证据确实、充分的，依法认定该部分事实。

第三十六条 人民法院对证据收集合法性的审查、调查结论，应当在裁判文书中写明，并说明理由。

——《最高人民法院、最高人民检察院、公安部、国家安全部、司法部关于办理刑事案件严格排除非法证据若干问题的规定》(2017 年 6 月 27 日，法发〔2017〕15 号)。

【最高人民法院参考案例】

杨增龙故意杀人案(《刑事审判参考》案例第 1168 号)

要旨：被告方申请排除非法证据的情形，应当由人民检察院承担证据收集合法性的证明责任，不能让被告人变相承担证明责任。

本案一审期间，被告人杨增龙提出其有罪供述系侦查人员刑讯逼供所得，并提供了讯问人员的姓名、相关情况等线索。一审法院对证据收集的合法性启动了专门调查程序，但在某种程度上让被告方承担了证明侦查人员刑讯逼供的证明责任，这种做法并不符合法律规定由人民检察院证明取证合法性的要求，也不符合非法证据排除规则的基本原理。例如,首先,一审法院指出,杨增龙在侦查阶段所作的有罪供述和其主动向公安机关提交的悔过书相同;杨增龙当庭承认作出有罪供述时对其讯问的两名侦查人员郝某某、陆某未对其刑讯逼供,并有录像为证,这实际上是通过杨增龙的有罪供述本身来证明取证合法性,但这些有罪供述恰恰是杨增龙申请排除的证据,并不能作为证明取证合法性的根据。其次,一审法院指出,杨增龙所称对其刑讯逼供的侦查人员均出庭作证,并称没有对其实施刑讯逼供。实践中,侦查人员出庭鲜有承认非法取证的情形,但侦查人员出庭作证并不能仅是简单地否定没有刑讯逼供,而是应当阐述取证细节,并对被告人提供的线索或者材料作出合理的解释。如果被告人与侦查人员对取证合法性问题各执一词,在缺乏其他证据特别是讯问录音录像等客观证据佐证的情况下,简单地采信侦查人员的供述并不妥当。再次,一审法院指出,看守所体检记录记载杨增龙入所时体表无外伤,但实际上,2009 年 1 月 16 日 1 时的讯问录像显示,物增龙额头上有明显的伤痕,这与看守所体检记录记载的情况存在矛盾,对于该问题,应当由侦查人员作出合理的解释。最后,一审法院指出,除杨增龙供述外,无其他证据证实侦查人员对其有刑讯逼供行为,这明显是要求被告人承担侦查人员刑讯逼供的证明责任。

——《刑事审判参考》(总第 108 辑)。

褚明剑受贿案(《刑事审判参考》案例第 823 号)

要旨:庭审期间,法庭决定对证据收集的合法性进行调查的,应当先行当庭调查。但为防止庭审过分迟延,也可以在法庭调查结束前调查。

对于启动非法证据排除调查程序的,应把握以下四点:(1)被告人提出非法证据申请的,必须提出相关线索或材料,并且要达到使法庭对取证行为合法性存在疑问的程度,才需要启动调查程序。(2)在对证据收集的合法性进行法庭调查的过程中,由人民检察院对证据收集的合法性加以证明。(3)法庭决定在法庭调查结束后对证据合法性进行一并调查的,在法庭调查期间,对被告人及辩护人提出异议的证据暂停质证。对证据合法性的调查程序结束后,如果法庭决定对该证据予以排除的,可不再质证。(4)对于能够排除非法取证可能性的证据,法庭仍应当继续对该证据进行质证,并结合被告人的当庭供述以及其他证据决定能否作为定案的根据。

——《刑事审判参考》(总第 89 辑)。

1587 在有办案合法性说明、被告人自书的解释性说明的情况下，如何审查被告人供述的合法性

关键词｜证据｜非法证据排除｜

【最高人民法院参考案例】

邢某、吴某故意杀人案(《刑事审判参考》案例第926号)

要旨:侦查机关对取证行为是否合法出具的说明不能单独作为证明取证过程合法的根据。

侦查机关对取证行为是否合法出具说明是办案中经常遇到的问题。对该说明的效力应当具体分析,不能仅凭这一说明就认为取证合法。无论在什么情况下,都必须综合全案证据予以裁判。因此,即便有讯问“同步”录音、录像,也要依法进行审查。2012年修改后的刑事诉讼法规定,侦查人员在讯问犯罪嫌疑人的时候,可以对讯问过程进行录音或者录像;对于可能判处无期徒刑、死刑的案件或者其他重大犯罪案件,应当对讯问过程进行录音或者录像。对讯问的同步录音、录像要审查其形成的全部经过,特别是要审查形成的背景。

——《刑事审判参考》(总第95辑)。

文某非法持有毒品案(《刑事审判参考》案例1038号)

要旨:被告人自己书写解释性说明,能否认定取证过程的合法性,需要根据庭审具体情况,依法审查被告人自书的解释性说明在内容上是否符合常理,形成的时间、环境以及内容是否一贯、稳定。

值得注意的是,根据《刑事诉讼法解释》第一百零一条的规定,公诉机关提交的取证过程合法的说明材料不能单独作为证明取证过程合法的根据。因此,实践中,为了证明取证的合法性,公诉机关、侦查机关除了提交取证过程合法的材料之外,一般还会提供被告人自己所作有罪供述过程的说明材料,如被告人自己书写的有关伤势形成的解释性说明。在此情况下,能否认定取证过程的合法性,我们认为,需要根据庭审具体情况,依法审查被告人自书的解释性说明在内容上是否符合常理,形成的时间、环境以及内容是否一贯、稳定。本案中,文某较早时间段自书的伤势情况说明(第一份材料),与其在脱离办案单位即将进入监管场所时所作的说明并不一致。然而,根据后一份自书伤势情况说明,文某在监管场所这一办案民警、监管民警多人在场的复杂环境体检时,其自述伤势系遭刑讯逼供所致。显然,文某就伤势形成原因前后矛盾的解释,不能作为侦查机关、公诉机关取证过程合法性的辅证材料。同时,因为文某不具有取证合法性的证明义务,故不能基于其对伤势形成原因解释不清就作出对其不利的判断。

——《刑事审判参考》(总第101辑)。

1588 证据收集合法性的证明标准与刑事案件的定罪标准在本质上是一致的

关键词 | 证据 | 非法证据排除 | 证据收集合法性 |

【最高人民法院参考案例】

刘晓鹏、罗永全贩卖毒品案(《刑事审判参考》案例第869号)

要旨:证据收集合法性的证明标准与刑事案件的定罪标准在本质上是一致的,需要达到"证据确实、充分"的证明标准。

正是基于此种考虑,刑事诉讼法第五十八条规定:"对于经过法庭审理,确认或者不能排除存在本法第五十四条规定的以非法方法收集证据情形的,对有关证据应当予以排除。"其中所规定的"不能排除以非法方法收集证据"的情形,表明法律对证据的合法性设定了较高的证明标准,增强了人民检察院对证据合法性的证明责任。

实践中,对于"不能排除以非法方法收集证据情形"的具体认定,一般可以从以下几个方着手:

1. 从取证人员、时间、地点、方式、内容入手进行判断

取证人员、时间、地点、方式、内容是判断言词证据取得是否合法的重要线索,也是被告人讯问笔录中必须写明的内容,因而是审查证据合法性的关键所在。对于取证人员是异地公安人员,如被告人是因为被网上追逃而被异地公安机关抓获的,异地公安机关在不负责侦办案件的情况下第一次讯问被告人的,通常可以排除公安机关采取了非法方法,反之则应当予以注意;对于讯问时间异常,如讯问持续时间长而笔录内容简短、讯问时间在深夜等情形应当予以注意;对于讯问地点在法定羁押场所之外的,如有罪供述发生在刑侦大队的、在提出看守所外期间的,应当予以注意;对于讯问笔录中供述细节与其他证据具有不寻常的高度吻合,或者细节在侦查人员的提示下由不吻合到吻合等情形应当予以注意;对于被告人翻供比较突兀,前后供述无理由出现截然不同的情形应当予以注意。对于以上情形,应当结合被告人提出被刑讯逼供的具体线索,审查被告人翻供的时间和前后供述的变化内容,进行综合认定,判断被告人供述是否属于非法证据。

2. 对重大案件,应当结合同步录音录像进行判断

刑事诉讼法第一百二十一条规定:"……对于可能判处无期徒刑、死刑的案件或者其他重大犯罪案件,应当对讯问过程进行录音或者录像。录音或者录像应当全程进行,保持完整性。"由于设备、技术以及侦查人员的记录习惯等原因,要求录

音录像与讯问笔录完全一致并不现实，但是如果录音录像存在剪辑、关键问题处不清晰或者与讯问笔录存在出入的地方应当予以注意；特别是讯问笔录记载与录音录像显示的时间长短、内容繁简等明显不符的，应当结合其他证据进行认真审查。

需要说明的是，证据收集合法性的证明标准与刑事案件的定罪标准在本质上是一致的，需要达到“证据确实、充分”的证明标准。如果人民检察院无法提供确实、充分的证据证明取证的合法性，如对于重大犯罪案件，侦查机关未进行全程同步录音录像，讯问又未按照法律规定在看守所内进行，且没有其他证据能够证明讯问的合法性，此种情况就属于“不能排除以非法方法收集证据情形”。

——《刑事审判参考》（总第92辑）。

李志周运输毒品案（《刑事审判参考》案例第1039号）

要旨：人民检察院对证据收集合法性事实的证明，应当达到证据确实、充分的证明标准。

（一）如何把握证据收集合法性的证明标准

刑事诉讼法第五十七条第一款规定：“在对证据收集的合法性进行法庭调查的过程中，人民检察院应当对证据收集的合法性加以证明。”第五十八条规定：“……对于经过法庭审理，确认或者不能排除存在本法第五十四条规定的以非法方法收集证据情形的，对有关证据应当予以排除。”

根据上述规定，人民检察院对证据收集合法性事实的证明，应当达到证据确实、充分的证明标准。即，排除存在刑事诉讼法第五十四条规定的以非法方法收集证据的情形。主要理由如下：一方面，证据是认定案件事实的基础，对证据收集合法性的审查是判断该证据能否作为定案依据的关键。如果据以定案的证据在合法性方面存疑，那么以之为基础指控的犯罪事实显然也达不到“证据确实、充分”的证明标准。对证据收集合法性事实的证明标准与刑事案件定罪的证明标准在本质上是一致的。另一方面，强调公诉机关对证据收集合法性的证明应当达到证据确实、充分的证明标准，有助于规范侦查取证行为，落实不得强迫自证其罪原则的要求，减少刑讯逼供及其他非法取证情形的发生，切实保障人权，防范冤假错案。

人民检察院可以通过多种方式证明取证的合法性：例如，可以出示讯问笔录、体检笔录，播放讯问过程同步录音录像，或者提请法庭通知侦查人员或者其他人员出庭作证。本案中，为证明证据收集的合法性，公诉人当庭出示了以下证据：江西省莲花县看守所出具的《说明》，萍乡市公安局安源分局出具的《情况说明》《关于李志周等人被抓获的情况和审讯情况的补充说明》，安源分局后埠派出所出具的《情况说明》《办案说明》，安源分局缉毒大队出具的《易洪涛贩毒案抓获情况及审讯情况说明》《办案说明》《说明》，又对参与审讯的陈翔、陶平华、许渤等十三名侦查人员逐一进行了询问,提取了证人证言,十三名侦查人员也均出具了《情况说明》,声明在审讯中无刑讯逼供行为。

需要强调的是,上述证据材料数量虽多,但本质上都是办案单位和办案人员的说明材料,根据《最高人民法院关于适用〈中华人民共和国刑事诉讼法〉的解释》第一百零一条第二款的规定,此类说明材料不能单独作为证明取证过程合法的根据。对于能够证明证据收集合法性的关键证据,如讯问过程的同步录音录像、被告人李志周出入派出所的监控视频等,公诉机关未能提供。

一审法院经审查认为,对于被告人李志周供述收集的合法性,公诉机关未能提供确实、充分的证据予以证实,本案不能排除存在刑事诉讼法第五十四条规定的以非法方法收集供述的情形,对李志周的供述,依法应当排除。主要理由如下:(1)根据《看守所入所人员身体检查表》的记载,李志周头部受伤的事实可以得到确认,控辩双方对此均无异议。现有证据证实,李志周头部伤情是在抓获当时至进入看守所前的时间段内形成。李志周入所前后表现异常,在入所前均在讯问笔录上签字捺印,入所后在涉及其可能承担刑事责任的讯问笔录上均未签字捺印。(2)针对李志周提供的在派出所接受讯问时遭到刑讯逼供导致头部受伤的具体线索,办案单位所作的李志周头部伤情系抓捕时反抗所致的解释缺乏证据支持。一是一同在现场被抓捕的易洪涛、廖婷证明三人均无逃跑、反抗的行为;二是办案民警均称抓捕当时没有看见李志周受伤。(3)公诉机关提供的证明取证合法的证据材料,均是办案单位和办案人员出具的说明材料,不能单独作为证明取证过程合法的根据。(4)对于能够证明取证合法的关键证据,公诉机关未能提供。例如,李志周出入后埠派出所的监控视频未能提供;讯问李志周的同步录音录像未能提供;第一次讯问笔录中没有记载李志周受伤的情况;《抓获情况及审讯情况说明》中也没有李志周受伤的反映。据此,公诉机关提供的证明取证合法的证据未能达到确实、充分的证明标准,一审法院依法排除李志周的有罪供述,是依法有据的。

——《刑事审判参考》(总第101辑)。

【链接:理解与适用】

七是证据收集合法性的证明标准。证据收集合法性事实是犯罪构成事实附带的事实,与犯罪构成要件事实的证明存在紧密关联,因此,证据收集合法性事实的证明标准与犯罪构成事实的证明标准在本质上应当是一致的。《严格排除非法证据规定》第三十四条规定:"经法庭审理,确认存在本规定所规定的以非法方法收集证据情形的,对有关证据应当予以排除。法庭根据相关线索或者证据对证据收集的合法性有疑问,而人民检察院未提供证据或者提供的证据不能证明证据收集的合法性,不能排除存在本规定所规定的以非法方法收集证据情形的,对有关证据应当予以排除。对依法予以排除的证据,不得宣读、质证,不得作为判决的根据。”根据本条规定,法庭对非法证据的认定,可以分为两种情形:第一,确认以非法方法收集证据的情形。如果被告人及其辩护人提出排除非法证据的申请后,提供了明确的证据材料,能够证明办案人员对其实施了刑讯逼供等非法取证行为,例如,被告人提供了讯问后遭到刑讯逼供形成的血衣,并且体表存在明显的身体损伤,相关证人亦证实办案人员有刑讯逼供行为,此时就能够确认以非法方法收集证据。第二,不能排除以非法方法收集证据的情形。这一证明标准是从人民检察院对证据收集合法性负有举证责任出发作出的规定。实际上,“不能排除以非法方法收集证据”,是对证据收集合法性事实适用“证据确实、充分”证明标准的内在要求。如果被告人及其辩护人向人民法院提出排除非法证据的申请,法院经审查发现人民检察院未能对证据收集的合法性提供证据,或者提供的证据未能达到确实、充分的证据标准,就属于“不能排除以非法方法收集证据”的情形。

——戴长林、刘静坤、朱晶晶:《〈关于办理刑事案件严格排除非法证据若干问题的规定〉的理解与适用》,载《人民司法·应用》2017 年第 22 期。

1589 排除非法证据后案件的处理方式

关键词 | 证据 | 非法证据排除 |

【最高人民法院参考案例】

李志周运输毒品案(《刑事审判参考》案例第 1039 号)

要旨:非法证据排除规则解决的是特定证据能否作为诉讼证据使用的证据资格问题。非法证据排除应与案件的实体处理区分开来,针对证据收集合法性的争议,之所以建立独立的调查和裁判程序,并要求法庭先行调查并当庭作出裁决,就是要与案件的实体处理剥离。排除了非法证据,并不意味着案件一定要宣告无罪,还应综合审查其他在案证据,依法认定案件事实。

排除非法证据后,基于其他在案证据的情况,案件的处理大致可分为三种情形:案件事实清楚,证据确实、充分,依法能够认定被告人有罪的,应当作出有罪判决;证据不足,不能认定被告人有罪的(排除的是据以定罪的关键证据),应当作出证据不足、指控的犯罪事实不能成立的无罪判决;案件部分事实清楚,证据确实、充分的,应当依法认定该部分事实并作出相应处理(实践中排除非法证据的案件多属此种情形)。

本案中,虽然被告人李志周的有罪供述被法院认定为非法证据,并依法予以排除,但其他在案证据仍能够证明李志周实施了公诉机关指控的运输毒品犯罪行为。

例如，搜查笔录及扣押物品清单、照片证实，办案民警系从坐在汽车后座的李志周手中持有的黑色布袋中搜出涉案毒品；证人廖婷的证言、同案被告人易洪涛的供述均证实李志周对此次去湖南联系毒品事宜是明知的，且实施了运输毒品的行为，等等。上述证据足以认定被告人李志周有运输毒品的主观目的，并在易洪涛安排下参与实施了具体的运输毒品行为。

综上分析，人民法院认定被告人李志周的行为构成运输毒品罪是正确的。

——《刑事审判参考》（总第 101 辑）。

1590 二审阶段对证据收集合法性争议的处理

关键词｜证据｜非法证据排除｜二审｜

【最高人民法院司法解释】

第一百三十八条　具有下列情形之一的，第二审人民法院应当对证据收集的合法性进行审查，并根据刑事诉讼法和本解释的有关规定作出处理：

（一）第一审人民法院对当事人及其辩护人、诉讼代理人排除非法证据的申请没有审查，且以该证据作为定案根据的；

（二）人民检察院或者被告人、自诉人及其法定代理人不服第一审人民法院作出的有关证据收集合法性的调查结论，提出抗诉、上诉的；

（三）当事人及其辩护人、诉讼代理人在第一审结束后才发现相关线索或者材料，申请人民法院排除非法证据的。

——《最高人民法院关于适用〈中华人民共和国刑事诉讼法〉的解释》（2021 年 3 月 1 日，法释〔2021〕1 号）。

【最高人民法院司法文件】

第二十九条　人民检察院、被告人及其法定代理人提出抗诉、上诉，对第一审人民法院有关证据收集合法性的审查、调查结论提出异议的，第二审人民法院应当审查。

第三十条　被告人及其辩护人在第一审程序中未提出排除非法证据的申请，在第二审程序中提出申请，有下列情形之一的，第二审人民法院应当审查：

（一）第一审人民法院没有依法告知被告人申请排除非法证据的权利的；

（二）被告人及其辩护人在第一审庭审后发现涉嫌非法取证的相关线索或者材料的。

第三十一条　人民检察院应当在第一审程序中全面出示证明证据收集合法性

的证据材料。

人民检察院在第一审程序中未出示证明证据收集合法性的证据，第一审人民法院依法排除有关证据的，人民检察院在第二审程序中不得出示之前未出示的证据，但在第一审程序后发现的除外。

第三十二条 第二审人民法院对证据收集合法性的调查，参照上述第一审程序的规定。

第三十三条 第一审人民法院对被告人及其辩护人排除非法证据的申请未予审查，并以有关证据作为定案的根据，可能影响公正审判的，第二审人民法院应当裁定撤销原判，发回原审人民法院重新审判。

第三十四条 第一审人民法院对依法应当排除的非法证据未予排除的，第二审人民法院可以依法排除相关证据。排除非法证据后，应当按照下列情形分别作出处理：

（一）原判决认定事实和适用法律正确、量刑适当的，应当裁定驳回上诉或者抗诉，维持原判；

（二）原判决认定事实没有错误，但适用法律有错误，或者量刑不当的，应当改判；

（三）原判决事实不清或者证据不足的，可以在查清事实后改判；也可以裁定撤销原判，发回原审人民法院重新审判。

——《人民法院办理刑事案件排除非法证据规程（试行）》（2018 年 1 月 1 日，法发〔2017〕31 号）。

第三十八条 人民检察院、被告人及其法定代理人提出抗诉、上诉，对第一审人民法院有关证据收集合法性的审查、调查结论提出异议的，第二审人民法院应当审查。

被告人及其辩护人在第一审程序中未申请排除非法证据，在第二审程序中提出申请的，应当说明理由。第二审人民法院应当审查。

人民检察院在第一审程序中未出示证据证明证据收集的合法性，第一审人民法院依法排除有关证据的，人民检察院在第二审程序中不得出示之前未出示的证据，但在第一审程序后发现的除外。

第三十九条 第二审人民法院对证据收集合法性的调查，参照上述第一审程序的规定。

第四十条 第一审人民法院对被告人及其辩护人排除非法证据的申请未予审查，并以有关证据作为定案根据，可能影响公正审判的，第二审人民法院可以裁定撤销原判，发回原审人民法院重新审判。

第一审人民法院对依法应当排除的非法证据未予排除的，第二审人民法院可以依法排除非法证据。排除非法证据后，原判决认定事实和适用法律正确、量刑适当的，应当裁定驳回上诉或者抗诉，维持原判；原判决认定事实没有错误，但适用法律有错误，或者量刑不当的，应当改判；原判决事实不清楚或者证据不足的，可以裁定撤销原判，发回原审人民法院重新审判。

——《最高人民法院、最高人民检察院、公安部、国家安全部、司法部关于办理刑事案件严格排除非法证据若干问题的规定》（2017 年 6 月 27 日，法发〔2017〕15 号）。

1591 被告人在一审庭审中认罪并对其庭前有罪供述不持异议，二审期间提出受到非法取证的，如何审查与处理

关键词｜证据｜非法证据排除｜二审｜

【最高人民法院参考案例】

李继轩等贩卖、运输毒品案（《刑事审判参考》案例第 1249 号）

要旨：根据刑事诉讼法第五十六条①的规定，排除非法证据不仅是当事人的诉讼权利，也是司法机关依法必须履行的职责。虽然行为人及其辩护人一、二审期间均没有申请排除非法证据，仍应当依职权审查原判所采信供述的合法性，这一职责的履行不以诉讼参与人申请为前提。

（一）证据合法性审查的范围与方式

证据的合法性审查是人民法院审理案件采信证据从而查明事实的重要活动。对于经审查确认为非法证据的，应当依法予以排除，不得在法庭上宣读出示，作为定案的根据。本案中，被告人李继轩及其辩护人一、二审期间均没有申请排除非法证据，但在二审中明确提出被告人在侦查期间受到刑讯逼供，因此，是否需要对其相关供述进行合法性审查，适用非法证据排除程序，是首先需要解决的问题。对此，需要明确两个方面：一是证据合法性审查的范围，即必须是用于定案的证据才需要进行合法性审查。在一审中表现为控辩双方向法庭所举，用于证明案件事实的证据，不包括虽然作为侦查或者审查起诉活动依据，但未向法院移送、出示作为指控犯罪依据的相关证据。二审期间，证据合法性审查的对象应当是一审作为定案根据的证据和拟作为二审定案根据的证据。因此，与人民法院审判职权行使无关的证据，尽管可能发生在刑事诉讼过程中，并作为其他司法机关实施刑事诉讼活动的依据，但只要不用于案件审判，就不需要法院进行合法性审查。二是证据的合

① 2018 年修正的刑事诉讼法第五十八条。

法性审查并非仅为依申请进行的司法行为，而是人民法院的职权或者职责行为，即无论被告人是否申请排除非法证据，人民法院均应依职权对证据的合法性进行审查，对判决采信证据的合法性承担责任。有观点认为，排除非法证据属于被告人、辩护人等诉讼参与人的诉讼权利，相关诉讼参与人没有申请，应视为对权利的放弃，人民法院因此不需要进行证据的合法性审查。我们不认同此观点。刑事诉讼法第五十六条除了规定“当事人及其辩护人、诉讼代理人有权申请人民法院对以非法方法收集的证据依法予以排除”外，还规定了“法庭审理过程中，审判人员认为可能存在本法第五十四条规定的以非法方法收集证据情形的，应当对证据收集的合法性进行法庭调查”。根据此规定，排除非法证据不仅是当事人的诉讼权利，也是司法机关依法应当履行的职责，这一职责的履行没有一审、二审的区分，也不以诉讼参与人申请为必要前提。

《最高人民法院关于适用〈中华人民共和国刑事诉讼法〉的解释》第一百零三条规定：“具有下列情形之一的，第二审人民法院应当对证据收集的合法性进行审查，并根据刑事诉讼法和本解释的有关规定作出处理：（一）第一审人民法院对当事人及其辩护人、诉讼代理人排除非法证据的申请没有审查，且以该证据作为定案证据的；（二）人民检察院或者被告人、自诉人及其法定代理人不服第一审人民法院作出的有关证据收集合法性的调查结论，提出抗诉、上诉的；（三）当事人及其辩护人、诉讼代理人在第一审结束后才发现相关线索或者材料，申请人民法院排除非法证据的。”该规定对二审法院应当进行证据合法性审查的情况进行了列举，应当认为此项规定为提示性规定，而非限制性规定，即在符合所列条件的情况下，二审法院应当进行证据的合法性审查；对于不符合相关条件的，因证据合法性问题已在一审解决等，为诉讼效率考虑，一般情况下二审不需要主动审查，但并非二审不能或不应当再进行证据的合法性审查。前述观点把被告人及其辩护人申请作为法院进行证据合法性审查的必备条件，显然是不够全面和准确的。本案中，虽然李继轩及其辩护人在一、二审期间均没有申请排除非法证据，但其提出的刑讯逼供问题如与证据的合法性审查有关，即原判采信的李继轩供述如系侦查期间获取，则二审仍应当依职权对相关侦查取证行为进行合法性审查。

（二）被告人庭前供述转化为当庭供述的条件及合法性审查的标准

犯罪嫌疑人、被告人供述与辩解是我国刑事诉讼中法定的证据种类，根据所在阶段不同区分为庭前侦查、审查起诉阶段的犯罪嫌疑人供述与审判阶段的被告人供述。前两者为庭前供述，后者一般指被告人在法庭上所作的当庭供述。人民法院仅需就拟作为定案根据的供述的合法性即获取该供述的司法行为的合法性进行审查。对于庭前供述与当庭供述不一致的，法院采信何种供述往往会在裁判文书中明确表述。但对于两者一致的，采信的是庭前供述还是当庭供述，需要考察分析庭前供述是否转化为当庭供述。

被告人当庭供述包括两种情况:一是被告人当庭对案件事实进行完整供述,尽管供述的内容与庭前供述具有实质的一致性,但该供述的来源与庭前供述没有联系,属于独立完整的当庭供述;二是被告人当庭对庭前供述予以确认而转化成当庭供述,在实践中主要表现为公诉人宣读完起诉书后,被告人表示认罪,对起诉书指控的事实无异议,法庭为诉讼效率考虑,采用简易程序或者简化审程序,在法庭陈述阶段不再对被告人详细讯问或者发问,在法庭质证阶段对其庭前供述的主要内容进行宣读,被告人对供述内容的真实性予以确认。此种情形下,被告人当庭不再就指控的犯罪事实进行详细供述,而以其在侦查阶段的供述内容代替。因此,被告人当庭供述的内容不完整,需要结合庭前供述笔录的内容才能形成完整的供述。与庭前供述相比,此种情形下转化的被告人当庭供述具有两方面的特点,即供述的独立性与内容的承继性。供述的独立性指供述来源于法庭审判行为而非庭前的侦查或者审查起诉行为,即供述由被告人接受法庭讯问发问而进行的法庭陈述及发表的质证意见形成。内容的承继性主要指当庭陈述的内容与庭前供述具有实质的一致性,属于庭前供述的重复性供述,但并非通过庭审对全部犯罪事实全面重复陈述,而是通过庭审中的承继性行为,即对庭前供述内容的真实性予以确认形成。因此,庭前供述转化为当庭供述需要具备两个方面条件,即当庭陈述行为与对庭前供述内容的确认。只要具备上述两个条件,庭前供述即可转化为当庭供述。无论控辩双方有无以庭前供述作为定案证据的意图,人民法院均应当根据直接言词原则,以当庭供述作为定案根据。本案中,被告人李继轩当庭认罪,对公诉人所举其侦查期间的五次供述,均没有提出客观性及合法性异议,确认了供述内容的真实性,则其庭前供述已经转化为当庭供述。尽管原审判决书中没有明确写明采信的李继轩的供述是当庭供述,但根据直接言词原则,应当认定采信了当庭供述。

对于庭前供述转化的当庭供述,因其供述内容具有承继性,因此其合法性审查标准应当是当庭供述的自愿性,重点考虑是否切断了庭前侦查行为的影响。根据“两高三部”2017年发布的《关于办理刑事案件严格排除非法证据若干问题的规定》第五条第(二)项的规定,审查逮捕、审查起诉和审判期间,检察人员、审判人员讯问时告知诉讼权利和认罪的法律后果,犯罪嫌疑人、被告人自愿供述的,不受之前刑讯逼供的影响。该条规定并非提出判断供述合法性的新标准,而是对于当庭供述的自愿性的判断进行提示,即庭前受到刑讯逼供,如果当庭告知诉讼权利及认罪的法律后果后,仍然作出重复性供述的,其当庭供述独立于庭前供述,属于自愿供述。在此种情况下,其当庭供述不受之前刑讯逼供的影响,两者之间的联系被阻断。因此,只要被告人自愿确认侦查期间的供述,即使属于庭前供述的重复性供述,所转化形成的当庭供述也不存在合法性问题。本案中,被告人李继轩在一审庭审过程中被告知了申请排除非法证据的权利和其他诉讼权利，也获得了律师帮助，其认罪及确认侦查阶段有罪供述真实性出于自愿，不受先前的侦查行为的影响，由此形成的当庭供述应具有合法性。

——《刑事审判参考》（总第113辑）。

（十）证据的综合审查与运用

1592 证据的综合认证规则

关键词 | 证据 | 真实性 | 证明力 |

【最高人民法院司法解释】

第一百三十九条 对证据的真实性，应当综合全案证据进行审查。

对证据的证明力，应当根据具体情况，从证据与案件事实的关联程度、证据之间的联系等方面进行审查判断。

——《最高人民法院关于适用〈中华人民共和国刑事诉讼法〉的解释》（2021年3月1日，法释〔2021〕1号）。

【最高人民法院参考案例】

李刚、李飞贩卖毒品案（《刑事审判参考》案例第971号）

要旨：对于公诉机关指控的未查获毒品实物的犯罪事实，只有依法取得的被告人供述与其他证据能够相互印证，且不存在合理怀疑时，才能依法认定。

本案中，公诉机关指控被告人李刚三次将海洛因贩卖给韦可发，李刚对现场查获的第三起贩卖毒品事实不持异议，但始终否认之前的两起贩卖毒品事实。故对李刚犯罪事实认定的争议焦点，是对韦可发指供李刚前两起贩卖毒品的证据如何审查认定。

我们认为，对于没有查获毒品实物的被告人既往犯罪事实，只有当依法取得的被告人口供与同案被告人供述及其他证据能够相互印证，且不存在合理怀疑时，才可以依法认定。

……公诉机关主要根据韦可发的指供和二人的通话记录指控李刚实施了前两起毒品犯罪，而通话记录、韦可发指供与李刚供述在本案中形成的证明关系是，通话记录能够印证李刚与韦可发关于第三起贩卖毒品事前电话联系的供述；对于韦可发指供李刚的前两起贩卖毒品而言，通话记录仅能证明韦可发与李刚在3月20

日左右有电话联系，并不能证明两人的通话内容就是联系毒品交易，更无法作为独立证据印证韦可发关于李刚前两次贩卖 219.94 克海洛因的供述。通话记录与韦可发的指供在李刚前两次贩卖毒品事实的证明方向上仍属单向证明，没有得到李刚的供述或者在案其他证据的相互印证。综合韦可发的指供与通话记录，并不能必然得出李刚前两次贩卖海洛因的结论，故韦可发对李刚前两起毒品的指供和二人之间的通话记录，不能作为认定李刚前两次毒品犯罪的根据，公诉机关指控李刚前两次贩卖 219.94 克海洛因证据不足，不能认定。

——《刑事审判参考》(总第 97 辑)。

1593 从案发现场检出了第三人的 DNA，如何排除其他人参与作案的可能

关键词｜证据｜鉴定意见｜

【最高人民法院参考案例】

金建伟故意杀人、抢夺、非法侵入住宅案(《刑事审判参考》案例第 1255 号)

要旨：在具体案件中，由于鉴定意见往往只涉及案件事实的一部分内容，应当综合全案事实和证据对其证据能力和证明力作出判断，确定鉴定意见与其他证据之间是否有矛盾，能否作为定案的根据。

我们认为，本案中虽然从被告人金建伟实施故意杀人犯罪的案发现场检出了除金建伟、姚某某以外第三人的 DNA，但综合全案证据来看，认定被告人金建伟实施故意杀人犯罪，事实清楚，证据确实、充分。

……

3. 根据在案证据，可排除其他人参与作案的可能

(1)金建伟生活圈子狭窄，多是一个人活动。根据金建伟供述，其出于欺骗女友施某在外面已经找到工作的目的，瞒着施某另外租房，白天谎称上班而基本上在万亩村租房里看看电视、睡睡觉，晚上再回施某租房，其没有什么朋友，施某也不知道其在外面租房，万亩村租房除姚某某外没有其他人来过。据施某反映金建伟平时没有什么朋友，蒋某、潘某也反映，金建伟租住该出租房以来，基本上没看见有人来找过他，都是一个人来、一个人走，不怎么与别人接触，这与金建伟的租房目的也是吻合的。

(2)案发时段没有他人出入金建伟的出租房。根据金建伟多名邻居的证言，在案发时段的一个多小时中，所有证人均证实没有看到有他人出入金建伟的租房。同时，有充分证据证明本案是在双方卖淫嫖娼过程中发生的，结合金建伟案发当天

的通话记录都是与姚某某的，姚某某案发当日 12 点多钟离开其朋友陈某之后的通话对象也均已查清，可排除其他人参与作案的可能性。

(3)从尸体解剖情况来看，被害人姚某某系被掐颈致机械性窒息死亡，一人能够完成作案。金建伟作案时年仅四十一岁，正当壮年，且为男性，而姚某某为五十八岁的女性，从年龄、力量对比等方面来看，金建伟一人完全能完成作案。此外，被害人姚某某的十个手指指甲的 DNA 检验，除左手小指未检出外，其余均为金建伟和姚某某的 DNA，没有其他人的 DNA，姚某某指甲内金建伟的 DNA 生物物质应该是搏斗时遗留，如果现场有其他人参与打斗掐颈，姚某某反抗又是如此激烈，不可能在其指甲中不发现其他人的 DNA。

(4)被告人金建伟归案后一直供认仅一人作案，所供内容与在案证据相互印证，没有出现矛盾之处。金建伟归案后在第一次供述中即详细供述了作案过程，供述内容非常自然，所供内容包括细节情况都能与在案证据吻合，而且至复核阶段一直供称不认识之前租房的人，也没有其他人参与作案。

——《刑事审判参考》(总第 114 辑)。

1594 依靠间接证据定案的规则

关键词 | 证据 | 直接证据 | 间接证据 |

【最高人民法院司法解释】

第一百四十条 没有直接证据，但间接证据同时符合下列条件的，可以认定被告人有罪：

(一)证据已经查证属实；

(二)证据之间相互印证，不存在无法排除的矛盾和无法解释的疑问；

(三)全案证据形成完整的证据链；

(四)根据证据认定案件事实足以排除合理怀疑，结论具有唯一性；

(五)运用证据进行的推理符合逻辑和经验。

——《最高人民法院关于适用〈中华人民共和国刑事诉讼法〉的解释》(2021 年 3 月 1 日，法释〔2021〕1 号)。

【链接：理解与适用】

最后需要注意的是，依靠间接证据定案的过程是一个复杂的逻辑推理和思维过程，必须严格遵守相关规则，反复审查证据的真实性和推理的逻辑性，才能最大限度地保证推理的严密性和认定案件事实的准确性。即使如此，相对于依靠直接证据定案而言,依靠间接证据定案在可靠性程度上仍然略显不足,特别是容易受到具体适用过程的人的主观因素的影响。因此,《死刑案件证据审查规定》第三十三条第二款专门规定:"根据间接证据定案的,判处死刑应当特别慎重。"这一规则仍然有效,而且,对于全案依靠间接证据定案的普通刑事案件,也应当持审慎的态度,避免出现疏漏,以求最大限度地确保刑事案件的质量,确保裁判的公正。

——江必新主编:《〈最高人民法院关于适用《中华人民共和国刑事诉讼法》的解释〉理解与适用》,中国法制出版社2013年版,第112页。

【最高人民法院参考案例】

王某某故意伤害案(《刑事审判参考》案例第1213号)

要旨:在司法实践中,缺乏直接证据的被告人否认犯罪的案件对办案人员的要求,就是不能再主要依靠口供来侦破案件和定罪量刑,而是要重视尸体鉴定意见、证人证言等证据的精细化运用,通过间接证据建立完整的证明体系。

(一)注重审查客观性证据

……为适应以审判为中心的诉讼制度改革,对被告人不认罪案件的证据收集和审查应当优先围绕客观性证据展开,以证明力、稳定性较强的客观性证据为中心构建刑事证明体系。对于命案而言,尸检照片能够直接、客观反映尸体的情况与特征,属于客观性证据;尸体检验报告虽然是依靠鉴定人的认知判断而作出,但鉴定人是根据法医学知识对尸体进行鉴定形成的意见,其判断的来源是尸体的性状与特征,具有较强的证明力。因此,应当重视审查尸体检验照片等客观性证据,充分挖掘上述证据所蕴含的案件事实信息,确认被告人与犯罪行为之间的排他性关联。

在本案中,由于缺乏目击证人证言和其他直接证据,从而形成了"一对一"作案的局面:被告人王某某承认用力夺刀,但否认持刀扎刺被害人;据以定案的尸体检验报告系十余年前制作且内容粗略,没有对被害人伤情进行详细描述,使如实还原犯罪现场变得异常困难。因此,需要通过学习法医学知识、邀请侦查人员和鉴定人员共同研讨、向技术部门的专家进行咨询等方式,从伤口形态、深度等方面深入分析,以对被害人死因及损伤机制进行有力证明。

……

通过对尸体检验报告、照片等客观证据的分析,可以推断出王某某是在刀尖朝向被害人的情况下,以极大力量持刀向被害人胸腹部扎刺,由此也就否定了王某某所提其在抢刀过程中无意伤到被害人的辩解,故法院最终判决认定"王某某持刀刺击被害人的腹部等处"。

（二）注重证据审查的亲历性

……在案件办理过程中，应当破除“卷宗中心主义”的传统观念，充分运用自行侦查和退回补充侦查这两种手段，收集与犯罪事实有关的一切证据，特别是对于足以影响定罪量刑的关键证言应当亲自核实，直接感知证人的神态、语调、动作等信息，以鉴别其证言的真伪，并从中获取卷宗笔录无法体现的重要信息。

……

为了排除客观性证据和言词证据之间的矛盾，需要在核实案卷笔录的基础上，积极向本案的两名关键证人询问被害人受伤的具体部位，以及被害人送医救治的经过，从而对案件事实作出准确的认定。……

（三）注重对证据的综合分析

……

由于被告人拒不承认实施犯罪行为，公诉人需要在向法庭出示全案证据的基础上，对多个间接证据进行分析推理，使证据共同指向待证事实，形成一个完整的证明体系。主要方法包括：一是认真梳理案件起因。王某某与被害人许某在吃饭时即因琐事发生冲突，后在旅社门前互殴，由于案发地点同一、过程短暂，两人互殴与其后的持刀扎刺行为是连续、流畅的，应当整体评价而不是割裂评价。二是准确还原案发过程。综合全案证据，能够证明王某某在刀尖朝向被害人许某的情况下，以极大力量持刀向其腹部稳定发力，贯入被害人腹腔很深的位置。王某某到案后所做的“夺刀误伤”辩解，与被害人的伤口深度、位置和形态均不符，明显违背了生活常识和经验法则。三是注重分析案后表现。案发后，两名证人赶到现场，立即将被害人许某送至医院抢救，后被害人因救治无效死亡，并未介入第三方的加害行为。王某某在案发后即行潜逃，并通过更改姓名、户籍等方式逃避侦查近二十年，到案当天还意图歪曲、隐瞒事实。例如，抓捕录像显示，王某某在警车上声称“许某首先拿刀扎我，我用力将尖刀夺过来，被害人许某直接扑到刀上，后倒了下去”，该辩解与讯问笔录中的辩解并不相同，能够证明其对犯罪行为的社会危害性具有明确认知，意图逃避法律追究。四是综合其他在案证据判定。被告人持刀刺击被害人的具体过程虽然缺乏直接人证，但该犯罪事实有相关的证人证言可以佐证。例如，案发地旅馆经营者证明“两人互相揪打起来，其中一人倒地”；两位证人证明案发后被告人跟其说过当时“拿刀往许某身上捅了一刀”“在旅馆外用刀把许某捅了”。对在案证据进行综合分析论证，能够建立起证明被告人故意伤害他人致死的证据链条，排除了该案属于过失犯罪或正当防卫的合理怀疑，故法院最终认定被告人王某某故意伤害他人身体致人死亡，构成故意伤害罪。

——《刑事审判参考》（总第111辑）。

杨飞故意杀人案(《刑事审判参考》案例第 512 号)

要旨:在直接证据缺乏、单纯运用间接证据定案时,对间接证据的把握应特别慎重。

司法实践中,在没有直接证据的情况下,单纯运用间接证据定案需要特别慎重,注意从以下几个方面对间接证据的使用进行把握:

第一,没有任何一个间接证据能直接证明案件的主要事实,每个证据须同其他证据相结合才具有证明作用。

第二,任何一个间接证据的证明意义,都是由间接证据与案件事实之间的客观联系及与其他证据的相互结合所决定的。间接证据的运用不仅取决于间接证据本身的真实性,也取决于它在证据体系中的地位及其与案件之间的客观联系。

第三,所有间接证据形成证据链条后可得出唯一的、排他的结论。在其他完全依靠间接证据定案的案件中,因具体案情不同,排他性的证明可能会比较困难,这对证据的要求就更高。如果间接证据之间不能形成完整的证据链条,出现证据链条裂痕,不能得出唯一的、排他的结论,则只能根据"疑罪从无"的原则处理。

第四,在完全依靠间接证据定案时,其中任何一个间接证据被推翻了,就必须重新审视整个证据链条,如果在同一案件中存在两种以上的可能性,并且各有一些证据支持,就要重新调查,认真研究,直到排除其他可能性,才能作出正确的结论。如果被告人的辩解具有一定可信度,会对证据链条的完整性形成有效冲击,影响定案。

——《刑事审判参考》(总第 65 辑)。

1595 客观证据缺失的案件如何认定犯罪事实

关键词｜证据｜直接证据｜间接证据｜

【最高人民法院参考案例】

刘德铭故意杀人案(《刑事审判参考》案例第 1390 号)

要旨:证据包括直接证据与间接证据,本案的直接证据只有被告人的供述,被告人供述在一些细节上亦有反复,如果不能综合间接证据加以认定,则不能作出被告人有罪的结论。

认定本案事实既有被告人供述这一直接证据,又有现场勘查、物证鉴定、尸体鉴定、行车轨迹路线等间接证据。法院在审理中以被告人供述为主线,重视口供但不轻信。深入挖掘细节证据,并根据生活常理与经验规则逐一排除合理怀疑,强化证据裁判。同时,通过对被告人多份供述纵向比对、口供与其他证据横向比较、在案证据综合判断等，逐步夯实事实认定根基，在“四无”案件中建立以客观性证据为主要依托的内心确信形成模式，最终得出被告人构成犯罪的唯一结论。

——《刑事审判参考》(总第125辑)。

1596 无直接证据的“零口供”案件审查要点和证据运用

关键词｜证据｜直接证据｜间接证据｜

【最高人民法院参考案例】

朱纪国盗窃案(《刑事审判参考》案例第1392号)

要旨：“零口供”下以间接证据定案，应严格坚持法定证明标准，遵循证据审查规则和疑罪从无原则。以单个证据品质为前提、以证据多(双)向印证为主导，合理运用推定认定案件事实。同时，应当确保间接证据之间的协调性、间接证据形成的证明体系的完整性、间接证据推理出的结论的唯一性。

(一)把握“零口供”案件的审查要点

在审查在案证据客观性、关联性、合法性的基础上，着重审查发破案经过是否客观、自然；客观性证据的指向是否明确、单一；被告人的供述或无罪辩解是否合理。

1. 审查发(破)案经过是否客观、自然

发(破)案经过是指刑事案件的案发以及侦查机关寻找、锁定并抓获犯罪嫌疑人的过程。侦查机关出具的发(破)案经过虽然不是证据本身，却是证据赖以“溯源”的根本，立足发(破)案经过构建证据体系，既能在主观层面反映侦查人员从立案到破案的思维演进过程(即发现罪行、获取证据、锁定犯罪嫌疑人的思维判断过程)，又能在客观层面表明证据体系的构建、完善过程和犯罪嫌疑人抓获经过等情况。客观、翔实的发破案经过材料有助于全面掌握案件事实证据、合理构建证据体系，进而确定案件事实。对于“零口供”案件，认真审查发(破)案经过是否客观、自然，其意义尤为重要。

2. 审查客观性证据指向是否明确、单一

物证、书证、视频监控等客观性证据，受主观因素影响较小，具有较为稳定的表现形式和判断标准。相比于言词证据的主观性和反复性，客观性证据能够更加客观、稳定地证明案件真实情况，具有极强的证明力。对于“零口供”案件，证据审查的重点自然要从口供转向物证、书证等客观性较强的证据。实践中，客观性证据的指向性越明确、单一，越有利于定案。

3. 审查被告人供述或无罪辩解是否合理

对被告人供述和辩解的审查，是准确认定案件事实的重要方面，通常可以通过分析被告人辩解的内容是否合理、稳定,是否与在案其他间接证据相互印证来判断。被告人的供述和无罪辩解若有合理根据,能对现有证据提出反证,如有不在场或无作案时间的证据等,对于查明案件事实会有很大的作用。若被告人的无罪辩解不合常理、自相矛盾,或者与其他已查明的客观事实和证据相矛盾,反而可以增强法官认定其作案的内心确信,甚至反向印证案件的主要事实。

(二)审查运用间接证据构建证据体系

1. 审查间接证据能否相互印证,是否存在无法排除的矛盾或者疑问

根据证据与案件的主要事实是否有直接关系,可以将证据分为直接证据和间接证据。间接证据所包含的信息量并不如直接证据涵盖的内容丰富、充分,只能证明案件事实的某一环节或片段,具有零散性,因此,在间接证据的运用上应当遵循多(双)向印证规则,消除证据之间的矛盾,使证据相互印证进而形成一个完整的体系。多(双)向印证与单向印证的逻辑推演不同,单个间接证据自身的证明力只有在与其他证据的相互作用中,才有可能加以确定,即单个间接证据的证明力建立在对案件证据的整体判断之上,若不建立证据之间的联结点,不仅不能保障单个间接证据的真实性,更无法达到定罪的要求。

对于“零口供”案件,需要在审查单个间接证据具备证明能力的基础上,通过比对不同证据所含信息的内容同一或指向同一,将单一间接证据链接起来,形成相互支撑、协调一致的证明体系。如果间接证据之间不相符合,相互脱节,就应当通过进一步补充调查,查证清楚之后,才确定它们的证明力。只有对所有应予证明的案件事实和情节都有相应确实的间接证据予以证明,并且间接证据之间形成环环相扣的闭合证明锁链后才可以定案。

2. 合理运用事实推定排除合理怀疑,得出唯一肯定结论

在相关间接证据查证属实、相互印证并形成完整证据链条之后,法官要以事实推定为媒介并运用逻辑推理和经验法则,将在案间接证据串联起来回溯再现案件事实,得出唯一肯定的结论。在“零口供”且无直接证据证明案件主要事实的情况下,必然要求以事实推定的方式认定案件事实,但是事实推定是建立在盖然性的基础上,因此,为确保推理的严密性和结论的准确性,推理的每一环节必须符合逻辑和经验法则。

——《刑事审判参考》(总第125辑)。

1597 直接言词证据为孤证,其他间接证据不能形成完整证据链的,应依法作出无罪判决

关键词|证据|直接证据|间接证据|

【最高人民法院参考案例】

陈亚军故意伤害案(《刑事审判参考》案例第656号)

要旨:间接证据无法形成完整的证据链,所得出的结论不具有唯一性、排他性,无法认定被告人有罪。

对证人证言的审查包括对证据能力和证明力的认证,然后决定采信与否。对证人证言的证据能力的审查主要包括审查证人证言的来源是否真实,证人是否有作证能力,证言的取得程序、方式是否合法。对证人证言证明力的审查,主要包括审查证人与案件有无利害关系,证人证言与其他证据之间能否印证、有无矛盾。

根据本案现有证据,可以认定被告人陈亚军与被害人吴光全在案发当晚产生矛盾,陈亚军具有报复吴光全的动机,且陈当时手中持有一根镐把。鉴于只有证人刘京作证称看见陈亚军持镐把殴打吴光全,刘京的证言对陈亚军是否有罪具有重大影响,且陈亚军及其辩护人对刘京的证言有异议,法院依法通知刘京出庭作证,接受交叉询问。由于刘京的证言系其直接感知,刘京作证时具有作证能力,且没有证据表明刘京证言的取得程序违法,故其证言具有证据能力。但是,刘京证言的证明力很弱。主要理由是:(1)刘京与案件有利害关系。(2)刘京的证言与其他证据之间存在矛盾。(3)刘京的证言前后不一致。

本案的唯一直接证据是证人刘京的证言,但证明力很弱,不足采信。除此之外的证据均是间接证据,但这些间接证据无法形成完整的证据链,所得出的结论不具有唯一性、排他性。主要体现在:(1)第一作案现场不能确定。(2)作案工具无法确认。(3)有一些疑点尚未得到合理解释。

综上,虽然可以认定陈亚军与被害人吴光全存在矛盾,陈亚军当晚纠集他人到现场,且其本人持有镐把,不排除具有故意伤害的犯罪动机,但现有证据无法锁定系陈亚军实施了故意伤害吴光全的行为,证据达不到定罪所要求的确实、充分的程度。

——《刑事审判参考》(总第77辑)。

1598 人“货”分离且被告人拒不认罪的，如何运用间接证据定案

关键词 | 证据 | 间接证据 |

【最高人民法院参考案例】

胡元忠运输毒品案(《刑事审判参考》案例第552号)

要旨:人“货”分离案件定案的关键就在于如何审查、认定在案间接证据的证

据能力、证明力及相关的逻辑联系,判断在案证据能否形成证据锁链,达到排除合理怀疑的证明标准。

由于毒品犯罪要求行为人主观上具有明知的故意,相当一部分案件中的犯罪嫌疑人、被告人为逃避罪责而否认明知,拒不认罪。如果案件并非人赃俱获,而是人“货”分离,会给认定案件事实增加难度。在此情况下,定案的关键就在于如何审查、认定在案间接证据的证据能力、证明力及相关的逻辑联系,判断在案证据能否形成证据锁链,达到排除合理怀疑的证明标准。

本案中,被告人胡元忠并不否认其在罗平火车站候车室被检查且逃跑的事实,但拒绝承认与装有毒品的蓝色塑料盒之间的联系,因此,定案的关键在于能否认定公安人员从现场提取的装有毒品的蓝色塑料盒,就是胡元忠逃跑时丢弃的。从证明标准上说,就是在案证据之间能否形成完整锁链,足以排除盒子是其他人的合理怀疑。

——《刑事审判参考》(总第 67 辑)。

1599 对“零口供”案件如何运用间接证据定案

关键词|证据|间接证据|

【最高人民法院参考案例】

陈乃东故意杀人案(《刑事审判参考》案例第 654 号)

要旨:对于“零口供”案件,需要结合被告人的辩解,认真审查在案其他证据是否可以形成完整的证据体系,慎重决定能否定案。

但实践中,也有一些案件的被告人到案后始终不做有罪供述,形成“零口供”案件。对于此类案件,需要结合被告人的辩解,认真审查在案其他证据是否可以形成完整的证据体系,锁定系被告人作案。对于被告人的辩解具有合理性,足以使在案证据体系形成疑点的,要慎重决定能否定案。对于被告人的辩解前后矛盾,不能自圆其说,且其他证据确实、充分的,可以定案。

本案是一起“零口供”案件,被告人陈乃东到案后始终否认系其作案。但是,本案有较好的客观性证据,还有相关证人证言等辅助性证据,形成了完整的证据体系,足以认定被害人李伟、罗红梅系陈乃东故意杀害。

(一)破案经过客观、自然

破案经过是指刑事案件发生后侦查机关寻找、确定并抓获犯罪嫌疑人的过程。侦查机关出具的破案经过属于重要的案卷材料。客观、翔实的破案经过材料有助于审查判断证据,增强内心确信,进而确认案件事实。对于“零口供”案件,认真审查破案经过是否客观、自然，较之于被告人认罪案件，其意义更为突出和重要。

……

（二）指向陈乃东作案的客观性证据确实充分

物证、书证、DNA 鉴定等客观性证据，受主观因素影响较少，具有较高的证明力。对于“零口供”案件，又没有目击证人等直接证据的，客观性证据的指向性越明确，越有利于定案。本案有四个重要的鉴定结论：（1）证明从案发现场提取的血指纹系陈乃东所留的指纹鉴定结论；（2）证明该血指纹系沾附被害人李伟的血迹形成的 DNA 鉴定结论；（3）证明从案发现场提取的两处血迹系陈乃东所留的 DNA 鉴定结论；（4）证明从陈乃东家提取到的棉布条上检出李伟的基因分型且不排除含有罗红梅基因分型的 DNA 鉴定结论。这四个鉴定结论充分证实，陈乃东去过案发现场，手上沾附过李伟的血迹，还在案发现场受伤。……

（三）现场有皮鞋和胶鞋形成的不同血足迹，可以得到合理解释

（四）被告人陈乃东的无罪辩解均不成立

对被告人无罪辩解的审查，是准确认定案件事实的重要方面。被告人的无罪辩解若有合理根据，能对现有证据提出反证，如有证据证实其确无作案时间等，对于查明案件事实会有很大作用。若被告人的无罪辩解不合常理、自相矛盾，或者与其他已查明的客观事实和证据相矛盾，反而可以增强认定其作案的内心确信。

……

综上，被告人陈乃东虽始终作无罪辩解，但认定陈乃东作案的间接证据均已查证属实，且间接证据之间亦能够相互印证，形成完整的证明体系，得出的结论也是唯一的，不存在无法排除的矛盾和无法解释的疑问……

——《刑事审判参考》（总第 77 辑）。

1600 猥亵儿童犯罪案件的证据审查与认定

关键词 | 证据 | 猥亵儿童 |

【最高人民法院参考案例】

林求平猥亵儿童案（《刑事审判参考》案例第 988 号）

要旨：在零口供、零客观证据的强制猥亵案件中，被害幼女的陈述与其他证人证言以及间接客观性证据等能够相互印证的，可以认定犯罪事实。

1. 要认真审查案件的发、破案经过是否自然。案件的发、破案经过，虽然不能作为认定被告人有罪的关键性证据，但是在性侵害未成年人案件缺乏客观性物证的情况下，如果发、破案经过自然、正常、及时，则有助于法官形成内心确信。在猥

亵幼儿案件中，通常是幼儿的亲属报案，此时要特别注意审查双方的关系，是否存在矛盾或者债务关系，以分析判断是否存在诬告、陷害的可能。

2. 要慎重判断被害人陈述的客观真实性。在猥亵幼儿案件中，被害幼儿对于事情经过的陈述是否符合其年龄特点、认知水平和表达能力是判断的核心，哪怕其陈述不尽完整或者多次表述可能在细节方面有所差异，只要被害人所述的基本情况是其有能力认知和表达，并且是经过合法程序收集的，应当认定其陈述具有证据资格和证明力。

3. 要仔细分析供证关系。通常情况下，如果被告人供认犯罪，供证之间在"存在猥亵事实"这一主要事实方面能够相印证，在多次猥亵情况下即使供证之间对猥亵行为实施的时间、地点、次数等具体细节不能一一对应，也不影响对整体犯罪事实的认定。在被告人先供认犯罪后又翻供的情况下，需要重点审查被告人翻供的原因是否合理，否认犯罪的理由是否充分或者有证据支持。如果被告人不能合理说明翻供的原因或者所作无罪辩解与全案证据矛盾，而其有罪供述与其他在案证据能够相互印证，可以采信其有罪供述。

4. 要充分考察间接证据对案件事实的印证作用。在被害人陈述和被告人供述"一对一"，且二者之间存在一定矛盾，或者被告人拒不供认犯罪的情况下，为了查清事实，排除合理怀疑，还应当着重考虑间接证据对案件事实的印证作用。如被告人是否有性侵犯罪前科，案发前后被告人与被害人接触的情况，被告人是否有异常表现，是否存在不能解释的证据疑点或者反证等。以是否存在猥亵行为为中心，通过认真梳理证据之间的印证关系，仔细分析和论证，必要时可以运用合乎规律的推理。如果间接证据对被害人陈述能起到补强作用，足以排除合理怀疑，即使被告人拒不供认，亦不影响对猥亵犯罪事实的认定。

——《刑事审判参考》(总第98辑)。

秦磊强奸、猥亵儿童案(《刑事审判参考》案例第1437号)

要旨：审理零口供案件，更应注重其他证据的审查判断，尤其是对"先天不足"、取证本来就困难的案件更是如此，比如"一对一"的受贿，强奸、奸淫幼女，猥亵妇女儿童等案件。

在无目击证人、无客观性证据指向秦磊作案的情况下，最高人民法院重点审查被害人陈述和证人证言，逐一审查各被害人的陈述及证人证言是否客观真实，是否存在无法排除的矛盾和合理怀疑，在此基础上结合其他证据的审查，综合认定犯罪事实。具体如下：

第一，本案案发正常，侦破过程自然。

第二，七名被害人均指证原审被告人秦磊。

第三，本案不存在诬告原审被告人秦磊的动机和目的。

第四，行唐县人民医院门诊诊断证明柴某某和李某某的处女膜破裂，间接印证被害人关于被性侵害事实的陈述属实。

第五，指认笔录对现场环境的记载能够印证柴某某关于秦磊采用站姿奸淫自己的细节描述。

第六，原审被告人秦磊的无罪供述及辩解与其他相关证据之间存在诸多矛盾和不合常理之处。

综上，最高人民法院认为，虽然原审被告人秦磊始终否认强奸、猥亵儿童的犯罪事实，但多名被害人陈述和证人证言及其他相关证据能够相互印证，认定秦磊犯强奸罪、猥亵儿童罪的犯罪事实，证据确实、充分。

——《刑事审判参考》（总第129辑）。

1601 口供补强规则

关键词 | 证据 | 被告人供述 |

【最高人民法院司法解释】

第一百四十一条 根据被告人的供述、指认提取到了隐蔽性很强的物证、书证，且被告人的供述与其他证明犯罪事实发生的证据相互印证，并排除串供、逼供、诱供等可能性的，可以认定被告人有罪。

——《最高人民法院关于适用〈中华人民共和国刑事诉讼法〉的解释》（2021年3月1日，法释〔2021〕1号）。

【链接：理解与适用】

1. 关于被补强口供的范围问题。这实际上是如何理解本条规定的"被告人供述"的具体含义问题。从逻辑角度而言，只有在依靠被告人供述可以认定被告人有罪的情况下，才有对该口供进行补强的必要。否则，如果被告人供述仅仅是对犯罪事实非主要部分的承认，除非找到能够证明被告人实施犯罪行为的其他证据，否则无法认定被告人有罪。而此种情形下的其他证据实际上可以独立证明被告人的主要犯罪事实，谈不上是对口供的补强，而且，实践中，此种情形下认定被告人有罪没有任何疑义，不属于口供补强规则的适用范围。因此，被补强的口供是指被告人对全部或者主要犯罪事实予以承认的口供。而且，被告人供述本身要求排除串供、逼供、诱供的可能性，否则口供本身系非法证据，也就不存在被补强的价值。

2. 关于补强证据的范围问题。在被告人承认全部或者主要犯罪事实的情况下,原则上口供以外的其他证据都可以用来补强口供,既可以是物证、书证等实物证据,也可以是证人证言等其他言词证据;既可以是直接证据,也可以是间接证据。从本条规定来看,这里被用作补强口供的证据包括物证、书证和其他证据。但是,需要注意对补强证据合法性的审查,非法证据不得被用作补强证据。

3. 关于补强证据的证明程度问题。如前所述,补强证据并无特定的范围限制,但补强证据的证明程度达到何种程度,才能认定被告人有罪,是一个迫切需要解决的问题。对此,主要存在两种观点:第一种观点认为补强证据应当大体上能够独立证明犯罪事实的存在;第二种观点认为补强证据应当与口供一致,必能达到保证有罪供述真实性的程度。① 我们认为,后一种观点更为可取,因为"从补强规则的要求出发,补强证据的运用是为了保证据以定案的口供的真实性,并且在此之前单独的口供就足以认定被告人有罪,要求补强证据单独达到证明案件事实的程度显无必要"。② 因此,补强证据的证明力应当达到确保口供真实性的程度。就本条规定的情形而言,只有补强证据的证明力达到排除口供虚假性的程度,才能认定被告人有罪。具体而言:被告人本人供述实施了犯罪行为,且存在其他证明犯罪事实发生的证据互相印证,实际上是其他证明犯罪事实发生的证据对口供进行了补强,但由于该补强证据尚不能证明被告人是实施犯罪行为的主体,故不能排除口供虚假的可能,尚未达到口供补强规则所要求的程度,不能认定被告人有罪;但是,如果根据被告人的供述、指认提取到了隐蔽性很强的物证、书证,且被告人的供述与其他证明犯罪事实发生的证据相互印证,并排除串供、逼供、诱供等可能性的,③如根据被告人的供述、指认在某偏僻区域的地下挖出了被害人的尸体,则具有较强的证明力,能够印证被告人供述的真实性,建立被告人与犯罪事实之间的关联,补强证据达到了所要求的程度,可以认定被告人有罪。

……

需要注意的是,司法实践中处理具体案件时,即使认为同案其他被告人的供述可以互相补强,但能否认定被告人有罪,还需要适用前述口供补强规则和一般证据规定。特别需要注意的是,由于同案被告人与被告人具有利害冲突关系,应当慎重使用,审慎采信。

——江必新主编:《〈最高人民法院关于适用《中华人民共和国刑事诉讼法》的解释〉理解与适用》,中国法制出版社 2013 年版,第 113—115 页。

---

① 参见龙宗智:《相对合理主义》,中国政法大学出版社 1999 年版,第 459 页。

② 徐美君:《口供补强法则的基础与构成》,载《中国法学》2003 年第 6 期。

③ 关于本条规定,有意见认为未能排除有人事先了解到隐蔽性很强的物证、书证的相关情况,从而替真正的行为人顶罪的情形,如父亲替儿子顶罪等可能存在的情形。我们认为,本条的适用条件之一就是"排除串供、逼供、诱供等可能性",也就自然要审查是否存在供述者事先了解隐蔽性很强的物证、书证的相关情况,从而替人顶罪的情形。因此,本条规定在适用中并不存在问题。

【最高人民法院参考案例】

高佑铭抢劫案(《刑事审判参考》案例第 1261 号)

要旨:根据被告人的供述、指认提取到了隐蔽性很强的物证、书证,且与其他证明犯罪事实发生的证据互相印证,并排除串供、逼供、诱供等可能性的,可以认定有罪。对前述问题,虽然司法解释文件作出了规定,但在具体适用环节仍需要综合、审慎判断,特别是要注意做好口供的补强工作。

本案中,被告人高佑铭始终供认抢劫致人死亡的犯罪事实,此外再无直接证据证明犯罪行为系被告人实施;根据被告人指认提取的部分物证可以将被告人与被害人相关联,但据此认定系被告人作案,则还需要排除其他合理怀疑。因此,如何综合审查判断在案间接证据,从而认定被告人供述的真实可靠性,进而确认犯罪事实,在此情况下能否对被告人适用死刑,系本案以及类似案件的难点。

……

(一)根据被告人的供述、指认提取到了隐蔽性很强的物证

1. 根据被告人高佑铭指认找到其出售被害人李淑珍项链的首饰加工店,赃物去向清楚。……

2. 根据在案证据,亦能够认定被告人高佑铭出售的金项链即为被害人李淑珍生前随身所佩戴的项链。……

(二)在案其他证据能够证明犯罪事实的发生,且能与被告人供述及前述提取的物证相互印证

1. 证人证言、从现场提取的烟蒂证明,当晚被告人高佑铭与被害人李淑珍同在麻将馆打麻将,二人于当日 23 时许一起离开,一同走向案发现场的方向,而李淑珍在当日 23 时 30 分左右即被发现遇害,时间紧凑、空间相连,可以证明高佑铭有作案的时空条件,这也是确定高佑铭具有作案嫌疑、并据此破案的重要线索。……

2. 现场勘验、检查笔录记载,被害人李淑珍在其家单元门前被害,挎包拉链呈开启状,现场血泊中有一黄金吊坠,血泊西侧地面有一带血方砖。经 DNA 鉴定,从方砖上检出李淑珍血迹,证明该方砖系作案工具。与被告人高佑铭供述的持方砖在被害人家单元门前打击被害人头部后抢走被害人挎包内现金及所戴金项链,后发现吊坠不见的情况印证。

3. 尸体鉴定意见证明,李淑珍系钝器打击头部致颅脑损伤死亡,系他杀。所证明的被害人的死因和伤情、致伤工具分析,与被告人高佑铭供述的持砖头打击被害人头部的情况印证。

(三)被告人高佑铭始终稳定供述抢劫致被害人死亡的犯罪事实,所供能够与在案证据相印证,并且能够排除串供、逼供、诱供等可能

被告人高佑铭自归案后第一次讯问到第一、二审庭审直至死刑复核提讯中，始终稳定供认抢劫的犯罪事实，侦查期间供述均有同步录音录像印证讯问程序的合法性。高佑铭被抓获后即供认"我用砖头打了老太太后脑两下，先把项链拽走了，然后翻包，拿走200多元钱"，供述非常及时，且是在很自然的状态下交代，并在现场方位图上指认当晚与被害人的行进路线、捡方砖地点、打击被害人地点等，能够排除刑讯逼供的可能，且高佑铭供述稳定，至复核提讯仍供认犯罪。高佑铭归案后即带领公安人员指认其捡方砖地点和作案地点，在其指认的50街区×栋北侧路口捡方砖地点可见有多块方砖；其指认的抢劫地点与李淑珍被害地点一致。指认过程有全程录音录像。

(四)虽然被害人李淑珍是在其家楼下被害，系开放性场所，但根据在案证据，可以确认系高佑铭作案，并能排除其他合理怀疑

……

——《刑事审判参考》(总第114辑)。

1602 特殊言词证据的采信规则

关键词｜证据｜证人证言｜被告人供述｜被害人陈述｜

【最高人民法院司法解释】

第一百四十三条　下列证据应当慎重使用，有其他证据印证的，可以采信：

(一)生理上、精神上有缺陷，对案件事实的认知和表达存在一定困难，但尚未丧失正确认知、表达能力的被害人、证人和被告人所作的陈述、证言和供述；

(二)与被告人有亲属关系或者其他密切关系的证人所作的有利于被告人的证言，或者与被告人有利害冲突的证人所作的不利于被告人的证言。

——《最高人民法院关于适用〈中华人民共和国刑事诉讼法〉的解释》(2021年3月1日，法释〔2021〕1号)。

1603 法定责任年龄证据的审查与认定

关键词｜证据｜法定责任年龄｜

【最高人民法院司法解释】

第一百四十六条　审查被告人实施被指控的犯罪时或者审判时是否达到相应

法定责任年龄，应当根据户籍证明、出生证明文件、学籍卡、人口普查登记、无利害关系人的证言等证据综合判断。

证明被告人已满十二周岁、十四周岁、十六周岁、十八周岁或者不满七十五周岁的证据不足的，应当作出有利于被告人的认定。

——《最高人民法院关于适用〈中华人民共和国刑事诉讼法〉的解释》（2021年3月1日，法释〔2021〕1号）。

【最高人民法院公报案例】

上海市长宁区人民检察院诉韩某某盗窃案（一审法院：上海市长宁区人民法院）

要旨：刑事案件被告人年龄认定尤其是临界年龄认定发生争议，穷尽证据调查和证明手段仍无法查明，或者查实的证据有瑕疵、相互矛盾或者证明力较低的，一般采用以下规则处理：一是户籍优先原则。《出生医学证明》是户口登记机关登记出生的重要依据，公安机关作出确认当事人身份关系包括年龄的具体行政行为具有法律效力。在调取的户籍资料与其他书证如学籍资料记载的入学日期、与其他证人证言等存在相互矛盾时，以认定户籍登记资料为原则，对户籍登记资料不予采信为例外。二是书证优先原则。有关部门存档的书证，尤其是在案发前形成的书证客观性较强，其证明的内容与证人证言存在相互矛盾时，以书证认定优于证人证言为原则，对书证不予采信为例外。三是参考鉴定原则。司法骨龄鉴定意见对判断被鉴定人年龄有科学参考价值。如果骨龄鉴定意见不能准确确定被告人实施犯罪行为时的实际年龄，存在一定的跨龄鉴定幅度，该鉴定意见不能单独作为认定年龄的证据加以适用，应当结合其他证据且必须是有效证据慎重判断才能作出综合认定。不能排除证据之间的矛盾，无充分证据证明被告人实施被指控犯罪时已满十八周岁且确实无法查明的，应按有利于被告人的原则，推定其不满十八周岁。

由于韩某某的父母违规超生，违规办理出生证明手续，违规办理户籍登记手续，致使留存在国家机关或机构内的与韩某某出生日期有关的档案资料存在一定瑕疵，与有的证人证言所反映的内容互相矛盾，使得形成于案发前的档案资料应当成为具有客观证明效力的证据难以认定。韩某某父母的行为已经严重扰乱了国家机关正常工作秩序，严重影响了司法机关正常办案，也严重损害了被告人韩某某的合法权益，应当对此承担相应的法律责任。

鉴于通过法庭调查确实无法查明被告人韩某某真实的出生日期，为了避免将未成年人犯罪当作成年人犯罪处理，保护被告人的合法权利，法院根据掌握的韩某某陈述与部分证人证言相互印证、与学籍资料中的初中入学日期以及司法骨龄鉴定中存在的未成年人年龄段的鉴定意见没有矛盾等现有证据材料，依法推定被告人韩某某实施被指控的犯罪时已满十六周岁不满十八周岁，系未成年人。

——《最高人民法院公报》2018 年第 1 期。

【最高人民法院参考案例】

阿卜杜苏布尔·图尔迪巴柯等故意杀人、抢劫、故意伤害、故意毁坏财物案(《刑事审判参考》案例第 1221 号)

要旨:犯罪时的年龄是判定对被告人能否适用死刑的关键之一,必须要有“确实、充分”的证据证明。

根据该规定,综合被告人喀尤木·艾则孜年龄方面的证据,有关书证证明喀尤木·艾则孜的出生时间不尽一致(1992 年 3 月 14 日、1994 年 7 月),本人供述称出生于 1994 年 3 月 14 日,一名证人证明其子和被告人同龄,出生于 1995 年,喀尤木·艾则孜之父称喀尤木·艾则孜犯罪时十七岁等,案件中出现证明喀尤木·艾则孜年龄的多个证据,但认定其犯罪时已满十八周岁的证据,达不到“排除合理怀疑”的程度,这意味着证明被告人年龄的证据存疑,应本着有利于被告人的原则,参照被告人供述及家庭文化档案记载的年龄,就低认定喀尤木·艾则孜出生于 1994 年。故最高人民法院复核裁定认为,被告人喀尤木·艾则孜在故意杀人共同犯罪中系主犯,论罪应当严惩。但认定喀尤木·艾则孜犯罪时已满十八周岁的证据不足,应认定其犯罪时不满十八周岁,对其不适用死刑,遂以故意杀人罪、抢劫罪、故意毁坏财物罪并罚改判其无期徒刑,剥夺政治权利终身,并处罚金人民币四千元。

——《刑事审判参考》(总第 112 辑)。

1604 信息网络犯罪案件证据的审查与认定

关键词｜证据｜信息网络犯罪｜

【最高人民法院司法文件】

20. 办理信息网络犯罪案件,对于数量特别众多且具有同类性质、特征或者功能的物证、书证、证人证言、被害人陈述、视听资料、电子数据等证据材料,确因客观条件限制无法逐一收集的,应当按照一定比例或者数量选取证据,并对选取情况作出说明和论证。

人民检察院、人民法院应当重点审查取证方法、过程是否科学。经审查认为取证不科学的,应当由原取证机关作出补充说明或者重新取证。

人民检察院、人民法院应当结合其他证据材料,以及犯罪嫌疑人、被告人及其辩护人所提辩解、辩护意见,审查认定取得的证据。经审查,对相关事实不能排除合理怀疑的,应当作出有利于犯罪嫌疑人、被告人的认定。

21. 对于涉案人数特别众多的信息网络犯罪案件，确因客观条件限制无法收集证据逐一证明、逐人核实涉案账户的资金来源，但根据银行账户、非银行支付账户等交易记录和其他证据材料，足以认定有关账户主要用于接收、流转涉案资金的，可以按照该账户接收的资金数额认定犯罪数额，但犯罪嫌疑人、被告人能够作出合理说明的除外。案外人提出异议的，应当依法审查。

——《最高人民法院、最高人民检察院、公安部关于办理信息网络犯罪案件适用刑事诉讼程序若干问题的意见》(2022 年 9 月 1 日，法发〔2022〕23 号)。

六、证据的收集和审查判断

(一)办理电信网络诈骗案件，确因被害人人数众多等客观条件的限制，无法逐一收集被害人陈述的，可以结合已收集的被害人陈述，以及经查证属实的银行账户交易记录、第三方支付结算账户交易记录、通话记录、电子数据等证据，综合认定被害人人数及诈骗资金数额等犯罪事实。

(二)公安机关采取技术侦查措施收集的案件证明材料，作为证据使用的，应当随案移送批准采取技术侦查措施的法律文书和所收集的证据材料，并对其来源等作出书面说明。

(三)依照国际条约、刑事司法协助、互助协议或平等互助原则，请求证据材料所在地司法机关收集，或通过国际警务合作机制、国际刑警组织启动合作取证程序收集的境外证据材料，经查证属实，可以作为定案的依据。公安机关应对其来源、提取人、提取时间或者提供人、提供时间以及保管移交的过程等作出说明。

对其他来自境外的证据材料，应当对其来源、提供人、提供时间以及提取人、提取时间进行审查。能够证明案件事实且符合刑事诉讼法规定的，可以作为证据使用。

——《最高人民法院、最高人民检察院、公安部关于办理电信网络诈骗等刑事案件适用法律若干问题的意见》(2016 年 12 月 19 日，法发〔2016〕32 号)。

五、强制措施

1605 取保候审的适用对象和条件的认定

关键词｜取保候审｜严重疾病｜生活不能自理｜

【最高人民法院司法文件】

第三条　对于采取取保候审足以防止发生社会危险性的犯罪嫌疑人,应当依法适用取保候审。

决定取保候审的,不得中断对案件的侦查、起诉和审理。严禁以取保候审变相放纵犯罪。

第三十六条　对于刑事诉讼法第六十七条第一款第三项规定的"严重疾病"和"生活不能自理",分别参照最高人民法院、最高人民检察院、公安部、司法部、国家卫生计生委印发的《暂予监外执行规定》所附《保外就医严重疾病范围》和《最高人民法院关于印发〈罪犯生活不能自理鉴别标准〉的通知》所附《罪犯生活不能自理鉴别标准》执行。

——《最高人民法院、最高人民检察院、公安部、国家安全部关于取保候审若干问题的规定》(2022 年 9 月 5 日,公通字〔2022〕25 号)。

1606 刑事诉讼法第七十一条中"特定的场所""特定的人员""特定的活动"的范围

关键词｜取保候审｜特定的场所｜特定的人员｜特定的活动｜

【最高人民法院司法文件】

第七条　决定取保候审时,可以根据案件情况责令被取保候审人不得进入下列"特定的场所":

(一)可能导致其再次实施犯罪的场所;

(二)可能导致其实施妨害社会秩序、干扰他人正常活动行为的场所;

(三)与其所涉嫌犯罪活动有关联的场所;

（四）可能导致其实施毁灭证据、干扰证人作证等妨害诉讼活动的场所；

（五）其他可能妨害取保候审执行的特定场所。

第八条 决定取保候审时，可以根据案件情况责令被取保候审人不得与下列"特定的人员"会见或者通信：

（一）证人、鉴定人、被害人及其法定代理人和近亲属；

（二）同案违法行为人、犯罪嫌疑人、被告人以及与案件有关联的其他人员；

（三）可能遭受被取保候审人侵害、滋扰的人员；

（四）可能实施妨害取保候审执行、影响诉讼活动的人员。

前款中的"通信"包括以信件、短信、电子邮件、通话，通过网络平台或者网络应用服务交流信息等各种方式直接或者间接通信。

第九条 决定取保候审时，可以根据案件情况责令被取保候审人不得从事下列"特定的活动"：

（一）可能导致其再次实施犯罪的活动；

（二）可能对国家安全、公共安全、社会秩序造成不良影响的活动；

（三）与所涉嫌犯罪相关联的活动；

（四）可能妨害诉讼的活动；

（五）其他可能妨害取保候审执行的特定活动。

——《最高人民法院、最高人民检察院、公安部、国家安全部关于取保候审若干问题的规定》（2022 年 9 月 5 日，公通字〔2022〕25 号）。

1607 被取保候审人可以在其暂住地执行取保候审的条件

关键词 | 取保候审 | 暂住地 |

【最高人民法院司法文件】

第十六条 居住地包括户籍所在地、经常居住地。经常居住地是指被取保候审人离开户籍所在地最后连续居住一年以上的地方。

取保候审一般应当在户籍所在地执行，但已形成经常居住地的，可以在经常居住地执行。

被取保候审人具有下列情形之一的，也可以在其暂住地执行取保候审：

（一）被取保候审人离开户籍所在地一年以上且无经常居住地，但在暂住地有固定住处的；

（二）被取保候审人系外国人、无国籍人，香港特别行政区、澳门特别行政区、台湾地区居民的；

(三)被取保候审人户籍所在地无法查清且无经常居住地的。

——《最高人民法院、最高人民检察院、公安部、国家安全部关于取保候审若干问题的规定》(2022 年 9 月 5 日,公通字〔2022〕25 号)。

1608 继续取保候审、监视居住的决定规则

关键词｜强制措施｜取保候审｜监视居住｜

【最高人民法院司法解释】

第一百四十七条　人民法院根据案件情况,可以决定对被告人拘传、取保候审、监视居住或者逮捕。

对被告人采取、撤销或者变更强制措施的,由院长决定;决定继续取保候审、监视居住的,可以由合议庭或者独任审判员决定。

——《最高人民法院关于适用〈中华人民共和国刑事诉讼法〉的解释》(2021 年 3 月 1 日,法释〔2021〕1 号)。

【链接:理解与适用】

《2012 年解释》第一百一十三条第二款规定:“对被告人采取、撤销或者变更强制措施的,由院长决定。”征求意见过程中,有意见建议将“由院长决定”修改为“由院长、庭长或承办案件的审判员决定”,理由是:被告人在取保候审或监视居住的情况下,经常存在案件不能正常审结、一审与二审相互转换、宣判缓刑、判处无罪等情形,上述程序皆有法律规定,可以根据具体情况决定,只规定由院长决定显然已不适应当前司法体制改革的要求。经研究,《解释》第一百四十七条部分采纳上述意见,规定:“人民法院根据案件情况,可以决定对被告人拘传、取保候审、监视居住或者逮捕。”“对被告人采取、撤销或者变更强制措施的,由院长决定;决定继续取保候审、监视居住的,可以由合议庭或者独任审判员决定。”主要考虑:(1)强制措施的变更涉及对被告人人身自由的限制或者剥夺,应当十分慎重。刑事诉讼法第八十九条规定:“人民检察院审查批准逮捕犯罪嫌疑人由检察长决定。重大案件应当提交检察委员会讨论决定。”与之对应,法院阶段变更强制措施,一般也应当由院长决定为宜。但是,在审判阶段延续此前所采取的强制措施的,可以由合议庭或者独任审判员决定。(2)据进一步向人民检察院了解情况,不少地方检察机关对于延续侦查阶段的取保候审、监视居住的,也不需要报请检察长批准。

——《起草小组解读:〈刑事诉讼法解释〉理解与适用(上)》,载中国法院网 2021 年 2 月 4 日,https://www.chinacourt.org/article/detail/2021/02/id/5796152.shtml。

1609 继续取保候审、监视居住的期限

关键词｜强制措施｜取保候审｜监视居住｜

【最高人民法院司法解释】

第一百六十二条 人民检察院、公安机关已经对犯罪嫌疑人取保候审、监视居住，案件起诉至人民法院后，需要继续取保候审、监视居住或者变更强制措施的，人民法院应当在七日以内作出决定，并通知人民检察院、公安机关。

决定继续取保候审、监视居住的，应当重新办理手续，期限重新计算；继续使用保证金保证的，不再收取保证金。

——《最高人民法院关于适用〈中华人民共和国刑事诉讼法〉的解释》（2021年3月1日，法释〔2021〕1号）。

【链接：理解与适用】

《2012年解释》第一百二十七条第三款规定："人民法院不得对被告人重复采取取保候审、监视居住措施。"司法实践反映上述规定存在歧义。例如，一审法院对于取保候审的被告人决定逮捕，逮捕后因患病等原因不能羁押的，仍然只能取保候审，此种情况是否属于"重复取保候审"有不同认识。鉴于此，删去该款规定。

在不同审判程序中，是否可以对被告人各采取不超过十二个月的取保候审、不超过六个月的监视居住措施，存在不同认识。例如，一审已经取保候审十二个月，二审可否再次取保候审。考虑到实际情况，《解释》第一百六十二条第三款原本拟规定："在同一个审判程序中，人民法院对被告人取保候审最长不得超过十二个月，监视居住最长不得超过六个月。"征求意见过程中，存在不同认识。有意见提出，刑事诉讼法第七十九条第一款规定，人民法院对犯罪嫌疑人、被告人取保候审最长不得超过十二个月，监视居住最长不得超过六个月。法律没有规定在不同的审判程序中取保候审、监视居住的期限可以分别计算。经研究认为，分阶段把握取保候审、监视居住的期限更符合实际。上述意见可能会导致对符合取保候审、监视居住适用条件的被告人，由于期限的限制，不得已变更为羁押性强制措施的情形，反而不利于被告人，不符合降低羁押性强制措施适用的基本趋势。但鉴于对有关问题的认识尚未统一，《解释》未作明确规定。待条件成熟时，再通过适当方式作出明确。

此外，征求意见过程中，有意见建议增加规定："第二审人民法院审理期间，一审法院对被告人已经采取的取保候审、监视居住尚未到期的，继续有效，二审法院应当及时通知执行机关变更办案单位；已经到期需要继续采取取保候审、监视居住

强制措施的,可以委托一审法院代为办理相关手续。”理由是:(1)参照在押被告人不同阶段仅需办理换押手续,而无须另行决定逮捕的做法,有利于提高诉讼效率;(2)一审法院已经办理过相关强制措施,且负责判决的交付执行,委托一审法院办理相关手续,有利于统一协调,减少不必要的诉讼耗费。经研究认为,上述意见认为二审法院应当与一审法院共用取保候审、监视居住的期限,又认为二审法院在借用一审法院的取保候审、监视居住的期限到期后,可以重复决定取保候审、监视居住,明显违背刑事诉讼法和《解释》的相关规定,故未予采纳。相关问题可以交由司法实践裁量把握。但需要指出的是,如果二审法院未重新办理取保候审、监视居住手续,则二审阶段的取保候审、监视居住期限只能是一审阶段取保候审、监视居住的剩余时间。

——《起草小组解读:〈刑事诉讼法解释〉理解与适用(上)》,载中国法院网 2021 年 2 月 4 日,https://www.chinacourt.org/article/detail/2021/02/id/5796152.shtml。

1610 对涉嫌犯危险驾驶罪的犯罪嫌疑人、被告人能否直接采取逮捕强制措施

关键词|强制措施|逮捕|危险驾驶罪|

【最高人民法院参考案例】

孟令悟危险驾驶案(《刑事审判参考》案例第 905 号)

要旨:对于涉嫌犯危险驾驶罪的犯罪嫌疑人、被告人不能直接采取逮捕强制措施,除非在取保候审、监视居住期间严重违反相关规定。

采取逮捕强制措施必须同时具备“有证据证明有犯罪事实”“可能判处徒刑以上刑罚”“采取取保候审尚不足以防止发生社会危险性”这三个条件,缺一不可。而根据刑法第一百三十三条之一的规定,危险驾驶罪的最高法定刑是拘役,是刑法中唯一不包含有期徒刑以上刑罚的罪名,也就成为唯一不能对犯罪嫌疑人、被告人直接采取逮捕强制措施的罪名。

……

对涉嫌犯危险驾驶罪的犯罪嫌疑人、被告人违反取保候审、监视居住规定,情节严重的,均可予以逮捕。值得注意的是,对涉嫌犯危险驾驶罪的犯罪嫌疑人、被告人原则上不能采取监视居住,但是对被取保候审者既不能提出保证人,也不交纳保证金的,可以采取监视居住。因此,在危险驾驶案件中也可能存在犯罪嫌疑人、被告人违反监视居住规定的情况。

——《刑事审判参考》(总第 94 辑)。

1611 走私犯罪案件中犯罪嫌疑人的逮捕条件

关键词｜强制措施｜走私犯罪｜逮捕｜

【最高人民法院司法文件】

四、关于走私犯罪嫌疑人的逮捕条件

对走私犯罪嫌疑人提请逮捕和审查批准逮捕,应当依照刑事诉讼法第六十条规定的逮捕条件来办理。一般按照下列标准掌握:

(一)有证据证明有走私犯罪事实

1. 有证据证明发生了走私犯罪事实

有证据证明发生了走私犯罪事实,须同时满足下列两项条件:

(1)有证据证明发生了违反国家法律、法规,逃避海关监管的行为;

(2)查扣的或者有证据证明的走私货物、物品的数量、价值或者偷逃税额达到刑法及相关司法解释规定的起刑点。

2. 有证据证明走私犯罪事实系犯罪嫌疑人实施的

有下列情形之一,可认为走私犯罪事实系犯罪嫌疑人实施的:

(1)现场查获犯罪嫌疑人实施走私犯罪的;

(2)视听资料显示犯罪嫌疑人实施走私犯罪的;

(3)犯罪嫌疑人供认的;

(4)有证人证言指证的;

(5)有同案的犯罪嫌疑人供述的;

(6)其他证据能够证明犯罪嫌疑人实施走私犯罪的。

3. 证明犯罪嫌疑人实施走私犯罪行为的证据已经查证属实的

符合下列证据规格要求之一,属于证明犯罪嫌疑人实施走私犯罪行为的证据已经查证属实的:

(1)现场查获犯罪嫌疑人实施犯罪,有现场勘查笔录、留置盘问记录、海关扣留查问笔录或者海关查验(检查)记录等证据证实的;

(2)犯罪嫌疑人的供述有其他证据能够印证的;

(3)证人证言能够相互印证的;

(4)证人证言或者同案犯供述能够与其他证据相互印证的;

(5)证明犯罪嫌疑人实施走私犯罪的其他证据已经查证属实的。

(二)可能判处有期徒刑以上的刑罚

是指根据刑法第一百五十一条、第一百五十二条、第一百五十三条、第三百四十七条、第三百五十条等规定和《最高人民法院关于审理走私刑事案件具体应用法律若干问题的解释》等有关司法解释的规定,结合已查明的走私犯罪事实,对走私犯罪嫌疑人可能判处有期徒刑以上的刑罚。

(三)采取取保候审、监视居住等方法,尚不足以防止发生社会危险性而有逮捕必要的

主要是指:走私犯罪嫌疑人可能逃跑、自杀、串供、干扰证人作证以及伪造、毁灭证据等妨碍刑事诉讼活动的正常进行的,或者存在行凶报复、继续作案可能的。

——《最高人民法院、最高人民检察院、海关总署办理走私刑事案件适用法律若干问题的意见》(2002 年 7 月 8 日,法〔2002〕139 号)。

1612 强制措施的自动解除

关键词|强制措施|自动解除|

【最高人民法院司法解释】

第一百七十二条 被采取强制措施的被告人,被判处管制、缓刑的,在社区矫正开始后,强制措施自动解除;被单处附加刑的,在判决、裁定发生法律效力后,强制措施自动解除;被判处监禁刑的,在刑罚开始执行后,强制措施自动解除。

——《最高人民法院关于适用〈中华人民共和国刑事诉讼法〉的解释》(2021 年 3 月 1 日,法释〔2021〕1 号)。

【链接:理解与适用】

鉴于对于交付执行刑罚的罪犯,此前采取强制措施的,法院不会出具解除强制措施文书,《解释》第一百七十二条设立强制措施的自动解除制度……

需要注意的是,本条规定的“社区矫正开始”“刑罚开始执行”,是指已经实际开始执行刑罚或者缓刑,而非送交执行手续。主要考虑:被采取强制措施的被告人在实际执行刑罚前,强制措施不当然解除。实践中,有观点认为,强制措施均为判决生效前的措施,其逻辑是判决一旦生效就进入了执行程序,对罪犯监禁、监外执行或者社区矫正,不存在判决生效后还要采取强制措施的问题。这一观点不符合实际情况,有部分被判处监禁刑的被告人,由于看守所拒收或者由于等待监外执行鉴定等原因,即使判决已经生效,实际上却未能被收监执行,一方面监禁刑尚未实际执行,另一方面没有其他监管措施,势必造成监管漏洞,可能存在被判刑未实际执行又犯新罪的情况,对于审判人员也存在渎职风险,故在监禁刑判决尚未实际执行前,对被告人仍然存在监管的必要。而且,强制措施是为了保证刑事诉讼而非仅是刑事审判的顺利进行而设置的措施,刑罚执行也是刑事诉讼的一个重要环节。因此,应当明确强制措施的自动解除从交付执行刑罚

而非判决、裁定生效之日起。

——《起草小组解读:〈刑事诉讼法解释〉理解与适用(上)》,载中国法院网 2021 年 2 月 4 日,https://www.chinacourt.org/article/detail/2021/02/id/5796152.shtml。

【最高人民法院司法文件】

第二十四条 取保候审期限届满,决定机关应当作出解除取保候审或者变更强制措施的决定,并送交执行机关。决定机关未解除取保候审或者未对被取保候审人采取其他刑事强制措施的,被取保候审人及其法定代理人、近亲属或者辩护人有权要求决定机关解除取保候审。

对于发现不应当追究被取保候审人刑事责任并作出撤销案件或者终止侦查决定的,决定机关应当及时作出解除取保候审决定,并送交执行机关。

有下列情形之一的,取保候审自动解除,不再办理解除手续,决定机关应当及时通知执行机关:

(一)取保候审依法变更为监视居住、拘留、逮捕,变更后的强制措施已经开始执行的;

(二)人民检察院作出不起诉决定的;

(三)人民法院作出的无罪、免予刑事处罚或者不负刑事责任的判决、裁定已经发生法律效力的;

(四)被判处管制或者适用缓刑,社区矫正已经开始执行的;

(五)被单处附加刑,判决、裁定已经发生法律效力的;

(六)被判处监禁刑,刑罚已经开始执行的。

执行机关收到决定机关上述决定书或者通知后,应当立即执行,并将执行情况及时通知决定机关。

第二十六条 在侦查或者审查起诉阶段已经采取取保候审的,案件移送至审查起诉或者审判阶段时,需要继续取保候审、变更保证方式或者变更强制措施的,受案机关应当在七日内作出决定,并通知移送案件的机关和执行机关。

受案机关作出取保候审决定并执行后,原取保候审措施自动解除,不再办理解除手续。对继续采取保证金保证的,原则上不变更保证金数额,不再重新收取保证金。受案机关变更的强制措施开始执行后,应当及时通知移送案件的机关和执行机关,原取保候审决定自动解除,不再办理解除手续,执行机关应当依法退还保证金。

取保候审期限即将届满,受案机关仍未作出继续取保候审或者变更强制措施决定的,移送案件的机关应当在期限届满十五日前书面通知受案机关。受案机关应当在取保候审期限届满前作出决定,并通知移送案件的机关和执行机关。

——《最高人民法院、最高人民检察院、公安部、国家安全部关于取保候审若干问题的规定》(2022 年 9 月 5 日,公通字〔2022〕25 号)。

1613 杜绝超期羁押

关键词 | 强制措施 | 超期羁押 |

【最高人民法院司法文件】

二、严格适用刑事诉讼法关于犯罪嫌疑人、被告人羁押期限的规定,严禁随意延长羁押期限。犯罪嫌疑人、被告人被羁押的,人民法院、人民检察院和公安机关在刑事诉讼的不同阶段,要及时办理换押手续。在侦查阶段,要严格遵守拘留、逮捕后的羁押期限的规定;犯罪嫌疑人被逮捕以后,需要延长羁押期限的,应当符合刑事诉讼法第一百二十四条、第一百二十六条或者第一百二十七条①规定的情形,并应当经过上一级人民检察院或者省、自治区、直辖市人民检察院的批准或者决定。在审查逮捕阶段和审查起诉阶段,人民检察院应当在法定期限内作出决定。在审判阶段,人民法院要严格遵守刑事诉讼法关于审理期限的规定;需要延长一个月审理期限的,应当属于刑事诉讼法第一百二十六条②规定的情形之一,而且应当经过省、自治区、直辖市高级人民法院批准或者决定。

凡不符合刑事诉讼法关于重新计算犯罪嫌疑人、被告人羁押期限规定的,不得重新计算羁押期限。严禁滥用退回补充侦查、撤回起诉、改变管辖等方式变相超期羁押犯罪嫌疑人、被告人。

三、准确适用刑事诉讼法关于取保候审、监视居住的规定。人民法院、人民检察院和公安机关在对犯罪嫌疑人、被告人采取强制措施时,凡符合取保候审、监视居住条件的,应当依法采取取保候审、监视居住。对已被羁押的犯罪嫌疑人、被告人,在其法定羁押期限已满时必须立即释放,如侦查、起诉、审判活动尚未完成,需要继续查证、审理的,要依法变更强制措施为取保候审或者监视居住,充分发挥取保候审、监视居住这两项强制措施的作用,做到追究犯罪与保障犯罪嫌疑人、被告人合法权益的统一。

四、坚持依法办案,正确适用法律,有罪依法追究,无罪坚决放人,人民法院、人民检察院和公安机关在刑事诉讼过程中,要分工负责,互相配合,互相制约,依法进行,避免超期羁押现象的发生。在侦查、起诉、审判等各个诉讼阶段,凡发现犯罪嫌

---

① 2018 年修正的刑事诉讼法第一百五十六条、第一百五十八条或者第一百五十九条。

② 2018 年修正的刑事诉讼法第一百五十八条。

疑人,被告人不应或者不需要追究刑事责任的,应当依法撤销案件,或者不起诉,或者终止审理,或者宣告无罪。公安机关、人民检察院要严格执行刑事诉讼法关于拘留、逮捕条件的规定,不符合条件的坚决不拘、不提请批准逮捕或者决定不批准逮捕。人民检察院对于经过两次补充侦查或者在审判阶段建议补充侦查并经人民法院决定延期审理的案件,不再退回公安机关;对于经过两次补充侦查,仍然证据不足、不符合起诉条件的案件,要依法作出不起诉的决定。公安机关要依法加强对看守所的管理,及时向办案机关通报超期羁押情况。人民法院对于人民检察院提起公诉的案件,经过审理,认为证据不足,不能认定被告人有罪的,要依法作出证据不足、指控的犯罪不能成立的无罪判决。第二审人民法院经过审理,对于事实不清或者证据不足的案件,只能一次裁定撤销原判、发回原审人民法院重新审判;对于经过查证,只有部分犯罪事实清楚、证据充分的案件,只就该部分罪行进行认定和宣判;对于查证以后,仍然事实不清或者证据不足的案件,要依法作出证据不足、指控的犯罪不能成立的无罪判决,不得拖延不决,迟迟不判。

——《最高人民法院、最高人民检察院、公安部关于严格执行刑事诉讼法,切实纠防超期羁押的通知》(2003 年 11 月 12 日,法〔2003〕163 号)。

一、全面实行以审限管理为中心的案件流程管理制度,建立超期羁押预警机制,切实防止超期羁押。各级人民法院在审理案件过程中,应当严格遵守刑事诉讼法关于审理期限的规定,进一步实行以审限管理为中心的案件流程管理制度,建立超期羁押预警机制。对被羁押的被告人,及时办理换押手续。对审理时间达到法定审限三分之二的案件,以“催办通知”的方式,向承办案件审判庭和承办案件法官催办;对审理时间接近法定审限的案件,以“审限警示”的方式,向承办案件审判庭和承办案件法官发送“审限警示”。

二、实行严格依法适用取保候审、监视居住等法律措施的制度。各级人民法院必须实行严格适用刑事诉讼法关于取保候审、监视居住规定的制度。对被告人符合取保候审、监视居住条件的,应当依法采取取保候审、监视居住。对过失犯罪等社会危险性较小且符合法定条件的被告人,应当依法适用取保候审、监视居住等法律措施。对已被羁押超过法定羁押期限的被告人,应当依法予以释放;如果被告人被羁押的案件不能在法定期限内审结,需要继续审理的,应当依法变更强制措施。

三、建立及时通报制度,告知法院羁押期限。根据法定事由,例如依法延期审理、中止审理、进行司法精神病鉴定等,人民法院依法办理法律手续延长审限的案件,不计入审限。人民法院应当及时将上述不计入审限的情况书面通知看守所、被告人及其家属,并说明审限延长的理由。对于人民检察院因抗诉等原因阅卷的案件,根据《最高人民法院关于严格执行案件审理期限制度的若干规定》(法释

〔2000〕29号），其占用的时间不计入审限，人民法院应当及时将情况书面通知看守所、被告人及其家属，并说明理由。

四、完善依法独立审判制度，规范以至逐步取消内部请示的做法。人民法院审理刑事案件，应当依照刑事诉讼法的规定独立审判，坚持两审终审制。除了适用法律疑难案件以外，不得向上级人民法院请示。要规范以至逐步取消内部请示的做法。

五、建立严格的案件发回重审制度。按照刑事诉讼法以及《最高人民法院、最高人民检察院、公安部关于严格执行刑事诉讼法，切实纠防超期羁押通知》的规定，第二审人民法院经过审理，对于原判决事实不清楚或者证据不足的案件，只能裁定撤销原判，发回原审人民法院重新审判一次，严格禁止多次发回重审。

六、坚持依法办案，有罪依法追究，无罪坚决放人。人民法院审理刑事案件，依法惩罚犯罪、保障人权，有罪依法追究，无罪坚决放人。经过审理，对于案件事实清楚，证据确实、充分，依据法律认定被告人有罪的，应当作出有罪判决；对于经过审理，只有部分犯罪事实清楚、证据确实、充分的案件，只就该部分事实和证据进行认定和判决；对于审理后，仍然证据不足，在法律规定的审限内无法收集充分的证据，不能认定被告人有罪的案件，应当坚决依法作出证据不足、指控的犯罪不能成立的无罪判决，绝不能搞悬案、疑案，拖延不决，迟迟不判。

七、完善及时宣判制度。人民法院依法作出判决后，应当按照法律规定及时公开宣判并送达执行通知书，不得为了营造声势而延期宣判和执行。

八、建立高效率的送达、移送卷宗制度。依照刑事诉讼法规定，法定期间不包括路途上的时间。人民法院在审判过程中，因送达裁判文书以及第一审案件审结后进入第二审程序，或者第二审案件审结后进入死刑复核程序等移送卷宗的案件，路途上的时间不计入审限。人民法院应当积极采取各种措施，努力改进送达、移送案卷等工作，尽量缩短占用的时间，使其更加制度化、规范化，不得无故拖延。

九、坚持超期羁押案件月报制度，做到月清月结。人民法院应当坚持超期羁押案件月报制度，每月定期向上级人民法院书面报告；最高人民法院每月定期向全国法院发布《全国法院超期羁押案件情况月报》。积极采取措施，努力做到超期羁押案件月清月结。

十、严格执行超期羁押责任追究制度。凡故意违反刑事诉讼法和《最高人民法院、最高人民检察院、公安部关于严格执行刑事诉讼法，切实纠防超期羁押通知》的规定，造成被告人超期羁押的，对于直接负责的主管人员和其他责任人员，由其所在单位或者上级主管机关依照有关规定予以行政处分或者纪律处分，构成犯罪的，依法追究刑事责任。

——《最高人民法院关于推行十项制度切实防止产生新的超期羁押的通知》（2003年11月30日，法发〔2003〕22号）。

1614 对被采取刑事强制措施的机关事业单位工作人员，实行向所在单位告知的制度

关键词｜强制措施｜机关事业单位｜告知｜

【最高人民法院司法文件】

二、告知情形及例外规定

2. 办案机关对涉嫌犯罪的机关事业单位工作人员采取取保候审、监视居住、刑事拘留或者逮捕等刑事强制措施的，应当在采取刑事强制措施后五日以内告知其所在单位。

办案机关对被采取刑事强制措施的机关事业单位工作人员，予以释放、解除取保候审、监视居住的，应当在解除刑事强制措施后五日以内告知其所在单位；变更刑事强制措施的，不再另行告知。

3. 办案机关决定撤销案件或者对犯罪嫌疑人终止侦查的，应当在作出撤销案件或者终止侦查决定后十日以内，告知机关事业单位工作人员所在单位。

人民检察院决定不起诉的，应当在作出不起诉决定后十日以内，告知机关事业单位工作人员所在单位。

人民法院作出有罪、无罪或者终止审理判决、裁定的，应当在判决、裁定生效后十五日以内，告知机关事业单位工作人员所在单位。

4. 具有下列情形之一，有碍侦查的，办案机关不予告知：

（1）可能导致同案犯逃跑、自杀，毁灭、伪造证据的；

（2）可能导致同案犯干扰证人作证或者串供的；

（3）所在单位的其他人员与犯罪有牵连的；

（4）其他有碍侦查的情形。

5. 具有下列情形之一，无法告知的，办案机关不予告知：

（1）办案机关无法确认其机关事业单位工作人员身份的；

（2）受自然灾害等不可抗力阻碍的；

（3）其他无法告知的情形。

6. 可能危害国家安全或者社会公共利益的，办案机关不予告知。

7. 不予告知的情形消失后，办案机关应当及时将机关事业单位工作人员被采取刑事强制措施和受刑事处罚情况告知其所在单位。

——《最高人民法院、最高人民检察院、公安部、国家安全部关于机关事业单位工作人员被采取刑事强制措施和受刑事处罚实行向所在单位告知制度的通知》（2015 年 11 月 6 日，高检会〔2015〕10 号）。

六、附带民事诉讼

1615 刑事附带民事诉讼的受案范围

关键词｜附带民事诉讼｜追偿｜退赔｜国家赔偿｜

【最高人民法院司法解释】

第一百七十五条第一款　被害人因人身权利受到犯罪侵犯或者财物被犯罪分子毁坏而遭受物质损失的，有权在刑事诉讼过程中提起附带民事诉讼；被害人死亡或者丧失行为能力的，其法定代理人、近亲属有权提起附带民事诉讼。

第一百七十六条　被告人非法占有、处置被害人财产的，应当依法予以追缴或者责令退赔。被害人提起附带民事诉讼的，人民法院不予受理。追缴、退赔的情况，可以作为量刑情节考虑。

第一百七十七条　国家机关工作人员在行使职权时，侵犯他人人身、财产权利构成犯罪，被害人或者其法定代理人、近亲属提起附带民事诉讼的，人民法院不予受理，但应当告知其可以依法申请国家赔偿。

——《最高人民法院关于适用〈中华人民共和国刑事诉讼法〉的解释》（2021年3月1日，法释〔2021〕1号）。

【链接：理解与适用】

如经司法机关追缴或者责令退赔，仍不能弥补被害人损失，通常表明被告人已无退还或者赔偿能力，被害人另行提起民事诉讼后，只会获得无执行可能的“空判”，既增加当事人诉累，又影响裁判权威，影响案结事了；如发现被告人仍有违法所得未能追缴或者仍有退赔能力的，由司法机关继续依法追缴或者责令退赔即可，也不必由被害人另行提起附带民事诉讼。

——江必新主编：《〈最高人民法院关于适用《中华人民共和国刑事诉讼法》的解释〉理解与适用》，中国法制出版社2013年版，第149页。

【最高人民法院公报案例】

天津市红桥区人民检察院诉李焕强故意毁坏财物案(一审法院:天津市红桥区人民法院)

要旨:……因人身权利受到犯罪侵犯而遭受物质损失或者财物被犯罪分子毁坏而遭受物质损失的,可以提起刑事附带民事诉讼。被害人因犯罪行为遭受的物质损失,是指被害人因犯罪行为已经遭受的实际损失和必然遭受的损失。据此,刑事附带民事赔偿的范围应当限定为被害人因犯罪行为遭受的直接经济损失。

——《最高人民法院公报》2007 年第 4 期。

【最高人民法院参考案例】

李平贪污、挪用公款案(《刑事审判参考》案例第 79 号)

要旨:附带民事诉讼的受案范围应只限于被害人因人身权利受到犯罪行为侵犯和财物被犯罪行为损毁而遭受的物质损失,不包括因犯罪分子非法占有、处置被害人财产而使其遭受的物质损失。

我们认为,首先,刑事诉讼法第七十七条的规定已从附带民事诉讼的受案范围中排除了精神损害。被害人只能对被告人的犯罪行为所造成的物质损失的赔偿问题提起附带民事诉讼。没有物质损失,不能成立刑事附带民事诉讼,而仅成立刑事诉讼。

其次,被害人的物质损失应是被告人涉嫌犯罪的行为直接造成的,即犯罪行为是造成物质损失的唯一或者主要原因,并且物质损失在应当是已经产生或者必然产生的,在数量上是可以计算和有确定数额的,可得利益的损失不能要求赔偿。

从司法实践来看,被害人因被告人的犯罪行为遭受的物质损失主要有两种情况:一种情况是因被告人非法占有、处置而给被害人造成物质损失,如抢劫、盗窃、诈骗、侵占、贪污、挪用等案件;另一种情况是被害人遭受了物质损失,但被告人并未也不可能占有或者获得被害人的财物,如杀人、伤害、故意毁坏财物、破坏生产经营以及生产、销售伪劣商品犯罪等案件。在前一种情况中,被害人的物质损失即被告人的违法所得,属赃款、赃物,刑法第六十四条已明确规定了解决方式,即由司法机关追缴或者责令退赔后,直接返还给被害人,这已是对被害人财产权利最有效的保护,无须提起附带民事诉讼。即使被告人无法退赃的,也只能作为决定刑罚时酌定从重处罚的情节予以考虑,而不能通过提起附带民事诉讼的途径解决。

——《刑事审判参考》(总第 11 辑)。

于景森故意伤害案(《刑事审判参考》案例第 26 号)

要旨:附带民事诉讼的赔偿范围是指被害人因犯罪行为而遭受的物质损失,它不包括非物质损失,并且这种物质损失是犯罪行为直接造成的。

刑事诉讼法第七十七条第一款规定:"被害人由于被告人的犯罪行为遭受物质损失的,在刑事诉讼过程中,有权提起附带民事诉讼。"司法实践中,被害人因犯罪行为遭受物质损失的情况比较复杂,因犯罪性质而各有不同。对于被告人侵犯被害人(单位)财产权而使被害人遭受物质损失的,刑法第六十四条规定:"犯罪分子违法所得的一切财物,应当予以追缴或者责令退赔。"据此,被害人因被告人的犯罪行为遭受的物质损失可以分为两类:一类是被害人因犯罪行为遭受了物质损失,但被告人并未因此占有或者获得被害人的财物,此类涉及的犯罪行为主要有杀人、伤害、故意毁坏财物、破坏生产经营以及生产、销售伪劣商品犯罪等;另一类是被害人因犯罪行为遭受的物质损失,是由被告人非法占有、处置而造成的,此类涉及的犯罪行为主要有抢劫、盗窃、诈骗、侵占、贪污、挪用等。对因前一类犯罪行为遭受的物质损失,被害人可以提起附带民事诉讼请求赔偿,而对后一类犯罪行为给被害人造成的物质损失,只能按照刑法第六十四条的规定处理,即应由公安机关、人民检察院或者人民法院通过追缴赃款赃物、责令退赔途径解决。已无法追缴、退赃的,应参照刑法第六十一条的规定,作为犯罪行为给社会造成的危害程度的酌量情节,在决定对被告人处刑时予以考虑。

——《刑事审判参考》(总第4辑)。

1616 因受到犯罪侵犯起诉要求赔偿精神损失的处理规则

关键词|附带民事诉讼|赔偿精神损失|

【最高人民法院司法解释】

第一百七十五条第二款　因受到犯罪侵犯,提起附带民事诉讼或者单独提起民事诉讼要求赔偿精神损失的,人民法院一般不予受理。

——《最高人民法院关于适用〈中华人民共和国刑事诉讼法〉的解释》(2021年3月1日,法释〔2021〕1号)。

【链接:理解与适用】

刑事诉讼法第一百零一条规定,被害人由于被告人的犯罪行为而遭受物质损失的,在刑事诉讼过程中,有权提起附带民事诉讼。民法典第一百八十七条规定,民事主体因同一行为应当承担民事责任、行政责任和刑事责任的,承担行政责任或者刑事责任不影响承担民事责任。民法典第一千一百八十三条第一款规定,侵害自然人人身权益造成严重精神损害的,被侵权人有权请求精神损害赔偿。对于因犯罪行为遭受精神损失的，能否提起附带民事诉讼或者单独提起民事诉讼要求赔偿精神损失，存在不同认识。经研究，《解释》第一百七十五条第二款基本沿用《2012年解释》第一百三十八条的规定，仅将第二款规定的"人民法院不予受理"调整为"人民法院一般不予受理"，规定："因受到犯罪侵犯，提起附带民事诉讼或者单独提起民事诉讼要求赔偿精神损失的，人民法院一般不予受理。"主要考虑如下：

其一，刑事诉讼法第一百零一条明确规定，"被害人由于被告人的犯罪行为而遭受物质损失的，在刑事诉讼过程中，有权提起附带民事诉讼"。第一百零三条规定："人民法院审理附带民事诉讼案件，可以进行调解，或者根据物质损失情况作出判决、裁定。"若认为对精神损失可以另行提起民事诉讼，则意味着刑事诉讼法有关只有遭受物质损失的才能提起附带民事诉讼、附带民事诉讼只能根据物质损失判赔的规定就将失去实际意义。绝大部分被害人肯定会选择在刑事案件审结后，另行提起民事诉讼，要求同时赔偿物质损失和精神损失，这样，势必导致附带民事诉讼制度被架空、虚置，使附带民事诉讼制度有利于切实维护被害方合法权益、有利于化解社会矛盾、有利于贯彻宽严相济刑事政策、有利于节约司法资源等重要功能无法发挥。

其二，若认为对精神损失可以另行提起民事诉讼，则意味着，就同一犯罪行为，被害方可以同一理由，两次提出损失赔偿要求，势必存在"一事两诉"的问题。

其三，从司法实践看，刑事案件审结后，特别是被告人被送监服刑或者执行死刑后，往往连有关赔偿被害方物质损失的附带民事判决都难以得到实际执行。若赋予被害方对精神损失可以另行提起民事诉讼的权利，只会制造"空判"，引发新的社会矛盾。

——《起草小组解读：〈刑事诉讼法解释〉理解与适用(上)》，载中国法院网2021年2月4日，https://www.chinacourt.org/article/detail/2021/02/id/5796152.shtml。

【链接：信箱】

问题：我院民事审判庭受理了多起交通肇事案件的民事诉讼，现就该类案件的精神赔偿问题有两种意见：一种意见认为既然是民事诉讼，就可判令精神损害抚慰金；另一种意见认为该类案件是由刑事案件而引起的，应属于刑事附带民事诉讼的范畴，因此不能判令精神损害抚慰金。请问哪种意见正确？另外，该类案件的刑事部分没有审结，民事诉讼是否可以结案？

《人民司法》研究组认为：……对于刑事案件被害人由于被告人的犯罪行为而遭受精神损失提起的附带民事诉讼，或者在该刑事案件审结以后，被害人另行提起精神损害赔偿民事诉讼的，人民法院不予受理。如果来信所涉及的交通肇事案件的行为人依照刑法的规定不构成相关犯罪，而属于民事侵权行为，被害人向人民法院民事审判庭提起精神损害赔偿的,人民法院应当受理。

——《人民司法》2005 年第 2 期。

1617 刑事附带民事诉讼的判赔规则

关键词 | 附带民事诉讼 | 死亡赔偿金 | 残疾赔偿金 |

【最高人民法院司法解释】

第一百九十二条 对附带民事诉讼作出判决,应当根据犯罪行为造成的物质损失,结合案件具体情况,确定被告人应当赔偿的数额。

犯罪行为造成被害人人身损害的,应当赔偿医疗费、护理费、交通费等为治疗和康复支付的合理费用,以及因误工减少的收入。造成被害人残疾的,还应当赔偿残疾生活辅助器具费等费用;造成被害人死亡的,还应当赔偿丧葬费等费用。

驾驶机动车致人伤亡或者造成公私财产重大损失,构成犯罪的,依照《中华人民共和国道路交通安全法》第七十六条的规定确定赔偿责任。

附带民事诉讼当事人就民事赔偿问题达成调解、和解协议的,赔偿范围、数额不受第二款、第三款规定的限制。

——《最高人民法院关于适用〈中华人民共和国刑事诉讼法〉的解释》(2021 年 3 月 1 日,法释〔2021〕1 号)。

【链接:理解与适用】

"死亡赔偿金、残疾赔偿金"(以下简称"两金",含被扶养人生活费)通常高达七八十万元甚至上百万元,是否属于附带民事诉讼的判赔范围,一直是争议焦点、难点。2003 年之前,将"两金"理解为精神损失,均不在附带民事诉讼判赔范围,但《最高人民法院关于审理人身损害赔偿案件适用法律若干问题的解释》(法释〔2003〕20 号,以下简称《人身损害赔偿解释》)首次明确"两金"属于物质损失。但是,此规定是否适用于刑事附带民事诉讼案件,实践中存在不同认识,一些地方在附带民事诉讼中判赔"两金",导致"空判"问题突出、调解难度增大、缠讼闹访凸显,影响宽严相济刑事政策的贯彻。在 2006 年的"五刑会"上,最高人民法院院领导在总结讲话中首次提出:"死亡补偿费不能作为人民法院判决确定赔偿数额的根据。"《2012 年解释》制订时,最高人民法院审判委员会对"两金"问题作了重点审议、研究,明确"两金"不在附带民事诉讼的判赔范围,但调解、和解的,赔偿范围、数额不受限制。此后,各级人民法院严格执行《2012 年解释》的相关规定,整体实施良好。但是,关于"两金"问题的争论一直存在。"六刑会"上,最高人民法院院领导在总结讲话时再次强调,要求严格执行《2012 年解释》的相关规定。

整体看来,不判赔“两金”是基于被告人普遍无力赔偿以及“空判”所引发的系列问题等而“不得已”作出的务实选择。此次征求意见过程中,有意见认为,民法典第一千一百七十九条规定,侵害他人造成残疾的,应当赔偿残疾赔偿金;造成死亡的,应当赔偿死亡赔偿金。在民法典的背景下,应当作出适当调整。经进一步认真研究,综合考虑司法实践情况,《解释》第一百九十二条维持《2012 年解释》第一百五十五条的规定不变……简而言之,除驾驶机动车致人伤亡或者造成公私财产重大损失的案件外,“两金”不在附带民事诉讼的判赔范围,但调解、和解的,赔偿范围、数额不受限制。主要考虑:

其一,根据法律、法理以及我国的法文化传统,对附带民事诉讼不应适用与单纯民事诉讼相同的标准。刑事诉讼法第一百零一条规定:“被害人由于被告人的犯罪行为而遭受物质损失的,在刑事诉讼过程中,有权提起附带民事诉讼。”第一百零三条规定:“人民法院审理附带民事诉讼案件,可以进行调解,或者根据物质损失情况作出判决、裁定。”而根据有关民事法律的规定,对民事侵权行为,还可判令被告人承担精神损害赔偿责任。由此可见,附带民事诉讼与单纯民事诉讼存在明显不同;依据法律规定,对二者不能适用相同赔偿标准。立法对附带民事诉讼与单纯民事诉讼的赔偿责任作出不同规定,是与两类不同诉讼的性质和我国的法文化传统相适应的。单纯民事案件,责令被告人作出相应赔偿,是对被害方进行抚慰、救济的唯一手段,故有理由要求被告人承担相应更重的赔偿责任;由于无须承担刑事责任,被告人往往也有意愿、有能力作出相应赔偿。而附带民事诉讼则不同,被告人不仅要在民事方面承担赔偿责任,还要承担相应的刑事责任。判决被告人承担刑事责任,既是对犯罪的惩处、重新犯罪的预防,也是对被害方抚慰、救济的主要方式。以故意杀人案件为例,如判处被告人死刑,实已让其“以命抵命”,显然不应再要求其作出与单纯民事案件相同的精神损害赔偿,否则势必存在双重处罚的问题。传统上“打了不罚、罚了不打”的观念、做法,正是根源于此。

其二,应当深刻认识我国国情与其他国家存在的重大差异。有观点提出,在一些发达国家,因犯罪行为引发的赔偿和单纯民事赔偿适用的是同一标准。在这些国家,被告人也大多无力赔偿,也存在“空判”问题。因此,我国没有理由“特殊”。这种观点没有充分认识其他国家在经济社会发展和司法权威方面与我国存在的巨大差异:在发达国家,由于有相对完善的社会保障制度,被害人国家救助工作开展早、力度大,被害方往往无须寄望被告人作出赔偿,国家会给予其生活救济;由于能得到国家的救济,即使形成“空判”,也不会引发缠讼闹访问题。而我国的情况则完全不同,判决得不到执行就会引发申诉、上访,影响社会和谐稳定。

其三,按单纯民事案件的经济赔偿标准判赔导致“空判”现象突出,严重影响案件的裁判效果。如依照民事案件的赔偿标准判赔,则意味着,对命案,被害人是城镇居民的,仅死亡赔偿金一项,多则高达上百万;是农村居民的,一般也要赔七八十万元。而刑事案件的被告人绝大多数经济状况差、赔偿能力弱,有的被执行死刑或者其他刑罚后,更无法承担如此高额的赔偿责任,相关判决往往成为“法律白条”。据调研,凡套用民事标准判赔的,赔偿到位率都极低。

其四,赔偿标准过高,实际极不利于维护被害人的合法权益,不利于矛盾化解。表面上看,设定高额赔偿标准似乎对被害人有利,但实际情况是:由于刑事被告人的实际赔偿能力很低,甚至没有,而被害方的期待、“要价”又过高,远远超过被告人的承受能力,导致不少案件中原本愿意代赔的被告人亲属索性不再代赔,结果导致被害方反而得不到任何赔偿,“人财两空”。严重犯罪中这种情况尤为普遍。赔偿数额虚高,还导致附带民事调解和矛盾化解的工作难度大大增加。套用单纯民事案件的赔偿标准确定附带民事案件的赔偿数额,常常使被害方对巨额赔偿抱有不切实际的期待,一旦被告人不能足额赔偿,就认为其没有悔罪诚意和表现,以致民事调解工作、矛盾化解工作根本无法开展。此外,根据《最高人民法院关于加强和规范人民法院国家司法救助工作的意见》(法发〔2016〕16 号),对刑事被害人的救助金额需要综合考虑多种因素,从实践调研的情况看,国家给予司法救助金额一般在几万元左右。如将死亡赔偿金、残疾赔偿金也纳入附带民事赔偿范围,两者相差悬殊,显然救助工作也无法发挥实际作用。

其五,对民法典的有关规定应当正确理解。民法典第一百八十七条规定:“民事主体因同一行为应当承担民事责任、行政责任和刑事责任的,承担行政责任或者刑事责任不影响承担民事责任;民事主体的财产不足以支付的,优先用于承担民事责任。”有观点据此认为,对附带民事诉讼应适用与单纯民事诉讼相同的赔偿标准。经研究认为,对该条规定应当准确理解,应当将该条规定和民法典第十一条规定结合起来分析。民法典第十一条规定:“其他法律对民事关系有特别规定的,依照其规定。”(该条吸收了原侵权责任法第五条“其他法律对侵权责任另有特别规定的,依照其规定”并作了扩充)犯罪是严重的、特殊的侵权行为,刑法和刑事诉讼法是专门规定这种侵权行为的基本法。显然,处理犯罪行为的赔偿问题,应当优先适用刑法和刑事诉讼法的相关规定,而不应当适用主要规定民事侵权的侵权责任法规定。

其六,《2012 年解释》施行八年多来,有关规定在促进附带民事诉讼达成调解、保障被害方获得实际赔偿等方面发挥了良好效果。此次征求意见过程中,绝大多数意见建议维持原来的解释规定。

根据《解释》第一百九十二条的规定,同时结合附带民事诉讼审判工作实际,司法适用中应当注意:(1)对于附带民事诉讼,应当切实加大调解工作力度。在不违反自愿、合法原则的前提下，赔偿范围和数额不受限制。应当尽可能通过调解，使被害方获得实际赔偿。（2）如调解不成，通过判决结案，则应当充分考虑刑事案件被告人多为没有正常收入的无业人员和进城务工人员、赔偿能力很低的实际，实事求是地仅就被害人遭受的物质损失作出判决。对犯罪行为造成被害人人身损害的，应当赔偿医疗费、护理费、交通费等为治疗和康复支付的合理费用，以及因误工减少的收入。造成被害人残疾的，还应当赔偿残疾生活辅助器具费等费用；造成被害人死亡的，还应当赔偿丧葬费等费用。除被告人确有赔偿能力的以外，原则上不应将死亡赔偿金、残疾赔偿金纳入判决赔偿的范围。（3）对因驾驶机动车致人伤亡或者公私财产遭受重大损失，构成犯罪的，要根据道路交通安全法第七十六条的规定确定赔偿责任，即“机动车发生交通事故造成人身伤亡、财产损失的，由保险公司在机动车第三者责任强制保险责任限额范围内予以赔偿；不足的部分，按照下列规定承担赔偿责任……”（4）对符合条件的被害方，可以开展刑事被害人救助工作，给予相应国家救助。

——《起草小组解读：〈刑事诉讼法解释〉理解与适用（上）》，载中国法院网 2021 年 2 月 4 日，https://www.chinacourt.org/article/detail/2021/02/id/5796152.shtml。

【最高人民法院参考案例】

周凯章等人组织出卖人体器官案（《刑事审判参考》案例第 1060 号）

要旨：附带民事诉讼赔偿范围的确定，在现行法律框架内可适当体现原则性与灵活性的统一。

但在司法实践中，各地法院对刑事附带民事诉讼中是否判赔“两金”仍把握不一。最高人民法院对该问题采取的是“原则不判+例外可判”的政策立场，即在刑事附带民事诉讼中原则上不判赔“两金”，但被告人有赔偿能力的或驾驶机动车构成犯罪的除外。主要理由有以下两方面：一是我国刑事犯罪案件中，被告人大多经济条件较差，无赔偿能力或赔偿能力很低，若不加区分地一律判赔“两金”，势必会造成大量“空判”，引发缠讼、闹访，不利于维护社会稳定。二是在刑事附带民事诉讼中，判决被告人承担刑事责任是对被害方进行抚慰和救济的主要方式，民事赔偿是补充方式。被告人已经因为犯罪被判刑，在此情况下仍要求被告人承担高额的赔偿责任，一定程度上会造成双重处罚的问题。但从法理上讲，赔偿责任和赔偿能力是两回事，是否具有赔偿能力不应成为决定被告人是否承担赔偿责任的前提。因此，最高人民法院在 2013 年实施的《关于适用〈中华人民共和国刑事诉讼法〉的解释》（以下简称《解释》）中对此作了相对模糊的规定，即在附带民事诉讼的赔偿范围中未明确列明“两金”，而是在列明其他赔偿事项后用一个“等”字兜底，允许法院在审理案件时灵活把握。

我们认为,本案中,相关法院判决被告人周凯章等人赔偿三名附带民事诉讼原告人主张的残疾赔偿金是正确的,主要理由如下:

第一,将残疾赔偿金纳入物质损失有合法依据。从立法上看,侵权责任法已将"两金"纳入物质损失的范围,将"两金"认定为对被害人未来可期待收入损失的赔偿。虽然《解释》第一百五十五条第二款中未明确列明"两金"属于附带民事诉讼的赔偿范围,但根据第三款之规定,对于驾驶机动车致人伤亡构成犯罪的,附带民事诉讼的赔偿范围包括"两金"。这表明最高人民法院在《解释》中明确认可"两金"属于附带民事诉讼中的物质损失的范围,否则该条款就违反了刑事诉讼法关于附带民事诉讼只应赔偿物质损失的规定。根据《解释》第一百五十五条第二款,犯罪行为造成被害人人身损害的,应当赔偿医疗费、护理费、交通费等为治疗和康复支付的合理费用,以及因误工减少的收入;造成被害人残疾的,还应当赔偿残疾生活辅助具费等费用;造成被害人死亡的,还应当赔偿丧葬费等费用。此处的"残疾生活辅助具费等费用",可以理解为除了残疾生活辅助具费以外还有其他费用,如残疾赔偿金。

第二,本案中判赔残疾赔偿金有利于最大限度地维护被害方合法权益。现有证据证实,被告人周凯章等人通过组织贩卖三名被害人暨附带民事诉讼原告人的器官获利七十八万元,却仅支付给上述三名原告人共六万元,周凯章等人实际获利七十余万元。而三名原告人因犯罪所受的直接物质损失总共仅有数千元,在此情况下,如果法院不判令周凯章等人赔偿三名原告人的残疾赔偿金,则周凯章等人的大部分获利将作为违法所得被罚没,上交国库,这无疑不利于保护三名原告人的合法权益。可见,本案将残疾赔偿金纳入附带民事诉讼的赔偿范围有法律依据,并有利于最大限度地维护被害人的合法权益,也不会造成"空判",影响法院生效判决的权威。

——《刑事审判参考》(总第102辑)。

1618 交通肇事刑事案件附带民事赔偿范围

关键词|附带民事诉讼|交通肇事|民事赔偿|

【最高人民法院答复】

根据刑事诉讼法第九十九条、第一百零一条①和《最高人民法院关于适用〈中

① 2018年修正的刑事诉讼法第一百零一条、第一百零三条。

华人民共和国刑事诉讼法〉的解释》第一百五十五条[①]的规定，交通肇事刑事案件的附带民事诉讼当事人未能就民事赔偿问题达成调解、和解协议的，无论附带民事诉讼被告人是否投保机动车第三者强制责任保险，均可将死亡赔偿金、残疾赔偿金纳入判决赔偿的范围。

——《最高人民法院研究室关于交通肇事刑事案件附带民事赔偿范围问题的答复》(2014 年 2 月 24 日，法研〔2014〕30 号)。

1619 另行提起民事诉讼的处理规则

关键词 | 附带民事诉讼 | 死亡赔偿金 | 残疾赔偿金 |

【最高人民法院司法解释】

第二百条 被害人或者其法定代理人、近亲属在刑事诉讼过程中未提起附带民事诉讼，另行提起民事诉讼的，人民法院可以进行调解，或者根据本解释第一百九十二条第二款、第三款的规定作出判决。

——《最高人民法院关于适用〈中华人民共和国刑事诉讼法〉的解释》(2021 年 3 月 1 日，法释〔2021〕1 号)。

【链接：理解与适用】

根据《2012 年解释》第一百六十四条的规定，在刑事附带民事诉讼过程中未提起附带民事诉讼，另行提起民事诉讼的，人民法院应当优先进行调解。达成调解协议的，赔偿范围、数额不受限制；如果作出判决，则应当“根据物质损失情况作出判决”，即除因驾驶机动车致人伤亡或者公私财产遭受重大损失的案件外，不应判赔“两金”。

但是，如前所述，《人身损害赔偿解释》将“两金”规定为物质损失，故《2012 年解释》的第一百六十四条的规定在适用中存在一定的混乱。特别是，《最高人民法院公报》2019 年第 3 期“尹瑞军诉颜礼奎健康权、身体权纠纷案”的裁判摘要提出：“刑事案件的受害人因犯罪行为受到身体伤害，未提起刑事附带民事诉讼，而是另行提起民事侵权诉讼的，关于残疾赔偿金是否属于物质损失范畴的问题，刑事诉讼法及司法解释没有明确规定。刑事案件受害人因犯罪行为造成残疾的，今后的生活和工作必然受到影响，导致劳动能力下降，造成生活成本增加，进而相应减少物质收入，故残疾赔偿金应属于物质损失的范畴，应予赔偿。”鉴于此，为统一法律适

---

① 2021 年解释第一百九十二条。

用,《解释》第二百条作出适当调整,规定:“被害人或者其法定代理人、近亲属在刑事诉讼过程中未提起附带民事诉讼,另行提起民事诉讼的,人民法院可以进行调解,或者根据本解释第一百九十二条第二款、第三款的规定作出判决。”据此,在刑事附带民事诉讼过程中未提起附带民事诉讼,另行提起民事诉讼的,人民法院应当优先进行调解。达成调解协议的,赔偿范围、数额不受限制;如果作出判决,则应当“根据物质损失情况作出判决”,即除因驾驶机动车致人伤亡或者公私财产遭受重大损失的案件外,不应判赔“两金”。

征求意见过程中,有意见提出,民法典第一百八十七条规定,民事主体因同一行为应当承担民事责任、行政责任和刑事责任的,承担行政责任或者刑事责任不影响承担民事责任。民法典第一千一百八十三条第一款规定,侵害自然人人身权益造成严重精神损害的,被侵权人有权请求精神损害赔偿。对于因犯罪行为遭受精神损失的,在刑事案件审结后,被害人另行提起民事诉讼,人民法院判赔的范围和标准是否适用刑事附带民事诉讼的有关规定的问题,与民事诉讼法律制度相关联,情况复杂,涉及面广,各方面认识仍不一致,建议再作研究。经进一步认真研究,综合考虑司法实践情况,本条维持了上述规定。主要考虑:

其一,对被害人等在刑事诉讼过程中未提起附带民事诉讼,另行提起民事诉讼的,理应适用与附带民事诉讼相同的判赔范围与标准。否则,势必会导致同样行为不同处理的问题,既有违类案类判的基本法理,也会导致附带民事诉讼制度被架空,影响该制度重要功能的发挥。

其二,对另行提起民事诉讼的,适用不同的判赔范围和标准,表面上看似乎对被害人等有利,实际恰恰相反:绝大多数情况下,一旦刑事部分审结,被告人被送交执行刑罚,甚至执行死刑,就根本不可能再对被害人等作出赔偿,其亲友也不可能代赔。基于贯彻宽严相济刑事政策,便利案件处理的基本考虑,不应当将“两金”纳入单独提起民事诉讼的判赔范围。

——《起草小组解读:〈刑事诉讼法解释〉理解与适用(上)》,载中国法院网 2021 年 2 月 4 日,https://www.chinacourt.org/article/detail/2021/02/id/5796152.shtml。

1620 有权提起附带民事诉讼原告人的范围

关键词 | 附带民事诉讼 | 原告人 |

【最高人民法院司法解释】

第一百七十五条第一款　被害人因人身权利受到犯罪侵犯或者财物被犯罪分子毁坏而遭受物质损失的,有权在刑事诉讼过程中提起附带民事诉讼;被害人死亡或者丧失行为能力的，其法定代理人、近亲属有权提起附带民事诉讼。

第一百七十九条第一款、第二款 国家财产、集体财产遭受损失，受损失的单位未提起附带民事诉讼，人民检察院在提起公诉时提起附带民事诉讼的，人民法院应当受理。

人民检察院提起附带民事诉讼的，应当列为附带民事诉讼原告人。

——《最高人民法院关于适用〈中华人民共和国刑事诉讼法〉的解释》（2021年3月1日，法释〔2021〕1号）。

【最高人民法院参考案例】

于景森故意伤害案（《刑事审判参考》案例第26号）

要旨：在被害人已死亡的案件中，由于当事人的死亡，其诉讼权利能力和诉讼行为能力均归于消灭，无法以自己的名义提起诉讼，在这种情况下，被害人的近亲属在附带民事诉讼中的诉讼地位为原告人。

近亲属的范围为刑事诉讼法第八十二条规定的“夫、妻、父、母、子、女、同胞兄弟姊妹”。另外，上述近亲属都拥有独立的、完整的诉权，即每个近亲属都有权就被告人给被害人造成的全部物质损失单独提起附带民事诉讼，多名近亲属还可以作为共同原告人共同起诉。

应当看到，无行为能力或者限制行为能力被害人的法定代理人在附带民事诉讼中的诉讼地位与已死亡被害人近亲属有所不同，无行为能力或者限制行为能力被害人是独立的诉讼主体，具有诉讼权利能力，其原告人的身份不因其诉讼行为能力的丧失而改变，因此，其法定代理人在诉讼中的地位也只能是法定代理人，而不能是原告人。

——《刑事审判参考》（总第4辑）。

1621 对参加聚众斗殴受重伤或死亡的当事人及其家属提出的民事赔偿请求应予支持

关键词 | 附带民事诉讼 | 聚众斗殴 | 民事赔偿 |

【最高人民法院答复】

根据刑法第二百九十二条第一款的规定，聚众斗殴的参加者，无论是否首要分子，均明知自己的行为有可能产生伤害他人以及自己被他人的行为伤害的后果，其仍然参加聚众斗殴的，应当自行承担相应的刑事和民事责任。根据刑法第二百九十二条第二款的规定，对于参加聚众斗殴，造成他人重伤或者死亡的，行为性质发生变化，应认定为故意伤害罪或者故意杀人罪。聚众斗殴中受重伤或者死亡的人，既是故意伤害罪或者故意杀人罪的受害人，又是聚众斗殴犯罪的行为人。对于参加聚众斗殴受重伤或者死亡的人或其家属提出的民事赔偿请求，依法应予支持，并适用混合过错责任原则。

——《最高人民法院研究室关于对参加聚众斗殴受重伤或者死亡的人及其家属提出的民事赔偿请求能否予以支持问题的答复》（2004 年 11 月 11 日，法研〔2004〕179 号）。

1622 死亡受害人身份不明时，无法提起附带民事诉讼

关键词｜附带民事诉讼｜死亡受害人身份不明｜

【链接：信箱】

问题：我院审理的一起交通肇事案件，因被告人朱某驾车致死的被害人系经公安机关用各种方式仍无法查明其身份之人，且肇事车辆已投保强制险及第三者责任险，保额共为人民币二十万元。为确保日后被害人的利害关系人追索附带民事赔偿，审委会讨论认为，先由有关组织机构代为进行民事诉讼，所得赔偿款予以提存。但应由谁代为起诉，出现了三种意见。第一种意见认为，应当由被害人事故发生地的居民委员会、村民委员会或者民政部门代为起诉。第二种意见认为，道路交通事故社会求助基金管理机构有权向交通事故责任人追偿。第三种意见认为，应由肇事地公安机关交通管理部门代为诉讼。请问哪一种意见正确？

《人民司法》研究组认为：根据《最高人民法院关于审理人身损害赔偿案件适用法律若干问题的解释》第一条的规定，本案的赔偿权利人是死亡被害人的近亲属，是有权提起附带民事赔偿诉讼的民事主体。根据民事诉讼法第一百零八条的规定，原告必须是与案件有直接利害关系的公民、法人和其他组织，死亡被害人的近亲属符合这一条件。来信中提到的被害人事故发生地的居民委员会、村民委员会或者民政部门，或者肇事地的公安交通管理部门，都与案件没有直接利害关系，因此，不是适格的原告。现死亡被害人身份不明，也就不能确定谁是其近亲属，也就是说，没有确定的原告提起附带民事诉讼。因此，我们认为，本案由于没有适格的原告，无法提起附带民事赔偿诉讼。

——《人民司法》2011 年第 1 期。

1623 附带民事诉讼被告人的范围

关键词｜附带民事诉讼｜被告人｜

【最高人民法院司法解释】

第一百八十条 附带民事诉讼中依法负有赔偿责任的人包括：

（一）刑事被告人以及未被追究刑事责任的其他共同侵害人；

（二）刑事被告人的监护人；

（三）死刑罪犯的遗产继承人；

（四）共同犯罪案件中，案件审结前死亡的被告人的遗产继承人；

（五）对被害人的物质损失依法应当承担赔偿责任的其他单位和个人。

附带民事诉讼被告人的亲友自愿代为赔偿的，可以准许。

——《最高人民法院关于适用〈中华人民共和国刑事诉讼法〉的解释》（2021年3月1日，法释〔2021〕1号）。

【链接：理解与适用】

依法应当对被害人因犯罪行为遭受的物质损失承担赔偿责任的人员范围较为广泛，难以一一列举，正是因此，解释设置了兜底条款。审判实践中，需要根据侵权责任法等有关法律的规定，结合具体案件情况，确定附带民事诉讼被告人的具体范围。例如，被害人是在娱乐场所遭到第三人的犯罪行为侵害，而娱乐场所管理人未尽到安全保障义务的，根据侵权责任法第三十七条的规定，娱乐场所管理人对被害人的物质损失承担相应的补充赔偿责任，此时，其可以成为附带民事诉讼的共同被告人。又如，因交通肇事造成人身伤亡、财产损失的，根据道路交通安全法第七十六条的规定，由保险公司在机动车第三者责任强制保险责任限额范围内予以赔偿；不足的部分，由肇事人根据过错情况予以赔偿。如案发后，保险公司未在保险责任限额范围内作出赔偿的，也可以将其作为附带民事诉讼的共同被告人。

——江必新主编：《〈最高人民法院关于适用《中华人民共和国刑事诉讼法》的解释〉理解与适用》，中国法制出版社2013年版，第152—153页。

【最高人民法院公报案例】

天津市红桥区人民检察院诉李焕强故意毁坏财物案（一审法院：天津市红桥区人民法院）

要旨：行为人从停车场将他人的机动车偷开后造成车辆损坏，构成故意毁坏财物罪的，虽然开办停车场的单位与车主之间存在车辆保管合同关系，但该单位不属于依法负有刑事附带民事赔偿责任的主体，其与车主之间发生的合同纠纷同因犯罪行为引起的刑事附带民事赔偿责任系不同的法律关系。车主以该单位为刑事附带民事诉讼被告,并主张该单位对犯罪人应负的刑事附带民事赔偿责任承担连带责任的,依法不予支持。

——《最高人民法院公报》2007 年第 4 期。

西安市人民检察院诉裴国良侵犯商业秘密案(二审法院:陕西省高级人民法院)

要旨:……行为人窃取他人技术秘密供自己所在的公司使用,从而给技术秘密权利人造成特别严重后果的,在追究行为人侵犯商业秘密罪的刑事责任时,可以根据附带民事诉讼原告人的请求,将行为人所在公司列为附带民事诉讼被告人一并追究侵权的民事赔偿责任。

——《最高人民法院公报》2006 年第 12 期。

【最高人民法院参考案例】

马某某故意杀人案(《刑事审判参考》案例第 1123 号)

要旨:限制民事行为能力人、无民事行为能力人不能独立地以附带民事被告身份参加附带民事诉讼,应由其监护人作为法定代理人代为诉讼。

公民的诉讼行为能力则采用两分法:有诉讼行为能力和无诉讼行为能力。在民事诉讼中,只有具有完全民事行为能力的公民才具有诉讼行为能力,无民事行为能力和限制民事行为能力的公民都没有诉讼行为能力。

无民事行为能力人,属于不负刑事责任的人,依法不能成为刑事诉讼中的被告人,但其仍然能够介入到刑事诉讼中成为附带民事诉讼被告人,这主要是指符合《最高人民法院关于适用〈中华人民共和国刑事诉讼法〉的解释》第一百四十三条第一款第(一)项情形,即未被追究刑事责任的其他共同侵害人,包括该共同侵害人系不负刑事责任的未成年人、无刑事责任能力的精神病人。需要说明的是,这两类人如果单独实施"犯罪"行为,因其不能成为刑事被告人,因而不能对其提起附带民事诉讼诉讼人,对其侵权行为造成的损失只能单独提起民事诉讼。限制民事行为能力人在以下两种情况下可以成为刑事被告人并同时可以成为附带民事诉讼被告人:一是已满十四周岁不满十六周岁的人犯刑法第十七条列举的故意杀人、故意伤害致人重伤或者死亡、强奸、抢劫、贩卖毒品、放火、爆炸、投毒罪的;二是已满十六周岁不满十八周岁的人犯罪以及刑法第十八条第三款规定的"尚未完全丧失辨认或者控制自己行为能力的精神病人犯罪的"。

限制民事行为能力人、无民事行为能力人介入到刑事诉讼中成为附带民事诉讼被告人时,如何参与诉讼?民事诉讼法第五十七条规定:"无诉讼行为能力人由他的监护人作为法定代理人代为诉讼。法定代理人之间互相推诿代理责任的,由人民法院指定其中一人代为诉讼。"《最高人民法院关于适用〈中华人民共和国民事诉讼法〉的解释》第八十三条规定，在诉讼中，无民事行为能力人、限制民事行为能力人的监护人是他的法定代理人。事先没有确定监护人的，可以由有监护资格的人协商确定；协商不成的，由人民法院在他们之间指定诉讼中的法定代理人。因此，在附带民事诉讼中，应由限制民事行为能力人、无民事行为能力人的监护人为其法定代理人代为诉讼，否则，其所为的诉讼行为或者针对其所为的诉讼行为都是无效诉讼行为。

本案中，附带民事诉讼被告人马某某是否是限制民事行为能力人呢？按照民法通则的相关规定，不能完全辨认自己行为的精神病人是限制民事行为能力人。被告人是不是不能完全辨认自己行为的精神病人需要进行司法鉴定。对精神病人的司法鉴定，根据鉴定目的，鉴定机构可进行有无刑事责任能力的鉴定和有无民事行为能力的鉴定。要判断精神病人的民事行为能力，当然是进行有无民事行为能力的司法鉴定较为合适。但是，在刑事附带民事诉讼案件的审判实践中，对被告人所作的精神疾病鉴定往往是基于审理刑事部分的需要，鉴定通常只针对被告人是否具有刑事责任能力的问题，而不涉及对民事行为能力的鉴定。因此，多数情况下，刑事附带民事诉讼案件中公安机关只是委托鉴定机构进行刑事责任能力鉴定，而不做民事行为能力鉴定，本案亦是如此。在此情况下，如何认定患有精神疾病的被告人的民事行为能力？我们认为，本案中虽然只对被告人进行了是否具有刑事责任能力的鉴定，认定被告人为限制刑事责任能力，但是在鉴定的过程中对被告人患有精神疾病这一事实，已经在医学上进行了肯定的判断，在确定被告人是精神病人的基础上，结合本案其他关于被告人平时表现的证据，可以认定其为限制民事行为能力人，作出这样的判断是符合逻辑和法律规定的。

综上，本案被告人暨附带民事诉讼被告人马某某系限制民事行为能力人，没有民事诉讼行为能力，应由其监护人作为法定代理人代为参加附带民事诉讼，以更好地维护当事人的合法权益。

——《刑事审判参考》（总第105辑）。

高泳故意伤害案（《刑事审判参考》案例第371号）

要旨：法人或其他组织的工作人员在执行职务中致人伤害的，应由该法人或组织承担责任。

在刑事附带民事诉讼案件中，判断刑事被告人的犯罪行为是否属于执行职务或实施业务活动的行为是一个比较困难的问题。我们认为，只要行为人实施犯罪行为的目的或起因是出于执行职务或实施业务活动，其引起的损失就应当由其单位承担。但行为人在实施业务活动和执行职务的过程中并非出于实施业务活动和执行职务的目的或并非由实施业务活动和执行职务而实施的犯罪行为,其造成的损失就应由行为人自己承担。例如被告人作为市场管理人员为清理市场内乱摆摊乱设点而打伤市场内乱摆摊的人,则由此造成物质损失引起的附带民事诉讼应由市场作为附带民事诉讼被告人。而如果被告人的职务是在某公司当清洁工却乘机杀害来公司办事的人,则由此造成物质损失引起的附带民事诉讼,应由其本人作为附带民事诉讼被告人,而不应将其公司作为附带民事诉讼被告人。

——《刑事审判参考》(总第 47 辑)。

刘海交通肇事案(《刑事审判参考》案例第 25 号)

要旨:对刑事被告人的犯罪行为依法应当承担民事赔偿责任的其他单位和个人,是指刑事被告人在其执行职务或者业务活动中实施了犯罪行为,其所属单位或者雇佣他的个人对其犯罪行为所造成的物质损失应负有赔偿责任。

这里的"对刑事被告人的犯罪行为依法应当承担民事赔偿责任的其他单位和个人",一般是指刑事被告人在其执行职务或者业务活动中实施了犯罪行为,其所属单位或者雇佣他的个人对其犯罪行为所造成的物质损失应负有赔偿责任,例如,国家机关工作人员在执行职务中渎职犯罪的,不属于国家赔偿法赔偿的范围,就应以其所属国家机关作为附带民事诉讼被告人;刑事被告人在执行法人的经营或业务活动中犯罪的,应以该法人作为附带民事诉讼被告人;雇员在为雇主服务期间实施了与其服务有关的犯罪行为,给他人造成了物质损失的,雇主也可以成为附带民事诉讼被告人。

——《刑事审判参考》(总第 4 辑)。

【链接:信箱】

问题:在一起伤害自诉案件中,经查证和法医学鉴定,三名被告人中只有一人致自诉人轻伤,其他人只致自诉人轻微伤。该案在程序上如何处理,我们有两种不同意见:一种意见认为,应采用刑事附带民事程序,即自诉人在提起刑事诉讼时,提起附带民事诉讼,将致轻伤的被告和致轻微伤的被告都列为刑事附带民事诉讼案件被告,一案处理;另一种意见认为,此种情况应分别处理,即不能附带民事诉讼,而应在刑事案件结案后再由自诉人提起民事诉讼。请问,哪种观点是正确的?

《人民司法》研究组认为:……我们认为,本案中由于经查证和法医鉴定,三名被告人中只有一名被告人致自诉人轻伤,其他被告人只致自诉人轻微伤,故人民法院应当将此案作为自诉刑事附带民事诉讼案件受理,将致自诉人轻伤的被告人列为自诉刑事案件的被告人,将该被告人与其他两名共同致害人列为附带民事诉讼的被告人，一并处理。

——《人民司法》1996 年第 5 期。

1624 部分共同侵害人未参加诉讼的处理

关键词 | 附带民事诉讼 | 共同侵害 |

【最高人民法院司法解释】

第一百八十一条 被害人或者其法定代理人、近亲属仅对部分共同侵害人提起附带民事诉讼的，人民法院应当告知其可以对其他共同侵害人，包括没有被追究刑事责任的共同侵害人，一并提起附带民事诉讼，但共同犯罪案件中同案犯在逃的除外。

被害人或者其法定代理人、近亲属放弃对其他共同侵害人的诉讼权利的，人民法院应当告知其相应法律后果，并在裁判文书中说明其放弃诉讼请求的情况。

——《最高人民法院关于适用〈中华人民共和国刑事诉讼法〉的解释》（2021 年 3 月 1 日，法释〔2021〕1 号）。

【链接：理解与适用】

适用本条，主要需注意：(1) 本条第二款规定的"放弃对其他共同侵害人的诉讼权利"，既包括被害人或者其法定代理人、近亲属经人民法院告知后，仍不对有关共同侵害人提起附带民事诉讼，也包括经人民法院告知后，虽对有关共同侵害人提起附带民事诉讼，但在诉讼中放弃对部分共同侵害人的诉讼请求的。(2) 本条第二款规定的"相应法律后果"，是指被害人或者其法定代理人、近亲属放弃对其他共同侵害人的诉讼权利的，其他共同侵害人对被放弃诉讼请求的被告应当承担的赔偿份额不承担连带责任。责任范围难以确定的，推定各共同侵害人承担同等责任。

——江必新主编：《〈最高人民法院关于适用《中华人民共和国刑事诉讼法》的解释〉理解与适用》，中国法制出版社 2013 年版，第 153—154 页。

【最高人民法院答复】

根据民事诉讼法第一百一十九条①的规定，对第一审刑事自诉案件当事人提起附带民事诉讼，必须共同进行诉讼的其他侵害人未参加诉讼的，人民法院应当通知其参加诉讼。

---

① 2021 年修正的民事诉讼法第一百三十五条。

——《最高人民法院关于对第一审刑事自诉案件当事人提起附带民事诉讼,部分共同侵害人未参加诉讼的,人民法院是否应当通知其参加诉讼问题的答复》(2001 年 11 月 15 日,法函〔2001〕71 号)。

1625 同案犯在逃时附带民事诉讼的处理

关键词｜附带民事诉讼｜共同犯罪｜同案犯｜

【最高人民法院司法解释】

第一百八十三条　共同犯罪案件,同案犯在逃的,不应列为附带民事诉讼被告人。逃跑的同案犯到案后,被害人或者其法定代理人、近亲属可以对其提起附带民事诉讼,但已经从其他共同犯罪人处获得足额赔偿的除外。

——《最高人民法院关于适用〈中华人民共和国刑事诉讼法〉的解释》(2021 年 3 月 1 日,法释〔2021〕1 号)。

【链接：理解与适用】

因附带民事诉讼对刑事诉讼具有依附性,如同案犯在逃,其刑事责任尚不明确,相应也就不能将其作为附带民事诉讼的被告人,对其进行缺席审判;如日后逃跑的同案犯自动投案或者被抓获的,被害人或者其法定代理人、近亲属可对其另行提起附带民事诉讼,当然,如被害人或者其法定代理人、近亲属已从其他先归案的共同犯罪人处获得了足额赔偿的,则不能再提起附带民事诉讼,要求重复赔偿。鉴于此,《解释》对有关问题作出了明确。

——江必新主编:《〈最高人民法院关于适用《中华人民共和国刑事诉讼法》的解释〉理解与适用》,中国法制出版社 2013 年版,第 154 页。

1626 在获得被害人承诺的犯罪案件中，如何确定被告人的附带民事赔偿责任

关键词｜附带民事诉讼｜被害人承诺｜

【最高人民法院参考案例】

周凯章等人组织出卖人体器官案(《刑事审判参考》案例第 1060 号)

要旨:对获得被害人承诺的犯罪,被害人仍可提起附带民事诉讼。

罗马法中有“得承诺的行为不违法”的格言。一般来说，被害人请求或者许可行为人侵害其法益，表明其放弃了该法益，既然如此，法律就没有必要对该法益进行保护。在我国刑法中，被害人的承诺若符合一定条件，也可以排除侵害行为的违法性。在以违反被害人意志为前提的犯罪中，如非法侵入住宅罪、故意毁坏财物罪等，被害人的承诺可以使上述行为消除社会危害性，从而不构成犯罪。而有些情形下，被害人承诺因被害人不具有承诺能力或被害人所作承诺违反法律的禁止性规定及公序良俗而无效，该承诺不影响犯罪的成立。如在拐卖、拐骗儿童犯罪或组织出卖人体器官犯罪中，即使得到被拐卖儿童或器官出售人的承诺，仍可能构成犯罪。我国法律不认可人体器官买卖具有合法性，相反，刑法将组织出卖人体器官的行为规定为犯罪。

本案中，被告人周凯章等人虽然获得了被害人关于出售器官的口头或书面同意，但该被害人承诺只表明被害人愿意接受器官被摘除、健康受损的结果，仅具有否定故意伤害罪成立的作用。公民自愿出售器官的承诺违反了《人体器官移植条例》关于严禁买卖人体器官的规定和公序良俗，对周凯章等人的行为构成组织出卖人体器官罪并无实质影响。在周凯章等人的组织安排下，被害人的肾脏被割除并移入他人体内，自身健康严重受损，该犯罪后果的发生与周凯章等人的组织安排和实施器官割除手术的行为有直接因果关系，周凯章等人应该对此另行承担民事赔偿责任。因此，被害人在本案中可以提起附带民事诉讼，要求周凯章等人承担赔偿责任。关于周凯章提出赔偿义务主体应为接受器官移植人员的上诉理由，我们认为，虽然被害人的器官被周凯章等人分别植入他人体内，但接受器官移植的人并未直接实施侵害被害人身体健康的行为，与周凯章等人也并无共同犯罪故意，并未直接对被害人的身体健康构成侵害，故无须承担民事赔偿责任。

——《刑事审判参考》（总第 102 辑）。

1627 当事人双方已经公安、检察机关调解后又提起其他附带民事诉讼的处理

关键词 | 附带民事诉讼 | 调解 |

【最高人民法院司法解释】

第一百八十五条 侦查、审查起诉期间，有权提起附带民事诉讼的人提出赔偿要求，经公安机关、人民检察院调解，当事人双方已经达成协议并全部履行，被害人或者其法定代理人、近亲属又提起附带民事诉讼的，人民法院不予受理，但有证据证明调解违反自愿、合法原则的除外。

——《最高人民法院关于适用〈中华人民共和国刑事诉讼法〉的解释》(2021年3月1日,法释〔2021〕1号)。

【链接:理解与适用】

1. ……对在侦查、审查起诉期间,有权提起附带民事诉讼的人提出赔偿要求,已经公安机关、人民检察院记录在案的,只有在刑事案件起诉后,向人民法院依法提起附带民事诉讼的,人民法院才应当按附带民事诉讼案件受理。当然,人民法院受理刑事案件后,可以告知被害人或者其法定代理人、近亲属有权提起附带民事诉讼。

2. ……对此需要注意的是:

其一,如被告人已按调解协议约定,实际履行全部赔偿义务,则即使赔偿数额低于法律、司法解释规定的数额,人民法院也可以不受理被害人或者其法定代理人、近亲属提出的附带民事诉讼,除非有证据证明调解违反自愿、合法原则。

其二,如有证据证明调解协议的达成存在乘人之危(如利用被害方急需获得赔偿款用以支付医疗费用,而大大压低赔偿数额)、显失公平(如在造成人身伤害的情况下,约定的赔偿数额远不足以支付被害人的后续治疗费用)等问题,则应当认定调解违反自愿、合法原则,如被害人及其法定代理人、近亲属提起附带民事诉讼的,人民法院应当受理。

——江必新主编:《〈最高人民法院关于适用《中华人民共和国刑事诉讼法》的解释〉理解与适用》,中国法制出版社2013年版,第156—157页。

1628 被告人不构成犯罪,或者人民检察院撤回起诉的案件,对附带民事诉讼如何处理

关键词|附带民事诉讼|撤回起诉|不构成犯罪|

【最高人民法院司法解释】

第一百九十七条　人民法院认定公诉案件被告人的行为不构成犯罪,对已经提起的附带民事诉讼,经调解不能达成协议的,可以一并作出刑事附带民事判决,也可以告知附带民事原告人另行提起民事诉讼。

人民法院准许人民检察院撤回起诉的公诉案件,对已经提起的附带民事诉讼,可以进行调解;不宜调解或者经调解不能达成协议的,应当裁定驳回起诉,并告知附带民事诉讼原告人可以另行提起民事诉讼。

——《最高人民法院关于适用〈中华人民共和国刑事诉讼法〉的解释》(2021

年3月1日，法释〔2021〕1号）。

1629 附带民事诉讼原告人与共同犯罪中部分被告人达成调解协议的处理

关键词｜附带民事诉讼｜调解协议｜共同犯罪｜

【最高人民法院参考案例】

程文岗等故意伤害案（《刑事审判参考》案例第513号）

要旨：在刑事附带民事诉讼中，应当允许刑事附带民事诉讼原告人与部分被告人自愿达成调解协议，此种情形的调解宜采取部分撤诉的方式结案，对调解不成的其他被告人应当按照其应承担的赔偿份额依法作出判决。

一、应当允许刑事附带民事诉讼原告人与部分被告人自愿达成调解协议

我们认为，这种意见并不妥当，审判中应当允许原告人同部分有赔偿能力的被告人达成调解协议。主要考虑是：第一，在刑事附带民事诉讼中，要求共同被告人负连带责任是为了充分保障原告人实现其求偿权，但按照意思自治原则，原告人也有权处分自己的合法权益，可以放弃对部分被告人的赔偿要求及该部分被告人对其他被告人所承担的赔偿份额的连带责任。同时，原告人这样处分其权利后，其他被告人不再按照犯罪行为所造成的损失总额承担赔偿责任，而是对已扣除原告人放弃的赔偿份额后的赔偿数额承担责任，故不会损害其他共同被告人的利益。第二，实践中，部分被告人亲属之所以愿意与原告人达成赔偿协议，多是希望法院在量刑时对该被告人予以从轻处罚。如不允许原告人与部分被告人在判决前达成和解，因被告人本人并没有赔偿能力，其亲属在判决后也没有赔偿积极性，则原告人实际上丧失了获得赔偿的机会，反而不利于保障原告人的权益。由此可见，本着切实保障原告人权利的原则，可以允许原告人与部分有赔偿能力的被告人达成赔偿协议。同时，考虑到部分被告人在判决前作出的赔偿通常不是足额赔偿，原告人仍希望通过法院的判决从其他被告人处获得进一步赔偿，故法院对其他共同被告人应承担的相应民事赔偿责任仍应依法作出判决。

二、此种情形的调解宜采取部分撤诉的方式结案

依照刑事诉讼法和相关司法解释的规定，附带民事部分达成调解协议的，实践中有三种结案方式，即以调解笔录的方式结案、以刑事附带民事调解书方式结案和以原告人撤回附带民事诉讼方式结案。我们认为，附带民事诉讼原告人与部分被告人达成调解协议的，以调解笔录或调解书方式结案较难操作，因为全案附带民事诉讼并没有得到调解解决，在作出判决时仍要制作刑事附带民事诉讼判决书，对未

能调解的被告人所承担的份额进行判决,故宜以原告人对部分被告人撤诉的方式进行处理。具体操作上,原告人与部分被告人达成调解后,双方应签订调解协议,写明被告人向原告人赔偿的数额、方式以及原告人申请向法院撤回对该被告人的附带民事诉讼等内容。

对于附带民事诉讼原告人的撤诉申请,法院是否应进行审查及如何进行审查,刑事诉讼法及相关司法解释没有明确规定。我们认为,撤诉是当事人处分其诉讼权利的行为,但当事人必须在法律规定的范围内行使该项权利。民事诉讼法规定法院对原告人的撤诉申请有审查权,审理刑事附带民事诉讼案件也可参照该规定,对原告人的撤诉申请进行审查。审查内容一般包括撤诉申请是否系当事人的真实意思表示,是否有损社会公共利益和他人的合法权益等;在有多名共同诉讼人的场合,还应审查共同诉讼人是否一致同意申请撤诉。

对于准许撤诉的裁定,可以口头或者书面形式作出,口头裁定的,应当记录在案。在附带民事诉讼中,为提高诉讼效率,一般可以口头方式对撤诉申请作出裁定,如撤诉申请涉及的当事人情况较为复杂,有可能产生争议的,则应制作书面裁定书。对于口头裁定,应当制作准许撤诉笔录,写明原告人申请撤诉的内容,由法官宣布经审查该撤诉申请系当事人的真实意愿表示,符合法律规定,裁定准许撤诉,并由申请撤诉的原告人在笔录上签名确认。

三、对调解不成的其他被告人应当按照其应承担的赔偿份额依法作出判决

在附带民事诉讼原告人对部分被告人撤诉后,法院仍要制作刑事附带民事判决书,对没有达成调解的其他被告人作出民事赔偿判决。判决书也要对已经达成调解、原告人申请对部分被告人撤诉等情况完整地加以反映。在当事人基本情况部分,仍应完全列出附带民事诉讼被告人,包括已与原告人达成调解协议的被告人;在法院审理经过中,应写明附带民事诉讼原告人起诉、与部分被告人达成调解协议、原告人申请撤回部分起诉等情况;在控辩双方意见部分,对已经调解的被告人对附带民事诉讼的答辩意见,可不予表述;在审理查明部分,应对犯罪行为所造成的全部损失情况予以表述;在判决结果部分,应仅对未达成调解的其他被告人作出判决,判令连带承担扣除原告人申请撤诉部分后的赔偿额。对于各被告人的具体赔偿份额,应根据被告人在共同犯罪中的具体行为和责任大小予以确定;如各被告人地位、作用差别不明显,难以准确划分责任大小的,可判定各共同被告人承担同等赔偿责任。

——《刑事审判参考》(总第65辑)。

1630 附带民事诉讼原告人因部分被告人赔偿而对其撤诉后，其余被告人尚应承担赔偿责任的，应如何处理

关键词 | 附带民事诉讼 | 调解 | 撤诉 | 赔偿责任 |

【最高人民法院参考案例】

庞易浑等故意伤害案(《刑事审判参考》案例第 1171 号)

要旨:由于各被告人与附带民事诉讼原告人达成调解协议的实际赔偿数额各不相同,从而对同案其他被告人赔偿额所适用的计算方法亦相应不同,不能一概而论。

就本案而言,被告人庞易浑、庞盛文、李奉君伙同同案人许某某共同故意伤害他人,致郑中看死亡、杨宜杰重伤达九级伤残。郑中看之母陈秀英、杨宜杰均提起附带民事诉讼,要求三被告人及同案人许某某承担共同侵权赔偿责任。经审理查明,三被告人及同案人许某某应共同赔偿陈秀英经济损失 655131.05 元,赔偿杨宜杰经济损失 107810.03 元,并互负连带赔偿责任。同时,根据各被告人及同案人在共同犯罪中的地位、作用,庞易浑、庞盛文、李奉君、许某某均应分别承担死、伤者赔偿总额的 50%、30%、10%、10%的赔偿责任。在部分被告人、同案人赔偿,部分原告人撤回对部分被告人附带民事诉讼起诉的情况下,各被告人对陈秀英、杨宜杰的赔偿数额及连带责任的承担,应区分以下三种情形:

(一)被告人李奉君与附带民事诉讼原告人陈秀英达成调解协议,在李奉君的实际赔偿额不足其应承担的赔偿份额的情形下,其他被告人赔偿数额和连带责任的范围确定

根据法律规定,李奉君应按份赔偿给陈秀英 65513.11 元,并应对赔偿总额 655131.05 元负连带赔偿责任。但在案件审理过程中,李奉君及其亲属与附带民事诉讼原告人陈秀英达成调解协议,赔偿陈秀英经济损失 35000 元,陈秀英向法院申请撤回对李奉君附带民事诉讼的起诉。李奉君及其亲属赔偿之数额虽然不足李奉君按份应承担的数额,但鉴于陈秀英已对其表示谅解,并向法院申请撤诉,根据意思自治的原则及《最高人民法院关于审理人身损害赔偿案件适用法律若干问题的解释》第五条的规定,该情形可视为陈秀英在诉讼中放弃对李奉君的诉讼请求,则庞易浑、庞盛文、许某某可对李奉君应当承担的 10%的赔偿份额不再承担连带责任,只需共同赔偿陈秀英经济损失 655131.05 元的 90%,即 589617.95 元,并互负连带赔偿责任即可。

同样,由于陈秀英放弃对李奉君的诉讼请求,在执行程序中,如果其他被告人无能力赔偿自己应承担的赔偿份额,则侵权人李奉君也不再对其他被告人应承担的赔偿份额承担赔偿责任。

（二）被告人许某某与附带民事诉讼原告人杨宜杰达成调解协议，在许某某的实际赔偿额超出其应承担的赔偿份额的情形下，其他被告人赔偿数额和连带责任的范围确定

我们认为，如果某个被告人与原告人达成调解协议，且该被告人实际赔偿数额已超出其应承担的赔偿总额中的份额的，根据该被告人对超出其应承担份额的部分的不同意思表示，对其他被告人的赔偿数额确定亦应有两种不同处理结果：

1. 该被告人没有明确放弃对超出其本人应承担份额的追偿权的，对其赔偿超出其应承担份额的部分，可视为代其他被告人赔偿，其支付赔偿款后有权就超出本人应担份额的部分向其他被告人追偿；其他被告人则应就扣除该被告人已赔偿部分后的赔偿余额承担赔偿责任，并互负连带责任。

侵权责任法第十四条第二款明确规定："支付超出自己赔偿数额的连带责任人，有权向其他连带责任人追偿。"这里虽然未明确是否包括部分连带责任人在调解中支付超出其本人应赔偿份额的情形，但我们认为，该规定同样适用于本文所述情形。理由如下：首先，民事侵权赔偿的主要目的是恢复原状，弥补被害人的损失，即权利人实际损失多少，侵权人就赔偿多少，理论上称之为"填平原则"，附带民事赔偿亦遵循该原则，民事赔偿权利人不能因为损害赔偿而获利。其次，由于被告人赔偿被害人物质损失的情况直接影响到被告人悔罪表现的认定，法院在量刑时需结合赔偿情况予以考虑，故部分被告人的亲属往往争取在一审判决前与被害方达成调解协议，希望法院在对被告人量刑时能够予以从轻处罚。而此时由于判决未下，民事赔偿总额以及各被告人应承担的赔偿份额均未明确，部分被告人及其亲属对被告人应承担的赔偿权利义务也不一定了解，但为了能够与被害方达成调解协议，可能实际赔偿的数额超出被告人自己应承担的份额。这种情况不能一概视为被告人自由处分了自己的权益，仍应保障该部分被告人对赔偿超出其本人应承担份额的部分享有对其他被告人的追偿权，至于该部分被告人是否行使该追偿权，则属于其自由处分的权利。最后，保障该部分被告人的追偿权，亦是为了防止其他被告人逃避其应承担的民事赔偿责任。

本案中，同案人暨附带民事诉讼被告人许某某应按份赔偿给杨宜杰 10781 元，并应对赔偿总额 107810.03 元负连带赔偿责任。在案件审理过程中，许某某亲属自愿代许某某赔偿给杨宜杰经济损失人民币 45000 元，杨宜杰放弃对许某某的附带民事部分的追诉，双方达成调解协议。此时，许某某所赔偿的数额已超出其本人应承担的赔偿份额，对其他被告人的民事赔偿额的处理就应适用上述方法。即许某某虽然赔偿超出其本人承担的份额，但因其并没有明确放弃追偿权，可视为许某某代庞易浑、庞盛文、李奉君所赔，许某某可就超出其本人承担份

额部分的赔偿款向庞易浑、庞盛文、李奉君追偿,庞易浑、庞盛文、李奉君应就给杨宜杰造成的损失总额减去许某某已赔偿额的剩余部分承担共同赔偿责任,并互负连带赔偿责任。

2. 被告人如明确放弃对超出其本人应承担份额赔偿款的追偿权,则对其他被告人赔偿数额的计算与本文(一)相同,即其他被告人对该被告人应当承担的赔偿份额不再承担连带责任,只需共同赔偿给附带民事诉讼原告人赔偿总额扣除该被告人已赔偿额的剩余部分,并互负连带赔偿责任即可。

(三)被告人李奉君对附带民事诉讼原告人杨宜杰赔偿其本人应承担份额的一部分后,没有取得杨宜杰谅解而放弃对其追诉的,李奉君及其他被告人赔偿数额和连带责任范围的确定

本案中,李奉君亲属自愿代李奉君赔偿杨宜杰经济损失人民币5000元,但未能与杨宜杰达成调解协议,在这种情况下,其应与其他被告人继续共同赔偿剩余部分,并对该剩余部分互负连带赔偿责任。即先以赔偿总额107810.03元减去许某某赔偿的45000元,再减去李奉君所赔5000元,得57810.03元,即为被告人李奉君与庞易浑、庞盛文应共同赔偿给杨宜杰的经济损失,且三被告人对该57810.03元互负连带赔偿责任。综上,一审裁判适当。

——《刑事审判参考》(总第108辑)。

1631 二审期间提起附带民事诉讼的处理

关键词 | 附带民事诉讼 | 二审 |

【最高人民法院司法解释】

第一百九十八条 第一审期间未提起附带民事诉讼,在第二审期间提起的,第二审人民法院可以依法进行调解;调解不成的,告知当事人可以在刑事判决、裁定生效后另行提起民事诉讼。

——《最高人民法院关于适用〈中华人民共和国刑事诉讼法〉的解释》(2021年3月1日,法释〔2021〕1号)。

1632 一审判处被告人死刑(死缓)的刑事附带民事诉讼案件,仅有附带民事诉讼原告人提出上诉,应适用何种程序审理

关键词 | 附带民事诉讼 | 上诉 |

【最高人民法院司法解释】

根据《中华人民共和国刑事诉讼法》第一百八十六条[①]的规定，中级人民法院一审判处死刑的案件，被判处死刑的被告人未提出上诉，共同犯罪的其他被告人提出上诉的，高级人民法院应当适用第二审程序对全案进行审查，并对涉及死刑之罪的事实和适用法律依法开庭审理，一并处理。

根据《中华人民共和国刑事诉讼法》第二百条第一款[②]的规定，中级人民法院一审判处死刑的案件，被判处死刑的被告人未提出上诉，仅附带民事诉讼原告人提出上诉的，高级人民法院应当适用第二审程序对附带民事诉讼依法审理，并由同一审判组织对未提出上诉的被告人的死刑判决进行复核，作出是否同意判处死刑的裁判。

——《最高人民法院关于对被判处死刑的被告人未提出上诉、共同犯罪的部分被告人或者附带民事诉讼原告人提出上诉的案件应适用何种程序审理的批复》（2010 年 4 月 1 日，法释〔2010〕6 号）。

【最高人民法院参考案例】

李某故意杀人、故意伤害案（《刑事审判参考》案例第 1023 号）

要旨：一审判处被告人死缓的刑事附带民事诉讼案件，仅有附带民事诉讼原告人提出上诉的情形，对附带民事诉讼应当适用第二审程序依法审理，对刑事部分应当适用复核程序审理。

最高人民法院 2010 年 3 月 17 日发布的《关于对判处死刑的被告人未提出上诉、共同犯罪的部分被告人或者附带民事诉讼原告人提出上诉的案件应适用何种程序审理的批复》规定："……中级人民法院一审判处死刑的案件，被判处死刑的被告人未提出上诉，仅附带民事诉讼原告人提出上诉的，高级人民法院应当适用第二审程序对附带民事诉讼依法审理，并由同一审判组织对未提出上诉的被告人的死刑判决进行复核，作出是否同意判处死刑的裁判。"该批复针对的是死刑案件，但处理原则应当适用于死缓案件。

根据上述批复，中级人民法院一审判处被告人死缓的案件，被告人未提出上诉，检察机关亦未提出抗诉，仅有附带民事诉讼原告人提出上诉，高级人民法院应当适用第二审程序对附带民事诉讼依法审理，并由同一审判组织对未提出上诉的被告人死缓判决的刑事部分进行复核。本案中，H 省高级人民法院对全案适用第二审程序进行审理，明显违反了上述批复规定的程序。

---

① 2018 年修正的刑事诉讼法第二百三十三条。

② 2018 年修正的刑事诉讼法第二百四十七条第一款。

——《刑事审判参考》(总第100辑)。

1633 附带民事诉讼案件的时效应当遵从刑事诉讼追诉时效

关键词｜附带民事诉讼｜追诉时效｜

【最高人民法院参考案例】

张勇故意伤害案(《刑事审判参考》案例第418号)

要旨:附带民事诉讼案件的时效应当遵从刑事诉讼追诉时效。

我国刑事诉讼法第七十七条规定:“被害人由于被告人的犯罪行为而遭受物质损失的,在刑事诉讼过程中,有权提起附带民事诉讼。”这是针对刑事附带民事诉讼所规定的一种特殊时效。刑事案件发生后,大多数案件需要经过公安机关一段时期的侦查才能破案,抓获罪犯,进入刑事诉讼程序。此前,有的被害人可能已经明确知道了实施侵害行为的具体人,有的被害人可能并不清楚甚至根本不知道具体是谁侵犯了他的权利。后一种情形由于权利人尚未“知道或应当知道”具体侵害人,无法提起民事诉讼,其民事诉讼时效当然无从算起。而前一种情形(如本案),由于大多数普通公民并不十分了解诉讼法及具体诉讼程序,被害人往往会把提出民事赔偿权利的主张与报案等行为混为一谈,以为报了案,抓了人,就等着国家给他做主就行了。被害人在不十分清楚的情况下,产生这种想法也是很自然的。从这一角度讲,如果要求被害人此时即对刑事、民事诉讼时效作出明确无误的区分,从而判断自己应当何时向何机关主张自己的何种权利,显然有些不近情理。

犯罪行为具有较为严重的社会危害性,因此,刑事追诉时限规定得较长。在附带民事诉讼审理过程中,案件的管辖、审判组织、期间和送达、诉讼费用、起诉时间等规定,均应服从、受制于刑事诉讼。就附带民事诉讼案件起诉时间而言,根据该解释第八十九条“附带民事诉讼应当在刑事案件立案以后第一审判决宣告以前提起”的规定,被害人只要在一审判决宣告以前提起刑事附带民事诉讼,就应当认为是在“刑事诉讼过程中”提起的,就没有超出刑事附带民事诉讼提起的时效,而不必受民事诉讼时效的限制。刑事诉讼法之所以对提起附带民事诉讼规定了特殊时效,是为了最大限度地保护被害人与犯罪作斗争的积极性,最大限度地保障其合法权益不受犯罪侵害。

当然,如果被害人单独提起民事诉讼,则应当遵循民法关于诉讼时效的规定。但特别需要注意的是,对于因犯罪行为而造成的物质损失,不论是提起附带民事诉讼,还是单独提起民事诉讼,在对现行法律关于民事诉讼时效中止、中断规定的理解和适用上,既不能将民事诉讼时效中断的法定事由中的“提起诉讼”仅仅理解为提起独立的民事诉讼，而对于被害人向公安司法机关控告犯罪，或公安机关、检察机关在开始刑事诉讼程序后告知被害人，被害人向公安、检察机关提出赔偿的权利主张排除在外，也不能将因犯罪处于秘密状态，犯罪嫌疑人尚未查获，被害人只知权利被侵害，但不知侵害人是谁而不能主张权利的情况，排除在法律规定的中止诉讼时效的法定事由之外。

——《刑事审判参考》(总第53辑)。

七、期间、送达、审理期限

1634 刑期的计算规则

关键词 | 期间 | 刑期计算 |

【最高人民法院司法解释】

第二百零二条 以月计算的期间，自本月某日至下月同日为一个月；期限起算日为本月最后一日的，至下月最后一日为一个月；下月同日不存在的，自本月某日至下月最后一日为一个月；半个月一律按十五日计算。

以年计算的刑期，自本年本月某日至次年同月同日的前一日为一年；次年同月同日不存在的，自本年本月某日至次年同月最后一日的前一日为一年。以月计算的刑期，自本月某日至下月同日的前一日为一个月；刑期起算日为本月最后一日的，至下月最后一日的前一日为一个月；下月同日不存在的，自本月某日至下月最后一日的前一日为一个月；半个月一律按十五日计算。

——《最高人民法院关于适用〈中华人民共和国刑事诉讼法〉的解释》（2021年3月1日，法释〔2021〕1号）。

【链接：理解与适用】

《解释》第二百零二条第二款明确了刑期的计算规则，规定："以年计算的刑期，自本年本月某日至次年同月同日的前一日为一年；次年同月同日不存在的，自本年本月某日至次年同月最后一日的前一日为一年。以月计算的刑期，自本月某日至下月同日的前一日为一个月；刑期起算日为本月最后一日的，至下月最后一日的前一日为一个月；下月同日不存在的，自本月某日至下月最后一日的前一日为一个月；半个月一律按十五日计算。"

具体而言：（1）以年计算的刑期，"自本年本月某日至次年同月同日的前一日为一年"，如2016年3月31日至2017年3月30日为一年；"次年同月同日不存在的，自本年本月某日至次年同月最后一日的前一日为一年"，如2016年2月29日至2017年2月27日为一年。（2）以月计算的刑期，"自本月某日至下月同日的前一日为一个月"，如4月15日至5月14日为一个月（30天），5月15日至6月14日也为一个月（31天）；刑期起算日为本月最后一日的，至下月最后一日的前一日为一个月，如4月30日至5月29日为一个月(30天)；下月同日不存在的，自本月某日至下月最后一日的前一日为一个月，如5月31日至6月29日为一个月(30天)，平年的1月31日至2月27日为一个月(28天)，闰年的1月31日至2月28日为一个月(29天)。

——《起草小组解读：〈刑事诉讼法解释〉理解与适用(上)》，载中国法院网2021年2月4日，https://www.chinacourt.org/article/detail/2021/02/id/5796152.shtml。

1635 指定管辖案件的审理期限的起算

关键词｜审理期限｜指定管辖｜

【最高人民法院司法解释】

第二百零九条　指定管辖案件的审理期限，自被指定管辖的人民法院收到指定管辖决定书和案卷、证据材料之日起计算。

——《最高人民法院关于适用〈中华人民共和国刑事诉讼法〉的解释》(2021年3月1日，法释〔2021〕1号)。

【链接：理解与适用】

从司法实践来看，指定管辖案件，一般是上级法院作出指定管辖决定后，公诉机关才开始将案卷移送给人民法院立案庭进行审查，二者之间相隔的时间有时候长达两三个月。因此，对于指定管辖的案件，不能自被指定管辖的人民法院收到上级人民法院指定管辖决定书之日起计算审理期限，而是应当在指定管辖决定书和有关案卷、证据材料均收到之日起开始计算。

——江必新主编：《〈最高人民法院关于适用《中华人民共和国刑事诉讼法》的解释〉理解与适用》，中国法制出版社2013年版，第172页。

1636 上一级法院批准延长审限的规则

关键词｜审理期限｜延长审限｜

【最高人民法院司法解释】

第二百一十条　对可能判处死刑的案件或者附带民事诉讼的案件，以及有刑事诉讼法第一百五十八条规定情形之一的案件，上一级人民法院可以批准延长审理期限一次，期限为三个月。因特殊情况还需要延长的，应当报请最高人民法院批准。

申请批准延长审理期限的，应当在期限届满十五日以前层报。有权决定的人民法院不同意的，应当在审理期限届满五日以前作出决定。

因特殊情况报请最高人民法院批准延长审理期限，最高人民法院经审查，予以批准的，可以延长审理期限一至三个月。期限届满案件仍然不能审结的，可以再次提出申请。

——《最高人民法院关于适用〈中华人民共和国刑事诉讼法〉的解释》（2021年3月1日，法释〔2021〕1号）。

【链接：理解与适用】

征求意见过程中，有意见提出，关于延长审限问题。2012年刑事诉讼法解决了长期困扰刑事审判的审限不够这一"老大难"问题。但在执行过程中，由于刑事诉讼法没有明确规定上级法院尤其是高院审批延长审限的次数，一些地方自行决定高院可以审批两次，或者在延期审理后又延长审限两次，影响了法律适用的严肃性。基于此，建议对高院批准延长审限的次数作出明确规定。经研究认为，刑事诉讼法第二百零八条明确规定："人民法院审理公诉案件，应当在受理后二个月以内宣判，至迟不得超过三个月。对于可能判处死刑的案件或者附带民事诉讼的案件，以及有本法第一百五十八条规定情形之一的，经上一级人民法院批准，可以延长三个月；因特殊情况还需要延长的，报请最高人民法院批准。"据此明显可见，高级人民法院只能批准延长一次审限。因此，根据上述意见，《解释》第二百一十条第一款规定："对可能判处死刑的案件或者附带民事诉讼的案件，以及有刑事诉讼法第一百五十八条规定情形之一的案件，上一级人民法院可以批准延长审理期限一次，期限为三个月。因特殊情况还需要延长的，应当报请最高人民法院批准。"

——《起草小组解读：〈刑事诉讼法解释〉理解与适用（上）》，载中国法院网2021年2月4日，https://www.chinacourt.org/article/detail/2021/02/id/5796152.shtml。

第三章 | CHAPTER 03

审判

一、审判组织

1637 一审刑事案件，由审判员和人民陪审员组成合议庭审判的情形

关键词｜审判组织｜七人合议庭｜人民陪审员｜

【最高人民法院司法解释】

第二百一十三条　基层人民法院、中级人民法院、高级人民法院审判下列第一审刑事案件，由审判员和人民陪审员组成合议庭进行：

（一）涉及群体利益、公共利益的；

（二）人民群众广泛关注或者其他社会影响较大的；

（三）案情复杂或者有其他情形，需要由人民陪审员参加审判的。

基层人民法院、中级人民法院、高级人民法院审判下列第一审刑事案件，由审判员和人民陪审员组成七人合议庭进行：

（一）可能判处十年以上有期徒刑、无期徒刑、死刑，且社会影响重大的；

（二）涉及征地拆迁、生态环境保护、食品药品安全，且社会影响重大的；

（三）其他社会影响重大的。

——《最高人民法院关于适用〈中华人民共和国刑事诉讼法〉的解释》（2021年3月1日，法释〔2021〕1号）。

1638 人民陪审员参与审判的职责

关键词｜审判组织｜人民陪审员｜

【最高人民法院司法解释】

第二百一十五条　人民陪审员参加三人合议庭审判案件，应当对事实认定、法律适用独立发表意见，行使表决权。

人民陪审员参加七人合议庭审判案件，应当对事实认定独立发表意见，并与审判员共同表决；对法律适用可以发表意见，但不参加表决。

——《最高人民法院关于适用〈中华人民共和国刑事诉讼法〉的解释》（2021

年3月1日，法释〔2021〕1号）。

第九条 七人合议庭开庭前，应当制作事实认定问题清单，根据案件具体情况，区分事实认定问题与法律适用问题，对争议事实问题逐项列举，供人民陪审员在庭审时参考。事实认定问题和法律适用问题难以区分的，视为事实认定问题。

第十三条 七人合议庭评议时，审判长应当归纳和介绍需要通过评议讨论决定的案件事实认定问题，并列出案件事实问题清单。

人民陪审员全程参加合议庭评议，对于事实认定问题，由人民陪审员和法官在共同评议的基础上进行表决。对于法律适用问题，人民陪审员不参加表决，但可以发表意见，并记录在卷。

——《最高人民法院关于适用〈中华人民共和国人民陪审员法〉若干问题的解释》（2019年5月1日，法释〔2019〕5号）。

【最高人民法院司法文件】

11. 人民陪审员是否可以参加案件执行工作？

答：根据《人民陪审员法》，人民陪审员参加第一审刑事、民事、行政案件的审判。人民法院不得安排人民陪审员参加案件执行工作。

13. 根据《最高人民法院关于适用〈中华人民共和国人民陪审员法〉若干问题的解释》，七人合议庭开庭前和评议时，应当制作事实认定问题清单。审判实践中，如何制作事实认定问题清单？

答：事实认定问题清单应当立足全部案件事实，重点针对案件难点和争议的焦点内容。刑事案件中，可以以犯罪构成要件事实为基础，主要包括构成犯罪的事实、不构成犯罪的事实，以及有关量刑情节的事实等。……

14. 合议庭评议案件时，人民陪审员和法官可否分组分别进行评议、表决？

答：合议庭评议案件时，人民陪审员和法官应当共同评议、表决，不得分组进行。

——《最高人民法院、司法部关于印发〈《中华人民共和国人民陪审员法》实施中若干问题的答复〉的通知》（2020年8月11日，法发〔2020〕29号）。

1639 提交审委会讨论决定的案件范围

关键词 | 审判组织 | 审判委员会 |

【最高人民法院司法解释】

第二百一十六条　合议庭审理、评议后，应当及时作出判决、裁定。

对下列案件，合议庭应当提请院长决定提交审判委员会讨论决定：

（一）高级人民法院、中级人民法院拟判处死刑立即执行的案件，以及中级人民法院拟判处死刑缓期执行的案件；

（二）本院已经发生法律效力的判决、裁定确有错误需要再审的案件；

（三）人民检察院依照审判监督程序提出抗诉的案件。

对合议庭成员意见有重大分歧的案件、新类型案件、社会影响重大的案件以及其他疑难、复杂、重大的案件，合议庭认为难以作出决定的，可以提请院长决定提交审判委员会讨论决定。

人民陪审员可以要求合议庭将案件提请院长决定是否提交审判委员会讨论决定。

对提请院长决定提交审判委员会讨论决定的案件，院长认为不必要的，可以建议合议庭复议一次。

独任审判的案件，审判员认为有必要的，也可以提请院长决定提交审判委员会讨论决定。

——《最高人民法院关于适用〈中华人民共和国刑事诉讼法〉的解释》（2021年3月1日，法释〔2021〕1号）。

【链接：理解与适用】

主要是死缓案件应否提交审委会讨论决定。《最高人民法院关于健全完善人民法院审判委员会工作机制的意见》（法发〔2019〕20号，以下简称《审委会意见》）第八条列明了“应当提交审委会讨论决定”的案件范围，规定：“高级人民法院、中级人民法院拟判处死刑的案件，应当提交本院审判委员会讨论决定。”最高人民法院审管办负责人在关于该意见的“答记者问”中指出：“高级人民法院、中级人民法院拟判处死刑的案件，既包括拟判处死刑立即执行的案件，也包括拟判处死刑缓期二年执行的案件。”征求意见过程中，多数意见提出，死刑缓期二年执行的案件数量较多，一律提请审判委员会讨论决定，工作量倍增，实难做到。而且，以往死缓案件不提交审判委员会讨论，未发现存在问题。经综合考虑有关因素，《解释》第二百一十六条第二款对《审委会意见》第八条的规定作出调整，规定：“对下列案件，合议庭应当提请院长决定提交审判委员会讨论决定：（一）高级人民法院、中级人民法院拟判处死刑立即执行的案件，以及中级人民法院拟判处死刑缓期执行的案件；（二）本院已经发生法律效力的判决、裁定确有错误需要再审的案件；（三）人民检察院依照审判监督程序提出抗诉的案件。”

此外，关于《审委会意见》第八条明确规定应当提交审委会讨论决定的“涉及国家安全、外交、社会稳定等敏感案件和重大、疑难、复杂案件”“法律适用规则不明的新类型案件”“拟宣告被告人无罪的案件”“拟在法定刑以下判处刑罚或者免予刑事处罚的案件”，《解释》第二百一十六条第二款亦未明确规定为应当提交审委会讨论决定的情形，确有必要的，可以纳入第三款“对合议庭成员意见有重大分歧的案件、新类型案件、社会影响重大的案件以及其他疑难、复杂、重大的案件，合议庭认为难以作出决定的，可以提请院长决定提交审判委员会讨论决定”的情形。这一修改主要有如下考虑：(1)在司法解释中过多列举应当提交审委会讨论的情形，恐会导致对合议庭独立审理案件的质疑，难以保证效果。(2)据了解，各地法院对提交审委会讨论决定的案件范围往往有细化规定，《解释》不作明确规定，亦不会导致滥用。

——《起草小组解读：〈刑事诉讼法解释〉理解与适用(上)》，载中国法院网 2021 年 2 月 4 日，https://www.chinacourt.org/article/detail/2021/02/id/5796152.shtml。

二、公诉案件第一审普通程序

（一）审查受理与庭前准备

1640 公诉案件庭前审查的内容和审查后的处理

关键词｜起诉书｜自诉｜管辖｜

【最高人民法院司法解释】

第二百一十八条　对提起公诉的案件，人民法院应当在收到起诉书（一式八份，每增加一名被告人，增加起诉书五份）和案卷、证据后，审查以下内容：

（一）是否属于本院管辖；

（二）起诉书是否写明被告人的身份，是否受过或者正在接受刑事处罚、行政处罚、处分，被采取留置措施的情况，被采取强制措施的时间、种类、羁押地点，犯罪的时间、地点、手段、后果以及其他可能影响定罪量刑的情节；有多起犯罪事实的，是否在起诉书中将事实分别列明；

（三）是否移送证明指控犯罪事实及影响量刑的证据材料，包括采取技术调查、侦查措施的法律文书和所收集的证据材料；

（四）是否查封、扣押、冻结被告人的违法所得或者其他涉案财物，查封、扣押、冻结是否逾期；是否随案移送涉案财物、附涉案财物清单；是否列明涉案财物权属情况；是否就涉案财物处理提供相关证据材料；

（五）是否列明被害人的姓名、住址、联系方式；是否附有证人、鉴定人名单；是否申请法庭通知证人、鉴定人、有专门知识的人出庭，并列明有关人员的姓名、性别、年龄、职业、住址、联系方式；是否附有需要保护的证人、鉴定人、被害人名单；

（六）当事人已委托辩护人、诉讼代理人或者已接受法律援助的，是否列明辩护人、诉讼代理人的姓名、住址、联系方式；

（七）是否提起附带民事诉讼；提起附带民事诉讼的，是否列明附带民事诉讼当事人的姓名、住址、联系方式等，是否附有相关证据材料；

（八）监察调查、侦查、审查起诉程序的各种法律手续和诉讼文书是否齐全；

（九）被告人认罪认罚的，是否提出量刑建议、移送认罪认罚具结书等材料；

（十）有无刑事诉讼法第十六条第二项至第六项规定的不追究刑事责任的情形。

第二百一十九条 人民法院对提起公诉的案件审查后，应当按照下列情形分别处理：

（一）不属于本院管辖的，应当退回人民检察院；

（二）属于刑事诉讼法第十六条第二项至第六项规定情形的，应当退回人民检察院；属于告诉才处理的案件，应当同时告知被害人有权提起自诉；

（三）被告人不在案的，应当退回人民检察院；但是，对人民检察院按照缺席审判程序提起公诉的，应当依照本解释第二十四章的规定作出处理；

（四）不符合前条第二项至第九项规定之一，需要补充材料的，应当通知人民检察院在三日以内补送；

（五）依照刑事诉讼法第二百条第三项规定宣告被告人无罪后，人民检察院根据新的事实、证据重新起诉的，应当依法受理；

（六）依照本解释第二百九十六条规定裁定准许撤诉的案件，没有新的影响定罪量刑的事实、证据，重新起诉的，应当退回人民检察院；

（七）被告人真实身份不明，但符合刑事诉讼法第一百六十条第二款规定的，应当依法受理。

对公诉案件是否受理，应当在七日以内审查完毕。

——《最高人民法院关于适用〈中华人民共和国刑事诉讼法〉的解释》（2021年3月1日，法释〔2021〕1号）。

【链接：理解与适用】

司法实践中需要准确把握庭前审查权责。法律规定，人民法院对提起公诉的案件进行审查后，对于起诉书中有明确的指控犯罪事实的，应当决定开庭。《最高人民法院、最高人民检察院、公安部、国家安全部、司法部、全国人大常委会法制工作委员会关于实施刑事诉讼法若干问题的规定》第二十五条第一款再次重申：对于人民检察院提起公诉的案件，人民法院都应当受理。人民法院对提起公诉的案件进行审查后，对于起诉书中有明确的指控犯罪事实并且附有案卷材料、证据的，应当决定开庭审判，不得以上述材料不充足为由而不开庭审判。如果人民检察院移送的材料中缺少上述材料的，人民法院可以通知人民检察院补充材料，人民检察院应当自收到通知之日起三日内补送。这表明在立案审查阶段，人民法院对公诉案件的审理，不是实体审查，仍然是程序审查。按照现行立法规定，人民法院对于人民检察院提起公诉的案件，没有驳回起诉的权力，即没有不立案审理的权力，所以，只要起诉书中有明确的指控犯罪事实，就应当决定开庭审判，而不能以材料不全、证据不足等理由不受理案件。当然，对于人民检察院应当移送的材料、证据而未移送的，可以要求人民检察院补送。

——江必新主编：《〈最高人民法院关于适用《中华人民共和国刑事诉讼法》的解释〉理解与适用》，中国法制出版社2013年版，第184页。

【最高人民法院司法文件】

25. 刑事诉讼法第一百八十一条[①]规定："人民法院对提起公诉的案件进行审查后，对于起诉书中有明确的指控犯罪事实的，应当决定开庭审判。"对于人民检察院提起公诉的案件，人民法院都应当受理。人民法院对提起公诉的案件进行审查后，对于起诉书中有明确的指控犯罪事实并且附有案卷材料、证据的，应当决定开庭审判，不得以上述材料不充足为由而不开庭审判。如果人民检察院移送的材料中缺少上述材料的，人民法院可以通知人民检察院补充材料，人民检察院应当自收到通知之日起三日内补送。

人民法院对提起公诉的案件进行审查的期限计入人民法院的审理期限。

——《最高人民法院、最高人民检察院、公安部、国家安全部、司法部、全国人大常委会法制工作委员会关于实施刑事诉讼法若干问题的规定》(2013年1月1日)。

1641 对提起公诉案件的并案或者分案处理规则

关键词｜并案｜分案｜

【最高人民法院司法解释】

第二百二十条　对一案起诉的共同犯罪或者关联犯罪案件，被告人人数众多、案情复杂，人民法院经审查认为，分案审理更有利于保障庭审质量和效率的，可以分案审理。分案审理不得影响当事人质证权等诉讼权利的行使。

对分案起诉的共同犯罪或者关联犯罪案件，人民法院经审查认为，合并审理更有利于查明案件事实、保障诉讼权利、准确定罪量刑的，可以并案审理。

——《最高人民法院关于适用〈中华人民共和国刑事诉讼法〉的解释》(2021年3月1日，法释〔2021〕1号)。

【链接：理解与适用】

同案同审是诉讼的一般原则。但从实践看，有的案件，同案被告人多达几十人

---

① 2018年修正的刑事诉讼法第一百八十六条。

甚至上百人，如作为一个案件审理，势必会大大加长诉讼周期，既影响庭审质量和效率，也会大大增加当事人等诉讼参与人的诉累。对此类案件，分案审理，有其现实必要性。但是，分案审理不能随意为之，更不能通过分案审理的方式变相剥夺当事人质证权。为规范分案处理问题，《解释》增设第二百二十条，规定："对一案起诉的共同犯罪或者关联犯罪案件，被告人人数众多、案情复杂，人民法院经审查认为，分案审理更有利于保障庭审质量和效率的，可以分案审理。分案审理不得影响当事人质证权等诉讼权利的行使。"同时，在《解释》第二百六十九条进一步规定："审理过程中，法庭认为有必要的，可以传唤同案被告人、分案审理的共同犯罪或者关联犯罪案件的被告人等到庭对质。"

实践中，还存在起诉分案不当的现象，即本应作为一案起诉、一案审理的案件被分拆为两个甚至多个案件起诉。为此，《解释》第二百二十条并规定："对分案起诉的共同犯罪或者关联犯罪案件，人民法院经审查认为，合并审理更有利于查明案件事实、保障诉讼权利、准确定罪量刑的，可以并案审理。"

征求意见过程中，有意见建议明确分案审理或者并案审理的具体操作事宜。经研究认为，相关问题可以在司法实践裁量把握。对此，可以协商人民检察院合并或者分别起诉；人民法院在职责范围内并案或者分案的，通常可以采取决定的方式。

——《起草小组解读：〈刑事诉讼法解释〉理解与适用（上）》，载中国法院网 2021 年 2 月 4 日，https://www.chinacourt.org/article/detail/2021/02/id/5796152.shtml。

1642 开庭审理前通知出庭的规则

关键词 | 通知出庭 | 涉众型犯罪 |

【最高人民法院司法解释】

第二百二十一条 开庭审理前，人民法院应当进行下列工作：

（一）确定审判长及合议庭组成人员；

（二）开庭十日以前将起诉书副本送达被告人、辩护人；

（三）通知当事人、法定代理人、辩护人、诉讼代理人在开庭五日以前提供证人、鉴定人名单，以及拟当庭出示的证据；申请证人、鉴定人、有专门知识的人出庭的，应当列明有关人员的姓名、性别、年龄、职业、住址、联系方式；

（四）开庭三日以前将开庭的时间、地点通知人民检察院；

（五）开庭三日以前将传唤当事人的传票和通知辩护人、诉讼代理人、法定代理人、证人、鉴定人等出庭的通知书送达；通知有关人员出庭，也可以采取电话、短信、传真、电子邮件、即时通讯等能够确认对方收悉的方式;对被害人人数众多的涉众型犯罪案件,可以通过互联网公布相关文书,通知有关人员出庭;

(六)公开审理的案件,在开庭三日以前公布案由、被告人姓名、开庭时间和地点。

上述工作情况应当记录在案。

——《最高人民法院关于适用〈中华人民共和国刑事诉讼法〉的解释》(2021年3月1日,法释〔2021〕1号)。

【链接:理解与适用】

《解释》第二百二十一条第一款第(五)项……原本拟对开庭三日以前送达传票作例外规定,即在该项开始部分增加规定“除羁押的被告人外”。主要考虑:对被告人羁押在案的,可以确保其按时参加庭审活动,故无须在开庭三日以前送达传票,实践中通常也难以做到。征求意见过程中,有意见提出,刑事诉讼法第一百八十七条第三款规定,人民法院确定开庭日期后,应当传唤当事人,通知辩护人、诉讼代理人、证人、鉴定人和翻译人员,传票和通知书至迟在开庭三日以前送达。法律没有规定被羁押的被告人可以不适用上述规定,司法解释不应对被羁押的被告人作出例外规定。此外,也有意见提出,被告人被羁押,对其具体开庭日期也应有所期待及具体准备,比如自行辩护和最后陈述等,如不提前通知,不利于保障被告人诉权。经研究,采纳上述意见,未再作出修改。

征求意见过程中,有意见提出,《解释》第二百二十一条规定中的当事人包括被害人、自诉人、犯罪嫌疑人、被告人、附带民事诉讼的原告人和被告人,实践中特别是网络诈骗案件等,被害人往往分布在全国各地,涉案人数众多,通知被害人难度大。另外,如盗窃等侵犯财产类案件,除了被告人有能力退赔外,通知被害人并无现实意义,如果所有案件均按照该条规定通知被害人,将会增加诉讼成本,浪费司法资源,且无实际意义。基于此,建议分别针对不同案件类别作出区分规定。经研究,根据上述意见,本项原则规定“对被害人人数众多的涉众型犯罪案件,可以通过互联网公布相关文书,通知有关人员出庭”。

——《起草小组解读:〈刑事诉讼法解释〉理解与适用(上)》,载中国法院网2021年2月4日,https://www.chinacourt.org/article/detail/2021/02/id/5796152.shtml。

1643 不公开审理案件允许旁听的例外规则

关键词|公开审判|不公开审理|

【最高人民法院司法解释】

第二百二十二条 审判案件应当公开进行。

案件涉及国家秘密或者个人隐私的，不公开审理；涉及商业秘密，当事人提出申请的，法庭可以决定不公开审理。

不公开审理的案件，任何人不得旁听，但具有刑事诉讼法第二百八十五条规定情形的除外。

第二百二十三条 精神病人、醉酒的人、未经人民法院批准的未成年人以及其他不宜旁听的人不得旁听案件审理。

——《最高人民法院关于适用〈中华人民共和国刑事诉讼法〉的解释》（2021年3月1日，法释〔2021〕1号）。

【链接：理解与适用】

《2012年解释》第一百八十六条第三款规定："不公开审理的案件，任何人不得旁听，但法律另有规定的除外。"该款对不公开审理案件任何人不得旁听作了例外规定，源自刑事诉讼法第二百八十五条关于"审判的时候被告人不满十八周岁的案件，不公开审理。但是，经未成年被告人及其法定代理人同意，未成年被告人所在学校和未成年人保护组织可以派代表到场"的规定。《解释》第二百二十二条第三款对表述作了调整，规定："不公开审理的案件，任何人不得旁听，但具有刑事诉讼法第二百八十五条规定情形的除外。"

征求意见过程中，有意见提出，关于"不公开审理的案件，任何人不得旁听"，实践中经常出现被害人死亡的，被害人近亲属申请旁听的问题。对此，有些法院在近亲属提起附带民事诉讼的情况下，同意其作为附带民事诉讼原告人参加诉讼；而在未起诉的情况下则不允许。被害人近亲属旁听庭审的权利不应因其是否提起民事诉讼而有区别。根据人之常情，被害人的个人隐私可能对于父母、夫妻未必是隐私，"任何人不得旁听"过于绝对。故建议规定"有关个人隐私的案件，当事人均同意公开审理的，可以公开审理。案件涉及已死亡的被害人的隐私，其近亲属申请旁听的，是否准许由合议庭根据保护被害人隐私的原则决定"。经研究认为，上述意见确有道理。一般认为，涉及被害人隐私的案件，是否不公开审理，是被害人的权利，应当充分考虑被害人一方的意愿。对于涉及已死亡被害人个人隐私的案件，在被害人近亲属没有通过提起附带民事诉讼的方式参与庭审的情况下，应当要考虑被害人近亲属对案件审理进程的特殊关切，将其一律排除在庭审之外，有违情理。但是，从实际考虑，此类案件被害人近亲属往往情绪比较激烈，特别是在庭审过程当中，还可能因为示证、质证、辩论等遭受二次伤害，可能不利于审判顺利进行。鉴于所涉问题较为复杂,且认识尚不统一,最终未作明确规定。

——《起草小组解读:〈刑事诉讼法解释〉理解与适用(上)》,载中国法院网 2021 年 2 月 4 日,https://www.chinacourt.org/article/detail/2021/02/id/5796152.shtml。

1644 被害人推选代表人参加庭审的规则

关键词 | 被害人 | 附带民事诉讼 | 代表人 |

【最高人民法院司法解释】

第二百二十四条　被害人人数众多,且案件不属于附带民事诉讼范围的,被害人可以推选若干代表人参加庭审。

——《最高人民法院关于适用〈中华人民共和国刑事诉讼法〉的解释》(2021 年 3 月 1 日,法释〔2021〕1 号)。

【链接:理解与适用】

当前,涉众型犯罪案件日益增多。有的案件被害人人数成千上万,均到庭参与庭审显然不符合实际,也没有必要。鉴于此,借鉴民事诉讼集团诉讼的原理,吸收司法实践经验,《解释》第二百二十四条规定:"被害人人数众多,且案件不属于附带民事诉讼范围的,被害人可以推选若干代表人参加庭审。"

本条原本拟规定所涉情形,"被害人可以推选若干代表人参加或者旁听庭审,人民法院也可以指定若干代表人"。征求意见过程中,有意见提出,根据刑事诉讼法的有关规定,被害人是刑事诉讼的当事人,参加庭审是被害人的诉讼权利。刑事诉讼法没有规定代表人诉讼制度。规定被害人由若干代表人参加诉讼或者旁听庭审,涉及对被害人参加庭审的权利的限制,没有法律依据。经研究,根据上述意见对本条表述作了相应调整,删去了"人民法院也可以指定若干代表人"的表述,规定此种情形下被害人可以推选若干代表人参加庭审。当然,关于具体推选方式,实践中可以裁量把握;确实难以确定的,也可以采用摇号等推选方式。

——《起草小组解读:〈刑事诉讼法解释〉理解与适用(上)》,载中国法院网 2021 年 2 月 4 日,https://www.chinacourt.org/article/detail/2021/02/id/5796152.shtml。

(二)庭前会议与庭审衔接

1645 庭前会议的适用范围

关键词｜庭前会议｜社会影响重大｜

【最高人民法院司法解释】

第二百二十六条 案件具有下列情形之一的，人民法院可以决定召开庭前会议：

（一）证据材料较多、案情重大复杂的；

（二）控辩双方对事实、证据存在较大争议的；

（三）社会影响重大的；

（四）需要召开庭前会议的其他情形。

——《最高人民法院关于适用〈中华人民共和国刑事诉讼法〉的解释》（2021年3月1日，法释〔2021〕1号）。

【最高人民法院司法文件】

第一条第一款 人民法院适用普通程序审理刑事案件，对于证据材料较多、案情疑难复杂、社会影响重大或者控辩双方对事实证据存在较大争议等情形的，可以决定在开庭审理前召开庭前会议。

——《人民法院办理刑事案件庭前会议规程（试行）》（2018年1月1日，法发〔2017〕31号）。

【链接：理解与适用】

1. 证据材料较多，案情疑难复杂的案件。如：涉及多个罪名、多起事实或者多名被告人的黑社会性质组织犯罪案件、经济犯罪案件等，庭审的事实、证据调查工作量较大，有必要召开庭前会议整理事实、证据争点。通过庭前会议有效区分存在争议和无争议的事实、证据，能够确保庭审更具针对性，大幅度提高庭审效率。

2. 社会影响重大，舆论广泛关注的案件。一些案件事实并不复杂，当事人争议也不大，但案件本身由于当事人身份、案件后果等因素引起社会普遍关注。此类案件通常需要制定周密的庭审预案，因此有必要召开庭前会议就相关问题听取相关当事人等的意见，确保庭审顺利进行，在确保程序公正的同时充分发挥庭审的法制宣传教育功能。

3. 控辩双方对事实证据存在较大争议的案件。此类案件召开庭前会议,一方面可以听取控辩双方对事实证据的意见,整理案件争议焦点,另一方面控辩双方经过庭前会议初次交锋,互相明了对方观点,也能在庭前会议后为庭审辩论做好充分准备,实现控辩双方平等、有效对抗,有利于提高庭审质量。

——戴长林、鹿素勋:《人民法院办理刑事案件庭前会议规程(试行)理解与适用》,载《人民法院报》2018 年 1 月 31 日,第 6 版。

1646 庭前会议的申请启动

关键词｜庭前会议｜申请启动｜

【最高人民法院司法解释】

第二百二十七条　控辩双方可以申请人民法院召开庭前会议,提出申请应当说明理由。人民法院经审查认为有必要的,应当召开庭前会议;决定不召开的,应当告知申请人。

——《最高人民法院关于适用〈中华人民共和国刑事诉讼法〉的解释》(2021 年 3 月 1 日,法释〔2021〕1 号)。

【最高人民法院司法文件】

第一条第二款、第三款　控辩双方可以申请人民法院召开庭前会议。申请召开庭前会议的,应当说明需要处理的事项。人民法院经审查认为有必要的,应当决定召开庭前会议;决定不召开庭前会议的,应当告知申请人。

被告人及其辩护人在开庭审理前申请排除非法证据,并依照法律规定提供相关线索或者材料的,人民法院应当召开庭前会议。

——《人民法院办理刑事案件庭前会议规程(试行)》(2018 年 1 月 1 日,法发〔2017〕31 号)。

1647 庭前会议的召开方式、时间、地点

关键词｜庭前会议｜不公开｜

【最高人民法院司法解释】

第二百三十一条　庭前会议一般不公开进行。

根据案件情况，庭前会议可以采用视频等方式进行。

——《最高人民法院关于适用〈中华人民共和国刑事诉讼法〉的解释》（2021年3月1日，法释〔2021〕1号）。

【最高人民法院司法文件】

第五条 庭前会议一般不公开进行。

根据案件情况，庭前会议可以采用视频会议等方式进行。

第六条 根据案件情况，庭前会议可以在开庭审理前多次召开；休庭后，可以在再次开庭前召开庭前会议。

第七条 庭前会议应当在法庭或者其他办案场所召开。被羁押的被告人参加的，可以在看守所办案场所召开。

被告人参加庭前会议，应当有法警在场。

——《人民法院办理刑事案件庭前会议规程（试行）》（2018年1月1日，法发〔2017〕31号）。

1648 庭前会议的主持人和参加人员

关键词 | 庭前会议 | 公诉人 | 辩护人 | 非法证据排除 |

【最高人民法院司法解释】

第二百三十条 庭前会议由审判长主持，合议庭其他审判员也可以主持庭前会议。

召开庭前会议应当通知公诉人、辩护人到场。

庭前会议准备就非法证据排除了解情况、听取意见，或者准备询问控辩双方对证据材料的意见的，应当通知被告人到场。有多名被告人的案件，可以根据情况确定参加庭前会议的被告人。

——《最高人民法院关于适用〈中华人民共和国刑事诉讼法〉的解释》（2021年3月1日，法释〔2021〕1号）。

【链接：理解与适用】

6. 关于庭前会议的参加人员范围

关于本条第一款，将《庭前会议规程》第三条第一款规定的“庭前会议由承办法官主持，其他合议庭成员也可以主持或者参加庭前会议。根据案件情况，承办法官可以指导法官助理主持庭前会议”修改为“庭前会议由审判长主持，合议庭其他审判员也可以主持庭前会议”。需要注意的是:(1)合议庭的人民陪审员主持庭前会议并不适宜,故将庭前会议的主持人限定为“审判长”或者“合议庭其他审判员”。但是,人民陪审员可以参加庭前会议。(2)对于法官助理是否可以主持庭前会议,存在不同认识。有意见建议明确,根据合议庭审判长授权,法官助理可以主持或参加庭前会议。理由是:应当发挥法官助理作用,且法官助理主持或参与庭前会议,可以分担法官工作,保障法官专注审判核心事务。因庭前会议可能涉及解决可能中断庭审的程序性问题、审查证据资格等问题,由法官助理主持庭前会议可以处理简单的程序性问题,同时可以一定程度上阻断非法证据对合议庭可能造成的影响,因此在承办法官的指导下完全可以由法官助理主持庭前会议。故应将法官助理在具体案件中是否可以主持庭前会议交由法官决定。而且,这也有利于法官助理的培养。另有意见则建议,法官助理不能主持庭前会议。理由是:法官助理不属于合议庭组成人员,庭前会议是解决争议的重要程序,是审判的重要组成部分,庭前会议可以根据查明情况作出相关处理决定,所涉及的问题法官助理均无权决定并答复。经研究认为,刑事诉讼法明确规定,庭前会议由审判人员召集,法官助理属于审判辅助人员,不属于“审判人员”,不宜由其主持庭前会议。

关于本条第三款,征求意见过程中,有意见建议明确被告人应当参加庭前会议。理由是:庭前会议处理涉及被告人权利等一系列重大问题,被告人应当参加庭前会议,不应对此设定条件。经研究,部分采纳上述意见,明确庭前会议准备就非法证据排除了解情况、听取意见,或者准备询问控辩双方对证据材料的意见的,应当通知被告人到场。

本条原本拟吸收《庭前会议规程》第三条第三款规定的“被告人申请排除非法证据,但没有辩护人的,人民法院应当通知法律援助机构指派律师为被告人提供帮助”。征求意见过程中,对此规定存在不同认识。鉴于此,本条未予吸收,留待司法实践继续探索。

——《起草小组解读:〈刑事诉讼法解释〉理解与适用(上)》,载中国法院网2021年2月4日,https://www.chinacourt.org/article/detail/2021/02/id/5796152.shtml。

1649 庭前会议的具体任务

关键词|庭前会议|调解|程序性事项|

【最高人民法院司法解释】

第二百二十八条　庭前会议可以就下列事项向控辩双方了解情况,听取意见:

(一)是否对案件管辖有异议;

（二）是否申请有关人员回避；

（三）是否申请不公开审理；

（四）是否申请排除非法证据；

（五）是否提供新的证据材料；

（六）是否申请重新鉴定或者勘验；

（七）是否申请收集、调取证明被告人无罪或者罪轻的证据材料；

（八）是否申请证人、鉴定人、有专门知识的人、调查人员、侦查人员或者其他人员出庭，是否对出庭人员名单有异议；

（九）是否对涉案财物的权属情况和人民检察院的处理建议有异议；

（十）与审判相关的其他问题。

庭前会议中，人民法院可以开展附带民事调解。

对第一款规定中可能导致庭审中断的程序性事项，人民法院可以在庭前会议后依法作出处理，并在庭审中说明处理决定和理由。控辩双方没有新的理由，在庭审中再次提出有关申请或者异议的，法庭可以在说明庭前会议情况和处理决定理由后，依法予以驳回。

庭前会议情况应当制作笔录，由参会人员核对后签名。

第二百二十九条 庭前会议中，审判人员可以询问控辩双方对证据材料有无异议，对有异议的证据，应当在庭审时重点调查；无异议的，庭审时举证、质证可以简化。

第二百三十二条 人民法院在庭前会议中听取控辩双方对案件事实、证据材料的意见后，对明显事实不清、证据不足的案件，可以建议人民检察院补充材料或者撤回起诉。建议撤回起诉的案件，人民检察院不同意的，开庭审理后，没有新的事实和理由，一般不准许撤回起诉。

——《最高人民法院关于适用〈中华人民共和国刑事诉讼法〉的解释》（2021年3月1日，法释〔2021〕1号）。

【链接：理解与适用】

5. 关于庭前会议事项的处理规则

《庭前会议规程》第十条第二款规定："对于前款规定中可能导致庭审中断的事项，人民法院应当依法作出处理，在开庭审理前告知处理决定，并说明理由……"《解释》第二百二十八条原本拟吸收上述规定，明确庭前会议阶段可以对程序性事项视情作出处理。征求意见过程中，有意见提出，刑事诉讼法第一百八十七条第二款规定，在开庭以前，审判人员可以召集公诉人、当事人和辩护人、诉讼代理人，对回避、出庭证人名单、非法证据排除等与审判相关的问题，了解情况，听取意见。法律没有规定人民法院可以在庭前会议中对有关事项作出实质性处理,上述规定与刑事诉讼法的规定不一致,且法庭审判是刑事诉讼的重要环节,在未开庭的情况下对案件的重要事项作出决定是否与当前正在进行的以审判为中心的诉讼制度改革要求冲突,也需要慎重研究。经研究,采纳上述意见……据此,对庭前会议中的相关事项“在庭前会议后”而非在“在开庭审理前”作出处理,且要求“在庭审中说明处理决定和理由”。

——《起草小组解读:〈刑事诉讼法解释〉理解与适用(上)》,载中国法院网 2021 年 2 月 4 日,https://www.chinacourt.org/article/detail/2021/02/id/5796152.shtml。

【最高人民法院司法文件】

第十一条 被告人及其辩护人对案件管辖提出异议,应当说明理由。人民法院经审查认为异议成立的,应当依法将案件退回人民检察院或者移送有管辖权的人民法院;认为本院不宜行使管辖权的,可以请求上一级人民法院处理。人民法院经审查认为异议不成立的,应当依法驳回异议。

第十二条 被告人及其辩护人申请审判人员、书记员、翻译人员、鉴定人回避,应当说明理由。人民法院经审查认为申请成立的,应当依法决定有关人员回避;认为申请不成立的,应当依法驳回申请。

被告人及其辩护人申请回避被驳回的,可以在接到决定时申请复议一次。对于不属于刑事诉讼法第二十八条、第二十九条①规定情形的,回避申请被驳回后,不得申请复议。

被告人及其辩护人申请检察人员回避的,人民法院应当通知人民检察院。

第十三条 被告人及其辩护人申请不公开审理,人民法院经审查认为案件涉及国家秘密或者个人隐私的,应当准许;认为案件涉及商业秘密的,可以准许。

第十四条 被告人及其辩护人在开庭审理前申请排除非法证据,并依照法律规定提供相关线索或者材料的,人民检察院应当在庭前会议中通过出示有关证据材料等方式,有针对性地对证据收集的合法性作出说明。人民法院可以对有关证据材料进行核实;经控辩双方申请,可以有针对性地播放讯问录音录像。

人民检察院可以撤回有关证据,撤回的证据,没有新的理由,不得在庭审中出示。被告人及其辩护人可以撤回排除非法证据的申请,撤回申请后,没有新的线索或者材料,不得再次对有关证据提出排除申请。

控辩双方在庭前会议中对证据收集的合法性未达成一致意见,人民法院应当开展庭审调查,但公诉人提供的相关证据材料确实、充分,能够排除非法取证情形,

---

① 2018 年修正的刑事诉讼法第二十九条、第三十条。

且没有新的线索或者材料表明可能存在非法取证的，庭审调查举证、质证可以简化。

第十五条 控辩双方申请重新鉴定或者勘验，应当说明理由。人民法院经审查认为理由成立，有关证据材料可能影响定罪量刑且不能补正的，应当准许。

第十六条 被告人及其辩护人书面申请调取公安机关、人民检察院在侦查、审查起诉期间收集但未随案移送的证明被告人无罪或者罪轻的证据材料，并提供相关线索或者材料的，人民法院应当调取，并通知人民检察院在收到调取决定书后三日内移交。

被告人及其辩护人申请向证人或有关单位、个人收集、调取证据材料，应当说明理由。人民法院经审查认为有关证据材料可能影响定罪量刑的，应当准许；认为有关证据材料与案件无关或者明显重复、没有必要的，可以不予准许。

第十七条 控辩双方申请证人、鉴定人、侦查人员、有专门知识的人出庭，应当说明理由。人民法院经审查认为理由成立的，应当通知有关人员出庭。

控辩双方对出庭证人、鉴定人、侦查人员、有专门知识的人的名单有异议，人民法院经审查认为异议成立的，应当依法作出处理；认为异议不成立的，应当依法驳回。

人民法院通知证人、鉴定人、侦查人员、有专门知识的人等出庭后，应当告知控辩双方协助有关人员到庭。

第十八条 召开庭前会议前，人民检察院应当将全部证据材料移送人民法院。被告人及其辩护人应当将收集的有关被告人不在犯罪现场、未达到刑事责任年龄、属于依法不负刑事责任的精神病人等证明被告人无罪或者依法不负刑事责任的全部证据材料提交人民法院。

人民法院收到控辩双方移送或者提交的证据材料后，应当通知对方查阅、摘抄、复制。

第十九条 庭前会议中，对于控辩双方决定在庭审中出示的证据，人民法院可以组织展示有关证据，听取控辩双方对在案证据的意见，梳理存在争议的证据。

对于控辩双方在庭前会议中没有争议的证据材料，庭审时举证、质证可以简化。

人民法院组织展示证据的，一般应当通知被告人到场，听取被告人意见；被告人不到场的，辩护人应当在召开庭前会议前听取被告人意见。

第二十条 人民法院可以在庭前会议中归纳控辩双方的争议焦点。对控辩双方没有争议或者达成一致意见的事项，可以在庭审中简化审理。

人民法院可以组织控辩双方协商确定庭审的举证顺序、方式等事项，明确法庭调查的方式和重点。协商不成的事项，由人民法院确定。

第二十一条　对于被告人在庭前会议前不认罪,在庭前会议中又认罪的案件,人民法院核实被告人认罪的自愿性和真实性后,可以依法适用速裁程序或者简易程序审理。

第二十二条　人民法院在庭前会议中听取控辩双方对案件事实证据的意见后,对于明显事实不清、证据不足的案件,可以建议人民检察院补充材料或者撤回起诉。建议撤回起诉的案件,人民检察院不同意的,人民法院开庭审理后,没有新的事实和理由,一般不准许撤回起诉。

——《人民法院办理刑事案件庭前会议规程(试行)》(2018 年 1 月 1 日,法发〔2017〕31 号)。

1650 庭前会议处理结果的拘束力

关键词|庭前会议|拘束力|

【最高人民法院司法解释】

第二百三十三条　对召开庭前会议的案件,可以在开庭时告知庭前会议情况。对庭前会议中达成一致意见的事项,法庭在向控辩双方核实后,可以当庭予以确认;未达成一致意见的事项,法庭可以归纳控辩双方争议焦点,听取控辩双方意见,依法作出处理。

控辩双方在庭前会议中就有关事项达成一致意见,在庭审中反悔的,除有正当理由外,法庭一般不再进行处理。

——《最高人民法院关于适用〈中华人民共和国刑事诉讼法〉的解释》(2021 年 3 月 1 日,法释〔2021〕1 号)。

【最高人民法院司法文件】

第二十四条　对于召开庭前会议的案件,在宣读起诉书后,法庭应当宣布庭前会议报告的主要内容;有多起犯罪事实的案件,可以在有关犯罪事实的法庭调查开始前,分别宣布庭前会议报告的相关内容;对庭前会议处理管辖异议、申请回避、申请不公开审理等事项的,法庭可以在告知当事人诉讼权利后宣布庭前会议报告的相关内容。

第二十五条　宣布庭前会议报告后,对于庭前会议中达成一致意见的事项,法庭向控辩双方核实后当庭予以确认;对于未达成一致意见的事项,法庭可以归纳控辩双方争议焦点,听取控辩双方意见,依法作出处理。

控辩双方在庭前会议中就有关事项达成一致意见,在庭审中反悔的,除有正当理由外，法庭一般不再进行处理。

——《人民法院办理刑事案件庭前会议规程（试行）》（2018 年 1 月 1 日，法发〔2017〕31 号）。

（三）宣布开庭与法庭调查

1651 开庭审理前书记员的工作事项

关键词 | 开庭 | 书记员 |

【最高人民法院司法解释】

第二百三十四条 开庭审理前，书记员应当依次进行下列工作：

（一）受审判长委托，查明公诉人、当事人、辩护人、诉讼代理人、证人及其他诉讼参与人是否到庭；

（二）核实旁听人员中是否有证人、鉴定人、有专门知识的人；

（三）请公诉人、辩护人、诉讼代理人及其他诉讼参与人入庭；

（四）宣读法庭规则；

（五）请审判长、审判员、人民陪审员入庭；

（六）审判人员就座后，向审判长报告开庭前的准备工作已经就绪。

——《最高人民法院关于适用〈中华人民共和国刑事诉讼法〉的解释》（2021 年 3 月 1 日，法释〔2021〕1 号）。

【链接：理解与适用】

本条增加第（二）项"核实旁听人员中是否有证人、鉴定人、有专门知识的人"。主要考虑：根据有关规定，证人、鉴定人、有专门知识的人不得旁听庭审，但此项工作一直没有落实到具体的部门或者个人，时有发生证人等旁听庭审的情况。为保证法庭调查正常进行，建议在书记员的开庭准备工作中核实有无上述人员旁听。

随着刑事辩护全覆盖的推进，刑事案件中将均有辩护人参与。控辩双方在庭审中同样重要，应当同等对待。基于此，本条第（三）项将"公诉人"与"辩护人、诉讼代理人"并列规定。

此外，司法实践中法庭规则有内容是需要宣读给控辩双方听的，故通常会让控辩双方进入法庭后书记员再宣读法庭规则，本条根据书记员开庭工作实际顺序，调整《2012 年解释》第一百八十九条第（二）项"宣读法庭规则"和第（三）项"请公诉人及相关诉讼参与人入庭”的顺序。

——《起草小组解读:〈刑事诉讼法解释〉理解与适用(上)》,载中国法院网 2021 年 2 月 4 日,https://www.chinacourt.org/article/detail/2021/02/id/5796152.shtml。

1652 宣布开庭程序

关键词｜开庭｜公开庭审｜

【最高人民法院司法解释】

第二百三十五条　审判长宣布开庭,传被告人到庭后,应当查明被告人的下列情况:

(一)姓名、出生日期、民族、出生地、文化程度、职业、住址,或者被告单位的名称、住所地、法定代表人、实际控制人以及诉讼代表人的姓名、职务;

(二)是否受过刑事处罚、行政处罚、处分及其种类、时间;

(三)是否被采取留置措施及留置的时间,是否被采取强制措施及强制措施的种类、时间;

(四)收到起诉书副本的日期;有附带民事诉讼的,附带民事诉讼被告人收到附带民事起诉状的日期。

被告人较多的,可以在开庭前查明上述情况,但开庭时审判长应当作出说明。

第二百三十六条　审判长宣布案件的来源、起诉的案由、附带民事诉讼当事人的姓名及是否公开审理;不公开审理的,应当宣布理由。

第二百三十七条　审判长宣布合议庭组成人员、法官助理、书记员、公诉人的名单,以及辩护人、诉讼代理人、鉴定人、翻译人员等诉讼参与人的名单。

第二百三十八条　审判长应当告知当事人及其法定代理人、辩护人、诉讼代理人在法庭审理过程中依法享有下列诉讼权利:

(一)可以申请合议庭组成人员、法官助理、书记员、公诉人、鉴定人和翻译人员回避;

(二)可以提出证据,申请通知新的证人到庭、调取新的证据,申请重新鉴定或者勘验;

(三)被告人可以自行辩护;

(四)被告人可以在法庭辩论终结后作最后陈述。

第二百三十九条　审判长应当询问当事人及其法定代理人、辩护人、诉讼代理人是否申请回避、申请何人回避和申请回避的理由。

当事人及其法定代理人、辩护人、诉讼代理人申请回避的,依照刑事诉讼法及本解释的有关规定处理。

同意或者驳回回避申请的决定及复议决定，由审判长宣布，并说明理由。必要时，也可以由院长到庭宣布。

——《最高人民法院关于适用〈中华人民共和国刑事诉讼法〉的解释》（2021年3月1日，法释〔2021〕1号）。

【最高人民法院司法文件】

第五条 法庭宣布开庭后，应当告知当事人在法庭审理过程中依法享有的诉讼权利。

对于召开庭前会议的案件，在庭前会议中处理诉讼权利事项的，可以在开庭后告知诉讼权利的环节，一并宣布庭前会议对有关事项的处理结果。

第六条 公诉人宣读起诉书后，对于召开庭前会议的案件，法庭应当宣布庭前会议报告的主要内容。有多起犯罪事实的案件，法庭可以在有关犯罪事实的法庭调查开始前，分别宣布庭前会议报告的相关内容。

对于庭前会议中达成一致意见的事项，法庭可以向控辩双方核实后当庭予以确认；对于未达成一致意见的事项，法庭可以在庭审涉及该事项的环节归纳争议焦点，听取控辩双方意见，依法作出处理。

——《人民法院办理刑事案件第一审普通程序法庭调查规程（试行）》（2018年1月1日，法发〔2017〕31号）。

【链接：理解与适用】

1. 宣布开庭程序

宣布开庭是整个庭审程序的开端。由于庭前会议通常不公开进行，并且初步处理的事项最终有待法庭当庭确认，因此，要处理好庭前会议与庭审的衔接问题。

为充分保障被告人诉权，法庭宣布开庭后，无论是否召开庭前会议，都应当告知被告人在法庭审理过程中依法享有的诉讼权利。也就是说，当庭告知被告人诉讼权利，是庭审必经程序，不能因庭前会议告知诉讼权利就在庭审时省略这一程序。同时，对于召开庭前会议的案件，如涉及诉讼权利方面的事项，法庭可以在庭前会议中对有关事项作出初步处理，此种情况下，法庭可以在开庭后告知诉讼权利的环节，一并宣布庭前会议对有关事项的处理结果。

对于召开庭前会议的案件，按照要求应当制作庭前会议报告。为明确法庭审理的焦点事项，让控辩双方和旁听人员了解庭前会议的基本情况，公诉人宣读起诉书后，法庭应当首先宣布庭前会议报告的主要内容。需要指出的是，有多起犯罪事实的案件，法庭可以在有关犯罪事实的法庭调查开始前，分别宣布庭前会议报告的相关内容。

对于庭前会议中达成一致意见的事项，法庭可以向控辩双方核实后当庭予以确认；对于庭前会议中未达成一致意见的事项，法庭可以在庭审涉及该事项的环节归纳争议焦点，听取控辩双方意见，并在庭前会议基础上依法作出处理。概言之，法庭在庭前会议中初步处理的所有事项，最终都要通过法庭审理程序予以确认，这种确认程序，既是对庭前会议功能和效力的肯定，也能够避免庭前会议处理结果面临不必要的争议。

——戴长林、刘静坤：《人民法院办理刑事案件第一审普通程序法庭调查规程（试行）理解与适用》，载《人民法院报》2018 年 1 月 17 日，第 6 版。

1653 对被告人讯问、发问

关键词｜讯问｜发问｜

【最高人民法院司法解释】

第二百四十条　审判长宣布法庭调查开始后，应当先由公诉人宣读起诉书；公诉人宣读起诉书后，审判长应当询问被告人对起诉书指控的犯罪事实和罪名有无异议。

有附带民事诉讼的，公诉人宣读起诉书后，由附带民事诉讼原告人或者其法定代理人、诉讼代理人宣读附带民事起诉状。

第二百四十一条　在审判长主持下，被告人、被害人可以就起诉书指控的犯罪事实分别陈述。

第二百四十二条　在审判长主持下，公诉人可以就起诉书指控的犯罪事实讯问被告人。

经审判长准许，被害人及其法定代理人、诉讼代理人可以就公诉人讯问的犯罪事实补充发问；附带民事诉讼原告人及其法定代理人、诉讼代理人可以就附带民事部分的事实向被告人发问；被告人的法定代理人、辩护人，附带民事诉讼被告人及其法定代理人、诉讼代理人可以在控诉方、附带民事诉讼原告方就某一问题讯问、发问完毕后向被告人发问。

根据案件情况，就证据问题对被告人的讯问、发问可以在举证、质证环节进行。

第二百四十三条　讯问同案审理的被告人，应当分别进行。

第二百四十四条　经审判长准许，控辩双方可以向被害人、附带民事诉讼原告人发问。

第二百四十五条　必要时，审判人员可以讯问被告人，也可以向被害人、附带民事诉讼当事人发问。

——《最高人民法院关于适用〈中华人民共和国刑事诉讼法〉的解释》(2021年3月1日,法释〔2021〕1号)。

【链接：理解与适用】

8. 关于对被告人讯问、发问的时间

《解释》第二百四十二条第三款规定:“根据案件情况,就证据问题对被告人的讯问、发问可以在举证、质证环节进行。”主要考虑:《法庭调查规程》第七条第二款规定:“在审判长主持下,公诉人可以就起诉书指控的犯罪事实讯问被告人,为防止庭审过分迟延,就证据问题向被告人的讯问可在举证、质证环节进行……”经研究认为,这一规定具有合理性。在证据较多、案情较为复杂的案件中,公诉人在讯问环节涉及大量与证据有关的细节问题,会影响庭审节奏,且公诉人讯问与相关证据之间的关联性也难以体现,其讯问的针对性不强,故吸收《法庭调查规程》的相关规定。同时,考虑到不仅公诉人的讯问涉及这一问题,其他诉讼参与人的发问也如此。故单列为第三款,作出统一规定。

征求意见过程中,有意见提出,对于限制行为能力的成年人参加庭审时,应当参照未成年人的规定,要求法定代理人或者合适成年人到场。经研究认为,对于上述问题刑事诉讼法未作明确规定,但基于权利保障的考虑,人民法院在具体案件中可以裁量处理。

——《起草小组解读:〈刑事诉讼法解释〉理解与适用(上)》,载中国法院网2021年2月4日,https://www.chinacourt.org/article/detail/2021/02/id/5796152.shtml。

【最高人民法院司法文件】

第七条 公诉人宣读起诉书后,审判长应当询问被告人对起诉书指控的犯罪事实是否有异议,听取被告人的供述和辩解。对于被告人当庭认罪的案件,应当核实被告人认罪的自愿性和真实性,听取其供述和辩解。

在审判长主持下,公诉人可以就起诉书指控的犯罪事实讯问被告人,为防止庭审过分迟延,就证据问题向被告人的讯问可在举证、质证环节进行。经审判长准许,被害人及其法定代理人、诉讼代理人可以就公诉人讯问的犯罪事实补充发问;附带民事诉讼原告人及其法定代理人、诉讼代理人可以就附带民事部分的事实向被告人发问;被告人的法定代理人、辩护人,附带民事诉讼被告人及其法定代理人、诉讼代理人可以在控诉一方就某一问题讯问完毕后向被告人发问。有多名被告人的案件,辩护人对被告人的发问,应当在审判长主持下,先由被告人本人的辩护人进行,再由其他被告人的辩护人进行。

第八条 有多名被告人的案件,对被告人的讯问应当分别进行。

被告人供述之间存在实质性差异的,法庭可以传唤有关被告人到庭对质。审判长可以分别讯问被告人,就供述的实质性差异进行调查核实。经审判长准许,控辩双方可以向被告人讯问、发问。审判长认为有必要的,可以准许被告人之间相互发问。

根据案件审理需要,审判长可以安排被告人与证人、被害人依照前款规定的方式进行对质。

第九条 申请参加庭审的被害人众多,且案件不属于附带民事诉讼范围的,被害人可以推选若干代表人参加或者旁听庭审,人民法院也可以指定若干代表人。

对被告人讯问、发问完毕后,其他证据出示前,在审判长主持下,参加庭审的被害人可以就起诉书指控的犯罪事实作出陈述。经审判长准许,控辩双方可以在被害人陈述后向被害人发问。

第十条 为解决被告人供述和辩解中的疑问,审判人员可以讯问被告人,也可以向被害人、附带民事诉讼当事人发问。

第十一条 有多起犯罪事实的案件,对被告人不认罪的事实,法庭调查一般应当分别进行。

被告人不认罪或者认罪后又反悔的案件,法庭应当对与定罪和量刑有关的事实、证据进行全面调查。

被告人当庭认罪的案件,法庭核实被告人认罪的自愿性和真实性,确认被告人知悉认罪的法律后果后,可以重点围绕量刑事实和其他有争议的问题进行调查。

——《人民法院办理刑事案件第一审普通程序法庭调查规程(试行)》(2018年1月1日,法发〔2017〕31号)。

【链接:理解与适用】

2. 对被告人的讯问程序

根据法律规定,公诉人在法庭上宣读起诉书后,被告人可以就起诉书指控的犯罪进行陈述,并接受各方讯问、发问。被告人是否认罪,对法庭审理程序有重要影响。因此,公诉人宣读起诉书后,审判长应当询问被告人对起诉书指控的犯罪事实是否有异议,听取被告人的供述和辩解。对于被告人当庭认罪的案件,应当核实被告人认罪的自愿性和真实性,并听取其供述和辩解。如果被告人在该环节自愿真实认罪,法庭可以相应地简化审理程序。

法庭核实被告人是否认罪后,在审判长主持下,公诉人可以就起诉书指控的犯罪事实讯问被告人。有的案件,在该环节就案件事实证据问题详细讯问被告人,可能与后续的举证质证重复,且导致庭审低效拖延。为防止庭审过分拖延,公诉人就证据问题向被告人的发问可在举证、质证环节进行。有多名被告人的案件，为防止对被告人发问的次序混乱，辩护人对被告人的发问，应当在审判长主持下，先由被告人本人的辩护人进行，再由其他被告人的辩护人进行。

有多名被告人的案件，为防止各被告人串供，影响庭审顺利进行，对被告人进行讯问的，应当分别进行。被告人供述之间存在实质性差异的，为准确认定证据，法庭可以传唤有关被告人到庭对质。审判长可以分别讯问被告人，就供述的实质性差异进行调查核实。经审判长准许，控辩双方可以向被告人讯问、发问。在此基础上，审判长认为有必要的，可以准许被告人之间相互发问。根据案件审理需要，审判长可以安排被告人与证人、被害人依照这种方式进行对质。

起诉书指控的被告人的犯罪事实为两起以上的，法庭调查一般应当分别进行。基于量刑规范化改革经验，为建立相对独立的量刑程序，确保量刑公正，对于被告人不认罪或者认罪后又反悔的案件，法庭应当对与定罪和量刑有关的事实、证据进行全面调查。相应地，基于案件繁简分流的考量，对于被告人当庭认罪的案件，法庭核实被告人认罪的自愿性和真实性，确认被告人知悉认罪的法律后果后，可以主要围绕量刑事实和其他有争议的问题进行调查。

3. 被害人参与诉讼的方式及对被害人的发问程序

有的案件，特别是非法集资等涉众型案件，被害人数量众多，分散各地，要处理好被害人合法权益保护和庭审顺利进行的关系问题。现阶段，基于一些地方的实践探索，可以考虑建立被害人代表人参与诉讼制度。具体言之，申请参加庭审的被害人众多，且案件不属于附带民事诉讼范围的，被害人可以推选若干代表人参加或者旁听庭审，人民法院也可以指定若干代表人。

对于被害人参与庭审的案件，为避免其他证据影响被害人的陈述内容，有必要注意被害人当庭陈述的时间节点。实践中，可以考虑让被害人先行向法庭提供证据。对被告人发问完毕后，其他证据出示前，在审判长主持下，参加庭审的被害人可以就起诉书指控的犯罪事实作出陈述。经审判长准许，控辩双方可以在被害人陈述后向被害人发问。

——戴长林、刘静坤：《人民法院办理刑事案件第一审普通程序法庭调查规程（试行）理解与适用》，载《人民法院报》2018 年 1 月 17 日，第 6 版。

1654 出庭作证程序

关键词｜出庭作证｜证人｜鉴定人｜侦查人员｜有专门知识的人｜

【最高人民法院司法解释】

第二百四十六条 公诉人可以提请法庭通知证人、鉴定人、有专门知识的人、调查人员、侦查人员或者其他人员出庭,或者出示证据。被害人及其法定代理人、诉讼代理人,附带民事诉讼原告人及其诉讼代理人也可以提出申请。

在控诉方举证后,被告人及其法定代理人、辩护人可以提请法庭通知证人、鉴定人、有专门知识的人、调查人员、侦查人员或者其他人员出庭,或者出示证据。

第二百四十七条 控辩双方申请证人出庭作证,出示证据,应当说明证据的名称、来源和拟证明的事实。法庭认为有必要的,应当准许;对方提出异议,认为有关证据与案件无关或者明显重复、不必要,法庭经审查异议成立的,可以不予准许。

第二百四十八条 已经移送人民法院的案卷和证据材料,控辩双方需要出示的,可以向法庭提出申请,法庭可以准许。案卷和证据材料应当在质证后当庭归还。

需要播放录音录像或者需要将证据材料交由法庭、公诉人或者诉讼参与人查看的,法庭可以指令值庭法警或者相关人员予以协助。

第二百四十九条 公诉人、当事人或者辩护人、诉讼代理人对证人证言有异议,且该证人证言对定罪量刑有重大影响,或者对鉴定意见有异议,人民法院认为证人、鉴定人有必要出庭作证的,应当通知证人、鉴定人出庭。

控辩双方对侦破经过、证据来源、证据真实性或者合法性等有异议,申请调查人员、侦查人员或者有关人员出庭,人民法院认为有必要的,应当通知调查人员、侦查人员或者有关人员出庭。

第二百五十条 公诉人、当事人及其辩护人、诉讼代理人申请法庭通知有专门知识的人出庭,就鉴定意见提出意见的,应当说明理由。法庭认为有必要的,应当通知有专门知识的人出庭。

申请有专门知识的人出庭,不得超过二人。有多种类鉴定意见的,可以相应增加人数。

第二百五十一条 为查明案件事实、调查核实证据,人民法院可以依职权通知证人、鉴定人、有专门知识的人、调查人员、侦查人员或者其他人员出庭。

第二百五十二条 人民法院通知有关人员出庭的,可以要求控辩双方予以协助。

第二百五十三条 证人具有下列情形之一,无法出庭作证的,人民法院可以准许其不出庭:

(一)庭审期间身患严重疾病或者行动极为不便的;

(二)居所远离开庭地点且交通极为不便的;

（三）身处国外短期无法回国的；

（四）有其他客观原因，确实无法出庭的。

具有前款规定情形的，可以通过视频等方式作证。

第二百五十四条 证人出庭作证所支出的交通、住宿、就餐等费用，人民法院应当给予补助。

第二百五十五条 强制证人出庭的，应当由院长签发强制证人出庭令，由法警执行。必要时，可以商请公安机关协助。

第二百五十六条 证人、鉴定人、被害人因出庭作证，本人或者其近亲属的人身安全面临危险的，人民法院应当采取不公开其真实姓名、住址和工作单位等个人信息，或者不暴露其外貌、真实声音等保护措施。辩护律师经法庭许可，查阅对证人、鉴定人、被害人使用化名情况的，应当签署保密承诺书。

审判期间，证人、鉴定人、被害人提出保护请求的，人民法院应当立即审查；认为确有保护必要的，应当及时决定采取相应保护措施。必要时，可以商请公安机关协助。

第二百五十七条 决定对出庭作证的证人、鉴定人、被害人采取不公开个人信息的保护措施的，审判人员应当在开庭前核实其身份，对证人、鉴定人如实作证的保证书不得公开，在判决书、裁定书等法律文书中可以使用化名等代替其个人信息。

第二百五十八条 证人出庭的，法庭应当核实其身份、与当事人以及本案的关系，并告知其有关权利义务和法律责任。证人应当保证向法庭如实提供证言，并在保证书上签名。

第二百五十九条 证人出庭后，一般先向法庭陈述证言；其后，经审判长许可，由申请通知证人出庭的一方发问，发问完毕后，对方也可以发问。

法庭依职权通知证人出庭的，发问顺序由审判长根据案件情况确定。

第二百六十条 鉴定人、有专门知识的人、调查人员、侦查人员或者其他人员出庭的，参照适用前两条规定。

第二百六十一条 向证人发问应当遵循以下规则：

（一）发问的内容应当与本案事实有关；

（二）不得以诱导方式发问；

（三）不得威胁证人；

（四）不得损害证人的人格尊严。

对被告人、被害人、附带民事诉讼当事人、鉴定人、有专门知识的人、调查人员、侦查人员或者其他人员的讯问、发问，适用前款规定。

第二百六十二条 控辩双方的讯问、发问方式不当或者内容与本案无关的，对方可以提出异议，申请审判长制止，审判长应当判明情况予以支持或者驳回；对方未提出异议的,审判长也可以根据情况予以制止。

第二百六十三条　审判人员认为必要时,可以询问证人、鉴定人、有专门知识的人、调查人员、侦查人员或者其他人员。

第二百六十四条　向证人、调查人员、侦查人员发问应当分别进行。

第二百六十五条　证人、鉴定人、有专门知识的人、调查人员、侦查人员或者其他人员不得旁听对本案的审理。有关人员作证或者发表意见后,审判长应当告知其退庭。

第二百六十六条　审理涉及未成年人的刑事案件,询问未成年被害人、证人,通知未成年被害人、证人出庭作证,适用本解释第二十二章的有关规定。

——《最高人民法院关于适用〈中华人民共和国刑事诉讼法〉的解释》(2021年3月1日,法释〔2021〕1号)。

【链接:理解与适用】

9.关于借阅案卷和证据材料的问题

2012年刑事诉讼法修改,要求人民检察院在提起公诉时将所有案卷和证据材料移送人民法院,后有意见建议对人民检察院要求借阅案卷材料以备出庭支持公诉的问题作出规定。"六部委"对此问题作了慎重研究,认为人民检察院在将案件和证据材料移送人民法院之时,可以通过复印等方式为出庭支持公诉做好准备,而不能再向人民法院借阅案卷材料。当然,已经移送人民法院的证据,控辩双方需要出示的,可以向法庭提出申请。基于此,"六部委"《关于实施刑事诉讼法若干问题的规定》第二十六条规定:"人民法院开庭审理公诉案件时,出庭的检察人员和辩护人需要出示、宣读、播放已移交人民法院的证据的,可以申请法庭出示、宣读、播放。"为保证已移送人民法院的案卷和证据材料的安全,同时兼顾当庭出示证据的现实需要,《解释》第二百四十八条第一款规定:"已经移送人民法院的案卷和证据材料,控辩双方需要出示的,可以向法庭提出申请,法庭可以准许。案卷和证据材料应当在质证后当庭归还。"鉴于此,实践中,控辩双方只能申请当庭借用。对于控辩双方提出取回已移送人民法院的案卷和证据材料的,法庭应当不予准许。

《2012年解释》第二百零四条规定"法庭同意的,应当指令值庭法警出示、播放;需要宣读的,由值庭法警交由申请人宣读"。从实践来看,该规定存在一定问题。一是,示证主体通常是控辩双方,而非法庭。值庭法警只是在播放录音录像等特定情形下提供协助。二是,协助出示证据的主体不限于值庭法警,还包括法官助理、书记员、法院技术人员等。基于此,《解释》第二百四十八条第一款第二款规定:"需要播放录音录像或者需要将证据材料交由法庭、公诉人或者诉讼参与人查看的,法庭可以指令值庭法警或者相关人员予以协助。"

10. 关于向证人发问的顺序问题

《法庭调查规程》第十九条第一款规定:"证人出庭后,先向法庭陈述证言,然后先由举证方发问;发问完毕后,对方也可以发问。根据案件审理需要,也可以先由申请方发问。"经研究认为,《2012 年解释》第二百一十二条关于向证人发问"应当先由提请通知的一方进行"的规定更符合实际,故《解释》第二百五十九条第一款规定:"证人出庭后,一般先向法庭陈述证言;其后,经审判长许可,由申请通知证人出庭的一方发问,发问完毕后,对方也可以发问。"

此外,《法庭调查规程》第十九条第三款规定:"法庭依职权通知证人出庭的情形,审判人员应当主导对证人的询问。"经研究认为,所谓"主导对证人的询问",实际上就是确定发问的顺序。基于此,故《解释》第二百五十九条第二款规定:"法庭依职权通知证人出庭的,发问顺序由审判长根据案件情况确定。"

——《起草小组解读:〈刑事诉讼法解释〉理解与适用(上)》,载中国法院网 2021 年 2 月 4 日,https://www.chinacourt.org/article/detail/2021/02/id/5796152.shtml。

【最高人民法院司法文件】

第十二条 控辩双方可以申请法庭通知证人、鉴定人、侦查人员和有专门知识的人等出庭。

被害人及其法定代理人、诉讼代理人,附带民事诉讼原告人及其诉讼代理人也可以提出上述申请。

第十三条 控辩双方对证人证言、被害人陈述有异议,申请证人、被害人出庭,人民法院经审查认为证人证言、被害人陈述对案件定罪量刑有重大影响的,应当通知证人、被害人出庭。

控辩双方对鉴定意见有异议,申请鉴定人或者有专门知识的人出庭,人民法院经审查认为有必要的,应当通知鉴定人或者有专门知识的人出庭。

控辩双方对侦破经过、证据来源、证据真实性或者证据收集合法性等有异议,申请侦查人员或者有关人员出庭,人民法院经审查认为有必要的,应当通知侦查人员或者有关人员出庭。

为查明案件事实、调查核实证据,人民法院可以依职权通知上述人员到庭。

人民法院通知证人、被害人、鉴定人、侦查人员、有专门知识的人等出庭的,控辩双方协助有关人员到庭。

第十四条 应当出庭作证的证人,在庭审期间因身患严重疾病等客观原因确实无法出庭的,可以通过视频等方式作证。

证人视频作证的,发问、质证参照证人出庭作证的程序进行。

前款规定适用于被害人、鉴定人、侦查人员。

第十五条 人民法院通知出庭的证人，无正当理由拒不出庭的，可以强制其出庭，但是被告人的配偶、父母、子女除外。

强制证人出庭的，应当由院长签发强制证人出庭令，并由法警执行。必要时，可以商请公安机关协助执行。

第十六条 证人、鉴定人、被害人因出庭作证，本人或者其近亲属的人身安全面临危险的，人民法院应当采取不公开其真实姓名、住址和工作单位等个人信息，或者不暴露其外貌、真实声音等保护措施。

决定对出庭作证的证人、鉴定人、被害人采取不公开个人信息的保护措施的，审判人员应当在开庭前核实其身份，对证人、鉴定人如实作证的保证书不得公开，在判决书、裁定书等法律文书中可以使用化名等代替其个人信息。

审判期间，证人、鉴定人、被害人提出保护请求的，人民法院应当立即审查，确有必要的，应当及时决定采取相应的保护措施。必要时，可以商请公安机关采取专门性保护措施。

第十七条 证人、鉴定人和有专门知识的人出庭作证所支出的交通、住宿、就餐等合理费用，除由控辩双方支付的以外，列入出庭作证补助专项经费，在出庭作证后由人民法院依照规定程序发放。

第十八条 证人、鉴定人出庭，法庭应当当庭核实其身份、与当事人以及本案的关系，审查证人、鉴定人的作证能力、专业资质，并告知其有关作证的权利义务和法律责任。

证人、鉴定人作证前，应当保证向法庭如实提供证言、说明鉴定意见，并在保证书上签名。

第十九条 证人出庭后，先向法庭陈述证言，然后先由举证方发问；发问完毕后，对方也可以发问。根据案件审理需要，也可以先由申请方发问。

控辩双方向证人发问完毕后，可以发表本方对证人证言的质证意见。控辩双方如有新的问题，经审判长准许，可以再行向证人发问。

审判人员认为必要时，可以询问证人。法庭依职权通知证人出庭的情形，审判人员应当主导对证人的询问。经审判长准许，被告人可以向证人发问。

第二十条 向证人发问应当遵循以下规则：

（一）发问内容应当与案件事实有关；

（二）不得采用诱导方式发问；

（三）不得威胁或者误导证人；

（四）不得损害证人人格尊严；

（五）不得泄露证人个人隐私。

第二十一条 控辩一方发问方式不当或者内容与案件事实无关，违反有关发问规则的,对方可以提出异议。对方当庭提出异议的,发问方应当说明发问理由,审判长判明情况予以支持或者驳回;对方未当庭提出异议的,审判长也可以根据情况予以制止。

第二十二条 审判长认为证人当庭陈述的内容与案件事实无关或者明显重复的,可以进行必要的提示。

第二十三条 有多名证人出庭作证的案件,向证人发问应当分别进行。

多名证人出庭作证的,应当在法庭指定的地点等候,不得谈论案情,必要时可以采取隔离等候措施。证人出庭作证后,审判长应当通知法警引导其退庭。证人不得旁听对案件的审理。

被害人没有列为当事人参加法庭审理,仅出庭陈述案件事实的,参照适用前款规定。

第二十四条 证人证言之间存在实质性差异的,法庭可以传唤有关证人到庭对质。

审判长可以分别询问证人,就证言的实质性差异进行调查核实。经审判长准许,控辩双方可以向证人发问。审判长认为有必要的,可以准许证人之间相互发问。

第二十五条 证人出庭作证的,其庭前证言一般不再出示、宣读,但下列情形除外:

(一)证人出庭作证时遗忘或者遗漏庭前证言的关键内容,需要向证人作出必要提示的;

(二)证人的当庭证言与庭前证言存在矛盾,需要证人作出合理解释的。

为核实证据来源、证据真实性等问题,或者帮助证人回忆,经审判长准许,控辩双方可以在询问证人时向其出示物证、书证等证据。

第二十六条 控辩双方可以申请法庭通知有专门知识的人出庭,协助本方就鉴定意见进行质证。有专门知识的人可以与鉴定人同时出庭,在鉴定人作证后向鉴定人发问,并对案件中的专门性问题提出意见。

申请有专门知识的人出庭,应当提供人员名单,并不得超过二人。有多种类鉴定意见的,可以相应增加人数。

第二十七条 对被害人、鉴定人、侦查人员、有专门知识的人的发问,参照适用证人的有关规定。

同一鉴定意见由多名鉴定人作出,有关鉴定人以及对该鉴定意见进行质证的有专门知识的人,可以同时出庭,不受分别发问规则的限制。

——《人民法院办理刑事案件第一审普通程序法庭调查规程(试行)》(2018年1月1日,法发〔2017〕31号)。

【链接：理解与适用】

二、出庭作证程序

1. 出庭作证的人员范围

尽管强调完善证人、鉴定人出庭制度，但基于必要性和司法资源等考虑，并不是所有案件中的所有证人、鉴定人都有必要出庭。总体上讲，各类人员出庭都要坚持必要性原则，且通常涉及案件中的关键证据。

具体言之，控辩双方对证人证言、被害人陈述有异议，申请证人、被害人出庭，人民法院经审查认为证人证言、被害人陈述对案件定罪量刑有重大影响的，应当通知证人、被害人出庭。控辩双方对鉴定意见有异议，申请鉴定人或者有专门知识的人出庭，人民法院经审查认为有必要的，应当通知鉴定人或者有专门知识的人出庭。控辩双方对侦破经过、证据来源、证据真实性或者证据收集合法性等有异议，申请侦查人员或者有关人员出庭，人民法院经审查认为有必要的，应当通知侦查人员或者有关人员出庭。需要强调的是，为查明案件事实、调查核实证据，人民法院可以依职权通知上述人员到庭。

2. 出庭作证的程序机制和保障措施

为促使有关人员出庭作证，有必要在通知到庭基础上，建立协助到庭、视频作证、强制到庭等多层次的程序机制。首先，人民法院通知证人、被害人、鉴定人、侦查人员、有专门知识的人等出庭后，控辩双方要协助有关人员到庭，依法履行各自的举证责任。对于应当出庭作证的证人，在庭审期间因身患严重疾病等客观原因确实无法出庭的，可以通过视频等方式远程作证。同时，对于强制证人出庭的情形，应当由院长签发强制证人出庭令，并由法警执行；必要时可以商请公安机关协助执行。应当注意的是，强制到庭是证人出庭的最后手段，需要进一步完善相应的操作程序。

决定对出庭作证的证人、鉴定人、被害人采取不公开个人信息的保护措施的，审判人员应当在开庭前核实其身份，对证人、鉴定人如实作证的保证书不得公开，在判决书、裁定书等法律文书中可以使用化名等代替其个人信息。审判期间，证人、鉴定人、被害人提出保护请求的，人民法院应当立即审查，确有必要的，应当及时决定采取相应的保护措施；必要时，可以商请公安机关采取专门性保护措施。同时，证人、鉴定人和有专门知识的人出庭作证所支出的交通、住宿、就餐等合理费用，除由控辩双方支付的以外，列入出庭作证补助专项经费，在出庭作证后由人民法院依照规定程序发放。

3. 出庭作证的具体流程

一是到庭核实程序。证人、鉴定人出庭，法庭应当当庭核实其身份、与当事人以及本案的关系，审查证人、鉴定人的作证能力、专业资质，并告知其有关作证的权利义务和法律责任。其中，对证人应当重点审查作证能力，对鉴定人应当重点审查专业资质。证人、鉴定人作证前，应当保证向法庭如实提供证言、说明鉴定意见，并在保证书上签名。

二是发问程序。向证人发问，实际上就是对证人证言的举证、质证过程。证人出庭后，先向法庭陈述其所感知的案件事实，然后一般先由举证方发问；发问完毕后，对方也可以发问。控辩一方申请证人出庭的情形，也可以先由申请方发问。这种以举证方先发问为原则、申请方先发问为补充的发问模式，既能与庭审司法证明的过程契合，也有助于确保证人全面客观地陈述案件事实。向证人发问，应当以归纳争议、充分质证、解决争议为宗旨。控辩双方发问完毕后，可以发表本方对证人证言的质证意见，避免对证人证言质证过于延迟以及无法得到有效回应等问题。控辩双方如有新的问题，经审判长准许，可以再行发问。审判人员认为必要时，可以询问证人。法庭依职权通知证人出庭的情形，审判人员应当主导对证人的询问。经审判长准许，被告人可以向证人发问。

三是发问原则。向证人发问，发问内容应当与案件事实有关，不得采用诱导方式发问，不得威胁或者误导证人，不得损害证人人格尊严，不得泄露证人个人隐私。一些实行交叉询问制度的国家，并不禁止在反询问环节提出诱导性问题，鉴于我国尚未确立类似的交叉询问机制，司法实践中缺乏必要经验，故暂未作出类似规定。为规范向证人发问的程序，法庭应当有效发挥主导作用。控辩一方发问方式不当或者内容与案件事实无关，违反有关发问规则的，对方可以提出异议。对方当庭提出异议的，发问方应当说明发问理由，审判长判明情况予以支持或者驳回；对方未当庭提出异议的，审判长也可以根据情况予以制止。审判长认为证人当庭陈述的内容与案件事实无关或者明显重复的，可以进行必要的提示。

四是发问方式。为避免证人之间互相影响，对于有多名证人出庭作证的案件，向证人发问应当分别进行。证人出庭作证前，应当在法庭指定的地点等候，不得谈论案情，必要时可以采取隔离等候措施。证人出庭作证后，审判长应当通知法警引导其退庭。证人不得旁听对案件的审理。鉴于被害人与证人的身份具有共同点，又有内在的差异，被害人出庭作证的程序应当与证人有所区别。被害人不参加法庭审理，仅出庭陈述案件事实的，参照适用证人的有关规定；被害人出庭陈述案件事实后旁听庭审的，应当在证人出庭作证前陈述案件事实。

五是对质程序。参照被告人对质程序，审判长可以分别询问证人，就证言的实质性差异进行调查核实。经审判长准许，控辩双方可以向证人发问。在此基础上，审判长认为有必要的，可以准许证人之间相互发问。

六是庭前证言的出示。基于直接言词原则的要求，证人出庭作证的，其庭前证言一般不再出示、宣读，但以下情形除外：证人出庭作证时遗忘或者遗漏庭前证言的关键内容,需要向证人作出必要提示的;证人的当庭证言与庭前证言存在矛盾,需要证人作出合理解释的。在这两种情况下,出示庭前证言是提示证人、核实证言的必然要求。同时,为核实证据来源、证据真实性等问题,或者帮助证人回忆,经审判长准许,控辩双方可以在询问证人时向其出示物证、书证等证据。

七是有专门知识的人出庭。控辩双方可以申请法庭通知有专门知识的人出庭,协助本方就鉴定意见进行质证。有专门知识的人可以与鉴定人同时出庭,在鉴定人作证后向鉴定人发问,并对案件中的专门性问题提出意见。申请有专门知识的人出庭,应当提供人员名单,并不得超过二人。有多种类鉴定意见的,可以相应增加人数。同一鉴定意见涉及多名鉴定人的情形,有关鉴定人,以及对该鉴定意见进行质证的有专门知识的人,可以同时出庭,不受分别发问规则的限制。

——戴长林、刘静坤:《人民法院办理刑事案件第一审普通程序法庭调查规程(试行)理解与适用》,载《人民法院报》2018年1月17日,第6版。

【最高人民法院参考案例】

王文勇、陈清运输毒品案(《刑事审判参考》案例第721号)

要旨:侦查人员出庭作证符合我国刑事诉讼法的规定,对于查明案件事实真相,保障程序公开和规范侦查活动具有重要的实践意义。出庭作证的侦查人员作为一种特殊的证人,就其执行职务过程中获悉的案件事实和相关情况向法庭进行说明,其作证程序应与一般证人有所区别。为保护侦查人员的安全,对于从事缉毒、反恐、打黑等特殊任务的侦查人员,在必要时可以视频屏蔽方式出庭作证。

二、侦查人员出庭作证范围的界定

侦查人员出庭作证具有法律依据,但并非所有的案件的侦查人员均应当出庭作证。构建我国侦查人员出庭作证制度,应当充分考虑我国的诉讼模式和诉讼资源现状,不宜盲目照搬西方国家的警察出庭作证制度。对于侦查人员出庭作证的范围,在我国目前阶段应当有所限制。

我们认为,限定我国侦查人员出庭作证的范围应当考虑两方面的因素:一是该侦查人员出庭有利于查清案件事实真相;二是该侦查人员出庭为保障被告人诉讼权利所必需。这就要求侦查人员出庭作证的案件首先是被告人对公诉机关的指控有实质性异议的案件。如果被告人对指控的犯罪事实没有异议,则没必要让侦查人员出庭。其次,出庭作证的侦查人员所陈述的情况应当对证明案件事实具有重要作用。如果该侦查人员陈述的情况对案件事实的证明作用不大,或者所证明的不是案件中影响定罪量刑的主要事实,则没必要让其出庭。

侦查人员出庭作证的范围,除应当从以上两个方面进行限制外,还应当从证明对象的范围上进行规范。总体来说,侦查人员出庭,应当是就其在执行职务过程中感知和了解的案件情况进行说明。具体来说，需要侦查人员出庭说明的情况一般包括以下三方面的内容：一是侦查人员在目击犯罪发生和对犯罪嫌疑人进行抓捕的过程中经历和了解的案件事实情况；二是侦查人员在实施搜查、扣押、辨认、讯问、询问等侦查活动中了解的案件事实情况和与实施侦查活动本身的合法性相关的情况；三是侦查人员在接受报案，对犯罪嫌疑人提供的线索进行查证等活动中了解的案件事实情况。

三、侦查人员出庭作证的程序和安全保护

对于出庭作证的侦查人员是否属于证人，其当庭说明的情况是否属于证人证言，在诉讼实务界一直存在争议。我们认为，从目前我国刑事诉讼法关于证据种类的规定来看，应当将出庭作证的侦查人员归入证人的范畴，但应当明确的是，侦查人员是一种特殊的证人，与普通证人是有所区别的，主要表现在：首先，侦查人员出庭作证的内容，是其在履行职务过程中获知的案件事实，而普通证人作证的内容通常是在案件发生过程中亲身经历或感知的案件事实。如果侦查人员不是以职务身份获悉案件事实，则只能作为普通证人出庭作证；其次，侦查人员出庭作证，也是其依法履行职务的过程。如果侦查人员当庭作出虚假的陈述，导致出入人罪的，应当作为职务犯罪追究刑事责任。而普通证人如果当庭提供虚假证言，则应当追究伪证的法律责任。同时，侦查人员出庭作证，也不应当要求法庭给予经济上的补偿，其出庭的相关费用，应当由其所在的侦查机关予以支付和补偿；再次，法庭传唤侦查人员出庭，其主要目的在于让侦查人员当庭说明其所了解的案件事实情况，使法庭能够通过庭审，查明案件的实体和程序事实。对于辩方来说，侦查人员出庭的意义也主要在于获得直接询问侦查人员，充分了解案件情况的机会，而并非通过交叉询问，揭露侦查人员陈述事实的真伪。而法庭让普通证人出庭作证的主要目的，则主要在于通过控辩双方的交叉询问，查明其陈述事实的真实性。

由此可见，我国侦查人员出庭作证的程序也应当与普通证人出庭的作证程序有所区别，主要体现在：一是侦查人员出庭作证的，根据其特殊职务身份的需要，一般不必要求其签署证人保证书，但可要求其向法庭如实提供案件真实情况；二是侦查人员出庭作证的，应当首先由该侦查人员直接就需要说明的情况进行陈述，再由控方和辩方分别进行询问，审判人员认为必要时，也可以进行询问，而不是由控辩双方直接进行交叉询问。三是侦查人员出庭作证的，无须对侦查人员进行经济补偿，对于拒绝出庭的侦查人员，也不能采取拘传及其他强制其出庭的措施，而应当通过其所在侦查机关的内部制度，对其进行相应的处分。

此外，对出庭作证的侦查人员也应注重保护，特别是对于从事缉毒、反恐、打黑等特殊任务的侦查人员，在必要时可以以视频屏蔽方式出庭作证。本案一审法院传唤负责缉毒的侦查人员出庭，即采用了法院自行研制开发的视频屏蔽作证系统，对出庭作证的侦查人员进行保护。在该种方式下,出庭作证的侦查人员不出现在法庭,而是在特定的证人作证室内,通过视频方式作证。在侦查人员作证的视频和音频信号传送到法庭时,技术人员可以通过后台编辑功能,同步处理该侦查人员的头像信号,使法庭内的人员在法庭的显示屏上看到的是隐藏了侦查人员面部特征的图像。在必要的情况下,技术人员还可以对侦查人员的声音进行处理,使法庭内的人员听不到该侦查人员的真实声音。采用视频屏蔽作证方式,有利于保护出庭作证的侦查人员的安全,充分打消侦查人员出庭的顾虑,对于推动侦查人员出庭作证的实践,具有重要的探索价值。

——《刑事审判参考》(总第 81 辑)。

【链接:最高人民法院法官著述】

6. 有专门知识的人就鉴定意见提出的意见的性质。有专门知识的人就鉴定意见提出的意见,是否可以作为证据使用?如果可以作为证据使用,在裁判文书中如何表述和体现?对于上述问题,有意见认为有专门知识的人就鉴定意见提出的意见,在刑事诉讼中具有证据的法律地位。如有论者认为,专家证人出庭,虽然常常需要对鉴定意见提出意见,但不应当只是针对鉴定意见进行质证或者强化,也常常需要对某个专业问题发表独立的专家意见,以帮助法庭理解这些问题,弥补法官在专业上的不足。可见,"被法庭通知出庭的有专门知识的人是作为证人出庭,而不是协助质证的'专家辅助人',因此,应当允许其发表独立的专业意见,并将该种意见作为定案的根据之一"。[①] 此外,实践中还有观点主张将有专门知识的人发表的意见纳入证人证言或者鉴定意见的范畴,从而作为刑事诉讼的证据加以使用。

本书认为,有专门知识的人就鉴定意见提出的意见不是鉴定意见,不具备证据的法律地位。主要考虑如下:(1)刑事诉讼法第五十条第二款未将有专门知识的人就鉴定意见提出的意见列为法定证据种类,而有专门知识的人就鉴定意见发表的意见也不同于鉴定意见、证人证言等,无法纳入法定证据的范畴。(2)有专门知识的人就鉴定意见提出的意见并非可以用于证明案件事实的材料,而只是用于增强法官内心确信、对鉴定意见作出判断的辅助性材料。如前所述,刑事诉讼法修改时增设有专门知识的人制度,是为了强化对鉴定意见的庭审质证,鉴定意见不能再像以前一样在法庭上宣读后就理所当然地作为证据使用。为了确保当庭解决案件中涉及的专门性问题,减少不必要的重新鉴定或反复鉴定,有专门知识的人出庭是必要的,通过协助控辩双方把相关问题质证清楚,有助于法官形成内心确信。(3)有专门知识的人就鉴定意见提出的意见从属于控辩双方的意见,不具有独立的地位。如

① 参见龙宗智、苏云:《刑事诉讼法修改如何调整证据制度》,载《现代法学》2011 年第 6 期。

前所述，有专门知识的人在法庭审理中不享有独立的诉讼地位，而是从属于控辩一方。因此，其针对鉴定意见所提出的意见不具有独立的地位，而是如同接受委托的辩护人一样，只是代表当事人发表意见。如果当事人不同意有专门知识的人的意见，可以撤销委托，或者当庭表示不同意有专门知识的人的意见，此时就应当以当事人的意见为准。因此，有专门知识的人的意见自然不具有在查证属实后可以作为定案的根据的证据的属性。综上，有专门知识的人就鉴定意见提出的意见不是证据，不宜在裁判文书中作为证据予以表述。有专门知识的人实际上是代表控辩双方发表意见，法院可以将其意见视为控辩双方的意见。

——喻海松：《刑事诉讼法修改与司法适用疑难解析》，北京大学出版社 2021 年版，第 217—218 页。

1655 举证、质证程序

关键词 | 举证 | 质证 |

【最高人民法院司法解释】

第二百六十七条　举证方当庭出示证据后，由对方发表质证意见。

第二百六十八条　对可能影响定罪量刑的关键证据和控辩双方存在争议的证据，一般应当单独举证、质证，充分听取质证意见。

对控辩双方无异议的非关键证据，举证方可以仅就证据的名称及拟证明的事实作出说明。

召开庭前会议的案件，举证、质证可以按照庭前会议确定的方式进行。

根据案件和庭审情况，法庭可以对控辩双方的举证、质证方式进行必要的指引。

第二百六十九条　审理过程中，法庭认为有必要的，可以传唤同案被告人、分案审理的共同犯罪或者关联犯罪案件的被告人等到庭对质。

第二百七十条　当庭出示的证据，尚未移送人民法院的，应当在质证后当庭移交。

第二百七十一条　法庭对证据有疑问的，可以告知公诉人、当事人及其法定代理人、辩护人、诉讼代理人补充证据或者作出说明；必要时，可以宣布休庭，对证据进行调查核实。

对公诉人、当事人及其法定代理人、辩护人、诉讼代理人补充的和审判人员庭外调查核实取得的证据，应当经过当庭质证才能作为定案的根据。但是，对不影响定罪量刑的非关键证据、有利于被告人的量刑证据以及认定被告人有犯罪前科的裁判文书等证据,经庭外征求意见,控辩双方没有异议的除外。

有关情况,应当记录在案。

第二百七十二条 公诉人申请出示开庭前未移送或者提交人民法院的证据,辩护方提出异议的,审判长应当要求公诉人说明理由;理由成立并确有出示必要的,应当准许。

辩护方提出需要对新的证据作辩护准备的,法庭可以宣布休庭,并确定准备辩护的时间。

辩护方申请出示开庭前未提交的证据,参照适用前两款规定。

第二百七十三条 法庭审理过程中,控辩双方申请通知新的证人到庭,调取新的证据,申请重新鉴定或者勘验的,应当提供证人的基本信息、证据的存放地点,说明拟证明的事项,申请重新鉴定或者勘验的理由。法庭认为有必要的,应当同意,并宣布休庭;根据案件情况,可以决定延期审理。

人民法院决定重新鉴定的,应当及时委托鉴定,并将鉴定意见告知人民检察院、当事人及其辩护人、诉讼代理人。

第二百七十四条 审判期间,公诉人发现案件需要补充侦查,建议延期审理的,合议庭可以同意,但建议延期审理不得超过两次。

人民检察院将补充收集的证据移送人民法院的,人民法院应当通知辩护人、诉讼代理人查阅、摘抄、复制。

补充侦查期限届满后,人民检察院未将补充的证据材料移送人民法院的,人民法院可以根据在案证据作出判决、裁定。

第二百七十五条 人民法院向人民检察院调取需要调查核实的证据材料,或者根据被告人、辩护人的申请,向人民检察院调取在调查、侦查、审查起诉期间收集的有关被告人无罪或者罪轻的证据材料,应当通知人民检察院在收到调取证据材料决定书后三日以内移交。

第二百七十六条 法庭审理过程中,对与量刑有关的事实、证据,应当进行调查。

人民法院除应当审查被告人是否具有法定量刑情节外,还应当根据案件情况审查以下影响量刑的情节:

(一)案件起因;

(二)被害人有无过错及过错程度,是否对矛盾激化负有责任及责任大小;

(三)被告人的近亲属是否协助抓获被告人;

(四)被告人平时表现,有无悔罪态度;

(五)退赃、退赔及赔偿情况;

(六)被告人是否取得被害人或者其近亲属谅解;

（七）影响量刑的其他情节。

第二百七十七条 审判期间，合议庭发现被告人可能有自首、坦白、立功等法定量刑情节，而人民检察院移送的案卷中没有相关证据材料的，应当通知人民检察院在指定时间内移送。

审判期间，被告人提出新的立功线索的，人民法院可以建议人民检察院补充侦查。

第二百七十八条 对被告人认罪的案件，在确认被告人了解起诉书指控的犯罪事实和罪名，自愿认罪且知悉认罪的法律后果后，法庭调查可以主要围绕量刑和其他有争议的问题进行。

对被告人不认罪或者辩护人作无罪辩护的案件，法庭调查应当在查明定罪事实的基础上，查明有关量刑事实。

——《最高人民法院关于适用〈中华人民共和国刑事诉讼法〉的解释》（2021年3月1日，法释〔2021〕1号）。

【链接：理解与适用】

11. 关于庭外征求控辩双方意见的问题

《2012年解释》第二百二十条第二款规定："对公诉人、当事人及其法定代理人、辩护人、诉讼代理人补充的和法庭庭外调查核实取得的证据，应当经过当庭质证才能作为定案的根据。但是，经庭外征求意见，控辩双方没有异议的除外。"此次征求意见过程中，有意见提出，刑事诉讼法第一百九十八条规定，法庭审理过程中，对于定罪、量刑有关的事实、证据都应当进行调查、辩论。故而，上述规定存在不妥。经研究，根据上述意见，《解释》第二百七十一条第二款作了调整，进一步限定为"不影响定罪量刑的非关键证据、有利于被告人的量刑证据以及认定被告人有犯罪前科的裁判文书等证据"……

12. 关于补充侦查期限届满未移送证据的问题

《解释》第二百七十四条第三款……对补充侦查期限届满后，经法庭通知，人民检察院未将案件移送人民法院，且未说明原因的，由"人民法院可以决定按人民检察院撤诉处理"调整为"人民法院可以根据在案证据作出判决、裁定"。主要考虑：（1）《2012年解释》第二百二十三条规定"人民检察院未将案件移送人民法院"，意味着对检察院延期审理的案件法院会将案件退回，否则不存在补充侦查完毕后的移送法院的问题。司法实践中，检察机关以补充侦查为由建议延期审理的，案件通常仍在法院并未退回。因为，如果将案件退回，法院就要进行销案处理，补充侦查结束后，检察院再次起诉的，还要作为新收案件处理，程序极其烦琐且无必要。（2）补充侦查期限届满后，经通知，人民检察院未将补充的证据材料移送人民法院的，人民法院原则上应当根据在案证据材料作出判决、裁定。但是，如果人民检察院未将补充侦查时退回的案卷移送人民法院，或者拒不派员出席法庭的，可以按人民检察院撤诉处理。

——《起草小组解读：〈刑事诉讼法解释〉理解与适用（上）》，载中国法院网 2021 年 2 月 4 日，https://www.chinacourt.org/article/detail/2021/02/id/5796152.shtml。

【最高人民法院司法文件】

第二十八条　开庭讯问、发问结束后，公诉人先行举证。公诉人举证完毕后，被告人及其辩护人举证。

公诉人出示证据后，经审判长准许，被告人及其辩护人可以有针对性地出示证据予以反驳。

控辩一方举证后，对方可以发表质证意见。必要时，控辩双方可以对争议证据进行多轮质证。

被告人及其辩护人认为公诉人出示的有关证据对本方诉讼主张有利的，可以在发表质证意见时予以认可，或者在发表辩护意见时直接援引有关证据。

第二十九条　控辩双方随案移送或者庭前提交，但没有当庭出示的证据，审判长可以进行必要的提示；对于其中可能影响定罪量刑的关键证据，审判长应当提示控辩双方出示。

对于案件中可能影响定罪量刑的事实、证据存在疑问，控辩双方没有提及的，审判长应当引导控辩双方发表质证意见，并依法调查核实。

第三十条　法庭应当重视对证据收集合法性的审查，对证据收集的合法性有疑问的，应当调查核实证明取证合法性的证据材料。

对于被告人及其辩护人申请排除非法证据，依法提供相关线索或者材料，法庭对证据收集的合法性有疑问，决定进行调查的，一般应当先行当庭调查。

第三十一条　对于可能影响定罪量刑的关键证据和控辩双方存在争议的证据，一般应当单独举证、质证，充分听取质证意见。

对于控辩双方无异议的非关键性证据，举证方可以仅就证据的名称及其证明的事项作出说明，对方可以发表质证意见。

召开庭前会议的案件，举证、质证可以按照庭前会议确定的方式进行。根据案件审理需要，法庭可以对控辩双方的举证、质证方式进行必要的提示。

第三十二条　物证、书证、视听资料、电子数据等证据，应当出示原物、原件。取得原物、原件确有困难的，可以出示照片、录像、副本、复制件等足以反映原物、原件外形和特征以及真实内容的材料，并说明理由。

对于鉴定意见和勘验、检查、辨认、侦查实验等笔录，应当出示原件。

第三十三条 控辩双方出示证据,应当重点围绕与案件事实相关的内容或者控辩双方存在争议的内容进行。

出示证据时,可以借助多媒体设备等方式出示、播放或者演示证据内容。

第三十四条 控辩双方对证人证言、被害人陈述、鉴定意见无异议,有关人员不需要出庭的,或者有关人员因客观原因无法出庭且无法通过视频等方式作证的,可以出示、宣读庭前收集的书面证据材料或者作证过程录音录像。

被告人当庭供述与庭前供述的实质性内容一致的,可以不再出示庭前供述;当庭供述与庭前供述存在实质性差异的,可以出示、宣读庭前供述中存在实质性差异的内容。

第三十五条 采用技术侦查措施收集的证据,应当当庭出示。当庭出示、辨认、质证可能危及有关人员的人身安全,或者可能产生其他严重后果的,应当采取不暴露有关人员身份、不公开技术侦查措施和方法等保护措施。

法庭决定在庭外对技术侦查证据进行核实的,可以召集公诉人和辩护律师到场。在场人员应当履行保密义务。

第三十六条 法庭对证据有疑问的,可以告知控辩双方补充证据或者作出说明;必要时,可以在其他证据调查完毕后宣布休庭,对证据进行调查核实。法庭调查核实证据,可以通知控辩双方到场,并将核实过程记录在案。

对于控辩双方补充的和法庭庭外调查核实取得的证据,应当经过庭审质证才能作为定案的根据。但是,对于不影响定罪量刑的非关键性证据和有利于被告人的量刑证据,经庭外征求意见,控辩双方没有异议的除外。

第三十七条 控辩双方申请出示庭前未移送或提交人民法院的证据,对方提出异议的,申请方应当说明理由,法庭经审查认为理由成立并确有出示必要的,应当准许。

对方提出需要对新的证据作辩护准备的,法庭可以宣布休庭,并确定准备的时间。

第三十八条 法庭审理过程中,控辩双方申请通知新的证人到庭,调取新的证据,申请重新鉴定或者勘验的,应当提供证人的基本信息、证据的存放地点,说明拟证明的案件事实、要求重新鉴定或者勘验的理由。法庭认为有必要的,应当同意,并宣布延期审理;不同意的,应当说明理由并继续审理。

第三十九条 公开审理案件时,控辩双方提出涉及国家秘密、商业秘密或者个人隐私的证据的,法庭应当制止。有关证据确与本案有关的,可以根据具体情况,决定将案件转为不公开审理,或者对相关证据的法庭调查不公开进行。

第四十条 审判期间,公诉人发现案件需要补充侦查,建议延期审理的,法庭可以同意,但建议延期审理不得超过两次。

人民检察院将补充收集的证据移送人民法院的，人民法院应当通知辩护人、诉讼代理人查阅、摘抄、复制。辩护方提出需要对补充收集的证据作辩护准备的，法庭可以宣布休庭，并确定准备的时间。

补充侦查期限届满后，经人民法院通知，人民检察院未建议案件恢复审理，且未说明原因的，人民法院可以决定按人民检察院撤诉处理。

第四十一条　人民法院向人民检察院调取需要调查核实的证据材料，或者根据被告人及其辩护人的申请，向人民检察院调取在侦查、审查起诉期间收集的有关被告人无罪或者罪轻的证据材料，应当通知人民检察院在收到调取证据材料决定书后三日内移交。

第四十二条　法庭除应当审查被告人是否具有法定量刑情节外，还应当根据案件情况审查以下影响量刑的情节：

（一）案件起因；

（二）被害人有无过错及过错程度，是否对矛盾激化负有责任及责任大小；

（三）被告人的近亲属是否协助抓获被告人；

（四）被告人平时表现，有无悔罪态度；

（五）退赃、退赔及赔偿情况；

（六）被告人是否取得被害人或者其近亲属谅解；

（七）影响量刑的其他情节。

第四十三条　审判期间，被告人及其辩护人提出有自首、坦白、立功等法定量刑情节，或者人民法院发现被告人可能有上述法定量刑情节，而人民检察院移送的案卷中没有相关证据材料的，应当通知人民检察院移送。

审判期间，被告人及其辩护人提出新的立功情节，并提供相关线索或者材料的，人民法院可以建议人民检察院补充侦查。

第四十四条　被告人当庭不认罪或者辩护人作无罪辩护的，法庭对定罪事实进行调查后，可以对与量刑有关的事实、证据进行调查。被告人及其辩护人可以当庭发表质证意见，出示证明被告人罪轻或者无罪的证据。被告人及其辩护人参加量刑事实、证据的调查，不影响无罪辩解或者辩护。

——《人民法院办理刑事案件第一审普通程序法庭调查规程（试行）》（2018年1月1日，法发〔2017〕31号）。

【链接：理解与适用】

三、举证、质证程序

1. 举证、质证的一般规则

一是举证、质证的基本顺序。基于举证基本原理，开庭讯问、发问程序结束后，公诉人先行举证。公诉人举证完毕后,被告人及其辩护人可以举证,公诉人出示某一证据后,经审判长准许,被告人及其辩护人可以出示证据予以反驳。简言之,被告方既可以通过举证的方式来反驳控诉方的指控,也可以在不举证的情况下,直接对控诉方出示的证据进行反驳。

控辩一方举证后,对方可以发表质证意见。针对司法实践中质证程序过于简单等问题,必要时,控辩双方可以对争议的证据进行多次质证。有些案件中,公诉人在举证时可能涉及对被告方有利的证据,对此类证据,如由被告方随后再予出示,明显重复且无必要,鉴于此,被告人及其辩护人认为公诉人出示的有关证据对本方诉讼主张有利的,可以在发表质证意见时予以认可,或者在发表辩护意见时直接援引有关证据。

为解决司法实践中诸多证据捆绑质证等问题,对于可能影响定罪量刑的关键证据和控辩双方存在争议的证据,一般应当单独举证、质证;对于控辩双方无异议的非关键性证据,可以仅就证据的名称及其证明的事项作出说明。

二是法庭的提示职责和审查职责。为避免在法庭调查环节遗漏或者忽视关键证据,对于控辩双方随案移送或者庭前提交,但没有当庭出示的证据,审判长可以进行必要的提示;对于其中可能影响定罪量刑的关键证据,审判长应当提示控辩双方出示。对于案件中可能影响定罪量刑的事实、证据存在疑问,控辩双方没有提及的,审判长应当引导控辩双方发表质证意见,并依法调查核实。

2. 各类证据的举证方式

一是最佳证据规则的要求。对于物证、书证、视听资料、电子数据等证据应当出示原物、原件。取得原物、原件确有困难的,可以出示照片、录像、副本、复制件等足以反映原物、原件外形和特征以及真实内容的材料,并说明理由。对于鉴定意见和勘验、检查、辨认、侦查实验等笔录,应当出示原件。

二是注意举证与证明的关联。为确保举证和证明具有针对性,控辩双方出示证据,应当重点围绕与案件事实相关内容或者控辩双方存在争议的内容进行。出示证据时,可以借助多媒体设备等方式出示、播放或者演示证据内容。

三是书面言词证据举证的特殊要求。控辩双方对证人证言、被害人陈述、鉴定意见无异议,上述人员不需要出庭的,以及上述人员因客观原因无法出庭且无法通过视频等方式作证的,可以出示、宣读庭前收集的书面证据材料或者庭前制作的作证过程录音录像。被告人当庭供述与庭前供述的实质性内容一致的,可以不再出示庭前供述;当庭供述与庭前供述存在实质性差异的,可以出示、宣读庭前供述中存在实质性差异的内容。

四是技术侦查证据的举证要求。基于未经质证不得认证的基本原则,采用技术侦查措施收集的证据,应当当庭出示。当庭出示、辨认、质证可能危及有关人员的人身安全,或者可能产生其他严重后果的,应当采取不暴露有关人员身份、不公开技术侦查措施和方法等保护措施。为规范庭外核实程序,使之成为庭审证据调查的规范延伸,法庭决定在庭外对技术侦查证据进行核实的,可以召集公诉人和辩护律师到场。在场人员应当履行保密义务。

3. 证据疑问和异议的处理程序

法庭对证据有疑问的,可以告知控辩双方补充证据或者作出说明;必要时可以在其他证据调查完毕后宣布休庭,对证据进行调查核实。对于控辩双方补充和法庭庭外调查核实取得的证据,不能直接作为定案的根据使用,而是应当经过庭审质证才能作为定案的根据。不过,基于严格证明与自由证明的区分,对于不影响定罪量刑的非关键性证据和有利于被告人的量刑证据,经庭外征求意见,控辩双方没有异议的除外。作为法庭证据调查的必要延伸,根据案情审理需要,法庭可以组织控辩双方到现场核实情况,并将核实过程记录在案。

在庭审过程中,控辩双方可能对证据提出各种申请或者异议,法庭应当依法进行审查并作出处理。例如,控辩一方申请出示庭前未移送或提交人民法院的证据,对方提出异议的,申请方应当说明理由,审判长经审查认为理由成立并确有出示必要的,应当准许。对方提出需要对新的证据作质证准备的,法庭应当宣布休庭,并确定准备的时间。

4. 量刑事实的法庭调查

根据量刑规范化改革的要求,为确保量刑公正,在法庭调查环节要专门对量刑事实证据进行调查。法庭除应当审查被告人是否具有法定量刑情节外,还应当根据案件情况审查案件起因、被害人有无过错及过错程度等影响量刑的情节。

审判期间,被告人提出有自首、坦白、立功等法庭量刑情节,或者人民法院发现被告人可能有自首、坦白、立功等法定量刑情节,而人民检察院移送的案卷中没有相关证据材料的,应当通知人民检察院移送。类似地,被告人提出新的立功情节,并提供相关线索或者材料的,人民法院可以建议人民检察院补充侦查。

被告人当庭不认罪或者辩护人作无罪辩护的,法庭对与量刑有关的事实、证据进行调查时,被告人及其辩护人可以当庭发表质证意见,出示证明被告人罪轻的证据。一些案件中,被告方始终坚持无罪辩护,不愿参加量刑事实的法庭调查,为切实维护被告方的量刑辩护权,必要时,审判长可以告知被告人及其辩护人,参加量刑事实、证据的调查并不影响无罪辩护,消除被告方参加量刑事实调查的顾虑。

——戴长林、刘静坤:《人民法院办理刑事案件第一审普通程序法庭调查规程(试行)理解与适用》,载《人民法院报》2018 年 1 月 17 日,第 6 版。

1656 认证规则

关键词 | 证据 | 认证 |

【最高人民法院司法文件】

第四十五条 经过控辩双方质证的证据,法庭应当结合控辩双方质证意见,从证据与待证事实的关联程度、证据之间的印证联系、证据自身的真实性程度等方面,综合判断证据能否作为定案的根据。

证据与待证事实没有关联,或者证据自身存在无法解释的疑问,或者证据与待证事实以及其他证据存在无法排除的矛盾的,不得作为定案的根据。

第四十六条 通过勘验、检查、搜查等方式收集的物证、书证等证据,未通过辨认、鉴定等方式确定其与案件事实的关联的,不得作为定案的根据。

法庭对鉴定意见有疑问的,可以重新鉴定。

第四十七条 收集证据的程序、方式不符合法律规定,严重影响证据真实性的,人民法院应当建议人民检察院予以补正或者作出合理解释;不能补正或者作出合理解释的,有关证据不得作为定案的根据。

第四十八条 证人没有出庭作证,其庭前证言真实性无法确认的,不得作为定案的根据。

证人当庭作出的证言与其庭前证言矛盾,证人能够作出合理解释,并与相关证据印证的,应当采信其庭审证言;不能作出合理解释,而其庭前证言与相关证据印证的,可以采信其庭前证言。

第四十九条 经人民法院通知,鉴定人拒不出庭作证的,鉴定意见不得作为定案的根据。

有专门知识的人当庭对鉴定意见提出质疑,鉴定人能够作出合理解释,并与相关证据印证的,应当采信鉴定意见;不能作出合理解释,无法确认鉴定意见可靠性的,有关鉴定意见不能作为定案的根据。

第五十条 被告人的当庭供述与庭前供述、自书材料存在矛盾,被告人能够作出合理解释,并与相关证据印证的,应当采信其当庭供述;不能作出合理解释,而其庭前供述、自书材料与相关证据印证的,可以采信其庭前供述、自书材料。

法庭应当结合讯问录音录像对讯问笔录进行全面审查。讯问笔录记载的内容与讯问录音录像存在实质性差异的,以讯问录音录像为准。

第五十一条 对于控辩双方提出的事实证据争议,法庭应当当庭进行审查,经审查后作出处理的,应当当庭说明理由,并在裁判文书中写明;需要庭后评议作出处理的,应当在裁判文书中说明理由。

第五十二条 法庭认定被告人有罪,必须达到犯罪事实清楚,证据确实、充分,对于定罪事实应当综合全案证据排除合理怀疑。定罪证据不足的案件,不能认定被告人有罪,应当作出证据不足、指控的犯罪不能成立的无罪判决。定罪证据确实、充分,量刑证据存疑的,应当作出有利于被告人的认定。

——《人民法院办理刑事案件第一审普通程序法庭调查规程(试行)》(2018年1月1日,法发〔2017〕31号)。

【链接:理解与适用】

四、认证规则

1. 证据认证的基本要求

基于认识论的基本原理,对证据证明力的审查判断,要纳入事实证据体系之中进行考察。对于经过控辩双方质证的证据,法庭应当结合控辩双方质证意见,从证据与待证事实的关联程度、证据之间的印证关系、证据自身的真实性程度等方面,综合判断证据能否作为定案的根据。证据与待证事实不存在关联,或者证据自身存在无法解释的疑问,或者证据与待证事实以及其他证据存在无法排除的矛盾的,不得作为定案的根据。

2. 证据排除规则

一是关键证据的关联性规则。通过勘验、检查、搜查等方式搜集的物证、书证等证据,未通过辨认、鉴定等方式确定其与案件事实的关联的,不得作为定案的根据。鉴定意见通常是关键证据,为避免错误采信不科学、不可靠的鉴定意见,法庭对鉴定意见有疑问的,可以重新鉴定。

二是存疑的瑕疵证据的排除规则。瑕疵证据不同于非法证据,并不直接予以排除,而是看证据瑕疵能否得到解决。收集证据的程序、方式不符合法律规定,严重影响证据真实性的,人民法院应当建议人民检察院予以补正或者作出合理解释;不能补正或者作出合理解释的,有关证据不能作为定案的根据。

三是存疑的传闻证据的排除规则。尽管我国尚未实行严格的传闻证据排除规则,但证人没有出庭作证,其庭前证言真实性无法确认的,不得作为定案的根据。基于我国诉讼制度和证据规则,证人的当庭证言并不必然优于庭前证言。证人当庭作出的证言与其庭前证言矛盾,证人能够作出合理解释,并与相关证据印证的,应当采信其庭审证言;不能作出合理解释,而其庭前证言与相关证据印证的,可以采信其庭前证言。

对于鉴定意见,法律实行较为严格的传闻证据排除规则。经人民法院通知,鉴定人拒不出庭作证的,鉴定意见不得作为定案的根据。对于有专门知识的人的意见,其本身不是诉讼证据,但影响到鉴定意见的认证。有专门知识的人当庭对鉴定意见提出质疑,鉴定人能够作出合理解释,并与相关证据印证的,可以采信鉴定意见;不能作出合理解释,无法确认鉴定意见可靠性的,有关鉴定意见不能作为定案的根据。与证人证言类似,被告人的当庭供述与庭前供述、自书材料存在矛盾,被告人能够作出合理解释,并与相关证据印证的,应当采信其当庭供述;不能作出合理解释,而其庭前供述、自书材料与相关证据印证的,可以采信其庭前供述、自书材料。

3. 事实证据争议的处理

为体现司法裁判实质化的要求,法庭要依法处理控辩双方的争议问题,并依法作出裁决。对于控辩双方提出的事实证据争议,法庭应当当庭进行审查,经审查后当庭作出处理的,应当当庭说明理由,并在裁判文书中写明;需要庭后评议作出处理的,应当在裁判文书中说明理由。

4. 证明标准

根据法律规定,法庭认定被告人有罪,必须达到犯罪事实清楚,证据确实、充分,对于定罪事实应当综合全案证据排除合理怀疑。基于疑罪从无原则的要求,定罪证据不足的案件,不能认定被告人有罪,应当作出证据不足、指控的犯罪不能成立的无罪判决。基于定罪事实和量刑事实的区分,两类事实的证明标准并不相同。定罪证据确实、充分,量刑证据存疑的,应当作出有利于被告人的认定。

——戴长林、刘静坤:《人民法院办理刑事案件第一审普通程序法庭调查规程(试行)理解与适用》,载《人民法院报》2018 年 1 月 17 日,第 6 版。

1657 涉案财物的调查

关键词 | 违法所得 | 案外人 | 追缴 | 没收 |

【最高人民法院司法解释】

第二百七十九条 法庭审理过程中,应当对查封、扣押、冻结财物及其孳息的权属、来源等情况,是否属于违法所得或者依法应当追缴的其他涉案财物进行调查,由公诉人说明情况、出示证据、提出处理建议,并听取被告人、辩护人等诉讼参与人的意见。

案外人对查封、扣押、冻结的财物及其孳息提出权属异议的,人民法院应当听取案外人的意见;必要时,可以通知案外人出庭。

经审查,不能确认查封、扣押、冻结的财物及其孳息属于违法所得或者依法应当追缴的其他涉案财物的,不得没收。

——《最高人民法院关于适用〈中华人民共和国刑事诉讼法〉的解释》(2021 年 3 月 1 日,法释〔2021〕1 号)。

【链接：理解与适用】

《解释》将《2012 年解释》第三百六十四条的位置调整至一审程序，旨在提醒审判人员和诉讼参与人在审判程序中高度重视对涉案财物的处理问题……需要注意的是，由检察机关对涉案财物的权属情况作出说明，提出处理意见，并提供相关证据材料，这符合刑事证据规则，也符合司法实际。例如，《最高人民法院、最高人民检察院、公安部关于办理电信网络诈骗等刑事案件适用法律若干问题的意见》（法发〔2016〕32 号）第七条“涉案财物的处理”第一项规定：“公安机关侦办电信网络诈骗案件，应当随案移送涉案赃款赃物，并附清单。人民检察院提起公诉时，应一并移交受理案件的人民法院，同时就涉案赃款赃物的处理提出意见。”

关于案外人对涉案财物提出权属异议的处理，《中共中央办公厅、国务院办公厅关于进一步规范刑事诉讼涉案财物处置工作的意见》（中办发〔2015〕7 号，以下简称《中办、国办涉案财物处置意见》）第十二条规定：“明确利害关系人诉讼权利。善意第三人等案外人与涉案财物处理存在利害关系的，公安机关、国家安全机关、人民检察院应当告知其相关诉讼权利，人民法院应当通知其参加诉讼并听取其意见。”根据上述规定，本条第二款作了专门规定。作出上述规定，一方面明确要求听取对涉案财物提出权属异议的案外人的意见，以落实《中办、国办涉案财物处置意见》的要求；另一方面，考虑到涉众型案件可能存在案外人众多的情形，一律通知到庭不具有可操作，且《中办、国办涉案财物处置意见》只是要求人民法院应当“通知其参加诉讼”但并未要求“通知其参加庭审”，故规定为“必要时，可以通知案外人出庭”。

需要注意的是，随着经济社会发展，越来越多的刑事案件涉及财物处理问题，涉案财物的数额价值越来越大，利益关系也越来越复杂。当事人、利害关系人高度关注涉案财物处置问题。为强化产权司法保护，《解释》的多个条文对涉案财物的审查处理执行问题作了充实和完善。例如，在立案审查阶段，要审查涉案财物是否随案移送并列明权属情况，以及是否有证明相关财物系涉案财物的证据材料；在庭前会议中，可以就涉案财物的权属情况和处理建议听取意见；要强化对涉案财物的当庭调查，规范涉案财物的判决处理和执行。审判实践中，要适应时代发展，树立对定罪量刑和涉案财物处理并重的理念，重视做好涉案财物审查处理执行工作。

——《起草小组解读：〈刑事诉讼法解释〉理解与适用（上）》，载中国法院网 2021 年 2 月 4 日，https://www.chinacourt.org/article/detail/2021/02/id/5796152.shtml。

（四）法庭辩论与最后陈述

1658 法庭辩论程序

关键词 | 法庭辩论 | 法庭调查 |

【最高人民法院司法解释】

第二百八十条 合议庭认为案件事实已经调查清楚的，应当由审判长宣布法庭调查结束，开始就定罪、量刑、涉案财物处理的事实、证据、适用法律等问题进行法庭辩论。

第二百八十一条 法庭辩论应当在审判长的主持下，按照下列顺序进行：

（一）公诉人发言；

（二）被害人及其诉讼代理人发言；

（三）被告人自行辩护；

（四）辩护人辩护；

（五）控辩双方进行辩论。

第二百八十二条 人民检察院可以提出量刑建议并说明理由；建议判处管制、宣告缓刑的，一般应当附有调查评估报告，或者附有委托调查函。

当事人及其辩护人、诉讼代理人可以对量刑提出意见并说明理由。

第二百八十三条 对被告人认罪的案件，法庭辩论时，应当指引控辩双方主要围绕量刑和其他有争议的问题进行。

对被告人不认罪或者辩护人作无罪辩护的案件，法庭辩论时，可以指引控辩双方先辩论定罪问题，后辩论量刑和其他问题。

第二百八十四条 附带民事部分的辩论应当在刑事部分的辩论结束后进行，先由附带民事诉讼原告人及其诉讼代理人发言，后由附带民事诉讼被告人及其诉讼代理人答辩。

第二百八十五条 法庭辩论过程中，审判长应当充分听取控辩双方的意见，对控辩双方与案件无关、重复或者指责对方的发言应当提醒、制止。

第二百八十六条 法庭辩论过程中，合议庭发现与定罪、量刑有关的新的事实，有必要调查的，审判长可以宣布恢复法庭调查，在对新的事实调查后，继续法庭辩论。

——《最高人民法院关于适用〈中华人民共和国刑事诉讼法〉的解释》（2021

年3月1日,法释〔2021〕1号)。

1659 最后陈述程序

关键词 | 最后陈述 | 被告人 |

【最高人民法院司法解释】

第二百八十七条　审判长宣布法庭辩论终结后,合议庭应当保证被告人充分行使最后陈述的权利。

被告人在最后陈述中多次重复自己的意见的,法庭可以制止;陈述内容蔑视法庭、公诉人,损害他人及社会公共利益,或者与本案无关的,应当制止。

在公开审理的案件中,被告人最后陈述的内容涉及国家秘密、个人隐私或者商业秘密的,应当制止。

第二百八十八条　被告人在最后陈述中提出新的事实、证据,合议庭认为可能影响正确裁判的,应当恢复法庭调查;被告人提出新的辩解理由,合议庭认为可能影响正确裁判的,应当恢复法庭辩论。

——《最高人民法院关于适用〈中华人民共和国刑事诉讼法〉的解释》(2021年3月1日,法释〔2021〕1号)。

1660 公诉人当庭发表与起诉书不同意见的处理规则

关键词 | 法庭辩论 | 起诉书 | 休庭 | 变更、追加、补充或者撤回起诉 |

【最高人民法院司法解释】

第二百八十九条　公诉人当庭发表与起诉书不同的意见,属于变更、追加、补充或者撤回起诉的,人民法院应当要求人民检察院在指定时间内以书面方式提出;必要时,可以宣布休庭。人民检察院在指定时间内未提出的,人民法院应当根据法庭审理情况,就起诉书指控的犯罪事实依法作出判决、裁定。

人民检察院变更、追加、补充起诉的,人民法院应当给予被告人及其辩护人必要的准备时间。

——《最高人民法院关于适用〈中华人民共和国刑事诉讼法〉的解释》(2021年3月1日,法释〔2021〕1号)。

【链接：理解与适用】

实践中，个别案件存在公诉人当庭发表与起诉书不同意见的情形，甚至属于当庭变更、追加、补充或者撤回起诉的情形。对此如何处理，存在不同认识。有观点认为，刑事诉讼法规定的起诉主体是人民检察院，起诉书是加盖人民检察院印章的法律文书。我国法律没有赋予公诉人独立于检察院之外的主体地位，也没有允许公诉人变更起诉书的内容。鉴于这一问题在实践和理论中尚存争议，对于不涉及追加或者变更起诉的，到底采纳起诉书还是公诉意见书，属于法庭裁量范畴；对于需要追加、补充或者变更起诉的情况，人民法院应当休庭。另有观点认为，无论是否“属于变更、追加、补充或者撤回起诉”，此种情形均应当以当庭意见为准，以促使公诉人谨慎发表当庭意见。否则，当庭发表意见后，又不提供书面意见的，法院将无法处理，也有违司法诚信。

经研究认为，相关情况较为复杂，处理规则难以一概而论，需要区别对待。经综合考虑上述意见，《解释》第二百八十九条规定……司法适用中需要注意的是：

（1）本条所称“公诉人当庭发表与起诉书不同的意见”，是指在起诉后未出现新的事实证据情况下，公诉人发表与起诉书不同意见的情形。对于出现新的事实、特别是体现被告人认罪悔罪态度的新事实，直接由法庭根据新的事实证据作出认定即可。例如，自首的被告人在开庭后翻供的，法庭可以直接不认定自首；认罪认罚的被告人在开庭后不认罪、不接受量刑建议的，法庭可以直接不认定认罪认罚；有的被告人在起诉后才退赃退赔，法庭可以直接认定退赃退赔这一情节。对于上述情形，无须由公诉人对起诉书作出变更，法庭在听取双方意见后直接认定即可。

（2）公诉人当庭发表与起诉书不同的意见，情况较为复杂：有的变更不影响定罪量刑，如对作案时间发表不同意见，直接变更即可。更多情形下则对定罪量刑会产生影响，但具体情况又会存在差异：有的是直接变更罪名，如由职务侵占罪调整为贪污罪；有的涉及法定刑幅度的调整，如盗窃金额由十万元调整为一万元；有的只是涉及具体犯罪情节的认定，如盗窃金额由三千五百元调整为三千元。如果属于变更、追加、补充或者撤回起诉等重大事项的，应当以书面方式提出。而且，上述情形下，是否应当休庭，也不能简单作出统一规定，而应当交由实践裁量处理。例如，起诉书认定的盗窃金额是三千五百元，公诉人当庭发现计算有误，应当为三千元，量刑档次未发生变化，且所作变更有利于被告人，法庭可以继续开庭审理，但应当在庭后要求人民检察院以书面方式作出变更；相反，如果公诉人当庭改变起诉罪名，特别是由轻罪名改重罪名的，则休庭为宜，以更好地保障被告人的辩护权。又如，公诉人当庭追加起诉的，则可以以起诉书指控的罪行先行开庭，休庭后待人民检察院以书面方式追加起诉后，再行开庭就追加的起诉进行审理。

(3)人民检察院变更、追加、补充起诉的,人民法院应当给予被告人及其辩护人必要的准备时间,以充分保障被告人合法权益。

——《起草小组解读:〈刑事诉讼法解释〉理解与适用(上)》,载中国法院网 2021 年 2 月 4 日,https://www.chinacourt.org/article/detail/2021/02/id/5796152.shtml。

【最高人民法院参考案例】

王皓集资诈骗案(《刑事审判参考》案例第 1452 号)

要旨:人民法院对出庭公诉人发表的与起诉书不一致的公诉意见应当在充分保障被告人、辩护人辩护权和程序正当的原则下,区分情况处理。

1. 对基本内容的变更、追加、补充或撤回

与起诉书基本内容不一致的情形主要包括三类:(1)对被告人身份信息、犯罪事实、指控罪名及法律适用的变更。(2)追加、补充指控新的事实。(3)撤回起诉。此三类情形足以影响对被告人的定罪量刑和人民法院裁判严肃性、准确性。

处理原则:基于前述分析,公诉人对起诉书指控基本内容进行变更、追加、补充或撤回起诉的,应当以书面形式提出,并加盖人民检察院印章。人民法院应当要求人民检察院提交变更、追加、补充或撤回起诉决定书。人民检察院不提交的,人民法院应当以起诉书为准,不得以公诉人当庭变更、追加、补充或撤回起诉意见为准。

庭审程序如何进行,我们认为宜平衡权利保护与庭审效率区别处理,具体而言:(1)对被告人不利的变更,如将轻罪名变更为重罪名,以休庭为宜(通常人民检察院也会建议休庭),由人民检察院出具书面变更起诉决定书后,继续开庭;人民检察院不出具的,人民法院应当以起诉书为准,并依据法律和审理认定的事实作出判决。(2)对被告人有利的变更,如将累犯变更为普通犯罪前科,公诉人当庭表示认可新的事实的,被告人和辩护人同意开庭的,可以先行开庭,人民检察院庭后提交书面变更起诉书。(3)追加、补充起诉的,因出现新的事实和新的证据,应当休庭或先行审理原起诉书指控事实,对追加、补充起诉事实再行开庭。(4)撤回起诉的,可以休庭,也可以继续庭审但不作出裁判,公诉机关提交撤回起诉决定书后,再行裁判。

需要指出的是,提起公诉后,出现新的量刑事实,如立功、退赔、认罪认罚,人民法院可以直接依据新的事实和新的证据作出裁判,无须要求人民检察院变更、补充起诉。

2. 对非基本内容的变更

实践中,对非基本内容的变更主要包括两类:对笔误的补正和对量刑建议(部分案件尤其是适用速裁程序审理的案件,起诉书会载明量刑建议)的调整。

处理原则:(1)对笔误的补正,可以要求公诉机关以书面形式提出,对适用简

易程序、速裁程序的，也可以由公诉人当庭补正，但应在庭审笔录中予以记录。需要说明的是，必须严格界定笔误的范围，不得以补正笔误为名变更基本事实。(2)对量刑建议的调整，应当坚持必要和简便原则，可以由公诉机关以书面形式提出或由公诉人当庭提出。人民法院认为调整后的量刑建议适当的，应当予以采纳；人民法院告知人民检察院调整，人民检察院不调整量刑建议或者调整后仍然明显不当的，人民法院应当依法作出判决。

庭审程序：(1)对笔误的补正，无须休庭，根据案件具体情况，以记录公诉人当庭意见或由公诉机关庭后提交变更起诉书方式处理。(2)对量刑建议的调整，如公诉人当庭提出的，人民法院应充分履行告知和释明职责，并主动向被告人释明相关法律规定以及接受量刑建议的后果，使其明确对刑罚判罚的预期。对于被告人认可的，应当记录在案，无须重新制作认罪认罚具结书。对于调整后加重被告人刑罚的情形，被告人因没有辩护人而申请值班律师提供法律帮助的，人民法院应当准许；对于调整后减轻被告人刑罚的情形，因不涉及辩护权利的保障问题，可以不通知值班律师提供法律帮助。

——《刑事审判参考》(总第130辑)。

1661 辩护人提交书面辩护意见

关键词｜辩护人｜辩护意见｜

【最高人民法院司法解释】

第二百九十条 辩护人应当及时将书面辩护意见提交人民法院。

——《最高人民法院关于适用〈中华人民共和国刑事诉讼法〉的解释》(2021年3月1日，法释〔2021〕1号)。

【链接：理解与适用】

根据司法实践反映的问题，《解释》第二百九十条对辩护人及时提交辩护意见作出指引性规定，明确："辩护人应当及时将书面辩护意见提交人民法院。"

(1)讨论中，有意见建议明确庭审结束后提交书面辩护意见的具体时限。经研究认为，相关情况复杂，难以对时限作出明确具体规定，实践中可以裁量把握。需要注意的是，辩论原则是审判阶段应当遵循的基本原则，辩护人庭审发表的意见都是辩护意见，庭审笔录中应予载明，而且辩护人要在庭审笔录上签名。因此，书面辩护意见仅是庭审辩护的一个补充，如果庭审中辩护人已经充分发表了辩护意见，并记录在案，庭后不提交书面辩护意见对审判人员裁判没有影响。基于此，本条明确规定“辩护人应当及时将书面辩护意见提交人民法院”。对于经人民法院告知后仍不提交辩护意见的,以当庭发表的意见为准。

(2)关于书面辩护意见与当庭发表的意见不一致的处理问题,存在不同意见:①有意见认为,辩护意见与当庭发表的意见存在实质性差异的,以当庭发表的意见为准。理由是:考虑到庭审中心主义、庭审实质化和公开审理的要求,当庭发表的意见经控辩双方质证、辩论,更能体现以审判为中心的刑事诉讼制度改革要求。明确以当庭发表的意见为准,可以促使辩护人庭前认真准备、庭上充分辩护。而且,认可在庭后提交与当庭发表意见差异较大的书面辩护意见,还可能带来需要二次开庭等一系列问题,浪费司法资源。②另有意见认为,应当以庭后提交的书面辩护意见为准,理由是:刑事审判应当坚持实体正义优先的原则,对于庭后提交的书面辩护意见与当庭发表意见不一致,且有相关证据证明,则应当采信书面辩护意见。必要时,可以通过庭外听取控辩双方意见或者二次开庭加以解决,不宜以节约司法资源为由对合理的书面辩护意见“视而不见”。

经研究认为,此种情形下,既有书面辩护意见,也有当庭发表意见,不宜简单“一刀切”,宜根据具体情况作出妥善处理。原则上应当以当庭发表的意见为准,但是,如果当庭发表的意见明显不妥当,书面辩护意见确有道理的,也可以采纳书面辩护意见。在裁判文书中,可以客观反映辩护意见的前后变化。鉴于相关问题比较复杂,未作统一规定,交由司法实践裁量处理。

(3)征求意见过程中,有意见提出,二审案件存在大量不开庭审理的情况,建议增加规定在指定日期提交辩护意见,以提升诉讼效率,有效维护辩护权。经研究认为,本条规定“辩护人应当及时将书面辩护意见提交人民法院”,可以参照适用于二审不开庭的情形。据此,人民法院可以要求辩护人在指定的合理期限内提交书面辩护意见。

——《起草小组解读:〈刑事诉讼法解释〉理解与适用(上)》,载中国法院网 2021 年 2 月 4 日,https://www.chinacourt.org/article/detail/2021/02/id/5796152.shtml。

(五)评议案件与宣告判决

1662 第一审公诉案件的裁判方式

关键词 | 事实清楚 | 部分事实清楚 | 证据确实、充分 | 判决、裁定 |

【最高人民法院司法解释】

第二百九十五条 对第一审公诉案件，人民法院审理后，应当按照下列情形分别作出判决、裁定：

（一）起诉指控的事实清楚，证据确实、充分，依据法律认定指控被告人的罪名成立的，应当作出有罪判决；

（二）起诉指控的事实清楚，证据确实、充分，但指控的罪名不当的，应当依据法律和审理认定的事实作出有罪判决；

（三）案件事实清楚，证据确实、充分，依据法律认定被告人无罪的，应当判决宣告被告人无罪；

（四）证据不足，不能认定被告人有罪的，应当以证据不足、指控的犯罪不能成立，判决宣告被告人无罪；

（五）案件部分事实清楚，证据确实、充分的，应当作出有罪或者无罪的判决；对事实不清、证据不足部分，不予认定；

（六）被告人因未达到刑事责任年龄，不予刑事处罚的，应当判决宣告被告人不负刑事责任；

（七）被告人是精神病人，在不能辨认或者不能控制自己行为时造成危害结果，不予刑事处罚的，应当判决宣告被告人不负刑事责任；被告人符合强制医疗条件的，应当依照本解释第二十六章的规定进行审理并作出判决；

（八）犯罪已过追诉时效期限且不是必须追诉，或者经特赦令免除刑罚的，应当裁定终止审理；

（九）属于告诉才处理的案件，应当裁定终止审理，并告知被害人有权提起自诉；

（十）被告人死亡的，应当裁定终止审理；但有证据证明被告人无罪，经缺席审理确认无罪的，应当判决宣告被告人无罪。

对涉案财物，人民法院应当根据审理查明的情况，依照本解释第十八章的规定作出处理。

具有第一款第二项规定情形的，人民法院应当在判决前听取控辩双方的意见，保障被告人、辩护人充分行使辩护权。必要时，可以再次开庭，组织控辩双方围绕被告人的行为构成何罪及如何量刑进行辩论。

——《最高人民法院关于适用〈中华人民共和国刑事诉讼法〉的解释》（2021年3月1日，法释〔2021〕1号）。

1663 人民法院与公诉机关认定的罪名不一致的处理

关键词｜一审程序｜罪名认定不一致｜

【最高人民法院参考案例】

李冉寻衅滋事案(《刑事审判参考》案例第 798 号)

要旨:法院依法审理后认为公诉机关指控的事实清楚但罪名不当的,可以变更罪名,但应当遵循一定的原则和相应程序。

(一)法院依法审理后认为公诉机关指控的事实清楚但罪名不当的,可以变更罪名

……起诉书对犯罪事实的法律评价及所援引的条文,只具有辅助确定审判范围的作用,对法院不具有约束力,对案件事实的法律评价属于法院的职权,法院可以依职权径行变更罪名,包括由轻罪名改为重罪名……

……

本案中,被告人李冉酒后无故对被害人郭辰进行殴打,又拿走上来劝架的刘柳的手机,从形式上看,符合抢劫罪中以暴力手段劫取他人财物的特征。但是,从实质上分析,根据刘柳的证言、郭辰的陈述和李冉的供述,李冉殴打郭辰时与刘柳并无冲突,后因刘柳上前劝架,李冉担心刘柳通过手机打电话找人报复,遂拿走刘柳手机。因此,现有证据不足以证实李冉实施暴力行为是为了劫取他人财物,李冉的行为更符合寻衅滋事犯罪中“随意殴打他人,强拿硬要财物”的行为特征,法院对公诉机关指控李冉犯罪的事实予以确认,即判决认定的事实并未超出公诉指控的范围,仅对指控事实的法律评价即罪名认定予以变更,是正当的,也具有充足的法律依据。

(二)法院变更公诉机关指控的罪名应当遵循一定的原则和相应程序

法院有权变更公诉机关指控的罪名,但应当遵循一定的原则,即拟认定的新罪名所依据的事实与公诉机关指控的事实须具有同一性,简言之,即必须是同一被告人和同一犯罪行为。是否认定为同一犯罪行为,应当以构成要件为判断标准,只有足以体现新罪名构成要件要素的主要事实与公诉机关指控事实大体一致或者前者能为后者所涵盖的,法院才能变更罪名。否则,经审理后发现新的应当追究刑事责任的被告人或者指控事实之外的其他犯罪事实,则应当视具体情况,由公诉机关通过变更或者追加起诉的方式加以解决。

……

在具体操作程序上,我们提供如下建议,以供参考:

1. 听取控辩双方意见的情形及方式。在今后的司法审判中,只要人民法院变更罪名的,都应当听取控辩双方的意见,必要时,重新开庭。然而,如何听取控辩双

方的意见，即采取何种听取方式，值得进一步研究。我们认为，可以根据具体情况，分别处理。如果在法庭调查、辩论或者最后陈述阶段，审判人员认为已经查明的事实构成的犯罪与公诉机关指控的罪名可能不同的，可就法律适用提出辅助性问题，表明本案定罪问题存在争议，可能会变更罪名，并当庭询问控辩双方的意见。如果在庭审结束后审判人员认为需要变更罪名的，可以采取书面方式听取控辩双方的意见，以口头方式听取的，可就听取意见的情况制作笔录并附卷。

2. 如何把握应当重新开庭的尺度。法院变更公诉机关指控罪名的程序设置，要兼顾保障被告人辩护权与诉讼效率、诉讼经济的原则。是否确有必要重新开庭，由审判人员自由裁量，原则上以是否涉及犯罪事实变更为判断标准，以足以保障被告人的知情权、辩护权为限，不必过分追求形式上是否重新开庭。在具体把握上，一般应当考虑如下因素：

（1）变更罪名是否涉及对公诉机关指控的罪名所依据的犯罪事实的变更，如果涉及，应当开庭审理。法庭审理后发现新的应当追究刑事责任的被告人或者指控事实之外的其他犯罪事实的，应当通过公诉机关变更或者追加起诉的方式加以解决。这一点没有争议，实践中容易产生认识分歧的主要有两种情形：第一种情形是，变更罪名需要查证新的事实、证据。例如，公诉机关指控被告人犯挪用资金罪，庭审结束后，法院认为有一定的在案证据反映被告人具有非法占有目的，并且掌握了部分新证据或者证据线索，可能需要变更为职务侵占罪，在该情形下就有必要重新开庭，就事实和罪名变更问题组织法庭调查、质证和辩论。第二种情形是，如果法院拟变更认定的罪名不是根据起诉书指控的主要事实得出，而是根据与指控的主要事实有关联的案件起因、作案动机等次要事实进行变更的，那么在该情形下，即使次要事实在起诉书中有所反映，原则上也应当开庭审理。例如，公诉机关指控被告人曾收受贿赂（案发前已主动退还，根据有关规定及本案情节，受贿罪可免除处罚）枉法裁判，以枉法裁判罪进行起诉，受贿这一事实情节尽管在起诉书中有部分记载，却只是证明被告人实施枉法裁判行为的起因和动机，而不是证明其枉法裁判的直接事实依据。如果法院经审理后，认为起诉书指控的事实成立，被告人应当构成受贿罪，那么，虽然受贿事实与民事枉法裁判事实有交叉、关联关系，但毕竟又相对独立，当公诉机关指控中涉及的次要事实成为拟变更罪名的主要事实依据的，为了尊重公诉机关的指控意见和充分保障被告人的辩护权，应当重新开庭审理，组织控辩双方围绕新罪名进行辩论。当然，如果罪名之间本身即存在牵连、吸收或者法条竞合关系，起诉书已对全部涉案事实作了十分明确的记载，指控事实没有主次之分，庭审中对可能涉及的拟变更的新罪名的相关事实证据也进行了充分质证、辩论，法院只是在上述罪名之间选择适用何种罪名的问题上与公诉机关意见不一致，那么，也可不再重新开庭。

(2)变更罪名对被告人辩护权的影响程度。对于重罪指控,法院拟改判轻罪的,如果被告人、辩护人已经发表罪轻或者无罪的辩护意见,鉴于其辩护权已经得到了保障,故一般情况下无须再次开庭审理。对于公诉机关的轻罪指控,法院拟改判重罪的,应当充分保障被告人对于重罪罪名的辩护权利,审判人员应当认真听取控辩双方尤其是辩方的意见;控辩双方意见分歧较大的,可以重新开庭,围绕罪名变更问题进行审理、辩论。

本案中,公诉机关指控被告人李冉犯抢劫罪,法院经开庭审理后认为,根据公诉机关指控的事实,李冉的行为构成寻衅滋事罪,鉴于法院认定的事实依据与指控事实具有同一性,只是对案件事实的法律评价发生了变化,且是有利于被告人的变更,不影响被告人辩护权的行使,故法院在听取控辩双方意见的基础上,可以依法直接变更罪名。需要指出的是,对于变更罪名的,在法律适用方面,除了应当援引变更后的罪名的相关刑法条文,还应当援引刑事诉讼法和相关司法解释的规定,使变更起诉于法有据。

——《刑事审判参考》(总第87辑)。

祝久平以危险方法危害公共安全案(《刑事审判参考》案例第319号)

要旨:在对被告人的辩护权并无实质性影响的情况下,法院可以直接变更罪名,按照审理认定的罪名作出有罪判决。

本案中法院审理认定的事实与公诉机关指控的事实完全一致。但依据同一事实,公诉机关认为依法应当构成寻衅滋事罪,而法院却认为应构成以危险方法危害公共安全罪。由此引发了关于法院能否直接将指控的轻罪名(寻衅滋事罪)变更为重罪名(以危险方法危害公共安全罪)这一程序性问题的争议。

1. 法院认定事实与指控事实一致的,可以变更指控罪名

因法律原因导致罪名变更时,由于案件的基础事实没有发生变化,对于案件事实的法律评价属于法院的职权,法院可以依职权径行变更罪名而不受公诉意见的约束。……

2. 法院增加罪名或者由轻罪名变为重罪名的,须经一定的程序予以变更

司法实践中,在法院认定事实与公诉机关指控事实一致的情况下,由于对法律的不同理解,出现指控的罪名与法院审理认定的罪名不一致的情形是较为常见的。概括起来,大体可包括以下四类基本情形:(1)指控的是重罪名,法院审理认定为轻罪名;(2)指控的是轻罪名,法院审理认定为重罪名;(3)指控的是数罪名(二罪名以上),法院审理只认定为构成其中的一罪名;(4)指控的是一罪名,法院审理认定为构成包括指控罪名在内的数罪名(二罪名以上)。对上述情形的处理,有的观点认为,无论属于何种情形,法院均可直接变更或增减指控罪名(从广义上说增减

指控罪名亦属变更指控罪名）。我们认为，对上述情形不加区别，一律予以直接变更并不妥当，而应区分不同情形分别加以处理。

对上述第（2）种和第（4）种情形（即法院增加罪名或者法院由轻罪名变为重罪名的情形）而言，由于法院变更指控罪名的结果是不利于被告人的，且对被告人及其辩护人的辩护权构成实质性的影响，即被告人当庭辩论和辩护的内容仅是围绕指控的罪名展开，因不知悉法院最后所要变更的罪名而无法进行当庭辩论和辩护，我们认为，在这种法院增加罪名或者法院由轻罪名变为重罪名的情形下，虽然不必经过检察机关的补充、变更起诉程序，但不能直接变更罪名，仍须经过一定的告知和异议程序。法院应将其适用新罪的意向告知控辩双方，听取双方的意见，控辩双方还可就此展开辩论，法院在此基础上作出判决。

对上述第（1）种和第（3）种情形（即法院减少罪名或者法院由重罪名变为轻罪名的情形）而言，由于法院变更指控罪名的结果是有利于被告人的，在对被告人的辩护权并无实质性影响的情况下，法院可以直接变更罪名，即按照审理认定的罪名作出有罪判决。

——《刑事审判参考》（总第 40 辑）。

赵祥忠工程重大安全事故案（《刑事审判参考》案例第 39 号）

要旨：对起诉指控的事实清楚，证据确实、充分，指控罪名与人民法院经审理认定的罪名不一致的，人民法院可以而且应当改变罪名，作出有罪判决。

人民法院在审查公诉机关指控犯罪嫌疑人的犯罪是否成立时，应当以事实为根据，以法律为准绳，确定犯罪行为是否存在，犯罪事实是否成立。在查清事实、证据的基础上，根据刑法规定的罪刑法定原则和罪刑相适应的原则，确定相应的罪名和刑罚。刑事诉讼法第一百六十二条第（一）项规定："案件事实清楚，证据确实、充分，依据法律认定被告人有罪的，应当作出有罪判决。"这里所谓依据法律，也就是依据刑法的有关规定。对被告人的犯罪行为，根据刑法分则规定构成哪一种罪，就应当定哪种罪名。公诉机关指控的罪名与人民法院经审理案件后认定的罪名不一致，这在审判实践中常有发生。对此，只要公诉机关指控的犯罪事实存在，证据确凿，且刑法分则又明确规定该行为构成犯罪，则应当定罪处罚。

——《刑事审判参考》（总第 6 辑）。

【链接：理解与适用】

需要特别注意的是判决认定罪名与指控罪名不一致的问题。判决是人民法院依据审理查明的案件事实，依法对案件作出的实体认定，认定的主体是人民法院。因此，判决认定的罪名不受起诉指控罪名的限制，如指控的罪名是故意杀人，人民法院经审理查明被告人并不具有故意杀人的故意,而是持有故意伤害的故意,依法认定被告人构成故意伤害罪。故而,人民法院通过审理认定的罪名与指控的罪名不一致的,应当按照审理认定的罪名作出有罪判决。需要注意的是,由于法庭审理是围绕指控的罪名进行,特别是控辩双方主要围绕指控的罪名能否成立开展辩论,因此,人民法院作出与指控的罪名不一致的有罪判决的,应当设法保障被告方的辩护权。……审判实践中,人民法院拟根据审判认定的罪名作出有罪判决前,应当采取多种方式就变更罪名问题听取控辩双方的意见,既可以召集控辩双方在庭外共同听取意见,也可以在庭外分别听取控辩双方的意见。根据案件的具体情况,在案件社会影响较大、拟认定的罪名重于指控罪名等"必要时",可以重新开庭,组织控辩双方围绕罪名确定问题进行辩论。

——杨万明主编:《新刑事诉讼法司法适用解答》,人民法院出版社2018年版,第206页。

1664 死刑限制减刑案件的裁判

关键词 | 一审程序 | 死刑缓期执行 | 限制减刑 |

【最高人民法院司法解释】

第一条 根据刑法第五十条第二款的规定,对被判处死刑缓期执行的累犯以及因故意杀人、强奸、抢劫、绑架、放火、爆炸、投放危险物质或者有组织的暴力性犯罪被判处死刑缓期执行的犯罪分子,人民法院根据犯罪情节、人身危险性等情况,可以在作出裁判的同时决定对其限制减刑。

第七条 人民法院对被判处死刑缓期执行的被告人所作的限制减刑决定,应当在判决书主文部分单独作为一项予以宣告。

第八条 死刑缓期执行限制减刑案件审理程序的其他事项,依照刑事诉讼法和有关司法解释的规定执行。

——《最高人民法院关于死刑缓期执行限制减刑案件审理程序若干问题的规定》(2011年5月1日,法释〔2011〕8号)。

【链接:理解与适用】

一、《规定》的起草思路

刑法修正案(八)确立的死刑缓期执行限制减刑制度,是我国刑罚制度的重大改革,也是一项全新的事物。对于刑法规定的人民法院可以"同时决定"限制减刑如何操作,理解上会存在一定分歧,在《规定》起草过程中也有不同意见。我们认为，对刑法第五十条第二款规定的可以同时决定限制减刑，应当理解为由人民法院在判处被告人死刑缓期执行的判决书中一并宣告限制减刑，且中级人民法院、高级人民法院和最高人民法院可以分别决定限制减刑。主要理由包括如下三点：第一，符合立法本意。最高人民法院 2007 年提出延长部分死缓犯实际执行期的立法建议，该立法建议采取的宣告模式就是由人民法院在作出死刑缓期执行的判决书中一并宣告，而不是在刑罚执行过程中另行宣告。刑法修正案（八）对第五十条第二款的规定，虽然在延长部分死缓犯实际执行期的途径和适用限制减刑的死缓犯类型方面与立法建议有所区别，但对限制减刑决定采取的宣告模式，仍然吸纳了最高人民法院提出的立法建议。因此，从立法本意出发，应当把刑法第五十条第二款规定的可以同时决定限制减刑，理解为在判处被告人死刑缓期执行的判决书中一并宣告……

……

三、死刑缓期执行限制减刑案件的审理程序

（一）中级人民法院、高级人民法院和最高人民法院可以分别决定限制减刑。《规定》没有明确规定中级人民法院一审对判处死刑缓期执行的被告人可以同时决定限制减刑，但从《规定》第一条和第二条中可以解读出该项内容。同时，根据刑事诉讼法的规定，中级人民法院管辖可能判处无期徒刑、死刑的普通刑事案件，如果中级人民法院对被告人判处死刑缓期执行，且符合刑法第五十条第二款规定的条件，自然可以同时决定限制减刑……

四、决定限制减刑的判决书主文部分样式

《规定》第七条规定："人民法院对被判处死刑缓期执行的被告人所作的限制减刑决定，应当在判决书主文部分单独作为一项予以宣告。"这是对判决书如何宣告限制减刑决定的规定，是对《规定》第三条、第五条第一款、第六条第二款规定的限制减刑情形中判决书主文表述的统一规定。在判决书主文部分把限制减刑的决定单独作为一项予以表述，既能使判决主文层次分明，清晰展示法院作出的限制减刑决定，便于当事人了解判决的具体内容，也便于审判工作中操作，特别是当二审法院撤销原判的限制减刑时，便于文书表述。鉴于此，即便对于一案中同时判处两名以上被告人死刑缓期执行并限制减刑的，也应对各人的限制减刑判决分别单独表述，不能合并为一项进行概括表述。现参照《法院刑事诉讼文书样式》和最高人民法院复核死刑案件文书样式，结合审判实践，就《规定》主要涉及的六种判决书主文样式略作说明。关于中级人民法院一审判处死刑缓期执行并宣告限制减刑的判决书主文部分。可表述为：一、被告人×××犯××罪，判处死刑，缓期二年执行（写明附加刑）。二、对被告人×××限制减刑。

需要说明的是，上述样式针对的都是最普通的情形。对于判决主文部分有其他内容的,可参照《法院刑事诉讼文书样式》作相应补充、变动。

此外,根据当前制作裁判文书的要求,人民法院决定对被告人限制减刑的,应当在判决书理由部分说明限制减刑的具体理由;二审法院如撤销一审法院作出的限制减刑判决,也应当相应说明撤销的具体理由。

——高贵君、马岩、方文军:《〈关于死刑缓期执行限制减刑案件审理程序若干问题的规定〉的理解与适用》,载《人民司法·应用》2011年第11期。

1665 就新的事实和补查补证通知人民检察院

关键词 | 新的事实 | 补查补证 |

【最高人民法院司法解释】

第二百九十七条 审判期间,人民法院发现新的事实,可能影响定罪量刑的,或者需要补查补证的,应当通知人民检察院,由其决定是否补充、变更、追加起诉或者补充侦查。

人民检察院不同意或者在指定时间内未回复书面意见的,人民法院应当就起诉指控的事实,依照本解释第二百九十五条的规定作出判决、裁定。

——《最高人民法院关于适用〈中华人民共和国刑事诉讼法〉的解释》(2021年3月1日,法释〔2021〕1号)。

【链接:理解与适用】

(1)征求意见过程中,有意见提出,实践中,人民法院往往会要求人民检察院补充、补强证据材料,但现行司法解释对于合议庭发现案件需要补充侦查的,没有相关依据启动补充侦查程序,有必要对合议庭的补充侦查建议权予以明确。对此予以明确后,也可解决控辩双方对于在审判阶段由侦查机关补充调取的证据材料的来源合法性争议。经研究认为,上述问题在司法实践中客观存在,人民法院在审理案件过程中不少情形下需要人民检察院补查补证、甚至补充侦查。基于此,本条第一款就人民法院发现需要补查补证情形的处理作了相应规定。需要注意的是,根据以审判为中心的刑事诉讼制度改革的要求,法院应当坚持裁判中立原则,不能成为控诉方,故而本条第一款只是规定"通知人民检察院,由其决定是否补充、变更、追加起诉或者补充侦查",即强调人民法院要依据在案证据依法裁判,确保司法公正和中立。

(2)从司法实践来看,极个别案件中,人民检察院对人民法院补充或者变更起诉的建议长时间不予回复,久拖不决。"六部委"《关于实施刑事诉讼法若干问题的规定》第三十条专门规定："人民法院审理公诉案件，发现有新的事实，可能影响定罪的，人民检察院可以要求补充起诉或者变更起诉，人民法院可以建议人民检察院补充起诉或者变更起诉。人民法院建议人民检察院补充起诉或者变更起诉的，人民检察院应当在七日以内回复意见。"从司法实践来看，人民检察院通常无法在七日以内作出是否补充或者变更起诉的决定，往往需要通过补充侦查后才能作出相应决定。而且，补充起诉或变更起诉，相当于一次全新起诉，需要重新组织开庭。因此，此种情形下，人民法院宜协调人民检察院作出建议补充侦查的回复，从而在案件重新移送人民法院后重新计算审理期限，有效避免此种情况下案件审理期限不够的问题。当然，根据本条第二款的规定，人民检察院不同意或者在指定时间内未回复书面意见的，人民法院应当就起诉指控的事实，依照《解释》第二百九十五条的规定作出判决、裁定。

——《起草小组解读：〈刑事诉讼法解释〉理解与适用（上）》，载中国法院网 2021 年 2 月 4 日，https://www.chinacourt.org/article/detail/2021/02/id/5796152.shtml。

1666 部分合议庭成员不能继续履职的处理规则

关键词 | 合议庭成员 | 审判员 | 评议结论 |

【最高人民法院司法解释】

第三百零一条 庭审结束后、评议前，部分合议庭成员不能继续履行审判职责的，人民法院应当依法更换合议庭组成人员，重新开庭审理。

评议后、宣判前，部分合议庭成员因调动、退休等正常原因不能参加宣判，在不改变原评议结论的情况下，可以由审判本案的其他审判员宣判，裁判文书上仍署审判本案的合议庭成员的姓名。

——《最高人民法院关于适用〈中华人民共和国刑事诉讼法〉的解释》（2021 年 3 月 1 日，法释〔2021〕1 号）。

【链接：理解与适用】

在庭审过程中，存在部分合议庭成员因故不能继续履行审判职责的情况。对此，《解释》第三百零一条第一款规定："庭审结束后、评议前，部分合议庭成员不能继续履行审判职责的，人民法院应当依法更换合议庭组成人员，重新开庭审理。"

但是，定期宣判的案件，在作出评议后，合议庭成员由于离职、退休等原因，可能不能参加宣判。对于此类情形，是否需要重新组成合议庭进行审理，不宜一概而论。原则上，在不改变原来评议时所作决定的情况下，可以由审判本案的其他合议庭成员宣判,判决书上仍应署审判本案的合议庭成员的姓名。对此,《解释》第三百零一条第二款规定:“评议后、宣判前,部分合议庭成员因调动、退休等正常原因不能参加宣判,在不改变原评议结论的情况下,可以由审判本案的其他审判员宣判,裁判文书上仍署审判本案的合议庭成员的姓名。”需要注意的是,合议庭成员不能参加宣判的情形比较复杂,如因为辞职离开人民法院、接受监察调查或者被立案侦查的等。此种情形下,宜重新组成合议庭进行审理。

——《起草小组解读:〈刑事诉讼法解释〉理解与适用(上)》,载中国法院网 2021 年 2 月 4 日,https://www.chinacourt.org/article/detail/2021/02/id/5796152.shtml。

1667 判决书的送达

关键词|判决书|送达|

【最高人民法院司法解释】

第三百零三条　判决书应当送达人民检察院、当事人、法定代理人、辩护人、诉讼代理人,并可以送达被告人的近亲属。被害人死亡,其近亲属申请领取判决书的,人民法院应当及时提供。

判决生效后,还应当送达被告人的所在单位或者户籍地的公安派出所,或者被告单位的注册登记机关。被告人系外国人,且在境内有居住地的,应当送达居住地的公安派出所。

——《最高人民法院关于适用〈中华人民共和国刑事诉讼法〉的解释》(2021 年 3 月 1 日,法释〔2021〕1 号)。

【链接:理解与适用】

征求意见过程中,有意见提出,在被害人已死亡的案件中,被害人亲属要求领取判决书的情况在司法实践中也比较常见,建议一并规定。经研究,采纳上述意见,在本条第一款增加规定“被害人死亡的,其近亲属申请领取判决书的,人民法院应当及时提供”。同时,第二款增加规定:“被告人系外国人,且在境内有居住地的,应当送达居住地的公安派出所。”

本条原本拟针对被害人众多,无法全部送达的情形,增加规定“可以通过互联网公布电子判决书链接方式送达”,并要求“被害人要求领取判决书的,人民法院应当及时提供”。征求意见过程中,有意见提出,根据刑事诉讼法第二百零二条的规定,判决书应当送达当事人。对于已经明确认定为案件的被害人的,应当送达判决书,不能以网上公布判决书代替。经研究,鉴于对此问题存在不同认识,未再作出明确规定。

——《起草小组解读:〈刑事诉讼法解释〉理解与适用(上)》,载中国法院网 2021 年 2 月 4 日,https://www.chinacourt.org/article/detail/2021/02/id/5796152.shtml。

(六)法庭纪律与其他规定

1668 违反法庭纪律，不得继续担任辩护人、诉讼代理人的情形

关键词 | 辩护人 | 诉讼代理人 | 退庭 | 不出庭 | 不按时出庭 |

【最高人民法院司法解释】

第三百一十条 辩护人严重扰乱法庭秩序,被责令退出法庭、强行带出法庭或者被处以罚款、拘留,被告人自行辩护的,庭审继续进行;被告人要求另行委托辩护人,或者被告人属于应当提供法律援助情形的,应当宣布休庭。

辩护人、诉讼代理人被责令退出法庭、强行带出法庭或者被处以罚款后,具结保证书,保证服从法庭指挥、不再扰乱法庭秩序的,经法庭许可,可以继续担任辩护人、诉讼代理人。

辩护人、诉讼代理人具有下列情形之一的,不得继续担任同一案件的辩护人、诉讼代理人:

(一)擅自退庭的;

(二)无正当理由不出庭或者不按时出庭,严重影响审判顺利进行的;

(三)被拘留或者具结保证书后再次被责令退出法庭、强行带出法庭的。

——《最高人民法院关于适用〈中华人民共和国刑事诉讼法〉的解释》(2021 年 3 月 1 日,法释〔2021〕1 号)。

【链接:理解与适用】

《2012 年解释》只规定"辩护人严重扰乱法庭秩序,被强行带出法庭或者被处以罚款、拘留,被告人自行辩护的,庭审继续进行;被告人要求另行委托辩护人,或者被告人属于应当提供法律援助情形的,应当宣布休庭",未明确辩护人擅自退庭或者被强行带出法庭后能否继续担任本案的辩护人。为维护正常法庭秩序、确保审判顺利进行,经认真总结经验、广泛征求意见,2018 年 4 月,最高人民法院、司法部联合发布了《关于依法保障律师诉讼权利和规范律师参与庭审活动的通知》,对相关问题作了明确。通知施行以来,对规范法庭秩序、有效保障当事人合法权益发

挥了重要作用,取得了良好效果。鉴于此,《解释》第三百一十条吸收相关规定……在理解和适用本条时,需要把握以下两点:

其一,庭审是控辩审三方共同参与的严肃的诉讼活动,法庭是控辩审三方共同使用的庄严的诉讼场所。在庭审过程中,服从法庭指挥,理性表达意见,是保障庭审正常进行的基本要求,也是对法律人职业素养的基本要求。从审判实践来看,绝大多数律师能本着职业精神,遵守法庭纪律,维护法庭秩序,认真履行辩护职责,但也存在个别律师"闹庭"的情况。表现为,一旦其自认为正确的诉求没有得到即时满足,就"罢庭"而去,或者不服从法庭指挥,哄闹法庭,等等。组织一次庭审并不容易,特别是当事人、辩护人、诉讼代理人人数众多的案件,在送达传票和通知书、确定开庭时间、提押被告人等方面需要做大量协调工作。不服从法庭指挥,扰乱法庭秩序,不仅严重影响庭审正常进行,也会严重影响中国律师群体乃至中国司法、中国法治的形象,依法依规予以规制,天经地义、理所当然。

其二,法院、法官要尊重律师,保障律师诉讼权利。法庭应当严格执行法定程序,平等对待诉讼各方,合理分配各方发问、质证、陈述和辩论、辩护的时间,充分听取律师意见,依法及时回应、满足律师的合理诉求。对于律师在法庭上就案件事实认定和法律适用的正常发问、质证和发表辩护意见,不能随意打断或者制止。对于发问、质证、辩护意见与案件无关或者重复、冗长的,可以提醒、制止。法庭既要威严,也要保持理性、平和、克制。对不服从法庭指挥的,要区分情节轻重作出妥当处理。要提高驾驭庭审、应对复杂状况的能力。对因一时情绪激烈,言语失当的,可以警告、训诫,原则上不采取责令律师退出法庭或者强行带离法庭的措施;必要时可以休庭处置,交流提醒,促其冷静。但是,对无视多次警告、训诫,反复挑战法庭权威,甚至哄闹法庭、擅自退庭的,必须依法依规及时妥当处理,防止事态升级、秩序失控。

——《起草小组解读:〈刑事诉讼法解释〉理解与适用(上)》,载中国法院网 2021 年 2 月 4 日,https://www.chinacourt.org/article/detail/2021/02/id/5796152.shtml。

1669 更换辩护人的次数

关键词|辩护人|更换辩护人|

【最高人民法院司法解释】

第三百一十一条第一款　被告人在一个审判程序中更换辩护人一般不得超过两次。

——《最高人民法院关于适用〈中华人民共和国刑事诉讼法〉的解释》(2021

年3月1日，法释〔2021〕1号）。

【链接：理解与适用】

被告人在开庭前、开庭后拒绝辩护人辩护或者更换辩护人的现象时有发生。频繁更换辩护人，会造成法院反复多次开庭和过分的诉讼迟延，影响审判顺利进行。基于此，对于在非开庭时间更换辩护人或者拒绝辩护人辩护的，应当在充分保障辩护权的前提下作出适当规范，以兼顾诉讼效率。从实践来看，允许被告人在一个审判程序中更换两次辩护人，可以保证其前后共有三至六名辩护人，足以保障其辩护权。鉴于此，《解释》第三百一十一条第一款规定："被告人在一个审判程序中更换辩护人一般不得超过两次。"

——《起草小组解读：〈刑事诉讼法解释〉理解与适用（上）》，载中国法院网2021年2月4日，https://www.chinacourt.org/article/detail/2021/02/id/5796152.shtml。

1670 被告人当庭拒绝辩护人辩护、辩护人当庭拒绝为被告人辩护的处理

关键词 | 被告人 | 辩护人 | 拒绝辩护 |

【最高人民法院司法解释】

第三百一十一条 被告人在一个审判程序中更换辩护人一般不得超过两次。

被告人当庭拒绝辩护人辩护，要求另行委托辩护人或者指派律师的，合议庭应当准许。被告人拒绝辩护人辩护后，没有辩护人的，应当宣布休庭；仍有辩护人的，庭审可以继续进行。

有多名被告人的案件，部分被告人拒绝辩护人辩护后，没有辩护人的，根据案件情况，可以对该部分被告人另案处理，对其他被告人的庭审继续进行。

重新开庭后，被告人再次当庭拒绝辩护人辩护的，可以准许，但被告人不得再次另行委托辩护人或者要求另行指派律师，由其自行辩护。

被告人属于应当提供法律援助的情形，重新开庭后再次当庭拒绝辩护人辩护的，不予准许。

第三百一十二条 法庭审理过程中，辩护人拒绝为被告人辩护，有正当理由的，应当准许；是否继续庭审，参照适用前条规定。

第三百一十三条 依照前两条规定另行委托辩护人或者通知法律援助机构指派律师的，自案件宣布休庭之日起至第十五日止，由辩护人准备辩护，但被告人及其辩护人自愿缩短时间的除外。

庭审结束后、判决宣告前另行委托辩护人的，可以不重新开庭；辩护人提交书面辩护意见的，应当接受。

——《最高人民法院关于适用〈中华人民共和国刑事诉讼法〉的解释》（2021年3月1日，法释〔2021〕1号）。

【链接：理解与适用】

1. 被告人当庭拒绝辩护人为其辩护的，区分情况处理：被告人当庭拒绝辩护人辩护，要求另行委托辩护人或者指派律师的，合议庭应当准许；被告人拒绝辩护人辩护后，没有辩护人的，应当宣布休庭；仍有辩护人的，庭审可以继续进行。因此，如果被告人委托有两名辩护人，只拒绝其中一名辩护人为其辩护的，此种情况下，可以由另一名辩护人为其辩护，仍然可以保障其辩护权，故庭审可以继续进行；被告人只委托有一名辩护人，或者同时拒绝两名辩护人为其辩护的，此种情况下无法保证被告人辩护权的有效行使，应当宣布休庭，择日开庭。

2. 对于有多名被告人的案件，部分被告人拒绝辩护人辩护的，确立处理原则：有多名被告人的案件，部分被告人拒绝辩护人辩护后，没有辩护人的，根据案件情况，可以对该被告人另案处理，对其他被告人的庭审继续进行。因此，对于有多名被告人的案件，部分被告人当庭拒绝辩护人为其辩护的，依照前述规定处理，即区分是否拒绝全部辩护人为其辩护作出不同处理。如果该被告人只委托一名辩护人，或者同时拒绝两名辩护人为其辩护的，可以宣布休庭，择日开庭，由其另行委托辩护人；也可以根据案件的具体情况，为了保证案件审理的效率，对该被告人另案处理，对其他被告人的庭审继续进行。司法实践中对另案处理的具体操作同下文共同犯罪案件中对部分被告人另案处理的情形，兹不赘言。

3. 重新开庭后，被告人再次当庭拒绝辩护人辩护的，可以准许，但被告人不得再次另行委托辩护人或者要求另行指派律师，由其自行辩护。被告人属于应当提供法律援助的情形，重新开庭后再次当庭拒绝辩护人辩护的，不予准许。

——江必新主编：《〈最高人民法院关于适用《中华人民共和国刑事诉讼法》的解释〉理解与适用》，中国法制出版社2013年版，第243页。

1671 共同犯罪案件的中止审理

关键词｜共同犯罪｜中止审理｜

【最高人民法院司法解释】

第三百一十四条　有多名被告人的案件，部分被告人具有刑事诉讼法第二百零六条第一款规定情形的，人民法院可以对全案中止审理；根据案件情况，也可以对该部分被告人中止审理，对其他被告人继续审理。

对中止审理的部分被告人，可以根据案件情况另案处理。

——《最高人民法院关于适用〈中华人民共和国刑事诉讼法〉的解释》（2021年3月1日，法释〔2021〕1号）。

【链接：理解与适用】

据此，对于共同犯罪案件部分被告人出现法定中止审理情形，是否需要全案中止审理，应区分情况处理：（1）原则上，对于全案应当中止审理。因为部分被告人患有严重疾病，无法出庭的，如果只对该被告人中止审理，而对其他被告人的审理继续进行，可能会影响到该被告人的合法权益，导致由于其未出席法庭审理而遭致不利。（2）根据案件情况，也可以对该被告人中止审理，对其他被告人继续审理。所谓“根据案件情况”应具体把握，如果共同犯罪案件因为中止审理的被告人身体情况等原因可能导致审判拖延较长时间，超过了法定的审理期限，也可以针对该被告人中止审理，其他被告人的审理工作继续进行。这种情况，可以视同其没有到案的情形处理。此外，如果部分被告人脱逃的，也可以对该被告人中止审理，而对于其他被告人的审理继续进行。（3）对部分被告人中止审理的，可以根据案件具体情况另案处理。具体操作举例如下：人民检察院对五名共同犯罪人一起起诉，人民法院审理过程中，有一名被告人重病或者脱逃，人民法院可以对其他四名被告人继续审理，作出判决。而对该名被告人的审理另案进行，单独作出判决。在这一过程中，人民检察院不需要重新起诉或者变更起诉，但人民法院作出两个判决（可以标为同一案号，但区分为-1、-2）。

——江必新主编：《〈最高人民法院关于适用《中华人民共和国刑事诉讼法》的解释〉理解与适用》，中国法制出版社2013年版，第244页。

三、自诉案件第一审程序

1672 受理自诉案件的条件

关键词 | 自诉 | 告诉 | 受理 |

【最高人民法院司法解释】

第三百一十六条 人民法院受理自诉案件必须符合下列条件：

（一）符合刑事诉讼法第二百一十条、本解释第一条的规定；

（二）属于本院管辖；

（三）被害人告诉；

（四）有明确的被告人、具体的诉讼请求和证明被告人犯罪事实的证据。

第三百一十七条 本解释第一条规定的案件，如果被害人死亡、丧失行为能力或者因受强制、威吓等无法告诉，或者是限制行为能力人以及因年老、患病、盲、聋、哑等不能亲自告诉，其法定代理人、近亲属告诉或者代为告诉的，人民法院应当依法受理。

被害人的法定代理人、近亲属告诉或者代为告诉的，应当提供与被害人关系的证明和被害人不能亲自告诉的原因的证明。

——《最高人民法院关于适用〈中华人民共和国刑事诉讼法〉的解释》（2021年3月1日，法释〔2021〕1号）。

【链接：最高人民法院法官著述】

七、自诉案件审理过程中自诉人死亡情形的处理

根据司法实践反映的情况，可能存在审理过程中（包括一审和二审）自诉人死亡的情况，对于此种情况应当如何处理，存在不同认识。基于《2021年刑诉法解释》第三百一十七条允许被害人的法定代理人、近亲属代为告诉的精神（刑法第九十八条也有类似规定）的考虑，本书主张，此种情况下应当允许自诉人的法定代理人或者近亲属代位行使自诉权。具体而言，自诉人在一审审理过程中死亡，应当通知其法定代理人、近亲属参加诉讼。相关人员不参加诉讼的，人民法院应当裁定按撤诉处理。对于自诉人在二审审理过程中死亡的，则应当根据具体情况作出处理。特别是，对于一审作出有罪判决，二审过程中自诉人死亡，但有证据证明被告人无

罪,符合缺席审判条件的,可以缺席审判。经缺席审理确认无罪,包括案件事实清楚,证据确实、充分,依据法律认定被告人无罪的,以及证据不足,不能认定被告人有罪的,应当判决宣告无罪。

——喻海松:《刑事诉讼法修改与司法适用疑难解析》,北京大学出版社 2021 年版,第 261 页。

1673 数罪并罚后可能判处三年以上有期徒刑的自诉案件，人民法院应当受理

关键词｜一审程序｜自诉｜数罪并罚｜

【链接：信箱】

问题:我院受理的一起刑事自诉案件中,自诉人起诉被告人故意毁坏财物和故意伤害两个罪名。经审理查明,被告人损毁自诉人财产价值约七千元,后又殴打自诉人致轻伤,自诉人指控被告人所犯两罪均成立。根据刑事诉讼法及《最高人民法院关于执行〈中华人民共和国刑事诉讼法〉若干问题的解释》的规定,人民法院受理被告人可能被判处三年以下有期徒刑的轻微刑事案件,而此案若实行数罪并罚,则可能对被告人判处三年以上有期徒刑。请问此案应如何处理?

《人民司法》研究组认为:《最高人民法院关于执行〈中华人民共和国刑事诉讼法〉若干问题的解释》(以下简称《解释》)第一条规定了人民法院直接受理的自诉案件的范围,其中第(二)项列举了八种人民检察院没有提起公诉,被害人有证据证明的轻微刑事案件。对于这八种案件,只要被害人直接向人民法院起诉的,人民法院应当依法受理。在此需要说明的是,《解释》第一条第(二)项关于"对上列八项案件……认为对被告人可能判处三年有期徒刑以上刑罚的,应当移送公安机关立案侦查"的规定,仅是指对所列八项犯罪中的一罪可能判处三年有期徒刑以上刑罚的,人民法院不受理自诉人的起诉,而应移送公安机关立案侦查,并不包括自诉人起诉被告人犯所列八种犯罪中两种以上的犯罪,经数罪并罚对被告人决定执行三年有期徒刑以上刑罚的情形。根据你院来信介绍的情况,自诉人起诉被告人的故意毁坏财物和故意伤害两项犯罪,均属于《解释》第一条第(二)项规定的自诉案件的范围,人民法院应当依法受理。

——《人民司法》2001 年第 1 期。

1674 故意杀人案件如果符合自诉案件的受理条件，可以由人民法院直接受理

关键词 | 一审程序 | 自诉 | 故意杀人 |

【最高人民法院参考案例】

陈金权故意杀人案(《刑事审判参考》案例第523号)

要旨:故意杀人案件如果符合自诉案件的受理条件,可以由人民法院直接受理。

(一)本案属于自诉案件的受案范围

"公诉转自诉"案件必须同时符合以下条件:(1)公安机关或者人民检察院不予追究被告人刑事责任,此为程序性条件,体现为公安机关、人民检察院已经作出不予追究的书面决定,如不予立案决定、撤销案件决定、不起诉决定。(2)被害人必须有证据证明对被告人侵犯自己人身、财产权利的行为应当依法追究刑事责任,此为实质性条件,要求被害人对自己的诉求有证据予以证明,首先要求被害人提供的证据能够证明被告人实施了侵犯其人身、财产权利的行为;其次要求所提供的证据能够证明应当对被告人的行为依法追究刑事责任。(3)案件范围为侵犯被害人人身、财产权利的案件,既要求案件有明确的被害人,又要求被告人的行为系侵犯人身、财产权利的行为,对危害国家安全、危害国防利益、贪污贿赂等案件以及侵犯公民其他权利的案件均不能提起自诉。现行法律并未对"公诉转自诉"案件的严重程度作出限制性规定,未明确要求是重大刑事案件还是轻微刑事案件。故只要符合上述条件,即便属于故意杀人等重大刑事案件,也可以作为自诉案件由人民法院直接受理。

(二)自诉人所举证据虽系公安机关收集,但并不影响采信

证据的证明力通常以"三性"即"合法性、客观性、关联性"来判断。证据的"客观性、关联性"主要在案件的审理阶段予以审查,立案阶段着重审查证据的"合法性"。证据的合法性要求包括:收集、运用证据的主体要合法,每个证据收集的程序要合法,证据必须具有合法形式,证据必须是经法定程序查证属实。在"公诉转自诉"案件中,收集、运用证据的主体包括:(1)自诉人。在自诉案件中自诉人负有举证责任,具有依法自行收集证据的权利。(2)侦查机关、公诉机关。……人民法院在自诉案件的审理过程中虽不负有收集证据的义务,但可以通过勘验、检查、扣押、鉴定和查询、冻结,对证据进行调查核实。

现行法律并无关于自诉案件中的证据必须由自诉人自行依法收集的限制性规定,收集证据的主体既可以是自诉人本人也可以是侦查机关、公诉机关,只要符合"合法性、客观性、关联性"标准即可作为证据使用。本案中自诉人所提供的大量

证人证言、现场勘查笔录、现场照片、现场勘查图,尸体检验报告书、尸体检验照片等证据均系侦查机关依职权收集,对案件事实有证明意义,并经庭审予以质证,均符合“三性”要求,具有证明力,应当作为定案证据予以采信。

——《刑事审判参考》(总第66辑)。

1675 应当说服自诉人撤回起诉或者裁定不予受理的情形

关键词 | 自诉 | 撤回起诉 |

【最高人民法院司法解释】

第三百二十条 对自诉案件,人民法院应当在十五日以内审查完毕。经审查,符合受理条件的,应当决定立案,并书面通知自诉人或者代为告诉人。

具有下列情形之一的,应当说服自诉人撤回起诉;自诉人不撤回起诉的,裁定不予受理:

(一)不属于本解释第一条规定的案件的;

(二)缺乏罪证的;

(三)犯罪已过追诉时效期限的;

(四)被告人死亡的;

(五)被告人下落不明的;

(六)除因证据不足而撤诉的以外,自诉人撤诉后,就同一事实又告诉的;

(七)经人民法院调解结案后,自诉人反悔,就同一事实再行告诉的;

(八)属于本解释第一条第二项规定的案件,公安机关正在立案侦查或者人民检察院正在审查起诉的;

(九)不服人民检察院对未成年犯罪嫌疑人作出的附条件不起诉决定或者附条件不起诉考验期满后作出的不起诉决定,向人民法院起诉的。

——《最高人民法院关于适用〈中华人民共和国刑事诉讼法〉的解释》(2021年3月1日,法释〔2021〕1号)。

【链接:理解与适用】

(1)根据刑事诉讼法第二百一十一条的规定,人民法院审查后,对于犯罪事实清楚,有足够证据的自诉案件,应当依法受理,并开庭审判。需要注意的是,人民法院对提起的自诉应当进行全面审查,既要审查自诉材料是否符合形式要求,也要审查犯罪事实是否清楚,证据是否足够。但是,对于自诉的审查并非实体审查,更不是判断被告人是否构成犯罪,故不得以“被告人的行为不构成犯罪”为由,说服自诉人撤回起诉或者裁定不予受理(1979 年刑事诉讼法第一百二十六条规定,被告人的行为不构成犯罪的案件,应当说服自诉人撤回自诉或者裁定驳回,但 1996 年刑事诉讼法删除了这一规定,此后刑事诉讼法维持了 1996 年刑事诉讼法的规定)。对于此类自诉案件,仍然应当开庭审判并作出判决。

(2)征求意见过程中,有意见建议明确对于公安机关已受案查处,被害人又要求自诉解决的案件,应当如何处理。经研究认为,除告诉才处理的案件外,对于公安机关已立案侦查的,应当按照处理公诉案件的方式解决。基于此,采纳上述意见,本条增设第(八)项。需要注意的是,对于公安机关立案侦查后或者人民检察院审查起诉后,不予追究犯罪嫌疑人刑事责任的,被害人当然可以依据"公诉转自诉"案件的规定提起自诉,故表述为"属于本解释第一条第二项规定的案件,公安机关正在立案侦查或者人民检察院正在审查起诉的",即强调此类案尚在处理过程中。

征求意见过程中,有意见建议在本条第二款增加一项,规定:"被害人不服人民检察院对未成年犯罪嫌疑人作出附条件不起诉决定以及考验期满作出不起诉的决定,向人民法院起诉的。"理由:《全国人民代表大会常务委员会关于〈中华人民共和国刑事诉讼法〉第二百七十一条第二款的解释》规定:"人民检察院办理未成年人刑事案件,在作出附条件不起诉的决定以及考验期满作出不起诉的决定以前,应当听取被害人的意见。被害人对人民检察院对未成年犯罪嫌疑人作出的附条件不起诉的决定和不起诉的决定,可以向上一级人民检察院申诉,不适用刑事诉讼法第一百七十六条关于被害人可以向人民法院起诉的规定。"经研究,采纳上述意见,本条增设第(九)项。

征求意见过程中,有意见建议在本条第二款增加一项,规定:"检察机关撤回起诉,法院准予撤诉后,被害人又提起自诉的案件。"经研究认为,相关问题较为复杂,不宜一概而论。如果没有新的证据,此种情形通常属于本款第二项规定的"缺乏罪证的"情形,可以依据该项规定处理;如果有新的证据,即属于应当受理的范畴。基于此,未采纳上述意见。

——《起草小组解读:〈刑事诉讼法解释〉理解与适用(下)》,载中国法院网 2021 年 2 月 4 日,https://www.chinacourt.org/article/detail/2021/02/id/5796153.shtml。

1676 对罪证不足的刑事附带民事自诉案件可不经开庭审理直接驳回起诉

关键词|一审程序|刑事自诉|证据不足|

【最高人民法院参考案例】

姚乃君等非法行医案(《刑事审判参考》案例第561号)

要旨:对罪证不足的刑事附带民事自诉案件可不经开庭审理直接驳回起诉。

(一)刑事自诉案件立案后,对罪证不足的,法院可不经开庭审理直接驳回自诉人的起诉

对于刑事自诉案件立案后是否应当开庭审理,司法实践中有较大争议:一种意见认为,刑事自诉案件的立案标准不能等同于定罪标准,只要起诉符合程序上的基本形式标准,就应当立案并开庭审理,在法庭上就被告人是否有罪进行调查和辩论,最后作出裁决;另一种意见认为,刑事自诉案件的庭前审查程序不同于公诉案件,如法院经过审查认定自诉人指控被告人犯罪的证据不足,且自诉人提不出补充证据的,即可不经开庭审理直接驳回起诉。

我们同意第二种意见,具体分析如下:

……公诉案件的庭前审查程序是一种形式审查,实质性审查要通过开庭审理来完成,也即要通过开庭审理才能作出最终有罪或无罪判决。而刑事自诉案件的庭前审查程序与此却大不相同……自诉案件的庭前审查程序具有实质性内容,其审查结果不仅可以成为决定是否开庭审理的条件,也可直接导致驳回起诉。即如果自诉人提交的控诉证据达不到确实、充分的程度,且不能补充证据的,经说服自诉人撤诉无效后,法院可不经开庭审理直接驳回起诉。实践中,自诉案件的庭前审查要经历立案庭审查和刑事审判庭审查两个阶段,二者之间有一定交叉重叠。自诉案件通过这两个阶段的审查,法官在开庭前便可对证据的充足度、被告人是否有罪、是否应予处罚等问题形成实质性判断。自诉案件一旦开庭,意味着法官已经基本确认被告人的行为能够构成犯罪。由此,对于经庭前审查程序认为罪证不足的自诉案件,也就可以采取不经开庭审理而直接裁定驳回起诉的审结方式,这样处理,既实现了案件的公正处理,又提高了诉讼效率,使得有关当事人免受诉累,有利于司法资源的合理配置。

……

(二)在直接驳回刑事自诉部分的情况下,对附带民事诉讼宜一并驳回

对刑事部分驳回起诉后如何处理附带民事诉讼部分,实践中有不同意见。有观点认为,附带民事诉讼本质系民事诉讼,而刑事诉讼的证明标准与民事诉讼不同,虽然本案刑事部分不能认定被告人有罪,但在案证据足以证明三被告人对自诉人所受伤害存在严重过错,应当承担民事赔偿责任,故仍应继续就民事部分进行审理。

对此,我们认为,刑事附带民事诉讼制度是刑事诉讼和民事诉讼在特定情况下的一种程序上的有机结合,目的是在解决被告人刑事责任的同时,一并解决因犯罪

行为引发的损害赔偿责任问题,如此既有利于实现审判公正,也有利于提高诉讼效率,方便当事人诉讼。如果自诉案件通过庭前审查认定刑事部分罪证不足,则相应的民事诉讼即不属于刑事附带民事诉讼,不宜由刑事审判庭继续审理,当事人可另行提起民事诉讼。如果由刑事审判庭继续审理这种单纯的民事案件,则大量不构成犯罪的民事侵权案件都可能通过"报案—不予立案—转为刑事附带民事自诉案件"的方式进入刑事审判庭,占用刑事审判资源,这显然与我国设立刑事附带民事诉讼制度的立法本意不符。同时,在现行司法工作机制下,刑事审判和民事审判由不同业务庭负责,如由刑事法官审理纯民事案件,一定程度存在专业知识与经验不足的问题,不利于确保案件的审判质量。因此,一审法院在驳回自诉人王某某的刑事自诉的同时一并驳回其附带民事诉讼是妥当的,合法合理。

——《刑事审判参考》(总第68辑)。

1677 自诉人请求撤诉,该案的另一被害人又另行自诉的处理

关键词|一审程序|刑事自诉|撤诉|

【链接:信箱】

问题:季某的丈夫胡某与张某的妻子王某公开同居生活二年多,季某无奈之下,外出打工下落不明。张某在多次接王某回家无望的情况下,收集了确凿、充分证明胡某、王某有重婚罪的证据,向法院提起刑事自诉。法院立案后,通知季某参与自诉。当季某来法院时,不愿参加张某提起的自诉,而请求另行自诉,并要求追究胡某、王某的重婚罪。但此时张某已向法院表示愿意原谅两被告人,可能撤回其起诉。对季某的起诉是否受理或受理后如何处理该案,存在两种不同意见:(1)季某与张某一样,均是胡某、王某犯重婚罪的被害人,且起诉的犯罪事实、起诉的被告人一致,依法有权提起自诉,故应该受理,并与张某提起的自诉案合并审理。(2)应待张某提起的自诉案撤诉结案后,另案受理。理由是:虽然季某自诉的犯罪事实、被告人均与张某自诉的一致,但张某已表示将提出撤诉申请,如两诉合并审理,若季某坚持要追究两被告人刑事责任,则结案无法一致,无法合并审理,故应另案受理。请问该案应如何处理?

《人民司法》研究组认为:根据你来信介绍的案情,季某与张某同为胡某、王某涉嫌重婚犯罪的被害人,均有权提起自诉。故人民法院应当受理季某提起的自诉。如果受理季某的自诉后,张某尚未正式提出撤诉申请,可将季某提起的自诉与张某的自诉合并审理。

——《人民司法》2002年第3期。

1678 涉众型刑事自诉案件可以合并审理

关键词｜一审程序｜自诉｜涉众自诉｜合并审理｜

【最高人民法院参考案例】

刘珍水侵占案(《刑事审判参考》案例第573号)

要旨：多名刑事自诉人以同一罪名起诉同一被告人的，法院应以一案合并审理。

实践中，对于自诉案件，单一被害人起诉单一被告人的情况较为常见，在案件的立案受理上也不存在问题。但在存在多名共同侵害人或者存在多名被害人的情况下，由于是自诉案件，具有不同于公诉案件的诸多特点，从保证审判质量、实现诉讼效率、维护社会秩序的角度考虑，结合有关司法解释的规定，应当区分情况进行处理：

(一)存在多名共同侵害人的自诉案件

对于存在多名共同侵害人的自诉案件，如果自诉人对所有共同侵害人均提起诉讼，符合法定受理条件的，则法院按照正常程序立案受理即可。如果自诉人明知有其他共同侵害人，但只对部分侵害人提起自诉的，根据《最高人民法院关于执行〈中华人民共和国刑事诉讼法〉若干问题的解释》(以下简称《解释》)第一百九十三条的规定，人民法院应当受理，并视为自诉人对其他侵害人放弃告诉权利。判决宣告后自诉人又对其他共同侵害人就同一事实提起自诉的，人民法院不再受理。

(二)存在多名共同被害人的自诉案件

对于存在多名共同被害人的自诉案件，共同被害人中只有部分人告诉的，根据《解释》第一百九十三条的规定，人民法院应当通知其他被害人参加诉讼。被通知人接到通知后表示不参加诉讼或者不出庭的，即视为放弃告诉权利。第一审宣判后，被通知人就同一事实又提起自诉的，人民法院不予受理，但当事人可以另行提起民事诉讼。

(三)侵害人或被害人为多人但不属于共同侵害人或共同被害人的自诉案件

对于侵害人或被害人为多人但行为事实缺乏共同性的自诉案件，原则上应当参照上述司法解释对两种情形的规定来处理，即自诉人只对部分侵害人提起自诉的，人民法院应当受理，并视为自诉人对其他侵害人放弃告诉权利；被害人中只有部分人告诉的，人民法院应当通知其他被害人参加诉讼。被通知人接到通知后表示不参加诉讼或者不出庭的，即视为放弃告诉权利。

本案被告人刘珍水分别实施了侵占多名被害人货款的犯罪行为，虽然起诉的罪名均属于同一罪名即侵占罪，但就其犯罪事实而言，却因被害人的不同而分属不同的犯罪事实。从罪数上来讲，被告人刘珍水的侵占行为属于连续犯，即基于同一故意,连续多次实施了触犯同一罪名的犯罪行为,属于处断上的一罪,对其按一罪处理即可。对于属于公诉案件的犯罪来讲,如果其属于连续犯,公诉机关代表国家应当一并起诉,作为处断上的一罪,法院对其所犯该罪直接作出判决即可,不存在告诉主体和受案程序上的问题。而对于属于自诉案件的犯罪,如果属于连续犯,由于侵犯的被害人不同,导致告诉的主体也分属于各个被害人,因为每一个被害人起诉均只能代表其自身,维护自己的合法权益,所以其他被害人如果想要追究侵害人的刑事责任必须也提起告诉,而这势必形成多个告诉,本案就属于这种情形。

对这种情形如何处理,法律及司法解释均未明确规定,我们认为,从确保实体公正和程序效率角度出发,在各自诉人分别提起诉讼的情况下,法院应当合并一案进行审理。具体而言,对于本案这种存在多个被害人的情况,如果各被害人均提起告诉,法院应当并案作为一案进行审理;如果共同被害人中只有部分人告诉的,人民法院应当通知其他被害人提起告诉,被通知人接到通知后表示不提起告诉的,即视为放弃告诉权利。第一审宣判后,被通知人就同一事实又提起自诉的,人民法院不予受理,但当事人可以另行提起民事诉讼。具体理由如下:

1. 本案对各自诉人的诉讼进行合并审理,符合司法解释规定的精神。

《解释》第一百九十三条规定,共同被害人中只有部分人告诉的,人民法院应当通知其他被害人参加诉讼。根据此条规定,法院对于多名被害人的告诉,应当合并一案进行审理。虽然此条针对的主要是被告人一次犯一罪造成对多名被害人侵害的情形,但也可推定出对同一被告人提起诉讼的自诉人亦可进行合并审理,因为从本质上讲,连续多次犯同一罪侵害多名被害人与一次犯同一罪侵害多名被害人在诉讼程序方面具有共通性,即均按一罪处理。《解释》第一百九十四条亦规定,被告人实施的两个以上的犯罪行为,分别属于公诉案件和自诉案件的,人民法院可以在审理公诉案件时,对自诉案件一并审理。根据此条规定,被告人同时犯数罪,且既有告诉才处理的犯罪,也有公诉的其他犯罪的情况下,从诉讼效率的角度出发,人民法院可以对公诉案件与自诉案件合并审理。在公诉与自诉共存的情况下法院尚可进行合并审理,而本案这种情形,从实质合理性考虑,法院合并为一案进行审理,不仅符合上述司法解释规定的精神,而且有利于实现诉讼效率。

2. 本案如果由各自诉人分别提起自诉,法院作为多案分别审理,则会造成对被告人适用刑罚的困难。

本案涉及多名被害人,如果由各被害人自己收集证据,每个被害人都进行自诉,然后分别立案,则将造成对同一被告人多次起诉的情形。而如上所述,被告人的犯罪行为属于连续犯,法院只能对其以一罪定罪处罚,而且被告人罪行是同时发现的,不能按照刑法第七十条规定来数罪并罚。这样的话,在同样连续犯的公诉案件中,尚且只能以一罪处理,而如果对被告人所犯一罪的自诉案件分别进行多个诉讼,作出多个刑罚处罚判决,既不符合法律规定,也势必造成当事人的诉累。

3. 本案对各自诉人的诉讼进行合并审理,符合刑事自诉案件的特点,具有可操作性。

刑事自诉案件多是轻微的和告诉才处理的犯罪案件,在社会危害性上往往不及公诉案件,使得其与公诉案件在处理程序上具有一定的区别。例如,根据刑事诉讼法和《解释》的有关规定,刑事自诉案件自诉人在宣判前可以同被告人和解或者撤回起诉,被告人在一定情况下可以对自诉人提起反诉,而这些在公诉案件中均很少发生。既然法律对刑事自诉案件规定了上述有别于公诉案件的处理程序,那么对于本案这种多名自诉人诉同一被告人的情况,只有合并审理才能有效保证自诉案件特殊处理程序的实现可能性,也有利于实现较好的社会效果,如自诉人在审理中是否撤回自诉或者是否进行和解,各自诉人之间可以共同与被告人沟通,有利于化解社会矛盾,一并审理可以有效解决自诉案件中所有诉讼程序问题,有利于实现实体公正和诉讼效率。

本案因涉及受害人众多,涉及金额又大,且多数受害人都不愿意去外地取证,亦不愿自诉,只有自诉人池方林等六人提供了相关证据并提起告诉。本案征求了被害方意见后,进行了合并审理,并考虑该案的具体情节,酌情对被告人刘珍水予以从轻处罚,应当说,本案法院合并一案进行审理的做法是符合有关法律规定精神的,同时也实现了裁判的法律效果和社会效果的有机统一。

——《刑事审判参考》(总第69辑)。

1679 公诉案件和自诉案件一并审理的情形

关键词 | 自诉 | 公诉 |

【最高人民法院司法解释】

第三百二十四条　被告人实施两个以上犯罪行为,分别属于公诉案件和自诉案件,人民法院可以一并审理。对自诉部分的审理,适用本章的规定。

——《最高人民法院关于适用〈中华人民共和国刑事诉讼法〉的解释》(2021年3月1日,法释〔2021〕1号)。

【链接:最高人民法院法官著述】

需要注意的是,此种情况下自诉案件虽然被并入公诉案件一并审理,但对自诉案件的处理仍然适用自诉案件的相关规定,当事人享有自诉案件规定的相应诉讼权利,如自诉案件的被告人可以针对自诉人提出反诉,自诉人享有独立的上诉权等。实践中不能因为自诉案件被并入公诉案件一并审理,就对自诉案件也适用公诉案件的相关规定,无视自诉案件的特殊规定。

——喻海松:《刑事诉讼法修改与司法适用疑难解析》,北京大学出版社 2021 年版,第 252 页。

1680 对通过信息网络实施的侮辱、诽谤行为自诉的协助取证

关键词 | 自诉 | 侮辱 | 诽谤 |

【最高人民法院司法解释】

第三百二十五条 自诉案件当事人因客观原因不能取得的证据,申请人民法院调取的,应当说明理由,并提供相关线索或者材料。人民法院认为有必要的,应当及时调取。

对通过信息网络实施的侮辱、诽谤行为,被害人向人民法院告诉,但提供证据确有困难的,人民法院可以要求公安机关提供协助。

——《最高人民法院关于适用〈中华人民共和国刑事诉讼法〉的解释》(2021 年 3 月 1 日,法释〔2021〕1 号)。

【链接:理解与适用】

刑法第二百四十六条第三款规定,通过信息网络实施侮辱、诽谤行为,“被害人向人民法院告诉,但提供证据确有困难的,人民法院可以要求公安机关提供协助”。鉴于此,《解释》第三百二十五条第二款作了照应性规定,明确:“对通过信息网络实施的侮辱、诽谤行为,被害人向人民法院告诉,但提供证据确有困难的,人民法院可以要求公安机关提供协助。”司法实践中需要注意的是,通过信息网络实施的侮辱、诽谤行为并非一律属于公诉案件的范畴,除“严重危害社会秩序和国家利益的”外,应当告诉才处理。对于通过信息网络实施的侮辱、诽谤行为,一般应当由自诉人提起自诉。此种情形下,人民检察院提起公诉,人民法院经审查认为尚未“严重危害社会秩序和国家利益的”,应当依据《解释》第二百一十九条的规定,退回人民检察院,同时告知被害人有权提起自诉;已经立案的,应当依据《解释》第二百九十五条的规定,裁定终止审理,并告知被害人有权提起自诉。

——《起草小组解读:〈刑事诉讼法解释〉理解与适用(下)》,载中国法院网 2021 年 2 月 4 日,https://www.chinacourt.org/article/detail/2021/02/id/5796153.shtml。

1681 自诉案件不适用速裁程序

关键词 | 自诉 | 速裁程序 |

【最高人民法院司法解释】

第三百二十七条 自诉案件符合简易程序适用条件的，可以适用简易程序审理。

不适用简易程序审理的自诉案件，参照适用公诉案件第一审普通程序的有关规定。

——《最高人民法院关于适用〈中华人民共和国刑事诉讼法〉的解释》(2021年3月1日，法释〔2021〕1号)。

【链接：理解与适用】

征求意见过程中，有意见建议增加自诉案件可以适用速裁程序的规定。经研究认为，目前对于自诉案件能否适用速裁程序，存在不同认识。全国人大常委会法工委刑法室在针对修改后刑事诉讼法的理解与适用中指出："自诉案件由自诉人自行提起，案件没有经过侦查、审查起诉，人民法院在开庭前很难判断证据是否确实、充分。同时，自诉案件自诉人与被告人往往对案件事实等存在较大争议。此外，由于没有检察机关等国家机关主持，也无法在审前提出量刑建议、签署认罪认罚具结书。从这些情况来看，自诉案件是不适合适用速裁程序审理的。"基于此，本条未规定自诉案件可以适用速裁程序。

——《起草小组解读：〈刑事诉讼法解释〉理解与适用(下)》，载中国法院网2021年2月4日，https://www.chinacourt.org/article/detail/2021/02/id/5796153.shtml。

1682 裁定准许撤诉的自诉案件，强制措施立即解除

关键词 | 自诉 | 撤诉 | 强制措施 |

【最高人民法院司法解释】

第三百三十条 裁定准许撤诉的自诉案件，被告人被采取强制措施的，人民法院应当立即解除。

——《最高人民法院关于适用〈中华人民共和国刑事诉讼法〉的解释》(2021年3月1日，法释〔2021〕1号)。

【链接：理解与适用】

《2012年解释》第二百七十三条规定："裁定准许撤诉或者当事人自行和解的自诉案件，被告人被采取强制措施的，人民法院应当立即解除。"征求意见过程中，有意见提出，司法实践存在自诉人和解要求撤回自诉，人民法院不予准许的情形。基于此，宜明确法院立即解除强制措施的前置条件，即将"当事人自行和解"限制为当事人和解后撤诉经裁定准许或制作刑事调解书生效。经研究，《解释》部分采纳上述意见，第三百三十条规定："裁定准许撤诉的自诉案件，被告人被采取强制措施的，人民法院应当立即解除。"主要考虑：上述意见确有一定道理。司法实践中，对于当事人和解的自诉案件，可以由人民法院视情裁定准许撤回自诉或者出具刑事调解书，此种情形下"立即解除强制措施"，自然应当满足裁定准许撤诉或者刑事调解书生效的条件。但是，这并不意味着当事人自行和解的，人民法院就一律裁定准许撤诉或者出具刑事调解书。例如重婚案件，即使自诉人谅解，与被告人达成和解，人民法院仍然可能会作出刑事判决。

需要进一步提及的是，刑事诉讼法第二百一十二条第一款规定"人民法院对自诉案件，可以进行调解；自诉人在宣告判决前，可以同被告人自行和解或者撤回自诉。本法第二百一十条第三项规定的案件不适用调解"。显而易见，此处规定的"调解"不是一般的刑事附带民事赔偿的调解，而是与刑事定罪量刑的裁判一样，属于自诉案件的结案方式。

——《起草小组解读：〈刑事诉讼法解释〉理解与适用（下）》，载中国法院网2021年2月4日，https://www.chinacourt.org/article/detail/2021/02/id/5796153.shtml。

1683 被告人在自诉案件审判期间下落不明的处理

关键词｜自诉｜下落不明｜

【最高人民法院司法解释】

第三百三十二条　被告人在自诉案件审判期间下落不明的，人民法院可以裁定中止审理；符合条件的，可以对被告人依法决定逮捕。

——《最高人民法院关于适用〈中华人民共和国刑事诉讼法〉的解释》（2021年3月1日，法释〔2021〕1号）。

【链接：理解与适用】

《2012年解释》第二百七十五条规定："被告人在自诉案件审判期间下落不明的，人民法院应当裁定中止审理。被告人到案后，应当恢复审理，必要时应当对被告人依法采取强制措施。"经研究认为，对于自诉案件被告人在审判期间下落不明的，人民法院一律裁定中止审理并不合适，还可能存在应当由法院对被告人决定逮捕的情形。鉴于此，《解释》第三百三十二条作了相应调整，规定："被告人在自诉案件审判期间下落不明的，人民法院可以裁定中止审理；符合条件的，可以对被告人依法决定逮捕。"

——《起草小组解读：〈刑事诉讼法解释〉理解与适用（下）》，载中国法院网2021年2月4日，https://www.chinacourt.org/article/detail/2021/02/id/5796153.shtml。

1684 宣告无罪自诉案件的附带民事部分处理

关键词 | 自诉 | 宣告无罪 | 附带民事诉讼 |

【最高人民法院司法解释】

第三百三十三条 对自诉案件，应当参照刑事诉讼法第二百条和本解释第二百九十五条的有关规定作出判决。对依法宣告无罪的案件，有附带民事诉讼的，其附带民事部分可以依法进行调解或者一并作出判决，也可以告知附带民事诉讼原告人另行提起民事诉讼。

——《最高人民法院关于适用〈中华人民共和国刑事诉讼法〉的解释》（2021年3月1日，法释〔2021〕1号）。

【链接：理解与适用】

从司法实践来看，由于刑事附带民事诉讼不收取诉讼费，个别案件存在当事人滥用自诉权的问题。对于宣告无罪的自诉案件，要求对附带民事部分一并作出处理，会进一步加剧这一问题。鉴于自诉案件与公诉案件存在较大差异，不宜采用同一处理模式。基于此，《解释》第三百三十三条对《2012年解释》第二百七十六条对依法宣告无罪的自诉案件"其附带民事部分应当依法进行调解或者一并作出判决"的规定作了适当调整……

征求意见过程中，有意见提出，从自诉案件第一审程序整章体系来看，对于缺乏罪证或者无罪的自诉案件，除说服自诉人撤回起诉和调解外，另有三种处理方式：第一，立案阶段不予受理；第二，经审查缺乏罪证的，裁定驳回起诉，这指的是开庭审理之前的书面审查;第三,经过开庭后认定被告人无罪或不能认定被告人有罪的,应当作出判决(无罪判决)。实践中对自诉案件经开庭审理后,认为被告人无罪或不能认定被告人有罪的,既有只作出驳回起诉的程序处理的,又有作无罪判决实体处理的,做法不统一。基于此,建议将本条中的自诉案件限定为已开庭审理的自诉案件。经研究认为,所涉问题较为复杂,不宜一概而论。但是,通常而言,对于已经开庭审理的自诉案件,原则上不能再说服自诉人撤回起诉或者驳回起诉,应当作出无罪判决。

——《起草小组解读:〈刑事诉讼法解释〉理解与适用(下)》,载中国法院网 2021 年 2 月 4 日,https://www.chinacourt.org/article/detail/2021/02/id/5796153.shtml。

1685 自诉案件的反诉

关键词 | 自诉 | 反诉 |

【最高人民法院司法解释】

第三百三十四条 告诉才处理和被害人有证据证明的轻微刑事案件的被告人或者其法定代理人在诉讼过程中,可以对自诉人提起反诉。反诉必须符合下列条件:

(一)反诉的对象必须是本案自诉人;

(二)反诉的内容必须是与本案有关的行为;

(三)反诉的案件必须符合本解释第一条第一项、第二项的规定。

反诉案件适用自诉案件的规定,应当与自诉案件一并审理。自诉人撤诉的,不影响反诉案件的继续审理。

——《最高人民法院关于适用〈中华人民共和国刑事诉讼法〉的解释》(2021 年 3 月 1 日,法释〔2021〕1 号)。

【链接:理解与适用】

1. 可以提起反诉的自诉案件范围。自诉案件包括三种类型,并非所有的自诉案件被告人都可以提起反诉,只有告诉才处理和被害人有证据证明的轻微刑事案件的被告人或者其法定代理人,才可以在诉讼过程中对自诉人提起反诉。对于被害人有证据证明对被告人侵犯自己人身、财产权利的行为应当依法追究刑事责任,而公安机关或者人民检察院不予追究被告人刑事责任的案件,由于此类案件系公诉转自诉案件,原本属于公诉案件的范畴,因此,被告人在诉讼过程中不可以对自诉人提起反诉。此类案件的被告人如果认为自诉人侵犯其合法权益的行为构成犯罪的，应当请求公安机关立案处理，符合自诉条件的，也可以向人民法院单独提出自诉。

2. 对于告诉才处理和被害人有证据证明的轻微刑事案件，反诉必须符合下列条件：（1）反诉的对象须是本案自诉人。反诉是与自诉相关联的诉讼，针对本案自诉人以外的人无法提起反诉，只能单独提起自诉。（2）反诉的内容必须是与本案有关的行为。如果是针对与本案无关的行为提起诉讼，无论是针对本案自诉人抑或其他主体，均不能提起反诉。（3）反诉案件必须符合《解释》第一条第（一）项、第（二）项的规定。

3. 由于反诉案件的事实与自诉案件的事实具有相关性，将二者一并审理，有利于查明案件事实，也有利于提高诉讼效率。因此，本条第二款规定反诉案件应当与自诉案件一并审理。在司法实践中，对于提起反诉的条件、对提起反诉的审查、反诉案件的审理等都适用自诉案件的相关规定。需要注意的是，在自诉案件与反诉案件一并审理的过程中，双方当事人都既是自诉人又是被告人，具有双重身份，在诉讼中具有相同的诉讼地位和诉讼权利。

4. 反诉是一个独立的诉讼，是在自诉案件审理的过程中，被告人就自诉人实施的与本案有关联的犯罪行为，要求人民法院追究其刑事责任的诉讼。反诉以自诉的存在为前提，但是，这并未否定自诉是一个独立的诉讼。因此，本条第二款规定自诉人撤诉的，不影响反诉案件的继续审理。据此，自诉案件审理过程中，自诉人撤回起诉的，人民法院应当继续审理反诉案件。

——江必新主编：《〈最高人民法院关于适用《中华人民共和国刑事诉讼法》的解释〉理解与适用》，人民法院出版社 2013 年版，第 258—259 页。

1686 开庭审理后发现检察机关起诉的案件系自诉案件的处理

关键词 | 一审程序 | 自诉 | 公诉转自诉 |

【最高人民法院参考案例】

李富盗窃案（《刑事审判参考》案例第 558 号）

要旨：对于公诉机关指控的事实清楚，但案件系“绝对自诉”案件的，由于公诉机关不具备自诉主体资格，法院不能据此改变起诉罪名，直接作出有罪判决。

本案中，被告人李富及其辩护人对公诉机关指控的事实不持异议，根据公诉机关指控的事实看，李富的行为系侵占行为，不构成盗窃罪。但是侵占案件属于绝对自诉案件，法院是否可以在没有自诉人起诉的情况下，直接根据公诉机关指控的事实作出认定李富犯侵占罪的有罪判决呢？

……

2. 公诉机关指控的事实清楚，但指控案件系“绝对自诉”案件的，由于公诉机关不具备自诉主体资格，法院不能据此改变起诉罪名，直接作出有罪判决。

根据刑事诉讼法第一百七十条的规定，自诉案件可以分为以下三种类型：

一是绝对自诉案件，即该条第（一）项规定的“告诉才处理的案件”，此类案件，必须是被害人向人民法院提起自诉后，才由法院审查决定是否受理和开庭审判的案件，如果被害人不具备刑法第九十八条规定的受到强制、威吓无法告诉的情形，公诉机关无权对此类案件提起公诉。它包括以下四种案件：（1）侮辱、诽谤案（严重危害社会秩序和国家利益的除外）；（2）暴力干涉婚姻自由案（致使被害人死亡的除外）；（3）虐待案（致使被害人重伤、死亡除外）；（4）侵占案。

二是相对自诉案件，即该条第（二）项规定的“被害人有证据证明的轻微刑事案件”，此类案件，被害人如果有证据能证明，可以直接向人民法院提起自诉，也可经侦查机关侦查后，由公诉机关向人民法院提起公诉。此类案件包括以下八种：（1）故意伤害案；（2）非法侵入他人住宅案；（3）侵犯通信自由案；（4）重婚案；（5）遗弃案；（6）生产销售伪劣商品案（严重危害社会秩序和国家利益的除外）；（7）侵犯知识产权案（严重危害社会秩序和国家利益的除外）；（8）刑法第四章侵犯公民人身权利、民主权利罪、第五章侵犯财产罪规定的，对被告人可能判处三年有期徒刑以下刑罚的案件。

三是转自诉案件，即该条第（三）项规定的案件，指被害人有证据证明被告人侵犯自己人身、财产权利的行为应当追究刑事责任，且可能判处三年以上有期徒刑的案件，而公安机关或者检察院不予追究被告人刑事责任的案件。此类案件，本应是公诉案件，但公安、检察院如果对被告人不予追究，被害人自己有证据能够证明案件事实的，可以直接向人民法院提起自诉。

上述三类自诉案件中，公诉机关仅对第二类、第三类案件享有起诉权，如果法院在开庭审理后认为起诉指控的这类案件的事实清楚，证据确实、充分，但指控的罪名与人民法院审理认定的罪名不一致的，法院在不影响被告人辩解、辩护权等诉讼权利行使的情况下，依法应当直接作出认定罪名的有罪判决。但对于第一类的自诉案件，由于自诉人享有绝对的自诉权，除非被害人具有刑法第九十八条规定的受强制、威吓无法告诉时，公诉机关才有权告诉，否则公诉机关无权起诉，法院也不能就此作出有罪判决。

本案中，公诉机关指控被告人李富犯罪的事实清楚，证据也确实、充分，但由于李富的行为属于侵占行为，侵占案系“绝对自诉”案件，而本案被害人并不存在受强制、威吓无法告诉的情况，因此，公诉机关不具备起诉主体资格，无权对本案提起诉讼。至案发时止，被害人黄河货运公司尚未向法院提起自诉，法院显然不能根据公诉机关指控的事实，直接改变指控罪名，作出李富犯侵占罪的有罪判决。

3. 公诉机关发现指控的犯罪系“绝对自诉”案件后，要求撤回起诉的，法院依法可以裁定准许。

公诉机关起诉了本应自诉的案件，属主体不适格，严格来说最好的处理方法应该如民事诉讼一样，作出驳回起诉的裁定。但是刑事诉讼法及最高人民法院和最高人民检察院（以下简称两高）的司法解释中，只有驳回自诉人自诉的规定，没有驳回检察机关起诉的规定。不过，两高在司法解释中对公诉机关的这种不当起诉作了补救性的规定：公诉机关在提起公诉后、判决宣告前发现起诉不当的，可以要求撤回起诉，法院审查后可以依法裁定准许撤回起诉。……

4. 公诉机关起诉了“绝对自诉”案件后，坚持不撤回起诉的，法院可以裁定终止审理。

公诉机关起诉了“绝对自诉”案件后，如果公诉机关坚持不撤回起诉，法院应当怎么处理？

我们认为，如果检察院坚持对本案不撤回起诉，法院可以依照刑事诉讼法第十五条的规定“裁定终止审理”。刑事诉讼法第十五条规定：“有下列情形之一的，不追究刑事责任，已经追究的，应当撤销案件，或者不起诉，或者终止审理，或者宣告无罪……（四）依照刑法告诉才处理的犯罪，没有告诉或者撤回告诉的案件……”该项规定有四层含义：一是本项规定只适用于绝对自诉案件，相对自诉和转自诉案件不适用本项规定；二是本项规定只适用于没有告诉或者撤回告诉的绝对自诉案件，即没有告诉或者自诉人撤回告诉是适用本项规定的前提条件，如果被害人已经提起告诉或者自诉人起诉后并未撤回告诉的，则不适用本项规定；三是对于这类没有告诉或者自诉人撤回告诉的绝对自诉案件，已经启动刑事追究程序的，应当分不同情况，分别以撤销案件，或者不起诉，或者终止审理，或者宣告无罪四种方式来终结案件的审理；四是以这四种处理方式终结的这类案件，不仅在程序上，也从实体上发生了终结性的法律效力，即自此后不再追究被告人的刑事责任。

本案属于“绝对自诉”案件，至案发时止，被害人未正式向法院提起告诉，故至审理时止，本案仍属于本条规定的“没有告诉”的情形。公诉机关在没有被害人受威吓、强制等无法告诉的情形下，对本案提起了公诉，属于越权公诉，法院用“裁定终止审理”方式审结本案，其法律效力是在程序上和实体上终结本次不当公诉的案件。但其并不影响被害人行使自诉权，在法律规定的追诉期内，被害人还可以就被告人的侵害行为向法院提起自诉，法院审查后可以就被害人的自诉另行立案审理。因此，公诉机关起诉了“绝对自诉”案件后，坚持不撤回起诉的，法院可以裁定终止审理。

——《刑事审判参考》（总第68辑）。

【链接：信箱】

问题：检察机关就某案件向法院提起公诉后（如侮辱妇女案件），经法院审理认定起诉书指控的被告人的犯罪事实清楚，证据充分，足以证明被告人的行为构成犯罪。但在案件定性上，法院认定的罪名与检察机关起诉的罪名不一致（如起诉指控被告人犯侮辱妇女罪①，法院认定被告人犯侮辱罪），而且法院认定的罪名又不属于检察机关的管辖范围，属于法院直接受理的告诉才处理的自诉案件。对此，一种意见认为，法院可以直接改变指控罪名，以侮辱罪作出有罪判决；另一种意见认为，此案属于人民法院直接受理的告诉才处理的自诉案件，应建议检察机关撤诉，告之被害人来法院自诉，如检察机关不同意撤诉，法院应以起诉指控的罪名证据不足，不能成立，判决宣告被告人无罪。请问这种情况应如何处理？

《人民司法》研究组认为：根据刑事诉讼法第十五条的规定，对于依照刑法告诉才处理的犯罪，没有告诉或者撤回告诉的，应当撤销案件，或者不起诉，或者终止审理，或者宣告无罪。根据你来信介绍的情况，检察机关向人民法院提起公诉，案件经法院审查，认为属于刑法告诉才处理的犯罪，应当决定不予受理；如果已经开庭审理，认为被告人的行为构成犯罪，但认定的罪名与起诉的罪名不一致，且属于告诉才处理的犯罪，应当裁定终止审理。

——《人民司法》2001 年第 2 期。

1687 涉及家庭暴力的自诉案件处理

关键词｜一审程序｜自诉｜家庭暴力｜

【最高人民法院司法文件】

7. 注意发现犯罪案件。公安机关在处理人身伤害、虐待、遗弃等行政案件过程中，人民法院在审理婚姻家庭、继承、侵权责任纠纷等民事案件过程中，应当注意发现可能涉及的家庭暴力犯罪。一旦发现家庭暴力犯罪线索，公安机关应当将案件转为刑事案件办理，人民法院应当将案件移送公安机关；属于自诉案件的，公安机关、人民法院应当告知被害人提起自诉。

8. 尊重被害人的程序选择权。对于被害人有证据证明的轻微家庭暴力犯罪案件，在立案审查时，应当尊重被害人选择公诉或者自诉的权利。被害人要求公安机关处理的，公安机关应当依法立案、侦查。在侦查过程中，被害人不再要求公安机

---

① 罪名已调整为“强制猥亵、侮辱罪”。

关处理或者要求转为自诉案件的，应当告知被害人向公安机关提交书面申请。经审查确系被害人自愿提出的，公安机关应当依法撤销案件。被害人就这类案件向人民法院提起自诉的，人民法院应当依法受理。

9. 通过代为告诉充分保障被害人自诉权。对于家庭暴力犯罪自诉案件，被害人无法告诉或者不能亲自告诉的，其法定代理人、近亲属可以告诉或者代为告诉；被害人是无行为能力人、限制行为能力人，其法定代理人、近亲属没有告诉或者代为告诉的，人民检察院可以告诉；侮辱、暴力干涉婚姻自由等告诉才处理的案件，被害人因受强制、威吓无法告诉的，人民检察院也可以告诉。人民法院对告诉或者代为告诉的，应当依法受理。

10. 切实加强立案监督。人民检察院要切实加强对家庭暴力犯罪案件的立案监督，发现公安机关应当立案而不立案的，或者被害人及其法定代理人、近亲属，有关单位、组织就公安机关不予立案向人民检察院提出异议的，人民检察院应当要求公安机关说明不立案的理由。人民检察院认为不立案理由不成立的，应当通知公安机关立案，公安机关接到通知后应当立案；认为不立案理由成立的，应当将理由告知提出异议的被害人及其法定代理人、近亲属或者有关单位、组织。

——《最高人民法院、最高人民检察院、公安部、司法部关于依法办理家庭暴力犯罪案件的意见》（2015 年 3 月 2 日，法发〔2015〕4 号）。

四、单位犯罪案件的审理

1688 单位犯罪案件的审查受理

关键词 | 单位犯罪 | 起诉书 |

【最高人民法院司法解释】

第三百三十五条　人民法院受理单位犯罪案件，除依照本解释第二百一十八条的有关规定进行审查外，还应当审查起诉书是否列明被告单位的名称、住所地、联系方式，法定代表人、实际控制人、主要负责人以及代表被告单位出庭的诉讼代表人的姓名、职务、联系方式。需要人民检察院补充材料的，应当通知人民检察院在三日以内补送。

——《最高人民法院关于适用〈中华人民共和国刑事诉讼法〉的解释》(2021年3月1日，法释〔2021〕1号)。

【链接：最高人民法院法官著述】

人民法院对提起公诉的案件进行审查后，应当根据不同情况分别处理：(1)对于起诉书中有明确的指控犯罪事实，并将案卷材料、证据移送人民法院的，应当决定开庭审判；(2)对于不属于本院管辖的，应当退回人民检察院；(3)需要补送材料的，应当通知人民检察院在三日以内补送；(4)对于根据刑事诉讼法第二百条第(三)项规定宣告被告单位无罪，人民检察院依据新的事实、证据材料重新起诉的，应当依法受理；(5)对于在宣告判决前，人民法院裁定准许人民检察院撤回起诉的案件，没有新的事实、证据，人民检察院重新起诉的，应当退回人民检察院；(6)对于符合刑事诉讼法第十六条第(二)项至第(六)项规定情形的，应当裁定终止审理或者退回人民检察院。

此外，还需要注意的是：(1)对外国公司、企业、事业单位列为被告单位的问题。根据《最高人民法院研究室关于外国公司、企业、事业单位在我国领域内犯罪如何适用法律问题的答复》(法研〔2003〕153号)的规定，符合我国法人资格条件的外国公司、企业、事业单位，在我国领域内实施危害社会的行为，依照我国刑法构成犯罪的，应当依照我国刑法关于单位犯罪的规定追究刑事责任。因此，外国公司、企业、事业单位构成单位犯罪的，对外国公司、企业、事业单位应当列为被告单位。

(2)人民法院对单位犯罪案件的审查期限,参照自然人犯罪案件的有关规定执行,即应当在七日以内审查完毕,审查的期间应当计入审理期限。(3)在立案审查阶段,人民法院对单位犯罪案件的审理,不是实体审查,而是程序审查。按照现行法律规定,人民法院对于人民检察院提起公诉的单位犯罪案件,没有驳回起诉的权力,即没有不立案受理的权力,所以,只要起诉书中有明确的指控犯罪事实,案卷材料、证据移送齐全的,就应当决定开庭审判。

——喻海松:《刑事诉讼法修改与司法适用疑难解析》,北京大学出版社 2021 年版,第 272—273 页。

1689 单位犯罪诉讼代表人的确定范围

关键词 | 单位犯罪 | 诉讼代表人 |

【最高人民法院司法解释】

第三百三十六条 被告单位的诉讼代表人,应当是法定代表人、实际控制人或者主要负责人;法定代表人、实际控制人或者主要负责人被指控为单位犯罪直接责任人员或者因客观原因无法出庭的,应当由被告单位委托其他负责人或者职工作为诉讼代表人。但是,有关人员被指控为单位犯罪直接责任人员或者知道案件情况、负有作证义务的除外。

依据前款规定难以确定诉讼代表人的,可以由被告单位委托律师等单位以外的人员作为诉讼代表人。

诉讼代表人不得同时担任被告单位或者被指控为单位犯罪直接责任人员的有关人员的辩护人。

——《最高人民法院关于适用〈中华人民共和国刑事诉讼法〉的解释》(2021 年 3 月 1 日,法释〔2021〕1 号)。

【链接:理解与适用】

《2012 年解释》第二百七十九条规定:"被告单位的诉讼代表人,应当是法定代表人或者主要负责人;法定代表人或者主要负责人被指控为单位犯罪直接负责的主管人员或者因客观原因无法出庭的,应当由被告单位委托其他负责人或者职工作为诉讼代表人。但是,有关人员被指控为单位犯罪的其他直接责任人员或者知道案件情况、负有作证义务的除外。"据此,被告单位的诉讼代表人限定在被告单位内部的四类人员:法定代表人、主要负责人、其他负责人以及职工。其他人员不能担任诉讼代表人,由此带来了诉讼代表人确定范围过窄的问题:在单位法定代表人、主要负责人涉案的情况下，难以从单位职工中确定诉讼代表人，且单位职工还可能作为证人，故实践中在被告单位内部无法确定诉讼代表人的现象并非个例。此种情况下，往往采取两种做法：一是放松审查，确定并不符合条件的人员担任诉讼代表人；二是将本系单位犯罪的案件作为自然人犯罪起诉，从而放弃对涉嫌犯罪的单位的指控，导致单位有逃脱刑事制裁之虞。基于此，有必要对现行被告单位诉讼代表人的确定范围作适度扩展，以满足实践所需。

此次司法解释修改过程中，经研究认为，在现有规定人员范围的基础上，可以考虑在单位外部确定由律师担任被告单位的诉讼代表人。基于此，《解释》第三百三十六条规定……据此，对被告单位诉讼代表人的确定可以分为两个层次，(1)被告单位的诉讼代表人，应当是法定代表人、实际控制人或者主要负责人；法定代表人、实际控制人或者主要负责人被指控为单位犯罪直接负责的主管人员或者因客观原因无法出庭的，应当由被告单位委托其他负责人或者职工作为诉讼代表人。(2)依据上述规则难以确定诉讼代表人的，可以由被告单位委托律师等单位以外的人员作为诉讼代表人。

需要提及的是，之所以将诉讼代表人的选定范围扩大至律师，是考虑到单位犯罪案件审理程序中诉讼代表人主要起到的是代表犯罪单位意志、维护其合法权益、保障诉讼正常进行的作用。律师是法律专业人士，其作为被告单位的诉讼代表人受其职业身份及代理关系的双重约束，更能全面深入地保证委托人的合法权益；律师的职业特点，也便于其通过阅卷、调查等方式，了解案情，保证案件的公正审理和顺利进行。从境外情况来看，单位聘请律师代表单位诉讼，也有类似做法，如美国2018年《联邦刑事诉讼规则》第43(b)(1)条规定“法人可以由全权代理的律师代表出庭”。

需要注意的是，对于作为被告单位的诉讼代表人同时兼任辩护人的情形，讨论中存在不同认识：一种意见认为，可以有效解决司法实践中突出的无法确定单位诉讼代表人的问题，节约诉讼资源；另一种意见认为，兼任可能会造成角色冲突，比如被告单位认罪欲获取从轻处罚，而辩护人根据案件事实证据或辩护策略作无罪辩护，此种情况下明显存在角色冲突，兼任无法同时保障被告单位的意见发表权和辩护人的辩护权。征求意见过程中，多数赞成后一种意见，认为作为被告单位的诉讼代表人同时兼任辩护人的情形存在角色和职责冲突。诉讼代表人与辩护人属不同诉讼角色，承担着不同的诉讼职责。诉讼代表人全权代表本单位的意志，而辩护人主要承担辩护代理职责，履行辩护人义务。将诉讼代表职责与辩护代理职责合二为一，由诉讼代表人兼任辩护人，容易引发社会公众质疑，影响司法公信力。基于此，本条第三款规定：“诉讼代表人不得同时担任被告单位或者被指控为单位犯罪直接责任人员的有关人员的辩护人。”

——《起草小组解读:〈刑事诉讼法解释〉理解与适用(下)》,载中国法院网 2021 年 2 月 4 日,https://www.chinacourt.org/article/detail/2021/02/id/5796153.shtml。

1690 单位走私犯罪案件诉讼代表人的确定

关键词 | 单位犯罪 | 走私犯罪 | 诉讼代表人 |

【最高人民法院司法文件】

十七、关于单位走私犯罪案件诉讼代表人的确定及其相关问题

单位走私犯罪案件的诉讼代表人,应当是单位的法定代表人或者主要负责人。单位的法定代表人或者主要负责人被依法追究刑事责任或者因其他原因无法参与刑事诉讼的,人民检察院应当另行确定被告单位的其他负责人作为诉讼代表人参加诉讼。

接到出庭通知的被告单位的诉讼代表人应当出庭应诉。拒不出庭的,人民法院在必要的时候,可以拘传到庭。

对直接负责的主管人员和其他直接责任人员均无法归案的单位走私犯罪案件,只要单位走私犯罪的事实清楚、证据确实充分,且能够确定诉讼代表人代表单位参与刑事诉讼活动的,可以先行追究该单位的刑事责任。

被告单位没有合适人选作为诉讼代表人出庭的,因不具备追究该单位刑事责任的诉讼条件,可按照单位犯罪的条款先行追究单位犯罪中直接负责的主管人员或者其他直接责任人员的刑事责任。人民法院在对单位犯罪中直接负责的主管人员或者直接责任人员进行判决时,对于扣押、冻结的走私货物、物品、违法所得以及属于犯罪单位所有的走私犯罪工具,应当一并判决予以追缴、没收。

——《最高人民法院、最高人民检察院、海关总署办理走私刑事案件适用法律若干问题的意见》(2002 年 7 月 8 日,法〔2002〕139 号)

【链接:理解与适用】

实践中,人民法院审理单位走私犯罪案件时遇到如下几个程序性问题:

第一,犯罪单位的诉讼代表人与被指控为单位犯罪的直接负责的主管人员是同一人的,能否由该人“一身兼二任”。

此问题本来已在《最高人民法院关于执行〈中华人民共和国刑事诉讼法〉若干问题的解释》第二百零八条第二款中解决,其答案很明确:不得“一身兼二任”,人民法院应当要求人民检察院另行确定被告单位的法定代表人参加诉讼。该解释的理由主要是:犯罪单位和单位犯罪直接负责的主管人员属于并立的刑事责任承受

主体,在诉讼过程中可能存在着利益冲突。该解释无疑是正确的。但是,由于实践中确定诉讼代表人比较困难,上述解释的内涵又没有得到司法界的充分理解,致使许多单位走私犯罪案件的诉讼程序因而“搁浅”。因此,有必要在《意见》中予以重申:单位走私犯罪案件的诉讼代表人,应当是单位的法定代表人或者主要负责人。单位的法定代表人或者主要负责人被依法追究刑事责任或者因其他原因无法参与刑事诉讼的,人民检察院应当另行确定被告单位的其他负责人作为诉讼代表人参加诉讼。意见同时重申:“接到出庭通知的被告单位的诉讼代表人应当出庭应诉。拒不出庭的,人民法院在必要的时候,可以拘传到庭。”

第二,对于单位犯罪的直接负责的主管人员和直接责任人员因死亡等原因不能归案的案件如何处理。

《意见》采纳多数人观点,指出:对直接负责的主管人员和其他直接责任人员均无法归案的单位走私犯罪案件,只要单位走私犯罪的事实清楚、证据确实充分,且能够确定诉讼代表人代表单位参与刑事诉讼活动的,可以先行追究该单位的刑事责任。

第三,对于确实无法确定走私犯罪单位的诉讼代表人但单位犯罪中直接负责的主管人员或者直接责任人员已经归案的案件如何处理。

这种情形下,应当依照刑法分则关于单位走私犯罪的条款追究自然人的刑事责任,对犯罪单位中止或者终止审理。这就是说,被告单位没有合适人选作为诉讼代表人出庭的,因不具备追究该单位刑事责任的诉讼条件,可按照单位犯罪的条款先行追究单位犯罪中直接负责的主管人员或者其他直接责任人员的刑事责任。同时,人民法院在对单位犯罪中直接负责的主管人员或者直接责任人员进行判决时,对于扣押、冻结的走私货物、物品、违法所得以及属于犯罪单位所有的走私犯罪工具,应当一并判决予以追缴、没收。

——《〈最高人民法院、最高人民检察院、海关总署关于办理走私刑事案件适用法律若干问题的意见〉的理解与适用》,载最高人民法院刑事审判第一庭、第二庭:《刑事审判参考》(总第27辑),法律出版社2002年版,第201—203页。

1691 被告单位和被指控的单位直接负责的主管人员、其他直接责任人员不能委托同一名辩护人

关键词｜单位犯罪｜辩护人｜

【最高人民法院司法解释】

第三百三十九条　被告单位委托辩护人的,参照适用本解释的有关规定。

——《最高人民法院关于适用〈中华人民共和国刑事诉讼法〉的解释》(2021年3月1日,法释〔2021〕1号)。

【链接：最高人民法院法官著述】

主要考虑:(1)单位犯罪直接负责的主管人员和其他直接责任人员,与被告单位在刑事诉讼中充当着不同的角色,委托同一名辩护人行使辩护权,会造成角色的混乱,不利于刑事诉讼的有序进行。(2)单位犯罪直接负责的主管人员和其他直接责任人员,与被告单位在刑事责任的承担上具有一定的"此消彼长",由同一名辩护人同时行使辩护权,势必存在"利益冲突",不利于维护两个主体的合法权益,也会影响到案件的公正审理。(3)《2021年刑诉法解释》第四十三条第二款规定:"一名辩护人不得为两名以上的同案被告人,或者未同案处理但犯罪事实存在关联的被告人辩护。"根据这一规定,对于被告单位和被指控的单位直接负责的主管人员、其他直接责任人员委托同一名辩护人的情形,自然应当不允许。

——喻海松:《刑事诉讼法修改与司法适用疑难解析》,北京大学出版社2021年版,第268页。

1692 未作为单位犯罪起诉的单位犯罪案件的处理

关键词 | 单位犯罪 | 自然人犯罪 |

【最高人民法院司法解释】

第三百四十条 对应当认定为单位犯罪的案件,人民检察院只作为自然人犯罪起诉的,人民法院应当建议人民检察院对犯罪单位追加起诉。人民检察院仍以自然人犯罪起诉的,人民法院应当依法审理,按照单位犯罪直接负责的主管人员或者其他直接责任人员追究刑事责任,并援引刑法分则关于追究单位犯罪中直接负责的主管人员和其他直接责任人员刑事责任的条款。

——《最高人民法院关于适用〈中华人民共和国刑事诉讼法〉的解释》(2021年3月1日,法释〔2021〕1号)。

【最高人民法院司法文件】

根据刑法和《最高人民法院关于审理单位犯罪案件具体应用法律有关问题的解释》的规定,以单位名义实施犯罪,违法所得归单位所有的,是单位犯罪。

……

3. 对未作为单位犯罪起诉的单位犯罪案件的处理。对于应当认定为单位犯罪的案件,检察机关只作为自然人犯罪案件起诉的,人民法院应及时与检察机关协商,建议检察机关对犯罪单位补充起诉。如检察机关不补充起诉的,人民法院仍应依法审理,对被起诉的自然人根据指控的犯罪事实、证据及庭审查明的事实,依法按单位犯罪中的直接负责的主管人员或者其他直接责任人员追究刑事责任,并应引用刑法分则关于单位犯罪追究直接负责的主管人员和其他直接责任人员刑事责任的有关条款。

——《全国法院审理金融犯罪案件工作座谈会纪要》(2001 年 1 月 21 日,法〔2001〕8 号)。

【最高人民法院参考案例】

周云华虚假注册资本案(《刑事审判参考》案例第 99 号)

要旨:人民法院经审理认为系单位犯罪,但检察机关的起诉书却未将单位作为被告人,人民法院不能直接对未起诉的单位判处刑罚。

涉及单位管理人员的犯罪是单位犯罪还是自然人犯罪,对某些案件而言确实很难区分。司法实践中经常出现这样的情形:人民法院经审理认为系单位犯罪,但检察机关的起诉书却未将单位作为被告人,在这种情况下,人民法院能否直接对未起诉的单位判处刑罚?答案是否定的。众所周知,“不告不理”是基本的诉讼原则。其基本含义是,没有起诉,就不能审判。“不告不理”的实质是以诉制审从而防止滥用审判权,保障公民合法权益,保障司法公正。否则,当事人依法应当享有的诉讼权利无法得到保障。因此,当人民法院在审判中发现未被起诉的单位构成犯罪时,不能直接对未被起诉的单位判处刑罚。正是基于这一考虑,2001 年 1 月 21 日《全国法院审理金融犯罪案件工作座谈会纪要》明确规定:“对应当认定为单位犯罪的案件,检察机关只作为自然人犯罪案件起诉的,人民法院应及时与检察机关协商,建议检察机关对犯罪单位补充起诉。如检察机关不补充起诉的,人民法院仍应依法审理,对被起诉的自然人……追究刑事责任……”也就是说,对检察机关以自然人起诉的单位犯罪案件,如处于一审阶段,人民法院应与检察机关协商,建议检察机关补充起诉。检察机关不予补充起诉的,人民法院只能依法追究被起诉的自然人的责任,而不能直接追究单位的责任。依此精神,二审法院遇到上述情况,也只能追究被起诉的自然人的刑事责任。对犯罪的单位,可建议检察机关另行起诉。

——《刑事审判参考》(总第 16 辑)。

北京太子纺织工业有限公司、姚志俊等走私普通货物案(《刑事审判参考》案例第 1 号)

要旨:案件原本是单位犯罪,但检察机关未起诉单位为被告的,法院应建议检察机关补充起诉。如果检察机关不接受法院的意见，则判决书中不能径行将有关单位列为被告，但应在经审理查明的事实中清楚表述本案属单位犯罪。

实践中遇到的相关问题还有，案件原本是单位犯罪，但检察机关未起诉单位为被告，起诉的只是单位犯罪的主管人员和其他直接责任人员。甚至只是按普通自然人犯罪对有关被告人提起公诉。对此，人民法院在开庭审判前或者在开庭审理时，可以依照《最高人民法院关于执行〈中华人民共和国刑事诉讼法〉若干问题的解释》第一百七十八条的规定，建议检察机关补充起诉。如果检察机关不接受法院的意见，人民法院仍应当按照起诉指控的事实和依法认定的证据作出裁判。认定被告人确系单位犯罪直接负责的主管人员或者其他直接责任人员的，判决书中不能径行将有关单位列为被告。但在经审理查明的事实中，必须表述清楚：被告人×××系以单位名义，为单位利益，实施犯罪，且其违法所得归单位所有，故属单位犯罪，被告人承担主管人员或直接责任人员的刑事责任。判决的法律依据，必须引用刑法分则中有关单位犯罪处刑的相应条款，只判处个人。由于检察机关未起诉单位，故而亦不能径判单位罚金刑。与单位主管人员、直接责任人员勾结共同犯罪的非犯罪单位人员，应当按自然人犯罪，结合其在与单位共同犯罪中的地位、作用，依法处罚。

——《刑事审判参考》（总第1辑）

【链接：最高人民法院法官著述】

需要注意的是，根据“不告不理”的刑事诉讼原理，如果经建议检察机关仍未对犯罪单位追加起诉的，人民法院只能按单位犯罪中的直接负责的主管人员和其他直接责任人员追究被起诉的自然人的刑事责任，不能在判决结果中认定单位构成犯罪并判处罚金。①

——喻海松：《刑事诉讼法修改与司法适用疑难解析》，北京大学出版社2021年版，第269—270页。

因此，对于本属于单位犯罪的案件，而检察机关只作为自然人犯罪案件起诉，

① 例如，1997年刑法施行后，某地法院对四起公诉机关没有起诉单位的案件，判处单位犯构成涉税犯罪并处以罚金的案件。参见白山云：《单位犯罪案件审理程序中存在的问题及探讨》，载《法律适用》2001年第1期。这种处理方式有违“不告不理”的刑事诉讼原理，也剥夺了被告单位的辩护权等诉讼权利，不符合现代刑事诉讼的基本要求，既不合法，也不合理。

当然，被害人或者被害单位认为单位构成犯罪，侵犯其人身权利、财产权利的，可以向上一级人民检察院申诉，请求将犯罪单位列为被告单位，对于人民检察院维持不将犯罪单位列为被告单位决定的，被害人或者被害单位可以向人民法院提起自诉。被害人或者被害单位也可以不经申诉，直接向人民法院起诉。只要被害人或者被害单位有证据证明被告单位构成犯罪应当追究刑事责任，符合自诉案件的受理条件的，人民法院应当受理，必要时，可以同人民检察院对自然人提起公诉的案件一并审理。

未起诉被告单位的,人民法院应当继续审理。在审理过程中,人民法院对案件事实的认定和处理应当"以事实为根据,以法律为准绳",对被起诉的自然人根据具体情况按单位犯罪中的直接负责的主管人员或直接责任人员处罚。应当注意的是,由于此类案件不能径行对单位判处刑罚,人民法院在制作裁判文书时,既不能将单位列为被告,也不能引用刑法总则关于单位犯罪的条款,但应引用刑法分则关于单位犯罪追究直接负责的主管人员和其他直接责任人员刑事责任的有关条款。

——郭清国:《审理金融犯罪案件适用法律的若干问题》,载《人民司法》2001年第8期。

1693 对被告单位慎用查封、扣押、冻结等措施

关键词|单位犯罪|查封、扣押、冻结|

【最高人民法院司法解释】

第三百四十三条　采取查封、扣押、冻结等措施,应当严格依照法定程序进行,最大限度降低对被告单位正常生产经营活动的影响。

——《最高人民法院关于适用〈中华人民共和国刑事诉讼法〉的解释》(2021年3月1日,法释〔2021〕1号)。

【链接:理解与适用】

《中共中央、国务院关于完善产权保护制度依法保护产权的意见》(2016年11月4日)提出严格规范涉案财产处置的法律程序。据此,《解释》第三百四十三条强调对被告单位采取查封、扣押、冻结等措施,应当坚持依法慎用的原则,规定:"采取查封、扣押、冻结等措施,应当严格依照法定程序进行,最大限度降低对被告单位正常生产经营活动的影响。"司法适用中需要注意的是,无论是对被告人,还是对被告单位,都要慎用查封、扣押、冻结等措施,对能"活封"的财产,不进行"死封"。

——《起草小组解读:〈刑事诉讼法解释〉理解与适用(下)》,载中国法院网2021年2月4日,https://www.chinacourt.org/article/detail/2021/02/id/5796153.shtml。

1694 审判期间被告单位终结的处理

关键词|单位犯罪|吊销营业执照|撤销|注销|

【最高人民法院司法解释】

第三百四十四条 审判期间，被告单位被吊销营业执照、宣告破产但尚未完成清算、注销登记的，应当继续审理；被告单位被撤销、注销的，对单位犯罪直接负责的主管人员和其他直接责任人员应当继续审理。

第三百四十五条 审判期间，被告单位合并、分立的，应当将原单位列为被告单位，并注明合并、分立情况。对被告单位所判处的罚金以其在新单位的财产及收益为限。

——《最高人民法院关于适用〈中华人民共和国刑事诉讼法〉的解释》（2021年3月1日，法释〔2021〕1号）。

【链接：理解与适用】

《2012年解释》第二百八十六条规定："审判期间，被告单位被撤销、注销、吊销营业执照或者宣告破产的，对单位犯罪直接负责的主管人员和其他直接责任人员应当继续审理。"经研究认为，上述规定不尽合理，只有在犯罪主体消亡的情况下，才不再继续追究刑事责任。被告单位被撤销、注销的情况下，可以认为是被告单位主体消亡，此时对单位不再追究，而直接追究单位犯罪直接责任人员的责任，是合适的。但是，在被告单位只是被吊销营业执照或者宣告破产但未完成清算、注销登记的情况下，被告单位这一责任主体还是存在的，并未消亡，其可以承担民事责任，同理也可以承担刑事责任，故此时应当对案件继续审理，并对被告单位作出刑事判决。基于此，《解释》第三百四十四条对被告单位在特殊状态下的刑事责任承担问题，区分单位被"撤销、注销"和"吊销营业执照、宣告破产"的情形分别确立不同的处理规则……

讨论中，对进入破产程序的被告单位是否应当继续审理存在不同认识：一种意见认为其主体资格未消亡，应当继续审理；另一种意见认为，"资不抵债"是单位进入破产程序的前提条件，在此情况下，如果继续审理并对被告单位判处罚金，从可预期的角度完全属于不能执行的空判，因此建议对于进入破产程序但尚未清算完毕的被告单位终止审理。经研究，采纳前一种意见，维持上述修改不变。如前所述，在被告单位宣告破产但未完成清算、注销登记的情况下，被告单位这一责任主体还是存在的，并未消亡，其可以承担民事责任，同理也可以承担刑事责任，故此时应当对案件继续审理，并对被告单位作出刑事判决。

此外，实践反映，存在被告单位为逃避罚金等而恶意注销的情形，本条原本拟明确规定对于恶意注销的，案件应当继续审理。征求意见过程中，有意见提出，这一规定的出发点值得肯定，有利于打击恶意逃避单位责任的行为，但是如何认定恶意注销,以及在单位注销的情况下,如何追究单位责任,被告单位如何列席,以及判处的罚金如何执行,均存在操作困难。经研究,未再作明确规定。主要考虑:其一,进入审判程序后被告单位被恶意注销的情况应当较为罕见,受案法院可以监督制约。其二,追究被告单位刑事责任的唯一方式是判处罚金。对于被告单位基于逃避罚金等动机恶意注销的,法定代表人、实际控制人、主要负责人往往都会实际获益。而上述人员作为被告单位的主管人员或者直接负责的责任人员被追究刑事责任,在被告单位被恶意注销的情况下,可以通过对上述人员多判处罚金的方式予以弥补,且对于被告单位的违法所得也可以继续追缴,不会造成处罚的漏洞。

——《起草小组解读:〈刑事诉讼法解释〉理解与适用(下)》,载中国法院网 2021 年 2 月 4 日,https://www.chinacourt.org/article/detail/2021/02/id/5796153.shtml。

【最高人民法院司法文件】

十九、关于单位走私犯罪后发生分立、合并或者其他资产重组情形以及单位被依法注销、宣告破产等情况下,如何追究刑事责任的问题

单位走私犯罪后,单位发生分立、合并或者其他资产重组等情况的,只要承受该单位权利义务的单位存在,应当追究单位走私犯罪的刑事责任。走私单位发生分立、合并或者其他资产重组后,原单位名称发生更改的,仍以原单位(名称)作为被告单位。承受原单位权利义务的单位法定代表人或者负责人为诉讼代表人。

单位走私犯罪后,发生分立、合并或者其他资产重组情形,以及被依法注销、宣告破产等情况的,无论承受该单位权利义务的单位是否存在,均应追究原单位直接负责的主管人员和其他直接责任人员的刑事责任。

人民法院对原走私单位判处罚金的,应当将承受原单位权利义务的单位作为被执行人。罚金超出新单位所承受的财产的,可在执行中予以减除。

——《最高人民法院、最高人民检察院、海关总署办理走私刑事案件适用法律若干问题的意见》(2002 年 7 月 8 日,法〔2002〕139 号)。

【最高人民法院审判业务意见】

关于单位犯罪后,犯罪单位发生分立、合并或者其他资产重组等情况的,以及犯罪单位被依法撤销、宣告破产等情况下,如何追究刑事责任及裁判文书中应如何表述的问题,最高人民法院刑二庭审判长会议进行了研究,一致意见如下:

一、根据法律规定,单位实施危害社会的行为,刑法规定为单位犯罪的,应追究单位的刑事责任。

二、根据刑法的规定,对于单位犯罪,无论是实行双罚制还是单罚制,都应追究单位犯罪中直接负责的主管人员或者其他直接责任人员的刑事责任。

三、根据我国刑法犯罪主体和刑罚主体相统一的原则，犯罪单位发生分立、合并或者其他资产重组情况的，应当追究原犯罪单位的刑事责任，而不能追究承受原犯罪单位权利义务的新单位的刑事责任。制作裁判文书时，仍应以原单位（名称）作为被告单位，原单位名称发生更改的，在原单位名称后用括号注明"何时已变更为×××单位"字样；承受原单位权利义务的新单位法定代表人或者负责人为诉讼代表人。

四、人民法院对发生了分立、合并或者其他资产重组的原犯罪单位追究刑事责任判处罚金时，应当将承受原单位权利义务的新单位作为被执行人；罚金超出新单位所承受的财产的，可依法在执行中予以减除。在判决书主文部分，可表述为：××单位犯××罪，判处罚金××元；鉴于该单位已于××时被合并到（或分立为等）××单位，故该罚金向××单位（新）执行。

——《关于单位犯罪后，犯罪单位发生分立、合并或者其他资产重组等情况的，以及犯罪单位被依法撤销、宣告破产等情况下，如何追究刑事责任及裁判文书中应如何表述问题的意见》，载最高人民法院刑事审判第一庭、第二庭编：《刑事审判参考》（总第31辑），法律出版社2003年版，第206—207页。

【最高人民法院参考案例】

普宁市流沙经济发展公司等单位虚开增值税专用发票案（《刑事审判参考》案例第232号）

要旨：在犯罪单位发生分立、合并或者其他资产重组等情形下，其权利义务被变更后的单位承担，只要承受犯罪单位权利义务的单位存在，就应当追究单位犯罪的刑事责任。

我们认为，根据立法规定和一般的刑法理论，如果实施犯罪的主体没有死亡，只要没有超过法定追诉时效，就应当依法追究刑事责任。……在犯罪单位被依法注销或宣告破产的情况下，由于其作为法人的资格已经终止，行为能力和权利能力均已丧失，犯罪单位实质上已经"死亡"，因此不能再追究单位的刑事责任。但在犯罪单位发生分立、合并或者其他资产重组等情形下，其权利义务被变更后的单位承担，从某种意义上讲，犯罪单位并不是完全的消灭或者说"死亡"。从"有罪必罚"和"罪责自负"的角度出发，只要承受犯罪单位权利义务的单位存在，就应当追究单位犯罪的刑事责任。

——《刑事审判参考》（总第31辑）。

河南省三星实业公司集资诈骗案（《刑事审判参考》案例第72号）

要旨：对于单位犯罪案件，因单位被注销或宣告破产，检察机关只起诉指控有关责任人员的,应依单位犯罪的有关规定,追究其相应的刑事责任。

三星公司作为企业法人,已于1998年8月6日被河南省工商行政管理局吊销企业法人营业执照,其作为法人的资格已经终止,行为能力和权利能力均已丧失,依照刑事诉讼法第十五条第(五)项的规定,不能再追究三星公司的刑事责任。因此,检察机关没有将三星公司作为被告单位向人民法院提起公诉,符合法律规定。……司法机关应当依法追究对三星公司集资诈骗犯罪行为负有直接责任的主管人员和其他人员的刑事责任。即单位犯罪案件,因单位被注销或宣告破产,检察机关只起诉指控有关责任人员的,人民法院认为被告人的行为已构成犯罪,且系单位犯罪的责任人员的,应依单位犯罪的有关规定,追究其相应的刑事责任。

——《刑事审判参考》(总第10辑)。

1695 对于单位犯罪中直接负责的主管人员和直接责任人员因死亡等原因不能归案的情况的处理

关键词｜一审程序｜单位犯罪｜

【链接:最高人民法院法官著述】

多数人的意见是:如果能够确定被告单位的诉讼代表人出庭且能查明单位走私犯罪的案件事实的,应对犯罪单位进行审理并作出判决,因为被告单位及其财产毕竟还存在。少数人认为,应依照刑事诉讼法第十五条第(五)项的规定终止诉讼,理由是与犯罪行为有关系的被告人已经死亡或者不能归案,必定无法查明案情,诉讼在客观上无法进行下去。《关于办理走私刑事案件适用法律若干问题的意见》采纳了多数人观点,指出:对直接负责的主管人员和其他直接责任人员均无法归案的单位走私犯罪案件,只要单位走私犯罪的事实清楚、证据确实充分,且能够确定诉讼代表人代表单位参与刑事诉讼活动的,可以先行追究该单位的刑事责任。

——《走私犯罪的认定及法律适用》,载《人民司法》2002年第9期。

1696 单位犯罪案件是否可以适用简易程序

关键词｜单位犯罪｜简易程序｜

【链接:理解与适用】

2. 单位犯罪案件适用简易程序的问题。我们认为,对于单位犯罪案件能否适用简易程序审理，不能绝对予以否定。一方面，对于基层人民法院管辖的事实清楚、证据确实充分的单位犯罪案件，被告单位（由诉讼代表人代表）和直接负责的主管人员及其他直接责任人员均承认所犯罪行，对指控的犯罪事实没有异议，且同意适用简易程序的，在这种情况下，完全可以适用简易程序，没有理由不适用简易程序。另一方面，对于符合简易程序适用条件的案件选择是否适用简易程序，是被告单位和直接负责的主管人员及其他直接责任人员的权利，且选择简易程序其能够获得迅速完成审判程序的益处，甚至能够获得酌情从轻处罚的好处，故排除简易程序的适用对其也不利。因此，对于单位犯罪案件能否适用简易程序审理，不能一概而论，应当根据案件具体情况予以判断。

——江必新主编：《〈最高人民法院关于适用《中华人民共和国刑事诉讼法》的解释〉的理解与适用》，中国法制出版社 2013 年版，第 270—272 页。

五、认罪认罚案件的审理

1697 认罪认罚从宽制度的适用范围和适用条件

关键词 | 认罪认罚 | 罪名 | 刑罚 |

【最高人民法院司法文件】

5. 适用阶段和适用案件范围。认罪认罚从宽制度贯穿刑事诉讼全过程，适用于侦查、起诉、审判各个阶段。

认罪认罚从宽制度没有适用罪名和可能判处刑罚的限定，所有刑事案件都可以适用，不能因罪轻、罪重或者罪名特殊等原因而剥夺犯罪嫌疑人、被告人自愿认罪认罚获得从宽处理的机会。但“可以”适用不是一律适用，犯罪嫌疑人、被告人认罪认罚后是否从宽，由司法机关根据案件具体情况决定。

——《最高人民法院、最高人民检察院、公安部、国家安全部、司法部关于适用认罪认罚从宽制度的指导意见》(2019 年 10 月 11 日，高检发〔2019〕13 号)。

【链接：理解与适用】

《指导意见》第二部分对认罪认罚从宽制度的适用范围和适用条件作出规定。

1. 适用阶段。《指导意见》第五条规定，认罪认罚从宽制度贯穿刑事诉讼全过程，适用于侦查、起诉、审判各个阶段。对侦查阶段是否可以适用认罪认罚从宽制度，理论上和实务中存在一些争议。刑事诉讼法第十五条将认罪认罚从宽作为一项重要原则予以规定，意味着认罪认罚从宽贯穿于整个刑事诉讼活动之中，适用于所有诉讼阶段。因此，侦查阶段也可以适用，从整个制度设计来讲，鼓励犯罪嫌疑人、被告人尽早认罪认罚，这对侦破案件、节约司法资源、提升诉讼效率意义重大，但侦查阶段认罪认罚后的从宽主要体现在程序方面，比如适用非羁押性强制措施，快速办理案件等，实体上从宽的结果原则上不能在侦查阶段体现。

2. 适用案件范围。刑事诉讼法第十五条规定，犯罪嫌疑人、被告人自愿如实供述自己的罪行，承认指控的犯罪事实，愿意接受处罚的，可以依法从宽处理。可以看出，认罪认罚从宽制度没有适用案件范围、罪名和可能判处刑罚的限定，犯罪嫌疑人、被告人自愿如实供述自己罪行，对指控的犯罪事实没有异议，愿意接受处罚的，均可以适用，不能因案件罪轻、罪重或者罪名特殊等原因而剥夺犯罪嫌疑人、被告人自愿认罪认罚、获得从宽处理的机会。当然，可以适用并不等于必然适用、一律适用，犯罪嫌疑人、被告人认罪认罚后是否从宽，决定权在于司法机关，由司法机关根据案件具体情况判定。

——苗生明、周颖：《〈关于适用认罪认罚从宽制度的指导意见〉的理解与适用》，载《人民检察》2020 年第 2 期。

【最高人民法院参考案例】

黄来珠交通肇事案（《刑事审判参考》案例第 1403 号）

要旨：对于涉及社会敏感因素、复杂背景、隐藏着风险的案件，即便是被告人认罪认罚，切忌一味图快，简单化处理。

认罪认罚从宽制度集程序与实体于一身，它赋予认罪认罚的犯罪嫌疑人、被告人以程序选择权，同时实体上给予从宽处理，以此鼓励犯罪嫌疑人、被告人自愿选择认罪认罚；它通过附带民事诉讼赔偿和刑事责任一体化解决促进被告人和被害人权益保障实现平衡。认罪认罚从宽制度不仅着眼于案件繁简分流，而且注重矛盾化解，实现恢复性司法。认罪认罚从宽制度虽没有适用罪名和可能判处刑罚的限制，但是认罪认罚从宽制度的适用应当坚持宽严相济刑事政策，对于民间矛盾引发的案件特别是过失犯罪，要找好宽严相济的平衡点，着力做好矛盾化解工作，实现社会和谐。对于涉及社会敏感因素、复杂背景、隐藏着风险的案件，即便是被告人认罪认罚，切忌一味图快，简单化处理。

——《刑事审判参考》（总第 127 辑）。

雒法池、雒法高等故意伤害案（《刑事审判参考》案例第 1405 号）

要旨：对民间矛盾引发的刑事案件要适用认罪认罚从宽制度，做好矛盾化解工作。

认罪认罚从宽制度，不仅着眼于案件繁简分流，优化司法资源配置，同时着眼于矛盾化解和社会关系的恢复。对于因民间矛盾引发尚未严重影响人民群众安全感的刑事案件，犯罪嫌疑人、被告人自愿认罪、真诚悔罪的，办案机关要用足用好认罪认罚从宽制度，及时化解社会矛盾，促进社会和谐；要依法维护被害人合法权益，注重听取被害人意见，积极促进当事双方就民事赔偿达成和解或者调解协议；被告人通过赔礼道歉、积极赔偿与被害方达成和解、调解协议获得被害方谅解的，程序可以从简实体一般应当从宽，全面落实宽严相济刑事政策。

——《刑事审判参考》（总第 127 辑）。

马贺飞盗窃案(《刑事审判参考》案例第1406号)

要旨:轻罪案件应作为认罪认罚从宽制度适用的重点。

认罪认罚从宽制度的完善,其中一个很重要的任务是把宽严相济刑事政策在程序法上进一步制度化、规范化、程序化,让这一政策在程序上有保障,更好地得到落实。实践中,要把占全部刑事案件80%以上的三年有期徒刑以下的轻刑案件,作为适用认罪认罚从宽制度的重点,用足用好认罪认罚从宽制度。程序上,要根据案件性质、刑罚轻重、案件难易以及被告人的选择,采取与之相适应的诉讼程序,符合速裁程序和简易程序适用条件的,依法适用速裁和简易程序,充分发挥速裁、简易程序的分流功能,避免程序空转,在更高层次上实现公正与效率的统一。强制措施的适用上,要把犯罪嫌疑人、被告人认罪认罚作为其是否具有社会危险性的重要考虑因素,能不捕的,不捕,减少羁押;犯罪情节轻微,依法可不判处刑罚的,可不诉的,不诉;符合缓刑适用条件的,依法判处缓刑,扩大非监禁刑的适用。既要通过及时惩治犯罪发挥刑罚的惩罚功能,又要通过给出路发挥刑罚的教育矫治功能,减少社会对立面,促进社会长治久安。

——《刑事审判参考》(总第127辑)。

1698 “认罪”的把握

关键词|认罪认罚|认罪|

【最高人民法院司法解释】

第三百四十七条第一款　刑事诉讼法第十五条规定的“认罪”,是指犯罪嫌疑人、被告人自愿如实供述自己的罪行,对指控的犯罪事实没有异议。

——《最高人民法院关于适用〈中华人民共和国刑事诉讼法〉的解释》(2021年3月1日,法释〔2021〕1号)。

【最高人民法院司法文件】

6.“认罪”的把握。认罪认罚从宽制度中的“认罪”,是指犯罪嫌疑人、被告人自愿如实供述自己的罪行,对指控的犯罪事实没有异议。承认指控的主要犯罪事实,仅对个别事实情节提出异议,或者虽然对行为性质提出辩解但表示接受司法机关认定意见的,不影响“认罪”的认定。犯罪嫌疑人、被告人犯数罪,仅如实供述其中一罪或部分罪名事实的,全案不作“认罪”的认定,不适用认罪认罚从宽制度,但对如实供述的部分,人民检察院可以提出从宽处罚的建议,人民法院可以从宽处罚。

——《最高人民法院、最高人民检察院、公安部、国家安全部、司法部关于适用认罪认罚从宽制度的指导意见》(2019 年 10 月 11 日,高检发〔2019〕13 号)。

【链接：理解与适用】

3.“认罪”的把握。认罪认罚从宽制度中的“认罪”,是指犯罪嫌疑人、被告人自愿如实供述自己的罪行,对指控的犯罪事实没有异议。认罪体现了被追诉人对行为犯罪性质的认识,是其悔过态度的外在表现。需要明确的是,认罪的概念比较宽泛,实践中也因案而异,比如承认指控的主要犯罪事实,仅对个别事实情节提出异议,或者虽然对行为性质提出辩解但表示接受司法机关认定意见的,不影响“认罪”的认定;又如犯罪嫌疑人、被告人犯数罪,仅如实供述其中一罪或者部分罪名事实的,全案不作“认罪”的认定,不适用认罪认罚从宽制度,但对如实供述的部分,检察机关可以提出从宽处罚的建议,法院可以从宽处罚;对共同犯罪中部分被追诉人如实供述、承认指控犯罪事实的,对此部分被追诉人应当认定为“认罪”,可以从宽处理。

——苗生明、周颖:《〈关于适用认罪认罚从宽制度的指导意见〉的理解与适用》,载《人民检察》2020 年第 2 期。

【最高人民法院司法政策】

要准确把握“认罪”。这里的“认罪”,是指犯罪嫌疑人、被告人自愿如实供述自己的罪行,承认指控的犯罪事实。对此,可以按照刑法关于自首、坦白中“如实供述自己的罪行”来把握。承认指控的主要犯罪事实,仅对个别细节提出异议的,或者对犯罪事实没有异议,仅对行为性质提出辩解的,不影响“认罪”的认定。最高人民法院《关于处理自首和立功具体应用法律若干问题的解释》《关于被告人对行为性质的辩解是否影响自首成立问题的批复》《关于办理职务犯罪案件认定自首、立功等量刑情节若干问题的意见》《关于处理自首和立功若干具体问题的意见》,对如何认定“如实供述”,已有比较明确的规定,可以照此把握。实践中,“认罪”可以表现为自首、坦白,也可以是当庭自愿认罪等形式,要综合全案事实、情节,结合认罪的形式、阶段、程度、价值以及悔罪表现等情况,决定是否从宽、如何从宽。

——李少平:《在全国法院推进刑事案件认罪认罚从宽制度工作部署会上的讲话》(2019 年 2 月 20 日),载最高人民法院刑事审判第一、二、三、四、五庭编:《刑事审判参考》(总第 127 辑),人民法院出版社 2021 年版,第 107 页。

【最高人民法院参考案例】

于国民拒不执行判决案(《刑事审判参考》案例第 1410 号)

要旨:人民法院要对认罪认罚的真实性进行实质审查。

本案中，在认罪方面，被告人于国民一方面表示对指控事实和罪名均无异议，另一方面又对指控事实有过多次辩解与否定，在庭前供述中对于涉案待执行标的处理及存放位置语焉不详，供述极不稳定（曾辩称自己并未拿走过部分待执行标的物；待执行标的物在自己搬家时遗落，已经不知所踪；等等）。综合考虑于国民的供述和辩解内容可以发现，其不单单是对个别事实情节提出异议，在某种程度上是对指控主要事实的否认。在认罚方面，从于国民被指控的罪名来看，其负有履行法院生效判决的义务，在其有能力履行的情况下，其仍不将待执行标的交还给被害公司，致使被害公司经营活动仍无法正常运转，其犯罪行为所造成的不法状态一直存在，被破坏的社会关系一直未得到恢复，故难以认定于国民具有真诚悔罪和愿意接受处罚的表现。于国民虽在审查起诉阶段签署了认罪认罚具结书，公诉机关按认罪认罚案件提起公诉，但经人民法院审查，被告人于国民实质上并不符合认罪认罚的条件，因此，本案不应适用认罪认罚从宽制度对被告人从宽处罚。

——《刑事审判参考》（总第 127 辑）。

1699 “认罚”的把握

关键词｜认罪认罚｜认罚｜

【最高人民法院司法解释】

第三百四十七条第二款 刑事诉讼法第十五条规定的“认罚”，是指犯罪嫌疑人、被告人真诚悔罪，愿意接受处罚。

——《最高人民法院关于适用〈中华人民共和国刑事诉讼法〉的解释》（2021 年 3 月 1 日，法释〔2021〕1 号）。

【最高人民法院司法文件】

7. “认罚”的把握。认罪认罚从宽制度中的“认罚”，是指犯罪嫌疑人、被告人真诚悔罪，愿意接受处罚。“认罚”，在侦查阶段表现为表示愿意接受处罚；在审查起诉阶段表现为接受人民检察院拟作出的起诉或不起诉决定，认可人民检察院的量刑建议，签署认罪认罚具结书；在审判阶段表现为当庭确认自愿签署具结书，愿意接受刑罚处罚。

“认罚”考察的重点是犯罪嫌疑人、被告人的悔罪态度和悔罪表现，应当结合退赃退赔、赔偿损失、赔礼道歉等因素来考量。犯罪嫌疑人、被告人虽然表示“认罚”，却暗中串供、干扰证人作证、毁灭、伪造证据或者隐匿、转移财产，有赔偿能力而不赔偿损失，则不能适用认罪认罚从宽制度。犯罪嫌疑人、被告人享有程序选择权,不同意适用速裁程序、简易程序的,不影响“认罚”的认定。

——《最高人民法院、最高人民检察院、公安部、国家安全部、司法部关于适用认罪认罚从宽制度的指导意见》(2019 年 10 月 11 日,高检发〔2019〕13 号)。

【链接：理解与适用】

4.“认罚”的把握。根据刑事诉讼法第十五条的规定,“认罚”是指愿意接受处罚。认罚在不同的诉讼阶段有不同的表现,在侦查阶段表现为表示愿意接受处罚;在审查起诉阶段表现为接受检察机关拟作出的起诉或不起诉决定,认可检察机关的量刑建议,签署认罪认罚具结书;在审判阶段表现为当庭确认自愿签署具结书,愿意接受刑罚处罚。认罚直接体现了犯罪嫌疑人、被告人的悔罪态度和悔罪表现,应当在法律和制度层面给予其正面评价。

“认罚”考察的重点是犯罪嫌疑人、被告人的悔罪态度和悔罪表现,应当结合退赃退赔、赔偿损失、赔礼道歉等因素来考量。若犯罪嫌疑人、被告人仅认罪而不认罚,比如坚决不道歉、不退赔退赃,则表明其对犯罪行为并无悔过,不能适用认罪认罚从宽制度,当然对其“认罪”情节,可以依据法律规定酌情处理;犯罪嫌疑人、被告人虽然表示认罚,却暗中串供,干扰证人作证,毁灭、伪造证据或者隐匿、转移财产,有赔偿能力而不赔偿损失,则不能适用认罪认罚从宽制度。需要注意的是,认罪认罚从宽制度中犯罪嫌疑人、被告人对程序适用具有选择权,若其不同意适用刑事案件速裁程序、简易程序,不影响“认罚”的认定。

——苗生明、周颖:《〈关于适用认罪认罚从宽制度的指导意见〉的理解与适用》,载《人民检察》2020 年第 2 期。

【最高人民法院司法政策】

要准确把握“认罚”。这里的“认罚”,是指犯罪嫌疑人、被告人真诚悔罪、明确表示愿意接受司法机关给予的处罚,特别是接受检察机关提出的量刑建议,对检察机关建议判处的刑罚种类、幅度及刑罚执行方式没有异议。这里的“刑罚”,原则上包括主刑和附加刑。根据案件具体情况,检察机关对主刑提出的量刑建议,可以有一定的幅度,也可以是确定的刑期,还可以附条件,如区分达成和解与未达成和解、预缴罚金与未缴纳罚金等情形。刑罚执行方式是量刑重要内容,提前解决适用争议,方便案件后续处理,也可避免检察机关事先不提意见、待法院宣告缓刑后又抗诉,或者被告人自以为是缓刑、在被判处实刑后提起上诉的情况。检察机关对财产刑提出量刑建议的,一般应当提出确定的数额,以便法院确定和被告人认同。需要注意的是,“认罚”考察的重点,是犯罪嫌疑人、被告人的悔罪态度和悔罪表现。实践中,犯罪嫌疑人、被告人主动退赃退赔、积极赔偿损失、取得谅解和解、同意适用程序,等等,也是其悔罪认罚的表现。犯罪嫌疑人、被告人真诚悔罪,接受检察机关量刑建议,尽力退赃退赔的,应当认定为“认罚”;犯罪嫌疑人、被告人表面上接受量刑建议、承诺缴纳罚金,背后却“暗度陈仓”,隐匿、转移财产致使财产刑无法执行的,显无真诚的悔罪态度,不宜认定为“认罚”。

——李少平:《在全国法院推进刑事案件认罪认罚从宽制度工作部署会上的讲话》(2019 年 2 月 20 日),载最高人民法院刑事审判第一、二、三、四、五庭编:《刑事审判参考》(总第 127 辑),人民法院出版社 2021 年版,第 107—108 页。

【最高人民法院参考案例】

王建受贿案(《刑事审判参考》案例第 1414 号)

要旨:犯罪嫌疑人、被告人认罪认罚,但确无能力退赃退赔、赔偿损失的,不能以此否定“认罚”情节的认定。但在实体从宽上应当考虑未退赃退赔、未赔偿损失、未履行财产刑的情节,严格把握从宽幅度。

在犯罪嫌疑人、被告人自愿认罪认罚的情况下,办案机关应当告知犯罪嫌疑人、被告人“退赃退赔、赔偿损失、履行财产刑”是考察“认罚”情节的重要因素。在监察机关调查、公安机关侦查期间,应当对被调查人、犯罪嫌疑人的经济情况进行调查,及时收集固定相关证据;人民检察院应当对“被告人是否有能力退赃退赔、赔偿损失等”承担举证责任;被告人辩解自己“确无能力退赃退赔”的,可以举证证明;人民法院应当根据相关证据审查判断。在被告人未退赃退赔、赔偿损失、履行财产刑的情况下,人民检察院认定被告人有“认罚”情节但未提交被告人是否“确无能力退赃退赔”相关证据的,人民法院根据案件情况可以认定被告人具有“认罚”情节,可以依法适用认罪认罚案件的审理程序。但在实体从宽上应当考虑未退赃退赔、未赔偿损失、未履行财产刑的情节,严格把握从宽幅度。但是,人民法院审理发现被告人有能力退赃退赔、赔偿损失而不退赃退赔、赔偿损失的,甚至有隐匿转移财产行为的,不应认定具有“认罚”情节,因此,不按认罪认罚案件处理。人民法院对于“认罚”情节的否定,应当进行必要的法庭调查、法庭辩论,充分听取控辩双方的意见,并向被告人释明相应的法律后果。

——《刑事审判参考》(总第 127 辑)。

1700 认罪认罚后“从宽”的把握

关键词｜认罪认罚｜从宽｜

【最高人民法院司法解释】

第三百四十七条第三款 被告人认罪认罚的，可以依照刑事诉讼法第十五条的规定，在程序上从简、实体上从宽处理。

——《最高人民法院关于适用〈中华人民共和国刑事诉讼法〉的解释》（2021年3月1日，法释〔2021〕1号）。

【最高人民法院司法文件】

三、认罪认罚后“从宽”的把握

8.“从宽”的理解。从宽处理既包括实体上从宽处罚，也包括程序上从简处理。“可以从宽”，是指一般应当体现法律规定和政策精神，予以从宽处理。但可以从宽不是一律从宽，对犯罪性质和危害后果特别严重、犯罪手段特别残忍、社会影响特别恶劣的犯罪嫌疑人、被告人，认罪认罚不足以从轻处罚的，依法不予从宽处罚。

办理认罪认罚案件，应当依照刑法、刑事诉讼法的基本原则，根据犯罪的事实、性质、情节和对社会的危害程度，结合法定、酌定的量刑情节，综合考虑认罪认罚的具体情况，依法决定是否从宽、如何从宽。对于减轻、免除处罚，应当于法有据；不具备减轻处罚情节的，应当在法定幅度以内提出从轻处罚的量刑建议和量刑；对其中犯罪情节轻微不需要判处刑罚的，可以依法作出不起诉决定或者判决免予刑事处罚。

9. 从宽幅度的把握。办理认罪认罚案件，应当区别认罪认罚的不同诉讼阶段、对查明案件事实的价值和意义、是否确有悔罪表现，以及罪行严重程度等，综合考量确定从宽的限度和幅度。在刑罚评价上，主动认罪优于被动认罪，早认罪优于晚认罪，彻底认罪优于不彻底认罪，稳定认罪优于不稳定认罪。

认罪认罚的从宽幅度一般应当大于仅有坦白，或者虽认罪但不认罚的从宽幅度。对犯罪嫌疑人、被告人具有自首、坦白情节，同时认罪认罚的，应当在法定刑幅度内给予相对更大的从宽幅度。认罪认罚与自首、坦白不作重复评价。

对罪行较轻、人身危险性较小的，特别是初犯、偶犯，从宽幅度可以大一些；罪行较重、人身危险性较大的，以及累犯、再犯，从宽幅度应当从严把握。

——《最高人民法院、最高人民检察院、公安部、国家安全部、司法部关于适用认罪认罚从宽制度的指导意见》（2019年10月11日，高检发〔2019〕13号）。

【链接：理解与适用】

（三）关于认罪认罚后“从宽”的把握

1.“从宽”的理解。从宽处理既包括实体上从宽处罚，也包括程序上从简处理。根据刑事诉讼法第十五条规定,对于认罪认罚案件“可以依法从宽处理”。对此,应当全面理解。首先,“从宽”是指依法从宽。办理认罪认罚案件,应当遵循刑法、刑事诉讼法的基本原则,对从宽情节的把握可以参照刑法、刑事诉讼法和有关司法解释关于自首、坦白、自愿认罪、真诚悔罪、取得谅解、达成和解等法定、酌定从宽情节的规定,依法决定是否从宽、怎么从宽及从宽的幅度。关于从宽能否跨档减刑或者免刑的问题,在实体法没有明确规定的情况下,减轻、免除处罚必须于法有据;不具备法定减轻处罚情节的,应当在法定刑幅度以内提出从轻处罚的量刑建议;对其中犯罪情节轻微不需要判处刑罚的,可以依法作出不起诉决定。对没有法定减轻处罚情节,认罪认罚后又确实需要在法定刑以下量刑的,应当依法层报最高人民法院核准。其次,“从宽”是指一般应当从宽。这里的“可以依法从宽”暗含了从宽的导向性,即不是可有可无,而是没有特殊理由的,都应当体现法律规定和政策精神,从宽处罚。特别是对可能判处三年有期徒刑以下刑罚的轻罪案件,要尽量依法从宽从简从快办理。最后,“从宽”是指不能一味从宽。是否从宽以及从宽的幅度,应当根据犯罪的事实、性质、情节和对社会的危害程度,综合考虑认罪认罚的具体情况,依法确定,确保宽严有据、罚当其罪,避免案件处理显失公平。对此,《指导意见》第八条规定,对犯罪性质和危害后果特别严重、犯罪手段特别残忍、社会影响特别恶劣的犯罪嫌疑人、被告人,认罪认罚不足以从轻处罚的,依法不予从宽处罚。

2. 从宽幅度的把握。为回应实践的需要,《指导意见》第九条对从宽幅度的具体把握作出规定,可以从以下几个方面来把握:一是办理认罪认罚案件,应当区别认罪认罚的不同诉讼阶段、对查明案件事实的价值和意义、是否确有悔罪表现,以及罪行严重程度等,综合考量确定从宽的限度和幅度。二是根据认罪认罚的及时性、主动性、全面性和稳定性来把握幅度大小。具体来讲,就是在刑法评价上,主动认罪优于被动认罪,早认罪优于晚认罪,彻底认罪优于不彻底认罪,稳定认罪优于不稳定认罪。三是结合罪行严重程度来确定从宽幅度。对罪行较轻、人身危险性较小的,特别是初犯、偶犯,从宽幅度可以大一些;罪行较重、人身危险性较大的,以及累犯、再犯,从宽幅度应当从严把握。四是认罪认罚应当作为独立的量刑情节予以评价。认罪认罚的从宽幅度一般应当大于仅有坦白,或者虽认罪但不认罚的从宽幅度。对犯罪嫌疑人、被告人具有自首、坦白情节,同时认罪认罚的,应当在法定刑幅度内给予相对更大的从宽幅度。需要注意的是,对认罪认罚与自首、坦白相交叉和叠加的“认罪”部分,在把握具体从宽幅度时,不作重复评价。

——苗生明、周颖:《〈关于适用认罪认罚从宽制度的指导意见〉的理解与适用》,载《人民检察》2020 年第 2 期。

【最高人民法院司法政策】

要准确把握"从宽"。确保认罪认罚的法律效果，是认罪认罚从宽制度的重要内容，要从实体和程序两方面把握"从宽"。实体上从宽，必须明确两点。一是一般要从宽，但绝非一律从宽。认罪认罚从宽，是"可以"从宽，要依据事实和法律综合考量，确定是否从宽及具体幅度。当然，"可以"从宽，也不是可有可无，应当理解为，没有特殊理由的，都应当体现法律规定和政策精神，从宽处罚。但是，绝不能把认罪认罚从宽简单地理解为一律从宽，对于严重危害国家安全、故意危害公共安全犯罪、严重暴力犯罪、涉众型犯罪等严重犯罪，对于黑恶势力犯罪的领导者、组织者、骨干分子，即使被告人认罪认罚，能否从宽也要严格把握。二是区分情形，适度从宽。对认罪认罚的被告人量刑，要根据犯罪的事实、性质、情节和对社会的危害程度，综合考虑认罪认罚的具体情况，依法确定是否从宽及从宽幅度。需要强调的是，以往的法律制度和司法实践对"认罪"关注较多，对"认罚"关注相对较少。修改后的刑事诉讼法已将认罪认罚从宽作为刑事诉讼法的原则予以规定，对于被告人真诚悔罪认罚、接受检察机关量刑建议的，在量刑时一般要予以考虑。

程序上从宽处理，从三方面进行把握。一是简化审判程序，保障被告人获得迅速审判的权利。对于基层人民法院管辖的认罪认罚案件，可以适用简易程序或者速裁程序进行审判；对于其他认罪认罚案件，适用普通程序简化审理。二是对认罪认罚的犯罪嫌疑人、被告人，优先考虑适用非羁押强制措施。三是附条件提前终止诉讼，主要是特殊案件的审前分流处理，由公安机关撤销案件，或者由检察机关作不起诉处理，不涉及审判环节。

——李少平：《在全国法院推进刑事案件认罪认罚从宽制度工作部署会上的讲话》（2019 年 2 月 20 日），载最高人民法院刑事审判第一、二、三、四、五庭编：《刑事审判参考》（总第 127 辑），人民法院出版社 2021 年版，第 108—109 页。

1701 要正确处理赔偿和解与从宽处罚的关系

关键词 | 认罪认罚 | 赔偿损失 | 和解 |

【链接：最高人民法院法官著述】

要正确处理赔偿和解与从宽处罚的关系。赔偿损失、达成和解是量刑重要因素，特别是对民间矛盾激化引发的案件，量刑时一般要予以充分考虑。被告人对检察机关指控犯罪事实及量刑建议没有异议，但未能退赃退赔、赔偿损失的，虽然也有可能构成认罪认罚，但从宽幅度要与取得谅解、达成和解的案件适当区别。当然也要注意具体情况具体分析,不能将赔偿与从宽完全等同起来,特别是对严重破坏社会治安犯罪,不能仅仅因为赔偿被害人损失,就一律给予从宽处罚;也不能仅仅因为被告人没有取得谅解,特别是因被害人漫天要价未达成和解的,就排除适用认罪认罚从宽制度。基于此,《试点办法》[①]规定赔偿和解是量刑的重要考虑因素,是酌定情节,而非认罪认罚从宽的前提条件。被告人真诚悔罪认罚,接受量刑建议,有赔偿意愿,但无赔偿能力,不影响适用认罪认罚从宽制度,可对其酌情从宽处罚。被告人认罪认罚,符合形式要件,也有赔偿能力,但拒不赔偿的,实无悔罪表现,一般不宜从宽处罚。

——最高人民法院刑一庭课题组[②]:《刑事诉讼中认罪认罚从宽制度的适用》,载《人民司法·应用》2018 年第 34 期。

1702 认罪认罚案件适用的审判程序

关键词|认罪认罚|速裁程序|简易程序|普通程序|

【最高人民法院司法解释】

第三百四十八条　对认罪认罚案件,应当根据案件情况,依法适用速裁程序、简易程序或者普通程序审理。

——《最高人民法院关于适用〈中华人民共和国刑事诉讼法〉的解释》(2021 年 3 月 1 日,法释〔2021〕1 号)。

【链接:最高人民法院法官著述】

认罪认罚案件,有以下三种程序可适用:

一是速裁程序。基层人民法院管辖的可能判处三年有期徒刑以下刑罚的案件,案件事实清楚,证据确实、充分,被告人认罪认罚并同意适用速裁程序的,可以适用速裁程序,由审判员一人独任审判。适用速裁程序一般不进行法庭调查、法庭辩论,但在判决宣告前应当听取辩护人的意见和被告人的最后陈述意见,并当庭宣判。

二是简易程序。基层人民法院管辖的被告人认罪认罚案件,案件事实清楚、证据充分,被告人对适用简易程序没有异议的,可以适用简易程序审判。

---

① 即《最高人民法院、最高人民检察院、公安部、国家安全部、司法部关于在部分地区开展刑事案件认罪认罚从宽制度试点工作的办法》(法〔2016〕386 号)。

② 课题组组长:沈亮;课题组成员:管应时、杨立新、孟伟、何东青。

三是普通程序。适用普通程序办理认罪认罚案件，可以适当简化法庭调查、辩论程序。公诉人宣读起诉书后，合议庭当庭询问被告人对指控的犯罪事实、证据及量刑建议的意见，核实具结书签署的自愿性、真实性、合法性。公诉人、辩护人、审判人员对被告人的讯问、发问可以简化。对控辩双方无异议的证据，可以仅就证据名称及证明内容进行说明；对控辩双方有异议，或者法庭认为有必要调查核实的证据，应当出示并进行质证。法庭辩论主要围绕有争议的问题进行，裁判文书可以适当简化。①

需要注意的是，对适用速裁、简易程序审理认罪认罚案件过程中发现需要转普通程序审理情形的，应当转为普通程序对案件重新审理。审理应严格遵循刑事诉讼法关于讯问被告人、询问证人、鉴定人、出示证据、法庭辩论程序的规定，裁判文书不能简化。

——杨立新：《关于认罪认罚从宽制度常见问题释疑》，载最高人民法院刑事审判第一、二、三、四、五庭编：《刑事审判参考》（总第 127 辑），人民法院出版社 2021 年版，第 145—146 页。

1703 对认罪认罚案件的重点审查内容

关键词 | 认罪认罚 | 审查 |

【最高人民法院司法解释】

第三百四十九条 对人民检察院提起公诉的认罪认罚案件，人民法院应当重点审查以下内容：

（一）人民检察院讯问犯罪嫌疑人时，是否告知其诉讼权利和认罪认罚的法律规定；

（二）是否随案移送听取犯罪嫌疑人、辩护人或者值班律师、被害人及其诉讼代理人意见的笔录；

（三）被告人与被害人达成调解、和解协议或者取得被害人谅解的，是否随案移送调解、和解协议、被害人谅解书等相关材料；

（四）需要签署认罪认罚具结书的，是否随案移送具结书。

未随案移送前款规定的材料的，应当要求人民检察院补充。

——《最高人民法院关于适用〈中华人民共和国刑事诉讼法〉的解释》（2021

---

① 《最高人民法院、最高人民检察院、公安部、国家安全部、司法部关于适用认罪认罚从宽制度的指导意见》第四十七条的规定。

年 3 月 1 日,法释〔2021〕1 号)。

【链接:理解与适用】

1. 关于随案移送相关材料的审查问题

刑事诉讼法第一百七十三条第一款规定:“人民检察院审查案件,应当讯问犯罪嫌疑人,听取辩护人或者值班律师、被害人及其诉讼代理人的意见,并记录在案。辩护人或者值班律师、被害人及其诉讼代理人提出书面意见的,应当附卷。”据此,对于认罪认罚案件,人民检察院应当随案移送讯问犯罪嫌疑人的笔录,以及听取辩护人或者值班律师、被害人及其诉讼代理人意见的笔录。特别是,实践中有个别案件,人民检察院未听取被害人意见或者未移送有关材料,不利于保障被害人合法权益,也会导致人民法院在审判阶段需要再行听取被害人意见,造成诉讼拖延。为保障法律严格实施,《解释》第三百四十九条规定:“对人民检察院提起公诉的认罪认罚案件,人民法院应当重点审查以下内容:……(二)是否随案移送听取犯罪嫌疑人、辩护人或者值班律师、被害人及其诉讼代理人意见的笔录;(三)被告人与被害人达成调解、和解协议或者取得被害人谅解的,是否随案移送调解、和解协议、被害人谅解书等相关材料;……”“未随案移送前款规定的材料的,应当要求人民检察院补充。”

征求意见过程中,有意见提出,实践中,部分案件存在犯罪嫌疑人、被告人赔偿了被害人经济损失并得到被害人谅解,但因时间、路途等原因,被害人未出具相关谅解证明等证据材料的情况,建议规定只要有被害人有谅解的真实意思表示的相关材料,并且经核实无误即可。经研究认为,上述意见确有道理,相关材料可以纳入“等相关材料”,实践中不会存在问题。

——《起草小组解读:〈刑事诉讼法解释〉理解与适用(下)》,载中国法院网 2021 年 2 月 4 日,https://www.chinacourt.org/article/detail/2021/02/id/5796153.shtml。

1704 庭审时要重点对认罪认罚的自愿性和认罪认罚具结书内容的真实性、合法性进行审查核实

关键词 | 认罪认罚 | 自愿性 | 认罪认罚具结书 |

【最高人民法院司法解释】

第三百五十一条 对认罪认罚案件,法庭审理时应当告知被告人享有的诉讼权利和认罪认罚的法律规定,审查认罪认罚的自愿性和认罪认罚具结书内容的真实性、合法性。

——《最高人民法院关于适用〈中华人民共和国刑事诉讼法〉的解释》(2021年3月1日,法释〔2021〕1号)。

【最高人民法院司法文件】

39. 审判阶段认罪认罚自愿性、合法性审查。办理认罪认罚案件,人民法院应当告知被告人享有的诉讼权利和认罪认罚的法律规定,听取被告人及其辩护人或者值班律师的意见。庭审中应当对认罪认罚的自愿性、具结书内容的真实性和合法性进行审查核实,重点核实以下内容:

(一)被告人是否自愿认罪认罚,有无因受到暴力、威胁、引诱而违背意愿认罪认罚;

(二)被告人认罪认罚时的认知能力和精神状态是否正常;

(三)被告人是否理解认罪认罚的性质和可能导致的法律后果;

(四)人民检察院、公安机关是否履行告知义务并听取意见;

(五)值班律师或者辩护人是否与人民检察院进行沟通,提供了有效法律帮助或者辩护,并在场见证认罪认罚具结书的签署。

庭审中审判人员可以根据具体案情,围绕定罪量刑的关键事实,对被告人认罪认罚的自愿性、真实性等进行发问,确认被告人是否实施犯罪,是否真诚悔罪。

被告人违背意愿认罪认罚,或者认罪认罚后又反悔,依法需要转换程序的,应当按照普通程序对案件重新审理。发现存在刑讯逼供等非法取证行为的,依照法律规定处理。

——《最高人民法院、最高人民检察院、公安部、国家安全部、司法部关于适用认罪认罚从宽制度的指导意见》(2019年10月11日,高检发〔2019〕13号)。

【链接：理解与适用】

1. 审判阶段认罪认罚自愿性、合法性审查。刑事诉讼法第一百九十条第二款规定,被告人认罪认罚的,审判长应当告知被告人享有的诉讼权利和认罪认罚的法律规定,审查认罪认罚的自愿性和认罪认罚具结书内容的真实性、合法性。认罪认罚自愿性审查是认罪认罚从宽制度有效运行的关键,也是以往程序中没有专门涉及的环节。不论是普通程序、简易程序还是速裁程序,对认罪认罚案件,庭审的重点都要作相应调整,重点对认罪认罚的自愿性、具结书内容的真实性、合法性进行审查核实。《指导意见》第三十九条第一款从自愿性、认知能力、知悉性等方面对审判阶段认罪认罚自愿性、合法性审查作出了规定:一是自愿性审查。即审查被告人是否自愿认罪认罚,有无因受到暴力、威胁、引诱而违背意愿认罪认罚。二是认知能力审查。即审查被告人认罪认罚时的认知能力和精神状态是否正常。三是知悉性审查。即审查核实被告人是否知悉其享有的诉讼权利和认罪认罚的法律规定,包括公安机关、检察机关是否履行告知义务并听取意见,值班律师或者辩护人是否与检察机关进行沟通,提供了有效法律帮助或者辩护,并在场见证认罪认罚具结书的签署。在审查方式上,《指导意见》第三十九条第二款和第三款规定,庭审中审判人员可以根据具体案情,围绕定罪量刑的关键事实,对被告人认罪认罚的自愿性、真实性等进行发问,确认被告人是否实施犯罪,是否真诚悔罪。经审查,发现被告人违背意愿认罪认罚,或者认罪认罚后又反悔,依法需要转换程序的,应当按照普通程序对案件重新审理。发现存在刑讯逼供等非法取证行为的,依照法律规定处理。

——苗生明、周颖:《〈关于适用认罪认罚从宽制度的指导意见〉的理解与适用》,载《人民检察》2020 年第 2 期。

【链接:最高人民法院法官著述】

关于知悉性审查。保障被告人的知情权,确保其知悉自己享有的诉讼权利和认罪认罚的法律后果,是被告人自愿、稳定认罪认罚的前提基础。实践中,有的被告人存在模糊认识,草率认罪认罚、签署具结书后又反悔,影响认罪认罚从宽制度的适用和效果。主要通过以下方式保障被告人的知情权:一是公安机关、检察机关告知;二是辩护人或者值班律师咨询;三是人民法院开庭时告知。开展知悉性审查,除了开庭时告知诉讼权利和法律后果外,还可围绕被告人知情权是否得以保障,法定告知主体是否履行告知义务、提供法律咨询来进行审查;除了当庭询问核实,也可审查相关诉讼文书,如诉讼权利告知书、提供法律帮助通知书,等等。

关于自愿性审查,即狭义上的自愿性审查,审查被告人作出认罪认罚是否受到利诱、威胁或者强制,确保认罪认罚的自愿性,防止无辜者被迫认罪、受到错误追究。实践中,可通过庭前阅卷和当庭核实,审查被告人认罪认罚、签署具结书是否出于自己的意愿,是否受到人身伤害、暴力威胁或者精神强制。要注意审查认罪认罚具结书是否有辩护人或者值班律师在场见证签署。根据刑事诉讼法第一百七十四条的规定,犯罪嫌疑人认罪认罚的,应当在辩护人或者值班律师在场的情况下签署认罪认罚具结书,保障犯罪嫌疑人自愿认罪认罚、签署具结书,这是审查认罪认罚自愿性和具结书形式真实性、合法性的重要方面。

关于事实基础审查。这是认罪认罚从宽制度准确适用的关键,是审查认罪认罚具结书内容真实性、合法性的重要方式。通过事实基础审查,确保被告人认罪认罚具有事实基础。缺乏事实基础的认罪认罚,可分为两类:一是缺乏定罪事实基础的认罪,如被告人被迫认罪、代人顶罪、冒名顶替等;二是缺乏量刑事实基础的认罚,如被告人接受检察机关明显不当的量刑建议。对于认罪认罚案件,人民法院应当全面审查案卷材料，严格审查涉及定罪、量刑的关键事实和证据，确保被告人认罪认罚具有事实基础。如果事实基础存疑，可能存在被告人不构成犯罪、违背意愿认罪认罚等情形，应当适用普通程序进行审理，核查清楚后依法作出判决。不能因为被告人认罪认罚，就放松对事实证据、定罪量刑的审查把关。

——最高人民法院刑一庭课题组①：《刑事诉讼中认罪认罚从宽制度的适用》，载《人民司法 · 应用》2018 年第 34 期。

1705 案件的证明标准不因被告人认罪认罚而降低

关键词 | 认罪认罚 | 证明标准 |

【最高人民法院参考案例】

张永利出售出入境证件案（《刑事审判参考》案例第 1411 号）

要旨：认定被告人有罪的证明标准不应因被告人认罪认罚而降低。

"红黄蓝"幼儿园虐童案曝光后，北京市公安局等部门对市内幼儿园的各项工作进行集中清查，发现部分幼儿园从事教学工作的"外籍教师"入境手续存有问题。公安机关将涉案人员抓获。同时，在深挖外籍人员非法入境签证来源线索时，将出售商务邀请函的被告人张永利抓获。张永利在侦查及审查起诉阶段均能如实交代自己的行为，愿意接受处罚，并与检察机关就量刑建议达成一致意见，自愿签署认罪认罚具结书，也同意适用速裁程序。在法庭审理期间，辩方也坚持有罪辩护的思路，但张永利出售商务邀请函的行为是否构成犯罪，应当坚持证据裁判原则，坚持"事实清楚，证据确实、充分"的法定要求。虽然被告人认罪认罚降低了控方指控的难度，但没有理由也不应降低证明标准，这是我国认罪认罚从宽制度与辩诉交易的重要区别。认罪认罚从宽制度的最大风险是无辜的人因认罪认罚被错误定罪，因此，从试点到 2018 年修改刑事诉讼法，坚持从准入和准出两个环节严把证明标准关。修改后的刑事诉讼法第二百二十二条明确规定速裁程序的适用以案件事实清楚，证据确实、充分为前提；同时，第二百零一条第一款明确规定被告人的行为不构成犯罪或者不应当追究刑事责任的，人民法院不得采纳检察机关的量刑建议。审理发现认罪认罚案件需要转程序审理的，应当及时转程序审理。上述一系列程序设计，旨在最大限度降低制度风险，防止无辜的人被错误定罪。因此，人民法院对认罪认罚案件的审查，应从证据采信、事实认定、定罪量刑、程序操作等方面进行全面的、实质的审查；不仅要把好认罪认罚自愿性的审查关，而且要严格落实庭审

① 课题组组长：沈亮；课题组成员：管应时、杨立新、孟伟、何东青。

实质化的要求;发现事实不清、证据不足依法应当转程序的要及时转程序重新审理;要严格证据审查,严把事实证据关,不因控辩协商一致就降低裁判标准,切实防范发生冤假错案。

——《刑事审判参考》(总第127辑)。

1706 量刑建议的采纳

关键词|认罪认罚|量刑建议|

【最高人民法院司法文件】

40.量刑建议的采纳。对于人民检察院提出的量刑建议,人民法院应当依法进行审查。对于事实清楚,证据确实、充分,指控的罪名准确,量刑建议适当的,人民法院应当采纳。具有下列情形之一的,不予采纳:

(一)被告人的行为不构成犯罪或者不应当追究刑事责任的;

(二)被告人违背意愿认罪认罚的;

(三)被告人否认指控的犯罪事实的;

(四)起诉指控的罪名与审理认定的罪名不一致的;

(五)其他可能影响公正审判的情形。

对于人民检察院起诉指控的事实清楚,量刑建议适当,但指控的罪名与审理认定的罪名不一致的,人民法院可以听取人民检察院、被告人及其辩护人对审理认定罪名的意见,依法作出裁判。

人民法院不采纳人民检察院量刑建议的,应当说明理由和依据。

——《最高人民法院、最高人民检察院、公安部、国家安全部、司法部关于适用认罪认罚从宽制度的指导意见》(2019年10月11日,高检发〔2019〕13号)。

【链接:理解与适用】

2.量刑建议的采纳。根据刑事诉讼法第二百零一条的规定,对于认罪认罚案件,法院依法作出判决时,一般应当采纳检察机关指控的罪名和量刑建议。"一般应当采纳"意味着以采纳为原则,以不采纳为例外。《指导意见》根据立法精神,对"一般应当采纳"区分为"应当采纳"和"不采纳"情形两个层次予以进一步释明:首先,对于事实清楚,证据确实、充分,指控的罪名准确,量刑建议适当的,法院应当采纳。"应当采纳"意味着必须采纳,没有例外,应当采纳包含三个条件,一是事实清楚,证据确实、充分;二是指控的罪名准确;三是量刑建议适当。此处"量刑建议适当"应当结合刑事诉讼法第二百零一条第二款检察机关调整量刑建议情形之一的

"量刑建议明显不当"进行理解。如果量刑建议与法官内心的量刑尺度略有偏差，但尚未达到明显不当的程度，则仍然属于应当采纳的范畴。其次，从不同维度反向对不采纳量刑建议的情形作出规定，一是被告人的行为不构成犯罪或者不应当追究刑事责任的；二是被告人违背意愿认罪认罚的；三是被告人否认指控的犯罪事实的；四是起诉指控的罪名与审理认定的罪名不一致的；五是其他可能影响公正审判的情形。当然，与检察机关提出量刑建议应当说明理由和依据一样，法院不采纳检察机关量刑建议的，也应当说明理由和依据。

——苗生明、周颖：《〈关于适用认罪认罚从宽制度的指导意见〉的理解与适用》，载《人民检察》2020年第2期。

【链接：最高人民法院法官著述】

关于量刑建议的审查采纳标准。《决定》①强化了检察机关量刑建议的法律效果，明确了人民法院对认罪认罚案件的裁判原则。对于认罪认罚案件，人民法院依法作出判决时，一般应当采纳人民检察院指控的罪名和量刑建议，但有可能影响公正审判的除外；量刑建议明显不当的，可以建议调整，或者依法作出判决。需要指出的是，办理认罪认罚案件，公检法之间的相互制约关系没有变化，裁判权仍是人民法院的法定职权。定罪量刑是审判权的核心内容，检察机关提出建议，由人民法院依法判决。要充分发挥审判特别是庭审对侦查、公诉活动的把关、制约作用，对起诉指控的事实清楚、罪名准确、量刑建议适当的案件，应当采纳起诉指控和量刑建议作出有罪判决。对于被告人不构成犯罪或者不应当追究刑事责任、违背意愿认罪认罚、否认指控犯罪事实，以及其他可能影响公正审判的情形，人民法院应当依法作出判决；对量刑建议明显不当的，或者被告人、辩护人对量刑建议提出异议的，可以建议检察机关调整，或者直接依法作出判决，但在判决前应当听取控辩双方意见，保障被告人及其辩护人充分行使辩护权。

——最高人民法院刑一庭课题组②：《刑事诉讼中认罪认罚从宽制度的适用》，载《人民司法·应用》2018年第34期。

1707 公诉机关指控的罪名与审理认定的罪名不一致的处理

关键词 | 认罪认罚 | 罪名 |

---

① 即《全国人民代表大会常务委员会关于修改〈中华人民共和国刑事诉讼法〉的决定》（2018年10月26日）。

② 课题组组长：沈亮；课题组成员：管应时、杨立新、孟伟、何东青。

【最高人民法院司法解释】

第三百五十二条　对认罪认罚案件，人民检察院起诉指控的事实清楚，但指控的罪名与审理认定的罪名不一致的，人民法院应当听取人民检察院、被告人及其辩护人对审理认定罪名的意见，依法作出判决。

——《最高人民法院关于适用〈中华人民共和国刑事诉讼法〉的解释》（2021年3月1日，法释〔2021〕1号）。

【最高人民法院参考案例】

孙惠中以危险方法危害公共安全案（《刑事审判参考》案例第1449号）

要旨：被告人及辩护人对公诉机关指控的罪名均无异议，系法院经审理后认为指控的罪名不当，故在诉讼程序上，尤其是庭审事实调查及法庭辩论阶段，要保障被告人及辩护人充分发表意见、行使辩护权。

就本案而言，公诉机关指控被告人孙惠中的行为构成危险驾驶罪，法院审查认为孙惠中的行为可能构成以危险方法危害公共安全罪，法院根据在案证据对事实进行了确认，根据审理认定的罪名作出判决。本案的特殊之处在于，被告人及辩护人对公诉机关指控的罪名均无异议，系法院经审理后认为指控的罪名不当，故在诉讼程序上，尤其是庭审事实调查及法庭辩论阶段，要保障被告人及辩护人充分发表意见、行使辩护权。本案庭审中，在事实调查阶段，法庭组织控辩双方出示相关证据，听取公诉人、被告人、辩护人的质证意见；法庭辩论阶段，在控辩双方发表第一轮意见后，法庭当庭向控辩双方释明根据庭审查明的事实，法庭认为本案可能认定的罪名是以危险方法危害公共安全罪，随即宣布休庭，确保辩方有充分的时间进行准备后再次开庭，充分听取控辩双方对可能认定的罪名发表意见，保障被告方的诉讼权利，落实庭审实质化的要求，确保诉辩意见发表在法庭、裁判结果形成于法庭。

——《刑事审判参考》（总第130辑）。

1708 量刑建议明显不当的处理

关键词｜认罪认罚｜量刑建议｜明显不当｜

【最高人民法院司法解释】

第三百五十三条　对认罪认罚案件，人民法院经审理认为量刑建议明显不当，或者被告人、辩护人对量刑建议提出异议的，人民检察院可以调整量刑建议。人民检察院不调整或者调整后仍然明显不当的，人民法院应当依法作出判决。

适用速裁程序审理认罪认罚案件，需要调整量刑建议的，应当在庭前或者当庭作出调整；调整量刑建议后，仍然符合速裁程序适用条件的，继续适用速裁程序审理。

第三百五十四条 对量刑建议是否明显不当，应当根据审理认定的犯罪事实、认罪认罚的具体情况，结合相关犯罪的法定刑、类似案件的刑罚适用等作出审查判断。

——《最高人民法院关于适用〈中华人民共和国刑事诉讼法〉的解释》（2021年3月1日，法释〔2021〕1号）。

【链接：理解与适用】

2. 关于“量刑建议明显不当”的认定规则

征求意见过程中，有意见提出，“量刑建议明显不当”的规定过于抽象，建议细化。在很多时候轻刑犯相差一至三个月就显得偏轻或偏重，在这种情况下能否改变量刑建议？经研究，相关问题不宜一概而论，应当区分情况，根据审理认定的犯罪事实、认罪认罚的具体情况，结合相关犯罪的法定刑、类似案件的刑罚适用等作出审查判断。特别是，相关犯罪的法定刑不同，对认定量刑建议是否明显不当具有直接影响。例如，对于危险驾驶案件，刑罚相差一个月甚至半个月通常即可以认定为“明显不当”；对于应当判处十年以上有期徒刑的案件，刑罚相差半年以上通常才会认定为“明显不当”。基于此，《解释》第三百五十四条对量刑建议明显不当的判断作了原则性指引规定，明确：“对量刑建议是否明显不当，应当根据审理认定的犯罪事实、认罪认罚的具体情况，结合相关犯罪的法定刑、类似案件的刑罚适用等作出审查判断。”

——《起草小组解读：〈刑事诉讼法解释〉理解与适用（下）》，载中国法院网2021年2月4日，https://www.chinacourt.org/article/detail/2021/02/id/5796153.shtml。

【最高人民法院司法文件】

41. 量刑建议的调整。人民法院经审理，认为量刑建议明显不当，或者被告人、辩护人对量刑建议有异议且有理有据的，人民法院应当告知人民检察院，人民检察院可以调整量刑建议。人民法院认为调整后的量刑建议适当的，应当予以采纳；人民检察院不调整量刑建议或者调整后仍然明显不当的，人民法院应当依法作出判决。

适用速裁程序审理的，人民检察院调整量刑建议应当在庭前或者当庭提出。调整量刑建议后，被告人同意继续适用速裁程序的，不需要转换程序处理。

——《最高人民法院、最高人民检察院、公安部、国家安全部、司法部关于适用认罪认罚从宽制度的指导意见》(2019 年 10 月 11 日,高检发〔2019〕13 号)。

【链接:理解与适用】

3. 量刑建议的调整。基于对控辩双方主体地位的尊重,充分发挥认罪认罚从宽制度功能的考量,刑事诉讼法第二百零一条第二款对量刑建议的调整作出了规定。从法条的规定看,在法院认为量刑建议明显不当或者被告人、辩护人对量刑建议提出异议的两种情形之下,检察机关有一个先置的调整程序,即检察机关可以调整量刑建议,只有检察机关不调整或者调整后仍然明显不当的,法院才可以依法作出判决,也就是说法院不能未经检察机关调整而径行作出判决。基于此,《指导意见》第四十一条对调整的情形、程序、时机作出了规定,可以从以下四个方面来把握:一是调整的情形。量刑建议调整主要包括法院经审理认为量刑建议明显不当和被告人、辩护人对量刑建议提出异议两种情形。实践中,对何为量刑建议明显不当,许多地方检察机关和法院之间存在分歧,需要检法两家加强沟通,尽量消弭分歧,统一司法尺度。"明显"描述的是不当的程度,应当从一般人的正常认知角度进行判断,具体可以从量刑建议违反罪刑相适应原则、与同类案件处理明显不一致、明显有违一般司法认知等方面把握。二是告知和调整程序。对量刑建议明显不当或者辩护人、被告人对量刑建议提出异议且有理有据的,法院应当告知检察机关。检察机关可以与被告人及其辩护人沟通协商后,调整量刑建议。被告人、辩护人提出异议理由不充分的,法院可以直接驳回。三是调整后的采纳。检察机关调整量刑建议后,法院认为适当的,应当予以采纳;检察机关不调整量刑建议或者调整后仍然明显不当的,法院应当依法作出判决。四是调整时机。为避免量刑建议调整程序烦琐、浪费司法资源,对适用速裁程序审理的案件,检察机关调整量刑建议应当在庭前或者当庭提出。调整量刑建议后,被告人同意继续适用速裁程序的,不需要转换程序处理。

——苗生明、周颖:《〈关于适用认罪认罚从宽制度的指导意见〉的理解与适用》,载《人民检察》2020 年第 2 期。

【最高人民法院参考案例】

刘正民、马武凯故意毁坏财物案(《刑事审判参考》案例第 1407 号)

要旨:正确理解量刑建议调整与依法径行判决的关系。

根据刑事诉讼法第二百零一条第二款的规定,人民法院认为量刑建议明显不当,或者被告人、辩护人对量刑建议提出异议的,检察机关可以调整量刑建议,检察机关不调整的或者调整后量刑建议仍然不当的,人民法院应当依法作出判决。据此,人民法院认为量刑建议明显不当的,检察机关可以调整量刑建议也可以不调整。检察机关不予调整的，人民法院应当依法及时作出判决，确保案件及时审结，被告人能够获得迅速及时的审判，被犯罪破坏的社会秩序能够及时得到恢复。

——《刑事审判参考》（总第127辑）。

苏桂花开设赌场案（《刑事审判参考》案例第1409号）

要旨：检察机关因一审法院未建议调整量刑建议而抗诉的，二审法院不应以程序违法发回重审。

刑事诉讼法规定量刑建议调整的目的，本质在于缓和检察机关量刑建议准确性欠缺和司法裁判量刑公平性要求之间的差距。因此，刑事诉讼法明确规定，人民法院认为量刑建议明显不当的，人民检察院可以调整量刑建议；人民检察院不调整量刑建议的，人民法院应当依法作出判决。实践中，人民法院在庭审中已就量刑充分听取控辩双方意见，并在此基础上依法径行作出判决的，不属于程序违法，符合确保裁判形成在法庭的庭审实质化要求，同时还避免了因量刑建议调整造成审判周期的延长和司法资源的浪费。检察机关以此提起抗诉的，二审法院应全面审查，审理后认为一审判决事实认定、定罪量刑没有错误的，不应以程序违法为由发回重审。

——《刑事审判参考》（总第127辑）。

1709 认罪认罚案件从宽处理的规则

关键词 | 认罪认罚 | 从轻处罚 | 减轻处罚 | 量刑平衡 |

【最高人民法院司法解释】

第三百五十五条 对认罪认罚案件，人民法院一般应当对被告人从轻处罚；符合非监禁刑适用条件的，应当适用非监禁刑；具有法定减轻处罚情节的，可以减轻处罚。

对认罪认罚案件，应当根据被告人认罪认罚的阶段早晚以及认罪认罚的主动性、稳定性、彻底性等，在从宽幅度上体现差异。

共同犯罪案件，部分被告人认罪认罚的，可以依法对该部分被告人从宽处罚，但应当注意全案的量刑平衡。

——《最高人民法院关于适用〈中华人民共和国刑事诉讼法〉的解释》（2021年3月1日，法释〔2021〕1号）。

【链接：理解与适用】

对于认罪认罚从宽的幅度是否包括减轻处罚，存在不同认识。有意见赞同减轻处罚的规定。理由是：(1)刑事诉讼法第十五条规定为“从宽”而非“从轻”，将其限制为从轻，可以适用的法定刑幅度较小，往往难以解决共同犯罪中犯罪人刑事责任的区分问题，有些情况下对认罪认罚的被告人不能兑现从宽政策，限制了认罪认罚的适用效果。(2)随着形势发展，一些定罪量刑标准明显滞后于经济社会发展，对于认罪认罚的被告人，如果能够减轻处罚，更加符合罪责刑相适应原则，并且可以避免法定刑以下判处刑罚的核准程序的烦琐。(3)通过严格程序(例如，要求报请审委会研究或者报请上级法院批准)，可以防止减轻处罚的滥用。经研究，本条未采纳上述意见，仍然根据通常主张，明确对认罪认罚案件的减轻处罚限于具有法定减轻处罚情节的情形。

——李少平主编：《最高人民法院关于适用〈中华人民共和国刑事诉讼法〉的解释理解与适用》，人民法院出版社2021年版，第405页。

【最高人民法院参考案例】

吴春兰、鲁长学容留卖淫案(《刑事审判参考》案例第1413号)

要旨：“认罪越早，从宽越多”是一个原则，具体是否从宽以及从宽幅度仍要根据案件性质、情节后果等因素，结合认罪的价值和意义综合考量，确保罪责刑相适应。

本案中，被告人吴春兰、鲁长学在共同犯罪中的地位、作用相当。吴春兰虽系自动投案，但到案后未如实供述自己的罪行，故依法不能认定为自首。被告人鲁长学归案后即如实供述自己的罪行，属侦查阶段的坦白，对案件事实的及时准确查明具有重要意义。一审合议庭评议时，综合考量二被告人认罪阶段和作用的不同，在量刑规范化框架内作出不同的刑罚评价：二被告人的地位、作用相当，其基准刑均确定为十五个月。吴春兰当庭认罪，有自动投案情节，减让基准刑的10%，宣告刑为十三个月；鲁长学在侦查阶段认罪，减让基准刑的25%，宣告刑为十一个月。一审法院综合考虑二被告人认罪时间早晚以及认罪作用大小等因素，确定不同的从宽幅度，体现了区别对待的刑事政策，有利于发挥制度的指引功能。

——《刑事审判参考》(总第127辑)。

1710 被告人当庭认罪认罚案件的处理

关键词 | 认罪认罚 | 量刑建议 |

【最高人民法院司法解释】

第三百五十六条 被告人在人民检察院提起公诉前未认罪认罚，在审判阶段认罪认罚的，人民法院可以不再通知人民检察院提出或者调整量刑建议。

对前款规定的案件，人民法院应当就定罪量刑听取控辩双方意见，根据刑事诉讼法第十五条和本解释第三百五十五条的规定作出判决。

——《最高人民法院关于适用〈中华人民共和国刑事诉讼法〉的解释》（2021年3月1日，法释〔2021〕1号）。

【最高人民法院司法文件】

49. 被告人当庭认罪认罚案件的处理。被告人在侦查、审查起诉阶段没有认罪认罚，但当庭认罪，愿意接受处罚的，人民法院应当根据审理查明的事实，就定罪和量刑听取控辩双方意见，依法作出裁判。

——《最高人民法院、最高人民检察院、公安部、国家安全部、司法部关于适用认罪认罚从宽制度的指导意见》（2019年10月11日，高检发〔2019〕13号）。

【链接：理解与适用】

11. 被告人当庭认罪认罚案件的处理。《指导意见》第四十九条规定，被告人在侦查、审查起诉阶段没有认罪认罚，但当庭认罪，愿意接受处罚的，法院应当根据审理查明的事实，就定罪和量刑听取控辩双方意见，依法作出裁判。此条包含了三个层面的内容：一是当庭认罪认罚的，可以适用认罪认罚从宽制度；二是法院应当就定罪和量刑听取控辩双方的意见，控辩双方可以就量刑进行协商；三是控辩双方协商一致，不需要再签署具结书，当庭确认即可，由法院依法作出裁判。

——苗生明、周颖：《〈关于适用认罪认罚从宽制度的指导意见〉的理解与适用》，载《人民检察》2020年第2期。

1711 第二审程序中被告人认罪认罚案件的处理

关键词 | 认罪认罚 | 二审程序 |

【最高人民法院司法解释】

第三百五十七条 对被告人在第一审程序中未认罪认罚，在第二审程序中认罪认罚的案件，应当根据其认罪认罚的具体情况决定是否从宽，并依法作出裁判。确定从宽幅度时应当与第一审程序认罪认罚有所区别。

——《最高人民法院关于适用〈中华人民共和国刑事诉讼法〉的解释》（2021年3月1日，法释〔2021〕1号）。

【最高人民法院司法文件】

50. 第二审程序中被告人认罪认罚案件的处理。被告人在第一审程序中未认罪认罚，在第二审程序中认罪认罚的，审理程序依照刑事诉讼法规定的第二审程序进行。第二审人民法院应当根据其认罪认罚的价值、作用决定是否从宽，并依法作出裁判。确定从宽幅度时应当与第一审程序认罪认罚有所区别。

——《最高人民法院、最高人民检察院、公安部、国家安全部、司法部关于适用认罪认罚从宽制度的指导意见》（2019年10月11日，高检发〔2019〕13号）。

【链接：理解与适用】

12. 第二审程序中被告人认罪认罚案件的处理。二审程序能否适用认罪认罚从宽制度，是实践中存在争议的一个问题。《指导意见》第五十条对此予以明确，即被告人在第一审程序中未认罪认罚，在第二审程序中认罪认罚的，审理程序依照刑事诉讼法规定的第二审程序进行。第二审法院应当根据其认罪认罚的价值、作用决定是否从宽，并依法作出裁判。确定从宽幅度时应当与第一审程序认罪认罚有所区别。

——苗生明、周颖：《〈关于适用认罪认罚从宽制度的指导意见〉的理解与适用》，载《人民检察》2020年第2期。

1712 审判阶段被告人反悔不再认罪认罚的处理

关键词｜认罪认罚｜反悔｜转换程序｜

【最高人民法院司法解释】

第三百五十八条　案件审理过程中，被告人不再认罪认罚的，人民法院应当根据审理查明的事实，依法作出裁判。需要转换程序的，依照本解释的相关规定处理。

——《最高人民法院关于适用〈中华人民共和国刑事诉讼法〉的解释》（2021年3月1日，法释〔2021〕1号）。

【最高人民法院司法文件】

53. 审判阶段反悔的处理。案件审理过程中，被告人反悔不再认罪认罚的，人民法院应当根据审理查明的事实,依法作出裁判。需要转换程序的,依照本意见的相关规定处理。

——《最高人民法院、最高人民检察院、公安部、国家安全部、司法部关于适用认罪认罚从宽制度的指导意见》(2019 年 10 月 11 日,高检发〔2019〕13 号)。

【链接：理解与适用】

3. 审判阶段反悔的处理。案件审理过程中,被告人反悔不再认罪认罚的,如何处理,需要把握两点:一是因被告人反悔,可能直接带来程序的转换。对适用速裁程序或者简易程序审理的案件,被告人反悔不再认罪认罚的,应当按照刑事诉讼法和《指导意见》的相关规定转换成合适的程序审理。二是被告人可能无法享有原本的从宽优惠。法院应当根据审理查明的事实,依法作出裁判。

——苗生明、周颖:《〈关于适用认罪认罚从宽制度的指导意见〉的理解与适用》,载《人民检察》2020 年第 2 期。

1713 犯罪嫌疑人、被告人自愿认罪认罚，而辩护人作无罪辩护的案件，能否适用认罪认罚从宽制度

关键词 | 认罪认罚 | 辩护人 | 无罪辩护 |

【链接：最高人民法院法官著述】

犯罪嫌疑人、被告人自愿认罪认罚,而辩护人作无罪辩护的,能否适用认罪认罚从宽制度,已经引起社会关注。对此,应明确以下几点认识:

一要明确案件是否适用认罪认罚从宽制度,以犯罪嫌疑人、被告人是否自愿认罪认罚为前提,不以辩护人作有罪辩护为前提。根据刑事诉讼法的规定,辩护人有权根据事实和法律提出无罪辩护意见。

二要明确辩护人作无罪辩护的,犯罪嫌疑人、被告人的程序选择权受到限制,即案件依法不能适用速裁和简易审判程序,只能适用普通程序审理。

三要明确虽然适用程序受到限制,如果辩护人的无罪辩护意见不能成立,实体仍要根据犯罪嫌疑人、被告人认罪认罚的价值和意义来考虑是否从宽把握。需要强调的是,如果辩护人的无罪辩护意见成立,不能因被告人认罪认罚将本应宣告无罪的案件作从轻处罚处理。

此外,审查起诉阶段犯罪嫌疑人自愿认罪认罚,同意签署具结书,而辩护人提出无罪辩护意见,拒绝到场或者虽到场但拒绝签字的,如何处理?对此,检察机关应当尊重犯罪嫌疑人的自愿选择,并通知辩护人到场,辩护人拒绝签字的,记录在

案,一并提交法庭,便于法庭全面审查被告人的认罪悔罪表现。

——杨立新:《关于认罪认罚从宽制度常见问题释疑》,载最高人民法院刑事审判第一、二、三、四、五庭编:《刑事审判参考》(总第127辑),人民法院出版社2021年版,第141页。

1714 未成年人认罪认罚案件的办理

关键词|认罪认罚|未成年人|

【最高人民法院司法文件】

十二、未成年人认罪认罚案件的办理

55. 听取意见。人民法院、人民检察院办理未成年人认罪认罚案件,应当听取未成年犯罪嫌疑人、被告人的法定代理人的意见,法定代理人无法到场的,应当听取合适成年人的意见,但受案时犯罪嫌疑人已经成年的除外。

56. 具结书签署。未成年犯罪嫌疑人签署认罪认罚具结书时,其法定代理人应当到场并签字确认。法定代理人无法到场的,合适成年人应当到场签字确认。法定代理人、辩护人对未成年人认罪认罚有异议的,不需要签署认罪认罚具结书。

57. 程序适用。未成年人认罪认罚案件,不适用速裁程序,但应当贯彻教育、感化、挽救的方针,坚持从快从宽原则,确保案件及时办理,最大限度保护未成年人合法权益。

58. 法治教育。办理未成年人认罪认罚案件,应当做好未成年犯罪嫌疑人、被告人的认罪服法、悔过教育工作,实现惩教结合目的。

——《最高人民法院、最高人民检察院、公安部、国家安全部、司法部关于适用认罪认罚从宽制度的指导意见》(2019年10月11日,高检发〔2019〕13号)。

六、简易程序

1715 简易程序的适用条件

关键词｜简易程序｜基层人民法院｜事实清楚｜证据充分｜

【最高人民法院司法解释】

第三百五十九条 基层人民法院受理公诉案件后，经审查认为案件事实清楚、证据充分的，在将起诉书副本送达被告人时，应当询问被告人对指控的犯罪事实的意见，告知其适用简易程序的法律规定。被告人对指控的犯罪事实没有异议并同意适用简易程序的，可以决定适用简易程序，并在开庭前通知人民检察院和辩护人。

对人民检察院建议或者被告人及其辩护人申请适用简易程序审理的案件，依照前款规定处理；不符合简易程序适用条件的，应当通知人民检察院或者被告人及其辩护人。

第三百六十条 具有下列情形之一的，不适用简易程序：

（一）被告人是盲、聋、哑人的；

（二）被告人是尚未完全丧失辨认或者控制自己行为能力的精神病人的；

（三）案件有重大社会影响的；

（四）共同犯罪案件中部分被告人不认罪或者对适用简易程序有异议的；

（五）辩护人作无罪辩护的；

（六）被告人认罪但经审查认为可能不构成犯罪的；

（七）不宜适用简易程序审理的其他情形。

——《最高人民法院关于适用〈中华人民共和国刑事诉讼法〉的解释》（2021年3月1日，法释〔2021〕1号）。

【链接：理解与适用】

1. 关于被告人及其辩护人申请适用简易程序的问题

《解释》第三百五十九条第二款增加赋予被告人及其辩护人适用简易程序的申请权，规定：“对人民检察院建议或者被告人及其辩护人申请适用简易程序审理的案件，依照前款规定处理；不符合简易程序适用条件的，应当通知人民检察院或者被告人及其辩护人。”

——《起草小组解读:〈刑事诉讼法解释〉理解与适用(下)》,载中国法院网 2021 年 2 月 4 日,https://www.chinacourt.org/article/detail/2021/02/id/5796153.shtml。

1716 适用简易程序审理案件的开庭时间通知

关键词|简易程序|开庭通知|

【最高人民法院司法解释】

第三百六十二条 适用简易程序审理案件,人民法院应当在开庭前将开庭的时间、地点通知人民检察院、自诉人、被告人、辩护人,也可以通知其他诉讼参与人。

通知可以采用简便方式,但应当记录在案。

——《最高人民法院关于适用〈中华人民共和国刑事诉讼法〉的解释》(2021 年 3 月 1 日,法释〔2021〕1 号)。

【链接:理解与适用】

2. 关于适用简易程序审理案件的开庭时间通知问题

《2012 年解释》第二百九十二条第一款规定:“适用简易程序审理案件,人民法院应当在开庭三日前,将开庭的时间、地点通知人民检察院、自诉人、被告人、辩护人,也可以通知其他诉讼参与人。”刑事诉讼法第二百一十九条规定:“适用简易程序审理案件,不受本章第一节关于送达期限、讯问被告人、询问证人、鉴定人、出示证据、法庭辩论程序规定的限制。”据此,对于适用简易程序审理的案件,开庭前通知的时间不受“三日前”的限制。鉴于此,《解释》第三百六十二条第一款将“开庭三日前”调整为“开庭前”,规定:“适用简易程序审理案件,人民法院应当在开庭前将开庭的时间、地点通知人民检察院、自诉人、被告人、辩护人,也可以通知其他诉讼参与人。”当然,司法实践中可以根据情况裁量把握,尽可能提前通知,以给诉讼参与各方更为充裕的准备时间。

——《起草小组解读:〈刑事诉讼法解释〉理解与适用(下)》,载中国法院网 2021 年 2 月 4 日,https://www.chinacourt.org/article/detail/2021/02/id/5796153.shtml。

1717 简易程序的裁判文书简化

关键词|简易程序|裁判文书简化|

【最高人民法院司法解释】

第三百六十七条 适用简易程序审理案件，裁判文书可以简化。

适用简易程序审理案件，一般应当当庭宣判。

——《最高人民法院关于适用〈中华人民共和国刑事诉讼法〉的解释》（2021年3月1日，法释〔2021〕1号）。

【链接：理解与适用】

3. 关于简易程序的裁判文书简化问题

司法实践中，一些刑事法官不愿意适用简易程序，一个很重要原因是简易程序相对于普通程序而言，花费时间相差无几，简易程序并未简化，尤其是裁判文书几乎没有区别，中间还面临程序转化的风险。基于此，根据司法实践审判需要，为促进法官适用简易程序的积极性，以提高诉讼效率，《解释》第三百六十七条第一款规定："适用简易程序审理案件，裁判文书可以简化。"

——《起草小组解读：〈刑事诉讼法解释〉理解与适用（下）》，载中国法院网2021年2月4日，https://www.chinacourt.org/article/detail/2021/02/id/5796153.shtml。

1718 简易程序转为普通程序的条件

关键词 | 简易程序 | 普通程序 |

【最高人民法院司法解释】

第三百六十八条 适用简易程序审理案件，在法庭审理过程中，具有下列情形之一的，应当转为普通程序审理：

（一）被告人的行为可能不构成犯罪的；

（二）被告人可能不负刑事责任的；

（三）被告人当庭对起诉指控的犯罪事实予以否认的；

（四）案件事实不清、证据不足的；

（五）不应当或者不宜适用简易程序的其他情形。

决定转为普通程序审理的案件，审理期限应当从作出决定之日起计算。

——《最高人民法院关于适用〈中华人民共和国刑事诉讼法〉的解释》（2021年3月1日，法释〔2021〕1号）。

七、速裁程序

1719 速裁程序的适用条件

关键词｜速裁程序｜事情清楚｜证据确实、充分｜

【最高人民法院司法解释】

第三百六十九条　对人民检察院在提起公诉时建议适用速裁程序的案件，基层人民法院经审查认为案件事实清楚，证据确实、充分，可能判处三年有期徒刑以下刑罚的，在将起诉书副本送达被告人时，应当告知被告人适用速裁程序的法律规定，询问其是否同意适用速裁程序。被告人同意适用速裁程序的，可以决定适用速裁程序，并在开庭前通知人民检察院和辩护人。

对人民检察院未建议适用速裁程序的案件，人民法院经审查认为符合速裁程序适用条件的，可以决定适用速裁程序，并在开庭前通知人民检察院和辩护人。

被告人及其辩护人可以向人民法院提出适用速裁程序的申请。

第三百七十条　具有下列情形之一的，不适用速裁程序：

（一）被告人是盲、聋、哑人的；

（二）被告人是尚未完全丧失辨认或者控制自己行为能力的精神病人的；

（三）被告人是未成年人的；

（四）案件有重大社会影响的；

（五）共同犯罪案件中部分被告人对指控的犯罪事实、罪名、量刑建议或者适用速裁程序有异议的；

（六）被告人与被害人或者其法定代理人没有就附带民事诉讼赔偿等事项达成调解、和解协议的；

（七）辩护人作无罪辩护的；

（八）其他不宜适用速裁程序的情形。

——《最高人民法院关于适用〈中华人民共和国刑事诉讼法〉的解释》（2021年3月1日，法释〔2021〕1号）。

【链接：理解与适用】

1. 关于对人民检察院未提出建议的案件能否适用速裁程序的问题

根据刑事诉讼法第二百二十二条第二款的规定，人民检察院有权建议适用速裁程序，人民法院应当决定是否适用。但是，对于人民检察院没有提出建议的案件（包括两种情形：一是审前阶段认罪认罚而人民检察院未建议适用速裁程序的案件，二是审前阶段未认罪认罚的案件）人民法院能否适用速裁程序，讨论中存在不同认识：（1）第一种意见持否定立场。理由是：适用速裁程序的前提是被告人同意适用速裁程序，且需要人民检察院与被告人就量刑问题重新进行协商，履行签署认罪认罚具结书的程序，依法提出量刑建议。而且，这有利于防止助长被告人的拖延心理，也有利于督促检察机关履行认罪认罚程序的审查把关职责。（2）第二种意见持肯定立场。理由是：控辩地位平等，既然允许公诉机关建议适用速裁程序，理应允许被告人及其辩护人建议适用速裁程序。

经研究，《解释》第三百六十九条采纳第二种意见，第二款、第三款规定："对人民检察院未建议适用速裁程序的案件，人民法院经审查认为符合速裁程序适用条件的，可以决定适用速裁程序，并在开庭前通知人民检察院和辩护人。""被告人及其辩护人可以向人民法院提出适用速裁程序的申请。"主要考虑：（1）刑事诉讼法第二百二十二条第二款规定："人民检察院在提起公诉的时候，可以建议人民法院适用速裁程序。"可见，人民检察院对速裁程序的适用享有建议权，但似不意味着速裁程序的适用必须以人民检察院的建议为前提条件。基于控辩对等的刑事诉讼原则，对于人民检察院未建议适用速裁程序的案件，被告人及其辩护人也可以申请适用，符合条件的，人民法院可以依职权决定适用。（2）基于通行法理，刑事诉讼程序原则上不得回流。基于此，对于人民检察院未建议的案件，在审判阶段决定适用速裁程序的，在开庭前通知人民检察院和辩护人即可，无须再重回认罪认罚具结书签署和量刑协商程序。（3）从实践操作角度来看，对于在审判阶段认罪认罚的案件，符合速裁程序适用条件的，人民法院决定适用速裁程序，在操作上也不存在问题。

——《起草小组解读：〈刑事诉讼法解释〉理解与适用（下）》，载中国法院网 2021 年 2 月 4 日，https://www.chinacourt.org/article/detail/2021/02/id/5796153.shtml。

【最高人民法院司法文件】

42. 速裁程序的适用条件。基层人民法院管辖的可能判处三年有期徒刑以下刑罚的案件，案件事实清楚，证据确实、充分，被告人认罪认罚并同意适用速裁程序的，可以适用速裁程序，由审判员一人独任审判。人民检察院提起公诉时，可以建议人民法院适用速裁程序。

有下列情形之一的，不适用速裁程序办理：

（一）被告人是盲、聋、哑人，或者是尚未完全丧失辨认或者控制自己行为能力的精神病人的；

（二）被告人是未成年人的；

（三）案件有重大社会影响的；

（四）共同犯罪案件中部分被告人对指控的犯罪事实、罪名、量刑建议或者适用速裁程序有异议的；

（五）被告人与被害人或者其法定代理人没有就附带民事诉讼赔偿等事项达成调解或者和解协议的；

（六）其他不宜适用速裁程序办理的案件。

——《最高人民法院、最高人民检察院、公安部、国家安全部、司法部关于适用认罪认罚从宽制度的指导意见》（2019年10月11日，高检发〔2019〕13号）。

1720 适用速裁程序公开审理案件在开庭前送达期限的问题

关键词 | 速裁程序 | 开庭通知 |

【最高人民法院司法解释】

第三百七十一条　适用速裁程序审理案件，人民法院应当在开庭前将开庭的时间、地点通知人民检察院、被告人、辩护人，也可以通知其他诉讼参与人。

通知可以采用简便方式，但应当记录在案。

——《最高人民法院关于适用〈中华人民共和国刑事诉讼法〉的解释》（2021年3月1日，法释〔2021〕1号）。

【链接：理解与适用】

2. 关于适用速裁程序公开审理案件在开庭前送达期限的问题

刑事诉讼法第二百二十四条规定“适用速裁程序审理案件，不受本章第一节规定的送达期限的限制”。第二百一十九条规定“适用简易程序审理案件，不受本章第一节关于送达期限、讯问被告人、询问证人、鉴定人、出示证据、法庭辩论程序规定的限制”。可见，对于适用速裁程序、简易程序审理的案件，不受送达期限的限制。但是，刑事诉讼法第一百八十七条第三款规定：“人民法院确定开庭日期后，应当将开庭的时间、地点通知人民检察院，传唤当事人，通知辩护人、诉讼代理人、证人、鉴定人和翻译人员，传票和通知书至迟在开庭三日以前送达。公开审判的案件，应当在开庭三日以前先期公布案由、被告人姓名、开庭时间和地点。”司法适用中存在争议的问题是，对于适用速裁程序公开审理的案件，是否需要在开庭三日以前将开庭的时间、地点通知人民检察院、被告人及其辩护人等诉讼参与人，并在开庭三日以前先期公布案由、被告人姓名、开庭时间和地点？实践中，个别地方对于适用速裁程序审理案件，“当天立案、当天审理、当庭宣判”，无法在开庭三日以前进行送达和公告。对此，有意见认为，适用简易程序、速裁程序审理案件，同样应当确保人民检察院有效参加审判、保障被告人有效行使辩护权、保证被害人权利、维护社会公众的知情权。基于此，应当在开庭三日以前通知诉讼参与人和公告，以给控辩双方适当的准备时间，同时保证案件的公开审判和接受社会监督。

经研究，倾向于认为，由于刑事诉讼法第二百一十九条、第二百二十四条所使用的表述是不受“送达期限”的限制，加之司法实践中通常只在开庭日公告和通知控辩双方和其他诉讼参与人，要求先期三日似与当前实践不符。基于此，《解释》第三百七十一条规定：“适用速裁程序审理案件，人民法院应当在开庭前将开庭的时间、地点通知人民检察院、被告人、辩护人，也可以通知其他诉讼参与人。”“通知可以采用简便方式，但应当记录在案。”

适用速裁程序审理案件，还需要注意两个问题：（1）人民法院应当通知人民检察院派员出庭。讨论中，有意见建议规定公诉人可以不出庭。主要考虑：司法实践中，有的速裁案件，出庭公诉人不是案件承办人，不了解案件情况。一旦庭上有突发或意外情况发生，出庭的公诉人无法及时回应，达不到出庭的真正目的。经研究认为，公诉人代表人民检察院履行国家公诉职能，在刑事诉讼法未明确规定公诉人可以不出庭的情况下，不宜规定公诉人可以不出庭。特别是，速裁程序可能出现调整量刑建议的情形，如公诉人不出庭，则无法当庭调整量刑建议，影响速裁程序的适用。因此，本条明确规定“人民法院应当通知人民检察院派员出庭”。实践中，人民法院应当协调人民检察院派合适公诉人出庭，当庭妥当处理量刑建议调整等问题。（2）被告人有辩护人的，应当通知其出庭。刑事诉讼法第二百二十四条规定：“适用速裁程序审理案件……在判决宣告前应当听取辩护人的意见……”有意见据此得出了适用速裁程序审理的案件，必须有辩护人参加庭审的结论，这显然不符合实际。此处规定的“听取辩护人的意见”，应当限于适用速裁程序审理的案件有辩护人的情形，对于没有辩护人参与庭审的案件，自然无法听取辩护人的意见。鉴于上述两个问题在司法适用中虽有一定认识分歧，但争议不大，本着司法解释的问题导向，未作明确规定。

——《起草小组解读：〈刑事诉讼法解释〉理解与适用（下）》，载中国法院网 2021 年 2 月 4 日，https://www.chinacourt.org/article/detail/2021/02/id/5796153.shtml。

1721 适用速裁程序审理案件可以集中开庭、逐案审理

关键词｜速裁程序｜集中开庭｜逐案审理｜

【最高人民法院司法解释】

第三百七十二条　适用速裁程序审理案件，可以集中开庭，逐案审理。公诉人简要宣读起诉书后，审判人员应当当庭询问被告人对指控事实、证据、量刑建议以及适用速裁程序的意见，核实具结书签署的自愿性、真实性、合法性，并核实附带民事诉讼赔偿等情况。

——《最高人民法院关于适用〈中华人民共和国刑事诉讼法〉的解释》（2021年3月1日，法释〔2021〕1号）。

【链接：理解与适用】

3. 关于适用速裁程序审理案件可以集中开庭、逐案审理的问题

从当前司法实践来看，速裁程序在实践中一定程度遇冷，适用积极性不高，究其原因，一是与简易程序相比，速裁的“速”体现不明显；二是审限较短，案件周转不灵。为此，速裁程序要真正发挥其效率，必须在“速”字上着力。具体而言，集中审理有利于发挥速裁程序的“速”。基于此，《解释》第三百七十二条规定：“适用速裁程序审理案件，可以集中开庭，逐案审理。公诉人简要宣读起诉书后，审判人员应当当庭询问被告人对指控事实、证据、量刑建议以及适用速裁程序的意见，核实具结书签署的自愿性、真实性、合法性，并核实附带民事诉讼赔偿等情况。”

征求意见过程中，有意见建议删除“由公诉人简要宣读起诉书”。理由是：为简化庭审流程，鉴于此前已送达起诉书，被告人认罪认罚，且人民法院会核对被告人认罪认罚意愿的真实性等，故建议对公诉机关是否摘要宣读起诉书不作强制性规定。经研究，未采纳上述意见。而且，《认罪认罚意见》第四十四条亦明确要求“公诉人简要宣读起诉书”。

需要注意的是，适用速裁程序审理案件，虽无法庭调查和法庭辩论环节，但审判人员仍应当庭询问被告人对指控的证据有无异议，被告人无异议的，即应当视为经过了庭审质证程序。所以，速裁程序中作为定案根据的证据，实际上也经过了庭审举证、质证程序，不存在例外。

——《起草小组解读：〈刑事诉讼法解释〉理解与适用（下）》，载中国法院网2021年2月4日，https://www.chinacourt.org/article/detail/2021/02/id/5796153.shtml。

1722 速裁程序转为普通程序或者简易程序的情形

关键词 | 速裁程序 | 普通程序 | 简易程序 |

【最高人民法院司法解释】

第三百七十五条 适用速裁程序审理案件，在法庭审理过程中，具有下列情形之一的，应当转为普通程序或者简易程序审理：

（一）被告人的行为可能不构成犯罪或者不应当追究刑事责任的；

（二）被告人违背意愿认罪认罚的；

（三）被告人否认指控的犯罪事实的；

（四）案件疑难、复杂或者对适用法律有重大争议的；

（五）其他不宜适用速裁程序的情形。

第三百七十六条 决定转为普通程序或者简易程序审理的案件，审理期限应当从作出决定之日起计算。

——《最高人民法院关于适用〈中华人民共和国刑事诉讼法〉的解释》（2021年3月1日，法释〔2021〕1号）。

1723 速裁案件的二审程序

关键词 | 速裁程序 | 二审程序 |

【最高人民法院司法解释】

第三百七十七条 适用速裁程序审理的案件，第二审人民法院依照刑事诉讼法第二百三十六条第一款第三项的规定发回原审人民法院重新审判的，原审人民法院应当适用第一审普通程序重新审判。

——《最高人民法院关于适用〈中华人民共和国刑事诉讼法〉的解释》（2021年3月1日，法释〔2021〕1号）。

【最高人民法院司法文件】

45. 速裁案件的二审程序。被告人不服适用速裁程序作出的第一审判决提出上诉的案件，可以不开庭审理。第二审人民法院审查后，按照下列情形分别处理：

（一）发现被告人以事实不清、证据不足为由提出上诉的，应当裁定撤销原判，发回原审人民法院适用普通程序重新审理，不再按认罪认罚案件从宽处罚；

（二）发现被告人以量刑不当为由提出上诉的，原判量刑适当的，应当裁定驳回上诉,维持原判;原判量刑不当的,经审理后依法改判。

——《最高人民法院、最高人民检察院、公安部、国家安全部、司法部关于适用认罪认罚从宽制度的指导意见》(2019 年 10 月 11 日,高检发〔2019〕13 号)。

【最高人民法院参考案例】

段红安妨害公务案(《刑事审判参考》案例第 1408 号)

要旨:适用速裁程序审理的案件,当被告人认为案件事实不清、证据不足而提出上诉时,实际上是反悔不再认罪。此时,由二审发回重审,由原审人民法院适用第一审普通程序重新审判,目的是通过完整的一审庭审质证及法庭辩论程序,查清被告人是否构成犯罪这一关键事实。

为切实保障被告人的合法权益,确保速裁案件的质量,适用《指导意见》第四十五条第(一)项的规定,应注意把握好以下三点:一是只有速裁案件被告人反悔上诉的,二审法院"应当发回重审",因此,非速裁案件,例如适用简易或者普通程序审理的案件,即便是被告人反悔不认罪而上诉的,不适用该项规定。二是发回重审后案件只能依普通程序审理。因为,被告人反悔不再认罪,导致控辩双方在罪与非罪问题上有了根本分歧,案件不再符合速裁和简易程序适用的条件。三是发回重审后不再按认罪认罚案件从宽处罚,并不排除重审后宣告无罪。这里的"不再按认罪认罚案件从宽处罚",是指案件回到了检察机关指控被告人构成犯罪,而被告人认为自己无罪的"控辩对抗"的原点。因此,原审法院应当根据庭审查明的事实,依法作出判决。该宣告无罪的,宣告无罪;指控成立构成犯罪的,依法裁量刑罚,原有的认罪认罚从宽优惠不再享有。重新判罚的结果如果比原审重,是根据案件事实、性质、情节以及被告人因认罪认罚获得从宽处罚的待遇被取消等因素所致,而不是"加重"被告人的刑罚。

——《刑事审判参考》(总第 127 辑)。

杨灏然贩卖毒品案(《刑事审判参考》案例第 1412 号)

要旨:被告人以量刑过重为由上诉的,二审法院应坚持全面审查和依法裁判原则。

实践中,被告人以量刑过重为由上诉的,不能因此否定一审对认罪认罚情节的认定。要注意到审查起诉阶段控辩协商不充分、有效法律帮助难以保障甚至一审法院对自愿性及量刑建议审查不严的现象不同程度地存在。因此,被告人仅以量刑过重为由提出上诉的,二审法院应当坚持全面审查原则,案件可以不开庭审理。发现原判量刑过重的,应当依法改判。原判量刑适当的,应当依法驳回上诉,维持原判,切实发挥二审的救济和纠错功能,依法保障被告人的合法权益。

——《刑事审判参考》(总第 127 辑)。

1724 速裁程序与简易程序的区别

关键词 | 速裁程序 | 简易程序 |

【链接：最高人民法院法官著述】

关于速裁程序和简易程序的关系。简易程序是以认罪为程序分流点，速裁程序是以认罪、认罚为程序分流点，是对认罪案件分流处理的层次化、精细化改造，在简易程序基础上，将认罪并且认罚的案件分流出来，进一步简化诉讼程序，是简易程序的再简化。具体讲，主要区别如下：一是适用范围不同，此毋庸赘言。二是适用条件不同。适用速裁程序的案件，不仅要求被告人认罪，而且还要认罚，适用法律无争议，才可适用速裁程序。简易程序仅要求被告人认罪，无论适用法律是否存在争议，均可适用简易程序。三是诉讼程序不同。速裁程序比简易程序更为简略，体现在四个方面。其一，省略法庭调查、法庭辩论环节。……其三，适当缩短办案期限。根据刑事诉讼法相关规定，人民检察院审查起诉的期限为一个月，简易程序案件人民法院审理期限为二十日，对可能判处的有期徒刑超过三年的，可以延长至一个半月，与普通程序案件无异。而速裁案件人民检察院审查起诉的期限为十日，最长不超过十五日；人民法院审理期限为十日，最长不超过十五日。其四，适用简易程序的案件，按相关司法解释，庭前要当面询问被告人对指控犯罪事实及适用简易程序的意见，而适用速裁程序的案件，被告人签署认罪认罚具结书，明确同意适用速裁程序，庭前法官仅进行书面审查，无须再讯问被告人听取意见，这样就为“一步到庭”创造了条件。如天津法院试点探索“直接到庭”的速裁模式，法官收到案件后，先阅卷，符合速裁程序适用条件的，直接排期、电话通知，开庭当天将被告人传唤或提押到庭后送达起诉书，然后直接开庭、当庭宣判。

——最高人民法院刑一庭课题组①：《刑事诉讼中认罪认罚从宽制度的适用》，载《人民司法 · 应用》2018 年第 34 期。

---

① 课题组组长：沈亮；课题组成员：管应时、杨立新、孟伟、何东青。

1725 疫情防控期间可适用速裁程序实行远程视频“无接触”式开庭

关键词|速裁程序|疫情防控|远程视频|

【最高人民法院参考案例】

张正诈骗案(《刑事审判参考》案例第1323号)

要旨:在新冠肺炎疫情防控期间,利用网络通信技术实时传输影像、声音,探索在刑事速裁程序中采用法官、公诉人、被告人、辩护人四方远程视频“无接触”式庭审活动模式,依法从严从快审结涉疫情犯罪案件,对涉疫情刑事案件的审理进行了有益探索,实现了法律效果和社会效果的统一。

本案中,考虑若按照日常形式开庭审理,则因人员押解、法庭人员聚集等情况带来较高疫情传播风险;若等待疫情结束再行开庭审理,则无法及时惩处、预防犯罪以实现刑事审判服务保障疫情防控大局的职能。法院充分运用智慧法院建设和网络通信技术发展成果,深入研究刑事诉讼基本原则,积极探索远程视频“无接触”式开庭全新模式:一是法庭设置上,按照疫情防控减少聚集、降低风险的需要,依托网络实时通信技术,在人民法院设立刑事审判法庭主场,检察院、看守所、法律援助中心设立分场,四点连线同步传输影像、声音,并将涉案证据电子化,通过网络推送至各诉讼参与人所在地方屏幕上进行举证质证,各诉讼参与人之间实现了“无接触”,并佩戴口罩等必要防护装备,科学稳妥地做好防护措施。二是庭审程序上,根据案件实际选择适用速裁程序,按照其“一般不进行法庭调查、法庭辩论”和“应当当庭宣判”的规定,灵活采取了涉案证据电子化举证质证方式,并对被告人予以当庭宣判,有效避免普通程序实物举证质证、择期宣判等所带来法庭物理空间上的限制,给远程视频“无接触”开庭提供了程序上的法律依据。在庭审过程中,各方诉讼参与人除在核对身份、宣读诉讼参与人名单时均摘下口罩外,均全程佩戴口罩。三是权利保障上,坚持直接言词原则,庭审中各诉讼参与人特别是被告人依然可以通过网络实时传输技术,在各自分场与法官直接对话,被告人能够通过庭审亲自当面向法官以言词的方式陈述,其当面陈述方式的机会性和口头陈述内容的实质性,与同在现场并没有本质的区别,远程视频“无接触”开庭并未违背直接言词原则精神。四是庭审实质性上,强调法官的亲历性,法官在庭审中通过远程视频仍然能当面听取各诉讼参与人的口头陈述,并以此开展法庭调查、辩论,进而依据查明的事实和证据作出裁判;同时,法官能够通过远程视频对本案被告人认罪认罚的事实基础及认罪认罚的自愿性、真实性进行严格审查,并没有实质障碍。五是司法公开上,受案法院坚持公开透明原则,利用互联网和各媒体通信平台直接将远程视频庭审信号同步向社会公开直播,在更广的层面上实现司法公开。特别是在疫情防控期间,更多的人通过互联网旁听该案庭审,最大限度发挥了涉疫情刑事案件审判的法治教育功能,更广范围地获取了社会公众对刑事审判的监督和对刑事司法的认同,有效实现了刑事审判服务保障疫情防控大局的社会效果。

——《刑事审判参考》(总第121辑)。

八、第二审程序

1726 对准许撤回起诉、终止审理等裁定可以上诉

关键词|二审程序|撤回起诉|终止审理|

【最高人民法院司法解释】

第三百七十八条 地方各级人民法院在宣告第一审判决、裁定时,应当告知被告人、自诉人及其法定代理人不服判决和准许撤回起诉、终止审理等裁定的,有权在法定期限内以书面或者口头形式,通过本院或者直接向上一级人民法院提出上诉;被告人的辩护人、近亲属经被告人同意,也可以提出上诉;附带民事诉讼当事人及其法定代理人,可以对判决、裁定中的附带民事部分提出上诉。

被告人、自诉人、附带民事诉讼当事人及其法定代理人是否提出上诉,以其在上诉期满前最后一次的意思表示为准。

——《最高人民法院关于适用〈中华人民共和国刑事诉讼法〉的解释》(2021年3月1日,法释〔2021〕1号)。

【链接:理解与适用】

刑事诉讼法第二百二十七条第一款规定:“被告人、自诉人和他们的法定代理人,不服地方各级人民法院第一审的判决、裁定,有权用书状或者口头向上一级人民法院上诉。被告人的辩护人和近亲属,经被告人同意,可以提出上诉。”司法实践中,对哪些裁定可以提出上诉,存在不同认识。经研究认为,准许撤回起诉、终止审理等裁定可能对被告人的实体权益造成影响,应当允许上诉。

——《起草小组解读:〈刑事诉讼法解释〉理解与适用(下)》,载中国法院网2021年2月4日,https://www.chinacourt.org/article/detail/2021/02/id/5796153.shtml。

1727 上诉期满要求撤回上诉的处理规则

关键词|撤回上诉|上诉期满|

【最高人民法院司法解释】

第三百八十三条 上诉人在上诉期限内要求撤回上诉的，人民法院应当准许。

上诉人在上诉期满后要求撤回上诉的，第二审人民法院经审查，认为原判认定事实和适用法律正确，量刑适当的，应当裁定准许；认为原判确有错误的，应当不予准许，继续按照上诉案件审理。

被判处死刑立即执行的被告人提出上诉，在第二审开庭后宣告裁判前申请撤回上诉的，应当不予准许，继续按照上诉案件审理。

——《最高人民法院关于适用〈中华人民共和国刑事诉讼法〉的解释》（2021年3月1日，法释〔2021〕1号）。

【链接：理解与适用】

《2012年解释》第三百零五条第一款规定："上诉人在上诉期满后要求撤回上诉的，第二审人民法院应当审查。经审查，认为原判认定事实和适用法律正确，量刑适当的，应当裁定准许撤回上诉；认为原判事实不清、证据不足或者将无罪判为有罪、轻罪重判等的，应当不予准许，继续按照上诉案件审理。"《解释》第三百八十三条第二款吸收上述规定，并作适当调整。考虑到基于上诉不加刑原则的限制，二审不会对上诉人的权益造成影响，故本款规定："上诉人在上诉期满后要求撤回上诉的，第二审人民法院经审查，认为原判认定事实和适用法律正确，量刑适当的，应当裁定准许；认为原判确有错误的，应当不予准许，继续按照上诉案件审理。"

需要注意的是，本条第二款规定，上诉人在上诉期满后要求撤回上诉，第二审人民法院经审查"认为原判确有错误的，应当不予准许"。讨论中，有意见建议明确"应当不予准许"是裁定还是决定，是否采用书面形式。经研究认为，实践中可以裁量处理：一般可以出具书面裁定，也可以继续开庭，而后在裁判文书中一并作出说明。

此外，实践反映，上诉人经人民法院传唤拒不到庭，甚至脱逃，是逃避法律制裁，主动放弃二审机会。此种情形实际等同于要求撤回上诉，故应当按照上诉人要求撤回上诉处理，即区分在上诉期限内和上诉期满后两种情形，适用本条的规定处理。征求意见过程中，有反对意见提出，对于第二审程序中上诉人不到庭甚至脱逃的情形，根据刑事诉讼法第二百四十二条、第二百零六条的规定，人民法院可以依法中止审理。虽然民事诉讼中有类似不到庭视为撤诉的规定，但刑事诉讼不同于民事诉讼。视为撤回上诉，既不利于保护当事人的诉讼权利，也不一定解决诉讼效率的问题。例如，法院审理后初步认为原判事实不清、证据不足或者将无罪判为有罪、轻罪重判等的，即使上诉人无故不到庭，仍然需要进行审理。此外，有意见建议进一步明确如下问题：一是视为撤诉的，准许方式是什么，如何裁定以及审查处理？此种情况，不属于缺席判决的情形，不能参照缺席判决审理。二是无正当理由的要件规定，如何理解？三是对于被告人脱逃的，即使视为撤诉，文书送达以及被告人送交执行都会带来问题。经研究认为，所涉问题在司法实践中客观存在，应当予以解决。随着非羁押性强制措施的广泛适用，诉讼过程中被告人不到庭的情形有增多的趋势，经传唤拒不到庭是其主动放弃二审，应当采取措施防止案件久拖不决。但反对意见也确有道理，应当充分保障上诉人的实体权利和程序权利，特别是防止判决事实不清、证据不足或者将无罪判为有罪、轻罪重判。基于此，未再作出明确规定，交由司法实践裁量把握。根据具体情况，对于被告人无法到案的，可以中止审理，必要时对被告人商公安机关上网追逃，这样处理有利于案件最终审结。

——《起草小组解读：〈刑事诉讼法解释〉理解与适用（下）》，载中国法院网 2021 年 2 月 4 日，https://www.chinacourt.org/article/detail/2021/02/id/5796153.shtml。

【最高人民法院参考案例】

尹斌故意杀人、强制猥亵妇女案（《刑事审判参考》案例第 924 号）

要旨：判处死刑的被告人在上诉期满后申请撤回上诉的，应当不予准许。

如果二审法院经阅卷审查后发现需要对一些证据进行调查核实的，是否裁定准许上诉人撤回上诉？结论是否定的。由于死刑案件证据要求高，而侦查取证工作水平整体上还不理想，审判阶段需要补查补正的情况仍然很多，故二审法院经阅卷审查后发现需要对一些证据进行调查核实的，特别是有些新证据需要开庭质证后予以采信的，不应当裁定准许上诉人撤诉，而应当通过二审开庭质证来解决证据问题。并且，由于现行刑事诉讼法对二审发回重审的次数作了限制，故二审法院也应当尽最大努力把证据问题解决在二审环节，避免发回重审。

——《刑事审判参考》（总第 95 辑）。

1728 上诉人申请撤回上诉之后又反悔的处理

关键词｜二审程序｜上诉人｜撤回上诉｜

【最高人民法院审判业务意见】

问题：山东省昌邑市人民法院审理昌邑市人民检察院指控被告人夏爱文、许成文犯抢劫罪一案，于 2002 年 5 月 17 日作出（2002）昌刑初字第 57 号刑事判决，以抢劫罪判处被告人夏爱文有期徒刑七年，并处罚金人民币三千元；判处被告人许成文有期徒刑六年，并处罚金人民币三千元。一审宣判后，被告人夏爱文、许成文均不服，在法定上诉期间内向潍坊市中级人民法院提出上诉。

上诉期满后，潍坊市中级人民法院在提审被告人时，二被告人均书面申请撤回上诉。潍坊中院经审查认为，原审判决认定上诉人夏爱文、许成文犯抢劫罪的事实清楚，证据确实、充分，适用法律正确，量刑适当，审判程序合法。遂依照《最高人民法院关于执行〈中华人民共和国刑事诉讼法〉若干问题的解释》第二百三十九条之规定，裁定：准许上诉人夏爱文、许成文撤回上诉；昌邑市人民法院（2002）昌刑初字第57号刑事判决自本裁定送达之日起发生法律效力。

在送达二审裁定时，二被告人均又以不同意申请撤诉为由，拒绝接收裁定书。

在申请撤回上诉之后继而翻悔的，二审法院应否继续审理？对此，二审法院形成了两种不同意见：

一种意见认为，在二审审理期间上诉人可以对自己提出的撤诉申请翻悔，因为法律并没有规定上诉人不可以对撤诉申请进行翻悔，这同样是上诉人的上诉权利。上诉人可以拒绝接收二审准许撤诉的裁定书，因为按照规定，原审判决是在二审准许撤诉的裁定送达之日起发生法律效力，上诉人拒绝接收二审裁定，原审判决并不能发生法律效力，这时二审法院应及时审理并作出终审裁决。

另一种意见认为，上诉人对二审期间提出的撤诉申请不能翻悔，二审裁定一经作出，非依法定程序不能更改，上诉人不能对撤诉申请提出翻悔，而且不能拒绝接收准许撤诉的二审裁定，如果拒不接收二审裁定，对该裁定可以采取留置送达的方式。一经送达，原审判决即发生法律效力。一审法院可以依法办理送监执行手续，由公安机关送交监狱执行刑罚。

释疑：我们同意第一种意见，上诉人在申请撤回上诉之后继而翻悔的，二审法院应当继续审理、另行作出终审裁决。理由如下：

（一）上诉期满后撤回上诉申请并不直接导致二审程序终结

《最高人民法院关于执行〈中华人民共和国刑事诉讼法〉若干问题的解释》（以下简称《解释》）第二百三十九条规定："被告人、自诉人、附带民事诉讼的原告人和被告人及其法定代理人在上诉期满后要求撤回上诉的，应当由第二审人民法院进行审查。如果认为原判决认定事实和适用法律正确，量刑适当，应当裁定准许被告人撤回上诉；如果认为原判决事实不清，证据不足或者将无罪判为有罪，轻罪重判等，应当不准撤回上诉，并按照上诉程序进行审理。"据此，上诉期满后撤回上诉的成立，需同时具备两个要件：一是上诉人的上诉撤回申请；二是二审法院的审查准许。其中，前者为前提性要件，后者为决定性要件，两者互为依存，共同构成成立撤回上诉的充足要件。上诉人在上诉期满后的撤回上诉申请并不直接导致二审程序终结的法律后果，撤回上诉能否成立，最终需由二审法院决定。这是上诉期满后与上诉期限内被告人在上诉权处分上的不同点。在上诉期限内，被告人的撤诉行为将直接导致诉讼程序的终结(当然,被告人在上诉期限内可以再行提起上诉)。也就是说,在上诉期限内被告人享有完整的决定是否上诉的权利,而在上诉期满后被告人不具有独立处分上诉权的权利。上诉人在上诉审期间提出撤回上诉申请,是否准许撤回上诉,要由第二审法院审查决定。之所以赋予二审法院对撤诉申请的审查监督权,其目的在于确保上诉人诉权的充分实现,使上诉人的合法权益得到尽可能的保障。

(二)准许撤回上诉申请的裁定在没有送达上诉人的情况下,一审判决不发生法律效力;上诉人对撤回上诉申请翻悔的,第二审法院作出的准许撤回上诉申请的裁定已失去了赖以成立的前提,已经开始的二审审理程序应当继续进行,并另行作出裁决

刑事诉讼法第一百八十条第三款规定:"对被告人的上诉权,不得以任何借口加以剥夺。"被告人的上诉权是一种绝对的权利。在已经提起上诉审理的情况下,除非撤回上诉的申请出自作为原审被告人的上诉人的意愿,且一审判决并不损害上诉人的合法权益,才能准许上诉人撤回上诉的申请以终结二审程序。《解释》第二百四十四条规定:"对于在上诉、抗诉期满前撤回上诉、抗诉的案件,第一审判决、裁定在上诉、抗诉期满之日起生效;对于在上诉、抗诉期满后要求撤回上诉、抗诉,第二审人民法院裁定准许的,第一审判决、裁定应当自第二审人民法院裁定书送达原上诉人或者抗诉的检察机关之日起生效。"与其他终审判决、裁定不同,对于准许撤回上诉和抗诉申请的裁定,之所以要在上诉、抗诉期满之日和裁定书送达之日起生效,是因为这种终结二审程序的终审裁定根源于被告人和检察机关放弃上诉和抗诉的权利。

对于被告人要求撤回上诉的,二审法院经审查作出准许撤回上诉申请的裁定虽然是由二审法院依照审判权单方作出的,但该裁定必须有一个基本前提,即上诉人的撤诉申请。既然赋予了上诉人申请撤回上诉的权利,那么,当然允许其享有在撤回上诉尚未成立情况下翻悔的权利。在准许撤回上诉申请的裁定书已经作出但尚未送达的情况下,该裁定并不具有法律效力,一审判决自然也不发生法律效力。因此,准许撤回上诉的裁定制作完毕,并不意味着审理程序终结。上诉人在准许撤回上诉申请的裁定书送达之前撤回申请的,二审法院应当按照二审程序继续进行审理,并对一审判决另行作出裁决。此外,由于准许撤回上诉的裁定,是基于上诉人对诉权的自由处分而作出的,以送达为生效标志,因此,对准许撤回上诉的裁定不能采用留置送达方式,不能在违背上诉人意愿的情况下使其发生法律效力。

——《上诉人申请撤回上诉之后又翻悔的如何处理》,载最高人民法院刑事审判第一庭、第二庭:《刑事审判参考》(总第29辑),法律出版社2003年版,第177—180页。

1729 检察机关在法定抗诉期限内提出的口头抗诉无效

关键词｜二审程序｜口头抗诉｜

【最高人民法院参考案例】

杨庆龙强奸、抢劫案(《刑事审判参考》案例第154号)

要旨:检察机关提出抗诉的,只能以书面形式,这是行使抗诉权的法定方式。

法律规定检察机关行使抗诉权与被告人、自诉人和他们的法定代理人行使上诉权在形式上是有明显区别的。(1)根据法律规定,被告人、自诉人和他们的法定代理人不仅可以用书面形式提出上诉,而且可以口头形式提出上诉。这表明被告人、自诉人和他们的法定代理人不服原裁判的,有权向上一级人民法院提出上诉,其上诉既可以是书面形式,也可以是口头形式,即可以任意选择其中一种形式提出上诉。这是行使上诉权的法定方式。(2)根据法律规定,检察机关抗诉应当提出抗诉书。所谓抗诉书,应该是指以文字语言的形式组合而成的一种书面法律文书。这表明,检察机关提出抗诉的,只能以书面形式,这是行使抗诉权的法定方式。法律之所以如此规定,是因为考虑到有的被告人、自诉人和他们的法定代理人不具有文字表达能力,为了更好地保护他们的合法权益,法律赋予他们可以口头形式提出上诉,行使上诉权。而检察机关则不存在文字表达障碍。而且,检察机关作为国家公诉机关和法律监督机关,理应对其提出有别于一般当事人的更高要求,以利于体现、维护其法律地位和法律尊严以及其执法的严肃性。

——《刑事审判参考》(总第24辑)。

1730 超过法定抗诉期限提出的抗诉，人民法院不予受理

关键词｜二审程序｜抗诉期限｜

【最高人民法院参考案例】

杨庆龙强奸、抢劫案(《刑事审判参考》案例第154号)

要旨:人民法院对人民检察院超过法定抗诉期限提出的无效抗诉应当不予受理。

需要说明的是,最高人民法院撤销××省高级人民法院二审判决,并不涉及检察机关的抗诉理由能否成立,而只是因为该判决违反了法定的诉讼程序。严格执行刑事诉讼法程序是实现实体公正的必要保障,也是司法公正的重要内容。无论是作为国家审判机关的人民法院,还是作为国家公诉机关及法律监督机关的人民

检察院，都应严肃认真地行使法律赋予的权力，依法履行职责，纠正忽视甚至违背法定程序的错误认识和做法。

——《刑事审判参考》（总第 24 辑）。

【链接：理解与适用】

也有意见指出，《解释》中应规定“超过法定期限的上诉、抗诉，第二审人民法院应当不予受理”。经研究认为，刑事诉讼法和司法解释的相关规定已经能够明确表达这一意思，没有必要再予以规定，再予以规定反易遭争议，故没有采纳这一意见。

——江必新主编：《〈最高人民法院关于适用《中华人民共和国刑事诉讼法》的解释〉的理解与适用》，中国法制出版社 2013 年版，第 286 页。

1731 抗诉期满要求撤回抗诉的处理规则

关键词 | 抗诉期满 | 撤回抗诉 |

【最高人民法院司法解释】

第三百八十五条　人民检察院在抗诉期限内要求撤回抗诉的，人民法院应当准许。

人民检察院在抗诉期满后要求撤回抗诉的，第二审人民法院可以裁定准许，但是认为原判存在将无罪判为有罪、轻罪重判等情形的，应当不予准许，继续审理。

上级人民检察院认为下级人民检察院抗诉不当，向第二审人民法院要求撤回抗诉的，适用前两款规定。

——《最高人民法院关于适用〈中华人民共和国刑事诉讼法〉的解释》（2021 年 3 月 1 日，法释〔2021〕1 号）。

【链接：理解与适用】

《2012 年解释》第三百零七条规定：“人民检察院在抗诉期限内撤回抗诉的，第一审人民法院不再向上一级人民法院移送案件；在抗诉期满后第二审人民法院宣告裁判前撤回抗诉的，第二审人民法院可以裁定准许，并通知第一审人民法院和当事人。”考虑到对抗诉案件的二审继续审理可以加重被告人刑罚，《解释》第三百八十五条第一款、第二款明确人民检察院在抗诉期满后要求撤回抗诉的，只有“认为原判存在将无罪判为有罪、轻罪重判等情形的”，才不予准许……

需要注意的是，“继续审理”是指继续按照抗诉案件开庭审理。此种案件本由抗诉启动,虽已提出撤回抗诉但法院因故不予准许,这属于诉讼程序上的重大事项,并且在实体上也可能发生重大变化(原判有罪改判无罪,或原审重判改为轻判),因此应当一律开庭审理。

征求意见过程中,有意见提出,司法实践中,已遇到原公诉机关对第一审判决抗诉,上级人民检察院不支持抗诉,要求撤回抗诉,但第二审法院认为抗诉成立,不准许撤回抗诉的案件。建议明确此种情形如何处理。经研究认为,人民检察院要求撤回抗诉的,人民法院应当进行审查,自然就包括裁定不准许撤诉的情形。此种情形下,二审应当继续进行。当然,司法实践中可能还会遇到检察机关不派员出庭等问题,对此宜协调解决。基于上述考虑,《解释》第三百八十五条第三款专门明确了上级人民检察院认为下级人民检察院抗诉不当,向第二审人民法院要求撤回抗诉的处理规则,规定:“上级人民检察院认为下级人民检察院抗诉不当,向第二审人民法院要求撤回抗诉的,适用前两款规定。”

——《起草小组解读:〈刑事诉讼法解释〉理解与适用(下)》,载中国法院网 2021 年 2 月 4 日,https://www.chinacourt.org/article/detail/2021/02/id/5796153.shtml。

1732 抗诉期限届满后,上一级检察院在支持抗诉时增加抗诉对象的处理

关键词｜二审程序｜抗诉期限｜抗诉对象｜

【最高人民法院参考案例】

孙超等抢劫、盗窃、掩饰隐瞒犯罪所得案(《刑事审判参考》案例第 765 号)

要旨:根据刑事诉讼法的规定,对于人民法院第一审裁判按照第二审程序提出抗诉的,应当在法定期限内由同级人民检察院向上一级人民法院提出,上一级人民检察院通过全案审查后可以支持或者撤回抗诉,但无权追加或者变更抗诉内容,对于增加的抗诉对象,应当驳回。

(一)上下级检察机关在抗诉程序中的权力、职能不同,不能因两者系垂直领导关系而将两者混同

……

由上述规定可知,对第一审判决的抗诉是由上下两级检察院共同完成的,这种立法设计既可以避免抗诉权滥用,也可以通过上一级检察院的监督指导保证抗诉质量。就程序而言,地方各级人民检察院有权对本级人民法院第一审的判决、裁定启动抗诉,但最终是否提起抗诉由上一级人民检察院审查后决定,两级人民检察院分别具有抗诉启动权和抗诉决定权,权力边界清晰。就实体而言,上一级人民检察

院经全案审查后仅作出正确与否的认定,并据以支持或者撤回抗诉。上一级人民检察院在抗诉期限内,发现下级人民检察院应当提出抗诉而没有提出抗诉的案件,可以指令下级人民检察院依法提出抗诉。换言之,在抗诉及相关程序中,是否启动抗诉和抗诉的具体内容由原审人民法院的同级人民检察院决定,上一级人民检察院是以支持、撤回或者指令抗诉的方式对下级检察院抗诉工作进行监督、指导,并不直接纠正不正确的抗诉,或者对下级人民检察院应当提出抗诉而没有提出抗诉的案件直接提起抗诉。实践中,为保证抗诉质量,防止因两级检察院意见不一致影响检察机关的权威,有的上一级检察院要求下一级检察院在对第一审裁判提起抗诉前先行汇报,对是否抗诉、具体抗诉对象、理由等进行指导,客观上抗诉权的行使基本上是以上一级检察院为主导。然而,目前此种做法仅是检察机关的内部沟通方式,是一种内部工作机制,不能对法律规定的抗诉程序中两级检察院的权能配置产生实质影响。基于以上分析,上一级人民检察院在支持抗诉时增加抗诉对象不符合刑事诉讼法的相关规定。

(二)抗诉期限届满后,上一级人民检察院在支持抗诉时增加抗诉对象,对被告人的权利造成实质损害

第一,共同犯罪案件中被告人"上诉不加刑"的权利得不到保障。……

第二,追加抗诉会使部分被告人的辩护权遭受控诉袭击。……

第三,控辩之间的平等无法实现。……

(三)抗诉期限届满后,上一级人民检察院在支持抗诉时增加抗诉对象,违反抗诉期限的法律规定,即任何诉讼行为和诉讼活动都必须在法定期限内进行,这是诉讼活动必须坚持的基本原则,各类诉讼主体均应一体遵行

……

综上,温州市中级人民法院对温州市人民检察院在抗诉期限届满、支持抗诉时,增加抗诉对象的做法不予支持是正确的。

——《刑事审判参考》(总第85辑)。

1733 出庭支持抗诉的检察人员超出抗诉书范围提出抗诉意见的处理

关键词｜二审程序｜抗诉｜抗诉书范围｜

【最高人民法院参考案例】

李林故意杀人案(《刑事审判参考》案例第222号)

要旨:对于出庭支持抗诉的检察人员超出抗诉书范围提出的抗诉意见不应采纳。

（一）抗诉书是承载人民检察院抗诉意见与理由的正式的法律文书，被告人在二审审判前先悉抗诉书是其依法行使辩护权的重要保障

……

（二）检察机关出庭检察人员应当依据抗诉书发表抗诉意见

……

强调出席二审法庭支持抗诉的检察人员发表的抗诉意见不能超出抗诉书的范围，其目的主要是为了维护被告人的辩护权。如果检察人员超出抗诉书范围当庭发表新的抗诉意见，搞"突然袭击"，被告人是无法就事实、证据、适用法律等问题进行充分辩护的。这无疑会限制、侵犯被告人的辩护权，从而可能影响公正审判。

（三）人民法院对于出庭支持抗诉的检察人员超出抗诉书范围提出的抗诉意见不应采纳

对于出庭检察人员超出抗诉书范围当庭发表的新的不利于被告人的抗诉主张，法庭应不予采纳。所谓超出抗诉书范围，主要指当庭提出的与抗诉书所载抗诉主张不一致的即新的抗诉主张，如更换罪名或追加、减少罪名或新的量刑主张。值得注意的是，有时出庭检察人员当庭发表的新的抗诉主张，可能更有利于被告人，即使这样，二审法院一般也不宜作为抗诉意见直接采纳。因为，检察机关提出的抗诉意见究竟是否有利于被告人，只是对上下级检察机关的不同抗诉主张进行比较而言的。对被告人来讲，未必是正确的，被告人也未必接受。比如，抗诉书提出被告人的犯罪行为构成抢劫罪的抗诉意见，出席二审法庭的检察人员却主张被告人的行为构成盗窃罪。表面看来，出庭检察人员发表的抗诉意见有利于被告人。但是，被告人及辩护人还可能认为被告人无罪。因此，无论属于哪种情形，被告人均需要进行充分的辩护准备。而对于检察人员在法庭上提出的新的抗诉意见，被告人是无法进行准备的。如果人民法院采纳此种意见，就会限制甚至剥夺被告人对超越抗诉书范围的新的辩护意见的辩护权，不仅最终影响公正审判，而且与我们充分尊重、切实保障被告人辩护权的立法精神相悖。但是，在不影响被告人辩护权的前提下，人民法院对于检察人员当庭发表的正确意见也可以"采纳"，但这种"采纳"不是对抗诉意见的采纳，而仅仅是对一种正确意见的吸收。如果出席二审法庭的检察人员仅仅是对抗诉书所载的抗诉理由进行补充或对不妥当之处进行修改，未提出新的抗诉主张，则不属于超越抗诉书范围。

——《刑事审判参考》（总第30辑）。

1734 上级人民检察院向同级人民法院撤回抗诉后又决定支持抗诉的效力

关键词|二审程序|撤回抗诉|支持抗诉|

【最高人民法院答复】

抗诉期满后第二审人民法院宣告裁判前,上级人民检察院认为下级人民检察院的抗诉不当,向同级人民法院撤回抗诉,而后又重新支持抗诉的,应区分不同情况处理:如果人民法院未裁定准许人民检察院撤回抗诉的,原抗诉仍然有效;如果人民法院已裁定准许撤回抗诉的,对同级人民检察院重新支持抗诉不予准许。

——《最高人民法院研究室关于上级人民检察院向同级人民法院撤回抗诉后又决定支持抗诉的效力问题的答复》(2009年12月23日,法研〔2009〕226号)。

1735 二审期间上级检察机关提出不同于下级检察机关的意见的处理

关键词|二审程序|公诉意见|

【最高人民法院参考案例】

王建辉、王小强等故意杀人、抢劫案(《刑事审判参考》案例第380号)

要旨:在二审期间,上级公诉机关提出不同于下级公诉机关的公诉意见,应当以上级公诉机关的意见为最后意见。

二审法院在开庭审理王建辉等故意杀人、抢劫、故意伤害一案中,天津市人民检察院出庭提出,一审认定被告人王建辉强奸犯罪的证据不足。进入二审程序后,上级公诉机关与下级公诉机关就此问题出现截然不同的意见,这在司法实践中是不多见的。法院在此问题的处理上出现了两种不同的意见。第一种意见认为,应对案件进行实体上的审理。查明被告人王建辉的强奸犯罪是否属实,然后按被告人王建辉是否犯有强奸罪的具体情况作出裁判;第二种意见认为,依照刑事诉讼法进行程序上的审理。当控辩双方就同一犯罪一致持否定意见时,人民法院应撤销对此事实的认定,不予审理。我们同意第二种意见。理由是,《人民检察院刑事诉讼规则》第七条第一款规定:"在刑事诉讼中,上级人民检察院对下级人民检察院作出的决定,有权予以撤销或者变更;发现下级人民检察院已办结的案件有错误的,有权指令下级人民检察院纠正。"因此,上级公诉机关与下级公诉机关对案件事实的认定意见不一致时,人民法院应以上级公诉机关的意见作为参加诉讼的公诉意见。上级公诉机关否认了下级公诉机关对某一犯罪的认定,就是撤销了国家对被告人此种“犯罪”的追诉。换言之,审判机关对上下级公诉机关不一致的意见,只能以上级公诉机关的意见作为公诉意见,依法没有取舍的余地。其次,在刑事诉讼中,就同一犯罪事实公诉方不同意追诉,而被告人又不承认犯罪的情况下,则不成立诉讼,人民法院不能在没有诉辩双方参与的情况下进行审判和裁决,否则作出的判决缺乏诉讼前提和程序上的基础,是明显违反诉讼程序的。二审法院采纳了天津市人民检察院的意见,撤销一审法院对王建辉犯强奸罪的认定和判决,是正确的。

——《刑事审判参考》(总第48辑)。

1736 二审开庭审理的案件范围

关键词｜二审程序｜开庭审理｜

【最高人民法院司法解释】

第三百九十三条　下列案件,根据刑事诉讼法第二百三十四条的规定,应当开庭审理:

(一)被告人、自诉人及其法定代理人对第一审认定的事实、证据提出异议,可能影响定罪量刑的上诉案件;

(二)被告人被判处死刑的上诉案件;

(三)人民检察院抗诉的案件;

(四)应当开庭审理的其他案件。

被判处死刑的被告人没有上诉,同案的其他被告人上诉的案件,第二审人民法院应当开庭审理。

——《最高人民法院关于适用〈中华人民共和国刑事诉讼法〉的解释》(2021年3月1日,法释〔2021〕1号)。

【链接:理解与适用】

《解释》第三百九十三条对《2012年解释》第三百一十七条的规定作出修改完善……死刑案件,人命关天,必须适用最为严格、审慎的审理程序。刑事诉讼法明确规定,被告人被判处死刑的上诉案件,人民法院应当组成合议庭开庭审理。死刑缓期二年执行案件也属于死刑案件。为严格落实刑事诉讼法的规定,本条规定死缓二审案件一律开庭审理。

——《起草小组解读:〈刑事诉讼法解释〉理解与适用(下)》,载中国法院网2021年2月4日,https://www.chinacourt.org/article/detail/2021/02/id/5796153.shtml。

1737 上诉不加刑原则的把握

关键词｜上诉｜上诉不加刑｜

【最高人民法院司法解释】

第四百零一条　审理被告人或者其法定代理人、辩护人、近亲属提出上诉的案件，不得对被告人的刑罚作出实质不利的改判，并应当执行下列规定：

（一）同案审理的案件，只有部分被告人上诉的，既不得加重上诉人的刑罚，也不得加重其他同案被告人的刑罚；

（二）原判认定的罪名不当的，可以改变罪名，但不得加重刑罚或者对刑罚执行产生不利影响；

（三）原判认定的罪数不当的，可以改变罪数，并调整刑罚，但不得加重决定执行的刑罚或者对刑罚执行产生不利影响；

（四）原判对被告人宣告缓刑的，不得撤销缓刑或者延长缓刑考验期；

（五）原判没有宣告职业禁止、禁止令的，不得增加宣告；原判宣告职业禁止、禁止令的，不得增加内容、延长期限；

（六）原判对被告人判处死刑缓期执行没有限制减刑、决定终身监禁的，不得限制减刑、决定终身监禁；

（七）原判判处的刑罚不当、应当适用附加刑而没有适用的，不得直接加重刑罚、适用附加刑。原判判处的刑罚畸轻，必须依法改判的，应当在第二审判决、裁定生效后，依照审判监督程序重新审判。

人民检察院抗诉或者自诉人上诉的案件，不受前款规定的限制。

——《最高人民法院关于适用〈中华人民共和国刑事诉讼法〉的解释》（2021年3月1日，法释〔2021〕1号）。

【链接：理解与适用】

本条第一款所列情形只是提示规则，并未囊括司法实践的所有情形，仅针对当前反映比较突出的问题作了相应规定。主要考虑如下：

（1）关于第（二）项。刑法第八十一条第二款规定："对累犯以及因故意杀人、强奸、抢劫、绑架、放火、爆炸、投放危险物质或者有组织的暴力性犯罪被判处十年以上有期徒刑、无期徒刑的犯罪分子，不得假释。"据此，实践中可能存在二审改变一审认定的罪名，并未加重刑罚，但对刑罚执行产生不利影响。例如，二审将一审认定的盗窃罪改判为抢劫罪，仍维持十二年有期徒刑的刑罚，但对二审改判的罪名不得假释，对被告人产生不利影响。基于此，第（二）项专门增加了不得"对刑罚执行产生不利影响"的限制。

（2）关于第（三）项。①《2012年解释》第三百二十五条第一款第（三）项规定，“原判对被告人实行数罪并罚的，不得加重决定执行的刑罚，也不得加重数罪中某罪的刑罚”。经研究认为，这一规则过于绝对和烦琐，不利于司法实践操作，宜作出调整。例如，一审认定两个罪名，分别判处五年和三年有期徒刑，数罪并罚决定执行七年有期徒刑。按照原有规则，既不能加重总和刑期，也不能加重数罪中某罪的刑期。经研究认为，上诉不加刑是指不能使上诉人遭致不利的刑罚，偏重于决定执行的刑罚。因此，此种情况下，在决定执行的刑罚不变和对刑法执行不产生不利影响的情况下，应当允许加重数罪中某罪的刑罚。基于此，作出相应调整。②实践中，还存在两种实质上对上诉人有利的调整罪数的情形：A. 原判对被告人判处一罪的，不得改判为数罪；但是，在认定的犯罪事实不变的情况下，改判数罪后决定执行的刑罚低于原判刑罚的，可以改判为数罪。B. 原判对被告人实行数罪并罚的，在认定的犯罪事实不变的情况下，改判为一罪的，在对刑罚执行无不利影响的情况下，可以在不超过原判决定执行刑罚的情况下加重其中某一罪刑罚。对此，《最高人民法院研究室关于上诉不加刑原则具体运用有关问题的答复》（法研〔2014〕6号）规定：“对于原判数罪并罚的上诉案件，在不超过原判决定执行的刑罚，且对刑罚执行也无不利影响的情况下，可以将其中两个或者两个以上的罪名改判为一罪并加重该罪的刑罚。”例如，一审认定被告人犯盗窃罪，判处有期徒刑五年，犯抢劫罪，判处有期徒刑五年，数罪并罚，决定执行有期徒刑八年。二审认定的犯罪事实与一审相同，但是对行为性质的评价发生变化，认为抢劫相关事实应当评价为盗窃。此种情形下，改判盗窃一罪，可以在五年以上八年以下的幅度内裁量刑罚。同为八年有期徒刑，如果是因为数罪被判处的，较之一罪被判处的，在减刑、假释时对被告人更为不利。故而，上述改判不违反上诉不加刑原则。基于上述考虑，形成第（三）项“原判认定的罪数不当的，可以改变罪数，并调整刑罚，但不得加重决定执行的刑罚或者对刑罚执行产生不利影响”规定。

（3）关于第（四）项。讨论中，有意见提出，第（四）项规定“原判对被告人宣告缓刑的，不得撤销缓刑”，但实践中可能存在二审期间被告人不认罪等不符合缓刑适用条件的情形。此种情况下如继续适用缓刑，可能危害社会。经研究认为，目前仍只能严格执行这一规定，确有必要的，通过审判监督程序予以纠正。

（4）关于第（七）项。①讨论中，有意见提出，原判事实清楚，证据确实、充分，但适用法律错误的，如认定自首有误、应当剥夺政治权利而未剥夺政治权利等，如何处理，建议作出明确。经研究认为，上述情形或者属于因法律适用错误导致刑罚畸轻，或者属于因法律认识错误而没有适用附加刑，根据上诉不加刑原则，只能予以维持。需要注意的是，就司法操作而言，二审应当在裁判文书中写明一审判决存在的适用法律错误，从而导致判处的刑罚畸轻、应当适用附加刑而没有适用的结果,但是,根据上诉不加刑原则的规定,维持一审判处的刑罚不变。②讨论中,对于第(七)项的处理规则本身也存在异议,有意见认为,此种情形下,二审维持原判是根据上诉不加刑原则作出的裁定,依据刑事诉讼法的规定,并无错误。而根据刑事诉讼法关于审判监督程序的规定,针对生效判决、裁定的再审限于"确有错误"的情形。上述情形明显不符合这一规定,依法也不得启动审判监督程序。基于实事求是的考虑,本条第一款第(七)项作了微调,将依法通过审判监督程序进行改判限定为在"原判判处的刑罚畸轻,必须依法改判的"情形,对于原判刑罚不当,但尚未达到畸轻程度的,如漏判附加剥夺政治权利,对本应在"三年以上七年以下有期徒刑"的幅度内判处三年六个月有期徒刑的案件判处二年六个月有期徒刑的,基于裁判稳定的考虑,一般不再启动审判监督程序。

(5)征求意见过程中,有意见提出,实践中有几种情况建议明确:对于改变罪数后,附加刑必须改变的如何处理?例如,一审认定被告人构成数罪,判处附加刑罚金五万元,二审改判为一罪的,但附加刑规定为"并处没收财产"。此种情况下,罚金五万元是否可以改为没收财产五万元?经研究认为,所涉问题较为复杂,不宜一概而论,宜坚持实质判断的原则。如果在主刑方面给予较大幅度地减轻,则适当增加附加刑,应当是允许的;但是,在主刑维持不变的情况下,原则上不宜加重附加刑,通常也不宜将罚金调整为没收财产,更不应作出主刑稍微减轻、附加刑大幅加重,对被告人实质明显不利的调整。

——《起草小组解读:〈刑事诉讼法解释〉理解与适用(下)》,载中国法院网 2021 年 2 月 4 日,https://www.chinacourt.org/article/detail/2021/02/id/5796153.shtml。

【最高人民法院参考案例】

费明强、何刚抢劫案(《刑事审判参考》案例第 1263 号)

要旨:二审将原判数罪改为一罪并加重该罪的刑罚,但未改变原判认定的数罪决定执行的刑罚,不违背"上诉不加刑"原则。

本案中,对于被告人费明强所实施的抢劫杀人行为,一审法院分别以抢劫罪和故意杀人罪认定并进行并罚,表明在原判认定的抢劫犯罪中并没有包括致人死亡这一部分犯罪事实,而是将这一部分事实单独评价为故意杀人罪。二审法院经审理后,纠正了原判的定性错误,在没有改变原判认定的整体事实的前提下,把原先分别以抢劫罪、故意杀人罪判处的两部分犯罪事实结合在一起,将原判的数罪并罚改为按一罪处理,统一以抢劫罪(致人死亡)判处。此时,尽管单从抢劫罪的量刑来看,似乎加重了对被告人的刑罚,但这种比较是建立在不同事实基础之上的,故不能简单地说二审加重了对被告人的处罚。从相同事实基础的前提出发,我们应当将二审裁判中包含了致人死亡情节的抢劫罪的量刑,与一审裁判中未包含致人死亡情节的抢劫罪与故意杀人罪并罚后的量刑进行比较，即只要二审抢劫罪的量刑没有超出一审抢劫罪与故意杀人罪并罚后决定执行的刑罚，就没有加重被告人的刑罚，不能认为违背了“上诉不加刑”的原则。

——《刑事审判参考》（总第114辑）。

1738 对上诉发回重审案件的处理

关键词｜上诉｜发回重审｜上诉不加刑｜

【最高人民法院司法解释】

第四百零三条 被告人或者其法定代理人、辩护人、近亲属提出上诉，人民检察院未提出抗诉的案件，第二审人民法院发回重新审判后，除有新的犯罪事实且人民检察院补充起诉的以外，原审人民法院不得加重被告人的刑罚。

对前款规定的案件，原审人民法院对上诉发回重新审判的案件依法作出判决后，人民检察院抗诉的，第二审人民法院不得改判为重于原审人民法院第一次判处的刑罚。

——《最高人民法院关于适用〈中华人民共和国刑事诉讼法〉的解释》（2021年3月1日，法释〔2021〕1号）。

【链接：理解与适用】

刑事诉讼法第二百三十七条第一款规定：“……第二审人民法院发回原审人民法院重新审判的案件，除有新的犯罪事实，人民检察院补充起诉的以外，原审人民法院也不得加重被告人的刑罚。”从字面意义上理解，“新的犯罪事实”有两个含义：一是新的犯罪的事实，即已经起诉的犯罪以外的犯罪的事实；二是原起诉事实范围内的新事实。经研究认为，只有前一种新的犯罪事实，经补充起诉后才可以加重刑罚。基于此，《解释》第四百零三条第一款规定：“被告人或者其法定代理人、辩护人、近亲属提出上诉，人民检察院未提出抗诉的案件，第二审人民法院发回重新审判后，除有新的犯罪事实且人民检察院补充起诉的以外，原审人民法院不得加重被告人的刑罚。”本款将“除有新的犯罪事实，人民检察院补充起诉的以外”调整为“除有新的犯罪事实，且人民检察院补充起诉的以外”，旨在提醒司法实践中侧重根据人民检察院是否补充起诉来对是否系“新的犯罪事实”作出判断。

《解释》第四百零三条第二款结合《最高人民法院研究室关于上诉发回重审案件重审判决后确需改判的应当通过何种程序进行的答复》（法研〔2014〕26号）对

《2012 年解释》第三百二十七条的规定作出修改完善，规定："对前款规定的案件，原审人民法院对上诉发回重新审判的案件依法作出判决后，人民检察院抗诉的，第二审人民法院不得改判为重于原审人民法院第一次判处的刑罚。"征求意见过程中，有意见建议删去本款。理由是，刑事诉讼法第二百三十七条规定："第二审人民法院审理被告人或者他的法定代理人、辩护人、近亲属上诉的案件，不得加重被告人的刑罚。第二审人民法院发回原审人民法院重新审判的案件，除有新的犯罪事实，人民检察院补充起诉的以外，原审人民法院也不得加重被告人的刑罚。""人民检察院提出抗诉或者自诉人提出上诉的，不受前款规定的限制。"本条第二款与刑事诉讼法的上述规定明显冲突。经研究，未采纳上述意见。主要考虑：刑事诉讼法第二百三十七条规定的"提出抗诉"明显是指在原审程序中提出抗诉，而非在重审程序中提出抗诉。否则，刑事诉讼法第二百三十七条第一款的规定就将失去实际意义，很不合理：对发回重审的案件，如未发现被告人有新的犯罪事实，人民检察院未补充起诉，原审法院不得加重刑罚，但宣判后人民检察院抗诉的，二审法院即可加重，那么原审法院不得加重刑罚的规定还有何意义？何不由原审法院直接改判加重？

需要注意的是，对于被告人上诉、人民检察院未提出抗诉的案件，发回重审后人民检察院没有补充起诉新的犯罪事实的，原审人民法院作出的判决，相比原判减轻刑罚和减少罪名的，人民检察院可以提出抗诉。二审法院经审理认为人民检察院抗诉成立的，可以在原判刑罚和罪名范围内改判加重刑罚和增加罪名。例如，对于原判以盗窃罪、故意伤害罪判处七年有期徒刑的案件，被告人上诉、人民检察院未提出抗诉，发回重审后人民检察院没有补充起诉新的犯罪事实的，原审人民法院以故意伤害罪判处被告人有期徒刑三年，对盗窃罪未予认定的。此种情形下，检察机关抗诉，二审法院经审查认定抗诉成立的，可以对被告人加重刑罚、增加罪名，但不得超过原判"以盗窃罪、故意伤害罪判处七年有期徒刑"，另行增加其他罪名和判处更高的刑罚。

——《起草小组解读：〈刑事诉讼法解释〉理解与适用（下）》，载中国法院网 2021 年 2 月 4 日，https://www.chinacourt.org/article/detail/2021/02/id/5796153.shtml。

1739 上诉发回重审案件重审判决后确需改判的应当通过何种程序进行

关键词｜二审程序｜发回重审｜改判｜

【最高人民法院答复】

根据刑事诉讼法第二百二十六条第一款①规定，对被告人上诉、人民检察院未提出抗诉的案件，第二审人民法院发回原审人民法院重新审判的，只要人民检察院没有补充起诉新的犯罪事实，原审人民法院不得加重被告人的刑罚。原审人民法院对上诉发回重新审判的案件依法作出维持原判的判决后，人民检察院抗诉的，第二审人民法院也不得改判加重被告人的刑罚。

——《最高人民法院研究室关于上诉发回重审案件重审判决后确需改判的应当通过何种程序进行的答复》（2014 年 2 月 24 日，法研〔2014〕26 号）。

1740 原判决因错误认定被告人具有自首或者立功情节而减轻处罚的，重审纠正后能否据此加重被告人的刑罚

关键词｜二审程序｜发回重审｜上诉不加刑｜

【最高人民法院参考案例】

钟兆桂、伍斯云等故意伤害案（《刑事审判参考》案例第 1025 号）

要旨：第二审人民法院审理被告人或者他的法定代理人、辩护人、近亲属上诉的案件，不得加重被告人的刑罚。第二审人民法院发回原审人民法院重新审判的案件，除有新的犯罪事实，人民检察院补充起诉的以外，原审人民法院也不得加重被告人的刑罚。

修订后的刑事诉讼法对"发回重审不加刑"原则规定了例外情形，即"有新的犯罪事实，人民检察院补充起诉"。对这一例外情形如何理解，实践中存在一定争议。有观点认为，"新的犯罪事实"指的是案件事实，包括定罪事实和量刑事实，对于发回重审的案件，如出现新的量刑事实，应当根据重审查明的事实对被告人定罪量刑，不受发回重审不加刑的限制。我们认为，上述观点不可取，应当从立法本意出发正确理解上述例外规定。

第一，新的犯罪事实是指原起诉书中没有指控的犯罪事实。根据通常及字义的理解，结合法条上下文，新的犯罪事实应当是指原起诉书中没有指控的犯罪事实，既包括定罪事实，也包括量刑情节的事实。

第二，必须是人民检察院补充起诉的新的事实。如果人民检察院没有补充起诉，即使有新的犯罪事实，也不得加重被告人的刑罚。根据刑事公诉案件不诉不理

① 2018 年修正的刑事诉讼法第二百三十七条第一款。

的诉讼原则,人民法院不能审理人民检察院没有起诉指控的犯罪事实。只有同时具备了上述两个条件,原审法院根据重审时查明的新的犯罪事实,才能对被告人加重刑罚;如果新的犯罪事实不成立,亦不能加重被告人的刑罚。对于原判决中认定数额有误、自首、立功、主从犯、既未遂等量刑情节不当的情况,均不属于发现了“新的犯罪事实”,一律不得加重刑罚。

第三,如果允许纠正后改判,会导致处理不平衡与不公平的情况发生。根据刑事诉讼法第二百二十五条第一款第(三)项的规定,原判决事实不清楚或者证据不足的,第二审法院可以在查清事实后改判,也可以裁定撤销原判,发回原审人民法院重新审判。也就是说,对于“原判决事实不清楚”的案件,第二审法院有两种结案方式:一是查清事实后改判。采取这种方式,根据上诉不加刑原则,无论是原判决认定的犯罪事实不清,还是认定的量刑情节事实有误,二审法院查清事实后,均不得加重被告人的刑罚。二是发回原审人民法院重新审判。二审法院基于原判决认定被告人的量刑情节事实有误而将案件发回重审,原审法院重新审理时就可能加重被告人的刑罚。如果二审法院选择不同的结案方式,就会对被告人产生两种明显不同的结果,这样的裁判结果实质上有悖于上诉不加刑原则,不利于当事人上诉权的行使,有损法律的权威和公正。从这一角度考虑,重新审理时不能仅因变更认定被告人的量刑情节而加重被告人的刑罚。

本案中,被告人伍斯云、钟兆桂作案后均自动投案,但都始终未如实供述伙同杨亚喜等人在酒店路边殴打被害人赵鹏翔致死的事实,而该事实系本案的主要犯罪事实,伍斯云、钟兆桂投案后未如实供述主要犯罪事实,依法不能认定具有自首情节。此外,伍斯云到案后虽然积极动员钟兆桂的家属劝说钟兆桂投案,对本案的侦破起了一定的积极作用,但伍斯云的行为不符合立功的成立要件,依法不能认定其构成立功。茂名市中级人民法院在重新审理时,严格依照修订后刑事诉讼法的规定,未加重被告人钟兆桂、伍斯云的刑罚,切实保障了被告人的合法权益,维护了程序公正,处理适当。不过,从实体公正方面考虑,因被告人不再具有自首、立功等法定减轻处罚情节,对于重审后可能出现的量刑偏轻的情况,是否需要启动审判监督程序予以纠正,可由相关法院自行决定。

——《刑事审判参考》(总第100辑)。

1741 原审法院已经发现但漏定从重处罚情节的案件,二审人民法院不能以事实不清或者证据不足为由发回重审

关键词|二审程序|发回重审|漏定从重情节|

【最高人民法院司法政策】

15. 关于第二审发回重新审判的问题

对于原审人民法院在审理过程中已经发现但漏定从重处罚情节的案件，第二审人民法院能否以事实不清或者证据不足为由发回重审？

原审法院在审理过程中已经发现但漏定的从重处罚情节，不属于法律规定的原判决事实不清或者证据不足的情况，第二审法院依法不得以之为由发回重审。

如果案件中同时存在事实不清或者证据不足等问题，第二审法院将案件发回重审的，除根据新刑事诉讼法第二百二十六条第一款①的规定，有新的犯罪事实，人民检察院补充起诉的以外，原审法院不得以一审漏定从重处罚情节为由加重被告人的刑罚。

如果确有必要纠正的，由第二审法院提起再审程序，可以指令原审法院重新审判，把漏定的从重处罚情节补上，依法重新定罪量刑。

——张军：《在全国法院学习贯彻修改后刑事诉讼法培训班上的总结讲话》，载最高人民法院刑事审判第一、二、三、四、五庭主办：《刑事审判参考》（总第85辑），法律出版社2012年版，第172—173页。

1742 对于司法实践中案件只能发回重审一次，但又定放两难问题的处理

关键词 | 二审程序 | 发回重审 | 定放两难 |

【最高人民法院司法政策】

16. 关于发回重审后仍定放两难案件的处理问题

如何解决司法实践中案件只能发回重审一次，但又定放两难的问题？

这个问题是一直困扰我们的问题，是观念上的问题。新刑事诉讼法第二百二十五条第二款②规定，对于第二审人民法院以原判事实不清或者证据不足为由发回重新审判的案件，原审人民法院作出判决后，被告人提出上诉或者人民检察院提出抗诉的，第二审法院应当依法作出判决或者裁定，不得再发回原审人民法院重审审判。限制发回重审的次数，就是为了解决实践中存在的因多次发回重审而导致案件久拖不决、被告人长期羁押、司法公信和权威受损等问题，必须坚决贯彻执行。

---

① 2018年修正的刑事诉讼法第二百三十七条第一款。

② 2018年修正的刑事诉讼法第二百三十六条第二款。

定放两难既是司法环境的问题，也涉及严格依法独立审判原则的落实问题。根据修改后的刑事诉讼法，我们应当转变观念，落实法律的规定。第二审法院对于发回重审后的案件，如果原来的事实、证据无法补正，就应当依法作出裁判，要么对于量刑存疑的案件从宽处理，要么对于定罪存疑的案件宣告无罪。对于此类案件，如果有新的事实、证据，可以通过审判监督程序重新审判，不会放纵犯罪分子。

同时要明确的是，第二审法院因为事实不清、证据不足的问题只能发回重审一次，如果案件因程序问题发回重审的，不受次数限制。

——张军：《在全国法院学习贯彻修改后刑事诉讼法培训班上的总结讲话》，载最高人民法院刑事审判第一、二、三、四、五庭主办：《刑事审判参考》（总第85辑），法律出版社2012年版，第173页。

1743 二审案件部分发回的规则

关键词 | 二审程序 | 发回重审 | 分案处理 |

【最高人民法院司法解释】

第四百零四条 第二审人民法院认为第一审判决事实不清、证据不足的，可以在查清事实后改判，也可以裁定撤销原判，发回原审人民法院重新审判。

有多名被告人的案件，部分被告人的犯罪事实不清、证据不足或者有新的犯罪事实需要追诉，且有关犯罪与其他同案被告人没有关联的，第二审人民法院根据案件情况，可以对该部分被告人分案处理，将该部分被告人发回原审人民法院重新审判。原审人民法院重新作出判决后，被告人上诉或者人民检察院抗诉，其他被告人的案件尚未作出第二审判决、裁定的，第二审人民法院可以并案审理。

——《最高人民法院关于适用〈中华人民共和国刑事诉讼法〉的解释》（2021年3月1日，法释〔2021〕1号）。

【链接：理解与适用】

根据刑事诉讼法第二百三十六条的规定，第二审人民法院认为第一审判决事实不清、证据不足的，可以在查清事实后改判，也可以裁定撤销原判，发回原审人民法院重新审判。但是，对于涉及多名被告人的案件，如涉黑案件中的从犯，在二审时发现还有一个其单独实施的轻微犯罪，第二审人民法院将全案发回重审，费时费力。基于节约司法资源，保障审判顺利推进的考虑，《解释》第四百零四条第二款规定……具体而言，此种情况下，对部分被告人的案件发回，其余被告人的案件可以视情形继续审理（有必要的，也可以中止审理）。当然，如果发回被告人的案件重新进入二审的，可以与其他被告人的二审案件合并。

——《起草小组解读：〈刑事诉讼法解释〉理解与适用（下）》，载中国法院网 2021 年 2 月 4 日，https://www.chinacourt.org/article/detail/2021/02/id/5796153.shtml。

1744 对附带民事部分提出上诉的处理规则

关键词｜上诉｜附带民事诉讼｜

【最高人民法院司法解释】

第四百零九条 第二审人民法院审理对附带民事部分提出上诉，刑事部分已经发生法律效力的案件，应当对全案进行审查，并按照下列情形分别处理：

（一）第一审判决的刑事部分并无不当的，只需就附带民事部分作出处理；

（二）第一审判决的刑事部分确有错误的，依照审判监督程序对刑事部分进行再审，并将附带民事部分与刑事部分一并审理。

——《最高人民法院关于适用〈中华人民共和国刑事诉讼法〉的解释》（2021 年 3 月 1 日，法释〔2021〕1 号）。

【链接：理解与适用】

《解释》第四百零九条根据司法实践反映的问题对《2012 年解释》第三百一十三条、第三百三十一条的规定作出整合和修改完善……

需要注意的是，对于仅对附带民事诉讼部分提出上诉，刑事部分已经发生法律效力的，第二审人民法院应当进行全案审查。发现刑事部分有错误的，应当依照审判监督程序提审或者指令再审。由于刑事部分的审理系民事部分的基础，应当将附带民事部分和刑事部分一并审理。如果二审法院对刑事部分提审的，则应由其对刑事再审与附带民事二审合并审理；如二审法院指令一审法院对刑事部分再审的，则应当将附带民事部分发回后与刑事再审并案审理。

征求意见过程中，有意见提出，按照以往的做法，对刑事部分提出上诉的处理，往往制作刑事裁定书，而不是刑事附带民事裁定书。建议明确对民事部分提出上诉的处理，是否需要制作刑事附带民事诉讼裁定书。经研究认为，由于民事部分附属于刑事部分，应当制作刑事附带民事诉讼文书，包括判决书和裁定书。本条第一项规定就附民部分作出处理，包括维持、改判和发回重审。附带民事部分事实清楚，适用法律正确的，应当以刑事附带民事裁定维持原判，驳回上诉。附带民事部分确有错误的，以刑事附带民事判决对附带民事部分作出改判或者以刑事附带民事裁定发回重审。

针对原审判决的附带民事诉讼部分提出上诉的，本条原本拟规定“第一审判决的附带民事部分事实清楚，适用法律正确的，应当以刑事附带民事裁定维持附带民事部分的原判，驳回上诉”。征求意见过程中，有意见建议明确，二审法院对于仅民事部分上诉且事实清楚，适用法律正确的案件，主文是沿用以前的“驳回上诉，维持原判”，还是按照该规定主文写“维持附带民事部分的原判，驳回上诉”，建议予以明确。经研究，鉴于司法实践中多数法院直接表述为“驳回上诉，维持原判”的实际情况，可以交由司法实践裁量处理，故本条未作明确规定。

——《起草小组解读：〈刑事诉讼法解释〉理解与适用（下）》，载中国法院网 2021 年 2 月 4 日，https://www.chinacourt.org/article/detail/2021/02/id/5796153.shtml。

1745 被判处死刑的被告人未提出上诉，共同犯罪的部分被告人或者附带民事诉讼原告人提出上诉案件的审理

关键词｜二审程序｜上诉｜共同犯罪｜

【最高人民法院司法解释】

近来，有的高级人民法院请示，对于中级人民法院一审判处死刑的案件，被判处死刑的被告人未提出上诉，但共同犯罪的部分被告人或者附带民事诉讼原告人提出上诉的，应当适用何种程序审理。经研究，批复如下：

根据《中华人民共和国刑事诉讼法》第一百八十六条①的规定，中级人民法院一审判处死刑的案件，被判处死刑的被告人未提出上诉，共同犯罪的其他被告人提出上诉的，高级人民法院应当适用第二审程序对全案进行审查，并对涉及死刑之罪的事实和适用法律依法开庭审理，一并处理。

根据《中华人民共和国刑事诉讼法》第二百条第一款②的规定，中级人民法院一审判处死刑的案件，被判处死刑的被告人未提出上诉，仅附带民事诉讼原告人提出上诉的，高级人民法院应当适用第二审程序对附带民事诉讼依法审理，并由同一审判组织对未提出上诉的被告人的死刑判决进行复核，作出是否同意判处死刑的裁判。

——《最高人民法院关于对被判处死刑的被告人未提出上诉、共同犯罪的部分被告人或者附带民事诉讼原告人提出上诉的案件应适用何种程序审理的批复》（2010 年 4 月 1 日，法释〔2010〕6 号）。

【链接：理解与适用】

二、被判处死刑的被告人未上诉，共同犯罪的其他被告人上诉的案件，高级人

---

① 2018 年修正的刑事诉讼法第二百三十三条。
② 2018 年修正的刑事诉讼法第二百四十七条第一款。

民法院的审理程序和裁判结果问题

对于中级人民法院第一审宣判死刑，被判处死刑的被告人未提出上诉，共同犯罪的其他被告人提出上诉的案件，高级人民法院应适用何种程序审理？对此有两种不同意见：一种意见认为，应当依照刑事诉讼法第一百八十六条第二款的规定，适用第二审程序全面审查、一并处理；另一种意见认为，高级人民法院在适用二审程序针对上诉内容进行审理的同时，对未提出上诉的被告人的死刑判决应当进行复核。主要理由是：刑事诉讼法第二百条第一款规定，判处死刑的被告人不上诉的，高级人民法院应当复核后报请最高人民法院核准。该条款并未明确不上诉的被告人是指被判处死刑的被告人还是全案被告人，对于被判处死刑的不上诉的被告人，适用死刑复核程序可以保障其权益；同案其他被告人则通过两审终审后便于交付执行，防止出现因全案报请最高人民法院核准而影响其他被告人权益的情形。

经研究，《批复》采纳了第一种意见，即对被判处死刑的被告人未提出上诉，同案其他被告人提出上诉的案件，高级人民法院应当适用第二审程序对全案进行审查。也就是说，《批复》的内容坚持了刑事诉讼两审终审制和二审全面审查的原则，同时明确了高级人民法院的死刑复核程序仅适用于死刑案件全案被告人均未提出上诉的情形。其主要理由是：第一，这符合刑事诉讼法第一百八十六条关于刑事诉讼第二审全面审查原则的规定。我国刑事诉讼第二审适用全面审查原则，部分被告人提出上诉的，上诉效力及于全案，全案不生效，进入第二审程序；第二审法院审理时也不受上诉范围的限制，要对第一审判决认定的事实和适用法律进行全面审查。《批复》在坚持二审全面审查原则的前提下，尊重了法条之间的体系性和连贯性。第二，这符合刑事诉讼法第十条关于两审终审制的规定。普通刑事案件经过一、二审后，案件就应当发生法律效力。死刑案件因人命关天，必须适用最严格的法律程序，故刑事诉讼法规定了除最高人民法院的判决以外，其他死刑判决必须报请最高人民法院核准才能发生法律效力。可是，对于中级人民法院第一审宣判死刑的案件，如果在法定期限内没有上诉、抗诉，上诉、抗诉期满后案件本应直接报送最高人民法院核准。这样，此类案件就缺失了一道审查程序，不利于严格把握死刑案件质量，故刑事诉讼法第二百条第一款规定了高级人民法院的死刑复核程序。因此，高级人民法院的死刑复核是一道补救程序，针对的是死刑案件无法进入第二审程序的特殊情形，故只有当死刑案件的全案被告人均未提出上诉时，高级人民法院才能进行死刑复核。第三，这符合司法实践惯例，也利于保障被判处死刑的被告人的权利。共同犯罪案件，各被告人的供述和辩解对于查明事实和确定罪责均有意义，实践中对此类案件也是进行全案审查的。如果对上诉部分按照二审程序审理，对不上诉部分按照死刑复核程序审理，人为地将案件进行区分，不仅事实上很难严格划分，而且可能出现同一合议庭对相同的犯罪事实依照不同的法律程序进行审理的情形。同时,刑事诉讼法对于第二审有着严格的规定,法条内容对被告人诉讼权利和实体权利的保障均有考量;而高级人民法院的死刑复核程序法律规定得很原则,不够详尽,从维护被判处死刑被告人的诉讼权利和保障死刑案件审判质量的角度出发,第二审程序的保障水平应高于死刑复核程序。对于未提出上诉的被判处死刑的被告人适用第二审程序审理,足以保障全案公平公正,没有必要也没有依据再增加一道没有检察机关、辩护人参与,也没有开庭程序的死刑复核程序。

由于此类案件二审审理后的处理结果,涉及最高人民法院启动死刑复核的依据和进行死刑复核后裁判文书的表述,故需要特别强调。刑事诉讼法第一百九十九条规定:“死刑由最高人民法院核准。”该条款规定了最高人民法院审理的案件性质。第二百条第二款规定:“高级人民法院判处死刑的第一审案件被告人不上诉的,和判处死刑的第二审案件,都应当报请最高人民法院核准。”该条款规定了启动最高人民法院死刑复核权的法律依据。许多高级人民法院审理后在判项内容中只是笼统表述为“本裁定依法报请最高人民法院核准”,并未明确指出将案件中的死刑部分报请核准,模糊了最高人民法院死刑复核的范围,使最高人民法院的死刑复核裁判在法律文书表述上存在困难,也容易导致一些人产生全案尚未生效的错误认识。实践中,有的法院将全案报送最高人民法院后,欲将同案其他被告人交付监狱执行,但监狱却以案件尚未生效拒绝收押罪犯,这直接影响了共同犯罪其他被告人的权益。特别是对于被判处无期徒刑和死刑缓期二年执行的同案罪犯,先行羁押的日期不能折抵刑期,不利于看守所实施有效监管。

因此,首先应当明确,二审终审后,对没有判处死刑的被告人,其刑事裁判在二审宣判之日起即已生效。只有被判处死刑的被告人,其刑事裁判在二审宣判后尚未生效,必须依法报请最高人民法院核准。因此,此类案件经过二审后,高级人民法院维持一审对被告人的死刑判决的,必须体现对未提出上诉的死刑被告人的犯罪事实、适用法律的审查内容。据此,其裁判主文也应完整、准确地体现以下四个方面的内容:一是对一审未判处死刑而提出上诉的被告人的裁判情况,如果是维持原判的,可直接写明“驳回上诉,维持某某中级人民法院对被告人某某某以某某罪判处某某刑罚的刑事判决”。二是对一审被判处死刑但未提出上诉的被告人的裁判情况也应同时写清楚,如果是维持对其死刑判决的,应写明维持某某中级人民法院对被告人某某某以某某罪判处死刑的判决,如果是改判的,则也应作出相应的判项。三是必须写上本裁定(判决)为终审裁定(判决)的内容,以保障裁判已经生效部分的被告人的权益。四是必须写明死刑裁判报请最高人民法院核准的事项,具体写法为:“依照刑事诉讼法第一百九十九条、第二百条第二款的规定,对被告人某某某以某某罪判处死刑,剥夺政治权利终身的刑事裁定(判决),由本院依法报请最高人民法院核准。”

……

四、被判处死刑的被告人未上诉，附带民事诉讼原告人上诉的案件，高级人民法院的审理程序问题

对于被告人被判处死刑的刑事附带民事诉讼案件，第一审判决宣判后，刑事部分没有上诉、抗诉，只有附带民事诉讼原告人提出上诉的，刑事部分的判决在上诉期满后即发生法律效力。二审法院审理此类附带民事诉讼案件时，如果第一审判决的刑事部分并无不当，第二审人民法院只需就附带民事诉讼部分作出处理。这是《最高人民法院关于执行〈中华人民共和国刑事诉讼法〉若干问题的解释》（以下简称《解释》）第二百四十九条、第二百五十条明确规定的。但是，中级人民法院第一审宣判死刑，刑事部分没有上诉、抗诉，仅附带民事诉讼原告人提出上诉的案件，却不能适用上述《解释》的规定。因为上诉期满后，此类案件的刑事部分的判决并没有发生法律效力，高级人民法院不能只就附带民事部分作出处理，而必须就刑事部分作出是否同意判处死刑的裁判。附带民事诉讼和刑事诉讼本是两类不同性质的案件，仅因案件事实具有关联性和为了节约司法成本才一并审判，法院审理时适用的法律程序也不相同，对死刑判决的复核更有一套独立的程序，这一程序是附带民事诉讼程序所不能替代的。因此，附带民事诉讼的原告人对附带民事诉讼部分提出上诉的，高级人民法院应当依照相关民事法律对附带民事部分进行民事第二审审理，但不能以附带民事诉讼程序替代死刑复核程序。

基于上述理由，《批复》规定：中级人民法院一审判处死刑的案件，被判处死刑的被告人未提出上诉，仅附带民事诉讼原告人提出上诉的，高级人民法院应当适用第二审程序对附带民事诉讼依法审理，并由同一审判组织对未提出上诉的被告人的死刑判决进行复核，作出是否同意判处死刑的裁判。

《批复》的这一规定，包括如下内容：(1)对此类案件，附带民事部分必须依照第二审程序处理，死刑判决部分必须根据刑事诉讼法第二百条第一款的规定，由高级人民法院依照死刑复核程序处理，不能以附带民事诉讼程序替代死刑复核程序。(2)审理附带民事部分和复核死刑判决，可以由同一审判组织即同一合议庭进行。(3)高级人民法院对死刑判决复核后，应当作出是否同意原审死刑判决的裁判。同意对被告人判处死刑的，应当依法作出裁判，报请最高人民法院核准；不同意判处死刑的，应当作出提审或者发回重新审判的裁判。

——陆建红、杜军燕：《〈关于对被判处死刑的被告人未提出上诉、共同犯罪的部分被告人或者附带民事诉讼原告人提出上诉的案件应适用何种程序审理的批复〉的理解与适用》，载《人民司法·应用》2010年第11期。

1746 在上诉案件中，对于公诉机关指控但一审没有认定的犯罪事实，二审能否审理并予以认定

关键词｜上诉｜全面审查｜

【最高人民法院参考案例】

曾某平等贩卖、运输毒品案(《刑事审判参考》案例第1131号)

要旨:在上诉案件中,对于公诉机关指控但一审没有认定的犯罪事实,二审不需要审理并予以认定。

司法实践中,对于一些涉及多起犯罪事实的案件,一审法院经审理后认为,公诉机关指控的部分犯罪事实清楚,证据确实、充分,但也有部分犯罪事实不清楚或者证据不足,进而依法认定达到法定证明标准的部分犯罪事实,对未达到法定证明标准的部分犯罪事实不予认定。此种情况下,如果被告人提起上诉,公诉机关未提起抗诉,二审法院是否需要审查一审法院未予认定的部分犯罪事实,进而能否追加认定该部分犯罪事实,值得研究。

该问题涉及二审程序的审理原则和审查范围。许多国家的二审都实行法律审,并且实行有限审理,即主要限定为对上诉理由的审理。根据我国刑事诉讼法第二百二十二条第一款的规定,第二审人民法院应当就第一审判决认定的事实和适用法律进行全面审查,不受上诉或者抗诉范围的限制。可见,我国刑事二审程序实行全面审理原则,且不是单纯的法律审,而是一并审理事实问题和法律问题。尽管如此,并不意味着二审程序的审查范围毫无边界,法律其实已经对此作出了适当的限制,即二审应当对"一审判决认定的事实和适用法律"进行审查。进一步来讲,对于一审判决没有认定的部分犯罪事实(抗诉案件除外),二审法院无须(或者不应当)进行审查,更不能追加认定该部分犯罪事实。

将二审程序的审理范围限定于"一审判决认定的事实和适用法律",符合二审程序的功能定位和相应的诉讼原则。

从二审程序的功能定位来看,因被告人上诉而启动的二审程序,主要功能是为被告人提供法律救济。实践中,被告人对一审判决认定的事实或者适用法律不服,可以依法提出上诉,请求二审法院对相关问题进行审理,以期获得有利于己方的裁判。对于因被告人上诉而启动的二审案件,如果二审法院审查一审未予认定的部分犯罪事实,进而追加认定该部分犯罪事实,不仅未能为被告人提供法律救济,反而作出不利于被告人的认定,这显然与二审程序的法律救济功能相悖。

同时,为确保被告人的上诉权,刑事诉讼法确立了上诉不加刑的基本原则。第二百二十六条第一款明确规定,第二审人民法院审理被告人或者他的法定代理人、辩护人、近亲属上诉的案件,不得加重被告人的刑罚。据此,对于被告人一方上诉

的案件,二审法院追加认定一审未予认定的部分不利于被告人的犯罪事实,即使最终并未加重被告人的刑罚,这种做法也有违上诉不加刑原则的基本精神。

此外,对于一审法院未予认定的部分犯罪事实,检察机关并未提出抗诉,就表明检察机关对此并无异议。此种情况下,对于原本不属于二审审查范围的事项,二审法院基于不告不理原则的基本精神,不应当主动审查并追加认定。

——《刑事审判参考》(总第105辑)。

1747 上诉人在二审期间脱逃，仅有原审被告人在案的，应当如何处理

关键词｜二审程序｜脱逃｜中止审理｜

【最高人民法院参考案例】

扎西杰参等故意杀人、非法持有枪支、包庇案(《刑事审判参考》案例第1006号)

要旨:二审期间上诉人脱逃、原审被告人在案的,应当区分不同情况,采取不同处理方式。

我国的二审程序采取全面审查原则,在共同犯罪案件中有部分被告人提出上诉、部分被告人服判不上诉的情况下,二审法院不仅要审理提出上诉的被告人所涉事实证据、法律适用和审理程序问题,同时要一并审理未提出上诉的被告人所涉事实证据、法律适用和审理程序问题,由二审法院就原判对未提出上诉的被告人所作判决结果进行审查并作出处理。二审法院不能以部分被告人未提出上诉为由,对其所涉原判中的判决内容不作处理。

……对于实践中存在的各种情况,特别是类似本案共同犯罪的二审案件,上诉人脱逃、原审被告人在案的情况应当如何处理,有必要作进一步研究。我们认为,类似情况下应当根据已有法律规定,坚持公平优先、兼顾效率的原则,区分不同情况,分别作出处理。

首先,如果上诉人在二审开庭结束之后脱逃,或者虽然在二审开庭结束之前脱逃,但经二审法院审查,上诉人在逃不足以影响到对在案原审被告人所犯罪行的认定,为保证案件得到及时处理,应当裁定对在逃上诉人中止审理,对在案原审被告人继续进行审理,作出是否维持判的判决或者裁定,并及时交付执行。日后在逃上诉人如果被抓获归案,可以裁定对其恢复审理。这种情况下,对在案原审被告人先行作出实体处理可以有效防止案件久拖不决,且不会影响案件处理结果的公平、公正。

其次,如果上诉人在二审开庭结束之前即脱逃,且经二审法院审查,在逃上诉人所涉事实证据与在案原审被告人所涉事实证据密切相关,上诉人不在案将影响

对在案原审被告人所犯罪行的正确认定,处理这种情况应当特别慎重。原则上,为确保案件处理的公平、公正,二审法院应当裁定对全案中止审理,待在逃上诉人归案后一并处理,同时,为防止对在案原审被告人长期羁押,可将强制措施变更为取保候审或者监视居住。但如果在逃上诉人踪迹全无、未来一段时间内根本无归案希望,为防止案件久拖不决和对在案原审被告人人身自由的长期限制,也可以根据已有证据,对在案原审被告人先行作出生效判决或者裁定,及时送交执行;在逃上诉人归案后,如果有新的证据证实原判决或者裁定认定有误,可以通过审判监督程序予以纠正。当然,上诉人在逃期间,如果根据已有证据可能判处在案原审被告人死刑的,原则上量刑应当留有余地,以免造成不可挽回的后果。这种情况下,可以按照同案犯没有到案的量刑原则和刑事政策进行处理。

——《刑事审判参考》(总第99辑)。

1748 人民检察院对基层人民法院判处有期徒刑的案件提起抗诉的,第二审法院不能直接改判无期徒刑

关键词|二审程序|抗诉|改判|

【最高人民法院审判业务意见】

基层人民法院判处被告人有期徒刑的案件,人民检察院认为量刑过轻,提起抗诉;二审人民法院经审理,认为应当对被告人判处无期徒刑。那么,二审人民法院能否直接改判无期徒刑?

我们认为,基层人民法院判处被告人有期徒刑的案件,人民检察院提起抗诉,二审人民法院经审理,认为应当对被告人判处无期徒刑的,二审法院不能直接改判无期徒刑。理由如下:

首先,根据刑事诉讼法的规定,可能判处无期徒刑、死刑的第一审普通刑事案件由中级人民法院管辖,基层人民法院只能管辖上级人民法院管辖之外的第一审普通刑事案件。如果二审法院直接改判,意味着二审法院在二审程序的审理中,对依照法律本来不是自己二审的案件进行了审理,等于默认了基层人民法院对可能判处无期徒刑刑事案件的管辖权,同时也侵犯了中级人民法院对可能判处无期徒刑刑事案件的管辖权和高级人民法院对该类案件二审的审判权。从某种意义上来讲,这就违反了我国刑事诉讼法的规定。因此,二审法院不能直接改判。

其次,二审人民法院对人民检察院提起抗诉的案件,经审理认为应当判处无期徒刑的,表明基层人民法院审理了其无权管辖的案件,即基层人民法院审理一审刑事案件违反了刑事诉讼法中有关管辖的规定,属于刑事诉讼法第一百九十一条第

（五）项规定的“其他违反法律规定的诉讼程序，可能影响公正审判的情形”。因此，二审法院可以参照刑事诉讼法第一百九十一条的规定，裁定撤销原判，发回原审人民法院。需要说明的是，这里的发回原审人民法院，不是由原审基层人民法院重新审理，因为基层人民法院对可能判处无期徒刑的刑事一审案件没有管辖权。

综上，人民检察院对基层人民法院判处有期徒刑的案件提起抗诉，二审法院经审理认为应当判处无期徒刑的，不能直接改判无期徒刑。二审法院应当参照刑事诉讼法第一百九十一条的规定，裁定撤销原判，发回原审人民法院；原审人民法院应当按照刑事诉讼法中有关管辖的规定，将该案移送到有管辖权的人民法院审理。在具体操作上，二审法院应当向原审人民法院下达将案件移送中级人民法院的决定书，并且应当书面通知同级人民检察院。

——《人民检察院对基层人民法院判处有期徒刑的案件提起抗诉的，二审法院能否直接改判无期徒刑》，载最高人民法院刑事审判第一庭、第二庭编：《刑事审判参考》（总第 43 辑），法律出版社 2005 年版，第 205—206 页。

1749 一审未经审判委员会讨论的死刑判决，属于“可能影响公正审判”的情形，二审法院应当裁定撤销原判，发回重审

关键词｜二审程序｜发回重审｜审判委员会｜

【最高人民法院参考案例】

高朝能贩卖、运输毒品案（《刑事审判参考》案例第 1232 号）

要旨：一审法院未将本案提请院长决定提交审判委员会讨论决定，而由合议庭评议后当庭宣判的做法违反法定诉讼程序，可能影响公正审判，上级法院应当裁定撤销原判，发回重新审判。

就本案而言，一审法院未经审判委员会讨论而由合议庭直接当庭宣判，虽然违反的不是刑事诉讼法明确规定的原则和制度，但是违反了《刑事诉讼法解释》关于“拟判处死刑的案件，合议庭应当提请院长决定提交审判委员会讨论决定”的刚性规定。这一违法情形，没有程度之区分，只有违反和未违反之区分。也就是说，经审判委员会讨论决定的案件，就不违反《刑事诉讼法解释》的规定，未经审判委员会讨论决定的，就违反了《刑事诉讼法解释》的规定。而《刑事诉讼法解释》之所以作出这样的刚性规定，正是因为基于坚持“保留死刑，严格控制和慎重适用死刑”政策的目的，基于严把案件事实关、证据关、法律适用关和诉讼程序关的目的，基于确保死刑判决取得更好社会效果的目的。这些目的，正是公正审判的应有之义。因此，未经审判委员会讨论的死刑案件之裁判，必然“可能影响公正审判”。而且，

合议庭与审判委员会都是法定的审判组织，各自职能法定，合议庭不能替代审判委员会作决定，即便合议庭成员都是审判委员会委员仍然不能。死刑案件审判中必须明确一个原则，即合议庭对拟判处死刑的案件，都应当提请院长决定提交审判委员会讨论决定，未提交审判委员会讨论决定作出死刑判决，就属于“违反法律规定的诉讼程序”，并必然构成“可能影响公正审判”，上级法院发现后依法应当撤销原判，发回重新审判。

——《刑事审判参考》（总第112辑）。

1750 二审开庭审理过程中检察人员当庭提出发回重审建议后人民法院能否对案件继续审理

关键词｜二审程序｜检察建议｜发回重审｜

【最高人民法院答复】

人民法院在第二审刑事案件开庭审理过程中，检察人员当庭提出原判事实不清，建议发回原审人民法院重新审判的，应当继续审理并对检察员提出的有关事实不清、证据不足的问题进行重点审查，之后根据刑事诉讼法第一百八十九条①的规定，依法作出裁判。

——《最高人民法院研究室关于二审开庭审理过程中检察人员当庭提出发回重审建议后人民法院能否对案件继续审理问题的答复》（2010年11月30日，法研〔2010〕207号）。

1751 判决结果与一审相同，但定罪量刑依据的部分事实发生变化的二审裁判方式

关键词｜二审程序｜部分事实发生变化｜

【最高人民法院参考案例】

贺淑华非法行医案（《刑事审判参考》案例第421号）

要旨：判决结果与一审相同，但定罪量刑依据的部分事实发生变化的二审案件应当用判决书改判。

---

① 2018年修正的刑事诉讼法第二百三十六条。

就本案而言，一审判决认定被告人致胎儿死亡的事实不清、证据不足，但由于胎儿尸体已经火化，即使发回重审也不能查明其死亡原因；二审根据已有证据能够查明被告人因非法行医造成就诊人死亡的犯罪事实，故本案可以通过二审直接进行判决，不宜将案件发回重审。

由于本案二审认定的罪名和判处的刑罚与一审相同，在本案的处理上出现了两种意见，一种意见认为应该用判决书改判，另一种意见认为应该用裁定书维持原判。司法实践中，对于类似本案二审认定的部分事实发生变化，但二审认定的罪名和刑罚与一审相同的案件，由于认识上的不同，各地法院的做法也有所不同，具体有三种处理方式：第一种方式用裁定书，在事实部分直接将二审查明的事实予以表述后，引用刑事诉讼法第一百八十九条第（一）项的规定，在主文部分裁定驳回上诉，维持原判；第二种方式用判决书，在事实部分将二审查明的事实表述后，引用刑事诉讼法第一百八十九条第（三）项和相关刑法条文的规定，在判决主文部分先撤销原判决，再判处与一审判决结果相同的罪名和刑罚；第三种方式也用判决书，在事实部分将二审查明的事实表述后，引用刑事诉讼法第一百八十九条第（三）项，但在判决主文部分直接判决驳回上诉，维持原判的定罪和量刑。

我们认为，二审改判制作的刑事判决书，是二审法院根据二审查实的案情和有关刑事法律的规定，确认原判决在认定事实、适用法律或者定罪量刑等案件的实体问题上有错误，从而依法作出全部或部分改判的法律文书。因此，对于二审认定的部分事实发生变化，但定罪量刑与一审相同的案件，是否采用二审判决书予以改判，应该以变化部分的事实是否影响案件实体处理为准。如果发生变化的部分事实，不影响案件实体处理的，则无须改判，可以按照第一种处理方式，用裁定书驳回上诉，维持原判；如果发生变化的部分事实，影响到案件实体处理，则应当按照第三种处理方式用判决书进行改判。

就本案而言，一审认定被告人非法行医造成就诊人和胎儿死亡，而二审只能认定被告人非法行医造成就诊人死亡的事实，不能认定被告人非法行医致胎儿死亡的事实。二审认定的犯罪行为危害后果轻于一审，一般情况下，二审可以据此在一审基础上减轻被告人的刑罚，所以胎儿死亡这一事实影响到本案的实体处理，二审应当用判决书对该部分事实进行改判。由于本案的原判刑罚已经是法定起点刑，被告人又无法定减轻情节，二审不能在一审基础上再予以减轻处罚，故应当判决维持原判的定罪和量刑。不能因为二审认定的罪名和裁量的刑罚与一审相同，就用裁定书予以维持。对于类似案件，均应当按照上述第三种处理方式，用判决书予以改判。

——《刑事审判参考》（总第 53 辑）。

1752 刑事案件终审判决和裁定发生法律效力的时间

关键词|二审程序|终审判决|终审裁定|生效时间|

【最高人民法院司法解释】

近来,有的法院反映,关于刑事案件终审判决和裁定何时发生法律效力问题不明确。经研究,批复如下:

根据《中华人民共和国刑事诉讼法》第一百六十三条、第一百九十五条和第二百零八条①规定的精神,终审的判决和裁定自宣告之日起发生法律效力。

——《最高人民法院关于刑事案件终审判决和裁定何时发生法律效力问题的批复》(2004 年 7 月 29 日,法释〔2004〕7 号)。

【链接:理解与适用】

三、《批复》的主要理由

《批复》的规定是符合立法的原意和审判实践的要求的。主要理由是:

1. 刑事诉讼法第一百六十三条第一款规定:"宣告判决,一律公开进行。"这说明法律要求人民法院在审判实践中坚持审判公开的原则,不仅坚持程序公开,也要坚持裁判公开,即要将法官对案件的结论性评价或对某些实体和程序问题的处理向社会公众公开宣示,无论是公开开庭审判的案件还是依法不公开审理的案件,所作的判决和裁定都应当公开宣告。因此,审判实践中不允许判决、裁定不经宣告就生效的情形,即任何判决和裁定都应当宣告。

2. 刑事诉讼法第一百九十五条规定:"第二审人民法院审判上诉或者抗诉案件的程序,除本章已有规定的以外,参照第一审程序的规定进行。"从这一条的规定看,在第二审程序中坚持审判公开、裁判公开的原则是不能变的,对于作出终审的判决和裁定的人民法院来说,由于地域原因委托下级人民法院代为送达终审的判决和裁定,应当要求下级法院代为宣告后立即将裁判文书送达被告人。

3. 之所以要规定终审的判决和裁定自宣告之日起生效,还因为刑事诉讼法没有规定送达的期限。刑事诉讼中送达的方式有直接送达、留置送达、委托送达、邮寄送达、转交送达五种形式。由于送达的方式不同,如何确定送达之日,仍会发生歧义,从而导致不能确定判决和裁定的生效之日。因此,应当将终审的判决和裁定的生效时间规定为宣告之日,而不是送达之日。

4. 能够更好地维护被告人合法权益。对刑事案件终审的判决和裁定何时发生法律效力问题加以明确,规定为自宣告之日起发生法律效力,可以避免因延误送达

---

① 2018 年修正的刑事诉讼法第二百零二条、第二百四十二条、第二百五十九条。

或者其他原因影响判决的生效执行,更好地维护被告人的合法权益。

综上,终审的判决和裁定自宣告之日起发生法律效力的规定符合立法原意,同时也是符合我国审判实践要求的。

——李晓:《关于刑事案件终审的判决和裁定何时发生法律效力问题司法解释的理解与适用》,载《人民司法》2004 年第 8 期。

九、在法定刑以下判处刑罚和特殊假释的核准

1753 法定刑以下判处刑罚案件层报复核的程序

关键词|法定刑以下判处刑罚|最高人民法院核准|

【最高人民法院司法解释】

第四百一十四条 报请最高人民法院核准在法定刑以下判处刑罚的案件,应当按照下列情形分别处理:

(一)被告人未上诉、人民检察院未抗诉的,在上诉、抗诉期满后三日以内报请上一级人民法院复核。上级人民法院同意原判的,应当书面层报最高人民法院核准;不同意的,应当裁定发回重新审判,或者按照第二审程序提审;

(二)被告人上诉或者人民检察院抗诉的,上一级人民法院维持原判,或者改判后仍在法定刑以下判处刑罚的,应当依照前项规定层报最高人民法院核准。

——《最高人民法院关于适用〈中华人民共和国刑事诉讼法〉的解释》(2021年3月1日,法释〔2021〕1号)。

【链接:理解与适用】

(1)关于被告人未上诉、人民检察院未抗诉的情形。《2012年解释》第三百三十六条第(一)项规定,对此情形,上一级人民法院不同意的,"应当裁定发回重新审判,或者改变管辖按照第一审程序重新审理。原判是基层人民法院作出的,高级人民法院可以指定中级人民法院按照第一审程序重新审理"。讨论中,有意见认为,如果上一级人民法院是高级人民法院,由其按照第一审程序重新审理,则可能导致最高人民法院成为二审法院,似有不妥。另有意见认为,对于原判是基层人民法院作出的,高级人民法院复核认为原判刑罚畸重的,依照原规定,只能发回重审或者指定中级人民法院按照第一审程序重新审理,程序烦琐,不便操作。基于此,宜借鉴死刑复核程序中高级人民法院不同意一审死刑判决的可以依照第二审程序提审的规定,直接作出改判。经研究,采纳上述意见,作出相应调整。

(2)关于被告人上诉、人民检察院未抗诉的情形。有意见认为,此种情形下,第二审人民法院可以直接加重刑罚,或者以量刑过轻为由发回原审人民法院重新审判,原审人民法院不受刑事诉讼法第二百三十七条第一款关于上诉不加刑原则

的限制。主要考虑：法定刑以下判处刑罚案件较为特殊，依法需要层报最高人民法院核准。对于一审在法定刑以下判处刑罚的案件，如果上级法院经复核或者审理认为不符合在法定刑以下判处刑罚的条件，应当允许上级法院改判加刑或者通过发回重审加重刑罚，否则，将会使得一审法院"绑架"上级法院，导致法定刑以下判处刑罚案件的核准程序流于形式，无法发挥监督制约作用。基于上述考虑，本条原本拟明确规定，对于法定刑以下判处刑罚的案件，"上级人民法院按照第二审程序改判，或者发回原审人民法院重新审判的，不受刑事诉讼法第二百三十七条第一款规定的限制"。

讨论中，有意见认为，上述规则存在不妥，可能导致适用法定刑以下核准程序案件的被告人反而遭受不利的后果。例如，被告人应当适用的法定最低刑为十年有期徒刑，如果一审对其在法定刑以下判处刑罚，无论人民检察院是否提出抗诉，二审可能对其加重至十二年；但如果一审对其判处法定最低刑十年有期徒刑，则在人民检察院未提出抗诉的情况下，二审无法加重其刑罚。基于此，为避免上述不合理现象，建议明确在人民检察院未抗诉的情况下，第二审人民法院可以加重刑罚，但只能在法定最低刑以下的幅度内加重刑罚，即无论如何，不得加重至法定刑以上的幅度。在法定刑以下判处刑罚的案件固然特殊，但如果被告人上诉，案件就会进入二审程序。二审法院无论改判还是发回重审，都应当遵守上诉不加刑原则，至少需要明确在人民检察院未抗诉的情况下，只能在法定最低刑以下的幅度内加重刑罚。

鉴于上述问题存在不同认识，本条未作规定，待进一步研究、统一认识后再通过其他方式作出明确。

——《起草小组解读：〈刑事诉讼法解释〉理解与适用（下）》，载中国法院网 2021 年 2 月 4 日，https://www.chinacourt.org/article/detail/2021/02/id/5796153.shtml。

1754 第二审人民法院直接在法定刑以下判处刑罚并层报核准的问题

关键词 | 法定刑以下判处刑罚 | 最高人民法院核准 |

【最高人民法院司法解释】

第四百一十五条 对符合刑法第六十三条第二款规定的案件，第一审人民法院未在法定刑以下判处刑罚的，第二审人民法院可以在法定刑以下判处刑罚，并层报最高人民法院核准。

——《最高人民法院关于适用〈中华人民共和国刑事诉讼法〉的解释》（2021 年 3 月 1 日，法释〔2021〕1 号）。

【链接：理解与适用】

《解释》第四百一十五条规定……据此，第一审人民法院未在法定刑以下判处刑罚的案件，被告人上诉或者检察院抗诉的，第二审可以直接在法定刑以下判处刑罚，并层报最高人民法院核准。

——《起草小组解读：〈刑事诉讼法解释〉理解与适用(下)》，载中国法院网 2021 年 2 月 4 日，https://www.chinacourt.org/article/detail/2021/02/id/5796153.shtml。

1755 被告人上诉的法定刑以下判处刑罚案件，第二审法院以量刑不当为由发回重审的，一审是否可以加重对被告人的刑罚

关键词 | 法定刑以下判处刑罚 | 上诉不加刑 |

【最高人民法院参考案例】

索南欧珠非法猎捕、杀害珍贵、濒危野生动物案(《刑事审判参考》案例第 1443 号)

要旨：被告人上诉的法定刑以下判处刑罚案件，第二审法院以量刑不当为由发回重审的，一审可以加重刑罚。

2012 年《刑事诉讼法解释》第三百三十六条第(二)项规定，被告人上诉的在法定刑以下判处刑罚的案件，第二审维持原判，或者改判后仍在法定刑以下判处刑罚的，应当层报最高人民法院核准。实践中，除前述规定的第二审维持原判或者改判后仍在法定刑以下判处刑罚这两种情形外，还存在第二审法院经审理后认为不应在法定刑以下判处刑罚的情形。对于上述情形应如何处理，有意见认为，第二审法院如不同意对被告人在法定刑以下判处刑罚并发回第一审法院重审，势必加重被告人的刑罚，有违刑事诉讼法第二百二十六条①关于发回重审的案件除有新的犯罪事实且补充起诉外，原审法院不得加重被告人刑罚的规定，即违反了上诉不加刑原则。

经研究，我们认为，被告人上诉的法定刑以下判处刑罚案件，第二审法院经审理不同意第一审判决量刑，发回重审后，第一审法院经重审加重被告人刑罚的，并不违反刑事诉讼法第二百二十六条的规定。理由是：根据 2012 年《刑事诉讼法解释》的相关规定，对于被告人上诉的法定刑以下判处刑罚案件，上级法院既有审理职责，同时也负有复核的职责，对于上级法院经审理认为不符合在法定刑以下判处刑罚的条件的，上级法院有权发回重审，原审法院重审后亦有权加重对被告人的刑

① 此处引用的是修正前的刑事诉讼法，对应 2018 年修正的刑事诉讼法第二百三十七条。后同。

罚。如果发回重审后刑罚不能加重，则意味着被告人一旦上诉，二审法院在法定刑以下判处刑罚案件上的复核程序实质上被架空，也会导致被告人为保险起见，对在法定刑以下判处刑罚的案件一律提起上诉的情况。

——《刑事审判参考》(总第 129 辑)。

1756 最高人民法院不予核准的被告人上诉或者人民检察院抗诉的法定刑以下判处刑罚案件，应发回哪一级法院重审

关键词 | 法定刑以下判处刑罚 | 原审法院 |

【最高人民法院参考案例】

索南欧珠非法猎捕、杀害珍贵、濒危野生动物案(《刑事审判参考》案例第 1443 号)

要旨：被告人上诉或者人民检察院抗诉的法定刑以下判处刑罚案件，最高人民法院不予核准的，可以根据案件情况发回一审或二审法院重审。

根据 2012 年《刑事诉讼法解释》第三百三十八条规定，对在法定刑以下判处刑罚的案件，最高人民法院不予核准的，应当作出不核准裁定书，并撤销原判决、裁定，发回原审人民法院重新审判或者指定其他下级人民法院重新审判。据此，有意见认为，这里的原审法院，指的是作出一审判决的法院，就本案而言，应当发回第一审法院噶尔县人民法院重新审判。

经研究，我们认为，对于被告人上诉或者人民检察院抗诉的法定刑以下判处刑罚的案件，既可以发回一审法院，也可以发回二审法院，应当依据案件的具体情况决定。

对于发回哪一级法院重审，法律、司法解释均没有禁止性规定，两种情况均符合法律规定。从上述 2012 年《刑事诉讼法解释》第三百三十八条规定的内容看，有两种理解的可能性：一是理解为撤销一审判决和二审裁定，发回一审法院重审，即一撤到底；二是撤销最后作出的判决、裁定，即只撤销二审判决、裁定并发回第二审法院重审。同时，2012 年《刑事诉讼法解释》第三百三十九条[①]规定，“依照本解释第三百三十六条、第三百三十八条规定发回第二审人民法院重新审判的案件，第二审人民法院可以直接改判”。根据该条的规定，对于存在上诉或者抗诉情形的法定刑以下量刑案件，最高人民法院可以发回第二审法院重审。因而，将“原审法院”仅理解为一审法院是对法律、司法解释的误读。

我们认为，对于事实、证据、程序均不存在问题，量刑需要往下调整的案件，考

① 对应 2021 年解释第四百一十八条。后同。

虑到改判后仍在法定刑以下量刑的案件还需要逐级报最高人民法院核准,从节约司法资源、提高诉讼效率的角度考虑,发回第二审法院重审更符合效率原则,第二审法院可以直接改判,避免程序空转。

对于事实、证据存在再核实的案件,最高人民法院可以根据案件的具体情况进行判断,认为由一审法院重审更有利于查明案件事实、证据的,应当发回一审法院重审,反之亦然。需要注意的是,如果涉及量刑向上调整的情况,应当充分保障被告人的辩护权。

具体到本案中,本案事实、证据均不存在问题,仅量刑需要调整,且系由重到轻改判,不影响被告人的诉权,由第二审法院阿里地区中级人民法院改判更节省诉讼资源,故最高人民法院发回二审法院重新审判。

——《刑事审判参考》(总第 129 辑)。

1757 不予核准并发回重审的法定刑以下判处刑罚案件，是否必须开庭审理

关键词｜法定刑以下判处刑罚｜开庭审理｜

【最高人民法院参考案例】

索南欧珠非法猎捕、杀害珍贵、濒危野生动物案(《刑事审判参考》案例第 1443 号)

要旨:不予核准并发回重审的法定刑以下判处刑罚案件,原审法院应根据案件情况决定是否开庭。

2012 年《刑事诉讼法解释》第三百三十九条规定:"依照本解释第三百三十六条、第三百三十八条规定发回第二审人民法院重新审判的案件,第二审人民法院可以直接改判;必须通过开庭查清事实、核实证据或者纠正原审程序违法的,应当开庭审理。"有意见据此认为,只有具有"必须通过开庭查清事实、核实证据或者纠正原审程序违法"等情形的,才应当开庭审理,对于不涉及查清事实、核实证据或者纠正原审程序违法等情形,如本案这样只涉及量刑问题的,可依照前述规定不开庭审理。

经研究,我们认为,上述意见有一定合理性,但需要注意的是,除了涉及查清事实、核实证据或者纠正原审程序违法等情形发回重审的案件需要开庭审理外,上级法院经审理或者复核认为原审判决对被告人在法定刑以下判处刑罚不当,发回原审法院重新审理的,由于重审后量刑系由轻到重,从保护被告人辩护权的角度,原审法院亦应开庭审理。

——《刑事审判参考》(总第 129 辑)。

1758 不予核准并发回重审的法定刑以下判处刑罚案件，是否必须另行组成合议庭审理

关键词｜法定刑以下判处刑罚｜另行组成合议庭｜

【最高人民法院参考案例】

索南欧珠非法猎捕、杀害珍贵、濒危野生动物案(《刑事审判参考》案例第1443号)

要旨：不予核准并发回重审的法定刑以下判处刑罚案件，原审法院并非必须另行组成合议庭审理。

本案发回重审后，阿里地区中级人民法院未另行组成合议庭进行审理。再次报最高人民法院复核时，有意见认为，应当以程序违法再次发回重审。

我们认为，本案不宜以程序违法为由再次发回重审。理由是：

1. 阿里地区中级人民法院重审时未另行组成合议庭未直接违反法律和司法解释的规定。刑事诉讼法第二百二十八条①规定，原审法院对于发回重审的案件应当另行组成合议庭进行审判。上述规定在普通程序、审判监督程序和减刑假释程序中均为原则性规定，但在死刑复核案件中存在例外情形：2012年《刑事诉讼法解释》第三百五十五条②规定，对于最高人民法院裁定不予核准死刑并发回重审的案件，具有复核期间出现新的影响定罪量刑的事实、证据，以及原判认定事实正确，但依法不应当判处死刑这两种情形的，可不另行组成合议庭。对法定刑以下量刑案件而言，在刑事诉讼法和2012年《刑事诉讼法解释》均未规定发回重审后合议庭应如何组成的情况下，具体操作上可参照上述规定进行：因最高人民法院不同意在法定刑以下判处刑罚，或者因原判事实不清、证据不足，或者因严重违反法定程序，可能影响公正审判等原因发回重审的法定刑以下量刑案件，原审法院应另行组成合议庭进行审理；对于复核期间出现新的影响定罪量刑的事实、证据，或者原判认定事实正确，但依法可在原判刑罚基础上进一步从宽的，发回重审后可不另行组成合议庭。本案属于原判认定事实正确，但依法可再予从宽处罚的情形，阿里地区中级人民法院重审时未另行组成合议庭并不违法。

2. 从节约司法资源和减少被告人讼累的角度，本案也不宜发回重审。本案于2017年年初案发，其间经历四级法院、从一审到复核共七个审理程序，历时两年多，被告人索南欧珠的刑期也即将届满，如以程序违法为由再次发回重审，还要再经历阿里地区中级人民法院重审、西藏自治区高级人民法院和最高人民法院复核三个阶段，既不利于节约司法资源，也会造成被告人的讼累。

---

① 此处引用的是修正前的刑事诉讼法，对应2018年修正的刑事诉讼法第二百三十九条。

② 对应2021年解释第四百三十二条。

——《刑事审判参考》(总第129辑)。

1759 对于报送最高人民法院核准的法定刑以下判处刑罚案件，高级人民法院是否应出具裁定书

关键词|法定刑以下判处刑罚|裁定书|

【最高人民法院参考案例】

索南欧珠非法猎捕、杀害珍贵、濒危野生动物案(《刑事审判参考》案例第1443号)

要旨:对于报送最高人民法院核准的法定刑以下判处刑罚案件,高级人民法院可以不出具裁定书。

根据2012年《刑事诉讼法解释》第三百三十六条①的规定,上一级人民法院对于报送最高人民法院复核的法定刑以下判处刑罚案件,经复核同意的,应当书面层报最高人民法院核准。第三百三十七条②规定:"报请最高人民法院核准在法定刑以下判处刑罚的案件,应当报送判决书、报请核准的报告各五份,以及全部案卷、证据。"对于"书面层报"应如何理解,从近年来最高人民法院复核的法定刑以下判处刑罚案件的情况来看,各地法院的做法不尽一致:部分高级人民法院是以《报请核准在法定刑以下判处刑罚的报告》的方式"书面层报",本身并不出具裁定书;部分高级人民法院则出具裁定书,并将裁定书与《报请核准在法定刑以下判处刑罚的报告》一起"书面层报"。

经研究,我们认为,考虑到以下因素,高级人民法院向最高人民法院报请核准法定刑以下判处刑罚案件时,不必出具裁定书。

(1)高级人民法院报核时不出具裁定不违反司法解释的规定。从2012年《刑事诉讼法解释》第三百三十六条的规定来看,仅规定上级法院如经复核同意原判,应"书面层报"最高人民法院核准,并未限制"书面层报"的形式,即无论是出具裁定书,还是仅以《报请在法定刑以下判处刑罚的报告》的方式"书面层报",均不违反该项规定。事实上,从最高人民法院近年来办理的法定刑以下量刑案件来看,高级人民法院不出具裁定的做法多于出具裁定的做法。

(2)高级人民法院报核时不出具裁定书有利于提高诉讼效率。一是裁定书的制作相对而言比报核报告更为费时费力;二是如果高级人民法院出具了裁定书,最高人民法院不核准时,不能绕开高级人民法院的裁定直接撤销一、二审判决或者裁

---

① 对应2021年解释第四百一十四条。后同。

② 对应2021年解释第四百一十六条。

定，不利于提高诉讼效率。

——《刑事审判参考》（总第 129 辑）。

1760 同一案件中有多名被告人的，对其中部分被告人在法定刑以下量刑，应当如何履行报核程序

关键词｜法定刑以下判处刑罚｜报核程序｜

【最高人民法院参考案例】

杜中亚、李章舵贪污、非法转让土地使用权、诈骗案（《刑事审判参考》案例第 1445 号）

要旨：同一案件中有多名被告人的，对其中部分被告人在法定刑以下量刑，应当仅对在法定刑以下判处刑罚的被告人的量刑部分报核。

刑事诉讼法及其解释规定了对被告人在法定刑以下判处刑罚的报送、复核程序，但对于同一案件存在多名被告人，部分在正常幅度内量刑，部分在法定刑以下量刑的情形，是否需要全案报送最高人民法院法院核准未作明确规定，实践中做法不尽统一。

我们认为，对于此种情况，应当仅对在法定刑以下判处刑罚的被告人的量刑部分报核，其他被告人的判决正常生效，不受报核程序的影响。理由如下：

1. 法定刑以下判处刑罚的核准程序是刑事诉讼中一项特殊的审判程序，是对二审终审审级制度的补充。审理法院在没有法定减轻处罚情节的前提下对被告人减轻处罚，本身是对法律的一种突破，为了监督、平衡法院的特殊减轻处罚权，刑法规定此类案件应当层报最高人民法院核准。因此，上级法院和最高人民法院监督、审查的重点是根据案件的具体特殊情况是否应当在法定刑以下判处刑罚，无须再对正常量刑幅度内判处刑罚的同案被告人进行审查。

2. 虽然刑事诉讼法及相关解释没有明文规定此种情况，但可以参照死刑核准程序进行办理。《最高人民法院关于适用〈中华人民共和国刑事诉讼法〉的解释》第四百三十条规定，同案审理的案件中，部分被告人被判处死刑，对未被判处死刑的同案被告人需要羁押执行刑罚的，应当在其判决、裁定生效后十日内交付执行。因而，我们同样有理由认为，法定刑以下判处刑罚的报核程序也不影响同案被告人判决、裁定的生效。并且，相对于死刑核准程序而言，法定刑以下判处刑罚的案件涉及的犯罪事实可能更轻，同案被告人判处的刑罚可能更短，如果都要等到最高人民法院核准后才生效，不仅会影响同案被告人的执行，而且很可能会造成最高人民法院尚未核准，判决的刑期已经届满，导致对同案被告人权利的实质侵犯，也造成

下级法院在报核此类案件时多一层顾虑。

本案中,任丘市人民法院作出一审判决,被告人上诉后,沧州市中级人民法院作出二审判决,并依法将案件层报最高人民法院核准。但一、二审对同案被告人李万有、刘松青均是在法定刑幅度内判处刑罚,因而两名同案被告人的定罪、量刑部分在二审判决后已经生效。沧州市中级人民法院仅需对被告人杜中亚、李章舵在法定刑以下量刑部分向河北省高级人民法院、最高人民法院报送核准,而不应将全案一并报核。

——《刑事审判参考》(总第129辑)。

1761 被告人犯数罪的，对其中一罪在法定刑以下量刑，应当如何履行报核程序

关键词｜法定刑以下判处刑罚｜报核程序｜

【最高人民法院参考案例】

杜中亚、李章舵贪污、非法转让土地使用权、诈骗案(《刑事审判参考》案例第1445号)

要旨:被告人犯数罪的,对其中一罪在法定刑以下量刑,原则上应将被告人所犯该罪的量刑部分层报最高人民法院核准。

本案中,报核的两名被告人分别犯贪污罪、非法转让土地使用权罪和诈骗罪,其中贪污罪、非法转让土地使用权罪是在正常幅度内量刑,只有诈骗罪是在法定刑以下量刑。对于此种被告人犯数罪的,对其中一罪或者部分罪名在法定刑以下量刑的情况,下级法院的报核范围和上级法院的审查范围,存在两种不同意见:

第一种意见认为,对于此种情况,审理案件的法院应当仅就法定刑以下量刑罪名进行报核,对于其他罪名及综合刑期无须报核,上级法院也仅对报核罪名进行审查。

第二种意见认为,下级法院的报核范围和上级法院的审查范围应当是涉案被告人的全部量刑,包括法定刑以下量刑罪名、其他罪名和综合刑期。

我们认为,对于此种情况,原则上审理案件的法院应当将法定刑以下量刑的罪名和综合刑期部分层报最高人民法院核准,但上级法院发现被告人其他罪名在正常幅度内的量刑部分明显不当的,也应当指出。理由如下:

1.审理法院对法定刑以下量刑罪名进行报核,上级法院就该罪名进行审查是法定刑以下量刑程序的应有之义。同时,对于被告人犯数罪的情况,影响被告人实质刑期的除了单个罪名的判罚,还包括综合刑期的判罚。因此,上级法院不仅需要

审查对所涉罪名的量刑是否适当，还需要审查该罪名的量刑在综合刑期中所占比例是否适当。换句话说，在最高人民法院核准被告人所涉罪名在法定刑以下的判罚之前，被告人的综合刑期也不可能生效，最高人民法院的核准判决也必然包括对综合刑期的实质判断。

2. 对于被告人其他罪名在正常幅度内的判罚，原则上属于审理法院的管辖和裁量范围，因而不属于审查、核准的范围。最高人民法院在下发核准裁定时，可以不表述相关罪名的事实及量刑。有观点认为，在无明文规定时，应当参照死刑复核案件裁判文书的样式，而死刑复核裁定书中写明了死刑被告人的非死刑罪名的犯罪事实。我们认为，法定刑以下核准案件与死刑复核案件存在区别：一是法律明文规定死刑复核应当全面审查案件，而对法定刑以下核准案件则无此种规定；二是死刑案件中死刑被告人的非死刑罪名同样影响对该被告人主观恶性、人身危险性的评价，关系到被告人是否被核准死刑的最终裁判结果，因而必须在文书中列明，但是法定刑以下核准案件多是因为一些客观的、特殊的事由、情势出现后导致在正常的量刑幅度内对被告人判处刑罚会显失公平，通常与被告人是否犯其他罪影响不大。因此，通常情况下最高人民法院的核准裁定不必表述非报核罪名的事实及量刑情况。

但是，如果最高人民法院在审查中发现其他罪名的量刑明显不当的，考虑被告人的判决尚未生效，无论从公平正义还是从诉讼经济的角度都应当指出，并可以作出不核准的裁定。

本案第一次报核时，最高人民法院原则上仅对被告人杜中亚、李章舵所犯诈骗罪的量刑进行审查，但在审查过程中发现，在非法转让土地所有权一节，二被告人是将村集体土地转让本村村民作为宅基地使用，且所得收益用于村开支，原一、二审对二被告人所犯非法转让集体土地使用权罪的量刑偏重；且从全案考虑，二被告人经集体决策，为偿还建设村小学所欠债务实施诈骗行为，涉案款项亦主要用于该债务偿还，没有将赃款据为己有，原二审确定的综合刑期偏重。故最高人民法院第一次未核准本案，发回沧州市中级人民法院重审。沧州市中级人民法院调整刑期及其他问题后，将二审判决中杜中亚、李章舵所犯诈骗罪在法定刑以下量刑部分再次层报最高人民法院复核。最高人民法院针对二被告人所犯诈骗罪部分进行详细评析，并作出核准裁定。

——《刑事审判参考》（总第 129 辑）。

1762 法定刑以下判处刑罚案件核准过程中应如何处理事实认定和法律适用中的瑕疵

关键词｜法定刑以下判处刑罚｜死刑复核｜

【最高人民法院参考案例】

刘清江、朱文向非法收购、运输、出售珍贵、濒危野生动物案(《刑事审判参考》案例第1428号)

要旨:最高人民法院在法定刑以下量刑案件的核准过程中,对量刑适当但个别事实认定和罪名适用方面存在瑕疵的,可以在核准案件的同时在裁定书中依法纠正相关瑕疵。

云南三级法院对被告人刘清江的定罪准确,量刑适当;认定被告人朱文向非法猎捕八只白腹锦鸡系事实认定错误,认定朱文向犯非法猎捕、出售珍贵、濒危野生动物罪①系法律适用错误,但对其量刑适当。对于此种情形如何处理,刑事诉讼法及司法解释均未作明文规定。但《最高人民法院关于适用〈中华人民共和国刑事诉讼法〉的解释》(法释〔2012〕21号)对于死刑复核程序中相关问题明确规定,原判认定的某一具体事实或者引用法律条款等存在瑕疵,但判处被告人死刑并无不当的,可以在纠正后作出核准的判决、裁定,②考虑法定刑以下核准与死刑复核在程序设置方面有很多相似之处,且死刑复核程序的规定较法定刑以下核准程序更为严格规范,故部分问题可以参考适用。本案中,被告人刘清江和朱文向的量刑均适当,如将本案发回重审,既浪费司法资源,也会造成被告人的讼累。故最高人民法院在同意原审判决对被告人量刑的情况下,在裁定书中纠正前述事实认定和罪名适用方面的瑕疵。

——《刑事审判参考》(总第128辑)。

---

① 罪名已调整为"危害珍贵、濒危野生动物罪"。

② 此处引用的是2012年解释第三百三十五条第(二)项,对应2021年解释第四百二十九条第(二)项。

十、死刑复核程序

1763 复核死刑、死刑缓期执行案件应当审查的内容

关键词｜死刑｜死刑缓期执行｜

【最高人民法院司法解释】

第四百二十七条 复核死刑、死刑缓期执行案件，应当全面审查以下内容：

（一）被告人的年龄，被告人有无刑事责任能力、是否系怀孕的妇女；

（二）原判认定的事实是否清楚，证据是否确实、充分；

（三）犯罪情节、后果及危害程度；

（四）原判适用法律是否正确，是否必须判处死刑，是否必须立即执行；

（五）有无法定、酌定从重、从轻或者减轻处罚情节；

（六）诉讼程序是否合法；

（七）应当审查的其他情况。

复核死刑、死刑缓期执行案件，应当重视审查被告人及其辩护人的辩解、辩护意见。

——《最高人民法院关于适用〈中华人民共和国刑事诉讼法〉的解释》（2021年3月1日，法释〔2021〕1号）。

1764 高级人民法院复核死刑缓期执行案件后的处理

关键词｜高级人民法院｜死刑缓期执行｜

【最高人民法院司法解释】

第四百二十八条 高级人民法院复核死刑缓期执行案件，应当按照下列情形分别处理：

（一）原判认定事实和适用法律正确、量刑适当、诉讼程序合法的，应当裁定核准；

（二）原判认定的某一具体事实或者引用的法律条款等存在瑕疵，但判处被告

人死刑缓期执行并无不当的,可以在纠正后作出核准的判决、裁定;

(三)原判认定事实正确,但适用法律有错误,或者量刑过重的,应当改判;

(四)原判事实不清、证据不足的,可以裁定不予核准,并撤销原判,发回重新审判,或者依法改判;

(五)复核期间出现新的影响定罪量刑的事实、证据的,可以裁定不予核准,并撤销原判,发回重新审判,或者依照本解释第二百七十一条的规定审理后依法改判;

(六)原审违反法定诉讼程序,可能影响公正审判的,应当裁定不予核准,并撤销原判,发回重新审判。

复核死刑缓期执行案件,不得加重被告人的刑罚。

——《最高人民法院关于适用〈中华人民共和国刑事诉讼法〉的解释》(2021年3月1日,法释〔2021〕1号)。

1765 死刑缓期执行期间发现漏罪，经判决后仍决定执行死刑缓期二年执行的核准程序

关键词|死刑复核|死缓|漏罪|

【最高人民法院参考案例】

范昌平抢劫、盗窃案(《刑事审判参考》案例第402号)

要旨:新的死缓判决应报请高级人民法院重新核准。

……对于判处被告人死刑缓期二年执行的判决,必须经有核准权的人民法院核准以后才能发生法律效力。安徽省阜阳市中级人民法院根据刑法第七十条的规定,对范昌平作出的(2004)阜刑初字第87号刑事判决,虽然与(2003)阜刑初字第68号刑事判决结果一致,但是该判决是基于范昌平在死缓执行期间发现漏罪而重新启动的一审程序,是对范昌平全部犯罪行为进行重新评判后所作出的判决,其性质仍为一审判决。故(2004)阜刑初字第87号刑事判决,必须报请安徽省高级人民法院重新核准后,才能发生法律效力。对于(2004)阜刑初字第87号刑事判决,范昌平可以提出上诉,检察机关也可以抗诉。安徽省高级人民法院在复核时,完全可以……按照案件的具体情形作出"予以核准""发回重审"或"改判"的处理决定。

——《刑事审判参考》(总第51辑)。

1766 最高人民法院复核死刑案件后的处理

关键词｜死刑复核｜改判｜

【最高人民法院司法解释】

第四百二十九条 最高人民法院复核死刑案件，应当按照下列情形分别处理：

（一）原判认定事实和适用法律正确、量刑适当、诉讼程序合法的，应当裁定核准；

（二）原判认定的某一具体事实或者引用的法律条款等存在瑕疵，但判处被告人死刑并无不当的，可以在纠正后作出核准的判决、裁定；

（三）原判事实不清、证据不足的，应当裁定不予核准，并撤销原判，发回重新审判；

（四）复核期间出现新的影响定罪量刑的事实、证据的，应当裁定不予核准，并撤销原判，发回重新审判；

（五）原判认定事实正确、证据充分，但依法不应当判处死刑的，应当裁定不予核准，并撤销原判，发回重新审判；根据案件情况，必要时，也可以依法改判；

（六）原审违反法定诉讼程序，可能影响公正审判的，应当裁定不予核准，并撤销原判，发回重新审判。

——《最高人民法院关于适用〈中华人民共和国刑事诉讼法〉的解释》（2021年3月1日，法释〔2021〕1号）。

【链接：理解与适用】

1996年刑事诉讼法未规定最高人民法院复核死刑案件可以改判。2007年，为统一行使死刑案件核准权，最高人民法院制定了《最高人民法院关于复核死刑案件若干问题的规定》（法释〔2007〕4号，以下简称《复核死刑规定》）。其中，第四条规定："最高人民法院复核后认为原判认定事实正确，但依法不应当判处死刑的，裁定不予核准，并撤销原判，发回重新审判。"同时，规定了两种"可以改判"的情形，即第六条规定："数罪并罚案件，一人有两罪以上被判处死刑，最高人民法院复核后，认为其中部分犯罪的死刑裁判认定事实不清、证据不足的，对全案裁定不予核准，并撤销原判，发回重新审判；认为其中部分犯罪的死刑裁判认定事实正确，但依法不应当判处死刑的，可以改判并对其他应当判处死刑的犯罪作出核准死刑的判决。"第七条规定："一案中两名以上被告人被判处死刑，最高人民法院复核后，认为其中部分被告人的死刑裁判认定事实不清、证据不足的，对全案裁定不予核准，并撤销原判，发回重新审判；认为其中部分被告人的死刑裁判认定事实正确，但依法不应当判处死刑的，可以改判并对其他应当判处死刑的被告人作出核准死刑的判决。”之所以作出上述规定，主要有两点考虑：一是当时对死刑复核能否改判尚有不同认识；二是尽量把改判可能引发的问题解决在地方，避免把矛盾、压力引到北京。2012 年刑事诉讼法修改，采纳最高人民法院建议，吸收《复核死刑规定》的上述规定，在 2012 年刑事诉讼法第二百三十九条（修改后刑事诉讼法第二百五十条）规定：“最高人民法院复核死刑案件，应当作出核准或者不核准死刑的裁定。对于不核准死刑的，最高人民法院可以发回重新审判或者予以改判。”

《2012 年解释》起草时，结合上述考虑和法律修改的背景，考虑到《复核死刑规定》在司法适用中未出现明显问题，故沿用《复核死刑规定》第四条，在第三百五十条规定：“最高人民法院复核死刑案件，应当按照下列情形分别处理：……（五）原判认定事实正确，但依法不应当判处死刑的，应当裁定不予核准，并撤销原判，发回重新审判。……”同时，在第三百五十一条、第三百五十二条，继续沿用了对一人犯数个死罪和一案有两人被判处死刑案件可以部分改判的规定。

本次征求意见过程中，有意见建议增加予以改判的规定。理由：刑事诉讼法已经规定，对于不核准死刑的，最高人民法院可以发回重新审判或者予以改判。对仅量刑不当的，最高人民法院复核没有必要全部发回重审。从节约司法资源的角度考虑，应当规定可以改判。但是，也有意见认为，死刑复核程序要体现其特殊性质，防止成为“第三审”。并且，如作出上述修改，可能导致地方法院不能担当作为，把矛盾、风险化解在地方，而是推由最高人民法院改判，导致信访压力加剧。

经综合考虑上述意见，《解释》第四百二十九条规定：“最高人民法院复核死刑案件，应当按照下列情形分别处理：……（五）原判认定事实正确、证据充分，但依法不应当判处死刑的，应当裁定不予核准，并撤销原判，发回重新审判；根据案件情况，必要时，也可以依法改判；……”同时，删除了《2012 年解释》第三百五十一条、第三百五十二条规定。主要考虑：从 2012 年以来的司法实践看，确有案件系由最高人民法院直接改判，例如《刑事审判参考》第 117 集刊登的“被告人柔柯耶姆·麦麦提故意杀人案”，该被告人被新疆阿克苏中院一审判处死刑，剥夺政治权利终身，在法定期限内无上诉、抗诉，新疆高院经复核同意原判并报最高人民法院核准，最高人民法院审判委员会经讨论依法决定不核准死刑，以故意杀人罪改判被告人死刑缓期二年执行，剥夺政治权利终身。还有一些案件，存在非死刑罪名适用有瑕疵的情况，如由于盗窃罪司法解释调整导致原来的盗窃罪判处的刑罚需要调整，并没有新的事实证据，全案发回似意义不大，且过于浪费司法资源。但是，规定最高人民法院在死刑复核程序中可以直接改判，也可能带来的一系列问题，需要引起重视。故而，仍应坚持“以发回重审为原则，以依法改判为例外”的原则，即对不予核准死刑的案件，一般应发回重审，只有改判没有“后遗症”的，出于诉讼效率的考虑，才予以直接改判。

——《起草小组解读：〈刑事诉讼法解释〉理解与适用（下）》，载中国法院网 2021 年 2 月 4 日，https://www.chinacourt.org/article/detail/2021/02/id/5796153.shtml。

1767 最高人民法院复核死刑案件，可以直接改判罪名并核准死刑

关键词｜死刑复核｜改判｜

【最高人民法院参考案例】

吕升艺故意杀人案（《刑事审判参考》案例第 458 号）

要旨：最高人民法院复核认为原判事实清楚、量刑适当，但定罪不准的，可以直接改变罪名并核准被告人死刑。

这是因为，从理论上讲，对于被告人应当判处死刑的案件，最高人民法院复核后直接改变罪名并核准死刑并不违反刑事诉讼法的基本原则。只要复核认定的犯罪事实不超出报请复核的范围，复核直接改变罪名就没有违反不告不理的原则；被告人已被判处极刑，复核直接改变罪名并核准死刑也不可能再加重被告人的刑罚，因此复核直接改变罪名没有违反上诉不加刑原则；此外，复核直接改变罪名，避免了单纯由于定罪不准而发回重审，节约了司法成本，使当事人免受诉累，有利于诉讼活动的经济性。

——《刑事审判参考》（总第 58 辑）。

1768 死刑复核程序中发现一审、二审对被告人身份、是否构成累犯等事实认定错误的，应如何处理

关键词｜死刑复核｜被告人身份｜累犯｜

【最高人民法院参考案例】

张某文抢劫、抢夺案（《刑事审判参考》案例第 1340 号）

要旨：在死刑复核程序中发现一审、二审认定的被告人姓名、是否构成累犯等事实不清的，应发回一审法院重新审判。

本案被告人张某文的姓名、是否构成累犯等重要案件事实不清，证据不足，在最高人民法院复核阶段无法纠正，依法应发回重审。首先，在公诉机关未变更或同意变更起诉被告人张某文的姓名等身份信息，被告人真实身份的证明材料未经庭审出示、质证的情况下，最高人民法院在复核阶段直接纠正被告人身份，程序上于

法无据。其次,二审法院改判被告人死刑的一个重要因素是其构成累犯,具有法定从重处罚情节,根据上述分析该累犯情节需经重新调查核实再予认定。有意见认为,被告人的姓名等身份事实错误属于原判认定的某一具体事实的瑕疵,如案件定罪量刑并无不当的,可以在纠正后作出核准的判决、裁定。我们认为,这种意见混淆了案件事实的瑕疵与错误之间的界限。所谓瑕疵,主要是指裁判文书中认定的案件事实中出现错别字、时间误差、地名不准确等文字上的误差,或者多起事实中个别次要事实认定错误,而不是重要的事实认定错误。被告人身份认定的错误,不是表述个别身份信息时的笔误,而是张冠李戴,全部个人信息均认定错误,属于犯罪主体事实认定错误,也直接影响其是否构成累犯的认定,故不属于可以通过复核阶段直接纠正就能弥补的瑕疵。

此外,以节约司法资源为由主张可按被告人自报的姓名进行审判的意见虽有一定法律依据,但在本案中也不是稳妥的处理方式。司法机关应当依法对被告人姓名、住址等身份事实进行调查核实,只有穷尽一切手段后仍确实无法查明其身份的,才能按被告人自报的姓名起诉、审判。本案被告人的身份经过最高人民法院复核阶段的补充调查,已初步认定其真实身份,原判认定其身份错误的可能性极大,相关法定从重量刑情节能否成立存疑,有条件也应当通过发回重审来查明相关事实。

——《刑事审判参考》(总第 122 辑)。

1769 死刑复核程序中发现二审法院剥夺被告人上诉权的，如何处理

关键词｜死刑复核｜上诉权｜严重违反法定程序｜

【最高人民法院参考案例】

王春红、徐满等抢劫案(《刑事审判参考》案例第 1262 号)

要旨:被告人在法定期限内口头提出上诉的,应视为有效上诉;死刑上诉案件未开庭审理的,属于严重违反法定诉讼程序,可能影响公正审判,应依法发回重审。

最高人民法院在复核本案时发现,一审法院宣判时被告人王春红、徐满均表示提出上诉,宣判笔录明确记录了两人的上诉要求,但某省高级人民法院却以复核程序审理了本案,并报请最高人民法院核准。对高级人民法院以复核程序审理被告人口头提出上诉案件的,在最高人民法院死刑复核阶段应如何处理,形成两种意见。第一种意见认为,高级人民法院未依法适用二审程序公开开庭审理,剥夺了被告人的上诉权,侵犯了被告人的辩护权,严重违反法定诉讼程序,可能影响公正审判,依法应发回重审。第二种意见认为,某省高级人民法院虽未按照二审程序公开

开庭审理，但提讯了王春红、徐满，充分听取了二人的意见，并为二人指定了辩护人，保障了辩护权的充分行使，并不影响案件的公正审判，不必发回重审，依法可核准死刑。我们同意第一种意见，具体理由如下：

（一）被告人在法定期限内口头提出上诉的，应视为有效上诉

刑事诉讼法第二百二十七条第一款规定："被告人、自诉人和他们的法定代理人，不服地方各级人民法院第一审的判决、裁定，有权用书状或者口头向上一级人民法院上诉……"同时，该条第三款规定："对被告人的上诉权，不得以任何借口加以剥夺。"据此，被告人以书面或口头形式提出的上诉，均属于有效上诉表示，应当受到刑事诉讼法的严格保护。被告人的上诉权是刑事诉讼中的基本诉讼权利，不得以任何形式和借口予以剥夺。《最高人民法院关于适用〈中华人民共和国刑事诉讼法〉的解释》第三百条第一款规定："人民法院受理的上诉案件，一般应当有上诉状正本及副本。"此处规定"一般"应当有上诉状正本及副本，是出于更全面地了解和掌握被告人的上诉理由而作出的原则性规定，并不是否定被告人口头上诉的法律效力。

本案中，一审宣判时被告人王春红、徐满均明确表示上诉并被记录在案，同案被告人杜买红表示不上诉（后提交了上诉状）。但此后一审法院根据仅收到杜买红上诉状的情况认为只有杜买红提出上诉，制作案件移交材料后将案件上报至二审法院，二审法院亦因未收到王春红、徐满提交的上诉状而认为两人未提出上诉，并在裁定准许杜买红撤诉后直接以复核程序审理了本案。这种做法的错误在于，法院对被告人在法定期限内提出的口头上诉未予重视，单纯以是否提交上诉状作为认定被告人是否上诉的依据（王春红、徐满均称口头提出上诉后又通过看守所提交了上诉状，但法院未收到），忽视了口头上诉的法律效力。综上，王春红、徐满在一审宣判时已提出有效上诉，其后不论二人有无提交书面上诉状，均不影响两人提出上诉的法律效力。作为一审的上一级法院，在审理工作中应当重视审查被告人有无上诉情况。

（二）死刑上诉案件未开庭审理的，属于严重违反法定诉讼程序，可能影响公正审判，应依法发回重审

刑事诉讼法第二百三十四条第一款规定："第二审人民法院对于下列案件，应当组成合议庭，开庭审理……（二）被告人被判处死刑的上诉案件……"《最高人民法院关于适用〈中华人民共和国刑事诉讼法〉的解释》第三百一十七条第一款进一步明确了"被告人被判处死刑立即执行的上诉案件"应当开庭审理。有意见认为，本案中某省高级人民法院提讯了一审被判处死刑的被告人王春红、徐满，听取了二人意见，并为二人指定了辩护人，听取了辩护人意见，虽未开庭审理，但充分保障了被告人的诉讼权利。中级人民法院、高级人民法院认定王春红、徐满犯抢劫罪的事实清楚，证据

确实、充分,对二人均应判处死刑。因此,虽然某省高级人民法院未适用二审程序公开开庭审理违反法定诉讼程序,但实质上并不影响公正审判,依法可予核准。

我们认为,在一审法院判处被告人王春红、徐满死刑,两人均明确提出上诉的情况下,某省高级人民法院适用复核程序审理本案,不但剥夺了被告人申请回避的权利、当庭举证质证及辩护的权利,而且导致同级检察机关不能参与案件的二审程序,指控犯罪、监督审判的职能缺失,属于严重违反法定诉讼程序。开庭审理是刑事诉讼法规定的基本原则,是审判公正的制度保障,是法律的刚性规定,其目的是最大限度地保障被告人辩护权的充分行使,保障人权,彰显程序正义,确保实体公正。如果仅以实体公正为宗旨,完全抛开程序正义的要求,既不符合注重程序正义、充分保障人权的现代刑事司法理念,也可能为案件的实体处理埋下隐患。因此,对于依法应当开庭审理的案件未开庭审理的,原则上应认定此种做法"可能影响公正审判",这也是刑事诉讼法规定二审开庭审理制度的应有之意,特别是对死刑案件,更要坚持最高标准、最严要求。

综上,最高人民法院认为某省高级人民法院适用复核程序审理了本应开庭审理的死刑案件,严重违反法定诉讼程序,可能影响公正审判,据此裁定不核准二被告人死刑,并撤销原判,发回某省高级人民法院重新审判。

——《刑事审判参考》(总第114辑)。

1770 最高人民法院发回第二审人民法院案件的后续处理规则

关键词|最高人民法院|发回重审|第二审人民法院|

【最高人民法院司法解释】

第四百三十条　最高人民法院裁定不予核准死刑的,根据案件情况,可以发回第二审人民法院或者第一审人民法院重新审判。

对最高人民法院发回第二审人民法院重新审判的案件,第二审人民法院一般不得发回第一审人民法院重新审判。

第一审人民法院重新审判的,应当开庭审理。第二审人民法院重新审判的,可以直接改判;必须通过开庭查清事实、核实证据或者纠正原审程序违法的,应当开庭审理。

第四百三十一条　高级人民法院依照复核程序审理后报请最高人民法院核准死刑,最高人民法院裁定不予核准,发回高级人民法院重新审判的,高级人民法院可以依照第二审程序提审或者发回重新审判。

第四百三十二条　最高人民法院裁定不予核准死刑,发回重新审判的案件,原审人民法院应当另行组成合议庭审理，但本解释第四百二十九条第四项、第五项规定的案件除外。

第四百三十三条 依照本解释第四百三十条、第四百三十一条发回重新审判的案件，第一审人民法院判处死刑、死刑缓期执行的，上一级人民法院依照第二审程序或者复核程序审理后，应当依法作出判决或者裁定，不得再发回重新审判。但是，第一审人民法院有刑事诉讼法第二百三十八条规定的情形或者违反刑事诉讼法第二百三十九条规定的除外。

——《最高人民法院关于适用〈中华人民共和国刑事诉讼法〉的解释》（2021年3月1日，法释〔2021〕1号）。

一、对于最高人民法院依据《中华人民共和国刑事诉讼法》第二百三十九条[①]和《最高人民法院关于适用〈中华人民共和国刑事诉讼法〉的解释》第三百五十三条[②]裁定不予核准死刑，发回第二审人民法院重新审判的案件，无论此前第二审人民法院是否曾以原判决事实不清楚或者证据不足为由发回重新审判，原则上不得再发回第一审人民法院重新审判；有特殊情况确需发回第一审人民法院重新审判的，需报请最高人民法院批准。

二、对于最高人民法院裁定不予核准死刑，发回第二审人民法院重新审判的案件，第二审人民法院根据案件特殊情况，又发回第一审人民法院重新审判的，第一审人民法院作出判决后，被告人提出上诉或者人民检察院提出抗诉的，第二审人民法院应当依法作出判决或者裁定，不得再发回重新审判。

——《最高人民法院关于适用刑事诉讼法第二百二十五条第二款[③]有关问题的批复》（2016年6月24日，法释〔2016〕13号）。

【链接：理解与适用】

从法律规定来看，最高人民法院不核准被告人死刑，依法可以发回第二审人民法院，也可以直接发回第一审人民法院重新审判。最高人民法院认为直接发回一审重审才能更好查清案件事实的，会直接发回一审重审。既然最高人民法院没有直接发回一审，而是发回二审重新审判，第二审人民法院就应当切实履行二审的监督、纠错职能，依法作出判决或者裁定，原则上不得将案件发回原一审人民法院重新审判。基于此，《最高人民法院关于适用刑事诉讼法第二百二十五条第二款有关问题的批复》（法释〔2016〕13号，以下简称《死刑批复》）第一条规定……《解释》第

---

① 2018年修正的刑事诉讼法第二百五十条。

② 2021年解释第四百三十条。

③ 2018年修正的刑事诉讼法第二百三十六条第二款。

四百三十条吸收上述规定,第二款规定:“对最高人民法院发回第二审人民法院重新审判的案件,第二审人民法院一般不得发回第一审人民法院重新审判”;同时,未再规定“有特殊情况确需发回第一审人民法院重新审判的,需报请最高人民法院批准”,交由司法实践裁量把握。

“特殊情况”主要是指由一审人民法院重审,更有利于查明案件事实的特殊情形。具体有三:(1)高级人民法院第一次发回重审时明确提出核实证据、查清事实的具体要求,中级人民法院未予查实又作出死刑判决的;(2)最高人民法院发回重审时提出了核实新的证据、查清新的事实的要求,高级人民法院认为只有发回中级人民法院重新审判,才更有利于查清事实的;(3)其他因事实、证据问题,发回中级人民法院重新审判更有利于查清事实、保障案件审理质量和效果的。

征求意见过程中,有意见建议明确最高人民法院对因事实证据原因不予核准的死刑案件,直接发回一审法院重新审判。理由是:根据本条,对于最高人民法院发回二审法院重审的,二审法院一般不能发回一审法院。但事实证据的问题,往往在二审阶段难以解决,建议最高人民法院直接发回一审法院重新审判。而且,由最高人民法院直接发回第一审人民法院,可以减少环节,节约司法资源。经研究,未采纳上述意见。主要考虑:是发回二审法院重审,还是发回一审法院重审,需要结合案件具体情况作出决定。有些案件事实,如立功的查证等,由二审法院查证即可,没有必要一律发回一审法院重审。

此外,《死刑批复》第二条规定……《解释》第四百三十三条吸收上述规定。同时,从实践来看,相关案件在未上诉、未抗诉的情况下,高级人民法院依照复核程序审理时的发回重审规则也需要明确。对于最高人民法院裁定不予核准死刑,发回第二审人民法院重新审判的案件,第二审人民法院根据案件特殊情况,又发回第一审人民法院重新审判的,第一审人民法院作出判决后,被告人未提出上诉、人民检察院未提出抗诉的,高级人民法院应当依照复核审程序审理,《2012年解释》第三百五十四条并未限定此种情形下高级人民法院发回重审的次数。有意见提出,不限制发回重审的次数,不利于发挥高级人民法院复核审的作用,不利于死刑案件的办理和矛盾化解。经研究认为,高级人民法院无论是适用第二审程序还是复核审程序,并无本质区别,因此明确高级人民法院适用复核审程序发回重审也限于一次。从实践来看,发回重审的案件可能存在第一审程序违法的问题,此种情形下,只能再次发回。基于上述考虑,《解释》第四百三十三条规定:“依照本解释第四百三十条、第四百三十一条发回重新审判的案件,第一审人民法院判处死刑、死刑缓期执行的,上一级人民法院依照第二审程序或者复核程序审理后,应当依法作出判决或者裁定,不得再发回重新审判。但是,第一审人民法院有刑事诉讼法第二百三十八条规定的情形或者违反刑事诉讼法第二百三十九条规定的除外。”

——《起草小组解读:〈刑事诉讼法解释〉理解与适用(下)》,载中国法院网 2021 年 2 月 4 日,https://www.chinacourt.org/article/detail/2021/02/id/5796153.shtml。

1771 对死刑复核案件被告人依申请提供法律援助

关键词｜法律援助｜死刑复核｜

【最高人民法院司法文件】

第一条 最高人民法院复核死刑案件,被告人申请法律援助的,应当通知司法部法律援助中心指派律师为其提供辩护。

法律援助通知书应当写明被告人姓名、案由、提供法律援助的理由和依据、案件审判庭和联系方式,并附二审或者高级人民法院复核审裁判文书。

第二条 高级人民法院在向被告人送达依法作出的死刑裁判文书时,应当书面告知其在最高人民法院复核死刑阶段可以委托辩护律师,也可以申请法律援助;被告人申请法律援助的,应当在十日内提出,法律援助申请书应当随案移送。

第三条 司法部法律援助中心在接到最高人民法院法律援助通知书后,应当采取适当方式指派律师为被告人提供辩护。

第四条 司法部法律援助中心在接到最高人民法院法律援助通知书后,应当在三日内指派具有三年以上刑事辩护执业经历的律师担任被告人的辩护律师,并函告最高人民法院。

司法部法律援助中心出具的法律援助公函应当写明接受指派的辩护律师的姓名、所属律师事务所及联系方式。

第五条 最高人民法院应当告知或者委托高级人民法院告知被告人为其指派的辩护律师的情况。被告人拒绝指派的律师为其辩护的,最高人民法院应当准许。

第六条 被告人在死刑复核期间自行委托辩护律师的,司法部法律援助中心应当作出终止法律援助的决定,并及时函告最高人民法院。

最高人民法院在复核死刑案件过程中发现有前款规定情形的,应当及时函告司法部法律援助中心。司法部法律援助中心应当作出终止法律援助的决定。

第七条 辩护律师应当在接受指派之日起十日内,通过传真或者寄送等方式,将法律援助手续提交最高人民法院。

第八条 辩护律师依法行使辩护权,最高人民法院应当提供便利。

第九条 辩护律师在依法履行辩护职责中遇到困难和问题的,最高人民法院、司法部有关部门应当及时协调解决,切实保障辩护律师依法履行职责。

第十条 辩护律师应当在接受指派之日起一个半月内提交书面辩护意见或者

当面反映辩护意见。辩护律师要求当面反映意见的,最高人民法院应当听取辩护律师的意见。

第十一条　死刑复核案件裁判文书应当写明辩护律师姓名及所属律师事务所,并表述辩护律师的辩护意见。受委托宣判的人民法院应当在宣判后五日内将最高人民法院生效裁判文书送达辩护律师。

——《最高人民法院、司法部关于为死刑复核案件被告人依法提供法律援助的规定(试行)》(2022年1月1日,法〔2021〕348号)。

【链接:理解与适用】

死刑复核案件被告人依申请通知辩护制度的确立,是最高人民法院统一行使死刑案件核准权后强化人权司法保障的重大改革举措。被告人有权获得辩护,人民法院有义务保证被告人获得辩护。最高人民法院统一行使死刑案件核准权后,刑事诉讼法规定最高人民法院复核死刑案件应当讯问被告人,被告人也有权委托辩护律师为其辩护,辩护律师可以当面向承办法官或合议庭反映辩护意见,死刑案件被告人的诉讼权利得到比较充分的保障。为贯彻执行党和国家"保留死刑,严格控制和慎重适用死刑"的政策,进一步完善我国法律援助制度,对最高人民法院死刑复核案件被告人依申请提供法律援助,指派辩护律师为被告人提供辩护,可以更加有效地保障判处死刑的被告人依法行使辩护权,促进死刑复核程序更加公开、透明,彰显我国死刑程序的正当性,实现程序公正,进一步强化人权司法保障,也有助于树立良好的国际形象。

……

根据刑事诉讼法及司法解释的规定,犯罪嫌疑人、被告人可能被判处无期徒刑、死刑,没有委托辩护人的,人民法院、人民检察院和公安机关应当通知法律援助机构指派律师为其提供辩护。由于死刑复核程序是一种特殊的救济程序,不同于一、二审普通审判程序,刑事诉讼法和司法解释未将最高人民法院死刑复核案件被告人纳入强制辩护范围。……最高人民法院、司法部从2015年即开始积极开展该项改革的调研工作并拟定了基本方案,在此基础上法律援助法确立了对死刑复核案件被告人依申请提供法律援助的制度,《规定》第一条重申了对最高人民法院死刑复核案件被告人依申请提供法律援助。

——罗国良、鹿素勋:《〈最高人民法院、司法部关于为死刑复核案件被告人依法提供法律援助的规定(试行)〉的理解与适用》,载《人民法院报》2022年4月2日,第3版。

1772 死刑复核案件被告人、辩护律师辩护权的保障

关键词 | 死刑复核 | 被告人 | 辩护律师 |

【最高人民法院司法解释】

第四百三十四条 死刑复核期间，辩护律师要求当面反映意见的，最高人民法院有关合议庭应当在办公场所听取其意见，并制作笔录；辩护律师提出书面意见的，应当附卷。

——《最高人民法院关于适用〈中华人民共和国刑事诉讼法〉的解释》（2021年3月1日，法释〔2021〕1号）。

第一条 高级人民法院在向被告人送达依法作出的死刑裁判文书时，应当告知其在最高人民法院复核死刑阶段有权委托辩护律师，并将告知情况记入宣判笔录；被告人提出由其近亲属代为委托辩护律师的，除因客观原因无法通知的以外，高级人民法院应当及时通知其近亲属，并将通知情况记录在案。

第二条 最高人民法院复核死刑案件，辩护律师应当自接受委托或者受指派之日起十日内向最高人民法院提交有关手续，并自接受委托或者指派之日起一个半月内提交辩护意见。

第三条 辩护律师提交相关手续、辩护意见及证据等材料的，可以经高级人民法院代收并随案移送，也可以寄送至最高人民法院。

第四条 最高人民法院复核裁定作出后，律师提交辩护意见及证据材料的，应当接收并出具接收清单；经审查，相关意见及证据材料可能影响死刑复核结果的，应当暂停交付执行或者停止执行，但不再办理接收委托辩护手续。

第五条 最高人民法院复核裁定下发后，受委托进行宣判的人民法院应当在宣判后五日内将裁判文书送达辩护律师。

对被害人死亡的案件，被害人近亲属申请获取裁判文书的，受委托进行宣判的人民法院应当提供。

——《最高人民法院关于死刑复核及执行程序中保障当事人合法权益的若干规定》（2019年9月1日，法释〔2019〕12号）。

【最高人民法院司法文件】

第一条 死刑复核案件的辩护律师可以向最高人民法院立案庭查询立案信息。辩护律师查询时，应当提供本人姓名、律师事务所名称、被告人姓名、案由，以及报请复核的高级人民法院的名称及案号。

最高人民法院立案庭能够立即答复的，应当立即答复，不能立即答复的，应当

在二个工作日内答复，答复内容为案件是否立案及承办案件的审判庭。

第二条　律师接受被告人、被告人近亲属的委托或者法律援助机构的指派，担任死刑复核案件辩护律师的，应当在接受委托或者指派之日起三个工作日内向最高人民法院相关审判庭提交有关手续。

辩护律师应当在接受委托或者指派之日起一个半月内提交辩护意见。

第三条　辩护律师提交委托手续、法律援助手续及辩护意见、证据等书面材料的，可以经高级人民法院同意后代收并随案移送，也可以寄送至最高人民法院承办案件的审判庭或者在当面反映意见时提交；对尚未立案的案件，辩护律师可以寄送至最高人民法院立案庭，由立案庭在立案后随案移送。

第四条　辩护律师可以到最高人民法院办公场所查阅、摘抄、复制案卷材料。但依法不公开的材料不得查阅、摘抄、复制。

第五条　辩护律师要求当面反映意见的，案件承办法官应当及时安排。

一般由案件承办法官与书记员当面听取辩护律师意见，也可以由合议庭其他成员或者全体成员与书记员当面听取。

第六条　当面听取辩护律师意见，应当在最高人民法院或者地方人民法院办公场所进行。辩护律师可以携律师助理参加。当面听取意见的人员应当核实辩护律师和律师助理的身份。

第七条　当面听取辩护律师意见时，应当制作笔录，由辩护律师签名后附卷。辩护律师提交相关材料的，应当接收并开列收取清单一式二份，一份交给辩护律师，另一份附卷。

第八条　当面听取辩护律师意见时，具备条件的人民法院应当指派工作人员全程录音、录像。其他在场人员不得自行录音、录像、拍照。

第九条　复核终结后，受委托进行宣判的人民法院应当在宣判后五个工作日内将最高人民法院裁判文书送达辩护律师。

——《最高人民法院关于办理死刑复核案件听取辩护律师意见的办法》(2015年2月1日，法〔2014〕346号)。

十一、涉案财物处理

1773 被害人合法财产返还规则

关键词 | 涉案财物 | 被害人合法财产 |

【最高人民法院司法解释】

第四百三十八条 对被害人的合法财产，权属明确的，应当依法及时返还，但须经拍照、鉴定、估价，并在案卷中注明返还的理由，将原物照片、清单和被害人的领取手续附卷备查；权属不明的，应当在人民法院判决、裁定生效后，按比例返还被害人，但已获退赔的部分应予扣除。

——《最高人民法院关于适用〈中华人民共和国刑事诉讼法〉的解释》（2021年3月1日，法释〔2021〕1号）。

【链接：理解与适用】

1. 权属明确，可以确认属于特定被害人所有的，应当依法及时返还。对权属明确的财物，公安、司法机关应当依法及时返还，不必等到判决生效后再返还。当然，如果必须作为证据使用，且须当庭出示的物证，则应当暂缓返还，并向被害人说明原因。比如，被告人盗窃被害人的一辆汽车，该车显然不必在法庭上出示，故应当在辨认、拍照后及时返还被害人。

2. 权属不明的，应当在判决生效后，按比例返还被害人。在具有多名被害人的案件中，如果在案财物涉及多名被害人，权属不明确，不能确认系哪一被害人所有，且在案财物不足以清偿所有被害人损失的，就应当在判决生效后，按比例返还被害人。比如，在案财物是作为种类物的货币或者存款等，就应当按照各被害人因犯罪而损失的财物占全部在案财物的比例返还给被害人，但已获退赔的应予扣除。

需要指出的是，对于当前一些地方司法实践中常见的集资类刑事案件，除了涉及被害人集资款的本金之外，还可能涉及较大数额的利息。由于此类非法集资通常涉及高额利息，并由此严重干扰金融管理秩序，因此，一般认为，对于非法集资款的本金，应当及时返还被害人，但对于超出本金部分的利息，则不予保护。实际上，非法集资类案件在资金链断裂之后，公安、司法机关查封、扣押、冻结的犯罪嫌疑人、被告人财物已经无法偿还所有被害人投入的本金，此种情况下，应当优先考虑按比例偿还各被害人的本金,确保各被害人最大限度地收回本金。

——杨万明主编:《新刑事诉讼法司法适用解答》,人民法院出版社 2018 年版,第 285 页。

1774 涉案财物的先行处置规则

关键词｜涉案财物｜先行处置｜

【最高人民法院司法解释】

第四百三十九条　审判期间,对不宜长期保存、易贬值或者市场价格波动大的财产,或者有效期即将届满的票据等,经权利人申请或者同意,并经院长批准,可以依法先行处置,所得款项由人民法院保管。

涉案财物先行处置应当依法、公开、公平。

——《最高人民法院关于适用〈中华人民共和国刑事诉讼法〉的解释》(2021 年 3 月 1 日,法释〔2021〕1 号)。

【链接:理解与适用】

讨论中,有意见提出,一般情况下先行处置要经权利人的申请或者同意,但是在特殊情况下,无法联系到权利人,不马上处理就会造成物品损毁、灭失、变质、贬值(如即将过期的食品、化妆品)的,是否也可以经院长批准后直接处理,建议作出明确规定。经研究,鉴于《中办、国办涉案财物处置意见》未明确可以在不经权利人申请或者同意的情况下先行处置涉案财物,故《解释》不宜作出突破规定,宜交由司法实践根据案件具体情况裁量处理。

——《起草小组解读:〈刑事诉讼法解释〉理解与适用(下)》,载中国法院网 2021 年 2 月 4 日,https://www.chinacourt.org/article/detail/2021/02/id/5796153.shtml。

1775 漏判涉案财物的处理规则

关键词｜涉案财物｜发回重审｜

【最高人民法院司法解释】

第四百四十六条　第二审期间,发现第一审判决未对随案移送的涉案财物及其孳息作出处理的,可以裁定撤销原判,发回原审人民法院重新审判,由原审人民法院依法对涉案财物及其孳息一并作出处理。

判决生效后，发现原判未对随案移送的涉案财物及其孳息作出处理的，由原审人民法院依法对涉案财物及其孳息另行作出处理。

——《最高人民法院关于适用〈中华人民共和国刑事诉讼法〉的解释》(2021年3月1日，法释〔2021〕1号)。

【链接：理解与适用】

适用本条规定需要注意：(1)本条第一款规定，二审期间一审判决未对随案移送的涉案财物及其孳息作出处理的，可以裁定撤销原判，发回原审人民法院重新审判，由原审人民法院依法对涉案财物及其孳息一并作出处理。此种情形不违反上诉不加刑原则的要求。(2)本条规定二审对一审漏判涉案财物、判决生效后对原判漏判涉案财物的处理规则，仅限于“随案移送的涉案财物及其孳息”。此外，《解释》原本拟增加规定：“对查封、扣押、冻结的涉案财物及其孳息，应当在对被告人作出判决、裁定的同时一并作出处理。但是，对于涉众型犯罪案件或者其他涉案财物情况复杂的案件，一并处理可能导致对被告人的判决、裁定过分迟延的，可以另行作出处理。”原则上，查封、扣押、冻结的财物及其孳息，应当在对被告人作出判决、裁定的同时一并作出处理。但是，有的涉众型案件，如非法集资案件，因为涉案财物及其孳息的权属等问题过于复杂，在有限的时间内难以理清，为了防止对被告人的判决、裁定过分迟延，可以考虑在判决、裁定后，单独对查封、扣押、冻结的财物及其孳息作出处理。讨论中，对上述规定存在不同认识。有意见认为，新增涉案财物另行处理程序缺乏法律依据。根据法理，同一个诉，应当对案涉事实全部作出处理。如果作此规定，容易引发一系列问题需要界定。包括：(1)对涉案财物处理应当以什么程序审理，审理结束后制作什么形式的法律文书？(2)后续涉案财物处理是否有审限且如何计算审限？(3)对定罪量刑作出的判决、裁定是否生效，能否送监服刑？(4)对涉案财物的处理结果能否提出上诉，上诉后是否要全案审查？等等。鉴于对此问题未形成共识，暂未作出明确规定，交由司法实践裁量处理，继续探索。

——《起草小组解读：〈刑事诉讼法解释〉理解与适用(下)》，载中国法院网2021年2月4日，https://www.chinacourt.org/article/detail/2021/02/id/5796153.shtml。

1776 如何把握“继续追缴”涉案财物的主体和程序

关键词｜继续追缴｜涉案财物｜

【最高人民法院参考案例】

许俊伟、张建英合同诈骗案(《刑事审判参考》案例第827号)

要旨:对于刑事诉讼中的继续追缴,应当本着合法、合理、经济的原则,根据案件所处的不同诉讼阶段,确定相应的执行主体。

刑事涉案财物包括以下三种类型:

一是刑事违法所得,它包括财物及其孳息,是基于犯罪行为所产生的、由犯罪行为人所占有和控制的、没有合法根据的利益,体现为违法性、价值性、占有性。需要明确的是,违法所得主要以经济利益为核心,专指通过犯罪行为所获得的经济性利益的增长。这种增长包括两个方面:一方面是指相对于犯罪行为之前经济性利益的增长,可以说,任何有违法所得的犯罪都存在这一方面的利益增长;另一方面还包括这些经济性利益在流通中实现的增值,即孳息,有些利益可能会贬值,因此,并非所有犯罪的违法所得均会产生孳息。

二是供犯罪所用之物,它是指实施犯罪时所使用的财物,包括已经供犯罪所用或者将要供犯罪所用的物。如抢劫犯罪团伙使用的车辆、无行医执照的人为其非法行医所准备的医疗器械和药品。

三是犯罪行为人所持有的违禁物品,如故意杀人所用的枪支、毒品犯罪中的毒品等。违禁品是法律禁止持有的物品,本来就不应属于犯罪行为人所有,需要实施强制没收。

……

尽管刑事涉案财物的相关规定在立法体系上体现了一定的进步性,但还存在相当的不足。如由哪个机关以及依照何种程序来执行对涉案财物的追缴,目前尚未有明确规定。……

……

对于刑事诉讼中的继续追缴,应当本着合法、合理、经济的原则,根据案件所处的不同诉讼阶段,确定相应的执行主体。对于法院生效判决确定需要继续追缴的,如果人民法院能够独立完成,则独立完成;如果不能独立完成,则应当由其牵头,公安、检察、审判、金融等管理部门配合。采取多元化模式的追缴,既符合立法对人民法院的定位,又能使有限的司法资源得到合理整合。

——《刑事审判参考》(总第90辑)。

1777 黑恶势力刑事案件中的财产处置

关键词 | 涉案财物 | 黑恶势力 | 财产处置 |

【最高人民法院司法文件】

一、总体工作要求

1. 公安机关、人民检察院、人民法院在办理黑恶势力犯罪案件时，在查明黑恶势力组织违法犯罪事实并对黑恶势力成员依法定罪量刑的同时，要全面调查黑恶势力组织及其成员的财产状况，依法对涉案财产采取查询、查封、扣押、冻结等措施，并根据查明的情况，依法作出处理。

前款所称处理既包括对涉案财产中犯罪分子违法所得、违禁品、供犯罪所用的本人财物以及其他等值财产等依法追缴、没收，也包括对被害人的合法财产等依法返还。

2. 对涉案财产采取措施，应当严格依照法定条件和程序进行。严禁在立案之前查封、扣押、冻结财物。凡查封、扣押、冻结的财物，都应当及时进行审查，防止因程序违法、工作瑕疵等影响案件审理以及涉案财产处置。

3. 对涉案财产采取措施，应当为犯罪嫌疑人、被告人及其所扶养的亲属保留必需的生活费用和物品。

根据案件具体情况，在保证诉讼活动正常进行的同时，可以允许有关人员继续合理使用有关涉案财产，并采取必要的保值保管措施，以减少案件办理对正常办公和合法生产经营的影响。

4. 要彻底摧毁黑社会性质组织的经济基础，防止其死灰复燃。对于组织者、领导者一般应当并处没收个人全部财产。对于确属骨干成员或者为该组织转移、隐匿资产的积极参加者，可以并处没收个人全部财产。对于其他组织成员，应当根据所参与实施违法犯罪活动的次数、性质、地位、作用、违法所得数额以及造成损失的数额等情节，依法决定财产刑的适用。

5. 要深挖细查并依法打击黑恶势力组织进行的洗钱以及掩饰、隐瞒犯罪所得、犯罪所得收益等转变涉案财产性质的关联犯罪。

二、依法采取措施全面收集证据

6. 公安机关侦查期间，要根据《公安机关办理刑事案件适用查封、冻结措施相关规定》（公通字〔2013〕30 号）等有关规定，会同有关部门全面调查黑恶势力及其成员的财产状况，并可以根据诉讼需要，先行依法对下列财产采取查询、查封、扣押、冻结等措施：

（1）黑恶势力组织的财产；

（2）犯罪嫌疑人个人所有的财产；

（3）犯罪嫌疑人实际控制的财产；

（4）犯罪嫌疑人出资购买的财产；

(5)犯罪嫌疑人转移至他人名下的财产；

(6)犯罪嫌疑人涉嫌洗钱以及掩饰、隐瞒犯罪所得、犯罪所得收益等犯罪涉及的财产；

(7)其他与黑恶势力组织及其违法犯罪活动有关的财产。

7. 查封、扣押、冻结已登记的不动产、特定动产及其他财产，应当通知有关登记机关，在查封、扣押、冻结期间禁止被查封、扣押、冻结的财产流转，不得办理被查封、扣押、冻结财产权属变更、抵押等手续。必要时可以提取有关产权证照。

8. 公安机关对于采取措施的涉案财产，应当全面收集证明其来源、性质、用途、权属及价值的有关证据，审查判断是否应当依法追缴、没收。

证明涉案财产来源、性质、用途、权属及价值的有关证据一般包括：

(1)犯罪嫌疑人、被告人关于财产来源、性质、用途、权属、价值的供述；

(2)被害人、证人关于财产来源、性质、用途、权属、价值的陈述、证言；

(3)财产购买凭证、银行往来凭据、资金注入凭据、权属证明等书证；

(4)财产价格鉴定、评估意见；

(5)可以证明财产来源、性质、用途、权属、价值的其他证据。

9. 公安机关对应当依法追缴、没收的财产中黑恶势力组织及其成员聚敛的财产及其孳息、收益的数额，可以委托专门机构评估；确实无法准确计算的，可以根据有关法律规定及查明的事实、证据合理估算。

人民检察院、人民法院对于公安机关委托评估、估算的数额有不同意见的，可以重新委托评估、估算。

10. 人民检察院、人民法院根据案件诉讼的需要，可以依法采取上述相关措施。

三、准确处置涉案财产

11. 公安机关、人民检察院应当加强对在案财产审查甄别。在移送审查起诉、提起公诉时，一般应当对采取措施的涉案财产提出处理意见建议，并将采取措施的涉案财产及其清单随案移送。

人民检察院经审查，除对随案移送的涉案财产提出处理意见外，还需要对继续追缴的尚未被足额查封、扣押的其他违法所得提出处理意见建议。

涉案财产不宜随案移送的，应当按照相关法律、司法解释的规定，提供相应的清单、照片、录像、封存手续、存放地点说明、鉴定、评估意见、变价处理凭证等材料。

12. 对于不宜查封、扣押、冻结的经营性财产，公安机关、人民检察院、人民法院可以申请当地政府指定有关部门或者委托有关机构代管或者托管。

对易损毁、灭失、变质等不宜长期保存的物品，易贬值的汽车、船艇等物品，或者市场价格波动大的债券、股票、基金等财产，有效期即将届满的汇票、本票、支票等，经权利人同意或者申请，并经县级以上公安机关、人民检察院或者人民法院主要负责人批准，可以依法出售、变现或者先行变卖、拍卖，所得价款由扣押、冻结机关保管，并及时告知当事人或者其近亲属。

13. 人民检察院在法庭审理时应当对证明黑恶势力犯罪涉案财产情况进行举证质证，对于既能证明具体个罪又能证明经济特征的涉案财产情况相关证据在具体个罪中出示后，在经济特征中可以简要说明，不再重复出示。

14. 人民法院作出的判决，除应当对随案移送的涉案财产作出处理外，还应当在判决书中写明需要继续追缴尚未被足额查封、扣押的其他违法所得；对随案移送财产进行处理时，应当列明相关财产的具体名称、数量、金额、处置情况等。涉案财产或者有关当事人人数较多，不宜在判决书正文中详细列明的，可以概括叙述并另附清单。

15. 涉案财产符合下列情形之一的，应当依法追缴、没收：

（1）黑恶势力组织及其成员通过违法犯罪活动或者其他不正当手段聚敛的财产及其孳息、收益；

（2）黑恶势力组织成员通过个人实施违法犯罪活动聚敛的财产及其孳息、收益；

（3）其他单位、组织、个人为支持该黑恶势力组织活动资助或者主动提供的财产；

（4）黑恶势力组织及其成员通过合法的生产、经营活动获取的财产或者组织成员个人、家庭合法财产中，实际用于支持该组织活动的部分；

（5）黑恶势力组织成员非法持有的违禁品以及供犯罪所用的本人财物；

（6）其他单位、组织、个人利用黑恶势力组织及其成员违法犯罪活动获取的财产及其孳息、收益；

（7）其他应当追缴、没收的财产。

16. 应当追缴、没收的的财产已用于清偿债务或者转让、或者设置其他权利负担，具有下列情形之一的，应当依法追缴：

（1）第三人明知是违法犯罪所得而接受的；

（2）第三人无偿或者以明显低于市场的价格取得涉案财物的；

（3）第三人通过非法债务清偿或者违法犯罪活动取得涉案财物的；

（4）第三人通过其他方式恶意取得涉案财物的。

17. 涉案财产符合下列情形之一的，应当依法返还：

（1）有证据证明确属被害人合法财产；

（2）有证据证明确与黑恶势力及其违法犯罪活动无关。

18. 有关违法犯罪事实查证属实后，对于有证据证明权属明确且无争议的被害人、善意第三人或者其他人员合法财产及其孳息，凡返还不损害其他利害关系人的利益,不影响案件正常办理的,应当在登记、拍照或者录像后,依法及时返还。

四、依法追缴、没收其他等值财产

19. 有证据证明依法应当追缴、没收的涉案财产无法找到、被他人善意取得、价值灭失或者与其他合法财产混合且不可分割的,可以追缴、没收其他等值财产。

对于证明前款各种情形的证据,公安机关或者人民检察院应当及时调取。

20. 本意见第19条所称"财产无法找到",是指有证据证明存在依法应当追缴、没收的财产,但无法查证财产去向、下落的。被告人有不同意见的,应当出示相关证据。

21. 追缴、没收的其他等值财产的数额,应当与无法直接追缴、没收的具体财产的数额相对应。

五、其他

22. 本意见所称孳息,包括天然孳息和法定孳息。

本意见所称收益,包括但不限于以下情形:

(1)聚敛、获取的财产直接产生的收益,如使用聚敛、获取的财产购买彩票中奖所得收益等;

(2)聚敛、获取的财产用于违法犯罪活动产生的收益,如使用聚敛、获取的财产赌博赢利所得收益、非法放贷所得收益、购买并贩卖毒品所得收益等;

(3)聚敛、获取的财产投资、置业形成的财产及其收益;

(4)聚敛、获取的财产和其他合法财产共同投资或者置业形成的财产中,与聚敛、获取的财产对应的份额及其收益;

(5)应当认定为收益的其他情形。

23. 本意见未规定的黑恶势力刑事案件财产处置工作其他事宜,根据相关法律法规、司法解释等规定办理。

——《最高人民法院、最高人民检察院、公安部、司法部关于办理黑恶势力刑事案件中财产处置若干问题的意见》(2019年4月9日,高检发〔2019〕6号)。

七、依法处置涉案财产

26. 公安机关、人民检察院、人民法院根据黑社会性质组织犯罪案件的诉讼需要,应当依法查询、查封、扣押、冻结全部涉案财产。公安机关侦查期间,要会同工商、税务、国土、住建、审计、人民银行等部门全面调查涉黑组织及其成员的财产状况。

对于不宜查封、扣押、冻结的经营性资产,可以申请当地政府指定有关部门或者委托有关机构代管或者托管。

对黑社会性质组织及其成员聚敛的财产及其孳息、收益的数额,办案单位可以委托专门机构评估；确实无法准确计算的，可以根据有关法律规定及查明的事实、证据合理估算。

27. 对于依法查封、冻结、扣押的黑社会性质组织涉案财产，应当全面收集、审查证明其来源、性质、用途、权属及价值大小的有关证据。符合下列情形之一的，应当依法追缴、没收：

（1）组织及其成员通过违法犯罪活动或其他不正当手段聚敛的财产及其孳息、收益；

（2）组织成员通过个人实施违法犯罪活动聚敛的财产及其孳息、收益；

（3）其他单位、组织、个人为支持该组织活动资助或主动提供的财产；

（4）通过合法的生产、经营活动获取的财产或者组织成员个人、家庭合法资产中，实际用于支持该组织活动的部分；

（5）组织成员非法持有的违禁品以及供犯罪所用的本人财物；

（6）其他单位、组织、个人利用黑社会性质组织及其成员的违法犯罪活动获取的财产及其孳息、收益；

（7）其他应当追缴、没收的财产。

28. 违法所得已用于清偿债务或者转让给他人，具有下列情形之一的，应当依法追缴：

（1）对方明知是通过违法犯罪活动或者其他不正当手段聚敛的财产及其孳息、收益的；

（2）对方无偿或者以明显低于市场价格取得的；

（3）对方是因非法债务或者违法犯罪活动而取得的；

（4）通过其他方式恶意取得的。

29. 依法应当追缴、没收的财产无法找到、被他人善意取得、价值灭失或者与其他合法财产混合且不可分割的，可以追缴、没收其他等值财产。

30. 黑社会性质组织犯罪嫌疑人、被告人逃匿，在通缉一年后不能到案，或者犯罪嫌疑人、被告人死亡的，应当依照法定程序没收其违法所得。

31. 对于依法查封、扣押、冻结的涉案财产，有证据证明确属被害人合法财产，或者确与黑社会性质组织及其违法犯罪活动无关的应予以返还。

——《最高人民法院、最高人民检察院、公安部、司法部关于办理黑恶势力犯罪案件若干问题的指导意见》（2018 年 1 月 16 日，法发〔2018〕1 号）。

（一）涉案财产的处置问题

审理黑社会性质组织犯罪案件时，对于依法查封、冻结、扣押的涉案财产，应当全面审查证明财产来源、性质、用途、权属及价值大小的有关证据，调查财产的权属情况以及是否属于违法所得或者依法应当追缴的其他财物。属于下列情形的，依法应当予以追缴、没收：1. 黑社会性质组织形成、发展过程中，该组织及其组织成员通过违法犯罪活动或其他不正当手段聚敛的财产及其孳息、收益，以及合法获取的财产中实际用于支持该组织存在、发展和实施违法犯罪活动的部分；2. 其他单位、个人为支持黑社会性质组织存在、发展以及实施违法犯罪活动而资助或提供的财产；3. 组织成员通过个人实施的违法犯罪活动所聚敛的财产及其孳息、收益，以及供个人犯罪所用的本人财物；4. 黑社会性质组织及其组织成员个人非法持有的违禁品；5. 依法应当追缴的其他涉案财物。

——《全国部分法院审理黑社会性质组织犯罪案件工作座谈会纪要》（2015 年 10 月 13 日，法〔2015〕291 号）。

3. 关于涉黑犯罪财物及其收益的认定和处置。在办案时，要依法运用查封、扣押、冻结、追缴、没收等手段，彻底摧毁黑社会性质组织的经济基础，防止其死灰复燃。对于涉黑犯罪财物及其收益以及犯罪工具，均应按照刑法第六十四条和《司法解释》[①]第七条的规定予以追缴、没收。黑社会性质组织及其成员通过犯罪活动聚敛的财物及其收益，是指在黑社会性质组织的形成、发展过程中，该组织及组织成员通过违法犯罪活动或其他不正当手段聚敛的全部财物、财产性权益及其掌息、收益。在办案工作中，应认真审查涉案财产的来源、性质，对被告人及其他单位、个人的合法财产应依法予以保护。

——《最高人民法院、最高人民检察院、公安部办理黑社会性质组织犯罪案件座谈会纪要》（2009 年 12 月 9 日，法〔2009〕382 号）。

【最高人民法院指导性案例】

史广振等组织、领导、参加黑社会性质组织案（最高人民法院指导案例 188 号）

裁判要点：在涉黑社会性质组织犯罪案件审理中，应当对查封、扣押、冻结财物及其孳息的权属进行调查，案外人对查封、扣押、冻结财物及其孳息提出权属异议的，人民法院应当听取其意见，确有必要的，人民法院可以通知其出庭，以查明相关财物权属。

法院生效裁判认为：被告人史广振、赵振、付利刚等人的行为分别构成组织、领导、参加黑社会性质组织罪，聚众斗殴罪，寻衅滋事罪，开设赌场罪，非法拘禁罪，妨害公务罪。

被告人史广振前妻王某某名下的路虎越野车系史广振与王某某夫妻关系存续

---

① 即《最高人民法院关于审理黑社会性质组织犯罪的案件具体应用法律若干问题的解释》（法释〔2000〕42 号）。

期间购买，但史广振与王某某均无正当职业，以二人合法收入无力承担路虎越野车的购置费用。史广振因被网上追逃无法办理银行卡，其一直使用王某某的银行卡，该卡流水显示有大量资金进出。综上所述，可以认定购置路虎越野车的费用及该银行卡中剩余钱款均属于违法所得，故已查扣的卖车款六十万元及银行卡中剩余钱款均应当予以没收。

——《最高人民法院关于发布第33批指导性案例的通知》（2022年11月29日，法〔2022〕236号）。

1778 信息网络犯罪案件涉案财物的处理

关键词｜信息网络犯罪｜电信网络诈骗｜涉案财物｜

【最高人民法院司法文件】

22. 办理信息网络犯罪案件，应当依法及时查封、扣押、冻结涉案财物，督促涉案人员退赃退赔，及时追赃挽损。

公安机关应当全面收集证明涉案财物性质、权属情况、依法应予追缴、没收或者责令退赔的证据材料，在移送审查起诉时随案移送并作出说明。其中，涉案财物需要返还被害人的，应当尽可能查明被害人损失情况。人民检察院应当对涉案财物的证据材料进行审查，在提起公诉时提出处理意见。人民法院应当依法作出判决，对涉案财物作出处理。

对应当返还被害人的合法财产，权属明确的，应当依法及时返还；权属不明的，应当在人民法院判决、裁定生效后，按比例返还被害人，但已获退赔的部分应予扣除。

——《最高人民法院、最高人民检察院、公安部关于办理信息网络犯罪案件适用刑事诉讼程序若干问题的意见》（2022年9月1日，法发〔2022〕23号）。

七、涉案财物的处理

（一）公安机关侦办电信网络诈骗案件，应当随案移送涉案赃款赃物，并附清单。人民检察院提起公诉时，应一并移交受理案件的人民法院，同时就涉案赃款赃物的处理提出意见。

（二）涉案银行账户或者涉案第三方支付账户内的款项，对权属明确的被害人的合法财产，应当及时返还。确因客观原因无法查实全部被害人，但有证据证明该账户系用于电信网络诈骗犯罪，且被告人无法说明款项合法来源的，根据刑法第六十四条的规定，应认定为违法所得，予以追缴。

（三）被告人已将诈骗财物用于清偿债务或者转让给他人，具有下列情形之一的，应当依法追缴：

1. 对方明知是诈骗财物而收取的；

2. 对方无偿取得诈骗财物的；

3. 对方以明显低于市场的价格取得诈骗财物的；

4. 对方取得诈骗财物系源于非法债务或者违法犯罪活动的。

他人善意取得诈骗财物的，不予追缴。

——《最高人民法院、最高人民检察院、公安部关于办理电信网络诈骗等刑事案件适用法律若干问题的意见》(2016 年 12 月 19 日，法发〔2016〕32 号)。

1779 非法集资刑事案件涉案财物的追缴处置

关键词｜非法集资｜涉案财物｜追缴｜

【最高人民法院司法文件】

九、关于涉案财物追缴处置问题

办理跨区域非法集资刑事案件，案件主办地办案机关应当及时归集涉案财物，为统一资产处置做好基础性工作。其他涉案地办案机关应当及时查明涉案财物，明确其来源、去向、用途、流转情况，依法办理查封、扣押、冻结手续，并制作详细清单，对扣押款项应当设立明细账，在扣押后立即存入办案机关唯一合规账户，并将有关情况提供案件主办地办案机关。

人民法院、人民检察院、公安机关应当严格依照刑事诉讼法和相关司法解释的规定，依法移送、审查、处理查封、扣押、冻结的涉案财物。对审判时尚未追缴到案或者尚未足额退赔的违法所得，人民法院应当判决继续追缴或者责令退赔，并由人民法院负责执行，处置非法集资职能部门、人民检察院、公安机关等应当予以配合。

人民法院对涉案财物依法作出判决后，有关地方和部门应当在处置非法集资职能部门统筹协调下，切实履行协作义务，综合运用多种手段，做好涉案财物清运、财产变现、资金归集、资金清退等工作，确保最大限度减少实际损失。

根据有关规定，查封、扣押、冻结的涉案财物，一般应在诉讼终结后返还集资参与人。涉案财物不足全部返还的，按照集资参与人的集资额比例返还。退赔集资参与人的损失一般优先于其他民事债务以及罚金、没收财产的执行。

——《最高人民法院、最高人民检察院、公安部关于办理非法集资刑事案件若干问题的意见》(2019 年 1 月 30 日，高检会〔2019〕2 号)。

1780 走私犯罪案件涉案货物、财产及运输工具的处置

关键词 | 非设关地 | 走私犯罪 | 涉案财物 |

【最高人民法院司法文件】

五、关于涉案货物、财产及运输工具的处置

对查封、扣押的涉案成品油及易贬值、不易保管的涉案船舶、车辆，权利人明确的，经其本人书面同意或者申请，依法履行审批程序，并固定证据和留存样本后，可以依法先行变卖、拍卖，变卖、拍卖所得价款暂予保存，待诉讼终结后一并依法处理。

有证据证明依法应当追缴、没收的涉案财产被他人善意取得或者与其他合法财产混合且不可分割的，应当追缴、没收其他等值财产。

侦查机关查封、扣押的财物经审查后应当返还的，应当通知原主认领。无人认领的，应当公告通知，公告满三个月无人认领的，依法拍卖、变卖后所得价款上缴国库；上缴国库后有人认领，经查证属实的，应当申请退库予以返还。

对用于运输走私成品油的船舶、车辆，按照以下原则处置：

（一）对“三无”船舶、无法提供有效证书的船舶、车辆，依法予以没收、收缴或者移交主管机关依法处置；

（二）对走私犯罪分子自有的船舶、车辆或者假挂靠、长期不作登记、虚假登记等实为走私分子所有的船舶、车辆，作为犯罪工具依法没收；

（三）对所有人明知他人实施走私犯罪而出租、出借的船舶、车辆，依法予以没收。

具有下列情形之一的，可以认定船舶、车辆出租人、出借人明知他人实施违法犯罪，但有证据证明确属被蒙骗或者有其他相反证据的除外：

（一）出租人、出借人未经有关部门批准，擅自将船舶、车辆改装为可装载油料用的船舶、车辆，或者进行伪装的；

（二）出租人、出借人默许实际承租人将船舶、车辆改装为可装载油料用船舶、车辆，或者进行伪装的；

（三）因出租、出借船舶、车辆用于走私受过行政处罚，又出租、出借给同一走私人或者同一走私团伙使用的；

（四）出租人、出借人拒不提供真实的实际承运人信息，或者提供虚假的实际承运人信息的；

（五）其他可以认定明知的情形。

——《最高人民法院、最高人民检察院、海关总署打击非设关地成品油走私专题研讨会会议纪要》（2019 年 10 月 25 日，署缉发〔2019〕210 号）。

二十三、关于走私货物、物品、走私违法所得以及走私犯罪工具的处理问题

在办理走私犯罪案件过程中,对发现的走私货物、物品、走私违法所得以及属于走私犯罪分子所有的犯罪工具,走私犯罪侦查机关应当及时追缴,依法予以查扣、冻结。在移送审查起诉时应当将扣押物品文件清单、冻结存款证明文件等材料随案移送,对于扣押的危险品或者鲜活、易腐、易失效、易贬值等不宜长期保存的货物、物品,已经依法先行变卖、拍卖的,应当随案移送变卖、拍卖物品清单以及原物的照片或者录像资料;人民检察院在提起公诉时应当将上述扣押物品文件清单、冻结存款证明和变卖、拍卖物品清单一并移送;人民法院在判决走私罪案件时,应当对随案清单、证明文件中载明的款、物审查确认并依法判决予以追缴、没收;海关根据人民法院的判决和海关法的有关规定予以处理,上缴中央国库。

二十四、关于走私货物、物品无法扣押或者不便扣押情况下走私违法所得的追缴问题

在办理走私普通货物、物品犯罪案件中,对于走私货物、物品因流入国内市场或者投入使用,致使走私货物、物品无法扣押或者不便扣押的,应当按照走私货物、物品的进出口完税价格认定违法所得予以追缴;走私货物、物品实际销售价格高于进出口完税价格的,应当按照实际销售价格认定违法所得予以追缴。

——《最高人民法院、最高人民检察院、海关总署办理走私刑事案件适用法律若干问题的意见》(2002 年 7 月 8 日,法〔2002〕139 号)。

1781 刑事案件涉扶贫领域财物依法快速返还

关键词 | 涉案财物 | 快速返还 |

【最高人民法院司法文件】

第二条 本规定所称涉案财物,是指办案机关办理有关刑事案件过程中,查封、扣押、冻结的与扶贫有关的财物及孳息,以及由上述财物转化而来的财产。

第三条 对于同时符合下列条件的涉案财物,应当依法快速返还有关个人、单位或组织:

(一)犯罪事实清楚,证据确实充分;

(二)涉案财物权属关系已经查明;

(三)有明确的权益被侵害的个人、单位或组织;

(四)返还涉案财物不损害其他被害人或者利害关系人的利益;

(五)不影响诉讼正常进行或者案件公正处理;

(六)犯罪嫌疑人、被告人以及利害关系人对涉案财物快速返还没有异议。

第四条 人民法院、人民检察院、公安机关办理有关扶贫领域刑事案件，应当依法积极追缴涉案财物，对于本办案环节具备快速返还条件的，应当及时快速返还。

第五条 人民法院、人民检察院、公安机关对追缴到案的涉案财物，应当及时调查、审查权属关系。

对于权属关系未查明的，人民法院可以通知人民检察院，由人民检察院通知前一办案环节补充查证，或者由人民检察院自行补充侦查。

第六条 公安机关办理涉扶贫领域财物刑事案件期间，可以就涉案财物处理等问题听取人民检察院意见，人民检察院应当提出相关意见。

第七条 人民法院、人民检察院、公安机关认为涉案财物符合快速返还条件的，应当在作出返还决定五个工作日内返还有关个人、单位或组织。

办案机关返还涉案财物时，应当制作返还财物清单，注明返还理由，由接受个人、单位或组织在返还财物清单上签名或者盖章，并将清单、照片附卷。

第八条 公安机关、人民检察院在侦查阶段、审查起诉阶段返还涉案财物的，在案件移送人民检察院、人民法院时，应当将返还财物清单随案移送，说明返还的理由并附相关证据材料。

未快速返还而随案移送的涉案财物，移送机关应当列明权属情况、提出处理建议并附相关证据材料。

第九条 对涉案财物中易损毁、灭失、变质等不宜长期保存的物品，易贬值的汽车等物品，市场价格波动大的债券、股票、基金份额等财产，有效期即将届满的汇票、本票、支票等，经权利人同意或者申请，并经人民法院、人民检察院、公安机关主要负责人批准，可以及时依法出售、变现或者先行变卖、拍卖。所得款项依照本规定快速返还，或者按照有关规定处理。

第十条 人民法院、人民检察院应当跟踪了解有关单位和村（居）民委员会等组织对返还涉案财物管理发放情况，跟进开展普法宣传教育，对于管理环节存在漏洞的，要及时提出司法建议、检察建议，确保扶贫款物依法正确使用。

第十一条 发现快速返还存在错误的，应当由决定快速返还的机关及时纠正，依法追回返还财物；侵犯财产权的，依据《中华人民共和国国家赔偿法》第十八条及有关规定处理。

——《最高人民法院、最高人民检察院、公安部关于刑事案件涉扶贫领域财物依法快速返还的若干规定》（2020 年 7 月 24 日，高检发〔2020〕12 号）。

十二、审判监督程序

1782 案外人可以作为申诉主体申诉

关键词｜申诉｜案外人｜

【最高人民法院司法解释】

第四百五十一条　当事人及其法定代理人、近亲属对已经发生法律效力的判决、裁定提出申诉的,人民法院应当审查处理。

案外人认为已经发生法律效力的判决、裁定侵害其合法权益,提出申诉的,人民法院应当审查处理。

申诉可以委托律师代为进行。

——《最高人民法院关于适用〈中华人民共和国刑事诉讼法〉的解释》(2021年3月1日,法释〔2021〕1号)。

【链接:理解与适用】

有些人虽然不是当事人或者当事人的法定代理人、近亲属,但案件的处理结果也与其存在一定的利害关系,即已经发生法律效力的判决、裁定侵害了其合法权益,对于这样的主体能否提出申诉的问题,法律没有明确规定,司法实践中此类情形并不少见,建议明确。如,被告人某甲系某公司聘任的总经理、法定代表人,他代表单位为另一公司向银行的借款合同提供担保,后因该公司未能清偿借款本息而由某甲所在单位承担连带清偿责任,某甲同意用单位的某一财产来清偿,执行完毕后,某甲以挪用资金罪被追究刑事责任。因刑期不长,某甲在上诉被驳回后便不再申诉。因某甲被以挪用资金罪判刑,银行因某甲同意获得的其所在单位承担担保责任的财产便被作为赃款而要求执行回转。在这种情况下,不允许银行进行申诉,显然是不公平的。

——江必新主编:《〈最高人民法院关于适用《中华人民共和国刑事诉讼法》的解释〉理解与适用》,中国法制出版社2013年版,第331页。

1783 审查处理申诉的法院的确定

关键词｜申诉｜终审法院｜一审法院｜

【最高人民法院司法解释】

第四百五十三条 申诉由终审人民法院审查处理。但是，第二审人民法院裁定准许撤回上诉的案件，申诉人对第一审判决提出申诉的，可以由第一审人民法院审查处理。

上一级人民法院对未经终审人民法院审查处理的申诉，可以告知申诉人向终审人民法院提出申诉，或者直接交终审人民法院审查处理，并告知申诉人；案件疑难、复杂、重大的，也可以直接审查处理。

对未经终审人民法院及其上一级人民法院审查处理，直接向上级人民法院申诉的，上级人民法院应当告知申诉人向下级人民法院提出。

——《最高人民法院关于适用〈中华人民共和国刑事诉讼法〉的解释》（2021年3月1日，法释〔2021〕1号）。

【链接：理解与适用】

1. 申诉原则上由终审人民法院审查处理。对于第二审人民法院裁定准许撤回上诉的案件，申诉人对第一审判决提出申诉的，由哪个法院审查处理存在争议。经研究认为，裁定准许撤回上诉、抗诉后，有效判决为一审法院作出的判决，二审法院虽在裁定是否准许撤回时对上诉、抗诉进行了审查，但这种审查不能等同于二审法院对上诉、抗诉案件的审理，准许撤回的裁定并不对上诉、抗诉案件做实质性判断。因此，《解释》……规定，对于在上诉、抗诉期满前撤回上诉、抗诉的案件，第一审判决、裁定在上诉、抗诉期满之日起生效；对于在上诉、抗诉期满后要求撤回上诉、抗诉的，第二审人民法院裁定准许的，第一审判决、裁定应当自第二审人民法院裁定书送达原上诉人或者抗诉的检察机关之日起生效。可见，对于实体处理，生效的是一审判决、裁定，故也可以由一审法院审查处理。

——江必新主编：《〈最高人民法院关于适用《中华人民共和国刑事诉讼法》的解释〉理解与适用》，中国法制出版社2013年版，第331页。

1784 申诉异地审查规则

关键词｜申诉｜异地审查｜

【最高人民法院司法解释】

第四百五十四条　最高人民法院或者上级人民法院可以指定终审人民法院以外的人民法院对申诉进行审查。被指定的人民法院审查后,应当制作审查报告,提出处理意见,层报最高人民法院或者上级人民法院审查处理。

——《最高人民法院关于适用〈中华人民共和国刑事诉讼法〉的解释》(2021年3月1日,法释〔2021〕1号)。

【链接:理解与适用】

目前,异地审查(指上级人民法院指定终审人民法院以外的人民法院审查)是人民法院办理再审审查案件的方式之一。"聂树斌案"等冤假错案的再审经过证明,指令异地审查制度有利于保证审查的客观公正,符合申请人和社会公众的期待,有必要通过司法解释予以确认。基于此,《解释》第四百五十四条规定:"最高人民法院或者上级人民法院可以指定终审人民法院以外的人民法院对申诉进行审查。被指定的人民法院审查后,应当制作审查报告,提出处理意见,层报最高人民法院或者上级人民法院审查处理。"

——《起草小组解读:〈刑事诉讼法解释〉理解与适用(下)》,载中国法院网2021年2月4日,https://www.chinacourt.org/article/detail/2021/02/id/5796153.shtml。

1785 立案审查的申诉案件重新审判的条件

关键词|申诉|重新审判|

【最高人民法院司法解释】

第四百五十七条第二款　经审查,具有下列情形之一的,应当根据刑事诉讼法第二百五十三条的规定,决定重新审判:

(一)有新的证据证明原判决、裁定认定的事实确有错误,可能影响定罪量刑的;

(二)据以定罪量刑的证据不确实、不充分、依法应当排除的;

(三)证明案件事实的主要证据之间存在矛盾的;

(四)主要事实依据被依法变更或者撤销的;

(五)认定罪名错误的;

(六)量刑明显不当的;

(七)对违法所得或者其他涉案财物的处理确有明显错误的;

（八）违反法律关于溯及力规定的；

（九）违反法定诉讼程序，可能影响公正裁判的；

（十）审判人员在审理该案件时有贪污受贿、徇私舞弊、枉法裁判行为的。

——《最高人民法院关于适用〈中华人民共和国刑事诉讼法〉的解释》（2021年3月1日，法释〔2021〕1号）。

1786 审判监督程序中“新的证据”的认定

关键词 | 申诉 | 新的证据 |

【最高人民法院司法解释】

第四百五十八条 具有下列情形之一，可能改变原判决、裁定据以定罪量刑的事实的证据，应当认定为刑事诉讼法第二百五十三条第一项规定的“新的证据”：

（一）原判决、裁定生效后新发现的证据；

（二）原判决、裁定生效前已经发现，但未予收集的证据；

（三）原判决、裁定生效前已经收集，但未经质证的证据；

（四）原判决、裁定所依据的鉴定意见，勘验、检查等笔录被改变或者否定的；

（五）原判决、裁定所依据的被告人供述、证人证言等证据发生变化，影响定罪量刑，且有合理理由的。

——《最高人民法院关于适用〈中华人民共和国刑事诉讼法〉的解释》（2021年3月1日，法释〔2021〕1号）。

【链接：理解与适用】

《2012年解释》第三百七十六条对刑事诉讼法第二百五十三条第（一）项规定的“新的证据”作了列举规定，其中，第（四）项为“原判决、裁定所依据的鉴定意见，勘验、检查等笔录或者其他证据被改变或者否定的”。征求意见过程中，有意见建议将该项规定修改为“原判决、裁定所依据的鉴定意见，证人证言、被告人供述等言词证据被改变或者否定，经审查具有合理理由的”。理由是：实践中很多申诉人以案件生效后改变的证人证言，或翻供的被告人供述作为新证据提出申诉，司法实践中对此把握不准。建议对于证言、供述虽然有变化，但不影响定罪量刑，或者翻证、翻供没有合理理由，不应视为出现了新证据而启动再审。经研究，采纳上述意见，《解释》第四百五十八条第（四）项、第（五）项区分证据种类分别作出相应规定……

——《起草小组解读：〈刑事诉讼法解释〉理解与适用（下）》，载中国法院网2021年2月4日，https://www.chinacourt.org/article/detail/2021/02/id/5796153.shtml。

【链接：信箱】

问题：赵某因涉嫌盗窃犯罪被公安机关关押审查，赵某在此期间检举了他人的杀人犯罪，但未能得到查证。赵某因犯盗窃罪，被判处有期徒刑。判决发生法律效力并交付执行后，公安机关对赵某检举他人的杀人犯罪得以查证属实。赵某得知后，即向原审人民法院提出申诉，其对原审判决并无意见，但要求对其检举他人杀人犯罪的立功表现，在法律上予以认定。请问根据赵某的立功表现，应适用何种程序对赵某的案件进行审理？

《人民司法》研究组认为：根据刑法第六十八条及《最高人民法院关于处理自首和立功具体应用法律若干问题的解释》的有关规定，犯罪分子揭发他人犯罪的行为，只有经查证属实的，才构成立功。因此，赵某虽然在公安侦查阶段即检举他人的杀人犯罪行为，但未经查证属实，原判不认定其具有立功表现是正确的。鉴于判决发生法律效力后，赵某检举的他人犯罪案件得以侦破，且立功是决定被告人量刑轻重的重要事实，故本案属于刑事诉讼法第二百零四条第（一）项规定的“有新的证据证明原判决、裁定认定的事实确有错误”的情形，人民法院可以通过审判监督程序进行改判。另外，赵某在公安侦查阶段检举他人犯罪的行为，不属于刑法第七十八条规定的在刑罚执行期间有立功表现可以减刑的情形，故不能因此而对其适用减刑。

——《人民司法》2002 年第 9 期。

1787 依照审判监督程序重新审判的案件与原审被告人其他犯罪案件的合并审理规则

关键词｜重新审判｜并案｜分案｜

【最高人民法院司法解释】

第四百六十七条　对依照审判监督程序重新审判的案件，人民法院在依照第一审程序进行审判的过程中，发现原审被告人还有其他犯罪的，一般应当并案审理，但分案审理更为适宜的，可以分案审理。

——《最高人民法院关于适用〈中华人民共和国刑事诉讼法〉的解释》（2021 年 3 月 1 日，法释〔2021〕1 号）。

【链接：理解与适用】

司法实践中，对于依照审判监督程序重新审判，可能存在被告人还有其他犯罪的情况。《解释》第四百六十七条规定……概言之，所涉情形以并案审理为原则，以分案审理为例外。主要考虑：(1)根据刑法的有关规定，如果通过再审撤销原判以后，需要再审改判之罪和被告人所犯其他犯罪都属于判决宣告前的数罪，应当依照刑法第六十九条的规定进行数罪并罚；如果分案处理，只能依照刑法第七十条的规定或者第七十一条的规定并罚，两者的最终量刑有时会有差异。(2)从审判实践来看，将再审和其他犯罪的审理合并，程序上可以操作，也有助以提高审判效率。

需要注意的是，本条强调需要并案审理的，原则上应当依照第一审程序并案审理，但根据案件情况也可以在第一审程序中分案审理，而后在第二审程序中并案审理。通常而言，一审分案审理的，对于再审犯罪和其他犯罪均上诉的，可以在二审合并处理；对于一个犯罪提出上诉，一个犯罪没有提出上诉的，二审可以按照数罪并罚处理；对于一个犯罪宣告有罪，另一个犯罪宣告无罪的，则不宜合并审理，宜全程分案审理。

——《起草小组解读：〈刑事诉讼法解释〉理解与适用（下）》，载中国法院网 2021 年 2 月 4 日，https://www.chinacourt.org/article/detail/2021/02/id/5796153.shtml。

1788 再审不加刑原则的把握

关键词 | 再审 | 再审不加刑 |

【最高人民法院司法解释】

第四百六十九条 除人民检察院抗诉的以外，再审一般不得加重原审被告人的刑罚。再审决定书或者抗诉书只针对部分原审被告人的，不得加重其他同案原审被告人的刑罚。

——《最高人民法院关于适用〈中华人民共和国刑事诉讼法〉的解释》（2021 年 3 月 1 日，法释〔2021〕1 号）。

【链接：最高人民法院法官著述】

再审能否加重原审被告人的刑罚，因再审启动的主体不同而不同。能够确认且没有争议的有两种情况：一是对由人民检察院抗诉的案件，可以加重原审被告人的刑罚；二是从保障原审被告人权利的原则出发，由原审被告人及其近亲属申诉引发启动的再审案件，不能加重原审被告人的刑罚。那么，因被害人申诉引发启动的再审案件，以及法院依职权自行启动的再审案件能否对原审被告人加刑，实践中莫衷一是。笔者认为，在这两种情况下也应当从有利于保障原审被告人权益的原则出发，适用不加刑原则。理由如下：

1. 因被害人申诉启动再审不能加重原审被告人刑罚的情况。对于因被害人申诉引发启动再审的案件,加重原审被告人的刑罚,首先,没有合理的法理基础。被害人是指在刑事案件中合法权益遭受犯罪行为侵害的人。公诉案件被害人,享有广泛的诉讼权利,比如,有权聘请律师担任其诉讼代理人,有权参加法庭调查和法庭辩论等,目的是使其合法权益得到保障和实现。但是,被害人对人民法院一审判决没有上诉的权利,只有抗诉请求权,其请求权依附于人民检察院的抗诉决定权,如果人民检察院不批准其抗诉请求,其诉请则无法得以实现。即便被害人提起附带民事诉讼,其上诉权也仅限于民事部分,对刑事部分仍然没有上诉权。这是基于被害人的权益是由国家公权力为其伸张的法理基础,避免私权复仇所带来的社会危害,而国家也会出于平复社会对被害人的同情和对犯罪的心理恐惧,维护社会秩序的相对稳定,最大限度地主张和保护被害人的权利得到补偿和实现。这种情况下,面对强大的国家机器,被告人处于相对弱势的地位,其合法权利更容易被忽视和遭到剥夺,需要通过更加严密的制度设计加以保护。也就是说,根据这一理论,被害人的权益在案件审理中已经得到国家公权力最大限度的保护,其应有的合法权益已经得到最大化的实现,再赋予其申诉启动再审加重原审被告人的刑罚没有合理的法理基础。

其次,没有明确充分的法律根据。我国刑事诉讼法虽然赋予了被害人一定的申诉权利,但并不能必然启动案件的再审。其申诉理由要经过人民法院依法定程序认可或者由人民检察院提出抗诉才能确定进入再审。如果其申诉得到人民检察院的支持,则其权利可以通过人民检察院的抗诉得到最大限度的保护,在这种情况下的再审如果需要对原审被告人加重刑罚则有明确的法律依据支持,但这并不能说是因为被害人的申诉而加重了对被告人的刑罚处罚,而是对人民检察院行使国家公权力的权威性的认可。对于刑事再审案件,基于被告人面对强大的国家机器所处的弱势地位,各国的刑事再审制度设计都更多地是从有利于保护被告人的权利出发的。我国的制度设计相对来说,在这方面对原审被告人的权利保护相对较弱。尽管如此,根据《最高人民法院关于适用〈中华人民共和国刑事诉讼法〉的解释》(以下简称《解释》)第三百八十六条的规定,除人民检察院抗诉的外,再审一般不得加重原审被告人的刑罚。所以,面对被害人申诉要求加重原审被告人刑罚的案件,在没有人民检察院抗诉作支持的情况下,法官要善于运用再审不加刑原则裁判案件,劝访息诉。否则,会导致相关刑事判决处于不安定状态,影响司法公正和效率,伤害被害人对司法的信心。

2. 人民法院依职权启动再审不能加重原审被告人刑罚的情况。对于人民检察院没有抗诉,当事人没有申诉的案件,人民法院依职权自行主动提起的再审案件,在不利于原审被告人的情况下也应秉承再审不加刑的原则。

首先，这是刑事再审程序设置的目的使然。如前所述，刑事再审程序的目的是保障原审被告人的诉讼权利，即使原审被告人就此前刑事诉讼产生的错误得到一个特别救济的权利。按照现代法治理念和国家权力学说，人民法院是居中裁判者，应当处于中立的立场，不应当是积极的权力主张者。我国法律虽然赋予了人民法院依职权启动再审程序的权力，而且各级人民法院在以往纠正冤假错案方面发挥了积极的重要作用，但是我们也要看到我国刑事诉讼制度不断发展的趋势，是逐步与国际公约和世界发展趋势相吻合的，从我国宪法和刑事诉讼法的规定来看，各种制度的设计都更加注重尊重和保护人权。因此，人民法院启动不利于被告人的再审显然不符合这个目的，也不符合控审分离和不告不理的一般诉讼原则。

其次，对《解释》第三百二十五条第（七）项规定要有正确的理解和把握。该条规定"原判事实清楚，证据确实、充分，但判处刑罚畸轻、应当适用附加刑而没有适用的，不得直接加重刑罚、适用附加刑，也不得以事实不清、证据不足为由发回第一审人民法院重新审判。必须依法改判的，应当在第二审判决、裁定生效后，依照审判监督程序重新审判"。这条规定并不意味着人民法院可以依职权启动不利于原审被告人的再审，继而加重原审被告人的刑罚。司法实践中，通常把该规定理解为，在上诉不加刑原则的约束下，遇此情况，只能让第二审裁判生效，之后再通过审判监督程序加重原审被告人的刑罚。这种理解显然有悖于该规定的本意。从条文一再强调不得直接加重刑罚和发回重审的规定来看，它更多突出体现的是对原判给予维持、以保护原审被告人权利的理念。面对必须依法改判的，则规定必须等原裁判生效后按照审判监督程序重新审判。这种制度设计并不是没有考虑到司法成本和资源的消耗，相反正是为了保护原审被告人的合法权益，确保其能穷尽所有司法救济渠道，克服人民法院主动作为加重被告人刑罚的负面作用，切实尊重和保障人权。正是由于这种理念贯穿于我国的刑事诉讼制度，我国刑事诉讼法从第二审到再审、从上诉不加刑到再审不加刑，体现出对被告人的权利保障救济是一脉相承的。如果允许人民法院依职权启动再审，作出加重对原审被告人的处罚，既与司法人权保障的理念相悖，也与我国的刑事司法制度设计的初衷相悖。况且《解释》规定的依照审判监督程序重新审判，并不必然意味着是由人民法院依职权启动审判监督程序的方式重新审判，它也可以是由人民法院通过与人民检察院沟通，或者直接由人民检察院以抗诉的方式启动再审，以实现再审纠错的目的。或许有人会说，如果人民检察院不同意抗诉怎么办？笔者认为，随着国家监察体制改革的深入推进，职务犯罪侦查部门的转隶对检察制度带来重要影响，人民检察院对刑事判决、裁定的监督力度在不断加大，二审抗诉和再审抗诉无疑将成为其进行法律监督的主要方式。维护社会公平正义和司法公正是法检两家的共同目标，依法履行职责是法官、检察官的共同使命，如果人民检察院不同意抗诉，说明案件没有错误，抑或有错误但达不到需要通过再审程序进行纠正的程度。

——齐素:《完善再审不加刑原则的实证思考——兼谈〈最高人民法院关于适用《中华人民共和国刑事诉讼法》的解释〉第386条之适用》,载《法律适用》2018年第19期。

1789 再审案件经过重新审理后的处理

关键词｜再审｜判决、裁定｜

【最高人民法院司法解释】

第四百七十二条　再审案件经过重新审理后,应当按照下列情形分别处理:

(一)原判决、裁定认定事实和适用法律正确、量刑适当的,应当裁定驳回申诉或者抗诉,维持原判决、裁定;

(二)原判决、裁定定罪准确、量刑适当,但在认定事实、适用法律等方面有瑕疵的,应当裁定纠正并维持原判决、裁定;

(三)原判决、裁定认定事实没有错误,但适用法律错误或者量刑不当的,应当撤销原判决、裁定,依法改判;

(四)依照第二审程序审理的案件,原判决、裁定事实不清、证据不足的,可以在查清事实后改判,也可以裁定撤销原判,发回原审人民法院重新审判。

原判决、裁定事实不清或者证据不足,经审理事实已经查清的,应当根据查清的事实依法裁判;事实仍无法查清,证据不足,不能认定被告人有罪的,应当撤销原判决、裁定,判决宣告被告人无罪。

——《最高人民法院关于适用〈中华人民共和国刑事诉讼法〉的解释》(2021年3月1日,法释〔2021〕1号)。

1790 对历史形成的涉产权刑事案件进行再审裁判需注意的事项

关键词｜再审｜涉产权刑事案件｜顾雏军案｜

【链接:最高人民法院法官著述】

笔者认为,人民法院在对历史形成的涉产权刑事案件进行再审裁判时,总的原则是实事求是。具体而言,应当注意以下几点:

第一,要充分认识到这些案件自身的特点和复杂性。与一、二审案件相比,再审案件本来就有其自身的特点，同时，作为涉产权案件，往往发生于社会主义市场经济的发育成长时期，大多融刑事、民事、商事、行政等诸多法律关系于一体，需要在审理中高度审慎、条分缕析、认真梳理、仔细辨别。

第二，要在充分尊重历史的前提下着眼长远。应当立足于案件的事实、证据以及当时法律规定，同时，要综合考量当时的社会背景、政策法规、发展阶段、行业状况等因素，充分尊重历史，客观看待和依法妥善处理改革开放以来各类企业，特别是民营企业经营过程中存在的不规范问题，着眼于不断改革发展、多种经济形式共存共荣的大局。

第三，要精准把握经济违法行为的入刑标准。要从犯罪的基本特征即行为的社会危害性、刑事违法性、应受惩罚性三方面进行深刻分析，正确区分违规、违法与犯罪之间的界限，把准经济纠纷与经济犯罪的性质，分清经济违法行为的不同法律责任，严格执行罪刑法定、疑罪从无原则，对于企业家在生产、经营、融资活动中的创新突破但不违反刑事法律禁止性规定的行为，绝不能以犯罪论处。

第四，要根据再审查明的事实依法裁判。对于原判确有错误并影响被告人定罪量刑的，要旗帜鲜明地坚决予以纠正。完全错误的，彻底纠正，部分错误的，部分纠正。当然，也要防止从一个极端走向另一个极端，为了纠正而纠正的形式主义和片面主义。对于原判事实认定正确，适用法律并无不当的案件，也应大胆地依法维持，切实做到大错大纠、小错小纠、无错不纠。只有这样，才能符合法治要求，得到社会认可，取得社会公信，真正实现法律效果和社会效果的统一。

在顾雏军案再审中，再审合议庭对于原审认定的顾雏军等人在公司变更登记过程中虚报注册资本的行为，充分考虑其历史背景和客观因素，不以犯罪论处；对原审认定的顾雏军等人不按规定提供真实财会报告的行为，充分考虑在案证据不足以证实该行为已造成刑法规定的严重后果的客观实际，不应追究刑事责任；对于原审认定的顾雏军等人挪用 6300 万元的事实，充分考虑认定顾雏军指使姜宝军挪用资金的证据不足，且无证据证实姜宝军从中谋取了个人利益等实际情况，不应认定为犯罪。这样处理，既体现了党中央平等保护各类市场主体合法权益、营造公平竞争环境的要求，又向全社会释放了产权司法保护的积极信号，对于激发企业家创业创新动力，维护社会公平正义，促进经济社会持续健康发展，都具有十分重要的意义。与此同时，对于顾雏军、张宏从上市公司挪用 2.9 亿元用于顾雏军个人注册公司的行为，充分考虑其利用职务便利，挪用上市公司资金归个人使用，并谋取个人利益，严重扰乱市场经济秩序，给金融和证券市场带来巨大风险，具有严重社会危害性的客观事实，依法认定有罪并判处刑罚。这样处理，充分体现了人民法院实事求是、坚守底线、公正司法的坚定立场和有错必纠、错到哪里纠到哪里、不搞“一风吹”的明确态度，既维护了法律权威，彰显了公平正义，又引导企业家敬畏法律，不踩红线，遵纪守法搞经营，合法合规谋发展。

——罗智勇：《涉产权刑事案件再审若干问题思考——以顾雏军案再审改判为视角》，载《人民司法·应用》2019年第19期。

1791 对刑罚执行完毕后发现新的证据，又因同一事实被以新的罪名重新起诉的案件的审理

关键词｜再审｜同一事实再审｜

【最高人民法院审判业务意见】

二、问题

（一）被告人杭某因同一犯罪事实已被定罪处刑，且已服刑期满，现人民检察院又就同一犯罪事实对杭某提起公诉，人民法院应适用何种程序进行审理？

一种意见认为，应当由区人民法院按照审判监督程序撤销以窝藏罪判处被告人杭某有期徒刑一年的刑事判决，区人民检察院撤回起诉，再由市人民检察院将被告人杭某与后归案的同案犯王某一起以故意杀人罪向市中级人民法院提起公诉，市中级人民法院按照一审程序进行审理。

另一种意见认为，对被告人杭某不能与后归案的同案犯并案按照一审程序进行审理，而应按审判监督程序再审。理由是：一审程序与审判监督程序是完全不同的程序，适用的法律亦不同，既然某区人民法院在原判认定事实上确有错误，已按审判监督程序进行了再审，撤销了原判，就已经进入了审判监督程序。按照刑事诉讼法有关审判监督程序的规定，如发现原判事实确有错误，应该按审判监督程序进行再审，因此对被重新起诉的杭某应按审判监督程序进行审判。

（二）对被告人杭某原服过的刑期在新刑罚中如何计算？

被告人杭某因同一犯罪事实已被定罪判刑并已服刑一年，现重新定罪量刑，存在刑期折抵问题，即如判处杭某无期徒刑，杭某原服过的刑期无从折抵，无疑在客观上加重了对杭某的处罚，有失公平；如判处杭某有期徒刑，对杭某原服过的刑期可否折抵刑期亦无明确的司法解释，折抵无依据，不折抵亦有失公平。

三、释疑

（一）杭某、姚某、王某三人构成故意杀人罪的共犯

虽然本案中的杀人行为是由王某、姚某直接实施的，不是杭某本人实施的，但是杭某被人打伤后怀恨在心，邀集他人蓄谋报复，事先共谋，并两次携带单管猎枪乘坐出租车寻找姚甲，事后与同案犯共同潜逃，因此杭某的行为已经构成故意杀人罪，杭某、王某、姚某三人是故意杀人罪的共犯。

（二）共同犯罪案件原则上应当并案按照第一审程序审理

共同犯罪案件原则上对共同犯罪人应并案进行审理，这主要是考虑到以下几个因素：(1)符合诉讼经济原则。共同犯罪案件有几个被告人，但是又是围绕同一犯罪事实，从诉讼经济的角度来看，显然没有必要就每一个被告人都组成合议庭分别进行审判，而应当将这些被告人合并由一个合议庭审判。(2)有利于查清案件事实。对共同犯罪案件并案审理，便于共同犯罪人之间相互质证，有利于查清案件事实。(3)有利于明确被告人在共同犯罪中的作用，便于准确地追究被告人的刑事责任。

本案是共同犯罪案件，杭某、王某、姚某三人构成故意杀人罪，应当并案进行审理。既然需要并案审理，其他同案被告人显然不宜适用审判监督程序，因此应当并案按照第一审程序进行审理。

（三）先前作出的判决应当按照审判监督程序撤销

由于被告人杭某已经被基层人民法院以窝藏罪判处了刑罚，且刑罚已经执行完毕，而现在又就同一事实以新的罪名将其起诉，因此应当按照审判监督程序撤销对杭某以窝藏罪判处有期徒刑一年的刑事判决，否则就意味着对杭某的同一个行为进行了两次审判，侵害了被告人的合法权益，而且如果法院的两次判决内容不一致，也损害人民法院判决的权威性。

本案中，某市中级人民法院在审理过程中发现杭某因本案被区法院以窝藏罪判处一年有期徒刑，根据新的证据证明原判决认定的事实确有错误，属于上级人民法院对下级人民法院已经发生法律效力的判决发现确有错误，根据刑事诉讼法第二百零五条的规定，可以指令下级人民法院再审的情况。作出原判决的基层人民法院，应当按照审判监督程序对原来的案件进行再审。由于本案应当由中级人民法院管辖，因此基层人民法院再审后，应当作出撤销原判决的裁定，然后将案件移送有管辖权的市中级人民法院进行审理。

（四）刑期折抵问题

由于是就同一事实作出判决，虽然先前判决被撤销，但是被告人杭某原判刑罚已执行完毕，因此，刑期折抵问题需要具体情况具体分析。如果对被告人判处有期徒刑的，可以折抵刑期；如果判处死刑或者无期徒刑，则不再折抵刑期。

——《刑罚执行完毕后发现新的证据，又因同一事实被以新的罪名重新起诉的案件，应适用何种程序进行审理》，载最高人民法院刑事审判第一庭、第二庭：《刑事审判参考》（总第29辑），法律出版社2003年版，第181—184页。

【链接：信箱】

问题：我们在审判实践中遇到，对同一被告人检察院依据当时查明的事实，指控其行为构成包庇罪向法院提起公诉,法院以包庇罪依法判处其有期徒刑,并且所判处的刑罚已执行完毕。现因与该被告人同案的在逃犯被抓获归案,引起原判认定的事实发生变化,根据现有证据证实被告人的行为不构成包庇犯罪,而应当构成故意杀人罪,故检察院又以故意杀人罪向法院起诉。请问对检察院的这一起诉如何处理为妥?

《人民司法》研究组认为:对刑罚已执行完毕的罪犯,由于同案犯归案发现新的证据,又因同一事实被以新的罪名重新起诉,原判人民法院应当按照审判监督程序撤销原判决、裁定,并将案件移送有管辖权的人民法院,按照第一审程序与其他同案被告人并案审理。该被告人已经执行完毕的刑罚,由收案的第一审人民法院在对被指控的新罪作出判决时依法折抵,如果是被判处有期徒刑的,原执行完毕的刑期可以折抵刑期。

——《人民司法》2006 年第 1 期。

1792 再审中刑事自诉人死亡的处理

关键词｜再审｜自诉｜自诉人死亡｜

【链接:信箱】

问题:对再审中出现原审自诉人死亡,该案应如何处理有不同的认识。一种意见认为,应由原审自诉人的法定代理人参加诉讼继续审理。另一种意见认为,为了不放纵犯罪,应由检察机关代表国家提起公诉继续审理。请问哪种意见正确?

《人民司法》研究组认为:……对于依照审判监督程序审理的刑事自诉案件,如果原审自诉人已经死亡,人民法院应当将再审决定通知原审自诉人的法定代理人、近亲属。如果其法定代理人、近亲属要求参加诉讼的,人民法院应当准许。

——《人民司法》2002 年第 4 期。

1793 刑事再审工作中几个具体程序问题的把握

关键词｜再审｜指定管辖｜发回重审｜

【最高人民法院审判业务意见】

一、对生效裁判再审发回重审的,应由哪一个庭重审,文书如何编号。

此类案件应由审监庭重新审理,编立刑再字号。主要理由是,此类案件在性质上属于再审案件，依法应按审判监督程序审理；由下级法院审监庭审理，便于上一级法院审监庭进行指导、监督。

二、刑事附带民事诉讼案件，原审民事部分已调解结案，刑事部分提起再审后，附带民事诉讼原告人对调解反悔，要求对民事部分也进行再审，如何处理。

调解书生效后，一般不再审，但根据《中华人民共和国民事诉讼法》第一百八十条[①]的规定，当事人对已发生法律效力的调解书，提出证据足以证明调解违反自愿原则，或者调解协议的内容违反法律规定，经人民法院审查属实的，应当再审。

原刑事部分判决以民事调解为基础，刑事部分再审结果可能对原民事部分处理有影响的，附带民事诉讼原告人要求重新对民事部分进行审理，可以在再审时一并重新审理。

……

四、基层人民法院一审作出的判决生效后，检察院以量刑畸轻为由提出抗诉，上级法院受理后审查认为，原判确有错误，应启动再审程序对原审被告人判处无期徒刑以上刑罚。此类案件如果提审则会剥夺原审被告人的上诉权，发回重审则有审级管辖问题，应如何解决。

对于此类案件，可以由中级人民法院撤销原判后，重新按照第一审程序进行审理，作出的判决、裁定，可以上诉、抗诉。这样做符合《中华人民共和国刑事诉讼法》对于可能判处无期徒刑以上刑罚的普通刑事案件，应由中级人民法院按照第一审程序审理的规定，同时也能够保证原审被告人依法行使上诉权。

……

五、经上级法院立案庭指令下级法院再审的刑事案件，下级法院审监庭在审理中遇有适用法律等问题需向上级法院请示的，应由上级法院哪一个庭负责办理。

上级法院立案庭指令下级法院再审后，案件已进入再审程序，立案庭的审查立案工作已经完结。按照立审分离的原则，上级法院立案庭不再对已进入再审程序案件的实体审理进行指导。进入再审程序的案件，下级法院审监庭在审理中对适用法律等问题确需向上级法院请示的，应由上级法院审监庭负责办理。

——《最高人民法院审判监督庭关于刑事再审工作几个具体程序问题的意见》（2003 年 10 月 15 日，法审〔2003〕10 号）。

---

① 2021 年修正的民事诉讼法第二百零八条。

十三、涉外刑事案件的审理和刑事司法协助

1794 涉外刑事案件的范围

关键词｜涉外刑事案件｜外国人犯罪｜

【最高人民法院司法解释】

第四百七十五条　本解释所称的涉外刑事案件是指：

（一）在中华人民共和国领域内，外国人犯罪或者我国公民对外国、外国人犯罪的案件；

（二）符合刑法第七条、第十条规定情形的我国公民在中华人民共和国领域外犯罪的案件；

（三）符合刑法第八条、第十条规定情形的外国人犯罪的案件；

（四）符合刑法第九条规定情形的中华人民共和国在所承担国际条约义务范围内行使管辖权的案件。

——《最高人民法院关于适用〈中华人民共和国刑事诉讼法〉的解释》（2021年3月1日，法释〔2021〕1号）。

【链接：理解与适用】

需要注意的是，本条第（三）项对表述略作调整，由“符合刑法第八条、第十条规定情形的外国人对中华人民共和国国家或者公民犯罪的案件”调整为“符合刑法第八条、第十条规定情形的外国人犯罪的案件”，以使本项规定更具包容性，可以视情形将外国人针对我国企业实施的犯罪包括在内。

根据本条规定，以下四类案件属于涉外刑事案件，应当依照本章有关规定进行审理：

1. 在中华人民共和国领域内，外国人犯罪的或者我国公民对外国、外国人犯罪的案件。需要注意的是：其一，根据我国刑法第六条的规定，犯罪的行为或者结果有一项发生在中华人民共和国领域内的，就认为是“在中华人民共和国领域内”犯罪。其二，此处的“外国人犯罪”，也包括外国单位犯罪。其三，对在中华人民共和国领域内，我国单位侵犯外国人合法权利的刑事案件，以及我国单位侵犯外国人或者外国单位合法权利的刑事案件，也应当视为“我国公民对外国、外国人犯罪的案

件”，适用本章的相关规定。

2. 符合刑法第七条、第十条规定情形的我国公民在中华人民共和国领域外犯罪的案件。我国刑法第七条规定：“中华人民共和国公民在中华人民共和国领域外犯本法规定之罪的，适用本法，但是按本法规定的最高刑为三年以下有期徒刑的，可以不予追究。”“中华人民共和国国家工作人员和军人在中华人民共和国领域外犯本法规定之罪的，适用本法。”第十条规定：“凡在中华人民共和国领域外犯罪，依照本法应当负刑事责任的，虽然经过外国审判，仍然可以依照本法追究，但是在外国已经受过刑罚处罚的，可以免除或者减轻处罚。”理论上，将刑法第七条规定概括为属人管辖原则。根据本条第(二)项的规定，属人管辖原则适用范围内的犯罪案件，也属于涉外刑事案件的范畴。这主要是考虑：尽管这类犯罪的主体是中国公民，但其是在境外实施的；侵害的对象既有可能是中国国家或者公民，也有可能是外国国家或者公民，也涉及境外证据的审查认定、外国领事官员旁听等事项，故也应作为涉外刑事案件审理。

3. 符合刑法第八条、第十条规定情形的外国人犯罪的案件。我国刑法第八条规定：“外国人在中华人民共和国领域外对中华人民共和国国家或者公民犯罪，而按本法规定的最低刑为三年以上有期徒刑的，可以适用本法，但是按照犯罪地的法律不受处罚的除外。”理论上，将刑法第八条规定概括为保护管辖原则。属于保护管辖原则适用范围内的犯罪案件，被告人是外国人，犯罪是在中国领域外实施，无疑应作为涉外刑事案件审理。

4. 符合刑法第九条规定情形的中华人民共和国在所承担国际条约义务范围内行使管辖权的案件。我国刑法第九条规定：“对于中华人民共和国缔结或者参加的国际条约所规定的罪行，中华人民共和国在所承担条约义务的范围内行使刑事管辖权的，适用本法。”理论上，将刑法第九条规定概括为普遍管辖原则。属于普遍管辖原则适用范围内的犯罪案件，被告人是外国人，犯罪是在中国领域外实施，侵害的对象也不是中国国家或者公民，显然应作为涉外刑事案件审理。[①] 需要注意的是：对根据普遍管辖原则审理的刑事案件，其实体法的适用根据仍是我国刑法，而非国际条约，因为国际条约没有对罪行规定法定刑，而是要求缔约国或者参加国将国际条约所列的罪行规定为国内刑法上的犯罪。[②]

——李少平主编：《最高人民法院关于适用〈中华人民共和国刑事诉讼法〉的解释理解与适用》，人民法院出版社 2021 年版，第 489—491 页。

① 刑法第六条至第九条所规定的管辖原则有梯次关系，即凡符合前一个管辖原则的，就排除其他管辖原则的适用。因此，只有在被告人是外国人，犯罪是在我国领域外实施，侵害的对象也不是我国国家或者公民，而相关罪行是我国缔结或者参加的国际条约所规定的罪行的，我国才能在所承担条约义务的范围内，根据普遍管辖原则，对相关犯罪行使刑事管辖权。

② 参见张明楷：《刑法学(上)》，法律出版社 2016 年版，第 74—75 页。

1795 确认外国人国籍的规则

关键词｜外国人｜国籍｜

【最高人民法院司法解释】

第四百七十七条 外国人的国籍，根据其入境时持用的有效证件确认；国籍不明的，根据公安机关或者有关国家驻华使领馆出具的证明确认。

国籍无法查明的，以无国籍人对待，适用本章有关规定，在裁判文书中写明“国籍不明”。

——《最高人民法院关于适用〈中华人民共和国刑事诉讼法〉的解释》（2021年3月1日，法释〔2021〕1号）。

【链接：理解与适用】

《2012年解释》第三百九十四条第一款规定：“外国人的国籍，根据其入境时的有效证件确认……”实践中存在被告人通过海关进入我国境内，但持有两国甚至多国护照或身份证明。此种情形下，应当以其通关时所持用的国籍证件为认定国籍的依据。鉴于此，《解释》第四百七十七条第一款规定：“外国人的国籍，根据其入境时持用的有效证件确认；国籍不明的，根据公安机关或者有关国家驻华使领馆出具的证明确认。”

——《起草小组解读：〈刑事诉讼法解释〉理解与适用（下）》，载中国法院网2021年2月4日，https://www.chinacourt.org/article/detail/2021/02/id/5796153.shtml。

1796 对外国法院请求事项不予协助的情形

关键词｜刑事司法协助｜不予协助｜

【最高人民法院司法解释】

第四百九十二条 外国法院请求的事项有损中华人民共和国的主权、安全、社会公共利益以及违反中华人民共和国法律的基本原则的，人民法院不予协助；属于有关法律规定的可以拒绝提供刑事司法协助情形的，可以不予协助。

——《最高人民法院关于适用〈中华人民共和国刑事诉讼法〉的解释》（2021年3月1日，法释〔2021〕1号）。

【链接：理解与适用】

《2012年解释》第四百零八条第二款规定：“外国法院请求的事项有损中华人

民共和国的主权、安全、社会公共利益的，人民法院不予协助。”国际刑事司法协助法第十四条规定：“外国向中华人民共和国提出的刑事司法协助请求，有下列情形之一的，可以拒绝提供协助：(一)根据中华人民共和国法律，请求针对的行为不构成犯罪；(二)在收到请求时，在中华人民共和国境内对于请求针对的犯罪正在进行调查、侦查、起诉、审判，已经作出生效判决，终止刑事诉讼程序，或者犯罪已过追诉时效期限；(三)请求针对的犯罪属于政治犯罪；(四)请求针对的犯罪纯属军事犯罪；(五)请求的目的是基于种族、民族、宗教、国籍、性别、政治见解或者身份等方面的原因而进行调查、侦查、起诉、审判、执行刑罚，或者当事人可能由于上述原因受到不公正待遇；(六)请求的事项与请求协助的案件之间缺乏实质性联系；(七)其他可以拒绝的情形。”据此，《解释》第四百九十二条增加规定可以不予协助的情形，规定：“外国法院请求的事项有损中华人民共和国的主权、安全、社会公共利益以及违反中华人民共和国法律的基本原则的，人民法院不予协助；属于有关法律规定的可以拒绝提供刑事司法协助情形的，可以不予协助。”

——《起草小组解读：〈刑事诉讼法解释〉理解与适用(下)》，载中国法院网 2021 年 2 月 4 日，https://www.chinacourt.org/article/detail/2021/02/id/5796153.shtml。

1797 向在中华人民共和国领域外居住的当事人送达刑事诉讼文书可以采用的方式

关键词 | 刑事司法协助 | 刑事诉讼文书 | 送达 |

【最高人民法院司法解释】

第四百九十五条 人民法院向在中华人民共和国领域外居住的当事人送达刑事诉讼文书，可以采用下列方式：

(一)根据受送达人所在国与中华人民共和国缔结或者共同参加的国际条约规定的方式送达；

(二)通过外交途径送达；

(三)对中国籍当事人，所在国法律允许或者经所在国同意的，可以委托我国驻受送达人所在国的使领馆代为送达；

(四)当事人是自诉案件的自诉人或者附带民事诉讼原告人的，可以向有权代其接受送达的诉讼代理人送达；

(五)当事人是外国单位的，可以向其在中华人民共和国领域内设立的代表机构或者有权接受送达的分支机构、业务代办人送达；

(六)受送达人所在国法律允许的，可以邮寄送达；自邮寄之日起满三个月，送

达回证未退回,但根据各种情况足以认定已经送达的,视为送达;

(七)受送达人所在国法律允许的,可以采用传真、电子邮件等能够确认受送达人收悉的方式送达。

——《最高人民法院关于适用〈中华人民共和国刑事诉讼法〉的解释》(2021年3月1日,法释〔2021〕1号)。

【链接:理解与适用】

《2012年解释》第四百一十二条第(三)项规定,“对中国籍当事人,可以委托我国驻受送达人所在国的使、领馆代为送达”。征求意见过程中,有意见提出,关于委托驻外使领馆向位于境外的中国籍当事人送达刑事文书问题,美、加、澳、新等西方主要国家对于在其境内送达刑事司法文书的态度较为谨慎,如美国司法部和国务院法律顾问办公室明确表示,在美境内送达刑事司法文书被视为执法行为,不属于领事职务范畴,须由其执法部门执行,其他国家也要求执行送达须不违反其国内法。鉴于此,《解释》第四百九十五条第(三)项作了修改,增加了“所在国法律允许或者经所在国同意的”要件,规定:“人民法院向在中华人民共和国领域外居住的当事人送达刑事诉讼文书,可以采用下列方式:……(三)对中国籍当事人,所在国法律允许或者经所在国同意的,可以委托我国驻受送达人所在国的使领馆代为送达;……”

——《起草小组解读:〈刑事诉讼法解释〉理解与适用(下)》,载中国法院网2021年2月4日,https://www.chinacourt.org/article/detail/2021/02/id/5796153.shtml。

第四章 | CHAPTER 04

执行

1798 死缓期间犯罪案件的处理

关键词｜死刑缓期执行｜管辖｜死刑核准｜

【最高人民法院司法解释】

第四百九十七条　被判处死刑缓期执行的罪犯,在死刑缓期执行期间犯罪的,应当由罪犯服刑地的中级人民法院依法审判,所作的判决可以上诉、抗诉。

认定故意犯罪,情节恶劣,应当执行死刑的,在判决、裁定发生法律效力后,应当层报最高人民法院核准执行死刑。

对故意犯罪未执行死刑的,不再报高级人民法院核准,死刑缓期执行的期间重新计算,并层报最高人民法院备案。备案不影响判决、裁定的生效和执行。

最高人民法院经备案审查,认为原判不予执行死刑错误,确需改判的,应当依照审判监督程序予以纠正。

——《最高人民法院关于适用〈中华人民共和国刑事诉讼法〉的解释》(2021年3月1日,法释〔2021〕1号)。

【链接:理解与适用】

被判处死刑缓期执行的罪犯,在死刑缓期执行期间犯罪,既有故意犯罪,也有过失犯罪。无论是故意犯罪,还是过失犯罪,均应当由罪犯服刑地的中级人民法院依法审判。基于此,《解释》第四百九十七条第一款规定:“被判处死刑缓期执行的罪犯,在死刑缓期执行期间犯罪的,应当由罪犯服刑地的中级人民法院依法审判,所作的判决可以上诉、抗诉。”此外,《解释》第十三条第三款规定:“罪犯在脱逃期间又犯罪的,由服刑地的人民法院管辖。但是,在犯罪地抓获罪犯并发现其在脱逃期间犯罪的,由犯罪地的人民法院管辖。”由于《解释》第四百九十七条针对死缓期间故意犯罪的管辖作了特别规定,故死缓罪犯故意犯罪的,即使系脱逃后实施犯罪并在犯罪地被抓获的,也应当适用该条规定,由服刑地的中级人民法院审判。

《解释》第四百九十七条第三款吸收《关于对死刑缓期执行期间故意犯罪未执行死刑案件进行备案的通知》(法〔2016〕318号),对死缓期间故意犯罪未执行死刑备案程序作了规定,明确:“对故意犯罪未执行死刑的,不再报高级人民法院核准,死刑缓期执行的期间重新计算,并层报最高人民法院备案。备案不影响判决、裁定的生效和执行。”同时,第四款进一步规定:“最高人民法院经备案审查,认为原判不予执行死刑错误,确需改判的,应当依照审判监督程序予以纠正。”

——《起草小组解读:〈刑事诉讼法解释〉理解与适用(下)》,载中国法院网2021年2月4日,https://www.chinacourt.org/article/detail/2021/02/id/5796153.shtml。

1799 人民法院送监执行的职责

关键词｜送监执行｜羁押｜

【最高人民法院司法解释】

第五百一十一条 被判处死刑缓期执行、无期徒刑、有期徒刑、拘役的罪犯，第一审人民法院应当在判决、裁定生效后十日以内，将判决书、裁定书、起诉书副本、自诉状复印件、执行通知书、结案登记表送达公安机关、监狱或者其他执行机关。

——《最高人民法院关于适用〈中华人民共和国刑事诉讼法〉的解释》(2021年3月1日，法释〔2021〕1号)。

【链接：理解与适用】

《2012年解释》第四百二十九条第二款规定："罪犯需要收押执行刑罚，而判决、裁定生效前未被羁押的，人民法院应当根据生效的判决书、裁定书将罪犯送交看守所羁押，并依照前款的规定办理执行手续。"刑事诉讼法第二百六十四条规定："罪犯被交付执行刑罚的时候，应当由交付执行的人民法院在判决生效后十日以内将有关的法律文书送达公安机关、监狱或者其他执行机关。""对被判处死刑缓期二年执行、无期徒刑、有期徒刑的罪犯，由公安机关依法将该罪犯送交监狱执行刑罚。对被判处有期徒刑的罪犯，在被交付执行刑罚前，剩余刑期在三个月以下的，由看守所代为执行。对被判处拘役的罪犯，由公安机关执行。"据此，判决、裁定生效后，将罪犯送交执行的机关是公安机关，人民法院只负责送达有关法律文书。从人民法院的警力配备和执行手段等现实情况看，人民法院也难以承担抓捕罪犯的工作。鉴于此，《解释》第五百一十一条依据刑事诉讼法第二百六十四条的规定，删去《2012年解释》第四百二十九条第二款关于由人民法院将罪犯送交看守所羁押的规定，并使第一款与刑事诉讼法第二百六十四条的规定保持一致，规定："被判处死刑缓期执行、无期徒刑、有期徒刑、拘役的罪犯，第一审人民法院应当在判决、裁定生效后十日以内，将判决书、裁定书、起诉书副本、自诉状复印件、执行通知书、结案登记表送达公安机关、监狱或者其他执行机关。"

——《起草小组解读：〈刑事诉讼法解释〉理解与适用(下)》，载中国法院网2021年2月4日，https://www.chinacourt.org/article/detail/2021/02/id/5796153.shtml。

1800 暂予监外执行申请有关情况的鉴别

关键词｜暂予监外执行｜病情诊断｜妊娠检查｜生活不能自理｜

【最高人民法院司法解释】

第五百一十四条　罪犯在被交付执行前,因有严重疾病、怀孕或者正在哺乳自己婴儿的妇女、生活不能自理的原因,依法提出暂予监外执行的申请的,有关病情诊断、妊娠检查和生活不能自理的鉴别,由人民法院负责组织进行。

——《最高人民法院关于适用〈中华人民共和国刑事诉讼法〉的解释》(2021年3月1日,法释〔2021〕1号)。

【链接:理解与适用】

《全国人民代表大会常务委员会关于〈中华人民共和国刑事诉讼法〉第二百五十四条第五款、第二百五十七条第二款的解释》规定:"罪犯在被交付执行前,因有严重疾病、怀孕或者正在哺乳自己婴儿的妇女、生活不能自理的原因,依法提出暂予监外执行的申请的,有关病情诊断、妊娠检查和生活不能自理的鉴别,由人民法院负责组织进行。"经吸收立法解释的规定,本条作了照应性规定。

需要注意的是,刑事诉讼法第二百六十五条第四款规定:"对罪犯确有严重疾病,必须保外就医的,由省级人民政府指定的医院诊断并开具证明文件。"可见,暂予监外执行的法定情形中,仅第一种情形"有严重疾病需要保外就医的",需要由省级人民政府指定医院诊断,对于其他情形并未限制。但是,《最高人民法院关于罪犯交付执行前暂予监外执行组织诊断工作有关问题的通知》(法〔2014〕319号)第三条规定:"罪犯交付执行前暂予监外执行组织诊断工作应当由法医人员进行或组织相关专业的临床医学人员和法医人员共同进行,临床医学人员应当具有副主任医师以上职称,法医人员应当具有副主任法医师以上职称。相关医学检查应当在省级人民政府指定的医院进行。"该通知明确要求所有情形的医学检查工作均应当在省级人民政府指定的医院进行,比刑事诉讼法的规定更为严格。相关问题需要进一步调研,视情形决定是否作出调整。

——李少平主编:《最高人民法院关于适用〈中华人民共和国刑事诉讼法〉的解释理解与适用》,人民法院出版社2021年版,第518—519页。

1801 作出暂予监外执行决定前征求人民检察院意见

关键词|暂予监外执行|人民检察院|

【最高人民法院司法解释】

第五百一十五条　被判处无期徒刑、有期徒刑或者拘役的罪犯,符合刑事诉讼法第二百六十五条第一款、第二款的规定，人民法院决定暂予监外执行的，应当制作暂予监外执行决定书，写明罪犯基本情况、判决确定的罪名和刑罚、决定暂予监外执行的原因、依据等。

人民法院在作出暂予监外执行决定前，应当征求人民检察院的意见。

人民检察院认为人民法院的暂予监外执行决定不当，在法定期限内提出书面意见的，人民法院应当立即对该决定重新核查，并在一个月以内作出决定。

对暂予监外执行的罪犯，适用本解释第五百一十九条的有关规定，依法实行社区矫正。

人民法院决定暂予监外执行的，由看守所或者执行取保候审、监视居住的公安机关自收到决定之日起十日以内将罪犯移送社区矫正机构。

——《最高人民法院关于适用〈中华人民共和国刑事诉讼法〉的解释》（2021年3月1日，法释〔2021〕1号）。

【链接：理解与适用】

《最高人民法院、最高人民检察院、公安部、司法部、国家卫生计生委暂予监外执行规定》（司发通〔2014〕112号）第十八条第四款规定："人民法院在作出暂予监外执行决定前，应当征求人民检察院的意见。"但是，讨论中，对将征求人民检察院意见作为人民法院作出暂予监外执行决定的前置程序的规定存在不同认识：（1）有意见提出，人民法院依据被告人的身体状况进行司法鉴定，并据实作出监外执行决定，检察院并不具体参与该过程。因此，决定作出后抄送检察机关，由其进行事后监督即可。（2）也有意见认为保留事前监督有合理之处，理由是：①相关规定并非新增规定，只是沿用；如果不予沿用，反而有规避人民法院应尽义务之嫌。②从立法意图上看，规定人民法院作出监外执行决定前要征求人民检察院的意见，最根本的目的还是规范司法决策的公正性、严肃性，加强对于监外执行决定的监督，预防可能存在的司法腐败，防止被告人通过监外执行的方式规避法律的制裁。以此来看，人民法院在作出监外执行决定前要以征求人民检察院的意见作为前置条件是无可厚非的。经研究，采纳后一种意见，《解释》第五百一十五条第二款规定："人民法院在作出暂予监外执行决定前，应当征求人民检察院的意见。"

征求意见过程中，有意见提出，实践中有的地方对作出暂予监外执行决定程序不明，建议明确须经合议庭进行审查。经研究认为，是否需要组成合议庭进行审查，宜区分情况作出处理，不应一概而论。有的案件系独任审判，判处有期徒刑，在交付执行前决定暂予监外执行的，组成合议庭进行审查，似不具有可操作性。

——《起草小组解读：〈刑事诉讼法解释〉理解与适用（下）》，载中国法院网2021年2月4日，https://www.chinacourt.org/article/detail/2021/02/id/5796153.shtml。

1802 对不符合刑事诉讼法及相关司法解释关于暂予监外执行条件的罪犯，法院不得决定暂予监外执行

关键词｜刑事执行程序｜监外执行｜拒绝收监｜

【最高人民法院参考案例】

吴秀龙等贩卖毒品案(《刑事审判参考》案例第799号)

要旨:对不符合刑事诉讼法及相关司法解释关于暂予监外执行条件的罪犯,法院不得决定暂予监外执行,看守所或者监狱拒绝执行法院依法作出收监决定的,法院应当采取积极措施确保收监决定得到有效执行。

本案被告人吴秀龙虽经省级人民政府指定的医院证明具有严重疾病,但因其罪行严重,被判处无期徒刑,不符合暂予监外执行的条件,法院依法对其不适用暂予监外执行是正确的。

——《刑事审判参考》(总第87辑)。

1803 社区矫正执行地的确定规则

关键词｜社区矫正执行地｜居住地｜经常居住地｜

【最高人民法院司法解释】

第五百一十九条 对被判处管制、宣告缓刑的罪犯,人民法院应当依法确定社区矫正执行地。社区矫正执行地为罪犯的居住地;罪犯在多个地方居住的,可以确定其经常居住地为执行地;罪犯的居住地、经常居住地无法确定或者不适宜执行社区矫正的,应当根据有利于罪犯接受矫正、更好地融入社会的原则,确定执行地。

宣判时,应当告知罪犯自判决、裁定生效之日起十日以内到执行地社区矫正机构报到,以及不按期报到的后果。

人民法院应当自判决、裁定生效之日起五日以内通知执行地社区矫正机构,并在十日以内将判决书、裁定书、执行通知书等法律文书送达执行地社区矫正机构,同时抄送人民检察院和执行地公安机关。人民法院与社区矫正执行地不在同一地方的,由执行地社区矫正机构将法律文书转送所在地的人民检察院和公安机关。

——《最高人民法院关于适用〈中华人民共和国刑事诉讼法〉的解释》(2021年3月1日,法释〔2021〕1号)。

【链接:理解与适用】

《解释》第五百一十九条第一款根据社区矫正法第十七条的规定,确立了社区

矫正执行地的确定规则……

《解释》第五百一十九条第三款根据社区矫正法第二十条的规定，明确了将法律文书送达社区矫正机构等的事宜……

——《起草小组解读：〈刑事诉讼法解释〉理解与适用(下)》，载中国法院网2021年2月4日，https://www.chinacourt.org/article/detail/2021/02/id/5796153.shtml。

1804 民事赔偿责任的优先履行原则

关键词｜财产刑｜民事赔偿责任｜

【最高人民法院司法解释】

第五百二十七条 被判处财产刑，同时又承担附带民事赔偿责任的被执行人，应当先履行民事赔偿责任。

——《最高人民法院关于适用〈中华人民共和国刑事诉讼法〉的解释》(2021年3月1日，法释〔2021〕1号)。

【链接：理解与适用】

《2012年解释》第四百四十一条第二款规定："判处财产刑之前被执行人所负正当债务，需要以被执行的财产偿还的，经债权人请求，应当偿还。"征求意见过程中，有意见建议删去该款，理由是：该条规定与《财产执行规定》[①]第十三条规定并不完全一致，第十三条并没有将其他民事债权产生的时间限定在判处财产刑之前。经研究，如果被执行人确有财产可供执行，则无论其正当债务产生于判处财产刑之前还是之后，债权人提出请求的，均可以被执行的财产偿还。鉴于此，采纳上述意见，删去该款。

《解释》原本拟吸收《财产执行规定》第十三条第一款，规定执行顺序，明确"民事优先"原则的具体适用规则，即"执行刑事裁判涉财产部分和附带民事裁判，应当按照下列顺序执行：(一)人身损害赔偿中的医疗费用；(二)退赔被害人的损失；(三)其他民事债务；(四)罚金；(五)没收财产"。"债权人对执行标的依法享有优先受偿权，其主张优先受偿的，人民法院应当在前款第一项规定的医疗费用受偿后，予以支持"。讨论中，有意见认为，第(三)项"其他民事债务"不好界定，在目前刑事自身财产性判项无法得到有效立案执行的情况下，再将其他民事债务也牵涉进来，将导致刑事裁判涉财产部分和附带民事裁判的执行更加复杂、更加难以落

---

① 即《最高人民法院关于刑事裁判涉财产部分执行的若干规定》(法释〔2014〕13号)。

实,反而可能导致履行渠道的进一步梗塞,不利于执行工作的开展。建议暂不吸收《财产执行规定》第十三条的规定,维持原有规定不变。征求意见过程中,有意见提出:"刑法第六十四条规定,犯罪分子违法所得的一切财物,应当予以追缴或者责令退赔;对被害人的合法财产,应当及时返还。具有民事优先受偿权的债权优于退赔被害人的损失得到执行,与刑法上述规定的精神似不一致,不利于保护刑事被害人的合法权益,建议进一步研究。"经研究认为,鉴于所涉问题十分复杂,认识分歧很大,不作规定,交由司法实践根据其他专门司法解释和案件具体情况作出处理。

——李少平主编:《最高人民法院关于适用〈中华人民共和国刑事诉讼法〉的解释理解与适用》,人民法院出版社 2021 年版,第 528—529 页。

1805 被执行人同时承担多项清偿义务时的执行顺序

关键词｜民事责任｜刑事责任｜

【最高人民法院司法解释】

第十三条　被执行人在执行中同时承担刑事责任、民事责任,其财产不足以支付的,按照下列顺序执行:

(一)人身损害赔偿中的医疗费用;

(二)退赔被害人的损失;

(三)其他民事债务;

(四)罚金;

(五)没收财产。

债权人对执行标的依法享有优先受偿权,其主张优先受偿的,人民法院应当在前款第(一)项规定的医疗费用受偿后,予以支持。

——《最高人民法院关于刑事裁判涉财产部分执行的若干规定》(2014 年 11 月 6 日,法释〔2014〕13 号)。

【链接:理解与适用】

十四、关于被执行人同时承担多项清偿义务时的执行顺序

1. 刑法、刑事诉讼法及相关司法解释均已明确规定民事赔偿、民事债务的执行优先于财产刑的执行。相关规定体现了在民事责任、刑事责任出现竞合时,民事责任优先的原则。对于民事债务、民事赔偿或刑事赔偿,实践中也需要进一步确定其顺位。一是人身损害赔偿中的医疗费用。该费用是用于受害人抢救、治疗而支出的费用,相对于精神损害赔偿以及惩罚性赔偿所占比例为极少部分,为体现对受害

人生命权、健康权的特别保护，按照权利实现的紧急程度和必要程度，应当优先支付。二是抵押权优先问题。债权人对执行标的享有抵押权的，对其抵押权应优先予以保护，但是，其优先受偿权不得优先于医疗费用的支付。三是刑事退赔。由于刑事案件的被害人对于遭受犯罪侵害的事实无法预测和避免，被害人对被非法占有、处置的财产主张权利只能通过追缴或者退赔予以解决，在赃款赃物追缴不能的情况下，被执行人在赃款赃物等值范围内予以赔偿，该赔偿优先于其他民事债务具有合理性。四是刑事附带民事诉讼案件与其他民事案件并无实质性区别，应为同一执行顺位。

2. 关于罚金与没收部分财产的执行顺位，根据刑法修正案（八）第十条的规定，附加刑种类不同的，应当分别执行。依据有关司法解释的规定，罚金和没收全部财产的合并执行，只执行没收全部财产刑。对于判处罚金和没收部分财产的情况，如果先执行没收部分财产，后执行罚金，将会导致轻罪刑罚的执行反而更重，重罪重罚难以体现。从量刑与执行的平衡考虑，在被执行人有限的财产范围内，先执行罚金刑，后执行没收部分财产刑更能体现公平原则，如果现有财产能够满足罚金刑的执行，也避免了在被执行人刑满释放后对其罚金的随时追缴。

3. 对于人身损害赔偿和其他民事债务，权利人要求从执行财产中受偿的，参照民事执行参与分配的有关规定，应当要求取得生效裁判作为执行依据。实践中民事债务经常由被执行人的亲属提出主张，执行机构对债务的真实合法性难以判断，由执行机构作出判断也与其职责不符。故未经生效法律文书确认的债权主张，执行机构不予支持。参照民事执行的有关规定，权利人主张抵押权优先的可以除外。

——刘贵祥、闫燕：《〈关于刑事裁判涉财产部分执行的若干规定〉的理解与适用》，载《人民司法·应用》2015 年第 1 期。

1806 执行刑事追赃中对民事善意取得制度的适用

关键词 | 赃款赃物 | 善意取得 |

【最高人民法院司法解释】

第十一条 被执行人将刑事裁判认定为赃款赃物的涉案财物用于清偿债务、转让或者设置其他权利负担，具有下列情形之一的，人民法院应予追缴：

（一）第三人明知是涉案财物而接受的；

（二）第三人无偿或者以明显低于市场的价格取得涉案财物的；

（三）第三人通过非法债务清偿或者违法犯罪活动取得涉案财物的；

（四）第三人通过其他恶意方式取得涉案财物的。

第三人善意取得涉案财物的,执行程序中不予追缴。作为原所有人的被害人对该涉案财物主张权利的,人民法院应当告知其通过诉讼程序处理。

——《最高人民法院关于刑事裁判涉财产部分执行的若干规定》(2014 年 11 月 6 日,法释〔2014〕13 号)。

【链接:理解与适用】

十二、关于执行刑事追赃中对民事善意取得制度的适用

1. 执行刑事追赃中适用善意取得制度。赃款系种类物,赃款的追缴适用善意取得制度,凡被犯罪人非法处分的赃款,善意第三人都能取得所有权,司法机关不得追缴。赃物系特定物,赃物的追缴能否适用善意取得制度,理论界和实务中尚有不同认识。《规定》明确赃物的追缴适用善意取得制度,是基于以下方面的考虑:(1)作为赃物原所有人的被害人与善意第三人为平等的民事主体,应当平等保护,在赃物已被善意第三人合法占有的情况下将赃物追回,对善意第三人显失公平。(2)从物权法规定看,善意取得问题集中规定在第九章"所有权取得的特别规定"中,该章第一百零六条首先对善意取得制度作出了一般性规定,之后分别在第一百零七条、第一百一十四条对遗失物和漂流物、埋藏物、隐藏物的善意取得问题作出了特别规定,并未就犯罪所得财物的善意取得问题,作出特别规定或者除外规定。(3)2011 年《最高人民法院、最高人民检察院关于办理诈骗刑事案件具体应用法律若干问题的解释》第十条的规定,已将物权法善意取得的一般规定引入诈骗犯罪赃款赃物追缴程序中,鉴于此,其他犯罪赃款赃物的追缴亦应适用善意取得在赃物已被转让、多次转让或者设制度。(4)执行实践中,置权利负担的情况下,采取"一追到底"的追缴原则不具现实性。(5)规定"第三人善意取得涉案财物的,执行程序中不予追缴",有利于维护既定的社会关系,促进社会稳定。

2. 物权法第一百零七条规定了关于遗失物的善意取得的特殊规定,赋予作为原权利人的遗失人一定期限内的回赎权。该特殊权利是否适用于刑事案件赃物的原权利人,尚存争议。鉴于该问题在理论和实践中都存在较大分歧,在赃物几经转手的情况下又涉及诸多实体问题的判断,基于审执分离的基本原理,不宜在执行中直接解决。鉴于此,《规定》明确,第三人善意取得涉案财物的,执行程序中不予追缴。如果被害人依据该规定主张权利的,可通过诉讼程序予以解决。

——刘贵祥、闫燕:《〈关于刑事裁判涉财产部分执行的若干规定〉的理解与适用》,载《人民司法·应用》2015 年第 1 期。

1807 执行程序中赃款赃物转化形态后的追缴原则

关键词｜赃款赃物｜追缴｜

【最高人民法院司法解释】

第十条 对赃款赃物及其收益,人民法院应当一并追缴。

被执行人将赃款赃物投资或者置业,对因此形成的财产及其收益,人民法院应予追缴。

被执行人将赃款赃物与其他合法财产共同投资或者置业,对因此形成的财产中与赃款赃物对应的份额及其收益,人民法院应予追缴。

对于被害人的损失,应当按照刑事裁判认定的实际损失予以发还或者赔偿。

——《最高人民法院关于刑事裁判涉财产部分执行的若干规定》(2014 年 11 月 6 日,法释〔2014〕13 号)。

【链接：理解与适用】

十一、关于执行程序中赃款赃物转化形态后的追缴原则

刑法第六十四条对于违法所得的追缴和发还被害人仅作出原则性规定,执行标准难以把握,《规定》进一步明确了以下内容:一是根据刑法第六十四条的规定,对赃款赃物及其收益,人民法院应当一并追缴。此为刑事追缴的基本原则。其中"收益"包括赃款赃物的自然孳息、法定孳息以及将赃款赃物置业、投资所获取的租金、股金分红等物质利益。二是被执行人将赃款赃物单独投资或者置业,在赃款赃物已经转化形态的情况下,不能仅将投资或置业的赃款赃物本金追缴,应当对因此形成的资产及其收益予以追缴。三是被执行人将赃款赃物与本人或者他人的合法财产共同投资或者置业,不能仅将投资或置业的赃款赃物本金追缴,也不能对所投资或置业形成的资产直接追缴,应当对因此形成的财产中与赃款赃物所对应的份额及其收益予以追缴。四是对于赃款赃物的收益部分,适当发还被害人具有一定合理性。由于刑事财产执行适用民事执行的迟延履行责任无法律依据,同时,刑法第六十四条规定的退赔,是在违法所得的财物无法追回的情况下,责令犯罪人对被害人原有财物的等价赔偿,而不包括其他损失的赔偿,执行中应当按照审判中的标准予以处理,即依据刑事裁判认定的被害人实际损失予以返还或赔偿。赃款赃物产生的收益则上缴国库。

——刘贵祥、闫燕:《〈关于刑事裁判涉财产部分执行的若干规定〉的理解与适用》,载《人民司法 · 应用》2015 年第 1 期。

1808 如何执行没收个人全部财产

关键词｜没收个人财产｜

【最高人民法院审判业务意见】

有关部门就如何执行没收个人全部财产问题征求最高人民法院研究室意见。最高人民法院研究室经研究认为：

刑法第五十九条规定："没收财产是没收犯罪分子个人所有财产的一部或者全部。没收全部财产的，应当对犯罪分子个人及其扶养的家属保留必需的生活费用。""在判处没收财产的时候，不得没收属于犯罪分子家属所有或者应有的财产。"第六十四条规定："犯罪分子违法所得的一切财物，应当予以追缴或者责令退赔。"据此，作为附加刑的没收个人全部财产，应当是没收犯罪分子个人合法所有的全部财产。如相关财产属于违法所得，应通过追缴、退赔程序予以追回；如相关财产确属犯罪分子家属所有或者应有的财产，也不得作为没收对象。在没收财产前，如犯罪分子的财产与其他家庭成员的财产处于共有状态，应当从中分割出属于犯罪分子个人所有的财产后予以没收。

——黄应生：《最高人民法院研究室关于如何执行没收个人全部财产问题的研究意见》，载最高人民法院研究室编：《司法研究与指导》（总第1辑），人民法院出版社2012年版，第170页。

1809 如何严格审查减刑、假释案件的实体条件

关键词｜减刑｜假释｜实质化审理｜

【最高人民法院司法文件】

5. 严格审查罪犯服刑期间改造表现的考核材料。对于罪犯的计分考核材料，应当认真审查考核分数的来源及其合理性等，如果存在考核分数与考核期不对应、加扣分与奖惩不对应、奖惩缺少相应事实和依据等情况，应当要求刑罚执行机关在规定期限内作出说明或者补充。对于在规定期限内不能作出合理解释的考核材料，不作为认定罪犯确有悔改表现的依据。

对于罪犯的认罪悔罪书、自我鉴定等自书材料，要结合罪犯的文化程度认真进行审查，对于无特殊原因非本人书写或者自书材料内容虚假的，不认定罪犯确有悔改表现。

对于罪犯存在违反监规纪律行为的，应当根据行为性质、情节等具体情况，综

合分析判断罪犯的改造表现。罪犯服刑期间因违反监规纪律被处以警告、记过或者禁闭处罚的，可以根据案件具体情况，认定罪犯是否确有悔改表现。

6. 严格审查罪犯立功、重大立功的证据材料，准确把握认定条件。对于检举、揭发监狱内外犯罪活动，或者提供重要破案线索的，应当注重审查线索的来源。对于揭发线索来源存疑的，应当进一步核查，如果查明线索系通过贿买、暴力、威胁或者违反监规等非法手段获取的，不认定罪犯具有立功或者重大立功表现。

对于技术革新、发明创造，应当注重审查罪犯是否具备该技术革新、发明创造的专业能力和条件，对于罪犯明显不具备相应专业能力及条件、不能说明技术革新或者发明创造原理及过程的，不认定罪犯具有立功或者重大立功表现。

对于阻止他人实施犯罪活动，协助司法机关抓捕其他犯罪嫌疑人，在日常生产、生活中舍己救人，在抗御自然灾害或者排除重大事故中有积极或者突出表现的，除应当审查有关部门出具的证明材料外，还应当注重审查能够证明上述行为的其他证据材料，对于罪犯明显不具备实施上述行为能力和条件的，不认定罪犯具有立功或者重大立功表现。

严格把握“较大贡献”或者“重大贡献”的认定条件。该“较大贡献”或者“重大贡献”，是指对国家、社会具有积极影响，而非仅对个别人员、单位有贡献和帮助。对于罪犯在警示教育活动中现身说法的，不认定罪犯具有立功或者重大立功表现。

7. 严格审查罪犯履行财产性判项的能力。罪犯未履行或者未全部履行财产性判项，具有下列情形之一的，不认定罪犯确有悔改表现：

（1）拒不交代赃款、赃物去向；

（2）隐瞒、藏匿、转移财产；

（3）有可供履行的财产拒不履行。

对于前款罪犯，无特殊原因狱内消费明显超出规定额度标准的，一般不认定罪犯确有悔改表现。

8. 严格审查反映罪犯是否有再犯罪危险的材料。对于报请假释的罪犯，应当认真审查刑罚执行机关提供的反映罪犯服刑期间现实表现和生理、心理状况的材料，并认真审查司法行政机关或者有关社会组织出具的罪犯假释后对所居住社区影响的材料，同时结合罪犯犯罪的性质、具体情节、社会危害程度、原判刑罚及生效裁判中财产性判项的履行情况等，综合判断罪犯假释后是否具有再犯罪危险性。

9. 严格审查罪犯身份信息、患有严重疾病或者身体有残疾的证据材料。对于上述证据材料有疑问的，可以委托有关单位重新调查、诊断、鉴定。对原判适用《中华人民共和国刑事诉讼法》第一百六十条第二款规定判处刑罚的罪犯，在刑罚执行期间不真心悔罪，仍不讲真实姓名、住址，且无法调查核实清楚的，除具有重大立功表现等特殊情形外，一律不予减刑、假释。

10. 严格把握罪犯减刑后的实际服刑刑期。正确理解法律和司法解释规定的最低服刑期限，严格控制减刑起始时间、间隔时间及减刑幅度，并根据罪犯前期减刑情况和效果，对其后续减刑予以总体掌握。死刑缓期执行、无期徒刑罪犯减为有期徒刑后再减刑时，在减刑间隔时间及减刑幅度上，应当从严把握。

——《最高人民法院、最高人民检察院、公安部、司法部关于加强减刑、假释案件实质化审理的意见》（2021 年 12 月 1 日，法发〔2021〕31 号）。

【链接：理解与适用】

对减刑、假释案件的实体条件进行严格审查，是相对于过去一些案件审查流于形式、实质性审理不足而言的。《意见》第五条至第十条既规定了在办案过程中要审查用于证明符合减刑、假释实体条件的证据材料，也对审查这些证据材料时容易出现问题的环节进行了明确，提出了具体的审查要求。值得注意的是，这些规定所针对的问题，都是通过剖析实践中的一些典型案例而总结出来的，有的问题影响很大甚至可以说是教训惨痛，因此《意见》就此着力进行了规范。

根据我国刑法的规定，减刑、假释适用的前提是罪犯确有悔改表现。《最高人民法院关于办理减刑、假释案件具体应用法律的规定》第三条第一款规定了“确有悔改表现”的认定条件：一是认罪悔罪；二是遵守法律法规及监规，接受教育改造；三是积极参加思想、文化、职业技术教育；四是积极参加劳动，努力完成劳动任务。该条第二款还对“三类罪犯”不积极退赃、协助追缴赃款赃物、赔偿损失，或者服刑期间利用个人影响力和社会关系等不正当手段意图获得减刑、假释的，不认定其“确有悔改表现”。同时，法律、司法解释还规定了减刑、假释的刑期条件，即起始时间、间隔时间、减刑幅度、最低服刑期限等，表明对罪犯的改造不是一朝一夕的事情，而是需要一个长期的矫正过程。

（一）关于对罪犯服刑期间改造表现等考核材料的审查

实践中，监狱主要通过计分考核来体现罪犯的改造表现，因此，计分考核材料也就成为人民法院审理减刑、假释案件需要审查的一项重要内容。计分考核材料作为证据材料，具有一些特殊性，主要是因为监狱作为刑罚执行机关，负责罪犯的日常监管和改造，监狱环境又相对封闭，证据材料的搜集和获取完全为监狱所垄断，罪犯的真实服刑状态很难为监狱以外的单位和个人所掌握。加上监狱的考核材料都盖有公章，意味着其对考核材料的真实性负责，而过去基本上想当然地认为，这种由公权力机关所出具的证据材料，当然是真实、合法的。在这样一种认识的支配下，就容易出现对罪犯考核材料的审查不严、不细的情况。

事实上，通过剖析近几年来陆续暴露的典型案例，我们认为，由公权力机关出具的证据材料，并不必然就是真实、合法的，这些证据材料同样有可能不客观甚至造假。这就要求我们对罪犯的考核材料进行实质性审查，严格把关。过去我们在审查考核材料时比较容易出现的问题，比如只注重分数与减刑幅度的对应，而忽视了考核分数的来源及合理性，没有对考核材料进行逻辑性和客观真实性的审查判断，导致一些瑕疵证据甚至非法证据得以蒙混过关。因此，在审查这些证据材料时，对存有疑问、感觉不正常的考核材料，应当要求刑罚执行机关在规定期限内作出说明，规定期限内不能作出合理解释的，不作为认定罪犯确有悔改表现的依据。同时，不仅要对加分项进行严格审查，对扣分项也要严格审查，要注重审查罪犯因为什么被扣分，区分行为性质、行为时间、行为次数等，具体问题具体分析。如果仅是因为物品摆放、内务整理等被偶尔扣分，不影响对其确有悔改表现的认定，但如果系因违反监规纪律被扣分，甚至因此被延长了考核期，加扣分抵扣后达到报请减刑分数的，就要对罪犯的主观改造情况进行综合审查判断，以认定是否确有悔改表现。

（二）关于对罪犯认罪悔罪材料的审查

认罪悔罪是认定罪犯确有悔改表现的法定条件之一，也是罪犯主观上能够积极接受改造的前提。认罪悔罪材料主要是罪犯的认罪悔罪书、自我鉴定等材料。在审查这些证据材料时，要结合罪犯的文化程度、受教育经历、生活乃至成长经历等，如要看罪犯书写是否认真、认识是否深刻、内容是否客观，进行一定程度的实质性审查，避免审查流于形式。如果无特殊原因非本人书写，或者结合其他证据材料发现内容虚假的，不得认定罪犯确有悔改表现。

（三）关于对罪犯立功、重大立功等证明材料的审查

罪犯因立功、重大立功被减刑，在司法实践中并不是一个普遍现象，过去也没有引起足够的重视。根据以往的司法解释规定，有“立功表现”的减刑幅度要高于“确有悔改表现”的减刑幅度，有“重大立功表现”的减刑幅度更是大幅提高，而且还不受减刑起始时间和间隔时间的限制。正是在这一制度安排的促使下，个别罪犯为了尽快获得减刑，往往在立功、重大立功上绞尽脑汁作文章。近几年来曝光的多起因重大立功而减刑的案件，如云南孙小果案、山西任爱军案，都存在重大立功证明材料造假的问题。这些虚假的证明材料在司法审查过程中能够堂而皇之顺利过关，不能不引起我们高度重视。正是基于现实的考虑，刑罚执行机关所提交的罪犯立功、重大立功证明材料，必然成为人民法院审查的重点。因此，《意见》对因立功、重大立功报请减刑案件进行了重点规范，对实践中常见的情形进行了列举，对具体的审查方法进行了明确。一是对于检举、揭发监狱内外犯罪活动，或者提供重要破案线索的，应当注重审查线索的来源，并采取必要的核查措施。如查明线索系通过贿买、暴力、威胁或者违反监规等非法手段获取的，不认定罪犯具有立功或重大立功表现。二是对于技术革新、发明创造而被认定构成立功、重大立功的，要求

人民法院对于技术革新、发明创造进行专业性审查判断，既不可能，实际上也没有必要。但是，人民法院仍需要对罪犯是否具备相应的专业能力及条件等情形，进行实质性审查判断。比如孙小果重大立功减刑案中，孙小果明显不具备相应的专业能力和条件，而人民法院仅仅根据有关机关出具的专利证明等书面材料，就简单认定具有重大立功表现，一次即错误裁定减刑两年八个月，司法审查沦落成了走过场、走形式，司法权威和公信力遭到了严重破坏。三是对于阻止他人实施犯罪活动，协助司法机关抓捕其他犯罪嫌疑人，在日常生活、生产中舍己救人，以及在抗御自然灾害或者排除重大事故中有积极或者突出表现的，实践中同样不乏其例。比如2021年全国政法队伍教育整顿中发现一起案件，罪犯虽然检举他人犯罪属实，但被检举人被人为轻罪重判，致该罪犯被错误认定构成重大立功。还有一起案件，罪犯在抗御自然灾害的过程中确有积极表现，但远远达不到认定重大立功甚至是立功的标准，而被违规违法认定构成重大立功。这两起案件均依法进行了纠正，但背后存在的问题需要办案机关认真反思。实际上，有些罪犯之所以能够被违规违法认定构成立功甚至重大立功，有的可能采取了伪造证据、贿赂司法人员等手段，有的虽然没有查实存在这些手段，但仍涉嫌不当利用了他们犯罪前的身份、影响等因素。因此，对于存在特殊情形的罪犯，如“三类罪犯”等，在减刑、假释时一定要严把案件质量关，一旦发现证据材料存在可疑之处，要及时进行核查，审慎作出裁定。

此外，通过对长期实践经验的总结，《意见》第六条增加了最后一款，即严格把握立功、重大立功中“较大贡献”或者“重大贡献”的认定条件，明确规定该“较大贡献”或者“重大贡献”，是指对国家、社会具有积极影响，而非仅对个别人员、单位有贡献和帮助。

（四）关于对罪犯履行财产性判项能力的审查

近几年来，通过将生效裁判所确定的财产性判项履行义务与罪犯的减刑、假释挂钩，对于督促罪犯及时、全面履行生效裁判所确定的义务，取得了很好的效果。罪犯是否积极履行生效裁判所确定的义务，包括是否积极履行财产性判项，反映了其主观上是否认罪悔罪。人民法院在审查时，对于没有履行或者没有全部履行财产性判项的，要着重审查罪犯是否有履行能力，如果确实没有履行能力而未履行财产性判项，不能阻却对罪犯确有悔改表现的认定。只有对那些有履行能力而拒不履行或者拒不全面履行的，才不应裁定减刑、假释。基于以上考虑，《意见》第七条规定了两款，具有第一款中三种情形的，表明罪犯无意履行生效裁判确定的义务，故不能认定其确有悔改表现。而对于第二款规定的情形，实践中的情况可能较为复杂，要注意查明罪犯狱内消费明显超出规定额度标准的具体原因，如果罪犯改造表现不错，仅因治疗疾病等特殊原因超出规定额度标准的，不能阻却对罪犯确有悔改表现的认定，但如果罪犯无特殊原因狱内消费明显超出规定额度标准的，甚至实践中发现有罪犯借用其他罪犯账户超出规定额度标准进行消费，此种情况一经发现，不能认定罪犯确有悔改表现。

（五）关于对罪犯再犯罪危险性的评估判断

对于罪犯假释的，要进行再犯罪危险性评估，否则如果罪犯对社区具有危险性，假释出狱后就很有可能重新违法犯罪，带来新的社会危害。根据各地反馈的情况，当前假释适用率普遍较低，主要原因就在于难以审查判断罪犯是否有再犯罪的危险。对此，《意见》第八条明确了对再犯罪危险的审查判断方法，即除了对罪犯性格特征、心理状态进行评估外，还要结合原判情况、罪犯的一贯表现等各方面因素进行综合判断，以准确作出认定。这就要求人民法院在审理案件时，不能机械司法，刑罚执行机关提交了再犯罪危险评估材料，尽管可以作为重要的裁判依据，但也要综合全案证据包括原判情况进行评判，不能一味过于采信某一项证据。

当然，在适用假释时，也要贯彻宽严相济刑事政策，当严则严，该宽则宽。《最高人民法院关于办理减刑、假释案件具体应用法律的规定》第二十六条规定的几类罪犯，可以依法从宽适用假释；罪犯既符合减刑条件又符合假释条件的，可以优先适用假释。这一规定的目的就是充分发挥假释的价值功能，不能因为怕追责而不敢依法适用假释。

（六）严格把握罪犯的最低服刑刑期

1997 年刑法第七十八条规定，被判处管制、拘役、有期徒刑、无期徒刑的犯罪分子，……减刑以后实际执行的刑期，判处管制、拘役、有期徒刑的，不能少于原判刑期的二分之一；判处无期徒刑的，不能少于十年。2011 年刑法修正案（八）将无期徒刑的最低服刑刑期延长到十三年，同时规定了原判死缓限制减刑的最低服刑刑期。关于假释的最低服刑刑期要求，与减刑的最低服刑刑期一致。

根据上述规定，除了存在特殊情况的假释案件以外，不论减刑还是假释，罪犯实际服刑刑期均不得低于法律所规定的最低服刑刑期，这是刑罚公正性与行刑功利性有机结合的制度设计。然而，在长期的司法实践中，最低服刑刑期成了罪犯减刑的终极目标，不少罪犯经过多次减刑，实际服刑刚刚超过最低服刑刑期要求就刑满释放，导致刑罚执行非常不严肃。造成罪犯实际服刑刑期偏短的根本原因，还是我们执法办案中的理念出了问题，混淆了法律底线和工作常态的区别。实际上，法律所规定的最低服刑刑期，应是指罪犯因有重大立功表现，甚至多次重大立功表现，经减刑、假释后必须达到的服刑刑期底限，对于只是确有悔改表现的罪犯，其减刑、假释后的最低服刑刑期应远高于这一底限。否则，刑罚就得不到有效执行，刑罚的目的就不能实现。

为了有效解决实践中的问题，《意见》第十条规定要正确理解法律和司法解释规定的最低服刑期限，严格控制减刑起始时间、间隔时间和减刑幅度，并且要根据罪犯前期减刑情况和效果，对其后续减刑予以总体掌握。对原判死缓、无期徒刑的，减为有期徒刑后，要与原判有期徒刑罪犯减刑有所区别，从严控制减刑，将宽严相济刑事政策精神贯彻至刑罚适用与刑罚执行全过程。

——罗智勇、董朝阳、孙自中：《〈关于加强减刑、假释案件实质化审理的意见〉的理解与适用》，载《中国应用法学》2022年第3期。

1810 撤销缓刑、假释的情形

关键词｜社区矫正机构｜撤销缓刑｜撤销假释｜

【最高人民法院司法解释】

第五百四十三条　人民法院收到社区矫正机构的撤销缓刑建议书后，经审查，确认罪犯在缓刑考验期限内具有下列情形之一的，应当作出撤销缓刑的裁定：

（一）违反禁止令，情节严重的；

（二）无正当理由不按规定时间报到或者接受社区矫正期间脱离监管，超过一个月的；

（三）因违反监督管理规定受到治安管理处罚，仍不改正的；

（四）受到执行机关二次警告，仍不改正的；

（五）违反法律、行政法规和监督管理规定，情节严重的其他情形。

人民法院收到社区矫正机构的撤销假释建议书后，经审查，确认罪犯在假释考验期限内具有前款第二项、第四项规定情形之一，或者有其他违反监督管理规定的行为，尚未构成新的犯罪的，应当作出撤销假释的裁定。

——《最高人民法院关于适用〈中华人民共和国刑事诉讼法〉的解释》（2021年3月1日，法释〔2021〕1号）。

【链接：理解与适用】

刑法第七十七条第二款规定："被宣告缓刑的犯罪分子，在缓刑考验期限内，违反法律、行政法规或者国务院有关部门关于缓刑的监督管理规定，或者违反人民法院判决中的禁止令，情节严重的，应当撤销缓刑，执行原判刑罚。"第八十六条第三款规定："被假释的犯罪分子，在假释考验期限内，有违反法律、行政法规或者国务院有关部门关于假释的监督管理规定的行为，尚未构成新的犯罪的，应当依照法定程序撤销假释，收监执行未执行完毕的刑罚。"可见，缓刑罪犯和假释罪犯违反监督管理规定，撤销缓刑、假释的条件明显不同。为了准确反映法律规定，《解释》第五百四十三条对《2012 年解释》第四百五十八条第一款作出调整，区分缓刑、假释分别规定了撤销的不同条件……

需要注意的是，刑法虽然没有将“情节严重”规定为撤销假释的条件，但并不意味着只要在假释考验期限内有违反监督管理规定的行为，不问情节轻重，一律撤销假释，仍应当根据具体情况综合考量，对于情节明显较轻的不应撤销假释。

——《起草小组解读：〈刑事诉讼法解释〉理解与适用（下）》，载中国法院网 2021 年 2 月 4 日，https://www.chinacourt.org/article/detail/2021/02/id/5796153.shtml。

1811 如何接收在台湾地区服刑的大陆居民回大陆服刑

关键词 | 刑事执行程序 | 台湾地区服刑 |

【最高人民法院司法解释】

第一条 人民法院办理接收在台湾地区服刑的大陆居民（以下简称被判刑人）回大陆服刑案件（以下简称接收被判刑人案件），应当遵循一个中国原则，遵守国家法律的基本原则，秉持人道和互惠原则，不得违反社会公共利益。

第二条 接收被判刑人案件由最高人民法院指定的中级人民法院管辖。

第三条 申请机关向人民法院申请接收被判刑人回大陆服刑，应当同时提交以下材料：

（一）申请机关制作的接收被判刑人申请书，其中应当载明：

1. 台湾地区法院认定的被判刑人实施的犯罪行为及判决依据的具体条文内容；

2. 该行为在大陆依据刑法也构成犯罪、相应的刑法条文、罪名及该行为未进入大陆刑事诉讼程序的说明；

3. 建议转换的具体刑罚；

4. 其他需要说明的事项。

（二）被判刑人系大陆居民的身份证明；

（三）台湾地区法院对被判刑人定罪处刑的裁判文书、生效证明和执行文书；

（四）被判刑人或其法定代理人申请或者同意回大陆服刑的书面意见，且法定代理人与被判刑人的意思表示一致；

（五）被判刑人或其法定代理人所作的关于被判刑人在台湾地区接受公正审判的权利已获得保障的书面声明；

（六）两岸有关业务主管部门均同意被判刑人回大陆服刑的书面意见；

（七）台湾地区业务主管部门出具的有关刑罚执行情况的说明，包括被判刑人交付执行前的羁押期、已服刑期、剩余刑期，被判刑人服刑期间的表现、退赃退赔情况，被判刑人的健康状况、疾病与治疗情况；

（八）根据案件具体情况需要提交的其他材料。

申请机关提交材料齐全的，人民法院应当在七日内立案。提交材料不全的，应当通知申请机关在十五日内补送，至迟不能超过两个月；逾期未补送的，不予立案，并于七日内书面告知申请机关。

第四条　人民法院应当组成合议庭审理接收被判刑人案件。

第五条　人民法院应当在立案后一个月内就是否准予接收被判刑人作出裁定，情况复杂、特殊的，可以延长一个月。

人民法院裁定准予接收的，应当依据台湾地区法院判决认定的事实并参考其所定罪名，根据刑法就相同或者最相似犯罪行为规定的法定刑，按照下列原则对台湾地区法院确定的无期徒刑或者有期徒刑予以转换：

（一）原判处刑罚未超过刑法规定的最高刑，包括原判处刑罚低于刑法规定的最低刑的，以原判处刑罚作为转换后的刑罚；

（二）原判处刑罚超过刑法规定的最高刑的，以刑法规定的最高刑作为转换后的刑罚；

（三）转换后的刑罚不附加适用剥夺政治权利。

前款所称的最高刑，如台湾地区法院认定的事实依据刑法应当认定为一个犯罪的，是指刑法对该犯罪规定的最高刑；如应当认定为多个犯罪的，是指刑法对数罪并罚规定的最高刑。

对人民法院立案前，台湾地区有关业务主管部门对被判刑人在服刑期间作出的减轻刑罚决定，人民法院应当一并予以转换，并就最终应当执行的刑罚作出裁定。

第六条　被判刑人被接收回大陆服刑前被实际羁押的期间，应当以一日折抵转换后的刑期一日。

第七条　被判刑人被接收回大陆前已在台湾地区被假释或保外就医的，或者被判刑人或其法定代理人在申请或者同意回大陆服刑的书面意见中同时申请暂予监外执行的，人民法院应当根据刑法、刑事诉讼法的规定一并审查，并作出是否假释或者暂予监外执行的决定。

第八条　人民法院作出裁定后，应当在七日内送达申请机关。裁定一经送达，立即生效。

第九条　被判刑人回大陆服刑后，有关减刑、假释、暂予监外执行、赦免等事项，适用刑法、刑事诉讼法及相关司法解释的规定。

第十条　被判刑人回大陆服刑后，对其在台湾地区已被判处刑罚的行为，人民法院不再审理。

——《最高人民法院关于人民法院办理接收在台湾地区服刑的大陆居民回大陆服刑案件的规定》(2016 年 5 月 1 日,法释〔2016〕11 号)。

1812 仅附带民事诉讼原告人上诉，对被告人刑罚的执行时间

关键词｜刑事执行程序｜附带民事诉讼｜

【链接：信箱】

问题:一审法院判决对被告人适用缓刑后,被告人未上诉,检察院也未抗诉,刑事部分已发生法律效力。但附带民事诉讼的原告人提出上诉,对于被告人的刑罚执行问题存在不同的理解。一种意见认为,在刑事部分已发生法律效力后,对被告人解除取保候审或监视居住的措施,将执行通知书送达当地公安机关执行缓刑。另一种意见认为,进入二审程序后,应对全案进行审查,待二审法院作出终审裁定后再执行缓刑。请问哪一种意见正确?

《人民司法》研究组认为:根据刑事诉讼法第二百零八条的规定,已过上诉期限没有上诉、抗诉的判决和裁定是发生法律效力的判决和裁定,判决和裁定在发生法律效力后执行。对于刑事附带民事诉讼案件,刑事部分被告人未上诉,人民检察院也未抗诉,附带民事诉讼原告人提出上诉,这种情形下,刑事部分已经发生法律效力,依法应当执行;附带民事部分由于当事人上诉没有发生法律效力,需要通过第二审程序进行审理。因此,我们同意来信中的第一种意见,即对发生法律效力的刑事部分应当依法执行。

——《人民司法》2008 年第 5 期。

第五章 | CHAPTER 05

特别程序

一、未成年人刑事案件诉讼程序

1813 未成年人案件审判组织的受案范围

关键词｜未成年人｜审判组织｜

【最高人民法院司法解释】

第五百五十条　被告人实施被指控的犯罪时不满十八周岁、人民法院立案时不满二十周岁的案件,由未成年人案件审判组织审理。

下列案件可以由未成年人案件审判组织审理:

(一)人民法院立案时不满二十二周岁的在校学生犯罪案件;

(二)强奸、猥亵、虐待、遗弃未成年人等侵害未成年人人身权利的犯罪案件;

(三)由未成年人案件审判组织审理更为适宜的其他案件。

共同犯罪案件有未成年被告人的或者其他涉及未成年人的刑事案件,是否由未成年人案件审判组织审理,由院长根据实际情况决定。

——《最高人民法院关于适用〈中华人民共和国刑事诉讼法〉的解释》(2021年3月1日,法释〔2021〕1号)。

【链接:理解与适用】

《解释》第五百五十条根据司法实践反映的问题对《2012年解释》第四百六十三条的规定作出修改完善……需要注意的是,规定强奸、猥亵、虐待、遗弃未成年人等侵害未成年人人身权利的犯罪案件可以由少年法庭审理,是因为审理上述案件,不仅要解决对被告人的定罪量刑问题,更要重视做好对未成年被害人心理干预、经济救助、法律援助、转学安置等帮扶救助工作。由熟悉未成年人身心特点的专业法官负责相关工作,能够更好保障工作效果。

——《起草小组解读:〈刑事诉讼法解释〉理解与适用(下)》,载中国法院网2021年2月4日,https://www.chinacourt.org/article/detail/2021/02/id/5796153.shtml。

【最高人民法院司法文件】

6. 被告人实施被指控的犯罪时不满十八周岁且人民法院立案时不满二十周岁的刑事案件,应当由少年法庭审理。

7. 下列刑事案件可以由少年法庭审理：

（1）人民法院立案时不满二十二周岁的在校学生犯罪案件；

（2）强奸、猥亵等性侵未成年人犯罪案件；

（3）杀害、伤害、绑架、拐卖、虐待、遗弃等严重侵犯未成年人人身权利的犯罪案件；

（4）上述刑事案件罪犯的减刑、假释、暂予监外执行、撤销缓刑等刑罚执行变更类案件；

（5）涉及未成年人，由少年法庭审理更为适宜的其他刑事案件。

未成年人与成年人共同犯罪案件，一般应当分案审理。

——《最高人民法院关于加强新时代未成年人审判工作的意见》（2020 年 12 月 24 日，法发〔2020〕45 号）。

1814 对未成年被告人适用逮捕的规则

关键词 | 未成年人 | 逮捕 |

【最高人民法院司法解释】

第五百五十三条 对未成年被告人应当严格限制适用逮捕措施。

人民法院决定逮捕，应当讯问未成年被告人，听取辩护律师的意见。

对被逮捕且没有完成义务教育的未成年被告人，人民法院应当与教育行政部门互相配合，保证其接受义务教育。

——《最高人民法院关于适用〈中华人民共和国刑事诉讼法〉的解释》（2021 年 3 月 1 日，法释〔2021〕1 号）。

【链接：理解与适用】

《解释》第五百五十三条根据刑事诉讼法第二百八十条第一款、预防未成年人犯罪法第五十三条的规定，明确："对未成年被告人应当严格限制逮捕措施。""人民法院决定逮捕，应当讯问未成年被告人，听取辩护律师的意见。""对被逮捕且没有完成义务教育的未成年被告人，人民法院应当与教育行政部门互相配合，保证其接受义务教育。"

——《起草小组解读：〈刑事诉讼法解释〉理解与适用（下）》，载中国法院网 2021 年 2 月 4 日，https://www.chinacourt.org/article/detail/2021/02/id/5796153.shtml。

1815 对无固定住所、无法提供保证人的未成年被告人适用取保候审的规则

关键词｜未成年人｜取保候审｜

【最高人民法院司法解释】

第五百五十四条　人民法院对无固定住所、无法提供保证人的未成年被告人适用取保候审的，应当指定合适成年人作为保证人，必要时可以安排取保候审的被告人接受社会观护。

——《最高人民法院关于适用〈中华人民共和国刑事诉讼法〉的解释》(2021年3月1日，法释〔2021〕1号)。

【链接：理解与适用】

《解释》第五百五十四条根据预防未成年人犯罪法第五十二条的规定，明确："人民法院对无固定住所、无法提供保证人的未成年被告人适用取保候审的，应当指定合适成年人作为保证人，必要时可以安排取保候审的被告人接受社会观护。"

——《起草小组解读：〈刑事诉讼法解释〉理解与适用(下)》，载中国法院网2021年2月4日，https://www.chinacourt.org/article/detail/2021/02/id/5796153.shtml。

1816 审理未成年人遭受性侵害或者暴力伤害案件询问未成年被害人、证人的规则

关键词｜未成年人｜被害人｜证人｜

【最高人民法院司法解释】

第五百五十六条　询问未成年被害人、证人，适用前条规定。

审理未成年人遭受性侵害或者暴力伤害案件，在询问未成年被害人、证人时，应当采取同步录音录像等措施，尽量一次完成；未成年被害人、证人是女性的，应当由女性工作人员进行。

——《最高人民法院关于适用〈中华人民共和国刑事诉讼法〉的解释》(2021年3月1日，法释〔2021〕1号)。

【链接：理解与适用】

《解释》第五百五十六条第二款根据未成年人保护法第一百一十二条的规定，

明确："审理未成年人遭受性侵害或者暴力伤害案件，在询问未成年被害人、证人时，应当采取同步录音录像等措施，尽量一次完成；未成年被害人、证人是女性的，应当由女性工作人员进行。"

——《起草小组解读：〈刑事诉讼法解释〉理解与适用（下）》，载中国法院网 2021 年 2 月 4 日，https://www.chinacourt.org/article/detail/2021/02/id/5796153.shtml。

1817 未成年被害人、证人出庭作证的规则

关键词 | 未成年人 | 被害人 | 证人 |

【最高人民法院司法解释】

第五百五十八条 开庭审理涉及未成年人的刑事案件，未成年被害人、证人一般不出庭作证；必须出庭的，应当采取保护其隐私的技术手段和心理干预等保护措施。

——《最高人民法院关于适用〈中华人民共和国刑事诉讼法〉的解释》（2021 年 3 月 1 日，法释〔2021〕1 号）。

【链接：理解与适用】

《解释》第五百五十八条根据未成年人保护法第一百一十条第二款的规定，明确："开庭审理涉及未成年人的刑事案件，未成年被害人、证人一般不出庭作证；必须出庭的，应当采取保护其隐私的技术手段和心理干预等保护措施。"

——《起草小组解读：〈刑事诉讼法解释〉理解与适用（下）》，载中国法院网 2021 年 2 月 4 日，https://www.chinacourt.org/article/detail/2021/02/id/5796153.shtml。

1818 通知法律援助机构指派律师为未成年被告人提供辩护的规则

关键词 | 未成年人 | 法律援助 |

【最高人民法院司法解释】

第五百六十四条 审判时不满十八周岁的未成年被告人没有委托辩护人的，人民法院应当通知法律援助机构指派熟悉未成年人身心特点的律师为其提供辩护。

——《最高人民法院关于适用〈中华人民共和国刑事诉讼法〉的解释》（2021

年3月1日,法释〔2021〕1号)。

【链接:理解与适用】

《解释》第五百六十四条根据未成年人保护法第一百零四条的规定,明确:"审判时不满十八周岁的未成年被告人没有委托辩护人的,人民法院应当通知法律援助机构指派熟悉未成年人身心特点的律师为其提供辩护。"需要注意的是,本条规定的"审判时"宜理解为"立案时",只要人民法院受理案件时系未成年被告人的,就属于应当提供法律援助的情形,即使其开庭审理时已经成年。

——《起草小组解读:〈刑事诉讼法解释〉理解与适用(下)》,载中国法院网2021年2月4日,https://www.chinacourt.org/article/detail/2021/02/id/5796153.shtml。

1819 社会调查报告的问题

关键词|未成年人|社会调查报告|

【最高人民法院司法解释】

第五百六十八条　对人民检察院移送的关于未成年被告人性格特点、家庭情况、社会交往、成长经历、犯罪原因、犯罪前后的表现、监护教育等情况的调查报告,以及辩护人提交的反映未成年被告人上述情况的书面材料,法庭应当接受。

必要时,人民法院可以委托社区矫正机构、共青团、社会组织等对未成年被告人的上述情况进行调查,或者自行调查。

——《最高人民法院关于适用〈中华人民共和国刑事诉讼法〉的解释》(2021年3月1日,法释〔2021〕1号)。

【链接:理解与适用】

《解释》第五百六十八条根据预防未成年人犯罪法第五十一条对《2012年解释》第四百七十六条的规定作出修改完善,规定:"对人民检察院移送的关于未成年被告人性格特点、家庭情况、社会交往、成长经历、犯罪原因、犯罪前后的表现、监护教育等情况的调查报告,以及辩护人提交的反映未成年被告人上述情况的书面材料,法庭应当接受。""必要时,人民法院可以委托社区矫正机构、共青团、社会组织等对未成年被告人的上述情况进行调查,或者自行调查。"

——《起草小组解读:〈刑事诉讼法解释〉理解与适用(下)》,载中国法院网2021年2月4日,https://www.chinacourt.org/article/detail/2021/02/id/5796153.shtml。

1820 心理疏导和心理测评

关键词｜未成年人｜心理疏导｜心理测评｜

【最高人民法院司法解释】

第五百六十九条 人民法院根据情况，可以对未成年被告人、被害人、证人进行心理疏导；根据实际需要并经未成年被告人及其法定代理人同意，可以对未成年被告人进行心理测评。

心理疏导、心理测评可以委托专门机构、专业人员进行。

心理测评报告可以作为办理案件和教育未成年人的参考。

——《最高人民法院关于适用〈中华人民共和国刑事诉讼法〉的解释》（2021年3月1日，法释〔2021〕1号）。

【链接：理解与适用】

《解释》第五百六十九条根据未成年人保护法第五十一条的规定，结合司法实践反映的问题对《2012年解释》第四百七十七条的规定作出修改完善，规定："人民法院根据情况，可以对未成年被告人、被害人、证人进行心理疏导；根据实际需要并经未成年被告人及其法定代理人同意，可以对未成年被告人进行心理测评。""心理疏导、心理测评可以委托专门机构、专业人员进行。""心理测评报告可以作为办理案件和教育未成年人的参考。"

——《起草小组解读：〈刑事诉讼法解释〉理解与适用（下）》，载中国法院网2021年2月4日，https://www.chinacourt.org/article/detail/2021/02/id/5796153.shtml。

1821 对未成年被告人进行法治教育

关键词｜未成年人｜法治教育｜

【最高人民法院司法解释】

第五百七十六条 法庭辩论结束后，法庭可以根据未成年人的生理、心理特点和案件情况，对未成年被告人进行法治教育；判决未成年被告人有罪的，宣判后，应当对未成年被告人进行法治教育。

对未成年被告人进行教育，其法定代理人以外的成年亲属或者教师、辅导员等参与有利于感化、挽救未成年人的，人民法院应当邀请其参加有关活动。

适用简易程序审理的案件，对未成年被告人进行法庭教育，适用前两款规定。

——《最高人民法院关于适用〈中华人民共和国刑事诉讼法〉的解释》(2021年3月1日,法释〔2021〕1号)。

【链接:理解与适用】

《解释》第五百七十六条根据预防未成年人犯罪法第五十条的规定,对《2012年解释》第四百八十五条的规定作出修改完善,规定:"法庭辩论结束后,法庭可以根据未成年人的生理、心理特点和案件情况,对未成年被告人进行法治教育;判决未成年被告人有罪的,宣判后,应当对未成年被告人进行法治教育。""对未成年被告人进行教育,其法定代理人以外的成年亲属或者教师、辅导员等参与有利于感化、挽救未成年人的,人民法院应当邀请其参加有关活动。""适用简易程序审理的案件,对未成年被告人进行法庭教育,适用前两款规定。"

法庭教育可以在法庭调查和辩论结束之后进行,但有罪教育必须在宣判后。实践中需要注意的是:(1)如果在宣判之前已进行法庭教育的,宣判有罪后不必再行教育;如果宣判前没有进行教育,则宣判有罪后必须进行教育。(2)被告人及其法定代理人或者辩护人提出无罪意见的,在庭审中不进行法庭教育,但是判决宣告有罪后仍然要进行教育。(3)对未成年被告人进行教育,其法定代理人以外的成年亲属或者教师、辅导员等参与有利于感化、挽救未成年人的,人民法院应当邀请其参加有关活动。(4)法庭教育,可以围绕违法行为对社会的危害和处罚的必要性、导致违法行为发生的主客观原因及应当吸取的教训、正确对待人民法院的裁判等内容进行。(5)适用简易程序的案件,也应当进行法庭教育。

——《起草小组解读:〈刑事诉讼法解释〉理解与适用(下)》,载中国法院网2021年2月4日,https://www.chinacourt.org/article/detail/2021/02/id/5796153.shtml。

1822 未成年人犯罪记录封存的范围

关键词|未成年人犯罪记录|犯罪记录封存|

【最高人民法院司法文件】

第二条　本办法所称未成年人犯罪记录,是指国家专门机关对未成年犯罪人员情况的客观记载。应当封存的未成年人犯罪记录,包括侦查、起诉、审判及刑事执行过程中形成的有关未成年人犯罪或者涉嫌犯罪的全部案卷材料与电子档案信息。

第三条　不予刑事处罚、不追究刑事责任、不起诉、采取刑事强制措施的记录,以及对涉罪未成年人进行社会调查、帮教考察、心理疏导、司法救助等工作的记录,按照本办法规定的内容和程序进行封存。

——《最高人民法院、最高人民检察院、公安部、司法部关于未成年人犯罪记录封存的实施办法》(2022 年 5 月 30 日)。

【链接：理解与适用】

第二条明确了未成年人犯罪记录的定义及范围。刑事诉讼法规定，犯罪的时候不满十八周岁，被判处五年有期徒刑以下刑罚的，应当对相关犯罪记录予以封存，但对于何种材料属于“相关犯罪记录”并未明确。针对司法实践中有些地方认为犯罪记录仅限于判决、不起诉决定等终局处理结果，而强制措施记录、立案文书、侦查文书、刑罚执行文书等过程文书均不包含在封存范围内，导致有的案件在侦查、起诉环节各种信息资料已经不当泄漏，判决作出后再进行封存为时已晚的情况，为实现犯罪记录封存的效果，该条规定封存应当尽可能全面覆盖记载犯罪事实及刑事诉讼全过程的相关记录，包括公安机关立案侦查、检察机关审查逮捕、审查起诉、法院判决、社区矫正等各个阶段的各种文书、材料及电子档案信息。

第三条以列举方式明确了参照适用封存的情形。针对司法实践中有些地方认为封存的应当是犯罪记录，即仅限于经法院判决有罪的记录，而未成年人不起诉记录、采取刑事强制措施的记录等不属于犯罪记录封存范围，以及认为不予刑事处罚、不追究刑事责任等非刑罚处罚方法也不属于封存范围，因而在开具无犯罪记录证明时仍标注未成年人有相关涉案记录，致使涉案未成年人前科劣迹材料泄露的问题，经研究认为，这些情形本身也会留下与犯罪相关的记录，并对涉案未成年人产生消极影响。为充分保护涉案未成年人权利，将可能影响、降低对其社会评价的相关记录依照犯罪记录封存规定进行封存是符合法律精神的，也是落实未成年人保护法、预防未成年人犯罪法的具体举措，因此作出该条规定。

——那艳芳、李峰、张寒玉、白洁：《〈关于未成年人犯罪记录封存的实施办法〉解读》，载《人民检察》2022 年第 13 期。

1823 十八周岁前后实施数个犯罪适用犯罪记录封存的把握

关键词 | 未成年人犯罪记录 | 十八周岁 |

【最高人民法院司法文件】

第四条 犯罪的时候不满十八周岁，被判处五年有期徒刑以下刑罚以及免予刑事处罚的未成年人犯罪记录，应当依法予以封存。

对在年满十八周岁前后实施数个行为，构成一罪或者一并处理的数罪，主要犯罪行为是在年满十八岁周岁前实施的,被判处或者决定执行五年有期徒刑以下刑罚以及免予刑事处罚的未成年人犯罪记录,应当对全案依法予以封存。

——《最高人民法院、最高人民检察院、公安部、司法部关于未成年人犯罪记录封存的实施办法》(2022 年 5 月 30 日)。

【链接:理解与适用】

该情形是实践中的难点问题:一是当行为人连续实施数个行为构成一罪的,定罪量刑是综合衡量数个行为后作出的,对行为人十八周岁之前的行为没有作单独评价,无法对十八周岁前的犯罪记录单独封存。二是行为人十八周岁前后行为构成数罪的,单独封存十八周岁前的犯罪记录实践中难以操作。因为数罪是一并审理、一并判决,量刑是根据数罪并罚的规定作出,同一份判决书中对部分犯罪记录进行封存,不具有可操作性。经研究,为体现立法原意,同时便于实践操作,该条明确,只有"主要犯罪行为是在年满十八岁周岁前实施的",才应当对全案依法予以封存。

——那艳芳、李峰、张寒玉、白洁:《〈关于未成年人犯罪记录封存的实施办法〉解读》,载《人民检察》2022 年第 13 期。

1824 未成年人与成年人共同犯罪的犯罪记录封存

关键词 | 未成年人犯罪记录 | 共同犯罪 |

【最高人民法院司法文件】

第五条　对于分案办理的未成年人与成年人共同犯罪案件,在封存未成年人案卷材料和信息的同时,应当在未封存的成年人卷宗封面标注"含犯罪记录封存信息"等明显标识,并对相关信息采取必要保密措施。对于未分案办理的未成年人与成年人共同犯罪案件,应当在全案卷宗封面标注"含犯罪记录封存信息"等明显标识,并对相关信息采取必要保密措施。

——《最高人民法院、最高人民检察院、公安部、司法部关于未成年人犯罪记录封存的实施办法》(2022 年 5 月 30 日)。

【链接:理解与适用】

该条主要考虑利益平衡和实际可操作性,最大限度地采取"标注"等措施减少未成年人犯罪信息的泄露。需要说明的是,在起草过程中,有建议提出,未成年人犯罪记录如果一律全案封存,可能对社会利益造成较大损害。特别是对性侵类犯罪,如果一律予以全案封存,则无法有效执行密切接触未成年人行业禁入规定。同时,性侵类犯罪再犯率高,一律封存也不利于犯罪特殊预防。经研究认为:一是刑事诉讼法第二百八十六条第一款明确规定“犯罪的时候不满十八周岁,被判处五年有期徒刑以下刑罚的,应当对相关犯罪记录予以封存”,未作例外性规定。二是未成年人保护法第六十二条规定了入职查询制度,共同犯罪的成年人以及涉及上述犯罪的未成年人成年后均会受到入职查询制度的制约。三是鉴于未成年人身心特点,犯罪记录如果不予封存,将不利于涉罪未成年人回归社会。因此,未作例外性规定。

——那艳芳、李峰、张寒玉、白洁:《〈关于未成年人犯罪记录封存的实施办法〉解读》,载《人民检察》2022 年第 13 期。

1825 宣告无罪案件的相关记录是否封存

关键词 | 未成年人犯罪记录 | 宣告无罪 |

【最高人民法院司法文件】

第七条 未成年人因事实不清、证据不足被宣告无罪的案件,应当对涉罪记录予以封存;但未成年被告人及其法定代理人申请不予封存或者解除封存的,经人民法院同意,可以不予封存或者解除封存。

——《最高人民法院、最高人民检察院、公安部、司法部关于未成年人犯罪记录封存的实施办法》(2022 年 5 月 30 日)。

【链接:理解与适用】

第七条对宣告无罪案件的相关记录是否封存予以明确。实践中,有观点认为应当封存,无罪的记录里也可能包含对未成年人不利的信息。也有观点认为无罪判决本身就是未成年人未犯罪的证明,比封存的效果更好,无须封存。我们认为,若经审理查明犯罪行为并非被告未成年人所为而宣告无罪的,当然该卷宗材料不封存效果更好。但若是因并未完全排除未成年人犯罪嫌疑的事实不清、证据不足而宣告无罪的案件,以及依照刑事诉讼法第十六条的规定不追究刑事责任的案件,鉴于大众普遍对于被侦查、起诉、审判过的人存在歧视认识,为实现促进未成年人顺利回归社会的目的,通常情况下封存相关记录对保护该未成年人更有利。

——那艳芳、李峰、张寒玉、白洁:《〈关于未成年人犯罪记录封存的实施办法〉解读》,载《人民检察》2022 年第 13 期。

1826 犯罪记录封存的解除

关键词｜未成年人犯罪记录｜新罪｜漏罪｜

【最高人民法院司法文件】

第十八条　对被封存犯罪记录的未成年人，符合下列条件之一的，封存机关应当对其犯罪记录解除封存：

（一）在未成年时实施新的犯罪，且新罪与封存记录之罪数罪并罚后被决定执行刑罚超过五年有期徒刑的；

（二）发现未成年时实施的漏罪，且漏罪与封存记录之罪数罪并罚后被决定执行刑罚超过五年有期徒刑的；

（三）经审判监督程序改判五年有期徒刑以上刑罚的；

被封存犯罪记录的未成年人，成年后又故意犯罪的，人民法院应当在裁判文书中载明其之前的犯罪记录。

第十九条　符合解除封存条件的案件，自解除封存条件成立之日起，不再受未成年人犯罪记录封存相关规定的限制。

——《最高人民法院、最高人民检察院、公安部、司法部关于未成年人犯罪记录封存的实施办法》（2022 年 5 月 30 日）。

【链接：理解与适用】

第十八条规定了犯罪记录封存的解除情形。司法实践中，各地对被封存的犯罪记录，是否可以作为举证质证、羁押必要性审查、盗窃数额减半、毒品再犯认定等的依据认识不一，有的作为前科写进诉讼文书，作为检察机关适用径行逮捕或者提出量刑建议的依据，或者作为法院裁量刑罚的量刑情节，间接导致相关犯罪记录被解封。该条在制定过程中亦存在争议。有观点认为，我国参与制定的《联合国少年司法最低限度标准规则》明确规定，少年罪犯的档案不得在其后的成人诉讼案中加以引用，因此，对封存的犯罪记录在之后的犯罪案件中不应当进行评价。有建议提出，从立法目的看，犯罪记录封存制度是为了使未成年人更好地回归社会，最大限度地降低犯罪前科对未成年人今后生活的影响。如果其成年后再故意犯罪，一方面反映出其主观恶性较大，前科犯罪改造情况不佳；另一方面因其成年后的故意犯罪必然会被公开，未成年时的犯罪记录再继续封存已无实际意义。研究认为，目前对于封存的犯罪记录在之后的犯罪案件中是否应当进行评价的问题，确实比较复杂，考虑到我国犯罪记录封存的法律效果不同于前科消灭，不能因为封存而削弱刑罚对犯罪分子的惩戒、教育功能，成年后再次故意犯罪已经不能实现封存的目的，同时考虑到再次故意犯罪和过失犯罪的主观恶性差异，该条规定“被封存犯罪记录的未成年人，成年后又故意犯罪的，人民法院应当在裁判文书中载明其之前的犯罪记录”。

——那艳芳、李峰、张寒玉、白洁：《〈关于未成年人犯罪记录封存的实施办法〉解读》，载《人民检察》2022 年第 13 期。

二、当事人和解的公诉案件诉讼程序

1827 和解程序的适用条件和范围

关键词｜和解程序｜自行和解｜

【最高人民法院司法解释】

第五百八十七条　对符合刑事诉讼法第二百八十八条规定的公诉案件，事实清楚、证据充分的，人民法院应当告知当事人可以自行和解；当事人提出申请的，人民法院可以主持双方当事人协商以达成和解。

根据案件情况，人民法院可以邀请人民调解员、辩护人、诉讼代理人、当事人亲友等参与促成双方当事人和解。

——《最高人民法院关于适用〈中华人民共和国刑事诉讼法〉的解释》(2021年3月1日，法释〔2021〕1号)。

【链接：理解与适用】

1. 和解程序的适用条件。对于适用当事人和解程序的案件，除必须符合刑事诉讼法第二百八十八条规定的条件外，还应当满足事实清楚、证据充分的要求。主要考虑：根据刑事诉讼法的规定，当事人和解在刑事诉讼的侦查、起诉和审判阶段都可以适用。从确保案件质量的角度，为了避免出现错误，应当要求当事人和解满足一定的事实、证据要求。考虑到适用当事人和解程序的案件，均是被告人认罪的案件，因此可以参照刑事诉讼法有关简易程序适用条件的规定，即"案件事实清楚、证据充分"。如果证据不足，不能认定被告人有罪的，不能适用当事人和解程序。

2. 和解程序的适用范围。为了避免滥用当事人和解导致不良后果，立足宽严相济刑事政策的基本要求，刑事诉讼法从犯罪的社会危害性与犯罪人的人身危险性两个层面对当事人和解程序的适用范围作出了必要的限定，即只有因民间纠纷引起的主要侵害个体法益的轻罪案件(即涉嫌刑法分则第四章、第五章规定的犯罪案件，可能判处三年有期徒刑以下刑罚的)以及除渎职犯罪以外的可能判处七年有期徒刑以下刑罚的过失犯罪案件，才可以适用当事人和解程序。此外，如果被告人在五年以内曾经故意犯罪的，也不适用当事人和解程序。

(1)对于什么是"民间纠纷"，1990年司法部发布的《民间纠纷处理办法》第三条规定："基层人民政府处理民间纠纷的范围，为《人民调解委员会组织条例》规定的民间纠纷，即公民之间有关人身、财产权益和其他日常生活中发生的纠纷。"在《2012 年解释》征求意见过程中，不少意见建议对民间纠纷进行界定。经研究认为，对于刑事诉讼法规定的民间纠纷的内涵，尚有不同意见，若从民事角度对民间纠纷进行明确界定，反而不利于部分刑事案件的处理。比如盗窃案件，可能并不涉及公民之间有关人身、财产权益和其他日常生活中发生的纠纷，但似也可以和解。因此，不对民间纠纷予以明确，为法官留下解释空间，更有利于化解矛盾，促进社会和谐。

（2）对于如何理解"可能判处三年有期徒刑以下的刑罚"，应当结合案件具体情节以及司法审判惯例进行评价，而不能仅以法定最高刑是否为三年作为标准。一般而言，在不考虑和解的情况下，根据被告人的犯罪事实、情节，应当判处的刑罚在三年有期徒刑以下的，就可以适用和解程序。比如，被告人参与故意伤害犯罪致人重伤，法定刑是三年以上十年以下有期徒刑，但其系从犯，依法应当判处的刑罚是二年有期徒刑左右，此时，对该被告人就可适用和解程序。

——李少平主编：《最高人民法院关于适用〈中华人民共和国刑事诉讼法〉的解释理解与适用》，人民法院出版社 2021 年版，第 563—564 页。

1828 被害人死亡的，其近亲属可以与被告人和解

关键词｜和解程序｜近亲属｜

【最高人民法院司法解释】

第五百八十八条　符合刑事诉讼法第二百八十八条规定的公诉案件，被害人死亡的，其近亲属可以与被告人和解。近亲属有多人的，达成和解协议，应当经处于最先继承顺序的所有近亲属同意。

被害人系无行为能力或者限制行为能力人的，其法定代理人、近亲属可以代为和解。

——《最高人民法院关于适用〈中华人民共和国刑事诉讼法〉的解释》（2021 年 3 月 1 日，法释〔2021〕1 号）。

【链接：理解与适用】

关于近亲属的范围，依照刑事诉讼法第一百零八条第（六）项的规定，包括夫、妻、父、母、子、女、同胞兄弟姊妹等，分别处于不同继承顺序。对于存在第一顺序继承人的情形，第一序位的近亲属未同意和解的，即使第二继承顺序的近亲属全部同

意和解，也无权和被告人达成和解协议。基于此，《解释》第五百八十八条第一款专门规定："符合刑事诉讼法第二百八十八条规定的公诉案件，被害人死亡的，其近亲属可以与被告人和解。近亲属有多人的，达成和解协议，应当经处于最先继承顺序的所有近亲属同意。"

——《起草小组解读：〈刑事诉讼法解释〉理解与适用（下）》，载中国法院网2021年2月4日，https://www.chinacourt.org/article/detail/2021/02/id/5796153.shtml。

1829 和解协议应当即时履行，全部履行后不得反悔

关键词｜和解程序｜和解协议｜即时履行｜全部履行｜

【最高人民法院司法解释】

第五百九十三条 和解协议约定的赔偿损失内容，被告人应当在协议签署后即时履行。

和解协议已经全部履行，当事人反悔的，人民法院不予支持，但有证据证明和解违反自愿、合法原则的除外。

——《最高人民法院关于适用〈中华人民共和国刑事诉讼法〉的解释》（2021年3月1日，法释〔2021〕1号）。

【链接：理解与适用】

1.和解协议应当即时履行。和解协议约定的赔礼道歉等内容，无疑应当在协议签订之前或者之时就要履行完毕，这是表明被告人真诚悔罪的基础。但和解协议中的赔偿损失内容，应当何时履行？对此问题存在较大认识分歧：一种观点认为，和解协议约定的赔偿损失内容，一般应当即时履行，但被害方自愿接受延期履行、分期履行的，也应当允许；另一种观点认为，和解协议应当即时履行。经研究，解释确立了和解协议约定的赔偿内容应当在协议签署后即时履行的原则。主要理由是：

（1）和解协议应当即时履行，对被告人从宽处罚就有了牢固的基础。和解是重要的量刑情节，必须确定无疑。如果允许延期履行、分期履行和解协议约定的赔偿损失内容，将会使人民法院对被告人的从宽处罚建立在不确定的基础上，也会使被害方的合法权益难以得到切实保障；一旦被告人获得从宽处罚后，拒不履行或者不全部履行赔偿义务，受上诉不加刑原则所限，二审法院不能加重其刑罚；同时，由于是当事人之间达成的和解协议，也不能作为强制执行的依据，这样，无疑会损害裁判权威，引发被害方申诉、上访等问题，使法院工作陷入被动。

（2）和解协议应当即时履行，可以更好地发挥公检法机关化解社会矛盾的合力。如果双方当事人在侦查、审查起诉阶段达成和解协议且即时履行完毕，被害方通常就不会在审判环节又提起附带民事诉讼。这无疑有助于减少不必要的重复劳动，减轻审判环节的负担。

（3）和解协议应当即时履行，可以有效杜绝反悔现象。和解协议应当即时履行，原则上就要求赔偿款到位后才签署和解协议，这就可以有效杜绝反悔现象，也可以在很大程度上解决如何看待和解协议的效力、和解协议能否作为强制执行依据等问题。

对于被告方提供了相应担保，被害方自愿同意延期履行、分期履行，如果有附带民事诉讼的，可以根据《解释》第五百零四条的规定，依法制作附带民事调解书，以保障被害人权益。同时，法院可依法对被告人酌情从轻处罚，但不得根据刑事诉讼法第二百七十九条的规定对其减轻、免除处罚。

2. 和解协议履行后不得反悔。和解协议签署后能否反悔？对此问题也存在较大认识分歧。从审判实践角度看，当然希望当事人双方达成和解协议后，能信守协议，不能随意反悔；但从理论上说，和解毕竟只是双方当事人的合意，无法绝对禁止反悔。征求意见稿从尊重当事人意愿角度，曾规定不管和解协议是否已经履行，只要判决、裁定还没有宣告，都可以反悔。后经研究认为，《解释》应当坚持正确的价值取向，大力鼓励、倡导诚信，只要和解协议已经全部履行，原则上就不得反悔。据此，《解释》明确规定和解协议全部履行后就不得反悔，不仅有利于倡导诚信，遏制个别被害人投机取巧的心理，有利于被告人尽快筹措资金，及早履行赔偿义务，有利于各方积极促成和解，及时化解矛盾纠纷，也有利于减少法官的顾虑，增强法官做好刑事和解及赔偿工作的积极性、主动性，以尽快恢复和谐的社会关系。

——江必新主编：《〈最高人民法院关于适用《中华人民共和国刑事诉讼法》的解释〉理解与适用》，中国法制出版社 2013 年版，第 420—422 页。

【最高人民法院参考案例】

黄静诈骗案（《刑事审判参考》案例第 1176 号）

要旨：行为人父亲虽然与被害人达成赔偿协议，并获得被害人谅解，但赔偿协议并未即时履行，不符合“当事人和解的公诉案件诉讼程序”的规定，不能按照规定减轻处罚。

司法实践中，对于刑事和解协议中的赔偿损失内容，协议能否延期履行、分期履行等问题，存在认识分歧。我们认为，刑事和解是重要的量刑情节，如允许延期履行、分期履行和解协议约定的赔偿损失内容，将会使人民法院对被告人的从宽处罚建立在尚不确定的事实基础上，一旦被告人获得从宽处罚后，拒不履行或者不全部履行赔偿义务，受上诉不加刑原则所限，二审法院不能加重其刑罚。同时，由于是当事人之间达成的和解协议，也无法强制执行，这无疑会损害裁判权威，也会使被害方的合法权益难以得到切实保障。鉴于此，《解释》第五百零二条明确规定，和解协议约定的赔偿内容应当在协议签署后即时履行。《解释》不允许即时结清当场履行完毕之外的其他履行方式，主要顾虑的是如果达成的只是留尾巴的和解协议，往往很可能在宣告从轻处罚的判决之后衍生出其他类似强制执行、被害人方反悔乃至闹访的问题，从而损害刑事和解制度的价值。

——《刑事审判参考》(总第 108 辑)。

1830 和解协议全部履行后不再受理附带民事诉讼

关键词 | 和解程序 | 和解协议 |

【最高人民法院司法解释】

第五百九十四条　双方当事人在侦查、审查起诉期间已经达成和解协议并全部履行，被害人或者其法定代理人、近亲属又提起附带民事诉讼的，人民法院不予受理，但有证据证明和解违反自愿、合法原则的除外。

——《最高人民法院关于适用〈中华人民共和国刑事诉讼法〉的解释》(2021 年 3 月 1 日，法释〔2021〕1 号)。

【链接：理解与适用】

主要考虑：一是和解后还到人民法院起诉违背了诚信原则，易被人钻法律漏洞，增加法院不必要的工作量，不利于双方当事人在公安、检察阶段早和解、早化解矛盾，也会挫伤公安、检察人员主持和解的积极性，故原则上不予支持。二是不予受理的前提条件是已经全部履行和解协议约定的赔偿义务。是否已经全部履行和解协议约定的赔偿义务，在立案审查时就可以审查判断。如果要求已经赔偿“被害人的全部物质损失”，在立案时就难以判断，只有经过法庭审理，才能确定是否已经赔偿被害人的全部物质损失。这必将导致是否立案的争议。三是如果被害人提出证据证明和解确实违反了自愿、合法原则，则法院可以受理。当然，如果出现了签署和解协议时不能预见的情况，比如当时伤情稳定，但后来伤情恶化，增加了大量医疗费，被害人以新的事实起诉要求增加赔偿费用的，人民法院可以受理；如果和解协议确实显失公平，被害人以和解违反合法原则起诉的，人民法院也可以受理。

——江必新主编：《〈最高人民法院关于适用《中华人民共和国刑事诉讼法》的解释〉理解与适用》，中国法制出版社 2013 年版，第 423 页。

1831 和解从宽的把握

关键词 | 和解程序 | 从轻处罚 | 减轻处罚 | 免予刑事处罚 |

【最高人民法院司法解释】

第五百九十六条 对达成和解协议的案件,人民法院应当对被告人从轻处罚;符合非监禁刑适用条件的,应当适用非监禁刑;判处法定最低刑仍然过重的,可以减轻处罚;综合全案认为犯罪情节轻微不需要判处刑罚的,可以免予刑事处罚。

共同犯罪案件,部分被告人与被害人达成和解协议的,可以依法对该部分被告人从宽处罚,但应当注意全案的量刑平衡。

——《最高人民法院关于适用〈中华人民共和国刑事诉讼法〉的解释》(2021年3月1日,法释〔2021〕1号)。

【链接:理解与适用】

1. 对达成和解协议的案件,人民法院应当对被告人从轻处罚。刑事诉讼法规定的“从宽处罚”,应当包括从轻、减轻和免除处罚。因此,对达成和解协议的案件,起码应当对被告人从轻处罚。“应当从轻”是底限要求,与“可以从轻、减轻、免除处罚”的宽大选项并不冲突。而且,由于和解案件中的被告人具有认罪、悔罪、赔偿损失、取得被害人谅解等诸多从轻情节,如果不是“应当从轻”处罚,反而可能会有不鼓励和解的负面导向。

2. 符合非监禁刑适用条件的,应当适用非监禁刑。主要考虑:和解案件主要适用于情节较轻、恶性较小的轻刑案件,被告人又具有认罪、悔罪、赔偿损失、取得被害人谅解等诸多从轻情节,如果还符合缓刑、管制等非监禁刑适用条件的,确实没有理由不适用非监禁刑。明确作此规定,有利于双方当事人充分预见和解的法律后果,有利于鼓励被告人及其家属积极赔偿,也有利于解除审判人员的后顾之忧,使其更加放心地释法明理,做好和解工作,以实现更加和谐的司法。当然,如果综合全案考虑,对被告人依法不能适用非监禁刑的,只需说明被告人不符合非监禁刑适用条件即可。

3. 判处法定最低刑仍然过重的,可以减轻处罚。在《2012年解释》起草过程中,对于达成和解的案件能否减轻处罚的问题,意见分歧较大。经研究认为,在程序法上规定从宽处罚情节,确属罕见,但刑事诉讼法作为基本法律,其规定的“从宽处罚”,绝非简单的政策导向,应当具有实质的法律含义。“从宽”的内涵显然大于“从轻”,立法之所以使用“从宽”,正是为了明确对被告人可以减轻,甚至免除处罚。立法机关编著的有关资料也明确,“从宽处罚”包括减轻处罚。[①] 因此,应当视为刑事诉讼法第二百七十九条规定了和解从宽的法定量刑情节,人民法院据此对被告人减轻处罚的,应当援引该条文作为法律依据,无须层报最高人民法院核准。

4. 综合全案认为犯罪情节轻微不需要判处刑罚的,可以免予刑事处罚。前已述及,从宽的含义,不仅包括从轻、减轻,还包含了免除刑事处罚的含义。故对于双方当事人达成和解,综合全案认为犯罪情节轻微不需要判处刑罚的,可以免除刑事处罚,主要考虑:一是此前各地在改革探索中对类似情况已经有类似的处理做法,并且取得了较好的效果;二是在立法规定人民检察院在类似情况下可以作出不起诉决定的基础上,允许人民法院在同样情况下对被告人免予刑事处罚,有助于促进双方当事人在审判环节达成和解。在此情形下,人民法院宜同时援引刑法第三十七条和刑事诉讼法第二百九十条作为对被告人免予刑事处罚的法律依据。

——李少平主编:《最高人民法院关于适用〈中华人民共和国刑事诉讼法〉的解释理解与适用》,人民法院出版社 2021 年版,第 573—574 页。

---

① 全国人大常委会法制工作委员会刑法室编著:《〈关于修改刑事诉讼法的决定〉释解与适用》,人民法院出版社 2012 年版,第 285—286 页。

三、缺席审判程序

1832 对依照刑事诉讼法第二百九十一条第一款提起公诉案件的审查处理规则

关键词 | 缺席审判 | 实质审查 |

【最高人民法院司法解释】

第五百九十八条 对人民检察院依照刑事诉讼法第二百九十一条第一款的规定提起公诉的案件，人民法院应当重点审查以下内容：

（一）是否属于可以适用缺席审判程序的案件范围；

（二）是否属于本院管辖；

（三）是否写明被告人的基本情况，包括明确的境外居住地、联系方式等；

（四）是否写明被告人涉嫌有关犯罪的主要事实，并附证据材料；

（五）是否写明被告人有无近亲属以及近亲属的姓名、身份、住址、联系方式等情况；

（六）是否列明违法所得及其他涉案财产的种类、数量、价值、所在地等，并附证据材料；

（七）是否附有查封、扣押、冻结违法所得及其他涉案财产的清单和相关法律手续。

前款规定的材料需要翻译件的，人民法院应当要求人民检察院一并移送。

第五百九十九条 对人民检察院依照刑事诉讼法第二百九十一条第一款的规定提起公诉的案件，人民法院审查后，应当按照下列情形分别处理：

（一）符合缺席审判程序适用条件，属于本院管辖，且材料齐全的，应当受理；

（二）不属于可以适用缺席审判程序的案件范围、不属于本院管辖或者不符合缺席审判程序的其他适用条件的，应当退回人民检察院；

（三）材料不全的，应当通知人民检察院在三十日以内补送；三十日以内不能补送的，应当退回人民检察院。

——《最高人民法院关于适用〈中华人民共和国刑事诉讼法〉的解释》（2021年3月1日，法释〔2021〕1号）。

【链接：理解与适用】

2018年10月22日《全国人民代表大会宪法和法律委员会关于〈中华人民共和国刑事诉讼法（修正草案）〉审议结果的报告》指出：“草案二次审议稿第二十五条中规定，对于人民检察院提起公诉要求缺席审判的案件，人民法院进行审查后，对于起诉书中有明确的指控犯罪事实的，应当决定开庭审判。有的常委会组成人员和专家学者提出，缺席审判程序是刑事诉讼中的特别程序，法院在案件入口审查上应严格把关。除了审查起诉书是否具有明确的指控犯罪事实外，还应当对是否符合缺席审判程序适用条件进行审查。宪法和法律委员会经研究，建议采纳上述意见，在人民法院决定开庭缺席审判的条件中增加相应规定。”根据刑事诉讼法的规定和修法精神，对依照缺席审判程序提起公诉的案件，人民法院应当进行实质审查。

——《起草小组解读：〈刑事诉讼法解释〉理解与适用（下）》，载中国法院网2021年2月4日，https://www.chinacourt.org/article/detail/2021/02/id/5796153.shtml。

1833 对依照刑事诉讼法第二百九十一条第一款提起公诉案件的审理处理方式和证明标准

关键词｜缺席审判｜证明标准｜

【最高人民法院司法解释】

第六百零四条 对人民检察院依照刑事诉讼法第二百九十一条第一款的规定提起公诉的案件，人民法院审理后应当参照本解释第二百九十五条的规定作出判决、裁定。

作出有罪判决的，应当达到证据确实、充分的证明标准。

经审理认定的罪名不属于刑事诉讼法第二百九十一条第一款规定的罪名的，应当终止审理。

适用缺席审判程序审理案件，可以对违法所得及其他涉案财产一并作出处理。

——《最高人民法院关于适用〈中华人民共和国刑事诉讼法〉的解释》（2021年3月1日，法释〔2021〕1号）。

【链接：理解与适用】

根据刑事诉讼法第二百九十一条第一款的规定，人民检察院对缺席审判案件提起公诉的前提是“犯罪事实已经查清，证据确实、充分，依法应当追究刑事责任”。那么，通过缺席审判认定被告人有罪的证明标准，自然也应当遵从一般刑事案件的证明标准，即“证据确实、充分”。

征求意见过程中，有意见建议对违法所得或者其他涉案财产一并作出处置的，增设公告程序，允许利害关系人参加诉讼。经研究认为，相关问题较为复杂，留待下一步解决。倾向性意见是，缺席审判程序可以直接对涉案财物作出处理；而且适用缺席审判程序需要将传票、起诉书副本送达被告人，没有必要再适用违法所得没收程序中的公告程序。

——《起草小组解读：〈刑事诉讼法解释〉理解与适用（下）》，载中国法院网 2021 年 2 月 4 日，https://www.chinacourt.org/article/detail/2021/02/id/5796153.shtml。

1834 对中止审理案件的缺席审判

关键词 | 缺席审判 | 中止审理 |

【最高人民法院司法解释】

第六百零五条 因被告人患有严重疾病导致缺乏受审能力，无法出庭受审，中止审理超过六个月，被告人仍无法出庭，被告人及其法定代理人、近亲属申请或者同意恢复审理的，人民法院可以根据刑事诉讼法第二百九十六条的规定缺席审判。

符合前款规定的情形，被告人无法表达意愿的，其法定代理人、近亲属可以代为申请或者同意恢复审理。

——《最高人民法院关于适用〈中华人民共和国刑事诉讼法〉的解释》（2021 年 3 月 1 日，法释〔2021〕1 号）。

【链接：理解与适用】

需要注意的是：（1）根据刑事诉讼法第二百九十六条的规定，此种缺席审判的适用对象是患有严重疾病无法出庭的被告人。经研究认为，此处规定的“患有严重疾病无法出庭”实际上是指没有受审能力，而不能作其他泛化解释，更不能将被告人因身体残疾不便到庭参加诉讼就理解为此处规定的“患有严重疾病无法出庭”。（2）被告人缺乏受审能力，不少情况下无法表达意愿，应当允许其法定代理人、近亲属代为申请或者同意恢复审理。否则，刑事诉讼法第二百九十六条规定将流于形式，在实践中无法适用。

征求意见过程中，有意见建议删除“缺乏受审能力”的表述。理由是：被告人“患有严重疾病，无法出庭”并不等于“没有受审能力”。实践中，司法精神病鉴定机构的鉴定项目包括“受审能力”项，主要是指被告人不能感知、理解诉讼活动的内涵和后果,不具有相应的认知、判断和表达能力,故无法接受审判的情形。而被告人“患有严重疾病、无法出庭”也包括被告人因身体原因,如靠呼吸机维持生命等,无法出席法庭接受审判,但其对诉讼活动的认知、判断、理解能力并不一定受限,不宜简单将二者划等号。经研究,未采纳该意见。主要考虑:对于后一种情形,可以通过到医院开庭等便民方式予以解决。采用缺席审判方式,恐不利于对被告人诉讼权益的保护,也不符合设立缺席审判制度的初衷。

征求意见过程中,有意见建议明确是否限定申请或同意恢复审理人员的顺序,法定代理人不同意的,其他近亲属同意是否有效,是否仅需近亲属中一人同意即可。经研究认为,相关问题宜交由司法实践裁量把握。实践中,如绝大多数近亲属反对,只有个别近亲属申请或者同意恢复审理的,原则上不宜适用缺席审判程序;但是现有证据证明被告人无罪,可能作出无罪判决的,也可以视情形考虑恢复审理。

——《起草小组解读:〈刑事诉讼法解释〉理解与适用(下)》,载中国法院网 2021 年 2 月 4 日,https://www.chinacourt.org/article/detail/2021/02/id/5796153.shtml。

1835 人民法院受理案件后被告人死亡案件的缺席审判

关键词 | 缺席审判 | 被告人死亡 | 终止审理 |

【最高人民法院司法解释】

第六百零六条　人民法院受理案件后被告人死亡的,应当裁定终止审理;但有证据证明被告人无罪,经缺席审理确认无罪的,应当判决宣告被告人无罪。

前款所称“有证据证明被告人无罪,经缺席审理确认无罪”,包括案件事实清楚,证据确实、充分,依据法律认定被告人无罪的情形,以及证据不足,不能认定被告人有罪的情形。

——《最高人民法院关于适用〈中华人民共和国刑事诉讼法〉的解释》(2021 年 3 月 1 日,法释〔2021〕1 号)。

【链接:理解与适用】

刑事诉讼法第二百九十七条规定,被告人死亡,人民法院应当裁定终止审理,但有证据证明被告人无罪,人民法院经缺席审理确认无罪的,应当依法作出判决。《解释》第六百零六条规定……据此,司法实践中,人民法院受理案件后被告人死亡,如果在案证据足以证明被告人有罪,则应当裁定终止审理;经审查认为被告人可能无罪的,包括指控犯罪的证据不足、不能认定被告人有罪的,应当缺席审理。

缺席审理后，确认被告人无罪或者证据不足、不能认定被告人有罪的，应当依法作出无罪判决。

——《起草小组解读：〈刑事诉讼法解释〉理解与适用（下）》，载中国法院网 2021 年 2 月 4 日，https://www.chinacourt.org/article/detail/2021/02/id/5796153.shtml。

1836 再审程序中被告人死亡案件的缺席审判

关键词 | 缺席审判 | 被告人死亡 | 再审程序 |

【最高人民法院司法解释】

第六百零七条 人民法院按照审判监督程序重新审判的案件，被告人死亡的，可以缺席审理。有证据证明被告人无罪，经缺席审理确认被告人无罪的，应当判决宣告被告人无罪；虽然构成犯罪，但原判量刑畸重的，应当依法作出判决。

——《最高人民法院关于适用〈中华人民共和国刑事诉讼法〉的解释》（2021 年 3 月 1 日，法释〔2021〕1 号）。

【链接：理解与适用】

《解释》第六百零七条规定……据此，人民法院按照审判监督程序重新审判的案件，被告人死亡的，如果是人民检察院认为原判量刑畸轻（包括因定罪错误导致量刑畸轻）而提起抗诉的、人民法院因原审量刑畸轻而启动审判监督程序的，或者经审查认为原判正确或者量刑畸轻的，应当裁定终止审理。除此之外，应当缺席审理。经审理，确认被告人无罪或者证据不足，不能认定被告人有罪的，或者虽然构成犯罪但是原判量刑畸重的，应当依法作出判决。

征求意见过程中，对于再审程序中被告人死亡的，除终止审理或者宣告无罪外，能否改判存在不同认识。经研究认为，对于原审量刑畸重的案件，是否纠正，关系到裁判公正和国家赔偿问题。在审判监督程序已经启动的情况下，即使被告人死亡，也应当继续审理，依照法律作出改判。

此外，对于被告人定罪量刑没有问题，但是涉案财物处理有错误的，是否需要通过缺席审理作出改判，存在不同认识。经研究认为，从法理上讲，如果原审对涉案财物的判决确有错误，涉及的财物价值又很巨大，即便被告人死亡，也应当实事求是依法纠正，不宜简单终止审理。但是，考虑到实践中此种情况较为罕见，未作规定。

——《起草小组解读：〈刑事诉讼法解释〉理解与适用（下）》，载中国法院网 2021 年 2 月 4 日，https://www.chinacourt.org/article/detail/2021/02/id/5796153.shtml。

四、犯罪嫌疑人、被告人逃匿、死亡案件违法所得的没收程序

1837 “贪污贿赂犯罪、恐怖活动犯罪等”犯罪案件的范围

关键词｜没收违法所得｜贪污贿赂犯罪｜恐怖活动犯罪｜

【最高人民法院司法解释】

第六百零九条　刑事诉讼法第二百九十八条规定的“贪污贿赂犯罪、恐怖活动犯罪等”犯罪案件,是指下列案件:

(一)贪污贿赂、失职渎职等职务犯罪案件;

(二)刑法分则第二章规定的相关恐怖活动犯罪案件,以及恐怖活动组织、恐怖活动人员实施的杀人、爆炸、绑架等犯罪案件;

(三)危害国家安全、走私、洗钱、金融诈骗、黑社会性质组织、毒品犯罪案件;

(四)电信诈骗、网络诈骗犯罪案件。

——《最高人民法院关于适用〈中华人民共和国刑事诉讼法〉的解释》(2021年3月1日,法释〔2021〕1号)。

第一条　下列犯罪案件,应当认定为刑事诉讼法第二百八十条第一款①规定的“犯罪案件”:

(一)贪污、挪用公款、巨额财产来源不明、隐瞒境外存款、私分国有资产、私分罚没财物犯罪案件;

(二)受贿、单位受贿、利用影响力受贿、行贿、对有影响力的人行贿、对单位行贿、介绍贿赂、单位行贿犯罪案件;

(三)组织、领导、参加恐怖组织,帮助恐怖活动,准备实施恐怖活动,宣扬恐怖主义、极端主义、煽动实施恐怖活动,利用极端主义破坏法律实施,强制穿戴宣扬恐怖主义、极端主义服饰、标志,非法持有宣扬恐怖主义、极端主义物品犯罪案件;

(四)危害国家安全、走私、洗钱、金融诈骗、黑社会性质的组织、毒品犯罪案件。

电信诈骗、网络诈骗犯罪案件,依照前款规定的犯罪案件处理。

——《最高人民法院、最高人民检察院关于适用犯罪嫌疑人、被告人逃匿、死亡案

① 2018年修正的刑事诉讼法第二百九十八条第一款。

件违法所得没收程序若干问题的规定》(2017 年 1 月 5 日,法释〔2017〕1 号)。

【链接：理解与适用】

《解释》第六百零九条吸收《没收程序规定》第一条对《2012 年解释》第五百零七条的规定作出修改完善,规定……需要注意的是:

(1)《没收程序规定》第一条规定……经研究认为,该条第一款第(一)项、第(二)项规定的犯罪案件可以统称为"贪污贿赂犯罪案件"。主要考虑:《国家监察委员会管辖规定(试行)》(国监发〔2018〕1 号)第四章明确了职务犯罪案件的管辖范围。其中,第十一条规定:"国家监察委员会负责调查行使公权力的公职人员涉嫌贪污贿赂、滥用职权、玩忽职守、权力寻租、利益输送、徇私舞弊以及浪费国家资财等职务犯罪案件。"第十二条对贪污贿赂犯罪案件作了进一步明确,规定:"贪污贿赂犯罪案件,包括贪污罪;挪用公款罪;受贿罪;单位受贿罪;利用影响力受贿罪;行贿罪;对有影响力的人行贿罪;对单位行贿罪;介绍贿赂罪;单位行贿罪;巨额财产来源不明罪;隐瞒境外存款罪;私分国有资产罪;私分罚没财物罪;非国家工作人员受贿罪;对非国家工作人员行贿罪;对外国公职人员、国际公共组织官员行贿罪。"

(2)监察法第四十八条规定:"监察机关在调查贪污贿赂、失职渎职等职务犯罪案件过程中,被调查人逃匿或者死亡,有必要继续调查的,经省级以上监察机关批准,应当继续调查并作出结论。被调查人逃匿,在通缉一年后不能到案,或者死亡的,由监察机关提请人民检察院依照法定程序,向人民法院提出没收违法所得的申请。"据此,在本条第(一)项规定中新增了"失职渎职等职务犯罪案件"。

——《起草小组解读:〈刑事诉讼法解释〉理解与适用(下)》,载中国法院网 2021 年 2 月 4 日,https://www.chinacourt.org/article/detail/2021/02/id/5796153.shtml。

(二)关于违法所得没收程序适用的罪名范围

理论界和实务界对违法所得没收程序适用的罪名范围存在一定争议。一种观点认为,应当严格限制罪名范围,刑事诉讼法第二百八十条规定的"等"应当作等内解释,违法所得没收程序仅适用于贪污贿赂、恐怖活动犯罪。另一种观点认为,从当前犯罪形势和打击犯罪的需要出发,刑事诉讼法第二百八十条规定的"等"应当作等外解释。当前危害国家安全、黑社会性质的组织、毒品犯罪以及洗钱、走私犯罪、金融诈骗、电信诈骗等犯罪态势十分猖獗,犯罪所得往往特别巨大,有必要将此类犯罪纳入适用范围。经研究,《规定》基本采纳了后一种观点。

《规定》第一条所列罪名共五项:第(一)项以占有性、挪用性犯罪为主。第(二)项基本上是受贿类、行贿类犯罪。第(三)项是恐怖活动犯罪,包括刑法修正案(九)新增设的几类恐怖活动犯罪。第(四)项是类罪,包括洗钱罪及其上游犯罪。从体系上讲,似乎应当将破坏金融管理秩序罪规定在内,但在征求意见过程中,不少观点提出破坏金融管理秩序罪在实践中难以妥善处理,建议删去破坏金融管理秩序罪。经研究,基于实践可操作性的考虑,《规定》删去破坏金融管理秩序罪,保留了洗钱罪。第(五)项是两类新型特殊诈骗犯罪。由于在电信诈骗、网络诈骗案件中,犯罪嫌疑人、被告人违法所得往往特别巨大,且多数无法通过普通刑事诉讼程序处理,故纳入违法所得没收程序适用范围。

鉴于我国违法所得没收程序适用的罪名范围相比国外民事没收制度适用的罪名范围以及《联合国反腐败公约》明确的没收制度适用的罪名范围要窄,《规定》最初规定了兜底项。后不少观点建议,鉴于没收违法所得申请案件毕竟是在犯罪嫌疑人、被告人缺席的情况下进行审判,在一定程度上限制了犯罪嫌疑人、被告人陈述、辩解等诉讼权利,对其适用范围应当审慎把握,不宜将罪名范围过于扩大,故《规定》在具体列举罪名后未规定兜底项。

——裴显鼎、王晓东、刘晓虎:《〈关于适用犯罪嫌疑人、被告人逃匿、死亡案件违法所得没收程序若干问题的规定〉的理解与适用》,载《人民司法·应用》2017年第16期。

【链接:最高人民法院法官著述】

在适用《刑事诉讼法解释》第六百零九条规定时,应注意以下几点:

(1)贪污贿赂职务犯罪案件仅指第八章规定的国家工作人员贪污贿赂案件,不包括第三章等其他章节的职务侵占、非国家工作人员贿赂案件;失职渎职犯罪是监察体制改革以后,为了实现刑法与监察法的法法衔接新增的罪名范围,不仅包括刑法第九章规定的国家机关工作人员渎职犯罪,还包括刑法其他章节规定的国家工作人员失职渎职犯罪。

(2)恐怖活动组织、恐怖活动人员实施的杀人、爆炸、绑架等相关犯罪,不仅包括杀人、爆炸、绑架罪,还包括虽然不是该罪名,但有杀人、爆炸、绑架等行为的犯罪,比如放火、决水、抢劫等。

(3)违法所得没收案件是在犯罪嫌疑人、被告人缺席的情况下进行的,在一定程度上限制了犯罪嫌疑人、被告人陈述、辩解等诉讼权利,为了最大限度防止公民的合法权益受损,这一特别程序应谨慎适用,严格限制案件范围,因此,《刑事诉讼法解释》在每一项具体列举罪名后均未规定兜底项。也就是说,除了上述明确列举的四类案件,不允许擅自扩大范围。由此,在司法实践中,要注意准确认定犯罪嫌疑人涉嫌的罪名,尤其涉及发布红色通报、请求引渡时,如不属于启动违法所得没收程序的案件范围,而后又修改相关罪名再行启动违法所得没收程序,将对我国司法公正的国际形象造成困扰。

——牛克乾:《违法所得没收程序若干法律适用问题研究》,载最高人民法院刑事审判第一、二、三、四、五庭编:《刑事审判参考》(总第131辑),人民法院出版社2022年版,第125—126页。

1838 “重大犯罪案件”的认定

关键词 | 没收违法所得 | 重大犯罪案件 |

【最高人民法院司法解释】

第六百一十条 在省、自治区、直辖市或者全国范围内具有较大影响的犯罪案件,或者犯罪嫌疑人、被告人逃匿境外的犯罪案件,应当认定为刑事诉讼法第二百九十八条第一款规定的“重大犯罪案件”。

——《最高人民法院关于适用〈中华人民共和国刑事诉讼法〉的解释》(2021年3月1日,法释〔2021〕1号)。

第二条 在省、自治区、直辖市或者全国范围内具有较大影响,或者犯罪嫌疑人、被告人逃匿境外的,应当认定为刑事诉讼法第二百八十条第一款①规定的“重大”。

——《最高人民法院、最高人民检察院关于适用犯罪嫌疑人、被告人逃匿、死亡案件违法所得没收程序若干问题的规定》(2017年1月5日,法释〔2017〕1号)。

【链接:理解与适用】

(三)关于“重大”的认定标准

在《规定》第二条起草过程中,不少观点主张从刑罚轻重和犯罪数额的角度明确违法所得没收程序所适用的重大犯罪案件的标准。经研究,无论从刑罚轻重还是从犯罪数额角度都难以明确一个普遍适用的标准。

1. 难以从刑罚轻重角度明确“重大”的认定标准。对“重大”案件明确认定标准的司法解释主要有两个:一是1998年出台的《最高人民法院关于处理自首和立功具体应用法律若干问题的解释》(以下简称《自首立功解释》)第七条第二款明确的“可能被判处无期徒刑以上刑罚或者案件在本省、自治区、直辖市或者全国范围内有较大影响的”犯罪案件;二是2016年“两高”出台的《关于办理贪污贿赂刑事

① 2018年修正的刑事诉讼法第二百九十八条第一款。

案件适用法律若干问题的解释》(以下简称《贪污贿赂解释》)第十四条第二款明确的“已经或者可能被判处十年有期徒刑以上刑罚或者案件在本省、自治区、直辖市或者全国范围内有较大影响的”犯罪案件。《贪污贿赂解释》对“重大案件”明确的刑罚标准显然轻于《自首立功解释》。主要理由是:立功作为法定从轻、减轻处罚情节,在认定上应严格把握,同时要建立均衡阶梯,将重大立功与一般立功对应的刑罚标准区别开来,故当时《自首立功解释》将“重大案件”的标准明确为无期徒刑以上刑罚有一定道理。十八年后,随着司法理念的发展,职务犯罪定罪量刑标准的整体调整,判处无期徒刑以上刑罚的职务犯罪大幅减少,因此《贪污贿赂解释》将“重大案件”的标准明确为十年有期徒刑以上刑罚。违法所得没收程序仅是针对犯罪所得及其他涉案财产的追缴,最基本的目的是不让犯罪分子通过犯罪受益,切断外逃人员财源,迫使其回国受审。在这一理念的主导下,将违法所得没收程序的适用范围限制在可能判处无期徒刑以上刑罚犯罪或者十年有期徒刑以上刑罚犯罪,对可能判处轻于上述刑罚的犯罪放任其违法所得不管与立法原意不符,也不利于反腐败斗争的深入推进。

2. 难以从数额角度明确“重大”的标准。从数额角度明确“重大”案件的认定标准,面临一个难以绕开的难题,即如何寻求境内违法所得没收程序适用数额与境外违法所得没收程序适用数额的平衡。如确定境外标准高于境内标准则有鼓励犯罪嫌疑人、被告人逃匿境外之嫌;如境内与境外按照统一标准,则缺乏可操作性。如以五十万元为标准,对于境内高于三十万元不满五十万元的贪污所得,不适用违法所得没收程序同样违反了不让犯罪分子通过犯罪受益的基本原理,但对于境外五十万元贪污所得启动违法所得没收程序,则可能不够办案成本,即与当前追逃追赃实践不符。

基于上述考虑,《规定》第二条采取了原则性规定:一是援引《自首立功解释》《贪污贿赂解释》关于“在全省、自治区、直辖市或者全国范围内具有较大影响的犯罪案件”的标准;二是明确了犯罪嫌疑人、被告人逃匿境外的犯罪案件应当认定为“重大犯罪案件”。此类案件一般犯罪数额都较大,不仅在本省、自治区、直辖市,甚至在全国都具有较大影响,更何况对逃匿境外的犯罪嫌疑人、被告人进行追赃,是严密法网,挽回国家和人民损失,切断外逃人员财路,促使其回国受审的重要途径。在某种意义上可以说,对逃匿境外的犯罪嫌疑人、被告人进行追赃是刑事诉讼法增设违法所得没收程序最基本的动因,故将此项条件明确为没收违法所得申请案件的“重大”标准符合立法原意。

——裴显鼎、王晓东、刘晓虎:《〈关于适用犯罪嫌疑人、被告人逃匿、死亡案件违法所得没收程序若干问题的规定〉的理解与适用》,载《人民司法·应用》2017 年第 16 期。

【链接：最高人民法院法官著述】

司法实践中，应注意法律规定变化的深意，重点从以下几个方面把握：

（1）可能判处什么刑罚、涉案金额大小都不再是硬性标准。例如，犯罪人贪污公款十万元，后出逃境外，通缉一年仍不到案，尽管犯罪本身是轻罪，仍可能适用违法所得没收程序。

（2）《违法所得没收规定》和《刑事诉讼法解释》将"逃匿境外"作为"重大"的另一项认定标准，即只要逃匿境外，不论案件本身的严重程度，均认定为"重大案件"。之所以这样规定，主要考虑到逃匿境外的，往往犯罪已经达到了一定的严重程度，且很容易造成国有资产流失境外，特别是"红通人员"，往往不仅是在本省、自治区、直辖市或者全国范围内有较大影响，甚至很容易造成恶劣的国际影响。

（3）不是逃匿即"重大"，只有逃匿境外才能认定"重大"。关于这一点，实践中可能存在混淆：一种情况是，司法机关接到犯罪嫌疑人、被告人实际逃匿境外的线索，但没有出境记录或者其他直接证据，这种情况下，我们需要遵循证据规则，如果不能提供证据证明嫌疑人、被告人逃匿境外，就不能以此推定属于"重大犯罪案件"；另一种情况是，嫌疑人、被告人实际并未出境，或者只是短暂出境，被提起违法所得没收申请前其已经回国藏匿，但司法机关以为其在逃境外，这种情况能否认定符合上述逃匿境外的标准？我们认为，只要证据足以表明嫌疑人、被告人逃匿境外，就可能因此启动违法所得没收程序，人民法院只对证据反映的法律事实负责。此外，实践中，如果对认为已逃匿境外的嫌疑人、被告人提起违法所得没收程序，一般情况下都会对其发布红色通报，即使事后发现嫌疑人、被告人实际在境内，亦可因通过国际刑警组织发布了红色通报而认定其实际造成了恶劣国际影响，足以认定为"重大"。

——牛克乾：《违法所得没收程序若干法律适用问题研究》，载最高人民法院刑事审判第一、二、三、四、五庭编：《刑事审判参考》（总第 131 辑），人民法院出版社 2022 年版，第 126—127 页。

1839 "逃匿"的认定

关键词 | 没收违法所得 | 逃匿 |

【最高人民法院司法解释】

第三条 犯罪嫌疑人、被告人为逃避侦查和刑事追究潜逃、隐匿，或者在刑事诉讼过程中脱逃的，应当认定为刑事诉讼法第二百八十条第一款①规定的“逃匿”。

犯罪嫌疑人、被告人因意外事故下落不明满二年，或者因意外事故下落不明，经有关机关证明其不可能生存的，依照前款规定处理。

——《最高人民法院、最高人民检察院关于适用犯罪嫌疑人、被告人逃匿、死亡案件违法所得没收程序若干问题的规定》(2017 年 1 月 5 日，法释〔2017〕1 号)。

【链接：理解与适用】

1. 关于“逃匿”的一般认定

司法实践中对“逃匿”的认定存在一定争议。有观点认为，只要犯罪嫌疑人、被告人离开居住地、工作地，对外失联，即可认定为“逃匿”。也有观点建议借鉴加拿大的规定，进行客观推定，“自逮捕令签发之日起六个月不能到案的”，即可认定为“逃匿”。但多数观点认为，应当坚持主客观统一原则，与司法机关及其工作人员失去联系未必一定与其他人失去联系；即使与外界所有人失去联系，也未必是主观上想“逃匿”。因此，仅以对外失联或者客观不能到案认定“逃匿”都难免失之偏颇。对于超过一定期限不能到案的情形，要结合主观方面认定是否属于“逃匿”。如果不是故意，而是因为生病或者其他不可抗力因素不能到案，则不属于“逃匿”。

基于上述考虑，《规定》从客观和主观两个维度对“逃匿”作了界定：客观方面，犯罪嫌疑人、被告人存在潜逃、隐匿行为；主观方面，犯罪嫌疑人、被告人必须是为了逃避侦查和刑事追究。犯罪嫌疑人、被告人离开居住地、工作地，逃避侦查和刑事追究的，属于最典型的“逃匿”；犯罪嫌疑人、被告人未离开居住地、工作地，在原地隐匿起来逃避侦查和刑事追究的，亦属于“逃匿”情形；犯罪嫌疑人、被告人为了将来逃避侦查和刑事追究逃匿境外，后因各种原因不能或者不愿回国受审的，均应视为“逃匿”。

2. 关于“逃匿”的特殊认定

(1)将犯罪嫌疑人、被告人“在刑事诉讼过程中脱逃的”情形明确为“逃匿”。《最高人民法院、最高人民检察院、公安部、国家安全部、司法部、全国人大常委会法制工作委员会关于实施刑事诉讼法若干问题的规定》(以下简称《六部门规定》)第三十八条第二款对“死亡”“脱逃”两种情形作了突破现行法律的规定，即对此两种情形适用违法所得没收程序没有设置罪名范围和“通缉一年后不能到案”的限制条件。《最高人民法院关于适用〈中华人民共和国刑事诉讼法〉的解释》(以下简称《刑诉法解释》)第五百零七条第(二)项仅对死亡情形未设置罪名范围和“通缉一年后不能到案”的限制。鉴于《六部门规定》与《刑诉法解释》规定不尽统一，《规

① 2018 年修正的刑事诉讼法第二百九十八条第一款。

定》对此作了明确。《规定》起草过程中，多数观点认为，“脱逃”和“死亡”存在本质不同，“脱逃”在本质上是一种“逃匿”，应设置罪名范围和“通缉一年后不能到案”的限制。《规定》对此意见予以采纳，将刑事诉讼过程中的脱逃行为明确为“逃匿”情形。

（2）将民事程序中两类宣告死亡情形明确为“逃匿”。《规定》明确，犯罪嫌疑人、被告人因意外事故下落不明满二年，或者因意外事故下落不明，经有关机关证明该公民不可能生存的，依照“逃匿”情形处理。这样规定的考虑是，如果犯罪嫌疑人、被告人通过实施贪污贿赂犯罪获得大量财产，发生上述两种情形后，对其不法财产放任不管显然与立法原意不符。在坚持这一前提下，需要考虑的是，能否按照民事诉讼程序采取先由利害关系人申请再宣告死亡的办法处理？根据民事诉讼法第一百八十四条第一款规定，上述两种情形“经利害关系人申请，人民法院可以宣告死亡”。有观点据此提出，犯罪嫌疑人、被告人出现上述情况的，也应由利害关系人申请宣告死亡。经研究，在没收违法所得申请案件中，利害关系人多是犯罪嫌疑人、被告人的近亲属，由近亲属提出申请进而作出对犯罪嫌疑人、被告人的财产不利的处理，既不现实，也不合情理。而且，对公民宣告死亡不仅涉及非法财产的处置，还涉及合法财产和人身关系的确认，如遗产继承等，故不宜将人民法院宣告犯罪嫌疑人、被告人死亡作为上述两种情形没收违法所得申请的前置条件。那么能否考虑采取不经利害关系人申请而直接推定死亡的办法？《规定》最初明确，犯罪嫌疑人、被告人因意外事故下落不明满二年，或者因意外事故下落不明，经有关机关证明该公民不可能生存的，人民检察院可以向人民法院提出没收违法所得的申请。后在征求意见过程中，有关部门提出，这样规定有推定死亡之嫌，与刑事诉讼不得推定死亡精神相违背。这个问题必然涉及违法所得没收程序本质认识问题，究竟是民事程序还是刑事程序，抑或是民事和刑事之间的特别程序？而且即使认为是一种特别程序，也难以在是否允许推定死亡问题上形成共识。经反复研究，《规定》将上述两种下落不明情形明确了依照“逃匿”情形处理。考虑到因意外事故下落不明毕竟在直观上与“逃匿”不同，故《规定》未直接将上述两种下落不明情形明确为“逃匿”，而是采取了技术性表述，明确规定依照逃匿情形处理。这样规定，意味着上述两种情形适用违法所得没收程序依然受到罪名范围和通缉一年后不能到案的限制。虽然程序相对烦琐，但相对于由利害关系人申请和人民法院宣告死亡，则更加便于把握和操作执行。

值得提及的是，民事诉讼法第一百八十四条还规定了公民下落不明满四年的宣告死亡情形。此种情形相对于犯罪嫌疑人、被告人实施犯罪后不久下落不明，更有理由推定犯罪嫌疑人、被告人具有逃避侦查和刑事追究的目的。如犯罪嫌疑人、被告人实施犯罪后下落不明满四年，在没有客观意外情况发生的情况下，更有理由认定犯罪嫌疑人、被告人逃匿。故此类情形可直接依照一般逃匿情形处理。

——裴显鼎、王晓东、刘晓虎：《〈关于适用犯罪嫌疑人、被告人逃匿、死亡案件违法所得没收程序若干问题的规定〉的理解与适用》，载《人民司法·应用》2017年第16期。

1840 犯罪嫌疑人、被告人死亡案件的违法所得没收程序

关键词｜没收违法所得｜追缴｜

【最高人民法院司法解释】

第六百一十一条　犯罪嫌疑人、被告人死亡，依照刑法规定应当追缴其违法所得及其他涉案财产，人民检察院提出没收违法所得申请的，人民法院应当依法受理。

——《最高人民法院关于适用〈中华人民共和国刑事诉讼法〉的解释》(2021年3月1日，法释〔2021〕1号)。

第四条　犯罪嫌疑人、被告人死亡，依照刑法规定应当追缴其违法所得及其他涉案财产的，人民检察院可以向人民法院提出没收违法所得的申请。

——《最高人民法院、最高人民检察院关于适用犯罪嫌疑人、被告人逃匿、死亡案件违法所得没收程序若干问题的规定》(2017年1月5日，法释〔2017〕1号)。

【链接：理解与适用】

《解释》第六百一十一条吸收“六部委”《关于实施刑事诉讼法若干问题的规定》第三十七条的规定，明确：“犯罪嫌疑人、被告人死亡，依照刑法规定应当追缴其违法所得及其他涉案财产，人民检察院提出没收违法所得申请的，人民法院应当依法受理。”需要注意的是，被告人死亡的，如果依照刑法规定应当追缴其违法所得及其他涉案财产，人民检察院提出没收违法所得申请，人民法院应当依法受理，不受罪名限制。

——《起草小组解读：〈刑事诉讼法解释〉理解与适用(下)》，载中国法院网2021年2月4日，https://www.chinacourt.org/article/detail/2021/02/id/5796153.shtml。

(五)关于死亡情形违法所得没收的条件

在没收违法所得申请案件中，必须坚持一个最基本的前提，即依照刑法规定应当追缴违法所得及其他涉案财产，故《规定》第四条明确，对于犯罪嫌疑人、被告人

死亡案件,只有依照刑法规定应当追缴其违法所得及其他涉案财产的,人民检察院才可以向人民法院提出没收违法所得的申请。

司法实践中对以下四种情形能否适用违法所得没收程序,认识不一,故有必要探讨:

1. 申请没收的财产不足以返还被害人的情形。即在认定申请没收的财产属于违法所得及其他涉案财产后,按照优先返还被害人的原则,最终无剩余财产予以没收。有观点据此认为,既然返还被害人后无剩余财产予以没收,就应认定不属于依照刑法规定应当追缴违法所得及其他涉案财产的情形,人民检察院不能提出没收违法所得申请。经研究认为,只要犯罪嫌疑人、被告人逃匿、死亡,符合没收违法所得申请条件,即应提起没收违法所得申请。至于审理后,是否有剩余财产予以没收上缴国库,不能作为检察机关是否提出没收违法所得申请的依据。

2. 行为人在纪检监察阶段或者在公安立案侦查前就死亡的情形。此类情形能否适用违法所得没收程序存在一定争议。有观点认为,刑事诉讼法规定适用违法所得没收程序的主体必须是犯罪嫌疑人,而“犯罪嫌疑人”的称谓必须是在司法机关刑事立案后,而上述情形不应适用违法所得没收程序。经研究认为,刑事诉讼法表述的“犯罪嫌疑人”的外延包括但不限于刑事立案后的主体。如刑事诉讼法第一百零八条规定:“(第一款)任何单位和个人发现有犯罪事实或者犯罪嫌疑人,有权利也有义务向公安机关、人民检察院或者人民法院报案或者举报。(第二款)被害人对侵犯其人身、财产权利的犯罪事实或者犯罪嫌疑人,有权向公安机关、人民检察院或者人民法院报案或者控告……”由上述“犯罪嫌疑人”的表述推之,对于实施《规定》第一条所列罪名的主体,即使是在刑事立案之前,也可以“犯罪嫌疑人”进行表述。据此,行为人在纪检监察阶段或者在公安立案侦查前就死亡的,适用违法所得没收程序没有法律障碍。

值得注意的是,在具体案件中,是表述为犯罪嫌疑人还是被告人,不是以行为人逃匿、死亡后法院是否受理没收违法所得申请案件为标准,而是以行为人逃匿、死亡前案件是否起诉到法院为标准。如行为人逃匿、死亡前,案件已起诉到法院,行为人应表述为“被告人”,否则,应表述为“犯罪嫌疑人”。

3. 犯罪嫌疑人、被告人“丧失诉讼行为能力经有关机关鉴定不可能恢复的”情形。有观点主张将此种情形纳入违法所得没收程序适用的范围,后考虑到此种情形与逃匿、死亡情形存在较大差别,跨越立法界限太大,故《规定》最终未采纳。

4. “犯罪已过追诉期限”情形。一种观点认为,刑事追诉期限已过,刑事责任不追究,故犯罪嫌疑人、被告人的违法所得及涉案财产不能没收。另一种观点认为,无论是否已过追诉期限,对违法所得及涉案财产都应当予以没收。理由是:所有权各项权能的分离是暂时的,最终都要回复到所有权中来。无论时间过多久,国家或者被害人的财产所有权不因追诉期限已过而丧失；基于不让犯罪者通过犯罪受益的原理，无论时间过多久，只要犯罪者通过犯罪获取利益，就要一追到底。后一种观点似有一定道理，但“犯罪已过追诉期限”毕竟情况特殊，在具体操作程序上会带来一系列全新的问题。如对于一般没收违法所得申请案件，犯罪嫌疑人、被告人到案即终止违法所得没收程序，但在犯罪已过追诉期限情形下，对行为人如何称谓、是否允许其参与诉讼、能否允许其就刑事部分事实提出意见以及是否允许其委托代理人，等等，都是全新的问题，故《规定》暂未对此种情形予以明确。

——裴显鼎、王晓东、刘晓虎：《〈关于适用犯罪嫌疑人、被告人逃匿、死亡案件违法所得没收程序若干问题的规定〉的理解与适用》，载《人民司法·应用》2017年第16期。

1841 “通缉”的认定

关键词｜没收违法所得｜通缉｜

【最高人民法院司法解释】

第五条 公安机关发布通缉令或者公安部通过国际刑警组织发布红色国际通报，应当认定为刑事诉讼法第二百八十条第一款①规定的“通缉”。

——《最高人民法院、最高人民检察院关于适用犯罪嫌疑人、被告人逃匿、死亡案件违法所得没收程序若干问题的规定》(2017年1月5日，法释〔2017〕1号)。

【链接：理解与适用】

1. 关于“网上追逃”是否认定为“通缉”

一种观点认为，应当将“网上追逃”纳入“通缉”的范围。实践中已有将“网上追逃”作为“通缉”使用，并且有诸多成功的案例。另一种观点认为，“网上追逃”既可以适用逮捕对象，也可以适用刑事拘留对象，甚至包括侦查、调查的对象，门槛太低，不应将“网上追逃”纳入“通缉”的范围。《规定》第五条采纳了后一种观点。理由是：(1)从刑事诉讼法第一百五十三条、《公安机关办理刑事案件程序规定》第二百六十五条的规定分析，“通缉”的对象只能是应当逮捕的犯罪嫌疑人，而“网上追逃”的对象则是可能被刑事拘留的犯罪嫌疑人。如《公安机关办理刑事案件程序规定》第二百六十五条规定，“应当逮捕的犯罪嫌疑人如果在逃，公安机关可以发布通缉令，采取有效措施，追捕归案”。(2)从规范违法所得没收程序的角度分析，

---

① 2018年修正的刑事诉讼法第二百九十八条第一款。

不应将“网上追逃”纳入“通缉”的范围。“网上追逃”不属于实质意义上的“通缉”，实践中经常出现侦查机关既不对犯罪嫌疑人、被告人采取任何强制措施，也不深入调查了解，而简单以“网上追逃”方式结案情形。为督促侦查机关规范通缉权限，不应将“网上追逃”认定为“通缉”。《公安机关办理刑事案件程序规定》第二百七十一条修改过去通缉令的发布方法，规定通缉令应当广泛张贴，并可以通过广播、电视、报刊、互联网等方式发布。从上述关于规范“通缉”发布方式的规定分析，不应将“网上追逃”认定为“通缉”。

“协查通报”“内部通报”比“网上追逃”随意性更大，同理推之，更不应认定为刑事诉讼法第二百八十条第一款规定的“通缉”。实践中，有观点提出，“悬赏广告”能否认定为“通缉”？经研究，“悬赏广告”不属于法律正式用语，也不必然是司法机关的行为，故“悬赏广告”不应认定为“通缉”。

2. 是否有必要规定 A、B 级通缉令

根据《公安部关于实行“破案追逃”新机制的通知》（公通字〔1999〕91 号），A、B 级通缉令仅指公安部发布的通缉令。而实践中，重大犯罪案件并非都是由公安部发布通缉令，各地公安机关根据刑事诉讼法的相关规定，可以在自己管辖的地区范围内发布通缉令。基于上述考虑，《规定》未对通缉令作 A、B 级限制。

3. 国际刑警组织发布红色通报（俗称“红色通缉令”）

公安部凭逮捕证可以向国际刑警组织请求发布红色通报。红色通报在有些国家可以作为提请临时羁押的事由，故国际刑警组织发布红色通报在国际惯例上往往被视为“通缉”。《规定》最初明确国际刑警组织发布蓝色通报亦应认定为“通缉”。后经向有关部门进一步了解，向国际刑警组织请求发布蓝色通报无须提交逮捕证，国际刑警组织发布蓝色通报后，相关国家亦不会采取临时羁押措施，仅是作一些协助性盘问，故《规定》第五条仅明确公安部通过国际刑警组织发布红色国际通报应当认定为“通缉”。实践中，公安部向国际刑警组织请求发布红色通报，不以国内发布通缉令为前提，特别是在明知犯罪嫌疑人、被告人已逃往境外的情况下，如李华波案件，公安机关在国内对李华波未发布通缉令，而是直接向国际刑警组织请求发布红色通报。

——裴显鼎、王晓东、刘晓虎：《〈关于适用犯罪嫌疑人、被告人逃匿、死亡案件违法所得没收程序若干问题的规定〉的理解与适用》，载《人民司法 · 应用》2017 年第 16 期。

1842 “违法所得”的认定

关键词 | 没收违法所得 | 违法所得 |

【最高人民法院司法解释】

第六条　通过实施犯罪直接或者间接产生、获得的任何财产，应当认定为刑事诉讼法第二百八十条第一款[①]规定的“违法所得”。

违法所得已经部分或者全部转变、转化为其他财产的，转变、转化后的财产应当视为前款规定的“违法所得”。

来自违法所得转变、转化后的财产收益，或者来自已经与违法所得相混合财产中违法所得相应部分的收益，应当视为第一款规定的“违法所得”。

——《最高人民法院、最高人民检察院关于适用犯罪嫌疑人、被告人逃匿、死亡案件违法所得没收程序若干问题的规定》（2017年1月5日，法释〔2017〕1号）。

【链接：理解与适用】

《规定》第六条对违法所得的认定进行了明确。在征求意见过程中，不少观点建议就违法所得已经部分或者全部转变、转化为其他财产以及违法所得已经与从合法来源获得的财产相混合的情形是否属于违法所得进行明确。如有观点提出，犯罪嫌疑人、被告人将犯罪所得款物用于投资所形成的财产系违法所得还是属于涉案财产。如受贿后用于购买房产，购买书画、玉石珠宝，投资股票或者开设公司等形成的财产，并非行为人直接犯罪所得，其中还包含了行为人的投资能力甚至是直接生产经营活动，如认定为违法所得似有不妥，宜认定为与案件相关的涉案财产；因认定犯罪金额只能以犯罪时所获得的款物来计算，如上述款物通过投资经营行为获得了增值，没收的是其犯罪所得金额还是现有的财产价值，等等。基于上述疑问，参考《联合国反腐败公约》第二条“术语的使用”第五项、第三十一条“冻结、扣押和没收”第四、五、六款的规定，《规定》第六条明确了不同情形下对违法所得的认定：

第一种情形，即原始形态的违法所得，是指通过实施犯罪直接或者间接产生、获得的任何财产；第二种情形，即转变、转化形态的违法所得，是指违法所得已经部分或者全部转变、转化为其他财产的，转变、转化后的财产；第三种情形，即单纯收益和添附收益形态的违法所得，是指来自违法所得转变、转化后的财产收益，或者来自已经与违法所得相混合财产中违法所得相应部分的收益。

——裴显鼎、王晓东、刘晓虎：《〈关于适用犯罪嫌疑人、被告人逃匿、死亡案件违法所得没收程序若干问题的规定〉的理解与适用》，载《人民司法·应用》2017年第16期。

---

① 2018年修正的刑事诉讼法第二百九十八条第一款。

【链接：最高人民法院法官著述】

二、关于违法所得的认定

司法实践中，可以从以下几点方面理解和把握。

（一）没收程序中的“违法所得”限于现时的特定违法所得

刑法第六十四条针对违法所得使用“追缴”一词，针对违禁品和犯罪工具则使用“没收”一词表述。没收是指取得行为人现时拥有的违禁品和供犯罪活动所用的本人财物，而如果前两者灭失，则不再追回。而追缴则不仅要取得行为人现有的违法所得财产，而且在违法所得财产已经灭失的情况下，还可以从替代财产中追缴。但是，在违法所得没收程序中，刑事诉讼法针对违法所得使用“没收”而没有使用“追缴”一词，这就说明了违法所得没收程序只能没收特定的、现实存在的、被证明与犯罪有关的违法所得或其他涉案财物，而不可以用替代品。如果犯罪嫌疑人、被告人的违法所得去向不明或者灭失，不得用其名下拥有的其他合法财产予以替代追缴。根据刑事诉讼法第二百九十八条的规定，在申请没收违法所得时应当提供相关的证据材料，并列明相关情况。人民法院在必要时，可以查封、扣押、冻结申请没收的财产。这说明，申请没收的财产不以必须执行“查扣冻”手续为前提，但是申请的财产必须是有明确指向、明确所在地的，是特定的。这是对物的特别程序与对人的普通程序对待财物的不同处理方式，也是两种程序的本质区别所在。

（二）没收的“违法所得”必须被证明与犯罪有关

因为没收程序的犯罪嫌疑人、被告人尚未经过定罪审判，对应的违法所得不宜被称为“犯罪所得”，但这不代表法院在裁定没收的时候无须证明其与犯罪的关联。如前所述，违法所得是特定的，只有与犯罪有关，才有可能成为没收的范围，如因为犯罪直接或者间接获得的收益。如果不能证明查扣的财产与犯罪的相关性，是不能没收的，如被告人家属在普通程序中可以基于自愿用借来的钱代为退赔，但在违法所得没收程序中，一旦查明财物不是来源于违法犯罪行为，则须退还家属。因为没收程序的诉讼实质上属于民事确认之诉，即确认涉案财物与犯罪之间的关系，对于与犯罪无关的财物，均不能成为没收的对象。

（三）“违法所得”转化的问题

在实务中这种情况普遍存在且争议较大。《违法所得没收规定》参考了《联合国反腐败公约》等国际公约中关于“犯罪所得”的定义，在第六条第二款、第三款规定：“违法所得已经部分或者全部转变、转化为其他财产的，转变、转化后的财产应当视为前款规定的‘违法所得’。来自违法所得转变、转化后的财产收益，或者来自已经与违法所得相混合财产中违法所得相应部分的收益，应当视为第一款规定的‘违法所得’。”因此，用违法所得炒房、投资股票或者开设公司等进行投资，投资形成的财产属于“部分或者全部转变、转化为其他财产”，转变、转化后的财产应当视为“违法所得”。

需要注意的是，这里的转化，不论是部分还是全部，应该有明确指向的证据，不能简单以违法所得混同为家庭财产为由没收家庭投资收益。实践中，只有将受贿款直接用于全部或者部分支付购房款，该房产及增值部分才会被按比例视为违法所得予以没收；反之，受贿人平日将受贿所得交给家人混入家庭财产用于日常支出，其间用家庭财产进行过投资，尽管家庭财产中包含有此前混入的受贿款，亦不能简单据此没收家庭投资物及其收益。如被告人甲利用职务便利，在职十余年间受贿五百万元，均交给其妻子混入家庭财产，其间其妻子投资过北京的房产二套，购买价均为一百万元，现价一千万元。除非有证据证明购房款部分或全部直接来源于受贿款，对该部分可以没收，否则被告人及其近亲属有权以家庭合法支出为由进行抗辩，此时，我们仅能没收其混入家庭财产的五百万元，而不能直接没收房产。

还有一种情况，那就是转化后的混同物发生贬值或者价格下跌时，如何处理。例如，被告人支付二十万元购买一辆汽车，其中五万元为受贿所得，十五万元为个人合法收入。案发时，该汽车市场评估价为十二万元。有观点认为按照比例原则，被告人购买汽车时违法所得与合法财产的比例为 1 ∶ 3，则应当没收违法所得的数额为四万元。另一种观点认为，能够确定五万元系受贿所得，则不存在比例问题，应当优先将该五万元违法所得予以没收。我们赞同第二种观点。解决这个问题，首先应理解没收的是财还是物，上述这种情况，被告人并不是被没收汽车这个“物”，这个物的贬值与没收无关，我们应没收的是其违法所得的“财”，被告人将受贿款五万元转移到其购买的汽车上，只要该汽车没有贬值到低于五万元，我们均应从该汽车上将该五万元违法所得全部予以没收。反之，如果被告人收受的贿赂是一辆汽车，当时价值二十万元，被申请没收的时候，不论这个汽车价值多少，只能没收该汽车，而不能用其他财产替代没收，如果该汽车已经灭失，则不能申请没收。

（四）“违禁品”与“供犯罪所用的本人财物”的界定

2012 年《刑事诉讼法解释》将被告人非法持有的违禁品、供犯罪所用的本人财物认定为“违法所得及其他涉案财产”，2021 年《刑事诉讼法解释》对此没有作相关规定，那么，实践中遇到这两类财物如何界定？

1. “违禁品”的界定

根据刑法第六十四条的规定，违禁品是指依照国家规定，公民不得私自留存、使用的物品，如武器、弹药、爆炸物品、剧毒物品、麻醉剂、放射物品等，这些物品本身具有危险性，流入社会或未经许可持有即可能导致严重的社会危害。大多情况下，违禁品并不能与其他涉案物品截然分开而来，而是涵盖在供犯罪所用财物与违法所得财物之中，另有一部分虽不能认定为供犯罪所用财物与违法所得财物，但鉴于其本身所具有的危险性，予以没收。需要特别提出的是，没收违禁品时无须考虑是否属于被告人所有，即使属于第三人也应没收。但这种没收的法理不是基于违法性，而是基于违禁。如在蔡某某违法所得没收案中，对查扣在案的象牙制品，虽无法证明来源于犯罪活动，但仍应予以没收。没收的原因不是该财物属于违法所得，而是因为该财物属于任何时候都应该被没收的违禁品，故申请和裁定的说理部分应认定其为“其他涉案财产”，并注意区分没收的依据。

2.“供犯罪所用的本人财物”的界定

首先要明确“供犯罪所用的财物”。有人认为供犯罪所用就是犯罪工具，我们认为这不准确。因为“供犯罪所用的财物”的内涵大于犯罪工具，包括犯罪工具与组成犯罪行为之物。前者如杀人的刀，后者如行贿罪中的行贿款。没有行贿款就不存在行贿犯罪，它是犯罪的必要组成部分，而犯罪工具则不尽然，它不是必然组成部分，如杀人可以不用工具。

是否可以认为所有出现在犯罪过程中的财物均属于“供犯罪所用的财物”而予以一概没收？答案是否定的。在认定是否属于“供犯罪所用的财物”时，应查清该财物出现的必要性、比例性和没收的正当性。例如，甲开车去抢劫并运送财物逃离，车辆作为重要犯罪工具，没收是正当的；反之，甲在车上收受他人财物，则该车辆虽在犯罪过程中为行受贿提供了场所，但视为“供犯罪所用”则不具有合理的必要性和相当性。又如，在被告人自家的别墅中查获一百克毒品，认定被告人非法持有毒品，在被告人运输一百克毒品的过程中查扣其家人名下价值百万元的豪车，如果将该别墅视为存储的工具、该豪车视为运输的工具予以没收，虽理论上似乎没有明确规定，实际显失公平和正当，故实践中应考虑比例性和相当性。

“所用”不同于“所得”。比如，行贿款是受贿人的违法所得，但并非行贿人的违法所得。性质的界定不仅涉及程序中准确表述的问题，而且对应的证明事项亦不相同，认定违法所得需要证明其来源的违法性，而证明“供犯罪所用”顾名思义需要证明其在犯罪中的用途。

“本人财物”是否必然属于犯罪分子本人所有？我们认为，“本人财物”不仅指犯罪行为人本人拥有的财物，在特定情况下也应当包含犯罪行为人有使用权的情形。如所有权人明知该财物用于犯罪而继续为犯罪分子提供，或明知用于犯罪而不加制止，在这种情况下，尽管犯罪分子拥有的不是所有权，而是使用权，仍然可以因其与犯罪的关联性而予以没收，除非所有权人以不知情或知情后积极阻止为由进行抗辩，才可能在法律上为了保护善意第三人的权益而阻却没收。

既属于违法所得又属于犯罪工具的时候，如何界定？如张某某案中，被告人用违法所得购买犯罪工具实施犯罪，此时，该犯罪工具本身就来源于违法所得，我们认为应直接认定为“违法所得”，而不是“其他涉案财产”。

（五）不应没收的几种情形

1. 没收违法所得与罚金和没收财产不同

罚金和没收财产均属于财产刑，其本质上是一种刑罚，其适用必须以生效的有罪判决为前提。英美法系国家将这种没收称为刑事没收。而违法所得没收程序是在被告人缺席审判的情况下进行的，对涉案财物的权利归属作出处理，本质上是一种对物诉讼，虽然亦是由犯罪行为引起的、可归责于犯罪行为的一种责任追究，但没收裁定的作出并不以认定行为人的刑事责任为前提。因此，没收范围不应当包括罚金和没收财产。①

2. 没收对象不包含非财产性利益

行为人可以通过犯罪获得动产、不动产、有价证券或者期权、债权等财产性利益，也可以通过犯罪获得名誉、职位、资格等非财产性利益。但是，违法所得没收程序中可以申请的对象仅指财产性利益，对通过犯罪取得的名誉、职位、资格等非财产性利益的，只能由授予上述利益的相关部门依法处理。

3. 行为人通过犯罪获得的有利条件或者资格一般不认定违法所得

有观点认为，通过犯罪获得的有利条件或者资格可以认定为"通过犯罪间接获得的财产"而予以予没收。我们认为，间接获得的财产一般指的是财产性利益产生的收益，如孳息、增值部分等。认定违法所得应有所节制和限定，不宜过度扩张。行为人通过犯罪获得的有利条件或资格不必然产生收益，需要投入成本，是否获利、获利多少都有诸多因素影响，应该根据具体情况具体分析增值部分与违法行为的关联性和对应性。以行贿举例，如行为人通过行贿而获得某种资格，那么相应的资格收益如获奖奖金等可以视为直接来源于犯罪的财产；但是，如果行为人通过行贿拿到市场公开的项目，只有投入建设所需的人力、物力，并配合管理与经营，方可能产生利润，这种情况如果要认定违法所得，需要进行析产，认定与违法所得相混合财产中违法所得相应的部分收益，本身也往往具有极大难度，因此实践中，除非是不用投入成本、明显稳赚不赔的特殊项目，一般不宜将项目投资所获得的利润直接视为违法所得予以没收。

4. 不得没收善意第三人已经取得的财物

《联合国反腐败公约》第三十一条第九款规定，不得作出损害善意第三人权利的解释。在违法所得没收案件中，如发现相关财物确属第三人善意取得，则虽然源于犯罪嫌疑人、被告人的违法所得，也不应当予以追缴。善意取得应当满足以下条件：(1)第三人主观上为善意，不知财物系违法所得；(2)取得之物应为法律所允许流通，且在公开市场上通过合理的交易形式取得；(3)支付合理对价，合理对价应

---

① 参见裴显鼎、王晓东、刘晓虎：《违法所得没收程序重点疑难问题解读》，载《法律适用》2017年第13期。

当以公允值为判断标准;(4)已经取得,即动产已经实现交付,不动产已经完成登记。[①] 实践中,认定善意取得往往有一定困难,尤其是涉及刑民交叉的案件,应注意,此时不受先刑后民的约束,因为违法所得没收程序本质上不属于典型刑事诉讼,在刑民程序同时进行的时候,应先由民事程序明确是否构成善意取得。

(六)对于普通程序中亲友代为退赔的合法财产的处理

被告人在审理过程中死亡的,对于被告人亲友代为退赔的合法财产能否没收,不能一概而论。在违法所得没收程序中,因法律明确规定仅没收违法所得及其他涉案财产,而不是责令退赔,不同于刑法第六十四条的规定,故如果涉案财产有明确去向并未混入家庭财产,或者是特定物如烟、酒、物品等有特定特征的,亲友在普通刑事程序中代为退赔,后因被告人死亡后转为违法所得没收程序进行审理时,不应对退赔的合法财产予以没收;如果涉案财产表现为种类物且与家庭其他财产发生混同的,可以在混同的范围内对亲友代为退赔的财产依法没收。例如,被告人甲非法收受他人财物一千万元,其中六百万元投资在行贿人处,案发前尚未取得,四百万元交给亲属混为家庭财产,如果亲属在审理期间曾代为退赔五百万元,那么,被告人甲死亡后,法院可以依申请裁定没收亲属代为退赔的财产应限于该四百万元范围。

(七)违法所得与债权的关系

在行为人存在合法债务的情况下,债权人就违法所得财产提出债务清偿请求的,能否以违法所得财产满足该债权请求?我们认为,应当分情况讨论。(1)行为人实施的犯罪中存在被害人的,如贪污罪、挪用公款罪,应优先将该违法所得返还给刑事被害人。理由在于:该项财产直接来源于犯罪,即被害人直接受损,故应首先考虑返还权利人,尽可能恢复被损害的社会关系,而第三人所受经济损失,与违法所得财产之间缺少必然联系,故不在考虑之列。(2)行为人实施的犯罪中没有被害人的,如行贿罪。这种情形应注意,这与刑法第三十六条所规定的"应当先承担对被害人的民事赔偿责任"原理是有本质区别的,绝不能混为一谈。国家没收财产从一定意义上讲是对犯罪行为的制裁和对国家经济秩序的一种补偿,第三人的合法债务请求,是犯罪嫌疑人、被告人与债权人处于平等主体地位的两个民事主体在自愿、平等、等价的基础上产生的权利义务关系,与犯罪行为无关,应通过其他方式进行救济。

——牛克乾:《违法所得没收程序若干法律适用问题研究》,载最高人民法院刑事审判第一、二、三、四、五庭编:《刑事审判参考》(总第131辑),人民法院出版社2022年版,第128—135页。

---

① 参见裴显鼎、王晓东、刘晓虎:《违法所得没收程序重点疑难问题解读》,载《法律适用》2017年第13期。

1843 “利害关系人”“其他利害关系人”的认定

关键词｜没收违法所得｜利害关系人｜其他利害关系人｜

【最高人民法院司法解释】

第六百一十六条　刑事诉讼法第二百九十九条第二款、第三百条第二款规定的“其他利害关系人”,是指除犯罪嫌疑人、被告人的近亲属以外的,对申请没收的财产主张权利的自然人和单位。

——《最高人民法院关于适用〈中华人民共和国刑事诉讼法〉的解释》(2021年3月1日,法释〔2021〕1号)。

第七条　刑事诉讼法第二百八十一条①第三款规定的“利害关系人”包括犯罪嫌疑人、被告人的近亲属和其他对申请没收的财产主张权利的自然人和单位。

刑事诉讼法第二百八十一条第二款、第二百八十二条②第二款规定的“其他利害关系人”是指前款规定的“其他对申请没收的财产主张权利的自然人和单位”。

——《最高人民法院、最高人民检察院关于适用犯罪嫌疑人、被告人逃匿、死亡案件违法所得没收程序若干问题的规定》(2017年1月5日,法释〔2017〕1号)。

【链接:理解与适用】

刑事诉讼法既规定了“利害关系人”,又规定了“其他利害关系人”,但对“其他利害关系人”的概念未作明确。考虑到实践中“其他利害关系人”和“利害关系人”的认定可能发生争议,《规定》明确了两者逻辑种属关系。另虽然《刑诉法解释》对“其他利害关系人”的概念作了解释,但将“利害关系人”限制为对申请没收的财产主张所有权的范围似乎过窄,故《规定》将此概念扩大到对财物主张权利的人,除了对财物主张所有权的人外,还包括主张部分物权的人,如主张留置权、担保物权等。

关于被害人是否属于利害关系人、两者是否属于种属关系,实践中存在不同看法。经研究,只有被害人依法可以对申请没收的财产主张权利时,才能认定为利害关系人;被害人对申请没收的财产不主张权利(即仅主张赔偿权利)时,被害人与利害关系人不属于同一主体。从这个角度分析,被害人与利害关系人不存在种属关系,两者在外延上不同,但在具体案件中可能存在交叉重合关系。

——裴显鼎、王晓东、刘晓虎:《〈关于适用犯罪嫌疑人、被告人逃匿、死亡案件

---

① 2018年修正的刑事诉讼法第二百九十九条。

② 2018年修正的刑事诉讼法第三百条。

违法所得没收程序若干问题的规定〉的理解与适用》，载《人民司法·应用》2017年第16期。

【最高人民法院参考案例】

黄艳兰贪污违法所得没收案（《刑事审判参考》案例第1472号）

要旨：对涉案房产享有抵押权的银行属于适格利害关系人。

我们认为，将利害关系人限定在对申请没收的财产主张所有权的人范围过窄。担保物权等其他财产权利同样不可忽视，只要是在启动违法所得没收程序之前善意取得的财产权利都应当受到承认与保护。如果违法所得没收裁定可能直接导致权利主张者丧失在涉案财产上的权利，就应当准许相关权利人提出主张。《最高人民法院关于刑事裁判涉财产部分执行的若干规定》第十三条关于“债权人对执行标的依法享有优于罚金以及没收财产执行顺序的优先受偿权”的规定，也体现了对担保物权的保护。由此，《违法所得没收规定》第七条将利害关系人的范围界定为“对申请没收的财产主张权利的自然人和单位”，这就将利害关系人的范围从所有权拓展至担保物权等主张任何财产性权利的自然人和单位。基于上述规定，2021年修正的《刑事诉讼法解释》第六百一十六条对2012年《刑事诉讼法解释》第五百一十三条第一款进行了修改，将“其他利害关系人”由“对申请没收的财产主张所有权的人”修改为“除犯罪嫌疑人、被告人的近亲属以外的，对申请没收的财产主张权利的自然人和单位”。

具体到本案，证据表明，相关涉案房产的部分购房款来源于相关银行贷款，若涉案房产被法院裁定没收，将直接涉及银行在该房产上抵押权益的处置问题。故法院认定相关银行是本案的适格利害关系人，准予其参加诉讼并支持了银行的相关主张。

——《刑事审判参考》（总第131辑）。

徐进贪污、受贿违法所得没收申请案（《刑事审判参考》案例第1471号）

要旨：善意取得制度适用于违法所得没收程序。

违法所得没收程序系对涉案财产处理的程序，基于对善意第三人利益的保护，我们认为，善意取得制度应当适用于违法所得没收程序。人民法院经审理查明，如果检察机关申请没收的财产属于利害关系人善意取得的财物，该财物虽可能来源于犯罪嫌疑人、被告人的违法行为，也不应当予以追缴。判断利害关系人对涉案财物是否构成善意取得，应当依照民法典第三百一十一条关于善意取得规定的构成要件：（1）利害关系人获得财物时是善意的，不知道该财物是违法所得及其他涉案财产；（2）利害关系人获得财物时支付了合理的对价；（3）利害关系人所获财物已经交付,属于依法应当登记的,已经到有关部门进行登记。善意取得制度在违法所得没收程序中的适用,可以在依法追缴犯罪嫌疑人、被告人违法所得及其他涉案财产的同时兼顾对利害关系人合法权益的保护。

——《刑事审判参考》(总第131辑)。

1844 对人民检察院提出的没收违法所得申请的审查内容

关键词|没收违法所得|申请书|

【最高人民法院司法解释】

第六百一十二条　对人民检察院提出的没收违法所得申请,人民法院应当审查以下内容:

(一)是否属于可以适用违法所得没收程序的案件范围;

(二)是否属于本院管辖;

(三)是否写明犯罪嫌疑人、被告人基本情况,以及涉嫌有关犯罪的情况,并附证据材料;

(四)是否写明犯罪嫌疑人、被告人逃匿、被通缉、脱逃、下落不明、死亡等情况,并附证据材料;

(五)是否列明违法所得及其他涉案财产的种类、数量、价值、所在地等,并附证据材料;

(六)是否附有查封、扣押、冻结违法所得及其他涉案财产的清单和法律手续;

(七)是否写明犯罪嫌疑人、被告人有无利害关系人,利害关系人的姓名、身份、住址、联系方式及其要求等情况;

(八)是否写明申请没收的理由和法律依据;

(九)其他依法需要审查的内容和材料。

前款规定的材料需要翻译件的,人民法院应当要求人民检察院一并移送。

——《最高人民法院关于适用〈中华人民共和国刑事诉讼法〉的解释》(2021年3月1日,法释〔2021〕1号)。

第八条　人民检察院向人民法院提出没收违法所得的申请,应当制作没收违法所得申请书。

没收违法所得申请书应当载明以下内容:

(一)犯罪嫌疑人、被告人的基本情况;

(二)案由及案件来源;

（三）犯罪嫌疑人、被告人涉嫌犯罪的事实及相关证据材料；

（四）犯罪嫌疑人、被告人逃匿、被通缉、脱逃、下落不明、死亡的情况；

（五）申请没收的财产的种类、数量、价值、所在地以及已查封、扣押、冻结财产清单和相关法律手续；

（六）申请没收的财产属于违法所得及其他涉案财产的相关事实及证据材料；

（七）提出没收违法所得申请的理由和法律依据；

（八）有无利害关系人以及利害关系人的姓名、身份、住址、联系方式；

（九）其他应当载明的内容。

上述材料需要翻译件的，人民检察院应当将翻译件随没收违法所得申请书一并移送人民法院。

——《最高人民法院、最高人民检察院关于适用犯罪嫌疑人、被告人逃匿、死亡案件违法所得没收程序若干问题的规定》（2017 年 1 月 5 日，法释〔2017〕1 号）。

【链接：理解与适用】

《规定》第八条主要明确了违法所得申请书的内容及附件移送要求。申请书的内容参考了《刑诉法解释》第五百一十条、《人民检察院刑事诉讼规则（试行）》第五百二十六条的规定，并做了以下调整：一是考虑到“两高”联发，从人民法院审查的角度调整为没收违法所得申请书自身具备的内容；二是增加了列明犯罪嫌疑人、被告人的基本情况以及案件来源的要求；三是增加了列明脱逃、下落不明的情形；四是增加了列明申请没收财产价值的要求，此项要求与《联合国反腐败公约》相关条款相呼应；五是增加了列明有无利害关系人的内容。此项内容旨在避免申请机关在具体案件中不认真审查有无利害关系人；六是增加了列明申请没收的财产与犯罪嫌疑人、被告人犯罪事实的关联性及相关证据的要求；七是增加了兜底项的规定；八是增加了翻译件随案移送的要求。该项内容主要是针对申请没收的财产在境外的情形。

对于申请没收的财产，部分在境内，部分在境外的，宜一并提出申请，即在同一没收申请中提出。在征求意见过程中，有观点提出，检察机关提出没收违法所得申请时，是否需要明确犯罪嫌疑人、被告人涉嫌犯罪的具体罪名。经研究认为，申请书应当载明相关的犯罪事实及证据，这些犯罪事实及证据的认定一般是围绕犯罪构成要件进行的，如不明确罪名，反而显得检察机关缺乏申请没收财产的法律依据，甚至容易引发外界法律质疑，故在认定事实时应当确定相关罪名。

——裴显鼎、王晓东、刘晓虎：《〈关于适用犯罪嫌疑人、被告人逃匿、死亡案件违法所得没收程序若干问题的规定〉的理解与适用》，载《人民司法 · 应用》2017 年第 16 期。

【最高人民法院参考案例】

刘某某受贿违法所得没收案(《刑事审判参考》案例第1470号)

要旨:违法所得没收申请案件的立案审查属于实质审查。

违法所得没收程序是刑事诉讼法规定的特别程序,是在犯罪嫌疑人、被告人缺席的情况下对其财产进行处置,不涉及定罪量刑问题,具有一定的特殊性。因此,司法解释将“有证据证明有犯罪事实”等重要事项规定在人民法院立案审查阶段,体现对没收违法所得申请的实质审查,并非简单的登记立案。这一基本审查规则一是体现了人民法院对这类案件进行立案的审慎态度,二是解决了违法所得没收案件以涉嫌犯罪为前提但在开庭审理阶段不审查是否涉嫌犯罪的问题。人民法院审理这类案件时,立案审查和开庭审理两个环节“各司其职”。

——《刑事审判参考》(总第131辑)。

1845 没收违法所得申请案件的立案审查期限和处理

关键词|没收违法所得|立案审查|

【最高人民法院司法解释】

第六百一十三条　对没收违法所得的申请,人民法院应当在三十日以内审查完毕,并按照下列情形分别处理:

(一)属于没收违法所得申请受案范围和本院管辖,且材料齐全、有证据证明有犯罪事实的,应当受理;

(二)不属于没收违法所得申请受案范围或者本院管辖的,应当退回人民检察院;

(三)没收违法所得申请不符合“有证据证明有犯罪事实”标准要求的,应当通知人民检察院撤回申请;

(四)材料不全的,应当通知人民检察院在七日以内补送;七日以内不能补送的,应当退回人民检察院。

人民检察院尚未查封、扣押、冻结申请没收的财产或者查封、扣押、冻结期限即将届满,涉案财产有被隐匿、转移或者毁损、灭失危险的,人民法院可以查封、扣押、冻结申请没收的财产。

——《最高人民法院关于适用〈中华人民共和国刑事诉讼法〉的解释》(2021年3月1日,法释〔2021〕1号)。

第九条 对于没收违法所得的申请,人民法院应当在三十日内审查完毕,并根据以下情形分别处理:

(一)属于没收违法所得申请受案范围和本院管辖,且材料齐全、有证据证明有犯罪事实的,应当受理;

(二)不属于没收违法所得申请受案范围或者本院管辖的,应当退回人民检察院;

(三)对于没收违法所得申请不符合"有证据证明有犯罪事实"标准要求的,应当通知人民检察院撤回申请,人民检察院应当撤回;

(四)材料不全的,应当通知人民检察院在七日内补送,七日内不能补送的,应当退回人民检察院。

——《最高人民法院、最高人民检察院关于适用犯罪嫌疑人、被告人逃匿、死亡案件违法所得没收程序若干问题的规定》(2017 年 1 月 5 日,法释〔2017〕1 号)。

【链接:理解与适用】

1.《规定》第九条主要明确了没收违法所得申请案件立案审查的期限和处理原则,对《刑诉法解释》第五百一十一条进行了以下主要调整:

(1)增加了"有证据证明有犯罪事实"的审查内容。将此项内容的审查作为人民法院受理条件,是《规定》对立案审查的一个创设性规定。"有证据证明有犯罪事实"在普通刑事程序中是法院审理阶段认定的内容。但对于没收违法所得申请案件,如将此项内容的审查安排在开庭审理阶段,则可能会存在以下难题。开庭前难题:①是否允许诉讼代理人复制、查阅案卷。②是否将检察机关移送法院的刑事部分证据提供给诉讼参与人。如不提供便构成证据突袭,也不利于保障诉讼权利;如提供便可能会妨碍正在或者即将进行的刑事侦查。开庭审理过程中难题:①证明犯罪事实的证据是否全部出示。②是否允许参与诉讼的利害关系人及其诉讼代理人就证明犯罪事实的证据进行质证。如出庭的检察人员在庭审过程中宣读犯罪事实但不允许诉讼参与人提出意见,则对犯罪事实的审理完全流于形式。③在部分案件中,犯罪嫌疑人、被告人所在国可能依据其本国法将允许犯罪嫌疑人、被告人的诉讼代理人参与诉讼作为协助执行我国法院裁定的条件。在此情况下,如果诉讼代理人就犯罪事实部分提出异议,则其身份与辩护人几乎无异,如此便体现不出违法所得没收程序与普通刑事诉讼程序的差异,这样的做法不仅违背了特别程序的本意,而且审判的社会效果也不好。将刑事部分的审理提前至立案审查阶段,既可以有效解决庭审难题,又可以提前对犯罪事实证据进行审查,避免合法财产因没收申请错误而遭受不必要的损害。

(2)调整了立案审查期限。《刑诉法解释》规定的立案审查期限为七日。由于

《规定》将立案审查由形式审查调整为包含实体内容的审查，难以在七日期限内，故将审查期限调整为三十日。

2. 对不同情形的处理方式。(1)对于同时具备四项条件的，应当立案受理。该四项条件分别是：属于没收违法所得申请受案范围、受理法院具有管辖权、申请材料齐全、有证据证明有犯罪事实。(2)对于不符合形式受理条件的，应当退回人民检察院。具体又分为两种情形：一种是不属于没收违法所得申请受案范围或者本院管辖的，应当退回人民检察院；另一种是材料不全的，应当通知人民检察院在七日内补送，七日内不能补送的，应当退回人民检察院。(3)对于不符合实体受理条件的，即没收违法所得申请不符合"有证据证明有犯罪事实"标准要求的，应当通知人民检察院撤回申请。为避免实践中出现人民法院通知人民检察院撤回申请，人民检察院不主动撤回的现象，《规定》在"通知人民检察院撤回申请"后，专门增加了"人民检察院应当撤回"的规定。

3. 应当退回人民检察院的文书形式。起草过程中，有观点提出，退回人民检察院，是采用决定退回还是裁定退回？经研究认为，退回人民检察院不宜采用裁定形式，宜采用决定形式。基于篇幅考虑，《规定》对此未予明确。

——裴显鼎、王晓东、刘晓虎：《〈关于适用犯罪嫌疑人、被告人逃匿、死亡案件违法所得没收程序若干问题的规定〉的理解与适用》，载《人民司法·应用》2017年第16期。

1846 "有证据证明有犯罪事实"的认定标准

关键词｜没收违法所得｜有证据证明有犯罪事实｜

【最高人民法院司法解释】

第十条　同时具备以下情形的，应当认定为本规定第九条规定的"有证据证明有犯罪事实"：

(一)有证据证明发生了犯罪事实；

(二)有证据证明该犯罪事实是犯罪嫌疑人、被告人实施的；

(三)证明犯罪嫌疑人、被告人实施犯罪行为的证据真实、合法。

——《最高人民法院、最高人民检察院关于适用犯罪嫌疑人、被告人逃匿、死亡案件违法所得没收程序若干问题的规定》(2017年1月5日，法释〔2017〕1号)。

【链接：理解与适用】

对于没收违法所得申请案件，由于犯罪嫌疑人、被告人逃匿、死亡，对犯罪事实认定及相关证据收集的难度比普通刑事案件要大,如坚持普通刑事案件证据证明标准,则绝大多数案件难以顺利推进。加上此类案件仅是对财产进行处理,且犯罪嫌疑人、被告人如到案,则终止审理。这些特征决定了此类案件的证明标准相对于普通刑事案件要有所降低。除犯罪嫌疑人、被告人死亡外,“通缉一年不能到案”是适用违法所得没收程序的前提条件,而在此类案件中对犯罪嫌疑人、被告人进行通缉的条件,即是逃匿+逮捕的条件,故参照逮捕阶段对证据证明标准的要求,明确没收违法所得申请案件立案审查阶段刑事部分的证据证明标准,具有一定合理性。

从立法趋势看,1996 年刑事诉讼法第六十条第一款(关于逮捕条件的规定)将 1979 年刑事诉讼法第四十条第一款中的“主要犯罪事实已经查清”修改为“有证据证明有犯罪事实”,在一定程度上体现了降低逮捕证明标准和以审判为中心的立法态势。《人民检察院刑事诉讼规则(试行)》(以下简称《规则试行》)第一百三十九条亦使用了该表述,并在第二款明确了“有证据证明有犯罪事实”的认定标准,即:“(一)有证据证明发生了犯罪事实;(二)有证据证明该犯罪事实是犯罪嫌疑人、被告人实施的;(三)证明犯罪嫌疑人、被告人实施犯罪行为的证据已经查证属实。”参考上述规定,《规定》第十条明确,同时具备以下情形的,应当认定为“有证据证明有犯罪事实”:“(一)有证据证明发生了犯罪事实;(二)有证据证明该犯罪事实是犯罪嫌疑人、被告人实施的;(三)证明犯罪嫌疑人、被告人实施犯罪行为的证据真实、合法。”其中第(一)项、第(二)项是关于证明内容的表述,《规定》对《规则试行》第一百三十九条第(一)项、第(二)项未作改动。第(三)项是对证据资格的表述,要求证据必须客观的,且不属于非法手段取得。鉴于未经庭审质证认定证据已经查证属实在表述上不够严谨,可能引发质疑,故《规定》将《规则试行》第(三)项“证据已经查证属实的”规定修改为“证明犯罪嫌疑人、被告人实施犯罪行为的证据真实、合法”。

没收违法所得申请的案件既不同于普通的刑事案件,也不同于一般的民事财产关系确权案件,它是一个特别程序,兼具两者的特点。上述标准提高了没收违法所得申请案件的立案门槛。这种门槛的提高,正是出于对庭审过程中财产所有权确权采用高度盖然性证据证明标准的必要补充,也是针对该类案件特征进行的专门制度设计。

——裴显鼎、王晓东、刘晓虎:《〈关于适用犯罪嫌疑人、被告人逃匿、死亡案件违法所得没收程序若干问题的规定〉的理解与适用》,载《人民司法 · 应用》2017 年第 16 期。

【最高人民法院参考案例】

白静贪污违法所得没收案(《刑事审判参考》案例第1474号)

要旨:违法所得没收程序中对犯罪事实的认定适用"有证据证明有犯罪事实"标准。

违法所得没收程序的相关规定已经明确,对于相关犯罪事实,只需要有"证据证明发生了犯罪事实""有证据证明该犯罪事实是犯罪嫌疑人、被告人实施的""证明犯罪嫌疑人、被告人实施犯罪行为的证据真实、合法"三个条件齐备,达到"有证据证明有犯罪事实"的标准即可。

——《刑事审判参考》(总第131辑)。

1847 公告时间、方式及内容

关键词｜没收违法所得｜公告｜

【最高人民法院司法解释】

第六百一十四条　人民法院受理没收违法所得的申请后,应当在十五日以内发布公告。公告应当载明以下内容:

(一)案由、案件来源;

(二)犯罪嫌疑人、被告人的基本情况;

(三)犯罪嫌疑人、被告人涉嫌犯罪的事实;

(四)犯罪嫌疑人、被告人逃匿、被通缉、脱逃、下落不明、死亡等情况;

(五)申请没收的财产的种类、数量、价值、所在地等以及已查封、扣押、冻结财产的清单和法律手续;

(六)申请没收的财产属于违法所得及其他涉案财产的相关事实;

(七)申请没收的理由和法律依据;

(八)利害关系人申请参加诉讼的期限、方式以及未按照该期限、方式申请参加诉讼可能承担的不利法律后果;

(九)其他应当公告的情况。

公告期为六个月,公告期间不适用中止、中断、延长的规定。

——《最高人民法院关于适用〈中华人民共和国刑事诉讼法〉的解释》(2021年3月1日,法释〔2021〕1号)。

第十一条　人民法院受理没收违法所得的申请后,应当在十五日内发布公告,公告期为六个月。公告期间不适用中止、中断、延长的规定。

公告应当载明以下内容：

（一）案由、案件来源以及属于本院管辖；

（二）犯罪嫌疑人、被告人的基本情况；

（三）犯罪嫌疑人、被告人涉嫌犯罪的事实；

（四）犯罪嫌疑人、被告人逃匿、被通缉、脱逃、下落不明、死亡的情况；

（五）申请没收的财产的种类、数量、价值、所在地以及已查封、扣押、冻结财产的清单和相关法律手续；

（六）申请没收的财产属于违法所得及其他涉案财产的相关事实；

（七）申请没收的理由和法律依据；

（八）利害关系人申请参加诉讼的期限、方式以及未按照该期限、方式申请参加诉讼可能承担的不利法律后果；

（九）其他应当公告的情况。

——《最高人民法院、最高人民检察院关于适用犯罪嫌疑人、被告人逃匿、死亡案件违法所得没收程序若干问题的规定》(2017 年 1 月 5 日，法释〔2017〕1 号)。

【链接：理解与适用】

《规定》第十一条明确了公告期间为六个月，且不适用中止、中断、延长的规定。公告的发布日期必须自人民法院受理没收违法所得申请案件之日起十五日之内。

与《刑诉法解释》第五百一十二条相比，《规定》本条增加了以下几项内容：(1)增加了申请没收的财产与犯罪嫌疑人、被告人犯罪事实的关联性，此项内容非常重要，有利于保护无辜财产权利人免受侵害。(2)增加了案件来源，属于受理法院管辖，犯罪嫌疑人、被告人的基本情况，脱逃、下落不明，查封、扣押、冻结财产价值以及已查封、扣押、冻结财产的清单和相关法律手续，等等。(3)增加了不按规定期限、方式申请参加诉讼所应承担的不利后果。公告主要起到公示催告利害关系人尽快行使权利的作用，故在载明申请参加诉讼的期限、方式的同时，应当明确不按规定期限、方式申请参加诉讼所应承担的不利法律后果。

此外，与没收违法所得申请书相比，鉴于公告是公开对外的，故与犯罪事实相关的刑事部分证据不作为公告内容。

在征求意见过程中，有观点提出，在公告期间内，以通知形式告知公告内容且已有利害关系人申请参加诉讼的，公告是否仍然需要持续至六个月。经研究认为，公告的作用在于发现利害关系人和公示催告利害关系人行使权利，利害关系人是一个不确定的群体，即使根据在案证据能够确信所有利害关系人已申请参加诉讼，也不排除根据新的证据发现新的利害关系人，或者权利人根据新发现的证据申请参加诉讼而成为新的利害关系人，以及因新的证据出现利害关系人撤回参与诉讼申请的情形。因此，公告依然要持续到六个月的法定期限。

——裴显鼎、王晓东、刘晓虎：《〈关于适用犯罪嫌疑人、被告人逃匿、死亡案件违法所得没收程序若干问题的规定〉的理解与适用》，载《人民司法·应用》2017年第16期。

1848 公告内容的发布、张贴、送达方式

关键词｜没收违法所得｜公告｜

【最高人民法院司法解释】

第六百一十五条　公告应当在全国公开发行的报纸、信息网络媒体、最高人民法院的官方网站发布，并在人民法院公告栏发布。必要时，公告可以在犯罪地、犯罪嫌疑人、被告人居住地或者被申请没收财产所在地发布。最后发布的公告的日期为公告日期。发布公告的，应当采取拍照、录像等方式记录发布过程。

人民法院已经掌握境内利害关系人联系方式的，应当直接送达含有公告内容的通知；直接送达有困难的，可以委托代为送达、邮寄送达。经受送达人同意的，可以采用传真、电子邮件等能够确认其收悉的方式告知公告内容，并记录在案。

人民法院已经掌握境外犯罪嫌疑人、被告人、利害关系人联系方式，经受送达人同意的，可以采用传真、电子邮件等能够确认其收悉的方式告知公告内容，并记录在案；受送达人未表示同意，或者人民法院未掌握境外犯罪嫌疑人、被告人、利害关系人联系方式，其所在国、地区的主管机关明确提出应当向受送达人送达含有公告内容的通知的，人民法院可以决定是否送达。决定送达的，应当依照本解释第四百九十三条的规定请求所在国、地区提供司法协助。

——《最高人民法院关于适用〈中华人民共和国刑事诉讼法〉的解释》(2021年3月1日，法释〔2021〕1号)。

第十二条　公告应当在全国公开发行的报纸、信息网络等媒体和最高人民法院的官方网站刊登、发布，并在人民法院公告栏张贴。必要时，公告可以在犯罪地、犯罪嫌疑人、被告人居住地或者被申请没收财产所在地张贴。公告最后被刊登、发布、张贴日期为公告日期。人民法院张贴公告的，应当采取拍照、录像等方式记录张贴过程。

人民法院已经掌握境内利害关系人联系方式的，应当直接送达含有公告内容

的通知；直接送达有困难的，可以委托代为送达、邮寄送达。经受送达人同意的，可以采用传真、电子邮件等能够确认其收悉的方式告知其公告内容，并记录在案；人民法院已经掌握境外犯罪嫌疑人、被告人、利害关系人联系方式，经受送达人同意的，可以采用传真、电子邮件等能够确认其收悉的方式告知其公告内容，并记录在案；受送达人未作出同意意思表示，或者人民法院未掌握境外犯罪嫌疑人、被告人、利害关系人联系方式，其所在地国（区）主管机关明确提出应当向受送达人送达含有公告内容的通知的，受理没收违法所得申请案件的人民法院可以决定是否送达。决定送达的，应当将公告内容层报最高人民法院，由最高人民法院依照刑事司法协助条约、多边公约，或者按照对等互惠原则，请求受送达人所在地国（区）的主管机关协助送达。

——《最高人民法院、最高人民检察院关于适用犯罪嫌疑人、被告人逃匿、死亡案件违法所得没收程序若干问题的规定》（2017 年 1 月 5 日，法释〔2017〕1 号）。

【链接：理解与适用】

1. 公告的意义、方式、日期

（1）公告的意义。公告是没收违法所得申请案件审理的必经程序。公告除了公示催告犯罪嫌疑人、被告人外，还有发现利害关系人、公示催告利害关系人申请参加诉讼的功能。因此，没收违法所得申请案件在审理前都必须公告。

（2）公告内容的刊登、发布。《规定》第十二条第一款明确，公告内容应当在全国公开发行的报纸、信息网络等媒体和最高人民法院的官方网站刊登、发布。《规定》起草过程中，有观点提出，全国各地的市、县级报纸等官方媒体，公众关注的比较少，但亦属于全国公开发行或者公开的媒体。实践中，利害关系人可能以地方媒体不为本人知晓为由进行抗辩。经研究，固然报纸等级越高，其刊载信息就越容易传播，利害关系人也就越容易知悉信息内容。但这一情况也不尽然，如果犯罪嫌疑人、被告人的近亲属都集中居住在某一地区，接触更多的可能是当地有影响力的报纸，因此当地有影响力的报纸刊登的信息更容易被知悉。综合考虑公告的途径，除了报纸刊登，还有网络媒体和张贴，特别是，对于境外犯罪嫌疑人、被告人、利害关系人而言，通过信息网络发布是更为重要的途径，故《规定》未对报纸等级作特别要求，但对信息网络作了刚性限制，即公告内容必须在最高人民法院官方网站刊登发布。

（3）公告的张贴。《规定》第十二条第一款明确，公告在人民法院公告栏张贴。必要时，公告可以在犯罪地、犯罪嫌疑人、被告人居住地或者被申请没收财产所在地张贴。与《刑诉法解释》第五百一十二条第二款相比，本条将“申请没收的不动产所在地”修改为“被申请没收财产所在地”。这一考虑是，张贴公告旨在发挥补充公示催告的作用。有的案件中,动产价值可能比不动产价值更高,针对不同人群,如不关注网络媒体、报纸人群,采取在财产所在地张贴公告,更能起到补充公示催告的作用。参考《最高人民法院关于适用〈中华人民共和国民事诉讼法〉的解释》(以下简称《民诉法解释》)第一百三十八条的表述,《规定》明确,人民法院张贴公告的,应当采取拍照、录像等方式记录张贴过程。

(4)公告的日期。对于公告刊登、发布、张贴日期不同的,为避免引发争议,从有利于犯罪嫌疑人、被告人、利害关系人出发,《规定》明确公告最后被刊登、发布、张贴日期为公告日期。

2. 关于境外犯罪嫌疑人、被告人、利害关系人公告内容的补充送达

《规定》根据是否掌握联系方式两种情形,对公告内容的补充送达方式做了区分。对于掌握联系方式的又进一步区分受送达人是否同意采用传真、电子邮件收悉方式两种情形。对于已掌握境外犯罪嫌疑人、被告人、利害关系人的联系方式,参考民事诉讼法第八十七条的规定,《规定》明确,经受送达人同意的,可以采取传真、电子邮件等方式直接告知其公告内容,并记录在案。受送达人不同意或者不掌握境外受送达人联系方式的,也可以不补充送达。出于对被请求国法律和司法主权的尊重,为顺利推进境外协助执行请求最终得到执行,参考近年来刑事司法协助条约、多边条约以及国际惯例的做法,《规定》明确,如果所在地国(区)主管机关明确提出应当向受送达人送达含有公告内容的通知的,受理没收违法所得申请案件的法院可以综合案情决定是否送达。决定送达的,应当将公告内容层报最高人民法院,由最高人民法院依照刑事司法协助条约、多边公约,或者按照对等互惠原则,请求受送达人所在地国(区)的主管机关协助送达。上述送达是对公告送达的补充,旨在进一步确认受送达人知悉公告内容,确保其诉讼权利。补充送达日期不影响公告日期的认定。

值得注意的是,在我国,中央主管机关未必是司法部,还有可能是外交部以及其他机关。如根据《中俄刑事司法协助条约》,最高人民检察院可能是主管机关,故本条未直接明确规定具体部门。

3. 关于在国外是否需要补充公告

《规定》起草过程中,一种观点认为,除了在国内公告外,还有必要在犯罪嫌疑人、被告人、利害关系人所在地国(区)公告,唯有如此,才能避免犯罪嫌疑人、被告人、利害关系人以不知晓国内公告为由提出抗辩,同时,在国外进行公告,更有利于体现正当程序,提高国外协助执行我国没收请求的效率。有观点提出,对于全球范围内的公告,建议参照美国民事没收程序公告的方式,将相关公告发布在特定权威网站上。另一种观点认为,在国内公告后没必要再在国外公告。目前,刑事司法协助合作的内容不包括请求外国协助进行相关公告。我国部分在全国发行的报纸以

及信息网络等媒体，特别是最高人民法院官方网站，在世界其他国家也可以阅悉，因此没必要将公告再发布在外国报纸和网站。经研究，《规定》采纳了后一种观点。

——裴显鼎、王晓东、刘晓虎：《〈关于适用犯罪嫌疑人、被告人逃匿、死亡案件违法所得没收程序若干问题的规定〉的理解与适用》，载《人民司法 · 应用》2017 年第 16 期。

1849 利害关系人参加诉讼的条件、方式

关键词｜没收违法所得｜利害关系人｜

【最高人民法院司法解释】

第六百一十七条　犯罪嫌疑人、被告人的近亲属和其他利害关系人申请参加诉讼的，应当在公告期间内提出。犯罪嫌疑人、被告人的近亲属应当提供其与犯罪嫌疑人、被告人关系的证明材料，其他利害关系人应当提供证明其对违法所得及其他涉案财产主张权利的证据材料。

利害关系人可以委托诉讼代理人参加诉讼。委托律师担任诉讼代理人的，应当委托具有中华人民共和国律师资格并依法取得执业证书的律师；在境外委托的，应当依照本解释第四百八十六条的规定对授权委托进行公证、认证。

利害关系人在公告期满后申请参加诉讼，能够合理说明理由的，人民法院应当准许。

——《最高人民法院关于适用〈中华人民共和国刑事诉讼法〉的解释》（2021 年 3 月 1 日，法释〔2021〕1 号）。

第十三条　利害关系人申请参加诉讼的，应当在公告期间内提出，并提供与犯罪嫌疑人、被告人关系的证明材料或者证明其可以对违法所得及其他涉案财产主张权利的证据材料。

利害关系人可以委托诉讼代理人参加诉讼。利害关系人在境外委托的，应当委托具有中华人民共和国律师资格并依法取得执业证书的律师，依照《最高人民法院关于适用〈中华人民共和国刑事诉讼法〉的解释》第四百零三条①的规定对授权委托进行公证、认证。

利害关系人在公告期满后申请参加诉讼，能够合理说明理由的，人民法院应当准许。

---

① 2021 年解释第四百八十六条。

——《最高人民法院、最高人民检察院关于适用犯罪嫌疑人、被告人逃匿、死亡案件违法所得没收程序若干问题的规定》(2017年1月5日,法释〔2017〕1号)。

【链接:理解与适用】

1.《规定》第十三条第一款明确了利害关系人参加诉讼的申请时间以及所需提交的证明材料。与《刑诉法解释》第五百一十三条相比,本条第一款将“并提供证明申请没收的财产系其所有的证据材料的”修改为“可以对违法所得及其他涉案财产主张权利的证据材料”,主要考虑是利害关系人包括但不限于主张财产所有权的人,主张留置权、质押权、抵押权等担保物权的,也属于利害关系人。

2.《规定》第十三条第二款明确了利害关系人可以委托诉讼代理人参加诉讼。同时,对利害关系人在境外委托诉讼代理人的情形作了限制性要求,即境外委托的,应当比照外国籍当事人的做法,只能委托中华人民共和国执业资格的律师进行诉讼。一国的司法制度只能在本国领域内适用,不能延伸至他国,司法主权原则是世界各国公认的准则。案件审判国(区)的律师对本国的法律更为熟知。因此,任何主权国家都禁止外国律师在本国范围内以律师名义从事诉讼业务。特别强调的是,中华人民共和国律师通常指的是中国内地执业律师,不包括港澳台执业律师。同时,在司法实践中,为了保证境外委托合法有效,《刑诉法解释》第四百零三条、民事诉讼法第二百六十四条分别要求对授权委托进行公证、认证。即:在中华人民共和国领域外居住的相关人员寄给中国律师的授权委托书,必须经所在国公证机关证明、所在国外交部或者其授权机关认证,并经中国驻该国使、领馆认证,才具有法律效力。但中国与该国之间有互免认证协定的除外。

3.《规定》第十三条第三款明确了利害关系人未申请参加诉讼的救济原则。如果利害关系人无正当理由在公告期内不申请参加诉讼,待公告期满后申请参加诉讼的,视为对其法律权利的放弃;但因正当理由而未申请参加诉讼的,如正处于生病期间、被他人非法拘禁或者因其他不可抗力因素而无法申请参加诉讼的,人民法院应当准许其参加诉讼。

——裴显鼎、王晓东、刘晓虎:《〈关于适用犯罪嫌疑人、被告人逃匿、死亡案件违法所得没收程序若干问题的规定〉的理解与适用》,载《人民司法·应用》2017年第16期。

1850 审判组织、审理方式、通知送达

关键词|没收违法所得|合议庭|利害关系人|送达|

【最高人民法院司法解释】

第六百一十九条 公告期满后，人民法院应当组成合议庭对申请没收违法所得的案件进行审理。

利害关系人申请参加或者委托诉讼代理人参加诉讼的，应当开庭审理。没有利害关系人申请参加诉讼的，或者利害关系人及其诉讼代理人无正当理由拒不到庭的，可以不开庭审理。

人民法院确定开庭日期后，应当将开庭的时间、地点通知人民检察院、利害关系人及其诉讼代理人、证人、鉴定人、翻译人员。通知书应当依照本解释第六百一十五条第二款、第三款规定的方式，至迟在开庭审理三日以前送达；受送达人在境外的，至迟在开庭审理三十日以前送达。

——《最高人民法院关于适用〈中华人民共和国刑事诉讼法〉的解释》（2021年3月1日，法释〔2021〕1号）。

第十四条 人民法院在公告期满后由合议庭对没收违法所得申请案件进行审理。

利害关系人申请参加及委托诉讼代理人参加诉讼的，人民法院应当开庭审理。利害关系人及其诉讼代理人无正当理由拒不到庭，且无其他利害关系人和其他诉讼代理人参加诉讼的，人民法院可以不开庭审理。

人民法院对没收违法所得申请案件开庭审理的，人民检察院应当派员出席。

人民法院确定开庭日期后，应当将开庭的时间、地点通知人民检察院、利害关系人及其诉讼代理人、证人、鉴定人员、翻译人员。通知书应当依照本规定第十二条第二款规定的方式至迟在开庭审理三日前送达；受送达人在境外的，至迟在开庭审理三十日前送达。

——《最高人民法院、最高人民检察院关于适用犯罪嫌疑人、被告人逃匿、死亡案件违法所得没收程序若干问题的规定》（2017年1月5日，法释〔2017〕1号）。

【链接：理解与适用】

1.《规定》第十四条第一款明确了不得独任审判原则，即没收违法所得申请案件应当组成合议庭进行审理。有观点提出，合议庭组成人员是否包括人民陪审员？经研究认为，没收违法所得申请案件在合议庭的组成人员方面并无特殊要求，可以包括人民陪审员。

2.《规定》第十四条第二款明确了开庭审理和不开庭审理的情形。有利害关系人申请参加诉讼的，必须开庭审理。利害关系人本人参加及委托诉讼代理人参加诉讼的,人民法院应当开庭审理。利害关系人本人及委托诉讼代理人都不参加诉讼的,人民法院不开庭审理。利害关系人及其诉讼代理人无正当理由拒不到庭,且无其他利害关系人和其他诉讼代理人参加诉讼的,相当于无人参与诉讼。因此,人民法院可以不开庭审理。同理推之,对于已经开庭审理的案件,利害关系人及其诉讼代理人无正当理由退庭,且无其他利害关系人和其他诉讼代理人参加诉讼的,人民法院可以转为不开庭审理。作此规定,除了可以在一定程度上限制利害关系人及其代理人随意退庭,还可以起到节约司法资源的功效。

3.《规定》第十四条第三款明确了凡是开庭审理案件,检察机关必须派员出席。关于庭审设置,《规定》未作明确。实践中,可以将出庭的检察人员席位设置在审判台的右侧,利害关系人及其诉讼代理人席位并排设置在审判台左侧,证人、鉴定人、翻译人员席位设置在审判台对面两侧(通常检察机关申请出庭的证人、鉴定人设置在审判台对面右侧,即靠近检察人员席位一侧;利害关系人申请出庭的证人、鉴定人设置在审判台对面左侧,即靠近利害关系人席位一侧)。犯罪嫌疑人、被告人委托诉讼代理人参加诉讼,人民法院准许的,犯罪嫌疑人、被告人的诉讼代理人席位设置在证人席位与利害关系人及其诉讼代理人席位中间。

4.《规定》第十四条第四款明确了开庭通知以及通知送达方式、日期。通知送达的对象包括:人民检察院、利害关系人及其诉讼代理人、证人、鉴定人员、翻译人员。通知送达的方式依照《规定》第十二条第二款的规定,即依照公告通知送达方式执行。除了上述内容,考虑到境外通知的送达需要的时间比国内一般更长,故《规定》第十四条第四款明确了开庭准备的时间。即受送达人在国内的,开庭准备时间至少为三日;受送达人在境外的,开庭准备时间至少为三十日。

——裴显鼎、王晓东、刘晓虎:《〈关于适用犯罪嫌疑人、被告人逃匿、死亡案件违法所得没收程序若干问题的规定〉的理解与适用》,载《人民司法·应用》2017年第16期。

1851 没收违法所得案件的开庭审理程序

关键词｜没收违法所得｜法庭调查｜

【最高人民法院司法解释】

第六百二十条　开庭审理申请没收违法所得的案件,按照下列程序进行:

(一)审判长宣布法庭调查开始后,先由检察员宣读申请书,后由利害关系人、诉讼代理人发表意见;

(二)法庭应当依次就犯罪嫌疑人、被告人是否实施了贪污贿赂犯罪、恐怖活动犯罪等重大犯罪并已经通缉一年不能到案，或者是否已经死亡，以及申请没收的财产是否依法应当追缴进行调查；调查时，先由检察员出示证据，后由利害关系人、诉讼代理人出示证据，并进行质证；

（三）法庭辩论阶段，先由检察员发言，后由利害关系人、诉讼代理人发言，并进行辩论。

利害关系人接到通知后无正当理由拒不到庭，或者未经法庭许可中途退庭的，可以转为不开庭审理，但还有其他利害关系人参加诉讼的除外。

——《最高人民法院关于适用〈中华人民共和国刑事诉讼法〉的解释》（2021年3月1日，法释〔2021〕1号）。

第十五条 出庭的检察人员应当宣读没收违法所得申请书，并在法庭调查阶段就申请没收的财产属于违法所得及其他涉案财产等相关事实出示、宣读证据。

对于确有必要出示但可能妨碍正在或者即将进行的刑事侦查的证据，针对该证据的法庭调查不公开进行。

利害关系人及其诉讼代理人对申请没收的财产属于违法所得及其他涉案财产等相关事实及证据有异议的，可以提出意见；对申请没收的财产主张权利的，应当出示相关证据。

——《最高人民法院、最高人民检察院关于适用犯罪嫌疑人、被告人逃匿、死亡案件违法所得没收程序若干问题的规定》（2017年1月5日，法释〔2017〕1号）。

【链接：理解与适用】

由于人民法院对犯罪事实及证据的审查提前至立案审查环节，故《规定》第十五条第一款明确，出庭的检察人员宣读没收违法所得申请书后，在法庭调查阶段仅就申请没收的财产与犯罪的关联性事实出示、宣读证据。

考虑到没收违法所得申请案件中犯罪嫌疑人、被告人完全有可能因将来被缉拿归案或者主动到案而适用普通刑事诉讼程序，此类案件的法庭调查应当尽可能不妨碍正在或者即将进行的刑事侦查，故《规定》第十五条第二款规定，对于确有必要出示但可能妨碍正在或者即将进行的刑事侦查的证据，针对该证据的法庭调查不公开进行。

既然出庭的检察人员未出示、宣读刑事部分的证据，利害关系人及其诉讼代理人就不可能对相关犯罪事实及证据提出异议，故《规定》第十五条第一款明确在开庭过程中上述人员仅能围绕申请没收的财产与犯罪的关联性事实及证据进行举证、质证并提出意见。根据“谁主张、谁举证”原则，如果利害关系人及其诉讼代理人对申请没收的财产主张权利的，应当出示相关证据。

——裴显鼎、王晓东、刘晓虎:《〈关于适用犯罪嫌疑人、被告人逃匿、死亡案件违法所得没收程序若干问题的规定〉的理解与适用》,载《人民司法·应用》2017年第16期。

1852 没收违法所得案件经审理后的处理结果

关键词|没收违法所得|返还被害人|巨额财产来源不明|

【最高人民法院司法解释】

第六百二十一条　对申请没收违法所得的案件,人民法院审理后,应当按照下列情形分别处理:

(一)申请没收的财产属于违法所得及其他涉案财产的,除依法返还被害人的以外,应当裁定没收;

(二)不符合刑事诉讼法第二百九十八条第一款规定的条件的,应当裁定驳回申请,解除查封、扣押、冻结措施。

申请没收的财产具有高度可能属于违法所得及其他涉案财产的,应当认定为前款规定的"申请没收的财产属于违法所得及其他涉案财产"。巨额财产来源不明犯罪案件中,没有利害关系人对违法所得及其他涉案财产主张权利,或者利害关系人对违法所得及其他涉案财产虽然主张权利但提供的证据没有达到相应证明标准的,应当视为"申请没收的财产属于违法所得及其他涉案财产"。

——《最高人民法院关于适用〈中华人民共和国刑事诉讼法〉的解释》(2021年3月1日,法释〔2021〕1号)。

第十六条　人民法院经审理认为,申请没收的财产属于违法所得及其他涉案财产的,除依法应当返还被害人的以外,应当予以没收;申请没收的财产不属于违法所得或者其他涉案财产的,应当裁定驳回申请,解除查封、扣押、冻结措施。

第十七条　申请没收的财产具有高度可能属于违法所得及其他涉案财产的,应当认定为本规定第十六条规定的"申请没收的财产属于违法所得及其他涉案财产"。

巨额财产来源不明犯罪案件中,没有利害关系人对违法所得及其他涉案财产主张权利,或者利害关系人对违法所得及其他涉案财产虽然主张权利但提供的相关证据没有达到相应证明标准的,应当视为本规定第十六条规定的"申请没收的财产属于违法所得及其他涉案财产"。

——《最高人民法院、最高人民检察院关于适用犯罪嫌疑人、被告人逃匿、死亡案件违法所得没收程序若干问题的规定》(2017年1月5日,法释〔2017〕1号)。

【链接：理解与适用】

（十七）关于一审裁判结果

1. 关于没收违法所得申请案件审理的一般结果。大致包括两种情形：

（1）申请没收的财产属于违法所得或者其他涉案财产。此种情形又具体包括有被害人和无被害人两种处理结果。有被害人的，《规定》第十六条明确，除依法应当返还被害人的以外，应当予以没收。

（2）申请没收的财产不属于违法所得或者其他涉案财产。如果利害关系人有证据证明其对申请没收的财产具有合法权利，人民法院应当裁定驳回申请，解除查封、扣押、冻结措施。《刑诉法解释》第三百六十四条第三款规定，经审查，不能确认查封、扣押、冻结的财物及其孳息属于违法所得或者依法应当追缴的其他涉案财物的，不得没收。刑法第六十四条规定，对被害人的合法财产，应当及时返还。因此，人民法院对于经查证查封、扣押、冻结的财物及其孳息不属于违法所得及其他涉案财产，为了维护真正财产权利人的合法权利，同时防止刑事司法过度干预民事财产关系领域，应当及时解除查封、扣押、冻结措施，恢复财产原来的权利状态。如果有新的证据足以证明解除查封、扣押、冻结的财产属于违法所得及其他涉案财产的，检察机关可以再次提出没收申请。

2. 关于等价返还被害人的问题。与刑法第六十四条规定不同，刑事诉讼法第二百八十二条没有规定“责令退赔”处理办法，对于不属于应当追缴的财产，仅规定“应当裁定驳回申请，解除查封、扣押、冻结措施”，这就导致实践中本来应当依法等价返还被害人的财产得不到妥善处理，甚至因解除限制措施而使该部分财产有了转移的风险。如：犯罪嫌疑人甲 2001 年用自己的合法财产在北京买下十套房产，现升值为一亿元左右。2003 年，甲侵吞单位乙公款一亿余元后畏罪潜逃。检察机关紧急查封、扣押该十套房产，并依法提起没收违法所得申请。后经法院审判，该十套房产不属于违法所得及其他涉案财产，应当裁定驳回申请，解除查封、扣押措施。这样的处理，让甲可能重新获得转移资产的空间。基于上述考虑，《规定》最初明确，对申请没收的财产不属于违法所得或者其他涉案财产的情形，除依法应当等价返还被害人的以外，应当裁定驳回申请，解除查封、扣押、冻结措施。这样规定，才能与刑法第六十四条及相关指导性文件的规定保持协调一致。后在征求过程中，不少观点认为违反了刑事诉讼法的规定，故《规定》最终未对上述内容进行明确。

（十八）关于申请没收的财产与犯罪的关联性的证明标准

1. 关于申请没收的财产与犯罪的关联性的一般证明标准

《规定》第十七条第一款规定，申请没收的财产具有高度可能属于违法所得及其他涉案财产的,应当认定为属于违法所得及其他涉案财产。这一规定明确了高度盖然性标准,借鉴了“优势证据”证明标准的表述。主要考虑是:

(1)符合立法原意和司法实践需求。违法所得没收程序是刑事诉讼法规定的一个特别程序,与普通刑事诉讼程序存在较大区别。普通刑事诉讼程序旨在查明犯罪事实,对被告人定罪处罚,适用的是事实清楚、证据确实充分的证明标准。而违法所得没收程序的基本法理依据在于“不让犯罪分子通过犯罪获得任何收益”,旨在查明申请没收的财产与犯罪事实之间的关联性,确认申请没收的财产是否属于违法所得及其他涉案财产。两者最大的区别在于,在普通刑事诉讼程序中,被告人在场,不但可以获取其供述,而且可以根据其供述进一步获取客观性证据。而在违法所得没收程序中,犯罪嫌疑人、被告人不在案,既不能获取其供述,也不能收集根据其供述而可能产生的其他客观性证据。此种情况下,绝大多数案件都难以达到普通刑事诉讼程序排除合理怀疑的标准。如果坚持排除合理怀疑的标准,则绝大多数案件都只能裁定驳回申请。2012 年刑事诉讼法在刑事诉讼程序中增设违法所得没收程序,旨在满足实践需要,有效解决实践存在的问题。因此,在没收违法所得申请案件中采用是高度盖然性的证明标准,是基于立法原意和实践需要而作出的合理解释。

(2)符合违法所得没收程序的本质特性。首先,违法所得没收程序是针对犯罪行为相关联的财产的没收程序,与普通刑事诉讼程序不同,不涉及对犯罪嫌疑人、被告人的人身自由以及名誉权的剥夺,而是针对犯罪嫌疑人、被告人因犯罪行为而获得的财产的处理,本质上是对财产所有权的确认之诉。这一本质特征决定了其证明标准与普通刑事诉讼程序相比可以有所降低。其次,高度盖然性证据证明标准既适用于检察机关没收违法所得的申请,也适用于利害关系人对申请没收的财产主张权利。一方面,根据“谁主张、谁举证”的举证原则,只要检察机关提出的证据证明,申请没收的财产具有高度可能属于违法所得及其他涉案财产,除返还被害人以外,就应当没收;另一方面,只要利害关系人提出的证据证明,申请没收的财产具有高度可能不属于犯罪所得或者其他涉案财产的,就应当支持其诉讼请求。保持这种平衡,可以有效避免因为适用高度盖然性标准而出现单向损害犯罪嫌疑人、被告人、利害关系人合法权利的现象产生。因此,对双方都采用高度盖然性标准,符合没收违法所得程序的基本特质。

(3)借鉴部分外国理论和实践。在国际上,很多国家将违法所得没收规定为民事诉讼程序,其中,对于申请没收财产与犯罪事实的关联性,美国、英国、加拿大、澳大利亚和新西兰等国家均采用的是优势证据的证明标准。……这些国家用自身的经验和做法证明了优势证据用于不定罪没收制度的可行性和重要意义。这些立法规定和司法实践经验为在违法所得没收程序中采用高度盖然性证明标准,增加了实践认同和确信。

2. 巨额财产来源不明案件中的关联性证明标准

对于巨额财产来源不明罪，由于刑法规定由犯罪嫌疑人、被告人说明来源，属于举证责任倒置，人民检察院向人民法院提出申请没收财产时无须收集证据证明不能说明来源的财产属于违法所得及其他涉案财产。在巨额财产来源不明案件中，如果法院经审查，认定有证据证明犯罪嫌疑人、被告人具有巨额财产来源不明的犯罪事实，在犯罪嫌疑人、被告人不到案的情况下，没有利害关系人对违法所得及其他涉案财产主张权利或者虽然主张权利但提供的相关证据没有达到高度盖然性证明标准的，应当认定涉案财产与利害关系人无关，故《规定》第十七条第二款明确此种情形下“申请没收的财产属于违法所得及其他涉案财产”。

——裴显鼎、王晓东、刘晓虎：《〈关于适用犯罪嫌疑人、被告人逃匿、死亡案件违法所得没收程序若干问题的规定〉的理解与适用》，载《人民司法·应用》2017 年第 16 期。

1853 犯罪嫌疑人、被告人逃匿境外后委托诉讼代理人参加诉讼的处理

关键词｜没收违法所得｜逃匿境外｜

【最高人民法院司法解释】

第六百一十八条 犯罪嫌疑人、被告人逃匿境外，委托诉讼代理人申请参加诉讼，且违法所得或者其他涉案财产所在国、地区主管机关明确提出意见予以支持的，人民法院可以准许。

人民法院准许参加诉讼的，犯罪嫌疑人、被告人的诉讼代理人依照本解释关于利害关系人的诉讼代理人的规定行使诉讼权利。

——《最高人民法院关于适用〈中华人民共和国刑事诉讼法〉的解释》（2021 年 3 月 1 日，法释〔2021〕1 号）。

第十九条 犯罪嫌疑人、被告人逃匿境外，委托诉讼代理人申请参加诉讼，且违法所得或者其他涉案财产所在地国（区）主管机关明确提出意见予以支持的，人民法院可以准许。

人民法院准许参加诉讼的，犯罪嫌疑人、被告人的诉讼代理人依照本规定关于利害关系人的诉讼代理人的规定行使诉讼权利。

——《最高人民法院、最高人民检察院关于适用犯罪嫌疑人、被告人逃匿、死亡案件违法所得没收程序若干问题的规定》（2017 年 1 月 5 日，法释〔2017〕1 号）。

【链接：理解与适用】

是否允许犯罪嫌疑人、被告人委托诉讼代理人是《规定》起草过程中比较难把握的一个问题。一种观点认为，出于对犯罪嫌疑人、被告人逃匿行为的严惩，借鉴“不采纳逃犯证言”规则，不应允许逃匿的犯罪嫌疑人、被告人委托诉讼代理人。另一种观点认为，出于提高境外协助执行没收裁定的效率考虑，可以允许犯罪嫌疑人、被告人委托诉讼代理人。鉴于国外对我国扣押、冻结令和没收令的协助执行，特别注重正当程序的审查，加大对犯罪嫌疑人、被告人诉讼权利的保障，更有利于我国扣押、冻结令和没收令获取国外有关部门的协助执行。从境外追逃追赃工作实际出发，为顺利推进境外协助执行效率，《规定》基本采纳了后一种观点。《规定》第十九条第一款明确，此种情形由审理法院根据案件情况，综合违法所得或者其他涉案财产所在地国（区）主管部门依照其本国法提出的意见，决定是否准许犯罪嫌疑人、被告人委托诉讼代理人参加诉讼。准许参加诉讼的，犯罪嫌疑人、被告人的诉讼代理人依照有关利害关系人的诉讼代理人的规定行使诉讼权利。

——裴显鼎、王晓东、刘晓虎：《〈关于适用犯罪嫌疑人、被告人逃匿、死亡案件违法所得没收程序若干问题的规定〉的理解与适用》，载《人民司法·应用》2017年第16期。

1854 二审审理方式、通知事项及审查内容

关键词｜没收违法所得｜不开庭审理｜

【最高人民法院司法解释】

第二十条　人民检察院、利害关系人对第一审裁定认定的事实、证据没有争议的，第二审人民法院可以不开庭审理。

第二审人民法院决定开庭审理的，应当将开庭的时间、地点书面通知同级人民检察院和利害关系人。

第二审人民法院应当就上诉、抗诉请求的有关事实和适用法律进行审查。

——《最高人民法院、最高人民检察院关于适用犯罪嫌疑人、被告人逃匿、死亡案件违法所得没收程序若干问题的规定》（2017年1月5日，法释〔2017〕1号）。

【链接：理解与适用】

《规定》第二十条第一款明确的是第二审人民法院可以不开庭审理的情形。即人民检察院、利害关系人对第一审裁定认定的事实、证据没有争议的，第二审人

民法院可以不开庭审理。

《规定》第二十条第二款明确的是通知开庭的方式和对象。即第二审人民法院决定开庭审理的，应当将开庭的时间、地点书面通知同级人民检察院和利害关系人。在征求意见过程中，有的法院建议对二审出庭的检察机关是原检察机关还是与受理法院同级的检察机关进行明确。《规定》采纳了该建议，明确了出庭的检察机关必须是同级检察机关。

《规定》第二十条第三款明确的是第二审审查的内容，即第二审人民法院应当就上诉、抗诉请求的有关事实和适用法律进行审查。

——裴显鼎、王晓东、刘晓虎：《〈关于适用犯罪嫌疑人、被告人逃匿、死亡案件违法所得没收程序若干问题的规定〉的理解与适用》，载《人民司法 · 应用》2017 年第 16 期。

1855 上诉、抗诉案件的处理

关键词｜没收违法所得｜上诉｜抗诉｜

【最高人民法院司法解释】

第六百二十三条 对不服第一审没收违法所得或者驳回申请裁定的上诉、抗诉案件，第二审人民法院经审理，应当按照下列情形分别处理：

（一）第一审裁定认定事实清楚和适用法律正确的，应当驳回上诉或者抗诉，维持原裁定；

（二）第一审裁定认定事实清楚，但适用法律有错误的，应当改变原裁定；

（三）第一审裁定认定事实不清的，可以在查清事实后改变原裁定，也可以撤销原裁定，发回原审人民法院重新审判；

（四）第一审裁定违反法定诉讼程序，可能影响公正审判的，应当撤销原裁定，发回原审人民法院重新审判。

第一审人民法院对发回重新审判的案件作出裁定后，第二审人民法院对不服第一审人民法院裁定的上诉、抗诉，应当依法作出裁定，不得再发回原审人民法院重新审判；但是，第一审人民法院在重新审判过程中违反法定诉讼程序，可能影响公正审判的除外。

——《最高人民法院关于适用〈中华人民共和国刑事诉讼法〉的解释》（2021 年 3 月 1 日，法释〔2021〕1 号）。

第二十一条 第二审人民法院对不服第一审裁定的上诉、抗诉案件，经审理，应当按照下列情形分别处理：

（一）第一审裁定认定事实清楚和适用法律正确的，应当驳回上诉或者抗诉，维持原裁定；

（二）第一审裁定认定事实清楚，但适用法律有错误的，应当改变原裁定；

（三）第一审裁定认定事实不清的，可以在查清事实后改变原裁定，也可以撤销原裁定，发回原审人民法院重新审判；

（四）第一审裁定违反法定诉讼程序，可能影响公正审判的，应当撤销原裁定，发回原审人民法院重新审判。

第一审人民法院对于依照前款第三项规定发回重新审判的案件作出裁定后，第二审人民法院对不服第一审人民法院裁定的上诉、抗诉，应当依法作出裁定，不得再发回原审人民法院重新审判。

——《最高人民法院、最高人民检察院关于适用犯罪嫌疑人、被告人逃匿、死亡案件违法所得没收程序若干问题的规定》(2017 年 1 月 5 日，法释〔2017〕1 号)。

【链接：理解与适用】

《规定》第二十一条，既参考了刑事诉讼法第二百二十五条的规定，又参考了《刑诉法解释》第五百一十八条的规定。结合没收违法所得申请案件司法实际，本条删去了刑事诉讼法关于量刑不当的规定，同时将《刑诉法解释》原裁定内容分解为事实清楚、适用法律正确两种情形，将原裁定确有错误分解为事实不清、适用法律错误两种情形，并作了区别处理。

《规定》第二十一条明确了第二审人民法院对上诉、抗诉案件四种情形处理的结果：一是第一审裁定认定事实清楚和适用法律正确的，应当驳回上诉、抗诉，维持原裁定；二是第一审裁定认定事实清楚，但适用法律有错误的，应当改变原裁定；三是第一审裁定认定事实不清的，可以在查清事实后改变原裁定，也可以撤销原裁定，发回原审人民法院重新审判；四是第一审裁定违反法定诉讼程序，可能影响公正审判的，应当撤销原裁定，发回原审人民法院重新审判。《规定》同时明确，第一审人民法院对于依照前述第三种情形发回重新审判的案件作出裁定后，第二审人民法院对不服第一审人民法院裁定的上诉、抗诉，应当依法作出裁定，不得再发回原审人民法院重新审判。

——裴显鼎、王晓东、刘晓虎：《〈关于适用犯罪嫌疑人、被告人逃匿、死亡案件违法所得没收程序若干问题的规定〉的理解与适用》，载《人民司法 · 应用》2017 年第 16 期。

1856 利害关系人申请参加二审的处理

关键词｜没收违法所得｜利害关系人｜二审｜

【最高人民法院司法解释】

第六百二十四条　利害关系人非因故意或者重大过失在第一审期间未参加诉讼，在第二审期间申请参加诉讼的，人民法院应当准许，并撤销原裁定，发回原审人民法院重新审判。

——《最高人民法院关于适用〈中华人民共和国刑事诉讼法〉的解释》(2021年3月1日，法释〔2021〕1号)。

第十八条　利害关系人非因故意或者重大过失在第一审期间未参加诉讼，在第二审期间申请参加诉讼的，人民法院应当准许，并发回原审人民法院重新审判。

——《最高人民法院、最高人民检察院关于适用犯罪嫌疑人、被告人逃匿、死亡案件违法所得没收程序若干问题的规定》(2017年1月5日，法释〔2017〕1号)。

【链接：理解与适用】

违法所得没收程序实质上是一种在犯罪嫌疑人、被告人缺席的情况下对申请没收的财产权属进行的确权之诉，如果人民法院认定申请没收的财产属于违法所得及其他涉案财产就会产生没收的法律后果，这可能会侵害无辜财产权利人的合法权利。因此，一审人民法院在审理过程中发现无辜财产权利人的，应告知其可以作为利害关系人依法参加诉讼，以维护其实体权利。二审期间，如果利害关系人申请参加诉讼的，只要非因故意或者重大过失，人民法院应予准许，并发回重新审判。关于“非因故意或者重大过失”的表述，《规定》参考了《民诉法解释》第一百零二条对逾期提供证据规定的表述。“非因故意或者重大过失”在外延上比“客观原因”更广。客观原因仅限于客观情由，而非因故意或者重大过失，除了客观情由外，还包括主观上的轻微过失。即如果利害关系人因不可抗力等客观因素或主观上轻微过失而在第一审期间未申请参加诉讼，在第二审期间申请参加诉讼的，人民法院应当准许，并发回原审人民法院重新审判。

——裴显鼎、王晓东、刘晓虎：《〈关于适用犯罪嫌疑人、被告人逃匿、死亡案件违法所得没收程序若干问题的规定〉的理解与适用》，载《人民司法·应用》2017年第16期。

1857 在逃的犯罪嫌疑人、被告人到案的，没收违法所得案件终止审理

关键词｜没收违法所得｜终止审理｜

【最高人民法院司法解释】

第六百二十五条 在审理申请没收违法所得的案件过程中，在逃的犯罪嫌疑人、被告人到案的，人民法院应当裁定终止审理。人民检察院向原受理申请的人民法院提起公诉的，可以由同一审判组织审理。

——《最高人民法院关于适用〈中华人民共和国刑事诉讼法〉的解释》（2021年3月1日，法释〔2021〕1号）。

1858 在审理案件过程中，被告人脱逃或者死亡的，违法所得没收程序和缺席审判程序的适用

关键词｜没收违法所得｜脱逃｜死亡｜

【最高人民法院司法解释】

第六百二十六条 在审理案件过程中，被告人脱逃或者死亡，符合刑事诉讼法第二百九十八条第一款规定的，人民检察院可以向人民法院提出没收违法所得的申请；符合刑事诉讼法第二百九十一条第一款规定的，人民检察院可以按照缺席审判程序向人民法院提起公诉。

人民检察院向原受理案件的人民法院提出没收违法所得申请的，可以由同一审判组织审理。

——《最高人民法院关于适用〈中华人民共和国刑事诉讼法〉的解释》（2021年3月1日，法释〔2021〕1号）。

1859 没收违法所得案件的救济制度

关键词｜没收违法所得｜异议｜

【最高人民法院司法解释】

第六百二十八条 没收违法所得裁定生效后，犯罪嫌疑人、被告人到案并对没收裁定提出异议，人民检察院向原作出裁定的人民法院提起公诉的，可以由同一审

判组织审理。

人民法院经审理，应当按照下列情形分别处理：

（一）原裁定正确的，予以维持，不再对涉案财产作出判决；

（二）原裁定确有错误的，应当撤销原裁定，并在判决中对有关涉案财产一并作出处理。

人民法院生效的没收裁定确有错误的，除第一款规定的情形外，应当依照审判监督程序予以纠正。

——《最高人民法院关于适用〈中华人民共和国刑事诉讼法〉的解释》（2021年3月1日，法释〔2021〕1号）。

五、依法不负刑事责任的精神病人的强制医疗程序

1860 强制医疗程序受案范围和条件

关键词|强制医疗程序|暴力行为|

【最高人民法院司法解释】

第六百三十条　实施暴力行为，危害公共安全或者严重危害公民人身安全，社会危害性已经达到犯罪程度，但经法定程序鉴定依法不负刑事责任的精神病人，有继续危害社会可能的，可以予以强制医疗。

——《最高人民法院关于适用〈中华人民共和国刑事诉讼法〉的解释》(2021年3月1日，法释〔2021〕1号)。

【链接：理解与适用】

本条是关于强制医疗程序受案范围和条件的规定。适用强制医疗程序所需具备的条件包括以下几点：

1. 精神病人实施暴力行为，危害公共安全或者严重危害公民人身安全。“危害公共安全或者严重危害公民人身安全”的“暴力行为”主要集中在刑法分则第二章“危害公共安全罪”和第四章“侵犯公民人身权利、民主权利罪”中，主要包括放火，决水，爆炸，投放危险物质，破坏交通工具、交通设施，劫持航空器、船只、汽车等危害公共安全的犯罪以及杀人、伤害、强奸、绑架、抢劫等侵犯公民人身权利的犯罪。对“暴力行为”达到何种程度才能予以强制医疗的问题，刑法规定的条件是造成“危害结果”，刑事诉讼法规定的条件是“危害公共安全或者严重危害公民人身安全”，因此，被申请人实施的暴力行为只有造成了危害公共安全或者严重危害公民人身安全的危害结果，才可以予以强制医疗。

至于造成什么样的危害结果才符合强制医疗的条件，法律未作明确规定。原来的《刑事诉讼法修改草案》规定的适用条件是“精神病人实施暴力行为危害公共安全或者致人死亡、重伤”，后来将“或者致人死亡、重伤”修改为“或者严重危害公民人身安全”，条件进一步放宽，表明不是非“致人死亡、重伤”不可。以下情形也符合强制医疗的条件：多次实施暴力行为，造成多人轻伤的；实施放火行为，虽未造成人员伤亡，但造成公私财产重大损失的；使用刀具、斧头等杀伤力巨大的工具实

施严重暴力行为，被害人只是侥幸避免伤亡的；等等。当然，如行为人只是偶尔实施轻微暴力行为，只是造成他人轻微伤，无疑就不属于严重危害公民人身安全，不应适用强制医疗。鉴于此，本条进一步明确，实施暴力行为，危害公共安全或者严重危害公民人身安全，社会危害性必须已经达到犯罪程度，才符合适用强制医疗的条件。

2. 经法定程序鉴定依法不负刑事责任的精神病人。只有经法定程序鉴定，实施危害行为时不能辨认或者控制自己行为的精神病人，不具有刑事责任能力的，才可以适用强制医疗。

3. 有继续危害社会可能的。如果精神病人虽然实施了暴力行为，但不再具有继续危害社会可能的，如已经严重残疾等，丧失了继续危害社会的能力，就不必对其实施强制医疗。如果精神病人实施暴力行为后，由其监护人或者单位将其送医治疗，精神病人的病情得到有效控制，从而不具有继续危害社会可能的，也没有必要进行强制医疗。

——李少平主编：《最高人民法院关于适用〈中华人民共和国刑事诉讼法〉的解释理解与适用》，人民法院出版社 2021 年版，第 597—598 页。

【最高人民法院参考案例】

朱某被强制医疗案（《刑事审判参考》案例第 886 号）

要旨：被申请人的暴力行为客观上与犯罪程度相当，行为的具体性质并非适用强制医疗程序的主要参考指标；被申请人“有继续危害社会的可能”需要综合案件实际情况分析判断。

（一）被申请人的暴力行为客观上与犯罪程度相当，行为的具体性质并非适用强制医疗程序的主要参考指标

检察机关的申请认为，被申请人朱某实施持刀抢劫、强奸行为，严重危害公民人身安全。对此，朱某的诉讼代理人提出，被申请人当时劫取被害人吴某的手机是防止吴某报警，而且离开作案现场后即将手机丢弃，故朱某无非法占有被害人财物的故意，其行为不构成抢劫。

刑事诉讼法第二百八十四条规定，强制医疗的前提必须是行为人“实施暴力行为，危害公共安全或者严重危害公民人身安全”。我们认为，按照上述规定，强制医疗的行为有两个要件：一是行为性质上，必须是暴力行为，对实施了非暴力危害社会的行为人，依法不能强制医疗；二是行为后果上，必须是危及公共安全或者严重危害公民人身安全。

所谓危及公共安全，是指必须对不特定多数人的生命健康或者公私财产已经造成实际危害或者有造成实际危害的危险，实践中主要是比照刑法分则第二章危

害公共安全罪中所表述的行为进行判断。所谓严重危害公民人身安全,是指行为对公民个人人身安全造成严重危害,实践中主要是比照刑法分则第四章所表述的行为进行判断。值得注意的是,被申请人实施的危害公共安全或者严重危害公民个人安全的暴力行为,社会危害性应当与犯罪程度相当。对情节轻微,与犯罪程度不相当的行为,不应适用强制医疗程序。

本案中,被申请人朱某持刀威胁被害人吴某,劫取吴某的财物,后又对吴某进行强制猥亵并试图强奸,其行为具有暴力性质,并且已经对吴某的人身安全造成严重危害,在客观上与犯罪程度相当,符合强制医疗程序的行为要件。至于朱某的行为具体究竟是认定为抢劫还是其他性质的行为,不是适用强制医疗程序的主要参考指标。

(二)被申请人"有继续危害社会的可能"需要综合案件实际情况分析判断

强制医疗案件中的被申请人是否"有继续危害社会的可能",实践中需要综合案件多种情况进行分析判断。审理过程中,被申请人朱某的诉讼代理人提出,"有继续危害社会可能"的认定必须以专业机构出具的鉴定或者评估报告为依据。我们认为,所谓"有继续危害社会的可能",是综合分析判断的结果,是对被申请人未来行为进行的预测和推断,需要综合考虑多种因素而不仅仅是医学检验结论。因此,对"有继续危害社会的可能"的认定不属于必须鉴定的情形,实际上司法鉴定机构也不可能就此作出鉴定意见。实践中,对"有继续危害社会的可能"的认定,一般是根据案件情况、被申请人一贯表现、被申请人实际病情、治疗医生有关病情的描述和诊断,并结合相关鉴定意见进行判断,必要时可以通过有专门知识的人出庭作证等方式进一步查明。

(三)被申请人是否有必要进行强制医疗要综合分析被申请人本人、家属以及监管、治疗的能力和条件

具体可以通过依次审查以下事项予以认定:

1. 被申请人在有接受治疗必要的情况下,首先要审查被申请人是否能够自行主动进行治疗。根据法律规定,强制医疗案件必须对被申请人的精神状况进行司法鉴定,这种专业鉴定在认定被申请人案发时无刑事责任能力的同时也必然对被申请人的病情作出相应诊断。一般情况下,在精神疾病影响下实施严重危害社会行为的被申请人,都需要接受专业的治疗。个别案件中,行为人确系在精神疾病影响下实施了危害社会的行为,但随后在诉讼过程中经过短期治疗,其精神疾病已经得到较好的治疗或者控制,并且能够自行主动进行后续治疗,此种情况下,就没有必要进行强制医疗。同时,精神疾病的一大重要特征就是病人缺乏自知力,不认同自己患有精神病,加之绝大多数精神药物都有一定的副作用,服用后身体会有明显不适,故精神病人在自知力没有较大程度恢复的情况下一般无法自行积极参与治

疗,需要在监管下进行治疗。本案中,关于被申请人朱某精神状况的司法精神病鉴定意见显示,朱某患有精神分裂症,案发时及当前均处于发病期,无自知力。而朱某在安康医院的主治医生证实,朱某初入院时精神状况紊乱,有幻听、妄想,精神分裂症状明显,无自知力,危害性较大。从其症状来看,有暴力倾向。据此,朱某已经不具备自行主动进行治疗的能力,即必须在监管下接受治疗。

2. 在被申请人仅能被动接受治疗的情形下,其次要审查被申请人家属是否有对被申请人进行监管、治疗的意愿。如果被申请人家属不具备这样的意愿,则只能由政府对被申请人进行强制医疗。因精神疾病的治疗成本高,治愈难度大,对实施暴力行为、人身危险性大的精神病人,监管的责任更重,家属往往更愿意由政府对病人进行强制医疗。但在少数案件中,家属确有自行对被申请人进行监管、治疗的意愿,不愿意送交政府强制医疗。本案即属于此种情形。基于本案朱某家属有对朱某进行监管、治疗的意愿,不愿意将被申请人送交强制医疗的前提,必须进一步审查朱某家属对朱某进行监管、治疗的现实可能性。

3. 在被申请人家属愿意对被申请人进行监管、治疗的情况下,再次要审查被申请人家属是否具备监管、治疗的条件与能力。实践中,精神病人的监管、治疗通常需要借助具有一定强制性质的半封闭或者全封闭的专业医疗机构。如果被申请人家属愿意承担被申请人的监管、治疗职责,并且具备治疗的能力和条件,就有必要向法院提供一份较为详尽的治疗、监管方案。该方案的可行性可从以下几个方面予以考量:(1)家属是否讳疾忌医,是否存在碍于“面子”而不愿送病人去专业精神医疗机构治疗的心理。(2)家属提供的医疗机构是否专业,是否对具有暴力倾向的重度精神病人能够治疗和监管,是否愿意接收被申请人。(3)家属能否尽到监管、治疗职责,是否具备对被申请人进行长期治疗的实际条件。

——《刑事审判参考》(总第93辑)。

宋某被强制医疗案(《刑事审判参考》案例第887号)

要旨:应当根据被申请人所患精神疾病类型及其实施暴力行为的情节综合认定其是否具有“继续危害社会的可能”。

我们认为,认定被申请人是否具有“继续危害社会的可能”,应当着重从以下两个方面进行审查:一是被申请人所患精神疾病的类型。根据精神病学的分类,精神病人一般分为冲动攻击型、极度妄想型和社会能力衰退型三种类型,其中冲动攻击型精神病人的人身危险性最为明显,如果没有得到有效治疗,其再次实施攻击行为的可能性也比较大。对这类精神病人,可结合其既往病史及治疗情况判断其危险性。本案中,被申请人宋某在2007年即被诊断为精神分裂症,在案发前多次无故打骂他人。审理时被申请人正在安康医院接受治疗,据主治医师介绍,其处在急性治疗期,经诊治虽病情有所稳定,但仍存在夸大妄想及冲动行为。综合宋某所患精神疾病类型及临床表现来看,其属于攻击性较强的精神病人。二是实施本次暴力行为的起因、经过。精神病人既可能因病情自动发作实施攻击行为,也可能受现实因素的刺激侵害他人。显然前者的人身危险性更大,此时精神病人处于随时可能实施攻击行为的状态,何时发作具有极大的不确定性。后者的人身危险性相对较小,此类病人一般病情比较稳定,如无现实因素的刺激,通常不会实施暴力行为。本案被申请人在地铁站内无故将他人推下站台,致使被害人被列车碾压多处受伤,其行为性质非常恶劣,后果极为严重。被申请人实施的暴力行为并非现实因素引发,具有任意性,表明其随时会对周围不特定人实施侵害,暴力倾向明显。综合上述情况,北京市海淀区人民法院认定被申请人具有"继续危害社会的可能",具有充分的事实根据。

——《刑事审判参考》(总第93辑)。

荣某被强制医疗案(《刑事审判参考》案例第888号)

要旨:在认定被申请人的行为是否达到犯罪的程度时,既不能简单以是否达到重伤、死亡后果进行判断,也不能简单认为凡是仅造成轻微伤后果的都属于没有达到犯罪程度,而应当从一个正常具备刑事责任能力的人实施相应的行为是否应当承担刑事责任的层面进行分析、判断。

刑事诉讼法以行为人实施了"危害公共安全或者严重危害公民人身安全"的"暴力行为"作为适用强制医疗的必备条件之一。由于刑事诉讼法的规定原则性较强,如何理解刑事诉讼法规定的"危害公共安全或者严重危害公民人身安全",在实践中存在一定争议。对这一条件的理解,我们认为,可以借助于刑事诉讼法这一规定的起草背景进行分析。刑事诉讼法修正案草案曾将"精神病人实施暴力行为危害公共安全或者致人死亡、重伤"规定为强制医疗的适用条件,后来将"致人死亡、重伤"修改为"严重危害公民人身安全"。这一变化表明,适用强制医疗,并不要求一定有致人死亡、重伤的后果。多次实施暴力行为,造成多次轻伤的;实施放火行为,虽未造成人员伤亡,但造成公私财产重大损失的;使用刀具、斧头等杀伤力巨大的工具实施严重暴力行为,被害人只是侥幸避免伤亡的等,也符合强制医疗的条件。当然,如行为人只是偶尔实施轻微暴力行为,无论从工具、手段等来看,只是造成他人轻微伤,不可能造成致人重伤、死亡的,即依法不可能构成犯罪的,则不属于严重危害公民人身安全的情形,不应适用强制医疗。基于这一分析,我们认为,在认定被申请人的行为是否达到犯罪的程度时,既不能简单以是否达到重伤、死亡后果进行判断,也不能简单认为凡是仅造成轻微伤后果的都属于没有达到犯罪程度,而应当从一个正常具备刑事责任能力的人实施相应的行为是否应当承担刑事责任的层面进行分析、判断。

——《刑事审判参考》(总第93辑)。

马艳雷强制医疗案(《刑事审判参考》案例第976号)

要旨:实施强制医疗的三个条件之间是递进式的位阶关系,只有满足前一条件,才能继续判断是否满足后一条件,三个条件均齐备,方可实施强制医疗。

对涉案精神病人实施的暴力行为的种类,刑事诉讼法规定得比较概括,即实施暴力,危害公共安全或者严重危害公民人身安全的行为,其特征可归纳为行为的暴力性和后果的严重性。我们认为,为维护社会秩序和公民人身、财产安全,并保障精神病人及代理人与其他相关方通过诉讼充分表达意见,应当适当放宽行为暴力性和后果严重性的判断标准,以充分将此类案件纳入诉讼中予以审查。除刑法第十七条规定的故意杀人、故意伤害致人重伤或者死亡、强奸、抢劫、贩卖毒品、放火、爆炸、投毒罪这些罪名涉及的行为,刑法分则第二章危害公共安全犯罪,第四章侵犯公民人身权利、民主权利犯罪和第五章侵犯财产罪中的抢劫等罪名涉及的行为,只要属于暴力危害公共安全和公民人身安全的都可认定为暴力行为。

认定被申请人因患有精神病而无刑事责任能力是适用强制医疗的关键步骤。根据刑法第十八条的规定,行为人不仅必须患有刑法所规定的精神病,而且其所患精神病必须引起法定的心理状态或者心理结果,才能被判断为无刑事责任能力或限制刑事责任能力。前者为医学标准,即是否有精神病,后者为心理学标准(法学标准),即不能辨认或者不能控制自己的行为。医学要件是基础,心理学要件是核心。刑事责任能力是指行为人构成犯罪和承担刑事责任所必需的,行为人具备的刑法意义上辨认和控制自己行为的能力。我国刑法规定了三种无刑事责任能力或者限制刑事责任能力的事由,即未成年、精神病和生理缺陷,只有在这三种情况下讨论辨认能力和控制能力才有意义。因此,应当分两步审查判断被申请人是否满足此条件:一是被申请人是否有精神病;二是被申请人是否因精神病而失去辨认能力或者控制能力。

判断涉案的精神病人有无继续危害社会可能,可以从精神病人的人身危险和其家属的管控能力两个角度进行审查。精神病人的人身危险包括病理和经验两个层面。病理层面是指涉案精神病人的病情尚未得到有效控制,正在继续发病甚至病情正在恶化,导致其实施暴力行为的病理基础仍然存在甚至出现增强的趋势。经验层面是指涉案精神病人频繁实施暴力行为或者案发后实施了新的暴力行为,根据经验常识判断其具有继续实施暴力行为的可能性。必要时,审判人员可以通过补充询问鉴定人、其他有专门知识的人或其法定代理人进行审查,开庭时,应当让鉴定人出庭作证。条件许可的情况下,还可以亲自观察、询问涉案精神病人。家属的管控能力包括审查涉案精神病人有无家属,家属有无对其进行看管和医疗的意愿及条件。

——《刑事审判参考》(总第97辑)。

1861 被申请人是否有“继续危害社会的可能”的评估办法

关键词｜强制医疗程序｜继续危害社会可能｜

【最高人民法院指导性案例】

徐加富强制医疗案(最高人民法院指导案例63号)

裁判要点:审理强制医疗案件,对被申请人或者被告人是否“有继续危害社会可能”,应当综合被申请人或者被告人所患精神病的种类、症状,案件审理时其病情是否已经好转,以及其家属或者监护人有无严加看管和自行送医治疗的意愿和能力等情况予以判定。必要时,可以委托相关机构或者专家进行评估。

法院生效裁判认为:本案被申请人徐加富实施了故意杀人的暴力行为后,经鉴定属于依法不负刑事责任的精神疾病人,其妄想他人欲对其加害而必须携带刀等防卫工具外出的行为,在其病症未能减轻并需继续治疗的情况下,认定其放置社会有继续危害社会的可能。成都市武侯区人民检察院提出对被申请人强制医疗的申请成立,予以支持。诉讼代理人提出了被申请人是否有继续危害社会的可能应由医疗机构作出评估,本案没有医疗机构的评估报告,对被申请人的强制医疗的证据不充分的辩护意见。法院认为,在强制医疗中如何认定被申请人是否有继续危害社会的可能,需要根据以往被申请人的行为及本案的证据进行综合判断,而医疗机构对其评估也只是对其病情痊愈的评估,法律没有赋予医疗机构对患者是否有继续危害社会可能性方面的评估权利。本案被申请人的病症是被害幻觉妄想症,经常假想要被他人杀害,外出害怕被害必带刀等防卫工具。如果不加约束治疗,被申请人不可能不外出,其外出必携带刀的行为,具有危害社会的可能,故诉讼代理人的意见不予采纳。

——《最高人民法院关于发布第13批指导性案例的通知》(2016年6月30日,法〔2016〕214号)。

【链接:理解与参照】

强制医疗案件中认定有继续危害社会可能是对被申请人或者被告人未来行为进行的预测和推断,总体而言,审查的因素越全面,对其判断越客观,因此需要综合分析判断多种因素得出结论。主要有以下四方面要素:

1. 被申请人所患精神疾病的类型、症状。通常情况下，强制医疗案件中用以证明被申请人或者被告人所患精神疾病类型、症状的证据，主要有鉴定机构对被申请人或者被告人案发时的刑事责任能力、相关病症作出专业的司法鉴定结论以及医院对已经送医救治的精神病患者出具的病情证明。上述司法鉴定结论和病情证明虽然只是案发时和送医救治期间被申请人或者被告人的社会危害性证明，但是可以证明被申请人或者被告人的患病严重程度，若不接受专业治疗，有再次实施暴力行为的可能性。对这类精神病人，可结合其既往病史及治疗情况，判断其有继续危害社会的可能。

2. 案件审理时其病情是否已经好转。精神疾病患者一般缺乏自知力，不认同自己患病，在其自知力没有较大程度恢复的情况下一般无法主动积极参与治疗，而是需要在监管下进行治疗。少数强制医疗案件中，若行为人因精神疾病实施了危害社会的行为，但随后得到精神病医疗机构的治疗，并得到监护人有效的监管。经过治疗，其精神疾病已经得到比较好的治疗或者控制，其本人具有进行后续治疗的意愿和能力，医疗机构可以根据病情变化采取不同的防护措施，其再次危害社会的可能性自然较小。被申请人没有继续危害社会的可能性，也就没有必要再对其进行强制医疗。

3. 家属或监护人有无严加看管和自行送医治疗的意愿和能力。强制医疗属于国家利用社会公共资源对精神病人的社会防卫措施，以避免其继续危害公共安全。通常情况下，实施暴力行为、人身危险性大的精神病人治愈难度大，治疗成本高，家庭监护所需承担的医治和监管的责任比较重，家属或者监护人一般更倾向于由政府对病人进行强制医疗。也有部分精神病人家属或者监护人明确表示愿意自行对被申请人或者被告人进行监管并送医治疗。相较于强制医疗，家庭监管力度较弱，有可能存在因监管不力导致被申请人再次实施危害行为的可能。因此，应当用较严格的标准对家属或者监护人有无严加看管和自行送医治疗的意愿和能力进行审查。法院应当审查患者家属或者监护人对患者进行监管、治疗的现实可行性，审查其是否具备治疗的能力和条件。具体审查的内容应当包括：（1）家属是否具有自行监护的能力，能否尽到监管、治疗职责，是否具备对被申请人或者被告人进行长期治疗的实际条件。（2）家属对其进行治疗的医疗机构是否专业，对具有暴力倾向的重性精神病人能否有效地治疗和监管。

4. 必要时可以委托相关机构或者专家进行评估。病情评估是指通过询问病史、体格检查、临床实验室检查、医技部门辅助检查等检查，对患者心理、生理、病情严重程度、全身状况等作出综合评估，用于指导对患者的诊疗活动。精神卫生法第三十条第二款规定："诊断结论、病情评估表明，就诊者为严重精神障碍患者并有下列情形之一的，应当对其实施住院治疗：（一）已经发生伤害自身的行为，或者有伤害自身的危险的;(二)已经发生危害他人安全的行为,或者有危害他人安全的危险的。"据此,司法实践中,有观点认为病情评估是认定被申请人或者被告人有继续危害社会可能的必要条件,若缺乏病情评估则不应当对其适用强制医疗措施。此观点实质上是混淆了证据证明与司法裁判的关系。[①] 对精神病人所做的有继续危害社会可能的病情评估属于刑事证据,是用以证明案件事实的依据。从证据分类角度看,其属于证人证言,是医生运用其医学知识对精神病人的社会危害性作出的专业判断。证人证言必须在法庭上经过公诉人、被害人和被告人、辩护人双方讯问、质证,听取各方证人的证言并经过查实以后,才能作为定案的根据。目前的医学技术依然无法对精神病人的社会危害性进行准确判断和预测,[②]因此,即便经过质证并查实的病情证明,也只能作为认定被申请人或者被告人社会危险性的重要证据,但不是唯一证据。认为人民法院应当依据病情评估作出予以强制医疗决定的观点,是用评估、鉴定代替人民法院的司法裁判。在审判时,若被申请人或者被告人尚未送医救治,人民法院在缺乏病情评估的情况下,仍然应当综合相关证据进行裁判。在综合相关证据无法得出明确结论时,才有必要委托相关机构或者专家进行评估。该案例在讨论中有一种观点认为,最高人民法院《关于适用刑事诉讼法的解释》(法释〔2012〕21 号)第五百四十一条规定:"强制医疗机构提出解除强制医疗意见,或者被强制医疗的人及其近亲属申请解除强制医疗的,人民法院应当审查是否附有对被强制医疗的人的诊断评估报告。强制医疗机构提出解除强制医疗意见,未附诊断评估报告的,人民法院应当要求其提供。被强制医疗的人及其近亲属向人民法院申请解除强制医疗,强制医疗机构未提供诊断评估报告的,申请人可以申请人民法院调取。必要时,人民法院可以委托鉴定机构对被强制医疗的人进行鉴定。"既然对于被强制医疗的人解除强制医疗措施时,人民法院应当审查相关诊断评估报告,那对精神病人决定强制医疗时也应当审查被申请人或者被告人的病情诊断评估报告。经过讨论认为,依据刑事诉讼法第二百八十四条以及最高人民法院相关司法解释的规定,对精神病人给予强制医疗需要着重审查的,除了其实施危害社会和他人暴力行为时的精神状态、责任能力外,另一方面是其未来继续危害社会的可能性。而对后者的判断,根据实践经验,往往结合被申请人或者被告人在其被送鉴定刑事责任能力时的情况、平时行为特点、在羁押场所的表现等方面情况即可以得出准确的判断。只有少数时候,对被申请人或者被告人的病情现状,法官才需要进一步借助医生的医学上的病情诊断来把握、判断。

在徐家富强制医疗案中,诉讼代理人提出了被申请人是否有继续危害社会的

---

① 付继博、季松博:《强制医疗程序中严重危害行为的标准及继续危害可能性的实践把握》,载《中国检察官》2014 年第 16 期。

② 纵博、陈盛:《强制医疗程序中的若干证据法问题解析》,载《中国刑事杂志》2013 年第 7 期。

可能应由医疗机构作出评估,而本案没有医疗机构评估报告,对被申请人强制医疗的证据不充分的辩护意见。法院认为,在强制医疗中,如何认定被申请人或者被告人是否有继续危害社会的可能,需要根据其以往的行为及本案的证据进行综合判断,医疗机构对其评估也只是对其病情是否痊愈的评估,法律并没有赋予医疗机构对患者是否有继续危害社会可能性方面进行评估的职责。本案被申请人的病症是被害幻觉妄想症,经常假想要被他人杀害,外出害怕被害必带刀等防卫工具。如果不加约束治疗,被申请人不可能不外出,其外出必携带刀的行为,具有危害社会的可能,故对诉讼代理人的意见未予采纳。

——最高人民法院案例指导工作办公室:《指导案例 63 号〈徐加富强制医疗案〉的理解与参照——强制医疗案件中有继续危害社会可能的认定》,载《人民司法 · 案例》2017 年第 23 期。

1862 审理强制医疗案件,应当听取被害人及其法定代理人的意见

关键词 | 强制医疗程序 | 被害人 | 被申请人 |

【最高人民法院司法解释】

第六百三十五条 审理强制医疗案件,应当组成合议庭,开庭审理。但是,被申请人、被告人的法定代理人请求不开庭审理,并经人民法院审查同意的除外。

审理强制医疗案件,应当会见被申请人,听取被害人及其法定代理人的意见。

——《最高人民法院关于适用〈中华人民共和国刑事诉讼法〉的解释》(2021 年 3 月 1 日,法释〔2021〕1 号)。

【链接:理解与适用】

《解释》第六百三十五条根据司法实践反映的问题对《2012 年解释》第五百二十九条的规定作出修改完善,切实加大对被害人权益的保障,在第二款要求应当听取被害方的意见,明确:"审理强制医疗案件,应当会见被申请人,听取被害人及其法定代理人的意见。"

——《起草小组解读:〈刑事诉讼法解释〉理解与适用(下)》,载中国法院网 2021 年 2 月 4 日,https://www.chinacourt.org/article/detail/2021/02/id/5796153.shtml。

1863 开庭审理申请强制医疗的案件的程序

关键词 | 强制医疗程序 | 鉴定人 |

【最高人民法院司法解释】

第六百三十六条 开庭审理申请强制医疗的案件,按照下列程序进行:

(一)审判长宣布法庭调查开始后,先由检察员宣读申请书,后由被申请人的法定代理人、诉讼代理人发表意见;

(二)法庭依次就被申请人是否实施了危害公共安全或者严重危害公民人身安全的暴力行为、是否属于依法不负刑事责任的精神病人、是否有继续危害社会的可能进行调查;调查时,先由检察员出示证据,后由被申请人的法定代理人、诉讼代理人出示证据,并进行质证;必要时,可以通知鉴定人出庭对鉴定意见作出说明;

(三)法庭辩论阶段,先由检察员发言,后由被申请人的法定代理人、诉讼代理人发言,并进行辩论。

被申请人要求出庭,人民法院经审查其身体和精神状态,认为可以出庭的,应当准许。出庭的被申请人,在法庭调查、辩论阶段,可以发表意见。

检察员宣读申请书后,被申请人的法定代理人、诉讼代理人无异议的,法庭调查可以简化。

——《最高人民法院关于适用〈中华人民共和国刑事诉讼法〉的解释》(2021年3月1日,法释〔2021〕1号)。

【链接:理解与适用】

强制医疗案件的庭审主要围绕司法精神病鉴定展开,故有意见建议明确鉴定人强制出庭义务。经研究,鉴定人强制出庭难以做到,在一些案件中也似无必要。鉴于此,《解释》第六百三十六条第一款第(二)项规定,"……必要时,可以通知鉴定人出庭对鉴定意见作出说明"。

——《起草小组解读:〈刑事诉讼法解释〉理解与适用(下)》,载中国法院网2021年2月4日,https://www.chinacourt.org/article/detail/2021/02/id/5796153.shtml。

1864 对强制医疗决定不服的申请复议期限

关键词|强制医疗程序|强制医疗决定|申请复议|

【最高人民法院司法解释】

第六百四十二条 被决定强制医疗的人、被害人及其法定代理人、近亲属对强制医疗决定不服的,可以自收到决定书第二日起五日以内向上一级人民法院申请复议。复议期间不停止执行强制医疗的决定。

——《最高人民法院关于适用〈中华人民共和国刑事诉讼法〉的解释》(2021年3月1日,法释〔2021〕1号)。

【链接：理解与适用】

刑事诉讼法第二百三十条规定:“不服判决的上诉和抗诉的期限为十日,不服裁定的上诉和抗诉的期限为五日,从接到判决书、裁定书的第二日起算。”基于此,《解释》第六百四十二条对《2012年解释》第五百三十六条的规定作出修改完善,将自收到决定书“之日起”五日内申请复议调整为“第二日起”……

——《起草小组解读:〈刑事诉讼法解释〉理解与适用(下)》,载中国法院网2021年2月4日,https://www.chinacourt.org/article/detail/2021/02/id/5796153.shtml。

1865 解除强制医疗案件的审查方式

关键词 | 强制医疗程序 | 解除强制医疗 |

【最高人民法院司法解释】

第六百四十七条 强制医疗机构提出解除强制医疗意见,或者被强制医疗的人及其近亲属申请解除强制医疗的,人民法院应当组成合议庭进行审查,并在一个月以内,按照下列情形分别处理:

(一)被强制医疗的人已不具有人身危险性,不需要继续强制医疗的,应当作出解除强制医疗的决定,并可责令被强制医疗的人的家属严加看管和医疗;

(二)被强制医疗的人仍具有人身危险性,需要继续强制医疗的,应当作出继续强制医疗的决定。

对前款规定的案件,必要时,人民法院可以开庭审理,通知人民检察院派员出庭。

人民法院应当在作出决定后五日以内,将决定书送达强制医疗机构、申请解除强制医疗的人、被决定强制医疗的人和人民检察院。决定解除强制医疗的,应当通知强制医疗机构在收到决定书的当日解除强制医疗。

——《最高人民法院关于适用〈中华人民共和国刑事诉讼法〉的解释》(2021年3月1日,法释〔2021〕1号)。

【链接：理解与适用】

据了解,关于解除强制医疗案件,有些地方组成合议庭开庭审查,但个别案件中检察人员未出庭。对于此种情形下检察机关应否派员出庭及发表意见,实践中做法不一。经研究认为,根据刑事诉讼法第三百零七条“人民检察院对强制医疗的决定和执行实行监督”的规定,如果人民法院组成合议庭对解除强制医疗案件进行开庭审查,应当通知同级人民检察院派员出庭,以便于人民检察院更好地对强制医疗的解除履行法律监督职责。鉴于此,《解释》第六百四十七条第二款规定:“对前款规定的案件,必要时,人民法院可以开庭审理,通知人民检察院派员出庭。”需要注意的是,通知人民检察院出庭,主要是听取其关于解除强制医疗的意见。

解除强制医疗的案件审查方式,应当根据案件具体情况确定,一般可采用书面方式审查,但应当询问被强制医疗的人及其近亲属,听取强制医疗机构、有精神病医学专门知识的人的意见;如有关方面意见分歧的,特别是强制医疗机构提出解除申请,但经初步审查认为不符合解除条件,拟不予同意,或者被强制医疗的人及其近亲属提出解除申请,经初步审查认为符合条件,但强制医疗机构提出异议的,则应考虑开庭审查。

考虑到强制医疗限制精神病人的人身自由,为保障其合法权益,一旦决定解除强制医疗,就应当立即解除。因此,本条强调,决定解除强制医疗的,人民法院应当通知强制医疗机构在收到决定书的当日解除强制医疗。当然,为了给强制医疗机构一定的准备时间,人民法院可以在决定作出后送达前,先行通知强制医疗机构做好解除强制医疗的准备。

——《起草小组解读:〈刑事诉讼法解释〉理解与适用(下)》,载中国法院网 2021 年 2 月 4 日,https://www.chinacourt.org/article/detail/2021/02/id/5796153.shtml。

图书在版编目(CIP)数据

新编最高人民法院司法观点集成. 刑事卷/杜万华总主编;何帆本卷主编. —2 版 . —北京:中国民主法制出版社,2022. 11

ISBN 978 - 7 - 5162 - 2984 - 2

Ⅰ. ①新… Ⅱ. ①杜…②何… Ⅲ. ①刑法-法律解释-中国 Ⅳ. ①D920. 5

中国版本图书馆 CIP 数据核字(2022)第 203663 号

图书出品人:刘海涛

图 书 策 划:麦 读

责 任 编 辑:陈 曦

书名/新编最高人民法院司法观点集成 · 刑事卷(第二版)

作者/杜万华 总主编

刘德权 副总主编

何 帆 本卷主编

出版 · 发行/中国民主法制出版社

地址/北京市丰台区右安门外玉林里 7 号(100069)

电话/(010)63055259(总编室) 63058068 63057714(营销中心)

传真/(010)63055259

http://www. npcpub. com

E-mail:mzfz@ npcpub. com

经销/新华书店

开本/16 开 730 毫米×1030 毫米

印张/203. 5 **字数**/4004 千字

版本/2023 年 1 月第 1 版 2023 年 1 月第 1 次印刷

印刷/北京天宇万达印刷有限公司

书号/ISBN 978-7-5162-2984-2

定价/488. 00 元(全 5 册)

出版声明/版权所有,侵权必究

(如有缺页或倒装,本社负责退换)